GESCHICHTE DER FRAUEN

GEORGES DUBY · MICHELLE PERROT

1
ANTIKE

Pandora, die Stammutter des Frauengeschlechts in der griechischen Mythologie, war stumm, als sie der Schmiedegott Hephaistos aus Lehm und Wasser formte. Erst der Götterbote Hermes gab ihr eine Stimme. Ihre Töchter, die Frauen der griechisch-römischen Antike, werden hier nicht durch die Götter, sondern durch Historikerinnen und Historiker zum Sprechen gebracht.

Dieser erste Band der *Geschichte der Frauen* präsentiert ein historisches Panorama aus zwanzig Jahrhunderten griechischer und römischer Geschichte. Die Frauen in der Antike haben selbst kaum schriftliche Zeugnisse hinterlassen. Aber es existieren zahlreiche Texte und Bilder von Männerhand, Werke von Dichtern und Philosophen, Staatsmännern und Dramatikern, Grabinschriften, Gebäudegrundrisse, Vasenmalereien und Papyrusrollen, die Aufschluß geben über die Frauenbilder, aber auch über Lebensformen von Frauen in der Antike. Durch deren Auswertung und die detailreiche Interpretation von Mythologie, Gottesvorstellungen, Gesetzestexten, Heiratsregeln und Kultvorschriften ersteht vor uns eine in vielem fremdartige Welt weiblicher Lebenswirklichkeit und der Beziehungen zwischen den Geschlechtern. Eines der überraschenden Ergebnisse ist, daß Frauen öffentlich sehr viel präsenter waren als bisher angenommen.

GESCHICHTE DER FRAUEN

GEORGES DUBY · MICHELLE PERROT

Editorische Betreuung
der deutschen Gesamtausgabe
Heide Wunder

1
ANTIKE

Herausgegeben von Pauline Schmitt Pantel
Editorische Betreuung der deutschen Ausgabe Beate Wagner-Hasel

2
MITTELALTER

Herausgegeben von Christiane Klapisch-Zuber
Editorische Betreuung der deutschen Ausgabe Claudia Opitz

3
FRÜHE NEUZEIT

Herausgegeben von Arlette Farge und Natalie Zemon Davis
Editorische Betreuung der deutschen Ausgabe Heide Wunder und Rebekka Habermas

4
19. JAHRHUNDERT

Herausgegeben von Geneviève Fraisse und Michelle Perrot
Editorische Betreuung der deutschen Ausgabe Karin Hausen

5
20. JAHRHUNDERT

Herausgegeben von Françoise Thébaud
Editorische Betreuung der deutschen Ausgabe Gisela Bock

ANTIKE

Herausgegeben von Pauline Schmitt Pantel

Die Originalausgabe
STORIA DELLE DONNE IN OCCIDENTE,
VOL. 1 L'ANTICHITA erschien 1990 bei Editori Laterza, Rom.
Copyright © Gius. Laterza & Figli Spa, Roma-Bari, 1990.

Dieses Buch erschien erstmals im Rahmen
eines 1985 getroffenen Abkommens zwischen der Wirtschaftsstiftung
Maison des Sciences de l'Homme und dem Campus Verlag.
Das Abkommen beinhaltet die Übersetzung und gemeinsame Publikation
deutscher und französischer geistes- und sozialwissenschaftlicher Werke,
die in enger Zusammenarbeit mit Forschungseinrichtungen beider Länder
ausgewählt werden.

Lizenzausgabe mit freundlicher Genehmigung
von EULAMA Srl, Rom, www.eulama.com.
Für die Übersetzung: Campus Verlag GmbH, Frankfurt/Main
für Haffmans & Tolkemitt Verlag, Alexanderstraße 7 D - 10178 Berlin
www.haffmans-tolkemitt.de
© 2012 Haffmans & Tolkemitt für die Rechte an dieser Ausgabe

Umschlagmotiv: Attische Hydria, 2. Hälfte des 4. Jhdts. v. Chr., Rom, Villa Giulia.
Photo: Artephot-Nimatallah.
Produktion: Urs Jakob, Werkstatt im Grünen Winkel, CH-8400 Winterthur.
Druck und Bindung: Ebner und Spiegel in Ulm.
Printed in Germany.

ISBN: 978-3-942989-10-7

Sonderausgabe ISBN: 978-3-86800-508-0

INHALT

Vorwort
Eine Geschichte der Frauen
Georges Duby und Michelle Perrot 9

Einleitung
Ein Faden der Ariadne
Pauline Schmitt Pantel 21

WEIBLICHKEITSMODELLE DER ANTIKE

Kapitel 1
Was ist eine Göttin?
Nicole Loraux 33

Kapitel 2
Platon, Aristoteles und der Geschlechterunterschied
Giulia Sissa 67

Kapitel 3
Die Teilung der Geschlechter im römischen Recht
Yan Thomas 105

Kapitel 4
Frauenbilder
François Lissarrague 177

SOZIALE RITUALE UND PRAKTIKEN DER FRAUEN

Kapitel 5
Heirat im antiken Griechenland
Claudine Leduc 263

Kapitel 6
Der Körper und die Politik
Aline Rousselle 323

Kapitel 7
Die Töchter der Pandora
Louise Bruit Zaidman 375

Kapitel 8
Die Rolle der Frauen in der römischen Religion
John Scheid 417

Kapitel 9
Frauen im frühen Christentum
Monique Alexandre 451

GESTERN UND HEUTE

Kapitel 10
Bachofen, das Mutterrecht und die Alte Welt
Stella Georgoudi 497

Kapitel 11
Frauengeschichte in der Alten Geschichte
Pauline Schmitt Pantel 513

STIMMEN DER FRAUEN

Perpetua oder das Selbstbewußtsein einer Frau 529

NACHWORT

Beate Wagner-Hasel 535

ANHANG

Anmerkungen 547
Literatur 585
Sach- und Personenregister 603
Autorinnen und Autoren 618

VORWORT
EINE GESCHICHTE DER FRAUEN

Georges Duby und Michelle Perrot

Lange Zeit galt es als unvorstellbar, wenn nicht gar als anstößig, eine Geschichte der Frauen schreiben zu wollen. Können denn Frauen, die zurückgezogen im Schatten der Häuslichkeit ihr Leben den Aufgaben einer Hausfrau und Mutter widmen, überhaupt eine Geschichte haben? Bis heute wird wiederholt, was schon die Alten sagten: Frauen sind ein kühles Element, unbewegt, ein stehendes Gewässer; Männer dagegen sind feurig und aktiv. Frauen sind nur mittelbare Zeuginnen des Geschehens, die aus der Entfernung beobachten, wie sich Männer auf der Bühne gegenüberstehen und ihr Schicksal meistern. Frauen sind bisweilen Helferinnen, aber selten Akteurinnen, und sie sind – welch ein Zeichen ihrer Ohnmacht – am häufigsten Unterworfene, die den Siegern zujubeln und ihre eigene Niederlage bejammern, ewige Klageweiber, deren Chöre alle Tragödien untermalen.

Die schwachen Spuren, die sie hinterlassen haben, gehen weniger auf sie selbst zurück – »Sie waren unwissend und konnten nicht einmal Briefe lesen« – als auf die Perspektive der Männer, die regierten, das öffentliche Gedächtnis definierten und die Archive verwalteten. Die Überlieferung dessen, was Frauen taten und sagten, richtet sich nach den Auswahlkriterien, die die Schreiber im Dienste der Macht angelegt haben. Deren Aufmerksamkeit aber galt nicht dem Privaten, sondern allein dem Öffentlichen und damit einem Bereich, aus dem Frauen ausgeschlossen waren. Wenn Frauen jedoch in der Öffentlichkeit auftraten, wirkten sie ebenso beunruhigend wie ein Aufruhr und haben von Herodot bis Taine, von Livius bis zum modernen Polizeikommissar immer dieselben

Abwehrreaktionen heraufbeschworen. Sogar Volkszählungen vernachlässigten die Frauen: In Rom wurden nur Erbinnen erfaßt. Erst im 3. Jahrhundert n. Chr. ordnete Diokletian aus steuerlichen Gründen an, die
Frauen zu zählen. Für das 19. Jahrhundert unterschätzte man die Arbeit
der Frauen in der Landwirtschaft, weshalb nur der Beruf des Familienoberhaupts registriert wurde. Das Geschlechterverhältnis drückt den geschichtlichen Quellen seinen Stempel auf und macht sie für Männer und
Frauen ungleich ergiebig.

Vom Altertum bis heute steht dem Mangel an konkreten und ausführlichen Informationen eine Überfülle an Bildern und Diskursen gegenüber.
Frauen waren bildlich präsent, bevor sie beschrieben wurden, bevor über
sie erzählt wurde und lange bevor sie selbst zu Wort kamen. Die Bilderflut
scheint im umgekehrten Verhältnis zur Zurückgezogenheit der Frauen von
der Öffentlichkeit zu stehen. Göttinnen bevölkern den Olymp der Polis,
in der Frauen kein Bürgerrecht genießen; die Heilige Jungfrau thront
über Altären, an denen nur Priester Gottesdienste abhalten dürfen; Marianne verkörpert die französische Republik, die dennoch Männersache
ist. Die imaginierte, imaginäre, die phantasierte Frau ist allgegenwärtig.

Eine unserer Hauptfragen ist, wie sich das Imaginäre entwickelt hat.
Deshalb wird den Illustrationen in allen Bänden breiter Raum zugestanden. Sie sind nicht einfach als Bebilderungen zu verstehen, sondern
als Dokumente, die es zu entziffern gilt. Weder die gemalten Szenen, mit
denen im 5. Jahrhundert v. Chr. in Athen attische Vasen geschmückt wurden, noch der Bildteppich von Bayeux oder die Plakate mit öffentlichen
Bekanntmachungen breiten an sich schon ein Fresko des alltäglichen
Lebens aus. Erst deren eingehende Analyse erlaubt Rückschlüsse auf die
jeweilige Ordnung der Geschlechter. Hochzeitsriten, die die Überführung der Braut von einem Ort zum andern als eine Art Entführung
ohne Einwilligung inszenieren und die jung verheiratete Frau in ein Netz
von Gesten einbinden, die zugleich Trennung und Integration bedeuten,
lassen eine bestimmte Ehestruktur erkennen. Ebenso zeigen die Darstellungen der tugendhaften Frau als Spinnerin in einer Gesellschaft, die der
Arbeit an sich keinerlei Wert zumißt, oder das weniger plastische als
ornamentale Bild der schönen Frau Elemente einer Wahrnehmung des
Weiblichen, die den Körper gleichsam ausblendet. Nicht die Wirklichkeit
der Geschlechterbeziehung ist in diesen Bildern zu entdecken, sondern
der männliche Blick, der diese Wirklichkeit geschaffen hat und deren
Darstellung leitet.

Literarische Bilder haben mehr Tiefenschärfe. Die Wandlungsfähigkeit
der Wörter öffnet größere Spielräume als die Ikonographie mit ihren relativ starren figurativen Codes. Schreiben ist zweifellos freier und beweglicher. Dennoch regiert auch hier das von Männerphantasien bestimmte
Frauenbild. Die »Dame«, die Guillaume de Poitiers im 12. Jahrhundert

besingt, mag zwar in ihrer »edlen Liebe« als unabhängige Herrscherin über die Herzen erscheinen; doch dieser Schein sollte nicht darüber hinwegtäuschen, daß auch »diese Dichtungen nicht die Frau zeigen«, sondern »das Bild, das sich die Männer von ihr machen«, oder zumindest jenes, das sie als die Geschlechterbeziehungen bestimmendes durchsetzen möchten – eine neue Runde in einem neuen Spiel, dessen Regeln – wie immer – die Männer bestimmen. Dasselbe gilt auch für die feinsinnige romantische Liebe. »Die Frau ist eine Sklavin, die man auf den Thron erheben« (Balzac) und mit Blumen und Parfums überhäufen muß. Die Männer rühmen die Muse, preisen die Madonna, den Engel – die Unerreichbaren. In ihren Gesangvereinen entkleiden sie in schlüpfrigen Liedern »Mademoiselle Flora«, um zu prüfen, ob sie das »Hurendiplom« verdiene.[1] So verdeckt ein dichter Mantel aus Bildern die Frauen und verhüllt ihr Gesicht.

Wir sind nur allzu vertraut mit den ausufernden Diskursen, die von den Denkern, Lenkern und Wortführern aller Epochen geführt wurden. Philosophen, Theologen, Juristen, Ärzte und Moralisten haben zu allen Zeiten definiert, was Frauen sind, und vor allem, was sie tun sollen. Frauen werden vor allem durch ihren Platz in der Gesellschaft und ihre Pflichten bestimmt. Im fünften Buch des *Emile* beschreibt Rousseau Rolle und Pflichten von Sophie, die er seinem Emile als Gattin bestimmt hatte, folgendermaßen: »Den Männern gefallen, ihnen nützlich sein, ihre Liebe und Achtung erlangen, sie aufziehen, wenn sie jung, und pflegen, wenn sie alt sind, sie beraten, trösten, ihnen das Leben angenehm und süß machen, das sind die Pflichten der Frau zu allen Zeiten, und das soll sie von Kindheit an gelehrt werden.« Im Mittelalter urteilte Gilbert, Bischof von Limerick: »Die Frauen sind mit denen verheiratet und dienen denjenigen, die beten, arbeiten und kämpfen.« So sah es schon Aristoteles, und so sehen es Männer im allgemeinen. Zweifellos veränderten sich die Pflichten der Frau im Laufe der Jahrhunderte. Im 19. und 20. Jahrhundert werden die Frauen zum Wohle der Allgemeinheit dazu aufgefordert, aus ihrer Privatheit herauszutreten, um ihre Mütterlichkeit der ganzen Nation angedeihen zu lassen. Religion und Moral verstärken sich gegenseitig in ihren Vorschriften: Das heidnische wie das christliche Rom fordern Jungfräulichkeit für die Töchter und preisen Schamhaftigkeit und Keuschheit der Frauen. Von einer anständigen Frau sieht man nur das Gesicht, sagen Horaz und der heilige Paulus, und ähnlich sieht es im 19. Jahrhundert auch noch Barbey D'Aurevilly. Verschleiert und in ihr mittelalterliches Gemach oder ihr viktorianisches Heim eingeschlossen – dies sind Bilder eines nahezu zeitlosen Modells, das die Frau als von Natur aus schwach und kränklich ansieht, sie als wild und ungezügelt, ja sogar gefährlich erachtet, sobald sie nicht im Zaum gehalten wird. Zwar werden die Barrieren im Lauf der Geschichte niedriger, aber sie machen raffinierten Erziehungssystemen Platz, die auf eine Inter-

nalisierung der Normen zielen und die bis dahin unbekannte Figur des
»jungen Mädchens« und etwas später »das kleine Mädchen« hervorbringen. Nur langsam, sehr langsam wird auch die Frau schließlich zu einer
Person, auf deren Meinung Wert gelegt wird. Die Geschichte dieses
Wandels, der aus den Diskursen herauszulesen ist, steht im Zentrum
unserer *Geschichte der Frauen.*

Ebenso zentral ist die Entwicklung des Nachdenkens über die Verschiedenartigkeit der Geschlechter, die seit den Griechen die abendländische Kultur beschäftigt. Es oszilliert zwischen den athenischen oder
barocken Vorstellungen über die Mischung und Vereinbarkeit von
männlichen und weiblichen Anteilen – Androgyne, Hermaphroditen,
Transvestiten – und der traditionell beruhigenden Vorstellung von der
radikalen Differenz, von zwei mit jeweils spezifischen Merkmalen ausgestatteten Formen des Menschseins. Diese Vorstellung beruht allerdings
eher auf intuitivem Wiedererkennen denn auf wissenschaftlicher Erkenntnis.[2] Das Wissen über den weiblichen Körper, das lange Zeit behindert wurde durch die Fesseln der primären Vorstellungen, entwickelte sich langsam weiter. Von Galen bis Roussel (oder gar Freud?) ähneln
und wiederholen sich die Überlegungen zum Zusammenhang von weiblicher Physis und weiblicher Moral. Es wird noch lange dauern, bis die
Medizin alle Konsequenzen aus ihren Entdeckungen (beispielsweise der
des Eisprungs im 17. Jahrhundert) gezogen haben wird, etwa im Hinblick
auf die Physiologie der Fruchtbarkeit oder das Verständnis der weiblichen Sexualität. Aus dieser Sicht machen Fehler, Irrtümer und Beschränktheit eine Geschichte der Hindernisse aus, die – im Sinne Bache-
lards – die Vorurteile dem Bewußtsein entgegensetzen.

Die Flut von immer wiederkehrenden mythischen, mystischen, wissenschaftlichen, normativen, gelehrten und populären Diskursen, in
denen Veränderungen und Übergänge oft schwer wahrzunehmen sind,
bewirkt, daß sich diese Vorstellungen einer allgemeinen *episteme* einnisten. Diese Vorstellungen stammen von Männern, die »wir« sagen, wenn
sie von sich reden, und von »ihnen« sprechen, wenn sie die Frauen meinen. »Beginnen wir also, die Übereinstimmungen und die Unterschiede
zwischen ihrem und unserem Geschlecht zu untersuchen«, schreibt
Rousseau. Durch Status, berufliche Positionen oder eigene Entscheidungen sind diese Männer – wie etwa der Klerus – oft am weitesten von den
Frauen entfernt. Ihre Vorstellungen sind geprägt von Distanz und Scheu,
Anziehung und Angst vor diesem unverzichtbaren und unbeherrsch-
baren Anderen: Was ist denn eine Frau?

Und was sagen die Frauen? Die Geschichte der Frauen ist gewissermaßen die Geschichte ihres Mündigwerdens, das durch Männer vermittelt wurde. Sie setzten Frauen in Szene, zunächst im Theater, später im

Roman. Doch sind die Frauengestalten von der antiken Tragödie bis zur modernen Komödie oft nichts anderes als Sprachrohr der Männer oder Widerhall ihrer Ängste. Die Lysistrata des Aristophanes oder Ibsens Nora – unterschiedlich genug, einen Vergleich zu erlauben, ohne auf eine Gleichsetzung hinauszulaufen – verkörpern weniger die Emanzipation der Frau als den durch sie ausgelösten Schrecken der Männer. Dennoch bewirkte die Forderung nach Wirklichkeitsnähe, daß die Schöpfer mehr über ihre Geschöpfe in Erfahrung brachten. Frauen mit individuellem Antlitz bevölkern die Werke von Shakespeare und Racine, Balzac und Henry James. Und auch Schauspielerinnen drückten ihren Rollen einen eigenen Stempel auf. Über diesen Beruf konnten Frauen, ungeachtet aller Ausgrenzungen, Zugang zu persönlicher Identität und öffentlicher Anerkennung finden.

Mediatisiert werden auch die Ziele der Frauen in Demonstrationen, Aufständen und Unruhen. Sie wurden von Ordnungshütern, die von der Pflicht und dem Wunsch, Berichte zu schreiben und weiterzugeben, beherrscht waren, mit zunehmender Sorgfalt verzeichnet. Die Forderung nach dem Geständnis, die einem neuen Konzept der öffentlichen Ordnung entsprang, durchzieht alle Akten der Justiz und der Polizei. Die entsprechenden Protokolle vermitteln auf ihre Weise einen zaghaften, zitternden Widerhall des Lebens der kleinen Leute, also auch der Frauen.

Ob die Frauen Gehör fanden, hing von ihren Ausdrucksmöglichkeiten ab: der Geste, dem Wort, der Schrift. Die Alphabetisierung von Frauen erfolgt gewöhnlich später, manchenorts aber auch früher als die der Männer. Vor allem aber dreht es sich um das Eindringen in eine geheiligte Domäne der Männer, die immer von den fließenden Grenzen zwischen Erlaubtem und Verbotenem bestimmt ist. Erlaubt war privates Schreiben, insbesondere das von Briefen. Dem Briefeschreiben verdanken wir die ersten Texte und die ersten literarischen Werke von Frauen (Mme de Sévigné). Als später die Korrespondenz zur selbstverständlichen Frauenpflicht gehörte, wurden Briefe eine unerschöpfliche Quelle familiärer und persönlicher Informationen. Erlaubt war auch das Verfassen religiöser Schriften, die uns mit Heiligen, Mystikerinnen und Äbtissinnen (zum Beispiel Hildegard von Bingen und Herrad von Landsberg, der Autorin des *Hortus deliciarum*) bekannt machen. Wir lernen protestantische Frauen kennen, die sich der Glut der Erweckung hingaben, und Damen, die sich der moralischen Erziehung der Armen widmeten. Welche der Konfessionen hat Frauen am ehesten eigene Ausdrucksmöglichkeiten gewährt? In welcher Form war dies möglich? Naturwissenschaft, mehr und mehr auch die Geschichtswissenschaft und besonders die Philosophie waren dagegen verbotenes Terrain. Wohl auch deshalb entwickelten sich seit dem 17. Jahrhundert Dichtung und Roman zu den wichtigsten Ausdrucksmitteln der gebildeten Frauen, die sich der

Bedeutung der Sprache bewußt waren. Von nun an ging es weniger um das Schreiben als um das Publizieren, und zwar unter eigenem Namen. Anonyme Autorenschaft und der Gebrauch von Pseudonymen verwirren die Fährten zu Werken, deren Mittelmaß und moralische Redundanz die Frage aufwirft, ob die Tugendhaftigkeit der Schreibenden ihnen eine Beschränkung ihrer Ausdrucksfähigkeit abforderte. Offenbar war der Akt des Schreibens selbst schon eine so subversive Tat, daß Frauen nicht auch noch Protest oder formale Kühnheiten hätten wagen können.

Trotz vieler Rückschläge gewannen die Stimmen der Frauen im Laufe der Zeit und besonders durch die Impulse der Frauenbewegung der letzten zwei Jahrhunderte mehr Kraft. Doch wir können diese Stimme nicht für alle Zeiten in gleicher Weise hören: Jede Einmischung und jede Formulierung muß in ihren räumlichen und zeitlichen Kontext gesetzt und mit männlichen Formen des Ausdrucks verglichen werden. Denn allem Sprechen, Lesen, Schreiben, Publizieren liegt das Verhältnis der Geschlechter zu Kreativität und Kultur zugrunde.

Die Erhaltung der Spuren ist nicht weniger problematisch. Auf der Bühne der Erinnerung sind Frauen nur vage Schatten. In den öffentlichen Archiven besetzen sie nur wenige Regale, und mit der nahezu vollständigen Vernichtung privater Archive sind auch sie untergegangen. Wie viele geheime Tagebücher, wie viele Briefe wurden von gleichgültigen oder spöttischen Erben verbrannt? Wie viele Frauen haben nicht am Ende eines leidvollen Lebens aus Angst vor der Öffentlichkeit die Asche selbst verstreut? Eher schon erinnern Gegenstände an Frauen: ein Fingerhut, ein Ring, ein Meßbuch, ein Sonnenschirm, Teile der Aussteuer, ein Kleid der Großmutter, verborgene Schätze in Speichern und Schränken. Aber auch Bilder, die heute in Trachten- oder Textilmuseen ausgestellt sind, erinnern an ihre äußere Erscheinung. Ansätze für eine Archäologie des alltäglichen Lebens von Frauen finden sich in Volkskundemuseen, die dem häuslichen Leben der Frauen besondere Beachtung schenken. Seit dem 19. Jahrhundert haben Feministinnen versucht, Sammlungen aufzubauen, deren wechselnder Erfolg die marginale Bedeutung dieser Unterfangen vor Augen führt. Heute gibt es ein Netz von Bibliotheken: die Bibliothek Marguerite Durand, den Fonds Bouglé (in der Historischen Bibliothek der Stadt Paris), die Feministische Bibliothek Amsterdam, die Schlesinger Library in Harvard und viele andere.[3] In Seneca Falls wurde rund um das Haus von Elizabeth Cady Stanton vor kurzem der Women's Rights National Historical Park angelegt, der dem Gedenken an den ersten Frauenrechtskongreß (19.–20. Juli 1848) gewidmet ist. In den Vereinigten Staaten und Frankreich sind Dokumentensammlungen veröffentlicht worden. Biographische Nachschlagewerke *(Notable Women)* und feministische Lexika sind in Vorbereitung. Diese Projekte manifestieren den Bewußtseinswandel der letzten zwanzig Jahre.

Sie dokumentieren einen Forschungsdrang, den es so vorher nicht gab. Eine Geschichte der Frauen zu schreiben setzt voraus, daß man sie ernst nimmt und daß man dem Geschlechterverhältnis Einfluß auf gesellschaftliche Ereignisse und Entwicklungen zumißt. In den »Notizen« zu den *Erinnerungen des Kaisers Hadrian* hat Marguerite Yourcenar festgestellt: »Es ist auch unmöglich, eine weibliche Figur als Hauptperson zu nehmen, beispielsweise Plotina anstelle Hadrians zur Achse meiner Erzählung zu machen. Das Leben der Frau ist zu begrenzt oder zu verborgen. Wenn eine Frau über sich erzählt, ist der erste Vorwurf, der sie trifft, daß sie keine Frau mehr ist. Es ist schon schwierig genug, Männern einige Wahrheiten in den Mund zu legen.«[4] Diese Skrupel der Schriftstellerin wurden lange Zeit von den Historikern geteilt. Die griechischen Historiker sprachen wenig von den Frauen, die sie wie Kinder, Alte und Sklaven der unbestimmten Gruppe der Kriegsopfer zuordneten. Eine Ausnahme bildeten nur die Frauen der Tragödie, deren Aufruhr (*stásis*) die städtische Ordnung der Polis bedrohte.[5] Die mittelalterlichen Chronisten erinnern gern an Königinnen und edle Damen, die als Heiratskandidatinnen und Zierde der Feste unentbehrlich waren; Margarete von Burgund gegenüber war Commynes voll Ehrerbietung. Immerhin konnten Prinzessinnen Macht ausüben und sogar »berühmt« werden – ein Zeichen des Wandels von Recht und Sitten. Am Hofe Ludwigs XIV. spielten die Beziehungen der Geschlechter eine zentrale Rolle. Saint-Simon verfolgte die ungeheure Familienintrige mit steter Aufmerksamkeit und registrierte mit dem Blick des Archivars den Klatsch und die Affären der Frauen.

Von der romantischen Geschichtsschreibung wurde den Frauen eine nie gekannte Bedeutung zugesprochen. Michelet beschreibt in seiner *Geschichte Frankreichs* und mehr noch in seiner *Geschichte der Revolution* die Beziehungen der Geschlechter als Motor der Geschichte, von deren Gleichgewicht seiner Ansicht nach das der Gesellschaften abhängt. Aber indem er die Frau mit der Natur gleichsetzte, die zwischen den Polen des Wilden und des Mütterlichen oszilliert, den Mann aber mit der Kultur, geriet er in den Sog der herrschenden Interpretationen, die zur gleichen Zeit von den Anthropologen entwickelt wurden (Bachofen). Gegen Ende des 19. Jahrhunderts etablierte sich die positivistische, an vermeintlich strenger Exaktheit orientierte Geschichtswissenschaft als akademische Disziplin. Sie schloß die Frauen gleich zweifach aus: aus ihrem Forschungsfeld, da sie sich nur mit dem Öffentlichen und dem Politischen beschäftigte, und aus der Geschichtsforschung, da Frauen der Beruf der Historikerin verwehrt war. Die Geschichtswissenschaft blieb ein männliches Metier, Männer schrieben die Geschichte von Männern und gaben sie als allgemeine aus, während Fresken mit Frauenbildern die Wände der Sorbonne schmückten. Die als unbedeutend geltenden

Frauen blieben der Sittengeschichte, den Chronisten des Alltagslebens überlassen, dilettierenden Verfassern von frommen oder skandalösen Biographien oder der anekdotischen Geschichtsschreibung (z. B. Georges Lenôtre). Am Rande der »wissenschaftlichen Geschichte« etablierte sich die noch heute gängige Frauengeschichte. Sie ist erbaulich und verdummend, verführerisch und weinerlich, besonders in Frauenzeitschriften verbreitet und schmeichelt dem Massengeschmack.

Demgegenüber hat sich die Geschichte der Frauen, der wir uns mit diesem Werk verpflichtet fühlen, erst in den letzten zwanzig Jahren entwickelt. Eine ganze Reihe von Faktoren, einige näher, andere ferner liegend, hat zu ihrem Aufstieg beigetragen. Bereits im 19. Jahrhundert wurde die Familie als Keimzelle der Gesellschaft und Motor der sozialen Entwicklung wiederentdeckt. Die Familie wurde zum zentralen Thema einer historischen Anthropologie, die die Strukturen von Verwandtschaft und Sexualität und damit die Frauen in den Vordergrund rückte. Die Schule der *Annales* gab den entscheidenden Anstoß zu einer fortschreitenden Erweiterung des historischen Feldes, die das Alltagshandeln, Verhaltensweisen und kollektive »Mentalitäten« einbezieht. Die Geschlechterbeziehungen waren gleichwohl nicht das vordringlichste Interesse dieser Forschungsrichtung, die sich hauptsächlich mit ökonomischen Wechsellagen und sozialen Strukturen befaßte. Wegweisend wirkte sich auch das neue politische Denken aus, das im Gefolge der Dekolonialisierung entstand und von den Ereignissen des Mai 1968 verstärkt wurde. Es wandte sich den gesellschaftlich Ausgestoßenen zu, den Minderheiten, den Gruppen ohne Stimme und den unterdrückten Kulturen.

Die Frauenfrage wurde jedoch nicht gleich gestellt, auch eine Geschichte der Frauen ließ noch auf sich warten. Sie ist eine Frucht der Frauenbewegung und all der Fragen, die diese aufgeworfen hat. Auf ihren Versammlungen fragten die Frauen: »Wer sind wir? Woher kommen wir? Wohin gehen wir?« Diese Fragen gaben in den Universitäten die entscheidenden Anstöße für Forschung und Lehre. Engländerinnen (im Umkreis des History Workshop beispielsweise) und Amerikanerinnen spielten eine Pionierrolle. In den Vereinigten Staaten haben sich die *Women's Studies* etabliert, und es wurden verschiedene Zeitschriften wie etwa *Signs* oder *Feminist Studies* gegründet. Von den europäischen Ländern folgten zuerst Frankreich, die Bundesrepublik Deutschland, Italien und Polen als einziges Land Osteuropas, die anderen Länder später. Daher rührt auch die ungleiche Verteilung der wissenschaftlichen Arbeiten, die jedoch längst nicht mehr am Anfang stehen. Auf diese Weise hat sich eine Frauengeschichtsschreibung konstituiert, die durch den Wechsel ihrer Objekte, Methoden und Standpunkte selbst schon ihre Geschichte hat. Stand am Beginn der schlichte Wunsch, Frauen sichtbar zu machen (*Becoming Visible* lautet der Titel eines bekannten Aufsatzbandes[6]), so ist diese Geschichtsschreibung inzwischen weniger deskriptiv und sehr viel problembewußter und vielschichtiger geworden. Im Mittelpunkt der Forschungen steht jedoch das soziale Geschlecht (*gender*) und das Verhältnis der Geschlechter zueinander. Es ist keineswegs in die Ewigkeit einer unauffindbaren Natur eingeschrieben, sondern eine soziale Konstruktion, die es zu dekonstruieren gilt.

Unser Werk ordnet sich in diesen Diskurs ein. Die *Geschichte der Frauen* repräsentiert den gegenwärtigen Stand der Forschung und wurzelt in der gelungenen Begegnung zwischen der Erneuerung historischer Fragestellungen und einer »Geschichte der Frauen«. Sie fußt auf zahlreichen Forschungen, will sie aber nicht nur bilanzieren, sondern die Probleme, Fragen und Ergebnisse weiterführen.

Die Geschichte der Frauen ist Teil der abendländischen Geschichte. Wir fragen nach den Veränderungen in einer Geschichte, die oft als unwandelbar betrachtet wird und deren Widerstände manchmal tatsächlich Invarianten gleichen, und wir fragen, ob diese Veränderungen alle Dimensionen der Realität in gleicher Weise betreffen. Wir fragen nach dem Erbe, den familialen und kulturellen Überlieferungen, nach den Modellen, die Religion, Recht und Erziehung transportieren. Wir fragen nach den Wendepunkten, den entscheidenden Bruchstellen. Welche Faktoren haben in den jeweiligen Epochen Entwicklungen bewirkt? Welche Rolle spielten Ökonomie, Politik, Kultur?

Unter diesem Blickwinkel ist der Vergleich der Epochen von großem Interesse. Wir haben zwar die übliche Periodisierung der abendländischen Geschichte übernommen, weil wir meinen, daß sie auch für die Geschichte der Geschlechterverhältnisse brauchbar ist. Jeder Band ist jedoch eigenständig konzipiert, verfolgt eigene Schwerpunkte und setzt spezifische Akzente. Wir wissen nicht, ob dieser naheliegende Rahmen auf Dauer ein konzeptueller Rahmen sein kann. Es bleibt zu überprüfen, was das Aufkommen des Christentums, die Renaissance und die Reformation, die Aufklärung und die Französische Revolution, die Weltkriege in dem Bereich, der uns beschäftigt, bedeuten. Welche fundamentalen Kontinuitäten, welche wesentlichen Brüche, welche entscheidenden Ereignisse bestimmen die Geschichte der Frauen und der Geschlechterverhältnisse?

Unsere zweite Entscheidung war die Wahl des Abendlandes zwischen Mittelmeer und Atlantik. Wir konzentrieren uns zunächst auf Europa, das zuerst griechisch-römisch, dann jüdisch-christlich und kaum islamisch war. Dann kommt Europa mit seinen Expansions- und Besiedelungszonen in den Blick: Amerika, wenigstens Nordamerika. Lateinamerika konnten wir aus Mangel an entsprechenden Arbeiten nicht einbeziehen, obwohl dort der Import der iberischen Frauenbilder seit dem 16. Jahrhundert der indianischen Gesellschaft viele Probleme bereitet hat. Wir haben auch dem Einfluß der Kolonisation auf das Verhältnis zwischen Rasse und Geschlecht zu wenig Beachtung geschenkt – ein Problem, das in den Vereinigten Staaten schon früh große Bedeutung erlangt hat, da der amerikanische Feminismus des frühen 19. Jahrhunderts sich zugleich radikal gegen die Sklaverei wandte. In Europa dagegen blieb es eher peripher, ist aber deshalb nicht weniger wichtig. Diese Grenzen unserer *Geschichte der Frauen* verweisen auf die Notwendigkeit weiterer Forschung. In den orientalischen und afrikanischen Ländern wird von einer Geschichte der Frauen, die die Frauen und Männer dieser Länder schreiben werden, noch geträumt. Sie wird zweifellos völlig verschieden von der unsrigen sein, da sie einen zweifachen Blick erfordert: den auf die dort Lebenden und den auf uns. Weder der Feminismus noch unsere Vorstellungen vom Weiblichen sind universelle Werte.

Unsere Geschichte ist europabezogen und legt deshalb weniger Gewicht auf die nationalen Räume, die ohnehin nicht sehr alt sind. Das Interesse gilt vielmehr dem originären Beitrag von Frauen zu einer gemeinsamen europäischen Geschichte. Thematisch stützt sie sich auf nationale oder regionale Besonderheiten und integriert sie in eine vergleichende Pespektive. Ausgehend von den jeweiligen regionenspezifischen Verhältnissen haben sich alle Autorinnen und Autoren darum bemüht, ihren »Fall« in einen größeren Kontext zu stellen. Der Wunsch nach einer allgemeinen Geschichte läßt selbstverständlich Raum für begrenztere und kohärentere Einzelstudien, die tiefergehende Analysen erlauben. Beispiele können nicht erschöpfend sein und den Eindruck der Beliebigkeit hervorrufen, bleiben doch viele weiße Flecken bestehen. Der ungleiche Stand der Forschung und ihrer Vernetzung erklärt unser Vorgehen, ohne es zu entschuldigen. Manches Land mag sich zu Recht vernachlässigt fühlen und dadurch angeregt werden, seine eigene Frauengeschichte zu schreiben – das wäre ein schöner Erfolg!

Schließlich sollte nicht vergessen werden, daß die von uns vorgelegte Geschichte Tochter der noch unvollendeten tiefgreifenden Revolution ist, die die Beziehungen zwischen Männern und Frauen in den westlichen Gesellschaften radikal verändert. Dieser Herkunft bleibt sie verhaftet.

Drittens: Die *Geschichte der Frauen* ist vielfältig. Sie folgt unterschiedlichen, teils widersprüchlichen Gesichtspunkten und strebt nicht unbedingt eine bestimmte oder kohärente Schlußfolgerung an. Zwar bestehen zwischen denen, die zu ihr beitrugen, Übereinstimmungen – insbesondere darin, daß sie die Geschichte der Frauen ernst nehmen –, aber es gibt keine einheitliche Linie und keine verbindlichen Sprachregelungen. Auch Frauen werden im Plural gedacht, es geht um »die Frauen« und nicht »die Frau« (»die Menschen, niemals der Mensch«, sagte schon Lucien Febvre), um »Frauen« mit all den Unterschieden ihrer sozialen Lagen, ihrer religiösen Bekenntnisse, ihrer ethnischen Zuge-hörigkeiten und ihrer individuellen Lebenswege. Wir haben versucht, den Beziehungen von »Geschlecht und Klasse« sowie von »Geschlecht und Rasse« soweit es möglich war und immer, wenn die Frage sich auf-drängte, bis in ihre Widersprüche und Konfrontationen nachzuspüren und die zugrundeliegenden Probleme zu diskutieren: Gibt es – marxi-stisch gedacht – »Geschlecht als Klasse«? Gibt es eine wirkliche oder auch nur denkbare »Gemeinschaft der Frauen«? Gibt es eine Einheit des »ande-ren Geschlechts« außerhalb der Sprache? Wenn ja, worauf beruht sie?

Schließlich versteht sich diese Geschichte eher als eine der Beziehun-gen der Geschlechter als eine der Frauen. Denn zweifellos liegt hier der Kern des Problems, der die Andersartigkeit und die Identität von Frauen definiert. Die Beziehungen der Geschlechter sind unser Leitfaden, der, wie wir hoffen, die fünf Bände zusammenbindet. Wir fragen nach dem Wesen dieses Verhältnisses in den verschiedenen Epochen. Wir fragen, wie es funktioniert und wie es sich durch alle Ebenen der Repräsenta-tionen, des Wissens, der Macht und des alltäglichen Handelns zieht. Wie in der Stadt, der Arbeit, der Familie? Wie im Öffentlichen und Privaten? – eine Unterscheidung übrigens, die nicht notwendig mit der Differenz der Geschlechter gegeben ist, sondern vielmehr einer relativ verbreiteten und immer wieder neu formulierten Strategie entspricht, die Geschlech-terrollen festzuschreiben und die entsprechenden Sphären voneinander abzugrenzen. Wir gehen von einer männlichen Herrschaft aus – und daher von einer Unterordnung und Unterwerfung der Frauen –, so weit der Horizont der Geschichte reicht. Die Mehrzahl der Humanwissen-schaften einschließlich der Anthropologie ist sich hierin einig. Das Matri-archat ist ein Konzept der Anthropologen und Historiker des 19. Jahr-hunderts (Bachofen, Morgan) und ein nostalgischer Traum der ersten amerikanischen Feministinnen. In den historischen Gesellschaften, zu denen wir Zugang haben, ist davon keine Spur zu finden. Die Herrschaft der Männer zeigt vielfältige Formen und bedeutet nicht notwendig weib-liche Machtlosigkeit. Sie fordert vielmehr, das Wesen und die Ausdrucks-formen weiblicher Macht zu analysieren: Handelt es sich um Widerstand, Kompensation, Einverständnis, okkulte Gegenmächte oder List? Es gilt die Dialektik von Einfluß und Entscheidungsfähigkeit als Dialektik von der den Frauen zugeschriebenen verborgenen und schwer faßbaren Macht und der offen zu Tage liegenden Macht der Männer zu reflektieren.

Wie herrschen die Männer über die Frauen? Diese Frage ist so exi-stentiell wie politisch. Sie wird immer komplexer, je näher man der Gegenwart und der Konstituierung einer autonomen politischen Sphäre und der Demokratie kommt. Die unterschiedliche Bewertung der Frau-enrolle im Nationalsozialismus zeigt, wie kontrovers diese Frage behan-delt werden kann: Die Frauen waren zurückgedrängt in die private Sphäre, die aber aufgewertet und hochgepriesen war als ein Raum ebenso der Selbst- wie der Pflichterfüllung. Waren sie nur Opfer, oder waren sie auch Agentinnen des Systems, zu dessen Funktionieren sie beitrugen? In welchem Ausmaß sind Frauen politisch Handelnde? Jedenfalls sind die drei großen »Bastionen« der Männer: Religion, Militär und Politik den Frauen immer noch weitgehend verschlossen. Die größte Resistenz findet sich von der griechischen Polis über die Französische Revolution bis heute in der Politik. Für alle diese Bereiche wollen wir weniger Schlüsse ziehen als Fragen stellen.

Die Initiative zu dieser *Geschichte der Frauen* ging von Giuseppe und Vito Laterza aus, die Georges Duby und Michelle Perrot zu diesem Projekt anregten. Pauline Schmitt Pantel (I), Christiane Klapisch-Zuber (II), Arlette Farge und Natalie Zemon Davis (III), Geneviève Fraisse und Michelle Perrot (IV) sowie Françoise Thébaud (V) übernahmen die Herausgabe der einzelnen Bände. Diese Gruppe hat die Grundlagen des Werks gemeinsam erarbeitet und dessen Verwirklichung in Angriff genommen. Ohne sie wäre es nicht zustande gekommen. Die Herausgeberinnen haben fast siebzig ausgewiesene Autorinnen und Autoren, vorwiegend aus dem Universitätsbereich, für die Mitarbeit gewonnen. Die Auswahl erfolgte ohne Bevorzugung eines Geschlechts. Frauen sind zwar in der Mehrheit, das aber ist ein repräsentativer Ausdruck der Verhältnisse in diesem Forschungsgebiet. Die bedauerliche Unterrepräsentation einiger Länder hängt mit den fehlenden wissenschaftlichen Kontakten der Herausgeberinnen zusammen. Autorinnen und Autoren waren als freie und souveräne Verbündete gebeten, eine Synthese zwischen ihrem Schreiben und dem gestellten Thema anzustreben. Ihnen sei dafür gedankt, daß sie sich auf das Unmögliche eingelassen haben.

Ein Fazit? Selbst Flaubert hat dies abgelehnt. Wir ziehen es vor, Fragen offen zu lassen, und geben das Wort an die Frauen weiter, wie wir es am Ende eines jeden Bandes tun werden.

»Die Geschichte, die wirklich ernsthafte Geschichte interessiert mich überhaupt nicht. Und Sie?«
»Ich bin von Geschichte begeistert!«
»Das wäre ich auch gern! Ich habe aus Pflichtgefühl ein bißchen davon gelesen; aber ich sehe nichts darin, was mich nicht stört oder ärgert. Streitereien zwischen Päpsten und Königen, Kriege oder Seuchen auf jeder Seite, Männer, die nicht viel taugen, und fast keine Frauen – das ist sehr langweilig.«

(Jane Austen, *Northanger Abbey*)

Unsere Geschichte ist voller Frauen und hallt wider von deren Stimmen. Diese Geschichte ist nicht mehr langweilig.

Aus dem Französischen von Brigitte Große

Einleitung
Ein Faden der Ariadne

Pauline Schmitt Pantel

> »Wenn Herkules zu Füßen der Omphale Wolle spinnt,
> so hält ihn seine Begierde gefangen; warum ist es
> Omphale nicht gelungen, ihrer Macht Dauer zu
> verleihen?«
>
> Simone de Beauvoir, *Das andere Geschlecht*

In Absicht der weiblichen Tugenden, meine Klea, bin ich mit dem Thukydides gar nicht einerlei Meinung, da er behauptet, diejenige Frau sei die beste, welche von Fremden am wenigsten getadelt oder gelobt werde; gleich als wenn der Name einer guten Frau ebenso wie ihr Leib eingeschlossen sein und nicht vor das Haus kommen müsse. Weit artiger scheint mir jener Ausspruch des Gorgias zu sein, daß nicht die Gestalt einer Frau, aber doch der Ruhm einer Frau den Leuten bekannt werden könne. Vor allen aber gefällt mir das Gesetz der Römer, welches den Männern sowohl als den Frauen nach dem Tode das verdiente Lob widerfahren läßt. . .

Ich habe auch, deinem Wunsche gemäß, in gegenwärtiger Abhandlung den Satz, daß die Tugend eines Mannes und eines Weibes ein und ebendieselbe sei, mit Beweisen, die aus der Geschichte entlehnt sind, noch weiter zu bestätigen gesucht. . . Gesetzt nun, wir wollten, um den Satz zu behaupten, daß die Malerei der Männer und der Weiber nicht verschieden sei, ebensolche von Frauen verfertigte Gemälde ausstellen, als Apelles, Zeuxis und Nikomachos hinterlassen haben – könnte uns dann wohl jemand vorwerfen, daß es mehr unsere Absicht sei, gefällig zu sein und zu ergötzen, als zu überzeugen? Ich wenigstens glaube es nicht. Oder auch wenn wir beweisen wollten, daß die Dichtkunst oder sonst eine nachahmende Kunst bei den Männern und Weibern nicht verschieden, sondern ein und ebendieselbe sei, und deshalb die Lieder der Sappho und des Anakreon oder die Orakelsprüche der Sibylle und des Bakis miteinander verglichen – könnte man wohl diesen Beweis deswegen mit Recht tadeln, daß er den Zuhörer zu seinem größten Vergnügen bewegt, die Sache für wahr anzunehmen? – Ganz gewiß nicht. Und so kann man auch die Ähnlichkeit und den Unterschied der männlichen und weiblichen Tugend auf keine andere Art besser kennen lernen, als wenn man Handlungen und Lebensarten so wie große Kunstwerke nebeneinander stellt und nun untersucht, ob der Unternehmungsgeist der Semiramis und des Sesostris, die Klugheit der Tanaquil und des Königs Servius, die erhabene Gesinnung der Porcia und des Brutus oder des Pelopidas und der Timokleia im eigentlichen Verstande von der nämlichen Art und Beschaffenheit sei.« (Plutarch, *Moralia* 242e–243c, S. 299)

So leitet Plutarch die kurze Schrift ein, die er zu Beginn des 2. Jahrhunderts n. Chr. der ›Tugend der Frauen« *(Gynaikon Aretai)* widmet. Was er sich vorgenommen hat, ist ein schönes Programm, und was anderes könnten auch wir vorhaben, als Frauen und Männer auf gleicher Ebene stehend zu präsentieren? Das Programm des Plutarch ist besonders erstaunlich, wenn man sich daran erinnert, daß die Meinung, die Thukydides den Perikles aussprechen läßt, die herrschende Meinung der antiken Welt über die Frauen wiedergibt: je weniger man über sie spreche, desto besser sei es. Aber Plutarch hält nicht, was er verspricht: In seiner Abhandlung stellt er die männlichen und die weiblichen Tugenden nicht auf eine Ebene, und er schreibt auch kein Werk über *Das Leben berühmter Frauen*, denn das hieße, den Frauen das Recht auf eine Biographie zugestehen. Er gibt sich damit zufrieden, Handlungen und Geschehnisse der Vergessenheit zu entreißen, die seiner Meinung nach hervorragende Beispiele der weiblichen *arētē* sind (das griechische Wort bedeutet eher ›Tüchtigkeit« als ›Tugend«). Indem er in den Vordergrund stellt, was in den gemeinschaftlichen Handlungen oder individuellen Einstellungen der Frauen die Gemeinplätze der antiken Äußerungen zum Thema illustriert, verweigert er ihnen jedwedes Recht auf Besonderheit. Bei Plutarch erblicken Perikles und Fabius Maximus das Licht der Welt, bedecken sich mit Ruhm, erobern die Macht, sterben, aber Aretaphila von Kyrene, die die Stadt auf einen Schlag von zwei Tyrannen befreit hat, kehrt in ihr Frauengemach zurück und verbringt den Rest ihrer Tage bei Textilarbeiten; ebenso verbrennen die Troerinnen die Schiffe an der Tibermündung, um die Irrfahrt ihres Volkes zu beenden, und überschütten dann ihre Männer mit Liebkosungen, um Vergebung für eine solche Kühnheit zu erlangen. Von den Frauen entweder nicht zu sprechen oder sie in die Zwangsjacke eines konventionellen Bildes einzusperren, sind das die einzigen Möglichkeiten, wenn man sich für die Frauen der Antike interessiert?

Es ist ein maßloses Unterfangen, die fast 20 Jahrhunderte der griechisch-römischen Welt der Antike abdecken zu wollen und einen Raum zu durchmessen, der von den Ufern des Mittelmeers bis zu denen der Nordsee reicht, von den Säulen des Herakles bis zum Indus; sich in so verschiedenartige Zeugnisse vertiefen zu wollen wie die Gräber einer Nekropole, den Grundriß des Hauses eines Unbekannten, die an den Mauern eines Heiligtums angebrachte Inschriftenstele, eine Papyrusrolle, die auf die Wölbung einer Vase gemalte Szene und ein Stück griechische und lateinische Literatur, das zwar die Frauen nicht selbst zu Wort kommen läßt, aber doch viel von ihnen spricht. Diese Welt ist im wesentlichen ländlich, wenn man auch ihre Städte besser kennt, und sie ist eine Welt großer gesellschaftlicher Unterschiede, in der die unfreien Menschen und Fremden zwar die Mehrheit bilden, aber die Minderheit der Bürger in den Vordergrund gestellt wird. Sie ist eine bunte Welt verschiedenster Sprachen und Gebräuche, die eine vorübergehende, fließende und vielleicht oberflächliche Einheitlichkeit gekannt hat, eine Einheitlichkeit der Organisationsstruktur in Städten, d. h. einigen hundert unabhängigen Staaten, in Monarchien und in Großreichen. Natürlich kann dieser Band nicht allen lokalen Besonderheiten Rechnung tragen, übergeht wichtige Momente der Geschichte stillschweigend und wird nicht allen Zeugnissen und allen antiken Autoren gerecht. Nur eine Monographie erlaubt es beispielsweise, die Rolle der wohlhabenden Frauen im hellenistischen Boiotien oder ihren Platz im Werk des Diodor oder Ovid angemessen zu würdigen.

Dieses Buch hat nicht die Aufgabe, die umfangreiche Forschungsliteratur zu ersetzen, die es zu all diesen Themen gibt, noch erhebt es den Anspruch, eine wie immer geartete Synthese zu bieten. Es beschäftigt sich nur mit einem kleinen Teil der Fragen, die uns wichtig erschienen sind und die helfen können, den Platz der Frauen in der antiken Welt zu erfassen und grundlegende Denkmuster besser zu verstehen wie auch die juristischen Regeln und gesellschaftlichen Institutionen, die im Westen Jahrhunderte überdauert haben. Was wir uns angesichts des schwindelerregenden Umfangs der Forschungsliteratur der letzten Jahre tatsächlich gefragt haben, ist, in welchen Bereichen wir selbst am liebsten eine Bilanz gezogen, eine Standortbestimmung vorgenommen sähen. Eine beträchtliche Anzahl von Themen ist in zusammenfassenden Werken aus jüngster Zeit behandelt worden, und es schien wenig sinnvoll, sie wiederaufzunehmen; das gilt z. B. für die wirtschaftliche Rolle der Frauen in den griechischen Stadtstaaten, ihre Stellung im hellenistischen und römischen Ägypten oder ihren Platz in der römischen Familie. Im Gegensatz dazu waren ganze Bereiche in den zusammenfassenden Betrachtungen unberücksichtigt geblieben und erforderten von seiten der interessierten Leserin eine wahre Jagd nach Spezialstudien, die kennzeichnend für die oft beklagte Zersplitterung der Frauenforschung sind. Wir haben daher bevorzugt solche Gebiete behandelt, die nicht nur wichtig sind, sondern in denen die jüngste Forschung neue Erkenntnisse gebracht hat und zu denen man wenig Zugang fand, wie das z. B. für die Ikonographie gilt. Des weiteren haben wir versucht, die oft zu beobachtende ungleiche Verteilung zwischen den Untersuchungen zur griechischen Welt und der der Römer zu überwinden, und zwar nicht aus einer einfachen Abneigung gegen Ungleichmäßigkeiten heraus, sondern um zugleich den Besonderheiten und Gemeinsamkeiten dieser beiden Welten Rechnung zu tragen. So zeigt die Untersuchung spezifischer Aspekte der Lebensbedingungen römischer Frauen in vielen Punkten eine Nähe zu dem, was wir über die griechischen Frauen wissen, also Gemeinsamkeiten. Der Vergleich der rituellen Rolle der Frau in den griechischen Stadtstaaten und in Rom läßt hingegen neben Übereinstimmungen auch Unterschiede augenfällig werden. Der Wunsch, Fragestellungen einzubeziehen, die sowohl für die griechische wie für die römische Welt von grundlegender Bedeutung sind, hat den Aufbau des Bandes zum Teil mitbestimmt.

Unsere Arbeit ist vor allem den Dutzenden von Forscherinnen und Forschern verpflichtet, die durch ihre Untersuchungen einzelner Dokumente, ihre Überlegungen zur Geschichtsschreibung, ihre Stellungnahmen und ihre Diskussionen dieses Gebiet der Geschichte aus der Taufe gehoben und es aus den eingefahrenen Bahnen der »Geschichte des Alltagslebens« herausgeführt haben. Unser Buch ist ein geschichtswissenschaftliches Werk: Es verschließt sich zwar nicht den Herangehensweisen anderer Disziplinen, doch sein wesentliches Ziel bleibt historisch. Die Besonderheit der Autorinnen und Autoren ist vielleicht, daß sie alle auf ihrem jeweiligen Forschungsgebiet mit der Geschichte des Geschlechterverhältnisses in Berührung gekommen sind, ohne daraus das ausschließliche Gebiet ihrer Untersuchungen zu machen. Sie haben zwar einschlägige Aufsätze oder Artikel in Werken zur »Geschichte der Frauen« geschrieben, sind indes in so verschiedenen Gebieten zu Hause wie der Rechtsgeschichte oder der Religionsgeschichte, der politischen Geschichte oder der des christlichen Denkens ... Wir haben nicht versucht, ein Buch aus einem Guß zu schreiben, das eine durchgehende Lektüre erlaubt. Doch wir haben ein gemeinsames Ziel vor Augen: zu zeigen, inwiefern und warum eine Geschichte der Beziehungen zwischen Frauen und Männern ein wesentlicher Bestandteil der Geschichte der antiken Welt ist. Dabei wollen wir zugleich von innen wie von außen den Blick auf diese Frage lenken und versuchen, auf diesem so leicht der Polemik anheimfallenden Gebiet die Aufgabe kritischer historischer Forschung so gut wie möglich zu erfüllen.

Die in dem allgemeinen Vorwort von Georges Duby und Michelle Perrot aufgeworfenen Probleme gelten auch für diesen Band. Manche treten hier vielleicht stärker hervor, wie das Problem der Quellen. Die Antike hat nur sehr wenige schriftliche Äußerungen von Frauen hinterlassen, auch wenn der Name Sappho immer wieder genannt wird. Im wesentlichen liefern uns die Quellen also einen männlichen Blick auf die Frauen und auf die Welt, und daher dominieren in diesem Band die männlichen Äußerungen einschließlich der Ikonographie. Wenn man dieses Thema behandelt, läßt sich diese Schwierigkeit nicht umgehen. Zu diesem männlichen Blickwinkel kommt einschränkend hinzu, daß die konkreten Nachrichten über das Leben der Frauen sehr spärlich sind und wir deshalb auf die bildlichen Darstellungen als vorrangige Quelle angewiesen sind. Angesichts dieser Tatsache haben wir uns entschieden, den direkten Weg zu gehen und uns vor allem mit dem zu beschäftigen, was uns die antiken Quellen bieten: die männlichen Ansichten und Diskurse über die Frauen und allgemeiner über die soziale Rolle der Geschlechter. Diese Diskurse werden in ihrer Zeitgebundenheit betrachtet, damit man ihre Entwicklung besser beurteilen kann, beginnend mit den Griechen der archaischen Zeit, die sich ihre Göttinnen gestalteten, bis zu den Kirchenvätern, die die Figur der heiligen Märtyrerin schufen oder die der Jungfrau Maria. Die in Texten und Bildern festgehaltenen und in den Zusammenhang eingeordneten Diskurse und Ansichten betrachten wir nicht aus dem Blickwinkel der Erfahrungen von Frauen – der berechtigten Ungeduld oder gar Empörung mancher Feministinnen über dieses Manko können wir nicht entgegenkommen – und ebensowenig im Sinne der Grundlagen einer Frauenkultur, sondern als Faktor, die das Leben der Frauen in der Gesellschaft kennzeichnen, bestimmen und verändern. Nur auf diesem Wege kommen wir der Stellung der Frauen im wirtschaftlichen und sozialen Leben der griechisch-römischen Welt auf die Spur, denn die Frauen der Antike haben sich weder einer Zeitschrift noch einem Ethnologen anvertraut und so ist es nicht möglich gewesen, »die Frauen beim Wort zu nehmen«.

Wenn auch nicht die griechischen und römischen Frauen, aber vielleicht die Frauen unserer Tage? Die beiden kurzen historiographischen Ausblicke, die dieses Buch einleiten, wollen nur daran erinnern, daß die Geschichte der Frauen, die Geschichte des Verhältnisses der Geschlechter in der griechisch-römischen Welt, auch lebendige Geschichte ist, Geschichte der Vergangenheit wie unserer Tage, und daß die Autorinnen und Autoren dieses Bandes in bescheidenem Maße daran ihren Anteil haben.

Dieser Band handelt vermutlich mehr als die folgenden von Denkweisen und Bildern. Diese gilt es zunächst zu beschreiben, und das ist das erste Ziel der folgenden Kapitel. Es ist wichtig, genau zu wissen, was Aristoteles über »Geschlecht« (gender) dachte und wie das römische Recht ganz und gar auf der Trennung der Geschlechter gegründet war; zu wissen, welche weiblichen Formen das Göttliche annahm und inwiefern sie einen spezifischen Charakter hatten, oder in welcher Weise die Griechen, die Römer oder die frühen Christen in ihren ritualisierten Beziehungen mit den Gottheiten sich der Frauen bedienten. Diese Vorstellungen können dann gelegentlich »entschlüsselt« werden, aber mit Behutsamkeit und innerhalb des jeweiligen Diskurses, und man muß sich dabei vor jeder verallgemeinernden Methode hüten, die die Unterschiede verwischen würde. Schließlich muß man zwischen räumlichen Unterschieden und historischem Wandel differenzieren, und so schenken einige Untersuchungen der Bedeutung der Zeit besondere Beachtung. Es bleibt der Leserin und dem Leser überlassen zu sagen, ob am Ende der Lektüre der breite Raum, der dem Wort der Männer eingeräumt worden ist, auch helfen kann, unsere eigenen Vorstellungen vom »Geschlecht« neu zu überdenken.

Bei der Themenwahl für diesen Band ging es u. a. darum, jene antiken Modelle in den Vordergrund zu stellen, die die westlichen Denkweisen beherrscht haben und vielleicht noch heute beherrschen. Der erste Teil ist den Weiblichkeitsmodellen der antiken Welt gewidmet. Ausgangspunkt ist die Frage: »Was ist eine Göttin?«; dabei geht es Nicole Loraux nicht allein um die Frage, welche weiblichen Gottheiten es in der griechischen Götterwelt gibt, welches ihre Funktionen und ihre Bedeutung sind, sondern um die umfassendere Frage nach dem Weiblichen in seiner griechischen Ausprägung. Diese Fragestellung wird im Bereich des philosophischen Denkens von Giulia Sissa weiterverfolgt. Sie untersucht die Definition von »Geschlecht« bei Platon und Aristoteles und zeigt die Grundlagen des griechischen Denkens in Hinblick auf den jeweiligen Platz des Männlichen und des Weiblichen auf. Grundlegend ist auch der juristische Diskurs über die Trennung der Geschlechter: Yan Thomas zeigt, daß ein Grundzug des römischen Rechts in der sehr eingeschränkten Möglichkeit der Frauen liegt, Legitimität weiterzugeben, und daß das Erbrecht am Anfang der mangelnden Rechtsfähigkeit der Frauen steht. Die bildlichen Darstellungen entwerfen ein anderes Modell, das vom männlichen Blick auf die Frauen ausgeht und eine Symbolsprache schafft, die ihrerseits die ganze Kultur durchdringt. François Lissarrague öffnet unseren Blick hierfür am Beispiel der griechischen Vasenmalerei. Er zeigt einige Wege auf, die Bilder zu lesen, Wege, deren Gangbarkeit für andere Epochen – etwa die römische Welt – und für andere Arten der Darstellung – etwa die Plastik – noch zu erproben ist.

Unter dem Begriff »Weiblichkeitsmodelle« gewisse Aspekte des antiken Diskurses zusammenzufassen, bedeutet keineswegs, daß wir meinen, man könne Repräsentation und Realität, Vorstellung und Praxis voneinander trennen. Schon seit einiger Zeit weiß man, daß es eine solche scharfe Trennung nicht gibt und daß jede gesellschaftliche Institution ihre eigene Repräsentationsform hat, so wie jeder Diskurs seine eigene

Wirkung auf die Realität des Lebens ausübt. Die Unterteilung unseres Buches in die beiden Hauptteile beruht also auf keiner vorweggenommenen einheitlichen Methode. In beiden Teilen finden sich Diskursanalysen, nur stehen sie im zweiten Teil im Zusammenhang mit einzelnen Praktiken, die das Leben der Frauen bestimmen.

An erster Stelle unter diesen Praktiken steht die Heirat, die in ihrer griechischen Ausprägung betrachtet wird; Claudine Leduc untersuchte mit einer entschieden anthropologischen Perspektive die Gefahren der »freiwilligen Gabe der Frau« in dem langen Zeitraum von Homer bis in das 4. Jahrhundert in ihren von Stadt zu Stadt oft sehr unterschiedlichen Formen. Dieser Ansatz erlaubt es, in fruchtbarer Weise von neuem die Frage nach dem Verhältnis von Ehe und Bürgerrecht zu stellen. Das Schicksal der verheirateten Frau steht im Zeichen der Hervorbringung legitimer Nachkommenschaft. Die biologischen, aber auch die gesellschaftlichen und ethischen Folgen für das Leben der Frauen werden von Aline Rousselle, diesmal für die römische Welt, ins Blickfeld gerückt: Heiratsalter, Zahl der Schwangerschaften, Stellung der Matronen, Aufteilung der sexuellen Aufgaben unter den Frauen verschiedener Kategorien und langsame Herausbildung neuer Formen körperlicher Askese. Aber in unserer eigenen Vorstellung sind die antiken Frauen auch die Mänaden und die Vestalinnen, jene wahnsinnigen oder weisen Jungfrauen, deren Abenteuer an Bilderbücher erinnern, die man in der Kindheit durchgeblättert hat. Louise Bruit Zaidman verfolgt den Lebenslauf der Griechinnen von der Kindheit bis in das Erwachsenenalter im Hinblick auf ihre Mitwirkung an den Ritualen der Stadt. Sie unterstreicht dabei wichtige Punkte und beobachtet mangelnde Rechte, die John Scheid ebenfalls für Rom feststellt: der Ausschluß vom Opfer, die Rolle einer Beisitzerin an der Seite bestimmter Priester, kurz, das subtile Spiel zwischen Beteiligung und Ausschluß, das jene Zweideutigkeit des weiblichen Elements in den Bereich der Religion einführt, die in der Sphäre des Bürgerrechts, obwohl unumgänglich, doch niemals anerkannt wird. Indes ist festzustellen, und das ist ein weiterer interessanter Punkt der beiden Parallelfälle Griechenland und Rom, daß jede Gesellschaft auf andere Arten der rituellen Beteiligung der Frauen Wert legt: Weder die Matronen noch die Vestalinnen sind griechisch ... Die christlichen Frauen, als bescheidene Namenlose der ersten Anfänge der Kirche oder als emblematische Märtyrerinnen, vereinigen in sich, wie Monique Alexandre zeigt, die vorangehenden Bilder der Ehefrau, der Mutter und der Anbetenden. Sie eröffnen in dieser Hinsicht auch der antiken Welt den Übergang ins Mittelalter.

Jede Geschichtsschreibung – die »Geschichte der Frauen« genauso wie jede andere – muß eine Brücke schlagen zwischen der Vergangenheit und der Gegenwart. Die verbreitete Vertrautheit mit der antiken Welt gibt

häufig zu der Frage Anlaß, was es denn mit den Amazonen und der Frauenherrschaft in der Antike auf sich habe und ob Penelope und Klytaimnestra etwas mit dem Matriarchat zu tun hätten. Stella Georgoudi gibt
darauf Antwort, indem sie zugleich an den Inhalt und die Bedeutung von
Bachofens *Mutterrecht* erinnert und zeigt, wie neuere Untersuchungen
zur griechisch-römischen Welt radikale Kritik an allem üben, was diesem
Mythos des 19. Jahrhunderts den Anschein der Realität hätte verleihen
können. Da die Altertumswissenschaft sich im großen und ganzen
gegenüber den Untersuchungen zur Geschichte der Frauen, einem sich
rasch entwickelnden Gebiet, wenig aufgeschlossen zeigt, habe ich am
Ende des Bandes daran erinnert, welchen Platz die »Geschichte der Frau-
en« heute in der Erforschung der Geschichte des Altertums einnimmt. Ich
habe darüber hinaus kurze Verbindungstexte zwischen einigen Kapiteln
verfaßt, um den Aufbau dieses als ein Ganzes konzipierten Bandes deutlich zu machen.

Der Fall der Perpetua, der jungen Frau in Karthago zu Beginn des
3. Jahrhunderts n. Chr., die dem Tod geweiht ist, weil sie Christin ist,
markiert mit einem Hoffnungsschimmer das Ende des Weges, den die
Leserin und der Leser zurückzulegen aufgefordert sind. Dieses Buch hat
sein Ziel erreicht, wenn es all denen als Faden der Ariadne dienen kann,
die verstehen wollen, warum es Omphale nicht gelungen ist, ihrer Macht
Dauer zu verleihen.

Aus dem Französischen von Andreas Wittenburg

Eine Sklavin (rechts) frisiert eine vornehme Dame vor ihrer Hochzeit. *Neapel, Archäologisches Museum*.

Athene und Hera; Marmorstele; 403–402 v. Chr. *Athen, Akropolismuseum.*

WEIBLICHKEITS-MODELLE DER ANTIKE

Statuette der Venus oder einer Jahreszeit. *Paris, Petit Palais, Sammlung Dutuit.*

1
WAS IST EINE GÖTTIN?

Nicole Loraux

E ine Göttin, ein Sterblicher. Eine Szene aus der Tragödie, am
Ende des *Hippolytos im Kranze* von Euripides: Der junge Hippolytos liegt im Sterben, zugrunde gegangen am Fluch seines
Vaters. Artemis, dem den zerrissenen Körper von Theseus'
Sohn zurückführenden Trauerzug vorausgegangen, ist bereits da und
verleiht ihrem Unwillen Ausdruck, ihren Schützling auf diese Weise sterben lassen zu müssen – »ihn, der von allen Menschen mir der liebste
war«. Währenddessen hat man Hippolytos auf der Erde aufgebahrt. Der
göttliche Hauch eines Odems – des unbeschreibbaren Duftes der Götter
– hat seine Sinne wiedererweckt, und in seinem Körper, diesem Körper,
von dem er nichts wissen wollte und der sich ihm auf grausame Weise
in Erinnerung bringt, beschwichtigen sich die Schmerzen. Und zwischen
dem Sterblichen und der Göttin entspinnt sich ein Dialog:

»Sie ist hier an diesem Ort, die Göttin Artemis *(Ártemis theâ)?*«
»Sie ist es, Armer, deine liebste Göttin ist's.«[1]

Soi philtâtē theôn: für dich von allen Göttern die liebste. Oder: von allen
Göttinnen die liebste? In der Homerischen Sprache, die über den weiblichen Genitiv Plural *theáōn* verfügt, hätte sich die Frage nicht gestellt;
aber im klassischen Griechisch erlaubt die Form *theôn* nicht zu entscheiden, ob Artemis sich dem Kollektiv der Götter oder der weiblichen
Gruppe der Göttinnen zuordnet. Was die Zuneigung zu Hippolytos
betrifft, die Artemis in Abwesenheit ihres Getreuen äußert, so hütet sie

sich, ihr in seiner Anwesenheit noch einmal Ausdruck zu verleihen; und so ist Hippolytos auf seine eigenen Empfindungen verwiesen, in denen Artemis ihm »die liebste« ist. Von daher ein neuer Versuch, die Zurückhaltung der Göttlichen vielleicht aufzubrechen:

»Siehst du, o Herrin, wie es mir, dem Armen, geht?«
»Ich seh es, aber weinen darf das Auge nicht.« (1395–1396)

Das Unpersönliche der Antwort – die Göttin hat bis in den Gebrauch des Possessivpronomens alles Persönliche vermieden – entspricht dem Wortlaut eines Gesetzes: allen Göttern und nicht nur Artemis ist es untersagt *(ou thémis)*, über einen Sterblichen Tränen zu vergießen. Kein Zweifel freilich, daß für den darniederliegenden Hippolytos die Allgemeinheit des Gesetzes nur ein schwacher Trost ist. Denn es ist die Göttin – *diese* Göttin, von der er Zärtlichkeit und Trost begehrt, und da ist Artemis, mit der Erwiderung, der die Leiden des Menschen fliehende *Gott* überwiege in ihr das in der Welt der Menschen mit den Tränen eng verbundene *Weibliche*.

Sollte eine weibliche Gottheit nichts mit der Weiblichkeit der sterblichen Frauen gemein haben? Oder muß man diese Reserve (oder Distanz) der scheuen Jungfräulichkeit der keuschen Artemis zurechnen? Eine Entscheidung zu treffen, wäre verfrüht. Im übrigen nimmt Hippolytos, wie in einem Versuch, das Band noch einmal enger zu knüpfen, die Rede wieder auf. Das Gespräch geht weiter:

»Dein Jagdgenoß, dein treuer Diener ist dahin . . .«
»Dahin: doch auch im Scheiden bist du teuer mir.«
». . . Dein Rosselenker, deiner Gottesbilder Schutz.« (1397–1399)

Aber es sind nicht Herzensergüsse, derentwegen Artemis gekommen ist. Sie offenbart erst den Namen der an dieser Katastrophe Schuldigen – Aphrodite, die Hippolytos mißachtet hat und die sich rächt –, dann nimmt sie die dringendste Aufgabe in Angriff: die Versöhnung des Sohnes mit dem Vater. Wonach sie, selbstbeherrscht wie immer, Abschied nimmt und die Menschen sich selbst überläßt:

»Nun lebe wohl! Denn keinen Toten darf ich sehen *(ou thémis)*[2],
Nicht durch des Sterbens letzten Hauch mein Aug' entweihn,
Und eben seh ich dieser Not dich nahe schon.« (1437–1439)

Die Göttin ist schon verschwunden, wenn Hippolytos noch dabei ist, ihr – nicht ohne Bitterkeit – zu antworten:

»Du lebe wohl auch, selige Jungfrau, ziehe hin in Frieden[3]
Und löse sanft den langen trauten Seelenbund.« (1440–1441)

Hat der Sterbliche verstanden, daß er eben diesen Seelenbund *(homilía)*, auf den er so stolz ist, als sei er ein allein ihm vorbehaltenes Privileg, mit seinem Leben bezahlt? Denn Aphrodite war nicht einfach als Frau eifersüchtig, als sie im Prolog des Stückes diesen Seelenbund als nicht ziemlich für einen Sterblichen charakterisierte. Zumindest hatte sie keinerlei Mühe, die Rede einer gekränkten Gottheit zu halten. Die griechische Pietät beruht auf der Distanz zwischen Mensch und Gott[4] und es ist der Fehler des Hippolytos, ob der Süße der Nähe zu der göttlichen Jägerin eben dies vergessen zu haben. Der Umgang mit einem Gott, und sei es auf den Wanderungen eines Epheben des Waldes, ist bestenfalls belanglos, schlimmstenfalls ganz und gar maßlos.

Es könnte freilich sein – zumindest mache ich das zu meiner Hypothese –, daß Hippolytos noch einen anderen, schwieriger zu formulierenden Fehler begangen hat: Wenn er seinen Schritt an eine jungfräuliche Göttin heftet, verbindet er fraglos Verleugnung der Frau als Mutter und Hingezogensein zum Weiblichen. Zumindest legen das die sehr doppeldeutigen Worte am Anfang des Stückes nahe, die er in Erregung an Artemis richtet und die unter der Eloge auf die Keuschheit eine sehr erotisierte Beziehung verraten.[5] Hier zögert die Interpretin erneut: Liegt das Unrecht des Epheben im Verkennen, daß es Weibliches und Weibliches gibt, je nachdem, ob man mit Sterblichen oder Göttinnen zusammenkommt? Oder im Gegenteil darin, daß er sich durch die Freundschaft mit einer Göttin vor dem Geschlecht der Frauen geschützt glaubte, so als sei eine Göttin lediglich ein Gott in weiblicher Form? Wer kann sagen, ob dieses Gesetz, das Artemis ihm in der letzten Stunde in sanfter Distanz als allgemeinste Norm des Göttlichen aufzeigt, von anderen Göttinnen in Anspruch genommen würde?

Sicher, wir wissen darüber nichts, und es führt zu nichts, in einen Text mehr hineinzulesen, als seine Worte aussagen. Was nicht bedeutet, man könne sich der Rolle des Interpreten entziehen. Und im vorliegenden Fall ist die Interpretin in Verlegenheit.

Zwei Hypothesen also: »Göttin« ist nur grammatikalisch die weibliche Form des Wortes Gott und, in einer Göttin ist das Weibliche ein essentielles Charakteristikum. Die zweite Hypothese kann noch einmal aufgeteilt werden: Das Weibliche ist essentiell, weil es das gleiche ist wie in den sterblichen Frauen *oder* weil es, um sich zu unterscheiden, eine Übersteigerung davon ist. Zwischen diesen beiden Hypothesen sind wir unentwegt hin und her geglitten, endlos von der einen auf die andere verwiesen.

THEÓS, THEÁ: EINE GÖTTIN

Von weitem betrachtet, deckt sich diese Teilung einfach mit der Unterscheidung der Geschlechter: *theós* ist der Gott, *theá* die Göttin. Aber wir müssen sie genauer betrachten: dann erscheint nichts schwieriger als an diese allzu einfache Teilung zu denken.

Wie kann man »Gott« weiblich machen?

Trotz feministischer Versuche, Gott weiblich zu benennen *(He/She-God)*, scheinen alle monotheistischen Religionen in der Frage nach dem Geschlecht Gottes immer zugunsten des männlichen entschieden zu haben; die Göttinnen gehören zum Polytheismus.

Aber es genügt, den Versuch zu machen, das Göttliche in einem einzigen Prinzip zu vereinen, und der Argwohn erwacht. So problematisieren die Stoiker die Frage nach dem Geschlecht der Götter als eine schlecht gestellte Frage. Da Zeus das Ganze ist – so bei Chrysippos –, gibt es keine männlichen oder weiblichen Götter mehr, sondern lediglich mit einem grammatikalischen Genus versehene *Namen*. Und das grammatikalische Genus ist möglicherweise nur eine einfache Metapher verschiedener Aspekte des Göttlichen: »Die Stoiker behaupten, daß ein einziger Gott existiert, dessen Name nach den Handlungen und Funktionen variiert. Man kann daher sogar sagen, daß die Mächte zwei Geschlechter haben – sie sind männlich, wenn sie aktiv sind, weiblich, wenn sie von Natur passiv sind.«[6] Das Geschlecht der Götter geht also auf eine Denkoperation zurück, die die Mächte und Elemente dem Männlichen oder dem Weiblichen zuweist. Wir können daher sagen, daß die Menschen, wenn sie die Luft mit Juno (oder Hera) assoziieren, sie weiblich machen *(effeminarunt)*, weil nichts so zart ist wie die Luft. Und wenn die Götter lediglich eine Fiktion sind *(fictos deos)*, die ganz und gar die menschliche Schwäche wiedergibt, so ist der Geschlechterunterschied nur eine der Kategorien, die, wenn das Göttliche erst einmal in zwei Sparten aufgeteilt ist, lange Ketten von Synonymen zulassen: »Die Stoiker sagen, daß es nur einen einzigen Gott gibt, und eine einzige und gleiche Macht, die entsprechend ihren Funktionen von den Menschen verschiedene Namen erhält. Etwa Sonne, Apollon, Liber: Namen für dasselbe. Und entsprechend für Mond, Diana, Ceres, Juno, Proserpine . . .«[7]

Doch das sind lateinische Zitate, und es ließe sich einwenden, sie drückten eine Besonderheit der römischen *religio* aus, aber es war ein Grieche, Chrysippos, der die Kontroverse eröffnete. Kehren wir also ins Griechenland der archaischen und klassischen Epoche zurück, das für diese Studie den Rahmen abgibt. Es sind Götter und Göttinnen vorhanden und dennoch, wer sich für das Allgemeine des Göttlichen interessiert, wird feststellen, daß es als »göttliche Sache« im Neutrum benannt wird *(tò theîon)* und als Gott *(theós)* im Maskulinum.[8] Es gibt Göttinnen, aber das Göttliche wird nicht im Femininum ausgedrückt.

Tatsächlich scheinen die Religionshistoriker mit dieser geschlechtsbebezogenen Dimension nicht allzuviel anfangen zu können; sie erwähnen sie häufig nur und vergessen dann, sie zu untersuchen: so etwa Walter Burkert, der zwar die Opposition männlich/weiblich zu den ersten Differenzierungen zwischen den Göttern zählt, aber sich in der Folge lediglich für die familialen Beziehungen, die Götterpaare (bei denen der Geschlechterunterschied nicht notwendigerweise eine Rolle spielt) und die Beziehungen zwischen den Generationen junger und alter Götter interessiert.[9]

Und dennoch ist der Geschlechterunterschied in den griechischen Reflexionen über die Götter ein relevantes Kriterium, auch wenn er im Olymp nicht dieselbe Rolle spielt wie in der Welt der Menschen. Wenn Hesiod präzisiert, daß »die Götter ... alle, Frauen und Männer,«[10] an einem großen Kampf beteiligt waren, heißt das in der *Theogonie*, dem großen Bericht über die Generationenfolge der Götter, daß für die Kinder des Kronos der Augenblick der entscheidenden Schlacht gegen die Titanen gekommen ist. Keiner der Unsterblichen, ob Gott oder Göttin, hätte sich in dieser großen Schlacht dem Aufruf verweigern können. Wir können sagen, daß der Krieg in der Welt der Götter nicht wie bei den Menschen Erbteil der Männer ist. Was den Kampf angeht, ist Athena dem Ares ebenbürtig und in der Ebene von Troia sind die Göttinnen auf beiden Seiten mit ganzem Herzen an dem kriegerischen Konflikt beteiligt.

Wir müssen uns daher damit abfinden: In jeder Untersuchung über die griechischen Götter ist die Geschlechterdifferenz eine wichtige heuristische Kategorie und wir müssen uns fragen, was eine Göttin in ihren Attributen und Handlungsweisen von einem Gott unterscheidet. Um das zu beantworten, sind die vielfältigen Verschiebungen zu analysieren, denen die Kategorie des Weiblichen unterworfen ist, wenn sie von der Welt der Menschen auf die der Unsterblichen projiziert wird. Das heißt, wir müssen uns bemühen zu erfassen, wie der göttliche Status die Definition von Weiblichkeit verändert, ja sogar verfremdet.

Und wir dürfen dabei nicht vergessen, daß diese Fragen verschieden formuliert werden müssen. Es ist ein großer Unterschied, ob von der herrschenden Generation der Götter oder von den ersten Anfängen des *kósmos* die Rede ist. Wenn es darum geht, was an den Anfang zu setzen ist, werden wir uns eher fragen, ob wir von einem *»Einzigen* oder einem *Paar* oder Vielen« ausgehen sollen. »Männlich und/oder weiblich? Eine einzige *Mutter* für alle Dinge oder eine für die guten und eine für die schlechten?«[11]

Ein Problem des Genus

Die grammatikalische Ebene ermöglicht einen Einstieg. Im Griechischen heißt »Gott« *theós*, aber es gibt zwei Möglichkeiten, eine Göttin zu bezeichnen: entweder durch das Wort *theá*, die weibliche Form von *theós*, oder durch den Gebrauch des morphologisch maskulinen, aber durch den vorausgehenden weiblichen Artikel oder den Zusammenhang präzisierten Wortes *theós* selbst. So ist in den offiziellen Inschriften Athena in Athen *hē* (die) *theós*, was nicht verfehlte, Aristophanes zu Scherzen über die Stadt zu inspirieren, »wo ein als *Frau geborener Gott* steht, *bewaffnet* bis an die Zähne«.[12]

Ho theós, hē theós: der Gott, die Göttin. Ohne jeden Zweifel ist, um es in der Sprache der Prager Linguistikschule auszudrücken, in diesem Fall der Ausdruck *hē theós* die *markierte* Form des Wortes »Gott«. *Hē theós* bezeichnet zunächst ein göttliches Wesen, das zusätzlich ein weibliches Zeichen aufweist.

Nehmen wir die problematische Liebesbegegnung von Aphrodite und dem sterblichen Anchises. Die Göttin hat ein heftiges Verlangen nach dem jungen Rinderhirten erfaßt, und sie nimmt – »daß nicht Furcht ihn befalle, wenn nun er sie leibhaft erschaue« – Gestalt und Größe einer – wie sie glaubt, menschlichen – Jungfrau an. Aber Anchises täuscht sich nicht, begrüßt sie mit dem Namen Herrin und macht sich Gedanken über ihre göttliche Identität (Artemis, Aphrodite, Themis, Athena, eine Charite oder eine Nymphe?). Worauf Aphrodite mit einem Dementi antwortet: »Ich bin nicht *theós*! Was hältst du mich gar für unsterblich? Ich bin sterblich! Geboren hat mich ein Weib.«[13] Wenn es darum ginge, *theós* zu übersetzen, würde ich nicht auf das Wort »Göttin« zurückgreifen, sondern auf das Wort »Gott«, das in seiner Allgemeinheit das bezeichnet, wovon Aphrodite den Sterblichen überzeugen will: daß in ihr nichts *Göttliches* sei.

Anchises ist beruhigt und ohne mehr darüber wissen zu wollen, bereitet er der Göttin das Vergnügen, das sie von ihm erwartet. Nun kann Aphrodite eingestehen, was sie ist und im Bett des jungen Mannes nicht aufgehört hat zu sein. Die »Göttliche unter den Göttinnen« *(dîa theáōn)* erlaubt sich also eine Epiphanie, und dem armen menschlichen Liebhaber bleibt nur zu stammeln: »Göttin! Gleich als zuerst dich mein Auge erblickte, da wußte ich, daß *theós* du warst.«[14]

Du bist eine Göttin, ich habe sehr wohl das Göttliche in dir erkannt: Wie kann man besser als durch diese Verse des *Homerischen Hymnos* deutlich machen, was es in einer Göttin mit *theá* und *theós* auf sich hat? *Theós:* das Göttliche jenseits des Geschlechterunterschiedes; *theá*: eine weibliche Gottheit.

Die Göttinnen: ein System des Weiblichen?

Theaí: die Göttinnen. Ließen wir für einen Augenblick außer acht, daß *theá* immer durch *theós* ersetzt werden kann, liefen wir Gefahr, in jeder einzelnen Göttin die Verkörperung eines weiblichen »Typus« zu suchen, in der Hoffnung, aus der Gruppe der *theaí* kristallisiere sich ein symbolisches System der Weiblichkeit heraus. Aber abgesehen davon, daß diese Gruppe als solche kaum existiert, gibt es keine Hinweise dafür, daß jede Göttin, wie bestimmte Religionshistoriker es wollen, ein Archetyp oder eine Idee wäre (Hera die steife Ehefrau, Aphrodite die Verführerin, Athena die asexuelle Karrieristin . . .). So reduziert etwa Paul Friedrich, der an diesem Spiel Gefallen findet[15], Aphrodite auf ein reines Symbol der Liebe. Er ist dadurch gezwungen, all das, was in dem spezifischen Handlungsfeld der Göttin nicht direkt unter diese Rubrik fällt, außer acht zu lassen oder zu unterschätzen: ihre im Text der *Theogonie*[16] wahrnehmbaren Verbindungen zu der finsteren Schar der Kinder der Nacht, die sie zu ihrem Gefolge macht; ihre Verbindung – die nicht erotisch ist – zu dem mörderischen Ares und den ihr in manchen Städten zukommenden Beinamen *Areía*; und ihren Titel *Pándēmos*, der sie nicht, wie Platon es perfiderweise will, in die Venus am Scheideweg verwandelt, sondern an ihre Aktivität als Schutzherrin des Politischen gemahnt, die über den Zusammenhalt des Ganzen *(pân)* des Volkes *(dêmos)* wacht und die Magistrate der Städte schützt.

Nicht, daß diese Göttin in ihrer ganz unmittelbar wahrnehmbaren Gestalt nicht »eine Seite der weiblichen Realität unter Ausschluß der anderen verkörpern« könnte. Aber, wie Jean-Pierre Vernant bemerkt[17], die Distanz zur »weiblichen Kondition« der sterblichen Frauen auf der Ebene von Spannungen und Konflikten ist dann nur um so größer, da der auf diese Weise verkörperte weibliche Zug im göttlichen Zustand mit einer quasi chemischen »Reinheit« versehen wird. Man sollte diesen ersten Vorbehalt noch durch die weitere, die Dinge ganz besonders komplizierende Beobachtung nuancieren, daß, wenn die Persönlichkeit der Gottheit auch nur einigermaßen reichhaltig ist, eine solche Reinheit sich selten eingrenzen läßt. Denn die Attribute einer Gottheit sind vielfältig und ihr Aktionsfeld unendlich mannigfaltig, so daß selbst die jungfräuliche Hestia mit ihrer so spärlichen Mythologie bei Überprüfung mehr Rätsel in sich birgt, als es zunächst den Anschein hat.[18]

Oder nehmen wir das durch die »Altersstufen« der Frau oder, genauer, durch den biologisch-sozialen Zyklus begründete Schema, das eine Frau als solche bestimmt. Wird man sagen, daß Hera, weil sie in Nauplia jedes Jahr nach einem Bade in der Quelle Kanathos[19] ihre Jungfräulichkeit wiederfindet, zusätzlich zu der Reife der Ehefrau die Jungfräulichkeit des Mädchens »verkörpert«? Oder soll man, wenn es sich um ihre drei Heiligtümer in Stymphelos handelt, in denen sie als »kleines Mädchen« *(Paîs)*, als »vollendete« Frau *(Teleía)* und als »Witwe« *(Chéra)* verehrt wird[20], aus der Göttin die Verkörperung der Altersstufen der Frau machen? Das hieße, die Besonderheit der Göttin auf gravierende Weise zu verkennen, die zu keinem Zeitpunkt in der – für eine sterbliche Frau einzig und allein »vollendeten« – Gestalt der Mutter verehrt wird. Liest man die Schriften des Pausanias, erhält man ganz im Gegenteil die Gewißheit, daß diese drei Tempel keineswegs eine rein symbolische Sicht beinhalten, sondern drei Etappen der »persönlichen« *Geschichte* Heras bestätigen, einschließlich der allerletzten, in der sie dieser Version zufolge nach einem Streit mit ihrem Ehemann, der heftiger war als die sonstigen, in Stymphelos lebt – getrennt von Zeus.

Der Fall der jungfräulichen Göttinnen regt zu analogen Überlegungen an. Auch wenn Athena, Artemis und Hestia aufgrund eigener Entscheidung für immer Jungfrauen *(parthénoi)* sind, so verkörpern sie doch drei sehr verschiedene Bedeutungen dieses Zustandes: die eine ist kriegerische Jungfrau voller List und Magie, die andere wilde Jägerin, keusch, aber Beschützerin der Niederkunft, und die dritte Hüterin des Herdfeuers der Menschen, im Haus ebenso wie in der Polis.

Was den Versuch angeht, die Göttinnen auf ein familiales Schema klassifikatorischer Verwandtschaft zu projizieren, in dem Athena und Artemis die »Schwestern« symbolisieren[21], so scheint er ebenso vergeblich. Tatsächlich können lediglich Demeter und Persephone, da sie institutionell – im Kult – *Mếtếr* und *Kórế* sind, als Repräsentantinnen von Mutter und Tochter gelten; aber wenn man sich an den Mythos hält, wie ihn der *Homerische Hymnos an Demeter* erzählt, muß man wieder die »menschliche« Ebene der Erzählung, auf der das Band zwischen Mutter und Tochter als Angelpunkt der Handlung dient, und die Ebene des vollkommen eigenen göttlichen Handelns unterscheiden, innerhalb dessen die Sterblichen und ihre Ängste nur mehr eine ganz marginale Rolle spielen.[22]

Auch wenn das Wort *theá* eine weibliche Form ist und jede Skulptur *theá* in weiblichen Formen darstellt, so spricht doch nichts dafür, daß in einer Göttin das Weibliche gegenüber dem Status des Göttlichen überwiegt.

Eine Göttin, eine Frau

Überwiegt der Gott in einer Göttin? Ohne ausdrücklich als solche formuliert zu werden, hat diese Frage hinsichtlich der Homerischen Dichtung eine negative Antwort erfahren. In ihr seien es immer die »Frauen, göttliche oder sterbliche«[23], auf die sich der begehrliche Blick von Göttern und Menschen richtet.

Und dies könnte tatsächlich der Fall sein, wenn es sich um den *érōs* und die *Lust* handelt, die die heroischen oder göttlichen Männer in der sexuellen Vereinigung erfahren. Über die Lust der Götter wird in der Tat so wenig gesagt – obgleich die (wortreichen) Präliminarien und die Folgen selbstgefällig ausgebreitet werden –, daß man nicht ausschließen kann, daß Homer in diesem Punkt die Imagination der Distanz fehlte. Ansonsten ist die Sache kompliziert und verdient, daß man ein wenig bei ihr verweilt.

Es gibt ganz sicher junge Mädchen, die Göttinnen in einem Maße gleichen, daß das Auge des Sterblichen etwa Nausikaa von Artemis nicht unterscheiden kann. So etwa heißt es in dem *Homerischen Hymnos an Demeter* von den Töchtern des Königs Keleos: »es waren Vier ... Mädchenhaft blühend sahen sie aus wie Göttinnen« (108). Und es ist eine den Göttinnen gleichende Frau, als die Aphrodite dem Anchises erscheinen will, aber, wie wir wissen, das Spiel ist falsch, denn unter dem menschlichen Aussehen der Unsterblichen bricht die Göttin in ihrer Wahrheit hervor.

Von einer Sterblichen zu sagen, sie *gleiche* einer Unsterblichen, heißt, ihr etwas von dem Glanz zu verleihen, der den Körper der Götter kennzeichnet[24] (*aller* Götter, den der männlichen und der weiblichen), und etwas von dem hohen Wuchs, der der Erscheinung der Göttin eigen ist, die das Dach[25] des menschlichen Wohnsitzes berührt und einen göttlichen Duft um sich verbreitet. Wer kann sagen, ob diese Epiphanie nicht eine weitere Spielart – die theomorphe Variante – einer Metamorphose ist?[26] Der Gedanke liegt nahe, wenn wir Demeter in dem ihr gewidmeten *Homerischen Hymnos* ihre Gestalt als alte Amme gegen jene hohe und schöne Statur *austauschen* sehen[27]; wir denken es auch, wenn Aphrodite, nach der Liebesbegegnung, Anchises in ihrer ganzen Pracht erscheint: »Ewig unsterbliche Schönheit aber strahlt von den Wangen, wie man sie kennt, die schön bekränzte Kythera.«[28] Kythera ist einer der Namen der Aphrodite. Sollte die Göttin der Figur ähneln, die die Menschen von ihren Heiligtümern kennen?

Es stimmt, die Menschen verirren sich in diesem Spiel der Täuschungen. Begnügen wir uns mit einem *als ob*, da der Diskurs über die Götter schließlich eine Erfindung ist – im vorliegenden Fall eine poetische. Junge Mädchen mit Unsterblichen zu vergleichen heißt, ihnen die Quintessenz der Schönheit zuzuschreiben, denn die göttliche Schönheit ist ihrem Wesen nach »rein« und überhöht. So war Demeter in ihrer Epiphanie schön, ebenso Hera, wenn sie sich schmückt – im 14. Gesang der *Ilias* –, um Zeus zu verführen. Aber der Fall von Hera ist ganz besonders interessant, da er enthüllt, bis zu welchem Punkt das Schöne notwendiger Bestandteil von Macht ist. Hera ist nicht nur schön, sondern sie wird dargestellt als die unter den »unsterblichen Göttinnen weitaus beste Erscheinung. Kronos, der listige, zeugte sie als die Erhabenste; Rhea ward ihre Mutter; doch Zeus in unverrückbarem Ratschluß holte sie sich als ehrbare, tüchtig verständige Gattin.«[29]

So gesehen, hätte Hera durch ihre Souveränität in dem Schönheitswettstreit, über den Paris das Urteil fällt, den Sieg davontragen müssen, wenn es sich, wie Dumézil behauptet hat, tatsächlich lediglich um einen Wettstreit zwischen den drei indoeuropäischen Funktionen gehandelt hätte – unter denen der Souveränität der Vorrang gebührt.[30] Aber niemand, Mensch oder Gott, konnte Aphrodite, der Göttin des Begehrens, widerstehen. So war sie es, die den Sieg davontrug, und für die Menschen und die Götter folgte daraus der Trojanische Krieg.

Wenn die Schönheit den Göttinnen zukommt, so gehört den Frauen als Sterblichen die Stimme. Zeus weist, als er Hephaistos den Auftrag erteilt, aus Erde und Wasser ein Lebewesen herzustellen, darauf hin, daß man diesem »die menschliche Stimme (*audēn*)«[31] geben müsse, und es ist am Ende der listige Hermes, der, bevor er der von Hephaistos geschaffenen Frau-Falle den Namen Pandora gibt, ihr diese letzte Gabe einpflanzt: die Stimme (*phōnē*).[32] Es ist das Wort *audē*, welches wir hier festhalten wollen, dieses Substantiv, das alle Philologen als Bezeichnung der menschlichen Rede interpretieren.[33] Auch in der *Odyssee* ist mehrfach von einer *theós audēessa* die Rede: so im Falle von Ino, der Tochter des Kadmos, die durch ihren Tod zu göttlichen Ehren gelangt, aber im Leben als Sterbliche ganz normal mit der Stimme ausgestattet war (*brotós audēessa*). Und auch Kirke und Kalypso werden als *deinè theós audēessa*[34] bezeichnet: »schreckliche Göttin mit der menschlichen Stimme«. So konfrontieren sich in zwei kleineren Göttinnen das Göttliche und die Frau in einer Widersprüchlichkeit, deren Unstimmigkeit im Genus (eine weibliche Endung: *deinè*, eine männliche Form: *theós* und ein Weibliches: *audéssa*) suggeriert, daß sie das Unversöhnbare verbirgt.

Doch zurück zu Pandora, die über »menschliche Stimme und Leben« hinaus »den todfreien Göttinnen ähnlich . . . die lockende Schönheit des Mädchens«[35] besitzt. Pandora, die traditionell als die »erste Frau« bezeichnet wird, legt eher nahe, daß Imitation der Göttinnen keineswegs die Distanz zwischen dem Gott und dem Menschlichen aufhebt. Jean Rudhardt hat gezeigt, daß, wenn wir von der »ersten Frau« sprechen, nicht nur unterstrichen werden muß, daß diese eine *Sterbliche* ist, sondern auch, daß sie das erste weibliche Wesen in der *zivilisierten* Menschheit ist.[36] Sicher, um eine solche Behauptung aufzustellen, müssen wir die Ordnung der Hesiodschen Erzählung ein wenig umstoßen. Aber selbst wenn wir Pandora nicht als das erste menschliche weibliche Wesen ansehen[37], ist Rudhardt darin zuzustimmen, daß Pandora »eine bestimmte Neuverteilung der männlichen und weiblichen Rollen darstellt . . . sehr verschieden von der, die wir bei den Göttern vorfinden«. Das Weibliche geht bei Hesiod weit über die Person der Pandora hinaus, so daß sich die Notwendigkeit einer Untersuchung »aller weiblichen Wesen, über die er spricht, von den Monstern bis zu den Göttinnen« aufdrängt.

Kommen wir auf die Göttinnen zurück. Die Feststellung, daß eine Göttin eine Frau ist, läßt sich an verschiedenen Besonderheiten belegen. Da ist einmal die gefahrvolle Situation, in die sich ein Sterblicher durch die Verbindung mit einer Göttin bringt, vor allem wenn diese den Namen Aphrodite trägt.[38] Denken wir an Anchises' flehentliche Beschwörung: »Erbarme dich meiner! Kein Mann erfreut sich des Lebens, der mit unsterblichen Göttinnen teilte das Lager der Liebe.«[39] Auch eine Passage aus dem *Ion* von Euripides[40] macht die Gefahr deutlich, in der von dem traurigen Schicksal einiger Geliebter des Zeus berichtet wird, von der unter dem Goldregen begrabenen Danaë bis hin zu Semele, die durch den in seiner ganzen Herrlichkeit in Erscheinung tretenden allmächtigen Verführer vom Blitz erschlagen wird.[41] Um mich aber an Göttinnen zu halten, will ich zwei bisher nur kurz erwähnte Fälle etwas weiter ausführen: den der jungfräulichen Göttinnen, für die Keuschheit ein eminent göttlicher Luxus ist, für den sich zu entscheiden Sterbliche, Männer oder Frauen, nicht die Wahl haben, ohne – wie Hippolytos oder Atalante – grausam dafür bestraft zu werden[42]; und den der Hera, Schutzherrin der Ehe, aber auch zänkische Gattin und ungewisse Mutter, Hera, die Gemahlin von Zeus par excellence und zugleich seine Schwester, Hera, deren paradigmatische Verbindung in Athen angesichts des Gesetzes, das die Heirat zwischen Bruder und Schwester gestattet, wenn sie einen gemeinsamen Vater haben, sie aber verbietet, wenn sie von der gleichen Mutter stammen, ein schlichter und einfacher Inzest ist.[43]

Die göttliche Ehegattin und die jungfräulichen Göttinnen

Clémence Ramnoux hat festgestellt, daß Hera von allen in der *Ilias* geschilderten Gottheiten für die Menschen die fernste der Göttinnen ist.[44] Es wird häufig vorgebracht, sie spiegele durch diese Distanz ihren Status der Gemahlin eines starken Gottes wider, und Pindar hätte dem sicher zugestimmt, denn er eröffnet seine Siegesode mit einer Anrufung an des »Zeus' des Höchsten Schwester und der mitthronenden Hera«.[45] Doch unter dem Aspekt des Kults stellt sich das anders dar. Wenn sie in den Städten als Schutzherrin der Ehe den Titel *Teleía*, »die Vollkommene« oder »die Vollendete«, hat, so verdankt sie nach Détienne diese Ehre »ihrer exklusiven Kompetenz in dem, was für die Frau das Wort *télos* bezeichnet«, das die Erfüllung ihres Seins ausdrückt. Détienne weist auf das in Attika im Hochzeitsmonat zu Ehren der Verbindung von Zeus und Hera gefeierte Fest der Theogamien hin. Hier wird Zeus als Hera zugehörig *(Hēraîos)* eingeordnet und es ist nicht der Ehemann, sondern die Ehefrau, die für die Menschen die einladende Macht darstellt.[46] Hera bezieht ihre Macht bald daraus, daß sie »in den Armen des Zeus, des Stärksten«, ruht[47], bald aus sich selbst, bis zu dem Punkt, daß sie, nicht ohne eine gewisse Herablassung, Zeus als ihren »Bettgefährten«[48] bezeichnet. Fügen wir hinzu, daß Statuen sie häufig mit der hohen Haartracht der Großen Göttinnen zeigen. Da ist es nicht verwunderlich, daß bestimmte Religionshistoriker sie als eine Muttergöttin betrachten.[49]

Und dennoch läßt Hera als große Mutter (und ganz einfach als Mutter), so wie sie ist – als äußerst verwirrende *Teleía* – zu wünschen übrig. Erinnern wir uns an die Hera von Stymphelos, in ihrem Status als verheiratete Frau eingerahmt durch die Feier ihrer unschuldigen Jugend und die ihrer Trennung von Zeus, ohne ein Wort für eine Hera *mḗtēr*: als strebte in ihr die verheiratete Frau immer nach einem Davor oder einem Danach. Walter Burkert, der darauf hinweist[50], bemerkt auch, daß die mütterliche Dimension in der Figur der Göttin merkwürdig abwesend ist. Wenn in der *Ilias* Zeus seinem Haß auf *Ares* Ausdruck verleiht, den legitimen Sohn aus seiner Verbindung mit Hera, diesen immer Streit suchenden Gott, der seiner Mutter so sehr ähnelt, wird nichts darüber gesagt, daß Hera den ihr so ähnlichen Sohn besonders liebte. Zu erwähnen ist auch ihre schlechte Behandlung des Hephaistos oder ihre merkwürdige Neigung, sich Zeus zu entziehen, um dann Kinder zu erzeugen, die nur ihr gleichen.[51]

Kurz, Hera schützt die Ehe, aber was für eine Ehe ist die ihre! Und welche problematische Vollendung bei der, die man als *Teleía* verehrt! Wahrhaftig, die »condition féminine« existiert nur bei den Menschen.

Diese Beobachtung trifft auch auf die göttlichen Jungfrauen, die *Parthénoi*, zu. Deren Festlegung auf Keuschheit, ja selbst deren Existenz wird manchmal als charakteristisches Merkmal der griechischen Religion angesehen.[52] Es gibt drei im Olymp, über die die Verlockung des Begehrens keine Macht hat, und der *Homerische Hymnos an Aphrodite* schildert sie gleich zu Anfang, wie um die Macht der lächelnden Göttin *a contrario* zu verstärken:

»So mißachtet Athene, die eulenäugige Tochter Zeus' des Aigisschwingers, der goldenen Aphrodite Wirken. Die Taten des Ares ergötzten sie, Krieg und Gefechte, blutige Schlachten, doch auch das Bemühen um Werke der Schönheit. Sie war die erste, die irdische Handwerksleute belehrte Wagen zu baun für den Kampf und erzene, bunte Gefährte. Doch sie lehrte auch Mädchen im Hause Werke der Schönheit, legte sie jedem der Zarten ans Herz. Als zweite ergab sich Artemis auch, die lärmende Göttin mit goldener Spindel, niemals der Liebe der lieblich lächelnden Aphrodite. Sie ergötzt es den Bogen zu spannen, das Wild im Gebirge bringt sie zur Strecke; Leier und Chöre und tosendes Jauchzen, schattige Wälder liebt sie und Städte voll rechtlicher Männer. Noch eine ehrbare Jungfrau wollte nichts wissen vom Wirken Aphrodites: Histia (Hestia) wars, die der listige Kronos zeugte zuerst, doch nach Zeus', des Aigis-

schwingenden. Ratschluß wieder als Letzte. Da kam zur Erhabnen als Freier Poseidon, kam auch Apollon; doch sie verweigerte jede Bereitschaft, sagte mit Schroffheit
Nein, und was restlos ging in Erfüllung, darauf schwur sie den mächtigen Eid, indem
sie die Hände legte aufs Haupt des Zeus, des aigisschwingenden Vaters: Jungfrau
wollte sie bleiben, die hehre Göttin, für immer. Vater Zeus aber schenkte als schönen
Ersatz für die Hochzeit, daß sie nun thront in der Mitte des Hauses, fetteste Opfer werden gespendet; in allen Tempeln der Götter genießt sie Ehren und waltet für alle Menschen der göttlichen Pflichten. Drei also konnte sie nicht verlocken und täuschen die
Sinne, niemand anderer sonst ist Aphrodite entronnen, keiner der seligen Götter und
keiner der Menschen.«[53]

In ihrer widersprüchlichen Haltung als Jägerin ist Artemis die erotisierte-
ste und möglicherweise auch die schrecklichste für die, die sie beschützt.
Unter ihren Pfeilen sterben niederkommende Frauen ganz plötzlich und
Jäger, denen ihr Leben lieb ist, dürfen nicht den schönen Körper der Göttin in seiner Nacktheit beim Bade anschauen – wie es Aktaion zu seinem
Unglück tat. Euripides läßt sie den Haß aussprechen, den die unsterblichen *Parthénoi* Aphrodite entgegenbringen – »der schlimmsten Feindin
aller, die Jungfräulichkeit als ihre Lust erkoren«.[54]

Athene, sagt man, sei die am wenigsten geschlechtliche. Die Religionshistoriker zumindest lieben es, dies zu wiederholen, um das Rätsel
ihrer Geschlechtlichkeit um so sicherer zu umgehen[55], und sie gefallen
sich in der Behauptung, »die griechische Gottesidee« sei »erst im
Mädchentum der Athene von jedem geschlechtlichen Zug frei geworden«.[56] Aber es ist besser, den Dingen ins Gesicht zu sehen: daß für die
sterblichen Frauen die Jungfräulichkeit kein endgültiger Status bleiben
kann, heißt nicht, daß die Entscheidung zur Jungfräulichkeit bei den Göttinnen den gleichen Nullpunkt der Weiblichkeit darstellt. Athene selbst
ist der Beweis: Sie ist begehrenswert genug, daß der hinkende Hephaistos sie mit seinen Aufdringlichkeiten verfolgt. Wir kennen die Folgen:
die von seinem Sperma befruchtete Erde, die Geburt des Kindes Erichthonios und die immer noch jungfräuliche Athena, die den wundersamen Sprößling aufzieht.[57]

Hestia gilt als misogyn, und tatsächlich ist im Prytaneion, diesem hoch-
politischen, symbolischen Gebäude der Polis der Männer, in dem sie
bereitwillig ihren Wohnsitz nimmt, keine Frau zugelassen. Auch wenn
ihr Körper weiblich ist, »residiert sie im Haus in der doppelten Erscheinungsform der Jungfrau und der alten Frau«[58], und so gesehen würde sie
die Suche nach einer endlich, wenn nicht von jedem geschlechtlichen
(wohlgemerkt: weiblichen) Zug, so doch zumindest von jeder Vollendung im Erblühen einer erwachsenen Frau »befreiten« Gottheit sicher
besser erfüllen als Athena. Aber Hestia hat keine Geschichte, und alles,
was wir von ihr wissen, findet sich im *Homerischen Hymnos an Aphrodite*.

Mit der göttlichen Jungfräulichkeit bestätigt und kompliziert sich, was
es mit einer Göttin auf sich hat. Durch ihre Entscheidung bestätigen die

Parthénoi des Olymp, jede für sich, daß *theá* sein nicht heißt, eine Frau sein. Aber wenn wir sie alle drei zusammen betrachten, liefern sie uns einen essentiellen Beitrag zum Verständnis der göttlichen Konfiguration des Weiblichen. Denn auf diese Weise in der Etappe des *Davor* angehalten, stillgestellt, ist ihre Weiblichkeit – auf dem Hintergrund dieser »Lust, Jungfrau zu sein«, von der die Artemis des Euripides spricht – nur noch reicher zu denken. Eine Göttin = ein Gott als weiblicher? Zweifellos. Dennoch müssen wir *beide* Aspekte, Gott ebenso wie das Weibliche, als Gegenstand von Spekulation und Träumereien in der Polis der Männer beachten.

FORMEN DES GÖTTLICHEN IM WEIBLICHEN

Mit der Bezeichnung Göttinnen haben wir bislang die Göttinnen des olympischen Pantheon gemeint: die Unsterblichen, die an der Seite ihrer männlichen Besitzer[59] oder ihrer augenblicklichen Gefährten zu jenen zwölf Göttern zählen.[60] Welche wechselseitigen Abhängigkeitsbeziehungen und Überschneidungen in diesem Pantheon zwischen den Göttinnen und ihrem jeweiligen männlichen Gegenüber auch bestehen, sie sind doch Individuen.[61] Zwar können wir von ihnen nicht als göttlichen »Personen« sprechen, wenn wir Vernants Feststellung folgen, daß »die griechischen Götter Mächte sind, keine Personen«. Das bedeutet, daß »eine göttliche Macht nur durch das Netz von Beziehungen Realität hat, welches sie mit dem göttlichen System als Ganzes verbindet«.[62] Dennoch gibt es Göttinnen und weibliche Gottheiten, vielmehr: es gibt individuelle Göttinnen und das Göttliche in weiblicher Form, und ihre wesentlichen Kennzeichen sind Anzahl und Name.

Die weibliche Pluralität

In der griechischen Literatur begegnen uns nicht nur die einzelnen Persönlichkeiten, sondern auch kollektive Identitäten. So kommen etwa in der *Theogonie* nach den »traditionellen Gottheiten dreier Generationen« die »öffentlichen Chöre«[63] der Horen und Chariten. Und die Moiren, die Keren, die Nereïden und andere Okeaniden, nicht zu vergessen die furchterregenden Erinyen bzw. die Erinye, immer zugleich eine und drei.[64] Diese »multiplen« Gottheiten werden als ein Hinweis auf die »Vorliebe der Griechen für Mehrfachgestalten« angesehen[65]; die pluralen Gestalten sollen die »*Illustration* der Probleme auf göttlicher Ebene sein, die auf dem Weg zur Eroberung der Zahl aufgetaucht sind«.[66] Auch ist die

kühne These aufgestellt worden, daß »die Griechen, bevor sie von Pythagoras lernten, mit aus Punkten bestehenden Gruppen zu zählen, bereits
mit anders figurierten Gruppen von Gottheiten zählen konnten«.[67] Offensichtlich aber sind, und das wurde nicht genügend herausgestellt, diese
kollektiven Wesen meist weiblich, so als sei das Zusammentreffen von
Weiblichem und Pluralem kein Zufall.[68]

Die Vorliebe für die Vorstellung von weiblichen Gottheiten als kollektive Identität hängt sicher mit der sehr verbreiteten Neigung zusammen
zu generalisieren – oder zumindest zu *entindividualisieren* –, wenn es
sich um weibliche Gottheiten handelt (man spricht von »den Göttinnen«,
sogar von der »Rasse« der Göttinnen[69], ebenso von »den Frauen«, der »Rasse« der Frauen oder besser, den »Stämmen« der Frauen). Bemerkenswert
ist auch die Tendenz der weiblichen Chöre zur Triade, die möglicherweise einfach die prinzipielle Formulierung des Plurals ist, sofern darin
tatsächlich die Bedeutung der Zahl drei im Gegensatz zum Dualen oder
Singularen liegt.[70] Aber um dies genauer zu untersuchen, bräuchten wir
ein nur auf Griechenland bezogenes Begriffsinstrumentarium.[71] Das fehlt
uns, weshalb ich mich damit begnüge, das Problem zu formulieren und
darauf hinzuweisen, daß es ein entscheidendes ist. Bleibt das Grundlegende: Das Weibliche ist bei den Göttern zweifellos weniger homogen
als man es für die sterblichen Frauen annimmt; es ist gespalten zwischen
den starken olympischen Gestalten und den mehr oder weniger verschwommenen, einstimmig existierenden Chören.

Aber es bestehen für die weiblichen Göttinnen noch andere Formen,
der Individuation zu widerstehen. Wir sollten zum Beispiel die an einem
bestimmten Namen haftende, gleitende Identität anführen, die einmal
eine einzelne Göttin bezeichnet und ein anderes Mal eine besondere
Funktion, die verschiedene Göttinnen erfüllen können. So ist es etwa bei
Eileíthyia (»die, die angekommen ist«), deren Kommen bei einer Niederkunft die Geburt des Kindes beschleunigt. *Eileíthyia* ist eine Göttin, die
Pindar in der VII. Nemeischen Ode mit Inbrunst feiert: »Eileíthyia, Beisitzerin der tiefsinnenden Moiren, Tochter der großmächtigen Hera,
höre, die du wachst über die Geburt der Kinder! Ohne dich schauten wir
nicht das Licht, nicht die schwarze Nacht.« (1–3) Mit der Schar der Moiren verbunden und als Tochter Heras gehört die Göttin einer strikt weiblichen Welt an. So werden Artemis, aber auch Hera, wenn sie in Argos
über die Geburten wacht, als *Eileíthyia* bezeichnet. Ähnlich wird *Sótei-
ra*, die Retterin, ohne sich jemals in nur einer göttlichen Figur zu verkörpern, in Arkadien mit Artemis, in Piräus oder auf Delos mit Athena
verbunden.

Ein Schritt weiter und es sind die »vergöttlichten Abstraktionen« wie
das *Gerede*, von dem Hesiod sagt, es sei »auch eine Gottheit«[72], die er
Angelía, die Botin, nennt. Wir kennen eine Vielzahl dieser unauffälligen,

ganz in ihrem Namen verdichteten, meist eine Tugend bezeichnenden Göttinnen wieder: bei Pindar *Eunomía* (gute Ordnung), *Díkē*
(Gerechtigkeit) und deren Tochter *Hesychía* (Ruhe), *Eirénē* (Friede)
und *Níkē* (Sieg) gegenüber *Hýbris*, der schädlichen Maßlosigkeit; bei
Hesiod *Aidós* und *Némesis* (Ehrfurcht und rechtes Vergelten) oder die
schweigende Schar der Übel, denen Zeus die Stimme verweigert
hat.[73] Sie erfüllen die Welt der Sterblichen, die ihrerseits diesen wohlmeinenden Wesenheiten höchstens insgesamt »schöne Körper« zuschreiben, ohne sie jemals zu sehen und ohne auch nur den Versuch, ihnen die geringste Biographie zu geben. Aber all diese Kategorien eines weiblichen Göttlichen kommunizieren untereinander und
unter diesem Gesichtspunkt haben die unter den Menschen sehr
präsenten Abstraktionen mehr als einen Punkt mit einer sehr gefeierten, individualisierten Göttin des Olymp gemeinsam, die aber »nur in
Ansätzen zur Person geworden ist«[74]: ich habe Hestia bereits genannt,
eine »zur Hälfte geometrische Figur«[75], bei der sich die Religionshistoriker
darüber einig sind, daß sie sich »abseits der Intrigen der Mythologie« aufhält.

Stimmt es, daß »unter dem Gesichtspunkt der Macht die Opposition
zwischen dem Einzelnen und dem Allgemeinen, dem Konkreten und
dem Abstrakten nicht zum Tragen kommt«?[76] Ich würde diese Behauptung gerne modifizieren und dahingehend präzisieren, daß sie in erster
Linie für die weibliche »Macht« gilt.

Nicht unerwähnt lassen will ich die zugleich vertraute und wenig
bestimmte Gruppe der Nymphen *(Nýmphai)*, die die Bäume bewohnen[77], wohlmeinend wie Göttinnen über die Kindheit der Sterblichen
wachen[78] und sich von Ambrosia nähren. Dennoch gleichen sie in
vieler Hinsicht den Menschen, da ihr langes Leben dazu bestimmt
ist, eines Tages sein Ende zu finden. Weder Göttinnen[79] noch wirklich menschlich, können sie ebenso wie die Sterblichen unter dem
Umgang mit Göttern leiden – ich denke an den Schmerzensschrei
der Nymphe Chariklo, deren Sohn Athena blendet[80] –, aber in der
gefahrvollen Mittagsstunde können sie für Menschen, die sich in
ihrem Gefilde verirren, sehr gefährlich werden, da sie von ihnen und
ihrem Geist Besitz ergreifen. Mit der Feststellung, daß sie weder den
Sterblichen noch den Unsterblichen folgen, verknüpft der *Homerische
Hymnos an Aphrodite*[81] sie praktisch mit anderen nicht festgelegten Gestalten wie den Gorgonen (von denen zwei unsterblich sind
und eine – die Perseus tötet – sterblich), wie bestimmten umherirrenden
weiblichen Monstern, etwa Echidna, die »fern von Göttern und Menschen ist«, oder wie den Erinyen, für die sich, bei Aischylos in den
Eumeniden, Athena und die Pythia auf einen unterscheidbaren Status
einigen werden.

Gê: ohne Grenzen, aber sehr begrenzt

Wir müssen nun von der Großen Unbestimmten sprechen: *Gê*, die ungeheure Erde *(Gaîa pelórē)*[82] in ihrer Unermeßlichkeit. *Iô, gaîa maîa*: »Oh, Erde, gute Mutter!«[83] Mit diesem Ausruf hebt ein tragischer Frauenchor an. *Maîa* bedeutet kleine Mutter, gute Mutter, manchmal Großmutter und, wenn es eine Funktion in der Welt der Menschen bezeichnet, Geburtshelferin.

Gê ist all dies und noch viel mehr. Was nicht bedeutet, daß, wenn ein formelhafter Ausdruck innerhalb einer Rede einmal die *Erde* mit den Göttern vergleicht und sie zugleich von ihnen unterscheidet *(ô gê kaì theoí)*, diese, weil zuerst genannt, dazu bestimmt ist, über sie alle zu herrschen.[84] Und was ihre Beziehung zu den Menschen angeht, was soll man aus der Redewendung, daß in der Schwangerschaft »nicht die Erde das Weib, sondern das Weib die Erde nachahmt« anfangen? Platon ist der Erfinder dieser schnell zum *topos* gewordenen und seitdem bis zum Überdruß wiederholten Formel.[85] Aber da man sie bedenkenlos aus ihrem platonischen Zusammenhang gerissen hat, machte man sich nicht hinreichend klar, daß dieser in einem Pastiche einer Trauerrede ausgesprochene Satz vor weiterer Verwendung zumindest genau gelesen werden müßte.[86] Aber angesichts der Großen Erde scheinen alle Orientierungspunkte ins Wanken zu geraten, scheint jede Vorsicht zu schwinden, und in dem Drang, zum Wesentlichen zu kommen – dem Weiblichen in Großbuchstaben –, verwandeln sich die Religionshistoriker in Gläubige der *Gê*.

Die »Große Göttin« tritt als »personifizierte Mutter-Erde« in Erscheinung. Und die »Erdmütter« vermehren sich, sind »universell präsent«, wandern von Anatolien nach Griechenland und von Griechenland über das tiefste Afrika nach Japan.[87] Sicher wird hier und da eingeräumt, daß *Gê* das Weibliche »symbolisiere« oder »eine Metapher der menschlichen Mutter« sei; aber bei der ersten Gelegenheit bricht wieder der Gemeinplatz von der Nachahmung hervor, und es ist erneut die auf ihre Gebärmutter reduzierte Frau, die als »der Erdmutter sterbliches Bild« angesehen wird.[88]

Und da liegt es dann auch nahe, Demeter, zerlegt in *Dē-mếtēr* (wobei *Dē* eine Doublette von *Gê* sein soll), mit der Mutter-Erde zu identifizieren. Und ohne jene Passage bei Euripides zu bedenken, in der *Gê* mit Demeter in Verbindung gebracht und von ihr unterschieden wird[89], ohne sich daran zu stören, daß im *Homerischen Hymnos an Demeter* Gê dem Entführer gegen die verzweifelte Mutter beisteht, postuliert man die Identität der *Erde* und der Mutter der Persephone.[90] Doch es gibt auch eine andere Sicht, überraschenderweise z. B. bei Kerényi.[91] Nicht assoziative Ableitungen, sondern die Aufmerksamkeit gegenüber Unterschieden überwiegt nun, und es wird konstatiert, daß im Griechenland der

Polis der Kult der *Gê* ein politischer und »agrarischer« sei[92] oder daß im athenischen Mythos *Gê* sicher Mutter (und Nährerin) ist, aber auch *patrís*, Erde der *Väter*, und als solche klar auf die Grenzen Attikas begrenzt.[93]

Das Weitere ist eine Frage der Entscheidung. Entweder übernehmen wir die Logik von Relikten, auch wenn sie möglicherweise Teil einer »Resemantisierung« sind, oder wir halten uns an die strukturelle Kohärenz eines in all seinen Verknüpfungen mit einer gegebenen Epoche analysierten Systems. Doch das entbindet uns nicht davon, der Frage der »Muttergöttinnen« einen Stellenwert zu geben, einer Frage, die für manche Religionshistoriker ein Universalschlüssel ist, aber von den Anthropologen der griechischen Polis meist ausgespart wird.

DIE GÖTTIN: EINE SACHE DER MUTTERSCHAFT

Mét̄er

Die Große Mutter existiert, die Griechen verehrten sie, was im 2. Jahrhundert unserer Zeit im guten Abstand vom Neolithikum Pausanias bezeugt.

Die Große Mutter wird großgeschrieben oder als »Große« bezeichnet, so in Sparta und in Lykosoura in Arkadien. Manchmal wird sie einfach als *Mét̄er* bezeichnet (in Korinth und in Delphi), unter Bezug auf ihren asiatischen Ursprung häufig auch *Dindyménē* genannt (etwa in Theben, wo Pindar selbst der Göttin einen Kult sowie eine Statue geweiht haben soll[94]). Häufiger wird sie als Mutter der Götter verehrt, so in Athen, in Korinth und überall auf der Peloponnes.[95] In Dodona wird sie mit der Erde identifiziert[96], aber viel früher, im 6. Jahrhundert v. Chr., feierte der Athener Solon die »erhab'ne Mutter aller Götter . . . o dunkle Erde«.[97] Pindar verehrt sie als »Große Mutter, verehrungswürdige Göttin«, »verehrungswürdige Mutter« oder als »Kybele, Mutter der Götter« – sie ist also schon in der klassischen Epoche ganz und gar asiatisch. Ist sie es immer gewesen? Was sollen wir z. B. mit jener »göttlichen Mutter« anfangen, die die Täfelchen von Pylos erwähnen – einer mykenischen Mutter also?[98] Mögen sich die Griechen in all dem besser zurechtgefunden haben, als uns das heute möglich ist.

Viele Variationen bei einem Namen also, und es ist nicht sicher, daß es sich immer um ein und dieselbe Göttin gehandelt hat. Im Grunde wissen wir nichts Sicheres . . .[99] Aber unsere Schwierigkeiten hören hier nicht auf. Es fehlt so vieles, denn die Historiker der griechischen Religion haben die Namen der großen Mutter vervielfacht, ohne klar zu machen, ob sie sich genau überdecken oder ob sie verschiedene Arten, eine große Muttergöttin zu sein, aufzählen. In anderen Worten, was bei den Griechen schon reichlich dunkel ist, wird von modernen Gelehrten noch mehr verdunkelt.

Groß ist die Mutter und gewaltig ihr Herrschaftsbereich

Es gibt also die Mutter und die Mütter, die Große Göttin und die Große Muttergöttin, ganz zu schweigen von der Göttin. Wie sich in diesem Labyrinth von Namen zurechtfinden? Ich verzichte hier darauf und begnüge mich damit, einige in den Schriften der Anhänger der Großen Mutter immer wiederkehrende Punkte aufzudecken.

1. Die Große Mutter verweist auf den Ursprung. Um sie in der Entfaltung ihrer ganzen Ursprungsmacht zu finden, müssen wir ins Neolithikum, sogar ins Paläolithikum zurückgehen.[100] Man läßt also die stummen »weiblichen Idole« sprechen.

2. Der Herrschaftsbereich der Großen Mutter ist nicht auf Griechenland begrenzt. Er kennt keine Grenzen.[101] Daraus können wir auf die Universalität ihrer Herrschaft schließen.

3. Nach der Ausweitung die Verdichtung: Die Große Mutter wird metonymisiert durch ihre Gebärmutter, sie ist insgesamt ein Teil ihrer selbst.[102] Die Begrenzungen von Zeit und Raum so weit wie möglich zurückschieben, um die Göttin um so besser in ihrer *métra*, dem Ort des Mütterlichen im Körper der Frau, einschließen zu können – das ist die Operation, der man nicht entgehen zu können scheint. Und da die Göttin das Ganze ist, weil, wie ihre Verehrer denken, ihre Abkömmlinge keines eifersüchtigen Uranos bedürfen, um für immer in den Tiefen des mütterlichen Körpers zu bleiben[103], ist in diesem Versteck im Inneren des großen weiblichen Gefäßes alles (das Ganze?) enthalten.[104] Es folgt aus dieser Logik, daß man in diesem System russischer Puppen (ich bin auf diese Metapher gekommen, bevor ich darauf hingewiesen wurde, daß diese Puppen im Russischen *Matjroschka* heißen) die Vorstellung entwickeln müßte, daß die letzte, winzige Puppe ebenso groß ist wie die erste.

4. Die Große Mutter bezieht ihre Macht aus dieser ihr eigenen Art, ein Körper ohne Maß zu sein, und Bachofen verband ihre Herrschaft mit dem »stofflich-weiblichen Prinzip«. Er behauptete, die Herrschaft der »gynaikokratischen Kultur«[105] zeige die »Einheitlichkeit eines herrschenden Gedankens« und »all ihre Äußerungen« seien »aus einem Gusse«[106], und arbeitete daran, den Begriff einer Kultur des Körperlich-Sinnlichen auszuarbeiten.

5. Gestehen wir zu, daß die Große Mutter eine Realität ist. Sollen wir aber auch zugestehen, daß sie eine materielle Realität ist? Nichts ist weni-

ger sicher: wenn bei den als Müttern definierten Göttinnen die Mutterschaft eminent dramatisiert wird, so deshalb, weil – sagen Jung und seine Schüler – die Große Mutter vor allem *causa mentale* sei (ein »herrschender Gedanke«, würde Bachofen sagen). Und die Einheit ihrer
unteilbaren Muttergestalt läßt sich am besten begreifen, wenn man sie
eine Zeit lang in ihre entgegengesetzten Seiten als gute Mutter und als
böse Mutter aufspaltet.[107] So definiert Pierre Lévêque, dessen Weg häufig
den der furchtbaren Mutter kreuzt, diese als ein »Konzept«.[108]

Die Mutter ist also alles (oder das Ganze), wenn sie nicht dessen regu-
lative Idee ist. Als diese stellt sie auf geradezu wunderbare Weise den
Ursprung sicher, da sie der Ursprung *ist*. Zweifellos ist sie es für die Griechen, die von ihr die zwei – im übrigen sorgsam getrennten – Linien der
Götter und der Menschen ableiten. Sie ist es auch für die modernen
Historiker der griechischen Religion, die oft Trost darin zu finden scheinen, die Ungeschiedenheit der Anfänge unter die Obhut der hier und
überall gegenwärtigen großen Grenzenlosen zu stellen.

Jene Wissenschaftler, die zurück auf die Ursprünge blicken, begrenzen
ihre Feststellungen nicht auf die Vorgeschichte. Das *hic et nunc* wird
immer in einem Entwicklungszusammenhang mit dem Anfang gedacht.
So werden die olympischen Göttinnen durch die Suche nach *der* Göttin
nicht ausgespart, sei es, daß sie nun als einfache Wegmarken zur Mutter
betrachtet werden, sei es im umgekehrten Sinn als »Überbleibsel«, die
Zeugnis ablegen von dem, was war. Auf diese Weise kann die so wenig
mütterliche Hera in den Augen mancher als Große Mutter gelten. Aber
es sind die jungfräulichen Göttinnen, an die sich der Interpretationsdrang
vorzugsweise haftet, um ihnen das Eingeständnis zu entreißen, daß sie
nicht immer *parthénoi* gewesen sind. Nehmen wir beispielsweise die
Jägerin Artemis: Es genügt, aus ihr die Nachfahrin einer alten Herrin der
wilden Tiere zu machen, und schon zeichnet sich hinter dieser die anatolische Große Göttin ab. Oder auch die in ihrer Verweigerung der Ehe
doch so feste Athena: Es braucht nur ein Chor der Tragödie sie als »Mutter, Herrin und Hüterin« des attischen Bodens zu bezeichnen[109], und man
beeilt sich, sie triumphierend in ihren »ursprünglichen Zustand« zurück-
zuversetzen. Um das zu untermauern, werden wir dann daran erinnert,
daß sie in Elis in Gestalt der *Métēr* auftritt, da sie in Zeiten, »als das Land
von männlicher Jugend entblößt war« die Paare fruchtbar machte.[110]

Dennoch ist dieses Urteil ein wenig zu rasch gefällt, denn es werden
erneut Einsprüche laut, wiederum aus dem Feld der Freunde der Großen
Mutter selbst. So wendet Kerényi ein, die Bezeichnung *Métēr* berühre
nicht das »Wesen« der Athena[111], und man kann auch wie Hubert Per-
tersmann zugleich über die prähellenischen Großen Mütter arbeiten und
anerkennen, daß es in der klassischen Epoche in Griechenland wenige
Göttinnen sind, die den Titel *Métēr* erhalten, oder daß man aus dem

schlichten Zeugnis einer immer an einen besonderen Kult gebundenen Epiklese ohne weitere Beweise nicht die Existenz eines »Mutterkultes« ableiten dürfe.[112] Und mittlerweile hat sich eine Stimme erhoben, die feststellt, daß alles in allem in Griechenland *Mētēr* keine eigene Mythologie hat.[113] Was suchen also die Anhänger der Großen Mutter auf ihrer beharrlichen Suche? Das Ewig Weibliche, vielleicht . . .

Variationen über das Ewig Weibliche

Tatsächlich ist die Große Mutter, wie immer sie von den Spezialisten der alten griechischen Religion vereinnahmt werden mag, zunächst ein Archetyp, und Jung ist dessen Prophet: das ist es, was Erich Neumann in einer der Großen Mutter gewidmeten Monographie unablässig wiederholt.[114] Ein Archetyp ist ein inneres Bild, verewigt in der *psychē*; und für den seelischen Haushalt zugleich Zentrum und Ferment der Einheit. Er ist etwas Unveränderliches, oder um es anders zu sagen, »der Name dessen, was jenseits der Namen herrscht«.[115] Folglich hat es wenig zu bedeuten, daß das Wort »Mutter«, wenn es mit einer Majuskel ausgestattet ist, nicht notwendigerweise auf eine tatsächliche Mutterschaft verweist, und daß das Adjektiv »Große« lediglich »den symbolischen Überlegenheitscharakter . . . allem Menschlichen und sogar allem Kreatürlichem gegenüber«[116] ausdrückt. Wenn man diese Prämissen akzeptieren würde, wird alles einfach, ganz einfach, beunruhigend einfach. Wiederum also muß man sich mit Vereinfachungen zufrieden geben. So hat Neumann zufolge Bachofen nicht über das Mutterrecht reflektiert – das Recht, das dem Buch seinen Titel und seinen Sinn gibt, wird disqualifiziert –, sondern ganz einfach über die »Natur« der Frau.[117]

Eine immer wiederkehrende Behauptung verdient jedoch unsere Aufmerksamkeit. Schenken wir Neumann Glauben, so haben die Ägypter, als sie eine ihrer Göttinnen »die Große« nannten, dies auf rein symbolische Weise getan, um so die *unpersönliche Anonymität* des Archetyps auszudrücken, und diese Beziehung zielte auf den gleichen Effekt wie die von Goethe im zweiten Teil des *Faust* für die *Mütter* verwendete Pluralbildung.[118] Hier also ist das einzelne Weibliche generisch und der Plural wird zum Kollektiven, was uns ganz sicher an etwas erinnert; hier wird vor allem deutlich, ganz gleich, ob Singular oder Plural, generisch oder kollektiv, der Archetypus des Weiblichen oder besser, das seinem Wesen nach archetypische Weibliche kann nur in Form des Unpersönlichen, sogar des *Außerpersonalen*[119] erfaßt werden. Nun gut. Bereits Bachofen hatte, in einer reicheren Sprache, von dem den Mutterkulturen eigenen Charakter archaischer Erhabenheit ohne Beachtung der individuellen Einfärbung gesprochen.[120]

Ist die Große Mutter also Symbol des weiblichen Unpersönlichen? Das wird gesagt, und manchmal wird hinzugefügt, dieses Unpersönliche sei vereinheitlichend, weil es an das Uranfängliche rühre. So wird vom »Mythos der tätigen Weiblichkeit als weltversöhnendem Mysterium«[121] gesprochen. Aber wer bemerkt nicht, daß man in diesem Diskurs im Neutrum Gefahr läuft, wenn es nicht bereits geschehen ist, das Weibliche zu verlieren? Ganz zu schweigen von den Frauen, die offensichtlich in weiter Ferne sind.

Die *Mutter*, die *Mütter*: im Grunde sehr erbaulich, es sei denn, es wären eine furchtbare Mutter oder furchtbare Mütter. Wir aber sind hier wohl oder übel eingetaucht in die Versöhnung . . . Wir können uns in ihr wohl fühlen . . . Wir können auch finden – dies ist bei mir der Fall –, daß sowohl die so konstruierte psychische Struktur als auch das so konstruierte Weibliche gar zu sehr den Konflikt und dessen Unannehmlichkeiten ausblenden, die doch das Leben ausmachen.

Mutter und Tochter

Das Erbauliche macht dem Ergreifenden Platz, wenn es um die *Mutter* und die *Tochter* geht – wohlverstanden: um *Demeter* und *Kore*. Und die Akzente werden lyrisch gesetzt, um sie mit Hilfe vieler Großschreibungen zu feiern: »archetypische Pole des Ewig Weiblichen« – Archetypen eines Archetyps also –, »die reife Frau und die Jungfrau«, beide in sich verkörpernd »das Mysterium des Weiblichen, . . . unendlicher Erneuerung fähig«.[122]

Dies ist eine gute Gelegenheit, die Gültigkeit der unpersönlichen Verallgemeinerungen des archetypischen Denkens zu überprüfen. Innerhalb des Kultes der beiden Göttinnen, in dem die Zwei eine Variante des Einen ist, ist der Archetyp nahe daran zu triumphieren. Wir haben schon darauf hingewiesen, daß *Demeter* und *Kore* von allen Göttinnen am geeignetsten sind, die Altersstufen der Frau zu verkörpern. Aber da ist auch der Mythos und die dynamische Struktur des olympischen Götterhimmels, innerhalb dessen *Demeter* und *Kore* jeweils ihre Besonderheit haben; und da ist die Gesamtheit »griechische Religion«, in der sie – wegen der Vielzahl der Göttinnen – keinerlei gemeinsamen Nenner aufweisen.

Gemeinsam mit der Tochter ist die Mutter nicht mehr allein. Doch damit hat sie noch nicht ihr Gegenstück gefunden – das sie zweifellos nur in einem Sohn finden würde.[123] Im Gegenteil, wenn der im Kult zahlreicher Städte belegbare Plural *Dēmētéres* (»die Demeters«) tatsächlich das Paar Demeter-Kore bezeichnet, scheint die starke Präsenz Demeters ihre Tochter verdrängt zu haben. Ohne Frage verstärkt der in Athen sehr häu-

fige Gebrauch der dualen Form »die beiden Gottheiten« *(tò theó)*[124] den
Eindruck eines vollkommenen Gleichgewichts des Paares oder einer Einheit – eins in zwei, werden manche sagen.[125] Im Eleusinischen Mythos
allerdings haben Demeter und Kore auch eine Geschichte, in der ihre
jeweiligen Positionen weder austauschbar noch rein symbolisch sind –
so etwa ist das Mädchen Persephone eine von dem (sterblichen) jungen
Mädchen stark abweichende Gestalt.[126] Außerdem dürfen wir den Unterschied zwischen Mythos und Kult nicht übersehen.

Wir sollten uns deshalb hüten, die Form des kultischen Paares zu verallgemeinern, was manchmal bis zu der Behauptung führt, daß *alle* griechischen Mutter-Göttinnen sich in zwei grundlegende Kategorien aufteilten, in die fruchtbaren Mütter und in die jungfräulichen Töchter.[127]
Wenn wir diese Unterscheidungen im Auge behalten, zeigt sich, daß die
enge Verbindung Demeter-Kore in sich zweifellos ein spezifisches Phänomen innerhalb der griechischen Religion ist, und es daher unnötig ist,
nach Parallelen in anderen Regionen oder in der dunklen Fülle der Vorgeschichte zu suchen.[128]

Serien

Betrachten wir für einen Augenblick jene Assimilationsketten (A = x = y
= z = Mutter), die den Anhängern der Großen Göttin ermöglichen, die
Individualität der Göttinnen auszulöschen, indem sie jede Göttin auf eine
andere und diese andere auf eine Mutter zurückführen, als seien im
Weiblichen im Gegensatz zu den männlichen Göttern die göttlichen
Gestalten immer untereinander austauschbar. So läßt sich von Äquiva-
lenzen, sogar von Umwandlungen sprechen: Artemis ist dann identisch
mit der Großen Göttin Kleinasiens, Gorgo mit Artemis-Hekate oder die
zornige Göttin mit . . . Demeter, Ischtar, Hathor, Hekate (von Griechenland zurück nach Griechenland über Mesopotamien und eine ägyptische
Hypostase). Man löst Aphrodite auf in die Usas (die indoeuropäische
Aurora), die Kybeles und wiederum die Ischtars, ganz zu schweigen vom
ganzen »Arsenal von Aphroditoïden« (Helena, Thetis, Penelope, Kalypso,
Kirke, Ino, Nausikaa u. a.).[129] Was Pandora betrifft – für Hesiod die, der
»alle Bewohner des Himmels ihre Gabe gegeben« haben –, wird man von
der »Sinnverkehrung« ihres Namens sprechen, dem sehr alten Namen
einer universellen Spenderin; so wird Pandora auch verknüpft mit der
Erdmutter, die sie ebenso ist.[130]

Marie Delcourt warnte wiederholt vor einer solchen Sichtweise – auch
wenn sie selbst sich ihr nicht immer entziehen konnte –, weil die griechische Mythologie »eine Sprache« sei, »in der es keine Synonyme gibt«.[131]
Damit soll nicht gesagt werden, daß die Griechen sich nicht selbst die-

sem Spiel überlassen hätten (sie dürften selbst bereits alle Interpretationen vorgebracht haben, die moderne Autoren vertreten). So etwa der Kaiser Julian, der *Gê* oder *Mếtēr* mit Rhea identifiziert oder Demeter in die Mutter-Erde verwandelt.[132] Aber solche Zeugnisse stammen entweder aus späten Epochen oder aus mystischen Sekten, und die klassische Orthodoxie der griechischen Religion kennt sie im allgemeinen nicht.

Wenn wir die Frage der »Serie« auf diese Weise behandeln[133], stoßen wir ein weiteres Mal auf die Neigung griechischer Theologen ebenso wie der Religionshistoriker, zwischen dem Weiblichen und dem Plural eine besondere Beziehung herzustellen. Aber ich will mich auf dieses Problem hier nicht noch einmal einlassen.

Gott die Mutter?

Die entscheidende Frage ist, ob die Große Mutter tatsächlich geherrscht hat. Jene Gelehrten, die daran glaubten, haben sich eine Große Göttin an der Spitze des Pantheon vorgestellt – eines im übrigen formenlosen Pantheon, da die Macht der Göttin anderen wenig Platz läßt. Zugleich Mutter und groß, ist sie allen Göttern überlegen.[134] *She-God*, so wird uns gesagt, war vor *He-God* oder, um den Ausdruck von Marie Moscovici zu übernehmen, »Gott-die-Mutter« vor »Gott-dem-Vater«.[135]

Doch natürlich widersprechen Historiker einer solchen Sichtweise. So stellt z. B. Walter Burkert fest, »daß auch schon die minoische Religion« – von der angenommen wird, sie sei vorgriechisch und daher gleichgültig gegenüber der Huldigung des Vaters – »einem Polytheismus, nicht einem Quasi-Monotheismus der ›Großen Göttin‹ huldigte«.[136] Aber wer diese Art Einwände äußert, müßte sich im klaren darüber sein, daß der Glaube an die Große Mutter bei den Gläubigen stärker ist als jede dagegen angehende Argumentation. Und so fügt Burkert selbst hinzu, in diesem Bereich sei alles Sache der Deutung, und meint damit wohl Spekulation.[137]

Für mich ist die Große Mutter-Göttin ein *Phantasma*, ein sehr mächtiges Phantasma, das sich erstaunlich hartnäckig gegen alle Formen der Kritik behauptet. Es vereint die Anhängerinnen eines Matriarchats und die Bewunderer einer ursprünglichen großen Trösterin. Diese Übereinstimmung von bestimmten Feministinnen und akademischen Lehrstuhlinhabern ist schon überraschend. Doch halten wir uns an die letzteren, da es ihr Denken ist, das uns beschäftigt hat.

Was haben wir davon, wenn wir den Ursprung an die Autorität einer einzigen, mütterlichen Gestalt binden? Wir befriedigen in uns – möglicherweise unbewußt – die Sehnsucht nach den ununterschiedenen Ursprüngen. Aber es könnte auch um den Versuch gehen, die Kultur der Väter reinzuwaschen, so wie Freud meint – der möglicherweise an die Existenz eines frühen Matriarchats glaubte, aber gegenüber der Großen Göttin voller Mißtrauen war –, daß das sich durchsetzende Patriarchat die Muttergottheiten gleichsam zur Kompensation[138] erfand. Ich bewundere die Kühnheit dieser These, die die verschwommenen Evidenzen und harmonisierenden Verallgemeinerungen umkehrt und aus der Mutter eine sekundäre Konstruktion macht. Fern der Jungschen Archetypenlehre ebenso wie der von Rank, der »eine ursprüngliche Mutter« postulierte, die in allen späteren Repräsentationen negiert würde[139], behauptet Freud, daß, wann immer den Müttern ihre Machtansprüche verwehrt wurden, diese Zuschreibung aller Macht in der Vergangenheit nichts anderes bedeutet, als eine Gegenwart fortzusetzen, in der sie wenig oder keine haben. Es gibt ein Einst und ein Jetzt. Und das Einst begründet das Jetzt.[140]

Devī

An dieser Stelle scheint mir ein Exkurs ins hinduistische Indien lehrreich. Dort herrscht eine in ihrer Macht unbestrittene Göttin, die ganz schlicht die *Göttin* genannt wird: *Devī*. Gut und furchtbar zugleich, ist sie so allgegenwärtig, daß manche religiöse Bewegungen sie über den männlichen Aspekt der Gottheit stellen. Haben wir in ihr endlich – und ohne Ambiguität – eine Große Göttin gefunden?

Die Argumentation Madeleine Biardeaus, von der ich diese Darstellung übernehme, setzt vielen Spekulationen ein Ende. Ältere Göttinnen mögen existiert haben, schreibt sie, aber »es ist fruchtbarer zu beobachten, auf welche Weise sich der Platz der Göttin innerhalb des Hinduismus herausgebildet hat: [. . .] die Behauptung eines fremden Ursprungs [dieses Elementes] gibt uns keinerlei Auskunft über das, was möglicherweise außerhalb der ihm seine jetzige Bedeutung verleihenden Struktur war.«[141] Sicher wird die Göttin »Mutter der Welt« genannt, aber sie hat keine Kinder, und wir können, da es im Hinduismus um die sterbliche Frau geht, bereits in dem Denksystem, das aus ihr als erstes eine Gemahlin und erst an zweiter Stelle eine Mutter macht, »ein Indiz« dafür sehen, daß »das berühmte Passepartout-Konzept einer Muttergöttin nicht die Bedeutung hat, die die moderne Wissenschaft ihm in Indien geben wollte.«[142] Tatsächlich ist die Göttin – eine der Formen des großen Schiwa – bisexuell, zuweilen, wenn sie sich in ihren Tempel zurückzieht, nur Jungfrau, und wenn sie Kriegerin ist und an »dem Opfer der Schlacht« Gefallen findet, ersetzt sie das Männliche, aus dem sie hervorgegangen ist, vortrefflich. Indem sie alle Befleckung, vor allem die des vergossenen Blutes, auf sich nimmt, entlastet sie den reinen Gott von der Unreinheit, die man mit jedem Schlag im Kampf gegen die Dämonen auf sich lädt.[143]

Diese Deutung ist sehr aufschlußreich für ein besseres Verständnis der griechischen Gegebenheiten. Ich sehe in ihr einen zusätzlichen Beweis dafür, daß, wenn wir ein Pantheon als ein strukturiertes Ganzes betrachten, letztlich nichts dazu berechtigt, die alte (zwar verdeckte, aber immer noch gegenwärtige) Vorrangstellung einer Großen Göttin der Anfänge zu proklamieren. Doch der Drang zur Mutter ist stärker als alle kritischen Darlegungen. Ob im Paläolithikum oder am anderen Ende der Welt, die Große Mutter wird in der Phantasie ihrer Anhänger immer wiedererstehen.

DAS WEIBLICHE IN DER GESCHICHTE DER GÖTTER

Auch wenn die Göttin keine griechische Besonderheit ist, werde ich zum Schluß versuchen, griechisch zu sprechen, weil wir am Beispiel Griechenlands gut erkennen können, was es mit den Göttinnen in der »Geschichte« der Götter auf sich hat, so wie sie, meist in gleichem Wortlaut, von einer Stadt zur anderen erzählt wurde.[144] Es ist Zeit, den Griechen das Wort zu geben, genauer Hesiod, dessen Werk im Griechenland der Polis die Rolle einer Theologie zukam. Zu diesem Zweck werde ich ein weiteres Mal die zugleich getreue und eigenständige Lesart der *Theogonie* zum Leitfaden nehmen, die Clémence Ramnoux vorgestellt hat.[145]

Wenn die große Ahnin sich verdoppelt

Die Geschichte beginnt anders als erwartet, denn am Anfang gab es *zwei* Mütter. Es gibt Gaia, die Erde, das ist bekannt. Und es gibt auch die – furchtbare – Nacht, vor der in der *Ilias* selbst Zeus, wie sehr er auch grollte, innehielt, so sehr fürchtete er, ihr zu mißfallen.[146] Die Nacht ist geachtete Mutter, auch nach theologischer Vorstellung.[147] Daß diese Verdoppelung des Ursprungs nicht jedermann gefällt, liegt auf der Hand, und so hat man versucht, den Stellenwert der Nacht zu verringern. Doch da ist der Text von Hesiod und es lohnt sich, ihn näher zu betrachten.

Fraglos geht die Erde der Nacht lange voraus. Die Erde hat von Anfang an existiert, unmittelbar nach dem Chaos. Sie hat den Himmel *(Ouranós)* nicht so sehr als Sohn, sondern eher als einen ihr ebenbürtigen Partner geboren. Das Chaos brachte die Nacht hervor. Aber so, als sei diese erste Zeit für nichts gewesen (eine Zeit nur dazu, daß die Erde nicht allein ist), spielt sich alles nur zwischen der Erde und der Nacht ab. Kaum hat die Erde ein Wesen geboren, das sie ganz umfangen kann, schon vereint sie sich mit ihm in Liebe. Die Folge ist bekannt: die Erzeugung schrecklicher

Kinder, die der Vater haßt und in die Tiefen der Mutter zurückstößt, die erstickend und stöhnend ihren Letztgeborenen, Kronos, mit einer Sichel bewaffnet in den Hinterhalt stellt. Und Uranos wird kastriert. Die zweite Generation kann endlich das Licht erblicken.

Während dieser Zeit gebiert die aus dem uranfänglichen Chaos hervorgegangene Nacht ohne Liebe, durch Teilung[148], eine Nachkommenschaft, die all dem gleicht, was die Griechen als negativ ansehen. So entspricht Rhea, Tochter der Erde und Mutter der Olympier, exakt *Éris* (Streit), Tochter der Nacht und Mutter zahlreicher Sprößlinge, von denen nur das Unheil (*Átē*) und der (Mein-)Eid (*Hórkos*), dieser »Fluch . . . der Menschen«, genannt seien. Kein Zweifel, daß angesichts des Charakters der beiden Nachkommenschaften die Symmetrie keineswegs eine formale ist: auf der einen Seite Götter – *die* Götter –, auf der anderen weibliche Gruppen (die Hesperiden, die Moiren, die Keren) und – so wird gesagt – »Abstraktionen« (aber da diese Abstraktionen das Leben der Menschen bestimmen, könnten wir sie ebenso gut als Vergegenwärtigungen bezeichnen). Es könnte aber auch sein, daß eine solche Dissymmetrie vor allem den deutlichen Gegensatz zweier Erzeugungsarten aufdeckt: die eine durch Vereinigung, die andere durch Teilung[149]; die eine, die die Götter mit den Menschen teilen, die andere nur den Göttern vorbehalten – oder zumindest in der Welt der Menschen nicht denkbar, obwohl Aristoteles sie manchmal in der Welt der Tiere wiederzufinden meint. Die Parthenogenese, ganz und gar göttlich und also ein Mirakel: die Nacht hat ohne jegliche Beteiligung des männlichen Prinzips für sich allein geboren, während die Erde, bevor sie sich gegen die unersättliche Umarmung des Himmels auflehnte, sich viele Male mit ihm in Liebe vereint hatte. Clémence Ramnoux hat häufig und zu Recht auf der Bedeutung insistiert, die die bis in die frühesten Anfänge zurückzuverfolgende Vorstellung von der Erzeugung durch Teilung hatte. Tatsächlich zeichnet sich mit diesem *adýnaton* in der Welt der Götter die Vorstellung einer in sich geschlossenen und von Anfang an getrennten Weiblichkeit ab – ohne Zweifel eine bedrohliche Vorstellung.

Im Gegensatz zu den Göttern, die nur für sich selbst zu existieren scheinen, sind die Kinder der Nacht in die Welt gesetzt worden, um die Städte der Menschen mit Not und Elend zu erfüllen. Wer weiß, ob das »Geschlecht der Frauen« mit dieser Drohung eines ihm immer möglichen Rückzugs auf sich selbst nicht die Nacht imitiert? Hier zeichnet sich implizit eine ganz andere Nachahmung ab, die nicht, wie der *topos* es will, von der Frau zur Erde führt, sondern von *den* Frauen als unzugänglichem Geschlecht zur Nacht, dem ursprünglichen Paradigma. Diese Hypothese ist meines Wissens für Griechenland nie formuliert worden, aber sie ist es wert, ausgesprochen zu werden.

Noch einmal Hera

Aber ich komme noch einmal auf die Götter zurück. Eros hat die Geburten der Götter gelenkt, alles ist in Ordnung. Außer, daß das *Vergessen*, Kind der Nacht (*Léthē:* eine Tochter also), daran zu arbeiten scheint, die Zeit der Göttergenerationen vergänglich zu machen. Drei weibliche Generationen, Gaia, Rhea, Hera, – sogar vier, wenn man zugesteht, daß die Erde zugleich Mutter des Himmels und Mutter seiner Kinder ist –, und drei männliche: Uranos, Kronos und Zeus, wobei, »über die Frau« gezählt, die Olympier der vierten Generation angehören.[150] Aber »es ist ein Gesetz, daß die Götter sich in dem Maße entfernen, wie ihre Generation in der Vergangenheit versinkt«[151]; Aischylos bezeugt es: er weiß, daß ein Tag kommen wird, an dem sogar die Existenz des Uranos vergessen sein wird, da Kronos selbst »gegangen« ist.[152] Bleibt Zeus, der die Bewegung zu seinen Gunsten anhält: er vermeidet mit viel Geschick die Geburt jedes Nachfolgers, der mächtiger sein könnte als er selbst.[153]

Über diese Geste, durch die Zeus, der nicht die Absicht hat, zum reinen Patronym zu werden, jede bedeutsame Fortpflanzung verhindert, gäbe es viel zu sagen, angefangen mit seiner Art, »die jungfräulichen Töchter um seine Vaterschaft zu gruppieren«.[154] Aber mich interessiert, was mit den Müttern geschieht. Und die Sache ist nicht so einfach.

In den ersten Generationen besitzen sie alle Macht, wenn sie – wie Gaia oder Rhea – ihren letztgeborenen Sohn vor der Gewalt des Vaters schützen. Aber wir wissen, daß dieser Prozeß mit Hera ins Stocken gerät. Dazu kommt, daß die archaischen Mütter in dieser Geschichte offen das Spiel dessen spielen, der nicht aufhören wird, sich selbst als »Vater der Götter und der Menschen« zu bezeichnen, da er Nachfolger der gestürzten Väter zweier Generationen ist. So sind es in der *Theogonie* die weisen Ratschläge der alten Gaia, die die Götter nach der Niederlage der Titanen, die freilich die eigenen Söhne der Erde sind, dazu bewegen, Zeus als ihren König und Herrscher anzuerkennen.[155] Möglicherweise gelingt es Gaia auf diese Weise, gleichzeitig mit den Göttern gefeiert zu werden; von ihnen unterschieden, ohne dominierend zu sein, wie es die Propheten der Großen Mutter gerne wollen. So tritt sie auf in den *Weihgußträgerinnen*, wo Elektra die »Götter und [die] Erde [und] Dike auch, die Sieg verleiht«, anruft. Hier sind die Göttergenerationen unentwirrbar vermengt, da die Erde, die älteste Ahnin, an zweiter Stelle genannt wird, nach den Göttern und neben Dike (Gerechtigkeit), die zu den Horen, Töchter des Zeus und der Themis, zählt.[156] Wir können in dem komplizenhaften Wohlwollen der Gaia einen Effekt des Hesiodschen Berichts sehen, der ohne Frage letztlich darauf zielt, die Mütter abzuweisen, und der sie zu Beginn in ihrer Allmacht einsetzt, nur um sie ihnen um so besser entziehen zu können – mit der bemerkenswerten Besonderheit, daß

Zeus ihre Zustimmung zu seiner Thronbesteigung von Anfang an erworben hatte. Aber es ist auch wahr, daß es ihnen dadurch gelingt – Gaia zumindest, sicherer als Rhea –, nicht wie die ersten Väter in Vergessenheit zu versinken: wir beten immer zur großen Erde, aber wer würde ein Gebet an Uranos richten?

Allein Hera protestiert, und aus gutem Grund. Sie weiß, daß Zeus der Komplizenschaft zwischen den Müttern und ihren Jüngsten ein Ende gesetzt hat und daß aus ihr kein dem Vater überlegener Sohn hervorgegangen ist, dem sie Beistand leisten könnte.[157] Sie ist ihrem Ehegemahl ebenbürtig, aber mit der alten Vorrangstellung der Göttinnen ist Schluß. Hera versucht sich zu rächen, und zwar mit dem zänkischen und streitsüchtigen Charakter, der ihr seit Homer so häufig nachgesagt wird. Aber das ist nur eine psychologische und daher oberflächliche Interpretation der Verbitterung Heras. Ihre wirkliche Rache besteht darin, allein, ohne Liebe, ohne Partner zu gebären. Und das mehr als einmal, denn Hephaistos, Hebe (die Jugend) und selbst Ares (aus dem freilich die *Ilias* einen sicher ungeliebten, aber immerhin legitimen Sohn des Zeus machte) sind die Frucht parthenogenetischer Schwangerschaften.

Können wir deshalb sagen, sie wollte »den Beweis erbringen, daß sie Mutter und Vater zugleich sein kann« oder daß »sie sich den Vater einverleibt«?[158] Abgesehen davon, daß Einverleibung eher Sache des Zeus ist, der *Metis* »tatsächlich« verschlingt, um alleiniger Erzeuger der Athena zu sein, trifft wohl eher zu, daß in Hera der Wunsch nach Geburten für sich allein »an die Schöpfungen der ganz autonomen Mächte anknüpft« – die der Nacht, aber auch die ihrer Vorfahrin, der Erde.[159] Hera also zu den Quellen der allmächtigen Mutterschaft zurückkehrend? Schon wenden die Anhänger der Großen Göttin ein, sie hätten recht gehabt, in Hera eine Große Mutter zu vermuten, und versichern, daß ihre Sprache die authentisch griechische des Hesiodschen Mythos sei. Aber wir sollten nicht vergessen, daß für einen Griechen der historischen Zeit (für Hesiod also) real nur das ewig Gegenwärtige ist: die immerwährende Zeit der Herrschaft des Zeus. Zweifellos ist die Geschichte der Götter nicht vollkommen linear: sie kennt Versuche und Irrtümer, Rückwendungen und Vorwegnahmen. Und die Geburten der Hera, wie bemerkenswert sie auch sein mögen, wiederholen die Vergangenheit, aber sie wiederholen sie schlecht. Wir können in ihnen ebenso ein Scheitern sehen, insofern sie keinen unbestrittenen Sohn hervorbringen. Ramnoux zieht daraus die Lehre: »Das Gespenst der alleinigen Mutter verfolgt Griechenland tatsächlich, ebenso wie das Gespenst der Mutter ohne Liebe. Für den allerersten Anfang akzeptieren wir es: es war eben notwendig, daß die Frau das erste männliche Wesen gebar, um mit ihm das erste Liebespaar zu bilden. Aber danach trägt eine solche Geburt immer schlechte Früchte.«[160]

So muß sich die »mit archaischen Reminiszenzen ihrer mächtigen Ahnen belastete, unwirsche Hera« wohl oder übel mit dem Status der Zeus-Gemahlin zufrieden geben. Wenn sie »Frau mit Einfluß«[161] ist, verdankt sie diese Position weder ihren Talenten als Göttin noch wirklich dem Schrecken, den sie als furchtbare Mutter Zeus einflößte. Denn es ist immer sie, die vor ihm zurückweicht, und um ihn zu mißbrauchen, bleibt ihr schließlich nur ein Mittel: sie muß jenes Begehren *(érōs)* entfachen, das allein Aphrodite beherrscht, um sich mit ihrem Ehegemahl zu vereinen und auf diese Weise die Wachsamkeit des *Vaters* eine Zeitlang abzulenken.

Einst und jetzt

Der Mythos sagt uns, daß es einst Göttinnen gegeben hat. Ob wir dies nun für die getreue Spur einer vergangenen, aber (prä)historischen Vergangenheit halten oder ob wir in ihr die Konstruktion eines für den Bericht des weiteren notwendigen Anfangs sehen: für die Anhänger der Großen Mutter wäre es besser, bei dieser Aussage nicht zu rasch zu triumphieren. Denn nach dem Einst kommt das Jetzt, und die Religionshistoriker, die es mit dem Vater halten, können mit den Göttinnen der *Theogonie* gut leben, weil sie wissen, daß das Weitere unvermeidlicherweise kommen wird: »Jetzt herrscht Zeus Vater.«

Ich muß mich hier darauf beschränken, einige Zitate von Walter Otto anzuführen, der 1929 einer deutschen Öffentlichkeit sein Buch *Die Götter Griechenlands* vorlegte oder, genauer, *Das Bild des Göttlichen im Spiegel des griechischen Geistes* – denn dieser Untertitel sagt mehr aus als der eigentliche Titel des Werkes. Ihm zufolge »[herrscht] in der vorgeschichtlichen Religion ... das weibliche Wesen«, während die Herrschaft der alten Götter anderswo durch »das Überwiegen des Weiblichen« gekennzeichnet ist.[162] Es genügt daher, die Epiphanie des »Glanzes des Göttlichen« abzuwarten, der »hervorbricht«, wenn es – wie bei Athena, wie bei Apollon in der *Orestie* – Partei für den Vater nimmt.[163] Bleiben wir einen Moment bei Athena, die als Tochter des großen Vaters Otto und seinesgleichen begeistert: »Athena ist Frau und ist es doch so, als wäre sie Mann« – eine göttliche Überraschung, fürwahr! – oder, noch besser: in ihr, dem »Ideal geadelter Männlichkeit«[164], tritt der Sinn männlicher Kampfeshärte und männlichen Tatendrangs zutage.

Diese wenigen Anführungen sollen genügen, um den allgemeinen Ton der Darlegung deutlich zu machen. Ich möchte damit auch zeigen, bis zu welchem Grade die zwischen den Anhängern der Großen Mutter und jenen des Vaters ausgetauschten Argumente auf beiden Seiten nur die zwei Hälften einer Rede sind, nur, um einen das Plädoyer der Erinyen kennzeichnenden Ausdruck der Athena bei Aischylos aufzunehmen, »das halbe Wort«.[165] Zwei Hälften eines Diskurses, in dem jede der beiden Seiten die andere ersetzt, abwechselnd und durch Umkehrung, in beide Richtungen. Nehmen wir zum Beispiel Poseidon, von dem Plutarch bemerkt, daß er in allen Städten besiegt wurde, in denen er mit einer anderen Gottheit um den Ehrentitel des Polisgottes stritt. Keine Frage, die Erklärung ist auf beiden Seiten die gleiche: »Sein Name bezeichnet ihn als Gemahl der Großen Göttin«[166], sagen beide Seiten unisono. Worauf die eine Seite möglicherweise versichert, es sei ganz natürlich, daß die »Mütter« (Athena, Hera) in Athen oder Argos über ihn gesiegt haben, während die andere behauptet, das sei nicht erstaunlich, da er selbst zu Zeiten seines Ruhmes »dem Weiblichen untergeordnet« war, daher rühre sein unwiderruflicher Sturz vor der Gemahlin oder Tochter des Vaters.

Angesichts der Symmetrie dieser beiden leidenschaftlichen, weil engagierten Diskurse wird man sich möglicherweise freuen, daß der Strukturalismus hier endlich zum Tragen gekommen ist, weniger, um die Komplementarität aufzuzeigen (die die Athena des Aischylos bereits deutlich gemacht hat), als vielmehr, um den Akzent zu verschieben von der – immer vergeblichen, immer neu zu stellenden und daher immer konflikthaften – Suche nach dem Ursprung auf die Analyse der vielfältigen Denkformen, die in der Welt des Göttlichen für die Vielfalt der Erscheinungsform verantwortlich zeichnen. Daher die Frage: Wenn der Geschlechterunterschied in diesen Artikulationen ein relevantes Kriterium ist, was ist dann eine Göttin? Ich bin nicht sicher, auf diese Frage eine klare oder auch nur eindeutige Antwort gefunden zu haben. Zumindest habe ich versucht, die verschiedenen Fährten abzustecken, die im Denken der alten Griechen ebenso wie im Denken der modernen Gelehrten aufgenommen worden sind, um diese Frage zu stellen.

Es hat sich herausgestellt, daß zwischen antiken und heutigen Sichtweisen durchaus Ähnlichkeiten bestehen: z. B. das Göttliche im Plural zu denken, wenn es weiblich ist, oder die zunächst griechischen, aber in den theoretischen Konstruktionen des 19. und 20. Jahrhunderts reaktivierten und maßlos ausgeweiteten Spekulationen über die eine und vielgestaltige, häufig unpersönliche göttliche Mutter. Alle »Antworten« sind zuerst von den Griechen gegeben worden, so die implizite oder explizite Unterscheidung zwischen *theós* und *theá*, dem »Gott« in seiner Allgemeinheit und der »Göttin« in ihrer geschlechtlichen Bestimmtheit. Dem modernen Denken ist dabei aufgegeben, die subtile Nuance zu verstehen, durch die eine Göttin nicht die Verkörperung des Weiblichen ist, sondern häufig eine davon gereinigte, noch öfter aber eine verschobene Form von Weiblichkeit darstellt.

Schließlich, um den Weg zu beenden, müßten wir, da die Griechen ihre Götter sehr rasch im Modus der Genealogie konstruiert *haben*, genau herausfinden, was sie über die weiblichen Beiträge zur Erzeugung des Göttlichen sagen. Ich bin mir nicht immer sicher, ob die Vorstellung einer »Geschichte der Frauen« in sich stichhaltig ist und glaube nicht, daß sie für jede Geschichtsepoche sinnvoll ist. Aber es steht fest, daß es in der griechischen Konstruktion des Göttlichen Göttinnen sind, die die Geschichte der Götter in Bewegung gebracht haben, und daß ein Gott sie angehalten hat.

Vielleicht wirft das mehr Licht auf die tatsächlich vorhandene Trennung in den Bemühungen, die nahezulegen scheint, daß wir, wenn wir von der (den) Göttin(nen) sprechen, rasch der Sehnsucht nach dem Ursprung nachgeben, während die olympische Religion, sobald sie in Form eines Pantheons konstituiert ist, zur Beschäftigung mit der Struktur einlädt. Heißt das, daß die beiden Ansätze, wie theoretisch sie auch sein mögen, letztlich wiederum auf zwei verschiedenen (möglicherweise spontanen) Interpretationsmöglichkeiten des Geschlechterunterschiedes beruhen? Ich bin überzeugt davon, daß es keinen indifferenten Ansatz gibt, der erlauben würde, daß wir uns entweder für den *theós* und die »Totalität« der Götter interessieren oder daß wir uns, um der *theá* in der Einzahl und als Kollektiv Sinn zu verleihen, fragen, was es innerhalb eines polytheistischen Systems bedeutet, von der (den) Göttin(nen) zu sprechen.

Aus dem Französischen von Xenia Rajewski

Nicole Loraux hat den Weg schöpferischer Gestalt verfolgt, den die Griechen mit ihren weiblichen Gottheiten gesäumt haben. Er mündet in eine grundsätzliche Frage, die allenthalben in den Beiträgen dieses Bandes anklingt: Enthüllt das Denken der Antike über den Geschlechterunterschied ausschließlich männlichen Überlegenheitsdünkel oder vermag es sich wenigstens teilweise weibliche Werte einzuverleiben? Diese Frage regt die Forschung immer wieder an, die tradierten Äußerungen über die Frauen in das umfassende Archiv des antiken Wissens einzuordnen; ein Archiv, in dem die normativen Aussagen der Philosophen und der Rechtsgelehrten ebenso ihren Platz finden wie die eher deskriptiven Diskurse der Psychologie und Anatomie, der Physiologie und Pathologie, die in der antiken Medizin von Hippokrates bis Galen entwickelt worden sind.

Die Studien dieses Bandes öffnen dieses Archiv an den beiden wichtigsten Zentren: der athenischen Philosophie und dem römischen Recht.[1] Giulia Sissa untersucht die Kategorien Gattung und Geschlecht bei Platon und Aristoteles. Sie führt uns die verschlungenen Pfade entlang, auf denen die Philosophen den Unterschied der Geschlechter in Modelle ontologischer und logischer Unterschiede einzutragen bemüht sind – mit der verborgenen oder offenkundigen Tendenz, das Spannungsreiche und Konfliktträchtige an dieser Differenz herabzumildern und, statt den Frauen einen ebenbürtigen Rang zuzubilligen, ihre angeblichen Schwächen und Unfähigkeiten herauszustreichen.

Die Autorin möchte aber auch auf Wege locken, die die Spannung zwischen Philosophie und Weiblichkeit neu vermessen: Wenn die Frauen nicht mehr nur als Objekte des Wissens behandelt werden, sondern als seine Subjekte auf den Plan treten, kann das Band zwischen Erkenntnis und Weiblichkeit, zwischen Weiblichkeit und Sprache neu geknüpft werden.

P.S.P.

2

PLATON, ARISTOTELES UND DER GESCHLECHTERUNTERSCHIED

Giulia Sissa

Die griechische Frau ist in ihrer doppelten Beziehung zum Wissen eine kuriose Figur: fesselndes Objekt und sehr unauffälliges, aber theoretisch exemplarisches Subjekt. Als Objekt erscheint die Frau zuerst als jenes lebendige Etwas, dessen Ankunft man dem Mythologen zu imaginieren überläßt – bevor sie für die Mediziner ein in seine Einzelteile zu zerlegender Körper und für die Philosophen eine zu verortende soziale Figur wird. Als Subjekt tritt sie nur sporadisch am Rande der philosophischen, medizinischen oder literarischen Betätigung in Erscheinung, als Ausnahme, die die Regel der männlichen Exklusivität innerhalb des intellektuellen Bereichs bestätigt. Aber sie wird ihrerseits exemplarisches Subjekt des Wissens, wo der Erkenntnisprozeß weniger als Eroberung und Aneignung auf der Grundlage vorhandener Kompetenz verstanden, sondern eher in Begriffen von Empfänglichkeit und tastender Suche dargestellt wird. Wenn Philon von Alexandria den männlichen Intellekt von der Empfindung, als weiblicher, unterscheidet[1], faßt er einen wichtigen Aspekt der griechischen Konzeption des Geschlechterunterschieds zusammen, der uns auch in Plutarchs Vorstellungen über die Wahrheit der Orakel oder denen Platons über die Mäeutik begegnet. Ohne in der Realität Bildung erlangen[2] zu können, verkörpern die Frauen im Imaginären eine nahezu unbegrenzte Zugänglichkeit oder Durchlässigkeit in bezug auf das Wahre – was in engem Zusammenhang mit ihrer geschlechtlichen Bestimmung steht: zu empfangen und in sich aufzunehmen.

Es sind nur wenige anerkannte, Kompetenz und Geschick erfordern-
de Fähigkeiten, die wie in den meisten traditionellen Gesellschaften den
Frauen zugeschrieben werden: das Weben, der Haushalt, die Sorge für
die Kinder. Erst Platon wird sich über das Paradox wundern und entrüsten, daß die Aufgabe, die künftigen Bürger aufzuziehen, Menschen
anvertraut ist, die selbst derart schlecht erzogen sind.[3]

Als weiblich gedacht werden dagegen in bildhafter und metaphori-
scher Weise Wahrnehmungs- und Empfindungsfähigkeit (*aísthesis*) – darauf deuten auch Figuren wie Metis (»Klugheit«) und Eumetis hin sowie
Vorstellungen von der Seele des Philosophen, die sich befruchten lassen
muß, um die Rede hervorzubringen. Beides gibt uns eine Vorstellung
davon, wie die Griechen das Wissen dachten.

DAS WEIBLICHE PARADIGMA

Es ist vor allem Platon, der die Analogie zwischen geistiger (intellektueller) Empfängnis, Äußerung und Entbindung benutzt. Im *Symposion*
wird die Theorie des Eros, zu der sich Sokrates bekennt, von einer Frau,
einer Priesterin formuliert: von Diotima. Es ist eine Theorie, die die Problematik des Eros von der unmittelbaren Ebene erotischen Begehrens
und erotischer Lust auf eine »höhere« hebt: die des Begehrens, zu wissen. Ermöglicht wird die Verbindung durch die Schönheit, eine Qualität
sowohl des Körpers als auch der Seele. Die geläufigste und spontanste
Erfahrung des Eros entsteht in der Tat aus der ästhetischen Anziehung,
aus der Wirkung, die ein schöner Körper auslöst ... Der Anblick der
Schönheit eines einzelnen Körpers erweckt die Seele. Aber das auf diese Weise ausgelöste Begehren – und nur in dieser Form beginnt es sich
zu manifestieren – kann, statt an einem Körper oder vielen einzelnen
konkreten Körpern haften zu bleiben, zu einem Objekt aufsteigen, das
die Vielzahl zu einer Synthese höherer Ordnung führt: der Schönheit an
sich. Sich abwendend von den vielen, potentiell unzähligen Körpern,
gelingt es dem liebenden Blick zuweilen, sich auf die Idee der Schönheit
selbst zu richten, an der die anziehenden Individuen nur teilhaben. Und
von da kann der Blick noch weiter aufsteigen, hin zu einer noch voll-
kommeneren Idee: der Idee einer nicht nur von der Vielzahl ihrer Verkörperungen abstrahierten, sondern auch von allen körperlichen Konnotationen gereinigten Schönheit. Nunmehr fähig, die Schönheit der Seelen zu schätzen, kann das immer noch ganz und gar erotische Begehren
nun sein ideales Opfer erfassen: die Schönheit an und für sich, unabhängig von jeder sinnlich ästhetischen Figuration und selbst jeder geistigen Aktualisierung in einer besonderen Person. Das, wovon das Subjekt

schließlich ergriffen wird, ist das ursprüngliche Prinzip des Schönen – das, was bewirkt, daß die Dinge oder die Gedanken schön sind. Aber Platon wird nicht aufhören, diese ebenso intensive wie immaterielle Liebe in Worten der Erotik und sogar der geschlechtlichen Erzeugung zu beschreiben.

Während die heterosexuelle Liebe den Menschen ermöglicht, sich körperlich fortzupflanzen, zielt diese andere Liebe, die, ausgehend von den schönen Jünglingen zur Leidenschaft für das Schöne führt, auf eine andere Art der Zeugung: die Erzeugung von Reden, Einsichten und insbesondere von Vorhaben, die die Gerechtigkeit und die Einrichtung der Polis betreffen. Derjenige, der sich dieser Liebe zuwendet, strebt nach einer Unsterblichkeit geistiger Art. Und zu diesem Zweck entscheidet er, nicht die Zeugungsbereitschaft seines männlichen Geschlechts geltend zu machen, sondern die seiner Seele, seiner *psyché*.

»Diejenigen aber, denen es auf die Seele ankommt – denn es gibt ja auch solche, die einen stärkeren Zeugungstrieb in der Seele haben als im Körper für alles, was die Seele erzeugen und in sich reifen lassen soll. Was aber ist das? Erkenntnis und alle andere Tugend. [. . .] Wenn nun einer von diesen (zweiten) als Gottbegnadeter von Jugend auf in seiner Seele mit solchen Gedanken schwanger geht und die Zeit herankommt, wo er zu zeugen und hervorzubringen verlangt, da sucht er auch [. . .] nach dem Schönen, um in ihm zu zeugen. Denn im Häßlichen vermag er es nimmermehr. [. . .] Denn einmal in Berührung mit dem Schönen und ihm zugesellt, gebiert und zeugt er, womit er schon lange schwanger ging, in seinen Gedanken ganz nur ihm angehörend, gleichviel ob anwesend oder abwesend, und in Gemeinschaft mit ihm zieht er das Erzeugte auf.«[4]

Die Seele gebiert, was sie empfangen hat, und nährt ihre Frucht in einem unablässigen Redeaustausch mit dem, was sie liebt. Die Metapher wird beibehalten, wenn von der abstraktesten Form, der Liebe zum Schönen an sich, gesprochen wird: die Idee der Schönheit ist Gegenstand der Kontemplation, mit ihr vereinigt sich die Seele und dank dieser Vereinigung gebiert sie nicht nur Einsichten, sondern die Wahrheit selbst, eine Wahrheit, die sie nicht aufhört zu nähren.[5]

Die geistige Tätigkeit läßt sich also bis zum Schluß in Begriffen von Empfängnis, Entbindung und Nähren darstellen: in der homosexuellen Liebe unter Männern identifiziert sich das begehrende Subjekt mit einem weiblichen Begriff. Die Verschiebung der Zeugungsfunktion vom *sôma* (Körper) auf die *psyché* (Seele) ist also mit einer Feminisierung des Begehrens nach Wissen verbunden.

Man könnte sich mit einer linguistischen Erklärung zufrieden geben und davon ausgehen, daß das Wort *psyché*, da es weiblichen Geschlechts ist, die ganze Metapher nach sich zieht. Aber damit würde man das entscheidende, der Analogie zugrundeliegende Merkmal außer acht lassen. Der Punkt, in dem Entbindung und Äußerung des Denkens als Folge einer Empfängnis verglichen werden, liegt in der Dynamik des Denkens, das als ein Gebären verstanden wird. Es geht in beiden Fällen darum, etwas zutage zu fördern, das *Widerstand leistet.* Was zählt, ist nicht so sehr, daß die Reflexion von Beginn an zwei Partner erfordert – denn Diotima sagt, daß die zur Philosophie bestimmte Seele von Jugend auf befruchtet (schwanger) ist –, sondern das Faktum, daß Denken und Schwangerschaft zwei lange und schmerzhafte Erfahrungen sind, die zu einer *Entbindung* führen.

»Wenn daher das zeugungsbedürftige Wesen dem Schönen sich nähert, so wird es froh gestimmt, zerfließt in Wonne, entlädt sich und zeugt. Trifft es aber auf Häßliches, so zieht es sich finster und traurig in sich selbst zusammen, wendet sich ab, rollt sich zusammen und zeugt nicht, sondern behält zu seinem Leid seinen Zeugungsstoff bei sich.«[6] Solange sie der Schönheit nicht begegnet, ist es der Seele unmöglich zu gebären, und diese Unmöglichkeit zwingt sie, eine bereits reife Frucht in sich zu bewahren, sie immer weiter und als schwere Last mit sich zu tragen. Wenn keine Schönheit da ist, zieht sich die zeugungsbedürftige Seele in sich zurück, rollt sich zusammen, schließt sich in sich ab. Genau wie der Körper der niederkommenden Frauen, denen die göttlichen Mächte der Geburt den Schoß nicht öffnen. »Daher die tiefe Erregung des Zeugungsbedürftigen beim Anblick des Schönen: wird er doch von schweren Wehen befreit, wenn er Besitz davon ergriffen hat.«[7]

Das Denken kann in jenem seltenen und zufälligen Augenblick als Entbinden gedeutet werden, in dem die schwangere und angeschwollene, schwere und leidende Seele sich endlich von ihrer Last *befreien* kann. Man muß darauf beharren: Platon beschränkt sich nicht darauf, Entbindung und Einsicht aneinanderzurücken, was in der Tat dazu berechtigen würde, seinen Text vor allem oder ausschließlich unter dem Gesichtspunkt der Verschiebung, die er zwischen weiblich und männlich bewirkt, zu lesen.[8] Immer, wenn Platon den weiblichen Körper und die Seele des Philosophen aneinanderrückt, tut er dies, um eine bestimmte Idee zu thematisieren und zu entfalten: die Erfahrung des *adýnaton*, des Unvermögens, und des *chalepón*, des Schwierigen; die Neigung der Seele zum Rückzug, zur Abschließung, zum Leiden, wenn eine andere Kraft, die Schönheit, die Intensität des Begehrens oder ein Geburtshelfer fehlen. Dies ist so in der *Politeia*, wenn es um die Suche, um den Kampf geht, den die Seele bis zu dem Moment führt, in dem sie die Trugbilder überwindet und das Reale trifft. Hier ist es die ungestillte Liebe, die die Dynamik darstellt.

Denken ist Entbinden: in dem Augenblick, indem ein Widerstand überwunden wird, wenn sich die Spannung löst zwischen einem *Kind-lógos* und einer Seele / einem der Entbindung Widerstand leistenden weiblichen Körper. Im *Phaidros* verknüpft Platon die Metapher der Schwangerschaft mit der des Gefieders, welches die Liebe ungeachtet der Verhärtung der Poren, in denen es seine Wurzel hat, hervorbrechen läßt.[9] Noch deutlicher ist es im *Theaitetos*, in dem Platon von Beginn bis zum Ende des Dialoges einen jungen Mathematiker in Szene setzt, dessen *psyché* »schwanger« ist und dem er zu »entbinden« hilft. Gleich einer Reinigung befreit die Mäeutik die Seele von dem, was sie belastet, von falschen Ansichten, der Unkenntnis hinsichtlich ihres eigenen Wesens, von blind übernommenen Vorstellungen, von Zweifeln und Aporien.

Wenn Sokrates im *Theaitetos* das Aussprechen der Gedanken mit einer Entbindung, den Gang der Befragung mit der Technik einer Hebamme vergleicht, macht er dabei auch einen radikalen Unterschied zwischen der Mäeutik der Körper und der der Seelen deutlich. Denn die Mäeutik der Philosophen besteht in der Prüfung und Beurteilung der Frucht, des neugeborenen *lógos*. Der männliche Geburtsakt ist daher eine Entbindung, die dem, der sich von einem schweren, aber sich möglicherweise als Trugbild erweisenden Gedanken befreit, Erleichterung verschafft. In dieser Perspektive – der Erleichterung für den Gesprächspartner und der Beurteilung von seiner Seite – nimmt Sokrates seinen Eingriff bei Theaitetos vor, nicht ohne sich vorher versichert zu haben, daß dieser gewillt ist, die Trennung und den Trennungsschmerz von seinem »Neugeborenen« zu ertragen. Gebären wird also für den jungen Mann bedeuten, unter Mühen *(mólis)*[10] den wohl formulierten Ausdruck für das zu suchen, was er in sich trägt, wohl wissend, daß »die Hebamme«, der er sich ausliefert, seine *lógoi* unerbittlich auf ihre Wahrheit hin überprüft. Diese Macht über Leben oder Tod der *lógoi* hat offensichtlich nichts mit den Aufgaben einer Geburtshelferin zu tun: sie ist ihnen sogar entgegengesetzt.[11]

Durch dieses Paradigma des Gebärens bringt Platon das wissende Subjekt in Übereinstimmung mit seiner Seele, die keinen unmittelbaren Zugang zur Wahrheit und keine Herrschaft über sie hat. Ein solches Modell erlaubt, das in Szene zu setzen, was für den Philosophen das Wesentliche der geistigen Erfahrung ist: seinen unbewußt von Hemmnissen und Konflikten durchsetzten Weg der Wahrheitsfindung. Unkenntnis und Irrtum führen dazu, daß unsere Seele von Gedanken und Worten erfüllt ist, deren Bedeutung wir nicht kennen. Womit die Seele schwanger geht, ist ein Nicht-Ausgesprochenes. Gebären heißt sprechen, selbst unsere verborgensten Gedanken aufdecken. Warum ist dies ein Leiden? Weil es weder spontan, noch einfach durch unseren Willen zustandekommt: es bedarf einer äußeren Kraft, der Schönheit oder der

Intervention eines Geburtshelfers, um die Seele zu zwingen oder ihr zu helfen, ihren Inhalt preiszugeben. Einen Inhalt, der auf ihr lastet, unter dem sie leidet, den sie aber in Ermangelung guter Begegnungen versucht, in sich zu bewahren. Das Paradox des Gebärens liegt in seiner gleichzeitigen Dringlichkeit und Schwierigkeit; ebenso wie wir auch sprechen wollen, sich die Worte aber entziehen.

Das Subjekt des Wissens zu feminisieren heißt für Platon daher, von all dem zu sprechen, was die Seele daran hindert, sich die Wahrheit unmittelbar anzueignen. Plutarch wird seine ganze Theorie des *Orakels* auf der Vorstellung aufbauen, daß die Seele der Pythia das göttliche Wissen Apollons so übermittelt wie der Mond die Sonnenstrahlen reflektiert: indem sie seinen Glanz abgeschwächt widerspiegelt.

DIE FRAU ALS GEGENSTAND DES WISSENS

Dichter, Philosophen und Ärzte von Homer (8. Jahrhundert v. Chr.) bis Galen (2. Jahrhundert n. Chr.) sprechen mit bemerkenswerter Kohärenz von der Frau als Objekt. Wenn man die Obsessionen des gelehrten Diskurses auflisten wollte, würde man nicht sehr weit kommen. Die Frau ist passiv und unterlegen, im Vergleich zu dem anatomischen, physiologischen und psychologischen Urmaß: dem Mann. Das ist alles. Alles, was man über den Feminismus Platons gesagt und geschrieben hat, der in der *Politeia* eine Polis entwirft, in der die Frauen *wie* die Männer erzogen werden sollen, stößt sich an dem Faktum: Was immer sie machen, und sie können alles machen, sie werden es *weniger gut* machen. So bestätigen die Hippokratischen Ärzte, die immerhin anerkennen, daß jedes Individuum – männlich oder weiblich – einen identischen androgynen Samen in sich trägt, daß der weibliche Teil dieser Samensubstanz *weniger stark* ist als der männliche. Gar nicht zu reden von Aristoteles, für den die Minderwertigkeit der Frau auf allen Ebenen – der anatomischen, physiologischen, ethischen – eine systematische ist, logische Folge einer metaphysischen Passivität. Dieses einhellige Festhalten an der Vorstellung einer minderen Qualität des Weiblichen, gekennzeichnet durch Unfähigkeiten, Mängel, Verstümmelung, Unvollkommenheit, verleiht dem Wissen der Griechen einen schlimmen Beigeschmack von Geringschätzung und Herablassung, der bei heutigen Historikerinnen und Philosophinnen noch schlimmere Empfindungen auslöst. Wie sollte einer bei der Lektüre dieser Texte nicht abwechselnd das Herz stillstehen, die Galle hochkommen oder schlicht die Wut packen? Es stört unseren Glauben an eine objektive Betrachtungsweise, wenn wir der Ungerechtigkeit der Argumentationen, der Dummheit dieser Diskurse folgen, die als das

Beste und Überlegteste gelten, was in der abendländischen Tradition über den Menschen gedacht worden ist.

Und dennoch müssen wir uns damit abfinden: Die großen Männer reden schlecht über die Frauen, die großen Philosophen und die angesehensten Wissenssysteme haben haarsträubende und verächtliche Vorstellungen über das Weibliche hervorgebracht. Zuweilen wollte man alles auf Anekdotisches, auf persönliche Zusammenhänge zurückführen. Biographen und Doxographen, die Kompilatoren von Lebensgeschichten und Meinungen haben ihren Spaß daran gehabt, bestimmte Lebensweisen darzustellen. Aber der vorgängige Akt, der den »professionellen« Rahmen für die philosophische und wissenschaftliche Reflexion festlegt, erscheint regelmäßig als ein Rückzug, eine Distanzierung von der weiblichen Welt. Diese Distanz drückt sich in einer selbstgefälligen Überlegenheit aus: Thales vermeidet zu heiraten, weil es für einen Gelehrten immer zu früh oder zu spät sei; Antisthenes spielt mit Worten und sagt, eine schöne Gemahlin sei eine Frau, die sich jedem hingibt *(koinē)*, eine häßliche dagegen eine Strafe *(poinē)*. Die *bíoi*, die von Diogenes Laërtios rekonstruierten Lebensgeschichten der Philosophen, strotzen von Details, Beziehungen zu Frauen werden jedoch nicht erwähnt. Sollte man daher der Deutung des Pseudo-Aristoteles, Autor der *Problemata* folgen, der die Melancholie und den mit ihr verbundenen Rückzug von der lebendigen Welt (also auch von der Sexualität) als affektive *und* physische Bedingung des Denkens betrachtet?

Sicher, es wäre leicht, voller Ressentiment und Bitterkeit die Irrtümer und Dummheiten anzuprangern. Aber gerade das wäre zu einfach. Aus zwei Gründen: einmal kann sich eine feministische Wissenschaftskritik, ob sie sich dessen bewußt ist oder nicht, nur auf die Errungenschaften eines Wissens stützen, das *auch* kumulativ und progressiv ist, dessen Fortschritte aber nicht, und das ist eine Tatsache, den Frauen zu verdanken sind. Was gibt uns die Sicherheit, die Biologie des Aristoteles kritisch beurteilen zu können, wenn nicht die Gewißheit, daß er sich in seinen redundanten Reden über die weibliche Minderwertigkeit täuscht, und zwar nicht nur in den Verbindungen, die er zwischen Körper und sozialem Verhalten herstellt, sondern auch und vor allem in den Fakten, die er zu beobachten vorgibt? Welchen erkenntnistheoretischen Ansatz wir in unserer Arbeit als Historikerinnen auch gewählt haben mögen, was immer wir Kuhn oder Feyerabend, Popper oder Foucault verdanken, es ist in jedem Fall der Unterschied zwischen Wahrheit und Irrtum, der uns stützt und unseren Argumenten Legitimität verleiht. Ich würde sogar sagen, daß die innere Überzeugung, die wir erworben haben, gegenüber der Wissenschaft der Antike wissenschaftlich im Recht zu sein, die *raison d'être* unserer engagierten Untersuchungen ist. Wir wissen, daß unsere Sache vertretbar ist, aber dieses Wissen verdanken wir nicht einer zwar institutionell weniger gelehrten, aber trotzdem vernunftgeleiteten Tradition *weiblicher* Biologie. In der klassischen Konfrontation zwischen Ärzten und Hebammen ist keineswegs die Vernunft immer auf Seiten der Matronen gewesen. In einem wesentlichen Punkt wie z. B. dem der anatomischen Unberührtheit – dem zu prüfenden, zu bewahrenden und als *Zeichen* geschlechtlicher Integrität geltenden Hymen – haben sich bestimmte Ärzte aufgeklärter, kritischer und gegenüber der Würde der Frauen aufmerksamer gezeigt als die Praktikerinnen des Jungfräulichkeitsnachweises.

Die großen Debatten, die zur Entstehung der europäischen Biologie führten, haben sich zwischen Männern abgespielt. Hätten es gelehrte Frauen besser und rascher gemacht? Wir hätten es zwar gerne, aber unsere Arbeit und Kritik an einer Tradition, aus der die Frauen ausgeschlossen waren, muß ihre Verpflichtung gegenüber den Errungenschaften eben dieser Tradition anerkennen. Eine die Wissenschaft als bloße Manifestation des Männlichen betrachtende Sichtweise würde uns den Blick für all das verstellen, was uns heute in die Lage versetzt, die Geschichte in der Überzeugung zu rekonstruieren, daß die Wahrheit auf unserer Seite ist.

Der zweite Grund, weshalb wir die Irrtümer differenziert analysieren sollten, liegt in der Tatsache, daß die Biologen und Ärzte bei ihren merkwürdigen Einsichten und seltsamen Schlußfolgerungen nicht ohne wissenschaftliche Subtilität und Strenge vorgehen. Die Wissenschaftshistoriker wissen, daß Hypothesen und Theorien ihre Überlegenheit erst im Konflikt oder in der Polemik erweisen, und daß deshalb Gewinner und Verlierer mit den gleichen Waffen – der gleichen Intelligenz, den gleichen Ansprüchen, der gleichen Verbissenheit – darum kämpfen, ihre Sicht des Wahren durchzusetzen. Hippokrates, Aristoteles, Galen sind wissenschaftlich definitiv widerlegt worden, denn in der Gynäkologie ist nichts geblieben, was ebenso unvergänglich wäre, wie das, was die griechischen Mathematiker Thales, Euklid, Pythagoras zur Geometrie beigetragen haben, aber ihre Argumentationsweisen und Grundannahmen, ihre Relevanz- und Kohärenzkriterien sind von größtem Interesse. Und das nicht nur, weil wir die Mittel haben, diese Diskurse zu analysieren, weil die Zeit des fair play angebrochen ist und die Argumente der Geschlagenen ernstgenommen werden, sondern auch, weil bestimmte Grundvorstellungen der antiken Wissenschaft sich in der neuesten Biologie fortzusetzen und neu zu organisieren drohen. Je krasser und zählebiger die Irrtümer der Vergangenheit sind, desto nötiger ist eine Überprüfung der Gründe ihres Erfolges und ihrer Langlebigkeit. Gehen wir also davon aus, daß bestimmte Phantasien immer auch eine Rolle spielen.

Génos und eîdos (Gattung und Art)

Philon von Alexandria schreibt in seinem *Genesis*-Kommentar zu den Schöpfungen des sechsten Tages: »Als er [Gott] dem *génos* [Gattung/Geschlecht] den Namen Mensch [*ánthrōpos*] gab, unterschied er darin die *eídē* [Arten]«, nämlich das männliche und weibliche Geschlecht. Der Mensch sei als männlich und weiblich geschaffen worden, »weil im *génos* die verwandtesten Arten enthalten sind und weil sie dem, der über Scharfblick verfügt, wie ein Spiegelbild erscheinen«.[12]

Welch ein glückliches Vertrauen in den unterscheidenden Blick, der klassifiziert und Einteilungen vornimmt! Aber bedarf es wirklich nur eines durchdringenden Auges, um im Geschlechterunterschied den Gegensatz zweier artverschiedener Lebewesen zu erkennen? Für den von der griechischen Kultur geprägten Exegeten des Alten Testaments Philon sind die Dinge einfach. Männlich und Weiblich wurden als die virtuellen Formen des Menschen geschaffen, sie sind in dem ursprünglichen Begriff *ánthrōpos* enthalten. Als der erste Mann *(anér)* und die erste Frau *(gynē)* als besondere Personen geformt wurden, sah der Mann eine mit ihm verwandte Art, eine neue Form desselben *génos* vor sich entstehen; und die Frau wiederum konnte kein anderes ihr ähnliches Lebewesen entdecken. Adam und Eva erkennen sich als ähnlich und verwandt. Es ist diese Familiarität, aus der das Begehren erwächst: »Die Liebe entstand, und indem sie sozusagen die beiden getrennten Segmente desselben Lebewesens vereinigt, paßt sie in ein einziges, nachdem sie jedem der beiden den Wunsch nach Vereinigung mit dem anderen, mit dem Ziel, einen Gleichen zu zeugen, eingegeben hat.«[13] Verliebt in ihre Homogenität, entdecken sich die beiden »Arten« als Teile eines Ganzen und verbinden sich in der Absicht, sich fortzupflanzen.

Einem Biologen mag dieser Text nur wie ein mythologischer Kommentar zu einer Mythologie vorkommen. Er hätte wohl Verständnis dafür, daß die Einteilung in männlich und weiblich symmetrisch ist und beide gleichzeitig auftauchen. Und es ist auch bemerkenswert, daß Philon statt von der zeitlichen Nachordnung der Erschaffung Evas gegenüber derjenigen Adams von einer Gleichursprünglichkeit ausgeht. Einen Genetiker aber würde die Naivität Philons erstaunen, die Zeugung als *Reproduktion* zu denken und beiden Geschlechtern den Status einer *Art* zuzuschreiben. In der Sprache der heutigen Wissenschaft ist es nicht möglich zu sagen, das Männliche und das Weibliche entspreche je einer Art, da die Art sich durch die Fähigkeit definiert, Individuen beiderlei Geschlechts zu erzeugen. Wie Albert Jacquard es ausdrückte: der Mann pflanzt sich nicht fort, die Frau pflanzt sich nicht fort, das Paar Mann und Frau erzeugt Individuen, die auf Grund ihres doppelten Ursprungs niemals die Duplikation ihrer Eltern sind.[14] Ausgestattet mit einem sowohl vom Vater als auch der Mutter stammenden genetischen Erbgut, besitzt jeder Mensch ein einzigartiges und persönliches Ensemble charakteristischer Merkmale. Seine Geschlechtsfestlegung unterliegt dem Zufall, was nichts mit der Identität der Art zu tun hat. Definiert nach einem kombinatorischen, nicht morphologischen Kriterium, *impliziert* der Begriff der Art als seine Grundlage die Möglichkeit der geschlechtlichen Fortpflanzung. »Die Arten sind natürliche Populationsgruppen, deren Individuen real (oder potentiell) fähig sind, sich zu kreuzen; jede Art ist unter dem Gesichtspunkt der Fortpflanzung von anderen Arten isoliert.«[15]

Seitdem die Systematik den Vergleich distinktiver Merkmale und die Typologie zugunsten dieses »endogamen« Prinzips aufgegeben hat, ist die Frage nach der Geschlechterdifferenz – im etymologischen Sinn – gegenstandslos geworden. Der Text von Philon kann uns – gemessen an der wissenschaftlichen Tradition mit der Sprache der Klassifikation – fremd und nichtssagend erscheinen. Welche Beziehungen soll es geben zwischen den Worten »*génos* (Gattung)« und »*eîdos* (Art)«, wie sie ein Bibelexeget im ersten Jahrhundert unserer Zeit gebraucht, und den Begriffen »Gattung« und »Art«, die die heutige Biologie benutzt? Die Distanz ist groß, die Zusammenhänge, in denen diese Worte wiederkehren, sind nicht vergleichbar. Aber angesichts des Fortbestehens der Kategorie der Art, der *species*, wie die lateinische Übersetzung von *eîdos* lautet, stellt man mit Erstaunen fest, daß der Unterschied zwischen dem Exegeten Philon und dem Ornithologen E. Mayr auf eine Umkehrung der Begriffshierarchien hinausläuft. Anders gesagt, wenn die beiden Geschlechter nicht je zwei Arten bilden können, dann deshalb, weil die Definition der Art selbst auf dem geschlechtlichen Gegensatz beruht.[16]

Solche Überlegungen wären müßig, gehörte die Beziehung zwischen Geschlecht und Art nicht zu den fesselndsten Problemen, die jener Naturforscher aufwirft, den die Biologen immer noch als ihren Ahnherrn feiern: Aristoteles. Bei einer philologisch genauen Untersuchung seines naturwissenschaftlichen Werks müssen wir die überkommene Vorstellung, er sei der Erfinder der Taxonomie, revidieren. Dieser Forscher, Logiker und zugleich Anatom, der auch eine *Tierkunde* geschrieben hat, hat kein Klassifikationssystem entworfen, das ähnlich komplex aufgebaut wäre, wie das heute übliche: Aristoteles kannte nicht die Einteilung in Stämme, Klassen, Ordnungen, Familien, Gattungen und Arten. Obwohl er mehr als vierhundert Tierarten kannte, versuchte Aristoteles sie mit Hilfe *zweier* Kategorien zu beschreiben und zu vergleichen: *génos* und *eîdos*, Gattung und Art. Er hat also weder eine Taxonomie entworfen, noch über die konzeptuellen Voraussetzungen für ein solches Unternehmen verfügt.[17] Aber es läßt sich nicht leugnen, daß für seine wissenschaftliche Geisteshaltung die Bemühung um eine Klassifizierung, um die Errichtung einer Ordnung, einer Typologie charakteristisch ist.

Dennoch hat Aristoteles ohne die Hilfsmittel einer adäquaten Nomenklatur und Taxonomie die Idee einer systematischen Zoologie erstaunlich weit voran getrieben.

Für Aristoteles war die Sprache der Logik ausreichend. Da er *génos*
und *eîdos* durch logische Inklusion definierte, verfügte er fortan über ein
operatives Unterscheidungskriterium. So bilden für Aristoteles die Vögel
ein *génos* (Gattung), wenn man sie in ihrer Gesamtheit *im Verhältnis* zur
Vielfalt ihrer Formen – wir würden sagen als *Klasse* – versteht; aber sie
sind ein *eîdos* (Art), wenn man sie *im Hinblick* etwa auf die Fische als
eine Form der blutführenden Tiere betrachtet. In der auf Linné zurückgehenden Taxonomie *sind* die Vögel eine Klasse, ganz gleich, welchen
vergleichenden Blickwinkel der Beobachter gewählt hat; sie haben ihren
genauen taxonomischen Ort. Bei Aristoteles hingegen ist es der Blickwinkel des Zoologen, der bestimmt, ob sie ein »*génos*« oder »*eîdos*« bilden. Statt in einem Käfig feststehender Benennungen gefangen zu sein,
sind die aristotelischen Tiere Gegenstand eines Diskurses, der trotz seiner beschränkten Terminologie aber eindeutige Klassifikationen gewährleistet.

Das Erbe Platons

Aristoteles übernahm die Begriffe *eîdos* und *génos* von Platon, der sie
bereits mit Bedeutung ausgestattet hatte. *Eîdos* meint zunächst Form, und
zwar sichtbare Form in der archaischen Sprache, aber intelligible Form
in der Tradition der Philosophen: Platons Ideen sind *eídē*, wahrnehmbar
für den Blick des Geistes, der durch die Dialektik geschult ist. *Génos*
dagegen ist ein äußerst komplexer Begriff; er bedeutet Geburt, Linie,
Abkunft oder Stamm, kurz, eine Gruppe, die sich fortpflanzt. Die
beiden Begriffe unterscheiden sich zwar, verschmelzen aber auch bisweilen.

Gerade in Hinsicht auf die Geschlechterdifferenz gibt Platon ein
bemerkenswertes Beispiel für die Austauschbarkeit von *eîdos* und *génos*.
Wenn er im *Timaios* den Mythos der Erschaffung der Welt erzählt,
beschreibt er ein Geschlecht *(génos)* der Frauen, das dem Geschlecht
(génos) der Männer hinzugefügt wird. Im *Politikos* dagegen teilt er das
génos anthrṓpinon, das Menschengeschlecht, in Männer und Frauen,
und diese Aufteilung nennt er richtig, weil sie zwei Arten, *eídē*, ergibt.
Dies ist das Einteilungsmodell, welches noch Philon in seinem Kommentar zur *Genesis* darlegt. Aber anders als bei Aristoteles, der die enorme Leistung vollbrachte, die philosophische Sprache von Widersprüchen
zu reinigen und zu präzisieren, sind die Begriffe *génos* und *eîdos* bei
Platon logisch unscharf.

Folgen wir dem Passus im *Politikos* wörtlich: »*Der jüngere Sokrates*: Also was meinst du denn, welchen Fehler wir vorhin bei der Teilung gemacht haben? – *Der Fremde*: Denselben, den einer macht, der beim Versuch, das menschliche Geschlecht *(génos anthrópinon)* in zwei Gruppen zu teilen, so vorgeht, wie das die meisten Leute hier tun, indem sie auf der einen Seite den Stamm *(génos)* der Griechen als Einheit von allen anderen absondern und dann all die zahllosen anderen Stämme *(génē)* die doch nichts miteinander zu tun haben und die sich gegenseitig auch nicht verstehen, mit einem Namen als ›Barbaren‹ bezeichnen und sich dabei einbilden, sie seien wegen dieser einheitlichen Bezeichnung auch ein einheitlicher Stamm *(génos)*. Oder es ist so, wie wenn jemand glaubte, er teile die Zahl in zwei Arten *(eídē)*, wenn er die Zehntausend von allen anderen abtrennt und sie als eine Art *(eîdos)* absondert und dabei der Meinung ist, wenn er für alle übrigen Zahlen einen Namen festsetze, so entstehe durch diese Benennung eine einheitliche Gattung *(génos)*, die von jener anderen verschieden ist. Eine bessere Einteilung wäre es doch gewesen, die eher den Arten *(eídē)* entspricht und auch tatsächlich in der Mitte durchgeht, wenn er die Zahlen in gerade und ungerade und wiederum das Menschengeschlecht *(génos)* in männliche und weibliche Wesen geteilt hätte.«[18] Indem wir ein *génos* in zwei Hälften teilen, können sich sowohl zwei *eídē* als auch zwei *génē* ergeben.

Der logische Aufbau ist nicht klar, und er kann es niemals sein aufgrund des Systems der Aufteilung. Angesichts dieser Gegenüberstellung weiß man nicht, welches der Grad der Autonomie der beiden »Teile« im Hinblick auf das Ganze ist, welches selbst wiederum in zwei Teile geteilt ist. Die Definition jedes Teils, mehr aber noch die gegensätzliche Bestimmung geschieht notwendigerweise durch das *génos*. Frau, das ist ein menschliches Wesen weiblicher Art, das Weibliche ist der Gegensatz des Männlichen. Die Frauen sind zugleich Teil der menschlichen Gattung und eine dem Männlichen gegenübergestellte Erscheinungsform. Teil des Ganzen, gewiß, aber auch: entgegengesetzter Teil eines anderen Teils.

In der *Politeia* versucht Platon den Widerspruch aufzulösen, der das Modell der vollkommenen Polis bedroht: die Gleichartigkeit von Wächtern und Wächterinnen. Nachdem er im *Politikos* dargelegt hat, daß die richtige Aufteilung des menschlichen Geschlechts diejenige in die beiden Arten des Männlichen und Weiblichen ist, zeigt er jetzt, daß diese allgemeine Unterscheidung auf den konkreten Aufbau der idealen Polis nicht anwendbar ist. Einerseits müßten die Frauen als Wächterinnen die gleichen Aufgaben verrichten wie die Männer. Sie stellen keinerlei Besonderheit dar.[19] Andererseits sind sich die Dialogteilnehmer einig, daß verschiedene Naturen unterschiedliche, ihnen gemäße Beschäftigungen ausüben sollen und daß die Natur der Frau eine andere ist als die des Mannes.[20] Identität oder Alterität? Teil eines Ganzen oder spezifische Natur? Konfrontiert mit dieser Aporie, schlägt Sokrates ein analytisches Vorgehen vor.[21]

Sicher, man muß männlich und weiblich unterscheiden, indem man »nach Arten« trennt. Nur wenn man ihre spezifische Differenz herausfindet, kann man die Natur beider Geschlechter erfassen, aber zunächst muß man eine triftige Unterscheidung treffen. Die Unterscheidung zwischen männlich und weiblich darf nicht allgemein – wie es im *Politikos* der Fall ist –, sondern muß nach der Besonderheit des behandelten Gegenstands getroffen werden. Im vorliegenden Fall wird über die Organisation der Polis gesprochen. In diesem Punkt aber ist nichts für die Frau als Frau spezifisch, nichts ist ausschließlich dem Mann als Mann vorbehalten. In der Polis sollen die beiden Geschlechter dieselben Rollen übernehmen. Sokrates trennt radikal zwischen Polis und biologischer Realität; die Politik ist ein autonomer Bereich, der durch eigene Gesetze geregelt wird. Die einzige Ebene, auf der Mann und Frau einander entgegengesetzt sind, ist die der Fortpflanzung: die Frau gebiert, der Mann zeugt. Aber hinsichtlich dessen, worum es hier geht – das Politische – ist weder diese Unterscheidung noch irgendeine andere von Bedeutung.

Sokrates läßt seinen imaginären Opponenten einwenden, die Frauen müßten in der Polis eine ihnen vorbehaltene Funktion erhalten. Er fordert ihn dann als den Repräsentanten des gesunden Menschenverstandes auf, sich an der Beweisführung zu beteiligen, weshalb es in der Organisation des Gemeinwesens nicht legitim sei, die beiden Geschlechter zu unterscheiden. Was also bedeutet es, zu etwas fähig, für etwas begabt zu sein? Etwas mühelos zu bewältigen, die Lehrer rasch zu übertreffen, einen Körper zu haben, der dem Willen gelehrig folgt. Aber kann man feststellen,daß das eine und das andere Geschlecht mit einer besonderen Fähigkeit für bestimmte Aktivitäten verbunden oder auf sie festgelegt ist? Nein. Frauen und Männer sind ohne Unterschied zu allem befähigt. Bis auf den Punkt, daß das männliche Geschlecht das weibliche immer übertrifft.

Die Einteilung des menschlichen Geschlechts nach Geschlechtern ist also nur auf der biologischen Ebene einleuchtend, da wo Gebären und Zeugen einander gegenüberstehen. Auf der Ebene des sozialen Lebens, wo nur die persönlichen Begabungen zählen, spielt die Zugehörigkeit zu einem der beiden Geschlechter keine Rolle. Also gleiches Recht, Förderung der Frau, Anerkennung ihres Wertes und ihrer Fähigkeiten, die denen des Mannes ebenbürtig sind? Können wir uns von Platons Diskurs blenden lassen? Ja, solange wir diese Identität, diese Leugnung jeder Andersheit überschätzen und übersehen, daß innerhalb dieser Identität der ärgste Unterschied weiterbesteht: quantitative Ungleichheit, Un-

gleichwertigkeit, Inferiorität. Das Menschengeschlecht wird von der Warte der politischen Strukturen aus als homogen betrachtet, aber der
Gegensatz männlich-weiblich bleibt bestehen: Er ist von nun an darauf
reduziert, daß die Männer jede der beiden Geschlechtern gemeinsam
gestellten Aufgaben besser ausführen als die Frauen. Dem Konzept nach
besteht die einzige Veränderung des Bildes der Frau darin, daß sie nun
systematisch herabgemindert wird. Denn was macht Sokrates mit den
traditionellen Bereichen weiblicher Aktivität, für die Frauen berühmt sind
und in denen sie sich auszeichnen? Nun, er entledigt sich ihrer durch
Spott.

»Weißt du nun irgend etwas von Menschen Betriebenes, worin nicht
dieses alles das Geschlecht der Männer in höherem Grade hat als das der
Weiber?« fragt er Glaukon. Und er fährt fort: »Oder sollen wir erst weit-
läufig sein und die Weberei anführen und die Bereitung des Gebäcks
und des Gekochten, worin ja das weibliche Geschlecht sich auszuzeichnen scheint, so daß es fast lächerlich herauskommt, daß es auch hierin
übertroffen wird.«[22] Wie ist diese Aussage zu verstehen? Durch einen
plumpen Hinweis auf die Bedeutungslosigkeit einer solchen Behauptung räumt er die spezifische Natur der Arbeit der Frauen beiseite. Darüber spricht man nicht. Nicht, weil der Ruf der Frauen in diesen Bereichen unberechtigt wäre, sondern gerade, weil es zutrifft, daß die Frauen
sehr gute Köchinnen, exzellente Spinnerinnen oder Weberinnen sind.
Fast könnte man sagen, daß es gerade *ihre* Fähigkeit und *ihre* Kompetenz ist, weshalb diese Dinge unbedeutend sind. Über Weberei und
Kochen spricht man nicht, und solche Fertigkeiten sind in den Augen der
Männer lächerlich, eben weil sie von Frauen beherrscht werden. So werden Leistungen, die *den Männern* ohne Zweifel die hohe Qualität *ihrer*
Arbeit bestätigen würden, automatisch abgewertet, wenn sie die hohe
Qualität weiblicher Arbeit belegen könnten – eine sexistische Diskriminierung. Die zustimmende Antwort des Glaukon bestätigt: »Ganz richtig«,
antwortete er, »sagst du, daß, um es kurz zu sagen, in alledem gar sehr
das eine Geschlecht von dem anderen übertroffen wird. Viele Frauen
mögen zwar in vielem besser sein als viele Männer, im ganzen aber verhält es sich, wie du sagst.«[23]

Platons Diskurs führt zu einer logischen Neueinteilung. Er teilt das
menschliche Geschlecht nicht in zwei nach Eigenschaft und Funktion
entgegengesetzte Gruppen ein, sondern läßt seine Polis von Individuen
bewohnen, die von der Geschlechtszugehörigkeit unabhängige persönliche Fähigkeiten haben. Ebensowenig wie sie sich aus Familien zusammensetzt[24], ist die Polis der Zusammenschluß zweier biologisch definierter Bevölkerungshälften: unter dem Dach der Polis gibt es nur Individu-
en. Die geschlechtliche Ungleichheit muß verschoben, als eine individuelle Variante begriffen werden: jedes Individuum wird in einer gegebe-

nen Betätigung mehr oder weniger fähig sein, je nachdem, ob es männlich oder weiblich ist.

Nachdem wir Platons Unsicherheit im Gebrauch der Begriffe *génos* und *eîdos* und die Schwierigkeit, die Eigenart des Weiblichen zu erfassen, gesehen haben, wollen wir auf einen anderen problematischen Punkt zurückkommen: die doppelte Bedeutung von *génos* und ihre Konsequenzen im Logischen und Imaginären.

Die Doppeldeutigkeit von génos

Wenn *génos* im klassifikatorischen Sinne verstanden wird, bezeichnet es eine Gruppe, die in Paare von *eîdē*, in zwei artspezifische Formen aufgeteilt werden kann.[25] So gesehen besteht das menschliche Geschlecht also aus Mann und Frau als zwei entgegengesetzten Formen. Diese Teilung entspricht dem Ergebnis einer Zweiteilung nach den Regeln Platons. Auf der anderen Seite aber verstehen Platon und Aristoteles *génos* auch als Gruppe von Lebewesen, die sich durch Zeugung erneuert und fortpflanzt. Genauer: eine Gruppe von Lebewesen, deren Form sich dank der Erzeugung erhält.[26] Wörtlich definiert die *génesis* das *génos*. Aber die zweifache Bedeutung von *génos* führt zu einer begrifflichen Konfusion, die die Vorstellung zuläßt, jegliche *génos* genannte Gruppe könne sich fortpflanzen. Platon nutzt unwillkürlich diese unausgesprochene Annahme, bis zu dem Punkt, daß er einen der Teilnehmer des *Symposions*, Aristophanes, sagen läßt, die homosexuellen Männer seien zugleich Teil und Abkömmlinge des *génos* eines doppelten männlichen Vorfahren – daher ihre Objektwahl.[27]

Wenn *génos* eine zur Selbstreproduktion fähige Gruppe meint, wird die absurde Konsequenz einer eingeschlechtlichen *génesis* vermieden. Die ganze Ursprungsgeschichte des *Timaios* erzählt vom sukzessiven Auftreten verschiedener *génē*. In der ersten Zeit, so muß man sich vorstellen, existierten *ánthrōpoi*, die tatsächlich *ándres*, Männer, waren. Zu Beginn des Menschengeschlechts, des *génos anthrṓpinon*, gibt es keine Geschlechterteilung. Dann trat das *génos*, das Geschlecht der Frauen in die Welt, durch eine Art degenerative Mutation. Die Seelen der Männer, die sich im Leben als feige erwiesen haben, kehren nach deren Tod in einem anderen Körper, dem Körper einer Frau wieder. Das gleiche gilt für alle anderen großen Familien der Tierwelt: Vierbeiner, Vögel, Reptilien sollen Ergebnis einer Metasomatose sein. Die schwerfälligen und wenig nach Wahrheit strebenden Männer finden sich in einem Rinderkörper wieder, der Erde zugeneigt; aus den einfältigen Toren gehen die Vögel hervor; die Unverständigsten werden zu sich auf der Erde windenden Reptilien. Ähnlich argumentierend wie Aristoteles, der die

Geburt eines Mädchens statt eines Jungen als fehlerhafte Abweichung vom männlichen Modell erklärt, verlegt Platon das Auftreten des Geschlechterunterschieds in den Augenblick der Geschichte der Menschen, in dem eine ursprüngliche Vollkommenheit zerreißt.[28] Das neue *génos* wird den Mangel verkörpern.

Auch die mythische Darstellung des Ursprungs der Frauen bei Hesiod zeigt ein ganz ähnliches Denken.[29] Anfangs lebten die Sterblichen, die *ánthrōpoi*, und die Unsterblichen, die von der Erde und dem Himmel geborenen Götter, zusammen. Die Kinder des Kronos, unter denen Zeus die Nachfolge seines Vater angetreten hatte, die Nachkommen des Uranos, die Titanen, und die bereits als Sterbliche gekennzeichneten Menschen, all diese Wesen lebten zusammen, suchten die gleichen Orte auf und aßen gemeinsam. Die verschiedenen Gattungen von Lebewesen – die einen unsterblich, die anderen sterblich – bildeten eine homogene Gemeinschaft, in der Glück und Harmonie vorherrschten. Aber eines Tages geschieht das Unheil. Einer der Götter, Prometheus – Sohn eines Titanen –, macht sich bei der Aufteilung eines für ein gemeinsames Mahl vorgesehenen Ochsen über Zeus lustig. Statt das Tier den Regeln entsprechend zu zerlegen, trennt er die guten Stücke von den Knochen und dem Fett, versteckt die weniger guten Teile und die Abfälle unter dem Fett und präsentiert diesen mit Knochen angefüllten Haufen Zeus. Der große Gott, bereits Herrscher der olympischen Götter, schätzt den Scherz seines Cousins ganz und gar nicht. Er wittert den Betrug und rächt sich: er zieht die Gabe des Feuers zurück. Eine merkwürdige Vergeltung, die gegen einen Gott gerichtet sein sollte – denn Prometheus ist ein Gott –, aber in Wirklichkeit Unglückliche trifft, die für das Geschehene keinerlei Verantwortung tragen. Die Menschen haben für den frivolen Scherz eines Gottes zu zahlen. Denn das Feuer ist ihnen unentbehrlich, um sich zu ernähren. Prometheus holt daher das zum Kochen so wertvolle Element zurück und erzürnt Zeus damit erneut. Dieses Mal beschließt er, die Menschen mit einem üblen Geschenk zu bestrafen: der Frau. Die Götter gestalten eine künstliche Kreatur, von der das *génos* der Frauen seinen Ausgang nehmen wird, dazu bestimmt, den Menschen Unglück zu bringen.[30] Das Geschlecht *(génos)* der Frauen bringt den Menschen die Begierde, das Ende der Zufriedenheit und der Selbstgenügsamkeit. Eine andere Variante der gleichen Erzählung wird das Bild präzisieren und berichten, daß die erste Frau Pandora heißt und eine verschlossene Büchse mitbringt, aus der sie einfältigerweise alle Übel entweichen läßt, die auf den Menschen lasten werden.[31]

Abgesehen von den unterschiedlichen literarischen Formen zeichnet sich in all diesen Erzählungen das gleiche narrative Schema ab: die Frauen sind etwas Zusätzliches[32], etwas, das in eine soziale Gruppe hineingebracht wird, die vor ihrem Erscheinen glücklich und vollkommen

war; sie bilden ein *génos*, ein gesondertes Geschlecht, so als könnten sie
sich selbst reproduzieren; sie führen also weder Geschlechterdifferenz
ein – bei Hesiod existiert das Weibliche bereits bei den Göttinnen[33] –
noch die Fortpflanzung – es ist nicht so, daß vor ihnen die Erzeugung
unmöglich gewesen wäre –, sie bringen vielmehr Verzweiflung und Ver-
lorenheit unter die Menschen. Das Weibliche, das ist der Mangel. Gegenprobe: in einem Ursprungsmythos, dessen Ausgangspunkt kein Zustand
von Vollkommenheit ist, der dazu bestimmt ist, gestört zu werden und
verloren zu gehen, sondern in dem alles im Zustand absoluter Not
beginnt, ist die Frau von Beginn an da. Als eine Flut die Menschheit auslöscht und alles neu entstehen muß, ist es ein Paar, sind es ein Mann und
eine Frau, die, indem sie Steine hinter sich werfen, die Menschen entstehen lassen: der eine die Männer, die andere die Frauen. *Deukalion*
und *Pyrrha*. Überlebende einer Welt, in der der Geschlechterunterschied
bereits vorhanden war, reproduzieren jeweils ihre Art, jeder für sich und
zur gleichen Zeit.

Das Gemeinsame dieser das Erscheinen der Frau in Szene setzenden
Erzählungen ist die artspezifische *Autonomie der Geschlechter*. Das kann
noch weiter gehen. Ein Gedicht von Semonides von Amorgos unterteilt
das Geschlecht der Frauen in eine ganze Serie von Frauen*geschlechtern*;
jedes ist durch einen Fehler gekennzeichnet – Naschhaftigkeit, Sinnlichkeit, Lüge – und jedes stammt von einem Tier ab. Die klarsten Formulierungen über das *génos* und seine Fähigkeit der Reproduktion finden
sich in der aristotelischen Metaphysik.[34] Aber im Unterschied zu Platon
läßt sich Aristoteles nicht fortreißen von der sprachlichen Gewohnheit,
jedes *génos* als zur eigenen Fortpflanzung fähig zu denken, sondern versucht, die Frage, wie sich die Geschlechterdifferenz in bezug auf die
Begriffe *Form* und *Erzeugung* verhält, als ernsthaftes theoretisches Problem aufzuwerfen. Das heißt, für Aristoteles erlaubt die Tatsache, daß ein
génos eine sich selbst reproduzierende Gruppe ist, nicht, sich ein einge-
schlechtliches *génos* vorzustellen, sondern fordert im Gegenteil zu dem
Versuch heraus, die Geschlechterdifferenz logisch in den Begriff *génos*
einzubeziehen (um die *génesis* zu retten), ohne deshalb ein *génos* in
zwei entgegengesetzte Formen zu teilen (um die Arteigentümlichkeit zu
erhalten). Eine schwierige Forderung, die wir in ihren Konsequenzen
verfolgen wollen.

Das Problem der zwei Geschlechter

Aristoteles fragt danach, ob Mann und Frau der Art nach *(kat'eídē)* verschieden sind. Diese Frage wird im zehnten Buch der *Metaphysik*
gestellt, im Kontext der Reflexion über die verschiedenen Arten von

Beziehungen zwischen den Dingen.[35] Bekanntlich unterscheidet Artistoteles die Verschiedenheit der Art oder dem Wesen nach, die durch ihre *Form (eîdos)* nicht auf einander reduzierbare Entitäten einander entgegensetzt, und die akzidentelle Verschiedenheit, die einer mehr oder minder wichtigen Variation derselben Substanz entspricht. Ein Mensch und ein Pferd sind wesensverschieden; ein weißer Mensch und ein schwarzer Mensch sind nur im akzidentellen Sinne verschieden. Die Farbe, der Stoff, die Ausmaße eines Objekts rühren aus dem Akzidentellen, denn ihre Änderung berührt nicht die Identität, das Wesen einer Sache. Aber am Ende einer langen Ausführung über die Beziehungen zwischen Substanz, Form/Art und Akzidenz, also inmitten der zugespitztesten Auseinandersetzung, wird die Beziehung zwischen dem Männlichen und dem Weiblichen zum Problem. Es handelt sich um eine echte Aporie.

Anders als vor ihm Platon und später Philon, fragt der Natur- und Sprachphilosoph als erster, ob es überhaupt legitim sei, die Geschlechtlichkeit als Artverschiedenheit zu betrachten. Sagen wir es gleich, die Antwort wird negativ sein, aber aus ganz anderen Gründen als denen, die wir heute dafür anführen. Gemäß der uns heute geläufigen Definition der Art durch sexuelle Reproduktion leuchtet es unmittelbar ein, daß die sexuelle Differenz nicht artbildend sein kann. Hätte dies Aristoteles schon so gesehen, wäre er gar nicht auf dieses Problem gestoßen. Wenn er es tut, so weil der Begriff *eîdos* keineswegs die Fortpflanzung impliziert: er bezeichnet die *Identität* als solche, unabhängig von ihrer Übertragung. Die Identität setzt sich im *génos*, in der Geschlechterlinie, fort. Die Unsicherheit des Philosophen besteht daher zu Recht. Auf der Ebene des Begiffs *eîdos* hindert *a priori* nichts zu unterstellen, Hengst und Stute, Bulle und Kuh, Mann und Frau seien jeweils zwei der Art nach verschiedene Lebewesen. Wenn der Vergleich der Formen das einzige Unterscheidungskriterium ist, führt der Geschlechterdimorphismus und die so ungleiche Form der Genitalien zur Unschlüssigkeit. *Substantieller* oder *akzidentieller* Unterschied: das ist die Frage.

Was die Farbe betrifft, so ist es nicht schwierig, die untergeordnete Natur der Variationen, die sie hervorbringt, zu erkennen; die sexuelle Differenz betrifft aber fast *alle* Lebewesen. Die sexuelle Differenz ist auch nicht mit den unzähligen morphologischen Varietäten vergleichbar, bewirkt sie doch, daß die eine Hälfte von Lebewesen sich von der anderen Hälfte wesentlich unterscheidet. Und soll man die Gegensätzlichkeit zwischen männlichem und weiblichem Hund dem Unterschied zwischen Hund und Pferd gleichordnen? Rechtfertigt die morphologische Abweichung zwischen den Geschlechtern die Gewißheit einer Artverschiedenheit, das heißt eines wesensmäßigen Unterschieds? Aristoteles hat sich also in eine echte Aporie verwickelt, denn die Antinomie männlich-weiblich ist zu bedeutsam, um ein Akzidenz zu sein, und nicht bedeutsam genug, um aus der Substanz herzurühren. Die Entscheidung ist so schwierig, daß Aristoteles zwar den Anschein erweckt, sie zu treffen, es aber tatsächlich nicht tut.

Der Unterschied zwischen Mann und Frau betrifft »den Stoff und den Körper«, schreibt er. Für sich genommen, ist diese Aussage ein Gemeinplatz. Es ist unbestreitbar, daß Frau und Mann sich körperlich unterscheiden. Aber diese Feststellung allein genügt Aristoteles nicht als Hinweis auf die Lösung der genannten Aporie. Der Autor der *Metaphysik* geht dabei nicht von einem augenscheinlichen Phänomen aus, sondern sucht den logischen Status der Geschlechterdifferenz in seiner Logik von Substanz und Akzidenz. Der Stoff als Bestimmungsgrund des Geschlechterunterschieds macht diesen akzidentell, so wie bronzene und eiserne Ringe bloß akzidentell verschieden sind, so als handele es sich nur um histologische Nuancen oder Nuancen des Ausmaßes, was den Dimorphismus der Organe unerklärt ließe. Aber zu sagen, es sind der Stoff *und der Körper*, die die Polarität Mann-Frau ausmachen, heißt, dem Stoff eine formbezogene, anatomisch-physiologische Konnotation hinzuzufügen. Der Dimorphismus ist gerettet, aber stillschweigend ist ein vom *eîdos* stammendes Kriterium eingeführt worden. Denn was ist für Aristoteles die Form, wenn nicht die Form eines lebenden Körpers? Was ist ein Körper, wenn nicht ein durch seine anatomisch-physiologische Anordnung, das heißt seine Form bestimmter Organismus? Ein Vogel und ein Fisch sind artverschieden, und es ist die Struktur ihrer Körper, in der sich das manifestiert. Die Differenz von Männlichem und Weiblichem scheint mit der von Substanz und Akzidenz nicht deckungsgleich zu sein.

Da der Begriff *eîdos* nicht die Reproduktion voraussetzt und da er einem morphologischen Kriterium folgt, scheint Aristoteles nichts daran zu hindern, in jedem Männchen und jedem Weibchen einer beliebigen Art zwei eigenständige Formen / Arten zu sehen. Weshalb weigert sich der Philosoph, es zu tun? Eben weil die beiden Geschlechter im Hinblick auf die *génesis* existieren, also das *génos*, definiert als »zusammenhängende Erzeugung derer, welche *dieselbe* Form haben«. Jedes *génos* muß daher als notwendige Bedingung der »zusammenhängenden Erzeugung« *beide* Geschlechter einschließen. Aber es kann andererseits nur *eine* Form enthalten, die von einem Individuum auf das nächste übertragen wird. Für ein *génos* gibt es nur *eine* Identität. Das stellt Aristoteles als theoretische Bedingung auf.

Ein *génos* enthält also zwei Geschlechter, aber eine einzige Form, woraus folgt, daß die beiden Geschlechter *eine* Form, ein einziges *eîdos* übertragen. Zwei Geschlechter für ein *génos*, zwei Geschlechter für eine Form. Wenn es nur ein Geschlecht gäbe, wäre offensichtlich alles einfach; die Erzeugung wäre eine lineare Übertragung der Identität eines Individuums auf das nächste und es gäbe nicht das Problem, die

Geschlechterdifferenz begrifflich einzuordnen. Wir haben gesehen, bis zu welchem Punkt der Wunsch, die Dinge so zu sehen, bei Hesiod, Semonides und Platon führte. Ein *génos* ist eine männliche *oder* weibliche Abstammungsgruppe, die wie durch ein Wunder in der Lage ist, sich fortzupflanzen. Aristoteles scheint diesem Wunschdenken ein theoretisches Fundament zu geben: *trotz* der Existenz zweier Geschlechter behauptet er, daß sich in einem *génos* nur eine Form überträgt, die des Vaters. Um die formbezogene Einheit des *génos* ebenso wie seine Reproduktion zu erhalten, versucht Aristoteles die Geschlechterdifferenz durch verschiedene Mittel einzuebnen: er führt sie auf eine quantitative Ungleichheit zurück, er läßt sie aus einer Negativität, einem Mangel beim Mann entstehen.

DAS MEHR UND DAS WENIGER

In seinen Abhandlungen über die Tiere beschäftigt sich Aristoteles ausführlich mit der Physiologie der weiblichen Tiere. Dabei benutzt er zwei Mittel, um die Besonderheiten des weiblichen Körpers zu erfassen: die Analogie und die Inferiorität, immer im Verhältnis zum männlichen Körper. Einerseits besteht zwischen Männchen und Weibchen eine Korrespondenz: da, wo die Männchen einen Penis haben, haben die Weibchen eine Gebärmutter. »Die Gebärmutter ist bei allen paarig, wie auch die Männchen sämtlich zwei Hoden haben.«[36] Während das Männchen in der Lage ist, in einem anderen zu zeugen, ist das Weibchen dasjenige, das in sich erzeugt. »Weil sie nun aber durch ein gewisses Vermögen und Verrichtung bestimmt sind, zu jeder Verrichtung aber Werkzeuge nötig sind, und da die Teile des Körpers die Werkzeuge für die Vermögen sind; so ist es notwendig, daß es auch für die Kindererzeugung und für die Paarung Teile gebe, und zwar voneinander verschiedene, so daß sich hierin das Weibchen von den Männchen unterscheidet.«[37] Aristoteles versteht den Dimorphismus der Genitalorgane als anatomische Grundlage zweier Zeugungsarten, zeugen in einem anderen oder zeugen in sich selbst. Aber andererseits scheint der weibliche Körper insgesamt durch eine Reihe homogener Merkmale gekennzeichnet zu sein, die seine fehlerhafte, schwache und unvollständige Natur manifestieren.[38]

»Auch ist das Weibchen nicht so sehnig und weniger gegliedert, und die Haare sind, soweit vorhanden, viel dünner; haben sie keine Haare, dann ist es mit dem Ersatz so. Die Weibchen haben auch feuchteres Fleisch und X-Beine und dünnere Waden als die Männchen, und die Füße sind gewölbter, soweit alle diese Teile vorhanden sind. Die Stimme ist beim Weibchen zarter und höher, abgesehen vom Rind, sofern sie überhaupt Stimme besitzen. Nur die Kühe brüllen tiefer als die Stiere. Teile, die von der Natur zum Kampfe bestimmt sind, wie Zähne, Hauer, Sporne und all dergleichen, sind bei manchen Gattungen ganz und gar auf das Männchen beschränkt . . . Bisweilen besitzen wohl beide diese Teile, aber stärker und besser das Männchen.«[39] Von Natur aus wehrlos und unfähig, sich zu verteidigen, ist der weibliche Körper darüber hinaus mit einem kleineren Hirn ausgestattet: »Am meisten Gehirn hat also im Verhältnis zu seiner Größe der Mensch und unter den Menschen die Männer mehr als die Weiber . . . Auch hat der Mensch die meisten Nähte am Kopf, und der Mann mehr als das Weib, aus demselben Grund, damit diese Gegend leicht ausdünstend sei, und um so mehr, je größer das Gehirn ist.«[40] Der weibliche Körper ist ebenso unvollendet wie der eines Kindes, er ist ohne Samen wie der eines zeugungsunfähigen Mannes.[41] Von Natur krank, entwickelt er sich auf Grund seines Mangels an Wärme langsamer im Mutterleib, altert aber schneller, »denn das Kleinere gelangt schneller an sein Ziel, sowohl in den Werken der Kunst, als auch in den Bildungen der Natur.«[42] All dies, weil »die Weibchen [. . .] nämlich eine schwächere und kältere Natur [haben] und man [. . .] die Weiblichkeit wie eine natürliche Verkümmerung betrachten [muß].«[43]

Weil die weibliche Natur wesenhaft unvollkommen ist, ist auch der Körper der Frau mit Mängeln behaftet. Die Frau selbst ist eine Fehlkonstruktion. Von den Brüsten zum Beispiel könnte man sagen, sie seien bei den Weibchen größer als bei den Männchen, wenn man sie unter dem von Aristoteles regelmäßig gewählten Gesichtspunkt der Größe betrachtet; aber plötzlich betrachtet der Philosoph sie unter einem anderen Kriterium, dem von Konsistenz und Festigkeit des Gewebes. Verglichen mit den Brustmuskeln des männlichen Körpers erscheinen sie offensichtlich als schwammige Schwellungen, die von Milch durchtränkt sein können, aber schnell schlaff werden. Denn das Fleisch der Männer ist fest, das der Frauen dagegen durchlässig und feucht. Auch die Brüste sind daher ein Zeichen von Unzulänglichkeit. Auf Grund einer Art Impotenz des Vaters als Mädchen geboren, ist die Frau selbst durch ein Unvermögen gekennzeichnet: »Denn das Weibliche ist durch eine gewisse Schwäche bestimmt, indem es wegen der Kälte seiner Natur nicht aus der letzten Nahrung Samen zu kochen vermag; dies ist aber das Blut oder in den Blutlosen das Entsprechende.«[44]

Der Vergleich mit dem männlichen Körper macht also zwei Merkmale des weiblichen Körpers deutlich: nicht bloß die Äquivalenz in der Verschiedenartigkeit, sondern vor allem die Schwäche, die Unzulänglichkeit im Vergleich zum überlegenen Modell. Aristoteles würde sagen, der weibliche Körper unterscheide sich von dem männlichen nach dem Kriterium von Mehr oder Weniger. Dieser *quantitative* Weg, die Ungleichheit der Geschlechter zu messen, darf nicht unterschätzt werden. Denn der Unterschied nach dem Mehr und dem Weniger ist für Aristoteles eine bestimmte Kategorie, diejenige, die einen Vogel von einem Vogel unterscheidet – einen Sperling von einem Adler zum Beispiel – oder einen Fisch von einem Fisch: es ist der Unterschied zwischen den Tieren, die einem gleichen *génos* angehören. Es gibt in seiner Biologie eine andere Unterscheidungsart: die Analogie. Analog sind der Fisch und der Vogel abgesehen von ihren quantitativ variablen Eigenschaften in dem Sinne, daß jede natürliche Funktion – Atmung, Ernährung, Bewegung etc. – in ihrem Körper unterschiedlich ausgeprägte, aber vergleichbare Organe bedingt. Was bei dem einen das Maul ist, wird bei dem anderen der Schnabel sein; was für ein Meerestier die Flosse ist, ist für einen Vogel der Flügel. Jede Tiergattung weist zwar eine spezifische Anatomie auf, aber diese ist durch allen Tieren gemeinsame Funktionen bestimmt. Während der quantitative Unterschied innerhalb einer Gattung ausschlaggebend ist, trennt die Analogie eine Gattung von einer anderen entsprechend der Form.[45]

Aber ebenso wie in der *Metaphysik* wird der Geschlechterunterschied auch hier zum Problem. Wenn die Erzeugung eine allen Lebewesen gemeinsame Funktion ist, müßte sie nicht zu ebenso vielen verschiedenen Gattungen führen wie sie analoge Anatomien festlegt? Müßte man nicht den Penis und den Gebärmuttermund, die Hoden und die Eierstöcke als unterschiedliche, aber äquivalente Realisationen ein und derselben Funktion betrachten? In seiner Abhandlung über die Anatomie der Genitalien ist Aristoteles bisweilen nicht weit von der Konsequenz entfernt, das Männchen und das Weibchen nach dem Kriterium der Form als zwei eigenständige Gattungen anzusehen. Wir wissen, daß dies, wenn man die Definition der Gattung (*génos*) als Reproduktion derselben Form beibehält, unzulässig ist. Und wir begreifen, auf welche Weise Aristoteles diese Aporie, ohne sie explizit als solche zu benennen, löst: indem er den geschlechtlichen Dimorphismus auf eine Sache des Mehr und des Weniger zurückführt. Männlicher und weiblicher Körper erscheinen schließlich als zwei quantitativ meßbare Varianten ein und derselben Form, des *eîdos*, das sich in einem *génos* reproduziert.

Der männliche und der weibliche Körper

Den geschlechtlichen Dimorphismus auf einen meßbaren Unterschied zurückzuführen, entspricht der Logik des Aristotelischen Systems. Die Einheit des *génos* als »zusammenhängende Erzeugung derer, welche dieselbe Form haben« wird bewahrt. Trotz der Existenz zweier biologischer Geschlechter gibt es nur ein und dieselbe Form. Aber diese *reductio ad unum* wird nicht bloß empirisch durch einfache Aneinanderreihung von

Beobachtungen erreicht: das Weibchen ist klein, schwach, zerbrechlich, es hat weniger Zähne, weniger Kopfnähte, eine schwächere Stimme etc. All diese charakteristischen Merkmale, die der Naturphilosoph aufmerksam beobachtet, sind nur Erscheinungsformen einer verstümmelten Natur, einer verstümmelten *phýsis*. Warum sind die weiblichen Körper durch Kleinheit und Kraftlosigkeit gekennzeichnet? Auf Grund eines Mangels an lebenswichtiger Wärme, die zu einer Schwäche des Metabolismus, der Kochung, wie Aristoteles sagt, führt, was gleichzeitig den Monatsfluß erklärt. »Da es aber notwendig ist, daß auch das Schwächere eine Ausscheidung habe, aber in größerer Menge und minder gar gekocht, und daß eine dergleichen Ausscheidung eine reichliche blutähnliche Flüssigkeit sein muß [. . .], so folgt daraus, daß auch die bei den Weibchen stattfindende blutähnliche Absonderung eine Ausscheidung ist: von dieser Art ist aber die Aussonderung des sogenannten Monatsflusses.«[46]

Das Menstruationsblut ist also ein weiteres Zeichen der weiblichen Kälte, sicher das wichtigste, da es in der Erzeugung eine Rolle spielt. Dieses Blut, Ergebnis eines Wärmemangels, ist der Beitrag des Weibchens bei der Empfängnis eines Kindes. Es ist das Äquivalent des männlichen Spermas, es ist unfertiges Sperma, da es ungekocht ist. Während das Blut, die erste Form der Gewebenahrung, im männlichen Körper zu Samenflüssigkeit gar gekocht wird – denn dank seiner Lebenswärme ist das männliche Tier in der Lage, das Blut in Sperma umzuwandeln –, ist das weibliche Tier zu dieser Umwandlung unfähig.

Dieser Gegensatz von Sperma und Menstruationsblut bezeugt den unaufholbaren Gegensatz von Männlichem und Weiblichem. Dennoch sind sie analog, da das Sperma für das Männchen das ist, was das Menstruationsblut für das Weibchen ist. Sperma und Blut sind beide Resultate desselben Metabolismus, den allerdings nur das Männchen, nicht das Weibchen vollständig verwirklichen kann. Verschiedenartig sind die beiden Substanzen, weil sie verschiedenen Phasen desselben Umwandlungsvorgangs zugehören. Zum Beweis: schlecht gekochtes Sperma weist Spuren von Blut auf. Es handelt sich hierbei um eine Theorie der Spermatogenese, die Aristoteles nicht erfunden, sondern von Diogenes von Apollonia übernommen hat, ohne allerdings jemals seine Quelle zu nennen: sie erlaubt es Aristoteles, einen qualitativen Unterschied auf einen quantitativen zurückzuführen. Aber sie übernimmt eine zentrale theoretische Funktion innerhalb des Aristotelischen Systems, insofern diese Umwandlung des Blutes in Sperma eine metaphysische Bedeutung annimmt. Diese rasche Kochung, unterstützt durch die Koitusbewegungen unmittelbar vor dem Samenerguß, bewirkt einen unüberbrückbaren Unterschied zwischen der Blutausscheidung und dem

Sperma: von nun an enthält das Sperma Seele, Form, ein Bewegungsprinzip.

»Denn vor allem hat man, wie gesagt, das Weibliche und das Männliche als die Prinzipien der Zeugung zu setzen, das Männliche als
dasjenige, in dem der Anfang der Bewegung und der Zeugung, das
Weibliche als das, worin der Anfang des Stofflichen liegt.«[47] Diese
Differenz, die Aristoteles am Anfang der *Zeugung und Entwicklung
der Tiere* festlegt, ist die Grundlage seiner Vererbungslehre. Eine »wilde
Vererbungslehre«[48], die weniger an den axiomatischen Grundannahmen
als an den Argumentationsführungen interessiert ist. Betrachten wir
die Aussage genau: »Denn vor allem hat man [. . .] das Weibliche und
das Männliche als die Prinzipien der Zeugung zu setzen« – die Zeugung, die *génesis*, beruht auf *zwei* Prinzipien – »das Männliche als
dasjenige, in dem *der Anfang der Bewegung und der Zeugung*, das
Weibliche als das, worin der Anfang des Stofflichen liegt« – und siehe da,
das Spiel ist gespielt: es gibt in der Zeugung nur einen Erzeuger, *archḗ
genéseōs*, den Vater. Aristoteles hat zwei Prinzipien verkündet, aber
behält nur eines bei: das Weibliche ist da, aber nur um den Stoff,
das Menstruationsblut zu liefern. Die Mutterschaft wird physische,
nährende Unterstützung eines Prozesses, der wesentlich vom Männlichen abhängt.

Prinzip der Seele, *tēs psychēs archḗ*, Prinzip der Bewegung, *archḗ tēs
kinéseōs*, Anfang der Form, *archḗ tēs eîdous*: wenn der Vater der Erzeuger ist, so weil er in seinem Sperma dieses dreifache Vermögen
(dýnamis) besitzt. Die Empfindungsseele, das heißt die Empfindung als
grundlegende Eigenschaft des Tieres findet sich im Sperma, im »Wesen
des Männlichen selbst«. Das Männchen vollzieht die Erzeugung, »denn
dieses [das Männchen] teilt die Empfindungsseele mit, entweder durch
sich selbst oder durch die Samenflüssigkeit«. Das seelische Prinzip wird
durch das Sperma übertragen, und zwar dank dessen pneumatischer,
heißer Natur, die auf seine Garkochung zurückgeht. Der Vater überträgt
dem Embryo daher eine Seele. Aber das Sperma kann nicht nur Leben
weitergeben: es besitzt eine Bewegungskraft und zwar nicht nur eine
physische, sondern eine biologische. »Der Samen besitzt in sich die
Bewegung, die der Erzeuger ihm aufgeprägt hat«, einfach deshalb, weil
er eine Ausscheidung des Blutes ist und weil Blut natürlicherweise
danach strebt, den Körper zu nähren. Das Sperma erbt dieses Vermögen,
wachsen zu lassen, und überträgt diesen Effekt auf den Embryo. »Indem
aber der Samen eine Ausscheidung ist und sich in derselben Bewegung
befindet, kraft welcher das Wachstum des Körpers durch die Verteilung
der letzten Nahrung geschieht, so formt er, wenn er in die Gebärmutter
gelangt ist, und setzt die im weiblichen Körper vorhandene Ausscheidung in dieselbe Bewegung, in welcher er sich selbst befindet.«

Zwischen dem Vater und dem Embryo besteht daher eine Kontinuität der Entwicklung. Aber das Sperma überträgt nicht nur Leben und Lebenskraft; es enthält auch das Prinzip der Form. Dies ist der Grund, weshalb Lebewesen ihren Eltern gleichen.

Die Form, die Invarianz des *eîdos*, ist bei der Zeugung unabdingbar. Die Bewegung des Spermas ist nicht bloß ein blinder Trieb, sondern verwirklicht im Embryo eine sinnvolle Form: »Die Bewegung der Natur aber hat in dem Dinge selbst *statt*, ausgehend von einem *zweiten Wesen*, welches diese Gestalt schon in Wirklichkeit hat.« Die Wachstumskraft stammt vom Vater, der das schon verkörpert, was der Stoff erst wird, denn aus dem Stoff entwickelt sich ein dem Erzeuger ähnliches Produkt. Wie spielt sich unter diesem Blickwinkel die Empfängnis ab? »Der Samen des Männchens gibt durch seine Kraft dem in dem Weibchen befindlichen Stoffe und Nährstoffe eine gewisse Beschaffenheit; denn dies vermag der später hinzutretende Samen zu bewirken, dadurch daß er erwärmt und gar kocht.« Wie der Handwerker durch Werkzeuge seine Kraft auf das Material überträgt und ihm dabei Form gibt, so liefert in der Zeugung das Männliche die Form und das Bewegungsprinzip. »Der Samen spielt die Rolle des Werkmeisters, denn er enthält der Anlage nach die Form.« Übertragung, Kontinuität, Homonymie: der Mann erzeugt den Mann. »Kallias oder Sokrates unterscheidet sich von seinem Erzeuger durch den Stoff, der anders ist, aber er gleicht ihm in der Form, denn die Form ist gemeinsam.« Erzeuger und Erzeugtes sind dem Stoff nach verschieden, der Form nach identisch.

Der Vater verkörpert und überträgt das Modell der Art, die *eine* Form die in einem *génos* übertragen wird. Aktiv, schöpferisch, erschafft er das Kind nach seinem Bilde. Dagegen ist der mütterliche Körper eine Art Werkstatt; eine *träge* Wesenheit – »es fehlt ihm nur eines, das Prinzip der Seele« –, unfähig, sich aus sich selbst heraus zu bewegen und vollkommen passiv, denn »das Weibliche, insofern es weiblich ist, [ist] *ein Leidendes*«, dazu da, die männliche Form *aufzunehmen*, zu empfangen. In der Menstruationsflüssigkeit gibt es keine *psyché*, sie enthält keine *kínēsis*, kein *eîdos*. Sie ist das Produkt der *adynamía*, des Unvermögens, gar zu kochen; es mangelt ihr daher an *pneûma*, an Leben spendender warmer Luft. Sie geht als roher Stoff, als primäre Materie *(prôtē hýlē)* in den Zeugungsprozeß ein: »Nun ist aber das Weibliche, insofern es weiblich ist, ein Leidendes, das Männliche, insofern es männlich ist, ein Wirkendes und ein solches, von dem die Bewegung ausgeht; wenn man also beide in ihrer letzten Bewegung faßt, in welcher das eine ein Wirkendes und Bewegendes, das andere ein Leidendes und Bewegtes ist, so wird das aus ihnen entstehende Eine nur so entstehen können, wie durch einen Zimmermann und das Holz die Bettstelle, oder wie aus dem Wachs und der Form die Kugel.«[49] Holz,

Wachs und Milch, die der Wirkung des Ferments bedarf: das technische Paradigma zeigt klar den Platz an, den Aristoteles dem weiblichen
Blut in der Reproduktion der Art zuweist.

Der Stoff und der Körper

»Das Männchen [gibt] die Form und das Prinzip der Bewegung, das Weibchen aber den Körper und den Stoff.« Diese Definition der Geschlechterteilung zu Beginn der *Zeugung und Entwicklung der Tiere* nimmt das in
der *Metaphysik* vorgefundene Binom von Körper und Stoff auf. Was
genau bedeutet die wiederholt angesprochene virtuelle Präsenz des Körpers des Embryos in der Blutausscheidung der Weibchen? »Die Teile des
Embryo sind der Anlage nach bereits im Stoff enthalten«, schreibt Aristoteles. »Denn auch letzteres [der Teil des Weiblichen] ist eine Ausscheidung und enthält alle Teile der Anlage nach, keines aber in Wirklichkeit,
denn es enthält auch die Anlage zu solchen Teilen, durch welche sich
das Weibchen vom Männchen unterscheidet.« Man ermißt hier die
Schwierigkeit, die im Aristotelischen Begriff des Körpers, des *sôma*, enthalten ist. Es erscheint unmöglich, den Körper losgelöst von seiner Form
zu denken, die mit seiner anatomischen Struktur gegeben ist. Aber Aristoteles setzt Körper und Stoff dem *eîdos* entgegen. Die Teile des künftigen Lebewesens einschließlich der Geschlechtsorgane sind der Anlage
nach in der Ausscheidung des weiblichen Körpers enthalten. Alles was
sich entwickelt, muß sich entwickeln *können*. »Denn weder kann etwas
der Anlage nach Vorhandenes sich entwickeln, ohne daß ein in wirksamer Tätigkeit Begriffenes, das jenes in Bewegung setzt, da ist, noch kann
das wirklich Tätige aus dem ersten besten etwas machen, wie der Schreiner keine Kiste ohne Holz verfertigen und ohne den Schreiner aus dem
Holz keine Kiste werden kann.« Die Aussage, die weibliche Ausscheidung enthalte die Teile des künftigen Lebewesens, teilt zunächst über
deren Natur nichts mit: sie unterstreicht aber ihre Fähigkeit, ein neues
Lebewesen zu entwickeln.

»Weil die Ausscheidung des Weiblichen der Anlage nach von derselben Beschaffenheit wie die Natur des Tieres ist, und weil die Teile der Anlage nach darin sind, nicht aber in Wirklichkeit, aus dieser Ursache bilden sich die einzelnen Teile und weil das Gestaltende und das Empfangende, wenn sie unter solchen Verhältnissen sich berühren, unter welchen jenes gestaltend dieses empfangend ist – die Verhältnisse sind aber
das Wie, Wo und Wann –, sofort jenes gestaltet dieses aber empfängt.
Den Stoff also gibt das Weibchen her, das Prinzip der Bewegung aber
das Männchen.«[50] Diese Passage ist besonders klar: das Menstruationsblut enthält die Teile des Körpers des Embryos der Anlage nach *und* ist
nur Stoff.

Das Spiel der Symmetrie

Aristoteles unterscheidet Seele, Form und Bewegung auf der einen, Körper, Stoff und Passivität auf der anderen Seite. Soll der Geschlechterunterschied als quantitativ meßbare Variante innerhalb eines *génos* – einer Gattung, die durch Selbstreproduktion charakterisiert ist – begriffen werden, führt dies zu einer Reihe von ausschließenden Gegensätzen, in der das Weibliche den Ort des Negativen, der Andersheit und des Mangels einnimmt.

Neben dem mythischen Gebrauch des Begriffs *génos* bei Hesiod, Semonides und Platon und neben der von Aristoteles vollzogenen metaphysischen Deutung gibt es in Griechenland noch ein anderes Denken: Bestimmte Ärzte versuchen eine positive Einschätzung des Weiblichen mit der Forderung eines *doppelten* Zeugungsprinzips in Einklang zu bringen. Die beiden Geschlechter genügen sich weder selbst noch sind sie allein auf das männliche Geschlecht zurückführbar, sie stehen sich vielmehr in Form der Symmetrie gegenüber.

Den Ärzten der *Knidischen* Schule zufolge erzeugt die Frau ebenso wie der Mann eine Samenflüssigkeit; sie entspricht dem männlichen Sperma, das eine Art konzentrierter Extrakt aus allen Körpersäften ist, und entströmt dem Gebärmuttermund unter genau den gleichen Bedingungen, die den männlichen Samenerguß begünstigen: »Bei der Frau, sage ich, befällt beim Geschlechtsverkehr dadurch, daß ihr Geschlechtsteil gerieben wird und die Gebärmutter sich bewegt, diese eine Art Kitzel und dies bereitet dem übrigen Körper Lust und Wärme. Auch das Weib gibt [Samen] aus dem Körper ab, bald nach der Gebärmutter – die Gebärmutter wird [dadurch] feucht – bald nach außen, wenn die Gebärmutter mehr als gewöhnlich geöffnet ist.«[51] Der weibliche Körper trägt also aktiv zur Zeugung bei, ein mechanischer Mischungsprozeß bewirkt die Empfängnis. Nach dieser Vorstellung ist die Geschlechtsfestlegung des Embryo Resultat eines Kräfteverhältnisses: »Der von dem Weib entleerte Samen ist bald stärkerer, bald schwächerer [Samen], und der vom Manne ebenso; auch ist sowohl der weibliche wie der männliche Samen im Manne, und im Weib ebenso. Der männliche ist aber stärker als der weibliche. (Das Werden) muß danach von dem stärkeren Samen kommen.« Es besteht also eine Ungleichheit der »Stärke« zwischen dem Männlichen und dem Weiblichen – ein Unterschied nach dem Mehr oder Weniger würde man in Aristotelischen Begriffen sagen –, aber jedes der Geschlechter besitzt eine »hermaphroditische« Samensubstanz, in der es Schwaches und Starkes gibt. Das Verhältnis von Männlich-Starkem und Weiblich-Schwachem ist nicht in jedem Erguß gleich, bei keinem der Geschlechter: eine Art *kombinierter* Variable entscheidet daher über das Geschlecht des Kindes. »Wenn von beiden der stärkere Samen kommt, entsteht ein männliches [Wesen], wenn aber der schwächere, dann ein weibliches.« Der Embryo entspricht dem Samen, der der Quantität nach überwiegt. Nicht die dem männlichen Samen als solchem inhärente *Kraft* scheint der ausschlaggebende Faktor zu sein, sondern vielmehr die *Masse (plêthos)*. »Falls nämlich der schwache Samen viel reichlicher vorhanden ist als der stärkere, so wird der starke überwunden und mit dem schwachen vermischt zu einem weiblichen Wesen gestaltet. Falls dagegen der starke reichlicher als der schwache vorhanden ist und der schwache überwunden wird, so wird ein männliches Wesen gestaltet.«

Symmetrie beider Teile – beide Eltern sind die Erzeuger –, quantitativer Vorrang der Masse: dieses Modell ist ein guter Kompromiß zwischen der Anerkennung der männlichen Überlegenheit in der Stärke des Samens und der Behauptung eines Gleichgewichts zwischen den Geschlechtern hinsichtlich der Geschlechtsbestimmung. Letztlich ist es die zufällige Quantität, die entscheidet. Ohne den Wortlaut des Textes zu strapazieren, können wir sagen, daß der schwache Samen die Chance hat, den Sieg davonzutragen, sofern er die Mehrheit hat, denn in der politischen Sprache der Demokratie bedeutet *plêthos* (Masse) wörtlich Mehrheit.

Die Chancen der geschlechtlichen Bestimmung

Das interessanteste Wort dieses Textes ist indessen das Verb, das das Dominieren ausdrückt, das Verb *krateîn*. *Krateîn* bedeutet obsiegen im politischen Sinne des Obsiegens einer Meinung über eine andere im Verlauf einer Debatte. *Krátos* ist in einem Konflikt errungene Macht und meint häufig einfach *Sieg*. In den *Schutzflehenden* von Aischylos ist *krátos* der Triumph, den die Schar der fünfzig Töchter des Danaos über die fünfzig bewaffneten Männer – ihre Vettern, die sie verfolgen, um sie zur Ehe zu zwingen – davontragen möchte: »Herrscher Zeus, nimm von mir der / Unheilvollen Gattenwahl / Feindliches Geschick, der Io / Huldvoll du vom Leid erlöst / Durch der heilkräftiger Hand Berührung sanft / Wirkend, deine Macht bezeuget! / Sieg verleihe du den Fraun! *(krátos némoi gynaixín)*« (1062–1068). In diesem zwischen Männern und Frauen zweigeteilten Universum wird der glückliche Ausgang des Konflikts durch denselben Begriff ausgedrückt, der in der medizinischen, aber auch in der juristischen Sprache die Vorherrschaft eines Geschlechts über das andere ausdrückt: »Wenn der Verstorbene nicht über die Erbfolge verfügt hat und wenn er Kinder weiblichen Geschlechts hinterläßt, geht das Erbe mit ihnen. Wenn er keine Töchter hinterläßt, werden folgende Personen Herren *(kýrioi)* über die Besitztümer: Die Brüder väterlicherseits, falls es welche gibt, und wenn legitime Kinder der Brüder vorhanden sind, werden diese den Anteil ihres Vaters erhalten. Wenn keine Brüder oder Kinder von Brüdern vorhanden sind ... [Lücke], erben deren Abkömmlinge nach denselben Regeln; den Vorrang haben *(krateîn)* die Männer und die Abkömmlinge von den Männern in derselben Abstammungslinie, selbst wenn sie der Abkunft nach weiter entfernt (vom Verstorbenen) stehen. Wenn keine Verwandten väterlicherseits bis zu den Kindern von Vettern vorhanden sind, werden die Verwandten der Mutter nach den gleichen Regeln zu Herren (des Besitzes). Wenn von keiner der beiden Seiten innerhalb dieses Kreises Verwandte da sind, tritt der nächste Verwandte väterlicherseits die Erbfolge an *(kýrios eînai).«*[52]

Es handelt sich um das Gesetz der Erbfolge *ab intestato*, das über das Schicksal des Besitzes und das der Töchter bestimmt, welche dem Patrimonium zugeschlagen werden, wenn direkte männliche Erben fehlen *(Erbtöchter)*. Das ganze Rangfolgesystem, das Erbberechtigte bis in den fünften Grad der Patri- oder Matrilinie des Toten berücksichtigt, folgt einem einzigen Kriterium: das Männliche hat Vorrang vor dem Weiblichen. Es ist stärker als das Kriterium der verwandtschaftlichen Nähe, denn ein Bruder ist dem Verstorbenen ja nicht näher verwandt als eine Schwester, hat aber Vorrang vor dieser; und die Patrilinie hat insgesamt Vorrang vor der Matrilinie, so daß die Tochter eines väterlichen Vetters einen mütterlichen Halbbruder oder auch einen mütterlichen Onkel verdrängt. Wenn es innerhalb des so festgelegten Verwandtschaftskreises keinen Erbfolgeberechtigten gibt, kann man einen solchen nur auf der väterlichen Seite suchen. Über die Kinder von Vettern hinaus kann die Familie der Mutter keine Erben stellen. Das Verb *krateîn* bezeichnet in diesem Zusammenhang die Vorherrschaft des einen Geschlechts über das andere. Dies ist nicht die einzige Bedeutung, die es in der juristischen Sprache hat – so bezeichnet es zum Beispiel auch die Übernahme eines Erbes durch den Erbberechtigten –, aber es ist fraglos bemerkenswert, daß drei so unterschiedliche Sprachstile, wie der der Medizin, der der Tragödie und der des Rechts in Hinsicht auf die Rangfolge von Männlich und Weiblich einen so einheitlichen Gebrauch des Wortes aufweisen.

In den angeführten Situationen – dem Streit zwischen den Danaiden und den Ägyptiaden, dem Vorrang des Erbfolgeberechtigten und der biologischen Festlegung der Geschlechter – geht es nicht nur um eine bloße Differenz, sondern um einen Konflikt zwischen den Geschlechtern, geht es darum, die Oberhand zu behalten, ein Spiel, eine Partie zu gewinnen. *Krateîn* unterstellt die Vorstellung einer agonalen, kompetitiven Entscheidung zwischen den Geschlechtern: es bedeutet das Ende eines Konflikts, aber betont, daß es dazu einer drastischen Entscheidung bedurfte. Zwischen den Geschlechtern gibt es keine Versöhnung: das eine gewinnt, das andere verliert, das eine beherrscht *(krateîn)*, das andere wird beherrscht *(krateísthai).* Aber der Antagonismus beruht auf dem Vorhandensein zweier nach Status und Siegeschance vergleichbarer Gegner. Auch wenn nur eines von beiden den Sieg davontragen kann, muß das andere dennoch in seiner Würde anerkannt werden.

Komplikationen der Argumentation

Wenn wir nun zu der Aristotelischen Theorie zurückkehren, können wir berechtigterweise vermuten, daß das Verb *krateîn* in ihr diese Bedeutung nicht haben kann. Bei Aristoteles darf es im Moment der Empfängnis nicht um die konflikthafte Alternative zwischen den Geschlechtern gehen, da die Partie *a priori* gewonnen ist. Es ist der Vater, der dank der in das Sperma eingeschriebenen Bewegung die Seele und die Form überträgt; das Männliche, und nur das Männliche, ist das Zeugungsprinzip, *archḗ tḕs genéseōs.* Da die Mutter nicht die Erzeugerin ist, sondern lediglich den unbeseelten, passiven und dickflüssigen Stoff, ihr Menstruationsblut, liefert, darf sie keine eigene, mit dem patrilinearen *eîdos* rivalisierende Form übertragen. Wie aber dann die Geburt eines Mädchens erklären? Indem man die eventuelle Schwäche der männlichen *dýnamis* anführt: »Weil es [das Männchen] zu jung oder zu alt ist, oder aus einer anderen solchen Ursache« lassen demiurgische Kraft und schöpferische Energie des Vaters nach. Er formt ein unvollkommenes, fehlerhaftes Wesen zweiter Wahl, das, statt sein lebendiges Abbild zu sein, Zeichen seiner Schwäche, seines Kräfteschwunds ist. Die Kleinheit und Kraftlosigkeit des verstümmelten Körpers *(anapēría)* einer Tochter verkörpert sein Unvermögen im Moment des Koitus. Aus diesem unilinearen Modell, in dem das Weibliche lediglich die Modifikation des Männlichen ist, zieht Aristoteles die letzte Konsequenz: »Der nämlich, welcher seinen Eltern nicht mehr gleicht, ist gewissermaßen schon eine Mißgestalt *(téras);* denn die Natur ist bei solchen gewissermaßen aus der Art *(génos)* herausgetreten. Der Anfang dazu geschieht dadurch, daß ein Weibliches statt eines Männlichen gebildet wird.« Das Weibliche ist die Mißgestalt des sich innerhalb eines *génos* fortzeugenden *eîdos.* Taxonomie und Vererbungslehre fügen sich hier bruchlos ineinander.

Dennoch, so erstaunlich es klingen mag, taucht das Verb *krateîn* in der Aristotelischen Erklärung der Geschlechtsbestimmung auf. Die Vorstellung eines Kräfteverhältnisses, einer Art Sich-Messens, bei dem es für beide Geschlechter darum geht, das andere Prinzip zu beherrschen oder von ihm beherrscht zu werden, liegt im Zentrum der Aristotelischen Vererbungslehre, und zwar in dem sehr delikaten Moment, in dem sich die Frage der Ähnlichkeit erhebt. Wie in der Tat soll man die Ähnlichkeit eines Kindes mit seiner Mutter oder deren Vorfahren erklären? In diesem

Punkt genügt das lineare Abstammungsmodell nicht mehr: daß die Geburt eines Mädchens einem Scheitern in der Übertragung der Form des Vaters entspricht, ist denkbar. Aber daß ein Mädchen seiner Mutter gleicht – was Aristoteles zufolge sehr häufig zu beobachten ist –, ist ein Phänomen, das eine eigenständige Form des Weiblichen suggeriert: anzuerkennen, daß eine morphologische Verwandtschaft zwischen Kindern und ihrer Mutter möglich ist, heißt die Existenz einer Übertragung mütterlicherseits zuzugestehen, und auch, daß die weibliche Erbschaft manchmal über die männliche den Sieg davonträgt: »Wenn nämlich die Samenausscheidung im Monatsflusse sich leicht garkochen läßt, so wird der Antrieb des Männchens das Junge nach sich gestalten. [. . .] Also wenn der Antrieb des Männchens überwiegt *(kratei̇n)*, so wird er ein Männchen hervorbringen und nicht ein Weibchen, und ein Kind, das dem Erzeuger gleicht und nicht der Mutter; überwiegt *(kratei̇n)* er aber nicht, so wird die Mangelhaftigkeit in der Richtung stattfinden, in welcher er nicht überwogen hat.«[53]

Was die Vorstellung eines zufallsbedingten Dominierens und eines Antagonismus *zweier* Erzeuger, die tatsächlich beide obsiegen können, notwendig macht, ist – im vierten Buch der *Zeugung und Entwicklung der Tiere* – die Berücksichtigung individueller Charaktere. Solange die Zeugung die Fortpflanzung einer Form, eines als Art verstandenen *eîdos* betrifft, zählt nur die Duplikation des Selben: der Mann erzeugt den Mann. Die Homonymie ist perfekt, es sei denn, der Mann erzeugt eine Frau *(gynḗ)*, aber dabei handelt es sich nur um einen Unfall. Wenn Aristoteles aber das Problem der Ähnlichkeit und der gemeinsamen Züge zwischen Mutter und Kind aufwirft, kommen ihm besondere menschliche Charaktere in den Sinn: »in bezug auf die Zeugung nun hat immer das Eigentümliche und Individuelle eine vorwaltende Kraft.«[54] Eine sicherlich überraschende Behauptung von einem Philosophen, für den die *génesis* der einzige Weg ist, die Unsterblichkeit der Form, des den Tod der einzelnen Exemplare eines *génos* überlebenden *eîdos* zu begreifen. Aber die Interpretation der »Familienähnlichkeiten« ist für jede embryologische Theorie ein Prüfstein. Aristoteles greift das Thema auf, indem er eine Vererbungsspekulation übernimmt, die mit der Ähnlichkeit von Mutter und Kind nichts zu tun zu haben scheint – denn es geht nirgends um die mütterliche Form –, und plötzlich kommt seine Sprache der der Ärzte sehr nahe.

»Individuen sind zum Beispiel Koriskos und Sokrates. Weil aber alles, was aus seiner Natur heraustritt, sich nicht in irgend ein Zufälliges, sondern in sein Entgegengesetztes verwandelt, so muß auch dasjenige, was bei der Zeugung nicht bewältigt wird *(kratoúmenon)*, ausarten und zum Entgegengesetzten werden, nach der Richtung hin, in welcher das Erzeugende und Bewegende nicht überwältigt hat. Hat es nun in seiner Eigenschaft als Männliches nicht bewältigt, so entsteht ein Weibchen, hat es aber als Koriskos oder Sokrates nicht bewältigt, so entsteht ein Kind, welches nicht dem Vater, sondern der Mutter gleicht. Denn wie dem Vater überhaupt die Mutter entgegengesetzt ist, so auch dem Vater-Individuum das Mutter-Individuum.«[55] Die Existenz einer erzeugenden Mutter *(gennōsa)* wird hier anerkannt. Dennoch ist die Ähnlichkeit zwischen Mutter und Kind nur eine Entstellung der Ähnlichkeit zwischen Vater und Kind. Tatsächlich verbindet Aristoteles seine unilineare Zeugungskonzeption mit einer unvermeidlichen Konzession an die Symmetrie. Es ist eine Konzession von immenser Bedeutung, die die Kohärenz des Gesamtgefüges bedroht, da dieser Einbruch weiblicher Andersheit, dieser Ausbruch von Widerstand des Stoffes, für eines von zwei Kindern Geltung hat.

Aristoteles erkennt hier an, daß die Mutter Erzeugerin ist. Er bestätigt es auf sprachlicher Ebene, indem er die Frau zum Subjekt des Verbs *gennân,* zeugen, macht, was vom üblichen Gebrauch des Wortes abweicht. *Gennân* bezeichnet tatsächlich die männliche Rolle in der Zeugung, insofern sie Übertragung der Form und des Lebens, der Seele und der Bewegung und der dem mütterlichen Körper vorbehaltenen stofflichen Funktion *entgegensetzt* ist. *Gennân* ist wörtlich verstanden Eigentümlichkeit des Vaters. Aber die Entscheidung, die Anwendung zu erweitern und zuzugestehen, daß auch die Mutter zeugt, ist keineswegs bedeutungslos. Es ist ein Akt, durch den Aristoteles sich gezwungen sieht, das Weibliche positiv zu denken. Das Weibliche kann in dem Konflikt der Geschlechtsbestimmung die Oberhand gewinnen, da es ebenso wie das Männliche zeugt. Die Chance, die Oberhand zu gewinnen, *krateîn,* beruht auf der Kraft zu zeugen, *gennân.* Es gibt zwei Erzeuger, zwei biologische Geschlechter. Man fragt sich, weshalb die Hippokratischen Theorien so unerbittlich zurückgewiesen werden mußten, wenn man schließlich zu einer analogen Position kommt.

Die Aristotelische Vererbungslehre hatte zwei entgegengesetzten Forderungen zu genügen: die Zeugung auf eine unilineare Übertragung der Identität der Form zurückzuführen und zugleich dem unbestreitbaren Phänomen der Ähnlichkeit gerecht zu werden.

Eine wenig haltbare Assimilation

Die Ärzte lösen sich also von einer mythischen und philosophischen Tradition und schreiben dem weiblichen Körper *aktive* Kraft zu, phallische und samenzeugende Kraft. Der vom weiblichen Körper abgesonderte Samen ist tatsächlich ein Duplikat des männlichen Samens, und die Gebärmutter entspricht einem Penis, die Eierstöcke den Hoden. Aber was ist es, was diese Symmetrie, die in Wirklichkeit auf eine körperliche Assimilation hinausläuft, weniger blind, weniger bedenklich für eine Theorie des Weiblichen erscheinen läßt? Und weiter: warum sollte diese anatomisch-physiologische Identität von der Historikerin eine weniger strenge Bewertung verdienen als die Philosophie Platons?

Eben weil die holistische und vereinheitlichende Reduktion, die Platon in der *Politeia* vornimmt, sich in das Projekt einer totalitären Gesellschaft einschreibt. Und es ist die Verachtung der traditionellen weiblichen Talente und Auszeichungen – Weben und Kochen sind lachhafte Dinge –, die den Hintergrund dafür abgibt, weshalb der Philosoph auf die kriegerischen Tugenden der Frauen als Wächterinnen setzt, wobei sie als solche mit Verhaltensweisen ausgestattet sind, die den Fähigkeiten weiblicher Wachhunde vergleichbar sind. Diese Wesen, deren Erscheinen auf der Erde der Ursprungsgeschichte des *Timaios* zufolge auf die *Feigheit* einiger der ersten Männer zurückgeht, die daher die Verkörperung der menschlichen Niederträchtigkeit selbst sind, können zu der qua Definition männlichen Welt kriegerischer Auseinandersetzung und kriegerischen Mutes nur über die Analogie mit Tieren gelangen, das heißt, über die niedrigste Stufe der taxonomischen Leiter. Von Natur aus mutlos sollen die Frauen von frühester Kindheit an eine Erziehung, eine wahrhafte Dressur erhalten, die ihren angeborenen Mangel kompensiert und sie in die Lage versetzen wird, Leistungen zu vollbringen, die allerdings immer weniger herausragend und weniger ruhmreich sein werden als die der *ándres,* der Männer.

Es liegt auf der Hand, daß die Dialogpartner, wenn es um Wissen und Macht, um die mit der Verwaltung der Polis beauftragten Philosophen geht, die Frauen überhaupt nicht erwähnen. Was sie für ihre Utopie interessiert, ist, die Kinder der Kontrolle der für die schlechte Erziehung der Bürger verantwortlichen Mütter und Ammen zu entziehen. Der Philosoph der Polis kennt dem traditionellen Wissen der Frauen gegenüber nur Mißtrauen und wertet alles ab, was sie durch Mutterschaft und mütterliche Fürsorge an Kompetenz aufweisen.

Im übrigen zeigt alles, was Platon über die Frauen sagt, daß sie niemals ein Zweck in sich sind, daß das, was er in bezug auf sie sagt, nie für ihr Wohl formuliert wird oder auch nur in ihrem Interesse liegt. Wenn Platon in den *Gesetzen* die größtmögliche Integration empfiehlt, dann hat er dabei nicht die Bedürfnisse oder Wünsche der Frauen im Auge. Der Blickwinkel ist immer ein staatlicher oder kollektiver. Und im Hinblick auf diese Zielsetzungen scheinen die Frauen nur hinderlich zu sein. Sie sind das, was man umgehen muß, Ballast, den man erst bearbeiten muß. Ihre Schwatzsucht und ihre Geheimniskrämerei machen sie lästig und gefährlich für die Homogenität des sozialen Korpus.

Anders gesagt: die Homogenität ist ein nützlicher sozialer Wert, den man *gegen* die Natur der Frauen, *trotz* des biologischen Unterschieds zwischen Zeugen und Gebären, erzielen muß. Besonders wenn er nicht die mythische und politische Sprache benutzt, antizipiert Platon Aristoteles sehr genau. Die Zeugung wird als technischer Vorgang gedacht: der Vater als Modell der Form; eine Natur, die alle Körper aufnimmt, das heißt, eine Mutter als Stoff und als Trägerin, und schließlich ein Erzeugnis, das »metaphysische« Kind.[56]

VOM SELBEN ZUM GERINGEREN

Die Andersheit leugnen, um die Ungleichheit noch deutlicher zur Geltung zu bringen: eben diese Argumentation führt bei Plutarch (1.–2. Jahrhundert n. Chr.) zu einer Konzeption der Ehe, die im Begriff *koinōnía*, Gemeinschaft, die weibliche Unterwerfung verwischt. Mann und Frau sollen in der Ehesymbiose dieselben Freunde, dieselben Nächsten, dieselben Götter, gemeinsame Güter haben. Die Natur verschmilzt sie in ihren Körpern derart, daß bei ihren Kindern die Teile, die von dem einen oder der anderen kommen, ununterscheidbar sind. Sie sollen ihre Güter verwalten, indem sie ihren jeweiligen Besitz »mischen«, wie man Wein mit Wasser mischt. Sie müssen dahin gelangen, nichts als persönlichen Besitz, alles als verschmolzen und vollkommen »verbunden« anzusehen. Aber diese Intimität wird doch durch ein immer zugunsten des Mannes ausgerichtetes Kräfteverhältnis ausgehöhlt. Der Mann wird mit der Sonne verglichen, mit einem König, einem Lehrer, einem Reiter, kurz, mit einem aktiven Prinzip, seine Ehefrau hingegen soll ein Mond (oder ein Spiegel) sein, eine Untertanin, eine Schülerin, ein Pferd . . . Eine von der Frau ergriffene Initiative kann nur durch Verführung, Hexerei, Frivolität zustande kommen. Die Ehefrau soll in zustimmender Passivität verbleiben, eine systematische Angleichung an den Lebensstil ihres Ehemanns vornehmen. Die »Mischung«, auf die die eheliche Symbiose reduziert wird, beschränkt sich auf Seiten der Ehefrau letztlich auf den vollständigen Verzicht dessen, was ihr an Eigenem gehörte oder hätte gehören können: Götter, Freunde, Beschäftigungen, Güter, und zwar zugunsten einer Angleichung an das religiöse, ökonomische und soziale Leben ihres Ehemanns. Das erscheint besonders schwerwiegend hinsichtlich der Güter, bei denen die quantitative Bewertung der »Mischung« besonders klar zum Ausdruck kommt. Die Zusammenlegung des wechselseitigen Besitzes soll den Anschein eines einzigen und gemeinschaftlichen Patrimoniums erwecken, das aber tatsächlich *dem Ehemann gehört*, selbst wenn die Ehefrau mehr beigetragen hat als dieser. Denn

die »Mischung« muß im Sinne der *krâsis* zwischen Wasser und Wein verstanden werden, jenem Getränk, das *Wein* genannt wird, auch wenn das
Wasser den größeren Anteil hat! Innerhalb dieser Gemeinsamkeit nimmt
das Weibliche *immer* die unterlegene Stelle ein – Wasser wiegt weniger
als Wein – selbst wenn die quantitative Bedeutung größer ist. Genauer:
die Gemeinsamkeit ist nur ein Mittel, die Spezifizität und in diesem Fall
den realen Beitrag des Weiblichen zugunsten des Männlichen, dem wahren Teil des Ganzen, verschwinden zu lassen.

Plutarchs *coniugalia praecepta* können als eine der interessantesten
Niederschläge des Platonischen und Aristotelischen Diskurses über die
Geschlechterdifferenz gelesen werden.

Nur die Ärzte entwickeln eine von empirischen Beobachtungen geleitete Reflexion, die den Körper und das Verhalten der Frau weniger vor-
urteilsvoll betrachtet. Gewiß ist auch bei ihnen das Weibliche durch
Schwäche gekennzeichnet – der weibliche Teil des Samens ist beim
Mann weniger stark als bei der Frau. Das Muskelgewebe ist bei der Frau
weicher, schwammiger, poröser als beim Mann. Dies erweist sich als
Mangel, denn es handelt sich um einen Mangel an Festigkeit und folglich an Muskelkraft. Daß es dem weiblichen Samen an Energie mangele,
ist eine weitere die Inferiorität der Frau befestigende Vorstellung. Aber
die geringere Kraft dieses Samens, der als solcher immerhin fähig ist,
Leben zu übermitteln, stellt nicht einen derart radikalen Mangel dar wie
das Unvermögen, das Aristoteles dem Menstruationsblut, dem einzigen
Beitrag der Mutter zur Fortpflanzung, zuschreibt.

In der Entwicklung des philosophischen Diskurses tauchen also nacheinander eine ganze Reihe von Paradigmen und Vorurteilen auf: die
Anstrengung, den Geschlechterunterschied gemäß Differenzen anderer
Ordnung zu begreifen; die Tendenz, den Gegensatz durch verschiedene
Mittel zu *reduzieren*: sei es, indem man die Antinomie der beiden autonomen und äquivalenten Terme zu einer schlichten Abweichung des
einen macht, sei es, indem man unter der Kategorie einer *gemeinsamen
Natur* alle distinktiven Merkmale neutralisiert – ausgenommen den physiologischen Unterschied zwischen Gebären und Zeugen –, um die Inferiorität weiterhin behaupten zu können. Dieser Punkt wird nie genügend
hervorgehoben: wenn den Frauen dieselben gesellschaftlichen Funktionen, dieselben Haltungen, dieselben Talente wie den Männern zugesprochen werden, führt dies keineswegs zur großzügigen Anerkennung
von Gleichheit, sondern im Gegenteil dazu, daß die weiblichen Mängel
nun besonders »offensichtlich« erscheinen, da sie sich vor dem Hintergrund einer qualitativen Identität abbilden. Die Homogenisierung der
Geschlechter hat historisch lediglich dazu gedient, der Herablassung
gegenüber dem einen von ihnen und der systematischen Blindheit
gegenüber seinem Wert Vorschub zu leisten. Der Feminismus, der die

Spezifizität einfordert und ihre Entfaltung in der Trennung sucht, bis hin zu dem Wunsch, Kinder nur unter Frauen als wahrhaftes *génos gynaîkōn* zu erzeugen, täuscht sich in seinem Mißtrauen gegenüber der Assimilation nicht. In die Irre indessen geht er in seiner Abschließung, seiner Verweigerung, die reine Affirmation dieser prinzipiellen Andersheit überschreiten zu wollen. Dennoch bleibt dies die einzige wirklich der Würde der Frauen angemessene Perspektive: rechtliche Gleichheit, Anerkennung des *Wertes*, Respektierung der Differenz.

Solange sich das wissenschaftliche Denken darauf beschränkt, das Vorurteil von der weiblichen Inferiorität fortzuschreiben, solange die Identifikation mit dem männlichen Modell dazu dient, das Unvermögen der Frauen herauszustellen, solange werden wir in der Falle des Sexismus gefangen bleiben.

Aus dem Französischen von Xenia Rajewski

Ein anderer Diskurs ist der des Rechts. Eine umfassende und detaillierte Untersuchung des Status der Frauen im griechischen Recht, die von den Gesetzestexten der Städte, den Inschriften und den attischen Rednern auszugehen hätte, steht noch aus. In diesem Band wird Claudine Leduc mehrere Aspekte des normativen Diskurses bei den Griechen in Hinblick auf die Institution der Ehe in archaischer und klassischer Zeit untersuchen; die Arbeiten von Claude Vatin, von Sarah Pomeroy und von Joseph Modrzejewski erlauben einen Einblick in die Stellung der Frauen im Recht der hellenistischen Zeit.[1] Es wird deshalb das römische Recht sein, das hier im Mittelpunkt stehen soll, und dies entspricht ganz der Bedeutung, die das römische Recht in einer großen Zahl westlicher Gesellschaften bis in unsere Tage für den Status der Frauen besitzt. Das Wesentliche von all dem, was man zum römischen Recht geschrieben hat und was man darüber weiß, handelt von der ›mangelnden Rechtsfähigkeit‹ und von der rechtlichen ›Ungleichheit‹ der Frauen. Die traditionelle Deutung sucht den Grund im Bereich des Sozialen und Politischen: Die Frauen sind vom öffentlichen Leben der Stadt ausgeschlossen. Yan Thomas, der von seiner Ausbildung her Jurist ist, schlägt vor, die Frage anders zu stellen.

Der Ausschluß von der politischen Tätigkeit oder, allgemeiner gefaßt, der Ausschluß von jeder Funktion, die darin besteht, im Namen anderer und für die anderen zu entscheiden (d. h. ein Amt von gemeinschaftlichem Interesse auszufüllen), bezieht sich, wie der Autor zeigt, auf einen sehr viel grundsätzlicheren Mangel: die mangelnde Fähigkeit, der eigenen Nachkommenschaft Zugang zum Bürgerrecht zu verschaffen, d. h. die mangelnde Fähigkeit, Legitimität weiterzugeben. Das Erbrecht ist also der rote Faden, dem man folgen muß, um den logischen Aufbau des römischen Systems zu begreifen. Mit anderen Worten: die politische Ordnung ist nicht ursächlich für die Erklärung der Rechtsordnung. Man muß vielmehr von der Trennung der Geschlechter und den sich daraus ergebenden Zugehörigkeitsregeln ausgehen, um den Grund für den politischen Ausschluß zu finden.

P.S.P.

3
DIE TEILUNG
DER GESCHLECHTER
IM RÖMISCHEN RECHT

Yan Thomas

D ie Frau stellt keine eigenständige rechtliche Spezies dar:
Zwar hatte das römische Recht unzählige Konflikte zu
lösen, in die Frauen verwickelt waren, doch machte es
niemals auch nur den geringsten Versuch zu definieren, was denn eine
Frau an sich sei – selbst wenn zahlreichen Juristen der Gemeinplatz von
der Kraftlosigkeit ihres Verstandes *(imbecillitas mentis)*, der Unbeständigkeit ihres Charakters *(levitas animi)* oder ihrer, im Vergleich zu den
Männern, geschlechtsspezifischen körperlichen Schwäche *(infirmitas
sexus)* als ein systematisches Erklärungsmodell diente, das ganz auf die
in ihrem Status festgelegte eingeschränkte Handlungsfähigkeit abgestimmt war.

Andererseits ist die Teilung der Geschlechter als solche für das Recht
von fundamentaler Bedeutung. Man könnte glauben, das verstünde sich
von selbst, und die geschlechtliche Fortpflanzung sei eine Naturgege-
benheit, die das Recht stillschweigend in seinem System berücksichtige.
Mit Sicherheit ist das im französischen Zivilrecht der Fall, ebenso wie in
allen modernen Rechtsordnungen der westlichen Welt, die mit der Anerkennung dieser Grundvoraussetzung sogar bis zur Schönfärberei gehen:
Hält man sich nämlich an den Buchstaben des Gesetzestextes, so
könnte man meinen, es sei für die heutigen Franzosen keineswegs erforderlich, die Ehe mit einem Partner aus dem anderen Geschlecht einzugehen.

DIE TEILUNG DER GESCHLECHTER: EINE NORMATIVE VORSCHRIFT

Im Gegensatz dazu werden in der Tradition des römischen wie des kanonischen Rechts diese offensichtlichen Gegebenheiten explizit zur Sprache gebracht, ja geradezu herausgearbeitet. Denn es gilt nicht als bloße Tatsache, sondern als normative Vorschrift, daß alle römischen Bürger als Männer und als Frauen, als *mares* und als *feminae*, voneinander getrennt und miteinander verbunden werden müssen. Weiter unten wird sich zeigen, daß es sich hier um eine völlig klar formulierte Voraussetzung für die Ehe handelt. Die Norm wird uns jedoch am klarsten in einem Grenzfall vor Augen geführt, wo nach der kasuistischen Methode des römischen Rechts sich das Prinzip so abzeichnet wie sich Grenzlinien ziehen lassen, um feste Einteilungen treffen zu können, die die Natur nicht sichtbar werden läßt: Es geht um den Fall des Hermaphroditen.

Die Kasuistik des Hermaphroditen

Für die Kasuisten Roms, in deren Methode es lag, jene seltene Spezies von Fällen zu kultivieren, deren Sachverhalte mit Vorliebe so gewählt wurden, daß sie sich gegen die Bemühungen um eine Klassifizierung sperrten, die man ihnen aufzwingen wollte, und wo genau aus diesem Grund das Urteil die willkürlichen Züge einer radikalen Entscheidung annehmen mußte, war der Hermaphrodit ein beliebtes Feld, um die Einteilung in Geschlechter als dringendes Gebot zu bekräftigen. Die Kunst der Juristen deckte hier auf, daß es keine Alternative zu einem System gab, das sich auf ein Entweder-Oder stützte. Damit folgte die Logik der Rechtsgelehrten dem Gebot jeder institutionellen Ordnung, demzufolge die soziale Maschinerie nach dem Prinzip der Teilung zu ordnen sei. Damit meinen wir, gestützt auf die Arbeiten von Pierre Legendre zum westlichen dogmatischen Denken und dessen zweifacher Herkunft aus dem römischen und dem kanonischen Recht, daß sich die Teilung nicht auf ein dualistisches Funktionsprinzip von Gesellschaften gemäß den elementaren Strukturen des Austausches und der Reziprozität reduzieren läßt, wie es eine gewisse Richtung in der strukturalistischen Anthropologie haben will, die von den in endloser Reihe vervielfältigten Gegensatzpaaren fasziniert ist. Wir sind vielmehr der Ansicht, daß diese These ihrerseits nur formuliert werden kann, wenn man sie auf ein Prinzip bezieht, das ihr eine Grundlage verschafft, die nicht mit der Praxis der Teilung identisch ist und notwendigerweise außerhalb von ihr liegen muß; das ist die dritte Größe, ein *tertium comparationis*, von dem aus gesehen sich die Gegensätzlichkeit erst einordnen läßt: In unserem Falle ist es die Regel der Juristen, die verlangt, daß es zwei Geschlechter geben soll. So erhalten die vom Recht verwendeten dichotomischen Vorgehensweisen die Gewähr, nicht nur der Vernunft zu entsprechen, sondern auch auf einer gesetzten Ordnung zu beruhen.[1] Als die Kasuisten des Römischen Reichs, zweifellos gestützt auf eine Rechtswissenschaft aus der weit zurückliegenden republikanischen Zeit (und auch noch auf die Pontifikaljurisprudenz), die Teilung der Menschheit in Männer und Frauen als Norm aufstellten, lieferten sie im Versuchslabor der Kasuistik den Nachweis für die Richtigkeit der Aussage, es gebe keinen anderen Weg, um die Doppeldeutigkeiten der Natur aufzulösen, als sie auf das eine oder das andere der beiden vom Recht festgelegten Geschlechter zurückzuführen. Der Androgyne wurde notwendigerweise zum Mann oder zur Frau erklärt, nachdem man bei ihm den jeweiligen Anteil an beiden geprüft hatte.

Die Fragen, die sich in diesem Zusammenhang ergeben, haben nichts Absurdes an sich: Sie dienen im Zuge einer Diskussion verschiedener Meinungen dazu, die Stimmigkeit des Prinzips der Unterschiedlichkeit der Geschlechter vorzuführen. Um ein Beispiel zu nennen: Hatte der Hermaphrodit wie ein Mann das Recht, sich zu verheiraten und als Erben den möglicherweise nachgeborenen Sohn einzusetzen, der von seiner legitimen Ehefrau innerhalb von zehn Monaten nach seinem Tod geboren (und deshalb ihm zugeschrieben) werden würde? Gewiß, versichert Ulpian und folgt damit vielleicht früheren Ansichten des Proculus und Julian, aber nur »unter der Bedingung, daß die männlichen Organe bei ihm überwiegen«.[2] Man muß demnach als Folgeschluß annehmen, daß es auch weibliche Hermaphroditen gab, die weder fähig waren, einen Nachgeborenen *(postumus)* einzusetzen (weil Frauen keine legitime Nachkommenschaft hatten), noch aus dem selben Grunde fähig waren, »eigene« Erben zu haben, das heißt Nachkommen, die ihnen auch ohne Testament mit allen Rechten und automatisch als Erben folgten. Nehmen wir eine andere Frage: Konnte ein Hermaphrodit als Zeuge bei einer Testamentseröffnung mitwirken, was in Rom eine »Männerpflicht« war? Ja, antworten die Quellen, aber gemessen an »dem Aussehen, das seine Geschlechtsorgane in erregtem Zustand bieten«.[3] Die Antwort des Rechts schließt offensichtlich bewußt jede Aporie aus. Der Hermaphrodit stellt keine dritte Gattung dar. »Man muß entscheiden, daß er dem Geschlecht angehört, das an ihm dominiert«: männlich oder weiblich.[4] Überdies muß man, um die Radikalität dieser Aufteilung zu verdeutlichen, die Hypothese in Betracht ziehen, daß an ihm die Merkmale beider Geschlechter in gleichem Maße vertreten sind: Dennoch ist es notwendig, ihn der einen oder der anderen Seite zuzuordnen. Nebenbei ist zu bemerken, daß es sich hier um eine ausgesprochen juristische Frage handelt: Es wird ein Fall gesetzt, der in den Grenzen der von der Natur gegebenen Unterscheidungsmöglichkeiten nicht entschieden werden kann. Das römische Recht statuiert ihn, wie ihn auch das kanonische Recht immer und immer wieder anläßlich von körperlichen »Unregelmäßigkeiten« statuieren wird, die einen Mann am Empfang des Sakraments der Priesterweihe hindern, weil ihn derartige Regelwidrigkeiten seiner Männlichkeit als einer notwendigen Voraussetzung für die Ordination berauben konnten.[5] Im Gegensatz dazu stellte die antike medizinische Überlieferung, die sich nicht veranlaßt sah, die Geschlechter aufgrund einer verpflichtenden Klassifizierungsnorm zu identifizieren, das Vorhandensein des *uterque sexus* als eine echte Mischung der Geschlechter hin, in der es nichts zu trennen gab.[6] Die religiöse Tradition behandelte das Phänomen ihrerseits im Rahmen der unheilbringenden Vorzeichen, wie die reichlichen annalistischen Nachrichten zeigen, die der Beseitigung von Hermaphroditen vor allem durch Ertränken im Tiber gewidmet sind.[7] Allein das Recht schuf den Zwang, dieses zweideutige Wesen in die eine oder die andere Gattung einzuordnen, selbst wenn es sich – eine absurde Vorstellung – auf beide in gleicher Weise aufgeteilt fände.

Die Vereinigung der Geschlechter: Entstehung und Fortdauer eines sozialen Bandes

Das römische Recht hat also die Teilung der Geschlechter zu einer juristischen Frage gemacht; es behandelt sie nicht als eine natürliche Voraussetzung, sondern als eine verpflichtende Norm. Dies ist eine unverzichtbare Vorgabe, um verstehen zu können, daß die Besonderheiten des rechtlichen Status der Frau, nach denen in diesem Kapitel gefragt werden soll, ihre Erklärung nicht nur im allgemeinen Rahmen der römischen Gesellschaft finden und nicht allein auf die wirtschaftliche und soziale Entwicklung bezogen werden können, wie es so viele Historiker tun, sondern daß diese Besonderheiten ihren Ausdruck auch unlösbar in einem normativen Rahmen finden, der die Unterscheidung und das Zusammenwirken des Männlichen und des Weiblichen regelt. Es geht dabei gar nicht so sehr um die Stellung der Frau als vielmehr um die Aufgabe, die beiden Geschlechtern vom Recht zugeteilt wird. Wir haben es hier mit einer unendlich wiederholbaren Struktur zu tun, weil ihre Erneuerung, die durch die rechtliche Organisation der Abstammung erfolgt, auch die Reproduktion der Gesellschaft selbst sichert, indem sie aus Männern und Frauen Väter und Mütter macht (wir werden weiter unten sehen, wie das abläuft) und für jede neue Generation nicht das Leben, sondern die rechtliche Organisation des Lebens erneuert.

Der Akt, durch den sich die Gesellschaft begründet hatte, konnte nicht anders dargestellt werden als in einem Modell des Vorgangs, durch den sich die Gesellschaft in Übereinstimmung mit dem geltenden Recht ständig fortsetzte: Alles hatte so begonnen, wie alles immer wieder durch »die Vereinigung des Mannes und der Frau«, »*coniunctio* (oder *coniugium* bzw. *congressio*) *maris et feminae*« begann.⁸ Die Teilung und die Begegnung der Geschlechter in ihrem vom Recht gesetzten Rahmen waren Bestandteil der grundlegenden Ordnung. Das ist übrigens der wesentliche Punkt des Mißverständnisses, das die Juristen von Historikern und Soziologen trennt: Für die letzteren hat die Vorstellung, ein bestimmter Akt habe die Grundlage der sozialen Bindung geschaffen, nur symbolischen Wert und wird in die Sphäre der Ideologie und Mythologie verwiesen – während man doch, sobald man das reale Getriebe der rechtlichen Apparatur betrachtet, sieht, daß es der Bezug auf die Normen setzende Regel ist, der die fortlaufende Erneuerung einer sozialen Einheit in unendlicher Folge gewährleistet.

Dies ist genau der Punkt, wo die Verbindung der Geschlechter auf den beiden sich gegenseitig ergänzenden Kategorien aufbaut, auf der Kategorie des Ursprungs und auf der Kategorie des natürlichen Fortgangs der Institutionen. Man kann häufig beobachten, daß die Römer der klassischen Zeit damit beginnen, bis zu den Anfängen des gesellschaftlichen Bandes zurückzugehen, wie es ihre Altvorderen schon mit Hilfe der Mythen getan haben, wenn sie die »Vereinigung von Mann und Frau« mit einer feierlichen Aura umgeben, sie rechtlich untermauern und in den Rang einer fundamentalen menschlichen Einrichtung erheben wollen. Cicero knüpfte die gesamte Entwicklung der Gesellschaft an diesen uranfänglichen Moment der Vereinigung der Geschlechter. Es ist dieser Bund, der die erste Nachkommenschaft schuf und sie, fortgesetzt über mehrere Generationen, bis zur ersten Aufspaltung der sich im Umkreis des ursprünglichen Paares bildenden Einheiten voranbrachte; es ist dieser Bund, der dann in zunehmend weiteren Kreisen die gesellschaftlichen Verbindungen über Eheallianzen, die Bürgerschaft und die Nation hinweg vervielfachte. In gleicher Weise legte der Agrarschriftsteller Columella das Schicksal der menschlichen Gattung in diese erste fleischliche Verbindung, als er den *Oikonomikos* (ein Handbuch der Hauswirtschaft) des Xenophon in einer lateinischen Bearbeitung wiederaufnahm. Für die Juristen der Kaiserzeit hatte die Vereinigung der Geschlechter entscheidenden Einfluß auf das gesamte institutionelle Netzwerk; in ihr traf das Zivilrecht auf das Naturrecht, da sich aus der Existenz der im Leben vorhandenen Gattungen »die Vereinigung des Männlichen und des Weiblichen« ableitete, »die wir Juristen als Ehe bezeichnen«. So stellen es im 3. Jahrhundert die Institutionen Ulpians klar, und so übernehmen es mit den gleichen Worten die Institutionen Justinians. Als sich in der gleichen Epoche der Jurist Modestin daran versuchte, eine Definition der Ehe zu geben, begann er mit dem Hinweis auf die »*coniunctio maris et feminae*«, die jede einzelne Verbindung der universalen Bedeutung der Begegnung der beiden Gattungen unterordnete und die Rechtmäßigkeit des jeweiligen Zustandekommens einer Verbindung auf die ursprüngliche Institution gründete, die alle Verbindungen in ihrer Zeit wieder nachformten.[9]

Mag jedoch die Übereinstimmung des Fleisches auch die tiefere Ursache für die Begründung der Ehe gebildet haben, so ist ihre Verwirklichung für das Bestehen der einmal begründeten Ehe jedoch unwesentlich: für den rechtlichen Status der Ehegatten war es ohne Bedeutung, ob sie ihre Verbindung tatsächlich auch physisch vollzogen. Welche Konsequenzen die abstrakte Behandlung einer schlicht und einfach vorausgesetzten Paarung für die Rolle des Mannes und der Frau bei der Weiterführung der Abstammungslinie hatte, wird man weiter unten sehen. Inzwischen wird uns diese Eigentümlichkeit als Einstieg in den Versuch dienen, die Ursache hervorzuheben, weshalb die nur nach den Vorschriften des Rechts vollzogene Vereinigung, ungeachtet des konkreten realen Vollzugs, den Beteiligten die gleiche Funktion sicherte, die dem Mann und der Frau übertragen war, die sich auch körperlich vereinigt hatten: Diese Ursache ist eben darin zu suchen, daß im rechtlichen Instrumentarium die Sexualität sogleich in feste statusprägende Normen umgeformt worden war. Die obligatorische Trennung der Geschlechter wurde, losgelöst von der Realität, in den Dienst einer gesetzlichen Definition ihrer Rollen gestellt, und zwar in einem Ordnungssystem, das keinen Raum für biologische Zufälligkeiten ließ und ohne Überprüfung der Richtigkeit die Sachverhalte und Vorgänge physischer Natur, denen eine rechtliche Natur übergestülpt worden war, als wahr unterstellte.

Männer und Frauen, eine Statusfrage

Die rechtliche Natur von Mann und Frau als Gatten drückt sich in der jeweiligen Bezeichnung als Vater und als Mutter aus; genauer gesagt, in der mit einer ganzen Reihe von Statusmerkmalen beladenen Benennung des Mannes als *paterfamilias* und der Frau als *materfamilias* oder *matrona*. Daß es sich hier um vom Recht geprägte Eigenschaftsbestimmungen handeln dürfte, die relativ unabhängig von den realen Situationen sind, die sie erfassen, und daß die Gleichsetzung von Vaterschaft und der Benennung als Vater sowie der Mutterschaft und der Bezeichnung als Mutter nicht immer genau zutreffen dürfte, zeigt sich klar in der Tatsache, daß man in bestimmten Fällen als *pater* und *mater* auch Männer und Frauen ohne Kinder bezeichnen konnte, und umgekehrt darin, daß nicht einmal alle rechtmäßigen Väter von Kindern die Rechtsstellung eines Vaters genossen. Im Unterschied zu den Männern mußten die Frauen jedoch in der Lage sein, ihrem Ehemann legitime Kinder zu schenken, um sich den Titel einer »Familienmutter« zu verdienen. So sieht man auf beiden Seiten der Trennungslinie zwischen den Geschlechtern gewisse Entsprechungen und gewisse Abweichungen. Es entsprechen sich zuerst einmal fiktive Annahmen, da ja die als *pater*- oder *materfamilias* bezeichneten Bürger nicht notwendigerweise Eltern einer von ihnen in die Welt gesetzten Nachkommenschaft waren. Aber es zeigen sich auch Divergenzen. Während nämlich nicht alle Männer mit legitimen Söhnen oder Töchtern aus der Sicht des Rechts mit ihrer Vaterfunktion betraut waren, wurden dagegen alle Frauen, die ihren Ehemännern Söhne oder Töchter geschenkt hatten, der Vorschrift entsprechend als »Mütter« anerkannt. Mit dieser Anerkennung gewannen sie eine Ehrbarkeit, eine Würde, ja sogar eine »Majestät«, worin sich die hohe staatsbürgerliche, wenn nicht gar politische Bedeutung ihrer Funktion zeigte.[10]

Bedenkt man entsprechend der Ausgangshypothese, daß sich die rechtliche Stellung der Frau nicht außerhalb des festgelegten Rahmens der Beziehungen zwischen den Geschlechtern begreifen läßt, dann muß man die größte Bedeutung jenen Elementen im Status der Mutter zuschreiben, die dem Status des Vaters entweder symmetrisch entsprechen oder von ihm abweichen. Man muß mit der Analyse der Entsprechungen und der Abweichungen beginnen, aus denen das rechtliche Gewebe der Beziehungen zwischen Mann und Frau besteht, und zwar in eben der Institution, über die sich der Zusammenschluß von Mann und Frau vollzieht, d. h. in der Ehe und der vom Recht anerkannten Abstammung, die ein und denselben Gegenstand bilden. Weshalb, so fragt sich als erstes, zeigt die Mutterschaft (zumindest in dem Maße wie sie durch Rechtsregeln festgelegt ist, das heißt, wie nicht anders zu erwarten, innerhalb des Ehebundes) diese Mischung aus sozialer Fiktion und Wahrheit – Fiktion nämlich ist es, wenn eine Gattin ohne Kinder schon »Mutter« genannt wird, Wahrheit aber, weil es keine Mutter legitimer Kinder gibt, die nicht das Recht auf die Ehre einer Matrone hätte – während doch, wenn es um den *paterfamilias* geht, der Besitz einer Nachkommenschaft, die er von seiner Ehefrau erhalten hat, nicht ausreicht, um dem Mann zu diesem Vorrecht zu verhelfen? Welche Absicht des Rechts steckt darin, daß es jeweils ein anders gearteter Umstand ist, der der Frau ein Ansehen verleiht, das an die Realität ihrer physischen Beschaffenheit gebunden ist, und der dem Mann ein Recht verschafft, das jeden Bezugs zu der ihm eigenen Identität als Erzeuger beraubt ist? Was sagt uns eine solche Ungleichheit über die funktionale Aufteilung der Geschlechter, zu der das römische Recht gelangte? Worin findet schließlich der rechtliche Status der römischen Frauen – und, vielleicht weit darüber hinaus, auch der Status der Frauen in dem der römisch-kanonischen Tradition verpflichteten Westen – sein einheitliches Prinzip in bezug auf die Rolle, die ihrem Geschlecht vom Abstammungsrecht zugeteilt ist?

Dieser Status ist in seiner Gesamtheit das Resultat zahlreicher komplexer und vor allem ständiger Entwicklung unterworfener Regeln: Seine Kohärenz ist nicht immer gegeben. Die Elemente der eingeschränkten Rechtsfähigkeit, die dabei den eigentümlichsten Teil bilden, jedenfalls den Teil, dem die Rechtshistoriker ihre besondere Aufmerksamkeit gewidmet haben, bilden ein Bündel von Regelungen, das den Eindruck eines Chaos vermittelt. Wir werden weiter unten auf diese Regeln der Handlungsunfähigkeit zurückkommen und dort zeigen, daß es sich dabei um ein durchaus kohärent ausgebildetes System handelt: Es wird deutlich werden, daß die Frau keineswegs unfähig war zu handeln, wenn sie ihre eigenen Interessen vertrat, sondern nur dann, wenn sie für andere eintreten sollte; daß also ihre rechtliche Aktionssphäre kaum über ihre eigene Person hinausreichte. Wiederum muß man dabei, will man diesem Versuch einer Analyse einen Sinn verleihen, alle Elemente auf diese ursprüngliche Teilung der Geschlechter beziehen, von der wir ausgegangen sind. Im Zuge der Veränderung bestimmter gesellschaftlicher Handlungsweisen, im Zuge der Entwicklungen auf dem Gebiet der Gesetzgebung, regulieren sich die Modalitäten dieser Teilung und passen sich dem Wandel der Gesellschaft an: Das versteht sich von selbst. Aus der Sicht des Juristen jedoch – und das ist die hier verwendete Sichtweise – verlöre eine historische Betrachtung, deren einziges Untersuchungsobjekt die Veränderungen wären, das Wesentliche aus dem Blick: die Strukturen nämlich, deren Veränderungen lediglich eine Form der Anpassung an die Zeitumstände darstellen. Es bleibt aber die Institution bestehen, die zwischen dem männlichen und dem weiblichen Geschlecht unterschiedliche Beziehungen, ungleiche Verhältnisse, schafft – und davon stellt das System der eingeschränkten Handlungsfähigkeiten, das sich ja seinerseits weiterentwickelt, nur eines der Symptome dar.

Die Geschichtsschreibung behandelt die Frauen recht oft innerhalb des Begriffshorizonts der Ungleichheit, der rechtlichen und politischen Minderwertigkeit und der Emanzipation.[11] Ebenso betrachtet sie diese Ungleichheit als einen Ausdruck gesamtgesellschaftlicher Bedingungen: Die Elemente der Rechtsunfähigkeit der römischen Frau wären demnach lediglich eine Übertragung der inferioren Lage, in die sich die Frau durch eine von Männern beherrschte Gesellschaft gestoßen fand, auf die institutionelle Ebene. Seit der Arbeit, der Paul Gide noch immer Autorität verleiht, ist es zum klassischen Argument geworden, diesen Zustand der Unterordnung auf eine Differenzierung der gesellschaftlichen Rollen zu beziehen, die die Frauen auf die Sphäre häuslicher Tätigkeiten beschränkte, um den männlichen Bürgern (wobei die Verbindung von Bürgerschaft und Männlichkeit an sich schon als Tautologie erscheint) das Monopol auf die Herstellung der öffentlichen Beziehungen und auf die

Politik zu überlassen.[12] Die antike Stadt, die griechische wie die römische, war unbestreitbar ein »Männerbund«, um einen Ausdruck von Pierre Vidal-Naquet aufzunehmen (»club d'hommes«)[13] – obwohl man sich dabei im Falle Roms fragen muß, was denn das für ein Bürgerrecht ist, zu dem ausschließlich die Frauen Zugang verschaffen konnten, falls sie Kinder außerhalb der Ehe in die Welt setzten; denn wenn auch die Ehe unverzichtbar für die Weitergabe des Bürgerrechts von seiten der Männer war – wenn also ein Mann seine Vaterschaft über eine legitime Ehefrau festigen mußte, um einen Bürger »erzeugen« zu können – so übertrug sich das Bürgerrecht doch ebenso gut außerhalb der Ehe über ehelos lebende Frauen oder Konkubinen: In diesem Fall war das Recht auf der Seite der Mutter vollkommen autonom, während es keine Autonomie des Rechts auf der Seite des Vaters gab. Somit trifft das geflügelte Wort der Historiker »Die Ehe bedeutet für die Frau das, was der Krieg für den Mann bedeutet« vielleicht auf der Ebene des sozialen Erscheinungsbildes zu, während es auf der Ebene der institutionellen Wirklichkeit völlig verfehlt ist: Betrachtet man es in aller Schärfe, so ist die Ehe nur für die Männer unverzichtbar, und ausschließlich für sie hat der antike Stadtstaat die Ehe eingerichtet. Lassen wir das für den Moment. Bleibt noch zu sagen, daß diese Methode, das Verhältnis zwischen dem Männlichen und dem Weiblichen in der Welt der Antike als eine Problematik der Ungleichheit und des Ausschlusses zu sehen, darauf hinausläuft, die Frauen aus der Polis zu entfernen, aber bei der gleichen Gelegenheit auch die Teilung zwischen männlich und weiblich außerhalb der Politik und außerhalb des Rechts anzusiedeln. Die Arbeiten von Nicole Loraux zum athenischen Autochthoniegedanken zeigen dagegen, bis zu welchem Grad die Griechen den Gegensatz der Geschlechter durchdachten, und ihn zu umgehen versuchten, sobald es für sie darum ging, sich sowohl zum Ursprung als auch zum Wesen der Polis als einer Gruppierung verschiedener Geschlechter zu äußern.[14]

In Rom ist die Teilung in Geschlechter keine Grundgegebenheit, sondern ein vom Recht klug konstruierter Gegenstand. Da dem so ist, fällt es schwer, sich mit einer Sichtweise zufrieden zu geben, die das Problem in der rechtlichen Minderwertigkeit sieht, die also ausgerechnet diese Teilung als außerhalb ihrer Fragestellung liegend betrachtet, während doch gerade sie die zentrale Institution des Rechts bildet – die Institution, die Abstammung und Erbfolge regelt. Der männliche und der weibliche Rechtsstatus haben nicht nur generell einen Bezug auf eine bestimmte Form der politischen und sozialen Organisation – den antiken Stadtstaat – verstanden als ein Milieu, das der Ungleichheit zwischen den Geschlechtern mehr oder weniger günstige Voraussetzungen bietet; und die Gleichheit, wenn sie überhaupt als solche für den Historiker faßbar ist, bietet erst recht keinen besseren Maßstab, mit dessen Hilfe man

eine linear konzipierte Geschichte der Frauen als eine Abfolge von Fortschritten und Rückschritten schreiben könnte: von Stufen der Emanzipation und von Hindernissen für die Emanzipation.[15] Der männliche und
weibliche Rechtsstatus bilden nämlich auch ein Rechtsgebäude, in dem
die Unterschiede konstruktive Bestandteile sind: Diese Konstruktion ist
es, die es zu prüfen gilt. Die Eingrenzung der Fragestellung ändert mit
einem Schlag den Gegenstand der Untersuchung. Es geht nicht mehr darum, den Ausschluß der Frauen im Hinblick auf eine Welt zu verstehen,
die ihnen fremd ist (und nicht einmal um das Verständnis ihrer allmählichen und partiellen Integration in diese dem Männlichen zugeneigte
Welt: ein wenig in der Art, wie die lateinischen Exegeten redeten, wenn
sie zugaben, daß in bestimmten Zusammenhängen ein Wort, das »als
Masculinum gebraucht wird, für beide Geschlechter gilt«[16]); es geht vielmehr darum, das Verhältnis der Frauen zu den Männern im Rahmen
eines Rechts zu unterstreichen, das ihr Zusammenkommen zu einer
festen Institution macht, und es geht auch darum, die Elemente der den
Rechtsstatus der Frau bestimmenden Regeln zugleich auch unter dem
Aspekt zu untersuchen, wieweit sie Hinweise auf ihre ergänzende Funktion in bezug zu den rechtlichen Regelungen bieten, die für die Männer
galten.

DIE FRAU, »ANFANG UND ENDE IHRER EIGENEN FAMILIE«

Beginnen wir mit dem Mann; denn der Status der Frau gewinnt seine
Bedeutung nur in bezug auf seinen Status. Damit haben wir eine wesentliche, allem Anschein nach sonderbare und paradoxe Vorgabe, die uns
jedoch verdeutlichen wird, wie der Grundplan aussah, auf dem das römische Recht ein Gebäude der geschlechtsspezifischen Merkmale und Rollen errichtete.

Familiengewalt des Vaters und kontinuierliche Erbfolge

Ein Hausvater (*paterfamilias*) ist nicht schon dadurch als solcher qualifiziert, daß er legitime Kinder gezeugt hat: Man konnte eine Nachkommenschaft haben, ohne »Vater« zu sein. Umgekehrt war es einem Manne
gestattet, diesen Titel zu tragen, ohne je ein Kind gezeugt oder adoptiert
zu haben. Denn nach der juristischen Terminologie, aber gleichermaßen
in den geläufigen und gebräuchlichen Benennungen und Anreden,
bezeichnete man als *paterfamilias* ausschließlich den Bürger, der nicht

mehr der Familiengewalt irgendeines Verwandten in aufsteigender männlicher Linie unterstand. Er selbst nahm künftig in dieser Linie die Stellung an der Spitze ein und befand sich – den Tatsachen gemäß, falls er Kinder hatte, und dem Grunde nach, wenn er keine hatte – in der Lage, die Macht eines Vaters über seine Verwandten in absteigender Linie auszuüben. Der rechtserhebliche Vorgang, der einen römischen Mann zum *pater* machte, ist also nicht die Geburt eines Sohnes, sondern der Tod seines eigenen *pater*. Im Augenblick des Todes des Vaters hört der Sohn auf, Sohn zu sein. Zugleich mit der Erbschaft fielen ihm die Rechte über seine Nachkommenschaft zu, in eben dem Moment, wo das Leben des Überlebenden das Leben des Verstorbenen ablöste. Ein perfekt verbundenes System, das keinerlei Zäsur entstehen ließ. Denn um diesen Wechsel vonstatten gehen zu lassen, durfte das rechtliche Band, das ein Band der Familiengewalt ist, niemals abreißen – etwa durch eine Emanzipation, d. h. durch die Freilassung des Sohnes aus der Hausgewalt, durch eine Adoption (des Sohnes in eine andere Familie), durch eine Herabsetzung des Vaters oder des Sohnes in den Sklavenstand, kurzum: durch den Austritt des Nachfolgers aus der rechtlichen Machtsphäre des Verstorbenen in der Zeit vor und bis zu dessen Tod einschließlich des unmittelbaren Zeitpunkts des Ablebens.[17]

Mit dieser Nachfolgeregelung hatten die Frauen absolut nichts zu schaffen. Sicher, die Töchter traten wie die Söhne in die Erbfolge ihres Vaters ein, da sie ja in gleicher Weise wie ihre Brüder seiner Herrschaft unterworfen gewesen waren. Diese Gleichheit in der Erbfolge bestand im Prinzip seit dem XII-Tafel-Gesetz (450 v. Chr.), und nichts weist in der juristischen Praxis der Kaiserzeit darauf hin, daß sie in Frage gestellt worden wäre. Allerdings trifft der umgekehrte Schluß nicht das Wahre. Die Kinder waren nämlich von der Erbfolge ihrer Mutter ausgeschlossen (es sei denn, man benutzte Winkelzüge, die wir weiter unten untersuchen werden), weil es zwischen Müttern und Kindern keinerlei rechtliche Beziehung gab, die das Band der natürlichen Abstammung hätte ergänzen oder ersetzen können. Die Abstammung mütterlicherseits (filiation maternelle) war in Rom sicherlich anerkannt, und es ist eine ziemlich nutzlose Debatte, immer wieder an ihre Bedeutung erinnern zu wollen, die ohnehin nur dem nicht informierten Historiker entgehen kann. Unnütz ist es auch, die Bedeutung der agnatischen Verbindung zu relativieren, d. h. der Verwandtschaft in der Manneslinie, von der man annimmt, sie sei nur in der archaischen Zeit vorherrschend gewesen (wenn wir auch dafür keinen sicheren Beweis haben). Im Gegensatz zu den Fragen, denen sich eine soziologisch orientierte Geschichtswissenschaft zuwendet, die wenig auf die rechtlichen Regulierungen des gesellschaftlichen Seins achtet, geht es hier nämlich nicht um die Verwandtschaft, ja nicht einmal um die Abstammung, sondern vielmehr um ein Kunstgebilde des Erbrechts, das weder Verwandtschaft noch Abstammung sichtbar werden läßt. Es gibt keine Nachfolge ohne Familiengewalt: Die Institution des Hausvaterrechts verdeckt die Verwandtschaftsbeziehung und überlagert die Abstammungslinie, indem sie entweder vollkommen von ihr Besitz ergreift oder sie, ihrer rechtlichen Inhalte entleert, bisweilen außerhalb der Institution weiterbestehen läßt (so etwa, wenn als Folge einer Adoption, die ein ihrer Natur nach auf Familiengewalt gegründetes Band schafft, die ursprüngliche Abstammung nur als einfache »natürliche« Beziehung bestehen bleibt, die jeder erbrechtlichen Wirkung beraubt ist). Im römischen Zivilrecht gehorcht der Weg der Erbschaft, die von den Vätern an Söhne und Töchter fällt, weder dem agnatischen Prinzip noch auf einer allgemeineren Ebene dem Prinzip der Abstammung. Man muß hier die rechtliche Einkleidung der Familiengewalt hinzufügen, die eine vitale Verbindung zwischen den Verwandten in aufsteigender und absteigender Linie ersetzt.

Der Fall der nach dem Tode des Vaters geborenen Kinder (*postumi*), dem die Juristen aus theoretischen Gründen ein leidenschaftliches Interesse entgegenbrachten, war im gleichen Geist geregelt, nämlich mit Hilfe einer Reihe von Kunstgriffen, die die Herrschaft des verstorbenen Ehemannes bis in den Leib der schwangeren Frau hinein ausdehnten. Aus diesem Grund sonderte eine sehr eigenwillige Kasuistik, wie ich anderswo gezeigt habe, von den Lebensmitteln, mit denen eine schwangere Frau sich und ihren »Bauch« ernährte, diejenigen ab, die ausschließlich aus dem Vermögen seines verstorbenen Vaters stammen sollten, weil sie ausschließlich für das werdende Kind bestimmt waren.[18] Diese fiktive Aufteilung der Rechtsnatur von Nahrungsmitteln bietet ein hervorragendes Beispiel für die Kompromißlosigkeit, mit der das römische Recht die männliche Nachfolgeordnung entwarf: Sie wurde durch die Herrschaft, durch die fortdauernde rechtliche Anwesenheit eines Vaters bestimmt, in dessen juristischer Abhängigkeit man sich noch im Moment des Eintritts in die Nachfolge befunden haben mußte – diese Abhängigkeit mußte im Grenzfall der nachgeborenen Kinder künstlich bis zur Stunde ihrer Geburt verlängert werden. Nichts ist in dieser Hinsicht bezeichnender als die Art und Weise der Juristen, den Status des nachgeborenen Kindes zu definieren, und zwar mittels einer juristischen Fiktion, wie sie etwa in der Formulierung des Gaius vorliegt: ». . . die nachgeborenen Kinder, die sich in seiner Gewalt befunden hätten, wenn sie zu Lebzeiten des Vaters geboren worden wären, sind seine legitimen Erben.«[19]

Will man mit Hilfe des Kontrastes nun die Natur der Abstammung mütterlicherseits (filiation maternelle) und über sie die Rolle erfassen, die das römische Zivilrecht den Frauen zumaß, so ist es vor allem wichtig, sich klar zu machen, daß sich die Familiengewalt, von der die Frauen ausgeschlossen waren, nicht auf die Ausübung einer »Herrschaft« von patriarchalischem Zuschnitt beschränkte: Es nützt nichts, den archaischen Zügen einer Institution nachzuspüren, deren reales Funktionieren für die Soziologen unter den Historikern nicht befriedigend geklärt werden kann. Es geht viel weniger um die tatsächliche Herrschaft und ihre Ausübung als um die Tatsache, daß die Abstammung vom Mann (im Gegensatz zu der Abstammung von der Mutter, wie man sehen wird) künstlich, ideell, abstrakt festgelegt wird; was ihr rechtliches Gewicht verlieh, war ein zusätzliches Band, das vom Recht als »Familiengewalt« bezeichnet wurde. Falls aus dem einen oder dem anderen Grund dieses Band zerrissen war, waren Söhne und Töchter aus der Erbfolge entfernt. In einem solchen System wurden nicht die nächsten Nachkommen eines verstorbenen Vorfahren zu legitimen Erben, sondern die Nachkommen, die sich im Augenblick seines Todes noch in seiner Familiengewalt befunden hatten. Um die Unterschiedlichkeit der rechtlichen Grundgedanken hervorzuheben, die die Erbfolge in der Nachkommenschaft regelten, prägten die Römer die Wortverbindung »Eigen-Erbe« *(heres suus)*. Sie war schon in frühester archaischer Zeit geformt worden und in der Kodifikation Justinians noch immer in Gebrauch; sie bezeichnete den als Erben, der sich »in der Gewalt dessen, der stirbt«[20] befand. Als der Stadtprätor (*praetor urbanus*, der höchste römische Gerichtsmagistrat) gegen Ende der republikanischen Epoche eine neue Klasse von Erbfähigen eröffnete, indem er die Einweisung in den Besitz des Vermögens auch zugunsten emanzipierter Kinder zuließ – sie waren in die Klasse der *liberi* eingereiht – war es nötig, von der fiktiven Vorstellung auszugehen, diese von nun an neben den *sui* genannten neuen Erben *»würden auch als Gewaltunterworfene ihres Vaters im Moment seines Todes gelten«.*[21] Kurzum, als das prätorische Recht die traditionelle Nachfolgeordnung des Zivilrechts ergänzte, glaubte man, als Fiktion die Fortdauer einer imaginären *potestas* miteinbeziehen zu müssen, ohne deren Vorhandensein das System nicht arbeiten konnte.

Noch ein letztes Wort, um zu betonen, daß sich dieses rechtliche Treiben den gesellschaftlichen Gegebenheiten entzieht, mit denen man es unmittelbar vermengen möchte. Die Institutionen, die es zu beschreiben gilt, gewinnen ihren Sinn durch den Bezug auf andere Institutionen – nämlich auf die als gegensätzlich begriffene Erbfolge in der Mutterlinie (succession maternelle). Doch ist es keine brauchbare Methode, sie auf dem beschränkten Feld der Fakten, das scheinbar zu ihnen paßt, miteinander zu vergleichen, ohne vorher begriffen zu haben, wie der rechtliche Gesamtentwurf beschaffen ist, in den sie integriert sind, also die *patria potestas*, die im Zentrum der rechtlichen Teilung der Geschlechter steht. Es ist zum Beispiel völlig sinnlos, auf der Grundlage demographischer, aus Grabinschriften gewonnener Daten das Zahlenverhältnis von Bürgerinnen und Bürgern zu untersuchen, die sich noch im Erwachsenenalter in der Familiengewalt eines Hausvaters befanden: Die Tatsache, daß es nur recht wenige waren, setzen wir einmal ein Viertel an, berechtigt nicht zu dem von manchen Leuten gezogenen Schluß, diese Institution habe in der Kaiserzeit kaum noch praktische Bedeutung gehabt und sei lediglich als ein formales Relikt aus jenen längst vergangenen Zeiten zu betrachten, in denen es einmal ausgeformt worden war.[22] Denn dann müßte man annehmen – und soweit würden wenige Historiker gehen wollen, auch die phantasievollen nicht –, daß die Menschen in der archaischen Epoche ein weit höheres Alter erreicht hätten: in der Epoche also, in der die Familiengewalt des Vaters damit gerechtfertigt wird, daß die Möglichkeit ihrer Anwendung bestand! Eine solche Überlegung wäre absurd, und ihre Absurdität zeigt, daß das Problem anderswo zu suchen ist. Eine Institution ist niemals der Reflex gesellschaftlichen Handelns, und ihre Bedeutung läßt sich nicht am Grad der Bestätigung messen, den sie in einer unmittelbaren Gegenüberstellung mit den faktischen Verhältnissen finden kann. Begnügt man sich mit dem Glauben, die Familiengewalt sei eine konkret faßbare Herrschaft (das ist sie zwar auch, aber eben nicht nur das), dann wird man ihre Rolle überall dort unberücksichtigt lassen, wo man feststellen muß, daß sie nicht ausgeübt wird.[23] Macht man sich aber mit etwas größerer Sorgfalt bei der Berücksichtigung der fiktionalen Mechanismen, von denen das gesamte Leben der menschlichen Gesellschaft beherrscht wird, auf die Suche, um aufzudecken, auf welchem Gebiet die eine oder andere rechtliche Qualifikation ihre Wirkung entfaltet, so wird man bald die Effizienz eben dieser Familiengewalt wahrnehmen; sie läßt sich nicht in der patriarchalischen Herrschsucht entdecken, wo sie der Soziologe erwartet (obwohl man sie zuweilen auch dort entdecken dürfte[24]), sondern in der Regelung der Erbfolge der legitimen Nachkommenschaft: Die Familiengewalt ist jenes »Band des Rechts« (um eine berühmte Formulierung aufzunehmen, die ein Rechtsgelehrter zur Definition der Obligation gebraucht hat), das das Band der Natur ersetzt, welches anders als im Fall der Mutterschaft nicht genügt, um eine Vaterschaft zu begründen. Ein Band des Rechts, das – wie wir gesehen haben – nicht aus der Geburt eines Kindes, sondern aus einem rechtlichen Umstand hervorgeht; ein Band, das auch andere Ereignisse als der Tod zerreißen können; ein Band, das notwendig und ausreichend ist, um den Weg zu einer legitimen Erbfolge frei zu machen, die wiederum, mit Hilfe der Mittlerfunktion der Erbgüter, dieses Band weiterspinnt.

Die Unfähigkeit der Frauen zur Vermögensübertragung
ist keine Frage der Verwandtschaftsbeziehung

Wozu bedarf es einer derart komplexen Organisationsform, in der sich deutlich zeigt, daß die Abstammung keine ausreichende Bedingung ist? Der Leser wird es vielleicht eigenartig finden, wenn in einem Kapitel, das sich mit der Geschichte der Frau beschäftigt, mit so großer Beharrlichkeit das System der Rechte des Mannes analysiert wird. Aber es ist unmöglich, anders vorzugehen, wenn man in der Frage der fehlenden Übertragungsmöglichkeiten in der Mutterlinie eine zuverlässige Klärung herbeiführen will – und sich nicht nur mit näherungsweisen Vermutungen über die statusbedingte Minderwertigkeit der römischen Frauen begnügen möchte, oder gar mit den unsicheren Schlußfolgerungen, die man aus der agnatischen Verwandtschaft zieht, die, wie man glaubt, die einzige rechtmäßige Verwandtschaftsform gewesen sein soll.[25] Unser ganzes Interesse zielt darauf zu verstehen, weshalb im männlichen Zweig die Übertragung in eben dem Moment, wo sie wirksam wird, die Kontinuität einer Herrschaft erfordert: Das Fehlen gerade dieser Herrschaft im weiblichen Zweig könnte also den zentralen Punkt im Status der Frau bilden.

Ein Umweg über die rechtlichen Konstruktionen, die die Erbfolge der Nachkommen in männlicher Linie erlauben, ist unerläßlich, um die Gründe besser verstehen zu können, weshalb in Rom die Familienmütter davon ausgeschlossen waren. Wenn eine Frau keine »eigenen« Erben haben konnte – und das gilt seit der frühesten archaischen Zeit bis zum Ende der Geschichte des römischen Rechts, wie es durch die Kompilation des Rechts in der Zeit Justinians belegt ist –, die sie nach ihrem Tod hätten beerben können, dann findet das seinen Grund nicht nur in den Verwandtschaftsbeziehungen: Der Grund liegt auch und vor allem darin, daß das Band der Abstammung zwischen ihren Kindern und ihr nicht in einer institutionalisierten Form des Umgangs mit einer »Herrschaft« aufgegangen war. In Rom erkannte das Recht der legitimen Erbfolge nur die Agnaten an: Man könnte also glauben, daß die Verdrängung der mütterlichen Verwandten eine Komponente des Verwandtschaftssystems sei. Nach dem XII-Tafel-Gesetz (450 v. Chr.), das den Sockel des gesamten Systems der Intestaterbfolge (Erbfolge ohne Testament) bildete, erbten nur die Nachkommen aus der männlichen Linie (Söhne und Töchter des Vaters, Enkel und Enkelinnen, die als Kinder des Sohnes des Vaters geboren wurden, usw.) in erster Linie[26]; in zweiter Linie erbten die Seitenverwandten väterlicherseits: Sie waren es, die das Gesetz als »Agnaten« bezeichnete.[27] In der Klasse der Nachkommen waren gleichermaßen Jungen wie Mädchen zu Erben berufen; in der Klasse der Seitenverwandten führte eine Entwicklung, deren Ursprung wir nicht kennen (oder ein Gesetz, in dem man die *lex Voconia* von 169 v. Chr. vermuten kann), zur Beschränkung des agnatischen Kreises erbfähiger Frauen auf die blutsverwandten Schwestern: davon ausgeschlossen waren nun Töchter des Bruders, Tanten väterlicherseits und Kusinen von der Vaterseite.[28] In jedem Fall schloß das römische Erbrecht alle Verwandten der mütterlichen Linie aus, wenn es auch Frauen und Männer in gleicher Weise erfaßte – die Töchter befanden sich mit den Söhnen, die Schwestern mit den Brüdern auf gleicher Ebene: Die Kinder beerbten nicht ihre Mutter, die Neffen nicht die Brüder oder Schwestern der Mutter oder die Vettern nicht die Kinder von Brüdern und Schwestern der Mutter. Wir haben es also offensichtlich mit einem Verwandtschaftssystem zu tun, das, soweit es das Erbrecht betrifft, dem Band der Abstammung mütterlicherseits (filiation maternelle) keine Beachtung schenkt. Wenn man es jedoch genau bedenkt, dann reicht die Verwandtschaft nicht aus, um diesen Ausschluß zu erklären. Man braucht hier zusätzlich einen rechtlichen Überbau, der die Verwandtschaft überwölbt und sie gewissermaßen verbirgt. Die als *sui* zu Erben berufenen Nachkommen gingen nicht einfach in den Agnaten auf: Sie waren auch und sie waren vor allem gewaltunterworfene Nachkommen. Die Söhne, zu denen dieses rechtliche Band zerrissen war, verloren ihre Befähigung als Erben. Aber geschah das, weil auf diese Weise jede verwandtschaftliche Verbindung zu ihnen aufgehoben war? Sicherlich nicht, da sie ja zu ihrem Vater eine Abstammungsverbindung aufrecht erhielten, die man nun eine »natürliche« nannte: Die Natur sollte den Mangel an Recht ersetzen. Dieses durch die Natur gegebene Band wurde als das dauerhafte Substrat einer Abstammung betrachtet, die jeder rechtlichen Einkleidung beraubt war. »Natürlicher Vater« sagte man vom Vater, der emanzipiert hatte, oder vom Vater, der seine Kinder zur Adoption freigegeben hatte, um sie unter die Familiengewalt eines anderen zu stellen. Aber die Auflösung des Gewaltverhältnisses, an dem die ganze Erbfolgeordnung hing, ließ die Abstammungslinie selbst nicht enden. Sie erhielt in anderen Bereichen weiterhin ihre Bestätigung durch das Recht. Gegenseitige Unterstützung bei Gericht, Unterhaltsverpflichtungen und die Pflichten der Pietät blieben weiter bestehen.[29]

Die Mutter besitzt keine patria potestas

Eine genau auf die Institutionen gerichtete Analyse führt also dazu, aus dem eigentlichen Verwandtschaftssystem die Logik der Mechanismen der Erbfolge herauslösen zu können. Folglich ist das Fehlen einer derartigen rechtlichen Ausgestaltung auf der Seite der Mutter ebenso ausschlaggebend, um das Fehlen der Berufung in das Erbe bei der Nachkommenschaft der Frau erklären zu können, wie ihr Vorhandensein (auf der Seite des Vaters) maßgeblich ist, um die Berufung in das Erbe bei der Nachkommenschaft des Mannes zu erklären. Man hat noch nicht genügend zur Kenntnis genommen, daß die juristischen Texte, die eine Begründung für das Fehlen der Erbfolge in der Mutterlinie (succession maternelle) erwähnen, nicht allein das Verwandtschaftssystem anführen. Kein Text sagt, daß die Kinder einzig und allein deshalb nicht legitime Erben ihrer Mutter seien, weil sie ihnen kognatisch, und nicht agnatisch, verbunden sei. Die Juristen hoben vielmehr die Tatsache hervor, daß eine Mutter nicht über die *patria potestas* verfügte.[30] Aus diesem Sachverhalt ergeben sich unzählige Konsequenzen. Um ein Beispiel zu nennen: Die Frauen konnten sich keinen Erben durch Adoption aussuchen: »Frauen können in keiner Form adoptieren, weil sogar ihre natürlichen Nachkommen nicht unter ihrer Familiengewalt stehen.«[31] Vor allem jedoch besaß die Mutter im Gegensatz zum Vater keine »eigenen« Erben (*sui*), die zum Zeitpunkt ihres Todes von ihrer Familiengewalt abhängig und dazu berufen waren, diese Gewalt zu verlängern und nach dem Tod der Mutter die rechtliche Einheit weiterzuführen, die sie mit ihr zu ihren Lebzeiten gebildet hatten. Dazu wären sie bestimmt gewesen, falls das Recht sie durch diesen Kunstgriff fest mit der Mutter verbunden und in ihre Abhängigkeit gebracht hätte. Ganz im Gegensatz zu dem, was uns der Rechtsgelehrte Paulus von der Kontinuität berichtete, die an eine Identität von Verstorbenem und Lebendem glauben ließ, wenn der Erbe in vollem Einklang mit dem Recht in das väterliche Erbe eingesetzt wurde, läßt ein Text des Gaius die Diskontinuität bewundernswert deutlich werden, die Kluft nämlich, die sich auftat, sobald ein Sohn vom Vermögen seiner Mutter Besitz ergriff, falls diese ihn in ihr Testament aufgenommen hatte. Dieser Sohn hatte nicht die Eigenschaft eines *suus*, sondern wie irgendein beliebiger Fremder die eines »Außen«-erben *(extraneus)*; als solchem erkannte man ihm das Recht zu, nach einer Bedenkzeit die Erbschaft anzunehmen oder auszuschlagen: »Unsere durch Testament als Erben eingesetzten Nachkommen werden als ›Außenerben‹ betrachtet, falls sie nicht in unserer Familiengewalt stehen. So gehören auch die Kinder, die ihre Mutter als Erben einsetzt, zur Klasse der Außenerben, weil die Frauen ja ihre Kinder nicht unter ihrer Gewalt haben.«[32]

Die Regelung der Intestaterbfolge verdankte ihr Funktionieren Dispositionen, die man den Verwandtschaftsbeziehungen zuwider getroffen hatte. Daraus ergibt sich die Möglichkeit zur Gegenprobe, die man im antiken Recht findet. In einer Epoche, in der die Frauen die Ehe noch nach den Regeln der *manus*-Ehe eingingen, also in die Hand und Familiengewalt des Ehemannes gerieten, traten sie wie Töchter *(filiae loco)* in den Hausverband ihres Ehemannes ein und folgten ihm zusammen mit den anderen Nachkommen, die in seiner Abhängigkeit standen, als

Erben in der Klasse der »eigenen Erben«. Das Recht konnte also die Mütter wie blutsverwandte Schwestern ihrer eigenen Kinder betrachten, weil sie wie diese zur Rechtssphäre und zur *potestas* ein und desselben Familienoberhaupts gehörten. Durch diesen Kunstgriff des Rechts waren die Kinder als Erben ihrer Mutter zugelassen, aber nicht deshalb, weil sie ihre Mutter war, sondern weil sie für sie die Stellung eines Agnaten einnahm.[33] An diesem Beispiel sieht man, worauf die agnatische Verwandtschaft reduziert werden kann: auf ein Band, das sich aus der Zugehörigkeit zu ein und derselben Machtsphäre ergibt. Betrachtet man es etwas näher, dann ist dies im Grunde genommen bei allen erbfähigen Agnaten der Fall: Brüder und Schwestern waren mit ein und derselben väterlichen Gewalt verbunden; ebenso Onkel oder Tanten von der Seite des Vaters und auch die Neffen, weil der Vater der ersteren der Großvater väterlicherseits der letzteren war; auch wenn die Macht des Großvaters in ihrer zeitlichen Ausdehnung faktisch nicht über die Tiefe von zwei Generationen, der Generation der Onkel und der Generation der Neffen, ausgeübt werden konnte, so kann man doch davon ausgehen, daß schon die Möglichkeit der Ausübung ausreichte, um die Verwandten, die er zu einem einheitlichen Verband von Abhängigen gemacht hätte, zu einer Gruppe zusammenzuschließen; und das gleiche galt für die Vettern väterlicherseits, die Agnaten waren und untereinander erben konnten, weil sie sich in der Situation befunden haben konnten, dem gleichen Großvater gehorchen zu müssen. Folglich war im ganzen gesehen die agnatische Erbfolgeordnung – die Ordnung also, die keinen Raum für die Abstammung mütterlicherseits (filiation maternelle) ließ – eine rechtliche Konstruktion, deren Angelpunkt die Einheit und Kontinuität der Herrschaft bildete.[34]

Diese Analyse und der Vorrang, der dem institutionellen Aufbauschema zugestanden wird, finden ihre Bestätigung in der überreichen Kasuistik, die in den Digesten im Zusammenhang mit der Behandlung des *suus heres* in der Frage der rechtlichen Wirkung von Brüchen in der Kontinuität entwickelt wird. Ein Nachkomme konnte seinen Vorfahren nicht beerben, wenn er erst nach dessen Tod empfangen worden war. Dieser Fall trat ein, wenn der Letztgeborene – falls die Zwischengeneration zwischen Vorfahr und Nachkomme entweder erloschen oder aus der anfänglichen Machtsphäre ausgeschieden war – keinen Kontakt mehr zur *potestas* des Verstorbenen gehabt haben konnte, nicht einmal zum Zeitpunkt seiner Empfängnis; er war also nicht sein Erbe und nicht einmal sein Verwandter. »Nach dem gewöhnlichen Sprachgebrauch«, schrieb Julian in der Zeit Hadrians, »werden die Enkel Verwandte derer genannt, nach deren Tod sie empfangen worden sind: aber dieser Gebrauch ist unangemessen und ein Mißbrauch der Sprache.«[35] Mit anderen Worten, der Rechtsgelehrte vertrat innerhalb eines Systems, in dem einzig die Herkunft in der Manneslinie zählte, die Ansicht, die Verwandtschaft mit einem Großvater bestehe nur unter der Bedingung, daß eine rechtliche Verbindung – die *potestas* oder im Falle posthum geborener Kinder ihre ersatzweise Fiktion – zu seinen Lebzeiten geknüpft worden sein konnte. Die Regel gibt der juristischen Symbiose absoluten Vorrang vor den Blutsbanden; was zählt, ist rechtliche Kontinuität, fugenlose Einheit von *potestas* zu *potestas,* deren Prinzip ein weiteres Mal in einem Grenzfall formuliert ist; in dem Grenzfall nämlich, daß beim Ausfall einer Generation die Nachfolgegeneration den Kontakt zur Vorgängergeneration verlor, weil der sie trennende Abstand es verhinderte, daß sich die genetische Kette mit der Kette lückenlos verbundener Familiengewalten deckte.

Dies genau aber ist es, was der Mutter fehlte und sie aus der Kette der Erbfolge ausschloß. Keine abstrakte Familiengewalt, kein Fortleben in einer Nachkommenschaft, die das Fortbestehen einer in sich geschlossenen Einheit von Recht und Vermögen gesichert hätte. Im Umfeld dieses wesentlichen Unterschieds standen sich der Status des Mannes und der Status der Frau diametral gegenüber. Die Abstammung von der Mutter war nicht in der abstrakten Form eines vorrangigen Rechts zusammengefaßt worden, das mit seiner eigenen Beständigkeit ausgestattet war und jede Art von Beziehungen, die eine Mutter mit ihren Kindern verbinden konnte, seinen eigenen Regeln unterwarf. Wenn die Frau nun gleichzeitig mit ihren Brüdern rechtlich autonom wurde, weil die Herrschaft des verstorbenen Vorfahren erloschen war, so wurde sie doch nicht wie diese mit der translatorischen Hausgewalt ausgestattet, die sich in denen erneuerte, denen ein Todesfall die Freiheit gebracht hatte: eben mit der Familiengewalt, die Generation auf Generation in laufendem Wechsel über die Nachkommenschaft ausgeübt wurde. Das ist der Kern des Regelwerks zur rechtlichen Aufspaltung der Geschlechter. Wie es ein Aphorismus Ulpians energisch formuliert, ist »die Frau der Anfang und das Ende der eigenen Familie«: Bar jeder Herrschaft über andere, reicht sie sie auch nicht an andere weiter.[36] Die Frau überträgt nicht, doch ist das weder eine Frage der Verwandtschaft noch eine Frage der Abstammung.

Hinter diesem System stehen nämlich keineswegs die Praktiken eines unilateralen Verwandtschaftssystems. Es genügt schon der Blick auf die Terminologie der Verwandtschaftsbezeichnungen, um das zu beweisen. Das gilt ebenso für die Regeln, die auf den Inzest bezogen sind: Die Eheverbote erstreckten sich ohne Unterschied auf beide Seiten. Das Verbot des Verwandtenmordes *(parricidium)* betraf ebenfalls beide Elternteile, ungeachtet einer Volksetymologie *(patricida)*, die nur den Mord am Vater damit meinte, und trotz des von einigen Quellen bezeugten Sträubens, den Mord an der Mutter »mißbräuchlich« als *parricidium* zu

bezeichnen.[37] Andere Quellen verknüpfen die Bezeichnung dieses Verbrechens mit der Tötung eines *parens*, ein Begriff, der ohne Unterschied
die Bedeutung Vater wie Mutter abdeckt, und vor allem wissen wir, daß
die Mörder einer Mutter wie die eines Vaters mit einer Strafe belegt wurden, die einer Beschwörungszeremonie zur Abwehr unheilvoller Vorzeichen ähnelte: sie wurden in einen Sack eingenäht und in den Tiber
geworfen.[38] Ebenso konnte die Unterhaltspflicht, die zugunsten der Vorfahren anerkannt war, von jedem der beiden Geschlechter eingefordert
werden.[39] Oder besser noch, um im Bereich der Pflichten zu bleiben,
denen das Recht Geltung verschaffte: Der beiden Eltern geschuldete religiöse Respekt verbot es, den einen oder den anderen vor Gericht zu
laden[40], oder allgemeiner ausgedrückt, einen Akt der Pietätlosigkeit
gegen sie zu begehen.[41] Im übrigen umfaßten die Beistandspflichten vor
Gericht, festgeschrieben in Regeln für die Zeugenaussage, entweder als
Verteidigungs- oder als Anklageverpflichtungen die Gesamtheit des Kreises der Kognaten, ohne daß irgendeine Hierarchie zwischen den beiden
Zweigen der Verwandtschaft festgelegt worden wäre.[42] Die gesellschaftliche Praxis, soweit wir sie zumindest seit der späten Republik in den verfügbaren Quellen beobachten können, bewegt sich systematisch in die
gleiche Richtung. Nehmen wir als Beispiel die Verwendung der Genealogie. Wenn ein römischer Aristokrat seine Ahnen aufzählte, gab er prinzipiell keiner der beiden Linien den Vorzug: Es konnte sogar geschehen,
daß er den mütterlichen Zweig wegen seines größeren Glanzes voran-
stellte. An den Wänden der Atrien waren die Ahnenmasken beider Lini-
en und beider Geschlechter aufgehängt; Großmütter und Großväter,
Onkel und Tanten beider Seiten wurden in gleicher Weise bei den Trau-
erzügen dargestellt, wo die Verwandten aus dem Jenseits dem Leichenzug folgten. Die Mütter waren ebenso anwesend wie die Väter.[43]

Das Verwandtschaftssystem benachteiligte also in der Praxis die mütterliche Linie nicht, und noch weniger schätzten sie die gesellschaftlichen
und juristischen Normen gering. Nur war es eben so, daß die Funktion
des Übertragens, soweit sie die Unterbrechungen ungeschehen macht
und Stetigkeit schafft, in Rom als Aufgabe der Herrschaft gestaltet war.
Das »Weitergeben des Vermögens«, von dem, wie man sich erinnert, der
Rechtsgelehrte Paulus bei der männlichen Nachfolge sprach, verlängerte
mit der Erbfolge auch die herrscherliche Gewalt des Bandes, mit dem ein
Mann diejenigen zusammenhielt, die ihm nun in seine Abhängigkeit folgten, nachdem er selbst nicht mehr in der Abhängigkeit derer stand, die
ihm vorausgegangen waren. Die Abfolge im Leben wurde rechtlich
gewissermaßen transzendiert durch die Abfolge der Familiengewalten.
Diese unveränderliche Perpetuierung führte ihrerseits ihre Anfänge auf
einen Ursprung zurück, der nur noch in der Bezeichnung eine Spur hinterlassen hat. Doch wir sehen diesen Entstehungsvorgang immer dann

vor unserem Auge aufsteigen, wenn ein Fremder zum Bürger gemacht wird. Das Gesetz oder der Kaiser übertrugen auf einen Streich das Bürgerrecht auf die Ehefrau und die bis dahin geborenen Nachkommen des neuen Römers und gaben zugleich dem Ehemann und Vater das Recht, sie seiner Hausgewalt unterwerfen zu können: Die Verkettung der den Männern zustehenden Rechte war so von Anfang an gesichert.[44] Legt man nun den Maßstab der Autonomie der Rechtsinstitution, und nur diesen Maßstab, an, so kann man von den Frauen sagen, daß sie nicht in der Lage waren weiterzugeben: Sie waren »der Anfang und das Ende ihrer eigenen Familie«. Die Frau war von institutionell vorgesehenen Möglichkeiten der Fortsetzung ihrer individuellen Person abgeschnitten.

Testamente von Frauen und das prätorische Erbrecht zugunsten der mütterlichen Verwandten

Am Rande des Systems der legitimen Erbfolge ließ jedoch die Bipolarität des römischen Verwandtschaftssystems jedem einen genügend großen Spielraum, um der Zuneigung und Verbundenheit zu seinen Verwandten den gewünschten Ausdruck geben zu können. Dank der Möglichkeit, Testamente abzufassen, konnte sich die Bedeutung des Bandes zur Mutter und zu den mütterlichen Verwandten deutlich zeigen. Eine Reihe sehr einleuchtender Studien von Philippe Moreau hat dies vorzüglich für das Milieu der Honoratioren von Larinum in Umbrien in den Jahren zwischen 70 und 60 v. Chr. zeigen können. Die Familie Ciceros ist von Suzanne Dixon untersucht worden: Das Vermögen der Terentia, seiner Ehefrau, war offensichtlich ganz selbstverständlich eher dazu gedacht, die Zukunft ihrer Kinder zu sichern, als eines Tages an ihre Agnaten zurückzufallen.[45] Die Frauen hatten Güter weiterzugeben, da sie ja selbst die Güter ihrer Väter erbten, und zwar prinzipiell gleichberechtigt mit ihren männlichen Miterben; sie waren ebenfalls Begünstigte in Testamenten, auch wenn ein Gesetz von 169 v. Chr., die *lex Voconia*, es den Bürgern der ersten Zensusklasse untersagte, eine Frau als Haupterbin in das Testament einzutragen: denn auf die eine oder andere Art fand dieses Gesetz zur Zeit Ciceros praktisch keine Anwendung mehr; um es zu umgehen, genügte ein Fideikommiß oder ein Vermächtnis mit der Anordnung an den männlichen Erben, einen Teil der Erbschaft einer Frau zuzuwenden.[46] So erhielten dank dieser Quelle des Reichtums die Töchter und Witwen Güter, die sie dann für ihre Kinder verwenden konnten. Eine andere Möglichkeit, Frauen das Erbteil zukommen zu lassen, bot die Mitgift, die ihnen ihr Vater, ihre Verwandten und die Freunde der Familie stellten und die normalerweise nach der Auflösung der Ehe an die Frauen fiel: geschützte und unveräußerliche Werte in Bargeld,

Schmuck, Sklaven, Ländereien und bebauten Grundstücken, die in den Oberschichten zuweilen ein beträchtliches Vermögen darstellten. Das sieht man zum Beispiel an den Erben des Aemilius Paullus, deren 60 Talente Gold (gut 1600 kg) nicht ausreichten, um die Mitgift seiner Witwe zurückzuerstatten, oder an Terentia, die ihrem Mann eine Mitgift von 400000 Sesterzen mit in die Ehe brachte, ein Betrag, der im ersten Jahrhundert v. Chr. der höchsten Zensusklasse – dem Ritterzensus – entsprach, oder noch einmal an Cicero, der sich in unlösbare finanzielle Schwierigkeiten verstrickt fand, als er die Mitgift seiner Tochter in drei Jahresraten auszahlen sollte (als kleine Einzelheit sei vermerkt, daß die Summe von 60000 Sesterzen nur einen Bruchteil des jeweiligen Drittels darstellte). Das ging soweit, daß er es im Jahre 47 v. Chr. bei Fälligkeit der dritten Rate bitterlich bedauerte, daß sich Tullia nicht im Jahr zuvor hatte scheiden lassen, was sie dann im Jahr 46, schwanger und im Besitz der ganzen Mitgift, auch tat.[47]

Erbschaften, Testamente, Vermächtnisse, Mitgiften: die Frauen der begüterten Schichten besaßen sicherlich etwas, worüber sich testamentarisch verfügen ließ. Hier ist nicht der Ort, Betrachtungen darüber anzustellen, inwiefern die Verwendung ihrer Reichtümer es ihnen häufig erlaubte, zu ihrem Vorteil die Mechanismen einer Männerherrschaft, deren Gegenstück die Beschränkung der Handlungsfähigkeit der Frauen bildete, zu neutralisieren. Versuchen wir als erstes zu erfassen, ob die testamentarische Erbfolge zwischen Müttern und Kindern, sofern sich dabei eine Erbenwahl zuungunsten der Agnaten erkennen läßt – besonders zum Schaden der Seitenverwandten des Vaters –, ein Vordringen des undifferenzierten Verwandtschaftssystems darstellt, und zwar gegenüber dem, wie man vermutet, älteren agnatischen System, dessen Bedeutung im Lauf der Jahrhunderte gesunken sein soll. Denn eben das behauptet man häufig. Die Arbeiten von Suzanne Dixon zu den römischen Müttern oder die von John A. Crook zur weiblichen Erbfolge in der römischen Welt hinterlassen im allgemeinen den Eindruck, die Gesellschaft der späten Republik hätte ihr Verhältnis zur Verwandtschaft tiefgreifend verändert: Die Testamente sicherten von nun an den Kognaten (den Verwandten mütterlicherseits, aber auch den Verwandten des Vaters, zu denen das juristische Band der *potestas* abgerissen war: emanzipierten Brüder und Schwestern usw.) den gleichen Platz wie denen, die nach dem archaischen Recht ausschließlich zur legitimen Erbfolge berufen waren: die gewaltunterworfenen *sui* und die Seitenverwandten des Vaters. Auf den Ruinen der alten Rechtslage hätten sich neue rechtliche Beziehungen zu ehemals ausgeschlossenen Verwandten entwickelt.[48] Mehr noch, das Edikt des Prätors setzte den Schlußpunkt, indem es die Kognaten nach einem das System der legitimen Erbfolge ergänzenden Verfahren in den Besitz der Güter ihres nächsten Verwandten einwies – und damit die Kinder in den Besitz der Güter ihrer Mutter; auch außerhalb der testamentarischen Erbfolge bildete sich, gegründet auf die magistratische Jurisdiktionsgewalt, ein neues Intestaterbrecht in Erweiterung des alten, auf Gesetzesrecht gegründeten Rechts. Kann man all dies als eine Verfestigung der mütterlichen Bindungen interpretieren?

Wir wollen gleich mit der Bemerkung beginnen, daß dieses neue prätorische Erbrecht mit seiner Einführung gegen Ende der Republik keineswegs den unbestrittenen Primat der zivilrechtlich festgelegten Berufung in das Erbe abgeschafft hat. Als der Prätor die Einweisung in den Besitz des Vermögens zugunsten der Kinder der Mutter und der mütterlichen Verwandten einführte, so geschah das nicht mit dem Ziel, die Gleichstellung der Linien zu begründen: Die Kognaten traten das Erbe immer nur dann an, wenn *sui* und Agnaten mit Vorrang fehlten. Diese neue Gruppe von Erbfähigen kam nur im zweiten Rang und bei Ausfällen zum Zuge. Einfach ausgedrückt, das Vermögen, das im alten System keinen Naherben fand (vermutlich innerhalb einer Grenze bis zum siebten Grad), fiel an den »Clan« *(gens)*. Im neuen System konnte nun dieses Vermögen vom nächsten Kognaten beansprucht werden: Die Gentilgemeinschaft – die ihre Rechte im ersten Jahrhundert v. Chr. sichtlich noch verstärkt – wurde ersetzt durch die am nächsten stehenden mütterlichen Verwandtschaften: die *gens* wird beiseite geschoben zugunsten der innigeren Bande, die seit jeher jeden Erbfähigen mit seiner Mutter und ihren nächsten Verwandten verbunden hatten. Diese vom Gesetz traditionell nicht beachteten, weil durch keinerlei Herrschaft verknüpften Bande wurden schließlich ersatzweise anerkannt, wenn alle Möglichkeiten des weiterhin vorhandenen legitimen Systems ausgeschöpft waren.[49] Im übrigen zeigte das prätorische Recht so wenig Wirkung auf das ältere Gesetzesrecht, daß nach dem Wortlaut des Edikts die Kinder nicht als »legitime Nachkommen« *(liberi)* zu Erben ihrer Mutter berufen waren, sondern lediglich generell in der Eigenschaft einfacher Verwandter *(cognati)*.[50] In der neuen, in Ergänzung der alten eingeführten, Reihenfolge bildeten die *liberi* die Klasse der legitimen Kinder, die ihr Vater aus seiner Familiengewalt entlassen hatte und die aus diesem Grunde ihre Bestimmung als seine »eigenen« Erben verloren hatten; das Edikt des Prätors setzte sie wieder an ihren angestammten Platz, als wären sie nicht zu Fremden in dem Machtbereich geworden, den sie bei ihrer Geburt betreten hatten: Man ließ, wie man sich erinnert, die Fiktion entstehen, sie hätten niemals aufgehört, sich *in potestate* zu befinden.[51] Doch nichts dergleichen geschah im Interesse der Kinder einer Frau. Sie konnten in keinem Fall als frühere *sui* betrachtet werden, die aus einer Gewaltsphäre ausgetreten und wieder in ihre Rechte eingesetzt worden wären: »Keine Frau besitzt eigene Erben oder hört damit auf, sie zu besitzen, indem sie sie beispielsweise (durch Emanzipation) aus ihrer Gewalt entläßt.«[52] Für sie konnte man nicht über eine Fiktion einen Zustand wiederherstellen, den es niemals gegeben hatte. Das ist der Grund, weshalb sie im Hinblick auf ihre Mutter nicht die rechtliche Eigenschaft von Nachkommen hatten und zusammen mit anderen Kognaten nur an letzter Stelle kommen konnten.

Das Problem liegt also nicht in der relativen Lockerung der agnatischen Bindungen zum Nutzen der Kognaten. Noch weniger kann man davon sprechen, das alte auf der Ausübung der *potestas* basierende Erbrecht sei überholt gewesen. Sicherlich wurde die Abstammung mütterlicherseits (filiation maternelle) schließlich auf dem Gebiet der Erbangelegenheiten anerkannt: Das ist eine unbestreitbare Tatsache. Aber diese Tatsache hätte als solche kaum Bedeutung (nicht mehr als jede andere »Tatsache« auch), wenn sie sich nicht, um als Tatsache anerkannt zu werden, auf die Winkelzüge hätte einlassen müssen, die ihr durch das Fehlen einer weiblichen »Familiengewalt« aufgezwungen wurden. Nun gewinnt die Geschichte des Erstarkens des mütterlichen Bandes an Profil; man sieht sie formalen Bedingungen unterworfen, die (auch wenn es eine Tendenz gibt, sie aufgrund eines soziologischen Vorurteils für unwesentlich zu halten) das Wesentliche deutlich machen: die beharrliche Dauer eines Gegensatzes im Wesen der Geschlechter und die unvermeidliche Notwendigkeit, ihre Verschiedenartigkeit im Recht kenntlich zu machen.

Weicht diese formale Aufteilung in männlich und weiblich vor den Gepflogenheiten der Testierpraxis? Das Testament erlaubte es sicherlich, das Band, das zur Mutter bestand, im Erbvorgang real in Erscheinung treten zu lassen. Insoweit kann man es als eine von mehreren praktischen Ausprägungen des Verwandtschaftssystems betrachten. Doch ist man deshalb schon berechtigt, in dieser aufkommenden Freigebigkeit zugunsten der Nachkommenschaft der Frau das Symptom einer fortschreitenden Gleichbehandlung der beiden Zweige zu sehen? Ohne Zweifel ist man dazu berechtigt, wenn man dabei nur nicht vergißt, daß das römische Verwandtschaftssystem, lange bevor uns die Quellen des ersten Jahrhunderts v. Chr. über die Testierpraxis unterrichten, bilateral organisiert war, und daß die Ablehnung der Erbfolge in der Mutterlinie (succession maternelle) (die das prätorische Recht nur sehr partiell kurierte) im wesentlichen nicht bedeutete, daß Frauen sich selbst keine Erben durch testamentarische Bestimmung hätten bestellen dürfen, sondern daß sie keine Erbfolger hatten, die ihnen mit vollem Recht und ohne Unterbrechung Kontinuität verschafft hätten. Dieser unmittelbare Antritt der Erbfolge in der männlichen Linie, für den das kontinuierliche Fortbestehen der Herrschaft sorgte, war eben das Charakteristikum des auf die Männer ausgerichteten Erbschaftssystems. Wenn eine Frau in ihrem Testament einen Erben bestellte, mochte es der Sohn oder die Tochter sein, so bot sie damit nur einen unvollkommenen Ersatz für ihr rechtliches Unvermögen, ohne Unterbrechung das weiterzugeben, was ihr zugefallen war und von ihr weitergegeben wurde. Ihre persönliche Entscheidung mußte durch die Autorität ihres Vormunds bestätigt werden, und dazu kam noch die Annahmeerklärung ihrer Erben; zwischen ihrem Tod und der Inbesitznahme der Erbschaft unterbrach eine herrenlose und durch nichts zu überbrückende Zeitspanne eine Übertragung, die notwendigerweise nicht kontinuierlich sein konnte. Eben diese Diskontinuität ist es, die den Nachlaß von Frauen (testamentarisch oder nach prätorischem Recht) genau in Gegensatz zu der unmittelbaren männlichen Erbfolge bringt.[53]

Die Gleichstellung von Testamenten väterlicher- und mütterlicherseits in bezug auf gesellschaftliche Pflichten

Es steht auf einem ganz anderen Blatt, wenn die emotionalen und sozialen Bande zur Mutter ihre Bestätigung durch Verhaltensweisen erfuhren, die man als notwendig erachtete, und wenn letztwillige Verfügungen in bezug auf die Übertragung des mütterlichen Vermögens als eine Verpflichtung zwischen Müttern und Söhnen betrachtet wurden. Die Quellen erlauben uns, dies für das erste Jahrhundert v. Chr. festzustellen: Aber belegen sie damit auch eine veränderte Einstellung in dieser Hinsicht? Man ist immer versucht, sich tiefgreifende Veränderungen vorzustellen. Nur, was wissen wir denn eigentlich darüber, wie die Frauen in den früheren Zeiten mit Testamenten umgingen, seit ihnen – vermutlich ab dem 4. Jahrhundert v. Chr. – das Recht zugestanden worden war, Testamente abzufassen. Wir wissen praktisch nichts darüber. Die Frage stellt sich weder für die in der Familiengewalt des Vaters stehenden Töchter, die nicht mehr Rechte auf das Erbe hatten als ihre Brüder, noch für die der Familiengewalt des Ehemannes unterworfenen Frauen, deren Vermögen in dem seinen aufgegangen war. Die noch nicht verheirateten Erbtöchter standen unter der Vormundschaft ihrer nächsten agnatischen Verwandten (ihres Bruders oder ihres Onkels väterlicherseits): Es versteht sich von selbst, daß diese nahen Verwandten ihnen nicht die Erlaubnis erteilten, ihre Güter, das heißt ihren eigenen Anteil am Erbe, aus dem Familiengut abfließen zu lassen.

Bleiben die Frauen, die mit ihren Agnaten gebrochen und keinen Ehemann mehr hatten: also die Witwen, deren Eintritt in die Gewaltsphäre eines Ehemannes sie aus dem Kreis ihrer Agnaten hatte ausscheiden lassen (denn durch diesen Akt hatten sie die rechtliche Stellung einer »Tochter« des Gatten erworben), und die der Tod dieses Gatten zu Herrinnen über eine Erbmasse und somit frei gemacht hatte, testamentarische Ver-

fügungen zu treffen, und zwar unter dem Beistand eines für sie bestellten Vormunds oder sogar zusammen mit einem Vormund, dessen Wahl
ihnen laut Testamentsklausel selbst überlassen worden war. Da haben
wir also Frauen, die in der Tat über eine ansehnliche Testierfreiheit verfügten: die Witwen nämlich, mithin die Mütter. Was wissen wir nun über
ihre Erbenwahl? Zogen sie ihre Agnaten oder zogen sie ihre Kinder vor?
Wir könnten sicherlich von einer bedeutsamen Entwicklung sprechen,
wenn wir über ausreichend genaues Quellenmaterial vor Cicero verfügten: Das ist jedoch nicht der Fall. Überall bei Cicero und Plinius dem Jüngeren, in einigen kaiserzeitlichen Inschriften und vor allem in den reichlich vorhandenen kasuistischen Beispielen der Digesten, sehen wir die
Frauen zugunsten ihrer Kinder und Enkel testieren, oder auch zugunsten
ihres Ehemannes – was zeigt, daß sie nicht mehr nach den Regeln der
manus-Ehe verheiratet (das heißt der Familiengewalt des Ehemannes
nicht unterstellt) waren: kurzum, die Wahl der Erben wurde mit Vorliebe innerhalb der Kernfamilie und zugunsten der Nachkommenschaft
getroffen.[54] Aber für das 4., 3. und 2. Jahrhundert v. Chr. zwingt das Fehlen dokumentarischen Materials zum Schweigen; es hat also keinen
Wert, von Veränderungen, die im 1. Jahrhundert festzustellen seien, zu
sprechen: im 1. Jahrhundert v. Chr. fängt die Sache für uns erst an.

Diese Einstellung und diese Gepflogenheiten zeugen von einer strikten Zurechnung von *officia*: von Verpflichtungen in der Gesellschaft.
Nun unterstrichen aber vor allem die Juristen, die seit der Mitte des 2.
Jahrhunderts n. Chr. schrieben, ausdrücklich das gleiche Ausmaß von
Pflichten und Rechten, denen aus der Sicht der moralischen Verbindlichkeiten in einem Testament von beiden Seiten nachzukommen war,
von der Seite des Vaters wie von der der Mutter. Söhnen und Töchtern
stand eine Klagemöglichkeit zur Verfügung, um das Testament ihrer
Eltern als »pflichtwidrig« *(inofficiosum)* anzufechten, falls sie ungerechterweise ausgeschlossen worden waren: Man war der Ansicht, daß ein
solcher Ausschluß nur durch eine schwere Verfehlung gerechtfertigt werden könne, daß er eine wirklich verdiente Vergeltungsmaßnahme sein
müsse. Das Testament des Vaters wurde ganz sicher in erster Linie
geprüft, denn schon immer hatten die Väter das Recht gehabt, ihre Kinder zu enterben. »Aber diese Klagemöglichkeit kommt gleichermaßen
Männern und Frauen zu, die nicht der männlichen Linie entstammen:
man darf ebensogut das Testament der Mutter anfechten, und in diesem
Fall geschieht es häufig, daß man den Prozeß gewinnt.«[55]

Eine solche Gleichstellung ist zumindest seit der Zeit des Augustus
bezeugt. Dieser Kaiser hatte persönlich das Testament einer Frau für
ungültig erklärt, die als Mutter von zwei Söhnen noch einmal in fortgeschrittenem Alter geheiratet und ihren zweiten Mann zum Allein-
erben bestimmt hatte. Gegen Ende der Regierungszeit Domitians wurde

Plinius der Jüngere als Miterbe zusammen mit anderen römischen Senatoren und Rittern in das Testament einer adeligen Matrone aufgenommen, die sich entschieden hatte, ihrem Sohn nichts zu hinterlassen: Dieser nun bat in dem Glauben, das Opfer einer Ungerechtigkeit geworden zu sein, den Plinius, ihm zum Zeugnis der Unbilligkeit des Testamentes seiner Mutter gütigerweise seinen Teil anzubieten. Jetzt wird man Zeuge der folgenden erstaunlichen Szene: Plinius, der Haupterbe, untersucht und überlegt, umgeben von einem Beraterkreis von Freunden, gute und schlechte Gründe, die die Erblasserin gehabt hatte, ihren Sohn zu seinen, des Plinius', Gunsten auszuschließen. Er akzeptiert es, die Argumente des Sohnes, dessen Ausschluß ihn reicher macht, anzuhören, dieser wiederum erklärt sich von vornherein bereit, sich dem Urteil seines Konkurrenten zu fügen: »Curianus, deine Mutter scheint berechtigte Gründe gehabt zu haben, auf dich zornig zu sein.«[56] Das ethische Empfinden der Gesellschaft betrachtete den Entzug des mütterlichen Nachlasses zweifellos als eine Strafe, die reiflicher Erwägung bedurfte. Ebenso forderte es im umgekehrten Falle besonders ernsthafte Beschwerdegründe, die es einem Sohn erlauben konnten, auf die Erwähnung der Mutter in seinem Testament zu verzichten: Das sieht man schön in den 70er Jahren des 1. Jahrhunderts, wenn Cluentius, ein angesehener Bürger Larinums, die Abfassung seines Testaments aufschiebt, weil er seine Mutter, die ihn haßte, weder unerwähnt lassen noch sie beleidigen konnte, indem er sie stillschweigend überging, was die öffentliche Meinung vielleicht nicht verstanden hätte. Vermutlich hatte Cluentius das Risiko bedacht, sein Testament könnte für ungültig erklärt werden, falls seine Mutter ihn überleben sollte[57]; die dann von dem Gerichtshof angestellte Untersuchung hätte wahrscheinlich zu klären gesucht, »ob die Mutter durch unredliches Handeln und unschickliche Machenschaften ihrem Sohn nachgestellt hatte, oder ob sie hinter der Maske der Zuneigung feindselige Akte verborgen oder sich eher als Feindin denn als Mutter aufgeführt hatte«: Diese Zeilen, nachzulesen in einem Gesetz Konstantins von 321 n. Chr., könnten haargenau auf den dreieinhalb Jahrhunderte zurückliegenden Fall der Sassia, der Mutter des Cluentius, passen.[58]

Es ist unnütz, noch mehr Beispiele anzuführen. Das Vorgehen bei der Ungültigkeitserklärung von Testamenten, die von Müttern erstellt waren, ist bestens durch die Rechtsquellen des 2., 3. und 4. Jahrhunderts n. Chr. bezeugt.[59] Die Pflichten, die sich aus der Tatsache der Mutterschaft ergaben, waren dann, wenn es um die Übertragung des Vermögens an die Kinder ging, soweit dem patrilinearen Modell angenähert, daß Septimius Severus im Jahr 197 n. Chr. einem Kind, dessen Mutter bei seiner Geburt gestorben war, seinen Anteil an der Erbschaft zugestehen konnte: Die Mutter hatte vor der Niederkunft übersehen, das werdende Kind in ihr Testament aufzunehmen, sodaß das unvorhersehbare »Schicksal einer

Mutter« das zuletzt Geborene ungerechterweise gegenüber den beiden
bereits als Erben bestellten Brüdern benachteiligt hatte. Dieser Fall
gleicht nun in der Tat dem Fall des posthum Geborenen, bei dem es der
Vater vor seinem Tode versäumt hatte, ihn als Erben einzusetzen oder
ihn ausdrücklich zu enterben: Die Geburt eines »eigenen« Erben machte
das Testament, das ihn nicht erwähnte, null und nichtig und stellte in
vollem rechtlichen Umfang die Intestaterbfolge zugunsten der legitimen
Nachkommen wieder her. Zugegeben, eine Mutter hatte keine »eigenen«
Erben, und die Geburt eines Kindes war nicht Bestandteil einer verbindlichen Rechtsordnung, der das Testament gesetzlich untergeordnet war.
Aber das kaiserliche Recht machte schließlich, ohne dieses Testament als
rechtlich vollkommen nichtig zu erklären, die Nachlässigkeit der Mutter
wieder gut und setzte das Kind wieder in sein Erbteil ein, »als wären alle
ihre Söhne eingesetzt worden«.[60]

Ungleiche Formen des Testaments: die Enterbung

Könnte man meinen, daß sich die Bedingungen einander angleichen und
sich die rechtlichen Regeln nicht mehr unterscheiden? Dem Anschein
nach, ja. Aber betrachten wir die Dinge etwas näher. Eine Mutter mußte
ihre Kinder nicht ausdrücklich enterben, weil ihre Kinder sie aus rechtlicher Sicht als Person nicht fortsetzten; sie war nicht gehalten, genau darzulegen, daß sie die Kinder von einer Erbfolge ausschloß, die diesen
sonst ohne ausdrückliche Erklärung ihres gegensätzlichen Willens mit
vollem Recht zugekommen wäre: In ihrem Fall genügte es, die Kinder
stillschweigend zu übergehen. Die juristischen Texte zeigen uns, daß die
Söhne, die ein Testament der Mutter wegen Pflichtwidrigkeit anfechten,
sich beklagen, sie seien »vernachlässigt«, »vergessen« worden.[61] Im Gegensatz dazu konnte ein Vater seine Kinder von der Erbfolge, zu der sie das
Gesetz berief, nur ausschließen, wenn er in einer Enterbungsklausel seinen Willen erklärte, daß sie nicht seine Erben sein sollten. Die gewaltunterworfenen Erben – die »eigenen Erben« – mußten mittels einer feststehenden Formel, verfaßt in der dritten Person des Imperativs, ausgeschlossen werden: »Titius, mein Sohn, soll enterbt sein.« Ohne ausdrückliche Enterbung machte die Weglassung des Sohnes das väterliche Testament rechtlich in vollem Umfang nichtig und stellte die Intestaterbfolge
wieder her: der auswärtige Erbe verlor alles, und der ausgeschlossene
Sohn, sofern er in der Familiengewalt des Vaters gestanden hatte, trat das
Erbe des gesamten Vermögens an; handelte es sich um eine Tochter, so
wurde das Testament nicht für ungültig erklärt, aber die stillschweigend
übergangene Erbin trat in Konkurrenz zu den schriftlich benannten
Erben: waren auswärtige Erben eingesetzt, erhielt sie die Hälfte, waren

sui, also ihre eigenen Brüder, benannt, den auf sie entfallenden Teil.[62] Faktisch hatte also das Schweigen einer Mutter, die davon Abstand genommen hatte, ihre Söhne und Töchter zu erwähnen, den gleichen Wert wie die Erklärung, mit der ein Vater sie ausdrücklich ausgeschlossen hatte: In einer Gesellschaft, in der die Bindung in bezug auf beide Elternteile in gleicher Weise Bestätigung fand, wurde das Übergehen von seiten der Mutter als gleichwertig mit der Ablehnung von seiten des Vaters erachtet. Wenn sich die Entscheidung für den Ausschluß als ungerechtfertigt erwies und nicht – etwa durch Pietätlosigkeit oder Verschwendungssucht der Kinder – verdient war, gestand der Magistrat dem von seiner Mutter Übergangenen ebenso bereitwillig eine Klage zu wie dem von seinem Vater Enterbten. Allerdings erlaubt es die Rechtsgeschichte, über das hinauszukommen, was sich dem Auge als Gewißheit bietet und als Ausgangspunkt dient, um die gesellschaftlichen Praktiken als Tatsachen verbuchen zu können. Sie zeigt uns, wenn man dem Umweg über die formalen Feinheiten folgen will, die die eine Haltung von der anderen scheinbar gleichen unterscheiden, daß sich Trennungslinien abzeichnen, die dem nur auf das äußere Verhalten gerichteten Blick nicht erkennbar sind; daß nicht zu behebende Differenzen Verhaltensweisen voneinander scheiden, die nur dann einander angenähert werden können, wenn man nicht auf die institutionelle Ebene achtet, auf der sie gegensätzliche Bedeutungen haben. Auf dieser Ebene bedeutete die unterlassene Handlung einer Mutter genau das Gegenteil der erklärten Handlung eines Vaters. Eine Frau brauchte nur das Recht wirken zu lassen, um ihre Kinder auszuschließen, während ein Mann mit voller Absicht den Lauf der Dinge hemmen mußte, um seinen Kindern das Erbe zu entziehen. Die kontinuierliche Abfolge in der männlichen Linie hatte Vorrang und wurde nur durch einen ausdrücklichen Rechtsakt unterbrochen: durch die Entlassung aus der väterlichen Familiengewalt oder auch durch Enterbung. Auf der Seite der Frau herrscht im Gegensatz dazu von vornherein die Diskontinuität. Um sie ersetzen zu können, hatte man eine Entscheidung zu treffen. All das führt uns, wie man sieht, wieder zu dieser ungleichen Ausbildung der beiden Statusinhalte, von denen der eine in seiner rechtlichen Natur die Aufgabe des Übertragens enthielt, der andere aber nicht.

Die »legitime Erbfolge« mütterlicherseits im 2. Jahrhundert n. Chr.

Diese Unterschiedlichkeit war durch das Edikt des Prätors, das eine subsidiäre Berufung in das Erbe zugunsten der Kognaten einführte, schließ-

lich nur unbedeutend geändert worden. Gilt das gleiche für die Senatsbeschlüsse, von denen der erste, der Tertullianische, auf Anregung Hadrians, und der zweite, der Orfitianische, im Jahr 178 n. Chr. unter Marc
Aurel gefaßt wurde? Dort scheint jede Spur eines Unterschieds ganz und
gar getilgt zu sein. Eine beachtliche Gleichheit der Berufung in das Erbe
von der Vater- und von der Mutterseite her scheint um sich zu greifen
(doch wird man noch sehen, daß der Schein trügt). Bedeuten diese Veränderungen der gesetzlichen Grundlagen, daß im 2. Jahrhundert n. Chr.
im Gesetzesrecht wie im praktischen Handeln ein Anstieg der rechtlichen
Bedeutung der Mutterschaft in Gang kommt? Tomaso Masiello hat zum
Beispiel schön gezeigt, daß zwischen den Antoninen und den Severern
die Testierpraxis den Witwen die Vormundschaft über ihre Söhne und
Töchter zugestand, obgleich die Vormundschaft traditionell ein »Männerdienst« war, den man sogar einem entfernten männlichen Verwandten
lieber und eher anvertraute als den Müttern: Auf die Umsetzung dieses
Brauchs in geltendes Recht mußte man bis zum Jahr 390 n. Chr., nämlich
auf ein Gesetz des Theodosius, warten.[63] Es scheint jedenfalls so, als habe
das neue Erbrecht, das im Laufe des 2. Jahrhunderts Platz griff, erheblich
älteren Gewohnheiten Rechtskraft verliehen, Gewohnheiten, die, wie zu
sehen war, mit einem vollkommen bilateralen Funktionieren des Verwandtschaftssystems verbunden waren. Möglicherweise führt auch die
Organisationsform der Familie, die auf der ehelichen Gemeinschaft als
ihrem Kern basierte, zumindest wenn dies, wie einige sich das denken,
die reale Familiensituation in der Kaiserzeit war, zu einer Konzentration
des im Laufe einer Generation erworbenen Vermögens in den Händen
der Nachkommenschaft beider Elternteile. Doch lassen wir die Kernfamilie einmal beiseite, die man vor allem aufgrund eines epigraphischen
Belegmaterials postuliert, das mit Vorsicht zu benutzen ist. Es ist nämlich
höchst unvorsichtig, sich wie gewisse Historiker einzubilden, die Grabinschriften würden uns ein getreues Abbild der Familie vermitteln;
denn es gibt keinerlei notwendigen Bezug zwischen den emotionalen
Beziehungen, die gewöhnlich auf den Grabsteinen beschrieben werden,
und den tatsächlichen sozialen Einheiten.[64] Ausschließlich seinen Ehegatten, seine Kinder sowie Vater und Mutter in Ehren zu halten und zu
betrauern, aber fast nie die Brüder und Schwestern, bietet keinen irgendwie gesicherten Hinweis auf den Umfang von Familiengruppen: Denn,
um bei diesem Maßstab zu bleiben, wieviel außerordentlich ausgedehnte Verwandtschaftsverbände bergen umgekehrt unsere heutigen Fried-
höfe in ihren Gräbern, und zwar in einer Gesellschaft, von der wir aus
Erfahrung wissen, daß die Einheiten eng auf ein Ehepaar bezogene Kernfamilien sind! Aus den Grabinschriften können wir eine gewisse Kenntnis davon gewinnen, wie eine Gesellschaft mit dem Tod umgeht; wir
sollten nicht mehr von ihnen verlangen, als sie uns bieten können.

Gleichwohl kann man die Hypothese einer Konzentration der römischen Familie der Kaiserzeit auf einen Kern nicht einfach von der Hand weisen, und folglich auch nicht die hypothetische Annahme einer gesetzlichen Verankerung der Erbschaftsverbindungen, die die engsten Verwandten, und davon in erster Linie Vater, Mutter und Kinder, untereinander zusammenschweißten. Prüfen wir als erstes die beiden großen Reformen des 2. Jahrhunderts.

Der Tertullianische Senatsbeschluß

Der Tertullianische Senatsbeschluß *(senatus consultum Tertullianum)* gestand den Müttern von drei Kindern (bzw. von vier Kindern, wenn es sich um eine Freigelassene handelte) ein Recht auf das Erbe ihrer verstorbenen Söhne und Töchter zu. Diesem Anrecht standen die Ansprüche der gewaltunterworfenen Nachkommen dieses Sohnes (seine »eigenen« Erben) und des Vaters des oder der Verstorbenen entgegen, denn in der Erbfolge in aufsteigender Linie galt der Vater immer mehr als die Mutter. Unter den Seitenverwandten jedoch wurden nur die blutsverwandten Brüder und Schwestern des Toten zusammen mit ihrer gemeinsamen Mutter in die Erbteilung einbezogen: Die anderen agnatischen Seitenverwandten, Onkel, Neffen, Vettern, waren endgültig ausgeschlossen. Zum ersten Mal wurden die Mütter also den Agnaten – zumindest den weniger nahen Agnaten – kraft eines Gesetzes vorgezogen.[65] Wäre man gezwungen, einen dokumentarischen Beleg für die Kleinfamilie vorzuweisen, dann würde es dieser sein.

Der Orfitianische Senatsbeschluß

Der Orfitianische Senatsbeschluß *(senatus consultum Orphitianum)* vom Jahre 178 n. Chr. führte eine legitime Möglichkeit der Erbfolge ein, jedoch nicht mehr von den Söhnen auf die Mütter (eine Maßnahme, die allem Anschein nach einen Anreiz zur Zeugung von Kindern von freigeborenen oder freigelassenen Frauen bieten wollte), sondern von den Müttern auf die Söhne. Mit diesem Gesetz wurde der Erbfolgeregelung in der Nachkommenschaft der Frauen der gleiche Rang zuerkannt, der sich auf die gleiche satzungsgemäße Legitimität stützen konnte wie die Erbfolgeregelung in der Nachkommenschaft der Männer. Die »Regeln des Ulpian«, ein im 4. Jahrhundert n. Chr. unter dem Namen des großen Juristen der Severerzeit erstelltes Sammelwerk, fassen klar das Ausmaß der Veränderung auf der juristischen Ebene zusammen: »Das XII-Tafel-Gesetz überließ den Kindern die Erbfolge ihrer ohne Testament verstorbenen Mutter nicht, weil die Frauen keine eigenen Erben haben. Später jedoch wurde durch ein dem Senat vorgelegtes Gesetz der Kaiser Marc Aurel und Commodus entschieden, die Kinder sollten in den Genuß der legitimen Erbfolge ihrer Mütter kommen, selbst wenn diese nicht nach den Regeln der *manus*-Ehe verheiratet waren (das heißt, auch wenn sie nicht der gleichen Familiengewalt unterstanden wie ihre Kinder, was bedeuten könnte, daß im älteren Recht die Kinder die Mutter, und umgekehrt, hätten beerben können, als seien sie blutsverwandte Brüder und Schwestern). Ausgeschlossen zugunsten der Kinder der Verstorbenen sind die blutsverwandten Brüder und Schwestern sowie all ihre anderen Agnaten.«[66]

Der Erbe der Mutter gehört nicht immer zur Klasse der »Nachkommen«

Was hier zum ersten Mal zur festen Einrichtung wird, und andere Texte bestätigen uns das, ist wirklich eine *successio legitima*: eine durch Gesetz eröffnete Erbfolgemöglichkeit, die der Nachkommenschaft der Frau völlig rechtmäßig zukam, ohne daß sie sich dabei wie im früheren prätorischen System des Umwegs über eine Besitzeinweisung bedienen mußte.[67] Allerdings gab der Prätor, wenn zur Erleichterung des Verfahrens das unmittelbare Besitzrecht von dieser neuen Klasse legitimer Erben beansprucht wurde, seine Einwilligung nicht jeweils nach dem Paragraphen des Edikts, in dem die *liberi* des Vaters – seine emanzipierten oder nicht emanzipierten Nachkommen – aufgeführt waren. Die Nachkommen der Mutter erhielten ihre Güter in der nächsten Klasse der *legitimi*[68]: der Klasse also, die nach dem Herkommen den väterlichen Seitenverwandten vorbehalten war (und möglicherweise auch den Nachkommen des Vaters, die in den Rang von Erbfähigen zweiten Grades herabgesetzt worden waren, weil sie die Frist zur Anmeldung ihres Erbanspruchs in ihrer eigentlichen Eigenschaft als legitime Kinder, *unde liberi*, hatten verstreichen lassen). Kurzum, im Vergleich zu den Kindern des Vaters waren die Kinder der Mutter deklassiert, obwohl sie seit dem Gesetz von 178 n. Chr. zu ihren vorrangigen Erben hätten werden sollen. Weshalb kam es erneut zu dieser Unregelmäßigkeit? Weshalb setzte der Magistrat die Praxis fort, die Kinder der Mutter nicht unter der gleichen Rubrik des Edikts auftreten zu lassen wie die Kinder des Vaters, obwohl doch die einen wie die anderen von nun an gleichberechtigt und vor jedem anderen Erben das Erbe ihrer beiden Elternteile antraten? Bestimmte juristische Strukturen haben ein erstaunlich langes Leben. Selbst das Gesetz scheint nicht die Kraft zu haben, sie abzuschaffen, wenn es auch noch so gefestigte Gewohnheiten in seinen Buchstaben offiziell anerkennen und ihnen verbindliche Kraft verleihen will. Auch hinter den bedeutsamsten Veränderungen der gesellschaftlichen Organisation (mag es sich wie hier um den Rückzug der Familie auf das Ehepaar und seine Nachkommen und um die Konzentration der Erbgüter der beiden Eltern zugunsten ihrer Kinder handeln, oder mag es eher – und ich würde sehr gerne diese Hypothese aufstellen – um einen Bedeutungszuwachs des Konkubinats gehen, das über eine Legitimation der Vermögens- und Erbfolgebindung zwischen Müttern und Söhnen abgesichert wird) bleibt ein unverrückbares Gerüst bestehen, das sich aufgrund formaler Symptome ausfindig machen läßt. Weit entfernt davon, eine nutzlose und durch eine konservative Grundeinstellung aufrecht erhaltene oberflächliche Struktur darzustellen, reicht dieses Gerüst im Gegenteil bis in die tiefsten, ja die lebenswichtigsten Schichten der Gesellschaft hinein.

Die neuen Gesetze ersetzen nicht die den Müttern fehlende »Familiengewalt«

Stellen wir uns klipp und klar die Frage: Was hindert den Prätor, die Kinder der Frauen und die Nachkommen der Männer nach dem neuen Gesetz in ein und derselben Kategorie zu vereinen? Es liegt nicht daran, daß die jeweiligen Rechtsansprüche auf die Erbschaft ihres Vaters und ihrer Mutter ungleichgewichtig geblieben wären: Die Reform von 178 n. Chr. ist radikal. Abgesehen von jedem Testament hatten die Kinder künftig den Vorrang vor den agnatischen Seitenverwandten und den Vorfahren ihrer Mutter, ebenso wie von allem Anfang an die *liberi* mit absoluter Priorität ihren Vater beerbt hatten. Es ist kein ersichtlicher praktischer Grund auszumachen, um sie in den zweiten Rang der *legitimi* abzuschieben, weil im Hinblick auf sie der erste Rang der *liberi* als eine notwendigerweise unbesetzte Klasse erscheinen mußte: Diese Rückstufung – oder besser: diese Unterbrechung der fortschreitenden Entwicklung vom dritten Rang der Kognaten, zu denen sie früher gehört hatten, zum zweiten Rang der legitimen Erben, ohne aber bis zum ersten Rang der »freien Nachkommen« *(liberi)* vorzudringen – änderte nichts an der Tatsache, daß für sie dieser zweite Rang zum ersten geworden war. Dieser zweite Rang war ja nicht der zweite in bezug auf die anderen Erben ihrer Mutter, denen sie nun vorgezogen wurden, sondern *in bezug auf sie selbst, soweit sie nämlich auch die Erben ihres Vaters waren.* Von der Seite des Vaters her nahmen sie, wie sie es schon immer getan hatten, die erste Stelle ein, und zwar als *liberi.* Von der Seite der Mutter her kamen sie ebenfalls als erste zum Zug, aber erst im zweiten Rang der *legitimi.* Die Begründung für diese eigenartige Ungleichheit, deren Scheidelinie von nun an im Innern ein und derselben Personen verlief, liefert uns der bereits zitierte Text der »Regeln des Ulpian«: »Die Frauen haben keine eigenen Erben.« Das ist eine Norm, mit der wir nun schon vertraut sind. Während aber diese Regel vor dem Orfitianischen Senatsbeschluß der Tatsache Rechnung trug, daß die Kinder ihre Mutter nur als Testamentserben oder auch als Kognaten im dritten Rang beerben konnten, diente nach 178 n. Chr. – und noch im 4. Jahrhundert – die Regel dazu, um erklären zu können, warum ein und derselbe Erbe, der in bezug auf seinen Vater ein *suus* und deshalb sogar als Emanzipierter in die prätorische Klasse der Nachkommen aufgenommen, in bezug auf seine Mutter sicher nicht in die gleiche Kategorie der Nachkommen eingeordnet werden konnte, und zwar auch dann nicht, wenn er Haupterbe der Mutter geworden war.

Offensichtlich muß man, um eine derartige Unterscheidung begreifen zu können, die Analyse weit über den eigentlichen Vererbungsakt, nämlich die Übertragung der Güter als Ziel jeder Erbfolge, hinaus anlegen. Denn auf dieser Ebene ergibt die Unterscheidung keinen praktischen Sinn mehr. Oder sollte man die angeborene rechtliche Unfähigkeit der Frau, sich in eigenen Erben zu entfalten, eher als ein archaisches Fossil bar jeder Funktion ansehen? Dann aber müßte die Familiengewalt der Männer über ihre Nachkommenschaft auch nur noch ein spärlicher Rest gewesen sein, doch wir haben in der Erbfolgeordnung genau gesehen, daß dies nicht der Fall war. Wieder einmal berührt die Frage nicht die Wirklichkeit des Rechts im Vergleich zu den Tatsachen, mit denen es sich unmittelbar zu decken scheint. Die Frage erweist sich vielmehr als die Frage nach der Angemessenheit des Bezugspunkts, auf den man in letzter Konsequenz eine derartige Institution, die anscheinend jeden Nutzen verloren hat, beziehen muß. Man hat das weiter oben bei der Analyse der Familiengewalt des Vaters sehen können. Um den Sinn dieser Gewalt auf lange Sicht erkennen zu können (anstatt sich ein archaisches Stadium dieser Institution vorzustellen, wo sie Gott weiß welche Bedeutung hatte, und dann ein jüngeres Stadium, in dem dieser Sinn verloren gegangen war, obgleich wir sie hier am besten funktionieren sehen), war es nötig, sie aus dem Realienkatalog der patriarchalischen Hausorganisation auf die weit weniger ins Auge fallende, aber deshalb nicht weniger real vorhandene Ebene der Übertragung von Rechten durch den Mann zu verlagern. In gleicher Weise fordert uns die Schwierigkeit, die der Orfitianische Senatsbeschluß damit hatte, den Söhnen einer Mutter trotz ihrer vergleichbaren realen Voraussetzungen zur Erbfolge die gleiche Behandlung wie den Söhnen eines Vaters zukommen zu lassen, dazu auf, weniger über die schließlich anerkannte Gleichheit der beiden Linien nachzudenken (eine Gleichheit, bei der uns winzige Details an die archaische Vergangenheit erinnern sollten, in der sie noch nicht ausgebildet war), als vielmehr über die den Frauen eigentümliche Unfähigkeit nachzudenken, das Band der Abstammung in das Band der Familiengewalt einzuweben, dies aber auf einer ganz anderen Ebene als derjengen, an die sich eine Interpretation der Fakten halten zu müssen scheint. Den Veränderungen im Erbrecht, die bezeichnend sind für einen spürbaren Wandel in der Zusammensetzung der an einer Erbschaft beteiligten Gruppen, steht der dauerhafte Fortbestand der römischen Organisationsform der Teilung in Geschlechter gegenüber. Hinter der Entstehung einer neuen Institution (der legitimen Erbfolge von den Müttern auf die Söhne) läßt sich dank gewisser formaler Ungereimtheiten die Beharrlichkeit des Rechts erkennen, den Unterschied zwischen den Geschlechtern auf seine Art und Weise in die gesellschaftliche Realität einzuflechten.

Obgleich die Erbfolge in der Mutterlinie (succession maternelle) nun voll im Gesetz verankert war, konnte sie nicht von selbst wirksam werden. Wie vordem blieben auch nach diesem Gesetz die Söhne und Töchter für ihre Mutter auswärtige Erben, die ihren Willen zur Annahme der Güter zu erklären hatten. Diese notwendige rechtliche Folge aus dem Fehlen einer Gewalt der Frauen über ihre Familie zeigt sich klar im Wortlaut des Senatsbeschlusses selbst: »Wenn sie wollen, daß die Erbschaft an sie geht.«[69] Wie alle Erben, die nicht »eigene« waren, hatten hier die Kinder den Akt des »Erbschaftsantritts« zu vollziehen. Dafür stand ihnen eine Bedenkfrist zur Verfügung, nach deren Ablauf, falls sie die Annahme verweigert hatten, die vorläufig ausgeschlossenen agnatischen Seitenverwandten der Verstorbenen alle ihre früheren Rechte wiedergewannen: So sieht man einen Sohn das Erbe seiner Mutter ausschlagen und dieses Erbe an den Sohn ihres Bruders gelangen.[70]

Eine paradoxe Konfiguration: das nach dem Tod der Frau geborene Kind

Nichtsdestoweniger gaben sich die Juristen große Mühe, alle möglichen logischen Folgerungen aus der neuen Situation zu ziehen, in der sich die Frauen im Vergleich zu den Männern befanden: der Situation nämlich, nun auch in der Person ihrer Kinder legitime Erben zu haben – Erben, die ihnen das Gesetzesrecht verschaffte. Bis zu welchem Punkt näherte sich durch diesen gesetzlich vollzogenen Wandel der Rechtsstatus der Frau dem Rechtsstatus des Mannes an? Wie konnte man trotz ihrer grundsätzlichen Unvergleichbarkeit einer gegenseitigen Angleichung Rechnung tragen, die sich notwendigerweise in ein neues Verständnis des Bandes zwischen der Mutter und ihrem Kind umsetzen mußte? Konnte man, um eine vollständige Übertragung dieses Bandes ins Rechtliche nach dem an der Familiengewalt orientierten männlichen Modell zu vermeiden, dieses Band weiter verrechtlichen und so den Abstand verringern, der auf der Ebene des Rechts die Natur einer Mutter von der eines Vaters trennte? Mir scheint, als läge darin das rein imaginäre und auf den Rechtsunterricht bezogene Anliegen einer kasuistischen Betrachtung der Figur des nach dem Tode der Frau geborenen Kindes, einer Figur, die unmöglich im Rahmen des Rechts gebildet werden kann.

So heißt es in einem solchen von Ulpian berichteten *casus*: »Wenn eine schwangere Frau gestorben ist, und man ihr nach ihrem Tod den Leib aufschneidet, damit das Kind herauskommen kann, so ist dieses Kind rechtlich in der Lage, zur prätorischen Erbfolge seiner Mutter wie ihr nächster Kognat zugelassen zu werden (d. h. in der Reihenfolge nach den Agnaten der Mutter). Doch nach dem Orfitianischen Senatsbeschluß könnte es seinen Anspruch auch in der Klasse der legitimen Erben stellen: Es war ja in der Tat zum Zeitpunkt des Todes seiner Mutter in deren Leib.«[71] Mit anderen Worten, das einer Toten entnommene Kind ist von nun an ihr legitimer Erbe, ganz wie das von einem Verstorbenen empfangene Kind seit jeher als sein Nachgeborener *(postumus)* galt. Diese Annäherung bestätigt sich in einer anderen Passage Ulpians, die sich auf pflichtwidrige Testamente bezieht: Ebenso wie der Nachgeborene das Testament seines Vaters, der ihn enterbt hatte, »unter der Bedingung, daß er sich im Augenblick seines Todes bereits in der Gebärmutter befunden hat«, anfechten kann, so kann auch »das durch Kaiserschnitt dem Leib der Mutter entnommene Kind, nachdem jene ihr Testament schon abgefaßt hatte, dieses Testament anfechten«.[72] Wir sind bereits in einer kaiserlichen Konstitution aus dem Jahre 197 n. Chr. dieser Tendenz des Rechts begegnet, die Situation des Kindes eines Verstorbenen der des Kindes anzunähern, dessen Mutter bei seiner Geburt gestorben war. Nun haben wir den Fall, daß die Mutter vor der Geburt des Sohnes starb. Ein Beispielsfall an der Grenze des Möglichen, ein Grenzfall, mit dem die Juristen wieder einmal weniger die konkret vorhandenen Schwierigkeiten zu lösen suchen, als vielmehr die Grenzen abstecken wollen, innerhalb derer das Unwahrscheinliche durch die Integration in das Recht seinen rätselhaften Charakter verlor. Seit es ein Gesetz gab, das die legitime Erbfolge der Mütter begründete, zum ersten Mal und in einer Form, die der legitimen Erbfolge der Väter in gewisser Weise entsprach, bestand die Versuchung, die Anpassung bis zur Beschwörung eines möglichen Nachgeborenen einer Mutter als Gegenstück zum Nachgeborenen eines Vaters voranzutreiben. Während es allerdings diese letztere in der Natur ausreichend häufig vorkommende Konfiguration erlaubte, die Vorstellung eines fiktiven Bandes der väterlichen Familiengewalt zu entwickeln, die während des Aufenthalts des Kindes im Mutterleib bis zum Augenblick der Geburt bestehen blieb, konnte die umgekehrte, in Ausnahmefällen mögliche Konfiguration aber nur das bedeuten: Obgleich von einer Verstorbenen geboren, stammte das Kind von einer Mutter, da es eben der Körper einer Frau war, der man das Kind entnommen hatte: Die Leiche war die der Mutter, das Kind war demnach der Erbe. Die posthume Zugehörigkeit zu einem Vater war an gesetzlich festgelegte Empfängnisfristen und an das Verbleiben des werdenden Kindes in einer bis zur Geburt verlängerten rechtlichen Abhängigkeit geknüpft, um diese rechtliche Kontinuität sicherzustellen, ohne die die Erbfolge nicht vonstatten gehen konnte. Was aber konnte eine posthume Zugehörigkeit zur Mutter bedeuten – im übrigen eine nach den Gesetzen der Natur absurde Konstellation –, wenn das genetische Band nicht durch ein juristisches Band verdoppelt wurde, das von sich aus Wirkungskraft erzeugte? Sicherlich sah der Orfitianische Senatsbeschluß zum ersten Mal in den Nachkommen ersten Grades jeder Frau ihre legitimen Erben.[73] Achten wir aber dennoch auf die Tatsache, daß nicht der Sohn, sondern der Erbe legitim ist, den das Gesetz aus dem Sohn gemacht hat. Denn nun sehen wir eine erstaunliche Verknüpfung (erstaunlich freilich nur für den, der sich davon in Erstaunen setzen lassen will) der Gesetzeskonformität der Erbfolge mit der nicht dem Gesetz entsprechenden Form der Abstammung: die *hereditas legitima*[74] steht den Kindern von verheirateten Müttern ebenso zu wie den Bastarden, die von Frauen ohne Ehemann geboren wurden.

Die Mutter hat Erben, aber keine Kinder. Die Bastarde

»Die Kinder unbestimmter Herkunft (*vulgo quaesiti* dient als Bezeichnung für die außerhalb einer Ehe geborenen Kinder) sind nicht daran gehindert, Anspruch auf das legitime Erbe ihrer Mutter zu erheben, weil nach dem gleichen Rechtsgrundsatz, nach dem ihr eigenes Erbe an die Mutter geht (d. h. nach dem Tertullianischen Senatsbeschluß), auch deren Erbe an sie geht«: Die Paulussentenzen (vom Anfang des 4. Jahrhunderts n. Chr.) fassen ausgezeichnet eine Situation zusammen, mit der uns die Kasuistik schon früher bekannt gemacht hat.[75] Julian, ein Zeitgenosse Hadrians, zog bereits in Erwägung, daß die Mutter berechtigt sei, das Erbe all ihrer Kinder anzutreten, ob sie nun in der Ehe empfangen waren oder nicht. Um in den Genuß dieses Rechtes zu kommen, genügte es für eine Freigeborene, drei Kinder zur Welt gebracht zu haben, oder für eine freigelassene frühere Sklavin, von vier Kindern entbunden worden zu sein. Die einzige erforderliche Bedingung war, daß die Kinder von einer freien Mutter geboren würden: Eine Sklavin, die während ihrer Schwangerschaft freigelassen wurde, gebar Bürger, zu deren Erbfolge sie der Senatsbeschluß berechtigte.[76] Die Bestimmungen von 178 n. Chr.

stützen sich folglich auf die gleiche undifferenzierte juristische Definition
der Mutterschaft wie die unter Hadrian getroffene: »Zugelassen zur legitimen Erbfolge ihrer Mütter sind wie die anderen Kinder auch die
vulgo quaesiti«, erklärt Ulpian.[77] Es kam wenig darauf an, ob die Mutter
freigeboren oder freigelassen war. Sie konnte selbst noch als Sklavin
empfangen haben, wenn sie nur im Augenblick der Niederkunft frei war:
Auch wenn, so führt die Kasuistik aus, diese Freiheit während des
Geburtsvorgangs aufgrund einer Frist aufgeschoben war, die demjenigen
zur Freilassung der Frau noch zur Verfügung stand, der sie mit der Erbschaft übernommen hatte und durch das Testament verpflichtet worden
war, sie freizugeben.[78]

Im 2. Jahrhundert machte das Gesetz also keinen Unterschied zwischen legitimer und natürlicher Mutterschaft: Die gleichen Rechte wurden der Mutter wie dem Kind zugestanden, ob die Empfängnis nun an
das Bestehen einer Ehe geknüpft war oder nicht. Das ist im 4. und 5.
Jahrhundert immer noch der Fall. Keinerlei Änderung ist vor einer Konstitution Justinians vom Jahre 529/30 n. Chr. bezeugt: Das Gesetz
bestimmt nun für die von einer Frau »erlauchten« Standes *(illustris)* geborenen Kinder, daß die in rechtmäßiger Ehe gezeugten Kinder denen vorzuziehen seien, die diese Frau außerhalb der Ehe gehabt hatte; »denn«,
so lautet der Text, »die Achtung der Keuschheit ist eine Pflicht, die besonders den Frauen obliegt, die freigeboren und von erlauchtem Stande
sind, und es beleidigt unsere Herrschaft, Bastarde als Erben einsetzen zu
lassen«[79]: damit ist der Grund öffentlich erklärt, weshalb die illegitimen
Kinder jedes Recht auf das Erbe ihrer Mutter verloren, falls legitime vorhanden waren. Wir müssen beachten, daß diese Degradierung nur ausgesprochen wurde, wenn ein und dieselbe Frau nacheinander in der Ehe
und außerhalb der Ehe Kinder empfangen hatte: Man wertete dann eine
Abstammung höher als die andere – was zeigt, daß sich die Rechtsstellung der Bastarde in bezug auf ihre Mutter in den anderen Fällen nicht
verändert hatte. Das hindert nicht anzunehmen, daß diese Unterscheidung zwischen zwei Formen der Abstammung mütterlicherseits (filiation
maternelle), selbst wenn sie auf die Frauen der oberen Stände
beschränkt war, eine beachtliche Neuerung in bezug auf das überkommene römische Rechtssystem darstellte: Der Kontrast öffnet die Augen
dafür und hilft uns, die Eigenart dieses Systems zu begreifen. Das Wichtige daran ist nicht allein, daß die außerehelichen Kinder nur mit ihrer
Mutter verbunden waren; sondern weitaus wesentlicher noch ist es, daß
von der Mutter her gesehen keine rechtliche Möglichkeit der Verbindung
bestand, weil man im Hinblick auf sie keinen Unterschied machte zwischen den Kindern, die sie von einem legitimen Gatten, und denen, die
sie von irgendjemand sonst empfangen hatte: Sie war immer schlicht und
einfach die Mutter. Was sie betraf, war es nicht nötig, ihre Söhne zu

»rechtmäßigen Söhnen« *(iustus filius)* zu erklären, eine Eigenschaft, die nur gegenüber dem Vater sinnvoll war.[80] *Iustus* war der Sohn, der tatsächlich oder mutmaßlich von einer legitimen Ehefrau während des Bestehens der Ehe empfangen worden war. Eine Mutter brauchte nicht *iusta* genannt zu werden, weil ihre Identität als Mutter nicht durch das rechtliche Ereignis ihrer Vermählung bestimmt wurde, sondern einzig und allein durch das Ereignis der Geburt eines Kindes. Umgekehrt war sie notwendigerweise *certa*: Diese Geburt genügte, um sie dazu zu machen. Die einzige juristische Qualifikation, die man von einer Mutter fordern konnte, war, »Mutter eines Bürgers«, *mater civilis,* zu sein[81]: Dieser Ausdruck gibt in dem Zusammenhang, in dem er uns bezeugt ist, sehr genau zu verstehen, daß die Bestimmung zu Erben des Vermögens einer Römerin nur denen unter ihren Kindern zuerkannt wurde, die wie sie römische Bürger waren – und daß diejenigen Kinder ausgeschlossen waren, die das Bürgerrecht aus dem einen oder anderen Grund verloren hatten[82] (so wie umgekehrt, nach Julian, eine Römerin den Nachlaß ihrer Kinder, die in die Lage von Sklaven und später von Freigelassenen geraten waren, nicht erhielt, weil diese Statusminderung eine freie Frau und Bürgerin, die hypothetisch keine Söhne oder Töchter im Sklavenstand haben konnte, »aufhören (ließ), ihre Mutter zu sein«[83]). *Mater civilis*: Mutter Bürgerin und Bürgermutter. In eben dem Rahmen des für den antiken Stadtstaat entworfenen Rechtssystems fielen die »legitimen Erbschaften« der Frauen an: Man mußte Bürger sein, um die Wohltat der Gesetze genießen zu können. Doch »staatsbürgerlich« diente nicht zur Bezeichnung des Bandes, das die Verbindung zu ihnen herstellte, im Gegensatz zu *iustus filius*, das den notwendigerweise gesetzmäßigen Ursprung des Ereignisses, das die Verbindung zum Vater schuf, exakt bezeichnete.

Sind diese Regeln eine Neuerung des 2. Jahrhunderts? Mußte man bis zu den Reformen des Erbrechts durch Hadrian und Marc Aurel warten, um entweder der Mutter oder den Kindern der Mutter Rechtsansprüche zugestehen zu können, ohne daß es nötig gewesen wäre, die rechtlichen Umstände der Empfängnis genau festzulegen (wie das seit Justinian der Fall sein wird)? Sicherlich nicht. Schon ein Gesetz des Augustus befreite die Frauen, die drei Kinder zur Welt gebracht hatten, von der Vormundschaft ihrer Agnaten, ohne daß man von ihnen verlangte, verheiratet zu sein: Sie mußten lediglich, ohne weitere Präzisierung, »dreimal niedergekommen« sein.[84] Den Frauen mit latinischem Rechtsstatus, die »dreimal niedergekommen« waren, verlieh ein Senatsbeschluß ebenfalls das römische Bürgerrecht. Diese Maßnahme ergänzte vermutlich das Gesetz aus der augusteischen Zeit, das den Latinern das römische Bürgerrecht verlieh, falls sie zumindest ein Kind, das ein Jahr alt geworden war, aus ihrer Ehe mit einer Römerin hatten.[85] Man sieht jetzt, daß auf dem Gebiet der durch Gesetz verliehenen Vergünstigungen für die Vaterschaft beziehungsweise die Mutterschaft der erforderlichen Voraussetzung eines *iustus filius* auf der einen Seite das einfache Erfordernis zu gebären auf der anderen Seite gegenübersteht: ein Gegensatz, der umso deutlicher ist, als das Manuskript der »Regeln des Ulpian«, wo man diesen Senatsbeschluß erwähnt findet, recht genau sagt, es genüge, daß die Frau »drei Bastarde in die Welt gesetzt« habe. Diese Lesart wurde sonderbarerweise und meines Erachtens irrigerweise von den Herausgebern des Textes emendiert, wenn sie ohne jeden Grund »*vulgo quaesito(s) ter enixa*« in »*mulier quae sit ter enixa*« verbessern (d. h. wenn sie »die mit drei Bastarden niedergekommen ist« korrigieren zu »die Frau, die dreimal niedergekommen ist«).[86]

Mit diesen gesetzlichen Verfügungen muß man auch eine vermutlich durch sie angeregte Testamentsklausel in Verbindung bringen, nach der einer Sklavin die Freiheit »unter der Bedingung, daß sie drei Kinder in die Welt setzt«[87], versprochen wurde. Im Privatrecht wie im öffentlichen Recht macht demnach die Niederkunft frei, bürgert die Niederkunft ein, befreit die Niederkunft von der Vormundschaft, begründet sie die erbrechtliche Befähigung zwischen der Wöchnerin und ihren Kindern, zwischen den Kindern und der Wöchnerin. Mag man noch so weit in der Zeit zurückgehen, man kennt keine anderen Wirkungen der Mutterschaft als eben diese. In der Zeit, als die erbrechtlichen Ansprüche zwischen Müttern und Söhnen noch ausschließlich durch das Edikt des Prätors auf der Grundlage der kognatischen Erbfolge geregelt wurden, machte man keinen Unterschied zwischen den *vulgo quaesiti* und den übrigen. Den Besitz des Nachlasses durften »wegen der Blutsbande« oder »aus Gründen der verwandtschaftlichen Nähe« beanspruchen »die Kinder *vulgo quaesiti* von der Mutter, die Mutter von solchen Kindern, sowie die Brüder gegenseitig voneinander«.[88] Bei der Begründung dieser Ansprüche geht es niemals um Fragen der Legitimität oder der Ehe. Man wird nicht Mutter durch Adoption oder durch die Empfängnis in einer gesetzmäßigen Ehe oder durch irgendeine andere juristische Einrichtung[89]: Mutter wird man nur durch die Niederkunft.

Legitime Empfängnis und unbestimmter Status bei der Geburt

Im Moment der Niederkunft, so sagen zahlreiche Quellentexte, nimmt das Neugeborene den Rechtsstatus an, in dem sich seine Mutter derzeit befindet: Es wird ein Sklave, Fremder oder Römer geboren, je nachdem ob sie selbst in diesem Augenblick die Stellung einer Sklavin, Fremden oder Römerin innehat.[90] Diesem Erwerb des Rechtsstatus von der Mutter bei der Geburt widerstreitet jedoch der gegenteilige Grundsatz, demzufolge das Kind »dem Vater folgt« *(patrem sequitur)*, wenn es in rechts-gültiger Ehe empfangen wurde: Es wird demnach in die rechtliche Stellung hineingeboren, in der sich der Vater im Augenblick der Empfängnis befand.[91] »Dem Vater folgen« oder »der Mutter folgen«, das sind zwei Formen der Bindung, die sich gegenseitig ausschließen: Man wird als Freier geboren oder als Bürger, entweder nach der Mutter oder nach dem Vater, aber niemals nach beiden zugleich. Vor allem aber hat man hier zwei einander entgegengesetzte Arten der Verknüpfung vor sich. Die Ehe verleiht den Rechtsstatus des Vaters, die illegitime Geburt den Rechtsstatus der Mutter; der Status wird erworben entweder von einem Erzeuger, den das Gesetz kenntlich macht (wobei angenommen wird, der Ehemann der Mutter sei der Erzeuger), oder von einer Gebärenden, die von jemand empfangen hat, den man nicht zu bestimmen weiß *(vulgo)*. Deshalb muß der Ausdruck »illegitime Geburt«, den ich eben gebrauchte, sogleich richtiggestellt werden: Von Illegitimität kann nur in bezug auf die Zeugung die Rede sein, die einzig Sache des Mannes ist. Die Frau empfängt *(concipit)* den Samen entweder von einem Mann, dessen legitime Ehefrau sie ist, oder von einem unbestimmbaren männlichen Wesen, gleichgültig welchem, dem das Recht die Anerkennung verweigert und das im rechtlichen Sinne »unbestimmt« bleibt *(pater incertus)*[92]. Das Recht bezeichnet also als legitim oder illegitim den Augenblick, in dem eine Frau von einem Mann befruchtet wird *(legitime, illegitime concipi)*; als legal oder illegal stuft es die Vereinigung der Geschlechter ein, die *coniunctio maris et feminae*, d. h. die fleischliche Vereinigung, die der Ehe nach den Regeln der Wortbildung ihre Bezeichnung verschafft und in diesem Fall als »legitimer Koitus« *(iustus coitus, legitima coniunctio)* bezeichnet wird.[93] Doch die Geburt selbst entzieht sich der begrifflichen Festlegung durch die Gesetzessprache. Aus einer rechtmäßig oder unrechtmäßig befruchteten Frau, sagen die Quellen, wird ein Kind »geboren« oder »kommt heraus«: Die Mutter läßt das Kind aus ihrem Körper herauskommen, sie fördert es zutage *(edere)*, sie »besorgt« es (weil das die ursprüngliche Bedeutung des Wortes ist, das Kinderbekommen und Niederkommen bezeichnet, *pario)*. Dieser Moment ist niemals mit einem Rechtsbegriff gekennzeichnet worden: Eine Kennzeichnung erfuhr nur das Ereignis, bei dem zwischen sieben und zehn Monaten zuvor, nach der gesetzlichen Berechnung der »legalen Frist« *(iustum tempus, legitimum tempus)*, ein Mann die Hauptrolle gespielt hatte.[94]

Wie in bewundernswerter Weise schon Bachofen erfaßt hat, läßt sich von diesen beiden Tatsachen die eine unmittelbar feststellen, die andere rekonstruieren.[95] Aber die hervorstechendste Besonderheit des römischen Rechts besteht darin, auf diesem grundlegenden Unterschied ein Ensemble von Institutionen aufgebaut zu haben, in dem sich der Kon-

trast zwischen der rechtlichen Natur des Mannes und der der Frau – ein
Kontrast, der sich in der Vielfalt der Umstände fassen läßt, die jeden Bürger entweder mit dem einen oder mit der anderen verbinden – in einem
System der Abstammung und der Erbfolge fortsetzt, in dem das Band
zum Vater abstrakt ausgebildet ist, das Band zur Mutter aber nicht.

EHE, EMPFÄNGNIS, NIEDERKUNFT.
DIE WEITERGABE DES RECHTSSTATUS

So erscheint die Mutter im römischen Rechtssystem: Niemals hat ihr das
Recht einen Platz eingeräumt, noch hat es sie je definiert. Im Gegenteil,
die Würde einer »Familienmutter«, die Entsprechung zu *paterfamilias*, ist
eng mit der Ehe verbunden.

Die materfamilias, *Ehefrau des* paterfamilias

Der alte Formelschatz gibt uns sichere Kunde, daß man unter der
Bezeichnung *materfamilias* die Ehefrau eines in vollem Umfang rechtsfähigen Bürgers verstehen muß. Wenn etwa ein Römer einen Sohn vor
der Versammlung der Kurien unter dem Vorsitz des Oberpriesters *(pontifex maximus)* adoptierte, so beinhaltete die Formel des Adoptionsge-
setzes, das von den Komitien ratifiziert wurde, die fiktive Annahme, dieser Sohn sei so legitim, »als ob er von diesem *paterfamilias* und *seiner*
›Familienmutter‹ geboren sei«.[96] Bei der simulierten Kaufehe der archaischen Zeit fragte ebenfalls der Mann die Frau, »ob sie *seine materfamilias* sein wolle«: seine Ehefrau.[97] Sicher war der Ehemann für seine Frau
auch ein »Vater«; aber es gibt keine wechselseitige Entsprechung zwischen den beiden Bezeichnungen. Denn es birgt einen ganz anderen
Sinn in sich, wenn die Frau im Gegenzug die Frage an ihren zukünftigen
Gatten richtet: »Und du, willst du mein *paterfamilias* sein?« Damit gab sie
zu erkennen, daß der Mann, unter dessen Familiengewalt sie durch diese Form der Ehe trat, für sie wirklich im Rechtssinne zu einem »Vater«
wurde: zu einem Haupt der Familie, zum Herrn des Hauses, dessen
Macht sie zusammen mit ihren eigenen Kindern unterworfen sein würde. Indem sie sich mit dieser Anrede an ihn wandte, machte die Frau
deutlich, wie uns eine Glosse des Servius bestätigt, daß sie sein Haus wie
eine Tochter betrat und daß ihr Ehemann »für sie die Stelle des Vaters
einnahm«.[98] Während »Vater« den Status des Mannes umfaßte, der im
Besitz der vollen Rechtsfähigkeit war, wurde »Mutter« auf die Ehefrau

angewandt, die sich in die Familiengewalt des ersteren begeben hatte. Zumindest ist das, nach dem Zeugnis der Grammatiker, Juristen und Antiquare, die einschlägige Bedeutung des Wortes in der archaischen Zeit, als zwischen Ehemann und Frau die Vereinbarung getroffen wurde, derzufolge sie sich formell in seine »Hand« begab. Später bezeichnete »Familienmutter«, nach der Sprache kaiserzeitlicher Juristen zu schließen, schlicht die Ehefrau, die verheiratete Frau, selbst außerhalb dieses besonderen Ehekontrakts. Aber es bleibt dabei, daß es immer die Ehe ist, der eine Frau prinzipiell ihren Status als Matrone verdankt.[99]

Nun deutet aber die Benennung als Gattin-Mutter auf weit mehr als auf ein simples gesellschaftliches Faktum: nämlich darauf, daß in Rom die Frauen von den Männern im wesentlichen nach der Fähigkeit eingeschätzt wurden, Mutter zu sein. Nichts unterscheidet Rom in dieser Hinsicht von anderen antiken Gesellschaften und auch nicht, etwas allgemeiner betrachtet, von fast allen menschlichen Gemeinschaften vor der Emanzipation der Frau in der heutigen industriellen Welt. Was eher Aufmerksamkeit verdient, jenseits aller soziologischen Verallgemeinerungen, zu denen das Thema der Frau-und-Mutter anregen kann, ist ein zur institutionellen Ordnung gehöriges Faktum, das von besonderer Art ist: Das Ereignis, das eine Frau in den gesellschaftlich anerkannten Rang einer *materfamilias* eintreten läßt, ist nicht mehr die Niederkunft, sondern die Verehelichung. Benveniste hat das Richtige getroffen, wenn er die Einzigartigkeit der lateinischen Bezeichnung für die Ehe unterstrich, *matrimonium*, und zwar in seiner Bedeutung als »gesetzmäßiger Stand der *mater*«: Die Ehe ist der Mutterstand, dem sich das junge Mädchen zuwendet, das der Vater herausgibt und der Ehemann übernimmt, und auf den es sich selbst persönlich einläßt.[100] Die Bestimmung der Ehefrau zur Mutter bezeichnet jedoch mehr als eine Aufgabe, zu der die Frauen aufgrund ihres Standes bestimmt sind. Es genügt nicht zu sagen, die Frau werde vermählt, um Mutter zu werden, wenn man es auch daraus schließen darf, daß nach der Formulierung des Gesetzes ein Mann eine Frau nimmt, »um dadurch Kinder zu erhalten«, und wenn einer der seit dem dritten Jahrhundert v. Chr. meist bezeugten Scheidungsgründe die Unfruchtbarkeit der Ehefrau oder deren unzureichende Fruchtbarkeit ist. Man muß erneut betonen, daß das Recht, indem es zur Bezeichnung der legitimen Ehefrau den Begriff *materfamilias* prägte, die Mutterschaft der Frau als einen Rechtsstatus entwarf, der sich allein in der Tatsache, mit einem *paterfamilias* verbunden zu sein, verwirklichte: Der Kodex der institutionell festgelegten Rangfolge des Ansehens ließ die Mutterschaft als natürliches Ereignis untergehen, um sie, ideell und fiktiv, im Stand der Ehefrau eines mündigen (volljährigen) Bürgers aufgehen zu lassen. Dies ist ein Status, der, wenn man ihn genau betrachtet, in der Ehe die Aufgabe als verwirklicht voraussetzt, die der antike Stadtstaat allen geschlechtsreifen Frauen zuweist: den Bürgern eine Nachkommenschaft zu verschaffen, indem sie ihre Ehemänner mit Kindern überhäufen. Aus diesem Grunde nennt man, wie einige Texte erläutern, auch eine Ehefrau »Familienmutter«, die noch keine Kinder hat. Ebenso verfährt man mit dem Begriff »Matrone«, die sich von der ersteren nur dadurch unterscheidet, daß sich die letztere nicht in die Familiengewalt ihres Ehemannes begibt und ihren früheren Rechtsstatus behält; auch sie trägt einen von *mater* abgeleiteten Namen, obgleich sie ihren Status nur dem Ansehen verdankt, das ihr die Ehe verleiht, »selbst wenn noch keine Kinder geboren sind «.[101]

Eine anderslautende Überlieferung verbindet zwar die Bezeichnung *matrona* oder *materfamilias* mit dem Gebären in der Ehe: Ein einziges Kind hätte das Recht auf den ersten Titel, mehrere das auf den zweiten verschafft.[102] Abgesehen jedoch von der Tatsache, daß diese Überlieferung nur angeführt wird, um sofort bestritten zu werden, stehen ihr auch die schon erwähnten, in der archaischen Zeit gebräuchlichen Formeln entgegen, und mehr noch die geläufige Verwendung von »Matrone« sowohl in der Bedeutung von legitime Ehefrau als auch, in gewissen Zusammenhängen, im Sinne von »sittsame Frau«: eine Frau also, die weder Schauspielerin, noch Prostituierte, noch in einer Taverne oder Herberge tätig war, und so das Recht auf den Schutz ihrer *dignitas* hatte und es verdiente, wie eine Ehefrau geachtet zu werden.[103]

Vater, Mutter, das sind zwei vom Recht definierte Statusformen, die aufeinander bezogen (insoweit als es nach dem ältesten Recht keine Mutter gibt, die nicht die Frau eines *pater* wäre) und dennoch nicht miteinander vereinbar sind, weil das Ereignis, das die Frau ihren Status erreichen läßt, ein ganz anderes ist als das, welche dem Manne erlaubt, in den seinen einzutreten. Die beiden Statusformen lassen sicher einen gewissen Spielraum für fiktive Annahmen: Ein Mann ist »Vater« auch ohne Nachkommen, vorausgesetzt er hat keine Vorfahren mehr; eine Frau ist »Mutter« auch ohne Kinder, unter der Bedingung, daß sie einen Ehemann hat. Aber man sieht sofort und deutlich zwischen ihnen wieder einmal einen nicht zu behebenden Unterschied in Erscheinung treten. Der Anteil an fiktiver Vorstellung ist im Titel der *materfamilias* weitaus geringer als in dem des *paterfamilias*. Eine Frau, die als Ehefrau in das Haus eines Bürgers versetzt ist, geriet tatsächlich durch die Kinder, die sie zur Welt brachte, in die Mutterrolle, die ihr Titel als Ehefrau schon im voraus angenommen und mit feierlicher Würde ausgestattet hatte; einen »Hausvater« gab es dagegen immer nur als unmittelbaren Erben seines männlichen Verwandten in aufsteigender Linie. Die Funktion eines Vaters erfüllt sich nur innerhalb einer rein auf das Erbe ausgerichteten Nachfolge, das heißt nach einer Logik des Übertragens von Todes wegen.

Die nicht vollzogene Ehe und die Vermutung der Vaterschaft

Diese erneute ungleichgewichtige Verteilung des Ausmaßes an Fiktion, das die Bezeichnungen »Vater« und »Mutter« aufweisen, beleuchtet eine Eigenart der römischen Ehe. Trotz ihres Ziels der Fortpflanzung, trotz der erforderlichen Anwesenheit von beiden Geschlechtern, deren Paarung ihr zur Bezeichnung dient, besteht die römische Ehe rechtlich auch, ohne vollzogen worden zu sein. Der Vollzug der geschlechtlichen Vereinigung bildete kein konstitutives Element, dessen Fehlen, wie später im kanonischen Recht, die Ehe ungeschehen machte. So wie es Ulpian feststellte und manch andere Juristen bekräftigten, »ist es nicht das Miteinanderschlafen, das eine Ehe ausmacht, sondern der Konsens«.[104] Man kann schon sehen, daß diese Regel in der Tat auf die unterschiedliche Stellung des männlichen und des weiblichen Geschlechts in der Ehe verweist, und weit davon entfernt ist, mit einigen Juristen unserer Tage als Hinweis auf den Konsensualcharakter der römischen Ehe gedeutet werden zu müssen (eine solche Interpretation wäre im übrigen schlicht und einfach tautologisch). Denn wenn es für das Bestehen der römischen Ehe wenig bedeutete, ob sie vollzogen wurde oder nicht, dann war das nämlich gewiß nicht deshalb der Fall, weil die Jungfräulichkeit der Ehefrau vom Recht als wertvoll und schützenswert eingeschätzt worden wäre, und noch weniger, weil die Keuschheit der Ehegatten als ein Weg zur Vollkommenheit in der ehelichen Verbindung die Anerkennung gefunden hätte, die ihr etwa die christlichen Prediger seit dem 3. Jahrhundert n. Chr. entgegenbringen sollten. Was man hinter dieser Gleichgültigkeit des römischen Rechts gegenüber der physischen Realisierung der *coniunctio maris et feminae,* die es gleichwohl voraussetzt, sehen muß, ist eine ganz andere Gleichgültigkeit, die ihrerseits mit der rechtlichen Struktur der Abstammung zusammenhängt. Es berührte diese Struktur nicht, ob ein Vater tatsächlich der Erzeuger der von seiner legitimen Ehefrau geborenen Kinder war; selbst wenn er außerstande gewesen sein sollte, sie zu zeugen, spielte das kaum eine Rolle.

Als erstes müssen wir auf die rechtliche Natur der ehelichen Bindung zurückkommen, die von den Juristen abstrakt und ohne jede Erwähnung des menschlichen Körpers definiert wird. Sicherlich hatte sich die Rechtswissenschaft (und zwar schon seit geraumer Zeit die Pontifikaljurisprudenz, wie Sebastino Tafaro gezeigt hat) große Mühe gegeben, die erforderlichen Bedingungen für die Geschlechtsreife des Mannes, des *pubes,* und der Frau, der *viripotens* – das heißt der Frau, die »imstande war, einen Mann zu vertragen« –, festzulegen.[105] Für die Knaben wurde das Pubertätsalter auf das vollendete 14. Lebensjahr festgelegt; die entsprechende Reife mußte nach bestimmten Schulmeinungen durch eine Überprüfung des Körpers bestätigt werden: Es war nach dem *habitus corporis* festzustellen, ob der junge Mann zeugungsfähig war. Die Mädchen wurden dagegen jeweils nach Vollendung des zwölften Lebensjahres ohne Untersuchung ihres Organismus als heiratsfähig betrachtet; für sie galt die durch das »gesetzliche Alter« *(legitima aetas)*, um einen Ausdruck des republikanischen Rechtsgelehrten Servius aufzugreifen, fixierte Eignung als unwiderlegbar und wurde auch nicht aus der Welt geschafft, wenn die Tatsachen sie Lügen straften. Glaubwürdige juristische Quellen zeigen sogar, daß eine Ehefähigkeitsprüfung bei jungen Mädchen untersagt war (Justinian dehnte 529 n. Chr. dieses Verbot auf die Knaben aus): Das bestätigen auch die medizinischen Texte, die von Aline Rousselle daraufhin untersucht worden sind.[106] Auf den ersten Blick wurde also die Geschlechtsreife von beiden Ehegatten gefordert, wobei man nach einer Formel verfuhr, die vom Gesetz angestellte Vermutungen (beim Mädchen) und eine eventuelle Überprüfung der Pubertät des Knaben in sich vereinigte. Das ist im Ganzen gesehen eine erste Reihe von Vorgaben, die der römischen Ehe trotz der Vernachlässigung des »Miteinanderschlafens« (durch das Recht) klar die Aufgabe der Fortpflanzung zuschreiben. Für diese Aufgabe erhielten Mann und Frau auf diese oder jene Weise ihre Eignungszeugnisse. Doch stellten diese lediglich eine Voraussetzung für die Institution der Ehe dar: Man ging nicht soweit, auch ihre Umsetzung in die Realität zu fordern.

Mit einem Beispiel veranschaulichte die Kasuistik das Prinzip, demzufolge die Ehe vor jedem fleischlichen Vollzug als vollendet galt: eine Frau mußte um einen Ehemann trauern, den sie in Abwesenheit geheiratet und noch niemals getroffen hatte; oder weiter eine von Danilo Dalla zweckmäßigerweise neben das vorige Beispiel gerückte Fallkonstruktion: Eine Jungfrau konnte eine Klage auf Rückgabe ihrer Mitgift anstrengen, auch wenn sie ihre Jungfräulichkeit bis zur Auflösung der Ehe noch nicht verloren hatte: Die Ehe war gültig und das Eigentum am Heiratsgut war dementsprechend auf den Ehemann übertragen worden. Mehr noch, eine dem Kaiser Zenon zugeschriebene Konstitution läßt im Jahre 475 n. Chr. weiterhin das römische Prinzip des rechtlichen Zustandekommens der nicht vollzogenen Ehe obsiegen. Im vorliegenden Fall hatte der byzantinische Kaiser die ägyptische Sitte der Leviratsehe aus Gründen des Eheverbots zwischen Verwandten zurückgewiesen, und zwar trotz der Tatsache, daß die Witwe des verstorbenen Bruders im Stand der Jungfräulichkeit belassen worden war, weil, so führt der Text des Gesetzes aus, »es schuldhaft sei, daß man hatte annehmen können, die Ehe sei dann nicht wirklich eingegangen worden, wenn die Eheleute körperlich nicht zusammengekommen sind«.[107]

Die Schulhypothesen ziehen sogar in Betracht, daß die Ehe wegen der Impotenz des Ehemannes niemals habe vollzogen werden können: Diese Verbindung blieb nichtsdestoweniger eine Ehe, und die von der Frau möglicherweise in die Welt gesetzten Kinder hatten ihren Ehemann als legitimen Vater. Daraus leitet sich eine ganze kasuistische Diskussion über die Vaterschaft des *spado* ab, ein Wort, das zugleich den Eunuchen und den Impotenten bezeichnet. Der Eunuch war nicht nur berechtigt, sich zu verheiraten und zu adoptieren, sondern er konnte ganz wie der Hermaphrodit, bei dem die männlichen Organe überwogen, auch einen nachgeborenen Erben einsetzen: Durch dieses rechtliche Verfahren wären ihm die von seiner Ehefrau geborenen Kinder rechtmäßig zugeordnet worden.[108] Wie man bei der Lektüre der Texte feststellen kann, faßte das römische Recht das Verfahren ins Auge, womit sich der Ehemann der Lady Chatterley den Erben beschaffte, den selbst zu zeugen er nicht imstande war. Die Vermutung der Vaterschaft zugunsten des Ehemannes der Mutter brachte dem Mann in allen Fällen eine legitime Nachkommenschaft ein: Die Fruchtbarkeit der Ehefrau reichte aus, um dem Ehemann die Vaterschaft zu sichern.

Die abstrakte Natur des Bandes zum Vater

Trotz der Testierpraxis, ja selbst trotz der Reformen erst durch das prätorische Recht und dann durch das Gesetzesrecht, besaß die Frau im Prinzip keinen Erben von Todes wegen, der ihrer Person hätte Kontinuität verleihen können. Im Unterschied zum Mann führten die Nachkommen einer Frau sie nicht *post mortem* weiter. Im System der Übertragung in männlicher Linie bildete jeder nur einen Abschnitt in einem ununterbrochenen Prozeß, der über die eigene und individuelle Persönlichkeit hinausführte – ein Prozeß, der weiter oben als eine Verknüpfung sich berührender Familiengewalten ermittelt wurde. Die Herrschaft wirkte alles in allem genommen tatsächlich wie ein Treibriemen. Bei ihrem Tode hinterließen die jeweils aufeinanderfolgenden Inhaber dieser Macht ihre »eigenen«, noch in ihrer Familiengewalt stehenden Erben im gleichen Vermögen und in der gleichen Herrschaft, von denen sie selbst beim Tode dessen ergriffen worden waren, der ihnen vorausgegangen war. Man sieht dabei, bis zu welchem Grad es dem römischen Recht gelang, die Abstraktion der »patrilinearen Verkettung« voranzutreiben. Abstrakt schon in ihrer grundlegenden Idee, in ihrem Ursprung, ist sie es noch viel mehr in ihrer Fortdauer, in ihrem Leben. Sie verwirklicht ihr Wesen in vollem Umfang nur im Tod und durch den Tod, wenn das Vergehen des Vaters das Entstehen des Sohnes im Status der Vaterschaft mit sich bringt, und zwar im selben Augenblick, in dem es ihn die juristische

Autonomie und die Herrschaft über den Nachlaß erreichen läßt. Die Vermutung der Empfängnis schafft eine Beziehung, in derem Inneren eine künstliche Wahrheit an die Stelle einer natürlichen Wahrheit tritt: die institutionalisierte Wahrheit der Familiengewalt (die aus ihrer eigenen Entstehung, ihrem eigenen Leben und ihrem eigenen Vergehen entsteht, lebt und vergeht) ist der vermuteten Wahrheit der Zeugung überlegen. Darum ist die Begründung einer Abhängigkeit vom Vater niemals etwas Endgültiges. Sicher übernimmt das in gültiger Ehe geborene Kind bei seiner Geburt den Rechtsstatus seines Vaters – es erhält dabei im besonderen sein Bürgerrecht –, aber die Geschichte ihrer Beziehungen ist nicht ein für allemal durch den Ursprung festgelegt, aus dem diese Bindung hervorgeht. Die Familiengewalt durchläuft ihr ungewisses und vergängliches Schicksal, immer in Gefahr, durch alle möglichen Grade der *capitis deminutio* zerbrochen werden zu können. Die Versklavung des Vaters oder des Sohnes löst sie auf; ebenso der Verlust des Bürgerrechts oder die Überführung des Sohnes aus der Abhängigkeit des Vaters in ein anderes rechtliches Abhängigkeitsverhältnis durch Adoption, ja sogar aus der Abhängigkeit überhaupt durch Emanzipation. Die Abstraktion der »patrilinearen Verkettung« findet sich somit in Institutionen bestätigt, die aus ihrer grundlegenden Idee abgeleitet sind: Zur Idealisierung einer rechtlich vermuteten genetischen Abstammung tritt zum einen die Sublimierung eines durch Abstammung geknüpften Bandes durch seine Verwandlung in eine durch den Tod ins Leben gerufene und erneuerte Herrschaft und zum andern die Autonomie eines rechtlichen Schicksals, in dessen Verlauf dieses Band bestehen bleibt oder zerrissen wird.

»Der Mutter folgen«: der Körper der Gebärenden und der Rechtsstatus außerehelich geborener Kinder

Wenn die Texte im Gegensatz zum bisher Gesagten behaupten, das Kind »folge der Mutter«, weil seine illegitime Empfängnis es den Status derjenigen annehmen läßt, die es in die Welt setzt, so muß man richtig verstehen, daß die Niederkunft allein nicht das Ereignis ist, das diese Konsequenz bewirkt. Es stellt sich eher so dar: In der Niederkunft verdichtet sich die Geschichte einer rechtlichen Zusammengehörigkeit, die vollständig in diesem einzigen Moment enthalten ist. Die Folge zufälliger Ereignisse, die den Status der Mutter oder des Kindes im weiteren Verlauf ihres jeweiligen Lebens Schwankungen unterwirft, ändert nicht die Natur eines Bandes, das weder künstlich verlängert noch zerrissen werden kann, weil es keine Verdoppelung durch das Recht erfahren hat. Die einzigen Statusveränderungen, in die das Kind durch die rechtliche Biographie seiner Mutter hineingezogen wird, sind die bereits *in utero* erlittenen oder genossenen: also vor der Geburt erfolgten Veränderungen, als sein Stand an den der Mutter gekoppelt war. So brachte die während der Schwangerschaft freigelassene Sklavin ein freies Kind zur Welt und einen Bürger (falls sie die Freigelassene eines Patrons mit römischem Bürgerrecht war); ebenso gebar im umgekehrten Fall die Freigeborene, die als Schwangere zur Sklavin geworden war, zwangsläufig ein Sklavenkind.[109] Diese Regel war so fest etabliert und als Grundsatz so klar formuliert (»die außerehelich empfangenen Kinder übernehmen den Rechtsstatus vom Tage ihrer Geburt«), daß ein spezielles Reskript Hadrians nötig war, um den Kindern einer zum Tode verurteilten Frau die Rechte von Freigeborenen zugestehen zu können. Die Hinrichtung schwangerer Frauen wurde in Wirklichkeit bis nach ihrer Niederkunft aufgeschoben; aber die Verurteilung zum Tode zog auch die Versetzung in den Sklavenstand nach sich: Das Kind, das die Verurteilte im Leibe trug, mußte also als Sklave geboren werden. Daraus erklärt sich das kaiserliche Reskript, das uns besser als jeder andere Text die Strenge der Norm zeigt, von der hier eine Ausnahme gemacht wurde.[110]

Diese Norm ist noch immer nicht in ihren allumfassenden Konsequenzen erkannt worden, und zwar wegen der im Lauf des 4. Jahrhunderts zweifellos erfolgten und von Justinian bestätigten Veränderungen zugunsten der Freiheit von Kindern, die von einer vormals freien oder freigelassenen, aber dann während der Schwangerschaft in den Sklavenstand abgesunkenen Frau empfangen worden waren.[111] Der *favor libertatis* milderte hier die Härte der klassischen Regel, nach der die Bestimmung des Status nicht von der Empfängnis, sondern von der Geburt ausging: Schließlich gestattete man, daß das von einem freien Leib empfangene Kind in jedem Fall frei geboren würde. Diese neue Sichtweise kann nicht in die Phase hinaufreichen, als die obige Regel noch mit Nachdruck formuliert wurde, wie es immer noch im 2. und 3. Jahrhundert der Fall ist. Im selben Geist wird sichtlich auch der Fall einer Sklavin abgehandelt, die während der Schwangerschaft freigelassen, dann aber wieder zur Sklavin geworden war: Man traf schließlich die Entscheidung, das Kind in diesem Fall in den Genuß einer Freiheit kommen zu lassen, die ihm die Zwischenzeit *(medium tempus)* einbrachte, die während seines Aufenthalts im Leib einer Mutter verstrich, die hintereinander Sklavin, Freie und Sklavin gewesen war.[112] Während der ganzen klassischen Epoche herrschte jedoch die Regel vor, die den Rechtsstatus des Kindes ohne legitimen Vater fest an den Körper der Gebärenden gebunden sehen wollte. Daher rührt die außerordentliche Aufmerksamkeit, die von den Juristen (wieder einmal) den Grenzfällen entgegengebracht wurde, in denen der Zeitpunkt der Geburt umso mehr beachtet werden mußte, als dieser Geburtsvorgang auf den Status der Mutter zurückwirkte, dem wiederum im selben Augenblick das Kind den seinen entlehnte. Gegeben sei der *casus*: Angenommen Arescusa soll durch Testament unter der Bedingung freigelassen werden, drei Kinder zur Welt gebracht zu haben. Was aber würde geschehen, wenn sie zweimal von Zwillingen entbunden würde? Welches der beiden Kinder des zweiten Paares stammte von einer freigelassenen Mutter und wäre also freigeboren? Das gleiche Problem stellt sich, wenn sie einmal mit einem einzigen Kind und das zweite Mal mit Drillingen niederkommt: Welcher Drilling wurde frei aus einem Leib geboren, der mit der dritten Geburt freigelassen war? Man muß, antworten die Juristen, die genaue Abfolge der Geburten prüfen, die präzise Reihenfolge, in der das dritte Kind, das die Mutter frei macht, zur Welt kommt, und das vierte, das als freies von einer freien Mutter geboren wird. Denn »die Natur erlaubt es nicht, daß zwei Kinder auf einen Schlag aus dem Körper ihrer Mutter hervorgehen; es ist unmöglich, daß durch eine ungewisse Reihenfolge der Geburten nicht klar und deutlich würde, welches (das dritte oder das vierte) in der Sklaverei und welches in der Freiheit geboren ist. Genau in dem Moment, wenn der (vorletzte) Geburtsvorgang beginnt, ist die testamentarische Bedingung erfüllt und zugleich bewirkt, daß das Letztgeborene den Körper einer freien Frau verläßt.«[113] So sieht die Bestimmung des Rechtsstatus durch die Mutter aus: eine Frage der Fakten.

All diese Ereignisse spielen jedoch nur *in utero* eine Rolle. Denn dort geht das Kind in seiner Mutter auf: als »Teil ihrer Eingeweide«, wie es Ulpian beschrieb, hat es überhaupt keine eigenständige Existenz. Bei seiner Geburt bewahrte es als nunmehr autonomes Subjekt die rechtliche Stellung, in der sich damals die Mutter befand, mit der es weiterhin keine Einheit mehr bildete. Doch in der Folgezeit wurde ihre Beziehung, die für das Recht nur eine faktische Beziehung war, nicht mehr durch die Statusveränderungen modifiziert, die sie jeweils persönlich berührten, weil sie ja kein Band des Rechts vereinte, das das rechtliche Schicksal des einen an das des anderen hätte knüpfen können. Da eine Frau keine »eigenen« Erben hat, sagt ein Text, das heißt keine Erben unter ihrer Familiengewalt, ist sie niemals imstande, sie durch *capitis deminutio* zu verlieren.[114] Selbst die »legitimen Erben«, die ihr der Orfitianische Senatsbeschluß verlieh, waren ihr gegenüber nicht von Veränderungen betroffen, die sie oder die Kinder selbst erfuhren[115]: mit der Ausnahme des Verlustes des Bürgerrechts der Stadt, der sie der Wohltat des römischen Gesetzes beraubte, ohne dabei aber zugleich ein Band zu lösen, das außerhalb des gesetzlichen Rahmens lag. Die Mutter oder ihre Kinder konnten jeder für sich ihre rechtliche Selbständigkeit gewinnen oder verlieren, von einer Machtsphäre in eine andere geraten: Diese Zergliederung wirkte sich nur auf die Beziehung zu einem *pater* aus, aber niemals auf die Beziehungen zwischen denen, deren Verbindung nicht vom Recht erfaßt war. In einer Entscheidung, von der Ulpian berichtet, ging

man sogar soweit, den zu einer Kapitalstrafe Verurteilten trotz der damit verbundenen höchstmöglichen Statusminderung den Eintritt in
die legitime Erbfolge ihrer Mutter zu gestatten, wenn sie durch einen
Gnadenakt wieder in ihr Bürgerrecht eingesetzt worden waren: Man
achtete in diesem Fall nicht einmal mehr auf einen vorübergehenden Verlust des Bürgerrechts, so sehr wurde das Band der Natur
zur Mutter als unabhängig von jeder institutionellen Ausprägung anerkannt.[116]

Es gibt also keinen statusabhängigen Zusammenhalt zwischen einer
Frau und ihren Kindern, außer dem im Geburtsvorgang geschaffenen,
wo sich die beiden Leben gerade in dem Augenblick berühren, wenn
eines aus dem anderen entspringt. Gerade so wurden die Freiheit
und das Bürgerrecht der Mutter übertragen: durch den letzten Kontakt
zwischen den beiden Körpern, die sich trennen. Jeder von beiden
führte dann statusmäßig sein eigenes Leben, das unabhängig voneinander hin und her schwankte: keinerlei rechtliches Bindemittel hielt
sie zusammen (außer möglicherweise in alten Zeiten die Herrschaft eines
für Ehefrau und Kinder gemeinsamen Familienoberhaupts); keinerlei Kunstgriff des Rechts machte sie zu einer unauflöslichen Einheit –
einer Einheit, die sich durch einen weiteren Kunstgriff in einer bruch-
losen Nachfolge der Lebenden auf die Toten ständig hätte fortsetzen
können.

Bürgerrecht und Herkunft:
Herkunftsort des Vaters und Ort der Niederkunft der Mutter

Formen der Verknüpfung und Formen der Erbfolge ergänzen sich. Bachofen verstand die Natur des Gegensatzes, den das römische Recht in den
beiden Gestaltungsprinzipien des mütterlichen Bandes und des väterlichen Bandes zur Geltung brachte: Das eine ist ein physisches oder, wie
Bachofen sagte, stoffliches (die Geburt), das andere ein geistiges und
abstraktes (die Zeugung). Allerdings interpretierte Bachofen diese nach
dem evolutionsgeschichtlichen Modell, von dem die Institutionengeschichte seiner Zeit beherrscht war, und deutete den Gegensatz zwischen beiden Prinzipien als das Ergebnis eines Übergangs von dem
einen Prinzip in das andere: als die im Recht hinterlassene Spur des Vorgangs, bei dem das »mütterliche Prinzip« vom »väterlichen Prinzip« überflügelt worden war.[117] In Wirklichkeit aber fügt sich innerhalb ein und
desselben Rechtssystems, und nicht in einer fortschreitenden Entwicklung, das zweite an das erste an: In der Ehe bestimmt die Mutter die
Vaterschaft des Ehemannes. Wir haben es nicht mit zwei aufeinander folgenden Rechtssystemen zu tun, sondern mit einem kohärenten System

der Verflechtung der Geschlechter. Nun zeigt sich aber die Systematik dieser Einteilung nicht nur im stofflichen oder geistigen Anfangspunkt des Bandes der Abstammung, das jeden mit Vater und Mutter verbindet. Sie erscheint auch in der rechtlichen Gestaltung der Fortdauer dieses Bandes. So verstanden stellt das römische Erbrecht das am sorgfältigsten gearbeitete Denkmal der Ordnung der Geschlechter dar, das in Rom seit der archaischen Zeit errichtet wurde – zumindest seit der Phase, wo es uns dank des XII-Tafel-Gesetzes möglich ist, den notwendigen Bezug zwischen Männlichkeit, Herrschaft und kontinuierlicher Erbfolge zu erfassen. Diese Ordnung ist auch eine politische, weil sie die Weitergabe des Bürgerrechts regelt.

In der Kaiserzeit verbreitete sich das römische Bürgerrecht auf dem Weg über das Bürgerrecht von Gemeinden römischer Bürger *(municipia)*. Die Juristen benannten dieses Bürgerrecht mit dem Fachwort *origo*, Herkunft. Dieses System wurde zweifellos im Lauf der ersten Jahrzehnte des 1. Jahrhunderts v. Chr. entwickelt, als die italischen Städte und Gemeinden eingegliedert werden mußten: Seither wurden die zu Römern, die als Bürger der zum »gemeinsamen Vaterland« gehörigen Städte geboren wurden. Die einer legitimen Ehe Entsprossenen folgten der *origo* ihres Vaters; die außerehelich Geborenen folgten der *origo* ihrer Mutter.[118] Auf den ersten Blick handelt es sich um eine sehr einfache Struktur: Das Bürgerrecht überträgt sich sowohl über die Männer als auch über die Frauen. Aber die Vielschichtigkeit dieser Struktur beginnt sich dann zu enthüllen, wenn man den Unterschied in den zeitlichen Dimensionen betont, die den beiden Strängen der Weitergabe des Bürgerrechts eigen sind. Die *origo* väterlicherseits war nicht identisch mit dem Geburtsort des Vaters, sondern lag in der Stadt, aus der der Vater selbst seine väterliche Herkunft bezog, und so reichte sie folglich unendlich weit zurück. Auf der Seite des Mannes gab es keine hindernde Schwelle für dieses Zurückwandern in die Zeiten – oder, wenn man so will, für diese vom Recht verhinderte Fixierung der Dauer. Auf diese Weise war in der politischen Ordnung die Kontinuität der Nachfolge an einen Ort gebunden, der nicht notwendigerweise der Wohnort war, sondern der Ort der politischen Zugehörigkeit blieb. So pflanzte sich das Bürgerrecht der Vorfahren im Bürgerrecht der Nachkommen fort.[119]

Funktionierte die *origo* mütterlicherseits auf die gleiche Art? Ein Text des Neratius (eines Juristen aus der Zeit Traians vom Beginn des 2. Jahrhunderts n. Chr.) berichtet uns, daß die Mutter die allererste Herkunftsbestimmung, die *prima origo*, vermittelte: »Wer keinen gesetzmäßigen Vater hat, bezieht seine allererste Herkunftsbestimmung von seiner Mutter, und diese Herkunft zählt vom Tage seiner Geburt an.« Praktisch will der Text nur eines sagen: Die von der Mutter erworbene *origo* nimmt ihren Anfang im Zeitpunkt der Niederkunft, das Kind nimmt das Bürgerrecht an, das seine Mutter in diesem Augenblick besitzt. Wenn es der Jurist aber dabei als das »allererste« bezeichnet, will er damit verdeutlichen, daß für das Kind sein an den Ort gebundenes Bürgerrecht zeitlich nicht höher hinaufreicht als bis zu seiner Mutter.[120] Stellt man dieses Fragment des Neratius, dem bereits zitierten Text Ulpians gegenüber, der uns wissen ließ: »die Frau ist der Anfang und das Ende ihrer eigenen Familie«, so hilft es uns zu verstehen, in welcher Hinsicht die Übertragung durch die Frau diesen Namen nicht verdient: Was von der Frau kommt, ordnet sich nicht in den Lauf der Zeiten ein, sondern stellt einen absoluten Neubeginn dar.

DAS GEFÜGE DER RECHTSUNFÄHIGKEIT

Anfang und Ende, absoluter Neubeginn: Besteht irgendeine Beziehung zwischen dieser Beschränkung der Frauen auf ihre ureigene Person und dem Gefüge der Rechtsunfähigkeit, das ihren Rechtsstatus charakterisiert? Angesichts der großen Vielfalt in der Art der einzelnen Elemente der Unfähigkeit, und auch unter Berücksichtigung ihrer jeweiligen Entwicklung, ist es schwer, sich eine einheitliche Vorstellung von den zahlreichen Beschränkungen zu machen, unter denen die rechtliche Stellung der Frau im Vergleich zu der des Mannes zu leiden hatte. Die trockene Sprache der Juristen rechtfertigte all diese Unterschiede mit der natürlichen Minderwertigkeit der Frauen: ihrer angeborenen Schwäche, ihren begrenzten geistigen Fähigkeiten, ihrer fehlenden Rechtskenntnis.[121] So reden übrigens nicht die Juristen allein. Cato der Ältere ließ im Jahre 195 v. Chr. eine Brandrede vom Stapel, von der uns offenbar der byzantinische Kompilator Zonaras eine Version überliefert hat, die zuverlässiger ist als die, die wir in vollständig umgearbeiteter Form bei Livius lesen können: Darin wird eine den Frauen eigene Schlauheit, ein Produkt aus Verschwiegenheit und Gelassenheit, herausgestrichen.[122] Die natürliche Unterordnung der Frauen unter die Männer, ein aristotelisches Thema, das seine Übertragung ins Lateinische vielleicht in dem Argument Catos von einer Hoheit *(maiestas)* der Ehemänner über ihre Ehefrauen findet, war jedenfalls ein Beweggrund, der (von Cicero) mit der Einrichtung der gesetzlichen Vormundschaft über Frauen in Verbindung gebracht wurde, ja sogar (von Tacitus und Quintilian) mit der Existenzberechtigung der Ehe. Nichts besonders Originelles also prägt die misogyne Ideologie der römischen Juristen – noch weniger originell ist der in die andere Richtung gehende Gedanke eines Gaius, der zur Zeit der Antoninen erklärte, er sei von dem Argument der Wankelmütigkeit des weiblichen Geistes nicht überzeugt: Schon Columella hatte

den Frauen in seiner Schrift über die Hauswirtschaft die gleichen Fähigkeiten des Gedächtnisses und der Wachsamkeit wie den Männern zugestanden.[123] Diese Gemeinplätze haben keine große Bedeutung für die
Geschichte der Institutionen.

Bessere Ergebnisse verspricht der Versuch, diejenigen verwandten
Züge der Einschränkungen weiblicher Handlungsfähigkeit zusammenzu-
stellen, die einen Sinn in das Ganze bringen können und es erlauben,
ein wenig über die einfache Feststellung der Minderwertigkeit ihrer
rechtlichen Stellung im Vergleich mit dem männlichen Rechtsstatus hinauszukommen. Eine neuere Arbeit von Joëlle Beaucamp (eine höchst
wertvolle Arbeit wegen der von ihm verwendeten, wenig bekannten
papyrologischen Quellen) versucht, Ordnung in einen Stoff zu bringen,
bei dessen Behandlung man sich zu oft mit lehrerhaften Aufzählungen
zufrieden gibt. Den Unfähigkeiten im eigentlichen Sinne stellt der Autor
zum Beispiel die »Schutzmaßnahmen« gegenüber. Aber gibt es einen so
großen Unterschied zwischen der üblichen für die römischen Frauen geltenden Sperre, die Rolle eines Bevollmächtigten, eines Anwalts zu übernehmen (ein Verbot, das zum System der Handlungsbeschränkungen
gehört) und dem zwischen 41 und 65 n. Chr. gegen sie gesetzlich verfügten Verbot, eine Kaution für andere zu stellen, für die Schulden eines
Dritten zu bürgen, ein Verbot, das dann, ins Gegenteil verkehrt, zur
Schutzmaßnahme erklärt werden müßte?[124] Ist der Schutz nicht in beiden
Fällen eine Art von notwendiger Folge aus der Unfähigkeit zu handeln?
Und kann man nicht vor allem die gemeinsame Idee betonen, die hinter
dem zweifachen Verbot steht, für andere Anträge zu stellen und zu bürgen, nämlich die Idee einer Inkompetenz, im Namen Dritter zu handeln,
einer fehlenden Eignung, den Platz eines anderen einzunehmen? Das
Werk Beaucamps gliedert die Unfähigkeiten auch recht brauchbar nach
den Bereichen Öffentlichkeit, Gericht und Familie. Eine solche Anordnung hat zumindest das Verdienst der Übersichtlichkeit. Dennoch deckt
sie sich nicht immer in der gleichen Klarheit mit dem tatsächlichen
Getriebe der Institutionen. Unterscheidet sich zum Beispiel der Ausschluß von bestimmten politischen oder staatsbürgerlichen Tätigkeiten
so säuberlich von der effektiv durch das Familienrecht geregelten
Unfähigkeit der Frauen, einen Bürger zu adoptieren, oder zumindest als
Ehefrauen an der Adoption teilzunehmen, zu der ihre Ehemänner schreiten? Kann man nicht den Versuch machen (ohne den Anspruch erheben
zu wollen, das gesamte Gebiet der beschränkten Rechtsfähigkeit abzudecken), in diesem Bereich des weiblichen Rechtsstatus die dem privaten und öffentlichen Recht gemeinsame Logik hervorzuheben? Und kann
man nicht dabei einige Elemente dieses Status in all die anderen, oben
angesprochenen, Merkmale einordnen, die die rechtliche Trennung der
Geschlechter genau bestimmen?

Das Fehlen von Familiengewalt und die Unfähigkeit zu adoptieren

Da ich meine ganze Analyse auf die Teilung der Geschlechter und ihre Verflechtung mit einem System der Weitergabe des Nachlasses, der Herrschaft und des Bürgerrechts gestellt habe, werde ich den folgenden kurzen Überblick über die Elemente weiblicher Rechtsunfähigkeit mit dem beginnen, das uns nach meiner Meinung als Wegweiser zu allen anderen dienen könnte: Die römischen Frauen waren radikal vom Recht zur Adoption ausgeschlossen. »Die Frauen können auf keine Art und Weise adoptieren«, schrieb Gaius, »weil sie nicht einmal ihre natürlichen Kinder unter ihrer Familiengewalt haben«: eine Textpassage, die ihr volles Profil gewinnt, wenn man im vorausgehenden Paragraphen erfährt, daß Impotente und Eunuchen trotz ihrer physischen Zeugungsunfähigkeit die rechtliche Befugnis hatten, eine Adoption vorzunehmen.[125] Da haben wir also einen Rechtsakt, nämlich die Adoption, der direkt in der »Familiengewalt« verwurzelt ist, deren die Frauen, wie ich ausgeführt habe, grundsätzlich beraubt sind.

Wir dürfen uns vor allem nicht vorstellen, wie einige dies irrigerweise getan haben, die Frau wäre beim Akt der Adoption, den ihr Ehemann ausführte, anwesend gewesen. Die Rechtsquellen sagen das Gegenteil: Es ist nicht nur so, daß »die Männer Söhne auch adoptieren können, wenn sie keine Ehefrauen haben«, sondern auch so, daß dann, wenn sie verheiratet waren, die Gattin einem Verfahren fern blieb, das sie nicht zur Mutter des vom Vater ausgewählten Kindes machte.[126] Aus diesem Grund brachte das Adoptionsritual vor Gericht nur den Vater und den Adoptierten zusammen: Keine Frau nahm daran teil, um die Rolle der Mutter zu spielen, die der Regel gemäß nicht vorhanden war. In der archaischen Form der Adoption vor der Volksversammlung fand zwar in der Formel des sogenannten Adrogationsgesetzes die fiktive Annahme Ausdruck, Lucius Valerius, der Adoptierte, solle in derselben Weise der legitime Sohn des Lucius Titius, des Adoptierenden, sein, als wäre er von diesem Vater und *dessen »materfamilias«*, dessen Ehefrau, geboren.[127] Aber man darf in dieser Formel nichts anderes als das Etikett einer Fiktion sehen: Der Adoptierte wurde als vom Vater abstammend betrachtet, und das schloß ein, daß er von einer Ehefrau des Vaters geboren sein mußte. Die Adoption »ahmte die Natur nach«, in dieser Hinsicht, was übrigens auch den Grund dafür lieferte, daß der Altersunterschied zwischen Adoptivvater und Adoptivsohn den Mindestabstand berücksichtigen mußte, der die Zeugung des einen durch den anderen möglich gemacht hätte.[128] Doch die Gattin ist hier nur als notwendiges Erfordernis für eine juristische Simulation erwähnt. Diese Simulation erforderte weder ihre Anwesenheit noch überhaupt ihre tatsächliche Existenz. Die

Frauen mischten sich also nicht in den Akt ein, und der Akt hatte keinerlei Auswirkung auf sie. Zum Zeitpunkt des Rituals begnügte man sich
damit, so zu tun, als würde man sich ihrer Existenz versichern: eine Vermutung der Existenz, dienlich allein der künstlichen Gestaltung des Akts.
Außerdem findet diese Fiktion nur im ältesten Verfahren Ausdruck, dem
der *adrogatio* vor den Kuriatskomitien. Im jüngeren Verfahren der dreifachen Manzipation des Sohnes (eines feierlich gestalteten Verkaufs) vor
dem städtischen Magistrat ist sie nicht mehr vorhanden. Und erst recht
nicht mehr erscheint sie in der Praxis der testamentarischen Adoptionen,
die den Frauen untersagt waren und zu denen die Frauen von ihren
Ehemännern nicht einmal hinzugezogen wurden, wenn diese sich einen
Nachlaßerben suchten, der auch ihren Namen tragen sollte.[129] Man muß
bis zur Epoche Diokletians und zum Recht des anschließenden 4. Jahrhunderts warten, um eine Frau mit ausdrücklicher Genehmigung des
Kaisers das Recht erhalten zu sehen, einen nahen Verwandten, der zu
ihrem Trost und als Ersatz für ein verstorbenes Kind von ihr ausgewählt
war, als ihre eigenes Kind betrachten zu dürfen. Doch während der
ganzen klassischen Epoche gibt es keinerlei Ausnahme vom Prinzip der
Unfähigkeit zu adoptieren. Wie die Untauglichkeit zum Besitz von »eigenen« Erben war auch diese Unfähigkeit zu adoptieren direkt an das Fehlen einer Familiengewalt der Frau gebunden.[130]

Das Fehlen von Familiengewalt und das Fehlen eines Rechts zur Vormundschaft

Es entsprach eben diesen Vorstellungen, wenn den Müttern die Ausübung der Vormundschaft über ihre minderjährigen Kinder versagt war.
Davon waren sie seit jeher durch das XII-Tafel-Recht ausgeschlossen
gewesen, das diese Aufgabe dem nächsten männlichen Verwandten dessen übertrug, der durch seinen Tod unmündige Kinder aus seiner Familiengewalt entlassen hatte. Die Minderjährigen und die Frauen, ungeachtet ihres Alters, gingen so aus der Familiengewalt des Verstorbenen
in die ihres nächsten Agnaten über: in die Gewalt eines Bruders, eines
Onkels oder eines Vetters. Die berufensten Interpreten des Zivilrechts
waren von der republikanischen Rechtswissenschaft bis ins 3. Jahrhundert n. Chr. einhellig der Ansicht, ein solches Vorrecht sei ausschließlich
eine Aufgabe für Männer, ein *munus virile*.[131] Die Frau war übrigens über
die Tatsache hinaus, daß sie keine legitime Vormundschaft ausüben durfte, nicht einmal befähigt, in ihrem Testament einen Vormund für ihre
Kinder zu benennen. Denn nur für seine »eigenen« Erben konnte man
per Testament einen Vormund bestellen: für diejenigen also, die man
noch im Moment des Todes in seiner Familiengewalt hatte.[132] Es war eine

Aufgabe, die von Mann zu Mann weitergegeben wurde, also weitergegeben von denen, die eine Familiengewalt in Händen hielten, an jene, die sie anstelle der ersteren entweder vorläufig über Minderjährige bis zu deren Volljährigkeit oder zeitlich unbegrenzt selbst über erwachsene Frauen ausübten, solange diese nicht verheiratet waren, will heißen: solange sie durch ihre Heirat nicht in die Gewaltsphäre eines Ehemannes eingetreten waren.

Der republikanische Rechtsgelehrte Servius Sulpicius definierte die Vormundschaft als eine *Herrschaft*: als Herrschaft, die unmittelbar über Personen, *in capite libero*, ausgeübt werde.[133] Aber darüber hinaus verlieh der Vormund den Handlungen seines Mündels bei dessen Geschäftsführung seine *Autorität*. Mit dieser von ihm geleisteten Gewähr erhielt die Handlung ein zusätzliches Element der Rechtsgültigkeit durch den Vormund, ohne das der Akt unwirksam blieb.[134] Herrschaft über Personen und Autorität, um dem rechtlichen Handeln anderer volle Geltung zu verschaffen: um durch ihre Bestätigung die Bekundungen eines unvollständigen Willens zu ergänzen. Von dieser Aufgabe der Bestätigung, von dieser Festigung des Handelns eines Handlungsunfähigen, nahm das römische Recht alle Frauen aus. Aber dies geschah weniger, weil sie selbst handlungsunfähig gewesen wären, als vielmehr wegen der Grenzen, in denen ihre Aktionssphäre gefangen war: in den Grenzen ihrer eigenen Person.

So lautet die Norm, die mit einer fast starren Grundstruktur übereinstimmt. Die Geschichte der Praxis dagegen zeigt uns manchmal rasche Veränderungen im faktischen Verhalten und tausend Formen der Angleichung des Rechts an den gesellschaftlichen Wandel. Aber ich betone beharrlich noch einmal, daß der Rechtshistoriker seinen wesentlichen Gegenstand aus dem Blick verlöre, wenn er sich nur darauf beschränken würde, die Bewegungen zu beschreiben, die alles mit sich reißen: wenn er nicht im Gegenteil darauf bedacht wäre offenzulegen, welcher *Formen*, welcher *formalen Umwege*, sich die Entwicklung in der Praxis bedienen muß, um den Strukturen, die sie zwar verdecken, aber nicht verändern, die ihnen eigene Beständigkeit zu belassen.

Die Unmöglichkeit einer von Müttern ausgeübten Vormundschaft rieb sich in Rom an einem seit der republikanischen Epoche gut bezeugten Brauch: Die Witwen zogen ihre Kinder selbst auf, kontrollierten selbst ihren Umgang und ihre Erziehung bis ins Erwachsenenalter. Es kam schon häufig genug vor, daß nach einer Scheidung die Frau, ob nun wiederverheiratet oder nicht, von ihrem ersten Mann die Aufsicht über die Kinder aus erster Ehe erhielt, die sehr oft mit denen aus zweiter Ehe zusammenlebten.[135] Das war sicherlich nicht die Regel, wie die Zurückbehaltung eines Teils der Mitgift durch den Ehemann zeigt, und zwar im Verhältnis zur Zahl der Kinder, die er in seiner Obhut behielt *(retentio propter liberos)*. Aber es war eine sehr geläufige Praxis. In der Kaiserzeit sprach ein Reskript des Antoninus Pius der geschiedenen Mutter das Sorgerecht für ihre Kinder sogar gegen den Willen des Ehemannes zu.[136] *A fortiori* gab es hier keine Schwierigkeit, den Witwen die Sorge um ihre minderjährigen Kinder zuzuerkennen. Eine Standardformel im Testament, zitiert bei Quintus Mucius Scaevola um etwa 100 v. Chr., schrieb vor, »daß die Söhne und Töchter dort aufwachsen sollen, wo sie die Mutter erziehen lassen möchte«.[137] Die Beispiele berühmter Römer, die bei ihren Müttern aufwuchsen, sind nicht zu zählen: die Gracchen, Sertorius, Cato Uticensis (Cato der Jüngere), Octavius, Claudius, Caligula . . . In allen Fällen verdoppelte die *custodia matrum*, wie sie eine Horaz-Epistel nennt, zwangsläufig die im eigentlichen Sinne rechtliche Amtsführung des gesetzlichen oder durch Testament bestellten Vormunds. Seneca führt das am Fall des jungen Melitius aus, der bis zu seinem Tod unter dem Dach seiner Mutter gelebt hatte: Solange er noch nicht erwachsen war, das heißt bis zum vollendeten vierzehnten Lebensjahr, war er zugleich von der »Vormundschaft« seiner Mutter (der Begriff ist juristisch ungenau) und von der »*cura* seiner Vormünder« abhängig.[138] In Wirklichkeit kam also eine doppelte Verwaltung zustande: die tatsächliche der Mutter und die nominelle der Vormünder. Was nun in der reichlich vorhandenen Kasuistik, die die Schwierigkeiten dieser sehr verwickelten Familienführung regelte, überrascht, ist die Sorge der Juristen – und der Kaiser – um die Wahrung des Prinzips der Unfähigkeit von Frauen, die Rolle und die Verantwortung eines wirklichen Vormunds übernehmen und tragen zu können.

Von der Verwaltung der Güter von Kindern durch ihre Mütter besitzen wir zahlreiche Zeugnisse, gesammelt vor langer Zeit von Bernhard Kübler, sorgfältig untersucht in letzter Zeit von Michel Humbert, Tomaso Masiello und Joëlle Beaucamp.[139] Man sieht Mütter das Grundstück der Tochter verkaufen, über deren Heirat entscheiden, eine Wohnung für den Sohn kaufen und ihr ererbtes Vermögen Früchte tragen lassen. Diese Verwaltung hob jedoch die Verantwortlichkeit der Vormünder nicht auf. Sie verlangten eine Garantie, das heißt eine Erklärung, in der sich die Frau verpflichtete, die Risiken ihrer Geschäftsführung selbst auf sich zu nehmen. Aber nichtsdestoweniger behielten die Kinder nach Erreichen der Volljährigkeit die Möglichkeit, ihre Vormünder in Regreß zu nehmen, deren Pflichten nach einem Rechtsgutachten *(responsio)* Papinians weder das Eintreten der Mutter (in die Geschäftsführung) noch sogar der testamentarisch erklärte väterliche Wille »verringern« *(infringere)* konnten.[139a] Kurzum, mag die Mutter auch auf dem Posten eines Vormunds *(pro tutore)* die Geschäfte geführt haben, so wurde doch allein vom männlichen Vormund, dessen Verpflichtungen nicht erloschen waren, Rechenschaft gefordert.

Mit allen möglichen Schlichen suchten die Familienoberhäupter manchmal ihren Witwen die Verantwortung für die Güter ihrer minderjährigen Kinder anzuvertrauen. Eines dieser Mittel bestand darin, das Kind zugunsten seiner Mutter unter der Bedingung zu enterben, dem volljährig gewordenen Kind das Nachlaßvermögen wieder zu übertragen (Restitutions-Fideikommiß).[140] Zuweilen versuchte der Ehemann sogar, seine Frau direkt als Testamentsverwalter einzusetzen: Aber eine solche Verfügung wurde nicht als gültig anerkannt, es sei denn aufgrund eines besonderen, vom Kaiser auf Ersuchen erhaltenen Vorrechts. Wir kennen nur eine einzige zustimmende Antwort, und zwar unter der Regierung Traians.[141] Einige provinziale Traditionen jedoch (vornehmlich in Ägypten) anerkannten die Vormundschaft von Müttern; aber das römische Recht drängte sie zurück; die Statthalter wurden angewiesen, sie nicht anzuwenden.[142] Man mußte bis zu einem Gesetz des Theodosius im Jahre 390 n. Chr. warten, um den Wunsch nach einer Vormundschaft, die von Frauen ausgeübt werden konnte, von der kaiserlichen Kanzlei erfüllt zu sehen, freilich unter der Bedingung, daß die Frauen dem Gesuch die eidliche Verpflichtung beifügten, sich nicht wiederzuverheiraten.[143] Kurz gesagt, es läßt sich trotz aller in den Umgehungspraktiken geistreich ersonnenen Lösungen während der sehr langen Geltungsdauer des römischen Rechts eine gleichartige Grundstruktur der eingeschränkten Rechtsfähigkeit beobachten, die gebunden ist an das Fehlen einer Gewalt über andere, gebunden vor allem an das schmale Feld der rechtlichen Aktionsfreiheit, das den Frauen vorbehalten war: Diese Struktur reicht von der frühesten archaischen Zeit bis zum Ende des 4. Jahrhunderts n. Chr.

Kurze Geschichte der Vormundschaft über Frauen bis zum Beginn der Kaiserzeit[144]

In bezug auf sich selbst jedoch, in bezug auf die Regelung ihrer eigenen Angelegenheiten, wurden die Frauen nicht für grundsätzlich handlungsunfähig gehalten. Zumindest ist dies im 2. Jahrhundert n. Chr. die Meinung des Rechtsgelehrten Gaius, wenn er das herkömmliche Argument zurückweist, wonach es die »Unbeständigkeit des Charakters« den Frauen eingebracht hätte, unter Vormundschaft gestellt zu werden: »Kein ernsthafter Grund scheint dazu geführt zu haben, die erwachsenen Frauen in Vormundschaft zu halten. Denn der Grund, den man allgemein anführt, daß sie nämlich wegen ihrer *levitas animi* meistens getäuscht werden und daß es nur gerecht sei, sie von der Autorität eines Vormunds leiten zu lassen, ist offenbar eher ein scheinbarer als ein wahrer Grund: Erwachsene Frauen behandeln in der Tat ihre eigenen Angelegenheiten selbst und in einigen Fällen gibt ihr Vormund seine Genehmigung nur der Form halber; oft wird er sogar von Amts wegen gezwungen, gegen seinen Wunsch als Garant aufzutreten.« Und Gaius fügt hinzu, daß dort, wo die gesetzliche Vormundschaft in seinen Tagen noch bestand, sie durch nichts anderes legitimiert würde als durch das persönliche Interesse des Vormunds.[145]

Seit den 30er Jahren des 1. Jahrhunderts n. Chr. bestanden nur noch zwei Arten von Vormundschaftsverhältnissen für Frauen: wenn sie entweder von ihrem Vater aus der Familiengewalt entlassen oder von ihrem Herrn freigelassen worden waren. Der emanzipierende Vater oder der Patron der Freigelassenen wurde nun zum Vormund mit allen Rechten. Welchen Vorteil verschaffte ihnen diese Rolle? Den Vorteil, die Testamente ihrer Schützlinge überwachen zu können: Indem sie hierzu ihre Genehmigung erteilten, konnten sie sich gegen eine Testamentsverfügung wenden, die sie ausgeschlossen oder geschädigt hätte. So sieht nach Gaius der Grund für eine Abhängigkeit aus, die für die Frauen nicht mit der Pubertät endete, sondern sich auf Lebenszeit fortsetzte, selbst über den Tod ihres Vaters hinaus: der Schutz der Erbschaftsinteressen von Männern, die zugleich ihre Erben und Vormünder waren. In seinen Tagen wurden diese Interessen nur noch zum Nutzen von Patronen bewahrt, die fortfuhren, ihre früheren Sklavinnen zu überwachen. Denn die alte Form der Vormundschaft, seit dem XII-Tafel-Gesetz zum Vorteil der nächsten Agnaten freier Frauen gestaltet, war von Claudius abgeschafft worden, nachdem sie von Augustus schon auf die Frauen beschränkt worden war, die nicht drei Schwangerschaften zu einem guten Ende gebracht hatten. Beim Tode ihres Vaters entzogen sich von nun an die freigeborenen Frauen der Kontrolle ihrer Brüder, Onkel und Vettern. Auch die Witwen, falls sie in der Ehe unter der Gewalt *(manus)* des Gatten gestanden hatten, entledigten sich seit diesen Reformen der Verpflichtung, ihre Handlungen durch die Agnaten bestätigen zu lassen, die sie mit ihrer Heirat anstelle ihrer früheren Eltern erworben hatten; sie brauchten, um Verpflichtungen eingehen zu können, um Testamente abzufassen und eine Mitgift zu bestellen (das heißt sich wiederzuverheiraten) nicht mehr die Genehmigung ihres Sohnes, zu dem sie nun im rechtlichen Verhältnis einer Schwester standen; noch brauchten sie, wenn kein Sohn vorhanden war, die Genehmigung der Brüder ihres Mannes oder die seiner übrigen Verwandten in männlicher Linie.[146]

Die Verdrängung der agnatischen Vormundschaft bewirkte mit Sicherheit eine Emanzipation der Frau im wahrsten Sinne des Wortes. Diese Befreiung bestand jedoch weniger in der Anerkennung einer neuen Aktionsfähigkeit, die ihnen ja wegen ihrer natürlichen Unvollkommenheit versagt war, als vielmehr in der Lockerung der Fesseln der Familieninteressen, die die Gesellschaft als weniger gerechtfertigt als früher empfand; und zwar weniger gerechtfertigt deshalb, weil sich aufgrund des Wandels im Eherecht das Zentrum der rechtlichen Schwerkraft der Frau von ihrem Ehemann und seinen Agnaten zu ihrem Vater und dessen Agnaten verlagert hatte. Im Lauf der letzten Jahrzehnte des 1. Jahrhunderts v. Chr. nahm die *manus*-Ehe an Bedeutung ab – das heißt die Ehe, mit der die Frau in die Gewaltsphäre ihres Ehemannes oder des Vaters des Ehemannes eintrat – und verschwand schließlich. Ihre Existenz ist noch zwei oder drei Mal bei Cicero bezeugt und in zwei Fällen in einer Inschrift aus augusteischer Zeit, der *Laudatio Turiae.* Aber in der Zeit des Tiberius ist sie unseres Wissens ganz verschwunden: Nun findet sich kein einziger Hausvater mehr damit einverstanden, seine Tochter die Ehefrau des *flamen Dialis* (Priester des Jupiterkults) werden zu lassen, da sie traditionsgemäß in dessen »Hand« gegeben werden mußte.[147] Dieser Wandel des Heiratsverhaltens hatte aber nun zu einer widersinnigen Situation geführt, die uns heute einen falschen Eindruck von Archaismus vermittelt. Im früheren Recht genossen die Familienmütter eine ziemlich große Selbständigkeit: Ihre Heirat befreite sie aufgrund der Gewaltübertragung, die jene zumeist begleitete, aus der Gewalt ihrer väterlichen Familie; wurden sie Witwen, waren ihnen Verfahren geboten, um sich aus der Kontrolle ihrer Agnaten von der Seite des Ehemannes zu befreien; wurden sie geschieden, hatten sie das Recht, den früheren Inhaber der *manus*-Gewalt über sie zu zwingen, sie freizugeben.[148] Nachdem sie nun aber durch ihre Heirat nicht mehr aus der rechtlichen Abhängigkeit ihrer ursprünglichen Verwandtschaft austraten, fanden sich die Frauen endgültig und lebenslänglich in eine Vormundschaft gesperrt, aus der sich zu befreien ihnen weder die Witwenschaft noch die Scheidung die Gelegenheit bot. Nun begreifen wir das Gewicht der Reformen des Augustus und des Claudius besser, und über sie auch den rechtlich-sozialen Zusammenhang, in dessen Rahmen die fehlenden Handlungsmöglichkeiten der römischen Frauen interpretiert werden müssen.

Rechtsfähigkeit in eigener Sache

Als Gaius seine *Institutiones* verfaßte, lag es schon weit zurück, daß diese Minderung der rechtlichen Stellung der Frau beseitigt worden war. Augustus hatte zuerst jede Aufsicht der Agnaten über die Frau – verheiratet oder nicht –, die drei Kinder zur Welt gebracht hatte, unterdrückt. Die Rechtsgelehrten brachten ihre Gesetzesauslegung in Einklang mit den realen demographischen Bedingungen ihrer Tage und forderten nicht, daß diese Kinder die Geburt überleben müßten: Auch Kinder, die sofort starben, sobald sie geboren waren (und, so sieht die Kasuistik es vor, sogar die Mißgeburten), brachten der Mutter den gleichen Vorteil ein

wie die widerstandsfähigen und lebensfähigen Kinder; demnach waren
es nicht drei neue Leben, sondern drei ausgetragene Schwangerschaften
(vier für die freigelassenen Frauen), die seit Beginn der Kaiserzeit jede
Frau aus der gesetzlichen Vormundschaft befreiten.[149] Claudius folgte mit
der an keine Bedingung geknüpften Aufhebung der agnatischen Vormundschaft über freigeborene Frauen. Es blieb faktisch nur noch die
Gewalt des Patrons über die freigelassenen Frauen übrig, die nicht viermal niedergekommen waren.

Der Großteil der Frauen, die sich seither nicht mehr in der väterlichen
Familiengewalt befanden, verwaltete nun selbständig sein Vermögen mit
Ausnahme der Mitgift, die der Verwaltung des Gatten anvertraut war. Die
Frauen konnten im besonderen testamentarisch über ihr Vermögen verfügen, ohne den Weg über die Genehmigung eines Bürgen einschlagen
zu müssen. Bis zu Hadrian hatten sie dazu die Formalität der treuhände-
rischen *coemptio testamenti faciendi causa* erfüllen müssen: ein formales Überbleibsel aus den Zeiten, als die Matronen sich aus der Vormundschaft der Agnaten ihres Ehemannes gelöst haben mußten, um frei
testieren zu können; dieser letzte archaische Zug wurde zu Beginn des
2. Jahrhunderts n. Chr. getilgt.[150] Seitdem beschränkte sich der rechtliche
Einfluß der familiären Umgebung, wie bei den Männern, auf die Macht
des *paterfamilias*: Beim Tode ihres Vaters besaß eine Frau erbrechtliche
Befugnisse, die beinahe mit denen ihrer Brüder vergleichbar waren.

Ein gutes Stück vor diesen Veränderungen jedoch, also in einer Phase, als der Großteil der Frauen noch gehindert war, Verpflichtungen einzugehen oder sich ihrer Güter ohne die formelle Erlaubnis *(auctoritas)*
eines Bürgen *(auctor)* zu entledigen, liefen diejenigen unter ihnen, die
die Zufälligkeiten des Lebens alleinstehend und frei von jeder Überwachung gelassen hatten, Gefahr, ihre Unternehmungen nicht mit genügend Rechtskraft ausgestattet zu sehen. Das war zum Beispiel bei Matronen der Fall, die geschieden und aus der *manus* gelöst waren: Kein Vormund, weder ein gesetzlicher noch ein testamentarisch verfügter, stand
ihnen zur Seite; das Gleiche galt noch für die weiblichen Freigelassenen
einer Patronin, weil Frauen, wie man gesehen hat, diesen »Männerdienst«
nicht ausüben konnten. Angesichts dieser und anderer vergleichbarer
Situationen (so etwa die Lage des Unmündigen ohne Agnaten, sofern das
Testament diesem Mangel nicht Abhilfe geschaffen hatte) traf um 210 v.
Chr. ein Gesetz *(lex Atilia)* die Bestimmung, es sei ein vom Stadtprätor
benannter Vormund zu bestellen. Später, in der Kaiserzeit, wurde diese
»Pflicht«-Vormundschaft systematisch in Rom, Italien und den Provinzen
gehandhabt.[151] Jede Frau konnte also bei Bedarf den Beistand eines Vor-
munds erhalten, den ihr die Behörden ihrer Stadt zu besorgen hatten.
Das Handeln in der Praxis jedoch bezeugt, daß die Frauen selbst die
Initiative ergriffen, um einen Bürgen gestellt zu bekommen: Die jedem

freistehende *petitio (petitio libera)* zeigt zur Genüge, daß die Hilfe eines Dritten (dessen Namen sie übrigens der bestellenden Behörde vorschlugen) keinen Ersatz für ihre weiter bestehende Rechtsunfähigkeit bot, sondern eher dazu diente, ihre Rechtsgeschäfte mit allen formalen Geltungsbedingungen zu umgeben[152]; wie Gaius schrieb, ist es nur »der Form halber« *(dicis gratia)*, wenn der Vormund bei einigen Angelegenheiten seine Gewährschaft einbringen muß. Der Grund dafür liegt übrigens darin, daß die Frauen im Unterschied zu den Unmündigen keine Klagen in Sachen Vormundschaft anstrengen konnten. Sie hatten keinen Anspruch auf Schadenersatz aus einem unklugen oder unehrenhaften Geschäft, das ihnen nie aufgetragen worden war; denn sie verwalteten ja ihre eigenen Angelegenheiten selbst, ohne rechtlichen Vertreter, der an ihrer Stelle handelte; die Rolle des Vormunds beschränkte sich in diesem Fall darauf, durch Gewährung seiner *auctoritas* die Geschäfte, die abzuschließen die Frauen voll befähigt waren, formal perfekt zu machen.[153]

Ein Text gibt uns die Liste der Handlungen, für die diese rein formale Bestätigung als notwendig erachtet wurde. Als erstes um eine Verpflichtung in den alten Formen des Zivilrechts einzugehen: das heißt mit einem feierlichen und einseitigen Versprechen, das nicht ausdrücklich von irgendeiner Gegenseite erwidert wurde. Weiterhin um ein Gut zu veräußern, dessen Übergabe den Formalakt der Manzipation erforderlich machte: Dabei handelte es sich um Grundstücke, Gebäudeeigentum und Sklaven.[154] Aber diese Formalität der vormundschaftlichen Zustimmung war überflüssig, wenn es darum ging, eine Ehe einzugehen, eine Mitgift zu bestellen (zumindest wenn dies nicht in der verbindlichen Form der *stipulatio*, d. h. des vertragsgleichen Versprechens erfolgte), ein Testament zu erstellen, Verträge abzuschließen, Güter zu veräußern, deren Übergang nicht den Ritus der Manzipation nötig machte (das betraf faktisch alle Handelswaren), sich eine Schuld zurückzahlen zu lassen und einen Nachlaß anzunehmen.[155]

Gaius hat schon recht: Die Frauen betreiben ihre Geschäfte in eigener Regie, *ipsae sibi negotia tractant*. Die alltägliche Praxis zeigt uns, daß sich die Frauen im römischen Kaiserreich vollkommen ihrer Möglichkeiten der Vermögensverwaltung und ihrer Fähigkeit, Rechtsgeschäfte abzuschließen, bewußt waren, vor allem wenn sie das »Dreikinderrecht« genossen, das sie sogar davon freistellte, für die wenigen Geschäfte, bei denen die *auctoritas* eines Statisten nötig geblieben war, den Magistrat um die Bestellung eines »Pflicht«-Vormunds ersuchen zu müssen. Sie gaben die offizielle Erklärung im Büro des Statthalters ab, fügten bisweilen die Erwähnung hinzu, daß sie schreiben konnten, und schon wurde ihre Erklärung in die öffentlichen Register des Büros aufgenommen.[156]

Diese auf breiter Ebene ermöglichte rechtliche Handlungsfähigkeit erklärt die handwerklichen und kaufmännischen Aktivitäten, mit denen zahlreiche Frauen im römischen Kaiserreich beschäftigt gewesen zu sein scheinen, und zwar auch außerhalb der von Susan Treggiari untersuchten großen aristokratischen Haushalte.[157] Es gab spezielle Frauenberufe, wie Natalie Kampen für Ostia gezeigt hat: Ammen, Hebammen, Schauspielerinnen, Walkerinnen, Weberinnen, Schneiderinnen, Wäscherinnen; davon hatten es einige – mögen es auch nur die Wirtinnen sein, die Besitzerinnen von Kneipen, die mehr oder weniger ins Milieu der Prostitution gehörten – zu ansehnlichen Handelsunternehmen gebracht. Man kennt Handelsfrauen (nicht zu reden von den Paaren) und manchmal sogar Schiffseignerinnen, die für den Betrieb von Reedereien verantwortlich zeichneten.[158] Neben diesen Aktivitäten in Wirtschaft und Handel muß man auch auf die starke Beschäftigung mit rechtlichen Angelegenheiten hinweisen, von der – was die Frauen im Kaiserreich betrifft – die Masse der Reskripte zeugt, die ihnen auf ihr Verlangen erteilt wurden. Liselot Huchthausen konnte die Zahl der Rechtsauskünfte, die von der kaiserlichen Kanzlei im 2. und 3. Jahrhundert n. Chr. an Frauen erteilt wurden, auf ein Viertel der Gesamtheit der Reskripte schätzen. Die Gesuche, die unterschiedlichste und äußerst spezielle Probleme der Vermögensverwaltung berühren, gehen von allen Provinzen und anscheinend von allen Schichten aus.[159]

Unfähigkeit zur Stellvertretung: Teilung der Geschlechter und »Staatsbürgerdienste«

In anderer Hinsicht waren die römischen Frauen weiterhin von einer gewissen Anzahl von unumstößlichen Verboten betroffen, unabhängig von den Verfahren der Gültigkeitserklärung, denen ihre Rechtsakte manchmal unterworfen blieben. Man erinnert sich, daß ihnen die Adoption eines Sohnes, die Wahrnehmung einer Vormundschaft untersagt blieb, weil sie bar jeder Macht über andere waren. Allgemeiner ausgedrückt, sie blieben von den »Bürgerdiensten« ferngehalten, die auch noch die Bezeichnung »Männerdienste« trugen: Im Privatrecht wie im öffentlichen Recht flossen Männlichkeit und Bürgerrecht, bedingt durch die Fähigkeit des Einzelnen, im Namen eines Dritten tätig werden zu können, dann zusammen, wenn die Behandlung eines Gegenstandes außerhalb der eigenen Person und des eigenen Vermögens lag, also andere berührte. Dies ist genau das weite Feld der *officia*, das die Frauen nicht betreten durften: Hier findet man die Stellvertretung, die Vormundschaft, das Eintreten für andere als Bürge *(intercessio)*, die Vermögensverwaltung, das Forderungsrecht für Dritte, die Klage vor Gericht und schließlich den Fall, daß das verfolgte Interesse nicht das des Antragstellers, sondern das der politischen Gemeinschaft war (wie die öffentliche Anklage oder die Klage vor dem Volk).

Nehmen wir zum Beispiel die Vertretung vor Gericht. Eine Frau konnte von einer Prozeßpartei nicht als ihr Anwalt *(procurator)* gewählt werden, weil es nach der Aussage der Texte ein staatsbürgerlicher, öffentlicher und männlicher »Dienst« war, sich einer fremden Sache anzunehmen.[160] Eine Konstitution des Septimius Severus bringt uns sogar die folgende glückliche Präzisierung: »Fremde Angelegenheiten können Frauen nicht anvertraut werden, es sei denn, sie verfolgen mit den Klagen, die anzustrengen ihnen erlaubt ist, ihr eigenes Interesse und ihren eigenen Vorteil«: das ist beispielsweise der Fall, wenn die Frau eine Schuldforderung übernommen hat und, um diese an sie gefallene Schuld einzutreiben, eine Klage im Namen des Dritten anstrengt, der ihr die Forderung abgetreten hat, damit es der Schuldner durchgehend mit dem gleichen Gläubiger zu tun hat.[161] Ein solches Fragment unterrichtet uns in seiner engen rechtstechnischen Absicht besser über die konstitutive Grundlage der Unfähigkeit der Frau und über die Artikulierung dieser Unfähigkeit im Regelsystem der Teilung der Geschlechter, als es die in der Literatur feststellbaren Entwicklungen tun können, über die sich zwar manchmal die äußere Erscheinung enthüllt, aber selten die wirkliche Funktionsweise von Institutionen – ohne deren Kenntnis das Interesse, das man Phantasmen entgegenbringen kann, Gefahr läuft, sich endlos in den Fallstricken der Illusion zu verfangen. Mit anderen Worten, lieber den *Codex* als Juvenal; lieber die genaue Formulierung einer Regel, die das Männliche dem Weiblichen nach dem Kriterium einer Fähigkeit gegenüberstellt, die die Männer besitzen, die Frauen aber nicht, der Fähigkeit nämlich, andere Rollen zu spielen als nur die eigene, sich in einem anderen fortzusetzen, den Lauf der Dinge zu verlangsamen, sich durch eine Art von Verdoppelung, die das Recht in ihre Natur gelegt hat, aufzuspalten in das eigene Ich und die »Dienste«, die Funktionen, die die Männer verkörpern; lieber die Zuweisung genau definierter Rollen als die tausendfältigen Skizzen, in denen hier ein Dichter, da ein Satiriker, dort ein Geschichtsschreiber die Schamlosigkeit und Maßlosigkeit von Frauen anklagt, die allzu bereit sind, ihre Zurückhaltung aufzugeben, sich öffentlich wie Männer aufzuführen und sich außerhalb ihrer Gemächer in Pose zu setzen. Es ist besser zu versuchen, in der strengen Logik des Institutionengefüges das tragende Prinzip zu erfassen, das hinter dem Rechtsgrundsatz der Unfähigkeit steht: Eine Frau hat kein anderes Interesse zur Geltung zu bringen als ihr ureigenes.

Weder der Gemeinplatz von der *infirmitas sexus* noch die rationalen Erklärungen, die einige Vertreter der römischen Rechtswissenschaft heutzutage vorschlagen, wenn sie beispielsweise ein System der Unfähigkeit von einem System des Schutzes trennen – daß heißt ein System der staatsbürgerlichen Rechtsminderung von einem gegensätzlichen System der Privilegierung –, all das trägt nicht der Geschlossenheit des Bereiches Rechnung, den das römische Recht den Männern vorbehalten und den Frauen versagt hat. Faßt man die Formen der Intervention zusammen, die in das Bedeutungsfeld des staatsbürgerlichen und männlichen »Dienstes« gehörten, so ist ihnen ein strukturelles Element gemeinsam: das Tätigwerden für Andere. Die Vertretung vor Gericht ist nur das eingängigste Beispiel. Die Anklage gehorcht dem gleichen Prinzip. Daraus erklärt sich auch die Ausnahme von dem über Frauen verhängten Verbot, als Klägerinnen aufzutreten, die man dann machte, wenn es ihnen darum zu tun war, den Tod ihrer nächsten Verwandten zu rächen.[162] Eine Fremdforderung zu erheben (das heißt in eigenem Namen für Rechnung Dritter eine Klage anzustrengen) wurde für eine Frau gleichbedeutend mit der widernatürlichen (und jedem Schamgefühl widersprechenden) Erfüllung eines männlichen *officium*.[163] Das Verbot des »Interzedierens«, das heißt des Dazwischentretens zwischen einen Schuldner und seinen Gläubiger, also das Verbot, eine Bürgschaft für eine Schuld zu übernehmen, das noch der Vellejische Senatsbeschluß (zwischen 41 und 65 n. Chr.) über sie verhängte, wird von den Juristen durchgängig als einer von mehreren Fällen des Ausschlusses von staatsbürgerlichen und männlichen »Diensten« gedeutet.[164]

Die Rechtsunfähigkeit auf dem Feld des öffentlichen Rechts ist nicht von grundsätzlich anderer Natur als die auf dem Feld des Privatrechts. Sicher läuft es immer darauf hinaus, daß der antike Stadtstaat ein »Männerbund« ist. Dennoch ist eine Römerin *civis Romana* und bringt einen *civis Romanus* zur Welt. Wessen jedoch die Frauen in der Politik wie in den zwischenmenschlichen Beziehungen beraubt sind, ist die Fähigkeit, einen Dienst zu leisten, der über die beschränkte Sphäre ihrer eigenen Interessen hinausgeht; der ihr Handeln aus dem Bereich des Subjektiven herausnimmt, um ihm den abstrakten Charakter einer Funktion zu verleihen. Es ist zum Beispiel nicht verwunderlich, daß eine Frau vor Gericht als Zeugin auftreten konnte: Ihr Wort gilt als nicht weniger glaubwürdig als das eines Mannes.[165] Daß es ihr jedoch untersagt sein sollte, bei der Abfassung eines Testaments als Zeugin zu wirken, widerspricht nicht der obigen Regel: Denn der römische Bürger als *testis* macht in diesem Fall den Vorgang dadurch gültig, daß er ihm eine Öffentlichkeit verschafft.

Eine letzte Gegenprobe dieses offensichtlich in sich geschlossenen Systems: In der Epoche des sehr frühen römischen Rechts konnten die Frauen weder ein Testament abfassen – weil das Testament in die Form des Komitialtestaments gekleidet war und daher das Erscheinen vor der Volksversammlung voraussetzte –, noch Zeugnis vor Gericht ablegen. Im Prozeß der archaischen Zeit wurde das Auftreten als Zeuge zu einem

»Männerdienst«, und zwar in dem Maße, wie die Verfahren vor Gericht als Beweis für die Existenz eines einheitlichen Rechtssystems auch die Garantie für die Einheit der Körperschaft der Staatsbürger einlösten: Die als Gesamtheit gedachte Bürgerschaft bestätigte oder verwarf den Rechtsanspruch der Parteien. Der Zeuge wurde damals zum Bürgen, um dann recht eigentlich die Rolle eines unbeteiligten Dritten anzunehmen. Von diesem Dienst an der Öffentlichkeit waren die Frauen ganz selbstverständlich ausgeschlossen. Sie hörten auf, draußen zu stehen, als, weit entfernt davon, nun ein von allen verbürgtes Rechtssystem zu erzeugen, die Zeugenschaft im Prozeß zu einer simplen Beweisform neben anderen geworden war. Das Wort einer Frau gewann in diesem Fall nicht mehr die abstrakte Kraft einer Vertretungskompetenz: die generelle Funktion eines *officium*.[166]

Aus dem Französischen von Walter Eder

Grabstatue; ein Werk der griechisch-römischen Bildhauerei. *Rom, Museo dei Conservatori.*

FRAUENBILDER

Grabporträt einer malenden Frau mit Modell: etwa 2. Jahrhundert n. Chr. *Rom. Villa Albani*.

Römische Statue eines Mädchens (vielleicht Kopie eines griechischen Originals aus dem 3./4. Jahrhundert v. Chr., gefunden in Anzio in einer Villa Neros). *Rom, Thermenmuseum.*

Welchen Platz haben Bilder von Frauen in einer Kultur, die, wie man oft unterstrichen hat, den bildlichen Darstellungen einen einzigartigen Raum zugewiesen hat? Ein Athener, der in der Klassischen Zeit den Friedhof durchquerte, sah eine Kore lächeln, die in die Falten eines farbenfrohen Gewandes gehüllt war: eine solche Statue zeigte einen Grabplatz an. Kurz darauf starrte ihn ein verzerrtes Frauengesicht, das Haupt von Schlangen umgeben, aus seinen runden Augen an und streckte ihm die Zunge heraus: Er hatte den Blick einer Gorgo gekreuzt. Wenn er seine Augen zum Parthenonfries erhob, so bemerkte er Kanephoren, junge Mädchen, die ebenfalls in ein Faltengewand gehüllt waren und die Körbe der Panathenäenprozession trugen. Wenn die Türen der Cella des Tempels offenstanden, wurde er von dem majestätischen Anblick der Statue der Göttin Athena Parthenos erschlagen, dem Werk des Pheidias, das mit seinen zwölf Metern vor ihm aufragte; vielleicht war ihm das vertraute Profil der behelmten Göttin lieber, das er jeden Tag in seinen Fingern hielt, wenn er seine Drachmen wechselte. Begab er sich in eines der ländlichen Heiligtümer, so sah er dort eine Vielfalt unzähliger weiblicher Figurinen, die in aller Eile gefertigt und als Weihgaben dargebracht worden waren. Ging er schließlich auf die Agora zurück und trat er in die Werkstatt eines Töpfers ein, oder beschloß er den Tag im Hause eines Freundes und legte er sich zum Bankett nieder, so betrachtete er in aller Muße Frauen bei Szenen, die wir heute erotisch nennen – Körper in wunderbarer Nacktheit, auf Schalen abgebildet, die unter den Trinkenden von Hand zu Hand gingen. All diese Frauengestalten bevölkerten die Stadt und ihre Formen ändern sich nach dem Geschmack der Zeit. Wiltrud Neumer-Pfau hat in einem äußerst interessanten Buch über die Statuen der Aphrodite in hellenistischer Zeit versucht, die Zusammenhänge zwischen der Entwicklung des Abbildes der Aphrodite und der Stellung der Frauen in der Gesellschaft herauszuarbeiten.[1] Versuche dieser Art sind selten, und die Untersuchung, die François Lissarrague im folgenden vornimmt, ist absichtlich vorsichtig gehalten, denn die Polis in ihrer Bilderwelt ist wie die Welt der Texte eine Polis, die einen eigenen Diskurs pflegt.

P.S.P.

Kore, Phaidimos; 530 v. Chr. *Athen, Akropolismuseum.*

4
FRAUENBILDER

François Lissarrague

Kann das Gefäß schöner sein als das Wasser?

Paul Eluard

Unter den Quellen, über die der Althistoriker verfügt, bilden
die Zeugnisse der darstellenden Kunst eine besondere Gruppe, die nicht immer in angemessener Weise ausgewertet
wird. Wir alle haben antike Kunstgegenstände im Gedächtnis –
Statuen, Reliefs, Münzen oder gemalte Bilder –, die wir in den Museen
oder auf Fotografien gesehen haben; diese Zeugnisse, durch Handbücher und illustrierte Werke verbreitet, dienen zumeist nur als Stütze für
eine Untersuchung, die ein Historiker aufgrund schriftlicher Quellen
angestellt hat. Texte, Reden, Inschriften bilden die Grundlage seiner
Information und die Bilder sind nur dazu da, seine Ergebnisse zu bestätigen.[1]

Absicht dieses Kapitels ist es nicht, die anderen Kapitel zu illustrieren,
sondern eine Kategorie von Bilddokumenten, nämlich die Vasenmalerei
zu untersuchen. Wir besitzen viele andere Monumente wie Skulpturen,
Münzen oder Terrakotten. Die griechischen Vasen indes stellen nach
ihrer Zahl und Vielfalt eine Klasse für sich dar; diese Tongefäße sind mit
Bildern geschmückt, deren Verschiedenartigkeit und Komplexität es
erlauben, fortlaufende Reihen aufzustellen, um durch Vergleich Entwicklungen oder Veränderungen aufzufinden.

Jede Gesellschaft unterhält ein besonderes Verhältnis zu der Welt der
Bilder. Ägypten, der Vordere Orient und Rom haben sich ebenso wie
Griechenland mit Bildern umgeben und ein besonderes Weltbild ent-
worfen, das gemäß unterschiedlicher plastischer Konventionen und zur
Erfüllung verschiedener Funktionen zur Darstellung kam. In Griechen-

land dienten mehrere Arten von Kunstgegenständen unterschiedlichen Zwecken: z. B. die berühmten Korai der Akropolis, Marmorstatuen, die dem Heiligtum der Athena von den jungen Mädchen der Stadt gestiftet wurden, oder die Terrakottatafeln von Lokroi in Unteritalien, die der Demeter gewidmet wurden; auf ihnen sind Frauen dargestellt, die die Göttin anbeten. Die Arten der Darstellung folgen vielschichtigen Regeln, die sich je nach der Natur des Objektes, seiner Funktion, seiner Verwendung und seinem Adressaten voneinander unterscheiden.

Die athenische Sichtweise

Ich beschränke meine Untersuchung auf die athenischen Vasen des 6. und 5. Jahrhunderts v. Chr., weil diese nicht bloß eine einzige Funktion erfüllen und ihre Sujets nicht ausschließlich der Welt der Frauen entnehmen. Diese Bilderwelt mit ihren zahlreichen und verschiedenartigen Themen aus dem gesellschaftlichen Leben ist vielmehr breit gefächert. Welcher Blickwinkel darin auf die Frauen und ihr Verhältnis zum Mann angelegt wird, verdient ein besonderes Augenmerk.

Die Bilder, die diese Vasen schmücken, dürfen nicht von dem Bildträger getrennt betrachtet werden. Eine Fotografie oder eine Zeichnung gibt uns einen verfälschten Eindruck von ihnen, den es zu korrigieren gilt. Es handelt sich nicht um eigenständige Bildnisse, sondern um Bilder auf Vasen; für den Benutzer ist die Vase in erster Linie ein Objekt, mit dem er umgeht und das eine bestimmte Aufgabe erfüllt. Wir sind zwar nicht immer in der Lage, diese genau zu bestimmen, aber sie bietet stets einen entscheidenden Hinweis für die Deutung des Bildes. Einige Vasen sind ausschließlich Ritualen vorbehalten wie der Hochzeit, dem Begräbnis, der Initiation, dem Opfer. Andere dienen dem Genuß des Weines bei den Zusammenkünften der Männer, *sympósion* – Mischkrüge, Schankgefäße oder Trinkschalen. Wieder andere werden eher von Frauen benutzt: Vasen für parfümierte Öle, Schmink- oder Schmuckkästchen, Gefäße, die im Zusammenhang mit der Körper- oder Schönheitspflege stehen. Die Bilder auf Vasen rituellen Charakters werden am strengsten von der Funktion des Gegenstandes bestimmt. Form und Zweck der Vasen müssen bei der Untersuchung der Bilder so weit wie möglich einbezogen werden.

Ein Bild ist stets das Produkt einer bewußten Gestaltung, die in ihren Funktionen und in ihrer Konstruktion eine eigene Logik hat. Die Maler treffen Entscheidungen, indem sie bestimmte Gegenstände ihrer Umgebung für eine Abbildung auswählen. Einige Elemente der Darstellung pointieren sie und spielen sie in den Vordergrund, andere lassen sie zurücktreten. Das der Darstellung für wert Befundene trägt ebenso zur Bedeutung des Bildes bei wie das Ausgesparte und Weggelassene – soweit hierfür die spärlichen Quellen ein Urteil zulassen. Mein Entwurf einer Ikonographie der Frauen wird deshalb nicht nur das, was die Bilder zeigen und erzählen, sondern auch das, was sie verbergen und verschweigen, zu deuten versuchen. Dabei geht es um die Berücksichtigung der plastischen Gestalt der Bildträger ebenso wie um die räumliche Anordnung der einzelnen Elemente auf dem Bild selbst. Die Untersuchung ist notwendigerweise beschränkt und nicht alle strittigen Punkte können hier behandelt werden.

Die zu behandelnden Vasen entstanden im Verlauf des 6. und 5. Jahrhunderts vor unserer Zeitrechnung in dem unmittelbar vor den Toren Athens gelegenen Töpferviertel Kerameikos. Sie sind erst spät, seit dem Ende des 18. Jahrhunderts, in den Nekropolen Unteritaliens gefunden worden, und dann, zu Beginn des 19. Jahrhunderts, in den etruskischen Gräbern der Toskana.[2] Die Leidenschaft der Etrusker für griechische und besonders attische Vasen und ihr Brauch, die Toten in mit kostbaren Beigaben (Waffen, Vasen, Schmuck) ausgestatteten Kammergräbern beizusetzen, hat uns in den Stand gesetzt, die handwerkliche Produktion der athenischen Töpfer kennenzulernen. Anfangs waren die Archäologen der Ansicht, diese Vasen seien etruskisch und nur für die Bestattung gebraucht worden. Im späteren 19. Jahrhundert wurde aber dieselbe Art von Vasen auch in Griechenland und besonders in Athen bei den Ausgrabungen auf der Akropolis und auf der Agora gefunden.

Die attischen Vasenbilder der archaischen und klassischen Zeit (6. und 5. Jahrhundert v. Chr.) dokumentieren eine vorwiegend männliche Weltsicht. Auch wenn einige Bilder vielleicht sogar von Frauen gemalt worden sind (vgl. Abb. 45), und manche Gefäße ganz ihrem Gebrauch zugedacht waren, ändert dies nichts an der ausschließlichen Prägung der athenischen Gesellschaft durch ihre männlichen Bürger: Die vorherrschende Ideologie, die auch die Sichtweise der Maler bestimmte und die der individuellen Entscheidung und dem, was wir Inspiration nennen, nur eine geringe Rolle einräumte, war vor allem männlich. Die Bilder, die wir im folgenden betrachten werden, sind also in doppelter Weise geprägt; sie sind keine objektive Wiedergabe der Realität, sondern das Produkt einer Sichtweise, die die Realität umformt, und diese Sichtweise ist männlich.

Meine Auswahl des Bildmaterials ist zwangsläufig begrenzt und folgt der Logik der Gegenstände selbst, ihrer Verknüpfung von Form und Funktion einer Vase mit dem auf ihr gezeigten Bild. Ich beginne mit der Hochzeit, einem Ritual, bei dem der Frau eine zentrale Stellung eingeräumt wurde und für das spezielle Vasen angefertigt wurden. Danach

werde ich einen kurzen Blick auf andere rituelle Formen wie die Begräb-
nisriten werfen. Schließlich werde ich erörtern, welcher soziale und imaginäre Raum den Frauen zugewiesen wurde; dazu werde ich einige Bild-
reihen zusammenstellen: Szenen am Brunnen und das Frauengemach,
Ankleideszenen und die Arbeitsstätte, all dies unter dem Blickwinkel der
Männer, denen der Raum des *sympósion* vorbehalten bleibt. Wie die
Vasenbilder die verschiedenen Riten wiedergeben, und wie die Maler
den sozialen und imaginären Raum gestalten – dies sind die meine Darlegungen leitenden Fragestellungen.

DIE HOCHZEIT

Viele Vasen sind mit Szenen von Hochzeitsfeiern geschmückt. Diese
Szenen erscheinen in mannigfachen Variationen, ohne eine feststehende
Ikonographie der Hochzeit haben die Maler jedes Bild in ziemlich freier
Weise mit einer Version des Rituals versehen. Die schriftlichen Quellen,
die unvollständig, subjektiv und manchmal unsicher sind, lassen einen
Verlauf der Zeremonie erkennen, der sich in mehrere Abschnitte auf-
gliedert. Die Heirat beruhte auf einer formellen Vereinbarung, der *engýe*,

Abb. 1   Hochzeit
der Thetis und
des Peleus; Dinos;
um 580. *London,
British Museum.*

zwischen dem Bräutigam und dem Vater der Braut, zu der die Übergabe einer Mitgift durch letzteren gehörte. Die junge Frau scheint bei dieser Vereinbarung nicht weiter um ihre Zustimmung gefragt worden zu sein. Die eigentliche Übergabe der Braut besiegelte die Vollendung der Heirat und die Vereinigung des Paares, den *gámos*. Mit dieser Übergabe wechselt die Frau ihren Wohnsitz, *oîkos*, sowie ihren Vormund, *kýrios*, indem sie aus der Gewalt ihres Vaters in die ihres Ehemannes übergeht. Die Phasen dieses Übergangsritus – Trennung, Übergang, Eingliederung – werden im athenischen Bildrepertoire nicht jeweils gleich wichtig genommen. Der Übergang nimmt den wichtigsten Platz ein; er wird in der Form einer nächtlichen Prozession gezeigt, die, sei es zu Fuß oder auf einem Wagen, von dem einen Haus zum anderen führt und an der Verwandte und Freunde teilnehmen. Gewisse Personen spielen eine besondere Rolle: Die Mutter der Braut ist eine der Fackelträgerinnen; ein *paróchos*, ein Begleiter, schreitet an der Seite des Paares; die Prozession wird von einem *proagétēs,* einem Führer geleitet; und schließlich begleitet ein Kind, das noch beide Eltern hat – ein *paîs amphitálēs* das Hochzeitspaar.

Die Bilder zeigen nicht etwa jedesmal all diese Personen und ebensowenig alle charakteristischen Augenblicke der Hochzeitsfeier. Wir verfügen weder über ein Bild von der *engýē*, dem Abschluß der Vereinbarung zwischen dem Vater und dem zukünftigen Ehemann eines jungen Mädchens, noch können wir auf den Bildern mit Sicherheit eine Hochzeitstafel ausmachen, mit Ausnahme des von Peirithoos bei seiner Hochzeit gegebenen Festmahls, das indes in eine regelrechte Schlacht ausartet zwischen den Kentauren, die die junge Braut entführen wollen, und den Lapithen, die sie verteidigen.

Gerne hielten die Maler die Hochzeitsvorbereitungen der Braut (Baden und Ankleiden) und den Hochzeitszug fest. Aber die Künstler hielten sich bei ihren Darstellungen nicht genau an die Phasen des wirklichen Ablaufs. Jedes Bild erscheint vielmehr als eine eigene Konstruktion: es gruppiert die Teilnehmer des Rituals durch die Wirkung der Gesten und Blicke; es gliedert den Raum, indem es die Abfolge der Geschehnisse plastisch zur Geltung bringt; Gegenstände wie Vasen, Kränze, Schmuck erhöhen seinen visuellen Aussagegehalt.

Eine Götterprozession

In dem sogenannten schwarzfigurigen Stil der archaischen Zeit wurden die Figuren in ihren Umrissen in schwarzem Firnis aufgetragen und (später) durch Einritzungen und Farbe ausgefüllt; so hoben sie sich von dem roten Untergrund der Vase ab. Ein beliebtes Sujet dieser Epoche ist die

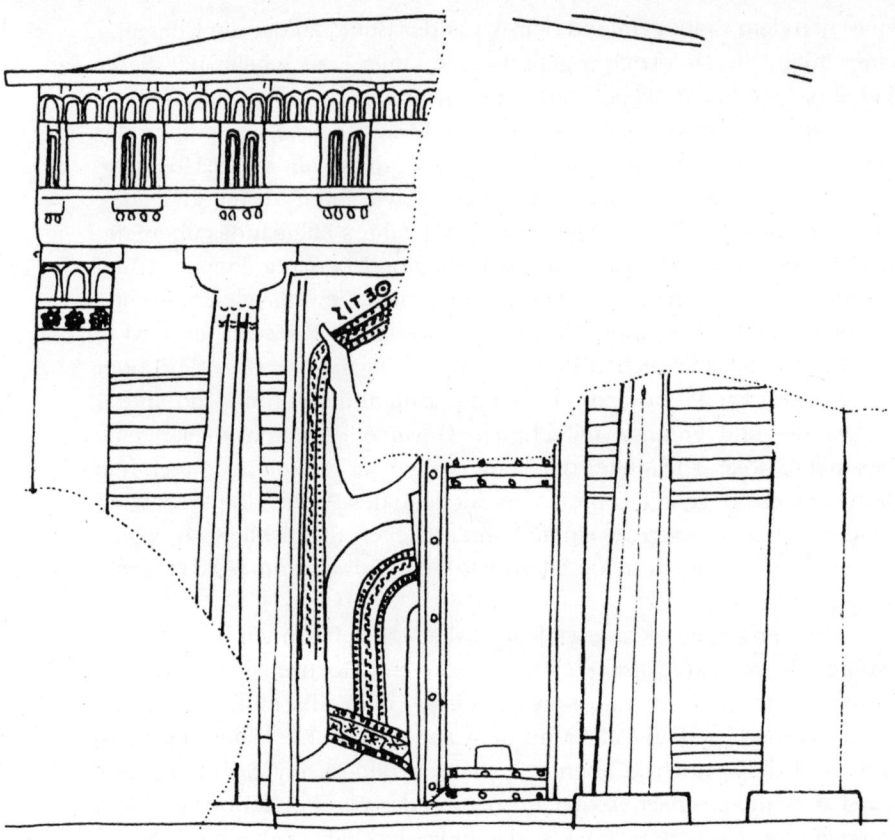

Abb. 2 Thetis in
ihrem Haus; nach
einem Krater;
um 570.
*Florenz, Museo
Archeologico.*

Hochzeitsprozession. Die Braut fährt auf einem Wagen, und häufig befinden sich auch die Götter unter den Teilnehmern des Zuges, so daß man die Brautleute gelegentlich für ein mythisches Paar halten kann. Die Ikonographie der Hochzeit beginnt in der Tat mit der Hochzeit der Thetis und des Peleus, die lange Zeit als Muster für jede Darstellung dieses Genres dient. Der Mythos erzählt von der Hochzeit der unsterblichen Tochter des göttlichen Nereus, von der ein Orakel vorausgesagt hatte, daß ihr Sohn einst mächtiger sein werde als sein Vater. Keiner der Götter wollte sie deshalb heiraten; allein dem sterblichen Peleus gelingt es, sich ihrer trotz der vielen Verwandlungen zu bemächtigen und sie zu seiner Frau zu machen; als Sohn sollte ihnen Achill geboren werden. Bei der Hochzeit der Göttin mit dem sterblichen Mann waren alle Götter zugegen, um das Paar zu feiern. Auf einem großen Mischkrug für Wasser und Wein (Abb. 1)[3], einem *dînos*, der bei den Festessen benutzt wurde, findet man rechts die verschlossene Tür der neuen Behausung abgebildet und davor den Bräutigam Peleus, der die Prozession der zur

Hochzeit geladenen Götter empfängt. Der Hochzeitszug wird von der Götterbotin Iris angeführt; unter den hohen Gästen sehen wir auch den rechtschaffenen Kentauren Chiron, der Achill später einmal erziehen soll, sowie die Schutzgöttinnen des heimischen Herdes, Hestia und Demeter; es folgt eine Reihe von fünf Wagen, auf denen die Götter entweder als Ehegatten (Zeus/Hera, Poseidon/Amphitrite) oder als Paare (Apollon/Artemis, Aphrodite/Ares) gruppiert sind. Die Wagen werden von einer Reihe rangniedriger weiblicher Gottheiten zu Fuß begleitet; den Horen, Musen und Chariten sowie den Moiren. So entfaltet sich in hierarchischem Aufbau ein Pantheon vor unseren Augen und einst vor den Blicken derer, die am Hochzeitsmahl teilnahmen. Die Götter sind hier Zeugen der Heirat, die eine der ihren, eine Nereïde, an einen Sterblichen bindet; sie sind zugleich Gäste in dem neuen Haus des Peleus, der sie, eine Trinkschale in der Hand, zur Feier dieser Verbindung begrüßt. Aber von der Braut findet sich keine Spur. Der Betrachter sollte annehmen, daß Thetis sich in dem Hause aufhält, auf das die Götter zuschreiten.

Eine etwas spätere Version derselben Szene findet sich auf dem zentralen Bildfeld eines Kraters im Museum von Florenz, der »François-Vase«.[4] Uns begegnet dieselbe Bildgestaltung: Auf einem langen Fries, der sich um die ganze Vase zieht, ist eine Götterprozession dargestellt, die sich zu Fuß und auf Wagen auf das Haus der Thetis und des Peleus zubewegt. Peleus steht vor der Tür und empfängt an einem Altar, der den rituellen Charakter der Prozession unterstreicht, den Kentauren Chiron, der, von Iris und seiner Frau Chariklo begleitet, an der Spitze schreitet. Die Verteilung der Götter innerhalb der Prozession ist der auf der vorangehend besprochenen Vase sehr ähnlich; eine Änderung allerdings ist bemerkenswert: Rechts hinter Peleus ist die Wohnstatt des Hochzeitspaares in Form einer Vorhalle mit Säulen und einem Giebel dargestellt; zwischen den beiden Säulen sieht man die Tür des Hauses (Abb. 2). Ein Türflügel steht offen und läßt die Beine einer sitzenden Frauenfigur sichtbar werden, die einen Schleier ihres Gewandes anhebt; darüber kann man ihren Namen lesen: Thetis. Die halb geöffnete Tür gewährt nur einen flüchtigen Blick auf die Braut; ihr Gesicht könnte durch den anderen Türflügel verdeckt worden sein – die Vase ist an dieser Stelle beschädigt, und man kann das nicht mit absoluter Sicherheit sagen. Die Geste des Anhebens des Gewandschleiers verstärkt die Wirkung der halbgeöffneten Tür. Die Braut ist da, aber nur zum Teil sichtbar; sie entschleiert sich mit einer Geste, die im Ritual der Hochzeit ihre Entsprechung findet. Gewand und Haus umschließen den Körper der Frau; sie wird auf einen privaten Ort verwiesen, abgesondert von dem öffentlichen Raum, in dem die Götter vorbeiziehen und sich den Menschen zeigen.

Von Tür zu Tür

Abb. 3   Wagen des
Brautpaares;
nach einer Pyxis;
um 430. *London,
British Museum.*

Die Maler haben in der Ikonographie der Hochzeit oft den Endpunkt und Ausgangspunkt des Hochzeitszuges mit Türen markiert und den Eindruck erweckt, als ob sich das Ereignis zwischen der einen oder der anderen Tür abspiele.

Auf einer Büchse aus Terrakotta in zylindrischer Form, einer *pyxís*, schreitet der Hochzeitszug aus einer Tür, deren rechter Flügel halb geöffnet ist (Abb. 3)[5]. In dem Türspalt ist eine Frau sichtbar – vielleicht die Mutter der Braut? –, dem sich entfernenden Wagen zugewandt. Ihre Haltung und Blickrichtung gibt deutlich zu erkennen, daß die Tür dieses Mal Ausgangspunkt und nicht Zielpunkt des Zuges ist; aber auch hier bleibt eine Frau im Inneren des Hauses zurück. In Übereinstimmung mit dem archaischen Schema befindet sich das Brautpaar auf einem Wagen: Die Braut, mit verhülltem Haupt, ist schon aufgestiegen, während der Bräutigam sich anschickt, ihr zu folgen. Sie werden von einem jungen Mann und einer jungen Frau flankiert, die Fackeln tragen, und ihnen folgen zwei Frauen, von denen die eine einen flachen Kasten auf dem Kopf trägt und in der rechten Hand einen großen Kessel, während die andere eine große Kultvase in Händen hält – *lébēs gamikós* –, die zur Mitgift der Braut gehört. Wesentliche Aspekte des rituellen Zuges sind hier im Bild gezeigt: Die Braut verläßt das Haus, in dem ihre Familie lebt; die Hochzeit ist als Übergang der Braut von einem Ort zu einem anderen dargestellt; das Bild hebt die Mitgabe von Hochzeitsgeschenken hervor; der Hochzeitszug wird von einem bartlosen jungen Mann angeführt, der einen Heroldsstab hält: der Gott Hermes, zuständig für alle Formen des Übergangs und Wechsels. Der Deckel dieser

Abb. 4   Hochzeits-
zug; Pyxis; um 460.
Paris, Louvre.

Büchse ist mit Himmelskörpern geschmückt; die Sonne, der Mond und die Nacht ziehen auf dieser Scheibe des Deckels ihre Runde wie am Firmament. Die zylindrische Vase, die als Schmuck- oder Schminkbüchse speziell für den Gebrauch der Frauen bestimmt war, bringt durch ihre Gestaltung zwei Bereiche miteinander in Verbindung, die der Grieche mit Worten bezeichnet, die von derselben Wurzel abgeleitet sind: die himmlische Ordnung, *kósmos*, und die Gegenstände für die Pflege und den Schmuck des Körpers, der Kosmetik (*kósmēsis*). Die Ikonographie dieser Vase deutet einen Zusammenhang zwischen der Hochzeit und der Ordnung der Welt an.

Abb. 5 Von Tür zu Tür; nach einer Pyxis; um 460. Paris, Louvre.

Eine andere *pyxís* im Louvre (Abb. 4 und 5)[6] zeigt ein neues Muster der Prozession, in dem es keine Wagen mehr gibt. Diese Version findet sich in klassischer Zeit am häufigsten; wir verfügen über ungefähr vierzig Exemplare. Das Bild läuft um den runden Körper des Tongefäßes fort, doch wird mit einer geschlossenen Tür ein Punkt gesetzt; es bleibt unklar, ob sie als Ausgangs- oder Endpunkt auf die linke oder die rechte Seite der Prozession gehört; diese Ambivalenz mutet gewollt an und macht aus den Türen ein herausgehobenes Bildelement, das das rituelle Geschehen einrahmt. Zunächst erscheint von links auf diesem Bild eine Frau, die mit ausgestreckten Armen die Gewandfalten der Braut ordnet; es handelt sich vielleicht um die Mutter oder um die *nympheútria*, ihre »Brautjungfer«; nah an der Tür stehend verweist sie auf den Ort, den die junge Ehefrau verläßt. Die Braut trägt einen Kranz auf ihrem Haupt und ist halbverschleiert; mit der einen Hand hält sie ihr Gewand, während sie die andere einem jungen Mann entgegenstreckt, der vor ihr geht und sie beim Handgelenk nimmt. Die unbewegliche Haltung der jungen Frau steht im Gegensatz zu der Bewegtheit des Bräutigams, der bereits voranschreitet und sich dabei zu seiner Frau zurückwendet; er tritt dadurch als Anführer des Zuges hervor. Die Geste der Hand auf dem Handgelenk – *cheír'epi karpoû* – ist der rituelle Ausdruck der Besitzergreifung, mit der er der neue Vormund – *kýrios* – der Braut wird. Auf diese Weise ist die Frau in ein Netz von Gesten verwoben, die Trennung und Eingliederung als Grundelemente des Übergangsritus anzeigen. Rechts von der besprochenen Gruppe sind vier Personen Zeugen der

Abb. 6   Wagen des
Brautpaares (oben);
Wagen eines Krieger-
paares (unten);
Dinos; um 530.
Salerno, Museo

Trennung; man erkennt Apollon an dem Lorbeer, den er in Händen hält, und seine Schwester Artemis sowohl an ihrem Bogen wie an dem Köcher, der hinter ihrer linken Schulter hervorragt; die beiden anderen Figuren lassen sich nicht ohne weiteres identifizieren: eine Frau wird bei der Geste dargestellt, mit der sie einem bärtigen erwachsenen Mann, der sich auf ein Zepter stützt, ein Band entgegenreicht; diese Figuren mögen entfernt an die Hochzeit der Thetis und des Peleus erinnern, doch legt der wenig ausgeprägte Charakter der beiden Gestalten eine solche Interpretation nicht unbedingt nahe. Die Gegenwart von Göttern bei einer Hochzeit und insbesondere die der Artemis, die die Mädchen bis zu ihrer Hochzeit begleitet, wird nicht verwundern, denn eine der Funktionen des Bildes ist es gerade, die Götter in den Augen der Menschen gegenwärtig erscheinen zu lassen. Das Brautpaar für sich bildet kein ausreichendes Motiv für die Maler. Das Paar erscheint stets inmitten der Schar der Verwandten und Freunde und unter den Blicken menschlicher und göttlicher Zeugen, die den öffentlichen Charakter der Hochzeit garantieren.

Die Prozession der Wagen

Das Bildschema der Fahrt auf dem Wagen findet sich auch auf einem schwarzfigurigen *dînos* der archaischen Zeit (Abb. 6)[7], eine Variante des Kraters (Mischkrug), der ungefähr ein halbes Jahrhundert älter ist als das vorangehend besprochene Gefäß. Der Bauch der Vase ist mit einem umlaufenden Fries geschmückt, der in zwei parallele Szenen unterteilt ist. Auf der einen Seite ist ein Paar auf einem Wagen dargestellt; der Mann steht im Vordergrund; der Wagen wird von zwei Frauen begleitet, die Geschenke tragen, sowie von einer Fackelträgerin, und von Apollon und Dionysos. Ausgangspunkt oder Zielpunkt der Prozession sind nicht ersichtlich; die Teilnahme der Götter läßt wiederum an die Hochzeit der Thetis und des Peleus denken, ohne daß uns diese mythologische Interpretation durch eine Inschrift oder ein ausdrückliches Zeichen nahegelegt würde. Auf der Rückseite des Gefäßes bewegt sich ein Wagen auf einen sitzenden Greis zu; auf dem Wagen steht ein Kriegerpaar und darum herum befinden sich andere Krieger, Hopliten oder Bogenschützen, die die Abfahrt beobachten. Zur Zeit der Entstehung des Kruges sind allerdings Wagen weder für den Transport von Personen, seien sie Brautleute oder andere, noch zu Kriegszwecken verwendet worden, denn der Krieg wurde zu Fuß und in geschlossenen Reihen Schwerbewaffneter geführt. Der Wagen wird lediglich in Wettkämpfen wie denen in Olympia benutzt. Indem der Maler ein Gefährt aus vergangenen Zeiten, das einen starken Bezug zum Epos herstellt, in den

Abb. 7 Empor-
heben der Braut;
Loutrophoros; um
430. *Berlin,
Antikenmuseum*
(in Furtwängler,
Collection
Sabouroff, Taf. 58).

Mittelpunkt der Szene stellt, gibt er diesen Bildern einen mythischen Ein-
schlag, den man als epische Metapher werten kann. Wenn er andererseits die beiden Wagenszenen nebeneinanderstellt, macht er eine Analogie zwischen Hochzeit und Krieg sichtbar: die Heirat als die Erfüllung
des Lebens der Frau, der Krieg als Vollendung männlichen Schicksals.

Wir finden die Abfahrt des Wagens der Brautleute auch auf einer Loutrophoros im Berliner Museum (Abb. 7)[8]. Es handelt sich um eine Vase
länglicher Form, mit der das Badewasser (*loutrón*) für die Braut geholt
wurde. Funktion und Dekoration der Vase stehen in engem Zusammenhang. Die Gefäßwölbung bietet ein schmales und hohes Bildfeld, auf
dem ein Hochzeitszug dargestellt ist. Links unter dem einen Henkel
sehen wir vor einer Fackelträgerin ein bekränztes Kind, bei dem es sich
vermutlich um das Kind, *paîs amphitálēs*, handelt, dessen beide Eltern
noch leben und dessen Anwesenheit während der Zeremonie gefordert
ist, obwohl uns die vorangehenden Bilder kein Beispiel dafür liefern. Der
Maler hat das Motiv des Hochzeitszugs mit Wagen gewählt: Auf dem
Aufbau des Wagens steht ein Wagenlenker, der sich nach den Brautleuten umwendet; der junge Bräutigam, mit einem Lorbeerkranz, hebt die
junge Frau mit den Armen empor und schickt sich an, auf den Wagen zu
steigen. Diese trägt ebenfalls einen Kranz und hat den Chiton über den
Kopf gezogen; mit der linken Hand hält sie eine Bahn dieses Schleiers.
Ein kleiner Eros im Flug hält einen Kranz – aus Myrten? – über die Braut,
während ein weiterer Kranz über dem Bräutigam auf der Bildfläche
erscheint. Unter dem rechten Henkel zeigt eine Säule einen Ortswechsel

an; das ist eine weniger deutliche graphische Lösung als die öfter vorkommende Tür; sie trennt eine Bildfläche ab, hinreichend, um zwei Personen zu porträtieren: eine Fackelträgerin und einen bärtigen Mann, der
ein Zepter hält; diese könnten, da sie sich am Zielpunkt des Zuges befinden, die Eltern des Bräutigams sein, vielleicht aber auch mythische
Gestalten, worauf das Zepter deutet. Die Säule bildet keine scharfe Trennung zwischen Vorder- und Rückseite: Die Fackel, die die Frau rechts
der Säule trägt, ragt in die andere Szene hinein. Andrerseits werden die
Pferde, die den Wagen ziehen, nicht sichtbar. Eine solche graphische
Auslassung zeigt, wie der Maler die für die Einsichtigkeit des Bildes notwendigen Elemente festhält und darauf verzichtet, einen illusionären
Effekt zu erreichen oder den Raum als Einheit und Kontinuum zu behandeln. Das Bild ist eine »Collage« von Elementen, die einen Sinn ergeben
sollen. Hier genügen das Rad und die Säule völlig, um den Übergang zu
kennzeichnen. Bemerkenswert ist die Bewegung des Paares: Der junge
Mann hebt die Braut empor. Er ist es ganz und gar, der die Initiative
ergreift. Seine Handlung erinnert uns an die bekannte Geste der Besitzergreifung durch die auf das Handgelenk gelegte Hand. Ein neues Element auf diesem Bild ist der Eros. Eine kleine, behende, geflügelte

Gestalt, ist Eros im attischen Bildrepertoire ein Jüngling, nicht das kleine, pausbäckige Engelchen, der *putto* der römischen Kunst. Wir werden
auf diese Figur zurückkommen. Eros erscheint hier, die Schönheit der
Braut zu überhöhen, indem er sie bekränzt und ihren Platz in der Mitte
des Geschehens auszeichnet. Alle Personen wenden sich der Braut zu,
deren im Profil gezeigtes Gesicht durch den Schleier zugleich halb verdeckt und hervorgehoben ist. Verschiedene, zeitlich aufeinanderfol
gende Elemente des Hochzeitsrituals wie Hochzeitszug, Empfang und
Entschleierung werden zu einem Ereignis vereint. Das Heimholen der
Braut mutet auf diesem Vasenbild wie ein Schauspiel an, für dessen
geglückte Inszenierung die Götter selbst einstehen.

Abb. 8 Hochzeits-
geschenk; Lebes;
um 450.
*Kopenhagen,
Nationalmuseum.*

Blumen, Eros und Nike

Wie wir gesehen haben, stehen die Form der Vase und ihre Ikonographie oft in mehr oder minder direktem Zusammenhang. Neben der *pyxís*
als Behältnis für Parfüm und Schmuck und der Loutrophoros für die kultische Waschung ist noch der *lébēs gamikós* zu nennen, der »Hochzeits-
kessel«, bei dem es sich um eine Art Topf handelt, der auf einem erhöh-
tem Fuß steht. Er gehört zu den der Hochzeitsfeier allein vorbehaltenen
Kultvasen und ist eines der Geschenke, die man der Braut mitgibt, wie
auf der *pyxís* aus London zu sehen ist. Auf einer Vase dieses Typs in
Kopenhagen (Abb. 8)[9] ist nicht der Hochzeitszug abgebildet, sondern

eine Szene mit der Braut als Mittelpunkt. Sie sitzt auf einem Schemel und hält auf den Knien einen *lébēs gamikós*, der ihr gerade als Geschenk übergeben worden ist; über ihr hängt eine Haube, *sákkos*. Eine Frau überreicht ihr zwei weitere Vasen: Die eine, längliche, ist eine Parfümflasche, *alábastron*, die andere steht auf einem Fuß und sieht wie eine *pyxís* aus. Hinter der Braut steht eine andere Frau, die in ihrer erhobenen Hand eine Blume hält, deren Zeichnung verwischt ist. Zwischen dieser Frau und der Braut befindet sich ein großes stilisiertes Pflanzenornament, das nach oben hin in eine Palmette und eine Knospe ausläuft. Dieses dekorative Element, das üblicherweise seinen Platz auf den unbebilderten Stellen der Vase findet – etwa auf den Henkeln oder dem Hals –, bringt die Bedeutung der Blumen und des Parfüms im Rahmen der Hochzeit zum Ausdruck. Aus dem Rahmen einer üblichen Trennung von Bild und Ornament fallend, hat die florale Ornamentik auf diesem Bild doch eine ästhetische Funktion als Zeichen, das die Frau und die Pflanzenwelt in direkte Beziehung zueinander setzt. Die Knospe ist nicht, wie man hat glauben wollen, als phallisches Symbol gezeigt, sondern als Zeichen für die zum Wachsen bereite Pflanze, die ihre Blüte und ihren Duft entfalten will.

Auf der Rückseite dieser Vase ist eine Fackelträgerin abgebildet und eine Frau, die ein Zepter hält (vielleicht eine Gottheit als Zeugin der Hochzeit). Unter den Henkeln befindet sich ein Pflanzenornament, das dem auf der Hauptseite entspricht, aber, da es sich an seinem normalen Platz außerhalb des Bildes befindet, ist seine Wirkung eher banal. Das Ornament rahmt zwei geflügelte weibliche Figuren ein, die auf die Braut hin ausgerichtet sind und ebenfalls Fackeln tragen. Diese Figuren könnten Niken sein, die oft fälschlicherweise als Siegesgöttinnen bezeichnet worden sind. Sie sind auf Hochzeitsbildern nicht selten zu finden. Diesem Sujet gemäß können sie natürlich nicht den Sieg im militärischen Sinn bedeuten, sondern es ist anzunehmen, daß sie das von den Göttern

gesegnete Gelingen verkörpern. Sicherlich sah die Antike eine gewisse symbolische Entsprechung zwischen Heirat und Krieg. In beiden Fällen verkörpert Nike einen positiven Ausgang, einen von den Göttern gewollten Erfolg.

Auf einem kleinen *lébēs gamikós* mit niedrigem Fuß (Abb. 9)[10], dessen Deckel von einem Alabastron für Parfüm gekrönt wird, hat der Maler die Ikonographie der Hochzeit auf ein Minimum reduziert. Nur zwei geflügelte, schwebende Figuren, auf der einen Seite Nike, auf der anderen Eros, sind zu sehen. Sie fliegen aufeinander zu, bilden den Rahmen für den unsichtbaren Mittelpunkt des Bildes: die Braut. In den ausgestreckten Armen halten sie kaum erkennbare Zweige mit prachtvollen Blüten. Die Figuren sind von zwei Säulen eingerahmt, die an die räumliche Aufteilung der vorangehend besprochenen Bilder erinnern. Auf diese Weise sind hier sekundäre Elemente, Ornamente und allegorische Figuren, als wesentliche Symbole der Hochzeit in den Vordergrund getreten: Die Fruchtbarkeit wird durch Blumen und Kränze bezeichnet, der rituelle Übergang durch Säulen angedeutet, die Erfüllung wird durch Nike garantiert, Verführung und Grazie stehen im Zeichen des Eros.

Eine beispielhafte Vase

Ein Beispiel komplexer Natur (Abb. 10)[11] soll unsere Kenntnis der Ikonographie der Hochzeit bereichern. Es handelt sich um einen Gebrauchsgegenstand aus gebranntem Ton, ein *epínētron*, das die Form eines halbierten Hohlzylinders hatte, mit dem Knie und Oberschenkel bedeckt wurden, um auf dem oberen, nicht dekorierten Teil Wolle auszuziehen. Das abgebildete Beispiel ist ein Fundstück aus einem Grab in Eretria, und seine Qualität läßt darauf schließen, daß es rein dekorativen Zwecken diente. Drei Szenen geben mythische Hochzeiten wieder. Um

Abb. 10 Mythische Hochzeiten;
Epinetron; um 420. *Athen, Nationalmuseum.*

die weibliche Büste, die den Abschluß des *epínētron* bildet, läuft ein runder Fries, auf dem dargestellt ist, wie Peleus sich der Thetis bemächtigt und sie an der Taille umfaßt, während sie sich in einen Hippokampos (Seepferdchen) verwandelt, wie Nereus, sein Zepter haltend, auf der rechten Seite steht und die Schwestern der Thetis sich voller Furcht zu ihrem Vater flüchten. Auf den Längsseiten entwickeln sich zwei Szenen, auf denen kein Mann zu sehen ist: Die erste stellt vielleicht[12] die Vorbereitungen der Hochzeit der Harmonia dar, der Tochter des Ares und der Aphrodite, die Kadmos, König von Theben, heiraten soll. Die Beischriften bezeichnen links eine sitzende Aphrodite vor ihrem Sohn Eros, dann ebenfalls sitzend Harmonia, die von Peitho, der Überredung, und Kore, dem jungen Mädchen, umrahmt wird. Die Braut hat sich umgewandt und blickt auf die weiter rechts von ihr stehende Hebe, die Jugend, die sich ihrerseits Himeros, dem Verlangen, zuwendet; diese, sitzend, hält einen Schmuckkasten und streckt Hebe eine Vase mit Parfüm entgegen. Diese mythischen Figuren sind zugleich Allegorien der Heirat: die Überredung, die Jugend, die Harmonie, aber auch Eros und sein zweites Ich Himeros, das Verlangen. Aphrodite ist die mythische Mutter der Braut und außerdem die Göttin, die im Unterschied zu den von Hera vertretenen ehelichen Werten Verführung, Schönheit und Liebessehnsucht verkörpert. Ihre Domäne ist all das, was mit Liebreiz und Anmut zu tun hat sowie mit Schönheit, die in Verbindung mit dem Zurechtmachen, Ankleiden und Salben steht und allein den Frauen zu eigen ist. Das zweite Bild auf der Längsseite ist Alkestis gewidmet, der beispielhaften Gattin des Admetos, des Königs von Thessalien, die bereit war, statt ihres Mannes in den Hades hinabzusteigen. Aber hier erinnert nichts an diese Episode. Alkestis lehnt – rechts im Bild – an dem Hochzeitsbett, vor einer Tür, die in das Innere des Hauses führt. Die Raumtiefe wird durch eine Säule angezeigt. Alkestis steht fünf Frauen gegenüber, die durch eine Beischrift benannt sind: Hippolyte ist sitzend dargestellt, einen Vogel auf ihrer Hand; hinter ihr steht Asterope. Weiter links sind Theo und eine weitere Frau damit beschäftigt, Zweige in Vasen zu ordnen, die der Braut geschenkt werden, zwei *lébētes gamikoí* und eine Loutrophoros. Zwischen ihnen hebt Charis, die Grazie, eine Bahn ihres Gewandes empor. Zwei Kränze und ein Spiegel vervollständigen das Interieur. Die Szene gibt die Übergabe der Geschenke am Morgen nach der Hochzeit wieder (*epaúlia*); Alkestis, die neue Herrin des Hauses, zeigt sich im Glanz ihrer neuen Wohnstatt.

Das Bild des Raubs der Thetis steht im Kontrast mit den beiden ausschließlich weiblichen Szenen, den Hochzeitsvorbereitungen und der Aufnahme (im neuen Haus). Hier ist nicht der Hochzeitszug dargestellt, sondern es sind die Frauen unter sich. Die Auswahl der Personen ist nicht zufällig: Alkestis ist das mythische Vorbild der bis in den Tod erge-

Abb. 11   Im Garten
der Aphrodite;
Lekythos; um 410.
*London, British
Museum*
(in Furtwängler/
Reichhold, Taf. 78).

benen Gattin, Harmonia folgt dem Kadmos bis zum Ende und wird, wie
er, in eine Schlange verwandelt.

Die Szenen beschwören demnach mythische Hochzeiten und Allegorien ehelicher Tugenden auf einem Gegenstand, der dazu diente, Wolle
zum Spinnen aufzubereiten: Die häusliche Arbeit ist mit einer Sicht der
Ehe verbunden, die man als weiblich bezeichnen könnte, die aber
zugleich männliche Werte der Ehe transportiert: den Gewaltakt des Rau-
bes durch Peleus, die Treue der Ehefrau, Schönheit und Verführung.

Im Garten der Aphrodite

Wir finden vermehrt Frauenbildnisse auf Vasen und Gefäßen in der zwei- ten Hälfte des 5. Jahrhunderts. Vor allem aus der Schule der Meidiasma- lers begegnen uns ähnliche Darstellungen der Aphrodite mit ihren Ge- fährtinnen, mittels derer vergleichbare Werte zum Ausdruck gebracht werden, die aber nicht ausschließlich in den Bereich der Hochzeit gehören, sondern die Macht der Göttin betreffen. Auf einer Lekythos (Abb. 11)[13], sehen wir die Göttin in graziöser Pose sitzen und einen Eros auf ihrer Schulter ruhen, dem sie sich huldvoll zuwendet. Fünf Frauen – verschieden nach Kleidung und Haartracht – sind Aphrodite zugesellt,

Abb. 12
Die schöne Braut;
Alabastron; um 470.
*Paris, Bibliothèque
Nationale.*

die Inschriften mit allegorischen Namen versehen: Von links nach rechts sehen wir Kleopatra – »vornehme Herkunft« –, die eine Blume und ein Halsband hält, dann Eunomia – »gute Ordnung« –, die sich auf Paidia – »Spiele« – stützt, welche ebenfalls ein Halsband in Händen hat; es folgt Peitho – »Überredung« –, die einen Opferkorb schmückt, während Eudaimonia – »Glück« – Früchte sammelt. Keine bestimmte Handlung wird auf diesem Bild vorgeführt, wo es bis auf die Geste der Peitho, die sich auf die Vorbereitung eines Rituals zu beziehen scheint, um die Vielfalt von Früchten und Schmuck geht. Alle Frauen sind der Aphrodite zugewandt dargestellt und ihr Blick richtet sich auf Eros. Das Bild erweckt den Anschein einer paradiesischen Welt, eines friedlichen Gartens, in dem mehrere weibliche Figuren die verschiedenen Tugenden der Aphrodite, der Schutzherrin einer glücklichen Liebe, darzustellen scheinen.

Diese ästhetischen Zeichen, Kränze, Blumen, Schmuck, sind schon vor der Entwicklung weiblicher Allegorien bezeugt. Sie und die Einführung des Eros dienen der Verschönerung der Braut. Das Hochzeitsritual mißt dem Augenblick, wenn die Braut sich vor dem Bräutigam und seiner Familie entschleiert, eine besondere Bedeutung zu. Das Bild hebt auf seine Weise diese Dimension des Blicks hervor, der auf der jungen Ehefrau ruht, indem es die Zeichen vervielfältigt, die für ihre Schönheit stehen. Ein Alabastron aus den Jahren um 470 (Abb. 12)[14] zeigt uns eine sitzende junge Frau, die einen Kranz in den Händen hält; hinter ihr geht ein kleines Mädchen auf sie zu und streckt ihr eine Vase (wohl ebenfalls ein Alabastron) entgegen: Blumen und Parfüm, die klassischen Attribute des weiblichen Schönheitskultes. Der jungen Frau gegenüber steht ein bartloser Mann, auf einen Stock gestützt, der ihn als Bürger auszeichnet. In der ausgestreckten rechten Hand hält er der Frau einen Gürtel entgegen. Es handelt sich um eine Szene, die den Austausch von Geschenken zwischen zwei Personen darstellt, die Namen tragen: An dem Stock des jungen Mannes entlang läuft die Inschrift *Timodemos kalós* – Timodemos ist schön. Über dem Korb, der zwischen den beiden steht und ein Arbeitszubehör der Frau darstellt, steht: *hē nýmphē kalé* – die Braut ist schön. Es ist interessant, daß der junge Mann bei seinem Namen genannt wird, während die Braut als Typus bezeichnet wird. Diese Dissymmetrie in der Beschriftung macht aus dem Bild eine Art Paradigma: Die Braut empfängt den für die Hochzeit symbolisch wichtigen Gürtel. Auf die sitzende Frau richtet sich der Blick des stehenden Mannes. Es ist dieses Blickverhältnis, welches der Maler wiedergibt und das aus der Frau den Typ der schön anzusehenden Braut macht.

Um eine erste Schlußfolgerung aus den Hochzeitsdarstellungen zu ziehen: Die Maler beschränken sich nicht auf eine einfache Beschreibung des Rituals. Sie kombinieren vor dem Hintergrund ihrer kulturellen Praktiken verschiedene Elemente des Rituals, wobei sie sich mythologischer

Paradigmen bedienen. Auf diese Weise gestalten sie Bilder, die – ästhetisch aufbereitet – symbolische Werte sichtbar machen, die im sozialen
Leben und in den Ritualen eine Rolle spielen – so eben bei der Verheiratung, bei der die Braut das Schauobjekt darstellt.

Andere Rituale sind ebenfalls Gegenstand bildlicher Darstellungen.
Man kann zwischen privaten und familiären Riten unterscheiden, mit

Abb. 13   Abschied
vom Toten;
Loutrophoros;
Gesamtansicht und
Detail des Bauches;
um 490. *Paris,
Louvre.*

denen wir begonnen haben, und Ritualen, die den öffentlichen Festver-
anstaltungen zuzuordnen sind und kollektiver Art sind. Manche von
ihnen sind ausschließlich den Frauen vorbehalten.

DER TOTENKULT

In der Reihe der Bilder, die dem Totenkult gewidmet sind, finden wir
einige Grundzüge, die sie mit den Bildern aus dem Umkreis der Hochzeitsfeier gemein haben. Dies gilt für den engen Zusammenhang zwischen der Form der Vase und ihrer Dekoration, und für die subtile Ökonomie der Raumaufteilung. Der Platz, der den Frauen in diesen Ritualen
eingeräumt wird, ist eindeutig bestimmt.

Das Begräbnis

Die Bilder zeigen nicht alle Schritte des Rituals. Von der Totenwaschung
haben wir kein Bild, und die Beisetzung wird nur selten gezeigt. Die
Maler scheinen von den Anfängen der Vasenmalerei an zwei Darstel-
lungsmustern zu folgen: Sie zeigen die Aufbahrung des Toten – *próthe-*
sis – und seinen Transport zur Grabstelle – *ekphorá*. Es handelt sich
dabei um sehr alte ikonographische Vorbilder, die seit Wiederaufkom-
men des figurativen Stils in geometrischer Zeit zu finden sind.[15] Von der
Mitte des 8. Jahrhunderts v. Chr. an finden wir auf den Gefäßen Bilder
von Tieren – Vögel, Pferde und Hirsche – und von menschlichen Situa

Abb. 14   Die um
den Toten geschar-
te Verwandtschaft;
nach einem Pinax;
um 500. *Paris,*
Louvre.

tionen, worunter Begräbnisszenen einen wesentlichen Anteil bestreiten. Diese begegnen uns auf großen Vasen wie Amphoren, Krateren oder Hydrien, die als Stelen dazu dienten, den Begräbnisplatz anzuzeigen. Die Anfänge der Vasenmalerei setzen also ein mit der Darstellung des Totenkults. Die Bilder auf den Vasen, die den Toten zur Ehre gereichten, gewähren uns einen Einblick in die Pietät des Totenkults.

Diese ikonographischen Muster bleiben auch in archaischer und klassischer Zeit bestehen, was angesichts des konservativen Charakters der antiken Ikonographie, die der Neuerung und der Phantasie nur wenig Raum läßt, nicht verwunderlich ist. Eine große rotfigurige Loutrophoros aus den Jahren um 490 (Abb. 13)[16] zeigt drei sich ergänzende Szenen auf Hals, Bauch und Fuß. Auf dem Hals wiederholt sich auf beiden Seiten dasselbe Bild: Eine von zwei Frauen trägt eine Loutrophoros mit dem Wasser für die Waschung des Toten; die andere Frau hat die Hände über dem Kopf zusammengeschlagen, klagt und rauft sich die Haare. Am Fuß der Vase sind eine Reihe von Reitern abgebildet, die vielleicht auf den sozialen Status des Verstorbenen hinweisen und auf den Leichenzug während des Begräbnisses. Auf dem Bauch des Gefäßes ist der Verstorbene auf einem Totenbett liegend dargestellt. Nur sein Haupt, auf einem Kissen ruhend, ist sichtbar, der Unterkiefer wird durch eine Art Kinnband hochgehalten, der übrige Körper ist eingewickelt und mit einem Laken

Abb. 15   Trauernde Frauen; Pinax; um 540. *Berlin, Pergamonmuseum* (in Antike Denkmäler, Taf. 9).

Abb. 16   Opferga-
ben am Grab;
nach einer Lekythos;
um 450. *Athen,
Nationalmuseum.*

bedeckt. Vier Frauen sind um das Totenbett herum gruppiert; eine von
ihnen hält das Haupt des Toten, das im Brennpunkt der Szene zu stehen
scheint, während die anderen drei sich klagend die Haare raufen. Am
Fuße des Bettes, auf der anderen Seite der Gefäßwölbung, treffen fünf
Männer zusammen; zwei wenden dem Totenbett ihren Rücken zu und
begrüßen mit ausgestreckten Armen die drei Ankommenden, an deren
Spitze ein Jüngling steht.

Eine ähnliche Gruppierung finden wir auf einem etwas früheren Bild
(Abb. 14)[17] auf einer Tafel – *pínax* – aus Terrakotta, die mit Löchern versehen ist, um auf dem Grabmal befestigt zu werden. Das Bild ist stark
beschädigt, aber die Interpretation ist durch den Vergleich mit anderen,
besser erhaltenen Darstellungen gesichert. Interessant an dieser Bildtafel
sind die Inschriften, die die Figuren charakterisieren. Der Tote liegt ausgestreckt auf dem Bett, sein Haupt auf einem Kissen. Um ihn stehen sieben Frauen, von denen zwei noch Mädchen sind. Eine der Frauen hält
den Kopf des Toten; eine Beischrift bezeichnet sie als *mḗtēr* – Mutter;
ein kleines Mädchen, das vor ihr steht, wird als *adelphḗ* – Schwester –
bezeichnet; der Mutter gegenüber am Kopfende des Bettes erblicken wir
eine Großmutter – *téthe* – und ganz rechts eine Tante – *tēthís*; links hinter der Mutter steht eine Tante des Vaters – *tēthís pròs patrós*; und
schließlich ist da noch eine weitere Tante, die sich nach links wendet.
Alle Frauen stehen um das Totenbett herum und blicken, mit einer Ausnahme, auf den Toten; sie schlagen die Hände über ihren zerrauften
Haaren zusammen und klagen, wie der mehrfach eingeritzte Ausruf
ōimoi – weh mir – bezeugt. Dieses Gebaren der Frauen steht, wie schon
auf dem vorangehenden Gefäß, im Gegensatz zu dem Verhalten der

Männer auf der linken Seite. Der erste, am Fuße des Bettes, wendet sich den anderen zu und begrüßt sie; er wird als *patér* – Vater – bezeichnet und hat weiße Haare; er empfängt die anderen Männer am Eingang des Hauses oder des Zimmers, der durch eine Säule gekennzeichnet ist; es sind drei erwachsene Männer, von denen einer ein Bruder – *adelphós* – des Verstorbenen ist, sowie ein Kind.

Das Bild erläuterte dem Betrachter aufs genaueste die verwandtschaftlichen Beziehungen des Toten. Daß er, ein früh Hingeschiedener, von seinen Eltern betrauert wird, erhöht die Dramatik der Szene und erklärt vielleicht die Beschriftung. Männer und Frauen teilen durch eigentümliches Gebaren und verschiedene Positionen den fiktiven und symbolischen Bildraum. Auf der rechten Seite gewahren wir die klagenden Frauen im rituellen Ausdruck der Trauer. Links am Eingang des Hauses erweisen die Männer dem Toten die letzte Ehre und garantieren ihm seine soziale Anerkennung. In diesem familiären Rahmen des Ritus haben die Frauen ihren Platz in der Nähe des Toten, während die Männer von außerhalb kommen, um ihm von weitem die letzte Ehre zu erweisen.

Andere Grabtafeln zeigen ähnliches. Manche von ihnen wurden nebeneinander am Grab aufgestellt, um der Reihe nach betrachtet zu werden. Eine Bildtafel aus dem Museum in Berlin (Abb. 15)[18] aus der Zeit um 540, die zu einer leider sehr fragmentarisch erhaltenen Reihe von mindestens 15 Tafeln gehört, zeigt eine Versammlung von acht Frauen. Fünf von ihnen sitzen einander gegenüber, während die drei anderen stehen. Es handelt sich nicht um eine *próthesis*, denn es ist keine Bahre und kein Toter zu sehen. Die Frauen gestikulieren nicht, sondern scheinen ernst und gesammelt. Die in der Mitte stehende Frau hält ihrer Nachbarin zur Rechten ein Kind entgegen, während die zur Linken ein Leinentuch reicht. Im Vordergrund hebt sich eine verschleierte Frau inmitten der anderen hervor; in der rechten Hand hält sie in Höhe der Wange eine Haarsträhne als Zeichen ihrer Trauer. Ihr gegenüber sitzt eine Frau, deren Frisur sich von der aller anderen unterscheidet und die jünger zu sein scheint. Es hat den Anschein, als würden die Frauen den Tod der Mutter des kleinen Kindes betrauern, das jetzt in ihrer Hut ist. Der Altersunterschied der Figuren läßt sich nur ungefähr ausmachen. Die Bildersprache der attischen Vasen kann das Alter von Männern deutlicher kennzeichnen als das von Frauen; die Männer sind entweder bartlos oder tragen einen Bart, haben weißes Haar oder sind kahlköpfig, und diese Zeichen entsprechen den Altersklassen, die in der Polis und insbesondere im Krieg so wichtig sind; für die Frauen ist allein ihr Status, ob verheiratet oder nicht, von Bedeutung. Wenn die Berliner Bildtafel wirklich auf den Tod einer jungen Mutter anspielt, deren Kind den Frauen der Verwandtschaft anvertraut ist, sind in den Frauen im Vordergrund wohl die Mutter und die Schwester der Verstorben abgebildet.

Die Opfergaben am Grabe

Die Bilder messen auch einem anderen Aspekt des Totenkults große
Bedeutung bei: der Darbringung von Opfergaben am Grabe. Es scheint,
daß dies im wesentlichen Aufgabe der Frauen war. Viele Vasen zeigen
Frauen, die vor einer Grabstele stehen und sich anschicken, dort Kränze, Gebinde oder kleine Salbgefäße niederzulegen, die sie auf großen
flachen Körben heranbringen. Der Status dieser Frauen bleibt unklar:
Herrin oder Dienerin, Mutter oder Tochter? In den meisten Fällen finden
sich diese Szenen auf Salbgefäßen – Lekythoi –, die selbst als Opfergaben niedergelegt werden; Form und Dekoration sind aufs engste verbunden. Auf einer athenischen Lekythos (Abb. 16)[19] ist auf der rechten
Seite eine Frau abgebildet, die mit einem Korb auf eine mit einem Gebinde geschmückte Stele zugeht, an deren Fuß auf Stufen Vasen und Kränze niedergelegt sind. Ihr gegenüber auf der linken Seite steht ein junger
Mann, in einen Mantel gekleidet und mit einer Lanze bewaffnet, der ihr
zusieht. Wie der Vergleich mit anderen Vasen desselben Typs nahelegt,
wird in dieser Gestalt der Verstorbene vergegenwärtigt. Die steinerne
Stele wurde errichtet, um die Grabstätte zu bezeichnen und die Erinnerung an den Toten zu bewahren; sie ist das Mal, an dem Lebende und
Tote sich begegnen, der Ort, an den die Frauen kommen, um ihre Gaben
niederzulegen und die Erinnerung an den Verstorbenen zu pflegen. Auf
der Vase dient die Stele als sichtbares Zeichen der Verbindung zwischen
dem Verstorbenen und der Frau, die gekommen ist, ihn zu ehren.

Die Heimkehr des Kriegers

Wir müssen noch einer eigentümlichen Darstellung im Zusammenhang
mit dem Totenkult Beachtung schenken, die die Rückkehr eines toten
Kriegers, der von einem seiner Gefährten heimgebracht wird, zum Thema hat. Manchmal beigefügte Inschriften verweisen auf die Szene des
Epos, in der der tote Achilleus von Aias heimgeholt wird. Meist bleiben
die beiden aber unbenannt. Häufig werden sie von anderen Figuren eingerahmt, seien es Krieger – Hopliten und Bogenschützen – oder »Zivil-
personen« – Greise und Frauen. Letzteres soll uns hier beschäftigen: In
der Mehrzahl der Fälle sehen wir Frauen der Gruppe voranschreiten, sie
empfangen oder gestikulieren, wie die Klageweiber am Totenbett, bei
der *próthesis*. Diese Bilder weichen von den zeitgenössischen Gepflogenheiten ab, denn die Gefallenen wurden nach der Schlacht zusammengetragen und auf dem Schlachtfeld eingeäschert; nur die Asche der
Toten wurde in die Stadt gebracht. Wie zumeist bei den Vasenbildern ist
auch bei diesem Motiv das Epos prägend. Die Rückverwandlung der

Überreste in einen individuellen Leichnam dient der Inszenierung eines privaten, familiären Totenkults, bei dem der Verstorbene ganz und gar zum Heroen wird. Auf einer Amphore aus Tarquinia (Abb. 17)[20] sehen wir in der Mitte einen vornübergebeugten Soldaten, auf dem Rücken einen leblosen Gefährten mit herabhängenden Beinen tragend. Er ist mit zwei Lanzen ausgerüstet und trägt einen großen, seitlich ausgebuchteten Schild, der mit einem Löwen und einer Schlange geschmückt ist. Zwei Frauen rahmen die beiden ein: Die erste geht dem Zug raschen Schrittes voran, die andere vollführt die typische Klagegeste. Die Ikonographie des Begräbnisrituals ist hier in einen kriegerischen Kontext übertragen, den die Maler aus dem Epos beziehen.

Abb. 17   Rückkehr des Toten; Amphore; um 520. *Tarquinia, Museo Archeologico.*

Im Bildrepertoire des Totenkults spielen die Frauen eine wesentliche Rolle; bei der Prothesis umgeben sie klagend den Leichnam; bei der Weihung von Opfergaben beherrschen sie die Szene. Sogar die ursprüngliche Domäne des Mannes, der Krieg, räumt ihnen den ehrenvollen Platz ein, wo sie den heroisierten Toten in Empfang nehmen. Aber Frauen spielen in Kriegsszenen nicht nur die Rolle von Klageweibern.

SZENEN DES AUSZUGS

Die zuletzt betrachtete Bildreihe gehört in die große Gruppe von Bildern, die Frauen in der Welt des Krieges zeigen. Wir sehen sie beim Abschied von einem Krieger oder beim Anlegen der Rüstung. Der Krieg ist in Wahrheit nicht nur eine Angelegenheit der Männer; er betrifft mit der ganzen Gemeinschaft auch die Frauen.

Die Bewaffnung

Wir haben viele Darstellungen von Kriegern, die sich die Waffen anlegen; oft sehen wir einen schon mit dem Brustpanzer versehenen Hopliten, der sich ein Schienbein mit einem metallenen Beinschild bedeckt. Seine übrige Ausrüstung besteht aus Helm, Rundschild, Schwert und Lanze. Mit dieser Bewaffnung rückten die Hopliten in geschlossener Schlachtreihe vor, wobei der Schild eines jeden den des Nachbarn zum Teil deckte, so daß eine undurchdringliche Mauer entstand. Die Maler zeigen uns nicht nur diese Phalanx, sondern oft auch den einzelnen Krieger beim Anlegen der Rüstung. Dabei scheint die Rolle der Frauen wichtiger, als die schriftlichen Quellen uns vermuten lassen. Häufig steht eine Frau vor dem Hopliten und hält seine Lanze, seinen Schild oder seinen Helm. Auf einer Amphore in München (Abb. 18)[21] legt ein junger Krieger eine Beinschiene an, während eine Frau ihm Lanze und Schild reicht; sie werden von zwei Hopliten eingerahmt, die bereits für den Auszug gerüstet sind.

Abb. 18 Bewaffnung des Kriegers; Amphore; um 520. *München, Antikensammlungen.*

Auf anderen Bildern begegnen uns andere Figuren neben dem sich
rüstenden Hopliten: Bogenschützen oder ein Greis, Figuren also, die
einen marginalen Typus des Kriegers repräsentieren oder eine Altersgruppe, die nicht mehr in den Kampf zieht. Auf diese Weise stellt der
Maler denen, die in den Krieg ziehen – Bogenschützen und Hopliten –
diejenigen gegenüber, die zu Hause bleiben – Frauen und Greise. Auch
wenn der Krieg eine strenge Rollenverteilung zwischen Männern und
Frauen vorsieht, so werden die Frauen doch nicht als außerhalb des
Geschehens stehend dargestellt. Wer aber ist die Frau, die dem Hopliten
die Waffen reicht? Ist sie die Mutter oder die Ehefrau? Die Maler machen
allerdings das Alter der Frauen nicht kenntlich, so daß wir hier nicht klar
sehen.

Wie für die Heimkehr des Gefallenen gibt es für die Bewaffnungs-
szenen ein episches Vorbild: die Episode, wenn Thetis ihrem Sohn Achilleus seine Waffen übergibt. Man könnte also meinen, daß es sich um die
Mutter handle, die ihren Sohn ausrüstet. Dies paßt zu der Vorstellung,
daß die Frauen dazu da seien, der Stadt Krieger zu schenken. Aber ohne
Frage müssen wir den mythologischen Kontext berücksichtigen. Bei der
Geschichte des Achilleus ist man gezwungen, seine göttliche Mutter darzustellen. Die Ikonographie des troischen Helden Hektor ist vielschichtiger. Auf den ältesten Bildern wird er von seinen Eltern eingerahmt:
Priamos blickt auf ihn, Hekabe reicht ihm seinen Helm. Hier ist es also
eindeutig die Mutter, die ihren Sohn ausrüstet. Auf einer späteren Vase
hingegen ist Hektor bereits in Waffen und wendet sich Priamos zu. Links
ist eine Frau, die ihm eine flache Schale – eine Phiale – für das Trankopfer vor dem Auszug reicht; sie wird durch eine Inschrift als Andromache bezeichnet.[22] Von einem Bild zum anderen wechseln die Personen und auch die Gesten. Andromache ersetzt Hekabe; die Mutter
bewaffnet den Sohn, die Ehefrau bereitet das Trankopfer. In der Gegenüberstellung der zwei Modelle erhält man den Eindruck der Ambi-
guität/Zweideutigkeit im Status der Frauen. Der strikte Code, der den
Darstellungen unterliegt, gibt ihnen einen quasi-rituellen Charakter. Die
Rollen und die Funktionen bleiben unveränderlich und die gelegentliche
Anwesenheit eines Hausaltars unterstreicht diesen rituellen Charakter.

Auf einer Amphore in der Villa Giulia (Abb. 19)[23] sehen wir einen
Hopliten mit Lanze und Schild, der auf einem Altar eine Pflanze nieder-
legt und dabei den Anfang eines Gebets spricht: ônax – oh Herr. Eine
Inschrift benennt ihn als Hippomedon, einen der Sieben gegen Theben
und Gefährten des Adrastos. Ihm gegenüber steht eine Frau, Polykaste
(ein Name, der sonst nicht überliefert ist), und reicht ihm einen Helm
und eine Binde. Die Szene, die an den thebanischen Sagenkreis erinnert, wird durch die Opfergabe und das Gebet ins Religiöse überhöht.
Einige Jahrzehnte später begegnet uns eine ähnliche Szenengestaltung

Abb. 19   Auszug und
Gebet am Altar;
Amphore;
um 530. *Rom,
Villa Giulia.*

(Abb. 20)[24]: Ein junger Krieger nimmt Helm und Schild entgegen, den
ihm eine Frau über einen Altar zureicht.

Diese Szenen stellen einzelne Figuren dar und stehen im Gegensatz
zu dem kollektiven Charakter des Krieges. Die Frau erscheint hier – an
der Seite des heimischen Herds und beim Überreichen der Waffen – eingebunden in eine Bildfolge, die eine Ideologie des Krieges entfaltet, in
der auf die heroischen Werte und mythischen Vorbilder Bezug genommen wird; zugleich aber repräsentiert sie durch die Art der Darstellung
auch die häusliche Sphäre, den *oîkos.*

Das Trankopfer

Im späteren 5. Jahrhundert finden wir oft die Darstellung eines Trankopfers ähnlich dem bereits erwähnten beim Abschied Hektors. Auf einer
Trinkschale in Berlin (Abb. 21)[25] ist im Zentrum ein bartloser junger Mann

Abb. 20 Bewaff-
nung am Altar;
Krater; um 450.
*Baltimore, Walters
Art Gallery.*

mit Lanze und Schild abgebildet. Auf der rechten Seite ist ein auf seinen
Stock gestützter bärtiger Alter Zeuge der Szene, vermutlich der Vater des
Hopliten; er steht für die, die nicht in den Krieg ziehen. Auf der linken
Seite gießt eine Frau aus einem Krug in die Phiale, die der junge Krieger
ihr entgegenhält. Die Spende des Trankopfers weist der Frau eine
wesentliche Rolle zu, da sie meist die Kultschale füllt. Das Trankopfer
beschwört einen Augenblick des Übergangs; es kann als isolierte Geste
erfolgen oder in eine Abfolge ritueller Handlungen eingebunden sein.
Insofern könnte man es mit dem Bekreuzigen im katholischen Brauchtum vergleichen: Es ist ein räumlicher und zeitlicher Markierungspunkt.
Das Trankopfer erfordert mehrere Teilnehmer, deren Verbindungen
untereinander und zur Gottheit es bestärkt. Bei einem Auszug oder einer
Rückkehr aus der Schlacht macht das Trankopfer diese Beziehungen
gegenwärtig. Es ist bemerkenswert, daß die Frau im Zusammenhang
des Krieges eine, wenn auch dienende, für das Ritual aber unerläßliche
Rolle innehatte.

Manche Bilder zeigen eine Frau mit einem Waffenstück ohne den zugehörigen Krieger: Auf einer Lekythos in Palermo (Abb. 22)[26] schreitet eine einzelne Frau vorwärts und hält dabei einen Brustpanzer in Händen. Die einzelne Figur genügt, um den Zusammenhang anzudeuten. Hierbei könnte es sich um eine der Nereiden handeln, die Thetis begleiten, als sie Achilleus seine Waffen bringt, oder um eine Frau, die einen Krieger ausrüstet.

Eine Amphore in München (Abb. 23)[27] zeigt eine Variante, bei der ein junger Mann ohne Waffen, mit einem Chiton bekleidet und mit dem Hut im Genick, auf einen Stock gestützt einer Frau gegenübersteht, die ihm ein Schwert reicht. Helm und Schild liegen zwischen beiden am Boden und bilden einen Gegensatz zu der Kleidung des jungen Epheben; eher als die Ausrüstung eines Kriegers läßt das Bild an einen Wechsel im Status denken, d. h. an den Übergang vom Epheben zum Hopliten, bei dem die Frau eine wichtige Rolle spielt.

Ein in seiner Art einzigartiges Exemplar (Abb. 24)[28] vereint die beiden erwähnten Themen in einer Szene, die rechts Athena zeigt, die Schutzgöttin des Krieges und der Stadt. Links hält eine Frau einen Krug und eine Schale in Händen. In der Mitte liegt zwischen ihnen ein Helm auf einem Schild. Die Komposition kann in zweifacher Weise entschlüsselt werden: Die Waffen können der Göttin gehören und das Trankopfer für sie bestimmt sein, oder, was wahrscheinlicher ist, sie weisen auf einen abwesenden oder gefallenen Krieger hin, dem ein Trankopfer gespendet wird. In beiden Fällen repräsentieren zwei Frauen, die eine sterblich, die andere unsterblich, die Welt des Krieges; bei dem Bildträger handelt es

Abb. 21 Auszug und Trankopfer; Trinkschale; um 430. Berlin, Antikenmuseum.

Abb. 22   Frau, die
einen Brustpanzer
heranbringt;
Lekythos; um 460.
*Palermo, Museo
Archeologico.*

Abb. 23   Bewaff-
nung des Epheben;
Amphore; um 440.
München, Antiken-
sammlungen.

Abb. 24   Trankopfer
in Anwesenheit Athenas;
Oinochose; um 460.
Ferrara, Museo Archeologico
(in Aurigemma,
Spina, Tafel 162).

sich wohlgemerkt um einen Krug von derselben Art wie der abgebildete.

Die Themen Bewaffnung und Totenritual finden wir vereint auf einer
Lekythos in Athen (Abb. 25)[29]. Im Zentrum erhebt sich eine mit Bändern
geschmückte Stele. Auf der linken Seite hält eine Frau einen Schild und
reicht einem jungen Mann im kurzen Gewand, der mit einer Lanze
bewaffnet ist, einen Helm. Es handelt sich nicht etwa um eine Szene, in
der die Übergabe der Waffen an einer Grabstätte erfolgte, sondern um
eine Vereinigung der beiden Räume: der des Hauses, wo der Krieger sich
vor seinem Auszug bewaffnet, und der des Grabes, an dem die Lebenden den Gefallenen ehren. In beiden Fällen, gleich ob sie die Opfergaben bringt oder die Rüstung reicht, spielt die Frau eine wesentliche
Rolle.

Das Bett und der Krieg

Eine Lekythos im Museum von Berlin (Abb. 26)[30] zeigt in einer einzigartigen Abschiedsszene ein Nebeneinander von Mann und Frau. Eine
Frau mit einem gewickelten Kind steht von Angesicht zu Angesicht
einem Mann gegenüber, der mit einer Lanze bewaffnet ist und seinen
Helm in der rechten Hand hält. Das Bild, das in außergewöhnlicher Weise eine Familie von Vater, Mutter und Kind zeigt, erinnert an die berühmte Abschiedsszene von Hektor und Andromache in der *Ilias*, wenn auch
viele Einzelheiten des Textes nicht berücksichtigt werden. Ohne mythologischen Hintergrund wird uns in dem Bild die Konfrontation der Stellung der Männer und der Frauen ersichtlich: den Männern ist als Aufgabe der Krieg vorbehalten, den Frauen die Erziehung der Kinder; ein ähnliches Nebeneinander haben wir bereits bei den Wagen des Brautpaares
und des Kriegerpaares kennengelernt (Abb. 6). Auf einer dem Grabkult
bestimmten Vase erinnert ein solches Bild an die Nähe des Todes in der
Schlacht und im Kindbett.[31]

Der von Aias heimgeholte Achilleus, Thetis, die ihrem Sohn die Waffen bringt, Hektor beim Abschied von Andromache: Solche Episoden aus
der epischen Tradition können leicht in Bilder anonymer Krieger umgesetzt werden, an deren Seite die Frau im *oîkos*, dem häuslichen und familiären Bereich, eine wichtige Rolle spielt. In Übereinstimmung mit der
männlichen Ideologie, die im Hopliten den Verteidiger der Gemeinschaft
sieht, erscheint sie als die Mutter der Kinder, die ihrerseits Krieger zu
werden bestimmt sind.

Szenen mit Mutter und Kind sind selten auf attischen Vasen. Häufiger
begegnen sie uns auf den Reliefs der Grabstelen vom Ende des 5. und
aus dem 4. Jahrhundert. Diese Reliefs haben eine persönliche Note: ihre
Inschriften geben die Namen des Toten und seiner Verwandten wieder.
Mehrere Stelen erinnern an Frauen, die im Kindbett gestorben sind, oder
an Mädchen, die vor ihrer Heirat verschieden sind. Die Vasenbilder hingegen sind eher typisiert; sie stellen keine Individuen dar, sondern
mythische Modelle oder beispielhafte Augenblicke des gesellschaftlichen
Lebens.

Wir kennen zwar einige Darstellungen, auf denen Mutter und Kind
abgebildet sind, zumeist Szenen im Inneren des Hauses, aber häufiger
werden Kinder allein und unter sich spielend auf kleinen Kultvasen für
das Fest der Anthesterien gezeigt.[32] Die Mutterschaft war für die Vasen-
maler kein herausragendes Thema. Dies gilt auch für die Geburt. Wir
kennen nur die Darstellung, die eher eine Umkehrung des natürlichen
Vorgangs bildet: Hephaistos spaltet, von der Geburtsgöttin Eileithyia[33]
assistiert, das Haupt des Zeus, dem Athena in voller Rüstung entspringt.
Den Körper in seinen biologischen Funktionen zu zeigen, war den

Abb. 25   Bewaff-
nung an der Grab-
stele; nach einer
Lekythos; um 450.
Athen, National-
museum.

Malern nicht darstellungswürdig. Szenen, auf denen eine Mutter ihr Kind
stillt, sind außergewöhnlich; in seltenen Fällen sehen wir Aphrodite
ihren Sohn Eros stillen. Eine Hydria in Berlin (Abb. 27)[34] zeigt, was auf
den ersten Blick wie eine idyllische Szene anmutet: Ein bärtiger Mann
steht auf der linken Seite auf einen Stock gestützt und blickt auf eine sitzende Frau, die einem Kind auf ihren Knien die Brust gibt; zu ihren
Füßen kämpfen zwei Hähne; auf der rechten Seite steht eine Frau vor
einem Wollkorb und spinnt. Eltern, Kind und Dienerin scheinen eine
friedliche Familienszene zu bilden. Die Inschriften bestätigen die Ver-
wandtschaftskonstellation, geben dem Bild aber eine mythologische

Abb. 26   Das Kind-
bett, der Krieg; nach
einer Lekythos;
um 450.
Berlin, Antiken-
museum.

Bedeutung. Der Vater ist Amphiaraos, die Mutter Eriphyle und ihr Sohn Alkmeon. Amphiaraos, der König von Argos, von seiner Frau verraten, sollte bei dem Versuch sterben, Polyneikes die Herrschaft über Theben zurückzugewinnen; Alkmeon wird seine Mutter töten, um seinen Vater zu rächen. Diese Familienszene, weit davon entfernt, die Freuden des Familienlebens zu schildern, erinnert an schmerzhafte Ereignisse und ist daher nicht frei von tragischer Ironie. Dies wirft auch ein Licht auf das Motiv des Hahnenkampfs, das an den Bruderzwist zwischen Eteokles und Polyneikes erinnert und im Herzen des *oîkos* den Streit und die Mißgunst versinnbildlicht, die Familien und Städte entzweien. Alle diese Bilder sind nicht einfach und man kann keine dieser Szenen als Wiedergabe des alltäglichen Lebens lesen. Die Präsentation des Geschlechts erfüllt seinen Sinn auf einer mythischen Ebene; wiederum also müssen wir eine eigentümliche Verwobenheit von Mythischem und Alltäglichem feststellen.

Abb. 27 Mutter und Kind: Eriphile und Alkmeon; nach einer Hydria; um 440. *Berlin, Antikenmuseum.*

FRAUENRITUALE

Eine geringere Anzahl von Bildern stellen eine Gruppe bei einem Ritual an einem Ort dar, der durch eine Götterstatue, ein Bildnis oder einen Opferaltar als Kultstätte ausgewiesen ist. Es ist schwierig, in jedem Falle das abgebildete Geschehen mit einem der vielen Feste des attischen Kalenders zu identifizieren. Ich möchte diese religionshistorischen Kontroversen nicht berühren. Wichtiger scheint mir, die Rolle der Frauen in diesen Bildern zu klären, besonders bei denen, die reine Frauenrituale darstellen.

Die Chöre

Abb. 28 Frauen-
chor; Phiale;
um 460. *Boston,
Museum of Fine
Arts.*

Musik und Tanz nahmen im griechischen Kultleben einen hervorragenden Platz ein, und bei vielen Festen wurden Chöre ausgerichtet, die die
Götter ehren sollten. Die griechische Lyrik ist fast ganz an diese Art des
Gesangs gebunden. Es ist heute für uns schwierig, den Rhythmus zu
rekonstruieren oder die Musik und Choreographie, doch überliefern einige Bilder Hinweise auf bestimmte Chorveranstaltungen, die zumeist von
Frauen ausgeführt wurden: Von ungefähr hundert bekannten Beispielen
zeigen annähernd achtzig Frauenchöre oder Chöre junger Mädchen.

Ein gutes Beispiel begegnet uns auf einer Phiale im Museum von
Boston (Abb. 28)[35]. Phialen wurden zum Trankopfer verwendet; von

daher kommt der Szene, die sie innen schmückt, eine zusätzliche religiöse Bedeutung zu: Eine Frau, die auf einem *aulós* (einer Art Flöte) spielt, steht vor einem Altar mit Opferfeuer. Das Opfer wird also gerade vollzogen. Rechts von dem Altar steht ein Korb auf dem Boden, aus dem Bänder hervorquellen. Dieser *kálathos* ist ein Hinweis auf das Spinnen der Wolle, eine den Frauen vorbehaltene Arbeit. Die Frauen haben den Korb als Opfergabe niedergelegt. Über dem Korb ist eine Binde aufgehängt; sie ist zugleich Schmuck und Opfergabe, ein Zeichen der Weihung, das vielfach verwendet wurde. Wer der Empfänger der Opfergaben ist, wird auf diesem Bild nicht angezeigt. Die rituelle Handlung als solche beherrscht die Szene. Der Maler wollte keine Anschauung von der Gottheit vermitteln, sondern zur Bewunderung dieser weiblichen Tanzaufführung einladen: Auf der ganzen Wölbung um den Mittelpunkt der Vase formiert sich ein Chor von sieben Frauen, die einander die Hand reichen. Die scheibenförmige Fläche der Schale wird dazu genutzt, den Umgang um den Altar räumlich darzustellen. Die Gestaltung des Bildes illustriert die wissenschaftlich zweifelhafte, aber psychologisch bedeutungsvolle Etymologie, die die Griechen für das Wort *chorós* – Chor vorschlugen: Sie verbanden das Wort mit dem Verbum *chaírein* – sich freuen, um auf die Festfreude zu verweisen; mit dem Substantiv *chorós* –

Abb. 29   Frau mit Opferkorb; Lekythos; um 480. *Paris, Louvre.*

Abb. 30 Die Gärten
des Adonis;
Lekythos; um 390.
*Karlsruhe,
Badisches Landes-
museum.*

kreisförmiger Raum –, im Zusammenhang mit dem Verlauf des Tanzes; mit *cheír* – die Hand –, als Hinweis auf die Tanzweise der Frauengruppe, deren Mitglieder sich, in einer Kette voranschreitend, bei der Hand halten. Die Gottheit wird durch die Gabe weiblicher Arbeit geehrt, durch die Musik, den Tanz und Gesang, die vier Frauen, die vermutlich gleichen Alters sind, eint, zu einer homogenen Gruppe macht: ein weibliches Kollektiv.

Opferhandlungen

Der Altar, *bōmós*, ist häufig der Mittelpunkt der rituellen Handlung. Beim blutigen Opfer erfüllte die Frau die Aufgabe der Kanephore, d. h. derjenigen, die das *kanoûn* trägt, den Opferkorb, der die Gerstenkörner enthält, die ins Feuer geworfen wurden, die Bänder zum Schmuck des Opfertiers, und das Messer für seine Tötung. Der Korb war aus Weiden geflochten und hatte drei herausragende Spitzen. Auf einer Lekythos im Louvre (Abb. 29)[36] schreitet eine Frau einem Altar entgegen und trägt auf dem Arm solch einen Korb; eine Säule hinter ihr bezeichnet den Raum eines Heiligtums. Das Bild kommt mit diesen wenigen Elementen aus, um die rituelle Aufgabe der Frau zu illustrieren.

Die Adonien

Andere Bilder sind detailfreudiger und erlauben neue Einblicke in die religiöse Rolle der Frauen. Eine Reihe von Bildern aus der zweiten Hälfte des 5. Jahrhunderts gehört, nach den dort sichtbaren rituellen Gesten zu urteilen, in den Umkreis des Fests der Adonien, einem ausschließlich den Frauen vorbehaltenen Fest. Auf einer Lekythos in Karlsruhe (Abb. 30)[37] erblicken wir in der Mitte, von zwei Zuschauerinnen eingerahmt, eine Frau, die auf der untersten Sprosse einer Leiter steht. Von rechts reicht ihr Eros in Gestalt eines geflügelten jungen Mannes eine auf halber Höhe zerbrochene Amphore, die mit dem Hals nach unten zeigt und aus der junge Triebe hervorwachsen. Am Boden steht links eine andere halb zerbrochene Amphore auf dem Kopf sowie eine flache Schale, aus der Pflanzen hervorwachsen. Es ist der Augenblick des Fests, an dem diese ephemeren »Gärten des Adonis« auf das Dach des Hauses gebracht wurden. Dieses Ritual stammte aus dem Orient, und war angeblich von Aphrodite begründet worden, um an den frühen Tod des schönen Adonis zu erinnern. Die Frau, die auf das Dach steigt, könnte eine Athenerin sein, der Eros als ihr Diener hilft, oder Aphrodite selbst, die ihr Sohn begleitet. Die Adonien waren kein Fruchtbarkeitsritual, sondern eher eine Umkehrung des Fests der Demeter; das eben aus der Erde hervorgesprossene Grün wird bald in der Sommerhitze verdorren, ohne Früchte zu tragen; die üblichen Formen des landwirtschaftlichen Lebens sind außer Kraft gesetzt und das ist es, was das Bild hervorhebt: Diese »Gärten« wurden nicht in der Erde angelegt, sondern in zerbrochenen Gefäßen; sie wuchsen nicht am Boden, sondern auf dem Dach. Auf diese Weise wurde des vorzeitigen Todes des Adonis gedacht und metaphorisch der Untergang des Heros zum Ausdruck gebracht. Das Ritual wurde auf Parfümbehältern dargestellt, die die Verbindung mit Aphrodite und Eros hervorheben. Die Ansicht des Malers von diesem Fest ist sicherlich idyllisch im Vergleich zu der frauenfeindlichen Version, die wir von Aristophanes haben.

Die Bärinnen

Vasenbilder geben uns auch einen gewissen Einblick in weibliche Initiationsriten und lassen sich wiederum dem Kult der Artemis von Brauron zuordnen.[38] Es handelt sich um kleine Kratere, die als Weihgaben im

Heiligtum aufgestellt wurden. Auf ihnen sind der Lauf der jungen Mädchen um den Altar oder ihre dazugehörigen Vorbereitungen dargestellt (Abb. 31). Jedes dieser Bilder ist verschieden. Weil sie zudem nur fragmentarisch auf uns gekommen sind, ist ihre Interpretation erschwert. Doch auch hier wird sie durch die enge Beziehung zwischen Ikonographie und Gebrauch der Vase beim Artemiskult ausgerichtet.

Dionysische Rituale

Eine Reihe von mehr als siebzig Vasen zeigt uns je eine Gruppe von Frauen, die um ein Abbild des Dionysos tanzen oder Wein kredenzen. Ob es sich um das Fest der Lenäen oder Anthesterien handelt, ist nicht mit Sicherheit festzustellen. Aber gewisse Grundzüge lassen die rituelle Bedeutung dieser Darstellungen erkennen. Im Zentrum der Bilder steht Dionysos, der in seiner Maske – öfter sehen wir den Korb, in dem sie herangetragen wurde – vergegenwärtigt wird, die an einem mit Efeu geschmückten und mit einem Faltengewand bekleideten Pfosten aufgehängt ist. Sie fesselt sogleich den Blick des Betrachters, ob sie den Gott in Frontalansicht oder im – manchmal doppelgesichtigen – Profil wiedergibt. Vor diesem Abbild des Gottes befindet sich häufig ein Tisch, auf dem Mischgefäße für Wein und Wasser stehen, sogenannte *stámnoi*. Die Akteure im Kreis um den Dionysos sind ausnahmslos Frauen.

Eine solche Darstellung findet sich auf dem berühmtesten Beispiel der Serie, einer Trinkschale in Berlin (Abb. 32)[39]. Die Maske des Dionysos zeigt sein Profil, von Zweigen eingerahmt, und ein kostbar besticktes Gewand drapiert einen Pfosten. Rechts vor dieser Statue ist ein Altar in Seitenansicht wiedergegeben, der mit dem Blut von Opfertieren befleckt und mit dem kleinen Bild einer sitzenden Figur geschmückt ist. Links spielt eine Frau auf einem *aulós* und reißt mit ihrer Musik ein Dutzend Frauen zu einem wilden Tanz hin, der kreisförmig um die gesamte Außenfläche der Schale ausgeführt ist; sie tanzen mit aufgelösten Haa-

Abb. 31 Die kleinen Bärinnen; nach Krateren aus dem Heiligtum der Artemis in Brauron.

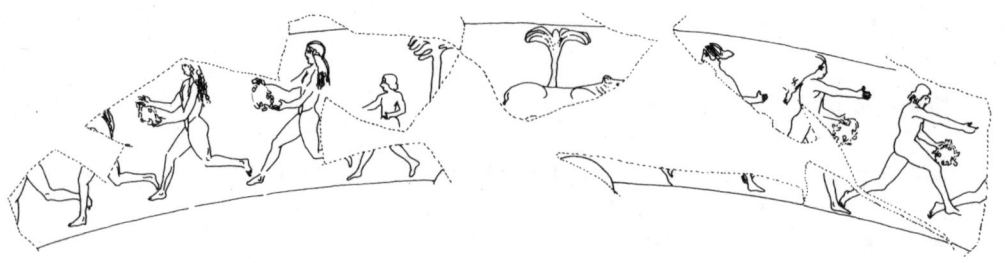

ren, wobei sich jede um ihre eigene Achse dreht. Die Gruppe ist weniger zusammenhängend als jene auf der Vase aus Boston. Dieser Reigentanz, der die Tänzerinnen der Reihe nach vor die Maske des Dionysos führt, war ein wesentliches Element des dionysischen Rituals.

Im Gegensatz zu diesen Szenen kollektiver Ekstase richten andere, häufiger vorkommende Bilder ihr Augenmerk auf den Umgang mit dem Wein. Auf einem *stámnos* in der Villa Giulia (Abb. 33)[40] sehen wir in der Mitte die Maske des Dionysos in Frontalansicht; der mit Efeu geschmückte Pfosten ist mit einem Mantel drapiert. Auf der Höhe der Schultern sind runde Kuchen aufgehängt. Auf einem Tisch sehen wir runde Brote aufgehängt und zwei *stámnoi*, die dem Bildträger ähneln; links schöpft eine Frau aus einer dieser Vasen und füllt ein Trinkgefäß, rechts hält eine andere Frau einen *skýphos*, einen zweihenkligen Napf. Die Haltung der Frauen ist gelassen und feierlich. Ihre Gewänder sind kunstvoll drapiert und ihre Frisuren gepflegt. Nichts verrät den Anflug von Ekstase, alles strahlt Ruhe und Gefaßtheit aus, eine weibliche Ordnung, durch die gute Mischung des Weines garantiert.

Die auf dieser Vase gezeigte Sicht des Dionysischen hat den Gott seiner wilden Züge beraubt; diszipliniert fügt er sich in das geordnete Leben Athens. Wie ganz anders zeigen uns den Gott die thebanischen Erzählungen, wenn er den König Pentheus für seine Ungläubigkeit bestraft, indem er den mörderischen Wahnsinn seiner Mutter Agaue entfesselt. Die Mänaden des Euripides führen uns weit weg von dem kontrollierten Umgang mit dem Wein, während unser Maler nur den menschenfreundlichen Gott des Weines zu kennen scheint. Die Wiederkehr der bildtragenden Vasenform im Bild verweist den Betrachter auf eine eher männliche Sicht des Rituals: die Athenerinnen werden als besonnene Mänaden imaginiert.

Wir werden allerdings bald Beispielen echter Mänaden begegnen. An dieser Stelle möchte ich noch ein Bild einschieben, das eine Karikatur zu sein scheint (Abb. 34)[41]. Es handelt sich um einen kleinen *skýphos*, auf dem alle Elemente des Rituals um die Maske des Dionysos in eigenwil-

lig abgewandelter Form erscheinen. Die zwei Bildhälften bilden eine motivische Einheit. Auf der einen Seite führt ein zwergenhaftes weibliches Wesen mit aufgedunsenen und entstellten Gesichtszügen, das nackt und mit einer Blätterkrone bekränzt ist, einen *skýphos* an die Lippen; das ist nicht mehr die Frau, die vor dem Gott würdevoll den Wein mischt, sondern die Karikatur des Barbarentums, denn sie trinkt den Wein unvermischt und legt nicht den geringsten Wert auf Geselligkeit. Auf der Rückseite ragt ein riesiger Phallus empor; an der Wurzel ist er mit Flügeln versehen, seitlich mit Efeu – der Pflanze des Dionysos – geschmückt, und aus der Eichel grinst uns ein Auge an. Der Gott ist hier nicht durch die Maske, sondern durch den belebten Phallus präsent; nicht die Faszination des Blicks wird hier beschworen, sondern die sexuelle Kraft, über die der Gott herrscht. Die rituelle Bedeutung des Bildes wird durch den Opferkorb (*kanoûn*) mit den drei Spitzen angezeigt, der auf der Spitze der Phallussäule abgestellt ist. Auf einem Tisch im Vordergrund steht ein *skýphos*, der dem Bildträger ähnelt. Das Motiv, das wir in der Serie der *stámnoi* fanden, ist hier ins Obszöne verzerrt und ver-

Abb. 32 Tanz um Dionysos; Trinkschale; um 490. *Berlin, Antikenmuseum.*

kehrt, indem er aus der Frau eine Säuferin macht – eine Vorgehensweise, wie sie uns öfters in den Komödien des Aristophanes begegnet.

Die bisher betrachteten Bilder zeigen uns Frauen in Situationen kollektiven Handelns, die sich um einen Toten oder vor dem Abbild eines
Gottes versammeln. Öffentliche und private Sphäre spielen oft ineinander: Der Hoplit ist von seiner Familie umringt, gleichzeitig repräsentiert er die Stadt in Waffen. Das Trankopfer oder das Heranbringen des
kanoûn können sowohl zu einem Blutopfer gehören, das die Stadt den
Göttern darbringt, als auch zu einer privaten Opferhandlung, deren Verlauf das Bild nicht festlegt.

*Abb. 33   Unter den
Blicken des Dionysos;
Stamnos; um 460.
Rom, Villa Giulia.*

Abb. 34 Dionysi-
sche Parodie;
Skyphos; um 440.
*München, Antiken-
sammlungen.*

RÄUME

Um zum Ausdruck zu bringen, wie sehr die Bewohner am Nil sich von
den Griechen unterscheiden, schreibt Herodot (2,35): »Die Ägypter
haben auch die Sitten und Bräuche größtenteils und in allen Stücken
umgekehrt zu denen der anderen Völker eingerichtet. Bei ihnen gehen

die Frauen auf den Markt und treiben Handel, während die Männer zu Hause sitzen und weben.« Das ist eine eigenartige und verkehrte Welt in den Augen des griechischen Geschichtsschreibers, dem der Gedanke, daß die Frauen sich an einen öffentlichen Platz begeben oder die Männer zu Hause weben, völlig unvorstellbar ist. Diese Passage bestätigt die auch von anderen Autoren überlieferte Ansicht der Griechen, daß die Frauen von der Öffentlichkeit abgeschlossen zu leben hätten. Sie leben im Inneren des Hauses, *oikía*, in den ihnen vorbehaltenen und nach ihnen benannten Räumen, im *gynaikón* (Frauenwohnung). Nur wenige Männer haben dort Zugang, wenn man dem Zeugnis einiger Prozesse wegen Ehebruchs Glauben schenken darf. Die zum Hause gehörenden Frauen – die Ehefrau, die Töchter, die Dienerinnen, gelegentlich einige Verwandte – arbeiten dort und verlassen diese Räume kaum einmal; sie bleiben den ganzen Tag unter sich, spinnen und weben und ziehen auch die Kinder auf.

Die Vasenbilder vermitteln uns aber ein etwas abgewandeltes Bild. In der gegenwärtigen Forschung über die Stellung der Frauen bei den Griechen und insbesondere in Athen ist die Frage der Eingeschlossenheit ins Haus Gegenstand heftiger Kontroversen. Wie soll man etwas einschätzen, was den meisten Forschern als eine Zwangssituation erscheint: soll man mit einigen von ihnen glauben, daß die Frauen auf diese Weise geschützt wurden, oder – unseren eigenen Maßstäben folgend – daß eine Begrenzung ihrer Unabhängigkeit erfolgte. In Wahrheit ist die Frage wohl falsch gestellt, denn sie läßt sich zu sehr von unseren eigenen Vorstellungen leiten. Das Bildmaterial kann helfen, das Problem besser einzuordnen, wenn man sich vor Augen hält, daß die räumliche Organisation aus dem Blickwinkel der Männer Athens erfolgt.

Zwei Modelle

Der von Herodot erwähnte Gegensatz von innen und außen entspricht bei ihm schematisch der Unterteilung in männlich und weiblich. Die attischen Vasenbilder mit häuslichen Motiven stellen – mit Ausnahme der Bankettszenen – meistens Motive aus dem Frauenleben dar. Frauen sind dabei häufig unter sich in einem Raum dargestellt, den man als *gynaikón* identifizieren kann. Verbreitet sind sie auf Vasen in Form der *pyxís*, auf denen man eine offene oder geschlossene Tür erkennen kann.

Auf einer *pyxís* in London (Abb. 35)[42] ist eine häusliche Szene mit sechs Frauen dargestellt. Fast alle tragen mythologische Namen. Links sitzt Helena und spinnt Wolle vor einem Korb. Klytaimnestra reicht ihr ein Alabastron mit Parfüm; zwischen beiden hängt ein Spiegel. Eine Säule trennt diese Gruppe von der folgenden: Eine Frau reicht Kassandra, die dabei ist, ihr Kleid zu ordnen, einen Korb. Rechts davon zieht Danae ein Halsband aus einem Kasten und schreitet auf eine Tür zu, die einen Blick auf Iphigenie freigibt, die ihr Haar mit einem Band schmückt. Spiegel, Alabastron, Halsband, Band und selbst die Geste der Kassandra versetzten uns in die Welt weiblicher Schönheitspflege.

Die mythologischen Namen verweisen auf keine bestimmte Erzählung; doch wird die künstlerische Leistung des Malers durch den mythischen Wert der Namen erhöht. Es handelt sich keineswegs um die Darstellung des alltäglichen Lebens, sondern um eine Poetisierung des Frauenraumes. Die Namen sind ein zusätzlicher Schmuck.

Vergleichen wir diese *pyxis* mit einer anderen Vase desselben Typs und ähnlichen Stils (Abb. 36)[43]: Links sehen wir einen Brunnen von der Seite; Hippolyte sieht zu, wie sich ihre Hydria füllt, während eine Begleiterin darauf wartet, bis sie an der Reihe ist. Rechts entfernt sich Mapsaura mit ausgebreiteten Armen; sie geht auf einen Baum zu, um den sich eine Schlange windet; auf der rechten Seite sehen wir, wie Thetis nach einer Frucht greift. Der von einer Schlange bewachte Baum ruft den berühmten Garten der Hesperiden in Erinnerung, in dem Herakles die goldenen Äpfel fand. Doch der Heros erscheint hier nicht; das Bild beschränkt sich auf die Darstellung eines Exterieurs, das von den Tätigkeiten der Frauen ausgefüllt ist. Der mythologische Hinweis auf die Hesperiden wird von dem Maler nicht dazu benutzt, eine heroische Tat zu berichten, sondern dient allein dem Zweck, seiner Darstellung eine mythische Dimension zu verleihen. Die zwei typischen Motive – der Obstgarten und der Brunnen – sind uns schon von der schwarzfigurigen Malerei her bekannt.

Die beiden Vasen geben uns einen Einblick in die Lebensweise der

Abb. 35 Im Frauengemach; Pyxis; um 460. *London, British Museum* (in Furtwängler/ Reichhold, Taf. 57).

Frauen sowohl im Inneren des Hauses, im *oîkos*, wie außerhalb im öffentlichen Raum. Folglich kann der Gegensatz männlich/weiblich nicht einfach mit dem Gegensatz außen/innen gleichgesetzt werden.

Brunnen

Tatsächlich ist die Welt der Frauen, die uns die Maler zeigen, nicht auf das *gynaikôn* beschränkt. Eine ganze Bilderserie, deren Interpretation äußerst umstritten ist, zeigt Frauen am Brunnen. Der Streit betrifft den Status dieser Frauen. Ausgehend von der Voraussetzung, daß die Frauen das Haus nicht verlassen, lag der Schluß nahe, daß es sich um Sklavinnen handeln müsse. Aber Anzeichen, die in diese Richtung weisen, sind sehr selten. Nur wenige graphische Einzelheiten erlauben es, zwischen Herrin und Dienerin, zwischen freigeborener Frau und Sklavin zu unterscheiden. Ebensowenig wie das Alter wird der soziale Status bezeichnet, von einigen seltenen Ausnahmen abgesehen; zu ihnen gehört eine Hydria aus dem Louvre (Abb. 37)[44]: Drei Frauen tragen je eine Hydria (wieder ist die Vase auf der Vase dargestellt); ihr Haar ist kurzgeschnitten, und sie sind auf Armen und Beinen tätowiert, was darauf hindeutet, daß sie thrakische Sklavinnen sind. Aber die ganze Serie gibt uns kein anderes vergleichbares Beispiel. Die meisten Bilder betonen den kollektiven Charakter der Tätigkeit des Wasserholens; der Brunnen erscheint oft als ein Ort der Zusammenkunft, des Meinungsaustauschs, zumeist unter Frauen. Eine Hydria in Würzburg (Abb. 38)[45] zeigt eine Zusammenkunft von fünf Frauen, von denen eine das in das Gefäß laufende Wasser beobachtet, während die anderen vier sich im Kommen und

Abb. 36   Am Brunnen; Pyxis; um 460. *London, British Museum* (in Furtwängler/Reichhold, Taf. 57).

Gehen begegnen; ihre Gesten verraten, daß sie sich miteinander unterhalten. Die senkrecht stehenden Inschriften geben ihre Namen an –
Anthyle, Rhodon, Hegesila, Myrta, Anthya –, denen das Adjektiv *kalé* –
schön – hinzugefügt ist. Die Namen können leicht mit Namen von Blumen assoziiert werden, was den ästhetischen Reiz der Darstellung
erhöht.

Der Brunnen scheint also für die Frauen die gleiche Bedeutung zu
haben wie der Marktplatz für die Männer. Er ist ein öffentlicher Platz,
aber er ist – zumindest auf den uns bekannten Bildern – überwiegend
von Frauen frequentiert. Einige Darstellungen zeigen Zusammenkünfte,
bei denen Männer Zuschauer sind. Einige mythische Szenen zeigen den
Brunnen als Ort der Gewalttätigkeit oder des Hinterhalts; hier wird
Amymone von Poseidon überrascht, oder der junge trojanische Prinz
Troilos, der seine Schwester Polyxene zum Brunnen begleitet, wird von
Achilleus überfallen.[46]

Abb. 37 Tätowierte
Sklavinnen am
Brunnen; Hydria;
um 470. *Paris,
Louvre.*

Körperpflege am Louterion

Ein anderer Ort geselligen Austauschs ist das Louterion, ein Becken aus
Stein, an dem man sich wäscht und Körperpflege betreibt. Ein gutes Beispiel gibt ein *skýphos* in Brüssel (Abb. 39)[47], wo auf beiden Seiten ein solches Becken erscheint. Auf der einen Seite treffen sich vier in Mäntel
gehüllte Frauen in Zweiergruppen; die linke Gruppe steht um ein *loutérion* versammelt, eine Frau hebt die Hand, in der sie eine Blume hält,
die andere hält einen Spiegel. Auf der Rückseite sind vier Männer ebenfalls in Zweiergruppen abgebildet; hinter dem *loutérion* steht ein Baum,
um einen Platz unter freiem Himmel anzuzeigen; in seinen Zweigen ist
ein Bündel aufgehängt, das einen Schwamm, ein Schabeisen und ein
rundes Gefäß für Salböl enthält. Das sind Gegenstände für die Körperpflege der Athleten, die die Epheben bei ihrenÜbungen in der Palästra

Abb. 38 Frauen
am Brunnen;
Hydria; um 530.
*Würzburg,
Martin von Wag-
ner-Museum.*

Abb. 39   Am Louterion; Skyphos; um 470.
Brüssel, Musées Royaux d'Art et d'Histoire.

verwenden. Der Spiegel auf der Seite der Frauen korrespondiert mit dem Bündel auf der männlichen Seite; sie kennzeichnen die beiden Funktionen des Louterions: die Körperpflege des Athleten und die Toilette der Frau. Der Spiegel ist in der attischen Bildkunst ein ausschließlich den Frauen zugeordneter Gegenstand.

Das zentrale Rund einer Schale aus dem Louvre (Abb. 40)[48] zeigt eine Frau mit den Accessoires der Schönheitspflege, Spiegel und Alabastron (eine längliche Vase für Parfüm). Ihr Körper scheint unter dem in Falten gelegten feinen Chiton durch. Sie ist frontal dargestellt, wie sie in den Spiegel blickt, zugleich ist sie auch dem Betrachter des Bildes zugewandt, was nach den Regeln der attischen Vasenmalerei, die Personen normalerweise im Profil zeigt, eine Ausnahme darstellt. Aber diese Frontalansicht ist nicht zufällig; die Konfrontation mit sich selbst im Spiegel wiederholt sich hier in den Augen des Benutzers der Schale, der aus ihr trinkt; die Frau überprüft im Spiegel ihre Schönheit; und sie ist zugleich schön anzusehen, wie die Inschrift – *kalé* – bestätigt, die an ihrer Schulter entlangläuft und vom Gesicht ausgehend zu lesen ist. Der Rahmen wird links durch das Becken für die Waschungen und rechts, auf einem Stuhl, durch den Korb der Spinnerin, den *kálathos*, abgesteckt: Toilette und Wollarbeit definieren in den Augen der Männer die wesentlichen Bezugspunkte weiblicher Schönheit.

Abb. 40   Frau mit Spiegel; Schale; um 490. *Paris, Louvre.*

Abb. 41 Frauen
beim Bad; Krater;
um 440. *Bologna,*
Museo
Archeologico.

Andere Bilder greifen dieselben Elemente der Darstellung auf und kombinieren sie auf andere Weise. Um ein *loutérion*, auf dem sich die Inschrift *kalé* befindet, sind drei Frauen versammelt (Abb. 41)[49]; die linke, unbekleidet, hält einen Spiegel in der Hand, und die in der Mitte reicht ihr ein Alabastron; die Frau auf der rechten Seite ist bekleidet und hält einen Stiefel. Nacktheit des Körpers und der Gegenstand der Bekleidung stehen hier im Augenblick der Körperpflege einander gegenüber. Die Schönheit des weiblichen Körpers wird auf dem Bild nicht durch die Transparenz der Kleidung, sondern in der Enthüllung des Körpers eingefangen. Auf einer kleinen Hydria des Louvre (Abb. 42)[50] sehen wir eine unbekleidete Frau bei der Schönheitspflege an einem Becken; von der

anderen Seite bringt ihr ein fliegender Eros ein Kleidungsstück. Das Verlangen ist in Gestalt eines geflügelten Jünglings dargestellt, der herbeieilt, um die im Augenblick nackte Gestalt zu bekleiden. Im Gegensatz zu
Sparta wurden athenische Frauen selten nackt abgebildet. Die Körperpflege bildet hier eine Ausnahme. Die Maler vermitteln uns eine Sicht des
weiblichen Körpers, die stark von dem männlichen anatomischen Vorbild geprägt ist, und dessen Formen durch die Hinzufügung der Brüste
nur ein wenig verändert werden. Die griechische Kunst und insbeson-   Abb. 42   Eros
dere die antike Vasenmalerei sind bis hin zur Darstellung der Götter   beim Bad; Hydria;
grundsätzlich auf die menschliche Person ausgerichtet. Alle Bilder gehen   um 430. *Paris,*
in ihrem Aufbau von Körperdarstellungen aus und nicht von Räumen,   *Louvre.*

Gegenständen oder Landschaften, und der vorherrschend von den männlichen Formen geprägten Anatomie wird sehr große Aufmerksamkeit geschenkt. Aber die Körperpflege der Frauen und die der Männer sind durchaus nicht dasselbe. Die jungen Epheben werden in erster Linie als Athleten gesehen und in der Regel nackt dargestellt; sie wetteifern untereinander um Kraft und Schönheit. Die Maler preisen die Schönheit der Epheben, ob sie in der Palästra Sport treiben oder sich im Kreis um das *loutérion* auf einen Wettkampf vorbereiten. Dagegen sind die Frauen nicht bei ihren gymnastischen Übungen, sondern bei der Körperpflege unbekleidet dargestellt. Wie auch die archaische Plastik belegt, liegt die Schönheit der Epheben in ihrem Körper, die Schönheit der Frauen indes zumeist in ihrer Aufmachung und Kleidung.

Abb. 43   Musikantinnen;
Krater; um 440. *Würzburg,
Martin von Wagner-Museum.*

Die Musik

Die Musik nimmt in der griechischen Kultur einen wichtigen Platz ein: Rituale und Feste werden von Choraufführungen mit Gesang und Tanz begleitet. Die Bildkunst bietet viele Beispiele für musizierende Frauen; auf die Bedeutung der Frauenchöre und die Rolle der Frauen als Flötenspielerinnen beim Bankett ist bereits hingewiesen worden. Zusätzlich

ist eine Serie rotfiguriger Darstellungen zu erwähnen, die vor allem
aus der zweiten Hälfte des 5. Jahrhunderts stammt und auf der
Gruppen von Musikantinnen abgebildet sind. Auf einem Krater in Würzburg (Abb. 43)[51] erblicken wir in der Mitte eine sitzende Frau, die die Lyra
spielt; zu ihren Füßen liegt ein geöffneter Kasten; vor ihr steht eine Frau,
die eine Flöte und eine Lyra in Händen hält; Eros fliegt mit ausgestreckten Armen und einen Kranz haltend auf die Lyraspielerin zu. Das Bild
steht wie einige Szenen der Schönheitspflege im Zeichen der Aphrodite.
Manche dieser Bilder können als eine Versammlung der Musen verstanden werden; sie stellen ein metaphorisches Modell jener Frauen dar, die
ein Instrument spielen oder die geöffnete Buchrolle in Händen halten
und vorlesen. Manchmal findet sich in Form einer Inschrift ein aus-

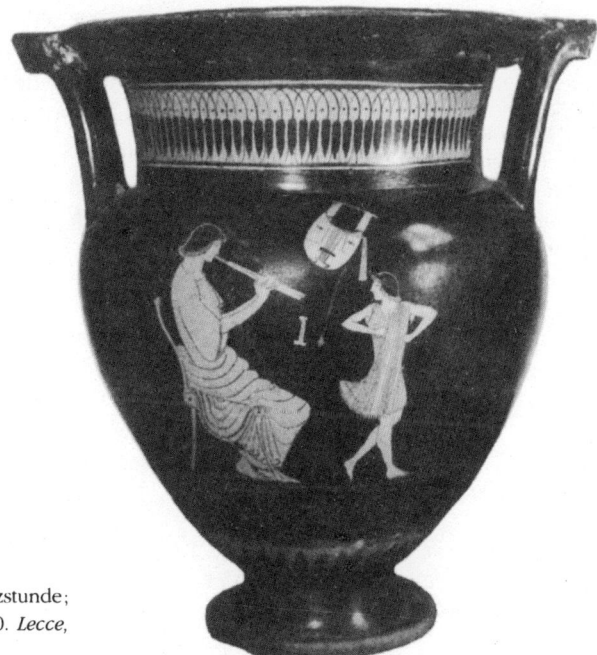

Abb. 44   Tanzstunde;
Krater; um 460. *Lecce,*
Museo Civico.

drücklicher Hinweis auf die Dichterin Sappho. Die Anwesenheit des Eros
taucht die Szene in eine Atmosphäre der Anmut und des Verlangens.
   Die Musik spielt wie der Tanz in der griechischen Kultur eine bedeutende Rolle in der Erziehung, und im Bildrepertoire des ausgehenden
6. Jahrhunderts finden sich zahlreiche Schulszenen. Lesen und Vortragen
scheint eine männliche Tätigkeit zu sein. Aber es ist schwer, den Kontext festzustellen, in dem der Musik- und Tanzunterricht stattfand. Oft

sehen wir Jungen bei der Lektüre oder dem Vortrag, die von sogenannten Pädagogen (wörtlich: Knabenführer) zur Schule gebracht wurden.
Auf anderen Bildern sehen wir Männer bei einem musikalischen Wettstreit auf einem Podium vor Schiedsrichtern sitzen; manchmal krönt sie
die geflügelte Figur der Siegesgöttin Nike. Die Frauen hingegen bleiben
unter sich im Inneren des Hauses, von Eros begleitet. Die Bilder zeigen
eine zwar sich entsprechende, aber unterschiedlich ausgeprägte musi-
sche Betätigung der beiden Geschlechter. Dasselbe gilt für den Tanz:
abgesehen vom *komós* finden wir bei den Tanzszenen in erster Linie
Frauen. Selbst die Pyrrhiche, der charakteristische Tanz der Epheben in
Waffen, wird manchmal auch von jungen Mädchen ausgeführt. Auf
einem Krater in Lecce (Abb. 44)[52] begleitet eine sitzende Flötenspielerin
ein junges Mädchen im kurzen Kleid, das vor ihr tanzt; oben im Bildfeld
hängt eine Kithara. Welcher Ort ist dargestellt? Ein Haus, eine Schule?
Welche Beziehung besteht zwischen den beiden Personen? Mutter, Lehrerin? Manche vermuteten in der Tanzenden eine Hetäre. Die Maler
arbeiten nun einmal nicht den Historikern zu; das Bild antwortet nicht
auf derartige Fragen, die sich für den antiken Betrachter zweifelsohne
nicht stellten. Zumindest läßt sich die hohe Bedeutung der Musik als ein
weibliches Betätigungsfeld feststellen.

Abb. 45   Die
Töpferwerkstatt;
nach einer Hydria;
um 460. *Mailand,
Sammlung Torno.*

Die Arbeit der Frauen

Die Auswahl der Gegenstände in Händen der Frauen – ob Spiegel, Kithara oder Flöte – ist nicht unbegrenzt; jeder Gegenstand trägt dazu bei, neben ihrer Tätigkeit auch den Status der Frau festzulegen.

Viele Vasenbilder zeigen Frauen bei der Arbeit des Spinnens und Webens; häufig sieht man Spindeln, die Spiegeln zum Verwechseln ähnlich sehen, Wollkörbe und tragbare Webrahmen in den Händen von Frauen, die haspeln oder spinnen. Es ist hier vor allem ihre weibliche Tugend, die herausgestellt wird, ihre Qualität als *ergátis*, Werkende, für die Penelope das große Vorbild ist. Aber die Maler haben die Arbeit keineswegs verherrlicht. Im griechischen Denken hatte die Arbeit nicht dieselbe Wertschätzung wie in unserer modernen Gesellschaft, die von einer Ideologie der Arbeitsleistung beherrscht wird. In einer Gesellschaft der Sklaverei wie dem Athen des 5. Jahrhunderts wird niedere Handarbeit von den Bürgern sogar verachtet; sie kümmerten sich lieber um Politik. Die Frauen sind arbeitsam, und das ist eine ihrer Tugenden; in diesem Sinne unterscheiden sie sich von den Sklaven, deren Verdienste zu rühmen keinem im Traume einfallen würde, und noch weniger, ihnen ein Bild zu widmen.

Abb. 46   Frau beim Waschen oder Aufbereiten des Getreides; Schale; um 480. *Paris, Bibliothèque Nationale.*

Darstellungen einer Werkstatt sind selten; durch die Anwesenheit des Hephaistos oder der Athena wird die Gunst der Götter beschworen. Eine Hydria in Mailand (Abb. 45)[53] stellt ein bemerkenswertes Beispiel dieser Sichtweise dar; vier Handwerker sitzen in einer Umgebung, die die Werkstatt eines Töpfers oder Bronzeschmieds zu sein scheint – es ist schwierig zu sagen, ob die Gefäße aus Ton oder Metall sind; in der Mitte sehen wir Athena einen Arbeiter bekränzen, der einen Kantharos bemalt; die beiden Berufskollegen, die ihn einrahmen, werden ebenfalls von zwei geflügelten Nikai bekränzt, die das Gelingen ihrer Arbeit verkörpern. Rechts auf einer Art Podium vollendet eine Frau die Dekoration eines großen Kraters. Sie erweckt nicht den Anschein einer geringe-

Abb. 47 Webarbeit; Lekythos; um 540. *New York, Metropolitan Museum of Arts.*

ren Stellung im Vergleich mit ihren Arbeitskollegen, obwohl ihr allein
kein Kranz bestimmt ist.

Nur wenige Bilder zeigen die Arbeit der Frauen. Die Küche fehlt im
Bildrepertoire. Auf einer fragmentarisch erhaltenen Schale (Abb. 46)[54] hat
eine Frau ihren Mantel um die Hüften geschlungen; sie beugt sich über
ein Steinbecken und wäscht vielleicht Wäsche; hinter ihr läßt ein aufrecht stehender Stampfer an das Schroten des Getreides denken. Die
berühmte Szene auf der Lekythos des Amasis ist einzig in ihrer Art
(Abb. 47)[55]. Neun Frauen, in vier Gruppen unterteilt, verarbeiten Wolle.
Die einen spinnen, sei es in großen Knäueln aus einem Korb, sei es ein
feineres Garn auf Spindeln; drei von ihnen wiegen die Wolle und zwei
weitere arbeiten an einem aufrecht stehenden Webstuhl, bei dem sich
der Stoff am oberen Teil aufrollt; die beiden letzten falten ein Stück Stoff.
Die Bedeutung eines solchen Bildes als Dokument ist unbestreitbar. Auf
der Schulter dieser Vase ist die Szene eines tanzenden Chors dargestellt:

Abb. 48   Frauen
beim Bereiten der
Wolle; Schale;
um 490. *Berlin,
Antikenmuseum*.

Eine Frau sitzt in der Mitte und wird von zwei stehenden Männern eingerahmt; zwei Halbchöre, die jeweils aus einem jungen Mann und in seinem Gefolge aus vier sich bei der Hand haltenden Frauen bestehen, bewegen sich auf diese zentrale Gruppe zu; das Weben und der Tanz gehören hier zusammen. Diese Vase wurde zusammen mit einer anderen Lekythos gefunden, die auf dem Bauch mit der Darstellung eines Hochzeitszuges und auf der Schulter mit der eines Frauenchores geschmückt ist.[56] Die Sujets dieser Vasen – Weben, Hochzeit, Tanz – geben einen Einblick in das, was in den Augen der Athener die wesentlichen weiblichen Handlungsfelder waren und geben dem Weben einen symbolischen Wert, der über den anekdotischen Charakter der Bilder weit hinausweist.

Abb. 49 Geschenke: Blumen und Fleisch; Pelike; um 470. Jetziger Aufbewahrungsort unbekannt.

Gegen Ende der archaischen Zeit finden wir vermehrt Szenen mit spinnenden und webenden Frauen. Spindel und Korb genügen, um sie als tätige Frau auszuweisen. Der Müßiggang dagegen ist, nach unseren Bildern zu urteilen, den Männern vorbehalten. Die Maler interessieren sich nicht für die technischen Seiten der Arbeit, sondern für die Schönheit der Gesten.

Auf einer Schale aus Berlin (Abb. 48)[57] sind zwei Frauen abgebildet; die linke sitzt auf einem Stuhl, ihr rechtes Bein ist entblößt und die Ferse ruht auf einem kleinen Schemel – *ónos*; aus dem Korb, der vor ihr steht, hat sie eine lange Wollsträhne gezogen (in violettem Farbauftrag, der zum Teil auf dem Gefäß abgerieben ist) und rollt diese auf ihrem Schienbein, um einen dünneren Faden daraus zu machen. Ihre Gefährtin ordnet ihr Kleid; ihr Korb steht rechts auf einem Hocker. Die elegante Geste der stehenden Frau verströmt einen ungemeinen ästhetischen Reiz. Auf der Außenseite der Schale ist ein Zug von elf trinkenden Männern dargestellt, alle erwachsen und bärtig, die Trinkgefäße in Händen halten und zum Klang der Flöte tanzen. Auf ein und derselben Vase, die für das Symposion der Männer bestimmt ist, ist also die Welt der Frauen im Innern und die der Männer im Draußen dargestellt.

Zwischen Brunnen und *loutérion*, Musik und Weben entfaltet sich der Lebensraum der Frauen, der vielgestaltig ist, und nicht auf einen einfachen Gegensatz von innen und außen eingeengt werden kann. Der Blick des Malers richtet sich oftmals auf die Beziehungen, die zwischen verschiedenen Räumen und den dort Agierenden bestehen.

Begegnungen und Austausch

Das Verhältnis von Männern und Frauen wird nicht nur beim *sympósion*, auf das wir zurückkommen werden, thematisiert.

 Es gibt eine ganze Reihe von Szenen, die Situationen der Begegnung und Unterhaltung und des Austauschs von Geschenken ins Bild setzen. Das Thema des Geschenks als Liebeserklärung steht in der Geschichte der attischen Bildkunst im Zusammenhang mit Darstellungen der Homosexualität; von der Zeit des schwarzfigurigen Stils zu Ende des 6. Jahrhunderts an haben Maler begonnen, Liebesszenen zwischen erwachsenen und jungen Männern darzustellen. Zu den Geschenken, die den jungen Leuten – *erōmenós* – von ihren Liebhabern – *erastés* – überreicht werden, zählen kleine Tiere wie Hähne oder Hasen, Kränze u. a.[58]

Abb. 50   Zwei Arten der Begegnung; Schale; um 510. *Berlin, Antikenmuseum* (in Hartwig, Meisterschalen, Taf. 25).

In der Ikonographie der Frauen erscheinen dieselben *Elemente*. Auf einer Pelike (Abb. 49)[59] hält eine Frau zwei große ornamentale Blumen, die ihre schöne Gestalt einrahmen; auf der Rückseite reicht ihr ein Mann ein Stück Fleisch, ein entbeinter Schenkel, Teil des Opfertiers als Geschenk. Auf diese Weise wird die eigentlich ausgeschlossene Frau in die Verteilung des Opfertieres einbezogen.

Überreicht ein Mann einer Frau ein Geschenk, wird von ihr im allgemeinen eine Gegengabe erwartet. Die Geschenke werden stets von dem Mann überreicht und die Frau wird zur Empfängerin. Unter den Dingen, die auf diese Weise geschenkt werden – Blumen, Tiere oder Fleischstücke –, befinden sich auch kleine Beutel, über deren Inhalt die Meinungen auseinandergehen. Es ist nicht sicher, daß es sich um Geld handelt; diese Beutel erscheinen fast niemals auf Szenen des Handels; vielleicht enthielten sie Knöchelstücke oder andere kleine Geschenke. Manche Erklärer haben diese Beutel als Zeichen der ökonomischen Gewalt des Mannes über die Frau aufgefaßt, die zur Prostituierten wird, indem sie das Geld annimmt. Der Geldbeutel sei auf diese Weise ein »ökonomischer Phallus«.[60] Wenn eine solche Interpretation auch manchmal möglich sein mag, kann sie doch nicht verallgemeinert werden, denn das Abhängigkeitsverhältnis der Frau wird nicht als ein ökonomisches dargestellt. Der Mann sucht in den Szenen der Verführung nicht nur durch Worte, sondern auch mit einem begehrten Geschenk sein Ziel zu erreichen.

Um die Dialektik des Begehrens ins Bild umzusetzen, haben die Maler mannigfache Formen des Austauschs unter Liebhabern benutzt und manchmal sogar homosexuelle und heterosexuelle Begegnungen nebeneinandergestellt. Eine Schale in Berlin (Abb. 50)[61] gibt dafür ein Beispiel: Auf der einen Seite halten sich vier Paare junger Männer mehr oder minder eng umschlungen; der Größenunterschied der Personen zeigt ein Herrschaftsverhältnis zwischen den aktiven *erastés* und den von ihnen liebkosten *erōmenós* an. Zwischen den Paaren ist jeweils ein Bündel im Bildfeld aufgehängt, das Kennzeichen für die athletische Beschäftigung der jungen Männer, und außerdem findet sich wiederholt die Inschrift *hò paîs kalós* – der Jüngling ist schön. Auf der Gegenseite befinden sich drei heterosexuelle Paare, nicht in Umarmung, sondern einander gegenüberstehend. Die Männer stützen sich auf einen Stock, die Frauen halten eine Blume, eine Frucht oder eine Bahn ihres Kleides. Hier fehlen die Bündel; die Inschriften wechseln zwischen der männlichen und der weiblichen Form: *hò paîs kalós* oder *hè paîs kalé*. Das Bild also vereint zwei verschiedene Arten des Liebesverhältnisses und des Begehrens, gesehen allerdings vom Blickwinkel des erwachsenen Mannes aus. Man wird tunlichst vermeiden, von dem Bild auf die tatsächlichen sexuellen Rollen zu schließen. In der archaischen Bildkunst finden wir viele Bilder dieser Art;

es entstehen Abwandlungen zum Thema des Geschenks, der Verführung und Paarung. Die Bildaufteilung der gezeigten Schale gemahnt daran, die Darstellung der Frauen innerhalb der attischen Ikonographie nicht isoliert zu betrachten. Das runde Bildfeld im Zentrum der Schale verweist auf eine andere Art der Beziehung zwischen den Geschlechtern, den Frauenraub: Peleus ergreift Thetis an der Taille und kämpft gegen ihre in einen Löwen und eine Schlange verwandelte Gestalt.

Abb. 51   Zeus bei der Verfolgung einer Frau; Hydria; um 480. *Paris, Bibliothèque Nationale.*

Nachstellungen

Viele Bilder zeigen Nachstellungen von Verliebten, oft mit mythischen Personen. Die Entführung und Gewaltanwendung, die damit verbunden sind, scheinen vor allem zu Beginn des 5. Jahrhunderts ein bevorzugtes ikonographisches Modell des Verhältnisses zwischen Männern und Frauen, aber auch zwischen Göttern und Menschen zu sein. So verfolgt Zeus die sterblichen Frauen, die zumeist anonym bleiben, wie etwa auf einer Hydria aus dem *Cabinet des Médailles* (Abb. 51)[62]. Aber Zeus wurde auch

Abb. 52 Sympo-
sion; Trinkschale;
um 480. *London,
British Museum.*

gerne als Verfolger des jungen Ganymed dargestellt, womit die homosexuelle und heterosexuelle Begierde auf eine Ebene gestellt wird. Die
Gewalttätigkeit der Begierde und der Schrecken, den sie den von der
Gottheit überraschten Sterblichen einflößt, wiederholen sich in den Szenen von Nachstellungen durch Heroen wie Theseus. Das ikonographische Muster ist dasselbe. Der Verfolger nimmt dabei die Züge eines
Jägers an und die verfolgte Frau die eines gejagten Wilds.

Die Bildmotive des Geschenks und des Austauschs stehen im Gegensatz zu denen des Raubs und der Nachstellung. Diese werden gerne in
ein mythologisches Gewand gekleidet; aber sie beherrschen nicht nur
die Welt der Götter, Peleus und Theseus, sondern auch die Welt der
Satyrn und Mänaden.

Wein, Bankett, Erotik

Die griechischen Trinkgewohnheiten implizierten, daß der Wein gemeinschaftlich genossen wurde; man trank mit Wasser vermischten Wein, ihn
pur zu trinken galt als gefährlich. Gut gemischt und zu gleichen Teilen
getrunken, hat der Wein positive Wirkungen, die den Männern vorbehalten scheinen. Das *sympósion*, das auf das Mahl folgte, ist eine männliche Geselligkeitsform: Freunde und Bekannte kamen hier zusammen,
um auf Liegen ausgestreckt die Geselligkeit zu pflegen: man plauderte,
sang.

In diesem Rahmen ist kein Platz für die Frauen; weder die Ehefrauen
nehmen am *sympósion* teil noch die Töchter. Die einzigen anwesenden
Frauen sind gemietete Gesellschafterinnen und Musikantinnen. Verschiedene Texte weisen uns darauf hin, daß sie für den jeweiligen Anlaß

gemietet wurden und den Status von *hetaírai* (Gefährtinnen) hatten.[63]

Das Thema des *sympósion* ist eines der verbreitetsten in der attischen Bildkunst und findet sich insbesondere auf den Trinkgefäßen, den Schalen und Krateren. Die Bilder richten sich an die Teilnehmer des Banketts, sind eine Spiegelung dessen, was diese im Begriff sind zu tun, und dienen einem jeden, der die Kunst des rechten Trinkens üben will, zum Vorbild oder zur Warnung. Auf einer Trinkschale in London (Abb. 52)[64] ist auf der Außenfläche reihum ein Symposion mit vier Liegen abgebildet. Zwei Säulen verweisen auf einen Saal; neben jeder Säule steht jeweils ein Diener; der eine hält eine Lyra in Händen, der andere eine Schöpfkelle und ein Sieb zum Filtern des Weines. Inschriften geben die Namen der auf den Klinen liegenden Männer an: Demonikos, Aristokrates, Diphilos. Jeder Teilnehmer ist in Begleitung einer Frau. Eine Frau sitzt am Fußende des Bettes eines jungen Mannes, der sein Stirnband ordnet, und sie hält eine Trinkschale in den Händen; die andere Frau, den *aulós* spielend, steht neben einem bärtigen Mann, der sich nach hinten wendet und seinem Nachbarn einen *skýphos* entgegenhält; dieser ist bartlos, sein Gewand ist ihm von den Schultern geglitten und sein Bauch liegt frei; er zieht gerade die junge Frau an sich, die sein Lager teilt. Vom Wein über die Musik bis zum Liebesspiel ist also der Fortlauf des Geschehens angedeutet. Alle Elemente des Symposions sind hier vereint, aus denen die Rolle der Frau klar hervorgeht: Als Musikerin oder als Mittel – wenn nicht gar als Gefährtin – der Lust der Männer.

Eine große Zahl von Vasen, insbesondere in der Zeit zwischen 520 und 470, nimmt sich der Themen des Symposions an; immer geht es, unterschiedlich dosiert, um Wein, Gesang, Tanz und Erotik. Eros taucht in diesen Szenen nicht auf, obwohl doch das Sprichwort die Zusam-

Abb. 53 Erotik beim Symposion; Hydria; um 510. *Brüssel, Musées Royaux d'Art et d'Histoire.*

Abb. 54 Trinkende Frauen unter sich; Trinkschale; um 510. *Madrid, Museo Arqueologico.*

mengehörigkeit von Wein und Liebe bekräftigt: »Aphrodite und Dionysos gehören zusammen.« Eros gehört zum Gefolge der Aphrodite, und seine Gegenwart bedeutet das Liebesverlangen. Aber die Bilder des *sympósion* wollen nicht das Verlangen vergegenwärtigen, sondern die Freude, die Trunkenheit und die körperliche Lust; auch Aphrodite hat ihren Platz an anderer Stelle und erscheint in den Hochzeits- und Verführungsszenen. Beim *sympósion* wird die körperliche Begierde der Männer befriedigt; das wenigstens ist das Bild, das die Maler davon zeichnen. Man kennt ungefähr vierzig Darstellungen von Paarungsszenen, die meist mit dem Adjektiv »erotisch« belegt werden und in den meisten diesem Thema gewidmeten Büchern abgebildet sind. Entweder ste-

hen sie für sich im inneren Bildfeld der Schale oder gehören zu den kollektiven Darstellungen im Rahmen eines Symposions. Die Figur des Eros
taucht dabei nicht auf. Diese Szenen sind im modernen Sinne erotisch
und zeigen in den meisten Fällen, wie die Frau die Lust ihres männlichen
Partners erregt oder befriedigt. Auf einer Hydria in Brüssel (Abb. 53)[65],
um nur ein einziges Beispiel zu zeigen, sind zwei Paare abgebildet: Links
liegt ein junger Teilnehmer am Bankett mit Namen Polylaos und streckt
die Hand nach einer Frau namens Egilla aus, die sich ihm auf Knien
nähert. Rechts preßt der junge Kleokrates eine Frau an sich, die Sekline
heißt und von hinten zu sehen ist.

Diese Art von Bildern verschwindet in der zweiten Hälfte des 5. Jahrhunderts, während die Ikonographie des Symposions sich stetig fortsetzt
und die Motive der Musik und des Trinkens weiterentwickelt. Hingegen
taucht die Figur des Eros nun häufiger in der Bildkunst auf und erscheint
nicht nur im Umkreis der Aphrodite, sondern sogar an der Seite des
Dionysos und im Rahmen des Symposions; die Veränderung des Repertoires läßt so das Aufkommen einer neuen Sensibilität erkennen, die der
Darstellung des Verlangens in allegorischer Form den Vorzug zu geben
scheint.

Die Frau spielt beim Symposion in den Darstellungen der archaischen
Zeit in jedem Falle nur eine Nebenrolle, aber es ist schwierig, ihren Status zu bestimmen. Nichts in der Ikonographie erlaubt festzulegen, ob sie
Hetäre, Freie oder Sklavin ist, und man muß außerdem damit rechnen,
daß vermutlich ein guter Teil an Erfindung in diesen Bildern ist. Eine
Trinkschale in Madrid (Abb. 54)[66] zeigt zwei Frauen, ausgestreckt liegend
von Angesicht zu Angesicht, nicht Seite an Seite, wie es beim Symposion üblich ist, die Frau links spielt den *aulós*; die andere, die einen
skýphos hält, streckt ihr eine Trinkschale entgegen; eine Inschrift gibt
ihre Aufforderung wieder: »*Píne kaí sý* – trinke auch du.« Beide Frauen
sind nackt. Inwiefern sie in den Themenkreis des Symposions gehören,
bleibt unklar. Es handelt sich bei diesem ungewöhnlichen Bild mit
Sicherheit um eine bewußte Veränderung der ikonographischen Regeln,
deren Bedeutung man nicht gewaltsam interpretieren sollte.

Manchmal finden wir bildnerische Phantasien. Auf dem Medaillon
einer Schale aus der Villa Giulia (Abb. 55)[67] ist eine nackte Frau abgebildet, die eine einfache Frisur unter einer Haube, *sákkos*, trägt und mit
Ohrringen geschmückt ist; sie reitet einen großen Vogel, dessen Hals ein
langer Phallus mit einem Auge auf der Eichel ist. Auf der Karikatur aus
München (Abb. 34) ist uns im dionysischen Umkreis bereits ein geflügelter Phallus begegnet. Die Frau ist aber keine Mänade, sondern eher
eine Hetäre. Eine solche Darstellung auf dem Boden einer Schale, aus
der Wein getrunken wird, erscheint als eine Illustration der männlichen
Phantasie, die der Belustigung der Bürger beim Zechgelage dient.

Der *kômos*, der wilde Zug der tanzenden und singenden Zecher, bot dionysische Freiheiten: Manche der Teilnehmer haben sich als Frauen verkleidet; ein Medaillon einer Trinkschale im Louvre (Abb. 56)[68] zeigt eine bärtige Person, die in der linken Hand einen Sonnenschirm hält und auf einen Stock gestützt voranschreitet, bekleidet mit einem langen Faltengewand und mit einem *sákkos* über der Frisur. Die Zweideutigkeit dieser Aufmachung, bei der die Zeichen der Männlichkeit wie Bart und Stock mit denen der Weiblichkeit – langes Gewand und *sákkos* – gepaart sind, ist offenkundig. Man hat aufgrund von vergleichenden Studien des Bildmaterials zum *kômos* zeigen können, daß es sich bei den Personen immer um Männer handelt, die Frauenkleider tragen. Der Weingenuß treibt den Mann, verschiedene Formen der Verwandlung zu erkunden, er gebärdet sich animalisch wie ein Satyr oder barbarisch wie die Skythen, die unvermischten Wein trinken. Auch das andere Geschlecht ist ein begehrtes Ziel dieser Verwandlungs- und Maskierungslust. Indem er sich verkleidet, macht sich der Mann zum Spaß für einen Augenblick zur Frau. Dies ist ein weiterer Beleg dafür, daß die Frau in den Augen des athenischen Mannes eine der Möglichkeiten des Andersseins darstellte.

Durch Zusammenstellung von Serien und Szenen, die sich an bestimmten Plätzen abspielen – Brunnen, Wasserbecken, Frauengemächer, Bankettsäle – und durch Betrachtung verschiedener Tätigkeiten – Wasserholen, Körperpflege, Spinnen und Weben, Musik oder das *sympósion* – ist hier versucht worden, die Komplexität der Gestaltung dieser Bilder aufzuzeigen. Der Unterschied der Geschlechter deckt sich nicht mechanisch mit innen und außen, und wir können einen klaren Gegensatz zwischen diesen beiden räumlichen Kategorien nur um den Preis eines gewissen Schematismus aufrechterhalten. Die Darstellungen zeigen oft die Unterschiede, die zwischen jeder dieser Kategorien bestehen, und die Durchlässigkeit vom einen zum anderen. Weder der innere Raum noch der äußere sind einheitlich und gleichmäßig. Mit Hilfe der Bandbreite der Situationen und der dargestellten Personen haben die Maler diese Unterschiede genutzt und verschiedene Arten des Raumes im Bild gezeigt, die den Hintergrund für die Darstellung weiblicher Figuren bilden.

Abb. 55 Ein
komischer Vogel;
Schale; um 500.
Rom, Villa Giulia.

Abb. 56 Frauen-
verkleidungen;
Trinkschale;
um 480.
Paris, Louvre.

MYTHISCHE VORBILDER

Die Griechen haben ihre Vorstellung vom Weiblichen anhand verschiedener mythischer Vorbilder entwickelt, unter ihnen ragen zwei weibliche »Stämme« hervor: die Mänaden und die Amazonen. Wir beschränken uns hier auf die Darstellung einiger wesentlicher Züge dieser Imagination von der Umkehrung der männlichen Ordnung durch die Frauen.

Die Mänaden

Ein Bild hat uns gezeigt, wie Frauen im Angesicht der Maske des Dionysos die Mischung des Weines vornehmen (Abb. 33). Manchmal erscheinen diese Dienerinnen des Gottes in bestimmten rituellen Szenen bei einem frenetischen Tanz, als ob sie unter der Wirkung einer Raserei stünden, die ihnen den Namen Mänaden, die Wahnsinnigen eingetragen hat. Am häufigsten erscheinen sie an der Seite des Dionysos und in Begleitung der Satyrn.[69] Die Mänade tanzt nicht nur wild, sondern steht mit wilden Tieren auf vertrautem Fuße. Auf einer Schale des Brygos (Abb. 57)[70] hat eine Frau in einem langen Faltengewand ein Pantherfell um die Schultern geknotet; sie hält ein lebendes Tier bei der Hinterpfote. Ihr Haar ist aufgelöst und eine Schlange dient ihr als Stirnband. Sie trägt einen mit Efeublättern geschmückten Stab, den *thýrsos*. Im Unterschied zu den Satyrn, die in an ihrem Körper teilweise zu Tieren werden, zeigt sich die Verwandlung der Mänade an ihren dionysischen Attributen, Pflanze oder Tier.

Das Verhältnis von Satyrn und Mänaden im Gefolge des Dionysos ist nicht eindeutig und ohne weiteres verständlich. Die ältesten Bilder bis ungefähr 510 zeigen sie als freudige Gefährten, die gemeinsam tanzen und sich gelegentlich paaren. Mit Beginn des rotfigurigen Stils verkehrt sich das Verhältnis ins Gegenteil, und zumeist weisen die Mänaden nun die Satyrn zurück, die Jagd auf sie machen, wobei dem Vorbild der göttlichen und heroischen Nachstellungen gefolgt wird. Aber die Lüsternheit der Satyrn wird stets ganz ohne Scham dargestellt. Sie haben eine ständige Erektion und legen einen unersättlichen sexuellen Appetit an den Tag.

Das Muster des Frauenraubs findet seinen stärksten Ausdruck in einer Serie von Bildern, die mit Phantasien von Vergewaltigung und Voyeurismus spielen. Auf einer Hydria in Rouen (Abb. 58)[71] ist eine ruhig schlafende Mänade abgebildet, die Augen geschlossen, den *thýrsos* in der Hand. Ein Satyr hat ihr Gewand hochgehoben und berührt sie mit der Hand, während links davon ein weiterer Satyr über seine eigene Männlichkeit erstaunt zu sein scheint. Die Nacktheit der ahnungslosen Mäna-

de erregt offenbar die Begehrlichkeit der Satyrn, die stets bereit sind, ihre Begierde zu befriedigen. Aber es findet hier kein Austausch zwischen den Partnern statt, und die ikonographische Reihe geht niemals über diese Annäherungsversuche hinaus: Die Satyrn erreichen ihr Ziel nicht.

Die Mänade scheint mehr durch Tanz und Musik in Raserei zu geraten als durch den Wein, der offenbar eher den Satyrn mundet. Die Raserei der Mänaden entfesselt gelegentlich die Gewalttätigkeit der Frauen, die stark genug geworden sind, wie die Bilder und der Mythos belegen, mit nackter Hand wilde Tiere in Stücke zu reißen, die sie in den Bergen fern der Städte verfolgen. Sie allein neben Dionysos betreiben den *diasparagmós*, das Zerreißen rohen Fleischs, das im Gegensatz zu allen Formen des öffentlichen Opfers steht, bei dem das Tier geschlachtet, in Teile geschnitten und gebraten wird. Die Gewalttätigkeit der Geste wird auf einer Lekythos in Syrakus (Abb. 59)[72] deutlich, wo man eine Mänade mit aufgelöstem Haar sieht, den *thýrsos* zu ihrer Linken aufgepflanzt, wie sie ein junges Rotwild in Stücke reißt.

Abb. 57   Mänade im Lauf; Schale; um 480. *München, Antiken-sammlungen.*

Abb. 58 Schlafende
Mänade; Hydria;
um 500.
*Rouen, Musée
Départemental.*

Abb. 59   Mänadische Raserei; Lekythos; um 470.
Syrakus, Museo P.Orsi.

Thrakerinnen

Ein anderer Mythos gibt den Malern weitere Gelegenheit, die mörderische Gewalttätigkeit darzustellen, die man den Frauen zuschreibt. Die Szene spielt in Thrakien, wo der Dichter Orpheus alle männlichen Zuhörer durch seinen Gesang hinreißt. In ihrer Eifersucht töten ihn die Frauen. Auf einem *stámnos* im Louvre (Abb. 60)[73] liegt der Sänger auf dem Boden und verteidigt sich mit seiner Lyra. Die thrakischen Frauen, auf den Armen tätowiert, bewerfen ihn mit Steinen und spießen ihn buchstäblich mit den langen Eisenstäben auf, die im griechischen Opferbrauch dazu dienen, das Fleisch des Opfertieres auf dem Altar der Götter zu rösten. Dies ist eine tragische Szene, bei der die von den Thrakerinnen begangene Mordtat die Opfergeräte ihres Zwecks entfremdet.

Amazonen

Die doppelte Andersheit dieser Mörderinnen kehrt bei den Amazonen wieder. Die Maler haben ihr Bild weit verbreitet, über tausend Beispiele sind bekannt. Sie sind Kriegerinnen, die unter sich leben und jeden Kon-

Abb. 60   Tötung des Orpheus durch die thrakischen Frauen; Stamnos; um 460. *Paris, Louvre.*

takt mit den Männern ablehnen. Für einen Athener sind sie ein Paradoxon und repräsentieren eine verkehrte Welt vom Standpunkt des Bürgers und Hopliten aus, der sich als Bollwerk der Stadt sieht. Die Amazonen sind Krieger ohne Stadt und stellen eine ständige Bedrohung für die zivilisierte Welt dar. Auch im Bild sieht man sie stets im Kampf stehen, sei es mit dem Kulturheros Herakles, sei es mit dem athenischen Heros Theseus.

Auf einem *epínētron*, dem Gerät, das die Frauen zum Aufbereiten der Wolle zum Spinnen verwenden, sieht man drei Amazonen ihre Schilder ergreifen (Abb. 61)[74]. Sie sind hier wie Hopliten ausgerüstet; oft verbinden sich bei ihrer Bewaffnung mit dieser Ausrüstung barbarische Elemente wie der Bogen, die Axt oder das Kettenhemd der Skythen, die die Fremdheit dieser beunruhigenden Figuren unterstreichen. Auf einer Amphore im Louvre (Abb. 62)[75] entführt Theseus Antiope, die Königin der Amazonen, die eine skythische Haube auf dem Kopf trägt und mit einer Axt und einem Köcher ausgerüstet ist. Sexualität ist hier kriegerisch verzerrt. Das Motiv verweist auf die mythischen Zeiten des Ursprungs der Stadt Athen, als die Frauen in einer in athenischen Augen monströsen Weise unabhängig waren.

Diese Betrachtung mythischer Themen soll mit einem letzten, bemerkenswerten Bild beschlossen werden (Abb. 63)[76]. Auf einem Alabastron, einem den Frauen bestimmten Behälter für Parfüm, finden wir die extremen Frauengestalten – Mänade und Amazone – vereint. Links hält eine Mänade, mit einem Pantherfell bekleidet und mit thrakischen Stiefeln an den Füßen, eine Schlange und einen Hasen in Händen; sie wird als

Abb. 61 Sich bewaffnende Amazonen; Epinetron; um 510. *Athen, Nationalmuseum.*

Theraichme, die Jägerin benannt; von der anderen Seite eilt Penthesilea heran, eine Amazone mit Helm, die einen Bogen und eine Axt hält. Die wilde und die barbarische Frau begegnen einander. Dieses Bild legt der athenischen Frau zwei imaginäre Varianten der Andersheit nahe, die sie in den Augen der Männer auszeichnet.

So außergewöhnlich es auch ist, dieses letzte Beispiel läßt uns die Wirkungsweise der attischen Vasenmalerei besonders gut verstehen. Die bildlichen Darstellungen ziehen keinen scharfen Trennungsstrich zwischen dem Mythologischen und dem Alltäglichen. Ganz im Gegenteil dienen die mythischen Vorbilder oft dazu, verschiedene Momente des gesellschaftlichen Lebens in den Blickpunkt zu rücken: Thetis bewaffnet Achilleus, Penelope verrichtet ihre Arbeit, und die einfachsten Bilder werden durch den Einsatz der Inschriften mythologisiert, indem sie uns Alkestis oder Eriphyle vor Augen führen. So wechseln die Frauen im Bild von der Namenlosigkeit in den mythischen Status, werden Mänaden oder Amazonen, ganz nach Belieben der Phantasie der Maler und ihres Publikums.

Oft bestimmt der Verwendungszweck der Vase ihre Ikonographie: rituelle Themen finden sich auf Kultvasen, Frauenthemen erscheinen auf

Abb. 62   Theseus entführt eine Amazone; Amphore; um 510.
Paris, Louvre.

Vasen, die die Frauen benutzen. Die Bilder erfahren ihre Wirksamkeit gerade durch diesen Kontext, in dem sie stehen. So sind Amazonen und Mänaden öfter auf Trinkgefäßen dargestellt, die beim Symposion der Männer im Kreise herumgereicht werden, und diese imaginären Modelle des Weiblichen sind keineswegs den Frauen vorbehalten – ganz im Gegenteil.

Es scheint sich in der Tat so zu verhalten, daß die künstlerische Arbeit darin besteht, verschiedene umlaufende Modelle den jeweiligen Zwecken anzupassen. Unter den Augen des Betrachters sind sie bildlich vergegenwärtigt und funktionieren auf eine reflexive Weise: als Spiegel- oder als Umkehrbild. Das Bild der Frauen ist also sehr verschiedenartig, dennoch: Die Frau, ob Mutter oder Ehefrau, Hetäre oder Musikerin, Amazone oder Mänade, sie wird jedesmal vom Blickwinkel des griechischen Mannes her gesehen und dargestellt.

Aus dem Französischen von Andreas Wittenburg

Stillende Mutter und Vater; Teilansicht eines Sarkophags; Mitte des 2. Jahrhunderts. *Paris, Louvre*.

Unvermähltes Paar; Wandmalerei in Herculaneum; vor 79 n. Chr. *Neapel, Archäologisches Museum.*

SOZIALE RITUALE UND PRAKTIKEN DER FRAUEN

Verschleierte Braut vor der Hochzeitsnacht; Kopie eines griechischen Originals. *Rom, Vatikanische Museen.*

Der folgende zweite Teil geht einen anderen Weg als der erste, auch wenn die herangezogenen Dokumente gleichfalls zu einer Diskursanalyse führen. Im Vordergrund stehen die Vorgänge und Tätigkeiten, die das tägliche Leben der Frauen in der griechisch-römischen Welt ausmachen, wobei die physischen und sozialen Faktoren untrennbar miteinander verbunden sind: die Pubertät, die Sexualität, die Fortpflanzung, die Ehe, die Ehelosigkeit, die Witwenschaft, der Besitz an Gütern, die rituellen Handlungen, die priesterlichen Funktionen. Von einem Kapitel zum anderen pflanzt sich ein Echo fort, insofern überall deutlich wird, daß die weibliche Biologie sich immer nur sozial manifestiert. Das junge Mädchen ist zugleich ein Körper vor der Mutterschaft, ein mögliches Austauschobjekt zwischen den Familien und ein geeignetes Mittel, um in eine bestimmte Beziehung zum Göttlichen zu treten. Vergleichbares könnte man von der verheirateten Frau, der Matrone sagen. So entsprechen die Kapitel einander, auch wenn der für die Einzelstudie gewählte historische Augenblick ein jeweils anderer ist.

Es wäre noch ein anderer Weg denkbar gewesen, nämlich der, alle sozialen Rollen der Frauen systematisch und eine nach der anderen vorzuführen. Dieser Weg ist aus verschiedenen Gründen nicht beschritten worden. Zunächst einmal hätte er zu einer Zersplitterung in Untersuchungen der einzelnen den Frauen zugewiesenen Aufgaben geführt: Weben, Kochen, Tauschen, Bedienen, Ernähren, Heilen usw. Nun sind diese Beschäftigungen, die die von Yvonne Verdier untersuchte Trias gut zusammenfaßt – »die Wäscherin, die Schneiderin, die Köchin« –, in der Abhandlung von François Lissarrague in diesem Buch kurz gestreift worden. Darüber hinaus hatten neuere Bücher gerade diese Arbeit auf vollständigere Weise geleistet, als wir das in dem gesetzten Rahmen hätten hoffen können zu tun; für den griechischen Bereich haben die Werke von Ivana Savalli und David Schaps dies getan.[1] Und schließlich schien es uns nicht möglich zu sein, eine zusammenfassende Darstellung des Alltagslebens der Frauen zu geben, die auf anderen Quellen beruhte als denen, die schon in angemessener Weise ausgewertet worden waren.

Andere Quellen. Man könnte sich in der Tat darüber wundern, daß man in einem Buch über das griechisch-römische Altertum kein Kapitel über den Beitrag der Archäologie zur Kenntnis des Lebens der Frauen findet, wo doch die archäologische Forschung in den letzten Jahren die Fragestellungen der

Alten Geschichte so entscheidend bereichert hat. Eine solche Untersuchung wird ohne Frage bald erscheinen, aber beim augenblicklichen Stand der Dinge ist sie noch schwer durchführbar. Die archäologische Forschung im Bereich der Antike hat nämlich erst seit kurzer Zeit jenen Einzelheiten Aufmerksamkeit geschenkt, die es erlauben, die materielle Kultur der Gesellschaften zu verfolgen. Die Mediävisten verfügen in diesem Bereich über einen großen Vorsprung. Unter die verstreuten Einzelheiten, die es ermöglichen würden, eine Archäologie der Frauen in Angriff zu nehmen, kann man die Erkenntnisse über die Wohnverhältnisse zählen (wo im Hause war der eigentliche Platz der Frauen?); oder es gibt da die Kataloge der ›Kleinfunde‹, die sich am Ende der Ausgrabungen ergeben, d. h. all jener Gegenstände, die sich in den Häusern befanden, wie z. B. die so zahlreich gefundenen Gewichte, die Webarbeit belegen; und schließlich sind noch die Gräber und die Grabausstattungen zu nennen.

In einem in der Nähe von Paestum gefundenen Kammergrab war der Innenraum durch Steinblöcke in zwei Bereiche unterteilt.[2] Die Untersuchung der Grabausstattung hat es erlaubt, zwischen einer männlichen und einer weiblichen Bestattung zu unterscheiden: Die Hydria, die Phiale, der *lébēs gamikós* (eine Hochzeitsvase) und die kleinen Terrakottafiguren waren das weibliche Gegenstück zum Krater, zum Skyphos, zur Kylix, der Strigilis und der Lanze. Die Welt der Männer, die Welt der Frauen: Die archäologischen Quellen müßten vor allem im Hinblick darauf befragt werden, wie man es auf dem Gebiet der Grabausstattung bereits tut, um die materielle Kultur und die symbolische Repräsentation der Gesellschaft besser zu verstehen.

Jean-Pierre Vernants berühmte Formulierung: »Was die Ehe für das Mädchen, ist für den Jungen der Krieg. Für beide wird damit die Vollendung ihrer jeweiligen Natur gekennzeichnet und somit ein Zustand beendet, in dem jeder noch Merkmale des anderen trug«[3], bedeutet nicht, daß die Ehe im Rahmen des Systems des Fortlebens der antiken Polis nicht auch für den Mann von größter Wichtigkeit sei. Denn sie erinnert nachdrücklich daran, daß ein Teil des gesellschaftlichen Verkehrs in der Antike sich um Heiratsstrategien drehte, um das »Warum sie heiraten?«.[4]

»Heirat im antiken Griechenland« ist eine entschieden anthropologisch ausgerichtete Untersuchung der griechischen Ehe. Claudine Leduc stellt die Hypothese auf, daß das Grundprinzip der Ehe die Überreichung jenes ›schönen Geschenks‹ einer Frau sowie einer gewissen Zahl von Gütern ist und daß das von der homerischen bis in die klassische Zeit gelte. Sie schlägt vor, die historische Entwicklung und die verschiedensten politischen Entscheidungen im Zusammenhang mit den Änderungen zu sehen, die dieses Prinzip erfährt. So führt uns die Frage nach den Heiratsmodellen im antiken Griechenland von der Verheiratung der Penelope bis zu der der Frauen von Gortyn auf Kreta und der Athenerinnen. Und wir verstehen nach und nach besser, warum das griechische System der legitimen Fortpflanzung stets die Verbindung der Ehefrau – der Mutter der legitimen Kinder – mit beweglichen und unbeweglichen Gütern betont hat. Die Frauen und die von der Gesellschaft entwickelten Strategien sind auf diese Weise in den Mittelpunkt einer der wichtigsten Fragen der griechischen Welt gestellt, nämlich die Frage nach dem Entstehen einer neuen Struktur von Gemeinschaft, die Polis genannt wird.

P.S.P.

5

HEIRAT IM ANTIKEN GRIECHENLAND

(9.–4. JAHRHUNDERT V. CHR.[1])

Claudine Leduc

Im Prometheusmythos[2], dem griechischen Gründungsmythos der Menschheit, trägt die erste Ehefrau einen Namen – Pandora –, der mit dem Verb *dídōmi/geben* zusammenhängt. Pandora ist eine Gabe des Zeus. Erzürnt über Prometheus, der ihn bei einem Opfer zum Narren hielt, beauftragt der Vater der Götter seine klugen und listigen Kinder – Athene und Hephaistos –, die Falle herzustellen, die er den Menschen zudachte: die Ehefrau. So kommt Pandora, geleitet von Hermes, in das Haus des Epimetheus, der töricht genug ist, diese Gabe freudig anzunehmen, Pandora, die in ihrem Hochzeitsgewand bezaubernd und strahlend erscheint, mit ihrem goldenen Reif, ihrem Schmuck, ihrem unwiderstehlichen Gürtel, ihrem Schleier und goldgeschmücktem Kleid.[3] Die strahlende Braut führt einen verschlossenen Tonkrug mit sich, den sie alsbald öffnet und so alle Übel und auch den Tod freiläßt – nur die Hoffnung weigert sich zu entfliehen. Die antiken Kommentatoren konnten nie eindeutig bestimmen, was der Name der sterblichen Verführerin – Pandora – bedeutet: die, die alles gegeben hat, oder: die, die von allen Göttern gegeben worden ist. Vielleicht enthält der Name aber eine Anspielung auf eine wesentliche Regel des griechischen Heiratsmodells: die Braut ist eine freiwillige oder anmutige Gabe (don gracieux)*, und sie kommt mit reichen Gaben ausgestattet (*polýdōros*) in das Haus ihres Ehemanns.

---

* don gracieux wird im folgenden immer mit »freiwillige Gabe« übersetzt. (A.d.Ü.)

Abb. 1: DIE GABE DER BRAUT IN GRIECHENLAND VOM 9. JAHRHUNDERT BIS ZUM 4. JAHRHUNDERT

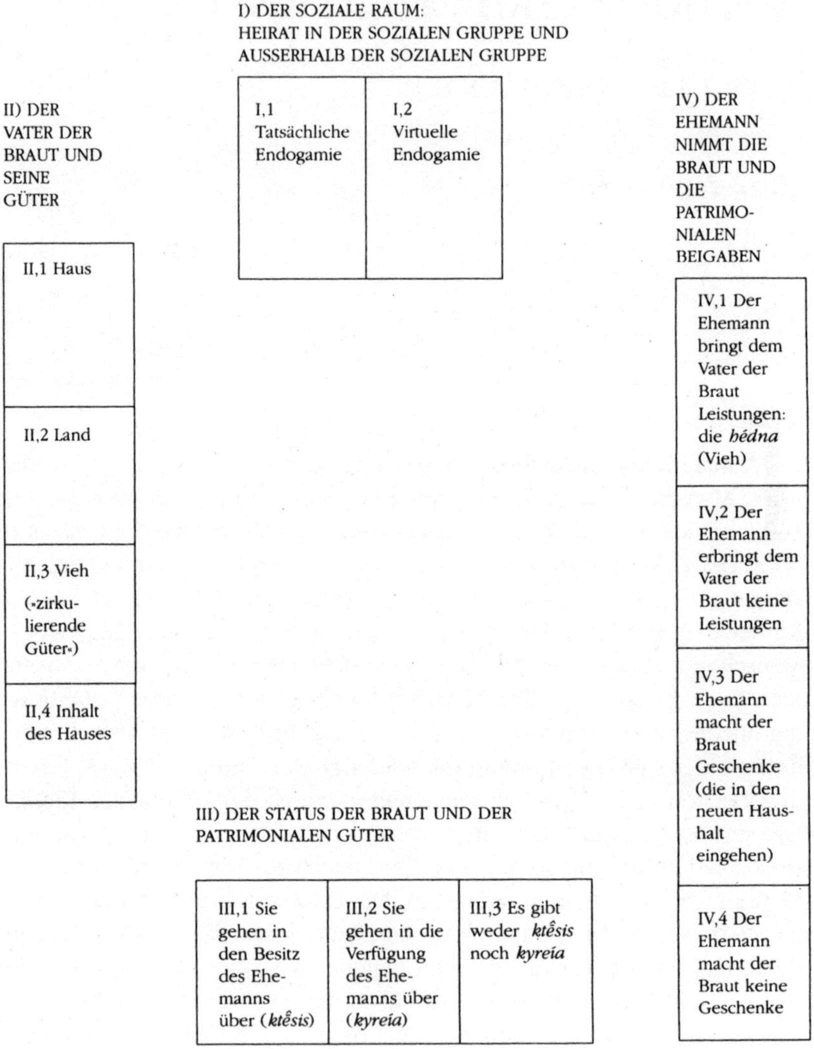

I) DER SOZIALE RAUM:
HEIRAT IN DER SOZIALEN GRUPPE UND
AUSSERHALB DER SOZIALEN GRUPPE

I,1 Tatsächliche Endogamie	I,2 Virtuelle Endogamie

II) DER VATER DER BRAUT UND SEINE GÜTER

- II,1 Haus
- II,2 Land
- II,3 Vieh (»zirkulierende Güter«)
- II,4 Inhalt des Hauses

IV) DER EHEMANN NIMMT DIE BRAUT UND DIE PATRIMONIALEN BEIGABEN

- IV,1 Der Ehemann bringt dem Vater der Braut Leistungen: die *hédna* (Vieh)
- IV,2 Der Ehemann erbringt dem Vater der Braut keine Leistungen
- IV,3 Der Ehemann macht der Braut Geschenke (die in den neuen Haushalt eingehen)
- IV,4 Der Ehemann macht der Braut keine Geschenke

III) DER STATUS DER BRAUT UND DER PATRIMONIALEN GÜTER

III,1 Sie gehen in den Besitz des Ehemanns über (*ktêsis*)	III,2 Sie gehen in die Verfügung des Ehemanns über (*kyreía*)	III,3 Es gibt weder *ktêsis* noch *kyreía*

Gleich welches Heiratsmodell man betrachtet, man muß beim Lesen der Tafel die aufgeführten Parameter allseitig kombinieren:
I.   Den sozialen Raum, in dem die Braut und die sie begleitenden Güter zirkulieren.
II. Die Reichtümer des Vaters der Braut, die die Braut begleiten.
III. Den Status der Braut und den der Reichtümer, die sie in das Haus des Ehemanns bringt.
IV. Die vom Ehemann erbrachten Leistungen.

Die Braut als freiwillige Gabe

In der Tat scheint diese freiwillige Gabe für die Regelung legitimer Nachkommenschaft unabdingbar gewesen zu sein. Vom 9. bis zum 4. Jahrhundert wird eine Frau immer von einem Mann an ihren Ehemann gegeben, und der Mann, der befugt ist, sie zu geben, gibt zusätzlich *(epidí-
dōmi)* Güter hinzu. An die Verheiratung einer Frau, die Mutter *rechtmäßiger Kinder* wird – von Söhnen, die die Nachfolge ihres Vaters antreten werden, und von Töchtern, die ihr Vater zur Ehe geben wird –,
knüpft sich stets die Vergabe von Gütern oder zumindest die Erwartung
darauf. Die Stellung der Frau hängt untrennbar mit der ihres patrimonialen Erbes zusammen, ja, zwischen beiden besteht eine Art Entsprechung.
Die griechischen Gesellschaften scheinen also durch die Praxis der *diverging devolution* geprägt zu sein. Dieser, von Jack Goody[4] ausgearbeitete
Begriff bezeichnet ein Verfahren der Güterübereignung, das, statt eines
der beiden Geschlechter – in der Regel das weibliche – auszuschließen,
»die Frauen ebenso wie die Männer einschließt«. Wenn wir dieses Konzept auf die Untersuchung der Gesellschaften des antiken Griechenland
übertragen, müssen wir drei Probleme ins Auge fassen: die Differenzierung nach Geschlecht (erhalten Kinder verschiedenen Geschlechts von
ihren Eltern gleichwertige Güter?), die Bilateralität (»divergieren« die
Güter ausgehend vom Vater und von der Mutter?) und eine eventuelle
Unterscheidung zwischen rechtlichem Besitzer, Empfänger und Nutznießer der Güter der Ehefrau. So präzisiert, stellt das Konzept der *diverging devolution* einen geeigneten Ausgangspunkt dar, um die sozialen
Beziehungen der Geschlechter in Griechenland zu untersuchen. Mit ihrer
Hilfe kann man deren fundamentale Asymmetrie unmittelbar anschaulich machen.

Ab dem Zeitpunkt, da die Ehefrau mit Gütern vergeben wurde, sind
die Kombinationsmöglichkeiten, die sich zwischen dem 9. und 4. Jahrhundert den griechischen Gesellschaften anbieten, in ihrer Zahl begrenzt. Abbildung 1 bietet einen Überblick über die in dieser Studie
untersuchten Heiratsmodelle.

Ich möchte meine Untersuchung mehr auf die *Fortdauer* des Systems
rechtmäßiger Reproduktion konzentrieren als jene Forschungsansätze,
die seinen Diskontinuitäten nachspüren. So sagen Louis Gernet[5], und in
seiner Folge Jean-Pierre Vernant[6] und Joseph Modrzejewski[7], die athenische Heirat der klassischen Epoche (in Abb. 1:I1, II4, III2, IV2 & 3) sei
eine »totale Inversion« der verbreitetsten Form der homerischen Heirat
(I2, II4, III1, IV3). Sie sehen die *Mitgift*, die vom Vater der Braut erbrach-
te Leistung, als eine »Art Umkehrung« der *hédna*, der in der *Ilias* und der
Odyssee vom Bräutigam erbrachten Leistung, an. Claude Mossé[8] scheint
dem analytischen Begriff der »Umkehrung« den des »Bruchs« vorzuzie-

hen. Sie unterscheidet zwei »Brüche« in der Entwicklung des athenischen Heiratsmodells: Der erste, so schreibt sie, tritt zur Zeit Solons auf: die homerischen *hédna* machen der *pherné* Platz, einer vom Vater der Braut erbrachten Leistung, die möglicherweise unserer Aussteuer entspricht. Der zweite Bruch soll der um 451 aufkommenden *proíx*, einer aus Geld bestehenden Mitgift, entsprechen. Eine auf die Fortdauer des Systems der legitimen Nachkommenschaft gerichtete Fragestellung, die sich über dessen Varianten in Zeit und Raum Klarheit verschaffen will, wird den Begriffen der »Umkehrung«, der »Inversion« und des »Bruchs« diejenigen einer Reorganisation oder einer Umgestaltung vorziehen.

Die freiwillige Gabe als Organisationsprinzip der griechischen Heirat anzusetzen, bedeutet, die Untersuchung auf zwei Fragen auszurichten. Die erste richtet sich auf die Ursprünge. Weshalb sind seit der homerischen Epoche wesentliche Bezeichnungen für die Verehelichung der Frau aus dem Wortfeld von *dídōmi* geschöpft, ein Verb, welches Emile Benveniste zufolge[9] die freiwillige Gabe (don gracieux) ausdrückt[10], und nicht aus den Wortfeldern von *ōnéomai/príamai*, Verben, die den Kauf und den Handel bezeichnen? Weshalb wird in der *Ilias* und der *Odyssee* die Mutter der rechtmäßigen Kinder dem Ehemann gegeben, oft zusammen mit einer Anzahl von Reichtümern? Die zweite Frage betrifft die Modifikationen dieses Modells in Griechenland zur Zeit der Polis. Zweifelsohne praktizierten damals alle Gesellschaften die freiwillige Gabe zusammen mit den »patrimonialen Beigaben«. Aber sie versahen sie mit so verschiedenen Bestimmungen, daß die Stellung der Ehefrau und der mit ihr verbundenen Güter von Polis zu Polis beträchtlich variiert. Das demokratische Athen rühmt sich, sein »Weibervolk« fest in der Hand zu halten. Von Sparta, die restriktivste und geschlossenste Gemeinschaft der griechischen Welt, wird behauptet, es ließe seinen Frauen große Freiheit. Woher rühren diese Divergenzen, wenn Ausgangspunkt ein und dasselbe Organisationsprinzip ist?

Solche Fragen, die das Verhältnis von matrimonialem und gesellschaftlichem System betreffen, könnten nur in einem sehr umfangreichen Forschungsprogramm einer Lösung zugeführt werden. Ich werde mich für den Moment darauf beschränken, zwei Hypothesen vorzustellen, die auf der Untersuchung dreier ausgewählter Quellen basieren: des homerischen Epos (9.–8. Jahrhundert), der Gesetzeskodifikation von Gortyn (um 460) und der Verteidigungsreden der attischen Redner (4. Jahrhundert).

Meine erste auf der Untersuchung des homerischen Epos beruhende Hypothese geht davon aus, daß die freiwillige Gabe der Braut seit den »dunklen Jahrhunderten« (11.–9. Jahrhundert) ein wesentliches Element der sozialen Beziehungen gewesen und typisch für eine nach segmentären (discrète), monogamen und patrilinearen *Häusern* strukturierte Gesellschaft ist. Eine solche Struktur bedarf der Erklärung. Ethnologen und Soziologen ist sie geläufig, die in ihren Studien zum gegenwärtigen oder vergangenen ländlichen Frankreich oft von einer Gesellschaftsorganisation nach *Häusern* sprechen. Überträgt man den Begriff auf das antike Griechenland, muß man seinen engeren Sinn beachten. Die Bezeichnung »Strukturierung der Gesellschaft nach *Häusern*« meint hier territoriale Gruppen, denen anzugehören gleichbedeutend ist mit dem Verfügen über die Reichtümer des Bodens und des Landes: über *Haus* und *Boden*. Bei der Wendung »diskrete *Häuser*« (im folgenden: segmentäre *Häuser*) handelt es sich um einen vor allem von Verwandtschaftsethnologen aus dem angelsächsischen Bereich verwendeten Begriff, den Robin Fox sehr genau definiert hat.[11] Er hat den Vorzug großer Konkretheit und Angemessenheit. Um die Sprache der Mathematiker zu benutzen: die *Häuser* einer territorialen Gruppe stellen segmentäre Häuser dar, wenn sie die segmentären (abgetrennten) d. h. diskontinuierlichen Elemente einer Wohneinheit bilden. Um die gleiche Sache in der spezifischen Sprache der Verwandtschaftsethnologie zu wiederholen: die Häuser einer territorialen Gruppe sind segmentäre *Häuser*, wenn sie sich als »einlinige Abstammungseinheiten« entweder patrilinearer (die Kinder erhalten ihren rechtmäßigen Status nur durch ein *Haus*, das *Haus* des Vaters) oder matrilinearer Art (die Kinder erhalten ihren rechtmäßigen Status nur durch ein *Haus*, das *Haus* der Mutter) darstellen. Schließlich eine letzte Erklärung: die segmentären, patri- oder matrilinearen, Häuser werden monogam genannt, wenn sie ihren Mitgliedern die Praxis mehrerer rechtmäßiger Eheverbindungen verbieten. Es liegt auf der Hand, daß die Diskretheit (Aufspaltung) der *Häuser* einer territorialen Gruppe Folgen für die Zirkulation der Ehegatten und der matrimonialen Güter hat: Personen und Güter gehen dem *Haus* verloren, das sie entläßt, und werden dem *Haus* »einverleibt«, das sie aufnimmt.

Ich meine daher, daß die griechischen Gesellschaften seit dem Ausgang der »dunklen Jahrhunderte« nach segmentären, monogamen und patrilinearen *Häusern* strukturiert sind und deshalb die »freiwillige Gabe« der Braut und die »Pflichtehe« (*marriage oblique*) verbreitet war (letzteres meint z. B. die Verbindung von Onkel und Nichte, eine Eheform, bei der die Ehepartner nicht der gleichen Generation angehören).

Ich will, um die Hypothese zu vervollständigen, hinzufügen, daß die zwischen dem 8. und dem 6. Jahrhundert in alle griechischen Gesellschaften eingedrungene Struktur der segmentären, monogamen und patrilinearen *Häuser* unauslöschliche Spuren in den Heiratspraktiken der *Stadtstaaten* des klassischen Griechenlands (5.−4. Jahrhundert) hinterlassen hat.

Meine zweite, auf der Untersuchung attischer und kretischer Quellen basierende Hypothese versucht zu erklären, warum die griechischen

Gesellschaften zwischen dem 8. und dem 4. Jahrhundert, obwohl sie weiterhin das Modell der freiwilligen Gabe und der patrimonialen Beigaben praktizierten, abweichende Heiratssysteme einführten. Wenn der Status der Ehefrau und die Rolle der sie begleitenden Güter in Gortyn, einer »konservativen« Stadt, im Unterschied zu Athen, einer aufgeschlossenen und offenen Stadt, völlig anders sind, so deshalb, weil beide Städte unterschiedliche Integrationsformen in die territoriale Gruppe kannten, oder, um einen historischen Fachterminus zu benutzen, weil das Bürgerrecht unterschiedlich definiert war. Um die berühmte Einteilung von Lévi-Strauss[12] aufzugreifen, es gab in Griechenland »kalte Gesellschaften« und »heiße Gesellschaften«. Die kalten Gesellschaften – dies trifft auf Gortyn und auf Sparta zu – entscheiden, ihre Geschichte zu ignorieren und die Zugehörigkeit zur territorialen Gruppe an die Verfügung über die dem Territorium verhafteten Reichtümer zu binden: an das *Haus* und den *Boden*. Sie konservieren die oben beschriebene Struktur, aber ihre *Häuser* sind nicht getrennt, sondern bilden ein zusammengehöriges Ganzes. Die Verwandtschaftsspezialisten sagen bildhaft, daß diese *Häuser* sich »überschneiden« oder »überlappen«. Tatsächlich trennt in diesem System die Mobilität der Ehegatten und der sie begleitenden Besitztümer die Personen und die Güter nicht von ihren Herkunftshäusern und die Kinder gehören zum *Haus* ihres Vaters sowie zu dem ihrer Mutter. Die heißen Gesellschaften – so Athen – begreifen sich in der Geschichte. Sie weigern sich, die Zugehörigkeit zur territorialen Gruppe an die Verfügung über die dem Territorium zugehörigen Reichtümer zu binden. Es ist diese grundlegende Entscheidung, die in Griechenland über den Status der Ehefrau und ihrer Güter entschieden hat. In den kalten Gesellschaften mit den sich überschneidenden Häusern ist die an das gemeinschaftliche Land gebundene Ehefrau Herrin über ihre Person und ihre Güter. In den heißen Gesellschaften, in denen die Eingliederung in die zivile Gesellschaft unabhängig vom *Haus* und von *Land* geschieht, ist die mit einer aus Geld bestehenden *Mitgift verbundene* Ehefrau ein Mündel unter der Vormundschaft ihres Ehemanns. Anders und provozierender[13] ausgedrückt, in Griechenland erscheint die Frau als Opfer der Erfindung der Demokratie.

Die Heirat im homerischen Epos

In der *Ilias* (9. Jahrhundert) und in der *Odyssee* (8. Jahrhundert) sind die »segmentären Häuser«, in den Gesellschaften Troias, Ithakas und der der Phaiaken am besten greifbar. Die Untersuchung der griechischen Gesellschaften am Ausgang der »dunklen Jahrhunderte« auf der Grundlage

Homers bezieht sich auf drei nicht unumstrittene Postulate: einmal die Behauptung von Lévi-Strauss[14], der mythologische Diskurs errichte »seine ideologischen Gebäude aus dem Schutt eines vergangenen gesellschaftlichen Diskurses«; sodann die Vermutung Moses I. Finleys[15], daß dieser »Schutt« im wesentlichen aus den »dunklen Jahrhunderten« stammt; und schließlich Maurice Godeliers[16] Feststellung, daß die realen und/oder ideellen Gesellschaften der *Ilias* und der *Odyssee* Teil der griechischen gesellschaftlichen Realität der archaischen und klassischen Periode sind.

Das Haus bei Homer

Betrachten wir zunächst den Begriff *oîkos*. Historiker und Anthropologen betrachten ihn als einen statischen, keineswegs für Homer spezifischen Terminus. Das *Haus*, sagt Claude Mossé[17], ist »zunächst ein Grund und Boden betreffender Bereich . . . es ist auch, und möglicherweise in noch stärkerem Maß, eine mehr oder weniger komplex strukturierte menschliche Gruppe . . .«. Lévi-Strauss[18] bestimmt es als »eine moralische Person, die gleichzeitig über materielle und immaterielle Güter verfügt«. Aber, wie Raymond Descat feststellt[19], gibt Homer selbst keine Definition des *oîkos*. Wenn er gewisse Bestandsaufnahmen vornimmt[20], beschränkt er sich darauf, die dazugehörigen Elemente aufzuzählen: die Ehefrau, die Kinder, das Landlos *(klêros)*. An anderer Stelle führt er das *hohe Dach* des *Hauses* an, sein *zentrales kreisförmiges Herdfeuer (eschára)*, den *Reichtum, den es wachsen läßt (próbata/*Vieh) und den es in seinen Speichern besitzt *(ktémata)*, Nahrungsmittel und *Wertgegenstände (keimélia)*. Aus dieser Beschreibung läßt sich eine Hypothese ableiten. Wenn der Dichter niemals sagt, worauf sich *oîkos* bezieht, dann vielleicht deshalb, weil hinter dem Begriff keine konzeptionelle Vorstellung steht. In Griechenland ist, so glaube ich, die Strukturierung nach Häusern von einem symbolischen Denken entwickelt worden, welches die territoriale Gruppe über »konkrete Zeichen« greifbar werden läßt. Es scheint vier solcher Zeichen gegeben zu haben: das *Haus*, sein Inventar, das *Landlos*, das Vieh. Jedes dieser Zeichen existiert doppelt. Es trägt zum einen einen materiellen Charakter und meint den Reichtum, zum anderen ist es – um mit Gilbert Durand[21] zu sprechen – die »Epiphanie eines Mysteriums«, eines Mysteriums, das in der symbolischen Repräsentation des Vorgangs der Eingliederung in die soziale Gruppe liegt.[22]

Das homerische *Haus* ist ein symbolischer Gegenstand. Zunächst ist es eine konkrete Sache: der Wohnsitz. »Gut gebaut«, ist das *Haus* ein aus »gut gefügten« Elementen zusammengesetztes Ganzes. Es ragt aus der Umgebung durch sein *hohes Dach* hervor. Dieses *hochgefügte Dach* überdeckt die *eschára*, das zentrale *Herdfeuer*. Der rundgebaute Herd – dem das weibliche Geschlecht symbolisch entspricht, das ebenfalls *eschára* genannt wird – wird jeden Morgen geöffnet, um das unter der Asche geborgene Feuer zu entfachen. Um das Herdfeuer mit dem »Duft von Zeder, gut spaltbarer, und Lebensbaum«[23], scharen sich die Tischgenossen. In diesem Gefüge »gut gebauter« Dinge oder, um Aristoteles aufzugreifen[24], in diesem die »Teile« umfassenden »Ganzen« wird im griechischen Denken die »mystische Epiphanie« einer sozialen Gruppe, der Reproduktionseinheit, gesehen, die nichts Natürliches hat. Das *Haus*, das die Herdstelle umschließt, und der Herd, der das Feuer hervorbringt, und das Feuer, das entsteht, entsprechen dem als Erzeuger anerkannten Vater, der nach den Regeln verheirateten Mutter und den rechtmäßig erzeugten Kindern. Menschen und Dinge sind symbolisch aufeinander bezogen: Der Vater trägt denselben Namen wie das *Haus*. Er ist wie das Haus ein »Ganzes« und hält die verschiedenen Teile der Reproduktionseinheit zusammen. Die Mutter wird an ihrem Hochzeitstag zum *Herdfeuer* geführt. *Rechtmäßiges Kind* ist dasjenige, welches der Vater fünf Tage nach der Geburt auf die Asche des Herdfeuers hebt und, während er es aufrecht hält, das erste Mal mit seinem Namen anredet, der ihm seinen Platz in der Abstammungsgruppe und der Phratrie zuweist.[25] Einen Namen zu besitzen, heißt also, von seinem Vater und dessen *Haus* anerkannt worden zu sein, und dadurch zur Gruppe der freien Ansässigen zu gehören. In den homerischen Gesellschaften haben die Unfreien – die *dmóes* – weder einen Namen und einen Vater noch ein *Haus*. Sie werden durch ihren Herkunftsort bezeichnet und von ihrem Herren beherbergt. Das *Haus* – konkretes Zeichen und Ausdruck (epiphanie) der Anerkennung der Vaterschaft und der Freiheit – definiert die Grenzen der ansässigen Gruppe.

Wenn das *Haus* das Zeichen der Zugehörigkeit zur territorialen Gruppe ist, so erlaubt das *Land*, eine Rangstellung in ihr zu bestimmen. Der Status der *Häuser* ist an die Verfügung über das Land gebunden. Es gibt die durch ein *klēros / ein ererbtes Landlos* verbundenen *Häuser*. Indem sie das *Lebensgut (bíotos)* verzehren, das ihnen ihr immer als »fett« bezeichnetes Land bereitstellt, werden sie Teil der territorialen Gemeinschaft (*dēmos* einer Einheit, die sowohl das Land als auch die Gruppe meint, die sich von diesem Land ernährt. Es gibt *Häuser*, die über einen besonderen Typus von Land, über ein *témenos* (»Königsgut«) verfügen, das vermutlich abgabenfrei war. Es kann Tribut von den *Häusern des Gemeinwesens* erheben. Auf diese Weise erhalten die *Häuser* des Königs und der Adligen »öffentliches Gut« in Form von Wein, Korn und Rindern.[26] Schließlich gibt es die *Häuser*, die kein *Landlos* haben und die ihren *Lebensunterhalt* von jenen, die über Boden verfügen, erhalten. Die *Theten* sind zwar freie Männer, müssen aber den Boden anderer gegen

Entgelt in Naturalien bearbeiten. Die Männer der *Häuser* mit Nahrung erzeugendem Land nehmen an gemeinsamen Mahlzeiten teil und schließen sich zu kollektiven Unternehmungen zusammen. Sie bilden dann den *laós*, das *Kollektiv der Krieger*: sie lassen sich in der Versammlung *(agorá)* nieder, um dem König und seinen Ratgebern zuzuhören, und erheben sich, um deren Kriegsruf zu folgen. Die Hierarchie unter denen, die reden und gemeinsam handeln, ist durch den Zugriff auf Land geregelt. Das Verfügen über ein Landlos *(klêros)* sichert die Integration in das *Gemeinwesen / das Kollektiv*, aber das Innehaben eines *témenos* ist es, was innerhalb des Gemeinwesens Macht verleiht.

Haus und *Land* sind die Reichtümer, die den Status bestimmen. Sie nehmen daher innerhalb der Klassifizierung einen besonderen Platz ein. Sie sind ein unveräußerbares Gut. Der Kontinuität der Generationen entspricht ihre kontinuierliche Übertragung. *Haus* und *Land* sind Güter, über die ihre »Rechtsinhaber« nicht ohne weiteres verfügen können. Die Reichtümer, die die *Häuser* »wachsen lassen« *(Vieh),* und jene, die sie in den Kisten und Truhen ihrer Speicher *besitzen,* gehören zu einem anderen Bereich. Es sind Reichtümer, die zirkulieren: aus ihnen erwachsen Beziehungen der Gegenseitigkeit. Es sind Reichtümer, die sich vermehren oder vermehrt werden können: sie bestimmen den Rang innerhalb der Statusgruppe. Der Austausch des Viehs ist mit Opferriten oder Heiratsprozeduren verbunden. Rituell getötete Tiere werden zunächst zwischen Menschen und Göttern aufgeteilt und dann wird ihr Fleisch unter den Tischgenossen des gemeinsamen *Mahles* geteilt, wobei jedem, der Freundschaftsbeziehungen geschlossen hat, sein Teil zukommt. Rinder und Schafe wechseln zwischen den *Häusern* im Rhythmus der Heiratsallianzen: Sie sind es, die das *Haus* der Braut zu ihrer Herausgabe veranlassen sollen. In diesen kriegerischen Gesellschaften bestehen die *Wertgegenstände*, die die *Häuser* als »konkrete Zeichen« ihrer Freundschaft austauschen, häufig aus Kriegsbeute. Durch Gewalt erworben, stellen sie die wertvollsten und bestverwahrtesten Besitztümer dar. Es mag der Eindruck entstehen, diese Betrachtung entferne sich sehr weit vom Untersuchungsgegenstand, der freiwilligen Gabe der Ehefrau ... Aber sie verhilft dazu, ihren »totalen« Charakter im Sinne von Marcel Mauss zu begreifen.

Das homerische *Haus* ist, um einen schönen Ausdruck von Claude Lévi-Strauss[27] zu gebrauchen, immer »zwei in einem«. Es ist auf der rechtmäßigen Ehe gegründet und setzt sich fort, indem es rechtmäßige Ehen stiftet. Wie immer es mit dem Primat des »Ganzen« über die Elemente, des *hohen Dachs* über das *kreisförmige Herdfeuer*, des Männlichen über das Weibliche bestellt sein mag, es gibt kein *Haus* ohne eine nach den Regeln erworbene Ehefrau. Die Frau, die die *rechtmäßigen Kinder* zur Welt bringt, ist »Teil« des *Hauses* und hat im Unterschied zu anderen

Frauen eine anerkannte soziale Existenz. Es liegt daher in der Logik der Sache, daß Gesellschaften, die aus Reichtümern »konkrete Zeichen« von Status und Position innerhalb der ansässigen Gruppe machen, die Reproduktion mit Reichtümern verbinden. Die zusammen mit Land – einen Reichtum, über den man verfügt, ohne ihn zu besitzen – vergebene Braut hat einen anderen Status als die mit *Wertgegenständen* vergebene Braut. Dies ist eine Form von Reichtum, den man in Besitz *(ktêsis)* hat und in der Hand halten kann.

In den homerischen Gesellschaften gründet die Residenzgruppe auf der rechtmäßigen Ehe, und sie setzt sich fort, indem sie die rechtmäßige Ehe aufzwingt. Da der Reichtum »konkretes Zeichen« von sozialem Status ist, wird zwischen Erben und Nachfolgern[28] nicht unterschieden. Gleichermaßen gilt, daß zwar Sexualität »zum Vergnügen« keinerlei Einschränkungen unterliegt (die großen *Häuser* sind voll von Konkubinen und erbeuteten Frauen), daß die sozialen Gruppen sich aber hinsichtlich der die Nachkommenschaft betreffenden Sexualität kompromißlos zeigen. Nur die *rechtmäßigen Kinder* haben ein Recht auf *Erbe/Nachfolge*; den *unehelichen* steht lediglich der *Anteil des Bastards* zu und sie haben keinen Statusanspruch. Es liegt auf der Hand, daß diese Bestimmungen einen Weg darstellen, die Polygamie zu verbieten – die in bestimmten Passagen der *Ilias*[29] sehr erkennbare »Reste« hinterlassen hat –, aber gleichzeitig ihre Vorteile zu nutzen (demographische Expansion und ein übermäßiges Wachsen der reichen Häuser?).

Um das matrimoniale System zu verstehen, müssen wir von der Organisation nach *Häusern* ausgehen und nicht von den unter Ethnologen so beliebten Gegensatzpaaren »Endogamie – Exogamie; patri- und matrilokale Eheresidenz etc.«. Es scheint, daß die homerischen Gesellschaften, wie Lévi-Strauss sagt, »eine Anstrengung gemacht haben, um die theoretisch unvereinbaren Prinzipien zu überwinden«.[30] Es ist Sache des Forschers zu zeigen, daß diese »Anstrengung« aus der Schwierigkeit erwächst, die für sie die Vereinbarkeit von rechtmäßiger Ehe und der patrilinearen Struktur der *Häuser* darstellt. Das Problem, das sich diesen unilinearen Abstammungsgruppen stellt, ist tatsächlich ein doppeltes. Sie müssen die Fortdauer der »der weiblichen Linie zugefallenen« *Häuser* sicherstellen und den Platz des mobilen Ehepartners in einer durch isolierte Zellen strukturierten Verwandtschaft festlegen. Die homerischen Gesellschaften scheinen diese Schwierigkeiten auf sehr rationale Weise gelöst zu haben, indem sie zwei verschiedene, den Ethnologen Südfrankreichs sehr vertraute Heiratsmodelle praktizierten: die »Schwiegertochter-Heirat« und die »Schwiegersohn-Heirat«. Bevor wir zur Analyse der homerischen Version dieser beiden Modelle übergehen, ist es wichtig, sich vier Merkmale in Erinnerung zu rufen. Die homerischen Häuser sind 1. patrilinear und 2. monogam aufgebaut. Sie setzen sich fort, indem sie Schwiegertöchter und / oder Schwiegersöhne aufnehmen. Ein *Haus*, das Söhne und Töchter hat, muß zumindest einen Sohn behalten, kann aber alle seine Töchter vergeben und sie so zu Müttern in anderen *Häusern* machen. Ein *Haus*, das nur Töchter hat, muß zumindest eine von ihnen behalten und einen Ehemann für sie finden. 3. Die *Häuser* stellen segmentäre Einheiten dar. Die aus einem fremden Haus eingeheirateten Partner wurden wie Blutsverwandte behandelt. Die homerischen Gesellschaften denken die Verbindung zwischen Ehegatten nicht in Kategorien der Affinal-, sondern Blutsverwandtschaft. 4. Im Übergang von einer Generation zur anderen können die *Häuser* entweder ungeteilt bestehen bleiben oder sich, wie die Anthropologen sagen, »durch Abzweigung segmentieren«. Es geschieht häufig, daß ein *Haus* sich beim Tod des Vaters segmentiert: die Söhne teilen sich das Erbe / die Nachfolge zu gleichen Teilen. Aber ein Vater kann auch zu seinen Lebzeiten eine Segmentierung seines *Hauses* zugunsten seiner Söhne und, zu bestimmten Bedingungen, zugunsten seiner Schwiegersöhne festlegen.

Die als Schwiegertochter vergebene Braut

Penelope ist eine als Schwiegertochter vergebene Braut. Bevor Odysseus, König von Ithaka, in den Trojanischen Krieg zieht, nimmt er Penelope, die Tochter des über Akarnanien regierenden Ikarios, zur Frau (Abb. 1: I2, II4, III1, IV1 & 3). Das *Haus* des Ehemanns hat seit mehreren Generationen nur einen Sohn, das Ehepaar wohnt im Haus des Vaters des Ehegatten. Odysseus darf auch keine Frau innerhalb seines Königreiches heiraten. Wenn es keine verfügbare Prinzessin gibt, verheiratet sich der König in seinem *Haus*. Alkinoos, König der Phaiaken, herrscht über eine Insel, deren Besonderheit es ist, nur zu bestimmten Zeiten über den Meereswogen zu erscheinen. Sollte dies eine Strafe der Götter sein, weil Alkinoos seine leibliche Schwester geheiratet hat?[31] Hört man Penelope voller Sehnsucht von den den Regeln entsprechenden Heiraten ihrer Jugend sprechen[32], so muß man schließen, daß Odysseus und Ikarios diese Regeln aufs genaueste befolgt haben. Um eine Tochter eines begüterten *Hauses* zu erwerben, müssen die Freier die *hédna*, die immer als unzählig bezeichneten Geschenke, *vorführen* und der Umworbenen die *dôra*, die glänzenden *Gaben*, anbieten. Vor dem Tor des *Hauses* betreiben sie einen Wettstreit an Großzügigkeit und es ist der Meistbietende, der akzeptiert wird.[33] Der Vater der Umworbenen wird ihm seine Tochter geben und ihr seinerseits *dôra*, glänzende Gaben, *mitgeben*.[34] Dann geleitet der Bräutigam die Braut und die *Gaben* in sein *Haus*. Geschenke und Gaben sind »konkrete Zeichen«. Welcher Art sind sie und was sagen sie?

Die *hédna*, diese *unzählbaren Geschenke*, haben Beine. Wie Anna L. Di Lello Finuoli gezeigt hat[35], sind es Rinder- und Schafherden, die vor das Haus der umworbenen Braut *geführt* werden. Das Vieh repräsentiert in den homerischen Gesellschaften den gesellschaftlichen Reichtum, von dem die Frauen ausgeschlossen sind.[36] Der Bewerber bietet der Braut also Reichtümer an, die ihm ermöglichen sollen, sich selbst fortzupflanzen. Im Griechenland Homers wie bei den Bantu in Afrika[37] »erzeugt das Vieh die Kinder«. Aber es bestimmt weder den Status der (unehelichen oder rechtmäßigen) Kinder noch den Status ihrer Mutter (Ehefrau oder Konkubine). Die *Geschenke (hédna)* bringen den Mann in den *Besitz (ktêsis)* eines fruchtbaren Geschlechts. Sie begründen aber nicht die rechtmäßige Nachkommenschaft. Es sind die glänzenden Gaben des Bräutigams an die Braut, die aus der Frau die *ktêtế gynê*, die erworbene Ehefrau machen, von der Hesiod spricht[38], die zukünftige Mutter der *rechtmäßigen Kinder* und die Hüterin des *Hauses*.

Die glänzenden Gaben gehören zur Kategorie der wertvollen Güter (*keimếlia*), deren Ausstrahlung vermuten läßt, daß sie viele metallische Gegenstände enthielten. Diese mit der Braut verbundenen Besitztümer, die auch als »ruhende« bezeichnet wurden, weil sie tief im Innern des Hauses in Truhen aufbewahrt werden, sind die eigentlichen »konkreten Zeichen« der rechtmäßigen Verbindung. Die *dôra* also »schaffen« die Allianz.

1. Der Ehemann gibt der Braut *glänzenden Schmuck*, gemusterte Schleier, Halsbänder, Diademe …, die sie trägt (?), wenn sie sich am *Herdfeuer* niederläßt. Diese wertvollen Gegenstände, die aus den Schätzen des Hauses stammen und sogleich zu ihnen zurückkehren, drücken fraglos den Wert aus, den das *Nehmerhaus* seiner Schwiegertochter zumißt, sowie seinen Willen, sie in seine Verwandtschaft aufzunehmen.[39]

2. Der Vater der Braut gibt seiner Tochter *glänzende Gaben* mit. Diese, den Vorratskammern des Gebers entnommenen Wertgegenstände sagen etwas über den Status der Braut aus. Ihr *Haus* stößt sie nicht aus und beabsichtigt, mit den von ihr geborenen Kindern eine Beziehung aufrechtzuerhalten, die die Anthropologen unter den Bedingungen der unilinearen Abstammungsrechnung als »komplementäre Filiation« bezeichnen.[40] Losgelöst von Interessenansprüchen, sind die Beziehungen der homerischen Heroen zu ihren mütterlichen Verwandten immer von großer Zärtlichkeit gekennzeichnet. Dennoch sind sie nicht nur emotionaler oder formaler Natur: ein rechtmäßiges Kind kann es ohne komplementäre Filiation nicht geben. Eingeschlossen in die Truhen des *Frauennehmers*, drücken die *glänzenden Gaben* des Frauengebers aus, daß die Ehefrau ein *Besitz* ist, aber ein unendlich wertvoller *Besitz*, den das Haus mit großer Sorgfalt verwahrt.

3. Die Heirat führt zu einer Allianz der *Häuser* der Eheleute. Schwiegersohn und Schwiegervater werden *étai*, Verbündete. In den homerischen Gesellschaften sind diese Affinalverbindungen von großer Bedeutung. Die Schwiegerverwandten sind bei allen Ritualen präsent, die das Leben des *Hauses* bestimmen (Geburt, Heirat, Tod). Sie schlichten bei internen Konflikten.[41] Sie sind an allen Aktionen beteiligt, die eine geschlossene Intervention des *Hauses* erfordern, etwa der Verfolgung einer Mordtat.[42] Die homerischen Gesellschaften, die den *lineages* (Phyle, Phratrie . . .) sehr spezifische Funktionen zuweisen, scheinen Kindred-orientierte Gesellschaften gewesen zu sein.[43]

Die *dôra*, die *glänzenden Gaben*, sind also »konkretes Zeichen« der Allianz zweier *Häuser*, der Integration der Ehefrau in das *Haus* ihres Ehemanns und der Rechtmäßigkeit der Kinder, die sie ihm schenken wird. Daher erklären sich bedeutende Unterschiede zwischen der Ehefrau, der gekauften Konkubine und der nach einer Schlacht erbeuteten Frau. Dies will ich an der Geschichte der Eurykleia, der alten treuen Dienerin im *Hause* des Odysseus erläutern.[44] In ihrer Blütezeit hatte Laërtes, der Vater des Heroen, den aufgrund des Zornes seiner Gattin rasch aufgegebenen Plan, aus ihr eine Konkubine zu machen. Laërtes hatte sie von Ops, ihrem Vater, einem Ithaker alten Geblüts, in einer Form erworben, die man mit »kaufen« *(príamai)* wiedergeben kann. Nach Homer hat er für sie zwanzig Rinder angeboten und Ops trat sie ohne Gaben ab. Mit seinen zwanzig Rindern hat Laërtes das Geschlecht (sexe) der Eurykleia in seinen Besitz genommen. Von ihrem Haus abgestoßen, hat Eurykleia keine soziale Existenz. Sobald sie nicht mehr gefällt, ist sie nur mehr ein zur Arbeit bestimmter Körper. Ohne komplementare mütterliche Filiation wären ihre Kinder sozial benachteiligte Bastarde geworden, deren väterliches Erbteil[41] nur aus einem *Haus* ohne *Landlos* bestand. Der Bastard gehört zwar zur Gruppe der freien Männer, aber er ist von der ranghöheren *Gemeinschaft* ausgeschlossen. Die in den homerischen Gesellschaften vorgenommene Unterscheidung zwischen der Ehefrau, die Mutter der Erben/Nachfolger ist, und der Konkubine (oder erbeuteten Frau), die Mutter freier Männer ist, erklärt möglicherweise, weshalb in Griechenland Brüder und Schwestern mit »adelphoi/ai« (aus demselben Mutterleib geboren) bezeichnet wurden. Emile Benveniste[46] meint, daß dieser Name ein »Überbleibsel« einer früheren matrilinearen Verwandtschaftsstruktur sei. Ich frage mich, ob es nicht eine einfachere Erklärung gibt. In patrilinearen Häusergesellschaften, die Monogamie und Konkubinat zulassen, hängen Rechtmäßigkeit und Unehelichkeit nicht vom erzeugenden Vater, sondern von der gebärenden Mutter ab. *Adelphós/adelphḗ* gehört meiner Ansicht nach zu den Überbleibseln der Polygamie und nicht zu denen der Matrilinearität.

So wie es die von dem verbündeten *Haus* kommenden *glänzenden Gaben* in seine Vorräte einverleibt, so inkorporiert das *Haus* des Ehemannes die *erworbene Ehefrau* in seine Blutsverwandtschaft. Aber unter welcher Bezeichnung? Das seine Töchter abtretende *Haus* der homerischen Zeit ist eine aus dem Vater und seinen Söhnen bestehende polykephale »Zelle«. Es agiert immer als Körper und die Bezeichnung seiner Blutsverwandten und Schwiegerverwandten ist weder deskriptiv noch individualisiert.[47] Da der homerische Text nichts Juristisches beinhaltet, ist die Position der Ehefrau/Mutter gegenüber diesem »Körper« nur schwer auszumachen. Die Geschichte der Penelope[48] und ihrer maßlosen Freier legt indes eine Hypothese nahe: Möglicherweise wird die *erworbene Ehefrau* als Tochter ihres Ehemannes und als konsanguine (blutsverwandte) Schwester ihrer Söhne in das *Haus* integriert. Soll das sich im Palast von Ithaka abspielende Drama einen Sinn haben, muß die Ehefrau des Odysseus in der einen oder anderen Weise mit den Besitztümern des Odysseus verbunden sein. Die Geschichte ist jedoch kompliziert, aber einige wesentliche Zusammenhänge lassen sich ermitteln. 1. Odysseus ist in unsichtbarer Ferne verschwunden und hat in seinem *Haus* eine *erworbene Ehefrau* sowie einen Sohn hinterlassen, dem »noch nicht der Bart sproßt«, der also noch nicht das Alter der Nachfolge erreicht hat. 2. Die Freier, die Blüte Ithakas und der benachbarten Inseln bedrängen die Witwe des Odysseus, keineswegs aber die Tochter des Ikarios. Falls Penelope aus irgendeinem Grunde zu ihrem Vater zurückkehren sollte, würde keiner dieser jungen Männer die unzähligen Geschenke *(hédna)* nach Akarnanien bringen.[49] Um diese Frau zu gewinnen, deren Verführungskünste ihnen den Tod bringen wird, verfolgen die Freier mit ihrem eher doppeldeutigen als unverschämten Verhalten zwei Strategien zugleich. 3. Die Freier machen einen Vorstoß in Richtung Schwiegertochter-Heirat. Sie führen ihre Herden vor dem Tor des Palastes vor und bieten Penelope glänzenden Schmuck. Sie warten darauf, daß der Sohn Telemachos' seine »Männlichkeit« erreicht und seine Mutter dem Meistbietenden zusammen mit *glänzenden Gaben* übergeben kann.[50] In dieser Figuration nimmt Penelope die Position einer rechtmäßigen Tochter ein, die ihr Bruder im Falle des Todes des Vaters zur Ehe gibt, und die mit *wertvollen* Gütern des *Hauses* verbunden ist. 4. Gleichzeitig greifen die Freier auf ein anderes matrimoniales Verfahren zurück. Sie dringen in das *Haus* ein und lassen sich am Herdfeuer, dem Symbol des Mütterlichen, nieder. Während sie die zum *Haus* gehörigen Güter des Landes verzehren, träumen sie davon, Telemachos zu töten und Penelope in eben jenem Ehebett zu besitzen, das Odysseus in den Stamm eines nicht zu entwurzelnden Olivenbaumes geschnitten hatte.[51] In diesem Fall nimmt Penelope die Position einer rechtmäßigen Tochter ein, die das Verschwinden ihres Bruders im *Hause* ihres Vaters festsetzt, und somit dem zweiten, von der homerischen Gesellschaften entwickelten Heiratsmodell entspricht: der Schwiegersohn-Heirat, die wir weiter unten untersuchen werden.

Die Witwe, die einen Sohn hat, verläßt das *Haus* ihres Ehemanns ausgestattet mit *ruhenden Reichtümern*; die Witwe, die keinen Sohn hat, bleibt im *Haus* ihres Ehemanns, festgesetzt auf Reichtümern *(Haus / Land)*, die nicht in den Bereich des Erwerbbaren gehören, sondern der Filiationsregel unterliegen. Die Witwe, die der Sohn der Witwe zusammen mit glänzenden Gaben zur Ehe gibt, hat die Position einer konsanguinen Schwester ihres Sohnes und wird wie die *erworbene Ehefrau* nie »mündig«. Sie verharrt gleichsam lebenslang in der Position einer »Tochter«, die die Männer unter sich austauschen: ihr Vater, ersetzbar durch ihre Brüder, gibt sie in die Hände ihres Ehemannes, der seinerseits

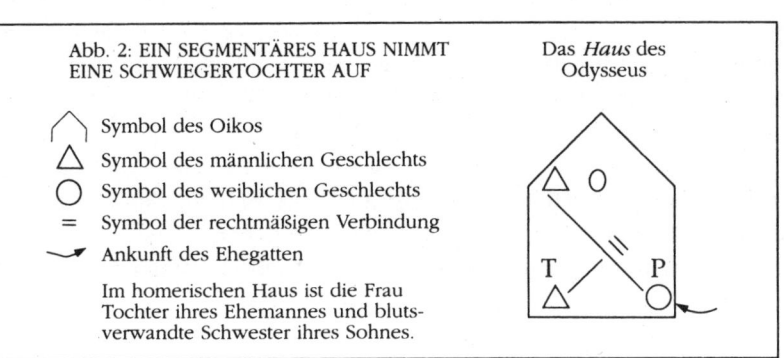

Abb. 2: EIN SEGMENTÄRES HAUS NIMMT EINE SCHWIEGERTOCHTER AUF

Das *Haus* des Odysseus

⌂ Symbol des Oikos
△ Symbol des männlichen Geschlechts
○ Symbol des weiblichen Geschlechts
= Symbol der rechtmäßigen Verbindung
⤴ Ankunft des Ehegatten

Im homerischen Haus ist die Frau Tochter ihres Ehemannes und blutsverwandte Schwester ihres Sohnes.

von ihren Söhnen abgelöst wird. Es sind im übrigen diese beiden Männergruppen, die eine Frau lieben soll. Aber im Falle eines Konflikts zwischen denen, die sie vergeben, und denen, die sie erhalten haben, entscheidet sie sich für die ersteren.[52] Die Frau, die ein *Haus* als Ehefrau / Mutter an ein anderes *Haus* gibt, ist demnach zwar sozial hoch gewertet (dies zeigt die Bedeutung der glänzenden Gaben); aber sie untersteht immer der zugleich aufnehmenden und gebieterischen Hand des Mannes, der über das Haus herrscht.

Vielleicht wäre es einen Versuch wert, in einigen großen mythischen Themen der Heiratsproblematik nachzugehen. Es gibt, scheint mir, zwei mythische Zusammenhänge, in denen sie erkennbar ist.

1. In der griechischen Mythologie werden einige Frauen wie Iokaste und Klytaimnestra von ihren zweiten Ehemännern zusammen mit *dem Erbe / der Nachfolge* des ersten Ehemanns übernommen. Iokaste, die sich ohne Nachkommen wähnt, bringt Oidipus den Besitz und das Königsamt von Laios, ihrem ersten Ehemann; Klytaimnestra, vom Mythos als das Negativ-Bild von Penelope, der keuschen Ehefrau und hingebungsvollen

Mutter, dargestellt, tötet Agamemnon, entledigt sich ihres kleinen Sohnes
– Orest – und bietet Aigisthos das Ehebett, das *Haus* und den Thron des
Königs an. Beide Übereignungen haben die Gräzisten in Erstaunen
gesetzt und zu vielfältigen Interpretationen geführt. In einer Gesellschaft,
die auf segmentären *Häusern* basiert und aus den Ehepartnern Blutsverwandte macht, sind sie jedoch sehr rational. Als Schwiegertöchter in die
Häuser von Laios und Agamemnon eingetreten, sind Iokaste und
Klytaimnestra Töchter ihrer Ehemänner geworden, Töchter, die die Abwesenheit ihrer Söhne/Brüder beim Tode ihrer Ehemänner/Väter dem
zweiten in den homerischen Gesellschaften praktizierten Heiratstypus
zuweist: der Schwiegersohn-Heirat.

2. Im Falle der Schwiegertochter-Heirat muß die Ehefrau das Haus
ihres Vaters verlassen. Sie wechselt von einem Status in einen anderen
über und dieser Übergang kann in Form eines symbolischen Todes dargestellt werden. Das von Pierre Brulé[53] untersuchte Thema des »kindstötenden Vaters« ist eines der berühmtesten der griechischen Mythologie.
Agamemnon bietet seine Tochter vor ihrer Heirat der jungfräulichen
Artemis als Opfer an und die Göttin akzeptiert ein Tier als Substitut für
die Jungfrau. Sollte das Thema des »kindstötenden Vaters« das »ideologische Gebäude« darstellen, errichtet aus dem »Schutt«, den die frühere
Integrationsform der als Schwiegertochter vergebenen Frau in das *Haus*
ihres Ehemanns in der griechischen Imagination hinterlassen hat?

Die Schwiegersohn-Heirat

Die Quellen des Epos sind zu diesem Thema recht spärlich. Dennoch
bietet der Text die Möglichkeit, den Zweck dieses zweiten Modells zu
entwickeln – der Schwiegervater will einen Schwiegersohn »anlocken«
und »bei sich behalten«[54] –, und seine beiden möglichen Formen darzustellen: Der Schwiegervater hat Söhne; der Schwiegervater hat keinen
Sohn.

Alkinoos, der Vater der Nausikaa, illustriert den ersten Fall: Er hat zahlreiche Söhne, ist aber sehr daran interessiert, »einen Schwiegersohn bei
sich zu halten«. Odysseus wird nach langer Irrfahrt an die Küste von
Scheria, der Insel der Phaiaken geworfen, wo ihn Nausikaa, die Tochter
des Alkinoos, entdeckt, »nackt« und »entstellt von der Salzflut«. Offensichtlich hat der »leidgeprüfte« Heros weder *Geschenke* noch *glänzende*
Gaben anzubieten, aber er interessiert das junge Mädchen und lockt den
Vater, der angetan ist, einen Mann zu finden, »der so denkt wie ich«.[55]
Alkinoos schlägt daher vor, er möge »hier bleiben« und sich »mein Eidam«
nennen: er will ihm Tochter, *Haus* und *Besitztum* geben (Abb. 1: I2, II1
& 4, III3, IV2 & 4). Odysseus lehnt das Angebot des Königs ab.

Iobates, König von Lykien, illustriert den zweiten Fall der Schwiegersohn-Heirat. Er hat keinen Sohn, aber es gelingt ihm, Bellerophontes,
Sohn des Glaukos aus dem Lande Ephyra[56], »anzulocken«. Der Bericht
von der Heirat des Bellerophontes beinhaltet vier Ausgangsgegebenhei-
ten (Abb. 1: I2, II1 & 4, III3, IV2 & 4). 1. Iobates hat zwei Töchter, Anteia,
die als Schwiegertochter vergeben, und Philonoë, die er bei sich behalten hat. 2. Nach Bellerophontes' Triumphen über die Chimaira, die Solymer und die Amazonen erkannte er, daß es in seinem Interesse lag, ihn
bei sich »zurückzuhalten«. Er gibt ihm Philonoë und die Hälfte seiner
Königswürde (timē), die Lykier weisen ihm ein *témenos*, ein königliches
Landgut, zu. 3. Hippolochos, der Sohn von Bellerophontes und Philonoë, wird als König der Lykier dargestellt. 4. Glaukos, der Sohn des Hippolochos, beruft sich auf dem Schlachtfeld von Troia auf seiner »Väter
Geschlecht . . ., die die weit Besten waren in Ephyra wie auch in dem
breiten Lykien«. Die Analyse dieser paradigmatischen Fälle stellt, so
scheint mir, zwei Probleme: das des Vertrags und das der Integration des
Schwiegersohnes in die Verwandtschaft seines Schwiegervaters.

In diesen Fällen *bringt* der Bräutigam keine *Geschenke* und der Vater
der Braut vergibt außer seiner Tochter *statusverbürgende Reichtümer*.
Bei der Schwiegertochter-Heirat bedingt die Annahme des Viehs durch
den Brautgeber die Mobilität der Braut, die patri- und virilokale Eheresidenz und den Besitz der Ehefrau und der Kinder. Bei der Schwiegersohn-Heirat ist der Bräutigam *anáednos, ohne Geschenke*.[57] Die Heldentaten des Odysseus und des Bellerophontes ersetzen die *Geschenke*
nicht, sondern bewegen den Schwiegervater dazu, einem Mann, der seinen Wert bewiesen hat, eine Heirat ohne *Geschenke* vorzuschlagen.
Durch den Verzicht auf Vorführung der Viehherden vor seinem Tor
unterbreitet der Vater des Mädchens seinem Schwiegersohn zweifellos
einen Vertrag, der die Mobilität der *Braut*, den patrivirilokalen Wohnsitz
und den *Besitz* der Frau und der Kinder ausschließt. Agamemnon[58] bietet Achill an, ihm keine *Geschenke* zu machen, eine seiner Töchter
zusammen mit *Gaben, von der Süße des Honigs (meília)* in des Peleus'
Haus zu führen und sieben seiner »wohlbevölkerten Städte« zu akzeptieren. Auch hierbei handelt es sich um einen Ausnahmevertrag, der, um
den Zorn des Heroen zu besänftigen, die Vorteile der Schwiegertochter-
Heirat und der Schwiegersohn-Heirat zugunsten des Ehemanns kumu-
liert.

Während der Schwiegervater bei der Schwiegertochter-Heirat seinem
Schwiegersohn Tochter und *Besitztümer* gibt, gibt er ihm bei der Schwiegersohn-Heirat an seine Tochter gebundene unbewegliche Reichtümer,
Status verbürgende Reichtümer. Alkinoos bietet Odysseus ein *Haus* und
dessen Inhalt an: er integriert seinen Schwiegersohn in die Gruppe der
freien Ansässigen. Iobates gibt Bellerophontes die Hälfte seiner *Königs-*

würde (timē). Diese Ehre, bemerkt Benveniste[59], ist mit »substantiellen Vorteilen« verbunden. Ohne Zweifel geht es um die Leistungen – Korn, Wein und Rinder –, die die *Gemeinde* ihrem König erbringt. Iobates teilt also seine Königswürde mit Bellerophontes und die *Gemeinde* bestätigt seinen Status als König, indem sie ihm ein *témenos*, ein königliches Landgut, zugesteht. Alkinoos und Iobates bieten ihren Schwiegersöhnen »fortdauernde« Reichtümer an, Reichtümer, die die Männer einander – von Vater zu Sohn und unter Brüdern – übertragen. Welche Verwandtschaftsmanipulation ist es nun, die dem Schwiegervater erlaubt, seinen Schwiegersohn in seine Blutsverwandtschaft zu integrieren?

Ein Schwiegervater, der keinen Sohn hat, integriert seinen Schwiegersohn in sein *Haus*, indem er ihm die Position eines konsanguinen Bruders *(kasígnētos)* verleiht. Iobates muß die Kontinuität seines *Hauses* durch die Ehe seiner Tochter und damit über die *eschára*, über das nah-

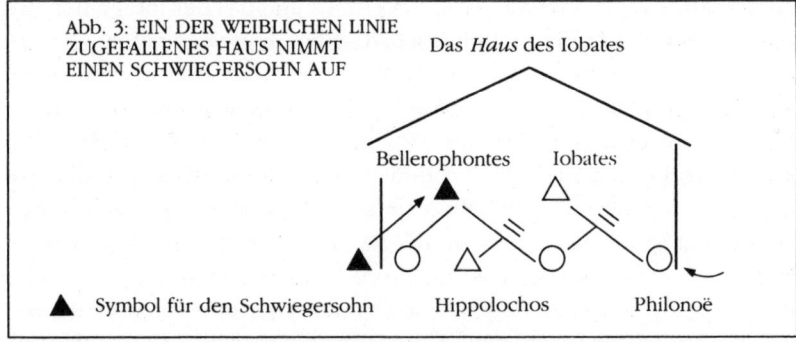

Abb. 3: EIN DER WEIBLICHEN LINIE ZUGEFALLENES HAUS NIMMT EINEN SCHWIEGERSOHN AUF

Das *Haus* des Iobates

Bellerophontes   Iobates

▲ Symbol für den Schwiegersohn   Hippolochos   Philonoë

rungsspendende, das Mütterliche symbolisierende Herdfeuer sicherstellen. Aber damit kein Bruch in der Genealogie eintritt – das Haus kann nur von einem Mann erhalten werden –, müssen die Söhne der Philonoë in der Deszendenzlinie des Iobates die gleiche Position einnehmen wie ihre Mutter. Die »schiefe Heirat« (mariage oblique) der Tochter, die keinen Bruder hat, ermöglicht, die Abstammungsfolge zu manipulieren. Indem er mit seinem Schwiegersohn – so wie es Brüder tun – die Reichtümer, die Zeichen des königlichen Status sind, zu gleichen Teilen teilt, trägt Iobates seinem Schwiegersohn die Position eines Bruders an und inkorporiert ihn über die Gabe seiner Tochter in sein Haus: Die leibliche Vereinigung von Bellerophontes und Philonoë, die durch die kreisförmige *eschára* (Feuerstelle) und durch das *hohe Dach* symbolisiert wird, verleibt den Heros dem *Haus* des Schwiegervaters ein und macht ihn diesem ähnlich.

Die durch dieses Modell der Schwiegersohn-Heirat hergestellten Verwandtschaftsbeziehungen sind folgende: 1. Der Schwiegersohn nimmt den Status des Bruders seines Schwiegervaters an und gehört zu dessen

Haus. 2. Die Ehegatten nehmen die Position von väterlichem Onkel und Nichte ein. 3. Die Kinder gehören zum *Haus* ihres mütterlichen Großvaters; die Beziehungen zu den Verwandten ihres Vaters sind nur die einer komplementären Verwandtschaft. Sie haben sozusagen zwei Väter – einen Erzeuger und einen Ernährer, ihren Großvater mütterlicherseits –, die augenscheinlich die Aufgabe der Namensgebung unter sich teilen: der letzte Repräsentant des *Hauses* des Iobates trägt einen Namen – Glaukos –, der üblich ist in dem *Haus*, das Bellerophontes verlassen hat, um in das des Iobates einzutreten. Ein Schwiegervater, der Söhne hat, läßt seinen Schwiegersohn nicht in sein *Haus* eintreten. Er führt für ihn eine Segmentierung seines *Hauses* durch. Alkinoos will Odysseus ein Gut – ein *Haus* – geben, das nicht in den Bereich des Erwerbbaren fällt. Der König versetzt seinen Schwiegersohn also in die Kategorie eines Neffen *(anepsiós)*, eine Kategorie, die die konsanguinen Verwandten vereinigt, die nicht mehr Teil des *Hauses* sind. Auch die Söhne von Odysseus und Nausikaa würden in die Kategorie von Neffen fallen. In die kollaterale Linie eingeordnet, werden sie keinen Zugang zum Erbe / der Nachfolge des Vaters ihrer Mutter haben, es sei denn, es ist kein Nachfolger in direkter Linie vorhanden. Der greise Priamos, der auch seine Schwiegersöhne behalten hat, hat sie nicht getrennt von seinem *Haus* angesiedelt.[60] Welchen Platz hat er ihnen in seiner Blutsverwandtschaft gegeben?

Fraglos ist die Position der Frau bei der Schwiegersohn-Heirat sehr viel stärker als bei der Schwiegertochter-Heirat. Ihr Ehemann hat sie nicht durch einen Wettbewerb *erworben*: die *Geschenke* fehlen; die Reichtümer, mit denen sie verbunden ist, gehören nicht zum Bereich des *Besitzes*; ihr Ehemann nimmt die Position eines Onkels väterlicherseits ein, und dieser *besitzt* die Kinder seines Bruders nicht. Sie ist eine Frau, deren Hochzeit gefeiert wird, ohne daß sich die Hand des empfangenden Ehemanns auf sie senkt. Ich vermute, daß die *gameté gyné*, die (nach den Regeln) geheiratete Frau, von der Hesiod[61] spricht, um die geringe Autorität, die der Ehemann über sie hat, zu beklagen, die nach dem Modell der Schwiegersohn-Heirat geheiratete Frau ist. Ist es Zufall, wenn in den homerischen Gesellschaften alle Frauen, die eine gewisse Autorität aufweisen, Frauen sind, die Vertragsgegenstand einer Schwiegersohn-Heirat gewesen sind? Helena klagt über die Anmaßung der Schwestern des Paris.[62] Priamos hat seine Schwiegersöhne bei sich »gehalten«. Arete, die Frau des Alkinoos, genießt hohes Ansehen: sie ist die Nichte oder die leibliche Schwester ihres Ehemanns.[63]

Das Heiratsmodell der homerischen Gesellschaften impliziert, gleich welchen Fall man betrachtet, die Gabe der mit Reichtümern verbundenen Braut und die Integration eines Ehepartners in die Blutsverwandtschaft des ihn aufnehmenden *Hauses*. Das Entstehen der Stadtstaaten

Abb. 4:   VERWANDTSCHAFT* UND WIEDERHEIRAT
IN NACH SEGMENTÄREN HÄUSERN
STRUKTURIERTEN GESELLSCHAFTEN

DIE SCHWIEGERTOCHTER-HEIRAT
X wird zweimal hintereinander als Schwiegertochter vergeben

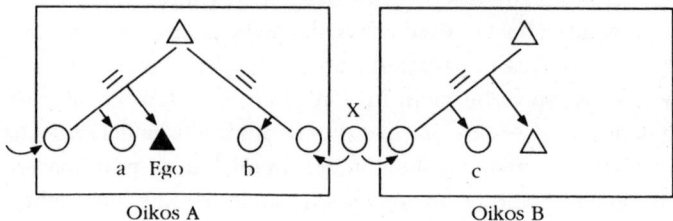

Oikos A   Oikos B

Ego geht eine »gottlose« Heirat ein, indem er a, seine leibliche Schwester, und b, seine konsanguine Schwester heiratet, da sie zum selben *Haus* gehören wie er und die gleiche Position einnehmen wie seine Mutter. Er hat dagegen keinerlei Schwierigkeit, c, seine Schwester, zu heiraten, die nicht zum selben *Haus* wie er gehört und aufgrund der »Diskretheit« der *Häuser* in keinerlei Verwandtschaftsbeziehung zu ihm steht.

DIE SCHWIEGERSOHN-HEIRAT
Y geht zweimal hintereinander eine Schwiegersohn-Heirat ein

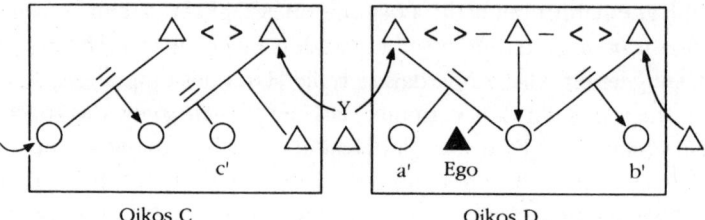

Oikos C   Oikos D

Ego geht eine »gottlose« Heirat ein, indem er a', seine leibliche Schwester heiratet, oder b', seine Schwester, die aus einer anderen Schwiegersohn-Heirat seiner Mutter stammt. Beide gehören zum selben *Haus* wie er und nehmen die gleiche Position ein wie seine Mutter. Er darf dagegen c', seine konsanguine, aus einer anderen Ehe seines Vaters stammende Schwester heiraten. Sie gehört nicht zum selben *Haus* wie er und steht in keinerlei Verwandtschaftsbeziehung zu ihm.

* In diesen Gesellschaften ist die Verwandtschaft keine genetische, sondern eine soziale. Bei biologisch gleichen Verwandtschaftsgraden (die konsanguine und die uterine Halbschwester) ist die Verwandtschaft nicht die gleiche.

(póleis) vom 8. Jahrhundert an führt zu einer Umstrukturierung der *Häuser* und der Heirat. Das von den Gesellschaften mit segmentären *Häusern* errichtete Modell hat indessen gewisse »Reste« hinterlassen. Bestimmte irrational scheinende Praktiken und Verbote der klassischen Epoche gewinnen eine gewisse Plausibilität, wenn sie als Überbleibsel der vergangenen Gesellschaftsform aufgefaßt werden.

Die griechische Heirat der klassischen Epoche übernimmt oder modifiziert mehrere Merkmale des homerischen Heiratsmodells.

1. In den Gesellschaften der *Ilias* und der *Odyssee* ist das Fehlen des Ehebandes zwischen den Gatten strukturell. Da ein Ehepartner in das aufnehmende *Haus* integriert wird, wird die Vereinigung von Mann und Frau nicht in Begriffen der Ehebeziehung, sondern der Blutsverwandtschaft gedacht. So konstatiert Aristoteles um 336 in der *Politik*[64], daß im Griechischen »die Verbindung von Mann und Frau... keinen eigenen Namen« hat. Es ist Sache der Historiker, sich nach der Bedeutung des Fehlens eines solchen Begriffs im Vokabular des 4. Jahrhunderts zu fragen! Es mag gestattet sein, die Vermutung zu äußern, daß, wenn die Griechen der klassischen Epoche so große Schwierigkeiten haben, die Ehe zu formulieren, dies daran liegt, daß sie über lange Zeit die Eheleute wie Blutsverwandte angesehen haben.

2. Ebenso ist in den nach segmentären *Häusern* strukturierten Gesellschaften der *Ilias* und der *Odyssee* die Heirat innerhalb der Verwandtschaft ein strukturelles Faktum. Bei allen Aktionen, die sein geschlossenes Eingreifen erfordern, appelliert das *Haus* an seine Blutsverwandten und an seine Schwiegerverwandten. Es liegt in der Logik der Sache, daß es seine Verbindungen zu den Mitgliedern seiner Gruppe verstärkt, indem es ihnen seine Töchter gibt (»Brüder«, »Schwäger«, »Schwiegerväter«, »Neffen«). In der klassischen Epoche ist die Heirat innerhalb der Verwandtschaft immer noch ein charakteristisches Merkmal der Heiratsstrategien.

3. Ein anderes Merkmal der Gesellschaften mit segmentären *Häusern* ist die *mariage oblique*. Welchen Fall man auch betrachtet, der Ehemann gehört immer der der Ehefrau vorausgehenden Generation an: er nimmt die Position eines Vaters oder eines Vaterbruders ein. Alle Untersuchungen über die Ehe in der klassischen Epoche, insbesondere die von Pierre Brulé[65], insistieren auf der Altersdifferenz zwischen den Ehepartnern: das gerade heiratsfähige junge Mädchen wird einem reifen Mann gegeben. Diese »Tatsache« wird oft mit demographischen Überlegungen in Zusammenhang gebracht: es ginge darum, die männlichen und weiblichen Altersstufen in ein Gleichgewicht zu bringen. Ich bestreite nicht die Stichhaltigkeit dieser These, glaube aber, daß strukturelle Ursachen, die mit der ererbten Organisation nach segmentären *Häusern* zusammenhängen, diese funktionalen Gründe überlagern.

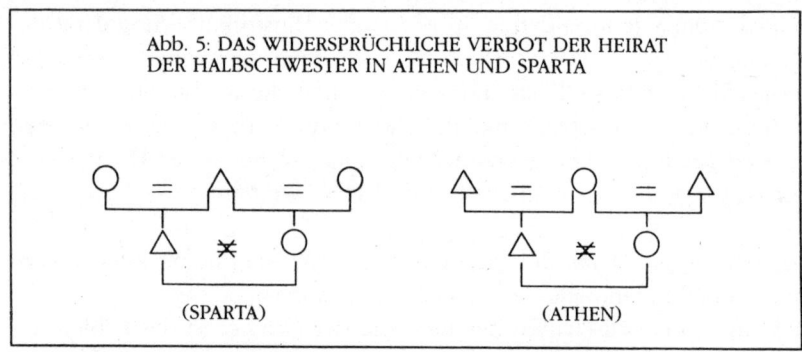

Abb. 5: DAS WIDERSPRÜCHLICHE VERBOT DER HEIRAT
DER HALBSCHWESTER IN ATHEN UND SPARTA

(SPARTA)   (ATHEN)

Die von dem Heiratsmodell der nach segmentären *Häusern* strukturierten Gesellschaften hinterlassenen »Überreste« können möglicherweise
die widersprüchlichen Verbote erklären, mit denen im Griechenland der
Polis die Heirat mit der Halbschwester belegt sind. In Griechenland
ist es zu jener Zeit »gottlos« – der Begriff Inzest existiert nicht –, seine
leibliche Schwester, aber unter bestimmten Bedingungen »gottesfürch-
tig«, seine Halbschwester zu heiraten: in Athen, wenn sie die Tochter
ein und desselben Vaters, aber einer anderen Mutter, in Sparta, wenn
sie die Tochter ein und derselben Mutter, aber eines anderen Vaters
ist. Lévi-Strauss[66] schreibt diese grundsätzlichen Entscheidungen der
stärkeren oder schwächeren Position zu, die die mütterlichen und väterlichen Verwandten in der jeweiligen gesellschaftlichen Gruppe haben.
Ich frage mich, ob diese Verbote nicht als Überreste der Schwieger-
tochter- und der Schwiegersohn-Heirat der alten, nach segmentären
Häusern strukturierten Gesellschaften angesehen werden sollten. Das
obige Schema veranschaulicht auf einfache Weise eine komplizierte
Hypothese.

Mir scheint, es zeigt sich ziemlich deutlich, daß das Verbot über die
leibliche Schwester (ein und derselbe Vater) an die Schwiegertochter-
Heirat, das über die Halbschwester (ein und dieselbe Mutter) an die
Schwiegersohn-Heirat gebunden ist. Mit Hilfe dieser Hypothese gelingt
es möglicherweise, den widersprüchlichen Charakter des »gottlosen
Tuns« zu erklären. Aber sie erklärt nicht, warum die Städte zu einem
bestimmten Zeitpunkt ihrer Geschichte entschieden haben, allein eine
Seite des Verbots hervorzuheben. Sie erklärt auch nicht, warum Athen
sein Heiratsmodell ausgehend von der Schwiegertochter-Heirat und seine Inzestregelung ausgehend von der Schwiegersohn-Heirat gestaltet
hat. Diese Entscheidung folgt aller Wahrscheinlichkeit nach einer anderen Logik als der der Verwandtschaft!

DAS GRIECHENLAND DER POLIS (8.–4. JAHRHUNDERT)

In der Epoche, in der sich in Griechenland die Gesellschaften in Stadt-staaten *(póleis)* organisieren, wird die Braut stets von den dazu befugten Männern vergeben, und zwar zusammen mit Reichtümern oder in Erwartung solcher. Aber auch wenn sich überall der Status der Ehefrau nach den »patrimonialen Beigaben« bemißt, so ist die Regelung dieser Braut-geschenke in den einzelnen Stadtstaaten *(póleis)* doch sehr verschieden. Es kann hier nicht darum gehen, ein erschöpfendes Inventar der von jeder *Polis* übernommenen Regeln aufzustellen. Meine Absicht ist, die – wohlvertrauten[67] – Systeme zweier Städte zu verfolgen, von denen ich meine, daß sie repräsentativ sind: Athen und das kretische Gortyn. Gortyn ist die »kalte« *Polis*, die entschieden hat, eine insgesamt archaische Gesellschaftsstruktur soweit wie möglich zu konservieren: Noch im 5. Jahrhundert erhält sich dort eine *Häuser*-Struktur und das Politische ist gleichsam in kollektive Praktiken oder, nach einer Formulierung von Pauline Schmitt Pantel[68], in »soziale Institutionen« »eingetaucht«. Athen ist die »heiße« *Polis*, die die Veränderung berücksichtigt hat und sich in der Geschichte bewegen will. Die Infragestellung der *Häuser*-Struktur löst – mit den Reformen von Solon (594/3) und Kleisthenes (508/7) – die Erfindung einer anderen Organisation der territorialen Gruppe aus und bewirkt das »Auftauchen des Politischen«.

Die Untersuchung der Heiratssysteme von Athen und Gortyn legt zwei Hypothesen nahe.

Die erste berücksichtigt ihre Ähnlichkeit und behauptet eine Wechsel-beziehung zwischen dem Entstehen der *Polis* und einer Umstrukturie-rung des aus den »dunklen Jahrhunderten« überkommenen Heiratssy-stems. Das Erscheinen der *Polis* und das damit einhergehende Ver-schwinden des Königtums scheinen mit einer Neustrukturierung der gesellschaftlichen Gruppen in Zusammenhang zu stehen. Die seg-mentären *Häuser*, die sich zugunsten der Söhne und der Schwiegersöh-ne teilen konnten, machen sich untereinander überschneidenden *Häu-sern* Platz. Es ist diese Manipulation der Verwandtschaft, die meines Erachtens die griechische *Polis* begründet. In den homerischen Gesell-schaften ist jedes *Haus* eine Einheit und der Zusammenhalt des gesell-schaftlichen Ganzen wird durch das *Haus* des Königs verbürgt, das als das die unterworfenen *Häuser* umfassende »Ganze« verstanden wird. In Gesellschaften, die nach sich überschneidenden *Häusern* organisiert sind, schweißt die Überschneidung der *Häuser* die soziale Gruppe zusammen und begründet ein unteilbares Ganzes. Die *Polis* entsteht mit der Etablierung der kognatischen Verwandtschaft, in der die verwandt-schaftliche Zugehörigkeit über den Vater und seine rechtmäßige Ehefrau bestimmt wird.

Der Neustrukturierung des Modells der rechtmäßigen Heirat geht die Umstrukturierung der *Häuser* voraus. 1. Die Ehefrau wird von ihrem *Haus* dem *Haus* ihres Ehemanns übergeben, damit dieses seine Kontinuität sichern kann. 2. Das der Ehefrau mitgegebene »patrimoniale Erbe« wird nicht mehr dem Ehemann gegeben. Es ist für die von den Eheleuten gezeugten Kinder bestimmt. Tatsächlich sind die aus dem *Haus* ihrer Mutter stammenden Güter das konkrete Zeichen ihrer Zugehörigkeit zum *Haus* ihrer Mutter: es handelt sich nicht mehr um eine komplementäre Filiation, sondern um eine Filiation über die Mutter. Die Ehefrau bleibt ihr ganzes Leben rechtliche Besitzerin der von ihrem *Haus* gegebenen Güter, der Ehemann ist lediglich deren Nutznießer. 3. Die Überschneidung der *Häuser* macht die Verfahren der Schwiegertochter- und Schwiegersohn-Heirat sowie die Integration eines Ehepartners in das aufnehmende *Haus* hinfällig. Die Eheleute hören auf, als blutsverwandt angesehen zu werden. Von nun an ist die Heirat in allen *Städten* nach zwei Modellfällen organisiert: die Heirat der Tochter, die einen Bruder hat, und die Heirat der Tochter, die keinen Bruder hat. 4. Diese Umgestaltung führt zum Verschwinden des Brauchs der *hédna* (des Vorführens der Viehherden vor dem Tor des *Hauses* der Braut). Ist es Zufall, daß die Viehzucht zurückgeht und daß die Fleischesser der homerischen Epoche stärker vegetarisch orientierte Nachkommen haben?

Die zweite Hypothese berücksichtigt die Unterschiede, die in den beiden *Städten* mit der freiwilligen Gabe verbunden sind, und will einen Zusammenhang zwischen der Wahl des Heiratssystems und der Wahl des politischen Systems herstellen.

Die Umgestaltung der nach segmentären *Häusern* strukturierten Gesellschaften in durch sich überschneidende *Häuser* strukturierte Gesellschaften ist keine Revolution: die hierarchische Stellung der territorialen Gruppe gründet nach wie vor auf der Verfügung über das Eigentum an *Haus* (konkretes Zeichen von Freiheit) und *Land* (konkretes Zeichen der Integration in die von nun an *pólis* genannte *Gemeinschaft/Kollektivität*); die rechtmäßige Heirat sichert die Übertragung des Erbes und die Nachfolge.

Bestimmte *Städte*, wie etwa Gortyn, entschieden sich, diese Organisationsprinzipien beizubehalten. *Häuser* können sich hier insofern überschneiden, als sie ihre gemeinsame Habe – das Land – ohne Ansehen des Geschlechts an ihre rechtmäßigen Kinder übertragen. Dies ist die einfachste Art, die Gemeinschaft der Landbesitzer in sich abzuschließen und ihr Wachstum zu begrenzen. Die Entscheidung, ihre Töchter an Parzellen den Polisbürgern gehörendes Land zu binden, führte dazu, daß diese *Städte* ihr Heiratsmodell an der Schwiegersohn-Heirat orientieren und aus der Frau ein Mitglied der Gemeinschaft machen: Sie ist Herrin über ihre Person und ihre Güter.

Andere *Städte*, wie etwa Athen, entschieden sich zu einem bestimmten Zeitpunkt ihrer Geschichte, die Hierarchie der *Häuser*-Gesellschaften zu verwerfen. Die *Häuser* der Polisbürger »überschneiden sich«, indem sie ihren rechtmäßigen Kindern, ungeachtet ihres Geschlechts, die *Reichtümer, die die Häuser enthalten*, übereignen. Das ist die einfachste Art, die *Polis* Mitgliedern der Gruppe, die über kein Land verfügen, zu öffnen. Durch die Entscheidung, ihre Töchter an Besitztümer zu binden, werden diese *Städte* dazu gebracht, ihr Heiratsmodell an der Schwiegertochter-Heirat zu orientieren und aus der Frau ein Mündel ihres Ehemannes zu machen.

Das Heiratssystem von Gortyn

Das in Gortyn geltende Recht ist uns dank »der großen Gesetzesinschrift« bekannt.[69] Das Dokument stammt aus der ersten Hälfte des 5. Jahrhunderts (um 460?). In der Inschrift ist festgehalten, daß es sich um eine neue Gesetzesregelung handelt, aber über Alter und Inhalt der früheren Gesetzgebung wird nichts gesagt.[70] Dies kann aber aus der Analyse der Dokumente einigermaßen erschlossen werden. Durch die Niederschrift der Gesetze will die *Polis* lediglich, wie Alberti Maffi[71] sagt, »das öffentliche Gedächtnis rationalisieren«. Sie hält die wesentlichen Rechtsvorschriften fest, die in der Polis die Beziehungen zwischen den Geschlechtern und den Statusgruppen regeln. Sie macht keinerlei Ausführungen über die Prinzipien des Heiratssystems und auch nicht über das soziale System, das jenes reproduzieren soll.

Die Heirat wird mit den Verben *opyíein / opyíesthai* bezeichnet: die Männer heiraten (aktive Form), die Frauen werden geheiratet (passive Form). Sie betrifft drei der vier in dem Text angeführten Statusgruppen: die *hetaireîoi* (die *Bürger*) und die *apetaîroi (freie Männer, die keine Bürger sind)* und die *foikées (Abhängige oder Häusler)*, die nicht frei sind. Dagegen sind die auf dem Markt gekauften *doúloi (Kaufsklaven)* von der rechtmäßigen Reproduktion ausgeschlossen. Die *freien Bürger* wie auch die *Abhängigen* sind aufgefordert, sich nach den gesetzten Regeln fortzupflanzen und sind somit Teil der territorialen Gruppe. Der »Kodex« regelt die Heirat nicht in bezug auf den Status, sondern in bezug auf zwei denkbare Fälle, die damals für alle *Städte (póleis)* Geltung haben: die Heirat der Tochter, die einen Bruder hat, und die Heirat der Tochter, die keinen Bruder hat.

Die Tochter, die einen Bruder hat, wird von ihrem Vater oder ihrem Bruder zur Ehe gegeben *(dídōmi)*.[72] Diese Übergabe hat drei Folgen. Sie macht den Ehemann zum Herren *(karterós)* über die zukünftig geborenen Kinder[73], zu demjenigen, dem allein die Macht zukommt zu entscheiden, ob sie aufwachsen oder ausgesetzt werden. Sie stiftet zwischen den Vertragspartnern Allianzbeziehungen: sie sind von nun an *Verwandte durch die Frau (kadestaí)*. Sie hebt die Braut in den Rang einer *Herrin (karterós)* über ihre Person und ihre Güter. Wenn der Vater seine Tochter zur Ehe gibt, gibt er sie tatsächlich nicht in die Gewalt seines Schwiegersohnes, und gleichzeitig ist es für ihn selbst der letzte Akt seiner Autorität über die Tochter. Witwe geworden oder geschieden, kann sie sich nach eigenem Willen, ohne daß er zu intervenieren hätte, wiederverheiraten.[74]

Abb. 6: DIE EINWOHNER DER POLIS GORTYN UM 460

DIE TERRITORIALE GRUPPE UND DIE VON DEM MODELL DER RECHTMÄSSIGEN REPRODUKTION BETROFFENEN STATUSGRUPPEN			
HETAIREIOS (OI) = *derjenige, der zu einer Hetairie gehört* (der Bürger, der Waffen trägt und in der Volksversammlung auf der agora einen Sitz hat)	APETAIROS (OI) = *der nicht zu einer Hetairie gehört* (der Freie, der kein Bürger ist)	FOIKEUS (EES) = *der Abhängige, dem die Bebauung der Landlose obliegt*	DOULOS (OI) = *der auf dem Markt gekaufte Sklave*
ELEUTHEROS (OI) = DER FREIE		DOULOS (OI) = DER UNFREIE	
Die Tafel macht die beiden Kriterien deutlich, nach denen die Einwohner Gortyns aufgeteilt sind: Freiheit (die Freien: Hetaireioi und Apetairoi; die Unfreien: Foikees und Douloi) und Zugehörigkeit zur territorialen Gruppe (die douloi sind von der menschlichen Gesellschaft ausgeschlossen)			

Die Tochter, die keinen Bruder hat, wird beim Tode ihres Vaters von dessen Rechtsnachfolger *(epibállōn)* beansprucht, und es sind die Brüder ihrer Mutter, ihre *kadestaí*, die diesen Vorgang überwachen.

Welchen Status die Ehepartner auch einnehmen, die Ehefrau ist in Gortyn immer mit Gütern verbunden. Jede rechtmäßig gegründete häusliche Gruppe hat *väterliche Güter (patrōía)* und *mütterliche Güter (mētrōía)*. Die Braut, die keinen Bruder hat, wird als Erbin über die gesamten Reichtümer ihres Vaters »eingesetzt«. Die Braut, die Brüder hat, erhält einen väterlichen Anteil, der entweder zum Zeitpunkt ihrer Heirat gestellt wird (Mitgift) oder beim Tode ihrer Eltern (Erbe). Aber bevor wir den Teil betrachten, den Gortyn seinen Töchtern zukommen läßt, sollten wir die Klassifikation der Reichtümer untersuchen.

In der Klassifikation der Reichtümer unterscheidet der »Kodex«[75] vier Kategorien von Gütern *(chrḗmata)*: das *Haus (stégē)*; das Inventar des *Hauses*; das Vieh (groß und klein); das *Sonstige*. Diese Klassifikation ist der homerischen sehr ähnlich: die Reichtümer sind in Gortyn »konkrete Zeichen«, die den Status (das *Haus* und das *Sonstige*) und den Rang (das Vieh und das Inventar *des Hauses*) benennen.

Das *Haus* ist der Wohnsitz (*stégē*: Dach). Es befindet sich in der *pólis*, ein Begriff, der im Kodex der *chóra* (dem *Land*) gegenübersteht und die Stadt bezeichnet. Aber wie in der *Ilias* und der *Odyssee* ist das *Haus* in Gortyn sehr viel mehr als ein Wohnsitz. Das Kind ist durch seinen Namen mit ihm verbunden, und dieser Name bedeutet für alle, daß es von seinem Vater anerkannt worden ist und daß es innerhalb der Gesamtgesellschaft zur Gruppe der freien Bürger gehört.[76] Das *Haus* und der *Vater* vollziehen als Einheit die Anerkennung des Kindes. Der »Kodex«[77] läßt diesbezüglich keinerlei Zweifel. Er sieht den Fall der geschiedenen Ehefrau vor, die nach ihrer Scheidung niederkommt. Sie muß das Kind ihrem früheren Ehemann in seinem *Haus* in Anwesenheit dreier Zeugen präsentieren. Wenn dieser ablehnt, es in sein *Haus* aufzunehmen, »so soll (es) bei der Mutter stehen, das Kind entweder aufzuziehen oder auszusetzen«. Abhängigkeit und Freiheit sind ebenfalls an das *Haus* gebunden. Der »Kodex«[78] behandelt den Status von Kindern, die aus einer gemischten Ehe zwischen einer *freien Frau* und einem *foikeús*, einem Abhängigen, stammen. Wenn die Frau in das *Haus* des Mannes zieht, werden ihre Kinder unfrei sein. Wenn der Mann in das *Haus* der Frau kommt, werden die Kinder frei sein. Wahrscheinlich übergeht der »Kodex« den Fall von Kindern, die von einem *freien Mann* und einer *Abhängigen* stammen, deshalb, weil dieses im *Haus* seines Vaters geborene Kind qua Definition frei ist. Ein *Haus* zu haben, bedeutet in Gortyn, einen Namen und einen Vater zu haben, es bedeutet, zur Gruppe der freien Polis-Bürger zu gehören. Der Unfreie, gleich ob *Abhängiger* oder *Kaufsklave*, hat kein eigenes *Haus*. Der *Abhängige* kann aber gleichwohl rechtmäßig heiraten, weil er in einem seinem Herren gehörenden Wohnhaus lebt und er seine Kinder dem *Hause* seines Herren präsentiert. Tatsächlich sagt der »Kodex«, daß die *geschiedene Abhängige* das nach ihrer Scheidung geborene Kind dem Herrn ihres früheren Ehemanns präsentieren muß, dem es seinerseits freisteht, es als seinen *Abhängigen* anzuerkennen oder nicht.[79] Ohne Zweifel wird das *Haus* des Herren als ein »Ganzes« begriffen, das die von den *Abhängigen* bewohnten Wohnsitze umfaßt und zusammenhält.

Was ist das »Sonstige«? Im »Kodex« taucht der Ausdruck *karpós* bei der Regelung der Erbschaftsübertragungen häufig auf. Es sind wohl die Produkte des Landloses *(klêros)*. Es wird von den Abhängigen bearbeitet, die im allgemeinen nicht in der Stadt wohnen. Das *Landlos* ist das »konkrete Zeichen« des *Bürgerstatus*. Der *Bürger* wird in Gortyn durch einen spezifischen Terminus bezeichnet, der ihn als *Mitglied eine Hetairie* ausweist: als *hetaireîos*. Deren genaue Bedeutung bleibt uns rätselhaft, aber soviel steht fest[80], daß es sich um Gruppen von Männern handelt, die zu gemeinsamen Mahlzeiten zusammenkommen. Die Tischgenossen bringen nicht wie in Sparta ihren Teil mit, sondern die Abhängigen versorgen die Hetairie mit den notwendigen Nahrungsmitteln. Der Status der Mitglieder einer Hetairie um 460 ist also immer noch durch Besitz eines *Landloses* vermittelt. Wie in Gortyn das Besitzen eines *Hauses* ein »konkretes Zeichen« von *Freiheit* ist, so ist das Verfügen über ein *Landlos* – mit den Abhängigen, die es bebauen – ein »konkretes Zeichen« des *Bürgerstatus*.

Ebenso wie in den homerischen Gesellschaften sind in Gortyn um 460 *Haus* und *Land* statusverleihende Reichtümer. Sie sind daher wohl im Bereich von Nutznießung und Übereignung angesiedelt, nicht im Bereich von Erwerb und Eigentum. Der »Kodex« aber gibt zu verstehen, daß diese Güter in bestimmten Fällen veräußert werden können.[81] Es besteht daher Grund anzunehmen, daß das »kalte« Gortyn den Wandel nicht ganz und gar ignoriert hat. Aber diese Frage betrifft eine Untersuchung über die Errichtung des Heiratssystems nur am Rande. Anders als das *Haus* und das *Land*, die statusverleihenden Güter, bestimmen das *Vieh* und der *Inhalt des Hauses* wie in den homerischen Gesellschaften nicht die Integration in die Gruppe, sondern den sozialen Rang. Dementsprechend sind sie innerhalb des Bereichs von Erwerb und Besitz angesiedelt. Da Kreta seit jeher das Land der Schafe war, besteht Grund anzunehmen, daß die Viehherden eine wichtige Rolle in der Bewertung des Vermögens spielten.

Die im »Kodex« vorgenommene Klassifizierung der Reichtümer läßt vermuten, daß Gortyn um 460 noch immer eine *Häuser*-Struktur hat und daß diese *Häuser* in einer Hierarchie stehen. Es gibt *freie Häuser* (ohne *Land*) und *Häuser* von Bürgern (ausgestattet mit *Land* und *Abhängigen*). Wie in den homerischen Gesellschaften sind die *Häuser* in Gortyn »zwei in einem«. Die Sozialstruktur von Gortyn wird durch die Analyse der Heiratsmodelle noch verdeutlicht werden.

Die Tochter, die Brüder hat (Abb. 1: I1, II,2 oder 4, III3, IV2 & 4), erhält ihren Erbteil entweder zum Zeitpunkt ihrer Heirat oder beim Tode ihrer Eltern, bei der Teilung der *väterlichen Güter (patrōïa)* und der *mütterlichen Güter (mētrōïa)*.

In Gortyn verfügen der Vater und die Mutter über ihre Güter und über den Zeitpunkt der Übereignung, wobei letztere »solange sie leben, nicht notwendig [ist]«.[82] Bei ihrem Tode partizipieren die Kinder beiderlei Geschlechts – sofern die Tochter nicht bereits abgefunden worden ist – an der Teilung : »Wenn aber einer stirbt, sollen die Häuser in der Stadt und was in den Häusern drin ist, denen kein Häusler inwohnt, [. . .] und das Triftvieh und [das] starkfüßige, was nicht eines Häuslers ist, bei den Söhnen stehen; das andere Vermögen aber sollen sie teilen schön, und sollen bekommen die Söhne, so viele sind, zwei Teile jeder, die Töchter aber, soviele sind, einen Teil jede. Teilen sollen sie aber auch das Mütterliche, wenn sie stirbt, wie vom Väterlichen geschrieben steht. Falls aber Vermögen nicht da ist, aber ein Haus, so sollen bekommen die Töchter, wie geschrieben steht.«[83] Trotz seiner extrem knappen Form macht der »Kodex« also einen Unterschied zwischen dem Patrimonium eines Bürgers (wo ein *sonstiges Vermögen* vorhanden ist) und dem Patrimonium eines Freien (wo kein *sonstiges Vermögen* besteht). Beide sind einer bilateralen *diverging devolution* unterworfen (die Güter des Vaters und die der Mutter »divergieren« zu den Kindern verschiedenen Geschlechts).

Ungeachtet des Status ihres *Hauses* erhält eine Tochter von ihren beiden Eltern nur statusverleihende Reichtümer. Die *divergierende Übereignung* (diverging devolution) ist so organisiert, daß ihren Brüdern das Wesentliche der statusverleihenden Reichtümer zukommt – das *Haus* und zwei Drittel des *Landes* – und die gesamten Reichtümer, die den Rang innerhalb der sozialen Gruppe sichern: der *Inhalt des Hauses* und die *Viehherden*. Halten wir fest, daß das Vieh ausschließlich den Männern zukommt. Was eine Bürger-Tochter von ihren beiden Eltern erhält, ist ein Drittel des *sonstigen Vermögens*, das heißt, Parzellen des Lands, die ihre Zugehörigkeit zur Gruppe der Bürger ausweisen. Bei der Tochter aus einem *Hause*, welches über kein *Land* verfügt, einem freien *Haus* also, kommt es zu einer Segmentierung des *Hauses*, und ihr Teil ist das Zeichen ihrer Zugehörigkeit zur Gruppe der freien Ansässigen. Kurz gesagt, in Gortyn werden die statusverbürgenden Reichtümer über Männer und Frauen übertragen, während die sich in vollem Besitz befindlichen Güter von Mann zu Mann weitergegeben werden.

Nicht alle Töchter, die Brüder haben, partizipieren beim Tode ihrer Eltern an der Teilung der *väterlichen* und *mütterlichen Güter*. Diejenigen, die bei ihrer Heirat mit einer Mitgift ausgestattet worden sind, sind ausgenommen. Das Gesetz[84] erlaubt einem Vater, der Tochter von sich aus ein *Geschenk* zu machen, wenn er sie verheiratet: »so soll er geben gemäß dem, was geschrieben steht, mehr aber nicht.« Die Aussage ist sehr knapp; zwei Lesarten sind möglich. Die herrschende Interpretation besagt, die Mitgift sei eine vorweggenommene Erbschaft und der Vater gäbe seiner Tochter im voraus die Güter, die ihr im Moment der Teilung der *väterlichen* und der *mütterlichen Güter* zukommen würden, das heißt, *Land*, wenn es das *Haus* eines Bürgers ist. Aber die Aussage kann auch anders gelesen werden. Der Vater stattet die Tochter über die *väterlichen Güter* aus, das heißt, er gibt ihr bei ihrer Heirat die väterlichen Landanteile, die ihr bei Eintritt des Erbfalls zukämen. Wenn aber die von ihrem Vater ausgestattete Tochter keine *mütterlichen Güter* erhält, weder bei ihrer Heirat noch beim Tode ihrer Mutter, dann ist die Übereignungsform, die die Mitgift darstellt, eine ganz andere als die, die die Töchter an der Teilung der Güter beider Eltern teilhaben läßt. Tatsächlich findet in diesem Fall von seiten der Mutter keine *divergierende Über-*

eignung (diverging devolution) statt. Diese zweite Lesart der Aussage ist ziemlich überzeugend. Da in Gortyn ein Mann niemals über die Güter seiner Frau verfügen kann, scheint es zweifelhaft, ob ein Vater seiner Tochter etwas anderes als *väterliche Güter* geben kann. Akzeptiert man diese Interpretation, muß man in Betracht ziehen, daß es in der kretischen *Polis* möglicherweise zwei strukturell verschiedene Arten gab, den Teil der Töchter, die Brüder haben, festzulegen.

Die Erbtochter, die weder Vater noch leiblichen Bruder hat[85], ist Erbin der gesamten väterlichen Hinterlassenschaft und wird von den dazu *Berechtigten (epibállontes)* als Ehefrau beansprucht. Die Heirat der Erbtochter (Abb. 1: I1, II1 & 2 & 3 & 4, III3, IV2 & 4) erfährt im Gesetzeskodex von Gortyn eine ausführliche Darstellung[86], die Evanghelos Karabélias[87] minutiös verfolgt hat. Die vom Gesetzgeber gegebene Definition der Erbtochter ist nicht vollständig. Er hält es nicht für nötig zu präzisieren – zweifellos, weil dies damals allen bekannt war –, daß die Tochter dem *Haus* eines Bürgers angehört und daß sie Erbin der Hinterlassenschaft eines Bürgers ist. Trotz dieser Lücke läßt der »Kodex« diesbezüglich keinen Zweifel offen. In den betreffenden Regelungen geht es nämlich immer um das *Haus* und die *Früchte (karpós)* des Landes. Allem Anschein nach ignoriert Gortyn die zur Gruppe der freien Ansässigen gehörende Erbtochter. Der Gesetzgeber sieht zwei Fälle vor: die Tochter, die Erbtochter wird, ist noch unverheiratet; die Tochter, die Erbtochter wird, ist bereits verheiratet.

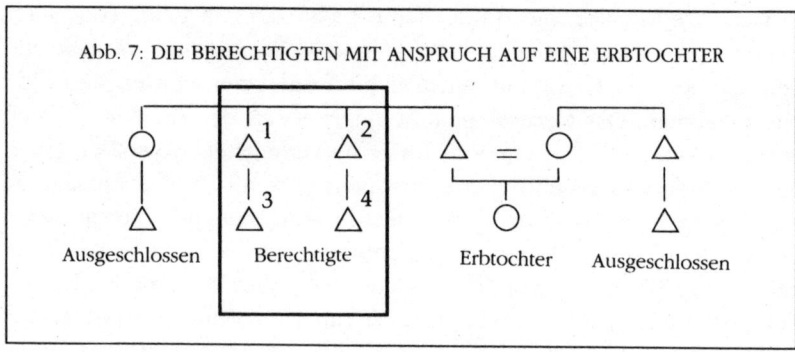

Abb. 7: DIE BERECHTIGTEN MIT ANSPRUCH AUF EINE ERBTOCHTER

Ausgeschlossen   Berechtigte   Erbtochter   Ausgeschlossen

Wenn die Erbtochter noch nicht verheiratet ist, muß sie den nächsten *Berechtigten* heiraten. Die Regelung sieht zunächst die Brüder ihres Vater vor – der älteste Bruder hat den Vorrang –, dann, wenn keine Brüder vorhanden sind, die Söhne der Brüder ihres Vaters, wobei der älteste Sohn des ältesten Bruders ihres Vater den Vorrang hat. Den Brüdern der Mutter der Erbtochter – ihre nächsten *Schwiegerverwandten (kadestai)* –, die selbst kein Recht haben, sie zu heiraten, obliegt es, sie zu verheiraten. Wenn keine *Berechtigten* vorhanden sind, sind sie beauftragt, jemanden aus der *Phyle* (»Stamm«) ausfindig zu machen, findet sich niemand, soll sie eine eigene Wahl treffen. Wenn der *Berechtigte* sich weigert, die Erbtochter zu heiraten, gehen die *Schwiegerverwandten (kadestaí)* vor Gericht. Wenn der *Berechtigte* sich weigert, der Entscheidung des Richters Folge zu leisten, behält die Erbtochter die Güter und heiratet den nächstfolgenden *Berechtigten* oder ein Mitglied der *Phyle* oder »wen sie will«. Wenn die Erbtochter ablehnt, den *Berechtigten* zu heiraten, behält sie das *Haus* und dessen *Inhalt* und teilt die anderen Güter (Vieh und *Land*) mit dem *Berechtigten*.

Hat der *Berechtigte* das Recht, die Scheidung einer verheirateten Erbtochter zu erzwingen, um sie zu heiraten? Der »Kodex« sieht nur zwei Fälle vor, wenn er die Frage der bereits verheirateten Erbtochter anschneidet: den der verwitweten Erbtochter und den der Erbtochter, die sich ohne Einwilligung des Mannes, den sie geheiratet hat, bevor sie Erbtochter wurde, scheiden lassen will. In beiden Fällen soll sie, wenn sie keine Kinder hat, den *Berechtigten* heiraten. Wenn die Erbtochter Kinder hat, kann sie heiraten, »wen sie will aus der *Phyle*«, sofern sie mit dem *Berechtigten* teilt, »wie es geschrieben steht«. Die Witwe, die Kinder hat, kann aus der *Phyle* heiraten, wen sie will, und alle Güter behalten.

Welcher Kompromiß mit den *Berechtigten* auch eingegangen wird, die Erbtochter ist eine Erbin, *Herrin* über Reichtümer (*Haus* und *Land*), die einen Status verleihen, und über Besitztümer (*Vieh* und *Inventar des Hauses*), die einen sozialen Rang verbürgen. Aber diese Güter sind nicht dazu bestimmt, in weiblichen Händen zu bleiben. Der »Kodex« führt zwar nicht aus, daß das Vermögen der Erbtochter für ihre Söhne bestimmt ist, aber da der Teil der Tochter, die Brüder hat, der oben beschriebene ist, umfassen die von einer Erbtochter ihren Töchtern hinterlassenen Güter nur Landanteile.

Ob aus einem *Haus mit Land* oder einem *freien Haus* stammend, aus einem *Haus*, das Söhne hat, oder aus einem *Haus*, das keine Söhne hat, die verheiratete Frau ist in Gortyn immer *Herrin* über statusverleihenden Reichtum sowie *Herrin* über ihre Person, aber sie ist ohne Recht gegenüber ihren Kindern. Auf alle Fälle sollten wir die Untersuchung des Heiratssystems im Zusammenhang mit der sozialen Struktur der Aufteilung der *Häuser* analysieren.

Heiratsmodell und Organisation des Polisbürger

Mit seinem *Haus*, das Freiheit garantiert, seinem *Landlos*, das den *Bürgerstatus* begründet, seinem Vieh und seinen *im Haus befindlichen Güter*, die den sozialen Rang bestimmen, seinen rechtmäßigen Ehefrauen, die die Kontinuität sichern sollen, scheint der *Haushalt* von Gortyn

von den ländlichen *Häusern* der homerischen Zeit ununterscheidbar zu
sein. Und doch sind die *Häuser* der kleinen kretischen *Polis* sehr verschieden von den *Häusern* der *Ilias* und der *Odyssee*. In Ithaka oder in
Scheria begründen die *Häuser* gesonderte Abstammungseinheiten und
die Übertragung ihrer Reichtümer überschneidet sich nie. Schwiegersohn
und Schwiegertochter werden als Blutsverwandte in das *Haus* inkorporiert und die Kinder erhalten ihre Reichtümer allein von einem *Haus*,
dem *Haus* ihres Vaters bei der Schwiegertochter-Heirat, dem *Haus* ihres
mütterlichen Großvaters bei der Schwiegersohn-Heirat. In Gortyn weisen
die *Häuser* ein sehr viel komplexeres Übertragungssystem auf. Während
das *Haus*, das *Inventar des Hauses* und das Vieh – »geteilt« – in jeder
Generation vom Vater auf den Sohn übergehen (sie bilden, wie die Juristen sagen, das Präcipuum der Söhne), wird das *Land* beiden Geschlechtern übertragen.   Abbildung 8 stellt den Ursprung eines männlichen
Erbes in Gortyn dar.

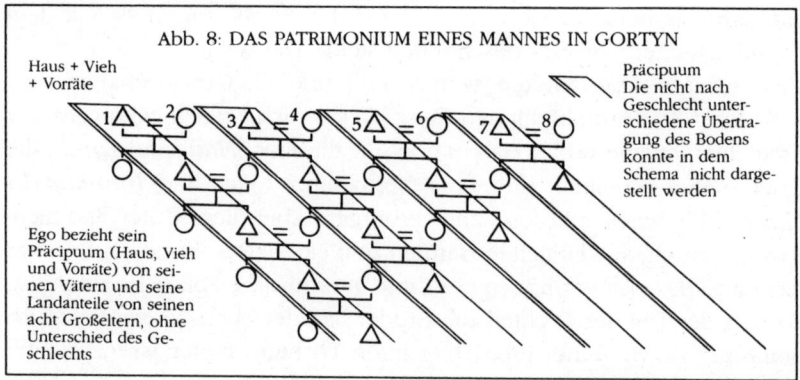

Abb. 8: DAS PATRIMONIUM EINES MANNES IN GORTYN

Haus + Vieh
+ Vorräte

Präcipuum
Die nicht nach
Geschlecht unter-
schiedene Übertra-
gung des Bodens
konnte in dem
Schema nicht darge-
stellt werden

Ego bezieht sein
Präcipuum (Haus, Vieh
und Vorräte) von sei-
nen Vätern und seine
Landanteile von seinen
acht Großeltern, ohne
Unterschied des Ge-
schlechts

Diese Darstellung der Übereignung der Reichtümer in Gortyn legt möglicherweise die von der *Polis* übernommene Struktur offen, eine Struktur
nach »*Häusern*, die sich überschneiden« und in sich abschließen. Die
Häuser der freien Bürger von Gortyn verfügen ebenso wie die homerischen *Häuser* über einen ihnen gemeinsamen Reichtum, das der *Polis*
gehörige *Land*. Das Verfügen über ein *Landlos* – die ursprüngliche Auslosung bleibt im Vokabular und im öffentlichen Gedächtnis präsent – ist
»konkretes Zeichen« der Zugehörigkeit zur Gemeinschaft wie auch der
Grenzen dieser Gemeinschaft. Aber im Unterschied zu den homerischen
Häusern nehmen die *Häuser* der kretischen *Polis* in jeder Generation
eine partielle Neuverteilung des gemeinsamen Landes vor. Allein durch
die Entscheidung, daß die Töchter ein Drittel des von ihren Eltern
bewahrten Landes erhalten, modifizieren die *Häuser* die Aufteilung der
Landanteile, ohne dadurch die ursprüngliche Aufteilung in Frage zu stellen. Diese Maßnahme steht, so glaube ich, in einer Wechselbeziehung

sowohl zur Abschließung der Bürgergemeinschaft als auch zur Überschneidung der *Häuser.*

Auf Grund der Entscheidung, daß das Land, das »konkrete Zeichen«
des Bürgerstatus, durch Männer *und* Frauen übertragen wird, benötigt
die *Polis* von Gortyn keine Vorschriften, um das einzuführen, was
Lévi-Strauss die »eigentliche Endogamie« nennt, d. h. die Verpflichtung,
innerhalb der Gruppe zu heiraten.[88] Die Gemeinschaft der homerischen
Häuser war eine offene Gemeinschaft. Die Schwiegertochter- und
Schwiegersohn-Heirat gestatteten jedem *Haus,* Fremde oder aus der
Gesellschaft Ausgeschlossene (Bastarde) zu integrieren. Die Bürger-
Häuser von Gortyn sind insofern abgeschlossen, als sie alle ausstoßen,
die keinen Polisboden erben, die Bastarde und die Nicht-Bürger. Es ist
indessen möglich, daß die *Polis* die Gefahren einer zu starren Abschließung der Bürgerschaft vorausgesehen hat. Einerseits ist es der Erbtochter erlaubt, wenn sich innerhalb der *Phyle* kein Mann für sie findet,
um sie zu heiraten, zu heiraten, »wen sie will« oder »wen sie kann«, andererseits soll ein Kind, geboren von einem unfreien Vater, aber im *Haus*
einer freien Frau, frei sein. Wir können daher annehmen, daß ein *Haus*,
das in Ermanglung eines Vollbürgers als Erben Gefahr läuft auszuster-
ben, autorisiert ist, diesen, um seine Kontinuität zu sichern, unter den
freien Männern oder den *Unfreien* zu suchen. Ein solches Modell ermöglicht der Gruppe den Erhalt ihres Bestands und schützt vor den Gefahren der Oliganthropie, des Menschenmangels.

Die Entscheidung, in jeder Generation die Landanteile der Bürger par-
tiell neuzuverteilen, fördert eine Struktur sich überschneidender *Häuser.*
Das Land ist ein Reichtum jenseits von Erwerb und Austausch. Es gehört
zur Kategorie der dauernden, von Generation zu Generation übertragenen Güter. Wenn eine Tochter ihren Landanteil erhält, sei es bei ihrer
Hochzeit, sei es beim Tode ihrer Eltern, ist das eine Segmentierung ihres
Hauses, die zu ihren und ihrer Kinder Gunsten vollzogen wird. In jedem
Haus von Gortyn sind die Kinder, die von ihren väterlichen und mütterlichen Vorfahren kommende Landanteile erben, mit den Verwandten
ihrer Mutter und den Verwandten ihres Vaters verbunden.

Die soziale Position der Frau innerhalb des Gemeinwesens von Gortyn und im *Haus* wird also durch ihren Anteil an Land definiert.

Die Frau in Gortyn ist eine »Bürgerin«, auch wenn ihr Geschlecht sie
von den Praktiken, in die das Politische »getaucht« ist, ausschließt (gemeinsame Mahlzeiten, Versammlungen auf der *agorá,* Krieg). Sie bezieht
ihren sozialen Status aus ihrer Geburt, nicht aus ihrer Heirat und nicht
aus ihrer Mutterschaft. Anhand des uns erhaltenen Dokuments können
wir nicht mehr über den Platz der »Bürgerin« innerhalb des Gemeinwesens erfahren. Hingegen ist der Text sehr beredt über die Position der
Ehefrau innerhalb des *Hauses.*

In Gortyn nimmt der Bräutigam die Braut in seinem *Haus* auf, dies erlaubt ihm, sich rechtmäßig fortzupflanzen und seine väterliche Macht zu begründen. Dennoch unterscheidet sich diese Heirat wesentlich von der Schwiegertochter-Heirat der homerischen Gesellschaften. Die Braut, wenn sie eine Mitgift oder Aussichten auf eine solche hat, ist an einen Reichtum gebunden, der nicht zum Erwerb steht. Der Ehemann kann sich Landanteile seiner Frau nicht aneignen. Die Beziehung zwischen Ehemann und Ehefrau wird daher nicht mehr nach dem Modell der Filiation, sondern nach dem der Verschwägerung konzipiert. Zwar wird der Mann Herr über seine Kinder, aber die Ehefrau bleibt Herrin über ihre Person und ihre Güter, wenn sie auch keinerlei Recht und keinerlei Macht über die Güter ihres Ehegemahls hat. Die Ehepartner können allerdings einander nicht beerben. Die streng getrennten Güter des Vaters und der Mutter sind für ihre Kinder bestimmt.

Die Ordnung des *Hauses* in Gortyn unterscheidet sich daher stark von der des homerischen *Hauses*. Während das *Haus* in der *Ilias* und der *Odyssee* ein auf den Mann zugeschnittenes »Ganzes« ist, das seinen weiblichen Bestandteil umfaßt, ist das *Haus* der kretischen *Polis* eine Art – ungleicher – Zusammenschluß *(koinōnía)* eines Mannes und einer Frau, die zwar nicht ihr Vermögen zusammenlegen, aber die Einkünfte aus ihren Vermögen. Wenn die Gemeinschaft sich auflöst – aufgrund von Tod oder Scheidung – kehren Personen und Güter zurück zu ihrer Autonomie. Die geschiedene Frau[89] behält ihre Güter *mütterlicherseits,* die Hälfte der *Früchte*, die aus ihnen erzeugt wurden, die Hälfte der im Haus hergestellten Tuche und, wenn die Scheidung vom Mann ausgeht, eine kleine Abfindung. Die Witwe ohne Kinder[90] verläßt das *Haus* ihres Ehemannes mit ihren Gütern *mütterlicherseits,* der Hälfte der *Früchte*, die sie erzeugt haben, und der Hälfte ihrer gewebten Tuche. Die Witwe, die Kinder hat[91], erhält nur ihre Güter zurück und einige taxierte Wertgegenstände (Kleidung).

Als Gast im *Haus* eines Ehemanns, dessen weibliche Schwiegerverwandte sie ist, nimmt die verheiratete Frau gegenüber seinen Blutsverwandten eine schwer zu bestimmende Position ein. Anhand der Form der Übereignung in kollateraler Linie gelingt es möglicherweise, sie zu verdeutlichen.[92] Wie Abbildung 9 zeigt, erben die Schwester und deren Kinder nur, wenn weder Brüder noch Kinder von Brüdern vorhanden sind. Dies nennen die Juristen »das Privileg des Männlichen«. Aber worauf gründet sich das Privileg des Männlichen? Ich glaube, daß die Beziehungen, die die verheiratete Frau zu ihren Blutsverwandten unterhält, nach dem Modell jener Beziehungen gedacht sind, die in den Gesellschaften mit segmentären *Häusern* die Schwiegersohn-Heirat zwischen einem mit Söhnen ausgestatteten *Haus* und den Tochterkindern herstellt. Als Blutsverwandte, aber unter der Kategorie »Neffe« eingeordnet, treten

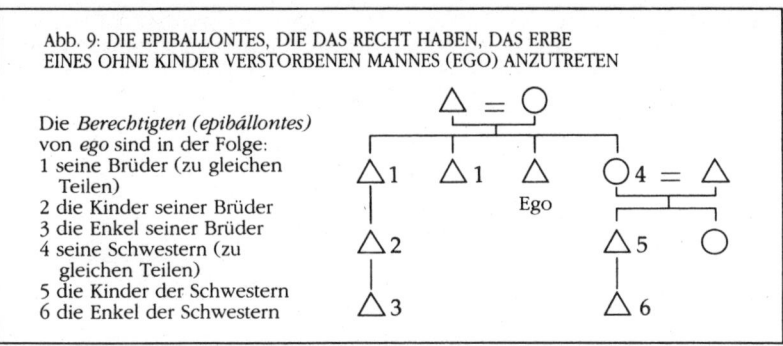

Abb. 9: DIE EPIBALLONTES, DIE DAS RECHT HABEN, DAS ERBE
EINES OHNE KINDER VERSTORBENEN MANNES (EGO) ANZUTRETEN

Die *Berechtigten (epibállontes)*
von *ego* sind in der Folge:
1 seine Brüder (zu gleichen
  Teilen)
2 die Kinder seiner Brüder
3 die Enkel seiner Brüder
4 seine Schwestern (zu
  gleichen Teilen)
5 die Kinder der Schwestern
6 die Enkel der Schwestern

die Kinder aus einer solchen Verbindung das Erbe im *Haus* ihres mütterlichen Großvaters nur an, wenn keine »direkten« Nachkommen, Söhne und Söhne von Söhnen, vorhanden sind. In der kretischen *Polis* ist die Tochter, zu deren Gunsten eine Segmentierung des *Hauses* vorgenommen wurde, eine Blutsverwandte, aber eine einem gesonderten Haushalt angehörige Blutsverwandte. Um zu behaupten, daß die Schwiegersohn-Heirat der homerischen Gesellschaften der Ausgangspunkt für die Ausarbeitung des Heiratsmodells von Gortyn ist, müßte die Gewißheit darüber bestehen, daß die Gesellschaft von Gortyn zu einem bestimmten Zeitpunkt ihrer Geschichte nach segmentären *Häusern* strukturiert war. Die Regelung der Heirat der Erbtochter legt eben dies nahe.

Von segmentären zu sich überschneidenden Haushalten

Es besteht ein offensichtlicher Widerspruch zwischen der Festlegung der *Berechtigten*, die eine Erbschaft in kollateraler Linie antreten können, und der *Berechtigten*, die eine Erbtochter reklamieren können. Eine Tochter, die keinen Bruder hat, kann von dem Sohn ihrer Tante väterlicherseits beansprucht werden, wohingegen die Schwestern und Schwesterkinder einen Bruder ohne Nachkommen beerben können. Warum sind die Söhne der Schwester des Vaters der Erbtochter von einem Anspruch ausgeschlossen? Ronald F. Willetts[93] setzt sich ausführlich mit diesem Problem auseinander und erklärt es durch Überbleibsel dessen, was er eine »tribale Organisation« der sozialen Gruppe nennt: Die Regelung, sagt er, trägt Spuren eines Verbots der Kreuzcousinen-Heirat und verweist auf Endogamie innerhalb der *Phyle* (wenn kein *Berechtigter* vorhanden ist, appellieren die *Schwiegerverwandten* an die Mitglieder der *Phyle*). Aber vielleicht ist es möglich, diese Bestimmungen mit viel naheliegenderen Überbleibseln in Zusammenhang zu bringen, nämlich als Reste einer Verwandtschaftsstruktur segmentärer *Häuser*. Die Zuwei-

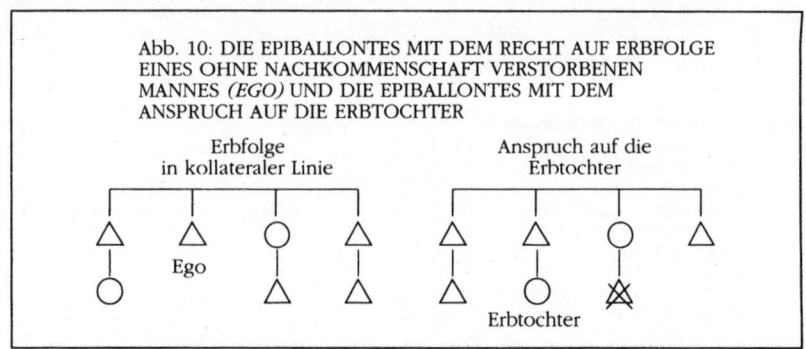

Abb. 10: DIE EPIBALLONTES MIT DEM RECHT AUF ERBFOLGE
EINES OHNE NACHKOMMENSCHAFT VERSTORBENEN
MANNES *(EGO)* UND DIE EPIBALLONTES MIT DEM
ANSPRUCH AUF DIE ERBTOCHTER

sung der Erbtochter folgt vier Regeln: der *mariage oblique* mit dem
Vaterbruder, der Präferenz des ältesten Bruders des Vaters, dem Ausschluß der Söhne der Vaterschwester und dem Appell an die Mitglieder
der *Phyle*. Diese Vorschriften sind in einer nach sich überschneidenden
Häusern strukturierten Gruppe schwer verständlich, erscheinen aber in
einer Gesellschaft mit segmentären *Häusern* sehr kohärent.

1. Wenn die *Häuser* »segmentäre« Einheiten bilden, gehören die Kinder
der Schwester, die von ihrem *Haus* an ein anderes *Haus* als Schwiegertochter vergeben wurde, dem *Haus* ihres Vaters und haben mit dem Bruder ihrer Mutter lediglich komplementäre Verwandtschaftsbeziehungen.
Sie können nicht aufgerufen werden, dessen an sein Erbe gebundene
Tochter aufzunehmen, da sie nicht zu seiner Blutsverwandtschaft zählen.

2. Es mag sein, daß die *Phyle* zu irgendeinem Zeitpunkt ihrer Geschichte eine endogame Einheit bildete. Aber die Phyle ist eine patrilineare Gruppe, die alle Nachkommen auf einen gemeinsamen Ahnen
zurückführt. Wenn der »Kodex« zwei Gruppen *Berechtigter (epibállontes)*
vorsieht, die Brüder des Vaters der Erbtochter oder deren Söhne sowie
die Mitglieder der *Phyle*, bezieht er sich auf zwei Grenzziehungen innerhalb der kollateralen Blutsverwandtschaft in einer Gesellschaft mit segmentären *Häusern*, auf ihre engste Einschränkung (die Brüder . . .) und
auf ihre größtmögliche Ausdehnung (die Lineage).

3. Die Erbtochter *(patroûchos)* ist die Tochter, die ihrem *pátrōs*, ihrem
Onkel väterlicherseits, gegeben wird. Diese *mariage oblique* ist charakteristisch für Gesellschaften mit segmentären *Häusern*, in denen sie,
wenn ein *Haus* ohne Sohn einen Schwiegersohn aufnimmt, diesem die
Position eines Bruders des Vaters verleiht. Es liegt in der Logik der
Schwiegersohn-Heirat, daß es, wenn ein Mann stirbt, ohne die Möglichkeit gehabt zu haben, »einen Schwiegersohn bei sich zu behalten«, sein
Bruder ist, der die Aufgabe hat, ihm den Sohn zu schenken, den er nicht
hatte. Die Präferenz des ältesten Bruders soll also das demographische
und soziale Gleichgewicht einer Gesellschaft mit segmentären *Häusern*
erhalten. Allein aufgrund seines Alters hat der älteste Bruder des Vaters

der Erbtochter die Reproduktion seines *Hauses* bereits gesichert. Er kann sein *Haus* daher zur Nachfolge/Erbschaft befähigten Söhnen überlassen und selbst in das *Haus* seines Bruders überwechseln, um dessen Kontinuität zu sichern. Da die *Häuser* »segmentäre« Filiationseinheiten bilden, sichert die Ehe der Erbtochter mit ihrem Onkel die demographische Kontinuität der *Häuser*, ohne eine Konzentration von Reichtum zu bewirken. Die Übernahme in eine nach sich überschneidenden *Häusern* strukturierte soziale Gruppe verändert die Auswirkungen einer solchen Maßnahme zutiefst: der Onkel der Erbtochter verläßt sein *Haus* nicht mehr, um in das seines Bruders überzuwechseln, die Kinder der Erbtochter erben die Güter ihres Vaters sowie die ihres mütterlichen Großvaters und konzentrieren somit die Reichtümer beider *Häuser* in ihren Händen. Die Heirat der Erbtochter, ihrer Struktur nach darauf zielend, das demographische und soziale Gleichgewicht einer nach segmentären *Häusern* strukturierten Gesellschaft nicht durcheinanderzubringen, wird in einer Gesellschaft mit sich überschneidenden *Häusern* ein Faktor, der gerade ein solches Ungleichgewicht bewirkt.[94]

Wenn die Reglementierung der Erbtochter-Heirat noch um 460 die von einer nach segmentären *Häusern* strukturieren Gesellschaft hinterlassenen »Überreste« erkennen läßt, dann hat die *Polis* Gortyn im Verlauf der archaischen Epoche tiefgreifend in die Struktur ihrer *Häuser* eingegriffen: aus segmentären *Häusern* wurden sich überschneidende *Häuser*. Zwar ist es – relativ – leicht, die Auswirkungen dieser Entscheidung auf die Situation der *Bürgerin* zu erkennen, aber es ist sehr schwer, die zugrundeliegende Motivation zu erfassen. Die Anthropologen heben häufig die Flexibilität der ununterschiedenen Filiation gegenüber der Rigidität der unilinearen Filiationssysteme hervor, die unfähig seien, beim Fehlen von Söhnen oder Töchtern eine Lösung zu finden. Aber die Gesellschaften der *Ilias* und der *Odyssee*, Gesellschaften mit segmentären *Häusern*, scheinen mit ihren Schwiegersohn-Heiraten, die einem Schwiegervater erlaubten, den Ehemann seiner Tochter in sein *Haus* aufzunehmen, das Problem der *Häuser* ohne Söhne innerhalb einer patrilinearen Filiation mit einer gewissen Virtuosität gelöst zu haben. Angesichts dessen scheint es schwierig, sich an eine derart allgemeine Erklärung zu halten. Die Umstrukturierung der *Häuser* kann, glaube ich, mit einem Geschehen in Zusammenhang gebracht werden, das von den Historikern das »Entstehen der Polis« genannt wird. Möglicherweise hat die Gesellschaft von Gortyn ihre Organisation als *Polis* durch eine Manipulation ihres Verwandschaftssystems ins Werk gesetzt.

»Das Entstehen der *Polis*«, sagt Pierre Lévêque[95], geht einher mit dem Verschwinden des Königtums und der Errichtung von in sich abgeschlossenen Gemeinwesen. Das Beispiel Gortyn zeigt, auf welche Weise die Umstrukturierung der *Häuser* die *Polis* »in Erscheinung« treten lassen kann. In einer Gesellschaft mit segmentären *Häusern* bildet jedes *Haus* eine Einheit. Der Zusammenhang des Ganzen wird –materiell und symbolisch – durch das alle *Häuser* des Territoriums umfassende und erhaltende *Haus* des Königs verbürgt. Indem sie ihre Töchter zusammen mit Landstücken unter sich zirkulieren lassen, erfinden die sich überschneidenden *Häuser* von Gortyn eine neue, auf der Umverteilung eines gemeinsamen Reichtums und auf der Heirat basierende Form des Gemeinwesens. In einer Gesellschaft mit segmentären *Häusern* holt jedes *Haus* seine Schwiegertöchter oder Schwiegersöhne, woher es will, die Gruppe als Ganzes ist daher sehr offen. Wenn sie ihre Töchter und Landstücke unter sich zirkulieren lassen, definieren die sich überschneidenden *Häuser* von Gortyn sich als eine geschlossene Gemeinschaft, die all jene ausschließt, die kein *Land* von Polisbürgern erben, die Bastarde und die *freien Ansässigen*. Aber auch wenn zwischen der Neustrukturierung der *Häuser* und dem Entstehen der *Polis* ein Zusammenhang besteht, so wird dadurch die soziale Hierarchie dennoch nicht in Frage gestellt.

Weil sich der soziale Status am Zugang zum Land bemaß, und dieser in der Gesellschaft segmentärer Häuser beiden Geschlechtern offenstand, deshalb war die Frau in Gortyn Herrin über ihre Person und ihre Güter und hatte den Status einer Bürgerin. Wenn meine Interpretation richtig ist, hat die »entstehende« *Polis* diese nicht nach Geschlechtern unterscheidende Übertragung der gemeinsamen Erde eingeführt, weil sie sich als geschlossene Gemeinschaft von Landbesitzern verstand. Sollte Athen die misogynste *Polis* der griechischen Welt gewesen sein, weil es seit der archaischen Epoche den Zugang zum Gemeinwesen über den Landbesitz innerhalb einer nach sich überschneidenden *Häusern* strukturierten Gesellschaft verworfen hat?

Athen

Die Quellen, die uns gestatten, die freiwillige Gabe der Ehefrau in Athen, der großen Stadt der Demokratie und des Seehandels, zu untersuchen, stammen im wesentlichen aus dem 4. Jahrhundert. Dank den Plädoyers der attischen Redner, insbesondere denen von Isaios und Demosthenes, ist das Heiratsmodell der Athener gut bekannt und gut untersucht[96], so gut, daß es zuweilen als Paradigma der griechischen Heirat in der klassischen Zeit angesehen wird.

Das Heiratsmodell ist orientiert an zwei Präzedenzfällen, die damals für alle griechischen *póleis* Geltung hatten: die Heirat der Tochter, die einen Bruder hat, und die Heirat der Tochter, die keinen Bruder hat. In

Athen wird die Braut, ob sie einen Bruder hat oder nicht, von dem dazu befugten Mann ihrem Ehemann zusammen mit einer Mitgift übergeben. Von ihrem Vater oder, wenn dieser verstorben ist, von ihrem Bruder oder ihrem Großvater väterlicherseits[97] dargeboten, ist die Braut *epíproïkos, auf (epí) ihre Mitgift (proíx) gesetzt*. Die bruderlose Braut, die der eponyme Archon dem *Berechtigten* zuspricht, ist *epíklēros, gesetzt auf den klēros* ihres Vaters, wobei *klēros* im 4. Jahrhundert die Gesamtheit der väterlichen Güter umfaßt.

Zur Zeit der attischen Redner ist die *Polis* der Athener nicht mehr nach *Häusern* strukturiert. Sicher ist in allen Plädoyers oft vom *Haus (oîkos/ oikía)* die Rede, aber der Terminus meint häufig die »durch die Ehe gegründete Familie«, auch wenn diese im Unterschied zu dem von Lévi-Strauss beschriebenen Familienmodell[98] die Haussklaven umfaßt. Die Reformen von Solon (594–593) und Kleisthenes (508–507) haben die *Häuser-Struktur* und das System der Entsprechung von Personen und Sachen, auf dem sie gründete, zerstört. Mit Solon hört das *Landlos* auf, »konkretes Zeichen« des Bürgerstatus zu sein. Mit Kleisthenes ist der Name, der die Zugehörigkeit zur Gruppe der freien Männer ausdrückt, nicht mehr der des *Hauses*, sondern der des *dêmos*, der kleinsten Einheit der *Polis*. Auch gibt es im 4. Jahrhundert in Athen keine statustragenden Reichtümer mehr, auch wenn der Landbesitz das Privileg der Bürger bleibt. Zudem teilen die Athener ihre Güter in zwei von denen der Vergangenheit sehr verschiedene Kategorien ein. Die *sichtbaren Güter* umfassen die Häuser, die Felder, die Herden und die direkt oder indirekt ausgebeuteten Sklaven. Die *verborgenen Güter* bezeichnen das gehortete oder angelegte Geld (Hypotheken, Schiffsdarlehen . . .).[99]

Die attischen Redner schreiben die Einführung des Heiratsmodells Solon zu. In Athen ist es also derselbe Gesetzgeber, der die Heirat neu organisiert und der das Gemeinwesen neu definiert, indem er es ablehnt, die Zugehörigkeit dazu auf die Landbesitzer zu beschränken. Ich werde daher den Zusammenhang zwischen der Reglementierung der freiwilligen Gabe und dem Entstehen der *pólis* ins Zentrum meiner Überlegungen stellen.

Die Mitgiftehe im Athen des 4. Jahrhunderts

Obwohl sie mit dem Mitgiftsystem völlig einverstanden zu sein scheinen, nehmen sich die Klienten der attischen Redner, allem Anschein nach ungestraft, gegenüber der Reglementierung der bruderlosen Tochter mancherlei Freiheiten heraus. Sollte sie obsolet geworden sein?

Die Vergabe der mit einer Mitgift ausgestatteten Tochter (Abb.1: I1, II4, III2, IV2 & 3) ist Gegenstand eines von ihrem Vater (oder seinem

Rechtsnachfolger) und ihrem zukünftigen Ehemann vor Zeugen abgeschlossenen mündlichen Vertrages: der *engýē*. Der Ausdruck bedeutet »Einhändigung«[100]: der Vater der Braut gibt seine Tochter und die patrimoniale Ausstattung »in die Hand« seines Schwiegersohnes. Die beim Vertragsabschluß gewechselten formelhaften Wendungen sind bekannt, Menander führt sie mehrfach an.[101] Hier ist der Dialog der *Perikeiroménē* (Die *Geschorene*):

– *Der Schwiegervater (Pataikos): Hier diese meine Tochter geb ich dir, damit du edle Kinder mit ihr zeugst.*
– *Der Schwiegersohn (Polemon): Ich nehme sie!*
– *Der Schwiegervater (Pataikos): Und drei Talente nehmt als Mitgift an!*
– *Der Schwiegersohn (Polemon): Auch dies ist gut.*

Diese Höflichkeiten sind zu trivial, um unmotiviert zu sein. Damit die Kinder rechtmäßig sind, die Söhne die Güter ihres Vaters erben und die Töchter von ihrem Vater mit der ihnen zukommenden Mitgift zur Ehe gegeben werden, mußte in Athen im 4. Jahrhundert der Brautvater seine Tochter und einen Teil seines Vermögens feierlich vergeben und der Ehemann mußte offiziell zustimmen. Die Vertragsformeln sind dieselben wie die bei der homerischen Schwiegertochter-Heirat. Aber sie umschreiben nunmehr eine neue Rechtsform: die *kyreía*, die *Gewalt* über die Person der Ehefrau und über die sie begleitenden Güter. Der Heiratsvertrag ist kein Abtretungsvertrag, sondern ein Vormundschaftsvertrag! Seine Bestimmungen sind die einer Schwiegertochter-Heirat, aber einer durch die Aufgabe der unilinearen Filiation modifizierten Schwiegertochter-Heirat.

Der Schwiegervater tritt seine Tochter nicht an seinen Schwiegersohn ab und sein Schwiegersohn nimmt sie nicht als Tochter entgegen. Eine Frau ist in Athen nicht Teil der Blutsverwandtschaft ihres Ehemannes, auch wenn dieser ihr am Hochzeitstag ganz nach dem Muster der homerischen Schwiegertochter-Heirat aus den Vorräten seines Hauses genommene Geschenke macht. Wenn der Ehemann stirbt, ohne Nachkommen zu hinterlassen, gehen seine Güter an seine kollateralen Verwandten. Aber auch wenn die Verwandtschaftsstruktur die Ehefrau nicht in die Position einer Tochter versetzt, so macht der rechtlich kodifizierte Brauch aus ihr doch eine Unmündige, deren Ehemann/Vormund sie in allen öffentlichen Handlungen vertreten muß. Wenn eine Frau in einen Prozeß verwickelt ist, ist es ihr Ehemann, der sie vor Gericht vertritt, genau so, wie er in einer ähnlichen Situation seine minderjährigen Kinder oder seine Mündel vertreten würde. Ebenso wie ein minderjähriges Kind die Erlaubnis seines Vater oder Vormunds erhalten muß, muß eine Frau die Genehmigung ihres Ehemannes einholen, wenn sie »Verfügungen über den Wert eines *médimnos* (51,84 Liter) Gerste hinausgehend treffen will«.[102] Der Heiratsvertrag macht die Ehefrau also zu einem Mündel des Ehemannes. Bestimmte rechtliche Praktiken tragen indessen noch die versteinerten Spuren einer wirklichen Filiationsbeziehung zwischen den Ehegatten. Es seien drei Beispiele angeführt. Ein aufmerksamer Ehemann, wie es der Vater des Demosthenes war[103], kann, wenn er seinen Tod nahen fühlt, auf testamentarischem Wege seine Frau einem Mann seiner Wahl anvertrauen und etwas verfügen, was einer Erhöhung der Mitgift sehr ähnlich ist. Eine Frau zur Ehe geben ist ein Vormundschaftsakt, aber sie mit einem Teil seines Vermögens zu vergeben – und zum Nachteil seiner Kinder –, ist das Vorrecht des Vaters. Wenn man den attischen Rednern Glauben schenken darf, nehmen in dieser Gesellschaft, in der die Ehefrau eine Unmündige ist, bestimmte Witwen[104] paradoxerweise die Position eines Familienoberhauptes ein: obwohl sie in keinem Blutsverwandtschaftsverhältnis zu ihrem Ehemann stehen, bleiben sie weiterhin im ehelichen Wohnsitz, sorgen für ihre noch minderjährigen Kinder und verwalten für den Verstorbenen das seinen Kindern hinterlassene Vermögen. Diese Penelopes des 4. Jahrhunderts, die ihrem Ehemann nur durch Allianz verwandt sind, nehmen dennoch die Position älterer Töchter ein! Schließlich hat auch in Athen ein erwachsener Sohn das Recht, seine zur Witwe gewordene Mutter zu verheiraten. Dieses Recht, das Recht des blutsverwandten Bruders, ist aller Wahrscheinlichkeit nach Überbleibsel eines wirklichen Filiationsverhältnisses zwischen den Ehegatten.

Der Ehemann übernimmt die Vormundschaft über die Ehefrau, aber ihr Vater behält sie als Tochter. Auch wird sie automatisch seiner Autorität unterstellt, wenn der Heiratsvertrag aus dem einen oder anderen Grund gebrochen wird (Tod des Ehemanns, *Verstoßung durch den Ehemann* oder *Verlassen durch die Frau*). Die Ehefrau bleibt also weiterhin Teil seiner Familie und sie erbt von seinen Blutsverwandten in kollateraler Linie, wenn das »Privileg des Männlichen« nicht gegen sie spricht. So wie er seinem Schwiegersohn die Vormundschaft über seine Tochter gibt, so gibt er ihm auch die Vormundschaft über die *Mitgift*. Joseph Modrzejewski[105] hat überzeugend dargelegt, daß die Analyse des Status der *Mitgift* nach funktionalen Kriterien durchgeführt und zwischen rechtlichem Besitzer, Nutznießer und Empfänger unterschieden werden muß. Der rechtliche Besitzer der *Mitgift* ist unbestreitbar die Ehefrau. Ihre Verbindung – die der Frau und ihres Schattens, sagt Louis Gernet – ist unauflösbar: im Falle der Scheidung, selbst wenn das Verhalten der Ehefrau nicht mustergültig war, hat der Ehemann die Verpflichtung, die *Mitgift* zurückzuerstatten. Das Verfahren wird im übrigen durch die übliche Praxis der *Mitgift-Hypothek* erleichtert: der Ehemann erkennt sich beim Abschluß des Vertrages als Schuldner der *Mitgift* an und liefert eine Garantie in Form einer Hypothek über seine Grundstücke. Sowie er die

Vormundschaft über seine Frau hat, hat er auch die Vormundschaft über ihre *Mitgift*. Er verwaltet sie und kassiert die Einkünfte daraus, die seinen persönlichen Einkünften hinzugefügt werden, solange die Ehe dauert. Im übrigen täuscht sich der Fiskus darin nicht[106], in seinen Kalkulationen stellt er immer die Einkünfte aus der Mitgift der Ehefrau in Rechnung. Dennoch ist der Ehemann nur Nutznießer der *Mitgift*. Ihre wirklichen Empfänger sind die beim Tode ihrer Mutter in den Besitz der Mitgift kommenden Söhne. Wenn sie zu diesem Zeitpunkt noch minderjährig sind, behält der Vater die Vormundschaft über die *Mitgift* seiner Frau, bis sie volljährig sind.

Der Vertrag, der die Ehefrau und ihre *Mitgift* unter die Vormundschaft des Ehemannes stellt, ist der die Ehe begründende Akt. Er macht aus der Braut eine rechtmäßige Ehefrau, Mutter von Söhnen, die Erben ihres Vaters sind, und eine *astê*, eine *Frau der Bürgergemeinschaft*, Mutter von Söhnen, die Nachfolger ihres Vaters werden (das Wort für Bürger – *politês* – wird selten in weiblicher Form gebraucht).

In einer das Konkubinat praktizierenden Gesellschaft ist es die feierliche Vergabe der Braut (don gracieux) beim Abschluß des Heiratsvertrages, die den Unterschied zwischen rechtmäßiger Ehefrau und Konkubinen markiert. Alle Untersuchungen über den Status der Konkubine[107] zeigen, daß auch ihr Erwerb Gegenstand eines Vertrages ist: der Nehmer erhält eine Frau, die ihm von dem dazu befugten Mann (oder der Frau) überlassen wird. Aber das Abtreten einer Konkubine ist etwas ganz anderes als die freiwillige Gabe bei der Heirat. Auch wenn die diesbezüglichen Quellen sehr kärglich sind, ist klar, daß in diesem Vertragstypus die Leistungen vom Nehmer erbracht werden; er, so sagen es die Texte, ohne es genau zu erläutern, gibt der Konkubine.[108] Aber wie immer der persönliche Status einer Konkubine gewesen sein mag, ihre Kinder werden Bastarde sein, ausgeschlossen vom Erbe des Nehmers, das nur für dessen rechtmäßige Kinder oder kollateralen Verwandten bestimmt ist. Schließlich nimmt man keine Konkubine, um Kinder zu haben! Ein Klient des Demosthenes sagt es in aller Deutlichkeit[109]: »Wir haben die Nebenfrauen wegen der täglichen Pflege unseres Körpers, die Ehefrauen aber dazu, um uns legitime Kinder zu gebären und als verläßliche Wächter unseres Haushalts.« Liest man die attischen Redner, so scheinen vor allem die älteren, bereits mit »legitimen Nachkommen« ausgestatteten Herren auf die »Pflege« durch die Konkubinen zurückgegriffen zu haben.

Der Heiratsvertrag macht aus der Braut eine *Frau der Bürgergemeinschaft*. Indem er sie der Vormundschaft eines Bürgers unterstellt, beglaubigt der Geber, daß sie von einem Vater und einer Mutter geboren ist, die beide der Bürgergemeinschaft angehören. Tatsächlich sind der Heiratsvertrag eines Mädchens und die Einschreibung eines Jungen in die Liste des Demos Akte, die dieselbe Intention verfolgen: bei beiden

Geschlechtern geht es um die Eingliederung in die Gemeinschaft der Bürger. Um von den Demenmitgliedern akzeptiert zu werden, muß ein junger Mann, nach den Bestimmungen des sogenannten »Gesetzes des Perikles« von 451[110], von Eltern geboren sein, die beide athenische Bürger sind. Ebenso muß eine Frau, um Objekt eines Heiratsvertrages sein zu können, bürgerlicher Abkunft sein. Der Geber ist ein Bürger, dem das Gesetz untersagt[111], sich mit einem Fremden auf einen Vertrag einzulassen oder einem Bürger eine Fremde zu übergeben, indem er sie als seine »Verwandte« ausgibt. Der Nehmer ist ein Bürger, dem das Gesetz untersagt, eine Fremde zur Frau zu nehmen. Zuwiderhandelnde werden gerichtlich verfolgt *wie bei einem Verstoß gegen das Gesetz der Polis*. Die Bedingungen der *engýē* sind also ziemlich streng gefaßt, damit der Vertrag über die Vergabe einer Frau den grundlegenden Beweis ihrer bürgerlichen Abkunft darstellt.[112] Aber sie können nicht ihre rechtmäßige Geburt belegen. Die Einschreibung eines jungen Mannes in die Liste des Demos und der Heiratsvertrag eines jungen Mädchens haben also einen gemeinsamen Punkt: Zwar ist genau festgelegt, daß der Junge und das Mädchen bürgerlicher Abkunft sein müssen, aber der Gesetzgeber enthält sich jeder Äußerung über ihre rechtmäßige Zeugung.

Die Reglementierung der Vergabe einer Braut unterstreicht die deutliche Unterscheidung, die die Athener zwischen Erbe und Nachfolge treffen. Die Übertragung materieller und immaterieller Güter ist an die rechtmäßige Filiation gebunden, die des Status an die bürgerliche Herkunft. Die Familie schließt die Bastarde aus, die Polis akzeptiert, sie zu integricrcn, wenn ihre Erzeuger Bürger sind und wenn für sie eine Art Anerkennung ihrer unehelichen Herkunft durchgeführt wird. Eine der Reden des Isaios[113] erlaubt uns, möglicherweise zu verstehen, auf welche Weise eine unehelich geborene Frau eine *Frau der Bürgergemeinschaft* werden kann. Pyrrhos hinterläßt bei seinem Tode einen Adoptivsohn, Endios, und eine, mit einer bürgerlichen Konkubine gezeugte uneheliche Tochter, Phyle. Endios beerbt seinen Adoptivvater, ist aber, da Phyle unehelich ist, selbst nicht verpflichtet, diese zu heiraten; er gibt sie daher einem Bürger mit einer kleinen *Mitgift* zur Ehe. Phyles uneheliche Geburt läßt eine Verbindung zum Erbe ihres Vaters nicht zu, sie verhindert jedoch nicht, daß sie Objekt eines Heiratsvertrages wird. Ihre *Mitgift* macht ihre uneheliche Geburt gewissermaßen »offiziell«. Mir scheint, daß die Über-eignung eines patrimonialen Anteils auch die Möglichkeit schafft, einen unehelich, aber von zwei Bürgern geborenen Sohn in die Gruppe der Bürger zu integrieren. Zwar sind die Machenschaften des neunzigjährigen Euktemon[114], der zur großen Entrüstung seiner *Familie* den ehelichen Wohnsitz verlassen hat, um einem galanten Abenteuer zu folgen, reichlich verworren, aber anscheinend akzeptiert er den Sohn

QUELLEN		Besteller der Mitgift	Zahl der Töchter	Zusammensetzung der Mitgift
(REDEN DES LYSIAS)	XIX 15	Vater	2	1: 40 Minen 2: ?
	XVI 10	Bruder	2	1: 30 Minen 2: 30 Minen
	XXXII 6	Vater	1	1 Talent
(REDEN DES ISAIOS)	II 3,4	Brüder	2	1: 20 Minen 2: 20 Minen
	III 28	Bruder	1	keine Mitgift?
	III 49	Adopt. bruder	1	1000 Drachmen
	V 26	?	1	auf 40 Minen geschätztes Mietshaus
	VIII 8	Vater	1	25 Minen
	X 5	Vater	1	?
	X 25	Bruder	?	?
	XI 41	? ?	? ?	20 Minen 20 Minen
(REDEN DES DEMO-STHENES)	XXXVII 4	?	?	50 Minen
	XXXVII 5	Vater	1	2 Talente
	XXX 1	Bruder	1	1 Talent oder 80 Minen
	XXXIX 7	Vater	?	1 Talent
	XXXIX 20	Vater	?	100 Minen (?)
	XLI 3-27	Vater	2	Die ältere: 40 Minen durch eine Hypothek auf ein Mietshaus Die jüngere: 40 Minen abzüglich des Wertes der vom 1. Ehemann zurückerstatteten Aussteuer
	XLVII 57	?	?	? »Meine Frau verbot ihnen, die hochgeschätzten Gegenstände ihrer Mitgift anzurühren«
Hinweis: ein Talent entspricht 60 Minen und eine Mine 100 Drachmen				

Die Mitgift einer Tochter und das Vermögen eines Mitgiftgebers				
	Quellen	Mitgiftgeber	Mitgift	Prozentsatz
Lysias	XXXII 6	Vater: 12 Talente	Tochter: 1 Talent	8,3
Isaios	III 49	Adoptivbruder: 3 Talente	Schwester: 1000 Drachmen	5,5
	VIII 8	Vater: 90 Minen	Tochter: 1. Mal: 25 Minen 2. Mal: 1000 Drachmen	27,8 11,1
Demo- sthenes	XXVII 5	Vater: 14 Talente	Tochter: 2 Talente	14,2
	XXXI	Bruder: 30 Talente	Schwester: 1 Talent	3,3

seiner Geliebten als seinen unehelichen Sohn und integriert ihn in die Polis, indem er ihm Land schenkt.[115]

In einer *Polis*, die auf die *Häuser-Struktur* verzichtet hat, ist es schwierig, die Bedeutung der *Mitgift* zu interpretieren, da sie nicht eindeutig ist. Auf den ersten Blick ist die *Mitgift* das »konkrete Zeichen« der mütterlichen Linie und der doppelten Filiation. Wenn der Vater der Braut seine Tochter und einen Teil seines Vermögens vergibt, erkennt er die Kinder seiner Tochter, die dieses Vermögen erben werden, als seine *Tochtersöhne und -töchter (thygatridoûs / thygatridë)* an. Aber eine genauere Analyse zeigt, daß die *Mitgift* auch das materielle Mittel ist, Töchter, die ihre Geburt an den Rand der *Familie* drängt, in die *Polis* zu integrieren.

Kein Gesetz zwingt den Vater oder Bruder, die ihrer Autorität unterstellte Tochter oder Schwester zu verheiraten. Aber wenn sie sie in ihrem *Haus* alt werden lassen, verlieren sie ihr Gesicht und in der öffentlichen Meinung gelten sie als geizig oder arm. Wenn ein Mann mehrere Töchter hat, stattet er sie mit gleichen *Mitgiften* aus. Die zugunsten einer Tochter vorgenommene »patrimoniale Abzweigung« enthält im wesentlichen *verborgene Güter*. Wie die Abbildung auf S. 306 zeigt, werden die Töchter zusammen mit Geld oder zinstragenden Anlagen (Hypotheken, Mietshäusern . . .) vergeben. Der Brauch will, daß der Schwiegervater am Hochzeitstag seinem Schwiegersohn *Gewänder* und *wertvolle Gegenstände* übergibt und daß die Braut *Haushaltsgeräte* mit sich führt. Aber es kommt häufig vor, daß der geizige oder umsichtige Brautgeber diese Geschenke auf die Mitgift anrechnen läßt. Es ist daher klar, daß in Athen eine *divergierende Übereignung (diverging devolution)* besteht, daß aber die männlichen und weiblichen Stränge dieser Übereignung nicht identisch sind. Während die Töchter mit Geld in Umlauf gebracht werden, behalten die Söhne alle *sichtbaren Güter*, das heißt das *Wohnhaus* und die Produktionsgüter: Land und Sklaven. Die Schwester des Demosthenes erhält eine schöne *Mitgift* von zwei Talenten, der junge Redner hingegen behält die Waffenschmiede und die Bettenwerkstatt, die das väterliche Vermögen begründeten.

Die beiden Stränge der Übereignung sind nicht nur nicht identisch, sie sind auch nicht äquivalent. Der Corpus der Redner enthält fünf Fälle, in denen es möglich ist, die Höhe der *Mitgift* und das Vermögen des Mitgiftgebers zu vergleichen. Das vierte Beispiel ist das des Vermögens des Vaters des Demosthenes. Er hat seine zu jenem Zeitpunkt fünfjährige Tochter auf testamentarischem Wege mit einer *Mitgift* von zwei Talenten ausgestattet, seinem Sohn hingegen ein Vermögen von vierzehn Talenten hinterlassen! Der Anteil der Töchter macht in Athen nur einen geringen Teil des Anteils der Söhne aus.

Die *divergierende Übereignung (diverging devolution)* weist meiner Ansicht nach noch ein drittes Merkmal auf, dem bis heute wenig Beachtung geschenkt worden ist: Sie ist nicht bilateral. Zwar divergieren die *väterlichen Güter* zwischen den Kindern beiderlei Geschlechts, aber die *Mitgift* der Mutter ist allem Anschein nach ausschließlich für die Söhne bestimmt. Im gesamten Corpus der attischen Redner gibt es kein einziges Beispiel einer Tochter, die Geld von der mütterlichen Seite erhält. Hingegen ist häufig die Rede von Söhnen, die die *Mitgift* ihrer Mutter einstreichen oder von Söhnen, die auf die *Mitgift* ihrer Mutter warten, um ihre Tochter verheiraten zu können.[116] Diese Disposition ist im übrigen logisch: da ein Mann kein Recht hat, über die *Mitgift* seiner Frau zu verfügen, muß er die *Mitgift* seiner Tochter aus *väterlichen Gütern* bestellen. Die Übertragung der *Mitgift* (und ganz sicher die der Paraphernalien, der Güter, die eine Frau in kollateraler Linie erhalten konnte und die nicht zur *Mitgift* gehören) kreuzt zwischen den Geschlechtern. Sie hebt zwei Gruppen hervor, die auf der materiellen Ebene bevorrechtigte Beziehungen unterhalten: die Gruppe Vater / Tochter / *Sohn der Tochter* und die Gruppe väterliche Großmutter / Sohn / *Tochter des Sohnes*. Wie die Zeustochter Athena in den *Eumeniden*[117] steht die Tochter ganz auf seiten des Vaters.

Für die wohlhabenden Klienten der attischen Redner heißt, eine Tochter zur Ehe zu geben, Geld in Umlauf zu setzen. Wie soll man das Übereinstimmen dieser beiden Zirkulationsmodi verstehen? Manche Forscher sehen darin den Grund für die Verschlechterung der Situation der Frau. Sie fühlen sich tatsächlich an den Ausspruch der Medea des Euripides erinnert[118]: die Frauen sind »das Allerunglückseligste«, gezwungen, sich »den Gatten [zu] erkaufen«. Andere machen sich Gedanken über das Ungleichgewicht der Geschlechter in den Phratrien: es gibt in ihnen weniger Mädchen als Jungen. Was wird mit den kleinen Mädchen gemacht? Werden sie ausgesetzt, weil sie zu kostspielig sind?[119] Niemand aber beschäftigt sich mit der ökonomischen »Rationalität« oder »Irrationalität« der Mitgift.[120] Die vorhandenen Untersuchungen über das Funktionieren des dotalen Systems in den mediterranen Gesellschaften sprechen gern von seiner »Irrationalität«: die *Mitgift* ist stillgelegtes, also unproduktives Geld. Aber diese Arbeiten beziehen sich im allgemeinen auf bäuerliche Gesellschaften, in denen zinstragende Geldanlagen kaum eine Rolle spielen, oder auf christliche Gesellschaften, die die Scheidung verurteilen. Ihre Schlußfolgerungen können für die athenische Gesellschaft der klassischen Epoche keine Geltung haben. In der maritimen *Polis* ist das Geld der Mitgift mobil und produktiv. Alle Vermögensuntersuchungen[121] zeigen, daß die Athener Meister in der Kunst waren, ihr Kapital gewinnbringend anzulegen. Die Mitgift der Braut wird nicht gehortet, sie wird sofort investiert, und manche Heiraten sind in der Tat nichts anderes als eine Verbindung von Kapitalgebern. Die *Mitgift* wird nicht stillgelegt. Die Athenerinnen – zumindest die reichen Frauen –, die ihre Ehe früh beginnen (mit 15 Jahren) und spät beenden (mit der Menopause), werden häufig mehrmals verheiratet – auf Grund von Verwitwung oder Scheidung und zum besten der Interessen der Männer, unter deren Vormundschaft sie kommen.

Wem gibt man die Vormundschaft über seine Tochter und einen – kleinen – Anteil seines Vermögens? So wie die Bestimmungen des Heiratsvertrages aussehen, muß ein Vater seinen Schwiegersohn innerhalb der Gruppe der Bürger wählen. Seine soziale Position zwingt ihn, seine Tochter einem Mann zu geben, dessen Vermögen der Höhe der von ihm bestellten *Mitgift* entspricht. Die Athener des 4. Jahrhunderts zeigen kein anderes Verhalten als das, welches Lucy Mair[122] bei den griechischen und zyprischen Bauern von heute vorfindet, oder als jenes, das Pierre Bourdieu[123] den Bauern des Béarn zwischen 1900 und 1920 zuschreibt. In der Welt der attischen Redner heiratet niemals der Prinz die Schäferin noch die Prinzessin den Schornsteinfeger. Dagegen wird häufig gesagt, daß ein reicher Mann keine mitgiftlose Tochter heiratet[124] und ein Mann mit geringem Besitz keine schöne *Mitgift* erhoffen kann. In der athenischen Demokratie »geht Besitz immer zu Besitz«, selbst wenn andere Erwägungen – Schönheit der Braut und Ansehen der Familie – eine Rolle spielen. Diese Wahrheit ist so evident, daß in den Prozessen, in denen es um Vermögensstreitigkeiten geht[125], die geringe Höhe der *Mitgift* dazu dient, die geringe Höhe des Vermögens des Ehemanns zu beweisen. Die Zirkulation der Braut geht also nicht über die Grenzen der sozialen Kategorie ihrer *Familie* hinaus. Aber im allgemeinen ist sie noch sehr viel eingeschränkter. Ein Mann gibt seine Tochter sehr gern einem seiner Freunde, einem Mann seines Alters also. Noch lieber gibt er sie einem seiner

Verwandten. Eine Tochter einem der *Familie* fremden Mann zu geben, obwohl es einen Bluts- oder Schwiegerverwandten gibt, reicht aus, um Zweifel an der *Reinheit* ihrer Geburt und der Tugend ihrer Mutter entstehen zu lassen. Aufstellungen der intrafamilialen Heiraten in der Klientel der attischen Redner – und über diese hinaus – sind in verschiedenen Studien wiedergegeben worden.[126] Was besagen sie? Die bevorzugten Heiraten sind vor allem Heiraten zwischen Kindern von Brüdern und *schiefe Heiraten (mariages obliques)* zwischen (väterlichem oder mütterlichem) Onkel und Nichte. Die Heirat ist also eine Heirat innerhalb der Verwandtschaft *(kindred)* des Vaters der Braut und eine *mariage oblique*, in der die Gatten nicht derselben Generation angehören. Das Heiratsmodell der Athener am Ende der klassischen Zeit verbindet also Wandel und Stillstand: die Untersuchung seiner Funktionsweise erweist es als den Zwängen einer »heißen« Gesellschaft vollkommen angepaßt, ohne »Hemmung« (der Begriff stammt von Moses I. Finley) gegenüber dem Fruchtbarmachen ihrer Liquiditätsmittel und dem Streben nach Profit; die Untersuchung seiner Konfiguration weist darauf hin, daß seine Form die der Schwiegertochter-Heirat der Gesellschaften mit segmentären *Häusern* der *Ilias* und *Odyssee* bleibt.

Die Heirat der Erbtochter mittels epidikasía

Während die *epíproïkos*, die *Tochter auf der Mitgift*, Objekt eines Vertrages ist, wird die *epíklēros*, die *Tochter in Erbfolge ihres Vaters* (Erbtochter), nach Geltendmachen des Erbes durch Entscheidung des eponymen Archonten *(epidikasía)* dem *Berechtigten* zugesprochen. Durch die Heirat der Erbtochter erhält der *Berechtigte* die Vormundschaft über seine Frau und über das Erbe, dessen Erträge seinen Einkünften zugeschlagen werden. Wenn die Söhne aus dieser Ehe ihre Volljährigkeit erreichen, wird er ihnen das Erbe ihres mütterlichen Großvaters aushändigen, und die Söhne werden ihrer Mutter eine Unterhaltsrente aussetzen (Abb. 1: I1, II1 & 2 & 3 & 4, III2, IV1 & 3).

Die Benennung der Erbtochter unterliegt vier Bedingungen. 1. Der Vater darf keinen rechtmäßigen Sohn haben, der seinen Besitz erben und seine Nachfolge antreten könnte. Hat er dagegen mehrere Töchter, treten sie das Erbe zu gleichen Teilen an. 2. Der Vater der Erbtochter darf nicht der untersten Einkommensklasse der Bürger angehören, der Klasse der Theten. Die Zuweisung der *thêssa*, der *Tochter eines Theten*, ist auf andere Weise geregelt[127]: der *Berechtigte* ist verpflichtet, sie zu heiraten oder sie mit einer seinem persönlichen Vermögen angemessenen *Mitgift* zu verheiraten. Die Erbtochter ist zwar eine Waise, aber sie ist keine arme Waise! 3. Der Vater der Erbtochter darf nicht über seine Tochter und über seinen Besitz verfügt haben, sei es zu Lebzeiten oder auf testamentarischem Wege. Das athenische Recht erlaubt einem Bürger ohne Sohn, seine Nachfolge durch Adoption eines Sohnes zu regeln. Das Vorhandensein einer Tochter steht einer Adoption nicht entgegen, aber der Adoptierte muß sie heiraten. Der Rückgriff auf diese Lösung scheint ziemlich häufig gewesen zu sein. Wenn ein Mann mehrere Töchter hat, verheiratet er die älteren. Die jüngste (?) behält er bei sich und läßt sie einen Mann aus seiner Verwandtschaft heiraten (einen Schwestersohn, einen Schwager . . .), den er als Sohn adoptiert. 4. Schließlich muß die Erbtochter rechtmäßig geboren sein. Wenn sie von einer Konkubine geboren ist – gleich welchen gesellschaftlichen Status diese einnimmt –, wird sie nicht Erbtochter. Dies legt die dritte Rede des Isaios nahe: Pyrrhos, der keinen Sohn hat, adoptiert einen Sohn seiner Schwester, aber er läßt ihn nicht seine Tochter Phyle heiraten, da Phyle allem Anschein nach unehelich ist.

Die Bestellung des *Berechtigten* untersteht einer Regelung, die Evanghelos Karabélias[128] in geduldiger Arbeit aus den Reden der attischen Redner rekonstruiert hat. Abbildung 11 bringt das vereinfachte Schema: Wie in Gortyn gehören die *Berechtigten* der Blutsverwandtschaft des

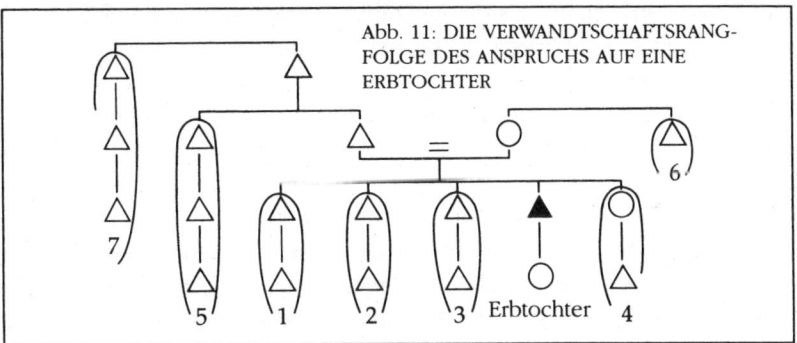

Abb. 11: DIE VERWANDTSCHAFTSRANG-FOLGE DES ANSPRUCHS AUF EINE ERBTOCHTER

Vaters der eingeforderten Tochter an, aber ihre Reihenfolge ist nicht genau die gleiche wie in der kretischen *Polis*. Zwar wird die Erbtochter dem ältesten Bruder ihres Vaters zugesprochen, aber die Rangfolge wird nicht durch das Alter, sondern durch die Abstammung bestimmt: Der Sohn des ältesten Bruders hat Vorrang vor dem jüngeren Bruder. Ein weiterer Unterschied zur gortynischen Regelung: Der Sohn der Schwester des Vaters der Erbtochter steht zwar in der Reihenfolge nach den Brüdern und den Söhnen der Brüder, ist aber von der Einforderung nicht ausgeschlossen. Und der letzte Unterschied zu der kretischen *Polis*: Wenn die Möglichkeiten der Phratrie des Vaters der Erbtochter erschöpft sind, bezieht die Regelung die seiner Eltern und, wenn notwendig, die seines väterlichen Großvaters ein. Kurz, bei den attischen Rednern ist nie die Rede von einer Erbtochter, die vor dem Gericht des Archonten von niemandem eingefordert worden ist. Zu vermuten ist allerdings, daß die Richter gezwungen waren, sich zu der Tauglichkeit des *Berechtigten* zu äußern, der Erbtochter »mindestens dreimal monatlich beizuwohnen«, wie es das Gesetz vorsah![129] Der *Berechtigte* ist nicht verpflichtet, die Erbtochter einzufordern, aber auf die Einkünfte aus einer schönen Erbschaft verzichtet man nicht. So ist es normal, daß der *Berechtigte* sich scheiden läßt, um das ihm Zukommende einzufordern. »Protomachos war arm«, erzählt ein Klient des Demosthenes.[130] »Als ihm eine reiche Erbtochter qua Erbfolge zufiel, wollte er meine Mutter weggeben und überzeugte Thoukritos, meinen Vater, mit dem er bekannt war, sie zu nehmen.«

Die Institution der Erbtochter war auf folgende Weise geregelt: Wenn die Erbtochter ledig ist, übernimmt der *Berechtigte* sofort die Vormundschaft über sie und die Erbschaft. Wenn die Erbtochter verheiratet ist, aber keine Kinder hat, macht er von seinem Recht auf *apbaíresis*, das heißt, auf *Wegnahme*, Gebrauch. Mehrere Passagen in den Reden des Isaios[131] lassen diesbezüglich keinerlei Zweifel. Wenn die verheiratete Erbtochter dagegen Kinder hat, scheint das Gesetz dem *Berechtigten* nicht zu gestatten, die Familienmutter *wegzunehmen*. In diesem Fall entgeht ihm die Erbschaft, es sind die Söhne der Erbtochter, die sie bei ihrer Volljährigkeit erhalten werden, sofern sie ihrer Mutter eine Unterhaltsrente aussetzen.

Ist dies immer so gewesen? Möglicherweise hatte der *Berechtigte* zu einem früheren Zeitpunkt das Recht, die Erbtochter ungeachtet ihrer ehelichen Situation *wegzunehmen*: in einer Gesellschaft mit *segmentären Häusern* muß die Tochter, damit sich das *Haus* fortsetzt, zum väterlichen Herd zurückkehren. Aber wie immer die Entwicklung der Institution des Rechts auf *apbaíresis* verlaufen sein mag, seine Begrenzung im 4. Jahrhundert erlaubt uns, einen archaischen Brauch zu rekonstruieren. Ein Mann, der keinen Sohn hat und der aus dem einen oder anderen Grunde darauf verzichtet, einen zu adoptieren, verheiratet seine Töchter mit Schwiegersöhnen seiner Wahl. Bei seinem Tode wird seine Erbschaft unter den Söhnen seiner Tochter aufgeteilt, es sei denn, sein Schwiegersohn hält es für opportun, ihm einen seiner Söhne zur *posthumen Adoption* zu geben: diese Formel, die den Adoptierten von der väterlichen Erbfolge ausschließt, gestattet sowohl die heikle Situation eines *Hauses* ohne Erben[132] als auch – in einer so sehr auf egalitäre Aufteilung zwischen den Söhnen bedachten Gesellschaft – die Fragmentierung des Erbes zu vermeiden. Ist dies für den Vater des Adoptierten ein Mittel, die Einschreibung in die zur Abhaltung der Liturgien verpflichteten Klasse zu umgehen? Ein Überlegung eines Klienten des Isaios legt dies nahe.[133]

Heirat und Politik

Ob *epíproïkos* oder *epíklēros*, die Frau in Athen ist in jedem Fall ohne
Macht über ihre Person, ihre Güter und ihre Kinder; sie stellt, unter Vormundschaft, die Verbindung zwischen drei Männern her: ihrem Vater,
ihrem Ehemann und ihrem Sohn. Sie ist das »stumme Bindeglied«: kein
Name könnte sie besser charakterisieren als der sehr schöne – *Tacita
Muta* –, den Eva Cantarella ihrem Buch über die Frau in der antiken Polis
gegeben hat.[134] Diese Situation ist Resultat eines Heiratsmodells, welches
die »rationalen« Innovationen einer auf Gewinn bedachten Gesellschaft
(die gemeinsame Zirkulation von Frauen und zinslosen Darlehen) und
die »Relikte« der Schwiegertochter-Heirat aus den nach *segmentären
Häusern* strukturierten Gesellschaften der *Ilias* und der *Odyssee* kombiniert. Es ist Sache des Forschers, sich zu fragen, weshalb Athen in einem
bestimmten Moment seiner Geschichte die Schwiegertochter-Heirat
umgestaltete, während anderen *póleis* ungefähr um die gleiche Zeit eine
Umgestaltung der Schwiegersohn-Heirat vornehmen. Ich schlage folgende Hypothese vor: Die Ersetzung des Heiratsmodells steht in engem
Zusammenhang mit der allmählichen Aufgabe der *Häuserstruktur* und
dem »Entstehen des Politischen« im 6. Jahrhundert.

Nach einer im 4. Jahrhundert verbreiteten Tradition war Solon der Stifter des neuen Heiratssystems und der zweite Begründer der *Polis* und
dadurch derjenige, der der *Polis* des mythischen Königs Theseus eine
neue Existenz gegeben hat. Aber diese Hypothese ist deshalb schwer zu
belegen, weil sie das Entstehen der neuen *Polis* mit einer Manipulation
der Verwandtschaftsstrukturen verbindet. Überwiegend aus dem 4. Jahrhundert stammende Quellen trennen aber streng zwischen den Gesetzen, die die politische Macht sichern (die *politeía*) und jenen, die das
private Leben regeln.

Die attischen Redner schreiben Solon die Reglementierung der Vergabe der Erbtochter und der *Tochter eines Theten ohne Sohn* sowie die
Auswahl der Männer zu, die eine Frau durch Vertrag verheiraten konnten.[135]

Nach Plutarch[136] verbot Solon die *Mitgift (phernḗ)* und verordnete, daß
die Braut nur drei Gewänder und Hausgeräte von geringem Wert in die
Ehe mitbringen durfte. Denn er wollte, daß die Ehe nicht eine Geschäfts-
und Kaufangelegenheit sein sollte. Was bedeutet das Wort *phernḗ*? Hier
die beiden maßgebenden Interpretationen. Die von Pierre Chantraine
hat viele Anhänger[137]: in Athen hätte es zwei Formen gegeben, die *Mitgift* zu bezeichnen, eine poetische Form: *phernḗ*, und eine juristische
Form: *proíx*. Claude Mossés These ist zu neu[138], um häufig diskutiert worden zu sein: *phernḗ* soll die Aussteuer bezeichnen, *proíx* die aus Geld
bestehende *Mitgift*. Ich bin nicht sicher, ob *phernḗ* die Aussteuer bedeu-

tet. Plutarch unterscheidet zu genau die *Mitgift* der *Gewänder* und der *Haushaltsgegenstände*, als daß diese Übersetzung wirklich überzeugend sein könnte. Ich bin auch nicht sicher, ob *phernḗ* ein poetisches Wort für die *Mitgift* ist. Natürlich benutzen in der klassischen Epoche die Tragiker gerne dieses Wort[139], aber Xenophon und Aischines[140], die sich nicht mit Poesie beschäftigen, gebrauchen es auch und geben ihm einen bestimmten Sinn: die *phernḗ* ist das Gut, das bestimmte Ehefrauen einst in die Ehe brachten, und besteht aus Land. Durch das Verbot der *phernḗ* hat Solon möglicherweise einem Verfahren ein Ende gesetzt, welches das Land zugunsten der Töchter aufteilte.

Aristoteles schreibt im *Staat der Athener*[141] Solon die Rolle des zweiten Begründers der demokratischen *Polis* zu.[142] In einigen Sätzen darstellen zu wollen, was Gegenstand so vieler maßgeblicher Kommentare gewesen ist, kommt einem aussichtslosen Unterfangen gleich. Wohlweislich werde ich mich daher an die grundlegende Aussage halten.

Zu Beginn des 6. Jahrhunderts war Athen durch innere Kämpfe *(stásis)* zerrissen, in denen auf der einen Seite die *Masse* der *Armen*, auf der anderen eine von Aristoteles als *reich* und *mächtig* bezeichnete *Minorität* des *Adels* standen. Der Konflikt hatte zwei Ursachen. Zum einen war »das ganze Land in den Händen weniger Leute« . . . »Die *Armen* waren von den *Reichen* abhängig, sie selbst, ihre Kinder und ihre Frauen« . . . »Sie hießen Sechstellöhner *(hektḗmoroi)*, denn für diese Pacht bearbeiteten sie die Felder der *Reichen* . . . und bezahlten sie (die Pächter) nicht ihre Pacht, wurden sie selbst und ihre Kinder pfändbar . . .«. Zum anderen war auch die Macht in den Händen weniger. Die Amtsträger – die Archonten – und die Mitglieder des Rats der Areopagiten (aus dem Amt geschiedene Archonten) rekrutierten sich aus dieser *Minorität*.

Da der Bürgerkrieg immer größere Opfer forderte, einigten sich die beiden Gruppen darauf, Solon als Schlichter und Archonten zu wählen. Solon lehnte ab, eine Neuverteilung des Bodens vorzunehmen. Aber »er erließ Gesetze«. Als erstes »verkündete [er] die Tilgung der Schulden, sowohl der privaten als auch der öffentlichen. Diese [Tilgung] nennt man *seisachtheía* [Lastenabschüttelung], da man buchstäblich seine Lasten abschüttelte«. Dann ». . . teilte er die Bürger [nach ihrem Einkommen] in vier Klassen ein, genau wie sie auch früher schon eingeteilt worden waren, in Pentakosiomedimnoi, Hippeis, Zeugiten und Theten«. Er legte fest, daß alle Ämter von den drei ersten Klassen verwaltet werden sollten, wobei er jedem einzelnen sein Amt gemäß der Größe seines Einkommens übergab. »Denjenigen aber, die zu den Theten zählten, ließ er nur die Volksversammlung und die Gerichte offen.«

Aristoteles legt im folgenden dar, daß Ende des 6. Jahrhunderts, als die Solonische Verfassung nicht mehr angewandt wurde, Kleisthenes eine noch demokratischere Staatsordnung einführte.[143] Kleisthenes, schreibt er, erhöhte die Zahl der Bürger und veränderte ihre Benennung. »Er faßte auch diejenigen, die jeweils in einer Gemeinde *(dễmos)* wohnten, zu Gemeindemitgliedern *(Demoten)* zusammen, damit man (Leute) nicht mit Vatersnamen anredete und dadurch die neuen Bürger entlarvte, sondern mit Gemeindenamen; und deshalb nennen sich die Athener selbst nach ihren Gemeinden.«

Ich möchte versuchen zu zeigen, daß Veränderungen in der Politik und der Heiratspraxis, die die Quellen des 4. Jahrhunderts stets getrennt darstellen, in enger Wechselbeziehung stehen und im Zusammenhang einer Umgestaltung der nach *Häusern* strukturierten Gesellschaft in eine politische Gesellschaft stehen.

Verwandtschaft und Politik im 6. Jahrhundert

Eine genaue Lektüre der Zeugnisse des 4. Jahrhunderts kann über die Krise Athens im 6. Jahrhundert einige Auskünfte geben.

Die athenische Gesellschaft ist zu Beginn des Solonischen Archontats eine *Häuser-Gesellschaft*. Wenn Solon in einer seiner Elegien[144] das durch den Bürgerkrieg »hingemordete Land« beschwört, spricht er von ihm als dem »ältesten Lande Ioniens«. Es darf daher nicht verwundern, in dem »ältesten Land Ioniens« einige Ähnlichkeiten mit dem von den Dichtern der *Ilias* und der *Odyssee* zu entdecken.

Die Existenz einer *Häuser-Struktur* wird, so glaube ich, durch den ältesten athenischen Gesetzestext belegt, das von Drakon 621 verkündete »Gesetz über die nicht vorsätzliche Tötung«. Der Gesetzgeber benennt zunächst die Gruppe derjenigen, die »gemeinsam« mit dem Mörder verhandeln können. Sie umfaßt den Vater, die Brüder und die Söhne des Opfers, das heißt die Blutsverwandten, die sein *Haus* konstituieren. Dann nennt er die drei Verwandtschaftskategorien, die sich mit dem *Haus* zusammentun können, um den Mörder zu verfolgen: die Kategorie Schwiegersohn (Ehemänner der zur Ehe gegebenen Töchter), die Kategorie Schwiegervater (Väter der Ehefrauen), die Kategorie Neffe (männliche Blutsverwandte außerhalb des *Hauses*). Ebenso wie im homerischen *Haus* wird also im athenischen *Haus* nicht zwischen Blutsverwandten und Schwiegerverwandten unterschieden.[145]

Solon stellt durch Tilgung sowohl »der öffentlichen als auch privaten« Schulden das Gesamtgefüge der sozialen Organisation in Frage, weil es auf einem System »öffentlicher und privater« Abgaben beruht. Die Existenz dieser Verpflichtungsarten erlaubt es, die athenischen und die homerischen *Häuser* zu vergleichen. Die Vermutung liegt nahe, daß in dem »ältesten Land Ioniens« die Hierarchie der *Häuser* noch immer an den Besitz von verschieden eingestuften *Landlosen* gebunden ist. An der

Spitze der Hierarchie stehen die *Häuser*, die – wie die des Königs und der Adligen von Ithaka und Scheria – über gesonderte Landlose verfügen, die keinen »öffentlichen Abgaben« unterliegen: dies sind *Häuser* der *reichen* und *mächtigen Minorität* der *Adligen*, von der Aristoteles spricht. Danach kommen die *Häuser*, die über ein *Los* des *dễmos*, der *territorialen Gemeinschaft*, verfügen, zu »öffentlichen Abgaben« verpflichtet sind und an die *Häuser der Minorität* einen Tribut zahlen, der zweifellos dem von Homer angeführten Tribut in Form von »Gerste, Rindern und Wein« sehr ähnlich ist. Am Ende der Hierarchie befinden sich die *Häuser*, die kein Land haben und »Erbpächter« jener sind, die über viel Land verfügen. Sie arbeiten »auf den Feldern der Reichen« und sind zu »privaten« Abgaben verpflichtet. Wenn sie ihren Verpflichtungen nicht nachkommen, werden sie als Sklaven verkauft. Die Männer der über Gemeindeland verfügenden *Häuser* beteiligen sich an kollektiven Aktionen wie Krieg oder Verfolgung von Verbrechen. Das *Haus*, von dem Aristoteles spricht, ist eine Ordnung – im präzisen Sinne des Wortes –, die den erblichen Besitz von »öffentlichen Abgaben« mit dem erblichen Besitz von Befehlsgewalt verbindet. Es ist die Ordnung der Eupatriden. Zweifellos sind die Hektemoroi von jeder Teilnahme an den »politischen« Institutionen ausgeschlossen.

Sind die athenischen *Häuser* zu Beginn des 6. Jahrhunderts noch *segmentäre Häuser*? Oder haben sie bereits begonnen, sich zu »überschneiden«? Die athenische Verwandtschaft ist in der klassischen Epoche derart stark patrilinear ausgerichtet, daß man ein spätes Aufgeben der unilinearen Filiationseinheiten vermuten kann. Die Solonische Reglementierung der Heirat legt nahe, daß die Athener noch zu Beginn des 6. Jahrhunderts Heiratsformen praktizierten, die den Schwiegertochter- und Schwiegersohn-Heiraten der homerischen Gesellschaften sehr nahe kommen.

Durch die Tilgung der »öffentlichen und privaten Abgaben« setzt Solon der hierarchischen Struktur des athenischen Gemeinwesens ein Ende. Von nun an haben alle *Häuser* der ansässigen Gruppe den gleichen Status: sie sind *frei* und *ebenbürtig*. Die Ebenbürtigkeit bedeutet nicht Gleichheit: die Einstufung der *Häuser* ist abhängig von der Quantität der Reichtümer in ihrem Besitz.

Wie wird aus *Häusern*, die durch die »Zurückweisung von Verpflichtungen« getrennt sind, ein zusammengehöriges Ganzes? In *Städten* wie Gortyn bewirkt die ungeschiedene Übertragung von Gemeindeland die »Überschneidung« der *Häuser* sowie die Abgeschlossenheit der Gemeinschaft der Landbesitzer unter sich. In Athen kann es nicht darum gehen, den gesellschaftlichen Raum durch ungeschiedene Übertragung des Gemeindebodens zu strukturieren, da nicht alle *Häuser* der neuen *Polis* Besitzer von Land sind und der Gesetzgeber sich strikt weigert, eine Neuverteilung der »fetten Erde des Vaterlandes« vorzunehmen. Solon versucht daher, die *Häuser* durch Einführung eines dieser Situation angepaßten Heiratssystems zusammenzuschweißen

Solon, so sagen die Quellen, hat die Männer benannt, die befugt sind, eine Frau aufgrund eines Vertrages zu vergeben (dies sind die Männer des *Hauses*) und hat die *phernē* verboten, das heißt, ein Verfahren, das erlaubt, die Braut an Land zu binden. Wie ist die Verknüpfung dieser beiden Verfügungen zu erklären? 1. Damit die *Häuser* der *Polis* ein homogenes Ganzes bilden, müssen alle ihre Töchter auf gleiche Weise verheiraten; auch entschied der Gesetzgeber, daß es von nun an nur ein Verfahren geben soll, nach der eine Tochter, die Brüder hat, zur Ehe gegeben wird. 2. Unter den aus der Struktur nach *segmentären Häusern* überkommenen Verfahrensweisen zieht der Gesetzgeber eine der Schwiegertochter-Heirat verwandte Form (die Braut wird mit ruhenden, im *Haus* enthaltenen Reichtümern vergeben) einer Variante der Schwiegersohn-Heirat (die Braut wird mit einem statustragenden Reichtum, dem Land, vergeben) vor. Seine Wahl entspricht dem Willen nach Vereinheitlichung. Wenn alle *Häuser* der neuen *Polis* ihre Töchter auf die gleiche Weise verheiraten sollen, muß man auf die *Häuser* Rücksicht nehmen, deren Status keinen Zugang zum Gemeindeland ermöglicht, und der einheitlichen Übertragung eine Kategorie von Reichtümern zuweisen, die nie statustragend gewesen ist. 3. Um die *Häuser* zusammenzuschweißen und aus ihnen eine Gemeinschaft zu machen, wählt der Gesetzgeber ein Heiratsmodell, das ihre Überschneidung bewirkt. Er legt fest, daß die Schwiegertöchter und die Reichtümer, die sie mitbringen, nicht mehr in den Besitz der *Häuser* übergehen. Von dem Zeitpunkt an, an dem die *Häuser* untereinander Heiratsverträge wechseln, die sich damit begnügen, die Frauen und ihre Mitgift unter Vormundschaft zu stellen, hören sie auf, unilineare Einheiten zu sein, und perpetuieren sich über die Söhne ihrer Söhne und Töchter, denen sie ihre Reichtümer übertragen. Diese neue Praxis hat in Athen die Solonische *Polis* begründet.

Wie aber kann ein sozialer Zusammenhalt von reichen und armen *Häusern* entstehen, noch dazu nach vielen Jahren des Bürgerkrieges? Solon versuchte dieses Problem durch die Einführung des verallgemeinerten Tauschs der Frauen zu lösen. Laut Plutarch beschränkte der Gesetzgeber die Mitgift der Braut auf »drei Gewänder« und »einige Hausgeräte von geringem Wert«, und der Autor gibt eine sehr erbauliche Erklärung für diese Maßnahme. Es kann aber sein, daß Solons Ziel »politischer« war. Indem er die den Töchtern mitgegebenen Dinge beschränkt, verleiht er ihnen ein und denselben Wert und beseitigt die auf Reichtum basierenden sozialen Unterschiede. Durch den wechselseitigen Tausch der Töchter überschneiden sich die reichen und armen *Häuser* und sichern ihre Reproduktion gemeinsam: Die Verwandtschaftsbindungen vermindern die Gefahr eines Bürgerkrieges. Der Gesetzgeber, der sich immer weigerte, eine Neuverteilung des Gemeindebodens und der privaten Reichtümer vorzunehmen, versucht durch diese Regelung der egalitären und verallgemeinerten Zirkulation den Antagonismus von *Reichen* und *Armen* zu mildern.

Es ist möglich, daß die Beschränkung der Mitgift der Braut die Antwort auf eine noch drängendere Sorge ist. Die Fachleute machen sich viele Gedanken über die Ursprünge der athenischen Krise in der archaischen Epoche. Soziologen könnten ihnen empfehlen, eine ganz einfache Erklärung nicht völlig auszuschließen. Wie Georges Augustins[146] bemerkt, trifft man »in Gesellschaften mit egalitärer Aufteilung des Patrimoniums ... im allgemeinen auf zwei Bevölkerungsklassen, diejenigen, die Land besitzen, und diejenigen, die kein Land besitzen«, diejenigen, die reich sind, und diejenigen, die arm sind. Es ist anzunehmen, daß in dem einer gleichen Aufteilung unter den Söhnen sehr verpflichteten athenischen Gemeinwesen die Ungleichheit der Mitgift auf ein Anwachsen der sozialen Unterschiede zurückgeht: das Erbe des Ehemanns und die Mitgift der Braut sind immer aufeinander abgestimmt. Es kann sein, daß Solon durch die Beschränkung des Anteils der Töchter die auf der egalitären Aufteilung des Patrimoniums unter den Söhnen beruhende soziale Krise beenden wollte.

Durch die Weigerung, die *Häuser* ohne Land weiterhin vom Gemeinwesen auszuschließen, hat Solon die *Polis* der Athener ein zweites Mal begründet, und diese »politische« Entscheidung liegt am Ursprung der Erfindung der Demokratie. Mit dem Versuch, den neuen gesellschaftlichen Raum der Polis auf der Grundlage einer verallgemeinerten Zirkulation der Frauen und einer nicht differenzierten Übertragung des *Inhalts des Hauses* zu errichten, wählte Solon ein matrimoniales System, das eine Niederlage der athenischen Frauen und, vermittelt durch Recht und Literatur, der Frauen der abendländischen Welt darstellt. Von den Produktionsmitteln getrennt, an ihre Mitgift gebunden und unter die Vormundschaft ihrer Ehemänner gestellt, haben die Ehefrauen in Solons Athen nicht mehr Macht als die *Frauen* in den homerischen Gesellschaften, und sie sind gleichzeitig von viel geringerem Wert.

Die Aufhebung der Hierarchie der *Häuser*, die über die Ausübung von Ämtern und über die Autorität innerhalb des Kollektivs entschieden hatte, veranlaßte Solon dazu, die Versammlung derer, die sprechen und gemeinsam handeln, neu zu organisieren. Von nun an vereinigen sich alle *freien* Männer, um Krieg zu führen und um die *Polis* zu verwalten; der Anteil eines jeden ist proportional zu seinem Einkommen, wobei die Maßeinheit[147] wahrscheinlich ein *médimnos* Getreide (51,84 l) war. Auf diese Weise erfüllen sie ihre »Bürgerpflicht«.

Die Frauen des neuen Athen sind von der Ausübung der Bürgerrechte ausgeschlossen. Sind sie, wie die Frauen Gortyns, Teil der Bürgerge-

meinde? Ist, um es anders auszudrücken, das Recht, sich Bürger zu nennen, in der archaischen Gesetzgebung daran gebunden, daß sowohl der
Vater als auch die Mutter Bürger Athens sind? Die Fachleute[148] sind sich
einig, daß diese Verfügung späteren Datums ist. Um 594–593, sagen sie,
gründet Solon das Bürgerrecht auf der Geburt, ohne dies näher zu präzisieren. Nach der Reform des Kleisthenes, 508–507, genügt es, um Bürger zu sein, daß der Vater athenischer Bürger ist. Erst das Dekret des
Perikles im Jahre 451 schreibt vor, daß nur derjenige das Recht hat, sich
Bürger zu nennen, dessen Eltern beide Bürger sind.

Der letzte Akt innerhalb des Prozesses erlaubt möglicherweise, seine
Entwicklung zu verstehen. Das Dekret von 451 bezeichnet gleichermaßen die Abschließung der Bürgergemeinschaft wie die Autonomie des
Politischen. Durch die Forderung, daß der Vater und die Mutter der
Gruppe der Bürger angehören müssen, erzwingt es die »wirkliche Endogamie« und verhindert die Heirat einer Fremden. Indem es unterläßt,
genauer auszuführen, ob die Eltern rechtmäßig geboren sein müssen,
bricht es mit dem Organisationsprinzip der *Häuser-Gesellschaften* – der
Äquivalenz von Erbe und Nachfolge – und macht eine definitive Trennung zwischen *Haus* und *Polis, Verwandtschaft* und *Politik.* Nahezu 500
Jahre mußten also vergehen, bis die Athener die Abschließung der *Polis*
und die Autonomie des *Politischen* schufen.

Die Entwicklung verlief deshalb so langsam, weil die Organisation des
Solonischen Gemeinwesens durch die Aufrechterhaltung der *Häuser-
Struktur* und die Übernahme eines Heiratsmodell gekennzeichnet ist, das
den Frauen keinen spezifischen Platz zuweist. Durch die Aufhebung der
»öffentlichen und privaten Lasten« hat Solon nicht der Existenz der *Häuser* ein Ende gesetzt, sondern ihrer Hierarchie. Indem er ein Modell
durchsetzte, das auf der Schwiegertochter-Heirat der nach *segmentären
Häusern* strukturierten Gesellschaften aufbaute, hat er den *Häusern* des
neuen Gemeinwesens ihren patrilinearen Charakter belassen. Mit ihrer
Mitgift unter die Vormundschaft ihres Ehemanns gestellt, gilt die Ehefrau
gesellschaftlich nicht als Mitglied des Gemeinwesens, sondern nur als
»Teil« eines *Hauses* dieses Gemeinwesens. Wenn die Regeln des *Heiratsvertrages* eingehalten werden, ist es auch erlaubt, eine rechtmäßige Ehefrau außerhalb des bürgerlichen Raumes zu erwerben: die großen *Häuser* haben nie darauf verzichtet, diese Möglichkeiten in ihre Heiratsstrategien einzubeziehen. Angesichts dieser Bedingungen kann man annehmen, daß Solon den Bürgerstatus auf der rechtmäßigen Geburt in einem
Haus des Gemeinwesens gründete. Die Analyse der Reform des Kleisthenes erlaubt vielleicht, diese Hypothese zu stützen. Aristoteles sagt nicht
explizit, daß es seit Kleisthenes, um Bürger zu sein, genügt, daß der
Vater Bürger ist. Er schreibt dem Gesetzgeber eine neue Benennung der
Bürger zu: dem Namen seines Vaters soll der Athener von nun an den

Namen seines Demos hinzufügen. Die Bedeutung dieser doppelten Benennung ist klar. Der Bürger trägt den Namen seines Vaters, weil sein Vater, indem er die Formalitäten der Anerkennung der Vaterschaft erfüllte, aus ihm einen rechtmäßigen Sohn *gemacht* hat. Er trägt den Namen seines Demos, weil die Mitglieder des Demos aus ihm ein Mitglied der kleinsten Untereinheit der *Polis*, also einen Bürger gemacht haben. Ab 508–507 wird der Bürgerstatus durch den rechtmäßig verheirateten Vater verliehen und durch den Demos, das heißt durch Männer, die dem *Haus* nicht angehören. Vor der Reform des Kleisthenes dagegen wurden die Athener mit dem Namen ihres Vaters und dem ihres *Hauses* bezeichnet. Es ist daher wahrscheinlich, daß das Bürgerrecht durch den rechtmäßig verheirateten Vater und durch das *Haus*, das heißt die vorausgehenden Vätergenerationen, verliehen wurde.

Es ist wohl deutlich geworden, daß in einer Gesellschaft, in der sich die Trennung von Verwandtschaft und Politischem sehr langsam durchsetzt, die Forschung die Untersuchung der Ehe und der Bedingungen der Ehefrau nicht von der der Entstehung der demokratischen *Polis* trennen darf.

Die vorliegende Untersuchung ist durch zwei Fragen ausgelöst worden. Warum wird in Griechenland die Braut seit Anbeginn vergeben und zusammen mit Gütern vergeben? Warum ist im Griechenland der *póleis* dieser Vorgang mit so verschiedenen Anordnungen verbunden, daß der Status der Ehefrau von einer *Polis* zur anderen stark variiert?

Die Untersuchung mündet in zwei Hypothesen: Es ist möglich, daß die freiwillige Gabe der Braut in den griechischen Gesellschaften zu Beginn des ersten Jahrtausends in Zusammenhang stand mit einer Struktur segmentärer und monogamer *Häuser*. Es ist auch möglich, daß die griechischen *póleis* ihren Frauen einen so unterschiedlichen Status einräumten, weil sie zu einem bestimmten Zeitpunkt ihrer Geschichte verschiedene Wege des Politischen beschritten.

Diese Untersuchung ist eine interpretative Annäherung an die Wahrheit, die durch ihre spekulativen Momente immer Irrtümern ausgesetzt bleibt. Sie ist daher ungenau, vielleicht aber ist sie doch nicht nur dies. Aristoteles vergleicht in der *Metaphysik*[149] den Philosophen und fraglos auch den Forscher mit dem Bogenschützen, der auf die Tür zielt: »Die Betrachtung der Wahrheit ist in einer Hinsicht schwer, in einer andern leicht. Dies zeigt sich darin, daß niemand sie in gebührender Weise erreichen, aber auch nicht *alle* verfehlen können ... Wenn es sich also mit ihr zu verhalten scheint wie nach dem Sprichwort: ›Wer sollte denn eine Tür nicht treffen‹, so möchte sie von dieser Seite betrachtet leicht sein.« Die Tür mag schwierig zu treffen sein! Aber ich bin davon überzeugt, daß sie in den innersten Kern der griechischen Gesellschaften führt.

Aus dem Französischen von Xenia Rajewski

Obwohl sie uns ins Zentrum der Reproduktion der Stadt führt, hält die Untersuchung Claudine Leducs die Frauen auf Abstand, um auf diese Weise zu zeigen, wie sehr sich alles von ihnen losgelöst abspielte, selbst innerhalb derjenigen Institution, die ihnen nach allgemeiner Auffassung das Höchstmaß an Status und sozialer Anerkennung verlieh. Dabei drängt sich die Erinnerung an die auf den Vasen abgebildeten und weiter oben untersuchten Hochzeitsszenen auf, bei denen das Bild den Übergang der Braut von einem *oîkos* in den anderen und aus den Händen eines *kýrios* in die eines anderen besonders betont hatte. Doch die Erneuerung der Gesellschaften erfolgt auf dem Wege der Fortpflanzung, in der sich das Wesen des weiblichen Schicksals vollendet, und indem Aline Rousselle diese untersucht, gibt sie den Frauen mit Hilfe sehr unterschiedlicher Belege eine Gestalt. Das Leben der Ehefrauen des Altertums ist in Hinblick auf ihre Natur und auf ihr Leben in der natürlichen Umwelt wie in der Gesellschaft vor allem durch die Erfahrung des Todes gekennzeichnet: des Todes, der sie im Kindbett ereilt, des Todes der Fehlgeburten, des Todes, der die Kinder dahinrafft. Dieses von der Natur bestimmte Schicksal wird indes von der Gesellschaft je nach Status der betroffenen Frauen beeinflußt; sobald sie einmal Mütter der nach dem Gesetz notwendigen drei Kinder waren, überlassen die legitimen Ehefrauen, die Matronen, anderen, seien es Sklavinnen oder Konkubinen, die Sorge um die Reproduktion der Menschen und die Erfüllung der Aufgabe, die Lust der Ehemänner zu befriedigen; sie selbst verzichten zum Teil auf sexuelle Beziehungen. So tritt innerhalb der Gruppe der Frauen selbst jene Ungleichheit offen zutage, die der antiken Welt wesentlich zu eigen ist. Das ist indes nur eine vorläufige Regelung; im Fortschreiten einer Entwicklung, die die weiblichen Tugenden aufwertet, wird der Gedanke geboren, daß auch die Männer sich in diesen selben ehelichen Tugenden üben könnten. Daraus entsteht eine stark überhöhte Vorstellung der legitimen Ehe, und die Ehefrauen, die wieder der hauptsächliche Gegenstand des Begehrens ihrer Männer geworden sind, sehen sich von neuem dem tödlichen Risiko gegenüber, das sie einst ihren weniger gutgestellten Gefährtinnen überlassen hatten. Die Gleichheit unter den Frauen wird um diesen Preis hergestellt. Zwischen der Welt ohne Frauen der Seleniten und einer Hölle, in der Frauen und Männer sich gleichberechtigt die grausamsten Strafen teilen, nistet sich das christliche Denken ein.

P.S.P.

6

DER KÖRPER UND DIE POLITIK

ZWISCHEN ENTHALTSAMKEIT UND FORTPFLANZUNG IM ALTEN ROM

Aline Rousselle

Die griechischen Mythen haben in ihrer Vision von der Entstehung der Welt an eine Welt ohne Frauen gedacht, vor der Erschaffung menschlicher Wesen, wie wir sie heute kennen. Ohne Frauen und ohne Arbeit – das Goldene Zeitalter.[1] Auch die babylonischen Mythen und die Bibel kennen eine Welt vor der Erschaffung der ersten Frau, doch in dieser Welt gab es nur einen einzigen Mann. Im 2. Jahrhundert n. Chr. ersann der Schriftsteller Lukian aus Samosata (125–195?), ein Grieche aus Kleinasien, eine Welt ohne Frauen, die er während eines Aufenthaltes auf dem Mond entdeckt haben will. Dort lebten die Seleniten, die »nicht von Weibern geboren werden, sondern von den Männern; es heiraten nämlich die Männer untereinander und den Namen Weib kennen sie überhaupt nicht. Bis zu 25 Jahren läßt sich jeder heiraten, von da an heiratet er selber. Sie sind nämlich nicht in der Gebärmutter schwanger, sondern in den Waden. Sobald nämlich die Schwangerschaft eintritt, wird die Wade dick und einige Zeit später schneiden sie sie auf und nehmen die Leibesfrucht in totem Zustand heraus, setzen sie mit offenem Mund dem Wind aus und rufen sie dadurch ins Leben. . . . Bei ihnen gibt es eine Art, die sogenannten Baummenschen, die auf folgende Art entstehen: sie schneiden die rechte Hode eines Menschen ab und setzen sie in den Boden ein, daraus wächst aber ein sehr großer, fleischiger Baum, wie ein Phallus (Geschlechtsglied); er hat aber auch Zweige und Blätter; die Früchte sind ellenlange Eicheln. Wann sie nun reif geworden sind, ernten sie sie und meißeln die Menschen heraus. Geschlechtsglieder haben sie aber nur künstliche, die sie sich anlegen, die einen aus Elfenbein, die Armen aus Holz, und mittels dieser verkehren sie mit ihren Gatten«.[2]

Das Anschwellen der Wade (*gastroknēmía*, eigentlich »Bauchwade«) ersetzt das Anschwellen des Uterus, um die Vermehrung unter Männern zu ermöglichen (im Wortteil *gastro-*, von *gastēr* = Magen, Bauch, schwingt die Bedeutung »Anschwellen, Ausbauchen« mit). Der sexuelle Unterschied wird durch den Altersunterschied ersetzt, die Institution Ehe allerdings bleibt erhalten. Eine Schöpfungsgeschichte, die sich im heutigen Marokko fand, zeigt eine ähnliche Vorstellung von der Geburt der Engel. Iblis, der Anführer der rebellischen Engel, befruchtete seine linke Wade mit einem Penis an der rechten Wade. So bildeten sich Eier heran, die von ihm gelegt wurden und aus denen die anderen Engel hervorkamen, deren weitere Fortpflanzung sich nun auf zweigeschlechtliche Weise vollzog.[3] Der herrliche Text Lukians berichtet mit gespielter Naivität, daß selbst die Bezeichnung »Weib« *(gynē)* den Seleniten unbekannt ist: Was keinen Namen hat, gibt es nicht. Allerdings bleibt die Reproduktion dennoch durch die Natur gesichert, die den »männlichen« Individuen adäquate Hilfsmittel zur Verfügung stellt.

Ein Jahrhundert zuvor hatte bereits der Apostel Paulus in seinen Predigten eine zukünftige Welt angekündigt, in der es weder Männer noch Frauen geben würde (*Gal* 3, 28). Aber diese neue Welt ohne Frauen würde auch eine Welt ohne Fortpflanzung sein: Denn in ihr liegt die Bestimmung der Frau.

In der römischen Welt, wie in den anderen Gesellschaften, führt die Unterwerfung des weiblichen Schicksals unter die Bedingungen der Sterblichkeit, der Fruchtbarkeit und der begrenzten Möglichkeiten der Geburtshilfe nicht zu einem einheitlichen und allgemein gültigen Bild des Lebens der einzelnen Frauen. Die Gesellschaft drückt ihre spezielle Form dem Leben der Frau auf, selbst in Bereichen, die sich am engsten mit den biologischen und natürlichen Bedingungen des Lebens, der »Ökologie« (écologie) berühren. Im folgenden werden daher zunächst diese »ökologischen« Gegebenheiten überprüft, die nicht unbedingt den Ausschlag geben müssen, als nächstes die Formen der Risikoverteilung in der Gesellschaft, soweit es die Zeugung bzw. Fortpflanzung betrifft, und schließlich die Veränderungen im gesellschaftlichen Gefüge, die dem Leben der Frauen zum Ende der Antike hin einen anderen, neuen Charakter verliehen haben.

DIE BIOLOGISCHE BESTIMMUNG DER FRAU

Da die Frauen aufgrund ihres Geschlechts für die Reproduktion der Gruppe verantwortlich sind, ist das Schicksal der Frauen in der römischen Welt, an die sich Paulus wandte, wie das aller Frauen vor den

Errungenschaften im Bereich der Geburtshilfe und Schwangerschaftsvorsorge, eine durch die Mutterschaft festgelegte Bestimmung. Die Demoökologie – das wissenschaftliche Studium von Populationen in ihrem Milieu – kann aufgrund von Skelettuntersuchungen Angaben über das durchschnittliche Frauenschicksal machen: Über die Anzahl der Kinder und über die durchschnittliche Lebenserwartung im Vergleich zu den Knaben in den ersten Jahren, also noch vor Ehe und Mutterschaft. Das römische Reich hatte um 117 n. Chr. bei einer Ausdehnung von ca. 5,18 Mio qkm, später reduziert auf 4,144 Mio qkm, eine Bevölkerung von ca. 60 Mio. Die durchschnittliche Lebenserwartung betrug etwa 20 bis 30 Jahre.[4] Die Kindersterblichkeit dürfte sich wie in den vorindustriellen Gesellschaften, also bis zum 19. Jahrhundert, den 200 pro Tausend (einem Fünftel) genähert haben. In den Gesellschaften mit sehr hoher Mortalität sind die Unterschiede in der körperlichen Widerstandsfähigkeit zwischen den einzelnen sozialen Schichten kaum von Bedeutung. Was die Frauen betrifft, so sind die Risiken der Niederkunft die gleichen, wenn ihre Lebensumstände ähnlich gewesen sind. Das aber war nicht gesichert und konnte unterschiedliche Folgen für die Breite des Beckens und den Knochenbau haben.

Es ist schwer, für das römische Reich die Altersstruktur des weiblichen Bevölkerungsteils anzugeben, schwerer noch, als die des männlichen Teils zu ermitteln. Die Kinder sind unterrepräsentiert in der einzig brauchbaren Dokumentation, nämlich in den Inschriften, die fast ausschließlich die städtische Bevölkerung und die Ober- und Mittelschichten betreffen. Oftmals erhielten die Frauen keine Grabinschrift, wenn der Mann vor ihnen gestorben war. Die Inschriften zum Gedenken hochbetagter Frauen im römischen Nordafrika stellen eine Ausnahme dar. In der Tat stellten die Frauen – wie immer auch ihre Position in der Familie gewesen sein mag – keine Gruppe dar, die der Beachtung wert war. Der republikanische Zensus berücksichtigte z. B. nur jene Frauen, die aufgrund einer Erbschaft verpflichtet waren, Zahlungen für das Militär zu entrichten. Als Diokletian am Ende des 3. Jahrhunderts n. Chr. die gesamte Bevölkerung des römischen Reiches zur Erhebung einer Kopfsteuer einer neuerlichen Schätzung unterziehen ließ, wurden diesmal auch die Frauen mitgezählt – allerdings galten sie nicht als gleich: In Thrakien zählten beispielsweise auf den Landgütern zwei Frauen soviel wie ein Mann. Aber immerhin – früher hatte man Frauen beim Zensus überhaupt nicht berücksichtigt.

Der Ökologie am nächsten: Die Mortalität

Es gibt Grundgegebenheiten des weiblichen Lebens, eine Ökologie (écologie) der Frau, zu der in der römischen Welt zu allererst und in allen gesellschaftlichen Schichten das Sterblichkeitsrisiko bei Entbindungen zählt. Man kann davon ausgehen, daß in der römischen *Gesellschaft*, wie auch in den neuzeitlichen Gesellschaften, zwischen 5 und 10% der Frauen, die entbunden haben, gestorben sind – entweder bei der Entbindung selbst oder an deren Folgen.[5] Im 1. Jahrhundert v. Chr. glaubte der Grammatiker Varro, daß die Göttinnen Prorsa und Antvorta (»Rückwärts« und »Vorwärts«) wie zwei Gesichter ein und derselben Göttin der Entbindung, Carmenta, seien und nach der Kindslage bei der Geburt benannt wurden. Am 11. und 15. Januar feierten die Matronen, deren Vorfahren einen Tempel für Carmenta geweiht hatten, im engsten Kreise die Göttin am Abhang des Kapitols. Fünf Jahrhunderte später schrieb Augustinus von Hippo, der seinen Varro kannte, daß die Göttin Carmenta das Schicksal der Neugeborenen enthülle.[6] Der Kult der beiden Göttinnen Antvorta und Prorsa ist auch mit dem Mond in Zusammenhang gebracht worden, der abwechselnd zu- und abnimmt, was gut zu Schwangerschaft und Niederkunft paßt. Seit Varro ist also immer eine Verbindung zwischen den Namen der Göttinnen und der Lage des Kindes gesehen worden. Augustinus wandte sich entschieden gegen die Anrufung römischer Göttinnen, doch konnte er nicht verhindern, daß man im Augenblick der Gefahr zur Gottheit seine Zuflucht nahm. Augustinus empfahl, sich an Virtus und Felicitas zu wenden.[7] Es traf sich übrigens, daß die Märtyrerin Felicitas den Tod im Amphitheater von Karthago an der Seite ihrer Herrin Perpetua erlitt, mit der zusammen sie kurz nach deren Niederkunft ins Gefängnis geworfen worden war. Seit spätantiker Zeit wird in den Heiligenviten von Anrufungen der Heiligen während des Kindbettfiebers berichtet.[8] Die Hebammen und die Ärzte konnten niemals gewiß sein, eine Entbindung zu einem glücklichen Ende zu führen. Vielleicht, um sich der Verantwortung zu entziehen, ersann man ein angebliches Todesrisiko bei der Entbindung von Achtmonatskindern, ein Risiko sowohl für die Mutter wie für das Kind, wohingegen das Siebenmonatskind als lebensfähig und leicht zu entbinden galt.[9] »Wenn die Gattin gut und sanft ist, und in diesem Fall ist sie ein seltener Vogel *(rara avis)*, seufzen und stöhnen wir mit ihr, wenn sie niederkommt, und wir quälen uns, wenn sie in Gefahr gerät«, schrieb Seneca in einem Buch über die Ehe.[10]

Man wußte sehr wohl, daß die Breite des Beckens die Entbindungen entscheidend beeinflußte. In den reichen Familien versuchte man auf Anraten der Ärzte die Körper der Mädchen ebenso wie die der Jungen mithilfe von Bandagen zu formen, die das Kind in den ersten beiden Lebensmonaten fest umhüllten. Die Amme oder die Mutter schnürte bei den Mädchen Schultern und Brust, die man sich schmal wünschte, während die Hüften völlig freigelassen wurden, um ein breites Becken zu gewährleisten (bei den Jungen hingegen preßte man die Hüften zusammen).[11]

Über die Entbindungen in den einfachen Bevölkerungskreisen liegen uns kaum Informationen vor, die vor die christlichen Wunderberichte zu datieren wären; aber von den Frauen der Aristokratie weiß man, daß sie an Kindbettfieber und perinatalen Infektionen starben. Der Tod traf die Frauen in allen sozialen Schichten. Tullia, die Tochter Ciceros, brachte nach ihrer Scheidung einen Sohn zur Welt und starb einen Monat nach der Entbindung.[12] Da Cicero seine Tochter wie einen Sohn liebte, bediente er sich der Formelsprache von Trostschriften, die für den Tod von Söhnen gedacht waren. Er wählte eines seiner Grundstücke in der Nähe Roms aus und errichtete dort zum Andenken an seine vergötterte (divinisé) Tochter einen kleinen Tempel.

Trotz der Gefahren, die eine Entbindung mit sich brachte, waren die Frauen in erster Linie von der Furcht besessen, unfruchtbar zu sein. Die Ärzte der Antike haben eingehend die Amenorrhoe studiert, die eines der Anzeichen einer uterinen Schädigung und Ursache einer sekundären Sterilität sein kann.[13] Immer haben sich die Frauen der römischen Welt an die Gottheit gewandt, um Kinder zu bekommen, in heidnischer wie in christlicher Zeit. Nach den antiken Quellen kannte man eher die Impotenz des Mannes als Folge der Unterernährung, als ihr Pendant, nämlich die durch Hunger hervorgerufene Amenorrhoe bei der Frau. Während der so zahlreichen Hungersnöte, die das Reich heimsuchten, und dies besonders am Ende des 4. Jahrhunderts[14], waren Männer wie Frauen außerstande, Nachkommen zu zeugen. Aber aus Texten, Inschriften und christlichen Wunderberichten wissen wir sehr wohl von der Zuflucht, die sie zu den Göttern nahmen, wenn sich das Kind nicht einstellen wollte.[15]

Der zweite nur von außen bestimmte Faktor war die Gefahr der Kindersterblichkeit, und zwar während der Schwangerschaft, der Geburt oder in den ersten Lebensjahren. Alle sozialen Schichten waren ihr ausgesetzt und mit ihr vertraut. Um eine Freundin über den Verlust ihres Sohnes hinwegzutrösten, nennt ihr Seneca die berühmten Männer, denen dieses Unglück widerfahren war.[16] In allen Kulturen des Reiches wandten sich die Frauen und ihre Männer an die göttlichen Mächte, um Sicherheit für den Foetus, das Neugeborene oder das Kind zu erlangen. Die Votivgaben bezeugen, wie sehr sie sich sorgten: All jene Wickelbabies aus Stein oder Holz geschnitzt, die man in Etrurien[17] oder Gallien[18] fand, all die Zaubersprüche und Gebetsformeln auf Papyrus oder anderem Material. »Gebärmutter, schließe dich!« steht unter der Darstellung einer Frau, die ihren Bauch preßt, die Haare gelöst, als käme sie nieder – abgebildet auf einem ägyptischen Amulett in der Form eines mit einem Schloß versehenen Uterus.[19] Mandäische Schalen aus dem Euphratgebiet tragen Inschriften, die gegen die Lilithen gerichtet sind, jene weiblichen Dämonen, die die Kinder im Uterus der Mutter töten. Der Prophet Elias schützte die Frauen vor diesen Attacken: »Die Lilith trifft den Propheten Elias und spricht zu ihm: ›Oh, Herr Elias, ich gehe zum Haus der Frau, die gerade niederkommt und in Todesangst ist, eine Tochter der Soundso; ich werde sie in den Todesschlaf versetzen und ihr das Kind nehmen, das sie trägt, um sein Blut zu saugen, sein Knochenmark zu schlürfen und sein Fleisch zu verschlingen‹.«[20] All diesen Gesellschaften war gemein, daß man sich nicht zu entscheiden vermochte, wann genau die Seele in den Körper des Kindes eintrat. Einhellig nahm man jedoch als sicher an, daß die Seele Schwierigkeiten hatte, sich in der Materie festzusetzen. Sie kam und ging, unentschlossen, ließ das Kind für einen Augenblick tot liegen und kehrte dann wieder zurück. Bis zum Moment der traurigen Gewißheit erwartete man die Wiederbelebung des Kindes. Heilige Männer sollten durch ihre Anwesenheit die Seelen dazu bewegen, Wohnung in den kleinen Körpern zu nehmen. Die Heiden kannten dies ebenso wie die Christen, und die Mütter konnten auf die Rückkehr der Seele ihres Kindes warten. Die Christen hofften darauf, um wenigstens eine Nottaufe vornehmen zu können, als im Mittelalter die Praxis des »Aufschubs« üblich wurde – eine kurze Auferstehung, die den leblosen Neugeborenen eingeräumt wurde.[21] Diese kleinen Toten kann man in Zahlen nicht mehr erfassen, denn ihre Körper sind in der Erde verwest und ihre Bestattung wurde nicht mit der gleichen Sorgfalt vollzogen wie die der Erwachsenen, und auch nicht immer auf den Friedhöfen, die für die übrigen Verstorbenen benutzt wurden. Wenn wir sie auf antiken Friedhöfen wiederfinden, so sind sie manchmal in einer Gruppe bestattet, bisweilen unverhältnismäßig zahlreich im Vergleich zur Gesamtheit der Gräber. Was wir sagen können, ergibt sich aus unserer Kenntnis anderer Epochen und der Sorgen, die von den bekümmerten Müttern und Vätern in den antiken Heiligtümern bekundet wurden. Zahlen könnten kein beredteres Zeugnis ablegen.

Die Ehegesetze des Augustus für Senatoren und Ritter aus dem Jahre 18 v. Chr. und die Erbschaftsgesetze von 9 n. Chr. verlangten von den Erben, daß sie verheiratet und Väter oder Mütter waren. Als Kind zählte ein Mädchen, das bis zu seinem zwölften, ein Junge, der bis zu seinem vierzehnten Lebensjahr gelebt hatte – also jeweils bis zum offiziellen Heiratsalter. Die Kindersterblichkeit war jedoch selbst in den oberen Gesellschaftskreisen, auf die das Gesetz zielte, so groß, daß man die Vorteile, voll als Kindsvater oder Kindsmutter zu gelten, auch denen zugestand, die zwei Kinder aufweisen konnten, die das Alter von drei Jahren erreicht hatten, oder drei Neugeborene, die wenigstens drei Tage gelebt hatten.[22] In seinen Trostschriften an Frauen führte Seneca das Beispiel von Müttern an, die ihre Kinder hatten sterben sehen, so vor allem Cornelia, die Mutter der Gracchen, die zehn ihrer zwölf Kinder hatte begraben müssen, bevor auch die beiden letzten starben – durch Mord.

Am Ende des 4. Jahrhunderts trachteten christliche Ehefrauen der Oberschicht danach, sich völliger Enthaltsamkeit zu weihen, nachdem sie ihre Pflicht gegenüber der Familie, für Nachkommen zu sorgen, *erfüllt hatten.* Als die sehr reiche Melanie, die von ihren Eltern mit 14 Jahren verheiratet worden war, ihren 17jährigen Ehemann dazu bringen konnte, ihr auf diesem Wege zu folgen, war sie dennoch bereit, die Geburt von zwei Kindern abzuwarten. Ihre kleine Tochter starb jedoch, bevor sie das Alter von zwei Jahren erreicht hatte, und den Jungen, mit dem sie daraufhin schwanger wurde, verlor sie als Frühgeburt – zweifellos eine Folge der langen, im Gebet durchwachten Nächte an den Gräbern der Heiligen. Um deutlich zu machen, welches Interesse sie anderen entgegenbrachte, wählte ihr Biograph den Besuch bei einer Frau »in Gefahr«, deren Uterus ein totes Kind barg.[23] In der antiken Welt des Mittelmeeres vollzog sich eine Entbindung erst, wenn alle Bande mit religiösen Mitteln gelöst waren; so zeigt sich auch Melanies Eingreifen in diesem gleichen Sinn, wenn sie ihren Gürtel öffnet, den sie von einem Heiligen Manne erhalten hatte, ihn auf den Bauch der Gebärenden legt und damit den sofortigen Austritt des Kindes bewirkt. Zwei weitere Aristokraten entschlossen sich am Ende des 4. Jahrhunderts, ihr Leben Gott zu weihen, Paulinus von Nola und seine Frau Therasia. Aber auch sie wollten zuvor ihre Nachkommenschaft sichern. Als ihr Kind jedoch starb, sahen sie in seinem Tod ein Zeichen Gottes; sie bestatteten es in der Nähe eines Heiligen und verzichteten auf weitere Nachkommen.[24] So starben auch die Kinder der oberen Gesellschaftsschicht trotz der Fürsorge und Aufmerksamkeit, die man ihnen zuwandte. Allerdings wurden die Kinder der römischen Aristokratie in der hohen Kaiserzeit nicht immer von ihren Müttern gestillt, sondern von Ammen. Diese wurden aber nach dem Ratschlag von Ärzten sorgfältig ausgesucht und wohnten dann auf dem Anwesen der Eltern, wo sie überwacht werden konnten. Es wäre also nicht zutreffend zu sagen, daß die Säuglingssterblichkeit in der Antike durch die Ammen verursacht wurde, wie man das für das 18. Jahrhundert im Europa der Aufklärung annimmt.[25]

Die Frauen beschäftigte der Gedanke an die Auferstehung ihrer Kinder, ob Junge oder Mädchen. Sie waren tief berührt von mythischen Erzählungen, in denen Mütter ihre in die Unterwelt entrückte Tochter suchen, wie z. B. Demeter, die es nach der Gegenwart ihrer Tochter Persephone verlangte. Syrische Tonfigürchen zeigen das Wiedersehen von Mutter und Tochter, die sich nach dem Modell der Umarmung von Amor und Psyche einander zärtlich zuwenden.[26] Die Frauen liebten Demeter, die sich für das Kind des Königs von Eleusis als Amme angeboten hatte und die in der Lage war, dem Kind Unsterblichkeit zu verleihen. Die Frauen des gesamten Reiches fühlten sich mit Isis auf ihrer Suche nach Osiris verbunden, dem Gemahl und zerstückelten Sohn zugleich, den sie

zusammen mit der Göttin an jedem 28. Oktober beweinten. In den Grabinschriften für ihre toten Söhne ließen sie Isis an ihrem Kummer teilhaben.[27] Selbst, wenn mindestens die Hälfte der an Isis gerichteten Grabinschriften, die in Italien gefunden wurden, von eingewanderten Orienta-
len in Auftrag gegeben wurde (in den großen Hafenstädten machen diese Inschriften bis zu 85% aus), so ist die andere Hälfte von Gläubigen aus
dem Westen verfaßt.[28] Diese Verbundenheit zwischen Isis und den Frau-
en des Reiches gründete sich nicht einzig und allein auf einen weiblichen
Masochismus, auch nicht auf einen Mangel an gesundem Menschenverstand, wie Seneca es unverblümt auszudrücken beliebte – »Sie weinen,
obwohl sie niemanden verloren haben; einmal im Jahr kann man sich
wohl dem Wahnsinn hingeben«[29] –, sondern auf die Erfahrung des Todes
ihrer eigenen Kinder.

Gesellschaft und Ökologie: Das Heiratsalter

Die das Leben der Frau bestimmenden ökobiologischen Bedingungen
sind weitgehend durch die Organisation der Gesellschaft geprägt; in der
antiken Welt des Mittelmeerraumes gab es keinen Entscheidungsspiel-
raum: Weder die Ehelosigkeit noch die Ehe und auch nicht in jedem Fall
die Wiederverheiratung lagen in der Entscheidung der Frau.

Ganz offensichtlich kann man hier nicht von Demoökologie im strengen Sinne sprechen, wie das bei Tieren der Fall sein dürfte.[30] In jedem
Fall aber gibt es eine Sozio-Demoökologie, und zwar in dem Umfang,
wie die Gesellschaft die Konditionen für das biologische Schicksal der
Frau, und somit auch für deren Mortalität, festlegt. Von Ökodemogra-
phie[31] oder Demoökologie kann dann nicht mehr die Rede sein, wenn
das gesellschaftliche Handeln des Menschen auf eine Regulierung der
Fortpflanzung ausgerichtet ist, was jedoch nicht unbedingt bedeuten
muß, daß damit die Reproduktion der gesamten Gesellschaft gesichert
werden soll. Bei diesem Eingriff von menschlicher Seite stehen die Frau-
en im Mittelpunkt der sozialen Steuerung der Reproduktion.

In der griechisch-römischen Antike, wie übrigens auch bei den Juden,
war die Bestimmung der Frau Ehe und Mutterschaft. Obgleich die
Tötung neugeborener Mädchen nicht sehr verbreitet war, sind die Zeugnisse ehelos lebender Frauen aus vorchristlicher Zeit sehr selten. Auch
konnten die Frauen ihr Heiratsalter keinesfalls selbst bestimmen. Ihr
Name erschien nicht einmal immer im Eheschließungsvertrag, der
zwischen dem Vater der Braut und ihrem Ehemann geschlossen wurde.[32]
Es bedeutete für das römische Denken schon viel, die formelle Zustimmung des Mädchens einzuholen, das vom Vater in die Ehe gegeben
wurde.

Die Römer legten per Gesetz das Alter fest, in dem ein Mädchen, das von seinem Vater an einen Mann gegeben wurde, offiziell zur Matrone wurde, zur ehrbaren Ehefrau, mit allen Konsequenzen des Eherechts. Es war das Alter von zwölf Jahren. In anderen Gesellschaften des Reiches waren solche Frühehen nicht üblich, zumindest nicht, bevor der römische Einfluß hier einen deutlichen Wandel brachte. Im griechischen Bereich wurden die Mädchen erst nach der Pubertät, zwischen 16 und 18 Jahren, verheiratet. Bevor wir nun die Auswirkungen des Heiratsalters auf das Leben der Mädchen überprüfen, wollen wir zunächst die Vorstellungen zur Pubertät und zu deren gesellschaftlichen Charakter bestimmen.

Die Pubertät

Die Ärzte der Antike waren der Ansicht, daß Mädchen mit etwa 14 Jahren geschlechtsreif waren.[33] Zu Recht nahmen sie jedoch an, daß der Beginn der weiblichen Pubertät beeinflußt werden konnte. Man hatte überdies auch beobachtet, daß übermäßiges körperliches Training den Reifungsprozeß bei Knaben unterbrechen konnte.[34] Ein Arzt stellte am Ende des 1. Jahrhunderts bei Mädchen, die keine Gymnastik machten und besonders bei jenen, die nicht arbeiteten, eine vorzeitige Pubertät fest. Er schlug vor, sie möglichst schnell zu verheiraten, wenn er auch zur Vorsicht mahnte wegen des noch nicht völlig ausgereiften Uterus, der für eine Schwangerschaft noch zu jung sei.[35] Derselbe Arzt, dem daran gelegen war, ein vorzeitiges Einsetzen der Regelblutung zu unterbinden, empfahl den jungen Mädchen, sich durch Ballspiel und im Reigenchor körperlich zu ertüchtigen.[36] Die Frauen mußten feststellen, daß Gesangs- und Tanzübungen den Beginn der Pubertät verzögerten und den Menstruationszyklus durcheinanderbrachten. Die Regelblutungen blieben während der anstrengenden Phase der Wettkämpfe in den Chortänzen aus.[37]

Rufus lag mit seinem Rezept der körperlichen Ertüchtigung nicht falsch; denn neuere Untersuchungen haben ergeben, daß regelmäßige sportliche Betätigung den Beginn der Pubertät um drei Jahre verzögern kann.[38] Bei den Römern verheiratete man die Mädchen nach den Vorstellungen des Soranos zwar zu jung, dennoch akzeptierte er Verhaltensregeln, die das Einsetzen der ersten Regelblutung beschleunigen sollten, um die Mädchen sehr jung, aber doch geschlechtsreif verheiraten zu können. Seine Regeln stellten die des Rufus auf den Kopf: Sie schrieben vor, die Mädchen nicht zu üppig zu ernähren, ihnen viel Ruhe zu gönnen und sie dabei nur leichte und eher passive Übungen machen zu lassen, wie etwa Ausfahrten im Wagen oder Massagen.[39]

Diese beiden Formen der Lebensführung beweisen uns, daß sich die Alten der Auswirkungen des Sports und der körperlichen Arbeit auf die Pubertät der Mädchen durchaus bewußt waren. Dies verbietet uns schließlich auch, ein anderes Durchschnittsalter für den Beginn der Pubertät anzugeben, als das von den genannten Ärzten bezeugte, nämlich 14 Jahre.

Frühehen – oftmals präpubertär

Marcel Durry ist in Marokko auf die Sitte gestoßen, Mädchen noch vor Beginn der Pubertät zu verheiraten, und hat festgestellt, daß diese Ehen auch umgehend vollzogen wurden. Er hat daraufhin die griechischen und römischen Quellen der Kaiserzeit erneut studiert und fand hier dieselben Praktiken belegt. Wenn sich auch viele Wissenschaftler gegen diese Erkenntnis sträubten, konnte man nicht umhin, sie zu akzeptieren. Die Diskussion scheint jetzt sogar in die Richtung zu gehen, eine noch größere Verbreitung dieser Praxis anzunehmen. Zahlreiche Texte bezeugen zur Genüge sehr frühe Eheschließungen: So sprechen z. B. Grabinschriften von zehn- oder elfjährigen Ehefrauen. Doch sind diese Ehen auch vollzogen worden? Einige Texte sind etwas präziser und geben uns von 13jährigen Müttern Kenntnis, wie etwa von der jungen Gemahlin des großen Rhetoriklehrers Quintilian, der so besorgt war um die Qualität ihrer Ausbildung, ihre Moral und ihren Liebreiz.[40] Ein Papyrus, der es uns erlaubt, das Leben einer Ägypterin in der römischen Kaiserzeit zu rekonstruieren, zeigt sie ebenfalls mit 13 Jahren bereits als Mutter.[41] 13jährige Mütter müssen aber ganz offensichtlich mit zwölf bereits geschlechtsreif gewesen sein. Von den Grabinschriften ist also kein Aufschluß darüber zu erwarten, ob die zehnjährigen Ehefrauen, die also noch vor der Pubertät geheiratet hatten, mit ihren Ehemännern auch geschlechtlich verkehrten.

Der Schlüssel zur Lösung des Problems liegt nicht in der Inschriftenstatistik, sondern in den Ausführungen der antiken Ärzte über das, was man allgemein für die jungen Mädchen als notwendig erachtete. Die Notwendigkeit, Mädchen bereits vor der Pubertät zu verheiraten, stellte sich bei den Römern aufgrund einer wissenschaftlichen Überlegung: Ein vorzeitiger Sexualverkehr sollte den Fluß der ersten Regelblutung erleichtern helfen. In der römischen Welt, für die der aus Ephesos stammende Arzt Soranos schrieb, hielt sich in hartnäckiger Weise die Vorstellung, daß die Vagina der jungen Mädchen verschlossen sei.[42] Diese Meinung zeigt, daß die vorpubertären Eheschließungen häufig genug gewesen sein müssen, um die Vorstellung, ein junges Mädchen müsse vor der ersten Regelblutung defloriert werden, fortdauern zu lassen. Immerhin

haben die Frauen im allgemeinen und die Hebammen im besonderen
– jene lebenden gynäkologischen Lexika, deren vielfache Erfahrung die
Diskussion in Gang hielt – die Männer in Italien über die Gestalt der
Vagina in Unkenntnis gelassen, angefangen von dem nicht immer vorhandenen Hymen bis hin zum Gebärmutterhals. Dennoch waren sie keineswegs gegen sehr frühe Eheschließungen eingestellt, die sie als Teil
der römischen Welt selbst erfahren hatten. Im Interesse des Ehemannes
prüften sie die Gebärfähigkeit seiner zukünftigen Frau, vor allem aufgrund der Farbe ihres Teints, der Weite des Beckens und des allgemeinen körperlichen Auftretens, das nicht zu weichlich und nicht zu weiblich sein durfte.[43]

Die Sitte, Mädchen im vorpubertären Alter zu verheiraten, breitete sich
im römischen Reich aus. Auch jüdische Mädchen traten mit zwölf Jahren
in den Stand der Ehe.[44] Wie nach römischem Recht wurde von der Ehefrau Treue gefordert. Da jedoch die Eheschließung nicht vor dem
12. Geburtstag des Mädchens rechtlich wirksam wurde, wünschten die
Ehemänner Bestimmungen zur Ahndung des Ehebruchs von Mädchen,
die vor diesem Alter in die Ehe gegeben wurden. Das römische Recht,
das die eheliche Verbindung erst mit dem vollendeten 12. Lebensjahr der
Braut in ihrem vollen Umfang anerkannte, kam der Forderung der
Ehemänner nach, die ihre Ehefrauen unter 12 Jahren wegen Ehebruchs
anzuklagen wünschten, und zwar genehmigten die Severer am Beginn
des 3. Jahrhunderts die staatliche Verfolgung von Ehebrüchen dieser
Art.[45] Diese Herrscher jedoch kamen aus Afrika und aus Syrien. Es ist also
schwer zu sagen, ob es sich hier um eine genuine Entwicklung des römischen Rechts handelte, ob das römische Recht das rabbinische beeinflußte, oder ob es umgekehrt war.

Im *Deuteronomium* wird die Situation eines Ehemannes geschildert,
der behauptete, er habe seine Braut nicht als Jungfrau übernommen,
obgleich der Vater sie als Jungfrau übergeben hatte (*Dtn* 22, 13–21). Der
Vater war nun gehalten, als Beleg für die Jungfräulichkeit seiner Tochter
das Tuch mit dem Blut der Defloration vorzuweisen, die bei
der Übergabe an den Ehemann vollzogen worden war. Die Rabbiner
der ersten Jahrhunderte der römischen Kaiserzeit haben diese Frage in
einem neuen Rahmen wieder aufgenommen. Im Deuteronomion hatte
man dies als einen Fall von Prostitution der Tochter im Hause des
Vaters betrachtet. Von den Rabbinern der Kaiserzeit wurde dieser Text
nun herangezogen, um Sanktionen gegen die Verlobte im Falle der
Untreue festzulegen.[46] Aber für sie war die Frage, die es zu regeln galt,
vollkommen identisch mit der bei den Römern: Untreue eines Mädchens,
das vor dem Heiratsalter dem Manne gegeben und also noch nicht
offiziell verheiratet war. Davon allerdings war im Deuteronomion nicht
die Rede.

Der Text des *Deuteronomium* spricht ausdrücklich davon, daß als Beweis der Jungfräulichkeit – ein Nachweis, den die Eltern für ihre Tochter zu erbringen hatten – das Bettuch der Hochzeitsnacht diente, auf dem die Defloration stattgefunden hatte. Wenn also das befleckte Tuch den Beweis darstellte, so hatten sich gewissermaßen alle Mädchen in den Zustand des Blutens zu versetzen. Die manuelle Prüfung der Jungfräulichkeit, die Ambrosius am Ende des 4. Jahrhunderts so verabscheute, war zweifellos eine römische Erfindung, dazu bestimmt, den Ehemann vor der Situation zu bewahren, erst nach der Hochzeitszeremonie den Mangel des Mädchens, das ihm als Jungfrau zugeführt worden war, feststellen zu müssen.[47] Solche Überprüfungen, die bei Christen üblich waren, reihen sich lediglich in jene Kontrollprozeduren ein, die von den Hebammen praktiziert wurden, um die Chancen der Fruchtbarkeit eines Mädchens zu bestimmen, was übrigens schon von dem Arzt Soranos im 2. Jahrhundert verurteilt worden war. Bei den Juden genügte das Tuch, und ebenso die Furcht vor der Bloßstellung, die das Fehlen der Befleckung hervorrief. Die Frauen wußten nur zu gut, daß die Defloration häufig auch ohne Blutung vonstatten ging. In seiner »Beschreibung Arabiens« hielt Carsten Niebuhr 1773 die Angaben fest, die er bezüglich der Jungfräulichkeit der Mädchen im Yemen erhalten hatte und die die Männer dort von den Mädchen forderten.[48] Der Vater der jungen Frau traf seine Vorsichtsmaßnahmen, indem er bezeugen ließ, daß seine Tochter eines Tages von einem Kamel gefallen war. In einigen Familien hieß es, die Jungfräulichkeit der Tochter habe sich ohne Blutung verloren, und die Mädchen schafften altes Beweismaterial herbei, das im Hause aufbewahrt wurde. Von diesen Frauen erwartete man nicht das »Gütesiegel« der Jungfräulichkeit, sondern lediglich eine enge Vagina. Das entspricht genau der Beschreibung der jungfräulichen Vagina durch Soranos. Im Yemen verwandte man auch chemische Nachweismethoden: Zitronensaft färbte das Blut von Jungfrauen grün – von Frauen, die dies nicht mehr waren, hingegen schwarz. Niebuhr berichtete, von den Mohammedanern gehört zu haben, daß es bestimmte Mädchen gebe, die aufgrund ihrer körperlichen Beschaffenheit nicht in der Lage waren, den Beweis ihrer Jungfräulichkeit zu erbringen, und die diesen Mangel mit Hilfe eines künstlichen Ersatzes zu verschleiern suchten oder einfach erzählten, sie hätten ihr Zeichen als Jungfrau ganz zufällig verloren. Diese Vielfalt der Verhaltensweisen zeigt deutlich, daß man entweder über das unwiderlegbare Beweismittel, nämlich das Tuch, verfügte, oder in den schwierigen Fällen, wo die Anatomie des Mädchens nicht beweiskräftig war, andere Arrangements traf. Da die jüdischen Männer in der griechisch-römischen Welt, und in Palästina selbst schon seit dem 2. Jahrhundert v. Chr., mit Hilfe einer plastischen Chirurgie die Vorhaut ersetzen konnten, um sich in den griechischen Gymnasien sehen lassen zu können, ist es wohl möglich, daß auch chirurgische Verfahren zur Wiederherstellung des Hymens vorhanden waren. Auf jeden Fall suchte man nach operativen Möglichkeiten der Wiederherstellung – Julius Africanus war in der Tat bekannt für seine Erfolge auf diesem Gebiet.[49] Zwischen dem 1. Jahrhundert n. Chr. und dem 18. Jahrhundert liegt eine lange Zeitspanne, doch zeigt die detaillierte und umfassende Untersuchung Niebuhrs, daß die rigide Forderung des anatomischen Nachweises sich durch andere Nachweismethoden abmildern ließ. Die Juden der Kaiserzeit glaubten, daß es beim ersten Sexualverkehr, wo das Blut der Defloration die Jungfräulichkeit der Ehefrau bewies, nicht zu einer Befruchtung kommen könne. Sie hielten jedoch, um einer eventuellen Schwangerschaft in diesem Falle Rechnung zu tragen, eine manuelle Defloration für unabdingbar.[50] Die Bedeutung der Jungfräulichkeit der jungen Ehefrau ging so weit, daß sie in den heidnischen Romanen der ausgehenden Antike ein wesentliches Element bildete.[51]

Der Wunsch nach einer jungfräulichen Braut läßt sich bis hinein in die Traktate der großen christlichen Prediger verfolgen. Am Ende des 4. Jahrhunderts findet Johannes Chrysostomos sehr persönliche Worte, wenn er die jungen Witwen davon abzubringen sucht, sich wieder zu verheiraten: »Wie gesagt, so sind wir nun einmal gemacht, wir Männer: Aus Eifersucht, aus Liebe zu eitlem Ruhm, oder aus welchem Grunde auch immer, lieben wir vor allem das, worüber kein anderer vor uns verfügen oder wovon keiner vorher Nutzen ziehen konnte, und dessen erste und einzige Meister wir sind.« Und des weiteren vergleicht er Frauen mit Kleidungsstücken und Möbeln.[52]

Die Geschichte von der Jungfräulichkeit Mariens und das Aufkommen des Glaubens an den Beweis dieser Jungfräulichkeit drangen in eine griechisch-römische Welt ein, wo diese Frage nicht gestellt wurde. Überprüfungen der Jungfräulichkeit gab es allerdings, stieg doch der Preis einer jungen Sklavin, wenn sie noch Jungfrau war.[53] Auch in der griechischen Welt wurde das Heiratsalter der Mädchen vorgezogen und dem der Römer völlig angeglichen, deren Recht sich über das gesamte Reich ausgebreitet hatte. Es schien ganz und gar chic geworden zu sein, ein 12-jähriges oder jüngeres Mädchen zu heiraten – nach Römerart. Juristische Texte aus Byzanz haben davon noch Spuren bewahrt, wie Évelyne Patlagean zeigen konnte. Einige Frauen geben genau an, mit elf Jahren geheiratet zu haben oder »vor dem ersten Flaum der Pubertät«. Manchmal wurde die Ehe unter der Bedingung geschlossen, daß sie nicht vollzogen werde – ein Versprechen, das jedoch nicht immer eingehalten worden ist, wie ein Dokument zeigt, in dem von einer jungen Frau die Rede ist, die durch zu frühen Sexualverkehr dauerhaften Schaden genommen hatte. Dokumente gibt es wenige, doch scheinen die Kommentare der antiken Juristen darauf hinzuweisen, daß diese Praxis nicht selten war.[54]

Mit der Pubertät beginnt die Zeit der Fruchtbarkeit für ein Mädchen, das vor Beginn der Pubertät oder kurz danach verheiratet wurde. So wie es in der römischen Welt zuging, mußten die sehr jung verheirateten Frauen also vom 13. bis zum 50. Lebensjahr mit Schwangerschaft rechnen. Bedenkt man einmal, daß in der Neuzeit eine Frau, die mit 24 Jahren heiratete, in der Zeit ihrer Empfängnisfähigkeit sieben oder acht Kinder zur Welt bringen konnte, wenn sie stillte, und zehn bis fünfzehn, falls sie nicht stillte[55], welches Los erwartete dann wohl normalerweise ein römisches mit zwölf Jahren verheiratetes Mädchen, selbst wenn es im gleichen Verhältnis einem vorzeitigen Todesrisiko ausgesetzt gewesen wäre?

Denkt man daran, daß nach den Ergebnissen von Studien zur Neuzeit eines von fünf Kindern den Tod der Mutter verursachte, so stiegen in einer Gesellschaft, in der die Mädchen derart jung verheiratet wurden, die Risiken durch die Vielzahl der möglichen Schwangerschaften um ein beträchtliches. Es sei denn, andere gesellschaftliche Möglichkeiten hätten es, ohne das Todesrisiko der Mädchen zu erhöhen, den Männern erlaubt, sich sehr junge Ehefrauen zu halten – denn das wünschten sie offensichtlich.

Auch eine Art von Familienplanung

Eines der Mittel, die Größe der Familie in der Antike zu beschränken, war die Beseitigung von Neugeborenen. Wenn Tacitus von den Germanen berichtet, sie hätten es für schimpflich gehalten, dem Umfang der Familie Grenzen zu setzen, weist er deutlich auf einen Gegenstand römischer Besorgnis hin.[56] Er hob auch die Verurteilung der Kindertötung durch die Juden hervor, die er im übrigen für wollüstig hielt, da sie so viele Kinder hatten.[57] Daß die Ägypter all ihre Kinder behielten, fand man ebenfalls erstaunlich.[58] Die Juden der römischen Kaiserzeit sahen gerade in diesem Punkt, nämlich der Annahme all ihrer Kinder, den Ausdruck des wesentlichen Unterschieds zwischen ihnen und den Römern – so Flavius Josephus im 1. Jahrhundert n. Chr.[59] Auch im kaiserzeitlichen Rom konnten die Gesetze des Augustus einen Anreiz bieten, die ersten drei Kinder zu behalten. Die Aussetzung von Knaben außerhalb des Hauses war ebenso zugelassen wie die von Mädchen: Was die formale Anerkennung dieser Praxis betrifft, lagen die Dinge gleich, sehen wir jedoch auf die praktische Realität, so haben wir zwar nichts an der Hand, um eine ungleiche Behandlung von Knaben und Mädchen zu belegen, wohl aber starke Vermutungen. Auf jeden Fall zählten nach den augusteischen Gesetzen Jungen und Mädchen gleichermaßen. Römische Väter sicherten sich gegen Risiken ganz anderer Art ab, nämlich gegen die Entstehung einer neuen Situation im Erbrecht. War ein römisches Paar nach dem Gesetz verheiratet, so verfügte der Ehemann im Augenblick der Geburt über das Kind, sei es nun ein Junge oder ein Mädchen. In jedem erdenklichen Fall lag die Entscheidung beim Vater, sobald die Mutter nach römischem Recht verheiratet war.

Wir können nicht mit Gewißheit sagen, ob Kindsaussetzungen häufig waren, noch wissen wir genau über die Verteilung auf die verschiedenen sozialen Schichten Bescheid. Alles, was wir mit Sicherheit sagen können, ist, daß die Anzahl der aufgelesenen Kinder groß genug gewesen sein muß, um dem römischen Recht Anlaß zu bieten, sich damit zu beschäftigen, und um in Inschriften Erwähnung zu finden.[60] Es war beispielsweise untersagt, diese Kinder aufzunehmen und zu adoptieren, wie dies allem Anschein nach in Ägypten die gängige Praxis war. Eine Sache allerdings ist klar: Wenn diese Kinder unerwünscht waren (und hier ist nicht die Rede von mißgebildeten Kindern, die von den Hebammen noch vor der Anerkennung durch den Vater beiseite geschafft wurden), so waren sie seit der Empfängnis unerwünscht. Aber dennoch sind keine Anstalten getroffen worden, sie nicht auszutragen.

Bis zum Ende der Antike setzten die Armen ihre Kinder aus oder verkauften sie.[61] 315 entschied Kaiser Konstantin, die Armen bei der Ernährung und Kleidung ihrer Kinder zu unterstützen, um ihnen den Kindsmord zu ersparen, der durch neue Gesetze untersagt war.[62] Aus juristischen Quellen erfahren wir auch, daß Erben versucht haben, ein noch ungeborenes Kind, das einen Anspruch auf das Erbe anmelden konnte, auszuschalten.[63] Die Abwesenheit des *pater* verhinderte in diesem Fall, zum Mittel der Kindsaussetzung zu greifen. Der Vater blieb jedoch, selbst über seinen Tod hinaus, Herr über seine Nachkommenschaft. So konnte er in seinem Testament bestimmen, daß ein Sohn, der noch geboren würde, ausgesetzt werden solle. Das Testament konnte aber auch festlegen, daß im Falle der Geburt eines Sohnes dieser enterbt werde, und damit die Verantwortung für eine eventuelle Kindsaussetzung bei der Mutter belassen. Falls sie ein Mädchen gebar, erhielt die Witwe nichtsdestoweniger Alimente für das Kind, wenn der *pater* per Testament entschieden hatte, es zu behalten.[64] Die Abtreibung war also keineswegs das vorrangige Mittel, ein Anwachsen der Familie endgültig und vollständig zu unterbinden.

In allen diesen Fällen handelte es sich um die Entscheidung des freien, römischen Vaters über seine legitimen Kinder. Die römische Mutter konnte, gemäß dem XII-Tafel-Gesetz (5. Jahrhundert v. Chr.) wegen Kindesunterschlagung verstoßen werden, wenn sie ihrem Ehemann das erzeugte Produkt *(partum)* sozusagen vorenthalten hatte.

Verfügten die Frauen über zuverlässige Mittel der Empfängnisverhütung?

Über welche Mittel verfügten die Frauen, um Geburten zu vermeiden, die vom Vater nicht gewünscht waren, und um nicht die Aussetzung oder Tötung eines Kindes riskieren zu müssen?

Die Praxis des Coitus interruptus, dessen Zuverlässigkeit recht gering ist, wurde kaum ausgeübt und wäre in jeder Hinsicht Sache des Mannes gewesen. Die Ärzte rieten den Männern davon ab, ihr Sperma am Ende des Beischlafs zurückzuhalten, da dies für Niere und Harnblase angeblich sehr schädlich sei.[65]

Die Sterilisation durch einen chirurgischen Eingriff wurde übrigens nicht versucht, obwohl man sie bei weiblichen Tieren, insbesondere den Säuen, anzuwenden wußte[66] und auch die Vasektomie praktizierte. Sie wurde in den großen Sportzentren an Athleten vorgenommen, wie uns Galenos berichtet, der im gleichen Text die Kastration von Schweinen in Kappadokien beschreibt.[67]

Römische Frauen hatten die Vorstellung, daß man der Empfängnis eines Kindes zuvorkommen könne. All unser Wissen davon stammt offensichtlich aus Schriften, die von Männern, insbesondere von Ärzten verfaßt worden waren.[68] Man stellte sich beispielsweise vor, daß die Frau mit Sicherheit empfangen würde, wenn das Sperma vollständig von der Gebärmutter absorbiert würde, und daß das Gegenteil ebenso sicher zuträfe. Folglich schien es ein gutes Mittel der Empfängnisverhütung, sich nach dem Akt sofort zu erheben und sich womöglich zu waschen. Die Frauen benutzten auch Pessare. Allerdings wissen wir nur zu gut, daß Mittel von der Art der Pessare und Spülungen eine sehr begrenzte Wirkung zeigen.

Vor allem aber nahmen die Frauen Substanzen zu sich, die in ihrer Zusammensetzung Abtreibungsmitteln glichen. Im ganzen Mittelmeerbereich schreckte man nicht davor zurück, Abführmittel und starke Brechmittel generell in der Humanmedizin zu verwenden. Die Nieswurz, deren Gefährlichkeit man voll und ganz kannte, wurde in schweren Fällen verabreicht, und zwar in voller Kenntnis der Gefahr für Leib und Leben. Die Gebärmutter wurde zu den Eingeweiden gezählt und man behandelte sie mit den Mitteln des Magen-Darm-Traktes: Sie sollte zum Erbrechen gebracht werden. Für sie hatte man heftige Brechmittel gefunden, wirksame menstruationsfördernde Mittel, die Hämorrhagien hervorriefen. Wie im Falle der Nieswurz, die übrigens als brechreizförderndes Zäpfchen in der Gebärmutter benutzt wurde[69], war man sich der Risiken dieser Produkte voll bewußt. Die Berberinnen des marokkanischen Atlasgebirges haben noch im 20. Jahrhundert ein Getränk aus Beifuß (Ansinth) verwendet, um unverheiratete Mädchen vor ungewollten Schwangerschaften zu schützen. Der Trank ist äußerst wirksam und ruft keine sekundäre Sterilität hervor. Wenn jedoch der Beifuß in der Antike bei der Herstellung von Tränken Verwendung fand, so bildete er nie deren einzigen Bestandteil[70], und wir können überhaupt nicht sagen, ob die wirksamen Mixturen tatsächlich den anderen vorgezogen wurden. Es genügte, ein effektives Mittel neben einem sehr risikoreichen zu verwenden, um jegliche Sicherheit auszuschließen.

Wünschten die Frauen die Anzahl der Schwangerschaften zu begrenzen, so mußten sie auf Abortiva zurückgreifen, für die es zahllose Rezepte gab. Aufgrund der Spontanaborte war man sich darüber im klaren, daß Schwangerschaftsunterbrechungen tödlich ausgehen konnten.[71] Allerdings war dies nicht der Grund, der die Ärzte davon abhielt, daran mitzuwirken: Eine Abtreibung konnte einen Ehebruch verdecken helfen – die Mithilfe daran stand unter der gleichen Strafandrohung wie der Ehebruch selbst. Der Arzt Soranos erklärte sich nur dann bereit, einen Schwangerschaftsabbruch einzuleiten, wenn der Uterus einer noch sehr jungen Frau dem Risiko bleibender Schäden ausgesetzt war. Das größte Risiko bestand danach in der Verletzung eines Uterus, der aufgrund der Jugend römischer Ehefrauen noch unausgereift war: In einem solchen Fall empfahlen die Ärzte sogar den Schwangerschaftsabbruch, einschließlich des chirurgischen Eingriffs (mit Hilfe einer Sonde).[72]

Wir kennen die Praktiken des Schwangerschaftsabbruchs in der römischen Welt aus zwei Arten von Quellen: Zum einen haben wir literarische und medizinische Abhandlungen, zum anderen juristische Texte, in denen jene Personen abgeurteilt werden, die – im Falle des Todes der Patientin – den Trank verabreicht hatten. Dies zeigt unmißverständlich, welche Risiken mit Schwangerschaftsabbrüchen verbunden waren. Das Scheitern eines durch chirurgischen Eingriff verursachten Abortes wurde als Mord eingestuft, wenn er mit Hilfe mechanischer Mittel (etwa Metallsonden[73]) durchgeführt wurde. Trat der Tod nach Einnahme eines Trankes ein, so war der Vorwurf des Giftmordes gegeben. Der Gegenstand strafrechtlicher Verfolgung war also nicht die Abtreibung als solche, auch nicht die Beseitigung eines Kindes, dessen Leben dem Vater gehörte: Es war die Tötung einer Frau. In der Tat wurde im Falle des Todes der Frau die- oder derjenige, der das Abtreibungsmittel zusammengebraut hatte, entweder des Giftmordes oder der unheilbringenden Magie angeklagt. Den Römern war es nie gelungen, Gifte, Liebestränke und Arzneien in korrekter Weise auseinanderzuhalten.[74] Ein »Gift« *(venenum)* war gut, solange es niemanden tötete. Die Wirkung des Trankes, dessen Folgen unvorhersehbar waren, lag außerhalb der Verantwortung des Patienten. Allein die Person, die ihn verabreichte, konnte daraus ein schädliches Mittel machen und dafür von der Justiz zur Rechenschaft gezogen werden.[75]

Trat ein unverständlicher Todesfall auf, bei dem der Verdacht auf Giftmord bestand, mußte das Geständnis des Giftmörders erwirkt werden: In dem speziellen Fall der Abortiva jedoch war die Person, die das Mittel verabreicht hatte, bekannt, und der Prozeß konnte sofort eröffnet werden. Das gleiche galt übrigens auch für die Aphrodisiaka.[76] Starb die Frau daran, so war aus dem Liebestrank ein schlimmes Gift geworden und beschäftigte von nun an die Rechtsprechung. Die Entscheidung, den Fall vor Gericht zu bringen, blieb dem Ehemann überlassen: Er allein entschied, ob seine Frau Opfer einer unrechtmäßigen Handlung *(iniuria)* geworden war.[77] Aus der Formulierung der Gesetze ist zu schließen, daß solche heil- oder unheilbringenden Tränke im allgemeinen von Frauen verabreicht wurden.[78] Die Frau, die einer anderen bei der Abtreibung half, riskierte für den Fall, daß ihre Freundin dabei ums Leben kam, selbst verstoßen, ihrer Mitgift beraubt und strafrechtlich verfolgt zu werden.

Das biologische Dasein der Frau war unauflöslich verwoben mit der sozialen Reproduktionsweise der menschlichen Gemeinschaft der mittelmeerischen Gesellschaften. Sogar die Pubertät, die als ein reines öko-biologisches Faktum gelten könnte, ist durch die Lebensweise der heranwachsenden Mädchen konditioniert, die in den unteren sozialen Schichten schon sehr früh arbeiten mußten und in den höheren Schichten einem körperlichen Training unterzogen wurden, das dem der Jungen vergleichbar war. Den einzigen konstanten Wert stellt die Sterblichkeitsrate dar; die Geburtenziffer ist unmöglich zu ermitteln und noch weniger die Zeugungsrate – wir werden später sehen, weshalb. Die allgemeinen Bedingungen des biologischen Lebens der Frau, ihres Schicksals als Mutter, waren so, daß das Risiko, wegen wiederholter Schwangerschaften und Aborte zu sterben, den normalen Horizont eines Frauenlebens bestimmte. Dieses Risiko ist durch ein gesellschaftliches Arrangement im ganzen Reich schichtenspezifisch geformt worden. Was man von den Frauen in den Städten ebenso erwartete wie von denen in den nichtstädtisch organisierten Gemeinschaften, war etwas völlig anderes als eine globale Reproduktion der Bevölkerung; ihre Aufgabe war es, die Übertragung eines privilegierten Sozialstatus zu sichern, und, das war von den einfacheren Frauen gefordert, die Reproduktion des Menschenmaterials zu gewährleisten, auf dem die Zivilisation ruhte.

Die Aufgabenteilung:
Der Schutz der Frauen höheren Ranges

In Gesellschaften mit sehr hoher Mortalitätsrate – d. h. all jenen, die der unsrigen vorausgingen – resultieren die Unterschiede in der Organisation der Bevölkerung aus dem gesellschaftlichen Arrangement, das die Funktion der Frau definiert. In den antiken Gesellschaften läßt sich eine Aussonderung von Frauen feststellen, die dazu ausersehen waren, die Reproduktion von Personen besonderer Geltung zu sichern, d. h. von Bürgern oder Angehörigen einer Volksgruppe, die sich ihrer definierten Eigenart bewußt war – wie z. B. die Juden. In einer Welt, in der die Mädchen sehr jung heirateten, gilt es zu prüfen, wie man die Gesamtgeburtenziffer begrenzen konnte, indem man die Verteilung steuerte (denn man konnte weder die Fruchtbarkeit der Frauen, die Sexualkontakte hatten, noch die Kindersterblichkeit wirklich einschränken). Wir werden sehen, wie die ehrbaren Ehefrauen römischer Bürger ihre Existenz durch sexuelle Enthaltsamkeit zu schützen wußten, sobald sie ihrem Gemahl die unbedingt erforderliche Anzahl von Kindern geboren hatten, und wie sie es den Geliebten ihres Mannes überließen, das tödliche Risiko der Abtreibung auf sich zu nehmen.

In den antiken Gesellschaften des Mittelmeerraumes betrug die Mortalitätsrate ca. 40 pro Tausend – alle anderen Daten bleiben ungewiß: so die Anzahl der empfangenen Kinder, der Abtreibungen, der Kindsmorde und der weiblichen Säuglinge, die man vorzugsweise beseitigte. All dies wird hier nur deshalb angeführt, weil die Alten selbst über diese Praktiken mit einer gewissen Selbstverständlichkeit sprachen, bis zu dem Zeitpunkt allerdings, da die Juden und später die Christen diese Dinge den Heiden zuschrieben und ihnen zum Vorwurf machten. Wir können also mit Sicherheit davon ausgehen, daß all dies, Empfängnisverhütung, Abtreibung, Kindsmord und die Beseitigung von Mädchen, praktiziert wurde, werden allerdings nie wissen, in welchen Relationen.

In der weiten Welt des Mittelmeerraumes, ein Ergebnis der römischen Eroberungen, lebten Völker, deren Gebräuche und schriftlich fixierte Gesetze bemerkenswerte Unterschiede in Familiensachen aufwiesen. Das Verbot der Verwandtenehe (mit anderen Worten, der Inzest), die Gesetze bezüglich der Übertragung von Bürgerrechten oder der Zugehörigkeit zu einer Volksgruppe und die Rolle der Frauen bei dieser Weitergabe, all dies wird einander gegenübergestellt, miteinander verglichen und schließlich als ethische Normen hierarchisch geordnet, während doch ursprünglich diese Unterschiede überall als ethnische Normen gegolten hatten. In dem Maße, in dem die römische Oberhoheit von der Gesellschaft anerkannt wurde, wurden jene, die in die Gemeinschaft der Sieger aufgenommen zu werden wünschten, dazu gebracht, deren Gesetze zu übernehmen. Der Prozeß des Zusammenwachsens der Völker des Mittelmeerraumes unter dem Dach des römischen Rechts zu Beginn des 3. Jahrhunderts und dann später unter den Regeln der christlichen Kirche (Regeln, die nicht insgesamt in das Recht der westlichen Königreiche oder des byzantinischen Reiches eingefügt wurden) veränderte das Leben der Frauen in dieser Region, die ihren Beitrag zur Ausbildung der westlichen Zivilisation geleistet hat.

Fortpflanzung und gesellschaftlicher Status

In all diesen Gesellschaften gründeten sich die sozialen Unterschiede auf den Status von Personen. Die Frauen waren in diese Statushierarchie integriert. Die Freien unter ihnen, die eigene Sklaven besaßen, achteten darauf, daß ihr Vermögen an Sklaven sich reproduzierte. Die Sklavinnen sorgten für die Reproduktion der Sklavenmenge.

Freie und Sklaven waren voneinander getrennt und zwar in allen Gesellschaften des Reiches. Jede Gesellschaft wachte darüber, ihre Mitglieder nicht in die Sklaverei fallen zu lassen, und stellte den Rechtszustand für all jene wieder her, die den Status des Freien wiedererlangt hatten. So wie ein Römer keinen Römer als Sklaven halten durfte, so durften weder Juden noch Griechen Landsleute in Sklaverei halten. Eine Frau, die während einer Gefangenschaft vergewaltigt wurde, behielt in Rom ihre Stellung als ehrbare Frau[79], so wie auch ein Bürger seine volle Rechtsfähigkeit wiedererlangen konnte.

Ein Besitzer von Sklaven, der freie Mann oder die freie Frau, die Herrin über ihr eigenes Vermögen geworden war, überwachte die Geburten in der Welt seiner Sklaven. Das war so im griechischen Bereich – Beispiele liefert das römische Ägypten[80] – wie auch im römischen Westen. Cicero hatte Xenophons *Oikonomikos* übersetzt, ein sehr erfolgreiches Buch, von dem eine Kurzfassung im Umkreis des Aristoteles verfaßt worden war. Dort konnte man lesen, daß eine vernünftige Verwaltung des Sklavenkapitals die Trennung von Männern und Frauen erforderlich mache, ihre Verbindung jedoch nach reiflicher Überlegung als Belohnung gerechtfertigt sei. Man hinderte die Sklaven auch daran, sich mit Sklavinnen oder Sklaven eines anderen Herren zu verbinden. Bei den Römern wurde seit 52 n. Chr.[81] eine freie Frau, die sich mit einem Sklaven ohne die Zustimmung seines Herrn einließ, selbst zur Sklavin. Der Verkauf einer unfruchtbaren Sklavin war in Rom Gegenstand ernsthafter juristischer Debatten. Man gelangte zu dem Schluß, daß der Verkauf für null und nichtig zu gelten habe, wenn die Sterilität Folge einer Krankheit war, nicht jedoch, wenn sie angeboren war. Das Vergleichsbeispiel für

die Rechtsgelehrten war im vorliegenden Fall der Verkauf eines unfruchtbaren, weil kastrierten Schweines, das laut Gesetz vom Verkäufer zurückgenommen werden mußte, falls er den Käufer zuvor nicht ord-
nungsgemäß informiert hatte.[82] Man verglich diese Sklavin auch mit
einem Eunuchen, der dem Verkäufer wie ein nicht deklarierter Kranker
zurückgegeben werden konnte (allerdings wurden gutaussehende Eunuchen zu höheren Preisen gehandelt als die übrigen männlichen Sklaven).
Der Vergleich zwischen der Sklavin und dem Schwein ist sehr aufschlußreich. Mit Ausnahme der Zuchttiere wurden alle Schweine
kastriert, um ihr Fleisch zarter und genießbarer zu machen. Es gab also
Schweine, die der Gaumenfreude dienten und solche, die zur Reproduktion bestimmt waren: Die Deklarierung vor dem Verkauf war obligatorisch.

Die Sklavinnen befanden sich in einer vergleichbaren Situation: Die
einen dienten der Fortpflanzung, die anderen dem Vergnügen ihrer Herren, und dies blieb so bis ins 6. Jahrhundert n. Chr. hinein. Der Bischof
Caesarius von Arles fragte, ob die freien Frauen, die Abtreibungsmittel
nähmen, es dulden würden, daß auch ihre Haussklavinnen oder die
Frauen im Status von Kolonen (Landarbeiterinnen, die an die Scholle
gebunden waren) dies täten. Von jenen wünschten sie doch, daß sie sich
vermehrten.[83] Auch wenn man einräumt, daß die Zeiten vorüber waren,
in denen der Zustrom von Sklaven durch Kriege gespeist wurde, und
daß man nun eher auf die Reproduktion angewiesen war, so haben diese Überlegungen doch eine lange Lebensdauer gehabt. Man kann feststellen, daß die Sorge um die Fortpflanzung der Sklaven sich auf die
Kolonen überträgt, die ihren Platz einnehmen, und bei denen es sich
zwar um freie, aber abhängige Bauern handelt, die an ihre Scholle
gebunden waren. In diesem Falle handelten die Herrinnen als Besitzerinnen anderer Frauen, als Herrinnen über mindergeachtete Körper,
ganz wie die Herren. Die Gefühle der hochgestellten Frauen des Reiches
waren vor allem durch den gesellschaftlichen Status bestimmt, durch
den eigenen und den der anderen. Das ging so weit, daß selbst christliche Damen der alexandrinischen Gesellschaft sich ohne Bedenken von
ihren männlichen Sklaven waschen ließen: Sie sahen sie nicht als Männer.[84]

Die sexuelle Freizügigkeit der Sklaven, von der hauptsächlich die
Männer profitierten, war eine Klischeevorstellung der antiken Welt. In
einer Komödie des 4. Jahrhunderts, verfaßt in Gallien, beschreibt ein
Schauspieler die Freuden der Sklaverei: Des Abends mit den Dienstmädchen ins Bad gehen und dort das Mädchen nackt in seinen Armen
halten, das dem Herren nur bekleidet zu sehen vergönnt war.[85] Völlige
Promiskuität also, die jedoch durch die Inschriften von Sklaven widerlegt
wird, weil dort exakt die Formulierungen benutzt werden, die zum Aus-

druck der ehelichen Beziehungen unter Freien Verwendung fanden. Die freien Frauen hatten den Auftrag, den wertvollen Status eines Bürgers oder eines Angehörigen bestimmter Volksgemeinschaften weiterzureichen. Bis zum Jahre 212 hatte es im Prinzip in der mediterranen Organisation der Stadtstaaten eine weitere Zäsur gegeben, nämlich die zwischen Bürgern und Nicht-Bürgern. Es bestand allerdings die Möglichkeit, Fremde in die Polisbürgerschaft zu integrieren oder auch den Status auf der Grundlage von Vereinbarungen zwischen zwei Völkern über den Abschluß legitimer Ehen zu übertragen. Die Juden, deren politisches System nicht am Polisgedanken orientiert war, konnten ebenfalls Eheschließungen mit Nichtjuden zulassen. Solche Verbindungen wurden nicht als »Mischehen« gesehen, sofern die Integration in die Gemeinschaft gelang – für einen Mann bedeutete dies das Studium der Heiligen Schrift und die Beschneidung, für die Frau ein anderes Verfahren, das den Körper nicht miteinbezog. Die Römer hatten mit den italischen Völkerschaften im Zuge ihrer Eroberungen Abkommen geschlossen, und jedes Mal, wenn sie einer Stadt oder einem Volksstamm das latinische Recht verliehen, beinhaltete dies die Möglichkeit, legitime Ehen nach römischem Recht einzugehen. Die griechischen Poleis gingen mit der Verleihung ihres Bürgerrechts an Fremde viel sparsamer um, mochten die Fremden auch Griechen sein. In der griechischen Polis in Ägypten wurden Ehen zwischen Griechen und Ägypterinnen nicht anerkannt. Ein Großteil der Bevölkerung des griechischen Ostens, in Syrien, Palästina oder Ägypten beispielsweise, besaß weder das griechische noch das römische Bürgerrecht; kamen diese Leute in den Westen, so befanden sie sich in der Lage von Fremden, die nicht das Recht besaßen, mit der unter latinischem Recht lebenden Mehrheit der Bevölkerung eheliche Verbindungen einzugehen. Fragen des Bürgerrechts waren also überall gegenwärtig und von grundlegender Bedeutung, sobald es darum ging, zu heiraten und den bürgerlichen oder ethnischen Status weiterzugeben.

Aber diese Gesellschaften räumten ihren Frauen einen unterschiedlichen Platz bei der Weitergabe der Bürger- oder Stammesrechte ein, obwohl sie in den Gesamtrahmen des Mittelmeeres eingebettet waren. Besaßen die Eheleute denselben Status, so stellte sich die Frage nicht. Überall hatten zwei Sklaven wiederum Sklaven als Kinder, und überall setzten zwei Polisbürger oder zwei Angehörige des gleichen Volksstammes Kinder in die Welt, die von der Gemeinschaft als Mitglieder anerkannt wurden. Die Regelungen bezüglich der Kinder aus illegitimen Verbindungen unterschieden sich jedoch. Das weist auf die Rolle der Frau bei der Weitergabe des Status hin.

Nach römischem Recht war eine freie Frau, die ein Kind auf die Welt brachte, entweder in rechtmäßiger Ehe verheiratet (also legitim mit allen rechtlichen Konsequenzen) und somit Matrone, oder eine Konkubine, die Matrone sein konnte, aber nicht sein mußte, oder aber ein Mädchen oder eine Frau, die geschändet worden war (sie blieb im Stand der Matrone), oder schließlich eine Frau, die der Unzucht oder des Ehebruchs bezichtigt wurde (sie galt nicht mehr als Matrone). Falls sie Matrone war, gab sie das römische Bürgerrecht an ihr Kind weiter, unabhängig davon, ob das Kind einen legitimen Vater hatte oder nicht. Das jüdische Recht verlieh jedem Kind, das von einer Jüdin geboren wurde, die Stellung eines Juden, mochte es ein Bastard oder von niedriger Herkunft sein. Die Weitergabe der Rechtsstellung durch die Mutter wurde dadurch unterstrichen, daß Männer auf Inschriften die Abstammung von der Mutter angaben: Ein Soundso, Sohn der Soundso (man spricht hier von Matronymie des Knaben).[86]

Die griechischen Bürgerinnen haben ihren Status niemals an illegitime Kinder weitergegeben.[87] In Milet etwa erblickte das Kind eines Bürgers und einer Fremden als Bastard, das Kind einer Bürgerin und eines Fremden dagegen als Fremder das Licht der Welt. Als sich die Stadt, die nach dem Vorbild Athens von beiden Eltern das Bürgerrecht forderte, im Fall eines Bevölkerungsschwundes (Oliganthropie) dazu entschloß, ihr Bürgerrecht auch an Bastarde zu vergeben, so galt dies nur für die Söhne, die ein Mann in der Bürgerschaft mit einer Fremden hatte. Man kann also sagen, daß die Übertragung des Bürgerrechts grundsätzlich Sache des Vaters war. Das war weder im römischen Recht der Fall noch in dem an der Volkszugehörigkeit orientierten Recht der Juden. Bei den Römern wie bei den Juden brachte die Frau, deren Position durch die Rechtslage aufgewertet war, Kinder zur Welt, die von Geburt an den Status der Mutter hatten.

In jedem Fall war jedoch das Hauptanliegen der Gesellschaften, Bürger aus legitimen Verbindungen hervorgehen zu sehen. Die römische und die jüdische Gesellschaft lassen es im Gegensatz zu den Griechen zu, daß das Bürgerrecht oder die Volkszugehörigkeit auch über illegitime Beziehungen vermittelt werden. Kaiser Augustus hatte mit der *lex Iulia* eheliche Verbindungen zwischen Freigeborenen *(ingenui)* und Freigelassenen *(liberti)* rechtlich verankert, wobei Männer und Frauen senatorischer Familien von dieser Regelung ausgeschlossen blieben.[88] Der Eintritt in die römische Rechtssphäre war gleichbedeutend mit dem Zugang zur Möglichkeit, Verbindungen in einer unermeßlichen Welt zu knüpfen. Die Juden gestatteten mit der Integration von Nicht-Juden als Proselyten ebenso wie die Römer den Zutritt zu ihrer Volksgemeinschaft. Sie ließen auch freigelassene heidnische Sklaven zu und erlaubten Eheschließungen zwischen Personen ungleichen Ranges.

Die »ehrbaren Frauen« als die wahren Ehefrauen

In all diesen Zivilisationen waren es die verheirateten Frauen, die den Status und dessen Wert weitergaben. Mit drei Gesetzen von 18 v. Chr., 17 v. Chr. und 9 n. Chr. hatte Augustus das römische Familienrecht revolutioniert. Er zwang die oberen Gesellschaftsschichten zur Ehe und zur Fruchtbarkeit, indem er im Falle des Widerstandes den Verlust der Erbfähigkeit androhte. Er förderte das Eingehen legitimer Verbindungen und machte es zur Sache des Staates, die Treue der Ehefrauen – der Matronen – zu überwachen. Er nötigte die Familie und die Nachbarn, Ehebrecher zu denunzieren, indem er Bestrafung wegen Kuppelei, d. h. den Verlust der bürgerlichen Ehrenrechte, androhte.

Die Treue der Ehefrau war eine Forderung in allen Zivilisationen des Reiches, von denen wir Zeugnisse haben. Andere Völker, andere Gemeinden verfügten manchmal über das Recht, Ehen mit Römern einzugehen, und folglich waren solche legitimen Eheverbindungen ebenso geschützt wie die Ehen zwischen Römern. Auch dort, wo man nach eigenem Recht lebte, schützte man legitime Verbindungen vor Ehebruch: In diesem Punkt war man sich also in allen antiken Gesellschaften des Mittelmeerraumes vollkommen einig.

Der lange Liebesroman des Chariton, Chaireas und Kallirhoë, der zweifellos im 1. Jahrhundert n. Chr. entstanden ist, beginnt mit einer Liebesheirat, die ein Verleumder zu zerstören trachtet. Chaireas erfährt von der angeblichen Untreue seiner Frau, eilt wie ein Rasender zu ihr und versetzt Kallirhoë einen derart heftigen Tritt in den Magen, daß sie fällt, als tot gilt und erst wieder erwacht, als sie schon in einem Grab liegt.[89] Sie liebt ihren Mann noch immer und wird ihn nach etlichen Abenteuern nach Art des Schelmenromans glücklich wiederfinden. Sie hat volles Verständnis für seine Wut – Mann und Frau sind sich einig: Der betrogene Mann empfindet gerechten Zorn.

Männer ihrerseits fürchteten, sich den Strafen für Ehebruch auszusetzen und wollten daher wissen, mit was für einer Frau sie es zu tun hatten. Wenn die Satiriker die dramatischen und wenig angenehmen Begleitumstände von Beziehungen zu verheirateten Frauen (so lautet die Definition des Ehebruchs für den Mann) vor Augen führen – Bestürzung und Bangen beim kleinsten Geräusch, die Dienerin als Komplizin, die nach dem Ehemann Ausschau hält – wird die soziale Schicht, der die Frau angehört, nicht weiter präzisiert. Was hingegen beschrieben wird, ist die Garderobe der ehrbaren Frau, die von allen legitimen römischen Ehefrauen, Witwen oder geschiedenen Frauen, getragen wurde und die nichts weiter freiließ als das Gesicht. »Reizt dich Verbotenes? Macht gerade das dich toll, was des Gesetzes Wall umschirmt? Wie viele Hindernisse stehn dir da im Weg: die Sänfte und ihre Begleiter;

daheim die Sklaven zum Frisieren und die Frauen, die Gesellschaft leisten; das lange Kleid, das bis auf die Knöchel reicht, der Mantel drüber . . .«. Die Kurtisane zeigt ihre Ware, sagt der Poet, während man von der ehrbaren Frau »nichts sieht als das Gesicht«.[90] Horaz (68–8 v. Chr.) schrieb diese Verse am Ende seines Lebens – zu einer Zeit, in der in Rom höchste Freizügigkeit der Sitten herrschte und gleichzeitig die rigorosen Gesetze des Augustus gegen Ehebruch galten. Zu den Risiken ehebrecherischer Amouren zählte Horaz die Folterung der Sklaven, denen man die Beine zerbrach, und den Verlust der Mitgift für die untreue Ehefrau.[91]

Als Horaz seine zweite Satire schrieb, waren die Gesetze des Augustus zum Ehebruch bereits in Kraft. In einem Panorama von Möglichkeiten, mit gutem Gewissen extreme Lebensweisen zu kultivieren, kommt er zuerst auf das Geld zu sprechen und dann auf den Sex, der letztlich ans Geld gebunden ist. Der eine buhlt um die Gattinnen von Bürgern, die bis zu den Knöcheln verhüllt sind, der andere interessiert sich nur für leichte Mädchen. Die Ehebrecher leben immer mit der Angst, ihre Lust ist ständig durch Unruhe getrübt. Sie fürchten, von dem Dach zu fallen, auf das sie sich geflüchtet haben, und zu Tode gepeitscht oder gar kastriert zu werden.

Horaz kam zu der Ansicht, die respektablen Frauen würden, da sie sich nur verschleiert zeigten, über die Beschaffenheit der Ware täuschen: Es beschäftigte ihn überdies, zu wissen, ob unter diesen Hüllen auch ein Hintern sei.[92] Vom Busen ist nie die Rede. Die ehrbaren Frauen hüteten sich, die Blicke auf sich zu ziehen. Wenn sie ausgingen, so bedeckten sie, in Rom wie auch im griechischen Osten, stets den Kopf mit einem Schleier oder einem Zipfel des Mantels. Übrigens verließen sie das Haus nur sehr selten. Man schickte ältere Frauen oder junge Mädchen aus, um etwa Kleider einzukaufen.[93] Zur Zeit der Republik konnten sich die Männer scheiden lassen, wenn ihre Ehefrau mit bloßem Haupt das Haus verließ.[94] Plinius amüsierte sich darüber, daß seine Frau »ihr begieriges Ohr hinter einem Vorhang spitzte«[95], um einer Lesung aus seinen Werken zu lauschen. In Rom trugen die Kultstatuen der Göttin Pudicitia einen Schleier.[96]

Der Schleier oder der über den Kopf gezogene Mantel stellten eine Warnung dar: Dies hier ist eine ehrbare Frau, der man sich nur bei schwerer Strafe nähern kann. Ging eine Frau hingegen ohne Schleier, wie eine Dienerin gekleidet, aus dem Haus, so war sie nicht mehr durch das römische Gesetz vor zudringlichen Männern geschützt: Die nämlich kamen dann in den Genuß mildernder Umstände.[97] Als dann die Christen von jeder Frau in ihren Reihen verlangten, das Haupt verhüllt zu tragen (Paulus 1 *Kor* 11, 10), verlieh man allen das Erscheinungsbild von Frauen, die zu berühren nicht erlaubt war, von ehrbaren Frauen also, die sie jedoch nicht alle gemäß ihrer jeweiligen Rechtsstellung waren. So wie die männlichen Sklaven sich die Freiheit nehmen konnten, Toga oder Pallium, die Kleidung des freien Mannes, zu tragen, so übernahmen die Christinnen, ungeachtet ihres jeweiligen Status, den Schleier, wenn nicht sogar die ganze Bekleidung der Matrone. Mit dieser Kleidung wurde zweifellos Unterwürfigkeit zum Ausdruck gebracht, seitens der Matrone wie auch der Christin niederen Ranges – sie war aber gleichzeitig auch ein Ehrenzeichen, welches sexuelle Zurückhaltung signalisierte und damit also Herrschaft über sich selbst.

Bei diesen ehrbaren Frauen schätzte man es überdies auch nicht, wenn sie ihren Ehemann mit gewöhnlichen Kunstgriffen wie Schminke, Parfüm oder Frisuren zu betören suchten.

Die juristische Formel für die römische Ehe wird von ihrer Bestimmung her definiert: der Fortpflanzung. Römische Ehefrauen mußten drei oder vier Kinder in die Welt setzen. Erst das verschaffte ihnen die Befreiung von der Vormundschaft: Drei Kinder für die freigeborene Frau, vier Kinder für die Freigelassene. Die augusteischen Gesetze untersagten es unverheirateten Männern zwischen 20 und 60 Jahren und ledigen Frauen (aber auch Witwen und geschiedenen Frauen) zwischen 18 und 50 Jahren, Schenkungen aus Erbschaften anzunehmen. Frauen mußten ebenso wie Männer verheiratet sein und im 20. Lebensjahr mindestens ein Kind haben, die Männer im 25. Lebensjahr. Frauen mußten verheiratet sein und sogar neue Ehen geschlossen haben: Witwen nach einem Jahr, geschiedene Frauen nach sechs Monaten. Unter Hadrian konnte die Frau auch ihre nicht legitimen Kinder einbringen – also Kinder aus ihrer Zeit als Konkubine, vermutlich die ihres Patrons – und sie zu den Kindern ihres Mannes hinzuzählen, wahrscheinlich eines Freigelassenen, der sie mit Zustimmung des Patrons geheiratet hatte. Das Wesentliche war, daß wenigstens ein Kind gezählt werde, auch wenn es nicht am Leben war, und um diese Gewißheit zu erlangen, mußte man drei Kinder in die Welt gesetzt haben, die länger als drei Tage gelebt hatten.

Die Familien der Frau und des Mannes, wie überhaupt die ganze Gesellschaft, erwarteten von den Frauen, daß sie die drei vom Gesetz geforderten Kinder hervorbrächten, damit ihr Mann sein Erbe antreten und Schenkungen, die an ihn fielen, annehmen konnte; für den Fall, daß keine Kinder vorhanden waren, gingen diese Legate zum größten Teil an Familienväter in der Verwandtschaft oder an den Staat. Verheiratet, »um Kinder zu gebären«, so lautete die offizielle Formulierung des römischen Rechts, waren die Frauen beunruhigt, wenn sich das Kind nicht rechtzeitig einstellte. Kinderlose Eltern wandten sich um Hilfe an die Götter in den Heiligtümern. Als Vorbild dienten die Eltern des Pythagoras. Die Votivinschriften der Asklepiosheiligtümer bezeugen des öfteren den Dank der Eltern für die Erfüllung eines Kinderwunsches.[98] Die Frauen schluckten Heilmittel gegen Sterilität, welche ebenso gefährlich waren wie Abtreibungsmittel. Noch in der Zeit, als sich das Christentum bereits durchgesetzt hatte, starb Kaiserin Eusebia, Gemahlin des Konstantius II., an einer Arznei gegen Unfruchtbarkeit – dieselbe, die das Kind der Helena (Gattin des späteren Kaisers Julian) zu Tode gebracht und schließlich Helena selbst veranlaßt hatte, ein todbringendes Medikament einzunehmen.[99] Mit ihren Bitten wandten sich die Frauen in der Folge an Heilige und später an deren Reliquien.

Die musterhafte Frau, deren umfangreiches Loblied wir besitzen, schlug ihrem Mann selbst die Trennung vor, wenn sie keine Kinder gebären konnte, damit er sich eine fruchtbare Ehefrau nehmen könne.[100]

Frauen und ihre Umgebung lebten in ständiger Furcht vor Fehlgeburten und holten deshalb den Rat der Ärzte ein. Zum Schutz des Kindes im Mutterleib empfahlen Ärzte sexuelle Enthaltsamkeit während der Schwangerschaft, und um den Säugling zu schützen, untersagten sie sexuelle Beziehungen während der Stillzeit.[101]

Aristoteles meinte bereits, daß die Milch einer Frau versiege, wenn sie wieder schwanger werde. Man fragt sich also, wann sich die sexuellen Beziehungen zwischen Eheleuten eigentlich entwickeln konnten. Meiner Meinung nach zeigen diese medizinischen Texte, die Männern empfehlen, Datum und Umstände des Zeugungsaktes im voraus zu planen, deutlich, daß sich die ehelichen Beziehungen begüterter Ehepaare oft auf jene Kontakte beschränkten, die für die Zeugung der erforderlichen Kinderzahl unabdingbar waren. Dies alles sollte möglichst schnell geschehen, wobei die Kinder kurz nacheinander geboren werden sollten, was umso eher möglich war, da römische Frauen der Oberschicht gegen den Rat ihrer Ärzte nicht stillten.

Enthaltsamkeit der Ehefrauen und gesellschaftliches Arrangement

Wieviele Kinder konnten Römerinnen der Oberschicht zur Welt bringen, die mit 12 Jahren geheiratet hatten und ihre Kinder nicht stillten? Heiratete ein Mann von 30 Jahren ein 15jähriges Mädchen und starb der Ehemann mit 45 Jahren, so konnte das Paar in diesen 15 Jahren sieben Kindern das Leben schenken, vorausgesetzt, sie wurden von der Mutter gestillt. Die Möglichkeit war groß, daß auch die Frau starb, bevor sie diese sieben Kinder haben konnte. Tatsächlich hätten 15 Kinder geboren werden können, falls die Eheleute am Leben blieben. Wie dem auch sei, zwischen dem 14. und dem 20. Lebensjahr hatte eine Frau ihre drei gesetzlichen Kinder, Zensuskinder, wie man sagte, zur Welt gebracht. Was aber geschah dann?

Wir müssen gleich zu Beginn feststellen, daß die großen Familien sich selbst auslöschten. Unter Nerva, gegen 100 n. Chr., existiert nur noch die Hälfte der im Jahre 65 erfaßten namhaften senatorischen Familien. 130 n. Chr. war schließlich nur noch eine einzige der von Julius Caesar 45 v. Chr.[102] wiederhergestellten patrizischen Familien übriggeblieben. Wenn also die Familien der Oberschicht ausstarben, kann man sich folgende Szenarios vorstellen: Aussetzung der Kinder, sobald die notwendige Dreizahl erreicht ist. Das ist allerdings schwer zu glauben, da dies zehn ausgesetzte Babies pro Frau bedeuten würde. Bei den Armen konnte man Aussetzung und Verkauf erwarten, insbesondere, weil im 6. Jahrhundert n. Chr. der Verkauf von Mädchen unter zehn Jahren an Kuppler verbürgt ist.[103] Als zweite Möglichkeit könnte sich der Wechsel der Frau aufgrund von Ehescheidung anbieten: Die Anzahl der Kinder wäre dann für den Mann allerdings noch größer gewesen. An einer Scheidung zeigte offenbar niemand großes Interesse: Besser war es, sich zu arrangieren. Die römischen Ehescheidungen gehören in die Sparte der Skandalchronik: Sie sind Thema der Medien, d. h. der Klatschspalten bei den römischen Geschichtsschreibern. Über stabile Ehen berichtet die Geschichte nicht. Bleibt festzustellen, daß römische Frauen, anders als Jüdinnen, die Initiative zur Trennung ergreifen konnten, dabei jedoch gewisse Risiken bezüglich ihrer Mitgift eingingen. Jene Römerinnen, die zum jüdischen Glauben übergetreten waren, mußten den Verlust dieses Rechtes in Kauf nehmen. Jüdinnen wiederum, die Römerinnen geworden waren und in zwei Rechtssphären lebten, durften ihren Gemahl nicht verstoßen.[104]

Wenn sich der Ehemann nicht damit zufriedengab, lediglich zur Zeugung von Nachkommen mit seiner Frau zusammenzusein, und er sich eine Fortsetzung ihrer sexuellen Beziehungen wünschte, so waren weitere Vorkehrungen erforderlich. Wir haben bereits gesagt, daß die Empfängnisverhütung sicher nicht besonders wirksam war. Sobald eine freie und ehrbare Frau einen Arzt bat, ihr bei der Abtreibung zu helfen, wurde sie sofort verdächtigt, ein Kind beseitigen zu wollen, das aus einem Ehebruch hervorgegangen war. Die Frauen, über die Juvenal (ca. 65–140 n. Chr.) und Martial (ca. 40–104 n. Chr.) nach der prüden Zeit der Flavier, unter der Tyrannei eines Domitian, aber auch unter der ernsthaften Herrschaft des Nerva, sprechen, gehören offenbar zu den höchsten Kreisen – sie haben einen Liebhaber nach dem andern und treiben ab, wenn es notwendig ist. Doch das sind nur Skandalgeschichten; es war sicherlich nicht die Regel. An der Abtreibung zeigte das Recht nur Interesse, wo es die ehebrecherische Gemahlin betraf, die ihre Schwangerschaft gerade deshalb verbergen mußte, weil sie keine intimen Beziehungen zu ihrem Gemahl unterhalten hatte. Vor den Richter gelangten lediglich jene Abtreibungs-Vergiftungsfälle von Frauen, die in legitimer Ehe lebten, da es dem Ehemann oblag, rechtliche Schritte in die Wege zu leiten. Es gibt keinen Grund, sich ein anderes Mittel als die Enthaltsamkeit zur Begrenzung der Geburten in den aristokratischen Familien vorzustellen, es sei denn, man unterstellt eine großzügige Abtreibungspraxis – und folglich eine hohe weibliche Mortalitätsrate, die die Oberschicht generell betraf.

Die Enthaltsamkeit der Ehefrauen

Die Frauen im gesamten römischen Reich, deren Lebenserwartung zwischen 20 und 30 Jahren lag, und von denen ein Fünftel oder ein Viertel (vielleicht sogar noch mehr) in den ersten fünf Lebensjahren starb, waren mit ungefähr zwölf Jahren verheiratet (manchmal früher und generell vor dem 18. Lebensjahr). Diejenigen, die länger lebten und mit einem Lebensalter von ca. 40 Jahren rechnen konnten, wußten nur zu gut, daß man mit einer Entbindung sein Leben aufs Spiel setzte. Selbst wenn die erste Geburt zeigte, daß die Ausbildung des Beckens günstig war – d. h., wenn die junge Frau überlebte –, so konnte eine weitere Entbindung durch eine ungünstige Kindslage immer noch dramatisch verlaufen.

Wir sollten zuerst einmal bedenken, daß Aristoteles zufolge »die Frauen der Liebe überdrüssig sind«[105], sobald sie einmal dreifache Mutter geworden waren. »Außerhalb des Mutterleibes wird das Weibchen aufgrund seiner schwachen Konstitution eher erwachsen und altert schneller ... Die Männer befinden sich indessen in besserer physischer Verfassung, wohingegen sich die Mehrzahl der Frauen aufgrund von Schwangerschaften schlecht fühlt.« Wir haben also auch zu berücksichtigen, daß Frauen schneller altern als Männer. Der Körper zugrunde gerichtet, die Vagina durch Entbindungen ruiniert – dies war der Zustand von Frauen, die wieder aufatmen wollten und es deshalb vorzogen, auf sexuelle Beziehungen zu verzichten. Doch in der Antike hielt man die Risiken einer Geburt nicht für einen Grund, den Geschlechtsverkehr einzuschränken, außer die Mutter war noch extrem jung.[106] In größeren Städten allerdings, wo die Menschen aufgrund mangelnder Sonneneinstrahlung und kurzer Stillzeiten körperlich schlecht entwickelt waren, konnte es gut sein, daß die Becken von Frauen zu schwach ausgebildet waren, um eine komplikationslose Entbindung zu erlauben.

Die sexuellen Praktiken lassen sich weniger in den Kategorien der Familienplanung denken, sondern sie sind unter dem Gesichtspunkt des Schutzes der Frauen aus der oberen Gesellschaftsschicht zu betrachten, mit anderen Worten, unter dem Gesichtspunkt der »Begrenzung der weiblichen Mortalität«. Faktum ist, daß die Römer nie daran gedacht haben, die Anzahl der Kinder zu beschränken (dies war gemeinhin üblich). Mit Sicherheit haben sie hingegen eine untere Grenze der Kinderzahl festsetzen bzw. auf die in legitimer Ehe lebenden Paare Druck ausüben wollen, um die Zahl der Bürger, die in gesetzlichen Ehen geboren waren, zu vergrößern. Weshalb findet sich kein Gedanke an eine Beschränkung? Weil man sehr gut wußte, wie man die Geburtenziffer einschränken konnte: durch sexuelle Enthaltsamkeit nämlich, die von den legitimen Ehefrauen der oberen Gesellschaft praktiziert wurde. Verheiratete Frauen, die enthaltsam lebten, wurden bewundert und gelobt: Das wußte man nur zu gut.[107]

Anstatt uns zu bemühen, auf der Grundlage von Angaben unterschiedlicher Art eine Statistik der weiblichen Mortalität in der römischen Welt zu erarbeiten, nehmen wir als Ausgangspunkt die Risiken, die mit Sicherheit im Leben der Frau eine Rolle spielten, um daran zu überprüfen, wie sich die Gesellschaft darauf einrichtete, diese Risiken zu verteilen. Wir gehen von der am Status orientierten gesellschaftlichen Differenzierung aus, um zu untersuchen, wie die Risiken verteilt waren (das ist eine Frage der Biologie und natürlichen Umwelt – der Ökologie), und wie sie dann wieder umverteilt wurden (das ist eine Frage der sozialen Bedingungen – der Gesellschaft). Mit anderen Worten, wir wollen prüfen, welche Frauen im römischen Reich für die sexuelle Befriedigung der verheirateten Männer zuständig waren.

Die Konkubinen

Eine klare Zäsur trennte die ehrbaren von ehrlosen Individuen *(infames)* – Männern wie Frauen. Das Kriterium hierfür war im Grunde sexueller Natur: Gemeint waren all jene Milieus, in denen die Freiheit der Sitten ebenso notorisch war wie sie als verwerflich galt. Zu den ehrlosen Personen zählte man all jene, die zur Sphäre des Theaters, des Zirkus und der Prostitution gehörten. Die römischen Bürgerinnen, die sich prostituierten, glitten damit in einen inferioren Status ab, der sich im Verbot des Matronenmantels manifestierte. Das gleiche galt für Ehebrecherinnen, wie auch für ehebrecherische Konkubinen oder für Freigelassene, die ihren Patron geheiratet, sich aber ohne seine Zustimmung wieder von ihm getrennt hatten. Die Ehrlosigkeit *(infamia)* entzog definitiv das Recht, eine legitime Ehe einzugehen und die Privilegien eines Bürgers in vollem Umfang weiterzugeben: Ehrlosigkeit war erblich. Auch in der griechischen Welt existierte eine solche Kategorie, allerdings wird sie weniger häufig in den Quellen erwähnt.

Die Männer wuchsen ohne jeden Gedanken daran auf, daß es nötig wäre, sich im Zaum zu halten. Der kleine Junge lernte schon, die Sklavenmädchen des Hauses mit lüsternen Blicken zu betrachten, und unter den ganz jungen Mädchen fanden sich immer welche, mit denen er sein

Vergnügen haben konnte. Zur Abwechslung suchte er amouröse Abenteuer auch bei Prostituierten. Das Entscheidende an diesem Verhalten ist nicht der individuelle, sondern der charakteristische und sozusagen exemplarische Aspekt. Er macht dieses Verhalten zum Muster eines allgemeinen gesellschaftlichen Arrangements, wonach eine ganze Population von Männern und Frauen sich den Bürgern anbot, um jene Wünsche zu befriedigen, die auf Anraten der Mediziner nicht unterdrückt werden sollten: Zu dieser Gruppe von Menschen gehörten die Sklaven und all jene, die nicht als ehrbare Leute galten.[108] Diese Geschöpfe – Männer wie Frauen – konnten das Objekt gelegentlicher sexueller Beziehungen sein, oft aber wurden die Frauen zu offiziellen Konkubinen eines freien Mannes.

Die anderen Gesellschaften innerhalb oder außerhalb des römischen Reiches hatten ebenfalls ihre Praktiken zur Geburtenregelung. Die Germanen des Tacitus, die alle ihre Kinder akzeptierten, waren in Rom dafür bekannt und verachtet, daß sie Sodomie betrieben.[109] Im Athen der klassischen Zeit, eben der Polis, in der die Legitimität der Bürger strengsten Kontrollen unterlag, von der die Söhne der Bürgersfrauen, die nicht mit einem Bürger verheiratet waren, zurückgewiesen wurden, und die niemals das Bürgerrecht an einen Freigelassenen vergab, in diesem Athen mußten die Bürger es vermeiden, Kinder mit einer Fremden, einer Freigelassenen, oder auch mit einer nicht verheirateten Bürgerin zu zeugen. Die Männer zogen es daher vor, amouröse Beziehungen zu jungen Knaben zu unterhalten, in einem System, das vollkommen in Zeit und Raum eingebunden und ganz und gar der griechischen Zivilisation eigen war. Die römischen Ehemänner haben dieses System importiert, ohne dabei jedoch die entsprechenden athenischen Rahmenbedingungen zu übernehmen.[110] Das Konkubinat war dagegen ein typisch römisches System.

Die Römer hatten also ein anderes Modell entwickelt, um ihre Bürgerinnen zu schonen und deren Ehemänner dennoch befriedigen zu können: Liebesbeziehungen zu Sklavinnen oder zu Freigelassenen. Überall, bei Epiktet oder Philo, ist die Rede von dem zügellosen Hang zu jungen Sklavinnen.[111] Wie die männlichen Freigelassenen traten auch die freigelassenen Frauen in die Bürgerschaft ein und konnten diesen Status an ihre freigeborenen Kinder weitergeben. Fremde, auf dem Sklavenmarkt erstandene Frauen oder Mädchen, die im Hause ihres Herrn geboren waren, konnten in die Gemeinschaft der ehrbaren Römerinnen aufgenommen werden und selbst Bürger zur Welt bringen. Rom hatte ein Konkubinatsrecht geschaffen, das die Verpflichtungen jener Frauen nach dem Muster der Pflichten einer Ehefrau regelte: Es galt dasselbe Mindestalter für eine offizielle Verbindung, nämlich zwölf Jahre; die Verpflichtung zur Treue bestand auch für die Konkubine.[112] Zudem schränkte das Recht die Möglichkeit der Trennung auf Initiative der Freigelassenen stark ein, die Sklavin war dieser Möglichkeit offensichtlich ganz beraubt.

Gekleidet wie legitime Ehefrauen, machten diese Frauen, indem sie Kopf und Körper bedeckt hielten, ihre Zugehörigkeit zu einem Bürger deutlich.

Auf diesen Frauen, deren Kinder Bürger werden konnten – die der Freigelassenen mit der Geburt, die der Sklavin durch Freilassung[113] –, ruhte also die Last der perinatalen Risiken, die den offiziellen Ehefrauen im Schutze dieses gesellschaftlichen Arrangements erspart blieben. Dennoch war es für einen Mann nicht angenehm, in beträchtlichem Umfang Bastarde aus seinen Verbindungen mit Sklavinnen und Konkubinen zu haben. Im griechischen Bereich versuchte man, die Bürger davon abzubringen, indem man ihnen die erbärmliche Lage dieser mißachteten Kinder ausmalte.[114] Es waren vor allem die Freigelassenen, die als Konkubinen die Last wiederholter Schwangerschaften und vorzeitigen Alterns trugen, und deren abgenutzte Körper dann an einen Freigelassenen oder einen Sklaven weggegeben wurden. Sie sind es, die die Last der Abtreibungen trugen, wenn der Herr sie nicht schwanger zu sehen wünschte oder sie selbst es nicht wollten. Es liegt auf der Hand, daß die Ärzte, die uns so viele Rezepte angeblicher Antikonzeptiva – oftmals, wie der Beifuß, in ihrer Wirkung Abortiva – überliefert haben, nicht genau angeben wollten, welcher Frau der Herr den Trank verabreichen ließ. Sie führen lediglich näher aus, daß solche Mittel nicht an Frauen gegeben werden dürften, die damit einen Ehebruch vertuschen wollten – das war wohl das mindeste, was man in solch einer Gesellschaft erwarten konnte –, und auch nicht an solch egoistische Frauen, die nur ihr gutes Aussehen bewahren wollten. Wie unangenehm solche Aborte gewesen sein mögen, besonders die, die mit Säften aus der Rautenpflanze durchgeführt wurden, läßt ein altes Sprichwort ahnen: »Noch bist du nicht bei Petersilie und Raute angelangt . . . im Augenblick verspürst du noch nicht den geringsten Schmerz!«[115] Die aktuelle Situation in Kenia, wo kleine Mädchen von ihren armen, auf dem Lande lebenden Eltern als Domestiken in die Stadthäuser gegeben werden, zeigt, daß die antiken Verhältnisse, die hier angeführt wurden, nicht so abwegig sind: Es ist noch nicht so lange her, daß in gewissen polygamen Gemeinschaften die Hauptfrauen darüber wachten, daß die Nebenfrauen, die noch vor der Pubertät in die polygame Ehe aufgenommen wurden, erst nach der Pubertät mit ihrem Ehemann verkehrten. Heutzutage nehmen die Herren die kleinen Mädchen als Domestiken zu sich, benutzen sie und schicken sie, wenn sie schwanger sind, wieder nach Hause. Häufig treiben die Mädchen dann ab, und zwar unter widrigen Bedingungen.[116]

Frauen in den höchsten Kreisen der römischen Gesellschaft sahen nichts Anstößiges in den Beziehungen ihrer Männer zu Sklavinnen oder Konkubinen. Manchmal wählten sie sogar selbst diese Gefährtinnen aus. Das war so seit der Republik. Die Frau des Scipio Africanus ist so ein Beispiel: Sie kannte die Freundin ihres Mannes, ließ sie nach dem Tode Scipios frei und verheiratete sie mit einem ihrer Freigelassenen.[117] Livia besorgte Augustus, der wirklich an ihr hing, ganz junge, unberührte Mädchen, die er gerne deflorierte.[118]

Im römischen Nordafrika gab es Ehefrauen, die sich dem Dienst der schrecklichen afrikanischen Ceres verschrieben hatten; sie lebten von nun an keusch und versahen ihre Männer mit Konkubinen.[119] Die Keuschheit der Heiden bestand darin, »daß man nicht nur niemals wünsche, ein Gegenstand des Verlangens zu werden, sondern dies sogar verabscheue«.[120] Die Regeln zur Aufnahme von Katechumenen in die christliche Gemeinschaft bezeugen, daß es die Konkubinen sind, die abtreiben oder ihre Kinder aussetzen: »Die Konkubine eines Mannes soll, wenn sie seine Sklavin ist, seine Kinder aufzieht und ihm allein treu ist, das Wort hören dürfen. Andernfalls weise man sie ab. Ein Mann, der eine Konkubine hat, soll von ihr lassen und sich eine Frau nach dem Gesetz nehmen; will er aber nicht, weise man ihn ab.«[121]

Diese Praktiken müssen ziemlich verbreitet gewesen sein; denn auf Grabsteinen von freigelassenen Männern, die diese für sich selbst und ihre zwei oder drei Frauen setzen ließen, werden sie ohne Unterschied als Ehefrau (vielleicht nach dem Gesetz) oder als Gefährtin (Sklavin) bezeichnet. Man hat angenommen, die Inschrift erinnere an zwei aufeinander folgende Ehefrauen, ich möchte sie jedoch eher als gleichzeitige sehen, die eine als legitime Ehefrau, die andere als Konkubine, im besten Einvernehmen miteinander.[122]

Die Lösung, welche die Juden gefunden hatten, entsprach der römischen Vorgehensweise. Aus dem Talmud weiß man von den polygamen Juden, daß sie mit der Hauptfrau Kinder hatten und die Nebenfrau, die dem Vergnügen diente, den bewußten »Trank« einnehmen ließen.[123]

Die Schwierigkeiten der Enthaltsamkeit

Als letzter Punkt sei noch erwähnt, daß die von den Ehefrauen der Oberschicht geübte Praxis der Enthaltsamkeit zu einem Zeichen ihrer Vornehmheit geworden war. Eine späte Schwangerschaft – mit 25 Jahren – machte offenbar, daß die Frau ihr Verlangen nicht beherrschen konnte. So spricht Seneca zu seiner Mutter: »... niemals hast du dich deiner Fruchtbarkeit, als schände sie dein Alter, geschämt; niemals hast du ... deinen schwellenden Leib verborgen als wie eine unschickliche Last, noch hast du die in deinem Leib keimende Hoffnung auf Kinder ausgestoßen«.[124] Es war nicht ganz leicht, im Alter von 20 bis 25 Jahren enthaltsam zu leben, selbst wenn man bereits drei oder vier Kinder zur Welt gebracht hatte. Und wenn der Mann sich, wie üblich, nicht mehr um seine Frau kümmerte, so darf man die Versuchung, die Ehe zu brechen, nicht gering schätzen.

Körperliche Liebe in der Ehe war selten und gefährlich. Frauen der besseren Kreise bot sich offenbar die Chance, ihre Männer nur bei Besuchen zu Gesicht zu bekommen, die dem Zweck des Kinderzeugens dienten. In Rom hatten die Frauen jedes Interesse daran, drei Kinder in die Welt zu setzen, um eines Tages nach dem Tod ihrer Väter von jeglicher Vormundschaft über ihr Vermögen befreit zu sein. Aber nicht alle hatten das Glück, einen Mann zu haben, der sich mit einer Sklavin oder einer freigelassenen Konkubine vergnügte. Mit anderen Worten, einige Frauen hatten die schwere Bürde wiederholter Schwangerschaften auf sich zu nehmen. Ein verliebter Ehemann war eine Katastrophe.

Ein Mann, der mit seiner Frau mehr als die drei notwendigen Kinder zeugte (im Fall der Freigeborenen – *ingenui*), galt als seiner »Frau zugehörig« *(uxorius)*, was als Kritik zu verstehen war. Dies stellte ihn auf eine Ebene mit dem Vermögen seiner Frau: Sie hatte ihn in der Hand. Das Wort wurde auch benutzt, um das enge Verhältnis des Tibers zu Ilia, der Mutter von Romulus und Remus, zu charakterisieren.[125] Die gleiche Kritik traf die Anhänglichkeit des Aeneas an Dido.[126] Die Juden Roms, die vermutlich die Polygamie aufgegeben hatten, aber noch nicht genügend angepaßt waren, um sich Konkubinen zu nehmen, ließen sich mit großen Familien sehen. Tacitus stellt dazu verächtlich fest: Sie lieben es, sich fortzupflanzen.

Gebärfreudige Paare waren selten, konnten aber der kaiserlichen Propaganda dienen. Augustus ging so weit, auch einfache Eheleute vorzuführen, wenn sie eine überaus zahlreiche Familie vorweisen konnten. Er hatte der Stadt das erbauliche Schauspiel eines Einwohners aus Fiesole geliefert, der zusammen mit seinen acht Kindern, 27 Enkelkindern und 18 Urenkeln zum Kapitol hinaufstieg.[127] Das hatte Aufsehen erregt.

Julia, die Tochter des Augustus, wurde mit 18 Jahren das erste Mal Witwe und als 20jährige mit Agrippa wiederverheiratet. Mit ihm hatte sie in neun Ehejahren fünf Kinder. Dann zwang Augustus den Tiberius, sich scheiden zu lassen, um ihm Julia zur Frau geben zu können. Aber Tiberius war noch immer seiner Frau zugetan, die er hatte verstoßen müssen. Julia, die mit Agrippa die Liebe kennengelernt hatte, konnte nicht mehr darauf verzichten und betrog Tiberius. Ihr Vater war über die Lage bestens unterrichtet. Als Zeichen seiner Milde, so berichtet Seneca, war Augustus nachsichtig mit den Liebhabern seiner Tochter und gewährte ihnen sicheres Geleit in das Exil, anstatt sie hinrichten zu lassen.[128] Vipsania Agrippina (Agrippina die Ältere), eine Tochter Julias und Agrippas, geboren 14 v. Chr., wurde als 19jährige im Jahre 5 n. Chr. mit Germanicus verheiratet. Ihr Vater war zwei Jahre nach ihrer Geburt gestorben, ihre Mutter ins Exil geschickt worden. Sie hatte neun Kinder von Germanicus[129] und folgte ihm nach Germanien und in den Osten.[130] 29 n. Chr. von Tiberius verbannt, verliert sich ihre Spur während des Exils im Jahre 33 (vielleicht beging sie Selbstmord?). Marc Aurel zeugte 13 Kinder mit seiner Frau: »aus einem vollkommenen Pflichtgefühl heraus«, schrieb er in seinen Selbstbetrachtungen.[131]

Die Ehefrauen, die zu oft von ihrem Gemahl aufgesucht wurden, fanden Geschmack an der Liebe. Gerade sie befanden sich in der Gefahr des Ehebruchs und wußten als Witwen oder wiederverheiratet mit einem Mann, der sie allein ließ, was man von einem Liebhaber verlangen konnte. Das eben ist der Grund, weshalb man die Ehefrau die Liebe nicht lehren darf, rät Plutarch. Es gibt da einen Widerspruch zwischen dem Wunsch, zahlreiche legitime Kinder geboren zu sehen sowie den Wert der Ehe als Mittel der Fortpflanzung heben zu wollen, und dem Wunsch, ein deutlich gezeigtes sexuelles Verlangen bei den Ehefrauen zu bestrafen. All das konnte jedoch miteinander verbunden werden, wenn die Männer mit ihren Frauen nur zum Zweck der Fortpflanzung verkehrten, kurzum: wenn sie nicht »uxorius«, Sklaven ihrer Frau, waren.

In einer Satire Juvenals treffen sich zwei Frauen des Nachts am Altar der Pudicitia zu einer amourösen Begegnung. Die Obszönität der Darstellung überdeckt vielleicht die Wirklichkeit der Liebesbeziehungen zwischen Frauen, die der Wunsch nach Begrenzung des tödlichen Risikos bei Entbindungen an die Stelle der heterosexuellen Beziehungen treten ließ.[132]

Die Frauen an der Spitze der Gesellschaft waren unter dem Gesichtspunkt erzogen, eines Tages enthaltsam zu leben. Diese Frauen, und vielleicht auch jene aus relativ privilegierten Schichten, fanden Schutz vor wiederholten Schwangerschaften in ihrer anerzogenen Zurückhaltung. In Rom machte die allzu frühe Defloration die Frauen stürmisch, aber frigide. Sie mußten also auf ein reserviertes Verhalten abgerichtet werden: Zurückhaltung in den Gebärden und beim Sprechen, Zurückhaltung beim Schauen, eine strikt geregelte Ernährung, kein Wein und eine strenge Erziehung, die oftmals im Haus des Ehemannes erfolgte, bei dem die jungen Frauen sich häufig genug schon vor Erreichen des 12. Lebensjahres aufhielten. Es will mir scheinen, daß man bei diesen Mädchen von einer solchen Selbstdisziplin ausgehen kann, genährt aus dem festen Glauben an den eigenen Wert, daß wohl nur recht wenige unter ihnen waren, die das Vergnügen lockte, fesselte und, nachdem sie einmal davon gekostet hatten, in Abenteuer hineinzog, die sie bis zur offenkundigen gesellschaftlichen Ächtung treiben konnten. Und wenn es ihnen zufälligerweise gelang, ihre eigenen Töchter so zu erziehen, daß sie ihren Körper nicht beachteten, bis hin zu dem Punkt, auch die körperliche Lust zu ignorieren, was als Frigidität bezeichnet wird, so konsultierten sie keine Ärzte und wandten sich nicht an die Götter, um für Abhilfe zu sorgen: Das mußte schon als Geschenk des Himmels gelten.

Ein Leben als keusche Ehefrau, deren Hauptbeschäftigung das Spinnen und die sparsame und kluge Wirtschaftsführung im Hause war, blieb die Idealvorstellung all jener Frauen, die sich fähig fühlten, den Weg der Weisheit einzuschlagen. Den Anhängerinnen der pythagoräischen Lehre, von denen wir einige Textfragmente besitzen – vielleicht sind auch einige apokryphe Texte darunter –, galt es als Ursache aller Übel und als der Beginn des moralischen Abstiegs der Frau, einen anderen Mann als den eigenen Ehemann sexuell zu begehren.[133] Zwei Briefe aus einem Briefwechsel zwischen Frauen geben den dringenden Rat, bei einem Ehemann, der sich zu einer anderen Frau hingezogen fühlt, Geduld zu üben. Es werden jene Frauen kritisiert, die versuchen, die Männer von ihren Ehefrauen abzuwenden; es wird aber auch die Gewißheit ausgesprochen, daß die Ehefrau, die zu warten weiß, ihren Mann immer zurückgewinnen wird. Die gleichen Ratschläge hat auch Plutarch den jungen Frauen gegeben:[134] Die Gattin muß es ertragen, daß ihr Mann mit einer »hetaira«, Konkubine, oder mit einer Dienerin schläft. Ein anderes Feld der Bewährung weiblicher Klugheit ist für die Ehefrau die Erziehung der Kinder, an der sie beteiligt ist. Sie darf nicht zur Verweichlichung führen: In einem Brief der Theano, der Gattin des Pythagoras, an eine Freundin ist ganz allgemein und ohne Unterschied von Kindern die Rede – also von Jungen und Mädchen.

Die Keuschheit der Frauen wurde überall als ihre höchste Tugend gepriesen. Das läßt sich aus den Inschriften der Freigeborenen ebenso ablesen wie aus denen der Freigelassenen.[135] Freigelassene Männer danken sogar ihrem Patron für seine Keuschheit, weil er ihnen eine Freigelassene als Jungfrau überlassen hat. Das Heiratsalter der Mädchen, das durchaus demographische Aussagekraft haben könnte, wenn diese Mädchen während der ganzen Periode ihrer Fruchtbarkeit als Frauen sexuelle Kontakte unterhalten hätten, verliert jedoch jedes demographische Gewicht, wenn man einräumt, daß diese früh verheirateten Mädchen in gewissen Gesellschaftsschichten ausschließlich die sexuellen Kontakte kannten, und keine weiteren – gleich welcher Art –, die notwendig waren, um drei oder vier Kinder mit ihrem Ehemann in die Welt zu setzen. Folglich bleibt die Demographie ein Buch mit sieben Siegeln. Doch die Historiker könnten fortfahren, die gesellschaftliche Praxis im Umgang mit der Fruchtbarkeit und der Reproduktion der menschlichen Gruppe und folglich das Leben der Frauen, denen die so verteilten Aufgaben zufallen, in einer Gesamtschau zu ordnen. Diese Gesamtschau wird den eminent sozialen Charakter der menschlichen Reproduktion und den Anteil, der bei der Verteilung des Gebärrisikos auf die Frauen entfällt, von Mal zu Mal in signifikanterer Weise verdeutlichen.

Aber es gibt noch andere Aspekte. Die Gesellschaften der Griechen, Juden und Römer haben mit der Regelung der Bedingungen für legitime

Ehen durch ein Recht, das für die jeweilige Gruppe galt, die Angelegenheiten innerhalb der oberen Gesellschaftsschichten so arrangiert, daß die Mädchen aus der Oberschicht vor ihrem biologischen Schicksal geschützt werden konnten. Es kam in der Gesellschaft zu einer gesellschaftlichen Verteilung der sexuellen Funktionen, die auf das Vergnügen gerichtet waren, sobald die Frage nach den sexuellen Funktionen geregelt war, die auf die Reproduktion zielten.

Man kann sich die pagane (heidnische) römische Gesellschaft der ersten beiden Jahrhunderte der Kaiserzeit annähernd so vorstellen: ein Gutteil der Frauen durfte sich keine Hoffnung machen, jemals eine legitime Ehe, die fest und dauerhaft war, einzugehen. Es gab Sklavinnen, aber auch solche, die zwar von Herkunft Sklavinnen waren, aber von ihrem Herrn, der sie als Konkubine haben wollte, freigelassen wurden. Unter diesen wiederum fanden etliche einen Freigelassenen, mit dem sie sich mit Zustimmung des Herrn, der zum Patron geworden war, verheiraten konnten, wenn der Herr ihrer überdrüssig geworden war. Weiter gab es eine beträchtliche Zahl von Bürgerinnen, Frauen also, die als Freie geboren waren, die Bürger aus bescheidenen Verhältnissen heirateten oder sich mit Nicht-Bürgern verbanden. All jene, die mit Soldaten zusammenlebten, waren durch das Soldatenrecht von legitimen Ehen ausgeschlossen. Man kann wohl annehmen, daß die Mädchen aus den mittleren Schichten recht streng erzogen wurden und darauf vorbereitet waren, seriöse Matronen und Mütter legitimer Kinder zu werden, die den Bürgerstatus hatten. Wir erfahren nichts darüber, daß die Mädchen und Ehefrauen der niederen Klassen per definitionem weniger strikt in der Verfolgung ihres Lebensideals und der Praxis ihrer ehelichen Treue waren als die Frauen der Aristokraten. Es sind die Aristokratinnen, von denen wir die Skandalgeschichten, aber auch die Gegenbeispiele erfahren: Literatur und Geschichtsschreibung sind eben in erster Linie an ihnen interessiert.

Die Modifizierung des gesellschaftlichen Arrangements in der römischen Kaiserzeit

Im Zusammenhang mit dem aristokratischen Widerstand gegen die kaiserliche Herrschaft entstanden allgemein Zweifel an dem gesellschaftlichen Arrangement, wie es oben beschrieben wurde. Der Mut, den Frauen im Laufe der Konfrontation des römischen Adels mit den Kaisern des ersten Jahrhunderts an den Tag legten, hatte die bisherigen Vorstellungen der Beziehungen zwischen Männern und Frauen ins Wanken gebracht.

Ein anderes Denken, geboren aus der Gefahr

Augustus hatte am Beginn seiner Regierungszeit die Freiheit der Rede zugelassen.[136] »Aber nur Taten kamen unter Anklage, Worte blieben ungestraft. Als erster ließ Augustus eine Untersuchung über Schmähschriften unter dem Deckmantel dieses Gesetzes anstellen«, schrieb Tacitus.[137] Nach Sueton wiederholte Tiberius des öfteren, daß »in einem freien Staat die Zunge und der Geist frei sein müßten«.[138] Allerdings schrieb Tacitus ein Jahrhundert später, ein natürlicher Tod sei etwas seltenes bei den Aristokraten.[139]

Nach der Hungersnot der Jahre 6–8 n. Chr. und als Folge zahlreicher Brände vervielfachten sich die Pamphlete, und Augustus begann, der Sache Einhalt zu gebieten. Ein Rhetoriklehrer wurde der Majestätsbeleidigung *(crimen laesae maiestatis)* angeklagt, weil er sich mit den Ehegesetzen auseinandergesetzt hatte. Augustus ließ Bücher verbrennen, später das komplette Œuvre von verurteilten Schriftstellern.[140] Die Anzahl der Prozesse stieg unter Tiberius weiter an (zwischen 63 und 100 Verfahren), und die Unterdrückung hörte nicht mehr auf. Einige gingen über verbale Kritik hinaus, schritten zur Tat und wurden entdeckt. Die Kaiser gestatteten manchmal den Verschwörern oder Verfassern von Sprüchen und Schriften, nach der Verurteilung ihrer Exekution durch Selbstmord zuvorzukommen.[141]

Auch einige Frauen wurden durch kaiserlichen Willen zum Selbstmord verurteilt, teils wegen persönlicher Vergehen, teils weil man die dem Ehemann auferlegte Strafe auch auf sie ausdehnte. Andere jedoch entschieden sich freiwillig, den Gemahl nicht zu überleben, den sie in seinem Widerstand unterstützt hatten. Die Tochter Catos hatte sich 42 v. Chr. nach der Niederlage und dem Selbstmord ihres Ehemannes Brutus ebenfalls getötet. Beide folgten darin dem Beispiel Catos, der sein Leben nicht der Gnade Cäsars verdanken wollte. Unter Augustus gab es keine kaiserlichen Anweisungen, die Adlige dazu gezwungen hätten, Hand an sich zu legen. Aber seit der Regierungszeit des Tiberius (14–37 n. Chr.) wurde dieses Verfahren häufig angewandt. Die Gemahlin des Seianus gab sich nach dem Tod ihrer Kinder ebenso den Tod wie Paxea, die Gattin des Pomponius Labeo und Sextia, die Frau des Scaurus, auch wenn sie keiner Gefahr ausgesetzt waren. Die berühmteste unter diesen Frauen war Arria die Ältere, die ihrem von Kaiser Claudius verurteilten Mann Mut einflößen wollte und sich mit den Worten: »Paetus, es tut nicht weh!«[142] als erste die Pulsadern aufschnitt. Die Worte Arrias liefern einen so absoluten Beweis der Sorge um einen anderen, daß sie auch Marc Bloch an einen jungen Mann richtete, der mit ihm standrechtlich erschossen werden sollte.

Von diesem Moment an gaben sich etliche Frauen selbst den Tod, um an der Seite ihres Vaters oder Ehemanns zu bleiben, aber die Alten berichten auch von einigen Ehemännern, die ihre Frauen davon abbringen konnten. So überredete Seneca Paulina im Jahre 65; der Stoiker Thrasea stimmte Arria die Jüngere im Jahre 66 um, und Fannia überlebte Helvidius im Jahre 72 unter Vespasian.

Diese Frauen, die hätten sterben wollen, konnten dazu gebracht werden, für ihre Kinder und für das Gedächtnis ihres Mannes weiterzuleben. Sie nahmen das Risiko auf sich, das schriftliche Vermächtnis dieser Aristokraten und Philosophen weiterzugeben. Ihre Bücher zu besitzen, ihre Biographien schreiben zu lassen, zu verbreiten oder zu besitzen galt als Verbrechen. Die Frauen unterzogen sich dieser Aufgabe aus Pietät der Familie und der Philosophie gegenüber. Der Historiker Cremutius Cordus, der unter Tiberius wegen seiner öffentlich zur Schau getragenen Bewunderung für die Mörder Caesars verfolgt wurde, starb freiwillig den Hungertod, um so seiner Verurteilung zum Tode zuvorzukommen. Er hatte eine Tochter, Marcia, Mutter von vier Kindern – zwei Mädchen und zwei Jungen. Sie hatte eine Abschrift der Werke ihres Vaters behalten, anstatt sie, wie im Urteil vorgeschrieben, dem Feuer zu übergeben, und es gelang ihr, die Bücher unter Caligula veröffentlichen zu lassen. Als sie ihre beiden Söhne verloren hatte, widmete ihr Seneca eine Trostschrift (consolatio ad Marciam). In dieser eher konventionellen Schrift erinnert Seneca daran, daß Marcia, eine couragierte Frau, der »Schwäche des weiblichen Geistes« entronnen war. Auf solche Weise zirkulierten im Verborgenen Biographien, wie die Catos, Thraseas und des Helvidius Priscus, deren Autoren sich der gleichen Gefahr aussetzten und manchmal auch hingerichtet wurden.

Die beiden Vorbilder für weiblichen Heroismus bei den Römern waren Lucretia, die sich selbst erdolchte, um nicht mit der Schande einer Vergewaltigung leben zu müssen[143], und Cloelia, die die vom Feind als Geiseln genommenen Frauen zurückbrachte. Sie durchschwamm unter einem Pfeilhagel den Tiber, kehrte dann, bewundert von beiden Lagern, zurück, um auch die als Geiseln festgehaltenen jungen Römer zu suchen. Cloelia war durch ihr Reiterstandbild auf dem Forum in Rom immer präsent: Es war offensichtlich, daß ihre Qualitäten männliche waren.[144] Cloelia ist »in die Liste der Männer eingetragen worden«, sagt Seneca.[145]

Die beiden Frauen legten politischen Mut an den Tag: Man braucht ebensoviel Bürgertugend, um die Reinheit der Nachkommenschaft eines Bürgers zu schützen, wie um die Jugend der Stadt zu retten. Aber im ersten Jahrhundert der Kaiserzeit mußte man sich darüber im klaren sein, worin die Pflicht bestand: War man der Freiheit verpflichtet oder zum Gehorsam gegenüber dem Princeps? Die Epikureer haben sich in der Opposition gegen Caesar hervorgetan. Doch die Stoiker waren es, die den Widerstand gegen das neue Regime nach Augustus schürten.

Die musterhaften Frauen der Griechen waren stark eingeengt durch die Bande zu ihrem Ehemann. Man rufe sich nur Alkestis ins Gedächtnis, die es auf sich genommen hatte, anstelle von Admetos zu sterben.[146] Die griechischen Romane des spätantiken Heidentums stellen Frauen dar, die sich als Heroinen des Ehebundes erweisen. Selbst die Geschichte von »Joseph und Aseneth«, geschrieben im Ägypten des 2. Jahrhunderts in einem jüdischen Milieu, preist das Opfer einer Ehefrau in ähnlicher Weise.[147]

Die Alten bewunderten das weibliche Heldentum auch bei ihren Feinden: zum Beispiel Eponina, die gallische Ehefrau, die nach einem Aufstand mit ihrem Mann in einer Grotte lebte und ihn neun Jahre lang verborgen hielt.[148] Man verehrte die gallischen Frauen, die ihre Männer und Kinder nach einer Niederlage getötet hatten.[149] Man ließ auf der Trajanssäule dakische Frauen abbilden, die am Krieg gegen Rom teilnahmen und römische Gefangene zu Tode brachten.[150] Man erzählte sich auch von ihrem Mut in der Niederlage und ihren Selbstmorden.[151] Wir wissen nicht, welche Meinung sich die Römer über den Tod der jüdischen Frauen beim kollektiven Selbstmord in Masada gebildet haben mochten, doch war es sicherlich eine Art von Bewunderung, vergleichbar mit der, welche sie gegenüber den Barbarenfrauen des Nordens zum Ausdruck brachten. Auch die Juden stellten eine Frau, die in vorbildlicher Weise den Mächtigen widerstanden hatte, als Beispiel hin. Sie war die Mutter von sieben Söhnen, den sogenannten makkabäischen Brüdern. Das vierte Buch der Makkabäer, am Anfang des zweiten Jahrhunderts n. Chr. verfaßt, zeigt die Mutter, wie sie ihre Söhne ermutigt, lieber zu sterben, als das Gesetz zu verletzen, und wie sie selbst den Weg zur Hinrichtung geht, nachdem sie alle ihre Söhne hat sterben sehen. Dahinter stand der Grundsatz, daß die Philosophie, d. h. die Liebe zur Weisheit, hier repräsentiert durch das Gesetz der Juden, vor alles und über alles zu setzen sei, über die Liebe zum Leben oder die Liebe einer jüdischen Mutter zu ihren Söhnen.[152] Nach den römischen Ehefrauen und der jüdischen Mutter kamen die christlichen Jungfrauen und Ehefrauen, die dem Martyrium kühn die Stirn boten.

Das ganze soziale System geriet ins Wanken, sobald die Frauen ihre Fähigkeit zu philosophischem Handeln, also ihren Mut in einer Welt voller Gefahren unter Beweis stellten. Nicht die Unterwerfung unter die Biologie, unter ihre Bestimmung als Mutter und unter die Gefahren von Entbindungen hat heldenhafte Frauen hervorgebracht, sondern die Treue zu einer Philosophie. Sie brachten ihre Männer dazu, der ehelichen Beziehung eine weitere Dimension einzuräumen. Die Wende ergab sich aus einer neuen Einsicht in die Natur der Frau und in ihre Fähigkeit, Mut zu zeigen.

Nichts stellte sich von seiten des Verstandes der Theoretisierung des weiblichen Mutes in den Weg. Es galt als sicher, daß einerseits die »weib-

liche Natur« schwach war, aber andererseits Männer und Frauen zwei
Naturen in sich trugen, eine feminine und eine maskuline, und zwar in
einem variablen und kontrollierbaren Verhältnis.

Wir wollen von den Angaben der Physiognomiker zu den weiblichen
Charaktereigenschaften ausgehen. Die Physiognomik – eine griechische
und später römische Wissenschaft – hatte sich zum Ziel gesetzt, den Charakter des Mannes und der Frau aus körperlichen Indizien abzuleiten.
Eine anonyme lateinische Abhandlung, die griechische Traktate als Vorlage benutzt, beginnt mit der Angabe allgemeiner und typischer Merkmale von Mann und Frau.[153] Sodann unterstreicht sie, daß es in der Frau
maskuline Züge und im Mann feminine Züge gäbe, und es zeigt sich in
voller Klarheit, daß jede Art von Erziehung die charakteristischen männlichen Eigenschaften zu verstärken habe. Der größte Teil der Beobachtungen zum weiblichen Typus dient im Text dazu, feminine Züge beim
Mann zu beschreiben – Zeichen eines verweichlichten, durch und durch
verachtenswerten Charakters. Aber das überraschendste daran ist, daß –
mag man die femininen Männer zwar verachten – die überaus virilen
Männer alarmierend wirken und verdächtigt werden, die Knaben zu sehr
zu lieben. Und analog dazu ließ man die allzu femininen Frauen mit
anderen Frauen verkehren (§ 85), während man den Frauen mit virilen
Zügen nachsagte, mannstoll zu sein. Galenos führt in seiner unausge-
reiften und deshalb nicht wieder aufgegriffenen Behauptung, Frauen
würden während des Koitus Samen produzieren, das umgekehrte Beispiel von Schweinen an, die man kastrierte, um ihr Fleisch zarter zu
machen. Daraus folgerte er, die Frau könne charakteristische, zur Weiblichkeit gehörige Eigenschaften verlieren, so wie die Männer ihre maskulinen Charakterzüge durch die Kastration verlieren konnten.[154] Man
sollte also beim kleinen Mädchen – in Familien, die auf Erziehung Wert
legten – physischen Merkmalen, die auf einen virilen Charakter deuteten, besondere Pflege angedeihen lassen. Die vermännlichte Frau war
eine Frau, die sich nicht von den Schwächen des weiblichen Geschlechts
überwältigen ließ.

Der stoische Philosoph Musonius Rufus, ein Angehöriger des Ritter-
standes, wurde 65 n. Chr. von Nero ins Exil geschickt, kam 68 n. Chr.
wieder nach Rom, wurde erneut von Vespasian verbannt und kehrte
noch einmal unter Titus zurück.[155] Er war der Lehrer Epiktets, als dieser
Sklave eines kaiserlichen Freigelassenen war. Epiktet, der ebenfalls verbannt wurde, zeigte sich erheblich weniger überzeugt von den Fähigkeiten der Frauen. Aber auch er fuhr fort, den jungen Leuten sexuelle
Selbstbeherrschung zu empfehlen.

Liest man Musonius, hat man das Gefühl, er habe sich von den Frau-
en eine sehr viel höhere Meinung gebildet als z. B. die »pythagoräischen
Frauen«, in deren Briefen man all das findet, was den Eindruck einer

Gehirnwäsche durch ihre Männer erwecken könnte, wohl aber dem normalen Erwartungshorizont von ehrbaren Frauen der griechischen Welt entsprach. Musonius schrieb im lateinischen Milieu, wo die Frauen der höheren Gesellschaftskreise aufgrund ihrer sexuellen Enthaltsamkeit sich eher philosophischen Studien und Reflexionen widmen konnten. Musonius bekräftigte, daß die Frauen von den Göttern den gleichen Verstand wie die Männer und die gleiche natürliche Veranlagung zur Tüchtigkeit verliehen bekommen hatten. Selbst wenn die einschlägige Passage Beispiele weiblichen Verhaltens nennt, die dem häuslichen Aufgabenbereich entnommen sind und üblicherweise den Ehefrauen zufallen, so handelt es sich doch um philosophische Fragen, um Selbstbeherrschung und sogar um mutiges Verhalten. Eine Frau, die sich zu zügeln weiß, wird ihr Haus besser führen. Sie wird tausend Gelegenheiten finden, ihren Zorn und ihren Kummer zu beherrschen. Mit ihrem Sinn für Gerechtigkeit wird sie dem Ehemann und den Kindern helfen, in Harmonie miteinander zu leben. Ihre Kinder wird sie mehr lieben als ihr eigenes Leben und auch den Tod nicht fürchten, wenn man von ihr eine schändliche Handlung fordert. Frauen, die sich auch auf theoretischer Ebene mit Philosophie beschäftigen wollen, mit Diskussionen, Argumenten und Syllogismen – also mit der Technik des Denkens und nicht nur mit der Technik des Lebens –, können dies wie die Männer tun, die ihrerseits durch die intellektuelle Tätigkeit der Beschäftigung mit philosophischen Fragen keineswegs davon befreit sind, in ihren normalen Berufen die Techniken des alltäglichen Lebens anzuwenden (Fragment 3). Es ist also möglich und notwendig, Mädchen in gleicher Weise wie Jungen zu erziehen und ihnen Werte wie Gerechtigkeit, Mäßigung und Mut zu vermitteln. »Was den Mut betrifft, könnte man vielleicht sagen, er komme allein den Männern zu, was mich jedoch betrifft, so bin ich persönlich nicht dieser Ansicht. Es ist nämlich notwendig, daß auch die Frau nach Männerart handele und daß sie, zumindest wenn sie hervorragend ist, frei von Feigheit sein solle, so daß sie sich weder durch Zwang noch durch Furcht einschüchtern läßt: Wie könnte sie andernfalls noch mäßigend wirken, wenn der erstbeste sie durch Terror oder harte Arbeit gefügig machen könnte, irgendeine schändliche Sache zu gestatten? Es ist auch nötig, daß die Frauen in der Lage sind, sich selbst zu verteidigen, wenn sie – beim Zeus – nicht geringer geachtet werden wollen als die Hennen oder andere weibliche Vögel, die für ihre Jungen gegen Tiere kämpfen, die viel größer sind als sie selbst. Warum sollten die Frauen keinen Mut brauchen? Können sie doch andererseits sogar bewaffnet am Kampf teilnehmen, wie die Amazonen bewiesen haben, die mit Waffengewalt viele Völker vernichtet haben: Wenn den Frauen hier etwas fehlt, so ist es eher der Mangel an Übung als der Mangel, von der Natur nicht mit Mut ausgestattet worden zu sein.« Und selbst in der Frage der Aufgabenteilung bekennt Musonius, nachdem er zugegeben hat, daß Frauen schwächer sind als Männer und weniger mühselige Arbeiten als diese verrichten sollten, daß Männer zuweilen ein Interesse verspürten, Wolle zu spinnen, und daß Frauen gelegentlich auch schwerere Arbeiten verrichten können.

Hat Musonius erst einmal die Fähigkeit der Frauen anerkannt, wenn es um Mäßigung, sexuelle Beherrschung und Mut geht, so erwartet er von den Männern dieselben Tugenden. Er spricht den Männern die Annehmlichkeiten ab, die von der Sklaverei geboten werden (Beziehungen des Herrn zu einem Sklaven oder zu einer Sklavin): Was hält man von einer Frau, verheiratet oder nicht, die mit einem Sklaven schläft? Ein Mann, der mit einer Sklavin schläft, liefert den Beweis seiner fehlenden Selbstkontrolle.

Alles entwickelt sich also aus Fähigkeiten, die den Frauen zugestanden werden. Wenn sie sich selbst beherrschen können, so können es auch die Männer. Wenn die Ehegatten gemeinsam die sexuellen Aktivitäten auf die Ehe beschränken – wie die Frauen dies schon immer getan haben – bedeutet dies, daß sie sich lieben, um Kinder zu haben, was genau der römischen Definition der Ehe entspricht. An diesem Punkt stellt sich die Frage der Familienplanung. Wenn die Frau sich intellektuell betätigt und den Anweisungen der Philosophie folgt, und wenn der Mann sich um größte Beherrschung bemüht, stehen sie beide vor dem Problem wiederholter Schwangerschaften und vor dem verbreiteten Brauch, abzutreiben und Kinder zu töten, diesmal aber innerhalb der Ehe selbst und in den höchsten Gesellschaftskreisen. Für Musonius gibt es nichts schöneres als eine große Familie.

Alles verknüpft sich nun miteinander: Weibliche Denkfähigkeit, männliche Treue, Verzicht des Mannes auf sexuelle Kontakte zu Freigelassenen und Sklaven, männlichen wie weiblichen Geschlechts, Ablehnung der Abtreibung und des Kindsmords – womit sich nun die Ehepaare auseinandersetzen müssen –, große Familien. Der Mann, der mit seiner Frau zahlreiche Kinder hat, zeigt damit seine Fähigkeit zur Treue und zugleich sein Verlangen nach ihr. Alles aber ging von der Beobachtung aus, daß Frauen denken können.

Der wichtigste Wandel im Leben der Frauen der Kaiserzeit, bevor das Christentum die Pflichten gleichmäßig auf alle verteilte, bestand in der Idee, die Männer könnten in ihrem Eheleben die gleiche Selbstbeherrschung praktizieren wie die Frauen und sich ihren intelligenten Ehefrauen gegenüber treu erweisen.

Im römischen Kaiserreich begann man sich vorzustellen, daß der verheiratete Mann enthaltsam leben könnte, wenn er sich der Philosophie widmete. Bei den Juden berichten die Midrash von Mirjam, die aus der Tatsache, daß ihre Schwägerin Sippora keinen Schmuck mehr trug, folgerte, Moses würde sie nicht mehr berühren. Sippora, heißt es, habe, als ein Knabe meldete, zwei Männer hätten prophetische Gaben bewiesen, ausgerufen: »Wehe ihren Ehefrauen!« Das also erzählten die Juden des Kaiserreiches von den Frauen der Propheten: Sie klagten über Vernachlässigung.[156] Wenn das nicht unter christlichem Einfluß geschah, so war es der Einfluß der heidnischen Philosophie, die der Enthaltsamkeit als einer Form der Beherrschung der Leidenschaften zu einer gebührenden Wertschätzung verhalf. Die jüdischen Männer als Verfasser dieser Geschichte gaben vor, daß die Ehefrauen sich darüber beklagten.

Auf dem Wege zu einem christlich geprägten Arrangement

Am Ende der römischen Kaiserzeit hatte der philosophisch begründete Zweifel am bestehenden sozialen Arrangement genau den Umfang angenommen, den ihm das Christentum verschaffen konnte. Zu Beginn des 3. Jahrhunderts hatte Kaiser Caracalla beschlossen, alle freien Bewohner des Reiches zu römischen Bürgern zu machen. Dies setzte eine Harmonisierung all jener Gesetze voraus, die bis dahin für die galten, die außerhalb des römischen Bürgerrechtsgebietes geblieben waren, die Griechen wie die Ägypter oder die Juden. Eine solche Harmonisierung ließ sich nur schrittweise vollziehen, da jeder die notwendigen Kniffe herausfand, die Vorteile beider Rechtskreise, des angestammten und des römischen Rechtes, zu bündeln. Die Normen, die das Verbot der Verwandtenehe regelten, waren unterschiedlich: Selbst das römische Recht hatte gezögert, die Verbindung des Onkels mit seiner Nichte zuzulassen, trotz des von Kaiser Claudius gesetzten Maßstabs. Am Ende des 3. Jahrhunderts erließ Diokletian, der letzte heidnische Kaiser – wenn man einmal von Julian im 4. Jahrhundert absieht –, Gesetze, um eine Reihe von Verboten festzulegen und sie im ganzen Reich für gültig zu erklären. Er rief erneut in Erinnerung, daß die Polygamie untersagt sei, woraus wir schließen können, daß in Asien der Eintritt in den römischen Bürgerrechtsbereich die Phönizier, an die sich das Gesetz richtete, nicht daran gehindert hatte, an ihren alten Gebräuchen festzuhalten. Genauso war es bei den Juden. Die von Diokletian vorgesehene Sanktion bestand darin, die Kinder aus diesen Verbindungen für illegitim zu erklären[157] und, im Falle der Polygamie, Eltern in den Status der Ehrlosigkeit herabzustufen. Sie waren dann beispielsweise nicht mehr fähig, selbst Schwüre zu leisten oder Eide entgegenzunehmen.[158] Die gleichen Gesetze verboten den Juden, die Ehe nach ihren Gebräuchen einzugehen.[159] Im 4. Jahrhundert wurden unter den christlichen Herrschern die Sanktionen verschärft – die Heirat zwischen Onkel und Nichte wurde mit dem Tode bestraft.[160] Arcadius, der diese Strafe auch auf die Eheschließung mit einer Cousine, Nichte oder Schwägerin ausdehnte, gab an, daß diese Strafe bereits gesetzlich vorgesehen war. Theodosius war in gleicher Weise im Westen gegen jene vorgegangen, die ihre Cousine ersten Grades heirateten.[161] Parallel zu den Bemühungen, den Inzest zu bekämpfen, verbot das römische Recht des 4. Jahrhunderts die eheliche Verbindung von Personen ungleichen Standes. Das hatte sich übrigens schon seit dem 1. Jahrhundert n. Chr. abgezeichnet, als man Verbote, die für römische Bürger vorgesehen waren, auch auf Sklavenverbindungen anwendete. Gewandelt allerdings hatte sich die Definition des Begriffes »Status«, der nicht mehr in der Alternative Bürger/Nichtbürger zu fassen war. Der Tod durch Feuer oder Geißeln erwartete die freie Frau, die sich mit ihrem Sklaven eingelassen hatte[162], den Christen, der mit einer Jüdin zusammen war oder umgekehrt, und jene, die sich mit Barbaren verbunden hatten.[163] Mit anderen Worten, das, was bisher lediglich ein Ehehindernis gebildet und zu Konkubinatsverbindungen geführt hatte, wurde nun mit strafrechtlichen Sanktionen versehen.

Wenngleich die christliche Kirche einen solch gleitenden Übergang zu strafrechtlichen Sanktionen auch nicht explizit ausgelöst hatte, so war sie ihrerseits doch sehr darum besorgt, die Reinheit der ehelichen Verbindungen durch Regeln festzulegen. Im 5. Jahrhundert empfahl Caesarius, Bischof von Arles, in einer Predigt, daß »niemand es wagen solle, seine Tante mütterlicherseits zur Frau zu nehmen, auch nicht die Kusine oder die Schwester seiner Frau, denn es entspricht nicht frommem Verhalten, wenn wir uns wegen einer so unwürdigen Wollust selbst aufgeben für ein teuflisches Vergnügen«.[164]

Das Christentum hatte seine eigenen Regeln für Einlaß und Ausschluß aus dem »Christenstaat«: Regeln zum Erwerb, zur Bewahrung und zur Weitergabe des Status eines Christen. Paradoxerweise führte gerade das Christentum, das die Zahl der Verbote vervielfachte, seit dem 2. Jahrhundert das Prinzip der Versöhnung in sein Recht ein, eine Reintegration in die Gemeinde, die das römische Recht verweigerte. Personen, die das römische Recht als Ehrlose einstufte, ein Zustand, der lebenslang währte und vererbt wurde, konnten in die christliche Gemeinschaft unter der Bedingung eintreten, daß sie die Tätigkeit aufgäben, die zur Ehrlosigkeit geführt hatte. Dies galt für alle Berufe der Schauspielerzunft. Aber wenn man den Bordellbesitzer aufnahm, so wies man doch die weiblichen oder männlichen Prostituierten ab.[165] Selbst die Ehebrecherin konnte zu ihrem Mann zurückkehren, so wie der Ehebrecher, gemäß der neuen Definition, von seiner Ehefrau wieder aufgenommen werden konnte.[166] Das Christentum war auf die Reinheit der Frauen bedacht und billigte das römische Eherecht. Konkubinen waren unter der Bedingung zugelassen, nur mit einem Mann gelebt und alle ihre Kinder behalten zu haben. Die Männer mußten ihre Konkubine entlassen und eine legitime Ehefrau nehmen: Dadurch aber war die Einhaltung des gesellschaftlichen Arrangements, das innerhalb der Gesellschaft den Schutz der legitimen Ehefrauen erlaubte, unmöglich geworden.

Das kaiserzeitliche Recht bestätigte nur die Meinung, daß diese Form des Konkubinats nicht ehrenhaft sei, da es nämlich die Rechte der Ehefrau auf ihren Mann verletze. So hatten es bereits die ägyptischen Ehekontrakte in römischer Zeit bestimmt, die den Ehemann daran hinderten, eine andere als seine eigene Ehefrau im Haus oder außerhalb zu unterhalten. Das war ein Sieg für die ausschließliche Liebe und eine Niederlage für den Schutz der Frauen höheren Ranges.

Der entscheidende Wandel bestand in der Abschaffung des legalen Konkubinats. Wenn das Recht in christlicher Zeit es zuließ, die Kinder einer Konkubine zu legitimieren, geschah dies unter der Voraussetzung, daß der Vater seinerseits nicht verheiratet gewesen war. Denn seit Konstantin war es einem Ehemann untersagt, eine Konkubine zu haben. Konstantin verbot, das Kind einer Konkubine ohne Genehmigung zu adrogieren, d. h. an Kindes Statt anzunehmen. Die Genehmigung mußte im voraus durch kaiserliches Reskript gegeben werden. Auch unterband er großzügige Geschenke an Konkubinen und deren Kinder.[167] Folglich konnten die Ehemänner entweder nur recht flüchtige Beziehungen unterhalten (was nicht der Idee des Konkubinats entsprach) oder häufiger Beziehungen zu ihren Ehefrauen pflegen.

Jene Mittel, die von Konkubinen angewandt wurden, um die Kinder nicht behalten zu müssen, wurden nun unterdrückt. Die Christen untersagten ebenso wie die Juden den Kindsmord und auch die Kindesaussetzung. Vom römischen Recht wurde der Kindsmord seit dem 1. Jahrhundert verboten, muß jedoch noch weiter praktiziert worden sein. Konstantin schloß ihn in das Gesetz über Mord ein.[168] Vor allem aber betrachtete man die Aussetzung von Kindern im 4. Jahrhundert als einen indirekten Kindsmord. Sie wurde gesetzlich untersagt und mit Strafe belegt. Ein Vater, der im Jahre 374 eines solchen Vergehens für schuldig befunden wurde, riskierte die Todesstrafe.[169]

Die Strafen für Giftmord, die ja jene Frauen trafen, die anderen bei der Abtreibung geholfen hatten, wurden von den christlichen Kaisern seit Konstantin (306–337) bestätigt. Legale Vorwände für die Verstoßung der Ehefrau wurden auf die Verbrechen des Ehebruchs, des Mordes, des Giftmordes und der Hexerei beschränkt.[170] War eine Frau des Giftmordes überführt, konnte sie von ihrem Mann verstoßen werden und ihre Mitgift verlieren. Giftmörder waren von jeder Amnestie ausgeschlossen.[171] Vollkommen neu war die Situation jedoch für die Ehefrauen. Weil das Christentum sexuelle Beziehungen ausschließlich in der Ehe befürwortete, brachte es die Frauen der oberen Gesellschaftsschicht in eine schwierige Lage. Vor das Problem wiederholter Schwangerschaften gestellt, erkannten sie nun die Schwierigkeiten, die bisher den Konkubinen, vor allem den Sklavinnen, vorbehalten gewesen waren, und so begannen sie, sich ebenfalls für Rezepte zur Herstellung von Kontrazeptiva und Abortiva zu interessieren. Hieraus resultieren die Beobachtungen und die Mißbilligung christlicher Autoren in den Homilien und Traktaten. Es ging also nicht mehr allein um Konkubinen, denen man ohnehin schon befohlen hatte, ihre Kinder zu behalten.[172] Trieb eine legitime Ehefrau ab, so weckte dies auch in den Augen der Kirche, wie zuvor schon im klassischen römischen Recht und nach Meinung der antiken Ärzte, den Verdacht, die Abtreibung stelle den letzten Akt eines Ehebruchs dar. Zu Beginn des 4. Jahrhunderts n. Chr. wurden auf dem Konzil von Elvira, dem ersten im Westen, das sogar noch vor der offiziellen Anerkennung des Christentums durch Konstantin stattfand, vorrangig sexuelle Fragen behandelt. Ehefrauen, die das im Ehebruch während der Abwesenheit ihres Mannes empfangene Kind »töteten«, konnten nie wieder in die Gemeinde integriert werden (Kanon 63). Eine Frau, die noch nicht getauft war und nach einem Ehebruch abtrieb, würde nie mehr die Taufe empfangen können (Kanon 68). Und selbst wenn der Ehebruch mit Kenntnis des Ehemanns geschah, konnte die Gattin keine Versöhnung mit der Kirche erwarten (Kanon 70). Der letzte Kanon des Konzils versuchte gar, dem Ehebruch vorzubeugen. Er untersagte den Frauen, Korrespondenz persönlich entgegenzunehmen oder sie abzusenden, ohne sie vorher ihrem Manne vorgelegt zu haben (Kanon 81).

Paradoxerweise waren die Maßnahmen der Kirche durch einen besonders hohen Respekt vor dem Ehestand motiviert. Es ist interessant, die Haltung der Kirche gegenüber Mordfällen mit ihrer Haltung gegenüber dem Ehebruch oder der Abtreibung zu vergleichen. Die Vorstellungen von der Ehe waren so hoch, daß der Ehebruch, oder die Abtreibung als sein Indiz, schwerer wogen als Mord.

Es ist aufschlußreich zu beobachten, wie eine Gesellschaft, auch die christliche, in einer hierarchisch organisierten Welt lebte. Die Frauen der hohen römischen Gesellschaftskreise waren dazu erzogen, die Reproduktion ihrer eigenen Klasse zu gewährleisten, keineswegs aber dazu, um für den demographischen Bestand der Stadtstaaten zu sorgen. Sie waren sich nicht im geringsten der Tatsache bewußt, daß die übrigen Frauen sie vor den Risiken wiederholter Schwangerschaften bewahrten. Um so mehr aber fühlten sie sich als Frauen von hohem Wert, denen die Enthaltsamkeit Rechte über sozial tieferstehende Frauen verschaffte, das Recht nämlich, sie für die Befriedigung ihrer Ehemänner zu benutzen, und das Recht, ihre eigenen Launen an den einfachen Frauen durch Schreien, Schelten und Schlagen auszulassen. Die Männer der oberen Gesellschaftsschicht machten sich, falls sie eine gute Ausbildung genossen hatten, die Ratschläge von Philosophen zu eigen, darunter auch den, die Auswirkungen ihres Zorns in Maßen zu halten: die Wut nicht ausbrechen zu lassen und die Hände im Zaum zu halten. Die Frauen galten als unfähig zu solch maßvollem Verhalten. Offenbar aber nur insoweit, als Frauen eben Frauen waren; denn sobald sich der Einfluß der Erziehung bemerkbar machte, wurden sie zu Menschen, die ebenfalls zur Selbstkontrolle befähigt waren. Immer jedoch gab es auch einige schlecht Erzogene, wie etwa die Mutter des Galenos, des Arztes aus Pergamon. Sie lebte auf einem Landgut in der Nähe der großen Stadt und pflegte ihre Dienstmädchen und Diener zu beißen. Derartige Vorfälle waren so verbreitet, und zwar im gesamten Reich, daß das Konzil von Elvira die Bestrafung von Frauen regeln mußte, die in einem Wutanfall ihre Dienerin so stark auspeitschten, daß diese innerhalb von drei Tagen starb (trat der Tod langsamer ein, so vereinbarte man, daß im Zweifel zugunsten der Herrin entschieden werden sollte). Die Bischöfe beschlossen, die Herrin für sieben Jahre von der Kommunion auszuschließen, falls sie mit Vorsatz getötet hatte, und für fünf Jahre, wenn sie den Tod nicht gewollt hatte. Für den Fall, daß die Reumütige krank wurde, konnte ihr die Kommunion gewährt werden (Kanon 5). Der Vergleich dieses Strafenkatalogs mit dem, der für Abtreibung galt oder für Frauen, die nach einer Trennung wieder heirateten (nach dem Gesetz des Staates war dies sowohl vor 306 n. Chr. wie auch nach Konstantin erlaubt), ist aussagekräftig genug. Eine Frau, die die Scheidung selbst betrieben hatte und nach einer Trennung wieder heiratete, durfte die Kommunion nie mehr empfangen, auch dann nicht, wenn sie im Sterben lag (Kanon 8). Gleiches galt für eine Frau, die von ihrem Mann verlassen worden war (Kanon 9). Diese Frauen fanden sich auf eine Stufe mit Prostituierten gestellt, wenn sie zum Zeitpunkt der Wiederverheiratung bereits getauft waren (Kanon 12). Es wird also ganz deutlich, daß der Mord an einer Sklavin weniger galt als die sexuelle Befleckung der Frau im Ehebruch und durch erneute Heirat, wenn der Mann noch lebte.

In der Tat ist hier die hohe Idealvorstellung im Spiele, die sich die christliche Kirche wie auch der römische Gesetzgeber von der legitimen Ehe machten: Als soziales Fundament war sie wichtiger als der Schutz des Lebens.

Und diese Ehe blieb im Schutze des göttlichen Lichtes, wenn die sexuellen Kontakte maßvoll und keusch vollzogen wurden, geregelt durch einen Kalender mit einer langen Reihe verbotener Tage, wie Jean-Louis Flandrin aufgezeigt hat. Die Heiligkeit der legitimen Ehe war viel wichtiger als die Jungfräulichkeit der unverheirateten Sklavinnen, von denen der Ehemann seine Ersatzbefriedigung verlangen durfte, so wie er sie ehemals, in der römischen Welt, von den Konkubinen gefordert hatte. Die Bußkataloge unterdrückten die Verletzung der Ehe mit härteren Mitteln als die Vergewaltigung der Sklavinnen.[173]

Sowohl in den Augen des Augustus, der von den legitimen Ehen der Adligen und, wenn möglich, von den Bürgern in ihrer Gesamtheit eine

relativ hohe Zahl von Geburten erwartete, wie auch in den Augen der
Kirche mit ihrer Strafbemessung für Mord und Ehebruch, war das
Wesentliche der ethische Wert der legitimen Ehe, die nach Möglichkeit
die einzige für die Ehefrau bleiben sollte.

Der Einfluß des Musonius auf die christlichen Autoren war groß. Zu
Beginn des 3. Jahrhunderts versicherte Clemens von Alexandria, daß
Frauen ebenso wie die Männer studieren konnten.[174] Die Christen lebten
in der Gewißheit, daß es nur ein einziges Menschengeschlecht gäbe;
für Theodoret von Kyros z. B. ist die Frau von gleicher Natur wie der
Mann und muß denselben Gesetzen folgen, die Gott für sämtliche
menschlichen Wesen gemacht hat. »Ganz wie der Mann ist, in der Tat,
auch die Frau mit Verstand begabt, fähig zu begreifen und sich ihrer
Pflichten bewußt; wie er weiß auch sie, was zu meiden und was zu
suchen ist; manchmal kommt es vor, daß sie besser als der Mann beurteilen kann, was nützlich sein könnte, und daß sie eine gute Ratgeberin
ist.«[175]

In der heidnischen Unterwelt gab es keine einzige Frau, die bis in alle
Ewigkeit gemartert werden sollte. Die seltenen menschlichen Besucher,
die in diese infernalische Welt eindringen konnten, bekamen nur leidende Männer zu Gesicht:[176] Neben Dichtern und Geschichtsschreibern,
die für ihre Lügen bestraft wurden, auch einige Ehebrecher, die Liebhaber der Frau eines anderen gewesen waren. Das jüdische Jenseits der
Apokalypsen kannte keine Martern. Das Christentum war es, das der
Frau den Zugang zur Gleichheit verschaffte, in der Verantwortung und
in der Bestrafung.

Die Apokalypse des Petrus, die im 2. Jahrhundert n. Chr. in Rom Eingang in die kanonischen Texte gefunden hatte und später wieder daraus
entfernt wurde, beschreibt die Höllenqualen, die im Denken und in der
Kunst des Westens eine so bedeutende Rolle spielen sollten:

»22. Und etliche waren dort an ihrer Zunge aufgehängt. Das waren die, welche den
Weg der Gerechtigkeit gelästert hatten, und unter ihnen lag Feuer, das loderte und
quälte sie.

23. Und es war ein großer See da, gefüllt mit brennendem Schlamm, in welchem
etliche Menschen steckten, welche sich von der Gerechtigkeit abgewandt hatten, und
quälende Engel setzten ihnen zu.

24. Es waren aber auch andere da: Frauen, an ihren Haaren über jenem aufko-
chenden Schlamm aufgehängt. Das waren die, welche sich zum Ehebruch
geschmückt hatten. Diejenigen (Männer) aber, welche sich zur ehebrecherischen
Befleckung mit ihnen vereinigt hatten »waren« an den Füßen »aufgehängt und« hatten
ihre Häupter im Schlamm, . . .

26. Nahe bei diesem Ort sah ich eine andere Schlucht, in welche der Eiter und der
Unrat der Gequälten niederrann und dort zu einem See wurde. Und dort saßen Frau-
en, denen der Eiter bis zum Halse ging, und ihnen gegenüber saßen viele Kinder, welche vorzeitig geboren waren, und weinten. Und von ihnen gingen Feuerflammen aus
und trafen die Frauen in die Augen. Das waren die, welche un»ehelich« die Kinder
empfangen und abgetrieben hatten.

27. Und andere »Männer« und Frauen standen bis zur Mitte ihres Leibes in Flammen und waren an einen finstern Ort geworfen und wurden von bösen Geistern gepeitscht und in ihren Eingeweiden von nimmermüden Würmern zerfressen. Das waren die, welche die Gerechten verfolgt und sie ausgeliefert hatten.

28. Und nahe bei denen waren wieder andere Männer und Frauen, welchen ihre Lippen zerbissen und gequält wurden und feuriges Eisen in ihre Augen bekamen. Das waren die, welche den Weg der Gerechtigkeit gelästert und verleumdet hatten.

29. Und diesen gegenüber waren wieder andere Männer und Frauen, welche ihre Zungen zerbissen und flammendes Feuer in ihrem Munde hatten. Das waren die falschen Zeugen.

30. Und an einem andern Ort waren glühende Kieselsteine, schärfer als Schwerter und als jeder Spieß; und Männer und Frauen, abgetan mit schmutzigen Lumpen, wälzten sich auf ihnen in ihrer Qual. Das waren die, welche reich waren und auf ihren Reichtum vertraut und sich nicht der Waisen und Witwen erbarmt, sondern das Gebot Gottes mißachtet hatten.

31. In einem andern großen See, voll von Eiter und Blut und aufwallendem Schlamm, standen Männer und Frauen bis zu den Knien; das waren die, welche Geld ausgelehnt und Zinseszins gefordert hatten.

32. Andere Männer und Frauen, welche von einem hohen Abhang heruntergeworfen wurden, . . . Das waren die, welche ihre Leiber befleckt hatten, indem sie sich wie Frauen hingegeben hatten. Aber die Frauen bei ihnen, das waren die, welche untereinander verkehrt hatten wie Männer mit der Frau . . .

34. Und nahe bei jenen waren wieder andere Frauen und Männer, welche gebrannt und (im Feuer) gewendet und gebacken wurden. Das waren die, welche den Weg Gottes verlassen hatten.«[177]

Aus dem Französischen von Gabriele und Walter Eder

Die Vorstellungen der Ehe und der Hingabe des Körpers bleiben im folgenden nicht unberücksichtigt, sondern sie werden ganz im Gegenteil auch in den nächsten Kapiteln aufgegriffen, die sich alle drei in verschiedener Weise mit den ritualisierten Beziehungen beschäftigen, die die Frauen mit den Gottheiten unterhalten. Wenn der göttliche Status bei der Gestalt der Göttin im antiken Polytheismus den Sieg über den Status als Frau davonträgt, wie Nicole Loraux in Kapitel 1 festgestellt hat, so könnten wir ergänzend hinzufügen, daß umgekehrt in den Kulthandlungen, zu denen die griechischen und römischen Frauen Zugang haben, die der weiblichen Existenz als solcher gesetzten Grenzen immer deutlich bleiben. Schwerlich kann man in dieser Beteiligung an den wesentlichen symbolischen Handlungen der antiken Welt, die unter strenger Aufsicht der Männer stattfand und innerhalb der Grenzen des einwandfreien Funktionierens der Städte und Reiche zugestanden wurde, die Spur einer religiösen Autonomie oder gar einen wirklichen Freiraum entdecken.

Um so überraschender ist es zu sehen, mit welcher Kraft eine spät aus dem Osten gekommene Religion das Bild einer auf ewig vom Opfer und damit vom Herzstück der Religion der Städte ausgeschlossenen Frau hinwegfegt und ein anderes Modell für die Frauen vorschlägt, die »für Christus gelitten haben« und zu Zeuginnen seiner Herrschaft geworden sind. Zu jener Zeit bekehrten die Frauen die Männer und für kurze Zeit gab es Gleichheit im Glauben, bevor sie von den Ämtern der Kirche ausgeschlossen wurden und ihnen als einzige »Wahl« nur ein von der Welt abgeschiedenes Leben blieb.

P.S.P.

7

DIE TÖCHTER DER PANDORA

DIE FRAUEN IN DEN KULTEN DER POLIS

Louise Bruit Zaidman

Die Götter der Griechen sind eng mit dem Leben und Treiben der antiken Polis verbunden. Jede Erkundung des Platzes, den die Frauen in den Ritualen dieser »männlichen« Gesellschaft einnehmen, muß zunächst ihren Status in der Polis oder in der Vorstellung der Griechen bestimmen. Die Frauen sind zwar vom politischen Leben und damit auch vom Opferkult a priori ausgeschlossen, dennoch werden sie in das religiöse Leben so weitgehend einbezogen, daß wir von einem »kultischen Bürgerrecht« sprechen können.[1] In der privaten Sphäre des Hauses, wo sie sich einer relativen Unabhängigkeit erfreuen, liegt ein Teil des rituellen Lebens in ihren Händen. Eine besondere Rolle spielen dabei Geburt und Tod: Die Männer scheinen den Frauen um einer stillschweigend anerkannten Fähigkeit willen jenen Bereich des Heiligen anvertraut zu haben, in dem die für ihr Empfinden am wenigsten kontrollierbaren Kräfte ihr Unwesen treiben. Diese ambivalente männliche Auffassung werden wir in dieser Untersuchung immer wieder beobachten; sie sind zugleich fasziniert und befinden sich in Abwehrhaltung gegenüber dem anderen Geschlecht, welches aus der Sicht der griechischen Männer das Frauengeschlecht[2] darstellt.

Die Frauen der Polis sind vom blutigen Opfer und der ihm folgenden Verteilung des Fleisches ausgeschlossen. Dieses Opfer steht insofern im Mittelpunkt des Opferbrauchs der griechischen Polis, als es die Übereinstimmung der Menschen mit den Göttern bekundet, die soziale Bindung der die Gemeinschaft bildenden Bürger erneuert und in dieser Weise das politische Leben sanktioniert. Der Umstand, daß die Frauen daran nicht teilhaben, ist daher gleichbedeutend mit ihrem Ausschluß vom aktiven bürgerlichen und politischen Leben. Im alten Griechenland gibt es keine »Bürgerinnen« (wenn man den Fall der Spartanerinnen beiseite läßt, »die als einzige die Männer beherrschen«, um einen von Plutarch [*Leben des Lykurg* 14, 8] zitierten Ausspruch aufzunehmen), sondern nur Mütter, Ehefrauen oder Töchter von Bürgern.

Doch ist diese Sicht der Dinge zu einfach. Frauen waren zwar vom blutigen Opfer und der Handhabung des Fleisches ausgeschlossen, und sie gehören nicht zu der Gruppe derer, die Marcel Détienne die »*comangeurs*« nennt – die Tischgenossen, aus denen die Verteilung des Fleisches des Opfertieres Gleiche innerhalb der Polis macht.[3] Sie gehören indes zu der erweiterten Gemeinschaft, derer die Polis bedarf, um existieren zu können, und die sie zu ihren großen Festen zusammenruft. Für die Frauen, die von der *agorá* und den Versammlungen ausgeschlossen sind, wo die Angelegenheiten der Menschen und Götter verhandelt werden, die ihre Abgeschlossenheit im Hause, dem *oîkos*, kennzeichnet, sind die großen religiösen Feste die Gelegenheit, am gesellschaftlichen Leben teilzunehmen. Der Zug der Panathenäen, die großen Feste des Dionysos, die Prozession der Eleusinischen Mysterien und weitere Anlässe, auf die wir noch zurückkommen werden, zeigen sie unter dem Publikum, das Zeuge der großen öffentlichen Opferhandlungen ist.

Wenn der Ausschluß vom blutigen Opfer die Regel ist, stellen doch einige Rituale wie z. B. das der Thesmophorien die Frauen in ihren Mittelpunkt. Die Rituale geben also Anlaß zum Nachdenken darüber, wie die Griechen den Widerspruch des Ausschlusses der Frauen vom Politischen und ihrer Eingliederung in das religiöse Leben zu lösen versucht haben. Die Teilnahme der Frauen am religiösen Leben der Polis zeigt die grundlegenden Spannungen zwischen Männlich und Weiblich – Spannungen, die insbesondere in Athen durch die faktische Vorherrschaft der Männer überdeckt werden.

Athen repräsentiert nicht ganz Griechenland. Sofern es sich um den Platz handelt, der den Frauen eingeräumt wird, ist die Situation dort insofern extrem zu nennen, als daß Mißtrauen ihnen gegenüber sowie die Frauenfeindlichkeit der Beschlüsse und Gesetze dort stärker sind als in allen anderen Poleis. Deshalb wird durch Rückgriff auf einen Mythos erklärt, warum ihnen der Name »Athenerinnen« versagt bleibt und warum ihre Kinder nicht ihren Namen tragen. Das sei so, damit Poseidon besänftigt werde, der durch die Stimmabgabe der Frauen für Athena bei der Wahl des Namens der Stadt verärgert worden sei (Varro, zitiert bei Augustinus, *Vom Gottesstaat* 18,9). Nach den Bürgerrechtsgesetzen des Perikles aus dem Jahre 451 steht das Bürgerrecht demjenigen zu, der nachweisen kann, daß er einen Bürger zum Vater hat und eine Mutter, die ihrerseits »Tochter eines Bürgers« ist. Dementsprechend wird bei der Einschreibung eines jungen Mannes in eine Phratrie der Name des Vaters seiner Mutter registriert, aber nicht der Name der Mutter selbst; und wenn der Vater eidlich versichert, daß sein Sohn aus der Ehe mit »einer Frau der Polis« hervorgegangen sei, tritt der Name der Mutter dabei nicht in Erscheinung. Und ebenso verhält es sich bei der Zeremonie der *gamēlía*, bei der ein Bürger seine Ehefrau der Phratrie, der er angehört, vorstellt und dabei die Legitimität seiner Frau als »Tochter eines Bürgers« (Isaios 3,76; 8,18) bezeugt. Die Legitimität des Status der Frau wird also immer über den Vater oder den Ehemann bestätigt.[4] Letzteres gilt im übrigen für alle griechischen Poleis in demselben Maße, wie der Familienzusammenhang dort grundsätzlich patrilinear begründet ist.

Die athenische Situation ist indes, wie bereits bemerkt, eine Extremsituation. Aber sie ist es auch in bezug auf die historische Überlieferung, weil die Belege dort häufig sehr viel ausführlicher sind als anderswo. Der von den athenischen Frauen eingenommene Platz im Ritual ist indes in demselben Maße bedeutungsvoller, wie ihr gesellschaftlicher und ideologischer Status stärker von Mißtrauen und Ausgrenzung geprägt wird.

Von den über dreißig Festen, die jedes Jahr gefeiert werden und von denen viele zwei oder drei Tage lang andauern, setzt ungefähr die Hälfte die aktive Beteiligung eines Teils der weiblichen Bevölkerung Athens voraus. Je nach dem Anlaß werden verschiedene Gruppen von Frauen in die Feste einbezogen. Kleine Mädchen und junge Frauen bringen ihre Gaben bei den Arrephorien und Plynterien zum Kultbild der Athena, die verheirateten Frauen finden wir bei den Haloen und den Thesmophorien der Demeter, Frauen eines vorgeschriebenen Alters scharen sich um die rituelle Königin bei den Anthesterien, die Dionysos geweiht sind. Den Höhepunkt stellen die Panathenäen dar, bei denen sich alle Altersklassen und Statusgruppen zusammenfinden, um das große Jahresfest von Athen zu begehen.

Im folgenden möchte ich die Rolle aufzeigen, die verschiedene Teile der weiblichen Bevölkerung im religiösen Leben spielen. Das Leben der erwachsenen Frauen ist ganz und gar von ihrer gesellschaftlichen Rolle als Ehefrau und Mutter geprägt. Es unterteilt sich in eine Jugend, die als Zeit vor der Heirat aufgefaßt wird und zur Vorbereitung auf die Heirat dient, und in eine Zeit des Lebens als Ehefrau, die von der Funktion der Fortpflanzung bestimmt wird. Die biologische und die gesellschaftliche Seite des Lebens sind auf diese Weise eng miteinander verbunden. Die griechische Frau, die vor allem Ehefrau und Mutter ist, wechselt von neuem ihren Status, sobald das Alter ihr die Gebärfähigkeit nimmt, und für sie entfallen nun die Privilegien und die Verbote, die ihr gesellschaftliches Leben bisher bestimmt hatten. Diesen drei Altersklassen der griechischen Frau entsprechen unterschiedliche religiöse Funktionen.

DIE JUNGEN MÄDCHEN

Über eine Anzahl von Ritualen bezieht die Polis ihre Töchter, die *parthénoi*, die die Ehefrauen von morgen und die Mütter zukünftiger Bürger sind, in das gesellschaftliche Leben ein. Was man mit Pierre Brulé »die Religion der jungen Mädchen in Athen« nennen kann, bildet ein zusammenhängendes Ganzes von Praktiken im Rahmen der »Religion der Frauen«. Dieses wollen wir in das religiöse Leben Athens mit seinen Riten und Mythen einordnen.[5]

Die Mythen spielen oft mit dem Bild, daß junge Mädchen ungezähmte Stuten seien. Während die Heirat die letzte Stufe ihrer Zähmung ist, beginnen die kleinen Mädchen diesen Prozeß, der aus ihnen vollkommene Ehefrauen machen soll, im Alter von sieben Jahren. Aber nur eine begrenzte Zahl junger Mädchen, die aus den angesehensten und durch ihre aristokratische Tradition hervorstechenden Familien ausgewählt werden, erhält diese »weibliche Initiation«.[6] Diese Einschränkung schmälert indes nicht die gesellschaftliche Bedeutung der Einbeziehung der *parthénoi* in den Kult. Die anderen Mädchen dürften in den *parthénoi* ihre Stellvertreterinnen gesehen haben. Das ist zweifelsohne auch der Sinn der bekannten Passage des Chorlieds der Athenerinnen in der *Lysistrata* des Aristophanes (Vers 641–647):

»Mit sieben Jahren schon war ich Arrephore;
mit zehn mahlte ich dann das Korn für unsere Beschützerin;
dann, mit dem Safrankleid angetan, war ich Bärin bei den Brauronien;
schließlich, als großes schönes Mädchen, war ich Kanephore
mit einer Kette von getrockneten Feigen.«

Diese Verse werden häufig als eine Beschreibung der weiblichen Initiation in Athen aufgefaßt. Aber sie übertreiben wohl eher die Laufbahn einer angenommenen Person eines jungen Mädchens »von vornehmer Geburt« (*eugeneîs*) in komischer Weise. Das wenigstens ist die Interpretation, die Christiane Sourvinou-Inwood vorschlägt.[7]

Arrephoren, Plyntriden, Aletriden

Die Arrephoren, vier kleine Mädchen, die von der Volksversammlung aus einer Liste der Töchter »von vornehmer Geburt« (*eugeneîs*) ausgewählt wurden, waren zwischen sieben und elf Jahre alt. Zwei von ihnen

sollten vom *árchōn basileús* ausersehen werden, sich am Weben des
péplos zu beteiligen, der jedes Jahr zu den Panathenäen der Athena
geweiht wurde. Die beiden anderen, »die nicht weit vom Tempel der
Polias entfernt wohnen . . . (und) sich einige Zeit auf(halten) bei der Göttin« (Pausanias 1, 27, 3), erfüllen in der Nacht vor dem Beginn der Arrephorien eine rituelle Aufgabe, die darin besteht, auf dem Kopf in einem
wohlverschlossenen Korb etwas zu tragen, was ihnen zu betrachten verboten ist und was sie bei dem Heiligtum der Aphrodite, »in den Gärten«,
gegen etwas anderes, ebenso Geheimnisvolles austauschen (bei letzterem handelt es sich nach Aussage einiger Lexikographen um Kuchen in
Form von Schlangen und *phalloî*). Seit langer Zeit schon hat man dieses
Ritual mit der Geschichte der Kekropiden in Verbindung gebracht, der
Töchter des Königs Kekrops, den die griechische Überlieferung an den
Ursprung der Stadt Athen stellt. Von Athene beauftragt, über den erdge-
borenen und von der Göttin aufgenommenen Erichthonios zu wachen,
blicken die jungen Prinzessinnen trotz des ihnen gegebenen Verbots
unbedacht in den Korb, in dem er ruht, und werden dafür mit dem Tode
bestraft. Zahlreichen Interpretationen liegt die Auffassung zugrunde, daß
dieses Ritual als der Schlußpunkt eines Übergangsritus betrachtet werden
kann, während derer die kleinen Mädchen aus ihrem Haus in den Dienst
der Stadtgöttin überführt worden sind; das Ritual war vielleicht eine Art
Probe im Zusammenhang mit einem der Ursprungsmythen der Stadt, in
dem die Geburt und die Symbole der Sexualität einen wichtigen Platz
einnehmen. Als ein Ritus der Adoleszenz, den dieses Ritual nach Claude
Calame darstellt[8], gehört es zu einer Reihe von »Diensten« der jungen
Mädchen, von denen wir weniger wissen.

Das Fest der Plynterien, das der Reinigung der Kultbilder und ihres
Schmucks gewidmet ist, findet über Athen hinaus in vielen griechischen
Poleis eine Entsprechung, und häufig kommt dort ein Monat mit Namen
Plynterion vor. Der *Hymnos auf das Bad der Pallas* des Kallimachos erin-
nert an diesen Ritus, der von den jungen Mädchen von Argos vollzogen
wird. In Athen sind zwei junge Mädchen *(kórai)*, die *plyntrídes* oder *lou-
trídes*, damit beauftragt, unter Aufsicht eines Priesters den *péplos* der
Athena zu waschen.

Eine andere rituelle Aufgabe wird von den *aletrídes* ausgeführt, »die
das Mehl für die Opferkuchen mahlen«. Über dieses Ritual sind die Quellen noch zurückhaltender. Man kann indes die Ähnlichkeit in der Art der
Auswahl und der Herkunft der jungen Mädchen feststellen, die zu diesen verschiedenen Diensten herangezogen werden. Pierre Brulé macht
auch eine Ähnlichkeit in der Funktion aus: Die Mädchen »reproduzieren
im Bereich des Heiligen die profanen Arbeiten, die die erwachsenen
Frauen in den Frauengemächern verrichten«.[9] Aber die Dienste der Arrephoren, Plyntriden und Aletriden verweisen nicht nur auf die zukünftige

Rolle der Frauen; mit ihnen erfüllen sie auch eine wichtige kultische Funktion für die gesamte Polis. Auf diesen Aspekt werden wir im Zusammenhang des Dienstes der Kanephoren zurückkommen.

Die kleinen Bärinnen

Im Heiligtum der Artemis von Brauron, 37 km von Athen entfernt, durchleben ungefähr hundert kleine Mädchen, von denen die ältesten zehn Jahre alt sind, eine Periode der Initiation, von der wir nur lückenhafte Kenntnisse haben. Eine Reihe schriftlicher Quellen, das noch nicht vollständig ausgewertete archäologische Material und aufschlußreiche Vasenbilder erlauben es indes, einige Hypothesen aufzustellen.

Schriftliche Quellen (einige magere Zeilen) und Bilder auf den im Heiligtum gefundenen Vasen lassen zunächst ein Ritual erkennen, bei dem die kleinen Mädchen wie »Bärinnen sein« *(arkteúein)* sollten, bevor sie heirateten *(pró toû gámou)*. Welche Bedeutung soll man dieser Formulierung beimessen? Zahlreiche Fragmente von Kultvasen, die ihres kleinen Formats wegen Krateriskoi genannt werden, sind in Brauron selbst und dann im Heiligtum der Artemis Brauronia in Athen gefunden und in das Ende des 5. oder den Beginn des 4. Jahrhunderts datiert worden[10] (s. o. Abb. 31 im Kapitel 4). Man sieht darauf mehrere kleine Mädchen verschiedenen Alters, die manchmal nackt sind oder kurze Kleider tragen, die Haare bis auf Schulterhöhe geschnitten; sie laufen. Zwei Frauen, scheinen sie auf etwas vorzubereiten. Auf einigen Fragmenten erscheinen Tiere wie Hunde und Hirschkühe an der Seite der kleinen Mädchen. In einer der Szenen ist im Mittelpunkt ein Bär dargestellt und die kleinen Mädchen gehen auf einen Altar zu. In einer anderen tauchen zwei erwachsene Personen auf, eine Frau und ein Mann; sie tragen Tiermasken, die wie Bärenmasken aussehen.

An der rituellen Bedeutung dieser Szenen ist wegen der Nähe des Altars nicht zu zweifeln. Die Tiere lassen an eine rituelle Jagd denken. Alter, das offene Haar und Kleidung verweisen auf die Kindheit, eine Phase der »Wildheit«, über die Artemis wacht. Nach Meinung von Christiane Sourvinou-Inwood, die diese zuvor von Lily Kahil publizierten und interpretierten Vasen mehrmals untersucht hat, verherrlichen die Bildnisse auf den *Krateriskoi*, die von den Eltern der kleinen Mädchen geweiht wurden, den Höhepunkt des Dienstes der »Bärinnen« und das Ende der Periode der Initiation, das mit dem großen, alle fünf Jahre stattfindenden Fest der Brauronia zusammenfiel.[11] Am Ende einer Zeit der Absonderung, legt das Mädchen sein safranfarbenes rituelles Gewand ab – den *krokōtós* – und läßt das »Leben der Bärin« hinter sich. Sie tritt damit in das Alter der Pubertät ein, die die letzte Stufe vor dem heiratsfähigen

Alter ist. Aus eben diesem Grund schlägt Christiane Sourvinou-Inwood vor, den Text des Aristophanes nicht zu lesen »mit dem Safrankleid angetan«, sondern »das Safrankleid abgelegt habend«.

Warum »Bärin sein«, und welchen Wert als Initiation konnte diese Handlung haben? Als wildes Tier gehört die Bärin zur Welt der Jagdgöttin Artemis und findet sich in zahlreichen Mythen der Göttin. In Brauron selbst, wird erzählt, sei eine Bärin immer wieder in das Heiligtum gekommen und sei fast zahm gewesen. Eines Tages habe sie ein junges Mädchen beim Spielen im Gesicht gekratzt. Der Bruder des Mädchens habe die Bärin daraufhin getötet und damit eine Landplage heraufbeschworen. Um die Göttin zu besänftigen, müssen seitdem nach Vorschrift des Orakels die jungen Mädchen vor ihrer Heirat »die Bärin spielen« und das safranfarbene Gewand tragen. Wir kennen die Funktionen der Artemis Kourotrophos als Schutzgöttin der Jugend, der die Aufgabe übertragen ist, die Mädchen und Jungen zur Reife zu führen und ihr wildes Wesen zu zähmen. Die Kulthandlungen in Brauron, die die langen Monate der Initiation im Heiligtum krönen, könnten also eine Art Austreibung der »Bärin« sein, die die »Wildheit« der Kindheit symbolisiert. Es würde sich dabei um eine Vorbereitung auf die nächste Stufe in der Entwicklung des jungen Mädchens, auf das Leben als Kanephore, handeln, das sie zu seiner Bestimmung als Ehefrau führen soll; denn das ist das eigentliche Ziel dieser zugleich sozialen und kultischen Erziehung.

Dieser Augenblick, an dem das kleine Mädchen das kindliche Leben hinter sich läßt, um den Abschnitt zu beginnen, in dessen Verlauf die Pubertät sie in eine heiratsfähige junge Frau verwandeln soll, ist in seinem gesellschaftlichen Ablauf, auf dem Wege über den Kult ganz und gar von der Polis bestimmt. Die politische Bedeutung dieser Kulte läßt sich auch gut an der Größe des Heiligtums ablesen, dessen Wohnräume (*parthenón*) den jungen »Bärinnen« für die Zeit ihrer Absonderung dienten. Sie zeigt sich auch in der Organisation der Brauronia, deren Prozession und Ablauf von den Hieropoioi geleitet wird, den zehn Beamten, denen die Sorge für die großen fünfjährigen Feste des athenischen Kalenders obliegt. Brauron sollte in der Eingliederung der jungen Mädchen eine vergleichbare Rolle spielen wie die Munichia für die jungen Männer, die – ebenfalls der Artemis geweiht – die Rolle der »männlichen Initiation« in die Welt der Erwachsenen übernehmen.

Die Kanephoren

Kanephore sein heißt, den Opferkorb, den *kanoûn*, zu tragen, d. h. einen Ritualkorb, der die heilige Gerste enthält, die auf den Altar und unmittelbar vor seiner Tötung auf das Haupt des Opfertieres gestreut wird.

Unter der Gerste liegt, den Blicken verborgen, das Opfermesser, die *máchaira*, das der Priester oder sein Gehilfe ergreifen wird. Jedes blutige Opfer setzt das Vorhandensein des Korbs mit der Gerste voraus, aber nicht immer wird er von einer *parthénos* gebracht. Die Tätigkeit als Kanephore ist eine ehrenvolle kultische Aufgabe, die den jungen Mädchen von vornehmer Geburt vorbehalten ist, die einen Platz in einer feierlichen Prozession aus Anlaß einer der großen offiziellen Feste der Stadt einnehmen.[12] Die Mitwirkung von Kanephoren ist für das Fest der Hera in Argos belegt und für das der Artemis in Syrakus sowie für zahlreiche Festlichkeiten in ganz Attika und an von Athen abhängigen Orten; von besonderer Bedeutung waren die Korbträgerinnen beim Fest der großen Panathenäen. Im 3. Jahrhundert erreicht die Zahl der Kanephoren bei dieser Gelegenheit Hundert, wie das Ehrendekret des Stratokles für Lykurg zeigt, in dem es heißt, dieser habe für die Göttin »Vasen für die Prozession aus Gold und Silber und goldenen Schmuck für hundert Kanephoren« anfertigen lassen. Die Bedeutung, die die Stadt ihrer Teilnahme an der Prozession beimaß, wird durch ihre Darstellung auf dem Parthenonfries bekräftigt und durch ihre Erwähnung auf der Liste der Empfänger von ehrenhalber zugesprochenen Opferanteilen der Großen Panathenäen, wo sie neben anderen Würdenträgern aufgeführt werden. An diesem Tag, an dem die Stadt sich selbst und ihre Stadtgöttin feiert, werden diese jungen Mädchen wie ehrenvolle Bürger behandelt: Sie erhalten das für Frauen äußerst seltene Privileg, vollberechtigt am Opferritus teilzunehmen.

Auch die Wasserträgerinnen beim Opfer der Bouphonien nehmen an der zentralen Handlung des Opfers, der Tötung des Rindes, teil. Um den Ursprung dieses dem Zeus Polieus dargebrachten feierlichen Opfers zu erklären, erzählt ein Mythos, wie Attika nach der frevelhaften Tötung eines Rindes von einer Trockenheit befallen worden sei (Porphyrios, *De Abstinentia* 2, 29–30). Auf Anraten des Orakels in Delphi hätten die Athener daraufhin beschlossen, »die Mordtat gemeinsam auf sich zu nehmen«. »Sie wählten junge Mädchen als Wasserträgerinnen aus; diese bringen Wasser zum Schärfen der Axt und des Messers. Nachdem die Geräte geschärft sind, geben sie die Axt einem Mann, der das Rind niederstreckt, ein anderer schneidet ihm die Kehle durch . . . Dann veranstaltet man einen Prozeß wegen der Mordtat und alle sind aufgerufen, sich zu verteidigen, die an der gemeinsamen Tat teilgenommen hatten.« Die Kette der Verantwortlichen beginnt bei den jungen Mädchen und wird bis zum Messer zurückverfolgt, das sich nicht verteidigen kann und daher verurteilt wird. Die jungen Mädchen, die Wasser »zum Schärfen der Axt« bringen, haben demnach eine ähnliche Aufgabe wie jene anderen, die das Messer bringen, das unter der Gerste versteckt wird. Der Ursprungsmythos der Bouphonien ersetzt das Wasser durch die Gerstenkörner, die

aufgrund des Frevels nicht mehr verfügbar sind und um deren Wieder-
erlangung es gerade geht.[13] In beiden Fällen wird das für die Menschen
lebenswichtige Element, nämlich die Gerste oder das Wasser, mit dem
Instrument der Mordtat in Verbindung gebracht; das Opfer des Rindes
soll dann die Vermittlung zwischen Menschen und Göttern wiederherstellen. Auch das Opfer bei den Panathenäen dient dazu, die Ordnung
der Polis feierlich zu bekräftigen. In den Kanephoren nimmt die Stadt die
künftigen Ehefrauen in die Pflicht, die ihr Fortleben gewährleisten und
deshalb von ihr geehrt werden.

Bei Aristophanes wird die Kanephore »schön« genannt (paîs kalé: »das
schöne Kind«), und das soll heißen, daß das junge Mädchen in die Zeit
seiner »Blüte« eingetreten ist, in die Pubertät und in das heiratsfähige
Alter. Das junge Mädchen beginnt, den Blicken der Männer aufzufallen.
Die Vasen zeigen die Kanephoren mit Schmuck und in einen gemuster-
ten Chiton gekleidet. In einigen Mythen werden Kanephoren von Göttern oder Heroen entführt und zur Ehe gezwungen. Einige Rituale nehmen auf diese Mythen Bezug. In Athen erzählt man, wie die Tochter des
Tyrannen Peisistratos, während sie ihren Dienst als Kanephore versah,
von einem Mann umarmt und entführt worden sei. Diese Geschichte
ähnelt dem Abenteuer der Oreithyia und der Herse, zweier Töchter des
Erichthonios, die ebenfalls als Kanephoren entführt wurden, die eine
von dem Windgott Boreas und die andere von Hermes. Die Entführung
der Oreithyia ist ein vertrautes Thema der Keramik des 5. Jahrhunderts[14]
und erfährt beträchtliche Abwandlungen, von denen eine gewisse Anzahl das Geschehen nicht mehr auf der Akropolis ansiedeln, sondern an
den Ufern des Illissos, wie auch die bei Platon wiedergegebene Überlieferung (Phaidros 329b c), oder an noch anderen Orten, an denen sie
mit ihren Begleiterinnen spielt und tanzt.

Teilnahme an Chören

Spiel und Tanz waren beliebte Beschäftigungen bei jungen Mädchen.
Euripides zählt den Tanz im Chor zu den besonderen Aktivitäten der jungen Mädchen, die »in den Chören aufblühen«. Die verschiedenen Versionen der Geschichte von der Entführung der Oreithyia zeigen, daß das
Alter der Kanephoren auch das der Choreuten ist, die eine zugleich rituelle, pädagogische und soziale Funktion haben. Am Ende dieses Alters-
abschnitts steht die Heirat, für die die Entführung eine Metapher darstellt.

Ihren Auftritt haben diese Gruppen junger Mädchen gleichen Alters
unter der Führung einer der Teilnehmerinnen, der Choregin, zumeist bei
Gelegenheit eines Festes oder im Rahmen eines besonderen Kultes. Der
Kreis der Sappho auf Lesbos am Ende des 7. Jahrhunderts, der sich aus

heranwachsenden Mädchen aus guter Familie zusammensetzt, die aus verschiedenen Teilen Ioniens kommen, bietet einen guten Einblick in das Wesen und die Funktion dieser Chöre.[15] Im Zeichen der Aphrodite stehend, ist diese Aktivität dazu angetan, die jungen Mädchen auf ihre Rolle als erwachsene Frauen vorzubereiten. Diese erzieherische Funktion der Chöre läßt sich aus den Fragmenten der Dichterin herauslesen, die von Schönheit und Anmut handeln und damit das herausheben, was für die heranwachsenden Mädchen wichtig ist. Ein großer Teil der Fragmente der Dichterin stammt aus Hochzeitsliedern *(epithalámioi)* oder aus Gedichten, die von der Hochzeit handeln. Sie preisen diesen Augenblick, der im Zeichen der Göttin der sinnlichen Liebe steht, der Beschützerin der Jungverheirateten. Ähnlich ausgerichtete Gruppen gab es sicherlich auch andernorts. Aber häufig treten diese Chöre junger Mädchen in einem größeren politischen Rahmen neben anderen Gruppen auf.

Teilnahme an Festen

In der gesamten griechischen Welt fällt der Abschluß der Adoleszenz und die Eingliederung in die Welt der Erwachsenen mit einem der großen Feste zusammen. Häufig werden die jungen Männer und Mädchen zusammen im Kreis um die Stadtgottheit versammelt oder im Kreis um Gottheiten wie Artemis oder Apollon.

Das Fest der Artemis von Ephesos ist dafür typisch. Es beginnt mit einer Prozession, die alle jungen Männer im Alter von sechzehn Jahren und alle jungen Mädchen von vierzehn Jahren aus der Stadt herausführt. An der Spitze der beiden Gruppen schreiten die Schönsten unter ihnen. Der Zug führt rituelle Gegenstände mit sich wie Fackeln, Körbe und duftende Öle; ihnen folgen die Einheimischen und die Fremden, die in großer Zahl herbeiströmen. Nach dem Opfer treffen sich alle, »um den jungen Männern im heiratsfähigen Alter zu ermöglichen, junge Mädchen zu finden«. Diese Beschreibung, die bei Xenophon von Ephesos (1, 2, 2ff.) als Hintergrund für das romantische Treffen zweier junger Leute dient, des Habrakomes und der Antheia, deckt sich mit dem Bericht über das Ritual der Artemis Daitis, einem der Göttin geweihten Mahl auf einer Wiese vor der Stadt. Der Ursprungsmythos dieses Rituals betrifft die heranwachsenden jungen Männer und Frauen von Ephesos. Nachdem sie eine Statue der Artemis an das Ufer des Meeres gebracht haben, tanzen und singen sie für die Göttin und ehren sie dann durch eine Weihgabe von Salz. Wie in allen anderen Ursprungsmythen zieht ein Fehler – hier die Unterlassung der Weihgabe im darauffolgenden Jahr – eine Strafe nach sich, die die Begründung eines Rituals fordert *(Etymologicum*

Magnum 252, 11ff.). Die von Artemis gesandte Strafe trifft gerade die jungen Männer und Frauen von Ephesos und hebt damit die Bedeutung des Rituals hervor: Es soll das glückliche Gelingen des Übergangs vom Alter des Heranwachsens in das Erwachsenenalter sichern, das durch die Nachlässigkeit der jungen Leute gefährdet war.

Die Delia, die in Delos zu Ehren des Apollon seit 525 v. Chr. alle vier Jahre gefeiert werden, sind ursprünglich ein ionisches Fest, an dem die gesamte Bevölkerung einschließlich der Frauen und Kinder teilnimmt. Im Mittelpunkt des Festes steht der Chor der Deliaden, Dienerinnen des Apollon, die mit einem Hymnos Apollon, Leto und Artemis preisen. Kallimachos (*Hymnos auf Delos* 278ff.) überliefert, daß alle Griechenstädte jedes Jahr Chöre nach Delos sandten, ausgestattet mit den Beiträgen und Erstlings-Opfern für den Kult des Apollon; das geschah zur Erinnerung an die ersten Garben, die einst von den drei Töchtern des Boreas gebracht worden waren, und zwar im Namen der Hyperboreer, jenes mythischen, mit den Göttern befreundeten Volkes. Den Töchtern des Boreas weihen die jungen Mädchen und Männer von Delos ihr Haar und ihren ersten Bartflaum. Die Delia sind ein Fest des Frühlings und der Jugend. Unterstützt wird diese Auffassung des Festes durch die Interpretation Platons (*Phaidros* 58a–c), der in der *theōría*, der jährlichen athenischen Gesandtschaft nach Delos, eine feierliche Erinnerung an den Schutz sieht, den Apollon den sieben jungen Männern und Frauen hatte angedeihen lassen, die mit Theseus am Zug nach Kreta teilgenommen hatten.

Im spartanischen Gebiet, in Amyklai, sind die Hyakinthien das wichtigste Fest des Kultjahres, an dem alle Bewohner, einschließlich der Sklaven, teilnehmen. Auf einen Totenkult, der zum ehrenden Gedenken des Heros Hyakinthos gefeiert wird, folgt ein Fest, das alle Gruppen der Jugend des Landes auf den Plan ruft. Die Kinder spielen die Lyra und singen den Paian zu Ehren des Apollon; die Epheben, in zahlreiche Chöre unterteilt, tanzen und singen; die jungen Mädchen, phantasievoll als Tiere verkleidet, ziehen bei der Prozession auf einem aus geflochtenem Rohr gefertigten Prunkwagen vorbei.

Initiation und Eingliederung

Auf diese Weise ist die Jugend von Athen bis Sparta sowie in zahlreichen anderen Städten bei den großen Festen der Bürger dazu aufgerufen, in Prozessionen, Chören, Gesängen und anderen Vorführungen zu Ehren der Götter aufzutreten. Doch stellt dieses Zusammentreffen der Mädchen und der jungen Männer am Ende ihrer Jugend die Mädcheninitiation nicht auf eine Ebene mit der Initiation der Jungen, die damit den Status

der Bürger erlangen. Die Mädchen werden dagegen an die Heirat her-
angeführt und es fragt sich, ob dafür der Begriff Initiation überhaupt
angemessen ist. Die unterschiedlichen Zielsetzungen der Mädchen- und
Jungenerziehung zeigen sich auch in den Inhalten und dem zeitlichen
Ablauf sowie in der Auswahl der Teilnehmenden an den Ritualen.

Der Zeitraum, der von der frühesten Kindheit bis zur Heirat reicht, ist
für das Mädchen in mehrere Stufen seiner Reifung eingeteilt. Die erste
Stufe wird mit zehn Jahren erreicht, wenn die jungen Athenerinnen in
das Alter für die *arkteía* (das Ritual der Bärinnen) kommen; danach
beginnt eine entscheidende Zeit, im Verlauf derer die *Menarche* stattfindet, d. h. der Beginn der Pubertät. Auf Vasenbildern erkennt man diese
Mädchen leicht an ihrer schlanken Größe und den aufkeimenden Brüsten.[16] Mit vierzehn Jahren ist dieser Zeitabschnitt beendet, und das ist
auch der Zeitpunkt der Heiratsfähigkeit. Das junge Mädchen hat von nun
an in den Augen der Griechen seine volle Reife erlangt.

Während alle Jungen zwischen sechzehn und achtzehn Jahren vom
Dienst des Epheba betroffen waren, nahm nur eine kleine Gruppe von
Mädchen am entsprechenden Dienst für Athena und Artemis teil.[17] Im
übrigen ist die Rekrutierung der Teilnehmerinnen zugleich demokratisch
hinsichtlich der Vorgehensweise – die Volksversammlung wählt die
Arrephoren aus, und die Bärinnen werden von der Phyle gewählt – und
aristokratisch von der tatsächlichen Auswahl her. Die Formulierungen
sind in dieser Hinsicht klar und unterstreichen die adlige Abkunft der
parthénoi.

Die Initiation der jungen Mädchen in die Rituale der Stadt hat einen
symbolischen Stellenwert. Die wirkliche Einordnung im Hinblick auf die
Aufgaben und Funktionen der Frau geht auf der sozialen und pädago-
gischen Ebene innerhalb der Frauengemächer vor sich und in dem
Bereich, den Pierre Brulé die »Werkstatt der Frauen« nennt. Die religiöse
Dimension dieses Vorgangs wird, nur von wenigen bevorzugten
Mädchen und Frauen stellvertretend für alle anderen repräsentiert.

Das Verhalten der Stadt ihren »Jungen« gegenüber ist eigentlich nur die
Kehrseite der Ungleichheit der Behandlung, die Männern und Frauen auf
religiöser Ebene widerfährt. Der formale Anspruch, allen Bürgern zu gleichen Teilen Zugang zum politischen und religiösen Bereich zu
gewähren, widerstreitet der faktischen Diskriminierung.

Zwar werden Frauen in die Rituale einbezogen, der maßgebliche Einfluß aber bleibt den Männern vorbehalten. Die Bevorzugung »adliger«
Familien und das Zurückgreifen auf aristokratische Auswahlkriterien
waren für die demokratische Polis ein Mittel, den Widerspruch auszugleichen, der zwischen den kultischen Ansprüchen der Gottheiten – und
zwar besonders der weiblichen, die über das Wohlergehen der Menschen und Städte wachen – und dem Mißtrauen bestand, das man dem

»Volk der Frauen« entgegenbrachte. Jedoch besaßen die jungen Mädchen vor allem mit ihren Chören einen wichtigen Platz in den Ritualen der Stadt, den sie als Ehefrauen wieder verlieren sollten.

DIE EHEFRAUEN

»Pallas, der Chöre Beschützerin, die ich hierher zum Chor zu rufen pflege, ... die unsere Stadt bewahrt, ... erscheine, du von Tyrannenhaß Erfüllte, ... es ruft dich das Volk (*dêmos*) der Frauen ...«.

Das sind die Worte des Chores der Thesmophoriazusen (1136ff.) des Aristophanes vor ihrer Anrufung der Göttinnen Demeter Thesmophoros (der das Fest seinen Namen verdankt) und ihrer Tochter Persephone.

Die Thesmophorien

Einmal im Jahr besetzt das »Volk der Frauen« für drei Tage den politischen Bereich, während die Männer ihren Platz räumen und weder zu Gericht sitzen noch sich im Rat versammeln. Die Frauen haben ihre Stelle eingenommen und halten Versammlungen im Tempel der beiden Göttinnen auf der Pnyx ab, dem Hügel, auf dem üblicherweise die Volksversammlungen stattfinden. Die Frauen, die Aristophanes sprechen läßt, rufen Athena in ihrer politischen Eigenschaft als »Bewahrerin der Stadt« an. Sie »repräsentieren« die Polis und sprechen in ihrem Namen. Sie haben sich auch das Vokabular der Männer angeeignet, um Euripides, ihren erklärten Feind, anzugreifen. Mit Gebeten, Formeln und Formalitäten ahmen sie die traditionellen Weisen der Volksversammlung nach: »Der Rat der Frauen hat folgendes beschlossen, Timokleia war Vorsitzende, Lysilla Sekretärin, Sostrate stellte den Antrag: Eine Versammlung soll abgehalten werden in der Früh am mittleren Tag der Thesmophorien, an dem wir am meisten Muße haben, und soll vor allem über Euripides beraten, welche Strafe er erleiden solle; denn er beleidigt uns alle, wie wir meinen. Wer will das Wort ergreifen?« (373–379) Eine Parodie, wird man sagen. Aber hier handelt es sich nicht um die *Weibervolksversammlung* des Aristophanes, in der die Frauen sich als Männer verkleidet haben, um das Wort zu ergreifen. Ihre Versammlung ist hier vielmehr institutionell vorgesehen. Im übrigen bestätigen sowohl die attischen Redner wie die Inschriften die politische Bedeutung der Thesmophorien.

In jedem Demos wählen die Frauen diejenigen, welche bei den Thesmophorien »die Macht ausüben« werden (*árchein eis tà Thesmophória*), und an den »nach der Tradition« *(katá tà patriá)* festgelegten Tagen der

Versammlung vorsitzen und veranlassen, »was durch den Brauch festgelegt ist« *(tà nomizómena)* (Isaios 8, 19–20). Diese rituelle und zeitlich begrenzte Umkehr der politischen Ordnung beschränkt sich nicht nur auf Athen. Die Thesmophorien sind vielmehr das wichtigste rituelle Fest der Demeter in der griechischen Welt. Sie sind für zahlreiche Städte überliefert, in denen die Existenz eines Heiligtums der Demeter Thesmophoros *(Thesmophorion)* von den literarischen Quellen erwähnt wird wie z. B. Aigina, Phleious, Paros, Ephesos. Ausgrabungen haben weitere freigelegt, so in Korinth, auf Thasos, in Knossos oder Kyrene. Als Beweis seines hohen Alters leitet Herodot den Ursprung des Rituals bei den Griechen von den Töchtern des Danaos her, die es aus Ägypten mitgebracht hätten. Die Datierung der *Thesmophorientempel* legt es nahe, ihr Entstehen auf die Schaffung von Heiligtümern vor den Toren der Stadt, an der Nahtstelle zwischen Stadt und Land, am Ende des 8. Jahrhunderts zurückzuführen.[18] Sie sind der Gottheit geweiht, die zugleich über den Fortbestand der Bürgerschaft durch die Fruchtbarkeit der Frauen wie über die Fruchtbarkeit des bestellten Landes wacht, die die Ernährung und den Wohlstand der Menschen, aber auch den politischen Zusammenhalt sichert, den die Einhaltung der Gesetze garantiert. Diese doppelte Bedeutung wird durch den Doppelsinn des Wortes *thesmoí, thésmia* bestätigt: es bezeichnet einmal die Opfer von Ferkel und Saatgut, zum anderen einfach die Gesetze, wenn es im Vokabular der Institutionen und des Rechts auftaucht.[19]

Die politische Funktion des Heiligtums wird durch die damit in Verbindung stehenden Erzählungen unterstrichen. Auf Aigina büßt die gesamte Bevölkerung mit ihrer Vertreibung durch die Athener, weil die Machthaber einige Jahre zuvor einen Aufständischen getötet hatten, der in den Tempel der Demeter Thesmophoros geflüchtet war. Auf Paros sollte Miltiades während der Belagerung der Stadt bei seinem vergeblichen Versuch, das Heiligtum und seine Geheimnisse zu entweihen, den Tod finden. Auf der Schwelle sollte ihn panische Furcht ergreifen und ihn zwingen, stehenden Fußes umzukehren (Herodot 6, 88 und 6, 134).

Die Thesmophorien sind ein Fest der Aussaat, das im Herbst gefeiert wird und im Zeichen des Mythos der Demeter und ihrer Tochter Persephone steht. Am ersten Tag holen Frauen aus geweihten Gruben die Reste von Ferkeln, die im vorangegangenen Jahr dort hineingeworfen worden waren. Man betrachtet sie als eine Weihgabe an Hades zur Erinnerung an die Entführung Persephones. Sie werden mit dem Saatgut des Jahres vermischt und auf dem Altar geweiht, um die Fruchtbarkeit des Bodens und die kommende Ernte zu sichern. Der zweite Tag feiert die Trauer der Demeter, die ihrer Tochter beraubt ist. Die Frauen fasten und sitzen auf der Erde auf Matten aus Keuschbaumzweigen, die sie geflochten haben. Am dritten Tag findet ein blutiges Opfer statt, das in den

Annalen des Heiligtums von Delos belegt ist, wo die für die Thesmophorien bestimmten Opfertiere und alle Notwendigkeiten zur Vorbereitung eines Opfermahles aufgezählt werden. Die Frauen besorgen als Herrscherinnen auf Zeit auch die Opferhandlungen, mit der einzigen, aber entscheidenden Ausnahme, daß ihnen die eigentliche Tötungshandlung versagt bleibt. Die Inschriften erwähnen in der Tat die Anwesenheit eines Opferschlächters, eines *mágeiros*, der sogleich nach Erfüllung seiner Aufgabe fortgeschickt wird, denn eine Regel besagte, daß der, der den Opfertieren die Kehle durchschnitten habe, nicht am Opfermahl teilnehmen dürfe. Dieser dritte Tag, der der Kalligeneia geweiht ist – »der, die schöne Kinder gebiert« –, feiert die Rückkehr Persephones und die Verheißung der Fruchtbarkeit, sowohl für die Menschen wie für die Früchte des Bodens.

Zur Feier dieser Mysterien der Fruchtbarkeit und der Geburt sind nur die legitimen Ehefrauen der Bürger zugelassen. Die Teilnahme an den Thesmophorien kann vor Gericht sogar als Beweis für eine legitime Verbindung gelten. Die Thesmophoriazusen bei Aristophanes nennen sich *eugeneîs* – »wohlgeboren« – und *eleútherai*-»Freie«. Mit der politischen Sprache der Männer übernehmen sie auch deren Stolz und deren Werte, indem sie sich mit der Polis identifizieren. Im Unterschied zur begrenzten Teilnahme der jungen Mädchen an ihren Riten scheinen an den Thesmophorien alle athenischen Frauen teilgenommen zu haben.

Im Mittelpunkt der Thesmophorien steht die weibliche Fruchtbarkeit. Die Teilnehmerinnen müssen als Ehefrauen legitimiert sein, weil der legitime Status der Kinder, denen sie das Leben schenken werden, davon abhängt. Der Keuschbaum (Vitex agnus-castus), aus dessen Zweigen die Sitzmatten der Frauen gefertigt sind, symbolisiert Reinheit (die Trennung von den Männern zeigt auf ihre Weise die sexuelle Enthaltsamkeit, die für die Dauer des Festes vorgeschrieben ist) und Fruchtbarkeit. Keuschheit und Fruchtbarkeit widersprechen sich keineswegs, sondern bestärken sich gegenseitig. Die schönen Kinder, die von der Göttin Kalligeneia am dritten Tag des Festes erbeten werden, sind den keuschen Ehefrauen vorbehalten.

In den Thesmophorien sind Frauen und Männer voneinander getrennt. Als Mütter haben Frauen einen exklusiven Zugang zu Demeter, deren mütterliche Eigenschaften in dem Mythos, auf den das Ritual sich bezieht, besonders hervorgehoben werden. Während der Festlichkeit sind die Frauen den Männern zwar gleichgestellt, aber eben nur eingeschränkt, insofern sie als Mütter künftiger Bürger angesehen werden. Das Fest ehrte also nicht die Frauen an sich, sondern ihre auf die Polis der Männer bezogene Fortpflanzungsfunktion. Indem der Chor der Thesmophoriazusen die Forderung erhebt: »Es sollte nämlich jene von uns Frauen, die der Stadt einen nützlichen Mann gebar, ... auf irgendeine Weise geehrt werden« (832f.), macht er die Anerkennung der Polis von der Bedeutung ihrer jeweiligen Söhne abhängig und »paßt sich dem Modell des Bürgers an«, denn »gerade die Polis ist es, die von ihnen nichts anderes verlangt als nur ihren Platz als Frauen auszufüllen und Kinder zu bekommen, die den Namen des Vaters fortführen«.[20] Diese Sicht ist gewiß richtig, doch die Thesmophorien belegen auch eine besondere Anerkennung der Frauen, selbst wenn Aischylos dem Apollo folgende Worte in den Mund legt: »Nicht ist die Mutter des Erzeugten, ›Kind‹ genannt, Erzeugerin – Nährerin nur des neugesäten Keims. Erzeuger ist der befruchtende Mann, sie aber bewahrt wie eine Fremde einem Fremden den Nachwuchs, hütet den Sproß« (*Eumeniden* 658–661). Das Lob der Frauen, das ihnen auch in ihrer Eigenschaft als Mütter in den Komödien des Aristophanes gespendet wird, ist ein Widerklang archaischer Gesänge und Gebete die sie bei ihren Kulten sangen. Sie durchzieht eine ernste und würdige Aura, die den herkömmlichen Spott in noch stärkerer Weise empfinden läßt.

Webarbeit und politisches Leben

Abgesehen von diesen kultischen Anlässen finden wir die »gute Ehefrau« natürlich am Webstuhl. Mit seinen rituellen Bedeutungen kann das traditionell weibliche Handwerk des Webens zu einer anderen Sicht des Verhältnisses zwischen der Polis, ihren Frauen und dem Ritual beitragen.

Als beispielhafte Tätigkeit im *oîkos*, die immer wieder auf den Vasen dargestellt wird, scheint das Weben die gute Ehefrau zu kennzeichnen, die mit ihren Dienerinnen und den anderen Frauen des Hauses eifrig mit dem Webstuhl, den Weberschiffchen und Wollkörben beschäftigt ist. Lob wird den Frauen wegen ihrer guten Eigenschaften als *ergástis*, als »Werkende« ausgesprochen, und die Arbeit der Frauen, das *érgon gynaîkōn*, ist vor allem das Weben. Das bestätigen auch Mythos und Überlieferung, angefangen vom Bild der Penelope bis zu den Grabinschriften des 5. Jahrhunderts und der Bezeichnung *ergástis*, die man den jungen Mädchen gibt, die mit dem rituellen Weben des Peplos der Athena beschäftigt sind. Die religöse Bedeutung der Webarbeiten konzentriert sich nicht allein auf den Dienst der jungen Mädchen, die ihre Aufgabe auf der Akropolis erfüllten. Wir haben gesehen, bis zu welchem Grad ihre Teilnahme an den Panathenäen ebenso wie die der Kanephoren sie einband in die Selbstdarstellung der ganzen Stadt und sie in den sozialen und politischen Körper integrierte und dies vor aller Augen sichtbar machte. Der Webarbeit kommt dabei symbolische Bedeutung zu.

Die Empfängerin des Peplos, die Göttin Athena, besitzt vielfältige Bezüge zur Webarbeit und ist selbst Meisterin des Webens und außerdem Beschützerin und Stifterin aller handwerklichen und technischen Künste. An ihrer Seite steht Pandrosos, die »als erste mit ihren Schwestern wollene Kleider für die Menschen gewoben hat« (*Photios* s. v. Pandrosos). Im Mythos wird das Weben seiner kulturellen Bedeutung nach mit der Erfindung des Ackerbaus auf eine Stufe gestellt, das den Beginn des Lebens in der Gemeinschaft symbolisiert. Arkas, der Arkadien seinen Namen gibt und daher in gewisser Weise der Gründer des Landes ist, soll nach Pausanias den Weizenanbau und das Backen von Brot eingeführt und gleichzeitig das Weben der Kleider gelehrt haben (*esthêta hyphaínesthai,* Pausanias 8, 4, 1). Die regelmäßige Erneuerung des Peplos erscheint wie ein erneuter Abschluß des Vertrages zwischen der Göttin Athena und ihrer Stadt. Im Austausch für ihre Gabe erwarten die Bürger eine Garantie für die Zukunft. Der Platz der Frauen in diesem Ritual verleiht ihnen eine wichtige Rolle bei der Erneuerung der Bande mit der Stadtgottheit. Über die Einbeziehung der jungen Mädchen sollte man indes nicht die Rolle der Priesterinnen vergessen, die die Herstellung des Peplos beaufsichtigen, und der *téleiai gynaîkes,* der erfahrenen Frauen, die sie umgeben. Frauen jeden Alters und Ranges arbeiten gemeinsam unter der Leitung der Priesterin und der Aufsicht der Volksversammlung und ihrer Vertreter an der Weihgabe der Polis an ihre Göttin.

Der Höhepunkt des Ritus ist die »Peplophorie«, die Prozession, in der der Peplos, der in seiner Stofflichkeit die politische Einheit Athens verkörpert, durch die Stadt getragen wird. Der Vorgang ist auf dem Fries des Parthenon wiedergegeben, auf dem in wechselnder Reihe Männer und Frauen, Junge und Alte, Zuschauer und Teilnehmende, Menschen und Götter dargestellt sind.

Es gibt neben der der Panathenäen andere Peplophorien in Griechenland, die den symbolischen Wert dieses Rituals bestätigen und auch die Rolle, die den Frauen bei der Bekundung der symbolischen Einheit der Polis zugesprochen wird. Während der Hyakinthien, von denen bereits als dem großen Fest des lakonischen Gemeinwesens die Rede war, wird dem Apollon feierlich ein *chitón* geweiht. Pausanias führt dazu aus: »Jedes Jahr weben die Frauen dem Apollon in Amyklai einen *chitón,* und den Raum, in dem sie weben, nennen sie *Chiton*« (3, 16, 2). Die Begehung der wichtigsten Festlichkeit des spartanischen Kultjahres in einem außerhalb der Stadt gelegenen Heiligtum fordert aber eine Erklärung. Es scheint, daß die Errichtung des Heiligtums an jenem Platz die endgültige Eroberung des Gebietes von Amyklai durch die Spartaner in der Mitte des 8. Jahrhunderts feiern sollte. Diese Auffassung bestätigt Aristoteles, indem er schreibt, dieses Fest sei die Gelegenheit gewesen, bei der die Rüstung des Timomachos, des Helden dieses Eroberungskampfes, geweiht worden sei, während man am ersten Tage des Festes in Trauer das Andenken an Hyakinthos gepflegt habe, den Sohn des eponymen

Helden der Stadt Amyklai, der nach der Eroberung in die spartanische Genealogie eingefügt worden war. Die Sorge um die Eingliederung der lokalen Bevölkerung in die Gesellschaft und der Beitrag des Hyakinthos zur Errichtung des spartanischen Gemeinwesens scheinen dem doppelten Kult um ihn selbst und Apollon an den Hyakinthien zugrundezuliegen und dem Fest seinen breiten Zuschnitt zu geben. Durch die große Zusammenkunft des ganzen Volkes am letzten Festtage machte Sparta die politische und einigende Bedeutung des Festes deutlich. Das Gewand, das die Frauen der Stadt jedes Jahr für Apollon weben, erscheint als Beitrag des weiblichen Teils zu dieser Feier der Bürgerschaft. Die Langfristigkeit der Webarbeit steht dem punktuellen Charakter gegenüber, den die Übergangsriten der Jugendlichen besitzen. Die Tätigkeit des Webens läßt an einen Vorgang denken, der ins Unendliche ausgedehnt werden kann oder, was in dieser Hinsicht auf dasselbe hinausläuft, ewig erneuert wird (das ist eine der möglichen Deutungen des immer wieder aufgetrennten und immer wieder neugewebten Tuches der Penelope, die dadurch zur Herrin über die Zeit der Männer wird: über die Zeit der Freier, die sie dem Tod entgegenführt, und die des Odysseus, dem sie »Zeit gibt« zurückzukehren). Das Weben ist in diesem Sinne eine Metapher für die Verankerung des Lebens der Frauen in der »Dauer« gegenüber dem des »Wechsels« der Heranwachsenden. Es bietet die Möglichkeit, dem dauerhaften Schutz durch Apollon Ausdruck zu verleihen, den die Stadt sich wünscht, sowie des Zusammenhaltes, der dem der Fäden eines Gewebes gleicht.

In dem nahe bei Olympia gelegenen Elis sind Frauen mit einer Webarbeit beschäftigt, die ihnen Verantwortung für die Polis aufbürdet. Sie sind nämlich Schiedsrichterinnen eines Konflikts zwischen Pisa und Elis, der die Existenz der beiden Städte in Frage stellt. Es handelt sich um sechzehn verheiratete Frauen, die ihres würdigen Alters, ihrer Weisheit und ihres Rufes wegen ausgewählt sind und von den sechzehn Städten des Landstriches Elis entsandt werden. Das aus ihnen bestehende Kollegium hat die Aufgabe, die Feiern für Hera in Olympia zu organisieren. Nach der politischen Neuordnung des Landes und seiner Einteilung in acht Phylen wird das Kollegium für die Zukunft durch die Entsendung zweier Frauen aus jeder der Phylen fortgeführt. Ihre Aufgabe ist eine doppelte: Die Frauen haben für das Fest der Hera die Chöre der jungen Mädchen und einen Wettlauf auszurichten sowie alle vier Jahre einen Peplos für die Göttin zu weben. Chöre und Wettläufe haben dabei den Stellenwert von Initiationsriten. Das Weben des Peplos geschieht Hera zu Ehren, der Göttin der Ehe und der Geburt und nimmt Bezug auf ihre Rolle als Ehefrauen. Die Frauen übernehmen die Vermittlerinnenrolle gegenüber Hera, die zugleich Schutzgöttin der bedrohten Einheit des Territoriums ist. Diese findet ihren symbolischen Ausdruck in der besonderen Tätigkeit des Webens und der öffentlichen Präsentation des Peplos bei der Weiheprozession. Der Peplos wird als Zeichen der Dankbarkeit geweiht und zugleich als Gabe, um die Göttin geneigt zu machen, den Zusammenhalt der Polis und ihren Bestand zu sichern.

Die Frauen des Dionysos

Die wahnsinnigen Frauen des Dionysos, die Bakchen, symbolisieren eine völlige Umkehr der normalen Ordnung der Stadt und der Familie. Der Mythos weiß von Ehefrauen, die ihre Pflichten vergaßen und, Gipfel allen Frevels, in den wilden Bergen ihre eigenen Kinder in Stücke rissen.

Der Kult des Dionysos ist durch die *manía,* die göttliche Raserei und durch orgiastische Riten gekennzeichnet. Die alte boiotische Stadt Orchomenos ist der Schauplatz der Legende von den Töchtern des Minyas. Die Minyaden Leukippe, Arisippe und Alkithoë machen sich über die anderen Frauen lustig und weigern sich, ihnen in die Berge zu folgen, um dort die Initiationsriten durchzuführen *(teletaí).* »In unsinniger Weise arbeitend«, sagt Antoninus Liberalis, bleiben sie an ihren Webstühlen. Und die Webstühle sind es, gegen die Dionysos den Kampf aufnimmt, indem er sie unbrauchbar macht: In einer der Versionen legen sich Efeu und Schlangen um ihre Pfosten, nach einer anderen triefen sie von Nektar und Honig. An ihrer vertrauten Tätigkeit gehindert und vom Wahnsinn ergriffen, reißen die Frauen eines ihrer Kinder in Stücke und verlassen ihr Vaterhaus, um als Bakchen in den Bergen zu leben. Doch ihr Verbrechen entrüstet die anderen Frauen und sie werden von diesen verfolgt, bis sie sich in Nachtvögel verwandeln.

Nachdem die drei Frauen zunächst Dionysos durch ihren übertriebenen Eifer am Webstuhl geringachteten, kennen sie – einmal in Bakchen verwandelt – auch in ihrem Wahnsinn keine Grenzen, selbst vor Mord schrecken sie nicht zurück. Auf diese Weise überschreiten sie die Grenzen der beiden Bereiche, die das Leben der Ehefrau in der griechischen Polis kennzeichnen – das Weben und die Mutterschaft. Das eine erscheint hier als Sinnbild des anderen: das in Stücke gerissene Kind und die zerstörte Handarbeit. In der klassischen Zeit feiern mehrere Städte die Agrionien (*ágrios* bedeutet wild), die das Thema der wilden Jagd bewahren. In Orchomenos erinnert ein Ritual, dessen Existenz noch im 1. Jahrhundert n. Chr. Plutarch überliefert, an die Folgen der Verblendung der Minyaden. Im Verlauf des Festes, das alle zwei Jahre stattfindet, verfolgt ein Priester des Dionysos Frauen, die die Nachkommen der einstigen Minyaden darstellen, und »es ist ihm erlaubt, die zu töten, die er bei der Verfolgung einholt«.

In Theben führen Agaue, Tochter des Gründers der alten Stadt, Kadmos, und ihre Schwestern Ino und Autonoë nach ihrer anfänglichen Weigerung, den Gott anzuerkennen, die Chöre der Bakchen in die Berge. Im Prolog des euripideischen Dramas sagt Dionysos dazu: »Zur Strafe jagte ich sie in wildem Wahn zur Stadt hinaus: Auf Berghöhen hausen nun die Rasenden und müssen meiner wilden Feste Kleid tragen. Auch alle Frauen aus der Kadmosstadt, soviel volljährig waren, scheuchte ich aus den Häusern auf, und zugesellt des Kadmos Töchtern lagern sie in dunkler Tannen Grün, auf Felsen ohne Dach.« (32–38) Wie beim Mythos der Minyaden ist dem häuslichen Leben der Frauen die Jagd in der wilden Natur gegenübergestellt. »Ich wagte mich, die Spindel lassend und Gewebe, an Größeres: wilde Tiere mit den Händen fing ich« (1236–1237), sagt Agaue. Das von Agaue erlegte Wild ist ihr eigener Sohn, den seine Mutter in ihrem Wahn Glied für Glied in Stücke reißt. Im Unterschied zum Mythos der Minyaden aber ist das Kind hier zugleich auch ein König, der sich wie seine Mutter geweigert hat, den Gott anzuerkennen. Die Bakchen werden im Stück des Euripides in Wahrheit zum Werkzeug der Bestrafung des Pentheus, des Sohns der Agaue. Die Frauen dienen der Offenbarung des Gottes. Sie bezahlen sowohl für ihren eigenen Wahn wie für den des Königs. Die dionysische Raserei ist von einem Geschlechtertausch begleitet. Zunächst verspottet Pentheus das weibliche Erscheinungsbild des Gottes. Zu einem späteren Zeitpunkt, von Dionysos seines Augenlichts beraubt, ist er bereit, sich als Bakche zu verkleiden, um seine Mutter in den Bergen zu überraschen. Die Bakchen triumphieren in ihrer Raserei über die Männer, indem sie die Zeichen ihrer Zugehörigkeit zur Gottheit gegen sie richten: »Die Thyrsosstäbe warfen sie aus ihrer Hand: Da gab es Wunden, Männer flohen in wilder Flucht vor Frauen« (762–764), sagt der Hirt, der gekommen ist, ihre Taten zu berichten. Auch um seinen Status als Mann zu behaupten, begehrt Pentheus gegen die Bakchen auf: »Unerhörte Schmach, wenn wir von Frauen dulden, was wir dulden hier!« (785–786)

In beiden Mythen ist die Raserei des Dionysos ein Mittel, die Frage nach der Austauschbarkeit und Durchlässigkeit des Zivilisierten und des Wilden, des Männlichen und des Weiblichen zu stellen.

Es besteht ein großer Unterschied zwischen dem Verhalten der lydischen Frauen, die Dionysos bei seiner Reise nach Theben begleiten und die den Chor der Tragödie des Euripides bilden, und den thebanischen Bakchen. Weit entfernt von dem »mörderischen Wahnsinn und der sinnlosen Wut« der letzteren sind die lydischen Frauen keine Beute des Wahnsinns oder der *manía*. Jean-Pierre Vernant bemerkt, daß sie nie »Mänaden« genannt werden, was häufig ein Synonym für Bakchen und in seiner Wurzel mit *manía* verwandt ist.[21] Die beiden Gruppen verkörpern denselben Gegensatz, der die wegen Raserei aus ihrem Hause vertriebenen Minyaden von jenen Frauen trennt, die sie nach ihrer Freveltat nicht aufnehmen wollten und sie in einer Jagd über die Berge verfolgten. Die thebanischen Bakchen bleiben friedlich, wenn sie durch nichts gereizt werden, und werden nur dann wild, wenn die Menschen sie bedrohen oder in ihren geheimen Schlupfwinkeln überraschen. Dasselbe gilt für ihren Gott, der zugleich »der furchtbarste der Götter und auch der sanfteste« ist. Die beiden »Zustände«, die Dionysos erkennen läßt, sind vielleicht zwei aufeinanderfolgende und notwendige Phasen ein und derselben Erfahrung: die des bis zum Mord getriebenen Wahnsinns und die der ekstatischen Reinheit. Die Ambivalenz zeigt sich in den beiden Bildnissen des Gottes aus Sikyon und Korinth, die ihn hier als wahnsinnigen Bakcheios und dort als befreienden Lysios zeigen und in denen Marcel Détienne »die doppelte Macht des Dionysos« wiedererkennt; sie werden zum Ausdruck gebracht »in einer analytischen Darstellung der *manía,* die im Wahnsinn selbst eine Reinigung sein kann, und zwar insofern, daß sie zunächst Kenntnis des Unreinen in der Gewalttätigkeit eines Wahns vermittelt und letztlich ihrerseits eine Reinwaschung fordert«.[22]

Die Verwilderung, die im Durchstreifen der Berge *(oríbasia)* oder in der Jagd und den bei lebendigem Leibe in Stücke gerissenen Tieren *(diasparágmos)* zum Ausdruck kommt, zeigt nur eine Seite des Dionysos. Wenn diejenigen, die sich weigern, den Gott »zu sehen«, ihn tragisch erfahren, bringt andererseits seine Anerkennung Freude und Frieden mit sich. Wenn seine Offenbarung in bevorzugtem Maße durch die Frauen erfolgt, so richtet sie sich in Wahrheit doch an alle.

Wenn wir Theben verlassen und uns Athen zuwenden, so treffen wir Dionysos im Herzen der Stadt wieder. Die Basilinna (Königin), d. h. die Frau des Archon Basileus, und die vierzehn Frauen (die *gerairai),* die bei Gelegenheit der Anthesterien, dem großen Fest zum Frühlingsanfang, den heiligen Dienst versehen, sind keine Bakchen. Mit dem rituellen Öffnen der Gefäße des im Herbst gekelterten Weines geleiten sie würdevoll in ein neues Jahr. Die rituell vollzogene Hochzeit der »Königin« mit Dionysos im Boukoleion, dem einstigen Sitz des Basileus, bedeutet für die Stadt ein Versprechen für zukünftige Fruchtbarkeit und Wohlstand. Die Frau, der die Aufgabe zufällt, »die besonderen Opfer im Namen der Stadt zu vollziehen« muß von ihrer Lebensführung und ihrer Geburt her über jeden Verdacht erhaben sein. Aus diesem Grunde muß sie auch jungfräulich in die Ehe gegangen sein. Deshalb empört sich Demosthenes in seiner Rede gegen Neiaira darüber, daß sie als fremde Hetäre unrechtmäßig den Eid der vierzehn zum Dienst an der Gottheit ausgewählten Frauen entgegengenommen habe. Wie der Geheimkult der Demeter entzieht sich auch der des Dionysos Limnaios (des Sumpfgottes Dionysos) dem Blick der Männer, und das Geheimnis, das die von der »Königin« und ihren Gefährtinnen vollzogenen Riten umgibt, steht im

Gegensatz zum öffentlichen Charakter des Festes, zu dem das Öffnen der Gefäße und das Wettrinken unter dem Vorsitz des Archon Basileus gehört.

Die besonderen Eigenschaften der Frauen, die an jedem Tage den Dienst versehen (nach Demosthenes führen sie eine alte Tradition des Königtums fort), ihre begrenzte Zahl, die Rolle, die sie im politischen Geschehen der Stadt spielen, erinnern an ein anderes Kollegium, das wir für Elis erwähnt hatten und das aus den Frauen besteht, die den Auftrag haben, einen Peplos für Hera zu weben. Zwar erfolgt deren Auswahl auf andere Weise und sie versammeln sich nicht im Kreis um eine »Königin«. Doch zu ihren Aufgaben gehört die Organisation eines Chores für Dionysos, der der Chor der Physkoa genannt wird, nach der elischen Geliebten des Dionysos und der Gründerin seines Kultes in allen Teilen des Peloponnes. Dieser Chor agierte ohne Frage bei Gelegenheit der Thyia, den großen Feiern der Eleer für Dionysos. Plutarch hat uns die Anrufung überliefert, die diesen Gesang eröffnete und beschloß: »Edler Stier, komm, Heros Dionysos, in den heiligen Tempel der Eleer mit den Chariten, in den Tempel stürmend mit dem Stierfuß!« Diese Anrufung erinnert an den Chor der Lyderinnen in der Einleitung der *Bakchen*: Nachdem sie von der Geburt des »stiergehörnten Gottes« erzählt haben (100), singen sie von der Freude nach dem Lauf des *thíasos* in den Bergen und von der Begeisterung, die die freudigen Bakchen leichten Fußes fortträgt.

Während die Frauen unter den Augen der versammelten Bürger und Fremden im acht Stadien von der Stadt entfernten und Thyia genannten Heiligtum den Ritus begehen (der Name ist mit dem Verbum *thýein* in seiner Bedeutung der ungestümen Bewegung zu verbinden), sprudelt andernorts gleichzeitig der Wein von selbst aus den Kesseln, wenn die Priester die Türen des Gebäudes öffnen, in dem diese aufgestellt worden waren. Das ist eine doppelte Epiphanie des Dionysos, deren absichtsvolle Gegensätzlichkeit Marcel Détienne unterstreicht: »Weiblich/Männlich, was die offiziellen Teilnehmer betrifft; Stadt/Randgebiet; Tempel/Haus; Bürger/Fremde *sowie* Bürger unter sich.«[23] Dieses Zusammenspiel von Gegensätzen und Ergänzungen erinnert an ähnliche Erscheinungen beim doppelten Ritual der Anthesterien.

Auch in Delphi findet man Spuren einer Thyia, die den Thyiaden ihren Namen gegeben hat. Es handelt sich um Frauen, die bei der Darstellung im Giebel des Apollontempel Dionysos umgeben. In historischer Zeit versehen Frauen unter diesem Namen, der mit dem der Bakchen gleichbedeutend geworden ist, orgiastische Riten für Dionysos. Aber Pausanias spricht auch von attischen Frauen, »die jedes zweite Jahr zum Parnassos kommen und hier mit den Frauen von Delphoi zusammen dem Dionysos ein Fest (*órgia*) feiern. Diese Thyiaden tanzen auf ihrem Weg von Athen an verschiedenen Stellen . . .« (10, 4, 3)

Plutarch berichtet auch eine Anekdote, nach der sich die athenischen Thyiaden auf dem Weg nach Delphi in der Nacht verirren und in Feindesland gelangen. ». . . Sie legten sich, weil sie sehr müde und noch nicht wieder zu Verstande gekommen waren, auf dem Markt hier und da unbesorgt nieder, um auszuschlafen. Die Frauen der Amphisseer waren besorgt, daß diese Thyiaden, weil die Stadt mit im Bunde der Phoker war, . . . mißhandelt werden könnten; sie liefen daher alle miteinander auf den Markt und stellten sich, solange sie schliefen, stillschweigend und von fern um sie herum. Nach ihrem Erwachen aber leisteten sie ihnen allen möglichen Beistand, brachten Lebensmittel herbei, begleiteten sie endlich auch, mit Einwilligung ihrer Männer, und brachten sie sicher bis an die Grenzen.« Der Vorfall wird von Plutarch in den Verlauf eines der Heiligen Kriege in das Jahr 335 v. Chr. datiert (*Mulierum virtutes* 249e).

Der Gott, der die Frauen vom Webstuhl fortreißt und sie in die Berge lockt, der sich mit der Frau des Archon Basileus in Athen verbindet, die zusammen mit ihren Helferinnen die historische Kontinuität und Identität der Stadt verkörpert, dieser Gott ruft in der Gestalt eines Stiers den Chor der würdigen Frauen von Elis zusammen. Der Thiasos (d. h. der heilige Verband) der Athenerinnen, die das Gebirge durchstreifen, bildet das Bindeglied zwischen diesen beiden Verhaltensweisen und zeigt die Einheitlichkeit des Gottes. Das Verhalten der Frauen von Amphissa bringt dieses auf seine Weise zum Ausdruck.

Es gibt zahlreiche Epiphanien des Dionysos. In zweien der Städte, die wir als Beispiele herangezogen haben, fällt die Ankunft des Gottes mit dem Hervorsprudeln des Weines zusammen. In der Tat hat ja Dionysos den Menschen den Wein gebracht, dessen Genuß zu den Segnungen des zivilisierten Lebens gehört, aber manchmal auch Wahnsinn und Tod mit sich bringen kann (man denke an das Abenteuer der vom unvermischten Wein berauschten Kentauren oder an Ikarios, der den Wein nicht zu mischen versteht und seine Gefährten, die Hirten, zu übermäßigem Trinken veranlaßt). Dionysos steht damit auf einer Stufe mit Demeter und die Gabe der Weinrebe entspricht dem Geschenk des Getreides. »Zweierlei verehrt der Mensch vor allem Gut«, verkündet Teiresias in den *Bakchen*: »Demeter, – diese Göttin ist die Mutter Erde – nenne sie, wie dir's gefällt): Sie nährt mit trocknen Gaben uns die Sterblichen und ihn, der dann kam, Ausgleich schaffend, Semeles Sohn: Er fand der Traube nassen Trunk und brachte ihn den Menschen, er befreit den armen Sterblichen vom Schmerze, wenn des Weinstocks Becher sie geleert und bringt den Schlaf, Vergessen ihrer täglichen Mühsal: kein anderes Mittel heilt das Leid wie er. Auch Göttern wird gespendet, er, der Gottessohn, daß so durch ihn den Menschen alles Gute kommt.« (274–285)

Die Ehefrauen haben aufgrund ihrer Rolle als Mütter eine besondere Vermittlungsfunktion zwischen der Göttin Demeter und der Polis. Der Wein steht wie das Blut (sowohl das beim Opfer wie im Krieg vergossene) auf der Seite der Männer, und dennoch sind auch in diesem Bereich die Frauen notwendige Vermittlerinnen. Selbst nach der Heirat bleibt in ihnen ein immer wieder von neuem belebbares Element ihrer »wilden« Natur erhalten. Wie sie ist der Wein etwas »Wildes« und kann nur segensreich werden durch eine rituelle Handlung, die die Macht des Gottes anerkennt. Vielleicht ist diese unterschwellige natürliche Verwandtschaft der Grund dafür, daß es den Frauen, der »süßen Sklaverei« anheimgefallen, obliegt, Dionysos von den »Bakchosfeiern in den Bergen« und von den Bergen Phrygiens zu jenen Orten Griechenlands zu geleiten, »wo die Chöre tanzen« (*Bakchen* 86–87).

IM OIKOS

Wir verlassen nun den Bereich der öffentlichen Rituale der Stadt, an denen die Frauen als Zuschauerinnen und Handelnde vor aller Augen teilnehmen und wenden wir uns jetzt jenen Ritualen zu, deren Mittelpunkt oder Ausgangspunkt der häusliche Bereich des *oîkos* bildet. Allerdings gibt es im klassischen Griechenland keine vom öffentlichen Bereich getrennte oder zu ihm im Gegensatz stehende private Sphäre.

Hochzeitsrituale

Wir haben gesehen, wie sehr die Polis nicht nur in Sparta Interesse an der schrittweisen Eingliederung der Heranwachsenden, vor allem der jungen Mädchen zeigt. Die mit der Hochzeit in Zusammenhang stehenden Rituale stellen den Höhepunkt der Eingliederung des jungen Mädchens in das Leben der Erwachsenen und damit auch in die Polis dar. Die Hochzeit ist für die junge Frau der entscheidende Moment, an dem sie ihren Status verändert und von der *parthénos* (unverheiratetes junges Mädchen) zur *gynē* (verheiratete Frau) wird. Von ihrem Platz im gesellschaftlichen Leben her gesehen bedeutet das einen Wechsel des *oîkos*, da sie das Haus ihres Vaters verläßt, um in das ihres Mannes überzugehen. Sie verläßt ihre vertraute Umgebung, die Familie und ihre Gefährtinnen, um an der Seite eines Mannes, der für sie ein Fremder ist, in eine ebenfalls fremde Welt und ein neues Haus einzutreten. Zu dieser Entwurzelung tritt noch die Furcht, die sich mit der Vorstellung von sexueller Gewalt verbindet. Diese zweifache Sicht der Dinge steht im Mittelpunkt einiger Mythen und Darstellungen. Die Klagen der Medea geben dem einen tragischen Ausdruck: »Und frei in neue Sitten und Gesetze sie, muß sie wohl wissen, welchem Lose sie entgegengeht. Doch wenn wir dies nur glücklich uns vollendeten, und wenn der Gatte froh mit uns am Joche trägt, ist unser Los zu beneiden: anders sei es Tod!« (Euripides, *Medea* 238–243)

Die Heiratsriten, die keinen offiziellen Charakter haben, lassen sich aus verschiedenen Aspekten der Heirat erklären: Sie stellen zum einen die feierliche Begehung eines Augenblicks im privaten Leben dar, über die die Bindungen an die Gemeinschaft der Polis bekräftigt werden. Sie sind zugleich ein Fest, das der Sicherung des zukünftigen Wohlergehens des Paares dient und sie bestehen aus einer Reihe von Riten, mittels derer der Statuswandel der Frau besiegelt wird.

Im wesentlichen geht es beim Hochzeitsritus um den Wechsel des häuslichen Herdes, der für die junge Ehefrau den Wechsel ihres Status bedeutet. Der *gámos*, die Hochzeitsfeier, besteht aus zwei Phasen: eine Phase des Bruchs und des Abschieds vom Leben als *parthénos*, und eine Phase der Aufnahme am neuen häuslichen Herd.

Das junge Mädchen schickt sich an, den Bereich der Artemis und die Welt des »Wilden« zu verlassen, an deren Rand es die aufeinanderfolgenden Schritte seiner »Initiation« geführt hatten. Der Übergang von einem Status zum anderen steht noch unter den Auspizien der Artemis. Deshalb befindet sie sich unter den Hochzeitsgottheiten. Und deshalb weihen ihr auch die jungen Leute und vor allem die jungen Mädchen vor dem Wechsel ihres Status eine Locke ihres Haares. In Sparta gehen sie ihrem Ehemann nach dem Bericht des Plutarch mit geschorenem Haupt entgegen. Ein Ritual der demütigen Bitte, ein Abschied von der Welt der Jugend, eine Loslösung von der Jungfräulichkeit – all das findet in dieser Geste der zukünftigen Ehefrauen Ausdruck. Die Mädchen opfern nicht nur ihr Haar, sondern auch ihr Spielzeug und all das, was die Welt der Kindheit symbolisiert. Eine anonyme Weihinschrift aus dem lakonischen Bereich, die sich in Versen an die Artemis Limnatis wendet, erinnert an dieses symbolische Opfergeschenk:

»Vor ihrer Hochzeit brachte Timarete hier diese Pauken,
diesen entzückenden Ball, auch von den Locken das Netz
und die Puppen mitsamt den Puppengewändern als Jungfrau
Jungfrau Artemis dar, ihr, der Limnatis, wie's ziemt.
Kind der Leto, o du, halt über Timaretos' Tochter
gnädig die Hände und sei, Reine, der Reinen ein Schirm.«
Anthologia Graeca 6, 280

Vor der Küste von Troizen, auf Sphairia, befand sich ein Heiligtum, das der Athena Apaturia geweiht war. Verlobte Mädchen kamen dorthin, um vor der Hochzeit ihre Gürtel zu weihen. Die Weihung von Haaren in der einen oder anderen Form ist in ganz Griechenland belegt. Auf Delos wird die Weihung im Artemision, dem Tempel der Artemis, am Grab der hyperboreischen Jungfrauen vollzogen, der Töchter des Boreas, die nach den Aussagen eines Mythos aus ihrer fernen Heimat gekommen waren, um die Geburt des Apollon und der Artemis durch Erstlingsgaben zu feiern. »Denn wenn heitere Hochzeitsgesänge die Bräute erschrecken, spenden die delischen Mädchen ihnen . . . ihr Haar.« (Kallimachos, *Hymnos auf Delos* 296–298) Das Wirken heroischer Mädchen, die ein früher Tod dahingerafft hat, findet sich auch in anderen lokalen Formen wieder, die dieser Ritus annimmt. Das junge Mädchen zollt der Gottheit mit seiner Weihgabe Tribut. Damit »opfert« es sich symbolisch selbst, d. h. es gibt sein Leben hin, und befreit sich zugleich durch diesen symbolischen Tod, um für sein neues Leben als Ehefrau »geboren« zu werden.

In Troizen gilt Hippolytos in seiner Verweigerung von Hochzeit und Ehe als beispielhafter Heros der Jugend und Empfänger der Opfergabe. Die Huldigung, die ihm die künftigen Ehefrauen darbringen, ist eine Art Anerkennung des Gesetzes der Ehe, dessen sich Hippolytos verweigert und dennoch unterwirft. Die weibliche Parallele zu Hippolytos ist die junge Jägerin Atalante in Arkadien, und auch sie steht Artemis nahe. Von einer Bärin gesäugt, verbringt sie ihr Leben in den Bergen und übt sich im Laufen. Sie weigert sich zu heiraten, bis eines Tages Melanion, der »schwarze Jäger«, sie durch List im Wettlauf besiegt, indem er die Äpfel der Aphrodite – der anderen Göttin der Heirat – hinter sich fallen läßt.

In Arkadien verweigerten die Töchter des mythischen Königs Proitos die Ehe. Von Hera mit Wahnsinn gestraft, flüchten sie in die Berge. Das durch flehentliche Bitten des Proitos veranlaßte Eingreifen der Artemis läßt sie wieder zu Verstand kommen: Sie willigen schließlich in die Ehe ein, und die Stiftung eines Opfers und eines Frauenchores wird zum Zeichen ihrer Versöhnung mit den Schutzgöttinnen der Ehe, Artemis und Hera. Die gemeinschaftliche Erwähnung von Artemis und Hera im Mythos der Proitiden illustriert die besondere Funktion der beiden Göttinnen, die auf unterschiedliche Weise in die Riten einbezogen werden, die der Hochzeit vorausgehen oder sie begleiten. Artemis geleitet die zukünftige Ehefrau bis an die Schwelle der Heirat, wo Hera sie in Empfang nimmt. Während Artemis über den gesamten Prozeß des Übergangs von einem Status in den anderen Aufsicht führt, ist Hera als Teleia (Vollendete) die Gottheit der Erfüllung und die rechtmäßige Gattin an der Seite des Zeus Teleios. Eine andere Überlieferung zeigt Dionysos in das Abenteuer der Töchter des Proitos verwickelt, und läßt den Seher Melampus eingreifen, der die Reinigung der Jungfrauen vom Frevel veranlaßt, als ihre Raserei alle Frauen des Landes angesteckt hatte. Auf diese Weise bedroht die Verweigerung der Ehe die gesamte Stadt; weit entfernt davon, eine private Angelegenheit zu sein, betrifft die Frage die gesamte menschliche Ordnung, und aus dieser Tatsache erklärt sich die Vielzahl der Mythen, die auf dramatische Weise von der Krise berichten, die aus der Weigerung einer Einzelperson entsteht. In der Polis nimmt die Ehe einen wichtigen Platz ein; in der hesiodeischen Überlieferung trägt sie in demselben Maße wie das Opfer und der Ackerbau dazu bei, die menschliche Existenz in der Mitte zwischen den Tieren und den Göttern zu definieren. Was immer der Mann auch von jenem »schönen Übel« halten mag, das ihm in Gestalt der Pandora beschert wird, er kann dem Willen des Zeus nicht entgehen und ebensowenig der Notwendigkeit des Schicksals, die das »Übel der Frauen« für ihn verkörpert.

Die junge Braut verbringt ihre letzten Tage im väterlichen Haus inmitten der Hochzeitsvorbereitungen. Dem rituellen Bad der Braut wird reinigende und fruchtbarmachende Kraft zugesprochen. Auch hier sind lokale Variationen des Ritus zu beobachten, die den Kern nicht berühren. Das Wasser wird häufig von einem geweihten Ort geholt, sei es ein Fluß oder eine Quelle wie die der Kallirhoë in Athen; die religiöse Bedeutung des Ritus wird dadurch unterstrichen. Das Wasser für das Bad wird in der Loutrophoros, einer Vase von charakteristischer Form, gesammelt.[24] Bisweilen wird ein solches Gefäß von einem jungen Mädchen herangetragen und gehört zu den ersten Geschenken, die der Braut gebracht werden; andere Male trägt die Braut selbst eine Loutrophoros. Wir haben auch Vasenbilder, auf denen die Loutrophoroi im Frauengemach aufgereiht zu sehen sind.

Der Tag der eigentlichen Hochzeit, des *gámos*, beginnt mit dem Ankleiden und Schmücken der Braut im Frauengemach. Ein Schleier hüllt sie von Kopf bis Fuß ein und bedeckt ihr Haupt. Als Symbol ihrer Jungfräulichkeit wird sie ihn bis zum Ende dieses Tages tragen, bis ihr Ehemann sie schließlich entschleiern wird. Während die Mutter und alle Frauen des Hauses anwesend sind, wird sie von der *nympheutéria* (ihr von der Bezeichnung der jungen Braut als *nýmphē* abgeleiteter Name zeigt ihre besondere Funktion an) in den Festsaal geleitet. Diese ist es auch, die neben der Mutter der Braut als letztes Zeichen der Bindung an das väterliche Haus den ganzen Tag zur Seite stehen und zum Haus ihres Ehemannes begleiten wird. Dem Mahl, an dem die Männer und Frauen der Verwandtschaft an getrennten Tischen teilnehmen, geht ein Opfer an die Hochzeitsgötter voran. Ihre Namen variieren und können Artemis, Hera Teleia und Zeus Teleios, Aphrodite und Peitho umfassen.

Nun hat das Mädchen die sichere Umgebung der Frauen verlassen. Allein ihr Schleier schützt sie noch vor den Blicken und macht sie als *parthénos* kenntlich. Es naht der Augenblick, der sie mit dem Leben als Erwachsene konfrontiert; der Augenblick des Eintritts in die »zivilisierte« Welt, die durch Brote symbolisiert wird, die ein Kind »zweier noch lebender Eltern« *(amphitálēs)* herumreicht, als ein Unterpfand des Wohlstandes und des guten Gelingens. Die Formel, die es dabei spricht, lautet: »Ich bin dem Übel entflohen und habe das Beste gefunden«; sie betont die enge Verbindung von zivilisiertem Leben und Heirat. Ein Kranz aus dornigen Pflanzen und Eicheln, den das Kind trägt, erinnert an die stets drohende Nähe des wilden Lebens. Weitere Gegenstände symbolisieren die kulturtragende Rolle der Frau in der Ehe: die Pfanne zum Rösten der Gerste, das Sieb, das ein Kind an ihrer Seite hält, der Stampfer eines Mörsers, der vor dem Hochzeitsgemach an die Tür gehängt werden wird. Das Getreide und die Küchengeräte, die es zu verarbeiten erlauben, verweisen auf die Göttin, die eine Verbindung zwischen Ackerbau, Fruchtbarkeit und gesellschaftlichem Leben herstellt.

Alles ist nun für das Verlassen des väterlichen Hauses bereit. Bisweilen zu Fuß, öfter auf einem Wagen erreicht die Jungverheiratete, von ihrem Ehemann und dem jungen Mann an seiner Seite begleitet, ihren neuen heimischen Herd. Ein Hochzeitszug hat sich formiert, der aus jungen Männern besteht, die Fackeln tragen, aus Flötenspielern und anderen, die Geschenke mit sich führen. Junge Männer und Mädchen singen gemeinsam Hochzeitslieder. Der Augenblick des eigentlichen »Übergangs« ist gekommen. Mit Gesängen geleiten die jungen Mädchen, die Gefährtinnen von gestern, die Braut. Die Gesänge feiern die Jungverheiratete und ihren Übergang vom »Zaum der Artemis« unter »das neue Joch des Eros«, um eine Formulierung von Claude Calame aufzunehmen.

Unter den zahlreichen Mythen, die die Gewalt zum Gegenstand haben, die der Bruch mit der familiären Umwelt und der Eintritt in das eheliche Sexualleben mit sich bringt, ist die Entführung der Persephone eines der vertrauten Themen der athenischen Bildkunst. Sie zeigt den Wagen des Hades, der die Frau, die er sich als Gattin gewählt hat, in das Reich der Toten entführt, nachdem er sie gerade vom Spiel mit ihren Gefährtinnen fortgerissen hat. Aber Persephone wird als Göttin der Ernte an der Seite ihrer Mutter wiederauferstehen. Der Hochzeitswagen erinnert entfernt an sein mythisches Vorbild. Vasen, die man bei Gelegenheit einer Hochzeit schenkte, zeigen uns die jungverheiratete Frau auf dem Wege zwischen den beiden Häusern, dem, das sie verläßt, und dem, das sie aufnehmen wird. Manchmal steht sie auf einem Wagen, eng umschlungen von den Armen des Ehemannes, der diesen lenkt, oder sie wird von ihm bei der Hand gehalten und auf den Wagen gezogen, während eine hinter ihr stehende Frau die Falten ihres Schleiers zu ordnen scheint.

Die Jungverheiratete wird von ihrem Ehemann vom Wagen gehoben und von ihren Schwiegereltern empfangen. Bei ihrer Ankunft im Hause erwarten sie die Rituale, die sie an ihrem neuen heimischen Herd eingliedern sollen. Sie wird an das Herdfeuer geführt, dem Zentrum des *oîkos*, um dort die *tragémata* zu empfangen, die ihr aufs Haupt gestreut werden: getrocknete Früchte – Datteln, Nüsse und Feigen. Dieser Ritus, der auch den Eintritt eines neuen Sklaven in das Haus besiegeln kann, symbolisiert den endgültigen Bruch mit ihrem alten *oîkos*. Der Wechsel des Hauses ist vollzogen. Der Zeitpunkt ist gekommen, an dem sie unter den Schutz der Aphrodite tritt, die mit Peitho, der Überredung, verbunden ist. Peitho ist die Göttin, der nichts und niemand – selbst unter den Göttern – widerstehen kann; ihre Waffen sind die Liebenswürdigkeit und die Verführung. Mit ihren Künsten sichert sie die eheliche Vereinigung, und damit eine ansehnliche Nachkommenschaft. Vor dem *thálamos*, dem Hochzeitsgemach, singt ein Chor junger Mädchen ein Hochzeitslied, um die Eheleute zu ermutigen und der Jungverheirateten Zuversicht einzuflößen, indem sie den Segen der Schutzgöttinnen erflehen: »Lebe nun wohl, du Braut, lebe wohl, Schwiegersohn des göttlichen Vaters! Leto, die Amme Leto, gewähre euch reichen Kindersegen, Kypris, die Göttin Kypris, euch gegenseitig die nämliche Liebe, Zeus, der Kronide Zeus, endlosen Segen, der von edlem Geschlecht auf edles Geschlecht sich vererbe!« (Theokrit, *Epithalamos der Helena* 49–53)

Wir haben die Hochzeitsrituale ausschließlich vom Gesichtspunkt der Frauen aus betrachtet. Damit soll nicht in Abrede gestellt werden, daß auch der junge Mann mit der Heirat eine Verpflichtung eingeht, die einen entscheidenden Schritt in seinem Leben bedeutet. Wir haben bei dem Mythos des Hippolytos gesehen, wie die Heirat den Zugang zu einem neuen Status eröffnet, dessen Verweigerung sein Leben gefährdet. Doch die Rituale des Abschieds von der Jugend werden zwar auch von den jungen Männern vollzogen, stehen bei ihnen aber eher im Zusammenhang mit ihrem Eintritt in die Ephebie, d. h. mit ihrer Eingliederung in den Status des Bürgers. Daher stammt die klassisch gewordene Gleichsetzung der beiden Einrichtungen durch Jean-Pierre Vernant: »Die Ehe ist für das Mädchen, was der Krieg für den jungen Mann ist.« Am *koureôtis* genannten, dritten Tag des Fests der Apaturien trugen sich in Athen und in zahlreichen ionischen Städten die jungen Männer in die Listen der Phratrien ein. Dies bot Anlaß zu einem Opfer, dem *koúreion*, das von der Weihung ihres Haupthaars an Artemis begleitet wurde. Dasselbe Fest und derselbe Tag sind die Gelegenheit, bei der die einzige gesellschaftliche Anerkennung der Frauen auf dem Wege über ein Opfer, die sogenannten *gamélia*, erfolgt. Von dem neuverheirateten Ehemann gestiftet, ist es von einem Festmahl begleitet und der feierliche Anlaß, bei dem die frischverheiratete Frau der Phratrie ihres Mannes vorgestellt wird.[25]

Die Heirat erfolgt für den Mann in der Regel zu einem Zeitpunkt, an dem sein Dasein als Erwachsener bereits begonnen hat, und dieser Altersunterschied trägt zu der unterschiedlichen Bedeutung bei, die die Heirat im Leben der beiden Partner hat. Pierre Brulé zeigt, daß ein Alters-

unterschied von fünfzehn bis zwanzig Jahren zwischen den beiden Ehepartnern als wünschenswert galt. Dieser Meinung ist Aristoteles, und das
war auch schon fünfhundert Jahre früher die Meinung des Hesiod.[26]

Geburt

Wenn die junge Frau sich in ihrem neuen Haus eingerichtet hat, dessen
Schlüssel ihr feierlich übergeben worden sind, und in die »Arbeiten der
Aphrodite« eingeweiht ist, zählt sie doch noch immer nicht als vollgültige
Frau. In ihrem Übergangsstatus zwischen der *parthénos* und der *gynḗ*
wird sie als *nýmphē* bezeichnet, als junge Frau, die noch keine Kinder
geboren hat. Erst die Geburt ihres ersten Kindes gibt ihr das Recht auf
den Namen der reifen Frau, wenn der Vater, der das Kind auf den Arm
genommen hat und um den Herd des Hauses trägt, in ihm einen »ihm
ähnlichen« Sohn anerkennt oder andernfalls seine Tochter, die zukünftige neue Verbindungen verspricht.

Auch die Geburt ist eine Angelegenheit der Frauen. Außer der Anerkennung des Neugeborenen durch den Vater als sein Kind waren allein
Frauen an der Geburt beteiligt. Nachwuchs ist der ganze Sinn der Ehe.
Die von Aristophanes in komischer Verzerrung dargestellten Kniffe, die
darauf zielen, sich um jeden Preis ein Kind zu verschaffen, auch unter
Rückgriff auf untergeschobene Kinder, zeigen das sehr deutlich. Mehre-
re Gottheiten teilen sich den Bereich der Niederkunft und der Geburt.
Eileithyia ist die Göttin, die man um einer glücklichen Niederkunft willen anruft und die der Mutter in den Schmerzen der Geburt zu Hilfe
kommt. Sie suchte einst das lange Leiden der Leto zu beenden, das ihr
Hera auferlegt hatte, um sich an der Rivalin zu rächen, indem sie die
Geburt des Apollon und der Artemis schmerzhaft verzögerte. Hera, die
Göttin der rechtmässigen Ehe, ist in der Tat auch die Beschützerin der
jungverheirateten Frauen, und sie hilft ihnen, ihr Schicksal als *gynaîkes*
zu vollenden. Artemis Lochia, die als Gabe das Laken der Wöchnerin
empfängt, ist die Göttin der Geburt. Erhaltene Epigramme bringen die
Dankbarkeit glücklich niedergekommener Mütter zum Ausdruck. Diese
Funktion erscheint wie eine Verlängerung des Schutzes, den sie der
jungverheirateten Frau angedeihen läßt, wie auch das folgende Epigramm eines jungen Mädchens bezeugt: »Artemis, gib, daß der Tochter
des Lykomedeides zugleich Hochzeit und Mutterschaft kommt.« (*Anthologia Graeca* 6, 276) Als Artemis Kourotrophos ist sie die Beschützerin
der Neugeborenen. Artemis behütet das Wachsen der Menschen wie der
Pflanzen und Tiere, und die Geburt ist ihr Bereich, weil sie die erste Stufe des Wachstums ist. Eine andere Gottheit, die in gewisser Weise eine
negative Umkehr der Artemis ist, empfängt die Kleider der im Kindbett

gestorbenen Frauen. Die athenische Überlieferung siedelt sie als Priesterin der Artemis in Brauron an. Euripides läßt Athena am Ende der *Iphigenie in Tauris* sagen: »Du, Iphigenie, sollst bei Braurons heiligen Stufen des Tempels Schlüsselamt verwalten für die Gottheit. Und stirbst du, wird man dort dich auch zur Ruhe betten und als Geschenk dir schön gewebte Kleider weihen, von Frauen hinterlassen, die im Kindbett starben.« (1462–1467) Von ihrem Vater Agamemnon einst auf dem Altar der Artemis geopfert und in Tauris zu ihrer Priesterin geworden, sollte Iphigenie in Brauron, wie es Pierre Brulé formuliert, zum »Urbild weiblichen Leidens« werden.[27] Die erhaltenen Inventare des Heiligtums berichten von Kleiderspenden in großer Zahl – zumeist weibliche Kleidungsstücke, die von Frauen geweiht wurden. Die Ausrichtung dieses Heiligtums von der Initiation der jungen Mädchen bis zur Vollendung ihres Status als Ehefrauen und Mütter zeigt die aufeinanderfolgenden Verwandlungen, die das weibliche Dasein unter dem hohen Patronat der Artemis erfährt.

Im allgemeinen erfolgt die Weihung der Gaben kurz nach der Geburt. Nach der Geburt gilt die Frau als unrein. Unter Betreuung der Hebamme und ihrer Nachbarinnen oder Freundinnen muß sie einige Tage von ihrem Mann getrennt warten, bis in einer rituellen Zeremonie ihre Reinigung vorgenommen wird, welche ein Opfer einschließt, das von der Hebamme dargebracht wird. Das ist der Sinn des Dialogs zwischen Klytaimnestra und ihrer Tochter in der *Elektra* des Euripides (1124–33). Die junge Frau fragt ihre Mutter: »Du hörtest wohl, daß ich gebar. Deswegen opfere für mich – denn ich verstehe es nicht – wie der Brauch am zehnten Mond des Kindes es verlangt.« Klytaimnestra antwortet: »Das ist die Pflicht der Frau, die dich entbunden hat«, bevor sie schließlich zustimmt: »So gehe ich, des Kindes voller Tageszahl zu opfern.« Die lückenhaften Quellen unterscheiden zwei Abfolgen ritueller Handlungen nach der Geburt. Die Rolle, die die Beteiligten dabei jeweils spielen, ist nicht immer eindeutig definiert. Fünf Tage nach der Geburt finden die Amphidromien statt. Der Kern dieses Ritus, der sich aus dem Namen des Festes erklärt, ist der Gang des Vaters um den heimischen Herd mit dem von ihm anerkannten Kind im Arm. Er legt es danach auf dem Boden ab, und mit diesem Ritus beginnt das Leben des Kindes in der Gemeinschaft.[28] Das Kind wird damit von den Frauen als lebensfähig angesehen und vom Vater akzeptiert. Er legt es daher an den heimischen Herd, den »zivilisierten« Platz der Hestia, der den Mittelpunkt des Hauses bildet. Die Berührung mit dem Boden des *oîkos* ist ein Eingliederungsritus, durch den das Kind als menschliches Wesen anerkannt wird und durch den Vater eine Art zweite Geburt erfährt. Wenn das Kind ausgestoßen wird – sei es von seiten der Frau, weil es Frucht einer Vergewaltigung oder auch einer verbotenen Liebe war, sei es, daß dies dem Willen des Vaters entsprach –, wird es in der wilden, d. h. der unzivilisierten Welt ausgesetzt; im Mythos und der tragischen Dichtung wird diese durch Grotten, Berge und Wälder verkörpert. In derselben Höhle, in der Apollon sich mit ihr vereinigt hat, setzt Kreusa ihren heimlich geborenen Sohn Ion aus. Xythos, der Gemahl der Kreusa, aber will Ion, den er für seinen eigenen Sohn hält, durch Opfer und Festmahl ehren (Euripides, *Ion* 650f.). Nach Aussage der antiken Lexika könnte die Reinigung der Geburtshelferinnen und vielleicht auch der Niedergekommenen selbst am Tag der Amphidromien stattgefunden haben. Die weiter oben zitierte Stelle aus der *Elektra* des Euripides schiebt diese Reinigung bis zum zehnten Tag auf, so daß sie mit einer zweiten Gruppe von Riten in Verbindung mit der Namensgebung des Kindes zusammenfällt.

So spielten die Frauen die entscheidende Rolle in den ersten Lebensjahren des Neugeborenen. Eine religiös begründete Solidarität vereinte die Frauen innerhalb eines Hauses bei der Erfüllung ihrer Pflichten. Die Verantwortungsbereiche von Vater und Mutter blieben bei der Erziehung getrennt. Die Kinder wurden bis zu dem Zeitpunkt der sexuellen Differenzierung, der eine getrennte Erziehung erforderte, der Obhut der Frauen überlassen. Danach erfolgte die zu erwartende Teilung der Aufgaben.

Die Frauen und der Tod

Herrinnen über die Geburt und damit verbunden mit den geheimsten Kräften, die ihre Unreinheit begründen, spielen die Frauen aus eben diesen Gründen eine besondere Rolle bei den Totenritualen. So wie sie sich durch die Geburt in engen Kontakt mit dem Teil des Körperlichen befinden, der sich der Kultur entzieht und den Gesetzen der wilden Natur gehorcht, so wachen sie über die Rituale, die der Reinigung des Leichnams dienen, um ihn dann den Blicken der Angehörigen und Freunde preiszugeben. Sokrates will es den Frauen ersparen, für die Waschung seiner Leiche Sorge tragen zu müssen, und wäscht sich deshalb selbst, um sich auf den Tod vorzubereiten. Bezeichnenderweise hilft dieselbe Frau, die als Geburtshelferin tätig wird, auch bei diesen letzten Diensten. Gewaschen, mit duftenden Ölen eingerieben und mit weißen Gewändern bekleidet, wird die Leiche für einen oder zwei Tage auf einem Totenbett aufgebahrt. Die Frauen des Hauses stimmen die rituellen Klagen an und singen den Trauergesang. Wenn der Trauerzug sich in der Nacht zum Grabplatz in Bewegung setzt, dürfen sich nur die nächsten Verwandten anschließen. Doch die Bestimmungen des Gesetzes von Iulis auf der Insel Kos, die festlegen, wer sich von der Verunreinigung durch die Begräbnisse fernzuhalten habe, verpflichten zugleich die

Gruppe der dem Toten am nächsten stehenden Frauen zur rituellen Teilnahme *(miaínesthai)* unter der Auflage der späteren Reinigung. Das
Gesetz nannte nacheinander die Mutter, die Ehefrau, die Schwestern, die
Töchter sowie fünf Frauen, die zu der gesetzlich definierten nahen Verwandtschaft gehören.[29]

Auch die Riten der Totenfeier und die Trankopfer über dem Grab
obliegen den Frauen. Die Choephoren, die das Trankopfer bringen und
die dem Stück des Aischylos seinen Namen gegeben haben, sind die Dienerinnen, die Elektra bei ihrer frommen Handlung am Grab des Agamemnon begleiten: So, wie die Sklaven an der Reinigung des häuslichen
Altars teilhaben, so nehmen die Dienerinnen an der Seite ihrer Herrin an
den Ritualen des Hauses teil. Wenn in der *Antigone* des Sophokles die
Mutter des Haimon, Eurydike, fortgeht, nachdem sie vom Tode ihres
Sohnes erfahren hat, bemerkt ein Diener dazu: »Sie will drinnen, unter
ihrem Dach mit ihren Dienerinnen um des Hauses Leid klagen.«
(1248–1249)

Rein und Unrein

Geburt und Tod werden häufig als Quellen des Unreinen miteinander in
Verbindung gebracht. In Epidauros verbietet dasselbe Kultgesetz, daß
Menschen innerhalb des heiligen Bezirks sterben oder Frauen dort
gebären. In Delos ist es die ganze, durch die Geburt Apollons heilig gewordene Insel, die diesem Verbot unterliegt. »Kommt ein Mensch mit
einer Bluttat in Berührung, rührt er ein Kindbett oder einen Leichnam an,
so treibt sie vom Altar ihn fort, hält ihn für unrein«, sagt Iphigenie in Hinblick auf Artemis, und sie stellt damit Geburt und Tod auf dieselbe Ebene mit jener äußersten Befleckung, die der Mord mit sich bringt.[30] Geburt
und Tod sind furchterregend, weil sie sich beide der vorhersehbaren und
kontrollierbaren Ordnung entziehen. Sie haben von sich aus eine bedrohliche heilige Bedeutung, die nur ein strenges Ritual eingrenzen und
zähmen kann. Da die Frauen aufgrund jener ›Wildheit‹ in ihnen, die Ausdruck ihrer »Andersheit« in den Augen der Männer ist, ohne Gefahr sich
dieser Quelle der Verunreinigung nähern können, sind sie die natürlichen »Mittlerinnen« und schützen die Männer. Die Männer sind allerdings in Sicherheit, denn sie nähern sich ihrer Frau und vielleicht auch
dem Kind nicht vor dem Ritual der Reinigung, das am selben Tag erfolgt
wie die Anerkennung des Kindes durch den Vater. Ihr Kontakt mit dem
Tod ist ebenfalls mittelbar: Die Leiche darf von den Männern erst in
Augenschein genommen werden, nachdem sie durch das Wasser gereinigt und von den Frauen sorgfältig gewaschen, gesalbt und zurechtge-
macht ist.

Weil die Frauen, durch ihre biologische Funktion in Berührung mit dem Unreinen sind, d. h. mit dem, was die Kategorien vermengt und Unvereinbares miteinander in Kontakt bringt, unterhalten sie in den Augen der griechischen Männer ein geheimnisvolles und furchterregendes Verhältnis zum Heiligen, dessen zweischneidige Bedeutung in der Mentalität der archaischen und klassischen Zeit von Jean-Pierre Vernant aufgezeigt wird.[31] »Eine ›Schmutzstelle‹ erscheint als Berührung und Verbindung von Wirklichkeiten, die streng geschieden bleiben müssen, sie erscheint als einer bestimmten Ordnung der Welt entgegengesetzt.« Deshalb »(kann) es übernatürliche Wirklichkeiten geben . . ., die zugleich als Befleckungen und als Formen des Heiligen auftreten.« Die beiden entgegengesetzten Pole des Reinen und des Befleckten können so miteinander zusammentreffen und sich vermischen. Am Ende erscheint rein, was verboten ist, d. h. das, womit der Mann in seinem Leben niemals in Kontakt treten darf. Die Frauen können somit Dolmetscherinnen und Mittlerinnen der Männer im Hinblick auf das Unreine wie auf das Heilige werden.

Alltag

Die Ritualgemeinschaft der Frauen, die für drei Tage im Jahr bei den Thesmophorien eine institutionelle Form annimmt, und an den großen Festen der Polis der Männer teilnimmt, haben wir in ihrem Wirken nun auch bei den Ereignissen kennengelernt, die den Rhythmus des Lebens im *oîkos* bestimmen: bei Heirat, Geburt und Tod. Sie wirkt auch im Alltag und besteht hier aus der Herrin des Hauses und den Töchtern, Verwandten oder auch Dienerinnen. Sie kann erweitert werden durch nachbarschaftliche Bindungen oder durch Frauen, die ihre Dienste anbieten. Auch wenn das religiöse Leben im *oîkos* die soziale und politische Macht der Männer als Familienoberhäupter reflektiert, dokumentiert es auch die besondere Rolle der Frauen bei den rituellen Handlungen. Das Familienoberhaupt stellt die Verbindung des *oîkos* mit der bürgerlichen Gemeinschaft her. Der Ehemann ist der Herr jener Opfer, die unter seinem Dach dargebracht werden. Aber die gesamte Hausgemeinschaft nimmt an den wichtigsten kultischen Festen und den alltäglich vollzogenen rituellen Handlungen teil. Die Bilder zeigen uns Frau und Kinder am Herd der Familie bei den Darbringungen der Opfer. Andererseits übt die Herrin des Hauses eine religiöse Aufsicht über die dort lebenden Frauen aus. Wenn sie auch die Opferhandlungen nicht selbst vollbringen kann, sind doch Gebete und Trankopfer für sie vertraute rituelle Handlungen, an denen sie ihre Gefährtinnen oder Dienerinnen teilhaben läßt. Schließlich kann ihre Tätigkeit auch über die Grenzen des *oîkos* hinausgreifen: Der Weg zu den Heiligtümern steht ihr offen. Neben den Epigrammen und

Votivtafeln, auf denen Weihgaben von Frauen verzeichnet sind, soll hier
ein Beispiel genannt werden, das aus den Mimiamben des 3. Jahrhunderts v. Chr. stammt: Es handelt sich um den Mimus 4 des Hero(n)das,
in dem der Dichter von dem Besuch zweier Frauen aus dem Volke im
Tempel des Asklepios berichtet, die von einer Dienerin begleitet werden.
Sie sind gekommen, um das Gelübde einzulösen, das eine von ihnen für
ihre Genesung abgelegt hat. Sie sprechen die Formel für die Anrufung
beim Opfer und legen eine Weihgabe nieder, bevor sie dem Tempeldie-
ner den mitgebrachten Hahn übergeben. Als er mit den Resten des
Opfertieres zurückkommt, geben sie ihm seinen Anteil, der aus einem
Schenkel des Tieres besteht, dann zahlen sie einen Obolus als Spende in
die Tempelkasse und legen einige Kuchen auf den Opfertisch. »Das
andere wollen wir am eigenen Herd verzehren«, sagt eine der Frauen am
Ende, nachdem sie dem Gott ihren Gruß entboten hat: »Mögen wir, um
dir größere Opfer zu bringen, wiederkommen, mit unseren Männern und
Kindern.« Eine der beiden Frauen kennt sich im Ritual aus und unterweist
ihre unerfahrenere und jüngere Begleiterin. Auch wenn die dramatische
Handlung vom Dichter erfunden wurde, so ist sie doch nicht unwahrscheinlich und dies erlaubt uns, in ihr erneut die Formen weiblichen
Gemeinschaftslebens zu erkennen, die wir schon mehrfach im religiösen
Bereich beobachten konnten.

Die Rituale tragen dazu bei, eine Gemeinschaft von Frauen entstehen
zu lassen, die innerhalb eines jeden *oîkos*, aber auch von einem *oîkos*
zum anderen eine Rolle spielt. Die »Nachbarinnen« gehören ebenso dazu
wie die Hebamme, die von einem Haus zum anderen wechselt und die
noch eine Vielzahl von anderen Aufgaben hat, wie beispielsweise bei der
Waschung der Toten zu helfen und bei den Begräbnisfeierlichkeiten, die
aber auch Heiraten und Begegnungen bewerkstelligt; gelegentlich hilft
sie gar beim Kinderhandel oder bei der Beseitigung eines unerwünschten Kindes. Diese Frauen rufen aufgrund ihrer vielfältigen und verschiedenartigen Funktionen äußerst gemischte Gefühle hervor. Aufgrund
ihrer Kenntnisse und Fähigkeiten unersetzbar und respektiert, rücken sie
in der allgemeinen Vorstellung des Volkes oft auch in die Nähe von Zauberinnen und teilen das Mißtrauen, das diese hervorrufen.

In diesen verdächtigen Grenzbereichen der Riten finden wir auch jene
Frauen, die sich ihren Leidenschaften und sexuellen Ausschweifungen
hingeben. Viele Phantasien der Männer über die »Andersartigkeit« der
Frauen kommen hier zum Tragen. Theokrit zeigt Simaitha mit ihrem Liebestrank und den Opfern beschäftigt, die sie einsetzt, um die Liebe des
Delphis zurückzugewinnen. Sie beteuert: »Welcher Alten Haus überging
ich, die Zaubersprüche gebrauchte?« (*Die Zauberin* 91). Und ein ebenso
gehässiges Bild wird von den Bakchen gezeichnet, die Pentheus mit
betrunkenen und vom rechten Weg abgekommenen Frauen vergleicht:

»Ich höre nun . . ., daß unsre Fraun . . . das Haus verließen und die Wald-
gebirg im Wahn durchschwärmen . . . Voll stehn die Krüge in des
Schwarmes Mitte dort, und eine schleicht sich hier, die andre dort davon,
sich in der Stille buhlerischer Lust zu freun. Sie heucheln, Bakchen wären
sie, Begeisterte, dich Aphrodite ziehen sie dem Bakchos vor.« (Euripides,
Bakchen 216–225)

Die Adonien

Wenn die Polis auch das Bild der Frau als keusche und fruchtbare Ehegattin hochhält und von den Frauenkulten jene ausschließt, die sich den
Fahnen der kyprischen Aphrodite verschrieben haben, toleriert sie doch
die in Form eines privaten Kultes abgehaltenen Feiern für Adonis, den
kurzzeitigen Geliebten der Aphrodite, der von einem Eber getötet worden war. Beim Fest der Adonien[32] stellen die Frauen auf den Dächern
ihrer Häuser Gefäße auf, in die sie Körner gesät haben. Daraus entwickeln sich in wenigen Tagen zarte Pflanzen, die ebenso schnell in der
Augusthitze verdorren. Im Gegensatz zum Ackerbau, der unter dem
Schutz der Demeter steht, symbolisieren sie die Fruchtlosigkeit der Verführung, die Adonis verkörpert und die in der Trauer Ausdruck findet,
die die verwelkten Gärten umgibt. Daneben feiern die Frauen und ihre
Liebhaber in der Abgeschlossenheit ihres Hauses mit Freuden die Ernte
der duftenden Pflanzen und die Vergnügungen, die sie ankünden. Diese zweideutige Situation wird gelegentlich als Inbegriff weiblicher Ausschweifung denunziert. Ein Beispiel dafür ist jener Prytane bei Aristophanes, dessen Äußerung den Ton eines populären Widerhalls der Rede
des Pentheus annimmt, der gegen die Bakchen gewütet hatte: »Nun
kommt der Weiber Übermut zu Tage, ihr Paukenwirbel, ihr Sabaziosge-
schrei, und ihr Adonisheulen auf den Dächern. Wie's in der Volksversammlung war zu hören . . . Dahin nun führt ihr zügelloses Treiben.«
(*Lysistrata* 387–90, 398)

Weibliche Priesterschaften und Kultdienste

Man kann dieses Kapitel über die Rituale der Frauen nicht schließen,
ohne die Frage der weiblichen Priesterschaft anzusprechen. Es besteht
ein überraschender Widerspruch zwischen der wenn auch wichtigen,
aber dennoch begrenzten Rolle der Frauen in den öffentlichen Kulten
und dem Platz, den Priesterinnen dabei einnehmen. Sie werden wie die
männlichen Priester entweder gewählt oder ausgelost und erhalten wie
diese einen Ehrenanteil bei der Verteilung nach dem Opfer.

Priesterinnen

Die Priesterin der Athena Polias in Athen bekleidete das wichtigste Priesteramt der Stadt. Sie wird feierlich von der Ankunft der *hierá* (der heiligen Geräte) benachrichtigt, die während der Großen Mysterien in festlichem Geleit von Eleusis nach Athen gebracht werden. Sie führt die Aufsicht über die Arrephorien und übergibt den Arrephoren die geheimen Gegenstände, die diese tragen müssen. Ebenso überwacht sie die Riten bei den Kallynterien und den Plynterien. Sie wird auf Lebenszeit aus den Mitgliedern der Familie der Eteoboutaden gewählt. In Eleusis ist die Priesterin der Demeter und Kore neben dem Hierophanten die wichtigste Person im Heiligtum. Sie wird durch Wahl oder Auslosung aus dem Kreis der Töchter des *génos* der Philleiden bestimmt und lebt in einem »heiligen Haus« innerhalb des Tempelbezirks. Ihre Vorrechte sind bedeutend: Sie verwaltet Gelder, sie ist die führende Priesterin bei den Haloa und sie spielt ebenfalls bei den Mysterien von Eleusis und den Thesmophorien eine Rolle. Eine Inschrift (4. Jahrhundert) überliefert, daß sie ihre geheiligten Rechte gegen die Übergriffe des Hierophanten vor Gericht verteidigte. In Perge in Pamphylien (Kleinasien) empfängt die Priesterin der Stadtgöttin Artemis von jedem bei einem öffentlichen Opfer geschlachteten Tier besondere Stücke: »Einen Schenkel und die mit dem Schenkel zugeteilten Stücke.«[33] Jedes Jahr am 12. Tag des Monats Heraklion begeht sie das große Opfer, für das die Prytanen verantwortlich sind.

Der Ungleichheit im politischen Bereich steht eine tendenziell gleiche Verteilung der Ehren und Verantwortlichkeiten im religiösen Bereich gegenüber. Die Priesterinnen scheinen mit den Priestern dieselben Rechte und Pflichten zu teilen. Wie diese jährlich gewählt oder durch das Los bestimmt, tragen sie zwar keine finanziellen Lasten, aber sie müssen wie die Männer beim Ausscheiden aus ihrer Funktion Rechenschaft ablegen. Sie können indes wie diese das Privileg der *Eponymie* innehaben, wie es z. B. bei der Priesterin der Demeter in Eleusis der Fall ist oder bei der der Athena Polias (*IG* II 4704, 3586, 3559), oder sie können die Prohedrie bekleiden, bei der es sich um einen Ehrenplatz im Theater oder im Stadion handelt. Die Priesterin der Demeter Chamyne in Olympia saß bei den Spielen auf einem Sitz, der dem der olympischen Schiedsrichter gegenüberstand (Pausanias 6, 20, 9).

Doch sollte diese Gleichheit der Behandlung nicht über die Tatsache hinwegtäuschen, daß die Männer die Priesterinnen wählen und durch das Los bestimmen. Als sich der Handel mit Priesterämtern in Kleinasien ausbreitet, dürfen Männer als Käufer für sich selbst *und* für eine Frau auftreten während eine Frau nur für sich selbst kaufen darf.[34] Das Verbot der Berührung mit Blut bedeutet für die Priesterin, daß sie zwar das blutige Opfer darbringt und weiht, aber kein Blutopfer selbst vollziehen darf.

Die Beispiele aus Mythos oder Ritus, in denen man eine Frau mit dem Opfermesser in der Hand sieht, sind Ausnahmen, die die Regel eher bestätigen, als daß sie sie widerlegen.

Die biologische Komponente mit ihren sozialen Implikationen, deren Bedeutung wir bei den Ritualen der Stadt kennengelernt haben, scheint auch für die Definition des Status der Priesterin eine Rolle zu spielen. Auch wenn die überlieferten Texte in gleicher Weise für die Priester wie für die Priesterinnen die Forderung nach einer mit der Keuschheit verbundenen rituellen Reinheit erheben, so zeigt doch die Unterscheidung zwischen *parthénoi* und *gynaîkes* bei der Vergabe der Priesterämter, daß der biologische und soziale Status der Frauen auch den Platz bestimmt, den ihnen die Männer im Verhältnis zum Göttlichen zuweisen. Die Priesterschaft ist keineswegs gleichbedeutend mit Jungfräulichkeit; allerdings entscheidet ihr Status, ob verheiratet oder unverheiratet, für welches Priesteramt sie qualifiziert sind. Man sollte im Auge behalten, daß die Priester im antiken Griechenland keinen zölibatären Klerus bilden. Priester sind Bürger unter Bürgern, und sie verwalten ihr Amt zumeist wie eine Art Beamte auf Zeit. Ebenso verhält es sich mit den Priesterinnen, die nach den Kriterien der Reinheit und Respektabiltät gewählt wurden. Es gibt im übrigen auch Priesterschaften, die von einem männlichen Priester und seiner Ehefrau gemeinsam übernommen werden. Das gilt in Athen für die *Basilinna* (Königin), die Frau des Archon Basileus, die im Rahmen der Anthesterien tätig wird. Ihre Rolle ähnelt ebenso der einer Priesterin wie die der *gerairaí*, die ihr zur Seite stehen. Man könnte Entsprechendes über manche Kollegien sagen, die wir in Elis oder in Delphi haben agieren sehen. Die religiöse Gleichheit kann zwar nicht über die soziale Ungleichheit hinwegtäuschen; dennoch bietet der Kult den griechischen Frauen Gelegenheit, als ebenbürtige Bürgerinnen behandelt zu werden.

Manche Gottheiten hingegen fordern den Dienst von jungen Männern oder, was häufiger vorkommt, von jungen Mädchen, von *parthénoi*. Wenn auch Herakles in Thespiai in Boiotien eine lebenslang jungfräuliche Priesterin fordert, so handelt es sich doch meistens eher um einen zeitlich begrenzten Dienst, der durch eine Heirat beendet wird. Das ist der Fall bei Poseidon auf der Insel Sphairia und bei Artemis auf Egira, und an anderen Orten. Es geht in all diesen Fällen um Kulte der Adoleszenz. Die Arrephoren und die Plyntriden auf der Akropolis mit ihrer besonderen Art der Bestimmung durch Wahl stehen dieser Art von Kultdienst nahe. Es erscheint fast, als ob sich über sie eine alte Form der Initiation erhalten hätte, die ihren Charakter geändert hatte und ein von der Stadt zugeteilter Ehrendienst geworden war.

Im Unterschied zu den *parthénoi*, doch wie sie dem Sexualleben fernstehend, hat das Alter die *presbytídes* bereits außerhalb des Reproduktionszyklus gestellt. Es sind alte Priesterinnen, die besondere Ämter wie im Heiligtum der Eileithyia bekleiden, wo sie über den Kult des Sosipolis wachen. Man findet hier auf kultischer Ebene die Regel wieder, nach der die Möglichkeit, andere zu entbinden, mit der Beendigung der eigenen biologischen Fähigkeit, Kinder zu gebären, zusammenfiel. Die jungfräuliche Göttin Artemis »hat diese Kunst denen zugewiesen, die nur aus Altersgründen gebärunfähig sind. Auf diese Weise hat sie die Ähnlichkeit mit ihrem eigenen Zustand bevorzugt.« (Platon, *Theaitetos* 149C)

Prophetinnen

Die angesehenste Priesterin ist die Prophetin, die als unmittelbares Werkzeug eines Gottes gilt. Als in der Passage im *Phaidros* (244 B), in der Platon von der *manía* spricht, dem von den Göttern eingegebenen Wahn, stellt er die beiden Begriffe der *prophḗtis* und der *hiéreia* nebeneinander und erinnert zugleich an die Prophetin in Delphi und die Priesterinnen von Dodona, dem großen prophetischen Zentrum des Zeus, und des weiteren an Sibylle, bevor er anonym von »anderen« spricht, »die durch die Seherkunst von Gott erfüllt vielen wahrsagten und ihnen oft für die Zukunft die Rechte gaben«. Daraus ergibt sich, daß die Funktion der Prophetie in erster Linie als eine weibliche angesehen wird, ohne eine ausschließliche Domäne der Frauen zu sein. Die Pythia in Delphi als berühmteste der Prophetinnen des Apollon, läßt einige Elemente erkennen, die das Verständnis des weiblichen Charakters der Prophetie erleichtern. Der unmittelbare Kontakt mit dem Heiligen erweckte Furcht, und die Männer überlassen ihn bereitwillig den Frauen. Die Begeisterung der Pythia wird durch Besessenheit, *manía*, erklärt (das griechische Wort *enthousiasmós* bedeutet: die Gegenwart eines Gottes, *theós*, in einer Person, die dem Wahn ausgeliefert ist). Diodor erzählt, wie vor der Einsetzung der Pythia viele Menschen an den Erdspalt in Delphi herantraten, um den göttlichen Hauch einzuatmen, und sich Orakel mitzuteilen. Doch »weil viele in der Begeisterung in die Kluft hinabgesprungen und keiner wieder zum Vorschein gekommen sei, so haben es nachher die Bewohner der Gegend für gut befunden, damit niemand in Gefahr käme, eine Frau als einzige Prophetin zu bestimmen und durch sie die Orakel erteilen zu lassen« (16, 26). Die Prophetin sitzt auf dem heiligen Dreifuß im *ádyton*, dem unzugänglichen Inneren des Tempels, in direktem Kontakt mit der Erde, und läßt von dort ihre Stimme vernehmen. Ihre Worte werden von den Priestern aufgezeichnet und von ihnen den Deutern zur Kenntnis gebracht. Als »Werkzeug« des Gottes muß die Pythia »rein« sein damit sie den göttlichen Hauch (das *pneûma*) empfangen kann. Deshalb kommt als Pythia nur eine Frau in Frage die »rein ist von jeder körperlichen Vereinigung und während ihres Lebens gänzlich frei von Kontakt und Umgang mit Fremden« (Plutarch, *De defectu oraculorum* 438c1–2). In einem anderen Dialog beschreibt Plutarch die Pythia, die zu seiner Zeit das Amt versieht, als eine Jungfrau, »die im Hause armer Bauern aufgezogen worden war; sie brachte keine Fertigkeit noch irgendwelche Erfahrung mit, als sie in die Orakelstätte kam, . . . und sie nähert sich dem Gott als wahre Jungfrau in ihrem Innersten« (Plutarch, *De Pythiae oraculis* 405c3–11). Wenn das vor der Befragung dargebrachte Opfer einen ungünstigen Ausgang hat, bedeutet das, daß die Priesterin nicht bereit ist, den Gott zu empfangen. Sie will ihr eigenes Leben nicht gefährden, erzählt eine Anekdote des Plutarch. Als gelehriges, jungfräuliches Werkzeug des Gottes gleicht sie der jungverheirateten Frau, die sich ihrem Manne unterwirft (der Vergleich stammt von Plutarch) und erfüllt damit die Voraussetzung, um Vermittlerin des Apollon zu werden.[35] Das Wort der Götter bedarf einer Vermittlung, damit es zu den Menschen gelangen kann. Dieselbe verbindende Rolle, die das Opfer in der Kommunikation zwischen Menschen und Göttern spielt, erfüllen auch die mantischen Techniken der Weissagung. Die Ambivalenz, die die Frau in den Augen des griechischen Mannes besitzt, ermöglicht ihr den Kontakt zum Unreinen und macht aus ihr eine Vermittlungsinstanz zum Heiligen.

Der *oîkos* ist der Bereich der Frauen: Was dort geschieht, geschieht unter ihrer Aufsicht. Da aber der *oîkos* sich dem gesellschaftlichen Leben nicht entziehen kann, sondern vielmehr seinen Regeln gehorcht, ist es das Gesetz des Mannes, das letztlich auch dort regiert und die Vorgänge bestimmt. Im Gegensatz zur Welt des Politischen kann man im religiösen Bereich die Frauen nicht übergehen. Das Universum des Heiligen fordert die Präsenz der Frauen, weil sie über bestimmte Schlüssel verfügen, die das Tor zur Erneuerung des Lebens und damit auch zur Fortdauer der Polis öffnen. Die Götter sprechen zu den Frauen und beanspruchen ihre Dienste. Gewisse Rituale müssen deshalb von ihnen vollzogen werden. Sie unterstehen aber der Aufsicht der Männer, die am Eingang des Heiligtums wachen, in das sie selbst nicht eintreten dürfen. Die Geschichte des Battos, des ersten Königs von Kyrene, der das Geheimnis der Mysterien der Demeter Thesmophoros gewaltsam ergründen wollte und mit seiner Männlichkeit dafür bezahlte, zeigt hinreichend die Faszination und die Ängste, die die Macht der Frauengemeinschaft und ihre Herrschaft über die Opfergeräte bei den Männern hervorruft. Die ambivalente Gestalt der Pandora, geboren im 7. Jahrhundert v. Chr. in einem krisenhaften ökonomischen Kontext, der die Bitterkeit dieses Mythos erklärt, ist ein wesentliches Element der griechischen Tradition. Die von den Göttern wie eine Braut geschmückte Jungfrau, die die Männer verführen und täuschen soll, ist ein Abbild der Frau an sich, eine

Mischung aus Gutem und Schlechtem, ein »schönes Übel«, das Zeus geschickt hat, um sich für die List des Prometheus zu rächen:

»Aus Erde nämlich formte der weitberühmte Hinkfuß, was einer achtbaren Jungfrau glich, nach des Kronossohnes Plänen. Es gürtete sie und ordnete ihr die Falten die Göttin, die strahlenäugige Athene, am silberhellen Kleid; vom Haupt zog herab die Göttin mit ihren Händen ein feines, kunstvoll verziertes Tuch, ein Wunder zu schauen . . . Und als nun, zum Entgelt für das Gut, Zeus das schöne Übel erschaffen hatte, führte er sie hinaus, wo die anderen waren, die Götter und Menschen, sie, die prangte im Schmuck der strahlenäugigen Tochter des Mächtigen. Staunen hielt gefangen die unsterblichen Götter und die sterblichen Menschen, als sie den steilen Trug erblickten, unüberwindbar den Menschen. Von ihr nämlich kommt das verderbliche Geschlecht, die Stämme der Frauen, die, ein großes Leid, unter den sterblichen Männern wohnen.« (Hesiod, *Theogonie* 570–93)

Aus dem Französischen von Andreas Wittenburg

8

DIE ROLLE DER FRAUEN IN DER RÖMISCHEN RELIGION

John Scheid

> »Als Frau, die immer abseits sitzen mußte,
> hatte sie nicht viel übrig für den Kult im Tempel,
> beten bedeutete ihr nichts.«
>
> Elias Canetti, *Die gerettete Zunge*

In der Erzählung über seine Kindheit unterstreicht Elias Canetti die Gleichgültigkeit, die seine Mutter den Gebeten in der Synagoge entgegenbrachte – eine Gleichgültigkeit, die dem Umstand entsprang, daß sie als Frau die Kulthandlung stets aus der Ferne beobachtete. Diese häufig von jüdischen Schriftstellern beschriebene Reaktion könnte auch aus dem Munde einer römischen Matrone stammen. Die Römerin war vom Kult fast völlig ausgeschlossen. Weil sie auf einen Platz ganz am Rande verwiesen waren, suchten die Frauen die Heiligtümer vor den Toren der Stadt, d. h. die Tempel der fremden Götter auf und warfen sich, wie es in den Augen der anständigen Leute erschien, allen Verirrungen kultischen Handelns und religiösen Denkens in die Arme. War die römische Frau in religiöser Hinsicht also unmündig? Ja und nein. Sie steht zwar bei der Ausführung von Kulthandlungen im Hintergrund, aber die Dinge liegen doch auch nicht so einfach: In ihrer Unterordnung ist die Frau nichtsdestoweniger die unerläßliche Partnerin des Mannes auf religiöser Ebene.

DER KULT IN ROM – EINE ANGELEGENHEIT DER MÄNNER

Das religiöse Leben der Römer spielt sich auf mehreren Ebenen ab: Das Forum und die Tempel zeigen uns den öffentlichen Bereich der Religion; in den Nachbarschaftsquartieren und an allen Orten, an denen sich

römische Bürger versammelten, ist eine private oder halböffentliche
Kultausübung zu beobachten; im häuslichen Zusammenhang schließlich
organisierte jede Familie nach eigenem Gutdünken ihre Religion mit
ihren Riten, ihrem Festkalender und ihren eigenen Göttern. Diese unterschiedlichen Gemeinschaften waren durch eine gemeinsame religiöse Kultur verbunden, in deren Tradition die Frau nie in vorderster Reihe stand.

Die priesterlichen Funktionen

Die priesterliche Verantwortung im öffentlichen Bereich lag stets in Händen der Männer. Die großen öffentlichen Kultfeste gehörten zu den Aufgaben der Magistrate, denen die Priester des römischen Volkes zur Seite
standen. Sie teilten sich mit den Magistraten die religiösen Pflichten der
res publica, und sie formulierten und interpretierten das Sakralrecht.
Ihnen gehörte das Vorrecht, den Willen der Götter, der durch die Auspizien oder die Befragung der Sibyllinischen Bücher eingeholt worden
war, zu verkünden. Im Zusammenwirken mit dem Senat prüften die
Magistrate anfallende religiöse Probleme und ordneten nach Beratung
mit den Priestern Maßnamen zur Abhilfe an.

Die bedeutendsten Priesterämter wurden von den Komitien, d. h. von
den Bürgern, vergeben. Da die Religion im öffentlichen Bereich sich auf
die bereits angeführten Tätigkeiten beschränkte, lag die offizielle religiöse Gewalt fast völlig bei den Männern.

In einer der öffentlichen Kultfeiern, von der uns umfangreiche epigraphische Spuren erhalten sind, beim Opfer für die Dea Dia, spielten die
Frauen keine Rolle. Macht und Funktion der Dea Dia wurden von Männern repräsentiert, und zwar von dem Flamen und dem Kollegium der
Arvalbrüder *(Arvales fratres),* die den Kult dieser Göttin feierten: Sie versahen ihren Dienst gekrönt mit einem Ährenkranz, als ob sie den
Wunsch nach gutem Gedeihen des Getreides zum Ausdruck bringen
wollten, zu dem die Dea Dia als Göttin des heiteren Himmels beitrug.[1]
Im übrigen galt dies für alle großen römischen Göttinnen: Ceres, Flora,
Pomona oder Furrina wurden von einem Flamen, also einem Mann,
repräsentiert.

Im häuslichen Bereich verhielten sich die Dinge nicht anders. Verantwortlich für die Familienkulte waren die Familienväter. Die Mißachtung
oder Vernachlässigung der häuslichen Kulte konnten vom Zensor gerügt
werden[2], denn deren Wahrnehmung stellte eine Pflicht des beim Zensus
erfaßten Familienoberhaupts dar. Cato unterstreicht in seinen Anweisungen für die Landwirtschaft, daß die Opfer für die gesamte Familie vom
Hausherrn, dem *dominus,* dargebracht werden.[3] Dasselbe gilt für die
kleinen privaten Kulthandlungen wie das tägliche Trankopfer an die

Laren, das vom *pater familias,* der dem täglichen Mahl vorsaß, gespendet wurde. Auch die großen häuslichen Rituale fielen in die Zuständigkeit der Männer. Die Feiern für die Verstorbenen im Februar (die *Parentalia*) oder im Mai (die *Lemuralia*) wurden von den Familienvätern gefeiert, und bei Begräbnisfeiern waren es stets die Männer, die den Leichenzug anführten, die Totenreden hielten und die vorgeschriebenen Opfer darbrachten.

Man könnte die Beispiele um ein Vielfaches vermehren, wenn man noch die Berufsvereinigungen oder Gruppierungen von Bürgern in Betracht zieht. Um zu erkennen in welchem Ausmaß die Männer auch den religiösen Bereich beherrschen, genügt es, sich die Reliefdarstellungen religiösen Inhalts vor Augen zu halten: Die hauptsächlich handelnden Personen sind stets Männer.

Der Ausschluß der Frauen vom Opferkult

Zwei Kultregeln bestätigen uns einen solchen Ausschluß: Bei manchen Opfern war es Frauen (wie den Fremden und Gefangenen) untersagt, zugegen zu sein. Nach Paulus Diaconus, dem Autor einer Kurzfassung des Wörterbuchs des Festus, die im 2. Jahrhundert n. Chr. wiederum auf der Grundlage eines älteren Lexikon entstanden war, »wollte es der Brauch, daß ein Liktor bei gewissen Opfern rief: ›Fern bleibe *(exesto)* der Fremde, der in Fesseln gelegte Gefangene, die Frau, das junge Mädchen‹. *Exesto* bedeutete, daß es ihnen verboten war, bei dem betreffenden Opfer anwesend zu sein.«[4] Man kennt die Liste dieser Feiern nicht. Ohne Zweifel umfaßte sie mehr als nur die Kulte der männlichen oder ›wilden‹ Gottheiten wie Herkules, Mars oder Silvanus. Der Ausschluß der Frauen vom Ritus zeigt sich noch bei einer anderen, allgemeineren Regel, die sie vom Opfer fernhielt, oder zumindest doch von seinen wesentlichen Phasen, wie eine neuere Studie gezeigt hat.[5]

Die 85. der »Römischen Fragen« (*Quaestiones Romanae*) des Plutarch (2. Jahrhundert n. Chr.) prüft, »warum man in alter Zeit den Frauen nicht erlaubte, Getreide zu mahlen oder das Fleisch zuzubereiten.« Die von Plutarch gegebene Erklärung nimmt Bezug auf den Raub der Sabinerinnen und auf eine Vereinbarung, die nach dem darauffolgenden Krieg geschlossen worden sei. Nach den Bestimmungen dieser Übereinkunft durfte keine Frau Getreide mahlen *(aleîn)* oder das Fleisch für ihren Mann zurechtmachen *(mageireúein).*

Worin bestehen nun im einzelnen diese Verbote, die angeblich bis auf die Sabinerinnen zurückgehen? Sie betreffen wesentliche Vorgänge der Nahrungszubereitung, das Mahlen des Getreides sowie das Schlachten und Häuten der Tiere und das Zerlegen des Fleisches. Beim Verbot der

Tätigkeit des Schlachtens ging es nicht lediglich darum, das Leben der ersten Ehefrauen von Römern angenehmer zu gestalten (wie eine Version der Legende der Sabinerinnen annahm), sondern sie von der Opferhandlung auszuschließen. Angeordnet wurde die Tötung der Opfertiere von dem mit dem Opfer betrauten Magistrat, Priester oder Haushaltsvorstand; die Durchführung, d. h. das Schlachten, Häuten und Zerlegen des Fleisches übernahmen Opferdiener *(lanii)*.[6] Das Verbot des Mahlens schloß die Frauen zwar nicht vom Opfer selbst aus, aber doch von der Zubereitung eines wesentlichen Bestandteils des Opfers, des Speltschrots *(far)*, der als solcher schon eine Opfergabe war und unter der Bezeichnung *mola* (rituelles Opfermehl) stets verwendet wurde, um die Opfergaben der Menschen zu den Göttern zu geleiten.[7] Der Zusammenhang zwischen dem Opfermehl, dem Stampfen des Getreides und der Opferzeremonie wird im übrigen durch das Wort *molucrum* bestätigt, das einerseits den Besen, »mit dem die Mühlen ausgefegt werden«, bezeichnet und andererseits »ein quadratisches Stück Holz, auf dem man opfert«.[8]

Nach der Aussage Plutarchs galt diese Regel »in alter Zeit« *(tò palaión)*. Soll das heißen, daß sie in der Kaiserzeit keine Anwendung mehr fand? Wir wissen es nicht, aber die von Plutarch gebrauchte Formulierung könnte ebenso darauf anspielen, daß dieses Verbot bis auf Romulus zurückgeführt wurde, oder die strenge Beachtung dieses Verbots in älterer Zeit betonen, wobei es sich um die Zeit um Christi Geburt handeln könnte. Im Gegensatz zum Spinnen und Weben, den traditionell hoch geschätzten Tätigkeiten der römischen Matrone[9] stellt das in der 85. *Quaestio Romana* untersuchte Verbot fest, was sie nicht tun darf.[10] Dieses Verbot, ob es nun alt ist oder nicht, erschien Plutarch doch hinreichend wichtig und bezeichnend, um in seine »Fragen« eingeschlossen zu werden, in denen er Erklärungen für überraschende oder pittoreske römische Bräuche zu geben suchte. Man kann daher annehmen, daß die Regel noch im 2. Jahrhundert n. Chr. in das Leben der römischen Matrone hineinspielte, auch wenn sie im täglichen Leben der Kaiserzeit nicht mehr in aller Strenge Anwendung fand. Diese Regel dürfte in historischer Zeit vermutlich nur im Opferbereich beachtet worden sein. Die antiken Schriftsteller haben wohl eine allgemeine Form dieses Verbots »in die alte Zeit« zurückdatiert.

Ein drittes Verbot untersagte den Frauen, unvermischten Wein *(teme-tum)* zu trinken. Cazanove[11] nimmt an, daß das Verbot des *temetum* die Frauen von jener Opferhandlung fernhält, durch die die Männer mit den Göttern in Verbindung treten. Der unvermischte Wein nämlich war eine der unerläßlichen Gaben bei jedem Opfer, ja war sogar die Opfergabe an sich. Es war allein den Männern erlaubt, ebenso wie die Götter unvermischten Wein zu genießen.

VESTALINNEN, FLAMINISCHE UND ANDERE PRIESTERINNEN

Ihre bloße Geschlechtszugehörigkeit scheint die Frau von den wichtigsten Kulthandlungen auszuschließen, von der Tötung des Opfertieres und der Zerteilung und Verteilung seines Fleisches. Es bleibt den Männern vorbehalten, die Verbindungen der Gemeinschaften mit den Göttern zu stiften; gemäß den sozialen Hierarchien verteilen sie die ›profanen‹ Stücke des Opfertieres.

Dennoch bleiben die Frauen nicht ganz und gar ausgeschlossen. Wenn man den Text bei Plutarch wörtlich nimmt[12], so gilt das Verbot des Mahlens und Zubereitens nicht allgemein, sondern nur in einem ganz bestimmten Zusammenhang: Die (sabinischen) Frauen dürfen diese Aufgabe nicht »für ihren römischen Ehemann« *(andrì Romaíōi)* erfüllen. Diese Klarstellung kann indes auch als ein Zugeständnis aufgefaßt werden, das durch den legendären römisch-sabinischen Konflikt gefordert wird. Im *Leben des Romulus* (15,5) schreibt Plutarch nämlich, der Vertrag mit den Sabinern habe den Römern auferlegt, ihre Ehefrauen, abgesehen von der Webarbeit, von allen körperlichen Arbeiten freizustellen. Aber es ist ebenso deutlich, daß die beiden erwähnten Texte sich in erster Linie aus dem beobachteten Status der römischen Ehefrau herleiten. Die Klarstellung Plutarchs in der 85. *Quaestio Romana* erweckt auch den Eindruck einer realen Einschränkung: Diese Regel betreffe lediglich die Beziehungen der Frauen zu ihren Ehemännern oder, anders gesagt, den familiären Bereich und die häusliche Religion. Sie gilt also nicht automatisch für öffentliche Rituale. Plutarch war mit Sicherheit bekannt, daß die Frauen im religiösen Leben fast gänzlich von der aktiven Betätigung ausgeschlossen waren. Er vermied es aber, das Verbot des Mahlens des Getreides und der Zubereitung des Fleisches für die Frau als allgemeines hinzustellen, weil er die Ausnahme von der alten Regel kannte. Ausnahmen, die die in aller Öffentlichkeit gelebte Religion betrafen, in dem einige priesterliche Aufgaben und Opfer in die Hände von Frauen gelegt waren.

Die Vestalinnen

Die sechs vestalischen Jungfrauen der historischen Zeit waren wie die Ehefrauen der *flamines* und des *rex sacrorum* (Opferkönig) als öffentlich bestellte Priesterinnen eine Ausnahmeerscheinung in der römischen Religion. Unter der Aufsicht der Großen Vestalischen Jungfrau *(virgo Vestalis maxima)* hatten sie das Feuer am Staatsherd im Tempel der Vesta an der südwestlichen Ecke des Forum Romanum zu unterhalten und zu überwachen. Die Vestalinnen wurden vor Einsetzen der Pubertät ausgewählt und versahen ihren Dienst in der Regel für dreißig Jahre, von denen zehn der Ausbildung gewidmet waren, zehn dem Dienst im eigentlichen Sinne und zehn der Unterweisung anderer. Sie bewohnten ein großes, mit dem Tempel der Vesta verbundenes Gebäude und waren zur Jungfräulichkeit verpflichtet. Diese entsprach eher der Keuschheit *(pudicitia)* der römischen Matrone, die ihr Treue zu einem einzigen Mann und zurückhaltendes Auftreten abverlangte, als einer völligen sexuellen Abstinenz.[13] Nach Beendigung ihres Dienstes stand es ihnen frei zu heiraten – was nur wenige taten. Wie die anderen römischen Priester repräsentierten die Vestalinnen die Natur der Gottheit deren Kult sie versahen: Ihre Keuschheit war ein Abbild der Reinheit der Vesta, der reinen Flamme des Herdes.

Die Vestalinnen wurden in einer den römischen Hochzeitsriten ähnelnden Zeremonie vom *pontifex maximus* »gegriffen« *(captae)*. Der Priester sagte zu dem jungen Mädchen, das er aus der Hand seines Vaters empfing: »Um die heiligen Handlungen zu vollziehen, die einer Vestalin für das römische Volk und die Quiriten zu vollziehen die Regel vorschreibt, nehme ich dich, Amata, als Kandidatin, die nach dem vollkommensten Gesetz ausgewählt ist wegen dieser Reinheit als Priesterin der Vesta.«[14] Die Vestalin trug während der ganzen Zeit ihres Dienstes die rote Haube *(flammeum)* und die Frisur (die sechs Zöpfe, *sex crines)* der verheirateten Frau.[15] Der *pontifex maximus* und das Priesterkollegium hatten über sie dieselbe Gewalt wie ein *pater familias*. Der *pontifex maximus* konnte die Vestalin einer strengen körperlichen Züchtigung unterziehen, wenn das Feuer der Vesta durch ihr Versagen erloschen war; und wenn ihr Verhalten die Grenzen der Keuschheit, zu der sie verpflichtet war, zu überschreiten schien (dieses Verbrechen wurde als Inzest bezeichnet), lief die Vestalin Gefahr, bei lebendigem Leibe begraben zu werden.[16]

Trotz dieser sehr weiblichen Aspekte und trotz mancher Riten, die häuslichen Charakter trugen (wie die Reinigung des Tempels der Vesta vom 7. bis 15. März), drangen die Vestalinnen in den Bereich der Männer ein. Der Vergil-Kommentar des Servius berichtet, daß »die drei Großen Vestalischen Jungfrauen in der Zeit vom 7. bis 14. Mai jeden zweiten Tag Ähren von Speltweizen *(far)* in die Erntekörbe legen; diese Ähren rösten, stampfen und mahlen die Jungfrauen selbst, und das so Gemahlene lagern sie ein. Aus diesem Mehl bereiten die Jungfrauen dreimal im Jahr die *mola* (Opferschrot), an den Lupercalien (15. Februar), den *Vestalia* (9. Juni) und den Iden des September (13. September), unter Hinzufügung von gekochtem Salz und trockenem Salz.«[17] Durch jenes Rösten und Stampfen, von dem die römischen Ehefrauen ausgeschlossen waren, bereiteten die Vestalinnen ein Opfermehl, die *mola salsa*, die über jedes Opfertier gestreut wurde, das zu einem öffentlichen

Opfer geführt wurde (und über alle Gaben, die den Göttern geweiht wurden). Von diesem vorbereitenden Ritus des Opfers leitet sich das römische Wort für ›opfern‹ ab (immolare = in-mola-re, wörtlich ›mit *mola* bestreuen‹).[18] Durch diese Opfergabe waren die Vestalinnen bei allen wichtigen öffentlichen Opfern vertreten.

Doch auch ihre Verbindung mit dem Opfer selbst ist sehr deutlich. Wenn man bestimmten Quellen Glauben schenken will, brachten sie den Göttern sogar blutige Opfer dar. Wie Olivier de Cazanove bemerkt[19], haben sie das Recht auf ein Opfermesser, die *secespita*[20], und damit die Befugnis zu opfern; aber an keiner Stelle wird gesagt, daß diese Befugnis die Darbringung von Tieropfern einschließt. Man kann dies jedoch vermuten, denn einige Texte scheinen von der Berechtigung der Vestalinnen auszugehen, mit Wort und Tat an den gemeinschaftlichen Opferriten teilzunehmen. Bei den *Fordicidia* am 15. April, während eines Festes, an dem man der Göttin Tellus (Erde) eine schwangere Kuh als Zeichen der erwünschten Trächtigkeit der Ähren opferte[21], nehmen die Vestalinnen an den komplizierten Handlungen der rituellen Schlachtung teil: »Sobald aber die Opferdiener die Kälber aus dem Leib (der Tiere) gelöst und die zerteilten Eingeweide *(exta)* auf den qualmenden Opferherden geopfert haben, verbrennt die Virgo Maxima die Kälber im Feuer. Diese Asche soll das Volk am Pales-Tag (21. April) reinigen.«[22] Die Vestalin war zwar sicher nicht bei der eigentlichen Opferung tätig, aber sie nahm an den darauf folgenden Handlungen teil. Von dem Opfer, das von den Vestalinnen und vom Flamen des Quirinus am 21. August während des Festes zur Einbringung der Ernte dem Gott Consus dargebracht wurde, haben wir eine eindeutige Überlieferung: »Es opfern an diesem in der Erde versenkten Altar des Gottes Consus ... am 12. Tag vor den Kalenden des September (21. August) der Flamen des Quirinus und die vestalischen Jungfrauen.«[23] Schließlich nahmen die Vestalinnen Georges Dumézil zufolge[24] am 25. August an dem Opfer teil, das die Priester *(pontifices)* in der Regia (ihrem Amtssitz) der Ops Consiua (Überfluß) darbrachten. Eine letzte Bestätigung gibt ein Text des Prudentius, der erwähnt, daß die Vestalinnen »unter der Erde ... Tiere als Sühneopfer in die Flamme ausbluten lassen«.[25]

Man kann an diesen Belegen natürlich Zweifel haben. So wurden die Vestalinnen bei den *Fordicidia* erst in der Endphase des Opfers tätig und verbrannten nur einen Teil des Opfertieres, der ihnen von dem Opfernden gereicht wurde. Bei den beiden anderen Opfern können wir auch eine passive Teilnahme der Vestalinnen annehmen, während ein anderer (der Flamen des Quirinus oder der *pontifex maximus)* die aktive Rolle übernahm. Der flüchtige Text des Prudentius schließlich verdient keine große Beachtung. Diese Zweifel sind zwar berechtigt, doch scheinen das Recht auf ein Opfermesser und die Rolle, die die Vestalinnen bei dem Fest der Bona Dea spielten, die Schlußfolgerung nahezulegen, daß diese sehr wohl die Befugnis hatten zu opfern. Sie konnten ja auch, wie wir gesehen haben, Getreide stampfen. Die vestalischen Jungfrauen stellten tatsächlich eine Ausnahme innerhalb der traditionellen Ordnung dar.

Wie Mary Beard (1980) gezeigt hat, waren die Vestalinnen weder Matronen noch junge Mädchen: Da sie weder Ehemann noch Kinder haben, sind sie keine Matronen, aber ebensowenig junge Mädchen, denn sie tragen stets die Tracht der verheirateten Frau: das lange Gewand *(stola)* und die Kopfbänder *(vittae)*; außerdem begehen die Vestalinnen manche Riten gemeinsam mit den Matronen. Bis zum Beginn der Kaiserzeit genossen sie eine Reihe den Männern vorbehaltener Privilegien: Sie hatten das Vorrecht, über die Begleitung eines Liktoren zu verfügen, konnten vor Gericht als Zeugen aussagen, ohne die Vormundschaft eines Vaters oder Ehemannes ihren Besitz frei verwalten und ein Testament machen.[26] Der Status der Vestalinnen war demnach zweideutig und zwitterhaft, ebenso wie die Natur des Feuers der Vesta, das sie verkörperten.[27] Daraus wird verständlich, weshalb die Vestalinnen gewisse religiöse Machtbefugnisse hatten, die traditionell Männern vorbehalten waren.

Die Flaminica *und die* Regina Sacrorum

Doch sind die Vestalinnen nicht die einzige Ausnahme. Mehrere römische Priester hatten eine Ehefrau, die ebenfalls opferte, und zwar vor allem den Gottheiten, die den Zeitlauf bestimmten.[28] Unsere Quellen sind hier sehr lückenhaft und die einzigen erhaltenen Hinweise betreffen die Ehefrau des Flamen des Jupiter und die des Opferkönigs *(rex sacrorum)*, aber die Annahme scheint begründet, daß auch den Ehefrauen der anderen Flamines vergleichbare Riten oblagen. Während ihr Ehemann jeden Monat an den Iden (je nachdem, um welchen Monat es sich handelte, am 13. oder 15.) dem Jupiter opfern mußte, weihte die Flaminica des Jupiter *(flaminica Dialis)* an allen Markttagen (den *nundinae*) dem Jupiter einen Widder.[29] Die Ehefrau des Opferkönigs, die *regina sacrorum*, weihte ihrerseits am jeweiligen Ersten eines Monats (an den Kalenden) der Juno eine Sau oder ein Schaf.[30] Wie die Vestalinnen hatte die *flaminica Dialis* das Recht auf ein Opfermesser.[31]

Die Rolle der Flaminica und der Opferkönigin muß indes nicht notwendigerweise als eine Ausnahme von der Regel aufgefaßt werden. Die ›männlichen‹ Befugnisse, über die sie verfügen, leiten sich vielleicht wie bei den Vestalinnen aus ihrem Status ab. Im Gegensatz zu allen anderen Priestern nämlich (den Pontifices, den Auguren usw.), waren die Flamines des Jupiter und der *rex sacrorum* Priester und Familienväter, insofern sie als Männer ein ganzes Haus führten: Sie mußten verheiratet sein. Der Flamen des Jupiter schied aus seinem Amt aus, sobald seine Frau starb. Plutarch bemerkt, daß der Flamen des Jupiter einige Zeremonien nur mit Hilfe seiner Frau vollziehen durfte. Da das flamische Paar eine untrennbare Einheit bildete und als solches mit der priesterlichen Aufgabe betraut wurde, kann man annehmen, daß die Rechte der Flaminica im Bereich des Opfers sich aus dieser Bindung ableiteten. Dasselbe könnte für die *regina sacrorum* gelten. Der Herr des Hauses konnte sogar seine Befugnisse an seine Ehefrau delegieren.[32]

Salische Jungfrauen, Flaminicae und andere Priesterinnen

Als weitere Ausnahmen von der oben untersuchten Regel seien noch die Salischen Jungfrauen *(saliae virgines)* als weiblicher Gegenpart zu den Saliern erwähnt; letztere hatten die Aufgabe, am Beginn und Ende der Zeit kriegerischer Auseinandersetzungen Umzüge zu veranstalten. Wir wissen nichts über diese Jungfrauen, außer daß sie den *apex* (eine hohe, spitze Kappe) sowie den Militärmantel der Salier trugen und ein Opfer in der Regia darbrachten.[33] Dieser Brauch scheint alt zu sein, aber angesichts unserer mangelnden Kenntnis sind wir nicht in der Lage, die Opferbefugnis dieser jungen Mädchen zu erklären. Der Mangel ausführlicher Quellen verwehrt es uns auch, die Initiationsriten der römischen jungen Mädchen zu rekonstruieren.[34]

In jüngerer Zeit schloß das Flaminat des Divus Augustus, das von Kaiserin Livia verwaltet wurde, eine Befugnis zum Opfer ein, sofern diese Flaminica nicht auf eine gänzlich passive Rolle beschränkt war. Doch da die Kaiserin als Witwe des vergöttlichten Augustus außerordentliche Privilegien genoß, kann ihr Beispiel kaum von genereller Bedeutung sein. Ähnliches gilt auch für den Status der Priesterinnen einer Reihe von Gottheiten fremden Ursprungs, die in Rom heimisch geworden waren. So war der Kult der Ceres in ihrem Tempel auf dem Aventin einer Priesterin unterstellt, die aus Großgriechenland stammte. Später wurden andere weibliche Priesterschaften im Rahmen neuer Kulte in Rom eingeführt oder geduldet, wie z. B. die der Magna Mater (Kybele) oder der Isis.

Doch diese Funktionen können nicht in Widerspruch zur Tradition geraten. In diesen Fällen begründet der ›fremde‹ Charakter dieser Priesterinnen und Göttinnen die Ausnahme von der Regel. Es scheint, als seien sie bewußt in Kontrast zu den heimischen, »lokalen« Bräuchen gesetzt worden. Nach Dionysios von Halikarnassos (2, 22, 1), übernahmen die Frauen die Verantwortung für solche Riten, die das Landesgesetz den Männern entzog.

DIE RELIGIÖSEN AUFGABEN DER MATRONEN

Die häufigsten Beispiele für Frauen in priesterlichen Rollen, bei denen sie teilweise sogar Opferhandlungen ausführten, stammen aus dem Bereich der von Matronen ausgeübten alten und neuen Kulte. Während einiger traditioneller Feste wurde von den Matronen ein ›unblutiges‹ Opfer dargebracht. An den *Nonae Caprotinae* am 7. Juli opferten freie Frauen und Dienerinnen zur Feier der Fruchtbarkeit unter einem wilden Feigenbaum der Juno eine Gabe von Feigenmilch.[35] Zu den *Matronalia* am 1. März weihten die Matronen der Juno Blumen in ihrem Tempel auf dem Esquilin, dessen Stiftungsfest auf denselben Tag fiel; ihre Ehemänner beteten für die Gesundheit der Frauen und gaben ihnen Geschenke und ›Taschengeld‹ auf dem Esquilin für die Veranstaltung des Festmahls, das die Matronen für die männlichen Sklaven ihres Familienhaushalts vorbereiteten. Die antiken Erklärungen zu diesem Fest, die weitgehend unverständlich bleiben, beziehen es auf die Geburt des Romulus[36] und auf die Fruchtbarkeit der Frauen. Daß die Frauen selbst die Kosten für die Feier bestritten – wenn auch mit dem vom *pater familias* gestifteten Geld –, scheint darauf hinzudeuten, daß sie die gesamte Verantwortung dafür trugen. Diese aus alter Zeit stammenden Riten widersprechen indes nicht ausdrücklich der Regel, die die Frauen von der Zerteilung des Fleisches der Opfertiere ausschloß. Die Opfer und Weihgaben schlossen offenbar kein Tieropfer ein, und außerdem betrafen sie die ganze Stadt und nicht nur die einzelne Familie. Unser Wissen über jene religiösen Feiern ist äußerst beschränkt. Die Informationsquellen bestehen aus zwei oder drei Zeilen antiker Texte, so daß wir nicht in der Lage sind festzustellen, was die Matronen eigentlich genau taten und auf welche Weise.

Die Matralia

Die alte Kultfeier der *Matralia* am 11. Juni zeigt die enge Bindung der von Frauen ausgeübten Riten an die römische Mythologie. An den *Matralia* begaben sich Matronen von vornehmer Geburt *(bonae matres)*, die in erster Ehe verheiratet waren *(univirae)*, in den am Forum Boarium gelegenen Tempel der Mater Matuta. Gegen den Brauch führten sie eine Sklavin in den Tempel, die sie dann gewaltsam wieder entfernten. Dann nahmen die Matronen die Kinder ihrer Schwestern auf den Arm, liebkosten sie und empfahlen sie der Göttin. In einer vergleichenden Untersuchung hat Georges Dumézil[37] zeigen können, daß diese Abfolge ritueller Handlungen, die schon die Zeitgenossen des Augustus nicht mehr verstanden, vor dem Hintergrund des Mythos der Aurora (in Rom Mater Matuta) verständlich wird. Aurora vertreibt die ungestalten Mäch-

te der Finsternis, verkörpert durch eine Sklavin (als Gegenbild der Matrone von vornehmer Geburt) und bringt dadurch den von der Finsternis
befreiten *Sol* (die Sonne) in die Welt. Die Sonne gilt als Kind der Nacht,
die wiederum eine Schwester der Aurora ist. Die Rekonstruktion der
Bedeutung der Riten durch Dumézil behandelt die Persönlichkeit der
Mater Matuta nicht erschöpfend – vor allem nicht ihre Eigenschaften als
Göttin der Niederkunft und des Stillens[38], aber auch nicht die vielschichtigen Beziehungen der Göttin vom Forum Boarium zu den anderen
gleichnamigen oder ihr nahestehenden Göttinnen der Nachbarstädte
oder auch zu Fortuna. Was uns hier interessiert, ist einerseits das Fehlen
jeglichen Hinweises auf ein Opfer oder zumindest auf ein von den
Matronen dargebrachtes Opfer, und zum anderen der ›mythologische‹
Kern der Liturgie. Dumézil hat in dieser rituellen Umsetzung eines
mythologischen Themas eine Parallele zu der Feier der *Nonae Caprotinae* gesehen, die vielleicht einen verlorenen Mythos der Juno darstellen[39], und möglicherweise zu der von ihm gegebenen Erklärung der Statue der Angerona, über die wir so gut wie gar nichts wissen.[40]

Wenn eine auf so flüchtige Dokumente gegründete Schlußfolgerung
ein gewisses Maß an Glaubwürdigkeit verdienen sollte, so könnte man
die Meinung vertreten, daß die Frauen sich mit der Feier der großen
öffentlichen Rituale betraut sahen, sofern sie in ihrer Eigenschaft als
Frauen unmittelbar betroffen waren, und daß sie dann über ihre Rolle als
Mütter die geehrte Gottheit verkörpern sollten. In jedem Falle scheint
ihre Anwesenheit notwendig gewesen zu sein, wann immer es um ihre
eigene Fruchtbarkeit ging. Im übrigen geben die Quellen keine Auskunft
darüber, ob Männer an diesen Feiern teilnahmen oder überhaupt teilnehmen durften.

Die Feste der Venus verticordia und der Fortuna virilis

Es bleibt noch ein Ritual zu erwähnen, über das viel Tinte vergossen
worden ist[41]: das Fest der Venus Verticordia und der Fortuna Virilis. Am
1. April »flehten die Frauen *(mulieres)* in großer Zahl zur Fortuna Virilis;
die von geringerem Stande sogar in den Bädern (der Männer), weil es
dieser Ort war, an dem die Männer den Teil des Körpers entblößten, von
dem man sich eine Gunst der Frauen erhoffte.« Dieser kurzen Bemerkung, die sich auf dem inschriftlich erhaltenen Kalender von Praeneste
findet (um Christi Geburt)[42], fügt Ovid[43] den Namen einer zweiten Gottheit, der Venus verticordia, hinzu sowie eine genauere Beschreibung der
Abfolge ritueller Handlungen, die alle Frauen, Matronen und Kurtisanen
vereinte. Der erste Ritus, und um die Zeitenwende ohne Frage der wichtigste, war eine *lavatio*, ein Bad, dem die Frauen die Kultstatue der

Venus Verticordia unterzogen – jene Venus, von der man glaubte, daß sie die Herzen der Frauen der Keuschheit und der treuen Erfüllung ihrer Pflichten als Matronen zuführen würde. Danach wurde die Statue wieder mit ihrem Schmuck und mit Blumen bedeckt. Dann badeten die Frauen selbst, mit einem Myrtenkranz bekrönt, in den Thermen. Während dieses Bades widmeten sie der Fortuna Virilis ein Gebet und eine Gabe von Weihrauch und tranken schließlich eine Mischung aus Milch, Honig und Mohn *(cocetum)*. Dieser Trank war ein Beruhigungsmittel, das man traditionell der jungverheirateten Frau reichte. Den roten Faden dieser religiösen Feier bilden offensichtlich einige Bestandteile der Riten vor der Hochzeit, und zwar vor allem die, denen sich die junge Braut vor der ehelichen Vereinigung unterzog. Die Matronen wuschen sich nach dem Vorbild der Statue der Venus, als ob sie sich gemeinsam mit der Göttin auf den Liebesakt vorbereiteten. Myrte und *cocetum* weisen gleichfalls auf diesen Zusammenhang; Ovid erwähnt noch, daß auch Venus das *cocetum* trinkt, als sie ihrem Bräutigam zugeführt wird.[44] Durch ihr anziehendes Wesen ermöglichte Venus Verticordia die sexuellen Vereinigungen, aber sie lenkte sie dabei in die Bahnen der Vereinigung unter Eheleuten. Fortuna Virilis half ihr bei dieser Aufgabe; auch den Frauen mit unvorteilhaftem Äußeren sollte sie zu ihrem Glück verhelfen.[45] Die Feiern am 1. Tag des Monats der Venus, dem Monat April, bestanden demnach in einer Anrufung der Venus verticordia und der Fortuna Virilis durch die Frauen jeden Ranges und Status. Indem sie bestimmte vor der Hochzeit durchgeführte Handlungen nachvollzogen, baten sie die Göttinnen um von Erfolg gekrönte eheliche oder sexuelle Vereinigungen. Es ist nicht erstaunlich, daß diese Riten im Tal des Circus Maximus, d. h. an einem Ort gefeiert wurden, der traditionell mit dem Raub der Sabinerinnen und damit mit dem Ursprungsmythos der römischen Ehe verbunden wird. Die rituellen Waschungen fanden vermutlich zunächst an dem öffentlichen Becken statt, in geringer Entfernung vom Heiligtum der Venus Verticordia, das im Jahre 114 v. Chr. an derselben Stelle errichtet worden war, an der sich seit dem 3. Jahrhundert eine Statue befand;[46] nach dem Verschwinden dieses Beckens zu Beginn der Kaiserzeit sind die Waschungen wohl an einem anderen Ort zelebriert worden. Das Alter dieser Riten ist umstritten. Für die einen sind sie archaisch und richten sich zunächst an die Fortuna virilis, bevor sie hellenisiert werden und nun auch die Venus Verticordia (Aphrodite apostrophia) betreffen; für andere hingegen sind sie jüngeren Ursprungs.[47] Es ist schwierig, diese Frage auf der Grundlage so spärlicher Quellen zu entscheiden, aber man kann immerhin annehmen, daß das Fest in seinem Kern seit langer Zeit bestand und im Verlauf der Geschichte um neue Elemente bereichert wurde. Das Wesentliche ist unter unserem Gesichtspunkt die Tatsache, daß die Frauen jeden Ranges zwar mit der Feier eines öffentlichen Festes beauftragt waren, daß es sich aber dabei um ein Ritual handelte, das sie unmittelbar betraf und das keine blutigen Opfer einbezog.

Fortuna muliebris

Bei mehreren anderen religiösen Diensten hingegen zelebrierten die Matronen unzweifelhaft solche Opfer. Vom ersten jener Riten kennen wir nur seine aitiologische Legende. Am 6. Juli begaben sich die Matronen an den 4. Meilenstein der Via Latina in der Nähe der Grenze des archaischen (und den Idealvorstellungen entsprechenden) Territoriums der Stadt Rom, um dort der Fortuna muliebris zu opfern. Nach der Legende war die Priesterin dieses Kultes eine erstverheiratete Ehefrau *(univira)*, d. h. weder Jungfrau, Wiederverheiratete noch unverheiratete Witwe.[48] Das aber ist auch schon alles, was wir über die Priesterin und die Riten im Tempel der Fortuna muliebris wissen. Die Legenden vom Ursprung des Kultes geben uns lediglich einen Hinweis auf die Art, wie die Zeitgenossen diese Feier interpretierten.[49] Die Geschichte, die die alten Schriftsteller erzählen, bringt die Gründung des Heiligtums in Zusammenhang mit dem Krieg gegen Coriolan: Angesichts der Hilflosigkeit der Männer hätten sich die Frauen, angeführt von der Mutter und der Frau Coriolans, in einer Prozession in dessen Lager am 4. Meilenstein der Via Latina begeben, und es sei ihnen gelungen, ihn dazu zu bewegen, die Belagerung aufzuheben. Zur Feier dieses Ereignisses, bei dem das Heil der Republik besser durch das Matronengewand als durch die Waffen der Männer bewahrt worden sei, habe die römische Staatsführung beschlossen, den Frauen ein Privileg nach ihrem Wunsch zu verleihen. Sie hätten sich daraufhin die Errichtung eines Heiligtums der Fortuna muliebris am Schauplatz ihrer Tat erbeten zusammen mit dem Recht, dort jedes Jahr ein Opfer zu feiern.[50] Außerdem hätten die Matronen beschlossen, der Fortuna muliebris eine zweite Kultstatue zu stiften, die sie an demselben Tage geweiht hätten, an dem die von der Republik gestiftete Statue geweiht worden sei.

Diese mitunter sehr ausgeschmückten Erzählungen haben zu den verschiedensten Auslegungen Anlaß gegeben, von denen manche nicht belegbar oder vielmehr zu bezweifeln sind, und die häufig das Wesentliche aus den Augen verlieren.[51] Es ist unbestreitbar, daß die Göttin und ihr Kult mit den Matronen in Verbindung steht. Im Lichte der Legenden, die dem Historiker allerdings wenig vertrauenerweckend scheinen, war das zentrale Element des Kultes der Fortuna muliebris die Gegenüberstellung von *stola* und Waffen und die Ersetzung der letzteren durch erstere, d. h. des Bürgers durch die Matrone: Die Matronen handeln wie die Männer, im Krieg wie im Kult. Das ist die wesentliche Erkenntnis, die man – abgesehen von anderen Überlegungen zu dem *aítion*, die sich mit dem Verhältnis zwischen den beiden Hauptakteurinnen der Legende und den zwei Statuen des Heiligtums befassen – aus dieser Überlieferung ziehen kann.[52] Die Einzelheit, welche die antiken Mythographen am allermeisten erstaunt hat, war die aktive Rolle, die von den Matronen im Heiligtum der Fortuna muliebris gespielt wurde: Sie opferten dort, und die Priesterin jenes Tempels war eine Matrone. Die ungewöhnliche Erscheinungsform dieses Kultes wurde durch die aitiologische Erzählung unterstrichen, nach der die Matronen gleichzeitig auch die Gründerinnen des Heiligtums waren. Sie hätten sogar eine der Kultstatuen geweiht. Nun konnte aber nur ein höherer Beamter oder ein eigens vom römischen Volk Beauftragter einen Kult gründen und eine Weihung vornehmen. Die Widerstände, auf die die Matronen angeblich gestoßen sind, und das direkte Eingreifen der Fortuna zur Legitimierung ihres Vorgehens[53] weisen ebenfalls auf den ungewöhnlichen Charakter der Privilegien hin, derer sich die Frauen an diesem Ort und an diesem Tag erfreuten. Angesichts ihrer außerordentlichen Eigenschaft widersprechen diese Verhaltensweisen also der eingangs erwähnten allgemeinen Regel nicht. Wenn die erwachsene Frau (mit anderen Worten: die legitim und in erster Ehe verheiratete Frau und Mutter) hier dem erwachsenen, waffenfähigen Bürger und selbst einem Beamten gleichgestellt war, so geschah das nur aufgrund eines ausdrücklich vom Senat verliehenen Privilegs, das nur durch eine außergewöhnliche Leistung hinreichend gerechtfertigt war; dies aber nur für einen Tag und an einem Ort, der am Rande des römischen Gebiets lag. Von einer allgemeingültigen Regel kann daher nicht die Rede sein.

Pudicitia

Auch beim Kult der Pudicitia (der Keuschheit der Matronen), von dem man noch weniger oder sogar so wenig weiß, daß manche überhaupt an seiner Existenz zweifeln, traten die Matronen ebenfalls als eine Gruppe auf, die imstande war, Entscheidungen zu treffen, Rechte zuzugestehen oder diese zu widerrufen. Nach der Überlieferung geschah es zu Beginn des 3. Jahrhunderts v. Chr., daß eine Angehörige des Patrizierstandes, die einen Plebejer geheiratet hatte (und dadurch einen sozialen Abstieg erlebt hatte), im Zusammenhang mit den Auseinandersetzungen zwischen Patriziern und Plebejern um die öffentlichen Priesterschaften vom Kult der Pudicitia ausgeschlossen wurde. Zum Zeichen des Protestes gründete die Ausgeschlossene einen neuen Kult, der der Pudicitia plebeia gewidmet und den Frauen der Plebs vorbehalten war. Nach Livius (10,

23, 3–10) verliehen die Regeln dieses Kultes den Matronen, sofern sie *univirae* und keusch (ihrem Ehemann treu) waren, das Recht zu opfern *(ius sacrificandi)*. Die Information, die uns hier interessiert, ist die Befähigung dieser patrizischen oder plebejischen Matronen, Kulte zu gründen, deren Regeln festzulegen und, wie die Quellen ausdrücklich feststellen, zu opfern. Man kann in diesem Zusammenhang auf den legendären Charakter der Überlieferung hinweisen oder auf hellenistische Einflüsse, Tatsache bleibt jedoch, daß dieser am Forum Boarium angesiedelte Kult (also nicht im Zentrum Roms, obwohl man davon ausgehen kann, daß er innerhalb der rechtlich definierten Grenzen des Pomerium gefeiert wurde) den Matronen das Opferrecht verlieh. Doch wie bei allen anderen Riten, an denen die Matronen beteiligt waren, wurden diese Opfer (von denen nirgendwo gesagt wird, ob sie blutige Opfer waren) an einem einzigen Tag des Jahres unter Ausschluß der Öffentlichkeit und ohne die Anwesenheit von Männern dargebracht. Die kurzen Notizen, gemäß derer die Matronen der Rumina[54] oder Carmenta[55] Opfer darbrachten, sind historisch kaum verwertbar.

Bona Dea

Alle Besonderheiten der durch die Überlieferung belegten Kulte der Matronen finden sich in einem Fest vereint, das wegen des politischen Skandals berühmt wurde, den es im Jahre 62 v. Chr. entfachte, als der als Frau verkleidete Clodius, der mit der Frau Caesars zusammentreffen wollte, inmitten der Matronen überrascht wurde. Es handelte sich um das Fest der Bona Dea. Geschichte und Ursprung des Kultes dieser Göttin sind umstritten. Für einige Forscher ist die Bona Dea eine aus Großgriechenland stammende Göttin Damia, die nach Rom gebracht und in einem Kult griechischer Art verehrt worden sei; für andere handelt es sich um einen römischen Kult aus archaischer Zeit, dessen aitiologische Legenden lediglich Spuren des griechischen Brauchs aufweisen.[56] Wie dem auch sei, gegen Beginn unserer Zeitrechnung erfreute sich die Bona Dea eines ziemlich ungewöhnlichen Kultes und galt als die Göttin der Frauen *(hē theós gynaikeía*[57]; *feminarum dea*[58]).

Der Ritus vollzog sich in zwei Handlungen: Am 1. Mai wurde im Tempel der Bona Dea, der unterhalb eines Felsens am Fuße des Aventin gelegen war, ein Opfer dargebracht.[59] Doch wissen wir fast gar nichts über dieses Heiligtum und diesen Kult, außer daß weder Myrten, noch Männer oder Wein (es sei denn unter falschem Etikett) zugelassen waren; eine aitiologische Legende[60] scheint auch anzudeuten, daß die jungen Mädchen dabei Spiele unter Leitung einer älteren Frau veranstalteten, und aus anderen Quellen weiß man, daß das Heiligtum Schlangen beherbergte, »die weder Furcht erregten noch hatten« *(nec terrentes nec timentes)*; auf Darstellungen finden wir sie an der Seite der Bona Dea.[61] Die zweite Kulthandlung ist besser bekannt. In der Nacht vom 3. auf den 4. Dezember wurde im Hause eines Beamten *cum imperio*, d. h. der über die höchste zivile und militärische Befehlsgewalt verfügte, wie sie Konsuln und Prätoren hatten, hinter verschlossenen Türen ein Kult gefeiert; zelebriert wurde er von den Matronen hohen Ranges und den Vestalinnen, denen Sklavinnen zur Seite standen. Im Jahre 62 z. B., bei dem von Clodius verursachten Skandal, wurde das Fest im Hause Caesars gefeiert, der damals Prätor war, unter dem Vorsitz der Mutter Caesars, Aurelia, und der Assistenz seiner Frau Pompeia (die in die Affäre verwickelt gewesen sein soll) und seiner Schwester Iulia.[62]

Dem Bericht zufolge, den Plutarch von dieser Affäre und ihren politischen und rechtlichen Folgen gibt, lag die Leitung in Händen der ältesten Matrone jenes Hauses, in dem die Feier stattfand. Doch die Feststellung, daß im Jahre 62 die ganze durch das Eindringen des Clodius gestörte Feier von den Vestalinnen »wiederhergestellt« (d. h. wieder neu begonnen) wurde, läßt darauf schließen, daß diese wenn nicht die gesamte Leitung der Riten, so doch zumindest ein Eingriffsrecht oder eine Rechtshoheit über den Kult innehatten, die den Rechten der Pontifices vergleichbar war. Wir werden im weiteren Verlauf sehen, daß die Vestalinnen in der Tat für die Matronen, sofern sie einen öffentlichen Kult feierten, dieselbe Rolle der Garanten und Bewahrer des heiligen Rechts zu spielen schienen wie die männlichen Priester für die Beamten. Die Matronen trugen bei dieser Gelegenheit purpurne Bänder im Haar[63], und sie opferten auf einem Opferherd eine Sau, deren Bauch *(abdomen,* man würde sich eine genauere Angabe wünschen) der Göttin zustand;[64] außerdem spendeten sie Wein als Trankopfer.[65] Zu der Zeremonie gehörten Tanz und Gesänge.[66] Die Männer waren bei diesen nächtlichen Opfern (die als ›Mysterien‹ zu bezeichnen nichts berechtigt)[67] ausgeschlossen; mehr noch, jede Anwesenheit eines Mannes in dem Haus, in dem die Feier begangen wurde, galt als völlig unerträglich, und in den Augen des Plutarch war diese Regel, wie auch der Ausschluß der Myrte als Pflanze der Venus, Symbol sexueller Enthaltsamkeit.

Auf den ersten Blick also sehen wir uns einem Opfer und einem Trankopfer gegenüber, die von Matronen und Vestalinnen »im Namen des Volkes« *(pro populo)*[69] dargebracht wurden, wobei die Anwesenheit und Beteiligung der Männer strengstens untersagt waren. Auf das Opfer und die Trankspende folgte ein Opfermahl, in dessen Verlauf die Matronen das Fleisch und den Wein unter sich aufteilten, die ihnen als Opfernde zustanden. Eine Bemerkung bei Juvenal[70] über die Vestalin Saufeia und ihre Neigung zum Wein gibt sogar zu verstehen, daß die Matronen im Rufe standen, mit dem ihnen sonst traditionell untersagten Getränk nicht zu geizen.

Die außerordentlichen Aspekte dieser kultischen Verehrung – besonders der Weingenuß – werden von sämtlichen antiken Quellen hervorgehoben. Eigentlich untersagte die Kultordnung des Tempels der Göttin das Mitbringen von Wein. Das Heiligtum der Bona Dea durfte nicht in Berührung mit dem unvermischten Wein kommen: Man konnte ihn lediglich verwenden, indem man ihn unter dem Etikett ›Milch‹ in einem ›Honigtopf‹ genannten Gefäß in das Heiligtum brachte.[71] Dieser Etikettenschwindel sollte dem reinen Wein offenbar den Anschein der aufbereiteten ›Hausweine‹ verleihen wie dem *passum* (Wein aus getrockneten Beeren), dessen Trauben in Körben mit Ruten geschlagen wurden und den man »wie Honig in einem Topf« aufbewahrte.[72] Man kann mit gutem Grund davon ausgehen, daß dieselben Regeln auch für die Feiern im Dezember galten. Der Ursprungsmythos des Kultes der Bona Dea setzt weder die Göttin selbst noch das Verhalten ihrer Verehrerinnen in ein gutes Licht: Bona Dea sei in Wahrheit der göttliche Name der Fauna, der Gattin des archaischen Faunus, die mit Myrtenruten geschlagen und mit dem Tode bestraft wurde, weil sie im Verborgenen (unvermischten) Wein getrunken hatte.[73] Einer anderen Version zufolge, gab Fauna dem inzestuösen Werben ihres Vaters Faunus nicht nach, trotz der Züchtigungen und obwohl sie unter dem Einfluß des Weines stand, der darob in Gestalt einer Schlange sein Ziel erreichte.[74] Mit anderen Worten, alle Quellen zeigen diesen Kult als eine »verkehrte Welt«[75], in der die Frauen die Rolle der Männer übernehmen.

Aber diese Welt ist nicht nur auf den Kopf gestellt, sondern sie ist zugleich im tiefsten Grunde zweideutig, wie das für die Römer auch die Keuschheit der Frauen war. Die anscheinend widersprüchlichen Einstellungen der Matronen und der Bona Dea zum Wein, zur Sexualität und zu den Männern sind nicht ohne Parallelen zum zweideutigen Status der Vestalinnen und der reinen Flamme der Vesta.[76] Die Matronen standen dem unvermischten Wein und der Sexualität, d. h. der männlichen und der weiblichen, der aktiven und der passiven Rolle zugleich nah und fern. So bringt der Kult der Bona Dea durch die Riten eine ganze Reihe von Gedanken über den Status der Matronen in der Stadt zum Ausdruck, die wir später noch erörtern werden. Jedenfalls schien der Rolle der Frauen in diesem Kult eine außergewöhnliche Bedeutung beigemessen worden zu sein. Sie widmeten sich diesen Tätigkeiten im Geheimen, in der Nacht, in einem Privathaus, unter Ausschluß der Männer und in wohlberechneter Verstellung (man würde in diesem Zusammenhang natürlich gerne wissen, wie sie an die Zerteilung des Fleisches herangingen). Diese Vorgehensweisen sind die Umkehrung der von den Männer begangenen öffentlichen Opferrituale: Sie versahen ihren Opferdienst in der Öffentlichkeit, am hellichten Tage und an öffentlichen Orten, in Gegenwart aller und ohne jede Verkleidung. Interessanterweise sind es gerade die Faune, jene legendären Wesen am Rande des römischen Gebiets in den vor der Stadt gelegenen Wäldern, bei denen die Mythographen den Ursprung der Bona Dea und den ihres matronalen Kults angesiedelt haben.

Die Supplikationen (Bitt- und Dankfeste)

Diese zeitweise Entrückung in räumlicher und struktureller Hinsicht in die Welt der Faune, fern der Stadt und ihren zivilisierten Verhaltensweisen, erinnert auch an die Tatsache, daß die Matronen und heiratsfähigen Töchter fast immer an den Kultfeiern auswärtigen Ursprungs teilnehmen. Dies gilt auch für die Supplikationen (Bitt- und Dankfeste), die unter Umständen von Weihgaben begleitet waren, die vom Ende des 3. Jahrhunderts v. Chr. an so häufig werden. Diese Rituale, die unter Aufsicht des Priesterkollegiums der *(quin) decemviri* standen, bezeichneten die Römer als ritus Graecus. Die großen Prozessionen nach dem griechischen Ritus wie die des Jahres 207 v. Chr.[77], in deren Verlauf die heiratsfähigen jungen Mädchen ein *carmen*, eine Kantate, sangen, spielten sich ebenfalls außerhalb des städtischen Zentrums, des Pomeriums, ab; der Zug führte z. B. vom Tempel des Apollon (zwischen dem Tiber und der südwestlichen Ecke des Kapitols) zu dem der Juno Regina auf dem Aventin.

Eine dieser Supplikationen, deren Einzelheiten etwas besser bekannt sind, vermittelt uns höchst interessante Erkenntnisse. Es handelt sich um die dreifache Supplikation, die zu der großen Säkularfeier (ludi saeculares) gehört und auf Inschriften aus dem Jahre 204 n. Chr. beschrieben wird.[78] Da es sich um das nahezu einzige Dokument handelt, das einen von den Matronen gefeierten Kult schildert, ist es nützlich, den gesamten Text hier wiederzugeben (die Lücken sind auf die Brüche in der Marmortafel zurückzuführen):

IV 4 (Am 2. Juni, in der Nacht) [*Lücke*] ihre *sellisternia* [*Lücke: ergänzter, teilweise erhaltener Text der Zeilen 4–8*: Am 2. Juni, am Tag, nach einem Opfer an Jupiter und dem Opfermahl, beide auf dem Kapitol gefeiert], begaben sich [die beiden Augusti Septimius Severus und Antoninus Caracalla *(der Kaiser und sein Sohn, der Mitkaiser)* [[sowie der Caesar Geta *(der zweite Sohn des Septimius Severus und designierter Mitkaiser)* mit dem Prätorianerpräfekten

IV 9 *(Plautian)*]] und den übrigen Quin] decemvirn *(die fünfzehn Priester, die die Säkularspiele ausrichten)* vor die *cella* der Iuno Regina *(eines der drei Schiffe des Tempels des Jupiter Capitolinus)*. Dort sprach *(der Kaiser Septimius)* Severus Augustus, [in Anwesenheit] der Vestalischen Jungfrauen [Numisia] Maximilla und Terentia Flavola der Iulia Augusta, Mutter des Feldlagers, Gattin des Kaisers, und den 109 Matronen, [denen es aufgetragen war,] folgen-

IV 10 de Worte vor: ·Iuno Regina, wenn es etwas gibt, [was besser ist] für das

Römische Volk [der Quiriten, erlaube uns, daß wir es von dir erbitten und erflehen *(Lücke)* (erlaube), daß wir, die 110 Familienmütter des Römischen
IV 11 Volkes] der Quiriten, alle verheiratet, dich beschwören, daß du die Macht und Herrlichkeit [des römischen Volkes der Quiriten] nach Außen und Innen vermehrst und der Latiner immer [in Gehorsam lebt . . . *(Lücke)* daß du ewige Unversehrtheit, Sieg und Kraft dem römischen Volk der Quiriten gewährst,
IV 12 und gewogen bist] dem römischen Volk der Quiriten und den Legionen des römischen Volkes der Quiriten, daß du die res publica, *(den Staat)* des römischen Volkes der Quiriten unbeschädigt erhältst und sie vergrößerst, und gnädig und gewogen bist dem römischen Volk [der Quiriten, den Quindecemvirn, uns, den Haushalten und den Familien. Das erflehen und erbitten
IV 13 beschwören wir, alle verheiratet, knie[fällig] . . . [die 110 Familienmütter] des römischen Volkes der Quiriten [*Lücke*: Die folgenden Matronen sprachen das Bittgebet] *(es folgen die Namen der Matronen, sämtlich aus dem Senatoren-*
Va 29 *oder Ritterstand auf den Zeilen IV 13 bis Va 29).* [Danach feierten die *sel-lis]tern[ia (ein Opfermahl an der «Sitzstatue», einer Göttin)* für Iuno . . .
Va 30 *(Lücke)* und ebenfalls für Diana *sellisterni]a* auf dieselbe Weise die gleichen Matronen.[78a]
Va 52 »*(Am 3. Juni, in der Nacht)* Iulia Augusta, Mutter des Feldlagers, und 109 Matronen feierten *sellisternia* für Iuno und Diana.«[78b]
»Am selben Tag *(3. Juni)* feierten die Iulia Augusta, die Mutter des Feldlagers,
Va 83 und die 109 Matronen ihre *(sua) sellisternia* wie an den vorangehenden zwei
Va 84 Tagen, opferten Ferkel und hielten damit Opfermahl und . . . *(Lücke)* führten kultische Tänze auf.«[78c]

Im Verlauf dieser drei Kulthandlungen feierten die Matronen unter Vorsitz der vornehmsten unter ihnen, der Kaiserin Julia Domna, ihre eigenen *(sua)* Riten, für die sie die volle Verantwortung trugen. So opferten sie Säue, zumindest am dritten Tag; wenn die Beschreibung des Opfers vom 3. Juni tatsächlich den gesamten Verlauf des Sellisterniums angibt (Opfer – Mahl der Göttin – Mahl der Matronen), so könnte man daraus sogar schließen, daß die Matronen an allen drei Tagen opferten. Und dieses Mal wurde das Opfer in aller Öffentlichkeit im Herzen der Stadt auf dem Kapitol vollzogen. Die Riten, die sie begingen, bis hin zu dem Gebet, das sie vortrugen, entsprachen zum Teil dem vom Kaiser, seinen Söhnen und den Quindecemvirn auf dem Kapitol vollbrachten Riten. Es handelte sich indes nicht um einen Ritus, den man für ›autochthon‹ hält, denn die *ludi saeculares* gehörten zum griechischen Ritus *(ritus Graecus)*, der sich in einigen Schattierungen vom römischen *(ritus Romanus)* unterscheidet. Man kann daher annehmen, daß das Opfern der Frauen unter den gegebenen Umständen möglich war, weil diese Rituale anderen Regeln gehorchten. Doch ist dies wirklich sicher? Die Rituale der *ludi saeculares* sind zum Teil den griechischen Poleis, also Großgriechenland entlehnt. Wenn nun die Frauen in diesen Poleis priesterliche Funktionen ausüben konnten, folgt daraus nicht unbedingt, daß sie dort auch überall und immer das Recht hatten zu opfern.

Wie dem auch sei, selbst in diesem so andersartigen Kontext spielten die Matronen eine besondere Rolle. Ihre *Supplikationen* und *Sellisternia* folgten auf zentrale Rituale, die von Männern zelebriert wurden; die Opferdienste der Matronen standen an zweiter Stelle und beschlossen die Abfolge der Riten, was sie laut römischer Auffassung zu einem sekundären Element macht. Andererseits machen Texte und Bilder deutlich, welches Ausmaß an Unabhängigkeit die Matronen genossen. Eine Kupfermünze, die an die Säkularfeier des Jahres 88 erinnert, zeigt Matronen auf Knien vor dem Tempel der Juno Regina; mit erhobenen Händen sprechen sie das Gebet der Supplikation, dessen Text das Protokoll aus dem Jahre 204 überliefert. Ihnen gegenüber jedoch steht Kaiser Domitian und spricht ihnen die Formel vor, ganz so wie nach der Inschrift von 204 Septimius Severus als erster das Gebet vorspricht *(praeire verba)*; die Vestalinnen, die ihm zur Steite stehen, bleiben stumm. Nun fällt diese Rolle immer demjenigen zu, dessen Aufgabe es ist, die wortgetreue Formulierung des Gebets zu überwachen (z. B. den Pontifices, die einem Beamten assistieren). Die religiöse Gewalt lag also letztlich in den Händen des Septimius Severus oder Domitians, die zugleich auch Pontifex maximus waren; man kann sich fragen, ob das nicht in gleicher Weise auch für das Opfern seitens der Matronen galt.

Das Protokoll der *ludi saeculares* des Jahres 204 führt noch zu anderen Überlegungen. Die Gesten und Handlungen der Matronen muten wie ein Widerhall anderer Rituale an, vor allem der Rituale im Heiligtum der Fortuna muliebris oder der des Festes der Bona Dea. Die hundertzehn Matronen von 204, Ehefrauen von Senatoren und Rittern, sind eine Entsprechung der *bonae matres* der *Matralia*[80] und der höchst ehrenwerten Matronen *(matrones honestissimae)*[81] des Festes der Bona Dea. Und in Entsprechung zu dem Status als *univira*, der für die bei den Kultfeiern der *Pudicitia* oder den *Matralia* zugelassenen Matronen gefordert war, stellen die Matronen von 204 zweimal in ihrem Gebiet ausdrücklich fest, daß sie *nuptae* seien, d. h. weder Witwen noch geschieden: Selbst wenn »verheiratete *mater familias*« zu sein nicht dasselbe bedeutet wie die Eigenschaft der *univira* zu haben, schließt doch der darauf gelegte Nachdruck jeden Irrtum aus. Wenn andererseits, wie beim Fest der Bona Dea, die älteste Matrone des Hauses, die die höchste Gewalt innehat, den Vorsitz führt, so fällt diese Rolle im Jahre 204 natürlich dem Kaiserhaus zu. Und wie bei den Riten der Bona Dea stehen den Matronen die Vestalinnen zur Seite, die in diesem Fall sogar eine besondere Rolle übernehmen. Während Septimius Severus der Iulia Domna und den hundertneun Matronen die Formel der Supplikation vorspricht, befinden sich zwei Vestalinnen an seiner Seite: Sie stehen also dem Beamten näher als die Matronen und helfen ihm bei der Ausübung seines Amtes auf dieselbe Weise, wie die Pontifices, die Auguren und die Quindecemviri ihm bei anderen Ritualen assistieren. Das ergänzte Wort *(antr) uau (erunt)*, von dem nur drei Buchstaben erhalten sind, erinnert an die Tänze und

Gesänge, die unsere Quellen auch für die anderen Feste der Frauen erwähnen. Und schließlich sind es, wie bei dem Fest der Bona Dea, Säue (vielleicht junge Tiere im Zeichen des neuen Zeitalters, das gefeiert wird?), die von den Matronen geopfert werden.

Frauen an den Randzonen des religiösen Lebens

Die bisher untersuchten Gepflogenheiten haben gezeigt, daß Frauen vom öffentlichen und privaten religiösen Leben entweder ausgeschlossen oder an dessen Rand gedrängt worden sind. Die Frauen nahmen an den Feiern neueingeführter Kulte teil, die dem griechischen Ritus folgten; und wenn sie im religiösen Bereich Verantwortung trugen, so verrichteten sie ihre Dienste in der Nacht, hinter verschlossenen Türen oder in den Heiligtümern vor den Toren der Stadt, d. h. an den Grenzen des Stadtgebiets. Manchmal geschah dies aufgrund besonderer Privilegien. In bestimmten Kulten wie dem der Fortuna trafen sie mit Sklaven zusammen – eine Gruppe, die am Rande der römischen Gesellschaft stand.[82] Je mehr eine Frau an den Rand rückte und sich der Gewalt eines *pater familias* oder eines Ehemannes entzog[83], desto größere religiöse Kompetenzen besaß sie. Zwei alte Bestimmungen der sogenannten Gesetzgebung des Numa bestimmten, daß eine Witwe, die sich vor der Zeit wiederverheiratete, eine schwangere Kuh opfern sollte[84], und eine Kurtisane (*paelex*), deren Partner nicht ihr Ehemann ist und die den Altar der Juno berührt hatte, ein Lamm.[85] Den genauen Status jener ›Alten‹ *(anus)*, die jedes Jahr am Fest des Liber den Opferdienst versah, kennen wir nicht, aber vermutlich war sie eine Witwe geringen Standes.

Frauen und Aberglauben

Die Vorliebe der Frauen für jede Art von Aberglauben gehörte zu den Gemeinplätzen der römischen Literatur. Angehörige der Sekte der Isis und anderer, außerhalb der Ordnung stehender Gottheiten standen im Mittelpunkt der berühmten Satire Juvenals über die Frauen[86], und der Hinweis auf den Aberglauben der alten Frauen *(anilis superstitio)* war sprichwörtlich.[87] Hexen und Zauberinnen gab es ohne Zahl.[88] Ein bemerkenswertes, gut dokumentiertes Ereignis mag als Exempel für ›religiöse Verwirrungen‹ der Frauen genügen: die berühmte Affäre um die Bacchanalien, der Jean-Marie Pailler kürzlich (1988) ein Buch gewidmet hat. Obwohl ganz Italien betroffen war, wollen wir lediglich die Ereignisse in Rom betrachten. Unsere Darstellung orientiert sich an den überlieferten Deutungen.

Die Bacchanalien

Im Jahre 186 v. Chr. wurde Rom, das noch an den Folgen der Punischen
Kriege und den Rückschlägen der römischen Expansion litt, von einem
Skandal erschüttert, der große Beachtung fand und strenge Gegen-
maßnahmen hervorrief. Wenn auch in erster Linie die Männer betroffen waren, standen doch die Frauen, zumindest in Rom, im Mittelpunkt
des Skandals. Die unter Anklage gestellten Riten des Bacchus bildeten
eine Abart von zwei Frauenkulten, den kampanischen Riten der Ceres
und dem alten Kult der Stimula. Diese Riten waren wie die skandalösen Bacchanalien und andere matronale Kulte (Bona Dea, Venus
verticordia, Ceres) auf dem Aventin zu Hause, und dort vor allem für den
Nordwesthang, der gegen den Tiber und das Forum Boarium hin abfiel.
Diese Gegend lag am Rande und war von zweifelhaftem Ruf.[89] Eine aus
Kampanien stammende Frau mit Namen Annia Pacula hatte
den Kult der Matronen erneuert, und nach Livius (39, 8ff.) spielte eine
gewisse Duronia eine entscheidende Rolle bei der Auslösung des
Skandals. Welche Reform hatte Annia Pacula durchgeführt? Im wesentlichen bestand sie in der Zulassung von Männern, und zwar sehr
junger Männer, zu diesem Frauenkult. Annia führte zunächst ihre
beiden Söhne ein, die in der Folgezeit Oberpriester des Kultes
wurden; Duronia wollte ihren Sohn Aebutius einführen. Was die römischen Behörden gegen die Bacchanalien aufbrachte, war nicht der
nächtliche, geheime und orgiastische Charakter des Kultes oder die
gemeinsame Teilnahme von Männern und Frauen; es ging auch nicht
um innen- und außenpolitische Probleme, die sich im Hintergrund
des Skandals durch das Vordringen von Randgruppen wie Frauen,
jungen Leuten und Bundesgenossen abzeichneten. Den Behörden war
vielmehr ein Dorn im Auge und galt als Verschwörung, daß ganz
junge Leute von ihren leiblichen oder rituellen Müttern in die Bacchanalien eingeführt wurden und diese sich damit an die Stelle der Väter
und der Stadt stellen wollten.[90] Die bacchische Initiation drohte die
offiziellen Initiationsriten zu ersetzen. Die Bacchanalien ließen »zu
weitgehend homosexuellen Orgien und zu verfälschten Initiationen
der Krieger« entarten, was eigentlich »der von der Tradition geprägte
Zugang zu den beiden für die *iuvenes* kennzeichnenden Fähigkeiten«
war, nämlich »Nachkommenschaft für die Familie und für die Stadt zu
zeugen, und die eine wie die andere mit Waffengewalt zu verteidigen«.[91]
Als noch Vorwürfe wegen Verletzung der allgemeinen Rechtsordnung
durch Erbschleicherei hinzukamen, wuchs sich die Affäre zum angeblichen Versuch einer Untergrabung der traditionellen römischen Werte
aus. Die Bestrafung der Frauen war charakteristisch: Im Gegensatz zu
der öffentlichen Züchtigung der beteiligten Männer wurde ihre Be-

strafung ihren Eltern oder denen, von denen sie abhängig waren, anvertraut; die Durchführung der Bestrafung fand – abgesehen von der Todesstrafe[92] – nicht in der Öffentlichkeit statt. Dadurch brachte man »die Rückkehr zur patriarchalischen Ordnung und die ›Normalisierung‹ der Frauen als Gruppe«[93] deutlich zum Ausdruck.

Der Skandal von 186 und die Rückführung der Frauen in die Gewalt ihrer Väter, Ehemänner oder Vormünder steht mit dem sich seit Ende des 3. Jahrhunderts stellenden allgemeinen Problemen der Matronen im Zusammenhang. Während der Punischen Kriege mit ihren endlosen Feldzügen und hohen Verlustraten in allen sozialen Schichten hatten die Matronen auch weiterhin eine öffentliche Rolle gespielt. Sie waren an den großen Sühneopfern beteiligt und offenbar auch in viele den Männern vorbehaltene Bereiche eingedrungen. Eine der bekanntesten Episoden neben den Bacchanalien war der Marsch des Jahres 195, als die Matronen in Scharen ins Zentrum Roms vordrangen, um von den Behörden die Abschaffung der *lex Oppia* zu fordern, welches ihnen seit dem Jahre 216 verbot, luxuriösen Aufwand zu treiben.[94] Diese und noch andere Auftritte wurden von den konservativen Römern als Anschlag auf das männliche Monopol im öffentlichen Leben empfunden und als Zeichen dafür gewertet, daß ihre häusliche Gewalt in Frage gestellt wurde. Übrigens empfahlen die Behörden, wie später im Jahre 186, Maßnahmen gegen die weibliche Anmaßung (ja sogar die Bestrafung) im Bereich der Familie.[95]

Konflikte zwischen Männern und Frauen, deren spektakulärste Fälle in den großen Familien vorkamen, lösten andere Befürchtungen und Anklagen aus, die häufig mit abweichendem religiösen Verhalten in Zusammenhang gebracht wurden. Regelmäßig wurden Matronen angeklagt, ihren Ehemann vergiftet zu haben. Mehrere schwere Fälle von Vergiftungen werden von den Quellen für die Jahre 331[96], zwischen 184 und 180[97] oder 153 v. Chr.[98] aufgeführt. Auch wenn die meisten Sterbefälle auf Epidemien zurückgeführt werden konnten, stimmten doch viele Römer mit dem älteren Cato dahingehend überein, daß es keine ehebrüchige Frau gäbe, die nicht auch eine Giftmischerin sei.[99]

In den Augen der Römer stellten die magischen Handlungen der Matronen den Punkt dar, der sich am weitesten von einem geordneten religiösen Leben entfernte. Sie entzogen sich jeglicher Kontrolle, vor allem der durch die Männer; sie wurden in einem Rahmen zelebriert, der Punkt für Punkt das Gegenteil der traditionellen rituellen Tätigkeit war. Diese Verirrungen konnte man um so leichter den Frauen zuschreiben, als sie Venus mit ihren Zaubermitteln nahestanden[100] und sich mit Heilkräutern beschäftigten. Macrobius berichtet, daß sich im Heiligtum der Bona Dea ein Kräutergarten befand, aus dessen Pflanzen die Priesterinnen Heilmittel zubereiteten.[101] Aufgrund dieser Affinität haben sogar einige antike Schriftsteller vorgeschlagen, Bona Dea mit der Zauberin Medea gleichzusetzen.[102]

Frauen waren also vom öffentlichen religiösen Leben weitgehend ausgeschlossen und auf bestimmte spezielle Riten und verschiedene Formen religiöser Abwege verwiesen. Daß ihre Begeisterungsfähigkeit die Frauen in religiösen Dingen leicht übers Ziel hinausschießen lasse und sie an einer vernünftigen Religionsausübung hindere, galt als probater Grund, sie an den Rand des religiösen Lebens zu verdrängen.

Von Kulten der Frauen oder der Matronen im eigentlichen Sinn können wir also kaum sprechen, denn diese Kulte wurden entweder scharf umrissen oder als unduldbare Auswüchse verschrieen. Die wahre Religion war im wesentlichen eine Angelegenheit der Männer.

UNFÄHIG ABER UNVERZICHTBAR

Die Frauen nahmen zwar am religiösen Leben teil, aber in einem eng umgrenzten Umfang und meist in untergeordneter Position. Ebenso wie den weiblichen Göttinnen ein Platz im Pantheon gebührt, bilden auch die Frauen im Kreislauf des religiösen Lebens ein zwar untergeordnetes, aber doch unerläßliches Element. Die bisher untersuchten Beispiele bestätigen diese Schlußfolgerung.

Die Vestalinnen und die Sibyllinischen Bücher

Die Vestalinnen und das heilige Feuer der Vesta sind unmittelbar an das Schicksal Roms gebunden. Kein öffentliches Opfer kann ohne die indirekte, aber wirksame Beteiligung der Vestalinnen gefeiert werden. Die von ihnen hergestellte *mola salsa* verlieh allen öffentlichen Opfern Authentizität. Wenn das Feuer der Vesta einmal erlosch, kam das öffentliche Leben Roms zum Stillstand; ohne das heilige Feuer ihres Staatsherdes war die Stadt ihrer Identität beraubt. Hierauf bezieht sich der Ausspruch des Horaz[103], sein Ruhm und der Roms werden so lange andauern, »wie der Pontifex mit der schweigenden Jungfrau zum Kapitol wandelt«.

Wie die Vestalinnen und ihre Riten, so waren die Weissagungen der Sibylle für das Geschehen in Rom unerläßlich, denn sie erlaubten den Magistraten und dem Senat, für alle großen Krisen eine Lösung zu finden und den Frieden mit den Göttern wiederherzustellen. Somit wurden die Worte einer Frau (ursprünglich stammte sie den Vorschriften gemäß aus Kyme, d. h. aus der »Fremde«) zu einem glücksbringenden Unterpfand Roms. Noch im christlichen 5. Jahrhundert beklagt der Dichter Rutilius Namatianus die Zerstörung der Sibyllinischen Bücher durch Stilicho und nennt sie »schicksalsbeladene Unterpfänder der ewigen Dauer des Reiches« *(aeterni fatalia pignora regni)*.[104]

Diese beiden Beispiele geben ein Bild vom widersprüchlichen Platz der Frauen in der Religion. Zwar den Männern unterworfen und auf nebensächliche Tätigkeiten beschränkt, erfüllen sie doch auch wesentliche Aufgaben für das Überleben Roms. Sie wurden nicht nur ihrer gesellschaftlich unverzichtbaren Bedeutung für den Nachwuchs wegen in Riten und Kulten gefeiert, sondern auch als unverzichtbares Glied des öffentlichen Lebens wahrgenommen. Ein Opfer auf dem Kapitol zu zelebrieren, mag ›frommer‹ und wichtiger erscheinen als Speltschrot und Salz im Haus der Vestalinnen zu stampfen; aber ohne diese vorbereitende Tätigkeit und ohne die diskrete Überwachung des Feuers der Vesta war kein öffentliches Opfer möglich: die bescheidene Tätigkeit der Vestalinnen stellte in Wahrheit eine Verbindung zwischen Menschen und Göttern her, und die weisen Sprüche des Apollon, auf die die politische Führung nicht verzichten mochte, wurden durch den Mund einer Frau verkündet. Es ließe sich zwar einwenden, daß die Vestalinnen nicht wirklich Frauen waren und Sibylle eine »Fremde«. Doch es gibt Beispiele, die die Römer als autochthone klassifizierten, die belegen, daß sie keine Ausnahmen sind.

Das ideale Paar Flamen und Flaminica

Der Flamen und die Flaminica des Jupiter galten als ideales Paar. Der Brautschleier war, wie die antiken Schriftsteller berichten, feuerfarben und sollte Glück bringen; die Flaminica mußte ihn stets tragen, und sie hatte nicht das Recht, sich scheiden zu lassen.[105] Der Platz im Ehebett des flaminischen Paares durfte von keinem anderen Mann eingenommen werden, und der Flamen durfte ihm nicht länger als drei aufeinanderfolgende Tage fernbleiben.[106] Die Flaminica hatte außerdem unbedingt *univira* zu sein[107] und das rituelle Gewand ihres Mannes (die *laena*) zu weben, das ihre eheliche Verbindung symbolisierte. Die Flamines wurden nach dem feierlichsten Ritus verheiratet, der *confarreatio*. Die Heirat war kein unwesentlicher Faktor bei der Einsetzung des Flamen: Man wählte ein Ehepaar.[108] Der Flamen des Jupiter durfte weder von seiner Frau getrennt werden noch sein Amt ohne sie ausüben. Wenn die Flaminica starb, mußte der Flamen sein Amt aufgeben. Dieser Rücktritt hat Plutarch zu den folgenden Fragestellungen und Erklärungen veranlaßt: »Ist das so, weil der, der verheiratet war und dann seine angetraute Frau verloren hat, unglücklicher ist als der, der nicht geheiratet hat? Das Haus des verheirateten Mannes ist ja vollständig, das dessen der verheiratet war und seine Frau dann verloren hat nicht nur unvollständig, sondern darüberhinaus verstümmelt. Oder ist das so, weil die Frau gemeinsam mit dem Mann das Priesteramt bekleidet, da er ja viele der heiligen Handlungen nicht ohne die Hilfe seiner Frau versehen kann, und sofort nach dem Tod der ersten eine andere zu heiraten vielleicht nicht möglich und im übrigen nicht angebracht ist.«[109] Nachdem er an die von Domitian gegebene Erlaubnis zur Scheidung eines Flamen des Jupiter erinnert hat, beschließt Plutarch seine Worte mit der Bemerkung: »Man wäre wohl weniger erstaunt darüber, wenn man sich vorher klarmachen würde, daß gleichfalls von den beiden Zensoren nach dem Tode des einen auch der andere sein Amt aufgeben mußte.«

Dieser Kommentar hat verschiedene Implikationen. Eine sofortige Wiederverheiratung war nicht vereinbar mit der Vorstellung von einem vorbildlichen Ehepaar. Die Flaminica hat an der Seite ihres Mannes verschiedene kultische Funktionen. Besonders interessant an diesem Kommentar ist die Bezeichnung des Hauses eines verheirateten Mannes als »vollständig« *(oîkos téleios)* und die eines Witwers als »unvollständig und darüberhinaus verstümmelt« *(atelés . . . kaî pepērōménos).* Man wird zunächst bemerken, daß Plutarch vom Haus des Ehemannes spricht. Er ist es, der gebietet, er ist der Herr des Hauses; den Fall des Ablebens des Mannes zieht Plutarch erst gar nicht in Erwägung, weil sich da alles von selbst ergibt. Hatte der Flamen aber seine Ehefrau verloren, war der Herr des Hauses nicht imstande, seine hohen Aufgaben zu erfüllen: Es war das flaminische Ehepaar, das die Macht des Gottes verkörperte, und nicht einer von beiden allein – auch der Mann nicht.[110] Die am Ende von Plutarch in Erinnerung gerufene Parallele ist gleichfalls wichtig, denn sie stellt die gegenseitige Ergänzung des flaminischen Paares neben die des ›Paares‹ der beiden Zensoren. Nichts unterstreicht das öffentliche Ansehen der Flaminica besser als dieser Vergleich mit den beiden Amtsträgern. Nur durch sie kann der Flamen des Jupiters seine Rolle ausfüllen. Dieser vollwertige Rang nur des verheirateten Flamen erinnert an die *patrimi matrimi* genannten Kinder (›die noch Vater und Mutter haben‹), die den Magistraten und Priestern bei der Feier der öffentlichen Kulte zur Hand gingen. Um zu diesem Dienst zugelassen zu werden, mußten die Kinder zu einer ›vollständigen‹ Familie gehören; leider geben uns die Quellen dabei keine genauere Auskunft darüber, ob der genannte ›vollwertige‹ Status immer auch die Blutsverwandschaft einschloß.

Wir wissen nicht, ob die dargestellten Regeln auch für die anderen Flamines galten. Das Schweigen der Quellen könnte bedeuten, daß es sich nicht so verhielt. In der römischen Religion wurden hohe Vorstellungen nicht notwendigerweise auf jeder Ebene durchgehalten, sondern es genügte, sie in einem bestimmten, wohlbedachten Fall zu verwirklichen und zu dokumentieren. Die anderen paarweise agierenden Priester können von diesen Regeln also durchaus befreit gewesen sein, ohne daß die religiöse Ordnung darunter gelitten hätte, und es genügte, daß nur ein einziges Priesterpaar die Perfektion (›Vollkommenheit‹) des Jupiter verkörperte, des Herrschers der Götter, der auch ›vollkommen‹ *(optimus)* genannt wurde: der Flamen des Jupiter und seine Frau. Die Vollkommenheit gehörte zu den Tugenden des Gottes, den sie verkörperten. Und in diesem Sinne kann man annehmen, daß die anderen Flamines oder Priester ähnlichen Regeln unterworfen waren, die Ausdruck der Funktion ›ihres‹ Gottes waren.

Wahrscheinlich konnte der Flamen des Jupiter seine religiöse Integrität nach dem Verlust seiner Frau wahren, indem er sich wiederverheiratete. Dies kann eine Beobachtung Plutarchs über die Bräuche der Arvalbruderschaft bestätigen. Plutarch hatte festgestellt, daß das flaminische Paar in seiner Vollkommenheit dem würdigsten Paar aller Beamten, den in ihrem Verhältnis durch öffentliches Recht festgelegten Zensoren, nahestand. Doch hat dieses Vorbild nicht absolute Gültigkeit. Am besten sehen wir das am Beispiel der kultischen Arvalbruderschaft. Damit das Kollegium der Arvalbrüder seine Aufgaben versehen und das Opfer an Dea Dia darbringen konnte, mußte der jährlich zu wählende Vorsitzende der Arvalbrüder *(magister)* einen Flamen als Gehilfen hinzuziehen. Dieser verblieb bei den Riten passiv im Hintergrund. Der *magister* gab dem Jahr seinen Namen, opferte, berief das Kollegium der Arvalbrüder ein und führte die Geschäfte; er wählte sich (in aller Öffentlichkeit) den Flamen aus (wie der Mann sich eine Frau nimmt). Wenn der Vorsitzende starb, verlor der Flamen sogleich sein Amt, und der neue Vorsitzende nahm sich in den Tagen nach seiner Wahl einen anderen zum Flamen. Wenn hingegen der Flamen starb, gab sich der amtierende Vorsitzende damit zufrieden, einen neuen Inhaber des Amtes zu wählen.[111] Das Vorgehen des Kollegiums zeigt, daß die Beteiligung des Flamen unerläßlich war, auch wenn er eine untergeordnete und passive Rolle spielte. Der Vorsitzende war nicht ›vollkommen‹, sofern er nicht gemeinsam mit einem Flamen auftrat. Im Gegensatz zu den zwei Zensoren indes und zum flaminischen Paar, konnte der Vorsitzende auch dann im Amt bleiben, wenn er seine andere ›Hälfte‹ verlor, unter der Bedingung, daß er den Verlorenen sofort ersetzte. Der Vorsitzende der Arvalbrüder war offenbar nicht so strengen Regeln unterworfen wie die Zensoren oder der Flamen des Jupiter, aber es bleibt doch festzuhalten, daß sich zur Ausübung seiner Funktionen der Flamen an seiner Seite befinden mußte.

Die unerläßliche weibliche Ergänzung

All diese Vergleiche tragen dazu bei, die Stellung der Frauen auf religiöser Ebene zu bestimmen. In ihrer Unterordnung existierten die Frauen allein durch den Mann und im Verhältnis zu seinem Handeln, doch waren sie zugleich unerläßlich für seine ›Vollkommenheit‹ und spielten eine klar definierte religiöse Rolle. Die Flaminica oder die Ehefrau übten diese zusammen mit ihren Männern aus, die Vestalinnen und die Sibylle durch ihre Beziehung zu dem Volk (*populus*) oder einem seiner Repräsentanten, d. h. auf dem Wege über die Bürger männlichen Geschlechts. Auch die Matronen führten in einigen Ritualen die Unerläßlichkeit ihrer Gegenwart in der Stadt und bei der Gestaltung des öffentlichen Wohls vor Augen.

Bei den *ludi saeculares* treten die Matronen zwar erst an zweiter Stelle und zum Teil sogar unter der Kontrolle eines Mannes auf, aber sie erscheinen doch immerhin in der Öffentlichkeit und ihre Gebete ähneln denen der Männer. Entsprechend wurden die nächtlichen Feiern der Bona Dea in einem Haus begangen, das mit der obersten Gewalt ausgestattet war; der Umstand macht aus der mit dem Vorsitz betrauten Matrone die in Hinblick auf die religiösen Pflichten notwendige weibliche Ergänzung ihres Mannes, sei er Konsul oder Prätor. Wir wissen relativ wenig über die häuslichen Kulte, aber es ist sicher, daß die Frauen z. B. bei den Opfern und während der Begräbnisfeierlichkeiten stets anwesend und mit besonderen rituellen Aufgaben betraut waren.

Die unerläßliche Beteiligung der Frauen steht geradezu im Mittelpunkt der Erzählungen über die Gründung des Kultes der Fortuna muliebris. Diese Legenden, die zugleich Interpretationen sind, legen besonderen Nachdruck darauf, daß die Frauen, gegen alles Erwarten, dort erfolgreich gewesen seien, wo die Männer versagt hätten, und das überdies in deren besonderem Spezialgebiet, nämlich dem Krieg. Zur Belohnung verleiht ihnen die Staatsführung männliche Privilegien, die ihren eigenartigen Status andeuten: Zwar stehen sie außerhalb des traditionellen System des politischen Lebens, sind aber nichtsdestoweniger doch Teil desselben, ja können sich vielmehr sogar als unerläßlich herausstellen. Aus diesem Grunde macht der Senat aus ihnen für einen einzigen Tag Männer. Bezeichnenderweise ist es Fortuna, an die sich der am Ort der Tat der Matronen begründete Kult wendet: Das Ereignis war nicht allein unwahrscheinlich und unvorhersehbar, sondern ebenso gehörte der Status der beteiligten Matronen in den von Fortuna beherrschten Bereich. Die Frauen greifen ein, als die *res publica* und ihre institutionellen Verteidiger keinen Ausweg mehr fanden; ihr Eingreifen entwickelt sich von selbst, während das gewöhnliche, geordnete und vorhersehbare politische Leben wie gelähmt erscheint. Dieser unpolitische Moment, an dem die Beamten, der Senat und das unter Waffen stehende Volk so offensichtlich machtlos sind, gehört der Fortuna und denen, die am Rande des politischen Systems stehen. Im Zusammenhang mit der Bedeutung dieses ›Sieges‹ und dem Status der Frauen überhaupt drängt sich unvermeidlich die Erinnerung an die Figur des Servius Tullius auf als jenem König, dessen Ursprung, Thronbesteigung und Herrschaft nicht den traditionellen Regeln entsprachen.[112] Trotz seiner Außenseiterstellung im Verhältnis zum politischen System konnte Servius der Stadt eine ihrer Grundlagen geben: die Centurienordnung, die alles zu regeln und vorherzusehen erlaubte – für die Männer. Die Frauen ihrerseits sind nicht handlungsfähig in einem System, das nur die Männer betrifft, doch trotz allem vollbringen sie eine wesentliche Leistung für den Fortbestand dieses Systems.

Der häusliche Rahmen

Die vorangehenden Untersuchungen betreffen fast alle das öffentliche Kultleben. Aufgrund des Fehlens genauerer Quellen und der unübersehbaren Vielfalt der Familientraditionen, sind wir kaum in der Lage, die Untersuchung auf den privaten Bereich auszudehnen. Aber die uns zur Verfügung stehenden Dokumente bestätigen auch hier die religiöse Vorherrschaft des Ehemannes. Zugleich ist indes die Frau bei allen häuslichen Riten zugegen, nicht nur bei Riten des Übergangs und der Trennung wie Hochzeiten oder Begräbnisse. Auf den sogenannten Hochzeitssarkophagen können wir die Frau in unmittelbarer Nähe des rituellen Geschehens beobachten, wenn auch in zweiter Reihe: Sie reicht dort dem Mann, der den Opferritus vollzieht, den Behälter mit Weihrauch. Die Frau verschafft dem Manne also rituelle ›Vollendung‹. In dieselbe Richtung weist, wenn der ältere Cato seinem Verwalter (vilicus) seine gesamten häuslichen Kultaufgaben überträgt und dabei dessen Frau (vilica) nicht vergißt.[113] Dem Verwalter wird ganz allgemein die Aufgabe übertragen, die die Götter betreffenden Angelegenheiten durchzuführen (rem divinam facere);[114] die Frau des Verwalters ihrerseits muß an den Haupttagen des Monats (dem 1., dem 5. oder 7. und dem 13. oder 15., je nach dem betreffenden Monat) zu der Schutzgottheit der Familie (Lar familiaris) beten und einen Kranz für sie auf dem Herdfeuer verbrennen. Die Frau des Verwalters ist, mit anderen Worten, ganz wie ihre Herrin, von der allgemeinen Tätigkeit auf religiösem Gebiet ausgeschlossen; sie darf weder ein Opfertier darbringen noch Öl und Wein spenden. Wie die Matronen bei den Matronalia vom 1. März, weiht die Frau des Verwalters vielmehr einen Blumenkranz. Wenn wir davon ausgehen, daß die Darbringung des Kranzes in den Rahmen umfangreicherer Kulthandlungen gehört, deren Beginn wohl in einem Opfer an die Hausgottheit bestand, so spricht nichts dagegen, den Kranz für einen Bestandteil eines ›zweiten Gangs‹ des Mahls der Gottheit zu halten. In diesem Falle würde das Ritual eine zusätzliche Rangordnung zwischen dem Verwalter und seiner Frau schaffen, die an jene erinnert, die zwischen Priestern, Magistraten oder Männern und den 110 Matronen bei den *ludi saeculares* von 204 besteht. Im Gegensatz dazu stehen die Frauen einer großen senatorischen Familie des 2. Jahrhunderts n. Chr., der Pompeii Macrini, die berechtigt waren, die priesterlichen Funktionen und die Einführung bei einem häuslichen bakchischen Kultverein *(thíasos)* griechischen Ursprungs zu übernehmen. Die privaten Kulte kannten also verschiedene weibliche Rollen, je nachdem ob es sich um den ›römischen‹ oder ›griechischen‹ Ritus handelte.

Diese Beispiele mögen genügen, um zu zeigen, daß es keine merklichen Unterschiede zwischen dem religiösen Verhalten der Frauen innerhalb des Hauses gab und dem, das ihnen im öffentlichen Leben auferlegt wurde. Im übrigen zielen die sarkastischen Bemerkungen der Satiriker, die Klischees der Sprichwörter und die Skandale, wie im Falle der Giftmischerinnen, ebenso (wenn nicht stärker) auf die Frau im Privatbereich als auf ihr Auftreten im öffentlichen Leben.

War die römische Frau also im religiösen Bereich rechtlos? Die von uns bisher vorgenommene Isolierung der religiösen Verhaltensweisen aus dem gesamten Feld sozialen Handelns hat einen methodischen, aber nur vorläufigen Zweck. Die Rolle der Frauen in der Religion stellt ein Teilgebiet ihrer Stellung in der Gesellschaft überhaupt dar. Doch die Wahl dieser beschränkten Perspektive bietet den Vorteil, daß sie den Zugang zu einem Gesamtbild der weiblichen Positionen eröffnet, denn die Verehrung der Götter diente dem Menschen der Antike dazu, seine Vorstellungen von der Gemeinschaft des Stadtstaats und seinen Teilen zu artikulieren. Ohne daß sie so präzise und systematisch wie die Rechtsvorstellungen wären, vermitteln die religiösen Ideen und ihre Auslegung durch die antiken Schriftsteller doch ein lebendiges Bild von der Frau innerhalb der römischen Gesellschaft. Dieses Bild bleibt allerdings in den Widerspruch verwickelt, wonach die Frau bei den öffentlichen und privaten Kultfeiern zugleich ausgeschlossen bleibt und Teilnehmerin ist.

Aber um welche Frauen handelt es sich überhaupt? Wenn man absieht von den Teilnehmerinnen jener Rituale, die in besonderer Weise die Sexualität des weiblichen Körpers feiern sollen oder die Abschnitte im Leben der Frau, so ist die am Kult vornehmlich beteiligte Frau die Matrone; häufig sogar eine Matrone, die in erster Ehe verheiratet ist und Kinder hat. Die Witwe, die alte Frau, die Frau von niederer Geburt oder die von ihrem Ehemann getrennte, wird wegen ihrer angeblichen Anfälligkeit für Aberglauben und abweichendes religiöses Verhalten mit Argwohn betrachtet. Trotz der ihr allgemein gezollten Wertschätzung, blieb die Matrone auf dem Forum oder im Atrium des Hauses von den wichtigen kultischen Handlungen ausgeschlossen. Dies betrifft vor allem das Opfer. Als wichtigstes Ereignis des römischen Kultlebens besteht das Opfer aus drei wesentlichen Teilen, während die anderen Riten nebensächlich und zuweilen fakultativ sind: Bei der *praefatio* entbietet der Opfernde den Göttern seinen Gruß, indem er ihnen eine Gabe von Weihrauch und Wein darbringt. Bei der eigentlichen Opferung wird das Opfertier rituell in göttlichen Besitz überführt; und schließlich erfolgt die Tötung und Zerteilung des Tieres sowie die anschließende Verteilung des Fleisches, die den Höhepunkt des ganzen Opfers darstellt. Von all diesen Handlungen ist die Frau ausgeschlossen, weil es ihr nicht erlaubt ist, mit unvermischtem Wein umzugehen oder rituelle Schlachtungen vorzunehmen. Aber der Ausschluß der Frauen ist noch umfassender. Die erwähnten Opferhandlungen setzen alle das mit Autorität ausgestattete Wort voraus und vor allem das Recht, im Namen einer Gemeinschaft zu sprechen, sei sie öffentlich oder privat. Kein Opfer – und auch kein wichtiges Ritual – wird im Namen eines einzelnen gefeiert, sondern nur im Namen einer Gemeinschaft. Der Opferpriester ist stets der Repräsentant dieser Gemeinschaft. Der Ausschluß vom Opfer ist also zugleich Ausdruck des allgemeinen Verbots, andere zu repräsentieren.[115] Gleiches gilt für das Verbot des Stampfens und Mahlens des Getreides und des rituellen Speltschrots *(mola salsa)*. Diese Tätigkeiten dienen ja der Zubereitung der Nahrung für die anderen; und nur die Zugabe der am römischen Staatsherd zubereiteten *mola salsa* machte die Opfergaben authentisch. Dieser Dienst war ausschließlich den Vestalinnen oder den Müllern vorbehalten. Die Teilnahme an diesem Akt religiöser Identitätsstiftung blieb der Frau versagt. Schon der Mythos von der Gründung Roms zeigt dieses Muster, insofern die ersten Ehefrauen der Römer als Fremde dargestellt werden.

Nur in streng geregelten Ausnahmefällen erhalten Matronen das Recht, am Opferkult teilzunehmen. Bei manchen Festen wie dem der *Venus Verticordia*, den *Nonae Caprotinae* und den *Matronalia* opferten allerdings die Matronen nicht als Repräsentanten des Volkes, sondern für sich selbst und im Namen der Frauen der Stadt. Ebenso konnte jede Frau im eigenen Namen jedweden Kult praktizieren, sofern sie nicht die öffentliche Ordnung oder die der Familie störte, denn die Rechtsordung versagte den Frauen im allgemeinen jede repräsentative Funktion.[116]

Dennoch waren viele Rituale der Matronen im offiziellen Kalender der Stadt eingetragen und wurden, wie das Fest der Bona Dea, im Namen des römischen Volkes gefeiert. In den fremden Kulten andererseits übten die Frauen priesterliche Funktionen aus. Man muß also zu dem Schluß kommen, daß die Frauen zumindest in bestimmten Fällen befugt waren, im Namen anderer zu handeln.

Dieser Widerspruch löst sich bei näherer Betrachtung auf. Wie am Beispiel des priesterlichen Paares des Flamen und der Flaminica des Jupiter erläutert, bedurften die im Bereich der öffentlichen Religion handelnden Männer einer Ergänzung durch die Frauen. Diese Funktion hatten die religiösen Feiern der Matronen und nur das Verdienst, die religiöse Existenz des Mannes zu vervollständigen, schien den Frauen ihren (geringen) Part im religiösen Leben zuzuweisen.

Doch bei näherer Betrachtung übernahmen die Matronen diese Rollen so, als ob sie eine Umkehr oder eine Verdrängung des ›Normalen‹ seien. Der oftmals extreme Charakter der religiösen Feiern der Frauen führte die Gründe für ihren Ausschluß geradezu vor Augen. Die Römer unterschieden in ihrer religiösen Tradition peinlich zwischen den als römisch angesehenen Riten und den fremden, d. h. den griechischen oder etruskischen Riten. Alle galten indes als Bestandteil ein und derselben Religion; so waren z. B. die Priesterinnen der Ceres, deren Kult sicher aus Neapel oder Velia, also von auswärts stammte, dennoch Töchter oder Frauen römischer Bürger. Aber die ›fremden‹ Riten stellten in den Augen der Menschen häufig eine sehr viel leidenschaftlichere und ungestümere Form der Frömmigkeit dar als die ruhigen Rituale des latinischen Landes: Sie erlaubten es, jenseits des Rationalismus der tradierten Religion auf die machtvolle und erschreckende Andersartigkeit der Götter aufmerksam zu machen. Die heimisch gewordenen fremden Kulte schafften so ein wesentliches Gegengewicht zu der öffentlichen Religion. Wir können die weibliche Ergänzung des religiösen Lebens in demselben Sinne verstehen. Die geheimen und fremdartigen religiösen Feiern der Frauen stellten der geordneten Religionsausübung der Männer die Geheimnisse und Gefahren der Beziehungen zu den Göttern gegenüber. Die orgiastischen Züge dieser Kulte, die typisch weibliche religiöse Schwärmerei oder die Beziehungen der Frauenwelt zur Fortuna, deren Walten dem männlichen Stolz planenden Handelns Hohn sprach, lenkte die Aufmerksamkeit auf die unergründliche und unendliche Andersartigkeit der Götter. Das Weltbild der römischen Bürger drängte diese gefahrvollen Aspekte an den Rand. Die römischen Frauen, nach dem Mythos vom Raub der Sabinerinnen fremder Herkunft und ihren Wesen nach für alle ungezähmten vorzivilisatorischen Mächte empfänglich, hatten zur Aufgabe, durch ihre bisweilen exzessiven rituellen Bräuche die Gefahren einer Religionsausübung vor Augen zu führen, die nicht den Regeln und dem Geist der Stadt entsprach.

Die Situation der Frau im religiösen Leben Roms war also vielschichtig. Aber der gemeinsame Schlüssel zum Verständnis dieser Situation scheint in dem Paradox zu liegen, daß ihre Einbeziehung in den religiösen Bereich zugleich die Zeichen und Züge eines Ausschlusses trug.[117] Die Frauen mußten das von der männlich geprägten Welt Ausgeschlossene verkörpern, um ein Bild der Bedrohung zu vermitteln: Verirrungen des Aberglaubens, die in eine Katastrophe führten, Machtlosigkeit und Lächerlichkeit. Indem sie den Männern alle Möglichkeiten der Irrtümer vorführten, standen die Frauen ihnen zur Seite, als ob sie eine Kontrolle ausüben wollten. Sie verliehen durch ihre Kultfeiern den religiös Handelnden der Stadt die Vollkommenheit.

Aber ebensowenig wie die Männer waren die Frauen in der Lage, alleine zu handeln, sofern sie nicht in einer verkehrten Welt enden wollten. Auch wenn sie einmal in Ausnahmesituationen Eigenverantwortung und Entscheidungsmacht demonstrierten – wie in den Sagen von Coriolan und dem Tempel der Fortuna muliebris belegt –, konnten sie dies nur, indem sie in die Rollen und Verhaltensweisen der Männer schlüpften. Diese blieben also auch auf religiösem Gebiet Leitbild und Vorbild.

Aus dem Französischen von Andreas Wittenburg

9
FRAUEN IM FRÜHEN CHRISTENTUM

Monique Alexandre

Verurteilung und überschwengliches Lob – zwischen diesen beiden Extremen schwankt im frühen Christentum das Bild der Frau. Zu Beginn seines Werks *Über den weiblichen Putz* beschimpft Tertullian seine Leserin und hält ihr *Genesis* 3 vor. »In Schmerzen und Ängsten mußt du gebären, oh Weib; zum Manne mußt du dich halten, und er ist dein Herr. Und du wolltest nicht wissen, daß du eine Eva bist? Noch lebt die Strafsentenz Gottes über dein Geschlecht in dieser Welt fort; dann muß also auch deine Schuld noch fortleben. Du bist es, die dem Teufel Eingang verschafft hat, du hast das Siegel jenes Baumes gebrochen, du hast zuerst das göttliche Gesetz im Stich gelassen, du bist es auch, die denjenigen betört hat, dem der Teufel nicht zu nahen vermochte. So leicht hast du den Mann, das Ebenbild Gottes, zu Boden geworfen. Wegen deiner Schuld, d. h. um des Todes willen, mußte auch der Sohn Gottes sterben und da kommt es dir noch in den Sinn, über deinen Rock von Fellen Schmucksachen anzulegen!?«[1]

Aber Maria, die neue Eva, verleiht den Frauen den Glanz ihres Ruhms. Eine Homilie des Proklos von Konstantinopel lobt sie mit folgenden Worten: »Durch sie (Maria) sind alle Frauen glückselig. Die Frau ist nicht mehr mit Fluch beladen, denn ihr Geschlecht hat erlangt, womit es sogar die Engel an Ruhm übertrifft. Eva ist geheilt, die Ägypterin schweigt, Delila ist begraben, Isebel ist für immer vergessen; sogar an Herodias erinnert man sich nicht, und nun bewundert man den Katalog der Frauen. Sara wird gelobt als fruchtbares Feld der Völker, Rebekka wird geehrt als tüchtige Vermittlerin der Segnungen, auch Lea wird bewundert als

Mutter des Vorfahren im Fleische; gelobt wird Debora als Feldherrin wider die Natur, selig gepriesen wird auch Elisabeth, weil sie die ersten Regungen des Vorläufers unter dem Herzen trug und die Gnade ankündigte, und Maria wird angebetet, weil sie Mutter und Dienerin war, und Wolke und Hochzeitsgemach und Lade des Herrn . . .«[2]

Gleichwertigkeit einerseits, Unterordnung unter die Gemeinde und in der Familie andererseits – auch hier kommt eine Spannung zum Ausdruck. »Denn ihr alle, die ihr auf Christus getauft seid, habt Christus (als Gewand) angelegt. Es gibt nicht mehr Juden und Griechen, nicht Sklaven und Freie, nicht Mann und Frau; denn ihr alle seid ›einer‹ in Christus Jesus«[3], schreibt Paulus. Einer der Pastoralbriefe hingegen schreibt vor: »Eine Frau soll sich still und in aller Unterordnung belehren lassen. Daß eine Frau lehrt, erlaube ich nicht, auch nicht, daß sie über ihren Mann herrscht; sie soll sich still verhalten. Denn zuerst wurde Adam erschaffen, dann Eva. Und nicht Adam wurde verführt, sondern die Frau ließ sich verführen und übertrat das Gebot. Sie wird aber dadurch gerettet werden, daß sie Kinder zur Welt bringt, wenn sie in Glaube, Liebe und Heiligkeit ein besonnenes Leben führt.«[4] Wir können uns der Auseinandersetzung mit diesen Vorbildern aus den Schriften der Kirchenväter nicht entziehen, die in sehr starkem Maße eine herkömmliche Unterordnung rechtfertigen, gleichzeitig aber einen gewissen Freiraum einräumen.

Die Präsenz der Frauen in diesen Schriften ist beachtlich. Sie folgten Jesus Christus bis ans Kreuz und an das nach der Auferstehung leere Grab wie Maria Magdalena[5], sie nahmen ihn auf wie Martha und Maria[6], sie hörten ihm zu wie die Samariterin[7] usw. Bei der ersten Reise, von der die Briefe des Paulus und die Apostelgeschichte berichten, nehmen Frauen in jeder Stadt für den Herrn »viel Mühe auf sich«, wie Lydia, die Purpurhändlerin aus Thyatira[8], Priska[9], die Frau des Aquila und wie dieser Zeltmacherin, in Korinth und in Ephesos, oder Phöbe[10], Diakonin (diákonos) der Gemeinde von Kenchreä (Hafen von Korinth), die den Auftrag erhält, einen Brief des Paulus an die Römer zu überbringen. Das Glaubensbekenntnis der Frauen bei den Verfolgungen ist in der christlichen Erinnerung und Verehrung lebendig geblieben – in der Verehrung für die Thekla der Paulusakten[11], für die Sklavin Blandina, die im Jahre 177 in Lyon zur Märtyrerin wurde[12], für die jungen Mütter Perpetua, eine Matrone, und Felicitas, vielleicht eine Sklavin, die im Jahre 203 in Karthago ums Leben kamen[13], oder für die jungfräulichen Märtyrerinnen wie Agnes in Rom.[14] Die Jungfrauen – »der erlauchteste Teil der Herde Christi«[15] –, die der häuslichen Askese geweiht sind oder auch gelegentlich das Leben der Asketen teilen, bleiben am Anfang zumeist anonym. Aber sie sollten dann ihre Berater und Biographen finden. So beschreibt Gregor von Nyssa das Leben der Makrina der Jüngeren[16], seiner Schwester, die an der Spitze eines von ihr gegründeten Klosters in der Nähe von Annisa am Schwarzen Meer stand, nicht weit entfernt von einem von ihrem anderen Bruder Basileios gegründeten Männerkloster. Hieronymus erteilt den »Frauen Christi« in wahrhaften Abhandlungen über die Jungfräulichkeit ausführlich Ratschläge, die an die junge römische Aristokratin Eustochium[17] gerichtet sind oder an Demetrias, die sich mit ihrer Mutter und Großmutter nach den Invasionen der Barbaren im Jahre 410 auf ihre Besitzungen in Afrika geflüchtet hatte.[18] Von Amma Theodora, Amma Sarrha und Amma Synkletike sind einige Aussprüche erhalten[19], vergleichbar den Wüstenvätern. Für seine Schwester Caesaria, Äbtissin des Johannesklosters in Arles, wird Caesarius im Jahre 534 die erste Klosterordnung[20] verfassen, die ausdrücklich für Frauen geschrieben ist, und in der am Ende eines langen, schrittweisen Rückzugs die Klausur vorgeschrieben ist.

Witwen entscheiden sich für ›die heilige Sache‹, wie z. B. die ältere Melania, die von Rom gekommen ist, um in Jerusalem ein Kloster zu gründen, in dem sie 27 Jahre lebte und das nicht weit von dem des Rufinus von Aquileia lag;[21] ebenso die Anhängerinnen des Hieronymus, sei es die in Rom lebende Marcella[22], oder Paula die Ältere, Mutter der Eustochium, die sich mit ihrer Tochter in das klösterliche Exil nach Bethlehem begeben hatte und von Hieronymus in einem langen ›Epitaphium‹ gefeiert wurde.[23] In Konstantinopel beharrt die vornehme Dame Olympias, für die Gregor von Nazianz ein Hochzeitslied verfaßt hatte, trotz kaiserlichen Drängens in ihrer Witwenschaft, um ein der bischöflichen Kirche angeschlossenes Kloster zu gründen. In ihrem Vorhaben von Johannes Chrysostomos unterstützt, sollte sie ihrerseits diesem in seinem Exil helfen, wie die Antworten des Johannes auf ihre verlorenen Briefe und eine anonyme Biographie belegen.[24]

Gelegentlich verzichten zwei Eheleute auf ehelichen Verkehr; die jüngere Melania z. B. überredet ihren Mann Pinianus zu diesem Verhalten. Nachdem sie ihr ungeheures Vermögen verteilt haben, ziehen die beiden von Land zu Land, von Italien nach Sizilien und dann nach Afrika und Ägypten, und nähern sich so Jerusalem, um sich dort niederzulassen. Melania wird ein Jungfrauenkloster und dann ein Männerkloster auf dem Ölberg gründen. Der Priester Gerontius sollte ihr Leben beschreiben und ihren heroischen Asketismus und ihre spirituelle Fähigkeit preisen.[25] Des weiteren sind es noch die Büßerinnen, die durch den so lebhaften Kontrast zwischen ihren Verfehlungen und ihrer dem Seelenheil dienenden Bußfertigkeit Stoff zur Legendenbildung abgeben; als Beispiel sei Pelagia genannt, ehemalige Schauspielerin, die in Antiochia der Sünde verfallen war und sich, als Mönch verkleidet, auf den Ölberg in Jerusalem zurückzieht[26], oder die Ägypterin Maria, die als Eremitin der Wüste am Jordan umherirrt.[27] Von diesen langen Pilgerfahrten, die für die damalige

Frömmigkeit so wichtig waren, hat uns Egeria, die vielleicht aus dem Südwesten Galliens stammte, ein ›Itinerarium‹ hinterlassen[28], das die Wege zum Sinai, im Heiligen Land, in Mesopotamien und Kleinasien beschreibt. Weniger markant sind die Gestalten von Ehefrauen und Müttern. Aber Gregor von Nazianz z. B. hat seine Mutter Nonna die Ältere gefeiert[29] und eine Totenrede auf seine Schwester Gorgonia die Jüngere gehalten.[30] Basileios von Caesarea und Gregor von Nyssa haben von ihrer Großmutter Makrina der Älteren und ihrer Mutter Eummelia gesprochen.[31] Und Augustinus, der »Sohn so vieler Tränen«, hat von Thagaste bis Mailand und bis zur Vision von Ostia die Tugenden der Monnica hervorgehoben.[32] Ohne Zweifel kann man etwa auch in den von Gregor von Nyssa zum Tod der Kaiserin Flacilla, der Frau Theodosius I., und ihrer kleinen Tochter Pulcheria gehaltenen Leichenrede ein offizielles Bild der Frauen sehen, die der Macht des höchst christlichen Kaisers nahestanden.[33]

Diese Präsenz der Frauen ist indes fast immer indirekt vermittelt. Die Stimme der Frauen hören wir selten: Ausnahmen sind etwa Perpetua, die von ihrer Gefangenschaft in Karthago berichtet, ein Brief von Paula und Eustochium, die Marcella drängen, zu ihnen ins Heilige Land zu kommen[34], Egeria, die ihre Schritte und Bußübungen zählt, einige Sätze der Eremitinnen aus der Wüste, oder später ein Brief und die Aussprüche der jüngeren Caesaria.[35] Die uns zugängliche Sicht ist die idealisierte und normative Sicht der Kleriker und Mönche. Sie rühmen die prominenten Beispiele und gegen Ende des 4. Jahrhunderts die Aristokratinnen des Westens und Ostens, die sich von den neuen Mustern klösterlicher Askese angezogen fühlten und deren Freunde oder Verwandte ihre aufsehenerregenden Gesten des Verzichts rühmten. Aber was ist mit den Gestalten, die im Schatten stehen, die gar nicht namentlich oder nur flüchtig erwähnt werden, wie die Schwester des Eremiten Antonius, die bei seinem Auszug in der Nachfolge Christi zuverlässigen Jungfrauen anvertraut wird[36], die Schwester des Pachomios, die dazu aufgerufen war, neben dem koinóbion (Ort gemeinschaftlichen Lebens) ihres Bruders ein Frauenkloster zu gründen[37], oder die Schwester des Augustinus, die als Witwe in der Nähe von Hippo das Frauenkloster leitete, für das die von Augustinus aufgestellte Ordensregel der Männer abgewandelt wurde.[38] Und was ist mit der anonymen Mehrheit der Frauen, Freien und Sklavinnen, von denen uns so wenig berichtet wird?

Der männliche Diskurs findet in einer Flut theoretischer Abhandlungen seinen Ausdruck: anfangs gelegentliche Vorschriften der Apostolischen Väter; die an die Heiden gerichtete Verteidigung der keuschen Christinnen bei den Apologeten; systematischere Ratschläge für Ethik und Alltagsleben finden sich im Paidagogos des Clemens von Alexandria.[39] Im 3. Jahrhundert werden die Frauen Hauptgegenstand und manchmal Adressatinnen einer Reihe dieser Schriften, wie etwa Tertullians »Über den weiblichen Putz« oder »Über das Tragen des Schleiers bei den Jungfrauen«[40], oder Cyprianus, der diesem mit einer Abhandlung »Über das Verhalten der Jungfrauen« nacheifert.[41] Während zwei dem Clemens von Rom zugeschriebene Briefe sich »an die für das Königreich des Himmels Entmannten und an die heiligen Jungfrauen« richten[42], läßt Methodios von Olympos in seinem Platon nachempfundenen ›Symposion‹ von Zehn Jungfrauen diese der Reihe nach die *parthénia* preisen, d. h. das Leben an der Seite Gottes *(pará theoû)*.[43] Mehrere Schriften des Athanasios kommen auf diese Themen zurück.[44] Basileios von Ankyra verfaßte eine Schrift »Über die wahrhaftige Unschuld in der Jungfräulichkeit«.[45] Auch Gregor von Nyssa[46] und ebenso Johannes Chrysostomos[47] widmen demselben Thema eine Abhandlung. Im Westen veröffentlicht Ambrosius von Mailand drei Bücher »Über die Jungfrauen«, ein Werk »Über die Jungfräulichkeit«, eins »Über die Unterweisung einer Jungfrau« und, als Ambrosia den Schleier nahm, eine »Ermahnung zur Jungfräulichkeit«.[48] Des weiteren schreibt Augustinus ein Buch »Über die heilige Jungfräulichkeit«[49] usw. Das sind idealisierende Texte, denen als ein indes ebenfalls ziemlich theoretischer Kontrapunkt beispielsweise der 46. Brief des Basileios von Caesarea an eine gefallene Jungfrau gegenübersteht oder die Abhandlung des Niketa von Remesiana »Über den Fall einer geweihten Jungfrau«.[50] Dazu kommen die Texte über die christliche Witwenschaft bei Tertullian[51], Johannes Chrysostomos[52], Ambrosius[53] und Augustinus.[54] Seltener, aber von entscheidender Bedeutung sind die Abhandlungen über die Ehe wie die Schrift »Über die Wohltaten der Ehe«[54] des Augustinus. Manchmal verkünden Homilien, wie bei Johannes Chrysostomos, Vorschriften für die Ehe.[55] Die wiederholten Auslegungen der Genesis in den Briefen des Paulus weisen der Frau ihren Platz in der Schöpfung, dem Sündenfall und der Erlösung zu. Von Bedeutung sind ohne Frage auch die weiblichen Metaphern in den Erörterungen über Gott und die Seele.[56] Und schließlich sind noch die Urteile der Heiden über die christlichen Frauen zu nennen – eine andere, bisher kaum zur Kenntnis genommene Sicht.[57]

Die Entscheidungen der Konzilien, die Briefe der Bischöfe Roms und des Ostens, durch die gesetzliche Regelungen im Disziplinbereich vorgenommen wurden[58], die Sammlungen wie die »Apostolischen Konstitutionen«[59], bringen die allmähliche Entwicklung des Kirchenrechts auf diesem Gebiet zum Ausdruck und lassen zwischen den Zeilen weit verbreitete Handlungsweisen und Übertretungen erkennen – Ehebruch, Abtreibung, Scheidung und Wiederverheiratung, Vergewaltigung, Entführung, Konkubinat, Unzucht, Bruch religiöser Gelübde, anti-institutionelle Askese, Anmaßung von Macht usw.

Während die juristischen Probleme die Aufmerksamkeit zahlreicher Forscher gefunden haben, steht die systematische Erkundung der papyrologischen, epigraphischen und ikonographischen Belege erst am Anfang.[60]

Texte und Bilder müssen jenseits aller Ideal- und Klischeevorstellungen gedeutet werden, um einen Blick für Besonderheiten und Veränderungen zu bekommen. Auf die ersten, charismatischen Gemeinden in den Städten folgte eine hierarchisierte Kirche; auf die Mission und die Verfolgungen, seien sie sporadisch oder organisiert, folgte der Frieden der Kirche, der das »christliche Zeitalter« einleitete. Eine Minderheit, die sich als »Weltseele« verstand[61] und in diese Welt vertieft war oder sie zurückwies, wurde zur Mehrheit und lebte für einige Jahrzehnte noch zusammen mit den letzten Heiden, die aus eigenem Antrieb oder mit Gewalt bekehrt werden sollten.

Nach und nach wurde die im Fluß befindliche Vielfalt der Erfahrungen in geregelte Bahnen gelenkt: Die Askese der Männer und der Jungfrauen, ob sie nun im eigenen Hause oder innerhalb einer Gemeinschaft asketischer Männer oder Frauen ihren Lebensraum gefunden hatte, im Umherwandern oder der Zurückgezogenheit, weicht den klösterlichen Gemeinschaften; diese waren häufig als Doppelklöster eingerichtet, waren einer Regel unterworfen, unterstanden einer Autorität und lebten in der Abgeschlossenheit einer Klausur, die für die Frauen strenger war als für die Männer. Der Rhythmus des asketischen Lebens neigt dazu, selbst in den weltlichen Bereich der Laien einzudringen. Auch die Unterschiede der jeweiligen Standorte sind von Bedeutung. Die ersten Gruppen der Bekehrten, bei denen es sich um Juden und »Gottesfürchtige« handelt, erweiterten sich sehr bald um die Heiden. Doch die jüdische, griechische und römische Kultur gewähren der Frau nicht denselben Status und dieselbe Lebensform.

Ohne Frage steht der »heilige Stolz«[62] und die Freizügigkeit der römischen Patrizierinnen auf dem Aventin und an den heiligen Orten im Gegensatz zum zurückgezogeneren Leben der Frauen und der Betonung der Trennung der Geschlechter im Osten. Das ländliche, noch heidnische Oberägypten, in dem Pachomios und seine Schwester Maria geboren sind, und das verlassene Dorf Tabennisi, wo erst er und dann seine Schwester ihre Klöster gründeten, sind etwas ganz anderes als das Familiengut Annisa, wo Basileios und seine Schwester Makrina ihre beiden Klöster gründen, und wieder etwas ganz anderes ist die Wohnstätte im Herzen Konstantinopels, die Olympias in einen »Ort gemeinschaftlichen Lebens« im Schatten der bischöflichen Kirche verwandelt.

Was die sozialen Unterschiede angeht, so lassen sie sich eher erahnen als deutlich feststellen. Auf die ersten städtischen Gemeinden wie

Korinth oder Philippi, in denen man unter anderem Frauen als Handwerkerinnen und Händlerinnen mit großer Bewegungsfreiheit ausmachen kann, folgen die gemischten Bruderschaften des 2. Jahrhunderts: Die Sklavin Blandina z. B. legt im Jahre 177 in Lyon ihr Glaubensbekenntnis gemeinsam mit ihrer Herrin, mit einem Rechtsgelehrten, mit römischen Bürgern, eingewanderten Griechen und anderen ab.[63] Im 3. Jahrhundert indes richtet Clemens die Ratschläge seines *Paidagogos* an Angehörige der wohlhabenden Klasse der Müßiggänger in Alexandria, den Herrn eines wohlhabenden Hauses und an die Herrin eines Hauses mit vielen Sklaven. Die bekehrte Aristokratie, die auch auf geistlicher Ebene das Netz ihrer Verbindungen und Beziehungen zwischen Orient und Okzident knüpfte, stellt im 4. und 5. Jahrhundert die anderen Gruppen in den Schatten: Welchen Platz sollen wir jenen Dienerinnen einräumen, die von ihren Herrinnen Makrina oder Olympias[64] und vielen anderen in das klösterliche Leben integriert werden, oder jenen Frauen aus einfachen Verhältnissen, die in ihren Klöstern bei Hippo oder in Arles den Frauen höherer Bildung in der Haushaltsführung zur Seite stehen, wie aus dem 211. Brief des Augustinus oder der Regel des Caesarius hervorgeht?[65]

Man wird außerdem noch den sehr verschiedenen Positionen innerhalb der Kirche selbst und insbesondere der Spannung zwischen moralischem Rigorismus und pastoralem Realismus Rechnung tragen müssen. Als Antwort auf Jovinianus, der den Primat der Jungfräulichkeit verneinte und die Gleichwertigkeit der christlichen Ehefrauen betonte, verspottete Hieronymus im Jahre 393 in seiner Schrift »Gegen Jovinianus« die verheirateten Frauen. Dagegen räumt Siricius, Bischof von Rom, den Jungfrauen zwar die ihnen zuerkanntc Ehrenstellung ein, betont aber doch, daß die Kirche das Gelübde der Ehe willkommen heißt, indem sie an der *velatio* der Braut Anteil nehme.[66] Des weiteren zeichnen sich am Rande der Großkirche erste Häresien ab, wie der Rigorismus der Enkratiten, die wie die Markioniten die völlige Enthaltsamkeit predigten, oder die Anerkennung von weiblichen Propheten und heiligen Schülern, z. B. bei den Montanisten.

Die neuere Geschichtsforschung hat diese verwirrende Vielfalt unter unterschiedlichen Blickwinkeln betrachtet und ist zu keinen einheitlichen Ergebnissen gekommen. Gibt es Einheitlichkeit oder Brüche – und wenn ja, wo und wann – zwischen christlichen Frauen, jüdischen Frauen und denen der griechisch-römischen Welt? Die Arbeiten von Michel Foucault[67], Aline Rousselle[68], von Paul Veyne[69] und Peter Brown[70] haben gezeigt, daß heidnische Philosophen und Mediziner bereits eine Ethik und Techniken der Sorge für sich selbst entwickelt hatten, in denen Einehe, Enthaltsamkeit und Jungfräulichkeit einen besonderen Platz einnahmen. Aber man muß außerdem noch die religiösen Ursprünge der christlichen Ideale und Verhaltensweisen herausstellen, die gewissen Strömungen des zeitgenössischen Judentums, auch im Hinblick auf die Frauen, besonders eigen sind und in jener eschatologischen Erwartung der ersten Gemeinden begründet liegen, in der die Sehnsucht nach einem zwischen Gott und der Welt nicht getrennten Leben zum Ausdruck kommt. Außerdem muß versucht werden, neben den asketischen und mystischen Beweggründen die psychologischen und sozialen Motive jener lebhaften Anziehungskraft zu begreifen, die der neue Stil des klösterlichen Lebens seit dem 4. Jahrhundert rasch zunehmend besonders auf die Frauen der Aristokratie im Osten wie im Westen ausübte: Befreiung von Einsamkeit, von ehelichen und familiären Zwängen; Unabhängigkeit eines »Lebens für sich«; größere geistige, intellektuelle und selbst affektive Intensität; Zugang zu männlichen Freundschaften, zu weiten Reisen; Bekanntwerden durch aufsehenerregende Verzichte; Anregung durch die vielen profanen Kontakte. Ja sogar Möglichkeiten der Geburtenkontrolle und Vermögensverteilung u. ä. konnten eine Rolle spielen.

In grober Verallgemeinerung lassen sich folgende Urteile über die Stellung und das Bild der Frauen im frühen Christentums gegenüberstellen: Auf der einen Seite steht der noch in jüngster Zeit vertretene Standpunkt der Kirche, die sich als Verteidigerin der Würde und der Bestimmung der Frau versteht, von ihren allerersten Anfängen an[71], auf der anderen die schroffe Verurteilung einer Simone de Beauvoir, die meint, die christliche Ideologie habe »nicht wenig zu der Unterdrückung der Frau beigetragen«.[72] Und seit den sechziger Jahren entstand die stark umstrittene »feministische Theologie«. Den Hintergrund ihrer Untersuchungen des frühen Christentums bilden aktuelle Fragen: die Kontroverse um das Geschlecht Gottes; die Theologie der Sünde und der Erlösung; der Status der Frau in der männlichen Hierarchie der Kirche; der Zugang zum Priesteramt und zum Diakonat; die Rolle der Frau innerhalb von Ehe und Familie; die Frage des Zölibats; die Selbstbestimmung der Frau über ihren Körper bei Empfängnisverhütung und Abtreibung; ihr Platz in der Arbeitswelt und im Staat usw. Bei der Behandlung dieser Fragen wendete man sich jenen Zeiten zu, in denen sich der christliche Diskurs zu entfalten und als eine männliche Hierarchie erst langsam durchzusetzen begann, als Frauen der »Jesusbewegung« noch hervortraten als Prophetinnen, Märtyrerinnen, Diakonissen, Jungfrauen, Büßerinnen, Nonnen, christliche Mütter usw. Kari Børresen[73], Rosemary Ruether[74], Elisabeth Schüssler-Fiorenza[75] oder Elizabeth Clark[76] haben in dieser Auseinandersetzung ihren Blick auf die Ursprünge des Christentums gerichtet und aufsehenerregende Studien verfaßt, die aber noch ganz am Anfang stehen und deren Parteilichkeit und Lücken noch keinen Gesamtüberblick erlauben.

Jüdische Frauen um Christi Geburt

In Palästina waren zu Lebzeiten Jesu Christi die Frauen bereits aus der öffentlichen Sphäre verbannt und dazu aufgerufen, sich im Inneren des Hauses den Tugenden einer »tüchtigen Frau«[77] als Ehefrau, Mutter der Kinder und geschickte Hausfrau zu widmen. Außerhalb des Hauses verbarg der Schleier[78] das Gesicht der Frauen. Ein besonnenes Schweigen im Umgang mit ihnen war den Männern geboten. Die Vorschrift des Jose ben Jochanan von Jerusalem: »Sprich nicht viel mit einer Frau«, wird folgendermaßen kommentiert: »mit deiner eigenen Frau, sagen die Weisen, aus noch triftigerem Grunde mit der Frau deines Nächsten«; daher der Ausspruch der Weisen: »Wer sich zu viel mit den Frauen unterhält, zieht das Übel auf sich, vernachlässigt das Studium der Gesetze und wird in der Gehenna enden.«[79] Nur Fürstinnen und Frauen aus dem einfachen Volk, insbesondere auf dem Lande, entrannen diesem Ideal des zurückgezogenen Lebens. In Alexandrien vereinten sich überdies die griechischen Gewohnheiten mit den jüdischen Vorschriften: Wenn sich das Leben im Freien den Männern in Kriegs- wie in Friedenszeiten empfahl, war es »für die Frauen das Hüten des Hauses und das Verweilen im Inneren; für die jungen Mädchen gilt als Grenze auf dem Wege nach draußen der Eingang zu den Frauengemächern, für die erwachsenen Frauen das Hoftor.«[80]

Im Alter von ca. zwölf Jahren und sogar früher traten die Mädchen aus der Gewalt der Väter unter die der Ehemänner. Und während sie für »etwas Anstößiges«[81] eine Scheidungsklage *(get)* von seiten ihres Ehemannes auf sich ziehen konnten, sei es Unzucht oder, nach der Vorstellung von Hillel ben Samuel, ganz einfach ein unliebsames Verhalten, war ihnen selbst die Möglichkeit, eine Scheidung zu fordern, nur in Ausnahmefällen gegeben. Der Ehevertrag *(ketubba)*[82] hielt im übrigen die Höhe der Mitgift genau fest, die der Mann erhielt und deren Gegenwert im Falle einer Scheidung zurückgegeben werden mußte, des weiteren die Höhe des Sonderguts (parapherna) der Ehefrau, das ihr Besitz blieb und von dem der Ehemann die Nutznießung hatte, sowie schließlich die Bürgschaft, die für den Fall der Trennung oder des Todes des jeweiligen Gatten zu leisten war. Eingeschränkt wird die Rechtsfähigkeit der Frauen auch noch durch die Ungültigkeit ihrer Zeugenaussage »wegen der ihrem Geschlechte eigenen Leichtfertigkeit und Dreistigkeit«, wie Flavius Josephus sich ausdrückte.[83] Ihre Unreinheit[84] während der Menstruation, die durch Berührung weitergegeben wird, bei Blutungen außerhalb des normalen Zyklus, für vierzig Tage nach der Entbindung von einem Sohn und für die doppelte Zeit nach der Geburt einer Tochter, zog eine lange Phase der Absonderung nach sich, die der talmudische Traktat *»Nidda«* im einzelnen festlegte.

Diese Vorstellung von der gefahrbringenden Eigenschaft der Frauen sowie ihre eng begrenzte häusliche Rolle schränken die weibliche Beteiligung am religiösen Leben stark ein. Sie sind befreit[85] von Geboten, die an einen bestimmten Augenblick des Tages oder des Jahres gebunden sind, wie etwa von den Pilgerfahrten nach Jerusalem zu Ostern, dem Wochenfest, dem Laubhüttenfest oder der morgens und abends geforderten Rezitation des Schema: »Höre Israel, der Herr ist unser Gott . . .« Diese Gebote galten nicht für Frauen, sie waren ihnen vielmehr verboten. Daher das dreifache Gebet, das jeden Tag von den frommen Juden gesprochen werden sollte: »Gesegnet sei Gott, der gemacht hat, daß ich nicht als Heide geboren wurde, . . . nicht als Tölpel geboren wurde . . . nicht als Frau geboren wurde, denn die Frau ist nicht angehalten, die Gebote zu beachten.«[86]

Während die Frauen in der Sphäre des Hauses und der Familie über die Reinheit in den Bereichen der Ernährung und der Sexualität wachen, ist ihre eigentliche religiöse Rolle dagegen begrenzt: Sie verfügen z. B. über das Vorrecht, die Lampen anzuzünden und das Brot für den Sabbat zu backen oder die Toten zu waschen und zu beklagen, Segenssprüche und Gebete aber sind den Männern vorbehalten.

Weit entfernt von jedem Polytheismus mit seinen Göttinnen und Priesterinnen[87], hatte der monotheistische Opferkult, der von einer erblichen männlichen Priesterschaft beherrscht wurde, in der Zeit des Zweiten Tempels eine Verschärfung des Ausschlusses der Frauen gebracht. So jedenfalls beschrieb es Flavius Josephus: »Alle kennen . . . die undurchbrechlichen Schranken zur Erhaltung seiner (des Tempels) Reinheit. Denn er hat vier Säulengänge, die ihn umgeben, und von denen hat jeder einzelne nach dem Gesetz eine Bewachung. In den äußeren durften alle eintreten, sogar die Fremden; nur die Frauen während ihrer Menstruation waren gehindert, ihn zu durchschreiten. In den zweiten Säulengang indes pflegten alle Juden einzutreten und ihre Frauen, wenn sie von aller Befleckung rein waren, in den dritten die Männer der Juden, die rein und entsühnt waren, in den vierten aber die Priester, mit den priesterlichen Gewändern angetan, und in das Allerheiligste schließlich allein die Hohenpriester, in das ihnen eigene Gewand gehüllt.«[88] Ganz und gar verblaßt war die Erinnerung an die »Frauen, die am Eingang des Offenbarungszeltes Dienst taten«.[89]

Zur Teilnahme an den Lesungen und Homilien in den Synagogen am Sabbat, die bereits in der Zeit um Christi Geburt verbreitet waren, waren die Frauen nicht angehalten. Wenn sie anwesend waren, zählten sie nicht bei der Feststellung des Quorums (minjan), das für die Abhaltung des öffentlichen Gebets erforderlich war. »Aus Respekt vor der Gemeinde« konnten sie nicht etwa aufgefordert werden, zu lesen. Ohne Frage wurden sie gesondert gesetzt, vielleicht auf einer Art Tribüne, wenn auch die archäologischen Belege in dieser Hinsicht nicht eindeutig sind; oder sie saßen in irgendeinem entlegenen Teil des Gebäudes, von einer halbhohen Mauer abgetrennt, ähnlich der, die Philon für die Zusammenkünfte der asketischen »Therapeutae«, Männer und Jungfrauen, am Sabbat in der Umgebung von Alexandria beschreibt.[90]

Bernadette Brooten[91] hat allerdings 19 griechische und römische Inschriften aus der Zeit vom 1. Jahrhundert v. Chr. bis zum 6. Jahrhundert n. Chr. untersucht, die aus Kleinasien, Italien, Ägypten und Palästina stammen: Frauen sind dort als Haupt einer Synagoge *(archisynágōgos/archisynagōgissa)* bezeichnet oder als Leiter(in) *(archēgissa/archēgós)*, als Älteste *(presbytéra/presbytérissa)*, als Mutter der Synagoge *(pateressa* heißt es in einer lateinischen Inschrift!), ja sogar als Priesterin *(hiéreia/hiérissa)*. Wenn auch diese Ehrentitel, die denen vergleichbar sind, die wir für Männer kennen, ebenso wie die Erwähnungen von Stifterinnen den religiösen Euergetismus und den Einfluß reicher und hochstehender Frauen vor allem in Kleinasien und sogar in Italien belegen, bleibt doch fraglich, ob man echte Funktionen innerhalb der Synagoge aus ihnen ableiten kann.

Die Frauen waren von den Studien und der Unterweisung der Thora, auf die sich das Judentum nach der Vertreibung aus dem Tempel noch stärker ausrichten sollte, befreit – oder auch ausgeschlossen. Rabbi Elieser sagte im 1. Jahrhundert n. Chr., obwohl er mit Imma Schalom, einer Frau voller Weisheit, verheiratet war: »Seine Tochter die Thora lehren heißt, sie Obszönitäten lehren.« Die Frage der Bildung wurde jedenfalls erörtert.[92] Doch scheinen die legendären Überlieferungen über Imma Schalom oder über Beruria, die Tochter des Rabbi Chananja ben Teradjon, Märtyrerin in der Zeit Hadrians und Frau des Rabbi Meir, »die an einem Wintertag dreihundert Sprüche von dreihundert Meistern lesen konnte«[93], Ausnahmen zu sein, die die Regel bestätigen. War das Ende der Beruria im übrigen nicht auch beispielhaft? Indem sie die gängige rabbinische Auffassung widerlegte, nach der die Frauen wenig Vernunft besäßen, wehrte sie sich gegen die Verführung durch einen Schüler ihres Mannes und beging aus Scham Selbstmord.

Die jüdische Überlieferung bewahrte auch das Andenken an die »Mütter«[94] der *Genesis* – Sara, Rachel, Lea und Rebekka – und an die sieben Prophetinnen der alten Zeit[95] – insbesondere Mirjam, Debora, Richterin des Volkes Israel, Hulda unter dem König Josias. Aus neuerer Zeit feierte man die Befreierinnen Israels – Esther, die Witwe Judith, die keuschen Ehefrauen, die über die Verleumdung triumphierten, wie Susanna, die Märtyrerinnen wie die Mütter der Makkabäer.[96] Doch der Glanz dieser Figuren überdeckt nicht das Gesamturteil eines Flavius Josephus in seiner ganzen Brutalität, der sich dabei auf die Autorität der Schriften beruft: »Die Frau, sagen sie, ist in allem schlechter als der Mann. Vor allem soll sie gehorchen, nicht damit ihr Gewalt angetan wird, sondern damit man über sie herrscht. Gott hat nämlich dem Mann die Gewalt gegeben.«[97]

Frauen des Evangeliums

Die Texte des Evangeliums bedeuten in dieser Hinsicht, wie man oft betont hat, einen Bruch. Die Genealogie, in der Matthäus die Abstammung des Josef verfolgt, des »Mannes Marias, von der Jesus geboren wurde«[98], nennt, was eine seltener Fall in den biblischen Genealogien ist, vier ungewöhnliche Frauen: Tamar, die Fremde, die von ihrem Schwiegervater Juda den Fortbestand des Familienstamms empfing, indem sie sich ihm, das Gesicht unter einem Schleier verborgen, als Prostituierte hingab; Rahab, die Dirne von Jericho, die das Volk Israel bei der Ankunft im verheißenen Land rettet; die Moabiterin Ruth, die als »Neubekehrte« zu dem Gott der Noomi gekommen war, und schließlich Bathseba, Frau des Uria und Geliebte Davids, der ihre Sünden durch die Geburt Salomos vergeben wurden.[99]

Die Erzählungen von der Kindheit Jesu bei Matthäus und Lukas[100] stellen die jungfräuliche Gestalt der Maria in den Mittelpunkt, die schwanger geworden war »durch das Wirken des Heiligen Geistes« nach der Prophezeihung in *Jesaja* 7, 14: »Seht, die Jungfrau wird ein Kind empfangen, sie wird einen Sohn gebären, und sie wird ihm den Namen Immanuel (Gott mit uns) geben.«[101] Der Traum Josefs, die Anbetung der Magier, die Flucht nach Ägypten bei Matthäus und noch ausführlicher bei Lukas, die Verkündigung und die Heimsuchung Mariä, die Geburt Christi, die Verkündigung bei den Horten, die Darstellung im Tempel, der verlorengegangene und unter den Gelehrten wiedergefundene Jesus – das sind zur Weiterentwicklung geeignete narrative Elemente, wie das in gleichem Maße für Einzelheiten der Erzählung in den Apokryphen seit dem 2. Jahrhundert n. Chr., besonders im »Protevangelium des Jacobus« gilt.[102] Alle neuen Episoden – die Begegnung von Joachim und Anna, die Kindheit Marias, die im Tempel vorgestellt wird, die Heirat mit Josef, dessen Stab auf wunderbare Weise erblüht, die jungfräuliche Geburt, die das ungläubige Staunen der Salome hervorruft, der Helferin bei der Niederkunft, deren Hand erstarrt und dann geheilt wird – sollten die Marienverehrung stärken und das Ideal der Jungfräulichkeit stützen[103], und sie werden einen Schatz von Bildern für die zukünftige christliche Ikonographie liefern.[104] Bei Lukas sind es noch die Figuren der Elisabeth – der unfruchtbaren Frau, die zur Mutter Johannes des Täufers wird – und die der Anna – der Witwe und Prophetin, die die Erlösung Israels preist –, die der zentralen Gestalt Marias zur Seite stehen. Wenn danach die Erwähnungen Marias auch selten werden und von dem Vorrang der religiösen Bindung vor der des Blutes gekennzeichnet sind[105], haben sich doch Episoden wie die der Hochzeit von Kana[106] oder die Erzählung von der unter dem Kreuze stehenden Maria im Johannes-Evangelium, die dem geliebten Jünger anvertraut wird[107], ebenso tief in das Gedächtnis der Christenheit eingegraben wie ihre Anwesenheit beim Gebet unter den Aposteln nach der Himmelfahrt Christi.[108] Die älteste Erwähnung Marias findet man bei Paulus: »Gott sandte seinen Sohn, geboren von einer Frau.«[109] Das macht deutlich, welche Bedeutung die Rolle der Frau für eine Theologie der Menschwerdung Gottes hatte.

Der Umgang Jesu mit den Frauen erscheint im Vergleich mit der strengen Zurückhaltung, die das Judentum seiner Zeit ihnen entgegenbringt, als außerordentlich frei. Er wird bei den unverheirateten Frauen Martha und Maria im Hause empfangen[110], und seine Zuneigung zu ihnen findet in der Auferweckung ihres Bruders Lazarus Ausdruck.[111] Als seine Jünger ihn beim Jakobsbrunnen in Sychar wiederfanden, wie er mit einer samaritischen Frau sprach, »wunderten sie sich, daß er mit einer Frau sprach«, aber keiner sagte ein Wort.[112] Die Überwindung der Barrieren vollzieht sich in den überraschendsten Zusammenhängen. Die Botschaft Jesu richtet sich an fremde Frauen, wie in diesem Beispiel abweichenden Verhaltens gegenüber der Samariterin, das für einen Juden den Bruch mit der Tradition bedeutet[113], oder jenen Heilungen, wie sie selbst der Tochter einer Kanaanäerin zuteil wird.[114] Der Umsturz der traditionellen Hierarchie schlägt zum Vorteil der Verachtetsten aus: »Zöllner und Dirnen gelangen eher in das Reich Gottes als ihr«, schleudert Jesus den Hohepriestern und Ältesten des Tempels entgegen.[115] Eine berühmte Episode führt die Wahrhaftigkeit dieser Aussage vor Augen: die Salbung mit wohlriechendem Öl durch eine Sünderin, worüber sich die Pharisäer und Gastgeber Jesu entrüsteten, sowie die dieser Frau gewährte Vergebung, weil sie »so viel Liebe gezeigt hat«.[116] Die Vergebung für die Ehebrecherin und das Zurückweichen ihrer männlichen Ankläger[117] liegen auf derselben Linie, und gleichfalls die Botschaft, die Jesus der fünfmal verheirateten und zum betreffenden Zeitpunkt im Konkubinat lebenden Samariterin verkündet.[118] Sogar die Verunreinigung der Frauen wird überwunden: die blutflüssige Frau, die den Saum des Mantels Jesu berührt, erfährt durch ihren Glauben Heilung.[119] Jesus hat auch Erbarmen mit den Ärmsten der Frauen, jenen Witwen, die das Gesetz schützte: Er läßt den einzigen Sohn der Witwe von Nain wiederauferstehen[120], wie es einst Elia mit dem Sohn der Witwe von Sarepta getan hatte;[121] mehr als die Reichen, die »ihre Gaben in den Opferkasten legten«, lobt er die »arme Witwe, die zwei kleine Münzen hineinwarf«.[122]

Im einzelnen unterschiedlich gestaltete Listen zählen die »geretteten« Frauen auf, die Jesus von Galiläa aus folgten. So berichtet Lukas nach der Szene mit der Salbung durch die Sünderin: »Die Zwölf begleiteten ihn, außerdem einige Frauen, die er von bösen Geistern und von Krankheiten geheilt hatte: Maria Magdalena, aus der sieben Dämonen ausgefahren waren, Johanna, die Frau des Chuzas, eines Beamten des Herodes, Susanna und viele andere. Sie alle unterstützten Jesus und die Jünger mit dem, was sie besaßen.«[123] Auf diesen parallelen Listen einer seltsamen Gruppe von Frauen, die gegen den Brauch auf die Wanderschaft ausgezogen waren, steht Maria Magdalena an erster Stelle.[124] Diese Frauen haben nicht wie die Zwölf Apostel einen besonderen Ruf erhalten, und sie sollten auch nicht ausdrücklich zur Bekehrung ausgesandt werden. Aber gegenüber der Zurückhaltung der Jünger wird ihre treue Anwesenheit unterstrichen, bei den Synoptikern aus der Ferne[125], bei Johannes nah am Kreuz.[126] Sie sind auch bei der Grablegung Jesu[127] zugegen, wie es einer weiblichen Rolle im jüdischen Brauch entspricht, und bereiten Kräuter und duftende Öle zur Salbung des Leichnams vor;[128] diese nahmen sie nach Sabbatende in Erinnerung an die Salbung von Bethanien und als traditionelle Myrrhebringerinnen vor; Maria Magdalena und die andere Maria sind es bei Matthäus, Maria Magdalena, Maria, die Mutter des Jakobus, und Salome bei Markus, bei Lukas werden Maria Magdalena, Johanna und Maria, Mutter des Jakobus genannt, und bei Johannes schließlich ist es Maria Magdalena allein.

In allen Variationen macht die Erzählung der vier Evangelien[129] aus den Frauen und insbesondere aus Maria Magdalena im Widerspruch zum jüdischen Brauch Zeuginnen der Wiederauferstehung, die von einem oder mehreren Engeln oder Jesus selbst beauftragt werden, diese den Jüngern zu verkünden. Gewiß ist die ungläubige Haltung der Männer bei Markus und Lukas überdeutlich. Noch bezeichnender ist indes der hervorgehobene Platz der Frauen und unter ihnen der von Maria Magdalena, die bei Matthäus gemeinsam mit den anderen, bei Markus allein, und vor allem bei Johannes in der berühmten Szene des *Noli me tangere* die Gnade der ersten Erscheinung Jesu erfährt. Kult und Bilder bewahren die Erinnerung daran.

Der Beginn einer Hierarchisierung: Die Bekehrungen der ersten christlichen Mission

Zu Beginn der Apostelgeschichte umfaßt der erste Kern der Gläubigen einige »Frauen und . . . Maria, die Mutter Jesu«.[130] Die Formulierung erinnert an »die Frauen, die Jesus begleiteten«. Im Verlauf der Erzählung zählt die Apostelgeschichte dann die Bekehrungen von Männern und Frauen in Jerusalem und in Damaskus auf.[131] Einige Namen sind hervorgehoben: Die Witwe Tabea-Dorkas, eine Jüngerin *(mathētría)*, »tat viele gute Werke und gab reichlich Almosen«; gestorben, als ihr Haus noch voll von Röcken und Mänteln war, die sie gewoben hatte, wird sie von Petrus wiederauferweckt und den Heiligen und den Witwen von Joppe vorgeführt.[132] Als er seiner Fesseln ledig ist, begibt sich Petrus zu Maria, der Mutter des Johannes mit dem Beinamen Markus. In ihrem reichen Haus mit Säulenhof, in dem eine gläubige Sklavin namens Rhode das Tor hütete, »waren nicht wenige versammelt und beteten.«[133] Man kennt auch an anderen Orten der griechisch-römischen Welt diese Rolle der Privathäuser im Leben der orientalischen Kulte.[134] In diesem Rahmen der ersten »Hauskirchen«[135] kommt den Frauen eine wesentliche Rolle bei der gastlichen Aufnahme zu.

Die Reisen des Paulus durch Syrien, Zypern, Kleinasien, Makedonien und Griechenland sind von Stadt zu Stadt von Bekehrungen begleitet, bei denen die Frauen einen beträchtlichen Anteil ausmachen. Und die Erzählung der Apostelgeschichte in diesen Kapiteln zeigt gelegentlich, welche grundlegende Rolle die eine oder andere Frau dabei spielt. In Philippi z. B., wo sich Paulus und seine Gefährten am Sabbat vor die Tore der Stadt zu der *proseuchē* am Fluß begeben haben, dem Ort des Gebetes der Juden, sind es die Frauen, an die er das Wort richtet. »Eine Frau namens Lydia, eine Purpurhändlerin aus der Stadt Thyatira, hörte zu; sie war eine Gottesfürchtige, und der Herr öffnete ihr das Herz, so daß sie den Worten des Paulus aufmerksam lauschte.«[136] Sie und alle, die zu ihrem Haus gehörten, wurden getauft, und sie nahm die Apostel auf. Ohne Frage eine Freigelassene, wie ihr Name – die Lyderin – anzeigt, und Händlerin in Luxuswaren, die die Wege des Ostens kennt, zeigt sich Lydia uns in ihrer unabhängigen Stellung und mit der materiellen und geistigen Autorität, die sie über ihren *oîkos* (Haus) ausübt, als grundlegende Erscheinung bei diesen ersten christlichen Missionsreisen. Auf dem weiteren Wege werden in Thessaloniki »eine große Schar gottesfürchtiger Griechen, darunter nicht wenige Frauen aus vornehmen Kreisen«, durch die Predigt in der Synagoge zum Glauben bekehrt.[137]

Auch in Beröa wurden die Juden der Synagoge sowie viele der vornehmen griechischen Frauen *(euschēmones)* und eine beträchtliche Zahl der Männer gläubig.[138] Eine Frau namens Damaris wird in Athen neben Dionysios, dem Areopagiten, genannt.[139] Es fällt auf, wie sehr unter anderem die Sympathisanten aus dem Judentum betroffen waren.

In Korinth trifft Paulus »einen aus Pontus stammenden Juden namens Aquila, der vor kurzem aus Italien gekommen war, und dessen Frau Priska. Claudius hatte nämlich angeordnet, daß alle Juden Rom verlassen müßten. Diesen beiden schloß er sich an, und da sie dasselbe Handwerk trieben, blieb er bei ihnen und arbeitete dort. Sie waren Zeltmacher von Beruf.«[140] Aus der jüdischen Bevölkerung stammend, gehörte das Paar zu einer offensichtlich wohlhabenden Schicht von Handwerkern, die sich in

Ost und West auskannten und durch den Umstand ihrer Vertreibung noch mobiler geworden waren. Nach ihrem Umzug nach Ephesos blieben sie vorübergehend allein und nahmen dort selbständig die Missionstätigkeit auf. So nahmen sie Apollos bei sich auf, einen Juden aus Alexandria, der die Lehre Jesu in der Synagoge von Ephesos vortrug, aber nur die Taufe des Johannes kannte, und sie »legten ihm den Weg Gottes noch genauer dar.«[141] In ihrem Hause in Ephesos fand eine Versammlung (ekklēsía) statt, wie es später auch in Rom geschah. Am Ende des Briefes an die Römer stellt Paulus die Frau und ihren Mann als ebenbürtig auf eine Stufe: »Grüßt Priska und Aquila, meine Mitarbeiter (synergóus) in Christus Jesus, die für mich ihr eigenes Leben aufs Spiel gesetzt haben; nicht allein ich, sondern alle Gemeinden der Heiden sind ihnen dankbar.«[142]

Die lange Liste der Empfehlungen und Grüße, die den Brief des Paulus an die Römer beschließt, enthält unter den über dreißig Personen, die aufgezählt werden, die Namen von zehn Frauen. Sie erlaubt es, ihre unterschiedlichen Rollen zu erschließen, ohne daß irgendeine Unterordnung erkennbar wäre. Als erste empfiehlt Paulus »unsere Schwester Phöbe, die Dienerin (diákonos) der Gemeinde von Kenchreä; nehmt sie im Namen des Herrn auf, wie es Heilige tun sollen, und steht ihr in jeder Sache bei, in der sie euch braucht; sie selbst hat vielen, darunter auch mir, geholfen.«[143] Trotz der Bindung an ihre Gemeinde erscheint uns auch Phöbe wie eine Wanderin, die die Verbindung von Gemeinde zu Gemeinde aufrechterhält. Über ihre Tätigkeit im einzelnen wird indes nichts Genaueres gesagt. Man wird es vermeiden wollen, die untergeordneten Funktionen der späteren Diakonissen für sie anzunehmen. Das Lob, das ihr Paulus als Helferin und Beschützerin (prostatis) im materiellen und spirituellen Bereich zollt, und ihr Platz am Anfang der Aufzählung noch vor dem Gruß an Priska und Aquila zeigt ihre große Bedeutung. Vier Frauen, und zwar Maria, Tryphena und Tryphosa sowie Persis werden ebenfalls unter den von Paulus gegrüßten Personen hervorgehoben, weil sie für die Christen in Rom und für den Herrn »viel Mühe auf sich nehmen (kopiaō)«. Familiäre Zusammenhänge scheinen auf – Rufus ... und seine Mutter, die auch mir zur Mutter geworden ist«[144], »Nereus und seine Schwester«[145] –, und leibliche und geistige Verwandtschaft verbinden sich miteinander. Aber vor allem sind Ehepaare genannt: »Andronikus und Junia, die zu meinem Volk gehören und mit mir zusammen im Gefängnis waren«[146], und des weiteren noch »Philologus und Julia«.[147] Daraus wird ersichtlich, daß die Missionstätigkeit kleinen Gruppen anvertraut ist und Paaren, die durch Ehe und/oder spirituelle Verwandtschaft miteinander verbunden sind. Auch der Anfang des Briefes an Philemon nennt neben diesem »die Schwester Apphia«.[148] Und bereits Paulus fragt: »Bin ich nicht frei? Bin ich nicht ein Apostel? ...

Haben wir nicht das Recht, eine gläubige Frau mitzunehmen, wie die übrigen Apostel und wie Kephas?«[149]

Das vielfältige Vokabular, mit dem diese Frauen als einzelne oder als »Arbeitsgruppe« bezeichnet werden, gleicht dem, das Paulus für seine eigenen Tätigkeiten verwendet. Im Brief an die Philipper bitte Paulus, als er Euodia und Syntyche zur Einmütigkeit ermahnt, man möge diesen beiden Frauen helfen, denn »sie haben mit mir (*synethlēsan*) für das Evangelium gekämpft«.[150] Nichts weist auf eine untergeordnete Stellung oder auf einen beschränkten Aufgabenbereich der Frauen, sondern es zeigt sich, daß zumindest auf diesem wesentlichen Gebiet der Missionstätigkeit eine Ebenbürtigkeit herrschte und dieser Raum den Frauen offenstand.

Ein institutionell festgelegter Platz?

In der Kirche, in der sich allmählich Institutionen herausbildeten, nehmen die Frauen selten ein bestimmtes »Amt« wahr. Es beginnen sich jedoch besondere Gruppen abzuzeichnen, wie die der Witwen (*chḗrai*). Die Überlieferung der Heiligen Schrift machte sie zum Gegenstand besonderen Schutzes durch das Gesetz und Gott.[151] Von der Witwe von Sarepta[152] bis zu Judith und später der Prophetin Anna[153] wird das Bild der Witwe, die Gott nähersteht, immer deutlicher. Diese beiden Aspekte sollten sich in den christlichen Gemeinden lebendig erhalten. Man macht es sich zur Pflicht, die mittellosen Witwen zu unterstützen.[154] Die Wiederverheiratung junger Witwen wird andererseits geduldet[155] bzw. sie wird ihnen sogar empfohlen[156], und die Sorge für ihre Kinder wird den Witwen mit Familienanhang ans Herz gelegt; Witwen, die älter als sechzig Jahre waren und in einer einzigen Ehe ihre mütterlichen und fürsorglichen Qualitäten unter Beweis gestellt hatten, wurden indes »registriert« (in eine Rolle eingeschrieben). Man forderte von ihnen ein Leben der Enthaltsamkeit und des Gebets.[157] Außerdem wies der Brief an Titus bei der Beschreibung der Aufgaben, die den alten (*presbýtai*) und den jungen Leuten sowie den Sklaven zufielen, den alten Frauen (*presbýtides*) eine Rolle der weiblichen Oberaufsicht zu: »Ebenso seien die älteren Frauen würdevoll in ihrem Verhalten, nicht verleumderisch und nicht trunksüchtig; sie müssen fähig sein, das Gute zu lehren, damit sie die jungen Frauen dazu anhalten können, ihre Männer und Kinder zu lieben, besonnen zu sein, ehrbar, häuslich, gütig und ihren Männern gehorsam, damit das Wort Gottes nicht in Verrat kommt.«[158] Obwohl Paulus zur Jungfräulichkeit auffordert[159], finden wir in diesen ersten Christengemeinden keinen Hinweis auf eine besondere Gruppe von geweihten Jungfrauen unter den Nichtverheirateten.

Doch haben sich zweifellos neben diesen informellen Rollen »eine Kategorie weiblicher Amtswalter ohne besonderen Titel« herausgebildet.[160] In der Tat heißt es im ersten Brief an Timotheus nach dem Abschnitt über die Bischöfe *(epískopoi)*, in der Mitte des Abschnitts über die *diákonoi*, die »ihren Dienst ausüben«, folgendermaßen: »Ebenso sollen *die Frauen* ehrbar sein, nicht verleumderisch, sondern nüchtern und in allem zuverlässig.«[161] In diesem Zusammenhang scheint »die Frauen« sehr wohl eine Kategorie zu bezeichnen, die der der männlichen *diákonoi* entsprach und analoge Eigenschaften und Funktionen hatte.

Das Charisma der Prophetinnen

Wenn die Frauen in den Institutionen auch nur einen sehr beschränkten Platz einnehmen und von den leitenden Funktionen ausgeschlossen bleiben, was den jüdischen Bräuchen entspricht, so ist doch ihre charismatische Rolle von größerer Bedeutung. Maria, Elisabeth und Anna lassen zu Beginn des Lukas-Evangeliums die Erinnerung an die Prophetinnen des Alten Testaments wach werden. Die erste christliche Gemeinde erfährt zu Pfingsten die Ausgießung des Heiligen Geistes, in Übereinstimmung mit einem Vers bei *Joël*: »In den letzten Tagen wird es geschehen, . . . Ich werde von meinem Geist ausgießen über alles Fleisch. Eure Söhne und eure Töchter werden Propheten sein«.[162] Eine Rede des Paulus in der Apostelgeschichte erinnert an seinen Aufenthalt in Caesarea bei dem Evangelisten Phillippus, einem der Sieben, der »vier Töchter hatte, prophetisch begabte Jungfrauen«.[163] In der Versammlung des Gottesdienstes in Korinth beten Frauen und Männer gemeinsam und »reden prophetisch«. Doch während der Mann unbedeckten Hauptes sein soll, muß ein Schleier das Haar der Frau bedecken als Zeichen der Macht *(exousía)*, der Würde und auch des Anstandes – »mit Rücksicht auf die Engel«, die bei der Feier als Vermittler der menschlichen Gebete zugegen sind. Auf diese Weise ist die Abfolge der Schöpfung aufrechterhalten, in der der Mann den Vorrang vor der Frau hat, und die gegenseitige Abhängigkeit im Herrn – der vielschichtige Text ist bis heute unter den Exegeten und Exegetinnen umstritten.[164]

Wahre und »falsche Prophetinnen« stehen sich sogleich gegenüber: Die Apokalypse erhebt den Vorwurf, daß Isebel (Iesabel) in Thyatira »sich als Prophetin ausgibt und lehrt«.[165] Diese Gabe der Offenbarung sollte lange Zeit lebendig bleiben. Justin wird noch im 2. Jahrhundert von »Frauen und Männern« sprechen, »welche vom Geiste Gottes Charismen empfangen haben.«[166] Im Jahre 203 sollte Perpetua wie vor ihr Saturus in ihrer Würde als Märtyrerin mit Visionen begnadet sein.[167] Aber der schwer unter Kontrolle zu haltende Charakter dieser Gaben, ihre Verbreitung in den »häretischen« Sekten, insbesondere im 2. Jahrhundert bei den Montanisten, kündigen das erzwungene Zurücktreten dieses Phänomens in der großgewordenen Kirche an, und das trifft besonders die Frauen.

Das Verbot, in der Öffentlichkeit zu sprechen und zu lehren

Die Kirchenväter werden die besondere Erinnerung an jene Frauen, die in Christus gelitten haben, feierlich bewahren. Johannes Chrysostomos z. B. preist im 4. Jahrhundert in der Homilie »Seid gegrüßt, Priscilla (= Priska) und Aquila« den Eifer der Priska und außerdem den der Persis, der Maria und Tryphena, die im Gegensatz zu der von ihm beklagten weltlichen Eitelkeit der Frauen seiner Zeit stehe.[168]

Andere Frauen werden, auch wenn sie unter ähnlichen Titeln unterschiedliche Funktionen bekleideten, mit ihren Vorgängerinnen gleichgesetzt, wie es z. B. in einer Grabinschrift aus Jerusalem (Ende des 4. Jahrhunderts) geschieht: »Hier ruht die Dienerin und Jungfrau Christi, die Diakonin Sophia, die zweite Phöbe, in Frieden entschlafen . . .«[169]

Aber öfter wird man an die jüngsten Texte aus den Schriften des Paulus erinnert werden, in denen die strengen Beschränkungen, die den Frauen auferlegt werden, auf Argumente aus der Heiligen Schrift gegründet sind, wo religiöse sowie familiäre Unterordnung miteinander verbunden werden. Das gilt z. B. für die Verse im 1 *Korinther* 14, 34–35, in denen die Exegeten heute im allgemeinen eine Interpolation sehen[170], die die logische Abfolge des Textes unterbricht: »Wie es in allen Gemeinden des Heiligen üblich ist, sollen die Frauen in der Versammlung schweigen; es ist ihnen nicht gestattet zu reden. Sie sollen sich unterordnen, wie auch das Gesetz es fordert. Wenn sie etwas wissen wollen, dann sollen sie zu Hause ihre Männer fragen; denn es gehört sich nicht für eine Frau, vor der Gemeinde zu reden.« Und das gilt ebenfalls für die weiter oben zitierten Vorschriften in 1 *Timotheus* 2, 11–14. Öffentliches Wort und öffentliche Lehre sind den Frauen also untersagt. Johannes Chrysostomos unterstreicht im übrigen in seiner Homilie über Priska und Aquila, daß die Rolle der Priska als Lehrerin aus Rücksicht auf Apollos privat ausgeübt werden mußte und nur mangels eines besser qualifizierten Lehrers statthaft war!

Die Furcht vor Häretikerinnen

Diese Verbote sind genauer gefaßt und verschärft worden, als man sich mit den Bewegungen auseinandersetzte, die vom rechten Glauben abwichen und in denen der Anteil der Frauen bei der Ereiferung und den

Neuerungen häufig bedeutend war. Im Laufe der Zeit hat sich dann auch ein Katalog der Häretikerinnen herausgebildet in der Art eines *topos*, der die Realität übertraf. Als Hieronymus z. B. um das Jahr 415 Pelagius und den Kreis der Frauen um ihn angriff, stellte er eine satirisch gemeinte Liste der »Weiblein« *(mulierculae)* auf, die bei den Häretikern von Nikolaos von Antiochia bis zu Priscillian »im Dienste »der geheimen Macht der Gesetzwidrigkeit«« stehen, indem ihr »Geschlecht dem anderen Fallstricke legt«.[171]

Die gnostischen Schriften behalten Offenbarungen häufig den Frauen im Gefolge Jesu vor, so etwa Salome[172] und vor allem Maria Magdalena: Das »Evangelium der Maria« beispielsweise steht ganz im Zeichen dieser Frau, die sagt: »Er (Jesus) hat uns bereit und zu Menschen gemacht.«[173] Sie ist es, die gegen den Einspruch des Petrus zur liebsten Begleiterin Jesu geworden war.

Um den Preis einer gewissen Vereinfachung jener so mannigfaltigen gnostischen Systeme, in denen die sexuelle Symbolik eine vielseitige Rolle spielt, hat man die Bedeutung hervorheben können, die »Gott als Vater und als Mutter«[174] zugesprochen worden sei; das zeige sich in seiner Bezeichnung als *Sigé*, Schweigen, an der Seite des *Bythós*, des Abgrunds, in dem Ursprung der Äonenpaare als den Elementen der göttlichen Seinsfülle *(plérōma)*[175], im weiblichen Geist[176], wie *ruach* im Hebräischen, in der Weisheit[177] usw. Man hat die Stellung des »Romans der Seele« unterstrichen, die gefallen ist und erlöst wird.[178] Man hat die Bedeutung festgestellt, die Modelle der Erlösung auf dem Wege der Auflösung des Gegensatzes Männlich-Weiblich haben[179], d. h. durch die Vermännlichung der Frau[180] und die Wiederherstellung der ursprünglichen Androgynität.[181]

Aber es ist schwer zu sagen, ob tatsächlich ein Zusammenhang besteht zwischen diesen gnostischen Mythen, die uns seit der Auffindung und Entzifferung der Bibliothek von Nag Hammadi besser bekannt sind, und dem Platz der Frauen in jenen Bewegungen – als Prophetinnen und Lehrerinnen, als Frauen, die an kirchlichen Ämtern teilhaben, die aus eigenen Mitteln und aufgrund eigenen Einflusses die Verkündigung der »Erkenntnis« unterstützen, wie jene behaupten, die in der Alten Kirche die Gnostiker bekämpfen.

Die verstreuten Angaben der Häresiologen zeigen, jenseits aller Unterschiede der Systeme und einzelnen Fälle und obgleich durch die Brille ihrer feindseligen *topoi* gesehen, eine gewisse Kohärenz. Schon Simon Magus z. B. war angeblich von Helena begleitet – jener Helena aus der alten Zeit des Trojanischen Kriegs, die in einer letzten Laune des »Ursprünglichen Gedankens« *(Proténnoia)* zur Dirne geworden war, gefallen und dazu aufgerufen, sich wieder in die göttliche Seinsfülle *(plérōma)* einzugliedern.[182] Markion habe eine Frau nach Rom geschickt, um die Seelen jener vorzubereiten, die gefehlt hätten.[183] Die von ihm gegründete Kirche ließ die Frauen zum Priesteramt zu und gab ihnen das Recht zu taufen.[184] Marcellina verbreitete in Rom die Lehre des Karpokrates.[185] Apelles stand unter dem Einfluß einer jungfräulichen Prophetin namens Philumene und ihrer Lehren, die in einem Buch der Offenbarung zusammengefaßt waren.[186] Irenaeus von Lyon beschreibt in seinen »Fünf Büchern gegen die Häresien« in beeindruckenden Einzelheiten die Umtriebe eines anderen Gnostikers und abtrünnigen Schülers des Valentinous, des Magiers Marcos, der bis ins Rhônetal gelangt sei: »Am meisten widmet er sich den Frauen, und zwar denen, die feine Kleider tragen, in Purpur gekleidet und sehr reich sind; diese sucht er oft an sich zu locken und schmeichelt ihnen mit folgenden Worten: ›Mitteilen will ich dir von meiner Gnade, denn der Vater des All sieht deinen Engel immerdar vor seinem Angesichte. . . . Bereite dich vor wie die Braut, die ihren Bräutigam erwartet, damit du werdest, was ich, und ich, was du! Laß sich niedersenken in dein Brautgemach den Samen des Lichts! Empfange von mir den Bräutigam, mache ihm Platz und nimm Platz in ihm! Siehe, die Gnade ist auf dich niedergestiegen, öffne deinen Mund und weissage!‹.« Die Frau in ihrer Torheit und Unverfrorenheit, sagt Irenaeus, halte sich für eine Prophetin und gebe Marcos ihr Geld und ihren Körper, »auf daß sie mit ihm zusammen eingehe in das Eins!«[187] Bei den magischen Handlungen wird außerdem beschrieben, wie eine Frau an der Seite des Marcus den Becher zur Eucharistie reicht.[188]

Als Tertullian zu Beginn des 3. Jahrhunderts in Karthago in seinen »Prozeßeinreden gegen die Häretiker« deren Verhalten angreift, das »ohne Würde, ohne Autorität, ohne Kirchenzucht, so ganz ihrem Glauben entsprechend« sei, klagt er vor allem die Frauen dieser Sekten an: »Wie frech und anmaßend sind sie! Sie unterstehen sich zu lehren, zu disputieren, Exorzismen vorzunehmen, Heilungen zu versprechen, vielleicht auch noch zu taufen.«[189] Als er sich »eine der giftigsten Schlangen« vornimmt, die in seiner Stadt die Sekte der Kainiten leitete, welche die Taufe in Abrede stellte, schrieb er noch: »Daher verstand jenes Ungeheuer . . . sehr wohl, die Fischlein zu töten, indem es dieselben aus dem Wasser herausnahm.«[190] In derselben Abhandlung »Über die Taufe« brandmarkt er ganz allgemein die Dreistigkeit der Frauen, die sogar so weit gehe, daß sie sich nach dem Recht zu lehren auch das zu taufen anmaßten und sich dabei auf das gänzlich ungeeignete Beispiel der Thekla stützten: »Wie wahrscheinlich wäre es wohl, daß der, welcher dem Weibe beharrlich die Erlaubnis zu unterrichten verweigert hat (Paulus), ihm die Macht, zu lehren und zu taufen sollte eingeräumt haben? ›Sie sollen schweigen‹, sagt er, »und zu Hause ihre Männer fragen‹.«[191] Selbst nach seiner Bekehrung zum Montanismus, als er mit frommer Ergebenheit von den Orakeln seiner Prophetinnen wie z. B. Priscilla spricht[192] und den Fall der Prophetie zu einer Ausnahme erklärt, scheint er dennoch deren Mitteilung auf einen Zeitpunkt nach der Feier zu beschränken. Und in derselben montanistischen Periode seines Lebens erinnert er »die Jungfrauen, die verschleiert sein sollen«, an die folgenden Verbote: »Es ist der Frau nicht erlaubt, in der Kirche zu sprechen, noch zu lehren, noch mit Wasser zu taufen, noch die Eucharistie darzureichen, noch für sich Anspruch auf irgendeine männliche Aufgabe oder gar einen Teil des priesterlichen Amtes zu erheben.«[193]

Es ist vor allem der Montanismus, der in der Großkirche die detailliertesten Angriffe gegen den übermächtigen Einfluß der Frauen auslöst. Um die Mitte des 2. Jahrhunderts in Phrygien entstanden, durchströmte diese Woge der Begeisterung schnell und dauerhaft sowohl den Osten wie den Westen. Neben Montanus verkündeten Priscilla, Maximilla und Quintilla das Ende der Zeiten, die Notwendigkeit der Enthaltsamkeit und das Tausendjährige Reich auf Erden. Von neunzehn überlieferten Orakelsprüchen der Montanisten stammen sieben aus dem Munde dieser Frauen: »Die Kataphryger (Name einer montanistischen Sekte) sagen . . ., daß eine von ihnen (Priscilla) . . . in Pepuza geschlafen habe; und Christus sei zu ihr gekommen und sei im Schlaf bei ihr gewesen auf folgende Weise, wie sie fälschlich behauptet habe: ‚In Gestalt einer Frau,‘ sagt sie, ‚und in ein prachtvolles Gewand gehüllt ist Christus zu mir gekommen und hat mir die Weisheit eingegeben und mir verkündet, daß dieser Ort heilig sei und daß hier das Jerusalem aus den Himmeln niederkomme‘.«[194] Nach dem Tode des Montanus leitete Maximilla die Bewegung und verkündete unter den Angriffen der Großkirche das folgende Orakel: »Ich werde wie ein Wolf von den Schafen weggetrieben. Ich bin kein Wolf. Ich bin das Wort, der Geist, die Kraft.«[195] Zunächst als Jungfrauen bezeichnet, werden Priscilla und Maximilla dann in der weiteren Auseinandersetzung als Frauen beschrieben, die ihre Männer im Stich gelassen hätten, sobald sie vom Geist erfüllt worden seien.[196] Im 3. Jahrhundert verbreitete sich das Gerücht, daß in Kappadokien eine Prophetin die Eucharistie feiere.[197] Nach dem Bericht des Epiphanios von Salamis, um 374–77 Verfasser eines »Arzneikästchens gegen alle Irrlehren« (*Panarion*), wurden bei den Montanisten Frauen zu Priestern und Bischöfen geweiht unter Bezug auf das Wort in *Galater* 3,28, wo es heißt: »Es gibt . . . nicht Mann und Frau, denn ihr alle seid »einer« in Christus Jesus.«[198]

Die Prophetinnen der Montanisten beriefen sich auf die Überlieferung der Schriften. Aber, so wird Origenes einwenden, niemals wurde weibliche Prophetie in einer Versammlung vorgetragen. Das Schweigen der Frauen an diesem Orte, das Verbot der öffentlichen Lehre, das Verbot, dem Mann Gesetze zu geben, sind unumstößliche Regeln. Und Origenes kommentiert den Vers: »Wenn sie etwas wissen wollen, dann sollen sie zu Hause ihre *Männer* (d. h. Ehemänner) fragen«, mit den Worten: »ihre Ehemänner, oder wenn sie Jungfrauen sind, einen Verwandten, einen Bruder, sogar einen Sohn, wenn sie Witwen sind«.[199] Didymos von Alexandria wird in seinem Angriff auf die Sammlung der Orakel der Montanisten unterstreichen, daß man von Debora bis zur Jungfrau Maria keine Bücher kenne, die von Frauen geschrieben worden seien. Und indem er die paulinischen Verbote wiederholt, wird er an die Verfehlung Evas erinnern und an die immer drohende Gefahr.[200] Zu Epiphanios ist noch zu sagen, daß er aus Gegnerschaft hinsichtlich der Zulassung von Frauen zu den höheren Ämtern, dem Vorschriftenkatalog seiner Vorgänger die Verpflichtung der Frau hinzufügen sollte, in der Kirche den Schleier zu tragen, und er wird auf die »Verfluchung« in *Genesis* 3,16 hinweisen: »Du hast Verlangen nach deinem Mann; er aber wird über dich herrschen.«[201] Kirchliche, häusliche und soziale Hierarchien vereinen sich in dieser Unterwerfung der Frau.

WITWEN UND DIAKONISSEN IN DER KIRCHE

In der hierarchisch gewordenen Kirche, die unter der Autorität des Bischofs als Verkünder des Wortes und Erteiler der Sakramente steht, unterstützt von Priestern und Diakonen – einer Kirche, in der die priesterlichen Aufgaben und die Unterscheidung zwischen Klerus und Laienstand immer stärker hervortreten sollten –, wird den Frauen ein eng begrenzter Wirkungskreis zugewiesen.[202] Die Gruppe der Witwen wird sowohl im Osten wie im Westen eine spirituelle und karitative Rolle übernehmen, bis sie schließlich nach und nach im weiblichen Mönchtum aufgehen wird, das vom letzten Drittel des 4. Jahrhunderts an einen raschen Aufschwung erlebt. Andererseits werden zu gewissen Zeiten und an gewissen Orten – im wesentlichen im Osten und bis etwa zum 10. Jahrhundert – Diakonissen in unterschiedlichen Funktionen in ein Amt eingesetzt werden. Auch dort wird das weibliche Mönchtum diese Funktionen übernehmen.

Witwen

Von den ältesten Texten der christlichen Literatur an, wie z. B. in 1 *Timotheus* 5, 16, werden die Witwen als der Unterstützung Bedürftige bezeichnet[203], und zwar neben den Waisen und den Armen, den Kranken, Gefangenen und Fremden. Ein Teil der sonntäglichen Kollekte ist ihnen vorbehalten.[204] So zählt der Bischof Cornelius in Rom im Jahre 251

1500 Witwen und Arme, denen von der Kirche Unterstützung gewährt wird.[205] Im Gegenzug richten sich besondere Gebote in den »apostolischen«Schriften an sie. Poloukarp z. B. schreibt an die Philipper: »Die Witwen sollen beherrscht *(sōphronoúsas)* sein in der Erziehung zum Glauben an den Herrn, sollen ohne Unterlaß allen entgegenkommen, sollen sich aller Verleumdung, üblen Nachrede, falschen Zeugnisses, der Geldgier und allen Übels enthalten und erkennen, daß sie der Altar Gottes sind«;[206] erreichen sollen sie das sowohl durch ihre Gebete wie durch die erhaltenen Gaben.

Aber eine besondere Gruppe hebt sich ab, wie schon in 1 *Timotheus* 5,5 angedeutet: Diejenigen, die sich der endgültigen Enthaltsamkeit verschreiben, schließen sich einem Stand an *(tágma tōn chérōn, chērikón; ordo viduarum, viduatus)*. Dieses Ideal der keuschen Entsagung scheint zu Beginn den Jungfrauen als Vorbild zu dienen: Die beiden Gruppen werden gelegentlich miteinander gleichgesetzt. Ignatius spricht von »Jungfrauen, die Witwen genannt werden«.[207] Manchen Zeugnissen zufolge werden Jungfrauen den Witwen beigeordnet.[208] Doch der Glanz der Jungfräulichkeit wird die Witwen bald an die zweite Stelle treten lassen, sowohl vom Verdienst wie von ihrem Ehrenplatz in der Kirche her betrachtet.[209]

Sind die Witwen Teil der kirchlichen Ordnung? Tertullian bejaht die Frage beiläufig[210], aber die Texte zur Kirchenordnung treffen klare Unterscheidungen. Im 3. Jahrhundert muß nach der »Apostolischen Kirchenordnung« des Hippolytos von Rom eine Witwe »nur durch das Wort eingesetzt werden und auch mit den übrigen verpflichtet werden, doch soll ihr nicht die Hand aufgelegt werden, weil sie nicht das Opfer vollzieht noch Gottesdienste abhält; die Ordination *(cheirotonía)* geschieht aber mit dem Klerus wegen der Gottesdienste. Die Witwe wird hingegen eingesetzt *(kathístatai)* wegen des Gebets. Dies ist aber etwas, das allen gemein ist.«[211] Die meisten Texte stellen die Forderung auf, daß die Witwe nur eine einzige Ehe gekannt haben soll (griechisch *mónandros*, lateinisch *univira*).[212] Ihre Berufung und ihr Gelübde der Enthaltsamkeit müssen unwiderruflich sein. Für Basileios von Caesarea zieht der Bruch des Gelübdes die Exkommunikation nach sich.[213] Das Alter der Zulassung, das nicht immer respektiert wird, ist auf 50 oder 60 Jahre festgelegt.[214]

An erster Stelle unter den Pflichten der Witwe steht das Gebet, wie man aus dem Text der »Apostolischen Kirchenordnung« gesehen hat, der in dieser Hinsicht in der Nachfolge von 1 *Timotheus* 5,5 steht. Man ersieht das auch aus der »Didaskalia der Apostel«, einem Corpus von Texten zur Kirchenordnung, das ohne Frage im 3. Jahrhundert in Syrien zusammengestellt wurde: Auf Anordnung des Bischofs und der Diakone soll die Witwe an das Krankenbett gehen und beten, mit Handauflegung und fürbittendem Fasten.[215] Der asketische Charakter dieser Hingabe wird in den »Apostolischen Konstitutionen« noch stärker betont; es handelt sich dabei um eine Erweiterung der vorangehenden Kirchenordnungen, die gegen Ende des 4. Jahrhunderts in Syrien oder in Konstantinopel zusammengestellt wurde. Zu dem fortwährenden Gebet kommen nun Fastenzeiten und Vigilien nach dem Vorbild der Judith hinzu.[216]

Doch in der »Didaskalia« sind, wie in den »Apostolischen Konstitutionen«, die Grenzen sehr deutlich gezogen. Sie bestehen zunächst in der Unterwerfung unter den Bischof und die Diakone: Ohne Anweisung ist es Witwen verboten, sich zu jemandem zu begeben, um mit ihm zu essen und zu trinken oder mit ihm zu fasten, etwas von ihm zu empfangen, die Hand aufzulegen und bei jemanden zu beten.[217] Des weiteren ist da der Eifer, den sie ihrem inneren Leben zu widmen haben: Als »Altar Gottes« müssen die Witwen die Festigkeit für ihre Aufgabe besitzen. Sie sind *chérai* (Witwen) und nicht *pérai* (Bettelsäcke). Indem sie im eigenen Hause im Gebet leben, sollen sie sich zur Verfügung halten, um anderen zu Hilfe kommen zu können.[218] Außerdem wird ihnen abgeraten[219] und anschließend verboten[220], die Taufe vorzunehmen. Es wird ihnen das Recht verweigert, die Lehre von der Erlösung durch das Leiden Christi zu verbreiten, insbesondere in seinem eigenen Namen und es wird ihnen allenfalls zugestanden, die grundlegenden Auskünfte zu geben, etwa dergestalt, daß es keine Götzenbilder und nur einen einzigen Gott gebe.[221] Derartige Warnungen lassen sehr gut gelegentliche Übergriffe seitens der Frauen vorausahnen, doch muß eben nach dem Willen des Klerus das Gebet ihre wesentliche Aufgabe bleiben.

Diakonissen

Die schriftliche Überlieferung des 2. Jahrhunderts bietet keine genaueren Zeugnisse über einen weiblichen Dienst innerhalb der Kirche. In dem »Hirten des Hermas« sollen zwei Exemplare des kleinen Buchs, das ihm die »Frau Kirche« offenbart hat, weitergegeben werden, das eine an Clemens, der es in die anderen Städte weiterschicken wird, das andere der Grapte, die die Witwen und Waisen davon unterrichten wird.[222] In seinem Brief an Traian spricht Plinius von *ancillae . . . ministrae*, die er in Bithynien der Folter unterzogen habe.[223] Das lateinische Wort könnte dem griechischen *diákonos* entsprechen[224], aber es wird uns nichts über ihren Dienst mitgeteilt. Verschärft sich die Verachtung des Plinius, der bei ihnen nur »einen wüsten, maßlosen Aberglauben« findet, nicht noch angesichts des niederen Standes dieser Sklavinnen? Angesichts dessen, daß eine »viele jeden Alters, jeden Standes, auch beiderlei Geschlechts« umfassende Gemeinschaft sie mit einem Amt betraut hatte, als sich die

»Seuche dieses Aberglaubens . . . nicht nur über Städte, sondern auch über Dörfer und das flache Land« ausbreitete? Auffällig ist vor allem der Mut, der sich, wie bei Blandina im Jahre 177 in Lyon oder bei Felicitas im Jahre 203 in Karthago, die beide ebenfalls Sklavinnen waren, bei der Bezeugung des Glaubens zeigt, und wird außerdem hier die Zuversicht einer *ekklēsía* von Menschen verschiedener Herkunft feststellen.

Im 3. Jahrhundert jedoch tritt im Osten die Frau als Diakonisse *(hē diákonos, gynḗ diákonos)* mit einem festgelegten Status in der »Didaskalia der Apostel« auf. In der kirchlichen Typologie ist da der Bischof Bild Gottes, der Diakon Bild Christi, die Diakonisse das des Heiligen Geistes und die Priester das der Apostel.[225] Der Bischof wählt die Diakone aus und setzt sie ein – einen Mann zur Erledigung der notwendigen Angelegenheiten, eine Frau für den Dienst an den Frauen. Die Zahl der männlichen und weiblichen Diakone ist proportional zu der Anzahl der Angehörigen der Gemeinde. Während die Funktionen des männlichen Diakons weitreichend sind – er steht dem Bischof zur Seite, besonders bei der Feier der Eucharistie, und hat für die Einhaltung der Ordnung innerhalb der Gemeinde zu sorgen –[226], sind die Aufgaben der Diakonissen auf die Gruppe der Frauen beschränkt: »Ein weiblicher Diakon soll sie salben«, d. h. die Frauen während der Taufe. Und wenn die Getaufte aus dem Wasser steigt, soll der weibliche Diakon sie empfangen, »damit die Mitteilung des unversehrten Siegels geziemend bewahrt wird.« Außerdem »wirst du in anderen Dingen eine Diakonisse benötigen: sowohl dafür, daß sie um der gläubigen Frauen willen in die Häuser der Heiden geht, wo ihr nicht eintreten dürft, wie auch dafür, daß sie denen, die krank sind, bringt, was sie brauchen, und denen, die gesunden, im Bad hilft, damit sie sich waschen.« Die »Didaskalia« besteht auf der Notwendigkeit und Bedeutung dieses, wie es scheint, neuen Amtes und erinnert dabei daran, daß weibliche Diakone Christus gedient hätten – Maria Magdalena, Maria, Tochter des Jakobus und Mutter des Josef, die Mutter der Söhne des Zebedäus und noch andere Frauen.[227]

Im 4. Jahrhundert verändern und erweitern die »Apostolischen Konstitutionen« diese Bestimmungen. Während der Bischof die Diakone in der Versammlung des Gemeindevolks bestimmt, wählt er die Diakonissen *(diakónissai)*[228] unter den Jungfrauen und Witwen aus, die eine besondere Askese an den Tag legen. Ihre Aufgaben sind hier von neuem Besuche bei den kranken und gebrechlichen Frauen und die Hilfe bei der Erteilung der Taufe an Frauen.[229] Doch sie können ebenfalls als Botinnen tätig sein;[230] sie müssen zugegen sein, wenn eine Frau den Diakon oder den Bischof aufsucht; sie empfangen die Frauen bei den liturgischen Versammlungen[231] und wachen, wie die Diakone bei den Männern, über die Einhaltung der Ordnung bei diesen Zusammenkünften.[232] Aber es sind Grenzen gezogen: »Die Diakonisse erteilt keinen Segen und vollbringt auch nichts von dem, was die Presbyter und die Diakone tun, sondern sie bewacht nur die Tore und hilft den Presbytern dabei, die Frauen zu taufen, wie es der Anstand befiehlt.«[233]

Diakonissen haben den Vorrang, z. B. bei der Kommunion, vor den anderen Jungfrauen und Witwen.[234] Sie sind Teil des Klerus. Sie sind in der Tat Empfänger einer Handauflegung und eines Gebets des Bischofs in Gegenwart des *presbytérion*, der Diakone und der Diakonissen: »Gott, ... Schöpfer des Mannes und der Frau, der du mit Geist erfüllt hast Mirjam und Debora und Anna und Hulda (die Prophetinnen des Alten Testaments), der du dich nicht gescheut hast, deinen eingeborenen Sohn von einer Frau gebären zu lassen, der du im Offenbarungszelt wie im Tempel die Hüterinnen deiner heiligen Tore bestimmt hast, blicke nun auch herab auf diese deine Dienerin, die vorbestimmt ist für das Diakonat, und gib ihr den Heiligen Geist, reinige sie von aller Befleckung des Fleisches und des Geistes, damit sie das ihr aufgetragene Werk würdig vollbringt ...«[235]

Darüber hinaus haben sie allein gemeinsam mit dem Klerus Anspruch auf die Zuteilung der *eulogíai*, der Segensbrote.[236] Aber ihr Rang ist nicht immer gleich. Während ihre »Ordination« unmittelbar auf die der Diakone folgt, nehmen sie hingegen an der Kommunion als erste der Jungfrauen und Witwen teil, aber nach allen Angehörigen des Klerus und den Asketen.[237]

Die Diakonissen sind geweiht, und jeder Verstoß gegen ihr Gelübde wird als eine Entweihung aufgefaßt. Die kirchlichen »Kanones« und rechtlichen Texte zeigen in dieser Hinsicht eine unverrückbare Strenge.[238] Es sei nicht erlaubt, schreibt Basileios von Caesarea, daß der Körper der Diakonisse, die geweiht worden sei, fleischlichen Gelüsten diene. Auch die Altersgrenzen werden nach Aussage der kanonischen und juristischen Quellen heraufgesetzt auf mindestens sechzig, fünfzig, vierzig Jahre. Doch kommen nicht selten Ausnahmen vor: Um 391 weiht Bischof Nektarios die Olympias, seit vier Jahren Witwe des Nebridios, trotz ihres noch sehr jungen Alters.[239]

Die Aufgaben der Diakonissen hatten indes eine spirituelle Dimension; das oben zitierte schöne Gebet anläßlich der Handauflegung zeugt davon. Doch die Einrichtung eines von Frauen versehenen Amtes für die Salbung bei der Taufe sowie die Besuche bei den Frauen entsprechen auch dem Willen nach einer umsichtigen Trennung, der sich auch in anderen Punkten zeigt. Im »Physiologus«, jenem christlichen Bestiarium, das wohl aus dem 4. Jahrhundert stammt, bietet das Gleichnis von den entzündbaren Steinen ein gutes Bild des Problems: »Es gibt sogenannte entzündbare Steine. Diese Steine, wenn sie sich einander nähern, entzünden sich selbst und setzen alles in Brand, was in ihre Nähe kommt. Denn sie sind von Natur aus so beschaffen, das Männliche und das Weib-

liche, und sie sind weit voneinander entfernt. . . . So auch du, wertestes
Gemeindemitglied, fliehe das Weibliche, damit du nicht, wenn du dich
ihm zur Lust nahst, die gesamte Tugend in dir verbrennst. Denn auch
Samson näherte sich einer Frau und wurde durch das Scheren seiner
Kraft beraubt, und viele, so steht geschrieben, kamen schon wegen einer
schönen Frau ins Verderben.«[240]

Der Adressat des Gleichnisses ist hier ein Asket, doch die Botschaft
richtet sich an einen jeden. Als Hippolytos in seiner »Apostolischen Kirchenordnung« von den Katechumenen schreibt, heißt es da: »Und die
Frauen mögen stehen, indem sie an einem Ort der Kirche ganz allein für
sich beten, sowohl die gläubigen Frauen wie auch die weiblichen Katechumenen. Wenn sie aber aufgehört haben zu beten, so laß sie nicht den
Friedenskuß geben; denn noch wurde ihr Kuß nicht rein. Die Gläubigen
aber mögen sich allein küssen, und zwar die Männer die Männer und die
Frauen die Frauen; aber laß nicht einen Mann eine Frau küssen. Alle
Frauen aber mögen ihr Haupt mit einem Gewand *(pallium)* bedecken,
aber nicht allein mit einem linnenen, denn das ist nicht ein Schleier.«[241]
Und die »Didaskalia«, später die »Apostolischen Konstitutionen«, geben
eine Rangordnung für die Kirche, eine Einteilung »der Herden nach
jeweiliger Beschaffenheit«: erst die Männer, dann die Frauen, wobei jede
Altersklasse innerhalb dieser beiden Gruppen ihren eigenen Platz hat;[242]
das ist eine wohlgeordnete Einstellung, deren Einhaltung auf der einen
Seite die Diakone und auf der anderen die Diakonissen nach Maßgabe
der »Apostolischen Konstitutionen« zu überwachen haben. Daß die übermäßige Nähe der Frauen zur Kirche und insbesondere bei der Taufe eine
Gefahr bedeutete, beweist eine Anekdote aus den »Geistlichen Wiesen«
des Johannes Moschos. Ein Priester mit Namen Konon ist mit den Taufen in den Klöstern von Pentucha beauftragt und hat nicht den Mut, an
einem jungen Mädchen aus Persien in all ihrer Schönheit und Frische die
Salbung mit Öl vorzunehmen. Eine Diakonisse konnte zu diesem Ort
nicht zugelassen werden. Der Priester flieht. Johannes der Täufer
erscheint ihm daraufhin und schickt ihn in das Kloster zurück, nachdem
er ihn dreimal unter dem Nabel gezeichnet hatte. Der Priester habe die
Perserin am nächsten Tag gesalbt, ohne nur zu merken, daß sie eine Frau
war, und habe die folgenden fortgefahren zu salben und zu taufen, ohne
irgendeine Regung des Fleisches zu spüren und ohne von einer Frau
Notiz zu nehmen.[243]

Vom 4. Jahrhundert an häufen sich die Erwähnungen von Diakonissen im Osten. Wie die Diakone tauchen sie oft in den Inschriften auf. So
liest man in Makedonien folgende Texte, wie z. B. in Philippi: »Ruhestätte
der Diakonisse Posidonias und der demütigsten Glaubensschwester
(kanōnikḗ) Pancharia«[244]; in Edessa: »Grabmal der Diakonin Theodosia
und der Jungfrauen Aspelia und Agathoklea«[245]; in Thasos bei einem Grab

ad sanctos: »(Grab) der Märtyrerin Akakios, der Diakonisse . . .«[246]; in Stobi eine Weihinschrift: »Aufgrund ihres Gelübdes hat Matrona, die sehr gottesfürchtige Diakonin, die Exedra mit einem Mosaik ausgestattet«.[247]

Literarische Zeugnisse oder Rechtsquellen bieten ebenfalls zahlreiche Beispiele dafür. In Konstantinopel z. B. weiht Johannes Chrysostomos neben Olympias »zu Diakonissen der heiligen Kirche auch ihre drei Verwandten Elisanthia, Martyria und Palladia, auf daß die vier Dienste *(diakoníai)* ohne Unterbrechung aufeinanderfolgten in dem von ihr gegründeten heiligen Kloster.«[248] Unmittelbar bei seinem Aufbruch ins Exil nimmt er im Baptisterium Abschied von Olympias und von Prokla und Pentida, zwei weiteren Diakonissen.[249] Die Diakonissen sind in seiner Korrespondenz aus dem Exil erwähnt.[250] Eine andere Diakonisse, seine Tante Sabiniana, wird kommen und sich ihm im fernen Kokusos zugesellen.[251] Im 6. Jahrhundert zählt Justinian die 425 Kleriker auf, die der Großen Kirche (der heutigen Hagia Sophia) zugehören: 60 Priester, 100 Diakone, 40 Diakonissen, 90 Subdiakone, 100 Lektoren, 25 Sänger, 100 Türsteher.[252] Wie man sieht, gehören die Diakonissen zu einer bestimmten Kirche, sei sie eine weltliche oder eine Klosterkirche. In diesen Belegen zeigt sich eine Entwicklung, die wiederum mit dem Aufschwung des Mönchtums zusammenhängt. Im Kloster der Olympias in Konstantinopel wird die diakonische Funktion, von Nonnen ausgeübt. Sie ist häufig den Oberinnen oder deren Stellvertreterinnen übertragen. Im Kloster von Annisa im Pontosgebiet war es Lampadion, »Vorsteherin des Chores der Jungfrauen im Range der Diakonisse«.[253] Im 6. und 7. Jahrhundert lassen die syrischen Texte aus der Gegend von Edessa erkennen, was Aufgabe der Diakonissen sein konnte: Wiederum werden die Salbung der Frauen bei der Taufe und die Besuche bei kranken Frauen genannt. Aber vor allem ist dort vorgesehen, daß die Diakonissen bei Abwesenheit eines Priesters oder eines Diakons die Sakramente an diejenigen austeilen, die ihnen unterstehen. Sie können auch in einer Versammlung der Frauengemeinde das Evangelium und die Heiligen Schriften vorlesen. Diese Rolle als Stellvertreterin des Diakons und sogar als Verwalterin der Sakramente ist ausdrücklich auf das Kloster beschränkt und die Antworten bei Johannes bar Kursos in den »Fragen, die der Priester Sargis stellte« verdeutlichen die Grenzen: Laut gesprochene Gebete sind verboten und der Zugang zum Heiligtum während der Menstruation ist verwehrt.[254]

Die Aufweichung klar umrissener Ämter im Klosterleben und die Zunahme der Taufe von Kindern bringen nach dem Umbruch des 11.–12. Jahrhunderts das Verschwinden der Diakonissen im Osten mit sich, wenn sich auch die Erinnerung an sie in den liturgischen und kanonischen Texten bewahrt.[255]

Ausschlüsse

Im Zusammenhang mit den Grenzen, die der Rolle der Witwen und Dia-konissen gesetzt werden, hat sich eine ganze Argumentation entwickelt. Die »Apostolischen Konstitutionen« legen die diesbezüglichen Worte den zwölf Aposteln in den Mund: »Wir gestatten es den Frauen nicht, in der Kirche zu lehren, sondern nur zu beten und den Lehrmeistern zuzuhören. Denn auch er selbst, unser Lehrmeister und Herr Jesus Chri-stus, hat, als er uns, die Zwölf, aussandte, die Völker und Nationen zu belehren, keine Frauen zur Verkündigung ausgeschickt, obwohl sie ihm nicht fehlten; denn bei uns befanden sich Maria Magdalena und Maria, Mutter des Jakobus, und Martha und Maria, die Schwestern des Lazarus, und Salome und einige andere. Wenn es für die Frauen notwendig gewe-sen wäre zu lehren, hätte er wohl als erster diesen mit uns befohlen, die Völker zu unterrichten. Und wenn »der Mann das Haupt der Frau« ist (1 *Kor* 11,3), dann ist es nicht recht, daß der übrige Körper über das Haupt herrscht.«[256]

Dasselbe gilt für die Erteilung der Taufe durch Frauen: »Das ist gefähr-lich, oder vielmehr gegen das Gesetz und unfromm. Denn wenn »der Mann das Haupt der Frau« ist und er für das Priesteramt *(hierōsýnē)* vor-gesehen ist, dann ist es nicht recht, die Schöpfung zu übergehen und, indem man den Ursprung beiseiteläßt, in die äußersten Teile des Körpers zu gehen. Denn die Frau ist der Körper des Mannes aus seinen Rippen, und sie ist dem unterworfen, aus dem sie herausgetrennt wurde, um Kin-der hervorzubringen (vgl. *Gen* 2, 21–23). »Er aber«, so heißt es, »wird über dich herrschen« (*Gen* 3, 16). . . . »Wenn wir ihnen aufgrund des Vor-anstehenden nicht gestatten zu lehren (1 *Tim* 2, 12), wie könnte ihnen jemand wider die Natur zugestehen, Priester zu sein *(hierateûsai)*? Denn das ist der Irrtum der Griechen in ihrer Gottlosigkeit, daß sie Priesterin-nen für weibliche Gottheiten wählen, aber das geschieht nicht nach der Gesetzgebung Christi. Wenn von den Frauen hätte getauft werden sol-len, dann wäre sicher auch der Herr von seiner eigenen Mutter getauft worden und nicht von Johannes, oder als er uns zum Taufen ausschick-te, hätte er wohl mit uns auch Frauen dazu ausgeschickt. . . . er kannte sehr wohl die Folgerichtigkeit der Natur und die Würde der Handlung, war er doch sowohl Schöpfer der Natur wie Urheber der Gesetzge-bung.«[257]

Diese Beweisführung gründet sich in erster Linie, zumindest was die ausdrücklich angeführten Argumente anbelangt, auf die Heilige Schrift. Der heidnischen Unordnung im Hinblick auf Priesterinnen und Göttin-nen wird die Ordnung des Alten und Neuen Testaments gegenüberge-stellt. Die Berichte der Schöpfung, des Sündenfalls und der Vertreibung zeigen die *Natur* der Frauen, ihre Unterlegenheit als zweites Geschöpf und ihre notwendige Unterordnung. Das Beispiel der Gesetzgebung des Volkes Israel schließt sie vom Priesteramt aus; das Handeln und die Lehre Christi schließen sie nicht in den Auftrag zur Taufe und Verbreitung der Botschaft ein, der das neue Priesteramt kennzeichnet. Die Verbote bei Paulus verbinden soziale und religiöse Hierarchie und passen sich in dieser zugleich historischen und theologischen Beweisführung an die Umwelt an. Das Tabu der weiblichen Unreinheit wird in alter Zeit sehr viel seltener vorgebracht; im 4. Jahrhundert verbieten die »Kanones von Laodikeia« der Frau, sich dem Altar zu nähern.[258] Im 5. Jahrhundert hingegen stellt in Syrien das »Testament unseres Herrn Jesu Christi« die Witwen in der Funktion von Diakonen in die Nähe des Bischofs hinter den Vorhang, der während des eucharistischen Opfers vor den Altar gespannt ist.[259] Nach Aussage desselben Dokuments konnten diese Frauen während der Tage ihrer Menstruation zwar in der Kirche bleiben, durften sich aber nicht dem Altar nähern, und zwar nicht weil sie unrein seien, sondern damit der Altar geehrt werden könne.[260]

Manchmal werden auch die Fehler der Frauen in den Vordergrund gerückt. In den »Kirchlichen Kanones der Apostel« in Ägypten im 4. Jahrhundert beispielsweise wird bei der Einsetzung von zwei Witwen für das Gebet und einer weiteren für die Pflege der kranken Frauen[261] durch den Mund der Apostel an ein bezeichnendes Ereignis beim Abendmahl erinnert, um den Ausschluß der Frauen von der Darreichung des Leibs und des Blutes des Herrn zu begründen: »Johannes sagt: ›Ihr habt vergessen, meine Brüder, daß unser Herr, als er das Brot und den Kelch segnete und sagte: ›Das ist mein Fleisch und mein Blut, nicht erlaubt hat, daß die anwesenden Frauen mit uns stehenblieben.‹ Martha sagt: ›Das war wegen Maria, weil er sie hat lächeln sehen.‹ Maria sagt: ›Das ist nicht, weil ich gelächelt habe, sondern wie er uns ein anderes Mal gesagt hat, weil der, der schwach ist, von dem Starken gerettet werden wird.‹«[262] Als Epiphanios von Salamis sich in seinem »Arzneikasten gegen alle Irrlehren« gegen die Ketzerei der *Kollyridianer* ereiferte, die der Jungfrau wie einer Gottheit eine *kollyrís* darbrachten, ein kleines Brot, das sie sich dann in einer Kommunion teilten, wiederholt er die gebräuchlichen Argumente und erinnert daran, daß die Frauen zwar Diakonissen sein können, jedoch vom Predigen und vom Priesteramt ausgeschlossen bleiben. Es gäbe, sagt er, weder *presbyterídes* noch Priesterinnen *(hieríssai)* bei den Christen. Wie könne auch das Geschlecht der Frauen in seiner Unbeständigkeit und Wankelmütigkeit und bei seiner mittelmäßigen Intelligenz eine priesterliche Funktion beanspruchen, wo sie doch von Eva bis zu den Prophetinnen der Montanisten der Daimon zu seinem Werkzeug gemacht habe?[263] Und Johannes Chrysostomos verkündet in seinem Dialog »Über die Priesterschaft«: »Da es jedoch gilt, Vorsteher einer Kirche zu sein und mit der Sorge für so viele Seelen betraut zu werden, muß zunächst vor der Größe einer solchen Aufgabe das ganze weibliche Geschlecht zurücktreten, aber auch die Mehrzahl der Männer.«[264]

Im Westen

Das Amt der Diakonissen ist dort wenig bekannt. Manche sehen es für eine den Ketzern eigene Einrichtung an.[265] Nach Auffassung des Sulpicius Severus[266] ist dieser im Westen bis dahin unbekannte Titel von den Priscillianisten eingeführt worden, jener ketzerischen Bewegung, die im Süden Galliens und in Spanien die Unterstützung der vornehmen Frauen gefunden hat. Vom 4. bis zum 6. Jahrhundert jedenfalls wiederholen die westlichen Konzile das Verbot für die Frauen, das levitische Amt zu bekleiden oder selbst diakonische Funktionen zu versehen, wie z. B. das Konzil von Orange im Jahre 441: »Diakonissen sollen in keiner Weise geweiht werden; wenn es welche gibt, die es schon sind, so mögen sie das Haupt senken und den Segen empfangen, der dem Volk erteilt wird.«[267] Ein Brief des Papstes Gelasius legt bei den Bischöfen Süditaliens Einspruch dagegen ein, daß Frauen den Dienst an den heiligen Altären versähen und das vollbrächten, was allein den Männern als Aufgabe zugewiesen sei.[268] Im 6. Jahrhundert warnen drei Bischöfe aus dem Norden Galliens bretonische Wanderpriester, da ihnen Begleiterinnen (conhospitae) zur Seite stünden, die den Kelch in die Hände nähmen und im Namen der pepudianischen Sekte das Blut Christi austeilten.[269] Was den Frauen im Westen beständig nahegelegt wird, ist der geweihte Stand der Jungfräulichkeit oder der Witwenschaft. Das schließt, wie man gesehen hat, gelegentliche Übertretungen nicht aus. Im übrigen kommen die Begriffe diacona, diaconus bisweilen als Ehrentitel für Frauen vor. Als Radegundis dem ehelichen Leben mit Chlothar I. entsagt, erwirkt sie von Medardus, dem Bischof von Noyon, daß er sie durch Handauflegung zur Diakonisse weiht.[270]

DIE MACHT DER FRAUEN

Die wichtigsten Einschränkungen – Zugang zum Priesteramt und Lehre – sollten manche Frauen in keiner Weise daran hindern, informelle Macht auszuüben. Das geschah zunächst in der Kirchenpolitik. Schon im 3. Jahrhundert äußerte sich der Neuplatoniker Porphyrios in seiner Schrift »Gegen die Christen« tadelnd zu diesen unpassenden Einmischungen. Ein Jahrhundert später wird Hieronymus ihn zitieren: »Wir wollen gut darauf achten, . . . daß nicht, wie jener gottlose Porphyrius behauptet, die Matronen und Frauen unseren Senat bilden.«[271] In der Kirche der Zeit nach Konstantin, als die Frauen der Aristokratie sich allesamt zum Christentum bekehren, wiegen sozialer Status und weltlicher Einfluß manchmal schwer. Johannes Chrysostomos beklagt das: »Zwar hat das göttliche Gesetz die Frauen von dem Kirchendienst ausgeschlossen, aber sie suchen sich gewaltsam einzudrängen, und da sie von sich selbst aus nichts auszurichten vermögen, so setzen sie alles durch andere ins Werk. Ja, sie besitzen eine solche Macht, daß sie nach eigenem Gutdünken Priester wählen und absetzen, so daß das Obere nach unten gekehrt wird. . . . Die Untergebenen führen ihre Gebieter. Und wenn es doch noch Männer wären! Aber Frauen sind es, denen noch nicht einmal gestattet ist zu lehren. Was sage ich zu lehren? Nicht einmal zu reden in der Versammlung hat ihnen der selige Paulus erlaubt. Ich habe jedoch jemanden erzählen hören, man habe den Frauen eine solche Redefreiheit *(parrhesía)* gewährt, daß sie den Kirchenvorstehern gar mit Vorwürfen begegnen und heftiger mit ihnen umspringen als die Herren mit ihren eigenen Sklaven.«[272]

Man könnte im übrigen die antiochanische Schmähschrift des Johannes durch seine späteren Auseinandersetzungen in Konstantinopel illustrieren, die er mit der Kaiserin Eudoxia und deren Klan von einflußreichen Witwen hatte – Marsa, Castricia, Eugraphia[273]; dieser Streit führte schließlich bis zu seiner Absetzung und seinem Exil in Isaurien und später in Pityus am Schwarzen Meer. Der ins Exil geschickte Bischof fand seinerseits, wie seine Korrespondenz belegt, materielle, diplomatische und geistige Hilfe nicht nur bei Olympias und ihren Gefährtinnen, sondern auch bei zahlreichen Briefpartnerinnen aus der Aristokratie im Osten wie im Westen. Man wird in den Briefen an Olympias mit Recht unter anderem seine Bitten um Unterstützung der auf seiner Seite stehenden Bischöfe herausstellen und sein Eingreifen im Zusammenhang mit der Nachfolge auf einen Bischofsstuhl bei den Goten.[274]

Frauen in den theologischen Auseinandersetzungen

Die Frauen beteiligten sich auch an den theologischen Auseinandersetzungen, und zwar mit dem Eifer ihres Glaubens sowie aufgrund ihrer weltlichen und religiösen Bildung und ihres Einflusses innerhalb der genannten Kreise. Das geschieht etwa im Streit um Origenes. Unter Papst Anastasius (399–402) war es Marcella, wie Hieronymus schreibt, die hinter der Verurteilung der Parteigänger des Origenes stand: »Zugleich brachte sie Zeugen bei, die zunächst von diesen unterwiesen und dann von der ketzerischen Irrlehre geheilt worden waren; und sie zeigte die

Vielzahl der Täuschungen, führte die gottlosen Bücher »Über die Prinzipien« (des Origenes) vor, die sich ... als gereinigt erwiesen; die Häretiker, die durch zahlreiche Briefe vorgeladen worden waren, um sich zu
verteidigen, wagten nicht zu erscheinen, und der Druck ihres Gewissens
war so stark, daß sie lieber in Abwesenheit verurteilt werden wollten, als
in ihrer Anwesenheit widerlegt zu werden.«[275] Im gegnerischen Lager verteidigte die ältere Melania Rufinus, den Übersetzer des Origenes, der als
solcher angegriffen wurde.[276]

In seiner *Historia Lausiaca* erinnert Palladios im Zusammenhang mit
seinem Thema daran, wie eben jene Melania die Ältere unter Einsatz
ihrer Güter und mit Hilfe ihrer sicheren Stellung als Patrizierin einst auch
Bischöfe und Priester unterstützt habe, die in Palästina während der
gegen die Nizäner gerichteten Verfolgungen des Valens zu Märtyrern
ihres Glaubens geworden seien.[277] Er preist sie ebenfalls dafür, daß sie
mit Rufinus in Jerusalem ungefähr 400 Mönche, die sich beim Schisma
des Paulinus abgespalten hatten, zur Einheit zurückgeführt habe.[278]

In ähnlicher Weise wird ihre Enkelin Melania die Jüngere von ihrem
Biographen Gerontius dargestellt, wie sie bei einem Aufenthalt in Konstant'nopel in der Zeit, als sich die Lehre des Nestorius entwickelte, viele Leute bei sich empfing: »Dort kamen viele senatorische Frauen und
andere durch ihre Beredsamkeit hervorstechende Männer zu unserer heiligen Mutter, da sie Erhellung über den rechten Glauben suchten. Und
sie, die den Heiligen Geist in sich hatte, sprach ohne Unterlaß von morgens bis abends von der Weisheit Gottes und bekehrte viele vom rechten Weg Abgekommene zum wahren Glauben und bestärkte andere, die
zweifelten, mit einem Wort, sie half allen, die zu ihr kamen, durch ihre
von Gott eingegebene Unterweisung.«[279]

In den christologischen Auseinandersetzungen war der Beitrag der
Frauen auf der einen wie der anderen Seite von Gewicht. Die Kaiserin
Eudokia, die nach Jerusalem verbannt wurde, blieb ihren monophysiti-
schen Überzeugungen lange Zeit treu. Erst das Eingreifen des Abtes Euthymios und des Styliten Symeon führte sie in den Schoß der Großkirche
zurück.[280] Pulcheria hingegen spielte eine wichtige Rolle beim Sieg über
die Monophysiten anläßlich des Konzils von Chalkedon (451), von ihr
und Marcianus einberufen; beide sind »Fackeln des rechten Glaubens«.[281]

Selbst in diesen Fällen war aus Gründen des guten Geschmacks eine
gewisse Abschwächung notwendig. Die höchste Tugend der Marcella
war nach Aussage des Hieronymus folgendes: »Alles, was sich durch langes Studium in uns angesammelt hat, ... von dem ist sie durchtränkt, das
hat sie gelernt und darüber verfügte sie, so daß man nach meinem Aufbruch, wenn über irgendein Zeugnis der Schriften ein Streit entstand, zu
ihr als Schiedsrichter ging. Und da sie sehr besonnen war und das kannte, was die Philosophen *tó prépon* nennen, das heißt, daß angemessen

ist, was man tut, antwortete sie, wenn sie gefragt wurde, in der Weise, daß sie auch das, was ihre Meinung war, nicht als solche ausgab, sondern entweder als meine oder die irgendeines anderen, und sich so selbst in dem, was sie lehrte, als Schülerin darstellte.«[282]

Euergetismus

Die Macht der Frauen ist auch die der Wohltäterinnen und Stifterinnen. Beim Übergang vom antiken Euergetismus zur christlichen Wohltätigkeit, die sich der Kirche zuwendet, den Armen, die sie unterstützt, und den Klöstern[283], spielen die Frauen vom 4. Jahrhundert an eine Rolle. Sie bleiben oft im Hintergrund, wie die Stifterinnen auf manchen Inschriften, die neben ihren Männern genannt werden, doch häufig findet sich auch ihr Name allein, wie an der bischöflichen Basilika von Stobi: »Aufgrund ihres Gelübdes hat Peristeria (das Mosaik) machen lassen«; »Aufgrund ihres Gelübdes hat Matrona, die sehr gottesfürchtige Diakonin, die Exedra mit einem Mosaik ausgestattet«.[284] Stifterinnen des Ostens wie des Westens werden von ihren kirchlichen Biographen gefeiert. Fabiola (†399) stiftet z. B. nach ihrer Buße für eine Scheidung und nach einer darauffolgenden Wiederverheiratung als erste in Rom ein Hospital *(nosokomeîon)*, in dem sie Gebrechliche und Kranke pflegt; sie überschüttet Kleriker, Mönche und Jungfrauen mit ihrer Freigebigkeit; bei ihrer Rückkehr aus Jerusalem gründet sie mit Pammachius, der nach dem Tod seiner Frau Paulina Mönch geworden war, im Hafen von Rom eine Herberge *(xenodocheîon)* für die Reisenden.[285]

Lange Zeit schon war die Großzügigkeit der Witwen von besonderer Bedeutung. Bereits Porphyrios beschuldigt die Christen, daß sie die wohlhabenden Frauen dazu veranlaßten: »Verkaufe deinen Besitz und gib ihn den Armen!«, und sie dadurch an den Bettelstab brächten und dazu, bei denjenigen, die ein Haus besäßen, Zuflucht zu suchen.[286]

Die ältere Melania brachte nach ihrem Abschied von Rom auf der Wanderschaft in Ägypten einem Einsiedler namens Pambo eine Geldkassette, die 300 Silberstücke enthielt.[287] Nachdem sie aus eigenen Mitteln die verbannten Orthodoxen unterstützt hatte, gründete sie in Jerusalem ein Kloster und hieß dort nach Aussage des Palladios 27 Jahre lang gemeinsam mit Rufinus diejenigen willkommen, »die um des Gebetes willen nach Jerusalem kamen: Bischöfe, Mönche und Jungfrauen; auf eigene Kosten erbaute sie alle, die kamen, ... den Klerikern am Ort bot sie Geschenke und Unterhalt.«[288]

Olympias, die Frau des Stadtpräfekten Nebridios, die um 386 nach zwanzig Monaten Ehe zur Witwe geworden war, wurde vor dem Kaiser beschuldigt, »ihr Vermögen unbesonnen zu vergeuden« Vergeblich übte

Theodosius Druck auf sie aus, Elpidius zu heiraten, einen seiner Verwandten. Angesichts ihrer Weigerung unterstellte er ihr Vermögen bis zu ihrem dreißigsten Lebensjahr der Vormundschaft des Präfekten von Konstantinopel. Doch im Jahre 391 sollte sie die Verfügungsgewalt wieder zurückerhalten.[289] Die Schenkungen der Olympias – Geld, Ländereien, Häuser, Geräte, Renten, Naturalien – galten vor allem der Kirche in Konstantinopel, zunächst unter Bischof Nektarios (»sie trug auch Sorge für den seligen Erzbischof von Konstantinopel Nectarius, der seinerseits in Kirchenangelegenheiten sehr auf sie hörte«)[290], dann unter Johannes Chrysostomos. »Sie gab ihm für seine heilige Kirche … zehntausend Goldstücke, zwanzigtausend Silberstücke und alle ihre Besitzungen, die in den Provinzen Thrakiens und Galatiens und des vorderen Kappadokien und Bithyniens gelegen waren, und außerdem auch noch die ihr gehörenden Häuser in der Hauptstadt: das in der Nähe der heiligsten Großen Kirche gelegene sogenannte ›Haus der Olympias‹ mit dem Gerichtsgebäude und den ganzen Thermen und allen seinen Nebengebäuden und dem *silignárion* (Backhaus?); und außerdem das nahe bei den öffentlichen Thermen des Konstans gelegene ihr gehörige Haus, in dem sie wohnte, und ihr anderes Haus, das man ›Haus des Euandros‹ nannte, und alle ihre in der Vorstadt gelegenen Besitzungen.«[291]

Später stiftet sie noch auf demselben Wege »auch alle ihre übrigen Besitzungen, die in der ganzen Provinz verstreut lagen, und die ihr zustehenden öffentlichen Getreidezuteilungen«.[292] Als sie am südlichen Ende der Kirche, wo die Häuser und Werkstätten ihr gehörten, ein Kloster gründete, errichtete sie den Gang, der von dort nach oben zum Narthex der Heiligen Kirche führte.[293] Ihre den durchreisenden Bischöfen gewährte Gastfreundschaft, ihre Geschenke in Form von Immobilien und Geld, ihre Sorge für Asketen, Jungfrauen, Witwen, Waisen, Alte und Arme sind ebenso berühmt[294] wie die Sorge, die sie für den Unterhalt des Johannes trägt und die sich selbst auf die Zeit im Exil erstreckt![295] Die Aufzählung ist beeindruckend[296] und läßt die Zusammensetzung eines gewaltigen Vermögens deutlich erkennen sowie dessen systematische Übertragung an die Kirche; dem entspricht ein gewisser Einfluß als Gegengabe.

Zu Beginn des 5. Jahrhunderts entsagten Melania die Jüngere und ihr Mann Pinianus der Welt und entledigten sich eines noch eindrucksvolleren Vermögens – ein jährliches Einkommen von 12 Myriaden Goldstücken, unzählige Immobilien, Tausende von Sklaven, die sie freiließen oder verkauften. Sie schickten »zum Dienst an den Armen und Heiligen« riesige Summen nach Ägypten, nach Antiochia, Palästina, nach Konstantinopel, kauften Klöster für Mönche und Nonnen, die sie mit Mitteln ausstatteten, schenkten den Kirchen seidene Gewänder und Silbergerät.[297] Nachdem sie ihren Besitz in Rom und Italien aufgelöst hatten, gingen sie nach Afrika, wo sie ebenfalls riesige Ländereien besaßen. Deren Erlös wird dem Dienst an den Armen gewidmet, dem Freikauf von Gefangenen, aber auch in Form von Einkünften, Opfergaben, Juwelen und kostbaren Schleiern der Kirche von Thagaste zum Geschenk gemacht, während sie zugleich zwei Klöster gründen und mit Mitteln ausstatten, eines für 80 Mönche und ein anderes für 130 Jungfrauen.[298] Nach ihrer Pilgerreise durch Ägypten, die ebenfalls von Freigebigkeit gekennzeichnet war, richten sie sich in Jerusalem ein. Melania läßt dort nach dem Tod ihrer Mutter ein Frauenkloster auf dem Ölberg errichten[299] und nach dem Tode des Pinianus ein Männerkloster, beide zum Gedenken an die seligen Verstorbenen.[300] Außerdem werden von ihr trotz ihrer Armut mit Hilfe von Nachlässen und Schenkungen noch die Kapelle des Apostoleion errichtet[301] sowie ein Martyrion, in dem die Reliquien des Zacharias, der vierzig Märtyrer von Sebaste und des Stephanus[302] aufbewahrt werden. Man hat den Machtkampf verfolgt, der z. B. um die Reliquien des Heiligen Stephanus zwischen ihr und der Kaiserin Eudokia entbrannte.[303]

Indem sie ihre *basileía* zur Schau stellen, bringen die theodosianischen Kaiserinnen durch ihre freigebigen Spenden ihren Willen zu frommen Handlungen zum Ausdruck. Um ein Gelübde zu erfüllen, läßt Eudoxia bei der Geburt eines männlichen Erben in Gaza auf den Ruinen eines zerstörten Tempels des Zeus Marnas eine Basilika, die *Eudoxianē*, errichten.[304] Die fromme Verehrung, die Eudokia den Heiligen Stätten entgegenbringt, wird durch die Überführung der Reliquien des Heiligen Stephanus nach Konstantinopel deutlich, ebenso in Jerusalem durch die Errichtung eines bischöflichen Palastes, von Herbergen für die Pilgerer und den Wiederaufbau der Kirche des Heiligen Stephanus vor den Mauern.[305] Pulcheria schickt kostbare Kultgegenstände nach Jerusalem, stiftet eines ihrer Gewänder, um den Altar in der Hagia Sophia von Konstantinopel während der Kommunion zu bedecken, und vor allem richtet sie in den Nebengebäuden ihres Hauses *martýria* des heiligen Laurentius, des Jesaia und der vierzig Märtyrer von Sebaste ein; ihre Marienverehrung bekräftigt sie durch die Errichtung von drei Kirchen hervor: St. Maria in den Blachernen, die Hodegoi und die Chalkoprateia – letztere auf den Ruinen der Synagoge. Die Reliquien der Maria – das Leichentuch, die Ikone und der Gürtel – werden dort verehrt.[306]

Verbreitung des Glaubens

Aber die Macht der Frauen bestand von den Anfängen bis zum Sieg des Christentums vor allem darin, ihren Glauben mitzuteilen. Sie befreiten sich leichter von politischen und sozialen Zwängen und von den religiösen und kulturellen Traditionen der antiken Polis und scheinen häu-

fig den Männern ihrer Familie einen Schritt vorauszueilen. Ihr häuslicher
Einfluß trägt zur Bekehrung der ihnen Nahestehenden bei, und sie spielen eine wesentliche Rolle bei der Verbreitung des Glaubens. Schon 2
Timotheus[307] spricht in diesem Sinne von jenem Sohn eines Griechen und
einer bekehrten Jüdin: »Ich denke an deinen aufrichtigen Glauben, der
schon in deiner Großmutter Lois und in deiner Mutter Eunike lebendig
war und der nun, wie ich weiß, auch in dir lebt.«

In den Augen der Heiden ist das ein Zeichen des schwachen Geistes
der Frauen und einer hassenswert umstürzlerischen Gesinnung. Celsus,
um 178 Verfasser eines Werkes mit dem Titel »Wort der Wahrheit«,
schreibt z. B.: »Wir sehen zudem in ihren Privathäusern Wollweber,
Schuster und Tuchscherer und die ungebildetsten und wildesten Leute.
Gegenüber den älteren und verständigeren Herren wagen sie kein Wort
zu sagen, aber dann nehmen sie einige von deren Kindern beiseite
und von den *törichten Frauen (gynaikōn tinōn . . . anoētôn)*, die
bei ihnen sind, und tragen ihnen allerlei wunderliche Dinge vor:
man solle sich nicht um den Vater und die Lehrer kümmern, sondern
auf sie hören; erstere redeten unverständig und seien dumm und wüßten nichts von dem wahren Guten und könnten es auch nicht vollbringen, seien durch leeres Geschwätz voreingenommen, . . . ganz und gar
verdorben.«[308]

Ein Brief, den Basileios von Caesarea an die Einwohner von Neocae-
sarea schreibt, der Geburtsstadt seiner Großmutter, ruft einen Text aus
dem *Corpus Paulinum* in Erinnerung: »Welches Zeugnis für unseren
Glauben könnte aber eindrucksvoller sein als die Tatsache, daß wir von
unserer Großmutter, der seligen Frau, die von Euch stammte, erzogen
worden sind? Ich meine die hochberühmte Makrina, von der wir die
Worte des seligsten Gregor (*Thaumaturgos*) gelernt haben, soweit sie sie
in steter Erinnerung bewahrte und beachtete. Sie war es, die uns, da wir
noch unmündig waren, erzog und in den Lehren der Religion unterrichtete.«[309] Eine kostbare Erinnerung aus Kinderzeiten in einer »altchristlichen Familie Kappadokiens«, in der die väterliche Großmutter besonders
geachtet war: Makrina die Ältere hatte sich mehrmals kämpferisch zu
ihrem Glauben an Christus bekannt und zur Zeit der Verfolgungen durch
Galerius und Maximinus Daia mit ihren Angehörigen in einem Wald des
Pontosgebirges versteckt.[310] Und der Bruder des Basileios, Gregor von
Nyssa, wird in seiner »Vita der Makrina« – der Schwester, die dieses
nomen-omen wie eine zweite Thekla als Zeichen ihrer Hingabe an das
Martyrium der Askese trägt – daran erinnern, welche Aufmerksamkeit
ihre gemeinsame Mutter Eummelia der Erweckung und der ganz der Heiligen Schrift gewidmeten Erziehung des kleinen Mädchens geschenkt
habe.[311] Es zeigt sich ein von Generation zu Generation durch die Frauen
weitergegebener Glaube.

Am Beginn der Bekehrung einer Familie zum Christentum können wir oft das Wirken einer Frau ausmachen. Die Geschichte der großen Geschlechter *(gentes)* der römischen Aristokratie belegt für das 4. Jahrhundert ein solches »Gesetz des Fortschritts« in einem zurückgebliebenen »heidnischen Milieu« in sehr anschaulicher Weise. André Chastagnol hat das z. B. für die *Caeionii Albini* gezeigt.[312] Die ersten Bekehrungen in der Mitte des Jahrhunderts betreffen die Frauen. Die Töchter einer dieser Frauen – Marcella, nachdem sie zur Witwe geworden ist, und Asella, die Jungfrau bleibt – weihen sich dem asketischen Leben. Dasselbe tut auch der Sohn einer anderen, Pammachius, als er Witwer wird. Bei ihnen handelt es sich um Freunde und – nach seinem Umzug nach Bethlehem – Briefpartner des Hieronymus. Im Gegensatz dazu blieb der ältere Volusianus Lampadius Oberhaupt eines heidnischen Strangs. Er heiratete eine Priesterin der Isis und seine Kinder blieben heidnischen Glaubens. Doch zwei seiner Söhne sollten christliche Frauen heiraten, und gegen 403 wird uns der Priester der Vesta, Caecinus Albinus, von Hieronymus als von einer christlichen Nachkommenschaft umgeben geschildert, mit der einzigen Ausnahme seines ältesten Sohnes Caecina Decius Albinus, der einer der Teilnehmer des heidnischen Gastmahls der Saturnalien des Macrobius ist.[313] Ebenso bleibt das Oberhaupt der älteren Linie, der Senator Volusianus, Heide. Trotz des Drucks, den seine Angehörigen auf ihn ausüben, und trotz der von Augustinus[314] und Marcellinus geschriebenen Briefe wird er bis auf seinem Totenbett in Konstantinopel widerstehen, als schließlich die entsagungsvolle jüngere Melania aus Jerusalem herbeieilt und ihn im Jahre 436 *in extremis* bekehrt.[315]

In einer Zeit, in der die Kirche Mischehen in der Praxis duldete, zeigen zahlreiche Texte des 4. und 5. Jahrhunderts die Widerstände seitens der Männer und ihre Ausflüchte sowie die Rolle, die die Frauen bei ihrer Bekehrung gespielt haben. Gregor von Nazianz erinnert in seiner Leichenrede für seine Schwester Gorgonia die Jüngere an die ihr kurz vor dem Tode widerfahrene Gnade: »Außer all dem, was sie empfangen hatte, wünschte sie sich nur noch eines: die Bekehrung ihres Mannes.«[316] Ebenso unternahm Monnica alle Anstrengungen, ihren Mann für Gott zu gewinnen, »indem sie ihm auf seine Art von Dir sprach«.[317] Und man wird sich an das ungeduldige Wort des Bischofs erinnern, den Monnica in der manichäischen Periode des Augustinus zu Rate zieht: »Es kann nicht geschehen, daß ein Sohn solcher Tränen zugrundegeht!«[318] Die kürzlich entdeckte Korrespondenz des Bischofs von Hippo enthält zwei Briefe an Firmus, der zwar ein großer Leser des »Gottesstaats« ist, aber dennoch wenig Eile hat, den Schritt zur Taufe zu tun; er wird ermahnt, dem Beispiel seiner Frau zu folgen und in die Kirche einzutreten: »Wenn die Sache schwierig ist, beachte: das schwächere Geschlecht ist schon dort angelangt; wenn sie indes leicht ist, gibt es keinen Grund dafür, daß das stärkere nicht schon dort ist.«[319]

Man konnte noch weiter gehen, und auch da weisen die Frauen gelegentlich die Richtung. Die ältere Melania beispielsweise erreicht die Gesundung des Evagrius von Pontus und seine Rückkehr zu dem Vorhaben eines Lebens als Anachoret.[320] Als sie von Jerusalem nach Italien zurückkehrt, »traf sie dort den seligen und ruhmreichen Apronianus, der Heide war; sie unterwies ihn in der Glaubenslehre *(katéchēse)* und machte ihn zum Christen; sie überredete ihn auch dazu, mit seiner Ehefrau, ihrer Nichte Avita, Enthaltsamkeit zu üben. Sie festigte außerdem ihre Enkelin Melania und deren Mann Pinianus im Glauben und unterwies ihre Schwiegertochter Albina, die Frau ihres Sohnes, in der Lehre. Und nachdem sie alle dazu überredet hatte, ihren gesamten Besitz zu verkaufen, führte sie sie aus Rom fort und geleitete sie in den heiligen und ruhigen Hafen des Lebens.«[321]

Aus dem Französischen von Andreas Wittenburg

Römische Damen beim Gespräch; Fresko; 1. Jahrhundert v. Chr. *Neapel, Archäologisches Museum.*

GESTERN UND HEUTE

Die antike Welt in der Vorstellung des 19. Jahrhunderts:
Die Gefährtinnen der Sappho, Gemälde von T. Zaccharie.
Wien, Museum der Schönen Künste und der Archäologie.

Nachdem die Frauen ihrer Geschichte beraubt worden sind, wäre die Idee verlockend, ihnen eine neue Geschichte zu schaffen, die ihren heutigen Bestrebungen entspricht. Eben das ist es, was eine Reihe von Büchern tun, deren gute Absichten nicht zu bezweifeln sind. Françoise d'Eaubonne z. B. schreibt *Die Frauen vor dem Patriarchat*, damit »die Vorkämpferinnen der Frauenbewegung aufhören zu singen: ›Wir Frauen, die wir ohne Vergangenheit sind – Wir, die wir keine Geschichte haben‹«, und damit »die jungen Mädchen, die mit Begeisterung den Feminismus entdecken, ihre Heldinnen kennen, ihre Oden, ihre Mythen, ihre alten Kämpfe«.[1] Nun ist die antike Welt einer der bevorzugten Orte dieser existenziellen Projektion in die Vergangenheit, und es ist Kreta, Ephesos oder Sparta, wo man eine Epoche ansiedelt, in der die Frauen eine erstrangige Rolle spielten.

Man könnte sich über diese neue Mythologie lustig machen, doch sie beruht auf Annahmen, deren Einfluß sich weit über die feministischen Gruppierungen hinaus bemerkbar macht, wie die Untersuchungen im Anschluß an das *Mutterrecht* Bachofens zeigen. Sie dient vielleicht sogar jenen »ernsthaften Althistorikern« als Alibi, die sich im Namen dessen, was man über die Amazonen hat sagen können, ein wenig vorschnell der Verpflichtung entziehen, die Forschungen zum Unterschied der Geschlechter zu lesen und in ihre Darstellung der Antike einzugliedern. Den Mythos des Matriarchats sezieren und die Geschichte der Frauen schreiben sind zwei untrennbar miteinander verbundene Teile ein und desselben Vorhabens.

P.S.P.

10

BACHOFEN, DAS MUTTERRECHT UND DIE ALTE WELT

ÜBERLEGUNGEN ZUR ENTSTEHUNG EINES MYTHOS

Stella Georgoudi

Eine weite, ausgetrocknete Landfläche, die jedes Jahr von den über die Ufer tretenden Fluten eines großen Stromes überschwemmt wird; ein kraftvolles, drängendes Fließen, das in die verborgenen und geheimnisvollen Eingeweide der Erde vordringt; eine üppige Welt der Pflanzen, eine Sumpfvegetation, stark wuchernd und regellos, die im Überfluß aus dieser Vereinigung der Fluten und der Erde hervorgeht, aus dieser Hochzeit der ägyptischen Erde und dem Nil: Das ist das starke, erhebende Bild, an dem sich Johann Jakob Bachofen (1815–1887), jener Schweizer Jurist mit der Leidenschaft für die Philologie, begeistert hat, als er eine Theorie über die Ursprünge des Lebens, die Interpretation der Mythen und das Wesen jener fernen Epoche entwickeln wollte, in die er das Reich des »Mutterrechts« versetzte: der der Frauenherrschaft *(Gynaikokratie)*. Diese in der dunklen Ferne der Zeiten verlorene Epoche, dieser ursprüngliche Zustand der menschlichen Gesellschaft, hat den ganzen Eifer und Erkenntnisdrang Bachofens auf den Plan gerufen. Sein grundlegendes Werk trug den Titel *Das Mutterrecht* und den Untertitel *Eine Untersuchung über die Gynaikokratie der alten Welt nach ihrer religiösen und rechtlichen Natur*.

Bachofen verdankte die Bezugnahme auf die mythische Welt Ägyptens vor allem Plutarch und seiner Schrift *Über Isis und Osiris* – einem Werk stark platonischer Prägung, das er um 120 n. Chr. geschrieben hat. Diese Beschreibung des ägyptischen Mythos und das Bild von dem ägyptischen Land, der Nilschwemme und dem neuerlichen Rückzug des

Flusses hat Bachofen wesentliche Elemente für seine Darstellung geliefert.[1]

DAS ALLGEMEINE SZENARIO

Bachofen richtet sein theoretisches Gebäude »solide« auf zwei fundamentalen, wenn auch entgegengesetzten Prinzipien auf: das weibliche
Prinzip, das in Ägypten durch die Göttin Isis verkörpert wird, jene erhabenste »Mutter«, die nichts anderes ist als die fruchtbare Erde; und das
männliche Prinzip, das die Gestalt des Gottes Osiris annimmt, Bruder
und Ehemann der Isis, der mit dem Nil gleichzusetzen ist, der männlichen und befruchteten Kraft der Fluten.

Von diesen beiden Lebenskräften bildet die eine die »weibliche« –
der »Fruchtboden« des Körpers, die »passive Materie« der Geburten,
die Nährerin aller Dinge, das rein »tellurische« Element. Die andere
hingegen, die »befruchtende Männlichkeit«, trägt die »befeuchtende«
aktive Kraft bei, den erzeugenden Samen, das immaterielle Element,
Ausdruck reiner Geistigkeit. Immer wieder erzählt Bachofen im »Mutterrecht« die spannende und mitreißende Geschichte dieser beiden Haupt-
kräfte, deren konfliktreiche Beziehungen das Leben der Menschen
bestimmen. In den Urzeiten hatte Isis den Vorrang vor Osiris; die Mutter
begründete das Recht der Natur und ihren Kult und die weibliche Brust
ordnete sich das »zeugende Naß« unter, umschließt es und hält es
in Abhängigkeit.[2] In dieser Weise hat Bachofen Ägypten in den Rang
eines unveränderlichen Urbilds der »Gynaikokratie« erhoben[3], das als
Maßstab für die Bewertung der vergleichbaren Bräuche anderer Völker
dienen sollte. Dieser Modellfunktion Ägyptens war eine langfristige Wirkung beschieden. Noch vierzig Jahren nach Erscheinen des *Mutterrechts*
hat die Französische Vereinigung für feministische Studien Ägypten als
den »dauerhaften Platz und letzten Zufluchtsort des Matriarchats«
bezeichnet.[4]

Obwohl das Matriarchat im allgemeinen als die große Entdeckung
Bachofens angesehen wird (für einige so etwas wie die Entdeckung
Amerikas durch Kolumbus)[5], kommt dieser Ausdruck in seinem Werk
nicht vor. Bachofen verwendet, oft nebeneinander, die Begriffe »Mutterrecht« und »Gynaikokratie«, ohne daß er zwischen den beiden einen
deutlichen Unterschied macht.[6] Mit diesen Begriffen meint Bachofen eine
Gesamtheit sozialer und rechtlicher Faktoren, unter denen zwei miteinander verzahnte Aspekte hervorragen:
  – Der vorherrschende Einfluß, ja die Überlegenheit der Frau im Rah-
    men sowohl der Familie wie der Gesellschaft allgemein.

– Die ausschließliche Anerkennung der mütterlichen Verwandtschaft in aufsteigender Linie (das, was man in der Sprache der Anthropologie »matrilineare Filiation« nennt), verbunden mit der den Töchtern vorbehaltenen Erbberechtigung.

Der Begriff Matriarchat, der gegen Ende des 19. Jahrhunderts in Anlehnung an Patriarchat geprägt wurde, hat den Vorteil, diese beiden Hauptaspekte abzudecken, was ihm seine große Beliebtheit sowohl bei den Anhängern als auch bei den Gegnern Bachofens eingetragen hat.

Die Theorie des Matriarchats

Eine Theorie des »Matriarchats« mit klaren Prinzipien und begründeten Gesetzmäßigkeiten dem Werk Bachofens zu entnehmen, ist keine leichte Aufgabe. Von einigen Spezialisten wird es gar als »mystisches« Buch angesehen, halb Dichtung, halb Wissenschaft, schwierig zu lesen und von »sprödem Zugang«[7], das in der Tat voller Widersprüche, Wiederholungen und Abschweifungen steckt. Deshalb gehört es wohl zu jenen Werken, die zwar berühmt sind, aber kaum gelesen werden wie z. B. Darwins *Entstehung der Arten* oder *Das Kapital* von Karl Marx.[9]

Die »romantische Prosa« Bachofens enthüllt uns weniger die klaren Konturen wissenschaftlicher Erklärung der historischen Fakten, sondern versucht vielmehr, den spekulativen Impuls einzuflößen, auch »Ursprung, Fortgang und Ende« der Dinge zu verstehen.[10] Die Völker sind Organismen, die den Individuen gleichen. Um »aufzukeimen«, um zur Reife zu gelangen, müssen sie von einer festen, »leitenden« Hand gelenkt werden, die allein die ruhig lenkende Hand der Mutter sein kann. Auf diese Weise sind die »Ursprünge« der Menschheit unter das Zeichen der Vorherrschaft einer einzigen Kraft gestellt: die der Frau, oder vielmehr des mütterlichen Körpers, der gebiert, indem er die Tat der Urmutter Erde nachahmt.[11] Diese Epoche der triumphierenden Mutterschaft ist eine Epoche, die ganz und gar von dem »Stoff« und den »natürlichen Gesetzen« des Daseins beherrscht wird. Seit Platon und Aristoteles wurde die Frau nach Darstellung Bachofens mit der stofflichen Materie, der *hýlē* gleichgesetzt, die »Mutter« und »Ernährerin« genannt wurde, »Sitz« oder »Ort« der Fortpflanzung.[12]

Der Hetärismus der Aphrodite

In Übereinstimmung mit dem Verfahren der Zweiteilung, das die Methode Bachofens kennzeichnet, hat diese Epoche der Kindheit des Menschengeschlechts zwei aufeinanderfolgende Stadien gekannt, denen zwei verschiedene Arten von Mutterschaft entsprechen, zwei unterschiedliche Formen von Stofflichkeit.[13] Das niedere, primitivere Stadium kennt ein »tellurisches Leben« ohne Beschränkungen und Einhalt, eine zutiefst chthonische »Stofflichkeit«. Das ist der Höhepunkt des reinen »Naturrechts« *(ius naturale)*, das sich in der promiskuitiven ungeordneten und überschwenglichen Form »ganz ungeregelter Geschlechtsverhältnisse« Ausdruck verschafft; ihm entspricht ein üppiges Pflanzenleben einer aufsprießenden Vegetation als Folge der amorphen Fruchtbarkeit des Sumpfes.[14] Diesem Stadium, das von Bachofen *Hetärismus* genannt wird (von dem griechischen *hetaíra*, die Hetäre, die Kurtisane), ist die Ehe völlig fremd. Die Kinder kennen keinen Vater, sie sind »wild gesät« *(spartoí)* und gleichen den »Sumpfpflanzen«, die allein aus dem mütterlichen Stoff geboren sind.[15] Das ist das Stadium einer grenzenlosen Freiheit, des Fehlens von Privatbesitz oder privaten Rechten[16], das Zeitalter eines nomadischen Lebens, in dem die menschlichen Wesen durch nichts anderes miteinander verbunden sind, als durch die aphroditische Hingabe. Auf der kultischen Ebene übrigens steht Aphrodite im Vordergrund, eine Göttin, die nach Auffassung Bachofens der ehelichen Verbindung feindlich gesinnt ist.[17]

Die Gynaikokratie der Demeter

In der zweiten Stufe geht die »sinnliche Stofflichkeit« des aphroditischen Hetärismus über in einen »geordneten Materialismus«, der seinen Ausdruck in zwei wichtigen, unter dem Zeichen der Demeter stehenden Einrichtungen findet: der Ehe und dem Ackerbau. Diese Stufe, die von Bachofen als »cerealisch-eheliche« bezeichnet wird, wird von demselben »Naturrecht« wie die vorhergehende Epoche beherrscht, aber sie zeigt sich »als mächtiger Aufschwung zu höherer Gesittung« und befördert ein höherstehendes Recht, das sich auf alle Sphären des Lebens erstreckt und als *mütterlich-eheliches Recht* bezeichnet werden kann. Der Ackerbau wird zum Vorbild der menschlichen Ehe, die Ähre und das Weizenkorn erheben sich zum heiligen Symbol der Mutterschaft und ihrer Mysterien.[18]

Die Erde *(Gaia)* ist nicht mehr eine Mutter im universellen, unbegrenzten und absoluten Sinne. Sie verdankt ihre Mutterschaft der Verbindung mit demjenigen, der ackert und sät, anpflanzt und bestellt *(arûn, speírein, phyteúein, geōrgeîn)* (das sind nach Auffassung Bachofens alles männliche Tätigkeiten); ihm gibt sie am Ende die Früchte ihres Schoßes.[19] Die Frau ihrerseits tut nichts anderes, als die Erde nachzuahmen, und sie wird nun zur Mutter aufgrund »der ausschließlichen ehelichen Vereinigung« mit einem Manne, dem sie treu bleiben muß. Da die Ehe ein Mysterium der Demeter ist, schwört die Frau den Eid ehelicher Treue vor dieser Göttin und ihrer Tochter Kore.[20]

Doch die gestiegene Bedeutung der Beteiligung des Mannes an dieser »demetrischen Monogamie«, die in gewisser Weise die Beschränkungen der patriarchalischen Monogamie vorausnimmt, beeinträchtigen noch in keiner Weise die Vorherrschaft der Frau.[21] Ganz im Gegenteil: die männliche Zeugungskraft verneigt sich vor dem höheren Recht des Stofflichen, das das Leben empfängt und gibt.[22] Die Frau als Abbild der getreidespendenden Erde in ihrer Eigenschaft der »Unantastbarkeit« (sanctitas) gewinnt eine noch größere Bedeutung im magisch-religiösen Zusammenhang, in dem sich der Ackerbau entwickelt.[23] Während dieser gesamten Stufe des menschlichen Daseins spielt die Religion eine wesentliche Rolle. Nun ist kein Wesen von tieferer Religiosität als die Frau, und es ist jenes innige Verhältnis zum Göttlichen, das dem weiblichen Geschlecht, wie Bachofen meint, unwiderstehliche Autorität und Macht verleiht. Die eigentliche *Gynaikokratie* entwickelt sich demnach erst unter dem Zeichen der Demeter, in dem die Herrschaft der Mutter sowohl über die Familie wie über den Staat voll und ganz ausgeprägt ist.[24]

Bachofen gibt als Grund für den Übergang von der 1. zur 2. Phase der Gynaikokratie die Promiskuität der primitiven Stufe an, auf der der Mann – kraft seiner physischen Überlegenheit und widerspenstig gegen den mütterlichen Zwang – die Frau sexuell mißbraucht, die »durch dessen Lust zu Tode ermüdet« wird.[25] Die Frau, die das dringende Bedürfnis nach einem geregelten Leben und einer »reineren Gesittung« empfindet, wehrt sich gegen die Verletzung ihrer Rechte und leistet dem Manne bewaffneten Widerstand. Das Amazonentum, wie es Bachofen darstellt, ist ein notwendiges »Durchgangsstadium der menschlichen Entwicklung«. Trotz der »wilden Entartung«, derer es sich schuldig macht, tritt in ihm »das Gefühl der höheren Rechte des Muttertums ... den sinnlichen Ansprüchen der physischen Kraft« der Männer entgegen und birgt den Keim der demetrischen Stufe in sich. Die Amazone wird einst ihr kriegerisches und nomadisches Leben hinter sich lassen, um zu ihrer natürlichen Berufung zurückzufinden: das Muttertum im Rahmen der Ehe und Seßhaftigkeit.[26]

Bachofen hielt allerdings »Hetärismus« und »Amazonentum« für zwei Formen der »Ausartung« des weiblichen Geschlechts.[27] Im übrigen trennen wesentliche Unterschiede die »Frau der Aphrodite« und die Amazone einerseits von der »Frau der Demeter« andererseits. Bei ersteren z. B. herrscht, wie in der Tierwelt, das *ius naturale* in seiner breitesten Ausprägung vor, bei letzterer ist es durch die positive Einrichtung des *matrimonium* eingeschränkt.[28] Dieser Unterschied wurde auf symbolischer und religiöser Ebene durch die beiden Aspekte des Mondes versinnbildlicht. Die Amazone verleiht dem nächtlichen Gestirn eine »düstere und strengere« Natur, die jeder dauerhaften Vereinigung feindlich gesinnt ist, eine Grimasse des Todes, den die unheilbringende Gorgo verkörpert, während die demetrische Frau dem Mond eine doppelte, androgyne Natur zuerkennt (wenn auch das stofflich-mütterliche Element überwiegt) und die kosmische Verbindung von Sonne und Mond für das Urbild der menschlichen Ehe ansieht.[29]

Der Aufstieg des Vaterrechts

Alle diese verschiedenen Ausformungen des Weiblichen bilden nach Bachofen die unterste Stufe in einem historischen Entwicklungsmodell. Diese historische Entwicklung führt unausweichlich zu dem wichtigsten Wendepunkt in der Geschichte der Beziehung der Geschlechter, wie Bachofen bemerkt, nämlich zur Überwindung der »mütterlichen Auffassung des Menschen« zugunsten der väterlichen – eine völlige Umkehrung der Machtpositionen, die er für einen wesentlichen Fortschritt ansieht. Indem er sich von der Mutter und ihren gynaikokratischen Sitten löst, wird der Mann vom Kinde, das er war, zum Erwachsenen, und übernimmt die höchste Aufgabe, die den menschlichen Wesen vorausbestimmt ist. Die Völker überschreiten die Schwelle ihrer Kindheit, um in das Alter der Reife und Verantwortung einzutreten. Das ist der Aufstieg der Herrschaft der Väter, des »Vaterrechts« (den Ausdruck Patriarchat benutzt Bachofen ebensowenig wie das Wort Matriarchat).[30]

Die Befreiung des Mannes vollzieht sich indes nicht mit einem Schlag, sondern in drei Etappen, die im täglichen Sonnenlauf symbolisiert werden. In der Morgendämmerung wird der »leuchtende Sohn« noch vom mütterlichen Prinzip beherrscht. Wenn das Gestirn den Zenit erreicht, zeigt das Vatertum sich siegreich und mit leuchtender Kraft. Auf religiöser Ebene findet es seine Darstellung im Zeitalter des Dionysos und der »dionysischen Paternität«.

In erster Stufe ist Dionysos der Verbündete der »demetrischen Frau« und der Feind der Amazonen, die sich weigern, sich vor der Überlegenheit seiner männlich-phallischen Natur zu beugen. Doch in einem »raschen Wechsel« werden diese kriegerischen Frauen, überwunden durch die magische Anziehungskraft des Dionysos, zu seiner »unwiderstehlichen Heldenschar«. Das ist ein radikaler Wechsel, der nach Bachofen zeigt, »wie schwer es der weiblichen Natur ... fällt, Mitte und Maß zu halten«.[31] Dionysos, der zum »Gott der Frauen« geworden ist, der Gott der fleischlichen Lust und der mystischen Kraft, ermutigt zur Rückkehr zum aphroditischen Hetärismus. Diese Verwandlung der »demetrischen« in eine »dionysische Gynaikokratie« zeigt nach Auffassung Bachofens die Zerbrechlichkeit und den widerruflichen Charakter des Siegs des Vatertums.[32]

Um diesen Sieg zu festigen, ist es notwendig, daß sich das väterliche Prinzip von jeder Verbindung zur Frau befreie und die Vaterschaft eine rein geistige werde. Die Verwirklichung dieses Plans ist das Werk zweier Mächte: des delphischen Apoll und des römischen Staats als männlichem Imperium. Allein der römische Staat, der fest auf seine rechtliche Organisation und seine politische Verfassung gegründet war, hat alle Angriffe zurückweisen können, die das mütterliche Prinzip unternommen hat, indem es versuchte, auf dem Wege der Religion zurückzuerobern, was es im staatlichen Bereich verloren hatte. Das beweist, schließt Bachofen, »wie schwer es den Menschen zu allen Zeiten und unter der Herrschaft der verschiedenen Religionen wird, das Schwergewicht der stofflichen Natur zu überwinden und das höchste Ziel ihrer Bestimmung, die Erhebung des irdischen Daseins zu der Reinheit des göttlichen Vaterprinzips zu erreichen«.[33]

Die Gefahr liegt also nicht ganz und gar hinter uns, ein Rückschritt und eine Erneuerung des »Zeitalters der Mütter« würde die Menschheit in eine neue Barbarei stürzen.[34]

Ob ignoriert oder umstritten, gebilligt oder gelobt, das Werk Bachofens bleibt der eigentliche Ausgangspunkt für jede Geschichte des Matriarchats. Abgesehen von dem Einfluß, den es im Bereich der Psychoanalyse ausgeübt hat[35] und den es noch ausführlicher zu würdigen gälte, wird es noch stets von einer Spielart marxistischen Denkens mit dem enthusiastischen Gestus bedacht, den Engels dem *Mutterrecht* entgegengebracht hatte, als er mit der Veröffentlichung des Buches eine Revolution seiner Denkungsart datierte: »Diese Wiederentdeckung der ursprünglichen Gens als die Vorstufe der vaterrechtlichen Gens der Kulturvölker hat für die Urgeschichte dieselbe Bedeutung wie Darwins Entwicklungstheorie für die Biologie und Marx' Mehrwerttheorie für die politische Ökonomie.«[36] Man darf auch die Unterstützung nicht vergessen, die das Werk Bachofens in Teilen der heutigen Frauenbewegung erfahren hat, wo man sich jedoch beim Nachweis eines historischen Matriarchats weniger auf Bachofen selbst stützt, dessen Schriften auch hier kaum oder gar nicht gelesen werden, als vielmehr auf vereinfachende oder auch falsche Popularisierungen.[37]

BACHOFEN UND DIE GESCHICHTE DER FRAUEN DER ANTIKE

Im folgenden werde ich diejenigen Ideen Bachofens vorstellen, die im Bereich der Alten Geschichten rezipiert worden sind und auf die Geschichte der Frauen in der Antike Einfluß gewonnen haben.

Die wirksam gebliebenen Ideen

– Das Schema einer unilinearen Entwicklung der menschlichen Gesellschaft von der »Wildheit« zur Zivilisation, von einer niedrigeren zu einer höheren Stufe, von einfacheren zu differenzierteren Verhältnissen. Diese Theorien verbindet Bachofen paradoxerweise mit einem »zyklischen Modell«, wonach Gesellschaften auf eine niedrigere Stufe der Entwicklung zurückfallen.[38]

– Die anscheinend stark von Hegel geprägte Vorstellung, nach der sich die historische Entwicklung dem Konflikt entgegengesetzter Prinzipien verdankt, d. h. im vorliegenden Fall des »weiblichen« und des »männlichen« Prinzips. Die konfliktgeladenen Beziehungen zwischen Männern und Frauen werden durch eine Reihe von Gegensatzpaaren repräsentiert: Natur/Kultur, Stoff/Geist, Erde (und Mond)/Sonne, Dunkelheit/Licht, Osten/Westen, Aphrodite/Apoll, Links/Rechts, Tod/Leben usw.

– Die Bedeutung der Religion als kausaler Faktor der zivilisatorischen Entwicklung. Die Dominanz der Frau in den Anfängen geschichtlichen Werdens wird von Bachofen auf die angeblich angeborene Neigung der Frauen zum Göttlichen, Übernatürlichen, Wunderbaren und Irrationalen zurückgeführt. Diese letztendlich religiöse Grundlage des Matriarchats erklärt die Bedeutung der Urbilder der Großen Mutter, der großen Erd- und Muttergöttin und anderer Symbole »mütterlicher Herrschaft«, an denen fast alle weiblichen Gottheiten der antiken Welt ausgerichtet werden.

– Das methodische Axiom Bachofens und seiner Anhänger, daß der Mythos wirkliche Geschichte widerspiegele, daß wir aus ihm glaubwürdige und unmittelbare Erkenntnisse über die Wirklichkeit in archaischen Zeiten schöpfen können.

– Die Überzeugung, daß die matrilinearen Systeme ursprünglicher als die patrilinearen seien, die zu einer Gleichsetzung von Matrilinearität und Matrilokalität mit Matriarchat überspitzt wird.

Betrachten wir nun einige konkrete Beispiele seiner Resonanz im Bereich der Alten Geschichte.

Die Rekonstruktion der frühesten griechischen Epoche

Um Belege für seine Überzeugung zu kumulieren, daß gynaikokratische Formen zu Beginn einer jeden Zivilisation vorherrschend waren, hat Bachofen mit leidenschaftlicher Akribie ein gewaltiges Bild der antiken Länder, Völker und Stämme von der Iberischen Halbinsel bis Indien und von Skythien bis Afrika entworfen. Neben Beschreibungen realer Länder wie Lykien, Kreta oder Ägypten, treten Völker auf, deren historische Existenz umstritten ist, wie die Pelasger und die Minyer, und andere Gruppen, die eindeutig mythischer Natur sind, wie die Phaiaken und die Teleboai. Manche Beispiele dieser gynaikokratischen Herrschaft entfalten sich außerhalb Griechenlands, andere bevölkern den griechischen Boden, wie die Aitoler, die Arkadier oder die Einwohner von Elis; diese Landschaft im westlichen Peloponnes nimmt nach Auffassung Bachofens »unter den gynaikokratischen Ländern . . . eine hervorragende Stelle ein«, wie ihre Bewohner mit ihrer Religiosität und ihren Festen zeigen und »mit ihrem treuen Festhalten an dem Hergebrachten, . . . in civilen Dingen nicht weniger als in religiösen Übungen«.[39] Auf seiner Entdeckungsreise in Raum und Zeit vernachlässigt Bachofen wohlweislich das Klassische Altertum, um in ältere und älteste Schichten vorzudringen, in denen es noch eine Anschauung von der Großen Mutter gegeben haben soll. Die ursprüngliche Gynaikokratie bei den Griechen ist ein Erbteil der »Barbaren«, bei denen es sich um »die ersten vorhellenischen Bewohner Griechenlands und Vorderasiens« handelt, »deren stete Wanderungen die alte Geschichte . . . eröffnen«: die Karer, Leleger, Kaukonen, Pelasger usw.[40] Diese Völker haben »kenntliche Reste« des »gynaikokratischen« Systems hinterlassen, die vor allem aus ihren religiösen Überlieferungen zu entziffern seien. Gerade aus diesen »Restbeständen« rekonstruiert Bachofen sein gesamtes System.

Die umstrittene Rezeption

Diese hochfliegenden Ideen Bachofens haben auf seiten der wissenschaftlichen Forschung kaum wohlwollende Aufnahme gefunden. Einige respektable Gelehrte haben das Gedankengebäude Bachofens kaum zur Kenntnis genommen oder sogar absichtlich ignoriert. In seinem monumentalen Werk über Zeus, einer wahren Enzyklopädie der griechischen Religion, erwähnt z. B. Arthur Bernard Cook das *Mutterrecht* nur ein einziges Mal kurz, um auf diejenigen zurückzuweisen, die »die Existenz des Mutterrechts im archaischen Griechenland in Abrede stellen«.[41] Martin P. Nilsson, eine Koryphäe in der Religionsgeschichte und -wissenschaft, verbannt die »mutterrechtlichen Spekulationen« Bachofens in eine Anmerkung und verweist die Leser auf die von Herbert J. Rose vorgebrachten Einwände gegen angebliche Belege für das keineswegs mit der Gynaikokratie zu verwechselnde Mutterrecht im prähistorischen Griechenland.[42] Auf derselben Linie liegt Walter Burkert, Verfasser eines neueren Werkes zur griechischen Religion; er lenkt die Aufmerksamkeit auf die Gefahren eines systematischen Dualismus, der ein angebliches indogermanisches Element (das dem Männlichen, Olympischen, dem

Himmel, dem Geist, dem Patriarchat verbunden ist) in Gegensatz bringt
zu einem nicht-indogermanischen (verbunden mit dem Weiblichen,
Chthonischen, der Erde, dem Trieb, dem Matriarchat). Das »Mutterrecht
im eigentlichen Sinne«, bemerkt Walter Burkert, ist nirgendwo im Ägäis-
raum und im Vorderen Orient belegt. Es »spielt insofern, trotz Bachofen-
Mythos und Engels-Orthodoxie, für die griechische Religionsgeschichte
keine Rolle.«[43] Ebenso weigert sich W. K. Lacey, der sich mit der Familie
in der griechischen Welt beschäftigt, Theorien in Betracht zu ziehen, die
von der Voraussetzung einer matriarchalischen Organisation der Gesellschaft ausgehen.[44]

Die positive Resonanz

Einige Altertumswissenschaftler sind der Konzeption Bachofens gefolgt,
zumal von der anthropologischen Forschung eine wissenschaftliche Absicherung der Theorien von matrilinearer Abstammung, matriarchalischem System, Mutterrecht oder Gynaikokratie erfolgte. H. J. Rose meint,
zu Beginn des 20. Jahrhunderts hätten viele Gelehrte an den zeitlichen
Vorrang des Mutterrechts gegenüber dem Vaterrecht geglaubt, weil sie
dem damit verbundenen Entwicklungsgedanken zustimmten. Für einige
Religionshistoriker drückt sich dieser Vorrang in der Gestalt der Großen
Göttin aus, die auch als »Muttergöttin«, »Große Mutter« oder »Mutter Erde«
bezeichnet wird.[45] Eine beträchtliche Anzahl von Forschern hat im gelegentlichen Rückgriff auf Bachofen die vage Vorstellung von der
Großen Göttin und Herrin der Natur der vorgeschichtlichen und vor-
hellenischen mediterranen Welt zugeordnet. Als Beispiel seien W. K. C.
Guthrie und Jane Harrison genannt.[46]

Jane Harrison war eine hervorragende Repräsentantin der Schule von
Cambridge, deren »anthropologische Sicht der Griechen« von manchen
Spezialisten des griechischen Altertums als gefährlich angesehen wurde.[47] Sie spricht dem *Mutterrecht* das Verdienst zu, die »vollständigste vorliegende Sammlung antiker Belege« zu sein, die das »Überleben« der
»matriarchalischen Zustände« in den griechischen Mythen beweise.[48] In
zwei klassisch gewordenen Werken macht sich Jane Harrison die Unterteilung von Matriarchat und Patriarchat zueigen und sucht den Konflikt
zwischen alter und neuer gesellschaftlicher Ordnung zu erkunden, wie
er »sich in den griechischen Mythen widerspiegelt«. Denn nach dem Vorbild Bachofens ist sie der Auffassung, daß der Mythos eine Widerspiegelung der realen Vergangenheit darstelle. Indes war laut Jane Harrison die
primitive Form der Gesellschaft nicht »matri*archalisch*«, sondern »matri*linear*« und die Frau nicht »die beherrschende Kraft«, sondern »der Mittelpunkt der Gesellschaft«[49] – eine Stellung, die sie ihrem Status *als Mutter*

und »Nährerin der Söhne« verdanke. Sie findet dieses Modell in der göttlichen Figur der *kourotróphē* wieder, d. h. der Göttin, die die *koûroi*, die jungen Männer nährt.[50]

Auf dem Wechselspiel von Matriarchat und Patriarchat baut Karl Kerényi seine Studie über »Hera und Zeus« auf, in denen er die archetypischen Bilder des Vaters und der Mutter, des Ehemannes und der Ehefrau erblickt. Dieses bipolare Schema erlaubt es ihm, das Entstehen der »Olympischen Götterfamilie« in Verbindung mit einer »matriarchalischen« Vergangenheit zu erklären.[51]

Kein Altertumswissenschaftler war indes ein glühenderer Verteidiger der Theorie des Matriarchats als George Thomson. Dieser profunde Kenner der griechischen Literatur und Anhänger eines orthodoxen Marxismus hat die Gedanken Bachofens aufgenommen und weiterentwickelt, sie überarbeitet und durch die Lektüre von Engels und mit Hilfe der »Prinzipien des historischen Materialismus« zu vervollständigen versucht. Seine, wie er selbst sich ausdrückt[52], »neue Interpretation des Erbes der Griechen im Lichte des Marxismus« geht von der zweifelsfreien Geltung des evolutionär-linearen Schemas aus. Der Ausgangspunkt bildet für ihn die über allem Zweifel erhabene Annahme eines vorgeschichtlichen »matriarchalischen« Griechenlands. Auf diese Weise findet Thomson einen zentralen Platz für die Muttergöttin in ihren verschiedenen Formen, die sich in einzelnen Gestalten »matriarchalischer« Gottheiten kristallisieren wie Demeter, Athena, Artemis, Hera. Bei seinem Untergang habe dieses matriarchalische System überall Spuren hinterlassen. Daher die hartnäckige Suche nach »Überresten« und das Bemühen, all jene Orte zu finden, wo »das Mutterrecht lange genug geherrscht hat, um in das Licht der Geschichte zu treten«.[53]

Auf diesem Weg der Suche nach dem Übergang vom Matriarchat zum Patriarchat sind ihm einige Forscher gefolgt. Ronald F. Willetts, der sich hauptsächlich mit dem antiken Kreta beschäftigt, akzeptiert ebenfalls das evolutionäre Schema und beschreibt ein ursprüngliches agrarisches Matriarchat der minoischen Zeit, das an die beherrschende Figur der Großen Mutter gebunden ist.[54] Obwohl er die Existenz des Matriarchats anerkennt, nimmt Willetts kaum Bezug auf Bachofen und zitiert in seiner Bibliographie die Ausgabe des *Mutterrechts* von 1861, ohne die 3. Auflage des Werkes von 1948 zu erwähnen, die auf so vorbildliche Weise von Karl Meuli und seinen Mitarbeitern herausgegeben worden ist. Denselben nachlässigen Umgang mit dem Verfasser des *Mutterrechts* findet man bei anderen Anhängern der Theorie vom Matriarchat. So erklärt z. B. Kaarle Hirvonen, ohne Hinweis auf Bachofen, die »homerische Höflichkeit« gegenüber den Frauen ganz allgemein mit dem Verweis auf ein angebliches »ägäisches Matriarchat«, dessen Spuren Homer trotz seines völligen Verhaftetseins in den patriarchalischen Verhältnissen sei-

ner Zeit nicht hätte verbergen können.[55] Gleiches gilt für die neuere
Untersuchung von Carol G. Thomas, in der die Autorin von dem »matriarchalischen« System der minoischen Gesellschaft, das auf religiöser Ebene von der Muttergöttin beherrscht wird, als einer angeblich bekannten
und bewiesenen Tatsache spricht.[56]

Den wahren Verbreiter seiner Lehre findet Bachofen indes in der
Person des griechischen Philologen Panagis Lekatsas, der sein Leben
der Aufgabe gewidmet hat, die Theorie des Autors im heutigen Griechenland in möglichst getreuer Form bekanntzumachen. Noch im Jahre
1970 schrieb Panagis Lekatsas, daß ein »matriarchalisches Stadium der
Menschheit!«, das von jenem »genialen Mann« Bachofen gefunden worden sei, in »unwiderlegbarer« Weise existiert habe.[57] Kurzum, das Werk
Bachofens hat eine Kernidee hinterlassen, die periodisch in der althistorischen Forschung auftaucht, wobei dann wiederkehrend diejenigen
Argumente für die Existenz eines Matriarchats angeführt werden, welche
sich immer auf dieselben Sachverhalte beziehen. Jede Art von Quellen-
typ, der vordergründig verstanden und interpretiert wird, sieht man als
geeignet an, diese »Beweise« zu liefern, sei er archäologischer, mythischer, historischer oder poetischer Art, wie im folgenden zu sehen sein
wird.

Beweise und Gegenbeweise

Auch in der archäologischen Forschung gibt es Bestrebungen, die postulierte allgemeine Verbreitung einer Muttergottheit in der minoischen
Epoche als angebliches Zeichen für ein vorgriechisches Matriarchat auszulegen. Jede beliebige weibliche Darstellung auf Fresken, Siegeln und
kretischen Gemmen, ja sogar in Kreta gemachte Funde zahlreicher weiblicher Figurinen aus neolithischer Zeit, werden ohne sorgfältige Prüfung
mit der einmal angenommenen Muttergottheit identifiziert, obwohl es
durchaus naheliegt, daß diese Funde ein weites Spektrum von Deutungen zulassen und sowohl Göttinnen unterschiedlicher Herkunft und
Bedeutung wie auch Sterbliche darstellen können. Man kann im Grunde
die Existenz eines polytheistischen Systems für die minoische Zeit nicht
ausschließen.[58] Darüberhinaus hängt der Symbolwert dieser Statuetten
von der parallelen Untersuchung der weniger zahlreichen männlichen
Idole ab und der in großer Zahl vorhandenen Figurinen unbestimmten
Geschlechts.[59] Die minoische Religion ist nach Nilsson »wie ein Bilder-
buch ohne Text«.[60] Die Existenz einer matriarchalischen Gesellschaft aus
diesen Bildern ohne überlieferte Erläuterungen abzuleiten und nur aufgrund der ikonographischen Sprache Geschichte schreiben zu wollen,
stellt ein Wagnis dar, das nur zu Trugschlüssen führen kann.

Ähnlich verlaufen die Versuche, Bachofen mittels der Mythologie bei-
zuspringen. Der Ursprung des Namens von Athen etwa soll im Zusammenhang mit einem »historischen« Konflikt zwischen matriarchalischem
und patriarchalischem Regime stehen. Wie der Mythos erzählt, soll zur
Zeit des Kekrops, des ersten Königs von Attika, zwischen Athena und
Poseidon ein Streit um die Benennung und den Besitz des Landes entstanden sein. Nach Befragung des Orakels von Delphi, berief der König
zur Entscheidung eine Versammlung ein, der »alle Bürger beiderlei
Geschlechts« angehörten, »denn es war damals und dortzulande üblich,
daß auch die Frauen an den öffentlichen Beratungen teilnahmen«. Die
Männer stimmten für Poseidon, die Frauen für Athena; und »da sich von
den Frauen eine mehr fand«, trug Athena den Sieg davon, wodurch der
Zorn des Poseidon und die Rache der Männer hervorgerufen wurde: Von
nun an galt für die Frauen, »daß keine von ihnen hinfort mehr mitstim-
men, kein Kind den mütterlichen Namen tragen und niemand sie fer-
nerhin Athenerinnen heißen durfte«.[61]

Für die Verteidiger des Matriarchats besteht im Hinblick auf die Bedeutung dieser Erzählung nicht der Schatten eines Zweifels. Weil der Mythos
»so klar . . . die Einheitlichkeit aller menschlichen Beziehungen zum Ausdruck bringt, seien sie wirtschaftlicher, politischer, gesellschaftlicher
oder sexueller Natur«, wie Thomson behauptet[62], finde man hier nichts
anderes als die Illustration des Sieges eines entstehenden patriarchalischen Systems über eine im Niedergang befindliche matriarchalische
Gesellschaft. Diese Erklärung, so zufriedenstellend sie auch jenen erscheinen mag, die die Mythen zu Chroniken der Abfolge historischer
Ereignisse machen, zieht die Vielschichtigkeit der mythischen Erzählungen nicht in Betracht. Mehrere Fragen, die den Mythos von Kekrops
betreffen, finden in diesem begrenzten evolutionären Schema keinen
Platz. In einigen Versionen des Mythos wird Kekrops als Kulturheros dargestellt und als Stifter der Einehe[63], was im Gegensatz zu dem Modell
Bachofens steht, bei dem diese Erfindung der matriarchalischen Demeter zugeschrieben wird. Ebenso unberücksichtigt bleibt die zwiefältige
Natur der Athena, die zwar weibliche Göttin ist, aber als Tochter ohne
Mutter an der Seite des Vaters Zeus steht. Oder die Frage der Abstammung: Was will dieser Ursprungsmythos eigentlich sagen? Daß man von
einer matrilinearen zu einer patrilinearen Verwandtschaftsordnung übergegangen sei? Oder handelt es sich um den Übergang von einer bilateralen Verwandtschaftsordnung, bei der der Name der Mutter *und* der
des Vaters berücksichtigt wurden, zu einer allein auf der väterlichen Abstammung beruhenden Form? Dafür spräche der Beiname des Kekrops
diphyḗs (zweifacher Natur) und der Mythos, er habe »die beiden Naturen«, die väterliche und die mütterliche, erfunden und den doppel-
geschlechtlichen Charakter der Zeugung erkannt.[64] Der Ausgang des

Mythos berichtet von der Niederlage der Frauen auf politischer und sozialer Ebene und vom Verlust der Privilegien, derer sich die Frauen nicht *vor* der Zeit des Kekrops erfreuten, wie es Thomson will, sondern *während* seiner Herrschaft, in der er »die Menschen von der Wildheit zur Gesittung führte«.[65]

Wenn er den Mythos für Geschichte ausgibt, ist das ein Grund, einem Historiker aufs Wort zu glauben? Dies aber tun die Anhänger der Theorie des Matriarchats, wenn sie ihre Vorstellung von einem lykischen Matriarchat auf eine Passage bei Herodot (1,173) gründen: »Ihre Bräuche (es handelt sich um die Lykier) sind teils kretischer, teils karischer Herkunft. Einen Brauch aber pflegen sie für sich, der sich sonst nirgends auf der Welt findet: Sie nennen sich nach ihren Müttern, nicht nach den Vätern. Fragt man einen Lykier nach seiner Herkunft, dann nennt er den Namen seiner Mutter und zählt ihre weiblichen Vorfahren auf.«

Es hat genügt, daß Simon Pembroke sich sorgfältig mit den Inschriften Lykiens auseinandersetzte, um alle Argumente auf der Linie Bachofens, die seit dem *Mutterrecht* über die matrilineare Verwandtschaftsordnung der Lykier wiederholt worden waren, zu erschüttern, und die berühmte lykische Gynaikokratie ist damit untergegangen.[66] Um aber Stellen wie die aus Herodot angeführten würdigen zu können, war es notwendig, die ethnographischen und historiographischen Kategorien zu prüfen, die ein Werk wie die *Historien* gliedern, um festzustellen, wie sehr das Barbarenbild und die Darstellung der sexuellen Gebräuche und Heiratspraktiken vom Blickwinkel der Griechen und ihres Denkens in Gegensätzen geprägt sind.[67]

Schließlich ist noch das Zeugnis der antiken Tragödie zu nennen. Wer immer der Theorie Bachofens gefolgt ist, hat es nicht versäumt, die *Orestie* im Sinne eines historischen Konflikts zwischen einem schwindenden Matriarchat und einem sich durchsetzenden Patriarchat zu lesen. Nach dieser Auffassung wäre die Trilogie des Aischylos der Widerhall einer historischen Auseinandersetzung, in der die mächtigen Repräsentantinnen des Matriarchats wie Klytaimnestra oder die Erinyen, den durch Orest oder Apoll verkörperten neuen Herrschern des väterlichen Regimes gegenübergestanden hätten. Frauen wie Elektra und Athena hätten demnach ihre matriarchalische Herkunft verraten und sich in Anerkennung seines höheren Rechts, den Anordnungen des Vaters unterworfen.[68]

Die Fadenscheinigkeit, ja Abwegigkeit dieser »historischen« Lesart der attischen Tragödie ist unzählige Male aufgezeigt worden in Untersuchungen, die keineswegs das konfliktbeladene Verhältnis von Mann und Frau in der »Orestie« leugnen, jedoch die Fülle von Problemen hervorheben, die die Trilogie der heutigen Forschung bietet. Aischylos hat das dramatische Verhältnis der Geschlechter in ein vielmaschiges Netz von

Bezügen und Bedeutungen verwoben, die auf vielen verschiedenen Tableaus – dem kosmischen und mythischen, dem geschichtlichen und politischen usw. – angeordnet sind.[69]

Die Schaffung eines Mythos

Manche Betrachtungen gehen seit einigen Jahren von der Suche nach dem Menschen Bachofen und von seinen Theorien nicht deshalb aus, um sie »neu aufzulegen«, sondern um sie einer historiographischen und anthropologischen Prüfung zu unterziehen. Man sucht die theoretischen Ausrichtungen, die ideologischen Strömungen und methodischen Vorgehensweisen zu ergründen, die die Schaffung der Theorie vom Mutterrecht bestimmt haben.[70] Dank dieser Arbeiten wird der eigentliche Beitrag, den der Basler Gelehrte zur Erforschung der Antike geleistet hat, sehr viel deutlicher. Unter den konstruktiven Aspekten ist die Aufwertung der griechischen Mythen nicht der geringste. Bachofen hat aus den Mythen jene Frauenfiguren herausgehoben, die jenes primitive, chaotische, dunkle, ungeregelte, gefährliche weibliche Element verkörpern, das dem braven Bürger Alpträume einflößt: die dunkle Gaia mit ihrer prophetischen Fähigkeit, die grausame Klytaimnestra, die männermordenden Danaïden oder Lemnierinnen, die kriegerischen Amazonen, die Feindinnen der griechischen Helden und Angreiferinnen der Stadt Athen.

Verschiedene griechische Mythen haben solche furchterregenden Frauengestalten am Beginn der Zeit herrschen lassen. Die Macht von Frauen in die »Vorgeschichte« zu verlegen, sie mit barbarischen, »gynaikokratischen« Regimes in Verbindung zu bringen, in denen es kein Gesetz und keine Macht gab – das zu tun, bedeutet zweifellos, die Frauen aus der griechischen Geschichte, ja aus den Geschichte überhaupt auszuschließen.[71] Bachofen und seine Anhänger haben diese legendäre »Realität« für bare Münze genommen. Ihr Irrtum war es, den (männlichen) Griechen aufs Wort zu glauben, den Mythos tatsächlich für Geschichte zu halten. Auf diese Weise haben sie, ohne es zu wollen, selbst einen Mythos geschaffen, des es wert ist, zum Gegenstand der Forschung gemacht zu werden: den »Mythos vom Matriarchat«.

Aus dem Französischen von Andreas Wittenburg

11
FRAUENGESCHICHTE IN DER ALTEN GESCHICHTE

Pauline Schmitt Pantel

Bachofens Theorien über das *Mutterrecht* und deren Nachleben in den Altertumswissenschaften, welche Stella Georgoudi in Erinnerung ruft, führen zum Thema der folgenden Seiten hin: zur Entwicklung der althistorischen Frauenforschung. Ich werde nicht alle jemals behandelten Themen auflisten, sondern im Rückblick auf die Arbeiten der letzten Jahre versuchen, das Wesentliche der gegenwärtigen Problemstellungen an der Wende zu den neunziger Jahren zu benennen. Die Lektüre der jüngsten Arbeiten zeigt, mit welcher Geschwindigkeit sich die Ergebnisse in diesem Forschungsbereich jagen, Ergebnisse, die aus dem Austausch zwischen Spezialistinnen und Spezialisten der griechischen und römischen Geschichte resultieren (die Artikel beziehen sich aufeinander über die Sprachgrenzen hinweg und folgen im Abstand von nur wenigen Monaten), vielleicht aber vielmehr aus dem interdisziplinären Austausch, beispielsweise zwischen Geschichte und Anthropologie. Die Vertrautheit mit anthropologischen und allgemeinhistorischen Ansätzen kennzeichnet nicht nur diejenigen, die über Frauen in der Antike schreiben, sondern ist zweifellos ein Merkmal, das die heutige Generation der Althistorikerinnen und Althistorikern überhaupt prägt; besonders deutlich zeigt sich diese Vertrautheit aber in der althistorischen Frauenforschung, weil das Thema vorwiegend von Forscherinnen behandelt wird, die generell an allem interessiert sind, was auf dem Gebiet der Frauenforschung auch außerhalb des eigenen Faches erscheint.[1]

Der Weg, den die Forschung über »die Frauen in der Alten Welt« einschlug, ist deshalb untrennbar mit dem Gang der Frauenforschung in
Anthropologie und Geschichte verbunden, aber auch mit der Entwicklung neuer, in der Altertumswissenschaft heute heftig diskutierter Fragestellungen. Aus diesem Grunde werde ich die folgenden Bemerkungen in zwei Abschnitte gliedern: Zunächst möchte ich die neueste Tendenz der althistorischen Frauenforschung erläutern, die geprägt ist durch
den Übergang von der »Frauengeschichte« zur »Geschichte der Geschlechterbeziehungen« und durch die Herausbildung des Begriffs *gender*. Im Anschluß daran werde ich anhand konkreter Beispiele zeigen,
wie sich Frauengeschichte in die allgemeine Geschichte integrieren läßt
und wo sie auf einige zentrale Achsen der althistorischen Forschung
trifft.

AUF DEM WEG ZUR GESCHLECHTERGESCHICHTE

Die Vorgeschichte des hier behandelten Forschungsbereichs ist allgemein bekannt. Zu dieser »Prähistorie« gehörten . . . die Studien zu den
»Frauen in der Geschichte«, eine Porträtsammlung berühmter Frauen von
Penelope bis Kleopatra, . . . die bange Suche nach den Ursprüngen rund
um die Amazonen, die Kriegerinnen, die wackeren Heldinnen und das
Matriarchat, . . . die Beschreibung und die Einschätzung weiblicher
Lebensbedingungen im Rahmen der berühmten Debatte über Freiheit
oder Abgeschlossenheit der Frau. Unter den Teilnehmern der Debatte
sind so berühmte Historiker wie Michail Rostovtzeff – er verband die
Einschließung der Frau ins Haus mit der Festigung der Demokratie in
Athen – oder A.-W. Gomme, der in den Athenerinnen ebenso freie Frau-
en sah wie in den *ladies* seiner Zeit; die Anhänger eines Mittelweges wie
Viktor Ehrenberg betonten dagegen sowohl die Abgeschlossenheit der
Frauen – ihrer Ansicht nach eine Form des Schutzes – wie auch deren
uneingeschränkte Herrschaft über die häusliche Welt.[2]

Es sei uns gestattet, diese Urteile als Sichtweisen eines vergangenen
Zeitalters zu betrachten, auch wenn sie in gewissen Kreisen noch AnhängerInnen finden; interessant sind sie eigentlich nur noch als Gegenstand
einer Geschichte der Geschichtsbeschreibung.

Der entscheidende Schritt hin zu einer neuen Sicht war der Wille, die
vergessene oder gar negierte »Geschichte der Frauen« zu schreiben. Der
Aufbruch der Frauenbewegung in den siebziger Jahren stützte dieses
Vorhaben, das mit dem Aufschwung von Anthropologie und Mentalitätengeschichte einherging; Michelle Perrot und Georges Duby weisen
in der Einleitung zu diesem Band auf diesen Zusammenhang hin. Eine

breit angelegte Arbeit der Quellenerhebung und der Neuinterpretation bekannter Texte wurde unternommen, um für alle Epochen und Kulturen, auch für die antike Kultur, eine Geschichte zu erarbeiten, welche sowohl den wissenschaftlichen als auch den Anforderungen des politischen Kampfes gerecht werden sollte. Es ging darum, wie Sarah Pomeroy betont, bessere Kenntnisse über die Gefühle, die Sexualität, die private Welt der Frauen zu gewinnen – ich würde sagen: es ging darum, den Frauen einen Platz in der Geschichte und eine ihnen eigene Geschichte zu verschaffen.[3]

Es war dies eine notwendige, eine wichtige Etappe, ohne die kein neuer Forschungsbereich entstanden wäre mit den ihm eigenen Instrumentarien (Zeitschriften, Kolloquien), manchmal sogar mit neuen akademischen Positionen (ich denke an die *Women's Studies* in den USA), mit seinen wissenschaftlichen Debatten und seiner Exklusivität. Wie alle Etappen aber mußte sie in dem Maße, wie sie neue Fragen aufwarf, überwunden werden. Während nun alle möglichen Detailuntersuchungen unternommen wurden und man an Synthesenbildungen arbeitete, um den Frauen eine Identität in der Geschichte der Alten Welt zu geben, erweiterte ein anderer Teil der AlthistorikerInnen ihren jeweiligen Forschungsbereich um die Frage der Geschlechterbeziehungen. So wurde die Trennung von Männlich und Weiblich als Ordnungsprinzip von sozialen Praktiken und Diskursen entdeckt. Die mit dieser Perspektive durchgeführten Untersuchungen über die Welt der Produktion, der Güter und Gaben, über Rituale, den Tod, über Kleidung ermöglichten es, Genaueres über die Trennung der Geschlechterrollen in der Alten Welt und über die Organisation geschlechterspezifischer Räume zu ermitteln. Die verschiedenen Diskurse der Antike über die Trennung der Geschlechter wurden systematisch untersucht: mythische, historische, poetische (Dichtung, Romane), medizinische und philosophische . . . Nehmen wir ein Beispiel: Analysen der attischen Tragödie und Komödie in klassischer Zeit haben gezeigt, in welcher Weise die Geschlechtertrennung und die Inszenierung des Weiblichen dazu diente, grundsätzliche Probleme der Polis zu »denken« – Grundfragen, die um die Grenzen der Macht, um Krieg und um die Reproduktion der Bürgerschaft kreisen. So sind nunmehr die vielfältigen Facetten des antiken Diskurses über die Trennung der Geschlechter besser bekannt.

Neue Anforderungen

Die Neuorientierung geht einerseits von der Erneuerung der Methoden im Bereich der Geschichte der gesellschaftlichen Vorstellungen aus, andererseits von der allgemeinen Entwicklung der Frauenforschung.

Neue Fragen tauchen dabei auf. Einige davon gelten für alle Arbeiten über die Antike: Man kritisierte beispielsweise die allzu systematische Verwendung von Gegensatzpaaren (z. B. Natur – Kultur) zur Beschreibung der Geschlechtertrennung. Man problematisierte – und problematisiert – das Verhältnis von Diskursformen und sozialen Praktiken. Einige andere Fragestellungen dagegen betreffen speziell die Forschungen über Frauen und erklären die Richtung, welche diese in der Folge einschlugen.

Vereinfachend lassen sich die Einwände in folgender Frage zusammenfassen: Wozu dient das Jonglieren mit Männlichkeit und Weiblichkeit, wenn die Erarbeitung einer »Geschichte der Frauen« das Ziel sein soll? Solche Kritik findet sich in verschiedenen neueren Publikationen. Die von Marilyn Skinner herausgegebene Spezialnummer der Zeitschrift *Helios* stellt etwas provozierend die Frage, ob Feministinnen ihre Zeit damit verlieren sollen, die androzentrische, ausschließlich durch Männer geschaffene Darstellung von *Frauen als das Andere* zu untersuchen.[4] Die von Josine Blok und Peter Mason herausgegebene Aufsatzsammlung unter dem Titel *Sexual Asymmetry* weist einleitend darauf hin, daß die Untersuchung des antiken männlichen Denkens für die Entdeckung der Geschichte der Frauen von begrenzter Relevanz sei.[5] Beate Wagner-Hasel und andere Forscherinnen und Forscher teilen diese Auffassung.[6] Diese – meines Erachtens begründete – Ungeduld attackiert die frustrierende Kleinkrämerei allzu vieler Untersuchungen, das Abtriften zu Akademismus im Rahmen eines inzwischen modisch gewordenen Themas, und den Mangel an historischer Perspektive. Dagegen wird von den KritikerInnen eine doppelte Forderung gestellt: Jede Forschung über Frauen muß in die allgemeine Geschichte hineingestellt werden, und die Frauenforschung muß eine theoretische Fundierung oder zumindest ein konzeptuelles Rüstzeug erhalten. Genau auf diesen zwei Geleisen bewegen sich die neusten Arbeiten, welche tastend die Begriffe erarbeiten, mit denen genauer umrissen wird, was von Frauenforschung erwartet werden kann.

Neue Konzepte

Drei Konzepte sind in jüngster Zeit als Grundlage für die weitere Forschung vorgeschlagen worden: *sexual asymmetry, gesellschaftliche Geschlechterbeziehungen* und *gender.* Ihr Inhalt ist ähnlich, unterschiedlich jedoch sind die kulturellen Traditionen, aus denen sie hervorgingen.

Mit dem Begriff der *sexual asymmetry,* der asymmetrischen *Ungleichheit der Geschlechter,* wird betont, daß Macht und Anerkennung keineswegs gleichmäßig den Geschlechtern zugeordnet werden. Josine Blok beispielsweise schlägt in der Einleitung zur Aufsatzsammlung unter dem Titel *Sexual Asymmetry* vor, die historische Frauenforschung auf eine Untersuchung der Typen und Zusammenhänge geschlechterspezifischer Ungleichheiten auszurichten, und in allgemeinerem Sinn die Relation zwischen diesen Asymmetrien und den anderen gesellschaftlichen und kulturellen Mustern zu beschreiben.[7]

Der Ausdruck *gesellschaftliche Geschlechterbeziehungen* stellt eine eigentlich evidente Tatsache heraus: die Beziehungen unter den Geschlechtern sind gesellschaftliche Beziehungen. Es sind nicht natürliche Gegebenheiten, sondern soziale Konstruktionen. Ihre Untersuchung ist von derselben Art wie die anderer – egalitärer oder nicht-egalitärer – Beziehungen innerhalb sozialer Gruppen. Auf diese Weise betrachtet ist »männliche Dominanz« ein Ausdruck unter anderen für die Ungleichheit in gesellschaftlichen Beziehungen. Man kann deren Mechanismen verstehen und die Besonderheiten der jeweiligen historischen Konstellationen herausstellen. Darüber hinaus läßt sich die Art und Weise untersuchen, wie sich die geschlechterspezifische Ungleichheit zu anderen Formen der Dominanz verhält. Für die Antike heißt das, daß sich die Untersuchung der Rollen, welche jedem Geschlecht zugeordnet werden, einfügen sollte in die Untersuchung der gesellschaftlichen Beziehungen, welche die archaische, klassische oder hellenistische Polis, das republikanische oder kaiserzeitliche Rom prägten. Das ist eine der Bedingungen, um ihre Funktion in der Gesamtheit der ungleichen Sozialbeziehungen zu verstehen.

Der dritte Begriff, *gender*, die *soziale Definition des Geschlechts*[8], muß wohl zunächst inhaltlich präzisiert werden, denn alles und jedes wurde damit bezeichnet. Beginnen wir mit seiner Verwendung als Allerwelts-Wort. Kaum ein englischsprachiger feministischer Artikel kann heute erscheinen, ohne daß zwingend der Terminus »gender« im Titel oder Untertitel enthalten wäre. Über die althistorischen Arbeiten ist diese Welle natürlich mit der üblichen kleinen Verzögerung hereingebrochen, und die Studien über *gender* bei den Tragödiendichtern, in der griechischen Medizin, bei Homer . . . haben Hochblüte. Der Begriff wird freilich oft in allgemein-unbestimmter Art dazu gebraucht, schlicht die Tatsache der Existenz von Männern und Frauen zu bezeichnen. So verstanden bezieht sich das Wort *gender* auf die Trennung der Welt zwischen Männlichem und Weiblichem, auf eine sexuelle oder geschlechterspezifische Trennung. Er ist deskriptiv, neutral und beruht auf breitem Konsens. Von jedem kann er verwendet werden, und zudem vermittelt er den Eindruck von »Seriosität«! Das erklärt seine gegenwärtige Beliebtheit und unterstreicht seine grundlegende Schwäche. In Frankreich, wo der Begriff »genre« in dieser Bedeutung stark kritisiert wird, wurde er als ein »cache-sexe«, ein »Lendenschurz« zum Verstecken des Sexuellen bezeichnet.

Die amerikanische Historkerin Joan Scott gelangt jedoch, indem sie die beschriebene Entwicklung aufnimmt und synthetisiert, zu einer sehr viel präziseren Definition des Begriffs *gender*. Unter ihrer Feder wird *gender* zu einer Form der Bezeichnung der sozialen Organisation der Geschlechterbeziehungen[9]; dieser Gebrauch des Begriffs *gender* wird künftig bestimmend sein und steht für:

- die Zurückweisung des biologischen Determinismus (der nach Joan Scott in Begriffen wie »Sex« und »sexuelle Differenz« implizit vorhanden ist);
- die Einführung der relationalen Dimension: Männer und Frauen müssen in reziproken Begriffen definiert werden, und so nimmt der Begriff *gender* die allgemeine Entwicklung der neuen Forschung auf;
- die Betonung des grundlegend sozialen Charakter der geschlechterspezifischen Unterschiede.

In dieser Bedeutung vermag *gender*, als analytische Kategorie, das Bedürfnis nach theoretischer Formulierung, das nach der Anhäufung von Fallstudien sichtbar wurde, abzudecken. Die Problematisierung von *gender* schafft die Möglichkeit, allgemeinere Fragen zu stellen: die Frage nach der Funktion von *gender* in der Gesamtheit der Sozialbeziehungen beispielsweise, oder jene nach dem Beitrag, den die Forschung über gender zur allgemein-historischen Erkenntnis leistet. Damit wird deutlich, daß der Begriff *gender* in sich aufnimmt, was der Inhalt von Termini wie *sexual asymmetry* oder »gesellschaftliche Geschlechterbeziehungen« war. Unter der Bedingung, daß die Bedeutung von *gender* immer präzise definiert wird, ist der Begriff nützlich, und zwar nicht mehr und nicht weniger als die dem Historiker vertrauten Ausdrücke wie Rasse und Klasse.

Einige Beispiele von Forschungen über die Alte Welt mögen nun darauf hinweisen, inwiefern die »Frauengeschichte«, wie sie heute betrieben wird, Fragen aufwirft und Problematisierungen vornimmt, welche die Altertumswissenschaft allgemein betreffen.

Frauengeschichte und Alte Geschichte

Ein Schwerpunkt der neueren Forschung ist die Geschichte der Geschichtsschreibung. Es gibt zwei Typen von historiographischen Arbeiten: die einen setzen sich mit den neueren Publikationen auseinander, die anderen greifen weiter in die Vergangenheit zurück, um zu verstehen, wie sich ein bestimmtes Thema konstituiert hat.

Ein Schwerpunkt: die Historiographie

Bibliographische Synthesen und Forschungsberichte erfüllen das Bedürfnis des Fachs, regelmäßig Standortbestimmungen vorzunehmen, das sich aus der Vielfalt und der großen Zersplitterung der Forschungen erklärt; zudem erlaubt es die klare Herausstellung der Forschungsergebnisse, weiter voranzugehen, von einer deutlich umrissenen Grundlage aus andere Forschungsrichtungen einzuschlagen, weniger häufig sich zu wiederholen und festzufahren. Seit der großen bibliographischen Synthese von Sarah Pomeroy, welche 1973 zum Ausgangspunkt der Forschungen über Frauen in der Antike wurde, schufen diese Forschungsbilanzen jedesmal die Möglichkeit, das Ausmaß der laufenden Forschungsarbeiten einzuschätzen und die Problemstellungen genauer zu fassen.[10]

Der andere Ansatz, der eher dem üblichen Begriff von »Historiographie« entspricht, untersucht die Herkunft der Modelle, die uns heute vertraut sind, und zeigt die große Bedeutung, welche der historische Kontext für die Konstruktion dieser Modelle besitzt. Beispielsweise genügt es nicht, festzustellen, die Diskussion über die Stellung der Frauen in der Antike sei veraltet, vielmehr müssen die Mechanismen demontiert und der Kontext beleuchtet werden, der diese Diskussion ermöglicht hat; auf dieser Grundlage erst kann sie in der geistesgeschichtlichen Entwicklung situiert und kann verhindert werden, daß sich die alte Debatte in neuer Aufmachung stillschweigend wieder einschleicht. Zwei Themenbereiche, welche in letzter Zeit unter historiographischem Blickwinkel behandelt wurden, seien stellvertretend genannt:

Das erste Thema greift die Frage auf, wie sich Forschungen über »die Frau« oder »die Frauen« als Sonderbereich konstituierten, abgespalten von den Studien über andere soziale Gruppen und außerhalb der Alten Geschichte. Eine Folge davon waren die endlosen Debatten über den Platz der Frau in der antiken Gesellschaft, ihre Lebensbedingungen, etc. Josine Blok zeigt, daß all dies aus der Unterscheidung des 19. Jahrhundert zwischen öffentlichem und privatem Bereich abgeleitet ist, und daß auch die Konstruktion eines Bildes der Frau als das Andere auf dieses Jahrhundert zurückgeführt werden muß – ein Frauenbild, das noch heute in den besten Studien über die antike Welt zu finden ist.[11]

Das zweite Thema ist der – ebenfalls im 19. Jahrhundert kreierte – *Topos* der orientalischen (oder quasi-orientalischen) Abgeschlossenheit. Beate Wagner situiert die Erfindung dieses *Topos* in der doppelten Sichtweise, in der das 19. Jahrhundert die Antike konzipierte: für den politischen Bereich als Ursprungsort demokratischer Praktiken, für das Privatleben nach dem damals gängigen Modell des Orients, zu jenem Zeitpunkt also, als Orient und Okzident als zwei gegensätzliche Kulturen

wahrgenommen wurden und die Reiseerzählungen aus dem Ottomani-
schen Reich, in dessen Abhängigkeit Griechenland stand, großen Publi-
kumserfolg hatten.[12]

Diese historiographischen Forschungen lassen uns ermessen, in welchem Ausmaß all die so lange diskutierten Themen ideologische Konstrukte der Neuzeit sind. Haben wir sie als solche erkannt, sollten sie
nicht mehr den Bezugsrahmen für die Reflexion über antike Praktiken
und Diskurse abgeben. Die Geschichte der Geschichtsschreibung erlaubt
es auch, kritisch zu bleiben selbst gegenüber der Formierung einer isolierten »Frauengeschichte«, denn sie betont die Notwendigkeit einer Verbindung zwischen diesem Forschungsbereich und der Gesamtheit der
historischen Forschung.

Allgemeingeschichtliche Themen und Probleme

Die Frauengeschichte regte Forschungsarbeiten an, die überkommene
Grenzziehungen überwanden und eine Horizonterweiterung für die Alte
Geschichte ganz allgemein darstellen. Vier Beispiele mögen darauf hin-
weisen.

Erstes Beispiel ist der Begriff der *stásis* (Aufstand). Nicole Loraux
zeigte in verschiedenen Artikeln, daß mehrere Bereiche der *pólis* durch
das Thema der *stásis* berührt werden: jene des politischen Lebens, der
Familie, und ebenso jener der Frauen.[13] Die Frauen, im allgemeinen als
Gruppe, intervenieren in Situationen der Zuspitzung einer Krise, welche
die Existenz des Stadtstaates in Frage stellt. Sie treten auf, wenn der
Kampf sich innerhalb der *pólis* abspielt, erscheinen im Zentrum des Bürgerkriegs. Ihr Einbruch in den politischen Bereich weist darauf hin, wie
nahe sich zwei Formen der Spaltung im griechischen Denken und in der
griechischen Sprache sind, welche für die Griechen eine Katastrophe
bedeuten und mit denen sie sich dennoch abfinden: die politische Spaltung, welche die *pólis* zerreißt, und jene, die zwischen den Geschlechtern einen Gegensatz und ein Nebeneinander bewirkt. Eine der
Aufgaben des Historikers und der Historikerin besteht darin, die Zeichen
der Vergleichbarkeit und der Überschneidung zwischen diesen zwei
Spaltungen zu erkennen. Die eine ist nicht vorstellbar ohne die andere,
die Ausformungen der einen können zum besseren Verständnis der
anderen beitragen.

Das zweite Beispiel entstammt den Arbeiten von Helen King über das
hippokratische Korpus.[14] In diesem Korpus wird das weibliche Blut, das
Blut der Menstruation und das Blut des Gebärens, verglichen mit jenem
des Opfertiers. »Das Blut der Frau fließt wie jenes des Opfertiers«, es ist
dasselbe heiße, rote, schnell stockende Blut. Der Vergleich beschränkt

sich aber auf die Abhandlungen über Frauen, das Blut des im Kampf sterbenden Helden wird nicht mit dem Blut des Opfers verglichen. Helen King analysiert diese Analogie anhand der Erzählungen über die Opferhandlungen, über die Schaffung der Pandora, und anhand des Empedokles-Fragmentes 70, worin die Hülle um den Foetus mit dem gleichen Wort, *amníon*, bezeichnet wird, das Homer für die Benennung des Gefäßes zum Auffangen des Opferblutes benützt. Sie weist nach, inwiefern sich in dieser Analogie Aspekte des griechischen Denkens über *gender*, über die Gesamtheit der gesellschaftlichen Ordnung, enthüllen. Helen King zieht daraus wichtige Schlußfolgerungen: mit dem Opferblut assoziiert wird ausschließlich das Menstruationsblut und das Blut des Gebärens, weil nur die Frau aufgrund ihrer Kreation (Pandora) und ihrer Natur (selbst die Zusammensetzung ihres Fleisches ist von anderer Qualität als die des Mannes) mit dem Opfertier verglichen werden kann. Diese Folgerungen könnte man weiterführen schon im Hinblick auf die Parallelität zwischen dem Opferblut, das für das Leben in der *pólis* Gründungsfunktion besitzt, insofern es die Opfernden als Gemeinschaft definiert, und dem weiblichen Blut, das eine Garantie für das Überleben der Stadt ist, insofern es mit der geschlechtlichen Reproduktion in Verbindung gebracht wird.

Mein drittes Beispiel soll die Ehe sein, eine Institution, die im Zentrum der wirtschaftlichen, sozialen und politischen Mechanismen des Stadtstaates steht. Claudine Leduc greift in diesem Buch die Frage der griechischen Heirat unter dem Blickwinkel der freiwilligen Gabe auf.[15] Das griechische System der legitimen Reproduktion zeichnet sich immer dadurch aus, daß eine Frau ihrem Gatten gegeben wird, und daß der dazu berechtigte Mann im Gegenzug Güter bietet. Von dieser Feststellung ausgehend interessiert sich Claudine Leduc für den Einfluß, den die Stadtstaaten auf dieses Organisationsprinzip nehmen. Sie stellt auch die Frage nach der Interaktion von Heiratssystem und Gesellschaftsorganisation in einer gegebenen sozialen Gruppe, und fordert so dazu auf, den vielbesprochenen Gegensatz zwischen der Freiheit der spartanischen Frauen und der Tatsache einer umfassenden Kontrolle über die Athenerinnen auf vollkommen neuer Grundlage zu überdenken.

Die Braut und die mit ihr verknüpften Güter haben in Athen und in Gortyn einen sehr unterschiedlichen Status, weil die zwei Stadtstaaten auf unterschiedliche Weise die Definition der Bürgerschaftsgemeinschaft und ihre Organisation konzeptualisieren. Gortyn hält an der Organisation nach Häusern fest und begrenzt die Bürgergemeinschaft auf die Grundbesitzer. In dieser Form der *pólis* ist die Braut an den Bürgerboden gebunden und Herrin über ihre Person und ihre Güter. Athen gibt die Organisation nach Häusern auf und lehnt es ab, die Bürgergemeinschaft auf die Besitzer des Bürgerbodens zu beschränken. Die Braut, an eine aus Geld bestehende Mitgift gebunden, ist auf immer Opfer.

Mit dieser Analyse, die den Status der Frau nicht nur mit dem System der Güterübertragung, sondern mit dem System der Definition der Bürgerschaft verbindet, kann endlich die endlose und, wie eine Reihe neuerer Artikel beweist, immer noch aktuelle Debatte über den Status der Athenerin und der Spartiatin überwunden werden. Und es kann nachgewiesen werden, daß Heirat und Status der verheirateten Frau eine Seite des umfassenderen und so zentralen Problems der Definition der Bürgerschaft darstellt.

Viertes und letztes Beispiel sind die männlichen und weiblichen Räume in den Stadtstaaten.

Das Thema der geschlechterspezifischen Organisation der Räume in der *pólis* und der Funktionen, die ihnen zugeordnet werden, ist eine Fragestellung, deren Bedeutung gleichzeitig von verschiedensten Ansätzen aus betont wurde. In einer früheren Untersuchung stellte ich selbst die Hypothese auf, daß diesbezügliche Forschungsarbeiten erlauben würden, das Zusammenspiel der Geschlechterrollen in der *pólis* besser zu verstehen und das unserem Denken zugrundeliegende Modell eines Gegensatzes zwischen einem weiblichen häuslichen und einem männlichen öffentlichen Raum zu überprüfen. Phyllis Culham ihrerseits fordert, jetzt ohne Aufschub den Umgang mit dem öffentlichen Raum durch die Frauen zu untersuchen und die Frage nach einer spezifisch weiblichen Wahrnehmung der Räume zu stellen.[16]

Im Hintergrund dieser Fragestellung zeichnet sich die alte Debatte über die Abgeschlossenheit der Frauen ab. In ihrer Untersuchung des Umfeldes dieser Debatte zeigte Beate Wagner auf überzeugende Weise, daß der männliche und der weibliche Raum in den griechischen Stadtstaaten, weit davon entfernt, getrennt oder gar gegensätzlich zu sein, eng miteinander verknüpft waren[17], daß der *oîkos* ebenso männlich wie weiblich war, daß die Gleichsetzung des privaten und weiblichen, des öffentlichen und männlichen Raums nicht nachgewiesen werden konnte. François Lissarrague legt in diesem Buch eine Arbeit über die figürliche Darstellung der Frauen vor, betrachtet darin die Verteilung der Räume und kommt zur vorsichtigen Folgerung, es sei nicht möglich, von exklusiven Bereichen zu reden.[18] So wird die Aufteilung in einen öffentlichen und einen privaten Raum der *pólis*, die wir allzuoft dem Modell unserer Teilung der räumlichen Bereiche nachempfinden, durch die Untersuchung der geschlechterspezifischen Verteilung der Räume in Frage gestellt. Sie trifft damit auf eine sehr viel weiter gefaßte Problemstellung als die bezüglich des »Geschlechts«, die Gegenstand auch anderer Forschungsrichtungen in der Alten Geschichte ist.

In diesem Zusammenhang möchte ich daran erinnern, daß Sarah Humphreys in einer Reihe von Artikeln die Beziehungen zwischen *oîkos* und *pólis* in Athen in so verschiedenen Bereichen untersucht hat wie in jenen des Todes, der Verwandtschaft, der Religion oder der Finanzen. Auch Domenico Musti hat im Rahmen seiner Studien über die Beziehungen zwischen Wirtschaft und Politik dieses Thema aufgegriffen.[19] Tatsächlich, wer auch immer über die Entstehung und die Eigenarten des Politischen in der antiken Polis nachdenkt, trifft auf die Frage nach der Begrenzung des öffentlichen und des privaten Bereichs, nach ihrer dynamischen Relation, oder gar nach den ersten Anzeichen ihrer Gegensätzlichkeit.[20] Zusammenfassend läßt sich feststellen – und das ist es, was uns hier wichtig ist –, daß aus der Reflexion über die Abgrenzung der Räume zwischen Frauen und Männern Elemente zur Erfassung einer ganz allgemeinen Problematik gewonnen werden, mit der sich HistorikerInnen konfrontiert sehen, wenn sie Forschungen über Politik, Wirtschaft, soziale Praktiken anstellen.

Ob man über die *stásis* arbeitet, über die Bedeutungen der Opferhandlungen, über die Bindung des Bürgerrechts an den Bodenbesitz, über das Öffentliche und das Private in der *pólis*: die geschlechterspezifischen Studien, wie sie heute unternommen werden, ergeben neue Denkwege und Vergleichsmöglichkeiten, erlauben es, die Forschung weiterzutreiben, und dies in allen Bereichen der Alten Geschichte.

In den siebziger Jahren konnten wir uns fragen: »Haben die Frauen eine Geschichte?« und mit Recht alles zusammensuchen, was zu einer Beantwortung dieser Frage im Bereich der Alten Geschichte beitrug. Zu Beginn der achtziger Jahre war unsere Frage vielmehr: »Ist eine Geschichte der Frauen möglich?«, denn klar war die Absicht, aus der Isolierung auszubrechen und diese Geschichte in eine Geschichte der Beziehungen zwischen den Geschlechtern zu überführen. Heute ist die Geschlechtergeschichte, wie sie oben definiert wurde, eine neue Etappe; sie vermeidet die Fallstricke einer nur additiven, lustvollen Wissensanhäufung und erlaubt es, die Frauengeschichte mitten in die sozialen, ökonomischen und politischen Prozesse, und damit mitten in die traditionellen Denkformen der Geschichtsforschung hineinzustellen.

So möchten wir jenen, welche vom Uferrande aus ihre Kritik anbringen oder mit Interesse die »Kollektion der neuen Saison« erwarten, wie Gillian Clark ein klein wenig ironisch formuliert[21], die Frage stellen: kann heute die Geschichte der Antike geschrieben werden unter Ausschluß der »Frauengeschichte«? Das heißt nicht nur unter Ausschluß der Frauen – über diesen Punkt scheint heute ein verbindlicher Konsens zu bestehen, – sondern unter Ausschluß der Themen, Methoden, Problemstellungen, welche die »Frauengeschichte« aufgegriffen hat.

Aus dem Französischen von Thomas Späth

Christliche Heilige, genannt »Die Dame von Karthago«; Christliches Mosaik; 5. Jahrhundert. *Karthago, Musée national.*

STIMMEN DER FRAUEN

Römisches Portät einer schreibenden Frau. *Neapel, Archäologisches Museum*.

Zum Schluß den Frauen das Wort zu erteilen ist ein Wagnis. Zwar haben die Götter Pandora, der ersten Frau, sobald sie geschaffen war, eine menschliche Stimme gegeben, und seitdem hallte die antike Welt von Frauenstimmen wider. Die Frauen schreien, wenn das Opfertier beim blutigen Opfer abgestochen wird, die Frauen weinen, während sie den Leichnam des Verstorbenen von seinem Haus zum Grabplatz begleiten, die Frauen singen in den Chören, die während der Feste auftreten, die Frauen schwatzen unaufhörlich in den Tiefen der häuslichen Welt hinter verschlossenen Türen, die Frauen machen nach dem Willen des komischen Dichters große Sprüche in der Art der Bürger in der Volksversammlung, die Frauen, so sie Amazonen sind, stoßen unartikulierte und somit unverständliche Laute aus.

Aber sprechen sie? Diese Schreie, Klagen, Gesänge, dies Geschwätz und diese fremden Zungen bringen sehr deutlich zum Ausdruck, daß es den Frauen unmöglich ist, zu der einzig anerkannten Form des Wortes Zugang zu finden, nämlich dem politischen Wort. Gleich zu Anfang dieses Buchs haben wir erwähnt, wie sehr das fast völlige Fehlen von schriftlichen Zeugnissen seitens der Frauen jeden Versuch vereitelt, eine Geschichte der Frauen der Antike zu schreiben. Es gibt dennoch einige Schriften, die man für authentische Äußerungen von Frauen hält, und unter ihnen haben wir jenen Text ausgewählt, in dem Perpetua, eine Christin, am Vorabend ihres Martyriums ihre Passion erzählt. Monique Alexandre hat die Einleitung dazu geschrieben.

P.S.P.

Perpetua oder das Selbstbewusstsein einer Frau

Durch ein Edikt des Jahres 202 hatte der Kaiser Septimius Severus die Bekehrung von Proselyten verboten, sei es von jüdischer oder von christlicher Seite. In Afrika, ohne Frage in Karthago, »werden junge Katechumenen (Anwärter auf die Taufe) ergriffen: Revocatus und seine Mitsklavin Felicitas, Saturninus und Secundulus; unter ihnen auch Vibia Perpetua, die von vornehmer Geburt war, ihrem Stande angemessen erzogen und in ordentlicher Ehe verheiratet. Sie hatte Vater und Mutter, zwei Brüder, von denen einer ebenfalls Katechumene war, sowie einen Sohn, den sie noch stillte. Sie war ungefähr zweiundzwanzig Jahre alt.« Zu Beginn ihrer Kerkerhaft werden diese Katechumenen getauft. Saturus, der sie bekehrt hatte, stellt sich den Behörden und vereint sich mit ihnen im Gefängnis. Nach dem Verhör, dem ›Glaubensbekenntnis‹ und der Verurteilung ›zu den wilden Tieren‹, denen sie vorgeworfen werden sollen, wird die Gruppe in das Militärgefängnis verlegt, um dort die Spiele zu erwarten, die zum Jahrestag des Caesars Geta, des Sohnes des Kaisers, veranstaltet werden. Vermutlich am 7. März 203 werden sie den Tieren vorgeworfen und erhalten dann den Gnadenstoß.

Wir kennen diese Ereignisse aus einem anonym und auf Lateinisch verfaßten zeitgenössischen Bericht; auf diesem Text beruhen sowohl eine griechische Version wie die später zusammengestellten verkürzten Märtyrerakten. Der Erzähler rühmt das Geschehen zum Nutzen der Gläubigen und Ungläubigen, »damit diese neuen Beweise der Tugend zeigen, daß ein und derselbe Heilige Geist immer und bis heute fortwirkt«, und er berichtet ausführlich über den siegreichen Kampf der Märtyrer. Aber im Mittelpunkt seines Berichts steht die Wiedergabe der Erzählungen der beiden Verurteilten selbst, des Saturus und der Perpetua. Besonders ausgestaltet und eingehend ist die Erzählung der Perpetua, die als »mit eigener Hand und in ihrem Sinne geschrieben« vorgestellt wird. An der Seite all jener schweigenden Frauen scheint es hier eine Frau zu geben, die sich schriftlich äußert und eine seltene Stimme hören läßt. Als bruchstückhafte Autobiographie beschränkt sich der Text auf das Wesentliche – das letzte Glaubensbekenntnis im »Ausharren des Fleisches« –, und er bekräftigt vom ersten Gespräch der Perpetua mit ihrem Vater bis zu ihrem Auftritt vor dem Prokurator Hilarianus wiederholt als einzige Bestimmung der eigenen Person jenes »Ich bin Christin«. Aber der Text erzählt auch auf dem Wege über die Ergründung der Emotionen von all dem, was diese junge Matrone zu überwinden hatte, die ihren eigenen Angehörigen näherstand als einem merkwürdigerweise abwesenden Mann, und die ihren Sohn bei sich hatte, den sie noch stillte; die unruhige Sorge einer Mutter, eine Mischung aus Widerstand und Schmerz in den Beziehungen zum Vater. Eine angenommene und in eine andere Welt übertragene Frauenexistenz. Zugleich zeichnet sich deutlich ein neuer Familienzusammenhang ab, nämlich der des Glaubens. Die schmerzensreichen Augenblicke wechseln mit denen der Freude, die intensiv erlebt und als solche zum Ausdruck gebracht werden. In den nächtlichen prophetischen Visionen erscheinen die Gestalten eines anderen Vaters mit ihrer mutspendenden Kraft, wie der weißhaarige Hirte, der Perpetua mit einem Stück süßen Käses füttert, oder der Gladiatorenmeister, der ihr den grünen Zweig mit den goldenen Früchten reicht.

Die Visionen kündigen den Kampf mit dem teuflischen Drachen an, der am Fuße der von Waffen starrenden Leiter kauert, oder mit dem im Kampfe so schrecklichen Ägypter. Aber sie kündigen gleichfalls den Sieg »im Namen Christi« an, den mit dem Fußtritt zertrümmerten Kopf des Gegners, die versprochene Rache an der Schlange der *Genesis*. Durch das Tor des Lebens eröffnen sie den Zugang zu den Früchten des Lebensbaumes im ersehnten Garten, im wiedergewonnenen Paradies, jenem durch die eschatologische Erwartung eröffneten Raum der Freude, jenem Preis des Leidens. Die Schilderung hält sich an die männliche Bildersprache des Ringkampfs, bei dem alle Schläge erlaubt sind. Perpetua sieht sich »zum Manne gemacht« *(facta sum masculus)* und sie überschreitet auf widersprüchliche Weise die Grenzen der weiblichen Schwäche.

Von nun an wohnt ihr eine Kraft inne, die ihr zu Visionen und Prophetie verhilft, und ihr am Ende die freie Macht des Wortes und der Gesten verleiht, sowohl unter ihren Gefährten wie im Angesichts ihrer

Kerkermeister, der Beamten oder des Henkers. Hier wird vorausgewie-
sen auf die Kraft, die die christliche Verehrung ihr und ihren Gefährten
zuerkennen sollte: Im Kalender von 354 in Rom findet sich unter den
Eintragungen der Märtyrer am 7. März die Angabe: »Perpetua und Felicitas in Afrika«.

Passion der heiligen Perpetua und Felicitas

»Diese erzählt hier selbst den ganzen Hergang ihres Martyriums, wie sie
ihn mit eigener Hand und in ihrem Sinne geschrieben hinterlassen hat:

Als wir noch, erzählt sie, mit unseren Verfolgern (in Thurburbo)
zusammen waren und mein Vater mich mit Worten zur Umkehr bewegen wollte und, um mich zum Abfall zu bringen, aus Liebe nicht aufhörte, sagte ich:

›Vater, siehst du zum Beispiel diese Vase hier liegen, oder diesen Krug
oder sonst etwas?‹

Er sagte: ›Ich sehe sie.‹

Darauf sagte ich zu ihm: ›Kann man sie wohl mit einem anderen
Namen nennen als ihrem wirklichen?‹

Er sagte: ›Nein.‹

›So kann auch ich mich nicht anders nennen, als was ich bin: eine
Christin.‹

Mein Vater, durch dieses Wort aufgebracht, stürzte sich auf mich, um
mir die Augen auszukratzen; aber er mißhandelte mich nur, und ging
davon, überwunden wie seine Teufelsredekünste. Da habe ich dann in
den wenigen Tagen, in denen ich den Vater nicht sah, dem Herren
gedankt und mich in seiner Abwesenheit erholt.

In demselben Zeitraum weniger Tage wurden wir getauft, und mir gab
der Geist ein, um nichts anderes beim heiligen Wasser zu bitten, als um
das Ausharren des Fleisches.

Nach einigen Tagen wurden wir in den Kerker (in Karthago) eingeliefert, und ich war in Schrecken versetzt, da ich noch niemals eine solche
Finsternis erlebt hatte. O schrecklicher Tag! Es herrschte eine gewaltige
Hitze der Scharen von Leuten wegen, und außerdem der Soldaten, die
Geld erpreßten. Schließlich wurde ich auch noch durch die Sorge um
mein Kind in dieser Umgebung gequält. Dann haben Tertius und Pomponius, die gesegneten Diakone, die uns dienten, durch Geld erreicht,
daß wir für einige Stunden an eine bessere Stelle des Kerkers geschickt
wurden und uns erfrischen konnten. Da gingen alle ins Freie und erhol-
ten sich. Ich stillte mein Kind, das schon von Hunger geschwächt war.
Um es besorgt, redete ich meiner Mutter gut zu und tröstete meinen Bru-

der, empfahl ihm meinen Sohn. Ich litt schwer, weil ich sie meinetwegen leiden sah. Solche Ängste habe ich viele Tage ausgestanden, erreichte aber, daß das Kind bei mir im Kerker blieb; es erholte sich bald und ich fühlte mich erleichtert durch die Mühe und die Sorge um das Kind. Und der Kerker wurde mir aufeinmal zum Palast, so daß ich dort lieber sein wollte als überall anderswo.

Am Vortage unseres Kampfes sah ich folgende Erscheinung: Wie der Diakon Pomponius an die Tür des Kerkers gekommen sei und heftig geklopft habe. Und ich ging zu ihm heraus und öffnete ihm. Er trug ein weißes umgegürtetes Gewand mit allerlei Verzierungen am unteren Saum. Er sagte zu mir: ›Perpetua, wir warten auf dich, komm.‹ Er faßte mich bei der Hand und wir begannen, durch rauhe Gegenden und auf gewundenen Wegen voranzuschreiten. Kaum waren wir endlich keuchend am Amphitheater angekommen, führte er mich in die Mitte der Arena und sagte zu mir: ›Fürchte dich nicht, ich bin hier bei dir und helfe dir in der Mühsal.‹ Dann ging er fort.

Ich blickte auf eine gewaltige, erstaunte Volksmenge. Und weil ich wußte, daß ich zu den wilden Tieren verurteilt war, wunderte ich mich, daß sie nicht auf mich gehetzt wurden. Es kam hingegen als Gegner zum Kampf gegen mich ein Ägypter heraus, von häßlichem Aussehen, und mit ihm seine Helfer. Aber auch mir traten schöne Jünglinge als Helfer und Beschützer zur Seite. Ich wurde entkleidet, und ich wurde zum Mann. Meine Beschützer begannen, mich mit Öl einzureiben, wie man es beim Wettkampf gewohnt ist, und jenen Gegner, den Ägypter, sehe ich sich im Sande wälzen. Dann trat ein Mann von so erstaunlicher Größe hervor, daß er sogar die Höhe des Amphitheaters überragte. Er trug ein Gewand mit zwei Purpurstreifen und auf der Brust Anhänger aus Gold und Silber. Er trug einen Stab wie ein Gladiatorenmeister und einen grünen Zweig, an dem goldene Äpfel hingen. Er gebot Stillschweigen und sagte: ›Wenn der Ägypter diese da besiegt, wird er sie mit dem Schwert töten; aber wenn sie siegt, wird sie diesen Zweig empfangen.‹ Dann zog er sich zurück. Wir traten einander gegenüber und begannen den Faustkampf. Er suchte mich bei den Füßen zu fassen, ich aber stieß ihm mit den Fersen ins Gesicht. Ich wurde in die Höhe gehoben und fing an, ihn so zu schlagen, als ob ich nicht auf der Erde stünde. Als ich aber Zeit fand, fügte ich meine Hände zusammen, indem ich Finger mit Finger verschränkte, und faßte ihn beim Kopf; da fiel er auf seine Gesicht, und ich zerschmetterte ihm mit den Füßen den Schädel. Das Volk fing an zu schreien und meine Beschützer stimmten ein Lied an. Ich trat zu dem Gladiatorenmeister und empfing den Zweig. Er küßte mich und sagte dann zu mir: ›Meine Tochter, Friede sei mit dir!‹ Und frohlockend begann ich auf das Tor der Lebenden zuzuschreiten.

Da erwachte ich und erkannte, daß ich nicht gegen die wilden Tiere, sondern gegen den Teufel kämpfen würde. Doch ich wußte, daß der Sieg mein sein würde.«[1]

Aus dem Französischen von Andreas Wittenburg

NACHWORT

Beate Wagner-Hasel

W enig geachtet« und »eingeschlossen nach Art der Mor-
genländischen Weiber«, so lebten nach Ansicht des Göttinger Moralphilosophen Christoph Meiners die griechi-
schen Frauen seit dem Zeitalter Homers; »nichts weniger thaten« die griechischen Männer des Heldenzeitalters »als im eigentlichsten sinne des
worts über (ihre weiber) herrschen«, widersprach ihm nur kurze Zeit später, im Jahre 1790, in einer kleinen Schrift über die »Geschichte der Weiber im heroischen Zeitalter« der Historiker Carl Gotthold Lenz.[1]

Diese Einschätzungen der Situation der Frauen in der griechischen
Antike, die die beiden Gelehrten des 18. Jahrhunderts vornehmen, mag
uns heute verwundern. Wir sind es gewohnt, in Fortschrittskategorien zu
denken und zwar nicht die Geschichte, aber doch die Geschichtsschreibung als ein Fortschreiten zu mehr Erkenntnis zu begreifen. Dies gilt
umso mehr für eine neue Richtung der Geschichtsschreibung, für die
Frauenforschung, die aus dem Anspruch heraus entstanden ist, die aus
der historischen Erinnerung verdrängten Frauen wieder sichtbar zu
machen. In den universalgeschichtlichen Entwürfen des 18. Jahrhunderts
aber, wie sie Meiners mit seiner vierbändigen *Geschichte des weiblichen
Geschlechts* in den achtziger Jahren des 18. Jahrhunderts vorlegte, sind
sie trotz des oben zitierten negativen Urteils weit mehr präsent als in
manchen neueren sozialhistorischen Spezialstudien. Und Einschätzungen zum Verhältnis der Geschlechter, wie sie in der monographischen
Studie von Lenz zu lesen sind, wird man in jüngeren Homerstudien vergebens suchen. Viele der uns geläufigen Vorstellungen von Jahrhunderte

währender weiblicher Unterdrückung und Unterordnung unter den Mann sind erst im späten 18. und frühen 19. Jahrhundert ausformuliert worden. Wie unbestimmt der »Geschlechtercode« Ende des 18. Jahrhunderts noch war, hat unlängst Claudia Honegger in ihrer Studie über *Die Ordnung der Geschlechter* am Beispiel philosophischer und medizinischer Diskurse dieser Zeit gezeigt.[2] Die Betonung der Gleichheit bzw. Gleichstellung der Geschlechter, die bei Lenz auffällt, der nicht nur die Existenz von Männerherrschaft für das Zeitalter Homers verneint, sondern den Frauen auch eine eigene autonome Geselligkeitskultur zuschreibt[3], ist im ausgehenden 18. Jahrhundert nicht ungewöhnlich. Sie weicht erst im 19. Jahrhundert einer endgültigen Polarisierung der Geschlechtscharaktere[4], wie sie uns in der Gegenüberstellung von »weiblich-passiv« und »männlich-aktiv« geläufig ist, und mündet in eine Zuschreibung der Frauen zur privaten und der Männer zur öffentlichen Sphäre, mit der die Frauen aus den Geschichtsbüchern wieder verschwanden.

Geht man noch einen Schritt weiter zurück und betrachtet nicht nur den zeitlichen Kontext, in dem die unterschiedlichen Urteile von Meiners und Lenz stehen, sondern auch die Quellengrundlage, auf der beide ruhen, so tritt die Relativität des historischen Urteils über Frauenleben in der Antike noch deutlicher hervor. Denn diese ist in beiden Fällen identisch. Sowohl Meiners als auch Lenz beziehen sich in ihren jeweiligen Urteilen auf unser ältestes literarisches Zeugnis, auf die Epen Homers, die nicht erst im 18. Jahrhundert und nicht nur im Hinblick auf Frauenleben eine derart konträre Einschätzung erfahren haben, wie die einführenden Zitate belegen. Und dies führt mich zu einem grundsätzlichen Problem des Umgangs mit antiken Überlieferungen zur Rekonstruktion einer »Geschichte der Frauen«.

Als irgendwann in der Zeit zwischen dem 8. und 6. vorchristlichen Jahrhundert die Homerischen Gesänge schriftlich fixiert wurden, begann auch die Geschichte der Homerinterpretation. Die Rhapsoden (Sänger) maßen sich nunmehr bei Sängerwettbewerben im Vortragen eines allseits bekannten Textes, dessen Inhalt sie nicht mehr beeinflußten. Der Typus des Sängers dagegen, der noch im Epos geschildert wird, des Aioden, wählt unter Eingebung der Musen selbst seine Formulierungen. Er ist gezwungen den Geschmack und die Weltsicht seines jeweiligen Publikums zu treffen, um nicht das Schicksal jenes namenlosen Sängers im Hause des Agamemnon zu erleiden, der von dessen Nachfolger Aigisthos auf eine einsame Insel verbannt wurde (*Odyssee*, 3, 267–272) – offensichtlich, weil er in seinen Gesängen nicht die Sicht des neuen Machthabers in Mykene wiedergegeben hatte. Einmal der unmittelbaren sozialen Kontrolle der Zuhörerschaft entzogen, für die das Bild der Musen steht, bedarf die zum schriftlichen Text geronnene mündliche

Dichtung der Interpretationshilfen. Den Anfang machten ionische Naturphilosophen, die die homerischen Götter entsprechend dem Welter-
klärungsschema ihrer Zeit in Verkörperungen von Naturkräften verwandelten. Gelehrte aus dem hellenistischen Alexandria oder aus byzantinischer Zeit fügten dem Text Erklärungen zu nicht mehr geläufigen Praktiken bei und mokierten sich gelegentlich über die Machtfülle homerischer Frauen wie z. B. über das Mitspracherecht einer Andromache bei
militärischen Angelegenheiten (*Ilias*, 6, 433–439), welches sie als Interpolation, als spätere Einfügung, betrachteten. Antike Philosophen wie
Platon und Aristoteles kommentierten in ihren Schriften Handlungen und
Situationen aus dem Epos, die ihnen als Beispiele für ethische Fragen
ihrer Zeit geeignet erschienen und kamen dabei zu ähnlich gegensätzlichen Schlußfolgerungen wie die oben zitierten Philosophen des 18. Jahrhunderts.[5]

Dieses Beispiel der Rezeption der homerischen Dichtung, das wie eine
unendliche Geschichte über die Zeit der Spätaufklärung hinaus bis in die
heutige Zeit weitererzählt werden könnte[6], soll ein grundsätzliches Problem der Geschichtsschreibung verdeutlichen helfen: Wenn bereits in
der Antike in so relativ kurzer Zeit Verständnisprobleme auftraten, um
wieviel größer müssen diese geworden sein, wenn zwischen dem Zeitpunkt der schriftlichen Abfassung und der Rezeption nicht mehr nur
Jahrzehnte und Jahrhunderte, sondern Jahrtausende stehen, sich Sprach-
barrieren und Kulturbrüche aufgetan haben, die erst durch philologische
Übertragungsarbeit wieder gemindert, nie aber völlig beseitigt oder gar
gänzlich überwunden werden können. Der Blick auf die antike Welt, wie
sie sich in solchen literarischen Zeugnissen darbietet, ist stets ein Blick
auf eine uns fremde Kultur, der durch keinerlei Zeitzeugenschaft oder
Gemeinsamkeit in der alltäglichen Lebensweise geschärft wird. Und dennoch oder gerade deshalb ist die Antike mit ihren Überlieferungen immer
wieder als das »Eigene«, als der Ursprung aller kulturellen Werte der
europäischen Welt gefeiert oder auch angegriffen worden – von huma-
nistisch gesinnten Philologen, die in den homerischen Epen das Allge-
mein-Menschliche zur Sprache gebracht sehen[7], bis hin zu engagierten
Feministinnen, die eben dort nach den Anfängen eines bis heute
währenden Patriarchats fahnden.[8] Nicht nur die Dichtung, auch die historische Forschung lebt vom Wiedererkennungswert dessen, wovon sie zu
berichten weiß, und wer nicht den rechten Ton der Zeit oder seines
Publikums trifft, den ereilt zwar nicht das Schicksal des Sängers im Hause des Agamemnon, der in der Verbannung den Tod erleidet, aber der
wissenschaftliche Tod, die Ächtung, ist ihm gewiß. Die Wissenschaftsgeschichte ist reich an Beispielen des Entzugs der Anerkennung, wenn
einer der Kollegen (seltener eine der Kolleginnen) sich außerhalb der
herrschenden Lehre stellte. Im 19. Jahrhundert, in den Anfängen der Ent-

stehung quellenkritischer Methoden, konnte das die affirmative Hinwendung zu Mythen als Zeugnissen einer vorschriftlichen Zeit sein – nach Meinung tonangebender Gelehrter wie Theodor Mommsen ohnehin nur ein Arbeitsgebiet für Analphabeten[9]; in den Jahren nach dem Zweiten Weltkrieg führte in westlichen Demokratien die Übernahme marxistischer Ursprungslehren unweigerlich in die wissenschaftliche Isolation.[10] Der öffentlichen Wirksamkeit außerhalb der Fachwissenschaft trat eine Ächtung durch das fachwissenschaftliche Publikum nicht immer Abbruch. Im Gegenteil: Die Mutterrechtsstudie des Basler Altertumsgelehrten Johann Jakob Bachofen z. B., die von den Fachkollegen bei ihrem Erscheinen 1861 kaum beachtet wurde, gehört zu den »herätischen« Büchern mit ungeahnter Breiten- und Langzeitwirkung weit über die Altertumswissenschaft hinaus.[11]

Mit diesen Einwendungen will ich nicht der Beliebigkeit der historischen Forschung das Wort reden. Es geht mir um die Wechselwirkung zwischen Publikum und historisch Forschenden, zwischen der Kontrolle, die nicht nur die Fachwissenschaft, sondern die Gesellschaft überhaupt ausübt, und dem Gegenstand der historischen Forschung. Wenn heute die Frauen- und Geschlechtergeschichte an Terrain gewonnen hat, dann liegt dies keineswegs allein an wissenschaftsimmanenten Faktoren, an der Erschließung neuer Quellen und an der Entwicklung neuer Fragestellungen im Zuge eines Paradigmenwechsels von der politischen Ereignis- und Institutionengeschichte zur Sozial- und Wirtschaftsgeschichte und neuerdings zur Alltags- und Mentalitätengeschichte, wie so oft in neueren Forschungsüberblicken zu lesen ist.[12] Es ist das Publikum selbst – und hier meine ich in erster Linie ein weibliches Publikum innerhalb und außerhalb der Fachwissenschaft –, das sich nicht mehr mit dem Platz zufrieden geben kann, den ihm eine althistorische Forschung, die es vorzog, der Position Meiners zu folgen, in der Vergangenheit zugewiesen hat: an der Seite von Männern, fern der vermeintlich historisch wirksamen Kräfte, wenn nicht im Harem, wie Meiners vermutete, so doch in der als privat definierten Sphäre des Hauses. Denn »die Rekonstruktion der Vergangenheit ist«, wie die italienische Historikerin Gianna Pomata treffend bemerkt, nur »ein Aspekt der komplexen Art und Weise, in der eine soziale Ordnung dargestellt und gerechtfertigt wird«. Sie bildet eine Art »geistige Landschaft« oder einen »Raum sozialer Repräsentation«, in dem, wie auf einer Bühne des Theaters, einige Dinge in den Vordergrund gerückt sind, während andere hinter den Kulissen verborgen gehalten werden.[13] In dem Maße, wie sich in der Gegenwart die Beziehungen zwischen den Geschlechtern verändern, beginnt auch auf der »Bühne der Geschichte« das Kulissenschieben – für durchaus wechselnde Inszenierungen. Nach Jahren der Suche nach einer vergangenen Machtstellung der Frauen in jenem Freiraum, den die an Institutionen und politischen Handlungen großer Männer interessierte Geschichtswissenschaft des 19. Jahrhunderts den Frauen gelassen hatte, in der Vorgeschichte also, wo Bachofen sein Mutterrecht verortet hatte[14], richtet sich der begehrliche Blick nunmehr auf einen angemessenen Platz in der »eigentlichen« Geschichte, die nach den Vorstellungen der Historiker des vergangenen Jahrhunderts mit dem Auftreten schriftlicher Zeugnisse und damit eben mit Homer begann. Seit nahezu zwanzig Jahren wird auf der Grundlage eines veränderten »Geschlechtercodes« der Gegenwart an dem Einschreiben von Frauen in die Geschichte antiker Kulturen gearbeitet, werden die mit Ehrenstatuen bedachten Wohltäterinnen hellenistischer Städte wieder sichtbar gemacht, wird die vermeintlich unumschränkte *patria potestas* des römischen Familienoberhauptes zurechtgerückt und der antike Haushalt seines vormals privaten Charakters entkleidet, werden die unzähligen mythischen und realen Figuren aus Dichtung und Kult neu interpretiert und wird die Geschichte weiblicher Religiosität neu geschrieben.[15] Bei diesem Vorgehen sind durchaus nationale Besonderheiten zu beobachten, die zum Teil mit unterschiedlichen Wissenschaftstraditionen zusammenhängen.

Der vorliegende erste Band der *Geschichte der Frauen* bietet einen zwar nicht ausschließlichen, aber doch repräsentativen Einblick in die Forschungen, die in den letzten Jahren im Umkreis der anthropologischen Schule von Jean-Pierre Vernant, Pierre Vidal-Naquet und Nicole Loraux entstanden sind. Anthropologie muß hier in einem doppelten Sinne verstanden werden: Zum einen ist damit eine methodische Prämisse gemeint, die ethnologisch-vergleichende Methode, die es erlaubt, kulturelle Praktiken der Griechen und Römer im Spiegel der Gebräuche und Lebensweisen außereuropäischer Völker zu betrachten, für dessen Erforschung seit Anfang dieses Jahrhunderts eine neue Disziplin, die Ethnologie entstand; zum anderen geht es um eine inhaltliche Vorgabe, um die thematische Ausrichtung auf kulturelle Praktiken und politische Repräsentationsformen – auf Heirats-, Initiations- oder Grabriten, auf Vorstellungen über Götter, der Ordnung der Stadt . . . Mit anderen Worten: Es steht nicht der Staat, seine politischen Institutionen und Verfassungen, im Vordergrund der Betrachtung, auf die sich das Interesse der Geschichtswissenschaft im Wandel von der Universal- zur Nationalgeschichte seit dem 19. Jahrhundert richtete, sondern die Gesellschaft. Verbunden ist mit dem anthropologischen Zugriff eine strikt historische Sicht: Nicht die Feststellung unveränderlicher anthropologischer Grundgegebenheiten, sondern die Herausarbeitung des spezifisch historischen Charakters von bestimmten Eheformen oder Übergangsriten und der Veränderungen, die diese im Laufe der politischen Geschichte antiker Gesellschaften erfuhren, ist das Ziel. Die Anregungen dazu stammen aus Soziologie und Ethnologie, vor allem aus der strukturalen Anthropologie von Claude Lévi-Strauss, – auf der Frauentauschtheorie von Lévi-Strauss basiert z. B. Claudine Leducs Deutung griechischer Eheformen in diesem Band –; stärker psychologischen Ansätzen ist Nicole Loraux verpflichtet, die in diesem Band dem Verhältnis von Weiblichem und Göttlichem nachgeht.[16]

Die anthropologische Schule hat eine bestimmte Spielart der Frauenforschung hervorgebracht, in der weniger die Lebenswirklichkeit von Frauen als vielmehr das *Reden* über Frauen und Männer, die Entschlüsselung der philosophischen und mythologischen Diskurse über das Verhältnis von männlich-weiblich im Mittelpunkt der Betrachtung steht. In den Arbeiten von Nicole Loraux über den Entstehungsmythos der Athener oder in den Forschungen von Pierre Vidal-Naquet und Jeannie Carlier-Détienne über Gynaikokratie- und Amazonenmythen ist deutlich gemacht worden, wie sehr die Griechen die Ordnung ihrer Stadt in den Kategorien »männlich-weiblich« dachten.[17] Pauline Schmitt Pantel hat in ihrem Aufsatz »Die Differenz der Geschlechter, Geschichtswissenschaft, Ethnologie und die griechische Stadt« von 1984 ein erstes Resümee aus diesen Studien zu ziehen versucht und davor gewarnt, in solchen symbolischen Ordnungen tatsächliche Rollenzuweisungen der Geschlechter zu sehen.[18]

Wie dieses Verhältnis von symbolischer oder tatsächlicher Ordnung gedacht werden muß, dies ist eine zentrale Frage für das Verständnis des Geschlechterverhältnisses in der Antike und ich möchte mich in meinen weniger kommentierenden als ergänzenden Bemerkungen zu diesem Band auf dieses Problem konzentrieren. Es betrifft die Eigenart antiken Denkens, abstrakte und gewordene Strukturen als Erfindung von Personen, seien es Kulturheroen, seien es Götter und Göttinnen, zu imaginieren und in eine Geschichte einzubetten, die in Theateraufführungen inszeniert, auf Tempelwänden gemalt oder von Philosophen erzählt wurden. In solchen Geschichten, zu denen auch der Amazonenmythos zählt, sind Frauen sehr viel mehr präsent als in den politischen Institutionen der Städte und man kann daraus die Schlußfolgerung ziehen, daß das Imaginäre eine Verkehrung des Wirklichen darstellt – dies ist eine der verbreitetsten Lösungen für das Rätsel der Amazonen –[19], oder – was Pauline Schmitt Pantel andeutet und ich vorziehen würde –, daß in solchen symbolischen Ordnungen strukturelle Konflikte verhandelt werden und die Frauen nicht für reale Personen, sondern für den gesellschaftlichen Raum stehen, dem sie zugeordnet werden. Mit anderen Worten: Die Geschichten vom Sieg der Athener über ein Amazonenheer, die im 5. Jahrhundert v. Chr. in Athen im Umlauf waren, erzählen nicht von der Unterordnung und Inferiorität der Frauen, sondern von der politischen Entmachtung des Hauses, in dem sie wirkten.[20] Vor diesem Hintergrund einer Definition des Hauses als Ort des Politischen, wie sie bereits Louis

Gernet, Gründervater der anthropologischen Schule, vorgenommen hatte[21], gewinnt auch das Reden der Philosophen über das Verhältnis von weiblichen und männlichen Anteilen bei der Zeugung, das Giulia Sissa in diesem Band nachzeichnet, seine Logik. Der philosophische Diskurs des 4. Jahrhunderts v. Chr. kreist nicht um den menschlichen Körper als solchen, sondern – so meine Vermutung – um den Gesellschaftskörper, dessen Verfaßtheit – die Unterordnung des Hauses unter die Polis bei Aristoteles, die Auflösung der Häuser bei Platon – am konkreten menschlichen Körper verhandelt wird.[22]

Daß solche symbolischen Ordnungen auf realem Frauenhandeln fußen, machen Forschungen aus dem sozialhistorisch orientierten angelsächsischen Bereich deutlich, die hier keine Berücksichtigung erfahren haben. Die mittlerweile nicht nur für den griechischen Raum geltende Tatsache, daß über Heiratsallianzen politische Bündnisse geschlossen wurden, hat Sally Humphreys zu der Frage nach der Teilhabe von Frauen an informeller Entscheidungsmacht veranlaßt.[23] Aus den Studien von Riet van Bremen über das Wohltäterinnenwesen in hellenistischen Städten geht hervor, daß einzelne Frauen sogar ins politische Zentrum vorrücken konnten, als das Haus seine politische Funktion, die es im 5. Jahrhundert v. Chr. in Athen verloren hatte, wiedergewann.[24] So kann es denn auch nicht verwundern, daß weibliche Gottheiten wie beispielsweise Athens Schutzgöttin Athena, deren Ambiguität Nicole Loraux in diesem Band nachgeht, sowohl *theós* (Gott) als auch *theá* (Göttin) sein müssen. Sie repräsentieren für jedermann und für jede Frau sichtbar die Ordnung antiker Städte, die nur aus der Perspektive politischer Institutionenkunde als eine rein männliche gedacht werden kann. In den kultischen Ritualen der Städte, die eine wichtige integrative Funktion besaßen, wurde dieses Zusammenspiel der Geschlechter, wie Louise Bruit Zaidman für Griechenland und John Scheid für Rom ausführlich darlegen, auf jeweils unterschiedliche Weise öffentlich inszeniert. Auch das frühe Christentum – dies vermittelt der Beitrag von Monique Alexandre – folgt dieser Tradition.

Es ist ein wichtiges Resultat dieser Arbeiten, daß sie die Ordnung der antiken Stadt als ein Verhältnis von Geschlechtern begreifbar machen und die Frauen aus dem Schatten des Privaten ins Licht der Öffentlichkeit geholt haben. Vor allem die Beiträge von François Lissarrague über die Vasenmalerei und Louise Bruit Zaidman über Frauenrituale zeigen, wie wenig zutreffend die im 19. Jahrhundert vorgenommenen Trennungen zwischen einem weiblich-privaten und einem männlich-öffentlichen Bereich für die Antike sind. Yan Thomas und Claudine Leduc geben in ihren Arbeiten eine Vorstellung von der politischen Relevanz von Ehe- und Vererbungsregeln, die in Rom wie auch in manchen Teilen Griechenlands im Kontext der Definition des Bürgers stehen. Aber dieses

Herausholen der Frauen aus der scheinbar privaten Sphäre des Hauses an das Licht der Öffentlichkeit befreit diese nicht aus ihrem marginalisierten Status, den ihnen die Geschichtsschreibung in der Vergangenheit zugewiesen hat. Betont wird in vielen Beiträgen immer wieder die Dominanz der Männer; Claudine Leduc geht in ihrer Analyse der Ehepraktiken vom Objektcharakter der homerischen Frauen aus, den Lenz vor zweihundert Jahren keineswegs zu sehen vermochte. Dies hängt mit der Vernachlässigung der Frauenarbeit zusammen, die Lenz in den Mittelpunkt seiner Betrachtung gestellt hatte und die ihn zu seinem Urteil über die fehlende Männerherrschaft veranlaßte, während sich die Wahrnehmung von Leduc primär auf die reproduktiven Fähigkeiten der Frauen, auf die Hervorbringung der Nachkommenschaft, für die klassische Zeit auch auf ihren Landbesitz richtet.[25] Auf die geringe Beachtung der Frauen als »*Kultur*produzentinnen« ist denn auch die Überbetonung der männlichen Sichtweise zurückzuführen, die in den Interpretationen von bildlichen und literarischen Überlieferungen auffällt, ohne daß diese immer mit Sicherheit nachgewiesen ist. Und sie ist verantwortlich für die Imaginationen einer besonderen Verbindung der Frau zum Bereich des »Wilden«, die einen Gutteil des Bandes durchziehen und die eine bemerkenswerte Nähe zu den Phantasien Bachofens aufweisen, denen Stella Georgoudi nachgeht.

Dem Verweis auf die männliche Sicht, die die Wahrnehmung von Frauenleben bereits in der Antike bestimmt habe, steht die Spurensuche nach einer weiblichen Sicht vor allem von Seiten der amerikanischen Altertumswissenschaft gegenüber, die stärker in der politischen Frauenbewegung verankert ist.[26] Nach Jahren der Opfergeschichtsschreibung deutet sich hier ein Perspektivenwechsel an. So hat unlängst John J. Winkler hinter dem planenden Sinn des Dichters der *Odyssee* eine handlungsbestimmende weibliche Regie der Figur der Penelope ausfindig gemacht, die in die Strukturierung des poetischen Textes eingeflossen sei.[27] Jane MacIntosh Snyder ist den Überlieferungen von Dichterinnen nachgegangen, und ihr schlichter Befund, daß diese wie Homer auch Hexameterverse dichteten, gibt dem Ergebnis Winklers ein doppeltes Gewicht.[28] Auch in bezug auf die rechtlichen und sozialen Grundlagen kündigen sich Revisionen an. Nicht nur die Römerinnen, wie Yan Thomas in diesem Band zeigt, sondern auch die Griechinnen waren jüngsten Untersuchungen von Lin Foxhall und Virginia Hunter zufolge tatsächliche Erbinnen und Herrinnen ihres Besitzes.[29] Diese Ergebnisse, die keineswegs auf neuen Quellen, sondern auf der Re-Interpretation längst bekannter Texte mit neuen Fragen beruhen, stehen dem vor allem in der Rechtsgeschichte gezeichneten Bild von der rechtlich unmündigen und wirtschaftlich abhängigen Frau in der griechischen Antike entgegen und geben Anlaß, über Abhängigkeiten einmal anders als nur aus Frauenperspektive nachzudenken. Was ansteht, ist die Analyse des Geschlechterverhältnisses als eines *Austausch*verhältnisses zwischen Männern und Frauen, ohne dieses mit modernen Vorstellungen von Gleichheit zu belasten.

Auch wenn die Einbeziehung dieser sozialgeschichtlichen Forschungen aus dem deutschsprachigen und angelsächsischen Bereich wünschenswert und nützlich gewesen wäre, ihr Fehlen macht den hier vorliegenden Band nicht weniger lesenswert. So unterschiedlich die einzelnen Beiträge und Fragen, die sie aufwerfen, auch sein mögen, sie alle machen deutlich, daß eine Geschichte der Alten Welt nicht ohne den Blick auf die Frauen und den Ort des Weiblichen im Denken und in den Ritualen antiker Städte geschrieben werden kann. Und dies ist eine Feststellung von durchaus politischer Relevanz. Um auf das eingangs zitierte Beispiel der Homerischen Epen zurückzukommen: Gesänge, wie sie die Aioden ihrem Publikum darboten, dienten der Herstellung eines sozialen Zusammenhangs innerhalb der Zuhörerschaft, der Stiftung einer gemeinsamen Identität. An die Stelle der Sänger sind längst andere Identitätsstifter getreten und die Historikerinnen und Historiker bilden nur einen Teil von ihnen. Auch wenn ihre Arbeiten eine weit geringere Verbindlichkeit beanspruchen können (und sollten) als sie die homerischen Gesänge in der Kultur der antiken Welt besaßen, so müssen sie doch möglich machen, daß sich in ihnen nicht nur eine männliche, sondern auch eine weibliche Leserschaft wiederfinden kann. Daß dieses Wiederfinden nicht in der Identifikation aufgeht, in der Projektion der eigenen Befindlichkeit auf die Antike, die jegliches Verständnis für andersartige Lebensweisen und Geschlechterrollen löscht und die Antike zum Abziehbild der Moderne verzerrt – garantieren die hier vorliegenden Beiträge.

Als letztes noch einige editorische Bemerkungen: Soweit möglich wurde bei der Übertragung antiker Quellen auf bereits vorliegende Übersetzungen zurückgegriffen und diese entweder in den Anmerkungen oder – bei mehrmaliger Verwendung – im bibliographischen Anhang aufgeführt. Bei der Schreibweise antiker Namen und Begriffe wurde verschiedenen Traditionen Rechnung getragen und sowohl die im deutschen als auch im lateinischen und griechischen Sprachgebrauch üblichen Endungen und Umlaute benutzt. Unterschiede sind durch Groß- und Kleinschreibung kenntlich gemacht (z. B. *praetor*/Prätor; *oîkos*/Oikos; *plyntrídes*/Plyntriden). Der Balken auf dem »e« und dem »o« kennzeichnet die griechischen Buchstaben »Eta« und »Omega« (z. B. τιμή = *timē*; γένος γυναῖκων = *génos gynaîkōn*). Für ihre Unterstützung bei der Lösung dieser manchmal schwierigen Sprachprobleme einschließlich der Suche nach Übersetzungen und der korrekten Schreibweise von Eigennamen danke ich Walter Eder und Anja Wieber-Scariot.

ANHANG

ANMERKUNGEN, LITERATUR, REGISTER

ANMERKUNGEN

Vorwort

1 Marie Véronique Gauthier, *Les sociétés chantantes au XIXe siècle (Chansons et sociabilité)*, Diss. Paris I (bei Maurice Agulhon).

2 Die Untersuchungsmethode von Michel Foucault eignet sich in vollkommener Weise für unser Thema, vgl. ders., *Folie et déraison. Histoire de la folie à l'âge classique*, Paris 1961, S. 200ff.

3 Für die Bundesrepublik Deutschland sind hier zu nennen: Archiv der Deutschen Frauenbewegung in Kassel und das Frauenforschungs-, bildungs- und -informationszentrum (FFBIZ) Berlin. (Anm. von Heide Wunder)

4 Marguerite Yourcenar, Carnets de notes, in: *Mémoires d'Hadrien*, Bd. 1, Paris 1951, S. 526 (dt.: Notizen zur Entstehung des Buches, in: *Ich zähmte die Wölfin. Die Erinnerungen des Kaisers Hadrian*, München 1961, S. 238).

5 Nicole Loraux, *Les experiences de Tirésias. Le feminin et l'homme grec*, Paris 1989.

6 Renate Bridenthal und Claudia Koonz, *Becoming Visible. Women in European History*, Boston 1977, 2. Aufl. 1987.

7 Jane Austen, *Northanger Abbey*, Harmondsworth 1972, S. 123.

Was ist eine Göttin?

1 Euripides, *Hippolytos im Kranze* 1393–1394, Übers. Donner, wie auch die folgenden Zitate.

2 Erneut *ou thémis* (»es ist mir nicht gestattet«): auch wenn Artemis dieses Mal ein *mir (emoi)* formuliert, ist die Regel doch ebenso allgemein wie die vorhergehende. Tatsächlich betrifft in Griechenland das Verbot, die Götter mit dem *qua Definition unreinen* Tod in Berührung zu bringen, die gesamte Götterwelt.

3 »Lebe wohl« meint *chaîre*, eigentlich »sei glücklich«. Hippolytos sagt also zu Artemis: »Sei glücklich, du, die du fortgehst.«

4 Vernant 1971, II, S. 84f.

5 Vgl. Charles Segal, Penthée et Hippolyte sur le divan et sur la grille, in: ders., *La musique du sphinx. Poésie et structure dans la tragédie grecque*, Paris 1987, S. 166–168; auf wenig differenzierte Weise spricht Georges Devereux von der »verliebten Begierde« des Hippolytos, deren Objekt Artemis ist, in: *Femme et mythe*, 2. Ausg., Paris 1982, S. 42 (dt.: *Frau und Mythos*. Aus dem Franz. von Heinz Jatho, München 1986, S. 38).

6 J. von Arnim, *Stoicorum veterum fragmenta*, II, S. 315 (Fr. 1076: Chrysippos).

7 Ebd., S. 313, Fr. 1070 (Servius, Kommentar zu Vergil, *Aeneas*, IV, 638: Zitat); vgl. auch Cicero, *De Natura deorum*, I, 34. *Effeminarunt, fictos:* Cicero, ebd. II, 66,70; Servius, ebd.

8 Ramnoux 1982, S. 11.

9 Burkert 1977, S. 334.

10 Hesiod, *Theogonie* 664–667, S. 63.

11 Ramnoux 1981, S. 257.

12 Ich übersetze *Die Vögel* (830–831) möglichst wortgetreu; das Wort *theós* in weiblicher Form gebraucht, verdiente es, in die Lektion über das grammatikalische Geschlecht aufgenommen zu

werden, die Sokrates in den *Wolken* dem Strepsiades erteilt: vgl. Loraux 1989, S. 89.

13 *Homerischer Hymnos an Aphrodite* 109–110, S. 99.

14 Ebd. 185–186, S. 103.

15 Paul Friedrich, *The Meaning of Aphrodite*, Chicago/London 1978, dessen Athena betreffende Formulierung ich wiedergebe. Friedrich gibt sich als »Freudianer (oder Jungianer)« aus (S. 7) und bemerkt anscheinend keinerlei Differenz zwischen diesen beiden Positionen; im vorliegenden Fall scheint er eher Jungianer zu sein: es ist ein von Kerényi im Anschluß an Jung aufgestelltes Postulat, daß die griechischen Götter Träger von Ideen sind (Jung/Kerényi 1980, S. 155).

16 Hesiod, *Theogonie* 205–206 und 216, S. 38.

17 Vernant 1971, II, S. 138f.

18 Ebd., S. 124–170.

19 Pausanias, II, 38,2, Bd. 1, S. 262.

20 Pausanias, VIII, 22,2, Bd. 3, S. 48.

21 Friedrich, *The Meaning of Aphrodite*, S. 82–85.

22 Burkert 1977, S. 251.

23 Giulia Sissa und Marcel Détienne, *La vie quotidienne des dieux grecs*, Paris 1989, S. 52.

24 Vgl. Jean-Pierre Vernant, Mortels et immortels: le corps divin, in: ders., *L'individu, la mort, l'amour*, Paris 1989, S. 7–39.

25 Es ist nicht unsinnig hervorzuheben, daß in der Tragödie das »Dach« für die *Frauen* etwas ganz anderes bedeutet: die hohe Statur des Ehemanns (vgl. Loraux 1985, S. 52).

26 Ein Passus in den *Wolken* (340–365) stellt die Frage: Tritt eine Göttin notwendigerweise als Frau in Erscheinung?

27 *Homerischer Hymnos an Demeter* 275–276, S. 21–23.

28 *Homerischer Hymnos an Aphrodite* 175, S. 103.

29 Ebd. 40–44, S. 95; s. a. *Homerischer Hymnos an Hera* 2, S. 117.

30 Erinnern wir uns, daß unter den drei Dumézilschen Funktionen (Souveränität, Krieg, »ökonomische« Produktion) die Souveränität die erste ist.

31 Hesiod, *Erga* 61, S. 310.

32 Ebd. 79, S. 310.

33 Wenn Hippolytos am Beginn des gleichnamigen Stückes von Euripides (Vers 86) sich geschmeichelt fühlt, mit der Göttin zu sprechen, deren Stimme er hört *(audén)*, wenn er sie auch nicht mit seinen Augen wahrnimmt, könnte es sein – das ist zumindest meine Hypothese –, daß die furchtbare Ironie des Euripides ihn gerade ein Wort aussprechen läßt, das einem (einer) Sterblichen angemessener ist. Für schlechte Substitute halte ich *oudéssa* (irdisch) und *auléessa* (die den Ton der Flöte begleitet), die antike Kommentatoren vorgeschlagen haben.

34 Homer, *Odyssee*, X, 36; XI, 8; XII, 150; XII, 449. Nicht gekennzeichnete Lektüre dieses Ausdrucks

bei M. N. Nagler, Dread Goddess Endowed with Speech, in: *Archaeological News* 6, 1977, S. 77–85.

35 Hesiod, *Erga* 61–62, S. 310.

36 Rudhardt 1986, S. 237–239.

37 Ich gehe im Nachwort der neuen Auflage von *Les enfants d'Athéna* näher darauf ein.

38 Vgl. Alkman, fr. 3, 16, Calame.

39 *Homerischer Hymnos an Aphrodite* 188–190, S. 103.

40 Euripides, *Ion* 506–508.

41 Allein der Raub des Ganymedes durch Zeus wird als nicht mit den unglücklichen Folgen jeder ungleichen Verbindung von Gott und Sterblichem(r) verbunden dargestellt (*Homerischer Hymnos an Aphrodite* 200–217, S. 105). Sollte die Homosexualität eine weniger gefährliche Beziehung sein? Bei den Menschen zumindest ist sie es nicht, wie das Schicksal des Laïos, der »Erfinder« der Homosexualität, belegt.

42 Vgl. Chirassi Colombo, L'inganno di Afrodite, in: *I labirinti dell'Eros*, Florenz 1984, S. 114 und Stella Georgoudi, Les jeunes et le monde animal: éléments du discours grec ancien sur la jeunesse, in: *Historicité de l'enfance et de la jeunesse*, Athen 1986, S. 228.

43 Es handelt sich hier nicht um eine wilde (und moderne) Projektion des Inzestproblems, schon die Alten wiesen auf ihn hin: vgl. Karl Kerényi, *Mythologie der Griechen, Bd. 1: Die Götter- und Menschheitsgeschichten*, München 1966, S. 78, in bezug auf die Scholien zu Theokrit, XV, 64 (die freilich anscheinend nur die Scham des Mädchens gegenüber seiner Mutter anführten), sowie Ramnoux 1982, S. 160 und 165; zum Inzest bei Göttern, Königen und Heroen vgl. Sigmund Freud, Der Mann Moses und die monotheistische Religion, *Studienausgabe* Bd. 9, Frankfurt a. M. 1974.

44 Ramnoux 1982, S. 52.

45 Pindar, *Nemeische Ode, XI*, 1–2, S. 295.

46 Détienne 1981, S. 67.

47 Homer, *Ilias*, 14, 213, S. 235.

48 Hesiod, *Theogonie* 928.

49 Lévêque 1988b, S. 60; vgl. auch Erika Simon, die tatsächlich die These einer anatolisch-ägäischen Großen Muttergöttin wie Kybele, Mêtêr und Rhéa aufstellt (Griechische Muttergottheiten, in: *Matronen und Verwandte Gottheiten*, Köln 1987, S. 160f.).

50 Burkert 1977, S. 211.

51 Zur Ähnlichkeit von Ares und Hera: Homer, *Ilias*, 5, 890–893; wir sollten uns daran erinnern, daß die »richtige« Mutter Kinder gebiert, die ihrem *Vater* ähneln: siehe Loraux 1990, S. 107–114. Zu Hera und Hephaistos: Friedrich, *The Meaning of Aphrodite*, S. 84; zu der allein gebärenden Hera: Kerényi, *Mythologie der Griechen*, Bd. 1, S. 77 nennt Typhon, Hephaistos, Ares.

52 Ebd., S. 157.
53 *Homerischer Hymnos an Aphrodite* 8–35, S. 93–95.
54 Euripides, *Hippolytos* 1301–1302, S. 54.
55 Loraux 1989, S. 263–270.
56 Kerényi, Das Göttliche Mädchen, in: Jung/Kerényi 1980, S. 158.
57 Vgl. Loraux 1981.
58 Détienne 1989, S. 98.
59 *Páredros* bedeutet wörtlich: »an der Seite sitzend«; bei einem Götterpaar bezeichnet das Wort also den Gefährten der zuerst genannten Gottheit. Aber der im allgemeinen mit einem wichtigeren Gott assoziierte »Beisitzerin« übernimmt häufig die Funktion eines Helfers, eines Beistandes oder Ratgebers.
60 Vgl. die Liste der zwölf Götter bei P. Séchant und Pierre Lévêque, *Les grandes divinités de la Grèce*, Paris 1966, S. 26; zur Organisation des *Dodekatheon* vgl. Sissa/Détienne, *La vie quotidienne*, S. 181 f.
61 Vgl. Burkert 1977, S. 119–121.
62 Vernant 1971, II S. 86.
63 Ramnoux 1987, S. 159.
64 Jost 1985, S. 308. Zum Problem der Mehrzahl hauptsächlich in den figürlichen Darstellungen vgl. Th. Hadzistelliou-Price, Double and Multiple Representation in Greek Art and Religious Thought, in: *Journal of Hellenic Studies* 91, 1971, S. 48 f.
65 Brulé 1986, S. 35.
66 Ebd., S. 42 (Hervorhebung von »Illustrationen« von der Autorin).
67 Ramnoux 1987, S. 157 f.
68 Zu diesem Thema sollte man auf die Diskussion hinweisen, die seit 1860 innerhalb der vergleichenden indoeuropäischen Grammatik um die Tatsache geführt wird, daß der Plural des Neutrums ursprünglich ein Kollektiv meinte und daß dieses Kollektiv die Form eines weiblichen »Abstraktums« im Singular hat.
69 Hesiod, *Theogonie* 965: *theáōn phŷlon*. Die »Göttergemeinschaften« können sicherlich Männerbünde sein, wofür Burkert mehrere Beispiele gibt (Burkert 1977, S. 325); aber abgesehen davon, daß diese männlichen Kollektive auf spätere Zeit zurückzugehen scheinen, sollte man darauf hinweisen, daß ihr Band zu einer Mutter sie häufig in den Dienst einer weiblichen Gottheit stellt.
70 Brulé 1986, S. 41.
71 Bezüglich der »Mütter« bei Goethe, von denen es heißt: »die ihr thront im Grenzenlosen, ewig einsam wohnt, und doch gesellig« finden sich bei W. Granoff (*La pensée et le feminin*, Paris 1976, S. 130 f.) anregende Bemerkungen zur Tatsache daß sie »un stock« bilden.
72 Hesiod, *Erga* 764, S. 340, Pindar, *Olympische Ode*, VIII, 81.

73 Hesiod, *Erga* 200, 102–104, S. 315 u. 311.
74 Burkert 1977, S. 265.
75 Détienne 1989, S. 89 f.
76 Vernant 1971, II, S. 87 f.
77 *Homerischer Hymnos an Aphrodite* 97–98, S. 90; Kallimachos, *Hymnos auf Delos* 82–85.
78 *Homerischer Hymnos an Aphrodite* 257, S. 107.
79 Es ist ungerechtfertigt, daß Jean Humbert in seiner Ausgabe des *Hymnos* (Collection des Universités de France) in Vers 259 »diese« mit »die Göttinnen« übersetzt.
80 Kallimachos, *Hymnos auf das Bad der Pallas* 85–86.
81 *Homerischer Hymnos an Aphrodite* 259. Zu dem Zwischenstatus der Nymphen, in dem sich die zentrale Problematik des Hymnos niederschlägt (die Verbindung zwischen Göttlichem und Menschlichem, dem Unsterblichen und dem Sterblichen), vgl. V. Pierre Delforge, Conception et manifestation du sacré dans l'Hymne homérique à Aphrodite, in: *Kernos* 2, 1989, S. 193.
82 Hesiod, *Theogonie* 159.
83 Aischylos, *Die Choephoren* 45.
84 Das ist die Ansicht A. Dieterichs, *Mutter Erde* (1925) Neuauflage Stuttgart 1967, S. 54.
85 Platon, *Menexenes* 237e, 238a; Zitierungen dieser Formel: vgl. Loraux 1981, S. 89, Anm. 71 [Referenzen] sowie Neumann 1981, S. 61, und vor allem Bachofen 1948, S. 101.
86 Loraux 1981, S. 89, Anm. 71.
87 Jan Przyluski, *La Grande Déesse. Introduction à l'étude comparative des religions*, Paris 1950, S. 31; Lévêque 1987, S. 16.
88 Neumann 1981, S. 61; Marija Gimbutas, The Earth Fertility Goddess of Old Europe, in: *Dialogues d'Histoire ancienne* 13, 1987, S. 23, und vor allem Bachofen 1948, Bd. 1, S. 21.
89 Euripides, *Die Phönikerinnen* 685 f.
90 Bachofen 1948, Bd. 2, S. 155, 157 f.; Simon, Griechische Muttergottheiten, S. 164 f. Ein weiteres bevorzugtes Identifikationsfeld ist die mit der Erde identifizierte Pandora; ihr Name sei deren Epiklese; vgl. dazu die differenzierten Bemerkungen Lévêques in: ders. 1988b, S. 56 f.
91 Jung/Kerényi 1980 S. 166 ff; vgl. auch Burkert 1977, S. 248.
92 Vgl. ebd., S. 272; man kann auch, wie Simon (Griechische Gottheiten, S. 164) vorschlagen, einfach Gê als attische Erde und Erde (*Gaia*) als Prinzip in der *Theogonie* und der philosophischen Reflexion zu unterscheiden.
93 Loraux 1981, S. 66 f. und 130.
94 Pausanias, IX, 25, 3, Bd. 3, S. 166.
95 So schreibt Juliette de la Genière hinsichtlich der sicher späten Reliefs im Museum von Sparta all das, was die traditionelle Archäologie auf Helena bezogen hat, der Großen Mutter zu (Le culte de la

Mère des Dieux dans le Péloponnèse, in: *Comptes rendus de l'Académie des inscriptions et Belles Lettres*, Paris 1986, S. 29–48).

96 Pausanias, X, 12, 10.

97 Solon, Fr. 36 West, VV 4–5, S. 31

98 Burkert 1977, S. 85.

99 Um hier klarer zu sehen, muß man das Buch abwarten, das Phillippe Borgeaud dem Thema der Großen Mutter widmen wird.

100 Lévêque 1987, S. 9f., 14.

101 Vgl. z. B. Przyluski, *La Grande Déesse*, S. 23, und Lévêque 1987, S. 16.

102 So Bachofen 1948, Bd. 2, S. 203 (»der Mutterleib«); Neumann 1981, S. 51, 53, 55 (Weib = Körper = Gefäß = Welt), 56; Lévêque 1988a, S. 106.

103 In der *Theogonie* ist es Uranos, der aus Haß seine Kinder im Inneren von Gaia verbarg, »ließ sie nicht empor zum Licht« – »sie aber stöhnte in ihrem Innern, die ungeheure Erde, bedrängt;« (154–160), S. 35. Bei Bachofen, und so nimmt es auch Erich Neumann wahr (1981, S. 40) hat das Weibliche die Tendenz, alles aus ihm Entstehende festzuhalten und wie eine ewige Substanz zu umfassen, so daß alles aus ihm Geborene ihm sowohl gehört als auch untertan ist.

104 Man erinnere die auf Bachofen zielende Kritik Neumanns (1981, S. 71), daß unter gynaikokratischem Recht das Männliche nur Besamer sei, wohingegen »das Große Gefäß . . . in sich seinen eigenen Samen [zeugt], urzeugerisch, parthogenetisch« sei.

105 Vgl. dazu den Text von Stella Georgoudi.

106 Bachofen 1948, Bd. 2 S. 17.

107 Neumann 1981, S. 51–63, 147–200.

108 Lévêque 1988a, S. 40; P. Lévêque gibt diesem Begriff seine Jungsche Verankerung und präzisiert – was auf ihn selbst zurückgeht –, daß eine Mutter zur furchtbaren Mutter wird, weil sie Opfer sexueller Gewalt gewesen sei, Gewalt gegen ihre eigene Person ebenso wie gegen andere ihrer Art.

109 Euripides, *Die Kinder des Herakles* 771–772.

110 Pausanias, V, 3, 2, Bd. 2, S. 10

111 Jung/Kerényi 1980, S. 157.

112 Petersmann 1987, S. 171 und 173.

113 Burkert 1977, S. 277.

114 Neumann 1981.

115 Ich übernehme diese Formulierung von M. Moscovici, *Il est arrivé quelque chose. Approches de l'événement psychique*, Paris 1989, S. 76–79 (in einer Ausführung über die Mütter als Gegenstand der Debatte zwischen Freud und Jung).

116 Neumann 1981, S. 26.

117 Ebd., S. 95 u. 277.

118 Ebd., S. 26.

119 Ebd., S. 52.

120 Bachofen 1948, Bd. 2, S. 9–66.

121 Lévêque 1988a, S. 110–111.

122 Neumann 1981, S. 290.

123 Vgl. Loraux 1990, S. 78–84.

124 Vermerken wir nur, daß die Form *theós* die weibliche Form *theá* nicht nur in den Akkusativ abdrängt, sondern auch, worauf mich Alexander Dimon hingewiesen hat, in die casus obliqui, wo *toîn theoîn taîn theaîn* verdrängt.

125 Vgl. Petersmann 1987, S. 173, 184; siehe auch Jung/Kerényi 1980, S. 212.

126 Vgl. L. Kahn-Lyotard und N. Loraux, Mythes de la mort, in: Y. Bonnefoy (Hg.), *Dictionnaire des Mythologies*, Bd. 2, Paris 1981, S. 121–124.

127 Simon, Griechische Muttergottheiten, S. 157.

128 Burkert 1977, S. 247–251; zur möglicherweise späten Reorganisation der arkadischen Kulte um das Modell des »Große Göttinnen-Paares« vgl. Jost 1985, S. 297–301 sowie vom gleichen Autor den Aufsatz Les grandes déesses d'Arcadie, *Revue des Études anciennes* 72, 1970, S. 141.

129 Vgl. Friedrich, *The Meaning of Aphrodite*, S. 46f.

130 Przyluski, *La Grande Déesse* S. 29; Neumann 1981, S. 168; Friedrich, *The Meaning of Aphrodite*, passim; Lévêque 1988b, S. 60f.

131 Marie Delcourt, *Légendes et cultes de héros en Grèce*, Paris 1942, S. 88 u. 100; dies., *L'oracle de Delphes*, Paris 1955, S. 139.

132 Vgl. S. G. Kapsomenou, in: *Deltion* 19, 1964, S. 24 (col. 18): »Erde, *Mētēr,* Rhea und Hera sind dieselbe«; (. . .) und als *Gê Mētēr* ist sie Demeter genannt worden – aus zwei Namen ein einziger.«; A. Henrichs betont in Die »Erdmutter«-Demeter (P. Derveni und Eurip. Bakch. 275f.), in: *Zeitschrift für Papyrologie und Epigraphik* 3, 1968, S. 111–112, hinsichtlich des Textes jener Passage aus den Bakchantinnen, in der Kadmos und Teirésias, gerade zu Dionysos bekehrt, die gleiche Etymologie vornehmen, daß das etymologische Spiel Demeter / *Gê Mētēr* älter als der Stoizismus ist, dem es häufig zugeschrieben worden ist.

133 Petersmann 1987, S. 172.

134 Przyluski, *La Grande Déesse*, S. 23; Lévêque 1988a, S. 37, 66.

135 Moscovici, *Il est arrivé quelque chose*, S. 317f. in bezug auf Ferenczi, der hinter Gott-dem-Vater Gott-die-Mutter findet.

136 Burkert 1977, S. 88.

137 Ebd., S. 34, 36.

138 »Wahrscheinlich entstanden die Muttergottheiten zur Zeit der Einschränkung des Matriarchats zur Entschädigung der zurückgesetzten Mütter.« (Freud, Der Mann Moses, S. 532).

139 Moscovici, *Il est arrivé quelque chose*, S. 88; zum Mißtrauen Freuds gegenüber der Großen Göttin: ebd., S. 345f.

140 Loraux 1989, S. 219–231.

141 Biardeau 1981a, S. 136.
142 Ebd., S. 55, 150.
143 Biardeau 1981b, S. 295–298.
144 Mir fehlt der Platz, um auf die Vielfältigkeit der Erzählungen in ihrer lokalen Verankerung einzugehen und ich halte mich daher an das, was den griechischen Städten *gemeinsam* ist, ohne aber die Bedeutung der Unterschiede zu vergessen.
145 Ich werde mich im wesentlichen auf Ramnoux 1982, stützen, ein Buch, das zu selten zitiert wird, zweifellos, weil es, da ihm ein kopflastiger Anmerkungsapparat fehlt, nicht »gelehrt« genug erscheint . . .
146 Homer, *Ilias*, 14, 260–261.
147 Ramnoux 1959, S. 23.
148 Man muß dieses Erzeugen durch reine Teilung von dem anfänglichen Gebären der Erde unterscheiden, das durch Ausstoßen geschieht.
149 Ramnoux 1959.
150 Ramnoux 1982, S. 25.
151 Ebd., S. 52.
152 Vgl. Aischylos, *Agamemnon* 170–173.
153 Ramnoux 1982, S. 27–29.
154 Ebd., S. 165.
155 *Phradmosýnéisin* (*Theogonie* 884, S. 74); zu Gaia, Zeus und dem *phrázein* vgl. A. Iriarte, *Las redes del enigma. Voce s femininas en el pensiamento griego*, Madrid 1990, S. 38f.
156 Aischylos, *Choephoren* 148, S. 318.
157 Ramnoux 1982, S. 50.
158 Détienne 1981; ders. 1989, S. 40.
159 Ebd., S. 33; Ramnoux 1987, S. 160 (und 156).
160 Ramnoux 1982, S. 50.
161 Ebd. S. 56.
162 Otto 1929.
163 Ebd., S. 250.
164 Ebd., S. 55, 251.
165 Aischylos, *Die Eumeniden* 428.
166 Otto 1929, S. 130 (der eine von den Anhängern der Großen Göttin bis zum Überdruß wiederholte Etymologie aufnimmt, die besagt: Poseidon ist der Gatte (*pósis*) von *Dō, Dōs, Deō, das heißt, von Démēter, das heißt, von der Erde*). Vgl. Petersmann 1987, S. 136.

1. Verbindungstext

1 Zum römischen Recht vgl. die Studien von Danielle Gourévitch, *Le triangle hippocratique dans le monde gréco-romain*, Rom 1983 und dies. 1984 sowie von Aline Rousselle, Observation féminine et idéologie masculin: le corps de la femme d'après les médecins grecs, in: *Annales E.S.C*, 1980, S. 1089–1115 und dies. 1983 (dt.: 1989).

Platon, Aristoteles und der Geschlechterunterschied

1 Philon von Alexandria, *De opificio mundi* 165. Ich danke Francis Schmidt, der mich unlängst auf die Passagen über die geschlechtliche Konnotation der psychologischen und kognitiven Funktionen bei Philon aufmerksam gemacht hat. Ich habe diese Fragen in meinem Aufsatz Il segno oracolare. Una parola divina e femminile, in: *Il mondo classico. Percorsi possibili*, Ravenna 1985, S. 244–252, entwickelt.
2 Vgl. Marrou 1950, S. 50.
3 Platon, *Politeia*, II, 377c. Platon will die Mythen, die die Mütter und Ammen den Kindern erzählen, einer Revision unterziehen, denn von jenen, »die sie jetzt erzählen, sind wohl die meisten zu verwerfen«.
4 Platon, *Symposion* 209a–c, S. 105.
5 Ebd. 212a, S. 111.
6 Ebd. 206d, S. 97
7 Ebd.
8 Natürlich gibt es Verschiebungen, wie Nicole Loraux zeigt (1989, S. 21); zweifellos ist auf seiten des Philosophen eine Aneignung der weiblichen Macht zu gebären vorhanden, wie Page DuBois betont (1988, S. 169–183).
9 Platon, *Phaidros* 251.
10 Platon, *Theaitetos* 160e.
11 Zur Mäeutik vgl. Burnyeat 1977, S. 7–16. Ich habe einige Schlußfolgerungen einer gegenwärtig in Arbeit befindlichen Studie über die Mäeutik und ihre Interpretation, die demnächst erscheinen wird, in dem Aufsatz La loi dans les âmes, in: *Le temps de la réflexion* 6, 1985, S. 49–72, insb. S. 68–72, veröffentlicht.
12 Philon von Alexandria, *De opificio mundi* 76.
13 Ebd. 152.
14 Albert Jacquard, *Moi et les autres*, Paris 1984.
15 Bocquet, S. 545–548, insb. S. 545. Die Definition der Art stammt von E. Mayr.
16 Eine strenge Definition der Art nach einem morphologischen Kriterium ist mit den Tatsachen des geschlechtlichen Dimorphismus und seiner bisweilen extrem ausgeprägten Varietät unvereinbar.
17 Vgl. die Arbeiten von Pellegrin, insb. ders. 1985, S. 95–115.
18 Platon, *Politikos* 262c–263a, S. 233.
19 Platon, *Politeia* 451d.
20 Ebd. 452d–e.
21 Ebd. 453e–455e.
22 Ebd. 455c, S. 385.
23 Ebd. 455d, S. 177.
24 Die Konzeption der Gemeinschaft von Frauen und Kindern beinhaltet die Nichtanerkennung aller durch biologische Fortpflanzung hervorgebrachten gesellschaftlichen Gruppen; die anerkannten

Altersgruppen dagegen werden unter Verwandt-
schaftsbegriffen gefaßt. Die Wächter bilden daher
eine klassifikatorische Verwandtschaftsgruppe.

25 Vgl. Pellegrin 1985, S. 95.

26 Aristoteles, *Metaphysik*, IV, 1024a.

27 Platon, *Symposion 191a.*

28 Platon, *Timaios* 42b, 90e.

29 Hesiod, *Theogonie* 589ff.

30 Vgl. Nicole Loraux, La race des femmes et quel-
ques-unes de ses tribus, in: *Arethusa*, II, 1978, S.
43–89.

31 Eine sehr reiche Synthese ist kürzlich von Pierre
Judet de la Combe, Dominique Rolet und Alain
Lernould anläßlich des im Oktober 1989 vom Cen-
tre de recherche philologique in Lille zu *Hesiod*
organisierten Kolloquiums ausgearbeitet worden.
Die Autoren insistieren zu Recht darauf, daß die
Frau als Mangel für den Mann in die Welt tritt.

32 Auf die Bedeutung der das Erscheinen der Frau
kennzeichnenden Diskontinuität ist insbesondere
von Piero Pucci hingewiesen worden: Il mito di
Pandora in Esiodo, in: Bruno Gentili und Gino
Paioni (Hg.), *Il mito greco. Atti del convengno
internazionale. Urbino 7.–12. Mai 1973*, Rom
1977, S. 207–229.

33 Vor allem Jean Rudhardt hat auf diesem Punkt
beharrt, bis hin zu der Feststellung, daß Pandora
nicht die erste Frau ist: Pandora: Hésiode et les
femmes, in: *Museum Helveticum* 43, 1986, S.
231–246.

34 Aristoteles, *Metaphysik* 1024a, 29–30.

35 Ebd. 1058a, S. 232: »Man könnte aber fragen, weshalb denn das Weib vom Manne nicht der Art nach
verschieden ist, da doch das Weibliche zum Männlichen im Gegensatz steht, der Unterschied aber
ein Gegensatz ist.«

36 Aristoteles, *Von der Zeugung und Entwicklung der
Tiere* 716b, in: ders., *Werke*, Bd. 3, S. 47.

37 Ebd. 716a, S. 45.

38 Zur Darstellung der weiblichen Mängel vgl. Sissa
1983.

39 Aristoteles, *Tierkunde* 538b, in: ders., *Die Lehrschriften*, Bd. 8, 1, S. 188f.

40 Aristoteles, *Über die Teile der Tiere* 653a 27b 3, in:
ders., *Werke*, Bd. 5, Buch II 33, S. 79.

41 Aristoteles, *Von der Zeugung und Entwicklung der
Tiere* 728a, in: ders. *Werke*, Bd. 3, S. 105.

42 Ebd. 775a, S. 339.

43 Ebd.

44 Ebd. 728, S. 105.

45 Die Analogie erlaubt, zwischen verschiedenen
Gruppen ein System von Entsprechungen zu
errichten. Wie Pierre Pellegrin (1985) feststellt,
ordnet Aristoteles die Tiere nicht ein, sondern
unterteilt sie eher.

46 Aristoteles, *Von der Zeugung und Entwicklung der
Tiere* 726b, in: ders., *Werke*, Bd. 3, S. 99.

47 Ebd. 716a, S. 43.

48 Wie Françoise Héritier-Augé sagen würde, die Aristoteles auf sehr geglückte Weise mit afrikanischen biologischen Theorien vergleicht und reak-
tualisiert.

49 Aristoteles, *Von der Zeugung und Entwicklung der
Tiere* 729b, in: ders., *Werke*, Bd. 3, S. 113; vgl. Sissa 1983.

50 Ebd. 740b, 18–25, S. 171.

51 Hippokrates, *Der Samen – Das Werden des Kindes*, Kap. 4; in: ders., *Werke*, Bd. 3, Teil XVI/22.

52 Demosthenes, *Gegen Mamarkatos* 51.

53 Aristoteles, *Von der Zeugung und Entwicklung der
Tiere* 767b, in: ders., *Werke*, Bd. 3, S. 301.

54 Ebd.

55 Ebd. 768a, S. 303.

56 Platon, *Timaios* 50b.

2. Verbindungstext

1 Claude Vatin, *Recherches sur le mariage et la condi-
tion de la femme mariée à l'époque hellénistique*,
Paris 1970; Joseph Mélèze Modrzejewski, La struc-
ture juridique du mariage grec, in: *Scritti in onore di
Orsolina Montevecchi*, Bologna 1981, S. 231–268;
Pomeroy 1984.

Die Teilung der Geschlechter
im römischen Recht

Vorbemerkung: In den Anmerkungen sind die juristischen Quellen zum römischen Recht in folgender
Weise abgekürzt:

Dig   *Digesten.* Dem Zitat vorangestellt sind der
         Name des Autors, der Werktitel und die Anga-
         be des Buches, aus dem die Kompilatoren
         geschöpft haben (zum Beispiel: Ulpian, *Sabi-
         nuskommentar*, lib. 1, Dig. 1, 5, 10).

C. J.   *Codex Iustinianus.* Dem Zitat vorangestellt
         sind die Namen der Kaiser, denen das Gesetz
         zugeschrieben wird, nachgestellt ist das Jahr
         des Erlasses (zum Beispiel: Septimius Severus
         und Caracalla, C. J. 3, 28, 3, in 197 n. Chr.).

Inst.   *Institutionen des Justinian*

Gaius   *Institutionen des Gaius*

S. P.   *Sententiae Pauli (Paulussentenzen).*

Ulp.   *Ulpiani regulae (Regeln des Ulpian)*

F. V.   *Fragmenta Vaticana (Fragmente aus dem
         Vatikan)*

C. Th.   *Codex Theodosianus* (Zitierweise wie C. J.).

Für die deutsche Übersetzung der juristischen Quellen
wurden, jeweils orientiert am Satzduktus des französischen Originals, folgende Werke zugrunde gelegt:

Karl Eduard Otto/Bruno Schilling/K. F. F. Sintenis
(Hg.), *Das Corpus Iuris Civilis (Romani)*, Bd. 1, 2.

Aufl., Leipzig 1839 (*Institutionen des Justinian* und Anfang der *Digesten* [Pandekten]); Bd. 2–3, Leipzig 1831 (*Digesten*); Bd. 4–6, Leipzig 1832 (Bd. 4: *Digesten*; Bd. 5–6: *Codex Iustinianus*). Die Bände 1–4 liegen als Nachdruck (Aalen 1984) vor.

Erwin Scharr, *Römisches Privatrecht*. Lateinisch und Deutsch, Zürich/Stuttgart 1960 (Textauszüge aus den *Institutionen des Gaius*, den *Paulussentenzen* und den *Regeln des Ulpian*; siehe Register bei Scharr, S. 1349–1361).

[Sammelwerke werden in folgender Weise abgekürzt:
CIL   *Corpus Inscriptionum Latinarum*
FIRA *Fontes iuris Romani anteiustiniani*. 2. Aufl., Bd. 1 (*Leges*, hg. von S. Riccobono, Florenz 1941), Bd. 2 (*Auctores*, hg. von I. Baviera und I. Furlani, Florenz 1940; Neudruck, Florenz 1964), Bd. 3 (*Negotia*, hg. von V. Arangio-Ruiz. Florenz 1943: Neuauflage mit Anhang, Florenz 1968).]

1 Legendre 1985, S. 41 ff.
2 Ulpian, *Sabinuskommentar*, lib. 3, Dig. 28, 2, 6, 2.
3 Paulus, Dig. 22, 5, 15, 1.
4 Ulpian, *Sabinuskommentar*, lib. 1, Dig. 1, 5, 10.
5 Die Theorie der physischen Unregelmäßigkeiten leitet sich aus der Theorie der willentlich zugefügten körperlichen Gebrechen (d. h. der Verstümmelungen) ab, und wird behandelt im Dekret Gratians, *prima pars*, Abschnitt 55. Dort schließen sich auch andere »ständige« Behinderungen an, psychische und juristische. Siehe dazu Bartolomeo Ugolinus, *Tractatus de irregularitatibus*, Venedig 1601, und den Codex des kanonischen Rechts, Kanon 1040 und die folgenden.
6 Plinius, *Naturkunde*, 7, 3, 34, Galenos, *Definitiones medicae*, 478, in, C. G. Kühn (Hg.), *Medicorum Graecorum operae quae extant*, Bd. 19, Leipzig 1830, S. 453.
7 Liv., 27, 37, 5 (in 207 v. Chr.) und 31, 12, 8 (in 200 v. Chr.); zahlreiche Beispiele für die Jahre zwischen 142 und 95 v. Chr. finden sich bei Iulius Obsequens (Kap. 81, 86, 92, 94, 96, 106, 107, 110).
8 Zu diesen sexuellen Definitionen treten Metaphern des Webens (s. John Scheid, *Annuaire de l'École Pratique des Hautes Études*, Vᵉ section, 1985–86, S. 443ff.) und des Unterjochens (Servius, *Kommentar zu Vergils Aeneis*, 4, 16; Isidoros von Sevilla, *Origines*, 9, 7, 9 und 19).
9 Cicero, *Vom pflichtgemäßen Handeln (de officiis)*, 1, 17, 54; Columella, *Vom Ackerbau (de agricultura)*, 12, Vorwort, 1; Ulpian, *Institutionen*, lib. 1, Dig. 1, 1, 1, 3; 1, 1, 2, pr.; Inst., 1, 2, pr.; Modestin, *Regeln*, lib. 1, Dig. 23, 2, 1.
10 Zur Würde der Matrone: Afranius, *Comica*, Fragment 326 in der 3. Aufl. der Ausgabe von Ribbeck; Liv., 32, 2, 8; Donatus, *Kommentar zur Aeneis*, 9, 285.

11 Jean Gaudemet, Le statut de la femme dans l'Empire romain, in: *La femme*, Recueil de la société Jean Bodin 9, Brüssel 1959, S. 191–222; Pomeroy 1975; Guy Fau, *L'émancipation féminine dans la Rome antique*, Paris 1978; Crook 1986, S. 83–91.
12 Gide 1867.
13 Vidal-Naquet 1981, S. 26.
14 Loraux 1981.
15 Fau, *L'émancipation féminine*.
16 Ulpian, *Ediktskommentar*, lib. 46, Dig. 50, 16, 195 pr.; vgl. Dig. 50, 16, 56, 1 und Pomponius, *Kommentar zu Quintus Mucius*, lib. 8, Dig. 50, 16, 122. Die Sammlung von Wortbedeutungen »Die Bedeutung der Wörter« (*de verborum significatione*) durch die Kompilatoren der *Digesten* (50, 16) beginnt mit einem kurzen Fragment aus Ulpian: »Der Ausdruck ›Wenn jemand‹ umfaßt sowohl Männer wie Frauen.« Ausgehend von diesem Text entwickelt sich das mittelalterliche juristische Denken (s. die *Grosse Glosse* des Accursius [Digestum Novum, seu Pandectarum iuris civilis, Bd. 3, Lyon 1627, Nachdruck Osnabrück 1966, S. 1793] zur angegebenen Stelle: »Das männliche Geschlecht schließt auch das weibliche Geschlecht mit ein, weil es an Würde überwiegt«) und später das humanistische (wichtig sind die Erläuterungen von Johannes Goddaeus in seinem Kommentar zu Dig. 50, 16, Herborn 1608. Dazu E. Koch, Vom Versuch, die Frage, ob die Weiber Menschen sein, oder nicht, aus den Digesten zu beantworten, in: *Rechtshistorisches Journal* 1, Frankfurt 1982, S. 171–179).
17 Erwerb der *patria potestas* beim Tode des Aszendenten, der diese Gewalt besitzt: Ulpian, *Ediktskommentar*, lib. 46, Dig. 50, 16, 195, 2.
18 Thomas 1986, S. 211–236.
19 Gaius, 3, 4. (Hervorhebungen durch den Autor).
20 Gaius, 3, 2; *Berliner Fragmente*, 2 (Text bei Paul F. Girard, *Textes de droit romain*, 7. Aufl., Paris 1967, S. 409).
21 Gaius, 3, 26; Pomponius, *Sabinuskommentar*, lib. 4, Dig. 38, 6, 5 pr; Inst., 3, 1, 9. (Hervorhebungen durch den Autor).
22 Richard P. Saller, *Patria potestas* and the stereotype of the Roman Family, in: *Continuity and Change* 1, Chicago 1986, S. 7–22 (auf S. 19 die Behauptung, die Regeln seien nicht mehr angewandt worden, es sei aber in der Kaiserzeit nicht nötig gewesen, die alten Regeln der *patria potestas* zu verändern).
23 Die Frage der »Ausübung« der väterlichen Gewalt bot Anlaß zu einer im höchsten Grade nutzlosen Debatte über die Häufigkeit der Anwendung des »Rechts über Leben und Tod«. Zur Banalität von Überlegungen zu institutionellen Problemen, die unter die Dampfwalze des Soziologismus geraten

sind, lese man mit Gewinn Pierre Legendre, *Le Désir politique de Dieu*, Paris 1988, S. 63–103.

24 Yan Thomas, *Vitae necisque potestas*. Le père, la cité, la mort, in: *Du châtiment dans la cité*, Rom 1984, S. 499–548; ders., Remarque sur la jurisdiction domestique à Rome, in: Jean Andreau (Hg.), *Stratégies familiales dans le monde antique*, Rom 1990.

25 Im Gegenteil, seit ältester Zeit existieren Gruppen mit undifferenzierter Verwandtschaft neben der agnatischen Familie; siehe dazu die sehr treffenden Bemerkungen von Philippe Moreau, La terminologie latine et indo-européenne de la parenté et le système de parenté et d'alliance à Rome: questions de methode, in: *Revue des Études latines 56*, 1978, S. 41–53.

26 XII-Tafeln, 5, 4; Gaius, 3, 1, 8; Dig. 38, 16 »Über »eigene« und legitime Erben« *(de suis et legitimis heredibus).*

27 XII-Tafeln, 5, 4; Gaius, 3, 9–17; Ulp. 11, 4.

28 Gaius, 3, 14; Inst., 3, 2, 5; S. P. 4, 8, 20; Ulp. 26, 6.

29 »Natürliche« Abstammung als Qualifikation einer legitimen Abstammung nach dem Erlöschen der *patria potestas*: *Tabula Hebana* (*Année épigraphique* 1949, Nr. 215), Zeile 2; vgl. *Tabula Siarensis* (*Zeitschrift für Papyrologie und Epigraphik 55*, 1984), frag. 1, Zeile 20, wo man interpunktieren muß: *Patris eius naturalis, fratris . . .*, nicht aber, wie es der Herausgeber Julián Gonzáles tut: *Patris eius, naturalis fratris*; Modestin, *Regeln*, lib. 2, Dig. 1, 7, 1; Papinian, *Fragen*, lib. 12, Dig. 28, 2, 23; Ulpian, *Ediktskommentar*, lib. 46, Dig. 50, 16, 195, 2, usw.

30 Gaius, 2, 161 (vgl. 1, 104; 3, 43; 3, 51); Ulpian, *Sabinuskommentar*, lib. 14, Dig. 38, 16, 3; Diokletian und Maximinian, C. J. 8, 47, 5, in 291 n. Chr.; Inst. 1, 11, 10.

31 Gaius, 1, 104.

32 Gaius, 2, 161.

33 Gaius, 3, 24 (vgl. 3, 3); Inst. 1, 3, 3 pr.

34 Die Blutsverwandten müssen unter der gleichen *potestas* gestanden haben und zum gleichen Zeitpunkt daraus ausgeschieden sein – oder nach dem Tod oder der Gefangennahme des Vaters geboren sein (denn dann lebt die Gewalt entweder bis zur Geburt fiktiv fort oder ist suspendiert und lebt rückwirkend wieder auf, sobald der Vater wieder sein Bürgerrecht erhält): Ulpian, *Sabinuskommentar*, lib. 12, Dig. 38, 16, 1, 10.

35 Julian, *Digesten*, lib. 59, Dig. 38, 16, 8; vgl. 38, 16, 6 und Ulpian, *Ediktskommentar*, lib. 46, Dig. 38, 8, 1, 8.

36 Ulpian, *Ediktskommentar*, lib. 46, Dig. 50, 16, 195, 2.

37 *Rhetorica ad Herennium*, 1, 13, 23; Quintilian, *Die Ausbildung des Redners (institutio oratoria)*, 7, 8, 6; 8, 6, 35.

38 Zum Mord an einem Elternteil, Vater oder Mutter: Festus, S. 174 (Lindsay); Plautus, *Epidicus*, 449; Priscian, *Institutiones grammaticales*, 5, 56. Zur Strafe der Säckung für den Muttermörder: *Rhetorica ad Herennium*, 1, 13, 23; Tacitus, *Annalen*, 13, 21, 2; 14, 8, 5.

39 Ulpian, *Über die Pflichten des Konsuls*, lib. 2, Dig. 25, 3, 5, 2: »Es ist zu prüfen, ob die Kinder nur für ihren Vater, Großvater, Urgroßvater oder andere Vorfahren der väterlichen Linie sorgen müssen, oder ob sie auch verpflichtet sind, dies für die Mutter und die anderen Vorfahren der mütterlichen Linie zu tun. Der Richter hat in jedem Fall seine Autorität einzusetzen, um den dringenden Bedürfnissen der einen und der schwachen Konstitution der andern zu Hilfe zu kommen; und wie diese Verpflichtung seine Quelle in der Gleichheit und in der Zuneigung findet, die Menschen gleichen Bluts zueinander empfinden *(caritate sanguinis)*, so muß der Richter die berechtigten Ansprüche jedes einzelnen abwägen.«

40 Ulpian, *Ediktskommentar*, lib. 5, Dig. 2, 4, 4, 1–2: »Der Prätor sagt in seinem Edikt: Niemand soll seinen *parens* ohne meine Erlaubnis vor Gericht fordern.« Hier ist *parens* auf beide Geschlechter zu beziehen.

41 Ulpian, *Sabinuskommentar*, lib. 38, Dig. 27, 10, 4; (Pseudo?-)Ulpian, *Opiniones*, lib. 1, Dig. 37, 15, 1.

42 Zeugenaussage: *lex Iulia* des Augustus, Dig. 22, 5, 4; Municipalgesetz für die Kolonie Genetiva Iulia (*lex coloniae Genetivae Iuliae sive Ursonensis*, aus der Zeit Caesars), Kap. 95, in: FIRA, Bd. 1, S. 187–188. Die gleiche unterschiedslose Bezeichnung der Verwandtschaft findet sich schon in einem Richtergesetz des Gaius Gracchus zwischen 123 und 121 v. Chr. (*lex Acilia repetundarum*, Zeile 20, in: FIRA, Bd. 1, S. 90).

43 Die Notiz bei Sueton, *Galba*, 2, zeigt zur Genüge, daß die beiderseitigen Vorfahren im Atrium der Adelshäuser (und also auch bei den öffentlichen Begräbnisfeiern) aufgestellt waren: Galba führt seine Abstammung mütterlicherseits bis auf Pasiphaë, die Frau des Minos, zurück. Die *stemmata* der Verwandtschaft, die von den Juristen benutzt werden, umfassen alle Verwandten: das Schema des *stemma* erinnert also mit seinen Linien (*lineae*, Paulus, *Verwandtschaftsgrade und ihre Bezeichnung*, Dig. 38, 10, 9) und seinen Zweigen (*ramusculi*, Isidoros von Sevilla, *Origines*, 9, 6, 29) an die »Linien«, die die gemalten Portraits miteinander verbanden (Plinius, *Naturkunde*, 35, 2, 6). Seneca (*de beneficiis*, 3, 28, 2) nennt diese Linien ,gekurvte Linien der *stemmata*« (*multis stemmatum . . . flexuris*). Man muß also in den gemalten *stemmata* der Adelshäuser die gleiche Präsenz der mütterlichen Linie und von Frauen annehmen, wie sie uns gut in den Stammtafeln der juristischen Praxis

bezeugt ist, da sie sich vermutlich von den ersteren ableiten.

44 Die kaiserlichen Diplome sind untersucht von E. Volterra, *Tollere liberos*, in: *Festschrift Fritz Schulz*, Bd. 1, Weimar 1951, S. 388–398; ders., Ancora sul tema di *tollere liberos*, in: *Jura 3*, 1951, S. 206–217.

45 Moreau 1983, S. 99–123 (bes. S. 121ff.); ders. 1986, S. 169–189; Dixon 1986, S. 93–119.

46 Diese Praxis ist bezeugt bei Cicero, *de finibus*, 2, 55 und 58, und *pro Cluentio*, 7, 21.

47 Mitgift der Terentia: Plutarch, *Cicero*, 8, 2; Mitgift der Tullia: Cicero, *Atticus-Briefe*, 11, 23, 3 und 11, 25, 3. Zur Höhe der Mitgift in der senatorischen Aristokratie der Republik s. Israel Shatzman, *Senatorial Wealth and Roman Politics*, Brüssel 1985, S. 413–414.

48 Suzanne Dixon, *The Roman Mother*, London / Sidney 1988; John A. Crook, Woman in Roman Succession, in: Rawson 1986, S. 58–82.

49 Siehe das Kapitel »Die zu beobachtende Reihenfolge beim Nachlaßbesitz« *(quis ordo in possessionibus servetur)* in Dig. 38, 15.

50 Ulpian, *Ediktskommentar*, lib. 46, Dig. 38, 8, 1, 9; Gaius, *Kommentar zum Provinzialedikt*, lib. 16, Dig. 38, 8, 2; Ulpian, *Regeln*, lib. 6, Dig. 38, 8, 4; Modestin, *Regeln*, lib. 14, Dig. 38, 8, 8.

51 Vgl. oben Anm. 21.

52 Gaius, *Kommentar zur lex Iulia et Papia*, lib. 10, Dig. 38, 16, 13.

53 Unmittelbare männliche Erbfolge: Paulus, *Sabinuskommentar*, lib. 2, Dig. 28, 2, 11; Gaius, 2, 157; Gaius, *Kommentar zur lex Iulia et Papia*, lib. 10, Dig. 38, 16, 14. Unterbrochene weibliche Erbfolge: Gaius, 2, 161; Ulpian, *Sabinuskommentar*, lib. 6, Dig. 29, 2, 6, 3. Zur juristischen Handhabung des »herrenlosen Erbes« siehe Pasquale Voci, *Diritto ereditario romano*, Bd. 1, Mailand ²1967, S. 516–576.

54 Zum Beispiel das Testament der Dinaea von Larinum (Moreau 1986, S. 184) zugunsten ihrer Söhne und Enkel; das Testament der Caesennia (Cicero, *pro Caecina*, 17) zugunsten ihres Ehemannes. Murdia setzte ihre Söhne zu gleichen Teilen als Erben ein, vermachte ihrer Tochter ein Legat in gleicher Höhe (wie den Söhnen) und hinterließ ihrem Ehemann als Legat eine Geldsumme, die ihre Mitgift überstieg (*laudatio Murdiae*, in: FIRA, Bd. 3, Nr. 70, S. 219, im 1. Jahrhundert n. Chr.). Ummidia Quadrata, die nur Enkelkinder hatte, setzte ihren Enkel zu zwei Dritteln und ihre Enkelin zu einem Drittel als Erben ein (Plinius, *Briefe*, 7, 24, 2), während die Ehefrau des Aquilius Regulus ihren Sohn als Erben unter der Bedingung bestimmte, daß er von seinem Vater emanzipiert werde (ebd. 4, 2, 2: Dies ist eine häufige Klausel in der Testierpraxis; die Frauen verhindern auf diese Weise, daß ihre Güter in das Vermögen ihrer

Ehemänner fallen. Siehe dazu Dalla 1983). Zahlreiche weitere Beispiele finden sich in den Digesten.

55 Marcellus, *Digesten*, lib. 3, Dig. 5, 2, 5; vgl. Papinian, *Responsen*, lib. 2, Dig. 5, 2, 16.

56 Zu dem von Augustus als ungültig erklärten Testament: Valerius Maximus, 7, 7, 4; zum Ausschluß des Curianus aus dem Testament der Mutter: Plinius, *Briefe*, 5,1, S. 179–181.

57 Cicero, *pro Cluentio*, 14, 45; vgl. *pro Caecina*, 12: Der junge Fulcinius hat fast sein ganzes vom Vater hinterlassenes Vermögen seiner Mutter vermacht.

58 C.J. 3, 28, 28.

59 Marcellus, *Digesten*, lib. 3, Dig. 5, 2, 5; Papinian, *Responsen*, lib. 2, Dig. 5, 2, 16; Paulus, *Zum pflichtwidrigen Testament*, Dig. 5, 2, 18; Septimius Severus und Caracalla, C.J. 3, 28, 1, in 193 n. Chr.; Septimius Severus und Caracalla, C.J. 3, 28, 3, in 197 n. Chr. Zur Ungültigkeit von Testamenten, die von Kindern angestellt, aber von ihren Müttern angefochten werden: Quintilian, *Ausbildung des Redners (Institutio oratoria)*, 9, 2, 34; Carinus und Numerianus, C.J. 3, 28, 17, in 284 n. Chr., Konstantin, C.J., 3, 28, 28, in 321 n. Chr.

60 Septimius Severus und Caracalla, C.J. 3, 28, 3 (in 197 n. Chr.); vgl. S.P. 4, 5, 2; Ulpian, *Ediktskommentar*, lib. 14, Dig. 5, 2, 6 pr.; ebd. lib. 46, Dig. 38, 8, 1, 9.

61 *Praeterire*: Valerius Maximus, 7, 7, 4; Dig. 5, 2, 5; Dig. 5, 2, 18; S.P. 4, 5, 2; *Berliner Fragmente*, 8 und 8a, Girard, *Textes*, S. 410.: Es handelt sich um Söhne, die von ihrem Vater emanzipiert und im Testament mit Stillschweigen übergangen worden sind; C.J. 3, 28, 17 (Mutter als *praeterita*). *Neglegere*: C.J. 2, 28, 3. Diese Formlosigkeit entspricht dem Recht; aber nichts hindert daran, eine Mutter durch eine ausdrücklich verfügte Enterbung auszuschließen (so bei Quintilian, *Inst. or.*, 9, 2, 34), oder, vonseiten der Mutter, einen Sohn auszuschließen (Plinius, *Briefe*, 5, 1, 1: *exheredato filio*): Die Enterbung hat in diesem Fall keine eigene juristische Funktion, sie ist nur ein überflüssiger Ausdruck der Wut.

62 Gaius, 2, 123ff.; zahlreiche Beispiele in Dig. 28, 2.

63 Masiello 1979, S. 67–68.

64 Doch gerade auf der offensichtlichen Existenz einer solchen Beziehung baut die Studie von Shaw auf: Brent D. Shaw, Latin Funerary Epigraphy and Family Life in the Later Roman Empire, in: *Historia 33*, 1984, S. 455–497.

65 Ulpian, *Sabinuskommentar*, lib. 13, Dig. 38, 17, 2; S.P. 4, 10; Inst., 3, 3.

66 Ulp. 26, 7.

67 *Hereditas legitima*: Dig. 38, 7, 1, 4; Dig. 38, 17, 1, 2, 3; S.P. 4, 10, 1 und 4.

68 Dig. 38, 7, 2, 4–5; 38, 8, 1, 9 (dies bedeutet, entgegen einer manchmal geäußerten Meinung,

nicht, daß die Kinder damals als die »gradnächsten Agnaten« *(agnati proximi)* ihrer Mutter betrachtet wurden.

69 Ulpian, *Sabinuskommentar*, lib. 12, Dig. 38, 17, 1, 10.

70 Antritt der Erbschaft: Dig. 3, 17, 1, 4; 10; 11; S.P. 4, 10, 4.

71 Ulpian, *Ediktskommentar*, lib. 46, Dig. 38, 8, 1, 9 (vgl. Dig. 38, 17, 1, 5).

72 Ulpian, *Ediktskommentar*, lib. 14, Dig. 5, 2, 6 pr.

73 Zur Bedeutung des *heres legitimus* siehe Gaius, 3, 32 und Dig. 38, 7, 2, 4 (wo Senatsbeschlüsse – *senatus consulta* – des 2. Jahrhunderts n. Chr. das XII-Tafel-Recht zu ergänzen beginnen).

74 Vgl. oben Anm. 67.

75 S.P. 4, 10, 1; vgl. Ulpian, Dig. 38, 17, 1, 2.

76 Julian, zitiert bei Ulpian, *Sabinuskommentar*, lib. 13, Dig. 38, 17, 2, 1; S.P. 4, 9, 1. Zur schwangeren freigelassenen Sklavin: Dig. 38, 17, 2, 3.

77 Ulpian, *Sabinuskommentar*, lib. 12, Dig. 38, 17, 1, 2.

78 Die Mutter ist Freigeborene oder Freigelassene: Dig. 38, 17, 1 pr.; Verzögerung der Freilassung: Ulpian, *Sabinuskommentar*, lib. 12, Dig. 38, 17, 1, 3.

79 C.J. 6, 57, 6, in 530 n. Chr.; der folgende Text gesteht jedoch zu, daß in Erbfolgefragen die im Laufe eines regulären Konkubinats geborenen Kinder einer Frau gleichbehandelt werden mit den Kindern, die sie in einer legitimen Ehe empfangen hat.

80 Gaius, 1, 77; 1, 99; F.V. 168; 194.

81 S.P. 4, 10, 2.

82 Dig. 38, 17, 1, 4; 8.

83 Dig. 38, 17, 2, 2; Ulpian zitiert in dieser Passage eine Verordnung *(constitutum est)* Caracallas im gleichen Sinn.

84 Gaius, 1, 145; Paulus, *Kommentar zur lex Iulia et Papia*, lib. 2, Dig. 50, 16, 137. Riccardo Astolfi, *La lex Iulia et Papia*, Padua 1970.

85 Gaius, 1, 29; Ulp. 3, 3.

86 Die Ausgabe von Boecking aus dem Jahr 1855 korrigiert das Vatikanische Manuskript nicht; nach der Edition von Paul Krüger von 1878 haben alle Editoren – über die Ausgabe von Fritz Schulz von 1923 hinweg – den Originaltext verbessert, in dem jedoch die Lesart *vulgo quaesit te re nexa* gesichert ist.

87 Dig. 1, 5, 15.

88 Gaius, *Kommentar zum Provinzialedikt*, lib. 16, Dig. 38, 8, 2; Ulpian, *Regeln*, lib. 6, Dig. 38, 8, 4.

89 Der von den Juristen beachtete Unterschied zwischen einem »gesetzlichen« Vater (d. h. einem Adoptivvater) und einem »natürlichen« (unter der Vermutung der Fortpflanzung in legitimer Ehe) wird nicht auf die Mutter bezogen, die niemals *naturalis* genannt wird: weder in den juristischen Texten noch in den Inschriften (in CIL 6, 25711 bezeichnet *parens naturalis* den Vater). Der Begriff *filius naturalis*, der zuweilen die Verbindung zwischen einem Bastard und seinem Erzeuger bezeichnet, wird nicht in bezug auf die Mutter angewandt (siehe Dig. 20, 1, 8 und 31, 88, 12 sowie C. Th. 4, 6, *De naturalibus filiis et matribus eorum*. Dort betrifft keines der acht kompilierten Gesetze aus der Zeit zwischen 336 und 428 n. Chr. die Beziehungen zwischen der Mutter und ihrem Kind, sondern ausschließlich die zwischen dem Erzeuger und seinem Kind bzw. mit dessen Mutter).

90 Gaius, 1, 89; *Epitome des Gaius*, 1, 4, 9, in: Girard, *Textes* S. 244; Ulp. 5, 10.

91 Gaius 1, 56; 76; 156; Ulp. 5, 8; Celsus, *Digesten* 1, 29; Dig. 1, 5, 19; Ulpian, *Sabinuskommentar*, lib. 26, Dig. 1, 7, 15 pr. Die Formel »*patrem sequuntur liberi*« gehört in das Recht der Republik: Cicero, *Topica*, 4, 20; Liv. 4, 4, 11.

92 Gaius, 1, 64; Ulp. 4, 2, 2; 57; Dig. 1, 5, 23; 2, 4, 5; Caracalla, C.J. 5, 18, 3, in 215 n. Chr. Die Mutter des Romulus und Remus bezeichnet bei Livius (1, 4, 2) den Mars als Vater einer »illegitimen Nachkommenschaft«: *incertae stirpis patrem*; Aeneas ist dagegen in legitimer Ehe geboren: *certe natum* (Liv. 1, 3, 3).

93 Gaius, 1, 89; Ulp. 5, 10; *Epitome des Gaius*, 1, 4, 9.

94 Dig. 3, 2, 11, 2; 38, 16, 3, 11–12. Fabio Lanfranchi, *Ricerche sulle azioni di stato nella filiazione in diritto romano*, Bd. 2, Bologna 1964, S. 71–72.

95 Johann Jakob Bachofen, *Das Mutterrecht*, Stuttgart 1861, S. 328ff.

96 Aulus Gellius, *Attische Nächte* 5, 19, 9, 1. Bd., S. 309.

97 Boethius, *Kommentar zu den Topica Ciceros*, 3, 14, der eine Anspielung auf die Institutionen Ulpians bringt (vgl. Dig. 1, 6, 4).

98 Servius, *Kommentar zu den Georgica Vergils*, 1, 31.

99 Ehefrau eines *paterfamilias*: Festus, S. 112 (Lindsay); Aulus Gellius, *Attische Nächte,* 18, 6, 9; Servius auctus, *Kommentar zur Aeneis*, 12, 476; Boethius, *Kommentar zu den Topica Ciceros*, 3, 14. Ehefrau: Belege aus den Digesten bei Max Kaser, *Das römische Privatrecht*, Bd. 1, 2. Aufl., München 1971, S. 59 Anm. 11. Witold Wolodkiewicz, Attorno al significato della nozione di *materfamilias*, in: *Studi in onore di Cesare Sanfilippo*, Bd. 3, Mailand 1983, S. 733–756.

100 Émile. Benveniste, *Le vocabulaire des institutions indo-européennes*, Bd. 1, Paris 1969, S. 243.

101 Aulus Gellius, *Attische Nächte*, 18, 6, 5f.; Servius auctus, *Kommentar zur Aeneis*, 11, 476; Nonius Marcellus, S. 709 (Lindsay).

102 Aulus Gellius, *Attische Nächte*, 18, 6, 5; Servius auctus, *Kommentar zur Aeneis*, 11, 476; Isidoros von Sevilla, *Origines*, 9, 5, 8.

103 Zur Würde des Matronenstatus und seinem Schutz: Sueton, *Augustus*, 44; Seneca, *Controversiae*, *2*, 7; Ulpian, *Ediktskommentar*, lib. 71, Dig. 43, 30, 3, 6; ebd., lib. 77, Dig. 47, 10, 15, 15; ebd., lib. 59, Dig. 50, 16, 46, 1; *Mosaicarum et romanarum legum collatio*, 2, 5, 4, in FIRA, Bd. 2, S. 549, wozu nun eine Inschrift aus Larinum aus der Zeit des Tiberius hinzuzufügen ist (s. dazu Vincenzo Giuffrè, Un senato-consulto ritrovato: il «*sc. de matronarum lenocinio coercendo*», in: *Atti dell'Accademia di scienze morali e politiche*, Bd. 91, Neapel 1980, S. 7–40). Zu den Statusabzeichen in der Kleidung der Matronen s. L. Sensi, Ornatus e status sociale delle donne romane, in: *Annali Fac. Lettere e Filosofia*, Università di Perugia, Bd. 18, 1, 1980, S. 55–90. Die Würde der Matrone erstreckte sich auch auf bestimmte Konkubinen, nämlich auf die Konkubinen ihrer jeweiligen Patrone (Marcellus, Dig. 27, 2, 41 pr.). Dies erlaubte es, sie im Falle der Untreue mit den Strafen für Ehebruch zu belegen, die normalerweise nur für verheiratete Frauen vorgesehen waren (Ulpian, Dig. 48, 5, 14; s. Plassard 1921, S. 67). Es ist demnach ausgeschlossen, daß eine freigeborene Konkubine, falls sie als Konkubine bekannt war, den Status einer Matrone besitzen konnte: Nur die Freigelassene, die Konkubine ihres Patrons war, genießt die Anerkennung einer Würde, die eine selbstverständliche Folge ihrer sexuellen Unterwerfung ist. Anderer Ansicht ist Aline Rousselle, Concubinat et adultère, in: *Opus* 3, 1984, S. 75–84.

104 Belege bei Dalla 1978, S. 235f.

105 Tafaro 1988 (zur *viripotens*, S. 139ff.).

106 Inst. 1, 22 pr. Die beiden bei Tafaro 1988, S. 137, in der Anmerkung zitierten Serviusstellen beweisen die Existenz einer physiologischen Untersuchung der Töchter nicht. Siehe Rousselle 1983, S. 47f. (dt.: 1989, S. 50f.) (hier wird deutlich, daß nach der Aussage des griechischen Arztes Soranos die vorpubertären römischen Mädchen vor ihrer ersten Regelblutung defloriert wurden).

107 Dazu jeweils im einzelnen: Ulpian, *Sabinuskommentar*, lib. 35, Dig. 23, 2, 6; Paulus, *Kommentar zur Lex Falcidia*, lib. 23, 2, 7 (Dalla 1978, S. 243); Zeno, C.J. 5, 5, 8, in 475 n. Chr.

108 Dig. 28, 2, 4–6; 9 pr.

109 Freigeborenes Kind: Gaius, 1, 88–89; Ulp. 5, 10; Dig. 1, 5, 5, 2; S.P. 2, 24, 1; als Sklave geborenes Kind von einer Mutter, die während der Schwangerschaft versklavt wurde: *Epitome des Gaius*, 1, 4, 9.

110 Dig. 1, 5, 18.

111 S.P. 2, 24, 2; Inst., 1, 4 pr.; Marcian, *Institutionen*, lib. 1, Dig. 1, 5, 5, 2: eine höchstwahrscheinlich interpolierte Passage.

112 S.P. 2, 22, 3; Inst., 1, 4 pr.; Dig. 1, 5, 3, interpoliert (Emilio Albertario, *Studi di diritto romano*, Bd. 1, Mailand 1933, S. 29f.).

113 Tryphoninus, Dig. 1, 5, 15; Ulpian, Dig. 1, 5, 16.

114 Dig. 38, 16, 13.

115 Dig. 38, 17, 1, 8.

116 Dig. 38, 17, 1, 6.

117 Daraus entsteht die Problematik des »Matriarchats« und des »Patriarchats«, auf die der immense Beitrag Bachofens unglücklicherweise auf dem Gebiet der Rechtsgeschichte reduziert worden ist (Bachofen bleibt sonderbarerweise außerhalb des Horizonts der Romanisten: Im Handbuch von Max Kaser, *Das römisches Privatrecht*, ist er nicht ein einziges Mal erwähnt). Zum Thema des »Matriarchats« in der Geschichtsforschung siehe Cantarella 1977, S. 7–40.

118 *Origo* mütterlicherseits: Dig. 50, 1, 1, 2 (zugestanden durch kaiserliches Privileg: nach den von Celsus abgelehnten Juristen nur den *vulgo quaesiti* zugestanden, nach Celsus auch den Kindern, deren Eltern aus verschiedenen Poleis stammen; in bestimmten Ausnahmefällen richtete sich die Abstammung nach dem Herkunftsort der Mutter, etwa aus Delphi, Ilion oder vom Schwarzen Meer). Die *vulgo quaesiti* hatten in keinem Fall eine andere *origo* als die Heimat-Polis ihrer Mutter: Celsus, Dig. 50, 1, 1, 2 und Neratius, Dig. 50, 1, 9.

119 *Origo*, die Polis, auf die der Vater seine *origo* zurückführt: Dig. 50, 1, 6, 1; Philippus Arabs, C.J. 10, 38, 3 (zwischen 244 und 249 n. Chr.); Brambach, *Corpus des inscriptions de Rhénanie*, 1444.

120 Neratius, *Membranae*, lib. 3, Dig. 50, 1, 9.

121 Siehe Solazzi 1960, S. 357–377; Beaucamp 1976, S. 485–508; Suzanne Dixon, *Infirmitas sexus*: Womanly Weakness in Roman Law, in: *Tijdschrift voor Rechtsgeschiedenis* 52, 1984, S. 343–371. Zur fehlenden Kenntnis des Rechts s. Paul Van Warmelo, *Ignorantia iuris*, in: *Tijdschrift voor Rechtsgeschiedenis* 22, 1954, S. 1–32.

122 Liv. 34, 2–4 und Zonaras 9, 17. Siehe Peppe 1984, S. 43f.

123 S. auch jeweils Liv. 34, 2, 1; Cicero, *pro Murena*, 27; Tacitus, *Annalen*, 3, 33, 2; Quintilian, *Declamationes*, 368; Gaius, 1, 190; Columella, *Vom Ackerbau (De agricultura)*, 12, praef. 6.

124 Beaucamp 1987, Bd. 1, S. 49f.; ebenso Crook 1986.

125 Gaius, 1, 103; Inst. 1, 11, 10; Ulp. 8, 8a. Emilio Albertario, La donna adottante, in: *Studi di diritto romano*, Bd. 6, Mailand 1953, S. 221–234; Enzo Nardi, Poteva la donna, nell'impero roma-

no, adottare un figlio?, in: *Studi Arnoldo Biscardi*, Bd. 1, Mailand 1982, S. 197–210.

126 Zölibatär lebende Männer: Paulus, *Regeln*, lib. 1, Dig. 1, 7, 30 und Ulp. 8, 6. Zum Fehlen der durch Adoption geschaffenen Verwandtschaft im Verhältnis zwischen der Ehefrau des Adoptierenden und dem Adoptierten: Paulus, *Ediktskommentar*, lib. 35, Dig. 1, 7, 23.

127 Abwesenheit der Ehefrau des Adoptierenden beim Akt der Adoption vor dem Magistrat: Gaius, 1, 134; fiktive Herstellung einer Abstammung aus einer Ehe mit einer *materfamilias* in der Adrogation vor den Kuriatskomitien: Aulus Gellius, *Attische Nächte*, 5, 19, 9. Adoption mit oder ohne fiktive Ehe in der klassischen Zeit: Proculus, *Briefe*, lib. 8, Dig. 1, 7, 44.

128 Zur »Natur« und dem Altersunterschied: Javolenus, Dig. 1, 7, 16; Modestin, Dig. 1, 7, 40, 1; Inst. 1, 11, 4: »Die Adoption ahmt nämlich die Natur nach, und es gilt als widernatürliche Erscheinung *(pro monstro)*, daß der Sohn älter ist als der Vater.«

129 Cicero, *Atticus-Briefe*, 7, 8, 3: Dolabella kann die Annahme des Namens der Livia nicht akzeptieren, eine Bedingung, die sie in ihrem Testament gestellt hat. Siehe Johann Jakob Bachofen, *Ausgewählte Lehren des römischen Civilrechts*, Bonn 1848, S. 230–234.

130 Diokletian, C.J. 8, 48,5, in 291 n. Chr. Zu diesem Erlaß *(rescriptum)* s. Beaucamp 1987, S. 41f.

131 Neratius, Dig. 26, 1, 1: *Munus masculorum;* Gaius, Dig. 26, 1, 16 pr.: *virile officium;* C.J. 5, 35, 1, in 224 n. Chr.: *munus virile.* Masiello 1979, S. 7f.

132 Quintus Mucius Scaevola (um 100 v. Chr.), Dig. 50, 17, 73, 1.

133 Dig. 26, 1, 1 pr.

134 Die beste Darstellung bleibt die von Otto Karlowa, *Römische Rechtsgeschichte*, Bd. 2, 1: Privatrecht, Leipzig 1901, S. 278f.

135 Liv. 39, 11: Aebutius lebt, obgleich erwachsen, bei seiner Mutter und seinem Stiefvater; aus den Räumen der Mutter gejagt, nimmt er seine Zuflucht bei der zweiten Frau seines Vaters. Cicero, *pro Cluentio*, 9, 27: Oppianicus behält den kleinen Sohn, den er von Novia hat, aber überläßt seinen erstgeborenen Sohn der Papia, die ihn fern von Larinum im apulischen Teanum aufzieht. Tacitus, *Annalen*, 6, 49: Sextus Papinius, aufgezogen von seiner geschiedenen Mutter, gibt sich wegen seiner fürchterlichen Erziehung selbst den Tod. Die epigraphische Dokumentation (Grabinschriften für eine wiederverheiratete Mutter und für einen Stiefvater) bei Humbert 1972, S. 296f.

136 Dig. 43, 30, 1, 3; 3, 5, anders interpretiert von Humbert 1972, S. 296ff. (er hält die Bedingung der Nichtwiederverheiratung der Mutter für interpoliert), von Roberto Bonini (Criteri per l'affida-

mento della prole dei divorziati in diritto romano, in: *Archivio giuridico* 181, 1971, S. 25–30) und von M. Massarotto (In merito ai decreti di Antonino Pio sull'affidamento della prole alla madre, in: *Bollettino dell'istituto di diritto romano* 80, 1977, S. 354–365: es handele sich um eine nicht der Regel entsprechende Vorgehensweise). Entscheidend sind Alexander Severus, C.J. 5, 48, 1, in 223 n. Chr., und Diokletian, C.J. 5, 24, 1, in 294 n. Chr.: »Der Richter wird nach der Scheidung entscheiden, ob die Kinder beim Vater oder bei der Mutter leben und ihre Erziehung erhalten sollen.«

137 Dig. 33, 1, 7.

138 Seneca, *Trostschrift an Marcia*, 24, 1.

139 Bernhard Kübler, Über das *ius liberorum* der Frauen und die Vormundschaft der Mutter, ein Beitrag zur Geschichte der Rezeption des römischen Rechts in Ägypten, in: *Zeitschrift der Savigny Stiftung*, Romanistische Abteilung, 31, 1910, S. 176–195; Humbert 1972; Masiello 1979, S. 43f.; Beaucamp 1987, S. 316f. Zu papyrologischen Dokumenten s. noch: Raphael Taubenschlag, Die *materna potestas* im graekoägyptischen Recht, in: *Opera minora*, Bd. 2, Warschau 1959, S. 323–337 (der Aufsatz stammt aus dem Jahr 1929), und Paolo Frezza, La donna tutrice e la donna amministratrice di negozi tutelari nel diritto romano classico e nei papiri greco-egizi, in: *Studi economico-giuridici dell'Università di Cagliari* 12, 1933–34, S. 3–37.

139a Papinian bei Ulpian, *Ediktskommentar*, lib. 35, Dig. 26, 7, 5, 8. (A. d. Ü.)

140 Scaevola, *Digesten*, lib. 18, Dig. 32, 41, 14; Ulpian, *Sabinuskommentar*, lib. 13, Dig. 38, 17, 2, 46. Die Texte geben manchmal genau an, daß das Kind zugunsten seiner Mutter enterbt wurde, von ihr aber als Erwachsener das Erbe wieder zurückerhielt: Dig. 36, 1, 76, 1; 28, 2, 18; 38, 2, 12, 2.

141 Neratius, *Regeln*, lib. 3, Dig. 26, 1, 18, vielleicht interpoliert (für die Authentizität plädiert jedoch Masiello 1979, S. 11f.). Rückweisung einer derartigen Forderung: Dig. 26, 2, 26 pr.; Severus Alexander, C.J. 5, 31, 1, in 224 n. Chr.

142 Ägyptische Praxis: Bernhard Kübler, Raphael Taubenschlag und Paolo Frezza (zu allen s. oben Anm. 139). Ablehnung der Praxis in den Provinzen durch das römische Recht: Papinian, *Responsen*, lib. 4, Dig. 26, 2, 26 pr.; Gordian III., C.J. 5, 37, 12 (in 241 n. Chr.).

143 C.Th. 3, 17, 4, mit Textauslegung durch Giuliano Crifò, Sul problema della donna tutrice, in: *Bollettino dell'istituto di diritto romano* 67, 1964, S. 87–166, besonders S. 88ff.

144 Zannini 1976.

145 Gaius, 1, 190.

146 Reform des Augustus: Belege s. oben Anm. 84; Reform des Claudius: Gaius, 1, 157 und 171.

147 Zum Bedeutungsschwund der *manus*: Humbert 1972, S. 183f.; Alan Watson, *The Law of Persons in the Later Roman Republic*, Cambridge 1976, S. 25; nuanciertere Betrachtung bei Moreau 1986, S. 178–179. Verschwinden dieser Form der Verbindung unter Tiberius: Tacitus, *Annalen*, 4, 16.

148 Es handelt sich dabei um eine »Re-Manzipation«, einen Akt, der eine frühere »Manzipation« unwirksam macht. Aelius Gallus, ein Jurist des ersten nachchristlichen Jahrhunderts, definiert ihn bei Festus, S. 342 (Lindsay) so: »Eine remanzipierte Frau ist eine Frau, die von dem manzipiert worden ist, mit dem sie eine *manus*-Ehe geschlossen hat«; vgl. Gaius, 1, 137: »Die Frauen *in manu* beenden diesen Zustand durch eine einzige Manzipation und werden rechtlich selbständig« und 1, 137a: »Eine Tochter kann ihren Vater auf keine Weise zwingen, sie zu manzipieren, selbst wenn sie eine Adoptivtochter ist; die Ehefrau aber, sobald sie verstoßen worden ist (oder selbst den Ehemann verstoßen hat) kann ihren Ehemann zwingen, ›sie zu remanzipieren‹, so als wäre sie nie mit ihm verheiratet gewesen.«

149 Lediglich die vor der Geburt gestorbenen Kinder gelten als nicht »geboren«: Ulpian, *Ediktskommentar*, lib. 11, Dig. 50, 16, 129; zu Mißgeburten *(portentum vel monstruosum)*: Ulpian, *Kommentar zur lex Iulia et Papia*, lib. 5, Dig. 50, 16, 135, und Paulus, *Sentenzen*, lib. 4, Dig. 1, 5, 14.

150 Gaius, 1, 112 und 115a; vgl. Cicero, *Topica*, 4, 18. Die Deutungen dieses rechtlichen Rituals divergieren. Watson, *Law of Persons*, S. 153, sieht hier einen Hinweis darauf, daß Frauen, um ein Testament errichten zu können, *in manu* verheiratet gewesen sein mußten: die Fiktion sei damit an die Stelle dieses Ehetyps getreten. Zannini 1976, S. 154ff.: Die Frau verließ ihre »Herkunftsfamilie«; Peppe 1984, S. 53ff., nimmt auch die heiratsfähigen Töchter und Witwen in den Blick.

151 Eventuelles Fehlen eines Vormunds: Gaius, 1, 185; 195–196 (die Patronin kann nicht Vormund ihrer Freigelassenen sein); *Epitome des Gaius*, 1, 7, 2. Zum Atilischen Gesetz zur Stellung von Vormundschaftsträgern: Ulp. 11, 18. Zur Praxis der Kaiserzeit: Francesco Grelle, *Datio tutoris e organi cittadini nel Basso Impero*, in: *Labeo* 6, 1960, S. 216–225, und Joseph M. Modrzejewski, A propos de la tutelle dative des femmes dans l'Égypte romaine, in: *Akten des XII. Internationalen Papyrologenkongresses*, München 1974, S. 263–292.

152 Gaius, 1, 195. *Petitio tutoris* im praktischen Handeln: Oxyrhynchos-Papyrus IV 720, Ludwig Mitteis, *Chrestomathie der Papyruskunde*, 324 (in 247 n. Chr.); ebenfalls P. Oxyrh. XII 1466 (in 245 n.

Chr.) und Papyrus Michigan, III 165 (in 236 n. Chr.).

153 Gaius, 1, 190–191.

154 Ulp. 11, 27; Ich folge hier der ausgezeichneten Exegese von Zannini 1976, S. 98ff., und zwar entgegen der traditionellen Meinung, die in diesem Text den Beweis für den Ausschluß der Frauen von allen privatrechtlichen Akten sieht. Berücksichtigt man nämlich all die anderen Texte, aus denen zu ersehen ist, daß die Frauen zum *civile negotium gerere* zugelassen sind, so hat »si se obligent si civile negotium gerant« hier die Bedeutung »eine Verpflichtung in den Formen des Zivilrechts eingehen.« Vgl. Cicero, *pro Caecina*, 25, 72, zur Ungültigkeit eines feierlichen Versprechens ohne die *auctoritas* eines Vormunds.

155 Zannini 1976, Kap. 2.

156 Mitteis, *Chrestomathie*, 328 (in 168 n. Chr.): FIRA, Bd. 3, Nr. 26, S. 69–71, und P. Oxyrh. XII 1467: FIRA, Bd. 3, Nr. 27, S. 71–73 (in 263 n. Chr.).

157 Susan Treggiari, Jobs in the Household of Livia, in: *Papers of the British School at Rome* 43, 1975, S. 48–77; dies., 1976 S. 76–104; ebenfalls MacMullen 1980, S. 208–218.

158 CIL 15, 3729; 3845–3847; 3960–3961: Frauen als Eigentümerinnen von Frachtschiffen. *Notizie degli scavi di Ostia*, 1953, S. 166 Nr. 27 und S. 174 Nr. 39: Handelsgesellschaften in Ostia. Die Frauen sind jedoch vom Bank- und Wechselgeschäft ausgeschlossen, das nach Kallistratos, Dig. 2, 13, 12, eine Aufgabe für Männer ist: zweifellos weil das Bank- und Wechselgeschäft auch Operationen für Rechnung Dritter nötig macht. Zur Führung von Geschäften, die nicht notwendig kommerzielle sind, siehe jedoch Ulpian, *Ediktskommentar*, lib. 10, Dig. 3, 5, 3, 1. Zu all diesen weiblichen Berufen s. Kampen 1981.

159 Huchthausen 1974, S. 199–228.

160 Paulus, *Ediktskommentar*, lib. 50, Dig. 3, 3, 54; Ulpian, *Sabinuskommentar*, lib. 1, Dig. 50, 17, 2 pr.

161 Septimius Severus und Caracalla, C.J. 2, 12, 4 (in 207 n. Chr.).

162 Unfähigkeit, eine öffentliche Klage anzustrengen: Paulus, *Ediktskommentar*, lib. 3, Dig. 47, 23, 4 und Ulpian, *Ediktskommentar*, lib. 25, Dig. 47, 23, 6. Verbot, Anklage zu erheben, außer um den Tod eines nahen Verwandten ahnden zu lassen: Pomponius, *Sabinuskommentar*, lib. 1, Dig. 48, 2, 1; Papinian, *Vom Ehebruch*, lib. 1, Dig. 48, 2, 2 pr.; Macer, *Öffentliches Prozeßrecht*, lib. 2, Dig. 48, 2, 11.

163 Ulpian, *Ediktskommentar*, lib. 6, Dig. 3, 1, 1, 5, der das skandalöse Beispiel der Carfania wiederaufnimmt, das schon Valerius Maximus, 8, 3, 2 behandelt hat (Caia Arfania).

164 Die Interzession – die Bürgschaft für eine Schuld
– stellt für die Juristen ein *civile officium* dar:
Paulus, *Ediktskommentar*, lib. 32, Dig. 17, 1, 1. Es
gibt keinen Grund, das *senatus consultum Velleianum* mit Crook aus diesem Interpretationsrah-
men – und aus dieser Struktur der untersagten
Vermittlung – herauszunehmen (Crook 1986).

165 Zeugenaussage vor Gericht: Paulus, *Kommentar
zur lex Iulia et Papia*, lib. 2, Dig. 22, 5, 4; Paulus,
Der Ehebruch, lib. 2, Dig. 22, 5, 18. Vor allem
wesentlich ist Kallistratos, *Beweisverfahren*, lib. 4,
Dig. 22, 5, 3, 5, wo ersichtlich ist, daß die Zeugenaussage von Frauen durch die *lex Iulia de vi*
vorgesehen ist.

166 Das Verbot in der archaischen Zeit, als Zeuge vor
Gericht aufzutreten, leitet sich aus dem gegenteiligen Privileg ab, das man den Vestalinnen zugestand: Plutarch, *Publicola*, 8, 9; Tacitus, *Annalen*,
2, 34; Aulus Gellius, *Attische Nächte*, 7, 7, 2 (zu
dieser Frage s. den Beitrag von John Scheid in
diesem Band). Zur Zeugnisfähigkeit als der
Grundlage eines absoluten Rechts in der archaischen Zeit siehe André Magdelain, Quirinus et le
droit, in: *Mélanges de l'École française de Rome*
96, 1984, S. 222 (zu Livius 3, 47, 1: *civitas in foro*);
vom selben Autor, *Ius, Imperium, Auctoritas*,
Rom 1990, S. 757ff. (neue und überzeugende
Deutung der *Litterae singulares* des Valerius Probus, 4, 7: »Sobald ich dich [du Zeuge] vor Gericht
anwesend sehe, frage ich dich, ob du Bürge [mei-
nes Rechts] bist.«

3. Verbindungstext

1 Wiltrud Neumer-Pfau, *Studien zur Ikonographie
und gesellschaftlichen Funktion hellenistischer
Aphrodite-Statuen*, Bonn 1982.

Frauenbilder

Folgende Abkürzungen wurden verwendet:
Beazley *ABV* = J. D. Beazley, *Attic Blackfigure Vase
Painters*, Oxford 1956.
Beazley *ARV2* = J. D. Beazley, *Attic Red-Figure-Vase
Painters*, Oxford ²1963.

1 Pauline Schmitt Pantel und Françoise Thelamon,
Image et histoire: illustration ou document, in:
François Lissarrague und Françoise Thelamon (Hg.),
Image et ceramique grecque, Rouen 1983, S. 9–20.

2 Zur Geschichte dieser Entdeckung vgl. Lissarrague/
Schnapp 1981.

3 London 1971. 11-1.1; Beazley *Para* 19 (16bis).
Publiziert von Dyfri J. R. Williams, *Greek Vases in
the J. Paul Getty Museum* 1, 1983, S. 9–34.

4 Florenz 4209; Beazley *ABV* 76 (1). Für einen Vergleich der beiden Vasen s. Thomas Carpenter, *Imagery in Archaic Greek Art*, Oxford 1986, S. 1–12.

5 London 1920. 12-21.1; Beazley *ARV2* 1277 (23).
Vgl. Ian Jenkins, Is there Life after Marriage, in:
*Bulletin of the Institute of Classical Studies of the
University of London* 30, 1983, S. 137–145. Zu die-
sem Vasentypus s. Sally R. Roberts, *The Attic Pyxis*,
Chicago 1978.

6 Paris, Louvre L 55; Beazley *ARV2* 924 (33).

7 Salerno, ohne Inventar-Nr.

8 Berlin Ost F 2372; Adolf Furtwängler, *La collection
Sabouroff*, Berlin 1883, Taf. 58.

9 Kopenhagen 9165; Beazley *ARV2* 514 (2). Zu diesem Vasentypus s. F. Harl-Schaller, Zur Entstehung
und Bedeutung des attischen Lebes gamikos, in:
*Jahreshefte des Österreichischen Archäologischen
Institutes Beiblatt* 50, 1972–75, S. 151–170.

10 Kopenhagen 13113; *CVA* 8, Taf. 345.

11 Athen, Nationalmuseum 1629; Beazley *ARV2* 1250
(34).

12 Für diese Interpretation s. Bernard Schweitzer,
Mythische Hochzeiten, Heidelberg 1961 und Alan
Shapiro, in: Eugenio La Rocca (Hg.), *L'esperimen-
to della perfezione*, Mailand 1988, S. 334–344.

13 London E 697; Beazley *ARV2* 1324 (45). Vgl. Lucil-
la Bum, *The Meidias Painter*, Oxford 1987. Für
eine politische Interpretation s. Dieter Metzler,
Eunomis und Aphrodite, in: *Hephaistos* 2, 1980, S.
73–88.

14 Paris, Cabinet des Médailles 508; Beazley *ARV2*
1610. S. Robert F. Sutton, *The Interaction Between
Men and Women Portrayed on Attic Red Figure
Pottery*, Diss. Chapel Hill, S. 208 und 225.

15 S. Gudrun Ahlberg, *Prothesis and Ekphora in Greek Geometric Art*, Göteborg 1971.

16 Paris, Louvre CA 453; Beazley *ARV2* 184 (22). Zur
Funktion des Bades vgl. René Ginouvès, *Balaneutiké. Recherches sur le bain dans l'antiquité grecque*, Paris 1962.

17 Paris, Louvre MNB 905; Haspels *ABL* 229 (58). Vgl.
John Boardman, Painted Funerary Placques and
Some Remarks on Prothesis, in: *BSA (Annual of
the British School of Athena)* 50, 1955, S. 51–66.

18 Berlin F 1813; Beazley *ABV* 146 (22). Vgl. Heide
Mommsen, Der Grabpinax des Exekias, in: Her-
man Brijder (Hg.) *Ancient Greek and Related Pottery*, Amsterdam 1984, S. 329–333.

19 Athen 1935; Beazley *ARV2* 1227 (1). Vgl. John
Beazley, *Attic White Lekythos*, London 1938.

20 Traquinia RC 1646; *CVA* 2 (26), Taf. 32 (1181) 2.
Über die gesamte Serie s. François Lissarrague,
L'autre guerrier, Paris/Rom 1990, Kap. 4.

21 München 1553; *CVA* 8 (37), Taf. 370 (1788) 2. Vgl.
Lissarrague, *L'autre guerrier*, Kap. 2.

22 Vgl. Odette Touchefeu, *LIMC* IV s.v. Hector, Nr. 17
und 20.

23 Rom, Villa Giulia; Beazley *ABV* 693 (8 bis).

24 Baltimore 48.262; Beazley *ARV2* 591 (25).

25 Berlin F 2535; Beazley *ARV2* 825 (11).

26 Palermo V 676; Beazley *ARV2* 641 (83).

27 München 2336; Beazley *ARV2* 989 (35).

28 Ferrara inv. 1648. T 308 VT; Beazley *ARV2* 1664.

29 Athen, Sammlung Vlasto; Beazley *ARV2* 847 (200).

30 Berlin F 2444; Walter Riezler, *Weißgrundige Attische Lekythen*, München 1914, Nr. 15.

31 Vgl. Nicole Loraux, Le lit, la guerre, in: *L'Homme* 21, 1, 1981, S. 37–67.

32 S. Gérard van Hoorn, *Choes and Anthesteria*, Leiden 1951.

33 S. Semeli Pingiatoglou, *Eileithyia*, Würzburg 1981.

34 Berlin F 2395; *LIMC* s.v. Amphiaraos Nr. 27.

35 Boston 65.908. Über die Frauenchöre s. Calame 1977, Bd. 1, S. 52f.

36 Paris, Louvre CA 2567; Beazley *ARV2* 698 (37).

37 Karlsruhe B 39; *CVA* 1 (7), Taf. 27. S. Nicole Weill, Adoniazousai ou les femmes sur le toit, in: *BCH* 90, 1966, S. 664–698.

38 S. u. Kapitel 7.

39 Berlin F 2290; Beazley *ARV2* 462 (48). Zu der gesamten Frage vgl. Jean-Louis Durand und Françoise Frontisi-Ducroux, Idoles, figures, images, in: *Revue Archéologique* 1982, S. 81–108, sowie Françoise Frontisi-Ducroux, *Le dieu masque*, Paris/Rome, im Druck.

40 Rom, Villa Giulia 983; Beazley *ARV2* 621 (33).

41 München 8934. Vgl. Martin Robertson, in: *Studies in Honour of A.D. Trendall*, Sydney 1979, S. 130.

42 London E 773; Beazley *ARV2* 805 (89).

43 London E 772; Beazley *ARV2* 806 (90).

44 Paris, Louvre CA 2587; Beazley *ARV2* 506 (29).

45 Würzburg L 304; Beazley *ABV* 676 (2). Zu diesem Thema s. Lise Hannestad, Slaves and the Fountain House Theme, in: Brijder, *Ancient Greek*, S. 252–255.

46 Vgl. Claude Bérard, Erotisme et violence à la fontaine, in: *Études de lettres* 4, 1983, S. 20–27.

47 Brüssel A 11; Beazley *ARV2* 266 (86). Jean-Louis Durand und François Lissarrague, Un lieu d'image? L'espace du loutérion, in: *Hephaistos* 2, 1980, S. 89–106.

48 Paris, Louvre S 3916; Beazley *ARV2* 432 (60).

49 Bologna 261; Beazley *ARV2* 1089 (28).

50 Paris, Louvre G 557; Beazley *ARV2* 1131 (158).

51 Würzburg L 521; Beazley *ARV2* 1046 (7). S. a. Frederick Beck, *Album of Greek Education*, Sydney 1975.

52 Lecce 572; Beazley *ARV2* 564 (21).

53 Mailand, Sammlung Torno C 278; Beazley *ARV2* 571 (73). Vgl. dazu neuerdings Marjorie S. Venit, The Caput Hydria and Working Women in Classical Athens, in: *Classical World* 81, 4, 1988, S. 265–272.

54 Paris BN 652; Beazley *ARV2* 377 (103).

55 New York 31.11.10; Beazley *ABV* 154 (57).

56 New York 56.11.1; Beazley *Para* 66. Vgl. Dietrich von Bothmer, *The Amasis Painter and His World*, New York 1985, S. 182–187.

57 Berlin F 2289; Beazley *ARV2* 435 (95). Über die Verarbeitung der Wolle vgl. Eva Keuls, Attic Vase painting and the Home Textile Industry, in: Warren G. Moon (Hg.), *Ancient Greek Art and Iconography*, Madison 1983, S. 209–230.

58 S. Kenneth Dover, *Greek Homosexuality*, London 1978; Gundel Koch-Harnack, *Knabenliebe und Tiergeschenke*, Berlin 1983; Alain Schnapp, Eros en chasse, in: *La cité des images*, Paris/Lausanne 1984, S. 67–83 (dt.: Eros auf der Jagd, in: *Die Bilderwelt der Griechen. Schlüssel zu einer ·fremden· Kultur. Aus dem Franz. von Ursula Sturzenegger*, Mainz 1985, S. 101–125).

59 Rom, im Kunsthandel; vgl. Gundel Koch-Harnack, *Erotische Symbole*, Berlin 1989, S. 82, Abb. 66.

60 Die Formulierung stammt von Eva Keuls, *The Reign of the Phallus*, New York 1985, S. 262. S. Alain Schnapp, Comment déclarer sa flamme ou les archéologues au spectacle, in: *Le Genre humain* 14, 1986, S. 147–159.

61 Berlin 2279; Beazley *ARV2* 115 (2).

62 Paris, BN 439; Beazley *ARV2* 209 (168). Eine ikonographische Übersicht bei Sophia Kaempf-Dimitriadou, *Die Liebe der Götter in der attischen Kunst des 5. Jhs. v. Chr.*, Bern 1979. Vgl. Froma Zeitlin, Configurations of Rape in Greek Myth, in: S. Tomaselli und R. Porter (Hg.), *Rape*, Oxford 1986, S. 122–151; Christiane Sourvinou-Inwood, A Series of Erotic Pursuits: Images and Meaning, in: *JHS* 107, 1987, S. 131–153.

63 Vgl. Hans Herter, *Reallexikon für Antike und Christentum*. Bd. 3, 1957, Sp. 1149–1213 s.v. Dirne.

64 London E 68; Beazley *ARV2* 371 (24). Über die bildlichen Darstellungen des *symposions* s. François Lissarrague, *Un flot d'images; une esthétique du banquet grec*, Paris 1987.

65 Brüssel R 351; Beazley *ARV2* 31 (7). Eine ikonographische Übersicht bei Jean Marcadé, *Eros kalos*, Genf 1962; John Boardman und Eugenio La Rocca, *Eros in Greece*, New York 1975. Eine zusammenfassende Erörterung bei Otto Brendel, The Scope and Temperament of Erotic Art in the Greco-Roman World, in: T. Bowie und C. V. Christenson (Hg.), *Studies in Erotic Art*, New York 1970, sowie bei Sutton, *The Interaction*, Kap. 2, S. 72–132.

66 Madrid 11267; Beazley *ARV2* 58 (53).

67 Rom, Villa Giulia 57912; Beazley *ARV2* 72 (24).

68 Paris, Louvre G 285; Beazley *ARV2* 380 (170). Vgl. Françoise Frontisi-Ducroux und François Lissarrague, De l'ambiguïté à l'ambivalence, in: *AION Arch St*, 5, 1983, S. 11–32.

69 Über die Mänaden und den Wein s. Marie-Christine Villanueva-Puig, Les ménades, la vigne et le
vin, in: *Revue des Etudes Anciennes* 1988,
S. 35–64, und Françoise Frontisi-Ducroux, Qu'est-
ce qui fait courir les ménades?, in: Salvatore
d'Onofrio (Hg.), *Il fermento divino*, Palermo, im
Druck.

70 München 2645; Beazley *ARV2* 371 (15).

71 Rouen 538.8; Beazley *ARV2* 188 (68). Zu dem Ver-
hältnis Satyrn/Mänaden s. Sheila MacNally, The
Maenad in Early Greek Art, in: *Arethusa* 11, 1978,
S. 111–135.

72 Syrakus 24544; Beazley *ARV2* 649 (42).

73 Paris, Louvre G 416; Beazley *ARV2* 484 (17).

74 Athen 2184; Haspels *ABL* 481 (a). Eine ikonographische Übersicht bei Dietrich von Bothmer, *Amazons in Greek Art*, Oxford 1957.

75 Paris, Louvre G 197; Beazley *ARV2* 238 (1).

76 Athen 15002; Beazley *ARV2* 98 (2).

4. Verbindungstext

1 Savalli 1983; Schaps 1979.

2 A. Bottini und E. Greco, Tomba a camera dal terri-
torio pestano: alcune considerazioni sulla posizione
della donna, in: *Dialoghi di archeologia* 8, 2,
1974–75, S. 231–74.

3 Jean-Pierre Vernant, La guerre des cités, in: ders.,
Mythe et Société en Grèce ancienne, Paris 1974, S. 38
(dt.: *Mythos und Gesellschaft im alten Griechenland*. Aus dem Franz. von Gustav Roßler, Frankfurt a. M. 1987, S. 32).

4 Luc De Heusch, *Pourquoi l'épouser? et autres essais*,
Paris 1971.

Heirat im antiken Griechenland

1 Da die Zeitperiode zu Beginn genau angegeben
wird (9.–4. Jahrhundert v. Chr.), setzen wir die
Angabe v. Chr. bei den folgenden Zeitangaben voraus.

2 Hesiod, *Theogonie* 570–612; *Erga* 60–105.

3 Loraux 1981, S. 75–99. Ein detaillierter Kommentar
zur Ankunft der Pandora findet sich bei Geneviève
Hoffmann, Pandora, la jarre et l'espoir, in: *Études
rurales*, Januar–Juni 1985, S. 119–132.

4 Jack Goody und S. J. Tambiah, *Bridewealth and
Dowry*, Cambridge 1973, S. 17ff.

5 Louis Gernet, *Conférence sur le mariage en Grèce*
(unveröffentlicht), Institut de droit romain de l'Université de Paris, April 1953.

6 Vernant 1974, S. 70f. (dt.: 1987; S. 62f.).

7 Modrzejewski 1981, S. 231–268, insb. S. 261–263.

8 Claude Mossé, De l'inversion de la dot antique?, in:
Familles et biens en Grèce et à Chypre, Paris 1985, S.
187–193.

9 Benveniste 1969, Bd. 1, S. 66–70.

10 Scheid-Tissinier 1988.

11 Robin Fox, *Kinship and Marriage. An Anthropological Perspective*, Harmondsworth (1967) 1981. –
Sicher ist im Französischen der Ausdruck »Maison
discrète« nicht sehr präzise, aber ich habe keinen
besseren gefunden. [Leduc bezieht sich mit dieser
Bemerkung vermutlich auf den Begriff der Lineage,
den Robin Fox in seinem Buch definiert. Es
handelt sich um eine Gruppe, die aus Personen
besteht, die ihre Abstammung kraft einer unilinearen Filiationsregelung auf einen gemeinsamen
Vorfahren zurückführt. Die unilineare Filiationsregelung führt zu »sich nicht überschneidenden«,
»nicht überlappenden« Gruppen. In einer stratifi-
zierten Gesellschaft – etwa der feudalen – wird
eine Lineage, die politische und/oder zeremonielle Vorrechte und eigenes Territorium besitzt, häufig *Haus* genannt. Zum besseren Verständnis wird
deshalb »maison discrète« im Deutschen mit »segmentäres Haus« wiedergegeben. (A. d. Ü.)]

12 Claude Lévi-Strauss, Histoire et ethnologie, in:
Annales E.S.C., Nov.-Dez. 1983, 38. Jg., Nr. 6,
S. 1217–1231 (dt.: Stillstand und Geschichte. Plä-
doyer für eine Ethnologie der Turbulenzen, in: U.
Raulff (Hg.), *Vom Umschreiben der Geschichte.
Neue historische Perspektiven*. Aus dem Franz. von
Eva Moldenhauer, Berlin 1986, S. 68–88).

13 In einer Reihe von Artikeln – der erste stammt aus
dem Jahre 1973 –, die sich mit der Entwicklung
des Status der griechischen Frauen von der homerischen Epoche bis zum 4. Jahrhundert beschäftigen, kommt Marilyn Arthur zu einem ganz ähnlichen Schluß. Aber ihre Problemstellung (von Pauline Schmitt Pantel in *Une histoire des femmes est-
elle possible?*, Marseille 1984, S. 116–118 [dt.:
*Geschlecht und Geschichte. Ist eine weibliche
Geschichtsschreibung möglich?* Aus dem Franz.
von Wolfgang Kaiser, Frankfurt a. M. 1989, S.
119–222] zusammengefaßt) ist sehr verschieden
von der meinigen.

14 Claude Lévi-Strauss, *La pensée sauvage*, Paris 1962,
S. 32, Anm. (dt.: *Das wilde Denken*. Aus dem
Franz. von Hans Neumann, Frankfurt a. M. 1973,
S. 35, Anm.).

15 Finley 1969, S. 45–47 (dt.: 1979, S. 48f.).

16 Maurice Godelier, *L'idéel et le matériel*, Paris 1984,
S. 197ff. (dt.: *Natur, Arbeit, Geschichte. Zu einer
universalgeschichtlichen Theorie der Wirtschaftsformen*. Aus dem Franz. von Roswitha Schmid,
Hamburg 1991, S. 154ff.).

17 Mossé 1983, S. 17–28.

18 Claude Lévi-Strauss, Nobles sauvages, in: *Mélanges offerts à C. Morazé*, Toulouse 1983, S. 41–54,
insb. S. 47.

19 Raymond Descat, *L'acte et l'effort. Une idéologie du
travail en Grèce ancienne*, Besançon/Lille 1986,
S. 266f.

20 Homer, *Ilias*, 15, 497; *Odyssee*, 14, 64.

21 Gilbert Durand, *L'imagination symbolique*, Paris 1984 (1. Aufl. 1964), S. 13.

22 Diese Darstellung des homerischen Hauses ist die Zusammenfassung eines längeren Kapitels meiner Thèse, die demnächst erscheinen wird.

23 Homer, *Odyssee*, 5, 59–61, S. 64.

24 Aristoteles, *Metaphysik*, V, 1023b 26.

25 Diese an das Herdfeuer gebundenen Rituale bleiben weit über die klassische Epoche hinaus erhalten.

26 Homer, *Ilias*, 17, 250 (Wein des Volkes); ebd., 231 (Volksgut verzehrender König); *Odyssee*, 19, 197 (Gerste, funkelnder Wein und Rinder als Speisung vom Volk); ebd., 13, 14 (Entschädigungsleistungen für Geschenke vom Volk).

27 Lévi-Strauss, *Nobles sauvages*, S. 53.

28 Georges Augustins, Esquisse d'une comparaison des systèmes de perpétuation des groupes domestiques dans les sociétés paysannes européennes, in: *Archives européennes de sociologie*, XXIII, 1982, S. 39–69, insb. S. 40f.

29 Homer, *Ilias*, 22, 46–51.

30 Lévi-Strauss, *Nobles sauvages*, S. 55.

31 Homer, *Odyssee*, 7, 54ff.

32 Ebd., 18, 276ff.

33 Ebd., 16, 391.

34 Ebd., 24, 294.

35 Lello Finuoli 1984, S. 275–302.

36 In den homerischen Gesellschaften gibt es weder Rinderhirtinnen noch Ziegenhirtinnen noch Schäferinnen. Nur das Mästen der Gänse fällt in die Zuständigkeit von Helena (*Odyssee*, 15, 161 und 173) und Penelope (*Odyssee*, 19, 535ff., insb. 543).

37 Luc de Heusch, *Le sacrifice dans les religions africaines*, Paris 1986.

38 Hesiod, *Erga* 406.

39 Christiane Klapisch-Zuber, Le complexe de Griselda. Dot et dons de mariage au Quattrocento, in: *Mélanges de l'École française de Rome* 94, 1982, S. 7–43, insb. S. 13–19.

40 Fox, *Kinship and Marriage*, S. 133 u. 231. [Fox greift den von Meyer Fortes geprägten Begriff der »complementary filiation« auf (S. 133). In Gesellschaften mit unilinearer Filation (engl. »unilineal descent«) hat ein Individuum häufig keineswegs unwichtige Beziehungen zu den Verwandten des nicht zu seiner Abstammungsgruppe gehörigen Elternteils (in patrilinearen Gesellschaften also zu den Verwandten seiner Mutter). Während die (patrilineare oder matrilineare) Filiationsregelung (engl.: *descent*) vor allem die Zugehörigkeit des Individuums zu einer Verwandtschaftsgruppe, aber auch seine »rechtliche und politische Stellung« (M. Fortes) festlegt, wird die »komplementäre Filiation« meist in bestimmten Situationen (Zeremonien, Konflikten etc.) wichtig (vgl. Fox, *Kinship and Marriage*, S. 231–233) (A. d. Ü.)]

41 Homer, *Ilias*, 19, 460.

42 Homer, *Odyssee*, 15, 273.

43 Das englische, ins Deutsche übernommene Wort *kindred* (frz. *parentèle*) bezeichnet eine Gruppe von Verwandten, die ausgehend von einem gegebenen, in der Anthropologie als *Ego* bezeichneten Individuum definiert ist. Ihre virtuelle Existenz konkretisiert sich *ad hoc* im Hinblick auf »bestimmte Zwecke« (Fox, *Kinship and Marriage*, S. 164–169). In den homerischen Gesellschaften konstituiert sich die Kindred nicht um das Individuum, sondern um das *Haus*.

44 Homer, *Odyssee,* 1, 429ff.

45 Ebd., 14, 199ff.

46 Benveniste 1969, Bd. 1, S. 212–215.

47 Während die *erworbene* Frau deskriptive, im Hinblick auf *Ego* definierte Bezeichnungen benutzt, um die Mitglieder des *Hauses* zu bezeichnen, verwenden ihr *Ehemann* und ihre Söhne klassifikatorische Verwandtschaftsbezeichnungen. Die Kategorie »Schwiegersohn« umfaßt alle Ehemänner der als Schwiegertöchter vorgesehenen Töchter. Die Kategorie »Schwiegervater« umfaßt alle Väter der als Schwiegertöchter empfangenen Frauen. Die Kategorie »Neffe« umfaßt alle männlichen Blutsverwandten außerhalb des Hauses.

48 Mactoux 1975.

49 Homer, *Odyssee*, 2,51ff. u. 195ff.

50 Ebd., 20, 341/2.

51 Ebd., 23, 183ff.

52 Homer, *Ilias*, 9, 565ff. (Der Mythos des Meleagros: der Heros tötet unabsichtlich den Bruder seiner Mutter; seine Mutter erfleht von Hades seinen Tod.).

53 Brulé 1987, S. 205ff.

54 Homer, *Ilias*, 6, 192ff., S. 116; *Odyssee*, 7, 313, S. 112.

55 Homer, *Odyssee*, 7, 312, S. 112.

56 Homer, *Ilias*, 6, 152ff.

57 Ebd., 9, 146 und 288.

58 Ebd., 9, 147ff. und 289ff.

59 Benveniste 1969, Bd. 2, S. 50–55.

60 Homer, *Ilias*, 6, 249. Priamos hat zwölf Schwiegersöhne »behalten«.

61 Hesiod, *Erga* 406.

62 Homer, *Ilias*, 24, 769.

63 Homer, *Odyssee*, 7, 54ff.

64 Aristoteles, *Politik*, 1253b

65 Brulé 1987, S. 360–379. P. Brulé bereitet eine neue Publikation zu dieser Frage vor.

66 Claude Lévi-Strauss, *Le regard éloigné*, Paris 1983, S. 127–140 (dt.: *Der Blick aus der Ferne*. Aus dem Franz. von Hans Henschen und Joseph Vogl, München 1985, S. 141–155.

67 Ich habe diese Fragen bereits in zwei Veröffentlichungen angeschnitten: Réflexions sur le système matrimonial athénien à l'époque de la cité (VIᵉ–IVᵉ s. av. J.-C.), Travaux de l'université de Toulouse-Le Mirail, XXI, in: Grief 1982, S. 7–29; Leduc 1987, S. 211–226.

68 Pauline Schmitt Pantel, La cité au banquet, Diss. Lyon 1987, S. 130 (= Rom 1992).

69 Unter den wesentlichen Editionen des »Kodex« seien folgende angeführt: R. Dareste, B. Haussoulier, T. Reinach, Recueil des inscriptions juridiques grecques, Paris 1891–1904, Bd. 1, S. 352ff.; M. Guarducci, Inscriptiones Creticae, Bd. 4 (Tituli Gortynii), Rom (der Code hat die Nr. 72) 1950; Ronald F. Willetts, The Law Code of Gortyn, Berlin 1967. [Wir verweisen auf den »Kodex« im folgenden nach der deutschen Ausgabe: Das Recht von Gortyn, hg. und erläutert von Franz Bücheler und Ernst Zitelmann, 2. Neudruck der Ausgabe Frankfurt a. M. 1885, Aalen 1974. (A. d. Ü.)]

70 Bücheler/Zitelmann (Hg.), Das Recht von Gortyn, Erster Teil, I. Kap., II, S. 46ff.

71 Alberto Maffi, Écriture et pratique juridique dans la Grèce classique, in: Les savoirs de l'écriture en Grèce ancienne, unter Leitung von Marcel Détienne, Cahiers de Philologie, III, Bd. 14, Lille 1988, S. 188–210.

72 Bücheler/Zitelmann (Hg.), Das Recht von Gortyn, VIII, 21, S. 32; vgl. auch ebd.: Zweiter Teil, III. Kap., I, S. 109.

73 Ebd., III, 45–50, S. 22/23, vgl. auch ebd.: Zweiter Teil, III. Kap., I, S. 109.

74 Ebd., III, 17–23.

75 Ebd., V, 26ff., S. 26.

76 Zur Anerkennung der Vaterschaft nach den athenischen Quellen vgl. Jean Rudhardt, La reconnaissance de la paternité, sa nature et sa portée dans la société athénienne, in: Museum Helveticum 19, fasc. 1, 1962, S. 39–64.

77 Bücheler/Zitelmann (Hg.), Das Recht von Gortyn, IV, 20–23, S. 24.

78 Ebd., VII, 1–4, vgl. auch S. 65.

79 Ebd., IV, 18–23, S. 24.

80 Schmitt Pantel, La cité au banquet, S. 67–92.

81 Bücheler/Zitelmann (Hg.), Das Recht von Gortyn, IX, 1–7, S. 33/34.

82 Ebd., V, 29, S. 24.

83 Ebd., V, 32–48, S. 24–25.

84 Ebd., IV, 48–53, S. 25.

85 Ebd., VIII, 41–43, S. 33.

86 Ebd., VII, 14–IX, 24; XII, 20–33.

87 Evanghelos Karabélias, Recherches sur la condition juridique et sociale de la fille unique dans le monde grec ancien, Paris 1980, S. 7–73.

88 Claude Lévi-Strauss, Les structures élementaires de la parenté, Paris 1949, S. 57–61 (dt.: Die elementaren Strukturen der Verwandtschaft. Aus dem

Franz. von Eva Moldenhauer, Frankfurt a. M. 1984, S. 98–106).

89 Bücheler/Zitelmann (Hg.), Das Recht von Gortyn, II, 46–54, S. 20/21.

90 Ebd., III, 24–31, S. 22.

91 Ebd., III, 17–24, S. 22.

92 Ebd., V, 10–23, S. 25/26.

93 Willetts, The Law Code of Gortyn, S. 23–27.

94 Diagramm der Heirat der Erbtochter und ihres Onkel väterlicherseits

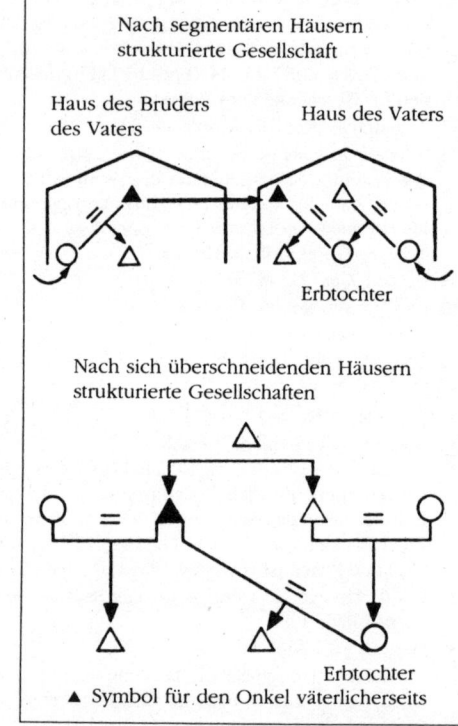

Nach segmentären Häusern strukturierte Gesellschaft

Haus des Bruders des Vaters

Haus des Vaters

Erbtochter

Nach sich überschneidenden Häusern strukturierte Gesellschaften

Erbtochter

▲ Symbol für den Onkel väterlicherseits

95 Pierre Lévêque, Les communautés dans la Grèce ancienne, in: Peuples méditerranéens. Mediterranean Peoples 14, Januar–März 1981, S. 3–13.

96 Die Bibliographie ist enorm und dabei sind die ältesten Werke nicht die uninteressantesten! Ich nenne nur die Werke, auf die ich mich – implizit – im Verlauf der Darstellung beziehe. G. Barilleau, De la constitution de dot dans l'ancienne Grèce, in: Revue historique de droit français et étranger, 1883, S. 10–185; I. Beauchet, Histoire du droit privé de la République athénienne, Bd. 1, Paris 1897; Hans Julius Wolff, Marriage law and family organisation in Ancient Athens, in: Traditio, II, 1944, S. 43–95; Anny Joseph, La condition de l'Athénienne aux Vᵉ et IVᵉ siècle d'après les orateurs attiques, thèse de l'université de Liège, 1947–48;

Gernet, *Conférence sur le mariage*; H.-J. Wolff, *Pauly Wissowa Real Enzyklopädie der classischen Altertumswissenschaften* XXIII, 1, 1957, Artikel *proix*, Sp., 133–170; A. R. W. Harrisson, *The Law of Athens*, Bd. I, Oxford 1968; W.-K. Lacey, *The Family in Classical Greece*, London 1968 (dt.: *Die Familie im antiken Griechenland*. Aus dem Engl. von Ute Winter, Mainz 1983); Vernant 1974 (dt.: 1987); E.-J. Bickerman, La conception du mariage à Athènes, in: *BIDR* (Bolletino dell'Istituto di Diritto romano), 1975, S. 1–28; Sarah C. Humphreys, *Anthropology and the Greeks. Teil III: Structure, context and communication*, London 1978, S. 194–208; David M. Schaps, *Economic Rights of Women in Ancient Greece*, Edinburgh 1979; Modrzejewski 1981; Mossé, De l'inversion de la dot antique?

97 Demosthenes, XLVI, 19.

98 Lévi-Strauss, *Le regard éloigné*, S. 71 (dt.: *Der Blick aus der Ferne*, S. 80): »1. Der Ursprung der Familie liegt in der Ehe; 2. sie schließt den Ehemann, die Frau und die aus ihrer Verbindung hervorgegangenen Kinder ein und bildet daraus einen Kern, dem sich eventuell noch andere Verwandte beigesellen können; 3. die Familienmitglieder sind geeint durch: a) juristische Bande; b) Rechte und Pflichten ökonomischer, religiöser oder anderer Art; c) ein genau beschreibbares Netzwerk von sexuellen Rechten und Verboten und einen variablen und diversifizierten Gesamtkomplex von Gefühlen wie Liebe, Zuneigung, Respekt, Furcht usw.«

99 Zur Beschaffenheit der athenischen Vermögen im 4. Jahrhundert vgl. Claude Mossé, *La fin de la démocratie athénienne*, Paris 1962, S. 147 ff.

100 Emile Boisacq, *Dictionnaire étymologique de la langue grecque*, Paris/Heidelberg 1928, S. 211.

101 Menander, *Die junge Frau mit dem abgeschnittenen Haar. Perikeiromene*, 1012–1015, in: ders. *Die Komödien und Fragmente*, übertragen von Günther Goldschmidt, Zürich 1949; ders. *Samia*, 725 ff.; ders. *Dyskolos*, 842–845.

102 Isaios, X, 10.

103 Demosthenes, XVII, 4–5.

104 Aischines, I, 171.

105 Modrzejewski 1981, S. 267.

106 Lysias, XIX, 9, 11, 32. Bei der Einziehung des Vermögens eines Verurteilten ist die Mitgift der Ehefrau darin einbegriffen. Lysias XLII, 27. Wenn es darum geht, die Liste der zu liturgischen Diensten verpflichteten Bürger aufzustellen, fügt man ihren Einkünften die aus der unter ihre Verwaltung gestellten Mitgift bezogenen hinzu.

107 E. Greis, Le concubinat à Athènes pendant la période classique (chez Démosthène) in: *Vestnik Drevnej Istorin. Revue d'Histoire ancienne*, Nr. 103, 1968, S. 28–52, in russischer Sprache, übersetzt von der Universität Besançon.

108 Isaios, III, 39.

109 Demosthenes, LIX, 122.

110 Aristoteles, *Staat der Athener*, 26, 4 und 42, 1.

111 Demosthenes, LIX, 16 u. 52 u. 112.

112 Demosthenes, LVII, 32 ff. Der Prozeßführende war aus der Liste des Demos gestrichen worden. Er versucht zu beweisen, daß er bürgerlicher Herkunft ist. Durch die Ehe seiner Mutter mit einem Bürger demonstriert er ihre Zugehörigkeit zur Bürgergemeinschaft.

113 Isaios, III.

114 Ebd., VI.

115 Ebd., VI. Euktemon, der den Ehewohnsitz verlassen hat, versucht – vergeblich –, den Sohn seiner Geliebten in seine Phratrie einzuführen, so als wäre er aus einer rechtmäßigen Ehe hervorgegangen (27). Dann probiert er ein anderes Verfahren und führt ihn in seine Phratrie ein, indem er ihm »ein Stück Land« schenkt (23). Der Text sagt nicht in welcher Eigenschaft, aber sicher nicht als seinem rechtmäßigen Kind, da sein Vermögen seinen legitimen Kindern zukommen soll (30). Man kann daher unterstellen, daß Euktemon eine Art Anerkennung des unehelichen Status vollzogen hat: Grund und Boden, immer noch Erbteil des Bürgers, erlaubt, den unehelich Geborenen wenn nicht in die Familie, so doch zumindest in die *Polis* einzuführen.

116 Demosthenes, XL 4.

117 Aischylos, *Die Eumeniden* 738.

118 Euripides, *Medea* 230 ff., S. 195.

119 Pierre Brulé hat die Frage der präferentiellen Aussetzung von Mädchen in mehreren Artikeln angeschnitten. Auch ein Kapitel von *La fille d'Athènes*, in dem zudem zahlreiche bibliographische Referenzen zu finden sind, beschäftigt sich mit diesem Problem (ders. 1987, S. 370 ff.).

120 Maurice Godelier, *Rationalité et irrationalité en économie*, Paris 1966 (dt.: *Rationalität und Irrationalität in der Ökonomie*. Aus dem Franz. von Monika Noll und Rolf Schubert, Frankfurt a. M. 1972). Bei meinen Untersuchungen der Mitgift bei den Griechen habe ich viel von den Forschungen von Agnès Fine über die Mitgiftpraxis in Südwestfrankreich profitiert. Vgl. Agnès Fine und Claudine Leduc, La dot de la mariée, in: *Actes du Collogue nationals »Femmes«, Féminisme et Recherche«*, Toulouse 17.–19. Dezember 1982, S. 168–175; Agnès Fine, Le prix de l'exclusion. Dot et héritage dans le Sud-Ouest occitan, in: *Bulletin du Mauss*, Nr. 10, 1984, S. 68–88.

121 Mossé, *La fin de la démocratie athénienne*, S. 147 ff.; Claudine Leduc, En marge de l'Athénaion Politeia, attribuée à Xénophon, in: *Quaderni di storia*, 13, Januar–Juni 1962, S. 281–334.

122 Lucy Mair, *Le mariage*, Paris 1974, S. 74.
123 Pierre Bourdieu, Les stratégies matrimoniales dans le système des stratégies de reproduction, in: *Annales E.S.C.*, 1972, S. 1105–1127.
124 Demosthenes, XL 25.
125 Isaios, XI, 40.
126 Wesley E. Thompson, The Marriage of First Cousins in Athenian Society, in: *Phoenix*, XXI, 1967, S. 273–282. Sarah C. Humphreys, Marriage with Kin in Classical Athens, in: *Communication au Collège de France*, 1989.
127 Demosthenes, XLIII, 54.
128 Karabélias 1974, S. 92.
129 Plutarch, *Solon* 22.
130 Demosthenes, LVII, 41.
131 Isaios, III, 64 u. X., 19.
132 Das sehr schöne Erbe des Hagnias (Isaios, XI und Demosthenes, XLIII) war Anlaß sehr erbitterter und langwieriger Streitigkeiten. Der Klient des Demosthenes, der dem »Haus« des Hagnias seinen Sohn zur *posthumen Adoption* gegeben hatte, benutzt das Wort *oîkos*, bei den attischen Rednern sehr viel seltener gebraucht als das Wort *oikía*, und schneidet mehrfach das Problem des *Hauses* ohne Erben an.
133 Isaios, XI, 49.
134 Eva Cantarella, *Tacita Muta. La donna nella città antica*, Rom 1985.
135 Demosthenes, XLVI, 19 u. XLIII, 54.
136 Plutarch, *Solon* 20, in: ders., *Große Griechen und Römer*, eingeleitet und übersetzt von Konrat Ziegler, Zürich/Stuttgart 1954, Bd. 1, S. 234.
137 Pierre Chantraine, Deux notes sur le vocabulaire juridique dans les papyrus grecs, in: *Mémoires Maspero*, II, S. 219–224. Seine Hypothese wird in den Artikeln *proíx* und *pherné* des *Dictionnaire étymologique de la langue grecque* wiederholt.
138 Mossé, De l'inversion de la dot antique, S. 187–193.
139 Euripides zum Beispiel ignoriert das Wort *proíx* und benutzt zehn Mal das Wort *pherné*.
140 Xenophon, *Kyropädie*, VII, 5, 19. Aischines, *Über den treulosen Abgesandten*, II, 31.
141 Aristoteles, *Staat der Athener*, Kap. 1–13, übers. von Mortimer Chambers, Darmstadt 1990, S. 13–22.
142 Die Bibliographie ist enorm. Ich zitiere nur die beiden erschöpfendsten Kommentare des aristotelischen Textes: C. Hignett, *A History of the Athenian Constitution to the End of the Fifth Century B.C.*, Oxford 1952, S. 32–123; P. J. Rhodes, *A Commentry of the Aristotelian Athenaion Politeia*, Oxford 1981, S. 35ff. Ein kurzer Artikel von F. Cassola, *Parola del Passato*, 1964, S. 26–34, ist sehr praktisch und immer noch aktuell: der Autor stellt die Hypothesen über den Ursprung der Hektemoroi zusammen.
143 Pierre Lévêque und Pierre Vidal-Naquet, *Clistène l'Athéniens. Essai sur la représentation de l'espace et du temps dans la pensée politique grecque, de la fin du Ve siècle à la mort de Platon*, Annales de l'université de Besançon, Bd. 65, 1964.
144 Aristoteles, *Staat der Athener*, 5, 2.
145 *Inscriptiones Graecae*, 12, 115; R. S. Stroud, *The Axones and Kyrbeis of Drakon and Solon*, Berkeley/Los Angeles/London 1979.
146 Augustins, Esquisse d'une comparaison [Anm. 25], S. 57.
147 Jean-Michel Servet, *Nomismata. Etat et origines de la monnaie*, Lyon 1984, S. 72–74.
148 John K. Davies, Athenian citizenship, the descent group and the alternatives, in: *The Classical Journal* 73, 1977/1978, S. 106–121.
149 Aristoteles, *Metaphysik*, II (a), 993 a 30–b7, S. 71.

Der Körper und die Politik

Zu den im folgenden verwendeten Abkürzungen siehe die Vorbemerkung zu den Anmerkungen zu Kap. 3 *Die Teilung der Geschlechter im römischen Recht*.

1 Jean-Pierre Vernant, Le mythe hésiodique des races. Essai d'analyse structurale, in: ders., *Mythe et pensée chez les Grecs*, Bd. 1, Paris 1965, S. 13–41. S. a. Lo-raux 1981, S. 78.
2 Lukian, *Wahre Geschichten*, 1, 22, S. 351.
3 Benjamin Kilborne, *Interprétations de rêves au Maroc*, Grenoble 1978, S. 4–5.
4 Hopkins 1966, S. 245–264.
5 Edward Shorter, *A History of Women's Bodies*, New York 1982; Jacques Gélis, *L'arbre et le fruit. La naissance dans l'Occident moderne, XVIe–XIXe siècles*, Paris 1984; Mireille Laget, *Naissances. L'accouchement avant l'âge de la clinique*, Paris 1982.
6 Raffaele Pettazoni, »Carmenta«, Kap. 10 der *Essays on the History of Religions*, Leiden 1967 (der Artikel stammt aus dem Jahr 1941/42).
7 Augustinus, *Vom Gottesstaat*, 4, 21, Bd. 1, S. 198.
8 Adnès/Canivet 1967, S. 53–82 und 149–179, S. 156 und zur Entbindung S. 157–159. Pierre-André Sigal, La grossesse, l'accouchement et l'attitude envers l'enfant mort-né à la fin du Moyen Age d'après les récits de miracles, in: *Santé, médecine et assistance au Moyen Age, Actes du 110e congrès national des Sociétés savantes*, Bd. 1, Montpellier 1985, Paris 1987, S. 23–41.
9 Ann Ellis Hanson, The Eight Months' Child and the Etiquette of Birth: *obsit omen!*, in: *Bulletin of the History of Medicine* 61, 1987, S. 589–602.
10 Seneca, *Von der Ehe (De matrimonio)*, in: *Opera*, Bd. 3., hg. von Felix Haase, 1902, S. 428.

11 Rousselle 1983, S. 71 (dt.: 1989, S. 76–77). Soranos, *Gynäkologie (Gynaikeion pathon)*, 1, 11 und 2, 15, Hg. und frz. Übers. P. Burguière, D. Gourévitch, Y. Malinas, Bd. 1, Paris 1989; Bd. 2, Paris 1990 (dort Bd. 1, S. 34 und Bd. 2, S. 42).

12 Cicero, *Attikus-Briefe*, 12, 18, hg. und übers. von Helmut Kasten, München 1959, Brief DXCII).

13 Rousselle 1980, S. 1089–1115.

14 Aline Rousselle, Abstinence et Continence dans lesmonastères de Gaule méridionale à la fin de l'Antiquité et au début du Moyen Age. Étude d'un régime alimentaire et de sa fonction, in: *Hommages à André Dupont. Fédération historique du Languedoc Méditerranéen et du Roussillon*, Montpellier 1974, S. 239–254; Emmanuel Le Roy Ladurie, L'aménorrhée de famine (XVIIᵉ–XVIIIᵉ siècle), in: *Annales E.S.C.*, 1969, wieder abgedruckt in: *Le Territoire de l'historien*, Paris 1973, S. 331–348.

15 Zum Osten s. Adnès/Canivet 1967, S. 160 (zur Unfruchtbarkeit). Zum Westen s. etwa Gregor von Tours, *De virtutibus Sancti Martini episcopi*, 4, 11. (Bruno Krüsch [Hg.], Scriptorum rerum Merovingiarum, Bd. 1, Teil 2, in: *Monumenta Germaniae Historica*, Hannover 1885, Nachdruck 1969).

16 Seneca, *Trostschrift an Marcia (ad Marciam de consolatione)*, 12–16, bes. 14–15, in: Seneca, *Philosophische Schriften*, hg. und übers. von Manfred Rosenbach, Bd. 1, Darmstadt 1969, S. 345–59, bes. S. 351–53.

17 Mario Tabanelli, *Gli ex-voto poliviscerali etruschi e romani*, Florenz 1962, Abb. 3.

18 Simone Deyts, *Les bois sculptés des sources de la Seine*, XLIIᵉ Supplément zu *Gallia*, Paris 1983, S. 89 und Tafel XX; Tafel CXXVa.

19 Hanson, Eight Months' Child, S. 589–602; Campbell Bonner, *Studies in Magical Amulets, Chiefly Greco-Egyptian*, Ann Arbor 1950, S. 84–85 und 275–277, speziell die Nr. 140 und 147; Barb 1953, S. 214 und Anm. 23.

20 Edwin M. Yamauchi, A Mandaeic Magic Bowl from the Yale Babylonian Collection, in: *Berytus* 17, 1967–1968, S. 49–63 und Tafeln XIV-XVII.

21 Sigal, La grossesse, S. 31–33.

22 Ulpianus, *Regulae*, 16, 1.

23 *Das Leben der heiligen Melanie (Vita Melaniae)*, 1, 5 und 6, 61, Hg. und frz. Übers. Denys Gorce, Collection des Sources chrétiennes (im folgenden zitiert als SC) 90, Paris 1962, S. 131–137 und 249.

24 Pierre Fabre, *Paulin de Nole et l'amitié chrétienne*, Paris 1947.

25 Gourévitch 1984, S. 233–259; Bradley 1986, S. 201–229.

26 Emir Maurice Chehab, Terres cuites de Kharayeb, in: *Bulletin du Musée de Beyrouth* 10, 1951–1952, S. 31, Tafel XII.

27 Sharon Kelly Heyob, *The Cult of Isis among Women in the Greco-Roman World*, Études préliminaires aux religions orientales 51, Leiden 1975.

28 MacMullen 1987, S. 183.

29 Seneca, *Vom Aberglauben (De superstitione)*, zit. bei Augustinus, *Vom Gottesstaat*, 6, 10, Bd. 1, S. 310f.

30 J. Roger, *Paléontologie générale*, Collection Sciences de la Terre, Bd. 1, Paris 1974; Lucienne Rousselle, La Paléodémécologie: une ouverture nouvelle vers la compréhension des phénomènes d'interaction entre les organismes fossiles et leurs environnements, in: *Bulletin de l'Institut géologique du bassin d'Aquitaine* 21, 1977, S. 3–11.

31 Emmanuel Le Roy Ladurie, L'Histoire immobile, in: *Annales E.S.C.*, 1974, S. 673–691.

32 Claude Vatin, *Recherches sur le mariage et la condition de la femme mariée à époque hellénistique*, Paris 1970, S. 145–163.

33 Eyben 1972, S. 678–697.

34 Galenos, zit. bei Oribasios, *Medizinische Sammlung (Collectiones Medicae, Iatrikaí synagogai)*, 6, 15, Hg. und frz. Übers. E. Bussemaker und Ch. Daremberg, Bd. 1, Paris 1851, S. 481 (Joannes Raeder, *Oribasii collectionum Medicarum reliquiae*, Leipzig, Bd. 1, 1928; Bd. 2, 1929; Bd. 3, 1931; Bd. 4, 1933, Nachdruck Bde. 1–4, 1964, dort Bd. 1, S. 169).

35 Rufus, zit. bei Oribasios, *Libri incerti* 2, Bussemaker/Daremberg (Hg.), Bd. 3, Paris 1858, S. 82–83 (bei Raeder, *Libri incerti* 18, Bd. 4, S. 106–107).

36 Ebd., S. 85 (bei Raeder, *Libri incerti* 18, 11–14, Bd. 4, S. 108).

37 Soranos, *Gynäkologie*, 1, 6, Burguière u. a. (Hg.), Bd. 1, S. 22–23.

38 Nau 1988, S. 21 und 23.

39 Soranos, *Gynäkologie*, 1, 7, Burguière u. a. (Hg.), Bd. 1, S. 25.

40 Hopkins 1965b, S. 309–327; Shaw 1987, S. 30–46.

41 Hopkins 1980, S. 303–354, hierzu s. S. 323.

42 Soranos, *Gynäkologie*, 1, 5, Burguière u. a. (Hg.), Bd. 1, S. 17; Rousselle 1983, S. 42 (dt.: 1989, S. 43–44).

43 Rousselle 1980, S. 1089–1115.

44 Wenham 1972, S. 326–348.

45 *Digesten*, 48, 5, 14 (Ulpianus).

46 Epstein 1948, S. 206–207.

47 Giulia Sissa, *Le corps virginal*, Paris 1987.

48 Carsten Niebuhr, *Description de l'Arabie*, d'après les observations et recherches faites dans le pays même par M. Niebuhr, Kopenhagen 1773, S. 31–35 (Beobachtungen von Førskal und Niebuhr).

49 Psellos, Text und Übers. bei Jean-René Vieillefond, *Les «Cestes» de Julius Africanus. Étude sur l'ensemble des fragments avec édition, traduction et commentaires*, Florenz/Paris 1970.

50 S. Itzchaky, M. Yitzhaki und S. Kottek, Fertility in Jewish Tradition, in: *Proceedings of the Second International Symposium on Medicine in Bible and Talmud, Koroth*, 33. Jg., Bd. 9, Nr. 1–2, 1985, S. 131.

51 Dunand 1989, S. 173–182.

52 Johannes Chrysostomos, *Sur le mariage unique (De non iterando coniugio)*, Hg. und frz. Übers. Bernard Grillet, SC 138, Paris 1968, S. 191.

53 Jerzy Kolendo, L'esclavage et la vie sexuelle des hommes libres à Rome, in: *Index. Quaderni camerti di Studi romanistici. International Survey of Roman Law* 10, 1981, S. 288–297, hierzu s. S. 290.

54 Patlagean 1988, S. 263–270, S. 266–267.

55 Emmanuel Le Roy Ladurie, Biographie de la femme sous l'Ancien Régime, in: *Panorama des Sciences humaines*, betreut von Denis Hollier, Paris 1973, S. 626–628.

56 Tacitus, *Germania* 19.

57 Tacitus, *Historien*, 5, 5, 3.

58 Strabon, 127, 2, 5; Aristoteles, zit.bei Oribasios, 22, 5, Bussemaker/Daremberg (Hg.), Bd. 3, S. 62 (bei Raeder, *Libri incerti* 12, 1, Bd. 4, S. 99).

59 Flavius Iosephus, *Gegen Apion*, 2, 199–201.

60 Rawson 1986, S. 170–200.

61 Jean Hubeaux, Enfants à louer ou à vendre. Augustin et l'autorité parentale, in: *Les lettres d'Augustin découvertes par Divjak, Colloque des 20–21 sept. 1982*, Études augustiniennes, 1983, S. 189–204 (die Briefe Nr. 20 und 24).

62 *Codex Theodosianus* 11, 27, 1–2 (im folgenden zitiert als *CTh*).

63 Olivia Robinson, Women and the Criminal Law, in: *Raccolta die Scritti in memoria di Raffaele Moschella*, Perugia 1989, S. 539.

64 Thomas 1986, S. 211–236, hierzu s. S. 218.

65 Rufus von Ephesos (Ende des 1. Jahrhunderts n. Chr.), zit. bei Oribasios, 6, 38, Bussemaker/Daremberg (Hg.), Bd. 1, Paris 1851, S. 541 (bei Raeder, 6, 38, 4, Bd. 1, S. 189).

66 Jacques André, *L'alimentation et la cuisine à Rome*, Paris 1961, S. 140 und Anm. 32; Columella, 7, 9, 5; Plinius, *Naturkunde*, 8, 209.

67 Aline Rousselle, L'eunuque et la poule. la logique de la reproduction, in: *Mi-Dit. Cahiers méridionaux de Psychanalyse*, 2–3, Juni 1984, S. 57–65, hierzu s. S. 62; Galenos, *Das Sperma (de semine)*, 2, C. G. Kühn, *Medicorum Graecorum opera quae extant*, Bd. 4, Leipzig 1822, S. 569.

68 Hopkins 1965a, S. 124–151.

69 Diokles und Rufus, zit. bei Oribasios 7, 26, Bussemaker/Daremberg (Hg.), Bd. 2, Paris 1854, S. 136–139 und 143 (bei Raeder, Bd. 1, S. 242–243 und 245).

70 Nardi 1971; Fontanille 1977; A. Keller, Die Abortiva in der römischen Kaiserzeit, in: *Quellen und Studien zur Geschichte der Pharmazie*, hg. von Rudolph Schmitz, Bd. 46, 1988, S. 309ff.

71 Aristoteles, zit. bei Oribasios 22, 5, Bussemaker/Daremberg (Hg.), Bd. 3, Paris 1858, S. 62 (bei Raeder, *Libri incerti* 12, Bd. 4, S. 99–100); Plutarch, *Lykurgos*, 3.

72 Rousselle 1983, S. 51 (dt.: 1989, S. 65–66), und Gourévitch 1984, S. 209.

73 Thomas 1986, S. 211–236, Anm. 88; S. 234.

74 Jean Gagé, *Matronalia. Essai sur les dévotions et les organisations cultuelles des femmes dans l'ancienne Rome*, Collection Latomus 60, Brüssel 1963, S. 95.

75 Dario Sabbatucci, Magia ingiusta e nefasta, in: *Studi di storia in memoria di Raffaela Garosi*, Rom 1976, S. 233–252, hierzu s. S. 237.

76 Robinson, Women and the Criminal Law, S. 539.

77 Thomas 1986, S. 224.

78 Robinson, Women and the Criminal Law, S. 539; *Digesten*, 48, 8, 8 (Ulpianus); 48, 19, 38, 5 (Paulus); 48, 19, 39 (Tryphoninus).

79 *Digesten*, 48, 5, 14, 7–8 (Ulpianus).

80 Iza Biezunska-Malowist, Les enfants-esclaves à la lumière des papyrus, in: *Hommages à M. Renard*, Bd. 2, Brüssel 1969, S. 91–96, und dies., Les esclaves nés dans la maison du maître et le travail des esclaves en Égypte romaine, in: *Studi Classici* 3, 1961, S. 147–162.

81 P. R. C. Weaver, Gaius 1, 84 and the *S. C. Claudianum*, in: *Classical Review*, N. S. 14, 1964, S. 137–139; Tertullian, *An seine Ehefrau (ad uxorem)*, 2, 1, Hg. und frz. Übers. Charles Munier, SC 273, Paris 1980, S. 145.

82 Aulus Gellius, *Attische Nächte*, 4, 2, 6–10.

83 Sermo 44, 2–3, hg. von M.-J. Delage, Bd. 2, S. 331, SC 243, Paris 1978. S. a. Sermo 19, 5.

84 Clemens von Alexandria, *Der Erzieher (Paidagogos)*, 3, 32, 2–3 (dt.: Bibliothek der Kirchenväter [BKV], Reihe 2, Bd. 8, München 1934, Nachdruck 1968).

85 *Querolus*, 3, 1, Stück 56, 6–13, Hg. und frz. Übers. I. Havet, Bibliothèque des Hautes Études, Bd. 41, Paris 1880, S. 275 (dt.: *Der Griesgram oder die Geschichte vom Topf*, hg. und übers. von Willi Emrich, Berlin 1965, S. 131).

86 J.-T. Milik, *Recherches d'épigraphie proche-orientale. Dédicaces faites par des dieux (Palmyre, Hatra, Tyr) et des thiases sémitiques à l'époque romaine*, Institut français d'Archéologie de Beyrouth, Bibliothèque archéologique et historique, Bd. 92, Paris 1972, S. 63–64.

87 Vatin, *Recherches*, S. 128.

88 *Digesten*, 23, 2, 44 (Paulus). Raditsa 1980, S. 278–339.

89 Chariton, *Chairéas et Callirhoé*, 1, 12, Hg. und frz. Übers. Georges Molinié, Paris 1979, S. 57.

90 Horaz, *Satiren* 1, 2, 80–108.

91 Ebd. 1, 2, 131; 2, 7, 46–71.

92 Ebd. 1, 1, 93.

93 Paul-Louis Gatier, Aspects de la vie religieuse des femmes dans l'Orient paléochrétien: ascétisme et monachisme, in: *La femme dans le monde méditerranéen, Travaux de la Maison de l'Orient* 10, Lyon 1985, S. 165–183, hierzu s. S. 171, Anm. 38.

94 Alfredo Mordechai Rabello, Divorce of Jews in the Roman Empire, in: *The Jewish Law Annual* 4, 1981, S. 79–102, S. 82, Anm. 12; Plautus, *Mercator*, 817f.; Valerius Maximus, 6, 3, 10–12; zu den Juden s. Mischna, Ketoubot, 7, 6.

95 Plinius der Jüngere, *Sämtliche Briefe*, 4, 19, S. 168.

96 Robert E. A. Palmer, Roman Shrines of Female Chastity from the Last Struggle to the Papacy of Innocent I, in: *Rivista Storica dell'Antichità* 4, 1974, S. 113–159, hierzu s. S. 120.

97 *Digesten*, 47, 10, 15, 15 (Ulpianus); Marcel Morabito, Les réalités de l'esclavage d'après le Digeste, in: *Annales littéraires de l'Université de Besançon* 254 (Centre de recherche d'Histoire ancienne 39), Paris 1981, S. 190.

98 Ethel und Ludwig Edelstein, *Asclepius. A Collection and Interpretation of the Testimonies*, Bd. 1, Baltimore 1945, Nr. 31, 34, 39, 42, 426.

99 Ammianus Marcellinus, 16, 10, 18–19.

100 *Éloge funèbre d'une matrone romaine*, 48, Hg. und frz. Übers. M. Durry, Paris 1950, S. 22.

101 Rousselle 1983, S. 58–59 (dt.: 1989 S. 62–63). Siehe Oribasios, *Libri incerti*, 6, Bussemaker/Daremberg (Hg.); Soranos, *Gynäkologie*, 1, 16 und 18, Burguière u. a. (Hg.), Bd. 1, S. 46 und 58; Galenos geht soweit, diese Abstinenz auf die gesamte Stillzeit auszudehnen: zit. nach Oribasios, *Libri incerti*, 14, Bussemaker/Daremberg (Hg.), Bd. 3 Paris 1858, S. 130.

102 Hopkins 1983, S. 31–200; François Jacques, Le renouvellement du Sénat romain, in: *Annales E.S.C.* 6, 1987, S. 1287–1303.

103 Évelyne Patlagean, Sur la limitation de la fécondité dans la haute époque byzantine, in: *Annales E.S.C.*, 1969, S. 1353–1369, hierzu s. S. 1360.

104 Joseph Mélèze-Modrzejewski, Les Juifs et le droit hellénistique, in: *Jura* 12, 1961, S. 175; Rabello, Divorce of Jews, S. 79–102.

105 *Die Entstehung der Arten (De generatione animalium)*, 4, 6, 775a.

106 Zur Neuzeit s. Laget, *Naissances*, S. 236 und 246–247.

107 Johannes Chrysostomos, *An eine junge Witwe (ad viduam iuniorem)*, 2, 139–142, S. 125, frz. Übers. Bernard Grillet, SC 138, Paris 1968; ders., *Über die einmalige Ehe (De non iterando coniugio)*, 2, 80–81, S. 169, gleicher Band, SC 138.

108 Horaz, *Satiren*, 1, 2, 24–63; Kolendo, L'esclavage, S. 288–297.

109 Henry Chadwick, The Relativity of Moral Codes: Rome and Persia in Late Antiquity, in: *Early Christian Literature and the Classical Intellectual Tradition in Honour of R. M. Grant*, hg. von William R. Schoedel und R. I. Wilcken, Collection Théologie historique Nr. 53, Paris 1979, S. 135–153, hierzu s. S. 147.

110 Rousselle 1989, S. 300–333.

111 Epiktet, *Diatriben (Dissertationes)*, 1, 18, 21–23 und 4, 1, 15; Philon von Alexandria, *Über die Freiheit des Tüchtigen (Quod omnis probus liber sit)*, 38, Hg. und frz. Übers. Madeleine Petit, *Werke*, Bd. 28, Paris 1974, S. 167.

112 Zwölf Jahre: *Digesten*, 25, 7, 1, 4 (Ulpianus); Treue: *Digesten*, 48, 5, 14 (13), 8 (Ulpianus); Aline Rousselle, Concubinat et adultère, in: *Opus* 3, 1984, S. 75–84.

113 Weaver 1986, S. 145–169.

114 D. M. MacDowell, Bastards as Athenian Citizens, in: *Classical Quarterly* 26, 1976, S. 88–91.

115 Aristophanes, *Wespen*, 480.

116 Catherine Simon, Mères au berceau, in: *Le Monde*, 21. November 1989.

117 Valerius Maximus, 6, 7, 1.

118 Sueton, *Augustus*, 71.

119 Tertullian, *An seine Ehefrau (ad uxorem)*, 1, 6, 4, Hg. und frz. Übers. Charles Munier, SC 273, Paris 1980, S. 113.

120 Tertullian, *Über den weiblichen Putz (de cultu feminarum)*, 2, 2, 1, SC 173, Hg. und frz. Übers. Marie Turcan, Paris 1971, S. 95 (dt.: K. A. H. Kellner, Tertullian, Bibliothek der Kirchenväter, Bd. 7, Kempten/München 1912, S. 187).

121 Hippolyt von Rom, *Die apostolische Überlieferung (traditio apostolorum, apostoliké parádosis)*, Hg. und frz. Übers. Bernard Botte, SC 11bis, 2. Aufl., Paris 1968, S. 75 (dt.: S. 249).

122 Iro Kajanto, On Divorce among Common People of Rome, in: *Melanges Marcel Durry, Revue des Études Latines* 47bis, 1969, S. 99–113.

123 Itzchaky u. a., Fertility, S. 132; Epstein 1948, S. 140.

124 Seneca, *Trostschrift an die Mutter Helvia (ad matrem Helviam de consolatione)*, 16, 3, in: Seneca, *Philosophische Schriften*, Bd. 2, S. 343.

125 Horaz, *Oden*, 1, 2, 19.

126 Vergil, *Aeneis*, 4, 266.

127 Plinius, *Naturkunde*, 7, 60.

128 Seneca, *Über die Milde (de clementia)*, 3, 8, Hg. und frz. Übers. François Préchac, 3. Aufl., Paris 1967, S. 28.

129 Plinius, *Naturkunde*, 5, 57.

130 Cassius Dio, 58, 22.

131 Marcus Aurelius, *Selbstbetrachtungen*, 1, 29.

132 Juvenal, *Satiren*, 6, 306–313; vgl. Palmer, Roman Shrines, S. 143.

133 *Femmes pythagoriciennes. Fragments et lettres de Théano, Périktioné, Phintys, Melissa et Mya,* frz. Übers. (mit Anmerkungen) von Mario Meunier, Paris 1980.

134 *Ratschläge an Eheleute (Gamiká parangélmata),* 140 B.

135 Georges Fabre, *Libertus. Recherches sur les rapports patron-affranchi à la fin de la République romaine,* Paris 1981, S. 192–193.

136 Arnaldo Momigliano, La libertà di parola nelmondo antico, in: *Sesto Contributo alla Storia degli Studi Classici,* Rom 1980, S. 403–436 (der Artikel stammt von 1971); ders., Epicureans in Revolt, in: *Journal of Roman Studies* 31, 1941, S. 151–157.

137 Tacitus, *Annalen,* 1, 72–73, S. 101.

138 Sueton, *Tiberius,* 28, S. 190.

139 Tacitus, *Annalen,* 6, 10, 3.

140 Frederick H. Cramer, Bookburning and Censorship in Ancient Rome, in: *Journal of the History of Ideas* 6, 1945, S. 157–196.

141 Yolande Grisé, *Le suicide dans la Rome antique,* Paris 1982 (hinzuweisen ist auf das Buch von Jean-Louis Voisin, im Erscheinen).

142 Plinius der Jüngere, *Sämtliche Briefe,* 3, 16, S. 133.

143 Livius, 1, 58.

144 Livius, 2, 13; Plinius, *Naturkunde,* 34, 13.

145 Seneca, *Trostschrift an Marcia (ad Marciam de consolatione),* 16, 2 in: Seneca, *Philosophische Schriften,* Bd. 1, S. 355.

146 Platon, *Symposium* 179b–d.

147 Joseph et Aséneth, Hg. und frz. Übers. Marc Philonenko, Leiden 1968.

148 Plutarch, *Von der Liebe (Erotikós, Amatorius)* 770D–771C.

149 Plutarch, *Marius,* 19, 9.

150 Radu Vulpe, Prigioneri romani suppliziati da donne dacie sul rilievo della colonna traiana, in: *Rivista storica dell'Antichità* 3, 1973, S. 109–125.

151 Cassius Dio, 78, 14.

152 Einführung und frz. Übers. A. Dupont-Sommer, *Le Quatrième Livre des Maccabées,* Bibliothèque des Hautes Études, 274, 1939.

153 Anonymus latinus, *Abhandlung über die Physiognomie,* Text, frz. Übers. und Kommentar von Jacques André, Paris 1981.

154 Galenos, *Das Sperma (de semine),* 1, Kühn, *Medicorum Graecorum,* Bd. 4, S. 569.

155 Télès et Musonius, *Predigten,* frz. Übers. André-Jean Festugière, Paris 1978. Siehe C.-E. Lutz, Musonius Rufus, the Roman Socrates, in: *Yale Classical Studies* 10, 1947, S. 3–147.

156 Antoine Guillaumont, *Aux origines du monachisme chrétien,* Abbaye de Bellefontaine, Coll. Spiritualité orientale 30, 1979, S. 15 und Anm. 9–10.

157 *Mosaicarum et Romanarum legum collatio,* 6, 4, 3.

158 *Codex Iustinianus,* 1, 9, 7 (Ulpianus).

159 Chadwick, Relativity, S. 145.

160 *CTh,* 3, 12, 1, von 342 n. Chr. (Konstantius und Konstans); Jean Gaudemet, *Iustum matrimonium,* in: *Sociétés et mariage,* Straßburg 1980, S. 83.

161 Ebd., S. 84.

162 *CTh,* 9, 1, von 326 n. Chr. (Konstantin), Clemence Dupont, *Les Constitutions des Constantin et le droit privé au début du IVᵉ siècle,* Diss., Lille 1937, S. 26.

163 *CTh,* 4, 6, 3, von 336 n. Chr. (Konstantin); später auch Theodosius und Valentinian (Gaudemet, *Iustum matrimonium,* S. 75–86).

164 Sermo 19, 4, SC 175, Bd. 1, Paris 1971, S. 489.

165 Hippolyt von Rom, *Die apostolische Überlieferung,* 16, S. 247–249.

166 Rousselle 1983, S. 133 (dt.: 1989, S. 141–142).

167 C. St. Tomulescu, Justinien et le concubinat, in: *Studi in onore di Gaetano Scherillo,* Bd. 1, Mailand 1972, S. 299–326; C. Van De Wiel, La légitimation par mariage subséquent de Constantin à Justinien. Sa recéption sporadique dans le droit byzantin, in: *Revue Internationale des Droits de l'Antiquité,* 3. Serie, 25, 1978, S. 307–350; Dupont, *Les Constitutions,* Abschnitt 8.

168 *CTh,* 9, 15, 1, von 318 n. Chr. (Konstantin). Siehe J.-H. W. G. Liebeschütz, *Continuity and Change in Roman Religion,* Oxford 1979, S. 294–295.

169 *Codex Iustinianus,* 9, 16, 7 (= *CTh,* 9, 14, 1; von 374 n. Chr.).

170 *CTh,* 11, 36, 1 (von 314 oder 315 n. Chr.); 9, 29, 1 (von 374 n. Chr.) und 9, 38, 1 (von 322 n. Chr.).

171 Dupont, *Les Constitutions,* S. 110–112; *CTh,* 9, 38, 1 (von 322 n. Chr.); 11, 36, 1 (von 314 oder 315 n. Chr.).

172 Hopkins 1985a, S. 139 (Hier die Verweise auf die Kirchenväter).

173 Flandrin 1983, S. 130.

174 Clemens von Alexandria, *Der Erzieher,* 3, 4.

175 Graecorum affectionum curatio V (De natura hominis) 836, Theodoreti opera omnia, Bd. 4, in: J. P. Migne, *Patrologia Graeca,* Bd. 83, Paris 1860 Nachdruck Turnhout 1979, Sp. 944.

176 Isidore Lévy, *La légende de Pythagore de Grèce en Palestine,* Paris 1927, S. 81–82.

177 Dt. Übers. aus Wilhelm Schneemelcher (Hg.), *Neutestamentliche Apokryphen in deutscher Übersetzung,* Bd. 2, Apostolisches, Apokalypsen und Verwandtes, 5. Aufl. der von Edgar Hennecke begründeten Sammlung, Tübingen 1989, S. 570–573.

Die Töchter der Pandora

1 de Polignac 1984, S. 79.

2 Hesiod, *Theogonie* 590–91; vgl. Nicole Loraux, Sur la race des femmes, in: Louraux 1981.

3 Marcel Détienne, *Dionysos mis à mort,* Paris 1977, S. 177–79.

4 Guettel-Cole 1984.
5 Brulé 1987.
6 Über die männliche Initiation vgl. Jeanmaire 1939. Für eine Erörterung des Begriffs der weiblichen Initiation vgl. Brelich 1969, S. 229f., und im Gegensatz dazu die Ansichten bei Calame 1977, insbesondere Bd. 1, S. 67–69.
7 Sourvinou-Inwood 1988, S. 136–48.
8 Calame 1977, Bd. 1, S. 236f.; vgl. auch Brulé 1987, S. 83f.
9 Ebd., S. 116.
10 Vgl. die verschiedenen Publikationen von Lily Kahil zu diesem Thema, insbesondere Kahil 1977 und Kahil 1983.
11 Sourvinou-Inwood 1988, S. 15–66.
12 Brelich 1969, S. 280f.
13 Für eine gründliche Untersuchung dieses Rituals vgl. Jean-Louis Durand, *Sacrifice et labour en Grèce ancienne*, Paris/Rom 1986.
14 Vgl. z. B. Kaempff-Dimitriadou 1979, insb. S. 39 zu Boreas und Oreithyia sowie Taf. 27–31.
15 Calame 1977, S. 367f.
16 Sourvinou-Inwood 1988, S. 39–66.
17 Vidal-Naquet 1981, S. 151–174 und 191–207.
18 de Polignac 1984, S. 78.
19 Détienne 1979, S. 183–214.
20 Loraux 1984, S. 127.
21 Vernant 1986, insb. S. 260–64.
22 Détienne 1986, S. 42.
23 Ebd., S. 79–89 und Anm. 202.
24 Ginouvès 1962, S. 268–76 und das Kapitel 4 von François Lissarrague.
25 Guettel-Cole 1984 sowie Schmitt 1977. Die Gleichsetzung von Krieg und Heirat stammt von Jean-Pierre Vernant, La guerre des cités, in: ders., *Mythe et société en Grèce ancienne*, Paris 1974, S. 31–56.
26 Brulé 1987, S. 361f.
27 Ebd., S. 260.
28 Vernant 1965, S. 131–37.
29 Parker 1963.
30 Euripides, *Iphigenie auf Tauris* 381–83.
31 Vernant 1974, S. 121–40.
32 Détienne 1972, S. 187–222.
33 F. Sokolowski, *Lois sacrées de l'Asie Mineure*, Paris 1955, Nr. 73.
34 Ebd., Nr. 25 und 73.
35 Sissa 1987, S. 27–65.

Die Rolle der Frauen in der römischen Religion

1 Scheid 1990.
2 Der ältere Cato bei Festus (Lindsay), S. 466.
3 Cato, *De agri cultura* 143
4 Paulus Diaconus bei Festus (Lindsay), S. 72.
5 Cazanove 1987.
6 Ebd., S. 165f.
7 Scheid 1990, S. 320f.
8 Paulus Diaconus bei Festus (Lindsay), S. 124; Cazanove 1987, S. 166f.
9 Plutarch, *Romulus,* 15, 4f.; 19, 9.
10 Cazanove 1987, S. 164f.
11 Ebd., S. 159.
12 Plutarch, *Quaestiones romanae* 85.
13 Beard 1980, S. 14.
14 Aulus Gellius, *Die Attischen Nächte* 1, 12, 14; Beard 1980, S. 15f.
15 Luigi Sensi, Ornatus e stato sociale delle donne romane, in: *Annali della Facoltà di Lettere e Filosofia di Perugia*, Sez. Studi classici 18, n. S. IV, 1980–81, S. 55–102.
16 Fraschetti 1984.
17 Servius, *Commentarius in eclogas* 8, 82, zit. nach Cazanove 1987.
18 Scheid 1990, S. 320f.
19 Cazanove 1987, S. 170, Anm. 57.
20 Paulus Diaconus bei Festus (Lindsay), S. 473.
21 Dumézil 1974, S. 376.
22 Ovid, *Fasti* 4, 637–40.
23 Tertullianus, *De spectaculis* 5, 7.
24 Dumézil 1974, S. 168f. im Zusammenhang mit Varro, *De lingua Latina* 6, 21.
25 Prudentius, *Contra Symmachum* 2, 1107f. *(in flammam iugulant pecudes).*
26 Beard 1980, 17f.
27 Ebd. 1980; Scheid 1986.
28 Boels 1973.
29 Macrobius, *Saturnalia* 1, 16, 30.
30 Ebd., 1, 15, 18.
31 Festus (Lindsay), S. 473.
32 Cato, *De agri cultura* 143.
33 Festus (Lindsay), S. 419.
34 Vgl. z. B. Champeaux 1982, S. 290f.
35 Drossart 1974.
36 Ovid, *Fasti* 3, 233.
37 Dumézil 1974, S. 63f.; 343f.
38 Champeaux 1982, S. 311f.
39 Dumézil 1974, S. 72.
40 Ebd., S. 341f.
41 S. die Zusammenfassung bei Champeaux 1982, S. 311f.
42 Ebd., S. 379f.
43 Ovid, *Fasti* 4, 135–56.
44 Ebd., 153f.
45 Ebd., 149.
46 Coarelli 1988, S. 299f.
47 Champeaux 1982, S. 391f.
48 Ebd., S. 348f.
49 Ebd., S. 335–73.
50 S. Livius 2, 39f.; Dionysios von Halikarnassos 8, 22, 62; Plutarch, *Coriolanus* 37, 4; Valerius Maximus 5, 2, 1.

51 Siehe die Zusammenfassung bei Champeaux 1982, S. 335–73.
52 Ebd.
53 Valerius Maximus 1, 8, 4.
54 Plutarch, *Quaestiones romanae* 57.
55 Ebd., 56.
56 Dumézil 1974, S. 355; Piccaluga 1964.
57 Plutarch, *Cicero* 19 und *Caesar* 9.
58 Macrobius, *Saturnalia* 1, 12, 27.
59 Ovid, *Fasti* 5, 148–58.
60 Propertius 4, 9, 21–36; 51–61.
61 Piccaluga 1964, S. 221.
62 Zur Affäre des Clodius s. Moreau 1982.
63 Propertius 4, 9, 51; Juvenal, *Satiren* 2, 84f.
64 Propertius 4, 9, 28; Plutarch, *Cicero* 20, 1 und *Caesar* 10.
65 Juvenal, *Satiren* 2, 86f.; Macrobius, *Saturnalia* 1, 12, 23f.
66 Plutarch, *Caesar* 9, 9; Juvenal, *Satiren* 6, 314.
67 Le Bonniec 1958, S. 430.
68 Plutarch, *Quaestiones romanae* 20.
69 Cicero, *De legibus* (Über die Gesetze) 2, 9, 21: *Pro populo.*
70 Juvenal, *Satiren* 9, 115–17.
71 Macrobius, *Saturnalia* 1, 12, 25.
72 Palladius 11, 19; Piccaluga 1964, S. 217.
73 Servius, *Commentarius in Vergilii Aeneida* 8, 314.
74 Macrobius, *Saturnalia* 1, 12, 27.
75 Gras 1983, S. 1072.
76 Beard 1980, S. 24f.
77 Livius 27, 37.
78 Pighi 1965, S. 155ff., IV 4; IV 9–30; Va 52; Va 83–90. Die in eckige Klammern eingeschlossenen Teile des Textes sind auf dem Stein nicht erhalten und sind vom Verfasser ergänzt. Die in doppelte eckige Klammern gesetzten Teile waren innerhalb der Lücke vorhanden, sind aber später wieder nach der Einordnung des Geta und des Plantian durch Caracalla getilgt worden *(damnatio memoriae).* In runden Klammern und kursiv gesetzt stehen Kommentare des Verfassers.
78a Ebd., IV 9; Va 30.
78b Ebd., Va 52.
78c Ebd., Va 83–84.
79 Mattingly 1966, Nr. 424.
80 Ovid, *Fasti* 6, 475.
81 Cicero, *Pro T. Annio Milone* 10, 27: *Matrones honestissimas.*
82 Champeaux 1982, S. 244.
83 Cazanove 1987, S. 168.
84 Plutarch, *Numa* 12, 3.
85 Aulus Gellius, *Die Attischen Nächte* 4, 3.
86 Juvenal, *Satiren* 6.
87 Cicero, *De natura deorum* 1, 20, 55; 2, 28, 70 etc.
88 Tupet 1976.
89 Pailler 1988, S. 251.
90 Zu allen Problemen und Interpretationen s. ebd., besonders S. 523f.
91 Ebd., S. 582.
92 Livius 39, 18, 6.
93 Pailler 1988, S. 592.
94 Livius 34, 1f.
95 Vgl. Pailler 1988, S. 592 für eine Übersicht.
96 Livius 8, 18, 1f.
97 Ebd. 40, 43f.
98 Livius, *Epit.* 98.
99 Quintillian, *Institutio* 5, 11, 39; Plutarch, *Cato* 9, 11.
100 Schilling 1982.
101 Macrobius, *Saturnalia* 1, 12, 26.
102 Ebd.
103 Horaz, *Carmina* 3, 30, 8.
104 Rutilius Namatianus, *De reditu* 2, 55.
105 Festus (Lindsay), S. 79.
106 Aulus Gellius, *Die Attischen Nächte* 10, 15, 14.
107 Servius, *Commentarius in Vergilii Aeneida* 4, 29.
108 Zu all dem s. Boels 1973.
109 Plutarch, *Quaestiones romanae* 50.
110 Boels 1973; Scheid 1986, S. 215.
111 Zu all dem s. Scheid 1990, S. 214f.
112 Cato, *De agri cultura* 143, 1.
113 Ebd.: *Rem divinam facere.*
114 S. o. Kap. 3.
115 Ebd.
116 Vgl. den ähnlichen Schluß, zu dem Dionysios von Halikarnassos in Hinblick auf die Stellung der Ehefrau innerhalb des Hauses kommt (2, 25, 5): »Wenn eine Frau sich vernünftig zeigte und in allem ihrem Gatten gehorchte, dann war sie ebenso Herrin des Hauses, wie es der Mann war.«

Frauen im frühen Christentum

Folgende Abkürzungen wurden verwendet:
BKV[1/2] Bibliothek der Kirchenväter, 1. Aufl. 1869–1888, 2. Aufl. 1911ff. (deutsche Übersetzungen)
PG Patrologiae cursus completus, series Graeca, hg. von J. P. Migne
PL Patrologiae cursus completus, series Latina, hg. von J. P. Migne
SC Sources chrétiennes (griechisch/lateinisch-französisch)

1 Tertullian, *De cultu feminarum* 1, 1–2 (Karthago, ca. 202) SC Bd. 173, hg. von Marie Turcan, Paris 1971 (dt.: *Tertullians Private und katechetische Schriften*, übers. von K. A. H. Kellner, BKV[2], Bd. 7, 1912).
2 Proklos von Konstantinopel, *Oratio* 5 (*Lob der Heiligen Jungfrau und Mutter Gottes Maria*, 5. Jahrhundert); PG Bd. 65, 720 B.
3 Paulus, *Brief an die Galater* 3, 28.

4 1 *Timotheus (Tim)* 2, 11–15. Zu ihrem Schweigen in der Versammlung vgl. 1 *Korinther (Kor)* 14, 24. Vielleicht eine Interpolation. Zur Unterwerfung der Frauen vgl. *Kolosser (Kol)* 3, 18; *Epheser (Eph)* 5, 22; *Titus (Tit)* 2, 3, 1; *Petrus (Petr)* 3, 1–5, die in den Gesamtzusammenhang einer »häuslichen Ordnung« einzureihen sind.

5 *Matthäus (Mt)* 27, 56–61; 28, 1–10. *Markus (Mk)* 15, 40–47; 16, 1 u. 9–10. *Lukas (Lk)* 8, 2; 24.10. *Johannes (Joh)* 19, 25; 20, 1 u. 11–18.

6 *Luk* 10, 38–42. *Job* 11–12.

7 *Job* 4, 1–42.

8 *Apostelgeschichte (Apg)* 16, 13–15 u. 40.

9 *Apg* 18, 2–3; 18, 26 (Priscilla). 1 *Kor* 16, 19. *Römer (Röm)* 16, 3–5. *Tim* 4, 19 (Priska).

10 *Röm* 16, 1.

11 *Acta Apostolorum Apocrypha* (AAA), hg. von R. A. Lipsius und M. Bonnet, 3 Bde., 1891–1903, ND 1959 (dt.: *Neutestamentliche Apokryphen*, hg. von Wilhelm Schneemelcher, 2 Bde., Tübingen [5]1857 und [5]1989, S. 221–270).

12 Eusebius, *Hist. eccl.* 5, 1, 17–19; 5, 37, 41–52 u. 53–56 (SC Bd. 41, hg. von G. Bardy, Paris 1955) (dt.: BKV II/1, 1932, übers. von Philipp Haeuser, Neubearbeitung Hans Arnim Gärtner, München 1981). Vgl. Maria-Louise Guillaumin, Une jeune fille qui s'appellait Blandine. Aux origines d'une tradition hagiographique, in: J. Fontaine und Ch. Kannengiesser (Hg.), *Epektasis*. Festschrift Kardinal Danielou, Paris 1972, S. 93–98.

13 *Passio Perpetua et Felicitatis*, in: Herbert Musurillo, *The Acts of Christian Martyrs*, Oxford 1972, S. 106–131 (dt.: *Frühchristliche Apologeten und Märtyrerakten*, übers. von G. Reuschen, BKV[2], Bd. 14, 1913, S. 328–344).

14 Pio Franchi de' Cavalieri, *Scritti agiografici*, Bd. 1 (Studi e testi Bd. 221), Città del Vaticano 1962, S. 293–381.

15 Cyprianus von Karthago, *Über die Haltung der Jungfrauen*, 3 (243) (dt.: *Des Heiligen Kirchenvaters Caecilius Cyprianus Traktate*, übers. von Julius Beer, BKV[2], Bd. 34, 1918, S. 56–82).

16 SC Bd. 296, hg. von Pierre Maraval, Paris 1982.

17 Hieronymus, *Epistulae (Ep.)* 22. Vgl. ders., *Ep.* 107 (An Laeta) (dt.: *Des Heiligen Kirchenvaters Eusebius Hieronymus Ausgewählte Briefe*, 1. Briefband übersetzt von L. Schade, BKV[2], Bd. 16, 1936).

18 Ders., *Ep.* 130 (An Demetrias).

19 *Sentences des Pères du Désert*, frz. Lucien Regnault, Sollesmes 1981 (Theodora: 309–15; Sarra: 885–91; Synkletika: 892–909) (dt.: *Weisung der Väter*. Apophthegmata Patrum, auch Gerontikon oder Alphabeticum genannt, eingeleitet und übersetzt von Bonifaz Miller, Freiburg 1965).

20 *Œuvres monastiques*, Bd. 1. *Œuvres pour le moniales*, SC Bd. 345, hg. von Adalbert de Vogüe und Joël Courreau, Paris 1988.

21 Vgl. Palladios, *Das Paradies (Historia Lausiaca)* 46 (dt.: *Des Palladius Leben der Heiligen Väter*, übers. von J. Laager, Zürich 1987; auch: BKV[2], Bd. 5, 1912, S. 315–443).

22 Vgl. Hieronymus, *Ep.* 127 (411).

23 Ders., *Ep.* 108 (404).

24 Epithalamos des Gregor von Nazianz: PG Bd. 37, 1542–50. Johannes Chrysostomos, *Briefe an Olympias; Anonyme Vita der Olympias*: SC Bd. 13 bis, hg. von A.-M. Malingrey, 1968.

25 Vita der Melania: SC Bd. 90, hg. von D. Gorce, Paris 1962 (dt.: *Das Leben der Heiligen Melanie von Gerontius*, übers. von St. Krottenthaler, BKV[2], Bd. 5, 1912, S. 445–498).

26 Pierre Petitmengin u. a., *Pélagie la pénitente. Metamorphoses d'une legende*, Bd. 1: *Les textes et leur histoire*, Paris 1981; Bd. 2: *La survie dans les littératures europénnes*, Paris 1984. Évelyne Patlagean, L' histoire de la femme déguisée en moine et l'évolution de la sainteté à Byzance, in: *Studi medievali* 17, 1976, S. 597–623. (engl.: *Holy Women of the Syrian Orient*, eingel. und übers. von S. P. Brock und S. Aphbrook Harrey, London 1987: Pelagia of Antioch, S. 40–62).

27 Vgl. z. B. Pseudo-Sophronius, *Vita der Maria Aegyptica*, PG Bd. 87, 3697–3726; P.-F. Dembowski, *La vie de Sainte Marie l'Égyptienne*, Genf 1977 (dt.: Gertrude und Thomas Sartory, *Maria von Ägypten – Allmacht der Buße*, Freiburg/Basel/Wien 1982, S. 28–59).

28 *Tagebuch der Egeria*: SC Bd. 296, hg. von P. Maraval, 1982 (dt. Übers. K. Vretska).

29 PG Bd. 35, 757–60 *(Leichenrede auf Kaisarios von Nazianz)*. Ebd., 991–1000A *(Leichenrede auf den Vater)*. PG Bd. 37, 969f. u. 1029f. *(Gedicht über ihn selbst, über sein Leben)* (dt.: *Des Heiligen Bischoffs von Nazianz Reden* übers. von Ph. Haeuser, Rede 1–20, BKV[2], Bd. 59, München 1928). Grabinschriften: *Anthologia Palatina* 8, 34–74, hg. von Pierre Waltz, Paris 1944 (dt. H. Beckby II, München 1957).

30 PG Bd. 35, 789–817 (dt.: BKV[2], Bd. 59, 1928).

31 Vgl. Basileios von Caesarea, *Ep.* 204, 6; 210, 1 (BKV[2], Bd. 46, 1925); 223, 3, für die ältere Makrina; Gregor von Nyssa, *Vita der Makrina* 2, für Eummelia (BKV[2], Bd. 56, 1927).

32 Augustinus, *Confessiones* 1, 11; 3, 11–12; 5, 8–9; 6, 1–2 u. 13; 8, 12; 9, 8–13.

33 *Gregori Nysseni opera*, Bd. 9, hg. von A. Spira, Leiden 1967, S. 461–90. Vgl. Kenneth Holum, *Theodosian Empresses. Women and Imperial Dominion in Late Antiquity*, Berkeley 1982.

34 Bei Hieronymus, *Ep.* 46.

35 Vgl. das o. Anm. 20 zitierte Werk, S. 441ff.

36 *Vita des Antonius* 3, 1, hg. von G. J. M. Bartelink, Mailand 1974 (dt.: Athanasius, *Leben des Vaters*

Antoneus, übers. von Mertel, BKV², 31, München 1917).

37 Palladios, *Historia Lausiaca* 33. *Vita des Pachomios* 32 (*Vie grecque de Pacome*, übers. von A.-J. Festugière, Paris 1965). *Vita bohairique* 27, übers. von A. Veilleux, »Spiritualité orientale« 38, Bellefontaine 1984.

38 Augustinus, *Ep.* 211 (BKV², Bd. 29, 1917); L. Verheijen, *La règle de Saint Augustin*, Bd. 1, Paris 1967, S. 105f.

39 SC Bd. 70, 108 und 159, hg. von H.-I. Marrou, M. Harl und Cl. Mondésert, Paris 1960–70 (dt.: *Des Clement von Alexandria Mahnrede an die Heiden*, übers. von O. Stählin, BKV² II, Bd. 7 u. 8, 1934).

40 Christoph Stücklin, *Tertullian, De virginibus velandis*, Übers. und Komm., Bern/Frankfurt a. M. 1974 (auch BKV², Bd. 7, 1912, 175–202). P.-A. Gramaglia, *De virginibus velandis. La condizione femminile nelle prime communità cristiane*, 3 Bde., Rom 1985.

41 *Des heiligen Kirchenvaters Caecilius Cyprianus Sämtliche Schriften*, Bd. 1, BKV², Bd. 34, 1918, S. 56–82.

42 PG Bd. 1, 350–452 (dt.: S. Wenzlowsky, *Briefe der Päpste und die an sie gerichteten Schreiben von Linus bis Pelagius* II, BKV 1, 1875, S. 55–97).

43 SC Bd. 95, hg. von H. Musurillo und V.-H. Debidour, Paris 1963 (dt.: L. Fendt, *Des Heiligen Methodius von Olympus Gastmahl oder die Jungfräulichkeit*, BKV², Bd. 2, 1911, S. 271–397).

44 Vgl. Michel Aubineau, Les écrits de Saint Athanase sur la virginité, in: *Revue d'Ascétique et de Mystique* 1955, S. 140–73.

45 PG Bd. 30, 669–810.

46 SC Bd. 119, hg. von Michel Aubineau, Paris 1966.

47 SC 125, hg. von H. Musurillo und B. Grillet, Paris 1966. Vgl. *Sur les cohabitations suspectes*, hg. von J. Dumortier, Paris 1955.

48 Ambrosius, *Über die Jungfrauen* (dt.: *Des heiligen Kirchenlehrers Ambrosius von Mailand ausgewählte Schriften*, Bd. 3, übers. J. E. Niederhuber, BKV², Bd. 32, 1917, S. 307–386).

49 *Bibliothèque Augustinienne*, Bd. 3, Paris 1949 (frz. J. Saint Martin).

50 PL Bd. 16, S. 367–384 (dt.: *Des Heiligen Kirchenlehrers Basilius des Großen Bischofs von Cäsarea ausgewählte Briefe*, übers. von A. Stegmann, BKV², Bd. 46, 1925, XXI = Nr. 46, S. 93–102).

51 *An seine Frau* (SC Bd. 273, hg., von Ch. Munier, Paris 1980 (dt.: BKV², Bd. 7, 1912, S. 60–84). *Über die einmalige Ehe* (SC Bd. 343, hg. von Paul Mattei, Paris 1988; dt.: BKV², Bd. 24, 1915, S. 473–519). *Ermahnungen zur Keuschheit* (SC Bd. 319, hg. von J.-C. Fredouille, Paris 1985; dt.: BKV², Bd. 7, 1912, S. 325–346).

52 *An eine junge Witwe. Über die einmalige Ehe* (SC Bd. 138, hg. von B. Grillet, Paris 1968) (dt.: *Asceti-sche Schriften*, hg. von Jakob Fluck, Freiburg 1866).

53 S. o. Anm. 48.

54 Augustinus, *De bono coniugali*, *Bibliothèque Augustinienne*, Bd. 2, Paris 1948 (dt.: *Das Gut der Ehe*, Würzburg 1949).

55 PG Bd. 51, 217–41.

56 Vgl. z. B. K. Børresen, L'usage patristique des métaphores féminines dans le discours sur Dieu, in: *Revue théologique de Louvain* 13, 1982, S. 205–20.

57 Vgl. Jeanne-Marie Demarolle, Les femmes chrétiennes vues par Porphyre, in: *Jahrbuch für Antike und Christentum* 13, 1970, S. 42–47.

58 SC Bd. 320, 329 und 336, hg. von Marcel Metzger, Paris 1985–87.

59 Vgl. z. B. Basileios von Caesarea, *Ep.* 188; 199; 217.

60 Die Textsammlung von Ross S. Kraemer, *Maenads, Martyrs, Matrons, Monastics*, Philadelphia 1988, greift auch auf diese Arten von Quellen zurück. Zur Verwendung epigraphischer Texte vgl. z. B. Charles Pietri, Le mariage chrétien à Rome, IVe–Ve siècles, in: *Histoire vécue du peuple chrétien*, Bd. 1, Toulouse 1979, S. 105–130.

61 *An Diognetos* 6, 1 (SC Bd. 33, hg. von Henri-Irénée Marrou, Paris 1951; BKV², Bd. 13, 1913, S. 157–173).

62 Hieronymus, *Ep.* 22, 16.

63 Vgl. *Les Martyrs de Lyon* (177). Colloque de Lyon 1977, Paris 1978, insb. Garth Thomas, La condition sociale de l'ègise de Lyon en 177, S. 93–106.

64 *Vita der Makrina* 7; *Vita der Olympias* 6.

65 Augustinus, *Ep.* 211, 5–6. *Nonnenregel des Caesarius* 21, 42 (BKV², Bd. 29, 1917).

66 Siricius, *Ep.* 7, 3.

67 Michel Foucault, *Histoire de la sexualité*, Paris 1976–84, Bd. 2: *L'usage de plaisir*; Bd. 3: *Le souci de soi* (dt.: *Sexualität und Wahrheit*, Bd. 2: *Der Gebrauch der Lüste*; Bd. 3: *Die Sorge um sich*). Vgl. Averil Cameron, Redrawing the Map: Early Christian Territory after Foucault, in: *JRS* 76, 1986, S. 266–71.

68 Rousselle 1983.

69 Paul Veyne, La famille et l'amour sous le Haut Empire romain, in: *Annales E.S.C.* 33, 1978, S. 35–63.

70 Brown 1988.

71 Johannes Paulus II, *Mulieris dignitatem*, Rom 1988.

72 S. de Beauvoir, *Le deuxième sexe*, Bd. 1: *Les faits et les mythes*, Paris 1949, S. 153 (dt.: *Das andere Geschlecht, Sitte und Genus der Frau*, Aus dem Franz. von Eva Rachel-Martens und Fritz Montfort, Frankfurt a. M. 1968.

73 Børresen 1968.

74 Vgl. die beiden Sammlungen von Aufsätzen verschiedener Autoren: Ruether 1974; Ruether/McLaughlin 1974.75 Schüssler-Fiorenza 1983.

75 Schüssler-Fiorenza 1983

76 Elisabeth A. Clark, *Jerome, Chrysostome and Friends*, Lewiston/New York 1979; dies., *Women in the Early Church*, Wilmington 1983; dies. 1986. Ich möchte Jean Laporte, selbst Autor eines Bandes in derselben Reihe (Laporte 1981), dafür danken, daß er mir diese in Frankreich wenig verbreiteten Untersuchungen zugänglich gemacht hat.

77 *Sprüche Salomos (Spr)* 31, 10.78 Vgl. z. B. *Babylonischer Talmud, Guittin* 90a: »Der unehrenhafte Mann läßt seine Frau mit unbedecktem Haar und nackten Schultern auf der Straße kommen und gehen und sich mit den Männern baden. Die Thora befiehlt, sich von einer solchen Frau zu trennen.« (dt.: Lazarus Goldschmidt. *Der Babylonische Talmud*, Berlin 1929–1936).

79 *Pirkè Avot* 1, 5 (Jose ben Jochanan, ca. 150 n. Chr.).

80 Philon, *De specialibus legibus* 3, 169–75.

81 *Deuteronomium (Dtn)* 24, 1.

82 Vgl. den Traktat *Ketubot* im *Talmud* sowie z. B. die Untersuchung von Colette Sirat u. a., *Le Papyrus Inv. 5853 de l'Université de Cologne. Un contrat de mariage écrit en caractères hébraïques. Antinoopolis 417*, Papyrologica Coloniensa 1987.

83 *Ios. ant. Iud.* 4, 219 (dt.: *Des Flavius Josephus Jüdische Altertümer*, übers. von Heinrich Clementz, 2 Bde., NDr. 5. Aufl., Wiesbaden 1983).

84 *Levitikus (Lev)* 12 und 15.85 Vgl. *Talmud B, Kiddushin* 34–36a.

85 Vgl. T*almund B, Kiddushin* 34–36a.

86 *Beraehkot* 7 (Rabbi Meir, 2. Jhdt. n. Chr.).

87 Vgl. J.-B. Segal, The Jewish Attitude towards Women, in: *Journal of Jewish Studies* 30, 1979, S. 121–137.

88 *Ios. c. Ap.* 2, 102–04.

89 *Exodus (Ex)* 38, 8.

90 Philon, *De vita contemplativa* 33–4.

91 B. Brooten, *Women Leaders in the Ancient Synagogue* (Brown Judaic Studies Bd. 36), Chico 1982.

92 *Talmud B, Sota* 22b.

93 *Talmud B, Pesachim* 62b. Vgl. D. Goodblatt, The Beruriah Traditions, in: *Journal of Jewish Studies* 26, 1975, S. 68–85, jetzt in: W. S. Green (Hg.), *Persons and Institutions in Rabbinical Judaism* (Brown Judaic Studies Bd. 3), Missoula 1977.

94 *Talmud B, Berachot* 16b.

95 *Talmud B, Megilla* 14b: Sara (vgl. *Genesis [Gen]* 21, 12), Mirjam (*Ex* 15, 20), Debora (*Richter [Ri]* 4, 4), Hanna (1 *Samuel [Sam]* 2, 1), Abigail (1 *Sam* 25, 29), Hulda (2 *Könige [Kön]* 22, 14).

96 2 *Makkabäer (Makk)* 7 und 4 *Makk.*

97 *Ios. c. Ap.* 2, 20. Ist dies der biblische Text *Gen* 3, 16? Eine ähnliche Feststellung bei Philon von Alexandria, *Hypothetica* 7, 3. Aber das für das Abhängigkeitsverhältnis gebrauchte Wort ist da »Sklave sein«!

98 *Mt* 1, 1–17.

99 *Mt* 1, 3; vgl. *Gen* 38, 1, 5; *Josua (Jos)* 2, 1–5; *Ruth* 1, 6; 2 *Sam* 11 und 12. Zur Bedeutung der vier Mütter s. z. B. Andre Paul, *L' Évangile de l'enfance selon saint Matthieu*, Paris 1968, S. 29–35.

100 *Mt* 1 und 2 *Lk* 1 und 2.

101 *Mt* 1, 23; vgl. 25: »Er erkannte sie aber nicht, bis sie ihren Sohn gebar. Und er gab ihm den Namen Jesus.«

102 Vgl. E. Ammann, *Le Protévangile de Jacques et ses remaniements latin*, Paris 1910 (Text und frz. Übers.); E. Strycker, *La forme la plus ancienne du Protévangile de Jacques* (Subsidia Hagiographica Bd. 33), Brüssel 1961; H.-R. Smid, *Protevangelium Jacobi. A Commentary*, Assen 1965 (dt.: Oscar Cullmann, Protevangelium des Jakobus, in: *Neutestamentliche Apokryphen*, hg. von Wilhelm Schneemelcher, Bd. 1: *Evangelien*, Tübingen 1990, S. 334–349).

103 Vgl. z. B. Ambrosius, *De virginitate* 2, 6–15: Maria als Vorbild der Jungfrauen.

104 Im Bogen von Santa Maria Maggiore in Rom ist Maria bei der Verkündigung dargestellt, wie sie die purpurnen und scharlachroten Fäden für den Tempel spinnt.

105 *Mt* 12, 46–50. Vgl. *Mk* 3, 31–35. *Lk* 8, 19 und 11, 27–28.

106 *Joh* 2, 1–12.

107 *Joh* 19, 25–27.

108 *Apg* 1, 14.

109 *Gal* 4, 4.

110 *Lk* 10, 38–42.

111 *Joh* 11.

112 *Joh* 4, 27.

113 *Joh* 4, 9.

114 *Mt* 15, 21–28. Vgl. *Mk* 7, 24–30.

115 *Mt* 21, 31.

116 *Lk* 7, 36–49. Vgl. *Mt* 26, 6–13 und *Mk* 14, 3–9 schreiben die Geste einer Frau zu, die sie nicht weiter benennen. *Joh* 12, 1–8 weist sie Maria, der Schwester Marthas zu.

117 *Joh* 8, 1–11.

118 *Joh* 4, 17–18.

119 *Mt* 9, 20–22.

120 *Lk* 7, 11–15.

121 1 *Kön* 17, 17–24.

122 *Lk* 21, 1–3. *Mk* 12, 41–44.

123 *Lk* 8, 1–3 (*diakoneö* = unterstützen).

124 *Mt* 27, 56. *Mk* 15, 40–41.

125 *Mt* 27, 55–56. *Mk* 15, 40–41.

126 *Joh* 19, 25–27.

127 *Mt* 27, 61. *Mk* 15, 47. *Lk* 24, 55–56.

128 *Mk* 16, 1. *Lk* 23, 56; 24, 1.

129 *Mt* 28. *Mk* 16. *Lk* 24. *Joh* 20. Vgl. Martin Hengel, Maria Magdalena und die Frauen als Zeugen, in:

O. Betz, U. Hengel, P. Schmid (Hg.) *Abraham unser Vater*, Leiden 1963, S. 243–56.

130 *Apg* 1, 14.

131 *Apg* 5, 14; 8, 3; 9, 2.

132 *Apg* 9, 36–42.

133 *Apg* 12, 12–16.

134 Vgl. z. B. Juvenal, *Satiren* 6, 511–41.

135 Vgl. 1 *Kor* 16, 9 in Ephesos bei Prisk und Aquila, *Röm* 16, 5 in Rom bei denselben, *Kol* 4, 15 in Laodikeia bei Nympha.

136 *Apg* 16, 13–15.

137 *Apg* 17, 4.

138 *Apg* 17, 12.

139 *Apg* 17, 34.

140 *Apg* 18, 2–3.

141 *Apg* 18, 24–26.

142 *Röm* 16, 3–5.

143 *Röm* 16, 1 und 2.

144 *Röm* 16, 13.

145 *Röm* 16, 15.

146 *Röm* 16, 7.

147 *Röm* 16, 15, sofern man die weibliche Form des letzteren Namens beibehalten will.

148 *Philemon (Phlm)* 2.

149 1 *Kor* 9, 5.

150 *Philipper (Phil)* 4, 2–3.

151 Vgl. *Ex* 22, 20–23. *Dtn* 10, 18; 14, 29; 16, 11 und 14; 24, 17–22; 26, 12–13. *Psalmen (Ps)* 68, 6. *Jesaja (Jes)* 1, 17. *Ijob* 29, 12–13 und *Mk* 12, 42. *Lk* 7, 12; 18, 3.

152 1 *Kön* 17, 7–24.

153 *Lk* 2, 36f.

154 *Apg* 6, 1; 9, 36–39. Jakobus *(Jak)* 1, 27.

155 1 *Kor* 7, 8–9; 39–40.

156 1 *Tim* 5, 11–15.

157 1 *Tim* 5, 9–10.

158 *Tit* 2, 3–5.

159 Vgl. 1 *Kor* 7, 8; 25–35.

160 Gryson 1970, S. 30–31.

161 1 *Tim* 3, 11.

162 *Joël* 2, 28, zit. in *Apg* 2, 17.

163 *Apg* 21, 9.

164 1 *Kor* 11, 2–16. Vgl. z. B. M. D. Hooker, Authority on Her Head. An Examination of 1 Cor. 11, 10, in: *New Testament Studies* 10, 1963–64, S. 410–16; Annie Jaubert, Le voile des Femmes. 1 *Cor.* 11, 2–16, in: *New Testament Studies* 18, 1972, S. 419–30; A. Feuillet, Le signe de puissance sur la tête de la femme, in: *Nouvelle Revue théologique* 95, 1973, S. 945–54; William Walker, 1 *Cor.* 11, 2–16 and Paul's View regarding Women, in: *Journal of Biblical Literature* 94, 1975, S. 94–110.

165 *Offenbarung (Offb)* 2, 20–24.

166 Iustinus, *Dialog mit Tryphon* 88 (dt.: *Des Heiligen Philosophen und Martyrers Justinus Dialog mit dem Juden Tryphon*, übers. von P. Haeuser, BKV², 33, 1917).

167 *Passio Perpetuae et Felicitatis* 4–10. Der Vers aus dem Buch Joel steht am Anfang dieser Erzählung, deren montanistische Charakterzüge manche besonders hervorheben.

168 PG Bd. 51, 191.

169 Marguerita Guarducci, *Epigrafia Graeca*, Bd. 4, Rom 1978, S. 445.

170 Vgl. z. B. G. Fitzer, *»Das Weib schweige in der Gemeinde«. Über den unpaulinischen Charakter der Mulier-taceat Verse in 1 Korinther 14*, München 1963, und dagegen E. Allison, Let Women be silent in the Churches, 1 *Cor.* 14, 33b–36. What did Paul really say and what did it mean, in: *Journal for the Study of the New Testament* 32, 1988, S. 27–60.

171 Hieronymus, *Ep.* 133, 4, wo 2 *Thessaloniker (Thess)* 2, 7 zitiert wird. Vgl. ders., *Ep.* 75, 3: die gnostischen Anhängerinnen des Basileides, die in Spanien angezeigt werden; ders., *Ep.* 84, 6: die Anhängerinnen des Origenes usw. (BKV², Bd. 16, 1936).

172 Vgl. z. B. das *Evangelium des Thomas*, Logion 61, in: *The Nag Hammadi Library*, hg. von James H. Robinson, Leiden 1977, S. 124 (dt.: Das koptische Thomasevangelium, übers. von Beate Blatz, in: *Neutestamentliche Apokryphen* I, Evangelien, Tübingen 1990, S. 93–113).

173 Evangelium der Maria 9, 20 (ebd. 472) (dt.: Henri Charles Puech, bearb. von Beate Blatz, in: *Neutestamentliche Apokryphen*, S. 313–316).

174 Vgl. Pagels 1979, Kap. 3 und vor allem King 1988.

175 Vgl. z. B. Irenaeus, *Adversus Haereses* 1, 1 (Ptolemaios, Schüler des Valentinus); 1, 11 (Valentinus). Das Pleroma als Gesamtheit der Äonen bildet die göttliche Sphäre, von der Sophia ausgeschlossen bleibt (dt.: *Des Heiligen Irenäus fünf Bücher gegen die Häresion*, übers. von E. Klebba, BKV², Bd. 3/4, 1912).

176 Vgl. *Johannes-Apokryphon* 2, 9–14: »Ich bin es, der immer (mit euch ist). Ich bin der Vater, ich bin die Mutter, ich bin der Sohn.« (The Nag Hammadi Library 99) (dt.: *Die gnostischen Schriften des koptischen Papyrus Berolinensis 8502*, hg., übers. und bearb. von W. C. Till, Berlin 1960, 2. Aufl. bearb. von H.-M. Schenke 1972).

177 Vgl. Irenaeus, *Adversus Haereses* 1, 2, 2–3; 1, 5, 1–3.

178 M. Scopello, Jewish and Greek Heroines in the Nag Hammadi Library, in: King 1988, S. 70–95.

179 Vgl. *Evangelium des Thomas*, Logion 22.

180 Vgl. auch ebd. 114.

181 Vgl. Pagels 1979, S. 99–101. Wie die anderen Bilder ist auch dieses weit über den Gnostizismus hinaus verbreitet. Vgl. Wayne A. Meeks, Some

Uses of a Symbol in Earliest Christianity, in: *History of Religion* 13, 1974, S. 165–208.

182 Iustinus, 1 *Apologie* 26, 3 (BKV², Bd. 13, 1913); Irenaeus, *Adversus Haereses* 1, 16, 2–3. Hippolytos, *Refutatio omnium haeresium* 6, 19, 2–3. Epiphanios, *Panarion* 21, 3, 1–3 (dt.: BKV², Bd. 38, 1919).

183 Hieronymus, *Ep.* 133, 4.

184 Epiphanios, *Panarion* 42, 4.

185 Irenaeus, *Adversus Haereses* 1, 25, 6. Origenes, *Gegen Celsus* 5, 61 (dt.: *Des Origines Acht Bücher gegen Celsus*, übers. von P. Koetschau, BKV², Bd. 52–53, 1926–1927).

186 Tertullian, *De praescriptione haereticorum* 6, 6; 30, 5–6.

187 Irenaeus, *Adversus Haereses* 1, 13, 3.

188 Ebd. 1, 13, 2.

189 Tertullian, *De praescriptione haereticorum* 41, 1–4 (BKV², Bd. 24, 1915, S. 623–700).

190 Ders., *De baptismo* 1, 2 (Das ist ein Wortspiel mit den Worten *pisciculi/piscis* als Entsprechung des griechischen Akronyms *ichthýs* = Fisch (Iesoûs Christós Theoû hyiós Sōtér = Jesus Christus Gottes Sohn, Retter) (dt.: Tertullian, *Über die Taufe*, BKV², Bd. 7, 1912, S. 274–299).

191 Ebd. 17, 4, mit dem Zitat aus 1 *Kor* 14, 35 und der Stellungnahme gegen die Akten des Paulus und der Thekla.

192 Tertullian, *De exhortatione castitatis* 10, 5.

193 Ders., *De virginibus velandis* 9, 1 (BKV², Bd. 7, 1912).

194 Bei Epiphanios, *Panarion* 49, 1 (BKV², Bd. 38, 1919).

195 Bei Eusebius, *Hist. eccl.* 5, 16, 17 (Zitat eines nicht genannten Gegners der Montanisten).

196 Ebd. 5, 18, 3 (Zitat aus Apollonius).

197 Firmillianos von Caesarea bei Cyprianus, *Ep.* 75, 10, 5 (BKV², Bd. 60, 1928).

198 Epiphanios, *Panarion* 49, 1, 1–3 und 4 (dt.: BKV², Bd. 38, 1919).

199 Origenes, Fragmente zu 1 *Kor*, hg. von C. Jenkins, in: *Journal of Theological Studies* 10, 1909, S. 41–42.

200 Didymos, *De trinitate* 3, 41, 3.

201 Epiphanios, *Panarion* 49, 1 (BKV², Bd. 38, 1919). Man sollte das im Zusammenhang sehen mit der Abneigung der Kirche gegenüber den häretischen, asketischen und lehrenden Frauen, von den Anhängerinnen des Manichäismus bis zu denen des Priscillianus, wie z. B. Julia, Manichäerin aus Antiochia und gestorben in Gaza im Jahre 404 (Marcus Diaconus, *Vita des Porphyrios von Gaza* 85–91) oder Euchrotia und ihre Nichte Procula, die gemeinsam mit Priscillianus verurteilt werden (Henry Chadwick, *Priscillian of Avila. The Occult and the Charismatic in the Early Church*, Oxford 1976, S. 20; 37–40; 144), oder

Hypatia, Lehrerin der neuplatonischen Philosophie in Alexandria, von den Christen im Jahre 415 erschlagen (vgl. Pierre Chuvin, *Chronique des derniers païens*, Paris 1990, S. 90–94).

202 Auf die Arbeit von Gryson 1970 antwortet Martimort 1982. Die Diskussion um die Frage geht weiter: vgl. A.-G. Martimort, A propos du ministère des Femmes, in: *Bulletin de Littérature ecclésiatique* 74, 1973, S. 102–08. R. Gryson, L'ordination des Diaconesses d'après les *Constitutions Apostoliques*, in: *Mélanges des Sciences religieuses des Facultés catholiques de Lille* 1974. Die Forderung der Feministinnen auf Zugang zum Diakonat hat angeregt zu dem Buch von M.-J. Aubert, *Das Femmes diacres*, Paris 1987.

203 Polykarpos, *Brief an die Philipper* 6, 1.

204 Iustinus, 1 *Apologie* 67, 6.

205 Bei Eusebius, *Hist. eccl.* 6, 43, 11.

206 Polykarpos, *Brief an die Philipper* 4, 3 (BKV², Bd. 35, 1918).

207 Ignatius, *Brief an die Smyrnäer* 13, 1 (BKV², Bd. 35, 1918).

208 Tertullian, *De virginibus velandis* 9, 2, 3 wendet sich gegen die skandalöse Aufnahme einer unverschleierten Jungfrau von zwanzig Jahren unter die *viduae.*

209 *Apostolische Konstitutionen* 2, 57, 12; 8, 13, 14, Die Auslegung des Gleichnisses vom Sämann stellt von Anfang an eine Rangordnung zwischen Martyrium, Jungfräulichkeit und Witwenschaft auf. Vgl. A. Quacquarelli, *Il triplice frutto della vita cristiana, 100, 60 et 30, Matteo XIII, 8 nelle diverse interpretazioni*, Bari 1953 (2. Aufl. 1989).

210 Tertullian, *De exhortatione castitatis* 13, 4.

211 H. Achelis, *Die ältesten Quellen des orientalischen Kirchenrechts*, Bd. 1: *Die Canones Hippolyti*, Texte und Untersuchungen 6, 1891, 73.

212 Doch Theodoros von Mopsuestia schwächt die Forderung ab: Es genüge, wenn sie treu blieben, auch wenn sie danach mehrere Verbindungen eingingen (PG Bd. 66, 944AB: Kommentar zu 1 *Tim* 5, 9). Die Debatte schwankt zwischen Verbot oder Duldung einer zweiten Ehe.

213 Basileios von Caesarea, *Ep.* 199, 24 (An Amphilochius über Kanones = 2. Kanonischer Brief; BKV², Bd. 46, 1925).

214 *Didaskalia* 3, 5, 3–6, hg. von Funk, S. 188–90 (50 Jahre) (dt.: Die syrische Didaskalia hg. von Hans Archelis und Johannes Flemming, in: *Texte und Untersuchungen zur Geschichte der altchristlichen Literatur* 25, NF. 10, 1904). *Apostolische Konstitutionen* 3, 1, 1–2 (vgl. SC Bd. 329, hg. von M. Metzger, Paris 1986) (dt.: BKV¹ 1874).

215 *Didaskalia* 3, 5, 3–6) 6, 1–2; 8, 1–3.

216 *Apostolische Konstitutionen* 3, 7, 7 (BKV¹, 1874).

217 *Didaskalia* 3, 8, 1–5.

218 Ebd. 6–7.

219 Ebd. 9, 1–3.

220 *Apostolische Konstitutionen* 3, 9, 1–4.

221 *Didaskalia* 3, 6, 1–2. Vgl. *Apostolische Konstitutionen* 3, 6, 1–2, wo man der einen oder anderen gebildeteren Frau einen gewissen Spielraum einzuräumen scheint.

222 Hermas, *Der Hirt* 8, 2–3 (SC Bd. 53, hg. von Robert Joly, Paris 1958; BKV², Bd. 35, 1918 sowie: *Der Hirt des Hermas*, hg. von Norbert Brox (Kommentar zu den Apostolischen Vätern 7), 1991.

223 Plinius, *Ep.* 10, 96, 8–9.

224 Vgl. Phöbe, die in *Röm* 16, 1 als *diákonos* bezeichnet wird.

225 *Didaskalia* 2, 26, 6. Vgl. Ignatius, *Brief an die Magnesier* 6, 1: Der Bischof ist das Abbild des Vaters, der Diakon das Abbild Christi, die Priester das der Apostel. Entspricht die Hinzufügung des weiblichen Diakons als Abbild des Heiligen Geistes im syrischen Bereich dem weiblichen Genus des Wortes »Geist« in den semitischen Sprachen? (BKV², Bd. 35, 1918, S. 126–131).

226 *Didaskalia* 2, 28, 6; 2, 44, 2–4; 2, 57, 6–7.

227 Ebd. 3, 12, 1–13, 1.

228 *Apostolische Konstitutionen* 6, 17, 4. In Ägypten scheint man in dieser Art von Funktionen Witwen zu kennen, und nicht Diakonissen (vgl. Gryson 1970, S. 81 f.).

229 Ebd. 3, 16, 1–4.

230 Ebd. 3, 14, 1.

231 Ebd. 2, 26, 6.

232 Ebd. 2, 58, 4–6.

233 Ebd. 8, 28, 6 (BKV¹, 1874).

234 Ebd. 8, 13, 14 (Vorrang).

235 Ebd. 8, 20, 1–2 (Ein Gebet, das dem bei der Ordination der Diakone üblichen entspricht).

236 Ebd. 8, 31, 2.

237 Ebd. 8, 13, 14.

238 Basileios von Caesarea, *Ep.* 199. *Kanones* 44, Justinian, *Novellae* 6, 6 sieht die Todesstrafe vor wie für ungetreue Vestalinnen, *Novellae* 123 im Falle einer Verführung die Verbannung in ein Kloster.

239 (Anonyme) *Vita der Olympias* 5 (SC Bd. 13 bis, hg. von A.-H. Malingrey, Paris 1968, S. 393–449).

240 *Physiologus* 37, mit einem Zitat aus *Sir* 9, 8 (dt.: O. Seel, *Der Physiologus. Frühchristliche Natursymbole*, Übersetzung und Kommentar, Zürich 1960).

241 Hippolytos, *Kanones* 14 (Übers. H. Achelis, wie o. Anm. 211).

242 *Didaskalia* 2, 57. *Apostolische Konstitutionen* 2, 57.

243 Johannes Moschos, *Geistliche Weisen* 3 (SC 12, hg. von Rouet de Journel, Paris 1946).

244 D. Feissel, *Recueil des inscriptions chrétiennes de Macédoine du IIIᵉ au IVᵉ siècle*, *BCH* Suppl. 8, Paris 1983, Nr. 241 (4.–5. Jahrhundert).

245 Ebd. Nr. 20 (5.–6. Jahrhundert).

246 Ebd. Nr. 256 (5.–6. Jahrhundert).

247 Ebd. Nr. 275 (4. Jahrhundert).

248 *Vita der Olympias* 7.

249 Palladios, *Dialog über Leben und Wandel des seligen Johannes Chrysostomos* 10, 50–52 (SC Bd. 341–342, hg. von A.-M. Malingrey, Paris 1988).

250 Pentadia: PG Bd. 52, *Ep.* 94; 104; 185. Amprucla: *Ep.* 96; 103; 141.

251 *Brief an Olympias* 6 (13), 1d (SC Bd. 13 bis, 130). Vgl. Palladios, *Historia Lausiaca* 41.

252 *Novellae* 3, 1, 1.

253 Gregor von Nyssa, *Vita der Makrina* 29 (BKV², Bd. 56, 1927).

254 Texte zit. bei Martimort 1982, S. 138–42.

255 Martimort 1982 S. 183.

256 *Apostolische Konstitutionen* 3, 6, 1–2. Vgl. *Didaskalia* 3, 6, 1–2.

257 Ebd. 3, 9, 1–4. Vgl. *Didaskalia* 3, 9, 2.

258 Vgl. Gryson 1970, S. 94.

259 *Testament unseres Herrn Jesus Christi* 1, 41, 1.

260 Ebd. 1, 42.

261 *Kirchliche Kanones des Apostel*, Kap. 21.

262 Ebd., Kap. 24.

263 Epiphanios, *Panarion* 79, 3, 6–4, 1.

264 Johannes Chrysostomos, *De sacerdotio* (Über die Priesterschaft) 2, 2.

265 Ambrosiaster, *Quaestiones veteris et novi testamenti* 45, 2–3 (=PL 35, 2207, 2386).

266 Sulpicius Severus, *Chronica* 2, 50, 8, (Corpus scriptorum ecelesiasticorum Latinorum, 1 ed. C. Halm 1866, S. 3–105).

267 *Concilium Arausicanum* A. 441, 25.

268 Gelasius, *Ep.* 14, 13 und 21 (=Patrologia Latina Supplementum 3, 739–787).

269 Vgl. Pierre de Labriolle, *Les sources de l'histoire du montanisme*, Paris 1913, S. 226–30.

270 Venantius Fortunatus, *Vita der Radegundis* 12, 26–28.

271 Adolf von Harnack, Porphyrius gegen die Christen. 15 Bücher, Zeugnisse, Fragmente und Referate, in: *Abh. königl. Preuss. Akad. Wiss., Phil.-hist. Kl.* 1.1, 97, 1916 (Hieronymus, *Kommentar zu Jesaja* 3, 2).

272 Johannes Chrysostomos, *Über die Priesterschaft* 3, 9.

273 Vgl. Palladios, *Dialog über das Leben des Johannes Chrysostomos* 4, 22f.; 8, 76–85.

274 Vgl. z. B. *Briefe an Olympias* 9 (14), 4e–5b.

275 Hieronymus, *Ep.* 127, 10 (BKV², Bd. 16, 1936).

276 Palladios, *Historia Lausiaca* 54, 3.

277 Ebd. 46, 3–4.

278 Ebd. 46, 6.

279 *Vita der Melania* 54 (SC Bd. 90, hg. von D. Garce, Paris 1962; dt.: BKV², Bd. 15, 1912).

280 Kyrillos von Skythopolis, *Vita des Heiligen Euthymios* 30, hg. von E. Schwartz, Leipzig 1939.

281 Vgl. K. G. Holum, *Theodosian Empresses: Women and Imperial Dominion in Late Antiquity*, Berkeley 1982, Kap. 3; Kap. 5–6.

282 Hieronymus, *Ep.* 127, 7 (BKV², Bd. 16, 1936).

283 Vgl. Évelyne Patlagean, *Pauvreté économique et pauvreté sociale à Byzance IVᵉ–VIIᵉ siècle*, Paris/Den Haag 1977, S. 181–203.

284 Feissel, *Recueil des inscriptions*, Nr. 276 und 275 (4. Jahrhundert).

285 Hieronymus, *Ep.* 77, 6 und 10 (BKV², Bd. 16, 1936).

286 Fragment 58 Harnack (s. o. Anm. 271) bei Makarios Magnes 3, 5.

287 Palladios, *Historia Lausiaca* 10, 2–4 (*Die frühen Heiligen der Wüste*, hg. von Jacques Laager, Zürich 1987).

288 Ebd. 46, 5–6.

289 *Vita der Olympias* 4–5. Theodosius sollte im Jahre 390 die Legate an Witwen oder Diakonissen zugunsten des Klerus für ungültig erklären (*Codex Theodosianus* 16, 2, 27–28); diese Bestimmung wurde im Jahre 455 von Marcianus wieder aufgehoben.

290 *Vita der Olympias* 14, 5.

291 Ebd. 5, 17–33.

292 Ebd. 7, 3–6.

293 Ebd. 6, 2.

294 Ebd. 14–15. Vgl. Palladios, *Dialog über das Leben des Johannes Chrysostomos* 17, 200f.

295 *Vita der Olympias* 8, 14–16. Palladios, *Dialog über das Leben des Johannes Chrysostomos* 17, 185–86.

296 Vgl. Gilbert Dagron, *Naissance d'une capitale: Constantinople*, Paris 1974, S. 501–06.

297 *Vita der Melania* 9–19.

298 Ebd. 20–22.

299 Ebd. 41.

300 Ebd. 49.

301 Ebd.

302 Ebd. 57–59.

303 Vgl. Elizabeth A. Clark, Claims on the Bones of Saint Stephen, in: dies. 1986, S. 94–123.

304 Marcus Diaconus, *Vita des Porphyrios von Gaza* 43; 53; 75–78; 83–84; 92.

305 Holum, *Theodosian Empresses* 189; 219.

306 Ebd. 103; 137; 142; 144.

307 2 *Tim* 1, 5; vgl. *Apg* 16, 1.

308 Bei Origenes, *Gegen Celsus* 3, 55 (SC Bd. 136, hg. von M. Boret, Paris 1968; BKV², Bd. 52–53, 1926–1927).

309 Basileios von Caesarea, *Ep.* 204, 6; vgl. *Ep.* 210, 1.

310 Gregor von Nazianz, *Leichenrede auf Basileios* 5, 1.

311 *Vita der Makrina* 3 (BKV², Bd. 56, 1927).

312 A. Chastagnol, Le sénateur Volusien et la conversion d'une famille de l'aristocratie romaine sous le Bas-Empire, in: *REA* 58, 1956, S. 241–53 (jetzt in:

ders., *L'Italie et l'Afrique au Bas-Empire. Scripta varia*, Lille 1987, S. 235–48).

313 •Wer hätte es für möglich gehalten, daß die Enkelin des Pontifex Albinus auf das Gelübde einer christlichen Mutter hin geboren würde? Wer hätte je geglaubt, daß die lallende Zunge auch in Gegenwart des Großvaters und zu seiner Freude widerhallt vom Gesang des Alleluja. Daß der Greis einer Christus geweihten Jungfrau auf seinem Schoße zu essen reichen werde? Die ganze Sache hat, wie erwartet, einen guten und glücklichen Ausgang genommen. Ein heiliges und gläubiges Haus heiligt den einen Ungläubigen. Der ist bereits ein Anwärter des Glaubens, den eine gläubige Schar von Kindern und Enkeln umgibt.• (Hieronymus, *Ep.* 107, 1; dt. in: *Des heiligen Kirchenvaters Eusebius Hieronymus ausgewählte Schriften*, Bd. 2, übers. von L. Schade, München 1938, S. 385).

314 Augustinus, *Ep.* 135; 136.

315 *Vita der Melania* 50–56. Nach Darstellung des Gerontius lief Volusianus Gefahr, als Katechumene zu sterben, was auf einen ersten Schritt der Annahme des Christentums hinweist.

316 PG Bd. 35, 812C–813A.

317 Augustinus, *Confessiones* 9, 9, 19; vgl. 9, 9, 22.

318 Ebd. 3, 12, 21.

319 Augustinus, *Ep.* 2, 4 (Bibliothèque Augustinienne Bd. 46B, 1987, S. 64–67; BKV², Bd. 29, 1917).

320 Palladios, *Historia Lausiaca* 38.

321 Ebd. 54, 4.

7. Verbindungstext

1 F. de Eaubonne, *Les femmes avant le patriarcat*, Paris 1976, S. 220.

Bachofen, das Mutterrecht und die Alte Welt

1 Bachofen 1948, Bd. 2, S. 293ff.

2 Ebd., Bd. 2, S. 34f.

3 Ebd. S. 31.

4 Le droit de la mère dans l'Antiquité, Vorwort der französischen Übersetzung von Bachofens *Das Mutterrecht*, übers. und hg. von der Groupe français d'études féministes, Paris 1903, S. 26.

5 Ebd. S. 22.

6 Wesel 1980, S. 33.

7 Vgl. H. R. Hays, *From Ape to Angel. An Informal History of Social Anthropology*, New York 1958, S. 32ff.

8 Karl Meuli, Nachwort, in: Bachofen 1948, Bd. 3, S. 1097.

9 Walter Benjamin, Johann Jakob Bachofen, in: *Johann Jakob Bachofen (1815–1885). Eine*

Begleitpublikation zur Ausstellung im Historischen Museum Basel, 1987, S. 22.

10 Bachofen 1948, Bd. 2, S. 15f.

11 Karl Meuli, Nachwort in: Bachofen 1948, Bd. 3, S. 1107f.

12 Vgl. Plutarch, *De Iside et Osiride*, 56; *Moralia* 373E.

13 Bachofen 1948, Bd. 2, S. 40f.

14 Ebd., Bd. 2, S. 36ff.

15 Ebd., Bd. 2, S. 238.

16 Ebd., Bd. 2, S. 375ff.

17 Ebd., Bd. 3, S. 747.

18 Ebd., Bd. 2, S. 41; S. 385ff.

19 Ebd., Bd. 2, S. 385.

20 Ebd., Bd. 2, S. 386f.

21 Ebd., Bd. 2, S. 36.

22 Ebd., Bd. 2, S. 88; S. 387f.

23 Ebd.

24 Ebd., Bd. 2, S. 121.

25 Ebd., Bd. 2, S. 37.

26 Ebd., Bd. 2, S. 48ff.

27 Ebd., Bd. 2, S. 100.

28 Ebd., Bd. 2, S. 104ff.

29 Ebd., Bd. 2, S. 50. Vgl. Karl Meuli, Nachwort, in: ebd., Bd. 3, S. 1108.

30 Ebd., Bd. 2, S. 53ff.

31 Ebd., Bd. 2, S. 44ff.

32 Ebd., Bd. 2, S. 47.

33 Ebd., Bd. 2, S. 61f.

34 Johann Jakob Bachofen, *Briefe*, in: ders., *Gesammelte Werke*, Bd. 10, hg. von F. Husner, Basel 1967, S. 512–15, Brief Nr. 309 vom 7. 6. 1881.

35 Heinrichs 1975, S. 408–33 (»psychologisch, psychoanalytisch«). Vgl. Erich Neumann, *Die große Mutter*, Olten/Freiburg 1981.

36 Friedrich Engels, Der Ursprung der Familie, des Privateigentums und des Staats (1884), in: Karl Marx, Friedrich Engels, *Werke* (MEW), Bd. 21, Berlin 1972, S. 25–173, (Vorwort zur 4. Aufl. 1891, XVII).

37 Brigitta Hauser-Schäublin, Mutterrecht und Frauenbewegung, in: *Johann Jakob Bachofen (1815–1887)*, S. 137–50. Vgl. Evelyn Reed, *Woman's Evolution. From Matriarchal Clan to Patriarchal Family*, New York/Toronto 1975.

38 Hans Jürgen Heinrichs, in: *Johann Jakob Bachofen (1815–1887)*, S. 107. Claudio Cesa, Bachofen e la filosofia della, storia, in: *Seminario su J. J. Bachofen* 1988, S. 621–42.

39 Bachofen 1948, Bd. 3, S. 655ff.

40 Ebd., Bd. 2, S. 263. Vgl. Strabon 7, 7, 2, S. 321–22.

41 Arthur Bernard Cook, *Zeus. A Study of Ancient Religion*, Bd. 3, Cambridge 1940, S. 89, Anm. 1.

42 Martin P. Nilsson, *Geschichte der griechischen Religion*, Bd. 1, 2. Aufl., München 1955, S. 456, Anm. 6; H. J. Rose, Prehistoric Greece and Mother-Right, in: *Folk-Lore* 37, 1926, S. 213–44.

43 Walter Burkert, *Griechische Religion der archaischen und klassischen Epoche*, Stuttgart 1977, S. 46 mit Anm. 22.

44 W. K. Lacey, *The Family in Classical Greece*, London 1968, S. 11 (dt.: *Die Familie im antiken Griechenland*. Aus dem Engl. von Ute Winter, Mainz 1983, S. 10).

45 Rose, Prehistoric Greece and Mother-Right, S. 213.

46 W. K. C. Guthrie, *The Greeks and Their Gods*, London 1950. Jane Harrison, *Prolegomena to the Study of Greek Religion*, Cambridge 1903 (3. Aufl., Cambridge 1922; NDr. New York 1955).

47 Moses I. Finley, Anthropology and the Greeks, in: ders., *The Use and Abuse of History*, London 1975, S. 102–19.

48 Harrison, *Prolegomena*, S. 260ff.

49 Jane Harrison, *Themis. A Study of the Social Origins of Greek Religion*, Cambridge 1912 (2. Aufl., Cambridge 1927; NDr. New York 1962), S. 492ff.

50 Ebd., 260ff.

51 Karl Kerényi, *Zeus und Hera. Urbild des Vaters, des Gatten und der Frau* (Studies in the History of Religions Bd. 20), Leiden 1972.

52 Thomson 1961, S. 7.

53 Ebd., 199.

54 Ronald F. Willetts, *Cretan Cults and Festivals*, London 1962.

55 Hirvonen 1968.

56 Carol G. Thomas, Matriarchy in Early Greece: The Bronze and Dark Ages, in: *Arethusa* 6, 1973, S. 173–95 (Wiederabdruck in: Beate Wagner-Hasel (Hg.), *Matriarchatstheorien der Altertumswissenschaft*, Darmstadt 1992, S. 195–219).

57 Panagis Lekatsas, *Das Matriarchat und seine Auseinandersetzung mit dem griechischen Patriarchat* (auf Griechisch), Athen 1970.

58 Burkert, *Griechische Religion*, S. 76–82.

59 Peter J. Ucko, *Anthropomorphic Figurines of Predynastic Egypt and Neolithic Crete with Comparative Material from Prehistorical Near East and Mainland Greece*, Royal Anthropoligical Institute, Occasional Paper Nr. 24, London 1968.

60 Nilsson, *Geschichte der griechischen Religion*, Bd. 1, S. 258.

61 Augustinus, *Gottesstaat* 18, 9.

62 Thomson 1961, S. 267.

63 Vgl. Scholien zu Aristophanes, *Ploutos* 773. Klearchos bei Athenaios 13, 555d.

64 Vgl. Scholien zu Aristophanes, *Ploutos* 773.

65 Ebd.

66 Pembroke 1965.

67 Vgl. Michèle Rosellini und Suzanne Saïd, Usages de femmes et autres *nomoi* chez les »sauvages« d'Hérodote: Essai de lecture structurale, in: *Annali della Scuola Normale Superiore di Pisa*, Serie 3, 8, 1978, S. 949–1005. François Hartog, *Le miroir*

d'Hérodote. Essai sur la représentation de l'autre, Paris 1980.

68 Vgl. Thomson 1973. Lekatsas, *Das Matriarchat.*

69 Vgl. Froma I. Zeitlin, The Dynamics of Misogyny: Myth and Mythmaking in the Oresteia, in: *Arethusa* 11, 1978, S. 149–84 (Wiederabdruck in: Beate Wagner-Hasel (Hg.), *Matriarchatstheorien der Altertumswissenschaft*, Darmstadt 1992, S. 225–261).

70 Heinrichs 1975. Wesel 1980. Zinser 1981. *Seminario su J. J. Bachofen* 1988.

71 Nicole Loraux, Et l'on déboutera les mères, in: dies. 1989, S. 219–31.

72 Vgl. Bamberger 1974.

Frauengeschichte in der Alten Geschichte

1 *Gender*, wie im folgenden auch *Women's Studies* und *Sexual Asymmetry*, werden im französischen Original englisch verwendet. (A. d. Ü.)

2 M. Rostovtzeff, *A History of the Ancient World*, Bd. 1: *The Orient and Greece*, London 1930; A. W. Gomme, *Essays in Greek History and Literature*, Oxford 1937, S. 89–115; Victor Ehrenberg, *Aspects of the Ancient World*, New York 1946, S. 65f.

3 Pomeroy 1975.

4 Marilyn Skinner (Hg.), *Rescuing Creusa: New Methodological Approaches to Women in Antiquity*, Lubbock/Texas 1987 (= *Helios* Bd. 13/2).

5 Blok/Mason 1987.

6 Wagner-Hasel 1988.

7 Josine Blok, Sexual Asymmetry. A Historiographical Essay, in: dies./Mason 1987, S. 1–57.

8 Neben dem englischen Begriff *gender* wird hier im Originaltext der analog gebildete französische Begriff *genre* erwähnt: ursprünglich zur Bezeichnung des grammatikalischen Geschlechts verwendet (neben der Bedeutung von »Gattung«), wird *genre* (im Gegensatz zu *sexe*) auch in der französischsprachigen Frauenforschung heute spezifisch für das Konzept der *sozialen* Definition des Geschlechts gebraucht. Zur Problematik der Begriffe vgl. Gisela Bock, Geschichte, Frauengeschichte, Geschlechtergeschichte, in: *Geschichte und Gesellschaft* 14, 1988, S. 364–391, hier S. 377f. (A.d.Ü.)

9 Scott 1986. Jetzt auch in: dies., *Gender and the Politics of History*, New York/Oxford 1988, S. 28–50.

10 Beispielsweise Sarah B. Pomeroy, Selected Bibliography on Women in Antiquity, in: *Arethusa* 8, 1973, 127–155; in erweiterter Form abgedruckt in: Peradotto/Sullivan 1984; Elaine Fantham, Women in Antiquity. A Selective (and Subjective) Survey 1979–1984, in: *EMC/CV* 30, 1986, S. 1–24; Culham 1987.

11 Josine Blok, Sexual Asymmetry, in: dies./Mason 1987, S. 1–57.

12 Wagner-Hasel 1989.

13 Loraux 1985 [in überarbeiteter Fassung unter dem Titel »En guise de conclusion: Le naturel féminin dans l'histoire« jetzt in: dies. 1989, S. 273–300, S. 369–376]; dies. 1988.

14 King 1987.

15 Vgl. dazu den Beitrag von Claudine Leduc.

16 Culham 1987.

17 Wagner-Hasel 1988.

18 Vgl. dazu den Beitrag von François Lissarrague.

19 Humphreys 1983 [überarbeitete Neuauflage in Taschenbuchformat in Vorbereitung]; Domenico Musti, Pubblico e privato nella democrazia periclea, in: *Quaderni Urbinati* n.S. 20, 1985, S. 7–18.

20 Eine Bibliographie zu dieser Frage findet sich in Pauline Schmitt Pantel, *La cité au banquet. Histoire des repas publics dans les cités grecques*, Rom 1992.

21 Gillian Clark, We Await the New Seasons's Collection with Interest, in: *The Classical Review* 1, 1989, S. 103–105.

Perpetua oder das Selbstbewußtsein einer Frau

1 *Passion der heiligen Perpetua und Felicitas* 3–10. Übersetzung nach der lateinischen Fassung unter gelegentlicher Verwendung der deutschen Übersetzung in: *Frühchristliche Apologeten und Märtyrerakten*, Bd. 2, Kempten/München 1913, S. 328–44.

Nachwort

(Für eine kritische Durchsicht des Manuskripts danke ich Claudia Opitz, Barbara Patzek, Anja Wieber-Scariot und Heide Wunder.)

1 Meiners 1788, Bd. 1, S. 316; Lenz 1790/1976, S. 26f.

2 Honegger 1991, insb. S. 4ff. und S. 13ff.

3 Lenz 1790/1976 S. 38ff. Zur Geschichte dieser Debatte vgl. Beate Wagner-Hasel, Das Private wird politisch. Die Perspektive Geschlecht in der Altertumswissenschaft, in: Ursula A. Becher und Jörn Rüsen (Hg.), *Weiblichkeit in geschichtlicher Perspektive*, Frankfurt a. M. 1988, S. 11–50 sowie neuerdings: Christine Schnurr, *Über die orientalische Abgeschlossenheit*, Diss. Konstanz 1991 (im Druck).

4 Karin Hausen, Die Polarisierung der »Geschlechtscharaktere« – Eine Spiegelung der Dissoziation von Erwerbs- und Familienleben, in: Heidi Rosenbaum (Hg.), *Seminar: Familie und Gesell-*

schaftsstruktur. Materialien zu den sozioökonomischen Bedingungen von Familienformen, Frankfurt a. M. 1988, S. 161–191.

5 Diesen Prozeß zeichnet nach: Jesper Svenbro, La parole et le marbre. Aux origines de la poétique grecque, Lund 1976, insb. S. 18ff. Speziell zur Frauenfeindlichkeit alexandrinischer Kommentatoren vgl. J. F. de Jong, Gynaikeion ethos: Misogyny in the Homeric Scholia, in: Eranos 89, 1991, S. 13–24.

6 Zur Rezeptionsgeschichte der Homerischen Epen vgl. jetzt: Barbara Patzek, Homer und Mykene. Mündliche Dichtung und Geschichtsschreibung, München 1992.

7 Vgl. etwa Joachim Latacz, Homer, der erste Dichter des Abendlandes, München/Zürich ²1989, der das Interesse an Homer mit einer »substantiellen Nähe von Antike und Moderne« begründet und in den Epen Homers die Grundlagen einer »abendländischen Identität« gelegt sieht (S. 31).

8 Vgl. zuletzt: Gerda Lerner, Die Entstehung des Patriarchats. Aus dem Engl. von Walmot Möller-Falkenberg, Frankfurt a. M./New York 1991 (= Oxford 1986), deren Schwergewicht allerdings auf Mesopotamien und Ägypten liegt.

9 Vgl. Dirk van Laak, »Am Anfang war das Wort . . .«. Über die Theorien zum Beginn von Geschichte, in: Saeculum 40 (3/4), 1989, S. 269–312, hier: S. 306.

10 Ich denke hier an das Werk des britischen Altphilologen George Thomson (Aeschylus and Athens, London 1941, dt.: Berlin 1956; The Prehistoric Aegean, London 1949, dt.: Berlin 1967), das im Kollegenkreis wegen seines »dogmatischen Marxismus« und der Anwendung der ethnologisch-vergleichenden Methode auf starke Ablehnung stieß. Vgl. z. B. die Rezensionen von A. W. Pickard-Cambridge, in: The Classical Review 56, 1942, S. 22 und W. F. J. Knight, in: Journal of Hellenic Studies 62, 1942, S. 96f.

11 Zur Rezeption des Bachofenschen Werkes in der Altertumswissenschaft, dem der Beitrag von Stella Georgoudi gewidmet ist, vgl. jetzt: Wagner-Hasel 1992.

12 Vgl. etwa das Vorwort von Michelle Perrot zu dem von ihr herausgegebenen Band Geschlecht und Geschichte. Ist eine weibliche Geschichtsschreibung möglich? Aus dem Franz. von Wofgang Kaiser, Frankfurt a. M. 1989 (= Paris 1984), S. 18.

13 Pomata 1983, S. 114.

14 Dieses Bedürfnis, das zum Teil stark spiritualistische Züge trägt, wird vorwiegend von Fachfremden bedient, während sich die Altertumswissenschaft nach einer ersten Phase der Rückbesinnung auf die Matriarchatskonzepte des 19. und frühen 20. Jahrhunderts Anfang der 70er Jahre schnell wieder von ihnen abgewandt hat. Allerdings sind auch erste »Abfallbewegungen« von der spiritualistischen Matriarchatssuche zu vermerken. Vgl. z.

B. Janet E. McCrickard, Die wiedergeborene Mondin: Fundamentalismus im Christentum und in der feministischen spirituellen Bewegung, in: Beiträge zur feministischen Theorie und Praxis 32, 1992, S. 117–124 (Nachdruck aus: Feminist Review 37, 1991, S. 59–61). Mit der spiritualistischen Matriarchatsbewegung hat sich vor allem die feministische Theologie auseinandergesetzt. Vgl. zuletzt Wacker/Zenger 1991.

15 Verwiesen sei hier nur auf einige Neuerscheinungen im deutschsprachigen Raum: Albrecht 1986; Specht 1989; Reinsberg 1989; Zoepffel/Martin 1989 mit Beiträgen zur römischen, griechischen und ägyptischen Frau; Mette-Dittmann 1991; Jensen 1992. – Speziell zur patria potestas vgl. die Beiträge von Richard Saller und Emiel Eyben in: Rawson 1991; zur Neudefinition des römischen Haushalts als öffentlicher Raum vgl. den Beitrag von Andrew Wallace-Hadrill in dem eben genannten Band. Zu den reichen Stifterinnen von Bauten bzw. Wohltäterinnen vgl. Riet Van Bremen, Women and Wealth, in: Averil Cameron, Amélie Kuhrt (Hg.), Images of Women in Antiquity, London/Sydney 1983, S. 223–242; Sismondo Ridgeway 1987.

16 Zur Tradition der anthropologischen Schule, die in der Gründung des Centre de Recherches Comparées sur les Sociétés Anciennes ihre institutionelle Absicherung erfuhr, vgl. Sally Humphreys, The Work of Louis Gernet, in: dies., Anthropology and the Greeks, London u. a. ²1983, S. 76–93; Jean-Pierre Vernant, Mythos und Gesellschaft im alten Griechenland. Aus dem Franz. von Gustav Roßler, Frankfurt a. M. 1987 (= Paris 1974), S. 9 u. S. 224 bis 227. Zur derzeitigen Diskussion vgl. auch: Roger-Pol Droit (Hg.), Les Grecs, les Romains et Nous. Forum le Monde – le Mans. Le Monde-Edition 1990 (mit Beiträgen von Nicole Loraux, Pierre Vidal-Naquet, Jean-Pierre Vernant, Marcel Détienne u. a.).

17 Nicole Loraux, Les enfants d'Athéna. Idées athéniennes sur la citoyenneté et la division des sexes, Paris ²1984. Pierre Vidal-Naquet, Der schwarze Jäger. Denkformen und Gesellschaftsformen der griechischen Antike. Aus dem Franz. von Andreas Wittenburg, Frankfurt a. M./New York 1989 (= Paris 1981), S. 182ff.; Jeannie Carlier-Détienne, Les Amazons font la guerre et l' amour, in: L'Ethnographie 76, 1980/81, 11ff.

18 Schmitt-Pantel 1989.

19 Vgl. z. B. William Blake Tyrrell, Amazons. A Study in Athenian Mythmaking, Baltimore/London 1984.

20 Wagner-Hasel 1986. Unabhängig von der politischen Deutung des Amazonenmythos gibt es Hinweise auf tatsächliche weibliche Kriegerinnen. Vgl. z. B. die Forschungen von Renate Rolle, Oior-

pata, in: *Beiträge zur Archäologie Nordwest-deutschlands und Mitteleuropas* 16, 1980, S. 275ff.; (zu skythischen Kriegerinnen): David Schaps, Women in Greece in Wartime, in: *Classical Philology* 77, 1982, S. 193ff.

21 Louis Gernet, Mariages de tyrans, in: *Hommage à Lucien Febvre*, Paris 1954, S. 41–53; Wiederabdruck in: ders., *Anthropologie de la Grèce antique*, hg. von Jean-Pierre Vernant, Paris 1968, S. 344–359.

22 Dieser Zusammenhang ist für andere Epochen durchaus schon thematisiert worden. Vgl. dazu den Forschungsüberblick von Barbara Duden, Geschlecht, Biologie, Körpergeschichte. Bemerkungen zu neuer Literatur in der Körpergeschichte, in: *Feministische Studien* 9/2, 1911, S. 105–122.

23 Sally C. Humphreys, Kinship Patterns in the Athenian Courts, in: *Greek, Roman and Byzantine Studies* 27/1, 1986, S. 57–91.

24 Vgl. Anm. 20.

25 Lenz (1790/1976) betont in langen Exkursen die kulturschaffende Bedeutung der Frauenarbeit vor allem im Textilbereich. Diese ist m. E. auch der Schlüssel zum Verständnis des homerischen Brautgütersystems, in dem nicht die Frauen, sondern die Textilien, die sie produzieren, als Tauschobjekte fungieren (vgl. Wagner-Hasel 1988) sowie entscheidend für die Bedeutung der Gewandweihe in den öffentlichen Ritualen der Stadt, die Louise Bruit Zaidman beschreibt. Die Vernachlässigung von Frauenarbeit beklagt auch Scheidel 1992. Das Buch von David M. Schaps, *Economic Rights of Women in Ancient Greece*, Edinburgh 1979, ist auf den Besitz von Frauen, nicht auf ihre Arbeit ausgerichtet. Der Mangel ist zum Teil auf das im 19. Jahrhundert entwickelte Dogma zurückzuführen, bei den Griechen sei die Handarbeit gesellschaftlich geächtet gewesen, das zunehmend relativiert wird. Vgl. u. a. Ellen Meiksins Wood, *Peasant, Citizen and Slave*, London u. a.

1988 sowie Helmuth Schneider, *Das griechische Technikverständnis*, Darmstadt 1989. – Für Rom sieht die Forschungssituation etwas besser aus. Vgl. neben den sehr anregenden Arbeiten von Susan Treggiari aus den 70er Jahren (siehe *Allgemeine Literatur*) neuerdings Natalie Kampen, *Image and Status: Roman Working Women in Ostia*, Berlin 1981; Rosmarie Günther, *Frauenarbeit – Frauenbindung. Untersuchungen zu unfreien und freigelassenen Frauen in den stadtrömischen Inschriften*, München 1987; Monika Eichenauer, *Untersuchungen zur Arbeitswelt der Frau in der römischen Antike*, Frankfurt a. M. u. a. 1988. Ein Kapitel zur Frauenarbeit in der Spätantike enhält David Herlihy, *Opera muliebria. Women and Work in Medieval Europe*, Philadelphia 1990. Zum Problem Frauen und Macht vgl. neuerdings Baumann 1992 und DeForest 1993.

26 Gegen diesen feministischen Impetus ist die Studie von Lefkowitz (1986) gerichtet, die jetzt in deutscher Übersetzung erschienen ist. Einen Einblick in die Geschichte der althistorischen Frauenforschung mit ihren Kontroversen bieten die historiographischen Überblicke von Blok (1987); Phyllis Culham, Ten Years after Pomeroy: Studies of the Image and Reality of Women in Antiquity, in: Marylin Skinner (Hg.), *Rescuing Creusa: New Methodological Approaches to Women in Antiquity*, Lubbock/Texas 1987, S. 9–30 (= *Helios* Bd. 13/2). Zu den neuen Fragen vgl. auch den jüngsten Forschungsüberblick von Pomeroy (1991) sowie Valerie French, What is Central for the Study of Women in Antiquity? in: *Helios* 17, 190, S. 213–219.

27 Winkler 1990. Vgl. dazu: Martha Nussbaum, Knechtschaft und Eros. Zwei Bücher von John J. Winkler und David Halperin, in: *Merkur* 45 (3), 1991, S. 211–220.

28 MacIntosh-Snyder 1989, S. 40.

29 Foxhall 1989; Hunter 1989.

LITERATUR

Dieser Auswahlbibliographie ist ein Verzeichnis der Werke antiker Autoren vorangestellt, die in den Kapiteln mehrfach zitiert werden. Der Abschnitt *Allgemeine Literatur*
enthält Überblicksdarstellungen und diejenigen Werke, die in mehreren Kapiteln dieses Bandes zitiert werden. Die Spezialbibliographien zu den einzelnen Kapiteln
ergänzen die in den Anmerkungen der jeweiligen Kapitel zitierten Werke.

Klassische Texte

AISCHYLOS, *Tragödien und Fragmente*, hg. und übers. von Oskar Werner, München ³1980

Anthologia Graeca, 4 Bde., Griechisch-Deutsch, hg. von Hermann Beckby, München
1957 ff.

ARISTOPHANES, *Antike Komödien*, hg. und mit Einleitungen und einem Nachwort versehen
von Hans-Joachim Newiger, Neubearbeitung der Übersetzung von Ludwig Seeger
(1845–48), Darmstadt 1974

ARISTOTELES, *Metaphysik*, 2 Bde., Neubearbeitung der Übersetzung von Hermann Bonitz. Mit
Einleitung und Kommentar hg. von Horst Seidl. Griechischer Text in der Edition von
Wilhelm Christ, Hamburg ³1989

ARISTOTELES, *Tierkunde*, in: *Die Lehrschriften*, hg., übertragen und in ihrer Entstehung erläutert von Paul Gohlke, Paderborn 1957

ARISTOTELES, *Über die Teile der Tiere.* Griechisch-Deutsch und mit sacherklärenden Anmerkungen hg. von A. von Frantzius (=Aristoteles' Werke Bd. 5), Leipzig 1933, Aalen 1978

ARISTOTELES, *Von der Zeugung und Entwicklung der Tiere*, übers. und erläutert von
H. Aubert und Fr. Wimmer (=Aristoteles' Werke Bd. 3), Leipzig 1933, Aalen 1978

AUGUSTINUS, *Vom Gottesstaat*, 2 Bde., übers. von Wilhelm Thimme, Zürich/München ²1978

AULUS GELLIUS, *Die Attischen Nächte*, 2 Bde., übers. von Fritz Weiss, Leipzig 1875/76, Nachdruck Darmstadt 1965 und 1992

EURIPIDES, *Sämtliche Tragödien in zwei Bänden*, übers. von J. J. Donner, bearbeitet von
Richard Kannicht, Stuttgart 1958

EURIPIDES, *Tragödien*, 5 Bde., Griechisch-Deutsch, hg. von Dietrich Ebener, Darmstadt
²1990

HERODOT, *Historien*, Griechisch-Deutsch, hg. von Josef Feix, München ²1977

HESIOD, *Sämtliche Gedichte*, übers. und erläutert von Walter Marg, Darmstadt ²1984

HIPPOKRATES, *Werke.* Die hippokratische Schriftensammlung in neuer deutscher Übersetzung, hg. von Kapferer unter Mitwirkung von Sticker, Stuttgart 1933–1940

HIPPOLYT VON ROM, *Die apostolische Überlieferung (traditio apostolorum)*, hg. von Wilhelm
Geerlings, FC 1, 1991

HOMER, *Ilias,* neue Übertragung von Wolfgang Schadewaldt, Frankfurt a. M. 1975

HOMER, *Odyssee,* Deutsch von Wolfgang Schadewaldt, Hamburg ³1980

Homerische Hymnen, hg. von Anton Weiher, München/Zürich 1989

HORAZ, *Sämtliche Werke,* übers. von Hans Färber, München 1957

LUKIAN, *Wahre Geschichten,* in: *Die Hauptwerke des Lukian,* übers. von Karl Mras, München 1954

OVID, *Die Fasten,* 2 Bde., hg. und übers. von Franz Bömer, Heidelberg 1958

PAUSANIAS, *Reisen in Griechenland in drei Bänden,* aufgrund der kommentierten Übersetzung von Ernst Meyer, hg. von Felix Eckstein, Zürich/München 1986

PINDAR, *Siegeslieder,* hg. und übers. von Dieter Bremer, Darmstadt 1992

PLATON, *Phaidros,* übertragen und eingeleitet von Kurt Hildebrandt, Stuttgart ³1991

PLATON, *Politeia,* bearbeitet von Dietrich Kurz, griechischer Text von Emile Chambry, deutsche Übersetzung von Friedrich Schleiermacher, hg. von Gunther Eigler, Darmstadt ²1990

PLATON, *Politikos,* in: *Spätdialoge* Bd. 1, eingeleitet von Olof Gigon, übertragen von Rudolf Rufener, Zürich/Stuttgart 1965

PLATON, *Symposion,* übers. und erläutert von Otto Apelt, neubearbeitet von Annemarie Capelle, Hamburg ³1981

PLATON, *Theaitetos,* hg. und übers. von Ekkehard Martens, Stuttgart 1981

PLINIUS DER JÜNGERE, *Sämtliche Briefe,* übers. von André Lambert, Zürich/Stuttgart 1969

PLINIUS SECUNDUS D. Ä., *Naturkunde,* übers. von Roderich König, München 1975ff.

PLUTARCH, *Moralia,* in: *Allerlei Weltweisheit. Der vermischten Schriften Dritter Band.* Nach der Übers. Kaltwasser neu herausgegeben, München/Leipzig 1911

Solons Dichtungen. Sämtliche Fragmente, übers. von E. Preime, München 1940

SUETON, *Leben der Caesaren,* übers. von André Lambert, Zürich/Stuttgart 1955

TACITUS, *Annalen,* Lateinisch-Deutsch, hg. und übers. von Erich Heller, Zürich/München 1982

THEOKRIT, *Gedichte,* Griechisch-Deutsch, hg. von F. P. Fritz, München 1970

Bibliographien

ARTHUR, MARILYN B., Review Essay-Classics, in: *Signs* 2, 1976, S. 383–403

GOODWATER, LEANNA, *Women in Antiquity. An Annotated Bibliography,* Methuen, N. J. 1975

POMEROY, SARAH B. (mit ROSS S. KRAEMER und NATALIE KAMPEN), Selected Bibliography on Women in Classical Antiquity, in: JOHN PERADOTTO und J.-P. SULLIVAN (Hg.), *Women in the Ancient World: The Arethusa Papers,* Albany 1984, S. 315–372

VÉRILHAC, ANNE-MARIE und CLAUDE VIAL, in Zusammenarbeit mit L. DARMEZIN, *La Femme dans l'Antiquité classique: Bibliographie, Travaux de la Maison de l'Orient* (TMO) Nr. 19, Lyon 1990

Allgemeine Literatur

ARRIGONI, GIAMPIERA (Hg.), *Le donne in Grecia,* Bari/Rom 1985

BLOK, JOSINE und PETER MASON (Hg.), *Sexual Asymmetry. Studies in Ancient Society,* Amsterdam 1987

BOUVRIE, SYNNOVE DES, *Women in Greek Tragedy. An Anthropological Approach,* Oslo 1990

BRELICH, ANGELO, *Paides e Parthenoi,* Rom 1969

BROWN, PETER, *The Body and Society. Men, Women and Sexual Renunciation in Early Christianity,* New York 1988 (dt.: *Die Keuschheit der Engel. Sexuelle Entsagung, Askese und*

Körperlichkeit am Anfang des Christentums. Aus dem Engl. von Martin Pfeiffer, München/ Wien 1991)

BRULÉ, PIERRE, *La fille d'Athènes. La religion des filles à Athènes à l'époque classique. Mythes, cultes et société. Annales littéraires de l'université de Besançon* 363, Paris 1987

BURGUIÈRE, ANDRÉ, CHRISTIANE KLAPISCH-ZUBER, MARTINE SEGALEN, FRANÇOISE ZONABEND (Hg.), *Histoire de la famille*, Bd. 1: *Mondes lointains, mondes anciens*, Paris 1986

CALAME, CLAUDE, *Les chœurs de jeunes filles en Grèce archaïque*, Rom 1977

CAMERON, AVERIL und AMÉLIE KUHRT (Hg.), *Images of Women in Antiquity*, London 1983

CAMPESE, SILVIA, PAOLA MANULI, GIULIA SISSA, *Madre Materia. Sociologia e biologia della donna greca*, Turin 1983

CANTARELLA, EVA, *L'ambiguo malanno. Condizione e immagine della donna nell'antichità greca e romana*, Rom 1981 (engl.: *Pandora's Daughters. The Role and Status of Women in Greek and Roman Antiquity*, übers. von Maureen B. Fant, mit einem Vorwort von Mary R. Lefkowitz, Baltimore/London 1987)

DÉTIENNE, MARCEL, *Les jardins d'Adonis*, Paris 1972

DIXON, SUZANNE, *The Roman Mother*, London/Sydney 1988

DOWDEN, KEN, *Death and the Maiden: Girls' Initiation Rites in Greek Mythology*, London 1989

DU BOIS, PAGE, *Sowing the Body: Psychoanalysis and Ancient Representations of Women*, Chicago 1988

La Femme dans le monde méditerranéen, I: *Antiquité, Travaux de la Maison de l'Orient* (TMO) Nr. 10, Lyon 1985

FLANDRIN, JEAN-LOUIS, *Un temps pour embrasser: Aux origines de la morale sexuelle occidentale*, Paris 1983

FOLEY, HELEN P. (Hg.), *Reflections of Women in Antiquity*, New York 1981

GARDNER, J.-F., *Women in Roman Law and Society*, London 1986

GAUDEMET, JEAN, *Le mariage en Occident. Les mœurs et le droit*, Paris 1985

GOURÉVITCH, DANIELLE, *Le mal d'être femme. La femme et la médecine dans la Rome antique*, Paris 1984

HALLETT, JUDITH P., *Fathers and Daughters in Roman Society. Women and the Elite Family*, Princeton 1984

HALPERIN, DAVID M., JOHN J. WINKLER, FROMA I. ZEITLIN (Hg.), *Before Sexuality: The Construction of Erotic Experience in the Ancient Greek World*, Princeton 1990

Helios, 13-2, 1987: MARILYN SKINNER (Hg.), *Rescuing Creusa: New Methodological Approaches to Women in Antiquity*

Helios, 16-1, 1989: ADELE SCAFURO (Hg.), *Studies on Roman Women*

L'Homme XIX, 1979: numéro sur les catégories de sexe en anthropologie sociale

HUMPHREYS, SARAH, *The Family, Women and Death. Comparative Studies*, London 1983

JUST, ROGER, *Women in Athenian Law and Life*, London 1989

KRAEMER, ROSS S., *Menads, Martyrs, Matrons, Monastics. A Source-Book on Women's Religion in the Graeco-Roman World*, Philadelphia 1988

LEFKOWITZ, MARY R., *Heroines and Hysterics*, London 1981

LEFKOWITZ, MARY R., *Women in Greek Myth*, London 1986

LEFKOWITZ, MARY R. und M.-B. FANT, *Women's Life in Greece and Rome*, London/Baltimore 1982 (Quellensammlung)

LEVY, EDMOND (Hg.), *La femme dans les sociétés antiques*. Actes des colloques de Strasbourg (mai 1980 et mars 1981), Straßburg 1983

LORAUX, NICOLE, *Les enfants d'Athéna. Idées athéniennes sur la citoyenneté et la division des sexes*, Paris 1981

LORAUX, NICOLE, *Façons tragiques de tuer une femme*, Paris 1985 (dt.: *Tragische Weisen, eine Frau zu töten*. Aus dem Franz. von Eva Moldenhauer, Frankfurt a. M./New York 1993)

LORAUX, NICOLE, *Les expériences de Tirésias. Le feminin et l'homme grec*, Paris 1989

LORAUX, NICOLE, *Les mères en deuil*, Paris 1990 (dt.: *Die Trauer der Mütter. Weibliche Leidenschaft und die Gesetze der Politik*. Aus dem Franz. von Eva Moldenhauer. Mit einer Einleitung von Käthe Trettin, Frankfurt a. M./New York 1992)

MAC CORMACK, CAROL und MARILYN STRATHERN (Hg.), *Nature, Culture and Gender*, Cambridge 1980

MOSSÉ, CLAUDE, *La femme dans la Grèce antiques*, Paris 1983

Pallas: Revue d'Études antiques, Bd. 32, 1985: *La femme dans l'Antiquité grecque*

PERADOTTO, JOHN und J.-P. SULLIVAN (Hg.), *Women in the Ancient World: The Arethusa Papers*, Albany 1984

PETROCELLI, CORRADO, *La stola e il silenzio*, Palermo 1989

POMEROY, SARAH B., *Goddesses, Whores, Wives and Slaves. Women in Classical Antiquity*, New York 1975 (dt.: *Frauenleben im klassischen Altertum*. Aus dem Engl. von Norbert F. Mattheis, Stuttgart 1985)

POMEROY, SARAH B., *Women in Hellenistic Egypt*, New York 1984

RAWSON, BERYL (Hg.), *The Family in Ancient Rome: New Perspectives*, Ithaca/London 1986

REITER, RAYNA R. (Hg.), *Toward an Anthropology of Women*, New York/London 1975

ROSALDO, MICHELLE ZIMBALIST und LOUISE LAMPHERE (Hg.), *Woman, Culture and Society*, Stanford 1974

ROUSSELLE, ALINE, *Porneia. De la maîtrise du corps à la privation sensorielle*, Paris 1983 (dt.: *Der Ursprung der Keuschheit*. Aus dem Franz. von Ronald Voullié, Stuttgart 1989)

SAVALLI, IVANNA, *La donna nella società della Grecia antica*, Bologna 1983

SCHAPS, DAVID, *Economic Rights of Women in Ancient Greece*, Edinburgh 1979

SCHULLER, WOLFGANG, *Frauen in der griechischen Geschichte*, Konstanz 1985

SCHULLER, WOLFGANG, *Frauen in der römischen Geschichte*, Konstanz 1987

SISSA, GIULIA, *Le corps virginal. La virginité féminine en Grèce ancienne*, Paris 1987

UGLIONE, RENATO (Hg.), *La donna nel mondo antico*, Turin 1987

VATIN, CLAUDE, *Recherches sur le mariage et sur la condition de la femme mariée à l'époque hellénistique*, Paris 1970

VERDIER, YVONNE, *Façons de dire, façons de faire. La laveuse, la couturière, la cuisinière*, Paris 1979 (dt.: *Drei Frauen. Das Leben auf dem Dorf*. Aus dem Franz. von Thomas Kleinspehn, Stuttgart 1982)

VIDAL-NAQUET, PIERRE, *Le chasseur noir*, Paris 1981 (dt.: *Der schwarze Jäger. Denkformen und Gesellschaftsformen der griechischen Antike*. Aus dem Franz. von Andreas Wittenburg, Frankfurt a. M./New York 1989)

WEINER, ANNETTE B., *Women of Value, Men of Renown, New Perspectives in Tobriand Exchange*, Austin/London 1976

Was ist eine Göttin?/Nicole Loraux

BACHOFEN, JOHANN JAKOB, *Das Mutterrecht. Eine Untersuchung über die Gynaikokratie der Alten Welt nach ihrer religiösen und rechtlichen Natur*, in: DERS., *Gesammelte Werke*, Bd. 2 und 3, hg. und neu bearbeitet von Karl Meuli, Basel 1948

BIARDEAU, MADELEINE, *L'hindouisme. Anthropologie d'une civilisation*, Paris 1981a

BIARDEAU, MADELEINE, Devi: la Déesse en Inde, in: Y. BONNEFOY (Hg.), *Dictionnaire des mythologies*, Bd. 1, Paris 1981b, S. 295–298

BRULÉ, PIERRE, Arithmologie et polythéisme. En lisant Lucien Gerschel, in: *Lire les polythéismes*, Bd. 1: *Les grandes figures religieuses. Fonctionnement pratique et symbolique dans l'Antiquité*, Besançon/Paris 1986, S. 35–47

BURKERT, WALTER, *Griechische Religion der archaischen und klassischen Epoche*, Stuttgart 1977

DÉTIENNE, MARCEL, Puissances du mariage I. Entre Héra, Artémis et Aphrodite, in: Y. BONNEFOY (Hg.), *Dictionnaire des mythologies*, Bd. 2, Paris 1981, S. 65–69

DÉTIENNE, MARCEL, *L'écriture d'Orphée*, Paris 1989

JOST, MADELEINE, *Sanctuaires et cultes d'Arcadie*, Sammlung *Études péloponmésiennes* IX, Paris 1985

JUNG, C. G. und KARL KERÉNYI, *Einführung in das Wesen der Mythologie*, Hildesheim 1980

LÉVÊQUE, PIERRE, *Les premières civilisations*, Bd. 1: *Des despotismes orientaux à la cité grecque*, Vorwort, Paris 1987, S. 5–36

LÉVÊQUE, PIERRE, *Colère, sexe, rire. Le Japon des mythes anciens*, Paris 1988a

LÉVÊQUE, PIERRE, Pandora ou la terrifiante féminité, in: *Kernos* 1, 1988b, S. 49–62

LORAUX, NICOLE, *Les enfants d'Athéna. Idées athéniennes sur la citoyenneté et la division des sexes*, Paris 1981

LORAUX, NICOLE, *Façons tragiques de tuer une femme*, Paris 1985 (dt.: *Tragische Weisen, eine Frau zu töten*. Aus dem Franz. von Eva Moldenhauer, Frankfurt a. M./New York 1993)

LORAUX, NICOLE, *Les expériences de Tirésias. Le féminin et l'homme grec*, Paris 1989

LORAUX, NICOLE, *Les mères en deuil*, Paris 1990 (dt.: *Die Trauer der Mütter. Weibliche Leidenschaft und die Gesetze der Politik*. Aus dem Franz. von Eva Moldenhauer. Mit einer Einleitung von Käthe Trettin, Frankfurt a. M./New York 1992)

NEUMANN, ERICH, *Die große Mutter*, Olten/Freiburg 1981

OTTO, WALTER, *Die Götter Griechenlands*, Frankfurt a. M. 1929

PETERSMANN, HUBERT, Altgriechischer Mütterkult, in: *Matronen und Verwandte Gottheiten*, Köln 1987, S. 172–199

RAMNOUX, CLÉMENCE, *La Nuit et les enfants de la Nuit dans la tradition grecque*, Paris 1959

RAMNOUX, CLÉMENCE, Philosophie et mythologie. D'Hésiode à Proclus, in: Y. BONNEFOY (Hg.), *Dictionnaire des mythologies*, Bd. 2, Paris 1981, S. 256–268

RAMNOUX, CLÉMENCE, *Mythologie ou la famille olympienne*, (1959), Neuauflage Brionne 1982

RAMNOUX, CLÉMENCE, Les femmes de Zeus: Hésiode, Théogonie, Vers 885–955, in: *Poikilia. Études offertes à Jean-Pierre Vernant*, Paris 1987, S. 155–164

RUDHARDT, JEAN, Pandora: Hésiode et les femmes, in: *Museum Helveticum* 43, 1986, S. 231 bis 246

VERNANT, JEAN-PIERRE, *Mythe et pensée chez les Grecs*, Paris ²1971

Platon, Aristoteles und der Geschlechterunterschied / Giulia Sissa

BLUESTONE, NATHALIE HARRIS, *Women and the Ideal Society*, Oxford 1987

BOCQUET, C., Espèce biologique, in: *Encyclopaedia Universalis*, Bd. 6

BURNYEAT, MILES, Socratic Midwifery, Platonic Inspiration, in: *Bulletin of the Institute for Classical Studies* 24, 1977, S. 7–16

BYL, SIMON, *Recherches sur les grands traités biologiques d'Aristote: sources écrites et préjugés*, Brüssel 1980

CANTO, MONIQUE, The Politics of Women's Bodies, Reflections on Plato, in: *Poetics Today* 6, 1985

DU BOIS, PAGE, *Sowing the Body: Psychoanalysis and Ancient Representations of Women*, Chicago 1988

HARRISON, A. R. W., *The Law of Athens. The Family and Property*, Oxford 1968

HÉRITIÉR-AUGÉ, FRANÇOISE, La cuisse de Jupiter. Réflexions sur les nouveaux modes de procréation, in: *L'Homme* 94, 1985, S. 5–22

HÉRITIÉR-AUGÉ, FRANÇOISE, L'individu, le biologique et le social, in: *Le Débat* 36, 1985, S. 27–32

LE DOEUFF, MICHÈLE, *L'étude et le rouet*, Paris 1989

LENNOX, J.-G., Aristotle on Genera, Species and the More and Less, in: *Journal of the History of Biology* 13, 1980, S. 321–346

LORAUX, NICOLE, *Les expériences de Tirésias. Le féminin et l'homme grec*, Paris 1989

MARROU, HENRI-IRÉNÉE, *Histoire de l'éducation dans l'Antiquité*, Paris 1950 (dt.: *Geschichte der Erziehung im klassischen Altertum*. Übers. nach der 3. Aufl. von 1955 mit Ergänzungen der 7. Aufl. von 1976 von Charlotte Beumann, hg. von Richard Harder, München 1977)

MORSIN, J., *Aristotle on Generation of Animals. A Philosophical Study*, Washington D.C. 1982

PELLEGRIN, PIERRE, Aristotle: A Zoology without Species, in: A. GROTTHELF (Hg.), *Aristotle on Nature and Living Things*, Pittsburgh/Bristol 1985, S. 95–115

SISSA, GIULIA, Il corpo della donna, in: DIES., SILVIA CAMPESE, PAOLA MANULI, *Madre Materia*, Turin 1983

SISSA, GIULIA, La loi dans les âmes, in: *Le Temps de la Réflexion* 6, 1985, S. 49–72

SISSA, GIULIA, La famille dans la cité grecque (V^e–IVe siècle av. J.-C.), in: A. BURGUIÈRE u. a. (Hg.), *Histoire de la famille*, Bd. 1, Paris 1986, S. 163–194

Die Teilung der Geschlechter im römischen Recht / Yan Thomas

BEAUCAMP, JOËLLE, Le vocabulaire de la faiblesse féminine dans les textes juridiques romains du IIIe au VIe siècle, in: *Revue historique de droit français et étranger* 54, 1976, S. 485–508

BEAUCAMP, JOËLLE, *La situation juridique de la femme à l'époque protobyzantine*, Paris 1987

CANTARELLA, EVA, Introduction à J. J. Bachofen, *Il potere femminile. Storia e teoria*, übers. von A. Maffi, Mailand 1977

CROOK, JOHN A., Feminine Inadequacy and the *Senatus-Consultum Velleianum*, in: RAWSON 1986, S. 83–92

DALLA, DANILO, *L'incapacità sessuale in diritto romano*, Mailand 1978

DALLA, DANILO, *Praemium emancipationis*, Mailand 1983

DIXON, SUZANNE, Family Finances: »Terentia and Tullia«, in: RAWSON, 1986, S. 93–120

FRIEDLÄNDER, LUDWIG, *Darstellungen aus der Sittengeschichte Roms*, Bd. 1, Leipzig [10]1919

GIDE, P., *Étude sur la condition privée de la femme*, Paris 1867

HUCHTHAUSEN, LISELOT, Herkunft und ökonomische Stellung weiblicher Adressaten von Reskripten des Codex Iustinianus (2. und 3. Jh. n. Chr.), in: *Klio* 56, 1974, S. 199–228

HUMBERT, MARCEL, *Le remariage à Rome. Étude d'histoire juridique et sociale*, Mailand 1972

KAMPEN, NATHALIE, *Image and Status. Roman Working Women in Ostia*, Berlin 1971

KLINGENBERG, GEORG, Die Frau im römischen Abgaben- und Fiskalrecht, in: *Revue internationale des droits de l'Antiquité*, 3. Serie, 30, 1983, S. 141–150

LEGENDRE, PIERRE, *L'inestimable objet de la transmission. Étude sur le principe généalogique en Occident*, Paris 1985

LOURAUX, NICOLE, *Les enfants d'Athéna. Idées athéniennes sur la citoyenneté et la division des sexes*, Paris 1981

MACMULLEN, RAMSAY, Women in Public in the Roman Empire, in: *Historia* 29, 1980, S. 208 bis 218

MASIELLO, TOMMASO, *La donna tutrice. Modelli culturali e prassi giuridica fra gli Antonini e i Severi*, Neapel 1979

MEYER, PAUL MARTIN, *Der römische Konkubinat*, Leipzig 1865, Neudruck 1966

MOREAU, PHILIPPE, Structures de parenté et d'alliance à Larinum d'après le *pro Cluentio*, in: *Les »bourgeoisies« municipales italiennes aux IIᵉ et Iᵉ siècles av. J.-C.*, Neapel 1983, S. 99 bis 123

MOREAU, PHILIPPE, Patrimoines et successions à Larinum au Iᵉʳ siècle av. J. C., in: *Revue historique de droit français et étranger* 64, 1986, S. 169–189

PEPPE, LEO, *Posizione giuridica e ruolo sociale della donna in età repubblicana*, Mailand 1984

PLASSARD, JEAN, *Le concubinat romain sous le Haut-Empire*, Toulouse/Paris 1921

POMEROY, SARAH B., *Goddesses, Whores, Wives and Slaves. Women in Classical Antiquity*, New York 1975 (dt.: *Frauenleben im klassischen Altertum*. Aus dem Engl. von Norbert F. Mattheis, Stuttgart 1985)

RAWSON, BERYL (Hg.), *The Family in Ancient Rome: New Perspectives*, Ithaca/London 1986

ROUSSELLE, ALINE, *Porneia. De la maîtrise du corps à la privation sensorielle*, Paris 1983 (dt.: *Der Ursprung der Keuschheit*. Aus dem Franz. von Ronald Voullié, Stuttgart 1989)

SOLAZZI, SIRO, *Infirmitas aetatis e infirmitas sexus* (1930), in: *Scritti di diritto romano*, Bd. 3, Neapel 1960, S. 357–377

TAFARO, SEBASTIANO, *Pubes e viripotens nella esperienza giuridica romana*, Bari 1988

THOMAS, YAN, Le ›ventre‹. Corps maternel, droit paternel, in: *Le genre humain* 14, 1986, S. 211–236

TREGGIARI, SUSAN, Jobs for Women, in: *American Journal of Ancient History* 1, 1976, S. 76–104

VEYNE, PAUL, La famille et l'amour sous le Haut-Empire romain, in: *Annales E.S.C.* 33, 1978, S. 35–63

VIDAL-NAQUET, PIERRE, *Le chasseur noir*, Paris 1981 (dt.: *Der schwarze Jäger. Denkformen und Gesellschaftsformen der griechischen Antike*. Aus dem Franz. von Andreas Wittenburg, Frankfurt a. M./New York 1989)

ZANNINI, PIERLUIGI, *Studi sulla* tutela mulierum *I*, Turin 1976

Frauenbilder / François Lissarrague

AHREM, MAXIMILIAN, *Das Weib in der antiken Kunst*, Jena 1914

ARRIGONI, GIAMPIERA, Amore sotto il manto e iniziazione nuziale, in: *Quaderni Urbinati di Cultura Classica*, n. S. 15/3, 1983, S. 7–56

ARRIGONI, GIAMPIERA, Donne e sport nel mondo greco, in: *Le donne in Grecia*, Rom/Bari 1985, S. 55–201

BAZANT, JAN, *Les citoyens sur les vases athéniens*, Prag 1985

BÉRARD, CLAUDE, L'ordre des femmes, in: *La cité des images*, Lausanne/Paris 1984, S. 85–103 (dt.: Das Reich der Frauen, in: *Die Bilderwelt der Griechen. Schlüssel zu einer ›fremden‹ Kultur*. Aus dem Franz. von Ursula Sturzenegger, Mainz 1984, S. 127–153)

BÉRARD, CLAUDE, L'impossible femme athlète, in: *AION ArchSt* VIII, 1986, S. 195–202

BOARDMAN, JOHN und DONNA C. KURTZ, *Greek Burial Customs*, London 1971 (dt.: *Thanatos. Tod und Jenseits bei den Griechen*. Aus dem Engl. von Maria Buchholz, redigiert und mit einem Vorwort versehen von Hans-Günther Buchholz, Mainz 1985)

CASSIMATIS, HÉLÈNE, Imagerie et femme, in: *La femme dans le monde méditerranéen*, I: *Antiquité. Travaux de la Maison de l'Orient* (TMO) Nr. 10, Lyon 1985, S. 19–28

GÖTTE, ERIKA, *Frauengemachbilder*, Diss. München 1957

HAVELOCK, CHRISTINE M., Mourners on Greek Vases: Remarks on the Social History of Women, in: STEPHEN HYATT (Hg.), *The Greek Vase*, New York 1979

HERTER, HANS, »Dirne« in: *Reallexikon für Antike und Christentum* 3, Sp. 1154–1213, 1957

KAMMERER-GROTHAUS, HELKE, *Frauenleben-Frauenalltag im antiken Griechenland*, Berlin 1984

KAUFFMANN-SAMARAS, ALIKI, Mères et enfants sur les lébétès nuptiaux à figures rouges attiques du Vᵉ siècle, *Third Symposium on Ancient Greek and Related Pottery*, Kopenhagen 1988, S. 286–299

KEULS, EVA, *The Reign of the Phallus. Sexual Politics in Ancient Athens*, New York 1986

LACEY, W.-K., *The Family in Classical Greece*, Ithaca 1968 (dt.: *Die Familie im antiken Griechenland*. Aus dem Engl. von Ute Winter, Mainz 1983)

LISSARRAGUE, FRANÇOIS und ALAIN SCHNAPP, Imagerie des Grecs ou Grèce des imagiers?, in: *Le Temps de la Réflexion* 2, 1981

METZGER, HENRI, *Les représentations dans la céramique attique du IVᵉ siècle*, Paris 1951

NEUMER-PFAU, WILTRUD, *Studien zur Ikonographie und gesellschaftlichen Funktion hellenistischer Aphrodite Statuen*, Bonn 1982

SWERDLOW, AMY, The Greek Citizen Woman in Attic Vasepainting: New Views and New Questions, in: *Women Studies* 5, 1978, S. 267–284

WALTER, HANS, *Die Gestalt der Frau. Bildwerke von 30000–20 v. Chr.*, Stuttgart 1985

WEBSTER, THOMAS B.-L., *Potter and Patron in Classical Athens*, London 1972

WILLIAMS, DYFRI, Women on Athenian Vases: Problems of Interpretation, in: AVERIL CAMERON und AMÉLIE KUHRT (Hg.), *Images of Women in Antiquity*, London 1983, S. 92–105

ZEVI, ELENA, Scene di gineceo e scene di idillio nei vasi greci delle seconda metà del secolo quinto, in: *Mem. Linc* 6, 1937, S. 291–350

ZINSERLING, VERENA, *Die Frau in Hellas und Rom*, Leipzig/Stuttgart 1972

ZINSERLING, VERENA, Zum Problem von Alltagsdarstellungen auf attischen Vasen, in: MAX KUNZE (Hg.), *Beiträge zum antiken Realismus*, Berlin 1977, S. 39–56

Heirat im antiken Griechenland / Claudine Leduc

BENVENISTE, ÉMILE, *Le vocabulaire des institutions indoeuropéennes*, Paris 1969

BICKERMAN, E.-J., La conception du mariage à Athènes, in: *Bulletino dell'Istituto di Diritto romano*, 1975, S. 1–28

BOURRIOT, FÉLIX, *Recherches sur la nature du génos*, Paris 1976

BRULÉ, PIERRE, *La fille d'Athènes. La religion des filles à Athènes à l'époque classique. Mythes, cultes et société. Annales littéraires de l'université de Besançon* 363, Paris 1987

DE HEUSCH, LUC, *Pourquoi l'épouser? et autres essais*, Paris 1971

EVANS-PRITCHARD, E.-E., *The Position of Women in Primitive Societies and Other Essays in Social Anthropology*, London 1965

FINLEY, MOSES I., *Le monde d'Ulysse*, Paris 1969 (dt.: *Die Welt des Odysseus*. Aus dem Engl. von Anna-Elisabeth Berve-Glauning, Gabriele Ackermann und Hannelore Kobbe, München 1979 = nach der »Revised Edition«, New York 1978)

FOXHALL, LIN, Household, Gender and Property in Classical Athens, in: *The Classical Quarterly*, n. S. 39, 1989, S. 22–44

GODELIER, MAURICE, *La production des Grands Hommes*, Paris 1982 (dt.: *Die Produktion der Großen Männer. Macht und männliche Vorherrschaft bei den Baruya in Neuguinea*. Aus dem Franz. von Eva Moldenhauer, Frankfurt a. M./New York 1987)

GRIEF, *La dot, la valeur des femmes*. Travaux de l'Université de Toulouse-Le Mirail, XXI, 1982

HUMPHREYS, SARAH, *The Familiy, Women and Death. Comparative Studies*, London 1983

KARABÉLIAS, EVANGHELOS, *L'épiclérat attique*, Paris 1974

LEDUC, CLAUDINE, Observations sur la »diverging devolution« dans deux cités grecques: Athènes et Gortyne (VIᵉ–IVᵉ siècle av. J.-C.), in: *Femmes et patrimoine dans les sociétés rurales de l'Europe méditerranéenne*, unter der Leitung von G. Ravis-Giordani, Marseille 1987, S. 211–226

LELLO-FINUOLI, ANNA LUCIA DI, Donne e matrimonio nella Grecia arcaica, in: *Studi Micenei ed Egeo-Anatolici* 25, Rom 1984, S. 275–302

LORAUX, NICOLE, *Les enfants d'Athéna. Idées athéniennes sur la citoyenneté et la division des sexes*, Paris 1981

MACTOUX, MARIE-MADELEINE, *Pénélope, Annales littéraires de l'université de Besançon*, Paris 1975

MODRZEJEWSKI, JOSEPH, La structure juridique du mariage grec, in: *Scritti in onore di Orsolina Montevecchi*, Bologna 1981, S. 231–268

MOSSÉ, CLAUDE, *La femme dans la Grèce antiques*, Paris 1983

NEEDHAM, RODNEY (Hg.), *Rethinking Kinship and Marriage*, London 1971

SCHEID, ÉVELYNE, Il matrimonio omerico, in: *Dialoghi di Archeologia*, n. S. 1, 1979, S. 60–73

SCHEID-TISSINIER, ÉVELYNE, *Étude sur le vocabulaire et les pratiques du don et de l'échange chez Homère*, Diss., Paris 1988

TOEPFFER, JOHANNES, *Attische Genealogie*, Berlin 1889

VERNANT, JEAN-PIERRE, Le mariage, in: DERS., *Mythe et société en Grèce ancienne*, Paris 1974 (dt.: Die Heirat, in: DERS., *Mythos und Gesellschaft im alten Griechenland*. Aus dem Franz. von Gustav Roßler, Frankfurt a. M. 1987, S. 51–72)

Der Körper und die Politik / Aline Rousselle

ADNÈS, ANDRÉ und PIERRE CANIVET, Guérisons miraculeuses et exorcisme dans l'Histoire Philothée de Théodoret de Cyr, in: *Revue de l'Histoire des Religions* 171, 1967, S. 53–82 und S. 149–179

BARB, ALPHON A., *Diva Matrix*, in: *Journal of Warburg and Courtault Institutes* 16, 1953, S. 193–238

BRADLEY, KEITH R., Wet Nursing at Rome: A Study in Social Relations, in: BERYL RAWSON (Hg.), *The Family in Ancient Rome: New Perspectives*, Ithaca / New York 1986, S. 201–229

BROWN, PETER, *The Body and Society. Men, Women and Sexual Renunciation in Early Christianity*, New York 1988 (dt.: *Die Keuschheit der Engel. Sexuelle Entsagung, Askese und Körperlichkeit am Anfang des Christentums*. Aus dem Engl. von Martin Pfeiffer, München / Wien 1991)

DUNAND, FRANÇOISE, Images du féminin dans le roman grec, in: *Mélanges Pierre Lévêque*, Paris / Besançon 1989, S. 173–182

EPSTEIN, LOUIS M., *Sex, Laws and Customs in Judaism*, New York 1948

EYBEN, EMIEL, Antiquity's View of Puberty, in: *Latomus* 31, 1972, S. 678–697

FLANDRIN, JEAN-LOUIS, *Un temps pour embrasser. Aux origines de la morale occidentale*, Paris 1983

FONTANILLE, MARIE-THÉRÈSE, *Avortement et contraception dans la médecine gréco-romaine*, Paris 1977

GOURÉVITCH, DANIELLE, *Le mal d'être femme. La femme et la médecine dans la Rome antique*, Paris 1984

HOPKINS, KEITH, Contraception in the Roman Empire, in: *Comparative Studies in Society and History* 8, 1965a, S. 124–151

HOPKINS, KEITH, The Age of Roman Girls at Marriage, in: *Population Studies* 18, 1965b, S. 309–327

HOPKINS, KEITH, On the Probable Age Structure of the Roman Population, in: *Population Studies* 20, 1966, S. 245–264

HOPKINS, KEITH, Brother-Sister-Marriage in Roman Egypt, in: *Comparative Studies in Society and History* 22, 1980, S. 303–354

HOPKINS, KEITH, *Death and Renewal: Sociological Studies in Roman History*, 2 Bde., Cambridge 1983

LORAUX, NICOLE, *Les enfants d'Athéna. Idées athéniennes sur la citoyenneté et la division des sexes*, Paris 1981

MACMULLEN, RAMSAY, *Paganism in the Roman Empire*, New Haven/London 1981

NARDI, ENZO, *Procurato aborto nel mondo antico*, Mailand 1971

NAU, JEAN-YVES, La puberté programmée, in: *Le Monde*, 24. Februar 1988, S. 21 und 23

PATLAGEAN, ÉVELYNE, Sur la limitation de la fécondité dans la haute époque byzantine, in: *Annales E.S.C.* 6, 1969, S. 1353–1369

PATLAGEAN, ÉVELYNE, L'entrée dans l'âge adulte à Byzance aux XIIIe–XIVe siècles, in: *Historicité de l'enfance et de la jeunesse*, Athen 1988, S. 263–270

RADITSA, LEO FERRERO, Augustus' Legislation Concerning Marriage, Procreation, Love Affairs and Adultery, in: TEMPORINI, HILDEGARD (Hg.), *Aufstieg und Niedergang der römischen Welt* II, *Principat* 13, 1980, S. 278–339

RAWSON, BERYL, Children in the Roman *Familia*, in: DIES. (Hg.), *The Family in Ancient Rome: New Perspectives,* Ithaca/New York 1986, S. 170–200

ROUSSELLE, ALINE, Observation féminine et idéologie masculine: Le corps de la femme d'après les médecins grecs, in: *Annales E.S.C.* 35, 1980, S. 1089–1115

ROUSSELLE, ALINE, *Porneia. De la maîtrise du corps à la privation sensorielle*, Paris 1983 (dt.: *Der Ursprung der Keuschheit*. Aus dem Franz. von Ronald Voullié, Stuttgart 1989)

ROUSSELLE, ALINE, Personal Status and Sexual Practice in the Roman Empire, in: *Zone 5, Fragments for a History of the Human Body*, Teil 3, 1989, S. 300–333

SHAW, BRENT, The Age of Roman Girls at Marriage: Some Reconsiderations, in: *Journal of Roman Studies* 77, 1987, S. 30–46

THOMAS, YAN, Le ·ventre·. Corps maternel, droit paternel, in: *Le genre humain* 14, 1986, S. 211–236

WEAVER, P. R. C., The Status of Children in Mixed Marriages, in: BERYL RAWSON (Hg.), *The Family in Ancient Rome: New Perspectives*, Ithaca/New York 1986, S. 145–169

WENHAM, GORDON J., Betulah. A Girl of Marriageable Age, in: *Vetus Testamentum* 22, 1972, S. 326–348

Die Töchter der Pandora / Louise Bruit Zaidman

BRELICH, ANGELO, *Paides e Parthenoi*, Rom 1969

BRULÉ, PIERRE, *La fille d'Athènes. La religion des filles à Athènes à l'époque classique. Mythes, cultes et société. Annales littéraires de l'université de Besançon* 363, Paris 1987

CALAME, CLAUDE, *Les chœurs de jeunes folles en Grèce archaïque*, Rom 1977

CHIRASSI COLOMBO, I., Paides e Gynaikes: note per una tassonomia del comportamento rituale nella cultura attica, in: *Quaderni Urbinati di Cultura Classica*, n. S. 1, 1979, S. 25–58

DÉTIENNE, MARCEL, *Les jardins d'Adonis*, Paris 1972

DÉTIENNE, MARCEL, Violentes Eugénies. En pleines Thesmophories, des femmes couvertes de sang, in: DERS. und JEAN-PIERRE VERNANT (Hg.), *La cuisine du sacrifice en pays grec*, Paris 1979, S. 183–214

DÉTIENNE, MARCEL, *Dionysos à ciel ouvert*, Paris 1986 (dt.: *Dionysos. Göttliche Wildheit*. Aus dem Franz. von Gabriele und Walter Eder, Frankfurt a. M./New York 1992)

FRONTISI-DUCROUX, Françoise, Images du ménadisme féminin: les vases des Lénéennes, in: *L'association dionysiaque dans les sociétés anciennes*, Rom 1986

GINOUVÈS, RENÉ, *Balaneutiké: recherches sur le bain dans l'Antiquite grecque*, Paris 1962

GOULD, JOHN, Law, Custom and Myth: Aspects of the Position of Women in Classical Athens, in: *Journal of Hellenic Studies* 100, 1980, S. 38–59

GUETTEL-COLE, SUSAN, The Social Function of Maturation: the koureion and the arkteia, in: *Zeitschrift für Papyrologie und Epigraphik* 55, 1984, S. 233–244

HOFFMANN, GENEVIÈVE, *La jeune fille, les pouvoirs et la mort dans la société athénienne du Ve siècle*, Diss., Paris 1987

JEANMAIRE, HENRI, *Couroi et Courètes*, Paris 1939

JEANMAIRE, HENRI *Dionysos*, Paris 1951

KAEMPF-DIMITRIADOU, SOPHIA, *Die Liebe der Götter in der attischen Kunst des 5. Jahrhunderts v. Chr.*, Bern 1979

KAHIL, LILY, L'Artémis de Brauron, rites et mystère, in: *Antike Kunst* 20, 1977, S. 86–98

KAHIL, LILY, La déesse Artémis: mythologie et iconographie, in: *Greece and Italy in the Classical World*, Acta of the XII International Congress of Classical Archaeology, London 1979, S. 73–87

KAHIL, LILY, Le cratérisque d'Artémis et le Brauronion de l'Acropole, in: *Hesperia* 50, 1981, S. 253–263

LOURAUX, NICOLE, *Les enfants d'Athéna. Idées athéniennes sur la citoyenneté et la division des sexes*, Paris 1981

MARTHA, JULES, *Les sacerdoces athéniens*, Paris 1882

PARKE, H.-W., *Festivals of the Athenians*, London 1977

PARKER, ROBERT, *Miasma. Pollution and Purification in Early Greek Religion*, Oxford 1983

POLIGNAC, FRANÇOIS DE, *La naissance de la cité grecque*, Paris 1984

ROUX, GEORGES, *Delphes, son oracle et ses dieux*, Paris 1976 (dt.: *Delphi. Orakel und Kultstätten*. Aus dem Franz. von Barbara Haedicke und Helga Heimberger, München 1971)

SCHELP, J., *Das Kanoun. Der griechische Opferkorb*, Würzburg 1975

SCHMITT, PAULINE, Athéna Apatouria et la ceinture: les aspects féminins des Apatouries à Athènes, in: *Annales E.S.C.* 32, 1977, S. 1059–1073

SISSA, GIULIA, *Le corps virginal. La virginité féminine en Grèce ancienne*, Paris 1987

SOURVINOU-INWOOD, CHRISTIANE, *Studies in Girl's Transitions: Aspects of the arkteia and Age Representation in Attic Iconography*, Athen 1988

VERNANT, JEAN-PIERRE, Hestia-Hermès, in: DERS., *Mythe et pensée chez les Grecs*, Paris 1965, S. 97–143

VERNANT, JEAN-PIERRE, Le pur et l'impur, in: DERS., *Mythe et société en Grèce ancienne*, Paris 1974, S. 121–140 (dt.: Das Reine und das Unreine, in: DERS., *Mythos und Gesellschaft im alten Griechenland*. Aus dem Franz. von Gustav Roßler, Frankfurt a. M. 1987, S. 113–131)

VERNANT, JEAN-PIERRE, Le Dionysos masqué des ›Bacchantes‹ d'Euripide, in: DERS. und P. VIDAL-NAQUET (Hg.), *Mythe et tragédie Deux*, Paris 1986

VIDAL-NAQUET, PIERRE, *Le chasseur noir*, Paris 1981 (dt.: *Der schwarze Jäger. Denkformen und Gesellschaftsformen der griechischen Antike*. Aus dem Franz. von Andreas Wittenburg, Frankfurt a. M./New York 1989)

Die Rolle der Frauen in der römischen Religion / John Scheid

BEARD, MARY, The Sexual Status of Vestal Virgins, in: *Journal of Roman Studies* 70, 1980, S. 12–27

BOELS, NICOLE, Le statut religieux de la Flaminica Dialis, in: *Revue des Etudes Latines* 51, 1973, S. 77–100

CAZANOVE, OLIVER DE, Exesto. L'incapacité sacrificielle des femmes à Rome (A propos de Plutarque, Quaest. Rom. 85), in: *Phoenix* 41, 1987, S. 159–174

CHAMPEAUX, JACQUELINE, *Fortuna. Le culte de la Fortune à Rome et dans le monde romain*, I (Collection de l'École française de Rome, Bd. 64), Rom 1982

COARELLI, FILIPPO, *Il Foro Boario. Dalle origini alla fine della Repubblica*, Rom 1988

DROSSART, PIERRE, ·Nonae Caprotinae·. La fausse capture des Aurores, in: *Revue de l'Histoire des Religions* 185, 1974, S. 129–139

DUMÉZIL, GEORGES, *Religion romaine archaïque*, Paris ²1974

FAYER, CARLA, L'ornatus della sposa romana, in: *Studi Romani* 34, 1986, S. 1–24

FRASCHETTI, AUGUSTO, La sepoltura delle Vestali e la città, in: *Du châtiment dans la cité. Supplices corporels et peines de mort dans le monde antique* (Collection de l'Ecole française de Rome, Bd. 79), Rom 1984, S. 97–128

GRAS, MICHEL, Vin et société à Rome et dans le Latium à l'époque archaïque, in: *Modes de contacts et processus de transformation dans les sociétés anciennes* (Collection de l'École française de Rome, Bd. 67), Rom 1983, S. 1067–1075

LE BONNIEC, HENRI, *Le culte de Cérès à Rome. Des origines à la fin de la République* (Études et commentaires, Bd. 27), Paris 1958

MATTINGLY, HAROLD, *Coins of the Roman Empire in the British Museum* III, London 1966

MOREAU, PHILIPPE, *Clodiana religio. Un procès politique en 61 av. J.-C.*, Paris 1982

PAILLER, JEAN-MARIE, *Bacchanalia. La répression de 186 av. J.-C. à Rome et en Italie: vestiges, images, tradition* (Bibliothèque des Écoles françaises d'Athènes et de Rome, Bd. 270), Rom 1988

PICCALUGA, GIULIA, Bona Dea. Due contributi all'interpretazione del suo culto, in: *Studi e Materiali di Storia delle Religione* 35, 1964, S. 195–237

PIGHI, GIOVANNI BATTISTA, *De ludis saecularibus populi Romani Quiritium*, Amsterdam ²1965

SABBATUCCI, DARIO, L'extra-romanità di Fortuna, in: *Religione e Civilta* 3, 1982, S. 511–527

SCHEID, JOHN, Le flamine de Jupiter, les Vestales et le général triomphant, in: *Le Temps de la Réflexion* 7, 1986, S. 213–230

SCHEID, JOHN, *Romulus et ses frères. Le collège des frères arvales, modèle du culte public dans la Rome des Empereurs* (Bibliothèque des Écoles françaises d'Athènes et de Rome), Rom 1990

SCHILLING, ROBERT, *La religion romaine de Vénus depuis les origines jusqu'au temps d'Auguste*, Paris ²1982

SENSI, LUIGI, Ornatus e status sociale delle donne romane, in: *Annali della Facoltà di Lettere e Filosofia di Perugia*, Sez. Studi Classici, 18, n. S. IV, 1980–1981, S. 55–102

TUPET, ANNE-MARIE, *La magie dans la poésie latine. Des origines à la fin du règne d'Auguste* (Collection d'études anciennes), Paris 1976

Frauen im frühen Christentum / Monique Alexandre

ARCHER, LÉONIE J., *Her Price is Beyond Rubies. The Jewish Woman in Graeco-Roman Palestine*, Scheffield 1990 (Journal for the Study of the Old Testament, Supp. Series 60)

BEAUCAMP, JOËLLE, *La situation juridique de la femme à l'époque protobyzantine*, Diss., Paris 1987

BENLLOCH, MARTIN IBARRA, *Mulier fortis. La mujer en las fuentes cristianas (280–313)*, Monografías de historia antigua 6, Saragossa 1990

BØRRESEN, KARI-ELISABETH, *Subordination et équivalence. Nature et rôle de la femme d'après Augustin et Thomas d'Aquin*, Oslo/Paris 1968

BROOTEN, BERNADETTE, *Women Leaders in the Ancient Synagogue*, Brown Judaic Studies 36, Chico, California 1982

BROWN, PETER, *The Body and Society. Men, Women and Sexual Renunciation in Early Christianity*, New York 1988 (dt.: *Die Keuschheit der Engel. Sexuelle Entsagung, Askese und Körperlichkeit am Anfang des Christentums*. Aus dem Engl. von Martin Pfeiffer, München/Wien 1991)

BURRUS, W., *Chastity as Autonomy: Women in the Stories of Apocryphal Acts, Studies in Women and Religion* 23, New York 1987

CANTALAMESSA, RANIERO, *Etica Sessuale e Matrimonio nel Cristianismo delle Origine*, Mailand 1976

CLARK, ELIZABETH A., *Asceticism, Piety and Women's Faith. Essays on Late Ancient Christianity, Studies in Women and Religion* 20, Lewiston/Queenston 1986

CLARK, ELIZABETH, *Women in the Early Church*, Wilmington 1983

DAVIES, STEVAN L., *The Revolt of the Widows: the Social World of the Apocryphal Acts*, Carbondale 1980

EYNARD, LAURE, *La Bible au féminin. De l'ancienne tradition à un christianisme hellénisé*, Paris 1990

GIANNAROLLI, ELENA, *La tipologia femminile nella biografia e nell'autobiografia cirstiana del IV secolo, Studi Storici* 127, Rom 1980

GRYSON, ROGER, *Le ministère des femmes dans l'Église ancienne*, Gembloux 1970

KING, KAREN (Hg.), *Images of the Feminine in Gnosticism*, Philadelphia 1988

La femme. Les grands textes des Pères de l'Église, »Lettres chrétiennes 10«, Paris 1968

LAPORTE, JEAN, *The Role of Women in Early Christianity, Studies in Women and Religion* 7, New York/Toronto 1981

Le mariage dans l'Église ancienne, »Lettres chrétiennes 13«, Paris 1969

MARTIMORT, AIMÉ-GEORGES, *Les diaconesses. Essai historique*, Rom 1982

MAYER, GÜNTHER, *Die jüdische Frau in der hellenistisch-römischen Antike*, Stuttgart/Berlin/Köln 1987

METZ, RENÉ, *La consécration des vierges dans l'Église romaine: Étude d'histoire et de liturgie*, Paris 1954

MUNIER, CHARLES, *Mariage et virginité dans l'Église ancienne* (Ier–IIIe siècle), Traditio Christiana VI, Bern 1987

PAGELS, ELAINE, *The Gnostic Gospels*, New York 1979

PATLAGEAN, ÉVELYNE, *Structure sociale, famille, chrétienté à Byzance IVe–XIe siècle*, London 1981

PIÉTRI, CHARLES, Le mariage chrétien à Rome IVe–Ve siècle, in: *Histoire vécue du peuple chrétien*, Bd. 1, hg. von JEAN DELUMEAU, Toulouse 1979, S. 105–130

QUÉRÉ, FRANCE, *Les femmes de l'Évangile*, Paris 1982

RITZER, K., *Formen, Riten und religiöses Brauchtum der Eheschließung in den christlichen Kirchen des ersten Jahrtausends*, Münster 1961, [2]1981

ROUSSELLE, ALINE, *Porneia. De la maîtrise du corps à la privation sensorielle*, Paris 1983 (dt.: *Der Ursprung der Keuschheit*. Aus dem Franz. von Ronald Voullié, Stuttgart 1989)

RUETHER, ROSEMARY (Hg.), *Religion and Sexism. Images of Women in the Jewish and Christian Traditions*, New York 1974

RUETHER, ROSEMARY und ELEANOR MCLAUGHLIN (Hg.), *Women of Spirit. Female Leadership in the Jewish and Christian Traditions*, New York 1979

SCHÜSSLER-FIORENZA, ELIZABETH, *In Memory of Her*, New York 1983 (dt.: *Zu ihrem Gedächtnis. Eine feministisch-theologische Rekonstruktion der christlichen Ursprünge*. Aus dem Engl. von Christine Schaumberger, Mainz 1988)

THRAEDE, KARL, Frau, in: *Reallexikon für Antike und Christentum* VIII, 1970, Sp. 197–269

Bachofen, das Mutterrecht und die Alte Welt / Stella Georgoudi

BACHOFEN, JOHANN JAKOB, *Das Mutterrecht. Eine Untersuchung über die Gynaikokratie der Alten Welt nach ihrer religiösen und rechtlichen Natur*, in: DERS., *Gesammelte Werke*, Bd. 2 und 3, hg. von Karl Meuli, Basel 1948

BACHOFEN, JOHANN JAKOB, *Du règne de la mère au patriarcat*, Auswahl von Adrien Turel, 1938, Neudruck Lausanne 1980

BACHOFEN, JOHANN JAKOB, *Myth, Religion, Mother Right*. Ausgewählte Werke von J. J. Bachofen mit einem Vorwort von Georges Boas und einer Einführung von Joseph Campbell, Princeton 1967

Seminario su J. J. Bachofen, in: *Annali della Scuola Normale Superiore di Pisa* 18/2, 1988, S. 599–889

BAMBERGER, JOAN, The Myth of Matriarchy: Why Men Rule in Primitive Society, in: M.-Z. ROSALDO und L. LAMPHERE (Hg.), *Woman, Culture and Society*, Stanford 1974, S. 263–280

CANTARELLA, ÉVA, Introduzione à J. J. Bachofen, *Il potere feminile. Storia e teoria*, Mailand 1977

DÖRMANN, JOHANNES, War J. J. Bachofen Evolutionist?, in: *Anthropos* 60, 1965, S. 1–48

GOSSMAN, LIONEL, *Orpheus Philologus: Bachofen versus Mommsen on the Study in Antiquity. Transactions of the American Philosophical Society* LXXV, Philadelphia 1983

HEINRICHS, HANS-JÜRGEN (Hg.), *Materialien zu Bachofen »Das Mutterrecht«*, Frankfurt a. M. 1975

HIRVONEN, KAARLE, *Matriarchal Survivals and Certains Trends in Homer's Female Characters*, Helsinki 1968

LERNER, GERDA, *The Creation of Patriarchy*, New York/Oxford 1986 (dt.: *Die Entstehung des Patriarchats*. Aus dem Engl. von Walmot Möller-Falkenberg, Frankfurt a. M./New York 1991)

LORAUX, NICOLE, *Les expériences de Tirésias. Le féminin et l'homme grec*, Paris 1989

MAGLI, IDA (Hg.), *Matriarcato e potere delle donne*, Mailand 1978

MORGAN, LEWIS H., *Ancient Society*, New York 1877 (hg. mit einer Einleitung von Leslie A. White, Cambridge/Mass. 1964) (dt.: *Die Urgesellschaft. Untersuchungen über den Fortschritt der Menschheit aus der Wildheit durch die Barbarei zur Zivilisation*. Aus dem Engl. von W. Eichhoff und Karl Kautsky. Nachdruck der Ausgabe Stuttgart 1908. Einführung von Hans-Jürgen Hildebrandt, Lollar/Lahn 1979)

MURDOCK, GEORGES PETER, *Social Structure*, New York 1949

PEMBROKE, SIMON, Last of the Matriarchs: a Study in the Inscription of Lycia, in: *Journal of the Economic and Social History of the Orient* 8, 1965, S. 217–247

PEMBROKE, SIMON, Women in Charge: the Function of Alternatives in Early Greek Tradition and the Ancient Idea of Matriarchy, in: *Journal of the Warburg and Courtauld Institutes* 30, 1967, S. 1–35 (dt.: Die Funktion von Alternativen innerhalb der frühgriechischen Überlieferung und die antike Vorstellung vom Matriarchat. Aus dem Engl. von Liselotte Glage und Jörg Rublack, in: BEATE WAGNER-HASEL (Hg.), *Matriarchatstheorien der Altertumswissenschaft*, Darmstadt 1992, S. 92–148)

PEMBROKE, SIMON, Locres et Tarente: le rôle des femmes dans la formation de deux colonies grecques, in: *Annales E.S.C.* 25, 1970, S. 1240–1270

SCHNEIDER, DAVID M. und KATHLEEN GOUGH, *Matrilineal Kinship*, Berkeley/Los Angeles/London 1961

THOMSON, GEORGE, *Aeschylus and Athens. A Study in the Social Origins of Drama*, London 1941, ⁴1973 (dt.: *Aischylos und Athen. Eine Untersuchung der gesellschaftlichen Ursprünge des Dramas*. Aus dem Engl. von Hans-Georg Heidenreich, Berlin 1956)

THOMSON, GEORGE, *Studies in Ancient Greek Society*, Bd. 1: *The Prehistoric Aegean*, London 1949, ³1961 (dt.: *Frühgeschichte Griechenlands und der Ägäis. Forschungen zur altgriechischen Gesellschaft*, Bd. 1. Aus dem Engl. von Hans-Georg Heidenreich und Reiner Pflug, Berlin 1974)

WAGNER, BEATE, *Zwischen Mythos und Realität. Die Frau in der frühgriechischen Gesellschaft*, Frankfurt a. M. 1982

WEBSTER, PAULA, Matriarchy: A Vision of Power, in: RAYNA R. REITER (Hg.), *Toward an Anthropologhy of Women*, New York/London 1975, S. 141–156

WESEL, UWE, *Der Mythos vom Matriarchat. Über Bachofens Mutterrecht und die Stellung der Frauen in frühen Gesellschaften*, Frankfurt a. M. 1980

ZINSER, HARTMUT, *Der Mythos des Mutterrechts. Verhandlung von drei aktuellen Theorien des Geschlechterkampfes*, Frankfurt a. M. 1981

Frauengeschichte
in der Alten Geschichte/Pauline Schmitt Pantel

ARRIGONI, GIAMPIERA, Tra le donne dell'Antichità: considerazioni e ricognizioni, in: RENATO UGLIONE (Hg.), *La donna nel mondo antico*, Turin 1987, S. 39–71

ARTHUR, MARILYN, Early Greece: The Origins of the Western Attitude Towards Women, in: *Arethusa* 6, 1973, S. 7–58. Wiederabgedruckt in: PERADOTTO/SULLIVAN 1984

ARTHUR, MARILYN, Liberated Women: The Classical Era, in: R. BRIDENTHAL und C. KOONTZ (Hg.), *Becoming Visible: Women in European History*, Boston 1977, S. 60–89

ARTHUR, MARILYN, Women and the Family in Ancient Greece, in: *The Yale Review*, Sommer 1982, S. 532–547

ARTHUR, MARILYN, Sexuality and the Body in Ancient Greece, in: *Mètis*, 1990

BECHER, URSULA A. J. und JÖRN RÜSEN (Hg.), *Weiblichkeit in geschichtlicher Perspektive*, Frankfurt a. M. 1988

BLOK, JOSINE und PETER MASON (Hg.), *Sexual Asymmetry. Studies in Ancient Society*, Amsterdam 1987

CAMERON, AVERIL, Women in Ancient Culture and Society, in: *Der Altsprachliche Unterricht* 2, 1989, S. 6–17

CULHAM, PHYLLIS, Ten Years after Pomeroy: Studies of the Image and Reality of Women in Antiquity, in: *Helios* 13/2, 1987, S. 9–30

HALLETT, JUDITH P., Women as Same and Other in Classical Roman Elite, in: *Helios* 16, 1989, S. 59–78

HUMPHREYS, SARAH, *The Family, Women and Death. Comparative Studies*, London 1983

KING, HELEN, Sacrificial Blood: The Role of Amnion in Ancient Gynecology, in: *Helios* 13/2, 1987, S. 117–126

LORAUX, NICOLE, La cité, l'historien, les femmes, in: *Pallas* 32, 1985, S. 7–39

LORAUX, NICOLE, *Les expériences de Tirésias. Le féminin et l'homme grec*, Paris 1989

LORAUX, NICOLE, Notes sur un impossible sujet de l'histoire, in: *Le genre de l'histoire. Les Cahiers du GRIF*, 1988

OPITZ, CLAUDIA (Hg.), *Weiblichkeit oder Feminismus?* Weingarten 1983

POMEROY, SARAH B., *Goddesses, Whores, Wives and Slaves. Women in Classical Antiquity*, New York 1975 (dt.: *Frauenleben im klassischen Altertum*. Aus dem Engl. von Norbert F. Matheis, Stuttgart 1985)

PERADOTTO, JOHN und J.-P. SULLIVAN (Hg.), *Women in the Ancient World. The Arethusa Papers*, Albany 1984

SCHMITT PANTEL, PAULINE, La différence des sexes, histoire, anthropologie et cité grecque, in: MICHELLE PERROT (Hg.), *Une histoire des femmes est-elle possible?* Marseille 1984, S. 98–119 (dt.: Die Differenz der Geschlechter, Geschichtswissenschaft, Ethnologie und die griechische Stadt der Antike, in: MICHELLE PERROT (Hg.), *Geschlecht und Geschichte. Ist eine weibliche Geschichtsschreibung möglich?* Aus dem Franz. von Wolfgang Kaiser, Frankfurt a. M. 1989, S. 199–223)

SCOTT, JOAN, Gender. A Useful Category of Historical Analysis, in: *American Historical Review* 91, 1986

WAGNER-HASEL, BEATE, Das Private wird politisch. Die Perspektive ·Geschlecht· in der Altertumswissenschaft, in: BECHER/RÜSEN 1988, S. 11–50
WAGNER-HASEL, BEATE, Frauenleben in orientalischer Abgeschlossenheit? Zur Geschichte
und Nutzanwendung eines Topos, in: *Der Altsprachliche Unterricht* 32/2, 1989, S. 18–29

Perpetua oder das Selbstbewußtsein einer Frau

Atti e Passioni dei Martiri, a cura di ANTON A.-R. BASTIAENSEN u. a., Mondadori 1987,
S. 117–131
BROWN, PETER, *The Cult of Saints in Latin Christianity*, Chicago 1981
DE CAVALIERI, PIO FRANCHI, *Scritti agiografici I, Studi e Testi 221*, Citta del Vaticano 1961,
S. 41–155
DUVAL, YVETTE, *Loca Sanctorum Africae. Le culte des martyrs en Afrique du IVᵉ au VIᵉ siècle*,
Coll. École française de Rome, 2 Bde., Rom 1982
FRIDH, AKE, *Le problème de la Passion des saintes Perpétue et Félicité*, Stockholm 1968
MONCEAUX, PAUL, *Histoire littéraire de l'Afrique chrétienne*, Bd. 1, S. 70–96
MUSURILLO, HERBERT, *The Acts of the Christian Martyrs*, Oxford 1972, S. 108–118
SAXER, VICTOR, *Saints aciens d'Afrique du Nord*, Vatican 1979, S. 42–49
VAN BEEK, CORNELIUS, *Passio Sanctarum Perpetuae et Felicitatis*, Nimwegen 1936

Nachwort/Beate Wagner-Hasel

ALBRECHT, RUTH, *Das Leben der heiligen Makrina auf dem Hintergrund der Thekla-Traditi-
on. Studien von den Ursprüngen des weiblichen Mönchtums im 4. Jahrhundert in Klein-
asien*, Göttingen 1986
BAUMANN, RICHARD A., *Women and Politics in Ancient Rome*, London/New York 1992
BLOK, JOSINE, Sexual Asymmetry. A Historiographical Essay, in: DIES. und PETER MASON (Hg.),
Sexual Asymmetry. Studies in Ancient Society, Amsterdam 1987, S. 1–57
DEFOREST, MARY (Hg.), *Woman's Power, Man's Game: Essais on Classical Antiquity in
Honor of Joy King*, Illinois 1993
FOXHALL, LIN, Household, Gender and Property in Classical Athens, in: *Classical Quarterly*
39, 1989, S. 22–44
HARDER, RUTH E., *Die Frauenrollen bei Euripides*, Stuttgart 1993
HONEGGER, CLAUDIA, *Die Ordnung der Geschlechter. Die Wissenschaft vom Menschen und
das Weib*, Frankfurt a. M./New York 1991
HUNTER, VIRGINIA, Women's Authorithy in Classical Athens, in: *Echos du Monde Classique/
Classical Views* n. S. 8, 33, 1989, S. 39–48
JENSEN, ANNE, *Gottes selbstbewußte Töchter. Frauenemanzipation im frühen Christentum?*,
Freiburg 1992
LEFKOWITZ, MARY R., *Women in Greek Myth*, London 1986 (dt.: *Die Töchter des Zeus. Frau-
en im alten Griechenland.* Aus dem Engl. von Holger Fliessbach, München 1992)
LENZ, CARL GOTTHOLD, *Geschichte der Weiber im heroischen Zeitalter*, Hannover 1790, Neu-
druck Selb 1976
MACINTOSH-SNYDER, JANE, *The Women and the Lyra. Women Writers in Classical Greece and
Rome*, Illinois 1989
MARTIN, JOCHEN und RENATE ZOEPFFEL (Hg.), *Aufgaben, Rollen, Räume von Frau und Mann*,
2 Bde., Freiburg 1989 (Historische Anthropologie Bd. 5/1 und 5/2)
MEINERS, CHRISTOPH, *Geschichte des weiblichen Geschlechts*, Bd. I, Hannover 1788

METTE-DITTMANN, ANGELIKA, *Die Ehegesetzgebung des Augustus. Eine Untersuchung im Rahmen der Gesellschaftspolitik des Prinzeps*, Stuttgart 1991 (Historische Einzelschriften, Heft 67)

POMATA, GIANNA, Die Geschichte der Frauen zwischen Anthropologie und Biologie, in: *Feministische Studien* Jg. 2, 1983, S. 113–127

POMEROY, SARAH B., The Study of Women in Antiquity. Past, Present and Future, in: *American Journal of Philology* 112, 1991, S. 263–268

RAWSON, BERYL (Hg.), *Marriage, Divorce and Children in Ancient Rome*, Oxford / Canberra 1991

REINSBERG, CAROLA, *Ehe, Hetärentum und Knabenliebe im antiken Griechenland*, München 1989

SCHEIDEL, WALTER, Frau und Landarbeit in der Alten Geschichte, in: EDITH SPECHT (Hg.), *Nachrichten aus der Zeit. Ein Streifzug durch die Frauengeschichte des Altertums*, Wien 1992, S. 195–235

SCHMITT PANTEL, PAULINE, Die Differenz der Geschlechter, Geschichtswissenschaft, Ethnologie und die griechische Stadt der Antike, in: MICHELLE PERROT (Hg.), *Geschlecht und Geschichte. Ist eine weibliche Geschichtsschreibung möglich?* Aus dem Franz. von Wolfgang Kaiser, Frankfurt a. M. 1989, S. 199–223

SISMONDO RIDGEWAY, Brunhilde, Ancient Greek Women and Art: The Material Evidence, in: *American Journal of Archaeology* 91, 1987, S. 399–409

SPECHT, EDITH, *Schön zu sein und gut zu sein. Mädchenbildung und Frauensozialisation im antiken Griechenland*, Wien 1989

WACKER, MARIE-THERES und ERICH ZENGER (Hg.), *Der eine Gott und die Göttin*, Freiburg / Basel / Wien 1991

WAGNER-HASEL, BEATE, Männerfeindliche Jungfrauen? Ein kritischer Blick auf Amazonen in Mythos und Geschichte, in: *Feministische Studien* 5 (1), 1986, S. 86–105

WAGNER-HASEL, BEATE, Geschlecht und Gabe: Zum Brautgütersystem bei Homer, in: *Zeitschrift der Savigny-Stiftung für Rechtsgeschichte*, Rom. Abt. 105, 1988, S. 32–73

WAGNER-HASEL, BEATE (Hg.), *Matriarchatstheorien der Altertumswissenschaft*, Darmstadt 1992 (Wege der Forschung Bd. 651)

WINKLER, JOHN J., Penelope's Cunning and Homer's, in: DERS., *The Constraints of Desire. The Anthropology of Sex and Gender in Ancient Greece*, New York / London 1990, S. 129–161

SACHREGISTER

Aberglaube 437, 447, 475f.

Abort 339f., 354

Abortiva 338ff., 343, 349, 354, 369

Abtreibung 337, 339ff., 350f., 354f., 365, 368–371, 455, 458

Ackerbau 391, 401f., 410, 500f.

Adoleszenz 379, 384, 412

Adoption 115f., 120f., 144, 146, 152, 158f. (testamentarische 160), 160, 311f., 337

Afrika 49, 274, 333, 453, 487, 504, 529, 531; Nord-Afrika 325, 355

Agnaten; siehe Verwandte

Agora 172, 179

Akropolis 178f., 383, 390, 412

Alexandria 457, 461, 466, 537

Alimente 337

Altersstufen 283, 377f.; biologisch-sozialer Zyklus 39f., 54

Amenorrhoe 327; siehe auch Menstruation

Anachoret 490; siehe auch Eremitin

Anatolien 49 (anatolische Große Göttin 52)

Androgyn(ität) 12, 72, 107, 470, 502

Annales, Schule der 16

Annisa am Schwarzen Meer 453, 456, 479

Antikonzeptiva 354

Antiochia 453, 486

Aphrodisiaka 339f., 409

Apologeten 454

Apostel 454, 463–467, 476, 480f.; siehe auch Didaskalia; apostolische Konstitutionen

Apostolische Konstitutionen 455, 474ff., 478, 480

Arbeit 10, 543; siehe Frauentätigkeiten

Archäologie 259f.

Archetypen 39, 53f., 57; siehe auch C. G. Jung

Archon 301, 310, 312, 314f.

Argos 47, 63, 379, 382

Arkadien 47, 50, 391, 400

Arzt 11, 67, 72, 74, 93, 101, 326f., 329, 331f., 338, 349f., 353, 357, 369, 457

Askese 27, 452–456, 458, 461, 475f., 488f.

Asketen 452, 477f., 486; siehe auch Eremitin

Athen 10, 38, 43, 50, 54, 63, 179, 210, 219, 223, 252 (demokratisches 266), 268, 284f., 287, 300–303, 307f., 313–318, 345, 353, 376–380, 382f., 385, 388, 391, 395ff., 401, 403, 411f., 465, 509, 511, 514, 521, 523, 540f.

Athenerinnen 172, 217, 219, 223, 231, 238, 252f., 261, 301, 305, 309, 315f., 318ff., 376f., 382, 386, 388f., 396f., 509, 514, 521f., 540

Athleten 232, 338

Attika 43, 50, 52, 382, 509

Aussteuer 14, 266, 306, 313

Aventin 425, 431, 434, 438, 456

Ägypten 23, 163, 177, 222f., 337, 342, 344, 362, 388, 453, 461f., 481, 485ff., 497f., 505; Ober-Ägypten 456

Ägypterinnen 332, 336, 344, 366, 451, 530, 532

Bakchischer Kultverein 446

Barbaren 78, 362, 367, 453, 505

Bastarde 141f., 144, 153, 272, 275, 295, 300, 304f., 345

Bauern 309, 343, 414

Baummenschen 323

Bärinnen von Brauron 378, 380f., 386

Beschneidung 344; siehe auch Initiation

Bethlehem 453, 489

Bibel 323, 467, 469, 479f., 488; *Apokryphen* 362, 461f.; Altes Testament: 75, 468, 477, 480; *Deuteronomium* 333f.; *Genesis* 75, 77, 451, 455, 461, 473, 480, 530; *Jesaja* 462; *Joël* 468; Neues Testament: 480; *Apostelgeschichte* 452, 464f., 468; *Apokalypse* 468; siehe auch *Evangelien; Paulusbriefe*

Bischof 370, 455, 457, 468, 473–477, 481–486, 489

Boiotien 23, 393, 412
Brauron 217f., 380f., 405
Braut 181–185, 188–191, 193, 195ff., 263, 320, 333, 335, 400–403, 414, 428, 457, 471, 521
Brautgeschenk 264, 281, 285, 291, 302, 401f., 405
Brautpaar 181–184, 186–189
Brautschleier 263, 401f., 441; siehe auch Schleier
Brautvater 264, 266, 274, 279, 288, 302, 307, 310, 330; siehe auch *Paterfamilias*
Bräuche, jüdische 459, 464, 468
Bräutigam 181f., 184f., 188f., 196, 265, 273f., 279, 296, 428, 471
Briefe 13f., 358, 363, 452–455, 457, 466–468, 475, 479, 483f., 488f.; siehe auch *Paulusbriefe*
Bruder 43, 95, 115, 120, 122f., 126, 129, 132–136, 139, 144, 160, 164, 166, 201, 213–317, 454, 463, 473, 481, 488, 498, 529, 531f.
Bürger/Bürgerinnen, griechische 99, 196, 235, 245, 286–295, 299ff., 305, 309ff., 315, 318ff., 345, 353f., 375–378, 382, 385f., 388–391, 396, 412, 509, 515, 521f., 527; römische 106, 109, 111f., 114, 118, 125, 141, 143, 145–148, 153, 156, 158, 170f., 341f., 344, 347, 352ff., 359, 361, 366f., 370, 418f., 429f., 444, 448, 457
Bürgerrecht, griechisches 10, 27, 268, 318ff., 344f., 353, 375f., 523; römisches 27, 103, 113, 125, 143, 152–157, 159, 168, 341, 344ff.; Bürgerrechtsgebiet 366; Bürgerstatus 301, 319f., 344, 353, 359, 385, 403
Büßerin 453, 458; siehe auch Asketen; Eremitin
Byzanz 335, 342; siehe auch Konstantinopel

Chor 9, 44, 46f., 49, 52, 214f., 232, 237f., 331, 378, 383ff., 387, 392, 394, 396ff., 400, 403, 479, 527
Christentum 17, 349, 365ff., 369, 371, 373, 451, 458, 483, 487, 489, 541

Dämonen 464
Defloration 332–335, 355, 357
Deliaden (Dienerinnen des Apollon) 385

Delos 47, 385, 389, 400, 407
Delphi 50, 396f., 412
Demokratie 94, 266, 268, 300, 309, 314, 318, 320, 514
Demos, Liste des 340f., 319f., 387
Diakon 458, 473–479
Diakonisse 458, 466, 473, 476–482
Didaskalia der Apostel 474ff., 478
Dimorphismus 84ff., 88; siehe auch Geschlechterverhältnis
Dionysische Rituale 218–222; Freiheiten 246; Paternität 502; siehe auch Vaterschaft
Dominus (Hausherr) 418; siehe auch *Paterfamilias*

Ehe; siehe Heirat; Ehebruch 223, 333, 339, 345ff., 350, 352, 354, 356f., 367–371, 439, 455, 463; siehe auch Untreue; Eheformen: manus-Ehe 121, 130, 136, 164ff.; Leviratsehe 150; Mitgiftehe 301f.; siehe auch Mitgift; Frühehe 331ff., 335; Mischehe 344, 489; polygame Ehe 354; Einehe 457, 509; Pflichtehe; siehe auch *Mariage oblique*; Ehevertrag: ägyptischer 368; jüdischer 459
Ehrlosigkeit 346, 352, 366f.
Eleusinische Mysterien 376, 411
Elis 52, 392, 412
Embryo 90–94
Empfängnis (metaphorisch 70), 152f., 336ff., 371
Empfängnisverhütung 338, 341, 350, 458
Endogamie 272, 295, 297f.
Engel 324, 464, 468, 471
Enterbung 130, 132f., 163, 337
Enthaltsamkeit 323, 329, 341, 348f., 351f., 355, 357, 363ff., 369, 389, 422, 432, 453, 457, 467, 474, 490
Epheben 35, 208, 210, 227, 232, 234, 385f., 403
Ephesos 384f., 452, 466, 495
Epikureer 361
Epiphanie: 38, 41, 62; mystische 262f.; des Dionysos 396f.
Erbe(n)/Erbfolge: 10, 17, 107, 113–142 (Außenerbe 121), 146, 148, 151, 154ff., 160, 162, 164, 272f., 277, 281, 286, 288–299, 304f., 310, 312, 316, 319, 325, 328, 337, 346, 348, 487, 507, 542; Intestaterbfolge 95, 119,

121, 132; agnatisch 116, 122; kognatisch 144; Eigen Erbe 117, 121, 127, 132, 135, 160; testamentarisch 127, 129; patrimonial 265, 275, 286, 302, 305, 307, 312, 318
Erbrecht, römisches 95, 103, 116, 120, 122, 132, 134, 139, 143f., 156, 166, 337; prätorisches Erbrecht 117, 125, 127ff., 140, 151; siehe auch Testament
Erbschleicherei 438
Erbtochter 292f., 295, 297ff., 310–313
Eremitin 453f.
Eucharistie 471f., 476, 481
Euergetismus 461, 486
Eunuchen 151, 159, 343
Evangelium der Maria 470
Evangelium: 462, 467, 479; Matthäus 462, 464; Lukas 462ff., 468; Johannes 463f., 481; Markus 464; Proto-E. des Jacobus 462
Exekution 356, 360ff.; siehe auch Todesstrafe
Exil 356f., 453, 479, 483, 486, 537
Exogamie 272

Familie 16, 19, 23, 75, 80, 95, 114, 123, 125, 130, 134f., 137, 139, 146, 157f., 165, 184, 211ff., 221, 259, 301, 303, 305, 307, 309f., 325f., 329, 336f., 348, 350f., 356, 361, 365, 377, 384, 386, 393, 398, 408, 411, 418, 421, 426, 435, 438f., 442, 445ff., 452, 458, 460, 466f., 488f., 498, 501, 506, 530; siehe auch *Materfamilias*; *Paterfamilias*
Familienplanung 336, 351, 365
Fehlgeburt; siehe Abort
Feminismus: 14, 18f., 25, 36, 56, 69, 72, 100, 498, 516f., 537; feministische Theologie 458f.,
Fest, christliches: Ostern 460; Himmelfahrt Christi 463; Pfingsten 468
Feste, griechische: Theogamien 43; Anthesterien 211, 218, 377, 395f., 412; Adonien 217, 410; der Lenäen 218; des Dionysos 376, 396; Panathenäen 376f., 379, 382f., 390f.; des athenischen Kalenders 377, 381; Haloen 377, 411; Thesmophorien 377, 387–390, 408,

411; Plynterien 377ff., 411f., 543; Arrephorien 377ff., 386, 411f.; Aletriden 378f.; der Artemis: in Syrakus 382, in Ephesos 384; der Hera: in Argos 382, in Olympia 392; der Delia 385; Hyakinthien 385, 391f.; Agrionien 393; Apaturien 403; Amphidromien 405f.; Kallynterien 411

Feste, jüdische: Laubhütten- und Wochenfest 460

Feste, römische: der Bona Dea 424, 431–434, 436ff., 444, 447; Parentalia (Feb.) und Lemuralia (Mai) 419; Vestalia (9.6.) 422; Lupercalien (15.2.) 422; Fordicidia (15.4) 423; der Ceres 425, 438; Matronalia 426, 445, 447; Matralia (11.6) 426f., 436; Nonae Caprotinae (7.7) 427, 446f.; der Venus verticordia (1.4) 427f., 438, 447; der Fortuna virilis (1.4) 427ff.; der Fortuna muliebris (6.7) 429f., 436; Pudicitia 430f., 436; Supplikationen 434ff.; Bacchanalien 437ff.; der Stimula 438; Saturnalien (17.12) 489;

Filiation: 277, 303, 305; matrilineare 95, 97, 115ff., 120, 122–125, 128, 138, 140, 142, 155 (succession 117, 119, 121, 124, 128, 136, 139), 275, 286, 295f., 307f., 315, 499, 504, 506, 509f.; patrilineare 95, 117, 119, 123f., 128–131, 133, 138, 140, 151f., 155, 295, 298f., 307, 316, 319, 377, 504, 509; komplementäre (unilinear) 274f., 281, 286, 298f., 302, 316; doppelte 307; bilaterale 509; siehe auch Verwandte

Flamines/Flaminica: 165, 418, 423ff., 441–444, 448; siehe auch Priesterin; Arvalbrüder

Fortpflanzung 60, 75f., 79, 81, 83f., 97, 101, 149f., 259, 287, 296, 321, 323f., 330, 340, 342f., 348, 356–359, 369, 377, 389, 499, 521

Forum: 417, 447; Romanum 421; Boarium 426f., 431, 438

Französische Revolution (Marianne 10); 15, 17, 20

Frauentätigkeiten: in der Landwirtschaft 10; Spinnen 10, 80, 194, 212, 223, 229, 235, 237f., 246, 252, 358, 365, 420; Weben 68,

80, 99, 168, 223, 235–238, 246, 259f., 379, 390–393, 397, 420f., 542; Backen 80, 391; Kochen 80, 99, 259; Waschen 168, 235, 237, 259; als Schauspielerin 13, 148, 168, 367, 453; als Wirtin 148, 168; als Hebamme 49, 71f., 74, 168, 326, 333f., 337, 405f., 409, 462; als Amme 99, 168, 326, 329, 403; als Purpurhändlerin, Zeltmacherin 452, 465; als Händlerin 457; als Handwerkerin 457, 465; als Lehrerin 470; siehe auch Diakonisse; Nonne; Priesterin; Prophetin (siehe auch Kurtisane; Prostituierte)

Frauenbewegung 14, 16, 495, 503, 514, 542

frauenfeindlich 217, 376

Frauenforschung 16f., 23, 513–517, 535

Frauengemeinschaft 408f., 414, 479

Frauenherrschaft; siehe Gynaikokratie

Frauenraub (Entführung) 10, 181, 193f., 241f., 248, 252, 383, 388, 402, 455; siehe Ritual (Hochzeit)

Frigidität 357

Frömmigkeit 448, 454

Fruchtbarkeit 147, 151, 191, 324, 334, 336, 341, 346, 349, 355, 358, 388f., 395, 401, 410, 429f.

Gabe, freiwillige (don gracieux) 27, 260, 263–268, 271f., 280f., 300f., 304, 320, 521

Gaben, glänzende (dôra) 273–279; siehe auch Brautgeschenk

Gallien 327, 343, 454, 482

Gebärmutter 49, 51, 86, 88, 90, 93, 98, 140, 323, 327, 338

Gebet 205 (Formeln 327), 329, 387, 390, 408, 417, 428, 460, 463, 467f., 474f., 477–480, 485

Geburt 40, 45, 47, 60f., 70f., 77, 82, 96f., 115f., 118, 127, 131f., 140–145, 152–156, 165, 211, 270, 275, 295, 305, 310, 319, 324–329, 337f., 342, 345, 351, 354, 356, 262, 371, 375, 378f., 382, 389, 395, 400, 404–408, 413, 426f., 446, 459, 462f., 487, 498, 529; Geburtshilfe 324f.; Geburtenziffer 340f; Geburtenkontrolle 353, 458

Germanen 336, 353, 357

Geschenke 82, 196, 238–242, 357 (Opfer- 399), 426, 485ff.

Geschlechterverhältnis 10, 15, 17, 19, 24f., 37f., 63, 67, 75ff., 79f., 81ff., 84–90, 92f., 101ff., 105, 108ff., 112, 139, 158f., 169, 239, 241, 246, 342, 456, 495, 502, 504, 510, 515–519, 523, 535, 540f.

Geschlechtsverkehr 41, 69, 89, 93, 96, 105, 110, 145, 149f., 241, 244, 248, 280, 283, 312, 332, 335, 338, 341, 349, 356, 363, 365, 403, 428, 500; siehe Fortpflanzung; Sexualität; Zeugung

Giftmischerin 439, 446; Giftmörder 340

Giftmord 339f. (350), 368, 439

Glaube: christlicher 373, 452, 463, 465, 476, 483f., 487f., 490, 530; jüdischer 350

Gnostiker 470f.

Goldenes Zeitalter 323f.; siehe auch Seleniten

Gortyn 261, 266, 268, 285–297, 299f., 311, 316, 318, 521

Grab 200ff., 210, 260, 346, 400, 407, 478f.; Grablegung Jesu 464

Güterübereignung, divergierende 265, 291f., 294, 307f.; siehe Erbe

Gynaikokratie 51, 497f., 500ff., 505f., 510f., 540; siehe auch Matriarchat

Hagia Sophia 479, 487

Handwerk; siehe Frauentätigkeiten

Häretiker 457, 469ff., 484; siehe auch Kainiten; Markioniten und Enkratiten; Monophysiten; Montanisten; Pepudianer; Priscillianisten

Häuser: homerische 269–284, 294f., 315; gortynische 285–300; athenische 287, 300–320; patrilineare 266f., 272, 275; matrilineare 267, 272, 280; monogame 267, 272, 275, 320; segmentäre 267f., 273, 278, 282–286, 291, 295–300, 310, 312f., 316f., 319f.; überschneidende 268, 258ff., 294f., 297–300, 316

Heiden 328, 341, 355, 454ff., 460, 466, 476, 488ff.

Heidentum 362, 366, 457

Heiliger Geist 462, 468, 477, 484, 529

Heirat: griechische 27, 180–183 (Heirat und Krieg 188, 191), 193, 211, 266f., 275, 283f., 323, 377f., 380f., 383, 386, 392, 398, 400, 402ff., 408f., 412, 510, 521f.; homerische 265–319; athenische 43, 265, 286, 300, 304, 308ff., 315ff., 319f.; gortynische 286f., 289ff., 296, 300; römische 107, 130, 136, 143, 161f., 164f., 331, 337, 346, 348f., 351, 353, 359, 365f., 368, 422, 424, 426, 428, 430, 435f., 441f., 446, 486; christliche 461ff., 489; Wiederheirat 163, 282, 288, 330, 356f., 370, 429, 442f., 455, 467, 485; Kreuzcousinenheirat 297; schiefe Heirat; siehe *Mariage oblique*

Heiratsallianzen 271, 288, 541; -alter 27, 328, 330f., 333, 335, 358, 383f.; -strategien 260, 283, 319; -verbot 284; -fähigkeit 386, 434

Heiratsvertrag, athenischer 302–305, 309, 313, 317, 319

Hellenismus 103, 172, 431

Herdfeuer 269ff., 274, 276, 280, 402, 445

Hermaphroditen 12, 93, 106ff., 151

Hetäre 245, 254, 395, 500; siehe auch Kurtisane

Hetärismus 499–502, 538

Heterosexualität 69, 240, 242, 357

Hexen 437

Hexerei 100, 368

Hochzeit von Kana 463

Hochzeit: 43, 45, 180, 182, 184f., 187, 190f., 195f., 238, 244, 281, 295, 384, 395, 398–402, 497; mythische Hochzeiten 182, 187, 191–194; Feier (*gámos*) 181, 189, 198, 270, 302, 307, 334, 399, 401, 403; Geschenk 184, 189f., 193

Hochzeitsritual; siehe Ritual

Hohepriester 460, 463

Homosexualität 69, 81, 239f., 242, 363, 438

Hopliten 187, 202, 204f., 208, 211, 221, 252

Hölle 321, 371ff.

Hungertod 361; siehe Selbstmord

Impotenz 87, 151, 159, 327

Infektion, perinatale 327, 354

Initiation 178, 181, 217, 378–381, 385f., 392f., 399, 405, 412, 425, 438, 539

Inzest 43, 123, 284, 341, 366f., 422, 433

Ionien 315, 384, 403

Italien 166 (Unteritalien 179), 330, 333, 437, 453, 461, 486, 490; Süd-Italien 482

Ithaka 273, 276, 294, 316

Jahrhunderte, dunkle (11.–9. Jh. v. Chr.) 266–269, 285

Jerusalem 453, 459f., 464, 469, 472, 484f., 487, 489f.

Jüdinnen 330, 334ff., 341f., 344f., 350, 355f., 358, 362, 365–368, 452, 456f., 460, 463, 465f., 488

Judentum 458, 461, 465, 481

Jungfrau(en) 27, 34, 45, 150, 278, 333f., 358, 362, 399f., 414f., 421–425, 440, 452, 454–458, 461f., 467ff., 472ff., 476–479, 481, 485ff., 489; siehe auch Salierinnen; Vestalinnen

Jungfräulichkeit 11, 45, 74, 149f., 333ff., 370, 395, 399, 401, 412, 414, 422, 452f., 455, 457, 462, 467, 471, 474, 482

Kainiten (Häretiker) 471

Kanephoren 216, 378, 380–383, 390

Kapitol 326, 356, 434f., 440f.

Kappadokien 338, 472, 486, 488

Karthago 28, 326, 452, 454, 471, 476, 529, 531

Kastration 59, 338, 343, 347, 363, 455

Kataphryger 472; siehe auch Montanisten

Kerker 529, 531f.

Ketzer(ei) 481ff.; siehe Häretiker

Keuschheit 11, 34f., 43f., 142, 149, 277, 355, 358, 370, 389, 410, 412, 422, 428, 430f., 433, 454, 461, 474; siehe auch Enthaltsamkeit; Treue

Kindbett 211f., 321, 404f., 407; Kindbettfieber 326f.

Kinder der Nacht 39, 59f., 427

Kinderhandel 409

Kindersterblichkeit 325; siehe auch Mortalität

Kinderwunsch 348

Kindesaussetzung 336f., 350, 355, 368, 409

Kindstötung 278, 330, 336ff., 341, 362, 365, 368f., 409; siehe auch Abort; Abtreibung

Kirche, christliche 27, 342, 367, 369ff., 373, 456ff., 469, 474f., 478f., 485, 489; Alte Kirche 470

Kirchenrecht 367, 455; siehe auch Apostolische Konstitutionen; Didaskalia

Klausur 453; siehe auch Kloster

Kleinasien 55, 323, 411, 454, 461, 465

Kleriker 12, 412, 454, 473, 475, 477, 479, 485

Kloster: 453, 457f., 478f., 485f.; Doppel- 456; Männer- 453, 486f.; Frauen- 453f., 486f.

Kognaten; siehe Verwandte

Konkubinat 137, 304, 368, 455, 463; Konkubine 113, 272, 274f., 304f., 311, 321, 344, 348, 352–356, 358f., 367–370

Konstantinopel 453, 456, 475, 479, 483f., 486f., 489

Kontemplation 69

Kontrazeptiva 369; siehe auch Empfängnisverhütung

Konzil: von Elvira (306) 369f.; von Orange (411) 482; von Chalkedon (451) 484

Korinth 50, 395, 452, 457, 465, 468

Kreta 261, 290, 385, 495, 505, 507f.

Krieg 37, 113, 187f., 201, 203, 205–208, 211f., 260, 295, 316, 318, 343, 362, 397f., 403, 419, 425, 429f., 444, 459; Krieger 57, 94, 187, 202, 271, 359, 438, 531; Bewaffnung und Auszug der 203–212; siehe auch Amazonen

Kuppelei 346, 350

Kurtisane 347, 427, 437, 500

Landlos, das (*klêros*) 269ff., 289f., 293f., 301, 315f.; siehe Güter

Latiner 143

Lebenserwartung 325

lesbisch 363

Lesbos 383

Lex: *lex Voconia* (169 v. Chr.) 119, 125; *lex Atilia* (210 v. Chr.) 166; *lex Iulia* 345 (siehe Augustus): *lex Oppia* 439

Liebestrank; siehe Aphrodisiaka

Lyderinnen 394, 396, 465

Lykien/Lykier 279, 505, 510

Magier 462; siehe Zauberin
Magische Handlung 439, 471
Magistrat: 39, 160, 167, 418, 420, 440, 442, 446; Prätor 117, 126f., 133, 136, 144, 166, 432, 444, 543
Mäeutik 67, 71
Makedonien 465, 478
Mariage oblique 267, 280, 283, 298, 310
Markioniten und Enkratiten (Häretiker) 457
Marokko 324, 332, 338
Marxismus 19, 503, 507, 538
Masochismus, weiblicher 330
Materfamilias (= Matrona) 27, 74, 110f., 119, 131, 146ff., 159, 165f., 312, 435f.
Matriarchat 19, 28, 56f., 495, 498f., 502ff., 506-511, 514, 538f.
Matrilinearität; siehe Filiation
matrilokal 504
matrimonial 266, 272, 276, 318, 501
Matrimonium 147, 501
Matrone 110f., 259, 321, 326, 331, 344ff., 348, 359, 417, 420, 424, 426-440, 444-448, 452, 483, 530; Matronenmantel 352
Matronymie der Knaben 345
Männerbund 113, 170
Märtyrer(in) 25, 27, 452, 458, 461, 468, 479, 484, 487, 530f.
Menarche 386; siehe Pubertät
Menstruation 89-92, 96, 101, 331, 338, 459f., 479, 481, 520f.
Mesopotamien 55, 454
Metasomatose 81
misogyn 45; siehe frauenfeindlich
Mitgift 125f., 161, 164, 166f., 181, 184, 265f., 268, 288, 291, 296, 301-310, 313f., 317ff., 340, 347, 350, 459, 522; siehe auch Erbe
Mittelalter 27, 328
Monogamie, patriarchalische 501
Monophysiten (Häretiker) 484
Monotheismus 36, 56; Opferkult 460
Montanisten (Häretiker) 457, 469, 471ff.
Mord 251, 328, 339, 347, 362, 368-371, 382f., 393, 395, 407
Mortalität 325f., 330, 336, 340f., 351f.
Mönch 453f., 479, 484-487
Munichia 381; siehe Initiation
Musikinstrumente: Leier 44; Lyra 233, 243, 251, 385; Kithara 234;

Flöte (aulós) 215, 218, 232-235, 238, 402
Musizieren 214, 216, 218, 232ff., 238, 242f., 245f., 249, 254, 385, 402; Singen 214, 216, 232, 243, 246, 251, 331, 385, 390, 396, 402, 406, 432, 434; siehe Chor
Mutter; siehe auch Materfamilias; Matrone
Muttergöttin (Große Göttin) 44, 49-58, 60-63, 504-508
Mutterrecht; siehe Matriarchat
Mutterschaft 50, 52f., 61, 90, 99, 110f., 118, 131, 134, 142, 144, 147, 211, 259, 295, 325, 330, 393, 404, 499ff.; siehe auch Materfamilias
Mündel 161, 268, 287, 302f.; siehe auch Vormundschaft
Mysterien der Demeter (Thesmophoros) 414, 501
Mythen, griechische: 39f., 54f., 75, 249, 251, 253, 277, 376, 378, 381, 383, 390f., 393, 399-402, 406, 412, 414, 506, 511; athenischer Mythos 49f.; eleusinischer Mythos 55; Hesiodscher Mythos (Ursprungsmythos: Erde 58-61, Himmel 58f., Chaos und Nacht 58f.; Ursprung der Frauen 82f.; siehe Muttergöttin; Gaia; Uranos); Platonischer Mythos 77; des Prometheus 263; Ursprungs Mythos 323, 379, 384, 509f.; Ursprungsmythos der Buphonien 382; der Demeter und ihrer Tochter Persephone 388f.; der Minyaden 394; der Proitiden 400; des Hippolytos 403; der Demeter Thesmophoros 414; der Aurora 426
Mythen, römische: 109; der Mater Matuta 426 (siehe Raub der Sabinerinnen); der Juno 427; Ursprungsmythos des Kultes der Bona Dea 433; von der Gründung Roms 447
Mythen, ägyptische 497
Mythen, babylonische 323
Mythen, marokkanische Schöpfungsgeschichte 324
Mythen, gnostische 470
Mythen, des Matriarchats 495, 497, 504, 509ff.

Nachkommen(schaft) 27, 59, 107, 109, 111, 114f., 117-123, 125,

128, 130, 134-138, 148, 151, 156, 265f., 272, 274, 277, 286, 297f., 302, 304, 337, 350, 361, 327, 329, 393, 403, 438, 489, 542
Nackt(heit) 45, 172, 230ff., 245, 248, 278, 343, 380
Naturrecht 109, 500f.
Neolithikum 50f., 508
Neugeborenes 326ff., 336, 404, 406; siehe auch Säugling
Nonne 458, 473, 479, 486

Offenbarung der Philumene 471
Oíkos 211, 213, 376, 390, 398, 402f., 405, 408f., 414, 543; siehe auch Häuser
Okzident 17f., 318, 457, 519
Oliganthropie 295, 345
Olympia 187, 392, 411
Opfer, blutiges 221, 375f., 382, 388, 411, 423, 429, 431, 521, 527
Opferkönig (Rex sacrorum) 421, 424f.
Opfermesser 412, 423f.
Orakel der Montanisten 471ff.
Orakel in Delphi 381f., 413f.
Orient 457, 519; Vorderer Orient 177
Ökologie 324f., 330 (340), 352

Paläolithikum 51, 58
Palästina 334, 344, 454, 459, 461, 484, 486
Pantheon 46, 56, 58, 64, 183, 440
Parthenogenese 59, 61
Parthenonfries 172, 382, 391
Paterfamilias 110f., 114ff., 118, 146ff., 154ff., 163, 165f., 337, 348, 408, 418f., 422, 425f., 437; siehe auch Patron
patria potestas 19, 114-118, 120-123, 125-130, 132f., 138ff., 146ff., 151f., 160f., 164, 166, 181, 296, 439, 459, 539
Patriarchat 57, 117, 126, 138, 439, 495, 498, 499, 501f., 504, 506f., 509f., 537, 542
Patrilinearität; siehe Filiation
Patrimonium 95, 100, 291, 294, 318; siehe auch Erbe
Patron 153, 166, 348, 352, 358f.; siehe auch Paterfamilias
Paulusbriefe: 452, 455, 463; an die Römer 452, 466; an Philemon 466; an die Philipper 467; an Titus 467; 1. Brief an Timo-

theus 468f., 473f., 480; 2. Brief an Timotheus 488; 1. Brief an die Korinther 347, 469, 480; an die Galater 324, 472
Peloponnes 50, 396, 505
Peplophorie 391; siehe Prozession
Peplos (Frauengewand) 390–393, 396
Pepudianer (Häretiker) 482
Pessare 338
Phallus 86, 88, 98, 190, 220, 222, 240, 245, 323f.
Philippi 457, 465, 478
Phönizier 366
Phratrie 270, 275, 308, 311, 377, 403
Phrygien 398, 472
Phyle 275, 295, 297f., 386, 392
Physiologus 477
Pnyx 387
Polygamie 272, 275, 354ff., 366
Polytheismus 36, 56, 64, 373, 460, 508
Pontifex maximus 146, 422f., 436
Pontifices, Auguren, Quindecemviri 424, 432, 436
Pontus 465
Presbyter 477
Priester, christliche 10, 27, 453, 458, 473, 478–482, 484
Priesterin 391, 405, 410–413, 421, 425f., 429, 439, 447f., 460f., 471, 480; siehe auch Flaminica; Vestalinnen
Priscillianisten (Häretiker) 482; siehe auch Montanisten
Promiskuität 343, 501
Prophetin 458, 461f., 467f., 470ff., 477, 480
Proselyten 345, 529
Prostituierte 148, 168, 240, 333, 352f., 367, 370, 462f., 470
Prozession 382, 384f., 393, 429; siehe auch Rituale (Hochzeit und Begräbnis)
Pubertät 149f., 164, 259, 331f., 335f., 354, 380f., 383, 386, 421

Raub der Sabinerinnen 419f., 428, 448; siehe Mythen, römische
Räume: Obstgarten 224; Brunnen 224ff., 238, 246; Steinbecken (*Loutérion*) 227–232, 237f., 246
Recht, römisches 25f., 65, 103, 105f., 108f., 111, 114, 116f., 119, 142, 145f., 149, 151, 154f., 160f., 163, 167, 333, 335, 337,

342, 344f., 347f., 366–370; Privat- und öffentliches Recht 114, 158, 168, 170; Eherecht 165, 331, 367; Ehe-/Erbschaftsgesetze des Augustus (18/17 v. Chr., 9 n. Chr.) zum Familienrecht: 328, 346ff., 360; siehe Bürger- und Erbrecht
Rechtsstatus 108, 110, 113f., 139, 144–148, 152, 157f.
Reformen: von Kleisthenes (508/7) 285, 301, 314, 319f.; von Solon (594/3) 285, 301, 314ff., 319; des Perikles (451) 305, 319, 376
Reich, Tausendjähriges 472
Religion: 11, 17, 20, 27, 64, 488, 508; monotheistische 36; römische 417f., 421, 440f., 443, 446, 448; griechische 44 (Gottesidee 45), 50, 52–56, 62, 501, 503–506, 523;
Religiosität 501, 505
Rhapsoden 536f., 543
Rituale: Begräbnisritual: 98f., 178, 180, 197–203, 210, 406f., 409, 419, 444f., 460, 539; siehe Tod; Hochzeitsritual 10, 178–189, 193, 196, 211, 238, 398f., 402f., 422, 428, 445, 539; Opferritual 178, 271, 409, 420, 433, 445; Übergangsritual: 181, 184f., 379, 385, 392, 399–405, 407, 427f., 445, 539; siehe auch Feste
ritus Graecus 431, 434f., 437, 446, 448, 459
ritus Romanus 431, 435, 446, 448
Rom 10f., 27, 107, 113, 119, 124, 147, 156, 161, 166, 177, 327, 342, 347, 353, 356f., 361ff., 371, 417, 425f., 429, 431, 437–441, 447f., 452f., 455, 465f., 470f., 473, 485f., 490, 517, 531, 541
Römerinnen 21, 24ff., 109, 111f., 117, 119, 125, 143f., 146, 158f., 165, 168, 170, 331ff., 335f., 338f., 342, 344ff., 348–353, 358, 361f., 369, 373, 417, 420ff., 433ff., 439, 441, 446ff., 539, 542

Sabbat 461, 464f.
Sakramente 473, 479; siehe auch Taufe; Salbung; Eucharistie; Abendmahl
Salbung 463f., 476–479

Samariterin 452, 463
Säugling 341, 349
Scheidung 147, 161, 165, 288f., 293, 296, 303, 309, 312, 327, 347f., 350, 356, 370, 436, 441f., 455, 459, 485
Schenkung 348, 486f.; siehe auch Stifterin
Scheria, Insel der Phaiaken 278, 294, 316
Schleier 11, 183ff., 188f., 196, 201, 347f., 455, 459, 462, 468, 472f., 478; siehe auch Brautschleier
Schwangerschaft 27, 49, 61, 70 (Metapher der 71), 116, 126, 141, 153, 164, 166, 323, 326, 329, 331, 335f., 339f., 349ff., 354–357; 365, 368f., 462; Vorsorge 325; Abbruch 339; siehe auch Geburt
Schwester 43, 122, 126, 134ff., 187, 193, 201, 275ff., 281f., 284, 296ff., 307f., 311, 391, 407, 426f., 452ff., 456, 466, 480, 488
Selbstmord 357, 360ff., 461
Seleniten 321, 323f.
Senatsbeschluß: Orfitianischer (178 n. Chr.) 134–18, 140f., 154; Tertullianischer 134f., 141; Vellejischer (41/65 n. Chr.) 170
Sexualität 16, 73, 110, 252, 259, 272, 347, 359, 379, 384, 402, 409, 412, 433, 460, 477, 515, 517f; Strategien 11; Kraft 220; Beziehungen 321, 349ff., 353, 365; 368, 370; Freizügigkeit 343; Gewalt 398; Symbolik 470; Mißbrauch 501; Gebräuche 510; siehe auch Hetero- und Homosexualität
Sibyllinische Bücher 418, 441
Sklave/Sklavin 11, 15, 18, 115, 141–144, 152ff., 164, 287ff., 301, 308, 316, 321, 335, 342–348, 352–359, 363, 365, 367, 369f., 385, 403, 407, 426f., 432, 437, 452, 454, 457, 465, 467, 475f., 483, 486, 529; thrakische 225f., 235, 245
Sodomie 353; siehe Unzucht
Sonne und Mond, kosmische Verbindung von 100, 502
Sorgerecht 162; siehe Vormundschaft
Sparta 50, 231, 266, 268, 284, 289, 385, 392, 398f., 495
Spartiatinnen 376, 391, 521f.

Sperma 45, 87 (Spermatogenese 89), 89 ff., 93 f., 96 ff., 101, 145, 338, 363, 498
Sphairia (Insel) 399, 412
Spiegel 193, 223 f., 227–230, 235
spirituell 453, 466, 477
Sterblichkeit, Kinder-/Säuglings- 325, 327 ff., 341
Sterilität 327, 339, 342, 349; siehe auch Unfruchtbarkeit
Stifterin 461, 485 ff.; siehe auch Schenkung
Stillen 329, 336, 427, 529 ff.; Stillzeit 349, 351
Stoa 36, 361, 363; siehe auch Marc Aurel
Sündenfall 453, 455, 458, 480
Symposium der Männer 81, 178, 180, 238 f., 242–246, 254, 455
Synagoge 461, 465 f., 487
Syrien 333, 344, 465, 474 f., 481

Tabu (der weibl. Unreinheit) 481
Talmud 344, 355, 459
Tanzen 214, 216, 218 ff., 232 ff., 237 f., 243, 246, 248 f., 331, 383, 385, 398, 432, 435 f.; siehe Chor
Taufe 328, 369 f., 465 f., 471, 475–481, 489, 529
Taxonomie 76 f., 96, 99
Terrakottatafeln: von Pylos 50; von Lokroi (Unteritalien) 178
Testament 107, 121, 125 f., 128–132, 134–138, 140, 142, 144, 151, 154, 160, 162, 164, 166 f., 170, 303, 308, 311, 337, 424; Testamentsverwalter 163
Teufel 451, 533; teuflisches Vergnügen 367
Theben 50, 213, 394 f.; Sieben gegen Theben 205; thebanische Erzählungen 219
Theten 270, 310, 313 f.
Thiasos 397
Thora 461
Thrakerinnen 251
Thrakien 251, 325, 486
Thyatira 452, 465, 468
Tod 115–118, 122 f., 129, 132, 134 f., 140, 148, 151 f., 160, 162, 164, 166, 170, 193, 201, 211, 217, 263, 273, 275 f., 278, 288, 290 f., 295 f., 302–305, 312, 321, 327, 329 f., 336, 339, 346 f., 349, 356, 360, 362, 364, 370, 375, 388, 392, 397, 399 f., 406 ff., 442, 451, 459, 485, 487, 502, 504, 515, 523, 537; Hungertod 361; siehe auch Exekution; Mord; Selbstmord; Rituale
Todesstrafe 153, 361, 366 ff., 379, 433, 439
Trankopfer 205–208, 210, 214, 221, 407 f., 418, 432
Transvestiten 12
Treue, eheliche 194, 333, 346, 353, 359, 365, 422, 501
Troerinnen 22
Troia 37, 279
Tyrannenhaß 387

Unfruchtbarkeit 147, 327, 342 f., 349, 462
Unsterblichkeit 329
Untreue 333, 346
Unzucht 455, 459
Uterus 324, 327, 329, 331, 339

Vagina 332 ff., 351
Vasektomie 338
Vasenmalerei des 6./5. Jh. s v. Chr. 10, 26, 177 ff., 198 f., 201, 211, 229, 253, 541; François Vase 183
Vater; siehe Paterfamilias
Vaterhaus 267 f., 277, 393, 398, 401 f.
Vaterrecht 502, 506
Vaterschaft 60, 110, 113, 118, 143 f., 149, 151, 155, 270, 320, 502 f.
Väterliche Gewalt; siehe patria potestas
Vergewaltigung 248, 342, 361, 370, 405, 455
Verkehrte Welt 252, 433
Verwandte 16, 40, 95, 97, 116, 121, 123, 170, 187, 198, 200 f., 211, 272, 274, 279, 282–285, 288, 302, 305, 310 f., 313, 315 ff., 319 f., 348, 401, 406 ff., 466, 473, 523; Blutsverwandte 122, 135 f., 273, 276, 278, 280 f., 283, 286, 294, 296 ff., 302 f., 310 f., 315, 442; Agnaten 115, 119 f., 122, 125–130, 134–137, 139 f., 143, 148, 160, 164 ff., 281, 284, 295; Kognaten 124 f., 126 ff., 133, 137 f., 140, 274, 284 f., 295; Schwieger-Verwandte 275 f., 292 f., 296 f., 310, 315; kollaterale Linie 281, 297 f., 302 ff., 308; siehe auch Filiation; Häuser
Vestalinnen (Jungfrauen) 27, 421–424, 432 ff., 436, 440 f., 444, 447
Visionen 468, 530
Vormundschaft 129 f., 134, 144, 157, 160–168, 181, 185, 268, 302 ff., 309 f., 312, 317 ff., 348, 356, 424, 439, 486

Waise 310, 372, 475, 486
Wein 101, 178, 182, 218 ff., 242 ff., 246, 248 f., 270, 280, 357, 395–398, 420, 432 f., 447
Witwe 125 f., 129 f., 134, 150, 161–165, 259, 276 f., 288, 293, 296, 303, 309, 335, 337, 346, 348, 356 f., 372, 425, 429, 436 f., 442, 446, 453 f., 462–465, 467, 473–477, 480–483, 485 f., 489
Wöchnerin 144, 404

XII-Tafel-Gesetz (450 v. Chr.) 115, 119, 135, 156, 160, 164, 337

Zauberin 409, 437; siehe Hexen
Zaubermittel 439
Zaubersprüche 327, 409
Zensor 418, 442 f.
Zeugung 58 f., 69 f., 75, 79, 81, 86, 90–93, 96 ff., 100 f., 142, 145, 149 f., 152, 155, 159, 305, 324, 327, 349 f., 356, 509, 541; Zeugungsrate 340; männliche Zeugungskraft 501
Zölibat 412, 458; siehe auch Priesterin; Mönche; Nonnen

Personenregister

Achill(eus) (Sohn von Peleus und Thetis) 182f., 202, 205, 208, 211, 226, 253, 279
Adam 75, 452
Admetos (König von Thesssalien) 193, 362
Adonis (Geliebter der Aphrodite) 217, 410
Aebutius (Sohn der Duronia) 438
Aeneas und Dido 356
Agamemnon (Vater der Iphigenie) 278f., 405, 407, 536f.
Agaue (Mutter des Pentheus) 394
Agnes aus Rom (Märtyrerin) 452
Agrippa (röm. Feldherr) 356
Aias 202, 211
Aidōs (Ehrfurcht) 48
Aigisthos 278, 536
Aioden (homerische Sänger) 536, 543; siehe auch Rhapsoden
Aischines; siehe Redner, attische
Aischylos (griech. Tragiker) 48, 60, 62, 94, 308, 390, 407, 510
Aitoler 505
Akakios (Märtyrerin) 479
Aktaion (boiotischer Heros) 45
Albina (Schwiegertochter Melanias d. Ä.) 490
Alkestis (Gattin des Admetos) 193, 253, 362
Alkinoos (König der Phaiaken) 273, 278–281

Alkmeon (Sohn des Amphiaraos und der Eriphyle) 213
Amazonen 28, 248, 251–254, 279, 364, 495, 501f., 511, 514, 527, 540
Ambrosius von Mailand (Kirchenvater) 334, 455
Amma Theodora, Amma Sarrha, Amma Synkletike 453
Amor und Psyche 329
Amphiaraos (König von Argos) 213
Amphitrite (griech. Meeresgöttin) 183
Amymone 226
Anakreon (griech. Lyriker) 21
Anastasius (Papst) 483
Anchises (Vater des Aeneas) 38, 41, 43
Andromache 205, 211, 537
Andronikus und Junia 466
Angelía (Botin) 47
Anna (fromme Witwe, Prophetin des Neuen Testaments) 462, 467f.
Anna (Prophetin des Alten Testaments) 477
Annia Pacula 438
Anteia (Tochter des Iobates) 279
Antheia und Habrakomes 384
Antiope (Königin der Amazonen) 252
Antisthenes (griech. Philosoph) 73
Antoninus Liberalis (griech. Mythograph) 393

Antoninus Pius (röm. Kaiser) 162
Antonius, Schwester des Eremiten 454
Apelles (röm. Christ) 471
Aphrodite (griech. Göttin der Liebe) 34f., 38f., 41–45, 55, 62, 172, 183, 194ff., 212, 217, 233, 244f., 379, 384, 400f., 403f., 410, 499ff., 504
Apoll(on) (griech. Gott der Weissagung, der Künste und der Musik) 36, 45, 62, 72, 183, 187, 384f., 390ff., 396, 400, 404, 407, 413f., 434, 441, 503f., 510
Appollos 466, 469
Apostoleion 487
Apphia (Schwester Philemons) 466
Apronianus 490
Aquila 465f.
Arcadius (Sohn Theodosius' I.) 366f.
Ares (griech. Gott des Krieges) 37, 39, 61, 183
Aretaphila von Kyrene 22
Arete 281
Ariadne 21, 28
Aristophanes (athen. Komödiendichter) 13, 217, 221, 378, 381, 383, 387, 389f., 404, 410
Aristophanes, *Weibervolksversammlung*: Timokleia (Vorsitzende), Lysilla (Sekretärin), Sostrate (Antragstellerin) 387

Aristoteles 11, 25f., 59, 65, 67, 72, 74, 81, 100f., 157, 270, 316, 342, 349, 351, 391, 404, 499, 537; *Problemata* 73; *Tierkunde* 76f.; *Zeugung und Vererbung der Tiere* 86–90, 92f., 96ff.; *Metaphysik* 83–86, 88, 92, 320; *Politik* 283; *Staat der Athener* 314
Arkadier 505
Arkas (Sohn des Zeus und der Kallisto) 391
Arria d. Ä. 360
Arria d. J. (Frau des Thraseas) 361
Artemis (griech. Göttin der Jugend und der Jagd) 33ff., 38, 40f., 44–47, 52, 55, 183, 187, 217f., 278, 382, 386, 400–403, 407, 411ff., 507; Artemis Brauronia 217, 380f., 405; Artemis Daitis 384f.; Artemis Kourotrophos 381, 404; Artemis Limnatis 399; Artemis Lochia 404
Arvalbrüder 418, 443
Asella 489
Asklepios (griech. Gott der Heilkunst) 409
Aspelia und Agathoklea 478
Atalante (arkadische Heroine) 43, 400
Athanasios von Alexandria (Kirchenvater) 455
Athena (griech. Göttin der Künste) 37–40, 44f., 47f., 52, 61ff., 172, 178, 208, 211, 236, 263, 308, 376f., 379, 386f., 390f., 405, 415, 507, 509f., 541; Athena Apaturia 399; Athena Polias 411
Augustinus (Kirchenvater) 326, 376, 454f., 457, 489
Augustus (röm. Kaiser) 130, 143, 164ff., 328, 336, 345ff., 355f., 360f., 370, 425f.
Aurelia (Mutter Caesars) 432
Aurora (= Usa; Göttin der Morgenröte) 55, 426f.
Austen, Jane 20
Autonoë (Schwester der Agaue) 394
Avite (Frau des Apronianus) 490
Ägyptiaden 95

Bacchus 438; siehe auch Dionysos
Bachofen, Johann Jakob 15, 19, 28, 51ff., 145, 155, 495, 497–511, 513, 538f., 542
Bakchen (·wahnsinnige· Frauen des Dionysos) 393–398, 409f.
Bakis 21

Balzac, Honoré de 11, 13
Bantu (Stämme des mittleren Afrikas) 274
Basileia (Frau des Archon Basileus) 395, 397, 412
Basileios von Ankyra (Kirchenvater) 455
Basileios von Caesarea (Bruder Gregors von Nyssa) 453–456, 474, 477, 488
Bathseba (Frau des Uria und Geliebte Davids) 462
Battos (1. König von Kyrene) 414
Beauvoir, Simone de 21, 458
Bellerophontes 279ff.
Beruria (Märtyrerin) 461
Blandina (Märtyrerin) 452, 457, 476
Bona Dea (aus Griechenland stammende Göttin Damia) 424, 431–434, 436–440, 444, 447; vgl. Kybele
Boreas (griech. Gott der Winde) 383, 385, 400
Brutus, Marcus 22, 360

Caecina Decius Albinus (Sohn des Caecinus Albinus) 489
Caecinus Albinus (Priester der Vesta) 489
Caesar, C. Julius 350, 360f., 431f.
Caesaria (Äbtissin des Johannesklosters in Arles) 453f.
Caesarius von Arles (Kirchenvater) 343, 367, 453, 457
Caligula (röm. Kaiser) 162, 361
Canetti, Elias 417
Caracalla, Antoninus (röm. Kaiser) 366, 434
Carmenta (röm. Göttin der Entbindung) 326, 431
Cato d. Ä. 157, 418, 439, 445
Cato d. J. (röm. Politiker) 162, 360f.; siehe auch Stoa
Celsus 488
Ceres (röm. Getreidegöttin) 36, 355, 418, 425, 438, 448; siehe auch Demeter
Chaireas und Kallirhoë 346
Chariklo (Nymphe) 48, 183
Charis (Grazie) 193
Chariten (Grazien) 38, 46, 183, 396
Chariton (griech. Dichter) 346
Chimaira (feuerspeiendes Wesen) 279
Chiron (Kentaur) 183
Chlothar I. (König der Franken) 482

Chrysippos (griech. Philosoph) 36
Cicero 109, 125f., 130, 157, 165, 327, 342; siehe Terentia; Tullia
Claudius (röm. Kaiser) 162, 164ff., 360, 366, 465
Clemens von Alexandria (Kirchenvater) 371, 454f., 457
Clemens von Rom 455, 475
Clodius (röm. Volkstribun) 431f.
Cloelia 361
Columella (röm. Agrarschriftsteller) 109, 157f.
Commodus (röm. Kaiser) 136
Consus (röm. Gott der geborgenen Feldfrucht) 423
Coriolan 429, 449
Cornelia 328
Cornelius (Bischof von Rom) 473
Cremutius Cordus (röm. Geschichtsschreiber) 361
Cyprianus (Bischof von Karthago) 455

Damaris 465
Danaë (Tochter Eurydikes) 43, 224
Danaiden (die 50 Töchter des Danaos) 94f., 388, 511
Danaos 94
Darwin, Charles 499
Dea Dia (röm. Göttin) 418
Debora (Prophetin des Alten Testaments) 452, 461, 473, 477
Delila (Philisterin, Geliebte Samsons) 451
Delphis 409
Demeter (griech. Getreidegöttin) 40f., 49, 54ff., 178, 183, 217, 329, 377, 395, 397f., 410f., 500ff., 507, 509; Demeter Chamyne 411; Demeter Thesmophoros 387ff., 414
Demetrias 453
Demosthenes; siehe Redner, attische
Devi (eine Form Schiwas) 57
Diana (ital. Gottheit) 36, 435; siehe auch Artemis
Didymos von Alexandria (griech. Gelehrter) 473
Diodor (griech. Geschichtsschreiber) 23, 413
Diogenes Laërtios (griech. Schriftsteller) 73
Diogenes von Apollonia (griech. Naturphilosoph) 89
Diokletian (röm. Kaiser) 10, 160, 325, 366

Dionysios der Areopagite 465
Dionysios von Halikarnassos (griech. Rhetor und Historiker) 425
Dionysos (griech. Gott des Weins) 187, 218f., 244f., 249, 376f., 393–398, 502; siehe auch dionysische Rituale/dionysische Freiheiten; Dionysos Limnaios 395
Diotima (Priesterin von Mantinea) 68
Dike (Gerechtigkeit) 48, 60
Domitian (röm. Kaiser) 130f., 350, 436
Drakon (1. athen. Gesetzgeber) 315
Dryaden (= Baumnymphen) 48
Duronia 438

Echidna 48
Egeria aus Gallien 454
Egilla 245
Eileithyia (griech. Göttin der Geburt) 47, 211, 404, 413
Eiréne (Friede) 48
Elektra 60, 405, 407, 510
Elia(s) (Prophet des Alten Testaments) 327f., 463
Elisabeth (Mutter Johannes' des Täufers) 452, 462, 468
Elisanthia, Martyria, Palladia (Diakonissen) 479
Elpidius (ein Verwandter des Theodosius) 486
Eluard, Paul 177
Endios (Adoptivsohn des Pyrrhos) 305
Engels, Friedrich 503, 506f.
Epiktet (griech. Philosoph) 353, 363; siehe auch Stoa
Epimetheus 263
Epiphanios von Salamis 472, 481
Eponina 362
Erichthonios (athen. Heros) 45, 379, 383
Erinyen (Furien) 46, 48, 62f., 510
Eriphyle (Mutter des Alkmeon) 213, 253
Eros 60, 68, 188f., 191, 193, 195f., 212, 217, 231, 233f., 243ff., 402
Esther (Befreierin Israels) 461
Eteokles (Sohn des Königs Oidipus und der Jokaste) 213
Eudaimonia (Glück) 196
Eudokia (byzant. Kaiserin) 484, 487
Eudoxia (byzant. Kaiserin) 483, 487

Euklid (griech. Mathematiker) 74
Eummelia (Mutter Gregors von Nyssa) 454, 488
Eunike 488
Eunomía (gute Ordnung) 48, 196
Euodia und Syntyche (Frauen des Neuen Testaments) 467
Euripides (griech. Tragödiendichter) 33ff., 43, 45f., 49, 219, 308, 383, 387, 394, 399, 405f., 410
Eurydike (Mutter des Haimon) 407
Eurykleia (Dienerin des Odysseus) 275
Eusebia (röm. Kaiserin, Gemahlin Konstantinus' II.) 349
Eustochium 453f.
Euthymios (Abt) 484
Eva 75, 451f., 473, 481
Evagrius von Pontus 490

Fabiola 485
Fannia (Frau des Helvidius) 361
Fauna, Faune, Faunus (ital. Götter der Hirten und Herden) 433f.
Felicitas 326, 452, 476, 529, 531
Firmus 489
Flacilla (Frau Theodosius' I.) 454
Flaubert, Gustave 20
Flavius Josephus (jüd. Historiker) 336, 459ff.
Flora, Furrina, Pomona (röm. Göttinen) 418
Fortuna (ital. Göttin) 427, 437
Fortuna muliebris 429f., 444f., 449
Fortuna Virilis 427f.
Freud, Sigmund 12, 57

Gaia (die Erde) 58, 60f., 500f., 511
Gaius (röm. Rechtsgelehrter) 116, 121, 157, 159, 163ff., 167
Galen(os) (Arzt aus Pergamon) 12, 65, 72, 74, 338, 363, 370
Galerius (röm. Kaiser) 488
Ganymed 242
Gelasius (Papst) 482
Germanicus (Ehemann der Vipsania Agrippina) 356f.
Gerontius (Biograph Melanias d. J.) 453, 484
Geta (2. Sohn des Septimius Severus) 434, 529
Gilbert (Bischof von Limerick) 11
Glaukon 80
Glaukos (Sohn des Hippolochos) 279, 281
Goethe, Johann Wolfgang von 53
Gorgo/nen (Stheno, Euryale, Medusa) 48, 55, 172, 502

Gorgonia d. J. (Schwester Gregors von Nazianz) 454, 489
Grapte 475
Gregor von Nazianz (Kirchenvater) 453f., 489
Gregor von Nyssa (Kirchenvater) 452, 454f., 488
Guillaume de Poitiers 10f.

Hades (griech. Gott der Unterwelt) 388, 402
Hadrian (röm. Kaiser) 15, 122, 134, 141ff., 153, 166, 348, 461
Haimon (Sohn der Eurydike) 407
Harmonia (Tochter des Ares und der Aphrodite) 193f.
Hathor (altägyptische Himmelsgöttin) 55
Hebe (Tochter der Hera, Schwester des Ares) 61, 193
Hegel, Georg Wilhelm Friedrich 504
Hekabe (Tochter des phrygischen Königs Dymas) 205
Hektor 205f., 211
Helena (Gattin Kaiser Julians) 349
Helena (Tochter des Zeus und der Leda) 55, 223, 281, 470
Helvidius Priscus 361
Hephaistos (griech. Gott der Schmiedekunst) 42, 44f., 61, 211, 236, 263
Hera (griech. Göttin der Ehe) 36, 39, 41–44, 47, 52, 60–63, 183, 193, 382, 392, 396, 400, 404, 507; Hera Teleia 44, 400f.
Herakles (griech. Heros) 21, 224, 252, 412, 419
Herkules; siehe Herakles
Hermes (griech. Götterbote) 42, 184, 263, 383
Herodes d. Gr. (jüd. König) 464
Herodias (Enkelin des Herodes) 451
Herodot (griech. Historiker) 9, 222f., 388, 510
Heroen/Heroinen 274, 278f., 362
Herrad von Landsberg 13
Hesiod (griech. Dichter) 37, 39, 42f., 46ff., 55, 58, 60ff., 82f., 86, 93, 274, 281, 401, 404, 415
Hesperiden 59, 224
Hestia (griech. Göttin des Herdes) 39f., 44f., 48, 183, 405
Hesychía (Ruhe) 48
Hieronymus (Kirchenvater) 453, 457, 470, 482ff., 489
Hilarianus (Prokurator) 530

Hildegard von Bingen 13
Hillel ben Samuel 459
Himeros (Personifikation des sexuellen Verlangens) 193
Hippokrates (griech. Arzt) 65, 72, 74, 98
Hippolochos (Sohn von Bellerophontes und Philonoë) 279 f.
Hippolyte 193, 224; siehe Antiope
Hippolytos (Sohn des Königs Theseus und der Hippolyte) 33 ff., 43, 400, 403
Hippolytos von Rom (Kirchenvater) 474, 478
Hippomedon (Gefährte des Adrastos) 205
Homer 27, 33, 41, 72, 274 f., 316, 507, 517, 521, 539, 541; *Homerischer Hymnos an Demeter* 40 f., 49; *Homerischer Hymnos an Aphrodite* 38, 44 f., 48; *Ilias* 41, 43 f., 58, 61, 211, 265 f., 268 f., 272, 283, 289, 294, 296, 299, 310, 313, 315, 537; *Odyssee* 42, 265 f., 268 f., 283, 289, 294, 296, 299, 310, 313, 315, 536, 542 f.
Horaz (röm. Dichter) 11, 162, 347, 440
Horen (Töchter des Zeus und der Themis) 46, 60, 183
Hulda (Prophetin des Alten Testaments) 461, 477
Hyakinthos 385, 391 f.
Hýbris (Maßlosigkeit) 48
Hyperboreer 385

Ibsen, Henrik 13
Ignatius von Antiochien (Kirchenvater) 474
Ikarios (Vater der Penelope) 273, 276
Ilia (Mutter von Romulus und Remus) 356
Imma Schalom (Frau des Rabbi Elieser) 461
Ino (Tochter des Kadmos und der Harmonia) 42, 55, 394
Iobates (König von Lykien) 279 ff.
Iokaste (Mutter und Ehefrau des Oidipus) 277 f.
Ion (Sohn des Kreusa) 406
Iphigenie 224, 405, 407
Irenaeus von Lyon (Kirchenvater) 471
Iris (griech. Göttin, ihr Name bedeutet im Griechischen ›Regenbogen‹) 183

Isaios; siehe Redner, attische
Ischtar (babyl. Göttin) 55
Isebel (Prophetin der Nikolaiten) 468
Isebel (Tochter des Königs Etbaal von Tyrus) 451
Isis (ägypt. Göttin) 329 f., 425, 437, 489, 497 f.
Iulia (Augusta) Domna (Gattin des Septimius Severus) 434 ff.
Iulia (Schwester Caesars) 432
Iuno Regina 434 ff.; siehe Juno

James, Henry 13
Jesus 451 f., 454, 462 ff., 466, 469 f., 472, 475 ff., 480 f., 488
Joachim und Anna (Eltern Marias) 462
Joël; siehe *Bibel* (Altes Testament)
Johanna (Frau des Chuzas) 464
Johannes (Apostel) 481; siehe auch *Evangelien*
Johannes bar Kursos 479
Johannes Chrysostomos (Patriarch von Konstantinopel, Kirchenvater) 335, 453, 455, 469, 479, 481, 483, 486
Johannes der Täufer 462, 466, 478, 480
Johannes Moschos (griech. Pastoraldichter) 478
Jose ben Joyhanan 459
Josef (Marias Mann) 462
Josias (König von Juda) 461
Jovinianus 457
Juda (Schwiegervater Tamars) 462
Judith (Befreierin Israels) 461, 475; siehe *Bibel* (Apokryphen)
Julia (Tochter des Augustus) 356
Julian (röm. Rechtsgelehrter) 107, 122, 141, 143
Julian (röm. Kaiser) 56, 349, 366
Julius Africanus 335
Jung, Carl Gustav 39, 52 ff., 57
Jungfrauen, hyperboreische (Töchter des Boreas) 400
Juno (röm. Göttin) 36, 424, 426 f., 437; siehe auch Hera
Jupiter (ital. Himmelsgott) 424 f., 434, 441 ff., 448; Jupiter Capitolinus 434
Justin(us) (Märtyrer) 468
Justinian (byzant. Kaiser) 109, 117, 119, 142 f., 150, 153, 479

Juvenal (röm. Satirendichter) 350, 357, 432, 437

Kadmos (König von Theben) 193 f., 394
Kalligeneia 389
Kallimachos (griech. Dichter) 379, 385, 400
Kalypso (Nymphe) 42, 55
Karpokrates 471
Kassandra 223 f.
Kekropiden (Töchter des Königs Kekrops) 379
Kekrops (1. König von Attika) 379, 509 f.
Kentauren 181, 183, 379
Kephas (»der Fels«); siehe Petrus
Keren (weibliche Todesgeister) 46, 59
Kirke (Zauberin) 42, 55
Klea 21
Kleopatra (ägypt. Königin) 514
Kleopatra (vornehme Herkunft) 196
Klytaimnestra 28, 223, 277 f., 405, 510 f.
Kolumbus, Christoph 498
Konon (Priester) 478
Konstantin (röm. Kaiser) 131, 337, 368 ff., 483
Kore (Tochter der Demeter) 40, 54 f., 172, 193, 411, 501; siehe auch Persephone
Kreusa 406
Kronos (Sohn des Uranos und der Gaia) 37, 42, 44, 59 f., 82
Kybele (phrygische Göttin) 50, 55, 425; siehe auch Rhea
Kypris 403; siehe auch Aphrodite
Kythera 41; siehe auch Aphrodite

Lady Chatterley 151
Laërtes (Vater des Odysseus) 275
Lampadion (Diakonisse) 479
Lapithen (thessalischer Stamm) 181
Latiner 435
Laurentius (Märtyrer) 487
Lazarus (Bruder Marthas und Marias) 463, 480
Lea (Frau Jakobs) 451 f., 461
Lemnierinnen 511
Lenz, Carl Gotthold 535 f., 541 f.
Leto (Titanin) 385, 399, 403 f.
Lévi-Strauss, Claude 268 f., 271 f., 284, 295, 301, 540
Lilithen (weibl. Dämonen) 327 f.

Linné, Carl von 77
Livia 355, 425
Livius, Titus (röm. Historiker) 9, 157, 430f., 438
Lois 488
Lucretia 361
Lukas; siehe Evangelien
Lukian von Samosata (griech. Schriftsteller) 323f.
Lydia (Purpurhändlerin aus Thyatira) 452, 465
Lykier 510
Lysias; siehe Redner, attische
Lysios 395

Macrobius (röm. Schriftsteller) 439, 489
Magna Mater; siehe Kybele
Makkabäische Brüder (Märtyrer) 362, 461; siehe Bibel (Apokryphen)
Makrina d. Ä. (Großmutter Gregors von Nyssa) 454, 488
Makrina d. J. (Schwester Gregors von Nyssa, ·die 2. Thekla·) 452f., 456f., 488
Mapsaura 224
Marc Aurel (röm. Kaiser und Philosoph) 134, 136, 143, 357; siehe auch Stoa
Marcella (Anhängerin des Hieronymus) 453f., 483f., 489
Marcellina (Anhänger des Karpokrates) 471
Marcellinus 489
Marcia (Tochter des Cremutius Cordus) 361
Marcianus 484
Marcos (Magier) 471
Margarete von Burgund 15
Maria (·die hl. Jungfrau·, Mutter Jesu) 10, 25, 335, 451f., 462ff., 468f., 473, 487
Maria (Mutter des Jakobus) 464, 480
Maria (Mutter des Johannes) 465
Maria (röm. Christin) 466, 469
Maria (Schwester des Pachomios) 454, 456
Maria (Tochter des Jakobus und Mutter des Josef) 476
Maria Magdalena 452, 464, 470, 476, 480
Maria von Ägypten (Eremitin) 453
Maria von Bethanien; siehe Martha
Markion 470f.

Markus; siehe Evangelien
Mars (röm. Gott des Krieges) 419
Marsa, Castricia, Eugraphia (Witwen) 483
Martha und Maria von Bethanien (Schwestern des Lazarus) 452, 463, 480f.
Martial (lat. Dichter) 350
Marx, Karl 499, 503
Mater Matuta; siehe Aurora
Matrona (Diakonin) 479, 485
Matthäus; siehe Evangelien
Maximilla (Prophetin der Montanisten) 472
Maximillia (Vestalin) 434
Maximinus Daia (röm. Kaiser) 488
Mänaden (Frauen im Gefolge des Dionysos) 27, 219, 242, 245, 248ff., 252ff., 394
Medardus (Bischof von Noyon) 482
Medea (Zauberin) 308, 399, 440
Meiners, Christoph 535f., 538
Melampus (griech. Seher) 400
Melania d. Ä. 453, 484f., 490
Melania d. J. 453, 484, 486f., 489f.
Melanion (·schwarzer Jäger·) 400
Menander (griech. Komödiendichter) 302
Methodios von Olympos (Kirchenvater) 455
Miltiades (athen. Feldherr) 388
Minyaden (Alkithoe, Arisippe, Leukippe) 393ff.
Mirjam (Schwester des Moses, Prophetin) 365, 461, 477
Mme de Sévigné 13
Modestin (röm. Jurist) 109
Moiren (Schicksalsgöttinnen) 46f., 59, 183
Mommsen, Theodor 538
Monnica (Mutter Augustins) 454, 489
Montanus (Häretiker) 472; siehe auch Maximilla; Priscilla; Quintilla; Montanisten
Moses 365
Musen (Göttinnen der schönen Künste) 11, 183, 233, 536
Musonius Rufus (Philosoph, Lehrer Epiktets) 363ff., 371; siehe Stoa

Nausikaa (Tochter der Arete und des Alkinoos) 41, 55, 278, 281
Nebridios (Stadtpräfekt) 485
Nektarios (Erzbischof von Konstantinopel) 477, 486

Neratius (röm. Jurist) 156f.
Nereïden (Meeresnymphen) 46, 182f., 208
Nereus 466
Nero (röm. Kaiser) 363
Nerva (röm. Kaiser) 350
Nestorius 484
Némesis (rechtes Verlangen) 48
Niebuhr, Carsten 334f.
Niketa von Remesiana (Kirchenvater) 455
Nikolaos von Antiochia (Häretiker) 470
Nizäner 484
Níke(ai) (Sieg) 48, 189ff., 234, 236
Nonna d. Ä. (Mutter Gregors von Nazianz) 454
Nymphen (göttl. Vertreterinnen der Bräute) 38; siehe auch Dryaden; Nereïden; Okeaniden

Odysseus 273, 276–279, 281, 392
Oidipus (König von Theben) 277
Okeaniden 46; siehe Nereïden
Olympias (Frau des Stadtpräfekten Nebridios) 453, 456f., 477, 479, 483, 485f.
Omphale (Königin von Lydien) 21, 28
Ops (Vater der Eurykleia) 275
Ops Consiua (Überfluß) 423
Orakel von Delphi 509
Oreithyia und Herse (Töchter des Erichtonios) 383
Orest 278, 510
Origenes (griech.-christl. Schriftsteller) 472, 483f.
Orpheus 251
Osiris (ägypt. Totengott, Bruder der Isis) 329, 497f.
Ovid (röm. Dichter) 23, 427f.

Pachomios d. Ä. (ägypt. Eremit) 456
Paidia 196
Palladios (Bischof von Helenopolis) 484f.
Pambo (Einsiedler) 485
Pammachius 485, 489
Pancharia (Glaubensschwester) 478
Pandora 42f., 55, 82, 263, 375, 401, 414, 521, 527
Pandrosos 383
Papinian (röm. Rechtsgelehrter) 162
Paris 42, 281
Paula d. Ä. (Mutter der Eustochium) 453f.

Paulina (Frau Ciceros) 361
Paulina (Frau des Pammachius) 485
Paulinus von Nola 329, 484
Paulus (Apostel) 324, 347, 452,
    463, 465–469, 471, 473, 481,
    483; siehe auch *Paulusbriefe*
Paulus (röm. Rechtsgelehrter) 121,
    124, 141
Paulus Diaconus (Geschichts-
    schreiber am Hof Karls d. Gr.)
    419
Pausanias (griech. Schriftsteller)
    40, 379, 391, 396, 411
Paxea (Gattin des Pomponius
    Labeo) 360
Peirithoos (König der Lapithen)
    181
Peisistratos (Tyrann) 383
Peitho (Göttin der Überredung)
    193, 196, 401, 403
Pelagia (Schauspielerin) 453
Pelagius 470
Peleus (vermählt mit Thetis) 180,
    182f., 187, 193f., 241f., 279
Penelope 28, 55, 235, 253, 261,
    273, 276f., 303, 390, 392, 514,
    542
Penthesilea (Amazone) 253
Pentheus (Sohn der Agaue, König
    von Theben) 219, 394, 409f.
Perikles 22
Peristeria 485
Perpetua (nordafrikan. Märtyrerin)
    28, 326, 452, 454, 468, 527,
    529–532
Persephone (griech. Göttin der
    Unterwelt) 40, 49, 55, 329,
    387f., 402; siehe auch Demeter
Perseus (Sohn des Zeus und der
    Danaë) 48
Persis (röm. Christin) 466, 469
Petrus (Apostel) 465, 467, 470;
    siehe auch *Apokalypse des
    Petrus*
Phaiaken (Seefahrervolk) 268,
    273, 278, 505
Pheidias 172
Philemon (Christ aus Kolossä) 466
Philleiden 411
Phillippus (Evangelist) 468
Philo(n) von Alexandria (griech.-
    jüd. Philosoph) 67, 75ff., 84,
    353, 461
Philologus und Julia 466
Philonoë (Tochter des Iobates)
    279f.
Philumene (Prophetin) 471

Phöbe (Diakonin aus Kenchreä)
    452, 466
Phyle (uneheliche Tochter des
    Pyrrhos) 305, 311
Physkoa (elische Geliebte des
    Dionysos) 396
Pindar (griech. Lyriker) 43, 47f., 50
Pinianus (Ehemann Melanias d. J.)
    453, 486f., 490
Platon 26, 39, 49, 65, 67–72, 83f.,
    86, 93, 100f., 455, 499, 537;
    Symposion 68, 81; *Politeia* 70,
    72, 78ff., 99; *Phaidros* 71, 383,
    385, 413; *Theaitetos* 71, 413;
    Timaios 77, 81f., 99; *Politikos*
    77ff.
Plinus d. J. (röm. Konsul) 130.,
    347, 475
Plotina 15
Plutarch (griech. Schriftsteller) 22,
    63, 67, 72, 100f., 313f., 317,
    357f., 376, 393, 396f., 399, 414,
    419ff. 425, 432, 441ff., 497
Polykaste (Tochter Nestors) 205
Polylaos 245
Polyneikes (ältester Sohn des Oidi-
    pus und der Jokaste) 213
Polyxene (Schwester des Paris) 226
Pompeia (Caesars Frau) 431f.
Pomponius (Diakon) 531f.
Porcia (Tochter Catos d. Ä., Frau
    des Brutus) 22, 360
Porphyrios (Neuplatoniker) 382,
    482f., 485
Poseidon (griech. Gott des Meeres)
    45, 63, 183, 226, 376, 412, 509
Posidonias (Diakonisse) 478
Priamos 205, 281
Priscilla (Prophetin der Montani-
    sten) 471f.
Priscilla/Priska (Frau des Aquila)
    452, 465f., 469
Priscillian (Häretiker) 470
Proculus (röm. Rechtsgelehrter)
    107
Proitos (mythischer König) 400
Prokla und Pentida (Diakonissen)
    479
Proklos von Konstantinopel (Kir-
    chenvater) 451
Prometheus (Titan) 82, 263, 415
Prorsa/Antvorta (röm. Göttinen:
    Rück- u. Vorwärts) 326
Proserpine 36; siehe Persephone
Prudentius (christl.-lat. Dichter) 423
Pudicitia (röm. Göttin) 347, 357,
    422, 430f., 436

Pulcheria (Tochter der Flacilla und
    des Theodosius) 454, 484, 487
Pyrrhos (König der Molosser) 305,
    311
Pythagoras (griech. Philosoph) 47,
    74, 348, 358
Pythia (Priesterin des Apollon) 48,
    72, 413f.

Quintilian (röm. Schriftsteller) 157,
    332
Quintilla (Prophetin der Montani-
    sten) 472
Quintus Mucius Scaevola 162
Quirinus (ital. Gott) 423
Quiriten (im antiken Rom: die
    Bürger) 422, 435

Rabbi Elieser (jüd. Rechtsgelehrter)
    461
Rabbi Meir, Frau des 461
Rachel (Mutter des Joseph) 461
Racine, Jean 13
Radegundis (Ehefrau Chlothars I.)
    482
Rahab (Dirne von Jericho) 462
Rebekka (Mutter Jakobs) 451, 461
Redner, attische: 266, 300f., 304,
    308–313, 387; Demosthenes
    300, 303f., 306ff., 312, 395f.;
    Isaios 300, 305ff., 311f., 377;
    Lysias 306f.; Aischines 314
Revocatus 529
Rhea (griech. Göttin, Mutter des
    Zeus und der Hera) 42, 56, 59ff.
Rhode 465
Romulus 356, 420f., 426
Rousseau, Jean-Jacques 11f.
Rufinus von Aquileia (Kirchenva-
    ter) 453, 484f.
Rufus (röm. Christ) 466
Rufus (Arzt aus Ephesos) 331
Rumina (röm. Göttin) 431
Ruth (Moabiterin) 462
Rutilius Namatianus (röm. Dichter)
    441

Sabinerinnen 419ff., 428, 448
Sabiniana (Tante des Johannes
    Chrysostomos) 479
Saint-Simon, Henri de 15
Salierinnen (Jungfrauen) 425
Salome (Helferin bei der Nieder-
    kunft Marias) 462, 464, 470, 480
Salomo (Sohn der Bathseba) 462
Samson (israel. Einzelkämpfer) 478

Sappho (griech. Lyrikerin) 21, 25, 233, 383f.
Sara (Frau Abrahams) 461
Sargis (Priester) 479
Sassia und ihr Sohn Cluentius aus Larinum 131
Saturninus und Secundulus (Sklaven) 529
Saturus (Evangelist) 568, 529f.
Satyrn 242, 246, 248f.
Saufeia 432
Scipio Africanus, Frau des Feldherrn 354f.
Sekline 245
Semele (Mutter des Dionysos) 43
Semiramis (assyrische Königin) 22
Semonides von Amorgos (griech. Lyriker) 83, 86, 93
Seneca (röm. Philosoph und Politiker) 162, 326ff., 330, 355f., 361
Septimius Severus (röm. Kaiser) 131, 169, 434ff., 529
Servius (lat. Grammatiker) 422
Servius Sulpicius (röm. Rechtsgelehrter) 146, 150, 161
Servius Tullius (der Sage nach der 6. röm. König) 22, 445
Sextia (Frau des Scaurus) 360
Shakespeare, William 13
Sibylle (Prophetin) 21, 413, 441, 444
Silvanus (röm. Gott der Wildnis) 419
Simaitha 409
Simon Magus (Ketzer) 470
Sippora (Schwägerin der Mirjam) 365
Siricius (Bischof von Rom) 457
Skythen 246, 252
Sokrates (griech. Philosoph) 68, 71, 78ff., 91, 97f., 406
Solon (athen. Politiker) 266, 301, 313–319
Solymer 279
Sophia (Diakonin; ·die 2. Phöbe·) 469
Sophokles (griech. Tragiker) 407
Soranos (aus Ephesos stammender Arzt) 332, 334, 339
Sosipolis 413
Sōteira (Retterin) 47
Stephanus (Märtyrer) 487
Stilicho (Germane, der in der röm. Armee diente) 441
Stimula 438

Stratokles (griech. Politiker) 382
Sueton (röm. Schriftsteller) 360
Sulpicius Severus (lat. Kirchenschriftsteller) 482
Susanna (Frau des Alten Testaments) 461
Susanna (Frau des Neuen Testaments) 464
Symeon (Stylit) 484

Tabea-Dorkas (Jüngerin) 464
Tacitus (röm. Geschichtsschreiber) 157, 336, 353, 356, 360
Tanaquil 22
Teiresias (thebanischer Seher) 397
Teleboai 505
Telemachos (Sohn des Odysseus und der Penelope) 276
Tellus (ital. Erdgöttin) 423; siehe Gaia
Terentia (Frau Ciceros) 125f.
Terentia Flavola (Vestalin) 434
Tertius (Diakon) 531
Tertullian (Kirchenvater) 451, 455, 471, 474
Thales von Milet (griech. Philosoph) 73f.
Theano (Gattin des Pythagoras) 358
Thekla 452, 471
Themis (Titanin) 38, 60
Theodoret von Kyros (Kirchenvater) 371
Theodosia (Diakonin) 478
Theodosius I. (röm. Kaiser) 134, 163, 367, 485f.
Theokrit (griech. Hirtendichter) 403, 409
Theraichme (Jägerin) 253
Theresia (Frau von Paulinus von Nola) 329
Theseus (athen. Kulturheros) 33, 242, 252f., 313, 385
Thetis (Nereïde) 55, 180, 182f., 187, 193, 205, 208, 211, 241, 253
Thrasea 361; siehe auch Stoa
Thukydides (griech. Historiker) 21f.
Tiberius (röm. Kaiser) 165, 356f., 360f.
Timokleia 22
Timomachos 391
Titanen (Göttergeschlecht) 37, 60, 82

Titus (röm. Kaiser) 363
Traian (röm. Kaiser) 156, 163, 475
Troilos (Bruder der Polyxene) 226
Tryphena (röm. Christin) 466, 469
Tryphosa (röm. Christin) 466
Tullia (Tochter Ciceros) 126, 327

Ulpian (röm. Rechtsgelehrter) 107, 109, 123, 135, 138, 140, 142, 144, 149, 154f., 157
Uranos (griech. ·Himmel·) 51, 59ff., 82

Valens (röm. Kaiser) 484
Valentinous (Gnostiker) 471
Varro (röm. Grammatiker) 326, 376
Venus (ital. Göttin) 432, 439; siehe auch Aphrodite
Venus Verticordia (= Aphrodite apostrophia) 427f., 438, 447
Vespasian (röm. Kaiser) 361, 363
Vesta (Göttin der reinen Flamme des Herdes) 422, 424, 433, 440f., 489
Vestalinnen (Jungfrauen) 27, 421–424, 432ff., 436, 440, 444, 447
Vipsania Agrippina (Tochter Julias und Agrippas) 356
Virtus 326
Volusianus Lampadius (Heide) 489

Xenophon (griech. Historiker) 109, 314, 342
Xenophon von Ephesos (griech. Dichter) 384
Xythos (Gemahl der Kreusa) 496

Zacharias (Vater Johannes' des Täufers) 487
Zebedäus (Fischer am See Genezareth) 476
Zenon, byzantinischer Kaiser 150
Zeus (griech. Göttervater) 36, 40–45, 48, 58, 60ff., 94, 183, 211, 241, 263, 364, 401, 403, 413, 415, 505, 507, 509; Zeus Marnas 487; Zeus Polieus 382; Zeus Teleios (der ·Vollendete·) 400

AUTORINNEN UND AUTOREN

Monique Alexandre Professorin an der Universität von Paris IV-Sorbonne. Ihre Forschungsschwerpunkte sind das hellenistische Judentum und die griechische Patristik. Veröffentlichungen: Philon von Alexandria, *Le commerce avec les connaissances préparatoires* (1967, Hg.) und *Le commencement du livre Genèse 1–5. La version grecque da la Septante et sa réception* (1988).

Louise Bruit Zaidman Dozentin an der Universität von Paris VII. Ihr Arbeitsgebiet ist die griechische Religion. Veröffentlichung mehrerer Artikel sowie zusammen mit Pauline Schmitt Pantel: *La religion grecque* (1989).

Stella Georgoudi Dozentin an der École Pratique des Hautes Études (Fachbereich Religionswissenschaften). Ihr Forschungsgebiet umfaßt die Institutionen und die Religion der Griechen sowie die Historiographie. Veröffentlichungen u. a.: *Des chevaux et des bœufs dans le monde grec. Réalités et représentations animalières à partir des livres XVI et XVII des Géoponiques* (1990).

Claudine Leduc Dozentin an der Universität von Toulouse-Le Mirail. Ihre Forschungsschwerpunkte sind die Religion, die Politik und die Verwandtschaftsverhältnisse in der hellenistischen Gesellschaft. Veröffentlichung mehrerer Studien über die griechischen Frauen sowie: *La constitution d'Athènes attribuée à Xenophon* (1976).

François Lissarrague Forschungsassistent am Centre National de Recherche Scientifique (Centre Louis Gernet). Als Spezialist für anthropologische Aspekte der griechischen Bildenden Kunst war er Mitarbeiter des Bandes *La cité des images* (1984). Veröffentlichungen: *Un flot d'images* (1987) und *L'autre guerrier* (1990).

Nicole Loraux Directeur d'Études an der Écoles des Hautes Études en Sciences Sociales. Veröffentlichungen u. a.: *Les enfants d'Athéna* (1981), *Les experiences de Tirésias. Le féminin et l'homme grec* (1989), *Die Trauer der Mütter* (1992, frz. Orig. 1990) und *Tragische Weisen, eine Frau zu töten* (1993, frz. Orig. 1985).

Aline Rouselle Dozentin an der Universität von Perpignan. Ihre Forschungen konzentrieren sich auf die kulturellen Aspekte des Übergangs der Römer zum Christentum und der Vorstellungen von Autorität, auf die Einstellung zum Körper und auf die Ikonographie. Veröffentlichungen: *Der Ursprung der Keuschheit* (1989, frz. Orig. 1983) und *Croire et guérir. La foi en Gaule dans l'Antiquité tardive* (1990) .

John Scheid Directeur d'Études an der École pratiques des Hautes Études (Fachbereich Religionswissenschaften). Sein Forschungsgebiet umfaßt die Religion und die Institutionen der Römer. Veröffentlichungen u. a.: *Religion et piété à Rome* (1985) und *Romulus et ses frères. Le collège arvale, modèle du culte public dans la Rome des empereurs* (1990).

Pauline Schmitt Pantel Professorin an der Universität von Amiens. In ihren Forschungsarbeiten beschäftigt sie sich mit der Geschichte kollektiver Praktiken und Gebräuche, so z. B. in: *La cité au banguet. Histoire des repas publics dans des cités grecques* (1991). Sie ist Mitautorin in dem von Michelle Perrot herausgegebenen Band *Geschlecht und Geschichte. Ist eine weibliche Geschichtsschreibung möglich?* (1989, frz. Orig. 1984).

Giulia Sissa Forschungsassistentin am Centre National de Recherche Scientifique (Laboratoire d'anthropologie social, Paris). Ihr Forschungsgebiet umfaßt die Verwandtschaftsverhältnisse, die Anthropologie des Körpers und die Geschichte der Sexualität in der Antike. Veröffentlichungen: zusammen mit S. Campese und P. Manuli *Madre Materia* (1983), *Le corps virginal* (1987) und zusammen mit Marcel Détienne *La vie quotidienne des dieux grecs* (1989).

Yan Thomas Directeur d'Études an der École des Hautes Études en Sciences Sociales. In seiner Arbeit setzt er sich mit dem Verwandtschaftsrecht, der Geschichte der prozeßrechtlichen Verfahren und dem rechtlichen Aufbau des römischen Staates auseinander. Veröffentlichungen u. a.: À Rome, pères citoyens et citè des pères, in: *Histoire de la famille*, Bd. 1 (1986, hg. von A. Burguière u. a.) und Le »ventre«. Corps maternel, droit paternel, in: *Le Genre humain* 14 (1986).

Beate Wagner-Hasel Lehr- und Forschungstätigkeit an der TU Berlin, an der Universität Hannover und am Kulturwissenschaftlichen Institut in Essen. Zahlreiche Veröffentlichungen zur althistorischen Frauenforschung und Wissenschaftsgeschichte, zuletzt: *Matriarchatstheorien der Altertumswissenschaft* (1992).

GESCHICHTE DER FRAUEN

1
ANTIKE

2
MITTELALTER

3
FRÜHE NEUZEIT

4
19. JAHRHUNDERT

5
20. JAHRHUNDERT

GESCHICHTE DER FRAUEN

GEORGES DUBY · MICHELLE PERROT

2

MITTELALTER

Wie in der Antike haben auch im Mittelalter Männer den Platz der Frauen in der Gesellschaft bestimmt. Doch die Stimmen von Frauen sind in dieser Epoche schon vernehmlicher, und auch bildlich haben Frauen ihre Vorstellungen über ihr eigenes Geschlecht z.-B. auf Wandteppichen und in Buchmalereien überliefert. Archäologische Funde vermitteln einen Eindruck von den vielfältigen Tätigkeitsbereichen der Frauen, und es gibt Texte kühner weiblicher Einzelgestalten, die uns einen Einblick in das Bewußtsein von Frauen erlauben.

In diesem Band wird die faszinierende und zuweilen befremdliche Welt mittelalterlichen Frauenlebens aus ganz unterschiedlichen Perspektiven neu beleuchtet. Kleriker, Rechtsgelehrte und Schriftsteller kommen hier ebenso zu Wort wie Hofdamen, Mystikerinnen oder Städterinnen. Im ersten Teil geht es vor allem um die Frauenbilder der Kirche, von der guten Maria bis zur bösen Eva, im zweiten Teil um die realen Lebensformen der Frauen. Wir bekommen eine Vorstellung von den sozialen Hintergründen des höfischen Lebens mit seinen tatsächlichen oder nur vorgegebenen sexuellen Freiheiten, aber auch von den spirituellen Freiräumen, die sich z.-B. Nonnen im Kloster eröffneten. Der letzte Teil behandelt Darstellungen von Frauen in Malerei und Literatur.

Geschichte der Frauen

Georges Duby · Michelle Perrot

Editorische Betreuung
der deutschen Gesamtausgabe
Heide Wunder

1
Antike

Herausgegeben von Pauline Schmitt Pantel
Editorische Betreuung der deutschen Ausgabe Beate Wagner-Hasel

2
Mittelalter

Herausgegeben von Christiane Klapisch-Zuber
Editorische Betreuung der deutschen Ausgabe Claudia Opitz

3
Frühe Neuzeit

Herausgegeben von Arlette Farge und Natalie Zemon Davis
Editorische Betreuung der deutschen Ausgabe Heide Wunder und Rebekka Habermas

4
19. Jahrhundert

Herausgegeben von Geneviève Fraisse und Michelle Perrot
Editorische Betreuung der deutschen Ausgabe Karin Hausen

5
20. Jahrhundert

Herausgegeben von Françoise Thébaud
Editorische Betreuung der deutschen Ausgabe Gisela Bock

MITTELALTER

Herausgegeben von Christiane Klapisch-Zuber

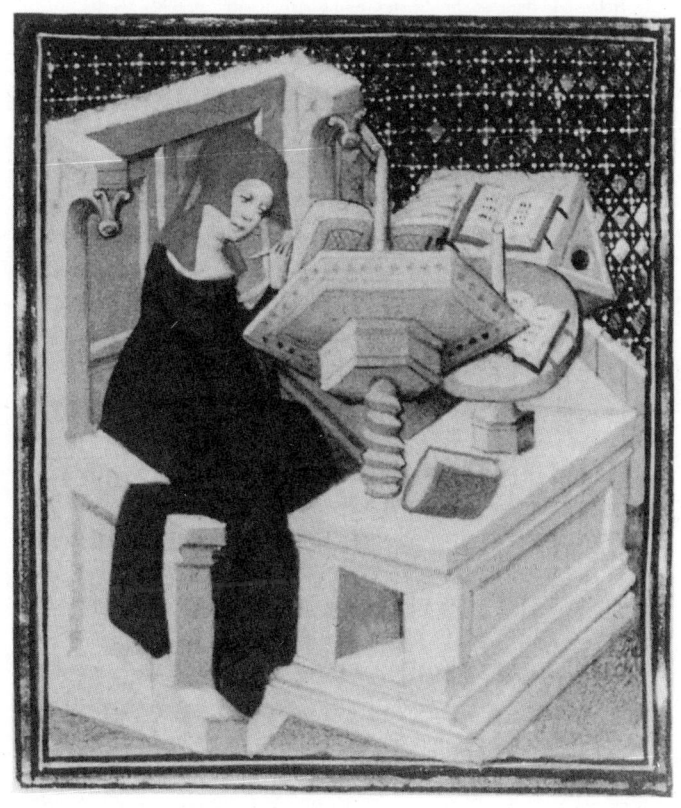

Die Originalausgabe
STORIA DELLE DONNE IN OCCIDENTE,
VOL. 2 IL MEDIOEVO erschien 1990 bei Editori Laterza, Rom.
Copyright © Gius. Laterza & Figli Spa, Roma-Bari, 1990.

Dieses Buch erschien erstmals im Rahmen
eines 1985 getroffenen Abkommens zwischen der Wirtschaftsstiftung
Maison des Sciences de l'Homme und dem Campus Verlag.
Das Abkommen beinhaltet die Übersetzung und gemeinsame Publikation
deutscher und französischer geistes- und sozialwissenschaftlicher Werke,
die in enger Zusammenarbeit mit Forschungseinrichtungen beider Länder
ausgewählt werden.

Lizenzausgabe mit freundlicher Genehmigung
von EULAMA Srl, Rom, www.eulama.com.
Für die Übersetzung: Campus Verlag GmbH, Frankfurt/Main
für Haffmans & Tolkemitt Verlag, Alexanderstraße 7 D - 10178 Berlin
www.haffmans-tolkemitt.de
© 2012 Haffmans & Tolkemitt für die Rechte an dieser Ausgabe

Umschlagmotiv: Frauengruppe, aus einem franziskanischen Missale, 1380.
Ms. latin 757 f° 380, Paris, Bibliothèque Nationale.
Produktion: Urs Jakob, Werkstatt im Grünen Winkel, CH-8400 Winterthur.
Druck und Bindung: Ebner und Spiegel in Ulm.
Printed in Germany.

ISBN: 978-3-942989-10-7

Sonderausgabe ISBN: 978-3-86800-508-0

INHALT

Vorwort
Eine Geschichte der Frauen schreiben
Georges Duby und Michelle Perrot 9

Einleitung
Christiane Klapisch-Zuber 11

NORMEN UND DISKURSE

Kapitel 1
Die Sicht der Geistlichen
Jacques Dalarun 29

Kapitel 2
Von der Natur der Frau
Claude Thomasset 55

Kapitel 3
Die beaufsichtigte Frau
Carla Casagrande 85

Kapitel 4
Die gute Gattin
Silvana Vecchio 119

Kapitel 5
Frauenmoden und ihre Kontrolle
Diane Owen Hughes 147

FRAUENALLTAG

Kapitel 6
Frauen im frühen Mittelalter
Suzanne Fonay Wemple 185

Kapitel 7
Die feudale Ordnung (11. und 12. Jahrhundert)
Paulette L'Hermite-Leclercq 213

Kapitel 8
Das höfische Modell
Georges Duby 265

Kapitel 9
Frauenalltag im Spätmittelalter (1250–1500)
Claudia Opitz 283

SPUREN UND BILDER VON FRAUEN

Kapitel 10
Die Welt der Frauen
Françoise Piponnier 345

Kapitel 11
Frauenbilder
Chiara Frugoni 359

DIE STIMME DER FRAUEN

Kapitel 12
Literarische Stimmen, mystische Stimmen
Danielle Régnier-Bohler 435

Kapitel 13
Religiös-theologische Schriftstellerinnen
Elisabeth Gössmann 495

Stimmen der Frauen

Aussagen, Zeugnisse, Geständnisse
Georges Duby 515

Nachwort

Claudia Opitz 523

Anhang

Anmerkungen 533
Literatur 557
Sach- und Personenregister 573
Autorinnen und Autoren 582

VORWORT
EINE GESCHICHTE
DER FRAUEN SCHREIBEN

Georges Duby und Michelle Perrot

D ie Frauen sind lange im Schatten der Geschichte gelassen worden. Der Aufstieg der Anthropologie und die zunehmende Bedeutung, die der Familie beigemessen wurde, haben ebenso wie die Geschichte der »Mentalitäten«, die dem täglichen Leben, dem Privaten und dem Individuellen eine größere Aufmerksamkeit schenkte, dazu beigetragen, sie aus dem Schatten herauszuholen. Am meisten hat dazu aber die Frauenbewegung beigetragen mit den vielen Fragen, die sie aufgeworfen hat. »Woher kommen wir? Wohin gehen wir?« fragten sich die Frauen, und sie stellten innerhalb und außerhalb der Universitäten Nachforschungen an, um die Spuren ihrer historischen Vorläuferinnen zu finden, vor allem aber, um die Ursprünge ihrer Unterdrückung und die Entwicklung der Beziehungen zwischen den Geschlechtern zu verstehen.

Denn genau darum geht es. Der Titel »Geschichte der Frauen« ist kurz und bündig. Aber wir möchten damit nicht die Vorstellung verbinden, Frauen für sich seien ein Gegenstand der Geschichte. Wir wollen vielmehr ihre Lebenswelten, ihre Rollen und ihre Macht, ihre Handlungsweisen, ihr Schweigen und ihr Sprechen erforschen; wir wollen die unterschiedlichen Bilder von der Frau – Göttin, Madonna, Hexe . . . – in ihrer Beständigkeit und in ihrem Wandel erfassen. Deshalb verstehen wir die Geschichte als sozialen Wandel grundlegender Beziehungen; deshalb ist unsere Geschichte der Frauen auch ebenso die der Männer.

Es ist eine Geschichte der *langen Dauer*: Von der Antike bis heute greifen fünf Bände die chronologischen Zäsuren auf, die die Geschichte

des Abendlandes unterteilen. Denn nur um sie geht es. Das Mittelmeer und der Atlantik sind unsere Ufer. Wir wünschen uns gewiß auch eine Geschichte der Frauen des Orients oder Afrikas. Doch es bleibt den Frauen und Männern dieser Länder vorbehalten, sie eines Tages zu schreiben.

Diese Geschichte ist insofern »feministisch« orientiert, als sie von einer grundsätzlichen Gleichheit ausgeht; sie versteht sich aber als offen für verschiedene Deutungen: Wir wollen Fragen aufwerfen, ohne sofort mit formelhaften Antworten bei der Hand zu sein; wir öffnen uns in dieser Geschichte grundsätzlich der Vielfalt, der Vielfalt der Gestalten und Interpretationen.

Unter der Gesamtregie von Georges Duby und Michelle Perrot wurde jeder Band von ein oder zwei Herausgeberinnen eigenverantwortlich betreut. Sie haben die Themen des jeweiligen Bandes zusammengestellt und die Autorinnen und Autoren ausgesucht – eine wohl repräsentative Auswahl unter all jenen, die auf diesem Gebiet in Europa und den Vereinigten Staaten arbeiten.

Mag dieses Werk als vorläufige Bilanz, als Arbeitsmittel, als Ort des Gedächtnisses oder einfach aus Interesse an der Geschichte gelesen werden, diese Geschichte der Frauen im Abendland sollte an der Schwelle des werdenden Europa ihren geistigen Ort haben.

Wir widmen sie unseren Verlegern, deren Unternehmergeist, Aufgeschlossenheit und Großzügigkeit wir dankbar anerkennen.

Aus dem Französischen von Heide Musahl

EINLEITUNG

Christiane Klapisch-Zuber

Im ersten Kapitel ihrer Schrift *Das Buch von der Stadt der Frauen* berichtet Christine de Pizan, wie sie sich des Unglücks bewußt wurde, als Frau geboren zu sein: »In meiner Torheit«, so schreibt sie, »haderte ich damit, von Gott in einem weiblichen Körper auf die Erde geschickt worden zu sein«. Sie überträgt den Abscheu vor sich selbst auch auf ihre Geschlechtsgenossinnen, »als habe die Natur Ungeheuer hervorgebracht«, und klagt Gott an. Doch dann erforscht sie die Wurzeln ihres Elends und findet in einer «Reihe von Autoritäten« die Urheber ihres Unglücks.[1]

Ein erstaunlicher Text von einer Frau, die nicht bereit ist, die Gemeinplätze über die weibliche Dummheit bedingungslos zu akzeptieren, eine Neigung, der andere Frauen allzuleicht erlegen sind. Christine begreift, daß die Frauen Kleider tragen, die andere für sie zugeschnitten haben. Die Männer haben sie als durch und durch schlecht und lasterhaft abgestempelt. Furchtlos schreitet sie zum Gegenangriff auf einem Feld, auf dem seit Jahrhunderten nur die Männer untereinander die Klingen gekreuzt haben. Eine wahre »Querelle des femmes« hat begonnen: Eine Frau mischt sich ein. Dies geschieht um 1400, als die Renaissance sich im ausgehenden Mittelalter ankündigt. Betrachten wir diese streitbare Frau, diese Vorkämpferin ihrer Schwestern genauer. Als Witwe muß sie das tägliche Brot ihrer Familie mühsam erarbeiten, doch als gebildete Frau ist sie sich ihres Wertes bewußt. Sie ist belesen und – noch ungewöhnlicher für ihre Zeit – sie schreibt selbst. In ihrem Leben finden sich die meisten Fragestellungen wieder, die die Erforschung der Geschichte der

Frauen im Mittelalter aufgeworfen hat: Demographie, Ökonomie, Rechtsfähigkeit der Frauen bis hin zu ihrem Platz im Arbeits- und Geistesleben sind die Themen, die Historiker diskutieren, ohne doch so recht zu wissen, welchen Platz die Frauen in diesen Zusammenhängen einnehmen.

Eine Frau wie Christine de Pizan läßt sich, weil sie so ganz anders ist, nicht so leicht in die klassischen historischen Kategorien einordnen. Ist sie mehr als nur eine außergewöhnliche Frau? Setzt sie ein Signal für andere? Sammeln sich Armeen von Frauen unter ihrem Banner? Ist sie eine frühe Vorkämpferin der Frauenemanzipation oder nur eine einsame Zeugin versäumter Möglichkeiten, gleichsam ein einzelner Funke in einer finsteren Epoche? Ist es sinnvoll, Nacheiferinnen zu suchen, ihr ein »feministisches« Bewußtsein und einen Willen zu vereintem Handeln mit ihren Schwestern zuzuschreiben? In anderen Worten: Wie sollen wir, in ihrer Nachfolge, unseren Blick auf jene Hälfte der Menschheit richten, die von so vielen Historikern – und nicht nur von ihnen – mit Stillschweigen übergangen wird?

Natürlich ist es verlockend, eine Frau wie Christine auf ein Podest zu stellen – und sie dort zu lassen. Viele haben meist verdächtige Lobgesänge auf außergewöhnliche Frauen angestimmt, um all die anderen, die nicht Geschichte gemacht haben, desto besser mit Verachtung strafen zu können. Sie haben damit allerdings eine Taktik gewählt, die auch viele Verteidiger des weiblichen Geschlechts angewendet haben. Christine de Pizan hat selbst diesen Weg eingeschlagen. Die Vorlage für so manches weibliche Porträt in ihrem *Buch von der Stadt der Frauen* hat sie Boccaccios Sammlung berühmter Frauen entlehnt, der dafür seinerseits antike Autoren und bekannte Legenden ausgewertet hatte. Boccaccio ging es darum, die wünschenswerten Tugenden und die Auswüchse des weiblichen Charakters in seinen Figuren widerzuspiegeln. Die Geschichte der Frauen ist tatsächlich aus den Schicksalen solcher unvergleichlicher Heldinnen konstruiert worden, als müßten die Frauen sich mit jeder neuen Generation auch ein neues Gedächtnis schaffen. Seit Ende des 19. Jahrhunderts haben sich auch die Erforscher der weiblichen Seite der Geschichte mit Vorliebe diesen besonders spektakulären Vertreterinnen des weiblichen Geschlechts zugewandt. Ihre Werke sind voller Biographien, die der Geschichtsschreibung über das andere Geschlecht einen dauerhaften Stempel aufgedrückt haben. Diese Arbeiten haben durchaus ihren Wert, denn der Nachweis weiblicher Fähigkeiten trägt gewiß dazu bei, historische Fakten zu sichern und eine Geschichtsschreibung zu ermöglichen, die Joan Kelly als »kompensatorisch« bezeichnet.[2] Es geht also nicht darum, diese Tradition, die sich häufig als fruchtbar erwiesen hat, abrupt zu verwerfen. Eine engagierte Forschung bedarf in gewissen Stadien der Untersuchung auch des biographischen

Verfahrens[3], alleine reicht es jedoch nicht aus für eine Geschichtswissenschaft, die Tatbestände unter Berücksichtigung aller relevanten sozialen Bezüge untersuchen will. Bedeutende Einzelpersönlichkeiten mögen faszinierend sein, doch diese Faszination versperrt oft den Blick für die tragenden Zusammenhänge.

Damit kommen wir zurück zu der Frage, die das Schicksal der Christine de Pizan aufwirft: Sind diese herausragenden Gestalten Ausnahmen oder typische Verkörperungen ihrer Zeit und ihrer sozialen Gruppe? Gerade weil sie nicht durchschnittlich sind, neigen wir dazu, sie als außergewöhnliche Frauen zu sehen, die einen typischen Wendepunkt in der Geschichte markieren. Welche Ereignisse sind nun aber bedeutsam für die Art der Geschichte, die wir schreiben möchten? Welche Periodisierung ist relevant?

Die Herausgeber dieser Reihe erläutern ihr Konzept ausführlich in der Einleitung zum ersten Band: Die *Geschichte der Frauen*, ein kollektives Werk, verteidigt keine These; sie vertritt weder die Theorie einer Verbesserung noch die einer Verschlechterung der Lebensbedingungen der Frauen in den verschiedenen Epochen, von denen die einzelnen Bände handeln. Es ist auch nicht unser Anliegen, alle großen Streitfragen, die von der Historikerzunft diskutiert wurden, erneut aufzuwerfen. Wir wollen weder die einschlägigen Untersuchungen, die sich seit etwa zwanzig Jahren aufgehäuft haben, erschöpfend auflisten, noch eine Zusammenfassung der Arbeiten der letzten zwei oder drei Jahrzehnte versuchen.[4] Eine Bestandsaufnahme der neueren, häufig vereinzelten und lückenhaften Arbeiten über die Frauen im Mittelalter würde uns in ein wirres, nur von einzelnen Lichtungen durchbrochenes Gestrüpp führen. Es scheint dringlicher, den Blick zu verlagern und nach einer anderen Lesart der historischen »Fakten« zu suchen. Diese Lesart müßte sich an dem noch neuen Ansatz orientieren, der mit der Fragestellung an die Geschichte herangeht, wie die Verschiedenheit der Geschlechter und die Beziehungen, die sie miteinander eingehen, in das soziale Spiel eingreifen, das sie bewirken und von dem sie zugleich gestaltet werden.

Als Mann oder Frau geboren zu werden, ist in keiner Gesellschaft eine neutrale biologische Gegebenheit, eine schlichte »natürliche« Bestimmung, die auf die gesellschaftliche Entwicklung weiter keinen Einfluß hat. Im Gegenteil, die Gesellschaft verfährt mit dieser Gegebenheit nach ihren Vorstellungen. Die Frauen bilden eine deutlich abgegrenzte soziale Gruppe, deren Charakter – daran erinnert uns Joan Kelly – nicht von der weiblichen »Natur« abhängt; ein Faktum, das der traditionellen Geschichtsschreibung verborgen blieb.[5] Das, was man gemeinhin »Geschlecht« nennt, ist das Ergebnis einer ständigen kulturellen Einwirkung der Gesellschaft auf die vermeintliche Natur. Sie definiert, billigt – oder mißbilligt –, kontrolliert die biologisch definierten Geschlechter und weist ihnen genau festgelegte Rollen zu.[6] Auf diese Weise definiert jede Gesellschaft über die Kultur das Geschlecht und nimmt dafür Triebspannungen in Kauf. Eine amerikanische Anthropologin formulierte dies sehr treffend so: »Das Geschlecht ist eine von der Gesellschaft durchgesetzte Einteilung der biologischen Geschlechter [. . .], ein Produkt der sozialen Beziehungen der Geschlechter«, das »Männchen und Weibchen in ›Männer‹ und ›Frauen‹ verwandelt.«[7]

Den Frauen werden ihre Rollen nicht aufgrund angeborener Eigenschaften (Gebärfähigkeit, relativ geringere physische Kraft, usw.) zugeschrieben, sondern aufgrund einer Reihe von Argumenten, die zusammen ein ideologisches System bilden. Die Rollenzuweisung wird weniger mit der »Natur« der Frauen begründet, als vielmehr mit der ihnen unterstellten Unfähigkeit, Zugang zur »Kultur« zu finden.[8] Diese Haltung läßt sich bis hin zu Aristoteles zurückverfolgen, der auf das soziale und politische Denken und die Erziehung des ausgehenden Mittelalters, wie Carla Casagrande und Silvana Vecchio betonen, einen maßgeblichen Einfluß hatte. Auf den Einfluß Aristoteles' ist es zurückzuführen, daß sich zwischen den Geschlechtern eine dauerhafte Aufteilung der Räume und der darin sich entfaltenden Funktionen herausgebildet hat.

Auch die Trennung von häuslichem und öffentlichem Bereich erscheint schließlich als naturgegeben und wird von einigen vorschnell mit den Kategorien weiblich bzw. männlich identifiziert. Der heutige Historiker, der diese Dichotomie des Privaten und des Öffentlichen übernimmt und die häusliche Macht der Frau der politischen Autorität und Autonomie des Mannes gegenüberstellt, vergißt, daß er alteingesessenen Klischees aufsitzt, die sich auf Vorstellungen aus dem 13. bis 15. Jahrhundert gründen, welche ihrerseits in engem Zusammenhang mit dem Bild der Geschlechterbeziehung in der antiken Polis stehen.

Die Anthropologie wehrte sich als erste Disziplin dagegen, die Problematik der Geschlechter in solchen Gegensätzen verschwinden zu lassen, aber auch die Forschungspraxis der Mediävisten und ihre Theorien waren bald von einer entsprechenden Kritik betroffen. Seit 1975 wurden, wie etliche Überblicke belegen, zunächst noch unzusammenhängende, aber vor Ideen sprudelnde Studien erstellt, die das zu sanfte, zu rührende einseitige Bild der Frau, das den Idealisierungen der epischen und religiösen Dichter des Mittelalters aufsaß[9], scharf angreifen. Zahlreiche neuere Untersuchungen, die Frauen aus allen Lebensbereichen gewidmet sind – Nonnen und frommen Frauen, zur Ehe bestimmten Mädchen oder bedürftigen Ehefrauen –, haben die zentrale Bedeutung der Heirat in deren Lebenssituation gezeigt. Viele Arbeiten haben im alltäglichen Verhalten sich widerspiegelnde Wertesysteme sowie Symbol- und Vorstellungswelten enträtselt; andere haben die Rolle der Frau im intellektuellen und religiösen Leben ihrer Zeit untersucht – die Rolle gewöhnlicher Frauen, im Gegensatz zu den Frauen, die gelegentlich durch ihre Macht der Anonymität entrissen wurden; einige schließlich widmen sich, in Anknüpfung an die Tradition der Rechtsgeschichte des ausgehenden 19. Jahrhunderts, den rechtlichen Aspekten der weiblichen Lebenssituation. Während die Stellung der Frauen im sozialen Leben schon seit längerer Zeit Gegenstand des Interesses ist – hier wären nicht zuletzt die noch vor dem Kriege entstandenen Arbeiten von Eileen Power zu nennen –[10], hat die Sozial- und Wirtschaftsgeschichte, vor allem die Erforschung der Arbeits- und Produktionsverhältnisse, von der neuen Sichtweise bislang noch sehr wenig profitiert.

Die folgenden Seiten zeigen indes in aller Deutlichkeit: Die Geschichte als solche kann durch die Kenntnisnahme ihres weiblichen Teils nur gewinnen.

In diesem Band der *Geschichte der Frauen* beschränken wir uns auf die Männer und Frauen, die zwischen dem 6. und 15. Jahrhundert im geographischen und kulturellen Raum der katholischen Christenheit lebten. Mit dieser Beschränkung haben wir bewußt die Problematik der Verschmelzung oder des Austausches zwischen Gruppen mit unterschiedlichen Religionen und Sitten ausgeschlossen; wir haben darauf verzichtet, die Seitenblicke der Zeitgenossen aufzuspüren, die von großer Aussagekraft sind, indem sie kulturelle Unterschiede aufdecken. Die Verblüffung eines Sarazenen aus Palästina, der das Verhalten von Männern und Frauen, die aus Frankreich gekommen waren, beobachtete, oder die eines fränkischen Ritters, der gerade in dem riesigen Konstantinopel an Land gegangen war, sagen manchmal mehr über die Beziehungen der Geschlechter aus als so manche regionale Synode, moralische Abhandlung oder Beichtformel.

Es mag manchen darüber hinaus trivial erscheinen, daß wir unsere *Geschichte der Frauen* im Mittelalter schulbuchmäßig nach einem Millenium mit dem Ausgang des 15. Jahrhunderts enden lassen. Können wir mit unseren neuen Fragestellungen und Erkenntnisinteressen, mit denen wir gegen das Totschweigen der Geschlechterbeziehungen in der Geschichtswissenschaft angehen, die historische Methode erneuern, aber gleichzeitig an den institutionell anerkannten historischen Periodisierungen und analytischen Kategorien festhalten? Es stellen sich also mehrere Fragen. Beginnen wir mit der bereits formulierten: Bedarf eine Geschichte der Frauen einer eigenen Periodisierung und Chronologie?[11] Das Problem stellt sich nicht nur für die Erforschung des Mittelalters, hier aber in besonderer Schärfe, insofern die Erneuerung der Mediävistik von der Idee ausging, daß lange Zyklen der gesellschaftlichen Entwicklung mehrfach in grundlegenden Veränderungen der mittelalterlichen Gesellschaft gipfelten. Die üblichen Periodisierungen der Wirtschafts- und Sozialgeschichte des Mittelalters folgen Begriffen wie Aufstieg und Niedergang, Wachstum oder Rezession, Fortschritt und Rückschritt. Die Indikatoren für diese Entwicklungen wurden bislang ganz selbstverständlich durch die sichtbarsten Akteure des sozialen Lebens bestimmt, sei es im ökonomischen, im politischen oder im kulturellen Bereich. Diese Akteure waren natürlich männlich, da nur die Männer mit Rechtsfähigkeit und der Möglichkeit, sich öffentlich zu äußern, ausgestattet waren, was den Frauen in der damaligen Gesellschaft versagt blieb oder nur sehr kärglich zugestanden wurde. Die Männer übten Macht aus, also sprechen die Quellen von den Männern, wobei wir nicht vergessen dürfen, daß die historischen Quellen für das Mittelalter zumeist über Leben und Wirken der Angehörigen der unteren Schichten der Gesellschaft schweigen.

Welchen Wert haben also die allgemein anerkannten chronologischen Einteilungen für die Frauen: die politische und kulturelle karolingische Renaissance, der Bevölkerungszuwachs und seine ökonomischen Konsequenzen im 11. und 12. Jahrhundert, die Blütezeit im 13. Jahrhundert und die Krise des späten Mittelalters? Müssen wir a priori davon ausgehen, daß sich die Geschichte der Frauen ausschließlich in Begriffen wie Fortschritt und Produktion, in der Syntax von Macht- wie von Klassenverhältnissen fassen läßt? Unsere Aufgabe sollte es hier sein zu fragen, ob die historische Forschung denn tatsächlich untersucht hat, wie zum Beispiel die Frauen in einem bestimmten Land und in einer bestimmten Situation Aufschwung oder Rückgang der Ökonomie, Explosion oder Stagnation der demographischen Entwicklung erlebten. Selbst wenn wir uns auf die reproduktiven Funktionen und die familiären Rollen beschränken, die man so bereitwillig den Frauen zuschreibt: Wissen wir wirklich, ob sich die Umstände und die Folgen eines Anstiegs oder Niedergangs auf beide Geschlechter in gleicher Weise auswirkten? Wissen wir, welche Chancen die Frauen hatten, dem zu entfliehen oder gar gegen das zu protestieren, was man ohne viel nachzudenken schlicht die »weiblichen Lebensbedingungen« nennt?

In einem Artikel, der zu Recht als beispielhaft für den kritischen feministischen Blick gilt, stellte die amerikanische Historikerin Joan Kelly 1977 die Frage: »Hatten die Frauen eine Renaissance?«[12] Ihre verneinende Antwort brachte ein althergebrachtes Schema ins Wanken. Über den ausschließlich kulturellen Gesichtspunkt, unter dem sie das Problem betrachtete, läßt sich wohl streiten[13], doch die Fülle der Informationen und ihre kluge Argumentation brachten auf jeden Fall den Nachweis, daß die Frage sinnvoll war. Indem sie ein historisches Dogma in Frage stellte, nämlich das eines historischen Fortschritts in den Lebensbedingungen der Frauen, parallel zur Weiterentwicklung des Rechts, der Wirtschaft und der Sitten zwischen dem 15. und 17. Jahrhundert, zeigte Kelly die Blindheit der Historiker und deren Hang zur Vereinfachung hinsichtlich der Geschichte der Frauen wie auch dessen, was wir heute die Geschlechterbeziehungen nennen. Insofern muß eine neue Sichtweise der sozialen Beziehungen, die Jahrzehnte historischer Forschung in Frage stellt, zwangsläufig viele Probleme verursachen.

Man könnte versucht sein, die Schwierigkeiten der Mediävisten, eine geeignete Chronologie für die Geschichte der Frauen auszuarbeiten, in der Beschaffenheit der Quellen zu suchen. Das Mittelalter geizt nicht nur mit Informationen über das Alltags- und Privatleben, sondern auch mit fortlaufenden statistischen Daten, wie sie eine Bürokratie anhäuft. Die vorhandenen Daten sind zahlreich, aber verworren. Die quantitative Geschichtsforschung findet sich darin ebensowenig zurecht wie diejenigen, die Fallstudien betreiben. Den Spezialisten des ausgehenden Mittelalters kommt die Zunahme der Quellen zugute. Das Bemühen, Untertanen und Bürger besser einzubinden sowie Gemeinschaften und soziale Räume genauer einzugrenzen, unterstützt durch die Entstehung neuer Formen des Staates und der Einführung der Schriftlichkeit in einigen Lebensbereichen, unterscheiden das 14. und 15. Jahrhundert von den vorhergehenden Epochen. Doch auch der dadurch geschaffene Quellenreichtum geht einher mit einer erheblichen Disparität und einer entmutigenden Lückenhaftigkeit der Daten, die die Schaffung eines konsistenten Bildes der gesellschaftlichen Veränderungen erschwert, wie u. a. Mary Erler und Maryanne Kowaleski zeigten: unzusammenhängende Informationen, wie die über den Anteil der weiblichen Heiligen, die die Kirche im Laufe der Jahrhunderte anerkannt hat, die Schwankungen bei der Regelung des ehelichen Güterstandes oder das Zahlenverhältnis zwischen Männern und Frauen lassen sich nur schwer zu einem lückenlosen Gesamtbild zusammenfügen.[14]

Die Idealisierung der Frau durch Minnedienst und Marienkult finden wir in derselben Epoche, die den Niedergang ihrer politischen Macht besiegelt. Diese scheinbaren Widersprüchlichkeiten fordern die historische Forschung heraus. Ist es möglich, derartige Widersprüchlichkeiten aufzulösen und zu einer spezifischen Periodisierung zu gelangen?

Die Erstellung homogener Reihen und auf ihnen basierender Chronologien ist eine schwierige Angelegenheit, die auf zwangsläufig fragwürdigen Beurteilungskriterien beruht. Was meinen wir, wenn wir von einer für den »Heiratsmarkt« »günstigen« demographischen Situation sprechen, von einem »Frauenüberschuß« oder von den »Chancen« der Frauen zu heiraten bzw. sich wieder zu verheiraten? Im Verhältnis wozu beurteilen wir »Fortschritte« oder »Verschlechterungen« ihres «Status«, eine »Verbesserung« ihrer »Lage«? Was sollen wir unter weiblicher »Macht« verstehen? Keiner dieser Begriffe ist unproblematisch, keiner neutral. Die Periodisierung der Geschichte der Frauen ist notwendigerweise mit Werturteilen behaftet, da diese die Auswahl der Faktoren des Wandels bestimmen.

Die vordringliche Aufgabe einer Geschichte der Frauen besteht deshalb meines Erachtens weniger darin, mit spiegelverkehrten Fragestellungen an die Vergangenheit heranzugehen, als vielmehr darin, andere Blickwinkel zu wählen, die Perspektive zu ändern und vielleicht eher die bekannten Quellen neu auszuwerten, als nach neuen Quellen zu suchen. Es kommt nicht so sehr darauf an, eine Entwicklung linear nachzuzeichnen, sondern darauf, die Komplexität des Verhältnisses der Geschlechter im sozialen Raum zu erfassen.

Gegenstand unserer Forschung sind die Frauen, nicht »die Frau«. »Die Frau« ist ein Produkt des männlichen Blicks. Bevor wir überhaupt wahrnehmen können, wie die Frauen sich selbst und ihre Beziehung zu den Männern sahen, müssen wir uns durch den Filter dieses Blicks hindurcharbeiten. Die männliche Vorstellung von der Frau vermittelte Idealbilder und Verhaltensmaßstäbe, die von den Frauen nicht in Frage gestellt werden durften. Wir stellen die Untersuchung dieser Maßstäbe und Bilder an den Anfang, weil sie den Platz, der den Frauen in der Gesellschaft eingeräumt wurde, vielleicht mehr als in jeder anderen Epoche bestimmt haben, und weil deren Analyse uns die sozialen Geschlechterbeziehungen, die ihnen zugrunde lagen, verständlicher macht.

Die Männer haben das Wort. Nicht alle natürlich: die breite Mehrheit schweigt. Es sind die Geistlichen, die Männer der Religion und der Kirche, die über die Schrift verfügen und Wissen vermitteln. Sie vermitteln ihrer Zeit und den folgenden Jahrhunderten, wie die Frauen, die »Frau«, zu sehen seien. Viele unserer Zeugnisse über die Frau des Mittelalters entspringen ihrer Phantasie, ihren Gewißheiten und Zweifeln. Im Gegensatz zu anderen Epochen setzt diese Männerkaste, geprägt durch Zölibat und Keuschheit, ihre Vorstellungen und Bilder von der Frau durch. Diese Männer sind um so begieriger, die Laster und Unvollkommenheit der Frauen zu geißeln, als sie im täglichen Leben unerreichbar bleiben; da sie zumeist ihre Weisheit aus Büchern haben, verzeichnen sie die lebendige Wirklichkeit. Die verstaubten Meinungen, die bisweilen jegliche wissenschaftliche und ethische Grundlage verloren haben, führen ein Eigenleben und überlagern sich im Laufe der Jahrhunderte oft bis zur Unkenntlichkeit: Die Zusammenstellung der medizinischen Annahmen über die physische Natur der Frau, die Claude Thomasset vorgelegt hat, beruht auf dem Palimpsest eines Wissens, das gekennzeichnet ist durch Widersprüchlichkeiten und Unklarheiten.

Unsere Aufgabe besteht allerdings weniger darin, die Simplifizierungen und Gegensätze zu übernehmen, als vielmehr darin, solche ideologischen Systeme zu analysieren und unser besonderes Augenmerk auf die innovativen Elemente zu richten, die schließlich zu Veränderungen dieser Oppositionen führen. Jacques Dalarun zeigt das am Beispiel der heiligen Triade Eva, Maria und Magdalena, die die theologische Deutung der Weiblichkeit in eine neue Richtung lenkt. Dieser Ansatz, der die Geschlechterbeziehung berücksichtigt, ist auch auf dem weiten Feld der religiösen und häuslichen Verhaltensmodelle fruchtbar, die Prediger, Moralisten, Lehrer und Autoren von Abhandlungen über Hauswirtschaft zwischen dem 13. und 15. Jahrhundert den Frauen anbieten. Carla Casagrande und Silvana Vecchio zeigen auf diese Art, wie unter ständigen Ermahnungen der Frauen zu Gehorsam, Mäßigung, Keuschheit und Schweigen doch leise Stimmen für eine neue Ethik der ehelichen Beziehung zu vernehmen sind.

Die Luxus- und Kleiderordnungen, die seit dem 13. Jahrhundert zunehmend vor allem Kleidung und Schmuck der Frauen regelten, dienten als besonderes männliches Herrschaftsinstrument über die Frauen. Diane Owen Hughes zeigt, wie die Ächtung des übermäßigen Luxus, der nun ausschließlich den Frauen angelastet wird, von der Vorstellung vom weiblichen Körper als Werkzeug des Bösen und als Zeichen der Erbsünde motiviert ist.

Stehen im ersten Teil dieses Bandes die Ideen und Vorurteile über den weiblichen Körper und seine Geschlechtlichkeit ebenso wie die von ihm ausgehende Faszination und die Versuche, ihn zu unterdrücken und zu reglementieren, im Vordergrund, so bildet die Ehe den Mittelpunkt des zweiten Teils. Dabei haben wir Wert darauf gelegt zu zeigen, wie in manchen kritischen Momenten ihres Lebens die Frauen die Chance hatten, ihren Willen zu äußern, ihrer Berufung zu folgen. Heirat oder Kloster, Mutterschaft oder Alleinsein – das sind Entscheidungen, für die allerdings auch familiäre und soziale Ambitionen eine wesentliche und oftmals widersprüchliche Rolle spielten.

Um die Sehnsüchte der Frauen und ihre Teilhabe am sozialen Spiel zu erfassen, reichen weder die männlichen »Autoritäten« noch die weiblichen Stimmen, sofern sie zu hören sind. Die Art der Quellen bestimmt hier den Zugang. Für die sehr frühe Zeit, das 6. bis 10. Jahrhundert, die Suzanne Fonay Wemple behandelt, behält die Kombination von narrativen und normativen Quellen ihre Fruchtbarkeit mangels anderer Zeugnisse. Für die Periode vom 11. bis 13. Jahrhundert, die Paulette L'Hermite-Leclercq beleuchtet, nehmen die Quellen dieser Art zu. Darüber hinaus bereichert sie diese durch den Rückgriff auf die Archive von religiösen Einrichtungen und Grundherrschaften, Korrespondenzen von Männern der Kirche, von Laien und manchmal von Frauen. Heute erfreuen sich mikro-historische Untersuchungen großer Beliebtheit: Es werden Einzelfälle isoliert, die man gerade dank ihrer Seltenheit oder Zufälligkeit für repräsentativ halten kann; kleine Begebenheiten, überliefert durch die Register der Strafverfolgungsorgane, Briefwechsel oder Tagebücher. Diese Materialien ermöglichen es uns, Antworten auf Fragen zu geben,

wie Frauen sich der Unterdrückung widersetzen, sich unterwerfen und
»Gegen-Gewalt« aufbauen. Leider sind die Quellen für das Mittelalter rar.
Doch Paulette L'Hermite-Leclercq zeigt mit ihrer Analyse der Familie und
der weiblichen Taktiken, die an Hand spezifischer Situationen entschlüsselt werden, welcher Nutzen sich aus solchen Detailstudien ziehen
läßt. Als Gegengewicht ist die Untersuchung Georges Dubys zu verstehen, die sich mit den Strategien auseinandersetzt, die dem zivilisatorischen Modell der höfischen Liebe zugrunde liegen – deren Akteure und
treibende Kraft vor allem männlich sind.

Die Quellen werden im ausgehenden Mittelalter so zahlreich, daß eine
quantitative Analyse eher möglich wird. Die Zahlen allein sagen jedoch
wenig über die Veränderung der Lebensbedingungen der Frauen aus.
Das Kapitel, das Claudia Opitz dieser späten Phase widmet, beweist in
mehr als einer Hinsicht, wie fragmentarische Kenntnisse über die damalige Bevölkerungsentwicklung bisweilen zu vorschnellen oder ungenügend abgesicherten Verallgemeinerungen verleitet haben. Tatsächlich wissen wir immer noch wenig über die Rolle der Frauen im Wirtschaftsleben, über ihren Anteil an der Warenproduktion und der Verteilung von Überschüssen in einer Zeit, in der sich die Quellen des Reichtums mehren und der Handel an Bedeutung gewinnt – und in der die
Stimme der Frauen unüberhörbar lauter wird.

Wie in den anderen Bänden haben wir den bildlichen Darstellungen
von Frauen ein eigenes Kapitel gewidmet. Chiara Frugoni untersucht die
Ikonographie und die Produktionsbedingungen dieser Bilder und zeigt,
daß Frauen öfter, als man gemeinhin annimmt, selbst Bilder geschaffen
haben. Da ihre Tätigkeit nur selten als eine von Frauen ausgewiesen ist,
sind wir allerdings überwiegend auf Vermutungen angewiesen. Es sind
bisweilen auch nur winzige Spuren – die Abnutzung eines Herdsteins,
Fingerabdrücke auf einem irdenen Topf, Nadeln, Kämme oder Scheren
und Gürtelschnallen ... –, die es der Archäologin Françoise Piponnier
ermöglichen, Einblicke in das tägliche Leben einer Frau, ihre Tätigkeiten
innerhalb und außerhalb des Hauses zu erhalten. Paradoxerweise haben
die Frauen des Mittelalters, obwohl ihnen die Männer so beharrlich das
Wort verweigerten, letztlich ein reicheres geistiges Erbe hinterlassen als
materielle Spuren im eigentlichen Sinne. Konnten aber die Stimmen der
berühmten Frauen, an die Suzanne Fonay Wemple und Paulette L'Hermite-Leclercq erinnern, nicht nur deshalb zu uns dringen, weil sie Äbtissinnen berühmter Klöster, Ehefrauen oder Witwen aus herrschenden
Kreisen waren? Vom 13. bis zum 15. Jahrhundert wagen Frauen aller
Schichten, sich zu äußern: Obwohl man die Ohren spitzen muß, um sie
im ungeheuren Stimmengewirr des Chores der Männer auszumachen,
kann Danielle Régnier-Bohler die Eigenständigkeit ihrer Stimmführung
aus den tradierten literarischen und mystischen Texten entwickeln und

analysieren. Natürlich ernten die Frauen für ihre zunehmende geistige Präsenz nicht nur Bewunderung, sondern auch wachsendes Mißtrauen, das schließlich zu noch schärferen Kontrollen führt.

Es mag paradox erscheinen, daß wir zu Beginn der *Geschichte der Frauen* Männern das Wort geben, und zwar Geistlichen, den Repräsentanten eines Denkens, das sich der Gefühls- und Lebenswelt der Frauen ganz besonders verschließt, und Ärzten, Männern mit einem wissenschaftlichen, und das heißt fast ausschließlich männlichen Wissen. Räumen wir der Autorität der Männer und ihren Vorstellungen nicht zu viel Platz ein? Verlagern wir nicht das Schwergewicht von den tatsächlichen Lebensverhältnissen auf die ideologischen Ordnungssysteme? Mag sein, doch beim aktuellen Stand der Forschung gibt es keine Alternative. Wir hoffen, der Leserin und dem Leser die Mittel in die Hand zu geben, selbst über das zu urteilen, was uns die Geschlechterbeziehung im Mittelalter so stark zu prägen scheint: die Prägnanz von Interpretationsmodellen und, für die Frauen, von Verhaltensmodellen auf allen Ebenen gesellschaftlicher Beziehungen, deren Ausformung im Laufe der Jahrhunderte im Rahmen der Kirche vorgenommen wurde.

Wenn aber am Ende des Bandes Frauen selbst zu Wort kommen, so soll das nicht suggerieren, Frauen hätten am Ende des Mittelalters volles Rederecht erlangt. Die Texte, kommentiert von Danielle Régnier-Bohler und Georges Duby, die dieses Werk beschließen, lassen erkennen, wie Frauen die Vorbilder aufnahmen, die die Herren des Wissens und Gewissens ihnen aufzwangen, wie sie umgingen mit den verzerrten Bildern von sich selbst, die Männer ihnen vorspiegelten, und wie sie sich gelegentlich sogar gegen die ihnen aufgezwungenen Vorstellungen auflehnten. Vor allem aber wird hier sichtbar, wie sehr diese Bilder ihr Leben prägten, ja ihnen gleichsam in Fleisch und Blut übergingen.

Aus dem Französischen von Heide Musahl

Die Männer in der Halle, die Frauen in der Kammer. *Geschichte der Scholastik* des Petrus Vorax; Ende des 12. Jahrhunderts. *Paris, Bibliothèque Nationale.*

NORMEN UND DISKURSE

Auflösung der Ehe durch den Bischof; *Digeste*; 13. Jahrhundert.
Paris, Bibliothèque Saint-Geneviève.

» **D**em guten und dem schlechten Pferd die Sporen; der guten und der schlechten Frau einen Herrn und manchmal den Stock.«[1] Überall in der Christenheit stößt der belehrende Florentiner, der im 14. Jahrhundert das Sprichwort aufschreibt, auf große Resonanz, vor allem bei den hochgelehrten Männern. Von ihnen handeln die folgenden Kapitel.

Die Frauen sind Sklavinnen ihres Geschlechts. Sie waren es, die Tod, Leid und Mühsal in die Welt brachten. Oder besser, es war ihr Geschlecht. So die Wahrheiten, die die Heilige Schrift und die patristische Überlieferung verkündeten. Folglich sei es Sache der Männer, die Frauen zu überwachen und zu strafen, vor allem ihren Körper und ihre verwirrende und gefährliche Sexualität. Mit einiger Selbstgefälligkeit machten sich männliche Weisheit und Gelehrsamkeit ans Werk. Seit der Antike haben Sprichwörter und Redensarten, vor allem aber medizinische, theologische, didaktische und moralische Abhandlungen einen umfassenden Normenkatalog entwickelt. Wissenschaftliche Kenntnisse einerseits und ethische Besorgnisse bzw. das Interesse an unangefochtener gesellschaftlicher Dominanz andererseits verbanden sich zu der Vorstellung, der Körper der Frau dürfe ausschließlich der Fortpflanzung dienen, wenn er schon nicht keusch bleiben könne. Seine Funktionen seien auf diese Zweckbestimmung ausgerichtet. Als im übrigen die Mediziner es wagten, ihn zu sezieren, fanden sie mühelos das Beweismaterial, das sie erwarteten; später wurden die Grenzen der empirischen Untersuchung betont, deren Resultate nur eine »Vision« von der Frau bestätigen konnten, die von ihrer Gebärmutter beherrscht werde und deren Körper dazu gemacht sei, Kinder zu empfangen und zu stillen. Die Vertreter der Galenischen Schule und ihre Anhänger unter den Theologen gestanden den verheirateten Frauen das Recht auf Lust im Rahmen einer ehrbaren Verbindung nur aufgrund ihrer irrigen Theorie von einem weiblichen »Sperma« zu, das für die Empfängnis nötig sei.

In den letzten Jahrhunderten des Mittelalters lehnte sich die Phalanx der Aristoteliker, allen voran Thomas von Aquin, gegen diese Lehre auf. Diese Epoche, die sich alle erdenkliche Mühe gab, das Ausmaß der weiblichen Rechtsfähigkeit und Machtausübung zu begrenzen, schien nur auf die Rezeption des Aristoteles gewartet zu haben, um ihre Konstrukte mit einer theoretischen Legitimation zu versehen. Der Philosoph lieferte das nötige Gerüst: Seine Neuinterpretation ermöglichte es den Gelehrten vielleicht erstmalig, ihre Vorstellungen von der konstitutiven Schwäche der Frau und ihrer notwendigen Unterwerfung unter den Mann kohärent und systematisch zu entwickeln.

Während die hohe Geistlichkeit des 11. und 12. Jahrhunderts über die Bedeutung der gefallenen, aber erlösten Magdalena als Mittlerin nachdachte, während die Kasuisten am Ende dieser Periode mit größerer Aufmerksamkeit die Beschaffenheit und die Bedürfnisse der einfachen Frauen untersuchten, verstärkten die Neu-Aristoteliker mit ihren Vorstellungen und Prinzipien die männlichen Ängste und Phantasien über den weiblichen Körper und gaben damit ihrer Lehre ihre ganze Schärfe, nicht von ungefähr begegnen uns als Speerspitze der neuen Ethik der Geschlechterbeziehungen Aristoteliker wie Aegidius Romanus oder die Bettelorden, die Fürsten und Regierungen dazu bewogen, ihre Städte von den Kleidermoden und dem Kleiderluxus nicht mehr der Männer, sondern der Frauen zu reinigen. Aristoteles kam also wie gerufen, um die Hierarchie der Geschlechter zu rechtfertigen: die »Obhut« über die Frauen innerhalb der Familie oder des Klosters und ihr Ausschluß vom öffentlichen Leben, den Vorrang der männlichen Autorität vor dem gemeinsamen Willen des Paares, den engen Spielraum, der den Ehefrauen gelassen wurde, die innerhalb der Ehe ein intensiveres geistiges Leben führen wollten, die eingeschränkte Rolle der Mutter bei der Kindererziehung.[2]

Der physiologisch verengten Definition des Wesens der Frau entsprach auch eine sehr reduktionistische Psychologie ihres Gefühlslebens. Wegen der Mischung aus Maßlosigkeit und Unterwerfung, die auf ihre »Natur« zurückzuführen sei, könne die Frau über ihre Wünsche und ihre Beziehungen zu anderen nicht selbst bestimmen: Es komme also dem Manne zu, sie zu bezähmen und in die richtigen Bahnen zu lenken. So galt die Ehefrau als unfähig, die Liebe zu ihren Kindern und zu ihrem Ehemann mit der weisen Mäßigung zu steuern, die für den Mann typisch sei. Sexualmoral und eheliche Treue unterlagen einem *doppelten* Standard. Die wegen der Legitimität der Nachkommenschaft unabdingbar notwendige Treue der Frauen galt als weniger tugendhaft als die freiwillig zugestandene der Männer. Durch ihre ständigen Verweise auf die Natur der Frau verankerten die mittelalterlichen Denker in der Kultur des Abendlandes die Vorstellung, das Weibliche verhalte sich zum Männlichen wie die Natur zur Kultur, eine Gleichung, die einige neuere Diskussionen über Anthropologie und Geschichte aus der Sicht der Frauen bestimmt hat.[3] Es ist wohl nicht nötig zu betonen, daß es hier nicht um die Verteidigung einer derart starren Polarisierung geht, sondern darum, ihre Wurzeln freizulegen und ihren anhaltenden Einfluß einzuschätzen.

C. K.-Z.

1

DIE SICHT DER GEISTLICHEN

Jacques Dalarun

Wieder einmal stehen Männer am Anfang, genauer: diejenigen, die im feudalen Zeitalter über das Monopol des Wissens und der Schrift verfügten, die Geistlichen; und unter ihnen vor allem die besonders gebildeten, einflußreichen und wortgewaltigen. Ob als Mönche oder Weltgeistliche, sie fühlten sich verpflichtet, Menschheit, Gesellschaft und Kirche geistig zu durchdringen, ihren Ort im Heilsplan zu bestimmen und auch den Frauen ihren Platz in dieser göttlichen Ordnung zuzuweisen. Die Weltgeistlichen hatten darüber hinaus noch die Aufgabe, als Seelsorger allen Schafen den Weg zur Vollkommenheit oder zumindest zur stetigen Vervollkommnung zu weisen.

Fern von den Frauen

Doch in ihrer Welt begegneten sie den leibhaftigen Frauen nicht, vor allem nicht in der Zeit vor dem 13. Jahrhundert: Sie verschanzten sich im männlichen Universum der Klöster und der *scriptoria*, der Schulen, dann der theologischen Fakultäten, oder im Schoße der Kanonikergemeinschaften, in denen sich Weltgeistliche seit dem 11. Jahrhundert im keuschen Leben der Mönche versuchten. Als ein Beispiel sei der Benediktiner Guibert von Nogent († 1124) genannt. Er war eine Oblat, d. h., schon als Kind wurde er in ein Kloster gegeben. Was kann er vom anderen Geschlecht wissen außer der quälenden Erinnerung an eine Mutter, die mit zwölf Jahren verheiratet wurde; er idealisiert ihr Bild dermaßen, daß er jede Spur von »Befleckung« durch ihre Ehe auslöschen kann. Da seit Beginn des 11. Jahrhunderts alle Geistlichen ausnahmslos dem Zölibat unterworfen waren, haben sie keine realen Erfahrungen mit und also auch kein Wissen von den Frauen. Sie machen sich ein Bild von ihnen, oder vielmehr, sie machen sich ein Bild von *ihr*. Diese Distanz erzeugt Fremdheit und Angst vor *der* Frau, als wäre sie ein furchteinflößendes Monstrum.

Es kann nicht überraschen, daß in dieser Zeit Misogynie das geistliche Denken bestimmt. Sie ließe sich mühelos in einer Blütenlese veranschaulichen, einer Blütenlese aus gelehrten Abhandlungen, heiteren lateinischen Gedichten, Bibelkommentaren oder auch einfachen Sprichwörtern, deren simple Ironie die Angst vor der Unbekannten *bannen soll* und gerade dadurch das Abgründige an ihr enthüllt. Aber solch eine Zitatensammlung erbrächte wenig Interessantes. Dasselbe gilt im übrigen auch für die höfische Literatur oder die schlüpfrige Poesie der Spielleute. So stellt sich die Frage, ob wir überhaupt die kulturellen Ausdrucksformen einer Gesellschaft als mehr oder weniger frauenfeindlich qualifizieren können, solange sichere Indizien einer nicht misogynen Kultur noch gar nicht erschlossen sind. Sollen wir aber deshalb nun in den Chor der Apologeten einstimmen und die großen heiligen Stätten in Erinnerung bringen, zu denen die mittelalterlichen Massen in hellen Scharen pilgerten, um die Muttergottes anzubeten? Sollen wir die Säulen und Türme beschwören, die in den Himmel ragten zur Lobpreisung Marias, die »gebenedeit« war und »unter den Weibern« blieb? Was haben denn all die anderen Frauen eigentlich von den Wohltaten dieser außergewöhnlichen Segnung abbekommen? Verzichten wir also auf jede einseitige oder anachronistische Betrachtungsweise und hören lieber den führenden Vertretern des Klerus selbst zu, um zu erfahren, was sie zu sagen haben.

Geistige Arbeit bringt neue Gedanken hervor. Die geistliche Literatur hingegen scheint auf der Stelle zu treten. Die mittelalterlichen Gelehrten, deren Wissen sich aus der Heiligen Schrift und der Überlieferung speist, käuen in ihren Kommentaren unerbittlich die Kommentare der Kirchenväter der ersten Jahrhunderte wieder. Marie-Thérèse d'Alverny beklagt: »Man darf nicht hoffen, bei ihnen originelle Gedanken zu finden.«[1] Sollte also alles schon bei Ambrosius, Hieronymus und Augustinus dagewesen sein, das Für und Wider, wohlwollende Argumente und frauenfeindliche Angriffe? Tatsächlich widersprechen sich häufig die Versuche, die positiven oder negativen Entwicklungsphasen sowohl im Hinblick auf das Bild von der Frau als auch auf ihre Situation im Mittelalter voneinander abzugrenzen. Allzu leicht versinkt man in dieser Schriftenflut, die, ununterbrochen anschwellend, doch nur ein stehendes Gewässer bildet. In diesem Trüben fischt man nur die zeitlosen Archetypen der Weiblichkeit, die sich jeglichem historischen Wandel entziehen. Unsere mittelalterlichen Autoren erfüllt schon allein der Gedanke an jede Neuerung mit Abscheu. Wenn sie Neuerungen einführen, verstecken sie sich mehr denn je hinter der Überlieferung und geben vor, nur zu den Quellen zurückzugehen. Um nicht einer einseitigen Beurteilung zu erliegen, als wäre das Mittelalter durchgehend misogyn oder allenthalben frauenfreundlich, und um die Faszination durch gewisse Archetypen – Isis oder die Große Mutter unter dem Schleier der Maria – aufzubrechen, müssen wir uns nur vergegenwärtigen, daß es dieselben Geistlichen waren, die die Frau gleichzeitig in den Himmel hoben und zur Verdammnis verurteilten und doch fest davon überzeugt waren, daß die gesamte Menschheit in den Heilsplan eingebunden sei. Jeder einzelne von ihnen ist von diesem Widerspruch durchdrungen – der sich, wie René Metz anmerkt, auch im kanonischen Recht widerspiegelt[2] –, und jeder versucht ihn auf seine Weise zu lösen. Doch treibendes Motiv ist in erster Linie, auf die Menschen ihrer Umwelt Einfluß zu nehmen, indem sie auf deren Fragen Antworten geben und so den Wandel der Zeit unter Kontrolle haben. Ihre Theologie ist seelsorgerisch. Produkt der Geschichte, produziert sie nun ihrerseits Geschichte.

Die Welt verbessern

Um einen konkreten Eindruck zu vermitteln, wenden wir uns einer bestimmten Region in einem eingrenzbaren Zeitraum zu, einer überschaubaren Gruppe von Männern, die an der Wende vom 11. zum 12. Jahrhundert im Westen Frankreichs wirkten und für die nach Raoul Manselli eine besonders ausgeprägte Frauenfeindlichkeit kennzeichnend ist: Marbod von Rennes (✝ 1123), Hildebert von Lavardin (✝ 1133) und Gottfried von Vendôme (✝ 1132).[3] Die beiden ersteren sind von einfacher Herkunft, Produkte der Domschulen, die in dieser Zeit das Bildungsgut über die Grenzen der Klöster hinaustrugen. Beide werden im selben Jahr, 1096, zum Bischof geweiht, der eine in Rennes, der andere in Le Mans. Hildebert wechselt 1125 nach Tours auf den Stuhl des Erzbischofs. Gottfried hingegen entstammt einem Geschlecht von Baronen, die mit dem Grafen von Anjou verbündet sind. Als Kind tritt er in das Benediktinerkloster La Trinité in Vendôme ein, wird 1093 im Alter von 20 Jahren dessen Abt und behält dieses Amt bis zu seinem Tode. Die drei Prälaten – zwei Weltgeistliche, ein Ordensbruder – sind heute so gut wie vergessen, verglichen mit ihren Zeitgenossen Anselm von Canterbury (✝ 1109) und Ivo von Chartres (✝ 1116), mit denen sie im übrigen in regem Kontakt stehen. Sie sind aber für das, was uns beschäftigt, die besten Zeugen.

Diese Männer treten in der Endphase einer Reformbewegung auf, die im 10. Jahrhundert entstand und deren Zentrum anfangs Klöster wie Cluny, Camaldoli und Vallombrosa waren. In der zweiten Hälfte jenes Jahrhunderts übernehmen die Päpste die Führung der Reformbewegung, allen voran Gregor VII. (1073–1085), dessen entscheidende Anstöße die Bewegung als »Gregorianische Reform« in die Geschichtsbücher eingehen ließen. Reform deshalb, weil es sich nach ihren geistigen Urhebern um eine Rückkehr zur Reinheit im Sinne des Evangeliums, zum vorbildlichen Leben der Apostel handelt. In Wirklichkeit aber war es eine Bewegung, der es um eine andere Lebensführung der Geistlichen ebenso wie der Laien ging und die den Beziehungen zwischen Kirche und Welt einen neuen Inhalt geben wollte. Was aber war das Ziel dieser »Reformer«? Sie wollten vor allem die Institution Kirche von der Kontrolle der weltlichen Gewalten befreien – von der Kontrolle über die Abgabe des Zehnten und die Bethäuser der Gemeinden z. B., vom Einfluß der örtlichen Grundherren auf die Einsetzung der Pfarrer, ebenso wie der Fürsten und des Kaisers auf Bischofs- und Papstwahlen. Sie wollten aber auch den Lebenswandel des Klerus strengeren Regeln unterwerfen, z. B. durch die Ausdehnung des bislang auf das klösterliche Leben beschränkten Zölibats auch auf die Weltgeistlichen. Und schließlich sollte auch dem Leben der Laien eine enger mit der Religion verwobene Struktur gegeben werden. Um ihnen den Weg des Heils zu weisen, der nach Jerusalem führt, werden sie zur Teilnahme am Kreuzzug aufgerufen. Ihre Sitten und Gebräuche werden neu bestimmt. Aus dieser Zeit stammt die Neudefinition der Ehe als unauflösliches Sakrament, die sich im angehenden 12. Jahrhundert allmählich durchsetzt.

Unsere drei Prälaten, die ein Vierteljahrhundert nach dem Pontifikat Gregors VII. wirkten, werden kurz nach Urbans II. großer Reise von 1095, die ihn auch nach Frankreich führte, wo er den Kreuzzug predigte, in ihre Ämter eingesetzt. Sie gehören der Generation an, die die Reform umsetzen, sie an Ort und Stelle, Schritt für Schritt durchführen und dabei mit Widerständen und Reibereien in ganz konkreten Situationen fertig werden muß. Von dieser reformerischen Tätigkeit hinterlassen sie uns in ihren Schriften ein außergewöhnliches Zeugnis. Sie haben sich in allen Genres versucht: theologische Abhandlungen, Bibel-Kommentare, Heiligenleben, lateinische Dichtung, Predigten, Briefe zur Unterweisung. Sie bieten ein vollständiges Spektrum, das beständig zwischen Theorie und Praxis, zwischen Realität und Begriffsbildung oszilliert. Ihr Wissen über das Wesen der Frau schöpfen sie aus der Heiligen Schrift und den Äußerungen der Kirchenväter und sie bemühen sich, es auf die weiblichen Mitglieder ihres Adressatenkreises, auf die berühmen ebenso wie auf die anonymen, anzuwenden.

DIE FEINDIN

Auf den ersten Blick scheinen sie Mansellis These von ihrer Frauenfeindlichkeit zu bestätigen: »Dieses Geschlecht hat unseren Stammvater,
der auch sein Gemahl und Vater war, vergiftet, hat Johannes den Täufer
zugrunde gerichtet, den überaus mutigen Samson dem Tode ausgeliefert.
In gewisser Weise hat es auch den Heiland getötet, denn wenn seine
Sünde es nicht heraufbeschworen hätte, hätte unser Heiland nicht sterben müssen. Wehe diesem Geschlecht, das weder Furcht noch Güte
noch Freundschaft kennt, und das mehr zu fürchten ist, wenn es geliebt
als wenn es gehaßt wird.«[4]

Die erste Frau, die um 1095 in den Schriften Gottfrieds von Vendôme
beschrieben wird und die für ihr ganzes Geschlecht steht, ist Eva. Der
Bericht von der Schöpfung und vom Sündenfall in der *Genesis*, den
Monique Alexandre im ersten Band dieses Werks analysiert hat, lastet
ständig auf dem mittelalterlichen Bild von der Frau. Es ist ein nach Inhalt
und Aufbau komplexer Bericht, in dem das »zweite Geschlecht« ziemlich
schlecht wegkommt – und das wird verstärkt durch das Echo, das er in
den Paulusbriefen findet. Der Jahwist beginnt damit, den Vorrang des
Mannes vor seiner Gefährtin zu beteuern; sie sei erst als zweite, aus der
Rippe eines Mannes, erschaffen worden, um diesem eine »Hilfe« zu sein,
»die ihm entsprochen hätte«.[5] Seit dem 11. Jahrhundert verdichtet die
Ikonographie, wie Roberto Zapperi gezeigt hat, den biblischen Text in
auffallender Weise; die Frau entsteigt direkt der Seite Adams.[6] Fatal für
Eva ist es, daß sie sich von der Schlange verführen läßt und ihren Gefährten zum Ungehorsam verleitet. Sie trifft der härteste Teil des Fluches:
»Überaus zahlreich werde ich die Beschwerden deiner Schwangerschaft
machen. Unter Schmerzen sollst du Kinder gebären. Nach deinem Mann
wird dein Verlangen sein, er aber wird über dich herrschen.« In dem
Moment, als sie aus dem Garten Eden verbannt wird, erhält sie vom Manne ihren Namen – ein weiteres Zeichen der Beherrschung – und wird
zu Eva, der »Mutter aller Lebendigen«.[7] Ihre Rolle beim Sündenfall wird
traditionell als die üblere angesehen; so auch von Ambrosius von Mailand († 397): »Die Frau hat den Mann zur Sünde verleitet, nicht der Mann
die Frau.«[8] Die Schlange wird mit dem Teufel identifiziert, Eva mit der
Versucherin, und Tertullian ruft allen Frauen zu: »Weißt du nicht, daß
auch du Eva bist? Der göttliche Richterspruch hat auch heute noch seine
volle Gültigkeit für dieses Geschlecht, also besteht auch seine Sünde
weiterhin. Du bist das Tor zum Teufel, du hast seiner Versuchung nachgegeben, du hast das göttliche Gebot als erste übertreten.«[9]

Der Brief Gottfrieds richtete sich an seine Mönche. Er wollte diese
Gefährten des Unschuldigen Lammes überzeugen, daß sie recht daran
taten, dem Fleische und der von Anfang an moralisch verwerflichen

Frau, deren schlimmstes Lockmittel die äußere Schönheit darstellt, zu entsagen. Im 10. Jahrhundert flößte Odo von Cluny († 942) seinen Mönchen dasselbe heilsame Entsetzen ein, indem er die Warnung des Johannes Chrysostomos († 407) vor Eva aufgriff: »Die Schönheit des Leibes wohnt nur in der Haut. Und wahrlich, wenn die Männer sähen, was sich unter der Haut befindet, würde der Anblick der Frauen ihnen Ekel einflößen ... Wir würden es nicht ertragen, Auswurf oder Kot auch nur mit den Fingerspitzen anzufassen; wie können wir dann den Wunsch haben, einen solchen Haufen Kot zu umarmen?«[10] Aber verbirgt die – vielleicht gröbere – Haut der Männer nicht die gleichen Körpersäfte? Dieser Gedanke lag dem Abt von Cluny fern.

Im Jahre 1105 greift Gottfried das Thema in einem Brief an Hildebert von Lavardin wieder auf. Es geht darum, diesen vor seiner verwandten Erzfeindin, der Gräfin Euphrosine von Vendôme, zu warnen. Als Witwe eines Mannes, der während des Kreuzzugs umgekommen ist, vertritt sie nun die Interessen ihres Hauses und macht Gottfried Landrechte streitig: ein klassischer feudaler Konflikt, dessen Reiz daher rührt, daß dem frauenfeindlichen Abt eine Vertreterin des anderen Geschlechts gegenübersteht. »Ihr müßt achtgeben, ehrwürdiger Prälat, daß die Frau eure Arglosigkeit nicht mißbraucht und euch dazu bringt, gegen eure Mutter, die Römische Kirche, zu handeln. Das weibliche Geschlecht ist im Mißbrauch sehr geübt.« Der durchtriebene Gottfried befürchtet nämlich, daß der Bischof von Le Mans die Angelegenheit der Euphrosine zu der seinen macht. Ivo von Chartres klärt uns darüber auf, daß Hildebert, bevor er die Bischofswürde erhielt, viele Kinder gehabt haben soll, die ihm seine ehrenrührigen Beziehungen zu Dirnen beschert haben.[11] Gottfried fährt fort: »Wahrlich, dies Geschlecht hat durch seine Überredungskunst den ersten Menschen verführt und mit seiner Frage den Apostel Petrus verraten. Es hat den ersten zum Ungehorsam und den zweiten zur Verleugnung getrieben. Deshalb versieht dieses Geschlecht sein Amt wie eine Türhüterin, d. h. alle, die es verführt, schließt es entweder vom Leben aus wie Petrus von Christus oder in den Tod ein wie Adam im Paradies.«[12]

Die »Türhüterin« stammt aus dem Evangelium des Johannes.[13] In der Patristik wird sie zu einer der bevorzugten Versinnbildlichungen Evas, da sie Petrus zur Verleugnung treibt wie ehedem Adam zum Sündenfall. »Eva hat Adam übel hinausgeführt, die Türhüterin hat Petrus übel hineingeleitet«, erklärt Maximus von Turin im 4. oder 5. Jahrhundert.[14] In den meisten traditionellen Kulturen ist die Frau den mysteriösen Kräften des Lebens und des Todes näher als der Mann. Sie ist das Tor zum Leben, wacht aber auch über seine letzten Augenblicke, an der Schwelle des anderen großen Übergangs. Maximus von Turin und Gottfried von Vendôme, in einem zeitlichen Abstand von sieben Jahrhunderten, zerstören dieses Gleichgewicht. Die Türhüterin öffnet nur noch den Weg zum Sündenfall. Aber wie die romanische Baukunst die Überreste antiker Tempel als Steinbruch verwendet hat, so ändern auch die Autoren des 11. und 12. Jahrhunderts das Material ihrer Vorgänger. Gottfried übernimmt fast wörtlich die Predigt des Maximus von Turin, aber er nennt Eva nicht. Ihre Gestalt ist präsent, aber unbenannt und unbenennbar.

Schwache Geißel

Der Grund für Gottfrieds Nichtnennung des Namens war ein heftiger Kampf, in dem jedes Mittel erlaubt war, um eine Sittenreform, die in der Geschichte ohne Beispiel war. Hildebert lebte im Konkubinat mit mehreren Frauen und hat viele Kinder gezeugt. Robert von Arbrissel († 1116) wiederum wurde als Sohn eines Priesters geboren. Er übernahm die Pfarrstelle seines Vaters in der Bretagne, und auch er war der Sünde des Fleisches verfallen. Dann zog er als Eremit und Prediger umher, bald gefolgt von einer bunten Schar von Männern und Frauen, die im Wald zusammenlebten. Gegen 1098 wütet Marbod von Rennes gegen dieses Treiben und will dem Empfänger seines Briefes den Abscheu vor dem Fleisch, vor der Frau einimpfen: Sie erscheint als Versucherin, Hexe, Schlange, Pest, Ungeziefer, Ausschlag, Gift, Flamme, Rausch. Was komme bei diesen skandalösen Erfahrungen, diesen unsinnigen Berührungen denn anderes heraus als von der Schwangerschaft aufgeblähte Frauenbäuche, die dann wie »alte«, mit »neuem Wein« gefüllte »Schläuche« platzten?[15] Ob die Frauen ähnlich wie die Männer Angst und Ekel vor der Niederkunft verspürt haben? Leider erfahren wir aus den mittelalterlichen Quellen darüber nichts, doch scheint dieser Abscheu vor dem Geburtsvorgang eher kennzeichnend für die Männer zu sein. Schon Augustinus († 430) klagt: »Wir werden inmitten von Urin und Kot geboren.«[16]

Guy Devailly konstatiert, daß Eva in dem langen Brief Marbods von Rennes an Robert von Arbrissel überall präsent ist, ohne daß ihr Name genannt wird.[17] In dem Gedicht *De meretrice (Über die Buhlerin)*, dem dritten Teil des *Liber decem capitulorum (Buch der zehn Kapitel)*, hat der Bischof von Rennes alle frauenfeindlichen Bilder aus den Schatztruhen der klassischen und patristischen Literatur ans Licht gebracht. Rosario Leotta hat diese Verse, die zu den frauenfeindlichsten Stücken der Literatur gehören, analysiert.[18] Sie übertreffen bei weitem die *Sechste Satire* von Juvenal († 140), die Marbod allerdings genüßlich ausschlachtet, wie auch das *Lied über die Verachtung der Welt* von Roger von Caen († um 1095). Die *femina*, so attackiert Marbod – und wieder wird der Name der »Mutter aller Lebendigen« geflissentlich verschwiegen –, ist »die übelste der vom Feind ausgelegten Fallen«, »Wurzel des Übels, Sproß aller Laster«. Die *femina* führt ihn alsbald zur *meretrix*, der Prostituierten: »Ein Löwenkopf, ein Drachenschwanz, und dazwischen nichts als glühendes Feuer.«[19] Eine Warnung an alle angehenden Geistlichen, die bei diesen Versen erbleichen: Mögen sie sich dieser verzehrenden Glut niemals aussetzen!

Auch Hildebert schrieb Gedichte voller Flammen und Asche. Die drei schlimmsten Feinde des Mannes sind die Frau, das Geld und Ehrsucht: »Die Frau, ein schwaches Ding, beständig nur im Verbrechen, hört niemals aus eigenem Antrieb auf, zu schaden. Die Frau, gierige Flamme, heftigster Wahn, ärgste Feindin des Mannes, lernt und lehrt alles, was schaden kann. Die Frau ist ein ruchloses *forum*, eine öffentliche Sache, geboren, um zu betrügen, glaubt sie durch Verbrechen siegreich zu bleiben. Alles im Laster verzehrend, wird sie von allen verzehrt; sie wird selbst zur Beute.«[20] Wie schon Marbod nahelegte, als er die Qualen der Geburt heraufbeschwor, steht die Frau schließlich als Opfer ihrer Verbrechen da: »gierige Flamme«, aber »schwaches Ding«. Dieses Epitheton stammt aus dem Ersten Petrusbrief: »Ihr Männer ebenso, lebt einsichtsvoll zusammen mit den Frauen als dem schwächeren Geschlecht; erweist ihm Achtung als dem Miterben der Gnade des Lebens.«[21] Weiter unten werden wir sehen, daß Hildebert von Lavardin an anderer Stelle einen weniger hysterischen Ton anzuschlagen weiß, wenn er von der Ehe spricht, auch wenn die Überlegenheit des Mannes stets unangetastet bleibt. Die Schwäche der Frau – ihre »Weichheit«, wie Isidor von Sevilla sagt († 636)[22] –, war für die feudale Gesellschaft einfach eine Tatsache.

Wölfinnen im Schafstall

Unsere Prälaten sind ohne alle Umschweife frauenfeindlich. Um ihre Vorurteile zu nähren und zu stärken, tragen sie Material sowohl aus der christlichen Überlieferung als auch aus der lateinischen Klassik zusammen: das Gedicht *De meretrice* wird ihr Katechismus. Sie wissen sich einig mit der Botschaft der Kirchenväter, vor allem mit den Autoren des 4. und 5. Jahrhunderts, den meistgelesenen also. Es ist eine tiefgehende Übereinstimmung, geboren aus der Ähnlichkeit der Umstände. Im 4. Jahrhundert, in einer Zeit, als die Askese das Martyrium ablöst, zieht sich eine ängstlich auf ihre Unberührtheit bedachte Gruppe von Männern aus dem gemeinschaftlichen Leben zurück, um sich den Versuchungen der Wüste auszusetzen: die Mönche. Das Böse wird, nicht ohne dualistische Anklänge, mehr und mehr ausschließlich mit dem Fleisch identifiziert. Jetzt, an der Wende vom 11. zum 12. Jahrhundert, als die dualistische Versuchung erneut auf dem Feld des Glaubens erscheint, ist es nicht nur wichtig, die Mönche unaufhörlich in ihrem Vorsatz zu bestärken – »Ihr Hirten, haltet die räuberischen Wölfinnen von euren Herden fern«, ruft Roger von Caen aus[23] –, sondern auch alle anderen Geistlichen von der Frau als Verführerin fernzuhalten: Bischöfe, die dem Nikolaitismus anhängen, allzu neugierige Schüler, Priester, die auf der Suche nach neuen Erfahrungen bettelnd umherziehen. Eine Generation zuvor hatte Petrus Damiani († 1072), der große Reformer, mit unglaublicher Gehässigkeit die »Konkubinen der Geistlichen« als »Suhlen fetter Schweine«, als »gottlose Tigerinnen« und »rasende Vipern«[24] attackiert. Halten wir aber fest, daß in Westfrankreich nicht eine dieser Schmähschriften an Frauen, ja nicht einmal an Laien gerichtet ist: Sie kursieren in innerkirchlichen Kreisen.

Das Thema ist nicht neu; neu sind aber die Schärfe des Angriffs und der Unwille, die Feindin beim Namen zu nennen. Für sie ist die Frau nicht mehr Eva, sie ist die Unnennbare im strengen Wortsinn. Warum diese seltsame Zurückhaltung? Weil nach Isidor von Sevilla, dessen gelehrte *Etymologiae* einen wesentlichen Schlüssel für die mittelalterliche Vorstellungswelt der Geistlichkeit darstellen, Eva *vae* ist, das Leid, aber auch *vita*, das Leben[25]; und weil nach dem berühmten Hymnus *Ave maris stella*, bezeugt seit dem 9. Jahrhundert, Eva das Anagramm Ave ergibt, das Gabriel ehedem der neuen Eva zugerufen hat. Kurz, Eva heraufzubeschwören bedeutet auch immer, Maria anzurufen und mit Hieronymus († 419) kundzutun: »Tod durch Eva, Leben durch Maria«[26]; oder mit Augustinus zu sagen: »durch die Frau den Tod, durch die Frau das Leben«[27]. Anselm von Canterbury behält diese Symmetrie bei: »Um zu verhindern, daß die Frauen jede Hoffnung aufgeben, das Glück der Seligen zu erreichen, da ja eine Frau am Anfang eines großen Übels war, muß eine Frau auch am Anfang einer solchen Wohltat sein, wenn man ihnen wieder Hoffnung geben will.«[28] Für unsere radikaleren Autoren hingegen ist die Brücke zwischen Eva und Maria zunächst abgebrochen. Einer unbenannten Eva steht eine unerreichbare Maria gegenüber.

Die jungfräuliche Mutter

Das 12. Jahrhundert war das große Jahrhundert der Marienverehrung und der Kathedralen, die große Zeit »Unserer lieben Frau«; es war ein sichtbares Aufblühen, das sich aber, wie Jean Leclercq betont, aus den Neuerungen des 11. Jahrhunderts speist, in dem sich der Marienkult schon machtvoll entfaltete. Wohlgemerkt: Unsere Quellen belegen, daß Männer – in diesem Falle Marbod und Gottfried – inbrünstig zu Maria gebetet und ihr selbst die Sünden anvertraut haben, die man kaum ein-

zugestehen wagt; ihr haben sie ihre Gedichte gewidmet, oder aber sie
stellten – wie Gottfried und Hildebert – Betrachtungen über das Mysterium ihrer Einzigartigkeit an. »Einzig, ohnegleichen, Jungfrau und Mutter
Maria«, wie in verschiedenen karolingischen Textsammlungen zu lesen
ist.[29] Indes, die jungfräuliche Mutter zu preisen bedeutete keineswegs,
der Gesamtheit ihrer geringeren Mitschwestern zu huldigen, wie Jules
Michelet sehr richtig vermutet hat.

Die Zuflucht des Sünders

In den schönen *Prières anciennes de l'Occident à la Mère du Sauveur*,
von Henri Barré gesammelte Gebete an Maria, ruft, von den Anfängen
bis zum 12. Jahrhundert, kaum eine Frau jene, die »gebenedeit ist unter
den Weibern«, in eigener Sache an. Ebenso verhält es sich mit Bitten um
eine Fürsprache Marias zugunsten einer Mitschwester. Als im 10. Jahrhundert die deutsche Nonne Hrotsvit ein Gebet an die Jungfrau verfaßt,
legt sie es dem Vicedomus Theophilus, den Maria von einem Pakt mit
dem Teufel befreit hat, in den Mund. Vom Ende des 11. Jahrhunderts
besitzen wir ein *Gebetbuch,* das für eine Nonne aus bekannten Texten
zusammengestellt worden war und uns keinen Hinweis auf besondere
weibliche Bezüge bietet. Das *Buch Gertruds,* zur gleichen Zeit zum
Gebrauch einer Adligen zusammengestellt, enthält Mariengebete, deren
sprechendes Ich eine Frau ist. Aber in der Regel wendet sich Gertrud mit
Fürbitten für ihren einzigen und königlichen Sohn Peter an die Jungfrau.
Um Frauen in großer Zahl, in der Regel Mütter, zu finden, die von der
Mutter des Erlösers gerettet wurden, müssen wir uns einer weniger angesehenen Literatur wie den *Wundern Unserer Lieben Frau* zuwenden.

Marbod von Rennes und Gottfried von Vendôme, die Erben des
großen Wegbereiters der Marienverehrung, Fulbert von Chartres
(† 1029), richten inbrünstige Gebete an die Jungfrau. Ohne die Höhen
ihres Freundes Anselm von Canterbury oder, ein halbes Jahrhundert später, des Bernhard von Clairvaux zugeschriebenen Opus der Marienverehrung – es ist durch die Schriften seiner Nacheiferer und durch zahlreiche Apokryphen aufgebläht – zu erreichen, reihen sie sich ein in die
Tradition, die Henri Barré aufgespürt hat: poetische Verherrlichung der
»kostbaren Jungfrau immerdar«, *stella maris* (»étoile de mer«, nach dem
geläufigen Wortspiel *mer* [Meer] und *mère* [Mutter]), »Tor zum Himmel«;
kindliche Liebe zur Mutter des Erlösers, Vertrauen in die stetige Fürbitte
derjenigen, die die »Zuflucht der Sünder«, die »Hoffnung der Menschen«
ist[30], einschließlich der besonders Schuldigen, denen Marbold sich
zugehörig fühlt. Maria ist die Mutter schlechthin, in deren Schoß der
unwürdige Sohn sich flüchten kann, um seiner Schmach zu entkommen.

Allerjungfräulichste Maria

»Einzig, ohnegleichen, Jungfrau und Mutter Maria.« So lauten die Gebete; sie bergen aber auch einen Reichtum an Betrachtung und Spekulation über die Natur, die Identität und die besonderen Tugenden Marias. Von den vier großen Dogmen (Gottesmutterschaft, Jungfräulichkeit, Unbefleckte Empfängnis und Himmelfahrt) wurden die beiden letzten erst weit nach dem Mittelalter verkündet (1854, 1950), obwohl sie schon früher, seit dem 11., ja sogar seit dem 8. Jahrhundert die Leidenschaften entfesselten. Die Vorstellung, daß Christus, ganz Mensch und ganz Gott, von Gott im Fleische einer Frau gezeugt worden sei und diese folglich den Titel »Mutter Gottes« verdiene, kam schon sehr früh auf: im Streit um die Natur des Sohnes, der von der Gnostik bis zum Arianismus das Christentum vom 2. bis zum 5. Jahrhundert vergiftete. Im Mittelalter zweifelte niemand an den Glaubenswahrheiten, die 431 auf dem Konzil zu Ephesos verkündet und 451 auf dem Konzil zu Chalkedon bestätigt wurden.

Die jungfräuliche Mutterschaft war ebensowenig umstritten. Wie man sie sich im einzelnen vorzustellen und allgemeingültig zu formulieren habe, beschäftigte indessen die Geister noch lange. Die Jungfräulichkeit Marias wird im Neuen Testament nur für die Empfängnis behauptet, und auch nur von zwei Evangelisten: von Matthäus in Zusammenhang mit Josephs Zaudern: »Joseph erkannte sie aber nicht, bis sie einen Sohn geboren hatte.«[31], und von Lukas im Dialog Marias mit dem Engel Gabriel: »Wie wird dies geschehen, da ich keinen Mann erkenne?«[32] Erst das Proto-Evangelium nach Jakobus, vermutlich im 2. Jahrhundert, hat die Jungfräulichkeit Mariens nach der Geburt unzweideutig behauptet. Hieronymus bekräftigt sie zu Beginn des 5. Jahrhunderts mit großem Aufwand in seiner Abhandlung *Adversus Helvidium (Anti-Helvidius)*. Seine Auffassung blieb unangefochten. Einige Autoren gehen noch weiter: Schon im 3. Jahrhundert vertreten Klemens von Alexandria († 215), im 4. Jahrhundert Zeno von Verona († um 372) und Ambrosius, im 5. Jahrhundert Augustinus, Petrus Chrysologus († 450) und Leo der Große († 461), an der Wende vom 6. zum 7. Jahrhundert Gregor der Große († 604), im 9. Jahrhundert Paschasius Radbertus († 863) die Jungfräulichkeit Mariens *während* der Geburt; »ohne Öffnung des Uterus«, präzisiert Gregor der Große[33] nach dem heiligen Ephraem († 373); »bei geschlossener Vulva und geschlossenem Uterus«, wiederholt Hinkmar von Reims († 882)[34] vor Petrus Damiani.

Gott ist alles möglich, selbst das Unglaubliche. Trotzdem: die jungfräuliche Geburt ist der Punkt, der am schwersten anzuerkennen ist. Als Gottfried von Vendôme seine Predigt *In nativitate Domini (Die Geburt des Herrn)* verfaßt, bestehen noch Zweifel, denn er sagt, er wolle den Irrtum derer widerlegen, die behaupten, Maria sei vor und nach der Geburt Jungfrau gewesen, daß sich aber das Tor während der Geburt geöffnet habe. Er kommentiert den Vers Ezechiels: »Dieses Tor soll verschlossen bleiben. Es soll nicht geöffnet werden.«[35] Schon Gregor von Nyssa († 392), Ambrosius und Hieronymus hatten in diesem Vers das Symbol für die Jungfräulichkeit Marias gesehen; und ebenso im brennenden Dornbusch, der lodert, ohne sich zu verzehren, in der Bundeslade aus unvergänglichem Holz, im taubenetzten Vlies Gideons, im verschlossenen Garten und im versiegelten Quell des *Hohenliedes*. Rupert von Deutz († 1129), der die Deutung des Ezechiel fortführt, besteht noch eindringlicher auf dem allegorischen Sinn sowohl im Neuen als auch im Alten Testament: »Sie war verschlossen, als sie empfing, und sie war nicht weniger verschlossen, als sie gebar.«[36] Gottfried von Vendôme gibt nun die Losung von der Jungfräulichkeit »sowohl vor, als auch während, als auch nach der Geburt«[37] aus. Dieselbe Losung finden wir bei Hildebert von Lavardin in seiner Predigt *Contra judaeos (Gegen die Juden)* über denselben Vers Ezechiels.[38] Ist diese Losung, die sich so vertraut anhört, damals nicht noch verhältnismäßig neu? Kann man wirklich sicher sein, daß sie schon vor dem 11. Jahrhundert gängig war? Sie kündigt in ihrer Radikalität den Geist der Scholastik an, die sich im übrigen mit Eifer der Sache annimmt, und greift im Grunde eine seit langem gültige Wahrheit wieder auf, legt allerdings durch ihre Argumentationsweise den Schwerpunkt genau auf den Moment der Geburt, während das Vorher und Nachher nur Begleiterscheinungen sind. Manchmal wird einem geradezu schwindelig bei der Lektüre derjenigen Abhandlungen Gottfrieds und Hildeberts, in denen die beiden Geistlichen, von einem absurden Wissensdrang beflügelt, den Schoß der Jungfrau erforschen. Ihre Auffassung von der Jungfräulichkeit Marias scheint im Vergleich zu den vorausgegangenen Epochen noch unduldsamer zu werden, was nicht gerade dazu beiträgt, daß aus Maria ein den Frauen greifbares Leitbild wird. Sie entschwindet mehr und mehr in den unerreichbaren Himmel einer jungfräulichen Mutterschaft.

Hören wir noch einmal Gottfried: »Maria, die Gütige, hat Christus geboren, und in Christus gebar sie die Christen. Und so ist die Mutter Christi die Mutter aller Christen. Wenn aber die Mutter Christi die Mutter aller Christen ist, sind Christus und die Christen offenbar Brüder. Christus ist nicht nur Bruder aller Christen, sondern er ist der Vater aller Menschen, vor allem der Christen.« Deshalb die Schlußfolgerung: »Er ist Vater und Bräutigam der Jungfrau; und er ist ihr Sohn.«[39] Schon im frühen Mittelalter hatten Ephraem und Petrus Chrysologus die Vorstellung von Maria als »Schwester, Braut und Magd des Herrn«[40] entwickelt, »aus Gnade Mutter aller Lebendigen«, im Gegensatz zu Eva, »von Natur aus Mutter aller Sterbenden«.[41]

Die Jungfrauen und die anderen

Unsere drei Prälaten sind nicht nur Theoretiker, sie sind auch Seelsorger. Was haben sie den irdischen Frauen zu bieten?

Gottlob gibt es die letzte Bastion derer, die nicht gefehlt haben: Eva, die englische Nonne, an die Gottfried sich wendet; Atalisa, die unbekannte Klausnerin, der Hildebert schreibt, oder auch Muriel, Agnes und Constantia, die ihr Freund Balderich von Bourgueil († 1130) in der großen Tradition der Hieronymus-Briefe ermahnt, ihre Jungfräulichkeit zu bewahren. Um sie, wie auch um die Adressatinnen des *Speculum virginum (Spiegels der Bräute Gottes)*, der zur selben Zeit in Deutschland verfaßt wird, muß man nicht bangen, solange sie standhaft bleiben. Hildebert spricht Atalisa seine Anerkennung dafür aus, daß sie »den Banden der vergänglichen Ehe ein unvergängliches Nachleben vorgezogen hat«. Er würdigt zwar den Lohn, der diese Gefährtinnen des Lamms im Jenseits erwartet, preist aber in Anlehnung an ein Motiv, das schon bei Ambrosius und Hieronymus vorkommt, weit mehr die Freiheit, die von nun an die Jungfrauen genießen. Sie sind von der Gewalt des Mannes über ihren Körper und von der Sorge um ihre Nachkommen befreit: »Nachfahren, deren Empfängnis eine Verletzung der Scham und deren Geburt eine Verletzung des Lebens ist, sind teuer bezahlt.«[42] Auch wenn Hildebert in der Predigt *De communi consensu (Über das gegenseitige Einverständnis)*, deren Bedeutung Duby nachgewiesen hat, die Ehe als ein auf »Liebe« (*dilectio*)[43] gegründetes, unauflösliches Sakrament darstellt, verkennt er dennoch nicht die harte Wirklichkeit der feudalen Ehe, eine Realität, die im 11. Jahrhundert auch die Legende der heiligen Godeleva von Ghistelle († um 1070) enthüllt.[44]

Und genau da liegt die Schwierigkeit: Was soll man den verheirateten Frauen sagen, die den Zustand jungfräulicher Seelenruhe nicht mehr erreichen können, die aber dennoch erlöst werden wollen? Marbod verfaßt den vierten Teil des *Liber decem capitulorum, De matrona (Über die Ehefrau)* als Antwort auf das Gedicht *De meretrice (Über die Buhlerin)*: erst die Hure, dann die Matrone. Das Plädoyer wirkt komisch. »Es geht nichts über eine gute Ehefrau«, heißt es in Anlehnung an die *Sprichwörter* Salomos. Muß man die Frau nicht allen materiellen Gütern vorziehen, da sie in allem dem Manne gleich ist, »ausgenommen das Geschlecht«? Würde die Menschheit ohne die Frau existieren? »Wenn du kein Feld hast, was soll dann dein Same?« Die Frau ist dienstbar und geschickt. Sie glänzt vor allem in den »ganz kleinen Dingen« des täglichen Lebens.[45] Keine Frau ist schlimmer als Judas, aber kein Mann reicht an Maria heran. Aber ach! Als Marbod zum Beweis Heiligenbeispiele zitiert, findet er nur Jungfrauen. Insgesamt ist das ein recht zaghaftes Plädoyer, das die

Frau in ihrer sozialen Funktion rehabilitiert, ohne aber von ihrem Seelenheil zu sprechen.

Es liegt in der Natur der Sache, daß die Hagiographie dieser zweiten
Erwartung entgegenkommt. Hildebert von Lavardin legt eine neue Fassung des Lebens der heiligen Radegundis († 587) vor, in der er die Aussagen des Venantius Fortunatus und der Baudonivia, der beiden Hagiographen Radegundis' aus dem 6. Jahrhundert, miteinander verbindet.[46]
Die heilige Königin, gegen ihren Willen Ehefrau von Chlodwigs Sohn
Chlothar († 562), hatte sich in das Kloster von Poitiers, das spätere Sain-
te-Croix, zurückgezogen. Aus einem zeitlichen Abstand von mehr als
fünf Jahrhunderten dient sie den verheirateten Frauen des Hochadels,
mit denen Hildebert korrespondiert, als Vorbild. Diese Neufassungen
sind, wie Jean-Yves Tilliette betont[47], nie nur schlichte Veränderungen
der Form. In dem Ursprungstext des Fortunatus stellen die Ehe der
Radegunde und das geteilte Bett kein Problem dar. Hildebert hingegen
beharrt auf der Jungfräulichkeit der Heldin vor ihrer Ehe und auf dem
Abscheu, mit dem sie dann ihrer Pflicht nachkommt. Viele mittelmäßige
Hagiographen versuchten später die Vorstellung zu verbreiten, Radegundis und Chlothar hätten ihre Ehe nicht vollzogen. Hildebert eröffnet
diesen Weg. Für die verlorene Tugend der Jungfräulichkeit bieten die
anderen Tugenden der Heiligen keinen Ausgleich. Nach Hieronymus
fragt sich Petrus Damiani – und das ist eine der ganz selten geäußerten
Vorbehalte gegenüber der göttlichen Allmacht: Kann Gott eine Jungfrau
nach ihrem Fall wieder erheben?[48]

Die alte, von Hieronymus eingeführte, von Paschasius Radbertus und
Bruno dem Scholaster († 1101) wieder aufgegriffene und bis zu Thomas
von Aquin († 1274) gängige Einteilung, deren Weiterleben Geneviève
Hasenohr bis ins 15. Jahrhundert verfolgt hat[49], bewährt sich: Die Jungfrauen ernten hundertfach die Früchte ihrer Verdienste, die Witwen sech-
zig-, die Ehefrauen dreißigfach. Im 9. Jahrhundert war es, wie Pierre Toubert gezeigt hat, den von Augustinus inspirierten karolingischen Moralisten gelungen, den fürstlichen Paaren mit den *Spiegeln der Ehegatten* ein
die Ehe aufwertendes Modell vorzustellen, nach dem adlige Frauen die
mit ihrer Stellung verbundenen Pflichten, die Mutterschaft und den Weg
zur Heiligung miteinander versöhnen konnten. Diese Literatur konnte
ein »positives Bild der Frau, sogar der Weiblichkeit« entwickeln. Statt Eva
auszulöschen, ersetzte man sie durch die jungfräuliche Mutter und mehr
noch durch Maria Magdalena.[50] Im 10. und 11. Jahrhundert hat die otto-
nische Dynastie, ganz in der karolingischen Tradition, ihre Königinnen
Edith († 946), Mathilde († 968) und Adelheid († 999) als ideale Ehefrau-
en und zugleich als Heilige verstanden.[51]

Aber in dem zunächst von Cluny und dann von der gregorianischen
Reform ausgehenden Impuls kündigte sich schon – wie im *Epithaphium*

Adelheide – die uneingeschränkte Idealisierung der Jungfräulichkeit an. Der Hagiograph der heiligen Ama erklärt den geweihten Jungfrauen gegen Mitte des 11. Jahrhunderts, daß ihr Stand es ihnen ermögliche, die Verfluchung Evas zu überwinden.[52] Dagegen hat der Hagiograph Idas, Gräfin von Boulogne († 1113), wie unsere Prälaten aus dem Westen Frankreichs, einige Mühe zu erklären, daß ein heiliges Leben für eine Frau, noch dazu für eine verheiratete Frau, möglich sei. Gepriesen als züchtige Ehefrau und vor allem als Mutter ihrer wunderbaren Söhne Gottfried von Bouillon und Balduin von Jerusalem unterstellt sie sich schließlich als Witwe der Oberhoheit Clunys.[53] Nie nahm die Gemeinschaft der Heiligen so wenig Frauen auf wie zwischen 1050 und 1100.[54] Ihre religiösen Leidenschaften trieben sie bald in andere Richtungen: auf die Pfade der Abweichung, der Mystik und der Ketzerei.[55]

Die Hintertür

Mehr noch als die Hagiographie sind die Briefe zur Unterweisung Ausdruck der Seelsorge. Hildebert von Lavardin richtet sieben solcher Episteln an Adele von Blois († 1137), Tochter Wilhelms des Eroberers. Erwarten wir nicht, in dieser Zeit ein Wort an Menschen niederen Standes zu finden. Die ersten drei Briefe, geschrieben, als Adele noch bei den Ihren weilt, sind nichts als höfische Schmeicheleien. Die vier letzten stammen aus der Zeit nach 1112, als die Gräfin sich in das cluniazensische Priorat von Marcigny, eine der seltenen klösterlichen Einrichtungen dieser Epoche für Frauen, zurückgezogen hat. Der letzte Brief ist der wichtigste, da Hildebert hier die Hochzeit der verwitweten Nonne und ihres neuen Bräutigams, Christus, preist. Der Prälat nennt Adele seine Herrin und erklärt dazu: »Die Braut meines Herrn ist meine Herrin«[56] – Adele ist nun die Braut Christi. Die Aussage ist nicht neu. Schon Hieronymus wandte sich in diesem Sinne an die Jungfrau Eustochium. Aber Hildebert trifft sich hier mit den höfischen Dichtern, die an den Höfen Südfrankreichs an ihren ersten Versen feilen. Er versucht, in diesem Fall sehr viel differenzierter als Anselm von Canterbury in seinen Briefen an Gunhild, Tochter König Harolds von England, seine Briefpartnerin zu beruhigen, nachdem er allerdings zuvor dafür gesorgt hatte, sie in Unruhe zu versetzen: Muß sie gewärtigen, verstoßen zu werden, weil sie ehedem einen Mann Gott, einen Ritter dem König vorgezogen hat? Nein, versichert Hildebert. Und als Beweis zitiert er einige biblische Beispiele erlöster Frauen: Die Prostituierte, die Hosea, und die Ägypterin, die Moses zur Frau nimmt – beides wenig schmeichelhafte Vergleiche –, und vor allem die berühmte Sünderin des Evangeliums, die Schwester der Martha und des Lazarus. Petrus Venerabilis, Abt von Cluny

(† 1156), berichtet, wie seine Mutter im Bestreben, den verhaßten Bindungen der Ehe zu entfliehen, sich allen heiligen Männern, die vorüberkamen, zu Füßen warf, eine neue Magdalena zu Füßen des Erlösers, die Vergebung und Schutz erfleht.[57] Die Möglichkeit des Heils für verheiratete Frauen – und es handelt sich hier um Frauen aus den besten Kreisen – ist im Denken der kirchlichen Autoren dieser Zeit vor allem eine Möglichkeit der Sühne. Der Verlust des Siegels der Jungfräulichkeit ist unwiderruflich, sowohl physisch als auch moralisch. Die Buße ist der einzige Weg und die Reue der Sünderin, der *meretrix*, der Prostituierten, das einzige Modell. Für die weiblichen Nachkommen der Türhüterin des Todes, die die paradoxe Herausforderung, die mit Maria verbunden ist – verschlossenes Tor zu bleiben und gleichzeitig Tor zum Leben zu werden – nicht annehmen konnten, führt der Weg zum Heil nur durch die Hintertür.

MAGDALENA

Theophilus war Verwalter des Kirchenguts von Adana in Kilikien. Als der Bischof stirbt, will man ihn auf den Bischofsstuhl erheben. Er lehnt ab. Ein anderer wird erwählt, der Theophilus seine Gunst entzieht. Da packen diesen Rachsucht und Mißgunst. Durch die Vermittlung eines Juden schließt er einen Pakt mit dem Teufel. Als er aber erkennt, welch furchtbaren Fehler er gemacht hat, ruft er die Jungfrau um Rettung an. Soweit die Legende, die im 6. Jahrhundert in griechischer Sprache verfaßt wurde. In karolingischer Zeit wird sie ins Lateinische übersetzt und verbreitet sich auch im Westen. Dieses Urbild des Faust taucht im 11. und 12. Jahrhundert in der Literatur auf und wird im Tympanon der Klosterkirche von Souillac dargestellt, denn es veranschaulicht die Allgewalt Marias: Die Jungfrau ist stärker als der Teufel. Fulbert von Chartres verwendet es, Gottfried von Vendôme verweist in einer seiner Predigten darauf. Im Kreis der angevinischen Gelehrten wird ein *Leben des Theophilus* in Versen verfaßt, vielleicht von Marbod von Rennes. Der Autor hält sich möglichst wortgetreu an die lateinische Übersetzung aus dem Griechischen, ohne Hrotsvits Neufassung der Legende zu berücksichtigen.

Theophilus steht also vor Maria. Er muß seinen Fall umfassend darlegen und führt zu seiner Verteidigung Beispiele berühmter reuiger Sünder an: Rahab, David, Petrus, Zachäus, Paulus, Cyprianus. Der Dichter kopiert seine Vorlage genau, mit einer Ausnahme: Zwischen Petrus und Zachäus taucht ein neuer Name auf, Maria Magdalena, »sie, die mit ihren Tränen den Makel ihrer frevelhaften Taten getilgt hat, die seitdem unserem Herrn teuer ist und von den Jahrhunderten gefeiert wird.«[58] Sie wird in die Überlieferung eingebettet und, vermutlich unter dem Einfluß einer Homilie Gregors des Großen, in den Kreis der reuigen Sünder aufgenommen. So entsteht eine Gestalt, die in erster Linie für die Frauen von Interesse ist. Seit wann also wird sie gefeiert?

Die Heilige kommt als die Gestalt, die der Okzident verehrt, in den Evangelien nicht vor. Sie wird vielmehr aus drei weiblichen Figuren zusammengesetzt: Maria von Magdala, aus der Christus sieben Dämonen austreibt, die ihm bis auf den Kalvarienberg folgt und die als erste Zeugin der Auferstehung gilt; Maria von Bethanien, Schwester der Martha und des Lazarus; die Sünderin ohne Namen, die bei Simon dem Pharisäer die Füße Christi mit ihren Tränen benetzt, sie mit ihrem Haar trocknet, mit Küssen bedeckt und mit Öl salbt.[59] Einige Übereinstimmungen machten es möglich, die eine oder andere Verbindung zwischen den Frauen herzustellen. Der Orient verzichtete darauf. Für den Okzident hingegen verschmolz Gregor der Große sie endgültig zu einer einzigen: Maria Magdalena. Victor Saxer hat die Etappen ihres Aufstiegs meisterhaft nachgezeichnet: Ihr Auftreten in den Martyrologien und in der Liturgie des 8. Jahrhunderts, und zur gleichen Zeit die ersten Erwähnungen ihrer Reliquien in der Abtei Notre-Dame de Chelles. Aber der eigentliche Aufschwung des Kults, der ursprünglich aus dem östlichen Teil des Reichs gekommen zu sein scheint, ist verbunden mit dem Aufstieg von Vézelay. 1050 wird die burgundische Abtei, die ursprünglich der Jungfrau Maria geweiht war, dem Patronat Magdalenas unterstellt. Die Mönche von Vézelay entdecken in dieser Zeit, in der die Frömmigkeit einen so großen Bedarf an sichtbaren Zeichen hat, mit einiger Verspätung, daß sie seit Urzeiten die Reliquie der Heiligen besitzen. Um zu erklären, wie der heilige Leichnam aus dem Orient nach Burgund gelangte, denkt man sich eine etwas verworrene Geschichte aus, die diese Überführung mit der legendären Landung Marthas, Marias und Lazarus' in der Provence in Einklang bringt. Dies ist um so dringlicher, als andere heilige Stätten auf dieselbe Ehre Anspruch erheben. Der Kunstgriff trägt Früchte: Die Wallfahrtsstätte von Vézelay erstrahlt im 11. und 12. Jahrhundert in unvergleichlichem Glanz, bevor sie im 13. Jahrhundert von anderen Orten, die danach trachten, die Heilige für sich zu vereinnahmen, teilweise verdrängt wird: Sainte-Baume und Saint-Maximin de Provence.

Das Heil liegt in der Buße

Die »fermentazione magdalenica dell'XI secolo«[60] drang auch bis in den Westen Frankreichs vor. 1084 und 1093 werden erstmals in Frankreich Frauen auf den Namen Magdalena getauft, und zwar in der Nähe von

Tours und Le Mans. 1105 verfaßt Gottfried von Vendôme *Zu Ehren der seligen Maria Magdalena (In festivitate B. Mariae Magdalena)* eine Predigt, die fast alle verfügbaren Details über die Heilige zusammenträgt, und die von Dominique Iogna-Prat so genannte »selige Mehrdeutigkeit«[61] bezeugt. Gottfried geht von der Frauengestalt aus, die im Hause des Pharisäers die Füße Christi salbt. Magdalena ist die »Frau, die in der Stadt eine Sünderin war« (*Lk* 7,37) – und im Mittelalter wissen alle sofort, daß es um die Sünde des Fleisches geht, daß sie eine Prostituierte war. Petrus Cellensis († 1183) nennt sie *meretrix* (Buhlerin) und betont ihre unersättliche Wollust.[62] Nach dem Bericht des Lukas wirft sie sich dem Herrn zu Füßen. Diese Frau ist offenkundig Magdalena, präzisiert Gottfried, »die bekannte Sünderin«, und in Anlehnung an Augustinus stellt er sie dem hochmütigen Pharisäer gegenüber: »Das schwache Geschlecht fürchtete den Pharisäer, diesen harten Mann ohne Erbarmen, der die Frau verachtete und es für unter seiner Würde hielt, sich von ihr berühren zu lassen.« Christus hingegen nimmt ihre Huldigung bereitwillig an. Schwankend zwischen Hoffnung und Furcht, »klagt sie sich ihrer Sünden an«, und dies Schuldbekenntnis rettet sie. Mehr noch: Sie wird sogar ein Werkzeug der Erlösung, sie, »die nicht nur ihre eigenen Wunden, sondern auch die zahlreicher Sünder geheilt hat und immer heilen wird«.[63] Ist Magdalena, die *meretrix*, also zur Mit-Erlöserin geworden? Diese Auszeichnung erhält selbst die Jungfrau Maria nicht so ohne weiteres. Gottfried geht noch weiter. Er stellt sie nicht nur dem Pharisäer gegenüber, sondern auch Petrus: Die Sünderin übertrifft den Apostel in der Inbrunst ihrer Liebe zu Christus. Und erscheint der auferstandene Christus nicht ihr als erster, und beauftragt er nicht sie, die frohe Botschaft seines Sieges über den Tod zu verkünden? Gottfried läßt Magdalena nicht auf der Höhe des österlichen Triumphes zurück. Er verläßt die sicheren Pfade der Evangelien und zeigt, angeregt von einer Legende, dem *Eremitenleben,* die seit dem 9. Jahrhundert im Westen kursiert, eine Magdalena, die sich fern von ihrer Heimat und erschöpft von den Gebeten und Nachtwachen harte Bußübungen auferlegt, sich geißelt und durch Fasten kasteit.

Und auch hierin ist Gottfried von Vendôme nicht ohne Vorgänger. Er exzerpiert Ambrosius, Augustinus, Gregor den Großen und eine Predigt, die Odo von Cluny zugeschrieben wird. Diese Predigt, vermutlich um das Jahr 1000 verfaßt, entschlüsselt die Rolle Magdalenas im Heilsplan: »Dies geschah, damit die Frau, die den Tod in die Welt brachte, nicht in Schande verharren müsse: durch die Hand der Frau den Tod, aber durch ihren Mund die Verkündigung der Auferstehung. So, wie die Jungfrau Maria uns das Tor zum Paradies öffnet, wie die Verfluchung Evas uns davon ausschließt, so wird das weibliche Geschlecht durch Magdalena von seiner Schande befreit.«[64] Gottfried von Vendôme schließt sich dieser Sicht an, aber nur, um der Heiligen eine noch größere Gewalt zu

verleihen: Durch »ihre gottesfürchtigen Worte« avanciert sie zur »Türhüterin des Himmels«. Nicht mehr Maria, sondern Magdalena öffnet
jedem Bußfertigen die Tore zum Paradies, vorausgesetzt, er ist gewillt zu
bereuen.[65]

Sünder oder Sünderinnen?

Können wir also in der Gestalt der Magdalena – genauer der Sünderin
in dieser komplexen Triade – eine Aufwertung der Frau und der Weiblichkeit entdecken? Ihr Siegeszug bleibt zweideutig. Gottfried wendet
sich keineswegs an ein weibliches Auditorium. Er ermahnt seine Mönche
und hält ihnen als Beispiel »diese ruhmreiche Frau« vor, der sie »ihre Seelen und ihre Körper« empfehlen sollen.[66] In der Odo von Cluny zugeschriebenen Predigt ist Magdalena eine Metapher für die streitende Kirche. Für den Abt von Vendôme ist sie in erster Linie Symbol nicht der
Frau, sondern des weiblichen Anteils in jedem Menschen, des Anteils,
der ihn hinabzieht zum Leib, zur Empfindung – seiner Seele. Wenn er
von der weiblichen Schwäche spricht, meint er vor allem die menschliche Schwäche.

Origenes († um 252) greift eine Unterscheidung Philons († 50) wieder
auf: »Unser Inneres besteht aus Geist und aus Seele. Man sagt, der Geist
sei männlich und die Seele könne weiblich genannt werden.«[67] Ambrosius ergänzt: »Der Geist ist folglich wie Adam, die Empfindung wie Eva«[68].
Augustinus führt dies weiter aus. Die mittelalterlichen Autoren des 9. bis
12. Jahrhunderts, bis hin zu Petrus Lombardus († 1159), bevorzugen eine
krassere Formulierung: Adam ist der Geist und Eva das Fleisch. Es handelt sich nach wie vor um eine Metapher, die die Menschlichkeit der Frau
nicht anzutasten gestattet. Nur die falsche Deutung einer Äußerung Gregors von Tours auf dem Konzil zu Mâcon im Jahre 585 konnte zu der irrigen Ansicht führen, die Geistlichen hätten ernsthaft darüber diskutiert,
ob die Frau eine Seele habe. Gottfried von Vendôme ersinnt einen Dialog zwischen dem Sünder – ihm selbst – und »seiner sündigen Seele«,
der »Braut Christi«, die durch ihre Sünden gefallen und als »Tochter des
Teufels«, »Konkubine des ruchlosesten Unzüchtigen« geworden ist.
Dieser Seele – der seinen – empfiehlt er, ihre Sünden zu bekennen und
sich die »Büßerin Maria Magdalena«[69] zum Vorbild zu nehmen. Auch
Marbod von Rennes und Anselm von Canterbury erwarten von Magdalena die Erlösung ihrer *anima peccatrix* (sündigen Seele). Diese lautstarken Geständnisse, die schon Petrus Damiani abgelegt hatte, haben
ihr Vorbild in den *Confessiones* des Augustinus und in der Gestalt des
Hieronymus, der die Füße Christi mit seinen Tränen benetzt und sie mit
seinem Haar trocknet, um »sein aufbegehrendes Fleisch durch wochen-

langes Fasten«[70] zu zähmen. Die Geständnisse sind voller Rhetorik, aber
sie haben auch ihre eigene Grammatik, die einerseits eine bestimmte
Richtung vorgibt: *anima* (Seele) ist weiblichen Geschlechts; und so entsteht ganz selbstverständlich eine weibliche *peccatrix* (Sünderin), um
den reuigen Sünder zu leiten. Im Spiegel der Hagiographie wird andererseits aber auch deutlich, daß dieser rhetorische Zugriff die Realität
trifft, und zwar die der Frauen.

Marbod von Rennes verfaßt das Leben der Thaïs in Versen, zumindest
schreibt man ihm die Autorschaft zu; Hildebert schreibt die Vita der
Maria von Ägypten. Wenn dieses Jahrhundert selbst keine heiligen Frau-
en hervorbringt, läßt es doch die alten Legenden wieder aufleben und
zeigt ein besonderes Interesse für die Büßerinnen in der Wüste. Thaïs ist
eine berühmte Buhlerin, die von Abt Pafnutius errettet wurde. Maria von
Ägypten lebt nach einer Phase der Prostitution in völliger Einsamkeit jenseits des Jordan. Ihre Legende hat das *Eremitenleben* der Maria Magdalena angeregt. Die Wahl dieser beiden Motive ist bezeichnend. Die Frau
ist Sünderin und ihrem Wesen nach Fleisch. Nur Reue und Buße und die
Züchtigung ihres sündigen Fleisches können ihr Heil bringen. Aber
während sich Pafnutius in den lateinischen Übersetzungen des frühen
Mittelalters voll düsterer Strenge zeigt, wird er in der Neufassung des
11. Jahrhunderts milder. Er nennt Thaïs seine »Liebste« und redet sie an:
»Oh du von Gott Geliebte, du Ebenbild des himmlischen Königs!«[71] Die
wenigen Formulierungen, die zu der alten Vorlage hinzugedichtet wurden, bedeuten mehr als nur die Anlehnung der Hagiographie an das
Vokabular des *fin' amor*. Es ist ja im übrigen nicht ausgeschlossen, daß
die mystische Sprache der Geistlichen den Bannerträgern der Courtoisie
erst den Stoff für ihre Poesie geliefert hat.

Nach der *Genesis* werden beide, Mann und Frau, »nach dem Bilde
Gottes«[72] geschaffen. Der *Erste Brief an die Korinther* dagegen behält diese Ehre dem Manne vor und erklärt die Frau, das zweite Geschöpf, zum
»Abglanz«[73] nicht des Schöpfers, sondern des Mannes. Augustinus plagt
sich mit diesem Widerspruch herum, wie nach ihm viele andere: Isidor
von Sevilla, Arnold von Bonneval († um 1152), Gratian († um 1159),
Thomas von Aquin. Nun aber wird paradoxerweise eine unwürdige Prostituierte, Magdalena, zum »Ebenbild des himmlischen Königs« erklärt!

Diese Strömung geht schließlich weit über die Hagiographie hinaus.
Reden und Taten stimmen überein, denn zur selben Zeit und in dersel-
ben Gegend kümmern sich die Ordensgründer Robert von Arbrissel und
Vitalis von Savigny († 1122) um das Schicksal der wirklichen *meretrices*,
der Prostituierten, aber auch der Frauen geringen Standes, die von ihren
Ehemännern gemäß den Lehren der reformerischen Geistlichen ver-
stoßen wurden, und der vom Bannfluch bedrohten Konkubinen von
Priestern, aller derjenigen also, die Petrus Damiani ein halbes Jahrhun-

dert zuvor an den Pranger gestellt hat. Vitalis versorgt sie mit einer Mitgift und verheiratet sie. Der Ketzer Heinrich von Lausanne, ein neuer Hosea, der sich 1116 in der Diözese von Le Mans aufhält, verpflichtet die Männer seines Heerhaufens, sie zu heiraten. Robert von Arbrissel nimmt sie in seinen Orden auf und weiht ihnen ein Kloster, Sankt Magdalena von Fontevraud.[74]

Doppelte Sühne

Es ist wenig sinnvoll, sich mit den einen darüber zu entrüsten, daß das Mittelalter von zäher Frauenfeindlichkeit gewesen sei, oder sich mit den anderen daran zu begeistern, daß es den Frauen einen so bedeutenden Platz eingeräumt habe. Wir sind in unserer Untersuchung von einem kleinen Zeitraum ausgegangen und haben die Spuren einer kleinen Gruppe von Männern verfolgt, deren Bildung durchgängig von den Kirchenvätern geprägt war. Wir können aber feststellen, daß insgesamt die Vorstellungen von der Frau in der geistlichen Hochkultur sehr vielschichtig waren.

Das Denken dieser Männer ist bestimmt von den Vorgaben der Heiligen Schrift. Sie nehmen jede Realität durch dieses Prisma wahr; auch die Realität der Frau haben sie nur durch jene Gestalten hindurch wahrgenommen, die aus diesen als Offenbarungen angesehenen Texten über Jahrhunderte der Interpretation herauspräpariert wurden. Ein einflußreiches Deutungsmuster ist der Gegensatz Eva und Maria; die eine symbolisiert die reale, die andere die ideale Frau. Aus Gründen kirchlicher Strategie und Disziplin und der Forcierung einer neuen Moral wird Eva an der Wende vom 11. zum 12. Jahrhundert mehr als gewöhnlich heimgesucht: Sie ist die Frau, von der sich der Geistliche losreißen muß, die Frau niederer Herkunft, von der die fürstlichen Verbindungen gereinigt werden müssen, die Tochter des Teufels. Die jungfräuliche Mutter hingegen wird dermaßen idealisiert, daß sie für die Frauen hienieden unerreichbar bleibt. Aus der tiefen Kluft zwischen den beiden Hauptgestalten steigt Magdalena empor. Mit dem 11. und 12. Jahrhundert beginnt der große Aufschwung ihres Kults. Magdalena wird eine besonders intensiv empfundene Gestalt, weil die Geistlichen ihr fatal angewachsenes Schuldgefühl auf sie übertragen. Für die Frauen eröffnet sie einen Weg zum Heil, der für sie angesichts des unerreichbaren Idols der göttlichen Jungfrau fast völlig unwegsam geworden war. Die reuige Sünderin wirkt ihr Heilswerk, aber um den Preis der Reue und der Buße.

Georges Duby weist darauf hin, daß Magdalena zu dem dritten Ort in Beziehung steht, der sich nach Jacques Le Goff in der zweiten

Hälfte des 12. Jahrhunderts herausbildet und der ebenfalls Ort der Reue, der Hoffnung und der Furcht ist: dem Fegefeuer.[75] Jeder Sünder muß die Sünde, die ihn seit seiner Empfängnis zeichnet, sühnen. Die Frauen scheinen allerdings auch unter der Schirmherrschaft Magdalenas eher zwei- als einmal sühnen zu müssen: als Sünderinnen und als Frauen.

NEUE ZEITEN

Im Wandel der Zeiten wandelt sich auch das Frauenbild, selbst wenn es sich nach wie vor aus denselben Quellen speist. Anselm von Canterbury läßt die Frauen in der Regel von dem Optimismus profitieren, der sein ganzes Werk durchzieht, ein Werk, das zutiefst auf die Menschwerdung Gottes vertraut. Ein Neuerer wie Abaelard bringt einen »spekulativen Antifeminismus« mit einem »praktischen Feminismus«[76] in Einklang. Autoren wie Hugo und Richard von St. Viktor († 1141 und 1173) suchen neue Wege: Die sexuelle Dimension soll möglichst in einer durch reine Liebe verklärten Ehe transzendiert werden.

Im Laufe der folgenden Jahrhunderte lassen sich in der Kultur der Geistlichen Kontinuität und Wandel im Hinblick auf die drei vorherrschenden Frauenbilder feststellen: Eva als Versucherin, Maria als Himmelskönigin – möglicherweise von Suger, Abt von Saint-Denis († 1151) als ikonographisches Motiv eingeführt – und Magdalena als erlöste Sünderin. Diese drei ineinander verschlungenen Fäden verknüpfen sich im Werk eines jeden Autors fortwährend zu einer je besonderen Konfiguration. Seit Mitte des 12. Jahrhunderts wandelt sich die Lage. Zum einen erleben wir eine erhebliche Spezialisierung der Aufgaben: Theologen, Kanonisten, Prediger, Seelsorger, Hagiographen, Enzyklopädisten und Mystiker teilen sich nach klarer festgelegten Grenzen das weite Feld, das zuvor oft ein einziger Gelehrter durchmessen hat. Nur noch selten vermag ein einzelner das breite Spektrum zu umfassen, das die angevinischen Autoren boten. Zum anderen werden die Geistlichen, die die Einheit des Glaubens zu wahren haben, durch die lokalen Ausprägungen der Andachtsübungen und der Frömmigkeit der Gläubigen merklicher herausgefordert und auch verunsichert. Jetzt versuchen die Frauen selbst, sich Gehör zu verschaffen, ihre Sorgen, Wünsche und Hoffnungen im Bereich der Religion zu äußern. Früher enthüllten die Geistlichen von der Höhe ihres Amtes herab die Ordnung der Welt. Nun müssen sie zunehmend häufiger auf Initiativen reagieren, auf die sie nur schlecht vorbereitet sind.

Im Namen der Mutter und des Sohnes

Von Chartres bis Amiens steht Maria im strahlenden Zenit ihres Kults. Die glühendsten Lobgesänge kommen aus dem klösterlichen Milieu, vor allem von den Zisterziensern, deren Wege der *doctor mellifluus*, Bernhard von Clairvaux, geebnet hat. Jean Leclercq findet nur wenige eigentliche Neuerungen Bernhards im Bereich der »Mariologie«. Der erstaunliche Erfolg seiner Texte beruhe auf ihrer »Schönheit«[77]. Seit Beginn des 13. Jahrhunderts treten die Bettelmönche, vor allem die Franziskaner, in den Vordergrund. Die mittelalterliche Mystik beginnt ihren Höhenflug mit der Hinwendung zu Maria: Mehr als je zuvor ist die Frömmigkeit eine kindliche, eine des Sohnes. Vielleicht wird die Jungfräulichkeit weniger verkrampft gesehen: Die Frau triumphiert als Mutter.

Die theologischen Fakultäten sind der Ort schlechthin für dogmatische Spekulation und Ausformung der Glaubenslehre. Fünf Autoren, drei Franziskaner – Alexander von Hales († 1245), Bonaventura († 1274), Johannes Duns Scotus († 1308) – und zwei Dominikaner – Albertus Magnus († 1280), Thomas von Aquin († 1274) –, haben in einem halben Jahrhundert die theoretischen Grundlagen erarbeitet, die später die Formulierung der beiden letzten großen Mariendogmen erlauben: Die Heiligung Marias, die sie von der Erbsünde freispricht; überhöht Duns Scotus durch die Annahme ihrer Unbefleckten Empfängnis; und ihre leibhaftige Himmelfahrt. In der Empfängnis und im Hinscheiden entschlüpft Maria dem Erdendasein noch ein wenig mehr.

Und doch kommt sie der Menschheit näher: Zeitgenössische Bilder zeigen sie als einfache Bäuerin, voller Zärtlichkeit für ihren angebeteten Sohn, aber auch in der Intensität ihrer Trauer. Das 13., 14. und 15. Jahrhundert sind erfüllt von den Wehklagen der mystischen Autoren. Sie beklagen die *mater dolorosa*, die ihren Sohn am Fuße des Kreuzes aufnimmt und ins Grab legt: so der Franziskaner Konrad von Sachsen († 1279), die Spiritualen Jacopone da Todi († 1306) und Ubertino da Casale († um 1328) und der Observant Bernardino da Siena († 1444). Die aufblühende Malerei und Skulptur werden zum glanzvollen Schauplatz dieser Trauer. Die Pietà-Gruppen, die zunächst in Deutschland auftreten, zu Beginn des 14. Jahrhunderts nach Italien kommen und sich dann überall ausbreiten, symbolisieren die Religion der neuen Zeit: Religion der Mutter und des Sohnes, in ihrem unerhörten Leid von aller Welt verlassen – also auch vom himmlischen Vater.

Wort gegen Schrift

Petrus Pictor, Bernhard von Morlas († um 1140), Hugo von Fouilloy († um 1172), Walter Map († um 1210), Alvaro Pelayo († 1352), Gilles Bellemère († 1407), Johannes Nider († um 1438), Autor des *Formicarius*, oder die Verfasser des erstmalig 1486 gedruckten *Hexenhammers*, Heinrich Institoris und Jakob Sprenger, greifen die Themen wieder auf, die Marbod von Rennes bereits zusammengestellt hatte. Im 13. Jahrhundert dagegen wird das von der Urmutter Eva verursachte Verhängnis in etwas milderem Lichte gesehen. Hier wurden vor allem die medizinischen Vorstellungen von der Frau, die Claude Thomasset im folgenden Kapitel darstellt, wirksam. In seinem Bemühen, den Bericht der *Genesis* mit der Physiologie des Aristoteles, der dem männlichen Samen die entscheidende Rolle bei der Zeugung zuschreibt, in Einklang zu bringen, kommt denn auch Thomas von Aquin – wie schon Augustinus – zu dem Schluß, daß die Erbsünde durch Adam und die Geschlechterfolge der Väter auf die ganze menschliche Nachkommenschaft übertragen wird. Das bedeutet aber auch, daß jede Initiative männlich ist und daß die Frau, nach Aristoteles ein »verfehlter Mann«, von Natur aus zur Unterordnung bestimmt ist.[78]

Im ausgehenden Mittelalter können wir Neuerungen im Bilde Evas und seiner Bedeutung für die Seelsorge bemerken. Während früher die Warnungen nur den Mönchen und den Geistlichen galten, die ihren Abscheu vor dem Fleische festigen sollten, sind seit Mitte des 12. Jahrhunderts solche Warnungen auch in der geistlichen Literatur für ein breiteres Publikum üblich: Sie richten sich nun an Kanonisten und Moralisten, dann, seit dem 14. Jahrhundert, selbst an die Verfasser der Inquisitionsleitfäden. Eine zweite Neuerung ist inhaltlicher Natur. Ein altes Motiv setzt sich nun wieder durch, das weder das Alte Testament, noch die klassische Antike, noch die Kirchenväter der ersten Jahrhunderte wie Johannes Chrysostomos ausgelassen haben, dessen Verwendung im frühen Mittelalter aber zurückgegangen war: die Schwatzhaftigkeit der Frauen. Bei Gratian, Gilbert de Tournai († 1284), Thomas von Aquin und im *Hexenhammer* häufen sich sowohl die Verunglimpfungen dieser Geißel der neuen Zeit als auch die Interdikte, die ihre Unterdrückung zum Ziele haben. Nun erdreisten sich die Frauen schon, entrüstet sich Guibert von Tournai, in der Öffentlichkeit zu sprechen und, was noch schlimmer ist, sich über das Dogma und die Heilige Schrift zu äußern![79] Thomas von Aquin ruft es in Erinnerung: Nur die private Rede sei ihnen erlaubt; auch die Weissagung stehe ihnen wohl zu, da sie Ausdruck einer charismatischen Gabe sei.[80] Was das Wesentliche angeht, hält er sich aber ganz eng an die Lehre Gratians: »Eine Frau darf, selbst wenn sie hochgelehrt und heilig ist, nicht danach trachten, die Männer in der Öffentlichkeit zu belehren.«[81] Wenn die alte Lehre des Apostels[82] mit neuer Kraft eingehämmert wird, dann bedeutet dies, daß Gefahr im Verzuge ist, und zwar sehr konkret: Frauen – Nonnen, Beginen, Mystikerinnen und andere Erleuchtete – versuchen in der Diözese Lüttich, in Brabant, im Kloster Helfta, in Umbrien und in der Toskana einer neuen leidenschaftlichen Religiösität zu leben und eigenmächtig das Wort Gottes auszulegen und zu verkünden. Die Hüter der Heiligen Schrift können diese Bedrohung ihres Monopols nicht auf sich sitzen lassen. Sie gehen, wie Carla Casagrande und Silvana Vecchio zeigen, zum Gegenangriff über.

Neue Stimmen

Auch der Kult der Maria Magdalena erhält im Laufe der Jahrhunderte ein verändertes Gesicht. Zunächst verlagert er sich von Vézelay nach Saint-Maximin, dann strahlt er auf ganz Frankreich, aber auch auf England und Deutschland aus und greift nach Italien über.[83] Wie Daniel Russo zeigt, verbreiten Franziskaner und Dominikaner eifrig ihren Kult und ihr Bildnis.[84] Die italienische Ikonographie neigt mitunter dazu, Magdalena mit Franziskus zu verschmelzen. Im 15. Jahrhundert erobert das fließende Haar der Sünderin Malerei und Skulptur. Die der Heiligen geweihten Einrichtungen, die dazu bestimmt sind, die reumütigen Prostituierten aufzunehmen, breiten sich überall im Westen aus.

Und dann sind da noch die Gestalten, die die zeitgenössische Hagiographie wiederaufleben läßt. Nun macht sich das Volk Gottes tatsächlich daran, Heilige im Überfluß zu produzieren. Der Anteil der Frauen unter ihnen schwillt zwischen 1250 und 1300 um ein Viertel an und erreicht in der ersten Hälfte des 15. Jahrhunderts mit fast 30% seinen Höhepunkt.[85] Unter den Heiligen Italiens erreicht der Anteil der heiliggesprochenen Frauen, die die Fleischeslust gekannt haben, seinen Höchststand im 13. und 14. Jahrhundert: ein Drittel verheirateter Frauen oder Witwen gegenüber zwei Dritteln Jungfrauen.[86] Das scheint ein noch recht geringer Anteil zu sein, doch bis heute hat keine Epoche ihn je wieder erreicht. Der Hagiograph der Margareta von Cortona († 1297) berichtet, wie Christus seiner inniggeliebten Tochter die unfaßbare Erlösung offenbart: Magdalena, Sinnbild für die reuige Sünderin von Cortona, wird in den himmlischen Chor der Jungfrauen aufgenommen, gleich hinter der Jungfrau Maria und Katharina von Alexandrien.[87] Was für Hieronymus noch unvorstellbar war und Petrus Damiani nur mit Mühe zugestand, ist nun vollzogen: Die göttliche Allmacht gibt die Jungfräulichkeit derjenigen zurück, die sie verloren hatte.

Ein Fortschritt? Man könnte diesem außergewöhnlichen Text eine Fülle ganz anders lautender Texte gegenüberstellen. Werden die Karten neu gemischt? Ganz sicher. Die »gregorianische« Periode zielte in erster Linie auf die Kontrolle der Geistlichen, dann der Fürsten, und schließlich der übrigen. In den letzten Jahrhunderten des Mittelalters ist die Welt der Geistlichen sehr darauf bedacht, der Welt der Frauen gesteigerte Aufmerksamkeit zu widmen. Der Okzident kann sich mit großen weiblichen Gestalten schmücken: Birgitta von Schweden († 1373) und Katharina von Siena († 1380), die laut und vernehmlich zu den Mächtigen sprechen, selbst zum Papst. Andererseits werden Beginen, Terziarinnen und Mystikerinnen aller Richtungen mit großem Argwohn verfolgt. Diese Entwicklung mündet schließlich in die Hexenjagd. Man wird wohl kaum sagen können, daß Heinrich Institoris und Jakob Sprenger den Frauen einen besseren Part zugedacht haben als Augustinus.

Seit dem 13. Jahrhundert spielen sich allerdings auch wichtige Entwicklungen jenseits des engbegrenzten Diskurses der Kleriker ab. Andere Stimmen als die ihren haben sich erhoben, und das nicht mehr nur im Bereich der weltlichen Kultur der Fürstenhöfe. Dante († 1321) ist als Laie, Dichter und Mystiker von einer sehr ausgereiften Theologie durchdrungen und von Bernhard von Clairvaux, Thomas von Aquin und Bonaventura inspiriert. Er löst in der Figur der Beatrice den Widerspruch auf, der bis dahin jede Vorstellung von der Weiblichkeit bestimmt hat. Und schließlich streben Frauen – häufig heftig attackiert – danach, sich ohne Mittler dem Bräutigam des *Hohenliedes* zu nähern, jene, von denen Danielle Régnier-Bohler und Elisabeth Gössmann uns berichten.

Verlassen wir deshalb an dieser Stelle die Vorstellungswelt der Kirchenmänner. Es ist lohnender, dem rauschenden Murmeln das Ohr zu leihen, das manchmal zu einem Schrei anschwillt, selbst wenn diese Stimmen den verschlungenen Mustern des alten Wissens nicht entkommen.

Aus dem Französischen von Heide Musahl

2

VON DER NATUR DER FRAU

Claude Thomasset

uf der Suche nach dem Ursprung des Frauenbildes im mittelalterlichen Denken drängen sich die *Etymologien* Isidors von Sevilla auf. Dieser Bischof, der im ersten Drittel des 7. Jahrhunderts in der am stärksten romanisierten spanischen Provinz lebte, hat mit den zwanzig Büchern seiner *Etymologien* ein wahres Kompendium antiken Wissens hinterlassen. Die mittelalterliche Wissenschaft verbindet sich in diesem Werk mit einer ständigen Befragung der Sprache als einem Schlüssel zu dem Wissen, das von Gott in den Worten verborgen worden ist. Diese Auslegungsmethode, diese Suche nach einer immanenten Garantie gültigen Wissens, dieses Bemühen um eine Beweisführung sind charakteristisch für das mittelalterliche Denken. Ihre Regeln gelten auch für die Anatomie und die anderen Wissensgebiete. Im 11. Buch findet sich eine Beschreibung *de capite ad calcem* (»von Kopf bis Fuß«) des Menschen: Die Glieder und die wichtigsten Organe werden in einem bis höchstens drei Sätzen abgehandelt; mehr ist zur Definition ihrer Funktion nicht nötig. Denn seit Isidor und auch in den folgenden Jahrhunderten mußte die anatomische Beschreibung unbedingt dem Grundsatz der Finalität gehorchen. Auch die Frau bestimmte man ausschließlich hinsichtlich ihres Hauptzwecks: Ihre körperliche Schwäche ist der Preis für die Unterwerfung unter den Mann, welche der Fortpflanzung dient. Dank dieser Gleichsetzung der Frau mit der Fortpflanzung, ihrer Reduktion auf *eine* Funktion, konnten die Theologen, die den Frauen gern Schlechtes nachsagten, sich das Nachdenken über deren Psychologie ersparen und sie als beunruhigende Macht, als einen

Körper, der sich der Beherrschung durch den Geist entzieht, und als ein von seinen Organen, insbesondere den Geschlechtsorganen, gelenktes Wesen ansehen. Die Frau sei ganz und gar ein Naturwesen, ein Instrument, das der Fortdauer des Menschengeschlechts diene, ein wesentlicher Bestandteil der Natur, der schöpferischen Macht, die die Ordnung des Universums geschaffen hat und sie aufrechterhält. Wenn das mittelalterliche Französisch Geschlechtsorgane als »nature« bezeichnete, dann betraf das meist die Frau – ein Sprachgebrauch, der sich vor allem in den Dialekten zeigt. Selbst die Sprache bezeugte, daß die Frau zur Materie gehörte. Und dieses Urteil deckte sich mit der mißbilligenden Haltung des Klerus; er bestand schließlich aus Männern, die berufen waren, sich von den Bindungen an die Materie, an die Welt zu befreien.

Dieser seltsame Körper

Alle mittelalterlichen Darstellungen der Frau und der Sexualität beziehen sich auf die antike Wissenschaft, die von arabischen Gelehrten weitergegeben wurde. Sie stammten mithin von Männern mit einem ganz anderen sozialen und kulturellen Hintergrund. Die Rezeption des antiken Wissens im Mittelalter war ein Zusammentreffen, manchmal ein Zusammenstoß zweier, ja dreier Kulturkreise. Gelesen und verwertet wurden diese antiken Texte nämlich in einer Epoche, in der die Kirche die Ehe als Institution einsetzte und darum bemüht war, die Sexualität streng zu reglementieren.

Der *Leviticus* hatte eine Verbindung zwischen Krankheit und Unreinheit hergestellt, und die Heilige Schrift hatte unter dem Namen *tsarâ'ath* die Lepra mit einer Reihe anderer Hautkrankheiten zusammengefaßt. Für den mittelalterlichen Menschen war das der Aussatz, der seit dem 6. Jahrhundert im Okzident weit verbreitet war.[1] Die Allgegenwart des Aussätzigen ließ die Angst vor einer Ansteckung wachsen und den theologischen Diskurs über die Sündhaftigkeit des Fleisches an Ansehen gewinnen. Auch die Gelehrten des Mittelalters waren von dieser Angst besessen, auch die freiesten Geister. Das erklärt ihre Vergeßlichkeit, ihre Interpretationsfehler, ihre selektive Lektüre der überlieferten Texte.

Gerade bei der etymologischen Textauslegung zeigt sich der Hang mittelalterlicher Gelehrter zu fragmentarischem Wissen, mit dem sich wohl die Sittlichkeit fördern, aber kaum ein System bilden ließ. Diese Art der Textauslegung war die am wenigsten innovative Tätigkeit der Gelehrten und besonders offen für vereinfachende Ideen. Von Isidor von Sevilla bis Hrabanus Maurus im 9. Jahrhundert änderte sich deshalb kaum etwas am Bild der Frau, höchstens nahm die Abneigung gegen die

Frauen noch zu. Die Erneuerung der Ideen sollte sich aus anderen Quellen speisen. Mit Ausnahme der *Gynaecia*, im 1. Jahrhundert n. Chr. von dem Arzt Soranos aus Ephesos verfaßt, von Moschion im 6. Jahrhundert übersetzt und recht häufig benutzt, standen den Ärzten im frühen Mittelalter nur wenige Texte zur Verfügung. Das änderte sich erst in der zweiten Hälfte des 11. Jahrhunderts, als der salernische Arzt Franciscus Alphanus die Abhandlung *De Natura hominis* verfaßte, die Übersetzung eines Werks des Bischofs von Emesa, Nemesios, aus dem 4. Jahrhundert n. Chr. Dadurch verfügten die mittelalterlichen Gelehrten zwar noch nicht über Galens Werk, aber über einen systematischen Korpus galenistischer Lehren, der dem begrenzten Bedarf an Systematisierung genügte. Von Galen selbst, dem berühmten Arzt aus Pergamon, war im Mittelalter viel die Rede, sein Werk *De usu partium* jedoch war den Gelehrten erst ab der ersten Hälfte des 14. Jahrhunderts zugänglich.

Die meisten und bedeutendsten Errungenschaften im medizinischen Denken sind der Schule von Salerno zu verdanken. Dank der Übersetzungen des Constantinus Africanus aus der zweiten Hälfte des 11. Jahrhunderts konnte man die Erkenntnisse der arabischen Medizin nutzen: *Pantegni* von Ali ibn-al-Abbâs (10. Jahrhundert), *Viaticum* von Ibn-al-Jazzâr, *De coitu,* möglicherweise vom selben Autor, und *De spermate*, ein pseudogalenisches Werk, das großen Einfluß auf das mittelalterliche Denken hatte. In den berühmten *Anatomien* aus der Schule von Salerno, die als Handbücher des kunstgerechten Sezierens angelegt waren, lassen sich diese aufeinanderfolgenden Denkanstöße deutlich erkennen. Gerardus von Cremona, der aus dem geistig sehr regen Klima Toledos im 12. Jahrhundert stammte, führte zwei große Kompendien der arabischen Medizin ins abendländische Denken ein: den *Canon* des Avicenna[2] und das über ein Jahrhundert ältere *Liber ad Almansorem* von Rhazes. Diese Werke festigten die Herrschaft der arabischen Medizin.

Der letzte, entscheidende Einschnitt in der Medizingeschichte beginnt mit der Rezeption der aristotelischen Werke. Das die Philosophie beherrschende aristotelische Denken gewann auf dem Umweg über die Zoologie – dank der Übersetzung von *De Animalibus* durch Michael Scottus und später, in der zweiten Hälfte des 13. Jahrhunderts, durch Wilhelm von Moerbeke – großen Einfluß auf die Anatomie und die Physiologie. Der Kommentar zu dieser Abhandlung, den Albertus Magnus wenig später verfaßte, ist höchst aufschlußreich für die Art und Weise, wie ein religiöser Geist und großer wissenschaftlicher Kopf des 13. Jahrhunderts über die Frau dachte.

Aus der Verbindung zwischen aristotelischem Naturalismus und dem Averroësschen Denken erblühte in der zweiten Hälfte des 13. Jahrhunderts neben einer intensiven theologischen Reflexion eine Lebenskunst, die in einer Hingabe an die Natur gründete und in eine Art sexueller

Befreiung mündete. In den Jahren 1270 und 1277 verdammte Étienne Tempier diese philosophischen und wissenschaftlichen Exzesse, um ein Denken einzudämmen, das die Macht der Religion in ihren Grundfesten zu erschüttern drohte.

So etwa stellt sich die Chronologie des Fortschritts in den anatomischen und physiologischen Kenntnissen des Mittelalters dar. Ein System der Autoritäten etablierte sich, für die im Konfliktfall umfangreiche Zitatenbataillone in die Debatte geworfen wurden. Die zitierten Werke waren zwar grundsätzlich den Ärzten vorbehalten, wurden aber von den mittelalterlichen Enzyklopädien in die Volkssprachen übersetzt und verbreiteten sich so auch im größeren Kreise der Gebildeten. Die Enzyklopädien leisteten keine Synthese, sondern nahmen entweder Partei für eine bestimmte Theorie oder begnügten sich damit, die Ansichten verschiedener Autoritäten nebeneinanderzustellen. Die erste Enzyklopädie, die die von Constantinus Africanus übermittelten neuen Kenntnisse aufnahm, war das *Dragmaticon* des Wilhelm von Conches († 1150). In der zweiten Hälfte des 13. Jahrhunderts erlebte das enzyklopädische Genre – mit dem *Speculum Naturale* von Vinzenz von Beauvais, *De proprietatibus rerum* von Bartholomäus Anglicus oder *De naturis rerum* von Alexander Neckham – eine Blütezeit. Alle diese Werke untersuchten den *processus* von Schwangerschaft und Fortpflanzung und widmeten Anatomie und Physiologie der Frau besondere Aufmerksamkeit. Auch die Theologen beschäftigten sich mit ähnlichen Fragen, etwa mit der Empfängnis Jesu. Thomas von Aquin, um nur ein Beispiel zu nennen, bemühte sich – im Kommentar zu den Sentenzen des Petrus Lombardus und in der *Summa theologica* –, das göttliche Prinzip reinzuhalten: Mit einer wahren Meisterleistung in Physiologie gelang es ihm, den Fötus des Heilands vor der Berührung mit dem als unrein geltenden Menstruationsblut, das nach der herrschenden Meinung allen menschlichen Embryos als Nahrung diente, zu bewahren. Niemals sonst war wohl die Physiologie der Frau Gegenstand so leidenschaftlicher Debatten und unermüdlicher Erforschung wie zu dieser Zeit.

Die Analogie Galens und ihre Folgen

Die Darstellung der Frau im Mittelalter beruhte auf simplen Ideen und konnte sich daher fest im kollektiven Bewußtsein verankern. Die Theologen, ohnehin geneigt, die Frau als Nebenprodukt und infolgedessen als dem Manne unterlegen anzusehen, wofür ihnen die *Genesis* die Argumente lieferte, wurden auf verschlungenen Wegen noch durch die Anatomie in ihrer Frauenverachtung bestärkt. Aristoteles und besonders Galen hatten mit einem verblüffenden Gespür für die Differenzierung der Organe die Vorstellung von einer gegenläufigen Symmetrie der männlichen und weiblichen Organe entwickelt, die ins mittelalterliche Denken Eingang fand. Im *Canon* Avicennas liest sich das so: »Ich sage, daß das Instrument der Zeugung bei der Frau die Gebärmutter *(matrix)* ist und daß sie geschaffen wurde ähnlich dem Instrument der Zeugung beim Manne, das heißt dem Glied und dem, was dieses umgibt.« Eines dieser Instrumente sei jedoch vollendet und nach außen gerichtet, das andere dagegen verkümmert und im Inneren zurückgeblieben, gewissermaßen eine Inversion des männlichen Organs. Organ für Organ wird diese Analogie genau beschrieben, auch Testikel und Ovarien entsprechen einander. Dieser Vergleich wird zudem mit Bemerkungen über die Teile des weiblichen Geschlechtsapparats garniert, die deren geringere Ausmaße herausstreichen.

Die Schwierigkeiten der mittelalterlichen Ärzte bei ihrem Studium der weiblichen Anatomie hatten drei Gründe: das eben formulierte rigorose Analogieprinzip, das den Körper der Frau dem männlichen Modell unterwarf, das absolute Finalitätsprinzip, das in etymologischen Deutungen und theologischen Überlegungen stets gegenwärtig war, und schließlich das Prinzip der völligen Unterwerfung unter die Autorität. Diese drei Grundsätze verhinderten gemeinsam jede wirkliche Beobachtung.

Das bemerkenswerteste Beispiel für die Weigerung, etwas wirklich wahrzunehmen, ist die Unklarheit bezüglich der Klitoris. Moschion hatte die Klitoris unstrittig lokalisiert und benannt, aber seine Beobachtung blieb ohne Echo. Constantinus begnügte sich in seinen Übersetzungen damit, den arabischen Namen buchstabengetreu zu übertragen. Da man das Wort nicht verstand, interessierte man sich auch nicht für das Gemeinte. Dieselbe Unsicherheit herrschte unter den großen arabischen Medizingelehrten: Das Organ wurde nicht erwähnt, außer wenn es krankhaft vergrößert war. Keine Kultur schien das Risiko eingehen zu wollen, die Punkt für Punkt übereinstimmende inverse Symmetrie zu stören und der Frau eine vollkommen autonome Lustquelle zuzubilligen. Außerdem würde dadurch das Finalitätsprinzip in Frage gestellt. Ein Chirurg von Rang wie Heinrich von Mondeville machte (zu Beginn des 14. Jahrhunderts), sofern er sich überhaupt damit beschäftigte, merkwürdigerweise aus der Klitoris das Ende der Harnröhre. Eine Analogie mit dem Zäpfchen, das die in die Lunge strömende Luft verändert, half ihm, den Anschein der Finalität zu wahren. Die nachdenklichsten Gelehrten wie Albertus Magnus stellten fest, daß eine besonders sensible Region der weiblichen Geschlechtorgane existiere; der Arzt Pietro d'Abano sprach von der Intensität der Lust, die aus ihrer Reizung resultiere. Aber ein ganzes Ensemble von Vorurteilen hinderte die Ärzte daran, klare Schlüsse aus diesen Beobachtungen zu ziehen. Später sollte Gabriele

Fallopio ohne die geringste Berechtigung behaupten, dieses Organ als erster entdeckt zu haben.

Auch die Physiologie der weiblichen Brust litt wohl unter dem Finalitätsprinzip. Sie war dazu da, den Säugling mit Milch zu versorgen, die mit gebleichtem Menstruationsblut gleichgesetzt wurde. Diese Funktionsbestimmung erklärt zweifellos den geringen Raum, den die Brust in den Kommentaren über das Liebesspiel einnahm. Nur der *Canon* Avicennas erwähnte das Streicheln der Brüste beim Vorspiel. Die Kommentatoren hatten offenbar kein großes Interesse an dieser Passage – eine Haltung, die (mindestens bis zum 14. Jahrhundert) selbst in literarischen Texten fortlebte. Kleine feste Brüste wurden erwähnt, schienen aber eher einem konventionellen Beschreibungsschema entsprungen zu sein als echter Sinnlichkeit; dafür diente die Erwähnung hängender Brüste in Portraits alter Frauen der grausamen Hervorhebung des Verfalls. Was schließlich die Darstellungen der weiblichen Brust in medizinischen Manuskripten angeht, sind diese oft erstaunlich nachlässig ausgeführt.

Die Frau und der Atem

Der Blick, den man von außen auf die Frau warf, war beschränkt, die Lokalisierung der erogenen Zonen recht ungenau. Hingegen galt ein Vorgang, der sich im Körperinneren der Frau abspielte, das Auf- oder Absteigen der Gebärmutter nämlich, offenbar noch im Mittelalter als sichere Wahrheit, die Folgen hatte. Im wissenschaftlichen Diskurs findet sich diese Beobachtung eher selten; wahrscheinlich wurde sie von primitiveren Darstellungen inspiriert. Vielleicht war sie auch eine Reminiszenz an Platons *Timaios*, wo man lesen kann, daß die Gebärmutter »als ein auf Kinderzeugung begieriges Lebendiges in ihnen (den Frauen) ist, dies empfindet es mit schmerzlichem Unwillen, wenn es länger, über die rechte Zeit hinaus, unfruchtbar bleibt, und schafft, indem es dann allerwärts im Körper umherschweift und durch Versperren der Durchgänge das Atemholen nicht gestattet, große Beängstigung«.[3] Vielleicht rührte diese Ansicht auch von der hippokratischen Idee eines wandernden Uterus her, die wohl aus der Beobachtung eines Prolaps oder der »hysterischen Kugel« entstanden ist, einem Phänomen, das seit dem Hochmittelalter bekannt ist. Diese Art von Gebärmutterleiden begünstigte jedenfalls die Vorstellung einer Besessenheit durch die Organe, eines Innenlebens, das sich jeder Kontrolle entzieht. Gegen das Ersticken an der Gebärmutter gab es eine einfache Therapie: Um die Gebärmutter zum Abstieg nach unten zu bewegen, wurde sie mit Gestank aus den oberen Körperpartien ausgeräuchert und mit wohlriechender Beräucherung in die unteren Körperpartien gelockt. Ein Kommentar Avicennas behauptete im

15. Jahrhundert, daß die Frauen von Navarra vor der Vereinigung mit ihrem Mann ähnliche Praktiken anwendeten, um die Empfängnis zu begünstigen. Auch wurden dem Geschlecht der Frau Ausdünstungen zugeschrieben, die durch ihren Atem gleichsam ersetzt wurden. Die Geruchsdurchlässigkeit der Frau scheint auf die der weiblichen Kreatur innewohnende Macht zurückzugehen, die tellurischen Ausdünstungen einzufangen wie einst die Pythia in der Antike.

Mit ihrem Körper als Ort der unablässigen Zirkulation von Gerüchen war die Frau in hohem Maße fähig, jeden Hauch aufzunehmen. Diese Vorstellung quälte die Männer. Daher wohl auch die merkwürdige Analogie zwischen dem Gaumenzäpfchen und der Klitoris, die Henri de Mondeville aufgestellt hat. Albertus Magnus erwähnte den Fall einer Frau, die zugab, ihre Lust durch den Wind zu empfangen. Im Kontext deutet diese Anekdote den damals geläufigen Vergleich der Frau mit einer Stute an, die einer Empfängnis durch den Wind, ohne Zutun eines Hengstes, für fähig gehalten wurde. Auch in einem um 1200 verfaßten Prosamanuskript, das Probleme aus dem Umfeld der Schule von Salerno behandelt, wurde das Stutenbeispiel an zwei kurz aufeinanderfolgenden Stellen aufgegriffen. Diese merkwürdige Vorstellung, die in unzähligen Wiederholungen durch die wissenschaftliche Literatur geistert, ist nur ein Zeugnis für die Angst des Mannes, daß Frauen auch ohne sein Mitwirken gebären könnten.

Ein System zur Ordnung der Welt

Die These von der inversen Symmetrie der weiblichen und männlichen Organe, die diesen Blick von außen auf den weiblichen Körper ermöglichte, entstammte wie viele andere dem Denken des Arztes Galen[4], der im Anschluß an Aristoteles ein umfassendes Erklärungssystem entworfen hatte: Jedes Ding besteht aus den vier Elementarqualitäten Feuer, Luft, Erde, Wasser. Diesen für die Materie konstitutiven Elementen gesellen sich paarweise die vier Qualitäten des Heißen, Kalten, Trockenen und Feuchten hinzu. Auch die Physiologie des Körpers und die Medizin werden auf diese Weise in ein verbindliches Schema für die Darstellung der Welt eingefügt. Jedes Element hat also zwei Qualitäten, die kombinierbar sind (siehe untenstehendes Schema), und steht außerdem mit den vier aus der hippokratischen Schule übernommenen Charakteren in Beziehung. Alle Dinge sind aus diesen Elementarqualitäten zusammengesetzt, auch Speisen und Getränke. Letztere werden im Organismus in Blut, Phlegma (Schleim), gelbe Galle und schwarze Galle umgewandelt. Diese vier Kardinalsäfte *(humores)* sorgen für die Ernährung und das Gleichgewicht des Körpers, sind für das *temperamentum* und eine gute

Gesundheit verantwortlich. Das System ist hervorragend geeignet, die ganze Welt zu ordnen. Es unterstreicht die Identität der Bestandteile des Universums (Makrokosmos) mit jenen des Menschen (Mikrokosmos), bestimmt die vier Haupttemperamente (bei Galen gibt es neun) und verbindet sie mit einer Jahreszeit und einem Lebensalter. Alles funktioniert in einem solchen viergliedrigen Rahmen.

Die Weltordnung nach Galen[5]

Süden

	TROCKEN	Feuer Sommer gelbe Galle cholerisch	HEISS	
Westen	Erde Herbst schwarze Galle melancholisch	Element Jahreszeit Humor Temperament	Luft Frühling Blut sanguinisch	Osten
	KALT	Wasser Winter Schleim phlegmatisch	FEUCHT	

Norden

Die Integration der ursprünglich hippokratischen Lehre von den Temperamenten in den Galenismus stieß im Mittelalter auf große Resonanz, da man auf diese Weise Seelisches mit Körperlichem verbinden konnte. Vier Distichen aus der Schule von Salerno über die Physis und den Charakter der vier Haupttypen des Menschen wurden von den Autoren des Mittelalters unablässig wiederholt und zitiert. Mühelos ließen sich Erkenntnisse über individuelle sexuelle Fähigkeiten zuordnen. Da auch die Nahrung der Klassifizierung nach Qualitäten unterlag, ließen sich Überschüsse und Ungleichgewichte bei diesem und jenem mittels Diät korrigieren. Arzneien wurden nach mehreren Hitze- oder Trockenheitsgraden klassifiziert und konnten somit im vorgegebenen Rahmen sehr fein und differenziert abgestimmt werden. An der Wende zum 14. Jahrhundert versuchte Arnald von Villanova († 1313) die Qualitäten mit Hilfe der Mathematik zu bestimmen.

Die arabische Überlieferung galenischen Wissens war komplex und der Aufwand, den das Mittelalter zu seiner Adaptation trieb, beträchtlich. Der komplizierteste Teil der galenischen Physiologie ist das Wirken des Geistes *(pneuma)*[6]: Das *pneuma vitalis*, mit dem die Arterien alle Körperorgane versorgen, greift aktiv in die Atmung und den Verbrennungsprozeß ein. Das Seelenpneuma erfüllt das Gehirn und zirkuliert ebenfalls im Körper. Es entsteht aus dem *pneuma vitalis*, das durch die Zirkulation in einem Kapillarnetz geläutert und im *plexus choroide*, auf dem Grund des Gehirns, in Seelenpneuma umgewandelt wird – ein in der mittelalterlichen Physiologie wesentlicher Prozeß der Transformation der Materie. Durch die arabische Vermittlung hatte der vom Mittelalter angenommene Galenismus noch ein drittes Pneuma dazubekommen, das es in der ursprünglichen Lehre Galens nicht gab: das natürliche Pneuma *(spiritus naturalis)*, das in der Leber seinen Sitz hat und die vegetativen Funktionen aufrechterhält. Die galenischen Theorien wurden in gewisser Weise zum Dogma der offiziellen Medizin bis ins 17. Jahrhundert, auch das Christentum war ihnen aus vielerlei Gründen gewogen.

Aus diesen wenigen Elementen entstand eine Theorie von großer Komplexität. Die galenische Terminologie wurde so gebräuchlich, daß sie oft ohne vorhergehende Definition in die Texte einfloß. So sind die Begriffe »Geist«, »Blähungen« oder »Winde« in volkssprachlichen Texten Zeichen einer galenischen Erklärung von Phänomenen, abgeleitet von der pneumatischen Definition des menschlichen Körpers. Der Vollzug des Geschlechtsaktes, so wiederholte der mittelalterliche Diskurs bis zum Überdruß, sei von dreierlei abhängig, nämlich Hitze, Geist und *humor*. Die Rolle des Geistes war offensichtlich so definiert, daß die Terminologie gleichzeitig die Grenzen aufzeigte, die wissenschaftliche Erläuterungen nicht zu überschreiten hatten. Selbst ein so gelehrter Arzt wie Avicenna ging nie über die Erklärungsmächtigkeit dieses Begriffs hinaus. Im *Canon* behauptete er, die Erektion sei auf starke Blähungen zurückzuführen, die den *spiritus desiderativus*, den Geist der Begierde, hervorriefen und so die Verwandlung des betreffenden Körperteils in eine pneumatische Maschine bewerkstelligten. Die Analogie der Begriffe führte zu einer Verwirrung über die Sache – und zu verblüffenden Schlußfolgerungen: Der Genuß blähender Nahrungsmittel etwa sollte das Begehren wecken und nach Ansicht der Ärzte daher in religiösen Gemeinschaften gemieden werden. Die deutlichsten, von Albertus Magnus und anderen Physiologen stammenden Beschreibungen schildern die Ejakulation als krampfhafte, von Blähungen hervorgerufene Bewegung. Eine frauenfreundliche Denkrichtung postulierte, daß eine auf dieselbe Weise erfolgende Ejakulation der Frau zur Empfängnis unabdingbar sei. Eine Schrift aus dem 13. Jahrhundert, der *Dialogue de Placides et Timéo*[7], stützte sich auf mechanistische Vorstellungen vom Geschlechtsakt, wonach die Bewegungen während der Vereinigung das Eingreifen der Geister beider Körper begünstigten, die ihrerseits die gleichzeitige Ausstoßung beider Samen während des Höhepunkts veranlaßten und damit die besten Voraussetzungen für eine Zeugung schüfen. In diesem volkssprachlichen Werk wird das Pneuma undifferenziert »Wind« *(vent)* oder »Geist«

genannt; es befindet sich also – in völliger Übereinstimmung mit dem galenischen System – gleichermaßen innerhalb wie außerhalb des Körpers und wird durch die Atmung quasi eingefangen.

Nicht alle Texte sind von gleicher analytischer Genauigkeit. Dennoch frappiert beim Lesen mittelalterlicher Schriften die explikative Kraft einzelner Wörter, die ihre Zugehörigkeit zu einem bestimmten Denksystem klar erkennen lassen und dadurch der Gesamtheit wissenschaftlicher Behauptungen einen deutlichen Zusammenhang verleihen. Ein Liebhaber der mittelalterlichen Wissenschaft sollte sich daher weniger der kritischen Beurteilung des Kenntnisstandes, als vielmehr der Entzifferung des jeweiligen Systems widmen.

Die Anatomie der inneren Organe der Frau

Von diesem gleichermaßen philosophischen wie medizinischen Denksystem ausgehend, wurde eine anatomische Beschreibung der inneren Organe der Frau entwickelt. Es wäre naiv, von der mittelalterlichen Gesellschaft eine Anatomie zu erwarten, die einfach eine sichtbare Wirklichkeit beschreibt. Wie am Beispiel der Klitoris zu sehen, waren Beobachtungen und gültige Kenntnisse einerseits den Autoritäten unterworfen, andererseits abhängig von dem, was für die Gesellschaft auf dem Spiel stand. Das galt in besonderem Maße für den weiblichen Unterleib, diese Höhle, in der die wunderbarsten Metamorphosen geschahen.

Bei Isidor von Sevilla ist zu lesen, daß der Name Vulva analog zu dem Wort *valva* (Tor) zu verstehen sei, da jene die Pforte zum Unterleib bilde. In der *Anatomia Magistri Nicolai Physici*[8], einer anatomischen Beschreibung aus der zweiten Hälfte des 12. Jahrhunderts, findet sich folgende Erklärung: Vulva kommt vom Verbum *volvere*, was soviel wie »rollen« oder »durch Drehen formen« bedeutet. In diesem Zusammenhang fällt übrigens auch der Vergleich mit dem Sog der Charybdis – ein anschauliches Beispiel für einen wertenden Vergleich. Das weibliche Organ vermischt die beiden Samen. Diese Bewegung ist der erste Anstoß, die grundlegende Analogie, die zeigt, daß das flüssige Element in einen festen Zustand übergeht: das erste Fötalstadium. Von der Bewegung zur Verdichtung, lautet die Folge explikativer Metaphern des Mittelalters. Die Wirkung des Labs auf die Milch – wie sie in der Heiligen Schrift (*Hiob* 10, 10) in Anlehnung an Aristoteles beschrieben worden ist –, diente als Gleichnis für das Mysterium der Entstehung des Kindes im Mutterleib. So unerreichbar von jeder vernünftigen Erklärung war dieses Mysterium, daß die Kirche dem männlichen Embryo erst nach vierzig Tagen das Menschsein zubilligen wollte.

Vor der Innovation durch das arabische Denken zeichneten bildliche Darstellungen und anatomische Beschreibungen so gleichförmig wie einfallslos eine zweizipfelige Gebärmutter. Die arabischen Schriften waren von Anfang an genauer: In ihrer Form gleicht die Gebärmutter der Harnblase, unterscheidet sich von dieser aber durch zwei hornähnliche Verlängerungen, die sich zu den Leisten hin erstrecken; in diese Auswüchse münden Venen und Arterien, die den Uterus mit Blut und Pneuma versorgen. Der Uterus ist fibröser und nervöser Natur, um sich während der Entwicklung des Fötus ausdehnen zu können. In der *Pantegni*-Übersetzung von Constantinus Africanus ist die innere Membran behaart, um Sperma und Fötus festzuhalten. Die Übersetzung ist allerdings ungenau, ursprünglich waren vielleicht zottige Falten gemeint. Wie auch immer – diese Darstellung fand jedenfalls weithin Anerkennung. Im *Dragmaticon philosophiae*[9] erklärt Wilhelm von Conches, daß die Gebärmutter von Prostituierten voll Schleim sei und ihre Behaarung untauglich, den Samen des Mannes festzuhalten – daher ihre Unfruchtbarkeit.

Die Sektionen der Mediziner von Salerno brachten neue, interessante Erkenntnisse. Die erste (zweifellos zwischen 1100 und 1150 entstanden) wird *Anatomie des Kophon* oder *Anatomie des Schweins* genannt – das Schwein galt als menschenähnlich. Es handelte sich dabei um die Sektion einer Sau, deren Ergebnisse, auf die weibliche Anatomie übertragen, natürlich nicht ohne unerfreuliche Folgerungen blieben. Eine der Besonderheiten dieser Beschreibung ist die enge Verflechtung des theoretischen Diskurses mit praktischen Ratschlägen, deren Tonfall hier nicht unterschlagen werden soll: »Hiernach sollst du die Gebärmutter in der Mitte durchtrennen (Gebärmutterhals): Darüber wirst du zwei Testikel (die Eierstöcke) finden, dank welcher der weibliche Same in die Gebärmutter gelangt, um sich dort mit dem männlichen Samen zu vermischen und den Fötus zu bilden.« Im weiteren Verlauf dieses schulmeisterlichen Vortrags erfahren wir, daß die Gebärmutter aus sieben Kammern bestehe. Der Uterus des Schweins, der ausgesprochen zottig und verwinkelt ist, machte es schwer, dieser Behauptung zu widersprechen.

Der Ursprung der These von den sieben Kammern der Gebärmutter ist sehr komplex und schwer zu ergründen. Sie entstammt nicht der arabischen Medizin. Möglicherweise geht sie auf den Galen zugeschriebenen Text *De spermate*[10] zurück, der offenbar erst spät in den Okzident gelangt ist. Vielleicht ist sie aus einer weitverbreiteten, mystisch inspirierten Spekulation über die Zahl Sieben entstanden. Von dieser Annahme gehen jedenfalls fast alle bedeutenden Schriften über die Anatomie aus. Statt einen Wust von Texten anzuhäufen, erscheint es fruchtbarer, eine Hypothese über die große Bedeutung dieses theoretischen Postulats zu wagen, das durch die Sektionen eine vermeintliche Bestätigung fand. Die

Theorie von den sieben Kammern war mit den Gegensatzpaaren rechts/links und heiß/kalt verknüpft. Sie besagte, daß das Geschlecht des Embryos durch die Lage der vermischten Samen in der Gebärmutter festgelegt werde. Die Kammern seien symmetrisch um eine Achse gruppiert. Rechts entstünden männliche, links weibliche Wesen, in der mittleren Kammer Zwitter.

In Wirklichkeit war dieses System natürlich viel komplexer, aber hier wird bereits deutlich, daß diese Kombinationen eine Vielfalt männlicher oder weiblicher Menschentypen ermöglichten. Die Physiognomie, d. h. die Lehre von der Erkenntnis eines Menschen anhand seiner äußeren Erscheinung, war ein wichtiges Thema im mittelalterlichen Denken. Das Bedürfnis, den Menschen zu erkennen, unterwarf auf diese Weise das Individuum dem mittelalterlichen Klassifikationsstreben. Die Physiognomie ersetzte die Psychologie und wurde zum Gesprächsstoff für Priester und Prinzen.

Die zweite anatomische Beschreibung aus der Schule von Salerno ist einer der seltenen Texte aus dieser Zeit, die nur zwei Gebärmutterkammern feststellen; seine Terminologie ist sorgfältig ausgearbeitet: Zwei Öffnungen habe die Gebärmutter, eine äußere, *collum matrici*, in der der Geschlechtsverkehr stattfinde, und eine innere, *os matrici*, die ab der siebenten Stunde nach der Empfängnis so dicht verschlossen sei, daß, wie Hippokrates sagte, nicht einmal eine Nadelspitze eindringen könnte. Die Testikel (Eierstöcke) der Frau seien kleiner und härter als die männlichen. Sie lägen unter den hornförmigen Enden des Uterus und seien durch eine Ader mit den Lenden verbunden. Eine dritte Anatomie, die *Anatomia magistri Nicolai physici*, die in drei verschiedenen Handschriften vorliegt, entzog sich dem Schema der »Sektion des Schweins« schließlich ganz. Wir erfahren hier von einer besonderen, »weiblichen« Ader *(kiveris vena)*, deren Aufgabe darin bestehe, einen Teil des Menstruationsbluts in die Gebärmutter, einen anderen in die Brustdrüsen zu führen, wo es in Milch zur Ernährung des Säuglings umgewandelt werde.

Diese Texte, die den anatomischen Beschreibungen salernischen Ursprungs folgen, sind Träger arabischen Gedankengutes, das dank der Übersetzer aus Toledo in den Westen gelangt ist. Sie verfestigten die Vorstellung von einer gegenläufigen Symmetrie der männlichen und weiblichen Geschlechtsorgane, beurteilten aber die weiblichen Organe herablassend und sahen in ihnen nur sehr inferiore Nachbildungen der männlichen.

Menschen wurden erstmals gegen Ende des 13. Jahrhunderts in Bologna seziert. Aus diesen Beobachtungen entstand die 1316 vollendete *Anatomia* von Mondino dei Luzzi. Die Denktradition prägte so sehr das Sehen, daß Mondino auf der Suche nach den sieben Kammern der

Gebärmutter diese bei der Sektion weiblicher Leichen auch gefunden hat. Die etwas vorschnellen Formulierungen seiner Vorgänger wurden nur geringfügig modifiziert: »Diese Kammern sind nur eine Art von Ausbuchtungen der Gebärmutter, damit dort der Same mit dem Menstruationsblut gerinnen kann.« Die Bilanz des Experiments war mager.

Dieser Moment in der Geschichte der Medizin ist ein lehrreiches Exempel für die Beschaffenheit des wissenschaftlichen Gegenstandes und die Grenzen der Beobachtung. Die Anatomen der Renaissance, insbesondere Gabriele Fallopio, haben die aus dem Mittelalter stammenden Vorstellungen verändert. Trotz ihrer Rückwendung zu einem strengen Galenismus verwarfen sie das im Mittelalter ausgeklügelte System nicht ganz. Zwar legten sie die Lehre von den Kammern ziemlich bald ad acta, und die Anatomie profitierte endlich von einem wirklichen Fortschritt der Beobachtung; eine systematische Physiologie aber blieb jahrhundertelang im Ansatz stecken.

Die weiblichen Ausflüsse

Untersuchungen und Überlegungen zur Menstruation zeigen, daß im Volksglauben Vorstellungen überlebt haben, die der mittelalterlichen Denktradition eng verwandt sind, zum Beispiel, daß das Menstruationsblut den Fötus nähre und äußerst schädlich für die Umgebung der menstruierenden Frau sei. Seit Isidor von Sevilla waren die Menses etymologisch mit dem Mondzyklus verknüpft (da der Mond im Griechischen *mene* heißt). Trotula, die berühmte Hebamme aus Salerno, nannte sie »Blüten«, denn »wie die Bäume keine Früchte tragen ohne Blüten, so sind die Frauen ohne Blüten um ihre Fähigkeit zur Empfängnis gebracht«. Solche Vergleiche der Entstehung des Kindes mit Reproduktion und Ernährung der Pflanzen waren zahlreich, wenn auch nicht immer sprachlich so elegant. Die Gelehrten des Mittelalters waren sich darin einig, daß das Menstruationsblut nach der Empfängnis den Embryo nähre, wozu sich der Blutkreislauf ändern müsse. Wollte man ganz genau sein, wie etwa Ali ibn-al-Abbâs, ließ man zu diesem Zweck das Menstruationsblut mit reinem Blut und Seelengeist sich vermischen. Das spezielle Erklärungssystem, das Thomas von Aquin aufstellte, um die Bildung des göttlichen Kindes im Schoß Mariens darzustellen, hatte zweifellos derartige Differenzierungen zur Grundlage. Das vom Embryo benötigte Blut wurde auf komplizierte Weise aus dem Menstruationsblut abgeleitet: In der Membran, die den Fötus umgebe, entwickle sich zunächst ein Kanalsystem. Nach Ausbildung der Leber, die den menschlichen Körper mit Blut versorge, entstehe eine Ader, die aus dem Zustrom des Menstruationsbluts den Fötus bis zur Niederkunft nähre. Danach übernehme die

Milch diese Aufgabe, und die sei nichts anderes als im Körper umgewandeltes Menstruationsblut. So war ein günstiger Übergang in der Ernährung geschaffen, der den Embryo nicht in allzu unmittelbare Berührung mit dem unreinen Menstruationsblut geraten ließ.

Daß die Frau wenig natürliche Wärme besitze, wurde im Mittelalter immer wieder hervorgehoben. Sie sei kalt, und selbst die größte Hitze einer Frau könne nicht der des kältesten Mannes gleichkommen. Nahrungsrückstände, die die Verdauung aufgrund des Wärmemangels nicht transformieren könne, würden außerhalb der Schwangerschaft als Menstruationsblut ausgeschieden. Deshalb litten – so sah es Aristoteles, und das Mittelalter folgte ihm auch darin – Frauen weder an Nasenbluten noch an Hämorrhoiden, und ihre Haut sei zart und weich. Der Mann dagegen läutere sich von Nahrungsresten durch Bart- und Haarwuchs, Tiere durch das Wachsen der Hörner.

Bemerkungen solcher Art hatten die Tendenz, losgelöst von ihrem Kontext zu zirkulieren, als Fragen, denen die Antworten auf dem Fuße folgten. Diese bruchstückhafte Verbreitung hat nicht wenig dazu beigetragen, daß das mittelalterliche Wissen naiv und unzusammenhängend erscheint. Eingebettet in ihren Kontext werden diese Behauptungen im Lichte heutiger wissenschaftlicher Erkenntnisse zwar auch nicht richtiger, haben aber einen Anschein von Logik.

Da der Menstruation im Mittelalter so große Aufmerksamkeit geschenkt wurde, war auch die hungerbedingte Amenorrhöe bekannt. Albertus Magnus erläuterte, daß bei armen, schwer arbeitenden Frauen deshalb die Regel ausbleibe, weil das Wenige, das sie zu essen hätten, kaum zur Erhaltung ihres Lebens ausreiche. Innerhalb des Denkmusters der Läuterung von schädlichen Rückständen erklärt sich dieses Phänomen von selbst. Seltsamerweise hat die Periodizität der Menstruation weder die Mediziner noch die Gelehrten veranlaßt, daraus auf eine Periodizität der Fruchtbarkeit zu schließen.

Bei der Beschreibung des Menstruationsbluts und seiner Funktionen gab es keine großen Probleme. Ob aber auch die Frau einen Samenerguß habe, konnte durch unmittelbare Anschauung weder bestätigt noch widerlegt werden. Diese Frage wurde daher zum Gegenstand wissenschaftlicher und theologischer Kontroversen. Der Glaube an ein weibliches Prinzip, das im Moment der Empfängnis interveniert, hat eine bedeutende Tradition von Indien bis zu den meisten Philosophen der griechischen Welt. Tatsächlich bestimmt ja das Zusammentreffen eines männlichen und eines weiblichen Elements das Geschlecht des Kindes. In Aristoteles jedoch fand diese Denktradition einen entschiedenen Gegner. Nach seiner Ansicht war das Analogon zur Samenflüssigkeit des Mannes der Menstruationsfluß der Frau. Und da es zweierlei spermatische Sekretion bei ein und demselben Wesen nicht geben könne, entsprächen die Absonderungen der Frau während des Koitus keinesfalls dem Sperma des Mannes. Vielmehr hätten sie etwas mit dem Typus und der Ernährung der Frau zu tun. Seit der Übersetzung seiner Werke in der Mitte des 13. Jahrhunderts wurde die Doktrin von der Existenz eines weiblichen Samens daher besonders heftig angezweifelt. Der Verteidigung der Lehre verliehen Hippokrates und Galen Autorität, allerdings auf unterschiedliche Weise. Seit dem 11. Jahrhundert waren auch die Gedanken des Nemesios von Emesa bekannt, der den Gegensatz zwischen Aristoteles und Galen bereits deutlich hervorgehoben hatte. Es bestand also in der Literatur eine Vielfalt unterschiedlicher Ansichten über den genauen Zweck dieser weiblichen Zutat zum Samen des Mannes. Einer strikt galenischen Tradition zufolge wäre sie entweder die Nahrung dieses Samens, bevor das Menstruationsblut diese Aufgabe übernähme, oder eine Art Verdünnungsmittel, das die Ausbreitung des zäheren Spermas in der Gebärmutter ermöglicht; schließlich könnte sie die zweite Membran bilden, die den Fötus umhüllt.

Die Schriften über diese komplexe Materie sind nicht immer sehr klar. Hildegard von Bingen († 1179) etwa, die nicht nur ihre mystischen Visionen veröffentlicht, sondern auch eine wissenschaftliche Interpretation des Universums geliefert und offen über Probleme der Sexualität nachgedacht hat, scheint unsicher gewesen zu sein, ob die Frau einen Samen habe oder nicht.[11] Einmal bestritt sie dessen Existenz, dann sprach sie von einer geringen Menge schwachen Samens. Die Vermischung zweier Schäume *(spuma)*, die durch eine Aufwallung des Blutes entstünden, führe zur Empfängnis; anscheinend konnte der männliche Samen also eingreifen, ohne daß dafür ein weibliches Sekret vorhanden sein mußte.

Der glühendste Verfechter der Idee von einem weiblichen Sperma war der Enzyklopädist Wilhelm von Conches († um 1150). In sein *Dragmaticon philosophiae* hatte, wie bereits erwähnt, jenes Wissen Eingang gefunden, das durch die Übersetzungen des Constantinus Africanus überliefert worden war. Da das Werk Wilhelms in diesem Bereich hohes Ansehen genoß und von späteren Enzyklopädisten immer wieder aufgegriffen wurde, kommt seinen Ansichten große Bedeutung zu. Auch der bekannte, auf die Unfruchtbarkeit von Prostituierten gestützte Beweis für die Existenz eines weiblichen Spermas stammt von ihm: Da diese keine Lust in der Vereinigung fänden, hätten sie auch keinen Samenerguß und könnten daher nicht empfangen. Bei Vergewaltigungen dagegen käme es vor, daß die Frau am Ende doch Lust empfinde – so groß sei die Schwäche des Fleisches! Auf diese Weise ließen sich gelegentliche Schwangerschaften aufgrund solcher Vorkommnisse erklären. Die Debatte scheint recht heftig gewesen zu sein. Thomas von Cantimpré, ein Enzyklopädist des 13. Jahrhunderts, empörte sich über jene, die die Existenz eines weiblichen Samens zu leugnen versuchten: »Die dies

behaupten, verbreiten nichts als Lügen!«[12] Am Rande der Geschichte ist
noch eine Behauptung aus einer Debatte in Salerno zu erwähnen: Beim
Ehebruch sei der Einfluß des Mannes entscheidend, da sein Wille zum
Zeitpunkt der Vereinigung der Samen der stärkere sei.

Die Verfechter der aristotelischen Lehre verliehen der Debatte einen
eher philosophischen Charakter, wie ein Traktat *Von der Entstehung des
menschlichen Körpers im Uterus* (1267) des Aegidius Romanus belegt.[13]
Die Existenz eines weiblichen Samens mochte notfalls zugestanden werden, er wäre aber zu nichts nutze. Keine Rede davon, diesem *humor*
auch nur den mindesten Einfluß auf die Entstehung und Ausbildung des
Fötus zuzubilligen. Zwischen den Zeilen steht die aristotelische Dichotomie zwischen Form und Materie: Die Materie entsteht aus den Menses,
die Form aus dem Samen des Mannes. Angenommen, im Körper der Frau
verschmelze die Materie der Menses mit einem weiblichen Samen – und
besäße dieser auch eine noch so geringe Eignung als Agens – dann
könnte die Frau allein, ohne Mitwirken eines Mannes, zeugen. Hier sieht
man über den Umweg einer philosophischen Debatte eine alte männliche Schreckensvision auftauchen. Man könnte also den Schluß ziehen,
daß das nutzlose weibliche Sperma den Absonderungen der Prostata
analog sei. Averroës steuert das berühmte Beispiel von der Frau bei, die
vom Baden schwanger wurde, nachdem zuvor ein Mann ins Badewasser
ejakuliert hatte: Folglich mußte es ohne Lust und Samenerguß seitens der
Frau zur Befruchtung gekommen sein. Negierte man aber die Existenz
weiblichen Spermas, wurden auch die weiblichen »Testikel«, die Eierstöcke, überflüssig; das wiederum verstieße gegen das Finalitätsprinzip.
Aus diesem Grunde flüchteten sich die Autoren meist in wortreiche
Erklärungen.

Die Zeit war einer Aufwertung des männlichen Samens günstig. Von
Vincenz von Beauvais, dem größten Enzyklopädisten des 13. Jahrhunderts, stammt die Behauptung, im männlichen Sperma sei die Wärme der
Sonne und der Tiere beschlossen. Thomas von Aquin zufolge unterliegt
es dem Einfluß der Sterne, vermittels welcher Gott auf Erden eingreife.
Der männliche Same enthalte Wärme aus dreierlei Quellen: die elementare Wärme des Samens selbst, die der väterlichen Seele und die der Sonne. Er sei, nach einer gebräuchlichen Metapher aus dem aristotelischen
Denken, wie der Zimmermann, der auf das Holz – d. h. die Menses –
einwirke. Angesichts dieser Elogen erscheint der weibliche Samen wie
eine arme Verwandte des männlichen. Die philosophische Wendung der
Diskussion schenkte den Beobachtungen der Mediziner wenig Beachtung. Naturzweck war das vollkommene, d. h. das männliche Wesen.
Die Kraft des Spermas werde in seinem Streben nach Vollkommenheit
von der Materie, der weiblichen Materie, behindert. Die Frau galt als *mas
occasionatus*[14], als potentieller, unausgereifter Mann, als schwaches,

unvollständiges, versehrtes Wesen. Dieses vernichtende Urteil zeitigte aber keine unmittelbaren Konsequenzen. Im letzten Viertel des 13. Jahrhunderts entdeckte man nämlich begeistert die »Kräfte der Natur« im Werk des Aristoteles, vom Averroësschen Denken mehr oder minder zurechtgestutzt. Damit war eine wichtige Entscheidung gefallen. Angesichts dieser lapidaren und zweckmäßigen Formulierung wurden die abwertenden Urteile, die ständigen Behauptungen über die Minderwertigkeit der Frau obsolet. Selbst manche Kirchenmänner, die den Frauen sonst eher feindlich gesonnen waren, eigneten sich diese Formel schleunigst an – war sie doch von einem der größten wissenschaftlichen Geister aller Zeiten verbürgt.

Der Dominikaner Albertus Magnus war sich der von der Terminologie verschleierten Unsicherheit offenbar bewußt. Mit aller wünschenswerten Objektivität befragte er sowohl »erfahrene« Frauen als auch in Glaubensfragen kundige Ordensfrauen, um die Ausscheidungen außerhalb des Geschlechtsaktes zu erforschen. Der erotische Traum erschien nicht als Ursache, sondern als Zeichen einer Ejakulation, die auch ohne Begehren der Frau stattfinden konnte. Selbst Ordensschwestern kannten Pollutionen, ohne sündhafte Gedanken gehegt zu haben. Diese Entdeckung stand im Widerspruch zum damaligen medizinischen Denken, wonach das weibliche Sperma eine dreifache Funktion hatte: bei der Zeugung die mütterlichen Merkmale zu übertragen, eine bessere Aufnahme des männlichen Samens zu gewährleisten und die Lust der Frau zu manifestieren. Das bedeutet, daß die Ovulation, die Sekretion der Gebärmutter und die Lubrifikation der Vagina in einem einzigen Begriff zusammengefaßt waren. Weder in der radikalen Leugnung der Existenz eines weiblichen Spermas durch Aristoteles noch im Galenismus fanden diese Phänomene Beachtung, wobei die Vertreter eines galenischen Denkens eher geneigt waren, die Rolle der Frau bei der Zeugung anzuerkennen. Es ist paradox, daß offenbar gerade jene Behauptung, die am weitesten von der modernen wissenschaftlichen Wahrheit entfernt ist, dem Organismus und der Psychologie der Frau eine ernsthafte Aufmerksamkeit sicherte.

Die Idee eines weiblichen Samens, im Mittelalter leidenschaftlich debattiert und umstritten, nahm einen zentralen Platz im Denken der Kasuisten ein, die das Erbe des Mittelalters antraten und die Ejakulation mit einem Orgasmus der Frau gleichsetzten. Deshalb forderten sie ein Verbot sexueller Handlungen, die eine Ejakulation der Frau bewirken könnten, da sie aus ihrer Sicht eine Vergeudung des Samens darstellten. Die Wertschätzung Galens durch die Theologen ließ einige Kasuisten noch im 18. Jahrhundert in diesen Begriffen denken. Selbst Descartes sprach angesichts der Entstehung des Kindes im Mutterleib poetisch von den »Samen der zwei Geschlechter, die, sich vermischend, einander gegenseitig befruchten«. [15]

DIESES UNBERECHENBARE WESEN

Die Entscheidung über das Geschlecht des Kindes

Die Gebärmutter war im Rahmen dieser Theorie Ort eines Zusammen-
stoßes, dessen Ausgang nicht nur das Geschlecht, sondern auch das Aussehen des Kindes bestimmte. Die entscheidenden Faktoren kalt/heiß
und rechts/links kamen folgendermaßen zum Tragen: Aufgrund einer
direkten Verbindung mit der Leber, die von Natur aus warm sei, hätten
die rechte Gebärmutterhälfte und der rechte Hoden eine höhere Temperatur und könnten daher einen männlichen Fötus zeugen bzw.
nähren. Aber auch der Kampf zwischen dem Samen des Mannes und
dem der Frau beeinflusse das zukünftige Geschlecht des Kindes entscheidend. In diesem System der räumlichen Lokalisierung hatte, wie
schon erwähnt, die Lehre von den sieben Kammern der Gebärmutter
ihren Ursprung: Die rechtsgelegenen Kammern nähmen die Samen-
mischung auf, um daraus ein männliches, die linksgelegenen, um ein
weibliches Wesen zu formen, die mittlere Kammer sei für Zwitter zuständig. Dieses Kombinationssystem beruhte ausschließlich auf physikalischen Faktoren. Vor seiner Etablierung hatte Hildegard von Bingen ein
vollkommen eigenständiges System entworfen, das auch psychologische
Elemente enthielt: Die Kraft des männlichen Samens entscheide zwar
über das Geschlecht, die moralischen Qualitäten des Kindes hingen aber
von der Liebe der Eltern zueinander ab. So entspringe aus einer großen
Menge männlichen Samens und einer tugendhaften Liebe zwischen
Mann und Frau ein mit allen Tugenden gesegneter Knabe. Bei einer
schwachen Ejakulation des Mannes, aber großer gegenseitiger Neigung
der Eheleute werde ein tugendhaftes Mädchen geboren. Wenig Sperma
des Mannes und Eltern, denen es an Liebe mangle, zeitigten das
schlimmste Ergebnis: ein boshaftes Mädchen. Ist es ein zufälliges Ergebnis theoretischer Überlegungen, wenn hier offenbar die Bedeutung der
Zuneigung für die seelische Entwicklung des Kindes berücksichtigt wird?
Darüber hinaus vertrat Hildegard die Auffassung, daß eine kräftige Frau
über genügend Wärme verfüge, um das Kind ihr ähnlich zu machen, ein
starker Mann mit einer zarten Frau jedoch seinerseits dem Kind seine
Züge aufpräge. Als Frau klagte Hildegard quasi das Recht des Kindes ein,
seiner Mutter gleichen zu können. Dieser Gedanke war den theoretischen Konstrukten des mittelalterlichen Denkens seltsamerweise völlig
fremd, der prägende Einfluß des Mannes auf seine Nachkommenschaft
galt als unerschütterlich. Das dem Lustempfinden dienende Organ verlieh nach Ansicht Hildegards dem Männerkörper Ungestüm und Heftigkeit, das der Frau dagegen gleiche der Sonne, die sanft, friedlich und ste-

tig auf die Erde strahle, damit diese Früchte trage. Falls es denn zutreffe, daß die Frau kälter und feuchter sei als der Mann, dann begünstigten diese Eigenschaften ihre Mäßigung und Fruchtbarkeit.

Ein so nuancierter und den Frauen günstiger Diskurs war selten. Albertus Magnus vertrat die Meinung, daß die überschäumenden Körpersäfte und ein Übermaß an Hitze im Körper junger Frauen, die bei der Geburt ausgeschieden werden, deren Leben gefährden könnten. Nicht immer wurde die Natur der Frau so differenziert erfaßt. Mochte auch Hildegard Sexualität und Fortpflanzung in poetische Bilder kleiden – die gebräuchlichste mittelalterliche Überlieferung schrieb jedenfalls die Kombination einiger weniger Faktoren nach simplen Regeln vor. So erlaubten Verschiebungen innerhalb des Rechts-/Linksschemas Wilhelm von Conches', neue Menschentypen zu entdecken: rechts, aber ein bißchen nach links – der effeminierte Mann, links, aber ein bißchen nach rechts – die virile Frau; dieser Frauentypus habe mehr Hitze als seine Geschlechtsgenossinnen und sei infolgedessen stärker behaart. Die Klassifikation menschlicher Typen, ursprünglich aus der antiken Wissenschaft, insbesondere von Hippokrates, stammend, war der Autoren des Mittelalters liebster Zeitvertreib. Immer neue Kombinationen zu erfinden, scheint eine beliebte Übung gewesen zu sein, bis sie von populären Schriften übernommen wurde, die der Verbreitung in die Volkssprachen dienten. Im *Dialogue de Placides et Timéo* spielten die Lage in der Gebärmutter, das Verhältnis des männlichen zum weiblichen Samen und zusätzlich noch die Temperatur eine Rolle. Fiele der weibliche Samen nach rechts, könnte sich die Hitze nach innen kehren. Vorsicht vor diesem Frauentyp, weiß, blaß, angenehm, aber stolz in Haltung und Gehaben! Solche Frauen hätten die Hitze eines Mannes im Leib und könnten daher im Mann keine Hitze erzeugen; außerdem sei ihr sexueller Appetit maßlos. Bei nach außen gewandter Hitze dagegen würden die Frauen schwarz und bärtig, könnten aber mit einem guten Mann große, schöne, kräftige Knaben zeugen.

Auch wenn die Mittel manchmal zum Lachen reizen – das Mittelalter gab sich alle Mühe, die Menschen, insbesondere aber die Frauen, zu dechiffrieren und zu klassifizieren. Denn die Frauen zu kennen war unerläßlich. Wie sonst hätte man sich vor ihrem sexuellen Appetit hüten und gleichzeitig ihrer Fruchtbarkeit versichern sollen? Man stelle sich einen in dieser Wissenschaft bewanderten Arzt vor, wie er Ratsuchenden seine Meinung über deren künftige Ehefrauen kundtut! Der Bastard eines angesehenen Mannes von hoher Geburt war mit aller wissenschaftlichen Legitimität Erbe der Qualitäten seines Vaters und Zeugnis seiner Männlichkeit. Das Mittelalter – besessen von der Sorge um die Abkunft, aber gleichzeitig davon überzeugt, daß Kinder nicht der Mutter ähneln können: es verdient sein Epitheton »männlich« in der Tat.

Die Lust

Die Lust war im wesentlichen männlich. Georges Duby hat die Sicht der rechtmäßigen Gattin, wie sie im 11. und 12. Jahrhundert, vor dem Einbruch des arabischen Denkens, üblich war, so beschrieben: »Der Mann hatte immer nur eine Ehefrau. Er mußte sie so nehmen, wie sie war, kalt im Gewähren des *debitum*, und es war ihm verboten, sie in Erregung zu versetzen.«[16] Die wissenschaftlich oder pseudowissenschaftlich legitimierte Unfruchtbarkeit von Prostituierten gestattete es den jungen Männern, ihre Sexualität vor der Ehe auszuleben. Die Theologen versicherten, daß die Lust, um das Fortleben der Spezies Mensch zu gewährleisten, mit einem solch erniedrigenden Akt einhergehen und sich solch schändlicher Werkzeuge bedienen müsse. Galen verlieh dieser Idee eine akzeptable Zwecksetzung: Die entsprechenden Körperteile seien von der Natur mit einer weit größeren Empfindsamkeit versehen als die Haut. Man wundere sich also nicht über den lebhaften Genuß, deren Ort sie seien, noch über das Begehren, das diesem Genuß vorhergehe. Daß die Kirche in ihrem Bemühen, die Ehe durchzusetzen und das sexuelle Leben zu regulieren, gezwungen war, intensiver über Sexualität und Lust nachzudenken, ist ein Paradoxon. Streng aristotelisch betrachtet ist die weibliche Lust zwar zu vernachlässigen, aber der herrschende Galenismus verlangte von den Theologen, sie wenigstens zur Kenntnis zu nehmen, um sie in die Schranken verweisen zu können. Auseinandersetzungen über dieses Thema durften jedoch ausschließlich die Fortpflanzung betreffen. Dank Hildegards Sinn für Poesie wurde die weibliche Lust mit dem maßvollen, aber fruchtbaren Wirken der Sonne verglichen. Etwas weniger elegant ist der von allen Autoren akzeptierte Vergleich des weiblichen Begehrens mit feuchtem Holz, das schwer zu entflammen sei, aber lange brenne. Das Geheimnis dieser verborgenen Glut beunruhigte die Männer ungemein.

Der ausgeschlossene Mann

Hera hatte Teiresias für seine Enthüllung, daß Frauen größere Lust empfinden können als Männer, mit Blindheit geschlagen. Das wollten die Denker des Mittelalters ganz genau wissen. Die Kleriker, die ihre Werke unter die Leute bringen wollten, trafen, wenn sie Geschlechtliches streiften, durchsichtige Vorsichtsmaßnahmen: Sie sprachen dann in den Begriffen der Esoterik von den »Geheimnissen der Frauen«. Noch verräterischer ist die Figur des Hermaphroditen, der in dem von Ovid inspirierten *Dialogue de Placides et Timéo* auftritt. Er erscheint geradezu als mythisches Emblem für die männliche Wißbegier: Um sein Begehren zu befriedigen, läßt sich dieser einzigartige Held den Bart scheren, legt Frauenkleider an und erlebt in verschiedenen Ländern die Welt der Frauen und Mädchen. Seiner Verschwiegenheit wegen wird er mit Gunstbeweisen überhäuft. Vor allem sucht er Geständnisse, die ihm den Schlüssel zu den Geheimnissen der Frauen liefern sollen, und er erhält sie auch. Alt und müde geworden, legt er wieder Männerkleider an und verrät den Männern, was er erfahren hat. Diese Einführung ins weibliche Mysterium macht ihn würdig, an der Seite Trotulas, der Ärztin aus Salerno, zu figurieren. Die Geschichte zeigt, wie ihr Autor mittels dieser beiden Gestalten sich den Diskurs über die Sexualität exklusiv anzueignen suchte. Auch medizinische Schriften waren von einem derartigen Voyeurismus und anderen Männerphantasien nicht frei. Die Lust der Verfasser verriet sich in der Detailverliebtheit, mit der etwa die weibliche Onanie und ihre Requisiten beschrieben wurden.

Der Mann war in dieser Gesellschaft, die ihn überdies zu einer späten Eheschließung zwang, aus der Welt der Frauen ausgeschlossen. Deshalb gab es die Kupplerin. In der Literatur hatte sie die Aufgabe, die Geheimnisse der Frauen auszuplaudern. In dem von Jean de Meung geschriebenen Teil des *Rosenromans* erging sich die Alte vergnügt über die Praktiken der käuflichen Liebe und die Kunst, das Täubchen (den Liebhaber) zu rupfen. Noch zynischer zeichnete Raymundus Lullus eine Mutter in l'*Arbre de science*: Sie ergötzte sich – manchmal sogar als Zuschauerin – an den Ausschweifungen ihrer Tochter. Schließlich »sprach sie schamlos mit ihr über die Unzucht, erzählte ihr von den Freuden, die sie selbst mit den Männern genossen hatte, Freuden, die ihrem Sohn zu gestehen sie sich geschämt hätte«. Dieser extreme Fall der Komplizenschaft zwischen Frauen verrät auch die Angst der Männer, dieses Wissen könnte ihnen entgehen. Viele Kupplerinnen traten in der abendländischen Literatur auf. Fernando Rojas' erstmals 1499 erschienene *Célestine* aber war die Krönung: Kupplerin, Beobachterin der Ausschweifungen und Hebamme, wurde sie bei Prozessen um die Impotenz von der Justiz als Prüfungsinstanz in das Leben eines Ehepaars beordert, denn nur die Frau konnte im Mittelalter als Zeugin des Geschlechtsakts auftreten. Diese Macht der Frau war für den Mann bedrohlich spürbar, und sie begegnet uns als solche auch in literarischen und wissenschaftlichen Texten. Trotula verdankte ihren Ruhm weniger ihrer frauenheilkundlichen Abhandlung[17] als ihrer Fähigkeit, diese vielfältigen Funktionen auszuüben. Mit ihren Fertigkeiten, Tränke zu brauen und die Jungfräulichkeit wiederherzustellen, verstand sie sich außerdem auf die Kunst, die Männer zu betrügen. Gegenüber diesem Wissen, dessen potentielles Opfer er war, befiel den Mann eine aggressive Furchtsamkeit: Die Alte wurde zur Hexe.

Von der medizinischen Literatur ging, wie wir gesehen haben, ein kräftiger Anstoß zur Kommunikation zwischen den Geschlechtern aus, aber viele Behauptungen schürten auch die Angst vor der Frau. Sie galt als kalt und feucht; die Lust der Gebärmutter gleiche der der Schlangen, die auf der Suche nach Wärme in den Mund der Schlafenden kriechen. Die sexuelle Potenz der Frauen erschien immer noch höchst beunruhigend, auch verspürten sie doppelte Lust: einmal durch das Empfangen des männlichen Samens, den die Anziehungskraft der Vulva einsauge, andererseits durch die eigene Ejakulation. Das jedenfalls besagte die von den *Pantegni* ausgehende Überlieferung. Auch im Aristotelismus kursierten beunruhigende Feststellungen zu diesem Thema: Der Feuchtigkeitsüberschuß im Körper der Frau verleihe dieser eine unbegrenzte Fähigkeit, geschlechtlich zu verkehren. Nie werde dieser Hunger gestillt. Das Diktum Juvenals, »lassata sed non satiata« (erschöpft, aber nicht befriedigt), wurde bis zum Überdruß zitiert. Hieß es nicht auch, daß die Frau das einzige unter allen weiblichen Lebewesen sei, das sich selbst nach der Empfängnis noch nach geschlechtlicher Vereinigung sehne? In der satirischen Literatur, besonders in den Schwänken, wurde stets diese beunruhigende Potenz inszeniert. Im Spott manifestierte sich Angst, die schließlich in Verachtung umschlug. Im christlichen Abendland fehlten in der Tat alle Voraussetzungen für einen authentischen Dialog – und damit auch für eine Kunst der Liebe.

Auf der Suche nach einer Kunst der Liebe

Zweifellos beeinflußten Ehe und Fruchtbarkeit, die im Mittelalter als miteinander verbundene Verpflichtungen angesehen wurden, die Haltung zur geschlechtlichen Lust. Spielte die höfische Liebe, die in Literatur und Denken allgegenwärtig war, eine vergleichbare Rolle? In literarischen Texten wurde zwar die körperliche Vereinigung der Liebenden zugelassen, aber nur mit kargen Worten geschildert. Wußte die höfische Liebe die Sensibilität der Klitoris zu nutzen? Es ist erwiesen, daß eine von den ehelichen Pflichten ganz verschiedene Vorstellung über geschlechtliche Beziehungen existierte, die dem Liebhaber eine vollkommene Beherrschung seines Körpers abverlangte. Die theoretischen Schriften über dieses Thema sind schwer zu interpretieren, ihre Metaphern und Symbole könnten ebenso gut auf homosexuelle Beziehungen zutreffen. Abhandlungen »Über den Geschlechtsverkehr«, insbesondere die von Constantinus Africanus, halten nicht, was sie versprechen; Ratschläge zur Förderung erfüllter geschlechtlicher Beziehungen sind selten. Statt dessen werden die geschilderten Ideen über Physiologie und Pathologie wiedergekäut; ansonsten beschränken sich die Autoren auf genaue Ratschläge, zu welchen Tageszeiten, mit Rücksicht auf die Verdauung, der Koitus erfolgen solle. Die zahllosen »Geheimnisse der Frauen« sind nicht viel origineller.

Wieder einmal war es die arabische Medizin, aus der eine neue Art des Denkens entstand. In diesem Kulturkreis veranlaßte die Polygamie den Mann, seinen Körper besser kennenzulernen und der Frau mehr Freiheiten in ihrer Suche nach Befriedigung einzuräumen. Der *Canon* des Avicenna bekräftigt das Recht auf die Lust. Anscheinend galt es als unvermeidlich, daß enttäuschte Frauen sich anderen Männern zuwandten oder Erfüllung bei ihren Gefährtinnen suchten. Im Abendland war man weit davon entfernt, solche Forderungen aufzunehmen. Dennoch blieb im Rahmen des züchtigen Genusses ehelicher Freuden einiges hängen. Albertus Magnus erlaubte immerhin Zärtlichkeiten vor der sexuellen Vereinigung, und die Selbstbefriedigung der Frau vor der Ehe sah man relativ gelassen. An der Wende vom 13. zum 14. Jahrhundert nahm die Liebeskunst einen bemerkenswerten Aufschwung. Ärzte wie Magninus und John de Gaddesden gaben Ratschläge, denen selbst in Handbüchern der modernen Sexualforschung nicht widersprochen würde. Genau beschrieben sind die Liebkosungen, durch welche die Frau in einen für den Geschlechtsverkehr günstigen Zustand versetzt wird. Die Synchronisierung der Ejakulationen im Orgasmus ist das Ziel. Anschaulich empfiehlt Pietro d'Abano eine Reizung der Klitoris, ohne deren Namen zu nennen; die Frau gerate daraufhin in eine Verfassung, die einer Ohnmacht ähnlich sei. Nach diesen technischen Details erhält die Frau Anweisungen, wie sie für einen wohlriechenden Atem sorgen könne. So wird unter dem Deckmantel der Sorge um die Fortpflanzung eine Art der Vereinigung be- und verschrieben, die vollkommen und vor allem eng sein soll – damit keine Luft eindringe und den Samen schädige.

Wie weit solche Schriften innerhalb einer gebildeten Öffentlichkeit verbreitet waren, ist nicht mehr festzustellen. Sofern die Frau nicht an pathologischer Unfruchtbarkeit litt, wurde dem Mann eine große Verantwortung auferlegt. Denn mittels der dargestellten Verhaltensweisen hatte der Mann schließlich die Frau in einen empfängnisbereiten Zustand zu versetzen. Selbst die aufgeschlossensten Männer des Mittelalters hätten der Ausführung des Geschlechtsakts wohl kaum solche Aufmerksamkeit gewidmet. Dennoch erlangte die Sexualität eine außergewöhnliche Geltung. Sie sollte immerhin das Gleichgewicht des Organismus gewährleisten. Schon Trotula hatte versichert, daß Abstinenz schwerwiegende Störungen bei Frauen verursache; insbesondere könnten diese an ihrer Gebärmutter ersticken, wie das bei Witwen zu beobachten sei.

Gegen Ende des 13. Jahrhunderts und bis ins 14. Jahrhundert hinein fand ein regelrechter Kampf um die Rechte des Leibes statt. Es ist daher nicht verwunderlich, daß es damals eine richtige Abhandlung über die Liebeskunst gab oder, besser gesagt, über verschiedene Stellungen beim

Koitus. Das Manuskript erschien, zusammen mit Trotulas Ausführungen, in katalanischer Sprache unter dem offenherzigen Titel *Speculum al foderi*[18] (*Spiegel des Vögelns*), der es mit einem Anflug von Ironie in die Nähe der arabischen Abhandlungen rückte. Vierundzwanzig Stellungen wurden darin mit einer durch keine philosophische Betrachtung gemilderten technischen Trockenheit beschrieben – die Technik des Geschlechtsverkehrs galt im Westen, anders als im orientalischen Denken, nie als ein Weg zur Harmonie mit dem Universum. Wie weit sind wir hier aber auch von der einzigen Stellung entfernt, die von der Kirche geduldet und von der Medizin verteidigt wurde! Zweck des Traktats ist die Steigerung der Lust. Die Weise aber, das erklärte Ziel zu erreichen, mutet seltsam an: Die Frau wird ausgestellt und manipuliert, ohne Freiheiten in der Behandlung der erogenen Zonen (die Klitoris kommt gar nicht vor) oder im Gebrauch anderer als der von der Natur vorgesehenen Öffnungen. Immerhin kann man an dieser Schrift zeigen, daß die erotische Praxis sich vollständig von dem ausschließlich um die Fortpflanzung kreisenden medizinischen Diskurs trennen ließ. Dieser Traktat, der zweifellos seiner Zeit voraus war, fand in den erstaunlichen Sittenbildern Pietro Aretinos seine Fortsetzung. War das nun der Höhepunkt freier Rede im Mittelalter? Bedenkt man die Passivität der Frau in dieser Darstellung und ihre völlige Auslieferung an den Mann, ist man geneigt, dies zu verneinen. Weniger methodisch, dafür wohl näher an der menschlichen Wirklichkeit, riet Jean de Gaddesden der Frau, aktiv zu werden, und erklärte, wie sie das Begehren des Mannes wecken könne.

Vom Mythos des Geheimnisses und vom aggressiven Mißtrauen zur Komplizenschaft, zur Feststellung, daß es zur erotischen Vereinigung der Gegenseitigkeit bedarf – es ist zweifellos nicht der im Mittelalter dominierende Diskurs, der hier nachgezeichnet wurde. Immerhin zeigen diese Texte, daß im 13. und 14. Jahrhundert trotz strenger religiöser Vorschriften die Lust des Paares – insbesondere die Lust der Frau – das Denken beherrschte. Die Kräfte der Natur wurden anerkannt und gepriesen. Und diese optimistische Vision vom Körper existierte trotz der mangelhaften Fähigkeit der Ärzte, diesen wirkungsvoll zu behandeln und zu heilen, und trotz des unausgegorenen Wissens der Gelehrten, das brillante Eingebungen mit seltsamen und düsteren Reminiszenzen vereinte.

Frauenkrankheiten

Die ganze Gesellschaft starrte auf das unfruchtbare Paar. Mußte sich der Arzt der Frau annehmen, durfte er sie weder direkt untersuchen noch berühren. Allein der Hebamme war es erlaubt, sich um die Frau zu kümmern, etwa ein Pessar einzusetzen. Dem Chirurgen fiel die Aufgabe zu, die Frau von Membranen und Wucherungen zu befreien, die den Verkehr behinderten, oder auch die Vagina zu öffnen. Bei diesem Eingriff wurde eine Kanüle gelegt, die einerseits ein Verschorfen der Wunde und damit das Verheilen der Öffnung verhinderte und andererseits das Urinieren ermöglichte. Der chirurgische Eingriff im Falle einer manifesten Fehlbildung wurde durch Salben, Puder und Arzneien ergänzt, aber auch durch bestimmte Nahrungsmittel und Diäten, um ein Zuviel an Hitze oder Kälte zu beheben, dem die Schuld an der Sterilität der Gebärmutter zugeschrieben wurde. Sowohl diese Methoden, die eng mit einem aus früheren Kulturen überlieferten Volksglauben verbunden waren, als auch die vielen Fruchtbarkeitsheiligen zeugen davon, daß hier etwas Wichtiges auf dem Spiel stand. Der Zwang zur Fruchtbarkeit wies den Frauen die Schuld zu, ließ unter ihnen einen Austausch entstehen und stärkte ihre Solidarität und ihren Zusammenhalt.

Der wissenschaftliche und medizinische Diskurs führte gelegentlich zu erstaunlichen intuitiven Erkenntnissen, verbreitete aber auch angsterregende Vorstellungen, die von der Tradition verbürgt waren und daher nicht angezweifelt werden durften. Die *Exempla*, d. h. in diesem Zusammenhang kurze Ausführungen zur Veranschaulichung einer wissenschaftlichen Erkenntnis, enthielten gelegentlich Elemente, die sich jeder rationalen Analyse entziehen und wahrscheinlich aus dem Zusammentreffen von Wissenschaftskultur und Volksglauben entstanden sind. Kaum ein Enzyklopädist, der nicht die Greuelmärchen über das Menstruationsblut aufgegriffen hätte, die aus der Überlieferung des Plinius über Isidor von Sevilla ins Mittelalter gelangt waren: Es verhindert das Keimen der Saat und macht den Most sauer; von Menstruationsblut benetzt, verdorrt das Gras, die Bäume verlieren ihre Früchte, das Eisen rostet, Gegenstände aus Bronze laufen schwarz an, Hunde, die daran geleckt haben, werden tollwütig; sogar den zähen Asphalt, der einer stählernen Klinge widersteht, kann es auflösen. Behauptungen dieser Art waren ein Teil der ländlichen Kultur. Aber etwas anderes galt im Mittelalter als weit beängstigender: Ein während der Regel gezeugtes Kind würde rothaarig – mit allen damals befürchteten Folgen. Außerdem wären alle diese Kinder von Masern und Pocken bedroht – Krankheiten, die von den Anstrengungen des jungen Organismus herrührten, die durchlässigen Glieder vom Menstruationsblut zu reinigen. Nach Aristoteles glaubte man im Mittelalter, daß der Blick einer menstruierenden Frau Spiegel erblinden lasse. Albertus Magnus erklärte dieses Phänomen wissenschaftlich: Das Auge nehme als passives Organ den Menstruationsfluß auf. Nach den aristotelischen und galenischen Theorien vom Sehen verändere das Auge die Luft dergestalt, daß diese die schädlichen Dämpfe auf den Gegenstand übertrage, den sie berühre. Nach der Menopause galt die Frau als besonders gefährlich, da Überschüsse nicht mehr durch

die Menstruation ausgeschieden und daher allesamt vom Blick übertragen würden. In den *Wundersamen Geheimnissen der Magie Alberts
des Großen und Alberts des Kleinen* ist von alten Frauen die Rede, die
durch ihren verpesteten Blick die Kinder in der Wiege vergiften. Arme
Frauen, die nur grobe, schwer verdauliche Nahrung zu sich nähmen, sei-
en verderblicher als andere. So wurde mittels einer pseudowissenschaftlichen Legitimation ein erheblicher Teil der Gesellschaft ausgeschlossen
und ängstlich auf Distanz gehalten. Dieser physiologische Mechanismus,
dieses Gesetz traf jede Frau, sobald sie ihre gesellschaftliche Funktion, d.
h. ihre Fruchtbarkeit und ihre körperlichen Reize verloren hatte. Die
Frauen selbst galten als immun, weil an das Gift gewöhnt. Diese den
Frauen zugeschriebene Eigenschaft läßt sich auf den Mithridatismus
zurückführen: Mithridates, König von Pontos, besaß bekanntlich die
Fähigkeit, Giften zu trotzen. Ebendies nahm man im Mittelalter von den
Mädchen an. Avicenna, der beobachtet hatte, wie Stare Schierling fraßen,
ohne davon Schaden zu nehmen, bürgte für diese Auffassung. Am voll-
ständigsten erzählt der *Dialogue de Placides et Timéo* die Geschichte: Ein
König, die aufstrebende Macht Alexanders fürchtend, hat sich ein junges
Mädchen herangezogen, das von Gift ernährt wurde und überlebte. Da
er es gegen jede Verführung gewappnet weiß, schickt er es dem Alexander als Geschenk. Fast erliegt dieser dem Zauber des Mädchens. Doch
Aristoteles und dessen Lehrer Sokrates, die als Gelehrte an seinem Hofe
weilen, entdecken das Gift bei dem Mädchen. Um Alexanders Zweifel zu
zerstreuen, führen sie eine Gelegenheit herbei, bei der er sich selbst
davon überzeugen kann. Zwei Sklaven, von dem Mädchen geküßt, sterben auf der Stelle, desgleichen alle Tiere, die es berührt. Ein Scheiterhaufen befreit die Menschheit von dieser Geißel. Die Vergiftungsmetho-
de variierte von einer Version der Fabel zur anderen: ein Kuß, der Atem
oder eine geschlechtliche Vereinigung, das narrative Schema jedoch war
stets dasselbe.

Diese Geschichte, die in der zweiten Hälfte des 13. Jahrhunderts aufkam, ist in zweifacher Hinsicht bezeichnend. Sie verrät nicht nur die
Angst der Männer vor der menstruierenden Frau, sondern auch die Angst
vor einer Ansteckung mit der Lepra, da ja das medizinische Wissen nicht
den geringsten Ansatz zur Erklärung dieses Phänomens lieferte. Man
glaubte damals, daß man durch den Geschlechtsverkehr mit einer menstruierenden Frau Lepra bekäme. Manche Autoren vertraten die Ansicht,
daß auch ein dabei gezeugtes Kind aussätzig werden könnte. Zwar zeigt
die Forschung, daß die Bevölkerung weit weniger von der Seuche
betroffen war, als lange Zeit angenommen. Dennoch war die Vorstellungswelt der mittelalterlichen Menschen so erschüttert, daß sie jedes
Hirngespinst über die Seuche glaubten und weiter ausschmückten. Die
Ärzte waren mit dieser Krankheit vertraut, aber deren lange Inkubati-

onszeit überforderte ihre Denk- und Vorstellungswelt. Zu diesem Wissensmangel kam – sehr zum Unglück der Frauen – die alte Überlieferung erschwerend hinzu, daß Aussatz durch Geschlechtsverkehr übertragen werde. Eine Frau, so erläuterte Wilhelm von Conches, werde durch den Verkehr mit einem Aussätzigen nicht selbst krank, dafür aber der erste Mann, der sich danach mit ihr vereinige. Die Frau sei ihrer Kälte wegen fähig, dem Verderben zu widerstehen, die Fäulnis aber, die vom Koitus mit dem Aussätzigen herrühre, infiziere die Geschlechtsorgane des Mannes. Damit war erwiesen, daß sich der Aussatz wie eine Geschlechtskrankheit verbreitete. Im Infektionsstadium mag eine Ähnlichkeit der Symptome die Verwechslung der Lepra mit einer echten venerischen Infektion begünstigt haben – wie die Krankheit von Nicolas und Favre, die von *Chlamydia trachomatis* hervorgerufen wird, welche auch für das Trachom verantwortlich sind.[19] Die Frau schien also immun zu sein, was teilweise erklärlich ist: Der Mann, der mehr herumkam als die Frau, war dadurch stärker gefährdet; die Frau eines Aussätzigen dagegen mußte, wenn sie immer wieder mit der Krankheit ihres Mannes in Kontakt kam, eine gewisse Resistenz dagegen entwickeln. Deshalb war die Zahl der an Lepra erkrankten Frauen zweifellos geringer als die der Männer. Die Frau war also offenbar nur die Zwischenträgerin einer Seuche, die den Mann zerstörte – diese schmerzliche Vorstellung von der Liebe hat sich in den Mythos eingeschrieben.

Im *Tristan* von Béroul ist die Affinität zwischen Isolde und den Aussätzigen offensichtlich: Um die des Ehebruchs schuldige Königin zu bestrafen, erklärt sich ihr Gemahl, König Marke, bereit, sie einer Horde von Kranken auszuliefern. Sie soll allen zur Frau werden, hunderten von geschlechtlicher Gier zerfressenen Aussätzigen. So stellte sich der Mann die Sühne vor, seiner Angst vor der Frau ebenso angemessen wie seinen Phantasmen. Wie man weiß, ist die Königin dieser Demütigung entronnen. In einer besonders wichtigen Episode wird sie am Hofe König Arthurs vorgeführt, um sich vor aller Augen zu rechtfertigen. Anschließend durchquert sie auf den Schultern des als Aussätziger verkleideten Tristan die Sümpfe – Schauspiel einer befremdlichen Paarung, wie Einzelheiten im Text belegen. Isolde wird vom Autor als *givre*, Viper, bezeichnet – als giftiges Tier also, das sich häutet wie ein Aussätziger. Im Angesicht des Königs und des versammelten Adels verkündet Isolde ihre Furchtlosigkeit und Unantastbarkeit, ihre strahlende Schönheit erhebt sich über Zerfall und Verwesung. Hier ist die Frau schon das Wesen mit den zwei Gesichtern: Schönheit und Zerstörung – das Schicksal dieser Darstellung in der Literatur ist bekannt. Die Männer werden zum Publikum des weiblichen Triumphs. Übrigens beschränkten sich die Männer aus unterschiedlichen Gründen meistens darauf, die Frau zu beobachten. Eben dieser Wunsch zu sehen, vereint die mystische Figur des Hermaphroditen, der seine Bestimmung bis zum Schluß erfüllte, mit Melusines Männern und allen anderen Helden, den tapferen Rittern, die – zu ihrem Glück oder zu ihrem Unglück – zauberische Frauen oder Feen dabei überraschten, wie sie in den Quellen badeten und sich das Mysterium der Weiblichkeit entschleierte.

Die Gestalt des Aussätzigen im *Tristan* verkörperte die zügellose Sexualität, die wahre Natur der Frau. *Ami et Amile*[20], eine Chanson de geste, die um 1200 oder in den ersten Jahren des 13. Jahrhunderts entstanden ist, nähert sich der Seuche in anderer, aber gewissermaßen komplementärer Weise. Der Titel verweist auf die Ähnlichkeit zwischen den Helden der Geschichte: Ami, der Amile wie ein Zwillingsbruder gleicht, hat, obwohl selbst verheiratet, im Namen des Freundes ein Eheversprechen abgegeben und ist deshalb vom Aussatz befallen worden. Man treibt eben nicht ungestraft mit einem Sakrament sein Spiel, und sei es auch in bester Absicht. Da Ami völlig entstellt ist, gelingt es seiner Frau, den Bischof von der Notwendigkeit einer Trennung zu überzeugen. Eine so lebenslustige Frau kann nach allgemeiner Überzeugung nicht das Bett mit einem so heruntergekommenen Mann teilen. Alles entwirrt sich endlich dank eines Opfers, dem ein Wunder folgt, der genesene Held aber zürnt seiner Frau wegen des Vorwurfs der Impotenz, den sie zweifellos zu wiederholten Malen vorgebracht hat.

Dieser literarische Text beschrieb im Gegensatz zu der im Mittelalter gemeinhin verbreiteten Ansicht die Krankheitsfolgen sehr realistisch: als Minderung und Lähmung der geschlechtlichen Aktivität des Mannes, während die Frau, die sich guter Gesundheit erfreut, ihn mit ihrer fröhlichen Vitalität erdrückt. Alle männlichen Befürchtungen fanden in der Lepra ihren Ausdruck: Die Seuche ist es, die die körperlichen Kräfte schwinden läßt, sie schließlich dahinrafft und den Mann zum hilflosen Opfer der Frau macht. Die Frau galt als Verbündete der Aussätzigen, jenen männlichen Phantasien entsprungenen Kreaturen von bedrohlicher Sexualität; nur in ihrer Mitte könnte die stets unbefriedigte Frau endlich ihre unersättliche geschlechtliche Gier stillen.

Im Umgang mit der Lepra ist zweierlei zu unterscheiden: einerseits die alltägliche Wirklichkeit, die es den Menschen im Mittelalter durchaus erlaubte, der christlichen Nächstenliebe zu gehorchen und den Kranken zu helfen; andererseits die Auswirkungen der Phantasie, die im mittelalterlichen Denken eine große Rolle spielte und die in einer langen Tradition überlieferten Geschichten unkritisch aufnahm. Daß Lepra durch sexuelle Beziehungen übertragen werde, ist offensichtlich eine falsche Vorstellung. Dennoch verstärkte sie Angst und Schuldgefühle beim Geschlechtsverkehr ebenso, wie später die Syphilis. Stellt man die wissenschaftlichen Kenntnisse der Zeit in Rechnung, galt die Frau im Mittelalter gleichermaßen als Werkzeug der Sünde, das die Strafe Gottes verdiene, wie als Überträgerin einer Krankheit, die in den Augen der Allgemeinheit ebendiese Sünde verriet.

Die im Mittelalter entwickelten oder tradierten Ideen von der weiblichen Natur mit ihrer Vielgestaltigkeit und ihren Widersprüchen waren langlebig. Eine spezifische Sprache, spezifische Erklärungssysteme haben sich für etliche Jahrhunderte etabliert, das Denken durchdrungen und die Vorstellungen geformt. Die Kasuisten dachten in denselben Begriffen über die Frau und ihr Sexualverhalten nach wie mittelalterliche Gelehrte. Auch die falsche, aber schöne Idee von einem Sperma der Frau fand noch zahlreiche Anhänger. Während dieser Jahrhunderte mäßigte die Kirche ihre Verbote und Urteile. Einige Ärzte, gelegentlich sogar Gelehrte, waren von erstaunlicher Kühnheit. Sie haben ohne falsche Scham die Probleme von Sexualität und Fortpflanzung erörtert und eine Liebeskunst befürwortet, die – wenn auch aus der Perspektive der Fortpflanzung – der Frau ein Recht auf sexuelle Befriedigung zugestand.

Dennoch war der mittelalterliche Diskurs überwiegend von Angst geprägt, einer der Psyche des Mannes innewohnenden Angst, die von einem unzulänglichen Wissen über die Krankheiten hervorgerufen wurde, einer Angst, die aus der Vergangenheit herrührte und in den Schriften niedergelegt war. Die durch die Texte geisternden Männerphantasien, die sich so tief wie möglich im Bewußtsein einnisten wollten, wurden unkritisch aufgenommen. Das mittelalterliche Wissen erlaubte es ebenso, über die Frau zu staunen, wie die Grausamkeiten zu rechtfertigen, die sie als Hexe erleiden mußte. In der innovativen zweiten Hälfte des 13. Jahrhunderts fanden die Medizin und ihre Berufung, die Kräfte der Natur zu erkennen, ihren Platz. Da sie aber die Kräfte des Lebens gegen gewisse Formen des religiösen Pessimismus verteidigen mußten, gegen fanatische Prediger, die in den letzten zwei Jahrhunderten des Mittelalters das Ende der Welt ankündigten, befanden sie sich in der Defensive. Die Angst konnte jederzeit wieder aufflammen. Und diese Angst bestimmte die Auswahl aus dem weitgefächerten Angebot, das mittelalterliche Forschung und Reflexion über die Natur der Frau zu bieten hatten. Mit einer gewissen Berechtigung darf man behaupten, daß die folgenden Jahrhunderte auch nicht immer die richtige Wahl getroffen haben.

Aus dem Französischen von Brigitte Große

3
DIE BEAUFSICHTIGTE FRAU

Carla Casagrande

I
ch weiß nicht, wie verhalten und leise die Frauen sich im okzidentalen Mittelalter in ihren vier Wänden, in den Kirchen und Klöstern bewegten und ob sie den tüchtigen und beredten Männern lauschten, die ihnen Vorhaltungen machten und Ratschläge jeder Art erteilten. Die Reden der Prediger, die Ratschläge der Väter, die Ermahnungen der Geistlichen, die Anordnungen der Ehemänner und die Verbote der Beichtväter, wie wirkungsvoll und autoritativ sie auch gewesen sein mögen, können uns niemals einen Eindruck der realen Lebensumstände jener Frauen geben, an die sie gerichtet waren, auch wenn sie diese zweifellos mitprägten. Die Frauen mußten aber in jedem Fall mit den Worten dieser Männer zurechtkommen, denen eine spezifische gesellschaftliche Organisation und Ideologie die Kontrolle über den Körper und die Seele der Frauen anvertraut hatten. Einen Aspekt der Geschichte der Frauen können wir daher von den Reden der Männer aus erhellen, Reden, die bisweilen mit barscher Arroganz, bisweilen aber auch mit liebevoller Leutseligkeit und manchmal mit sorgenvollem Nachdruck an die Frauen gerichtet wurden.

Zu den Frauen sprechen

Vom Ende des 12. Jahrhunderts an bis weit ins 15. Jahrhundert hinein werden diese Reden immer zahlreicher und immer eindringlicher. Eine dichte Reihe von Texten, verfaßt von Männern der Kirche wie von

Laien, bezeugt die offenbar dringende Notwendigkeit, Verhaltensnormen und -modelle für Frauen zu entwerfen. Es ist schwierig, genau zu
bestimmen, was am Verhalten der Frauen jener Zeit so besonders und
andersartig war, womit sie solchermaßen die Aufmerksamkeit derer auf
sich zogen, die als Garanten der moralischen Werte der Gesellschaft auftraten. Gewiß, die Bedeutung der Frauen für die Religion war sowohl
quantitativ als auch qualitativ gewachsen: Einige beteiligten sich an Ketzerbewegungen, andere traten in Scharen in die etablierten Orden ein,
wieder andere wählten ein religiöses Leben im Dienst an Gott und dem
Nächsten im Umkreis der kirchlichen Einrichtungen, viele ergriffen das
Wort, um ihr Verlangen nach einer intensiven und unmittelbaren Beziehung zum Göttlichen zu bezeugen. Daneben waren sie in der Gesellschaft präsent und hatten auf verschiedenen Ebenen am wirtschaftlichen,
politischen und am familiären Leben teil. Viele waren an der Feldarbeit,
an der Produktion und am Verkauf der Waren beteiligt; einige verfingen
sich in den Ränkespielen von Macht und Politik. In den Familien mußten sie ihren Rollen als Gattinnen, Mütter oder Töchter gerecht werden.
Und eben die Definition dieser Rollen war eines der Hauptziele der neuen Welle von Predigten und Erziehungsliteratur.

Wir blicken in eine Periode voller Umwälzungen: Eine Unzahl von
Städten wird aus dem Boden gestampft, die feudalen Hierarchien reiben
sich mit den gestärkten oder neu emporgekommenen Schichten der
Kaufleute, Händler, Bürger, die den alten Mächten des Adels und der Kirche Macht und kulturelle Eigenständigkeit abtrotzen. Angesichts dieser
Herausforderungen durch den sozialen Umbruch hatte die Kirche die
neu gegründeten Orden der Franziskaner und Dominikaner mit der Aufgabe bedacht, eine Antwort auf die religiösen und ideologischen Bedürfnisse der veränderten und vielfältiger gewordenen gesellschaftlichen
Realität zu finden. Überall, auf den Straßen und Plätzen der Städte, in den
Universitäten, bei Hofe und auf dem Lande wimmelte es von Bettelmönchen, die eifrig das Wort Gottes gegen alle ins Feld führten, die daran zu rühren wagten, waren es nun Häretiker, Könige, Bauern, Kaufleute, Werktätige oder Gelehrte. Da der soziale Wandel auch für das Leben
der Frauen tiefgreifende Folgen hatte, bildeten sie bald einen Brennpunkt dieser pastoralen Aktivitäten.

Die grundlegenden und langfristig maßgebenden Texte, die den Frauen ein neues Ethos verkündeten, stammen aus dem Zeitraum zwischen
dem Ende des 12. und dem Beginn des 14. Jahrhunderts. Wir wollen
zunächst diese Texte untersuchen und nur gelegentlich auch auf Texte
der nachfolgenden Zeit zurückgreifen, um auf Kontinuitäten und Brüche
aufmerksam zu machen. Der pastorale und moralische Zweck dieser
Schriften bestand darin, den Frauen den Weg der Tugend und des Heils
zu weisen. Mönche, Kleriker und Laien trachteten danach, die Tradition

auf diesen Zweck hin neu zu befragen und zum Sprechen zu bringen: Die Heilige Schrift, die Werke von Heiden, in denen man eine antike Weisheit zu erkennen vermeinte, die exegetischen, moraltheoretischen, theologischen und hagiographischen Schriften der Kirchenväter, kurzum nichts wurde ausgelassen, um einen Maßstab für die Frauen zu errichten, der sich auf die Autorität der Tradition stützen und doch für die Gegenwart und sogar für die Zukunft Gültigkeit haben konnte.

Zu welchen Frauen sprechen?

Die Hauptfiguren der Geschichten, die wir hier erzählen, sind Männer und Frauen. Von den Männern sind die Namen immer bekannt; zumeist auch ihr Bildungsstand, ihre Freundschaften, ihre Reisen, Ort und Zeitpunkt ihrer Geburt und ihres Todes. Wir wissen, sofern es sich um Männer der Kirche handelte, welchem Orden sie angehörten und welche Rolle sie spielten. Wenn es Laien waren, dann können wir Auskunft geben über ihren sozialen Status und ihr kulturelles Ansehen.

Einige Männer und viele Frauen

Wir haben es mit Gelehrten von Amts wegen zu tun, wie Alanus ab Insulis († 1202–3) und Aegidius Romanus († 1316), mit Predigern, die mit den pastoralen Angelegenheiten der Kirche betraut waren wie Jacques de Vitry († 1240), mit den Dominikanermönchen Vinzenz von Beauvais († 1264), Guglielmo Peraldo († 1261), Humbertus de Romanis († 1277), Jacobus de Voragine († 1298), mit den Franziskanern Gilbert de Tournai († 1284), Jean de Galles († 1285) und Durand de Champagne († 1340?) sowie mit gebildeten Laien wie Filippo da Novara († 1261–4) und Francesco da Barberino († 1348) und schließlich auch mit einem französischen König, nämlich mit Ludwig IX., dem Heiligen († 1270). Die Worte, die sie an die Frauen richteten, genießen das Privileg schriftlicher Überlieferung, sei es im Latein der Kirche oder in der Volkssprache der Laien. Sie teilen sich in die Gattungen der didaktischen Literatur: Predigt, moralischer und belehrender Traktat. Wie ihre Autoren sind auch diese Texte identifizierbar: Wir kennen ihre Titel, ihre Quellen und ihr Schicksal.

Von den weiblichen Hauptfiguren unserer Geschichte kennen wir weder Namen noch Biographie. Die individuellen Schicksale der Frauen bleiben in der pastoralen und pädagogischen Literatur hinter einem dichten Schleier abstrakter Kategorien verborgen. Ihre Zahl ist groß, ja, eigentlich sind alle gemeint. Das Projekt zu ihrer Erziehung ist anspruchsvoll. Es genügt nicht, sich nur an jene zu wenden, die in der sozialen Hierarchie einen hervorragenden Platz einnehmen oder ihr Leben einem heiligen oder tugendhaften Zweck gewidmet haben. Die Realität verlangt, Modelle und Werte zu entwerfen, die auf alle Frauen zugeschnitten sind. Daher machen es sich die Autoren zur Aufgabe, die Vielgestaltigkeit der Positionen und Funktionen von Frauen im sozialen und religiösen Leben herauszuarbeiten. Mit ungeahnter Wißbegier gehen sie daran, das Leben der Frauen unter die Lupe zu nehmen und seine auffälligsten Merkmale herauszupräparieren. Man will das Typische an ihnen ausmachen – kein leichtes Unterfangen für Männer, für die bis dato eine dogmatische Symbolik die bunte Vielfalt weiblicher Charaktere auf den simplen Gegensatz der sündigen Eva und der keuschen Maria zusammenzog. Hinter dem traditionellen Klischee der »Frau« die Frauen zu entdecken, führt zu einer Verunsicherung und einem Erstaunen, dem jeder mit mehr oder weniger wirkungsvollen und mehr oder weniger artikulierten Lösungen zu begegnen sucht. In dieser Phase des Suchens und Experimentierens, die das gesamte 13. Jahrhundert andauern sollte, halten die Frauen in großer Zahl und Vielgestaltigkeit Einzug in die pastoralen und die didaktischen Texte, die zögerlich versuchen, ein Kriterium zu finden, mit dessen Hilfe sich ihre weiblichen Adressaten klassifizieren und unterteilen ließen.

Klassifikation von Frauen

Die Adressaten der Predigten des Alanus ab Insulis sind Jungfrauen, Witwen und verheiratete Frauen. Sie bilden zusammen mit Nonnen und Mägden das Publikum der Prediger Jacques de Vitry und Gilberts de Tournai.[1] Vinzenz von Beauvais und Guglielmo Peraldo wenden sich in zwei Traktaten über die Erziehung der jungen Fürsten an die Mädchen bei Hofe, um sie auf ihre künftige Rolle als Ehefrauen, Witwen oder als dem gottesfürchtigen Leben geweihte Jungfrauen vorzubereiten.[2] Der Franziskaner Jean de Galles befaßt sich in seinem Moralkompendium mit verheirateten Frauen, Witwen und Jungfrauen, der Dominikaner Jacobus de Voragine wendet sich in seinen Predigten und in der Chronik von Genua vor allem an die Ehefrauen und Mütter.[3] Der Laie Filippo da Novara stellt in seinem Traktat über die vier Lebensalter des Menschen eine ganze Reihe von Vorschriften für Mädchen, junge Frauen, Frauen mittleren Alters und alte Frauen auf.[4] Zu den Königinnen spricht ein König, nämlich Ludwig der Heilige, der für die Tochter und zukünftige Königin eine kleine Sammlung von Lehren aufschreibt, sowie ein Franziskaner, Durand de Champagne, der ein *Speculum* entwirft, das sich an die Gattin des Königs von Frankreich wendet.[5] Aegidius Romanus spricht

zu den Frauen in der Begrifflichkeit der politischen Theorie des Aristoteles. Er unterscheidet sie auf der Grundlage ihrer Aufgaben in der natürlichen politischen Gemeinschaft, nämlich der Familie, und spricht folgerichtig von Ehefrauen, Müttern und Töchtern.[6] Als der Dominikaner
Humbertus de Romanis dazu übergeht, zu den unterschiedlichen Kategorien von Frauen auf unterschiedliche Weise zu predigen, da füllt sich
sein Handbuch für Prediger mit einer bis dahin nie gekannten Zahl von
Frauengestalten. Da finden sich religiöse Frauen, wie Benediktinerinnen,
Zisterzienserinnen, Dominikanerinnen, Franziskanerinnen, Humiliatin-
nen, Augustinerinnen, Mädchen, die in Klöstern erzogen werden, und
Beginen. Und dann sind da die verschiedenen weltlichen Frauen, Adlige, reiche Bürgersfrauen, junge Mädchen, Dienstmägde bei wohlhabenden Familien, Bäuerinnen und Prostituierte.[7] Mit dem Florentiner Rechtsgelehrten Francesco da Barberino beginnt eine regelrechte Explosion der
Kategorien des Weiblichen. Die Kategorisierung beginnt mit den ganz
kleinen Mädchen und den Mädchen im heiratsfähigen Alter und setzt
sich dann fort mit den Frauen, die das Alter zum Heiraten bereits überschritten haben, denen, die spät geheiratet haben, und den verheirateten
Frauen. Jede dieser Kategorien wird ihrerseits wieder in Unterkategorien
eingeteilt, je nachdem, ob die Frau aus einer Familie von Königen oder
Kaisern, von Adligen oder Rittern, Richtern oder Ärzten, Kaufleuten oder
Handwerkern, Bauern oder Arbeitern stammt. Dann geht es weiter mit
den Witwen, die wieder heiraten, den Frauen, die zuhause ein religiöses
und keusches Leben führen, den Nonnen, den Einsiedlerinnen, den
Gesellschaftsdamen, den Mägden, den Ammen und den Dienerinnen.
Die Aufzählung endet mit einer Reihe von Frauen in niedriger Stellung:
Friseusen, Bäckerinnen, Gemüseverkäuferinnen, Näherinnen, Müllerin-
nen, Geflügelhändlerinnen, Bettlerinnen, Verkäuferinnen und Gastwir-
tinnen. Die Prostituierten, merkt Francesco da Barberino an, »möchte ich
nicht einordnen und auch überhaupt nicht weiter erwähnen, denn sie
sind es nicht wert, genannt zu werden«.[8]

Diese letzte Anmerkung Franceso da Barberinos ist von weitreichender Bedeutung: Seine Klassifikation der Frauen, die doch durchaus differenziert und vielleicht diejenige ist, die der gesellschaftlichen Wirklichkeit am nächsten kommt, will keine wertfreie Bestandsaufnahme der
Lebensbedingungen der Frauen sein. Unehrenhaftes Gesindel wie die
Prostituierten fällt per se aus seiner Klassifikation heraus. Die Frauen, die
in seinem *Reggimento e costumi di donna* – auch noch viel mehr in den
anderen Texten, die hier genannt wurden – der Erwähnung für würdig
befunden werden, stellen einen komplizierten Kompromiß zwischen
dem dar, wie die Frauen sind, und dem, wie sie sein sollten. Der Prediger, der Moralist und der Erzieher nehmen die Realität selektiv wahr, und
wenn ihre Kategorien von Frauen auch der Wirklichkeit entnommen

sind, sind es doch auch gleichzeitig Verkörperungen der Werte, die sie propagieren wollen. Nur die Frauen, die diesen Lehren und Kriterien entsprechen, sind im großen und ganzen, zumindest potentiell, tugendhafte Frauen. Die anderen werden gleich zweifach verdammt: als Marginalisierte und als Sünderinnen. Kurz und gut: Frauen waren Subjekte einer »Soziologie«, die größtenteils Ideologie war, einer Beschreibung, die fast immer moralischen Absichten diente, einer Klassifikation, die schon einem bestimmten Modell entsprang.

Junge Frauen und alte Frauen

Die Kriterien, nach denen die Frauen unterteilt wurden, sind selbst schon ein wichtiger Hinweis für das Verständnis der jeweiligen Werte und Verhaltensnormen, die den Frauen nahegebracht werden sollten. In den von uns ausgewählten Texten finden sich sehr unterschiedliche Kriterien, und oft wendet ein und derselbe Autor mehr als eines an. Das einfachste und offenkundig neutralste, das ja auch tatsächlich für Männer und Frauen gleichermaßen anwendbar ist, ist das Alter. Und so unterscheiden die Prediger und Moralisten vor allem zwei Kategorien: Alte Frauen und junge Mädchen.

Die betagten Frauen, die oft auch der Kategorie der Witwen zugeschlagen werden, nahmen eine besonders wichtige Stellung ein. Wenn sie weise und alleinstehend sind, stellen sie nicht nur ein Vorbild für die anderen Frauen dar, sie können auch eine Rolle bei der Unterrichtung und Korrektur der jüngeren Frauen spielen. Viele von ihnen führen jedoch ein Leben in Sünde: Sie klatschen, unter Kleidern und Schminke verbergen sie ihren welken Körper, und durch Täuschung versuchen sie, in den Genuß jener fleischlichen Befriedigungen zu gelangen, auf die sie längst schon hätten verzichten sollen. Die Gestalt der herausgeputzten Alten, die in den Predigten und Traktaten so oft lächerlich gemacht wird, deckt sich teilweise mit der auf die Antike zurückgehenden Gestalt der alten Kupplerin, die sich in die Häuser einschleicht und sich zur Mittlerin der Schmeicheleien der Liebhaber macht, wie auch mit der Figur der alten Vettel und Zauberin, die leichtgläubige und neugierige Frauen, wenn sie sich an sie wenden, mit Wahrsagerei und Teufelswerk zum eigenen Vorteil betrügt. Diese *vetulae* sind in den Augen der Prediger und Moralisten außerordentlich geschickt darin, die anderen Frauen zur Sünde zu verführen. Guglielmo Peraldo schreibt voller Besorgnis, daß »dort, wo weder der Mann noch der Teufel zu ihrem Ziel kommen, die Alte dies dennoch vermag«.[9] Jacques de Vitry zögert nicht, diese lasterhaften und gefährlichen Alten als »Dienerinnen des Teufels« zu bezeichnen; Peraldo glaubt, der Teufel könne – wie in einer blasphemischen

Parodie auf Pfingsten – feurige Höllenzungen über sie kommen lassen.[10] Die Predigten und Traktate werden nicht müde, dagegen das Bild einer einfachen und bescheidenen Alten zu entwerfen, die die Sorge um die Familie nur durch fromme Handlungen wie Gebete und Fastentage unterbricht.

Die jungen Mädchen wurden erstmals Objekte einer systematischen Indoktrination: Die adligen Mädchen, von denen Vinzenz von Beauvais und Peraldo sprechen, stehen in einer Reihe mit den jungen Mädchen, für die Humbertus de Romanis zwei Mahnreden parat hat, je nachdem, ob sie im Kloster oder in der Welt leben, mit den Heranwachsenden, denen Francesco da Barberino und Filippo da Novara ganze Kapitel ihrer Arbeiten widmen, und mit den Mädchen, von denen Aegidius Romanus schreibt. Auf diese Kategorie von Frauen Einfluß zu nehmen, ist ebenso wichtig wie schwierig: An ihnen haben sich zuerst die Normen und Werte zu bewähren, die für die anderen Frauen gedacht sind, und das ist ganz besonders problematisch, weil ihnen von Natur aus Disziplin und ein ausgeprägtes Verständnis für Moral fehlen. Francescos Mädchen beginnen nach einem ersten schüchternen Erröten mal gerade eben, den Unterschied von Gut und Schlecht zu erahnen[11]; die Mädchen von Aegidius bedürfen einer noch strikteren Disziplin als die alten Frauen, weil ja, wie schon Aristoteles lehrt, zu ihrer bei Frauen generell weniger ausgeprägten Vernunft noch die Unreife ihres Alters kommt.[12] Zur biologischen Bestimmung der heranwachsenden Mädchen – über deren Kindheit herrscht ein fast totales Schweigen – kommt immer schon eine soziale hinzu: Sie sind arm oder reich, adlig, laizistisch oder religiös. Sogar Filippo da Novara, der das Alter als primares Unterscheidungsmerkmal benutzt, führt andere Typen der Klassifikation ein, indem er sich bei Themen wie der Arbeit oder der Alphabetisierung ganz unterschiedlich äußert, je nachdem, ob das Mädchen adliger oder niedriger Herkunft ist, ob ihm ein Leben im Kloster oder in der Ehe vorherbestimmt ist.[13]

Gesellschaftliche Hierarchie und familiale Rollen

Neben dem Kriterium des Alters werden mit Nachdruck soziale Maßstäbe angeführt, die die Frauen nach dem Platz klassifizieren, den sie in der Gesellschaft einnehmen oder einnehmen sollen. Vor allem der Dominikaner Humbertus de Romanis und der Laie Francesco da Barberino tun das. In ihren Texten werden die Frauen nach Kriterien, die die Gesellschaft untergliedern, erfaßt: Zugehörigkeit zur Institution Kirche, Macht, Reichtum, Abstammung und Arbeit. Die Klassifikation Humbertus' unterscheidet sich offenkundig von jener, auf die wir in den Texten des flo-

rentinischen Juristen Francesco stoßen. Er heftet sein Augenmerk vor
allem auf die Orden, denen Frauen angehören, wobei er jeweils den
institutionellen oder, im Fall der Beginen, halbinstitutionellen Charakter
betrachtet, den die weibliche Religiosität annimmt. Francesco betrachtet
dagegen, nicht ohne Mißtrauen, die Situation der religiösen Frau in der
Familie und die der Einsiedlerin, und spricht nur ganz allgemein von den
Nonnen und ihrem von der Welt abgesonderten Gemeinschaftsleben.
Andererseits beschreibt er die Königinnen, Prinzessinnen, Adligen, die
Töchter und Ehefrauen der Werktätigen, der Händler, Handwerker und
Bauern sowie die zahllosen, verschiedene Arbeiten verrichtenden Frau-
en sehr viel differenzierter und vielgestaltiger als Humbertus. Beide beur-
teilen allerdings die Lebenswelt der Frauen, abgesehen vom Grad ihrer
Differenzierung, nach den Kriterien, Werten und Hierarchien der
Männergesellschaft. Die religiösen Frauen werden den Orden und den
Rollen, die die Institution Kirche für sie vorsieht, zugeordnet. Ihnen
gegenüber stehen die Ehefrauen und Mütter einer von Männern
beherrschten Gesellschaft. Das Raster zur Beurteilung und Klassifikation
der weltlichen Frauen ist die Familie. Francesco betont die familialen Rollen der Frauen als Töchter, zukünftige Bräute, Ehefrauen und Witwen.
Auch Humbertus wendet sich an die Ehefrauen der Adligen, der Bürger
und der Bauern. Er stellt eine ganze Reihe von Regeln auf, die sie in der
Beziehung zu ihren Männern und ihrer Familie beherzigen sollen.

Auch diejenigen Frauen, die in erster Linie über ihre Arbeit bestimmbar sind, werden mit sozialem Ort und weiblicher Familienrolle nahezu
völlig identifiziert. Gewiß wenden sich Humbertus und andere Prediger
auch an Dienstmägde und Dienerinnen, aber deren Arbeit ist eben Hausarbeit, die sich innerhalb des privaten Raums der Familie vollzieht. In
Wirklichkeit sind die einzigen Frauen, deren Arbeit er als außerhalb der
Familien wahrnimmt, die Prostituierten. Und er ermahnt sie auch gleich,
dem erhebenden Beispiel Maria Magdalenas zu folgen, ihr schändliches
Geschäft aufzugeben und ein neues Leben im Zeichen der Einkehr und
der Reue zu beginnen.[14] Rein quantitativ spielen die Frauen, die außerhalb der Familie arbeiten, in den Texten des Laien Francesco eine größere Rolle. Indes werden sie ganz an den Schluß des *Reggimento* verbannt,
um nicht die Ehre der adligen und wichtigeren Frauen zu verletzen[15],
denen der überwiegende Teil der Arbeit gewidmet ist. Er läßt sie »in aller
Kürze« Revue passieren, und dies auch nur, um ihre häufigsten Laster
aufzuzählen: »Über ihre Tugenden braucht man nicht viele Worte zu verlieren: Mögen die Guten ruhig bleiben, denn ihre guten Sitten will dieses Buch nicht verändern«. Am liebsten hätte er die Friseusen, Geflügel-
verkäuferinnen, Näherinnen usw. gar nicht extra erwähnt, denn alles,
was den Frauen zu sagen war, wurde bereits den Ehefrauen und Töchtern der mehr oder weniger bedeutenden Männer gesagt. Aber zum gu-

ten Schluß entschied er sich, »dieses Buch universeller zu machen«[16] –
eine zögerliche und ambivalente Anerkennung der Tatsache, daß die
Situation der Frau in Wirklichkeit sehr viel komplexer ist, als es die Klassifikationen der Moralisten und Prediger glauben machen.

Überhaupt keine Notwendigkeit, sich auf die Realität einzulassen, ver-
spürt Aegidius Romanus, denn er bewegt sich auf dem Feld der Theorie
und folglich auf dem der allgemeinen Grundsätze. Der soziale Ort der
Frauen ist für ihn die sogenannte »nützliche Keimzelle der politischen
Gemeinschaft«, die Familie. Kein Hinweis auf die religiösen Frauen oder
auf die Frauen, die ungewöhnliche und niedrige Arbeiten außerhalb der
Familie verrichten. Für ihn gibt es nur Ehefrauen, Mütter und Töchter.
Ihre Aufgabe ist einzig und allein die Aufzucht der Kinder, ihre einzige
Arbeit die Hausarbeit. All diese Darlegungen der Prediger und Moralisten
finden in der klaren und unzweideutigen Sprache des Aristotelismus
ihre Bestätigung und Begründung: Um an der Gesellschaft teilzuhaben,
müssen die Frauen in eine Familie eintreten und in ihr bleiben.

Königinnen, Prinzessinnen und Hofdamen

Es gibt jedoch Familien, die bedeutender sind als andere; und folglich
gibt es Ehefrauen, Mütter und Töchter, die mehr Aufmerksamkeit beanspruchen als andere. Königinnen, Prinzessinnen, Hofdamen und Adlige
der unterschiedlichsten Abkunft spielen deshalb in den Predigten und erzieherischen Traktaten oft eine besondere Rolle, einige von ihnen treten
sogar aus der Anonymität heraus, in der die übrigen Frauen verbleiben.
Humbertus verfaßt eine Predigt für die Damen des Adels, Francesco widmet viele Seiten seiner Abhandlung den Töchtern der Kaiser, Könige,
Marquis', Herzöge, Grafen und Barone, Vinzenz von Beauvais und
Guglielmo Peraldo befassen sich mit der Erziehung der adligen Mädchen, König Ludwig richtet an seine Tochter Isabella, Königin von Navarra,
eine Reihe von Ermahnungen, Durand de Champagne schreibt das
Speculum dominarum für die Königin Johanna von Navarra, die Frau
Philipps des Schönen. Aber das bedeutet nicht, daß die Person Isabellas
oder Johannas irgendeine Bedeutung hätten, und auch nicht, daß die
Vorschriften und erzieherischen Vorstellungen nur für die Adelsschicht
Gültigkeit gehabt hätten. Im Gegenteil: Die adligen Frauen stehen um so
mehr im Vordergrund, je mehr die ihnen vorgeschlagenen Werte und
Normen universelle Gültigkeit und praktische Relevanz für alle Frauen
haben sollen. Königinnen, Prinzessinnen und Hofdamen haben in den
Augen der Moralisten und Prediger die Möglichkeit, konkrete Beispiele
und lebende Vorbilder für alle Frauen zu werden, denn die sozial herausgehobene Stellung, die Gott ihnen gewährte, zwingt sie, wie Humbert

schreibt, zu einer viel strikteren Beachtung der moralischen Normen. [17] Im Mittelpunkt einer Szene, auf die aller Augen gerichtet sind, steht die Königin Isabella, Tochter Ludwigs des Heiligen, deren Pflicht es ist, »in allem vollkommen zu sein, damit, wer von dir reden hört oder dich sieht, an dir ein gutes Beispiel sich nehmen kann«. [18] Objekt der Neugier eines ganzen Volkes, das aus allen Teiles des Landes und allen Provinzen herbeiströmt, um sie zu sehen, ist die Königin bei Durand de Champagne. Sie soll nicht nur »eine Frau, sondern ein Beispiel der Heiligkeit, vollendeter Formen des guten Umgangs, ein Spiegel der Ehrbarkeit« sein. [19] Für Francesco verkörpern die Königinnen und Prinzessinnen, die durch ihre soziale Stellung zu »hoher Sittsamkeit« [20] gezwungen sind, das vollkommene Vorbild, dem die Adligen, Bürgerinnen und Bauersfrauen im Rahmen der Möglichkeiten, die ihnen ihre niedrigere Stellung gewährt, nacheifern müssen. Je weiter man die soziale Leiter nach unten steigt, um so unschärfer werden die Werte, um so mehr verwässern sich die Normen, lockert sich die Disziplin. Aber alle Frauen sollen zur Königin aufblicken als der Verkörperung des sittlichen Ideals.

Jungfrauen, Witwen und verheiratete Frauen

Inmitten der bunten Schar der Mädchen, Mütter und alten Frauen, der Königinnen und Bäuerinnen, Äbtissinnen und Novizinnen, Mägde und Hofdamen usw. werden immer wieder drei Kategorien von Frauen genannt, die schon in den Schriften der Kirchenväter auftauchen: die Jungfrau, die Witwe und die verheiratete Frau.

Wenn Alanus ab Insulis, Jacques de Vitry, Vinzenz von Beauvais, Guglielmo Peraldo, Gilbert de Tournai und Jean de Galles sich mit den Frauen befassen, dann haben sie (wie schon viele vor ihnen) unterschiedliche weibliche Modelle des Verhältnisses zur Sexualität vor Augen: Die Jungfrauen leben aufgrund einer bewußten Entscheidung enthaltsam; die Witwen kommen nach dem Tod ihres Gatten zu dieser Lebensweise; die verheirateten Frauen begnügen sich mit einer sparsamen Sexualität innerhalb und zum Wohl der Familie.

Es sind samt und sonders keusche Frauen, die die Rangordnung der Tugend, so wie sie sich im 13. Jahrhundert in den theologischen und pastoralen Werken durchsetzt, ohne Zögern als tugendhafte Frauen definiert: Sie verstehen sich auf jene spezifische und weise Form der Mäßigung, die man Keuschheit oder Zucht nennt und die Ordnung und Maß in die ungeordnete und gefährliche Welt der sexuellen Lüste bringt. Als Heilmittel gegen die Begierde, mit der zu leben die Menschheit seit dem Sündenfall verdammt ist, wurde die Keuschheit den Männern und Frauen oft anempfohlen, häufiger allerdings den Frauen. Die Reflexion über die Keuschheit verwandelt sich sowohl in den theologischen wie auch in den Pastoraltexten fast immer in die beispielhafte Darlegung der drei möglichen Formen der Keuschheit, wie sie von den Jungfrauen, den Witwen und den verheirateten Frauen praktiziert werden. Es hat den Anschein, als ob der Sieg der Keuschheit über die Begierde, wenn er erst einmal bei jenem Teil der Menschheit, der von Natur aus mehr der Lust und dem fleischlichen Verlangen zugetan ist, nämlich den Frauen, erreicht würde, auch für alle anderen näherrückte und möglich wäre. Die Frauen werden also zu einer Art Prüfstein, einem Ort theoretischer und praktischer Erfahrung, vermittels derer eine ganze Gesellschaft ein spezifisches Konzept der Sexualität gedacht und verwirklicht hat.

Das Keuschheitsideal verlangt von den Jungfrauen, Witwen und verheirateten Frauen, entweder auf Sexualität zu verzichten oder sie dem Zweck der Fortpflanzung unterzuordnen. Beide Verhaltensweisen sind Instrumente im Kampf um die Vorherrschaft des Spirituellen und Rationalen über das Körperliche und Sinnliche. Wie alle Tugenden ist auch die Keuschheit anspruchsvoll. Sie beläßt es nicht bei Unterdrückung der Lust und äußerer Disziplin, sie verlangt inneres Einverständnis und vernunftgeleitete Zustimmung; sie ist eine Tugend des Körpers, aber auch und vor allem eine Tugend der Seele. »Die Keuschheit«, so Thomas von Aquin, »hat ihren Sitz in der Seele, während der Körper ihre natürliche Gestalt ist.«[21] Nicht nur die körperliche Unversehrtheit, sondern auch und vor allem die Reinheit ihrer Gedanken sollen die Jungfrau auszeichnen. Selbst wenn ihr Gewalt angetan würde, verlöre sie ihre Jungfräulichkeit nicht, sofern sie nicht zustimmt und keine Lust empfindet. Ebenso lebt die Witwe nicht nur deshalb tugendhaft, weil der Tod ihres Mannes sie von den ehelichen Pflichten befreit hat, sondern vor allem deshalb, weil sie diese Situation zu einem wesentlichen Moment ihrer moralischen Einstellung macht. Die verheiratete Frau lebt die Sexualität innerhalb der ehelichen Beziehung tugendhaft, weil ihre Absichten keusch sind und nur der Erfüllung der ehelichen Pflichten und der Fortpflanzung der Gattung dienen.

Wenn in dieser Weise der spirituelle Charakter der Keuschheit betont wird, können auch Frauen als keusch und tugendhaft angesehen werden, die zeitweilig oder in Maßen ihre Sexualität leben oder gelebt haben wie Witwen oder verheiratete Frauen. Das aber bedeutet nicht, daß die Reinheit ihrer Absichten auf einer Stufe mit der der Jungfrauen stünde, deren Körper, außer in ganz seltenen Ausnahmefällen, unberührt und unbefleckt bleibt. Die körperliche Unberührtheit, die bei der Definition der Keuschheit als Tugend eine zweitrangige Rolle spielt, wird dann bestimmend, wenn es darum geht, eine Hierarchie möglicher Formen der Keuschheit festzulegen. Die Keuschheit der jungfräulichen Seelen, der Witwen und der Ehefrauen unterscheidet sich, weil die Keuschheit

96   Normen und Diskurse

ihrer Körper verschieden ist. Ein niemals befleckter Körper erlaubt den Jungfrauen eine vollständige Hinwendung zum spirituellen Leben. Das ist für die Witwen und Ehefrauen in dieser Weise nicht erreichbar, denn ihr Körper ist von den Bedürfnissen des Fleisches gezeichnet, und das behindert oder verlangsamt das Streben der Seele nach Höherem. Jungfrauen, Witwen und verheiratete Frauen verkörpern nicht nur drei Modelle der Keuschheit, sie stellen auch drei Grade der Vervollkommnung dieser Tugend dar. Die Jungfräulichkeit ist der Stand par excellence und die beste Garantie für Keuschheit, der Stand der Ehe ist die niedrigste und gefährdetste Stufe. Der Stand der Witwe liegt dazwischen, denn sie kann sich von der vergangenen Befleckung in den Zustand der Reinheit erheben. So wie ein Saatgut »auf guten Boden (fiel) und brachte Frucht, teils hundertfach, teils sechzigfach, teils dreißigfach« (*Mt* 13, 8), so ist die Keuschheit der Jungfrau doppelt so viel wert wie die der Witwe und mehr als dreimal so viel wie die der Ehefrau.

Ideal und Wirklichkeit

Die Jungfrauen, Witwen und verheirateten Frauen, an die sich die Prediger und Moralisten wenden, bilden durch das gemeinsame Merkmal der Einschränkung oder Ablehnung der Sexualität eine Einheit; durch die unterschiedlichen Grade, in denen sich diese Einschränkung oder Ablehnung realisieren, können sie aber auch sehr differenziert betrachtet werden. Zwischen ihnen bilden sich gemeinsame Ideale und Werte, die eine Reihe tugendhafter Verhaltensweisen hervorbringen, die weithin akzeptiert werden. Jungfrauen, Witwen und Ehefrauen stimmen in der Praxis des täglichen Gebets, in der Ablehnung übertriebener Selbstdarstellung durch Kleidung, Gebärden und Reden oder auch in gewissen diätetischen Maßregelungen weithin überein. Dennoch gebührt den Jungfrauen ein Grad an Vollkommenheit, der für die Witwen und Ehefrauen ein unerreichbares, wenn auch notwendiges Vorbild darstellt. Der Jungfrau kommt in der moralischen, auf der Keuschheit aufgebauten Hierarchie dieselbe Stellung zu wie der Königin in der sozialen Hierarchie. In ihrer überlegenen und herausragenden Position sind sie beide unerreichbar. Die Witwen und Ehefrauen können ihre körperliche Unberührtheit ebensowenig wiederherstellen wie die Bürgersfrauen und Bäuerinnen eine gesellschaftliche Hierarchie umstürzen können, die von den Männern gewollt und von Gott abgesegnet ist. Aber die Jungfrauen und die Königinnen stellen moralische Vorbilder dar, denen alle Frauen im Rahmen ihrer Möglichkeiten nacheifern sollen. Mit der Dreiteilung der weiblichen Zuhörerschaft in Jungfrauen, Witwen und Ehefrauen gelingt es den Predigern und Moralisten, zu *den* Frauen (in ihrer Vielfalt) zu sprechen, ohne *die* Frau (als Wesensbegriff) aus den Augen zu verlieren. Das Wesen *der* Frau ist die Keuschheit. *Die* Frauen sind nichts anderes als drei verschiedene Stadien auf dem Weg zur vollkommenen Keuschheit. Mehr noch als ein Kriterium zur Differenzierung der weiblichen Bevölkerung stellt die Dreiteilung auf Grundlage der Keuschheit einen Hinweis für die Frauen dar, auf welchem Weg die spirituelle Vollkommenheit zu erreichen sei, der entweder einen unmittelbaren Zugang zur höchsten Stufe vorsieht oder aber ein Sich-Begnügen mit einem mittleren Niveau.

Der Vorteil dieser Einteilung liegt jedoch nicht allein darin, drei Stadien der moralischen Vervollkommnung für die Frauen herauszuarbeiten, sondern auch darin, daß diese drei Stadien drei mehr oder weniger klar erkennbaren Situationen von Frauen in der Wirklichkeit entsprechen. Mit dem Schema Jungfrauen, Witwen, Ehefrauen wird es möglich, die Ebene der Werte immer wieder mit der Ebene der Realität zu vermischen, die Idealtypen der Frauen mit ihrer realen Situation in Zusammenhang zu bringen und den gefährlichen Abstand zu reduzieren, der zwischen dem, wie die Frauen sein sollen, und dem, wie sie wirklich sind, besteht. Mittels des Idealtypus der verheirateten Frau wird ein Verhaltensmuster für alle Frauen ausgearbeitet, die innerhalb der familiären Gruppe die Rolle der Mutter und Ehefrau spielen. Mit der Figur der Witwe wird es möglich, den Bedürfnissen der Gruppe der alleinstehenden Frauen idealtypisch zu entsprechen, die oft alt, schutzlos und sozial ungesichert sind. Die Gestalt der Jungfrau schwebt meist zwischen Ideal und Wirklichkeit: Bald wird sie mit der Nonne, bald mit dem jungen Mädchen identifiziert. Sie wird oft dermaßen verklärt, daß sie eher ein Idealbild bleibt, dessen Verkörperung meist die Jungfrau Maria darstellt. In ihren an die Jungfrauen gerichteten Predigten verlieren sich Alanus ab Insulis, Jacques de Vitry und Gilbert de Tournai ebenso wie Vinzenz von Beauvais und Peraldo in ihren Beschreibungen des jungfräulichen Zustandes immer wieder in Lobreden auf die Jungfräulichkeit, aber nicht nur, um die Überlegenheit der Nonne zu illustrieren, sondern auch, um sie als ein Beispiel vollkommener Tugendhaftigkeit vorzuführen, das für alle Mädchen und Frauen maßgebend sein soll.

Die moralische Klassifikation in diesen Texten berücksichtigt also zugleich die verschiedenen persönlichen, sozialen und institutionellen Bedingungen, unter denen Frauen leben. Es handelt sich um eine strenge Einteilung nach den vorgegebenen Werten und Normen, die zugleich aber hinreichend elastisch ist, um auf die Bedürfnisse einer wechselnden und vielfältig zusammengesetzten Zuhörerschaft einzugehen, wenn es denn erforderlich ist. So kennen wir von Jacques de Vitry und von Gilbert de Tournai außer den Predigten für Jungfrauen, Witwen und Ehefrauen auch Predigten für Nonnen und für Hausmädchen. Und Vinzenz von Beauvais und Peraldo wenden sich auch an adlige Mädchen, denen sie die Hierarchie der drei Keuschheitstypen nahebringen.

Der Erfolg der Keuschheitstriade

Zwischen dem Ende des 12. und dem Beginn des 14. Jahrhunderts werden Jungfrauen, Witwen und Ehefrauen die wichtigsten Adressatinnen der Prediger und Moralisten. Ihrem Wirken sollte großer und lange währender Erfolg beschieden sein. Die Mehrzahl der Predigten und der Moraltraktate, die sich in den nachfolgenden Jahrhunderten noch vervielfachen, betrachtet die Frauen auf der Grundlage des Kriteriums der spirituellen Keuschheit. Die Klassifikation nach sozialen Gesichtspunkten tritt dagegen in den Hintergrund oder sie fehlt völlig. Arbeit, Macht, Reichtum, Kultur, der Wohnort, die soziale oder geographische Herkunft bleiben äußerliche und nie bestimmende Kriterien. Einzig Christine de Pizan, die nicht nur ein Leben im Wohlstand kennengelernt hat, sondern auch die Ungewißheit und das Leid der Armut und die Mühsal der Arbeit – und das nicht nur im Haushalt, erinnert uns immer wieder daran, welche Bedeutung die hierarchische Organisation der Männergesellschaft für das Leben der Frauen hat. Wenn *Das Buch von der Stadt der Frauen* (1404–05) mit einem Appell an die klassische Trias Ehefrau, Jungfrau, Witwe endet, so wendet sich der *Livre des trois vertus* (*Buch der drei Tugenden*, 1405) an Frauen aus verschiedenen sozialen Schichten, an Frauen bei Hof, an Frauen von Adligen, von Kaufleuten, Handwerkern und Arbeitern, an Frauen, die innerhalb der Familie arbeiten, und an solche, die außerhalb derselben arbeiten, an gebildete wie ungebildete, niedrigstehende und mächtige, arme und reiche Frauen.[22]

Im 14. und 15. Jahrhundert wendet sich die große Mehrheit der didaktischen und pastoralen Literatur, die inzwischen weitgehend die Volkssprache verwendet, vorrangig an Ehefrauen, Witwen, Jungfrauen, junge Mädchen und Nonnen. Der Verfasser des *Ménagier de Paris* (1393) schreibt für seine junge Frau. An die Frau und Mutter der Familie wendet sich auch der Dominikaner Giovanni Dominici. Geoffroy La Tour Landry schreibt für seine jungen Töchter (1371), der Augustiner Simone Fidati († 1348) für eine Jungfrau, deren Beichtvater er ist.[23] In einem umfangreichen Werk über die Frauen unterzieht der Franziskaner Francesco Eiximenis (1388) die kleinen Mädchen, die Heranwachsenden, die verheirateten Frauen, die Witwen und die Nonnen einer Betrachtung.[24] Mit Jungfrauen, Witwen und verheirateten Frauen befaßt sich auch der Augustiner Girolamo da Siena († 1420).[25] In den Mahnreden und Predigten des Bernardino da Siena († 1444) gibt es immer wieder Ansprachen, die sich bald an die verheirateten Frauen, bald an die Witwen, bald an die Jungfrauen wenden. [26] Antonino da Firenze († 1459) schreibt für eine verheiratete Frau und für eine Witwe. [27] Für Mädchen und verheiratete Frauen verfaßt Johannes der Kartäuser († 1483) zwei eigene Traktate. [28] Drei, jeweils für Jungfrauen, Witwen und verheiratete Frauen gesonderte Traktate schreibt Dionysius der Kartäuser († 1471). [29]

Die Frauen sieht man vor allem als Wesen an, die der Kirche oder der Familie geweiht sind: unberührte Jungfrauen, die sich vollständig dem geistlichen Leben hingeben, fruchtbare Frauen, die die Kontinuität der Familie sicherstellen, und Witwen, die das fleischliche Verlangen aus ihrer Erinnerung löschen, um ein Leben im Zeichen des Heiligen Geistes zu führen. An dieses scheinbar so gut geordnete und stabile, historischen Veränderungen gegenüber vermeintlich indifferente Publikum richten sich die Mahnreden, Ratschläge, Unterweisungen und Lehren der Prediger, Kirchenmänner, Mönche, Ehemänner und Väter.

LASTER UND TUGENDEN DER FRAUEN

Herumtreiberinnen

Ein Mädchen mit Namen Dina geht aus dem Haus, um die Frauen des fremden Dorfes zu sehen, in dem sie gerade mit ihrer Familie angekommen ist. Sie ist neugierig, will alles anschauen, will etwas erfahren und verstehen. Doch dann wird sie selbst gesehen: Der Sohn des Landesfürsten verliebt sich in sie und entführt sie, um sie zu heiraten. Doch die Familie von Dina fühlt sich beleidigt. Die Brüder greifen zu den Waffen, plündern das Dorf und bringen alle Männer um, auch den Fürsten und seinen unbesonnenen Sohn.

Dina, die Tochter von Jakob und Lea, ist eine biblische Figur. Ihre Geschichte wird in der *Genesis*, Vers 34 erzählt. Sie verweist auf ferne Zeiten und Orte. Und dennoch wurde Dina für die Frauen des mittelalterlichen Abendlandes eine konkrete und alltägliche Gestalt: ein junges Mädchen vom Lande, ein wenig naiv und glücklos, deren Nähe man besser meiden sollte. Die Geschichte von Dina war ein beinahe obligater Bestandteil der Predigten und Traktate, die sich an die Frauen richteten. Sie erinnerte alle Frauen daran, wie gefährlich es war, Wohnungen und Klöster zu verlassen. Auf den Straßen und Plätzen, auf dem Weg von der Wohnung zur Kirche kann die Frau gesehen werden und, glaubt man den Predigern und Moralisten, bei den Männern, vor allem bei den jungen, unbedachte Begierden erwecken. Diese wiederum sind die *Quelle von Gewalt, Betrug und Ehebruch, die Unordnung und Zwietracht in der Familie und im Gemeinwesen säen. Die Frau, die sich herumtreibt, ist eine Gefahr für die anderen: »Voll Leidenschaft ist sie und unbändig, ihre Füße blieben nicht mehr im Haus, bald auf den Gassen, bald auf den Plätzen, an allen Straßenecken lauert sie« (*Spr* 7, 11–12). Häufig wird diese Stelle zitiert. Vor allem aber riskiert diese Frau, sich selber Schaden zuzufügen, denn sie läuft Gefahr, ihre Keuschheit, also das, was alle, Väter, Ehemänner und Kirchenleute, als das höchste Gut der Frauen erachten, zu kompromittieren oder gar zu verlieren. Aegidius Romanus zufolge kann das Mädchen, das gerne herumstreunt, nicht mehr auf jene natürliche Scham rechnen, die ihre Keuschheit vor den Männern schützt. Wenn sie jede Scheu und jede natürliche Unberührtheit verloren hat, dann gleicht sie jenen »wildlebenden Tieren, die sich an die Gesellschaft des Menschen gewöhnt haben, zu Haustieren geworden sind und sich anfassen und streicheln lassen«.[30]

Jedes Verlassen des Hauses ist also gefährlich, ganz gleich, ob es um eines Spaziergangs auf der Straße, eines Tanzvergnügens auf einem Fest, eines Schauspiels, eines Besuches der Messe oder einer Predigt auf einem öffentlichen Platz willen geschieht. Gewiß kann in den beiden letzten Fällen das Risiko der *vagatio* durch den geistlichen Gewinn abgemildert und kompensiert werden, aber das Spiel der Blicke, dem die Frau auch während der religiösen Zeremonien ausgesetzt ist, bleibt ein unvermeidliches Risiko. Und es ist um so gefährlicher, als es Schamlosigkeit mit Entweihung verbindet. Die Frauen werden hier nicht nur zu rast- und schamlosen Herumtreiberinnen, sondern, wie Peraldo schreibt, zu regelrechten »Brandstifterinnen der geweihten Orte«.[31] Noch größere Sorgen verursachen die Frauen, die das Haus verlassen, um an Festen, Tanzveranstaltungen, Versammlungen und Schauspielen teilzunehmen, bei denen Familien und andere Gruppen sich begegnen. Hier stellen die Frauen ihren Reichtum, ihr Prestige und das Ansehen ihrer Familie zur Schau. Es bedarf nur wenig, eines leidenschaftlicheren Blicks, einer zweideutigen Geste, und jene Güter geraten in ernste Gefahr. Die Festlichkeit fördert Begegnungen und weckt Begierden, Spiel und Tanz lassen selbst bleiche und wenig anziehende Frauen schön und begehrenswert erscheinen[32], die lasziven Lieder verführen die Herzen und entflammen die Sinne. Unter all den Frauen, die sich unvorsichtiger- und gefährlicherweise in der Welt herumtreiben, sind diejenigen, die an Festlichkeiten teilnehmen, zweifellos die unvorsichtigsten und gedankenlosesten. Filippo da Novara und Francesco da Barberino mahnen die Frauen eindringlich, sich in der Öffentlichkeit anständig und schamhaft zu verhalten; sich nicht zu sehr zu vergnügen, sich nicht unwürdig zu verhalten, wenig zu essen, züchtig zu tanzen und sich maßvoll zu bewegen.[33]

Jacques de Vitry vergleicht die Tänze und Gesänge, an denen die Frauen teilnehmen, mit den teuflischen Riten, in denen das religiöse Zeremoniell verhöhnt wird: »Die Frau, die den Gesang anstimmt, ist die Kaplanin des Teufels, die Frauen, die in den Gesang einstimmen, sind seine Priesterinnen.«[34]

Oft bedarf es gar keiner besonders verdächtigen Veranstaltungen oder weiter Strecken, um der Sünde zu begegnen: Es reicht der Weg ans Fenster oder an die Tür. Sich vor die Tür zu stellen oder ans Fenster zu treten, birgt schon eine Versuchung in sich, das Haus zu »verlassen«, sich in die Welt der Männer einzumischen. In der pastoralen und didaktischen Literatur für Frauen begegnet häufig das Fenster als Motiv, um allzu neugierige, unvorsichtige und schlechte Frauen zu denunzieren. Francesco macht sich über die Frauen lustig, die unter dem Fenster nähen, denn »die, die am Fenster näht, näht sich nicht selten die Hand, wenn sie glaubt ihr Kleid zu nähen«.[35] Konrad von Megenberg († 1374), Autor eines aristotelischen Traktats über die Hauswirtschaft, berichtet von jungen Mädchen, die in der Stille der Nacht ihre Gürtel aus dem Fenster herablassen, woran dann ihre Liebhaber Briefe und kleine Geschenke befestigen. Oder die Mädchen lassen einen Faden bis auf den Boden, was den Liebhabern erlaubt, Maß zu nehmen, um eine Strickleiter zu bauen, und in ihre Zimmer zu gelangen.[36]

Unbeständige und neugierige Frauen

Hinter dem Lauern am Fenster verbirgt sich der Keim des verwerflichen Wunsches, das Haus zu verlassen und sich in der Welt herumzutreiben, und damit eine Form intellektueller und moralischer Ruhelosigkeit, die die Prediger und Moralisten alarmiert. Es geht um eine Unruhe, eine nie wirklich unterdrückte Neugier und eine Instabilität der Stimmungslagen und Affekte, die für Frauen typisch ist und sie dazu treibt, immer etwas Neues zu suchen, fremde Dinge kennenzulernen, ihre Meinungen oft zu ändern, das zu verlangen, was sie nicht haben, und sich von den Leidenschaften und Trieben leiten zu lassen. Durand de Champagne spannt in seinen Texten einen Bogen von der waghalsigen Neugier Evas, die mehr über Gott und den Teufel wissen wollte, über Dinas Wunsch, wundersame und verborgene Dinge außerhalb des Hauses kennenzulernen, bis zur dummen Marotte einiger nie zufriedener Frauen, die es nach immer schöneren und kostbareren Gewändern verlangt.[37] Eine lange, schließlich zum Gemeinplatz heruntergekommene Tradition liefert der didaktischen und pastoralen Literatur das gängige Bild der ruhelosen und launenhaften Frau, die so unbeständig ist »wie das geschmolzene Wachs, das seine Form jederzeit nach der Form des Siegels ändert, das ihm aufgedrückt wird«[38], und so »instabil und veränderlich, wie die Blätter eines vom Wind gerüttelten Baumes«.[39]

Prediger und Moralisten erhalten in dieser Frage den »wissenschaftlichen« Beistand der Philosophen, die gegen Mitte des 13. Jahrhunderts in
den Texten von Aristoteles eine systematische Behandlung und eine einflußreiche Bestätigung für die seit jeher in der mittelalterlichen Kultur des
Abendlandes behandelten Themen finden. Die Frauen werden dort als
unvollkommene Männer definiert: Ihnen fehlt die Vernunft, mit der sie
ihre Leidenschaften vollständig kontrollieren könnten. In den Kommentaren zu Aristoteles sind die Frauen zerbrechlich, formbar, irrational und
getrieben von ihren Affekten. Ihr Körper ist im Vergleich zu dem der
Männer durch besondere Feuchtigkeit charakterisiert; das erlaubt ihnen,
zu empfangen, nicht aber zu bewahren. Die Frauen sind feucht, weich
und veränderlich, ständig auf der Suche nach etwas Neuem, denn sie
sind ja unfähig, entschiedene und feste Ansichten zu haben. Die Unbeständigkeit und Unruhe der Frauen folgt für einen aristotelischen Philosophen wie Aegidius Romanus als unwiderlegliche wissenschaftliche
Tatsache aus einem einfachen Syllogismus: »Die Seele entspricht der
Konstitution des Körpers; die Frauen besitzen einen weichen und instabilen Körper; also sind Frauen instabil und weich in ihrem Willen und
ihrem Verlangen.«[40]

Aufsicht und Unterwerfung

Die launenhaften und unbeständigen Frauen müssen beaufsichtigt werden. Immerfort, wie eine Beschwörungsformel wiederholt, taucht das
Wort *Aufsicht* in Titeln, Übersichten und Schlußfolgerungen der Predigten und Traktate auf, wird gar zu deren Losung. *Aufsicht* meint all das,
was getan werden kann und muß, um die Frauen zur Sittsamkeit zu
erziehen und ihre Seelen zu retten: Sie müssen unterdrückt, überwacht,
eingeschlossen, aber auch beschützt, behütet und umsorgt werden. Die
beaufsichtigten Frauen werden wie ein Stück von unschätzbarem Wert
geliebt und gehegt, versteckt wie ein zerbrechliches und wertvolles
Schatzkästlein, überwacht wie eine immer drohende Gefahr und eingeschlossen wie ein unentwegt lauerndes Übel. Diese Abfolge von Eingriffen, von der rigidesten Repression bis zur liebevollsten Sorge beginnt in
der Kindheit und begleitet die Frauen ihr ganzes Leben, ganz gleich, ob
sie nun Laien oder Nonnen sind.

Viele Autoren wenden sich direkt an die Frauen und fordern sie auf,
sich selbst die ersten Aufseher zu sein. Die Frau wurde von Gott geschaffen, sie hat in Gestalt der Jungfrau Maria am Mysterium der Fleischwerdung Gottes mitgewirkt, zahllose heilige und fromme Frauen haben zur

spirituellen Weiterentwicklung des Christentums beigetragen. Die Frau besitzt eine Seele, die mit der göttlichen Macht in Beziehung treten, die erlöst werden kann. Sie kann tugendhaft leben, sie kann das Laster vermeiden und sie kann zum Vorbild moralischer Vollkommenheit werden. Sie ist also in der Lage, sich selbst zu beaufsichtigen. Darüber hinaus ist der Frau eine natürliche Ängstlichkeit und Scham gegeben, eine Art Schüchternheit und angeborene Zurückhaltung, die man Sittsamkeit nennt. Deshalb neigt sie zu Angst und »natürlicher« Scheu und zur Meidung des Bösen und Unsittlichen. Ob diese Scheu eine Gabe Gottes nach der Erbsünde ist, um die Frau besser vor der Unsittlichkeit zu schützen, oder ob sie eine Folge ihrer »natürlichen« Unvollkommenheit ist, spielt keine Rolle. Wichtig ist, daß die Scheu ein Mittel der Vorsehung zur Selbstbeaufsichtigung der Frau ist. Prediger und Moralisten fordern die Frauen immer wieder dazu auf, schüchtern und zurückhaltend in den Sozialbeziehungen zu sein, sich ängstlich von den Männern zurückzuziehen, zu erröten und sich scheu wie ein ungezähmtes Tier zu verhalten. Die Scheu ist die Aufsicht der Frauen über sich selbst, denn sie hält sie von der sozialen Gemeinschaft fern, drängt sie in den geschlossenen und beschützten Raum des Hauses und der Klöster zurück, bewahrt ihnen die Keuschheit.

Der höchste Moment des sozialen Lebens der Frau ist der öffentliche Ritus der Hochzeit. An ihm nimmt die Gemeinschaft teil und gibt ihre Zustimmung dazu, daß eine Frau von einer Familie in eine andere übergeht. Aber auch in diesem Moment stellt die ideale Frau ihre Zurückhaltung unter Beweis: Während der Zeremonie ist sie schamhaft, ängstlich und unbewegt, sie gibt niemandem die Hand, sondern läßt sie nehmen, und wenn sie schließlich ihr neues Heim betritt, dann ist sie allen gegenüber schüchtern und antwortet, wenn sie gefragt wird, »kurz, mit leiser Stimme und ängstlich«; so erweist sie sich dem Manne als »unerfahren und unverdorben (. . .) in der Liebe«.[41]

Auch wenn die Frau sich der Möglichkeit nach selbst beaufsichtigen kann, so gelingt ihr das doch nie voll und ganz. Die geistige Würde ihrer Seele, die von Gott geschaffen und von Jesus erlöst wurde und die sie zur Tugend befähigt, trägt nämlich die Zeichen der Sünde, zu der viele Frauen, angefangen bei Eva, beigetragen haben. Gottes Wort kann sie nur durch Vermittlung jener männlichen Institution vernehmen, die über das Wort Gottes verfügen, also der Kirche. Die Frau, die durch ihre »natürliche« Unverdorbenheit scheinbar vor dem Bösen gefeit ist, ist doch andererseits durch eben ihre Natur dazu verurteilt, der irrationalen Kraft der Triebe nachzugeben.

Deshalb kann die Frau sich nicht allein beaufsichtigen, sie bedarf zusätzlicher Aufsicht durch andere. Jacobus de Voragine nennt hierfür – wie schon 900 Jahre zuvor der heilige Augustinus – mit selbstgefälliger

Akkuratesse folgende »Mittel«: Unterordnung unter den Mann, die Furcht vor den Gesetzen, Gottesfurcht.[42] Die Männer: Väter, Ehemänner, Brüder, Prediger und geistlichen Erzieher teilen mit Gott und den gerichtlichen Anordnungen die schwierige, aber notwendige Aufgabe, die Frauen zu beaufsichtigen. Sie wird ihnen jedoch dank einer weisen Fügung der Natur, unterstützt von der göttlichen Vorsehung, leichter gemacht. Die Frauen scheinen von Natur aus dazu disponiert zu sein, die Aufsicht durch den Mann hinzunehmen. Die Kommentatoren des Aristoteles verweisen in den Texten der *Ethik* und vor allem der *Politik* auf dessen Darstellung der Frauen, deren Natur es ist, zu gehorchen und sich den Männern unterzuordnen, die ihrerseits von Natur aus kommandieren und Entscheidungen treffen. Denn sie sind körperlich stark und an Verstand überlegen. Obwohl beide potentiell tugendhaft sind, üben Frauen und Männer die Tugend doch verschieden aus, je nach der Funktion, die sie im Gemeinwesen ausfüllen: Die einen üben eine tatsächliche und wirkungsvolle Macht aus, die anderen führen die erhaltenen Anordnungen korrekt und schnell aus.

Die Kommentatoren der Heiligen Schrift, die oft mit denen des Aristoteles identisch sind, erkennen in einem Satz des heiligen Paulus (»Ihr sollt aber wissen, daß Christus das Haupt des Mannes ist, der Mann das Haupt der Frau und Gott das Haupt Christi« [1 *Kor* 11, 3]) die Unterordnung der Frau als ein Moment der hierarchischen Ordnung, die die Beziehungen zwischen Gott, Christus und der Menschheit regelt. Darüber hinaus entdecken sie den göttlichen Ursprung dieser Unterwerfung in der Erschaffung Adams und Evas sowie in den Ereignissen vor und nach dem Sündenfall. Aus der Schöpfungsgeschichte ergibt sich für die Kommentatoren die Gewißheit, daß die Frau dem Manne untergeordnet ist. Der Körper des Mannes wurde zuerst geschaffen, und er erscheint in der Tat dem der Frau überlegen, der erst danach und aus dem Körper des Mannes geformt wurde. Die Frau ist ein Geschenk Gottes, dem Manne zur Stütze, sie ist ein Instrument der Vorsehung in Händen des Mannes zum Zwecke der Fortpflanzung.

Gegen diese Deutung, die die Geschlechterdifferenz als Über- und Unterordnung interpretiert, steht mit seiner ganzen revolutionären Kraft das evangelische Prinzip der Gleichheit aller Menschen vor Gott. Die Idee, daß der Frau ebenso wie dem Manne eine nach Natur und Würde gleiche Seele gegeben sei, taucht in unterschiedlichen Formen im gesamten mittelalterlichen Denken auf: In der augustinischen Tradition, die sich auf den klaren Dualismus von Körper und Seele gründet, spricht man von einer totalen Gleichheit der Seele des Mannes mit der der Frau. Für einen Autor wie Thomas von Aquin dagegen, der die aristotelische Definition des Körpers als Form der Seele zugrunde legt, handelt es sich um eine partielle Gleichheit, die für die Essenz, nicht aber die Existenz gilt. [13] In allen Fällen bleibt jedoch die Gleichheit der Seelen auf den spirituellen Bereich beschränkt. Sie stellt die natürliche Überlegenheit des männlichen Körpers, die bei der Schöpfung in Gottes Absicht lag, nicht in Frage. Die Frauen können durchaus ein intensives geistliches Leben führen, das dem der Männer gleichkommt und sie bisweilen sogar übertrifft, aber in körperlicher Hinsicht bleiben sie unterlegen und den Männern untergeordnet. Darüber hinaus ist an die Stelle der Unterordnung, die die Frau vor dem Sündenfall hingenommen und als friedliche Verwirklichung ihrer Natur gelebt hat, nach dem Sündenfall die dienende Unterwerfung getreten, die die Frau voller Angst und Leid als Strafe für ihre Sünde erleidet. »Du hast Verlangen nach deinem Mann, er aber wird über dich herrschen.« (*Gen* 3, 16) Gottes Fluch begleitete Eva aus dem Paradies auf die Erde, und er taucht im Leben jeder Frau immer genau dann auf, wenn sie die unwiderrufliche Beherrschung durch den Mann erleidet.

Ob es sich nun darum handelt, ein Naturgesetz oder ein göttliches Gebot zu erfüllen, den Männern kommt es in jedem Fall zu, die Frauen zu beherrschen und zu beaufsichtigen. Die abenteuerliche Alternative der Unabhängigkeit, die beispielsweise von Magdalena gelebt wurde, die laut Jacobus de Voragine eben deshalb, weil sie frei und ihre eigene Herrin war (*sui domina et libera*)[44], Ursache der Sünde für sich und andere Frauen wurde, provoziert Unbehagen und Tadel. Die Witwe ist den Gefahren der Freiheit am meisten ausgesetzt, vor allem wenn sie jung ist, denn sie ist nicht mehr den Eltern unterstellt, die sie schon verlassen hat, und auch nicht mehr dem Ehemann, der ja gestorben ist. Eine Wiederverheiratung sieht man nur ungern, weil sie die geistliche Überlegenheit des Witwenstatus gegenüber der Ehe entwertet und die Erbschaft der Kinder aus erster Ehe infragestellt. Deshalb ist die Situation der Witwe besonders gefährdet. Ihr werden daher mehr als jeder anderen Frau die Wohltaten der Religion anempfohlen: Fastenzeiten, Gebete und gute Werke. Die Aufsicht der Väter und Ehemänner wird von der Aufsicht der geistlichen Lehrer abgelöst, und Körper wie Seele der Frau werden Gott unterworfen.

Außen und innen

Im Rahmen des Repertoires an Formen der Aufsicht, das im Laufe der Zeit von den Männern entwickelt wurde, treten einige zentrale Themen hervor: Jede Vorschrift, die sich an Frauen richtet – Diät, Zurückhaltung in Gesten und Worten, Verzicht auf Kosmetik, Einschränkung der Bewegungsfreiheit, Begrenzung der Zugangsmöglichkeiten zur Welt der Kultur und der Arbeit –, reduziert den äußeren Aspekt ihres Lebens und betont den inneren. Auf der einen Seite wird die Frau vom öffentlichen Leben ferngehalten und in den privaten und inneren Bereich der Häuser und Klöster eingeschlossen; auf der anderen Seite wird sie von der Äußerlichkeit ihres Körpers abgetrennt und auf die Innerlichkeit ihrer Seele verwiesen. Für die Frau, die ins Kloster eintritt, kommt beides zur Deckung: Zumindest in der Theorie ist die Trennung von der äußeren Welt ebenso total und definitiv wie der Verzicht auf den Körper und seine Genüsse. Für die Frau, die im Hause bleibt, geht es dagegen darum, eine Reihe von Kompromissen zu finden, die das Leben mit seinen sozialen und sexuellen Anforderungen mit den Idealen der häuslichen Einschließung und der Hegemonie des Geistes über den Körper in Einklang bringen können. Die heiklen Übergänge von drinnen nach draußen erfordern ein waches Auge: Deshalb wird den Nonnen jede Beziehung zwischen dem Kloster und der Welt abgeschnitten, und die Bedürfnisse des Körpers werden dem geistlichen Leben völlig unterworfen; bei den weltlichen Frauen soll sich der Kontakt zwischen dem häuslichen und dem öffentlichen Bereich auf ein Minimum beschränken und die Sexualität sich so weit wie möglich dem Ideal der Keuschheit annähern.

Die erzieherische und pastorale Literatur stellt sich mit ihrem ganzen kulturellen Gewicht und mit all ihrer rhetorischen Kraft in den Dienst der Aufsicht. Vor allem in der Heiligen Schrift sucht und findet sie wundervolle Beispiele beaufsichtigter Frauen, die sich aus der Welt zurückziehen und ihre Körper einer rigiden Disziplin unterwerfen. Da ist zum Beispiel Judith, die sich in einem geheimen Winkel des Hauses versteckt, um zu fasten, da gibt es die Prophetin Anna, die niemals den Tempel verläßt, in dem sie Tag und Nacht betet und fastet, und da gibt es vor allem die Jungfrau Maria, die still und stumm in ihrem Hause die göttliche Verkündigung erwartet. Neben diese Vorbilder treten dann Vorschriften und Ratschläge, die den alten und hochangesehenen Schriften der Kirchenväter und der Mönche entnommen werden. Die Frauen, die sie befolgen, lernen nach und nach, den Verlockungen der Welt und den Begierden des Körpers zu widerstehen und ruhig und zurückgezogen in den Mauern ihrer Wohnung wie in denen eines Klosters zu leben.

Kleidung, Schmuck und Schminke

Unter all diesen Vorschriften und Ratschlägen sind jene besonders zahlreich, die sich auf die Kleidung, die Aufmachung und das Schminken beziehen. Die Polemik gegen die Frauen, die sich auffällig kleiden und schminken, ist alt. Bereits die Kirchenväter hatten das Problem ausführlich erörtert. Sämtliche Texte der pastoralen und didaktischen Literatur zwischen dem 12. und dem 15. Jahrhundert sind davon durchzogen, und es nahm in diesem Zeitraum sogar noch an Breite und Intensität zu. Die Hartnäckigkeit und die kleinliche Aufmerksamkeit, die man diesem Thema widmet, erklären sich aus der Gefahr, daß die Frauen durch Kleidung und Aufmachung einen Weg der Veräußerlichung beschreiten, der die enge Umfriedung moralischer und gesellschaftlicher Beaufsichtigung hinter sich zu lassen droht. Die herausgeputzte und auffällig gekleidete Frau bleibt gegen die gottgewollte Ordnung der niedrigen Äußerlichkeit ihres Körpers verhaftet. Die übertriebene Selbstgefälligkeit, die sie für ein Kleid an den Tag legt, für die Farbe eines Stoffes, die sie in ein besseres Licht rücken soll, oder für eine Frisur, die ihr gut steht, deutet auf ein Interesse, das dem Streben nach Tugend widerspricht. Besonders das Schminken verrät einen verstiegenen Hochmut. Die Frau, die sich die Wangen rot schminkt, ihre Haare färbt oder die Zeichen ihres Alters unter Schminke und Perücken verbirgt, steht gar mit Luzifer auf einer Stufe. Sie stellt sich gegen Gott und rebelliert gegen das Erscheinungsbild, das Gott ihr gegeben hat; am Ende glaubt sie gar, die Gesetze der Vergänglichkeit ändern zu können, die doch in Gottes Hand sind.

Die Vorliebe für Kleider und Schmuck verrät nicht nur eine gotteslästerliche Liebe zum eigenen Körper, sondern auch ein unstillbares Verlangen, diesen Körper vor anderen zur Schau zu stellen. Jacques de Vitry verwendet dafür ein emblematisches Bild, das von Gilbert de Tournai aufgegriffen wird. Eine Jungfrau betrachtet sich im Spiegel, begutachtet ihr Gesicht und die Kleidung und stellt sich vor, wie sie wohl in der Öffentlichkeit wirken wird: »Sie lacht, um zu sehen, ob ihr das Lachen steht (…), sie schließt die Augen, ob sie so oder mit weit aufgerissenen Augen besser gefallen wird, sie läßt das Kleid nach einer Seite hin offen, um die Haut vorscheinen zu lassen, sie öffnet den Gürtel, um die Brust sehen zu lassen. Ihr Körper ist wohl noch im Haus, aber ihre Seele ist im Angesicht Gottes bereits in einem Hurenhaus, herausgeputzt wie eine Hure, die sich anschickt, die Seelen der Männer zu verwirren.«[45]

Frauen kleiden sich also auffällig, um auszugehen, sie schmücken sich, um aufzufallen, und sie schminken sich, um in der Öffentlichkeit einen guten Eindruck zu machen, um Begierden zu wecken und beneidet zu werden. Die Frauen handeln und sprechen in der Gesellschaft mit der Sprache ihrer herausgeputzten Körper, einer Sprache, die die Regeln der Gesellschaft oft außer Kraft setzt, weil sie soziale Bande lockert und verwirrt. Es gibt Frauen, die benutzen reich geschmückte Kleider und wertvollen Schmuck, um edler und reicher zu erscheinen, als sie in Wirklichkeit sind, andere, die ihre Familien nur ihres eitlen Verlangens wegen in den wirtschaftlichen Ruin stürzen, und es gibt geschmückte und geschminkte Frauen, die die Begierde der Männer wecken, die ihre Keuschheit verlieren, den familiären Frieden zerstören und Streit zwischen den Familien säen. Und schließlich gibt es Frauen, »die andere

Frauen herausputzen und schmücken oder es ihnen beibringen, sich herauszuputzen und jedwede Unkeuschheit zu begehen, wie es im allgemeinen zwischen Schwestern, Verwandten, Freundinnen, Nachbarinnen oder jeder anderen Art Frauen der Fall ist«.[46] Dieser fatale Hang der Frauen führt zu einer unerwarteten und perversen Solidarität zwischen Frauen, die die Grenzen der Wohnung und der Familie überschreitet und daher innerhalb der Gesellschaft eine Art Gemeinschaft der Frauen begründet, deren Bande Neid, Nachahmungssucht, Komplizenschaft und Klatsch bilden.

Die Pflege des Körpers muß also konsequent überwacht und begrenzt werden. Das Unterfangen erscheint schwierig, denn, wie Aegidius Romanus anmerkt, sucht die Frau durch ihre äußere Erscheinung einen wesentlichen Mangel zu kompensieren: Was ihr an Vernunft und rationalem Wollen abgeht, will sie durch vergängliche und unvollkommene äußere Güter wettmachen.[47] Nur eine klare Umkehr, die Pflege und Zurschaustellung des Körpers verhindert oder wenigstens in Grenzen hält, kann einen für die Frau und für die Gesellschaft zerstörerischen Prozeß aufhalten. Für die Nonne ist die Lösung einfach und dauerhaft: Die Klostermauern und die Kutte ersticken alle Ansätze zur Pflege und Zurschaustellung des Körpers im Keim. Zum Ausgleich soll sich die Nonne mit der Tugend der Mäßigung salben, sich mit einen guten Ruf schminken, sich mit der Halskette der reinen Lehre, den Ohrringen des Gehorsams und dem Ring des Glaubens schmücken, sich mit dem Linnen der Keuschheit kleiden und sich mit dem Gürtel der Disziplin gürten. Einige Predigten von Jacques de Vitry und von Gilbert de Tournai[48] bieten den Frauen, die darauf verzichten, sich mit weltlichen Gewändern und Schmuck zu kleiden, ein umfangreiches Repertoire an symbolischem Schmuck an, der sie ungleich schöner und glänzender macht.

Schwieriger liegt der Fall bei der weltlichen Frau. Neben rigiden Ansichten über den eitlen und gefährlichen Putz der Frauen stehen hier gemäßigtere, die es erlauben, nicht vollständig auf die Pflege und Zurschaustellung des Körpers zu verzichten. Francesco empfiehlt den Frauen, insbesondere dann, wenn sie aus den oberen Schichten kommen, in der Öffentlichkeit angemessen gekleidet aufzutreten, um so die Macht und den Reichtum ihrer Familie zu repräsentieren.[49] Aegidius und andere Autoren mit ihm beziehen sich auf die aristotelischen Doktrinen und schließen nicht aus, daß die Frauen sich prachtvoll kleiden können, um dem Ehemann zu gefallen und um ihrer sozialen Stellung gerecht zu werden. Das Schminken allerdings wird auch hier verurteilt.[50] Voraussetzung ist allerdings, daß alles mit Maßen und ohne großes Aufheben geschieht. Andernfalls könnte der geliebte und gehätschelte Körper nicht nur durch den Verlust der Keuschheit, sondern auch durch die Zerrüttung der Gesundheit Schaden nehmen. Gilbert de Tournai berichtet von der

Ansicht einiger Ärzte, die das häufige Kopfweh der Frauen auf den übermäßigen Gebrauch von Salben zurückführen, die ihnen den Kopf allzu-
sehr befeuchten.[51] So wie sich die Nonne von ihrem Körper getrennt hatte und ihn in die klösterliche Disziplin einschloß, so ist auch die weltliche Frau, selbst wenn sie sich mit Sorgfalt kleidet und herausputzt, nicht
mehr Herrin über ihren Körper. Er gehört der Familie, deren Status er
nach außen repräsentieren soll. Vor allem aber gehört der Körper dem
Ehemann, für den er unversehrt, begehrenswert und leistungsfähig zu
sein hat.

Schlicht und bescheiden

Auch das Handeln und Auftreten der Frauen wird reglementiert. Ein
übertriebenes oder gar theatralisches Gebaren muß vermieden werden.
Das erfordert eine große Mäßigung und Zucht des Verhaltens. Viele,
zumeist dem Klosterleben entstammende Vorschriften dämpfen das Auftreten der Frauen manchmal bis zur starren Unbewegtheit: nicht lachen,
sondern lächeln, ohne die Zähne zu zeigen, nicht die Augen aufreißen,
sondern nach unten blicken und die Augen halb geschlossen halten,
weinen, ohne zu lärmen, die Hände still halten, den Kopf nicht zu sehr
bewegen usw. usf. Die Vorschriften werden immer eindringlicher, je
mehr sie den sozialen Umgang betreffen. Francesco betrachtet das Auftreten beim Spaziergang sehr genau: Die Frau ist stets von einem Familienangehörigen oder jemandem aus der Dienerschaft zu begleiten, die
Mädchen bewegen sich in der Öffentlichkeit, ohne den Blick zur Seite zu
wenden, »sie machen kleine, verhaltene und gleichmäßige Schritte«.[52]
Auch die Frauen, an die sich Girolamo da Siena und Antonino da Firenze richten, legen die kurze Strecke vom Haus zur Kirche fast verstohlen
zurück, »die Augen zu Boden gerichtet, damit anderes als den Boden vor
euren Füßen zu beachten eure Sorge nicht ist«.[53] Wenn sie die Kirche
betreten haben, sollen sie still sitzen, anders als »jene eitlen Frauenzimmer, die in Gottes Kirche ihren ganzen Markt und die Nachbarschaft, die
Freunde und Verwandten treffen«.[54] In dieser Atmosphäre der Zurückhaltung werden Kontakte zu Männern schwierig, und die Versuchungen
der Welt bleiben fern. Die Bescheidenheit im Auftreten ist also neben der
Mäßigung im Herausputzen ein weiteres wichtiges Bollwerk zur Verteidigung des kostbaren Gutes Keuschheit, das ein öffentlich zur Schau
gestellter Körper in Gefahr bringen könnte.

Eine weitere Tugend, die wie die Bescheidenheit eine Tochter der
Mäßigung ist, hilft bei der Verteidigung der Keuschheit: die Anspruchslosigkeit. Wie die Bescheidenheit das Auftreten, so mäßigt die Anspruchslosigkeit das Essen und Trinken. Sie wird als Mittel eingesetzt, um

über die Keuschheit der Frau zu wachen. Sie verhindert, daß Speisen und Getränke in den Frauen Begehrlichkeiten erwecken könnten. Deshalb kennen wir aus der religiösen wie der weltlichen Literatur eine ganze Reihe von Ernährungsvorschriften. Den Wein gilt es zu meiden ebenso wie die Völlerei und zu heiße oder zu stark gewürzte Speisen. Diese Vorschriften richten sich an alle Frauen, vor allem aber und mit größtem Nachdruck an die Nonnen und die Witwen. Während nämlich die verheiratete Frau ein Gleichgewicht in der Ernährung finden muß, das ihren Körper einerseits vor der Begier schützt, ihn andererseits aber zur Fortpflanzung befähigt, können die Nonne und die Witwe in der Abtötung ihrer Fleischeslust sehr viel weiter gehen und sich viel einfacher ernähren oder fasten. Im Laufe der Zeit und besonders seit dem Ende des 14. Jahrhunderts, nimmt die Aufmerksamkeit für die Ernährung und das Fasten immer mehr zu und wird radikaler, und in einigen Fällen dehnt sie sich auch auf die verheirateten Frauen aus. Die Vorschriften legen fest, wann, wieviel und wie zu essen und zu fasten sei, sie werden immer detaillierter und ähneln bald asketischen Regeln. In den früheren Texten dagegen liegt der Akzent immer auf dem Ideal der Keuschheit: Der Körper der Jungfrauen, Witwen und verheirateten Frauen soll durch ein anspruchs- loses und züchtiges Leben in seiner Unberührtheit bewahrt werden. Ein Körper, der durch ein Übermaß im Essen und vom Wein geschwächt ist, der seine Spannkraft durch die Erregung verloren hat und der durch die Unzucht ausgelaugt ist, der ist weder gottgefällig noch dient er dem Manne.

Arbeitsam und barmherzig

Keine der doch so zahlreichen Töchter der Mäßigung, die sich der sorg- fältigen Kontrolle von Kleidung, Auftreten und Speise widmen, vermag jedoch etwas gegen einen weiteren heimtückischen Feind der Keusch- heit auszurichten: den Müßiggang. Der Müßiggang ist für die gesamte Menschheit eine Gefahr, denn er ist der Ursprung vieler Laster – und besonders gefährlich für die Frau: Die »natürliche« Unbeständigkeit und Flatterhaftigkeit des weiblichen Gemüts, die von der Gleichförmigkeit eines weltabgeschiedenen Lebens im Zeichen der Mäßigung noch ver- stärkt wird, finden in den Momenten des Müßiggangs die passende Gele- genheit, um einen Strom von sündhaften Gedanken und verbotenen Wünschen freizusetzen. Gegen die gefährlichen Lockungen der Untätig- keit gibt es kein anderes Gegenmittel als die Arbeit. Erlaubte und ehren- hafte Tätigkeiten wie Spinnen, Weben, Nähen, Häkeln und Stopfen hal- ten nicht nur die Hände der Frauen beschäftigt, sondern auch – und das ist viel wichtiger – ihre Gedanken. Die ideale Frau, die immer in Bewegung und immer fleißig ist, versteht es, die Gefahren des Müßiggangs zu vermeiden, indem sie sich mit Nadel, Faden, Spindel, Wolle und Leinen bewaffnet. Diese emsige Biene bevölkert die Literatur, von den Mahnreden der Prediger über die aristotelisch angehauchten Moraltraktate bis hin zu den pädagogischen Abhandlungen von Laien. Bei dem allgemeinen Lob der tüchtigen Frau und ihrer handwerklichen Geschicklichkeit fehlt – vor allem seitens der Laien – auch nicht die ökonomische Wertschätzung der Arbeit. Nach Filippo da Novara lernen die armen Frauen von klein auf das Spinnen und Nähen, um einen Beruf zu ergreifen.[55] Und Francesco da Barberino zufolge tun sogar die Töchter von Rittern, Richtern und Ärzten gut daran, das Spinnen und Nähen zu erlernen, um gegen Schicksalsschläge gefeit zu sein. Aber auch wenn ihre Lebenslage es nicht erforderlich macht, hilft das unaufhörliche Arbeiten mit Nadel und Spindel diesen Frauen, Melancholie und Müßiggang zu vermeiden.[56] Die Arbeit ist also vor allem anderen ein weiteres Mittel der Aufsicht über die Frauen.

Neben der Arbeit, die sie im Haus beschäftigt hält, gibt es noch eine weitere Tätigkeit, der sich die Frauen, wenn es nach den Moralisten und Predigern geht, mit Eifer und Ausdauer widmen können: die Barmherzigkeit. Kein Text, in dem nicht den Frauen barmherzige und gute Werke ans Herz gelegt würden. Sie erweisen sich ja auch als besonders mitfühlend und geneigt, den Bedürftigen zu helfen: Aegidius Romanus hebt hervor, daß dieselbe Weichherzigkeit, die die Frauen unbeständig und irrational macht, sie andererseits auch für das Leiden anderer sensibel macht.[57] Die konkrete Form, in der die Frauen diese natürliche Neigung zur Barmherzigkeit verwirklichen können, sind die Almosen, die allen Frauen, ganz gleich ob arm oder reich, als Pflicht anempfohlen wird. Die ideale Königin, wie Durand de Champagne sie entwirft, übt gegenüber allen Armen und Bedürftigen Barmherzigkeit, sie kümmert sich um die Aussätzigen, besucht die Klöster und sorgt dafür, daß ihre Almosen auch noch in die letzte und ärmste Hütte des Königreichs gelangen.[58] Sie ist das vollkommenste Beispiel jener weiblichen *caritas*, von der jede Frau, ob Witwe, Ehefrau, Jungfrau, Dienstmagd, Bürgerin oder Adlige, etwas versteht und die sie ausüben soll.

Vermittelst der Barmherzigkeit, so scheint es, können die Frauen endlich mit der Welt außerhalb der Häuser und Klöster in Kontakt treten. Es ist eine Welt, die von Außenseitern, von Armen, Kranken, Krüppeln, Vagabunden und Bettlern bevölkert wird, aber trotz allem doch eine Welt, die der Frau soziale Kontakte außerhalb der Familie ermöglicht. In Wirklichkeit jedoch vollendet die Barmherzigkeit die Kontrolle über die Gefühlswelt der Frau, die statt auf unerlaubte Gefühlsregungen und eitle Begierden auf die richtigen Ziele gelenkt wird. Auf der anderen Seite ist auch die Barmherzigkeit selbst ein Gegenstand der Kontrolle, da sie einer ganzen Reihe von Vorsichtsmaßnahmen unterzogen wird, ehe sie in die Tat umgesetzt werden kann. Zunächst soll die Frau sorgfältig prüfen, ob es sich wirklich um Arme und Kranke handelt und nicht um Simulanten, die ihr Mitgefühl nicht verdienen; sie soll vermeiden, durch übertriebene Almosen das Wohlergehen der eigenen Familie zu gefährden. Sodann muß sie für ihre edlen Absichten die Zustimmung des Ehegatten und der Geistlichen einholen. Kurz, die Frau gewinnt durch die Barmherzigkeit sicher einen breiteren Kontakt mit der Gesellschaft, aber es bleibt ein eingeschränkter und reglementierter Kontakt.

Verschwiegen

Wie sehr sich die Frauen auch in ihrem Auftreten, der Kleidung, der Ernährung, den Handarbeiten und den barmherzigen Werken zurückhalten mögen, sie sprechen, nach Ansicht der Prediger und Moralisten, zuviel und schlecht: Sie lügen geschickt, sie tauschen üble Nachreden aus, sie streiten fortwährend, sie jammern und klagen und hören nicht auf zu schwatzen. Hier finden wir die geläufigsten Gemeinplätze einer Jahrhunderte alten frauenfeindlichen Literatur. Sie malt das Bild der geschwätzigen und klatschsüchtigen Frau. In ihrer leidenschaftlichen Verteidigung der Sprache der Frau muß Christine de Pizan sogar bestimmten dummen und blasphemischen Predigern widersprechen, die behaupten, Christus sei nach seiner Wiederauferstehung deshalb Maria Magdalena erschienen, weil die als Frau schon dafür sorgen würde, daß sich die gute Nachricht schnell verbreitet.[59] Die aristotelisch inspirierten Texte liefern auch in diesem Punkte neue und ernüchternde Bestätigungen: Aegidius Romanus findet, daß die beklagenswerte, aber leider naturgegebene Tendenz der Frauen, in ungebührlicher Weise zu sprechen, auf ihre angeborene Vernunftschwäche zurückgeht. Die Frauen sind nicht in der Lage, den Fluß der Wörter zu bremsen, sie sprechen leichtfertig über dumme und unpassende Dinge, und wenn sie einmal zu streiten angefangen haben und von einer unkontrollierbaren Leidenschaft gepackt sind, dann können sie nicht mehr einhalten.[60] Diese maßlose und unnatürliche Geschwätzigkeit wird nicht nur als eine Quelle der Unordnung innerhalb der Familie und der Gemeinschaft ausgemacht, sie stellt auch eine ernste Gefahr für die Keuschheit der Frau dar. Eine allzu geschwätzige Frau richtet sich nämlich immer nach außen und versucht, mit ihren Worten die verschiedensten Beziehungen anzuknüpfen. Vollkommen überzeugt von dieser negativen Auffassung des weiblichen Sprechens haben es die Prediger und Moralisten durch Normen und ·Verbote eng eingegrenzt. Verdruß und resignierte Verachtung, die aus ihren Texten über die schwatzhaften Frauen sprechen, vervielfältigen sich noch in den Angriffen und Anekdoten über die weiblichen Verfehlungen im Sprechen. Die pastorale Besorgnis steigert sich lebhaft, wenn es gilt, das Reden der Frauen in Zaum zu halten; der Nerv männlicher Eitelkeit und Macht liegt hier frei.

Über Sprache und Schweigen der Frauen wacht drohend der heilige Paulus, der der Frau, die dem Mann unterworfen ist, verbietet, zu lehren (1 *Tim* 2, 12) und auf den Gemeindeversammlungen zu sprechen. Wenn sie etwas wissen will, dann könne sie den Mann zuhause fragen (1 *Kor* 14, 34–35). Diese beiden Sätze aus dem Neuen Testament, die seit Jahrhunderten von zahllosen namhaften Exegeten kommentiert worden waren, rechtfertigen den ersten und grundlegenden Akt der Beaufsichtigung des weiblichen Sprechens, der von den Predigern und Moralisten vorgeschlagen wird: Das Sprechen der Frauen wird grundsätzlich aus allen öffentlichen Orten verbannt und nur im Privaten zugelassen. Die öffentliche Dimension, die dem Reden der Frauen verweigert wird, ist nicht so sehr eine Frage des Ortes als vielmehr eine der Funktionen: Wenn die Sprache nicht mehr nur ein Mittel der Kommunikation ist, sondern eine politische Funktion in der Gemeinschaft hat, müssen die Frauen schweigen, weil in diesem Moment die Männer die Rede an sich reißen. Frauen dürfen weder Recht sprechen noch regieren, weder unterrichten noch predigen. Manchmal sind die Normen weniger streng, und es wird den Frauen erlaubt, vor Gericht als Anklägerinnen oder Zeuginnen zu erscheinen oder auch Regierungsgeschäfte wahrzunehmen: Das ist bei den Äbtissinnen der Fall, die Klostergemeinschaften vorstehen, und bei adligen Frauen, die im Fall von Tod oder Abwesenheit des Mannes seine Funktionen übernehmen.

Sehr viel rigider sind die Normen, die den Frauen den Unterricht in schulischen und kirchlichen Einrichtungen verbieten. Eingeschlossen in die häuslichen vier Wände oder ins Kloster, in einer untergeordneten Rolle dem Manne gegenüber, charakterisiert durch eine natürliche intellektuelle Defizienz, ausgestattet mit einem zerbrechlichen Körper, dessen Anblick gefährliche Begierden wecken kann, und unfähig, die Techniken der Sprache zu beherrschen, bleiben die Frauen von den Universitäten ausgeschlossen, wo in der Lehre und der Technik des Disputs erfahrene Männer forschen und anderen Männern ihre Kenntnisse vermitteln. Mit denselben Argumenten wird den Frauen die Möglichkeit verwehrt, das Wort Gottes zu verkünden. Die unerbittliche Strenge, mit der Theologen und Prediger immer wieder auf diesen Punkt zurückkommen, erklärt sich daher, daß die Frauen begonnen haben – und es auch weiter tun werden –, das Privileg der Kirchenmänner in Frage zu stellen, die einzigen legitimen Interpreten der Heilsbotschaft zu sein. In einigen häretischen Bewegungen verkünden nämlich Frauen das Wort Gottes. Andere Frauen wiederum, und seit dem 13. Jahrhundert werden sie immer zahlreicher, geben – oft am Rande der kirchlichen Institutionen – einer mystischen Bewegung Ausdruck, die sie von Gott und im Namen Gottes sprechen läßt. Gegen diese Tendenzen bekräftigen die Kirchenmänner ganz entschieden, daß Frauen unter keinen Umständen das Predigeramt ausüben dürfen, denn das erfordere eine Überlegenheit und einen vollkommenen Verstand, der dem weiblichen Geschlecht nicht gegeben sei. Aber sie gestehen den Frauen zu, vom Wort Gottes erfüllt zu sein, der ihnen die Gnade seiner Prophezeiungen erweist, wobei sie sich allerdings in jedem Fall vorbehalten, festzustellen, ob eine Prophezeiung echt ist oder dämonischen Ursprungs. Da für Frauen die öffentliche Rede ohnehin nicht in Frage kommt, fällt der Blick auf die Formen privater Rede, die um so dringender einer erhöhten Aufmerksamkeit bedurfte, als die ins Innere der Häuser und der Klöster verbannten Frauen daran gingen, sich ein eigenes Reich und Refugium weiblichen Redens zu schaffen. Daher erschien es wichtig, daß die Frauen auch hier die Regeln befolgten, die die *taciturnitas*, die Tugend der Schweigsamkeit vorgibt.

Wie die Nonnen, die das klösterliche Schweigen nur in bestimmten Momenten und aus genau definierten Gründen unterbrechen, so sollen auch die Frauen im Hause nur dann sprechen, wenn es notwendig ist, ansonsten warten, bis sie gefragt werden und sich ehrerbietig an den Ehemann oder die Eltern wenden. Wird diese Regel eingehalten, dann können sie auch Ratschläge geben oder ermahnen. Die Überredungskunst und die Fähigkeit zur Ermahnung, die dem weiblichen Sprechen eigen ist, wird von einigen Autoren zuweilen anerkannt. Sie wird als eine lobenswerte Form des Trostes und der Belehrung angesehen, die die Frauen gegenüber ihren Ehemännern und Söhnen, vor allem aber gegenüber ihren Töchtern ausüben dürfen. Oft jedoch wird die Bedeutung dieser weiblichen Ratschläge ernstlich zur Diskussion gestellt, nicht zuletzt von einem Passus der *Politik* des Aristoteles: Aegidius Romanus und mit ihm alle Kommentatoren des Aristoteles betrachten die Ratschläge der Frauen als zu sehr von der Leidenschaft bestimmt, als zu wechselhaft und bar der Kohärenz und Rationalität. Die Frauen haben immer Ratschläge parat, wenn es darum geht, eine Augenblicksentscheidung von geringer Tragweite zu treffen, aber ihre Ratschläge müssen mit großer Vorsicht abgewogen werden, wenn es gilt, Entscheidungen von großer Bedeutung und Tragweite zu treffen. Darüber hinaus werden die Familien wegen der Unfähigkeit der Frauen, Geheimnisse für sich zu behalten, dazu angehalten, so wenig, wie es die Intimität des Hauses nur zuläßt, über vertrauliche Dinge zu sprechen.[61] In den meisten Fällen wird der Widerspruch zwischen der moralischen Rolle, die den Frauen zugestanden wird, und dem Mißtrauen ihren sprachlichen Tugenden gegenüber dergestalt gelöst, daß sie nicht mit Reden, sondern durch ihr Verhalten vorbildlich wirken sollen.

Auch die Beziehung der Frauen zum geschriebenen Wort wird mit Mißtrauen bedacht. »Die Frau soll weder lesen noch schreiben lernen, es sei denn, sie würde Nonne, weil den Frauen aus dem Lesen und dem Schreiben nur Böses erwachsen ist.«[62] Diese drastische Position von Filippo da Novara wird beispielsweise von dem florentinischen Kaufmann Paolo da Certaldo[63] geteilt. Nur zum Teil abgeschwächt findet sie sich auch bei Vinzenz von Beauvais, Guglielmo Peraldo, Francesco da Barberino und Aegidius Romanus, die den Zugang zur Schrift und zur Lektüre nicht auf die Nonnen begrenzen, sondern auch den Frauen adliger Herkunft zugestehen.[64] Erst später wird auch breiteren Schichten von Frauen, wenn schon nicht das Schreiben, so doch wenigstens das Lesen zugestanden.[65] Aber die geschriebenen Worte, die die Frauen lesen, auswendig lernen und in der Stille ihrer Häuser aufsagen dürfen, stammen aus der religiösen Erbauungsliteratur und nicht aus den lästerlichen Büchern der Dichter und Poeten, aber auch nicht aus den heimlichen Briefen der Geliebten. In den Texten der Prediger und Moralisten entsteht das Bild einer Lektüre für Frauen, die sich als ein weiteres großartiges Instrument der Aufsicht entpuppt und dazu dient, die Religiosität anzuheben, den Müßiggang zu bekämpfen und die Versuchungen fernzuhalten: »Es ist hilfreich, die Frauen im Lesen zu unterrichten«, schreibt Vinzenz von Beauvais, »damit sie durch die ausdauernde Beschäftigung mit dieser Aufgabe die bösen Gedanken vertreiben und sich vor der Wollust des Fleisches und den Eitelkeiten der Welt zu schützen verstehen.«[66]

Wenige und gemessene Worte durchbrechen also das Schweigen, das die Idealfrau der Prediger und Moralisten einhüllt: Unterwürfig fragt sie, gehorsam antwortet sie dem Ehemann und den Eltern, wenige wohlüberlegte Ratschläge und die eine oder andere maßvolle Ermahnung richtet sie an die Familienangehörigen und die Dienerschaft, und sie liest immer wieder und mit großer Ausdauer die heiligen Texte. Und ab und zu beichtet sie, in den Zeiträumen und in der Art und Weise, wie es die Kirche vorschreibt, ihre Sünden. Dabei soll sie sich ihren Beichtvater sorgfältig aussuchen und jede Selbstgefälligkeit beim Erzählen ihrer sündigen Handlungen vermeiden. Aber mehr noch als die Beichte, auf deren Notwendigkeit insbesondere die Pastoralliteratur des 15. Jahrhunderts insistiert, während sie in den Texten des 13. Jahrhunderts nur sporadisch erwähnt wird, soll das Gebet die Münder und Herzen der Frauen erfüllen. Erst in den späteren Texten finden wir detaillierte Angaben über

Zahl und Typ der zu festgelegten Zeiten und an bestimmten Orten zu sprechenden Gebete. Die Bedeutung des Gebets wird auch von der Literatur der früheren Jahrhunderte vielfach herausgestrichen. Die Frau vermag sich durch das Gebet von den Versuchungen der Welt fernzuhalten, ihr Leben in eine besondere Beziehung zu Gott zu setzen und über sich und ihre Tugend zu wachen. Die Worte des Gebets, ob sie nun laut gesprochen oder nur gemurmelt werden, füllen den durch die *taciturnitas* frei gemachten Raum des Schweigens und folgen den Frauen überall hin, in die Kirche, die Häuser und die Klöster. Sie tragen in jedem Moment, bei einer religiösen Zeremonie wie bei den Hausarbeiten, in den Momenten der Erholung wie des Müßiggangs, dazu bei, ihre Tugend zu bewahren.

Keuschheit, Bescheidenheit, Mäßigung, Schlichtheit, Schweigen, Tüchtigkeit, Barmherzigkeit und Zurückhaltung: Jahrhunderte hindurch haben sich Frauen diese Wörter vorsagen lassen müssen. Sie haben sie von den Predigern in den Kirchen gehört, von ihren Familien zuhause, sie fanden sie in den Büchern, die für sie geschrieben wurden. Im Laufe der Zeit änderten sich die Frauen, die diese Wörter hörten: Königinnen, Nonnen, reiche Bürgersfrauen, arme Bäuerinnen, Dienstmägde, Mütter von Familien, junge Mädchen. Auch die Männer, die diese Wörter aussprachen, änderten sich: Prediger, Philosophen, Theologen, Höflinge, gebildete Laien. Selbst die Art und Weise, wie zu den Frauen gesprochen wurde, änderte sich: Zuweilen bevorzugte man das gesprochene, zuweilen das geschriebene Wort; manchmal wählte man einen drohenden und befehlenden Ton, manchmal wollte man überzeugen und raten. Aber in der Substanz blieben die Wörter gleich: Ihre dauerhafte Präsenz im Lexikon der pastoralen und didaktischen Literatur vom Ende des 12. bis ins 15. Jahrhundert hinein bezeugt die Dauerhaftigkeit des Frauenideals, um das sie sich ranken. Dieses Ideal gründete sich auf die Autorität der Tradition, wurde durch die Exegese der Heiligen Schrift gerechtfertigt und durch die wiederentdeckten Schriften des Aristoteles bestätigt. Dieses Ideal entsprach sowohl den Anforderungen der Kirchenmänner wie den Bedürfnissen der Laien. Die Frauen wurden in Häusern und Klöstern beaufsichtigt, ihre Bewegungen, ihr Auftreten und Sprechen, ihre Kleidung, Fruchtbarkeit und Religiosität wurden kontrolliert. Die Frauen sollten sowohl für die ewige Erlösung vorbereitet werden als auch in dieser Welt die Ehre und Fortpflanzung der Familie sicherstellen; solchermaßen konnten sie vor der Kirche ebenso Gnade finden, wie in den Augen von Ehemännern und Vätern. Prediger und Moralisten entwickelten eine Skala der Tugendhaftigkeit und Sittsamkeit, die von der tüchtigen Hausfrau bis zur keuschen und frommen Nonne reichte. Die ideale Frau war jedenfalls die unter Aufsicht gestellte Frau – ob im Haus oder im Kloster.

Die Ehefrau und die Mutter sollte indes das Ideal der beaufsichtigten Frau vor unerwartete Probleme stellen: Dieser Frau, die sich um Haus und Familie kümmern sollte, die dem Manne gefallen und die Kinder gebären und großziehen sollte, konnte man nicht einfach das simple Bild der weltflüchtigen, keuschen und immerfort betenden Nonne vor Augen halten. Deshalb mußten die Prediger und Moralisten große theoretische und rhetorische Anstrengungen unternehmen, um auch die verheiratete Frau durch das Modell der beaufsichtigten Frau zu erfassen.

Aus dem Italienischen von Ulrich Hausmann

4

DIE GUTE GATTIN

Silvana Vecchio

U nd zu seiner Tocher sagte er: Halte deine Schwiegereltern in Ehren; von jetzt an sind sie deine Eltern. Ich möchte immer nur Gutes von dir hören. Und er küßte sie.« (*Tob* 10, 12) Unter den vielen Frauengestalten der Heiligen Schrift haben die Priester im 13. Jahrhundert eine besondere Vorliebe für Sarah entwickelt, eine Randfigur der Heiligen Schrift. Bis dahin war sie weitgehend unbekannt geblieben. Sieben Mal hatte ihr der »böse Geist« den Ehemann noch in der Hochzeitsnacht geraubt, nun wagte sich Sarah erst nach drei Tagen und drei Nächten voller Gebete und mit den allerfrömmsten Vorsätzen an eine erneute Heirat. In den Augen der Kirchenmänner verkörperte Sarah bald diese, bald jene Tugend, die man von einer guten Ehefrau erwartete: Gehorsam, Keuschheit, Demut. Die Aufzählung ihrer Pflichten, die die Eltern Sarah vor jeder Hochzeit vorhielten, erlaubte es, einen Katalog der vielfältigen Aufgaben der Ehefrau innerhalb der Familie aufzustellen.

SARAH

Der Pariser Gelehrte Robert de Sorbon († 1274) zeigt anhand des Paares Tobias-Sarah die Heiligkeit der ehelichen Bindung.[1] Gilbert de Tournai, Jacobus de Voragine, Guglielmo Peraldo, Vinzenz von Beauvais und Paolino Minorita konstruieren um die Gestalt von Sarah herum einen ausgefeilten Katalog von Verhaltensregeln für die verheiratete Frau.[2] Durand de Champagne präsentiert sie als vollkommenes Beispiel einer keuschen Ehefrau, die zugleich Herrin in den eigenen vier Wänden ist.[3] Wegen ihrer Rolle als rücksichtsvolle Schwiegertochter, treue Gattin, aufmerksame Mutter und weitsichtige Hausherrin, kurz: als perfekte Frau, ist Sarah zum Vorbild geworden. Sie verkörpert gleichsam das Geflecht von Pflichten, als das die Kirchenmänner das Leben der verheirateten Frauen konzipierten und beschrieben.

Seitdem die Gelehrten zu Beginn des 13. Jahrhunderts ihre Aufmerksamkeit verstärkt den Frauen zuwandten, nahmen die Ehefrauen zweifelsfrei einen wichtigen Platz ein: In der Stufenleiter der Vollkommenheit stehen sie zwar am Ende, aber sie spielen doch eine zentrale Rolle in dem sozialen Modell, das die Kleriker ausarbeiten. Genau genommen sind sie sogar das dynamischste Element des gesamten Systems. Hirtenbriefe für die Ehefrauen implizieren die Notwendigkeit, zugleich auch die traditionellen sozialen Schemata den gewandelten Bedürfnissen der Gesellschaft anzupassen. Die Familie stand bereits zwei Jahrhunderte im Mittelpunkt einer Auseinandersetzung zwischen Kirche und Laien.[4] Die Erhebung der Ehe zum heiligen Sakrament bezeichnet nicht nur das Ende einer langen theologischen Debatte, sondern zugleich den Triumph des kirchlichen Modells. Nun ist es die Aufgabe der Predigten und Hirtenbriefe, unter Aufbietung aller Feinheiten theologischer Sophistik die neue Ehedoktrin zu verbreiten und zu popularisieren. Und gleichzeitig muß auf diesem Wege eine Pädagogik und Moral der Familie entworfen werden, die dem Gewicht der Entscheidung für die Ehe Rechnung trägt.

Von der Polemik gegen die Ehe, die sich im 12. Jahrhundert auf das *Adversus Jovinianum* des heiligen Hieronymus stützte, um die Probleme des ehelichen Zusammenlebens zu beschreiben[5], bleibt in den Texten des 13. Jahrhunderts nur wenig übrig. Der neue Ausgangspunkt der nun propagierten Ehemoral ist das Lob der Ehe. Direkt von Gott im irdischen Paradies eingesetzt, wird die Heiligkeit der Ehe durch Christus, die Heilige Jungfrau und die Apostel bei der Hochzeit von Kanaan und das erste Wunder dort belegt; schließlich war auch die Mutter Jesu verheiratet. Die Ehe hat eine dreifache Funktion zu erfüllen: die Erzeugung des Nachwuchses, die Vermeidung von Unzucht und die Gewährleistung der Gnade durch das heilige Sakrament.

Bei der Suche nach einem Verhaltensmodell für das Ehepaar bezieht die theologisch-pastorale Literatur das gesamte biblische und patristische Repertoire mit ein. Wieder und wieder werden die Seiten der *Genesis* gelesen, die die Erschaffung von Adam und Eva und ihre Verbannung nach dem Sündenfall beschreiben. Das Wort Gottes begründet das unterschiedliche Schicksal von Mann und Frau. Die Lehren des Apostels Pau-

lus werden hervorgeholt, um die Unterordnung der Frau unter den Mann
zu rechtfertigen. Man entdeckt die Gestalten heiliger und treuer Frauen
aus dem Alten Testament (Rebekka, Leah und Rachel) wieder; zu ihnen
gesellen sich für heilig angesehene Ehefrauen des Frühchristentums
(Cäcilia und Agnes). Vor allen anderen aber steht das unvergleichliche
Idealbild der Jungfrau Maria, der vollkommenen Mutter und Ehefrau. Zu
den Texten der Heiligen Schrift gesellen sich seit Mitte des 13. Jahrhunderts mehr und mehr die Texte des Aristoteles. Die *Nikomachische Ethik*
liefert die Grundlage für eine Definition der Ehebeziehung, die über
bloße »Naturgegebenheiten« hinaus in den Bereich sozialer Verpflichtung
und Übereinkunft vorstößt. Die *Politik* weist der Familie einen Platz
innerhalb der staatlichen Gemeinschaft zu und analysiert die unterschiedlichen Beziehungen, die sich um die Zentralfigur des Familienoberhauptes ranken, während die pseudo-aristotelische *Ökonomik*, die
gegen Ende des Jahrhunderts übersetzt worden war, den häuslichen
Raum als den Ort der Frau genauer beschreibt und die Aufgaben der
Frau vor allem innerhalb des Hauses festlegt. Besonders sie gibt die
Grundlage ab für eine Lehre von der richtigen Verwaltung des Hauses,
die dann oft in den einzelnen Schritten dem biblischen Vorbild folgt:
Jahrzehntelang bilden Ehemann, Kinder, Diener und Hausstand die
wesentlichen Bezugspunkte für den Kodex der Verhaltensnormen,
denen die verheiratete Frau zu folgen hat. Noch im Ausgang des Mittelalters verkörpert Sarah bei Francesco Eiximenis, Dionysius dem Kartäuser und Cherubino da Siena das Frauenideal.[6] Das zeigt, in welchem
Maße eine Tradition lebendig geblieben war, der selbst die humanistischen Schriften kein gleichwertiges Ideal entgegenzusetzen vermochten.

Die Schwiegereltern ehren

Die erste Pflicht, an die man Sarah gemahnt, ist die, ihre Schwiegereltern
in Ehren zu halten. Die Schwiegereltern in Ehren zu halten, bedeutet, wie
Gilbert de Tournai erklärt,[7] ihnen ehrerbietig gegenüberzutreten in Worten und in Taten. Das heißt: Gehorsam und konkrete Hilfeleistungen
dann, wenn es nottut. Ehrerbietung, Freundlichkeit, Hilfsbereitschaft, das
sind Formen des Respekts, die auch das vierte Gebot (»Du sollst Deinen
Vater und Deine Mutter ehren . . .«) im Verhältnis zu den Eltern impliziert.
Die Schwiegereltern ehren bedeutet also, den Eltern des Ehemannes dieselbe Aufmerksamkeit zu erweisen wie den eigenen. Mithin werden die
neuen Verbindungen, die durch den Ehevertrag entstehen, mit den alten
Blutsbanden auf eine Stufe gestellt. Es ist kein Zufall, wenn Jacobus de
Voragine die Etymologie des Isidor von Sevilla wieder aufgreift, der
meinte, daß der Begriff Schwiegervater (*socer*) von ›verbinden‹ (*sociare*:

socer a sociando) kommt, denn damit werde die besondere Form der Familienbildung angezeigt, durch die die Braut des Sohnes in die neue Familie aufgenommen wird.[8] Auch in der *Ökonomik* findet sich das Thema des Respekts für die Schwiegereltern. Die Kommentatoren gelangen zu ähnlichen Reflexionen über die Verwandtschaftsbande, die die Heirat konstituiert: Für Nicole Oresme legt die eheliche Liebe der Verheirateten beiden Partnern den Respekt und die Sorge für die Schwiegereltern als Pflicht auf, deren Vorbild zumindest den äußeren Formen, wenn auch nicht den affektiven Bindungen nach die Pflichten gegenüber den leiblichen Eltern sind.[9]

Das gilt für beide Eheleute. Den Hauptteil der moralischen Bürde jedoch trägt die Ehefrau, die in die Familie des Gatten aufgenommen wird. Die Festigkeit der Ehe wird zu einem sozialen Anliegen, denn in der Tat knüpft sie nicht nur ein Band zwischen den beiden Brautleuten, sondern auch zwischen zwei Familien. Die Heirat führt zur Bildung eines ganzen Netzes von Verwandtschaftsbeziehungen und Allianzen, das den sozialen und politischen Kontext der Gemeinschaft verändern kann. Die politische Funktion der Ehe wurde ideologisch immer hochgehalten: Guglielmo Peraldo, Vinzenz von Beauvais und Aegidius Romanus erinnern oft daran, daß die Ehe den Frieden bewahren hilft, den Streit eindämmt und Bündnisse festigt. Im Zusammentreffen zweier, nicht selten im Konflikt lebender Familiengruppen kann die Ehe der Angelpunkt einer Strategie sein, die darauf abzielt, Freundschaften zu erweitern und ein Netz von Allianzen innerhalb einer Bürgerschaft zu entwickeln, was sich für den sozialen Frieden segensreich auswirkt.

Unter diesem Blickwinkel kommt der Hochzeitsfeier eine unmittelbar soziale und nicht nur eine religiöse Bedeutung zu: Die Stigmatisierung der heimlichen Heiraten, die sich in der kanonischen Literatur häufig findet, zielt unter anderem darauf ab, die Öffentlichkeit der Zeremonie und damit auch die soziale Kontrolle über die Heiratsstrategien sicherzustellen. In den Augen eines so aufmerksamen Predigers wie Humbertus de Romanis erfüllt das Hochzeitsessen die Aufgabe, zwei Familien zu verbinden und die neue Allianz auch nach außen sichtbar zu machen.[10]

Das Thema der Eintracht taucht mit großen Nachdruck in den Traktaten und Predigten zwischen dem 13. und dem 15. Jahrhundert wieder auf. Die soziale Eintracht wird durch stabile Ehen und Familien garantiert. Albert von Sachsen bemerkt in seinem Kommentar zur *Ökonomik* hellsichtig, daß Eintracht und Zwietracht der Ehepartner sich in den Beziehungen ihrer Freunde widerspiegeln, während gute Beziehungen zu Freunden und Verwandten wiederum die familiären Bande festigen.[11] Praktisch trägt aber die Frau die alleinige Verantwortung für den Ehefrieden, der sich, wie wir noch sehen werden, vor allem durch ihre Unterordnung unter den Ehegatten herstellt, und sie hat auch die Aufgabe, die guten Beziehungen zu den Schwiegereltern und den Verwandten des Gatten sicherzustellen. Der Definition nach ist die Frau schwach, und ihrer Sensibilität wegen mutet man ihr zu, die Gemüter zu beschwichtigen und die Konflikte in der Familie und außerhalb zu besänftigen. Ihre Rolle als Schlichterin scheint mehr an ihre Sanftmut und an die Fähigkeit zur Unterordnung als an spezifische positive Eigenschaften und besondere Fähigkeiten zur Vermittlung geknüpft zu sein. Nur Christine de Pizan sieht die Rolle der Frau als Schlichterin weniger passiv, sie würdigt sie auch als Handelnde außerhalb der eigenen vier Wände. Der Frau des Fürsten, deren soziale Rolle stets zum Vorbild für alle Frauen stilisiert wird, gebührt nicht nur die Aufgabe, die guten Beziehungen zu den Verwandten des Mannes aufrechtzuerhalten, indem sie ihnen Liebe und Ehrerbietung entgegenbringt und sie anderen gegenüber in Schutz nimmt, sondern sie hat auch die politische Aufgabe, den Frieden am Hofe und sogar im Staate zu garantieren und zu bewahren.[12]

Den Ehegatten lieben

Definitionsgemäß ist der Ehemann der Mittelpunkt im Leben der verheirateten Frau. Er ist nicht nur Ziel und Nutznießer einer ganzen Reihe spezifischer Verhaltensweisen und Einstellungen der Frau, sondern er ist auch Dreh- und Angelpunkt der gesamten Werteordnung, die den Verheirateten vorgeschrieben wird. Zu Frauen und von Frauen zu sprechen bedeutet unweigerlich auch, zu und von Männern zu sprechen, das Augenmerk auf eine ganze Reihe wechselseitiger Pflichten und spezifischer Aufgaben der Eheleute zu richten,.

Die Frauen haben den Ehemann vor allem zu lieben. Fast immer beginnt die Aufzählung der Pflichten der Ehegattin gegenüber ihrem Mann mit dem Loblied auf die Liebe (dilectio) – und manchmal erschöpft sie sich sogar darin. Doch die eheliche Liebe bedarf einiger Erläuterungen. Gilbert de Tournai, der seine pastorale Rhetorik mit subtiler Psychologie würzt, unterscheidet zwei Arten von Liebe:[13] Die erste ist die fleischliche Liebe, ihre Triebfeder ist Wollust, ungebändigt treibt sie zum Übermaß: moralisch steht sie auf einer Stufe mit dem Ehebruch, jedenfalls hat sie dieselben schlechten Wirkungen: Hemmungslosigkeit, Eifersucht und Wahnsinn. Dagegen gilt Gilbert die wahre, eheliche Liebe als soziale Tugend, weil sie unter den Eheleuten eine gleichberechtigte Beziehung herstellt. Diese Liebe ist im Bericht der Genesis von der Schöpfung der Frau gemeint, die, geschaffen aus der Rippe des Mannes, ihm eine Gefährtin sein soll (socia). Die fatale Rippe wird in der Pastoralliteratur häufig eingesetzt, um die Unterlegenheit der Frau zu begründen; andererseits ist man umgekehrt öfters bemüht, in ihr eine Andeutung der

Gleichheit und Reziprozität der ehelichen Beziehung zu sehen. Gilbert jedenfalls entwirft ein recht idyllisches Bild des gemeinsamen Lebens, wo die wechselseitige Liebe Gewähr für heitere Gelassenheit, Aufrichtigkeit und Frieden im Haushalt bietet und mit Treue und gegenseitiger Unterstützung, ja, schließlich sogar mit Erlösung belohnt wird. Peraldo zählt sechzehn Gründe auf, die die eheliche Liebe rechtfertigen, wobei er neben den bekannten biblischen Argumenten auch beeindruckende Bilder aufführt.[14] Eines vergleicht die Ehe mit der Veredelung eines Baumes durch einen aufgepfropften Zweig; ein anderes macht den Ehering, der auf dem Finger steckt, durch den die Ader zum Herzen führt, zum Symbol der Liebe, die zwischen den Eheleuten fließen soll.

Gleichheit oder Unterordnung?

Dieser Betonung der ehelichen Liebe auch seitens der Theologen stehen die häufigen Hinweise auf die Unterordnung der Frau gegenüber. Jacobus de Voragine ist es vielleicht am besten gelungen, dieses Ungleichgewicht in genaue Begriffe zu fassen. Am Sinn der Liebe und Fürsorge der Ehepartner läßt er keinen Zweifel; er ist Teil des Heilsplans. Dennoch sollte der Mann die vollkommene Liebe der Frau nur in Maßen *(discretus)* erwidern. Die Frau liebt vollkommen, wenn ihr Gefühl sie blind für die Wahrheit macht und sie deshalb meint, »daß niemand klüger, stärker und schöner sei als ihr Mann«; sie findet Gefallen an allem, was ihn umgibt, sie findet alles, was er tut oder sagt, gut und gerecht.[15] Diese Blindheit und dieser Mangel an Maß sind dem Mann dagegen verboten: Seine Liebe darf niemals allzu glühend sein, sie sollte immer gemäßigt und beherrscht sein. Jacobus bezieht sich dabei auf eine Stelle bei Hieronymus, wo dieser die exzessive Liebe zur Ehefrau mit Ehebruch gleichsetzt; er reiht sich damit in einen vielstimmigen Chor ein, der von Guglielmo Peraldo über Aegidius Romanus bis hin zu Filippo da Novara und Vinzenz von Beauvais reicht. Sie alle stimmen darin überein, daß die Liebe des Mannes durch Mäßigung gezügelt sein muß und nicht vom Affekt beherrscht sein darf. Eifersucht, Leidenschaftlichkeit und im äußersten Falle Wahnsinn sind die Folge der hemmungslosen Liebe zur Ehefrau, als ihre Symbolfiguren gelten Herodes, der seine überschwenglich geliebte Frau Marianna umbringt, und Adam, der die Gebote des Herrn mißachtet und die ganze Menschheit in die Erbsünde stürzt, nur um Eva nicht traurig zu machen.[16]

Der Versuch, das eheliche Ungleichgewicht zu begründen, stützt sich immer wieder auf die Lehre des Aristoteles von der Ehe als einer Freundschaftsbeziehung unter Ungleichen. Die eheliche Freundschaft, so merken Albertus Magnus und Thomas von Aquin an, gründet sich auf

Gerechtigkeit und muß daher die unterschiedlichen Grade an Tugend der beiden Ehegatten zum Ausdruck bringen. Der Ehemann verdient ein größeres Maß an Liebe, weil er als Mann durch ein größeres Maß an Intelligenz ausgezeichnet ist, die minder begabte Ehefrau hat sich mit einem geringeren Quantum an Zuneigung zu bescheiden.[17] Johannes Buridanus geht so weit zu behaupten, daß »der Mann mehr als die Frau und aus einer edleren Liebe heraus liebt, insofern sein Verhältnis zur Gattin vergleichbar ist dem Verhältnis zwischen Vorgesetzten und Untergebenen, zwischen dem Vollkommenen und dem Unvollkommenen, zwischen dem Wohltäter und demjenigen, dem eine Wohltat widerfährt. Der Mann gibt der Frau den Nachwuchs und die Frau empfängt ihn vom Manne«.[18]

Die Frau wird durch diese Anforderungen in eine paradoxe Lage verstrickt: Ihren Mann zu lieben, ihre oberste Pflicht als Ehefrau, erweist sich zugleich als eine unerfüllbare Aufgabe und als Zeichen ihrer Unterlegenheit. Die von der Sinnlichkeit beherrschte Frau ist, anders als der Mann, unfähig zur Kontrolle ihrer Gefühle. Sie soll sich einerseits dem vom Mann verkörperten Ideal der vernunftgemäßen Liebe annähern, ist aber andererseits durch ihre Natur dazu völlig unfähig. Obendrein wird ihr noch die Verantwortung für den Bestand der ehelichen Bande aufgebürdet. Sie hat dem Mann für seine Triebabfuhr dienstbar zu sein, um mit dieser Liebe den heiligen Zweck der Ehe zu erfüllen. Aber sie soll ihrer liebenden Zuwendung auch Grenzen stecken, um im Ehemann keine sündhafte Begehrlichkeit zu wecken. Kurz, sie soll maßlos lieben, dem Ehegatten jedoch jene Mäßigung aufzwingen, die sie selbst ihren Gefühlen nicht auferlegen darf.

Wenn die Frau unfähig ist, die eigene Gefühlswelt vernunftgemäß zu steuern, kann und muß ihr Ehemann ihr vernünftige Ziele und Zwecke verordnen; von der Frau wird nichts weiter verlangt als stumme Ehrerbietung und vollkommener Gehorsam. In der Exegese von Guglielmo Peraldo und Vinzenz von Beauvais wird die Liebe zum Ehegatten zur Pflicht der freiwilligen Unterordnung; während sich andererseits die paradiesische Gleichheit der *Genesis* mit dem Hinweis auf die Erbsünde in eine fast knechtische Unterwerfung verkehrt. Das Lob des Gehorsams durchzieht alle Vorschriften für Ehefrauen, und es findet sich an den unmöglichsten Stellen. Die aristotelisch inspirierten Texte versäumen es nie, darauf hinzuweisen, daß die Einmütigkeit zwischen den Ehegatten nicht als Resultat eines gemeinsamen Wollens zu verstehen sei, sondern als Ergebnis eines wohlgeordneten Regimes, in dem der Ehemann regiert und die Frau gehorcht. Selbst Christine de Pizan erachtet Bescheidenheit und Gehorsam als einen, wenn auch nicht den einzigen, Bestandteil der Liebe zum Ehemann.[19] Nicht zufällig wird der Gehorsam in einem Traktat für Ehefrauen besonders betont, der von einem verheirateten Mann verfaßt wurde, dem sogenannten *Ménagier de Paris.*[20] Hier fallen Liebe und Gehorsam schlicht zusammen, was zur absoluten Unterwerfung der Frau unter den Willen des Mannes bis hin zum Entzug der Verantwortung auch in moralischen Fragen führt. Die langen Lobreden auf den ehelichen Gehorsam bedienen sich eines reichen Repertoires an Beispielen von der Heiligen Schrift bis zur Tierwelt. Trauriger Höhepunkt ist die Geschichte der Griseldis, die von Boccaccio in sein *Decamerone* aufgenommen wurde.

Eheliche Pflicht und Treue

Die eheliche Sexualität, der im übrigen keine tragende Rolle für die Ehe zuerkannt wird, scheint noch ein letztes Refugium der Gleichheit und Gegenseitigkeit darzustellen, da sie von den Theologen als Bollwerk gegen die sündhafte Promiskuität gerechtfertigt wird. Die eheliche Pflicht stellt für den Mann wie für die Frau einen ebenbürtigen Austausch dar: jeder der beiden Partner hat dieselben Möglichkeiten, zu fordern (um die Sünde zu vermeiden), und dieselben Rechte, zurückzuweisen (wenn die Bedingungen legitim sind). Die umfangreiche Debatte, die sich um die eheliche Pflicht seit Beginn des 13. Jahrhunderts entwickelt und die in den Pastoraltexten vor allem des 15. Jahrhunderts wieder aufscheint, hat die Aufgabe, Natur und Grenzen der Sexualität zu definieren. Die traditionellen Bußtexte legten sehr genau Orte und Zeiten für sexuelle Betätigungen fest; die neuen Ehelehren erlauben Sexualität einzig und allein zur Zeugung von Nachwuchs, der dann im Geiste der Religion zu erziehen ist, und zur Vermeidung der Promiskuität. Die Kontrolle der Sexualität soll durch die eheliche Keuschheit sichergestellt werden. Für diejenigen, die nicht völlig auf Sexualität verzichten können, wie eben die Eheleute, bedeutet Keuschheit, ihre Sexualität streng innerhalb der durch die Ehelehren vorgeschriebenen Grenzen auszuüben. Kraft des Sakraments, so Jacques de Vitry, wiederholt sich fortwährend das Wunder von Kanaan, das das Wasser der Sünde in den kostbaren Wein der Tugend verwandelt bis hin zu dem Punkt, »an dem die Tugend, die vor der Ehe Jungfräulichkeit hieß, nicht verloren geht, sondern bewahrt wird und bei den Eheleuten den Namen eheliche Keuschheit annimmt«.[21] Die Wechselseitigkeit der ehelichen Pflicht impliziert zumindest vom Prinzip her Einigkeit in allen Entscheidungen, die die Sexualität betreffen.

Der wechselseitige Besitz der Körper impliziert aber auch die Ausschließlichkeit der Beziehung und folglich auch die gegenseitige Treue. Dies ist eine unverzichtbare Bedingung der Ehe. Neben der Gnade des Sakraments und dem Geschenk des Nachwuchses ist die Treue ein zentrales Gut der Ehe, und sie wird in der theologischen Literatur einhellig als wechselseitige Verpflichtung der Eheleute dargestellt. Dennoch finden sich bei aller Einhelligkeit in den Predigten Anzeichen einiger Unstimmigkeiten: Gilbert de Tournai besteht ausdrücklich auf der Wechselseitigkeit der Verpflichtung, versäumt aber nicht, daran zu erinnern, daß zu Unrecht viele Ehemänner glauben, sie seien weniger zur Treue verpflichtet als ihre Ehefrauen. [22] Jacobus de Voragine bezeichnet die Treue als gegenseitige Verpflichtung der Brautleute, aber er erkennt an, daß die Frau »die Treue besser einhält als der Mann«, denn vier Wachen erinnern sie daran: »die Gottesfurcht, die Aufsicht durch den Ehemann, die Scham vor den Leuten, die Furcht vor dem Gesetz«. [23] Nur die erste bindet auch den Mann. Daß die Treue, die doch beiden Eheleuten auferlegt ist, für die Frauen bindender zu sein scheint, wird in den aristotelisch beeinflußten Texten und in der moraltheologischen Literatur, die sich mit dem Ehebruch befaßt, noch deutlicher spürbar. Aegidius Romanus formuliert das Problem grundsätzlich. Daß die Frau sich nur an einen Mann binden kann, leitet sich nicht nur aus der allgemeinen und bewährten Praxis ab, sondern auch aus einer Reihe von vernunftgemäßen Gründen: Die Beziehung mit mehr als einem Mann untergräbt die natürliche Unterordnung der Ehefrau unter den Mann und stört den häuslichen Frieden. Vor allem schadet sie den Nachkommen. Einerseits stören häufig wechselnde Beziehungen »die Zeugung des Nachwuchses, wie man bei den Huren sehen kann, die unfruchtbarer sind als andere Frauen«. Andererseits verhindert die sexuelle Promiskuität wie alles, »was die Gewißheit der Vaterschaft verdunkelt, daß die Väter alles unternehmen, den Kindern Erbe und Nahrung zuteil werden zu lassen«. [24]

Der Segen des Nachwuchses gerät auf diese Weise ins Zentrum des Diskurses, der die Beziehungen zwischen Mann und Frau regelt. Die Fortpflanzung wird von einem Element, das die Ehe begründet, zum Schlüsselbegriff für die Ethik der Ehe. Schamhaftigkeit, Keuschheit und Treue der Frau sollen für Aegidius dem Mann ein Höchstmaß an Garantien für die legale Vaterschaft gewähren, die ihm die Natur nicht geben kann. Alle anderen weiblichen Tugenden beziehen sich in der einen oder anderen Weise auf diese Notwendigkeit der Sicherheit. Abstinenz und Nüchternheit mäßigen den natürlichen Hang der Frau zur Ausschweifung, Schweigsamkeit und Beständigkeit beruhigen den Mann hinsichtlich ihres Lebenswandels. Mit Aegidius erkennen alle Aristoteleskommentatoren, von Thomas von Aquin bis Albert von Sachsen, von Oresme bis Buridanus in der Treue der Frau die einzige Garantie für die Legitimität der Nachkommenschaft. In der Kontrolle des Mannes über den Körper der Frau sehen sie das einzige Instrument, das die Zweifel an der Vaterschaft beseitigen kann. [25] So wird die Treue am Ende zu einer rein weiblichen Tugend, da sie nicht mehr als eine auf Gegenseitigkeit fußende Tugend angesehen wird.

Nur diese Annahme kann den scheinbaren Widerspruch erklären, in dem sich die Bewertung des Ehebruchs bewegt. Die größere moralische Verantwortung des Mannes verpflichtet ihn zu einer tugendhafteren Lebensführung und trägt ihm im Vergehensfalle ein um so größeres Schuldgefühl ein. Auf der anderen Seite sind die Konsequenzen des Ehebruchs der Frauen mit Sicherheit schwerwiegender: Die Spannbreite der Schuld reicht von der Ausschweifung bis zum Verrat, vom Sakrileg bis zum Betrug. Den ehelichen wie den nichtehelichen Kindern wird schwerer Schaden zugefügt, denn ersteren wird die Erbschaft geschmälert, während letztere aufgrund ihrer unsicheren Herkunft von Vaterseite dem Risiko des Inzestes ausgesetzt sind. Die Debatten darüber, wie man sich der ehebrecherischen Frau gegenüber zu verhalten habe (Vergebung, Bestrafung, Verstoßung bis hin zur Todesstrafe), die die kanonische und die Bußliteratur vom 12. Jahrhundert an beherrschten, bewirken nichts anderes, als die ungleiche Bewertung des Ehebruchs des Mannes und der Frau zu unterstreichen. Sie bekräftigen den Eindruck, die Verpflichtung zur Treue gelte praktisch nur für die Frauen. Die Frau bedarf um so mehr der Aufsicht, da jetzt eine neue Ideologie der Ehe die Fortpflanzung und die ehelichen Kinder in den Mittelpunkt rückt. Die Aufsicht über den weiblichen Körper dient nicht mehr Gott, sondern dem Mann. Sie ist oberstes Gebot auch bei verheirateten Frauen.

Die häusliche Seelsorgerin

In der *Summa Confessorum* von Thomas Chobham (1215) taucht eine einzigartige Form der Buße auf, die der Beichtvater verheirateten Frauen auferlegen kann: Die Frauen müssen zu »Predigerinnen ihren Männern gegenüber werden«. Jede Ehefrau soll »im Schlafzimmer, wenn sie in den Armen ihres Mannes liegt, sanft zu ihm sprechen; ist er grausam und gnadenlos und ein Unterdrücker der Armen, dann soll sie ihn zum Mitleid auffordern; ist er ein Räuber, dann soll sie seine Raubzüge beklagen; ist er ein Geizhals, dann soll sie ihn drängen, freigebig zu sein und heimlich Almosen zu geben für das allgemeine Wohlergehen«.[26] Dieser Aufgabe, der eine Wirkung zugeschrieben wird, die kein Priester je würde erreichen können und die besonders den Frauen der Wucherer anempfohlen wird, bezeugt keine geringe Achtung vor der Redegabe der Frauen, die dadurch in der Ehe das christliche Heilswerk fördern können. Der Vorschlag von Chobham findet ein Jahrhundert später eine ebenso außergewöhnliche Entsprechung in dem Vorschlag von Pierre Dubois († 1321), christliche Frauen als Missionarinnen einzusetzen, indem man – nach entsprechender Indoktrinierung selbstverständlich – Ehen mit Ungläubigen fördert und auf die Überredungskraft der Frauen setzt, um die Männer zu bekehren.[27] Die Vorschläge von Thomas Chobham und Pierre Dubois stellen die wörtliche Ausdeutung eines Verses von Paulus dar, demzufolge der »ungläubige Mann« durch die gläubige Frau »geheiligt« werden kann (1 *Kor* 7, 14). Mit etwas weniger Pathos haben im übrigen durch die Jahrhunderte hindurch Prediger und Moralisten wiederholt, daß die Frau eine Hilfe für die Erlösung des Mannes sein kann. Ihr Vorbild war die heilige Cäcilia, die durch Überredungskunst, durch Gebete und durch das gute Beispiel am Ende ihren ungläubigen und perversen Mann zu bekehren vermochte. In diesem Zusammenhang wurde die typische »Weichheit« der Frau, die ein charakteristischer Zug ihrer Unterlegenheit war, zu jenem Element, auf das man setzen konnte, wenn es galt, einen allzu hartherzigen Mann zu beeinflussen.

Doch wurde innerhalb eines ideologischen Systems, das die vollständige Unterordnung der Frau unter den Mann vorsah, die Möglichkeit, den Ehefrauen die moralische Verantwortung für die Lebensführung des Mannes zu übertragen, nur flüchtig gestreift. Die Figur der Cäcilia wurde in der Reihe der verheirateten Heiligen kurz erwähnt – und sofort wieder vergessen. Die Aufgabe, ihre Männer zu ermahnen, wird – wenigstens bis zum Ende des 14. Jahrhunderts – nicht mehr erwähnt, wenn es um den Katalog der Pflichten von Frauen geht. Nur ganz selten wird die von der Bibel geforderte Hilfe der Frau für den Ehemann als aktives Mitwirken am Ziel der Erlösung interpretiert. Neben der dienenden Rolle der Frau bei der Zeugung hilft sie ihrem Mann im Kampf gegen die Sünde, denn die Bereitschaft der Frau zur ehelichen Sexualität trägt dazu bei, den Gefahren der Ausschweifung auszuweichen, wie Jacques de Vitry, Robert de Sorbon und Guglielmo Peraldo bekräftigen[28], als Gefährtin und moralischer Trost, wie Bonaventura und Konrad von Megenberg ihr zugestehen[29], vor allem aber als Hilfe bei der Führung der Familie, so die These von Jacobus de Voragine in Übereinstimmung mit den Kommentatoren des Aristoteles.[30]

In der Laienliteratur wird die Reflexion über die Art und Weise, in der die Frau dem Mann eine Hilfe sein soll, artikulierter und komplexer. Und sie erstreckt sich auch auf die Möglichkeit, daß die Frau zu einer geistigen Ratgeberin wird. Francesco da Barberino schreibt der Königin nicht nur die Aufgabe zu, dem Gemahl in den Dingen des Alltags zur Seite zu stehen, sondern auch die Funktion, ihn in Fragen der moralischen Lebensführung und bei politischen Entscheidungen zu beraten und zur Milde anzuhalten. Zudem soll sie über ihn wachen und die höfischen Intrigen von ihm fernhalten.[31] Der *Ménagier de Paris*, der doch die Frau völlig den Anordnungen und Wünschen des Mannes unterwerfen will, vertraut ihr trotz allem die Aufgabe an, den Mann mit Sanftmut und Diskretion wieder zu beruhigen, wenn sein Verhalten in »Wahnsinn« und

Ungerechtigkeit ihr gegenüber umschlägt.[32] Christine de Pizan geht in
ihrem *Buch der drei Tugenden* einen Schritt weiter: Die Frau ist die wichtigste Beraterin des Mannes und die geistliche Lenkerin seiner Erlösung.
Für die Frauen aller Gesellschaftsschichten besteht die erste Aufgabe in
der Ehe darin, dem Ehemann in allen Fragen des öffentlichen und privaten Lebens sowie in materiellen und in geistlichen Belangen zu helfen.
Den Fürstinnen rät Christine, sich der Seele des Bräutigams ebensosehr
anzunehmen wie seines Körpers. Sie soll ihn sanft ermahnen und dem
Beichtvater helfen, ihn zu bessern. Den bürgerlichen Frauen legt sie ans
Herz, sich dem Ehemann gegenüber immer heiter zu zeigen und ihm zu
helfen, seine Sorgen zu vergessen. Den Frauen von Handwerkern und
Bauern macht sie zur Pflicht, die Arbeitsmoral ihrer Ehemänner zu prüfen und ihnen ganz konkret zu helfen, indem sie sich die Grundkenntnisse ihres Berufs aneignen. Die Frauen der Armen schließlich sollen
ihnen Trost spenden und sie ermutigen, die Hoffnung nicht zu verlieren.[33] In diesen Ratschlägen scheinen sich die Empfehlungen von Thomas Chobham zu vollenden: Das Wort der Frau wird zum Werkzeug
einer häuslichen Seelsorge.

Die Wahl der Frau

Oft wird der Darlegung der familiären Pflichten eine genauere Betrachtung der Kriterien vorangestellt, nach denen der Ehepartner ausgewählt
werden soll. Den Frauen werden nur selten und zudem meist ungenaue
und allgemeine Ratschläge gegeben (sie sollen beim Mann nicht auf
Reichtum achten, sondern auf gutes Benehmen und Weisheit); den Männern dagegen wird eine weit genauere Darlegung des Problems gewidmet. Zu wissen, wie man eine gute Frau findet, erscheint als erste Voraussetzung für eine erfolgreiche Ehe. Die richtige Wahl ist nicht leicht,
ja, nach Guglielmo Peraldo nur mit Gottes Hilfe möglich.[34] Als geradezu
unlösbar erscheint das Problem dem englischen Dominikaner John
Bromyard († 1352). Er wiederholt die scharfe Polemik des heiligen
Hieronymus gegen die Ehe und unterstreicht, daß die Ehefrau immer, sei
sie nun fruchtbar oder unfruchtbar, schön oder häßlich, eine Quelle des
Übels ist.[35] Weniger pessimistisch sind Filippo da Novara, Aegidius
Romanus und Jacobus de Voragine, die einige Anhaltspunkte für eine
Entscheidung liefern. Die Mitgift ist bei ihnen praktisch unerheblich,
obwohl sie doch im Alltag einen breiten Raum einnimmt. Auch aus
einem weltlichen Blickwinkel ist sie anderen und wichtigeren äußeren
Gütern nachzuordnen, als da sind: eine gute Familie, viele Freundschaf-
ten und ein guter Ruf. Wesentlich ist ein ehrbares Verhalten, wofür nach
Jacobus de Voragine der Lebenswandel der Mutter oder gar, nach Paolo

da Certaldo, das der Großmutter die beste Garantie seien.[36] Aber auch
die physischen Eigenschaften sind nicht außer acht zu lassen: Das Alter
der Ehefrau soll nach Peraldo dem des Mannes entsprechen, was für seine gute eheliche Beziehung unabdingbar sei. Jacobus bevorzugt eine
Frau von unauffälligem Äußeren: Mit den Schönen hat man Mühe bei der
Überwachung, die Häßlichen sind abstoßend.[37] Aegidius Romanus hingegen gibt den Rat, eine wirklich schöne und große Gattin zu suchen,
die ihre natürliche Gaben auf die Kinder überträgt, denn die erben von
der Mutter ein Großteil ihrer physischen Eigenschaften.[38]

In einem Punkt stimmen alle überein: Die Frauen müssen jung sein,
denn, nach einer bereits von Aristoteles geäußerten Ansicht, ist eine
Jungfrau besser als eine Witwe. Im Unterschied zur Witwe, die der neu-
en Familie alt eingefahrene Gewohnheiten und Verhaltensweisen, wenn
nicht gar Kinder aus der früheren Ehe einbringt, was letztlich den Ehefrieden nur stören kann, ist die Jungfrau noch formbar und bereit, alles,
was ihren neuen *status* als Ehefrau betrifft, von ihrem Mann zu lernen.

Die Pflichten des Mannes

Die überlegene Stellung des Mannes erlaubt ihm, die kardinalen Aufgaben der Unterstützung, Belehrung und Korrektur zu übernehmen. Diese
drei Pflichten des Mannes stehen untereinander in engem Zusammenhang, sie gründen auf der »natürlichen« Unterlegenheit der Ehefrauen
gegenüber ihren Männern und sind zugleich ein Element zu deren Befe-
stigung.

Die erste Pflicht des Mannes ist es aber, für den Unterhalt der Frau zu
sorgen, die dadurch von jeder Beziehung zur Produktion abgeschnitten
ist. Aber selbst die banale Feststellung, daß die Frau alles, was sie
benötigt, von ihrem Mann erhält, bekommt in der pastoralen Optik eine
unmittelbar moralische Bedeutung. Die Sorge für die Frau ist nicht nur
etwas im engeren Sinne Ökonomisches, denn es ist auch die Aufgabe
des Mannes, festzustellen, ob die Forderungen der Frau tatsächlichen
Bedürfnissen entsprechen und nicht einem eitlen und überflüssigen Verlangen entspringen. Die Pflicht zum Unterhalt steht so in engem Zusammenhang mit dem Problemkreis des *ornatus* und dem moralisierenden
Eifer, der sich auf ihn stürzt. Daß die Ehefrau ihren Verhältnissen entsprechend gekleidet und geschmückt sein will, verwandelt sich für den
Ehemann in die Pflicht, diese Bedürfnisse auf den sozialen *status* des
Paares abzustimmen. Eine Domäne der Frau wird dadurch der moralischen Verantwortung des Mannes unterstellt. Der Mann, der kein wach-
sames Auge auf der Putzsucht der Frau hat, macht sich schuldig, weil er
dadurch Hochmut, Eitelkeit und Leichtsinn bei ihr fördert. Die Frauen

spiegeln den Männern zwar vor, sie machten sich ihretwegen schön, insgeheim aber – so wissen unsere Prediger – gieren sie nach dem Auftritt auf öffentlicher Bühne, wo sie nur die unzüchtigen Begierden der Gaffer auf sich ziehen.

Beim Unterhalt kann der Mann also zumindest indirekt den Schulmeister spielen; in Erfüllung der Pflicht der Unterweisung tut er dies unverhüllt. Die Frau hat alles vom Mann zu lernen. Gemäß der Lehre des Paulus ist der Ehemann das Bindeglied zwischen der Gemeinde der Gläubigen und der zu Schweigsamkeit verurteilten Ehefrau. Er ist ihr geistlicher Führer; in der *Ökonomik* ist er der Lehrer der Kinder. Der Ehemann als Lehrmeister geistert allenthalben durch die pastoralen Diskurse zwischen dem 13. und 15. Jahrhundert. Erst einmal unterrichtet er die Frau in Hauswirtschaftslehre, schließlich muß sie ja sein Haus gut verwalten und den Besitzstand fleißig wahren und mehren. Sodann muß der Mann sich um die moralische und religiöse Unterweisung der Frau kümmern und ihr Benimmregeln eintrichtern. Bei dem Traktat *Ménagier de Paris* handelt es sich um eine genaue und vollständige Unterweisung der jung verheirateten Frau. Ausgangspunkt sind die religiösen Pflichten (das Gebet, die Messe, die Beichte), es geht weiter mit der Moral, wobei alle Laster und Tugenden abgehandelt werden. Schließlich verbreitet sich der *Ménagier* mit besonderem Nachdruck über die ehelichen Pflichten und die Obliegenheiten einer vollkommenen Hausfrau von der Sorgfalt in der Küche bis hin zur Gartenarbeit.

Tatsächlich ist die Unterweisung der Frau eher eine Kontrolltätigkeit als eine kulturelle Förderung: John of Wales, Jacobus de Voragine, Aegidius Romanus und Albert von Sachsen insistieren auf der Notwendigkeit einer moralischen Unterweisung. Aber sie schwanken beständig zwischen den beiden Extremen: Erziehung und Überwachung. Die Frau zu überwachen heißt vor allem, ihre Umgangsformen zu beobachten, ihrer physischen und moralischen Schwäche auf die Beine zu helfen, Schlupflöcher für Verfehlungen zu stopfen und ihre Schwachstellen zu korrigieren. Neben der Unterweisung und Überwachung ist die moralische Besserung der Ehefrau eine wichtige Pflicht des Mannes. Hier stoßen wir wieder auf die altbekannten Topoi vom weiblichen Leichtsinn; vor zweifelhaften Orten wird gewarnt: Plätze und Märkte, wo die Frauen bei unnützen Plaudereien verweilen, Tanz und Theater, wo sie dem »Sehen-und-gesehen-werden« frönen. Der verschwenderische Umgang mit Kleidung und Kosmetika hat schon manche Familie in den wirtschaftlichen Ruin getrieben; am Ende landet die Frau in der Prostitution. Indes ist übertriebene Strenge nicht angesagt, sie macht die Frau nur kopfscheu. Die Besserung der »schlechten Angewohnheiten der Frau« sollte vielmehr die Phasen durchlaufen, die Johannes Chrysostomos vorschlägt: Zunächst sollte man auf der Unterrichtung der göttlichen Gebote

beharren und erst danach zum Tadel übergehen, wobei man die typisch
weibliche Schüchternheit ausnutzen sollte. Erst ganz zum Schluß sollte
der Mann auch vom Knüppel Gebrauch machen und »jene, die unfähig
ist, Scham zu empfinden, wie es einer freien Frau ansteht, züchtigen wie
eine Magd«.[40]

Dieses Recht auf Züchtigung bezeugt wohl aufs eklatanteste das
Mißverhältnis zwischen den Ehepartnern. Die hehren Ideale der
Gleichrangigkeit, Einstimmigkeit und wechselseitigen Hilfe der Ehegatten zerschellen an der rauhen Wirklichkeit der tatsächlichen Unterordnung.

Für die Familie sorgen

Die dritte Pflicht Sarahs ist es, ihre Familie zusammenzuhalten, d. h. sich
um die Kinder und die Dienerschaft zu kümmern. Indes werden die
Möglichkeiten, die sich den Frauen bei der Leitung des häuslichen
Lebens eröffnen, drastisch eingeschränkt, da auch innerhalb der Familie
der Mann in jeder Beziehung in den Mittelpunkt gestellt wird. Nun handelt es sich darum, die Aufgaben der Frau in einer Weise zu definieren,
die einerseits die uneingeschränkte Macht des Familienoberhauptes über
Kinder und Dienerschaft unangetastet läßt, andererseits der Frau ihren
eingeschränkten Wirkungskreis zubilligt.

Was die Dienerschaft betrifft, ist die Sache einfach: Kleriker und Laien
neigen dazu, die Aufgaben der Hausherrin auf eine unbestimmte Pflicht
zur Liebe, zur Unterweisung und zur Kontrolle der Moral zu begrenzen.
Das tagtägliche Engagement der Frau besteht nicht so sehr in der Überwachung der Arbeit der Dienerschaft als darin, jede Form von Sittenlosigkeit zwischen Knechten und Mägden zu verhindern. So bewahrt die
Frau die Wohlanständigkeit der Familie und vermeidet jede Gefährdung
für den Lebenswandel auch des Hausherren.

Schwieriger und komplexer ist die Beziehung zu den Kindern. Fortpflanzung und Erziehung des Nachwuchses sind, wie bereits gesehen,
eine der Segnungen der Ehe, und sie bilden ein tragendes Element
für Ansehen und Stabilität der Beziehung. Für die Mutter bedeuten
die Tatsachen von Empfängnis und Geburt der Kinder zugleich die
Strafe für die Sünde Evas (*Gen* 3, 16) und Mittel zur Wiedergutmachung
jener Sünde und zur Erlangung des Heils (1 *Tim* 2, 15) und schließlich auch noch die natürlichste Form der Unterstützung des Mannes,
die Gott vorgesehen hat (1 *Mose* 2, 18). »Immerzu Kinder zur Welt bringen, und zwar bis zu ihrem Tode« – so die Formulierung des Dominikaners Nicola di Gorran († 1295)[41] – bildet die Alternative zur Erlösung
durch Jungfräulichkeit. Sinnigerweise fügt der heilige Bonaventura zur

Bestimmung der Ehe neben das *patrimonium* des Mannes das *matrimonium* der Frau.[42]

Es ist daher nur konsequent, wenn auch der moralische Diskurs stark von den Aspekten der Mutterschaft beherrscht wird: Fortpflanzung, Schwangerschaft, Geburt und Stillen stehen im Mittelpunkt der Erörterungen über die Kinder und ihre Erziehung durch die Mutter. Der Unfruchtbarkeit der Frau, an der die Ehe scheitern kann, widmen Kleriker wie Gilbert de Tournai oder Bromyard und Laien wie Francesco da Barberino ihre Sorge.[43] Die Furcht, kranke oder behinderte Kinder in die Welt zu setzen, zieht ebenso wie die Besorgnis um die Legitimität der Nachkommenschaft sexuelle Tabus und moralische Reglementierungen nach sich. Schwangerschaft und Geburt sind aus der Sicht des Alten Testaments sinnfällige Zeichen des menschlichen Elends: Durand de Champagne greift das Thema von *De contemptu mundi* von Innozenz III. wieder auf und beschreibt in düsteren Farben den Weg von der Empfängnis, die mit »der Lust des Fleisches und dem Brennen der Begierde« verbunden ist, zur Schwangerschaft, die von körperlichen Beschwerden, von Sorge und Angst für das Leben der Schwangeren wie des Kindes überschattet ist, bis hin zur Geburt mit ihren Schmerzen und Todesängsten.[44] Weniger tragisch ist die Sichtweise von Fancesco da Barberino: Er betrachtet Schwangerschaft und Geburt eher vom nüchtern medizinischen Standpunkt aus. Zu Beginn der Schwangerschaft sollte die Frau es vermeiden, »zu rennen, zu springen und überhaupt jedwede allzu schnelle Bewegung«; wenn sie bemerkt, daß der Foetus sich zu bewegen beginnt, dann soll sie »mäßig essen und trinken und im Gottvertrauen leben, damit ihre seelische Verfassung sich auch auf die Seele des Ungeborenen übertrage«. Nach der Empfängnis und nach der Geburt sollte sie enthaltsam leben und das Neugeborene selbst stillen, wenn sie »Gott gefallen will und ihrem Kind«.[45] Entsprechende Ratschläge finden sich in der *Yconomica* von Konrad von Megenberg, bei dem schon frühhumanistische Vorstellungen anklingen.[46] Die Pflicht der Mutter, dem Nachwuchs Leben und gute Gesundheit zu sichern, lastet die Verantwortung für jene Sünden, die zur Kontrolle der Geburten begangen wurden (Empfängnisverhütung, Abtreibung, Kindsmord), fast ausschließlich den Frauen auf. Oft tauchen diese Themen in den Beichtbüchern auf. Andererseits geraten die Mütter in die Gefahr sündhaften Tuns, wenn sie beim hartnäckigen Versuch, Nachwuchs zu produzieren, bei Zauberei und Magie Hilfe suchen.

Die pastorale Literatur betrachtet die Mutterliebe als eine naturgegebene Tatsache. Die Mutter, bemerkt Jacobus de Voragine, erkennt in ihrem Kind ein Teil von sich selbst, ein Geschöpf, für das sie sich abmüht und weit mehr tut als der Vater und von dem sie mit absoluter Sicherheit weiß, daß es von ihr stammt.[47] Die Mutter, so Thomas von Aquin, liebt ihr Kind mehr als der Vater, und sie ist es zufrieden, mehr zu lieben, als geliebt zu werden.[48] Aber gerade diese Liebe erscheint in den Augen der Kleriker schuldbeladen, weil die Intensität ihres auf das Leibliche zentrierten Empfindens die reine Tugend stört. Physische Werte wie Gesundheit und Wohlergehen der Kinder werden hierbei den moralischen vorgezogen. Die einfühlsame Liebe und die Opferbereitschaft lassen die Mutter für ihre Kinder mehr leiden als den Vater und weniger Beruhigung durch deren Erfolge finden. Die Liebe der Mutter, so merken die Scholastiker an, ist stärker und konstanter als die des Vaters, aber sie ist zugleich auch weniger edel, weil weniger vernunftgeleitet.[49] Die Diskussion über die Mutterliebe führt noch einmal die Gegensätzlichkeit des weiblichen Gefühlslebens vor Augen. Per definitionem kann die Mutter nur aus Instinkt und Leidenschaft heraus lieben, diese Natürlichkeit aber wird ihr als Schuld vorgehalten. Der Vater liebt sicherlich weniger stark, aber seine Liebe ist in sich tugendhaft, da sie mehr auf die Vervollkommnung der Seele als des Körpers abzielt. Auf der anderen Seite wird diese Sicht bestätigt durch das affektive Verhalten der Kinder: Jacobus de Voragine konstatiert, daß die Kinder den Vater in der Tat mehr lieben als die Mutter, weil sie in ihm das aktive Prinzip der Fortpflanzung sowie die Quelle des Wohlstandes und des Ansehens erkennen, die sie einmal erben werden.[50] Thomas von Aquin kommt zu dem Schluß, daß unter ethischen Gesichtspunkten die Kinder auch dann, wenn die Mutter sie mehr als der Vater liebt, den Vater mehr lieben müssen, weil sie ihm mehr verdanken. Und Johannes Buridanus weist darauf hin, daß nach Abschluß der frühen Kindheit, in der die natürlichen Bedürfnisse am stärksten sind, die Liebe der Kinder allmählich vernünftiger wird und sich deshalb von der Mutter auf den Vater verlagert.

Es kann nicht wundernehmen, wenn diese verengte Sicht der Mutterschaft der Mutter nur eine unbedeutende Rolle bei der Erziehung der Kinder einräumt. Die vagen Hinweise auf die mütterliche Erziehung bei Peraldo, Humbertus de Romanis und Jean de Galle werden in den Predigten von Jacobus de Voragine und Gilbert de Tournai ein wenig präzisiert.[51] Die moralische und religiöse Instruktion der Kinder kann durchaus der Mutter überlassen werden, vorausgesetzt, sie zügelt ihre Liebe zu ihnen und entwickelt eine spirituelle Scheu. Wenn eine Mutter auf das geistliche Wohl ihrer Kinder bedacht ist, sorgt sie für ihre Moral und ihre Teilnahme an den religiösen Riten, aber nicht für eine Erziehung im eigentlichen Sinne. Besonders hat sie ein Auge auf den Lebenswandel der Töchter. Falsche Bekanntschaften müssen von ihnen ferngehalten, die Teilnahme an Festlichkeiten verhindert werden. Die Mütter wiederholen an den Töchtern dieselben Maßregelungen, die ihnen von ihren Vätern und Ehemännern widerfuhren. Oberster Wert ist die Jungfräulichkeit. Die Kontrolle über die Sexualität der Töchter erscheint hier als erste Aufgabe der mütterlichen Erziehung, die einzige, für die sie wirklich verantwortlich ist. Die schlechten Frauen, so Filippo da Novara, können bisweilen die besseren Mütter sein, weil sie in der Lage sind, die Anzeichen des »Wahnsinns«, dem sie einst selbst zum Opfer fielen, bei den Töchtern zu erkennen.[52] Übersteigen die erzieherischen Aufgaben jedoch die schlichte Kontrolle und werden inhaltlich, dann fallen sie nicht mehr in die Zuständigkeit der Frauen, sondern in die der Männer. Väter wie Geoffroy La Tour Landry und Ludwig der Heilige sorgen sich zwar auch um die Erziehung der Töchter, eigentlichen Wert hat für sie aber einzig die Erziehung der Söhne. Gilbert schreibt klipp und klar, die Erziehung der heranwachsenden Söhne gebühre den Vätern.[53] Und Francesco rät den Witwen, die Erziehung der männlichen Nachkommen einem Edelmann aus dem Kreise der Freunde oder Verwandten des Gatten anzuvertrauen, denn der könne den Vater angemessen vertreten.[54]

Die Einschränkung der erzieherischen Aufgaben der Frau in den pastoralen Texten des 13. Jahrhunderts wird durch die Thesen des Aristoteles nachdrücklich bekräftigt. Die *Politik*, die nur den Vater im Auge hat, und mehr noch die *Ökonomik*, die eine klare Arbeitsteilung zwischen den Eltern voraussetzt (dem Vater die Erziehung, der Mutter die Ernährung), führen zu einem noch rigoroseren Ausschluß der Frau aus dem Bereich der Erziehung. Thomas von Aquin meint, die Notwendigkeit der Ehe damit begründen zu können, daß der Nachwuchs ein männliches Vorbild benötige;[55] die Kommentatoren der *Ökonomik* behalten dem Vater alle erzieherischen Aufgaben vor, auch die in moralischen Fragen, und sie überlassen der Mutter einzig die Aufgabe, für die Ernährung der Kinder zu sorgen, die ihr ja bereits die Natur so sichtbar zugewiesen hat.

Diese Rolle scheint sogar Christine de Pizan zu akzeptieren. Die Mutter, die von Natur aus dazu neigt, sich um die Kinder zu kümmern, muß den Vater in allen erzieherischen Dingen um Rat fragen. Dennoch gelingt es Christine, der Frau eine ganz eigene erzieherische Rolle zuzuerkennen.[56] Für die Fürstin bedeutet die Aufmerksamkeit für ihre Kinder, die Arbeit der Lehrer und Erzieher zu überwachen, die ihr Mann ausgewählt hat. Diese Kontrolle erstreckt sich nicht nur auf die Moral der Erzieher, sondern auch auf den Inhalt ihres Unterrichts. Die Mutter wird dafür Sorge tragen, daß die Kinder vor allem Gott dienen, daß sie die Schönen Künste, Latein und die Wissenschaften studieren. Es ist ihr Wunsch, daß sie, wenn sie größer werden, Anstand und Sittlichkeit erlernen. Ihr Bemühen ist darauf gerichtet, daß auch die Töchter Lesen und Schreiben lernen, und sie wacht persönlich über ihre Lektüren. Diese Aufgaben bleiben jedoch nicht auf die adligen Frauen beschränkt. Je nach ihrer Stellung in der sozialen Hierarchie bekommen die Mütter spezifische Erziehungsaufgaben: Die bürgerlichen Frauen sollen die Kinder höchst-

persönlich erziehen, die Frauen von Handwerkern sollen ihnen, wenn
möglich, ein Handwerk beibringen, die Ehefrauen der Arbeiter sollen
sich vorrangig um die Moral ihrer Kinder kümmern und deren Verhalten
aufmerksam überwachen.

Das Haus verwalten

In einem Punkt sind sich Kleriker wie Laien einig, wenn es um das
Ideal der guten Ehefrau geht: Eine gute Frau ist diejenige, die zuhause
bleibt und sich um den Haushalt kümmert. Diese Auffassung fußt auf der
Autorität der Heiligen Schrift und der patristischen Literatur, und sie war
schon seit jeher weitverbreitet. In den aristotelischen Texten wird sie
untermauert. Hier wird das Interesse für den Hausstand als Keimzelle
von Politik und Ökonomie zu einer sehr genauen Festschreibung der
Rolle weiterentwickelt, die die Frau darin zu spielen hat. Die Gegenüberstellung eines geschlossenen und überwachten Binnenraums, der
der Frau zugeordnet wird, und eines öffentlichen Raums, in dem sich der
Mann frei bewegt, findet in der Gegenüberstellung zweier fundamentaler ökonomischer Aktivitäten ihre Entsprechung: Produktion ist die Aufgabe des Mannes, Bewahrung dagegen typisch weiblich. Ehe und Familie bedeuten daher auch die Ergänzung dieser Funktionen, deren Zweck
das gemeinsame Wohlergehen ist. Die Sorge um das Haus ist der Beitrag
der Frau zum Gedeihen des gemeinsamen Hausstandes.

   Im Haus kümmert sich die Frau um den Besitzstand, regelt die häuslichen Arbeiten der Knechte und Mägde; die Hausherrin webt und näht,
sie hält das Haus in Ordnung, kümmert sich um die Haustiere, sie wartet den Freunden ihres Mannes auf und kümmert sich um die Kinder. Sie
leistet also, wie Gilbert meint[57], genau soviel wie der Mann, der in der
Welt draußen für die Beschaffung der Mittel zum Lebensunterhalt tätig
ist. Oft werden das Bild der starken Frau aus den *Sprichwörtern* 31 und
das der besonnenen Abigail zitiert, um daran zu erinnern, daß die harte,
aber unscheinbare Arbeit der Hausfrau bedeutende Tugenden verlangt:
Weisheit, Fleiß, Weitsicht und eine Kraft, die sich nicht in ruhmreichen
kriegerischen Unternehmungen zeigt, sondern in den unscheinbaren
Tätigkeiten des Alltags.[58]

   Aber nicht einmal das Haus kann die Frau in voller Autonomie führen.
Die aristotelischen Texte betonen, daß der Mann auch innerhalb der
eigenen vier Wände der Herr bleibt, denn er ist für alles darin verantwortlich, für die Menschen wie für den Besitz. Für die Kommentatoren
fällt die Sorge der Frau um den Hausstand in das Kapitel »Ernähren und
Bewahren«. Über das Vermögen haben Frauen keine Verfügungsmacht.
Verträge dürfen sie nicht abschließen. Zur wesentlichen Tugend des

häuslichen Wirtschaftens wird hingegen, laut Nicole Oresme[59], die »natürliche« Sparsamkeit der Frau, die glücklich mit ihrer Aufgabe des Bewahrens harmoniert.

Das Haus ist für die Frau als wesentlicher Lebensinhalt auch ein moralischer Raum. Mit seinen Mauern und Türen ist es geradezu ein Sinnbild der Überwachung; es isoliert seine Bewohner von riskanten Kontakten; es ist ein Symbol der Stabilität für alle, die sich die Gefahren der *vagatio* vom Leib halten wollen. Das Haus ist in so hohem Maße ein symbolischer Raum, daß es bei Durand de Champagne zu einem Sinnbild des Gewissens, aber auch der Kirche, des Paradieses oder der Hölle wird. Das häusliche Dasein gewährt der Ehefrau und den jungfräulichen Töchtern Schutz vor Gefahren, es verkörpert alle Tugenden, die zur Beruhigung des Mannes beitragen: Treue, Keuschheit, Schamhaftigkeit. Aber die Frau, die nicht für sich alleine sorgen kann, die selber überwacht werden muß, ist andererseits doch verantwortlich für das Verhalten der Familie. Hinter den schützenden häuslichen Mauern ist es ihre erste Aufgabe, über die Moral zu wachen, das Ungestüm des Ehemannes zu bremsen und die Tugendhaftigkeit der Kinder und Bediensteten zu kontrollieren. Nur die stets wache Aufsicht der Frau kann verhindern, daß das Haus, der Ort der erlaubten Sexualität der Ehegatten, zu einem Ort geschlechtlicher Zügellosigkeit, der Unzucht oder, schlimmer noch, des Inzests wird. Im überwachten häuslichen Raum kann die Frau sogar ihren religiösen Pflichten nachkommen. Gilbert de Tournai propagiert Judith als Vorbild und erinnert an den heiligen Hieronymus bei seiner Ermahnung, daß die häuslichen Pflichten die Frau nicht vollkommen auffressen dürfen. Sie muß innerhalb ihrer Tätigkeiten noch die Möglichkeiten zur Besinnung und zum Gebet finden können, damit sich der Raum der alltäglichen Geschäfte in einen religiösen Raum verwandeln kann.[60]

Tadellosigkeit

Sarahs letzte Pflicht ist es, sich als untadelig zu erweisen. Nach der Aufzählung ihrer Pflichten gegenüber den Schwiegereltern, dem Ehemann, den Kindern, den Bediensteten sowie ihrer Aufgaben im Haushalt wird ihr zu allem Überfluß auch noch eine untadelige Lebensführung verordnet. Gilbert de Tournai sagt: Die Frau, die ihren Aufgaben als Ehefrau, Mutter und Hausherrin gerecht geworden ist, ist mit Sicherheit auch in den Augen des Allmächtigen Richters untadelig.[61] Die Erfüllung der häuslichen Pflichten bekommt damit beinahe eine religiöse Weihe. Die gute Ehefrau ist daher zugleich auch eine untadelige Christin. Gilberts Vorstellung ist radikal und doch konziliant, denn er überträgt Gott und niemand anderem das letzte Urteil über das Verhalten der Frau. Guglielmo Peraldo und Vinzenz von Beauvais unterscheiden im Verhalten der Frau einen religiösen – die Heiligkeit – und einen moralischen Aspekt, die Schamhaftigkeit. Diese wird von ihnen eingehend behandelt. Und dabei scheint es, als seien Schweigsamkeit, Schlichtheit, Bescheidenheit, Aufrichtigkeit und Mäßigung, also die Tugenden, die die Frau in den Augen der Männer untadelig erscheinen lassen, zugleich auch jene, die sie in den Augen Gottes heiligen.[62]

Jacobus de Voragine hält eine Frau dann für untadelig, wenn sie »weder ein beflecktes Leben noch einen befleckten Ruf noch ein beflecktes Gewissen hat«.[63] Das Verhalten der Ehefrau im Alltag wird auf diese Weise einem doppelten Bewertungsmaßstab unterworfen: dem religiösen, der an das Gewissen der Frau appelliert und ihr die Lehren der Heiligen Schrift und das Vorbild der Heiligen vor Augen rückt; und auf der anderen Seite dem Urteil der profanen Welt mit ihrem Tratsch und Klatsch. Der gute Ruf, das hat die weltliche Literatur immer wieder herausgestellt, ist der einzige wirkliche Schmuck, mit dem sich die Frau in der Öffentlichkeit zeigen sollte. Sich als untadelig erweisen bedeutet für die Frauen nicht nur, sich ehrenhaft zu betragen, sondern auch, jeder nur erdenklichen Unterstellung den Boden zu entziehen, ganz egal, ob sie wahr oder falsch ist, denn das würde in jedem Fall ihr Bild und das der ganzen Familie beschädigen. Andererseits ist Jacobus de Voragine nicht entgangen, daß das Urteil über die Lebensführung der Frau letztlich eine Frage ihres Gewissens ist, denn dort hat das stärkste religiöse Empfinden seinen Ort. Sein Modell stellt den entwickeltsten Versuch dar, ein Gleichgewicht zwischen den religiösen und den familiären Notwendigkeiten herzustellen. Die Suche nach diesem Gleichgewicht charakterisiert die gesamte Ehe-Ideologie des 14. Jahrhunderts. Es ist offensichtlich, daß dieses Gleichgewicht an den neuen Interessen und Verantwortlichkeiten zerbrach, die die Frauen entweder für die Familie oder für eine eigenständige religiöse Aufgabe entwickelten.

FRAU UND FAMILIE IM 15. JAHRHUNDERT

Im Jahre 1403 verfaßt der Dominikaner Giovanni Dominici für Bartolomea degli Alberti die *Regola del governo di cura familiare*. Bartolomea war bereits zum zweiten Male verheiratet, mußte aber getrennt von ihrem Mann leben, weil dieser aus Florenz verbannt worden war. Daher mußte sie die Verantwortung für die Familie tragen, und zu diesem Behufe hatte sie von dem Pater Rat und geistlichen Beistand erbeten. Die

Regola gibt jedoch nicht nur konkrete Ratschläge, sondern entwickelt ein allgemein gültiges Modell des Familienlebens. Der Traktat Dominicis, in dem er die Familie in den Mittelpunkt der pastoralen Ratschläge für die Frau stellt, machte Schule. Das gesamte 15. Jahrhundert hindurch standen in Italien und vor allem in der Toskana die Probleme der Familie im Mittelpunkt regen Interesses. Nach dem Vorbild Dominicis verfaßten etliche Kleriker Handbücher des Familienlebens, die zumeist an die Frauen gerichtet sind und in denen diese Regeln für gute Haushaltsführung und Ratschläge für das geistliche Wohl finden können.

Aber das Interesse an der Familienfrage erwachte nicht nur in der religiösen Literatur. Die weitverbreiteten Erinnerungs- oder Familienbücher, in denen vor allem Kaufleute bis ins kleinste Detail all die Ereignisse aufschrieben, die die Familie betreffen (Geburten, Todesfälle, Eheschließungen, aber auch Geschäftsabschlüsse, Schulden, Kredite, wirtschaftliche Fehlschläge), legt Zeugnis davon ab, mit welcher Aufmerksamkeit inzwischen auch Laien die Familie bedachten.[64] Es handelt sich dabei um ein Interesse, das auf theoretischer Ebene ein großes Echo in den Arbeiten der Humanisten fand.

Die humanistischen Schriften wurden von Männern verfaßt, und fast immer richteten sie sich auch an Männer. Im Kern scheinen sie unter dem direkten Einfluß der Thesen des Aristoteles zu stehen, dem sie die Elemente einer weltlichen Konzeption der Familie entnahmen: Das Lob der Ehe, die Aufgaben der Ehepartner und die Probleme des Hausstands werden jetzt unabhängig von der religiösen Perspektive vorgetragen. Die treuen und schamhaften Gattinnen der griechisch-römischen Antike (Penelope, Alkestis, Andromache und Lucretia) nehmen den Platz der heiligen Ehefrauen aus der jüdisch-christlichen Tradition ein. Gemessen am Frauenideal der Humanisten haftet die religiöse Literatur stärker am Modell des 13. Jahrhunderts. Die Beschreibung der Rolle der Frau gegenüber dem Ehemann, den Kindern und dem Hausstand verlängert die traditionellen Topoi. Sarah stellt selbst dann, wenn sie nicht ausdrücklich erwähnt wird, den Bezugspunkt dar. Es bleibt allerdings noch zu untersuchen, wie das außerordentliche Interesse des 15. Jahrhunderts für die Familienprobleme das Bild der Frau verändert hat. Ich möchte meine Untersuchung auf zwei Punkte konzentrieren: die Rolle des Ehemannes und die mütterliche Erziehung.

Der Ehemann: Herr oder geistlicher Führer?

Der Ehemann bleibt in allen Abhandlungen zum Thema Familie die Schlüsselfigur. Die Pflicht der Ehefrau zur Ehrerbietung ihm gegenüber wird weder in den profanen noch in den religiösen Texten bestritten oder abgeschwächt. Ja, die Humanisten, getreu dem aristotelischen Modell vom Hausherren als dem Zentrum aller familiären Beziehungen, streichen das Gewicht des Ehemannes sogar noch stärker heraus und bestehen auf einer absoluten Unterordnung der Frau. Bei der Lenkung des Haushaltes und in der Durchführung seiner Geschäfte bedarf der Mann der tatkräftigen Hilfe seiner Frau, um weltlichen Wohlstand erreichen zu können. Vor allem verlangt der Mann von seiner Frau, daß sie ihren Beitrag zur Fortpflanzung der Sippe leiste und viele Kinder gebäre; stark, gesund und schön sollen sie sein, und vor allem männlich. Dafür darf sie dann nach genauer Einweisung die Verwaltung des Haushalts übernehmen. An ihrem untadeligen Auftreten und an ihrem guten Ruf hängt das Ansehen der ganzen Familie. Er dagegen behält sich die Führung der wichtigsten Geschäfte vor, über die er Buch führt, ohne seiner Frau Einblick zu gewähren, und er übernimmt auch vollständig die Verantwortung für die Erziehung der Kinder. Der »humanistische« Ehemann übt als Herr, Führer und Lehrer der Gattin eine unangefochtene Macht aus. Die Ehe hat den Wert eines guten Geschäfts, und die Ehefrau stellt den größten Schatz in seinem Vermögen dar.

Auch die religiöse Literatur huldigt weiterhin dem Hausherren. Das Lob der Eintracht der Ehepartner ist passé; die Autoren des 15. Jahrhunderts bestehen noch stärker als die der vergangenen Jahrhunderte auf der Unterordnung der Gattin unter ihren Ehemann. Wenn Bernardino, Cherubino und Dionysius von den Pflichten der Frau sprechen, dann benutzen sie Begriffe wie Ehrerbietung und Dienstfertigkeit, und sie unterstreichen die Notwendigkeit des absoluten Gehorsams[65], der selbst die Einschränkung der Religionsausübung einschließen kann. Die einzige Grenze, die dieser Pflicht zum Gehorsam gesetzt wird, sind widernatürliche geschlechtliche Beziehungen. Dennoch gewinnt man den Eindruck, daß sich wenigstens für einige Autoren die Dinge ein wenig verändert haben und die Rolle des Ehemannes allmählich an Bedeutung verliert. Die *Regola* Dominicis ist in vier Teile gegliedert (Seele, Körper, materielle Güter und Kinder), und sie widmet dem Ehemann kein eigenes Kapitel. Im zweiten Teil allerdings spielt er die Hauptrolle: Der Ehemann ist Herr über den Körper der Frau, trotz der wechselseitigen ehelichen Pflichten. Die Seele der Frau gehört Gott, ihr Körper dem Manne, sagt Johannes der Kartäuser in seiner Schrift *Gloria mulierum.*

Immerhin finden wir hier wohl erstmalig die Seele der Frau der Herrschaft und Kontrolle des Mannes entzogen. Es entsteht der Eindruck, daß trotz aller Betonung der wechselseitigen Hilfe und Liebe der Ehegatten die Utopie der ehelichen Eintracht, die das 13. Jahrhundert bestimmt hatte, einen Riß bekommen hat. Geneviève Hasenohr[66] hat gezeigt, daß die

Entwicklung einer intensiveren Religiosität der Frau und das Aufkommen der Figur des geistlichen Führers den Ehemann mehr und mehr aus der Rolle als Mittler verdrängt haben, die er lange Zeit in religiösen Dingen gespielt hatte. Gewiß bestehen einige dieser Autoren noch immer auf der Pflicht des Mannes, die Frau auch in Religionsfragen zu unterweisen. Aber offensichtlich ist ein Problem neu aufgebrochen, das die Ehe-Ideologie des 13. Jahrhunderts scheinbar gelöst hatte, nämlich das der Übereinstimmung zwischem dem ehelichen und dem geistlichen Leben. Die Forderung nach einem größeren Raum für die Besinnung und das Gebet auch im Rahmen des ehelichen Lebens und die Suche nach anderen Ansprechpartnern als dem Ehemann für die geistlichen Bedürfnisse bringen das Problem auf die Tagesordnung, wie die Ausübung der Religion und die familiären Pflichten in Einklang zu bringen seien. Bernardino, Antonino und Giovanni Dominici schwanken zwischen zwei Extremen: Einerseits stellen sie die Sorge um die Familie in den Mittelpunkt des Lebens der Frau. Und andererseits öffnen sie der Frau neue religiöse Räume, und das in dem Maße, daß sie ihr die Rolle der Mittlerin in religiösen Fragen übertragen wollen, die einstmals dem Mann zugefallen war. Mahnung und Almosen können dabei eine wesentliche Rolle spielen. Mahnend und warnend vermag sie auch geschickt den moralischen Lebenswandel des Gatten zu kontrollieren. Dank der Almosen und guten Taten kann sie einen Ausgleich für sein geringes religiöses Engagement schaffen und somit indirekt sein Seelenheil befördern.

Die häuslichen Betätigungen werden auf der anderen Seite als Behinderung des direkten Weges zur Seligkeit angesehen, es sind Pflichten, denen sich die Frau nicht entziehen kann, in denen sie sich jedoch auch nicht wahrhaft verwirklichen kann und denen sie also nicht mehr Aufmerksamkeit schenken sollte als nötig. Antonino fordert die Frauen auf, die häuslichen Tätigkeiten so rasch wie möglich zu erledigen und nur die kurzen Zwischenräume eines im wesentlichen aus Gebeten bestehenden Lebens zur Handarbeit zu nutzen.[67] Nach Johannes dem Kartäuser machen Mann, Kinder und Haushalt aus dem Leben der Frau ein Leben des Duldens und Leidens.[68] Dominici erinnert daran, daß auch der Körper der Frau nicht ausschließlich dem Mann und den Kindern gehört, denen die Frau sich mit Sorge und Liebe zuzuwenden hat, sondern ebensosehr Gott und ihrer Seele, deren Willen sie sich beugen und deren Bedürfnissen sie bisweilen sogar die familiären Pflichten unterordnen muß.[69]

In diesem Konflikt zwischen weltlichen und geistlichen Ansprüchen wird die Frage der Sexualität zwangsläufig wieder aktuell. In der humanistischen Literatur wird diese Frage allerdings niemals offen thematisiert, und sie überschreitet nie die Schranken eines allgemeinen negativen Vorurteils mit den üblichen Aufforderungen zur Mäßigung. Bei einigen religiösen Autoren wie Antonino, Cherubino oder Bernardino dagegen finden wir hierüber ausufernde Darlegungen. Allein eine minutiöse Kasuistik, so scheint es, erlaubt es der Frau, den alltäglichen Konflikt zwischen der Pflicht zum absoluten Gehorsam ihrem Gatten gegenüber und dem Weg der Läuterung und Vervollkommnung ihrer Seele zu lösen, den ihr die Kirche vorschreibt. Ein neuer Typ ehelicher Keuschheit wird entworfen. Durch Überredung und auch durch Ausflüchte soll die Frau die sexuelle Betätigung reduzieren und im Extremfall vollkommen zum Erliegen bringen. Die Vorbilder dafür sind die heilige Jungfrau oder die heilige Elisabeth von Ungarn.[70] Mit dieser Radikallösung wäre der Konflikt zwischen Jungfräulichkeit und Ehe wieder zum Ausgangspunkt zurückgekehrt: Der Heilsweg der Frau führt über den Verzicht auf jede Form von Sexualität.

Mütter und Kinder

Wenn die Frauen ihre Spiritualität allmählich dem Einfluß der Ehemänner entziehen, wachsen ihnen auch neue erzieherische Möglichkeiten zu. Die Traktate des 15. Jahrhunderts behandeln die mütterliche Erziehung ganz unterschiedlich. Alle halten zwar an der erzieherischen Hauptrolle des Vaters fest, werten aber die Rolle der Mutter auf. Die moralische Erziehung – speziell die Überwachung der Töchter –, die schon immer Aufgabe der Mütter war, wird jetzt erweitert. Bernardino möchte, daß sich die Mütter nicht nur um das Verhalten der Töchter kümmern – die sollen immer beschäftigt und, wenn sie sich frech und unschicklich benehmen, auch gezüchtigt werden. Die Mutter soll sich auch um die frühe religiöse Erziehung des Nachwuchses kümmern, ihnen die wichtigsten Gebete beibringen und die Sünden des häuslichen Lebens wie Flüche, Lügen und falsche Versprechen austreiben.[71] Dominici entwirft für Bartolomea die Grundzüge einer Erziehungslehre, die sich am heiligen Hieronymus orientiert und die Mutter alleinverantwortlich für die religiöse Unterweisung der Kinder macht: Ohne den häuslichen Kreis je zu verlassen, sondern vielmehr dadurch, daß sie »aus dem Haus beinahe eine Kirche macht«, soll die Mutter die Seelen der Kinder formen und ihnen spielerisch die Ausübung der Religion beibringen. Dabei soll sie mal mit Sanftmut und Nachsicht, mal mit Strenge ihre Verfehlungen ahnden und sie allmählich in kleine Meßdiener der häuslichen Religionsausübung verwandeln.[72]

Daß man für Religion und Moral gerade die Frauen in besonderem Maß begeistern kann, finden auch einige Humanisten wie zum Beispiel Leonardo Bruni. Aber das humanistische Bildungsideal erlaubt es nicht, die volle Verantwortung für die Kindererziehung der Frau zu übertragen. In den Traktaten wird die dominante Stellung des Ehemannes und Vaters festgeschrieben. Der Vater lenkt das Schicksal der Kinder: Er hat sich für seinen Nachwuchs eine starke, gebärfreudige und sittsame Frau ausgesucht, die er während der Schwangerschaft im Interesse seines zukünftigen Kindes hegt und pflegt. Nur in den ersten Lebensjahren kann die Mutter in der Erziehung ihren Einfluß geltend machen. Aber die ausladende Debatte über die Muttermilch (in die sich auch einige religiöse Autoren einschalten) führt den Müttern ihre Verantwortung für ihre wahre »erzieherische« Aufgabe vor Augen: die Ernährung. Die Mutter, die nicht stillt, wird wie eine Mißgeburt angesehen, ihr wird Egoismus, Gefühllosigkeit und Grausamkeit unterstellt. Hingegen wächst die Verantwortung des Vaters für den Nachwuchs auch noch dadurch, daß er sich um eine Amme kümmern muß. Mit der Entscheidung für eine Amme, die nicht nur nach medizinischen und hygienischen, sondern auch nach moralischen Gesichtspunken auszuwählen ist, beginnt der Vater jenes Erziehungswerk, das er ohne Eingriffe seitens der Frau auch zu Ende bringen wird.

Nur ein stark religiös inspirierter Humanist wie Maffeo Vegio hat den Mut, den Müttern größere erzieherische Kompetenz zuzubilligen, die sich sogar auf die Söhne erstreckt.[73] Bei den Töchtern sollen die Mütter vor allem auf die Entwicklung des Schamgefühls achten, denn das ist eine unabdingbare Voraussetzung für die spätere Heirat der Mädchen, aber auch auf andere Eigenschaften, die die Männer schätzen: Folgsamkeit, Vorsicht, Geschick, ausgeglichenes Wesen, Bescheidenheit und Fleiß. Bei den Söhnen sollen sie deren moralischen und religiösen Lebenswandel überwachen und sich dabei des einzigen Instruments bedienen, das ihnen zur Verfügung steht, der Ermahnung, sei es nun direkt oder durch die Vermittlung von Vertrauten. Das Vorbild für diese doppelte pädagogische Aufgabe ist Monika, die Mutter des Heiligen Augustinus, Verkörperung aller mütterlichen Tugenden und Vorbild für alle Eltern. Die Anstrengungen Monikas zur Bekehrung ihres Sohnes hatten schließlich Erfolg, und das gibt auch in scheinbar verzweifelten Fällen Hoffnung.

Aber vielleicht offenbart dieses Vorbild in den von ihr eingesetzten Mitteln, Gebeten und Tränen, auch die Schwachstellen in den erzieherischen Möglichkeiten der Frau. Denn just in dem Moment, da die Familie in Kultur und Ideologie des 15. Jahrhunderts einen zentralen Platz einnimmt, sieht die Frau in ihrem traditionellen Lebensraum Einfluß und Achtung schwinden. Einzig die Religion bewährt sich wieder einmal als ein Feld, in dem sich, zumindest theoretisch, für die Frau die Möglichkeiten neuer Initiativen eröffnen. Die Debatte um eine Renaissance der Frauen, die durch den bekannten Aufsatz von Joan Kelly[74] eröffnet wurde, hat klar gemacht, daß die Macht der Frauen im Mittelalter fortschreitend abnahm. Die Hypothese von David Herlihy[75], einzig charismatische *Frauenge*stalten wie Katharina von Siena, Margery Kempe, Juliana von Norwich oder Katharina von Genua verliehen der Rede von einer weiblichen Renaissance einen Sinn, wird dadurch erhärtet, daß die Traktate des 15. Jahrhunderts nur eine echte Neuigkeit verkünden: Auch Frauen haben eine Seele.

Aus dem Italienischen von Ulrich Hausmann

5

FRAUENMODEN UND IHRE KONTROLLE

Diane Owen Hughes

Mit dem Beginn der Renaissance hatte sich bei den meisten Gesellschaftskritikern die Ansicht durchgesetzt, daß Mode eine Vorliebe der Frauen sei, womit sie eine Verbindung zwischen Kleidern und weiblichem Geschlecht bekräftigten, die für die folgenden Jahrhunderte gültig bleiben sollte. »Die Dame Mode und die Dame Eleganz sind Schwestern«, Göttinnen eher als Götter, erklärte ein begeisterter und insgesamt wohlwollender Beobachter ihres Fortschritts im Frankreich Ludwigs XIII., »denn die Mode ist eine Krankheit der Frauen, während sie bei den Männern eine einfache Leidenschaft ist. Wir schätzen die Formen, die im Schwange sind, sie dagegen lieben sie abgöttisch.«[1] Der Zusammenhang war freilich schon im kaiserlichen Rom Satirikern und Moralisten aufgefallen, die den Hang der Frauen zu kostbaren Kleidern verhöhnten und verspotteten. Frühchristliche Kritiker wie Klemens von Alexandria und Tertullian griffen deren Stil auf und entwickelten ihn weiter.

Ihre Argumente verloren jedoch in den langen Jahrhunderten der germanischen Besiedelung, die ein neues, weniger städtisch geprägtes Europa schuf, an Überzeugungskraft und auch an Publikum. Zwar fanden die Germanen mehr Geschmack am römischen Luxus, als Tacitus zugeben wollte, doch die Moralisten unter ihnen beschrieben ihn eher als ein männliches Laster. Es ist wahr, daß der heilige Aldhelm angelsächsische Nonnen kritisierte, weil sie Atlaswäsche, scharlachrote Überkleider, mit Seide besetzte Ärmel und pelzverzierte Schuhe trugen, doch hielt er diese Kleidung wegen ihrer Berufung als Nonnen für verwerflich,

nicht wegen ihres Geschlechts. Als sein Landsmann Alkuin der weltlichen Gesinnung in England die Schuld an den Überfällen der Dänen
gab, richtete er seine Mahnungen an Männer – an Kleriker und Höflinge. So schenkten auch dort die ersten mittelalterlichen Luxusordnungen,
von Karl dem Großen und seinem frommen Sohn verfügt, der Kleidung
oder Prachtentfaltung der Frauen keine besondere Aufmerksamkeit.

Eine außergewöhnliche Vorliebe für das Äußere

Auch die modische Revolution des hohen Mittelalters verstand man
zunächst nicht als eine Verschwörung der Frauen. Während der wirtschaftliche Aufschwung Luxusgegenstände einem größeren Kreis
zugänglich machte und bessere Verkehrswege die Verbreitung der Mode
förderten, ließen die neue Pracht und Form der Frauenkleider allmählich
aufmerken. Kritik rief jedoch der Umstand hervor, daß die Männer sie
übernahmen. Nicht in den enganliegenden, verlängerten Kleidern der
Frauen entdeckten klösterliche Chronisten des 12. Jahrhunderts Zeichen
des Sittenverfalls, sondern eher in der engen Schnürung und den übertriebenen Schleppen der Männer, deren wallende Locken und gezierter
Gang den transvestitenhaften Angriff auf die Manieren einer kriegerischen Vergangenheit vervollständigten. Aber sie führten auch die Erfindung einiger ganz besonders abscheulicher Moden direkt auf männliche
Eitelkeit zurück. Ordericus Vitalis etwa geißelte die neue Mode der langen, spitz zulaufenden Schuhe, die er Fulco von Anjou zuschrieb, der sie
entworfen habe, um die Form seiner mißgebildeten Füße zu verbergen.[2]
   Binnen eines Jahrhunderts hatte sich der Blick des Moralisten jedoch
auf die Frauen und ihren immer unersättlicheren Appetit auf Mode
gerichtet. Die Charakterisierung der Margerete von Provence als mode-
hungriger Königin, die einen sich sträubenden Ludwig IX. zu überreden
versuchte, prächtige, seinem königlichen Rang angemessenere Kleidung
einzuführen, ist ein einschlägiges Beispiel. Robert de Sorbons Geschichte sollte die berühmte asketische Einstellung des Königs veranschaulichen, aber sie zeugt auch von einer neuen Sicht, die Frauen mit unnatürlichen Pfauen verglich. Denn Margerete ließ anscheinend erst von ihren
Forderungen ab, als ihr Gemahl verlangte, daß sie dann ihrerseits bescheidenere Gewänder tragen müsse – ein Verzicht, zu dem Frauen
immer weniger bereit waren. Indem er auf die Putzsucht der Frauen
anspielte und sie zu einem frauenfeindlichen Thema entwickelte, alle-
gorisierte und förderte der *Roman de la Rose* einen Appetit, der schon im
Begriff war, eine breite europäische Gefolgschaft zu gewinnen und so
die Männerwelt zu verschlingen drohte. Nicht mehr zufrieden mit pelz-
verbrämten Kleidern, feinen wollenen Strümpfen, Schuhen mit spitzen

Kappen, kostbaren Umhängen und raffinierten Frisuren, hungerten unersättliche Modenärrinnen des 13. Jahrhunderts nach einem Stück vom
Körper ihrer Liebhaber (»*un tronson de vo pel*«), um es an die Säume ihrer
Gewänder zu heften – zumindest behauptete das der Autor eines zeitgenössischen Rondeaus. Die neue Auffälligkeit der Frauen in der Welt
der Mode erforderte eine Erneuerung des alten Verhaltenskodexes. Wie
in der Vergangenheit Männer gerügt worden waren, weil sie die Moden
der Frauen übernahmen, wurden nun Frauen wegen ihrer männlichen
Aufmachung getadelt: daß sie wie Amazonen durch die Straßen im Mailand des 14. Jahrhunderts stolzierten, mit goldenen Gürteln und Schna-
belschuhen als Symbolen einer martialischen männlichen Gesinnung,
oder daß sie in England in zweifarbigen Überkleidern, mit Dolchen am
Gürtel zu Turnieren ritten, so daß sie den Teilnehmern ähnlicher waren
als den Zuschauern. Nach und nach verlagerte sich die Verantwortung
für Veränderung und Verbreitung der Mode ebenfalls auf Frauen. So wiesen englische Chronisten darauf hin, daß die flämischen, französischen
und mitteleuropäischen Moden, die einen verderblichen Einfluß auf den
englischen Hof des 14. und 15. Jahrhunderts auszuüben schienen, von
den ausländischen Gemahlinnen der Könige eingeführt worden waren.
Im 16. Jahrhundert ließ sich offenbar überall leicht die Schar der Prinzessinnen, die von Kastilien aus in's Ausland verheiratet wurden, als
Ursprung des sich damals ausbreitenden spanischen Stils ausmachen. Als
Katharina von Aragon ihre Hochzeit in London feierte, bemerkten die
Engländer schnell, daß ihre Kleidung »die seltsame Vielfalt des Gewands
in Spaniens Landen«[3] ausdrückte. Die Franzosen waren noch strenger
und warfen Leonore von Kastilien nicht nur vor, in Frankreich spanische
Mode zu tragen, sondern auch den König zu drängen, sich dieser Mode
anzupassen. Im Zuge dieser Entwicklung wurden die Frauen die sichtbare Verkörperung einer *varietas vestium*, die auch als Zeichen politischer Zersplitterung und moralischer Verwirrung gedeutet werden konnte, da ihre Kleidung die schicklichen Grenzen von Nation, Geschlecht
und sogar Stand zu verwischen schien:

»Sie sind nach Bauernart gekleidet und mit französischem Umhange
in der Taille ganz männlich geschnürt,
die Spitzen groß nach deutscher Tracht,
so rein und weiß wie ein Hermelin.
Sie tragen an ihren Hauben ein Visier
und kurze Kapuzenmäntel gleich den Rittern,
eng am Unterleibe
und oben weit geschnitten nach englischer Art.«[4]

Dennoch kann man schwerlich behaupten, daß nun die Frauen sämtliche Erzeugnisse des bedeutenden Luxusgewerbes Europas an sich
gerissen hätten. Eine französische Prinzessin mochte für ihre Hochzeit

1351 ein Kleid aus tiefrotem Samt, »bestickt mit reichen und mannigfaltigen Mustern aus großen und feinen Perlen«[5], verlangen, aber ihr Bruder,
der Dauphin, übertraf sie eher noch in seinem gestreiften Umhang, der
aus einem mit Gold- und Silberfäden gewebten und mit mindestens
zweitausend großen Perlen bestickten Tuch gefertigt war. Auch beteiligten sich die Frauen keineswegs allein am Wettlauf der Mode. Wenn sie
auch allzu gern den Versuchungen aus der Fremde erlagen, so unterschieden sie sich doch nicht sonderlich von dem jungen Edelmann aus
Genua, der mit deutschem Hut und deutschen Stiefeln, katalanischem
Gürtel, italienischem Wams und einem Mantel aus englischem Tuch,
aber in burgundischem Schnitt, am Hof von Mailand auftrat. Tatsächlich
lassen Kleidungsinventare darauf schließen, daß es im Rom der Renaissance eher die Männer waren, die sich à la mode kleideten. Warum aber
wurde dann trotzdem die Last der Mode den Frauen aufgebürdet?

KLEIDUNG, KONSUM UND STATUS DER FRAU

Die wirtschaftlichen und gesellschaftlichen Veränderungen des 11. und
12. Jahrhunderts waren aus Tuch gewirkt worden, das nicht nur ein
Haupthandelsartikel auf Europas größer werdenden Märkten und ein
gewerbliches Grunderzeugnis der noch jungen Städte war, sondern auch
ein wesentliches Mittel, um die Unterschiede einer neuen Gesellschaft zu
kennzeichnen. Schweres Tuch, häufig im Osten gewebt, das früher als
unveränderliches Symbol eines besonderen Ranges oder außergewöhnlicher Macht gedient hatte, war jetzt im eigenen Land zu haben, so daß
die zahllosen gesellschaftlichen Veränderungen, die durch die politische
und wirtschaftliche Neuordnung des hohen Mittelalters herbeigeführt
worden waren, an der Kleidung sichtbar gemacht werden konnten. Tuch
und die daraus gefertigte Kleidung wurden bald zum herausragenden
Merkmal des Status und Zeichen sozialer Mobilität, ebenso zu einem Mittel gesellschaftlicher und politischer Distinktion. Der neue Wohlstand erlaubte höhere Ausgaben für Kleider, und diese erhielten nun eine neue
Bedeutung. Am Hof gingen Tuche durch die Hände von Königen und
Fürsten, nicht nur, um Patronage und Hierarchie zu kennzeichnen, sondern auch, um alte Abgrenzungen zu verwischen und neue durchzusetzen. So soll das von Philipp dem Schönen 1294 erlassene Luxusgesetz,
welches dem Bürgertum die Kleidungsmerkmale des Adels verwehrte, in
Wahrheit ein Zugeständnis an den Adel gewesen sein, dem die Förderung jenes wertvollen und chamäleonartigen Standes seitens des Königs
mißfiel. Am Hof Renés von Anjou im 15. Jahrhundert, wo das Schenken
und Tragen von Tuchen lange ein Zeichen königlicher Patronage und

Wertschätzung gewesen war, unterschied ein um 1470 erkennbarer Wandel die königliche Familie von andern, indem ihr bestimmte Stoffarten und Trachten allein vorbehalten waren. In den Städten verbot die Obrigkeit Kronen, Schleppen, mit Gold und anderen Edelmetallen durchwirkte Stoffe, Hermelinbesatz und andere Anmaßungen aristokratischer Mode, während sie gleichzeitig einen sichtbaren Ausdruck ihrer neuen politischen Ordnung zu schaffen suchte. Hier traf jedoch das Fehlen fester gesellschaftlicher Abgrenzungen mit einer breiten Verfügbarkeit von Stoffen zusammen, was zu Ausschweifungen in der Mode führte, die so bedrohlich für die soziale Stabilität waren, daß viele Städte dazu übergingen, mit Hilfe immer neuer Luxusgesetze die Tracht ihrer Bürger von der Wiege bis zur Bahre zu regeln.

Kleidung als soziale Kennzeichnung

Frauen waren besonders anfällig für die gesellschaftliche Anpassung, die die Tracht erlaubte; denn ihre sichtbaren Merkmale halfen ihnen, eine soziale Identität auszubilden und zu festigen, eine Identität, die zwangsläufig fließender war als bei den Männern, die ihr den Rahmen gaben. Der fast gleichzeitig mit dem Anstieg der Tucherzeugung im 12. und 13. Jahrhundert einsetzende Wandel verdeutlichte auch die Ambivalenz ihrer gesellschaftlichen Stellung und machte sie abhängiger von den Distinktionen und Definitionen der Kleidung. Die patrilineare Organisation, darauf angelegt, Wohlstand und gesellschaftliche Stellung der Familien zu wahren, indem Ansprüche auf ihr Vermögen eingeschränkt wurden, machte die Ehefrau zu einer Außenseiterin, deren Abstammung sie nicht nur von ihrem Mann unterschied, sondern gewissermaßen auch von den Kindern, die sie ihm und seiner Sippe gebar. Ihre optische Integration wurde also notwendiger, um diesen Unterschied für die Dauer der Ehe zu verdecken und die Illusion einer vollkommenen ehelichen Verbindung zu schaffen. Eine ungewöhnliche Liste von Kleidungsstücken, die unter Umgehung eines gerade erst verkündeten Luxusgesetzes 1343 in Florenz amtlich zugelassen wurden, gibt uns die seltene Gelegenheit, einen Blick auf einen solchen Prozeß zu werfen. Die identischen Trachten der Ehefrauen aus der Familie Albizzi zeigen ein klares patrilineares Muster in einer Orgie städtischer Farben. Leuchtend weiße Umhänge, bestickt mit Efeu und roten Weintrauben, bemäntelten die Herkunft der Ehefrauen aus verschiedenen Teilen der Stadt und machten sie deutlich sichtbar zu Vertreterinnen der Sippe der Albizzi. Auch ohne diese heraldische Bedeutung sollten Kleider- und Schmuckgeschenke, die Männer ihren Frauen anläßlich der Hochzeit überreichten, nicht als reine Luxusgegenstände für die Aussteuer gesehen werden, sondern als das Mittel, durch das ein Ehemann vorgeben *konnte, seine* nackte Griseldis einzukleiden und ihr gleichzeitig damit ein unmißverständliches Zeichen seiner Ansprüche aufzudrücken. So betrachtet, lehnten Königinnen, die beharrlich die Moden ihres Heimatlands zur Schau trugen, ganz offensichtlich sowohl den Stempel der ehelichen als auch der nationalen Zugehörigkeit ab. Ebenso drohten Bürgersfrauen, die ihre Kleider nach den Launen der Mode wechselten, eine individuelle Persönlichkeit zu entwickeln, die die Autorität eines Ehemanns herausforderte und die kollektive Identität einer Familie schwächte.

Mitgift und Hochzeitsgeschenke

Gleichzeitig wurde die Eheschließung zu einem immer wichtigeren gesellschaftlichen Ritus, in dem sich die gesellschaftliche und politische Neuordnung einen sichtbaren Ausdruck schuf. Daß die Kirche mit mehr Nachdruck auf der Monogamie bestand, stärkte sicher die Stellung der Braut und gab der privaten Verbindung zugleich religiöse Bedeutung. Die Aussteuer, die bei der öffentlichen Zeremonie getragen und zur Schau gestellt wurde, war ein Zeichen der Ehre, die die Braut von ihrem Elternhaus mitbrachte, die Kleidung, die sie von ihrem Mann erhielt, ein Beweis der Ehre, die ihr im neuen Heim zuteil werden sollte. Nur das Begräbnis konnte sich als Mittelpunkt der allgemeinen Aufmerksamkeit und Zurschaustellung von Luxus mit der Hochzeit messen, und Hochzeiten forderten einen Wettstreit im Schenken heraus, da jede Seite sich bemühte, die andere zu übertrumpfen und größeren gesellschaftlichen Nutzen aus der Verbindung zu ziehen.

Die Braut, der höchste Preis in diesem Turnier der Werte, war auch die Nutznießerin eines Tausches, der durch die Erfindungen eines expandierenden Modegewerbes immer aufwendiger wurde. Es überrascht nicht, daß Hochzeiten deshalb zu den ersten Luxusereignissen zählten, die durch städtische Gesetzgebung kontrolliert wurden. Während in manchen deutschen Städten die Geschenke an den Bräutigam so wertvoll waren, daß sie als Luxus beachtet und kontrolliert wurden, konzentrierte sich südlich der Alpen alles auf die Braut. Zwar durften nur wenige hoffen, mit der außergewöhnlichen Aussteuer an Gewändern in glitzernder Pracht – darunter ein mit 8966 Perlen und 70 Unzen Silber besticktes Kleid – konkurrieren zu können, die Ippolita Sforza in ihre Ehe mit Alfonso von Aragon 1465 einbrachte. Doch auch Bürgersfrauen erschienen an der Türschwelle ihres Ehemanns mit mehreren Kleidern, Ärmeln und Mänteln, zahlreichen Hüten und Schleiern, verschiedenen Paaren von Sandalen und Schuhen, einer Menge Schmuck, dazu Börsen und zahllosen kleineren Gegenständen. In demselben Maß, in dem die

Bedeutung der Heirat die gesellschaftliche Bedeutung der Brautausstattung steigerte, wuchs sie an Umfang und Vielfalt. Ihr steigender Wert verdrängte allmählich das Bargeld, das sonst die Mitgift ausmachte, und forderte Kritik und später gesetzliche Beschränkungen heraus. Von Ippolita Sforzas riesiger Mitgift im Wert von 200 000 Florin hatte die juwelenverzierte Aussteuer etwa ein Drittel ausgemacht, einen Anteil, den viele städtische Gesetzgeber als Norm anstrebten.

Vergängliche Stoffe und verderbliches Fleisch

Während der Bargeldanteil der Mitgift die Ehe sicherte und die Kinder aufziehen half, konnte das Tuch der Aussteuer zu Staub zerfallen – ein Gegensatz, der durch die Herrschaft der Mode noch verstärkt wurde. Die geschlitzten Ärmel und gestreiften oder zweifarbigen Gewänder des späten 14. Jahrhunderts waren von anderer Art als die langen Schleppen und Ärmel, an denen in den frühesten Luxusgesetzen Kritik geübt worden war, denn sie verarbeiteten den Stoff, aus dem sie gemacht waren, viel intensiver. Solche Kleider, übersät mit Löchern oder aus Tuchstreifen zusammengestückelt, ließen sich nicht leicht wieder auftrennen und für künftige Generationen umschneidern. Der auf diese Weise zunehmende Verbrauch wurde durch den Modeboom der Renaissance noch beschleunigt. Einer ihrer wichtigsten Chronisten, Cesare Vecellio, verzweifelte über der Aufgabe, eine vollständige Darstellung der Frauenkleidung zu schreiben, denn »sie ist ständig Veränderungen ausgesetzt und unbeständiger als die Umrisse des Mondes ... Man müßte sogar befürchten, daß, während ich noch dabei bin, sie zu beschreiben, schon eine andere [Mode] aufkommt; so ist es für mich unmöglich, alles zu erfassen.«[6] Der schnelle Wechsel der Mode ließ Aussteuern veralten und machte Kleider zu einem weniger dauerhaften Gut, das nicht irgendwann an Töchter weitergereicht, sondern rasch an Mägde verschachert wurde, deren reiche Kleidung dann die soziale Rangordnung durcheinanderbrachte und beißenden Spott auslöste. Das Bedürfnis, mit den immer launischer werdenden Forderungen der Mode mitzuhalten, brachte die Frauen dahin, die modischen Kleider ihrer Aussteuer durch einige Stoffballen zu ergänzen; ihre Männer trieb es dazu, die neuen Moden an Rüschen, Miedern und Ärmeln gesetzlich zu verbieten, weil sie drohten, das Familienvermögen schon während der Ehe aufzuzehren, falls sie sich dem Druck der Gesellschaft nicht widersetzten und die Garderobe ihrer Frauen nicht auf dem letzten Stand hielten.

Die Mode wurde so ein wichtiger Faktor der gesellschaftlichen Definition der Frau, die ihre sozialen Merkmale gleichsam auf der Haut trug. Vecellios Beschreibung einer Mode, die so wechselhaft wie der Mond

sei, wird begleitet von seiner Beobachtung der »Unbeständigkeit und der
für Frauen typischen Vorliebe für Abwechslung«.[7] Wie die Schneider-
scheren Tuch von einem Produktions- und Tauschartikel in Luxusgüter
verwandelten, schnitten sie gewissermaßen auch die Frauen ab von
einem Reproduktionssystem, das auf Tausch beruhte. Sie wurden wie die
Kleider, die sie trugen, zu statischen Luxussymbolen, die in ihrem gesellschaftlichen Wert aufgingen, und zerstörten dadurch ein System demographischer und sozialer Reproduktion. Der Ruf nach neuen Luxuskon-
trollen in Florenz im Jahre 1433, nachdem ein knappes Jahrhundert der
Heimsuchung durch die Pest das Bewußtsein für Bevölkerungsprobleme
geschärft hatte, bringt das fast wörtlich zum Ausdruck, wenn die
modebewußten Frauen angegriffen werden, die »ihre Ehemänner durch
ihr honigsüßes Gift dazu bringen, sich ihnen zu unterwerfen und nicht
daran denken, daß sie Kinder in sich tragen, die von Männern gezeugt
werden und wie ein Beutel den vollendeten, natürlichen Samen ihrer
Ehemänner aufbewahren zur Hervorbringung von Menschen, und die
vergessen, daß es der Natur widerspricht, wenn sie sich mit so aufwen-
digem Zierat schmücken, während eben diese Männer Abstand nehmen
müssen vom Ehestand wegen der unerträglichen Kosten; und so nimmt
die menschliche Natur selbst Schaden, denn die Frauen sind dazu geschaffen, die Stadt mit Kindern zu füllen und die Keuschheit in der Ehe
zu bewahren und nicht zur Verschwendung von Silber, Gold, Kleidern
und Schmuck.«[8]

Indem sie die »wilde und ungezähmte Tierhaftigkeit der Frauen« zum
Vorwand ihrer Luxusgesetze machten, lenkten die Florentiner die Aufmerksamkeit auf die fleischliche Sexualität, die von der Kleidung eher
herausgestrichen als verhüllt wurde. Für den Gegensatz zwischen einer
sozial bedrohlichen Sexualität, die gewöhnlich mit Fleisch, Fäulnis und
Frauen verknüpft ist, und einer durch die männliche Linie verbürgten
Fruchtbarkeit liefert die Beziehung der Frauen zur verzehrenden Kraft
der Mode in der Renaissance ein anschauliches Beispiel.

Der vergängliche Charakter des Tuches unterstreicht auch die Beziehung zwischen den Frauen und der Verderblichkeit des Fleisches.
Fast von Anfang an hatte Mode dazu gedient, einen religiösen Gegensatz
zwischen dem reinen, ewigen Geist und dem käuflichen, sterblichen
Fleisch zu betonen. In einem der frühesten literarischen Belege für das
Motiv fragen drei Männer, die zu einem geistigen Verständnis der Welt
angeleitet werden sollen, beim Anblick eines Leichnams, dessen äußere
Würde sich mit seinem Fleisch verflüchtigt: »Wo sind die schönen Kleider mit den goldenen Gürteln, wo der Fingerschmuck mit den Edel-
steinringen?«[9] Zu dieser Aufzählung der Kleidung fügten spätere Lobes-
hymnen der Konfratres Kleider, Hüte und modischen Zierrat hinzu, die
modernd – zusammen mit Augen, Fleisch und Haarteilen – in der

Unordnung des Grabes lagen. Die Mode nährte eine makabre Phantasie, die unter dem verschwenderischen Plunder stets das vergängliche Fleisch imaginierte.

Im Zuge der inflationären Entwicklung der Mode besetzten Frauen im 15. Jahrhundert einen zentralen Platz in volkstümlichen Darstellungen des Makabren, so etwa in einer Darstellung des »Triumphs des Todes« aus Palermo. Dort bilden die kostbaren Edelsteine, Kleider und kunstvollen Frisuren einer Gruppe müßiger Modepuppen einen höchst lebhaften und treffenden Kontrast zur jähen häßlichen Wut des Todes. Bei intimeren Begegnungen trug die Kleidung oft zur Erotik des Makabren bei. Nikolaus Manuel Deutschs fesselndes Bild von 1517 schildert eine recht verbreitete Vorstellung: die Umarmung einer jungen Frau durch den Tod in Gestalt eines verwesenden Leichnams. Er vertieft jedoch das erotische Element, indem er sie in ein modisches und verlockendes Gewand kleidet, unter dessen angehobene Röcke der Tod seine knochigen Finger streckt. Ihr Kleid deutet eine Sexualität an, die nicht nur den Kuß des Todes herausfordert, sondern auch eine männliche Lust anstachelt, die keine Leibesfrucht erzeugen wird. Modisch gekleidete Frauen – »bemalte Särge mit verrottenden Knochen«, wie ein englischer Kritiker sie beschrieb [10] – werden so zum drastischen Symbol einer allzu vergänglichen materiellen Welt, von Anfang an verdorben durch Evas Sünde.

MODE FÜR DIE TÖCHTER EVAS

Als Töchter Evas litten die Frauen des mittelalterlichen Europa außerdem unter der christlichen Deutung, nach der Kleider eher ein Beweis für die Entfaltung der Sünde als eine Spiegelung des Zivilisationsprozesses waren. Durch die Sünde notwendig geworden, stieß die Kleidung den Menschen zurück und kehrte den Schöpfungsvorgang gewissermaßen um. Denn die Felle, in die Adam und Eva ihre Nacktheit gekleidet hatten, waren das äußere Zeichen einer neuen Tierhaftigkeit, die ihre Ähnlichkeit mit dem Gott, der sie nach seinem Bild geschaffen hatte, verringerte. »Dann gelangte man zur Wolle, dann zum Raupenkot, d. h. zur Seide, dann zum goldglänzenden Tuch, schließlich zu Edelsteinen«, so umrissen unzählige Predigten die Degeneration. [11] Je prächtiger die Kleidung, desto deutlicher war sie ein Zeichen für den Abstieg des Menschen innerhalb der Schöpfung: von den Göttern zu den Tieren, die auf der Erde leben, zu denen, die unter ihr kriechen, und schließlich zur reglosen und unfruchtbaren Welt der Metalle und Steine.

Die Kleidung, Symbol der Sünde

Wenn die Kleidung schon ein Ergebnis und Zeichen der Sünde für die ganze Menschheit war, mußte sie dann nicht ein noch viel mächtigeres Symbol bei jenen sein, die nach dem Bild Evas geschaffen waren, die ja den Sündenfall verschuldet und damit den Prozeß des Bekleidens in Gang gebracht hatte? Die Stimme Tertullians hallte durch die christlichen Jahrhunderte wider und erinnerte die Frauen als Töchter Evas an ihr besonderes Verhältnis zur Kleidung, die er in seinem einflußreichen *De Habitu Muliebri* geißelte:

»Wohlan, wenn von Beginn der Welt an die Milesier Schafe schoren, die Serer Seide von den Bäumen sponnen, die Tyrer färbten, die Phryger stickten, die Babylonier webten, wenn die Perlen hell glänzten und die Edelsteine funkelten, wenn selbst das Gold schon mit Gier aus der Erde drängte und der Spiegel sogar schon lügen durfte, hat dies bereits Eva begehrt, als sie aus dem Paradies vertrieben, also bereits tot war? Ich denke nicht. Also darf sie, sofern sie wiedergeboren werden will, auch jetzt kein Verlangen danach oder auch nur Kenntnis davon haben. Was sie nicht besessen noch überhaupt gekannt hatte, als sie in Gott lebte, all dies ist der Ballast einer gestraften und todgeweihten Frau, gleichsam für ihren Leichenzug geschaffen.«[12]

Das Begräbnis war nicht nur ihr eigenes, denn der Putz, Symbol ihres Stolzes und ihrer Wollust, spielte auch eine aktive Rolle bei der Zerstörung der Zivilisation selbst. Moralisten unterstrichen die eigentümliche Tierhaftigkeit, indem sie auf zwei Stücke des Putzes besonderes Augenmerk richteten: Schleppen, deren lateinischer Name *(cauda)* zum Vergleich mit einem Tierschwanz herausforderte, und phantastische Frisuren, deren hochstehende Haarbüschel und Form an einen Scheunenhof denken ließen. Eine französische Satire beschrieb Frauen, die *cornettes*, Kopfputz mit zwei Spitzen, aufsetzten, als wutschnaubende Teufel, die Männer auf ihrem Weg stachen und schlugen – als wollte sie andeuten, daß Frauen mit solchen frivolen Moden die erfolgreiche Verführung Adams durch Eva auf ewig wiederholen könnten.

Nach Thomas von Aquin durfte die Liebe der Frauen zu Kleidern noch als läßliche Sünde behandelt werden, soweit sie aus Eitelkeit und nicht aus sinnlicher Begierde erwuchs, doch spätere Prediger der Bettelorden betrachteten sie als Todsünde. Sie entdeckten die Mode als einen Schlüssel zum Verständnis der sozialen und moralischen Krise ihrer Zeit. Bernardino da Siena und seine Observantengefolgschaft, die im 15. Jahrhundert in einer Zeit lokaler Heimsuchungen durch die Pest und einer globalen Bedrohung durch den türkischen Vormarsch predigten, prangerten die Kleidung der Frauen als eine Hauptursache für den Niedergang des Christentums an. Zunächst, so argumentierten sie, erhöhten die Frauen ihre Ansprüche an Mode so sehr, daß Eheschließungen solange hinausgezögert wurden, bis die Stücke einer ständig anwachsenden Aussteuer gekauft und bezahlt werden konnten. Dadurch verhinderten sie ein Ansteigen der Geburten, das nötig war, um den Bevölkerungsrückgang zu überwinden. Schlimmer noch war, daß die fehlende Heiratsmöglichkeit die Perversion der Homosexualität förderte: »Wer kann soviel ausgeben?« fragte Bernardino. »Und daher mangelt es an Bevölkerung, und die Sodomie nimmt weiter zu.«[13] Die Verfeinerung der Mode bis hin zum Gold, Silber und den Edelsteinen, die in die Gewänder des 15. Jahrhunderts gewoben wurden, signalisierte und reproduzierte so ganz im wörtlichen Sinn die Unfruchtbarkeit ihrer geologischen Herkunft.

In dem Maß, in dem die christliche Gesellschaft durch die Mode geschwächt wurde, so der Gedankengang der Mönche, wuchs der Reichtum der Juden, mußten sich doch die Männer an jüdische Wucherer wenden, um die Putzsucht ihrer Frauen und Töchter befriedigen zu können. Diese stille Partnerschaft zwischen der Modenärrin und dem jüdischen Geldverleiher stellte die höchste Perversion der natürlichen Ordnung dar. Nicht nur, weil Juden auf Kosten von Christen reich wurden, sondern auch, weil der Ablauf der natürlichen Fruchtbarkeit dadurch verkehrt wurde. Während die kostspieligen Moden der Frauen die menschliche Fortpflanzung erschwerten, erlaubten sie auch dem Wucherer, Geld in einer Weise zu vermehren, die jeder Aristoteliker für unnatürlich hielt. Jene Welt aus Gold und Stein, die zugleich den Gipfel der Mode und den Abgrund der Menschheit darstellte, erlangte somit die endgültige Vorherrschaft.

Nicht wenige fühlten sich herausgefordert, eine derart ernste gesellschaftliche und moralische Deutung der Mode abzuwehren, so etwa Chaucers unbezähmbare Frau aus Bath, die die kirchliche Ermahnungen mit folgenden Worten abtat:

»Du sagst auch ferner, wenn wir mit Geschmeiden
Uns schmücken oder prächtig kleiden,
Das könne unsrer Keuschheit Schaden bringen;
Und doch, o Schande! – mußt du dich dann zwingen
Und so in des Apostels Namen sagen:
›Ihr Weiber sollt nur solche Kleider tragen,
Die man mit Keuschheit und mit Scham gemacht,
Nicht Lockenhaar, nicht reicher Stoffe Pracht,
Nicht Perlen, Gold und schimmerndes Gestein!‹
Nach deinem Text und deinen Litanein
Richt' eine Mücke sich wohl mehr als ich.«[14]

Das scheint die Antwort der Frauen in Flandern und im Artois gewesen zu sein, die im Gefolge einer Predigtreise des Bettelmönchs Thomas Couette im Jahre 1428 gezwungen waren, auf ihre aufgetürmten Frisuren zu verzichten. Sobald sich das Feuer seiner Redekunst abgekühlt hatte, warfen sie die schlichten Bauernhauben, die er empfohlen hatte, fort und bauten die Türme noch höher als zuvor. Wenn wir solche individuellen Reaktionen herausstellen, unterschätzen wir freilich leicht das Gesamtgewicht der Herausforderung durch die Bettelmönche, die über mehrere Generationen von Sizilien bis nach Flandern, von Spanien bis nach Ungarn und Dalmatien gegen die Torheiten der Mode zu Felde zogen und dabei oft Aufruhr erregten, der sich in öffentlichen Läuterungsriten ausdrückte.

Die Herausforderung der Bettelorden

Monarchische Regierungen waren vermutlich für die von den Mönchen geforderten Veränderungen am wenigsten aufgeschlossen. In Aragon war zwar die Königin selbst so von den Predigten angerührt, daß sie die Schleppen ihrer Kleider beschnitt, um ihren Untertanen ein Beispiel zu geben. Doch solche Vorbilder bei Hofe wirkten sich selten auf die Gesetzgebung eines Königreichs aus. Hierarchische Erwägungen machten die Kleidung zu einem zu wertvollen Kennzeichen gesellschaftlicher Unterschiede, als daß man ihre Neubestimmung nach strikten Kategorien des Geschlechts zugelassen hätte. Als Isabellas franziskanischer Beichtvater über den Luxus und die Zügellosigkeit am spanischen Hof klagte, antwortete sie, indem sie die Schlichtheit ihrer eigenen und der Kleidung der Hofdamen mit der prachtvollen Tracht der Männer verglich. Als sie und Ferdinand jedoch bald darauf eine ganze Reihe von Luxuserlassen verkündeten, blieb der gesellschaftliche Rang als Kriterium bestimmend, nicht das Geschlecht – ebenso wie in den Königreichen im Norden.

So wurde die Botschaft der Bettelmönche vor allem in den Städten, von denen viele ihren Wohlstand dem Bekleidungsgewerbe verdankten, durch Luxusgesetze von der geistlichen und weltlichen Obrigkeit durchgesetzt. Diese Gesetze zielten bewußt auf die Mode der Frauen ab, die wie eine einzige Gruppe ohne soziale Rangunterschiede behandelt wurden. Mancherorts wurden auch die Sonderrechte abgeschafft, die es früher den Frauen und Töchtern von Adligen, Ärzten und Juristen erlaubt hatten, sich der vollen Strenge der Kleiderkontrolle zu entziehen. Die Tatsache, daß ihre Kleidung die soziale Hierarchie bekräftigte, schien nun weniger wichtig als die sexuelle Botschaft, die sie vermittelte. Was Luxus in der gesamten städtischen Welt bedeutete, macht die eindringliche Rhetorik der Bettelmönche klar: »Warum sieht man bei der Frau besohlte Stiefel und manchmal, nach Art von Räubern, geteilt, lang und bis zum Hintern hochgezogen, warum rote Schuhe, goldene, durchbohrte, geschnäbelte, Schuhe mit Kork und bunt bemalte? Was könnten Huren noch mehr tun?«[15] Frauen, die sich mit prächtigen Kleidern über das Luxusgesetz hinwegsetzten, liefen fortan Gefahr, nicht für Adlige, sondern für Prostituierte gehalten zu werden. Schleppen z. B., früher nur wegen der Stoffverschwendung verurteilt, wurden nun ein Versteck von Teufeln, nicht mehr Zeichen aristokratischer Stellung. Manche schrieben ihre Erfindung nicht dem Hof, sondern dem Bordell zu. Deshalb wohl verschonte der Bischof von Ferrara nur Prostituierte vor der Exkommunikation, die ansonsten allen Frauen drohte, die in seiner Stadt Schleppen trugen. Stadträte änderten oft die Kleidervorschriften für Prostituierte: Sie durften nun die Zeichen und entwürdigenden Trachten der Vergangenheit abwerfen und die verschwenderischen Moden tragen, die anderen Frauen fortan verboten waren. So hofften manche Städte, Männer von dem schwerer wiegenden Vergehen der Homosexualität abzubringen, indem sie die Reize der Prostituierten steigerten, während andere einfach Montaignes Anregung vorwegnahmen, daß die Zuweisung von Luxus an Prostituierte die wirkungsvollste Art sei, ihn verächtlich zu machen. Ein solches Programm spiegelt dennoch eine fortschreitende Sexualisierung und Dämonisierung der Frauenmode.

CHOPINEN, REIFRÖCKE UND DIE FARBE SCHWARZ

Die Geißelung zweier Modeerscheinungen der Renaissance zeigt Möglichkeiten, wie sich kirchliche und weltliche Belange in einer sexuellen Deutung der Frauenkleider verbinden konnten. Beide Moden vermehrten – und das war vermutlich ihr Sinn – enorm die Stoffmenge, die eine Frau an ihrem Kleid zur Schau stellen konnte. Doch der Angriff ihrer Kritiker war eher moralisch als ökonomisch motiviert.

Chopinen, Schuhe, die auf Blöcke aus Leder, Holz oder Kork gesetzt sind, waren im 15. Jahrhundert in einigen italienischen Städten beliebt, ebenso in Spanien, wo Königin Isabellas Beichtvater klagte, daß die ellenhohen Schuhe seiner Zeit die Korkbestände des Landes aufbrauchten. Italienische Obrigkeiten erkannten, daß sich mit ihnen die Gesetze, die durch die Beschränkung der auf dem Boden schleifenden Schleppen den Stoffverbrauch reduzieren sollten, umgehen ließen, weil sie ja die Frauen größer machten. Dennoch wurden die Chopinen nicht wegen der ökonomisch folgenreichen Auswüchse verurteilt, sondern weil sie die Moral bedrohten. Jedem fiel die außerordentliche Unbeweglichkeit der Frauen auf, die in Chopinen wie auf Stelzen gingen. Es waren Schuhe,

in denen sich kaum gehen ließ. Im Venedig des 15. Jahrhunderts wurde
deshalb ein Vergleich mit der chinesischen Sitte, die Füße einzuschnü-
ren, angestellt. Die Gesetzgeber in dieser Stadt verurteilten die Mode
außerdem, weil »schwangere Frauen, die auf der Straße mit so hohen
Holzschuhen gehen und nicht das Gleichgewicht halten können, gefallen sind und bei einem solchen Fall so großes Unglück hatten, daß sie
ihre Kinder verloren und Fehlgeburten erlitten haben und zudem ihr
eigenes Leben gefährdeten«.[16] Da sie Unfruchtbarkeit und seelischen
Schaden förderten, schienen sie eher geeignet für Prostituierte, und einige Stadtregierungen erlaubten sie auch nur diesen. Was ein englischer
Kritiker des 16. Jahrhunderts als »Häftlingsgang« bezeichnete, machte sie
für Bürgersfrauen unbrauchbar, weil sie Frauen in gefesselte Aus-
stellungsstücke verwandelte und sie an der Erfüllung ihrer eigentlichen
Aufgabe hinderte, nämlich der gesellschaftlichen Reproduktion zu
dienen.

Der *Reifrock*, eine der am stärksten verdammten und dennoch verführe-
rischsten Renaissancemoden, scheint eine solche Interpretation auf den
ersten Blick Lügen zu strafen. Zunächst ein Rahmen, der Kleider von den
Hüften abspreizte, wurde daraus schließlich ein Reifen oder eine ganze
Reihe von Reifen, deren schildartige Starre in Italien und Spanien den
Namen *guardinfante* nahelegte. Als Hüftverbreiterer oder *verdugos*
eroberten sie im 15. Jahrhundert den kastilischen Hof, von wo sie durch
die weitreichende Heiratspolitik jenes Hofes ins Ausland gelangten.
Katharina von Aragon und ihre Hofdamen trugen »unter ihrer Taille
gewisse Reifen, welche gemäß ihrer Landessitte die Gewänder von ihren
Körpern abspreizen«[17], wie englische Beobachter sofort bemerkten. Als
Elisabeth I., die sich dafür begeisterte, Königin wurde, waren sie bereits
zu einer vollkommen englischen Mode geworden, so wie die identischen
vertugalles eine französische Mode am Hof Franz' I. geworden waren.
Die Reifröcke wurden kennzeichnend für die Mode der Spätrenaissance.
Sie hielten die Kleider weit von den natürlichen Konturen des Körpers
ab und erforderten, wie die Chopinen, viele Ellen zusätzlichen Stoffs, um
sie zu bedecken. Dennoch griffen auch die Kritiker dieser Mode lieber
moralische als ökonomische Argumente auf und befaßten sich mehr mit
den Geheimnissen, die der Reifrock barg, als mit dem Tuch, das er zur
Schau stellte. Tatsächlich bemerkten einige, so die zwei Genueser
Frauen, die den Stil in einem *Ragionamento di sei nobili fanciulle
genovesi* (1583) mißbilligten, daß außer der Schwierigkeit, durch Türen
zu kommen, »er überaus unbequem für diejenige ist, die sich setzen
möchte, da man ihn [den Reifrock] zuerst mit großer Mühe so hinstellen
muß, daß nicht alles öffentlich preisgegeben wird«.[18] Doch allgemein
beunruhigte weniger, was er offenbarte, sondern vielmehr, daß er die

natürliche Funktion der Frau einengte und das Vergnügen versteckte, das Prostituierte bieten sollten. Wie die Chopinen wurde er kritisiert, weil er im Dienst der Mode den weiblichen Körper verbog und das Austragen von Kindern gefährdete, da die starren Reifen und Stützen dem Wachstum des Fötus zu schaden drohten. Außerdem erlaubte der Reifrock den Frauen eine unerwünschte sexuelle Freiheit, weil Schwangerschaften unter den umfangreichen Gewändern verborgen gehalten werden konnten.

Der puritanische Pfarrer Stephen Gosson ging weiter als die meisten, indem er die Erfindung den Prostituierten zuschrieb, die damit angeblich das feine Gewebe ihrer Röcke von den pockenverseuchten Unterröcken fernhielten. Viele jedoch dürften dem anonymen Autor von *Le Blason des Basquines de Vertugalles* darin zugestimmt haben, daß die Reifröcke dazu dienten, die Folgen sexueller Freizügigkeit zu verbergen: »Wozu dienen diese Reifen, außer um Skandale auszulösen?«[19] Mit dieser Frage sind wir wieder bei der frühesten spanischen Erklärung ihres Ursprungs im Jahre 1468 am Hof der Johanna von Portugal, der berühmt-berüchtigten Gemahlin Heinrichs IV. (Enrique el Impotente). Einem offenbar eingeweihten Hofchronisten zufolge hatte die Königin im Reifrock ein Mittel entdeckt, die Folgen einer Unbedachtheit geheimzuhalten. Ihr Beispiel förderte seine Verwendung bei den Damen des Hofs, die bald wie schwangere Matronen aussahen. Wenn der sogenannte *guardinfante* das ungeborene Kind schützte, handelte es sich demnach um ein Kind, dessen Legitimität angezweifelt werden durfte. Weit davon entfernt, ein Merkmal der Patrilinearität zu setzen, erlaubte die Mode den Ehefrauen, das sichtbarste Zeichen des männlichen Besitzanspruches zu verbergen.

Die durch beide Modeerscheinungen gefährdete Fruchtbarkeit wird auf einer zeitgenössischen Zeichnung einer modisch aufgeputzten venezianischen Kurtisane angedeutet. Mit beiden Händen den weiten Rock über dem Reifengestell anhebend, zeigt sie nicht nur riesige Chopinen, sondern auch die elegante Männerhose, die anscheinend einen Teil der umfangreichen Garderobe der meisten italienischen Kurtisanen ausmachte. Ob die Hose das Feilbieten sodomitischer Freuden andeuten sollte oder nicht, sie offenbart mit Sicherheit eine transvestitische Freiheit, die Kontrolle über ihren Körper, als wäre sie ein Mann. Auf den ersten Blick scheinen die Chopinen und der Reifrock einen femininen Kontrast zum maskulinen Stil der Hose zu bilden, doch passen sie in Wirklichkeit genau dazu. Statt die Bedeutung der Kleidung als Ausdrucksmittel patrilinearer Regeln zu verstärken, ermöglichen die Reifen, Streben und Plateausohlenschuhe eigene grenzüberschreitende Freiheitsräume.

Eine sexuelle Deutung der Kleidung kann ebenfalls Mode hervorbringen. Geistliche hatten im 13. Jahrhundert versucht, ein sichtbares Zeichen weiblicher Ehre zu schaffen, indem sie Ehefrauen das Tragen eines Schleiers vorschrieben – eine Mode, die von vielen Stadtregierungen den öffentlichen Prostituierten ausdrücklich verweigert wurde, die mit unverhülltem Gesicht ihrem Gewerbe nachgehen mußten. Dieser Vorstoß scheiterte mit der Erfindung durchsichtiger Seidenschleier, die nichts verbargen, und raffinierterer Gesichtsbedeckungen, die zuviel verbargen und somit Identität und Rang einer Frau gefährlich maskierten. Obwohl bürgerliche Amtspersonen weniger geneigt waren, besondere Bekleidungsstile zu schaffen, sondern es vorzogen, lediglich auf Moden zu reagieren, wenn sie aufkamen, läßt die schwarze Verhüllung, die im 17. und 18. Jahrhundert über viele Frauen geworfen wurde, auf ein drängendes Bedürfnis schließen, Frauen selbst noch in jener Zeit durch ihr Geschlecht anstatt durch Rang oder Familienstand zu kennzeichnen.

Ein Gesetz des Herzogs von Florenz aus dem Jahre 1638 setzte ältere, den gesellschaftlichen Rang hervorhebende Kleidervorschriften außer Kraft, um Frauen fortschreitend in das *Schwarz* sexueller Enthaltsamkeit zu hüllen, das früher Witwen und Klerikern vorbehalten war. Nach sechs Ehejahren – Jahre, in denen die Mode die sexuelle Attraktivität steigern durfte, um das eheliche Band zu stärken – waren die Frauen florentinischer Bürger aufgefordert, ihre farbenfrohen Kleider wegzupacken und an ihrer Stelle schwarze Gewänder anzuziehen, die lediglich noch bunte Mieder, Ärmel und Kragen aufweisen durften. Die Farbtupfer mußten ihrerseits nach zwölf Ehejahren verschwinden, wenn sich die produktive Sexualität des gebärfähigen Alters ihrem Ende zuneigte. Siena nahm allen verheirateten Frauen nach dem zweiten Jahr ihrer ersten Ehe die Farben und gewährte sie zugleich – mit einer stillschweigenden Verbeugung vor den alten Kategorien der Bettelmönche – den Huren. Wenn Florenz und Venedig Farbe nur den Nichtadligen auf dem Land und den Nichtbürgern innerhalb der Stadt zuerkannte, zeigt dies, wie die sexuelle Unterscheidung nicht nur allmählich die Zeichen weiblicher Ehre kontrollierte, sondern auch die Schicklichkeit des städtischen Raums von einer schrillen Disharmonie der Zügellosigkeit bei den Bauern und der Unterschicht abhob – ein Kontrast, der durch die frühe Verbindung von Schwarz mit edler Tugend an den Höfen Burgunds und Spaniens gestärkt wurde. Der Schritt zum Schwarz hin mag auch merkantilistischen Zwecken gedient haben, indem er den Frauen des Mittelmeerraums die farbenfrohen Stoffe einer neuen atlantischen Manufaktur vorenthielt. Wenn das zutrifft, waren die Ideen sexueller und ökonomischer Extravaganz einmal mehr verschmolzen, um weibliche Luxuskategorien zu definieren.

DIE ANTWORT DER FRAUEN

Die erzwungene Bindung des Körpers an die Mode befrachtete das An- und Entkleiden der Frauen mit besonderer symbolischer Bedeutung. Diejenigen, die das Fleisch zu überwinden suchten, um den Geist zu befreien, standen vor der Schwierigkeit, den Kategorien und Definitionen der Kleidung zu entkommen. Während männliche Heilige wie Franz von Assisi sich als Zeichen der geistigen Loslösung von weltlicher Verstrickung dramatisch die Kleider vom Leib reißen konnten, war es für Frauen schwieriger, sich öffentlich zu entkleiden. Die nur von ihrem fließenden Haar bedeckte Nacktheit der Büßerin Maria Magdalena mag ein Zeichen ihrer Heiligkeit gewesen sein, aber sie wies auch auf die sexuelle Natur ihrer Sünde hin. Selbst wenn sie prachtvolle Kleider verwarfen, um sich in die Lumpen der Büßerin zu kleiden, stellten die Frauen Fragen nach der gesellschaftlichen Identität und Ehre des Geschlechts, der eigenen wie der ihrer Familien – Fragen, die offenbar nur Habit und Kloster zum Schweigen bringen konnten.

Entsagung

Weltliche Frauen mit geistlichem Anspruch empfanden Kleidung als gefährlich einschränkend und ihren allgemein anerkannten Wert als Statussymbol und Luxusgegenstand als Bedrohung ihrer persönlichen Integrität. Eine Predigt des 13. Jahrhunderts, in die Form von Anweisungen einer Mutter an ihre junge Tochter gebracht, beschreibt die Gefahr, in die jede Frau durch die vom Heiratsritual geforderte Kleidung gerät: »Haß' also, schönes Mädchen, und mißachte von ganzem Herzen die Kleider und den Tand der Welt, es schickt sich nicht, daß Du sie auch nur ein einziges Mal trägst.«[20] Ihr Vorbild sollte Esther sein, welche die Ehren geringschätzte, die sie gleichwohl nicht zurückweisen konnte. Eine Predigt dieser Art hätte Frauen wie der schönen Gattin des Jacopone da Todi, die pflichtbewußt ihren Putz als Zeichen des Familienstands und -rangs trug, als Vorbild dienen können. Erst nach ihrem überraschenden Tod in jungen Jahren entdeckte ihr Mann, daß ihr modisch elegantes Gewand immer ein härenes Hemd, das ihren Geist schützte, verborgen hatte. Wie die Hose der Kurtisane ermöglichte das härene Hemd der geistigen Frau eine heimliche Freiheit von den verbindlichen Definitionen der Kleidung. Jacopone pries die Entdeckung der härenen Unterkleidung seiner Frau als einen Schritt zu seiner Konversion und als Quelle der religiösen Lyrik, auf der sein Ruhm beruhen sollte; doch für andere Frauen blieb das härene Hemd eine heimliche Möglichkeit, die öffentlichen und kollektiven Merkmale der Kleidung nicht durch das Fleisch dringen zu lassen, um die individuelle Seele zu vergiften.

Es überrascht daher nicht, daß die Ablehnung der Mode ein häufigeres Thema in der Hagiographie der weiblichen Heiligen als der männlichen ist. Als Umiliana dei Cerchi versuchte, innerhalb der Grenzen einer Ehe, die ihr eine dem Rang ihres reichen Ehemannes entsprechende Kleidung aufzwang, ein spirituelles Leben zu führen, kürzte sie zum Beispiel die Säume und verwahrte den Überschuß zusammen mit ihren Kopfbedeckungen, um alles an die Armen von Florenz zu verteilen. Die Geste erinnert an den heiligen Martin, doch in Umilianas Fall geht sie über Barmherzigkeit hinaus, sie wird zum Zeichen eines eigensinnigen Widerstands gegen die patriarchalische Kontrolle. Überraschender ist, daß Frauen wie Umiliana sich offenbar dagegen sträubten, über die private Ablehnung hinauszugehen und öffentlich die Bindung ihrer Geschlechtsgenossinnen an die Mode anzuprangern. Daß die heilige Franziska von Rom den römischen Frauen die Zierden weiblicher Eitelkeit genommen hatte, wurde bei ihrem Heiligsprechungsprozeß als Beweis ihrer Heiligkeit vorgebracht, doch weder sie noch andere herausragende Frauen erhoben die Stimme, um prächtige Gewänder zu kritisieren, solange sie nüchtern und rechtmäßig getragen wurden, das heißt, als Mittel, den Familienrang und die soziale Hierarchie zu bekräftigen.

Weibliche List und das Gesetz

Häufiger kritisierten Frauen Einschränkungen ihrer Freiheit, sich nach der Mode zu kleiden. Obwohl Luxusgesetze die Kleidung beider Geschlechter regelten, fühlten sich die Frauen durch die Kontrollen besonders betroffen, und gewöhnlich waren sie es, die um Aufhebung der Beschränkungen nachsuchten. In Italien, wo die meisten Kontrollen von örtlichen Gesetzgebern oder Bischofspalästen ausgingen, konnte um die persönliche Freistellung bei einer übergeordneten Autorität ersucht werden. So erhielt eine adlige Venezianerin vom Papst das Recht zum Tragen ihrer Kleider und Edelsteine zurück, die sie »zu Ehren ihrer Eltern und wegen ihres eigenen Alters« getragen hatte, bis eine örtliche Luxusverordnung diese als unehrenhaft brandmarkte. Bekannt ist auch der Fall der redegewandten Battista Petrucci, die als Belohnung für ihren eloquenten Vortrag vor Kaiser Friedrich III. um Befreiung von den in Siena erlassenen Luxusgesetzen bat. Die Frauen nutzten oft ihre Talente, Redegewandtheit und, wie florentinische Gesetzgeber es nannten, ihre »blühenden Tricks«, um das Gesetz zu unterlaufen. Sacchettis Geschichte von einem übereifrigen Vollzugsbeamten, der versuchte, eine Frau zu verhaften, weil sie verbotene Knöpfe trug, und zu hören bekam, »das sind keine Knöpfe, sondern Leibriemen«, beweist einen einfallsreichen Kampf, von dessen Art viele in den Rechts- und Verwaltungsakten italienischer Städte erhalten sind. Sie zeigen, daß die Frauen stets ein Auge auf umherstreifende Rechtsvollstrecker hatten, in Kirchen eilten, um einer Vorladung zu entgehen, und, wenn sie dennoch gefaßt wurden, ihren verbotenen Putz mit einer juristischen und sprachlichen Virtuosität verteidigten, die literarischen Gestalten alle Ehre gemacht hätte.

Im 15. Jahrhundert gingen Frauen über die bloße Befreiung von oder Umgehung der Gesetze hinaus und griffen beherzt die Voraussetzungen der Kontrolle selbst an. Die Dichterin Christine de Pizan eröffnete die Debatte unverblümt in ihrer Schrift *Le Trésor de la Cité des Dames*, 1405 als Allegorie verfaßt, in der sie sich direkt gegen die Frauenfeindlichkeit des *Roman de la Rose* wandte. In ihrer Stadt, von den Göttinnen der Vernunft, der Gerechtigkeit und der Redlichkeit errichtet, um Frauen vor den Pfeilen männlicher Angriffe zu schützen, wird das modische Kleid zum legitimen Wunsch, und es wird nicht nur getragen, um andere zu verführen, sondern auch allein zum eigenen Vergnügen. Und selbst in den weniger idealen italienischen Städten lassen sich Anzeichen einer umfassenderen Kampagne entdecken, die sich weniger auf ästhetische als auf ethische und gesellschaftliche Argumente stützte.

Die schöne aristokratische Bologneserin Nicolosa Sanuti, die nach Sabadino degli Arienti in ein Gewand aus purpurner Seide und einen rosenroten, mit feinstem Hermelin gefütterten Mantel gekleidet war, verfaßte eine ausgefeilte Schrift gegen ein Luxusgesetz, das den Frauen ihrer Stadt 1453 von Kardinal Bessarion auferlegt wurde. Obwohl er weiterhin die Abgrenzung der städtischen Hierarchie durch die Kleidung der Frauen mittels eines verwickelten Systems von Stoff, Farbe und Stil unterstrich, verweigerte er dennoch allen Frauen – auch Aristokratinnen wie der Sanuti – Tuche aus Gold und Silber, die somit ein Vorrecht der Männer wurden. Dies wollte sie nicht gelten lassen. Sie berief sich auf Beispiele edler Frauen von der Antike bis in ihre Zeit und zog das Recht der Gesetzgebung in Zweifel, Frauen als eine einzige, weniger tugendhafte Kategorie der Menschheit zu behandeln. Weit davon entfernt, die Gleichsetzung der Frauen mit den kurzlebigen Gütern einer vergänglichen materiellen Welt hinzunehmen, argumentierte sie, daß allein ihr Geschlecht ein Mittel biete, den unausweichlichen Verheerungen der Zeit zu entkommen, wobei sie sich einige Mühe gab, die Personifizierung der Zeit durch den gefräßigen Gott Saturn, der seine Söhne verschlang, zu erläutern. Nur die Fruchtbarkeit der Frauen könne seine zerstörende Wirkung mildern, denn »die Frauen sind es, die die Familien, die Städte, die sogar die ganze Menschheit wiederherstellen und, was noch mehr ist, sogar unsterblich machen«.

Das ist nicht die sterile Sexualität Evas, die nur zum Grab führt, sondern vielmehr die gesellschaftlich kreative Kraft der Sabinerinnen, die gemeinsam aus ihrem Schoß ein Weltreich hervorbrachten. In Sanutis kreativer Argumentation bereiten weibliche Kleider und weiblicher Putz nicht auf das Begräbnis und die darauf folgende Verwesung vor, wie sie es bei Tertullian und den Moralisten, die sich auf ihn beriefen, getan hatten, sondern auf die Hochzeit und die Aussicht auf Wiedergeburt. Sie sollen auch, so forderte sie, als einzigartiges Mittel dienen, um hervorragende Frauen zu belohnen, denen in ihrer Zeit die Aufgaben, die man von edlen und rechtschaffenen Männern erwartete, vorenthalten wurden. Für solche Frauen mußten die Kleider als einziges bestimmendes Kennzeichen für Stand und Wert herhalten: »Wir werden aber nicht dulden, soweit wir können, daß Schmuck und Kleidung uns weggenommen werden, weil diese die Zeichen unserer Tugend sind.«[21] Falls die Mode eine Frau ist, dann deshalb, weil den Frauen nur ihre Kleider geblieben sind, um als soziale Persönlichkeiten erkennbar zu werden.

Nicht alle waren der gleichen Meinung. Aus Venedig kam die konventionellere Stimme einer Laura Cereta, die, wie sie selbst zugab, nichtssagend aussah und langweilig gekleidet war, eine Liebhaberin der Literatur, nicht auffälliger Kleider. In solchem Putz sah sie die Geschichte des Niedergangs Venedigs, für den sie die Frauen hauptsächlich verantwortlich machte. Durch weiblichen Appetit auf Luxus von republikanischen Tugenden abgebracht, war Venedig ein träger Nachahmer und Plünderer des Ostens geworden, der sich – in Gestalt der Türken – erheben würde, um es heimzusuchen, falls die Frauen nicht gezwungen würden, ihre hurenhafte Kleidung abzulegen. Und wie vorhersehbar, appellierte sie an das andere Geschlecht, die Schwächen ihres eigenen zu kontrollieren, und warnte mit einer Stimme von der Kraft alttestamentarischer Propheten »je größer die Weisheit, desto schwerer wiegt die Schuld«.[22]

Verteidigung der Mode

Die venezianischen Räte hielten sich gewiß daran, als Lucrezia Marinella zu Anfang des 17. Jahrhunderts *La Nobilità e l'Eccelenza delle Donne* verfaßte. Eine reglementierende Gesetzgebung jedes zweite Jahr (im Unterschied zu Einzelgesetzen etwa jedes Jahrzehnt im voraufgegangenen Jahrhundert) zeigt die neuen Luxusängste einer Stadt, wo der Konsum die Produktion als Hauptbeschäftigung der herrschenden Schicht ersetzt hatte. Anders als Monarchien außerhalb und Despotien innerhalb Italiens verwendete das republikanische Venedig das Gesetz nicht zur Kennzeichnung der gesellschaftlichen Hierarchie. Seine Luxuskontrolle traf jeden, aber innerhalb der einschränkenden Grenzen konnten Fleischer sich wie Adlige kleiden. Es mag diese gesellschaftliche und gesetzliche Situation gewesen sein, die Marinella über Sanutis Verteidigung der Kleidung als eines legitimen Standesmerkmals hinausgehen ließ, um die Legitimität der Mode an sich einzuräumen – solange sie auf dem Leib einer Frau zutage trat. Die Mode erlaubte den Frauen eine Art Selbstdefinition, die als Beweis für die Überlegenheit ihres Geschlechts diente. Denn die Männer waren durch die Merkmale ihres Gewerbes und der Hierarchie zu stark öffentlich definiert, um von den Verwandlungen durch die Mode zu profitieren, ja, sie machten sich gegenüber ihren Ansprüchen eher lächerlich. Wie jener, »ganz von Ochsenblut besudelte« Metzger, der, wie sich die Autorin vorstellte, zu Hause wartete, während seine Gattin in edelsteinbesetzten Seidenkleidern und Chopinen durch die Straßen schlenderte, waren die Männer unauslöschlich durch ihre gesellschaftliche Stellung gekennzeichnet. Die Frauen konnten dagegen die Wandelbarkeit der Mode nutzen, um so adlig zu werden, wie sie aussahen. Und dies war nur gerecht. Denn die Kleidung erlaubte ihnen, eine innere Würde zu zeigen, die den Männern fehlte und ihrer Mode deshalb die Kraft sozialer Veränderung nahm.

Obwohl die Gründe für die Überlegenheit im Namen aller Frauen vorgetragen wurden, traf das Argument zugunsten der Mode am meisten auf die Frauen in Italien zu. Im Unterschied zu französischen und spanischen Frauen, die politische Macht in der Feudalordnung ausüben konnten, oder deutschen und flämischen, die einem Gewerbe nachgehen durften, waren italienische Frauen – Marinella zufolge – besonders empfänglich für die Selbstdefinition, die ihnen die Mode erlaubte. Nicht festgelegt und deshalb auch nicht behindert durch die politischen und ökonomischen Imperative, unter denen die Männer überall und die Frauen anderswo litten, waren sie freier, sich durch Kleidung auszudrücken. Marinella mag die politische und wirtschaftliche Macht der Frauen anderer Länder übertrieben haben, aber sie schrieb nicht als einzige den Italienerinnen eine besondere Fähigkeit zu, die kreativen und grenzüberschreitenden Eigenschaften der Mode auszunutzen.

Mit ihren Kleidern nahmen die Frauen sichtbar an der Selbstdarstellung teil, die Jacob Burckhardt als einen charakteristischen Zug der Renaissancekultur ansah. Wie Despoten Waffen und Diplomatie nutzten, um frei von den Zwängen älterer feudaler und hierarchischer Ideale individuelle politische Identitäten zu schaffen, so gebrauchten ihre Frauen und Töchter Scheren und Stoff, um individuelle soziale Persönlichkeiten zu formen, die über der kollektiven Identität stehen konnten. Ihre Stellung als einheiratende Gattinnen machte solche vornehmen Frauen zu natürlichen Vermittlerinnen ausländischer Mode, aber sie gingen noch weiter und verwischten die Kleidungsmerkmale sowohl ihres Elternhauses als auch des Hauses ihres Ehemannes, indem sie im Ausland nach neuen Schöpfungen Ausschau hielten. Bona von Savoyen schrieb aus Mailand an Ginevra Bentivoglio und bat um seidene *fazzoletti*, die in Bologna beliebt waren, Beatrice d'Este, Schöpferin neuer Gewänder, wie Muraldo sie beschrieb, besorgte sich Zeichnungen von der Tracht der Königin von Frankreich, um deren Kopfputz in der Lombardei einzuführen. Ihre Schwester Isabella schickte Gesandte von Mantua ins Ausland, damit sie Stoffe und Muster besorgten, die sie brauchte, um einen internationalen Stil zu schaffen, und wurde so berühmt dafür, daß Franz I. sie bat, als Vorbild für die Damen seines Hofs eine in ihre neuesten Moden gekleidete Puppe nach Paris zu schicken.

Unter ihren kreativen Händen wurde das kollektive Kennzeichen der Kleidung weniger wichtig als seine persönliche Aussage. So verlor die Farbe der Kleidung ihren symbolischen Wert, da es wichtiger war, daß sie mit den Farben der Augen, Haare und der Haut harmonierte. *Berettino*, ein Grau der Trauer, wurde zu einer Lieblingsfarbe der Isabella d'Este, weil sie glaubte, es stehe ihr gut. Und die venezianische Regierung steckte die Frauen zwar zum Zeichen der Demut in Schwarz, doch meinten Zeitgenossen, die Farbe habe sich deshalb so schnell durchgesetzt, weil sie dem hellen Teint und dem gebleichten Haar schmeichelte. Desgleichen triumphierte die ästhetische Wirkung über das gesellschaftliche Verbot, wenn Frauen symbolische Bedeutungen von Kleidung verwarfen. Sogar Ohrringe, mit denen auf Druck der Bettelmönche viele italienische Städte jüdische Frauen im 15. Jahrhundert gekennzeichnet hatten, hingen um die Mitte des 16. Jahrhunderts an christlichen Ohren. Was sich mittels Mode jeweils ausdrückte, wurde so wandelbar wie die Mode selbst, die dabei nicht nur anerkennungs-, sondern stets auch deutungsbedürftig blieb. Als ihre vollkommenste Verkörperung verlangten die Frauen selbst Aufmerksamkeit – nicht als konstante Symbole eines gesellschaftlichen Wertes, sondern als Mitspielerinnen in einem ewigen Spiel gesellschaftlicher Interaktion. Wenn auch der Individualismus der Renaissance solche Selbstgestaltung zu einer Kunst machte, so drohte die Mode die Frauen zum grundlegenden Paradigma der Epoche zu machen.

EINE MODERNE BEWERTUNG

Moderne Kritiker haben in der Mode nicht unmittelbar ein Mittel zur Stärkung der Frauen gesehen. Vielmehr haben sie argumentiert, daß die der Mode unterworfenen Gewänder die Anzeichen einer neuen weiblichen Versklavung bemäntelten, anstatt eine neue Freiheit der Selbstdefinition auszudrücken. Während hierarchische Regierungen bei ihren Versuchen scheiterten, Kleidung zeichenhaft zur Markierung gesellschaftlicher Grenzen zu benutzen, gelang es einer kapitalistischen Wirtschaft, Kleidung zu einem wesentlichen Zeichen demonstrativen Konsums zu machen, der zum Maß wirtschaftlichen Wachstums und gesellschaftlichen Ranges geworden war. Wie Veblen feststellte, konnten die Vorläufer des entstehenden Kapitalismus durch die Moden ihrer Frauen gleichsam stellvertretend konsumieren und dadurch einige der störendsten Auswirkungen der von ihnen geschaffenen Welt abmildern. Das rastlose Erfinden und von vornherein eingeplante Veralten, das einer konsumorientierten Wirtschaft eigen ist, wurde deutlicher mit dem weiblichen Charakter verknüpft, als die Männer nur noch ihre Frauen einkleideten, aber versuchten, sich selbst aus dem Spiel der Mode zurückzuziehen.

Selbstverständlich konnten auch die Männer Pfauen sein. Doch es scheint kein Luxusgesetz für Frauen zu geben, das der Weisung entsprach, die Venedig an die Männer seiner herrschenden Schicht ausgab: sie mögen sich farbenfroher und prächtiger kleiden. Wenn ihre allzu nüchterne Aufmachung das Prestige ihrer Stadt gefährdete, die vor allem vom Handel mit farbenprächtigen Waren lebte, so war sie aber auch kennzeichnend für einen bewahrenden und stabilen Charakter, der für die herrschende Schicht in dem Maße angemessener wurde, als sie sich von ihrer Handelstradition zu distanzieren begann. Sie konnten es sich leisten, sich wie Mönche zu kleiden, weil ihre Frauen und Töchter für den Rang der Familie einstanden, indem sie die Herausforderung der Mode annahmen und die Kleidung mit der Jahreszeit wechselten. Nach diesem Szenario kleideten sich die Frauen im Dienst der Männer und verloren dabei allmählich die Eigenschaften der Beständigkeit, Besonnenheit und Festigkeit, die für gute Herrschaft und geistiges Wohl notwendig sind. Sie wurden die flüchtigsten aller Geschöpfe in einer immer zeitbewußter werdenden Welt.

Diese Feststellung ist jedoch zu modifizieren, wenn wir den Enthusiasmus nicht übersehen, mit dem Frauen das Spiel der Mode spielten, und uns bewußt machen, daß die Mode, deren Eigenschaften an den Frauenkörper gebunden waren und den Charakter der Trägerin definierten, den Frauen auch die Möglichkeit gab, die soziale Distinktion neu zu ordnen und den gesellschaftlichen Prozeß wieder in Bewegung zu setzen. Frauen spielten nicht nur das Spiel, sie bestimmten oder veränderten zumindest manchmal auch dessen Regeln. Die Zusammenarbeit zwischen modehungrigen Frauen und profithungrigen Herstellern verwandelte eine kirchliche Forderung des 13. Jahrhunderts, derzufolge verheiratete Frauen ihr Gesicht verschleiern sollten, aus einem Markierungsmittel in eine Möglichkeit der Grenzüberschreitung, da seidene Schleier und raffiniertere Kopfbedeckungen die patrilineare Identität verbargen. Die Mode versah weibliche Kleidung mit männlichen Attributen, nicht um Frauen zu Männern zu machen, sondern um ihren Trägerinnen (und deren Kritikern) eine neue virile Stärke zu suggerieren.

Daß solche Verwandlungen mehr eingebildet als real waren, ist ein Hinweis auf die Grenzen der Mode. Aber es ist auch ein Zeichen für ihre Macht. Von den allgegenwärtigen Chopinen und Reifröcken bis zu den 800 Pfauenfedern, die ein Florentiner Seidenhändler kaufte, um einen Hut für seine junge Braut zu machen, oder zu der türkischen Aufmachung, die Beatrice d'Este für die Damen ihres Hofes entwarf, war Mode ein Phantasiegebilde. Eine Phantasie der Träume, aber auch einer utopischen Möglichkeit. Das ist vielleicht der wirkliche Grund, warum Frauen ihr zu Füßen lagen.

Aus dem Englischen von Wolfdietrich Müller

Das Schwitzbad als Freudenhaus; Valerius Maximus, Miniatur in einer französischen Übersetzung;
15. Jahrhundert. *Paris, Bibliothèque Nationale*.

Frauen bei der Herstellung von Teigwaren; Miniatur eines *Tacuinum sanitatis*; 15. Jahrhundert. *Paris, Bibliotèque Nationale.*

FRAUENALLTAG

Frau beim Melken; Miniatur aus dem 13. Jahrhundert. *Oxford, Bodleian Library.*

Würden wir die Männer beim Wort nehmen, die qua Gesetz die Macht über die Frauen hatten, die ihre Beichte hörten, oder sie mit einer Flut von Traktaten und Predigten überschütteten, dann müßten die Frauen in ein so dichtes Netz von Regeln eingezwängt gewesen sein, daß sie weder Bewegungsspielraum noch Artikulationsmöglichkeiten gehabt hätten. Haben sich Frauen dank der ständigen Ermahnungen, sich dem Manne unterzuordnen, tatsächlich nur passiv verhalten? Waren sie nur fügsame Tauschobjekte der Männer, die im Interesse ihrer Heiratsstrategien über ihr Schicksal entschieden und sie auf dem Schachbrett ihrer familiären und gesellschaftlichen Ambitionen herumschoben? Die folgenden Kapitel wollen dem Einfluß der Vorstellungen von der Trennung der Geschlechter, die sich in diesem Regelnetz ausdrücken, auf die individuellen Schicksale und auf das tägliche Leben auf die Spur kommen. Wenn wir die Beziehungen der Geschlechter in der sozialen Wirklichkeit zu entschlüsseln versuchen, stoßen wir nicht selten auf die Fähigkeit von Frauen, die Benachteiligungen und Vergünstigungen, mit denen sie bedacht werden, zu ihrem Vorteil zu nutzen. Ein weiteres Thema der folgenden Kapitel ist das Problem der »Macht der Frauen« – ob es sich nun um tatsächliche Macht in der Familie und in bestimmten sozialen Bereichen, um kompensatorische und komplementäre »Gegenmacht« oder um jene Macht handelte, die man aus Angst und Unkenntnis als okkulte ansah.

Zwischen Vorstellungen und sozialer Wirklichkeit liegt das Recht. Mit dem Gesetz werden Verhaltensnormen und Verbote vorgeschrieben. Das Gesetz bietet Frauen bis zu einem gewissen Grade Schutz, ebenso setzt es ihrem Handlungsspielraum Grenzen wie jene Ideen und Vorstellungen, die die Frauen einschnüren wie ein Korsett.

Die verschiedenen germanischen Stämme, die sich auf dem Territorium des alten Römischen Reiches ansiedelten, hatten eine Vielzahl von Rechtssystemen mitgebracht. Sie standen zwar in vieler Hinsicht im Gegensatz zum römischen Recht, wie es vor allem im *Corpus Iustinianum* kodifiziert war, doch das Aufeinanderprallen dieser unterschiedlichen Rechtssysteme führte zu einer wechselseitigen Beeinflussung. Unter den germanischen Stämmen bestand keine Übereinstimmung im Hinblick auf die Rechte der Frauen oder auf die Rechte über die Frauen. Für die langen Jahrhunderte von der Spätantike bis zur Zeit der Karolinger zeigt uns Suzanne Fonay Wemple die verwirrende Vielfalt der Rechtsquellen, aus denen die historische Forschung schöpfen kann. In ihrem Zentrum steht ein entscheidendes Thema: die Regelung und Kontrolle der Ehe – und damit der Frauen.

Da die Ehe die Beziehungen zwischen den kleinsten Zellen der Gesellschaft regulierte, war sie der Ort, an dem das Schicksal der Frauen entschieden wurde; die Ehe ist auch der Schlüssel für unser Verständnis der Beziehungen zwischen den Geschlechtern, zwischen dem Individuum und den Gruppen, denen es zugehört, und zwischen der häuslichen und der öffentlichen Sphäre. In Europa war die Heirat das große Übergangsritual in das Erwachsenenalter. In ihren Formen und den Verhandlungen, die ihr vorausgehen, spiegeln sich die Erwartungen der sozialen Akteure. Theologen und Kanoniker haben endlos über die Ehe nachgedacht und diskutiert. Staat und Kirche hatten an dieser Institution ein lebhaftes Interesse. Alle folgenden Kapitel befassen sich mit der Kontrolle der Ehe, die die Kirche seit der karolingischen Zeit durchsetzen konnte, mit ihrer Erhebung zum Sakrament im 11. und 12. Jahrhundert und mit der Anwendung der neuen Prinzipien auf die Praxis der Priester und Laien. Sie erhellen an vielen Beispielen die Schwierigkeiten einer Entwicklung, die von Rück- und Fehlschlägen begleitet wurde. Die Geschichte der Frauen verläuft ebensowenig gradlinig wie die der Geschlechterbeziehungen, was sich am besten an der Entwickung des Rechts ablesen läßt. Es ist zwar relativ leicht, die Hindernisse und Widerstände gegen Veränderungen im einzelnen aufzudecken; doch über die Bedeutung der Veränderung herrscht keineswegs Einigkeit. Paulette L'Hermite-Leclercq zeigt, wie unterschiedlich Historiker spezifische Verhaltensweisen interpretieren. Die Raster, nach denen die Entwicklung der Lage der Frauen im Mittelalter bzw. die Faktoren, die sie determinieren – seien es juristische, ökonomische oder demographische –, ausgewertet werden, sind sehr unterschiedlich. Die folgenden Seiten illustrieren einige der Schwierigkeiten, die Geschichte der Geschlechterbeziehungen mit den großen Entwicklungslinien, die von der älteren Historiographie festgelegt wurden, in Einklang zu bringen. Sie verweisen auch auf die hilfreichen Beiträge der Bevölkerungsgeschichte, die zusammen mit der Rechtsgeschichte als erste die Ehe zum Gegenstand ihres Interesses gemacht hat, auch wenn deren Ergebnisse oft für pauschale Fehlinterpretationen der Lage der Frauen im Mittelalter mißbraucht wurden.

Unter Anwendung der Methoden der historischen Demographie konnte die Forschung den Frauen in der Geschichte der vorindustriellen Gesellschaften einen Platz einräumen. Die Untersuchungen, die in den folgenden vier Kapiteln vorgestellt werden, stützen ihre Behauptungen in vieler Hinsicht auf ertragreiche Anwendungen dieser Methoden auf die Zeit des Mittelalters. Allerdings erreichen die Ergebnisse der historischen Demographie wegen der problematischen Quellenlage bei weitem nicht den Grad statistischer Genauigkeit wie moderne Untersuchungen. So unsicher und schwer generalisierbar ihre Ergebnisse auch sein mögen, die Ergebnisse der historischen Demographie hatten dennoch direkte Auswirkungen auf die Ansichten der Historiker über den historischen Platz der Frauen in der Gesellschaft.

Schon der Begriff »Heiratsmarkt«, der Angebot und Nachfrage an die Faktoren Heiratshäufigkeit und die Bedingungen der Eheschließung knüpft, verweist auf den demographischen Kontext und nicht zuletzt auf das Zahlenverhältnis zwischen den Geschlechtern. Jede Klausel eines Ehevertrags, vor allem die Festlegung des Alters der Partner bei der Hochzeit, gewährt uns Einblicke, die die familiären und sozialen Zwänge erahnen lassen, denen die Entscheidungen der Individuen unterlagen – insbesondere die der Frauen. Nun ist das Alter, in dem Männer und Frauen eine Ehe eingehen, nicht einfach das Resultat schlichter demographischer Faktoren. Die Erbfolgeregelungen, die gegenseitigen Geschenke, die zur Eheschließung gehören, der Wunsch nach wirtschaftlicher Unabhängigkeit und einem eigenen Domizil haben die Heiratskanditaten sowohl ermutigt als auch abgeschreckt. Deshalb verweist die Heiratshäufigkeit in einer Gesellschaft auf die Fundamente dieser Gesellschaft selbst. Demographen wie Hajnal, die die Ehe ins Zentrum ihrer demographischen Untersuchungen stellen, setzten voraus, daß diese Institution ein wesentlicher Indikator sozialen Wandels ist.[1] Können wir uns für das Mittelalter darüber ein Urteil erlauben? Allzuleicht bergen die seltenen, verstreuten, heterogenen und meist auf die soziale Oberschicht begrenzten Informationen die Gefahr, ersten Eindrücken aufzusitzen und zwei oder drei verstreute Daten z. B. über das Heiratsalter vorschnell als Grundlage einer umfassenden Deutung zu nehmen.

Tatsächlich haben sich wenige komparatistische Arbeiten damit befaßt, eine Übersicht über mittelalterliche Heiratspraktiken im europäischen Vergleich aufzustellen, und nur wenige haben die Varianten der Verhaltensweisen und der statistischen Quellen, die sie messen, methodisch erfaßt.[2] Ein neuerer Versuch von David Herlihy ermöglicht es, einen Überblick darüber zu geben, unter welchen Bedingungen von der Antike bis zum 15. Jahrhundert Ehen im abendländischen Europa zustande gekommen sind.[3] Auf der Grundlage von Angaben über das Alter bei der Eheschließung analysiert er die Voraussetzungen für die Ehe; seine heterogenen Daten stammen aus Chroniken und Hagiographien, aus karolingischen Zählungen und Volkszählungen im ausgehenden Mittelalter. Diese bestechende Übersicht wertet also Informationen über Individuen aus, die in ihrer Mehrheit zu unterschiedlichen Zeiten und in verschiedenen Gegenden Europas gelebt haben. Über einen weiten Zeitraum gibt es fast nur Angaben für die oberen Schichten, denn z. B. die Heiligen männlichen und weiblichen Geschlechts haben sich lange Zeit aus den Oberschichten rekrutiert. Die einfachen Leute lassen sich erst gegen Ende des Mittelalters erfassen und als repräsentative Gruppen untersuchen. Herlihys vergleichender Überblick ruht also auf einer schmalen und deshalb unsicheren Basis. Seine Ergebnisse können wir bestenfalls als Arbeitshypothesen nehmen. Wie dem auch sei, Herlihy unterscheidet mehrere Ehemodelle, die seit der klassischen Ära aufeinander gefolgt seien. In der Antike seien Frauen in erster Ehe in ihrer frühen Jugend mit einem viel älteren Gatten verheiratet worden. Im frühen Mittelalter bis etwa zum 12. Jahrhundert habe sich das Alter der Eheleute entsprechend den schon von Tacitus beschriebenen germanischen Sitten angenähert. Im Spätmittelalter sei dann das »antike« Modell mit großen Altersdifferenzen wieder stärker in Erscheinung getreten.

Sicherlich besteht ein Zusammenhang zwischen dem Altersunterschied bei der ersten Ehe und den verschiedenen materiellen Leistungen, die mit der Ehe verbunden waren. Die Wiederbelebung des »antiken Modells« geht wohl einher mit den Veränderungen des Dotalsystems im Zuge der Erneuerung des römischen Rechts im 12. Jahrhundert, bei dem die Frau, beziehungsweise ihre Familie den größten Anteil zu tragen hat. Diese parallelen Entwicklungen zeugen von komplexen Zusammenhängen, die aber zu guter Letzt von Historikern meist mit der Tatsache erklärt werden, daß es weniger heiratsfähige Männer als Frauen gab – ein dankbarer *deus ex machina* zur Deutung historischer Entwicklungen! Die Bedeutung des zahlenmäßigen Ungleichgewichts wird um so beachtlicher, als mit ihm auch die hierarchische Struktur der Hausgemeinschaft ebenso wie die Autoritäts- und affektiven Beziehungen der Männer und Frauen in dieser Gemeinschaft erklärt werden sollen.

Wir sehen, welchen Stellenwert in dieser Betrachtungsweise das ungleiche Zahlenverhältnis zwischen den beiden Geschlechtern einnimmt. Es wurde noch deutlicher betont in den verschiedenen Diskussionen über den Platz der Frauen im Mittelalter: Die Tatsache, daß viele Frauen nicht heirateten oder als Witwe nicht noch einmal heiraten konnten, wurde ebenfalls darauf zurückgeführt.

Seit den Arbeiten Karl Büchers vom Ende des letzten Jahrhunderts wurde das als *Frauenfrage* bezeichnete Problem der Frauen, die keine Heiratsmöglichkeit hatten (ausführlich behandelt in Kapitel 7 und 9) hauptsächlich als Folge demographischer Ungleichgewichte gesehen. Angesichts des Forschungsstands zu Beginn des Jahrhunderts waren die einzigen genauen Angaben die wenigen Zählungen, die in einigen deutschen Städten am Ende des Mittelalters durchgeführt worden waren. Sie erlauben bestenfalls, die Beziehungen zwischen Altersgruppen, manchmal zwischen den Geschlechtern zu untersuchen, aber nicht bis zur Ebene des individuellen Verhaltens vorzudringen, was erst mit den modernen statistischen Erhebungsmethoden möglich wurde. Es ist also nicht verwunderlich, daß sich die Mediävisten aus der ganzen Fülle der Meßtechniken, die die historische Demographie entwickelt hat, vorwiegend auf eine einzige konzentrierten: auf die Bestimmung des Zahlenverhältnisses zwischen Frauen und Männern; ausgedrückt in der Anzahl der Männer auf hundert Frauen. Tatsächlich diente dieses Merkmal als wesentlicher Schlüssel zur Erklärung sehr verschiedener historischer Prozesse: Mit seiner Hilfe meinte man die Veränderungen der rechtlichen Situation der Frauen im Laufe der Jahrhunderte und insbesondere der Bedingungen ihrer Verheiratung erkennen zu können, ihre Anerkennung in ihrer eigenen Familie und den jeweiligen Grad der Frauenfeindlichkeit einer Gesellschaft, ihre Beteiligung an der Wirtschaft wie am geistigen Leben.

Aus der Nähe betrachtet erweist sich die Quellengrundlage, auf der diese Interpretationen fußen, allerdings als sehr schwankend, und die Angaben, auf die sie sich stützen, sind nicht so eindeutig, wie es zunächst scheint. Die lästige Frage nach der Glaubwürdigkeit der mittelalterlichen Zählungen macht es zudem erforderlich, die Zahlen, die manchmal so begeistert aufgenommen werden, *cum grano salis* zu betrachten. Die Einsicht in diese Problemlage hat viele Rekonstruktionen in Frage gestellt, die ausschließlich ein Begründungsverfahren bevorzugten.

Halten wir zunächst fest, daß während des ganzen Mittelalters das Zahlenverhältnis zwischen den Geschlechtern auffällig schwankt. Diese Schwankungen spiegeln vor allem die Heterogenität der Gemeinwesen wider, für die Zahlenangaben vorliegen. Sicherlich hat in den engen Grenzen einer Stadt oder eines Dorfes das Zahlenverhältnis zwischen Männern und Frauen die sozialen Beziehungen zwischen den Geschlechtern zu

einem erheblichen Teil beeinflußt. Ein lokales Gleichgewicht zwischen der
Anzahl an Männern und Frauen wird die Ausnahme gewesen sein. Das muß
aber nicht heißen, daß immer die Frauen in der Überzahl sind, weder im
frühen noch im späten Mittelalter. Auf dem Gebiet der Abtei von Saint-Germain-des-Prés gab es im 9. Jahrhundert weit weniger Frauen als Männer.
Genauso sah es um 800 in der Gegend von Farfa in Italien und in der von
Reims aus.[4] Etwa zur gleichen Zeit (813–814) gab es hingegen auf den Ländereien von Saint-Victor in Marseille nur wenig mehr Frauen als Männer,
während bei den Kindern ein großes Defizit an Jungen herrschte.[5] Diese isolierten und nur schwer zu interpretierenden Angaben weisen also nicht alle
in dieselbe Richtung. Die Situation ist in späteren Epochen nicht unbedingt
klarer. Über das Hochmittelalter weiß man kaum etwas Genaues; erst Ende
des 13. Jahrhunderts fließen die Angaben reichlicher. In den Verzeichnissen
der Kopfsteuer – der *Poll Tax* – von 1377 wird das Geschlecht der Einwohner, die älter als 14 Jahre alt sind, festgehalten. Danach gab es in 36 englischen Dörfern mehr Männer als Frauen: Man zählte 112 Männer auf 100
Frauen.[6] Genauso in der Toskana von 1427–1430, die das *catasto* detailliert
beschreibt: Dort waren die Frauen sowohl in Relation zur Gesamtbevölkerung in der Minderheit als auch in der Mehrzahl der städtischen und ländlichen Gemeinden, die einzeln aufgeführt werden; es gab ein Fünftel mehr
Männer als Frauen. In anderen Regionen Europas sieht es wiederum ganz
anders aus.[7] Ende des Mittelalters überstieg die Zahl der Frauen die der Männer in nordfranzösischen Städten wie z. B. Reims oder in deutschen und niederländischen Städten wie Freiburg, Basel, Nürnberg oder Ypern.[8] Diese
Situation, durch die sich vor 1500 das nordöstliche Europa von den Mittel-
meerregionen zu unterscheiden scheint, war in den Städten des 16. Jahrhunderts vermutlich die Regel.

Sollen wir – wie es häufig geschieht – aus derart widersprüchlichen
Resultaten schließen, daß, wann immer nur eine kleine Anzahl Mädchen in
diesen wohl nur selten auf Vollständigkeit bedachten Listen aufgeführt wird,
deren unvollständige Erfassung dafür verantwortlich ist?[9] Dann wären sie
bewußt von den Vertretern des Grundherrn, der Gemeinde oder des Königs
unterschlagen worden, was mit geringeren Schwierigkeiten als bei Jungen
möglich gewesen wäre; oder sie wären leichthin übergegangen worden,
weil sie von keinem militärischen Interesse und von nur geringer ökonomischer bzw. steuerlicher Bedeutung waren. Mit solchen Schlußfolgerungen
wird die Untersuchung häufig vorschnell abgeschlossen, obwohl sie zumin-

dest einen für die Geschichte der Frauen wichtigen Punkt zur Sprache bringt, den der Verläßlichkeit der quantitativen Quellen: Statt von der bequemen Vorstellung ihrer Neutralität auszugehen, muß sich der Beobachter nach den Verzerrungen fragen, die das Geschlecht der Akteure dort hineinbringt. Aber vielleicht ist eine solche Schlußfolgerung vor allem deshalb voreilig, weil sie die unterschiedliche Todesrate von Männern und Frauen und die absichtliche Tötung von Mädchen und Frauen übergeht. Diese Fragen hat unlängst die Amerikanerin Emily Coleman im Rahmen einer historischen Untersuchung in einigen Dörfern südlich von Paris neu aufgerollt. Sie stellte die Hypothese auf, das Ungleichgewicht sei nicht nur auf die Unzulänglichkeiten der Quellen oder auf die unvollständige statistische Erfassung der Frauen zurückzuführen, sondern es spiegele eine reale Situation wider, die eine Folge der Ungleichbehandlung der Geschlechter von Geburt an sei.[10] Ihre Schlußfolgerung? Der Kindsmord an Mädchen sei für die karolingische Gesellschaft typisch und für das Ungleichgewicht zwischen Männern und Frauen mitverantwortlich gewesen. Diese These war heftig umstritten. Meist wurde sie zurückgewiesen oder zumindest sehr stark relativiert auf der Grundlage einer gründlichen Quellenanalyse und unter Hinzuziehung von Quellen anderer Regionen.[11]

Diese Diskussion macht eines deutlich: Sie zeigt die methodischen Stolpersteine, mit denen die Frauengeschichte zu kämpfen hat und die sich nicht leicht forträumen lassen. Darüber hinaus ist jede Schlußfolgerung, die auf der Auswertung *einer* spezifischen Quelle beruht, um so angreifbarer, als sie den Ruch des Unseriösen hat, mag sie die nachweisbare Wissenschaftlichkeit der Analysemethoden auch noch so sehr für sich reklamieren. Wenn es sich darum handelt, Fakten zu ermitteln, die mit den Beziehungen der Geschlechter zu tun haben, kann es böse Folgen haben, sich auf ein einziges Erklärungsmuster zu stützen: Die Schlagkraft der Argumente, die man der These des Kindsmordes an weiblichen Säuglingen entgegenhält, die auf dem Gebiet des Abts von Saint-Germain-des-Prés verübt worden sein sollen, rührt daher, daß sie auf einem viel breiteren Spektrum an erklärenden Faktoren basieren. In unserem Zusammenhang ist auch die unterschiedliche Todesrate der Geschlechter interessant – im späten Mittelalter während der Pest z. B.[12] –, zumal wir nur wenig über die physischen und mentalen Auswirkungen von Arbeit, Krankheit, Schwangerschaft usw. wissen. Es leuchtet ein, daß es unter diesen Umständen verlockend ist, im quantitativen Mißverhältnis zwischen den Geschlechtern, das leichter erfaßbar zu sein scheint als die meisten anderen demographischen Größen, den Parameter zu sehen, der am einfachsten besondere Merkmale einer Gesellschaft oder spezifische Entwicklungen erklärt.

Dem relativen Frauenüberschuß wurde sicherlich ein zu hoher Stellenwert zugeschrieben, um die zunehmende wirtschaftliche Betätigung der Frauen z. B. im handwerklichen Sektor am Ende des Mittelalters oder im industriellen Sektor in der Renaissance zu erklären. Eine solche Interpretation wurde durch feministische Historikerinnen radikal in Frage gestellt. Neuere Arbeiten, über die Claudia Opitz in Kapitel 9 ausführlich informiert, unterscheiden zwischen dem Zugang zur Arbeit und ihrer Qualität, ihrem sozialen Prestige und den öffentlichen Funktionen, die sie eröffnet. In Hinblick auf die berufliche und rechtliche Situation der Frauen ging zumindest seit dem 15. Jahrhundert die Minderwertigkeit weiblicher Arbeit mit ihrer Abdrängung in die Produktion minderwertiger Waren einher, und diese Tatsache hat ein größeres Gewicht als ihr massenhaftes Auftreten auf dem öffentlichen Arbeitsmarkt. Wenn auch die Zahl der berufstätigen Frauen wuchs, trug insgesamt doch die Konzentration weiblicher Handarbeit auf die wenig einträglichen Berufe viel zu dieser Abwertung bei: eine untergeordnete Arbeit für eine minderwertige Produktion. Wir sind hier weit entfernt von der monokausalen Hypothese eines Karl Bücher: Außer dem Zahlenverhältnis zwischen den Geschlechtern spielen andere Faktoren eine Rolle: die ökonomische Struktur der Familie, die Bedeutung der Berufsstände im Gemeinwesen, die politische Organisation, die Marktlage und die ideologische Bestimmung der Geschlechterbeziehungen. Kurz, die Beziehungen der Geschlechter und ihre Verbindungen mit der ökonomischen Sphäre lassen sich nicht ausschließlich auf das Zahlenverhältnis zwischen Männern und Frauen reduzieren.

Worin bestand also die Macht der Frauen, wenn sie nicht nur auf ihrer Zahl beruhte, wovon viele Analysen auszugehen scheinen? Über wen wurde sie ausgeübt und in welchen Bereichen? Georges Duby untersucht in Kapitel 8 die Vorstellung von der höfischen Liebe, aus der wir scheinbar unmittelbar die Besserstellung der Frauen in der Feudalzeit ablesen können, und entmystifiziert sie. Zwar hat die Erziehung zur »Minne« die Art und Weise verändert, in der die Männer der Oberschicht die Frauen, ihr Herz und ihre Denkweisen wahrnehmen, aber dadurch wurde die traditionelle Unterordnung der Frauen unter die Männer eher verstärkt als aufgebrochen. Die höfische Liebe trug dazu bei, die feudalen und klerikalen Konzeptionen der Ehe miteinander in Einklang zu bringen. Aus diesem Grunde zerstörte sie sie nicht, sondern konsolidierte sie. Dennoch eröffnete sie den Frauen einen gewissen Freiraum, in dem sie als Personen angesehen wurden.

Während in den vorhergehenden Kapiteln zwangsläufig die Männer zu Wort kamen, werden wir in den folgenden Kapiteln dagegen die flüchtigen Momente erkennen, in denen die Frauen jenseits der ihnen auferlegten Bürde von Ehe und Kinderaufzucht es schafften, ein gewisses Maß an Autonomie für sich zu erreichen.

C. K.-Z.

6
FRAUEN IM FRÜHEN MITTELALTER

Suzanne Fonay Wemple

D ie ganze Tragödie des frühen Mittelalters, aber auch das mittelalterliche Leben und seine Romantik während der Zeit, als das weströmische Reich zerfiel und Germanenreiche an seine Stelle traten, geht uns auch heute noch etwas an. Zwar sind heute die Weltreiche größer als das weströmische Reich, und der Niedergang der gesellschaftlichen Institutionen vollzieht sich schneller als in der zweiten Hälfte des 5. Jahrhunderts und im 6. Jahrhundert, als sich die germanischen Stämme mehr oder weniger dauerhaft in Westeuropa ansiedelten, doch der historische Prozeß verläuft ähnlich. Natürlich wiederholt sich die Geschichte nicht, aber die allgemeinen Verfallsprozesse bleiben genauso gültig.

Römisches Recht und germanische Kultur

Der Untergang des Römischen Reiches läßt sich bis ins 2. Jahrhundert zurückverfolgen, als seine sozialen und wirtschaftlichen Institutionen ins Wanken gerieten. Im 3. Jahrhundert beschleunigten neue Lebensgewohnheiten und Angriffe von außen diesen Prozeß, während immer größere wirtschaftliche Katastrophen das Land und die Städte bedrohten. Allmählich verlor das Reich eines seiner verfassungsmäßigen Merkmale als Gemeinschaft von Stadtstaaten und Provinzen und wurde von absoluten Monarchen beherrscht. Dieser krisenhafte Prozeß wurde im späteren 3. Jahrhundert noch durch die Teilung des Reiches, die Trennung des militärischen Kommandos von der Zivilgewalt und die Germanisierung des Heeres verstärkt. Konstantin erklärte im 4. Jahrhundert das Christentum zur Staatsreligion und hob die Ehegesetze des Augustus auf, indem er unverheirateten Frauen über fünfundzwanzig uneingeschränkt zugestand, über ihre Person und ihr Eigentum frei zu verfügen.

Als sich die germanischen Stämme im 5. Jahrhundert nach und nach im Westreich ansiedelten, waren sie vom Römischen Reich zutiefst beeindruckt. Sie wollten das römische System beibehalten, beachteten aber nicht die Grundprinzipien, auf denen es beruhte. Sie verfügten weder über die entsprechenden Gesetze noch die Disziplin, die Religion oder das Wirtschaftssystem. Sie betrachteten das Land noch als uneingeschränktes Eigentum des Königs, führten kein einheitliches Verwaltungssystem ein, folgten im Recht nicht dem Territorialitätsprinzip, sondern hielten sich an das Personalitätsprinzip, was bedeutete, daß jede Person nach dem Recht des Vaters oder, im Falle einer verheirateten Frau, nach dem Recht des Ehemannes leben mußte. In Gebieten, die von der römischen Welt geprägt waren, besonders in Italien, Spanien und in Frankreich südlich der Loire, wurde das römische Recht in vereinfachter Form weiter befolgt. Anderswo dominierten germanische Sitten und Gebräuche. Weil die Menschen untereinander heirateten und von ihren Geburtsorten wegzogen, vermischten sich die Sitten allmählich, und es ergaben sich neue Voraussetzungen im Recht, besonders bei Ehevereinbarungen und Besitzansprüchen. Eingebettet in feudale Bräuche definierten diese neuen Vorstellungen für die kommenden Jahrhunderte die Rechte der Frauen als Töchter, Ehefrauen und Witwen.

Im Frankenreich übte das Christentum erst seit der Mitte des 8. Jahrhunderts Einfluß auf das Familienrecht aus. Anderswo, besonders in Italien und Spanien, machte sich das Christentum früher im Recht des Haushalts bemerkbar. Ein anderes wichtiges Thema waren die Stellung und der Einfluß der Frauen in der frühen Kirche. Frauen waren die zuverlässigsten Stützen der neuen Religion, bekehrten ihre Männer, tauften ihre Kinder, bauten Kirchen und stärkten den Glauben durch Klostergründungen, doch war ihre Rolle im Klosterwesen in Italien in der auf das Papsttum Gregors des Großen folgenden Zeit eher begrenzt; das gleiche galt für das Frankenreich unter den Karolingern.

Die Zeugnisse zur Geschichte der Frauen im weltlichen und religiösen Leben sind für das 6. und 7. Jahrhundert seltener als für die Karolingerzeit, in der die Kunst des Schreibens weiter verbreitet war. Für die früheren Jahrhunderte habe ich mich weitgehend auf weltliche und kirchliche Rechtsquellen gestützt. Um beurteilen zu können, in welchem Maß die Gesetze befolgt wurden, habe ich zusätzlich auf erzählende Quellen – Briefe, Gedichte und Geschichtsschreibung – zurückgegriffen. Neben den zahlreichen Rechts- und literarischen Quellen aus der Karolingerzeit habe ich auch Chartularia, Sammlungen von Urkundenabschriften, aus Klöstern benutzt. Für das 10. Jahrhundert stütze ich mich auf literarische Quellen, Chroniken und Heiligenlegenden.

Weltliche Frauen

Die ersten Jahrhunderte

Die beste Einführung in die Geschichte der frühen germanischen Stämme gibt uns die *Germania* von Tacitus.[1] Wichtigster Verband war die Sippe, deren Mitglieder durch verwandtschaftliche Beziehungen verbunden waren und die am Ende des 1. Jahrhunderts sowohl die Agnaten der männlichen Abstammungslinie als auch die mütterliche Verwandtschaft der weiblichen Abstammungslinie einschloß. Die Erbschaftsrechte begünstigten die Männer. Die Frauen waren hoch angesehen, weil sie als Ehefrauen und Mütter für den Zusammenhalt der Sippe sorgten, als Ernährerinnen ihre Rolle erfüllten und den Männern Beistand leisteten. Sie kümmerten sich um die Männer, die auf den Schlachtfeldern waren, brachten ihnen Verpflegung, ermutigten sie und pflegten die Verwundeten. Manche Frauen wurden als Priesterinnen und Weissagerinnen verehrt. Die Hauptaufgabe der Frauen bestand darin, die Felder zu bestellen und sich um das Haus und die Kinder zu kümmern. Außerdem oblag es ihnen, Textilien herzustellen. Aus den Grabbeigaben, die gefunden wurden, können wir schließen, daß die Frauen an einfachen Webstuhlen arbeiteten, Stoffe mit verschiedenen Mustern fertigten und Kleider und andere Gegenstände für den alltäglichen Bedarf nähten.

Die Frauen waren zur ehelichen Treue verpflichtet; Frauen, die man beim Ehebruch ertappte, wurden streng bestraft, ausgepeitscht und lebendig begraben. Die Mehrheit der Historiker ist sich darin einig, daß es drei Formen der Eheschließung gab: die *Kaufehe,* die *Raubehe,* bei der es keine Rolle spielte, ob das Mädchen bei der Entführung aktiv mitwirkte oder nicht, und die Heirat, die in gegenseitigem Einverständnis erfolgte, die *Friedelehe.* In bezug auf den Brautpreis äußerte Tacitus sich nicht sehr klar, ob er die *Morgengabe* meinte, die der Braut im Falle der Kauf- oder Friedelehe gegeben wurde, nachdem die Ehe vollzogen worden war, oder ob es sich um die *dos,* einen Brautpreis handelte, der bei der Verlobung ausgehandelt und später teilweise oder ganz der Braut gegeben wurde. Tacitus sprach allerdings auch von dem Geschenk, das der Bräutigam vor der Hochzeit erhielt. Wenn es sich um einen hochgestellten Mann handelte – einen König oder Häuptling –, mußte er keinen Preis bezahlen. Daraus können wir schließen, daß zwei völlig entgegengesetzte Vorstellungen das Verhältnis zwischen den Geschlechtern bestimmten: Die Ehefrau war eine Gefährtin, die Tochter hingegen eine Sklavin, deren Schicksal von ihrem nächsten männlichen Verwandten abhing.

Unter dem Einfluß des Römischen Reichs verbesserte sich die Stellung der Frau beträchtlich. Die *Pandekten,* Justinians Auszüge aus den Schriften römischer Rechtsgelehrter, beförderten die sich ausbreitende Sitte der *sine manu*-Heiraten, bei denen die Macht über die Frau nicht auf den Ehemann übertragen wurde[2], was dem *Codex Theodosianus*[3] nach ein Schritt in Richtung gesellschaftlicher und rechtlicher Gleichstellung war. Volljährige Frauen konnten über ihren eigenen Besitz verfügen und heiraten, wen immer sie wollten; allerdings blieb ihre Handlungsfreiheit durch die starre Schichtung der Gesellschaft und weil im Fall einer Scheidung oder bei der Beurteilung des sexuellen Verhaltens nach wie vor zweierlei Maß angewendet wurde, weiterhin eingeschränkt. Frauen der unteren Schichten hatten kaum eine Wahl, wenn sie das Interesse ihres Herrn weckten: Sie mußten seine Konkubinen werden.

Das Christentum beseitigte zwar nicht die sexuelle Diskriminierung im späten Römischen Reich, doch bot es den Frauen die Möglichkeit, sich als unabhängige Person und nicht nur über den Status als Tochter, Frau oder Mutter zu definieren. Den Frauen blieb es verwehrt, öffentliche Reden zu halten oder Versammlungen zu leiten, aber den frühen Christinnen war es erlaubt, in den Kampfarenen vor wilden Tieren und Henkern als gleichberechtigte Partnerinnen aufzutreten. Die Kirchenväter neigen dazu, die Frau für ein Geschöpf zu halten, das von Extremen bestimmt wird: Entweder ist sie die Tochter Evas oder eine Imitation der Jungfrau Maria. Aber nur Ambrosiaster ging in seinem *Kommentar zu den ersten Korinthern* so weit zu bezweifeln, daß Frauen nach dem Bild der Männer geschaffen seien, und gestand den Ehemännern die Möglichkeit zu, sich von ihren ehebrecherischen Frauen zu trennen.[4]

Es gab zwei Ausnahmen unter den christlichen Kirchenvätern: Caesarius von Arles und Gregor den Großen. Caesarius, der im südlichen Gallien etwa um die Zeit schrieb, als Chlodwig im Norden sein Königreich errichtete, entlarvte die Scheinheiligkeit der Männer, die von anderen Familienmitgliedern Keuschheit verlangten, während sie selbst sexuelle Abenteuer suchten und damit sogar vor ihren Freunden prahlten.[5] Gegen Ende des Jahrhunderts, nach den Invasionen der Ostgoten, der Byzantiner und der Langobarden, sprach sich Papst Gregor der Große für Frauenklöster aus und war dagegen, daß man den Frauen verbot, die Kommunion zu empfangen, wenn sie ihre Monatsblutung hatten oder schwanger waren – allerdings unter dem Vorbehalt, daß es ihren Seelen sehr nützen würde, wenn sie auf die Kommunion verzichteten.[6]

Merowingerzeit

Im 6. Jahrhundert legten die germanischen Frauen sicher nicht mehr den kriegerischen Geist, den Tacitus ihnen zugeschrieben hatte, an den Tag. Aber sie bekehrten ihre Männer zum Christentum. Zum Beispiel bekehrte Chrodichilde, die Burgunderprinzessin, ihren Mann Chlodwig zum christlichen Glauben. Ebenso beeinflußte Aethelberga von Northumbria ihren Gatten so, daß er sich bekehrte. Königinnen gründeten oft Klöster und Kirchen auf ihren eigenen Ländereien. Sie ernannten auch Günstlinge zu Bischöfen und erweiterten auf diese Weise ihren Einflußbereich. Archäologische Funde zeigen, daß Frauen mit ihrem Schmuck als Statussymbol begraben wurden, und das alemannische Recht belegte das Ausrauben eines Frauengrabes mit einem doppelten Bußgeld.[7]

Männer, die Frauen belästigten oder – so bei den Alemannen – eine Frau fälschlich der Hexerei oder Giftmischerei beschuldigten, wurden mehr oder weniger hart bestraft. Als die Ostgoten 546 Rom eingenommen hatten, verbot ihr Führer Totila die Vergewaltigung der römischen Frauen, was die Stadtbewohner sehr überraschte.[8] Im burgundischen Recht zählten die Vergewaltigung und die Entführung einer Frau zu den schwersten Delikten, die begangen werden konnten.[9] Die Kirchenmänner vertraten im großen und ganzen den Standpunkt, daß Männer vernünftiger als Frauen seien.[10] Obwohl die germanischen Frauen gleichermaßen in der Lage waren, Kirchen zu gründen – zum Beispiel berichtet uns die *Geschichte der Langobarden,* daß Theuderata ebenso viele Kirchen errichtete wie ihr Mann[11] –, konnte man moralisch vorbildliche Frauen ihren Biographien zufolge daran erkennen, daß sie ihren Ehemännern gehorchten.[12]

Römische und germanische Bräuche wurden im Eherecht schnell angeglichen. Das führte dazu, daß die Autorität des Mannes über seine Frau unter römischem Recht gestärkt wurde. Die römische *sine manu*-Heirat, nach der eine Frau unter der Gewalt ihrer Familie bleiben konnte, wurde von der westgotischen und burgundischen Kodifikation des römischen Rechts nicht anerkannt. Frauen im 6. und 7. Jahrhundert standen unter dem Recht ihrer Väter, wenn sie unverheiratet waren, und unter dem Recht ihrer Ehemänner, wenn sie verheiratet waren, genauer, wenn sie aus eigenem Willen bei ihren Ehemännern lebten. Das bedeutete, daß ein Mann seine Frau vor Gericht vertreten und ihr Eigentum verwalten mußte, auch wenn er es ohne ihre Zustimmung nicht veräußern durfte. Das westgotische Recht sah jedoch vor, daß eine Frau ihr Eigentum selbst verwalten konnte. Das Schutzrecht über eine Frau, das sowohl eine Schutzpflicht, als auch ein Eigentumsrecht war, und das der Ehemann in den anderen germanischen Gesetzbüchern erwarb, wurde unter den Begriff *mundium* gefaßt. In aller Kürze kann man sagen, daß die westgotischen Frauen die meisten Rechte unter den germanischen Frauen hatten. Sie konnten nicht nur über ihren eigenen Besitz verfügen und ihn jedem hinterlassen, wenn sie keine Kinder hatten, sondern sie konnten in eigener Sache vor Gericht erscheinen, konnten als Zeuginnen auftreten, wenn sie älter als vierzehn Jahre waren, und, was am wichtigsten war, selbständig eine Ehe eingehen, wenn sie über zwanzig waren. Allen anderen germanischen Gesetzbüchern zufolge regelte der Mann, der das *mundium* innehatte, ihre Rechtsstreitigkeiten und war für die Verwaltung und den Verkauf ihres Eigentums verantwortlich.[13]

Eine Witwe wurde, unabhängig davon, ob sie unter römischem oder germanischem Recht lebte, der Haushaltsvorstand, erhielt die Kontrolle über das Eigentum und wurde Vormund ihrer minderjährigen Kinder. Eine unverheiratete Frau dagegen blieb unter der Vormundschaft ihrer Familie, bis sie volljährig war, was nach dem für die Burgunder erlassenen römischen Recht mit fünfundzwanzig, nach westgotischem Recht mit zwanzig der Fall war.[14] Die Mädchen heirateten allerdings viel früher; sie waren in der Regel mit zwölf verlobt und mit fünfzehn verheiratet. Das Heiratsalter für Männer war ebenfalls sehr niedrig, fünfzehn nach salischem und zwölf nach ripuarischem Recht.[15]

Die Heirat ging in drei Schritten vor sich: Brautwerbung *(petitio)*, Verlobung *(desponsatio)* und Hochzeit *(nuptiae)*. Der Freier besiegelte die Vereinbarung im allgemeinen mit Geld *(arrha)*. Sobald die Summe angenommen war, konnte die Verlobung nicht mehr einseitig gelöst werden. Die Gesetzbücher legten in der Regel fest, wieviel verlangt werden durfte. Zum Beispiel konnte nach burgundischem Recht ein verschmähter Bräutigam zwar nur 300 Solidi verlangen, aber wenn die Verlobte einen anderen Mann heiratete, konnte sie getötet werden.[16]

Die Germanen kannten nicht nur diese Form der Heirat. Nach wie vor konnte eine Frau einfach geraubt werden, wie z. B. die heilige Radegundis, die auf dem Schlachtfeld von Mitgliedern der Familie ihres künftigen Mannes gefangengenommen wurde. Von den schrecklichen Umständen ihrer Gefangennahme berichtet Fortunatus in seiner Biographie der Heiligen.[17] Radegundis war die Tochter des besiegten Königs der Thüringer, um deren Hand sich die Söhne Chlodwigs vor Gericht stritten. Die Raubehe stieß in den Königreichen auf Widerstand. Schließlich gab es noch die *Friedelehe,* was dazu führte, daß die merowingischen Könige nicht mit ebenbürtigen Frauen verheiratet waren. Bei dieser Form der Eheschließung waren die Frauen materiell kaum abgesichert, was beispielsweise zur Folge hatte, daß Ingund ihren Mann Chlothar anflehte, sie nicht im Stich zu lassen, als er ihre Schwester Aregund heiratete.[18] Die langobardische Ehe, bei der der Bräutigam nicht die Brautgabe zahlte und die Braut und ihre Kinder unter dem Schutz der Familie blieben, war eine solche Ehe.

Die Blutfehden, von denen die Chronisten erzählen, bezeugen, daß gelegentlich die Wünsche der Familie der Braut bei der Heirat mißachtet wurden. Hucbald berichtet zum Beispiel in seiner *Vita sanctae Rictrudis*, daß deren Brüder ihren Ehemann mehrere Jahre nach der Hochzeit töteten, obwohl sie bereits mehrere Kinder hatten.[19] Verbindungen zwischen einer freien Frau und einem unfreien Mann wurden als illegitime *contubernia* verurteilt, was dazu führte, daß die betreffende Frau ihr Leben, ihre Freiheit und ihren Besitz verlor; ihre Kinder wurden Sklaven und waren nicht erbberechtigt. Im Gegensatz dazu hinderte kein Gesetz einen Mann daran, mit seinen Sklavinnen sexuell zu verkehren; ihre Kinder konnte er als Erben anerkennen.[20] Ehen zwischen nahen Blutsverwandten oder angeheirateten Verwandten wurden aufgelöst, was die Bildung einer geschlossenen Aristokratie verhinderte, exogame Verbindungen förderte und den Frauen den sozialen Aufstieg durch Heirat ermöglichte.[21] Mit anderen Worten: Eine hübsche und kluge Frau konnte durch Heirat in der merowingischen Hierarchie aufsteigen.

Von vier merowingischen Königen wissen wir, daß sie mit mehreren Frauen eine Beziehung hatten.[22] Vielweiberei war nur im westgotischen Recht verboten, und eine Nebenfrau war einem verheirateten Mann nur im für die Westgoten erlassenen römischen Gesetz untersagt.[23]

Die Scheidungsgesetze maßen die Geschlechter mit zweierlei Maß. Neben der sowohl im römischen als auch im germanischen Recht zugelassenen Möglichkeit, eine Ehe in gegenseitigem Einvernehmen aufzulösen, machten es die germanischen Gesetzbücher einem Mann leicht, sich von seiner Frau zu trennen. Nach römischem Recht konnte ein Mann seine Ehe nur dann auflösen, wenn seine Frau Ehebruch beging, der Hexerei überführt wurde oder eine Kupplerin war.[24] Nach germanischem Recht durfte ein Mann seine Frau verstoßen, wenn sie keine Kinder gebären konnte oder wenn sie ein schweres Verbrechen begangen hatte. Er konnte sich auch ohne besonderen Grund von ihr trennen, wenn er bereit war, die Kontrolle über ihr Eigentum aufzugeben und eine Entschädigung zu zahlen, die in ihrem Wert der Mitgift entsprach.[25] Eine Frau hatte treu zu sein und ihrem Mann zu gehorchen, selbst wenn er trank und spielte, sie mißhandelte oder Ehebruch beging.[26] Nach dem burgundischen Recht, welches eines der einfachsten germanischen Gesetze darstellt, wurde eine Frau im Sumpf erstickt, wenn sie versuchte, sich von ihrem Mann zu trennen. Nach römischem Recht durfte sie sich von ihm nur dann trennen, wenn sie beweisen konnte, daß er gemordet, ein Grab geschändet oder eine Totenbeschwörung vollzogen hatte, d. h., wenn er schwere Verbrechen begangen hatte.[27] Das westgotische Recht erlaubte, daß eine Frau auf Scheidung klagte, wenn ihr Mann der Päderastie für schuldig befunden wurde oder sie gezwungen hatte, mit einem anderen Mann Unzucht zu treiben.[28] Eine Möglichkeit für eine Frau, einer

unglücklichen Verbindung zu entkommen, bestand darin, ihren Mann
ermorden zu lassen, was Fredegund dem *Liber historiae Francorum*
zufolge getan hatte.[29] Es gibt keine Hinweise darauf, daß die fränkische
Kirche bis zur karolingischen Zeit Scheidungsgesetze erlassen hätte,
wenn man vom Konzil von Orléans 533 absieht, welches eine Scheidung
im Falle einer Krankheit verbot. Dies bedeutete allerdings nicht, daß
die diensteifrigen Geistlichen den schuldigen Part nicht exkommuniziert hätten. Das langobardische Recht bestimmte darüber hinaus, daß
Unzucht nicht so streng bestraft wurde wie Ehebruch.[30] Wenn eine freie
Frau außereheliche Geschlechtsverkehr hatte, konnten sich ihre Verwandten entweder rächen oder die Heirat mit diesem Mann verlangen.
Eheliche Treue wurde nur von der Frau verlangt, nicht vom Mann, solange er sich nur nichts mit einer verheirateten Frau zuschulden kommen
ließ.

Die wichtigste Veränderung für die Frauen zwischen der Zeit des Tacitus und der Kodifikation der germanischen Gesetze war die Verbesserung ihrer wirtschaftlichen Rechte. Germanische Frauen waren ursprünglich nicht erbberechtigt und durften kein Eigentum besitzen. Aber zum
Ende des 5. Jahrhunderts entwickelte sich der Brautpreis zur Brautgabe,
welche die Braut zum Teil oder vollständig erhielt. Damit glichen die
gesetzlichen Regelungen die Stellung der germanischen Braut dem günstigeren Los der römischen Frau an. Der heilige Leander beschrieb diese
Entwicklung mit ungeschminkten Worten als den Preis, der für den Verlust des Schamgefühls bezahlt werde.[31] *Dos* und *Morgengabe* unterschieden sich darin, daß letztere erst nach der Hochzeit übergeben
wurde und im allgemeinen nicht so groß war wie die *dos*.[32] Auch die
Friedelfrau erhielt die *Morgengabe*.

Unter dem Einfluß der römischen Gesetze wurden auch die germanischen Erbrechte weniger restriktiv. Das westgotische Recht bestimmte,
daß alle Kinder, Jungen wie Mädchen, gleichermaßen erbten, wenn kein
Testament vorhanden war. Ganz anders verfuhren das sächsische und
das thüringische Gesetz. Die späteren Fassungen des salischen Gesetzes
und auch die anderen Gesetzbücher erlaubten, daß eine Frau nur das
Land erbte, welches ihre Eltern zugekauft hatten, aber nicht das Land,
das bereits zum Erbvermögen ihrer Eltern gehört hatte. Frauen erbten
auch die persönliche Habe von ihren weiblichen Verwandten und erhielten bei ihrer Heirat eine Aussteuer, die aus Haushaltsgegenständen und
persönlichen Dingen bestand, wie wir an der Beschreibung der schönen
und wertvollen Gewänder, des Goldes und Silbers und vieler kostbarer
Gegenstände, die Rigunth, der Tochter König Chilperichs und Frede-
gunds, mitgegeben wurden, sehen können.[33] Dieser Reichtum war einer
Königstochter angemessen, allerdings gaben auch niedriger gestellte
Menschen ihren Töchtern soviel mit wie sie konnten.

Frauen aus den unteren Schichten hatten wahrscheinlich größere Freiheit, Männer ihrer Wahl zu heiraten. Wie bei adligen Frauen stand auch bei niedriger gestellten Frauen die Keuschheit unter einem besonderen Schutz und durfte von einem Außenstehenden nicht verletzt werden. Vor den »Aufmerksamkeiten« ihrer Herren wurden diese Frauen allerdings nicht verschont. Einen weiteren Unterschied machte man zwischen gelernten und ungelernten Frauen. Frauen, die im Haus oder handwerklich in einem *gynaeceum* arbeiteten, hatten dem *Pactus legis Salicae* nach ein höheres *weregeld* (Sühnegeld) als gewöhnliche Unfreie.[34] Im ripuarischen fränkischen Gesetzbuch verloren die Kinder den höheren Rang, den ihre Mutter innegehabt hatte, wenn sie einen Mann aus einer niedrigeren Schicht geheiratet hatte. Allerdings schien der Rang in den unteren Schichten nicht so wichtig zu sein. Gegen Ende des 6. Jahrhunderts heirateten freie Frauen ungeachtet der Gesetze Unfreie. Tatsächlich unterstützten die Herren solche Verbindungen. An den Urkunden und Rechtsdokumenten *(formulae)* können wir sehen, daß die Herren, um genügend Arbeitskräfte zu haben, den freien Stand der Ehefrau anerkannten und ihn auch für die Kinder garantierten.[35]

Karolingerzeit

Die historische Bedeutung der Karolingerzeit liegt in der Tatsache, daß wir zum erstenmal von einer europäischen Kultur sprechen können. Während das merowingische Reich weltlich war, stellte die Idee des Gotteskönigtums das vorherrschende Merkmal des Karolingerreichs dar. Als Bonifatius 752 Pippin, den König der Franken krönte, tat er dies mit päpstlicher Erlaubnis. Von dieser Zeit an beschützten die Karolinger den Heiligen Stuhl. Aber das Bemühen der Karolinger, als Vertreter der Christenheit aufzutreten, dauerte nicht lange; nach dem Tod Ludwigs des Frommen 840 zerfiel das Reich allmählich.

Die Gestaltung der Ehe blieb, wie wir gesehen haben, in der merowingischen Zeit frei vom Einfluß des Christentums. In der frühen karolingischen Zeit jedoch wurde die Unauflöslichkeit der Ehe ein zentrales Thema, nicht zuletzt wegen der prekären Lage der neuen Dynastie. In Bonifatius fand Pippin der Kurze einen wertvollen Verbündeten für die Übernahme der Krone. Für Bonifatius waren die Heiratsbräuche auf dem europäischen Festland außerordentlich kompliziert ‚und er bat die Päpste in Rom um Rat. Diese sandten ihm ausführliche Vorschriften bezüglich des Inzests und der Ehehindernisse, die sich in den Kapitularien Pippins wiederfinden. Hier wird das Ehehindernis für Blutsverwandtschaft bis zum 7. Grad ausgedehnt, was ebenso auch für die mütterliche Linie und die geistliche Verwandtschaft galt.[36] In der Frage der

Unauflöslichkeit der Ehe ging Pippin allerdings etwas vorsichtiger vor, vermutlich, weil er sich nur zu gut daran erinnerte, wie er selbst versucht hatte, Betrada zu verstoßen, um Angla, die frühere Gattin eines gewissen Theodardus, zu heiraten.[37] Pippin suchte einen Kompromiß zwischen dem Standpunkt der lateinischen Kirchenväter und lokalen Sitten, wie sie in den *formulae* jener Periode festgehalten sind. Aus ihnen geht hervor, daß die Scheidung in gegenseitigem Einvernehmen weitverbreitet blieb.[38] Er erließ außerdem auf der Synode von Verneuil ein Edikt, wonach alle Eheschließungen des Reichs öffentlich erfolgen mußten.

Karl der Große setzte sich als christlicher Kaiser noch höhere Ziele. 789 verbot er die Wiederverheiratung eines geschiedenen Mannes oder einer geschiedenen Frau; 796 erklärte er vor den in Friaul versammelten Bischöfen, Ehebruch könne die eheliche Bindung nicht auflösen, und nahm diese Weisung in sein *Capitularium missorum* von 802 auf. Er stellte diese Regel auf, nachdem er zweimal geschieden worden war, gestattete aber seinen Töchtern, *Friedelehen* einzugehen[39], außerdem hatte er, unabhängig davon, ob verheiratet oder nicht, mehrere Konkubinen. Nur Liutgard wurde die Ehre zuteil, vom Rang einer Nebenfrau zu Königin erhoben zu werden.

Als die fränkische Kirche sich darum bemühte, festzulegen, wann eine Heirat rechtsgültig war, kam sie dem weltlichen Vorbild, das in der zweiten Hälfte des 9. Jahrhunderts bestimmend war, sehr nahe. Obwohl manche Kirchenmänner an einer rein religiösen Zeremonie festhalten wollten, wurden die bei den Germanen übliche elterliche Einwilligung und deren Eigentumsregelungen als notwendige Schritte zur Legitimation der Verbindungen anerkannt. Erzbischof Hinkmar von Reims ergänzte diese Bestimmungen um die Bedingung, daß eine Ehe erst dann als geschlossen gelten konnte, wenn sie auch vollzogen war.[40]

Hinkmar beteiligte sich auch an der großen Auseinandersetzung um die Scheidung Lothars II., des Königs von Lothringen, von Theutberga, die vom politischen Standpunkt aus betrachtet eine begehrte Frau war, in dieser Ehe allerdings nicht schwanger wurde. Deshalb beschloß Lothar nach zwei Jahren, diese Verbindung zu lösen und seine Nebenfrau Waldrada zu heiraten, die ihm ein Kind geboren hatte. Welche Schwierigkeiten ihm sein Plan bereiten würde, sah er allerdings nicht voraus. Zuerst versuchte er, seine Königin loszuwerden, indem er sie der Unzucht mit ihrem Bruder bezichtigte, doch sie reinigte sich von dem Verdacht durch ein Gottesurteil. Dann sperrte er sie ein, bis sie erklärte, in ein Kloster eintreten zu wollen; die Bischöfe waren allerdings nicht gewillt, die Ehe aufzulösen und erklärten das Verhältnis nur vorübergehend für aufgelöst. Die Königin legte schließlich vor einer Versammlung der lothringischen Großen und Bischöfe ein Geständnis ab, nachdem man ihr vermutlich die Folter angedroht hatte. Sie bekannte nicht nur die Unzucht, sondern auch die Abtreibung eines dabei empfangenen Kindes. Sie wurde zur öffentlichen Buße verurteilt; das Scheidungsersuchen des Königs aber wurde zurückgestellt, bis weitere Rechtsgelehrte zu Rate gezogen werden konnten. Hinkmar von Reims erklärte als einer von ihnen die Blutschande zum einzigen Grund für die Auflösung einer Ehe.[41] In der Zwischenzeit wandte Theutberga sich an den Papst, der zwei Legaten sandte, die eingreifen sollten. Lothar gelang es, die Gesandten zu bestechen; er ließ seine Ehe aufgrund des Tatbestandes der Blutschande, die Theutberga begangen haben sollte, auflösen und heiratete Waldrada, die er anschließend krönte. Papst Nikolaus war erzürnt und berief eine Synode in den Lateran ein, auf der er das Verfahren annullierte und Lothar aufforderte, Theutberga wieder als Gemahlin aufzunehmen. Unter dem Druck seiner zwei Onkel fügte Lothar sich im Jahre 865. Im folgenden Jahr versuchte er wieder, seine Ehe aufzulösen, und zwang Theutberga, um die Scheidung zu bitten, weil sie unfruchtbar sei und in ein Kloster gehen wolle. Die Antwort von Papst Nikolaus war die gleiche – daß Lothar nicht erneut heiraten könne, auch wenn Theutberga den Schleier nähme. Die Geschichte endete damit, daß Lothar II. auf dem Rückweg von Rom starb, wo er 869 von Nikolaus' Nachfolger Hadrian II. die Absolution erhalten hatte.[42]

Lothars Fall wurde so berühmt, daß er in ganz Westeuropa Interesse weckte, weil er zeigte, daß es keinen einzigen Grund gab, weder Ehebruch noch Unfruchtbarkeit, nicht einmal den Eintritt eines Partners in ein Kloster, der eine kirchliche Scheidung ermöglichte. Im Frankenland änderten sich die Verhältnisse nach dem Tod Lothars II. wesentlich. Zwar erließ die Kirche weiterhin Gesetze über die Unauflöslichkeit der Ehe, doch die weltliche Herrschaft achtete nicht allzu genau darauf. Selbst in der obersten Gesellschaftsschicht wurden nach wie vor Frauen verstoßen und entführt. Doch die Kirche sprach sich unnachgiebig gegen die Scheidung aus, und im 10. Jahrhundert gibt es kaum Beispiele, die für das Gegenteil sprechen.[43]

In der Karolingerzeit gaben Ehen zwischen gleichrangigen Partnern der Frau eine gewisse Sicherheit, mehr Rechte, aber auch mehr Pflichten. Die karolingische Königin stand dem Palast und dem königlichen Gut vor und sie vertrat ihren Gemahl in dessen Abwesenheit. Diese Stellung erlangte sie, wenn sie gesalbt und gekrönt war. Zu einer Zeit, als zwischen der privaten und öffentlichen Macht eines Herrschers nicht unterschieden wurde, verfügte sie damit über eine außerordentliche Autorität. Als Hinkmar von Reims später erklärte, die Königin trage, unterstützt vom Kämmerer, auch die Verantwortung für den königlichen Schatz, fügte er hinzu, daß der König mit solchen häuslichen Kleinigkeiten nicht belästigt werden könne.[44] Auch die merowingischen Königinnen hatten

Zutritt zum Palast und zum Schatz, waren allerdings nicht mit derartigen Verwaltungsfunktionen betraut.

In den Reihen der Aristokratie waren die Männer vom Hofdienst und der Kriegsführung vollständig in Anspruch genommen; die Aufsicht über das Familiengut wurde den Frauen überlassen. Dhuoda, die Frau Bernards von Septimanien, blieb in Uzès und verwaltete die Ländereien, während ihr Mann als kaiserlicher Kämmerer am Hof weilte.[45] Gisla, die Tochter des sächsischen Grafen Hessi und Witwe Unwans, entschied, daß nicht ihr Sohn sie bei der Verwaltung ihres Besitzes unterstützen sollte, sondern Liutberga, ein Mädchen geringeren Standes, das aus einem Kloster geholt und für diese Aufgabe geschult wurde.[46]

Zusätzlich oblag den Frauen die Aufzucht der Kinder. Sie hatten auch darauf zu achten, daß diese die richtige religiöse Unterweisung erhielten. In ein Kloster wurden Kinder im allgemeinen erst mit sechs oder sieben Jahren aufgenommen. Jungen, die für ein weltliches Leben bestimmt waren, blieben bis zum Alter von sieben Jahren bei der Mutter und wurden dann an den Hof eines Adligen geschickt. Mädchen dagegen blieben zu Hause, bis sie im Alter von zwölf bis fünfzehn Jahren verheiratet wurden. Die karolingischen Frauen verbrachten also nicht so viele Jahre wie die Frauen heute damit, Kinder großzuziehen; sie waren allerdings jünger, wenn sie heirateten und hatten mehr Kinder. Auch ihre Lebenserwartung war viel geringer – sie lag bei durchschnittlich 36 Jahren, wie K. F. Werner anhand der Nachkommenschaft Karls des Großen errechnete.[47] Nur 39 Prozent der Frauen wurden älter als 40; bei den Männern waren es 57 Prozent. Von ihnen starben die meisten im Alter zwischen 40 und 54 Jahren; die meisten Frauen starben zwischen dem 25. und 39. Lebensjahr. Diese Unterschiede hängen eindeutig mit der unzulänglichen Gesundheitspflege und dem Eisenmangel, vor allem aber mit Komplikationen während der Schwangerschaften und Geburten zusammen.

Die Prostitution war im Römischen Reich ein anerkannter Beruf; sie wurde zwar von den Kirchenvätern mißbilligt, aber als soziales Phänomen einer weltlichen Gesellschaft dennoch anerkannt. Diejenigen, die aus den einträglichen Möglichkeiten dieses Gewerbes einen Nutzen zogen, wurden auf dem Konzil von Elvira (um 300) angeprangert, dessen Verurteilung der Prostitution im Mittelalter immer wieder wiederholt wurde.[48] Doch es gibt nur wenige schriftliche Zeugnisse zur Prostitution im frühen Mittelalter – wahrscheinlich, weil sie in den Dörfern nur eine unwichtige Randerscheinung war. Bonifatius schrieb über die Freudenhäuser, die die Straßen Roms säumten, vermutlich nur in der Absicht, die Nonnen von einer Pilgerreise abzuhalten.[49] In einer königlichen Verordnung, wahrscheinlich von Ludwig dem Frommen, werden die Männer gewarnt, sich mit Frauen von »zweifelhaftem Lebenswandel«, *meretrix,* einzulassen.[50] Ein Jahrhundert später verwendete Liudprand von Cremona wiederum dieses Wort in Verbindung mit Marozia, die möglicherweise die illegitime Frau des Markgrafen Alberich und die legitime Gemahlin von Wido von Tuszien und von König Hugo von Italien war.[51] In zwei Dramen von Hrotsvit kommen Freudenhäuser vor, in *Abraham (Fall und Bekehrung der Maria)* und in *Pafnutius (Die Bekehrung der Buhlerin Thais)*.[52] Folglich können wir nicht sagen, daß es vor dem 11. oder 12. Jahrhundert keine Bordelle gab. Es gab sie, aber sie fielen nicht besonders ins Gewicht. Interessanter sind die Vorschriften über lesbische Liebe und Masturbation, die in einem fränkischen Bußbuch erscheinen. Lesbische Paare und masturbierende Frauen werden auf dieselbe Stufe gestellt wie Frauen, die für ihre Männer magische Liebestränke bereiten. Lesbische Liebe und Masturbation galten also als Ersatzhandlungen für Frauen, deren Trieb von Männern nicht befriedigt wurde.[53]

Karl der Große widmet sich in einer Verordnung über die Befugnisse der Königin auch der Bedeutung der Bäuerinnen.[54] Frauen, die zum königlichen Hof gehörten, schuldeten dem Herrn bestimmte Dienste. Um den Kaiser und seine Gefolgsleute mit Haushaltsgegenständen und den Tuchen, die sie brauchten, zu versorgen, arbeiteten die Frauen seiner Ländereien zu bestimmten Zeiten im großen Saal des Herrenhauses, wohin sie Leinen, Wolle, Zinnober und Kräuter, die zum Färben gebraucht wurden, sowie Wollkämme, Karden, Seife, Fett und andere Dinge brachten. Außerdem hatten sie die Pflicht, sich um die Vorratshaltung der Lebensmittel zu kümmern – um Schmalz, Räucherfleisch, Pökelfleisch, leicht gesalzenes Fleisch, Wein, Butter, Met, Honig, Bienenwachs, Mehl: es war die Pflicht der Bäuerinnen, sich um Kleidung und Ernährung der Oberschicht zu kümmern. Immerhin, Karl der Große traf auch Anweisungen, wie die Arbeitsplätze der Frauen auszusehen hatten: Sie mußten von Hecken umgeben sein, eine feste Tür haben und mit Öfen geheizt werden, und sie mußten Keller haben, wo die Frauen die Produkte, die sie herstellten, aufbewahren konnten. Von Eileen Power, die sich mit der Arbeit der Bäuerinnen beschäftigt hat, wissen wir außerdem, daß Ermentrud, Bodos Frau, den Haushalt führte und ihrem Mann half, wann immer es nötig war; außerdem kümmerte sie sich um die Hühner, schor die Schafe, stellte Stoffe, Garn und Kleidung her und wusch sie, wenn sie schmutzig war.[55]

10. Jahrhundert

Mit dem Niedergang des Karolingerreichs verlagerte sich die Macht auf die Adelsfamilien. Die Institutionen Karls des Großen erwiesen sich als unfähig, dem zweifachen Angriff von Invasionen und Blutsfehden, wel-

che die Kaiser veranlaßten, ihr Herrschaftsgebiet unter den *Söhnen* aufzuteilen, standzuhalten. Land, Macht und Titel wanderten unter den sich
bekriegenden Nachfolgern vom einen zum andern. Aus dem Zusammenbruch des karolingischen Staates ging die Familie als die stabilste
Einheit hervor, und die Frauen konnten in den nächsten zwei Jahrhunderten eine wirtschaftliche, soziale und politische Rolle spielen, indem
sie aus der Macht der Familie ihren Nutzen zogen.

In den Quellen finden wir viel Material über das Leben der Mädchen,
Bräute, Ehefrauen, Nebenfrauen, Mütter, Witwen und religiösen Frauen.
Über die Kindheit der Frauen wissen wir praktisch nichts, außer daß sie
sieben Jahre alt sein mußten, um in eine Gemeinschaft aufgenommen zu
werden. Theoretisch waren die Frauen im 10. Jahrhundert in der Lage,
ihre Lebensform selbst zu wählen – sie konnten sich entweder für die
Ehe oder das Kloster entscheiden. In Wirklichkeit wurden recht viele
bereits als Kinder verlobt und heirateten früh. Bischof Thietmar von Merseburg erwähnt beispielsweise in seiner *Chronik*, daß die Frau seines
Onkels Liuthar erst dreizehn Jahre alt war, als sie heiratete.[56] Aus den
Gesta Ottonis der Hrotsvit wissen wir, daß Heinrich I., Ottos Vater, durch
Sendboten um die Hand Ediths, der Halbschwester von König Athelstan,
anhielt. Athelstan willigte ein, und Edith wurde mit vielen Geschenken
und großem Gefolge nach Sachsen geschickt. Für den Fall, daß sie Otto
nicht gefiele, wurde Edith von ihrer Schwester begleitet, die dann als
Braut für Otto in Frage gekommen wäre.[57] Die Bräute mußten nicht
nur von ähnlicher Herkunft, sondern auch wohlerzogen, vornehm
und gesund sein. Falls für ein Mädchen kein geeigneter Ehepartner
gefunden werden konnte, mußte sie in ein Kloster eintreten. Die zwei
älteren Töchter Ottos II. und Theophanus wurden zu Äbtissinnen
gemacht, und die dritte Tochter heiratete einen niedriger gestellten Pfalz-
grafen.[58]

Was die Existenz von Nebenfrauen betrifft, wissen wir von Liudprand
von Cremona, daß König Hugo von Italien mehrere Mätressen hatte.[59]
Nebenfrauen hatten keinerlei Rechtsansprüche, ihre Zukunft hing vom
Willen ihres Herrn und ihrer Kinder ab.

Verheiratete Frauen hingegen hatten viele Rechte und waren ambitio-
niert. In wachsender Zahl traten sie im 10. Jahrhundert als Burgvögtin-
nen, Herrinnen von Grundbesitz, Besitzerinnen von Kirchen, Teilnehmerinnen an weltlichen und kirchlichen Versammlungen und Inhaberin-
nen militärischer Kommandos und richterlicher Befugnisse in Erscheinung. Land war die einzige Quelle von Macht, und Frauen konnten Land
von ihren Gatten oder ihrer Familie erben; wenn ihre Männer in den
Krieg oder bei Fehden an den königlichen oder kaiserlichen Hof gerufen wurden oder wenn sie gestorben waren, übernahmen sie deren
Macht.

Die Stellung einer Frau wurde durch ihren Reichtum, den Rang ihrer Verwandten und die Macht ihrer Söhne bestimmt. Ihre Aufgabe, Kinder zu gebären, war der Rolle, ihrem Mann zu helfen, untergeordnet. Sie trug die Verantwortung für den Haushalt, die Armen und die Kirche. Ihre politische Macht bestand darin, genügend Eigentum zu erwerben, um der Kirche Schenkungen zu machen und Ordenshäuser zu gründen, in die sie sich, falls sie Witwe werden sollte, zurückziehen konnte. Aber diese Schenkungen erfolgten normalerweise im Namen des Mannes wie der Frau. Wenn ihr Gemahl abwesend war, mußte sie für seinen Erfolg beten und nach seinem Tod sein Andenken wachhalten.

Witwen konnten, solange ihre Kinder minderjährig waren, Macht ausüben. Sie standen unter der besonderen Vormundschaft der Kaiser und Könige, aber ihre Stellung war alles andere als sicher. Die beste Möglichkeit, politische Macht zu behalten, erhielten sie durch ihre Söhne. Aber nicht jede Mutter war in der glücklichen Lage, Söhne zu haben, die zu ihnen standen. Wenn nicht die Söhne, dann konnten politische Gegner die Stellung einer Frau gefährden. Manche Witwen zogen daher in das väterliche Haus, zu einem Bruder, der Geistlicher war, oder traten in ein Kloster ein.

FRAUEN UND DIE RELIGION

Das Kloster

Nur Frauen, die sich in ein Kloster zurückzogen, um jungfräulich zu bleiben oder den Stand der Witwenschaft zu behalten, oder die als heilige Frauen Gottes weiter zu Hause lebten, blieben frei von Ehepflichten. Schon die Frauen der merowingischen, langobardischen und angelsächsischen Könige zogen sich am liebsten, sobald sie verwitwet waren, in eine religiöse Einrichtung zurück. Königin Chrodichilde zum Beispiel verbrachte nach dem Tod König Chlodwigs den Rest ihres Lebens in der Basilika von Saint-Martin.[60] Königin Etheldreda hegte lange den Wunsch, sich zurückzuziehen, und erhielt schließlich von König Egfried widerstrebend die Einwilligung, in das Kloster von Coldingham eintreten zu dürfen.[61]

Schon die merowingischen Chroniken und Heiligenlegenden sind voller Geschichten über die Vorstellungen von Jungfräulichkeit und sexueller Enthaltsamkeit. Wahrscheinlich waren die sexuelle Doppelmoral, der Frauen unterworfen waren, die Angst vor den Folgen der Geburten und in bestimmten Fällen die Roheit der Ehemänner für viele Ehefrauen ausschlaggebend, die Heirat oder eine Wiederverheiratung zu meiden. So entsagte Radegundis der Ehe, als sie erfahren hatte, daß ihr Mann ihren Bruder ermordet hatte. Gregor der Große erzählte, daß die heilige Monegund nach dem Tod ihrer Kinder ein religiöses Gelübde ablegte.[62]

Im 8. Jahrhundert wurden Spannungen, die zwischen Eltern und Töchtern bestanden hatten, häufig durch einen Freund oder Verwandten, der Geistlicher war, gelöst. Auf diese Weise hatte die heilige Bertila von Chelles das Glück, als Fürsprecher Audoen, einen der einflußreichsten Kirchenmänner im Merowingerreich, häufig Dado genannt, zu gewinnen.[63]

Im 9. und 10. Jahrhundert können wir schließlich einen dritten Typus geweihter Frauen beobachten: die gehorsame Tochter, die das Keuschheitsgelübde auf Wunsch ihrer Eltern ablegte. Dies scheint bei Herlinda und Renilda wie auch bei der heiligen Hathumoda der Fall gewesen zu sein.[64] Schließlich gibt es noch die Gruppe jener Frauen, die erst eine Ehe eingingen, ihre Kinder aufzogen, und wenn diese erwachsen waren, ins Kloster gingen, wie wir es der Biographie der heiligen Sadalberga entnehmen können.[65]

Diese drei Verhaltensmuster – Auflehnung gegen die Eltern oder den Ehemann, Spannung und Schlichtung durch das Eingreifen eines einflußreichen Mannes und pflichtbewußter Gehorsam – entsprechen grob den drei verschiedenen Phasen in der Geschichte des Nonnentums. Im 6. Jahrhundert, als es nur wenige Nonnenklöster gab, war heroische Standhaftigkeit notwendig, um mit einem religiösem Leben Gott zu dienen. Während des 7. und 8. Jahrhunderts wurden überall Einrichtungen für Frauen geschaffen, und die Frauen konnten Geistliche finden, die sich für sie einsetzten. Im 9. und 10. Jahrhundert, als eine strenge Absonderung der Nonnen von der Welt betrieben wurde, drängten die Eltern die Mädchen, in ein Kloster zu gehen. Man kann dies nicht nur in Gallien beobachten, sondern auch in nicht so ausgeprägter Form in Italien. Zum Beispiel stellte Papst Gregor mehrere Gebäude in Rom, die von ihren Stiftern ursprünglich für Mönche vorgesehen waren, Äbtissinnen zur Verfügung. Er appellierte auch an die Geistlichkeit, die Einrichtungen für Frauen zu schützen, indem er die Kirchenmänner daran erinnerte, die Nonnen dazu anzuhalten, keusch und seßhaft zu bleiben und nicht den Besitz der Gemeinschaft zu vergeuden.[66] In der Karolingerzeit und der unmittelbar folgenden Periode wurden Gründungen von Nonnenklöstern seltener. Erst in der zweiten Hälfte des 10. Jahrhunderts wurden in Italien wieder zahlreiche Nonnenklöster gegründet. Zu verdanken war dies dem Einfluß der Ottonen, der sich auch in Deutschland bemerkbar machte.

Im heroischen Zeitalter des Klosterwesens gab es im südlichen Frankenreich nur wenige Klöster, von denen das berühmteste Saint-Jean in

Arles war, das der heilige Caesarius, Bischof von Arles, für seine Schwester Caesaria gründete.[67] Im mittleren und nördlichen Frankenreich war das Nonnentum wesentlich einflußreicher. Wir wissen von Gregor von Tours, daß Einrichtungen für Frauen in den Städten gebaut wurden, wo die Frauen vor Überfällen sicher waren.[68] Bis zum Ende des 6. Jahrhunderts gab es in allen städtischen Zentren Galliens Nonnenklöster. In Italien war die Lage genauso; die Gefahren, die in den ländlichen Gebieten drohten, ermutigten niemanden, weibliche Gemeinschaften außerhalb der Städte einzurichten. Die Bemühungen Gregors des Großen konzentrierten sich deshalb ausschließlich auf die Städte und er korrespondierte mit Frauengemeinschaften u. a. in Rom, Neapel, Pisa und anderen Städten Sardiniens und Siziliens.[69]

Auf dem Konzil, das 614 in Paris abgehalten wurde, läutete Chlothar eine neue Epoche ein, indem er die Todesstrafe für das Entführen von Frauen einführte. Von diesem Jahr an brauchten Frauen im Fränkischen Reich, die eine Ehe vermeiden und ein asketisches Leben führen wollten, nicht mehr so viel Mut, sich zu behaupten.[70] Die Kirche bot Witwen wie Jungfrauen den Eintritt in ein Kloster an; darüber hinaus galt dies aber auch als Form der Buße für Frauen, die vom »rechten Weg« abgekommen waren.[71] Die langobardischen Gesetze, die in vieler Hinsicht milder waren, enteigneten dennoch Frauen, die ihren religiösen Stand aufgegeben hatten. Sie wurden Eigentum des Königs, der mit ihnen nach Belieben verfahren konnte.[72] Es gab auch Jungfrauen und Witwen, die ein Klostergelübde abgelegt hatten, aber außerhalb der Klostermauern zu Hause lebten.[73] Diese Form religiösen Lebens kam den Frauen entgegen, die nicht heiraten wollten, während andere einer echten religiösen Berufung folgten.

Im 7. Jahrhundert trugen die Bemühungen des heiligen Kolumban Früchte. Der irische Mönch kam im letzten Jahrzehnt des 6. Jahrhunderts ins Frankenland und zeigte sich den Frauen gegenüber so freundlich gesonnen wie den Männern. Seine Schüler im Kloster Luxeuil, das er gründete, ließen Ordensfrauen gegenüber einen anderen Geist erkennen, als das im vorigen Jahrhundert der Fall gewesen war. Sie arbeiteten mit den Frauen zusammen und fanden eine praktische Lösung, um Nonnenklöster auch außerhalb der Städte zu errichten. Um die religiösen Frauen zu schützen und ihnen zu helfen, ihre Häuser zu führen, sowie um priesterliche Dienste zur Verfügung zu stellen, teilten diese wagemutigen Männer den neugegründeten weiblichen Gemeinschaften ein Kontingent von Mönchen zu. Sie schufen eine neue Institution, das Doppelkloster, das Vorgänger im Osten und möglicherweise auch in Irland hatte. In diesen Klöstern lebten die Nonnen nicht auf Kosten der Mönche, sondern man verlangte von ihnen, daß sie manuelle Arbeiten verrichteten: Kochen, Saubermachen, Tischdienst, Nähen, Fischen, Brauen und Feuermachen gehörten zu ihren täglichen Aufgaben, wie Waldabert berichtet.[74] Auch das Leben im Kloster war genauen Vorschriften unterworfen. So wurde zum Beispiel das Schlafen im Dormitorium nach bestimmten Grundsätzen geregelt; die Plätze wurden abwechselnd jüngeren und älteren Schwestern zugewiesen, um frivoles Verhalten und fleischliche Versuchungen zu vermeiden. Das Haar durfte nur an Sonntagen und vor aller Augen gewaschen werden.

Außerdem wurden irische Bußriten auf dem Kontinent eingeführt, und die Äbtissinnen, besonders in den damals weit verbreiteten Doppelklöstern, mußten den Mitgliedern des Klosters dreimal täglich die Beichte abnehmen. Sie übten auch eine gewissermaßen priesterliche Funktion aus, indem sie Mitgliedern ihrer Gemeinschaft den Segen erteilten. Zur normalen Aufgabe der Äbtissinnen gehörte die Verwaltung des Klosters, die Wahrung der Disziplin und die Sorge um das geistige Wohl.

In ihrem Bemühen, dem klösterlichen System seine ursprüngliche Reinheit zurückzugeben, beriefen sich die Geistlichen in der Umgebung Karls des Großen wieder auf das Prinzip, nach dem Frauen das schwächere Geschlecht und unbeständig im Geist seien. Als Bonifatius 742 Reformen in der fränkischen Kirche einleitete, verlangte er von Mönchen wie von Nonnen, daß sie die Benediktinerregel beachteten.[75] Dreizehn Jahre später bot das Konzil von Verneuil Männern und Frauen, die Gott dienen wollten, die Wahl zwischen dem benediktinischen Leben und der kanonischen Ordnung an. Von 766 an stand die Regel für ein kanonisches Leben der Männer dank der Bemühungen Chrodegangs von Metz fest, aber das Amt einer Kanonissin wurde erst 813 auf dem Konzil von Chalons geschaffen und seine Prinzipien 816 in der Institutio sanctimonialium veröffentlicht.[76] Wegen der Behauptung, sie seien schwach und ungefestigt, führten Kanonissinnen ein härteres Leben als Kanoniker – sie mußten hermetisch von der Welt abgeschlossen sein und die Verwaltung ihres privaten Besitzes einem Außenstehenden übertragen. Außerdem waren sie verpflichtet, in der Kirche das Gesicht zu verschleiern und sich sorgsam vor jedem Kontakt mit Männern zu hüten. Selbst ihr Umgang mit Priestern war eingeschränkt – sie durften die Beichte nur vor den Augen der Schwestern ablegen.[77]

Der Klerus belehrte die Frauen im 10. Jahrhundert außerdem, sich in der Kirche demütig zu verhalten. Wenn sie Jungfrauen waren, sollten sie Maria nacheifern – »Spiegel der Keuschheit, Inbegriff der Jungfräulichkeit, Zeichen der Demut, Ehre der Unschuld«, schrieb Rather von Verona.[78] Ähnliche Vorschriften enthielt auch das Capitulare des Atto von Verceuil.[79] Frauen durften sich nicht dem Altar nähern, sondern mußten auf ihren Plätzen bleiben, wo der Priester ihre Gaben entgegennehmen sollte. Tatsächlich durften Frauen, die Nonnen eingeschlossen, weder die geweihten Gefäße oder heiligen Gewänder berühren noch Weihrauch zum Altar tragen. Atto ging noch weiter als die übrigen Bischöfe. Die Kirchenmänner hatten zwar keine Handhabe, Frauen daran zu hindern, in der Welt Macht auszuüben, doch sie schränkten deren Bewegungsspielraum in der Kirche ein.

Die Absonderung der Nonnen war für die Kirchenmänner der frühen Karolingerzeit eine besonders wichtige Aufgabe. Das Konzil von Verneuil 755 erlaubte Äbtissinnen und anderen Mitgliedern, die Gemeinschaft nur dann zu verlassen, wenn der König sie rief. Die Vielzahl ähnlicher und noch stärkerer Einschränkungen läßt darauf schließen, daß das abgeschlossene Leben nicht leicht durchzusetzen war. Wie ihre angelsächsischen Schwestern waren die französischen Nonnen offenbar gewohnt, auf Pilgerfahrten zu gehen, bis das Konzil von Friaul, das 796 oder 797 abgehalten wurde, ihnen befahl, dies zu unterlassen.[80] Ähnliche Überlegungen veranlaßten ein Konzil nach dem anderen, über Nonnen herzuziehen, die männliche Kleidung trugen, um vor unnötigen Besuchen durch Bischöfe, Kanoniker und Mönche zu warnen.

Zu dem Bemühen, enge Kontakte der Geschlechter in den Nonnenklöstern zu vermeiden, gehörte auch, Nonnen und Kanonissinnen zu verbieten, Jungen zu unterrichten.[81] Sogar Herbergen für die Armen und Pilger mußten außerhalb des Klosters eingerichtet werden, grenzten aber an die Kirche an, wo die Geistlichen sich um sie kümmern konnten. Nur die Pflege von armen und kranken Frauen war den Nonnen und Kanonissinnen gestattet.[82] Äbtissinnen durften Angehörige des anderen Geschlechts nicht segnen und Mitglieder der eigenen Gemeinschaft nicht weihen, ein Ritus, der ausschließlich Bischöfen vorbehalten war.[83] Die Arbeit der Nonnen und Kanonissinnen in der Kirche beschränkte sich darauf, die Glocken zu läuten, die Kerzen anzuzünden, zu beten, zu singen, Psalmen vorzutragen, die kanonischen Stunden zu feiern und Mädchen zu erziehen.[84]

Nonnen, die nicht in Klöstern lebten, mußten sich einer Gemeinschaft anschließen; sehr kleine Klöster wurden zu größeren zusammengefaßt. Nonnenklöster wurden im 9. Jahrhundert in wachsendem Maß benutzt, um Frauen auszugrenzen, die unerwünscht waren oder für sozial gefährlich oder unproduktiv gehalten wurden. Das wichtigste Kriterium für die Aufnahme in ein Kloster war allerdings eher Reichtum als Heiligkeit. Von der heiligen Austroberta wird berichtet, daß sie die Bitten eines Mädchen aus einer armen Familie erhörte, das sein Lager auf dem Friedhof nahe dem Grab von Austroberta aufschlug, nachdem ihm die Aufnahme ins Kloster verweigert worden war. Austroberta griff ein; die Äbtissin wurde von einer Krankheit befallen, sie bereute, wurde gesund, ließ das Mädchen kommen und nahm es als Novizin auf.[85] Die herausragende Eigenschaft der fränkischen Äbtissinnen des 9. Jahrhunderts war nicht ihre Heiligkeit, sondern ihre Findigkeit. Ermentrud, Äbtissin von Jouarre, ist dafür ein gutes Beispiel. Sie verschaffte sich wichtige Reliquien für ihr Kloster, das bald danach ein Wallfahrtsort wurde. Darauf empfing sie von Karl dem Kahlen durch Vermittlung der Kaiserin Privilegien, zu denen das Markt- und Münzrecht gehörten.[86] Außerdem übernahmen ortsansässige Familien dank ihrer Töchter, die Klöster als weltliche Äbtissinnen verwalteten, das Recht, die klösterlichen Einkünfte zu verwerten. Im Gegenzug verwandelten sie die Klöster in Einrichtungen für Kanonissinnen, wo strenge Abgeschiedenheit nicht mehr verlangt wurde.

Auch in Deutschland lockerten sich die kirchlichen Kontrollen. Die von Nonnen aus dem angelsächsischen England und Freunden des heiligen Bonifatius gegründeten Klöster gehören zu den ersten Nonnenklöstern östlich der Rheins. Das berühmteste war Tauberbischofsheim, wo Lioba Äbtissin war. Sie war so großzügig, daß sie junge Mädchen in ihrem Kloster unterrichtete, was Bonifatius guthieß. Andere Nonnenklöster wurden von der Äbtissin Tecla in Kitzingen und Ochsenfurt eingerichtet. In Thüringen wirkten Cynehilda und ihre Tochter Berthgyth als Lehrerinnen.

Um 800 gründete der sächsische Adlige Waltger auf seinem Besitz das Kloster Herford, das er reich ausstattete und mit Reliquien aus England versah. Königlichen Schutz erhielt er von Ludwig dem Frommen. Adalhard und Wala, Verwandte Karls des Großen waren für den Lebenswandel im Kloster verantwortlich. Zum Vorbild nahmen sie sich das Benediktinerinnenkloster Notre Dame in Soissons, wo ihre Schwester Theodrada Äbtissin war. Herford bekam seine Äbtissin wie seine Nonnen aus Soissons. Die Umwandlung Herfords in eine Einrichtung für Kanonissinnen erfolgte erst im nächsten Jahrhundert. Noch ist es umstritten, ob die Gemeinschaften, die im 9. Jahrhundert in Deutschland gegründet wurden, der Herforder Benediktinerregel folgten oder Einrichtungen für Kanonissinnen waren.[87] Auf jeden Fall waren im 10. Jahrhundert ziemlich viele Nonnenklöster, besonders die in Sachsen, Gemeinschaften von Kanonissinnen.[88] Somit war Sachsen in der Tat im 10. Jahrhundert ein bedeutender Mittelpunkt des Klosterwesens.

Auf die Frage, warum der sächsische Adel im 10. Jahrhundert Häuser für Frauen förderte, gibt es mehrere Antworten. Sachsen war eines der Gebiete, die noch nicht lange erobert und zum Christentum bekehrt worden waren. Es war bekannt, daß dort Kindestötungen vorkamen und die Opfer im allgemeinen Mädchen waren.[89] Heiraten war teuer, wie man an den vielen unverheirateten Frauen im Adel sehen kann. Außerdem herrschte unter Familienangehörigen und Unebenbürtigen Promiskuität. Weil in Sachsen ständig die Gefahr von Kriegen mit slawischen Nachbarn drohte, war das weltliche Leben zusätzlich gefährdet. Die wichtigste Ursache, daß sich die Klöster – für Männer wie für Frauen – in dem

Maße ausbreiteten, war aber wohl die Vorliebe der Ottonen für das klösterliche Leben.

Weibliche Gemeinschaften wurden in Deutschland im allgemeinen entweder von den Frauen allein oder gemeinsam mit ihren Ehemännern und geistlichen Verwandten gegründet. Es gab auch Adlige, die solche Häuser bauten, wenn ihre Söhne vor der Zeit im Kampf gestorben waren und sie ihre Aufmerksamkeit dann den Töchtern widmeten.[90] Von den Klöstern der Liudolfinger war im 9. Jahrhundert Gandersheim das wichtigste, gegründet von Graf Liudolf und seiner Frau Oda, den Urgroßeltern Ottos I. Seine Äbtissinnen entstammten der Herrscherfamilie. Als Otto I. 947 als siebte Äbtissin Gerberga in ihr Amt einsetzte, wurde sie Herrscherin über ein kleines Reich, das über ein Heer, eigene Höfe und eine Münzstätte verfügte und im Reichstag vertreten war. Nicht nur in Gandersheim, sondern auch in Quedlinburg, Essen und etwas später in Elten und Gernrode wurden die Äbtissinnen zu Reichsfürstinnen ernannt und hatten in dieser Eigenschaft das Vorrecht, mit den Prälaten am Reichstag teilzunehmen, wo sie den Fürsprecher, den der Herr des Klosters, im allgemeinen ein Bischof oder der Kaiser, für sie ausgewählt hatte, bestätigen konnten. Obwohl sie in den sächsischen Klöstern *Reichsfürstinnen* waren, wurden sie auch *metropolitana* genannt. Zumindest Mathilde von Quedlinburg, die Schwester Ottos II., trug diesen Titel im 10. Jahrhundert.[91]

Alle Häuser für Frauen beanspruchten in Deutschland im 10. Jahrhundert königlichen Schutz und königliche Privilegien. Sobald der König diese gewährt hatte, war die Ausstattung des Klosters dem ständigen religiösen Gebrauch geweiht und durfte nicht von den Verwandten der Gründerin angetastet werden. Die Stiftung einer Gemeinschaft, für die der Kaiser eine Schutzverpflichtung übernommen hatte, war königliches Eigentum. Der Kaiser konnte es nicht zweckentfremden oder weltlichem Gebrauch überstellen, aber er hatte das Recht, es auf Bischöfe zu übertragen. Auf diese Weise wurde dem Adel allmählich bewußt, daß ihnen unwiederbringlich Land entzogen wurde, wenn adlige Witwen und Jungfrauen ihr Eigentum einem Kloster vermachten. Seit der Regierung Heinrichs II. forderten sie deshalb adlige Witwen und Töchter häufig unter Androhung von Gewalt zur Heirat auf.

In Italien förderten der karolingische Kaiser, die Kaiserinnen und auch der Adel die Errichtung von Nonnenklöstern. Häufiger als in langobardischer Zeit beteiligten sich Männer an der Gründung weiblicher Gemeinschaften. Möglicherweise waren die Ehemänner, deren Namen vor denen ihrer Frauen stehen, von ihren Gattinnen überzeugt worden, solche Einrichtungen für religiöse Frauen zu schaffen. Im 10. Jahrhundert förderten italienische Könige einige dieser Frauengemeinschaften. Aber die eigentlichen Wohltäter waren die römisch-deutschen Kaiser und ihre

Gemahlinnen. Die Äbtissinnen wurden von der Gemeinschaft nur dann gewählt, wenn der König, Kaiser, Papst oder Stifter es so vorgesehen hatte. Der Herrscher konnte auch einen Laien zur Verwaltung des Besitzes einsetzen. Wenn ein Gründer zwei Klöster geschaffen hatte – eines für Männer und eines für Frauen –, dann legte dieser gelegentlich fest, daß der Abt die Äbtissin wählen sollte. Wo die Wahl der Äbtissin dem Bischof oder der Familie des Stifters überlassen blieb, wurden nicht wenige Frauenklöster unterjocht.

Diakoninnen und Priesterfrauen

Der Kampf gegen weibliche Priesterinnen begann in der fränkischen Kirche im Jahre 511, als die Bischöfe erfuhren, daß zwei bretonische Priester das Abendmahl mit Frauen als *conhospitae* zelebrierten. Diese Priester und ihre Assistentinnen zogen durch das Land, hielten Messen und spendeten die Kommunion in den Bauernhütten. Die Bischöfe waren beunruhigt, weil die *conhospitae* das Sakrament beschmutzten, indem sie den Kommunikanten den Kelch reichten und unter demselben Dach wie die Priester schliefen. Wir wissen nicht, ob die Frauen, die verächtlich als *mulierculae* bezeichnet wurden, mit den Priestern verheiratet oder Diakoninnen waren. Im ersten Viertel des 6. Jahrhunderts konnten fränkische Bischöfe noch dazu überredet werden, weibliche Diakone zu weihen. Diakoninnen waren Helaria, die Tochter des Remigius, des heiligmäßigen Bischofs von Reims, und die heilige Radegundis. Die Worte des Fortunatus lassen keinen Zweifel daran, daß letztere mit einer in einem Orden aufgenommenen Witwe identisch ist, die ihr Leben der Enthaltsamkeit, der Wohltätigkeit und dem Gebet gewidmet hatte.[92] Die Konzile von Epaon und Orléans 517 und 533 beschlossen, auch die Diakoninnen wie Witwen zu behandeln.[93] Bis dahin war anerkannt worden, daß eine Diakonin eine Witwe war, und die Gesetzgebung von Epaon legte fest, daß die Weihe von Witwen, Diakoninnen genannt, künftig nur noch eine Segnung als Büßerin sein sollte. Diese Gesetzgebung sollte sicherstellen, daß Diakoninnen keinen geistlichen Rang beanspruchen konnten. Das Konzil von Orléans ging noch weiter. Es sprach Frauen die Fähigkeit zum geistlichen Amt ab und setzte den Rang der Witwen in der fränkischen Kirche herab. Die Synode, die im späten 6. Jahrhundert in Auxerre abgehalten wurde, erklärte dann, daß Frauen von Natur aus unrein seien und daß sie sich folglich verschleiern müßten und keine geweihten Gegenstände berühren dürften.[94]

Für das 7. Jahrhundert können wir die Möglichkeit nicht ausschließen, daß man wieder Diakoninnen weihte. In Rom gab es im Jahre 799 tatsächlich Diakoninnen. Im karolingischen Frankenreich dagegen erscheint der Titel Diakonin erst wieder im dritten Viertel des 9. Jahrhunderts. Das Konzil von Worms erneuerte den fünfzehnten Kanon von Chalcedon, der festgesetzt hatte, daß Frauen, die älter als 40 waren, für das Diakonat geweiht werden dürften.[95] Diese Gesetzgebung mag von dem Wunsch getragen worden sein, einen geeigneten Titel für Königinnen und Prinzessinnen zu finden, die sich in ein Kloster zurückzogen, das bereits eine Äbtissin hatte.[96] Der Titel mag auch Laienäbtissinnen gedient haben, die wie Laienäbte Gemeinschaften im Auftrag des Königs leiteten. Es gibt einen Kommentar, nach dem der Titel Diakonin mit dem der Äbtissin gleichgesetzt wurde. Um 940 erklärte Atto von Verceuil, eine Diakonin sei eine Äbtissin, räumte jedoch ein, daß in früheren Zeiten Diakoninnen ein Amt in der Kirche bekleidet hatten. Zur Zeit der Bekehrungen, fügte Atto hinzu, tauften die Diakoninnen Frauen.[97]

Umfassender war die Gesetzgebung gegen Frauen, die mit Priestern verheiratet waren. Fränkische Konzile versuchten, Geistliche abzuschrecken, geschlechtliche Beziehungen mit ihren Ehefrauen wiederaufzunehmen, indem sie ihnen mit Amtsenthebung drohten.[98] Die Geistlichen, vom Rang eines Subdiakons an, wurden aufgefordert, ihre ehelichen Bindungen in eine Bruder-Schwester-Beziehung umzuwandeln. Sie sollten nicht im selben Raum wie ihre Frauen schlafen, und die Frauen mußten ständig von einer Magd begleitet werden; schließlich ordneten die Konzile an, daß sie von ihren Ehemännern getrennt leben mußten, um die Priester vor jeder Versuchung zu bewahren und den Einfluß der Frauen auf die Gemeinde einzuschränken. Niemand machte sich Gedanken um das weitere Schicksal dieser Frauen, die die zweifelhafte Ehre hatten, *diaconissae, presbyteriae* oder *episcopiae* genannt zu werden, Bezeichnungen, die auf die Stellungen ihrer Ehemänner hinwiesen.

Die Geistlichen und ihre Frauen setzten sich über die kirchlichen Vorschriften hinweg. Das burgundische Bußbuch, das besondere Bestimmungen im Falle von Kindestötungen enthält, die von verheirateten Geistlichen begangen wurden, bestätigte dies.[99] Außerdem werteten die Konzile Geschlechtsverkehr eines Geistlichen mit seiner eigenen Frau als schwereres Vergehen als eine sexuelle Beziehung mit einer anderen Frau. Ein Priester wurde nicht des Amtes enthoben, wenn er ein Kind mit einer Nebenfrau hatte oder nach dem Tod seiner Frau mit einer Nebenfrau zusammenlebte. Im 7. und 8. Jahrhundert wurde eine Frau, die mit einem Geistlichen, der eine höhere Stellung hatte, lebte, wie eine Ehebrecherin behandelt. Wir wissen aus den Bemerkungen des Bonifatius, daß es nicht ungewöhnlich war, Geistliche jede Nacht mit mehreren Frauen anzutreffen.[100]

Während der Karolingerzeit verbot eine Synode nach der anderen den Geistlichen das Zusammenleben mit Frauen, die nicht zu ihren Blutsverwandten zählten.[101] Die Geistlichkeit sollte in eine zölibatäre Gemeinschaft umgewandelt werden. Dabei ging es nicht mehr um die Askese, sondern um die Reinheit. Rückfällige wurden in Haft genommen und einer zweijährigen Bußzeit unterworfen. Ihre Gefährtinnen wurden bestraft, indem man sie in ein Kloster sperrte. Die Warnung der karolingischen Kirchenmänner, daß Nonnenklöster mancherorts wie Freudenhäuser erschienen, läßt erkennen, daß die Absonderung der Frauen in Klöster das Problem der Zügellosigkeit der Geistlichen nicht löste.

Im folgenden Jahrhundert, um 940, konstatierte Atto von Verceuil voller Empörung, daß vom Subdiakon bis hinauf zum höchsten Würdenträger alle Geistlichen im Ehebruch lebten. Manche Priester gingen so weit, daß sie in ihren Häusern Prostituierte aufnahmen und in aller Öffentlichkeit mit ihnen speisten und lebten. Um diese Frauen mit Schmuck auszustatten, plünderten sie Kirchen, beraubten die Armen und setzten diese Dirnen sogar als Erbinnen ein. Weil die Frauen und Kinder, die bei den Geistlichen lebten, der weltlichen Rechtsprechung unterstanden, könnten die öffentlichen Beamten sich von den vor Angst schlotternden Priestern bestechen lassen und sie sich gefügig machen. Außerdem, so wirft Atto den Priestern weiter vor, stellten sie sich auf die Seite der Frauen und Kinder, wenn diese mit Nachbarn in Streit gerieten, ließen jede priesterliche Würde fallen und überhäuften die Gegner mit Kränkungen und Vorwürfen. Atto strafte die verheirateten Priester und Geistlichen nicht, sondern rügte sie und bestimmte, daß des Ehebruchs schuldige Geistliche von den Mitpriestern geächtet werden sollten. Daß diese Maßnahmen wirkungslos blieben, geht aus einem zweiten Brief Attos zu demselben Thema hervor, in dem er auf eine Amtsenthebung anspielte.[101a]

GELEHRTE FRAUEN UND KÜNSTLERINNEN

Im frühen Mittelalter gab es neben den Geistlichen und Mönchen auch Frauen, die sehr gebildet waren. Sie kamen aus dem Adel oder waren Ordensfrauen. Zu den ersten germanischen Frauen, auf die das zutrifft, zählte Amalasuntha, die Tochter Theoderichs des Großen. Wie ihr Vater hatte sie große Hochachtung vor der römischen Kultur und Literatur und vor dem römischen Recht. Drei Briefe sind von ihr erhalten, die sie an Theodora und Justinian schrieb, und ein weiterer an den Senat der Stadt Rom. Eine andere weltliche Frau von hohem Ansehen war Eucheria, die mit dem Gouverneur von Marseille verheiratet war und deren Epigramm durch Fortunatus für uns erhalten wurde.[102] Dieses kurze Gedicht über einen Freier, der niedriger gestellt war, ist voller feinsinniger und komplexer Metaphern. Die dritte gebildete Frau, deren Werk wir kennen, ist

Dhuoda, die Frau von Bernard von Septimanien, die ihren älteren Sohn Wilhelm in den geistigen, moralischen und feudalen Pflichten ihrer Zeit unterrichtete. Über ihr Buch *Liber manualis* lernen wir auch sie selbst gut kennen; es erzählt von ihrer Liebe zu ihrem Mann und den zwei Söhnen, ihrem Ärger mit den Geldverleihern und ihrer Krankheit.[103]

Die Möglichkeiten zu Bildung, Verwaltungstätigkeit und Literatur, die Frauen zugänglich waren, die ein eheloses Leben führen wollten, vermitteln ein besseres Bild. In manchen Städten entwickelten sich mehrere Klöster, einige besser, andere schlechter. Diese religiösen Gemeinschaften schufen eine angenehme Umgebung und eine friedliche Atmosphäre, in der Frauen leben, arbeiten und beten konnten. Indem sie Gott und einander in Demut dienten, konnten sie an der Liturgie teilhaben und ein Betätigungsfeld für ihre administrativen und intellektuellen Fähigkeiten finden. Manche Frauen dienten ihrer Gemeinschaft als Vorsteherinnen, kümmerten sich um die Gewänder, waren Kellermeisterinnen und Pförtnerinnen. Andere beschäftigten sich in der Bibliothek oder waren Schreiberinnen und Lehrerinnen. Die *Regula sanctarum virginum* von Caesarius von Arles enthielt die Bedingung, daß zukünftige Nonnen alt genug sein sollten, um lesen und schreiben zu können.[104] Alle Regeln, die erhalten sind, bestätigen ähnliche Vorschriften für Ordensfrauen. Nonnen, die langsam im Lernen waren, bekamen die Rute zu spüren – die übliche Strafe für faule Mönche. Über das elementare Können im Lesen und Schreiben hinaus war die Bildung beider Geschlechter zumindest bis zum 9. Jahrhundert auf eine gründliche Kenntnis der Bibel, der Werke der Kirchenväter und eine elementare Kenntnis des bürgerlichen und kirchlichen Rechts beschränkt. Gertrud von Nivelles z. B. war mit den göttlichen Gesetzen vertraut und konnte über biblische Allegorien Vorträge halten.[105]

Die Begleiterinnen des heiligen Bonifatius waren alle in der christlichen Literatur bewandert; einige konnten auch Gedichte schreiben. Dies gehörte zu den besonderen Fähigkeiten Liobas, die aus einer adligen Familie stammte und mit Bonifatius verwandt war. Sie wurde im Kloster zu Thanet erzogen und lebte später in der Abtei Wimborne, wohin sie geschickt wurde, um Theologie zu studieren, und wo sie auch ihr Gelübde ablegte. Sie schrieb aus ihrem Kloster an Bonifatius. Angeregt durch Liobas Briefe und vielleicht, weil er mit ihr verwandt war, bat Bonifatius die Äbtissin von Wimborne, sie zusammen mit einigen Gefährtinnen nach Deutschland zu schicken, damit er mit ihnen ein Kloster gründen könne. Bald war sie die Äbtissin von Tauberbischofsheim, einem Kloster, das dafür berühmt war, daß es den Armen half und die Großen beriet. Sie war nicht nur in der Schreibstube des Klosters und in seiner Schule tätig, sondern arbeitete auch in der Küche, in der Backstube und in der Brauerei und war eine gute Gärtnerin. Sie behielt nicht nur alles, was sie las, sondern bat sogar die Nonnen, ihr vorzulesen, während sie schlief. Bonifatius erhielt auch Manuskripte von Eadburga, der Äbtissin von Thanet: Sie kopierte für ihn in goldenen Buchstaben die Petrusbriefe.[106] Im Kloster Chelles fertigten Nonnen für den Bischof Hildebald von Köln Abschriften an.[107] Die Nonnen schrieben auch selbst. Baudonivia schrieb eine Biographie der heiligen Radegundis.[108] Radegundis selbst war die Autorin zweier erhaltener Gedichte, die überliefert sind. Caesaria von Arles schrieb einen langen Brief an Radegundis und Richild.[109] Aldegund von Maubeuge diktierte Subinus, dem Abt des benachbarten Nivelles, ihre Visionen.[110] Königin Balthilds Lebensbeschreibung wurde wahrscheinlich ebenfalls von einer Nonne in Chelles verfaßt.[111] Um 760 schrieb Hugeburc, eine Ordensfrau im Kloster Heidenheim, einen Bericht über die Reise des heiligen Wunibald in das Heilige Land.[112] Die Bibliothek in Chelles, wohin sich die Schwester Karls des Großen Gisela und seine Tochter Rotrud zurückzogen und von wo aus sie mit Alkuin korrespondierten, bezeugt das Interesse der Nonnen an Büchern. Alkuin bat sie um Kritik an seinem unvollendeten Kommentar des Johannesevangeliums und schickte ihnen Bedas Schriften. Sie wiederum baten ihn, eine unverständliche Stelle bei Augustinus zu erläutern, ferner um einen Brief des heiligen Hieronymus, und drängten ihn, den Kommentar zu beenden.[113]

Im 10. Jahrhundert wurde eine deutsche Kanonissin berühmt, die bleibende Werke erbaulicher und weltlicher Literatur verfaßt hatte: Hrotsvit von Gandersheim, eine produktive Autorin, die in Prosa und Poesie gleichermaßen talentiert war.[114] Sie verfaßte Dramen, Legenden und epische Gedichte. Ihre Werke waren offenbar im Mittelalter nicht sehr verbreitet, obgleich einige ihrer Dramen anonym kopiert wurden. Möglicherweise hat sie auch die Gedichte beeinflußt, die hundert Jahre später die Nonnen in Regensburg mit dem gleichen koketten Charme schreiben sollten. Nur wenige handschriftliche Kopien ihrer Werke sind erhalten. Im 16. Jahrhundert wurde sie wiederentdeckt; ihre Werke wurden in viele Sprachen übersetzt und werden heute noch gelesen. Sie war adlig und muß, vermutlich als junges Mädchen, einige Zeit bei Hofe verbracht haben. Zu ihren epischen Gedichten gehören die *Gesta Ottonis,* die das Leben Kaiser Ottos I. feiern, und die *Primordia Coenobii Gandershemensis,* die über die Gründung ihres Klosters und seiner Geschichte bis 919 berichten. Edith von England und Adelheid von Italien, die zwei Gemahlinnen Ottos I., treten darin auf, und in den *Primordia* werden weibliche Verwandte Ottos genannt, die Gandersheim gründeten und leiteten. Sie kannte viele Autoren gut, aber ihre Lieblingsautoren waren Vergil und Terenz. Von ihren Prosawerken ist *Gongolf,* das thematisch der Faustlegende nahesteht, das berühmteste.

Klöster waren auch Stätten der Kunst. Zum Beispiel wissen wir, daß im 8. Jahrhundert im Kloster San Salvatore in Brescia Fresken gemalt und mit Edelsteinen verzierte Kreuze verwendet wurden. Frauen waren damals auch Repräsentantinnen der freien Künste *(artes liberales)*. Wir besitzen ein frühes Beispiel im *Quadrivium* der Staatsbibliothek in Bamberg, wo die Fächer Musik, Arithmetik, Geometrie und Astronomie als Frauen aus dem 10. Jahrhundert dargestellt werden. Die Frauen stickten auch Wandteppiche und kleinere Gegenstände. Die Bildung der zwei Nonnen des 8. Jahrhunderts, Herlinda und Renilda von Eyck, mag zwar von ihrem Biographen im 9. Jahrhundert übertrieben worden sein[115] – es ist sogar möglich, daß das Nonnenkloster in Valenciennes, wo sie dem Biographen zufolge ihre Bildung erhielten, zu der Zeit noch nicht einmal bestanden hatte –, dennoch ist es faszinierend, wie der Autor über ihre Fähigkeiten spricht. Sie wußten nicht nur gut über die Liturgie und die Riten Bescheid, konnten lesen und singen, kopieren und illuminieren, sondern hatten auch alle Kunstfertigkeiten gelernt, die gewöhnlich von Frauenhänden ausgeführt werden, wie Spinnen und Weben, Einweben von Goldmustern und Seidenstickerei.

Im frühen Mittelalter, im 5., 6. und 7. Jahrhundert, war die Gesellschaft locker organisiert, die Rolle der Frauen war nicht genau festgelegt, und die Frauen leisteten ihren Beitrag zum gesellschaftlichen Leben. In der Karolingerzeit wurde der Rahmen für die Aktivitäten der Frauen enger gezogen und die Möglichkeiten, sich außerhalb des Hauses oder Klosters zu betätigen, beschnitten. Die Unterdrückung der Frauen war jedoch keine unendliche Geschichte im mittelalterlichen Leben. Frauen leisteten im 10. Jahrhundert aufgrund der Dezentralisierung von Kirche und Staat erneut einen dynamischen und kreativen Beitrag. Sie waren privilegierter als in früheren Zeiten. Ihre Rechte und Vorrechte waren zu einem gewissen Grad durch kaiserliche Dekrete des vorigen Jahrhunderts geschützt.

Aus dem Englischen von Wolfdietrich Müller

7

DIE FEUDALE ORDNUNG

(11. UND 12. JAHRHUNDERT)

Paulette L'Hermite-Leclercq

I m 11. und 12. Jahrhundert erreicht der Westen eine bis dahin nicht gekannte Geschlossenheit und Vitalität. Er wird nicht länger von den Invasionen heimgesucht, die in der Vergangenheit häufig seine Konturen verwischten; und er dehnt sich aus. Auf ideologischer Ebene sorgen die christlichen Werte für seinen Zusammenhalt. Das alte Europa wird nach und nach um neue, lange Zeit rebellische Regionen wie Skandinavien, die Länder östlich der Elbe und Ungarn erweitert. In Spanien wird der Islam zurückgedrängt. Die Kirche begnügt sich nicht damit, Gebiete zu erobern und Seelen zu gewinnen. Von unstillbarem Glaubenseifer ergriffen strebt sie nach innerer Reinigung und Erneuerung der Grundlagen; immer mehr Kirchsprengel und Klöster entstehen. Gleichzeitig wächst die Bevölkerung, wird der Anteil des kultivierten Bodens größer, blühen Städte und Handel wieder auf und etablieren sich neue Strukturen der politischen Macht.

Über die neuen Beziehungen unter den Männern in diesen Zeiten besteht in der Geschichtswissenschaft ein breiter Konsens. Ob dagegen diese Zeit der anderen Hälfte der Menschheit, den Frauen, etwas gebracht hat, darüber gehen die Meinungen auseinander. Robert Fossier vertritt die kühne These von der »Herrschaft der Frau«.[1] Seine Position läßt sich kurz so zusammenfassen: Trotz der Frauenfeindlichkeit der Geistlichen weisen alle Anzeichen in eine Richtung: Das 11. und 12. Jahrhundert bilden einen Höhepunkt der geschichtlichen Entwicklung, die allerdings keinen Vergleich mit unserer Gegenwart zuläßt. Europa erlebt nämlich, so Fossier, eine »Phase des Matriarchats«. Er erklärt dies mit der für die

Frauen günstigen demographischen Situation: sie waren gegenüber den Männern in der Minderzahl. Daraus hätten sie ökonomische, rechtliche und soziale Vorteile ziehen können, vor allem die Bäuerinnen, also die große Mehrheit. Außerdem seien damals merkwürdigerweise die Sitten außergewöhnlich locker gewesen. Im 11. und 12. Jahrhundert habe die Zahl der Ehebrüche einen Höhepunkt erreicht, eine Entwicklung, mit der die Kirche nicht fertig wurde. Fossier stützt sich nicht auf das Zeugnis irgendwelcher Frauen aus dem Adel, die als Dauergäste im Zeugenstand schlechter historischer Arbeiten erscheinen. Er will die niederen sozialen Schichten als Faktor in seine Argumentation einbeziehen.

Diese Matriarchatsthese ist umstritten. Die vorherrschende Meinung, die auf die Arbeiten von Georges Duby, Jacques Le Goff oder David Herlihy zurückgeht, betont eher, daß nicht nur das Frauenbild der Theologie, sondern auch die Rolle der Frau in der Gesellschaft sich zum Nachteil der Frauen entwickelte. Schon ihr zahlenmäßiges Übergewicht habe ihren Wert gemindert. Es geht bei den unterschiedlichen Auffassungen nicht um graduelle Abweichungen, sondern um grundsätzliche Differenzen.

Die gegensätzlichen Interpretationen hängen in erster Linie mit der sehr dürftigen Quellenlage zur Geschichte der Frauen in diesen beiden Jahrhunderten zusammen. Dokumente aus der Hand von Frauen sind selten; es wird z. B. immer noch darüber gestritten, ob Heloïse tatsächlich die Briefe geschrieben hat, die die Überlieferung ihr zuschreibt. Bis zu einem gewissen Grade liefert die Archäologie nützliche Erkenntnisse für die Geschichtswissenschaft.

Nach unserem gegenwärtigen Kenntnisstand scheint zumindest die Gesundheit der Frauen in diesen zwei Jahrhunderten besser als zu anderen Zeiten gewesen zu sein. Die Untersuchung der Skelette von Saint-Jean-le-Froid im Aveyron zeigt, daß sich die Verbesserung der Ernährung auf die Frauen positiver auswirkte als auf die Männer; nach 1050 nimmt ihre Körpergröße zu und die Rachitis geht zurück.[2] Der Schraubstock des Elends scheint sich also ein wenig gelockert zu haben, bevor gegen 1300 die Epidemien und Seuchen wieder zunehmen.

Die Unzulänglichkeit der Quellenlage ist jedoch nicht der einzige Grund für die unterschiedlichen Interpretationen. Die philosophischen, politischen und religiösen Standorte der Historiker selbst spielen dabei auch eine Rolle. Das läßt sich vor allem in zwei Bereichen nachweisen. Es ist bekannt, daß der Einfluß der Kirche im 12. Jahrhundert seinen Höhepunkt erreicht. In welchem Sinne hat sie auf die Lebensbedingungen der Frauen eingewirkt? Einigen Autoren zufolge hat sie der Frau eine maßgebliche Verbesserung ihres Status gebracht, insbesondere dank des Marienkultes, der in dieser Zeit zur vollen Entfaltung kam. Le Goff dagegen schreibt: »Das Christentum hat offenbar wenig getan, um ihre Lage zu verbessern und ihr Ansehen zu heben.«³ Seiner Auffassung nach sind die neuen Kulte der Maria und der Magdalena die Folge und nicht die Ursache der Verbesserungen, die sich im 11. Jahrhundert beobachten lassen, die aber bereits im 12. Jahrhundert stagnieren.

Noch lebhafter sind die Diskussionen, wenn es darum geht, den bedeutenden Anteil der Frauen an den wichtigsten Ketzerbewegungen jener Jahrhunderte, den Waldensern und den Katharern, zu erklären. Die marxistisch ausgerichteten Historiker erklären diesen Ausbruch mit ökonomischen, sozialen und rechtlichen Faktoren: der Geschlechterkampf wird zu einem Aspekt des Klassenkampfes. Die religiöse Form, die dieser Protest annehme, lasse sich auf zwei Arten erklären: Zum einen stehe die Kirche im Dienste einer Ständegesellschaft, der sie eine affirmative Ideologie geliefert habe; zum anderen sei die Gründung einer Gegen-Kirche in einem geistigen System, das auf der Religion basiere, das einzige Ausdrucksmittel der Revolte. Man kann sich unschwer vorstellen, daß nicht alle Historiker diese Sichtweise übernommen haben, vor allem diejenigen nicht, die ihr eigenes Wertesystem an das Erbe der Tradition binden. Sie gehen von dem Grundsatz aus, daß ein religiöses Phänomen auch nur durch das Religiöse erklärt werden kann: Die Bitterkeit der Frauen habe mit ihrer Stellung in der Gesellschaft im allgemeinen nicht viel zu tun.⁴ Die Geschichtsschreibung urteilt nie unparteiisch, im Hinblick auf die Frauen schon gar nicht. Um ihnen ein Stück näherzukommen wollen wir von einer zeitgenössischen Quelle ausgehen, die uns durch die ganze Untersuchung begleiten wird.

Das Komplott der Frauen im Herrenhaus

Der heilige Hugo von Lincoln war Abkömmling eines ritterlichen Geschlechts aus dem nahe Grenoble gelegenen Avalon. Bevor er Bischof von Lincoln wurde, war er Kartäusermönch. Er starb im Jahre 1200 und wurde bald danach heiliggesprochen. Der Mönch Adam von Eynsham, drei Jahre lang sein Beichtvater und Freund, schrieb seine Vita.⁵

Adam zeigt seinen Lehrer mit Vorliebe bei der Ausübung der bischöflichen Gerichtsbarkeit und erzählt u. a. eine Begebenheit, die Aufsehen erregt hat. Ein Ritter, Thomas von Saleby, lebte in der Grafschaft Lincoln. Er war schon fortgeschrittenen Alters, und seine Frau Agnes hatte keine Kinder bekommen. Das große Erbe drohte also seinem Bruder zuzufallen. Aber Agnes mochte ihren Schwager nicht und fürchtete, als Witwe unter seine Aufsicht zu geraten. »Mit der List einer Schlange« fädelte sie ein Betrugsmanöver ein: Mit einem Kissen unter dem Kleid täuschte sie vor, ein Kind zu erwarten. Ihr Schwager ahnte das Ränkespiel, aber wie es beweisen? Es kam der Zeitpunkt, da Agnes sich ins Bett legte und stöhnte, als hätten die Geburtswehen eingesetzt. Sie gab vor, mit einem Mädchen niederzukommen; es wurde Grace genannt. Sie hatte es sich von einer armen Frau aus dem Nachbardorf verschafft, die sie dann als Amme einstellte. Der Bruder des Ritters erhob Anklage beim königlichen Gericht, doch der Bischof erklärte sich in dieser Angelegenheit für zuständig und lud den Ehemann vor. Es ging das Gerücht, Thomas könne nicht der Vater sein, aber der wollte nichts sagen, da er die Vorwürfe seiner dreisten Gattin mehr fürchtete als das Gericht Gottes. Doch schließlich gab er zu, daß er, ein kranker und alter Mann, sich seiner Frau seit geraumer Zeit nicht mehr genähert habe; aber er wisse nicht, was sie getan habe. Der Bischof warnte ihn: Wenn er am folgenden Tag nicht wiederkomme, werde er exkommuniziert. Thomas ging nach Hause und sprach mit seiner Frau, die ihm untersagte, noch einmal zum Bischof zu gehen. Am nächsten Tag war Ostern: In seiner Predigt prangerte Hugo das Verbrechen an, das ein Mann an seinem eigenen Bruder begangen habe, und exkommunizierte die Schuldigen. In der folgenden Nacht starb der Ritter in seinem Bett. Der Kommentar steht im *Buch Jesus Sirach* (25,13): »Jede Bosheit, nur keine Frauenbosheit!« Die junge Witwe ließ sich dadurch zwar nicht einschüchtern, aber die Angelegenheit bekam bald eine neue Wendung.

Der König sorgte für die Erben seiner Vasallen. Die kleine Grace war noch nicht vier Jahre alt, als er sie samt ihrem Erbe dem Bruder des obersten Forstmeisters von England, Adam von Neville, überließ. Adam, der fürchtete, man könne ihm diesen Schatz, den er vorerst nur in seiner Obhut hatte, wieder wegnehmen, drang auf Heirat. Der Bischof schritt ein, zunächst, so schreibt der Biograph, weil er darüber zu wachen hatte, daß Kinder nicht verheiratet werden, bevor sie sieben Jahre alt sind, vor allem aber, weil die ganze Geschichte noch nicht aufgeklärt war. Er kam Adam zuvor, indem er jedem Priester der Diözese untersagte, die Ehe zu schließen. Doch seine Pflicht rief ihn in die Normandie. Adams Verwandte und Freunde nutzten die Gelegenheit und überredeten den einfältigen und habgierigen Pfarrer einer abgelegenen Gemeinde, sie öffentlich zu trauen. »Und so wurden eine Hörige und ein Edelmann vereint.« Nach seiner Rückkehr suspendierte Hugo den Priester, zog dessen Pfründe ein und exkommunizierte alle, die in diese Angelegenheit, in der es schon einen Toten gegeben hatte, verwickelt waren. Agnes' Magd bekam es mit der Angst und ging zur Beichte; ihr Beichtvater schickte sie zum Bischof, dem sie alles erzählte. Agnes kapitulierte und gestand ihre abscheuliche Sünde. Sie starb bald eines elenden Todes. Daraufhin unterrichtete Hugo den Erzbischof von Canterbury, der zugleich Gerichtsherr des Königreichs war, denn nun ging es darum, Adam von Neville zur Herausgabe der Beute zu zwingen. Thomas' Bruder hatte außerdem beim königlichen Gericht Klage gegen ihn eingereicht. Neville machte geltend, daß ein Kind, das vom Ehemann der Mutter anerkannt worden war, nach englischem Recht als ehelich gelte. Hugo drohte: Sollte er sich darauf versteifen, diese Bäuerin zu seiner Frau zu machen, werde er nicht lange etwas davon haben. Neville und seine Verwandten übten Druck auf die Londoner Richter aus, die mit dem Prozeß befaßt waren. Dieser ging günstig aus. Adam von Neville legte sich heiter und leicht angesäuselt ins Bett – und wachte nicht wieder auf. Der König übergab nun das Mädchen und sein Erbe einem seiner Kämmerer, der auch bald starb. Es folgte ein dritter Gatte, »noch schlimmer als die beiden anderen«; Grace war mittlerweile elf Jahre alt. Wir wissen aus anderen Quellen, daß sie keine Kinder hatte und ihr Erbe bei ihrem Tod dem legitimen Erben, Thomas' Bruder, wieder zufiel.

Dieser knappe Bericht dokumentiert all die Fragen und Probleme, die die damalige Situation der Frauen aufwirft. Wenn wir sie entschlüsseln wollen, müssen wir die unterschiedlichen sozialen und ökonomischen Ebenen auseinanderhalten. Wir haben es mit vier Frauen zu tun, die durch ein Geheimnis miteinander verbunden sind: eine Burgfrau, ihre Magd, eine Hörige und ein Kind, das durch eine weibliche Verschwörung die Standesgrenzen überschreitet. Die Frauen trennen es von seiner leiblichen Mutter und legen es ins Bett der Adligen. Auch den politisch-rechtlichen Kontext mit seinen häufig konkurrierenden Instanzen dürfen wir nicht vernachlässigen: In unserem Fall spielen das Gewohnheitsrecht – *Common Law* –, die königliche Autorität, das Lehnsrecht und die in Eheangelegenheiten zuständige kirchliche Gerichtsbarkeit eine Rolle. Letztere verfügte zwar nur über geistige Waffen; richtig eingesetzt, konnten jedoch auch sie töten.

Und schließlich stellt sich folgende Frage. Wer erzählt uns diese Geschichte? Ein Mann der Kirche. Das ist die Regel in jener Zeit, und das hat beträchtliche Folgen: Er sieht die Frauen mit den Augen des Mannes und des Mönchs – von vornherein wenig wohlwollend. Wir müssen uns auch vergewissern, ob er gut informiert war und bei der Wahrheit blieb. Erfüllt Adam von Eynsham diese Ansprüche? Er war intelligent und zuverlässig. Doch es ist nicht zu übersehen, daß er die Wahrheit schönte: Er schrieb eine Lobrede und übertrieb ein wenig die übernatürlichen Kräfte des Bischofs. Aus den Archiven geht nämlich hervor, daß Adam von Neville nicht vom bischöflichen Fluch niedergestreckt wurde: Hugo starb nämlich einige Monate früher als er, im Jahre 1200.

Diese Hinweise führen zu einer methodischen Überlegung. Keine Gefahr ist verhängnisvoller für die Geschichte der Frauen, als sich auf die unveränderliche und allgemeine menschliche Natur zu berufen, weil dadurch die konkrete historische Situation der Frauen aus dem Blick zu geraten droht. Zu anderen Zeiten wäre Grace von Saleby ganz offen von

Thomas und Agnes in Ermangelung eigener Kinder adoptiert worden – ob es dem Schwager nun gefallen hätte oder nicht! Im übrigen wäre sie keine Hörige gewesen, weil es diesen Status nicht gab... Kurz, alles wäre anders gewesen.

»Wir werden nicht als Frau geboren, wir werden dazu gemacht.« Das Diktum Simone de Beauvoirs ist provozierend. Stimmt es für das 11. und 12. Jahrhundert? Um eine Antwort zu finden, müssen wir die Situation mit den Augen der Agnes betrachten: Sie will ein Kind; dann gilt es, sein Erwachsenwerden zu begleiten und dabei alle Faktoren aufmerksam zu verfolgen, die dazu beitragen, daß aus dem Leben einer Frau ein Schicksal wird. Ist es von vornherein unwiderruflich determiniert? Die dargestellten Ereignisse legen nahe, daß es das nicht ist. In jeder Situation haben Frau und Mann eine gewisse Handlungsfreiheit. Agnes ist noch jung genug, um glaubhaft erscheinen zu lassen, daß sie gebären kann; sie ist aber geschlagen mit einem betagten und offensichtlich senilen Gatten. Normalerweise wäre ihr Schicksal der Witwenstand unter der Vormundschaft eines Schwagers gewesen, der sie erneut hätte verheiraten können. Thomas' Gesundheitszustand drängt zur Eile, die Handlungsmöglichkeiten sind begrenzt. Wir können davon ausgehen, daß sie alles gründlich erwogen hat. Welche Optionen hatte sie? Hätte sie sich, um der Vormundschaft ihres Schwagers zu entgehen, in ein Kloster zurückziehen können? Dazu brauchte sie die Erlaubnis ihres Gatten. Hat er sie vielleicht nicht gegeben? Oder stand ihr danach gar nicht der Sinn? Im Mittelalter wurde Kinderlosigkeit immer der Frau angelastet: War sie selbst davon überzeugt? Ist es denkbar, daß sie sich von einem anderen Mann als ihrem Ehemann schwängern lassen wollte und es auch versucht hat? Sie tat so, als gebäre sie das Kind eines rechtmäßigen Ehepaares. Sie verließ sich also zwangsläufig auf die zumindest passive Komplizenschaft ihres Gatten. Tat sie das, weil er noch zeugungsfähig war? Wir wissen nichts über die tieferen Beweggründe, weil sie den Biographen nicht interessierten. Wir kennen die Hintergründe der Affäre nicht: Agnes hatte einen Plan ausgeheckt, um einem unentrinnbaren Schicksal zu entkommen, und die »arme Frau« machte aus dem gleichen Grund gemeinsame Sache mit ihr. Wir werden den beiden wieder begegnen.

Es ist ein Mädchen!

Gab es im 11. und 12. Jahrhundert weniger Frauen als Männer, und wurden die Frauen dadurch aufgewertet?[6] Halten wir gleich fest, daß es problematisch ist, in diesem Bereich das ökonomische Gesetz von Angebot und Nachfrage ins Spiel zu bringen. Im übrigen sind die Historiker nicht in der Lage, entsprechende Behauptungen überzeugend zu belegen. Die vorgelegten Zahlen stammen aus eher unsicheren Quellen – und lassen sie sich überhaupt für die gesamte westliche Welt verallgemeinern? In allen Gesellschaften werden etwas mehr Jungen als Mädchen geboren. Nichts beweist, daß Kindesaussetzung, Kindsmord oder die Weigerung, die Neugeborenen zu versorgen, die Mädchen im 11. und 12. Jahrhundert stärker betroffen haben als die Jungen. In anderen Epochen und in sehr vielen Kulturen verwenden die Frauen Mittel, die garantieren sollen, daß ein männliches Kind geboren wird. Für die uns interessierende Epoche fehlt der Beleg für solche Praktiken.

Die Geburt eines Mädchens wird wahrscheinlich weniger freudig begrüßt worden sein als die eines Jungen; das läßt sich allerdings nur indirekt erschließen. In der Aristokratie setzte sich in dieser Zeit das Prinzip der männlichen Erbfolge durch. Es war also normal, daß die Erzeuger sich eher einen Jungen wünschten, um das Erbe weiterzugeben. Es scheint so, als sei das Ungleichgewicht zwischen den Geschlechtern in den niederen Schichten weniger ausgeprägt gewesen. Vom Krieg als Aufgabe des Adels waren zwar die Frauen ausgeschlossen, aber nicht unbedingt von anderen ökonomischen Aktivitäten, wenngleich auch der Ackerbau und viele handwerkliche Berufe ebenfalls die Muskelkraft aufwerten. Überdies ist die geschlechtsspezifische Arbeitsteilung sehr geeignet, eine männliche Wertehierarchie zu vermitteln, die die spezifisch weiblichen Tätigkeiten abwertet. Sei es nun begründet oder nicht, der Eindruck herrscht vor, die Mädchen seien eine Last: Man muß sie beaufsichtigen, ausstatten und verheiraten. Seit jeher heißt es, im Grunde sei die Frau dem Mann unterlegen, sie sei ein unvollendeter und abhängiger Mann, geschaffen aus einem überzähligen Knochen.

Wir haben keinerlei Quellen über die psychische Befindlichkeit der Paare, die ein Kind erwarten, über die affektiven Reaktionen des Vaters und der Mutter bei der Geburt. Eine Schlüsselfrage der Geschichte der Frauen könnte so formuliert werden: Welche Bedeutung hat unter all den Faktoren, die in einer konkreten historischen Situation ein Leben prägen, das Geschlecht? Hätte die Zwillingsschwester Sugers, der aus kleinsten Verhältnissen stammte, bei gleichem rechtlichen und sozialen Status, gleichem familiären Hintergrund, gleichem genetischen Erbe einen ähnlichen Aufstieg erlebt? Man muß von vornherein ausschließen, daß sie Ratgeberin von Königen und selbst Regentin des Königreichs hätte werden können, daß sie den Großen also so nahe gekommen wäre, um deren Chronik schreiben zu können. Sehen wir uns nach dieser ersten Einschränkung mögliche weibliche Karrieren an, so stellt sich die Frage, ob sie einen Fürsten hätte heiraten oder Äbtissin, Visionärin und Schriftstellerin werden können wie Hildegard von Bingen. Üblicherweise entsteht bei solchen Fragen der unbewiesene Eindruck, daß die Fähigkeit, sich von vorgegebenen Formen zu lösen, von Anfang an ein Vorteil der Jungen ist. Diese These muß auf jeder Stufe der Untersuchung neu hinterfragt werden. Auch unter diesem Gesichtspunkt lassen sich in der Geschichte der Grace von Saleby die einzelnen Phänomene wie *in vitro* beobachten.

Um glaubhaft erscheinen zu lassen, daß sie ein Kind zur Welt bringen werde, mußte Agnes ihren Plan aushecken, ohne das Geschlecht des Kindes zu kennen. Der außergewöhnliche Vorteil dieser Geschichte liegt darin, daß sie uns wie in einer Gleichung ermöglicht, eine Unbekannte zu isolieren. Mädchen oder Junge, ist das von Bedeutung? Auf den ersten Blick nicht! Der Ablauf der Ereignisse wäre derselbe gewesen. Erinnern wir uns: die Wiege, Agnes als Wöchnerin und die wirkliche Mutter als Amme verkleidet, der vermeintliche Vater, der argwöhnische Schwager, der, vom Verlust des Erbes bedroht, Klage einreicht, der Bischof, der sich für zuständig erklärt, da es sich darum handelt zu klären, ob Grace aus einer rechtmäßigen Ehe hervorgegangen ist. Von seiner Frau und dem Bischof gleichzeitig terrorisiert, sei Thomas gestorben, so die Überlieferung; sein Herz habe noch in derselben Nacht aufgehört zu schlagen. Aber stellen wir uns für die Betrachtung des weiteren Verlaufs vor, das Kind wäre ein Junge gewesen. Es wäre aller Voraussicht nach unter der Obhut seiner Mutter zum Ritter ausgebildet worden. Der Bruder des Toten hätte wohl trotzdem einen Prozeß gegen Agnes in Westminster angestrengt, aber die königliche Justiz war langsam, korrumpierbar und in dieser Angelegenheit ohnehin machtlos: Als Vater hätte der Gatte der Mutter gegolten, da das Kind anerkannt und Thomas gestorben war, ohne seine Vaterschaft öffentlich widerrufen zu haben. Der Bischof konnte auch nicht viel ausrichten, denn der Ritter war kein weiteres Mal erschienen, um die Machenschaften seiner Frau zu gestehen. Die Affäre hatte 1194 begonnen, Hugo war im Jahre 1200 gestorben. Ein Junge hätte Agnes wahrscheinlich das gebracht, was sie erhofft hatte: einen glücklichen und freien Lebensabend im Hause des Erben der Salesby. Es ist nicht falsch anzunehmen, daß ihre Pläne durchkreuzt wurden, weil das Kind ein Mädchen war.

In den Kreisen der Aristokratie ist ein Mädchen von Geburt an mehr als eine Partie. Es ist eine Beute: Es löst Reaktionen aus, beschleunigt also den Lauf der Dinge. Nach englischem Brauch mußte sich zunächst das Gesetz um Grace, die Erbin eines bedeutenden Lehens, kümmern. Für einen Mann an ihrer Seite, also einen Ehemann, mußte gesorgt werden. Erbinnen waren so begehrt, daß die Könige der Versuchung nachgaben, sie zunehmend früher zur Eheschließung freizugeben. Das hatten sie immer schon getan, doch König Johann stand in dem Ruf, aus der Freigabe von Mädchen, mit denen ein Lehen verbunden war, ein gutes Geschäft zu machen. Die königlichen Archive haben die Belege der

enorm hohen Summen bewahrt, die er von den drei aufeinanderfolgenden Ehemännern »für das Mädchen und sein Erbe« gefordert hat – diese
Summen sind ohne jeden Kommentar vermerkt. Im Alter von noch nicht
vier Jahren, in dem ein Sohn des Thomas von Saleby mit seinem Schau-
kelpferd gespielt hätte, wurde Grace ihrer Mutter entrissen und dem
alten Adam von Neville anvertraut, der sie umgehend heiratete. Jetzt
nimmt die Geschichte eine andere Wendung und Agnes verliert die Partie. Es geht um eine sehr vorzeitige Hochzeit; also ist die Zuständigkeit
der Kirche berührt. Hugo wirft das ganze Gewicht seiner Macht in die
Waagschale, um die Pläne Adams von Neville zu durchkreuzen. Die
Hochzeit findet dennoch statt, aber der Bischof exkommuniziert die
Beteiligten. Zuerst gibt die Magd auf, dann die falsche Mutter. Von der
richtigen ist wohlweislich nie mehr die Rede: Sie hatte das Baby und ihre
Milch geliefert, aber sie war nichts weiter als eine Frau in Lohn und Brot
von »schlechtem« Blut.

An dieser Stelle stoßen wir auf eine der gravierendsten Lücken, die
den Historikern und Historikerinnen zu schaffen machen. Um die Frau-
en dieser Zeit Gestalt annehmen zu lassen, bräuchten wir ihr Zeugnis,
zum Beispiel Tagebücher, die es aber nicht gibt. Wir haben weiter oben
nach Agnes' Beweggründen gefragt. Wir wissen nur, daß sie in der
Erniedrigung des Mißerfolgs gestorben ist, vielleicht in Schuldgefühl und
Angst vor der Verdammnis. Denken wir ein wenig über Grace nach, die
in diesem Bericht soviel Seele hat wie eine Schachfigur. Welches Bild
von sich selbst und vom Leben konnte sie sich machen? Sie wußte, daß
ihr falscher Vater ihretwegen gestorben und aller Voraussicht nach in der
Hölle war; und ihre falsche Mutter war für sie eine »Kriminelle« geworden – das sind die Worte Hugos. Sie war dreimal hintereinander verheiratet worden, als sie noch mit Puppen spielte. Schon eine rechtmäßige
Erbin konnte melancholisch werden, wenn sie bedachte, wie wenig sie
als Person zählte. Wie konnte sie die Augen davor verschließen, daß ihre
persönlichen Eigenschaften mit der Begehrlichkeit der Männer, die sich
danach drängten, sie zu heiraten, gar nichts zu tun hatten? Sie konnte
allerdings das aristokratische Wertesystem hinreichend internalisiert
haben, um stolz auf die Identifikation mit ihrer Funktion zu sein und sich
als Tägerin der Vergangenheit und der Zukunft eines Geschlechts zu
fühlen. Sie hatte einen Wert, ein soziales und symbolisches Gewicht.
Dieses »Haben« trat an die Stelle des »Seins«. Nun hatte Grace aber eine
falsche Identität und jeder wußte es. Ihre vermeintliche Identität war ein
einziger Betrug und brachte nur Unglück. Außerdem starben alle ihre
Ehemänner, einer nach dem anderen. Wie sollte sie der Verachtung der
anderen und dem schlechten Gewissen entgehen? Aber wird sie nicht
ihrerseits, wenn sie durchschnittlich intelligent war, ihre drei Ehemänner
verachtet haben? Sie waren adlig und wußten sehr wohl, daß Grace es

nicht war; sie gaben nur vor, es nicht zu wissen. Sie hatten Grace ganz einfach wegen ihres Vermögens gekauft und kauften, um sie zu behalten, auch den König und seine Justiz.

Es ist bekannt, daß die Kirche, die ›für die Ewigkeit arbeitet‹, dem Begriff der Zeit ganz besondere Aufmerksamkeit schenkt und damit auch den Frauen, die ja wegen ihrer Konstitution in einer besonderen Beziehung zur Zeit stehen. Sie befinden sich am Schnittpunkt der zyklischen Zeit – die Uhr der Menstruation und der Empfängnis – und der linearen Zeit. Frauen müssen sich beständig anstrengen, das Unvereinbare zu versöhnen: darauf warten, daß die Zeit kommt, sie verstreichen lassen und sie doch auch antreiben, weil es eilt.

Die Zeit der Kindheit

Die Kindheit war im Mittelalter nur von kurzer Dauer. Sie wurde oft durch den Tod vorzeitig beendet, und wer überlebte, wurde von den herrschenden Verhältnissen gezwungen, schnell erwachsen zu werden. Wir können uns kein rechtes Bild davon machen, in welchem Alter und wie die Eltern die Aufmerksamkeit des kleinen Mädchens auf den geschlechtlichen Aspekt seiner Identität lenkten. Das 11. und 12. Jahrhundert haben uns kein einziges Werk über Erziehung hinterlassen, und das erhaltene Quellenmaterial sagt über die Erziehungsfrage wenig aus. Wir können wohl davon ausgehen, daß Jungen und Mädchen vor allem in den bessergestellten Kreisen selten zusammen aufgezogen wurden und daß Eltern Mädchen sehr früh und sehr nachdrücklich klar gemacht haben, daß von ihnen anderes als von Jungen erwartet wird, ja, daß sie sich auch von ihrer »Natur« her unterscheiden. Die Aristokratie sperrte die Mädchen in das Frauengemach und beschäftigte sie mit weiblichen Arbeiten oder aber sie brachte sie bis zu ihrer Heirat oder endgültig im Kloster unter. Wenn sie schon lange vor der Pubertät versprochen worden waren, wurden sie häufig in die Familie ihres Verlobten geschickt, um dort den Vollzug der Ehe abzuwarten. Welche Auswirkungen konnte es auf die Psyche eines kleinen Mädchens haben, sich in einem solchen Maße im Durchgangsstadium zu fühlen, nachdem es seiner Mutter und der Umgebung seiner ersten Jahre so früh entrissen worden war? Welche affektiven Bindungen konnten zu den Eltern, der Amme und den Geschwistern entstehen? Woraus speisten sich die Träume der Mädchen?

Auf den ersten Blick scheint die Situation in den unteren Schichten besser gewesen zu sein. Die Mädchen waren bereits älter, wenn sie verheiratet wurden. Bei Bauern und Handwerkern waren die Kinder sehr früh an den Betätigungen der Erwachsenen beteiligt, und die Lehrzeit trennte die Geschlechter bei weitem nicht so rigoros wie die kriegerische Ausbildung der zukünftigen Adligen. Wir können davon ausgehen, daß der familiäre Zusammenhalt und die von ihm ausgehende Geborgenheit länger bewahrt und die Beziehungen des kleinen Mädchens zu Vater und Brüdern in den niederen Ständen enger waren.

Wurden die Kinder geliebt? Auf der einen Seite wissen wir, daß die Eltern klagten, wenn ihre Kinder krank waren, und in der Kirche um Genesung flehten, bei Todesfällen sogar um Auferweckung. Auf der anderen Seite ist die Leichtigkeit erstaunlich, mit der sich Eltern, vor allem weibliche Heilige, von ihren noch jungen Kindern zu trennen schienen. Die heilige Ivetta von Hui, die fortging, um bei den Aussätzigen Buße zu tun, ließ zwei Kinder zurück: sie waren noch nicht acht Jahre alt.[7] Wir dürfen nicht vergessen, daß namentlich ärmliche Verhältnisse der Entwicklung elterlicher Liebe alles andere als förderlich waren. Es gibt anscheinend nach Kulturen und Epoche unterschiedliche Entfaltungsstufen der Zuneigung, insbesondere der mütterlichen Liebe. Wenn das materielle, physische und psychische Elend zu groß ist, verkümmert das Gefühl. Ein Wiegenlied zu singen, erfordert einen Hoffnungsschimmer und die Kraft zu lieben. Verkümmert der Mutterinstinkt nicht in den Bauernkaten ohne Rauchabzug, wenn die Mutter durch Schwangerschaften und Arbeit überlastet ist? Warum hat jene Hörige aus Lincolnshire, deren Namen uns der Chronist nicht einmal mitteilt, ihr Kind schon vor der Geburt abgegeben, so wie die verschuldeten oder ausgehungerten Bauern ihre Erträge bereits vor der Ernte verkaufen? Wir wissen nicht, ob sie verheiratet, Witwe oder ledige Mutter war; ob sie zu arm war, um das Kind aufzuziehen, oder vielleicht zu habgierig. Sicherlich hat Agnes sie dafür bezahlt, daß sie das Baby weggab und gleichwohl als Amme für es sorgte. Oder hat sie davon geträumt, ihr ein besseres Leben zu ermöglichen? Sah sie ihre Tochter als junge Burgherrin aufwachsen, von der sie von Zeit zu Zeit als ihre Amme umarmt würde? Und Agnes? Der Biograph teilt uns mit, daß diese »unfruchtbare Frau, die nur fähig war, eine Schurkerei zur Welt zu bringen«, alle hinters Licht führte, indem sie sich um Grace kümmerte, »als sei sie tatsächlich ihr Kind«. Hat sie nur eine Komödie vorgespielt? In der Komplizenschaft der drei über eine Wiege gebeugten Frauen gab es sicher etwas Edleres als dasjenige, was der Erzähler uns einreden will – etwas wie Liebe und so etwas wie ein Schnippchen, das dem Schicksal geschlagen wird. In den Augen dieser Frauen hatte das Schicksal das Angesicht eines Mannes: das des Ehemannes, des Schwagers, des Königs, der Erbschleicher des 12. Jahrhunderts, die hinter der Erbin her waren, und vor allem das des Bischofs. An ihm war es, die weibliche Hinterlist zu durchkreuzen, die den einen zum Narren hielt, den anderen beraubte, alle Gesetze umging, von denen das der Ehe für den heiligen Hugo das heiligste war, Garant der sozialen

Ordnung, die diese Frauen zur allgemeinen Entrüstung erschütterten. Im übrigen obsiegte die Moral: Das Erbe fiel dem Geschlecht wieder zu. Die falsche Mutter und die falsche Tochter erlitten dieselbe Strafe: sie blieben kinderlos.

Den Mädchen wird beigebracht, Mädchen zu sein. Wir haben keine Hinweise darauf, wie die Haltungen, die Gesten, das »Benimm dich!« jener Zeit eingetrichtert wurden. Als die junge Christina von Markyate fortlief, um ihrem Ehemann zu entkommen, schämte sie sich, weil sie sich als Mann verkleidet, wie ein Mann ein Pferd bestiegen und wie ein Junge die Gegend durchstreift hatte.[8] Die Art, die Dinge zu betrachten, gehört zu den vordringlichen Erziehungsmaßnahmen: Der Junge blickt klar und weit: Mut und Kühnheit, alle männlichen Werte drücken sich darin aus. Das Mädchen schlägt die Augen nieder oder erhebt sie gen Himmel: Bescheidenheit, Sanftmut, Zurückhaltung in Geste und Bewegung sind die Zierde der Frauen. Arbeitsames Verharren am Spinnrocken oder bei einer Nadelarbeit, Versorgung der Kinder und des Haushalts, Gebet: Dies sind zeitlose Bilder des weiblichen Wesens.

Wie eignete sich ein kleines Mädchen die Grundkenntnisse der Religion an? Christina, geboren um das Jahr 1100, hatte sehr früh davon gehört, daß Jesus »schön, gut und allgegenwärtig« sei. In ihrem Bettchen sprach sie mit lauter Stimme zu ihm. Sie konnte lesen und besaß einen Psalter, laut Hildegard von Bingen das Buch, aus dem die adligen jungen Mädchen lesen lernen. Aus welcher sozialen Schicht sie auch immer kamen, sicher ist, daß ihnen vor allem der unersetzbare Wert der Jungfräulichkeit und das Vorbild der Jungfrau Maria eingetrichtert wurde. Nie zuvor hat die Kirche den Stand der Jungfräulichkeit so sehr gepriesen wie im 11. und 12. Jahrhundert. Bei der Erziehung eines Mädchens spielte das Ideal der Jungfräulichkeit sowohl eine soziale als auch eine religiöse Rolle: die Ehre der Familie hing genauso davon ab wie das Seelenheil des Kindes. Die ganze Kindheit hindurch wurde es ermahnt, seinen Schatz zu hüten. Es ist auffallend, daß die Worte Reinheit, Tugend und Ehre die Jungfräulichkeit bezeichnen, und zwar ausschließlich bezogen auf die Mädchen – es sind Begriffe für das intakte Siegel, von dem die mittelalterlichen Texte sprechen. Es handelt sich um eine Metonymie: Die Begriffe bezeichnen zunächst einmal einen Teil des Ganzen. Doch später wurden sie zu Metaphern, die das Wesen des Mädchens selbst ausdrücken. Die Gesellschaft ist sich einig, daß Mädchen wie Engel aufgezogen und Unschuld und Zurückhaltung bei ihnen ausgebildet werden sollen. Dieses Ideal kann nur aufgegeben werden, wenn die Eltern beschließen, das Mädchen zu verheiraten, es dem Mann »wie ein Füllen« – das Bild stammt von George Sand – auszuliefern. Wenn das jungfräuliche Vorbild allgemein anerkannt ist, muß es schwer sein, den Status zu wechseln und sich in eine Situation zu begeben, die die Männer der Kirche als verderbt und befleckt darstellen. Solche Traumata sind in großer Zahl überliefert und sie spiegeln die kirchlichen Dogmen wider.

In der Regel wird die Unversehrtheit des jungen Mädchens so sehr gehütet, um sie der Ehe zum Opfer zu bringen. Dort wird, um ein biblisches Bild aufzugreifen, das verschlossene Gefäß geöffnet. Wir werden uns auch mit den Problemen der Ehe befassen, doch zunächst soll ein zweiter Aspekt herausgestellt werden, der in dieser Epoche besonders deutlich hervortritt. Die Jungen werden körperlich und geistig zunehmend beweglicher. Der Wandel in allen Bereichen reizt Krieger, Bauern, Händler und Geistliche, etwas zu wagen, ihr Glück zu versuchen. Im 12. Jahrhundert mehren sich die Gründungen von städtischen Schulen, bald auch von Universitäten. Mit dem unglaublichen Heißhunger auf Wissen und mit der großen Hoffnung auf sozialen Aufstieg durch Wissen wächst die Zahl der Studenten. Es wird noch Jahrhunderte dauern, bis die Mädchen zur Schule und auf die Universität gehen. Wenn sie ausnahmsweise gebildet sind wie Heloïse, dann haben sie ihre Kenntnisse zu Hause erworben. In einer Zeit, als die Männer staunend feststellten, daß es eine Welt zu entdecken gab, daß sie alles zu lernen, alle Abenteuer zu bestehen und viele Erfahrungen zu sammeln hatten, blieb die Frau im Dienste der Gattung oder im Dienste Gottes auf ihre traditionellen Funktionen beschränkt.

DIE EHE UNTER KIRCHLICHER KONTROLLE

Die Ehe steht aus grundsätzlichen Erwägungen im Mittelpunkt dieser Geschichte der Frauen, denn sie sichert den Fortbestand der Gattung und bedeutet in jedem Leben einen größeren Einschnitt. Im einzelnen spielen auch noch besondere Gründe eine Rolle: Die Kirche gab der Ehe im 11. und 12. Jahrhundert ihre heutige Form.[9] Die Kirche hatte vorher nie klar das Wesen der Ehe bestimmen und die Sitten und Gebräuche unter ihre Kontrolle bringen können. Die Ehekonzepte variierten bis zum 12. Jahrhundert, bevor sie als Sakrament definiert wurde. Da als Folge der Erbsünde die geschlechtliche Fortpflanzung über die Menschen gekommen war, war es notwendig, ihr einen klaren geregelten Rahmen zu geben – die Ehe. Wesentliches Kennzeichen der Ehe war ihre Unauflöslichkeit und daß sie nur unter der Bedingung äußerster Reinheit geschlossen und gelebt werden durfte.

Die Ehe hatte noch eine andere Eigentümlichkeit. Sie schuf zwischen Gott und den Menschen keine zwei-, sondern eine dreiseitige Verbindung: Gott, ein Mann, eine Frau. Entscheidend war es, zu klären, wer oder was dieses Band knüpfte. Diese Frage beschäftigte die Kirche seit langem. Erst in der zweiten Hälfte des 12. Jahrhunderts einigte man sich. Zwei Antworten waren möglich, an denen Pragmatiker und Idealisten sich schieden: Sollte die Vereinigung der Geschlechter oder der gemeinsame Wille maßgeblich sein. In einer Zeit, da die Kirchenoberen sich nur schlecht damit abfanden, daß nicht die gesamte Menschheit unberührt war oder zumindest enthaltsam lebte, war es normal, daß sie als konstitutive Grundlage der unauflösbaren Ehe die freie Zustimmung der Gatten einführte. Der Stellenwert, der der freien Zustimmung der Partner eingeräumt wurde, hatte zur Folge, daß es nicht immer der Priester war, der die Ehe schloß. Selbst wenn man ihn nicht rief, um den Bund zu segnen, war eine solche Ehe, die die Kirche als heimlich ansah und mißbilligte, gültig. Die Anwesenheit des Priesters ist erst seit 1563 eine conditio sine qua non für die Gültigkeit der Ehe.

Soweit die Theorie. Wie aber sah es in der Praxis aus? Wir kennen sie nur für die oberen Schichten. Dort diente die Ehe meist bestimmten außer ihr liegenden Absichten. Es ist nicht ausgeschlossen, daß es bei den Bauern oder den kleinen Leuten in den Städten genauso war. Eine Eheschließung konnte es möglich machen, eine Parzelle zu arrondieren oder sich den benachbarten Verkaufsstand einzuverleiben. Nur für wenige Regionen läßt sich darüber genaueres sagen.[10] Bei den Adelsgeschlechtern standen die Kinder, vor allem die Mädchen, im Dienste der Macht und des Reichtums. Endogamie, Verstoßung (meist wegen Unfruchtbarkeit der Frau) und Wiederverheiratung begründeten hier eine »fortwährende Polygamie«, die im Interesse der Erbfolge strategisch eingesetzt wurde. Um die reine Monogamie durchzusetzen, die den Schutz des schwachen Teils des Paares – der Frau – sicherte, muß die Kirche länger als ein Jahrhundert kämpfen. Überdies führte die Aristokratie gegen das Verbot der inzestuösen Ehe das Argument an, es dehne das Gebot der Exogamie so weit aus, daß es verlockend sei zu behaupten, man stehe mit seinem Ehegatten in einer verwandtschaftlichen Beziehung, wenn man sich von ihm trennen wolle. Um dieser Gefahr zu begegnen, wurden die Verbote 1215 bis auf den vierten Grad zurückgeschraubt.

Fassen wir zusammen: Da ungezügelte Leidenschaft, das Recht auf Irrtum und wechselnde Ehen Gottes Gebot widersprechen, hat die Kirche in der Auseinandersetzung mit den weltlichen Vorstellungen die Unauflösbarkeit der Ehe durchgesetzt. Damit verbunden war die Idee der Freiheit und Gleichheit von Mann und Frau und ihr gegenseitiges Einverständnis beim Eingehen einer Ehe. Die Worte Freiheit und Gleichheit wecken bei uns ganz bestimmte Assoziationen, weshalb wir genauer untersuchen müssen, was sie damals praktisch bedeutet haben.

Freiheit und Ehe

Im Verlauf des 12. Jahrhunderts einigten sich also Kanonisten und Theologen auf das Prinzip des gegenseitigen Einverständnisses, und gegen Ende des Jahrhunderts wurde es in der Gesellschaft weitgehend anerkannt. Die von den Konzilien beauftragten päpstlichen Legaten wachten über die Einhaltung des Prinzips. Daraus ließe sich der Schluß ziehen, der Fall der kleinen Grace, die mit vier Jahren zum erstenmal und bis zu ihrem 11. Lebensjahr zwei weitere Male verheiratet wurde, sei nur eine groteske Ausnahme gewesen. Aber so leicht können wir es uns nicht machen, wenn wir uns in Erinnerung rufen, daß die höchsten kirchlichen und weltlichen Autoritäten, ein Bischof und der König, beteiligt waren, und wenn wir uns darüber hinaus noch vergegenwärtigen, wie sehr der Biograph das Pflichtbewußtsein des Bischofs betont: Er wachte darüber, daß die Kinder nicht vor dem urteilsfähigen Alter – sieben Jahre – verheiratet wurden. Diese Hinweise haben ein doppeltes Ziel. Sie sollen das Auseinanderklaffen von Theorie und Praxis zeigen und außerdem die von der Kirche selbst festgelegte Grenze der Wahlfreiheit und die daraus folgenden Einschränkungen ihrer Realisierung deutlich machen.

Gewohnheiten sind immer hartnäckig und weichen die härtesten Prinzipien auf. Das kanonische Recht gesteht schließlich zögerlich zu, daß Hörige ohne die Zustimmung ihres Grundherrn heiraten können. Aber Hugo von Lincoln erträgt die Vorstellung nicht, daß ein Adliger die Tochter einer Unfreien ehelicht. Die Standesvorurteile sind stärker als das Evangelium. Noch viel bezeichnender sind allerdings die Einschränkungen der Wahlfreiheit, die mit der neuen Theorie der Ehe einhergehen. Die geistige Aufgeschlossenheit des Christentums, das sich als universalistisch versteht, wird häufig unterstrichen. Doch es ist längst bekannt, daß die Kirche nie als Vorkämpferin der Freiheit im rechtlichen Sinn des Wortes aufgetreten ist. Sie hat sich mit der Sklaverei arrangiert und stützt sich dabei auf den *Ersten Brief des Petrus* (2,18–19): »Ihr Sklaven, ordnet euch in aller Ehrfurcht euren Herren unter ... Denn es ist eine Gnade, wenn jemand deswegen Kränkungen erträgt und zu Unrecht leidet, weil er sich in seinem Gewissen nach Gott richtet.« Da die Sklaven Eigentum ihres Herrn sind, hat die Ehe für sie keinen Sinn. Die Kirche verbietet vor allem, einen Ungläubigen zu heiraten. Insbesondere der sexuelle Kontakt zwischen Juden und Christen sei weit schlimmer als Unzucht und Ehebruch unter Christen: Er wird mit Sodomie gleichgesetzt und mit dem Scheiterhaufen bestraft.[11] Das theologische Argument, auf das man sich berief, um die inzestuösen Ehen zu verbieten, lautete zwar, daß der Strom der Liebe, der eines Tages alle für das himmlische Jerusalem Erwählte vereinen werde, sich so weit wie möglich über die Erde ausbreiten müsse. Aber die Mauer, die die großen Religionen voneinander trennte, war hienieden unüberwindbar. Diese Einschränkung ist *völlig* erklärlich, wenn wir bedenken, welche Zielsetzung die Kirche verfolgte: Nicht die Freiheit als Grundrecht der Person zu sichern, sondern das Heil der Seelen, zur Not auch gegen ihren Willen.

Sehen wir nun, wie die Kirche die Freiheit der Ehegatten, sich zu binden, begreift. Es ist ein grundlegendes Rechtsprinzip, daß jede Person bestimmte Voraussetzungen erfüllen muß, um einen bindenden Vertrag einzugehen, z. B. muß sie ein bestimmtes Alter erreicht haben. Das kanonische Recht hat sich natürlich damit befaßt, das Mindestalter für Verlobungen festzulegen, und auch in dieser Frage gingen die Positionen auseinander. Für den im 11. Jahrhundert einflußreichen Ivo von Chartres begann die Heiratsfähigkeit mit sieben Jahren – wie hundert Jahre später auch für Hugo. Im kanonischen Recht hingegen wurden zwölf Jahre für Mädchen und vierzehn für die Jungen festgelegt – die Geschlechtsreife war die entscheidende Schwelle. Die Dekretalen des 13. Jahrhunderts milderten die Gesetzgebung noch: Die Ehe konnte schon früher geschlossen werden, wenn der Frieden zwischen zwei Familien sich durch eine solche Allianz wiederherstellen ließ. Diese Bestimmungen beweisen eindeutig, daß die Kirche es für ganz normal hielt, daß Eltern ihre Nachkommen verheirateten. Wie konnte sie dann aber das Prinzip des freien Einverständnisses aufrechterhalten? Sie räumte den zukünftigen Gatten das Recht ein, am Tag der Hochzeit die stellvertretend für sie eingegangene Verpflichtung nicht anzuerkennen. Mit der Freiheit der Gattenwahl im heutigen Sinne hat das wenig zu tun. Weiß ein Mädchen, das mit sieben Jahren verlobt und mit zwölf verheiratet wird, was es tut? Und vor allem, was kann sie überhaupt tun? Dom Leclercq will uns klar machen, daß sie etwas tun kann.[12] Als Beispiel zitiert er den Fall der heiligen Oda. Sie wollte nicht heiraten, sondern wurde dazu gezwungen. Am Tag der Hochzeit verweigert sie die Zustimmung. Wir können uns den Skandal vorstellen: Der Hochzeitszug löst sich auf; Oda kehrt nach Hause zurück und schneidet sich die Nase ab, um der Ehe endgültig zu entgehen. Dies beweise, daß sie die Wahl hatte. Was aber ist ein Recht wert, das einen solchen Heldenmut erfordert?

Es gibt einen Einwand, der überzeugender ist, weil er auf unseren Kenntnissen der Sitten und Gebräuche dieser Epoche beruht. Da die Jugendphase im Mittelalter sehr kurz war, dürfte für die Experten des kanonischen Rechts ein so junges Heiratsalter durchaus selbstverständlich gewesen sein, d. h. sie scheinen wirklich geglaubt zu haben, daß Kinder in einem solchen Alter schon fähig seien, Bindungen einzugehen. Bedenken wir die entscheidende Rolle der ersten Hälfte des 12. Jahrhunderts für die Geschichte des abendländischen Denkens.[13] Befruchtet von der Philosophie der Antike beginnt in dieser Zeit eine intensive Reflexion über Gewissen und Verantwortung. Damals schafften neue klösterliche Orden wie die der Kartäuser oder der Zisterzienser die bis dahin übliche Oblation ab, d. h. die Praxis, Kinder ins Kloster zu schicken, aus denen dann eher selten gute Mönche wurden. Sie wollten nur reife, freie, erwachsene Männer aufnehmen. Wie aber konnte man gleichzeitig behaupten, daß Wesen, deren Wachstum noch nicht abgeschlossen war, sich einerseits nicht aufrichtig und ernsthaft verpflichten könnten, Gott zu dienen, daß sie aber andererseits in voller Kenntnis der Sachlage sich für das Leben binden und in der Ehe fortpflanzen könnten? Wie läßt sich ein so eklatanter Widerspruch erklären? Zwei Gründe scheinen plausibel.

Die Kirche ist pragmatisch. Da sie sich klar darüber ist, daß sie den Laien unmöglich alles auf einmal verbieten kann, wendet sie zunächst das Schlimmste ab, indem sie die Unauflösbarkeit der Ehe festschreibt, um so zu verhindern, daß die üblen Praktiken fortleben. Die Kirche kann aber den Laien nicht gleichzeitig untersagen, so früh wie möglich die Zukunft ihrer Nachkommenschaft zu sichern. Wäre diese pragmatische Erklärung stichhaltig, dann wäre allerdings zu erwarten gewesen, daß das kanonische Recht das heiratsfähige Alter eben später heraufgesetzt hätte, um die Ausübung des grundlegenden Rechts auf eigene Wahl und Zustimmung besser zu gewährleisten. Aber nichts dergleichen geschah.

Der Hauptgrund muß also woanders gesucht werden: In der Vorstellung, die die Männer der Kirche sich von der Frau machen. Denn wer wird so früh verheiratet? Es sind Mädchen, und zwar zu einem überwältigenden Prozentsatz. Auch in diesem Fall läßt sich jedoch keine genaue Statistik aufstellen[14], aber alle Anzeichen weisen in dieselbe Richtung. In der Aristokratie ist der Altersunterschied zwischen den Eheleuten erheblich, zehn Jahre, zwanzig Jahre, manchmal noch weit mehr, und es sind die Mädchen, die sehr jung verheiratet werden. In den niederen Schichten scheinen diese Unterschiede nicht ganz so ausgeprägt gewesen zu sein. Es waren also vor allem die Frauen von dem Problem der freien Zustimmung zur Ehe betroffen. Folglich käme es der Sache näher, ihre Freiheit so zu definieren, daß sie frei ist, der Wahl ihrer Erzeuger zuzustimmen. Die Begründung für diese Beschränkung lautete: Die Frau erliege leicht ihrer Sinnlichkeit, ihr Geist sei schwach, ihre Reinheit ständig bedroht. Es sei am Ehemann, sie zu beherrschen, so der Bischof Ivo von Chartres, wie die Seele den Körper beherrsche und der Mensch das Tier. Je eher sie unter die Vormundschaft ihres Herrn und Meisters gerate, umso besser. Schon Plutarch und der Apostel Paulus waren in diesem Punkt derselben Ansicht. In dem Jahrhundert, in dem die Menschen angehalten waren, sich selbst besser zu erkennen, bevor sie sich binden, ihr intellektuelles und moralisches Kapital zu verzinsen, wie es die Kaufleute in den Städten mit ihrem Geld machten, stellen wir in Hinblick auf die Ehe eine erhebliche Abweichung fest, die theoretisch gerechtfertigt wird. Die Mädchen gehen sehr früh eine Ehe ein, wie sie auch weiterhin sehr jung ins Kloster eintreten. Die hellsten und anspruchsvollsten Köpfe, die über den sokratischen Imperativ des »Erkenne dich selbst« nachgedacht hatten, dachten dabei nicht an die Frauen und sprachen sie auch nicht an.

Worauf läuft im Grunde die Freiheit hinaus? Georges Duby ist im Leben des heiligen Arnulf auf Hinweise für einen neuen Geist in der Kirche gestoßen, wonach Kinder nicht zur Ehe gezwungen werden dürfen.[15] Ratlose Eltern suchten den Heiligen auf. Ihre Tochter lehnte den von ihnen ausgewählten Mann ab. Sie liebte einen anderen und drohte mit Selbstmord. Arnulf riet ihnen, die Wahl des Mädchens zu respektieren. Wenn die Geschichte an dieser Stelle zu Ende wäre, handelte es sich tatsächlich um einen schlagenden Beweis dafür, daß die Freiheit der Wahl uneingeschränkt respektiert wird. Der Fortgang des Berichts zeigt jedoch, daß Arnulf sehr geschickt die »richtigen« Prinzipien wieder in ihr Recht einsetzt. Arnulf beruhigte die Eltern, indem er auf die wahrscheinliche Entwicklung hinwies: Wenn ihre Tochter ihrem eigenen Wunsch gemäß heirate, werde sie bald Witwe sein und nur zu glücklich, nun denjenigen zu ehelichen, den sie ihr bestimmen. Es koste die Eltern also nur ein wenig Geduld, bis sie mit der Harmonie in der Familie auch ihre Autorität wiederherstellen. Am Ende ihrer leichtsinnigen Liebschaft werde sie zwangsläufig einsehen, daß sie unüberlegt gehandelt habe, da die Ehe ein schlechtes Ende genommen habe, und daß die Wahl ihrer natürlichen Vormünder die richtige sei. Sie würde ihnen ganz von selbst Recht geben. Arnulf und Hugo von Lincoln können die Zukunft voraussehen: diese Fähigkeit ist den Heiligen eigen. Deshalb kennen sie auch die Frauen gut.

Da nur die Kirche in Ehefragen zuständig ist, geht sie in ihrem unablässigen Bemühen, der Freiheit der Ehe – in ihrem Sinne – Achtung zu verschaffen, noch weiter. Mehr und mehr kommt es zu Verfahren, in denen die Klagen der Ehefrauen untersucht werden, die zur Ehe gezwungen worden sind. Konnte der Fall bewiesen werden, so konnte die Ehe annulliert werden. Wir haben es hier mit den luftigen Höhen der Theorie zu tun, lange bevor sie in die Praxis umgesetzt war. Für das 12. Jahrhundert ist die Quellenlage noch sehr mager, aber wir können einige Indikatoren auswerten, die für das 14. und 15. Jahrhundert bekannt sind.[16] Doch bei der Bewertung von Dokumenten kirchlicher Gerichtsbarkeit, bei denen es um die Annullierung von Ehen auf Betreiben von Frauen geht, müssen wir uns vergegenwärtigen, in welchem Maße junge Frauen damals rechtlich und ökonomisch abhängig waren. Selten begegnen wir Frauen, die ihren Lebensunterhalt selbst verdienen, ökonomisch auf eigenen Füßen stehen und frei über ihre Person verfügen konnten. Die Eltern und, falls diese tot waren, die Brüder statteten die Mädchen aus. Wenn sie einen anderen Mann heiraten wollten als den von den Eltern ausgewählten, hatten die Eltern das Druckmittel in der Hand, ihr die Mitgift zu streichen und die finanzielle Unterstützung zu entziehen. Vor allem in Südeuropa gestand es das Gewohnheitsrecht dem Vater zu, widerspenstige Mädchen zu enterben, und dem Lehnsherrn, sich der Person und der Güter des Verehrers, sofern dieser keine *persona grata* war, zu bemächtigen.[17] Die abschreckende Wirkung dieser Druckmittel ist nicht zu unterschätzen. Die Angst vor dem Skandal und vor materieller Not hat sicherlich mehr als ein Mädchen beeinflußt.

Nehmen wir an, eine Frau, die gegen ihren Willen verheiratet wurde, gibt nicht auf, macht von dem Recht, das die Kirche ihr zugesteht, Gebrauch und legt vor dem bischöflichen Gericht Einspruch ein. Sie lehnt sich gegen die Erwartung auf, sich bescheiden ins Gegebene zu fügen, und lädt sich einen Konflikt mit ihrer eigenen Verwandtschaft und mit ihrem zukünftigen Ehemann und dessen Familie auf. Wie empfangen die Geistlichen diejenige, die vor Gericht geht? Niemand drückt es besser aus als der große Jurist des 13. Jahrhunderts, Hostiensis: Ein Mädchen, das sich dem Willen der Ihren widersetzt, wird von vornherein des »Lasters der Undankbarkeit« geziehen. Nehmen wir an, es gelänge ihr durch ihre Unschuld, das Wohlwollen der Richter zu gewinnen – lauter keusche Männer, die sich die Geschichten unglücklicher Ehefrauen anhören. Sie werden sie fragen, warum sie, wenn sie unter Zwang verheiratet wurde, nicht am Abend der Hochzeit, vor dem Vollzug der Ehe, geflohen sei. Wir fragen uns mit ihr: Wohin sollte sie gehen? Wenn sie nach dem Vollzug mit ihrem Mann zusammengelebt hat, wird man annehmen, sie habe der Ehe schließlich doch zugestimmt; das würde den Druck, dessen Opfer sie am Tag der Hochzeit war, im nachhinein ungeschehen machen – es sei denn, sie kann nachweisen, daß sie vergewaltigt wurde. Fliehen, um einer legalisierten Vergewaltigung zu entkommen – dazu sind nur außergewöhnliche Menschen fähig. Ist es unter diesen Umständen nicht naiv, sich darüber zu freuen, daß nur so wenige Klagen eingereicht worden sind? Es ist vielmehr erstaunlich, daß es überhaupt welche gegeben hat.

Die Ehe der Christina von Markyate

Schon von Geburt an war Christina vom Glück begünstigt.[18] Ihre Eltern, aus alter angelsächsischer Familie, lebten in Huntingdon an der Ostküste Englands. Ihr Vater war ein reicher Kaufmann, der angesehenste der örtlichen Gilde. Das Netz ihrer Verwandtschaft erstreckte sich über die ganze Grafschaft. Die Familie im engeren Sinn umfaßte die Eltern und fünf Kinder. Christinas Tante mütterlicherseits war lange Zeit die Frau oder die Konkubine – Ende des 11., Anfang des 12. Jahrhunderts läßt sich das nicht so genau sagen – Ranulph Flannbards, der höchsten Persönlichkeit im Königreich nach dem König, der 1099 Bischof von Durham wurde. Sie schenkte ihm mehrere Kinder, darunter den zukünftigen Bischof von Lisieux. Vom König protegiert, setzte sich Ranulph über die päpstlichen Rügen hinweg und blieb bei seinem lockeren Lebenswandel. Schließlich trennte er sich aber doch von seiner Gefährtin, die er sehr vorteilhaft mit einem Stadtbürger verheiratete, hielt die engen Beziehungen zu Christinas Familie jedoch aufrecht; wenn er sich von London aus in sein Bistum begab, stieg er bei seiner Ex-Frau ab.

Die kluge und besonnene Christina ist der Liebling ihrer Eltern. Autti, ihr Vater, hat ihr die Schlüssel zu den gold- und silbergefüllten Truhen anvertraut. Das kleine Mädchen ist sehr glücklich, und ihre Eltern sind stolz auf sie: Ihre Frömmigkeit ist ein Versprechen für die Zukunft. Denn sie wollen sie verheiraten. Sie wird den Wohlstand des Geschlechts noch mehren und ihnen Enkelkinder schenken, die ihr ähneln. Der bischöfliche Onkel sucht einen Gatten und findet einen äußerst passenden jungen Mann aus der Stadt, angesehen, jung und reich. Ohne sie überhaupt zu fragen, wie sie darüber denkt, wird sie verlobt. Aber der Verlobte hat es eilig, die Vermählung rückt heran. Die Eltern unterrichten Christina: Sie antwortet, sie habe das Gelübde der Jungfräulichkeit abgelegt. Die Reaktion? Lachen, dann Bestürzung, Zorn, Schmeicheleien, Drohungen, Zuflucht zu Liebestränken, Schläge. Nichts fruchtet. Zu ihrem Unglück wird ihr eines Tages vor der Kirche die Zustimmung abgetrotzt. Sie ist verheiratet.

Das Haus des jungen Paares ist noch nicht fertig, und Christina wohnt immer noch bei ihren Eltern. Alles wird versucht, damit sie ihrem Gatten nachgebe: Man versucht sie trunken zu machen, ihren Schlaf auszunutzen; man beleidigt den leicht zu rührenden frischgebackenen Ehemann. Da er nicht wagt, sie mit Gewalt zu nehmen, schimpft man ihn Nichtsnutz, Schlappschwanz, Waschlappen. Der weibliche Ungehorsam wird tatsächlich als Angriff auf die Mannesehre empfunden, die des Ehemannes und die des Vaters, der zum Gespött der Stadt wird. Die besonders Wohlmeinenden bedauern ihn, eine Abordnung von Notabeln veranlaßt ihn, die zuständigen Autoritäten um Rat zu fragen. An wen soll er sich wenden? Auf keinen Fall an weltliche Autoritäten. Die Gesetze Heinrichs I., die in eben jener Zeit erlassen wurden, erklären die Ehe deutlich zu einer privaten Angelegenheit. Um Druck auf Christina auszuüben, damit sie der Entscheidung ihrer Eltern zustimme – und darin erschöpft sich die Freiheit der Frau –, wendet man sich an die Geistlichen, und niemand zweifelt daran, daß sie das Mädchen zur Vernunft bringen, ihr ihre Pflichten in Erinnerung rufen können. Nacheinander werden Kanoniker der Stadt, der Bischof von Durham und der von Lincoln konsultiert – und das zweimal. Auf der anderen Seite stehen die Freunde Christinas, die ihr helfen wollen, ihre Jungfräulichkeit zu bewahren, die aufgeschreckten frommen Eremiten und Reklusen der Grafschaft. Einer von ihnen klopft an das große Tor und sucht den Erzbischof von Canterbury auf.

Wir befinden uns im Jahr 1114, kurz vor dem Tod des Kanonisten Ivo von Chartres, dessen Werke in England wohlbekannt waren, und eine Generation vor der Abfassung des *Decretum Gratiani,* das gegen 1141 die Grundlagen der zukünftigen Ehegesetzgebung schuf. Für uns ist es wesentlich, die Reaktionen der konsultierten Kirchenmänner auf diese Affäre zu verfolgen. Es ist kein Wunder, daß die Kirche machtlos war: Das Recht war im Entstehen begriffen, seine Werkzeuge mußten noch geschmiedet, seine Gerichte noch geschaffen werden. Gerade dieses juristische Vakuum läßt den gesunden Menschenverstand zu Wort kommen. Für die Männer der Kirche muß als erstes der Beweggrund des Mädchens geklärt werden. Ist sie Jungfrau? Oder verweigert sie den Gehorsam etwa, weil sie einen anderen Mann liebt? Der Skandal, der jeder Diskussion ein Ende machen würde, wäre da – trotz der Freiheit der Wahl. Es ist üblich, daß der Vater den Gatten aussucht. Autti wäre der erste, der zugeben würde, sie am Tag der Hochzeit zur Zustimmung gezwungen zu haben, aber das ist ein geringfügiges Vergehen, eine Ungeschicklichkeit. Sie hingegen entehrt durch ihre hartnäckige Weigerung ihre Familie. Darüber ist man sich einig . . . Bis Christina von ihrem Gelübde der Jungfräulichkeit spricht. Da spaltet sich die Geistlichkeit, weil es nicht mehr um die Freiheit geht, einen Mann zu lieben, sondern darum, Christus zu lieben. Das ist die einzige Wahl, die nicht nur Bindungen löst, sondern zum Ungehorsam gegenüber Vater und Ehemann zwingt: die Geistlichen sind nun voll Bewunderung bereit, eine Frau in ihr Lager, das der Jungfrauen, aufzunehmen. Was sagt wörtlich der Erzbischof, der insgeheim von dem Eremiten, der das eingesperrte und von Vergewaltigung bedrohte Mädchen verteidigt, um Rat gefragt wird? »Wenn er – so sagt er – Christinas Mutter, die ihre Tochter noch bösartiger bedrängt als ihr Vater, in die Hände bekäme« – keine weibliche Solidarität in diesem Fall – »würde er ihr eine ebenso harte Strafe wie für einen Mord auferlegen!« Wohlgemerkt, er hatte keinerlei Druckmittel, weder gegenüber den Eltern noch gegenüber dem Bischof von Lincoln, der sie unterstützte. »Was aber soll Christina machen?« fragte der wackere Eremit. Die Antwort des Primas: »Fliehen!« Das noch machtlose kanonische Recht konnte nur das Untertauchen anraten. Und dieses erstaunlich willensstarke Mädchen flieht in die Freiheit einer Klosterzelle. Der Segen der Kirche begleitet sie dorthin nur, weil die Freiheit, die sie für sich beansprucht, in die Ordnung der Gnade fällt. Und wo bleibt die Freiheit zu lieben in der Ordnung der Natur?

Als die Kirche das Prinzip der freien Zustimmung aufstellte, verteidigte sie die Freiheit nicht um ihrer selbst willen. Genausowenig verteidigte sie das Recht auf Glück. Dieser Anspruch tritt in der Geschichte des Abendlandes erst spät auf und hat mit dem Christentum nichts zu tun. Besorgt um das Seelenheil fürchtet es vielmehr, das Glück könne Gott in Vergessenheit geraten lassen und die Anstrengungen schwächen, gegen das Böse zu kämpfen. Ziel der Einführung des freien Einverständnisses der Ehegatten war es, den Irrwegen der Laien, die die Stabilität der ehelichen Gemeinschaft zerstörten, ein Ende zu setzen, denn nur so könne die Gattung sich fortpflanzen und das Maß an Sünde gemindert werden. Und doch sprechen die Theoretiker von Liebe, von ehelicher Zuneigung. Was haben wir uns darunter vorzustellen?

Liebe und Ehe

In den heutigen westlichen Gesellschaften setzt die Ehe Liebe voraus, d. h. eine Beziehung zwischen Mann und Frau, die Körper, Geist und Seele einbezieht. Wie sieht es damit im 11. und 12. Jahrhundert aus? Betrachen wir hierfür ein signifikantes Beispiel.[19] Der Bischof von Lincoln – immer noch Hugo – sucht Rat bei Papst Coelestin III. (1191–1198). John, mit Alice verheiratet, hatte mit Maxilla Ehebruch begangen. Er bereute es und war von der nun wirksamen kirchlichen Justiz dazu verurteilt worden, das Eheleben wiederaufzunehmen. Aber er brach sein Versprechen und nahm den Kontakt zu seiner Konkubine wieder auf. Alice war inzwischen gestorben und er lebte mittlerweile schon zehn Jahre mit Maxilla zusammen, sie hatten zehn Kinder und wollten heiraten. Die Entscheidung des Papstes lautete: »Sie müssen öffentlich Buße tun, dann muß man sie trennen. Die Tatsache, daß sie Kinder haben, erschwert den Fall. Man achte darauf, daß sie sich die Aufgabe, sie aufzuziehen, teilen.«

Diese Entscheidung stößt uns vor den Kopf. Für uns wäre eine so lange während, treue Beziehung Zeichen einer Liebe, die es verdiente, legalisiert zu werden, zumal dem keinerlei Hindernisse entgegenstanden. Die Logik der Kirche ist eine andere. Maxilla war durch den Ehebruch endgültig befleckt; jede Wiedergutmachung ist unmöglich. Man sieht hier den Widerwillen der Geistlichen gegen das Fleischliche. Das Wesentliche ist für sie nicht die Entfaltung der Gatten in der Verbindung der Körper und Seelen und schon gar nicht die Jagd nach dem Vergnügen. Die Kirchenväter, allen voran der heilige Hieronymus, dessen Einfluß beträchtlich war, hatten die Ehegatten gewarnt: Es sei Ehebruch, sich in der Ehe zu heftig zu lieben. Augustinus hatte den Zweck der Ehe in drei Worten ausgedrückt: Nachkommen, Treue, Sakrament. Liebe (dilectio) und Zuneigung (affectio), die die Ehegatten sich entgegenbringen sollen, haben wenig mit dem zu tun, was wir heute unter Liebe

verstehen. John T. Noonan hat die Doppeldeutigkeit des Begriffs Zuneigung *(affectio)*, der auf das römische Recht zurückgeht, deutlich gezeigt.[20] Zum einen verweist der Begriff auf die rechtliche Seite und ermöglicht, die rechtmäßige Ehe vom Konkubinat abzugrenzen, bzw. er
bezeichnet in etwa dieselbe Realität wie die Zustimmung der Partner, die
den Bund begründet; zum anderen hat er einen moralischen und affektiven Gehalt. Aber derselbe Terminus drückt auch die Gefühle aus, die
Eltern und Kinder, Brüder und Schwestern einander entgegenbringen, ja
selbst die Nächstenliebe im weiteren Sinne, von der Christus spricht,
wenn er gebietet, die Menschen sollen einander lieben. Für die Theoretiker dieser Jahrhunderte ist die Liebe also etwas ganz anderes als für uns
heute, sowohl inhaltlich, als auch hinsichtlich des Stellenwertes, den sie
chronologisch und logisch bei der Entstehung einer Bindung einnimmt.
Sie ist kein Gefühl, das zur Ehe führt und ihr vorausgeht (»Da wir uns lieben, laß uns heiraten!«), sondern Weisung für die Ehe, ein moralisches
Gebot (»Liebet euch!«). Weil die Ehe unauflösbar ist, versteht es sich von
selbst, daß sie auch weiterbesteht, wenn die Zuneigung verschwunden
ist oder sich in Haß verwandelt hat.

Ende des 12. Jahrhunderts war eine Ehefrau aus dem ehelichen Heim
geflohen und hatte bei dem Mann, den sie liebte, Zuflucht gesucht.[21] Sie
wollte eher sterben als zu ihrem Ehemann zurückkehren; ihre Mutter,
eine »neue Herodias«, unterstützte sie. Der verlassene Gatte beklagte sich
beim Bischof, der das Paar in die Kirche beorderte und die Gattin »mit
einer Mischung aus herzlichen Worten und Drohungen« zurechtwies. Er
führte sie in die Nähe des Altars und beschwor sie, ihrem Mann den Friedenskuß zu geben: Zur Entrüstung der Anwesenden spuckte sie ihm ins
Gesicht. Auch als sie nach Hause zurückgekehrt war, blieb sie unnachgiebig. Kurz darauf starb sie; Dämonen sollen ihre Seele geholt haben.
Die einzige Lösung, die die Kirche zugesteht, wenn die Eheleute das
gemeinsame Leben nicht mehr ertragen können, ist die Trennung – allerdings ohne die Möglichkeit der Wiederverheiratung – oder der Rückzug
beider Gatten in ein Kloster.

Der Fluch der Schönheit

In den Beziehungen zwischen Mann und Frau spielt Schönheit, in erster
Linie die weibliche Schönheit, eine besondere Rolle. Sie beschäftigt die
Männer der Kirche sehr. Die antike Welt hatte die Schönheit in den
menschlichen Beziehungen – der homo- und heterosexuellen Liebe –
und in der philosophischen Reflexion verherrlicht. Die Gegenwart feiert
den Kult des Körpers. Wie steht es im 11. und 12. Jahrhundert mit der
Schönheit? Die volkssprachliche Literatur, die sich im 12. Jahrhundert im

Aufschwung befindet, macht aus der Schönheit umgehend eine mächtige Triebkraft der Liebe, und Isolde bezaubert uns noch heute: Man hätte ihr nicht verziehen, häßlich zu sein wie Sokrates. Viel schwieriger ist es, die Bedeutung der Schönheit in der sozialen Wirklichkeit abzuschätzen. Gewiß, die hübsche Schäferin hatte nie auch nur den Schatten einer Chance, von einem Prinzen geliebt zu werden. Aber wenn alles paßte – soziale Stellung, Vermögen, Alter –, dann war die Schönheit sicherlich mit ausschlaggebend. Die Männer der Kirche beklagten sich bitterlich, daß die Väter ihre schönen Töchter verheirateten und die häßlichen dem Herrn überließen. Der Prediger Bernardino da Siena nannte sie schonungslos »Auswurf der Erde«. Man darf den adligen Chronisten der Zeit nicht aufs Wort glauben, daß die Ehe alles der Liebe auf den ersten Blick und nichts der Berechnung verdankte. War aber die Frau auch noch schön, so war das ein willkommener Trumpf. Er brachte in jene vornehme Welt einen gewissen Reiz und zusätzlichen Schmuck. Wie üblich wissen wir auch hier wenig darüber, wie dies in den niederen Schichten aussah.

Die Kirche war als Bindeglied zwischen weltlichem und gottgeweihtem Leben gezwungen, über die Schönheit nachzudenken. Petrus Lombardus, Bischof von Paris und einer der großen Denker des 12. Jahrhunderts, erhob sie sogar zu einem konstitutiven Element der Beziehung zwischen Mann und Frau. Doch dürfen wir deshalb keine Hymne auf die Schönheit erwarten. Sie galt fast immer als gefährlich und manchmal sogar als verhängnisvoll.

Selbst die Mönche liefen Gefahr, Opfer der Schönheit zu werden, obwohl sie Keuschheit gelobt haben. Sie konnten sich noch so häufig einreden, daß diese Verlockung nichts weiter sei als ein dünnes Häutchen, das »einen Sack voll Unrat« verberge, daß sie vergänglich sei und also nicht verdiene, sich an sie zu binden – es gelang ihnen nicht immer, die durch sie geweckte Begierde zu unterdrücken. Der heilige Hugo hatte Glück. Als junger Kartäuser entbrannte er in Liebe; aber eines Nachts stieg ein Heiliger vom Himmel zu ihm herab und entmannte ihn. Seitdem war er fast ganz zur Ruhe gekommen. Schon die Väter der Wüste hatten gewarnt, der Teufel verkleide sich mit ganz besonderer Vorliebe als hübsche Frau. Gilbert von Sempringham, der im 12. Jahrhundert einen weiblichen Orden gründete, hatte seine Erfahrungen damit gemacht.[22] Er logierte bei einem Gastgeber, der mehrere entzückende Töchter hatte. Eines Nachts träumte er, seine Hand habe sich auf die Brust einer der Töchter verirrt und er habe sie nicht zurückziehen können. Beim Erwachen läuterte ihn die Erinnerung an die Hand, die auf der Rundung einer Brust in einen Starrkrampf gefallen war. Er verließ sein Quartier, widmete sich der Kasteiung und predigte fortan beharrlich gegen die Sinnenlust der Frauen. Einer seiner Biographen erzählt uns, daß er eines traurigen Tages, als er schon sehr alt war, in den Augen einer seiner Nonnen das schändliche Glitzern der Begierde erspäht habe.[23] Am folgenden Tag hielt er eine flammende Predigt gegen die Wollust, dann hakte er seinen Umhang auf. Darunter war er vollkommen nackt, »dürr, über und über behaart, wild«. Er ging mehrere Male zwischen den Nonnen auf und ab und wandte sich an das Kruzifix: »Verflucht sei der Körper, der die Begierde einer elenden Frau entflammt hat! ...« Er also hatte die Versuchung bezwungen. Aber es war nötig, sich auf einer allgemeinen Ebene über die Schönheit Gedanken zu machen.

Am Anfang dieser Überlegungen steht eine Alternative. Entweder war das schöne Mädchen unschuldig, oder sie war es nicht. Im ersten Fall gibt es wiederum zwei Möglichkeiten. Entweder zog sie einen passablen Mann an. Das wäre ein eher geringes Übel, konnte aber doch Gefahr bedeuten. Ihre Reize konnten die Glut ihres Ehemannes bis zum äußersten entfachen oder seine Eifersucht herausfordern, wenn sie andere Männer in Versuchung führten. Die Reize der Frau provozierten sündige Zustände, die nur ungenügend durch einen einzigen Vorteil kompensiert wurden: Der Gatte war vielleicht einer reizvollen Frau eher treu. Zweite Hypothese: Die junge Schönheit wollte Braut Christi werden. Und wieder gibt es zwei Möglichkeiten. Entweder stieß ihre Berufung nicht auf Widerstand, und sie verbarg ihre Reize unter dem Schleier und hinter Klostermauern, die nicht jede Gefahr ausschlossen. Sie konnte immer noch »entbrennen« und »in Brand setzen«, wie die furchtbare Geschichte der Nonne aus Watton beweist. Sie gehörte zu Lebzeiten des Gründers einem Kloster des gilbertinischen Ordens an. Im Alter von vier Jahren war sie dort eingesperrt worden, und es gefiel ihr nicht. Sie verliebte sich in einen jungen Kanoniker, dem der geistige Beistand oblag, und wurde bald schwanger.[24] Die Schwestern, in ihrer kollektiven Ehre tief gekränkt und verhöhnt, stellten dem geflohenen Liebhaber eine Falle und zwangen die Nonne, ihren Komplizen vor der ganzen Gemeinschaft zu entmannen, bevor sie in ihren Kerker zurückkehrte. Der Friede wurde nur dank eines Wunders wiederhergestellt: Als für die an den Füßen angekettete Sünderin die Stunde der Niederkunft nahte, da kamen zwei Engel und befreiten sie von der Frucht ihrer Sünde.

Die zweite denkbare Möglichkeit: Die Eltern wollten das Mädchen gegen seinen Willen verheiraten wie Oda oder Christina. Es wurde dann Opfer seiner Reize und zur Flucht getrieben; oder aber es ordnete sich ein in die lange Reihe der Märtyrerinnen, die sich schuldig glaubten, Begierde geweckt zu haben und dies für die Zukunft verhindern wollten und kein anderes Mittel dafür hatten als die Selbstverstümmelung. Für die Heilige, die dazu verurteilt war, ihre eigene Peinigerin zu werden, war die Schönheit ein Fluch.

Doch nicht hierin lag die größte Gefahr. Die gefährlichste Situation entstand vielmehr, wenn die Frau wußte, daß sie schön war. Es mochte noch angehen, wenn sie sich in narzißtischer Betrachtung verlor; dann war nur ihre Seele in Gefahr. Wenn sie aber ihre Schönheit benutzte, um zu verführen, verkörperte sie das Böse schlechthin. Nicht nur breitete sich das Feuer aus, sondern, schlimmer noch, mit dem metaphysischen Seelenfrieden geriet auch die Vernunft ins Wanken. Wenn die Seele ebenso rein ist wie der Körper schön, dann ist Gott nicht in Frage gestellt, denn die Schönheit ist nur eines der Attribute der göttlichen Vollkommenheit. Wenn der Mensch fehlt, ist er allein dafür verantwortlich. Wenn sich auf der anderen Seite hinter einem Gesicht von erhabener Schönheit eine verkommene Seele verbirgt, klaffen Zeichen und Bedeutung auseinander, und wir haben das unlösbare Problem des Bösen in einer Welt, die der Schöpfer gut und schön gewollt hat. Nun befassen sich die Männer der Kirche, weil sie über die Ehe nachdenken, wieder unablässig mit dem allerersten Paar, mit Eva, von Satan verführt, um ihrerseits den armen Adam zu verführen. Warum hat er auf sie gehört? »Weil er sie liebte«, meint Abaelard und kommt mehrfach darauf zurück.[25] Eva war mit dem Teufel im Bunde: Manchmal hatte sogar die Schlange, die sich um den Lebensbaum wand, denselben hinreißenden Kopf wie sie. Die Schönheit konnte also eine tödliche Falle sein, »die um so arglistiger ist, als sie nicht immer tödlich ist«. Niemand ist ungestraft schön oder unschuldig verführerisch. Nur der Jungfrau Maria ist eine ungefährliche Schönheit eigen.

Gleichheit und Ehe

Die neue Definition der Ehe legte auch die Gleichheit der Gatten beim Akt der gegenseitigen Zustimmung fest. Die Miniaturen, die das *Decretum Gratiani* illustrieren, wollen diese vollkommene Symmetrie zeigen.[26] Die Gleichheit geht aber noch weiter. Seit Paulus ist sie auch für die fleischlichen Beziehungen vorgeschrieben: Die Ehegatten können nicht mehr frei über sich selbst verfügen, jeder hat ein Recht auf den Körper des anderen. Die Gegenseitigkeit wird noch in einem anderen Bereich gefordert: Auch die Treue muß beidseitig sein. Doch auch dies muß etwas präzisiert werden. Wie weit reicht genau das Prinzip der Gleichheit der Ehegatten bei der Zustimmung? Legt es den Grund für die zukünftigen Beziehungen des Paares? Nein. Die Frau bleibt dem Mann, dem »Herrn über die Frau«, untertan. Die Metaphern von Christus als Bräutigam seiner Kirche oder von Gott als Bräutigam der Seele sind beredt. Es besteht eine Asymmetrie der Geschlechter, die nicht in Frage gestellt wird. Warum also jene Gleichheit, die für das Sakrament konstitutiv ist? Um ein Eingreifen der Familie auszuschließen, die Paare zusammen- und auseinanderbrachte, war es nötig, die Initiative, die die Verbindung konstituierte, vom Vater auf das Mädchen selbst zu übertragen. Denn wiederum ist es die Frau, um die es geht. Sie sollte autonome Vertragspartnerin werden in einem zweiseitigen Vertrag, der beide Partner – und nur sie – verpflichtete. Oder vielmehr drei: Gott, Adam und Eva. Aber hatte Gott nicht Eva Adam unterworfen? Es findet sich kein passenderer Vergleich als der mit dem Lehnsvertrag. Der Herr ist und bleibt seinem Vasallen übergeordnet. Zwischen den beiden Momenten des Rituals, Huldigung und Treueschwur, die die Asymmetrie ausdrücken, liegt der Kuß auf den Mund. Er stellt für einen Augenblick das Maß an Gleichheit her, das nötig ist, um einen Vertrag zu schließen, der auf dem Austausch gegenseitiger Dienste beruht. Dann kommt die Ungleichheit wieder zu ihrem Recht.

Wie sollen wir nun die Gleichheit in Hinblick auf die körperlichen Beziehungen verstehen? Eine weitere kleine Geschichte aus der Biographie Hugo von Lincolns kann uns dabei helfen.[27] Ohne die Bürde der Versuchung ist seine Beziehung zu Frauen ganz unkompliziert – sein Biograph ist darüber erstaunt. Er empfängt sie an seinem Tisch und umarmt sie; sie zeigen ihm ihre Babys und verraten ihm ihre Geheimnisse. Eines Tages beklagt sich eine von ihnen, ihr Mann erfülle die ehelichen Pflichten nicht, er begleiche seine Schuld nicht, wie es im paulinischen Vokabular heißen würde. Hugo ist ein begnadeter Vermittler: »Du willst, daß dein Mann sein Feuer wiederfindet? Ich werde einen Priester aus ihm machen! . . . Sobald ein Mann Priester ist, brennt er!« Um einen derart frivolen Scherz zu wagen, mußte man so untadelig sein wie der heilige Hugo. Sehen wir uns den Inhalt seiner Äußerung genauer an. Der Bischof übernimmt sehr geschickt den Standpunkt des Laien und der Frau. Selbstverständlich hat sie das Recht zu verlangen, daß ihr Mann seinen ehelichen Pflichten nachkomme. Hugo kann sich die antiklerikale Kritik erlauben, weil er selbst Kleriker ist; und er ist über jede Kritik erhaben, weil er keusch ist. Aber er zieht die eheliche Sexualität in den Schmutz, indem er sie in Zusammenhang mit denen bringt, die sie in Sünde ausüben oder von ihr träumen. An diesem Punkt verlagert sich die Anschuldigung vom Mann auf die Frau. Sie hat das Glück, einen enthaltsamen Mann zum Gatten zu haben; sollte sie engstirnig oder lüstern genug sein, sich darüber zu beklagen? Die Theologen sind sich einig: Es ist keine Sünde, seinen Pflichten nachzukommen, wenn der Partner es verlangt; es ist aber immer eine Sünde, wenn auch keine sehr schwerwiegende, die Pflichten einzufordern.

Diese Geschichte zeigt, daß in der Praxis der ehelichen Beziehungen die Gleichheit der Rechte aus offenkundigen Gründen kaum erreichbar war. Sie legt vor allem nahe, über die Prinzipien nachzudenken. Paulus hatte das Problem des sexuellen Verkehrs auf dem nüchternen Terrain des Rechts angesiedelt: Die ehelichen Pflichten wurden in die juristische Kategorie der Schuldverschreibungen eingeordnet. Und doch unterschieden sie sich davon auf verblüffende Weise. Die herkömmlichen Schulden belasten das Gewissen, bis sie getilgt sind, und man kann sie vor der Frist bezahlen. Der gesunde Menschenverstand ist noch optimistischer: Wer seine Schulden bezahlt, wird reich! In den Köpfen der Männer der Kirche, die das Übel in der Ehe so gering wie möglich zu halten trachten, geht etwas anderes vor. Das Verdienst des Schuldners besteht darin, sich möglichst lange in Vergessenheit zu bringen, und das des Gläubigers, seine Forderung möglichst spät vorzulegen. Da Gläubiger und Schuldner Eheleute sind, müssen sie sich zur Ehre ihrer Ehe in der gegenseitigen Zurückhaltung zu überbieten suchen. Die Enthaltsamkeit tilgt die Schuld. Das Ideal bleibt die nicht vollzogene Ehe, oder zumindest die völlig keusche, sobald die Nachkommenschaft gesichert ist. Wie sah das in der Praxis aus? Selbst in den Lebensbeschreibungen von Heiligen drückt sich eine gewisse Sehnsucht bzw. Mißlaunigkeit aus: Die der verlassenen Ehemänner, deren Ehefrauen sich der Umarmung entziehen. Der umgekehrte Fall scheint selten zu sein. Was sollen wir schließlich von der Wechselseitigkeit der Treue halten, die die Kirche vorzuschreiben versucht? Sie stand im Gegensatz zur Realität: Aus Gründen der Legitimität der Nachkommenschaft war der Ehebruch für die Frau zwangsläufig schwerwiegender als für den Mann. Die Forderung war edel, aber sie lief Gefahr, ein frommer Wunsch zu bleiben.

Die Ehe und das Bild, das die Kirche von ihr durchzusetzen versuchte, waren für die Definition der weiblichen Rolle entscheidend. Vergleichen wir die Situation mit der der Karolingerzeit[28], dann hat sich die Stellung der Frau deutlich verschlechtert. Die Faszination der Jungfräulichkeit und des mönchischen Lebens hat das Leben in der Welt, die Mutterschaft und die Rolle der Ehefrau entwertet.

DAS FAMILIENLEBEN

Die Ehen sind geschlossen: folgen wir nun den Frauen in ihr neues Heim. Zwei Bemerkungen sollen vorweggeschickt werden. Die Aussichten auf ein langes Leben zu zweit sind gering, weil die Lebenserwartung in jener Zeit nur bei etwa 30 Jahren lag. Der Altersunterschied zwischen den Eheleuten und die Gefahr, im Wochenbett zu sterben, erklären außerdem, daß Witwenschaft und Wiederverheiratung häufig waren und die Kinder oft von anderen Personen als ihren Erzeugern aufgezogen wurden; nur wenige haben ihre Großeltern gekannt. Zweite Bemerkung: Den Platz der Frauen zu untersuchen setzt voraus, über die spezifischen Gebräuche jeder Region des Abendlandes Bescheid zu wissen und deren Entwicklung über die verschiedenen Phasen zweier Jahrhunderte hinweg zu verfolgen. Wir müßten tatsächlich wissen, in welche familiären Strukturen jede Frau eingebunden ist – Klein- oder Großfamilie –, wir müßten ihren rechtlichen Status kennen, ihre soziale Stellung, ihre ökonomischen Ressourcen. Hatte sie eine Mitgift, und woraus bestand sie? Ein Wittum? Welchen Anteil am Vermögen des Gatten machte es aus? Beerbte sie ihre Eltern oder war sie von der väterlichen Erbfolge ausgeschlossen, sobald sie ausgestattet war? Welchen Grad an Rechtsfähigkeit gestand das lokale Recht ihr zu? Konnte sie vor Gericht auftreten, ein Testament machen, Verträge abschließen? Hatte sie ein Einblicksrecht in die Vermögensverwaltung der Familie? Wie war ihre Situation als Witwe? Wurde sie selbständig, oder unterstellte man sie der Vormundschaft ihrer Kinder? Nach Beantwortung dieser Fragen müßte man noch die Diskrepanz zwischen den überwiegend juristischen Texten und ihrer praktischen Umsetzung abwägen, die erheblich sein kann. Es kann sich hier nur darum handeln, einige Hinweise zu geben in dem Bewußtsein, daß viele Unsicherheiten bleiben. In der Regel waren die Frauen die unsichtbaren Gefährtinnen der Männer, die innerhalb des Gemeinwesens unterschiedliche Positionen einnehmen. Als der Erzbischof von Limerick, Gilbert, die Gesellschaft des beginnenden 12. Jahrhunderts beschrieb, griff er das schon damals klassische Schema[29] auf, das die Betenden, die Kämpfenden und die Arbeitenden hierarchisch gliedert, und er kommentiert: »Ich sage nicht, daß es die Funktion der Frauen ist, zu beten, zu arbeiten oder zu kämpfen, aber sie sind mit denen, die beten, arbeiten und kämpfen verheiratet, und sie dienen ihnen.«[30] Bevor wir den Frauen in jeder dieser Kategorien, die das ideologische System jener Zeit klar voneinander abgegrenzt hat, nachspüren, sehen wir uns eine ganz besondere Gesellschaft an.

Die Frauen Islands

Island, an der äußersten nördlichen Grenze der Christenheit gelegen, ist ein dünn besiedeltes, homogenes und eigentümliches Land. Es ist bekannt für seinen Gesetzeskodex und seine Sagas, die allerdings über die Häuptlinge sehr viel mehr aussagen als über den Rest der Bevölkerung.[31] Spät christianisiert, verfügt es im 11. und 12. Jahrhundert über den klassischen religiösen Rahmen, vom Bistum bis zum Sprengel. Es ist interessant zu sehen, was die Quellen uns über die Frauen, ihren Platz in der Familie und über die Ehe mitteilen. Drei Merkmale stechen hervor: Es ist eine äußerst gewalttätige Männergesellschaft; die Sexualität wird in keiner Weise herabgewürdigt oder diszipliniert; die Jungfräulichkeit und das Modell des Klosters setzen sich nicht durch. Die Frau ist dem Mann untergeordnet, und ihr Status »ähnelt dem des Viehs«; das Bild von der Frau hat sich mit dem Christentum eher verschlechtert. Die Vulkane tragen weibliche Namen, und die Frau wird manchmal mit wenig schmeichelhaften Beinamen wie »Friedhofsstute« belegt. Sie ist vom väterlichen Erbe ausgeschlossen und hat keinerlei politische Rechte. Das Zivilrecht rät an, dem Mann eher zu glauben als der Frau. Sie ist Eigentum des Mannes, im Hinblick auf ihre Nachkommenschaft aber geschützt. Wenn sie schwanger ist, ohne verheiratet zu sein, wird nach dem Vater des Kindes gesucht.

Das Erstaunlichste ist die sexuelle Freiheit. Das Konkubinat kommt häufig vor, Polygamie ist üblich und Bastarde sind sehr zahlreich. Das Zölibat ist dagegen sehr unbeliebt. Die bekannten Priester und Bischöfe sind verheiratet. Das erste Benediktinerkloster wird erst 1186 errichtet, und die Nonnen, von denen wir etwas wissen, sind selten Jungfrauen: Sie hatten Ehemänner, Geliebte und Kinder. Die rechtmäßige Ehe ist nicht unauflösbar, aber die Liebe ist verhängnisvoll. Die Ehe muß auf den sozialen Status abgestimmt sein, und die zukünftigen Eheleute sollen sich vor der Hochzeit besser nicht sehen. Die Zustimmung des Mädchens ist nicht erforderlich – eine bischöfliche Verordnung versucht sie erst 1269 – allerdings vergeblich – durchzusetzen. Das Mädchen bekommt eine Mitgift; der Ehemann garantiert ihr ein Wittum und die Morgengabe am Tag nach der Hochzeit. Die Scheidung ist für beide Seiten möglich – aber die sexuelle Initiative der Frau wird nicht gerne gesehen.

Wenn wir die isländische Aristokratie mit ihrem Gegenstück auf dem Kontinent vergleichen, so überrascht ihre Eigenständigkeit. Wir begegnen hier wohl Hausgemeinschaften, in denen sich die zahlreichen ehelichen und unehelichen Kinder, das Gesinde und die Klientel um das herrschaftliche Paar gruppieren; aber am Ende des 12. Jahrhunderts beginnt sich gerade erst die andernorts viel frühere Entwicklung abzuzeichnen, die aus dem »Clan« von mehreren Kernfamilien den Stamm werden läßt, in dem sich das Erstgeburtsrecht, der Ausschluß der Bastarde von der Erbfolge und die Unteilbarkeit des Erbes durchsetzen. Während des 11. und 12. Jahrhunderts wählt der Vater seinen Haupterben nach seinem Gutdünken, und es muß nicht unbedingt ein eheliches Kind sein. Man ist überrascht, in Island immer noch die unbekümmerte Unzugänglichkeit festzustellen, die das lange Zeit heidnische Kriegervolk den Anstrengungen der Kirche entgegengestellt hat. Deren Versuch, das Volk davon zu überzeugen, daß die Sexualität außerhalb der Ehe eine Todsünde und die Jungfräulichkeit eine Tugend sei, ist fehlgeschlagen. Besonders bedenklich war, daß selbst die Bischöfe nicht davon überzeugt werden konnten. Darin waren sie ganz Kinder ihres Landes.

DIE DREI ORDNUNGEN

Neun Zehntel der Bevölkerung der christlichen Welt im Westen sind Bauern. Die Lebensverhältnisse sind in jeder Hinsicht sehr unterschiedlich; sie hängen ebenso von den geographischen und klimatischen Voraussetzungen wie von der rechtlichen Stellung und dem Stand der ökonomischen Entwicklung ab.

Auf dem Land

Die Frau eines landlosen Bauern – sofern er überhaupt in der Lage ist, zu heiraten – hat nur wenig Ähnlichkeit mit der eines reichen Bauern, den man später »Hahn im Korb« nennt. Den Ehefrauen der reichen Bauern unterstehen Mägde und Knechte. Es ist nachdrücklich darauf hinzuweisen, daß die bäuerliche Welt durchaus mobil ist – vor allem im 11. und 12. Jahrhundert. Mit den Umwälzungen, auf die weiter oben hingewiesen wurde, gestaltete sich das ländliche Siedlungsgebiet neu: *incastellamento* in Italien und der Provence, abgeschlossene Ortschaften anderswo, Verlagerung der Kolonisationsgrenze in Spanien und Osteuropa, Ausdehnung der landwirtschaftlichen Nutzfläche der Bauernhöfe des südwestlichen Frankreich – es gibt viele Beispiele solcher Veränderungen, die zwangsläufig Auswirkungen auf die Geschichte der Frauen hatten.

Auf dem Lande scheint die Kleinfamilie mit dem wichtigen Beitrag der Frau zur familiären Produktion und deren ausgedehntem Verantwortungsbereich zu dominieren. Das erklärt zum großen Teil den Optimismus von Robert Fossier. Mit Recht erinnert er daran, daß das Lagern der Ernte auf dem Speicher genauso in den Aufgabenbereich der Frau fiel wie das Bestellen des Gartens und die Versorgung des Herdes, der nun im Innern des Hauses und nicht mehr außerhalb gelegen ist, und daß sie sicherlich auch bei den groben Arbeiten zupackte. Wir sollten uns aber nicht täuschen lassen. Aus der Tatsache, daß die Frau überall präsent und unverzichtbar war, folgt nicht, daß sie dem Mann gleichgestellt war. Auch die Sklaven waren in den antiken Gesellschaften unverzichtbar ... Wir wissen kaum etwas über die affektiven Bindungen innerhalb der Hausgemeinschaft, da Bauer und Bäuerin nie als Person auftreten. In der Literatur sind sie verzerrt dargestellt; als ein Hauch gleichsam animalischer Wildheit in einer Welt der besseren Leute bilden sie eine Unter-Menschheit, die ebenso anonym bleibt wie die Hörige in der Geschichte der Agnes von Saleby. Für diese Epoche wissen wir so gut wie nichts darüber, wie im Dorfleben und seinen Gemeinschaftsstrukturen die kollektiven Aufgaben, die Feste und der Platz der Frauen aussahen. Boten der Waschtrog, die Backstube und die Mühle Gelegenheit zu besonderen Zusammenkünften? Wenn bereits Dorfversammlungen wie in der Lombardei[32] existierten: nahmen die Frauen daran teil, konnten sie das Wort ergreifen? Wir wissen einiges für die folgenden Jahrhunderte, es gibt aber praktisch keine Hinweise auf das bäuerliche Alltagsleben des 11. und 12. Jahrhunderts. Um nicht dabei stehenzubleiben, diesen Mangel zu konstatieren, konzentrieren wir die Analyse auf die besser dokumentierten Gebiete wie z. B. Katalonien, das Pierre Bonnassie untersucht hat.[33]

Im 11. Jahrhundert lag dieses Gebiet noch ganz nah an der Grenze zum islamischen Feind. Seine zahlreiche und freie Bauernschaft unterstützte den Grafen und war weniger an die Aristokratie gebunden als in vielen anderen europäischen Regionen. Auch die westgotischen Institutionen wurden übernommen, die der Frau eine relativ privilegierte Stellung sicherten. Uneheliche Kinder waren vom Erbe ausgeschlossen, aber alle ehelichen Kinder, auch die Mädchen, hatten einen Anspruch auf das väterliche Erbe – ganz im Gegensatz zur Regelung des Adels, der es vermied, das Erbe aufzusplitten. Es gab quasi nur die Kleinfamilie. Die Ehefrau besaß ihre Mitgift und das Wittum, das der Mann bereitstellte: es machte ein Zehntel seines Vermögens aus. Die Existenz dieses Wittums bedingte, daß die Frau an allen Grundbesitztransaktionen des Ehemannes beteiligt war. Wurde etwas in der Ehe erworben, kam der Ehefrau die Hälfte davon zu. Als Erwachsene scheint die Frau über alle zivilen Rechte verfügt zu haben. Sie konnte Klage einreichen, den Eid leisten, als Zeugin aussagen und selbst vor Gericht gehen. Im allgemeinen überließ ihr der Ehemann bei seinem Tod den Nießbrauch des Besitzes und sie erhielt die Vormundschaft über die Kinder.

In der Stadt

Für das 11. und 12. Jahrhundert wissen wir nur wenig über das Leben der Frauen in der Stadt. Die Entstehung von Städten, ihr Aufblühen und ihr Erwachen waren im wesentlichen der Zuwanderung vom Lande zu verdanken. Es wäre sehr wichtig, diese Wanderungsbewegung zu verfolgen. Sind Paare gemeinsam aufgebrochen oder haben die allein losgezogenen Junggesellen erst später geheiratet? Auch hier müßten wir die individuellen Schicksale rekonstruieren, denn es zeichnet sich deutlich ab, daß mit den Tätigkeiten und der besonderen Lebensweise in der Stadt ein neuer Typus von Männern und Frauen und damit eine neue Form von Beziehungen zwischen ihnen entstand. Im Vergleich zum flachen Land war dort alles revolutionär: Die Lebensform innerhalb einer Stadtmauer, die in der westlichen Welt die Regel wird, die relative Dichte der Bevölkerung, die sowohl Promiskuität als auch größere Anonymität mit sich bringen konnte, die Anfänge des Individualismus, die Verschiedenartigkeit der Lebensumstände, insbesondere auch eine sehr starke Konzentration von Mönchen, von Händlern – und von Händlerinnen der Liebe –, von Studenten, von Wucherern und Halsabschneidern, wie auch die Vielfalt der familiären Wohnverhältnisse, der Ernährung, der Verhaltensweisen und der Ortsveränderungen. Abgesehen von einigen besonders begünstigten Regionen wie Italien[34] treten die Frauen leider erst im 13. Jahrhundert in Ansätzen hervor. In Paris ist es vor dem Erscheinen des *Livre des métiers* (*Buch der Gewerbe*) von Étienne Boileau und den Steuerverzeichnissen vom Ende des Jahrhunderts nicht möglich, die Tätigkeiten, die eine Frau zusammen mit ihrem Mann oder selbständig ausüben konnte, aufzulisten.[35] Die zentrale Frage nach einer möglichen ökonomischen Autonomie von Frauen können wir aufgrund der mangelhaften Quellenlage nicht beantworten. Zu Beginn des 12. Jahrhunderts sehen wir Christina als junges Mädchen, das von ihrem Vater angestellt wurde, um beim Fest der Gilde von Huntingdon einzuschenken, oder die Witwe Ivetta von Hui, die Geld gegen Zinsen verlieh. Wir wissen auch, daß schon damals der Lohn der Frauen bei gleicher Arbeit geringer war als der der Männer, zumindest in Paris. Guibert von Nogent berichtet zu Beginn des 12. Jahrhunderts, daß achtzig Frauen an dem städtischen Aufstand von Amiens teilnahmen, um die Verteidigung der Errungenschaften ihrer Zeit zu übernehmen. Aber wir wissen so gut wie nichts über das Wesentliche, die neuen Beziehungen, die im Laufe dieser Entwicklung zu den Männern und zwischen den Frauen entstanden sind. Für diese zwei Jahrhunderte wissen wir nichts über weibliche Zünfte, weder über spezielle Formen des Respekts noch über die Anfänge von Solidarität. Die Bemühungen um Land- und Gottesfrieden im 11. Jahrhundert sowie die Errichtung von Hospizen für arme Frauen im 12. Jahrhundert zeigen, daß die Autoritäten sich der prekären Situation der Frauen bewußt wurden, doch die dadurch bewirkten Veränderungen lassen sich erst seit dem 13. Jahrhundert besser erfassen. Drei Aspekte der Probleme der Städte, die mit der Geschichte der Frauen verbunden sind, lassen sich indes herausheben: Sklaverei, Prostitution und Antisemitismus.

Die Anzahl der Sklaven war weit geringer als zur Zeit des Römischen Reiches und als im ersten Jahrtausend, aber sie waren im Norden (Skandinavien, Island) und im Süden Europas (Italien, Spanien) noch keineswegs verschwunden. Die Differenzierung zwischen den Geschlechtern war dort deutlich ausgeprägt: Die Frauen waren vor allem zur Prostitution und zu häuslichen Diensten bestimmt – die häufig die Unterwerfung unter die Sinnenlust des Herrn einschlossen. Wir wissen um jene Scharen walisischer Frauen, die der Bischof von Uppsala nicht zu sehr gemästet sehen wollte, bevor man sie in türkische Harems schickte.[36] An den Mittelmeerküsten war die Sklaverei während des ganzen Mittelalters der städtischen Bevölkerung vertraut.

Neuer, vor allem in diesem Ausmaß, war das Phänomen der Prostitution. Die von der Bibel vermittelte Theologie der Stadt, die diese als Schöpfung Kains ansieht, war sehr negativ. Mit dem Anwachsen der Städte trat die Prostitution wieder in den Mittelpunkt der Besorgnis der Kirche. Neben anderen Übeln repräsentierte die Stadt Sex und Geld; das eine, schon als solches verdächtig, ermöglicht es, das andere zu kaufen, das außerhalb der Ehe zwangsläufig verderblich ist. Auch hier läßt sich die Quellenlage des 11. und 12. Jahrhunderts nicht mit der des späten Mittelalters vergleichen. Dennoch läßt sich nachweisen, daß viele Städte ihr Freudenhaus hatten. Man kennt es in Paris, in Angers und in Toulouse: die Reglementierung der Prostitution erfolgte dort vor 1201.[37] Im allgemeinen wissen wir nicht, aus welchen sozialen Schichten sich die Prostituierten rekrutierten. Zahlreiche Faktoren mußten zusammenkommen: psychologische, ökonomische und soziale. Es gab viele Prostituierte unter den Scharen von Laien, die von den großen, manchmal ketzerischen Wanderpredigern, die zu den größten Besonderheiten der Epoche gehören, fasziniert waren. Sie forderten die Gleichheit der Geschlechter und die Teilhabe der Frauen an den Sakramenten. Es ist möglich, daß Ehefrauen von Priestern, die ab 1139 von ihren Ehemännern verjagt wurden, auf diese Weise gestrandet sind. Robert von Arbrissel nimmt einige dieser Frauen in seinen Orden in Fontevraud auf. Bald werden die lokalen Autoritäten besondere Häuser einrichten, um ihnen Schutz zu gewähren.

Wir können die Folgen des wachsenden Antisemitismus in einer Geschichte der Frauen nicht unberücksichtigt lassen. Das Konzil von 1215, das ein besonderes Kleidungsstück für Juden einführte, wollte die Christen daran hindern, unwissentlich jüdische Frauen zu heiraten. Die Verschärfung der Gesetzgebung bestätigt nur offiziell die ohnehin vorhandenen Tendenzen. Es war eine alte Jüdin, an die sich die Peiniger Christinas um 1110 wandten, damit sie diese mit Zaubermitteln zur Zustimmung bewege. Ende des 12. Jahrhunderts ist Judenfeindlichkeit in allen Königreichen festzustellen, und die Könige machten sie sich zunutze.

Besonders erschütternd ist die Geschichte, die der Zisterziensermönch Caesarius erzählt, der im ausgehenden 12. Jahrhundert in das Kloster Heisterbach eingetreten war.[38] Ein junger, armer Geistlicher aus Worms verliebte sich in seine Nachbarin, eine sehr hübsche junge Jüdin. Er verführte sie, und sie wurde schwanger. Sie gestand es ihm und fürchtete, ihr Vater werde sie töten. Er beruhigte sie: »Wenn deine Eltern dich befragen, antworte ihnen, daß du nicht weißt, wie das geschehen konnte, da du Jungfrau bist und keinen Mann gekannt hast.« In der Stille der Nacht drang er bis zum Fenster der Eltern vor, schob ein Schilfrohr durch die Öffnung und sprach: »Seid gesegnet, eure Tochter hat einen Sohn empfangen, der der Erlöser eures Volkes sein wird.« Das Paar war verrückt vor Stolz, und die Neuigkeit breitete sich in den jüdischen Gemeinden der benachbarten Städte aus. Als der Zeitpunkt der Niederkunft heranrückte, warteten viele Menschen auf die übernatürliche Geburt. Doch der Messias war ein Mädchen. Außer sich vor Zorn ergriff ein Jude das Neugeborene und zerschmetterte es an einer Mauer.

Es bedarf nur eines kurzen Kommentars. Ob diese Geschichte nun einen wahren Kern hat oder nicht, sie ist bedeutsam. Jenseits der Fragen, die sich aus dem haßerfüllten Nebeneinander der beiden Religionen ergeben, ist sie für unser Thema interessant. Die Unzucht des jungen Mannes wird hier nicht nur vergeben – was der weitverbreiteten Nachsicht gegenüber männlichen Abenteuern entspricht –, sie wird sogar beweihräuchert. Der Christ wird zum Helden, er ist Werkzeug der Rache gegen das Volk der Gottesmörder. Aber daß es eine Frau ist, die diese Schande erduldet, bevor sie auf ihre Familie und dann auf ihr ganzes Volk zurückfällt, ist nicht unwesentlich. Wieder wird ersichtlich, wovon die Besserstellung der Frau im 12. Jahrhundert abhing: Verliert sie ihre Jungfräulichkeit, ist sie ein gefallenes Mädchen und wird ohne einen Funken Mitleid in den Schmutz der Schande gestoßen. In der gotteslästerlichen Parodie auf die Verkündigung erscheint die ganze Mehrdeutigkeit des Marienbildes. Allein die Christen haben eine jungfräuliche Mutter verdient, die den Erlöser zur Welt bringt. Die Prophezeiungen der Juden treffen nicht ein; unter ihnen gibt es nur falsche Jungfrauen, die auch nur Mädchen gebären, und diese Neugeborenen verdienen nichts anderes als den Tod.

Auf der Burg

Bei unserer Bestandsaufnahme der sozio-ökonomischen Stellung der Frauen ist es nötig, auch die dünnste, die besonders begünstigte und mit Mythen behaftete Schicht zur Sprache zu bringen: die Burgfrauen.

Die bekanntesten unter ihnen sind von der Aura eines Stars umgeben. Wenn die Phantasiebilder verschwinden, bleiben nur noch Schatten. An den Burgfrauen vor allem scheiden sich die Geister der Historiker und Historikerinnen, weil es so schwierig ist, ihren Status, ihre Rolle, ihren Einfluß und ihren Aufgabenbereich genau zu bestimmen: Die Verschwommenheit der Terminologie der Macht in entsprechenden historischen Untersuchungen zeigt es deutlich.[39] Es geht im wesentlichen um zwei Probleme. Können wir wirklich etwas über ihr Leben als Frau wissen, ihre Gefühle – kindliche, verliebte, mütterliche, freundschaftliche, religiöse? Und hatten sie eine öffentliche, eine offizielle Funktion? In diesen Kreisen entstanden die prägenden kulturellen Muster. Hatten Frauen dort eine Persönlichkeit? Halten wir von Anfang an fest, daß wir über die große Mehrheit von ihnen nichts wissen. Das gilt für die adligen Frauen Europas genauso wie für die Fürstinnen des lateinischen Orients. In den günstigeren Fällen existiert ein Name, eine Unterschrift unter einer Urkunde – aber waren sie an deren Ausarbeitung beteiligt? Wir sind also auf diejenigen angewiesen, die Spuren hinterlassen haben: wenige Gestalten mit ganz unterschiedlichen Gesichtern.

Der männliche Diskurs, dem sie Nahrung gegeben haben, kann in zwei ganz unterschiedliche Richtungen interpretiert werden: Waren sie exemplarisch oder vielmehr Ausnahmen? Machen wir uns zum Beispiel klar, daß nicht eine einzige französische Königin dieser zwei Jahrhunderte etwas Schriftliches hinterlassen hat, noch Gegenstand einer *Vita* war. Sehen wir uns die edle Gestalt an, die an der Schwelle der hier untersuchten Epoche Kaiserin war, Adelheid, gestorben 999. Sie war die Tochter des Königs von Burgund, heiratete den König von Italien und wurde dann die zweite Frau des deutschen Königs Otto I., der 962 Kaiser wurde.[40] Wie viele deutsche Fürstinnen vor ihr entsprach sie dem idealen Wertekanon: Sie war sehr mildtätig, ließ Kirchen und Klöster bauen, und sie war sehr gebildet. Als ihr Sohn Otto II. Nachfolger seines Vaters wurde, verlor sie ihren Einfluß und zog sich nach Burgund zurück. Bei ihrer Rückkehr freudig empfangen, regierte sie fortan Italien. Ihr Sohn starb vor ihr, 983, und der Erbe war erst drei Jahre alt. Adelheid kehrte nach Deutschland zurück, um ihm die Herrschaft zu sichern. Als Otto III. das für die Regentschaft vorgeschriebene Alter erreichte, zog sie sich in ein Kloster zurück. Getreu den Vorstellungen der Bischöfe des 8. Jahrhunderts ist das Bild von der verheirateten Frau im östlichen Teil des ehemaligen Reichs Karls des Großen erheblich wohlwollender, selbst nach der Kirchenreform des 11. und 12. Jahrhunderts. Uns begegnen hier bedeutende Frauen, die an der Seite der Männer tatsächliche Wirkungsmöglichkeiten hatten. Doch festzuhalten bleibt, daß sie die politische Macht nur ausübten, wenn es notwendig war, und auch nur so lange, wie die Gunst des Fürsten anhielt. Dennoch waren sie insgesamt auf drei Ebenen sehr privilegiert: privat, offiziell und auf dem Feld der Religion. Die Kirche hat einige Königinnen heiliggesprochen gerade wegen der Art und Weise, wie sie ihr Amt ausgeübt hatten.

Die starke Frau, die »männlich« regiert, findet man in einigen Fällen auch auf den unteren Stufen der sozialen Hierarchie. Verwiesen wird häufig auf Ermengard, Vizegräfin von Narbonne, die fünfzig Jahre lang Lehnsherrin war und trotz ihrer wechselnden Ehemänner die Macht besaß.[41] Als ihr Vater 1134 starb, gelang es ihr, sich von der bedrohlichen

Vormundschaft des Grafen von Toulouse zu befreien, und sie stellte ihr
Vermögen unter den Schutz des Königs von Frankreich, der den Vorzug
hatte, weit weg zu sein. Sie traf Entscheidungen als Staatsoberhaupt z. B.
über Krieg und Frieden, unterzeichnete Verträge, beschenkte Abteien
und hielt glänzend Hof. Dieses Beispiel suggeriert genauso wie das Beispiel Adelheids, daß Frauen sich trotz aller Benachteiligungen durchsetzen konnten, wenn sie starke Persönlichkeiten waren. Aber wiederum ist
Vorsicht geboten. Claudio Amado stellt klar, daß Ermengard nur regierte, weil sie ihr Lehen – in Ermangelung männlicher Kinder – geerbt
hatte, daß sie persönliche Fähigkeiten hatte, daß das aber vielleicht nicht
genügt hätte ohne die Macht und die Unterstützung ihrer Sippe.[42] Es ist
nicht so sicher, ob sie es ohne Unterstützung geschafft hätte, die Zügel
in der Hand zu behalten. Ein gegenteiliges Beispiel liefert Maria von
Montpellier.

Die Heimsuchungen einer Fürstin

Claudio Amado hat das Leben Marias von Montpellier rekonstruiert.[43] Ihr
Vater, Wilhelm VIII., besaß diese schöne städtische Grundherrschaft. Er
hatte Eudokia, die Tochter des byzantinischen Kaisers, geheiratet. Als er
sie verstieß, war die kleine Maria sechs Jahre alt. Wilhelm heiratete in
zweiter Ehe Agnes von Kastilien, die ihm in Rekordzeit acht Kinder
schenkte, darunter den sehnsüchtig erwarteten Sohn. Es war sein Ziel,
seinen Grundbesitz einem Sohn und nicht Maria zu vermachen. Diese
stand von Anfang an vor zwei Schwierigkeiten: Ihre Mutter, eine ferne
Fürstin, war ihr überhaupt keine Hilfe, und sie selbst behinderte ihren
Vater in seinen Plänen. Wilhelm wollte sie deshalb so schnell wie
möglich verheiraten, nicht wegen eigener Ambitionen, sondern um die
Ansprüche seiner Tochter zunichte zu machen. Mit elf Jahren gab er
sie dem Vizegrafen von Marseille, der kurz darauf starb. Als Witwe
kehrte sie zu ihrem Vater nach Montpellier zurück. Alles begann
wieder von vorn. 1197 – sie war nun sechzehn – verheiratete ihr Vater
sie mit Bernhard IV., Graf von Comminges, der bereits zwei Frauen
verstoßen hatte. Maria war noch zu jung, um sich gegen ihren Vater zur
Wehr zu setzen: Er hatte in den beiden Eheverträgen festlegen lassen,
daß sie darauf verzichtete, ihn zu beerben. Auf diese Weise traf er alle
Vorkehrungen, um zu verhindern, daß Maria jemals die Herrin von
Montpellier werden könne. Bernhard bekam mit seiner neuen Frau
zwei Mädchen, dann, vier Jahre nach der Hochzeit, schickte er sie fort.
Die Texte sagen, er habe für sie keine »Gattenliebe« mehr empfunden.
Aber Wilhelm stirbt 1202. Wer wird ihn beerben? Maria oder Wilhelm,
der älteste Sohn?

Es ist die Zeit Papst Innozenz' III. Die Anstrengungen der Kirche in Fragen der Ehe trugen nun ihre Früchte. Es war genau die Zeit, in der der heilige Hugo die Ehen in seiner Diözese überwachte. Aber für den Papst war der Fall Wilhelms eine schmerzliche Gewissensfrage. Er war bereit, dessen teuersten Wunsch zu erfüllen: die Grundherrschaft auf seinen Sohn zu übertragen, denn mitten im Kampf gegen die katharischen Ketzer war Wilhelm ein vorbildlicher Orthodoxer geblieben, ein treuer Vasall des Papsttums. Andererseits lebte er in Bigamie, denn Eudokia lebte noch. Der Papst hatte bereits abgelehnt, seine Ehe mit Agnes anzuerkennen. Würde er auch ablehnen, seinen Sohn anzuerkennen? Als Marias Vater starb, war das Problem, ob das Privatleben des Mannes ohne Einschränkung verurteilt oder die Treue des Vasallen belohnt werden mußte, noch nicht gelöst.

Marias Schicksal blieb in der Schwebe, während der bewaffnete Kampf gegen den Grafen von Toulouse, der die Ketzer unterstützte, vorbereitet wurde. Doch nun traten neue Akteure auf, die Bürger von Montpellier. Sie versuchten, von dem Durcheinander um die Nachfolge zu profitieren und ihrem Stadtherrn verbriefte Freiheiten abzutrotzen. Sie entschieden sich für Maria, jagten Agnes und ihre Nachkommenschaft davon und nahmen an den geheimen Verhandlungen teil, die zur dritten Ehe ihrer Herrin mit Peter, König von Aragon, führten. Maria brachte bald ein Mädchen zur Welt, und das Drama begann von neuem. Peter vermählte das Kind sofort nach der Geburt mit dem Grafen von Toulouse und zwang Maria unter Drohungen, es mit ihrem Erbe, Montpellier, auszustatten. »Gepeinigt«, so sagte sie, ließ sie eine feierliche Protestnote aufnehmen, die den Druck anprangerte, dem sie ausgesetzt war. Hier ein Auszug daraus: »Er (Peter) wollte keinen Grundbesitz, keine Grundherrschaft, keine Frau oder was auch immer haben, über die er nicht nach seinem Willen verfügen konnte.« Die Beziehung des Paares war gespannt, Peter wollte seine Frau verstoßen. Dazu brauchte er einen Vorwand. In dem Durcheinander dieser Ehen fand man immer einen: 1206 reichte er Klage bei Innozenz III. ein, in der er Maria des Ehebruchs bezichtigte – tatsächlich war Bernhard von Comminges nicht tot! Wer sollte der jungen Frau helfen? Es ist klar, daß die Familie ihres Vaters – obwohl sehr mächtig – keinen Finger rühren würde, genausowenig wie ihre Mutter. Es war die Stadt, die sie unterstützte: Seit 1206 lehnte sie sich gegen Peter von Aragon auf. Doch nun versuchten die Freunde, die Eheleute zu versöhnen: Sie sahen sich wieder, Maria wurde wieder schwanger und kam 1208 mit einem Jungen nieder, Jacme, aber der Prozeß um die Verstoßung lief noch. Der Papst war sehr beschäftigt: Im selben Jahr hatte er zum Kreuzzug gegen das Ketzertum aufgerufen, der Simon von Montfort und den Baronen aus dem Norden anvertraut wurde. 1209 kam es zum Massaker von Béziers. Montpellier blieb getreu seiner Tradition neutral, aber Peter hatte noch mehrere Eisen im Feuer. Er verheiratete bald den kleinen vierjährigen Jacme mit der Tochter Simons von Montfort, nahm ihn seiner Mutter weg und schickte ihn als Bürgen zu den Kreuzfahrern.

Das Jahr 1213 fing für Maria gut an. Im Januar entschied der Papst endlich die Erbschaftsangelegenheit: Da Wilhelms Ehe mit Eudokia die einzig rechtmäßige ist, sind die acht Kinder von Agnes Bastarde. Montpellier gehörte wieder Maria. Im April wies der Papst Peters Gesuch um Annullierung zurück. Zu spät: Im selben Monat starb sie im Alter von zweiunddreißig Jahren. Ihr königlicher Gemahl profitierte nicht lange davon. Er hatte sich dem Grafen von Toulouse gegen Simon von Montfort angeschlossen und starb in der Schlacht von Muret. Was sollte aus dem kleinen Jacme werden? Die besorgte Maria hatte noch die Zeit gehabt, ein Testament zu machen und ihn dem Papst anzuvertrauen. Innozenz III. ließ ihn zu sich kommen und schickte ihn für den Rest seiner Kindheit in ein Templerkloster. Es waren harte Jahre. Er erbte Aragon von seinem Vater und Montpellier von seiner Mutter. Hier wird ersichtlich, welches Gewicht die Gefühle haben: Kindesliebe, eheliche, mütterliche und väterliche Liebe. Die Frau kann ein Vermögen erben und kämpfen. In der Regel kämpft sie mit ungleichen Waffen, und zwischen zwei Mißgeschicken trägt sie Kinder aus: Welchen Platz kann sie ihnen in dieser Kampfarena zuweisen? Ist die Situation der Frauen im weniger vornehmen Adel vielleicht friedlicher? Was wir über Agnes von Saleby wissen, spricht nicht gerade dafür.

Wie immer bleibt die Geschichte des Glücks natürlich ungeschrieben. Das Burgleben hat seinen Ruf nicht immer Lügen gestraft. Die große Mehrheit der Ehen sind arrangiert; es ist aber nicht ausgeschlossen, daß die Natur so freundlich war, auch in Ehen, die auf Berechnung beruhten, Zuneigung sprießen zu lassen. Wir wissen nichts über den mittelalterlichen Liebestraum und Liebeswahn. Die selige Christina von Stommeln hatte sechs Wochen lang dieselbe Vision: ein Ehemann, eine Ehefrau, die zärtlich mit ihrem Baby spielt und ihm sagt: »Es gibt kein größeres Glück als das, das einen Ehemann mit seiner Frau vereint. Es gibt kein größeres Glück als das, das ein Kind seiner Mutter schenkt.«[44] In diesem Fall war es allerdings der Teufel, der die Heilige durch die Beschwörung des Familienglücks versuchen wollte, aber immerhin mußte ihm diese Vorstellung von irgendwo zugewachsen sein. Im übrigen war nur eine Heilige scharfsinnig genug, um dieses teuflische Trio von der Heiligen Familie zu unterscheiden. Behaupten wir also nicht voreilig, daß Haß, Furcht, Langeweile oder Gleichgültigkeit in den Burgen herrschten. Wenn auch die Liebe mit der der Romane nur wenig Ähnlichkeit hatte, konnte es für die Frau doch einen Ersatz geben; sie konnte sich nützlich machen, wenn der Mann im Krieg, auf einem Turnier oder auf dem

Kreuzzug war, sie konnte sein Haus führen, seine Güter verwalten und sich zerstreuen. Gönnte sie sich so viele Seitensprünge, wie Robert Fossier vermutet? Wir dürfen daran zweifeln. In jedem Falle ist es müßig, einen Durchschnittswert dafür zu berechnen. Vergessen wir auch nicht jene kaum sichtbaren Mädchen an der Seite der edlen Frauen, uneheliche Töchter, Unverheiratete und Mägde, auf deren große Zahl Georges Duby hingewiesen hat, diese »alleinstehenden« Frauen, die sich »in einem toten Winkel der Geschichte« befinden.[45]

Die politische Rolle, die die Frauen haben spielen können, scheint nahezu immer heikel, zufällig oder vorübergehend und unwesentlich gewesen zu sein: die Frau »kann« zu Aufgaben herangezogen werden, den Platz eines Mannes einnehmen. Nie ist es gleichgültig, daß sie eine Frau ist – insbesondere, weil sie nicht in den Krieg zieht bzw. nicht die besonderen Lehrstätten, die sich im 12. Jahrhundert für die Spezialgebiete Recht und Verwaltung entwickeln, besucht hat. Natürliche Bestimmung und Berufung haben sie immer wieder auf ihre eigentliche Funktion zurückgeworfen, Söhne in die Welt zu setzen, die Geschichte machen.

Die Frauen und die Liebe Gottes

Es läßt sich nicht feststellen, wie hoch der Anteil der Frauen war, die sich zu einem bestimmten Zeitpunkt ihres Lebens von der Welt zurückgezogen haben. Am einfachsten sind die ausfindig zu machen, die in ein Kloster gingen. Über das weibliche Klosterleben wissen wir bislang sehr wenig. Von Anfang an waren die Einrichtungen für Frauen im großen und ganzen nicht so zahlreich und nicht so gut ausgestattet wie die für Männer, und ihre Geschichte ist bewegter. Die Nonnen wurden von einem Ort an den anderen, von einer Himmelsrichtung in die andere versetzt. Am Ende des Mittelalters waren viele Häuser samt ihren Archiven verschwunden. Und noch ein anderer Tatbestand erklärt, daß so wenig über sie bekannt ist: Die Geschichte der Klöster ist weitgehend von Geistlichen geschrieben worden, die nicht unbefangen über Frauen sprechen können. Die Nonnen sind jedoch nicht die einzigen und möglicherweise nicht der größte Teil derer, die sich der Jungfräulichkeit oder der Enthaltsamkeit geweiht haben. Es gab auch Frauen, die ein frommes Leben vor den Klostertoren führten, wie die Mutter Guiberts von Nogent, oder Einsiedlerinnen, die den »Narren Gottes« des 12. Jahrhunderts zu Erfolg verhalfen, unter ihnen die zukünftigen Ordensgründer, manchmal weiblicher Orden, wie die bereits genannten Robert von Arbrissel oder Gilbert von Sempringham. Einige dieser Frauen wurden Ketzerinnen: Die katharischen »parfaites« sind die bekanntesten. Andere Frauen wiederum, die Reklusen, hatten eine ganz besondere Lebensweise. Gerade im 12. Jahrhundert kümmerte sich die Kirche auch um sie, um ihren Status und ihre Führung. Aelred von Rievaulx, ein großer Zisterzienser und Freund der Heiligen Bernhard und Gilbert, schrieb eine beachtenswerte Abhandlung für seine eingeschlossen lebende Schwester. Hildegard von Bingen wurde von einer Rekluse erzogen, und Ivetta von Hui hat den größten Teil ihres Lebens in einer Zelle verbracht. Christina hielt sich mehrere Jahre dort verborgen, bevor sie ein Frauenkloster leitete – eine nicht seltene Karriere. Die Lebensweisen der Frauen, die sich der Ehe und der Welt im allgemeinen entzogen, waren also sehr verschieden – zu verschieden in den Augen der Kirche. Für die Geschichte der Frauen werfen sie eine Fülle von Problemen auf. Gehen wir, um klarer zu sehen, noch einmal von einem zeitgenössischen Text aus.

Der »Jungfrauenspiegel«

Dieses Werk, das als Leitfaden dienen sollte, war ein Erfolg; wir besitzen davon vierundfünfzig Abschriften. Um 1100 in der Kölner Region geschrieben und anonym veröffentlicht, ist es ein weiteres Zeugnis für die Faszination, die damals von der Jungfräulichkeit ausging.[46] Sein Inhalt ist nach zwei Themenbereichen geordnet: die Organisation einer Gemeinschaft von Nonnen und ihr geistiges Leben. Auch die Herkunft der Nonnen wird angesprochen. Viele Nonnen seien gegen ihren Willen im Kloster, ihre Eltern hätten sie in zartem Alter dorthin geschickt. Es wäre sicher besser gewesen, wenn sie aus eigenem Willen dort waren, aber sie müßten sich dareinschicken. Mögen sie wissen, daß der väterliche Wille sie ebenso binde wie das eigene Gelübde, und daß es besser sei, gegen den eigenen Willen erlöst zu werden, als die eigene Verdammung herbeizuführen. Der Autor beruft sich auf Ivo von Chartres: Die geflohenen Jungfrauen müssen gezwungen werden, in den Schoß der Kirche zurückzukehren. Er verurteilt die ungeregelten religiösen Lebensweisen, die das Konzil dann 1139 verbietet. Es gilt die Wahl zwischen der Welt oder dem Kloster, und innerhalb des Klosters die strikte Klausur, das Lebensideal der Gott geweihten Frauen. Die Beziehungen im Innern der Gemeinschaft sind ebenfalls ein Thema. Von jedem Stolz, der auf adliger Herkunft oder Reichtum beruhe, sei abzulassen, die Älteren müßten respektiert und Ehrwürdige Mutter genannt werden; die Jüngeren müßten akzeptieren, daß die Älteren sie Schwester nennen. Der wahre Wert sei der des Geistes.

Eine umfassendere Reflexion bezieht sich auf das religiöse Leben. Nach unmäßiger Askese solle man nicht trachten. Auf Grund ihres Geschlechts seien Frauen schwächer als Männer. Ihre vorrangige Sorge müsse die Bewahrung ihrer Jungfräulichkeit sein: Der Fall einer Jungfrau bräche ihre Ehe mit Christus und wäre ein Beweis mangelnder Gottesfurcht. Für immer verdorben, wäre sie eine Schande für die ganze Kirche. Die Unberührtheit des Körpers reiche allerdings nicht aus. Es bedürfe auch der Reinheit des Herzens. Das jungfräuliche Leben resultiere nicht aus einer einmaligen Entscheidung, es müsse immer wieder neu gewonnen werden und verlange beständig Streben und Anstrengung. Trete man aus Berufung in ein Kloster ein, dann wolle man dort Christus vernehmen, und das Kloster werde zum Garten der Köstlichkeiten. Das Werk enthält nur ganz wenige Hinweise auf Andachtsübungen; nichts über das persönliche Gebet noch über die Kommunion, keinerlei Aufforderung, an den Leiden des Erlösers teilzuhaben, nichts über die Notwendigkeit, sich selbst zu erkennen.

Die Zaghaftigkeit dieses auf Frauen zugeschnittenen Leitfadens ist erstaunlich. Das Wesentliche ist, von den Zwängen der Welt frei zu sein, um sich im Dienste des himmlischen Bräutigams zu entfalten. Den neuen geistigen Strömungen jener Epoche wird nur wenig Raum gegeben: kein Enthusiasmus, keine mystische Begeisterung, keine Wunde, die die Liebe schlug, keine tiefgründige Meditation über die Heilige Schrift. Insgesamt eine ehrenwerte Frömmigkeit ohne besondere Inbrunst, die die Selbstbescheidung, die gut gehütete Jungfräulichkeit pflegt, so wie man es immer von den Mädchen verlangt hat. Wie schon bei der Ehe entschied auch hier der väterliche Wille über ihr Schicksal.

Daraus dürfen wir allerdings nicht schließen, daß alle Mönche der damaligen Zeit heilige Brunos oder heilige Bernhards waren, noch daß es die Oblation der Kinder nicht mehr gab. Hugo von Lincoln wird mit acht Jahren bei den Kanonikern untergebracht; Thomas von Aquin ist sieben, als seine Eltern ihn nach Monte Cassino bringen.

Während des 11. und 12. Jahrhunderts waren die Klöster nicht ausschließlich Heimstätten religiöser Berufung; das gilt für die Frauen sicher noch mehr als für die Männer. Sie waren vor allem unverzichtbare soziale Einrichtungen für die Aufnahme von Töchtern, die der Vater nicht seinem Stand gemäß ausstatten konnte, wenn es zu viele waren, oder die er nicht verheiraten konnte, weil sie mit einem physischen oder geistigen Makel behaftet waren. Die Klöster hatten mehrere Funktionen: Sie waren Erziehungseinrichtungen, Zufluchtsort für Waisen und Witwen, die sich dorthin zurückzogen, und diskreter Verbannungsort für verstoßene Ehefrauen. Ihre Zunahme war eindrucksvoll, vor allem im 12. Jahrhundert. Anzahl und Aufnahmekapazität der Klöster, die die Wirren des 9. und 10. Jahrhunderts überlebt hatten, waren offenkundig unzureichend. Überall fanden Neugründungen statt. Aber ein Kloster zu bauen und auszustatten war eine verwickelte und kostspielige Angelegenheit, die günstige Umstände und eine Verständigung aller Beteiligten erforderte: Politische Machthaber, Adlige, die im Gegenzug ihre Töchter dorthin schicken würden, Geistliche – Papst, Bischöfe, Mönche –, alle mußten sich zusammentun, um Grund und Boden, Rechte, Privilegien und Weihe zu gewähren.

Ihre Zahl deckte dennoch in keiner Weise den Bedarf. Zunächst aus ökonomischen Gründen: Vor allem im 12. Jahrhundert achtete der Adel, der in früheren Generationen so großzügig gewesen war, überall darauf, sich nicht zu sehr zu schwächen. Die Folgen lassen sich fast allerorten nachweisen: Ein elitäres System entstand, zunächst in Hinblick auf die Aufnahme in ein Kloster; eine Mitgift wurde nun grundsätzlich verlangt, was die weltlichen Versuchungen verstärkte, die der Jungfrauenspiegel anprangert, und das Auseinanderklaffen von Prinzipien und Realität erklärt. Die Männer der Kirche hätten die Klausur gerne respektiert gesehen, wie es schon Caesarius von Arles im 6. Jahrhundert vorschrieb, aber das Klostertor blieb offen, namentlich für die Familien der Gründer; die Verwandten kamen herein, die Nonnen gingen hinaus. Ein zweiter charakteristischer Zug, der sich zum Teil aus dem Vorangegangenen ergibt, war die mangelnde Bereitschaft der Mönche, vor allem der besonders reinen, die Führung der Frauen zu übernehmen. Das macht die zuweilen ausschließliche Aufmerksamkeit, die ihnen einige Gottesmänner der neuen Generation entgegenbringen, um so ungewöhnlicher. Robert von Arbrissel gründete Fontevraud, Gilbert von Sempringham einen Orden, zu dem etwa fünfzehn Klöster gehörten. Jedes dieser gilbertinischen Häuser umfaßte vier Gemeinschaften: Benediktinernonnen, Kanoniker, die sie leiteten, Laien beiderlei Geschlechts für die groben Arbeiten, Männer und Frauen aus den unteren Schichten. Man stellt bei diesen Gründern eine deutliche Sensibilität für das Frauenproblem, für die Hoffnungen und die Verweigerungen der Frau fest. Diese Aufmerksamkeit aber blieb die Ausnahme.

Die Mehrzahl der Oberhäupter des erneuerten Mönchtums oder der erneuerten kanonischen Bewegung lehnten es ab, Frauengemeinschaften zu betreuen. Das Ungleichgewicht zwischen der Aufnahmekapazität der Männer- und der Frauenklöster war um so größer, als die männlichen Berufenen auch den Weg der Weltgeistlichen einschlagen konnten. Es hat anderthalb Jahrhunderte gedauert, bis der Orden von Cluny im Jahre 1055 Marcigny für die Frauen gegründet hatte. Die Zögerlichkeit und die Lauheit sind bei den Prämonstratenserkanonikern wie auch bei den Zisterziensern und den Kartäusern offenkundig. Die Ablehnung, die Gilbert hinnehmen mußte, ist ein deutliches Zeichen. 1147 begab er sich zum Generalkapitel des Ordens von Cîteaux, dem Eugen III., ein alter Zisterzienser, vorstand. Er bat um die Angliederung seiner Frauenklöster an den Orden. Dieser hatte in England sehr gut Fuß gefaßt: Es hätte genügt, von den Hunderten von Mönchen einige abzuziehen, um sie bei

den Nonnen einzusetzen. Sein Mißerfolg veranlaßte Gilbert, auf Kanoniker zurückzugreifen. Die Grande-Chartreuse wurde 1084 gegründet; erst
zwei Generationen später, um 1140, wurde das erste Frauenkloster in
den Orden aufgenommen. Das Ungleichgewicht verstärkte sich noch im
13. Jahrhundert mit dem außerordentlichen Erfolg der Bettelmönche.[47]
Die vorgebrachten Gründe waren wenig überraschend: Die oft aufsässigen Frauen seien eine Last und eine Gefahr. Selbst auf deutschem
Gebiet, wo die Klöster der ottonischen Blütezeit des 10. Jahrhunderts so
mächtig und so glaubenseifrig gewesen waren, ist ein Rückzug seit der
zweiten Hälfte des 11. Jahrhunderts feststellbar. Das seit Cluny und
Gorze reformierte Mönchtum hatte das Totenofficium eingeführt. Die
Gläubigen hingen sehr an den Messen für das Seelenheil der Toten,
deren Spezialisten die Mönche wurden. Die Nonnen waren keine Priester: ihre Gebete waren nicht so viel wert wie die der Mönche. Das geistliche Umfeld der Nonnen war häufig dürftig und auch nicht sehr beständig. Es gab auch keine spezifisch weiblichen Orden. Die Geschichte der
Nonnen dieser beiden Jahrhunderte hinterläßt den Eindruck, sie seien
arme Verwandte.

Wrar wenigstens die Bildung der Nonnen im Vergleich zu den weltlichen Frauen überdurchschnittlich? Es wird immer wieder der Fall der
Hildegard von Bingen oder der der Herrad von Landsberg zitiert, der wir
das schöne Manuskript *Hortus deliciarum* verdanken. Wenn wir aber das
allgemeine Niveau der Frauenklöster mit dem des 7. und 8. Jahrhunderts
vergleichen, scheint es einen Niedergang gegeben zu haben. Auf diesem
Gebiet finden sich jedenfalls keine Anzeichen für eine Besserstellung der
Frauen. Die großen Äbtissinnen, Hildegard oder Heloïse, Nonne gegen
ihren Willen und an der Spitze von Paraclet, erhoben als erste die Unterlegenheit ihres Geschlechts zum Prinzip. »Die Schwäche ihrer Tugenden
ist die ihres Geschlechts«, sagte ein wenig später die große Mystikerin
Gertrud von Helfta – was das gute Gewissen der Männer nur verstärken
konnte. Das Unvermögen der Frauen blieb: Die Frau konnte nicht zum
Priester geweiht werden und durfte die Kultgegenstände nicht berühren.
Es verstärkte sich sogar. Es war untersagt, bei der Oberin zu beichten,
und Innozenz III. hob die wenigen Privilegien priesterlicher oder liturgi-
scher Art, die einige Äbtissinnen besaßen, auf. Überall wurde die männliche Vormundschaft verstärkt, die der Bischöfe oder der Äbte, die den
Orden vorstanden. In der großen Mehrheit der Fälle hatten die Frauen,
im eigentlichen und im übertragenen Sinn des Wortes, gegenüber der
männlichen Leitung keine Stimme im Kapitel.[48]

Am Leben der Nonnen lassen sich die Spannungen aufzeigen, die in
jeder Gemeinschaft auftreten, die Spaltungen zwischen den Altersgruppen, nach ethnischer oder sozialer Herkunft, nach hierarchischer Gliederung. Diese Gemeinschaften sind tatsächlich alles andere als egalitär:

Auf die Oberin folgten die ein Klosteramt ausübenden Schwestern, dann die Chornonnen, die Novizinnen, bis hin zu den Laienschwestern auf der untersten Stufe. Einige von ihnen verfügten über eine grundherrliche Stellung, waren also mit der Befehlsgewalt über die Bauern der Domäne und die Bediensteten, die ihre weltliche Macht verwalteten, ausgestattet und standen mit Männern des Gesetzes und mit Kaufleuten in Verbindung. Interessanter noch waren ihre Verbindungen zu den wichtigsten Mönchen – dem Prior, Abt oder Vorsteher des Ordens – und ihre Strategien angesichts der »Unterdrückung« oder im Gegenteil der Gleichgültigkeit, ja, sogar Verachtung der Männer. Diese alleinstehenden Frauen, deren Gesamtzahl schwer zu ermitteln ist, deren soziales Gewicht aber bedeutend war und die vermutlich mehrheitlich durch die väterliche Entscheidung zur Kinderlosigkeit verurteilt worden waren, bilden eine Gruppe, die in Hinblick auf ihre internen Strukturen und auf ihre Verbindungen zur Umwelt einen interessanten Forschungsgegenstand darstellt.

Die Klöster haben nur teilweise den besonderen geistigen oder sozialen Bedürfnissen der Zeit entsprochen. Die Gemeinschaft der Beginen tritt erst am Ausgang des 12. Jahrhunderts auf. Erst im 13. Jahrhundert beschreiten die Frauen neue Wege wie z. B. die Bildung Dritter Orden oder die barmherzigen Aktivitäten in den Hospitälern. Allerdings sollten wir uns an das Reklusendasein erinnern, das vom 12. Jahrhundert bis zum Ende des Mittelalters einen erstaunlichen Erfolg hatte. Auch diese Einrichtung war von den Wüstenvätern eingeführt worden, aber im 11. und 12. Jahrhundert veränderte sie sich und verbreitete sich in einem bis dahin nicht gekannten Ausmaß. Tatsächlich wurde diese Periode, die uns von Aufbruchsstimmung beflügelt erscheint, häufig in der Angst vor dem Ende der Welt und der Dringlichkeit, Buße zu tun, durchlebt. Die Reklusen sind zu einem sehr großen Teil Frauen, die sich lebenslänglich einschließen ließen und als Gegenleistung für ihren Unterhalt für die Menge beteten. Eingemauert in eine schlichte, enge Zelle, die symbolisch in den belebten Zentren der Marktflecken eingerichtet wurde – aus Stadtmauern, Brücken, Kirchen, Friedhöfen, Siechenhäusern usw. –, wurden sie ernährt von der Mildtätigkeit der Vorübergehenden. Die Kirche dieser Jahrhunderte konnte es nicht hinnehmen, daß solche Initiativen unkontrolliert blieben, aber sie billigte sie weitgehend. Sie reduzierten immerhin die Zahl der Frauen, die die Straßen und Wälder durchstreiften und sich das Recht anmaßten, zu predigen und zu prophezeien. Geschützt vor fremden Blicken fanden die Frommen in ihrer Zelle die weibliche Bestimmung wieder: die fromme Untätigkeit. Die Rituale der Einschließung wurden im 12. Jahrhundert festgelegt. Der Bischof zelebrierte eine feierliche Messe, häufig eine Totenmesse, gab der Rekluse die Letzte Ölung, schloß sie ein und versiegelte die Tür. Sie kommunizierte mit der Außenwelt nur durch ein kleines Fenster.[49]

Die Herkunft dieser Frauen war recht unterschiedlich. Einige Reklusen waren Nonnen; sie folgten so der Regel des heiligen Benedikt bis
zum Äußersten. Er hatte das einsame Leben über die Klostergemeinschaft gestellt. Die große Mehrheit der Reklusen waren jedoch Laien
ohne eine besondere religiöse Vorbereitung: Mädchen, die nicht die
nötige Mitgift hatten, um in ein Kloster einzutreten, und andere Stiefkin-
der des Lebens: alleinstehende Frauen, Waisen, Ehefrauen von Priestern,
verstoßene Frauen, Witwen, bekehrte Ketzerinnen, reuige Prostituierte,
die ein neues Leben anfangen wollten. Insgesamt wählten viele arme
Frauen oder Sünderinnen, die ihre eigenen Sünden, die ihrer Eltern oder
die der gesamten Menschheit vor der Apokalypse sühnen wollten, diese
Lebensform.

Die Formen des religiösen Lebens der Frauen waren also höchst unterschiedlich. Was suchten sie? Zunächst die Hoffnung auf das Seelenheil,
dessen sie sich andernorts schwerlich versichern konnten. Ganz abgesehen von der Hurerei – selbst die Ehe war ein Übel, wenn auch ein geringeres. Jungfrauen hatten dreimal größere Aussichten auf Erlösung als
Ehefrauen. Ein Heiligenleben war auch für eine Ehefrau und zur Zeit der
Karolinger und im ottonischen Germanien durchaus noch möglich. Im
11. und 12. Jahrhundert war das bei weitem schwieriger. Das religiöse
Leben war die einzige Lebensform, die das gewährleistete, was die Kirche als Freiheit definierte, die Bereitschaft der Seele zur Reue und Anbetung. Ein Leben in enger Verbundenheit mit den Heiligen und dem
himmlischen Bräutigam konnte auch den mystischen Weg eröffnen; ein
Weg, der im wesentlichen eine weibliche Spezialität war. Wir verfolgen
ihn nicht weiter, denn er ist für die folgenden Jahrhunderte charakteristischer, aber wir heben einen wenig untersuchten Aspekt in dieser
Domäne der Frauen hervor. Um ihn zu konkretisieren, kommen wir auf
Christina von Markyate zurück.

Seit früher Kindheit Braut Christi, hatte sie sich ihm nur heimlich hingeben können. Als sie sich der geistigen Führung des heiligen Eremiten
Roger unterstellte, der sie beschützte, hatte sie bereits viel gebetet, im
Psalter gelesen und sich gemerkt, was die Priester in ihrer Gemeinde
lehrten; ihr Urteil war nun ganz sicher. Aber sie war sehr jung, eine
schwache Frau, sie mußte noch alles lernen. Roger mißtraute den Frau-
en und hatte sich deshalb fest vorgenommen, Christina nie anzusehen.
Die Vorsehung will es anders. Als er eintritt, liegt sie mit dem Gesicht
zum Boden vor dem Altar: Er wendet den Kopf ab, um sie nicht zu
sehen, und steigt über sie hinweg. Dann besinnt er sich eines anderen:
Er ist für sie verantwortlich; er muß überprüfen, ob ihre Bethaltung angemessen ist, denn die Körperhaltung ist wichtig. Christina ihrerseits will
sehen, wie ein heiliger Mann sich verhält. Sie drehen sich um, sehen sich,
und es ist geistige Liebe auf den ersten Blick, die beider Seelen erfüllt.

Roger formt seine Schülerin und nennt sie liebevoll sein »kleines Sonntagsmädchen«, denn sie ist sein Liebling. Einige Jahre später war Roger tot, und Christina lebte immer noch in ihrer Zurückgezogenheit, nur wenig entfernt von dem herrlichen Kloster Saint-Alban. Der Abt Gottfried wußte nichts von ihr. Eines Tages empfing sie eine himmlische Botschaft: Sie sollte dem Abt mitteilen, Gott sei sehr unzufrieden, da er hochmütig werde und alle Entscheidungen treffe, ohne seine Mönche zu Rate zu ziehen. Sie ließ Gottfried warnen, der sich über die Botin lustig machte: albernes Frauengeschwätz! In der folgenden Nacht wird er von Dämonen windelweich geschlagen und heftig dafür getadelt, daß er nicht auf Christina gehört hat. Er sucht sie auf, und das ist die Bekehrung. Er wird nun ihr Schüler und macht bis zu seinem Tod keinen Schritt mehr, ohne sie um Rat zu fragen; sie liest in seiner Seele wie in einem offenen Buch. Die Mann-Frau-Beziehung verkehrt sich. Das Opfer ihres Lebens als Frau, ihr Eingeschlossensein, das selbstzerstörerisch scheinen könnte, gibt Christina eine Macht, die sie sonst nie über das Herz eines Mannes gehabt hätte.

Die Heiligung durch geschlechtliche Reinheit konnte einen erstaunlichen Machtwillen freisetzen und einen Status verleihen, den nur wenige heilige Männer erreichten. Aus dem kleinen Fenster der Zelle oder aus dem Innersten des Klosters konnte die Frau Wunder und Teufelsaustreibungen vollbringen – was die Kirche ihr normalerweise untersagte. Wir besitzen Christinas eigenen Psalter, der in Hildesheim aufbewahrt wird.[50] Er stammt vom Beginn des 12. Jahrhunderts. Drei der Miniaturen sind besonders aufschlußreich. Die eine stellt die Jungfrau Maria am Himmelfahrtstag dar: Sie steht inmitten der Apostel, die sie weit überragt. Die zweite zeigt Magdalena, die den Aposteln, die an ihren Lippen hängen, gegenübersteht; sie wird ihnen sagen, was nur sie allein weiß, weil Christus sie als Überbringerin der Botschaft von der Auferstehung auserwählt hat. Halten wir die tiefgreifende Übertragung der Macht fest, die hier von einem Geschlecht auf das andere übergeht. Es geht hier um die Herrschaft über die Zeit. Früher als alle anderen wußte eine Frau und konnte, wenn sie wollte, das Wissen für sich behalten, das Wort zurückhalten, das das Geheimnis enthüllen würde. Auch die heilige Frau erhebt sich über die Zeit – vor allem ihre eigene –, denn ihr physiologischer Zyklus ist außer Kraft. Befreit, hat sie Einfluß auf die lineare Zeit: Sie kann die Zukunft erkennen und prophezeien und sogar die Zeit umkehren und die Toten erwecken.

Kein Wunder, daß die Kirche argwöhnisch war. Hugo von Lincoln hörte einmal von einer Frau, die in den Herzen las und Diebe und Kriminelle entlarvte. Er ließ sie zu sich bringen.[51] Er war sehr erbost, sagt der Biograph, nicht über sie, sondern über den Teufel, der in ihr

wohnte. Zu seinen Füßen hingestreckt, mußte sie seine Fragen beantworten. Wo hatte sie die Kunst der Weissagung erlernt? Natürlich konnte sie nicht antworten. Hugo ließ sie in ein Priorat einsperren und untersagte ihr von Stund an, die Sünden anderer zu enthüllen. Da er heilig
war, bewirkte er an ihr ein neues Wunder: Sie wurde wieder demütig
und still. Auch hier wird erneut deutlich, wie sehr die Geschichte der
Frauen von den Setzungen der Kirche bestimmt ist: Gott ist männlich,
und Gottes Wort wird von Männern ausgelegt. Dennoch, die Frauen sind
fähig, mit Gottes Segen Gegengewalten zu errichten. Auf der dritten
Miniatur in Christinas Psalter steht Christus ihr gegenüber, ihre Hände
berühren sich; hinter ihr die Heerschar der Mönche, die sie zum Herrn
in die Höhe geführt hat.

Die Frauen als solche existieren genauso wenig für sich wie die Mona-
den. Es existieren nur – je nach Gesellschaft unterschiedliche – Systeme
von Vorstellungen, deren Elemente in einem ganz bestimmten Verhältnis zueinander stehen. Im christlichen Abendland des 11. und 12. Jahrhunderts ist allen Systemen gemeinsam die Vorstellung einer naturgegebenen Unterlegenheit der Frau, und da in dieser Ideologie das Wesen
dem Sein vorausgeht, muß die Frau geleitet werden. Die kulturellen
Regionen, in denen sich das germanische Erbe am längsten gehalten hat,
wie in Germanien, in England vor der normannischen Eroberung oder
im westgotischen Spanien, haben bis zum 11. Jahrhundert ein wesentlich
positiveres Frauenbild beibehalten, insbesondere von denen, die ein
weltliches Leben führten. Aber diese Besonderheit schwindet überall,
und zwar zuerst in den Schichten der Aristokratie, in denen das Prinzip
der männlichen Erbfolge und das Erstgeburtsrecht die Stellung der Frau
verschlechterten.[52] In dem Maße, in dem die Kirche die ausschließliche
Kontrolle der Ehe für sich in Anspruch nahm, verfestigte sie diese Positionen. Mit zwölf Jahren ist der weibliche Körper geschlechtsreif; sein
Geist ist schwach und hat seine Grenzen erreicht. Von nun an hat sie
alles abzuwarten und nichts dazuzulernen. Verheiraten wir sie! Die Ehe
wurde unauflösbar, nicht, um das väterliche Eingreifen zu verbieten, sondern um sie sittlich zu heben. Das System war nun nach unten verriegelt,
aber nach oben konnten die Angebote um so mehr steigen. Die Freiheit
der Frau, so wie wir sie verstehen, hatte kaum eine Chance, sich zu
realisieren.

Die große Mehrheit der Frauen fand diese Situation sicherlich in Ordnung. Man zwang ihnen die Unterwerfung nicht auf; sie waren die
ersten, die sie ihren Kindern vermittelten, und zwar in der honigsüßen,
überzeugenden Sprache einer Mutter. Es waren vor allem die Frauen, die
das hierarchische System weitergaben, und Auflehnung war entsprechend selten.

In jenen Gesellschaften kam die Initiative den Männern zu; die Frauen waren passiv. In den zeitgenössischen Texten erscheinen sie meist als Ergänzungen des Mannes. Der Vater verheiratet, vergibt, »verklostert« seine Tochter. Beim »Gebrauch«, der von der Frau gemacht wird, scheint es uns nötig, erneut auf die Bedeutung des Faktors Zeit hinzuweisen. Je nach sozialem Milieu spielt er eine unterschiedliche Rolle. Der Aristokrat hat ein weites Gesichtsfeld; die Welt gehört ihm, er kommt viel herum und findet sich überall zurecht. Auch sein zeitlicher Horizont ist weit. Er reicht tief in die Vergangenheit: Die großen Familien haben ihr Familiengedächtnis rekonstruiert, um den Ursprung ihrer Herrlichkeit wiederzufinden. Aber auch die Zukunftsvision will weit und kühn sein. Um das Geschlecht fortzusetzen, muß man vorausplanen. Der Adlige, der heiratet, hat nicht unbedingt ein unmittelbares Bedürfnis nach einer Person des anderen Geschlechts, die ihm als Ehefrau dient. Adam von Neville hat nach der Rückkehr aus der Kirche, in der seine Ehe mit Grace von Saleby gesegnet worden war, das kleine Mädchen wohl auf seinen Knien geschaukelt, bevor er es spielen schickte. Das Wesentliche war das, was sie mitbrachte, ihr Erbe, ihr Hab und Gut. Alles andere konnte warten. Er brauchte keine Gefährtin oder Mutter für seine Kinder; diese Fähigkeiten blieben in Reserve.

Es kam jedoch vor, daß eine solche Unbekümmertheit nicht mehr möglich war. Das waren der Preis und der Zwang des dynastischen Prinzips: Es verlangte die Reproduktion, und die ließ manchmal auf sich warten. Dann wurde es ernst. Die Zeit konnte drängend werden, kleinlich wie ein Gläubiger, und eine grausame Lektion in Demut erteilen. Der »beste Ritter der Welt« und der allmächtige König wurden so ihrer Schwäche als Kreatur gewahr, angsterfüllte Sklaven einer nach Belieben verschwenderischen Natur, gebeugt über die Frau, die ihre Hoffnungen trug. Das Schicksal eines Geschlechts, die Zukunft eines Königreichs waren auf Gedeih und Verderb einer Umarmung in den Kissen eines Ehebettes ausgeliefert.

Der Arme kannte weder solchen Glanz noch solches Elend. Er hatte weder eine herrliche Vergangenheit noch eine großartige Zukunft, und er blickte deshalb weder weit zurück noch weit nach vorn. Die Frau, die er brauchte, durfte keine Knospe, sondern mußte voll entfaltet sein, um die Suppe aufs Feuer zu setzen, seine Gefährtin zu sein, sogleich das Wenige zu teilen, das sie hatten, vor allem die Arbeit, den Tisch, das Bett und die Kinder, die kommen würden. Diese Grundbedürfnisse standen im Gegensatz zu den luxuriösen Träumen und Wünschen der Aristokratie.

Die neuen Verhaltensmaßstäbe und Handlungsspielräume, die die Kirche weltlichen Frauen auferlegte und eröffnete, erwiesen sich als

weniger großzügig als jene vorangegangener Zeiten. Die Kirchenmänner fanden sich nur schlecht mit dem Verlust der Jungfräulichkeit
ab und konnten keine Moral entwerfen, die für Ehefrauen und Mütter in ihrem täglichen Leben umsetzbar war. Die gewissenhaftesten
Frauen konnten zwischen dem, was sie Gott und dem Kaiser schuldeten,
nur zerrissen werden, da das Ideal der Ehefrau darin bestand, sich
so wenig wie möglich hinzugeben, sich zu leihen, ohne sich zu
geben.

Wir haben die Besonderheit der ehelichen Pflichten aufgezeigt, den
einzigen, von denen die Moral verlangt, ihnen so selten wie möglich und
mit dem geringsten Eifer nachzukommen. Selbst die Mutterschaft, die in
den älteren Texten als eine bevorzugte Quelle der Barmherzigkeit dargestellt wird, ist entwertet. Wo findet die weltliche Frau eine Zuflucht?
Macht und Wissen werden männlich. Seit jeher von Krieg und Priesteramt ausgeschlossen, hat die Frau auch zum Kreis der Gelehrten keinen
Zutritt. Es ist untersagt, die Heilige Schrift zu übersetzen, sie aber
beherrscht das Lateinische nicht: Ist sie nicht auch in diesem Bereich ein
Kind Gottes zweiter Ordnung? Sie ist also dazu verurteilt, mit dem mündlich überlieferten Wissen, den Hausmitteln, den dunklen Mächten vorlieb
zu nehmen: den Zaubertränken und Listen, wie Agnes. Es sei denn, die
Kirche erliegt der – gefährlichen – Versuchung, das weibliche Ver-
führungspotential zu nutzen, um die aufsässigen Ehemänner zu ihren
Pflichten zurückzurufen, wie es die Briefe zur Unterweisung zeigen,
die Georges Duby untersucht hat. Im 13. Jahrhundert baut sie die Strategie des Ehebettes weiter aus. In diesem Fall könnten wir sagen, die Frau
ist die Zukunft Gottes. Das trifft noch mehr zu, wenn die von der ehelichen Gemeinschaft enttäuschten Frauen der Welt den Rücken gekehrt
haben.

Das 11. und 12. Jahrhundert haben nur einen geringen Prozentsatz
an weiblichen Heiligen hervorgebracht.[53] Erst im 13. Jahrhundert kommt
es zu einer Feminisierung der Heiligkeit. Die Wege sind schon vorgezeichnet. Das Leben als Nonne entbindet die Frauen, die sich ihm
hingeben, von den Zwängen der Sexualität. Die Exaltation der mystischen Ehe versetzt jene Bräute in die ideale Situation eines Ausbruchs
ohne Verletzung der Regeln, in höhere Sphären, dorthin, wo die Beziehungen zu Gott unmittelbar werden und »im Herzen spürbar« sind.
Besser als im höfischsten Roman kniet dort Christus selbst zu Füßen
der edlen Frau nieder, als dienender Ritter: »Verlange von mir, was
immer du willst. Ich kann dir nichts abschlagen!« sagt er einer Kar-
täusernonne. Und die Männer, verblüffte Zuschauer, sehen sich in einer
besonders unausweichlichen Falle gefangen, der der Metapher. Haben
sie die Frauen nicht ermutigt, der vollkommensten unter ihnen nachzueifern, sich dem Willen des Herrn hinzugeben? Diese Flucht ins

Übernatürliche erfordert zunächst das Schweigen des Körpers und den Verzicht auf ein weites Feld menschlicher Erfahrung, aber diese Verstümmelung hat ihre süßen Kompensationen. Keine Reise, aber eine Pilgerfahrt an den Ort, wo die Inspiration mehr gilt als die Information, wo die einzigartige und unsagbare Erfahrung die universale Sprache der Vernunft absurd werden läßt.

Aus dem Französischen von Heide Musahl

8
DAS HÖFISCHE MODELL

Georges Duby

K Können wir von einer Verbesserung der Situation der Frauen im feudalen Zeitalter sprechen? Diejenigen, die diese schwierige Frage bejahen, stützen sich besonders auf einen Umstand: Im Frankreich des 12. Jahrhunderts kam ein Modell für die Beziehungen zwischen Mann und Frau auf, das die Zeitgenossen »Minne« (*fine amour*), die hohe Liebe, nannten, und das seit etwa hundert Jahren, seitdem die Historiker der mittelalterlichen Literatur diesen Typus gefühlsmäßiger und körperlicher Beziehungen zwischen den Geschlechtern eingehend erforschen, »höfische Liebe« genannt wird.

Das Modell

Das Modell ist einfach. Eine weibliche Person bildet seine Mitte. Es ist eine »Dame«. Der Begriff, abgeleitet vom lateinischen *domina*, besagt, daß diese Frau eine beherrschende Stellung innehat, und definiert gleichzeitig ihre Situation: Sie ist verheiratet. Ein Mann, ein »Junggeselle« (*jeune*), erblickt sie. Das, was er von ihrem Gesicht sieht, was er von ihrem von einer Haube verdeckten Haar und ihrem von erlesener Kleidung verhüllten Körper ahnt, betört ihn. Alles beginnt mit einem Blick. Es ist die Metapher eines Pfeils, der durch die Augen bis zum Herzen vordringt, es versengt und das Feuer der Begierde in ihm entzündet. Von diesem Augenblick an denkt der liebeskranke Mann (achten wir auf die Begriffe: »Liebe« im eigentlichen Sinne meinte damals das fleischliche

Verlangen) nur noch daran, sich dieser Frau zu bemächtigen. Er beginnt sie zu belagern, und die List, die er anwendet, um in die feindliche Burg einzudringen, besteht darin, sich zu unterwerfen, sich zu demütigen. Die »edle Frau« ist die Gattin eines Herrn, häufig seines eigenen. In jedem Fall ist sie die Herrin des Hauses, in dem er verkehrt. Kraft der Hierarchien, die damals die sozialen Beziehungen bestimmten, steht sie über ihm, was er durch Huldigungsgesten unterstreicht. Er kniet nieder, nimmt die Haltung eines Vasallen ein. Er äußert sein Begehr, und er bindet sich, indem er wie ein Lehnsmann verspricht, seine Dienste keiner anderen anzutragen. Er geht noch weiter: Er macht sich selbst zum Geschenk, als würde er zum Leibeigenen.

Von nun an ist er nicht mehr frei. Die Frau hingegen ist es noch; sie kann das Geschenk annehmen oder ablehnen. An dieser Stelle zeigt sich die weibliche Macht. Durch eine Frau, durch diese bestimmte Frau wird der Mann auf die Probe gestellt; er wird aufgefordert zu zeigen, was er wert ist. Wenn allerdings die edle Frau nach Beendigung der Prüfung einwilligt, wenn sie ihm ihr Ohr leiht und sich von seinen Worten umgarnen läßt, wird sie ihrerseits Gefangene, denn in jener Gesellschaft verlangt jede Gabe eine Gegengabe. Den Bestimmungen des Vasallenvertrages entsprechend, die den Lehnsherrn verpflichten, dem guten Vasallen so viel zurückzugeben, wie er von ihm bekommt, zwingen die Regeln der Minne die Auserwählte, sich gegen treue Dienste schließlich völlig hinzugeben. Im Gegensatz zu dem, was viele glauben, war die höfische Liebe ihrer Absicht nach nicht platonisch. Sie war ein Spiel. Wie bei allen Spielen war der Spieler von der Hoffnung zu siegen beseelt. In diesem Fall bedeutete siegen, die Beute zu erlegen, wie bei der Jagd. Vergessen wir im übrigen nicht, daß in Wahrheit die Männer dieses Spiel beherrschten.

Doch kann die »Dame«, wie die Hauptspielfigur beim Schach, nicht frei über ihren Körper verfügen, denn sie ist eine Frau – hier hört ihre Macht auf. Ihr Körper gehörte ihrem Vater und gehört jetzt ihrem Ehemann; er bewahrt dessen Ehre wie auch die aller erwachsenen Männer der Hausgemeinschaft, die einander beistehen. Er wird also sorgsam überwacht. In den adligen Wohnsitzen ohne Zwischenwände und ohne wirkliche Rückzugsmöglichkeit, wo die Menschen zu jeder Tages- und Nachtzeit ganz eng beieinander leben, kann er den Blicken derer, die ihn genau beobachten und die mutmaßen, daß die Frau, schwach wie alle Frauen, untreu ist, nicht lange verborgen bleiben. Entdecken sie in ihrem Betragen den geringsten Hinweis auf eine Verfehlung, erklären sie sie sofort für schuldig. Sie muß dann mit den schlimmsten Züchtigungen rechnen, die ebenso dem Mann drohen, in dem man ihren Komplizen vermutet. Der Reiz dieses Spiels lag in der großen Gefahr, der sich die Partner aussetzten. Minniglich zu lieben hieß, auf Abenteuer auszusein. Der Ritter, der beschloß, eine Dame zu verführen, wußte, was er riskierte. Da er zu Vorsicht und Diskretion gezwungen war, mußte er sich durch Zeichen verständlich machen, mußte er inmitten des häuslichen Gewimmels eine Einfriedung für eine Art geheimen Garten errichten und sich mit seiner edlen Frau an diesen Ort der Intimität zurückziehen.

Dort erwartete er zuversichtlich seinen Lohn, die Gunstbezeigungen, die seine Auserwählte ihm gewähren mußte. Der Liebeskodex legte jedoch fest, sie genau zu dosieren, und dadurch war die Frau wieder im Vorteil. Sie gab sich hin, aber nicht auf einmal. Das Ritual schrieb vor, daß sie sich zunächst umarmen ließ, dann ihre Lippen zum Kuß bot, dann immer nachdrücklichere Zärtlichkeiten zuließ, die die Begierde des anderen steigern sollten. Die Minnelyrik beschreibt diese »Prüfung«, l'*assaig* wie die Troubadoure sagen, diese entscheidende Probe, der der Liebhaber schließlich unterworfen zu werden träumte und deren Phantasiebild ihn verfolgte und in Atem hielt. Er sah sich nackt ausgestreckt neben der nackten »edlen Frau« und durfte von dieser körperlichen Nähe profitieren. Aber nur bis zu einem bestimmten Punkt, denn in allerletzter Instanz erlegte die Spielregel ihm auf, sich zurückzuhalten, sich nicht zu vergessen, wenn er sich als beherzt erweisen wollte, als jemand, der seinen Körper völlig in der Gewalt hat. Was die Dichter besangen, verzögerte also auf unbestimmte Zeit den Moment, in dem die Geliebte fallen würde, in dem ihr Diener an ihr sein Vergnügen finden würde; es verwies den Moment immer wieder in die Zukunft. Die Lust des Mannes wurde von der Befriedigung auf die Erwartung verschoben. Das Vergnügen gipfelte in der Begierde. Und hier zeigt die höfische Liebe ihre wahre Natur: Sie ist ein Traum. Sie gestand der Frau eine gewisse Macht zu. Aber sie begrenzte diese Macht innerhalb eines genau definierten Bereichs, dem der Phantasie und des Spiels.

Literatur und Gesellschaft

Das Verhaltensmodell, dessen Züge ich soeben skizziert habe, kennen wir aus den Gedichten, die zur Unterhaltung der Höflinge verfaßt wurden. Die ältesten sind wahrscheinlich jene zwölf Lieder, die jüngere Handschriften einem gewissen Wilhelm von Poitiers zuschreiben, den die Überlieferung für den neunten Herzog der Aquitanier hält, der zu Beginn des 12. Jahrhunderts wirkte und der zu seiner Zeit wegen seines Hangs zu losen Scherzen berühmt war. Wenn ihr Autor tatsächlich dieser Fürst ist, der darauf bedacht war, gegenüber den »Franken« an den Ufern der Loire, seinen direkten Rivalen, und gegenüber dem Kapetinger, seinem Lehnsherrn, die Autonomie der Provinz, die unter seiner Obhut stand, zu verteidigen und ihre kulturelle Eigenart zu betonen, dann nimmt es nicht wunder, daß er sich im heimischen Dialekt des Limousin ausdrückte, der sich von dem unterschied, den man in Tours und Paris und übrigens auch in Poitiers sprach. Seine Nachfolger betrieben dieselbe Politik, insbesondere Heinrich Plantagenet, der Gatte Eleonores, der Enkelin des besagten Wilhelm, der mit ähnlicher Zielsetzung die Troubadoure förderte. In dem altprovenzalisch geschriebenen Werk dieser Dichter finden wir bis gegen 1160 die einzigen erhaltenen Spuren dessen, was wir höfische Liebe nennen.

Sollen wir, wie die modernen Anhänger Okzitaniens, deren hellster Kopf René Nelli war, aus dieser Vorliebe für die *langue d'oc* schließen, daß die höfische Liebe eine okzitanische Erfindung war? Auf jeden Fall gibt es nicht den geringsten Hinweis darauf, daß sie die Erfindung der Frauen ist, was Nelli ebenfalls behauptet. Er geht ohne hinreichende Überprüfung davon aus, daß ihre Situation in den südlichen Regionen deutlich besser war als im Norden. Das Gegenteil wurde jetzt durch Untersuchungen nachgewiesen, die vor kurzem im Toulouser Raum durchgeführt wurden.[1] Übrigens besang zu Lebzeiten Wilhelms von Aquitanien auch Abaelard die Liebe zu seiner Angebeteten in Paris unter dem Beifall des Publikums, sofern man dem Text glauben darf, der sich als seine Autobiographie ausgibt. Vielleicht sang er in einer anderen Tonart. Wir wissen es nicht, denn diese Lieder sind verlorengegangen. Sicher ist jedenfalls, daß Abaelard sich nicht als einziger so verhielt, und ganz gewiß nicht in jenen gebildeten Kreisen, die für Ovid schwärmten und sich vom Hohelied inspirieren ließen. Die Verse der Goliarden folgen im Aufbau genau den okzitanischen Liebesliedern; sie schildern zuerst den Austausch der Blicke und der Worte, die Zärtlichkeiten, die die kühne Attacke auf die »Venusburg« vorbereiten. Allerdings haben sie die Sprache der Schulen, das Lateinische, benutzt, und deshalb sind einige uns erhalten geblieben. Und auch nur sie, denn in den Ländern des Languedoïl war es noch nicht üblich, Romanisches auf Pergament festzuhalten, während man das im Süden, wo die geistliche Kultur weniger hochfahrend war, vielleicht bereits zu tun wagte. Wie dem auch sei, in den südlichen Provinzen wurden diese Stimmen eher vor dem Vergessen gerettet. Dort begann man frühzeitiger, sie zu erhalten. Sind sie auch früher entstanden? Eins ist sicher: Nördlich der Loire war der Boden zur Aufnahme der Troubadour-Motive bereit. Im letzten Drittel des 12. Jahrhunderts verbreiteten sie sich an den großen Fürstenhöfen der Normandie, der Touraine, der Champagne und Flanderns, nahmen dort aber eine andere literarische Form an, die des Romans. Das Modell kräftigte und entfaltete sich dort. Dann verbreitete es sich überall sehr schnell in seinen beiden sprachlichen Varianten, Provenzalisch und Französisch, und setzte sich mehr und mehr durch. Zu Beginn des 14. Jahrhunderts erlag Dante seiner Faszination. Die lyrische Dichtung und der Roman überwältigten die Gemüter. Von einem Ende Europas zum anderen fühlten sich alle Männer aus gutem Hause und alle Emporkömmlinge, die in die vornehme Welt aufsteigen wollten, von den Dichtern aufgefordert, die Frauen zu behandeln wie ein Peire Vidal es getan haben will oder wie ein Lancelot es getan haben soll.

Die Dichter übernahmen die Rolle, die ihnen die höfische Gesellschaft zuwies: sie aus den Sorgen und Fallstricken des täglichen Lebens herauszureißen und ihren Träumen Nahrung zu geben. Der Historiker, der sich fragt, wie in jener Epoche die konkrete Situation der Frau aussah, darf nicht vergessen, daß die Minne, so wie sie sich ihm darstellt, eine literarische Schöpfung ist, eine kulturelle Ausdrucksform, deren Entwicklung sich eigenständig vollzogen hat, indem ihre Besonderheiten und auch die Werte, die in sie einflossen, im Laufe der Generationen nach ihrem eigenen Rhythmus, nach den Wandlungen des Geschmacks und durch vielfältige Kontakte reicher und differenzierter wurden. Hinzukommt, daß die meisten dieser Schriften von einem solchen Raffinement sind, daß es schwierig ist, ihren Sinn zu entschlüsseln; sie lassen sich auf mehrere Arten lesen und verweisen dadurch auf ein vielschichtiges symbolisches Universum, zu dem wir die meisten Schlüssel verloren haben. Seit einem Jahrhundert breitet sich ein Gewebe aus Kommentaren um sie aus, das das Bild eher verwirrt als erhellt. Es handelt sich letztlich um eine Literatur der Wirklichkeitsflucht.

Angesichts eines Materials, dessen Behandlung äußerste Sorgfalt verlangt, muß der Sozialhistoriker sich also vor der Vorstellung hüten, diese Quellen erhellten unmittelbar die gelebte Wirklichkeit. Er darf das, was die Troubadoure oder Romanhelden zu denken oder zu tun vorgeben, nicht als getreues Abbild dessen ansehen, was diejenigen dachten oder taten, die diesen Liedern und Erzählungen mit Vergnügen zuhörten, insbesondere darf er nicht annehmen, die Ehefrauen der adligen Herren verhielten sich in der Regel wie Ginevra, wie Enite oder wie die imaginäre Gräfin von Die. Im Hinblick auf die Lage der Frauen ist die Gefahr einer Fehleinschätzung besonders groß, denn in den Texten, die er auswertet, steht nicht die Frau im Vordergrund, sondern der Mann. Alle wurden verfaßt zur Zerstreuung der Männer, genauer: der Krieger, der Ritter, noch genauer: der »jeunes«, der Junggesellen. Alle heroischen Gestalten, deren Heldentaten die Romanciers feiern, sind Junggesellen und Ritter, und die weiblichen Gestalten, die sie umgeben, sind nur da, um die Männer besser zur Geltung zu bringen und ihre männlichen Eigenschaften hervorzuheben. Auch alle diejenigen, die in diesen Liedern »ich« sagen, sind Junggesellen, und sie sind Ritter; und wenn manchmal ein Diskurs einer Frau zugeschrieben wird, weist alles darauf hin, daß er im 12. Jahrhundert in der Regel von einem Mann verfaßt worden ist, der

sich, um seinen Zuhörern zu gefallen, eifrig bemüht, die Gefühle und
Verhaltensweisen auszudrücken, die man üblicherweise dem anderen
Geschlecht zusprach. Diese Gedichte zeigen nicht die Frau. Sie zeigen
das Bild, das die Männer sich von ihr machten.

Ist dies erst einmal klargestellt, dann ist allerdings auch offensichtlich,
daß das, was die Dichter erdacht haben, nicht ohne Bezug ist zu der Art,
wie die Leute, deren Aufmerksamkeit sie zu gewinnen suchten, ihr Leben
lebten. Tatsächlich hatten diese Werke Erfolg, und zwar einen sehr
großen und dauerhaften. Der Beweis dafür ist, daß sie nicht alle verlo-
rengingen in einer Zeit, in der man nur wesentliche Aussagen schriftlich
festhielt. Sie kamen an. Um in diesem Maße angenommen zu werden,
durfte die Verwicklung der Intrigen, die sie entfalteten, nicht zu sehr von
den konkreten Situationen abweichen, die die Zuhörer aus eigener
Erfahrung kannten. Andererseits und gerade weil sie die Zuhörerschaft
so anzogen, veränderten sie mit Sicherheit auch ein wenig die Sitten. Ihr
Einfluß auf die Verhaltensweisen entsprach dem, den zuvor die hagiographische Literatur ausüben wollte. Wie die Heiligenleben stellten auch
die Lieder und die Romane beispielhafte Menschen in den Mittelpunkt,
damit ihnen nachgeeifert werde; diese Helden praktizierten einige
Tugenden bis zur Vollendung; sie durften aber nicht völlig unnachahm-
lich erscheinen. In Anbetracht einer so offensichtlichen Übereinstimmung zwischen Dichtung und Wahrheit ist es geboten zu untersuchen,
was in den Strukturen der feudalen Gesellschaft im Frankreich des
12. Jahrhunderts das Aufbrechen der »höfischen Neurose« und ihre rasche
Verbreitung begünstigt hat.

Warum hatte das Modell Erfolg?

In der damaligen Gesellschaft verteilten sich die Männer auf zwei Klassen: auf der einen Seite die Arbeitenden, in der Mehrzahl Bauern, die im
Dorf lebten, die »gemeinen« Bauern (*vilains*); auf der anderen die adligen Herren, die von der Frucht der Arbeit des Volkes lebten und die sich
an den Höfen versammelten. »Courtois«, höfisch: Gaston Paris hatte einen
guten Gedanken, als er dieses Wort wählte, um den Typus der amourösen Beziehungen, um den es hier geht, zu definieren. An den Höfen des
feudalen Frankreich veranstalteten die Lehnsherrn in regelmäßigen Abständen Feste, um ihre Großzügigkeit zu demonstrieren: alle Männer, die
ihnen huldigten, hatten daran teilzunehmen, wenn sie nicht in den Verdacht geraten wollten, ihren Verpflichtungen nicht nachzukommen: An
solchen Tagen ausgelassener Festivitäten füllte sich der Hof, und der
Herr umgab sich für einige Tage mit all seinen Freunden und Anhängern,
was gleichzeitig die Ordnung der ständischen Struktur und den Frieden

zwischen den Aristokraten stärkte und bekräftigte. Der Hof war auch der Ort, wo das Spiel der Minne Form annahm. Indem der Höfling sich ihm hingab, indem er sich bemühte, die Frauen mit größerem Raffinement zu behandeln, indem er seine Fähigkeit bewies, sie nicht mit Gewalt, sondern mit verbalen oder körperlichen Zärtlichkeiten zu erobern, wollte er, sei er nun adlig oder einfach unter die Gefährten des Fürsten aufgenommen, demonstrieren, daß er zur Welt der Privilegierten gehörte, die an den Früchten der grundherrlichen Ausbeutung beteiligt und von der Fron, die auf dem Volk lastete, befreit waren. Er unterstrich auf diese Weise deutlich den Abstand zum gemeinen Mann, der hoffnungslos in die Finsternis der Unbildung und der Roheit geworfen war. Die Praxis der Minne war in erster Linie, darauf sei nachdrücklich hingewiesen, ein distinktives Merkmal in der männlichen Gesellschaft. Das verlieh dem Modell, das die Dichter anboten, so viel Kraft und verhalf ihm zur Durchsetzung, was so weit gehen konnte, daß einige Männer im Laufe ihres Lebens ihr Verhalten den Frauen gegenüber tatsächlich veränderten.

Zumindest gegenüber einigen Frauen, denn die Trennung, die die Männer in zwei Klassen teilte, wiederholte sich im weiblichen Teil der Gesellschaft. Sie zog zwischen den Frauen eine ebenso klare Trennungslinie und isolierte die »edlen Frauen« und die »Jungfrauen« von der Masse der Bäuerinnen, denen der Höfling nach Lust und Laune nachstellen konnte, um sie brutal seinem Willen zu unterwerfen. Diese sollten an dem Spiel teilnehmen, und das Recht auf eine besondere Achtung und eine gewisse Macht über ihren männlichen Partner wurde ihnen zugestanden, solange die Partie dauerte.

Halten wir aber fest, daß Wilhelm von Poitiers nicht von höfischer, sondern von »ritterlicher Liebe« spricht und damit auf jene Männer verweist, die bei Hofe ausersehen waren, den edlen Frauen zu dienen. Die Gesellschaft war nicht zwei-, sondern dreigeteilt. In der herrschenden Klasse standen sich zwei Kategorien von Männern gegenüber: die, deren Aufgabe es war, zu beten, die Geistlichen, und die, deren Aufgabe es war, zu kämpfen, die Ritter. Sie rivalisierten um die Gunst des Fürsten und die Vorteile der Macht. Diese Rivalität in einem Moment sehr lebhaften ökonomischen Wachstums bewirkte das sehr schnelle Erstarken einer den Kriegern eigenen Kultur, die entschlossen ihre Unabhängigkeit von der geistlichen Kultur bekundete. Das Gedicht in romanischer Sprache war eine der wichtigsten Ausdrucksformen der ritterlichen Kultur. In diesen literarischen Werken enthüllen sich klarer als in anderen Bereichen die besonderen Merkmale dieser Kultur, die sich auf die Verherrlichung der weltlichen Liebe, des männlichen Begehrens und des Vergnügens, das die Frauen gewähren, gründete. Denn der wesentliche Unterschied zwischen Geistlichen und Rittern war sexueller Natur. Den Geistlichen war der Verkehr mit Frauen grundsätzlich untersagt, während die Ritter es sich schuldig waren, sie zu bestürmen. Vom Klosterleben ausgeschlossen, bevölkerten die Frauen den Hof.

Doch die Gebräuche am Hofe errichteten eine Schranke, die die Frauen deutlich von den Männern trennte. Diese Schranke war sicherlich durchlässiger als in anderen Kulturen, insbesondere in den islamischen Ländern: Der syrische Fürst Usama hat sein Erstaunen über die in seinen Augen skandalöse Art geäußert, in der die »fränkischen« Kreuzfahrer ihre Begleiterinnen zur Schau stellten, sich mit ihnen in der Öffentlichkeit unterhielten und so weit gingen, in ihrer Gesellschaft den Hammam, das türkische Bad, aufzusuchen.[2] Die Schranke war allerdings hoch genug, um Kontakte zwischen dem männlichen und dem weiblichen Universum zu behindern und auf beiden Seiten Unverständnis und Mißtrauen zu säen. Tatsächlich war es Sitte, die Jungen im Alter von etwa sieben Jahren aus dem Frauengemach herauszunehmen, sie von den Rockzipfeln ihrer Mutter, ihrer Schwestern und ihrer Amme loszureißen, um sie in rein männliche Gruppen einzugliedern, die ab diesem Zeitpunkt unter sich blieben, sei es in den »Schulen«, in denen die zukünftigen Geistlichen sich heranbildeten, sei es in jenen lärmenden Trupps, in denen der junge Mann lernte, die Pferde zu bändigen und die Waffen zu handhaben. Eine solche Trennung ließ homosexuelle Tendenzen gedeihen und schürte andrerseits unter den Rittern, die dazu berufen waren, das Spiel der Liebe zu spielen, das sehnsüchtige Verlangen nach der unerreichbaren und trostreichen Frau. Sie machte sie für immer argwöhnisch und ängstlich gegenüber dem, was Frauen, wenn sie unter sich waren, anzetteln könnten und brachte sie dazu, ihnen eine mysteriöse und furchtbare Macht zuzuschreiben, die sie faszinierte und hemmte. Die Absonderung der beiden Geschlechter senkte in das männliche Bewußtsein eine Unruhe, die die Ritter durch Prahlerei, geheuchelte Verachtung und die lautstarke Verkündung ihrer natürlichen Überlegenheit zu besiegen suchten. Das veranlaßt uns, aus der Unzahl der Interpretationen der höfischen Literatur diejenigen im Auge zu behalten, die kürzlich von Kritikern Lacanscher Prägung wie Dragonetti, Rey-Flaud oder Huchet veröffentlicht wurden.[3] Sie schlagen vor, die Phantasien und Symbole, auf denen die Minne fußt, als einen Kunstgriff zu interpretieren, den die Männer in einem bestimmten Moment benutzten, um mit ihrer Furcht fertigzuwerden, diese seltsamen Wesen nicht befriedigen zu können, die das gesamte Wertesystem damals für unersättlich und für gänzlich verderbt hielt. Die Abwehrmittel fanden sie in den derben, frauenfeindlichen Zoten, in den Prahlereien, den obszönen Aufschneidereien, die im Werk Wilhelms von Poitiers das Gegengewicht zur höfischen Thematik bilden. Ihre Begierde zu idealisieren, sie dahin zu bringen, schließlich in sich selbst Befriedigung zu finden, sie in jener unsagbaren Lust zu sublimieren, der *joy*, von der die Gedichte in verzweifeltem Bemühen eine Ahnung vermitteln wollen, das war indessen ein subtileres, ein geschickteres Mittel, das Unbehagen zu überwinden, das von der Entdeckung des »sexuellen Defizits« hervorgerufen wurde, und dem »unergründlichen Geheimnis der weiblichen Lust« zu begegnen.

Um zu verstehen, warum die Regeln der höfischen Liebe im 12. Jahrhundert von der Feudalaristokratie übernommen wurden, sollte man auch die geltenden Ehepraktiken dieses sozialen Milieus berücksichtigen. Es setzte sich aus Erben zusammen, deren Vorrechte durch das Blut der Vorfahren von Generation zu Generation weitergegeben wurden. Seine ganze Ordnung gründete sich folglich auf die Ehe. Zu Lebzeiten Wilhelms IX. von Aquitanien, als es der Kirche gelang, bei den Fürsten und Rittern die Achtung der Prinzipien durchzusetzen, die sie in Ehefragen verkündete, stimmte die Moral der Priester in einem wesentlichen Punkt mit der der adligen Familien überein. Die Ehe, die die Reproduktion der Gesellschaft auf einer beständigen Grundlage zu sichern hatte, war eine sehr ernste Angelegenheit, die streng kontrolliert werden mußte. Deshalb empfahl es sich, die Vereinigung der Gatten auf der Übereinstimmung der Gefühle gründen zu lassen. Aber die Geistlichen sprachen in diesem Zusammenhang von Zuneigung (lateinisch *dilectio*), nicht von *amor*, der leidenschaftlichen Suche nach dem Vergnügen, die notwendig zu Unordnung führte. Dadurch, daß die strengen geistlichen Sittenrichter verkündeten, nur die Zeugungsabsicht rechtfertige die Vereinigung der Geschlechter und nehme ihr ein wenig von ihrem notwendig sündigen Charakter, und dadurch, daß sie den Ehemann, der seine Gattin zu leidenschaftlich umwarb, für schuldiger hielten als den, der woanders Unzucht trieb, da die Ehe heilig war, brachten sie die Männlichkeit, auf die die Krieger so stolz waren, dazu, sich jenseits des ehelichen Rahmens zu entfalten, auf dem Feld der Unverbindlichkeit und des Spiels.

Im übrigen war jede Ehe eine Vernunftehe, das Ergebnis langwieriger Verhandlungen, die von den Oberhäuptern der Geschlechter geführt wurden. Diese kümmerten sich, da sie nur an die Interessen der Familien dachten, in keiner Weise um die Gefühle der beiden Verlobten. Und für die jungen Männer selbst bedeutete die ihnen Zugedachte, die sie manchmal noch nie gesehen hatten und die häufig noch sehr jung war, nur die Gelegenheit, durch die Ehe aus ihrer abhängigen Situation herauszukommen. Sie wollten nicht diese spezielle Frau, sie wollten einfach nur heiraten. Folglich spielte das, was man Liebe nannte, das männliche sexuelle Verlangen, keine Rolle in den Verhandlungen, die dem Abschluß des Ehevertrages vorausgingen. Es trug vielmehr dazu bei, das Liebesleben in andere Richtungen zu lenken.

Schließlich verlangte die Politik der Adelsgeschlechter, die darauf abzielte, die Erbteilungen zu begrenzen, die Zahl der Eheschließungen der Söhne zu verringern. Man war bestrebt, einen von ihnen gut zu verheiraten, in der Regel den ältesten; die anderen Söhne wurden ihrem Schicksal überlassen und mußten selbst sehen, wie sie zurechtkamen. Die, die am meisten Glück hatten, schafften es, sich – häufig von dem Herrn, dem sie gut gedient hatten – mit einer Jungfrau aus guter Familie verheiraten zu lassen, einer, die keinen Bruder hatte, also Erbin eines Lehens war, auf dem sie ihre eigene Dynastie aufbauen konnten. Aber die meisten blieben unverheiratet. Im 12. Jahrhundert bestand die Ritterschaft – diese Männergesellschaft, die Sänger und Romanciers vor allem begeistern wollten – in ihrer großen Mehrheit aus »jeunes«, aus Erwachsenen ohne Ehefrau, die auf die Ehemänner eifersüchtig waren und die frustriert waren. Nicht etwa, daß ihre sexuelle Aktivität in irgendeiner Weise gezügelt wurde: Sie konnten ihre Lust problemlos ausleben bei den Prostituierten, den Dienerinnen, den unehelichen Töchtern, von denen die Hausgemeinschaften voll waren, oder bei den Bäuerinnen, denen sie im Vorübergehen Gewalt antaten. Doch das war eine allzu leichte Beute. Der Ruhm fiel den Einfallsreichen zu, denen es gelang, eine Frau ihres Standes zu verführen und zu besitzen: Welcher Jüngling hoffte nicht, vor den Augen ihrer Verwandtschaft eine Jungfrau mit Aussicht auf eine große Erbschaft zu entführen? Der größte Traum der »Jugend« war jedoch die symbolische Heldentat, sich heimlich, als Mutprobe, der Frau zu bemächtigen, die ein Bruder, ein Onkel oder der Hausherr am Abend in ihrem Schlafgemach aufsuchen würde, denn das hieß, außergewöhnlichen Mut zu beweisen und einer extremen Gefahr zu trotzen. Es war allerdings strengstens untersagt, diese Frau anzurühren, denn da die Ordnung der Erbfolge vom Betragen der Ehefrau abhing, mußte diese nicht nur fruchtbar, sondern auch treu sein und durfte in ihren Schoß keinen anderen Samen als den des Ehemannes aufnehmen.

Die Troubadoure haben sicherlich nicht so häufig Ehebruch begangen, wie man gesagt hat, aber wenn sie es taten, konnten sie in den Tiefen des männlichen Bewußtseins eine sehr empfindliche Saite anschlagen. Sie machten außerdem auf die größte Gefahr aufmerksam, die dank der Rollenverteilung zwischen Mann und Frau, die sich aus den Heiratsstrategien ergab, die soziale Ordnung bedrohte. Diese Gefahr rührte von einem Widerspruch her: Der Hof war ein Regulations- und Kontrollorgan. Die Herrschenden hofften, die Wildheit der männlichen Junggesellen, von denen es in der Ritterschaft etliche gab, in Schranken zu halten, indem sie sie um sich versammelten; damit wurde der Hof aber auch bevorzugtes Gebiet für die Jagd auf adlige Frauen. Da nicht zu verhindern war, daß ihnen nachgestellt wurde, war es wichtig, das Nachstellen in geregelte Bahnen zu lenken. Deshalb war die höfische Literatur, die aus Gefälligkeit gegenüber ihrem Hauptpublikum das Feuer der unverheirateten Ritter schürte, andererseits das Instrument einer geschickten Pädagogik. Es war ihre Aufgabe, einen Verhaltenskodex zu verkünden, dessen Vorschriften darauf abzielten, in der kriegerischen Aristokratie die Schäden einer nicht zu unterdrückenden sexuellen Zügellosigkeit zu begrenzen.

In diese Schule, die der Hof darstellte (*scola*: so bezeichneten die karolingischen Moralisten das königliche Haus, das Vorbild des feudalen Fürstenhauses), kamen die Jungen, um bei dem Lehnsherrn ihres Vaters oder Onkels mütterlicherseits ihr Metier zu erlernen, und diejenigen, denen es nicht gelang, sich durch eine Heirat im eigenen Haus einzurichten, setzten ihre Ausbildung nach dieser ersten Lehrzeit fort. An der Erziehung dieser Männer war eine Frau, die Gattin des Hausherrn, die »edle Frau«, natürlich beteiligt. In dem hierarchischen System, das die sozialen Beziehungen regelte, war die Frau ihrem Ehemann unterworfen; über die Hausgemeinschaft herrschten sie jedoch als Paar. Es war ihre Aufgabe, die Jungen anzuleiten und zu beraten, sie also zu führen.

Die Dame, die im Mittelpunkt des Hofes thronte, hatte durchaus Macht. An ihrem Gürtel hingen die Schlüssel. Sie war zuständig für die Kleidung, den Weinkeller und die Lebensmittelvorräte. Alle Mädchen des Hauses waren ihrer Befehlsgewalt unterstellt; sie verfügte über sie, züchtigte sie, äußerte sich, wenn der Hausherr beschloß, sie zu verheiraten. Außerdem schrieben ihr die Geistlichen, die diese Matronen im 12. Jahrhundert lenkten, eine ähnliche Rolle zu wie die, die die Jungfrau Maria neben Christus einnimmt. Sie mußte ihrem Ehemann mit Rat und Tat zur Seite stehen, ihn zur Nachsicht anhalten, vor ihm die Sache derer verteidigen, die um seine Gunst ersuchten. Als ständige Beschützerin schienen sie den Jünglingen, die am Hofe ihren Unterhalt fanden – in der Regel enge Verwandte des Hausherrn, die die Frau deshalb hegen und pflegen mußte –, Ersatz für die Mutter zu sein, aus deren Obhut sie am Ende der Kindheit brutal entrissen worden waren. Gerne vertrauten sie sich ihr an. Sie schalt sie und unterwies sie. Sollen wir die Lehrmeisterposition, die der Autor des *Prosa-Lancelot* einer edlen Frau, der »Frau vom See« zuschreibt, für völlig aus der Luft gegriffen halten? Er zeigt sie, wie sie denjenigen, der bald durch die Schwertleite in die Gemeinschaft der Ritter aufgenommen werden sollte, mit den Ursprungsmythen der Ritterschaft vertraut machte. In dieser literarischen Figur drückt sich der unbestreitbare Einfluß aus, den die Gattin des Hausherrn auf die Männer ausübte, die jünger waren als sie und unerfahren. Diese Macht rührte daher, daß sie nicht nur das Lager, sondern auch die Geheimnisse des Herrn teilte, ganz zu schweigen von ihren körperlichen Reizen, über die die zukünftigen Heiligen – so deren Biographen – nur obsiegten, *indem sie* sich des Nachts eilig in das eiskalte Wasser der Zisternen warfen. Die Frau beurteilte den Wert jedes einzelnen und präsidierte an der Seite des Hausherrn dem Wettstreit, der am Hofe alle Männer ohne Frau und ohne Hab und Gut zu ständigen Rivalen machte. Sie rivalisierten untereinander in der Hoffnung, die »Liebe« (»amour«) des Herrn zu gewinnen, diese so wertvolle Liebe, die sie von seiner Großzügigkeit profitieren lassen würde. So richtete sich die »Liebe« dieser »jeunes« ganz selbstverständlich, wie die Anbetung der Christen für Maria, auf eine Frau, eine Vermittlerin, um auf Umwegen dem eigentlichen Ziel näher zu kommen, dem Herrn, der die wirkliche Macht innehatte und die Wohltaten spendete.[4] Es ist also nicht überraschend, daß eine weibliche Person in das Zentrum einer pädagogischen Institution gestellt wurde, die zum Ziel hatte, das männliche Sexualleben zu disziplinieren, die Exzesse der männlichen Brutalität zu unterbinden und den gewalttätigsten Teil der Gesellschaft, die Krieger, im Rahmen des allgemeinen und rasanten Fortschritts des 12. Jahrhunderts zu befrieden und zu zivilisieren.

Die Auswirkungen des Modells

Die höfische Liebe trug zur Festigung der Ordnung bei, indem sie einer Moral Geltung verschaffte, die auf zwei Tugenden gegründet war: Mäßigung und Freundschaft. Als Übung in der Selbstbeherrschung verlangte sie von den Rittern, sich selbst in der Gewalt zu haben, sich zurückzuhalten, verlangte »Enthaltsamkeit«, d. h. die Fähigkeit, die eigenen Leidenschaften zu kontrollieren, auch die heftigsten, die durch die Regungen des Fleisches hervorgerufen wurden. Ihr Ritual, das die gewaltsame Aneignung verbot und Vergewaltigung und Entführung durch genau bemessene Etappen des Hofierens ersetzte, begründete eine »ehrbare« Art, die Frauen der guten Gesellschaft zu erobern. Sie führte die Macht der Vernunft in das weite Feld ein, das den Ausschweifungen der »Tollheit« geöffnet war. Sie trug dazu bei, die Unruhe zu unterdrücken, die im allgemeinen von den Frauen ausging, und von der der Hof, der voller Frauen war, ganz besonders bedroht war, denn deren bedrängende Gegenwart inmitten der höfischen Zusammenkünfte erschien allen männlichen Wesen, Geistlichen und Laien, als Keim der Unordnung.

An erster Stelle stand die Mäßigung, dann folgte die Freundschaft: In der Sprache des Troubadours Marcabru erscheint das Wort *amistat* stets als Gegenbegriff zu *amour*, und alle Ritter, die sich bemühten, Gawein zu imitieren, nannten die edle Frau, der zu dienen sie beschlossen hatten, ihre »mie«, ihre Freundin. Um sie zu gewinnen, erlegten sie sich Selbstverleugnung, Treue und Aufopferung im Dienst auf. Der Lehnsherr erwartete dieselben Tugenden von seinem Vasallen. Die Gedichte, die die höfische Liebe zum Thema hatten, steigerten noch den Zwang, da der Liebhaber nicht einem Mann, also seinesgleichen dienen sollte, sondern einem Wesen, das er für unterlegen hielt, einer Frau. So verstärkten sie die Vasallenethik, auf der zu jener Zeit die ganze politische Ordnung ruhte. Sie konsolidierten die Grundlagen des feudalen Staates. Alles weist darauf hin, daß sie bewußt in das ritterliche Erziehungssystem integriert wurden. Die großen fürstlichen Mäzene – Herzog Wilhelm von Aquitanien und ein halbes Jahrhundert später Heinrich Plantagenet, Herzog der Normandie, Graf von Anjou und Gatte Eleonores –, deren glanzvolle Höfe den Ton angaben und neue Moden lancierten, die die Dichter protegierten und gegenüber der kapetingischen Strenge und den Ansprüchen der Kirche die Ausbreitung einer weltlichen Kultur begünstigten, die aber auch daran arbeiteten, den Staat neu aufzubauen, da sie sich um den Frieden sorgten, also eine Moral zu verbreiten, die wir staatsbürgerlich nennen würden, haben zweifellos das Ritual der höfischen Liebe wenn nicht initiiert, so doch zumindest ermutigt und umfassend zu seiner Verbreitung beigetragen. Es diente ihrer Politik.

Die Übungen der Minne zielten zunächst ganz offensichtlich darauf, die Werte der Männlichkeit zu unterstreichen. Sie riefen die Männer auf, ihren Mut zu steigern und besondere Tugenden auszubilden. Denn auch bei diesen höfischen Ritualen mußte sich der Ritter wie bei einem Turnier im Wettstreit bewähren. Folglich war es nötig, daß er bei seinem Partner auf Widerstände stieß und daß sich dieser am Anfang in dominierender Position befand, daß also die Frau für einen Moment aus ihrer üblichen passiven, fügsamen Haltung heraustrat, um die Rolle einzunehmen, die ihr zugewiesen worden war, die Rolle der Verlockung, des Köders, standfest aufgerichtet wie die Figuren, die Zielscheiben, die die neuen Ritter am Tag der Schwertleite mit einem Lanzenstich umwerfen mußten, um ihre Geschicklichkeit zu beweisen. Soviel Macht war ihr nur zugestanden, um die Schwierigkeiten des Sturmangriffs noch zu vergrößern und den Sieg noch glanzvoller zu machen. Denn das Ziel war völlig klar. Die Spielregeln entsprachen denen des Stierkampfs. Es war Sache des Mannes, anzugreifen und den Gegner durch seine Pässe und Volten zu verwirren, um ihn schließlich matt zu setzen. Genausowenig wie der Stier in der Arena konnte die Frau, ohne gegen die Ordnung der Dinge zu verstoßen, dem Fall entgehen. Das Spiel implizierte jedoch, daß sie »mutig« war und »ehrenhaft« fiel, so wie es dem Ehrenkodex entsprach. Der Kodex forderte also auch von ihr Mut und Umsicht; er forderte, daß sie sich bezwang, sich beherrschte. Sie mußte ihre inneren Regungen unterdrücken, ihre weiblichen Schwächen, den Leichtsinn, die Doppelzüngigkeit und das exzessive Begehren zügeln. Von dem Moment an, da sie sich auf das Spiel einließ, konnte sie dessen Gesetze nur um den Preis übertreten, nicht mehr als »höfisch« zu gelten und – erniedrigt und vom Hof ausgeschlossen durch das Urteil der anderen Frauen, ihrer Rivalinnen, die sie nicht aus den Augen ließen – sozial abzusinken, ganz gleich, ob sie sich nun hartnäckig verweigerte oder sich zu schnell hingab. So diente die höfische Liebe in der vornehmen Gesellschaft auch dazu, die Frauen abzurichten und das zu unterdrücken, was sie in den Augen der Männer beunruhigend machte, und es in die Bahnen einer unverbindlichen Zerstreuung zu lenken. Das Spiel der Liebe wollte die hierarchischen sozialen Beziehungen, die die Frauen den Männern unterordneten, in keiner Weise antasten. Sobald es zu Ende ging, sobald man zum Ernst des Lebens zurückkehrte, trat die Auserwählte (*amie*) in den Rang zurück, in den Gott ihresgleichen, ihr »Geschlecht«, gestellt hatte; sie geriet erneut unter die strenge Aufsicht des Mannes, von dem sie als Ehefrau, Tochter oder Schwester abhängig war. Dennoch hat sie sich im Laufe der Partie weiterentwickelt. Die Minne trug entscheidend zur Erziehung der adligen Frauen und Edelfräulein bei, und in diesem Zusammenhang können wir von einem »Aufstieg« sprechen.

Die Praxis der höfischen Liebe konnte ihres sozialen Nutzens wegen ihren Spielraum schon bald erweitern. Das Modell, das zur Erbauung der ehelosen Ritter gedacht war, arrangierte in seinen ursprünglichen Formen, zumindest in den ältesten, die uns zugänglich sind, ein Gegenüber von Junggeselle und verheirateter Frau. Aber die tiefgreifende Rezeption der höfischen Literatur öffnete das Spiel schon bald auch den Jungfrauen und Ehemännern. Im kapetingischen Frankreich gehörten seit dem letzten Drittel des 12. Jahrhunderts die Riten der Courtoisie zu den Verhaltensweisen, die das Vorspiel zur Ehe bildeten. Es schien passend, daß das junge Mädchen nach Abschluß des Ehevertrages von ihrem Verlobten umworben wurde, und daß dieser, während er darauf wartete, in der Hochzeitsnacht ihren Körper in Besitz zu nehmen, allmählich ihr Herz gewann: Im ersten *Roman de la rose* ist die Blume, die der Liebhaber pflücken möchte, noch nicht erblüht. Den Männern hingegen, die bereits eine Ehefrau hatten, gestanden die Sitten zu, eine »Freundin« zu wählen und ihr wie ein Junggeselle zu dienen. Von nun an begann die ganze höfische Gesellschaft, einer Frau »den Hof zu machen«. Die allgemeine Verbreitung dieser Unterhaltung, die die »feinen« Leute vom niederen Volk unterschied, von jenen gemeinen Bauern, denen man verächtlich rein animalische Triebe zuschrieb, führte dazu, das, was einst die Dichter als eine so gefahrvolle Heldentat beschrieben hatten, nun wie selbstverständlich als Ausdruck einer verfeinerten Lebensart zu betrachten. Das Wesentliche war, das rechte Maß zu wahren. Aber es zu wahren, das heißt, die Herrschaft des einzelnen über seinen Körper zu stärken, war genau das, was die Regeln der höfischen Liebe in ihrer zunehmenden

Manieriertheit den Männern und Frauen der vornehmen Welt vermitteln sollten.

In diesem Zusammenhang ist es sinnvoll, sich einem literarischen Werk zuzuwenden, das kein Roman ist, sondern normativen Charakter hat. Ich spreche von der *Abhandlung über die Liebe*, von Andreas Capellanus in lateinischer Sprache kurz vor 1200 in Paris verfaßt. Die Interpretation dieses Buches ist nicht leicht. Sie erfordert, in allen Feinheiten der Rhetorik bewandert zu sein, sich nicht in den Umwegen einer Dialektik des Für und Wider zu verirren, und vor allem schließlich, die grundlegende Bedeutung der Ironie zu berücksichtigen. Eine solche Vielschichtigkeit erklärt das üppige Blühen widersprüchlicher Kommentare zu dieser Abhandlung, bevor Alfred Karnein vor kurzem festgestellt hat, daß sie keine Gebrauchsanweisung für die höfische Liebe lieferte, sondern deren Kritik.[5]

Capellanus war Geistlicher, ein Gelehrter von außergewöhnlicher Belesenheit, in allem bewandert, im kanonischen Recht, im römischen Recht, in der Medizin, in allen Naturwissenschaften; und er wußte genau, was man am Hof oder in den Straßen auf Provenzalisch oder in der Sprache Nordfrankreichs gerade sang. Er gibt vor, diese moralische Abhandlung zu Ehren der kultivierten Männer, genauer gesagt, jener jungen Männer zu schreiben, die ihre Lehrzeit im königlichen Hause durchliefen. Sie befinden sich noch in dem Lebensabschnitt, in dem die Konventionen dazu verpflichten, sich ganz der Liebe zu widmen. Der Autor setzt ihnen detailliert auseinander, was Minne bedeutet und wie man Herr der Lage bleibt; er erinnert sie jedoch an die Notwendigkeit, eines Tages diese Leidenschaft, diese Neigung, die im Fleischlichen verankert sei und den Menschen zur Sünde treibe, zu bezwingen. Denn für ihn ist die Liebe eine Krankheit, eine Art Wachstumsfieber. Es ist eine Prüfung, aus der der Mann, wenn er sie besteht, gestärkt hervorgeht. Aber er muß sie beherzt angehen, sonst könnte er geschwächt werden und, wie Chrétien de Troyes sagt, »rückfällig« werden, sich gleich einem Kinde erneut dem Joch der Frauen unterwerfen. Man sieht ganz deutlich: Es sind nicht die Frauen, an die sich seine Rede wendet. Im letzten Teil des Buches wettert er nach Herzenslust gegen sie: Er prangert ihre unzähligen Fehler an und empfielt durch die Anhäufung seiner Sarkasmen die Heilmittel, die geeignet sind, die uneingeschränkte Herrschaft des Männlichen wiederherzustellen, so wie es der Ordnung der Welt entspreche.

Capellanus lachte sich ins Fäustchen; in Wahrheit ging es ihm darum, auf zahlreiche und schwierige Fragen eine Antwort zu geben, die die Übernahme der galanten Sitten, die von den feudalen fürstlichen Höfen aus propagiert wurden, in der Umgebung des Kapetingerhofes aufwarf. Im Namen der Vernunft verspottete er die Überspanntheiten der Minne, wie die Troubadoure sie besangen, und verkündete die Regeln einer gesunden Kanalisierung der männlichen Lust. Die Tatsache, daß diese Abhandlung, die einen schnellen und dauerhaften Erfolg hatte, als einziges weltliches Werk in die Register der königlichen Kanzlei aufgenommen wurde, legt die Annahme nahe, daß es dem Staat nützlich erschien. Und das war es tatsächlich. Nach den Regeln, die es aufstellte, sollten innerhalb des Hofes die Rangfolgen respektiert werden, sollte unterschieden werden, was jeweils den Geistlichen und den Laien, den Emporkömmlingen, dem niederen Adel und dem Hochadel angemessen sei, was dem Souverän half, im Herzen der politischen Organisation die große, heterogene und unruhige Truppe seiner Tischgenossen besser in der Hand zu haben. Vor allem fordert Capellanus das Übermaß an außerehelichem Geschlechtsverkehr durch eine Gesetzgebung einzuschränken, die, wie Rüdiger Schnell nachgewiesen hat, tatsächlich auch in ähnlicher Weise eingeführt wurde.[6] Schließlich ist, wenn man Danielle Jacquart und Claude Thomasset folgt, dies unübersichtliche Buch gespickt mit versteckten Anspielungen auf empfängnisverhütende Maßnahmen, die in den späteren Adaptionen in der Volkssprache noch sinnfälliger sind, und deren Anwendung das galante höfische Abenteuer ermöglichte, ohne den sozialen Frieden zu stören.[7] Denen, die noch nicht bereit waren, der Lust zu entsagen, empfahl Capellanus in Ermangelung der »reinen« Liebe die »gemischte« Liebe, das heißt die Anwendung von Stellungen und Techniken während der Umarmung, dank derer man durch die Annäherung der Körper, ohne darum weniger erquicklich zu sein, nicht so große Gefahr lief, unehelichen Erben das Leben zu schenken.

In unserem Zusammenhang ist indes wichtig, daß wir durch die Lektüre dieses Werkes den tatsächlichen Beitrag der höfischen Liebe zur Verbesserung der Situation der Frauen besser einschätzen können. Halten wir zunächst fest, daß Andreas Capellanus als Gegengewicht zu seinen frauenfeindlichen Proklamationen, an deren völliger Ernsthaftigkeit sich gerade wegen ihrer Maßlosigkeit zweifeln läßt, als einer der ersten den Frauen das Wort gibt und daß er ihnen in einigen Dialogen Aussagen in den Mund legt, deren Gewicht deutlich größer ist als das der Äußerungen der Männer. Die Abhandlung erhellt auf der anderen Seite auch den Gewinn, den die Frauen aus der erheblichen Zunahme von Bräuchen und Praktiken ziehen konnten, die den sexuellen Sturmangriff weniger brutal und gefährlich machten. Die Disziplin, die die Liebesliteratur praktiziert sehen wollte, brachte ihnen ein, daß sie nach und nach weniger streng von ihrem Ehemann oder ihrem Vater überwacht wurden. Die Spielregeln bedingten, daß die Vormundschaft lockerer gehandhabt wurde, und wir können annehmen, daß in dem Tête-à-tête zwischen dem Liebenden und der Geliebten, innerhalb des Freiraums, der auf diese Weise auf den höchsten Stufen der sozialen Ordnung geschaffen wurde, wie begrenzt, wie kurzlebig, wie streng von den

Männern kontrolliert er auch immer war, die Macht der Frauen allmählich über die Grenzen des Frauengemachs hinauswuchs. Aber es ging noch weiter. Der allgemeine Fortschritt, der seine größte Intensität in Frankreich an der Wende vom 12. zum 13. Jahrhundert erreichte, befreite den Einzelnen von den kollektiven Fesseln, die ihn einengten. Ich bin mit Daniel Rocher völlig einig, wenn er darauf verweist, daß die Praktiken der höfischen Liebe das Verhalten der Männer und die Ehepolitik der Adelsgeschlechter sehr schnell von einem großen Teil ihrer Grobheit befreite.[8] Die Männer, die sich als zivilisiert verstanden, mußten, wenn sie jene Lieder und Romane hörten, erkennen, daß die Frau nicht nur ein Körper ist, dessen man sich bemächtigt, um sich einen Moment lang daran zu ergötzen, und den man besamt, damit er Nachkommen gebäre und die Fortdauer eines Adelsgeschlechts sichere. Sie lernten, daß es auch wichtig war, ihr Herz zu erobern, das heißt, sich ihrer Einwilligung zu versichern, und daß man zu diesem Zweck die Intelligenz, die Empfindsamkeit und die besonderen Tugenden des weiblichen Wesens berücksichtigen müsse. Die ritterliche Kultur bekräftigte durch die Minne sicherlich ihre Autonomie gegenüber der Kultur der Priester. Dennoch stimmten die Vorschriften des Liebeskodexes mit den Bemühungen der Kirche überein, ihre Lehre von den gleichen Rechten von Mann und Frau, und zwar nicht nur im Ehebett, sondern auch in Hinblick auf die Zustimmung, durch die der Bund des Paares besiegelt wurde, durchzusetzen. Ist es ein Zufall, daß die höfischen Moden in eben dem Moment – um das Jahr 1200 – ihren Durchbruch hatten, als den Predigern schließlich die Augen aufgingen, als sie sich der Erwartung der geistigen Bedürfnisse der Frauen bewußt wurden, als sie sich bemühten, diese zu befriedigen, als sie sich daran machten, die Verbreitung einer spezifisch weiblichen Spiritualität zu fördern?

Wir können sicher sein, daß das, was zunächst nur ein Spiel war, ein Männerspiel, den Frauen des feudalen Europa half, sich aus ihrer Erniedrigung zu erheben, wenn auch mit dem Fortschreiten des Strukturwandels, und auch daran läßt sich nicht zweifeln, eine Verbesserung der Situation der Männer einherging, so daß der hierarchische Abstand zwischen den beiden Geschlechtern nicht merklich verringert wurde. Um jedoch die Auswirkungen der höfischen Liebe auf die soziale Praxis einschätzen zu können, sollten wir uns nicht unmittelbar auf das Modell selbst beziehen, auf die illusorische und unsichere Macht, die die Literatur dem weiblichen Partner im Turnier der Liebe zuerkennt, noch weniger auf die emblematischen Gestalten von Fürstinnen, denen die Dichter schmeichelten, denen sie ihre Werke widmeten und die sie, um ihre Gunst zu gewinnen, darstellten, wie sie imaginäre Minnehöfe leiten und dort Urteile sprechen, wie es ihr Ehemann inmitten seiner Vasallen tat.

Viel wichtiger ist die Tatsache, daß diesem Modell gefolgt wurde, daß sich die Gesellschaft jener Zeit so bereitwillig die von der Unterhaltungsliteratur beschriebenen Umgangsformen Frauen gegenüber zu eigen machte. Diese Umgangsformen wurden zur Regel. Im Laufe der Jahre verbreiteten weitere Lieder, weitere Erzählungen und eine reiche Bilderfabrikation den Gebrauch von Worten und Gebärden und, darüber vermittelt, bestimmte Geisteshaltungen in immer weiteren Kreisen infolge der Dynamik, die die kulturellen Modelle, die in den aristokratischen Kreisen entstanden waren, Stufe für Stufe bis in die untersten Schichten der sozialen Ordnung eindringen ließ. Auf diese Weise nahmen die Beziehungen zwischen Männern und Frauen in der Gesellschaft des Abendlandes eine eigentümliche Wendung. Noch heute gehören trotz des Wandels der Geschlechterbeziehungen die Verhaltenswerte, die von den Praktiken der höfischen Liebe herrühren, zu denen, durch die sich unsere Kultur am stärksten von anderen unterscheidet.

Aus dem Französischen von Heide Musahl

9
FRAUENALLTAG IM SPÄTMITTELALTER

(1250–1500)

Claudia Opitz

Es ist nicht zu bestreiten, daß die mittelalterliche Gesellschaft eine männliche Gesellschaft war, oder sagen wir besser: eine männlich geprägte; ihre kulturellen Äußerungen tragen das Siegel männlicher Vorherrschaft, männlicher Machtkämpfe und männlicher Vorurteile, Frauen kommen in dieser Gesellschaft, will man den Schriftquellen glauben, meist nur als Ideen, als Idole oder als Feindbilder, als Männerphantasien vor.

Dennoch wäre es fatal, »über den vielen Männern, die allein mit lauter Stimme ihre Taten und Träume vermelden, die Frauen [zu] vergessen«[1], wie dies die traditionelle Historiographie gerne tat. Schließlich wurde von ihnen, dem »anderen Geschlecht«, den Töchtern, Müttern, Gattinnen, den Heiligen und den weniger Tugendhaften, viel geredet – und fast ebensoviel geschrieben. Es bedurfte der »Neuen Frauenbewegung« und des Interesses der Frauen selbst, um aus den »Männerphantasien« des Mittelalters eine »Frauengeschichte« erstehen zu lassen, die es sich zur Aufgabe machte, die Frauen hinter all den Männern zu entdecken, ihre Sicht der Dinge, ihre Erfahrungen und Bedürfnisse, ihre Wünsche und Aktivitäten zu rekonstruieren.

Doch ist dies kein ganz leichtes Unterfangen – die Quellenlage zeigt sich, je nach Epoche, Stand oder Lebensform, in sehr unterschiedlichem Maße mitteilsam über die Situation der Frauen. Es ist im allgemeinen sehr schwierig, authentische Aussagen aus Frauenhand oder -mund in mittelalterlichen Schriftquellen zu finden, doch lichtet sich das Dunkel, das nahezu alle Evatöchter in den frühen Jahrhunderten des Mittel-

alters verbirgt, gegen Ende der Epoche spürbar, nicht nur, weil nun
hie und da auch Frauen selbst zu Pergament und Feder greifen –
denken wir nur an die berühmte franko-italienische Schriftstellerin
Christine de Pizan, der ja die »Frauenfrage« besonders am Herzen lag –,
sondern weil nun, seit dem 13. Jahrhundert, ganz allgemein die Schrift-
produktion und die Überlieferungsqualität zunimmt, weil nun mehr
Menschen – und unter ihnen besonders die Frauen der wohlhabenderen Schichten – am geistigen und intellektuellen Geschehen Anteil
nehmen; weil schließlich Frauen sich als Hörerinnen, Leserinnen und
Mäzeninnen, aber auch als Erblasserinnen, Witwen und Vormünder in
größerer Zahl und in breiterer gesellschaftlicher Streuung als in
den Jahrhunderten zuvor in direkter Weise an der schriftlichen Darstellung und Gestaltung des mittelalterlichen Lebens zu beteiligen vermögen.

Doch noch immer leben die Frauen unter männlicher Hegemonie,
nicht nur im kulturellen, sondern in allen sozialen Bereichen; ihre Alltagserfahrungen müssen weiterhin – und über die Grenzen des Mittelalters hinaus – mühevoll gegen den Strich männlicher Idealisierung und
Abwertungen gelesen, ihre Wünsche und Vorstellungen können häufig
nur erahnt werden hinter dem Schleier der Bevormundung und Reglementierung durch Väter, Eltern, Ehemänner und Beichtväter. Dennoch
erweist sich das späte Mittelalter – wenngleich es eine Zeit voller Katastrophen und Konflikte war, denken wir nur an die Pest oder den »Hundertjährigen Krieg« –, diese Epoche der Endzeitvorstellungen und der
religiösen Raserei, der wirtschaftlichen Krisen und der Kulturkritik, auch
als eine Zeit des Aufbruchs und der Neuerungen, nicht zuletzt für die
Angehörigen des weiblichen Geschlechts. Sie haben nicht nur unter
Wirtschaftskrisen und Epidemien gelitten, sondern auch von den Möglichkeiten erhöhter sozialer Mobilität profitiert, haben teilgehabt an
technischen Neuerungen auf dem Land wie in der Stadt und schließlich auch an kulturellen und religiösen Umbrüchen, wenngleich gerade
hier ihre Errungenschaften äußerst fragil und angreifbar waren: Vergessen wir nicht, daß die Umstrukturierung der europäischen Welt am
Ende des Mittelalters durch wüste Hexenverfolgungen und um sich grei-
fenden Hexenwahn besonders auf Kosten des weiblichen Geschlechts
erfolgte.

Dies zeigt sich vielleicht am klarsten an der Rechtsentwicklung im späten Mittelalter. Zwar ist es fast vermessen, diese regional und ständisch
differenzierte Rechtslage in wenigen Worten wiedergeben zu wollen,
doch lassen sich vielleicht einige Tendenzen darlegen, die die von mir
skizzierte Entwicklung illustrieren. Vergessen wir dabei jedoch nicht, daß
auch die mittelalterliche Rechtssatzung, trotz ihres Hangs zur Aufzeichnung von Gewohnheitsrechten, d. h. von in der Alltagspraxis erprobten

und aus ihr abgeleiteten Regeln, weit mehr präskriptiven als deskriptiven
Charakter hat, und damit nicht die Realität, sondern vielmehr einen Soll-
zustand, also Wunschvorstellungen der Rechtssatzer, wiedergibt – und
dies insbesondere hinsichtlich der Stellung der Frauen, die ja im allgemeinen an der Abfassung solcher Rechtskodizes weder aktiv beteiligt
noch auch nur nach ihrer Meinung befragt wurden. Hier zeigt sich denn
auch ein Element weiblicher Alltagsgestaltung, das wie kaum ein anderes männlich dominiert war. Aus diesem Grund möchte ich die bekanntermaßen für Frauen ungünstige und sie weitgehend entmündigende
Rechtslage an den Anfang der Darstellung weiblicher Alltagserfahrungen
stellen, um dann in der Folge zu prüfen, wie Frauen mit diesem für
sie so hinderlichen Rahmen umzugehen wußten, wo sie ihm zu entrinnen vermochten und schließlich auch, wo und wie sie ihn zu sprengen suchten.

Die Unmündigkeit des weiblichen Geschlechts

Die Rechtsstellung der Angehörigen des weiblichen Geschlechts war,
ebenso wie die der männlichen Zeitgenossen, im späten Mittelalter von
einer Fülle von Einzelregelungen, Sonderrechten und Privilegien bestimmt. Dabei spielten zunächst vor allem die regionale und die soziale
Herkunft eine entscheidende Rolle – bei manchen Frauen, etwa bei den
Jüdinnen, auch ihre ethnische und religiöse Zugehörigkeit: Frauen im
städtischen Bereich unterlagen im wesentlichen den seit dem 12. bzw.
13. Jahrhundert kodifizierten »Stadtrechten« – von denen allerdings alle
im religiösen Stand Lebenden ausgenommen waren, die sich nach dem
kanonischen Recht zu richten hatten; die ländliche Bevölkerung unterlag etwa im mitteleuropäischen Bereich zunächst den sogenannten
»Stammesrechten« (z. B. dem um 1260 kodifizierten »Sachsenspiegel«, der
für die nördlichen Gebiete des Deutschen Reiches Gültigkeit hatte, im
Süden galt der sogenannte »Schwabenspiegel«). Die meisten mediterranen Regionen waren traditionell dem römischen Recht untergeordnet; in
Nordfrankreich dagegen galten weitgehend die sogenannten »coûtumes«,
die kodifizierten Gewohnheitsrechte. Durch die im Spätmittelalter wachsende soziale Mobilität vermengten sich diese unterschiedlichen Rechts-
stellungen zu einer unübersichtlichen Rechtslage, welche etwa in Frankreich erst im Zuge der Revolution 1789–95 – und auch nur teilweise –
nach dem Grundsatz von Freiheit und Gleichheit »harmonisiert«, d. h.
vereinheitlicht werden konnte.[2]

Diesem System unterlagen auch die Frauen. Doch zeigen nahezu alle
Rechtssatzungen im Hinblick auf das weibliche Geschlecht noch einige
spezifische Regelungen – meist sind dies ihre Rechte einschränkende

Gesetze, innerhalb und außerhalb der Familie, im »privaten« wie im »öffentlichen« Recht, wie wir heute sagen würden.

Die auffallendste rechtliche Fixierung der Sonderstellung der Frau ist die in fast allen Rechten verankerte Vormundschaft des männlichen Geschlechts über das weibliche, die verminderte Rechtsfähigkeit aller Frauen: Die Stammesrechte etwa schlossen die freie Frau von allen öffentlichen Angelegenheiten aus. Sie durfte auch in der Gerichtsversammlung nicht selbst erscheinen, sondern mußte sich durch einen Mann vertreten lassen, ihren »Muntwalt«. Bei unverheirateten Frauen war das in der Regel der Vater, bei verheirateten Frauen der Ehemann. Verstarben diese, so ging die Muntgewalt auf den nächsten männlichen Verwandten aus der männlichen Linie über. Der Muntwalt hatte außer der gerichtlichen Vertretung seines Mündels auch das Verfügungs- und Nutzungsrecht über dessen Vermögen, die Strafgewalt, die im Extremfall bis zur Tötung reichen konnte, das Recht zur Verehelichung nach seinem Gutdünken und selbst das Recht zum Verkauf.[3]

Diese »Geschlechtsvormundschaft«, die unter anderem einen außerordentlich eingeschränkten Zugang der Frauen zu politischen Ämtern – etwa als Feudalherrinnen oder gar als Königinnen – bewirkte (wenngleich durch das gesamte spätere Mittelalter hindurch und über ganz Europa hin Frauen immer wieder auf Fürsten- und Königsthronen zu finden sind) und die auch einer »eingeschränkten Geschäftsfähigkeit« der Frauen Vorschub leistete, begann im Laufe des späteren Mittelalters insbesondere in Mittel- und Westeuropa zu schwinden. Hier erhielten nun vor allem Unverheiratete wesentlich größere Eigenrechte; die Rechtsbücher des 13. Jahrhunderts gestanden ledigen Frauen und Witwen eine beträchtliche Ausweitung ihrer Handlungs- und Entscheidungsfreiheit gegenüber der Zeit der Stammesrechte zu. In privatrechtlicher Hinsicht konnten sie nun freier über ihren Besitz verfügen, konnten die Vormundschaft über ihre unmündigen Kinder ausüben u. ä. m.[4]

Ehefrauen dagegen verblieben, mit Ausnahme der als Händlerinnen und Kauffrauen tätigen Frauen, in der Vormundschaft, der »Ehevogtei« ihres Mannes; mit der zunehmenden Bedeutung der Kleinfamilie und der Ehe in der Gesellschaft des späteren Mittelalters gewann der »Zivilstand« der Frauen – ihr Verhältnis zum Ehemann gewissermaßen – für ihr Auftreten und ihre Handlungsräume immer mehr an Bedeutung. Zwar läßt sich auch der spätmittelalterliche Mensch – ob Mann oder Frau – nicht aus dem Verband des größeren Familienzusammenhangs lösen; auch in der Stadt, in der das eheliche Zusammenleben und die »Kleinfamilie« – als »Zweigenerationenfamilie«, in der Eltern und Kinder in einem Haus zusammenleben – als Lebensform an Bedeutung gewann, behielten verwandtschaftliche Bande und Familienzugehörigkeit für wirtschaftliche und politische Fragen weiterhin ihren Einfluß. Doch das Zusammenleben der Geschlechter und die Stellung der Frauen innerhalb und außerhalb des Hauses waren nun, mehr denn je, von der Ehe und der Beziehung zum Ehemann geprägt.

Demographischer Rahmen

Bevor wir uns allerdings den Bedingungen weiblicher Existenz unter männlicher »Ehevogtei« zuwenden, müssen wir noch einen anderen, nicht weniger einflußreichen Rahmen für den Frauenalltag im Spätmittelalter abstecken; ich spreche von den demographischen Bedingungen weiblicher Existenz.

Zwar ist es auch in dieser Hinsicht unmöglich, aus den durch einen lückenhaften Quellenbestand eingeschränkten und nur durch punktuelle Einzelstudien bisher gewonnenen Kenntnissen allgemeine Aussagen über Lebenserwartung, Gesundheitszustand, Fruchtbarkeit der Frauen im Mittelalter, ja, allein schon über das zahlenmäßige Verhältnis von Frauen und Männern zu machen, doch auch hier können zumindest Hypothesen gewagt werden, welche ihrerseits als Hintergrund rechtlicher, wirtschaftlicher, psychosozialer und auch mentalitärer Entwicklungen Bedeutung erhalten. Neueren Schätzungen zufolge verringerte sich die europäische Bevölkerung in unserem Zeitraum um etwa ein Drittel.[5] Damit ging nicht nur ein erheblicher Arbeitskräftemangel und, in seiner Folge, eine Veränderung des Verhältnisses von Feudalherren und ihren zins- oder steuerpflichtigen Untertanen einher – das späte Mittelalter ist auch die Zeit großer Bauernaufstände und sozialer Unruhen in der Stadt –, sondern u. a. auch ein Wandel im Heiratsverhalten: erhöhte weibliche Ehelosigkeit auf der einen, höheres Heiratsalter der Frauen auf der anderen Seite waren die Folgen.[6]

Ob die beobachtbaren Veränderungen im Heiratsverhalten allerdings, wie die ältere Forschung annahm, auf einen erheblichen Frauenüberschuß[7] – und damit auf demographische Faktoren – zurückzuführen sind, ist in der neueren Forschung sehr umstritten, zumal anzunehmen ist, daß das Verhältnis von männlichen und weiblichen Kindern dem heute bekannten Muster (104 : 100) entsprach und daß die Überlebenschancen von Mädchen während der ersten zehn Lebensjahre eher schlechter waren als die der Jungen. Das Geschlechterverhältnis der Jugendlichen und der Erwachsenen läßt sich ebenfalls kaum zuverlässig auf demographischem Wege ermitteln, da die Mobilität lediger Jungen und Mädchen aus allen sozialen Schichten zwischen Stadt und Land, aber auch zwischen den Städten äußerst unterschiedlich war; so gab es in Städten mit ausgeprägt patrizischem Charakter mehr Mägde, in Städten mit ausgeprägt gewerblicher Struktur mehr Knechte, Gesellen und Lehrjungen.[8]

Auch für den Geschlechterproporz unter den Erwachsenen galt ähnliches; so scheinen ganz allgemein die Städte eine besondere Anziehungskraft für alleinstehende Frauen gehabt zu haben – als Arbeitsmarkt oder als Ruhesitz für Witwen.

Was die jeweilige Lebenserwartung angeht, so sind hier vor allem ständische und regionale Einflüsse ausschlaggebend; auch Hungerkrisen und Epidemien mögen sich auf Frauen und Männer derselben gesellschaftlichen Gruppe weit weniger unterschiedlich ausgewirkt haben als auf die Angehörigen verschiedener sozialer Gruppen oder Regionen. Selbst bei einer so allgemeinen Epidemie wie der Pest scheinen eher bestimmte Berufsgruppen, z. B. Priester, die sich um die Kranken kümmerten, und Bäcker, die durch ihre Arbeit mehr als andere mit den die Krankheit übertragenden Ratten in Berührung kamen, betroffen worden zu sein. Auch mag eher das Lebensalter als das Geschlecht hier eine Rolle gespielt haben: Ältere Menschen waren wegen erworbener Immunität resistent geworden, während insbesondere Kinder und Jugendliche Opfer der Seuche wurden.[9]

Ein besonderes Risiko für den weiblichen Lebensverlauf bildeten allerdings, das ist eindeutig feststellbar, Schwangerschaft und Geburt – die Demographie bezeichnet dies als »Übersterblichkeit« von Frauen während ihrer fruchtbaren Lebensphase. Die Folge war nicht nur, daß das zahlenmäßige Verhältnis in der Altersgruppe der 20- bis 40jährigen – und das waren die »Heiratsfähigen«! – eher einen Männerüberschuß aufweisen müßte; wenn sich dennoch in manchen Städten und Gemeinden (Mitteleuropas) ein Frauenüberschuß finden läßt, so mag das – neben Überlieferungsproblemen, vor die uns die lückenhaften Quellenbestände dieser Zeit stellen – auch daran liegen, daß die Lebenserwartung der Frauen, die die Risiken des Kindbetts überstanden hatten, deutlich höher lag als die ihrer männlichen Zeitgenossen, ein Befund, der sich seit dem 16. Jahrhundert belegen läßt, der aber auch für spätmittelalterliche Verhältnisse plausibel erscheint.[10] Ein weiterer und bedeutsamerer Grund ist die Tatsache, daß die Gefährdung durch Schwangerschaft und Kindbett im wesentlichen für verheiratete Frauen galt. Die große Zahl der Unverheirateten, namentlich all derer, die in religiösen Gemeinschaften lebten, prägte die mittelalterliche Bevölkerungsstruktur und -entwicklung aber entscheidend mit.[11]

Ehe und Familie erweisen sich als zentrale Kategorien weiblicher Existenz in den letzten Jahrhunderten des Mittelalters. Daß sie auch im wirtschaftlichen Bereich und für Art und Umfang der Frauenarbeit wesentlich waren, werde ich weiter unten zeigen. Zunächst aber sollen Bedingungen und Grenzen weiblicher Existenz im Rahmen der ehelichen Lebensform beleuchtet werden.

DER »ORT DER FRAUEN«: EHE UND FAMILIE

Eheschließung und Heiratsalter waren allerdings nicht nur abhängig von wirtschaftlicher und demographischer Dynamik – etwa von der Tatsache, daß seit dem 14. Jahrhundert zunehmend auch Lohnabhängige eine Familie gründen konnten –, sondern auch von schichtspezifischen Heiratsstrategien einzelner Familien. Hier schlugen sich zudem religiöse und mentalitäre Wertsetzungen und Wertewandel, insbesondere aber das Bemühen der mittelalterlichen Kirche nieder, Einfluß auf das Heiratsverhalten und die Moral der Gläubigen zu nehmen.

Wie Georges Duby nachgewiesen hat, ist die Vorstellung von einer monogamen, von Gott gestifteten und unauflöslichen Beziehungsform, welche auf theologisch-kirchlichen Vorstellungen und Wertsetzungen basierte, auch in der weltlichen Laiengesellschaft, die zunächst anderen Praktiken huldigte, zunehmend akzeptiert worden, so daß etwa seit dem 13. Jahrhundert von einem »christlichen Ehemodell« gesprochen werden kann, das sich bis weit in die Neuzeit hinein fortgesetzt und erhalten hat: Die lebenslange, untrennbare, monogame Ehe, die auf der beiderseitigen Zuneigung, dem »consensus«, der Eheleute basiert.[12] Dadurch verschob sich nicht nur das Verhältnis von Abhängigen zu ihren Herren – die Konsensehe unterstrich ja ihre »Mündigkeit« gegenüber seigneuraler Bevormundung –, sondern auch das Generationen- und Geschlechterverhältnis: Für die Männer bedeutete die Einehe die Begrenzung der Zahl legitimer Kinder – und damit der legitimen Erben –, für die älteren Generationen brachte die Konsensehe eine Provokation überkommener hierarchischer Strukturen mit sich. In früheren Jahrhunderten nämlich waren Ehen vor allem nach Absprachen der betroffenen Sippen und Familien getroffen worden. Sollten nun die zukünftigen Eheleute selbst nach ihrem Willen ihre Lebenspartner wählen? Sollten nun unmündige Töchter als zukünftige Ehefrauen im schwierigen Geschäft der Eheplanung und Heiratsvermittlung allein entscheiden können, ob und wen sie heirateten? Und sollten die Ehefrauen nun in allen Dingen gleichberechtigt neben ihren Männern stehen?

Eheschließungen aus weiblicher Sicht

Die Freiheit des Willens und der Entscheidung zur Ehe, welche hier festgeschrieben wurde, hatte in der autoritären, familienzentrierten Realität
des Spätmittelalters wenig Durchsetzungschancen. Die überragende Bedeutung, die Eheschließungen – als Mittel zur Schaffung und Aufrechterhaltung von Macht- und Besitzstrukturen – zukam, erlaubte besonders
in den besitzenden und mächtigen gesellschaftlichen Oberschichten
kaum einem jungen Mädchen, auf die Heiratspläne der älteren Generation Einfluß zu nehmen. Trotz der kirchlichen Lehre vom Konsens der
Eheleute arrangierten Väter, Mütter, Freunde und Verwandte die Zukunft
ihrer Kinder, Nichten und Enkelinnen – und auch die jungen Männer
hatten kaum mehr Mitspracherecht als ihre Altersgenossinnen, besonders
die Erbsöhne eines Hauses.[13] Nur in den gesellschaftlichen Unterschichten in der Stadt und auf dem Land findet man größere Freiheiten, unabhängige Entscheidungen und eine Zurückdrängung der Bevormundung
durch die Eltern.[14]

Die »Freiheit der Partnerwahl« kann insofern kein eindeutiger Maßstab
für das Ausmaß der spezifischen Unterdrückung und Einschränkung von
Frauen in der mittelalterlichen Gesellschaft sein. Es schlägt sich hierin
vielmehr ein Charakteristikum hoch- und spätmittelalterlicher Familien-
organisation der Oberschichten nieder, das für alle »Unmündigen«, junge
Männer wie Frauen, Kinder wie Dienstboten, in ähnlichem Umfang
Unfreiheit mit sich brachte.

Die spezifische Unterdrückung der Frauen durch arrangierte Ehen liegt
vielmehr in der Reduktion auf eine Existenz an der Seite eines Mannes,
für dessen (Familien-)Interessen und Bedürfnisse, in der Kontrolle der
weiblichen Sexualität und des weiblichen Körpers und in der psychischen Deformation der als »fremd« dargestellten Ehefrau. Dennoch haben
(junge) Frauen immer wieder versucht, auf diese Entscheidung Einfluß
zu nehmen, sei es, daß sie ihre Eheschließung im nachhinein vor einem
kirchlichen Ehegericht annullieren lassen wollten, sei es, daß sie sich in
den Schutz von Klostermauern und Keuschheitsgelübde begaben, um
der Heiratspolitik der Familie zu entkommen, wie dies Agnes von Böhmen Mitte des 13. Jahrhunderts tat, oder ihre Leidensgenossin, die französische Prinzessin Isabélla, die Schwester Ludwigs IX., des »Heiligen«.[15]

Gerade die Sitte der sogenannten »Patrilokalität«, im Adel des Spätmittelalters die Regel und auch im städtischen Patriziat verbreitet, garantierte den zu verehelichenden Knaben und Männern den gewohnten psy-
cho-sozialen Hintergrund, den die Mädchen und Frauen durch die Sitte
des »Verschickens« der jungen Bräute in den Einflußbereich oder das
Haus der zukünftigen Schwiegerfamilie einbüßten. War die Ehe nämlich
versprochen, wurde die Übersiedlung der noch kindlichen Braut

bewerkstelligt. Bald war es ein Kloster, das den kostbaren Schatz, dieses Unterpfand politischer und wirtschaftlicher Interessen zu beherbergen hatte, bald der Hof oder das Haus des zukünftigen Ehemannes. Die junge Braut fand sich in einer neuen Familie, einer neuen Gemeinschaft wieder – und im besten Fall wurde sie wie ein Kind der Familie behandelt.[16]

Diese Erfahrung mochte für die kindlichen Bräute nicht unangenehm gewesen sein – und folgerichtig teilten viele Frauen die Vorstellung, Ehe sei die beste aller möglichen Lebensweisen für eine Frau – man müsse frühzeitig dafür Sorge tragen, daß eine Tochter unter die Haube komme. Hier hatte denn auch die in den Oberschichten so verbreitete Praxis der Kinderehen ihren Grund; doch auch in patrizischen und niederadligen Familien war ein Mädchen mit zwölf bis fünfzehn Jahren »ehetauglich« und wurde verheiratet.[17] Damit sanken allerdings die Chancen für die Artikulation und Durchsetzung des eigenen Willens für die Mädchen selbst.

Wie wir aus zeitgenössischen Quellen erfahren, war das Erreichen eines höheren Heiratsalters die unerläßliche Voraussetzung für eine Verbesserung der weiblichen »Verhandlungsposition« in diesen Fragen, doch noch keine Garantie für eine Durchsetzung der eigenen Interessen. Beispiele aus der Literatur, aber auch dokumentierte historische Streitfälle belegen nämlich, daß bestenfalls Witwen ein geringes Mitspracherecht bei der Eheschließung eingeräumt wurde: Sie konnten zumindest unter mehreren Bewerbern wählen.[18] Selbst die Koalition mit Vertretern der Kirche half heiratsunwilligen Mädchen und jungen Frauen kaum weiter; der französischen Königstochter Isabella († 1270) etwa empfahl der Papst persönlich eine eheliche Verbindung – die Isabella aus Gründen ihrer religiösen Überzeugung abgelehnt hatte – »wegen des guten Einflusses, den eine tugendhafte Dame auf ihren Ehemann haben könne«.[19]

So konnten denn junge Frauen, die sich der eisernen Faust familiärer Heiratspläne entwinden wollten, nur auf List, Lüge und auf göttliche Hilfe zählen, wie wir aus etlichen Frauenviten des späteren Mittelalters erfahren: Clara von Assisi etwa, die prominente Ordens- und Klostergründerin, und ihre jüngere Schwester Agnes hatten sich bei Nacht und Nebel aus dem elterlichen Haus geschlichen und bei Franziskus und seinen unkonventionellen Brüdern Unterschlupf gefunden – und hätten sie nicht himmlischen Beistand gehabt, berichtet der Hagiograph, so hätten sie den Drohungen, Beschimpfungen und Schlägen ihrer (männlichen) Verwandten niemals Stand halten können.[20]

Daß es sich bei solchen Erzählungen nicht nur um erbauliche Fiktionen handelt, zeigt sich nicht zuletzt dort, wo Konflikte um unerlaubte Eheschließungen vor spätmittelalterliche Gerichte getragen wurden; schließlich galten Eheschließungen, die gegen den elterlichen Willen eingegangen worden waren, schon vor dem Konzil von Trient (1546–62) als höchst unerwünscht; die unerlaubt Verehelichten konnten von den Eltern oder der Familie enterbt werden. Dabei handelte es sich vor allem um junge Männer, die in dieser Sache eigenwillig gehandelt hatten – ein Beleg für die Annahme, daß die autoritäre Verheiratungs- und Familienpolitik auch (junge) Männer hart treffen konnte. Hier zeigt sich aber auch, daß Frauen anderen Rechtsgrundsätzen unterlagen und ihre Handlungen mit anderem Maßstab gemessen wurden als die ihrer männlichen Zeitgenossen. Ihre eigenmächtigen Entscheidungen bei der Wahl des Ehemannes finden wir nämlich dort, wo sogenannte »Raubehen« verhandelt wurden: In zeitgenössischer Sicht waren Frauen eher Opfer männlicher »Raublust« und Aggression als Subjekte eigener Entscheidungen. Infolgedessen wurden ihre Handlungen als »Entführungen« und »Brautraub« behandelt, als einseitig männliche Aktivitäten also, die aber in den meisten Fällen ohne die Mitwirkung der (jungen) Frauen nicht hatten zustande kommen können.[21]

Frühzeitiges Heiratsversprechen, Überredung oder gar Zwang bis hin zur Gewaltanwendung, gerichtliche Verfolgung bei Zuwiderhandlung – das waren die Druckmittel, durch die sich die ältere Generation die Botmäßigkeit und den Gehorsam ihrer Kinder und insbesondere ihrer Töchter sicherte.

Die Macht des Eheherrn

Wie aber erlebten die vielen jungen Mädchen und Frauen den ehelichen Alltag an der Seite eines Mannes, den sie häufig kaum kannten und dem sie deshalb in den meisten Fällen auch nicht in Liebe zugetan sein konnten? Denn auch in diesem Bereich konnte sich die kirchliche Lehre von der Konsensehe gegen die gesellschaftlichen Machtverhältnisse kaum durchsetzen – und wollte es eigentlich auch nicht: Das Verhältnis von Ehemann und Ehefrau sollte weiterhin kein partnerschaftliches, gleichberechtigtes sein: »Ordnet einander unter in der Furcht Christi, die Frauen ihren Männern wie dem Herrn ...« (*Eph* 5,31) Dieser neutestamentarische Satz hatte auch im späten Mittelalter seine Gültigkeit nicht verloren, im Gegenteil. Eine gute Ehe war die Gemeinschaft von Mann und Frau auch nach kirchlicher Morallehre nur dann, wenn der Mann »regierte« und die Frau – bedingungslos – gehorchte. In religiösen Frauenbiographien des späteren Mittelalters finden wir deshalb auch häufig Formulierungen, die auf diese untergeordnete Stellung der Ehefrau anspielen: Im ehelichen Joch befand sich die Mutter Claras von Assisi, und Hedwig von Schlesien († 1240) war »dem mächtigen Herzog Heinrich von Schlesien dem Gesetz nach unterworfen«.[22] Die Ehemänner

dagegen zeichneten sich, will man den Biographen glauben, durch auf-
brausende Gewalttätigkeit und kleinliche Kontrolle der (religiösen) Praktiken und der Lebensweise der Ehefrauen aus. Manch einer verstieß
seine Frau auch wegen unüberwindlicher Abneigung oder wegen Sterilität. Doch wie sah dieses von Macht und Unterwerfung gekennzeichnete
eheliche Zusammenleben in der Realität aus?

Blicken wir dafür zunächst in die Akten des Pariser Offizialgerichts aus
dem 14. und 15. Jahrhundert, einer bischöflichen Rechtsinstanz, die sich
vor allem mit »Familienangelegenheiten« zu befassen hatte. Kaum überraschend ist, daß sich die häufigsten Streitfälle um eheherrliche Gewalttätigkeiten drehten, Indiz dafür, daß auch in nicht-adligen Kreisen die
Überzeugung herrschte, Ehemänner besäßen ein fast uneingeschränktes
Züchtigungsrecht, eine fast seigneurale Herrschaftsposition. Daß allerdings solche Fälle bereits im 13. Jahrhundert von den Ehefrauen selbst
oder auch von ihren Familienangehörigen vor Gericht gebracht wurden – meist mit der Bitte um Trennung der ehelichen Gemeinschaft –,
ist erstaunlich und spricht auf der anderen Seite dafür, daß sich Ehefrau-
en nicht ganz so willig ins Joch der Ehe spannen ließen, wie dies Theologen und Moralisten wünschten.

Daß schließlich auch zahlreiche Ehefrauen wegen Beschimpfens und
Verprügelns ihres Gatten vor Gericht zitiert wurden, bestärkt uns weiter
in dem Verdacht, daß eheliche Disharmonien durchaus auch auf die
Initiative und den Eigen-Sinn von Ehefrauen zurückgehen konnten, die
ihre Interessen zur Not auch mit Gewalt durchsetzen wollten. Allerdings
war direkte Gewaltanwendung ein eher unübliches Verhalten für Frau-
en; in weit höherem Maß scheinen sie Widerworte, Ignorieren oder
Mißachten des eheherrlichen Willens und »Heimlichkeiten« als Mittel
ihrer Interessenwahrung betrachtet zu haben. In den Offizialgerichten
werden denn auch etliche Frauen ermahnt, daß sie ihren Ehemännern
Gehorsam schuldeten, eine Forderung, die sie im Alltag ganz offensichtlich nicht immer berücksichtigten. [23]

In der Tat ist die absolute eheherrliche Machtstellung, die kirchliche und
weltliche Autoritäten wieder und wieder betonen, in ähnlichem Maße
Wunschbild einer Männergesellschaft wie die Ehe selbst. Doch bildete diese Ideologie den teilweise äußerst repressiven Rahmen für die alltägliche
Lebensgestaltung und Konfliktbewältigung der Ehefrauen, innerhalb und
außerhalb der Ehe. Die Härte, die diese patriarchale Machtstruktur für
Frauen barg, belegen nicht zuletzt spätmittelalterliche Kriminalfälle. Hier
wurden insbesondere Frauen aktenkundig, die versucht hatten, durch
Zauberei oder Gift, »schleichende Waffen« gewissermaßen, ihren Ehemann zu beseitigen. [24] Gerade die *ehelichen* Machtverhältnisse mögen bisweilen unerträglich schwer auf den Frauen gelastet haben; doch es stand
ihnen kaum ein Weg offen, dem »ehelichen Joch« zu entgehen.

Denn die Ehemänner waren die erste Instanz sozialer Kontrolle ihrer Frauen; dies legten nicht nur die seit dem 13. Jahrhundert niedergeschriebenen Rechtssätze fest. Auch die kanonischen Rechtsvorstellungen, die den Ehemann zum Haupt seiner Frau bestimmten, drängten auf die Verantwortlichkeit und die Kontrollmöglichkeiten des »Eheherrn«. Dieses Herrschaftsmonopol findet seinen deutlichsten Ausdruck im eheherrlichen Züchtigungsrecht, das weltliche und geistliche Autoritäten festschrieben, und im männlichen Privileg, ungestraft die Ehe zu brechen.

Eheliche und außereheliche Sexualität

»Du kannst nicht oft bei deiner Herrin sein und es ist schwer bei deiner Jugend, keusch zu bleiben. Warum gehst Du nicht zu den Mägden?« neckten beispielsweise die Ratgeber Ludwigs von Thüringen ihren Herrn, wie wir aus seiner Biographie erfahren.[25] Sie spielten damit nicht allein auf ein unumwundenes Herrenrecht gegenüber den weiblichen Hofbediensteten an, sondern auch auf das »Herrenrecht« des Ehemannes gegenüber seiner Gattin: Während Rechtsnorm und Mentalität Ehebrecherinnen mit dem Tode bestraft wissen wollten, gingen Ehemänner bei gleichem Verhalten straffrei aus. Und was den Besuch des »Frauenhauses«, dem seit dem späten 14. Jahrhundert in allen Städten anzutreffenden öffentlichen Bordell angeht, so sollte das zwar der Kanalisierung der sexuellen Bedürfnisse der unverheirateten Handwerksgesellen dienen – Geistliche, Ehemänner und Juden sollten ausgeschlossen bleiben –, doch wurden ertappte Ehemänner mit sehr milden Geldstrafen belegt, während man jüdische »Kunden« meist auf Lebenszeit der Stadt verwies.[26]

Denn war auch nach kirchlicher Lehre die Ehe der alleinige Ort, wo Sexualität auf legitime Art und Weise gelebt werden durfte, so wurde doch von der weltlichen Ethik der Sexualität des Ehemannes weit mehr Freiheit eingeräumt als der Ehefrau. Da die Ehe der Hervorbringung von *legitimen* Erben dienen sollte, mußte der Schoß der Ehefrau in besonderer Weise kontrolliert werden; er sollte allein der eheherrlichen »Befruchtung« vorbehalten bleiben. »Mes moult doit preudefeme soufrir et endurer avant qu'ele se met hors de la compagnie de son mari« (sinngemäß: »viel muß eine Frau erdulden und ertragen, so lange sie in der ehelichen Gemeinschaft ihres Mannes lebt«) hielt deshalb der Autor der »coûtumes«, des Gewohnheitsrechts im Beauvaisis im 14. Jahrhundert fest; die ehelichen Pflichten gingen in erster Linie zu Lasten der Frau. Keine Macht über den eigenen Körper zu haben war charakteristisch für Ehefrauen – und solche, die es werden sollten. Insbesondere in der adligen Oberschicht wurde über den weiblichen Nachwuchs und seine Tugend ge-

wacht; die meisten Adels- und Patriziertöchter des Spätmittelalters verbrachten die letzten Jahre vor der – frühen – Heirat im Kloster. Aber
auch Witwen, die noch im heiratsfähigen Alter waren, unterlagen der
familiären Kontrolle ihres Körpers und ihrer Tugend: Eine sechzehn Jahre junge Witwe aus der Provence zumindest konnte ihre erotischen Gelüste nur durch eine erneute Eheschließung nach dem Willen ihrer Verwandten stillen, wie aus dem Kanonisationsprozeß der Gräfin Dauphine
von Puimichel († 1316) zu erfahren ist.[27] Und wo sich Witwen diesem
Zwang zu entziehen suchten, das wissen wir aus den Analysen Georges
Dubys, wurde dies in ihrer Familie und Umgebung häufig zum Skandal.

Nur die Frauen ärmerer Gesellschaftsschichten hatten in dieser Hinsicht weniger Kontrollen zu gewärtigen; doch war für sie der Grat
zwischen Erfüllung ihrer sexuellen Wünsche und der Prostitution aus
Armut schmal. So wurden etwa im 14. Jahrhundert vor normannischen
Bischofsgerichten Ehefrauen wegen außerehelicher »Unzucht« verurteilt,
die mit Einverständnis ihrer Ehemänner der Prostitution als Gelderwerb
nachgingen. Andere – voreheliche – Liebesbeziehungen unter jungen
Leuten aus dem bäuerlichen Milieu waren nur in den Augen strenger Kir-
chenrichter »außereheliche Beziehungen« – die jungen Leute betrachteten sich als »versprochen« und ihre auch sexuellen Kontakte als Vorbereitung auf eine spätere Ehe. Im übrigen gerieten diese Formen der »frei-
en Liebe« auch für Frauen – die immer die Gefahr einer Schwangerschaft
in sich bargen, wie nicht vergessen werden sollte – mit dem Ende des
Mittelalters immer stärker unter den wachsenden Druck einer neuen,
»bürgerlichen« Moral: Im 16. Jahrhundert schließlich drohte einer unehelichen Mutter die Todesstrafe durch Ertranken.

Trotz dieser ungünstigen Voraussetzungen verzichteten beileibe nicht
alle Frauen darauf, sich auch außerhalb des Ehebettes nach Liebe umzu-
tun. Besonderer Beliebtheit erfreuten sich hierbei Kleriker und Priester –
die Frauenbiographien des späten Mittelalters zumindest sind voller
Anekdoten über lasterhafte Priester, die sich unter dem Vorwand scheinbar ehrenhafter Bemühungen um die weibliche Seele zunächst das Vertrauen ihrer weiblichen Beichtkinder erschlichen und dann auch ihre liebende Zuwendung. Ähnlich wie der »enorm unternehmende Pierre Clergue«, Priester in Montaillou und ringsum bekannter Schürzenjäger[28], verfolgten auch in anderen Regionen Kleriker auf raffinierte Weise ihre erotischen Interessen, indem sie sich ihren Angebeteten als Beichtväter
näherten. Meist fanden sie bei ihren »Opfern« durchaus Gegenliebe –
trotz der Kontrolle, der verheiratete Frauen unterworfen waren. Ein
schwieriges Problem war dabei offensichtlich, für die Priester wie für die
Frauen, die »geistliche Liebe« des Beichtvaters zu seinem Beichtkind und
die »libidinöse Liebe« des (klerikalen) Mannes zur (religiösen) Frau zu
unterscheiden. Insbesondere durch die starke Verbreitung minnemysti-

scher Bilder und Ideen seit dem Beginn des 13. Jahrhunderts mochte sich hier ein Spannungsfeld eröffnen, in dem schließlich die Furcht vor den Konsequenzen eines Ehebruchs hinter der religiösen Verve und der libidinösen Begeisterung der Frauen zurücktrat.

Im allgemeinen waren die Frauen dann ebenso bemüht, ihre außerehelichen Beziehungen geheimzuhalten, wie die okzitanische Landadlige Béatrice de Planissole, aus Furcht davor, »in flagranti« ertappt und samt ihrem Liebhaber – möglicherweise sogar mit dem Leben – bestraft zu werden. Und dennoch sind einige von diesen »Ehebrecherinnen« ihrer Schuld überführt und aktenkundig geworden. Wie Jean-Philippe Lévy beobachtete, behandelt eine große Zahl der Pariser Bischofsgerichtsakten die Untreue von Ehefrauen: Von den 19 Fällen ehelicher Untreue waren sechs Anklagen gegen einen Ehemann und 13 gegen eine untreue Ehefrau gerichtet.[29] Dies spricht zwar m. E. kaum dafür, daß Frauen in stärkerem Maß als Männer aus der Ehe ausgeschert sind, sondern es verbirgt sich dahinter vielmehr die Vorstellung, daß das Gebot der ehelichen Treue für Frauen mehr Gültigkeit hatte als für Männer, eine Idee, die auch aus den Rechtssätzen der Land- und Gewohnheitsrechte herauszulesen ist, wo eheliche Untreue der Frau sogar mit der Tötung der Schuldigen und ihres Geliebten geahndet werden durfte, während eine betrogene Ehefrau, zumindest vor den weltlichen Gerichten, keinerlei Handhabe gegen ihren Ehemann hatte.

Ehelicher Alltag im Adel

Dennoch zeichnen Frauenviten aus den letzten drei Jahrhunderten des Mittelalters in dieser Hinsicht kein eindeutiges Bild ehelicher Machtverhältnisse und weiblicher Unterordnung. Die Herzogin von Schlesien etwa befehligte eine ganze Schar von Hofbediensteten beiderlei Geschlechts, und sie zeichnete sich dabei nicht nur durch Befehlsgewalt, sondern auch durch Unmutsäußerungen – bis hin zur Gewalt – aus. Auch die demütige und fürsorgliche Elisabeth von Thüringen († 1231) setzte ihre Anordnungen zur Not auch mit Gewalt durch. Als sie einmal eine Bettlerin zum Beichten aufgefordert hatte, diese aber lieber schlafen wollte, »züchtigte die selige Elisabeth sie mit Ruten und brachte so die Widerwillige schließlich doch zum Beichten.«[30]

Das machtbetonte, selbstbewußte Auftreten adliger Damen, das auch durch andere Quellen überliefert ist, steht auf den ersten Blick in krassem Gegensatz zum Bild der untergeordneten Ehefrau. Doch darf dabei nicht übersehen werden, daß hier nicht die Ehefrau handelt, sondern die Adlige oder die Patrizierin; es geht nicht um das eheliche Zusammenleben, sondern um die Haltung gegenüber Untergebenen oder abhängigen Armen.

Daneben war für den gesellschaftlichen Handlungsraum der Frauen in der Oberschicht ihre ökonomische Macht bedeutsam, über die sie – auch als verheiratete Frauen – zweifellos verfügten: Denn über »fahrende Habe«, über Geld, Schmuck und Kleidung, die aus der Mitgift stammte oder zum Heiratsgut gehörten, und über Waren der Haushaltsführung oder der häuslichen Produktion verfügten auch verheiratete Frauen fast uneingeschränkt. Selbst die Rechtsquellen des Spätmittelalters räumten ihnen dafür die sogenannte »Schlüsselgewalt« und eine beschränkte Geschäftsfähigkeit ein. Manche adlige Frauen besorgten auch die Verwaltung ihrer Güter und Ländereien selbst – wenn auch meist mit Hilfe kompetenter Verwalter. Im Laufe des späteren Mittelalters setzte sich aus diesem Grund an den großen europäischen Fürstenhöfen für Ehefrau und Ehemann die Sitte der getrennten Haushaltsführung durch, wenn auch im allgemeinen der Hofstaat und die Kassen des Fürsten weit besser ausgestattet waren als die Hofhaltung seiner Gattin. Doch auch sie verfügte über Dienstpersonal und Abhängige in feudaladliger Manier – und über eigene Gebäude oder Räumlichkeiten, was ihrer Bewegungsfreiheit nutzen konnte. In der Gestalt der verheirateten (Hoch-)Adligen vereinigten sich Herrschaft und Unterwerfung in ganz besonders spannungsreicher Weise.[31]

Doch war das spätmittelalterliche – adlige – Eheleben ohnehin gekennzeichnet durch eine geringe Intensität an Zeit und Emotionen; die eheliche »Intimität« bestand im wesentlichen in der gemeinsamen Benutzung des Schlafgemachs – und auch dies nicht regelmäßig. Aus der Biographie des Grafen Elzeario de Sabrano, der zu Beginn des 14. Jahrhunderts dem Gefolge Karls II. von Anjou angehörte und der mit der reichen provenzalischen Erbin Dauphine von Puimichel verehelicht war, geht hervor, daß ein hochadliges Ehepaar oft jahrelang getrennt lebte, wenn Amtsgeschäfte oder der Wille des Seigneur es erforderten. In einem Fall verbrachte Elzeario fünf Jahre am sizilianischen Königshof, während seine Gattin in der Provence die heimatlichen Besitzungen und Ländereien beaufsichtigte.[32]

Das Itinerarium des thüringischen Landgrafen Ludwig († 1227), des Gatten der heiligen Elisabeth, belegt darüber hinaus, wie wenig intensiv selbst das Eheleben eines Paares sein konnte, das als besonders liebevoll und einander zugewandt galt: Wohl 1221 war die Ehe geschlossen worden. Knapp eineinhalb Jahre später führte der jungverheiratete Ludwig im August 1223 einen Feldzug gegen den Grafen von Orlamünde. Im September dieses Jahres war er dann am Hoftag zu Nordhausen und zu Beginn des Jahres 1224 stand er mit seiner Truppe bei der Neuenburg bereit, um sich nach dem Erscheinungsfest zum Landgerichtstag nach Groß-Göschen in der Mark zu begeben. Vom 12. Januar bis Ende Februar war er unterwegs zu seiner Schwester Jutta, um, nach einem kurzen

Zwischenaufenthalt auf der Neuenburg (dem Wohnsitz der Familie), einen erneuten Feldzug in die Mark zu unternehmen. Zu Ostern weilte er in Dresden, danach bei einem Landgerichtstag in Delitzsch. Erst im Juli kehrte er wieder auf die Neuenburg zurück, um im August bereits erneut einen Feldzug anzutreten, dieses Mal nach Polen, der etwa einen Monat dauerte. Ende September war er erneut beim Hoftag zu Bardowik, nördlich von Lüneburg, im Oktober im Feldlager zu Bleckede, nicht weit davon. Erst im Winter war er wieder längere Zeit auf dem Familiensitz, der Neuenburg, anwesend.

Elisabeth begleitete zwar ihren Gatten hin und wieder – etwa zum Hoftag oder zum Landgerichtstag; doch vor allem die Kriegszüge unternahmen Ritter und Fürsten nicht in Begleitung ihrer Gattinnen, um so mehr, als diese ja auch eigene Pflichten zu erfüllen hatten. Elisabeth zumindest brachte in der Zeit von 1221 bis 1227 drei Kinder zur Welt, eines davon in der Zeit, als ihr Gatte u. a. in diplomatischer Mission nach Cremona und Prag reiste. So war die landgräfliche »cohabitatio« mindestens ein Drittel bis zur Hälfte der sieben Jahre dauernden Ehe durch Feldzüge und Reisen des »Eheherrn« verunmöglicht.[33]

Dieser Effekt wurde noch durch die im allgemeinen nicht sehr lange Dauer der ehelichen Gemeinschaft verstärkt, die nicht zuletzt durch die »Übersterblichkeit« der Ehefrauen in ihren fruchtbaren Jahren bestimmt war. Starben Frauen nämlich in der mittleren Lebensphase, so hinterließen sie häufig unmündige Kinder. Dies war ein Hauptgrund für eine schnelle Wiederverheiratung der Witwer. Da die Witwer bevorzugt junge Frauen heirateten, kam es bisweilen zu großen Altersunterschieden zwischen den Ehepartnern. Das Bild verkehrte sich allerdings, wenn der ältere Ehemann vor der zweiten (oder eventuell auch dritten) Ehefrau verstarb, diese ihrerseits einen jüngeren Mann heiratete – teils freiwillig, teils aus Gründen ständischer oder beruflicher Notwendigkeit (man denke an die Meisterwitwen im Handwerk).

Das Problem der ungleichen Ehepartner ist in Kunst und Literatur vielfach dargestellt worden; doch resultierte hieraus auch keinesfalls die Vorstellung eines lebenslänglichen ehelichen Zusammenlebens. Obgleich es sehr schwierig ist, zur Frage der Ehedauer und der ehelichen Altersverhältnisse zuverlässige Daten zu erheben, zeigt etwa die Analyse spätmittelalterlicher Adelsgenealogien, daß eine große Zahl von Ehen kaum länger als etwa 10–15 Jahren dauerte – womit die Tendenz, eine Ehe als lediglich zeitweilige Verbindung zu betrachten, gerechtfertigt erscheint.[34]

Entsprechend distanziert entwickelte sich deshalb die eheliche Beziehung. Nicht nur für die Adelsgesellschaft des späteren Mittelalters war Eheleben eher eine Lebensform und eine Angelegenheit zur Regelung sozialer Beziehungen, die nach außen wirkte und in die Zukunft hinein, nicht aber eine Leib- und Seelengemeinschaft zweier Individuen.

Zwar versuchte die kirchliche Ehelehre nicht nur, die Untrennbarkeit von ehelichen Gemeinschaften durchzusetzen, sondern auch, die »eheliche Liebe« (*dilectio* oder *caritas*) als Grundlage der christlichen Ehe darzustellen. Doch allein schon die verzweifelte Suche nach einer Definition dieses Gefühls zeigt, wie wenig selbstverständlich die Liebe zur Ehe gehörte.[35]

Die Praktiker unter den Klerikern, die Beichtväter und Juristen, räumten der ehelichen Liebe ohnedies einen äußerst geringen Stellenwert ein. Weder wurde der Mangel an ehelicher Liebe als Grund für eine Ehescheidung anerkannt, noch stiftete Liebe allein bereits eine gültige Ehe: Gemeinsame Kinder und eheliche Treue machten das Sakrament der Ehe aus; alles weitere blieb der Gestaltung durch die Gläubigen überlassen. Daß dennoch nicht alle mittelalterlichen Ehen lieblos, nicht alle Ehefrauen unglücklich waren, zeigen die zeitgenössischen Quellen in vielfacher Weise auf. Namentlich die Institution der Kinderehe, die sich auf junge Bräute durchaus repressiv auswirken konnte, bot andererseits die Chance, daß sich die zukünftigen Eheleute schon als Kinder kennen- und schätzen lernten; die Eheleute Salomea und Coloman beispielsweise, die gegen Ende des 13. Jahrhunderts am ungarischen Hof lebten, erhielten gemeinsam Unterricht, da sie etwa gleichaltrig waren;[36] die bereits erwähnte Elisabeth und ihr Gatte Ludwig kannten sich ebenfalls von Kindesbeinen an.

So ist schließlich auch der uns zunächst absurd, inkonsequent oder gar verlogen erscheinende Widerspruch zwischen der Forderung, Liebe zur Basis ehelichen Zusammenlebens zu machen, und der in ganz Europa verbreiteten Sitte der arrangierten Ehen zumindest teilweise aufzulösen: Liebe zwischen den Eheleuten galt eher als Resultat einer gemeinsamen Lebensführung denn als Grundlage einer Eheschließung; sie war eine angenehme Zugabe des Glücks und ständiger Bemühungen im alltäglichen Zusammenleben, jedoch keine Voraussetzung für eine eheliche Lebens- und Funktionsgemeinschaft.

Eheleben in der Stadt

Dies galt auch für alle übrigen Ehen, namentlich die des städtischen Bürgertums. Zwar zeigten sich stadtbürgerliche Heiratsbräuche und stadtbürgerliches Familienleben für Frauen etwas weniger repressiv: So lag in diesen Kreisen das Heiratsalter für Frauen, zumindest in Mittel- und Nordeuropa, wesentlich höher – und stieg gegen Ende des Mittelalters weiter an, was einer Einflußnahme der ehewilligen Frauen auf die Partnerwahl dienen mochte. Auch die rechtlichen und wirtschaftlichen Möglichkeiten schienen hier bedeutend größer als im adligen

Milieu. Die Unterwerfung unter den eheherrlichen Willen war aber auch hier oberstes Gebot. [37]

Doch bot auch hier das Eheleben Frauen durchaus attraktive Seiten: Als »mater familias« konnten sie über die Einkünfte der »domus« verfügen – im Rahmen der Hauswirtschaft zumindest – und über eine (je nach Tätigkeit und Reichtum der Familie größere oder kleinere) Schar von Mägden, Knechten und sonstigen Dienstboten herrschen.

Generell waren im stadtbürgerlichen Milieu die Verhältnisse wesentlich enger als im Adel; der wirtschaftliche Rahmen erlaubte weit weniger persönliche Eitelkeiten: Im Gegensatz zu der an den großen Adelshöfen in Gebrauch gekommenen doppelten Hofhaltung und der traditionellen Funktion der adligen Ehefrauen als Statthalterinnen ihres Gatten entstand im städtischen Bereich eine auf Heller und Pfennig achtende gemeinsame, familienorientierte Haushaltsführung. [38]

Auch die Präsenz des Ehemannes muß hier, bis auf die großen Handels- und Kaufmannsfamilien mit ihren reisenden Familienvätern, stärker spürbar gewesen sein, zumal wenn Haushalt und Werkstatt unter einem Dach versammelt waren, wie das in vielen Handwerken die Regel war. Dies kommt in zeitgenössischen Frauenbiographien vor allem dadurch zum Ausdruck, daß in den Adelsfamilien und an den Höfen neben den Ehemännern vor allem auch Verwandte, Hofdamen, Bedienstete und weitere Mitbewohner als Träger von sozialer Kontrolle der Ehefrauen fungierten; im stadtbürgerlichen Milieu waren es ausschließlich Ehemänner, die sich zur Kontrolle ihrer Frauen berechtigt fühlten.

Andererseits kam Frauen und ihrer Arbeitskraft im ländlichen und insbesondere im städtisch-handwerklichen Familienbetrieb eine weit größere wirtschaftliche Bedeutung zu als den Damen des Adels, die ja vor allem um der Fortführung des Familienerbes willen unverzichtbar waren. [39]

Es wird geschätzt, daß etwa ein Drittel bis die Hälfte aller Handwerksmeister – zumindest in den mitteleuropäischen Städten – ohne Gesellen arbeiteten, so daß Familienmitglieder, meist Ehefrauen, teilweise auch die Kinder, einen großen Teil der anfallenden Arbeiten übernehmen mußten, häufig vor allem das Besorgen von Dienstgängen und das Verkaufen der in der Werkstatt hergestellten Waren. Die Vorstellung, daß Frauen im stadtbürgerlichen Milieu des späten Mittelalters weitgehend oder ausschließlich als »Hausfrauen« tätig waren, ist deshalb, zumindest für den nördlich der Alpen gelegenen Teil Europas, nicht zutreffend[40]; die große Zahl der städtischen Versorgungshandwerker, der Bäcker, Metzger, Schuhmacher, Schneider usw., spricht gegen die Vorstellung von einer autarken mittelalterlichen Hauswirtschaft unter weiblicher Führung. Insbesondere für Handwerkerfrauen war es selbstverständlich, neben einer im wesentlichen auf Nahrungs- und Kleidungszubereitung reduzierten Haushaltsführung eine Reihe anderer Arbeitsrollen zu übernehmen, damit das erforderliche Familieneinkommen zusammengebracht werden konnte: spinnen und weben für den Markt oder für »Verleger«, d. h. Fernhändler von Stoff und Textilien, die sich der zünftischen Bindung und Kontrolle entzogen, Bier- und Nahrungsmittelherstellung zum Verkauf, Kleinhandel u. ä. m. Bestimmte Hausarbeiten wurden im übrigen als billige Lohnarbeiten delegiert, wenn die Hausfrau in der gewonnenen Zeit mehr mit anderer Arbeit verdienen konnte. Selbst Schwangerschaft und Geburt schränkten die Zeit der Handwerkerfrauen für gewerbliche Arbeiten weitaus weniger ein, als uns dies nötig erscheint. Ammen, Kindermädchen, ältere Geschwister und unverheiratete Verwandte übernahmen hier Aufsichtspflichten und Versorgungsfunktionen.

Nicht zuletzt durch die steigende wirtschaftliche Bedeutung der Ehefrauen bei gleichzeitig weiterbestehender rechtlicher und sozialer »Hegemonie« des Ehemannes erhielten die so angelegten Konflikte in den Geschlechterbeziehungen Auftrieb. Der »Kampf um die Hosen« begann hier bereits gegen Ende des Mittelalters. Die zahllosen derben, frauenfeindlich anmutenden Schwänke und Erzählungen der Epoche, die Geschichten von betrogenen Ehemännern, zänkischen Weibern und tölpelhaften Familienvätern kolportierten, finden hier ihren sozialen Hintergrund.

MUTTERSCHAFT UND MÜTTERLICHKEIT IM SPÄTMITTELALTER

Ähnlich bedeutsam wie Eheschließung und Familienstand war in der mittelalterlichen Vorstellungswelt die Mutterschaft für den weiblichen Alltag und die Stellung der Frauen in der Gesellschaft. Kinder gebären und aufziehen galt als eine der Hauptaufgaben, als »Beruf« der (Ehe-)Frauen, besonders in den mediterranen Gebieten Europas, trotz der im Alltag eher reduzierten Bedeutung von Schwangerschaft und Kindererziehung, sowohl bei den städtischen Handwerksfamilien als auch beim Adel, wo man den seit dem 12. Jahrhundert beobachtbaren, erheblichen Anstieg der Kinderzahl darauf zurückführen kann, daß sich Ammen der Säuglinge und Kleinkinder annahmen, nicht mehr die Mütter.[41]

Daß sich die mittelalterlichen Verfasser von Rechtsquellen wie von Erziehungsliteratur, von höfischer Epik wie von religiöser Lyrik allgemein sehr wenig mit Müttern beschäftigt haben, wie Shulamith Shahar beobachtete, ist weniger ein Indiz dafür, daß die mittelalterliche Gesellschaft ihrer Nachkommenschaft wenig Bedeutung beigemessen hat, wie dies vor einiger Zeit Philippe Ariès behauptet hat[42], sondern daraus ist vielmehr zu schließen, daß sich mönchische wie höfische Autoren – als

Männer – den Niederungen und Geheimnissen der »weiblichen Produktivität« kaum oder nur mißtrauisch näherten, denn·sie war der erklärte Ort weiblicher Zuständigkeit.

So selbstverständlich und offensichtlich war dieser Zusammenhang den Zeitgenossen, daß selbst Thomas von Aquin in einer vielfach zitierten und kritisierten Textstelle seiner *Summa Theologica* das Erscheinen der Frau in der Schöpfung allein dem Umstand zuschreibt, daß der Mann beim Hervorbringen von Nachkommen, der »procreatio«, auf ihre Mithilfe nicht verzichten könne:

> »Es war notwendig, daß das Weib ins Dasein trat, wie die Schrift sagt, als die Gehilfin des Mannes; zwar nicht als Gehilfin zu einem anderen Werke (als dem) der Zeugung, wie einige behaupten, da ja der Mann zu jedem sonstigen Werke eine bessere Hilfe in einem anderen Manne findet als im Weibe, sondern (sie ist notwendig) als Gehilfin beim Werke der Zeugung.«[43]

Auch die weltliche (Adels-)Gesellschaft teilte die Vorstellung, Frauen und Kindersegen seien unmittelbar gekoppelt – und erstere seien vor allem deshalb von Gott geschaffen worden, um Kinder – d. h. Erben – in die Welt zu setzen. Infolgedessen tauchen in den seit dem 12. Jahrhundert häufiger werdenden Genealogien vor allem diejenigen Frauen auf, die sich durch hingebungsvolle – und das heißt im Adel: zahlreiche – Mutterschaft auszeichneten. Eine gute Ehe mußte kinderreich sein, eine gute Ehefrau Mutter – jede andere Möglichkeit galt als abnorm, obgleich sich Kanonisten und Moraltheologen dafür einsetzten, auch eine nicht vollzogene oder kinderlose Ehe als von Gott gesegnetes Sakrament zu betrachten, wären sich nur die Eheleute in herzlicher und gottesfürchtiger Liebe zugeneigt; im Laufe des späteren Mittelalters gelangten daher sogar sogenannte »jungfräuliche«, nicht vollzogene oder kinderlose Ehen zur »Ehre der Altäre«, wurden kinderlose Ehefrauen heilig gesprochen.[44]

Fruchtbarkeit und Sterilität

Doch der Erfolg dieser Bemühungen bei den Laien war gering. Es war noch im 13. Jahrhundert nicht ungewöhnlich, daß Frauen verstoßen wurden, weil sie auch nach mehreren Ehejahren kinderlos geblieben waren. Ein Ritter aus Assisi etwa hatte seine Frau zu ihren Eltern zurückgeschickt, weil sie ihm keine Kinder geboren hatte – wie wir aus dem Kanonisationsprozeß Claras von Assisi († 1256) erfahren. 22 Jahre lebte er ohne sie; erst durch eine Weissagung der späteren Heiligen ließ er sich dazu bewegen, sie wieder zu sich zu nehmen: Clara hatte ihm die baldige Geburt eines Sohnes prophezeit.[45] Und wo der Gatte selbst keine Konsequenzen ziehen wollte, wie im Fall des provenzalisch-italienischen Ehepaars Elzeario und Dauphine, sorgten manchmal auch Verwandte dafür, daß der fruchtlosen Gattin der richtige Weg – nach Hause – gewiesen wurde.

Denn auch Außenstehende zeigten großes Interesse an der Nachkommenschaft exponierter Eheleute. Ein Krakauer Franziskaner etwa erkundigte sich bei seiner Patronin im Himmel, der heiligen Salomea, »ob Herzog Boleslaus, ihr Bruder, und die Frau Herzogin von Krakau und Sandormin, Frau Kynga, seine Gattin, Kinder bekommen werden . . .«. [46] Denn nicht nur Familienerbe und -besitz hingen am Kindersegen, sondern auch politische Machtkonstellationen und die Stabilität ganzer Herrschaftszusammenhänge: Wo der Thronfolger fehlte, waren Thronstreitigkeiten, innere und äußere Konflikte, Krieg, Leid und Not nicht weit.

Wenig verwunderlich also, daß sich Frauen im (späten) Mittelalter, besonders in den oberen Gesellschaftsschichten, die Frage nach Art, Zeitpunkt und Zahl der Schwangerschaften ausschließlich dann stellte, wenn der Segen ausblieb.

»Die Überbringerin dieses Briefes ist . . . eine adlige Frau und die Gattin eines geliebten Mannes. Sie kommt in tiefer Frömmigkeit zu dir, sehr schlicht, obgleich sie zu Pferd und mit großem Gefolge reisen könnte. Der Grund ihres Kommens ist folgender: schon lange Zeit blieb sie unfruchtbar, obwohl sie zu Anfang einigen Knaben das Leben schenkte. Da diese aber starben und sie keine weiteren Kinder gebar, sind sie und ihr Gatte tief betrübt. Das ist es, weshalb sie zu dir, der Magd und Vertrauten Christi, ihre Zuflucht nimmt. Sie hofft zuversichtlich, du werdest durch deine Verdienste und Bitten bei Gott erlangen, daß sie noch fruchtbarer werde und die gesegnete Frucht ihres Leibes zur Fortpflanzung ihres Geschlechtes Christus darbieten könne. Daher ersuchen auch wir dich, gebeten von ihr und ihrem Gemahl, du wollest in diesem Anliegen für sie bei Gott eintreten, auf daß sie gewürdigt werden zu erlangen, wonach sie sich sehnen.« [47]

Dieses Schreiben von fünf burgundischen Zisterzienseräbten an die renommierte Seherin und Heilkundige Hildegard von Bingen überbrachte um die Mitte des 12. Jahrhunderts keine Geringere als Beatrix, die Erbin des burgundischen Königreiches und Gattin Friedrich Barbarossas. Weltliche und geistliche Macht sollten sich verbünden, um der unheilvollen Sterilität des Kaiserhauses abzuhelfen. Hildegard ihrerseits riet, in theologisch vorbildlicher Manier, zum demütigen Gebet; doch viele andere unfruchtbar gebliebene Frauen werden sich damit nicht begnügt haben. Sie griffen, neben Wallfahrten und Gelübden, Gebeten und Opfergaben an die Gottesmutter Maria und alle in Frage kommenden Heiligen, durchaus auch auf magische Praktiken zurück, die außerhalb des kirchlichen Segens lagen – doch leider wissen wir hiervon bislang noch wenig. Gehen wir aber davon aus, daß sich Fruchtbarkeitsrituale und -praktiken bis in die frühe Neuzeit erhalten haben, so können wir annehmen, daß sich auch die unfruchtbaren Frauen des Mittelalters an Quellen einfanden, um durch kleine Geschenke die Quellenfee zu erfreuen, die die Kinder schickt, wie dies im Burgund des 18. Jahrhunderts noch der Fall war. Oder berührten sie im Vorübergehen heimlich einen stehenden Stein, Zeichen des Phallus, in der Hoffnung, endlich den weiblichen Samen mit dem männlichen in Berührung zu bringen, wie das die Frauen Südfrankreichs noch vor hundert Jahren taten? Sicher versuchten sie auch, sich durch Bäder mit aromatisierten Kräutern, durch Kuren und Tinkturen ihres »Fluchs« zu entledigen. Die Idee, ihre Kinderlosigkeit passiv hinzunehmen, werden sie wohl kaum akzeptiert haben, um so weniger, als das Kinder-Haben, das Aufziehen und Überwachen der Kinder für die meisten Frauen ein verhältnismäßig geringes Problem gewesen sein muß – war es doch keineswegs ihre Aufgabe, körperlich und geistig ständig für den Nachwuchs zur Verfügung zu stehen. Für alle »niederen« Tätigkeiten, das Säubern, Baden und Wickeln etwa, aber auch für Ernährung und Betreuung standen in der Oberschicht Dienstboten und Ammen zur Verfügung – was zusammen mit dem niederen Heiratsalter adliger Frauen zu einer sehr hohen Zahl von Schwangerschaften und Geburten führte; man spricht von durchschnittlich acht bis zehn Kindern.[48]

In den Handwerker- und Bauernfamilien griffen Dienstmägde, Verwandte und ältere Geschwister zu, wenn es um die Betreuung und Beaufsichtigung von Säuglingen und Kleinkindern ging; doch muß hier der Beitrag der Mütter zur Pflege und Ernährung ihrer Kinder weit höher veranschlagt werden als bei den adligen Müttern; Stillen, Wickeln und Körperpflege lastete hier in größerem Umfang auf den Müttern – weshalb im Handwerker- und Bauernmilieu die Zahl der Kinder geringer war als im Adel – und kollidierte bisweilen mit den übrigen Arbeitsaufgaben, denn im allgemeinen ging die Pflicht zur Arbeit gegenüber der Kinderpflege vor. Wie Barbara A. Hanawalt für das spätmittelalterliche England nachgewiesen hat, kamen besonders die zwei- bis vierjährigen Kinder durch Unfälle zu Schaden, wenn sie in Küche, Haus, Hof und Garten erste Ausflüge zu unternehmen begannen und, wegen mangelnder Aufsicht, in Feuerstellen, Brunnen oder fließende Gewässer stürzten. Kleinere Kinder waren durch wilde Tiere bedroht, wenn sie von ihren arbeitenden Müttern am Feldrain zurückgelassen worden waren, um zum Stillen bei der Hand zu sein – oder durch Unfälle im Haus, wenn Mütter oder Aufsichtspersonen die Kleinen zu nahe an Feuerstellen oder beim Vieh »deponiert« hatten.[49] Das Dilemma, Arbeit und Kinderpflege zu vereinbaren, ging im allgemeinen zu Lasten der kleinen Kinder. Größere Kinder – etwa ab vier Jahren – konnten schon bald zur Mitarbeit in Haus und Garten, den Bereichen spezifischer Frauenarbeit also, herangezogen werden, so daß sie sich schließlich als Arbeitsentlastung bezahlt machten. Doch nicht nur als zeitweilige Arbeitsentlastung, sondern v. a. als Mittel zur Absicherung im Alter mußten Kinder gerade den Frauen des

Spätmittelalters erscheinen, wo die Solidarität der Familienbande zurückgedrängt war zugunsten der Kernfamilie – zumindest in Mittel- und
Westeuropa. Eine spätere Existenz als alternde Witwe konnte durch die
Unterstützung der Söhne und Töchter sehr erleichtert werden. Kinder zu
haben erklärt sich deshalb gerade für die Frauen des späten Mittelalters
als nützliche Investition in ein gesichertes Alter.

Doch war die funktionale Einbindung von Mutterschaft und Mütterlichkeit durch die Pflicht zur Fruchtbarkeit und der Notwendigkeit der
Alterssicherung durchaus kein Hemmnis für eine starke affektive Bindung von Mutter und Kind. Vor allem in den unteren Gesellschaftsschichten war allein schon die räumliche Nähe von Mutter und Kind
durch das obligatorische Stillen und das Schlafen der Kinder im Bett der
Mutter bzw. der Eltern bemerkenswert.

».. . und dann fand ich mein zweites Kind tot in meinem Bett«, erzählte eine ungari-
sche Bäurin um 1270 den Inquisitoren, »und ich nahm seine Füße in meine Arme und
stieg aus dem Bett und ich begann zu weinen und zu schreien wegen des Kindes. Ich
tastete es ab, aber es rührte sich nicht mehr, lag da wie tot. Da wurde ich sehr traurig und betrübt, weil mein Sohn tot war, wie mein anderes Kind (eine Tochter) und
ich bat die heilige Margarethe, daß sie meinen Sohn wieder lebendig mache . . .«.[50]

Auch andere Mütter waren vom Tod oder einer tödlichen Krankheit ihres
Kindes tief getroffen. Die Mutter eines jungen Mannes, der bei einem
Unfall ums Leben gekommen zu sein schien, war »so von Schmerz ergriffen, daß sie mit ihrer laut klagenden Stimme und ihrem tiefen Schmerz
alle Umstehenden zu Jammer und Tränen rührte . . .«.[51]

Doch mußte es nicht erst zum äußersten kommen, um mütterliche
Gefühle nach außen zu tragen: Ivetta von Hui, eine flandrische Ministe-
rialentochter und Mutter zweier Söhne († um 1230), konnte es nicht
ertragen, längere Zeit von ihren Kindern getrennt zu sein, wie in ihrer
Biographie nachzulesen ist,[52] während es sich die spätere heilige Elisabeth von Thüringen zur schmerzlichen asketischen Pflicht erkor, auf das
weitere Zusammenleben mit ihren Kindern zu verzichten, nachdem sie
beschlossen hatte, ein Leben als Begine und Krankenpflegerin »im Dienste Christi« zu führen.[53]

Von der Verhütung zum Kindsmord

Doch nicht alle Frauen waren hingebungsvolle und liebende Mütter –
oder wollten überhaupt Kinder gebären. Beinahe »antimütterlich« lesen
sich nämlich etliche der Frauenbiographien, die als Hagiographien in
den letzten drei Jahrhunderten des Mittelalters entstanden sind. Die
Visionärin und Mystikerin Angela von Foligno († 1309) etwa dankte zu

Beginn ihrer Visionsniederschrift Gott, weil er ihre Mutter, den Ehemann und die Kinder durch eine Krankheit von ihr genommen habe, so daß sie sich nun völlig seinem Dienst widmen könne[54], während ihre Zeitgenossin, die Visionärin Umiltà († 1310), die im bürgerlichen Leben Rosanensis hieß und vor ihrem Einzug ins Kloster ein normales Frauenleben als Gattin und Mutter geführt hatte, Mann und Kinder ohne Schmerz und Bedauern hinter sich ließ, um ihrer religiösen Interessen willen.[55] Die bekehrte Sünderin Margareta von Cortona († 1297) schließlich vernachlässigte ihren unehelichen Sohn »ohne jedes mütterliche Gefühl« und wandte sich lieber der Pflege der Armen zu, um Christi willen.[56]

Dient die Trennung von Mutter und Kindern in diesen Heiligenleben vor allem erbaulichen Zwecken und soll sie den Umfang der Selbstaufgabe, des Opferwillens und der Leidensfähigkeit der späteren Heiligen demonstrieren, so zeigt sich an anderen Quellen der Zeit durchaus, daß es Situationen gab, in denen Frauen keineswegs eine Schwangerschaft herbeisehnten oder wo sie sich eines unerwünschten Kindersegens gerne entledigt hätten. Die Frage nach der Verhinderung von Schwangerschaften, nach Mitteln und Möglichkeiten, unerwünschten Kindersegen abzuwenden, ist in den letzten Jahren immer wieder gestellt worden. Doch ist immer noch einigermaßen unklar, wer in welchem Umfang und auf welche Weise verhütete oder abtrieb. Deutlich wird in den meist von Klerikern, Beichtvätern und Theologen verfaßten einschlägigen Quellentexten nur, daß den mittelalterlichen Gläubigen – und besonders den Frauen – der Wille zu Geburtenkontrolle unterstellt werden darf, insbesondere dort, wo Menschen um der Lust willen zusammenkamen, in den Frauenhäusern und in außerehelichen Beziehungen. Hier wird auch, wenngleich in Andeutungen, dargestellt, an welche Mittel eine Frau denken konnte, die ihren Liebesbeziehungen – oder ihrem Gewerbe – keine Konsequenzen wünschte: Abortive Drogen und sterilisierende Tinkturen, daneben – oder gleichzeitig – magische Praktiken wie das Amulett, das Pierre Clergue aus Montaillou seiner Geliebten Béatrice de Planissole um den Hals legte.[57]

Aus diesen sehr spärlichen Hinweisen und aus der besonders auf Frauen zielenden Polemik der Kleriker auf ein besonders unter den Frauen verbreitetes und von ihnen tradiertes Verhütungswissen – und einer damit einhergehenden Autonomie in Liebesdingen! – zu schließen, wie das in den letzten Jahren häufiger getan wurde, erscheint mir allerdings unrichtig. Es ist sicherlich richtig, daß Schwangerschaft und Geburt und alle damit zusammenhängenden Praktiken und Kenntnisse auch noch im späten Mittelalter alleinige Domäne der Frauen waren; hier hatten Männer weder Erfahrungen noch Mitspracherecht; der Zugang zur Geburtsstube war hinter einem Schleier der Scham verborgen und für sie verboten – ein wesentlicher Grund, warum wir heute so wenig über die dort angewandten Praktiken und Vorgänge wissen. Doch soviel steht fest: Die Kenntnisse und Fähigkeiten der Hebammen und Matronen, die sich das Geburtshilfewissen teilten – und das Wissen um Fruchtbarkeit und Sterilität ist damit in der Tat eng verbunden –, waren längst nicht so weitreichend, wie dies heute vielerorts angenommen wird.[58]

Dies zeigt sich zum einen bei den Schilderungen von Problemgeburten, die uns in zahllosen Wunderberichten aus dem späten Mittelalter überliefert sind und aus denen unter anderem auch hervorgeht, mit welch großen Ängsten Frauen dieser Zeit – und aller sozialen Schichten – ihrer Niederkunft entgegensahen. Ortulana etwa, die Mutter der heiligen Clara, begab sich hochschwanger in die Kirche ihrer toskanischen Heimatstadt Assisi und bat dort Christus inständig, »er möge sie die Geburt heil überstehen lassen«.[59] Dieses Stoßgebet war sicherlich angebracht angesichts der Beschränktheit der Hilfsmittel der Geburtshelferinnen und auch angesichts der vielfältigen Komplikationen, die bei jeder Niederkunft auftreten können. Die Möglichkeiten der Hebammen und »Wehmütter«, bei ungünstigem Geburtsverlauf helfend einzugreifen, waren u. a. auch deshalb so gering, weil in Europa Kaiserschnitte erst seit dem 13. Jahrhundert hier und da praktiziert werden konnten und diese Operation auch nur an toten Frauen vorgenommen werden durfte – entsprechend hoch war deshalb auch die Zahl der bei der Niederkunft getöteten Erstgebärenden. Doch auch andere, einfachere Eingriffe wie Dammschnitt, Wehenverstärker oder Geburtszange waren offenbar weitgehend unbekannt.

Greifen wir aus der Fülle der Belege nur ein Beispiel heraus: Floriana, eine polnische Adlige, die um die Mitte des 13. Jahrhunderts in den Wehen lag und deren Niederkunft durch das eingeklemmte Köpfchen des Neugeborenen unglücklich zu enden drohte, wurde von ihren Hebammen aufgegeben und »der Gnade Gottes überlassen, denn nur die Hälfte des Kopfes des Kindes ragte aus dem mütterlichen Schoß hervor, und dieser konnte weder in den Leib zurückgestoßen noch herausgezogen werden. In dieser Not verharrte Floriana dann von der None (etwa mittags um drei) bis zur Vesper (abends sechs Uhr).«[60] So mußte mangels einschlägiger Eingriffsmöglichkeiten im mittelalterlichen Krakau selbst eine Frau aus den höchsten gesellschaftlichen Kreisen ihrem Schicksal – und das hieß hier: dem Tod – überlassen werden.

Ein ähnlich begrenztes Wissen zeigt sich auch bei der Abtreibungspraxis. Ein besonders diffiziles Problem war hier das frühzeitige Erkennen einer Schwangerschaft. Dieses war nämlich weitgehend ins Ermessen der einzelnen Frau gestellt. Sie konnte erst sicher sein, nachdem sie die ersten Kindsregungen in sich gespürt hatte – etwa im vierten oder fünften Schwangerschaftsmonat. Denn selbst von den »Spezialistinnen«, den Hebammen, konnte eine Schwangerschaft erst in fortgeschrittenem

Stadium eindeutig festgestellt werden; meist war es die *Wölbung des Bauches*, die, eventuell zusammen mit einer Untersuchung des Muttermundes, zu einer eindeutigen, aber relativ späten Diagnose führte. Solche Diagnosemethoden finden wir in Gerichtsakten eher beiläufig vorgestellt, in denen zum Tode verurteilte Frauen auf eine mögliche Schwangerschaft hin untersucht werden sollten, damit nicht unschuldiges Leben zusammen mit dem schuldigen vernichtet werde.

Agace la Françoise und Jehanne la Riquedonne, vereidigte königliche Hebammen, stellten 1392 in einem Gutachten vor dem Gericht im Châtelet zu Paris fest, daß sie »die Gefangene Marion de la Court gesehen und sorgfältig untersucht hatten, nämlich abgetastet und in unbekleidetem Zustand befühlt.« Dabei hätten sie festgestellt, daß diese keinesfalls schwanger sein könne, denn »sie ist flach am Bauch, und angesichts der Aufregung, in der sie sich während der Visite und der Begutachtung ihres Bauches befand, glauben beide nach bestem Wissen und Gewissen, daß sie keinesfalls schwanger oder mit einem Kind belastet sei.«[61]

Die Möglichkeit, eine Schwangerschaft im Frühstadium zu erkennen und dadurch effizient abzubrechen, scheint damit ausgeschlossen; mit dem Fortschreiten der Schwangerschaft wuchs dann aber die Gefährdung der ungewollt Schwangeren durch eine Abtreibung beträchtlich. Namentlich die offenbar sehr weitverbreitete Anwendung von Mutterkorn als Abortionsmittel trug ungeheure Risiken in sich, wenn durch hohe Dosierung ein bereits kräftig entwickelter Fötus ausgetrieben werden sollte. Häufig verloren dann Schwangere und Frucht gleichzeitig das Leben.

Der etwas weniger gefährliche Weg scheint demgegenüber das Töten oder Aussetzen Neugeborener gewesen zu sein. Daß auch dies eine spezifisch weibliche Praxis war, mit unerwünschtem Kindersegen umzugehen, unterstellen wiederum die Rechtsquellen der Zeit, die Kindsmord immer in Zusammenhang mit weiblicher Delinquenz abhandeln. Doch mag dem nicht allein böswillige Unterstellung männlicher Rechtssatzung zugrunde liegen. Während nämlich »Bastarde«, also unehelich gezeugte Kinder aus der männlichen Linie, namentlich im Adel, durchaus zum Reichtum eines Geschlechts beitragen konnten, war diese Art außerehelicher Fruchtbarkeit in der weiblichen Linie verpönt bis lebensgefährlich – wenn wir auch einräumen müssen, daß der Nachweis weiblichen Ehebruchs bei innerehelich geborenen Kindern schwierig zu führen war.

Gefährlich war die Tötung Neugeborener schließlich auch, weil sie zunächst in kirchlichen, dann auch in weltlichen Rechtssätzen als schweres Vergehen betrachtet und mit scharfen Bußen geahndet wurde. Allein die Armut der Mutter wurde als Grund für eine solche Untat anerkannt, während eine »Kindsmörderin«, die aus Eigennutz oder zur Befriedigung ihrer Gelüste schuldig geworden war, von geistlichen wie weltlichen

Richtern unnachsichtig verurteilt und bestraft wurde; vor dem weltlichen Gericht unausweichlich mit der Todesstrafe.[62]

Die geringe Zahl der quellenmäßig belegten Kindsmorde aus der Zeit von 1250 bis 1500 ist aber sicherlich kein Beweis dafür, daß den Frauen dieser Epoche der Kindersegen immer willkommen war – oder daß die harten Strafen sie abgeschreckt hätten. Vielmehr zeigt sich hier, wie schwierig es für Rechts- und Moralinstanzen gewesen sein muß, das »Privatleben« der Bevölkerung zu kontrollieren, insbesondere auch deshalb, weil im Falle der Kindstötung der Grat zwischen Unfall und Mord äußerst schmal war.

Hieraus schließlich erklären sich die drängender werdenden Ermahnungen seitens kirchlicher Autoritäten, Mütter und (ersatzweise) Ammen sollten ihre Säuglinge mit mehr Sorgfalt umgeben; jedes durch Unfall zu Tode gekommene Kleinkind wurde schließlich den Müttern und Ammen aufs Gewissen gebunden. Auch in Rechtskodizes fanden solche Überlegungen schließlich Eingang: Während in den »Etablissements de Saint Louis« aus dem 13. Jahrhundert, die für die Ile de France und für Paris Bedeutung hatten, zunächst nur die wiederholte Kindstötung durch Nachlässigkeit strafbar war, verschärften sich in den folgenden Jahrhunderten die Normen zusehends. Aber auch der Zugriff auf vermeintliche oder tatsächliche Kindsmörderinnen wurde nun konsequenter, so daß es im 15. Jahrhundert vermehrt zu Anklagen und Aburteilungen von Kindsmörderinnen kam.

Das Aussetzen von Kindern scheint vor allem eine letzte Möglichkeit der Armen gewesen zu sein und eine Methode, die sich besonders in den Städten entwickelte. In Basel etwa legten im 15. Jahrhundert Frauen ihre Neugeborenen, die sie nicht aufziehen konnten oder wollten, »vor das Rathaus oder vor das Spital«, wie eine zeitgenössische Chronik berichtet.[63] Selbst die drakonischen Strafen, wie Ertränken im Rhein, lebendig Begraben oder Verbrennen, mit denen man überführte Täterinnen bedrohte, konnten dem Übel nicht beikommen. Zu groß war die Armut in den städtischen Unterschichten, zu denen besonders Frauen mit kleinen Kindern zählten, zu verständnisvoll aber auch die »öffentliche Meinung« gegenüber denen, die aus der blanken Not heraus gezwungen waren, gegen Gesetz und gute Sitten zu verstoßen. Aus Straßburg wissen wir, daß am Ende des 15. Jahrhunderts jährlich zwischen sechs und zwanzig Findelkinder »aus ärmlichen Verhältnissen, von Leuten, die selber nichts zu essen haben und deshalb auch ihre Kinder nicht mit aufziehen können« ins Münster gebracht wurden. Der dortige Volksprediger Geiler von Kaysersberg, der sich dieses Elends in seinen Predigten erbarmte, war im übrigen ausdrücklich der Meinung, daß ein Vater in der größten Not seinen Sohn sogar verkaufen dürfe; der »Schutz des Lebens« begann sich zu dieser Zeit noch recht bescheiden zu artikulieren:

Besser als die Kindstötung schien es, dem Nachwuchs irgendwie das Überleben zu sichern.[64] Diese Meinung teilte der große Prediger im übrigen mit dem herrschenden Landrecht, dem Schwabenspiegel; auch hier stand das Wohl und Lebensrecht der Eltern über dem der Kinder – und »Wehmütter«, Hebammen und »weise Frauen« handelten nach dem gleichen Grundsatz: Stand es so, daß zwischen dem Leben des Neugeborenen und dem der Mutter zu wählen war, so wurde das Leben der Mutter dem des Kindes vorgezogen.

Bedingt durch die Krisen der Pest- und Hungerjahre und die dadurch enorm reduzierte Bevölkerungszahl wirkte seit dem Ende des 14. Jahrhunderts eine verbesserte Fürsorge der Kindstötung und Aussetzung entgegen: Nun entfaltete sich eine institutionalisierte Pflege für Findelkinder und Waisen in den Städten. Zunächst in den Großstädten wie Paris, London und Straßburg, dann auch in kleineren Gemeinden, entstanden Waisen- und Pflegehäuser für verlassene und verwaiste Kinder.[65]

Doch ein Mißtrauen gegenüber der möglichen Verfehlung der Mütter blieb auch hier weiterhin wach – und verstärkte sich im Rahmen von Reformation und »neuer Moralität« weiterhin: Die Statuten von Paris etwa sahen vor, daß nur »ehrlich« – das heißt hier: »ehelich« – geborene Waisen aufgenommen werden durften, »um nicht unter den Erwachsenen lockere Sitten zu unterstützen«.[66] Das Mißtrauen gegen Unverheiratete und ihre unkontrollierte, illegitime Sexualität wuchs mit dem Ende des Mittelalters, trotz – oder vielleicht sogar wegen – der verbesserten Heiratsmöglichkeiten auch für Angehörige der sozialen Unterschicht.

DER KAMPF UMS TÄGLICHE BROT: FRAUEN UND ARBEIT

Unsere Kenntnisse über die Bedingungen der mittelalterlichen Frauenarbeit sind Ergebnisse einer regen Forschungstätigkeit insbesondere US-amerikanischer und deutscher Historikerinnen und Historiker[67], die seit dem Ende des letzten Jahrhunderts immer wieder neu darauf verwiesen haben, daß der Ausschluß einer hohen Zahl von Frauen von Handwerk, Produktion und Industrie ein spezifisches Phänomen des (bürgerlichen) 19. Jahrhunderts war und daß weibliche Erwerbstätigkeit somit als Normal- und keineswegs als Ausnahmefall in der Ökonomie vergangener Jahrhunderte zu betrachten ist.

Besonders an der wirtschaftlichen Entwicklung der mittelalterlichen Städte waren Frauen als Arbeitskräfte maßgeblich beteiligt. Zwar ist auch die frühmittelalterliche Ökonomie ohne weibliche Arbeitskraft undenkbar, doch zeichneten sich mit dem Beginn des 12. Jahrhunderts und der Entwicklung der Stadtwirtschaft in Europa wesentliche Veränderungen in der Arbeitsorganisation ab, die sich ganz besonders auf Art und Umfang weiblicher Arbeit niederschlugen: Mit dem deutlichen Anwachsen der europäischen Bevölkerung im 12. Jahrhundert war zunächst ein neues Muster der Beziehung zwischen Arbeiten und Leben entstanden. Es war eng gebunden an die Entwicklung der Städte und der verdichteten dörflichen Siedlungen sowie an die Möglichkeit für eine große Zahl von Männern und Frauen, eine Ehe einzugehen. Das Ehe- und Arbeitspaar bildete den Kern der Neuorganisation des Wirtschaftens in selbstverantwortlichen Familienbetrieben von Handwerkern, Kaufleuten und Bauern, die Familie ihrerseits begann auf ihren sogenannten »Kern«, Eltern und Kinder, die Zweigenerationenfamilie, zu schrumpfen. Die städtischen – und bald auch die bäuerlichen – Familienwirtschaften begannen, für eine über den Markt vermittelte Nachfrage zu arbeiten; sie lösten die ältere Fronhofwirtschaft ab, in der die Bedürfnisse einer vergleichsweise kleinen Zahl von Grundherren Leben und Arbeiten der abhängigen bäuerlichen Familien wie der großen Zahl lediger Männer und Frauen in den Fronhöfen selbst prägten. Die »Emanzipation« aus diesen Abhängigkeiten gelang nicht dem einzelnen, sondern nur dem Ehe- und Arbeitspaar. Wem es nicht glückte zu heiraten, der mußte sich weiterhin zeitweise oder lebenslang in den Schutz und damit in die Abhängigkeit von einer anderen Familie begeben, weil es einen Staat, der seinen Schutz hätte garantieren können, noch nicht gab.[68]

In den Städten entwickelte sich zur gleichen Zeit ein spezialisiertes, selbständiges Handwerk, überregionale und internationale Handelsverflechtungen trugen weiter zu Spezialisierung und Arbeitsteilung bei. Damit ging eine Ausdehnung des Getreideanbaus und die Intensivierung der landwirtschaftlichen Produktivität einher. Diese bedeutete ihrerseits eine Spezialisierung der Landwirtschaft, die nun selbst einfachere handwerkliche Arbeiten als Nebentätigkeit nur noch begrenzt zuließ. Stadt und Land begannen damit nicht nur, sich erheblich in wirtschaftlicher und sozialer Hinsicht zu unterscheiden, sie waren auch – in ihrer gegenseitigen Spezialisierung – mehr denn je miteinander verflochten, da aufeinander angewiesen.

Die Spezialisierung machte auch vor den Geschlechterbeziehungen nicht halt: Die Intensivierung und Spezialisierung der Arbeit in Stadt und Land führte zwar zu der erwähnten Familienwirtschaft mit dem Ehepaar als Arbeitspaar und den daran gebundenen Formen der Lohnarbeit, die solche Möglichkeiten der Lohnarbeit ergänzten und erweiterten, die durch die Arbeitsteilung von Stadt und Land entstanden. Doch entwickelten sich hierbei dennoch spezifische »Zuständigkeitsbereiche« für Männer und Frauen, die letzteren die Sorge für das »Innere«, Haus, Hof, Garten, die Versorgung der Kinder, des Gesindes und des Kleinviehs und schließlich für den Textil-, Ernährungs- und Kleinhandelssektor zuwies.[69]

Diese Spezialisierung hat sich nicht zuletzt in der religösen und weltlichen Literatur niedergeschlagen. Meinte der Minoritenprediger Andreas
von Regensburg († 1271), die Tätigkeit einer Frau außer Haus sei
zu ebensoviel nütze wie der Flug einer Henne über den Zaun[70], so
machte sich in altfranzösischen und niederdeutschen Schwänken des
Spätmittelalters ein Ehemann lächerlich, der bei den Hühnern sitzen
blieb – der »tâte poule« war der spätmittelalterliche Inbegriff des Pantoffelhelden.[71]

Doch kann man trotzdem keineswegs von einer konsequenten und
streng durchgehaltenen geschlechtsspezifischen Arbeitsteilung sprechen: Weder überließen die Männer den Frauen vollständig das Feld
spezifisch »weiblicher« Arbeitsbereiche – etwa in der Textilherstellung
und -verarbeitung oder in der Nahrungsmittelherstellung –, noch konnte Frauenarbeit auf die wenigen spezifischen Bereiche beschränkt werden, die zur eigentlichen »Reproduktionsarbeit« zählten: Geburtshilfe,
Kinderpflege und Mutterschaft, Nahrungsbeschaffung und -zubereitung,
Hauswirtschaft usw. Im Mittelpunkt der Familienwirtschaft stand eine
Maximierung des Familieneinkommens – das bei den Mittel- und Unterschichten meist gerade so zum Leben reichte –, zu dem alle Familienmitglieder, insbesondere aber das Arbeitspaar nach Kräften beitragen
mußten. Konnte eine Ehefrau deshalb mit Textilarbeit oder Kleinhandel
mehr verdienen als mit Nahrungszubereitung, wurde der letztere Tätigkeitsbereich als billige Lohnarbeit an Fremde delegiert, oder er entwickelte sich sogar, wie die breite Palette des Nahrungsmittelgewerbes
in spätmittelalterlichen Städten zeigt, zu einer weitgehend außerhäuslichen Produktion.

Frauenarbeit auf dem Land

Die größte Zahl der Frauen war im landwirtschaftlichen Bereich tätig,
wenngleich hier die Möglichkeiten der Lohnarbeit wesentlich geringer
waren als in der Stadt. Diese war im wesentlichen »Saisonarbeit«, wobei
die Intensivierung des Getreideanbaus, aber auch die Spezialisierung
und Erweiterung der landwirtschaftlichen Produktion auf sogenannte
»Handelsgewächse« wie Flachs, Krapp oder Waid, die in der städtischen
Textilproduktion unverzichtbar geworden waren, und vor allem der
Weinbau in diesem Bereich eine neuartige Nachfrage nach frei verfügbaren Arbeitskräften schufen. Auch der wachsende Umfang der Viehzucht – insbesondere der Milchwirtschaft – in einigen Regionen Europas verlangte »freie«, nicht ortsgebundene Arbeitskräfte beiderlei Geschlechts, neben dem »Ehe- und Arbeitspaar«[72], das auch die bäuerliche
Wirtschaft bestimmte.

Innerhalb der bäuerlichen Familienbetriebe läßt sich dann allerdings eine recht deutliche Arbeitsteilung zwischen Mann und Frau beobachten: Zum Aufgabenbereich der Frau gehörte vor allem das Haus mit der daran anschließenden Milch- und Viehwirtschaft – außer in spezifischen Milchwirtschaftsregionen, wie etwa der Ostschweiz, wo Almwirtschaft und Käseherstellung männliche Tätigkeitsbereiche waren – und die Bearbeitung des Gartens. Hierzu gehörte auch die Vorratswirtschaft, namentlich das Brotbacken und Bierbrauen für den täglichen Gebrauch sowie die Herstellung von Kleidung und Bettzeug samt Reinigung und Pflege. Die Zubereitung der täglichen Nahrung, das Sauberhalten des Hauses und die Kindererziehung spielten auch hier, wie in der Stadt, eine eher untergeordnete Rolle, denn durch die Spezialisierung der Landwirtschaft war der Anteil der Frauenarbeit auf dem Feld allgemein stark gestiegen, insbesondere in der Erntezeit. Pflügen und Säen waren im wesentlichen Männerarbeiten, doch die Getreide- und Grasernte war nichtspezialisierte Arbeit, die sowohl Frauen wie Männer verrichten konnten. Ähnliches gilt für den Weinbau; auch hier verrichteten Frauen und Männer Erntearbeiten gemeinsam, meist im Tagelohn, und erhielten dafür häufig sogar die gleiche Entlohnung.

Schafe scheren, Umgraben und Jäten des Gartens, Hopfenpflücken oder Grasmähen waren Tagelohnarbeiten speziell für Frauen, ebenso das Waschen von Wäsche oder die Mithilfe beim Backen. In diesen Bereich fällt auch die Tätigkeit der Mägde, die auf dem Land, mehr noch als in der Stadt, ihre Gesindezeit lediglich als Vorbereitung auf die Gründung einer eigenen Familie betrachteten; entsprechend hoch war die personelle Fluktuation in diesem Bereich.[73]

An der relativ hohen Zahl der Tagelohnarbeiten, die auf einem größeren Hof anfielen, ebenso wie an der Entlohnung des Gesindes zeigt sich die wachsende Bedeutung der Geldwirtschaft auch im ländlich-bäuerlichen Wirtschaftsbereich. Infolgedessen bemühten sich auch auf dem Land Frauen, über ihre haus- und landwirtschaftlichen Tätigkeiten hinaus zum Familieneinkommen beizutragen. Hier ist besonders der Verkauf der in ihrem Verantwortungsbereich hergestellten Produkte zu vermerken, etwa Butter, Milch, Käse, Eier oder Kleinvieh, aber auch Beeren, Obst, Gemüse, gelegentlich Leinentuch, Seife oder auch Senf u. ä. m., wodurch neben dem eigentlichen Fruchtverkauf ein beträchtlicher Beitrag zur pekuniären Familienwirtschaft gewährleistet war.

Frauen im Handel

Auch in der Stadt versuchten sich viele Frauen als Kleinhändlerinnen im Verkauf selbst produzierter oder auch angekaufter bzw. importierter Waren. Ich habe weiter oben schon darauf hingewiesen, daß gerade in diesem Bereich die »Geschlechtsvormundschaft« des Ehemannes schon recht früh eingeschränkt wurde zugunsten einer, wenn auch beschränkten, Geschäftsfähigkeit der »mercatrices«, »Krämerinnen«, »Hökerinnen« oder wie auch immer die (Klein-)Händlerinnen genannt wurden. Dabei konnte das Geschäftsvolumen enorm variieren – doch waren es vor allem in Gilden organisierte (Fern-)Händlerinnen, die in ihrem Testament größere Summen vererben konnten. So findet sich unter den Lübecker Bürgertestamenten auch das der Mechthild von Bremen vom April 1353, die neben Geld und Schmuck 30 Mark Bargeld und einen unbestimmbaren Rest an Erbmasse hinterließ. Eine andere Kauffrau, Alheyd von Bremen, vermachte ihrem Mann dagegen nicht nur die beachtliche Summe von 400 Mark, kostbaren Schmuck und silbernes Tafelgerät, sondern sogar ein eigenes Haus.[74]

Der Ankauf von Waren, insbesondere solcher, die von weit herkamen, barg allerdings auch erhebliche Risiken. So verloren etliche basler Händlerinnen erhebliche Summen, als Ende des 14. Jahrhunderts ein Warenzug mit Saumpferden und zweirädrigen Karren beraubt wurde. Unter den 61 geschädigten Händlern befanden sich 37 Frauen, u. a. Cristina Oflaterin, die 501 Gulden investiert hatte und eine Witwe und Apothekerin, die mit 270 Gulden beteiligt war. Daneben hatten auch die Krämerinnen, die mit kleinen Warenposten von siebeneinhalb bis neun Gulden beteiligt waren, empfindliche Verluste erlitten.[75]

Gehandelt wurde mit nahezu allem, was im täglichen Leben gebraucht wurde. Der Gewinn richtete sich allerdings nach dem »Markt«, wenngleich Stadt- und Gildeordnungen hier nicht nur Vorsorge trafen, daß qualitativ hochstehende Waren eingeführt wurden, sondern auch dafür sorgten, daß der Umfang der Handels- und Geldgeschäfte genau kontrollierbar blieb. Dabei brauchte sich eine einzelne Händlerin nicht auf eine Ware oder Warengruppe zu spezialisieren; so handelte beispielsweise die Görlitzer Kauffrau Czachmannin um 1420 u. a. mit Armbrustbügeln, Satteltaschen, Zäumen, Gurten, Sporen, Steigbügeln, Halftern und Brustriemen, aber auch mit Schwefel, Kupferwasser, Grünspan, Köchern, Seife, Pergament, Wachs, Papier und Gewürzen.[76]

Auch der Umfang der Handelsgeschäfte war zunächst nicht begrenzt. Groß- und Einzelhandel lagen dabei häufig in den Händen ein- und derselben Familie; meist besorgten die Frauen den Detailverkauf, während die Männer in Großhandelsgeschäften unterwegs waren. Dennoch gibt es auch eine beachtliche Zahl von Fernhändlerinnen in eigener Verantwortung. Bereits im frühen 13. Jahrhundert waren sie in den großen oberitalienischen Handelsstädten zu finden, wie etwa die Genueserin Mabilia, die 1206, wahrscheinlich auf Vermittlung ihres Sohnes, einen Gesellschaftsvertrag mit Rubaldus Galetta abschloß. Galetta übernahm schwäbische Leinwand und andere Leinentuche für 88 Pfund

und sieben Schilling und verkaufte sie in Sizilien gegen ein Viertel Gewinnanteil.[77]

Die große Zeit der europäischen Fernhändlerinnen begann erst im 14. und 15. Jahrhundert, als sich auch im übrigen Europa Nachrichten über die Beteiligung von Frauen an Handelsgesellschaften mehren. Einen solchen Gesellschaftsvertrag erwähnt z. B. die Lübecker Krämerin Mechthild von Bremen in ihrem Testament von 1353. Auch die Kölnerin Druitgen Koller ging eine Gesellschaft mit einem Partner ein. Sie vertrieb für ihn Kölsches Tuch in Oberdeutschland. Vier weitere Kölner Bürgerinnen waren zwischen 1435 und 1505 in Handesgesellschaften mit meist nur einem Partner engagiert.[78] Doch trotz einer relativ großen Zahl von Nennungen von Handelspartnerschaften und -verträgen mit weiblicher Beteiligung war dies doch eine eher untypische Wirtschafts- und Arbeitsform für Frauen, zumal sie auf die großen Fernhandels- und Exportgewerbezentren beschränkt war[79], nicht zuletzt, weil Frauenarbeit im späten Mittelalter ganz allgemein eher hausnah sein sollte, damit Ehefrauen ihre Familienpflichten mit Produktions- und/oder Lohnarbeit in Einklang bringen konnten.[80] Das Stadtbild der kleineren Kommunen und Ansiedlungen wurde nicht zuletzt deshalb vielmehr durch die Klein- und Kleinsthändlerin geprägt, die haupt- oder nebenberuflich Waren aus dem unmittelbaren Umland, meist Lebensmittel oder Dinge des täglichen Lebens für kleine Summen feilbot, die »Hökerin«.

Das »Hökern« war allerdings ein nicht organisierter und dadurch weder begrenzter noch geschützter Gewerbezweig; hier konnte sich beliebig Konkurrenz einfinden, hier bestimmte der »Markt« die wirtschaftlichen und sozialen Möglichkeiten. Entsprechend schlecht waren deshalb meist die Gewinnchancen in diesem Wirtschaftszweig. So günstig die Einstiegsmöglichkeiten in den Kleinhandel nämlich sein mochten, so gering erwiesen sich in der Regel die Chancen, in ihm auf legale Weise zu Vermögen zu gelangen – in den Steuerlisten rangierten die Hökerinnen deshalb auch meist unter denen, die nichts zu versteuern hatten, da sie nichts besaßen.

Frauen im Bildungs- und Heilwesen

Neben der wirtschaftlichen gab es auch eine »professionelle« Abgrenzung zwischen unorganisierter Hökerin und in der Gilde gesicherter und von ihr kontrollierter (Fern-)Händlerin, die insbesondere im sehr viel höheren Bildungs- und Ausbildungsniveau bestand. Die teilweise komplizierten und vom Umgang mit großen Geldsummen geprägten Geschäfte der Kauffrauen machten Lese-, Schreib- und Rechenkenntnisse notwendig, auf die die Hökerinnen weitgehend verzichten konnten. In England mußten Groß- und Fernhändlerinnen deshalb sogar eine mehrjährige Lehre durchlaufen, bis sie in die Gilde aufgenommen werden durften. Dies ist allerdings ein Ausnahmefall. Im übrigen Europa werden sich die Händlerinnen ihre Kenntnisse von zu Hause mitgebracht haben; auch lassen sich in den großen Fernhandelszentren, namentlich in Flandern, schon im 13. Jahrhundert städtische Schulen auch für Mädchen nachweisen. So wurde die spätere Äbtissin des Zisterzienserinnenklosters Nazareth, die Patriziertochter Beatrijs van Tienen, mit sieben Jahren zu den Lehrern in die Lateinschule gegeben. Zuvor schon hatte sie bei ihrer Mutter, einer Kauffrau des frühen 13. Jahrhunderts, Unterricht erhalten. Auch die Zisterzienserin Ida von Nivelles hatte, gegen Ende des 13. Jahrhunderts, zusammen mit anderen Jungen und Mädchen eine städtische Lateinschule besucht; sie wurde schließlich zu einer Stütze des berühmten Skriptoriums im Frauenkloster La Ramée.[81]

Paris verfügte als wirtschaftlich besonders »fortschrittliche« und bildungsoffene europäische Metropole im ausgehenden 13. Jahrhundert über die stattliche Zahl von 21 Schulmeisterinnen, d. h. Vorsteherinnen elementarer Mädchenschulen. Daneben gab es seit dem frühen 14. Jahrhundert auch gemischte Schulen; in der Mitte des Jahrhunderts wurde dann allerdings auch hier die Trennung angeordnet.[82] In (Ober-)Italien finden sich in den großen Handelsstädten ebenfalls seit dem 13. Jahrhundert Schulen (auch) für Mädchen. Doch ist hier, wie in den anderen genannten Gebieten, durchaus damit zu rechnen, daß Töchter aus der patrizischen Oberschicht den Unterricht im Haus der Eltern durch Privatlehrer erhielten.[83]

Im deutschen Sprachraum entwickelten sich öffentliche Schulen, in denen nicht nur Mädchen unterrichtet wurden, sondern auch Frauen unterrichteten, erst mit der Durchsetzung des Deutschen als Schriftsprache im Laufe des 14. Jahrhunderts. Hier konnten Beginen oder Schwestern aus den »Neuen Orden« Lehrerinnen sein, die das klösterliche Bildungsmonopol auch für Kinder, namentlich für Mädchen öffnen wollten oder damit einfach ihren Lebensunterhalt verdienten; noch häufiger wurden als Lehrerinnen Ehefrauen von Schullehrern in städtischen Schulen angestellt, oder aber ein Ehepaar gründete gemeinsam eine Schule, wie etwa in Bamberg, wo die Schulordnung festlegte, daß die Schullehrer und -lehrerinnen »miteinander eelichen sitzen sollen . . .«, d. h. miteinander verheiratet sein mußten.

Die wirtschaftliche Lage der Schulfrauen war wesentlich vom Ort ihrer Beschäftigung abhängig. Die vom Rat an städtischen Schulen angestellten Frauen bekamen ein festes, aus Geldzahlungen und Naturalien bestehendes Gehalt. Dazu kamen mitunter noch freie Wohnung und freies Essen.[84] Die selbständigen »Schulmeisterinnen« hatten ein weit weniger regelmäßiges Einkommen durch das Schulgeld, das die Schülerinnen und Schüler zu entrichten hatten – häufig auch in Naturalien. Verständlich daher, daß sie sich in Gemeinschaften zusammenschlossen (wie die Beginen), oder das Unterrichten als Zubrot zu einer sonstigen – hauswirtschaftlichen oder anderen – Tätigkeit betrachteten und daß vielfach von der Stadtobrigkeit darauf bestanden wurde, nur Ehepaare in den Schuldienst aufzunehmen – auch hier erschien das »Ehe- und Arbeitspaar« als wirtschaftlich und sozial annehmbarere Lösung.[85]

Bedeutsam war auch die Tätigkeit von Frauen im Bereich der Medizin und der Frauenheilkunde. War letzteres überall in Europa unumstrittenes Terrain weiblicher Geschicklichkeit und Erfahrung (s. u.), so konnten Frauen im Bereich der allgemeinen Heilkunde und der spezialisierten Krankenpflege und -behandlung, etwa in der Chirurgie, rasch in Konkurrenz mit den akademisch gebildeten und gewissermaßen zünftig organisierten männlichen Ärzten geraten, die seit der Verbreitung medizinischer Fakultäten in den mittelalterlichen Universitäten ihr Wissen immer eifriger hüteten und ihren Berufsstand immer eifersüchtiger vor jeglicher Konkurrenz, besonders aber vor heilkundigen Frauen verschlossen. Die Approbation einer universitär ausgebildeten Chirurgin, wie sie Herzog Karl von Kalabrien der Gattin des Mattheus Romano, Francesca, 1321 erteilte, ist eine der (wenigen) Ausnahmen, die die Regel nur bestätigen.[86] Vor allem in Paris, dem hervorragendsten universitären Zentrum Europas, versuchte die medizinische Fakultät, taub gegen jede noch so überzeugende Argumentation, das Praktizieren von Ärztinnen generell zu unterbinden. Hier wurde 1322 die etwa 30jährige Jacqueline Felicic de Alemania angeklagt, unbefugt – da nicht im Besitz eines Universitätslizentiats – praktiziert zu haben. Dasselbe Verbot traf auch eine Jüdin, Johanna Belota, und Margarete von Ypern, die beide als Wundärztinnen bekannt waren.[87]

In anderen Regionen Europas, wo der Druck der Akademiker geringer war, genossen einige weibliche Ärzte großes Ansehen und viel Zulauf. 1394 etwa erhielt die Tochter des (verstorbenen) Stadtarztes von Frankfurt am Main zweimal Vergütungen des Rates für die Behandlung und Heilung verwundeter Söldner; in derselben Stadt sind außerdem für das 15. Jahrhundert 16 Ärztinnen quellenmäßig festgehalten, darunter eine große Zahl jüdischer Ärztinnen, die meist auf Augenoperationen und -krankheiten spezialisiert waren. Wie viele Heilerinnen, Baderinnen und Gehilfinnen im medizinischen Bereich darüber hinaus in europäischen Städten tätig waren, steht dahin, zumal die Zahl der Bader und Wundärzte, die kein universitäres Diplom vorweisen konnten und dennoch praktizierten, bis weit in das 19. Jahrhundert hinein groß war und keinerlei effizienter Registrierung und Kontrolle unterlag. Lediglich die Heilkundigen, die in städtischen Diensten oder für Angehörige der Stadtobrigkeit tätig geworden waren – oder solche, die wie die jüdischen Ärztinnen und Ärzte in Frankfurt gegen Ende des 15. Jahrhunderts der Stadt verwiesen wurden oder Berufsverbot erhielten – lassen sich quellenmäßig erfassen. Doch unter all diesen Gruppen finden sich, auch über das späte Mittelalter hinaus, Frauen – selbst als Feldscher zur Behandlung von Soldaten – allerdings immer und überall als sehr kleine Minderheit.

Hebammen

Ein Gebiet der Medizin ist jedoch durch das gesamte Mittelalter hindurch ausschließlich Frauen vorbehalten geblieben: die Geburtshilfe. Herkommen und herrschende Moral verboten es Männern, praktische Untersuchungen an weiblichen Personen vorzunehmen; die dennoch nachweisbare Beschäftigung der Akademiker und Theologen mit ihr, namentlich in Italien (v. a. an der Universität von Salerno), ist, auch noch im späten Mittelalter, im wesentlichen eine theoretische geblieben.[88]

Die Hebammen dagegen (sie heißen in der einschlägigen Literatur der Zeit »matronae«, »obstetrices«, »sages-femmes«, »Wehmütter« oder schließlich »Hebammen«) zeichneten sich in ihrer Arbeit durch einen fast ausschließlichen Praxisbezug aus. Hier konnten sich besonders Frauen qualifizieren, die Erfahrung mit Geschick verbanden. Ihre Kenntnisse gaben sie im wesentlichen in praktischer Form an Jüngere, ihre »Lehrmädchen« oder Mägde weiter, wie jedes andere damalige Handwerk auch.

Daß es gegen Ende des Mittelalters dennoch zu einem Zusammenwirken von theoretischer Reflexion – die im wesentlichen über die Rezeption arabischer und griechischer Autoren erfolgte – und praktischen Kenntnissen kam, zeigt sich u. a. daran, daß der bis dahin in Europa unbekannte Kaiserschnitt seit dem 13. Jahrhundert in medizinischen Schriften auftaucht – und nicht selten von Frauen ausgeführt wird. Auch die Rezeption und Übersetzung des grundlegenden mittelalterlichen Frauenheilkunde-Werkes, des legendären »Liber Trotula« seit dem 15. Jahrhundert, lassen auf eine derartige Entwicklung schließen. Die genaueren Zusammenhänge harren allerdings noch einer detaillierten Erforschung.[89]

Befördert wurde die Professionalisierung des Hebammenberufes besonders durch die Politik der Städte, für ihre Bewohnerinnen eine hinreichende und effiziente Geburtshilfe zu organisieren. Seit dem Ende des 13. Jahrhunderts finden sich Ärzte und Hebammen im städtischen Dienst, die die medizinische Versorgung der Bevölkerung gewährleisten sollten. Sie waren von Steuern und Wachpflichten befreit und wurden mit Brennholz versorgt – bisweilen gingen diese Privilegien sogar auf die gesamte Familie über. In einigen Großstädten erhielten die vom Stadtrat unter Eid genommenen Hebammen schon frühzeitig eine regelmäßige Entloh-

nung. Die Stadt Nürnberg beispielsweise gewährte ihnen 1381 viertel-
jährlich einen Gulden. In Brügge berechnete man ihren Lohn mit 12 Gro-
schen pro Tag unter Zugrundelegung von 270 Arbeitstagen im Jahr. In
anderen Städten dagegen bestritten die Hebammen ihren Lebensunterhalt noch lange durch die Zahlungen der Wöchnerinnen, was dazu führte, daß Frauen aus weniger wohlhabenden Schichten keine oder nur
eine schlechte Versorgung zu gewärtigen hatten. Dies bot schließlich
auch dem Rat den Vorwand zu immer weitergehender Reglementierung
der Art und des Umfangs der Hebammentätigkeit; auch Qualifikation
und Kenntnisse der Hebammen wurden zunehmend Gegenstand rechtlicher Kodifikation: die Hebammenordnungen, die sich gegen Ende des
Spätmittelalters in fast allen europäischen Städten nachweisen lassen,
regelten nicht nur Ausbildung und Arbeitsaufgaben der Hebammen, sondern auch deren Aufsichtspflichten als Organ städtischer Kontrolle, insbesondere bei unehelich Schwangeren und Gebärenden, den potentiellen »Kindsmörderinnen«.[90]

Frauen im Handwerk

Die weitaus größte Zahl der in der Stadt tätigen Frauen war zweifellos im
Handwerk beschäftigt, wenn auch in ganz unterschiedlicher Position
und mit unterschiedlicher Arbeitsleistung. Hier waren Frauen nicht nur
als »mithelfende Familienangehörige«, sondern auch anderweitig, in
selbständiger und unselbständiger Stellung, im Zunfthandwerk und im
freien Gewerbe zu finden.

Vor allem um die Erzeugung von Bekleidungs- und Luxuswaren bildeten sich Zünfte, die Frauen als Lehrlinge, Gesellinnen und Meisterinnen annahmen. Hierzu gehörten die hanfleinen- und wollverarbeitenden
Gewerbe, aber auch die Schneider, Kürschner, Beutelmacher und
Täschner, die Gürtler, Goldspinner und Seidensticker – die letzteren
waren vielfach reine Frauengewerbe, die bisweilen sogar eigene Frauenzünfte bildeten, wie in Paris und Köln.[91]

Eine der ältesten Zunftordnungen, die Männern und Frauen gleiche
Rechte zubilligt, ist die der Kürschner von Basel aus dem Jahr 1226.
Sofern sie Mitglied der Zunft wurden, war den Frauen erlaubt, wie die
Männer zu arbeiten, zu kaufen und zu verkaufen. Auch in Köln, Frankfurt am Main, Regensburg, Lübeck und Quedlinburg hatten Frauen als
gleichberechtigte Mitglieder der Zünfte am Kürschnerhandwerk teil und
unterlagen den gleichen Bestimmungen wie die Männer.[92] Ähnliches gilt
auch für die oben erwähnten textilverarbeitenden Gewerbe mit wenigen
Abweichungen für die meisten (mittel-)europäischen Städte des Spätmittelalters.

Ein anderer Bereich, in dem Frauen besonders präsent waren, ist das Lebensmittelgewerbe, etwa die Bäckerei mit ihren vielfältigen Speziali- sierungen (Kuchen-, Brot-, Fladen- und Pastetenbäckerei), das Fleisch- hauen, die Fluß- und Binnenfischerei, das Ölschlagen, die Gärtnerei und das Bierbrauen, das in ganz Mittel- und Westeuropa neben den Textil- berufen am häufigsten von Frauen ausgeübte Handwerk, trotz der erheb- lichen körperlichen Anstrengungen, die die Bierherstellung und der Ver- kauf mit sich brachten. Nicht selten stößt man auch in anderen körper- lich sehr anstrengenden Berufen und Tätigkeiten auf Frauen; neben dem bis heute als Frauenarbeit betrachteten Waschen und Bleichen sind das auch solche Arbeiten, die wir heute eher als »typische Männerberufe« zu betrachten gewohnt sind, etwa in der Metallbranche oder im Bauwe- sen.[93] In den Jahren 1439 bis 1477 gab es etwa in der St.-Sebald-Pfarrei von Nürnberg neun Rothschmiedinnen, sieben Messingschlägerinnen, eine Messerschmiedin, eine Fingerhüterin, eine Drahtzieherin, drei Blechschmiedinnen, eine Zirkelmacherin und sechs Kannengießerinnen. Auch in den großen Städten Köln und Frankfurt am Main lassen sich ähn- liche Verhältnisse nachweisen.

Im Bauwesen fanden sich Frauen etwa in Basel als Mitglieder der früh entstandenen Maurer-, Gipser- und Zimmermannszünfte; doch spricht vieles dafür, daß dies eher als bruderschaftliches Einbeziehen von Ehe- frauen und weiblichen Verwandten in die Zunftordnung gesehen wer- den muß und nicht als eine tatsächliche Beteiligung von Frauen als Mei- sterinnen im Bauwesen gewertet werden darf. Dennoch sind auch hier Frauen – selbst mit körperlich schweren Arbeiten – beschäftigt gewesen, etwa als Handlangerinnen beim Mörtelmischen, Dachdecken und auch bei Glaserarbeiten. Sie wurden als Tagelöhnerinnen geworben und ent- lohnt, als billigere Arbeitskräfte gegenüber den teureren männlichen Tagelöhnern. So verdienten Ende des 15. Jahrhunderts Tagelöhnerinnen auf Würzburger Baustellen im Durchschnitt 7,7 Pfennige gegenüber 11,6 Pfennigen, die die männlichen Tagelöhner erhielten. Entsprechend hoch war deshalb auch ihre Zahl: den ca. 2500 Arbeiterinnen aus den Jahren von 1428–1524 standen nur etwa 750 Arbeiter gegenüber.[94] Zu einer zunftgerechten Ausbildung und zum eigenen Betrieb konnten sie es hier- bei allerdings nicht bringen.

In vielen anderen Zünften aber konnten Frauen als Ledige wie als Ehe- frauen, als Meisterswitwen oder -töchter selbständige Meisterinnen wer- den, doch brauchten sie dafür meist eine zunftgerechte mehrjährige Leh- re. Als Zunftmitglieder unterlagen sie dem gleichen Recht, der gleichen Arbeitskontrolle und der gleichen Abgabenpflicht und hatten die glei- chen Aufgaben, die für die Gemeinschaft zu erfüllen waren – etwa Wach- und Kriegsdienst, für die eine Meisterin einen Gesellen stellen oder eine Geldzahlung zu leisten hatte.

War auch die Anzahl der Meisterinnen für manche Handwerke – insbesondere in der Textilverarbeitung, und hier meist in der Gold- und Seidenverarbeitung, den »Luxusgewerben« – beachtlich, so arbeitete doch die größte Zahl der Frauen in unselbständiger Stellung, etwa als weibliche Gesellen oder als Lohnarbeiterinnen, die insbesondere für Vor- und Zuarbeiten in der Textilverarbeitung, aber auch anderweitig eingesetzt wurden. Auch Dienstmägde, die entweder neben ihrer Hausarbeit in der Werkstatt mithalfen oder direkt für die handwerkliche Tätigkeit eingestellt worden waren, gab es in großer Zahl.

Viele Frauen arbeiteten daneben in »unzünftiger« Weise – wie etwa die Goldspinnerinnen in Nürnberg, die erst 1526 aktenkundig wurden und demnach in früheren Jahrhunderten ohne Regelung und Kontrolle des Rates ihre Tätigkeit ausübten. In Straßburg dagegen unterhielten Frauen eine bedeutende unzünftige Wollweberei, worüber es immer wieder zu Auseinandersetzungen zwischen (zünftigen) Webern und (nichtorganisierten) Frauen kam und zu Klagen beim Rat der Stadt. Bezeichnenderweise waren es meist die zünftigen Weber, die ihre weibliche Konkurrenz vor dem Rat anschwärzten und sie zur Zahlung von Zunftabgaben oder zur Aufgabe ihres Gewerbes zwangen; die politisch und organisatorisch schwächere Position der Frauen, die häufig wegen zu geringer Einkünfte gar nicht in die Zunft einzutreten in der Lage waren, wurde hierbei weidlich ausgenutzt. Diese Auseinandersetzungen führten schließlich dazu, daß die Frauen ihre Produktion aus der Stadt auslagerten oder sich anderweitig ernähren mußten, um so mehr, als ihnen immer wieder das Recht auf Ausbildung von »Lehrtöchtern« streitig gemacht und genommen wurde; nach 1500 gibt es in Straßburg so gut wie keine Nachrichten mehr über Frauen, die im Wollgewerbe tätig waren! Daß sich aber Frauen nur widerwillig aus dem Handwerk verdrängen ließen, zeigen etwa die Kämpfe der Nürnberger Beutelmacherinnen, die zu Beginn des 16. Jahrhunderts vor der Zunft Klage führten, nachdem sie durch die Gesellenordnung von 1530 das Recht auf Anstellung einer Magd in ihrer Werkstatt verloren hatten. Doch hatten sie damit nur vorübergehend Erfolg: Der Ratserlaß von 1540 gestattete schließlich nur den Frauen die Ausübung des Handwerks, die es bis dahin in einer regelrechten Lehre erlernt hatten; jede weitere Ausbildung von Frauen blieb untersagt, ebenso wie die Anstellung angelernter oder ungelernter Mägde. Damit war die Arbeitskapazität der Beutelmacherinnen eng- und auch zeitlich begrenzt und sie waren für die Meister keine echte Konkurrenz mehr.

Die hier belegte Härte der Konkurrenz- und Arbeitskämpfe läßt sich sicherlich auch dadurch erklären, daß mit selbständiger, v. a. zünftiger Arbeit im Handwerk viel Geld zu verdienen war, auch für Frauen: In Regensburg führte beispielsweise Cäcilie Wollerin unverheiratet das

Unternehmen ihres Vaters weiter und hinterließ in ihrem Testament 1341 ein riesiges Vermögen. Um so härter tobte in Krisenzeiten der Konkurrenzkampf zwischen einzelnen Interessengruppen. Hierbei taten sich besonders die Gesellen hervor, die gegen Ende des Mittelalters in fast allen Zünften dafür sorgten, daß die lästige weibliche Konkurrenz der Mägde und der Lehrmädchen eingeschränkt wurde, die im Durchschnitt etwa ein Drittel weniger Lohn erhielten und deshalb nicht nur in den textilverarbeitenden Gewerben sehr gefragt waren.

Selbst mithelfende weibliche Familienangehörige gerieten immer mehr unter Kritik. Wiederum in Straßburg kam es 1566 zu einer Auseinandersetzung über die Beschäftigung von zwei Gürtlermeisterstöchtern in der Werkstatt ihres Vaters. Die Gesellen beriefen sich auf das Handwerksrecht, demzufolge ein Geselle nicht neben einer Frau zu arbeiten brauchte. Als der Meister seine Töchter weiterbeschäftigte, legten sie die Arbeit nieder und mit ihnen alle anderen Gürtlergesellen der Stadt. Die Angelegenheit wurde schließlich vor den Augsburger Städtetag gebracht. Am Ende mußte der Meister nachgeben: Seine Töchter verloren ihre Arbeit.[95]

Das Ende der Frauenarbeit?

»Ordentlicher Weise darf keine Weibsperson ein Handwerk treiben, ob sie es gleich so gut als eine Mannsperson verstünde . . .« Dieser Satz, der aus der gelehrten Darstellung des Handwerksrechts von Adrian Beier aus dem Jahre 1688 stammt, scheint die Entwicklung der Frauenarbeit als Verdrängung der Frauen aus dem mittelalterlichen Handwerk endgültig und unmißverständlich festzuschreiben.[96]

In der Tat läßt sich für das Ende des Mittelalters besonders in den Zunftrechten eine wachsende Frauenfeindlichkeit, eine Verdrängung selbständiger weiblicher Arbeit feststellen, die sich vielerorts schon zu Beginn des 15. Jahrhunderts abzeichnet im Rahmen der Konflikte zwischen Gesellen und Lehrmädchen, gelernten Handwerkern und angelernten Tagelöhnerinnen und Mägden, zwischen zünftig organisierten Meistern und nichtorganisierten Handwerkerinnen. So herrschte am Ende des 16. Jahrhunderts in der Frauenzunft des Seidengewerbes in Köln Männerarbeit vor. Bei den Webern in Rochlitz und Leipzig durften schon seit der Mitte des 15. Jahrhunderts Frauen das Handwerk nicht mehr ausüben. Vom 16. Jahrhundert an gibt es für Straßburg, das eine bedeutende Woll- und Leinentuchproduktion hatte, auf Frauenarbeit in diesen Gewerben keine Hinweise mehr. Diese Beispiele ließen sich beliebig fortsetzen.[97]

In der historischen Frauenforschung hat diese Beobachtung zur These von der »Verdrängung der Frau aus dem beruflichen Leben« geführt, die direkt hineingeführt habe in die Abhängigkeit und »Verhäuslichung« weiblicher Arbeit im 19. und frühen 20. Jahrhundert. Diese Deutung der Entwicklung der Frauenarbeit übersieht allerdings nicht nur, daß sich etwa für die Frauen, die im Fern- und Kleinhandel tätig waren, keineswegs das 15. und 16. Jahrhundert als entscheidende Phasen der Zurückdrängung und Reglementierung darstellen; hier wurden – wenn überhaupt – schon im 13. und frühen 14. Jahrhundert Regelungen getroffen, die Frauenarbeit einschränkten oder gar untersagten. Die Ordnungen des Fischhandels in Nürnberg etwa legten schon um 1300 fest, daß Frauen nur in Abwesenheit des Mannes den Stand allein führen durften; manche Stadtrechte beschränkten weibliche Handelstätigkeit auf Detailverkauf. Selbst für die Zünfte kann man ähnliche Einschränkungen schon im 14. Jahrhundert beobachten: Die Frankfurter Gewandschneiderinnen etwa durften nach einer Verordnung aus dem Jahre 1377 nur dann Gewänder zuschneiden, wenn ihr Mann abwesend war.[98] Übersehen wurde bei der »Verdrängungsthese« auch, daß das zünftig organisierte Handwerk zu keiner Zeit und besonders nicht zu Beginn der frühen Neuzeit der einzige Ort weiblicher Arbeitsmöglichkeiten war. Schon immer hatten viele Frauen außerzünftig und unorganisiert gewebt, gesponnen und geschneidert. Die wirtschaftlichen Entwicklungen des 16. Jahrhunderts verstärkten damit nur einen Trend, der bereits im Spätmittelalter angelegt war.[99]

Die Verlagerung der wirtschaftlichen Vormachtstellung von Mittel- und Nordeuropa nach West- und Südwesteuropa als Folge der Entdeckung Amerikas und der Auffindung des Seewegs nach Indien führte nämlich zu einer Verschiebung und Erweiterung der Absatzmärkte. Die hiervon ausgehenden Impulse wurden aber fast ausschließlich vom Handel und der sich ausweitenden Verlagsproduktion aufgenommen – das zünftige Handwerk dagegen reagierte allgemein mit Abschließungstendenzen und Verboten der Anwendung neuer Produktionstechniken. Frauenarbeit verlagerte sich deshalb weiter in den Bereich der Lohn- und Tagelohnarbeit, insbesondere im Verlagssystem, wie sich an der Textilverarbeitung exemplarisch zeigen läßt. Hier traten Frauen als gewerbsmäßige städtische Weberinnen zurück, während sie in den umliegenden Landgebieten um so häufiger als Garnspinnerinnen tätig wurden. Die Spinnarbeiten für Flachs, Baumwolle und Wolle wurden nun systematisch auf dem Lande angesiedelt, weil ein Weber, wollte er ständig – und damit wirtschaftlich – an seinem Webstuhl arbeiten, je nach Faser und Qualität des Gewebes bis zu 15 Spinnerinnen benötigte. Dieser Garnbedarf, der durch städtische Spinnerinnen allein nicht zu decken war, schuf neue Verdienstmöglichkeiten für Frauen, aber nun auf dem Land. Die Frauen in der städtischen Wirtschaft wurden damit, nicht zuletzt dank ihrer sozial nachgeordneten Stellung, Opfer eines allgemeinen wirtschaftlichen

Transformationsprozesses.[100] Dennoch blieb die Zugewinn- *und Berufs-*
tätigkeit der Ehefrau bis weit in die frühe Neuzeit hinein mit wenigen
Einschränkungen erhalten. Aber nun boten sich bessere Verdienstmöglichkeiten für Alleinstehende. Hatten in der mittelalterlichen Stadt- (und
bisweilen auch Land-)wirtschaft Ehefrauen und Mütter die besseren Verdienstmöglichkeiten gehabt, waren ihnen die prestigeträchtigeren und
verantwortungsvolleren Tätigkeiten vorbehalten geblieben, so favorisierte die um sich greifende Verlagsarbeit seit dem Ende des Mittelalters fle-
xiblere und mobilere Arbeitskräfte. Die Familienpflichten der Ehefrau
und Mutter begannen, sich hinderlich auf die weibliche Erwerbstätigkeit
auszuwirken.[101]

Unbestreitbar ist auch, daß der Umfang der selbständigen Frauenarbeit, die Zahl der Unternehmerinnen in Handwerk und Gewerbe zurückging. Und in solchen Bereichen, in denen schulische Bildung und berufliche Ausbildung zunehmend Chancen für Broterwerb und Berufstätigkeit boten, in den entstehenden städtischen oder fürstlichen Amts-
stuben, im Lehr- und Heilwesen, hatten Frauen allgemein das Nachse-
hen. Ihre Bildung wurde mehr und mehr auf den Bereich von Familie
und Hauswirtschaft eingeschränkt – an eine Lehre, Berufsausbildung
oder wissenschaftlichen Unterricht für sie war nicht zu denken.

».. . das Mädchen sei zum Heurathen bestimmt und könne man nicht
wissen, wen sie einmal heuraten werde; eine gelernte Schusterin sei aber
dem Schmiede nicht nütze«, erklärte der bereits zitierte Adrian Beier
gegen Ende des 17. Jahrhunderts – und faßte damit einen Trend zusammen, der durch die »Verdrängung« der Frauen aus dem Zunftwesen und
ihre Nichtzulassung zu den neuentstehenden Berufen das Bild der Frau-
en und ihrer Arbeit in der frühen Neuzeit überschattete:[102] Frauen sollten
in Zukunft nur noch »zuarbeiten« – entweder ihrem Ehemann oder sonst
einem Herrn und Meister. Die Ansätze beruflicher und sozialer Selbständigkeit, die in der mittelalterlichen Stadt- und Familienwirtschaft angelegt
gewesen waren, waren schließlich an ihre wirtschaftlichen, politischen
und mentalitären Grenzen gestoßen.

ALLEINSTEHENDE FRAUEN: EMANZIPIERT ODER MARGINALISIERT?

Obgleich also Familienbindung und Eheleben gegen Ende des Mittelal-
ters noch an Bedeutung gewannen, war die Zahl der unverheiratet
Lebenden in den spätmittelalterlichen Städten beträchtlich: So waren zu
Beginn des 14. Jahrhunderts in Basel nur etwa 32,8% der erwachsenen
Stadtbewohner, in Ypern 34,6%, in Freiburg 38,7% und in Dresden höch-
stens die Hälfte der erwachsenen Bevölkerung verheiratet; auf dem Land

war der Prozentsatz im allgemeinen weit höher; während der Pestperiode reichten die Maximalzahlen bis zu 55 Prozent.[103] Dies ist nicht zuletzt darauf zurückzuführen, daß Klöster und vergleichbare zölibatäre Gemeinschaften sich im späteren Mittelalter bevorzugt im städtischen Bereich ansiedelten.

Obgleich im allgemeinen mehr Männer – zeitweilig oder lebenslänglich – unverheiratet blieben als Frauen, war doch vorübergehende – etwa als Witwenschaft oder als voreheliche Warteperiode – oder auch lebenslängliche Ehelosigkeit eine für viele Frauen gültige Erfahrung. Insbesondere in den Städten, wo es – vor allem in Mitteleuropa und England – einen Arbeitsmarkt für Frauen gab, solange sie kräftig, geschickt und arbeitsfähig waren, waren etliche alleinstehende Frauen anzutreffen. Sie konnten sich durch Kleinhandel oder Tagelohnarbeit über Wasser halten, wie etwa Elisabeth von Thüringen, die als Witwe in einsamer und eigenwilliger Entscheidung das höfische Leben auf der Marburg aufgegeben hatte und in die Stadt herabgezogen war: Sie verlegte sich aufs Wollespinnen, eine grobe und in den Augen ihrer Mägde völlig unterbezahlte Arbeit.[104] Gerade Vor- und Nebenarbeiten der Textilproduktion waren typische Erwerbsarbeiten für Alleinstehende – das zeigt sich etwa in der englischen Sprache am Wort »spinster«, das heute ausschließlich »alleinstehende Frau« bedeutet, ursprünglich aber die Bedeutung »Spinnerin« hatte –, da diese Arbeiten häufig keiner zünftigen Regulierung unterworfen waren und fast jede Frau einschlägige Vorkenntnisse bereits mitbrachte. Zwar waren diese Frauen rechtlich und wirtschaftlich selbständig, doch ihre soziale Situation war meist sehr schlecht. Wo Männer sich als Gesellen dank besserer Bezahlung durch ihrer Hände Arbeit allein über Wasser halten konnten[105], fanden sich alleinstehende Frauen ohne fremde Hilfe meist rasch unterhalb des Existenzminimums wieder. Viele wandten sich deshalb einträglichen »Nebentätigkeiten« zu, etwa Diebstahl oder Hehlerei. Namentlich Frauen, die als Mütter noch eines oder mehrere Kinder zu versorgen hatten, waren durchaus bereit, Freiheit und Gesundheit aufs Spiel zu setzen für etwas Brot oder Getreide. Etliche von ihnen wurden gefaßt und vor städtische Gerichte zitiert. Doch so notorisch war die Notlage der alleinstehenden armen Frauen, daß Richter häufig Gnade vor Recht ergehen ließen und milde Strafen für diesen »Mundraub« aussprachen.[106]

Häufiger noch als mit Diebstahl und Bettelei wurden arme alleinstehende Frauen allerdings mit Prostitution und der Sünde der Unkeuschheit in Zusammenhang gebracht. Insbesondere unverheiratete Mägde und junge Witwen waren öffentlichen Verdächtigungen – und manchmal sogar Verfolgungen – ausgesetzt, wenn sie arm genug und unversorgt waren. So warnte denn auch um die Mitte des 13. Jahrhunderts der Volksprediger Humbertus de Romanis die »armen Frauen in den Städten«

vor Zauberei, Leichtgläubigkeit und Streitsucht – all dies »Sünden«, die aus der Existenznot der Ärmsten der Armen erwuchsen; besonders aber sollten sie sich vor der Sünde der Unzucht hüten, denn Armut und sexuelle Ausschweifung lägen nahe beieinander.[107]

Doch war die »Anfälligkeit« armer Frauen für »Unzucht« – oder besser gesagt: für Prostitution – nicht unbedingt ein Phantasieprodukt böswilliger und frauenfeindlicher klerikaler Polemik, sondern schlechte soziale Realität. Namentlich in den spätmittelalterlichen Städten entwickelte sich die Prostitution nicht nur zur lukrativen Einkommensquelle der »Hurenwirte« und Stadtoberen, sondern zur primären Überlebenstechnik armer – und meist auch alleinstehender – Frauen.

Vom Frauenhaus ins Kloster?

Dabei läßt sich die »Gelegenheitsprostitution« der »heimlichen Frauen« von der in »Huren-« oder »Frauenhäusern« untergebrachten, öffentlichen Prostitution unterscheiden, durch die im 14. und 15. Jahrhundert die große Zahl der unverheiratet lebenden Handwerksgesellen »bedient« werden sollte, wie besorgte Stadtväter meinten, die den engen Zusammenhang von Armut, Prostitution und Kriminalität ebensogut kannten wie die Frauen, die sich in Wirtshäusern und auf der Straße zu verkaufen hatten.[108]

Doch der durchaus beträchtliche Schutz, den sie in diesen Häusern vor der Gewalt und der Zahlungsunwilligkeit ihrer »Kunden« fanden, wurde, zumindest auf deutschem Boden (in Frankreich nämlich waren viele »Frauenhäuser« fast wie klösterliche Gemeinschaften organisiert und hatten eine »Äbtissin« als Leiterin) mehr als zunichte gemacht durch die Macht und die Habsucht der »Hurenwirte«, der städtisch bestellten Aufsichtspersonen über die Frauenhäuser. Geringer »Hurenlohn«, hohe Kosten für Essen und Unterkunft und vor allem für Kleidung und Schmuck, mit denen die »Hübscherinnen« ihre Kunden anlocken sollten – auch die organisierte Prostitution brachte den Frauen im »horizontalen Gewerbe« kaum Reichtümer ein. Viele von ihnen waren so verschuldet, daß sie faktisch Leibeigene der »Hurenwirte« waren, was von den Stadtherren zwar verboten worden war, im Alltag aber zu regelrechtem Frauenhandel führen konnte. Kaum weniger gefährdet waren allerdings die Gelegenheitsprostituierten, die »heimlichen Frauen«, welche meist schutzlos Gewalttätigkeiten oder Diebereien seitens ihrer »Kunden« ausgeliefert waren.

Wollte oder konnte eine arme Frau nicht länger von der Prostitution leben, was meist aus Altersgründen der Fall war, so blieben ihr noch der Bettel oder die Kuppelei. Der frühzeitige »Ausstieg« aus einem Frauenhaus scheiterte meist an der hohen Verschuldung der Frauen, Eheschließung oder gar Eintritt in eine religiöse Gemeinschaft (wie im Fall der Hure Adelheid von Thermannskirchen, die erschüttert und bekehrt durch eine Predigt Bertholds von Regensburg um die Mitte des 13. Jahrhunderts als reuige Sünderin in das Regensburger Reuerinnen-Kloster eintrat) scheiterten meist ebenfalls an der schlechten wirtschaftlichen – seltener auch an der verachteten sozialen – Situation der haupt- oder nebenberuflichen Prostituierten. Schon Innozenz III. hatte es 1198 zum verdienstlichen Werk erklärt, eine Dirne zu heiraten, um ihr damit aus dem sündigen Leben zu helfen. Im Wissen darum, daß eine Dirne nur durch Heirat und bessere Versorgung die Möglichkeit hatte, mit ihrem sündigen Lebenswandel zu brechen, entstanden im Spätmittelalter Stiftungen, mit Hilfe derer »fromme Gesellen« aus Liebe zu Gott »eine arme Sünderin zur Ehe nehmen« sollten. In Wien gründeten 1384 drei Bürger ein Haus zur Aufnahme von »armen freien Frauen, die sich vom offenen (=öffentlichen) sündigen Leben lossagen und bessern wollen«. Schon im Zuge der religiösen Bewegungen des frühen 13. Jahrhunderts war zudem der Magdalenen-Orden entstanden, in dessen Gemeinschaften reuige Sünderinnen – insbesondere Dirnen – ein besseres Leben in Buße und Reue beginnen sollten. Alle spätmittelalterlichen Päpste ermutigten die Gründung und Unterstützung solcher »Reuerinnen«-Gemeinschaften, wie die Angehörigen des Magdalenen-Ordens in Deutschland hießen.[109] Besonders bedeutend war das Haus der Magdalenerinnen in Wien, »Seelenhaus« genannt, das zwar wie ein Kloster organisiert war, dessen Insassen jedoch nicht zum Zölibat verpflichtet waren. Etliche der Frauen, die hier vor der Prostitution Schutz gesucht hatten, verließen das »Seelenhaus« als ehrbare Bräute angesehener Bürger.

Doch alle diese Einrichtungen konnten nur einen kleinen Teil der armen Frauen vor der »Sünde der Unzucht« retten, und insgesamt war dem – obendrein halbherzigen – Kampf der Kirche und der Obrigkeit gegen die wachsende Prostitution in den mittelalterlichen Städten wenig Erfolg beschieden. Selbst auf dem Land griff vor allem die »heimliche« Prostitution weiter um sich, namentlich im vom »Hundertjährigen Krieg« verwüsteten und verarmten Frankreich, wo viele junge Witwen und Alleinstehende auf diese Weise um ihr Überleben kämpften.

Die spezifische Verarmung der alleinstehenden Frauen bestand schließlich nicht allein in ihrer ökonomischen Notlage, sondern auch in ihrer ungesicherten sozialen Stellung in einer Männerwelt. Deutlich wird dies an der Biographie der seligen Odilia († um 1220), die sich, nach kurzer Ehe jung verwitwet, mit ihrem kleinen Sohn in Lüttich zu Beginn des 13. Jahrhunderts mehr schlecht als recht durchzubringen suchte und gerne auf die Hilfe eines vermeintlich heiligen Mannes vertraute, eines Priesters, der ihr mit Almosen, guten Worten und mit Rat und Tat zur Seite stand – jedoch nur so lange, wie sie sich seinen Annäherungsversuchen nicht widersetzte. Als sie ihn abwies, verlangte er Gelder, die er ihr geliehen hatte, »mit Zins und Zinseszins zurück«, wie es in der Vita heißt – und nur mit göttlicher Hilfe konnte sich die tugendhafte Witwe aus dieser Umklammerung befreien. [110] Doch längst nicht alle alleinstehenden Frauen hatten so hilfreiche Unterstützung von höchster Stelle zu erwarten – aus nordfranzösischen Bischofsgerichtsakten etwa geht deutlich hervor, daß gerade die jungen Witwen von machistischen Nachstellungen bedroht waren. Den jungen Männern auf den Dörfern galten sie als »Freiwild«. In Gruppen zogen sie nächtens los, um alleinlebenden bzw. unverheirateten Frauen zu beweisen, daß sie einen männlichen Beschützer dringend nötig hätten: Sie brachen Türen und Fenster auf und drangen gewaltsam in die Häuser und Kammern der jungen Frauen ein, um sie zu vergewaltigen und zu mißhandeln. [111]

Von der Forschung sind solche Gruppenvergewaltigungen und »charivaris« als »Initiationsriten« bezeichnet worden, eine etwas zynische, aber durchaus zutreffende Interpretation, wie mir scheint, denn hier wurde darauf abgezielt, ungebundenen Frauen zu beweisen, wieviel sicherer ihr Leben selbst in einer unerwünschten Ehe sei.

Freiheit der Witwenschaft?

So wurden alleinstehende Frauen, und insbesondere Witwen, seit dem 13. Jahrhundert zwar zunehmend der Geschlechtsvormundschaft durch Herkunfts- und Gattenfamilie entzogen; mit dem Tod des Ehemannes verloren sie – formalrechtlich – auch ihren Herrn und Gebieter. Doch waren sie darum kaum wirklich freier: Sie fanden sich meist durch andere Rechtsnormen oder durch überkommene Rüge- und Strafrituale unmittelbar und weiterhin beschränkt, gerade dort, wo es um ihre Fähigkeit und Möglichkeit zu ehelicher Bindung ging, die von den (männlichen) Verwandten gerne unter Kontrolle gehalten wurden. Zwar hatten Witwen in der spätmittelalterlichen (Adels-)Gesellschaft eine weit größere Freiheit bei der Wahl ihres Ehemannes als die »Jungfrauen«, doch war auch ihre Wahlmöglichkeit eingeschränkt auf die Entscheidung zwischen zwei oder drei von der Familie vorgeschlagenen Kandidaten. Eine längere Ehelosigkeit konnte die noch heiratsfähige Witwe fast nie erreichen – zumindest dann nicht, wenn sie Vermögen oder Land besaß. Lediglich ältere Frauen jenseits der Menopause hatten berechtigte Hoffnungen, ihren Lebensabend als Alleinstehende zu verbringen.

Doch wollten oder konnten alleinstehende Frauen überhaupt wählen, ob sie ehelos bleiben wollten oder nicht? Die geschilderte Armut alleinstehender Frauen in den Städten läßt vermuten, daß dies für viele Frau-

en kein sehr erstrebenswerter Zustand war; am Schicksal der nordfranzösischen Witwen, die vor dem Bischofsgericht in Cerisy wegen Unzucht
verurteilt wurden, zeigt sich, daß die meisten Alleinstehenden alles dar-
ansetzten – und viel riskierten, bis hin zu den erwähnten kollektiven
»Notzüchtigungen« –, um wieder einen (Mit-)Versorger zu erhalten, trotz
Geschlechtsvormundschaft und Ehevogtei, die die Eheschließung notwendig mit sich brachte. Die »Freiheit, mit der Jungfrau und Witwe ihrem
Herrn (Jesus) dienen«, da sie nicht ins eheliche Joch eingespannt und in
den kleinlichen Sorgen des Alltags gefangen waren, diese Freiheit war
zunächst nur hinter festen Klostermauern und nur von jenen zu erreichen, die sich in die wohlausgestatteten, aber anspruchsvollen Benedik-
tinerinnen-, Zisterzienserinnen- und später auch Dominikanerinnenge-
meinschaften einkaufen konnten; sie galt durchaus nicht für die jungen
unbemittelten Witwen und alle bedürftigen Alleinstehenden in Stadt und
Land, die sich hier bestenfalls als Dienstmägde, als sogenannte »Laienschwestern«, Zugang verschaffen konnten. Persönliche Freiheit gewannen sie damit jedoch nicht: Hier waren sie dem Willen machtgewohnter
Adliger unterworfen.

Den Witwen, die über Besitz und soziales Ansehen verfügten, standen
dagegen sehr gute Möglichkeiten der Wiederheirat offen. Doch war gerade hier die Neigung zur »keuschen Witwenschaft«, die die kirchliche Lehre forderte und favorisierte, groß, wenn auch nicht immer realisierbar.
Sie widersprach meist dem Willen der Familie und zeugte, bei »heiratsfähigen« jungen Witwen, von allzu großem Eigenwillen und mangelnder
Rücksichtnahme auf die Interessen der Verwandten, zumal sie den
Bestand des Familienbesitzes bedrohte, wenn dieser in frommen Schenkungen an Arme und Bettler, vor allem aber an geistliche Institute und
religiöse Einrichtungen »verschleudert« wurde. Denn hier begann in der
Tat – und seit dem 13. Jahrhundert zunehmend – die eigentliche »Freiheit der Witwenschaft« im Hier und Jetzt, war doch primäres Charakteristikum der Witwenschaft in den Rechtssätzen seit dem 13. Jahrhundert
das Zugeständnis an die Witwen, ihren Besitz aus Mitgift, Wittum und
Erbe frei verwalten zu können und nur in Rechtsstreitigkeiten oder bei
wichtigen Amtshandlungen einen männlichen Fürsprecher – zunehmend einen juristisch geschulten Anwalt – heranziehen zu müssen. Nun
waren sie es, die für Söhne und Töchter einstanden – und nicht mehr umgekehrt die Söhne, die ihre verwitwete Mutter zu bevormunden hatten.
Selbst in solchen Gegenden, wo das römische Recht regierte, wie etwa
im Lyoner Raum, verblaßte die Institution der Vormundschaft gegenüber
individuellen Regelungen etwa in Testamenten, die Erblasser zugunsten
ihrer hinterbliebenen Ehefrauen und deren »Witwenfreiheit« trafen.[112] Der
weibliche Beitrag zur Familienwirtschaft, die wachsende Bedeutung der
Ehefrauen für den familiär geführten Handwerksbetrieb oder Hof fand

hier ihren greifbaren Niederschlag und führte schließlich zu einer spürbaren Zurückdrängung des Frauen ausschließenden, gesatzten Rechts, zugunsten eines erweiterten Erb- und Nutzrechts für Witwen.[113]

Sie fanden schließlich auch Eingang in die Rechtssatzungen der städtischen Zünfte und Gewerbe, von denen viele, zumindest im 13. und 14. Jahrhundert, explizit die Vertretungsrechte der Ehefrau in der Person der Witwe weiterleben ließen. Hier konnte der Tod des Ehegatten der Hinterbliebenen freie Hand über Familieneigentum und Nachwuchs schaffen. Doch zu welchem Preis? Die auf das Zusammenwirken von Mann und Frau aufgebauten Familienbetriebe konnten nach dem Tod eines Teils des Arbeitspaares nicht ohne Einschränkungen weiterfunktionieren, was auch die Zunftrechte unterstreichen, in denen festgeschrieben wurde, daß jeder »männerlose« Haushalt und Betrieb so rasch als möglich durch den besten – oder auch den erstbesten – Gesellen zu vervollständigen sei. Die – männlich orientierte – Zunft maßte sich damit also auch dasselbe Recht an wie die Herren im Adel, den unverheiraten Frauen, Witwen und Waisen, eine (Wieder-)Vermählung aufzudrängen und ihnen damit bald wieder eine ordentliche, d. h. dem Ehemann untergeordnete, Position im zünftigen Leben zu geben.

Doch die Handwerkerfrauen werden sich auch im eigenen Interesse rasch wiederverheiratet haben; der drohende Verlust ihrer wirtschaftlichen Position, gar ein sozialer Abstieg unter die Armutsgrenze mögen da überzeugender gewesen sein als jede zünftische Rechtsformel.

Dennoch finden wir in spätmittelalterlichen Quellen Frauen dokumentiert, die den Tod des Gatten dringend herbeigesehnt und ihre Witwenschaft tatsächlich als Freiheit von Kontrolle und Bevormundung erfahren haben. Nehmen wir als Beispiel Humiliana, eine mittelitalienische Bürgersfrau, die, um 1300 gegen ihren Willen mit einem älteren Mann verheiratet, zu Lebzeiten ihres Mannes äußerst kontrolliert gewesen war und ihren karitativen und religiösen Neigungen durchaus nicht hatte in dem Maße nachgehen können, wie es ihr richtig erschienen war. Heimlich webte sie nachts, nach getaner Arbeit, Woll- und Leinenstoffe, um deren Erlös als Almosen zu verschenken. Ihr eigener Besitz an Tuchen und Kleidern war zu gering und die eheherrliche Kontrolle über das Familieneinkommen zu strikt für ihre karitativen Ambitionen. Der frühe Tod ihres Gatten erschien ihr deshalb wie eine Befreiung, denn nun war niemand mehr im Haus, der ihre Entscheidungen anzweifeln und sie durch Drohungen, Schelte und Prügel von ihren Vorhaben abbringen konnte: Nun lud sie täglich so viele Arme und Bettler zu sich ein, wie sie wollte.[114] Doch dauerte diese Zeit der Unabhängigkeit nicht lange. Wenig später nämlich wurde sie – auf betrügerische Weise, wie ihr Biograph betont – gezwungen, auf ihre Witwenrechte zu verzichten und ins Haus ihres Vaters zurückzukehren. Wäre Humiliana eine »normale« Frau gewesen, hätte sich diese Entmündigung vielleicht verhindern lassen; ihre »unsinnige Nächstenliebe« aber machte, in den Augen der Verwandten, einen raschen Eingriff nötig.

Auch Elisabeth von Thüringen wurde auf ähnliche Weise am Genuß ihrer Witwenfreiheit gehindert. Bereits als Zwanzigjährige verwitwet und Mutter von drei Kindern, beschloß Elisabeth, das höfische Treiben und ihre Familie hinter sich zu lassen und sich einem Leben in Armut, Keuschheit und tätiger Nächstenliebe zu widmen. Auch ihre Schwiegermutter hatte sich, sieben Jahre früher als Elisabeth, aus dem Kreis der Familie zurückgezogen, hatte sich ihr Wittum in Geld und Nutzrechten ausbezahlen lassen und im Katharinenkloster ihren Wohnsitz genommen. Doch Elisabeth dachte nicht daran, sich in ein etabliertes Kloster und ein ruhiges Leben in Müßiggang zurückzuziehen; sie wollte vielmehr ein Hospital gründen, in dem sie als Kranken- und Armenpflegerin wirken konnte – und welches über ihre Lebenszeit hinaus Bestand haben sollte. Dafür brauchte sie Grund und Boden: So machte Elisabeth aus den Nutzrechten, über die sie durch ihre »Witwenfreiheit« verfügen konnte, kurzerhand ein Besitz- und damit Veräußerungsrecht und vermachte in ihrem Testament dem von ihr gegründeten Hospital in Marburg Gebäude, Grund und Boden, auf dem sie es errichtet hatte – gegen den erklärten Willen ihrer Verwandten. Bis hinauf zum Papst reichte schließlich die Klage, die Elisabeths Schwägerschaft gegen dieses Testament führten – doch ohne Erfolg: Elisabeth hatte das gesamte Hospital in die Obhut des mächtigen Johanniterordens gegeben. Sie hatte weitblickend gehandelt, um ihre Gründung wirtschaftlich und institutionell über ihren Tod hinaus zu sichern. Ein Nebeneffekt dieser Entscheidung war jedoch die endgültige Veräußerung wertvollen Familienbesitzes und ein geharnischter Konflikt zwischen Elisabeths Verwandten und den Nutznießern ihres Testaments.[115] Elisabeth war kein Einzelfall; ein beträchtlicher Teil aller kirchlichen und klösterlichen Besitzungen stammte von den wohlmeinenden Schenkungen weiblicher Gläubiger her.

Wenig verwunderlich, daß mittelalterliche Rechtssatzer gerne am Rechtsnachteil für Frauen in Erb- und Besitzdingen festhielten und weshalb sie dort, wo Frauen Erb- und Besitzrechte zugestanden wurden, diese durch eine Wiederbelebung der Geschlechtsvormundschaft oder ähnlicher Regelungen zu beschränken suchten: Hier sollte einer Zersplitterung von Besitz, einer Stärkung kirchlichen Grunderwerbs und schließlich einer Häufung von Konflikten um Besitzansprüche vorgebeugt werden.[116]

Selbst in nicht-adligen Kreisen, die zunächst Frauen mehr Anteil an der Verantwortung für Familie, Gewerbe und Hof einräumten, blieb ein gewisses Mißtrauen wach, das im geeigneten Moment – namentlich in Krisenzeiten – in Restriktion und Benachteiligung umschlug. Gerade die

Akkumulation von Kapital in den Händen reicher Witwen mag in den Städten des ausgehenden Mittelalters – insbesondere in den reichen Handelsmetropolen Italiens – starke Bedenken gefördert haben gegenüber einer »heimlichen Kapitalreserve«, die sich Eingriffen von außen zu entziehen wußte, je freier unverheiratete Frauen und Witwen schalten und walten, je selbstbestimmter sie aber auch heiraten oder Schenkungen machen konnten. Es ist wohl kein Zufall, daß sich gerade spätmittelalterliche Städte besonders der Witwen (und Waisen) anzunehmen begannen, welche vorher unter dem besonderen Schutz der Kirche gestanden hatten. Nun suchten die Stadträte den Zugriff auf die »Schutzbedürftigen« und begannen sich, wie die Familien im Adel, in die Geldgeschäfte reicher Witwen einzumischen. In Straßburg etwa wurde wohlhabenden Witwen im Laufe des 15. Jahrhunderts vorgeschrieben, wieviel Geld sie an welche (kirchliche) Institution höchstens vergeben durften. Die Begründung für diesen Eingriff in die Witwenfreiheit war dieselbe, wie sie die Familie Humilianas gegeben hatte: Die Frauen sollten ihr Hab und Gut nicht in frommen Schenkungen verschleudern und dadurch ihre Erben übervorteilen.[117]

Die Sorge um die Kontinuität und Kontrollierbarkeit der bestehenden Besitz- und Standesordnung führte vom Familienkonflikt über die allgemeine Verlagerung der Fürsorge- und Vertretungspflicht der Städte schließlich zu einer Rechtssatzung, die den Eingriff in den Handlungsrahmen der Witwen nachhaltig institutionalisierte. Die Abschaffung der Geschlechtsvormundschaft, zu der bäuerliche wie bürgerliche, weltliche wie religiös lebende Frauen beigetragen hatten, ja, aus ökonomischen Gründen beitragen mußten, hatte wohl die Wirkung offener werdender Grenzen zwischen Geschlechtern allzu heftig spürbar werden lassen. In der Krise des Spätmittelalters und zu Beginn der frühen Neuzeit wurde hier – vielleicht mehr als in allen anderen Bereichen – ein Riegel vorgeschoben: In Italien kehrte schon im 14. Jahrhundert, im übrigen Europa mit etwa 150 Jahren Verspätung, die »Geschlechtsvormundschaft« wieder in die Rechtssatzung zurück; das Frauenbild und das Geschlechterverhältnis bestimmte nun eine »bürgerliche« Ideologie von der tugendhaften Hausfrau, die nur noch für Kinder und Ehemann lebt, wirtschaftlich von einem »Versorger« abhängig ist und keinen Anteil mehr an Handwerk und Geschäften hat.

FRAUENBEWEGUNG IM MITTELALTER?

Eine standesgemäße Versorgung bot alleinstehenden Frauen schon seit dem frühen Mittelalter das Kloster. Die Zahl dieser »Versorgungsinstitute« für Unverheiratete war jedoch gering: Hier konnten nur die Damen (hoch-)adligen Geblüts einen angemessenen Alterssitz finden; die Entstehung neuer sozialer Gruppierungen und Schichten seit dem 12. Jahrhundert und die »Familiarisierung« der Gesellschaft durch die neuen Wirtschafts- und Lebensformen schufen hier neue Bedürfnisstrukturen und eine zahlenmäßig enorm erweiterte »Klientel« für das Nonnenleben.

Beginen als »Versorgungsinstitut«?

Es kam in der Folge, seit dem Beginn des 13. Jahrhunderts, zu einer großen Zahl von Ordens- und Klostergründungen für Frauen, angesiedelt zunächst bei den Zisterziensern, dann bei Dominikanern und Franziskanern – die erste dominikanische Klostergründung war im übrigen das Frauenkloster Prouille im Südwesten Frankreichs.[118] Dabei entstand schließlich sogar eine eigenartige, spezifisch weibliche religiöse Lebensform, die der Beginen, deren Gemeinschaften vor allem in den rheinischen Textil- und Fernhandelszentren und namentlich in Flandern und Brabant Ausbreitung und Zulauf fanden. Zwar kann der Umfang dieser Neugründungen und mithin die Zahl der religiös lebenden Frauen nur geschätzt werden, doch sind schon diese Schätzungen teilweise recht erhellend: Um 1300 gab es allein in Deutschland 74 Dominikanerinnenklöster (obgleich der Dominikanerorden erst 50 Jahre zuvor auf deutschem Territorium mit seiner Mission begonnen hatte), die überdies völlig überfüllt waren, ebenso wie die Häuser der anderen »neuen Orden«, der Franziskaner (bzw. der Klarissen) und der Zisterzienser. Noch größer war die Zahl der im semireligiosen Stand lebenden Frauengemeinschaften. Allein Köln besaß in der Mitte des 14. Jahrhunderts 169 Beginenkonvente mit etwa 1170 Bewohnerinnen; in Straßburg gab es zur selben Zeit etwa 600 Beginen: der Anteil der religiös lebenden Frauen betrug hier schätzungsweise bis zu 10% der weiblichen Bevölkerung.[119]

Daß Beginen vor allem von Handarbeit und Krankenpflege gegen Lohn lebten, hat die ältere Forschung in der Auffassung bestärkt, es habe im Spätmittelalter einen enormen Frauenüberschuß und dadurch viele unversorgte Frauen gegeben – man sprach von einer sogenannten »Frauenfrage«[120] –, der nur durch die Gründung zahlreicher religiöser Frauengemeinschaften eingedämmt und schließlich bewältigt werden konnte.

Vieles spricht in der Tat für eine solche Interpretation; nicht zuletzt auch die schwierige soziale und wirtschaftliche Situation alleinstehender Frauen, die ich weiter oben geschildert habe. Auch zeigt sich, daß die Beginenhöfe und -gemeinschaften, mehr als alle anderen im Laufe des 13. und 14. Jahrhunderts gegründeten Frauenklöster, Arbeits- und Wohnmöglichkeiten für Frauen aus der ärmeren Bevölkerung boten. Auch befanden sich die Beginen meist unter der Aufsicht und Gerichtsbarkeit der städtischen Obrigkeit und erhielten von dort Rechtssatzungen und Verhaltensvorschriften – ähnlich wie Hospitäler und Findelhäuser oder sogar wie die »Frauenhäuser«, die in Frankreich einer »Äbtissin« unterstanden und die ebenfalls dem besonderen Schutz und der Oberaufsicht des Rates unterstellt waren. Zudem verpflichtete der Eintritt in eine Beginengemeinschaft keineswegs zu lebenslanger Ehelosigkeit. Der Beginenordnung der Stadt Straßburg zufolge wurden hier zwar nur unbescholtene Frauen und Jungfrauen aufgenommen, diese mußten aber zunächst kein Keuschheitsgelübde ablegen. Zwei Monate lang konnten sie prüfen, ob dies die richtige Lebensweise für sie war, erst danach mußten sie einfache graue Kleidung anlegen, ein Gelübde des Gehorsams und der Keuschheit – mit zeitweiliger Gültigkeit – ablegen und sich in die strikte Arbeitsordnung der Gemeinschaft einfügen. Sie blieben allerdings verfügungsberechtigt über ein eventuell eingebrachtes Vermögen – ein Umstand, der zu starken wirtschaftlichen Unterschieden und zu sozialen Spannungen innerhalb der Gemeinschaften führen konnte.[121]

Ursprünglich hatten die Beginen gegen geringe Entlohnung hauptsächlich im sozialen Bereich gearbeitet: Armen- und Krankenpflege bis hin zur Versorgung der Toten waren ihre Aufgaben, ebenso das Unterrichten von Mädchen und manchmal auch Jungen, etwa in Mainz, Köln oder Lübeck. Gegen Ende des Mittelalters wurden einzelne Beginengemeinschaften straffer organisiert und Hospitälern als Pflegepersonal zugeordnet; in Pestzeiten konnten sie sogar vom Rat gezwungen werden, dort gegen ihren Willen Dienst zu tun.

Auch im Handwerk, insbesondere in der Textilverarbeitung, waren die Beginen tätig, wie viele alleinstehende Frauen und teilweise mit großem wirtschaftlichem Erfolg. Besonders in den großen Textilmetropolen Flanderns und des Rheinlands gelang es ihnen, gutes Geld zu verdienen und Arbeiten im Tagelohn an Mägde und Außenstehende zu vergeben, wie große Handelsgesellschaften und Verleger – ein Umstand, der die Beginengemeinschaften immer wieder, und im späten Mittelalter zunehmend, in Konflikt mit den Zünften brachte, die in fast allen größeren Städten versuchten, die unliebsame – und politisch schwache! – Konkurrenz niederzuhalten oder auszuschalten.

Ketzerinnen und Heilige

Doch trotz dieses auf den ersten Blick eindeutigen Zusammenhangs von »Frauenüberschuß« und entsprechenden städtischen Versorgungsinstituten, wie sie die Beginengemeinschaften im 15. Jahrhundert sicherlich darstellten, ist dieser Erklärung der Entstehung zahlreicher spätmittelalterlicher religiöser Frauengemeinschaften bald schon sehr lebhaft widersprochen worden. Der Kirchen- und Ordenshistoriker Herbert Grundmann sprach vielmehr von einer »religiösen Frauenbewegung«, analog zu den sozialreligiösen Bewegungen, die das geistige und soziale Klima Europas seit dem Hochmittelalter mitbestimmten.[122]

In der Tat läßt sich seit dem 12. Jahrhundert und verstärkt dann im 13. Jahrhundert eine »tiefe religiöse Beunruhigung« feststellen, die viele Menschen dazu trieb, die herkömmlichen Formen der Frömmigkeit aufzugeben und, meist in Gruppen oder Grüppchen von Gleichgesinnten, das Heil ihrer Seele auf Wegen zu suchen, die von der Kirche nicht vorgegeben oder sogar verboten waren und deshalb zu Verketzerung und Verfolgung führten. Nördlich der Alpen war dieser Aufbruch besonders von Frauen getragen, so daß der Dichter Ulrich von Lichtenstein in der Mitte des 13. Jahrhunderts klagte (wenn auch im Scherz), die Frauen liefen plötzlich alle wie Nonnen herum, verschleiert und mit dem Rosenkranz bewaffnet eilten sie Tag und Nacht in die Kirche und gönnten den Rittern und der Minne kein gutes Wort mehr.[123]

Die Ziele dieser Bewegung, die sich über den gesamten europäischen Kontinent erstreckte, besonders aber in den wirtschaftlich hochentwickelten, kapitalkräftigen großen Handelsstädten in Italien, Frankreich, Flandern und entlang des Rheins florierte, waren vielfältig; doch zielte sie besonders auf eine religiöse Erneuerung der Christenheit und eine Rückbesinnung auf asketisch-apostolische Werte wie Armut, Demut, Keuschheit und schließlich Arbeit, die »vita activa« ab.

Angeregt von Predigern, die über Land zogen und zur Abkehr von der Welt des schnöden Mammons, des oberflächlichen Wohllebens und des Wuchers aufriefen, die sie in den aufblühenden Städten mit ihren wachsenden sozialen Spannungen zu finden meinten, fanden sich Frauen in Häusern oder Hütten am Stadtrand zusammen, um ein »apostolisches Leben« zu führen und wie die Jünger Christi vom Predigen und Betteln zu leben. Auch die christliche Nächstenliebe sollte einen großen Raum im neuen, gottgefälligen Leben einnehmen. Ein vermessenes Vorhaben in einer Gesellschaft, die unbegleitete und umherziehende Frauen auf den Straßen eher für Huren denn für Heilige hielt. Unter dem wachsenden Druck der Öffentlichkeit, weltlicher wie insbesondere kirchlicher Instanzen, wurde diese Art der Lebensführung, wie sie etwa Clara von Assisi, Elisabeth von Thüringen oder Mechthild von Magdeburg (um 1250) angestrebt hatten, zunehmend eingeschränkt und verurteilt. Als deutlich wurde, daß die Bewegung nicht einzudämmen war und sich immer mehr Frauen und Mädchen aller sozialen Schichten dieser neuen Art der religiösen Lebensführung anschlossen, versuchte man mit Erfolg, die Bewegung zu spalten, zu kanalisieren und schließlich zu integrieren.

Approbation und Anerkennung fanden solche Gruppen und Gemeinschaften, die genügend Besitz angehäuft hatten und sich in einem festen Haus niedergelassen hatten. Die übrigen Gemeinschaften, die sich weiterhin vom Betteln ernährten und sich, teilweise in gemischten Gruppen, auf Straßen, Plätzen und Landstraßen »herumtrieben«, betrachtete man von nun an als »Ketzer«, als Störenfriede der christlichen Gemeinschaft und als Verkünder gotteslästerlicher Lehren, zumal sie häufig äußerst kirchenkritische und antiklerikale Ideen verbreiteten. Diese »Brüder und Schwester vom freien Geist« wurden im Verlauf des 14. Jahrhunderts Hauptziel inquisitorischer Verfolgungen. Viele von ihnen endeten, wie die gelehrte Mystikerin und Verfasserin des »freigeistigen« Traktats *Spiegel der einfachen Seelen*, Marguerite Porete 1310 in Paris, vor dem Inquisitionsgericht und schließlich auf dem Scheiterhaufen.[124]

Besonders das theologische Interesse vieler Frauengemeinschaften erregte den Argwohn der Zeitgenossen – die mystisch inspirierten Texte, die aus den Kreisen religiös bewegter Frauengemeinschaften stammten und dort zirkulierten, wie etwa die Verse einer Hadewijch (um 1230), die Autobiographie der Beatrijs von Nazareth oder das *Fließende Licht der Gottheit* Mechthilds von Magdeburg (um 1250), entfalteten sich schließlich zu einer in Europa bis dahin ungekannten »weiblichen« Kulturblüte – ein Umstand, der bei den Zeitgenossen viel Verwunderung erregte.[125] Der Franziskaner Lamprecht von Regensburg etwa konstatierte gegen Ende des 13. Jahrhunderts erstaunt, daß sich »heutzutage auch Frauen zu theologischen Fragen äußern, ja sich sogar auf religiöse Fragen besser zu verstehen scheinen als verständige Männer.« Er gab dafür folgende Erklärung: »Wenn eine Frau sich um ein gottgefälliges Leben bemüht, dann werden ihr sanftes Herz, ihre bei schlichten Geistesgaben geringere Willenskraft sie schneller entflammen, so daß ihr Gott-Verlangen die Weisheit des Himmels besser erfaßt, als dies ein harter Mann je könnte, der dazu wenig geeignet ist.«[126]

Diese Erklärung war insofern unzutreffend, als die mystischen Autorinnen durchaus nicht mit »geringeren Geistesgaben« ausgestattet waren als ihre männlichen Zeitgenossen, und auch an theologischer Vorbildung kann es bei den meisten nicht gemangelt haben; Marguerites Poretes Traktat zeugt ebenso wie die Schriften einer Hildegard von Bingen († 1179) oder einer Katharina von Siena († 1380) von guten Bibelkenntnissen und dem erklärten Willen, eine andere »Schau« auf theologisch umstrittene Probleme zu entwickeln. Doch das Pauluswort vom Weib, das in der Gemeinde schweigen solle, galt auch für Frauen des späteren Mittelalters; die Priesterweihen waren ihnen vorenthalten und damit auch der Zugang zu Universität und öffentlicher Rede. Der Weg, den die religiös bewegten Frauen des späteren Mittelalters deshalb wählten, war der der »mystischen Rede«.[127] Nicht zuletzt dank des desolaten Zustands der in Fraktionen und Machtinteressen zerfallenen spätmittelalterlichen Kirche, die unter dem Schisma, der Großen Kirchenspaltung litt, fanden die Seherinnen und Mystikerinnen ein offenes Ohr und vielfache Anerkennung bei den nach Orientierung suchenden Gläubigen. So haben sich durch das gesamte Spätmittelalter hindurch immer wieder Frauen auch in höchst brisanten politischen Situationen zu Wort gemeldet; Katharina von Siena und Birgitta von Schweden, die beide das Kirchenschisma zu beenden suchten, waren wohl die berühmtesten unter ihnen, aber bei weitem nicht die einzigen. Im Süden und Südwesten Deutschlands lebten ebenfalls mehrere »mystisch begabte«, religiös bewegte Frauen, die nicht nur mystische Visionen und Offenbarungen zu Papier brachten oder bringen ließen, sondern sich aktiv in politische und soziale Konflikte einmischten – und gehört wurden, wie etwa die Nürnberger Dominikanerinnen Margarethe und Christine Ebner (beide lebten um 1350). Auch in Italien schrieben und disputierten neben Katharina von Siena weitere prominente Frauen wie die Mystikerinnen Angela von Foligno († 1309) und Clara a Cruce († 1308). Und selbst im vom Hundertjährigen Krieg zerrissenen Frankreich fühlten sich besonders Frauen aufgerufen, Land, Kirche und Christenheit zu retten: Die selbsternannte Befreierin Jeanne d'Arc († 1431) war nur eine von mehreren »Gesandten Gottes«, die seit dem Ende des 14. Jahrhunderts immer wieder hatten von sich reden machen – und die der Inquisiton kaum weniger angenehm waren als die »Jungfrau von Orléans«, etwa die »Witwe Rabastens« (um 1350) aus dem Südwesten oder Jeanne-Marie de Maillé (1331–1414) aus der Touraine.[128]

Das späte Mittelalter war insofern im religiös-politischen Bereich durchaus eine von Frauen mitbestimmte Epoche, die Zahl der kanonisierten Frauen war niemals höher als in den drei letzten Jahrhunderten des Mittelalters: bis zu einem Viertel aller neu kanonisierten Heiligen waren in dieser Zeit weiblichen Geschlechts – ein großer Teil von ihnen sogar Ehefrauen und Mütter. Niemals zuvor oder danach konnten sich Frauen einer solch »feminisierten« Heiligen- und Glaubenswelt angehörig fühlen, wenngleich ihr Ausschluß vom Altardienst und von den Weihen – zumindest innerhalb des kirchlichen Rahmens – niemals ernsthaft in Frage gestellt war.[129]

Denn ähnlich wie in der Arbeitswelt, wo sich Frauen um institutionelle und rechtliche Absicherung offenbar wenig, zu wenig Sorgen machten, wie die amerikanische Historikerin Martha C. Howell neulich meinte[130], leiteten die Visionärinnen, Mystikerinnen und religiös bewegten Frauen ihre neugewonnene Bedeutung nicht in einen verbesserten institutionellen Status innerhalb der Kirche über, sondern vertrauten auf das Charisma der Mystikerin, bzw. auf die hierarchie- und autoritätssprengende Kraft des göttlichen Geistes.

Während Birgitta von Schweden und Katharina von Siena, die sich klüger bedeckt hielten und den Schutz der Kurie und der monastischen Organisation suchten, ihre politischen Interessen und theologischen Ideen wenigstens teilweise erfolgreich den Interessierten nahebringen konnten, wuchs im Laufe des 15. Jahrhunderts der Unmut gegen die »weibliche Wundersucht« nicht nur in Theologenkreisen an. Immer mehr Frauen wurden als »falsche Prophetinnen« entlarvt – unter ihnen auch Jeanne d'Arc –, und bereits allgemein als Heilige verehrten Mystikerinnen und Visionärinnen verweigerte man in Rom die Kanonisation.[131] Schon im Vorfeld der Reformation und ihrer massiven Kritik am Heiligenwesen der katholischen Kirche schwanden die theologischen Einflußmöglichkeiten von Frauen im Dies- und Jenseits spürbar. Mit dem Ende des Mittelalters rückte dann auch das Ende weiblicher Prominenz und Heiligkeit näher. Schon im 16. Jahrhundert, als im Zuge von Reformation und Gegenreformation Fakten und Argumente, handfeste Bibelkenntnisse und theologische Vorbildung mehr zu zählen begannen als göttliche Eingebungen, fiel die Zahl der als Heilige verehrten oder gar kanonisierten Frauen deutlich ab. Im 17. Jahrhundert schließlich wurde weiblicher Spiritualität, dem »sanften Herzen« der Mystikerin und »ihrer bei schlichten Geistesgaben geringeren Willenskraft« nur noch mißtraut; konnte sie denn nicht auch vom Teufel inspiriert, ja sogar »penetriert« sein? Der Platz (außergewöhnlicher) weiblicher Spiritualität war von nun an die Folterkammer der Inquisitoren und schließlich der Scheiterhaufen, nicht mehr der Altar. Aus der verzückten Ekstase der Mystikerinnen wurde die Nachtfahrt der Hexen.

Werfen wir noch einen resümierenden Blick auf diese vielfältigen Entwicklungen weiblicher Alltags- und Lebenserfahrungen, die sich in den spätmittelalterlichen Schrift- und Bildquellen finden lassen. Wie sich bei der Frauenarbeit, aber auch im Bereich von Ehe oder Religiosität gezeigt hat, war das späte Mittelalter eine Phase umfassender Aufbrüche und Wandlungen, die sich mit dem Ende dieser Epoche teils verfestigten, teils anderen, grundlegenden Veränderungen wichen.

Deutlich wird dabei, daß Frauen – etwa in der städtischen Zunftwirtschaft, aber auch in ihrer rechtlichen Situation als »Unmündige« – in den letzten drei Jahrhunderten des Mittelalters, wenn auch sozial und regional verschieden, Freiräume erobern und Breschen in die patriarchale Struktur des »männlichen Mittelalters« schlagen konnten, daß sich aber auch z. T. massive Gegenreaktionen beobachten lassen, welche eine an ihre Grenzen gelangte patriarchale Gesellschaft entwickelte, um weibliche Veränderungs- und Präsenzwünsche um so rascher einzuholen und zurückzudrängen.

Dies zeigt sich etwa an der von Christine de Pizan geführten Polemik gegen eine frauenfeindliche Bildungs- und Glaubenstradition, der die franko-italienische Autorin in ihrem *Buch von der Stadt der Frauen*[132] eine »Ehrenrettung des weiblichen Geschlechts« entgegenstellte; dies zeigt sich aber auch in den immer auf das gesamte weibliche Geschlecht zielenden Angriffen von Zunftmeistern und Gesellen, die ihre weibliche Konkurrenz auszustechen sich bemühten. Aufbruch und Gefährdung, Wert und Unwert der Frauen sind die beiden Seiten einer Medaille. Dies ist ein Vermächtnis der mittelalterlichen Gesellschaft an die »neue Zeit«: Der Streit um den Wert (und die gesellschaftliche Stellung) der Frauen, die »querelle des femmes« wird deshalb, auch in den finsteren Zeiten der Hexenverfolgung«, nicht mehr zu beenden sein.[133]

Fruchtschale; Bildteppich aus dem Zyklus *Die Dame mit dem Einhorn* (Ausschnitt).
Paris, Musée de Cluny.

SPUREN UND BILDER VON FRAUEN

Bei einfachen Leuten; Miniatur eines *Tacuinum sanitatis*; 15. Jahrhundert. *Wien, Österreichische Nationalbibliothek.*

Wir dürfen uns mit dem penetranten Diskurs der Männer über die Frauen nicht zufriedengeben. Und wir können dieses Bild auch nicht einfach dadurch korrigieren, daß wir in Texten und literarischen Werken danach suchen, wie sie vereinzelt auf die Ideen der Männer reagiert haben. Deshalb wollen wir nun ein Bild der Frauen selbst umreißen, indem wir uns den Gegenständen und Artefakten zuwenden, die etwas über sie aussagen oder die sie benutzt oder geschaffen haben. Dadurch werden wir an Nachbardisziplinen der Geschichte, die Archäologie und die Ikonographie, verwiesen.

Was sagen uns diese Gegenstände über das Leben der Frauen? So lautet die erste Frage, die sich jede Historikerin und jeder Historiker sofort stellt. Denn warum sollten sie nicht zu uns sprechen, sollten sie nicht eine vergangene Gesellschaft beschreiben wie jede andere Quelle auch? Wenn Historiker ihre methodologischen Gewißheiten und gewohnten Betrachtungsweisen nicht relativieren, laufen sie jedoch Gefahr, sich diesem Universum aus Bildern und Spuren auf dem falschen Fuß zu nähern. Denn in diesem Bereich muß alles neu gedacht werden, nichts läßt sich mit den herkömmlichen Techniken deuten. Das Bild setzt zum Beispiel die alltäglichen oder gelehrten Vorstellungen um, aber es gießt sie in eine Formsprache, deren Vokabular und Syntax nur ihm eigen sind. Das Aufgreifen von Vorbildern und Mustern ist hier genauso auffallend wie die Imitation oder die Paraphrase der literarischen »Autoritäten« im Bereich der Schriftlichkeit, die in den ersten Kapiteln behandelt wurden, aber es wird anders umgesetzt und verarbeitet. Das Bild stellt in aller Schärfe das Problem der Innovation, der Einführung neuer Motive und originärer formaler Strukturen. Seine ästhetischen Ausdrucksmittel spiegeln gewiß nicht unmittelbar gesellschaftliche oder geistige Veränderungen wider; auf die eine oder andere Art verweisen sie jedoch darauf. In diesem heiklen Verhältnis der bildlichen Darstellungen zu den geistigen bzw. literarischen Vorstellungen und zur Realität liegt die Schwierigkeit jeder Interpretation, und zwar um so zugespitzter, je realistischer, ja naturalistischer sich ein Bild gibt. Was vermittelt das Auftreten einer neuen Frauengestalt, einer bis dahin den Künstlern nicht bekannten Tätigkeit, bei der sie sie plötzlich darstellen, einer Haltung, in der sie sie vorher nicht abgebildet haben? Liegt es daran, daß sie oder ihr Publikum sie zum erstenmal wahrgenommen haben, oder daran, daß sie sie nun für würdig erachten, dargestellt zu werden? Warum wird diese schmeichelnde oder jene verunzierende Farbe gewählt oder eine ungewöhnliche Komposition, die die Beziehungen zwischen Menschen oder Gegenständen in ein anderes Licht setzt?

Die Welt der mittelalterlichen Bilder ist unermeßlich. Chiara Frugoni zeigt uns auf der Grundlage einer notwendigerweise begrenzten Auswahl die Breite der methodischen und interpretatorischen Probleme, die sie aufwerfen, z. B. den Anteil der Frauen an der Herstellung der Gegenstände und Bilder. Dieses Problem hat weder bei den Archäologen noch bei den Kunsthistorikern oder den Ikonographen bisher großes Interesse hervorgerufen. Nach Ansicht von Françoise Piponnier übergehen die Archäologen mit der üblichen Nachlässigkeit die Frage, ob die in einer Grabstätte gesammelten Artefakte einen Toten oder eine Tote ins Jenseits begleiteten, und zeigen kaum Interesse für den Anteil der Frauen bei der Herstellung und Verwendung von Gegenständen des täglichen Gebrauchs. Ebenso haben die Kunsthistoriker wenig über die Produkte eines *scriptoriums* in einem Frauenkloster zu sagen gehabt, noch weniger über die Bedeutung der Autorschaft von Miniaturistinnen und Kopistinnen im Vergleich zu der ihrer männlichen Kollegen.

Wie der Auftraggeber auf die Gestaltung eines Bildes Einfluß nehmen kann, ist ein noch genauer zu untersuchendes Problem. Paulette L'Hermite-Leclercq hat auf den privaten Psalter der Christina von Markyate verwiesen. Von den Miniaturen dieses Buches, die die Meditationen dieser Heiligen speisten, gibt besonders jene zu denken, in der sie, Christus gegenüberstehend, einzigartig privilegiert vor den Männern erscheint, die sie begleiten. Dieses Bild mag gewiß ihre Wünsche als Frau wiedergeben und vergrößern. Viele andere Zeugnisse, würden sie einmal zu einem aussagekräftigen Ganzen zusammengefaßt, würden diese Annahme sicher bestätigen, wenn die Spezialisten sie unter dem Blickwinkel der Beziehungen zwischen den Geschlechtern befragen würden. Die folgenden Seiten machen diesen Versuch. Hoffen wir, daß sie ein Anstoß für neue Untersuchungen auf diesem weiten, brachliegenden Feld sein werden.

C. K.-Z.

10
DIE WELT DER FRAUEN

Françoise Piponnier

Die Schriften des Mittelalters geben häufig ein Bild von der Frau wieder, das mehr der männlichen Einbildungskraft entspringt als der Realität weiblicher Tätigkeiten, Sorgen und Sehnsüchte. Bilder und Skulpturen verbreiten gleichermaßen die Stereotypen der heiligen und der sündigen Frau; erst in den letzten Jahrhunderten des Mittelalters zeigen die häufiger werdenden weltlichen Szenen, manchmal auch die religiösen Motive, Bürgerinnen oder sogar Bäuerinnen in Alltagssituationen. Da das Material der Archäologie nicht durch die Vorurteile der Schriftsteller oder Künstler verfälscht ist, kann es wesentliche Aspekte dieser Realität beleuchten: die Größe und Ausstattung der Wohnräume, das Arrangement des Haushalts und einzelne Gegenstände, die um so wertvoller waren, je rarer und schwerer erschwinglich sie für ihre Benutzerinnen waren.

Ob sie nun täglich benutzt wurden oder nur für besondere Anlässe bestimmt waren, sie tragen in jedem Fall vielsagende Muster und Zeichen, symbolische, affektive, magische ... Die Spuren der Abnutzung auf den Gegenständen oder auf den Fußböden verraten darüber hinaus auch etliches über die banalen, immer gleichen, meist unauffälligen Tätigkeiten, die auf Bildern und in Schriften kaum je festgehalten wurden, die aber aufschlußreich für das Leben der Frauen sind.

Wohnräume und Arbeitsstätten

Physisch und moralisch schwach, wurden die Frauen im Mittelalter als Wesen angesehen, die vor den anderen geschützt werden mußten, aber auch vor sich selbst. Ob sie durch ihre Herkunft zur Welt der Krieger oder der Arbeitenden gehörten oder aus eigener Entscheidung zur Welt derer, die beten, sie waren der Überwachung und der Führung der Männer ihres »Standes« unterworfen. Der geistliche Stand war der einzige, der die Frauen vollständig von der Welt trennte.[1] In der Schicht der Krieger hatten die Frauen, wenn auch unter der Kontrolle der Männer, teil an einem Leben, das sich in sehr viel offeneren Räumen abspielte. Im dritten Stand der Gesellschaft, dem der Arbeitenden, der die große Mehrheit dieser stark hierarchisierten Gesellschaft ausmachte, war die Situation der Frau sicher weniger festgelegt und hier hat sie sich im Laufe des Mittelalters auch erheblich weiterentwickelt. In der Gutswirtschaft unterschied sich die Lage der Bauern von der der Handwerker nur wenig: Leibeigene Männer und Frauen waren an das Gut gebunden, und ihr Leben spielte sich in diesem engen geographischen Rahmen ab; sie waren gezwungen, dort zu bleiben und dort zu heiraten. Trotz starker regionaler Unterschiede hatten die Freilassung der Leibeigenen und der Aufschwung der Städte die Voraussetzungen für mehr Mobilität geschaffen – allerdings mehr für den Mann als für die Frau: Die Handwerker zum Beispiel, die mit den großen Bauhütten mitzogen, waren Männer. In den Aufstellungen, die die städtischen Archive Ende des Mittelalters über die Kaufleute liefern, die an den Messen teilnahmen, treffen wir aber regelmäßig auf Händlerinnen, sicherlich Witwen.[2] Sie waren jedoch viel weniger zahlreich als die Händler, und sie wechselten den Ort wahrscheinlich seltener. Selbst die besonders entwurzelten Frauen, die Sklavinnen, über die die italienischen Archive viele Informationen bereithalten, gingen nach ihrer Freilassung nicht fort.[3] Die Frau verfügte auf allen Ebenen der Gesellschaft über eine sehr viel geringere Bewegungs- und Handlungsfreiheit als der Mann.

Für detaillierte Informationen über die verschiedenen Tätigkeiten der Frau sind die Quellen vor dem 14. Jahrhundert zu verstreut und zudem häufig nur auf einzelne Aspekte beschränkt und sehr knapp.

Die landwirtschaftliche Produktion, der sich der überwiegende Teil der Bevölkerung widmete, wurde ausschließlich von Männern betrieben, wenn wir den auf Reliefs dargestellten Kalendern des 11. und 12. Jahrhunderts glauben dürfen.[4] Aber in dem Maße, in dem die bildlichen Darstellungen zunahmen und ihre Träger vielfältiger wurden, erscheint die Frau bei vielerlei Arbeiten auf dem Feld: Sie ist an der Ernte und am Heuen beteiligt. Wir sehen sie allerdings nie mit der Sense, aber es scheint, daß sie in Nordeuropa durchaus genauso wie die Männer mit dem

Sicheln des Getreides betraut wurde. Auf Darstellungen aus Frankreich und Italien verrichtet sie meist nur leichte Arbeiten: Sie wendete das Heu mit einem großen Holzrechen und schichtete die Heuhaufen mit einer Heugabel auf; sie band das geschnittene Heu zu Garben und bearbeitete das Stroh auf der Dreschtenne mit kleinen Forken.[5] Skelettfunde erlauben uns einen Vergleich der Statur von Männern und Frauen in ein und demselben Dorf: In Saint-Jean-Le-Froid im Rouergue wurde nachgewiesen, daß die Frauen viel zierlicher als ihre mit kräftigen Muskeln ausgestatteten Gefährten waren; die Bäuerinnen blieben also vermutlich von den körperlich härtesten Arbeiten verschont.[6]

Die Weinstöcke, die damals viel weiter nördlich wuchsen als heute, wurden vor der Weinlese von weiblicher Hand versorgt: beim Rebschnitt, beim Anbinden der Reben an die Pfähle und beim Abranken. Die Anzahl der Hippen und Winzermesser, die man in einem einzigen abgebrannten dörflichen Haus in Burgund gefunden hat, bestätigten bildliche Darstellungen.[7] Die Ernte zog viele Frauen nach draußen, in den Mittelmeerländern in die Olivenhaine oder in die Obstgärten, die die grundherrlichen Wohnsitze und selbst die einfachen Dörfer umgaben. Die Frauen legten die Früchte, die mit der Hand gepflückt oder in einem großen Tuch aufgefangen wurden, anschließend in Körbe, in ein geschürztes Kleid oder eine Schürze, um sie zum Pressen oder Konservieren zu bringen. Die Handschriften enthalten erst spät Bilder von Frauen, die verschiedene Gemüse und auch Heilpflanzen ernten, aber diesen Beschäftigungen sind sie wohl schon lange vorher nachgegangen. Das erst späte Auftauchen von Bildern, die Frauen auch bei der Arbeit darstellen, ist gewiß dem Gewicht der klerikalen Kultur zuzuschreiben und deren Widerwillen, die Frau anders als unter den stereotypen moralischen Aspekten, als Heilige oder als Sünderin, wahrzunehmen.

Etwas früher schon wurde die Frau bei der Aufzucht der Haustiere dargestellt; sie fütterte das Schwein und das Geflügel, hütete die Schafe und schor sie mit einer Eisenschere. Sie war auch für die Milchprodukte zuständig; sie fing beim Melken die Milch in Holzeimern oder Schalen auf. Das Entrahmen war ihr Ressort, sie butterte und stellte Käse her. Doch auch diese Tätigkeiten stehen, wie die Gartenarbeit, durch ihre Art und ihre Nähe zum Haus in einer engen Beziehung zu den häuslichen Aufgaben. Wenn die Aufzucht sich weit vom Haus entfernt abspielte, oblag die Beaufsichtigung dem Mann, z. B. das Weiden der Schweine im Wald oder das Wandern mit den Schafherden. Melken und Käsen war Sache der Männer in dieser Welt des bergigen Weidelands, in dem die Frau zwar nicht völlig fehlte, aber nur eine Randstellung hatte, wenn wir den Aussagen der Einwohner von Montaillou glauben dürfen.[8]

Die Bilder sind hilfreich, können aber auch trügerisch sein, wenn sie falsch interpretiert und aus ihrem Kontext gerissen werden. Die wunderbaren Miniaturen, die die Manuskripte der utopischen *Stadt der Frauen* von Christine de Pizan schmücken, dürfen nicht als Beleg dafür mißverstanden werden, daß Frauen im mittelalterlichen Paris auch Schmiede- oder Maurerarbeiten verrichteten; nicht ein einziger Text bestätigt diese Bilder für Paris oder Frankreich. Dagegen belegen andere Quellen, wie Claudia Opitz zeigt, daß die Einwohnerinnen deutscher Städte die unterschiedlichsten Berufe ausübten.

Die Zunftordnungen beziehen sich vor allem auf die besonders »edlen« Handwerke, auf die, die von Männern ausgeübt werden, und auf die Arbeit der »Meister«. In der Regel erlauben sie die Ausübung dieser Berufe nur den Witwen von Meistern, denen Bedienstete, die das Handwerk beherrschen, zur Seite stehen. Steuerlisten, auf denen der Name der Steuerpflichtigen mit einer Berufsangabe versehen ist, geben Hinweise darauf, daß Frauen erstaunlich viele Handwerke ausübten.

Die Steuerbücher von Paris zum Beispiel vermitteln einen Eindruck ihrer Mannigfaltigkeit, auch wenn sie nur alleinstehende, ledige Frauen oder Witwen aufführen.

Wie steht es mit der verheirateten Frau? War sie von jeder unabhängigen beruflichen Tätigkeit, von der Arbeitswelt ihres Mannes und von seiner Werkstatt ausgeschlossen? Das ist höchst unwahrscheinlich. Glaubwürdiges Bildmaterial läßt vermuten, daß die Ehefrau des Handwerkers eine wesentliche Rolle beim Verkauf der Produkte spielte. Selbst wenn die Werkzeuge und die Produktionsverfahren ihr in den meisten Fällen fremd blieben, mußte sie eine ausreichende Kenntnis der Rohstoffe und der Endprodukte haben, damit die städtischen Reglements ihr als Witwe das Recht zuerkannten, die Werkstatt weiterzuführen. In vielen Handwerkszweigen konnte sie zumindest Hilfstätigkeiten bei den abschließenden Arbeiten oder im Falle eines wichtigen und dringlichen Auftrags ausüben. Die Spuren zarter Finger, die die Archäologen auf einigen Vasen entdeckt haben, bedeuten nicht zwangsläufig, daß Frauen oder Kinder die Gefäße gedreht haben, daß sie aber zumindest an der Bearbeitung der Produkte vor dem Brennen beteiligt waren.

Es gibt einen Bereich der handwerklichen Produktion, der während des ganzen Mittelalters zumindest zum Teil eine weibliche Domäne geblieben ist: das Textilgewerbe. Je nach Epoche und sozialer Schicht haben sich die Arbeitsweisen und sicherlich auch die Arbeitsstätten geändert. Das Frauengemach des frühen Mittelalters, in dem die Frauen des Gutes sich unter der Leitung der Gattin des Hausherrn betätigten, ist uns aus literarischen Texten bekannt: Dort wurde gesponnen, gewebt, wurden die Fasern hergestellt.[9] Die Archäologie hat für denselben Zeitraum dörfliche Webwerkstätten nachgewiesen, die jenseits des Hauses lagen, schlichte, in den Boden eingelassene Hütten, in denen der Webstuhl senkrecht aufgestellt war.[10] Als die Tuchfabrikation sich in den Städten konzentrierte und der waagerechte Webstuhl sich verbreitete, scheinen die Frauen nicht länger Wolle verwebt zu haben; und ihnen wurden offensichtlich nicht die undankbarsten Aufgaben wie das Entfetten der Wolle und das Färben aufgebürdet, sondern die leichtesten: Sortieren, Krempeln, Spinnen, Haspeln, Einschießen.[11] In Italien, wo der Seidenproduktion seit dem 12. und vor allem dem 13. Jahrhundert eine wachsende Bedeutung zukam, wurden junge Mädchen und Frauen mit der Zucht von Seidenraupen, der Vorbereitung der Kokons, dem Haspeln und Zwirnen der Seide betraut. Diese Arbeiten wurden außerhalb des Hauses, in Werkstätten, die einem Unternehmer gehörten, durchgeführt.[12]

Obwohl das Fertigprodukt oft für den Markt bestimmt war, waren Vorbereitung und Spinnen der pflanzlichen Fasern sehr weit verbreitet und wurden wie das Spinnen von Wolle meist zu Hause ausgeführt. Viele Informationen zu diesem Thema decken sich: Die häufigsten archäologischen Funde sind Spinnwirtel aus Terrakotta, aber die feuchten Böden liefern auch reichlich Spindeln und Spinnrocken.[13] Diese Gegenstände ohne großen Wert tauchen manchmal in Inventaren des beweglichen Vermögens auf, häufiger aber sind es Textilien in unterschiedlichen Stadien der Verarbeitung, die die unzähligen Darstellungen spinnender Frauen zu Hause oder beim Hüten der Schafe, und in allen gesellschaftlichen Schichten bestätigen, wie sie Miniaturen der Zeit, aber auch das Inventar einer Burg des Herzogs von Burgund bezeugen, in dem der Spinnrocken der Herzogin verzeichnet ist, ein Kunstgegenstand mit wohl eher symbolischem als praktischem Wert. Bildliche Darstellungen zeigen zahlreiche Beispiele von verzierten Spinnrocken, die auf einem Untersatz befestigt sind, aber gewöhnlich handelte es sich dabei eher um ganz einfache Gegenstände, etwa einen Stock, an dem die gekämmte Wolle befestigt war und den die Bäuerin häufig in ihren Gürtel gesteckt trug. Das Spinnrad ist nicht so leicht zu transportieren wie der Spinnrocken und die Spindel; es tritt erst spät und zunächst in der Stadt auf und war zum Spinnen der Wolle bestimmt.

Wenn wir gewissen Texten glauben dürfen, ist auch das Schneidern eine weibliche Spezialität. Mitte des 11. Jahrhunderts gab der Abt eines bedeutenden elsässischen Klosters zu, daß er auf die Dienste von Frauen angewiesen sei, insbesondere damit sie sich »um die Kleidung für alle kümmern«.[15] Doch in der städtischen Welt des 15. Jahrhunderts ist das Schneiderhandwerk in männliche Hände übergegangen. Die Archäologen fanden allerdings in den Wohnräumen kleine Scheren und Fingerhüte, die eindeutig Frauen gehörten und die eine sehr weite Verbreitung der Schneiderpraxis von Frauen anzeigen, selbst im ländlichen Milieu.[16] Die Romanliteratur zeigt Edelfrauen und Edelfräulein, wie sie die verschiedensten Stickarbeiten ausführen und Gürtel weben.[17] Zu diesem

Zweck benutzten sie wahrscheinlich Rahmengestelle, von denen die Archäologie einige Einzelexemplare oder aber die Erzeugnisse aufgetan hat. Diese Technik, die dem Flechten ähnelt, ermöglichte es, Borten herzustellen, die während des frühen Mittelalters häufig zur Verzierung der Kleidung, später auch der Gürtel verwandt wurden.

Das Stricken ist dagegen weit weniger bezeugt, selbst wenn Darstellungen von Maria, die den nahtlosen Heiligen Rock mit fünf Nadeln strickt, im 13. und 14. Jahrhundert von Norddeutschland bis zur iberischen Halbinsel zu finden sind.[18] Die Verzeichnisse von Kurzwarenhändlern aus dem Dijon des 15. Jahrhunderts enthalten aber nur kleine Mengen an »Strumpfnadeln«, und die einzigen gestrickten Kleidungsstücke, die man aus Texten oder durch die Archäologie kennt, sind Mützen für Erwachsene oder Kinder, Socken für Kinder und liturgische Handschuhe.[19]

Der jeweilige Anteil der Textilverarbeitung, der für den Markt oder für den häuslichen Gebrauch bestimmt war, ist schwer zu schätzen. Ende des Mittelalters war das Weben zu Hause so gut wie verschwunden. Das Sortiment an Woll- oder gemischten Stoffen, das die Händler anboten, war hinreichend vielfältig, um den finanziellen Möglichkeiten aller Kunden zu genügen. Das Weben von Pflanzenfasern, die die Kundin mitbrachte, ist andererseits sowohl für die Stadt als auch für das Land eindeutig nachgewiesen, und einige Inventare der beweglichen Güter erlauben die Feststellung, daß diese Arbeit, zumindest in Burgund, ebenso häufig von Weberinnen wie von Webern ausgeführt wurde.[20]

Das Metier der Frau

Unabhängig von Status und Vermögen bestand die wesentliche Rolle der Frau darin, für die Mitglieder der Familie zu sorgen, der sie angehörte oder in deren Diensten sie stand, und über das Hab und Gut des Hauses zu wachen.

Die Versorgung der Menschen brachte zunächst eine Fülle immer gleicher Aufgaben mit sich. Die Hausherrin mußte persönlich oder, wenn sie es sich leisten konnte, durch eine Amme ihre Kinder nähren, waschen, wiegen und aufziehen. Wiegen finden wir in den Häusern der Bürger und Adligen; Skulpturen und Bilder zeugen davon. Die Kinder der Armen mußten meist wie das Christuskind der bäuerlichen Weihnacht den schlichten Strohsack auf dem Boden mit ihren Eltern teilen.[21] Und doch haben Ausgrabungen sogar in einem Dorf des frühen Mittelalters Hinweise auf die Existenz einer Wiege ergeben.[22]

Die Frauen waren nicht nur zuständig für die Versorgung der Neugeborenen durch Stillen oder mit Fläschchen, die aus einem Horn oder später aus Terrakotta oder Glas hergestellt wurden. Sie hatten für die ganze Hausgemeinschaft zu kochen. Um uns eine genaue Vorstellung vom Umfang dieser Aufgabe machen zu können, sind wir ebenfalls auf Ausgrabungen angewiesen, die uns Auskunft über die Einrichtung der Häuser, über Küchengeräte aus Terrakotta oder Holz geben. Gegen Ende des Mittelalters können wir den Verzeichnissen der beweglichen Güter Informationen über die Ausstattung des Hauses mit Gegenständen aus Metall entnehmen. Manchmal sind dort auch Brennstoffvorräte aufgeführt. Die Bilder und auch die Texte, die sich auf das Katharerdorf Montaillou beziehen[23], verweisen darauf, daß es Sache der Frauen war, Holz zu sammeln und nach Hause zu bringen, unterstützt von den Kindern, die für andere Arbeiten noch zu klein waren.

Feuer zu machen und in Gang zu halten waren Aufgaben, die ausschließlich den Frauen der Hausgemeinschaft oblagen.[24] Am Ende des Mittelalters hatten die Armen in Stadt und Land in ihren Häusern immer noch eine offene Feuerstelle aus gestampfter Erde und ohne Rauchabzug.[25] Kamine finden wir zunächst in Klöstern und Burgen, dann in den bescheideneren Landhäusern und in den Häusern des städtischen Bürgertums. Der eiserne Dreifuß war sehr weit verbreitet, aber der Kesselhaken blieb den reichen Bauern und wohlhabenden Stadtbewohnern vorbehalten. Pfannen und Eisenkessel gab es fast überall; Anzahl und Größe differierten je nach Wohlstand. Küchengefäße aus Keramik wurden täglich benutzt, selbst in den wohlhabendsten Häusern; für die Zubereitung von Suppen wurden sie dem Metall vorgezogen. Für den Brei der Kinder dagegen besaßen viele Hausfrauen eine kleine Kasserole aus Bronze, die nur diesem Zweck diente. Besondere Gerätschaften zur Herstellung von Obstkuchen, Pasteten und Waffeln und zum Braten von Fleisch oder Fisch tauchen vor allem in den bürgerlichen Inventaren auf.[26]

Die Beschaffung von Wasser zum Trinken und für das Garen von Gemüse war ebenfalls Aufgabe der Frauen. Je nach Region und auch je nach Nähe der Quelle oder des Brunnens unterscheiden sich die Transportgefäße. In den Mittelmeergebieten spielten keramische Gefäße, vor allem Amphoren verschiedener Größe, die zur Aufbewahrung von Quellwasser im Haus bestimmt waren, eine wesentliche Rolle. In den nördlicheren Regionen, etwa in Burgund, waren die Wasserkrüge kleiner, und die Inventare erwähnen häufig Eimer mit Eisenreifen, aus denen Trinkwasser mit »Trinkschalen«, einer Art Schöpfkelle, entnommen wurde.

Trotz der Entwicklung des Bäckerhandwerks und der Zulieferung von Brot, das außerhalb der Stadt hergestellt wurde, blieb die Brotherstellung großenteils in den Händen von Frauen.[27] Die Entwicklung zunächst der Wasser-, dann der Windmühle hatte die Frau vom Handmahlen mit dem

Mühlstein befreit, nicht aber von den Laufereien, um ihr Korn mahlen zu lassen. Abaelard hält es für selbstverständlich, daß ein Männerkloster »Schwestern« den Brotteig kneten und das Brot im Ofen backen läßt.[28] Auf dem Land mußten die Bauern für das Mahlen und Backen eine Abgabe entrichten; in der Stadt, wo die Backofenbesitzer und die Bäcker noch im 15. Jahrhundert Brot gebacken haben, dessen Teig zu Hause geknetet worden war, kam diese Aufgabe der Hausfrau zu; dafür gibt es zahlreiche Beispiele auf bildlichen Darstellungen.

War das Essen zubereitet, wurde es in der Regel von Frauen aufgetragen. Auf Bildern sehen wir meist herrschaftliche oder fürstliche Festessen, seltener die tägliche Mahlzeit einer bürgerlichen oder bäuerlichen Familie. Nahm die ganze Hausgemeinschaft zur gleichen Zeit das Mahl ein? In Montaillou zeigen die Szenen der Mahlzeiten, die den durchreisenden Ketzern angeboten und die dem Inquisitionstribunal berichtet wurden, daß nur die erwachsenen Männer sich an den Tisch setzten; die Hausherrin und ihre Töchter bedienten sie; die jungen Mädchen saßen zum Essen am Feuer.[29] Doch muß es regionale Unterschiede bei den Tischsitten, aber auch bei den Gegenständen, die für die Mahlzeiten verwendet wurden, gegeben haben. Der Tisch, der im südlichen Europa allgemein in Gebrauch gewesen zu sein scheint, und das nicht nur an den fürstlichen Höfen[30], wird im Burgund des 15. Jahrhunderts für die unteren Schichten überhaupt nicht erwähnt. Ein kleines Möbelstück, das an einen Nachttisch erinnert, eine Art »Anrichte«, reichte für das wenige Geschirr aus, das diese unteren Schichten wohl nur besaßen.

Während die Mittelmeergebiete seit dem 13. Jahrhundert eine Fülle verzierten Keramikgeschirrs kennen, von der großen Platte bis zu den individuellen Näpfen, wurden in Nordeuropa nur wenige, importierte Exemplare benutzt. Bis zum Ende des Mittelalters wurde dort Holzgeschirr wie Platten, Hackbretter, Schüsseln jeder Größe und gedrechselte Becher hergestellt und verwendet, und in den germanischen und slawischen Ländern sogar Trinkgefäße aus winzigen Dauben.[31] In Frankreich drang der Gebrauch des Zinns im Laufe des 14. Jahrhunderts bis in die ländlichen Kreise vor, und in den bürgerlichen Häusern finden wir Platten, Töpfe, Näpfe und Saucieren aus diesem Metall zu Dutzenden. Silberzeug wurde nur sehr begrenzt benutzt.[32] Seit dem 13. Jahrhundert verbreitete sich die Glasherstellung in allen europäischen Mittelmeerländern, später auch im Norden, wo sie in Konkurrenz zum Steingut trat. In Burgund haben die Grabungen in der Gegend des Dorfes Dracy gezeigt, daß es Zinn in der zweiten Hälfte des 14. Jahrhunderts noch kaum gab.

Die Reinigung des Geschirrs war Frauenarbeit, aber im Hinblick auf die angewandten Techniken, den Ort der Ausführung und das verwendete Zubehör bleiben wir auf Vermutungen angewiesen. Über die anderen Reinigungsaktivitäten, mit denen die Frauen betraut waren, Körperpflege, Reinigung der Kleidung und des Hauses wissen wir nicht viel mehr. Diese Aufgaben erschienen den Männern wohl so banal und unwürdig, daß ihre Schriften nur wenig davon berichten; selbst der Pariser Bürger, der im 14. Jahrhundert eine Abhandlung für seine junge Gattin verfaßte, erwähnt ausschließlich Methoden der Bekämpfung von Flöhen und anderen schädlichen Insekten. Literarische Texte, Justizakten, Verzeichnisse beweglicher Güter und die bildlichen Darstellungen vermitteln nur eine Teilsicht, obwohl die Szenen manchmal sehr lebendig sind. Nicht nur bei den Bauern von Montaillou entlausten die Frauen ihre Angehörigen;[34] in einem Prosawerk kommt ein Adliger in das Zimmer der Edelfräulein und lüpft sein Hemd, damit sie ihn kratzen.[35] Dann treten Bürsten in Aktion, die Handfegern ähneln, und Kämme mit zwei Zahnreihen aus Holz oder Knochen, manchmal auch aus Elfenbein. Die Reichen besuchten städtische Schwitzbäder oder hatten private Bäder für die Körperpflege und trugen feine Wäsche. In all dem wurden sie unterstützt durch Mägde, die Ehefrau oder die Mädchen des Hauses. Aber bei den kleinen Leuten in den Städten, die höchstens einen Wascheimer und ein Becken zum Gesicht- und Händewaschen besaßen, oder auch in den Bauernhäusern, in denen Handtücher eine Seltenheit waren, verschwendete die Hausfrau gewiß keine Zeit mit der Toilette der Hausbewohner.[36]

Die Reinhaltung der Leinenkleidung, die sicherlich weiter und früher verbreitet war, als bislang angenommen wurde, war einfach. Die oft steinernen Waschzuber erscheinen im 14. und 15. Jahrhundert in Dijon regelmäßig in den häuslichen Inventaren, doch es gibt kaum Bilder von ihnen; zum Waschen wurde Asche verwendet, was sich in ländlichen Gebieten bis zu Beginn des 20. Jahrhunderts gehalten hat. Für die Kleidung aus Tuch bezeugen die Inventare und Miniaturen den Gebrauch kleiner Bürsten, die zum Abstauben der Kleider gedacht waren; ob sie auch gewaschen wurde, wissen wir nicht. Die Reinigung war der wesentliche Beitrag der Frauen zum Haushalt; mit der Instandhaltung und der Reparatur des Gebäudes hatten sie nichts zu tun. Pferdestall, Viehstall und Werkstätten waren Männerdomäne.

Der häusliche Rahmen

Selbst wenn die Frau ihren Lebensunterhalt verdienen oder sich durch eine Heimarbeit an den Haushaltungskosten beteiligen mußte, widmete sie den größten Teil ihrer Zeit dem, was nach allgemeiner Ansicht als ihre »natürliche« Rolle betrachtet wurde: die Versorgung der Familie, zu der sie durch Geburt, durch Heirat oder durch Leibeigenschaft gehörte. Diese Tätigkeit wurde im wesentlichen im Haus und in seiner unmittelbaren Umgebung ausgeübt, ein Haus, dessen Größe und Beschaffenheit je nach Epoche, Region und sozialem Milieu wechselte. Durch ihre Untersuchungen in Dörfern und in Stadtvierteln, in denen die »kleinen Leute« lebten, und in den Landhäusern kleiner Grundherren haben die Archäologen bescheidenere und auch ganz verschiedenartige Gebäude rekonstruiert, in denen sich das Familienleben der meisten Menschen und vor allem der Frauen abspielte.

Der Pfahlbau mit Lehmwänden hat lange vorgeherrscht, insbesondere in Nordeuropa; diese einfachen Bauten konnten durchaus mehrere Räume oder eine gepflegte Einrichtung aufweisen. Solidere Materialien, wie Stein oder Ziegel, ersetzten zunächst in den südlichen Ländern, dann im größten Teil Europas das Holz. Selbst wenn im 13. Jahrhundert in Montaillou indiskrete Dorfbewohner den Rand eines Daches anhoben, um zu erspähen, was sich bei den Nachbarn abspielte[37], entspricht das mittelalterliche Haus, selbst das ärmliche, nicht dem Klischee, das einige Darstellungen von einer erbärmlichen mittelalterlichen Lebensweise verbreiten. Die archäologischen Funde widersprechen der karikierenden Vorstellung von einem primitiven Obdach, wo Tier und Mensch zusammengepfercht hausten.

Die Architektur des mittelalterlichen Hauses ist Gegenstand zahlreicher Untersuchungen.[38] Seltener sind die Versuche, Tätigkeiten und Lebensgewohnheiten der Menschen im Inneren der Gebäude zu untersuchen. Die materiellen Anhaltspunkte sind im Falle komplexer Bauten wie Burgen, städtischen Häusern oder Landhäusern mit Obergeschoß schwierig zu untersuchen und auszuwerten. Einige Texte beschreiben die Wohnstätten allerdings hinreichend genau, um im häuslichen Bereich den Teil auszumachen, der vorwiegend den Frauen der Hausgemeinschaft vorbehalten war, so z. B. die berühmte Beschreibung Lamberts von Ardres von der auf einer Art Warft errichteten Burg aus Holz, die Arnulf II., Herr von Ardres, erbaute.[39] Der Chronist zeigt in diesem Gebäudekomplex, der sich aus einer Vielzahl von Verschlägen, Zimmern, Vorratskammern, Speichern und Kellern zusammensetzte, die zentrale Lage des ehelichen Schlafzimmers »des Herrn und seiner Frau«, an das das Zimmer der Dienerinnen und der Schlafraum der kleinen Kinder angrenzten. Ein Teil des herrschaftlichen Schlafgemachs, des einzigen Raumes, in dem Feuer gemacht wurde, war der Krankenpflege und dem Stillen der Kinder vorbehalten, die Domäne der Herrin und ihrer Dienerinnen.

Selbst bei nicht so vielfältigen und spezialisierten Räumen ist es nicht ganz unmöglich, die Nutzung des häuslichen Bereichs zu rekonstruieren: die Fundstellen von Gegenständen des täglichen Bedarfs geben dazu hinlängliche Anhaltspunkte.

Im 14. Jahrhundert bestand in der befestigten sizilianischen Siedlung Brucato[40] und im burgundischen Winzerdorf Dracy[41] das typische Haus

aus zwei Zimmern, von denen das eine direkt auf eine Straße oder einen Hof ging und das zweite nur über das erste zugänglich war. Im sizilianischen Haus scheint das erste Zimmer für die Zubereitung und den Verzehr von Lebensmitteln bestimmt gewesen zu sein. Davon zeugen die Feuerstellen, häufig zwei an der Zahl; eine kleine befand sich direkt auf dem nackten Boden, die andere war vielleicht ein Herd oder Ziegelofen zum Backen runder, flacher Fladen. Die Gebrauchsgegenstände oder Teile davon, die man in der Nähe gefunden hat, Dreifüße, Pfannen, Siebe, Tranchiermesser aus Metall, Kochtöpfe oder Fladenformen aus Terrakotta, ermöglichen es, die Bewegungen der Hausfrau zu rekonstruieren, die gebückt vor dem Ofen oder dem erhöhten Herd stand oder vor der Bratpfanne oder dem Topf hockte, der auf der ebenerdigen Feuerstelle auf kleiner Flamme kochte. In der der Feuerstelle gegenüberliegenden Ecke zeigen Gewürznelken und Knochenreste den Ort der Mahlzeiten an, und das Geschirr aus Terrakotta den Ort, an dem das Tischgeschirr aufbewahrt wurde: Krüge, Näpfe oder verzierte Platten, aber auch Amphoren aller Größen für den Transport und die Aufbewahrung des Wassers. Aufgaben, wie Inganghalten des Herdfeuers, Garen der Lebensmittel und Versorgung mit Wasser verweisen auf die Präsenz der Frauen; aber auch kleinere Gerätschaften des Textilhandwerks (Spinnwirtel, Fingerhüte) und Gegenstände zur Verzierung, wie Spangen und Knöpfe, die überwiegend zur weiblichen Kleidung gehörten, dokumentieren dies.

Das zweite Zimmer, das sich an diesen Koch- und Eßraum anschloß, war vermutlich nicht einmal durch eine Tür davon getrennt. Verschiedene Anzeichen deuten darauf hin, daß nicht nur die Menschen des Nachts dort schliefen, sondern auch das Lasttier; Hunde und Katzen liefen dort frei herum und nagten die Knochen ab, die vom Tisch gefallen waren. In der Nähe der Tür dieses Zimmers finden wir öfter einen Felsblock, der zu einem Sitz gehauen worden ist, oder eine weitere Feuerstelle. Dieser Raum diente aber auch als Vorratskammer; das beweisen Truhen, die großen Gefäße aus Terrakotta, die Getreidevorräte und viele Gerätschaften.

Das Haus des burgundischen Bauern in den Weinbergen mit seinen zwei ineinander übergehenden Räumen war ganz ähnlich aufgebaut. Es war mit einer einzigen, ebenerdigen Feuerstelle kärglicher eingerichtet, aber sorgfältig aus gestampfter Erde gebaut und ruhte manchmal auf einem Untergrund aus kleinen Steinen, die mit der Schmalseite nach unten gesetzt waren. Die Spuren verkohlter Stoffreste lassen die Stelle erkennen, an der – gegenüber der Feuerstelle – ein sehr einfaches Bett gestanden hat.

Die Vorrichtungen an der inneren Türschwelle – ein Schloß, Metallbeschläge und eine eiserne Angel – lassen eine deutliche Trennung zwischen Wohnraum und Vorratsraum vermuten; in diesem wurden Getreide und Nüsse in Truhen aufbewahrt. Neben den Fässern verweisen Krüge, Kannen und Trinkschalen auf die Aufbewahrung und den Konsum von Wein. In diesem Raum wurden landwirtschaftliche Geräte und auch Gegenstände gefunden, denen die Familie eine besondere Bedeutung zugemessen haben muß: Geldbeutel mit mehreren Münzen, kleine Eheringe und Schlüsselbunde. In der Nähe der Tür wurden kleine Fingerhüte, Hanfkämme und ein ganzer Satz Kochtöpfe gefunden.

Die Archäologie stößt nur in den seltensten Fällen auf Überreste von Möbeln; nur feuchte oder überflutete Gebiete haben solche Funde ermöglicht. Glücklicherweise vermitteln uns die Inventare der ländlichen und städtischen Häuser für die letzten Jahrhunderte des Mittelalters eine genauere Vorstellung von der Einrichtung der Häuser und von den Dingen, die die Frauen Tag für Tag benutzten, hegten und pflegten. Während sich viele Arme mit einem Strohsack auf dem nackten Boden begnügen mußten, verbreitete sich in den begüterten Kreisen das mit einem Vorhang umgebene Bett mit farbigen, bisweilen sogar mit Pelz gefütterten Decken. Drehbare Bänke, die es erlaubten, sich entweder mit dem Gesicht oder mit dem Rücken zum Kamin zu setzen, waren selten, wie übrigens auch die Kamine; aber Stühle und vor allem Bänke ohne Lehne und Schemel waren verbreitet. Der Tisch, der in der Regel aus einer Platte und zwei Böcken bestand, kam in der Stadt häufig vor, war aber noch nicht in allen Bauernhäusern Teil des Mobiliars; dort wurden stattdessen kleine »Anrichten« benutzt, um Schüsseln und Becher abzustellen. Der aus einem Stück gefertigte Tisch scheint in den Mittelmeerländern weiter verbreitet gewesen zu sein als in Nordfrankreich. Das Kastenmöbel schlechthin war die Truhe, schlicht oder manchmal bemalt oder geschnitzt. Sie enthielt das Getreide und andere Lebensmittelvorräte, Geschirr aus Erde oder Zinn, Wäsche, Kleidung und bei den Handwerkern Werkzeuge, Waagen und Rohstoffe. Nur die reichsten Städter verfügten über Geschirrborde, um darauf ihr Zinn- oder Silbergeschirr auszustellen.

Außerhalb der vier Wände

Die Frau verließ häufig das Haus. Sie mußte Holz für den Herd, Wasser vom Brunnen holen. Nur in der Stadt gab es Häuser mit eigener Quelle. Frauen und Kinder begegneten sich auf diesen Gängen, gingen ein Stück Wegs gemeinsam, beladen mit leeren oder vollen Krügen, mit Geschirr und Töpfen oder mit Wäsche, die gewaschen werden mußte. Die Gartenarbeit erforderte auch in der Nähe des Hauses längere Aufenthalte im Freien; sie bestand aus Pflanzen, Jäten, Ernten, aber auch Düngen mit häuslichen Abfällen und Asche, wie archäologische Funde bestätigen.

Die Einwohner von Montaillou etwa hielten sich einen Teil des Tages draußen auf, auf den Dächern oder vor den Häusern und auf den Straßen, die während der Abwesenheit der Männer, die auf den Feldern arbeiteten, Frauen und Kindern überlassen waren.[42] Die archäologische Forschung hat vor den Häusern private und Gemeinschaftshöfe zutage gefördert; dorthin entwichen die Menschen gern aus den »dunklen und verräucherten«[43] Häusern. Hier konnten die Nachbarinnen miteinander plaudern und gleichzeitig die Feuerstelle im Auge behalten und die Kinder hüten. In dem sizilianischen Marktflecken Brucato gingen die Häuser direkt auf die Wege, wo Fischernetze getrocknet und geflickt wurden, was den Männern vorbehalten war – ein Hinweis, daß in Brucato Männer konstanter anwesend waren, so wie es damals in der Stadt üblicherweise der Fall war.

Montaillou stellt sicherlich einen Grenzfall dar, da viele Männer während der Sommermonate abwesend waren; die Untersuchungen über Montaillou[44] zeigen, daß die wichtigsten Arbeiten außerhalb des Hauses und sogar außerhalb des Dorfes verrichtet wurden; die Männer hatten daher zu Hause nicht ständig das Sagen. In der Stadt führten viele Einwohner, die Ackerbürger oder Winzer, noch Ende des Mittelalters dasselbe Leben wie die Bauern. Da aber in der Stadt sehr viel mehr Handwerker, Kaufleute und Männer, die Berufe im Dienstleistungsbereich ausübten, lebten, Männer also, die häufig zu Hause in ihrem »Arbeitsraum« oder ihrer »Schreibstube« arbeiteten, war hier die räumliche und zeitliche Trennung von Mann und Frau weniger ausgeprägt.

Aus dem Französischen von Heide Musahl

11
FRAUENBILDER

Chiara Frugoni

DIE SICHT DER KIRCHE

In der *Genesis* ist es allein Eva, die vom Fluch der Fortpflanzung getroffen wird. Somit war es der Frau bestimmt, die Bürde der fleischlichen Vereinigung zu tragen; Evas Nachfolgerinnen würden Ehefrauen und Mütter sein. In einer Miniatur der Moutier-Grandral-Bibel aus der Zeit um 840 wird die Schöpfungsgeschichte bis zum Sündenfall in mehreren Bildern entfaltet. Evas negative Rolle wird dabei besonders hervorgehoben (Abb. 1).[1] Der Schweiß auf Adams Stirn hingegen kann, wie es im *Buch Kohelet* 3,13 heißt, sogar noch Anlaß zur Freude bieten und den Weg ins Paradies öffnen: »(. . .) wenn ein Mensch ißt und trinkt und durch seinen ganzen Besitz das Glück kennenlernt, das ein Geschenk Gottes ist.« Arbeit war ein Mittel, das Tor zum Paradies aufzustoßen.

Heirat, so der heilige Hieronymus, ist mit den menschlichen Beziehungen nach dem Sündenfall verknüpft. Die Jungfräulichkeit gehörte zu den paradiesischen Zuständen, in denen unsere Urahnen gelebt hatten. Der gute Christ – und vor allem die gute Christin – muß alles daransetzen, diesen Zustand wieder zu erreichen. Eva, die beim Sündenfall eine so entscheidende Rolle gespielt hatte, wird mit der Madonna verglichen und kontrastiert. Man preist die Hingabe, mit der sie sich zum Mittel der Erlösung macht. Das *Ave* des Engels der Verkündung ist möglicherweise, so will es eine volkstümliche Weise aus dem 10. Jahrhundert, nichts anderes als das Palindrom von *Eva*.[2] Maria, die ein Kind zur Welt bringt und dennoch Jungfrau bleibt, kann eben deshalb als einzige ihres Geschlechts zum Vorbild erhoben werden, denn sie erlebte keine

Abb. 1 Die Geschichte von Adam und Eva; um 840. *London, British Library*.

geschlechtliche Vereinigung in der Ehe. Jede Frau, so unterstreichen es jene Empfehlungen, die vor allem anderen den weiblichen Körper und seine Funktionen verleugnen, sollte ihr nacheifern. Es ist ganz selbstverständlich, wenn von den drei Status, in die die Kirche das Leben des Menschen unterteilt – verheiratet, verwitwet, jungfräulich –, der letztere immer an oberster Stelle steht. Das neutestamentliche Gleichnis vom Samen, der hundertfältig, sechzigfältig oder dreißigfältig Frucht bringt (*Mt* 13, 9), wird vom heiligen Ambrosius auf die Jungfrauen angewandt – sie sind es, die »hundertfältig« Frucht bringen – und vom heiligen Hieronymus in einem Vergleich, dem ein außerordentlicher Erfolg beschieden sein sollte, auf alle drei Status: Die geringste Frucht bringen die Verheirateten.[3]

Im 12. Jahrhundert wird dieses Gleichnis in einem Poem, dem *Speculum virginum*[4], minutiös analysiert und durch profane und biblische Beispiele erläutert, in denen sich die drei unterschiedlichen Stadien als abgestufte Grade der Vollkommenheit darstellen. Eine der Miniaturen, die eine Handschrift aus dem 12. Jahrhundert illustrieren (Abb. 2), stellt die drei Stadien als Medaillons in Form von auf sich zurückgebogenen Zweigen an einer Art genealogischem Baum dar. Seine Wurzeln sind Adam und Eva, die ersten der *ordo coniugatorum*, die anderen Paare sind Noah, Abraham und Isaak mit ihren ungenannten Ehefrauen sowie Zacharias und Elisabeth. Der mittlere Bereich des Baumes wird von den Witwen eingenommen, der obere Teil von den Jungfrauen. Und schließlich befindet sich ganz oben Christus: Der Aufstieg zur Vollkommenheit, wie ihn dieser Baum darstellt, führt, so die Worte des heiligen Hieronymus, dazu, »sich von dem alten Menschen zu befrei-

Abb. 2 Die drei Stadien, Miniatur aus dem *Speculum virginum*; 12. Jahrhundert.
Rom, Biblioteca Apostolica Vaticana.

en und im neuen wiederzuerstehen; dann werden wir in Christus jungfräulich neu erstehen«.[5]

In der Entscheidung der römischen Kirche für die Keuschheit des Klerus wirkt, gefestigt durch die Worte von Paulus (1 *Kor* 7, 6–9), die negative Sichtweise der Ehe weiter. Das geht so weit, daß Augustinus den
Gläubigen versichern muß, sie hätten wegen der Ehe nicht die ewige
Verdammnis zu fürchten.[6] Doch fällt es schwer, irgendwo ein alternatives Modell von einigem Gewicht zu erkennen. Maria ist Tochter sehr
alter Eltern, das gleiche gilt für Johannes den Täufer; weder Anna und

Abb. 3 Geburt
Alexanders des
Großen; Mosaik;
4. Jahrhundert.
*Beirut, Baalbek
Museum.*

Jochanaan noch Elisabeth und Zacharias eignen sich als Muster eines
Ehepaares, das mit der Heirat einen Stammbaum begründet. Ihre Verbindung wird in den bildlichen Darstellungen in eine symbolische umgewandelt: eine Zusammenkunft an der Goldenen Pforte; Maria, die Elisabeth in ihrem Hause begrüßt. Sie bilden keine Familie, die nach dem

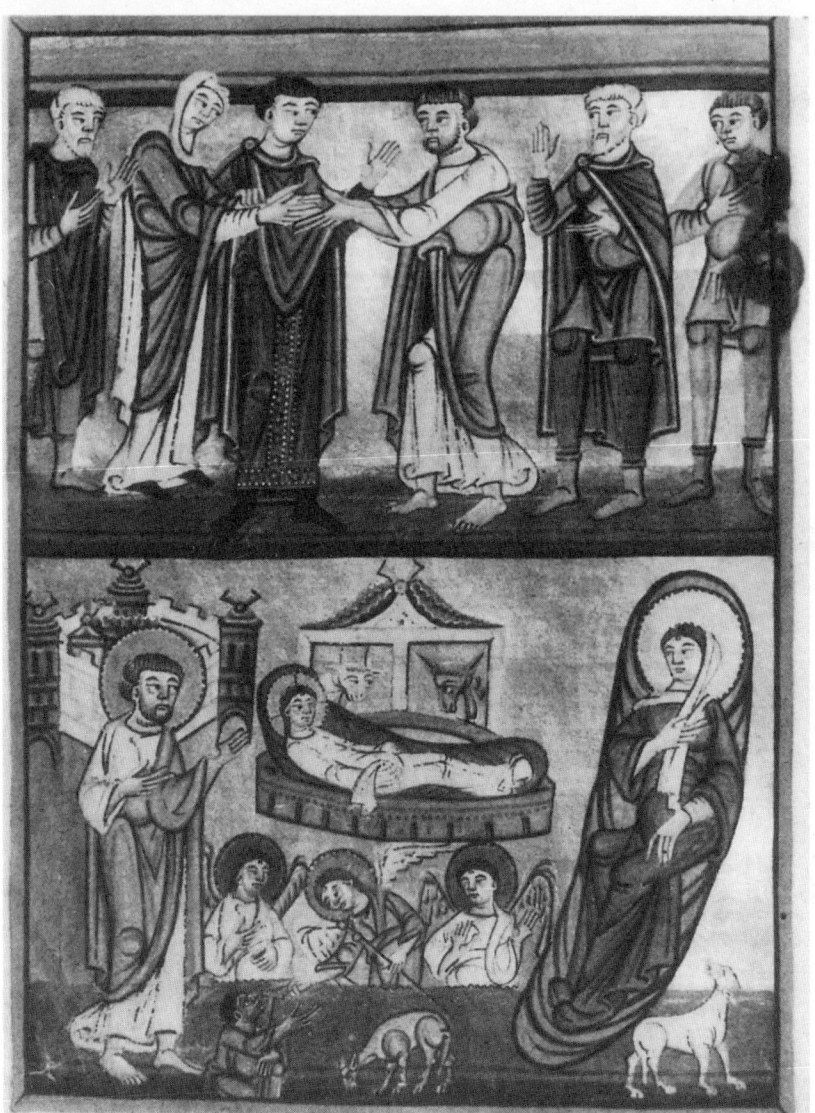

menschlichen Lebensrhythmus entsteht, sondern als Ergebnis eines
außergewöhnlichen Ereignisses in einem späten Lebensabschnitt.

In der klassischen Antike hingegen war die Heirat häufig Gegenstand
der bildlichen Darstellung auf Sarkophagen, denn man hielt sie für ein
wesentliches Moment im Leben der Verstorbenen, genauso wie den Sieg
über einen Feind, die Begnadigung eines Besiegten und das Opfer für
die Götter. Denn diese vier Handlungen symbolisierten vier Grund-
tugenden des guten römischen Bürgers: *concordia* (Eintracht), *virtus*
(Tapferkeit), *clementia* (Milde), *pietas* (Frömmigkeit). Selbst das Impera-
torenpaar wurde, beispielsweise auf den Geldmünzen, in der *dextrarum*

Abb. 4 Marias Hei-
rat; um 1100.
*Utrecht, Aartbis-
sooppelijk
Museum.*

Abb. 5 Die Versu-
chung des heiligen
Benedikt; Kapitell;
12. Jahrhundert.
*Vézelay, Kirche
Sainte Madeleine.*

iunctio (Hand in Hand) dargestellt. Die Eintracht im privaten Leben bietet die Gewähr für die Eintracht im öffentlichen Leben. Die Kirche hingegen tat sich schwer damit, der Ehe eine positive Bedeutung abzuge-
winnen. Man bedenke nur, wie wenige der Heiligen verheiratet waren.

   Das Unbehagen der Kirche vergrößerte sich noch, wenn es um Joseph
und Maria ging. Nicht von ungefähr erscheint Joseph gewöhnlich als
alter Mann. Auf Bildern der Geburt Christi wird er meistens schlafend
und der Szene abgewandt dargestellt. In der Spätantike wurde die Sage
von der Geburt Alexanders des Großen von Olympia und der Zauber-
schlange aus der Sicht Philips dargestellt, der seiner Frau den Rücken
zukehrt. So zeigt es beispielsweise ein Mosaik im Baalbek Museum in
Beirut aus dem vierten Jahrhundert nach Christus (Abb. 3).[7] Die Haltung
Josephs ist ehrerbietig: Sie entspricht dem in der antiken Ikonographie

Abb. 6 Die Heirat und die Sirene; Kapitell; 12. Jahrhundert. *Civaux, Kirche von Saint-Gervais und Saint-Protais.*

üblichen Muster für die Nichtanerkennung der Vaterschaft und erlaubt es zugleich dem Heiligen Geist, das göttliche Kind zu erleuchten.

Bis ins 11. Jahrhundert hinein finden sich nur sehr vereinzelte Darstellungen der Heirat von Joseph und Maria. In einer Miniatur aus einem *Lectionarium* von etwa 1100 (Abb. 4) legt der Priester seine Hand auf die Marias, so als wolle er die Verbindung zwischen den beiden möglichst schnell über die Bühne bringen. Zu beachten ist, daß beide ohne Heiligenschein dargestellt sind; den erlangen sie erst in der Szene darunter, die die Geburt Christi darstellt. Der Darstellung der Ehe haftete bereits so viel Negatives an, daß sie ganz selbstverständlich in einer Szene der Versuchung durch den Teufel Verwendung finden konnte, wie zum Beispiel an einem Kapitell der Kirche Sainte Madeleine in Vézelay (Abb. 5) aus dem 12. Jahrhundert. An die Stelle des Priesters ist hier der Teufel getreten, der mit der gleichen Geste dem heiligen Benedikt eine Frau anbietet, um ihn zu einer teuflischen »Ehe« zu verführen. Der Sieg des Mönchs

Abb. 6a Detail des Kapitells; 12. Jahrhundert. *Civaux, Kirche von Saint-Gervais und Saint-Protais.*

wird durch das heilige Buch unterstrichen, das er wie ein Schutzschild vor seine Brust hält. Wenn wir jedoch der Erzählung von Gregor dem Großen Glauben schenken, muß Benedikt sich erst in Dornen wälzen, bevor der Makel seiner Seele geheilt werden kann. Zur Bezeichnung der drei Personen heißt es: *Sanctus Benedictus, diabolus* und noch einmal: *diabolus.* Frau und Teufel waren austauschbar, die Gestalt und ihr Symbol waren für den Bildhauer dasselbe. So meint auch Gregor der Große: »Was hat man unter ›Gattin‹ zu verstehen, wenn nicht die Begierde des Fleisches?«[8] Eine ähnliche Sichtweise wie an diesem Kapitell der Kirche in Vézelay begegnet uns an einem Kapitell der Kirche von Civaux (Vienne) vom Anfang des 12. Jahrhunderts (Abb. 6). Hier wird die Ehe als ein gefährliches Nachgeben der Versuchung gegenüber dargestellt. Das Paar ist in einer verzweifelten *dextrarum iunctio* neben einer Sirene dargestellt, dem klassischen Symbol der Ausschweifung und Versuchung, das den Menschen aus dem Boot in die Meeresfluten hinabzieht. Die Bedeutung ist klar: Wer nicht stark genug ist, den Versuchungen zu widerstehen, und sich in die Ehe flüchtet, der ist auf dem besten Wege in die Verdammnis. In einem Text, der früher dem heiligen Bernhard zugeschrieben wurde, wird die verheiratete Frau ganz direkt mit einer Sirene verglichen.[9]

Dennoch müssen wir das Bild der Ehe, wie es sich bis hierher abzeichnet, um andere, differenziertere Darstellungen erweitern. Im 12. Jahrhundert hat die Kirche die Ehe zum Sakrament erhoben und sich deren Regelung zur Aufgabe gemacht. Dies war der Gipfelpunkt einer Entwicklung, die sich über Jahrhunderte hinweg anbahnte und die darauf abzielte, zu einer Vergeistigung der Institution Ehe zu gelangen. So wird zum Beispiel versucht, Eheschließungen, die gegen den Willen eines Ehepartners gerichtet waren, zu verbieten, den Inzest einzuschränken und die Unauflöslichkeit des Bandes der Ehe festzuschreiben. Vor allem ist es der Kirche darum zu tun, das Ansehen des juristischen Vertrages zu erhöhen, indem sie die Ehe in den Rang eines Sakraments erhebt (auch wenn die Lehre von der Ehe, als dem »kleinerem Übel« gegenüber der Entscheidung zur Keuschheit und Jungfräulichkeit, davon in keiner Weise berührt wird). Aus einer umfassenden Auswertung des *Index of Christian Art* in Princeton ergibt sich zwar, daß es bis zum 11. Jahrhundert lediglich drei Miniaturen sind, die die Hochzeit von Joseph und Maria zum Thema haben[10], doch im 13. und 14. Jahrhundert ist dagegen

Abb. 7 Hugo I.
von Vaudémont
und seine Frau;
Skulptur; um 1165.
*Nancy, Franziska-
nerkirche.*

Abb. 8 Der Teufel in Verkleidung als Pilgerin, Buffalmacco, Tebaide, Detail aus; um 1343. *Pisa, Camposanto Monumentale.*

eine markante Zunahme solcher Darstellungen festzustellen, was als Zeichen zunehmender Reflexion über die Bedeutung des neuen Sakraments gewertet werden kann. Als einen Ausdruck dieser Neubewertung der Ehe können wir auch die Holzskulptur ansehen, die mit hoher Sicherheit den Grafen Hugo I. von Vaudémont und seine Frau Anna darstellt, auch

Abb. 9 Die beses-
sene Frau, Detail
aus *Der heilige
Franziskus und
die Geschichte
seines Lebens;*
zweite Hälfte des
13. Jahrhunderts.
*Pisa, Museum von
San Matteo.*

wenn sie aufgrund der Tatsache, daß es sich um eine Arbeit in Holz handelt, für die Epoche ihres Entstehens etwas sehr Außergewöhnliches ist
(Abb. 7). Hugo war 1147 zu einem Kreuzzug aufgebrochen und kehrte
erst Jahre später als armer Pilger zurück. Bald nach seiner Rückkehr in
die Heimat starb er, vermutlich zwischen 1161 und 1163. Die Darstellung
auf dem Grab scheint sich auf den ersehnten Moment des Wiedersehens
nach langer Trennung zu beziehen: Der Graf hält einen mächtigen Wan-
derstab in der Hand, das Kreuz auf seinem Umhang als Beweis dafür,
daß er nach Jerusalem aufgebrochen war, ist gut erkennbar. Seine Frau
schmiegt sich an ihn, eine Hand ist um seinen Hals gelegt, die andere
ruht auf seiner Brust, ganz entsprechend der Ikonographie der heiligen
Jungfrau, die ihren Sohn umfängt, der gerade vom Kreuz genommen
wurde. In dieser Umarmung der Ehefrau endet das religiöse und zugleich
militärische Abenteuer einer Kreuzfahrt, das durch eine Geste, in der die
Kraft einer wechselseitigen und dauerhaften Bindung zum Ausdruck
kommt, zu einer gemeinsamen Erfahrung wird.

In Gesellschaft des Teufels

Die Verkleidung des Teufels als junges Mädchen, das irgendwann im
Leben eines Heiligen auftaucht und seine Tugend auf eine harte Probe
stellt, ist ein *topos,* bei dem ich mich nicht lange aufhalten will. Ich belas-

Abb. 10 Das Maul der Hölle, Detail; Fresko des Triumphbogens der *Kirche Santa Maria Maggiore, Tuscania (Viterbo)*.

se es bei einem einzigen Beispiel, einem Detail aus der *Tebaide* des Camposanto von Pisa etwa aus dem Jahr 1343, die Buffalmacco zugeschrieben wird (Abb. 8). Der Dominikaner Jacopo Passavanti berichtet, das Böse habe eines Tages die Gestalt einer Pilgerin angenommen, der es gelang, einen Mönch durch ihr Weinen zu erweichen – die Nacht war stockdunkel, voll wilder Tiere! Nachdem sie Zutritt zu seiner Zelle erlangte, begann sie das Werk der Verführung. Aber es gelang nicht, denn der Mönch erkannte den Betrug.[11] In dem Fresko sehen wir die beiden entscheidenden Momente: Zunächst die entgegenkommende Geste des Mönchs, der die auffällig schöne Verirrte (die schwarzen Füße jedoch verraten ihr wahres Sein) bei der Hand nimmt und in die Grotte führt, deren Eingang unvorsichtigerweise weit offensteht. Und dann die Szene der Niederlage des Bösen. Der Einsiedler stützt sich auf eine Felsbrüstung, die ihn schützt – sogar die Umgebung spiegelt die emotionale Verwandlung wider – und jagt die falsche Pilgerin mit einem Knüppel davon. Derweil beobachtet ein Dämon unmittelbar über der Grotte die Szene. Der Betrachter muß den Eindruck gewinnen, die Gegenwart des Bösen sei immerwährend, auch eine Geste des Mitgefühls könne sich in Sünde verwandeln. Der Sieg über das Böse sei jedoch dann gewiß, wenn man ein asketisches Leben führt und vor allem, wenn man den Frauen aus dem Weg geht.

Ebenso geläufig im Leben eines Heiligen ist der Exorzismus. Die große Zahl von Besessenen, und zwar deutlich mehr Frauen als Männer, erklärt sich aus der Beziehung Frau-Teufel, die so

selbstverständlich geworden ist, daß es fast schon als natürlich angesehen wird, wenn die bevorzugte äußere Tarnhülle des Teufels die einer Frauengestalt ist. Aus der Sicht der Frauen kann die Liste der weiblichen Besessenen als Symptom von Entfremdung und Unzufriedenheit mit der gesellschaftlichen Rolle der Frau betrachtet werden. Der Moment der Inbesitznahme durch den Teufel kennzeichnet eine Art magischer Befreiung, die allerdings folgenlos bleibt: Jeder Überschwang wird dem Teufel zugeschrieben, und das glückliche Ende garantiert der galante Exorzist, der alles wieder ins Lot bringt. Einen Moment lang allerdings ist die Frau wichtig, wird sie zur Protagonistin eines herausragenden Ereignisses: Ihr ansonsten vergessenes Leben tritt ins Rampenlicht.

In einem Ausschnitt der Darstellung des heiligen Franziskus und seiner Taten aus der zweiten Hälfte des 13. Jahrhunderts (Abb. 9) wird seine Kraft anhand der Heilung einer besessenen Frau gezeigt. Der Maler hat sie in Ketten dargestellt, das Gesicht zerfurcht von der langen Umnachtung; es wäre jedoch willkürlich, die zerzausten Kleider, die ihre nackte Brust erkennen lassen, den Folgen eines Kampfes zuzuschreiben. Ihre langen Haare genügen, um die fortdauernde Gefahr, die von ihr ausgeht, zu manifestieren: Wohl ist der kleine Teufel ausgetrieben, sie aber bleibt auf immer eine Tochter Evas, der Verführerin.

Die Verdammte in ihrem Heim

Wie misogyn das *Jüngste Gericht* im Tympanon der Kirche St. Lazare in Autun (aus dem 12. Jahrhundert) ist, wird allein schon aus einem quantitativen Aspekt ersichtlich: Unter den Auserwählten befinden sich nur zwei Frauen, vier dagegen unter den Verdammten.

Ausschließlich Frauen liefern der Hölle Nachschub, ein übermäßiger Wolfskopf mit scharfen Zähnen zerquetscht sie zwischen seinen Kiefern und mit Forken bewaffnete Teufel treiben die Verdammten in das unersättliche Maul (Fresko in Santa Maria Maggiore in Tuscania, Prov. Viterbo, vom Beginn des 14. Jahrhunderts, Abb. 10). Der Maler hat den schmalen Raum im Zwickel des Triumphbogens genutzt, indem er den Kopf des Monsters vertikal anordnete, wodurch er noch schrecklicher und aggressiver erscheint. Mit besonderem Nachdruck sind die verzweifelten Gesten der Frauen gestaltet, ihre weißen Gewänder zeigen, daß es sich um Nonnen handelt. Sie zerfurchen sich die Wangen in einer Geste, die ganz bewußt die Emotionen des Betrachters ansprechen soll, der mit Grausen die Frauen sieht, wie sie von den Forken aufgespießt und gequält werden. Sie sind am tiefsten gesunken, denn sie haben ihre Entscheidung für ein Leben in Keuschheit verraten, und die Strafe entspricht ihrer Sünde. Sie hatten geglaubt, eine rigorose Entscheidung zu treffen

OMEGENVSVOLVCRV.VELREPTILISATQ.FERARV.REDDVNT.HVMANAPISCESQVOQ.MENBRAVORATA.

und sich deutlich von den Frauen zu unterscheiden, die die Ehe vorzogen. Aber sie haben ihren Eid gebrochen, und daher müssen sie, fast schon wie gefallene Engel, streng bestraft werden, denn ihr Fall besudelt die Idee eines besonders tugendhaften Lebens in Askese und Verzicht als solche. Das Fresko richtet sich an die Gläubigen, vor allem die Laien, an Männer und Frauen. Die Nonnen am tiefsten Grund der Hölle bezeugen den Druck, der auf alle Nacheiferer dieser Idee ausgeübt wird. Die Misogynie der Männer wurde beflügelt (alle Frauen, auch die scheinbar heiligen, täuschen und lügen!), und Frauen wurde ein negatives Selbstbild aufgezwungen (selbst diejenige, die nicht heiratet und den Weg der Reue beschreitet, kann nicht sicher sein, ins Paradies zu kommen).

Die Sorge von Frauen um andere Frauen, die – und das geschieht nur ganz selten – aus weiblicher Sicht dargestellt wird, können wir hingegen in einem Ausschnitt des großen *Jüngsten Gerichts* erkennen, das im Vatikan aufbewahrt wird. Die Datierung ist umstritten, möglicherweise entstand es in der zweiten Hälfte des 11. Jahrhunderts (Abb. 11). Die Stifterin, Constanza, wird als Äbtissin des Benediktinerklosters Santa Maria im Campo Marzio zu Rom dargestellt. Diese *Constantia abatissa* erscheint gemeinsam mit *Do[(m)n]a Benedicta ancilla D(e)i* vor den Mauern des Himmlischen Jerusalem, wo die Jungfrau nicht zufällig von zwei Heiligen umgeben ist. Von einem Engel bei den Haaren in die Hölle gezogen wird hingegen eine Gestalt, so betitelt: *q(ui)/patre/v(e)l/matre/maledi/xit*; bereits in der Hölle sind, vorwärtsgetrieben von den Spießen anderer Engel *periu/ros, homi/cidas, mulier/qui in [e]/clesia/loc(u)ta, mere/trici, . . . sa/velata*.[12]

Abb. 11 Die Hölle, Detail aus *Das Jüngste Gericht*; zweite Hälfte des 11. Jahrhunderts. *Rom, Pinacoteca Vaticana.*

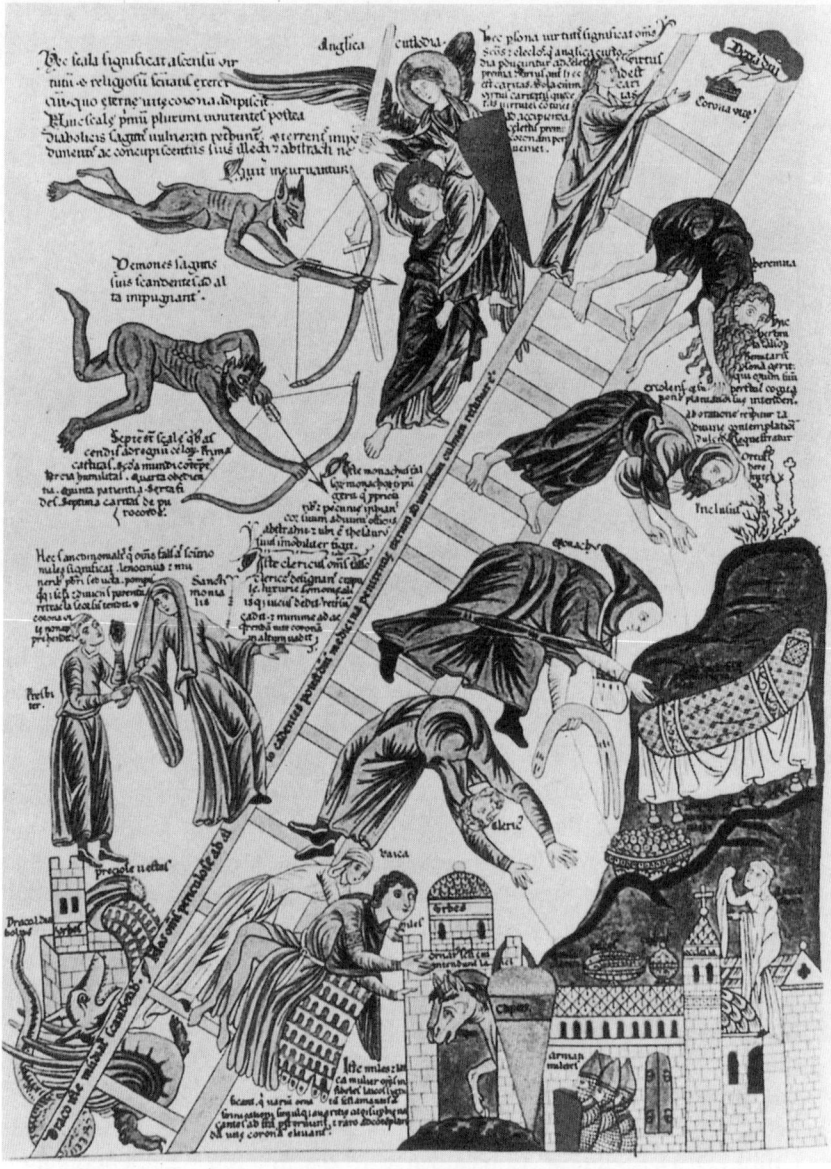

Abb. 12 Die Leiter der Tugend, Herrad von Landsberg, *Hortus deliciarum*; 12. Jahrhundert. Miniatur einer Zeichnung von A. de Bastard d'Estaing, angefertigt bevor die Handschrift, damals in der Stadtbibliothek Straßburg, vom Feuer zerstört wurde.

Während die weitschweifigen Inschriften, die die verschiedenen Szenen der Tafeln kommentieren, in korrektem Latein gehalten sind, ist das Latein der Inschriften zur Hölle sehr nahe der Umgangssprache. Ich meine, hier können wir die Stimmen der Auftraggeberinnen vernehmen, denen am Schicksal der Frauen lag, vor allem an dem ihrer Mitschwestern. Die sprachlichen Muster nähern sich der Umgangssprache in dem Maß, wie die Realität hereinbricht: Der künftige Schrecken, der hier dargestellt wird und der der Spiegel eines verfehlten Lebens ist, wird vom

Betrachter des Bildes als Gegenwart erlebt. Diese Frauen haben sich für ein keusches Leben in Schweigen und Gebet entschieden. Mehr als alles andere müssen sie jene Laster fürchten, die mit den Tugenden in Konflikt stehen, an die sie sich halten sollen. Daher werden die Sünden des Wortes und das hemmungslose und unbeherrschte Sprechen so stark betont: Wehe denjenigen, die fluchen, die ihren Schwur nicht einhalten, die ihre Eltern schmähen, und wehe der Frau, die in der Kirche spricht (hier richtet sich die Aufmerksamkeit der Äbtissin auf die Mitschwestern, die an der Liturgie teilnehmen). Auch in kompositorischer Hinsicht fällt die Darstellung der Hölle wegen der visuellen Dominanz der weiblichen Gestalten aus dem Rahmen. Oben sehen wir den Meineidigen und den Mörder. Dann, darunter im Vordergrund, zwei Gruppen, die die jeweiligen Inschriften lediglich als »Frauen« ausweisen. Links die dichtgedrängte Gruppe nackter Frauen in den Flammen, die Huren. Eine von ihnen wird von einer Schlange gebissen: Die Dirne, die ihren Körper feil bietet, stellt den genauen Gegenpart zur Nonne dar, die auf ihren Körper vollkommen verzichtet. Rechts, neben der geschwätzigen Ehefrau, findet sich eine dunkelgewandete junge Frau mit langen Haaren, die sich mit einer schmerzlichen Geste an den Kopf faßt (im Hintergrund starren einige Männer sie an). Die Inschrift ist lückenhaft: ... *sa/velata*. Paulus hatte im *Ersten Brief an die Korinther* in einem Abschnitt (1 *Kor* 14, 34–36), wo er anordnet, daß die Frauen in den Versammlungen der Gemeinde zu schweigen haben – *turpe est enim mulieri loqui in ecclesia* (einen Widerhall dieses Verdikts finden wir in der Inschrift neben der Frau, die spricht) –, auch davon gesprochen (1 *Kor* 11, 5–6), daß jede Frau mit verhülltem Haupte zu beten habe. Tue sie das nicht, dann müsse sie sich die Haare abschneiden lassen: *nisi velatur mulier, tondeatur*. Vielleicht erklärt sich die Bedeutung der Frau mit den langen Haaren daraus, daß der Maler sich an diesen Vers von Paulus erinnert hat, der sich in unmittelbarer Nachbarschaft zu dem anderen findet, und ihm eine leicht verschobene Bedeutung unterlegt hat. Das unvollständige Wort ließe sich dann so vervollständigen: *intonsa velata*. Die Nonne, die ihren Eid leistet, muß sich die Haare abschneiden und das Haupt immer bedecken. In diesem Fall zeigt die Verdammte, die sich ihre Haare nicht abschneiden wollte, ihre Haarpracht als Symbol der Eitelkeit und der Sünde, Auslöser einer Sünde auch für die Männer, die sich dadurch angezogen fühlen.

Der verführerische Körper

Die Leiter der Tugend (Abb. 12), eine Miniatur aus dem *Hortus deliciarium* von Herrad von Landsberg (12. Jahrhundert)[13], stellt eine Treppe dar, auf der die Christen verzweifelt nach oben streben. Ihre Gestalten

sind gemäß ihrer Lebensweise angeordnet. Ausgerechnet das verheiratete Paar stürzt als erstes ab. Sehen wir uns dieses Bild und die Texte, die
es vervollständigen, ein wenig näher an. Am unteren Ende des Blattes
sind die materiellen Güter dargestellt, die verführerisch zu wirken vermögen: prächtige Kleider, eine gedeckte Tafel, Pretiosen, Waffen und
eine schöne Stadt. Zu Füßen der Treppe bewacht ein Drache mit aufgerissenem Maul den Aufstieg. Gleich von den untersten Stufen stürzen die
laica und der *miles*. Die Inschrift dazu lautet: »Dieser Ritter und sein

Weib *(laica mulier)* stellen alle jene ungläubigen Laien dar, die den Verlockungen der Welt nicht standhalten, der Unzucht sich hingeben, habgierig und hochmütig sind; sie werden von der Erde angezogen und nur selten gelingt es ihnen, zur Erlösung des Himmels aufzusteigen *(coronam vitae).*«

Von der Stufe darüber stürzt der Kleriker, der von seiner Freundin *(amica clerici)*, einer elegant gekleideten Frau, die ihn von der Stadt her ruft, angezogen wird. Dasselbe Schicksal ereilt die Nonne, die sich vom verführerischen Angebot eines Priesters, der mit Gold und Münzen lockt, angezogen fühlt. Der Mönch, der Einsiedler und der Eremit, die in dieser Rangordnung die nächsten Stufen einnehmen, stürzen, weil sie von der Macht des Geldes, vom Wunsch nach einem weichen Bett und schließlich von der kleinlichen Sorge um einen Kräutergarten in Versuchung gebracht werden. Einzig ein junges Mädchen scheint der Krone des ewigen Lebens würdig, die Gott ihr reicht. Leider jedoch erweist sie sich als symbolische Gestalt: Sie stellt die Tugend der Nächstenliebe dar. Es ist nicht nur so, daß die Frauen die niedrigsten Stufenleitern der Treppe besetzen und folglich, wie Herrad mutmaßt, am leichtesten die Beute des Teufels werden, sie sind selber zugleich die Inkarnation der Versuchung. Von sechs möglichen Versuchungen zur Sünde werden allein drei den Frauen zugeschrieben: Der Anlaß scheint stets derselbe zu sein, die Schwäche des Fleisches. In vielen Miniaturen mit der Darstellung der Apokalypse ist der Körper der Frau »offensichtlich« die gefährlichste Versuchung, feilgeboten von der »großen Hure«, die häufig auf dem Drachen reitend dargestellt wird. In der religiösen Literatur der Männer, speziell in der klösterlichen Literatur, wird die Frau ohne jeden Zug von Menschlichkeit oder psychologische Differenzierung dargestellt. Sie ist nichts weiter als die Projektionsfläche sündhafter Wunschvorstellungen der Männer. Der deutlichste Hinweis darauf war die Darstellung der Schlange der Versuchung, die in der Szene des Sündenfalls von Adam und Eva nicht selten den Kopf eines schönen Mädchens bekam. Vielleicht wollte der Künstler erklären, wieso ein Tier die verführerischen Worte einflüstern konnte, und hat sich der betörenden Sirenen aus der klassischen Antike erinnert, die zur einen Hälfte Frau und zur anderen Hälfte Vogel waren und mit ihrem Gesang die Seefahrer in den Untergang stürzten. Diese Darstellung wurde vom religiösen Theater des Mittelalters übernommen, denn es war wohl einfacher, ein als Schlange verkleidetes menschliches Wesen auf der Bühne in Szene zu setzen und sprechen zu lassen (es sind Anweisungen überliefert, in denen festgelegt wird, daß das Reptil auch die Brust einer Frau haben sollte). Eine der einem englischen Psalter (1270–80) vorangestellten Miniaturen (Abb. 13) zeigt in einer einzigen Sequenz Versuchung und Sündenfall.[14] Hier hat die Schlange fast vollständig menschliche Züge angenommen. Aus der Mode

Abb. 14 Die reu-
ige Maria Magdale-
na, Detail eines
Kapitells; 12. Jahr-
hundert. *Toulouse,
Musée des Augu-
stins.*

für die Frauen jener Epoche entlehnt ist die schöne Haube mit Hals-
krause. Mit einer einschmeichelnden Geste reicht sie Eva die verbotene
Frucht, die diese ihrerseits an ihren Gefährten weitergibt. Ein Zyklus von
Miniaturen wie dieser könnte didaktischen Zwecken gedient haben. Anhand der Psalmen lernten die Jugendlichen Latein; die Beschreibung des
in den Miniaturen Dargestellten trug zum Erlernen der Syntax bei. So
wurde die Gefährlichkeit des weiblichen Geschlechts gleichzeitig mit
den Grundkenntnissen der Sprache vermittelt.

Daß man der Schlange ein Frauengesicht aufgesetzt hat, mag einen
Eindruck davon geben, wie sehr die Sünde aus rein männlichem Blickwinkel gesehen wurde. Dennoch gibt es dabei eine Ungereimtheit: Wäre
für Eva nicht doch das Antlitz eines schönen Jünglings anziehender gewesen als das einer Frau?

Eva verstand es nicht, von der Sprache klug Gebrauch zu machen und
antwortete der Schlange als erste. Diese Schwäche setzte sich in ihren

Nachfahrinnen fort, die sogar noch in der Kirche, wo jedes Wort an Gott gerichtet und ihm zur Ehre gereichen soll, der Versuchung des Bösen erlagen und eitel schwätzten. Genau dies scheint eine Glasmalerei aus der Pfarrkirche Stanford (Northamptonshire) zu vermitteln, die aus der Zeit zwischen 1325–40 stammt. Eine Gruppe von drei Frauen – die vordere hält ostentativ einen nicht benutzten Rosenkranz – wird von zwei frohlockenden Teufeln eingerahmt. [15]

Lange Haare sind seit jeher Symbol der weiblichen Verführung und folglich emblematische Darstellung der Gefahr, die von den Frauen ausging. Sirenen haben stets lange Haare, ebenso wie Meerjungfrauen, eine Erfindung des Mittelalters; lange Haare hat auch Magdalena am Fuß des Kreuzes – ebenfalls eine Erfindung des Mittelalters –, denn sie verkörpert in gewisser Weise die vielen verschiedenen Mariengestalten der Bibel. Lange Haare sind selbstverständlich auch das Attribut der ägyptischen Maria, der reuigen Dirne, die für ihre sündige Vergangenheit mit Abbitten und Einsamkeit büßt. [16] An einem Kapitell aus dem 12. Jahrhundert (Abb. 14), das vom Kreuzgang des Stefansdom in Toulouse stammt, kann man die Metamorphose dieser Frau nachvollziehen. In dem hier wiedergegebenen Ausschnitt ist sie noch prächtig herausgeputzt wie eine Sünderin, aber von rechts kommt ein unbekannter Sendbote Gottes, der ihr drei Geldstücke zum Kauf von Brot und Wein für die Reise durch die Wüste gibt. Auf der linken Seite bindet sie ihre Haare los, die beinahe ihre Füße in den Wassern des Jordan berühren während des ersten Schritts ihrer Reinigung. Auf der anderen Seite des Kapitells sind die Begegnung mit dem Abt Zosima und ihre außergewöhnliche Beerdigung dargestellt, bei der ein Löwe das Grab aushebt.

Als Zosima, so die Erzählung von Domenico Cavalca, die Heilige das erste Mal in der Wüste auftauchen sah, erkannte er noch nicht einmal, daß es sich um eine Frau handelte. Er verwechselte sie »mit einem alten und heiligen Pater [. . .], eine nackte Person mit einem von der Sonne ausgedörrten und verbrannten Körper, mit verfilzten, schlohweißen Haaren, die nur bis zum Hals reichten«. [17] Die Haare sind jetzt nicht mehr das äußere Zeichen fleischlicher Lust, sie sind kurz und weiß und werden mit denen eines Mannes verwechselt. In anderen Varianten der Sage bleiben sie lang, aber nur zu dem Zweck, das Geschlecht der Frau wie ein Schafspelz zu bedecken.

Die Kirche gibt der Einbildungskraft ihrer Gläubigen Nahrung und beeinflußt dabei jeweils die Vorstellung des Mannes von der Frau und die der Frauen von sich selbst. Und ihre Botschaft ist die einer gänzlich unterschiedlichen Behandlung von Männern und Frauen: Jene werden zu Sündern, weil sie von ihren Möglichkeiten und Antrieben einen ungezügelten Gebrauch machen oder weil sie nicht in der Lage sind, ihre Triebe und Gefühle zu beherrschen; die Frauen hingegen brauchen gar nichts zu tun, denn ihr Körper an sich verführt bereits schon zur Sünde. Frauen waren kein sündiges Subjekt, sondern Anlaß zur Sünde für den Mann.

Das Antlitz des Todes

Eva ließ sich vom Teufel in Versuchung führen, und mit ihr kamen die Erbsünde, der Tod und die ewige Verdammnis in diese Welt. Ihre schicksalhafte Schwäche machte sie besonders verletzlich und schuldig. Sie war der Ursprung allen Übels, und mit ihr alle Frauen – außer der Jungfrau Maria. Als um das Jahr 1340 herum der Tod erstmals als ein abstraktes Konzept dargestellt wird, als ein Symbol des Menschseins, das weit über das Schicksal des Einzelnen hinausgeht (der Tod, nicht der Tote[18]), da hat die Figur die Züge einer furchterregenden Alten mit Krallen an Händen und Füßen und den Flügeln einer Fledermaus (Abb. 15). Wir sehen sie auf dem Camposanto zu Pisa, wie sie über eine Gruppe von Toten hinwegfliegt, die sie mit ihrer großen Sense zur Strecke gebracht hat. Ihre Züge, die einerseits den Darstellungen des Teufels entlehnt sind, vergegenwärtigen ihre privilegierte Beziehung zur Unterwelt und deren Bewohnern; soweit ihre Züge einer vom Alter gezeichneten Frau gleichen, beweist sie andererseits, daß das sündhafte Verlangen nur durch altersbedingten Verfall enden kann. (Nur sehr allmählich geht die Darstellung des Todes zum Bild des geschlechtslosen Skeletts über.) Die-

Abb. 15 Buffalmacco, Der Tod, Detail aus *Der Triumph des Todes*; Fresko; 1343. *Pisa, Camposanto monumentale.*

selbe Einstellung gegenüber Frauen kommt auf eindeutige Weise in einem späteren Fresko der Pfarrkirche San Michele Arcangelo in Paganico (Prov. Siena) zum Ausdruck, das von Bartolo di Fredi geschaffen wurde (Abb. 16). Die Hölle ist eine kahle, steinige und dornenreiche Landschaft, in der sich eine einsame Sünderin, aufreizend und unbekleidet, die Hände hinter dem Rücken gefesselt, dem dunklen Eingang einer Grotte nähert, aus der gerade ein schreckliches geflügeltes Wesen hervorgekommen ist. Sein langgestrecker Körper ist zum Skelett abgemagert, das Gesicht teuflisch, und in den Händen hält es eine Kette, mit der sie früher gefesselt gewesen sein muß. Die Brüste sind schlaff und ausgemergelt, die schütteren Haare lang und weiß. Sie unterstreichen die abstoßende Weiblichkeit, die der Text erläutert: »Ich bin die tödliche Feindin alles Guten, /eine Dienerin des Teufels, eine Frau der Hölle, /die Mutter des ewigen Schmerzes.« Der körperliche und der geistige Tod, das Böse und der Teufel haben dieses Monster erzeugt, das man als Darstellung der ewigen Strafen der Hölle bezeichnen könnte.[19]

Abb. 16 Bartolo di Fredi, *Die Hölle;* Fresko; 1368. *Paganico (Siena), Kirche San Michele Arcangelo*

Die Seelen im benachbarten Fegefeuer sind überwiegend Frauen (Abb. 17), die sich vertrauensvoll und flehend an die Madonna wenden. Unter ihnen fällt eine Mutter mit entblößter Brust auf, die von zwei Mädchen umarmt wird. Mit einer verzweifelten Geste zeigt sie eine Schriftrolle, die unleserlich geworden ist. Ich denke, es handelt sich um das Zitat einer der *Visio Alberici*[20] ähnlichen Erzählungen, die sich unter den Seelen im Fegefeuer mit jenen Frauen befaßt, die sich weigerten, Waisenkinder zu stillen. Auf einem Fresko von Franco und Filippo de Veris in Santa Maria dei Ghirli (in Campione d'Italia, Lombardei) ist eine Frau dargestellt, die ein Kind erwürgt. Die Kindstötung als Mittel der »Geburtenkontrolle« wurde weithin praktiziert, auch wenn sie selbstver-ständlich von der Kirche nicht gebilligt wurde. Bekannt ist uns das aus schriftlichen Überlieferungen, und auch dieses Bild ist ein weiterer Beleg dafür. Der Beispielcharakter eines jeden Verdammten verweist auf die Typologie der am meisten verbreiteten Sünden. Die Frau war Mittel zur Verführung ihres Gefährten, und die einzige Aktivität, die ihr zugestan-

Abb. 17 Bartolo di Fredi, Das Fege-feuer; Fresko; 1368. Paganico (Siena), Kirche San Michele Arcangelo.

den wurde – die Fortpflanzung –, wird obendrein zum Anlaß, die eigene Schuld zu mehren, sollte sie sich weigern, die eigene Nachkommenschaft aufzuziehen. Aus dem Schicksal des »Frauseins« gab es kaum ein Entrinnen.

Die große Ausnahme

Auf den ersten Blick könnte es scheinen, als hätte das Leben der Madonna für die Gläubigen ein Alternativmodell darstellen können. Jedoch gehorchte der Körper der Jungfrau Maria nicht den Gesetzmäßigkeiten des menschlichen Körpers: Gerade die Ausnahme bestärkte am Ende nur die traditionellen frauenfeindlichen Vorurteile.[21] Das Leben der heiligen Jungfrau wird, abgesehen von ihrer Himmelfahrt, in der Liturgie im Zusammenhang mit Geschehnissen gefeiert, die allesamt mit der Fortpflanzung zu tun haben und im klaren Gegensatz zum Schicksal Evas stehen. Die unbefleckte Empfängnis diente der Bestätigung, daß Maria

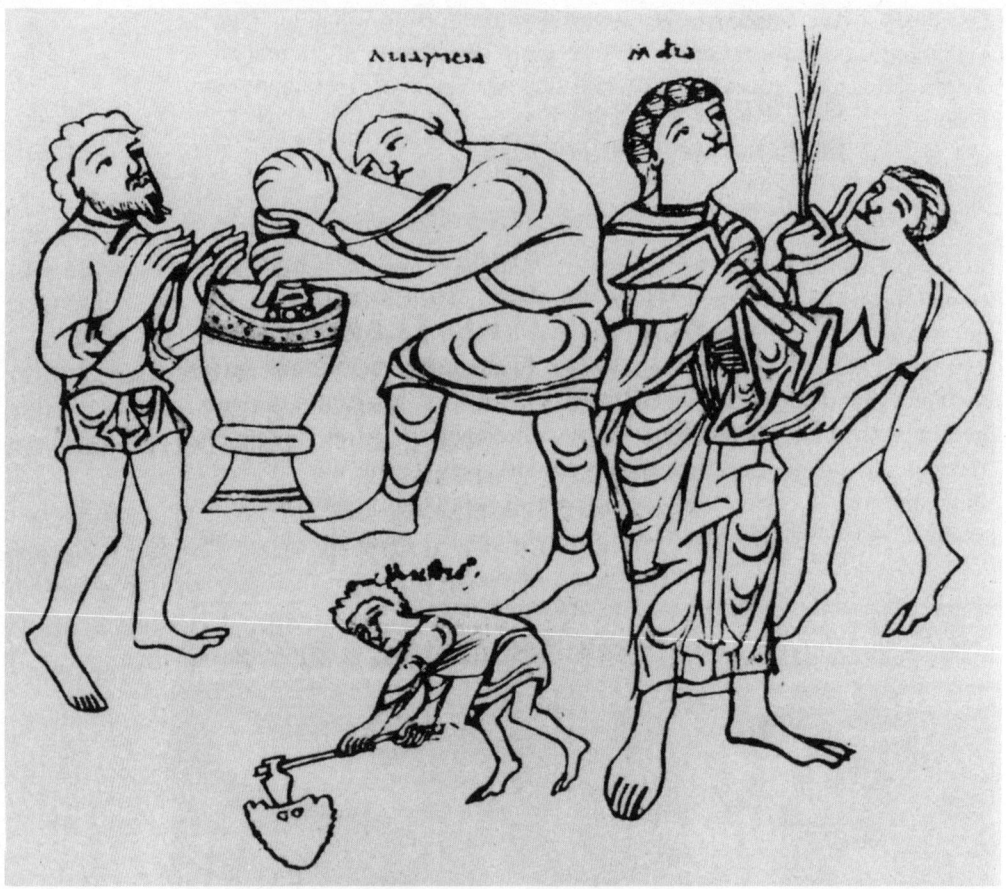

Abb. 18 Avaritia
und Misericordia,
Ambrogio
Autperto, *Die
Schlacht zwischen
den Lastern und
den Tugenden*;
Ende des 11. Jahr-
hundert. *Paris,
Bibliothèque
Nationale.*

als einziges menschliches Wesen nicht den Makel der Erbsünde trug,
auch wenn dieser Umstand in den theologischen Disputen des Mittelalters lange Zeit heiß umstritten war. Die Verkündigung durch den Engel
unterstreicht den spirituellen Charakter der Empfängnis, die Geburt Christi läßt ihre Jungfräulichkeit intakt und die Reinigung im Tempel exem-
plifiziert die Demut der Madonna: Obwohl Maria von der Unreinheit frei
war, die im damaligen Kontext für jede Frau mit der Geburt verbunden
war[22], beugte sie sich doch dem Ritus. Da die heilige Jungfrau in den
Devotionalien immer mit dem Kind dargestellt wird, ist sie in den Herzen der Gläubigen als die verklärte Gestalt der Mutter lebendig. Die
Symbiose der beiden war vollkommen. Marias melancholisch-resignierte
Haltung war eine Vorahnung des grausamen Todes ihres Sohnes.[23] Die
Botschaft dieses Bildes war zugleich Leugnung und Bestätigung seines
Inhalts: Maria war ein Vorbild, das von keiner Frau jemals nachgeahmt
werden konnte.

Die Frau als Symbol

Der ewige Kampf zwischen Gut und Böse wurde in einem speziellen literarischen Genre dargestellt, der Schlacht zwischen den Lastern und den Tugenden. Auf mehreren Seiten einer Handschrift vom Ende des 11. Jahrhunderts, einer *Schlacht zwischen den Lastern und den Tugenden* von Ambrogio Autperto, werden paarweise eine Tugend und ein Laster einander gegenübergestellt. Auf der ersten Seite, bei der Darstellung der *Avaritia* (Geiz), sehen wir einen Mann einen Geldsack in eine Schüssel leeren. Mit einem Fuß tritt er auf einen knieenden Bauern *(rusticus)*, der vornübergebeugt mit der Hacke arbeitet. Ein Bettler in flehender Haltung und mit nackten Füßen versucht, den Blick der *Avaritia* auf sich zu ziehen, der hingegen starr auf das Gold gerichtet bleibt (Abb. 18). *Misericordia* (Mitleid), einen Palmzweig in der Hand, dreht dieser Gruppe den Rücken zu. Sie hilft gerade, einen splitternackten Mann zu bekleiden.

Abb. 19 Luxuria und Castitas, Ambrogio Autperto, *Die Schlacht zwischen den Lastern und den Tugenden;* Ende des 11. Jahrhunderts. *Paris, Bibliothèque Nationale.*

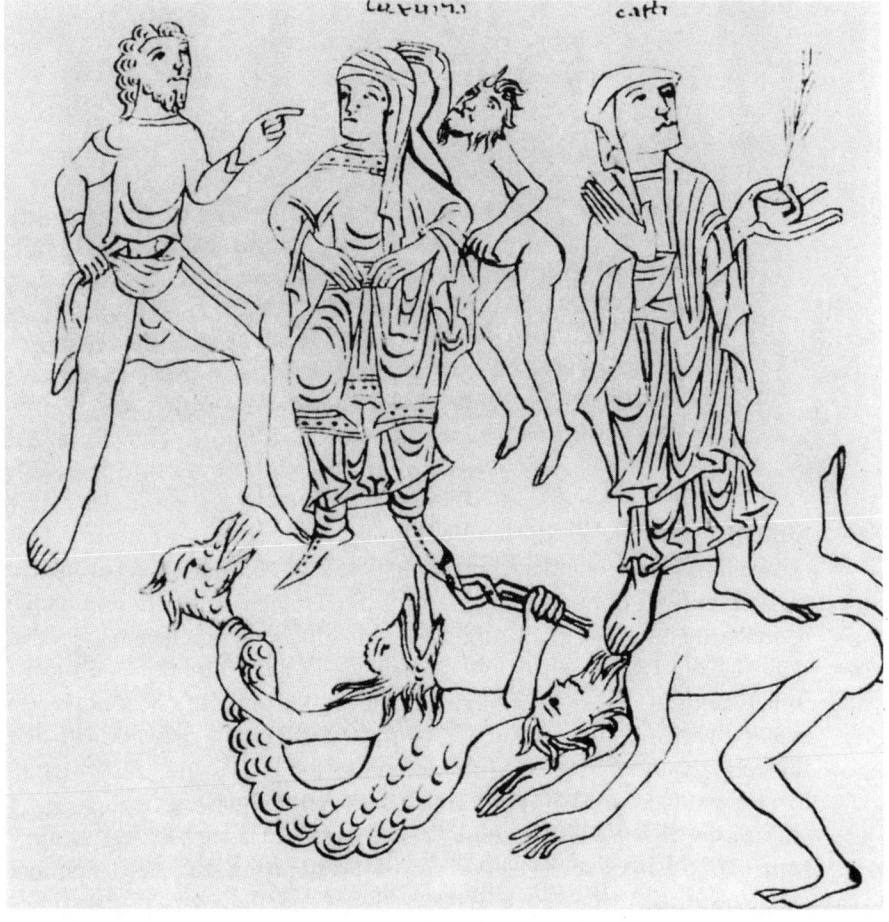

Abb. 20 Das Qua-
drivium, in
Boethius, *De arith-
metica*; um 850.
*Bamberg, Staatsbi-
bliothek.*

Auf der zweiten Seite der Handschrift (Abb. 19) sehen wir *Luxuria* (Ausschweifung), eine wunderschön gekleidete Frau, die ein Teufel krönt. Ihr
Piedestal ist ein doppelköpfiges Monster, das ihren Fuß mit einer Zange
festhält und ihr aus seinem aufgerissenen Mund Feuer entgegenspeit. Die
Frau hat die Hände am Gürtel, als wolle sie ihn aufbinden, und starrt
unverwandt in die Richtung eines Mannes, der sich auf obszöne Weise
seiner Kleider entledigt. Auch *Castitas* (Keuschheit), die *Luxuria* den
Rücken zuwendet, hat einen Dämonen als Piedestal; aber der ist gänzlich bezwungen. In den Händen hält sie einen Palmzweig.

Daß die *Avaritia* ein Mann ist, zeigt, daß die Darstellung der Laster[24]
nicht durch das Geschlecht der Wörter bestimmt ist, die sie benennen.
Die grammatikalische Selbstverständlichkeit endet bei diesen Abstraktio-

nen dort, wo dem Symbol eine handfeste Realität unterlegt wird. Dann lösen sich die traditionellen Verknüpfungen allmählich auf. Die *Avaritia* wird zu einem Mann. Mitleid und Keuschheit dagegen sind Tugenden, die einer Frau gut zu Gesicht standen. Es kann aber auch nur eine Frau sein, die die *Luxuria* repräsentiert, die unermüdliche Verführerin des Mannes zur Sünde. Andererseits jedoch, wann immer Handeln und Initiative, selbst wenn deren Ziele sündhaft sind, Reichtum und Verdienst eintrugen, begegnet uns ein männlicher Protagonist. Während normalerweise ein typischer Charakterzug für jedes Laster existierte, genügte für die *Luxuria* allein schon der Körper einer Frau, der bereits als solcher Allegorie genug war.

Ein bestimmtes Frauenbild kann weiter dazu geeignet sein, einen Begriff oder eine Institution, wie die *Artes Liberales*, die *Artes Mechanicae*, geographische Orte, Städte oder, wie oben erwähnt, die Laster und Tugenden zu illustrieren. Als Beispiel verweise ich auf eine Miniatur aus der Zeit um 850, eine Illustration von Boethius' *De arithmetica*: Vier verschleierte Frauen werden mittels unterschiedlicher Instrumente in ihren

Abb. 21 Die Synagoge, Detail eines tragbaren Altars von Stavelot, Atelier von Godefroid de Claire; um 1155–1160. *Brüssel, Musées Royaux d'Art et d'Histoire.*

Abb. 22 Die Kirche und die Synagoge; Miniatur des *Liber Floridus* von Lambert von St. Omer; Anfang des 12. Jahrhunderts. *Gand, Bibliothèque van de Rijksuniversitet.*

Händen charakterisiert. Sie verkörpern jeweils die Musik, die Arithmetik, die Geometrie und die Astrologie (Abb. 20).

Großen Erfolg im Mittelalter hatte das abstrakte Figurenpaar *Ecclesia/Sinagoga* (Kirche/Synagoge) als Allegorien der christlichen und jüdischen Religion. Die Vorstellung zweier Welten, die sich in der Ankunft Christi einander nähern, verwandelt sich im Laufe der Jahrhunderte im selben Maße, wie sich ein entschiedener Antijudaismus herausbildete, in die Konfrontation zweier Religionen, deren Ausgang mit dem erdrückenden Sieg der christlichen und der schmählichen Niederlage der jüdischen Seite endete! Das Detail eines tragbaren Altars von Stavelot (Belgien), der in der Werkstatt von Godefroid de Claire entstand (1155–1160), zeigt noch *Sinagoga* (Abb. 21) allein, ohne ihre Rivalin. Ihre Augen hat sie jedoch hartnäckig niedergeschlagen, als Zeichen dafür, daß sie den Messias nicht erkennen wollte. Furchtlos zeigt sie die Zeichen der Kreuzigung Christi: den Schwamm, die Lanze und die Dornenkrone. Ihr, und damit den Juden, für die sie symbolisch steht, wird die unauslöschliche Schuld für den Tod des Erlösers aufgebürdet. In einer Miniatur des frühen 12. Jahrhunderts aus dem *Liber Floridus* von Lambert von St. Omer tritt *Sinagoga* (Abb. 22) hingegen so auf, wie es später in der Ikonographie üblich werden sollte: als von der Kirche Besiegte. Einzig die Binde, die ihr die Sicht nimmt, fehlt noch. Neben einem großen Taufbecken nähert sich *Ecclesia* mit wehendem Banner Christus, von dem sie gekrönt wird; mit einem Kelch fängt sie das kostbare Blut auf, das aus seiner Brust tropft. Gegenüber steht *Sinagoga*, vom Erlöser fortgejagt, ihre Krone ist zu Boden gefallen und ihr Banner in Stücke zerrissen. Mit aufgerissenem Schlund wartet die Hölle auf sie. Der Text erklärt dazu: »Sinagoga hat Christus, Gottes Sohn, verleugnet und den Propheten keinen Glauben geschenkt. Weil sie sich von Gott entfernt, verliert sie ihre Krone, zerbricht ihr Banner und stürzt sie in die Hölle.«[25]

Aber noch nicht einmal als Personifizierung der Kirche behielt die Frau eine ungebrochen positive Rolle als Symbol. Seit dem 13. Jahrhundert hielt sich hartnäckig die Legende von der Päpstin Johanna, die im Jahr 855 als Mann verkleidet den Papstthron bestiegen haben soll. Erst durch das Einsetzen von Wehen während einer Prozession nach San Giovanni in Laterano sei ihre wahre Identität ent-

Abb. 23 Die Päpstin Johanna; Visconti-Sforza Tarot-Karte von Bonifacio Bembo oder Francesco Zavattari; zwischen 1451–1453. *New York, Pierpont Morgan Library.*

deckt worden. Daher stammt auch das Gerücht, daß bei jeder Papstwahl die Geschlechtszugehörigkeit des Gewählten geprüft werde.[26]

Johanna wurde als Figur in die Tarot-Karten aufgenommen, die Francesco Sforza zwischen 1451 und 1453 in Auftrag gab (Abb. 23). Die Päpstin, hier durchaus würdig porträtiert, soll wohl an eine enge Verwandte von Matteo Visconti erinnern, einen Vikar aus dem frühen 14. Jahrhundert, der wegen Häresie auf dem Scheiterhaufen endete. Dieses Tarot-Spiel gilt als Indiz für die antipapistische Einstellung der Visconti-Sforza. Worauf ich in der ganzen Geschichte (der Kern der Geschichte ist eine Legende, aber ihre Verwendung hatte historische Auswirkungen) um Johanna hinweisen möchte, ist folgendes: Die Sorge, daß die Frau Funktionen ausüben könnte, die dem Mann vorbehalten sind – und genau darin besteht das Sakrileg von Johanna –, ist ebenso unauslöschlich wie die Angst vor einem Körper, dessen perverse Verführungskraft man fürchtet – und deshalb wird Johanna durch die Frucht ihrer Schuld verraten.

DIE FRAU IM PRIVATEN UND ALLTÄGLICHEN LEBEN

Die Frau in der Ehe

Bis ins Spätmittelalter hinein ist Kunst vor allem kirchliche Kunst. Die Bilder, die uns aus dieser Zeit überliefert sind, verzerren in gewisser Hinsicht, denn sie sind ein Spiegel der kirchlichen Sichtweise. Selbst dann, wenn es sich bei dem Auftraggeber um einen Laien handelte, bestand doch zumeist eine Beziehung zur Institution Kirche, insofern es sich um einen Gönner oder Stifter handelte. Die Darstellung eines Paares wurde fast immer vom Ehemann in Auftrag gegeben. Der Mann beanspruchte natürlich unabhängig vom Eheleben Verdienste, deretwegen er sich künstlerisch verewigen lassen wollte. Die Frau hingegen konnte – vorausgesetzt, sie war Adlige – lediglich beanspruchen, daß die Erinnerung an sie bewahrt werde als Teilhaberin am Ansehen und Ruhm ihres Mannes. Es ist daher recht ungewöhnlich, auf einer Miniatur eines Evangelienbuches aus der Mitte des 11. Jahrhunderts (ein Geschenk an das Kloster Weingarten) (Abb. 24), die Auftraggeberin Judith von Flandern, eine Gräfin, zu sehen, wie sie anstelle der Magdalena das Kreuz umfaßt. Die Madonna ist im Stile der Allegorie der *Ecclesia* dargestellt, wie sie sich zu jener Zeit gerade herausbildete: Wie der heilige Johannes hält sie ein Buch in der Hand, ein traditionell männliches Attribut.[27]

In Zeiten, in denen Gewalt, Krieg und Vergewaltigung das Leben bestimmten, machten sich Werte wie Kraft, Macht und feudale Loyalität

Abb. 24
Kreuzigung;
Miniatur eines
Evangelienbuches
der Judith von
Flandern; Mitte
des 11. Jahrhunderts. *New York,
Pierpont Morgan
Library*.

verstärkt geltend. In der Interessengemeinschaft Ehe war die Frau das
stumme Objekt einer Gabe oder eines Tausches zwischen dem Vater und
dem Freier. Aus diesem Grund können wir sogar von einer Kaiserin nicht
mit letzter Gewißheit den Namen ausmachen. In einer Bibel, die Karl der
Kahle anläßlich seiner Wahl zum Kaiser oder zum Gedenken daran als
Geschenk für Papst Johannes VIII. mit nach Rom brachte (sie wurde 875
in Sankt Peter geweiht), ließ er sich auf dem Frontispiz auf dem Thron
sitzend und von zwei Würdenträgern, seiner Gemahlin und einer Hof-
dame umgeben, darstellen (Abb. 25). Im Verhältnis zu den anderen Personen ist Karl riesig – die Größenverhältnisse bringen eine Rangordnung
zum Ausdruck –, und er beweist seine Macht, indem er als einziger auf
einem reich verzierten Thron sitzt. Die Kardinaltugenden stehen ihm bei,
Engel umschweben ihn. Auf der Rechten, zu seinen Füßen, entdecken
wir seine Frau, die klein und ohne Krone dargestellt wird; sie teilt mit
ihm weder Rang noch Thron. Der Arm ist zu einer Art beifälliger Geste
erhoben und bringt Unterwerfung zum Ausdruck. Die verschleierte Frau
könnte Irmintrud oder noch wahrscheinlicher Richilde sein, die Karl
wenige Monate nach dem Tod von Irmintrud, im Jahr 870, heiratete.[28]

In der langen handschriftlichen Widmung werden zwar einige Verse der Gemahlin Karls gewidmet, in der Hoffnung auf eine zahlreiche Nachkommenschaft, ihr Name jedoch wird nicht genannt. Dennoch muß hervorgehoben werden, daß – für die karolingische Kunst ist das etwas Außergewöhnliches – anstelle eines Würdenträgers die Königin erscheint.

Manchmal mag zur Darstellung eines Ehepaares ein bedeutender Sohn Anlaß gewesen sein. So etwa bei den Eltern von Egbert, dem Erzbischof von Trier. In einer Widmung des Evangeliars, das dem Kloster Egmont (zwischen 940 und 970) geschenkt wurde, erinnert ein Paar neben seinen eigenen Namen – der Name der Frau wird weniger hervorgehoben – voller Stolz an seinen Sohn. Es handelt sich um den Grafen Dietrich II. von Holland und seine Gattin Hildegard (Abb. 26), die sich auf ein und

Abb. 26 Dietrich II. von Holland und seine Gattin Hildegard schenken dem Kloster von Egmont ein Evangeliar; zwischen 940 und 970. *La Haye, Koninglijksbibliotheek.*

demselben Blatt darstellen ließen. Die Eheleute nehmen unter den beiden großen Bögen der Klosterkirche Platz, sie sitzen einander gegenüber und halten die gestiftete Handschrift. Im Mittelpunkt der Darstellung steht das Geschenk. Das Evangeliar nimmt vor dem reich gestalteten Altar, der an einen Thron erinnert, die Stelle des Herrschers ein, dem sich das gräfliche Paar in der Haltung treuer Gefolgsleute zuwendet. Vielleicht als Folge des Unbehagens, dem hehren Sujet realistische Details beizufügen, geriet dem Künstler die Gestaltung der Fläche, auf der die Füße der beiden Figuren stehen, merkwürdig abstrakt. Möglich, daß er dadurch auch ohne Präsenz von Engeln, Heiligen oder göttlichen Gestalten der Szene eine transzendente Atmosphäre verleihen wollte. Eine Miniatur aus der Zeit um 1040 zeigt ebenfalls die Schenkung einer Handschrift. Diesmal ist der thronende Christus selbst der Empfänger; ihm zur Seite der Erzengel Michael, an den sich das Paar Werner und Irmengard

Abb. 27 Werner und Irmengard schenken ein Evangeliar; Miniatur eines Evangeliars von St. Mihiel; um 1040. *Lille, Bibliothèque des facultés catholiques.*

wendet. Die Darstellung ist nach dem Muster des Kaisers gestaltet, der, von seinen Würdenträgern umgeben, den Untertanen eine Audienz gewährt. Irmengard ist halb versteckt hinter ihrem Gatten, ihre doppelte Unterwerfung, unter Gott und unter ihren Mann, kommt sehr deutlich zum Ausdruck. Mit ihm gemeinsam überbringt sie das Geschenk, dabei legt sie scheu ihre Hand auf seinen Arm, der allen sichtbar die Handschrift hochhält (Abb. 27).

Die Frau des Mittelalters hatte keine eigene Physiognomie, es sei denn, sie verweigerte die Ehe und widmete ihr Leben dem göttlichen Gemahl, oder sie war Witwe bzw. alleinstehend. Als ein Beispiel möge Mathilde von Canossa, eine Gefolgsfrau von Papst Gregor VII. und Vermittlerin im Streit zwischen dem Papst und Heinrich IV., gelten, deren Leben Donizo 1115 aufschrieb.[29] Eine Miniatur (Abb. 28) zeigt sie im entscheidenden Augenblick einer Vermittlung: Die Gräfin sitzt, in einen prächtigen Pelz gewandet, unter einer Art Tabernakel. Die Handbewegung mahnt den König, sich an den Abt Hugo von Cluny zu wenden, der, seiner Würde gemäß viel größer proportio

niert, mit dem Bischofsstab in der Hand auf einem reich verzierten Hocker sitzt und seinerseits den Bittsteller an Mathilde verweist. Heinrich IV. ist ganz klein und zwischen den beiden knieend dargestellt; die Haltung des Bittstellers, die der Text beschreibt, ist überdeutlich. Betrachten wir die Größenverhältnisse zwischen den drei Gestalten ein wenig genauer. Der Abt überragt die anderen, er beherrscht aufgrund seiner geistlichen Fähigkeiten und seines Amtes unzweifelhaft die Szene. Mathilde ist als Frau in derselben Größenordnung dargestellt wie der in Ungnade gefallene König, auch wenn der Ruhm, der sie umgibt, ihr einen ehrenvollen Platz zuweist. Ihr Stuhl jedoch ist zu groß für sie, und die Füße, die nicht einmal bis zum Boden reichen, unterstreichen ihre kleine Gestalt.

Abb. 28 Mathilde von Canossa, Hugo von Cluny und Heinrich IV.; Miniatur in *Vita Mathildis* von Donizo; 1115. *Rom, Biblioteca Apostolica Vaticana*

Abb. 29 Hexen,
Detail aus *Die
Hölle;* Fresko;
Ende des 15. Jahr-
hunderts. *Triora
(Imperia), Kirche
San Bernardino.*

Abb. 30 Die Heb-
amme Salome,
Detail aus *Die
Geburt;* Fresko;
7. oder 8. Jahrhun-
dert. *Castelseprio,
Santa Maria Foris
Portas.*

Zaubern und Heilen

Die Angst, die Frauen könnten sich der männlichen Vorrechte bemächtigen und die Furcht vor einem Körper, von dem eine perverse Verführungskraft ausgeht, sind zwei Aspekte – und gewiß nicht die einzigen –, die im Hexenwahn zusammenfließen (es ist kein Zufall, daß wesentlich mehr Hexen als Hexer verbrannt wurden). Auch dieser Mythos hat sich im Mittelalter allmählich herausgebildet. Bernardino von Siena (1340–1444) gab ihm einen entscheidenden Anstoß. Er brachte eine beträchtliche Zahl unglücklicher Frauen auf den Scheiterhaufen und machte es sich zur Aufgabe, durch seine Predigten viele ihrer Bräuche der Öffentlichkeit kundzutun. In der Kirche San Bernardino in Triora (Imperia) zeigt ein Fresko aus dem Ende des 15. Jahrhunderts (Abb. 29) eine Hexengruppe in der Höllenglut. Die Verdammten werden von

Dämonen aufgespießt, während eine Schrift sie identifiziert: *Fatucerie* (Hexen). Auf dem Kopf tragen sie die Mitra, auf die ein schwarzer Teufel gemalt ist, der Satan, den sie in ihrem Leben um Hilfe angerufen haben, Symbol ihres blinden Vertrauens. Besonderer Nachdruck wird in Biographien von Hexen auf deren sexuelle Beziehungen zum Teufel gelegt (die unweigerlich zu Orgien degenerieren). Aber auch ihr abstoßendes Äußeres stellt einen wichtigen Aspekt dar: Es ist Ausdruck des zwiespältigen Wunsches der Männer, die weibliche Schönheit zu begehren und zurückzuweisen. Den Hexen wurde ein tödlicher Haß gegen Neugeborene nachgesagt, die sie dadurch zu Tode bringen, daß sie ihnen das Blut aussaugen. Außerdem waren sie in der Lage, Salben herzustellen. In Wirklichkeit war diese Fertigkeit selbstverständlich unter Frauen, die damit vertraut waren, bei Geburten und vielen Frauenkrankheiten auch anstelle des Arztes beistehen zu können. (Angesichts der extrem hohen Sterblichkeit von Neugeborenen und im Wochenbett

Abb. 31 Äskulap und Circe; Miniatur in Christine de Pizans *Épître d'Othéa*; frühes 15. Jahrhundert. *Paris, Bibliothèque Nationale.*

fällt es nicht schwer, sich vorzustellen, daß im Schmerz um den Verlust die Schuld denjenigen angelastet wurde, die sich um Mutter und Kind gekümmert hatten.)

In allen Szenen der Niederkunft Marias finden wir lediglich Frauen am Ort der Geburt. Ihre Anwesenheit war so selbstverständlich, daß sich ein apokryphes Evangelium (das Protoevangelium des Jakobus, Kap. 19 bis 20)[30] bemüßigt fühlte, eine kleine Geschichte dazu zu erfinden, die in den kanonischen Evangelien fehlt, später aber im mittelalterlichen Theater und in der *Legenda aurea* des Dominikaners Jacobus de Voragine überall Verbreitung fand. Salome, die Hebamme, ist ungläubig und verbohrt und möchte sich persönlich von der Jungfräulichkeit der Madonna überzeugen. Ihr Arm blieb solange gelähmt, bis sie sich reumütig eines anderen besann. In den Fresken von Castelseprio (Varese), deren Datierung umstritten ist, die aber möglicherweise aus dem 7. oder 8. Jahrhundert stammen, stützt Salome mit einer lässigen Geste ihren gelähmten Arm (Abb. 30).

Etwa 1372 entwarf ein anonymer Meister eine ziemlich ungewöhnliche Darstellung[31]: Maria, von der man vermuten kann, daß sie vollständig unbekleidet ist, richtet sich mit dem Oberkörper aus dem Wochenbett auf (man schlief vollkommen unbekleidet, im verzweifelten Kampf gegen Flöhe und andere Parasiten ließ man die Kleider in einer anderen Kammer). In diesem Fall hat der Maler die Strümpfe und Kleider sorgsam zusammengelegt zu Füßen der Jungfrau plaziert, um anzudeuten, daß sie sich nur für die Geburt entkleidet hat. Zärtlich sorgt sich die Madonna um das gerade geborene Christuskind, das in einem Bottich neben dem Bett gewaschen wird. Joseph, in tiefen Schlaf versunken, wendet der Szene den Rücken zu, während die Hebamme auf einem niedrigen Hocker sitzend sich nach unten beugt, um einen Krug mit warmem Wasser zu nehmen und das Kind zu waschen. Die Jungfräulichkeit Marias wird unterstrichen durch ihr mädchenhaftes Äußeres und ihre langen, unverhüllten Haare. Im Gegensatz zu ihr zeigt die Hebamme durch die Bedeckung von Kopf und Hals und ihr reifes Äußeres alle Züge einer verheirateten und erfahrenen Frau.

Hinter der Beschuldigung, die Hexen würden magische und teuflische Medizinen brauen, stand nicht selten die eifersüchtig behütete und nur von der Mutter auf die Tochter überlieferte Kenntnis von Kräutern und ihren Wirkungen. Der Handlungsraum der Frauen war im wesentlichen auf das Haus und die Probleme der Familie und der Aufzucht des Nachwuchses beschränkt. Für die Aufgabe der Betreuung und Pflege war die Kenntnis von Heilmitteln und Salben notwendig. In die Hexenverfolgung fließt auch der Neid der männlichen und gelehrten Medizin gegenüber einer konkurrierenden, weiblichen Volksmedizin ein. Dies wird in einer Miniatur aus dem *Épître d'Othéa* von Christine de Pizan

(etwa 1364–1431) ganz deutlich, in der Askulap und die Zauberin Circe gemeinsam erscheinen (Abb. 31): Ersterer wurde im Mittelalter als Erfinder der Chirurgie und als großer Wissenschaftler gefeiert; wir sehen ihn hier in der Pose eines Arztes aus dem 15. Jahrhundert. In einer typischen Geste prüft er gegen das Licht den Urin, der ihm von einem Patienten in einem Gefäß gebracht wurde. Die böse Zauberin Circe, die die Begleiter des Odysseus durch ihre Schönheit betörte und verzauberte, wird dagegen als ein häßliches altes Weib dargestellt, das Kröten mit einem Stock aufspießt und in zwei Gefäße steckt: Sie werden die Ingredienzien für ihre giftigen Medizinen abgeben. Die Autorin des Buches und der Maler der Miniaturen wollten also die offizielle Medizin der volkstümlichen Medizin entgegensetzen. Die Wertung ist eindeutig: die eine wird von einem Mann und großen Gelehrten, die andere von einer schlampigen Frau repräsentiert.

Eine außergewöhnliche Miniatur aus der *Histoire ancienne jusqu'à César* von Jean Bondol aus dem Jahre 1357 (Abb. 32)[32] zeigt uns drei Frauen bei einem Kaiserschnitt. Eine Chirurgin und zwei Helferinnen zie-

Abb. 32 Drei Frauen bei einem Kaiserschnitt, Detail einer Miniatur aus der *Histoire ancienne jusqu' à César* von Jean Bondol; 1375. *Spikkestad, Martin Schogen Sammlung.*

Abb. 33 Strickende Madonna, Detail aus Meister Bertram, *Buxtehuder Altar*; um 1400. *Hamburg, Kunsthalle.*

hen aus dem Körper der Mutter ein Kind mit langen blonden Haaren. Die Szene ist von auffälliger Heiterkeit und Gelassenheit. Nur die Finger der Gebärenden, die krampfartig das Bettuch greifen, verraten etwas von den Schmerzen der Operation. Aber das Bild beschönigt; in Wirklichkeit mußte die Frau die Geburt mit ihrem Leben bezahlen.

Sogar aus Kanonisierungsverfahren können wir etwas über die außergewöhnlichen Fertigkeiten von Frauen, in diesem Fall Ordensschwestern, im Umgang mit chirurgischen Instrumenten entnehmen. Die Mitschwestern von Chiara da Montefalco (1268–1308) versuchten nach deren Tod, in ihrem Herzen das Kreuz und die Werkzeuge des Leidens Christi zu finden, von denen ihre Äbtissin immer behauptet hatte, sie trüge sie in ihrer Brust verschlossen.

An dieser Stelle möchte ich einen kleinen Einschub über die wechselseitigen Beziehungen und Beeinflussungen zwischen den Visionen und

den Bildern machen, die einen Nährboden für die Meditation der Mystikerin darstellen. Die mystische Askese orientierte sich an Visionen, d. h.
Bildern, die ihrerseits sprachliche Darstellungen evozierten, mit denen
Erfahrungen beschrieben werden konnten, die andernfalls unformulier-
bar gewesen wären. Das Bild und seine Beschreibung bilden also eine
einheitliche Sprache, die eine Gemeinsamkeit zwischen der »Biographie«
einer Mystikerin (also dem Lebensmodell, an dem sich der Verfasser
ihrer Vita orientiert) und dem Publikum herstellt, für das sie bestimmt ist.
Einerseits prägte die ikonographische Entwicklung die mystische Vision
(zum Beispiel reduzierte sich mit der Veränderung des Bildes des
Gekreuzigten die Zahl der Nägel von vier auf drei auch in den visionären
Beschreibungen); auf der anderen Seite sind nicht selten die Visionen
der Mystikerinnen Anlaß, neue Ikonographien zu schaffen; z. B. geht die
noch heute übliche Gestaltung der Krippe auf eine Vision der heiligen
Birgitta von Schweden zurück.

Die fundamentale Rolle des Bildes für die mystische Erfahrung war der
Grund dafür, daß die Mitschwestern von Chiara die Metapher wörtlich
nehmen, die die Heilige zu verwenden pflegte.[33] In dem außerordentlich
widersprüchlichen Bericht der Schwestern, die zu Zeuginnen des mühseligen, mehrfach unterbrochenen Eingriffs herbeigerufen worden
waren, werden die heiligen Gegenstände im Herzen der Verstorbenen
ausführlich beschrieben – obwohl Tommaso da Foligno dies mutig und
engagiert bestritten hat. Der Bericht stellt das Herz als einen Schrein mit
zwei Flügeln dar, in dem sich auf der einen Seite ein Stück des Kreuzes,
die drei Nägel, die Lanze, der Schwamm und die Rute, auf der anderen
die Säule, die fünfschwänzige Peitsche und die Krone fanden. Die Reaktion auf diesen Wunderbericht war enorm: Von überall her wollte man
ähnliches vernommen haben, und der Zustrom von Pilgern war groß.[34]

Wenden wir uns nun jenen Bildern zu, die Frauen bei der Hausarbeit
zeigen. Selbst die Madonna wurde strickend als gutes Beispiel für die
Hausfrau dargestellt (Abb. 33). Hausfrauliche Tugenden waren bald auch
außer Haus gefragt, nachdem die Entwicklung der Städte eine Verdichtung des Handels ausgelöst hatte. Oft genug mußte die Frau eines Händ-
lers während dessen Abwesenheit für die Firma sorgen und die kommerziellen Beziehungen pflegen. Ein Beispiel für diese organisatorischen
Fähigkeiten findet sich in der intensiven Korrespondenz von Margherita
Datini mit ihrem Mann Francesco (1335–1410). Die Dynamik der italienischen Städte am Ausgang des 13. Jahrhunderts spiegelt sich in einer
zunehmenden Spezialisierung und Diversifizierung der Produktion
wider, aber auch in einer verstärkten Präsenz der Frauen in zeitgenössischen Darstellungen. Neu daran war auch, daß nicht nur Frauen der
Oberschicht, Nonnen oder Heilige der Abbildung würdig befunden wurden. In Miniaturen eines *Tacuinum sanitatis* aus dem Jahr 1385 können

wir Frauen sehen, die Fisch (Abb. 34) verkaufen oder Brot. In der Miniatur eines anderen *Tacuinum,* ebenfalls aus dem 14. Jahrhundert, werden
sogar Frauen gezeigt, die, ähnlich wie die Lehrlinge, damit beschäftigt
sind, in der Werkstatt eines Schneiders Seite an Seite mit ihren männlichen Kollegen Kleider zu nähen (Abb. 35). Zahlreich sind die Darstellungen, in denen anonyme Frauen in einem Hospital oder Hospiz
gezeigt werden, wie sie Kranken beistehen, ihnen das Bett richten, ihnen
beim Essen helfen oder sie pflegen.

Sogar auf dem Lande, wo die Verhältnisse viel konservativer waren als
in den pulsierenden Städten des 13. Jahrhunderts, gab es Neuerungen.
Im Zyklus der Monatsbilder an der Fontana Maggiore in Perugia, einer
Arbeit von Nicola und Giovanni Pisano aus dem Jahr 1278 (Abb. 36),
erscheint die Frau – die in solchen Zyklen gewöhnlich nicht auftaucht –
als *uxor* (Gattin). Die komplexe Gestaltung bringt Verständnis für den

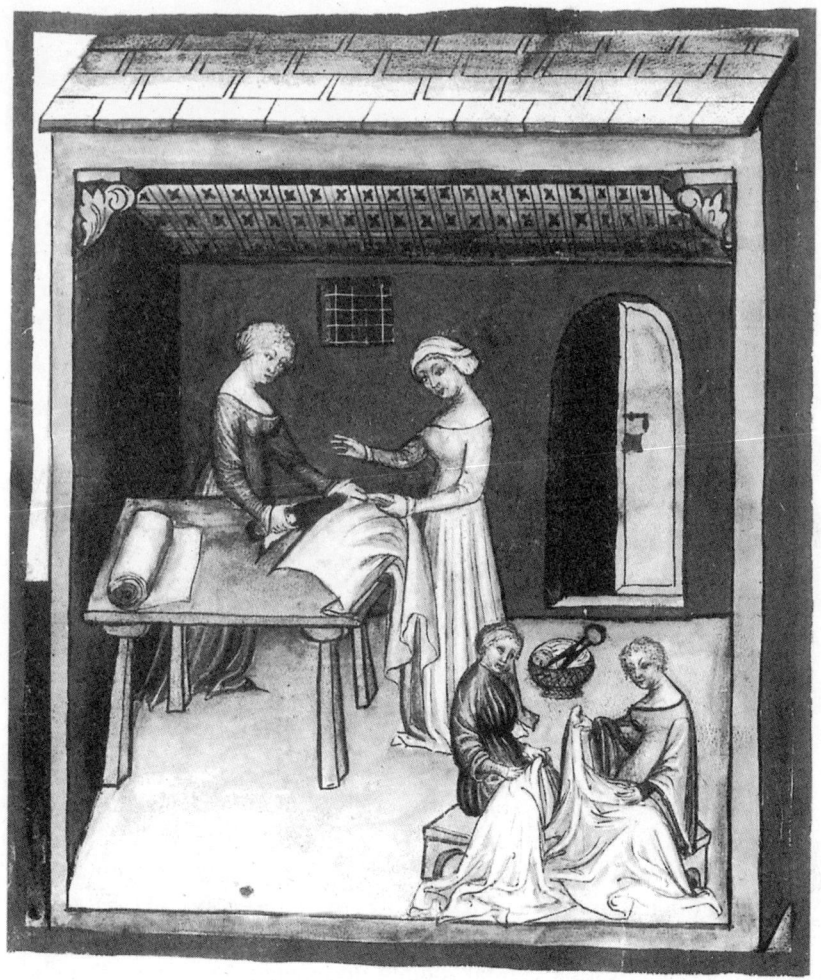

sozialen Nutzen der Arbeit im Austausch zwischen Stadt und Land zum Ausdruck. Der Bauern Arbeit muß keineswegs Ausdruck von Adams Verdammung zu Schweiß und Tränen sein, und die Bäuerin muß nicht für die Schuld Evas büßen. Daher kann sie sich mit ihrem Mann der Landarbeit widmen. In diesem Sinne war auch Wiligelmo seiner Zeit weit voraus. In den ersten Jahrzehnten des 12. Jahrhunderts gestaltete er an der Fassade des Doms von Modena die Erlösung durch Christus, die schon in Adam und Eva wirksam wird, wenn sie gemeinsam das Land bestellen (Abb. 37); die Teilnahme an der Kultur befreit die Frau von ihrem Fluch (zu gebären und sich um den Nachwuchs zu kümmern).[35]

Für Frauen blieben aber die Betätigungen außerhalb des sicheren Horts des Klosters oder der Familie minderwertig oder gar suspekt. Sie verlieren sich an eitle und nutzlose Dinge, die dort nur Sünde und Ver-

Abb. 35 Frauen, die Kleider nähen, Miniatur eines *Tacuinum sanitatis*; 1385. *Wien, Österreichische Nationalbibliothek.*

Abb. 36 Nicola
und Giovanni
Pisano, Mai: Ein
Ritter und seine
Frau auf Falken-
jagd (Detail); 1278.
*Perugia, Relief an
der Fontana
Maggiore.*

derben nach sich ziehen. Auf die Gruppe von Frauen, die während ihres gemeinsamen Musizierens prompt vom Tod mit der Sichel überrascht werden, wie es auf dem Fresko *Der Triumph des Todes* im Rahmen des Zyklus auf dem Camposanto von Pisa zu sehen ist (Abb. 15), haben wir bereits hingewiesen. Ebenfalls um eine allegorische Darstellung handelt es sich bei der Gruppe von tanzenden und singenden jungen Mädchen in Ambrogio Lorenzettis Fresko *Die gute Regierung* aus der Zeit zwischen 1333–1340 im Palazzo Pubblico von Siena.[36] Der Beruf der Gauklerin, Tänzerin oder fahrenden Musikantin ist mit einer Reihe kirchlicher Verbote belegt. (Hinter ihnen kommt die gefährliche Gestalt der Salome zum Vorschein, die es durch ihr betörendes Tanzen erreichte, daß der zaudernde Herodes ihr den Kopf von Johannes dem Täufer darbrachte.) An einem Kapitell aus Thines (Ardèche) aus dem 12. Jahrhundert begleitet ein geflügelter Dämon mit einem Streichinstrument die Darbietungen einer langmähnigen Akrobatin. »Wie der Jäger auf die Jagd geht mit einem abgerichteten Vogel, den er an der Leine oder in einem Netz hält und der dennoch ganz frei zu sein scheint, wenn er singt und mit den Flügeln schlägt, so führt der Teufel eine Gauklerin mit sich herum, die tanzt und auch zu singen versteht, um damit andere Mädchen anzulocken«, so heißt es in einer Handschrift aus dem 13. Jahrhundert.[37]

An einem Kapitell der Kirche Sainte Madeleine von Vézelay aus dem 12. Jahrhundert erblicken wir auf der einen Seite einen Gaukler und eine Frau und auf der anderen (Abb. 38) dieselbe Figur Flöte spielend und mit einem Instrument um den Hals. Zwischen ihn und seine Begleiterin, die verzweifelt die Hände ringt, hat sich ein Dämon mit flammenden Haaren geschoben. Er hält die Frau umfaßt als wäre sie ihrerseits ein Musikinstrument: Sünde und Unzucht machen sie zum Instrument einer teuflischen Zauberei des Gauklers wie des Teufels.

Abb. 37 Adam und Eva bei der Arbeit; Skulptur von Wiligelmo; frühes 12. Jahrhundert. *Modena, Relief an der Fassade des Doms.*

DIE FRAU ALS LESERIN

In einer Miniatur (1470) aus dem dritten Band der *Histoire scolastique* von Jean du Ries können wir einen Blick in das Innere eines flämischen Hauses werfen (Abb. 39). Ein kranker alter Mann schläft auf einer Holzbank. Die Magd nähert sich der Hausherrin mit einer großen Zinnschüssel in Händen, um die gerade zubereitete Arznei in Empfang zu nehmen. Die Frau des Kranken sitzt am Kamin auf einem Hocker; sie hat den Überwurf abgenommen, um sich besser wärmen zu können. Ein paar Äste sind an einer Stange in das lodernde Feuer gesteckt. Die Frau konzentriert sich darauf, mit einer Hand löffelweise Flüssigkeit in eines der Gefäße einzufüllen, die nahe dem Feuer stehen (und dieselbe Form

haben wie jene Gefäße, die die Zauberin Circe benutzte); mit der anderen Hand hält sie ein Rezeptbuch, dessen Anweisungen sie gerade
befolgt, auf dem Schoß. Da das Thema des Malers mit Sicherheit die Frau
des Kranken war, handelt es sich hierbei um die Darstellung einer Laiin
aus gewiß wohlhabender Schicht, die nichtsdestotrotz in der Lage war zu
lesen.

Es kann sein, daß die Fähigkeit zu lesen und zu schreiben unter Frau-
en weiter verbreitet war, als gemeinhin angenommen worden ist.[38] In
einer Serie von Bildern, die die Rolle der Mutter zum Sujet machen,
sehen wir sie als »erste Lehrerin«, die ihren Kindern Lesen und Schreiben
beibringt. Auf einem Bild aus dem 15. Jahrhundert (Abb. 40) aus der Kirche Santa Maria in Capraia di Sillico (Pieve Fosciano, Prov. Lucca), das

Abb. 40 Maestro di Borsigliana (Pietro da Talada?), *Die Jungfrau und das Kind*; 15. Jahrhundert. *Capraia di Sillico (Pieve Fosciano, Lucca), Kirche Santa Maria*.

Abb. 41 Die heilige Anna bringt der Jungfrau Maria das Lesen bei, Detail einer Tafel mit Szenen aus dem Leben der Jungfrau; um 1335. *Paris, Musée National des Thermes et de l' Hôtel de Cluny.*

wahrscheinlich Pietro da Talada zugeschrieben werden kann[39], hat die Jungfrau den Blick vom Meßbuch, das auf der Seite des *Magnificat* (des Gebets, mit dem sie ihre Mutterschaft segnet) aufgeschlagen ist, abgewandt und beobachtet den kleinen Jesus, der auf ihrem Schoß sitzt. Das Kind hält eine Art Gipstafel in Händen, auf der die Buchstaben des Alphabets und Silben geschrieben stehen, die durch Wiederholung ein-

zelner Buchstaben gebildet werden. Das Detail ist interessant, denn es zeigt uns eine ganze bestimmte Methode des Unterrichts. Das Kind buchstabiert und folgt dabei mit dem Finger, um nicht den Faden zu verlieren. In einer Szene aus dem Leben der Jungfrau etwa aus dem Jahr 1335 (Abb. 41) lernt die jugendliche Maria das Lesen anhand des Psalters. Sie

steht an ein hohes Lesepult gelehnt, während ihre Mutter Anna, sich über sie beugend, den Vers zeigt, den sie buchstabieren soll. Es ist der Vers aus Psalm 45, 11–12, der dazu auffordert, Gottes Willen zu akzeptieren. Zugleich mit dem Lesen und Schreiben lernt Maria auch ihr Schicksal. Die Inschrift verweist den frommen Betrachter auf die Verkündigung durch den Engel. Die Worte lauten: »*Audi, filia, et vide, et inclina aurem tuam, / [et obliviscere populum tuum et domum patris tui] et concupiscet rex decorutum tuum /[quoniam ipse est Dominus Deus tuus].*« (Höre Tochter, sieh her, neige dein Ohr [und vergiß dein Volk und das Haus deines Vaters]! Begehrt deine Schönheit der König, [er ist ja dein Herr,] so beuge dich ihm!)

Abb. 43 Eine Frau, die ein Fresko malt, in Giovanni Boccaccio, *Le livre des clères et nobles femmes;* 15. Jahrhundert. *Paris, Bibliothèque Nationale.*

Die Schreibstube der Familie

Minutiöse Studien anhand von Quittungen und Verträgen[40] konnten zeigen, daß in einer Universitätsstadt wie Bologna im 13. und 14. Jahrhundert, wo es einen lebhaften Buchmarkt gab, auch zahlreiche Frauen Miniaturen und Handschriften geschaffen haben; sie arbeiteten offenkundig mit ihren Vätern oder Ehemännern gleichberechtigt zusammen. Ich nenne einige Namen: Donella *miniatrix*, die Frau eines Miniaturenmalers, wird 1271 bei dem Verkauf eines Hauses erwähnt; 1271/72 erhält die Kalligraphin Montanaria, die Frau von Onesto, einen Auftrag von dem florentinischen Universitätsbibliothekar Bencivenne; 1275 trägt Rodolfo, Sohn des Gandolfo, seiner Tochter Antonia Kopierarbeiten auf; 1279 verspricht Allegra, die Frau von Ivano, einem Karmeliter, eine

Abb. 44 Eine Frau, die eine Handschrift kopiert, in Giovanni Boccaccio, *Le livre des clères et nobles femmes;* 15. Jahrhundert. *Paris, Bibliothèque Nationale.*

ganze Bibel zu kopieren. Flandina, Tochter des Tebaldino, wird 1268 als Kalligraphin erwähnt, 1289 Uliana, Tochter des Benvenuto aus Faenza, ebenfalls Kalligraphin, 1329 das Ehepaar Branca und Anastasio, *qui faciunt artem scribendi.* Das Phänomen der familiären Zusammenarbeit beschränkte sich nicht auf Italien. Nur als Beispiel seien hier angeführt: in Köln die Witwe Tula *rubeatrix* (Rubrizistin) im 13. Jahrhundert und die Malerin Hilda oder Hilla, Frau des Miniaturenmalers Johann, im 14. Jahrhundert; in Paris Ende des 13. Jahrhunderts eine Malerin, die gemeinsam mit ihrem Mann, Richard de Verdun, in einer Schule für Miniaturisten arbeitete, die vom Vater, Maître Honoré, gegründet worden

Abb. 45 Eine Bild-
hauerin, in Gio-
vanni Boccaccio,
*Le livre des clères
et nobles femmes;*
15. Jahrhundert.
*Paris, Bibliothèque
Nationale.*

Abb. 46 Eine
Malerin, mit einem
männlichen Gehil-
fen, in Giovanni
Boccaccio, *Le livre
des clères et nobles
femmes;*
15. Jahrhundert.
*Paris, Bibliothèque
Nationale.*

war; weiter die Miniaturenmalerin Thomasse, die 1292 in der Rue de Foin lebte; oder die Miniaturenmalerin Bourgot, die zusammen mit ihrem Vater, Jean le Noir, ebenfalls Miniaturist, um das Jahr 1358 in einem Haus in der Rue Troussevache lebte, das ihnen vom König geschenkt worden war.[41]

Mehr wurde der Nachwelt von der Miniaturenmalerin Claricia überliefert, die sich in einem Psalter etwa aus der Zeit um 1200 darstellte (Abb. 42). Ihre zierliche Mädchengestalt mit den langen, losgebundenen Haaren und dem eleganten Kleid mit weiten Ärmeln bildet auf äußerst dekorative Weise einen Teil der Initiale Q. Anmutig neigt sie den Kopf; mit den Armen umfaßt sie die diskret eingeflochtene Inschrift ihres Namens.

Natürlich dürfen wir Christine de Pizan nicht unerwähnt lassen, die bekannteste aller Laienschriftstellerinnen des Mittelalters. Sie ist die Verfasserin zahlreicher, mit wunderbaren Miniaturen ausgestalteter Arbeiten. Sie selbst war Kopistin, und nachdem ihr Mann gestorben war, gelang es ihr, mit dieser Tätigkeit sich und ihre vielköpfige Familie zu unterhalten. Ihre Auftraggeber waren Mitglieder des Königshauses oder zumindest den höfischen Kreisen zugehörig. Christine wurde auf vielen Miniaturen abgebildet, während sie schreibt und entwirft. Bereits vierzig Jahre zuvor hatte Boccaccio mit seinem *De claris mulieribus* (verfaßt zwischen 1360 und 1362) und den einhundertundvier, bei Eva beginnenden Biographien berühmter Frauen genügend Stoff geliefert, um die weiblichen Qualitäten zu illustrieren. Die Arbeit war sehr rasch in verschiedene Vulgärsprachen übersetzt worden, und sie ist uns in reich mit Miniaturen ausgestalteten Handschriften erhalten. Trotz der misogynen Grundtöne des Werks, das herausragende Frauengestalten lediglich als Ausnahmen von der Regel gelten läßt, wird der Leser dennoch mit positiven Eindrücken aktiver und kreativer Frauen vertraut gemacht. Neben traditionellen Szenen, wie der der Königin mit ihren Mägden am Webstuhl, können wir eine Frau bewundern, die gerade eine Skizze für ein Fresko entwirft (Abb. 43); eine andere kopiert und vergleicht Handschriften (Abb. 44), eine Bildhauerin vollendet das Grabmal eines jungen Mädchens (Abb. 45); wieder eine andere malt eine Madonna, während ihr ein männlicher (!) Gehilfe die Farben mischt (Abb. 46). Sind diese beiden letzten Darstellungen nur Illustrationen zum Text, oder haben sie einen Bezug zur Wirklichkeit? Ich glaube, man kann letzteres mit gutem Grund annehmen. Denn die Miniatur des *Tacuinum sanitatis* (Abb. 35), die eine Szene aus dem Alltagsleben zeigt, die gewiß nicht durch irgendwelche ikonographischen Notwendigkeiten im vorhinein festgelegt ist, stellt Männer und Frauen bei gemeinsamer Arbeit dar. Im übrigen bezeugt uns ein großes Silberkreuz für Prozessionen aus dem Spanien des 12. Jahrhunderts mit seinen

Abb. 47 Radegundis beim Gebet; gegen ihren Willen zu Tisch mit ihrem Ehemann; das Ehebett fliehend, um zu beten; Ende des 11. Jahrhunderts. *Poitiers, Bibliothèque Municipale.*

Reliefs, daß eine Frau sehr wohl Goldschmiedin und Bildhauerin sein
konnte. Sancia Guidisalvi brachte die Buchstaben, mit denen sie als die
Schöpferin des Kreuzes zum Ruhm des Erlösers bezeichnet wird, als un-
übersehbares feines Rankwerk spiralförmig um die Längsachse des Kreuzes an. [42]

BRÄUTE CHRISTI

Ein Zimmer für sich allein

In der hagiographischen Literatur ist der Topos der jungfräulichen Eheleute oder der Ehefrau, die sich bemüht, auch gegen den Willen des Gatten keusch zu leben, nicht selten. Radegundis, die Gattin von Chlothar
(497–561) – des Königs, der zunächst in einem Massaker ihre Familie
umgebracht hatte und sie dann gegen ihren Willen heiratete – verbrachte ihre Nächte im Gebet und nicht im Ehebett. Schließlich gelangen
ihr Flucht und Triumph (Abb. 47). Sie gründete einen Konvent, und von
hier nahm ihr öffentliches Leben als Heilige seinen Ausgang, das dem
Beistand der Armen, niedrigen Arbeiten und Wundertaten gewidmet
war. Das entnehmen wir der Biographie, die Venantius Fortunatus verfaßt hat. Dessen Vorbild war die Biographie des heiligen Martin, die lan-

Abb. 49 Betende
und singende
Nonnen im
Kloster; Psalter
von Heinrich IV.;
15. Jahrhundert.
*London, British
Library Board.*

Abb. 50 Die Äbtis-
sin Hitda über-
reicht der heiligen
Walburga ein
Evangeliar; Minia-
tur eines Evange-
liars der Äbtissin
Hitda; 11. Jahrhun-
dert. *Darmstadt,*
Hessische Landes-
und Hochschulbi-
bliothek.

ge Zeit als Modell dienen sollte.[43] Der Ort, wo die Frau, um es in den
Worten Virginia Woolfs zu sagen, endlich »ein Zimmer für sich allein« hatte, war das Kloster. Oft traten die Frauen bereits als kleine Mädchen,
noch voller Spielfreude und Sehnsucht nach mütterlicher Zärtlichkeit, ins
Kloster ein. So zeigt es ein Fresko, auf dem die noch ganz junge Chiara
da Montefalco gezeigt wird (Abb. 48), die nach der Legende mit dem
Jesuskind spielen durfte, um so eine Entschädigung für den Trennungs-

schmerz von der Familie zu erhalten. Innerhalb der Mauern, die sie von
den Menschen draußen, und vor allem von den Männern, trennte, konnte es die Frau den Männern der Kultur gleichtun. Da sie sich dem Gebet
und der Meditation widmen sollte, mußte sie lesen und schreiben lernen.
Eine Miniatur des Psalters von Heinrich IV. aus dem 15. Jahrhundert führt
uns eine Doppelreihe von Klarissinnen vor (Abb. 49), die im Chor versammelt sind; eine jede hat einen Psalter aufgeschlagen und singt und
betet. Es ist kein Zufall, wenn die übergroße Mehrzahl der herausragenden weiblichen Persönlichkeiten Nonnen waren. Nach Radegundis, der
freundschaftlichen Ratgeberin und Auftraggeberin von Venantius Fortunatus, ist aus der ersten Hälfte des 10. Jahrhunderts noch Hrotsvit von
Gandersheim zu erwähnen. Sie war nicht nur eine Kennerin der Werke
des Terenz, sondern auch Chronistin und Historikerin ihrer Zeit. Aus
ihrer Hand stammen die *Primordia Coenobi Gandershemensis* und des
Carmen de gestis Oddonis. Die elsässische Nonne Herrad war die
Äbtissin von Hohenbourg; sie starb 1195. Ich erwähnte bereits ihre
bekannte Arbeit *Hortus deliciarum*, eine Art religiöse Enzyklopädie für
ihre Mitschwestern (die gewiß auch an Transkription und Illustration mitwirkten), bei der Text, Miniaturen und Didaskalien in einem unauflöslichen Zusammenhang stehen. Wie Chiara da Montefalco war auch Hildegard von Bingen bereits sehr jung (mit acht Jahren) ins Kloster eingetreten. Die Benediktinerin verfaßte nicht nur religiöse, medizinische und

Abb. 51 Die Äbtis-
sin Uta von
Niedermünster,
Stifterin der Hand-
schrift; Miniatur
aus dem Ratisbon
Evangeliar; frühes
11. Jahrhundert.
*München, Bayeri-
sche Staatsbiblio-
thek.*

naturwissenschaftliche Arbeiten, sondern auch zahlreiche Briefe und eine Autobiographie, die fragmentarisch erhalten sind. Viele Handschriften eines ihrer berühmtesten Bücher, *Liber scivias (sci vias lucis*, erkenne den Weg des Lichts), sind mit wunderbaren, reich verzierten Miniaturen geschmückt. In einer der zahlreichen Miniaturen ihres Werkes *Revelationes* sehen wir Hildegard mit der Feder in der Hand und dem Gesicht gen Himmel gerichtet, im Begriff, ihre Inspirationen von Gott, dem Schöpfer des Himmels und der Erden, in ihre Worte zu kleiden.[44]

Abb. 52 Isidor von Sevilla überreicht seiner Schwester Florentina sein Buch *Contra Judaeos;* um 800. *Paris, Bibliothèque Nationale.*

Im Konvent konnte eine Nonne eigenverantwortliche Auftraggeberin von Arbeiten sein, und in dieser Funktion wollte sie dann auch in einer Weise dargestellt werden, die sich deutlich von der untergeordneten Rolle der Ehefrau unterschied, die dem Mann die Hauptrolle und auch die Erteilung des Auftrags überlassen mußte. Auf einer Miniatur eines Evangeliars (vom Beginn des 11. Jahrhunderts) wurden *Hitda abatissa* die gleichen Proportionen wie *sancta Vualburga*, der heiligen Gründerin des Klosters, zugemessen; wir sehen, wie sie der Heiligen die Handschrift reicht (Abb. 50). Das wiederholt sich in einer Miniatur aus derselben Zeit, auf der die Äbtissin Uta von Niedermünster als Stifterin und Auftraggeberin zu Füßen der Jungfrau kniet (Abb. 51). Einer Nonne

konnte sogar ein Werk gewidmet werden. Wir sehen auf einer Miniatur wohl aus dem 9. Jahrhundert (Abb. 52), wie Isidor von Sevilla seiner Schwester Florentina, einer Nonne, sein Buch *Contra Judaeos* überreicht. Die Widmung ist voll zärtlicher Zuneigung: *soror mea Florentina accipe codicem quem tibi composui feliciter, amen* (Florentina, meine Schwester, empfange die Handschrift, die mir für Dich zu vollenden gelang. Ich wünsche Dir Glück, Amen). Aber diese schönen Worte bewirken noch längst keine Umkehrung der traditionellen Rollen; Isidor nämlich sitzt auf einem hohen Stuhl und reicht Florentina das Buch, während sie vor ihm fast auf die Knie gefallen und auch erheblich kleiner dargestellt ist als ihr Bruder.

Der Gedanke an eine mit Miniaturen ausgestaltete Handschrift ruft uns fast unwillkürlich die Arbeit schweigsamer Männer in klösterlicher Stille

Abb. 53 Selbstporträt der Kopistin Guda, *Homilia super Evangilia;* zweite Hälfte des 12. Jahrhunderts. *Frankfurt, Stadt- und Universitätsbibliothek.*

Abb. 54 Umiltà liest im Refektorium, *Geschichte der seligen Umiltà* von Pietro Lorenzetti; 14. Jahrhundert. *Florenz, Uffizien.*

in Erinnerung. Wir sollten unsere geistigen Gewohnheiten jedoch ändern und unseren eingefahrenen Vorstellungen ein neues Bild zumuten: Das von Generationen und Abergenerationen vergessener Nonnen, die kopierten, kollationierten, Miniaturen schufen und selber schrieben. Auf sie alle trifft die Beschreibung zu, die ein Biograph für Ida von Löwen, eine Kopistin aus dem 13. Jahrhundert, fand: »Immer galt all ihr Tun dem Schreiben, und mit großer Aufmerksamkeit kopierte sie Bücher für die

Kirche, worunter auch ein nicht kleines Buch sich befand, aus dem an Werktagen die Morgenandacht gelesen wurde; und ihr Name verband sich noch mit sehr vielen anderen Handschriften, die sie mit großem Fleiß kopierte.«[45] Viele weitere Namen gehören in diese Reihe.[46]

Der Genialität einer Frau aus dem Ende des 10. Jahrhunderts, der Miniaturistin Ende, verdanken wir die ungewöhnlichen Miniaturen in leuchtenden Farben, mit denen sie eine Handschrift aus Gerona aus dem Jahr 975 mit der Apokalypse des Beatus Liebanus illustriert hat. Der Text wurde von dem Mönch Emeterius kopiert; Ende hat aber ihren Anteil an dem Werk gebührend betont: *Ende pintrix et Dei a(d)iutrix* (Ende, Malerin und Dienerin Gottes). Das Thema der Handschrift, der Weltuntergang, war im 10. Jahrhundert besonders gegenwärtig; es spornte die lebhafte Vorstellungskraft der Malerin an: Furchterregende Drachen, Dämonen, Katastrophenszenen, aber auch würdevolle stilisierte Engel und Heilige in leuchtenden Farben auf eintönigem Grund bannte sie in phantasievollen Kombinationen auf die Seiten. Sie machen aus dieser Handschrift, die noch heute im Archiv der Kathedrale von Gerona zu bewundern ist, ein Meisterwerk, das in jeder Kunstgeschichte Erwähnung findet.

In einer Sammlung von Predigten aus einem mittelrheinischen Kloster aus der zweiten Hälfte des 12. Jahrhunderts ist im Innern der Initiale *D(ominus)* eine verschleierte Frauengestalt abgebildet (Abb. 53). Neben ihr steht folgende Inschrift: *Guda, peccatrix mulier, scripsit et pinxit hunc librum* (Guda, das sündige Weib, schrieb und malte dieses Buch). Eine Hand umfaßt eine Schleife der Initiale, die andere ist nach oben gerichtet, als wolle sie die Wahrheit dieser Aussage bekräftigen.[47] Wir heutigen Betrachter bleiben an den Fingern dieser Hand hängen, die, so wie es damals üblich war, überproportional dargestellt wurden, um das von ihnen geduldig vollendete heilige Werk zu versinnbildlichen. Es handelt sich hier um eines der ältesten signierten Selbstbildnisse eines Künstlers, mit Sicherheit aber um das älteste Selbstbildnis einer Künstlerin.[48]

Zeit zum Denken

Ein Bild aus dem 14. Jahrhundert, das die selige Umiltà und Geschichten aus ihrem Leben zeigt, bringt den Tagesablauf in einem Konvent, der durch Lektüre, Unterricht und Schreiben bestimmt war, deutlich zum Ausdruck. Die Selige, Äbtissin und Gründerin des Klosters von Vallombrosa, ist bei der Lektüre in ihrer Zelle abgebildet, im Refektorium, wo sie von der Kanzel ihren Mitschwestern aus einem erbaulichen Buch vorliest (Abb. 54), und schließlich, wie sie gerade zweien ihrer Mitschwe-

Abb. 55 Umiltà unterrichtet zwei Nonnen, *Geschichte der seligen Umiltà* von Pietro Lorenzetti; 14. Jahrhundert. *Florenz, Uffizien.*

stern weise Ratschläge diktiert, während diese am Boden hocken und
emsig mitschreiben (Abb. 55). Sowohl in dieser Szene, als auch in einer
anderen, in der Umiltà im Mittelpunkt des Bildes aufrecht neben der viel
kleineren Auftraggeberin zu sehen ist, hält die fromme Frau ein Buch in
der Hand: damals wie auch in den Jahrhunderten zuvor für gewöhnlich
ein rein männliches Attribut.

Katharina von Siena (1347–1380) wurde sogar auf Abbildungen eines
dreifachen Heiligenscheins und einer Krone[49] für würdig befunden. Diese Heilige war Dominikanerin und Gesprächspartnerin mehrerer Päpste.
Sie war nicht nur Jungfrau und Märtyrerin (wegen des erlittenen Leids
und der Versuchungen, denen sie widerstand), sondern auch »Predigerin«, wodurch sie selbstbewußt das Diktum des Paulus, daß Frauen in der
Kirche zu schweigen hätten, außer Kraft setzte. Ihre Biographen, Raymund von Capua und Tommaso, Sohn des Antonio von Siena, bekannt
als die »Caffarini«, unterstreichen den authentischen Charakter ihrer prophetischen Mission und die Bedeutung ihrer Lehre; sie verglichen sie

Abb. 56 Pizzocor-
no, Predigt der
Katharina von
Alexandrien;
15. Jahrhundert.
*Butrio, Abtei
S. Alberto.*

sogar mit dem Evangelisten Johannes. Diese Anerkennung und der Nimbus der Gelehrsamkeit und des Predigeramtes wird auch einer Heiligen gleichen Namens, Katharina von Alexandrien, zuteil. Ihre Verehrung breitet sich schlagartig mit den Berichten der Kreuzritter aus. Einer ihrer Charakterzüge, den alle Darstellungen unterstreichen, ist die Fähigkeit der heiligen Königin, vermöge ihrer großen Bildung zu predigen und die heidnischen und ungläubigen Philosophen, mit denen sie einen Disput führt, zu überzeugen. So sehen wir in einem Fresko des 15. Jahrhunderts von Pizzocorno aus der Abtei S. Alberto in Butrio bei Pavia (Abb. 56), wie sie selbstsicher, mit einem Buch in der Hand und der Geste der Mahnerin, dem König und einer Gruppe von Philosophen siegreich gegenübertritt. Jene sind ihren Argumenten unterlegen und schwenken vergeblich ihre Bücher. Katharina von Siena trat zunächst in den Dominikanerorden der Schwarzen Schwestern ein, die vor allem auf Bildung und Kultur setzten, um die Häretiker zu besiegen. Hier fand die Heilige den Freiraum und die Möglichkeiten, ihre großen Begabungen in Einklang mit den Grundentscheidungen des Ordens zu entfalten. Die Verbreitung von Darstellungen der Katharina von Siena trug dazu bei, daß die hervorragenden Eigenschaften der Heiligen allgemein Anerkennung fanden, trotz ihres Status als Frau. Die andere Katharina, die sich siegreich in die Debatten mit Gelehrten und heidnischen Philosophen stürzte (Abb. 57), machte viele mit dem Bild einer Frau vertraut, die sich im Feld des Wissens engagiert und durchzusetzen versteht, ohne sich in Demut und Gehorsam auf sich selbst zurückzuziehen.

Die heilige Patronin

Das Aufblühen der Städte in Italien führte unter anderem auch zum Entstehen einer bürgerlichen religiösen Kultur[50], die neue Heilige der Verehrung zuführte, Heilige, die von ihren gläubigen Landsleuten im Vertrauen angerufen wurden, um auf das Leben der Städte Einfluß zu nehmen. Diese Zeit hat auch zahlreiche weibliche Heilige kanonisiert[51]; außerdem hat sich die Volksfrömmigkeit – außerhalb des kanonischen Rechts – viele Heilige erkoren. Den Lokalheiligen, die sehr oft Laien waren, galt nicht selten eine Verehrung, die sich auf die Grenzen der jeweiligen Stadt beschränkte. Unter ihrem Schutz suchten die Menschen eine Sicherheit, die einstmals von den Stadtmauern gewährt wurde. Dies betrifft Heilige wie Santa Bona († 1208) in Pisa[52] oder Santa Fina († 1253) in San Gimignano. Sie wurden – und das ist etwas Neues – zu Symbolen eines bürgerlichen Selbstbewußtseins.

In einem von Nicolò Gerini 1402 entworfenen Bild steht Santa Fina mit einem Modell der Stadt im Zentrum, während an den Seiten Szenen aus

Abb. 57 Die heilige Katharina und die Philosophen, Maître à la Vue de Sainte Gudule; Fresko;
15. Jahrhundert. *Dijon, Musée Municipal.*

Abb. 58 Die heilige Katharina von Alexandrien mit einem Modell der Stadt Treviso; Fresko eines Schülers von Tommaso da Modena; 1360–1370. *Treviso, Kirche der heiligen Katharina.*

ihrem Leben und Wunder illustriert werden, die zeigen, wie die Heilige und Schutzpatronin von San Gimignano mit dem Leben der Stadt verwoben war – nachdem sie den Ruf ihres Vorgängers als Schutzpatron, Giminiano, untergraben hatte. Und der war immerhin Bischof gewesen. Dieses Bild ist jedoch beileibe kein Einzelfall.

Das leider stark beschädigte Fresko der heiligen Katharina von Alexandrien in Treviso, in der Kirche Servi di Maria, stammt von einem Schüler des Tommaso da Modena[53] aus der Zeit zwischen 1360 und 1370; es zeigt die Heilige, wie sie ein Modell der Stadt in der Hand hält (Abb. 58). Aus ihrem Mund kömmt die Schrift: *Haec est civitas mea Tarvisina pro quam Deum meum rogo* (dies ist Treviso, meine Stadt, für die ich meinen Gott anrufe). Der ganze Reichtum des städtischen Lebens läßt sich an den Schilden, den Türmen, den Bandieren, am Wappen von Treviso, das über allem anderen prangt, an einer im Bau befindlichen Kirche und an der großen Glocke ablesen, die mit ihrem Stundenschlag die Arbeit, das Gebet und die Entscheidungen der Stadt einläutet. Eine dichtgedrängte Gruppe von Bürgern beugt sich über die Mauern und bittet um Hilfe: Sie erscheinen nicht in der üblichen Bescheidenheit frommer Auftraggeber des Bildes, sondern werden als Figuren darin aufgenommen. Ihr Vertrauen in die Heilige und ihre Bitte um Schutz wurden verewigt. Das Bild bringt zugleich eine neue Sichtweise der Stadt zum Ausdruck: Die Menschen sind in den städtischen Gemäuern ganz zu Hause, die Schutzheilige hat gleichsam Wohnrecht in der Stadt, die sie beschützen soll und deren gläubige Bewohner ihr eng verbunden sind.

In diesen neuartigen Frauengestalten deutet sich eine allmähliche Veränderung der Lebensbedingungen der Frauen an, die im neuen »Zeitalter der Kaufleute« eine aktivere Rolle im alltäglichen Leben übernahmen. Aus diesem Grund nennt Katharina, während sie Gott anruft, Treviso selbstbewußt »meine Stadt«.

Die Frau scheint nach Jahrhunderten, in denen ihr jeder Weg verbaut schien, zu lernen, nicht nur im Himmel, sondern auch auf Erden »in die Stadt zu ziehen« (*Koh* 10, 15).

Aus dem Italienischen von Ulrich Hausmann

Umiltà liest im Refektorium, *Geschichte der seligen Umiltà* von Piero Lorenzetti; 14. Jahrhundert. *Florenz, Uffizien.*

DIE STIMME DER FRAUEN

Die schreibende Marie de France; Miniatur; Ende des 13. Jahrhunderts.
Paris, Bibliothèque Nationale.

Ihre Stimme ist nur gedämpft zu vernehmen. Sie wird von einer Moral geknebelt, die die Geschwätzigkeit als Laster der Frauen und als Wegbereiter für andere Laster und Vorboten der Ausschweifung und der Hoffart betrachtete. Diese Sünde wog um so schwerer, wenn Frauen sie begingen, die darüber hinaus auch noch in der Öffentlichkeit das Wort ergreifen wollten. Ihre Rede wurde also in zweifacher Hinsicht verurteilt; im 13. Jahrhundert zeichnete sich dies deutlich ab. Liegt es daran, daß sie nun allmählich das Wort zu ergreifen wagten? Die Frauen haben im ausgehenden Mittelalter tatsächlich neue Ausdrucksmöglichkeiten errungen; vielleicht lag darin ein entscheidender Fortschritt. Frauen wie Christine de Pizan, die das Recht auf ihre eigene Stimme mutig gegen gesellschaftliche Widerstände, Mißachtung oder Spott durchsetzten, waren selten. Andere nahmen sich das Recht zu sprechen, um das zu sagen, wovon sie wußten, daß nur sie allein es vermitteln konnten: die Erfahrung der Verlassenheit und der mystischen Verschmelzung; erst nach gewaltigen geistigen Erschütterungen, in denen ihnen ihre gewohnten Begriffe von Ordnung und Hierarchie fragwürdig geworden waren, konnten sie es wagen, die Schwelle zum Wort und zur Schrift zu überschreiten.

Während gebildete Frauen wie Christine oder jene ersten Humanistinnen des 15. Jahrhunderts, die in der literarischen Arena hart kämpften[1], genau wußten, an wen sie sich wandten und wie sie ihr Publikum erreichten, sah es für die Mystikerinnen ganz anders aus. Wie das Unsagbare in Worte fassen? Viele dieser Frauen konnten nicht schreiben, auf jeden Fall nicht in der Sprache der Geistlichen. Um ihre schwierige Botschaft möglichst in gutem Latein den anderen zu vermitteln, mußten sie sich an einen Schreiber wenden, der sie vielleicht bewunderte oder aber voller Zweifel war, der ihnen genau zuhörte oder aber naiv darauf bedacht war, keine Schreibfehler zu machen. Aber dachten sie überhaupt an eine Zuhörerschaft, an einen bestimmten Leserkreis, wenn sie ihre Stimme erhoben? Ihrem Zeugnis Öffentlichkeit verliehen zu haben, war revolutionär genug gewesen. Hören wir diesen Stimmen zu: Es gibt wenige Epochen, in denen so viele Frauen die der Weiblichkeit gesetzten Grenzen überschritten haben und es wagten, von ihr zu sprechen.

C. K.-Z.

12

LITERARISCHE STIMMEN, MYSTISCHE STIMMEN

Danielle Régnier-Bohler

> »Nun muß auch (. . .) untersucht werden, welchem
> Menschen zuerst Sprache gegeben sei, und was er
> zuerst gesprochen habe, und an wen, und wo, und
> wann, desgleichen in welcher Mundart sich das
> erste Sprechen ergoß.«
> Dante, *De vulgari eloquentia*[1]

Aus den schweigenden Quellen das Sprechen der Frauen wiedererwecken . . .

Die Frau, die im Paradies als erste geredet hat, ist mitten im
Wort, an seinem Ursprung. Auch stellte sie als erste eine Beziehung zum
anderen her – nur das Gespräch Adams mit dem Schöpfer, ein Austausch
über Vertrag und Grundlagen, ging dem voraus: Von Anfang an war es
ihre Rolle, das Soziale in die Welt zu bringen. Eva, die Mutter des Menschengeschlechts, die Dante in *De vulgari eloquentia* beschwört, stiftet
den Ursprung der Sprache. Und durch die Frucht der Bitterkeit gibt sie
auch den Anstoß für das Elend der Menschen. Schon ihr Name läßt das
Wimmern derer anklingen, die in eine Welt geboren werden, die kein
Paradies mehr ist: die Menschenwelt.

Wesentliche Verbindung von Frau und Wort: »Eva« heißt Leben, aber
vor allem verweist es auf das Klagen der Menschen. Wenn sie geboren
werden, schreit der Knabe »a«, das Mädchen »e«:

»Alle schreien e und a,
die da kommen von Eva.«[2]

Die Frau setzt eine Zäsur in die Zeit; und schon die ersten an sie gebundenen Schreie künden von der Spaltung zwischen den Geschlechtern.
Adam war Evas Reden gegenüber zu schwach, meinten die Theologen
im Mittelalter, er sei noch schwächer gewesen als Hiob. Fürderhin war
den Frauen Schweigen geboten. Dennoch herrscht Zweideutigkeit: Die
Antiphrase lauert an jeder Wendung des Textes – in den Worten, in der

Wirklichkeit. Der Verbindung von Frau und Wort sind zwingende Bilder einer Vorstellungswelt entsprungen, die auch heute noch fasziniert.

Wohltätige Verbindung von Frau und Wort: Im ersten Wunder gibt Ida von Boulogne ihrer taubstummen Tochter die Mittel, ihr Sein *im Sozialen* zu verankern, und den Zugang zum Wort. In seine Kleider gekuschelt, wird das Kind zur Sprache geboren; seine ersten Worte sind: »Mater, mater.«[3] In den *Miracles de Notre-Dame de Chartres* des Jean Le Marchent macht die Jungfrau Maria in einer wunderbaren sinnbildlichen Geste dem Kind ein doppeltes Geschenk: Sie gibt ihm, dem seiner Schwatzhaftigkeit wegen die Zunge abgeschnitten worden war, zunächst die Fähigkeit zu sprechen wieder, und dann erst die Zunge als Organ des Sprechens. Auch der unglückseligen Philomène wurde die Zunge abgeschnitten, wie eine Chrétien de Troyes zugeschriebene Geschichte nach einer Fabel von Ovid erzählt: nicht ihrer Geschwätzigkeit wegen, sondern damit sie ihre Vergewaltigung durch den Schwager nicht verraten konnte. Des Wortes beraubt, erfindet sie eine gestische Sprache: Gewebte Zeichen erzählen von Leid und Verbannung.

Wir wissen um die Bedeutung der Sprache für die Praktiken der Gemeinschaft und die Beziehungen zum Heiligen: Sie bringt soziale Werte, Konsens, Rituale ins Spiel. Um das Reich der Sprache in diesen vergangenen Zeiten zu erkunden, obwohl wir sie nicht mehr hören können, müssen wir uns auf doppelten Boden wagen: Einerseits ist das Sprechen der Frauen das, was man von ihnen hört, ein Sprechen, das ihnen größtenteils vom männlichen Diskurs zugeschrieben wird, diesem Pranger für die sprechende Frau; andererseits soll es uns etwas über Wesen aus Fleisch und Blut sagen, über Frauen, die sich ausdrücken, klagen und schreien, reden und schreiben. Aber obwohl die Frauen eine Stimme hatten, dringen ihre Worte nur durch das Echo des Geschriebenen zu uns. Diesem schwierigen Paradoxon wollen wir die Rede der Frauen entlocken.

Immer steht das Reden der Frauen in Beziehung zu anderen, wie eine Haut. Von Texten in Szene gesetzt, stiftet es oft genug Böses. Evas Vermächtnis hat den nachfolgenden Töchtergenerationen den Umgang mit der Sprache erschwert. Das erste Gespräch um den Apfel gab der Menschheit die Zukunft: Nach dem Verlust des Paradieses begann die Geschichte. Für diesen vorwitzigen Dialog muß die Frau, die zu reden begonnen hat, durch ihre Schwestern in der Sprache Rechenschaft ablegen.

Zensur also: die Kontrolle über das Wort in Erziehung und Urteil. Die dem Manne auferlegten Zwänge jedoch beschränken sich weitgehend auf Vorschriften des sozialen Umgangs. Um das Sprechen der Frauen zu bändigen, ertönt dagegen ein beängstigend vielstimmiger und mißtönenden Männerchor. Denn die Angst, die das Reden der Weiber aufwühlt, trifft sich mit der Angst vor dem weiblichen Fleisch und vor dem weiblichen Begehren. Wegen der ihr angelasteten sprachlichen Übergriffe wird die Frau von Männern angeklagt und verurteilt; die angsterfüllten Männerreden sprechen sie schuldig: schuldig der Sünde widerrechtlicher Sprachaneignung und daß ihre Sprache, die sie den Männern entwendet hat, den privaten und den öffentlichen Raum erfüllt; und gefährlich durch charismatische, prophetische Reden und neuartige Beziehungen zum Heiligen. Die Betonung ist nicht zufällig: Im spirituellen Bereich hebt mit Beginn des 13. Jahrhunderts ein weiblicher Diskurs an.

Nicht immer geben die strengen Strafpredigten der Moralisten, von denen uns die Historiker hier schon berichtet haben, den Grundton der Misogynenfront an. Manchmal tritt ein Sprechstück wie der *Mirouer aux dames* (*Spiegel der Frauen*) beherzt den Beweis an, daß die Welt überhaupt nur durch diese Herausforderung furchterregender oder burlesker Reden existiert. Der Autor rügt die Frauen wegen ihrer unpassenden Kleidung, insbesondere des Gebrauchs von Männerkleidern.[4] Die Frau widerspricht, erfindet »Argumente« und »Gründe«, zitiert die Bibel, bezeichnet gar Esther und Judith, Damen von großer Reputation, als ihre Vorgängerinnen. Aber der Mann ist auf der Hut: »(. . .) folglich handelt es sich um eine Sprache, der es an Verstand mangelt, und falls sie solchen doch hätte, ist er verwirrt und weiß nicht den Umständen gerecht zu werden.«[5] Um die Frauen zu bessern, empfiehlt es sich, sie mit den rechten Worten zu schlagen – und zu widerlegen! Wagen es doch diese verdorbenen Weiber, in einem lebendigen Entwurf, den sie einer strengen Tradition aufpfropfen, die großen Gestalten ihrer vorbildlichen Schwestern zu benutzen, um ihre Verführungskünste noch zu verfeinern. Zu Anwältinnen ihres Geschlechts sich aufzuschwingen!

Vielfältig, reich, nuanciert, ungestüm ist das Sprechen der Frauen. Vom Reden zum Schreiben, vom Schreiben der Männer über das Reden der Frauen zum Schreiben der das Rederecht fordernden Frauen, damit das Geschriebene die Stimme der Frauen hörbar mache – vor der Einkreisung einer »Wirklichkeit« weiblichen Sprechens steht die Frage nach der Bedeutung literarischer Codes. Spricht die *Trobairitz* (weiblicher Troubadour) in ihrem Namen als Frau? Wo äußert sich ihre Individualität? Sind es die ins Manuskript eingestreuten Zeichen, an denen wir beim Lesen innehalten und zu träumen beginnen? Das Sprechen der Frauen im Mittelalter verlangt aber nichts weiter, als sich zu öffnen. Erkennen wir die Existenz weiblicher Troubadoure und einer gewissen Marie de France an, folgen wir den noch viel zu wenig bekannten, aber gut belegten Spuren der Christine de Pizan, dann gelangen wir in das Reich der gebildeten Frau und weiter in das der weiblichen Spiritualität. Das Sprechen der Frauen in diesem letzten Bereich mag die Literarhistoriker zur

Erforschung einer Vorstellungswelt ermuntern, der auch Bachelard auf seiner Suche nach der eigentlichen Wurzel der Imagination und Poulet, der Zeichen einer inneren Zeit sammelte, ihre Aufmerksamkeit geschenkt hätten.

Die stirnrunzelnden Diskurse der Philosophen über Evas Reden und die pedantischen Normen der Moralisten, die kleinlich über das geizig den Frauen zubemessene Wort wachten, wecken die Sehnsucht, dem Rätsel zu begegnen, dem Rätsel Heloïse vielleicht, und einfach zuzuhören. Zu belauschen, was die Frauen in fiktiven oder mystischen Schriften zu sagen haben, ihre vagen Umrisse zu erkunden, wie sie sich in Briefen, in Erzählungen oder lyrischen Selbstgesprächen abzeichnen, geformt von dem kulturellen Code, auf dessen Grundlage ihre Werke entstanden sind. Selbst Christine de Pizan, die so sehr bedacht war auf Selbstaffirmation durch die öffentliche Rede – »Je, Christine« –, war davon zutiefst geprägt. Hören wir also zu. Vielleicht hören wir nur Sprechtheater mit literarischen Darstellerinnen. Immerhin werden wir so Stimmen vernehmen.

Der entscheidende Punkt, die wesentliche Schwelle der Ausübung des Selbst, der Projektion des Ich auf den anderen wird anthropologisch als totale Geste gedacht: Die verbale Geste wird mit demselben Recht gelesen, gehört, gesehen wie die Syntax der Gebärden. Das Wort dringt ins Ohr, berührt wie eine Zärtlichkeit, mordet wie eine Waffe. Die narzißtische Hülle des Wesens enthält auch eine Klangschicht: die »Worthaut«.[6] Deren Bedeutung ist fundamental.

Wir werden thematische Streifzüge unternehmen und eher Fragen aufwerfen als undurchsichtige Dokumente durchdringen. Gegensätze der Sprache: Weibergeschwätz einerseits, das stets Unordnung erzeugt und gefährlich ist und den anderen beherrschen kann; wohltätige Rede andererseits: die Fürbitten Marias und weiser oder wahnsinniger heiliger Frauen, deren machtvolle Sprache mit der Männersprache rivalisiert; oder auch weltliches Sprechen, mythische Worte von Frauen, die in der *Stadt der Frauen* der Erschaffung der Welt vorstehen, mit ihrem Wissen von den grundlegenden Dingen wie vom heilsamen und beredten Sprechen. Frauenworte: gut oder böse, schwierig zu kontrollieren in jedem Fall, gleicht doch die Natur der Frau einem ausufernden Fluß, der überflutet, ohne fruchtbar zu machen. Auf das unvernünftige, unaufhaltsame Geplapper antwortet die ernsthafte Rede Christines, die unter der Metapher ihrer utopischen Stadt die Tugenden der Frauen der Vergangenheit, der Bibel und der Mythen entfaltet, Boccaccios *De claris mulieribus* folgend: Sie erschafft die Welt mit den Händen und Worten von Frauen.

Das Wesen der Frau – ob es aus den ängstlichen Vorschriften der Moralisten und Prediger hervortritt oder von den kühnen Federstrichen einer gebildeten Frau skizziert wird – bringt die fundamentale Bedeutung der Sprache als Instrument zur Beherrschung und Einschätzung des Selbst ins Spiel (heute beschäftigt sich die Soziolinguistik damit). Am Horizont zeichnet sich der Kampf der Geschlechter um dieses Gebiet sprachlichen Ausdrucks ab, das sie miteinander teilen und in dem dennoch jedes seine Eigenart behauptet.

Das Sprechen der Frauen ist Überschreitung, gefährlich und verdammungswürdig. Es verdoppelt nicht nur die männliche Rede, sondern auch sich selbst durch ausschweifende Gestik, doppelzüngig übertritt es alle Grenzen und entzieht sich der Kontrolle. Im Gegensatz zum narzißtischen Überschwang der Erscheinung erhebt es sich unvorhersehbar aus dem Schweigen: Anders als die Inszenierung des Schauens kündigt es sich nicht an und greift, stets sich verändernd, auf alle Bereiche über. Zerstörerische Worte von Frauen, die mit geheimen Zauberkünsten vertraut sind, höhnische Worte, die dem Mann die Männlichkeit absprechen, kühne Worte, die das Geschlecht beim Namen nennen. Das Sichtbare sagt offen, daß es verhexen und den Blick lähmen kann. Worte bezaubern, schleichen sich in die Köpfe, verbreiten sich, hinterlassen unsichtbare Spuren und sind, wie wir sehen werden, weniger leicht der Lächerlichkeit preiszugeben.

Bei unserem Versuch, der Frauensprache des Mittelalters auf die Spur zu kommen, gemahnt der Mythos der Echo daran, daß jene ohne ein grundlegendes Begreifen des Weiblichen und des Gebrauchs, den Frauen wie Männer von der Sprache machen, nicht zu verstehen ist. Echo ist zum Schweigen verurteilt; da sie zuviel geredet hat, ist sie dazu verdammt, andere zu wiederholen: »Ihr Sprechen ist nicht autonom. Das einzige Wesen, mit dem sie Verbindung aufnehmen will, ist Narziß, in den sie verliebt ist. Aber Narziß, der nur sich selbst liebt, richtet das Wort nicht an sie. So sind beide zu einer schweigenden Intrasubjektivität verurteilt.«[7]

So erzählt, ist der Mythos zum Verzweifeln. Die schuldhaften Worte eines Subjekts an den anderen, der nur sich selbst sieht, werden zum sinnlosen Stammeln. Die Frau des Mittelalters ist zurückgeworfen auf die Nichtigkeit ihrer Worte, Opfer einer narzißtischen Zensur von seiten des Mannes, den die Angst vor einer Reproduktion seiner selbst umtreibt oder auch ein bösartiges Fieber, in dem er stets nur sich selbst begegnet und den anderen nicht zu erkennen vermag. Was aber bedeutet diese Zensur für die Frauen im Mittelalter?

Es geht um den Ausdruck der Identität, wie uns der Mythos von Aktaion erzählt: Aktaion hat Artemis nackt beim Bade überrascht; damit er das nicht ausplaudert, verwandelt ihn die Göttin in einen Hirsch. Über den Spiegel des Wassers gebeugt wie Narziß, wird er seiner neuen Gestalt gewahr: »Es folgt keine Stimme, ein Stöhnen nur, dies ist seine Sprache fortan.«[8] Von da an kann Aktaion nicht mehr sagen, wer er ist. Sprachlosigkeit wollten die männlichen Diskurse der Frau auferlegen, damit ihr die Identität versagt bliebe; die Beschränkung der Rede versehrt das Sein.

Die Geschichte der schweigend und erhaben leidenden Griseldis ist dafür exemplarisch. Griseldis vermag nichts mit ihren Worten. *Aber für welche Verfehlung muß sie so schwer büßen?* Etwa für die ihrer Urmutter im Paradies? Trotz einer nichtssagenden oder komischen Oberfläche lassen solche fiktiven Texte gelegentlich wertvolle Rückschlüsse auf die darunter liegenden Phantasien zu. Welches versprachlichte Imaginäre verrät sich hier?[9] Sprache ist nie neutral.[10] Zwar erlaubt das Corpus mittelalterlicher Literatur selten eine genauere Bestimmung des Sprachkontexts, die Fragen einer Linguistik aber, die dem Unbewußten ihre Aufmerksamkeit zuwendet, könnten Antworten oder zumindest Hypothesen zeitigen. Die geschlechtsspezifische Produktion der Diskurse, die geschlechtsspezifische Dimension der Kommunikation, tritt deutlich hervor. Wie aber soll man ihre Tragweite für die Kultur des Mittelalters ermessen? Zwar verschafft sich die Frauensprache, mündlich oder schriftlich, hartnäckig und klug Gehör; sie erscheint aber als Verfehlung oder Verstoß gegen die Norm, die lange Zeit die Sprache der Männer ist.[11] Ein Verstoß, den manche Beginen mit dem Leben bezahlten – Marguerite Porete starb auf dem Scheiterhaufen –; eine Verfehlung in jedem Fall, wie die Moralisten unermüdlich versicherten, und zwar in vielerlei Hinsicht, wie die *fabliaux* bis zum Überdruß zeigen: in Eheszenen, weiblichen Betrügereien und der hemmungslosen Lust der Frauen, die geschlechtlichen Geheimnisse beim Namen zu nennen.

In der Literatur wird die tragische Rede der einzelnen Frau hörbar: Die Worte, die sie an sich selbst richtet, kehren sich gegen sie, bevor sie sich den Tod gibt – mit dieser Darstellung verwandelt die Literatur das Selbstgespräch in öffentliche Rede. Öfter ist es eine Gruppe von Frauen, die sich offenbart. Frauen unterhalten oft magische Verbindungen durch das Wort: In den Frauengemächern entfaltet sich ihr Sprechen, solidarisch, rachsüchtig, machtergreifend. Weitschweifig und aufgeregt überliefert die erzählende Literatur Fiktionen, die das weibliche Wesen nicht gerade friedfertig zeichnen. Der Krieg der Geschlechter in den *Quinze joyes de mariage* (*Fünfzehn Freuden der Ehe*) ist ein Triumph weiblicher Rede.

Schließlich gewähren die Frauen Zugang zur Sprache. Als Gebieterinnen über die Muttersprache verfügen sie über die Gesamtheit der Sprachen, von der verfluchten Schwelle der sibyllinischen Höhle bis zu den fremdartigen Überschreitungen sprachlicher Grenzen, die manche heilige Frauen auszeichnet. Einige engagierte Frauen des Jahrhunderts wie Christine de Pizan, besonders aber Frauen aus dem religiösen Bereich, Nonnen, Beginen, Einsiedlerinnen, haben die weibliche Rede im kulturellen Raum, in den Köpfen der Gebildeten verankert. Die Mystikerinnen erklären in einem Topos der Bescheidenheit, daß sie der Sprache der Männer nicht fähig seien, behaupten aber entschieden das ununterdrückbare Recht auf die Erfindung einer anderen Sprache. Diese Sprache endlich bezieht den Körper als sinnlichen Ankergrund mit ein und mündet in eine »totale« Sprache, wo Schreie, Tränen und Schweigen in eine neue Syntax eingehen.

WEIBLICHE OFFENBARUNG?

Die Frau spricht im privaten häuslichen Raum ebenso wie in der öffentlichen Sphäre und ist dennoch aus der Domäne der Zeugnisse ausgeschlossen. Will man Philippe de Beaumanoir in den *Coutumes du Beauvaisis* glauben, dann gibt es anscheinend nur einen einzigen Fall, in dem man ihren Worten trauen kann: dann nämlich, wenn sie bezeugen soll, welcher Zwilling als erster geboren wurde. Angesichts der Angst kirchlicher Instanzen vor diesen Frauen, die öffentlich das Wort ergreifen wollen, die das Recht einklagen, das Heilige Wort ohne Vermittler weiterzugeben, ist die überschäumende Rede, die trotz alledem ein ansehnliches Corpus spiritueller und mystischer Schriften hervorgebracht hat, bewunderungswürdig. Es gibt kaum einen Bereich, wo die Frau ihrem Begehren zu sprechen nicht Ausdruck verliehen hätte.

Stimmen aus dem Gefängnis

Wie aber die verstummten Stimmen aus dem Schweigen erlösen? Die Dokumentation ist umfangreich, jedes Raunen in lyrischen Dichtungen, jede Demutsgeste will gehört und der Kontext des Sprechens beachtet werden. In ihrer Vielfalt sind diese Urkunden des Weiblichen unersetzliche Zeugnisse eines Diskurses über sich selbst, im besonderen durch die Sendung der Mystikerin, die von sich sagt, daß sie vom Wort durchdrungen ist. Nicht nur die gebildete Frau, die manches Mal inständige Beschwörungen hervorstößt, ist durchdrungen von Wörtern, sondern auch die ungebildete; sie behauptet von sich, keinen Zugang zum Schreiben zu haben, und lebt, wie wir aus ihren geistlichen Gesprächen erfahren, unter der Last der Botschaft, die ihr von Gott auferlegt ist. Bleibt die Schwierigkeit, die Peter Dronke hervorhob: Quellen aus erster Hand zu finden.[12] Aber das Feld, das diese Zeugnisse und Handschriften uns erschließen, ist reich, und jenseits des Geschriebenen, durch die Seiten hindurch erklingen die Register, deren Thema das »Stimmobjekt« (»l'objetvoix«)[13] ist.

Ist die Frau eine Gefangene der Männerreden? Notker Balbulus sagt in der zweiten Hälfte des 9. Jahrhunderts, die Himmelsleiter sei für Frauen leicht zu erklimmen, für Jungfrauen, Ehefrauen, Witwen und Prostituierte, für alle Frauen, die den Kampf gegen das Böse führten. Sie könnten den höchsten Himmel erreichen und aus der Hand des Herrn, der sie bewillkommnen werde, den goldenen Lorbeer des Sieges entgegennehmen.[14] Gautier de Châtillon vom Hofe Heinrichs des II. Plantagenet dagegen beklagt den unglückseligen Tag, an dem seine Tochter geboren wurde; immerhin werde sie besser für ihn sorgen als ein Sohn und ihm, wenn er alt und übellaunig sei, eine Stütze sein.[15] Voreingenommenheit zeugt ein gutes Gewissen. Viel zu oft beschreiben die Männer Frauen mit ihren »moz divers«, gewissen Worten, um ihre Tugend zu verleumden, rügt Christine de Pizan in der *Epistre au Dieu d'Amours*. Grausame Gesellschaft, wo Worte die Macht haben, den anderen in ein abscheuliches Bild zu verwandeln! Die Frau aus Bath in Chaucers *Canterbury Tales* schildert drastisch, wie der, welcher über die Macht des Schreibens verfügt, auch über das Bild des anderen gebietet:

»Bei Gott! Wenn Frauen schrieben die Historien
Wie Schreiber einst in ihren Oratorien,
Sie schrieben mehr von Männerschlechtigkeit,
Als Adams Stamm zu bessern wär bereit.«[16]

Versuchen wir, die wenigen Zeugnisse zu bewerten, die uns geblieben sind. Wir kennen einige weibliche Troubadoure, eine Verfasserin von Gedichten gegen Ende des 13. Jahrhunderts und die selbstbewußten Frauengestalten in der Morgendämmerung des Humanismus: Christine de Pizan und die gebildeten Frauen der italienischen Gesellschaft, die nur danach lechzten, das Wort zu ergreifen. Wir ahnen, wissen, wie schwer es für Frauen war, Zugang zum sprachlichen Ausdruck zu erhalten. Die Reden der Mystikerinnen gerieten leicht in den Verdacht von Irrglauben und Ketzerei, die Belletristik wiederum zeigte oft Übergriffe auf Männerreservate und ließ den nötigen Ernst vermissen.

Sollte die Frau so verbotenes Terrain betreten? Bis in die Neuzeit waren den Frauen bestimmte literarische Bereiche vorbehalten: Chroniken des Alltags, Worte der Leidenschaft, »ouvrages de dames«[17] – Damenwerk. Schon im Mittelalter gab es diese Zuschreibung, sie war aber weniger persönlich, weniger »weiblich«. Das Terrain des Schreibens zu besetzen, war für die Frau des Mittelalters ein kühnes Unterfangen in dem Bewußtsein, eine Überschreitung, ein Wagnis zu begehen, außerdem fürchtete sie, von Geschlechts wegen unfähig zu sein. Wo und wie verbarg sich die gebildete Frau? Wollte sie die Differenz ausradieren, wie es noch lange üblich war? »Insignis femina, virilis femina« – als hervorragende männliche Frau beschrieb der Rektor der Pariser Universität, Jean

Gerson, Christine de Pizan. Wir werden noch sehen, was es mit der Geschlechtsumwandlung auf sich hat, die Christine während des Schreibens erlebt, wenn sie sich in das Wagnis stürzt, das männlicher Kraft bedarf.

Aber Frauen wollten mit ihren Worten auch die Differenz herausschreien. Margery Kempe, eine laizistische Mystikerin zu Beginn des 15. Jahrhunderts, erkühnte sich, bei ihrem Verhör durch den Klerus in einer fremden Sprache zu reden und zu behaupten, daß ihr die Worte von anderswo herkämen, daß sie erleuchtet, ja gesandt sei. Zweieinhalb Jahrhunderte zuvor hatte Hildegard geschrieben, sie sei von den Winden Gottes durchweht. Sich dem Wort Gottes zu überlassen, bedeutete für die Frauen also, eine Mittlerfunktion, nicht eine passive Rolle anzunehmen. Aufmerksam wachten daher die Beichtväter, ihre geistlichen Führer, über ihre Worte, um sie zu lenken und manchmal, wie wir noch sehen werden, sich von ihnen anrühren zu lassen, ihnen auf ihrem spirituellen Weg zu folgen und selbst in das neue Reich der »totalen« Sprache vorzustoßen, einer affektiven, von Frauen geschaffenen Sprache.

Fiktion der Dichterin

»Und die Dame wußte zu dichten und machte viele schöne Lieder über ihn« – »E la domna si sabia trobar, e fez de lui mantas bonas cansos«, sagt die *Vida* über Azalais de Pourcairagues.[18] In der Literatur aber ist der Zugang zum Geschriebenen voller Unklarheiten. In ihren Prologen zu den *Lais* und den *Fables* enthüllt Marie de France ihre Absicht, sämtliche bretonischen Erzählungen in diesen Sammlungen zu vereinen; sie erscheint als eine Frau, die der geschriebenen Sprache große Bedeutung zumißt. Nichts gibt uns über ihre Identität Aufschluß.[19] Zwei Prologe beschäftigen sich mit der Tätigkeit der Schriftstellerin: Sie nennt ihren Namen, untersucht dann die Beziehung zur Tradition und stellt sich einem Widmungsträger gegenüber – Affirmation des im Entstehen begriffenen Werks. Ihre Angst vor den Schmeichlern (»losengiers«) ist wohl ein Topos; sie könnte sich aber auch auf die Forderung nach einem Zugang zum Schreiben beziehen. Ohne allzu große Gelehrsamkeit, »hors de toute clergie«[20], will sie sich den bretonischen Erzählungen nähern und sie zu einem Werk fügen. Diese Inauguration der Aussage ist zweifellos bedeutsam: In einer Gesellschaft, die die Frau als Mäzenin kennt, stellt sich diese Stimme der unbekannten Marie an den Anfang eines wichtigen Oeuvre. Die Trobairitz müssen wir hinter Masken suchen. Ihre wenigen Produktionen stellen nur etwa ein Hundertstel der Troubadourlyrik dar. Rätsel fast überall: Die Biographien, die nach der Komposition der Dichtungen verfaßt wurden, die *Vidas*, räumen fünf Frauennamen einen

Platz ein, vier weitere erscheinen in den *Vidas* von Männern. Diese Geschichten, die Mitte oder Ende des 13. Jahrhunderts entstanden sind, bemühen sich um eine Erklärung der bekannten Lieder, indem sie den Namen der Dichter Leben einhauchen und eine Wirklichkeit verleihen, aber diese vorgebliche Wirklichkeit ist zweideutig und dunkel. Azalais de Pourcairagues war »vornehm und gebildet«, die aus der Auvergne stammende Castelloza komponierte Chansons über ihren Geliebten wie die Gräfin von Dia, die Raimbaut d'Orange liebte. Maria de Ventadour wird in einem rhetorischen Streit dargestellt. Abseits vom Schreibakt ist über die Lyrik kaum etwas zu erzählen: »eiseignada«, gebildet, »fort maïstra«, sehr geschickt – wenigstens weiß die Frau zu »finden«, zu erfinden, zu komponieren. In diesem Fall ist es schwierig, Spuren eines weiblichen Ausdrucks aufzustöbern. Die Trobadora interessiert sich für das Genre der Liebespoesie und für den Disput. Ihre Texte zeichnen sich aber – und das ist entscheidend – nicht durch besondere affektive Kraft aus. Das Maskenspiel bleibt dunkel. Bestimmte Lesarten heben den eher »einstimmigen« Gesang der Troubadours gegenüber den zersplitterten Stimmen der Trobairitz hervor. Die Aussage ist durch grammatikalische Zeichen verweiblicht, die die einzigen Geschlechtskennzeichen des lyrischen Ich sind.[21] »Il ne me plairait pas d'être appelée Dame Bernarde par Bernard et Dame Arnaude par Arnaud« – »Es würde mir nicht gefallen, von Bernard Dame Bernarde genannt zu werden und Dame Arnaude von Arnaud« – diese Weigerung, den Namen des männlichen Partners anzunehmen, sagt viel über eine Verteilung der Geschlechterrollen im Gedicht, erhellt aber letztlich wenig. So ist die Weiblichkeit der Trobairitz einzig als von der dichterischen Sprache selbst produzierte zu denken.[22] Eine fiktive Frauensprache also, Fiktion einer Autorin, die ihre Identität und ihr Geschlecht verbirgt? Noch weniger als Marie oder Christine können die Trobairitz von einer Anerkennung der Individualität profitieren. Ist die Frage nach der Existenz einer weiblichen Literatur im Mittelalter unter diesen Umständen überhaupt legitim? Ein angeblich weiblicher Text könnte, wie Pierre Bec zu bedenken gibt, der Text eines Mannes sein, der einer Frau zugeschrieben wurde, oder der einer Frau, die männliche Modelle übernommen hat.[23] Daher müßte man das Werk der Trobairitz als »Gegentext« (»contre-texte«) betrachten: Die Verse der Gräfin von Dia wären, da sie von einer Frau geschrieben seien, gleichermaßen innerhalb wie außerhalb des männlichen Codes anzusiedeln. Auch das Gedicht der Bieiris de Romans, von einer Frau für eine andere Frau geschrieben, das einzige lesbische Gedicht der abendländischen Lyrik, scheint ein Text verführerischer oder spielerischer Brüche zu sein, ein Gegentext: Dem traditionellen Ich (»je«) der Troubadours gesellt sich die abwesende Dame, die eine gegenwärtige geworden ist.

Wo findet sich eine authentische weibliche Stimme? Was ist mit den Chansons, deren Protagonisten weiblich sind, den *chansons de toile*, Inszenierungen verliebter Klagen, was mit den in vielen Sprachregionen (Deutschland, Galizien, Portugal) bekannten *chansons de malmariées*, den Liedern der unglücklich Verheirateten? Die Lieder an den Geliebten *(chansons d'ami)* in der galego-portugiesischen Dichtung sind allesamt von Männern komponiert.[24] So könnte man in den *cansos* der Trobairitz auch eine abendländische Variante der von Männern komponierten Frauenlieder sehen, namenloser Lieder, die sich von den großen höfischen Gesängen durch ihre Tonlage und ihre Anonymität abheben.[25]

»Insignis femina, virilis femina«

Aus der Geschichte der französischen Literatur zwischen 1395 und 1405 tritt die beeindruckende Gestalt der Christine de Pizan hervor. Im Schoße der Tradition und mit Rücksicht auf die literarischen Codes wollte sie mit nie gehörter Stimme sprechen. Daß es ihr leicht fiel, ihre hervorragende Bildung an traditionellen Genres zu erproben, versteht sich von selbst. Sobald sie aber offiziell und in ihrem eigenen Namen im Rahmen sozialer oder kultureller Kontexte sprechen wollte, mußte ihre weibliche Identität unweigerlich Probleme machen. Sie war die erste, die sich als Schriftstellerin behauptete, die feierlich ihren Aufbruch ins Feld der Literatur verkündete, »au champ de lettres«.[26]

»Oser, moy femme« – das als Frau zu wagen, war wirklich kühn. Christine war sich ihrer selbst auffallend bewußt, und im Bewußtsein der Tatsache, daß sie schrieb, um einen anerkannten Status zu erlangen, bekräftigte sie den Schreibakt. Die Dichter-Schriftstellerin fand »einen neuen Ort zu schreiben: den Ort der Frauen«[27], und zeichnete sich durch eine reflexive Haltung zu ihrem Metier aus. In *Avision Christine* berichtet Dame Opinion, eine Allegorie auf die öffentliche Meinung, manche Menschen glaubten nicht, daß Christines Werke von einer Frau stammten: »de sentement de femme venir ne pourroyent«. Christine interessierte sich für die stoffliche Konstitution ihrer Bücher, wies die Kopisten an und überwachte die Illustrationen. Aber vor allem verfolgte sie aus nächster Nähe die Konstitution der Schriftstellerin Christine.

Der Tod des Gatten, der sie als Witwe mit drei Kindern zurückließ, lastete schwer auf ihrer Existenz. Diese Tatsache ist zu bekannt, um sich länger dabei aufzuhalten. Zu Recht wurde hervorgehoben, in welchem Ausmaß Christine das Hin und Her zwischen Leben und Schreiben zur Entwicklung ihres persönlichen Stils, »le styl a moy naturel«, zu nutzen wußte. Welcher Umfang ihrer Werke! Christines vielseitige Stimme war in philosophischen, politischen und religiösen Schriften zu vernehmen,

ganz zu schweigen von der Tradition der Lyrik, die sie aufnahm und
behutsam weiterentwickelte; anders wäre es unverständlich, wieso sie
an der berühmten Debatte um den *Rosenroman* teilnehmen konnte, der
um die Jahrhundertwende die Geschichte des Denkens geprägt hat.

Ihre Selbstdarstellung und ihr Umgang mit Wissen waren ihr wichtig:
Sie liebte das Studium und die Einsamkeit, »l'estude et vie solitaire«,
schrieb sie an Pierre Col.[28] Das Bewußtsein, vom Wissen ausgeschlossen
zu sein, prägte die Situation der Frau in Christines Werken: *Livre de la
mutacion de Fortune, Avision Christine* und dem *Buch von der Stadt der
Frauen*. Christine weiß um die Grenzen, die dem weiblichen Geschlecht
auferlegt sind, und will sie überschreiten:

»Man zeihe mich nicht der Unvernunft, des Hochmuts oder der Anmaßung, wenn ich es wage, ich, eine Frau, zu widersprechen und einem
so hervorragenden Autor zu antworten, noch, daß ich die seinem Werke geschuldeten Lobesreden zum Schweigen bringen wollte, erkühnte
sich doch dieser Mann, ohne Ausnahme das ganze weibliche Geschlecht
zu verleumden und zu tadeln.«[29] So beendet Christine einen an den Vogt
von Lille gerichteten Brief. Jean de Meung ist der Angeklagte, der Verfasser des zweiten Teils des *Rosenromans*, in dem berühmten Disput um
diesen Roman. Gegen die vielen, die seine Partei ergreifen, sucht Christine Unterstützung bei einer Frau, Isabella von Bayern. Ihrer Schwäche
bewußt, schreibt sie am Vorabend von Lichtmeß im Jahre 1401:

»Von der Wahrheit gedrängt (. . .), wollte und will meine geringe Intelligenz sich
betätigen, wie es hier und in anderen meiner Schriften offenbar wird, um gegen die
zu kämpfen, die jenen feindlich gesonnen sind und sie schmähen. Ich ersuche Ihre
Majestät untertänig, daß Sie meinen berechtigten Gründen Glauben schenken und mir
erlauben möge, noch mehr davon vorzubringen, so ich es vermag, wenn ich sie auch
nicht in so gewandten Worten zu entwickeln weiß wie andere.«[30]

Ihre Weiblichkeit ist zu einer Sache geworden, die verteidigt werden
muß. Die Weitschweifigkeit dieser Bewußtwerdung ist ihr kaum vorzuwerfen. Ihr Nachdenken über die ideale Regierung bezieht die Frauen
mit ein und gesteht ihnen einen Platz in der Gesellschaft zu. Das *Buch
von den drei Tugenden (Livre des trois vertus)* ist ihnen gewidmet: Angesichts der weiblichen Schwäche wird Christine zur Erzieherin. Die erste
Feministin der französischen Literatur besteht hier auf einer Sprache,
deren Platz die Öffentlichkeit ist und die unter den Frauen, ihren Schwestern, Wissen verbreiten soll.

»La moye transmutacion« – Christines Verwandlung: Diese an die
Frauen gerichtete Botschaft ist in ihre eigene Geschichte eingeschrieben.
Paradox des Bewußtseins dieser Feministin der ersten Stunde, daß sie
zugleich davon überzeugt ist, notwendig zum Mann werden zu müssen
(»devenir-homme«[31]). Um sich Gehör und dem Schreibakt Anerkennung

zu verschaffen, muß Christine einen langen inneren Weg zurücklegen, den sie im *Livre du chemin de long estude*, dem *Buch vom Weg des langen Studierens*, und zu Beginn des *Buchs von der Stadt der Frauen* beschreibt. Dieser Weg beginnt in tiefer Depression, »zurückgezogen, erschöpft, niedergeschlagen, einsam und müde«. Diese Phase der Melancholie erleichtert Christine den Zugang zum Wissen und drängt sie zu einem anderen Ich, das ihr die Aufnahme in den Kreis der Wissenschaftler und Gelehrten erlaubt. Die Rechtfertigung der schreibenden Frau muß aus dem Herzen des Mannes kommen. »Insignis femina, virilis femina« – diese bedeutende männliche Frau trägt keine Maske. Es ist keine Demutsformel, was Christine im *Livre de la mutacion de Fortune*, dem *Buch von den Wechselfällen des Schicksals*, über ihren Namen sagt. Er enthält tatsächlich »den Namen des vollkommensten Mannes, der je gewesen ist«; man muß ihm nur »ine« anhängen, um zu ihr zu kommen.[32]

Diese Bindung an den Namen ist jedoch einem merkwürdigen Wandel unterworfen. Zwar wird die matrilineare Abstammung bekräftigt, aber »die Identität durch dazwischengeschobene Männer« hergestellt, »zuerst durch die vom Vater ererbte Gelehrsamkeit, dann durch das Geschlecht des Ehemanns«.[33] Die allegorische Erzählweise macht aus der Frau eine Kreuzung zweier Vermächtnisse: Christines Vater wünschte sich einen Sohn, die Mutter – »die viel mehr vermochte als er, als sie sich ein ihr ähnliches, weibliches Wesen wünschte« – eine Tochter. In Wahrheit ist diese Mutter die unerschöpfliche, unsterbliche, mächtige Natur, und diese gesteht dem Kind Züge und Verhaltensweisen des Vaters zu.[34] Später verliert Christine den Kapitän ihres Schiffes bei einem Schiffbruch – eine Bezugnahme auf ihre Erlebnisse, ihren Lebensweg – und berichtet, wie sie in einen Mann verwandelt wurde, »de femme en homme tresmuée« (V. 1164). Eine seltsame Mutation geschieht da: Fortuna nimmt sich dieser wunderbaren Verwandlung an und erschafft mit mütterlicher Gebärde Christines Wesen aufs neue. Diese erwacht mit einem kräftigen Körper, einer männlichen Stimme und einem veränderten Empfinden, endlich befreit von der Angst und fähig, das Schiff selbst zu lenken.

»Nun bin ich ein richtiger Mann geworden, das ist die Wahrheit, und fähig, Schiffe zu lenken. Fortuna hat es mich gelehrt . . .«[35] So erhält Christine in ihrer von der Tradition des Denkens geformten Vorstellung ein anderes Geschlecht. Ob diese allegorische Herkunft klug gewählt war? Denn trotz alledem sind es die Worte beispielgebender Frauen, aus denen Christine die berühmte utopische Stadt erbauen wird, wo ausschließlich Frauen regieren, die der Welt Gutes brachten. Im *Livre du chemin de long estude* spielen die Sibyllen eine große Rolle. Christine wendet sich u. a. an die Sibylle von Cumae, eine Liebhaberin der Weisheit und Geheimnisträgerin Gottes. Nachdem sie also von den Sibyllen belehrt und weiter von den drei Allegorien in der *Stadt der Frauen*, Vernunft, Rechtschaffenheit und Gerechtigkeit, unterrichtet wurde, wird Christine zur Botschafterin unter den Frauen.

»Ins Feld der Literatur«

Christine, tief getroffen von der Lektüre der *Lamentations de Mathéolus*, versinkt in verzweifeltes Räsonnieren:

»Ach, Gott, warum ließest Du mich nicht als Mann auf die Welt kommen, damit ich Dir mit meinen Gaben besser dienen könnte, damit ich mich niemals irrte und ich überhaupt so vollkommen wäre, wie es der männliche Mensch zu sein vorgibt?«[36]

Drei vornehme Frauen erscheinen ihr. Die Vernunft, gefolgt von Rechtschaffenheit und Gerechtigkeit, preist ihren Spiegel als Instrument der Erkenntnis und verkündet eine utopische Zukunft, deren Träger das Wort ist: »Laßt uns (...) aufs Feld der Literatur gehen: dort soll die Frauenstadt auf einem fetten und fruchtbaren Boden errichtet werden, dort, wo alle Früchte wachsen, sanfte Flüsse fließen und die Erde überreich ist an guten Dingen jeglicher Art«[37] – ins gelobte Land Kanaan? Jedenfalls auf ein Feld, das mit der Spitzhacke der Erkundung durchfurcht wird, wo der Boden mit Fragen beackert wird und mit spitzer Feder. »Hohe Frau«, fragt Christine besorgt die Vernunft, »die Männer schmieden mir eine scharfe Waffe aus einem lateinischen Sprichwort, das sie den Frauen immer wieder unter die Nase reiben und das so geht: ›Gott hat den Frauen dies gegeben: das Flennen, Schwätzen und das Weben.‹«[38] – Chaucers wüste Frau aus Bath würde darauf erwidern: »Umsonst hat Gott uns Frauen für das Leben nicht Spinnen, Weinen, Arglist mitgegeben.«[39] Die Vernunft antwortet: »Zum großen Glück für alle Frauen, die durch Schwätzen, Flennen oder Weben errettet wurden, hat Gott sie nämlich mit diesen Eigenschaften versehen.«[40] Immerhin sei es eine Frau gewesen, die die gute Nachricht von der Auferstehung Jesu überbracht habe. Und auch die Kanaaniterin hatte ganz recht, so viel zu reden, hinter Jesus herzurufen und zu schreien, denn »Er schien sich zu ergötzen an manchen Worten aus dem Munde jener Frau, die nicht nachließ in ihren Bitten«.[41] So dient das Reden der Frauen der Ehre Gottes. Und mit dem Weben verhält es sich ebenso.

Im Rechtswesen der *Stadt der Frauen* haben die Frauen eine starke Position. Auch sind ihre Kriegerinnen gebildet: Zenobia, die Königin der Palmyrer, bewährt sich im Kampf und widmet sich in Mußestunden dem Studium. Sie beherrscht Latein und Griechisch und verfaßt in diesen Sprachen einen eleganten Abriß der zeitgenössischen Geschichte. Kurz, ein Fürstenspiegel und eine zweite Christine.

Frauenworte sind eine Quelle des Mutes, manchmal auch verletzend. Als Theoderich, der die Armee nach Konstantinopel führen soll, sich feige zeigt, schleudert ihm seine Mutter, ihr Gewand aufhebend, die schrecklichen Worte entgegen: »Wahrlich, schöner Sohn, dann bleibt dir eben kein anderes Ziel für deine Flucht, als wieder in den Bauch, aus dem du kommst, zurückzukehren.«[42] Dieser beredten Frau gebührt die Ehre des Sieges. Sie wußte um die Fruchtlosigkeit des ödipalen Wunsches, in den Mutterleib zurückzukehren.

Aber wie verhält es sich mit dem Studieren? Christine fragt die Vernunft, ob es Gott gefiele, Frauen »mit überlegener Intelligenz und großer Gelehrsamkeit auszuzeichnen. Außerdem: sind sie überhaupt intelligent genug für solche Dinge?«[43] Die Männer jedenfalls gestehen ihnen nur geringe geistige Fähigkeiten zu. Ganz im Gegenteil, wird ihr geantwortet, der Geist der Frauen ist lebhafter und durchdringender, er beschränkt sich nicht darauf, die Werke anderer zu studieren, sondern ist selbst schöpferisch und auf vielen Gebieten tätig. Frauen philosophieren, sind prophetisch begabt und beherrschen die Sprache. So war Carmentis berühmt für ihre schöpferischen Initiativen: Sie beherrschte die Grundlagen der Sprache, erließ Gesetze und besaß die Gabe der Prophetie. Vertraut mit den ersten Künsten, erfand sie besondere Buchstaben als Grundlage der lateinischen Schrift und stellte Regeln für Wortbildung und Grammatik auf. Minerva wiederum ersann griechische Buchstaben, die man »Charaktere« nannte, interessierte sich aber darüber hinaus für die Tuchherstellung bis hin zum Gebrauch des Spinnrockens. Die Verbindung lebenswichtigen Wissens vom Ackerbau bis zur Webkunst ist verknüpft mit dem Kulturerwerb und der Organisation der Stadt. Schließlich wachen die erfinderischen Frauen über die Organisation und Verteilung der Aufgaben, die die Grundlage der Gesellschaft bilden.

Aber vor allem ist es die Beredtsamkeit, die die öffentliche Rede charakterisiert – Gedächtnis, Meisterschaft der Sprache und eine charismatische Kraft des Wortes. »Desgleichen waren ihre Sprache, ihr Antlitz, ihr Auftreten so schön, so anziehend und so einnehmend, daß sie mit ihren Worten und ihrem Verhalten für sich gewinnen konnte, wen sie nur wollte«[44], wird von der Römerin Sempronia gesagt, der wohltätigen Zauberin. Und was die Weissagungen der Sibyllen betrifft, führt das Wissen um zukünftige Ereignisse zu einer Art Schwesternschaft der Seherinnen, die die Zukunft vorhersagen und die Träume deuten können. »Unser Herr offenbarte seine Geheimnisse häufig durch Frauen . . .«

Eindrucksvolle Bilder fügt Christine zu kunstvollem Maßwerk und legt damit einen Grundstein zum Gedächtnis der Frauen. Ihren Mörtel mischt sie mit Tinte an. So versichert sie sich – gemeinsam mit ihren Schwestern aus Vergangenheit und Zukunft – der Verfügung über die Zeit. Denn die Weisheit weiblicher Worte weiß den Lauf der Geschichte zu lenken. Als

Philipp II., Herzog von Burgund, einen offiziellen Geschichtsschreiber für die Regentschaft seines Bruders Karl V. suchte, wandte er sich an Christine. Die männliche Frau belebte ihre Erinnerung, durchforstete die Chroniken, befragte Mitglieder des Hofes. Der *Livre des fais et bonnes meurs du sage Roy Charles V* umfaßt alle Aspekte der Vortrefflichkeit des Herrschers: Wirtschaft, Kriegstaten, sein Interesse für die Kultur und seine Frömmigkeit. Danach schrieb Christine das *Buch vom Staatswesen (Livre du corps de policie)*, das ebenso von Frauen handelt wie das *Buch von der Stadt der Frauen*.[45] Tat sie das als männliche Frau, wollte sie dem weiblichen Geschlecht den Zugang zu einem anerkannten Status ermöglichen?

Eine einzigartige Mischung aus gesellschaftlicher Etablierung und persönlichem Wagnis zeichnet von da an ihr Schreiben aus. Christines Worte, gleichermaßen traditionsbeladen und höchst innovativ, treffen besonders bei Frauen auf offene Ohren. Bleibt eine Frage – so vorsichtig man sein muß, da der polemische Kontext ihres Schreibens ebenso respektiert sein will wie die Grenzen, die zwischen ihrem und unserem Sprechen bestehen –, eine Frage, die niemanden, der ihre Werke liest, losläßt: Warum diese seltsame Geschlechtsumwandlung, besteht Christine doch auf ihrem Frausein als Quelle der Verheißung und einer schönen Utopie, an die sie glauben will?

Frau und Literatur

»A fame ne doit on apranre letres ne escrire«[46] – »Die Frau sollte man weder lesen noch schreiben lehren« . . . Zum Ausdruck des Ich gelangen zu wollen, ist ein schwieriges Unterfangen. Es bedarf des Zugangs zum geschriebenen Wort der anderen, um das je eigene finden zu können. Frauen, die lesen und schreiben können, sind gefährlich. Auch wenn nicht alle Moralisten so bestimmt auftreten wie Filippo da Novara: Die Worte gebildeter Frauen rühren noch lange an männlichen Befürchtungen, ihren Kühnheiten gegenüber ohnmächtig zu sein. Doch läßt sich die Sprache der Selbstartikulation nicht leicht verbieten, besonders nicht in der Literatur. Vor allem aus dem spirituellen Bereich gingen höchst individuelle Autorinnen hervor: Hildegard von Bingen seit dem 12. Jahrhundert, dann im 13. und 14. Jahrhundert Beatrijs von Nazareth, Hadewijch, Mechthild von Magdeburg, Maria von Oignies und andere Frauen waren sich offenbar ihrer Fähigkeit zu schreiben sehr bewußt. Beatrijs' Traktat über die sieben Grade der Gottesliebe, die Sendbriefe und Gedichte Hadewijchs, das erstaunliche und komplexe Werk Mechthilds von Magdeburg *Das fließende Licht der Gottheit*, und der wunderbare *Miroir des âmes simples et anéantis* von Marguerite Porete mit seiner außerordentlich konzentrierten Komposition sind für die Literatur, insbesondere die volkssprachliche Literatur, von großer Bedeutung. Sie gehen aber weit über die Sprache der Literatur hinaus. Zwar beweist dieses weibliche Sprechen eine bemerkenswerte literarische Bildung, ganz zu schweigen von seinem theologischen Rüstzeug. Entscheidend ist aber, wie sehr diese Schriftstellerinnen, wenn sie sich in ihr je eigenes spirituelles Abenteuer stürzen, sich ihrer selbst bewußt sind: Sie verkünden, der Gnade teilhaftig, die Wahrheit Gottes; oft unterweisen sie ihre Umgebung und vermitteln aktiv ihr Wissen. In ihren Texten, Briefen, Worten ist das Wirken Gottes deutlich zu spüren.

Die Nonnenliteratur ist weniger individuell. In den Klöstern – viele Zeugnisse stammen aus dem süddeutschen Raum – entstanden Sammlungen von Gnadenviten. Ob es sich dabei um Einzelbiographien handelt oder um Kompilationen kurzer *Vitae*, die von der Frömmigkeit des Klosterlebens Rechenschaft ablegen sollten – diese wohl weniger persönlichen Werke beweisen immerhin, daß die Dominikanerinnen die Schriften ihrer Schwestern, der Mystikerinnen, gekannt und gelesen haben.[47] Dazu kommt ein besonders klares Bewußtsein darüber, durch göttliche Gnade erwählt zu sein. Als Trägerinnen des göttlichen Wortes fühlten sich diese Frauen bevorzugt und daher zum Reden und Schreiben ermächtigt.

In früheren Epochen kommen persönliche Zeugnisse allem Anschein nach nur in den Schriften gebildeter Frauen mit klar definierter sozialer und ökonomischer Stellung vor. Trotz der lückenhaften Quellenlage erschließen sie, zumindest bei berühmten Frauen wie Heloïse oder Hildegard, intimere Bereiche, wenn die Frauen von ihrer inneren Befindlichkeit berichten. Diese Zeugnisse sind von großem Wert. Es scheint nicht einfach gewesen zu sein, sich in die Bereiche der Theologie und der Wissenschaften vorzuwagen, wie Hildegard von Bingen. Demutsformeln sind häufig. So schreibt Hildegard von Bingen an Bernhard von Clairvaux, daß sie ohne geistliche Unterweisung nicht zu sprechen vermöchte; als »paupercula mulier et indocta«, als arme ungebildete Frau, sei sie weder literarisch besonders bewandert, noch könne sie gut Latein. Das Verhältnis zum Ausdrucksmittel Sprache scheint selbst für diese außerordentlich gebildete Frau nicht so selbstverständlich zu sein wie für Männer. »Im Innern meiner Seele«, sagt sie, »bin ich weise.« Durch die überaus umfangreiche Korrespondenz, die sie mit den Großen ihrer Zeit führt, wird sie zum Echo der intellektuellen Gärung in dieser Epoche. Sie schreibt an Eleonore von Aquitanien, an die Gräfin von der Pfalz, an Päpste, Kaiser, Bischöfe; Theologen befragen sie zu Einzelheiten der Lehre. Die Mitteilung ihrer *Visionen* ist ein ehrgeiziges Unterfangen: Sie umfassen den Ursprung der Welt, das Gefüge, in dem der Mensch seinen Platz hat, und eine Vorstellung vom Jenseits. Ihren theologischen

Darstellungen läßt Hildegard eine Reflexion über die Situation der Frau folgen.

Bereits in der zweiten Hälfte des 8. Jahrhunderts hat Hugeburc zwei Viten verfaßt, zuerst die Vita des heiligen Willibald, dann die des heiligen Wynnebald. Da der heilige Willibald ihr den Bericht von seinen *Reisen* selbst anvertraut und diktiert hat, können wir sie auf ihrem Horchposten und ihrem Weg zum Schreiben orten. Sie hatte also das Bewußtsein einer Aufgabe, einer Mission.[48] Noch sind die Spuren spärlich. Peter Dronke hat Dokumente weiblicher Äußerungen untersucht, um zu ergründen, auf welche Weise sie ihre Gedanken artikulierten und ihre Gefühle zeigten. Schon Dhuoda enthüllte in dem Lehrbuch moralischer und religiöser Ratschläge, das ihrem Sohn zugedacht war, etwas von einem verborgenen Leben. Mit ihrer Aufmerksamkeit auch für zeitliche Abläufe, etwa für Daten, sagt sie zugleich mehr und weniger als die Männer ihrer Zeit; auffallend ist der introspektive Charakter ihres Werks.[49] Die Schriften der Frauen scheinen im Verhältnis zu jenen der Männer – das ist der Schluß, den der Historiker zieht – spontaner und mit einem kritischeren Blick auf sich selbst geschrieben zu sein.

Die Demutsformeln der Frauen zu Beginn ihres Werks kennzeichnen – auch wenn es sich, wie Curtius[50] meint, dabei nur um einen Topos der Bescheidenheit handelt – das Anfangsstadium ihrer schriftstellerischen Tätigkeit. Hrotsvit sieht sich, da ihrer Meinung nach Frauen die metrische Arbeit schwerfällt, auf die Hilfe des Herrn angewiesen. Als sie beauftragt wird, offizielle *gesta* zu verfassen, schildert sie Gerberga, der Äbtissin von Gandersheim, die Schwierigkeiten der Komposition: Es gehe ihr wie einem Reisenden, der sich ohne Führer auf eine schwierige Tour in eine Schlucht begibt, wo der Weg mit einer dicken Schneeschicht bedeckt ist. So quäle sie sich in mühseliger Arbeit auf dem großen Gebiet glorreicher Ereignisse vorwärts.[51] Sie habe heimlich geschrieben, sagt sie an anderer Stelle, an sich und ihrem Wissen zweifelnd, zaghaft die Teile zusammengesetzt und manchmal die fertige Arbeit vernichtet. Auch Hildegard, die von den Großen ihrer Epoche anerkannt war, verlieh diesem Gefühl der weiblichen Schwäche Ausdruck – aber auch dem Vertrauen in ihre geistigen Fähigkeiten.

Übrigens sind diese Frauen – Hrotsvit, Hildegard, Christine Ebner im 14. Jahrhundert und andere – oft von Menschen ihrer Umgebung zum Schreiben aufgefordert worden. Sie schrieben also in dem Bewußtsein, ein Auditorium zu haben.[52] Eine armselige und ungebildete Frau nannte sich Hildegard, die Äbtissin von Rupertsberg. Mechthild von Magdeburg schickte ihr Buch als Botschaft an alle Kirchenmänner: »Dis buch das sende ich nun ze botten allen geistlichen luten.« Widersprüche eines aufkeimenden Bewußtseins, etwas zu sagen zu haben und daran scheitern zu können. Aber die Worte gebildeter Frauen verbreiteten sich oft sehr schnell. Gehören diese Demutsformeln also in den Bereich der Topik oder sind sie auf ein Gefühl mangelnder Kompetenz zurückzuführen? Die Stimmen der Beginen und Nonnen geben uns einigermaßen genaue Auskünfte über die Bedingungen ihrer Offenbarung und darüber, wo sie sich einschrieben und Aufnahme fanden.

Bleiben einige noch unklare Bereiche weiblicher Artikulation, die vorsichtig bewertet werden sollten: In den Chor der Troubadours mischte sich die Stimme der Trobairitz als weiblicher Kontrapunkt in Debatten und Liebeslieder. [53] Aber diese Stimme lag, wie bereits gesagt wurde, zwischen dem *registre aristocratisant* der Troubadours und dem *registre popularisant* der *chansons de femme*, der Frauenlieder. Es gibt wenig Material, das einer feministischen Untersuchung genügen könnte, worauf auch Ursula Peters hinweist. [53] Eine Besonderheit der spirituellen Literatur dagegen sind die volkssprachlichen Berichte von Frauen über ihre spirituellen Erfahrungen. Die Frauenliteratur aus den Klöstern ist insofern von Interesse, als sie einem gemeinschaftlichen Milieu entstammt, während die großen Texte des 13. Jahrhunderts offenbar relativ unabhängig voneinander entstanden sind, außerdem ist sie bescheidener in ihren Ansprüchen, während Beatrijs, Hadewijch und Marguerite Porete bemerkenswerte theologische und literarische Kenntnisse aufweisen. In den *Vitae* erfahren wir auch viel über das Bewußtsein der Frauengemeinschaft. Ungeachtet ihrer Vielfalt sind die Schriften, die unter dem Begriff »weibliche Mystik« firmieren, jedoch allesamt Zeugnisse eines spirituellen Weges, der zur Grundlage des Schreibens wurde. [54]

Bleibt das Rätsel dieses weiblichen Schreibens, das zwar von literarischen Konventionen geleitet wird, sich aber auch große Freiheiten im Umgang mit ihnen herausnimmt und dabei gerne einen Mangel an Bildung geltend macht. Die Frau weiß sich als auserwählte Visionärin, sie hält sich, alles in allem, für eine Schriftstellerin, die Gott zum Schreiben berufen hat, des Schreibens aber hält sie sich kaum für mächtig. Mechthild von Magdeburg bezeichnet sich als bar aller Kultur. Christine Ebner wundert sich darüber, daß Gott mit ihr mehr spricht als mit einem Priester, und erfährt, daß dieses Erwähltsein göttlicher Ratschluß ist; dem Priester obliege der Gottesdienst. Ein geschlechtsspezifisches Diptychon: Dem männlichen Privileg des Priesteramtes entspricht die Gabe der Ekstase, die Gott der erwählten Frau schenkt, damit sie in der Welt von seiner Wundermacht zeuge.

Ist also die Frage nach einer geschlechtsspezifischen Verteilung geistlicher Schriften erlaubt? Sind die Männer prädestiniert für Texte aus dem Bereich der Theologie und Seelsorge, die Frauen hingegen für Visionsniederschriften und elaborierte Gnadenviten? Diese Formulierung wäre voreilig und stimmte wenig mit der Überlieferung überein. Frauen haben auch Traktate über die Gottesliebe verfaßt (wie Beatrijs von Nazareth) und Männer Viten (wie Friedrich Sunder). Das aber gibt, worauf *Ursula Peters* hinweist, weniger Aufschluß über die Wirklichkeit religiösen Lebens als über die Modelle der Spiritualität, die man im klösterlichen Milieu einem erwählten Kaplan oder einer hervorragenden Frau zuschrieb.[55]

Trotz aller Unklarheiten können wir feststellen, daß eine Neuheit die Zeitgenossen offenbar verblüfft hat: In der Mitte des 13. Jahrhunderts wunderte sich Lamprecht von Regensburg über diese »Kunst«, die unter den Frauen entstanden sei, diese Worte der Nonnen und Beginen, deren Wert erst in Zukunft ermessen werden könnte. Die Frauen wurden »Meisterin« genannt wie Hadewijch von Johannes van Leeuwen , oder »Beginenpriesterin« wie Marguerite Porete. Ihre literarische und religiöse Bildung wurde anerkannt. Und am geistlichen Vokabular und den mystischen Metaphern etwa in den Schriften Meister Eckharts oder denen Ruisbroeks läßt sich der entscheidende Einfluß früherer oder zu gleicher Zeit entstandener Schriften von Frauen ermessen. Die deutsche Mystik, insbesondere Meister Eckhart, hat der niederländischen Frauenmystik ganz offensichtlich viel zu verdanken. So fanden mystische Erfahrungen aus weniger gebildeten, überwiegend weiblichen Milieus in die Theologie Eingang. Die Beginen hatten das Terrain einer Sprache erobert, in der sie über die unaussprechliche Vereinigung mit Gott: Verzückungen, Visionen und die spirituelle Erfahrung von der Nacktheit der Seele, sprechen konnten. Sie hatten eine totale Sprache kreiert, die sich dem Körper öffnete. Visionen waren zwar als literarisches und religiöses Genre seit dem 12. Jahrhundert weit verbreitet und Reisen ins Jenseits kein weibliches Privileg, aber die Visionärinnen des 13. Jahrhunderts sind die bekanntesten. Ihre Bilder und großartigen Entwürfe zeugen von ihrem einzigartigen Erfindungsreichtum. Von Hildegard zu Maria von Oignies, von Juliana von Norwich, der Einsiedlerin, zu Margery Kempe, der Weitgereisten – welch ungeheure Vielfalt weiblicher Botschaften!

Deren Bekanntheitsgrad ist gelegentlich aus der Spur der Handschriften oder dem Erfolg einiger früh übersetzter und weit verbreiteter Schriften, wie dem *Spiegel der einfachen Seelen* der Marguerite Porete, zu erschließen. Schwer dagegen fällt manchmal die Unterscheidung, selbst bei klar umrissenen Persönlichkeiten, in welcher Art von Text die Frau am deutlichsten spricht. Der Fall Christine Ebners illustriert exemplarisch die Schwierigkeit der Textinterpretation; er verführt aber auch dazu, sich einzulassen auf diese weibliche Rede, auf den Reichtum ihrer Überlieferung und die Beschreibung eines Gnadenlebens. Leben und Mitteilungen dieser Dominikanerin aus Engelthal sind in drei Arten von Dokumenten überliefert: erstens Visionsniederschriften, die dem liturgischen Jahr folgen. Sie sind in der dritten Person abgefaßt, enthalten aber persönliche Details aus dem Leben der Mystikerin, ihre Bewunderung für ihr Vorbild Mechthild von Magdeburg, ihre Beziehung zu Heinrich von

Nördlingen; der zweite Text, offenbar in Zusammenarbeit mit einer Nonne entstanden, berichtet von Erscheinungen der Jungfrau und Jesu und befaßt sich ausführlicher mit den Zeichen, die eine außergewöhnliche Bestimmung ankündigen. Die Datierung ist weniger genau, die Religiosität der Kinderzeit und Traumerlebnisse bilden den Schwerpunkt. Manchmal gebraucht die Mystikerin das Wort »Ich«, um sich auszudrücken. Über die schriftliche Niederlegung der »gnaden und wunder« geben einige Spuren des Dialogs mit dem Schreiber Auskunft – wie Tagebucheintragungen, sagt Ursula Peters.[56] Der dritte Text ist die Lebensbeschreibung der Heiligen; hier werden Elemente, die aus dem zweiten Text stammen, erneut bearbeitet. Die Bedeutung der Beziehung zwischen der Visionärin und der Mittelsperson, die die schriftliche Niederlegung besorgt, wird zu einem wichtigen Thema dieser spirituellen Literatur. Im Fall der *Vie de sainte Douceline* ist das für uns besonders interessant, weil im Süden Frankreichs eine ihrer Schwestern mit der Abfassung der Biographie beauftragt war.

Ein wichtiges Faktum in der Geschichte des Schreibens ist, daß Mystikerinnen und Nonnen die Volkssprachen, Deutsch, Französisch, Flämisch, Italienisch, benutzten. Dieses Ausdrucksmittel eröffnete ihnen vielfältigere Kommunikations- und Verbreitungsmöglichkeiten für ihre Schriften. Daß sie darüber hinaus eine direkte Verbindung mit dem Heiligen Geist postulierten, der seinen Odem der »Kreatur« eingab, ohne eine vermittelnde Instanz einzuschalten, machte einige, besonders unter den Beginen, verdächtig.

Einiges muß noch erwähnt werden über die Lebenswelten, in denen diese Frauensprache ihre Blüte hatte: Manche Mystikerinnen kamen aus Zentren einer hohen intellektuellen Kultur, wie Hrotsvit oder Hildegard, andere aus einem von der höfischen Kultur geprägten Milieu. Ihren Wissensmangel, den sie in formelhaften Wendungen beklagten, ließ die vorgeblich ungebildete Frau, die hier das geistige Parkett betrat, in um so hellerem Glanz erstrahlen. Das Erstaunen der Zeitgenossen war groß, als sich diese Frauen auf dem Gebiet der Theologie behaupteten und das ganze Spektrum religiöser Fragen behandelten. Ihre Gottsuche, mindestens sagte das Lamprecht von Regensburg, schien etwas Besonderes zu sein, zu dem Männer nicht fähig waren. Läßt sich hierin etwa eine geschlechtsspezifische Differenz erblicken? Diese Frage muß offen bleiben. Jedenfalls haben diese Frauen die Sprache der Predigt in- und außerhalb der Klöster beflügelt; ein Beleg unter vielen sind die heftigen Gefühlsausbrüche Margery Kempes bei Predigten. Sie lasen und verbreiteten fromme Literatur, bezogen daraus Anregungen, selbst zu schreiben, und fühlten sich verpflichtet, ihre Schwestern und ihre männliche Umgebung an ihrer Erleuchtung teilhaben zu lassen. Die Versuchung ist groß – trotz aller Vorsicht, zu der Ursula Peters mahnt –, hier das Individuum über sich selbst gebeugt zu sehen und fähig, über seine persönliche Erfahrung zu sprechen.

Ein wichtiger Punkt noch, der möglicherweise jene enttäuscht, die ein authentisches Sprechen der Frau zu hören hofften, der aber Teile der Texte und die Schichten und Bedingungen dieses neuen Sprechens erhellen kann: In den meisten Fällen sind die Schriften, wie bereits erwähnt, aus der Beziehung zu einem Seelsorger erwachsen, der zur Niederschrift ermuntert und selbst zur Beschreibung des spirituellen Ereignisses beigetragen hat. Diese Zusammenarbeit zwischen Männern und Frauen ist eine wichtige Etappe in der Entwicklung der Artikulation der Selbstanalyse. Als Filter und dritte Stimme (im Dialog mit Gott) verhinderte der Seelsorger eine zu große Selbstgenügsamkeit und bürgte für die Worte der Frauen; zu Recht wurde die Bedeutung dieser Zweierbeziehung als notwendiges Element eines gültigen spirituellen Diskurses hervorgehoben. Literarische Mystifikation oder wirkliche Befruchtung? Diese Frage stellt Ursula Peters sehr pointiert. In jedem Fall erhält die von Natur aus unwissende »mulier religiosa«, die späterhin die bedeutendsten Eingebungen hat, in einer Art Rollenspiel durch die Beziehung und geistliche Freundschaft mit ihrem Seelsorger Unterstützung.

Die Stellung der Frau zum Schreiben ist komplex. Im weltlichen wie im geistlichen Bereich waren die Frauen lange aus der universitären Bildung ausgeschlossen. Die Vermittlung der Institution trug also nichts zu ihrer Formung bei, es sei denn, daß die klösterliche Umgebung diese Aufgabe übernahm. So bei Beatrijs von Nazareth, die das *trivium* im Kloster beendete und das *quadrivium* dort erlernte. Seit langem beschäftigten sich Klosterfrauen mit Übersetzungen, und im 12. Jahrhundert genossen viele Klöster den Ruhm, Handschriften herzustellen.[57] Briefwechsel mit berühmten Männern wie der Hildegards beweisen, daß viele Frauen gebildet genug waren, in lateinischer Sprache zu korrespondieren. Viele »Semireligiösen« waren offenbar gelehrt.[58] Aber noch lange läßt sich die Schwierigkeit der Frauen beobachten, mit dem Gefühl ihrer Unzulänglichkeit fertig zu werden, insbesondere im laizistischen Milieu gegen Ende des Mittelalters, obwohl der Zugang zur Bildung dort wohl einfacher war. Was war der Grund dafür? »Quid igitur indocta, rudis, inexpertaque puella faciam?«, fragte sich Constanze Varana in einem Brief an Bianca Maria Visconti, »Was also soll ich tun, ich ungebildete, ungeschickte, unwissende Frau?« Gerade in Italien hatten die Frauen einen Platz im humanistischen intellektuellen Leben. Als Töchter bekannter Familien gehörten sie zur Elite.[59] Diese jungen, gebildeten Frauen wußten, daß sie eine schwere Wahl zu treffen hatten: Heiraten bedeutete das Ende ihrer Studien, nicht heiraten hieß, auf die Welt zu verzichten. Paradoxerweise hatten die Frauen gerade in dieser Blütezeit des Wissens und der Bildungsmöglichkeiten für Frauen ein erstaunlich geringes Selbstbewußtsein. Immerhin traten sie in der Öffentlichkeit auf. War es aber ein Zufall, daß Isotta Nogarola Eva wegen ihrer Verantwortung für den Fall der Menschheit in Schutz nahm und die Schwäche der weiblichen Natur verteidigte? Auch setzten sich diese jungen, gebildeten Frauen dem Gespött anderer Frauen aus. Waren sie sich ihrer Situation etwa nur zu sehr bewußt? Sie trugen, wie es scheint, an der Bürde einer schwer anzunehmenden Geschlechtsidentität. Schon Christine hatte die Vorzüge einer Geschlechtsumwandlung gepriesen und noch früher Boccaccio, als er die Talente seiner Widmungsträgerin Andrea Acciaiuoli deren »männlicher Natur« zuschrieb.

REDEN DURCH HANDELN

Das Schweigen der Frauen ist die Folge aufgezwungener Worte. Es spricht von einer Unterwerfung unter das Schicksal. In der Belletristik werden die Frauen durch grausame Winkelzüge ihres Mannes entweder zum Schweigen gebracht oder zu nutzlosem Klagen verurteilt, das die Mauern nur durchdringt, wenn ein Wunder geschieht. Die junge Frau im *Lai de Yonec* der Marie de France ist unglücklich verheiratet: »Oh grausames Schicksal«, klagt sie. »Eingekerkert bin ich in diesem Turm, aus dem erst der Tod mich erlöst!«[60] Gleich darauf sieht sie durch ein schmales Fenster den Schatten eines großen Vogels. Nur diese ins Schweigen und die Abgeschiedenheit ergebene Frau konnte mit ihren Worten dieses Wunder bewirken. Der Vogel aus dem Jenseits wird ihr Geliebter und zeugt mit ihr einen Sohn: Yonec. Auch die Heldin im *Lai de Guigemar* ist zur Nichtkommunikation verurteilt. Nur die Malerei, die schweigsame Gabe einer beredten Venus, erlaubt ihr das Gespräch – bis zu dem Tag, wo ein wundersames Schiff die Stille durchbricht. Die Klagen der eingeschlossenen Frauen sind aus dem Schweigen geboren. Nichts könnte das Verlies besser beschreiben als diese Worte, die niemals den anderen erreichen, wie die ewige lyrische Litanei des Refrains, die Wiederholung von Orten und Situationen des Wartens in den *chansons de toile*.

»Schweigend, mit gesenktem Kopf«[61]

Der Mann, der so grausam handelt, wird zum Voyeur der verborgenen Qualen. Die Worte der Frau erreichen ihn nicht. Auch der Vater, der seine Tochter begehrt, ist ihrem Flehen gegenüber taub. Das Schweigen der Frauen angesichts inzestuöser Angriffe ist unerklärlich. Die Klagen der Joie, der schönen Manekine, die sich verstümmelt, um nicht ihren Vater heiraten zu müssen, münden in jahrelanges Schweigen – Schweigen über die Verfehlung des Vaters, Schweigen über die eigene Identität. Sie begehrt nicht auf, sondern fleht zu Gott. Dasselbe bei der schönen Helene von Konstantinopel, auch sie flieht die Hand des Vaters: Sie schweigt oder kann sich nicht Gehör verschaffen, verliert kein Wort über ihre Identität, bis sie am Ende ihres Leidensweges wunderbarerweise, wie die Manekine, ihren Mann und ihren Vater in Rom wiederfindet.[62]

So verbergen sich die Töchter, die Gefangene des väterlichen Begehrens sind, hinter der Maske des Schweigens. Sie begeben sich ihrer Identität und machen in einer anderen Sprache deutlich, daß sie sich nicht unterwerfen. Selbst bei einer Vergewaltigung – wie in *La fille du comte de Ponthieu* – ist der Text außerordentlich zurückhaltend. Die junge Frau ist vor den Augen ihres Gatten von fünf Wegelagerern vergewaltigt worden. Sie wird davon unfruchtbar, ihr Vater, außer sich, setzt sie im Meer aus, sie gelangt in ein fernes Land, lernt eine neue Sprache (Sarazenisch) und kann endlich Kinder bekommen – ein Initiationsmythos?[63]

Aber auch in den eigenartigen Geschichten über männliche Wetten herrscht das Schweigen. Tatsächlich gibt es eine solche Tradition; Gaston Paris hat zahlreiche Versionen dieses Geschichtentyps gefunden, in denen ein Mann wettet, eine Frau zu verführen, seinen Erfolg publik zu machen und die Unschuldige zum Schweigen zu bringen. Die Frau schweigt, wartet, provoziert Geständnisse.[64] Zu dem Beweis, den der Verführer liefert, muß die Frau den Gegenbeweis antreten. Aber ihre Widerworte, ihr Leugnen finden kein Gehör.

Auch in dem Roman *Guillaume de Dole* spricht zuerst ein Gegenstand, der Zeuge der männlichen Heuchelei ist; das Sprechen des Mädchens verknüpft die Objekte, die sie herstellt, miteinander, verwebt sie in einer bewundernswerten Demonstration. Zwar täuschen sich die Leute nicht: »Ich bin das Rosenmädchen«, wollte sie sagen, aber darauf muß sie warten. Sie gebraucht die Erfindung, das Lügengewebe, die falschen Aussagen, um die Wahrheit um so heller erstrahlen zu lassen. »Ich versichere euch, wenn sie fünf Jahre die Rechte studiert hätte, ohne innezuhalten, und das ist wirklich wahr, wüßte ich nicht, wie sie ihre Klage und ihre Sache besser hätte darstellen können«.[65] Diese Klage erfolgt durch eine gewitzte Handhabung von Gegenständen und Geschenken, die die Unschuld des Mädchens beweisen. Die beredte Lienor weiß als gute Anwältin, daß die Worte von Frauen kein Gehör finden, wenn ihnen nicht durch eine kluge Strategie der Weg geebnet wird.

Das Schweigen der Frauen, die ihre Flucht auf langen Irrwegen von einem Gestade zum anderen führt, wird zum Identitätsverzicht. Joie wird zu Manekine, Helene, die Tochter des Königs von Konstantinopel, zu einer namenlosen Schönen. In vielen Geschichten wird eine junge Frau fälschlich illegitimer Geschlechtsbeziehungen beschuldigt – sie schweigt, protestiert nicht, flieht mit ihrem Kind. Die Geduld der Frauen ist unerschöpflich.

Die bekannte Geschichte von den Prüfungen der Griseldis berichtete jahrhundertelang immer wieder aufs neue von der unendlichen Duldsamkeit der Frau. Die Heldin dieser merkwürdigen Geschichte, die bis in die Märchenliteratur reicht, erleidet eine Demütigung nach der anderen: Ihr Mann entzieht ihr die Kinder und macht sie glauben, daß sie getötet wurden. Dann nimmt er ihr den Status der Ehefrau und jagt sie aus dem Haus, das sie in dem Hemd verläßt, in dem sie es betreten hat. Schweigend läßt sie alles mit sich geschehen. Sie erniedrigt sich so weit, als Magd das Bett für die neue Frau ihres früheren Gatten zu bereiten, die ihre eigene, totgeglaubte Tochter ist. Unterwerfung, fast vollständiges Verstummen – das emblematische Schweigen der Griseldis grenzt an Hagiographie. Unverhüllt überfluten Männerphantasien den Lesenden. Ob sie, wie eine Katharsis, dem männlichen oder weiblichen Publikum Genuß bereiteten? Petrarca fand großes Vergnügen daran. Er übersetzte die Erzählung als Geschichte einer Heiligen, Griseldis oder die Vorzüge des Schweigens, und beschrieb die Faszination der Zuhörer folgendermaßen: »Es gibt Personen, die fähig sind, das in den Augen gewöhnlicher Menschen Unmögliche zu leisten.« Tatsächlich beweist Griseldis beispielhaft, daß sie überhaupt keinen eigenen Willen hat. Philippe de Mézières übersetzte Petrarca im *Livre de la vertu du sacrement de mariage*, auch der Ritter vom Turm ließ Griseldis ihre tragische Geschichte noch einmal durchleben, ebenso wie Thomas de Saluces im *Ménagier de Paris*, Olivier de La Marche und viele andere.[66] Erstaunlich allerdings ist, daß Griseldis in der Erniedrigung die Gabe der Beredtsamkeit zuteil wird:

»Nackt und bloß verließ ich meines Vaters Haus, nackt und bloß werde ich dorthin zurückkehren. Allein es dünkt mich unschicklich, daß dieser Leib, der die von dir gezeugten Kinder austrug, unbekleidet vor den Leuten erscheint. Zum Lohn für meine Jungfernschaft, die ich in deinen Palast brachte, nun aber nicht wieder mitnehme, bitte ich dich untertänigst, mir ein einziges Hemd überlassen zu wollen, mit dem ich den Leib deiner Frau, der ehemaligen Markgräfin, verhüllen werde.«[67]

In ihrer Rede schon nimmt Griseldis das Zerbrechen ihres Seins auf sich, sie verläßt das eheliche Schloß, »züchtig und schamhaft, schweigend, mit gesenktem Kopf«. Seufzer und Tränen sind das Los derer, die sie auf ihrem Weg zur Hütte ihres Vaters begleiten. Griseldis ist kein gutes Thema für eine Semiologie des Leidens.

Angesichts dieser maßlosen Fiktion, die einen erstaunlichen Erfolg hatte, interessiert sich die verstörte Leserin vielleicht für andere von Historikern erforschte Dokumente über die Geschlechterbeziehungen und deren Regeln. Jacques Rossiaud hat kürzlich demonstriert, daß die Frau das Objekt ist, das sich verkauft, und das Subjekt, das sich zum Objekt macht. Und was sagt sie selbst dazu? Der Diskurs über die Prostituierte ist männlich: Man denkt über die »ideale« Prostituierte nach, über das Verhältnis der Frau zur Lust, über die Frauen, die arbeiten müssen, um zu überleben, und über die lüsternen Frauen, die den Genuß lieben.[68] Lust und freie Liebe sind in den Augen der katholischen Orthodoxie schwere Vergehen. In der Debatte um den Rosenroman hallt das Echo aus Paris wider. Die Stimmen der Opfer werden in den Dokumenten zu Zeugnissen, und im Hintergrund der berühmten Debatte, in die sich auch Christine lebhaft einmischte, stehen gesellschaftliche Praktiken, von denen andere Frauen ein Lied singen können. Die Dokumente lassen Tatsachen sprechen: Bruchstücke von Gesten und Gewalttätigkeiten, Schreie, eine Gruppe von Männern, die auf offener Straße eine Frau mißhandelt und beschimpft. Hier und da läßt ein Zeugnis erahnen, wie die Hilferufe erstickt worden sind. Man kann sich die Zeit ausmalen, die verstreicht, bevor die Worte der Klage sich Gehör verschaffen können: die Vergewaltigung, das Blut, eine Hand verschließt brutal einen Mund, um den Schrei zu ersticken. Die Gemeinschaft der Frauen aber befreit die geknebelten Worte und macht die Klage öffentlich. Fragen tauchen auf: Warum hat sich das Opfer zwischen der ersten und der zweiten Gewalttat nicht Gehör verschafft? Warum hat es nicht gleich bei Tagesanbruch Klage erhoben? Zwei Nachbarsfrauen haben in der Zwischenzeit der Gattin des Schänders von der Tat berichtet, das Opfer »hat vorher nicht davon zu sprechen gewagt«. So wiederholt sich die Gewalt, wie die von Marguerite Guillaume am Himmelfahrtstag 1449 erhobene Klage enthüllt:

»Und sie, die spricht, wartete, nahm ihren Rocken und ging auf die Straße, wo sie die Frau Perenot Viaulot traf, die Frau au Favier, die Chapeliere, die Pageote, die Corduiere, und sagte weinend zu ihnen, was ihr widerfahren war, und als sie sie gesehen und betrachtet hatten, ging die genannte Pageot zu ihrem Vater, da sie sich sonst nicht getraut hätte, es ihm zu sagen.«[69]

Die Tochter des Comte de Ponthieu trägt so schwer wie grundlos an der Schande, daß sie sich nicht getraut, ihm die Wahrheit zu sagen.

Griseldis spricht ehrerbietig, kann gut reden und besänftigt »Streit und Mißhelligkeiten der Edlen mit sanften und maßvollen Worten«, sagt eine anonyme Übersetzung im 15. Jahrhundert. Als brave Verwalterin der gesellschaftlichen Ordnung und tapfere Verfechterin der Unterwerfung erhält sie sogar einen Platz unter den berühmten Frauen der *Stadt der Frauen*. Merkwürdigerweise lobt Christine, wie Philippe de Mézières, an ihr die Tugend der Standhaftigkeit und sieht in der schweigenden, erniedrigten Frau eine beispielhafte Frauengestalt.

Der von Heldris de Cournouaille im 13. Jahrhundert geschriebene *Roman de Silence* ist ein Erbfolgeroman voll bedeutungsreicher An-

spielungen auf das Schweigen und die Rolle einer Frau, die als Mann auf-
tritt: Der König hat, um jeden Streit zu vermeiden, der sich aus den
Ansprüchen der Frauen auf die Erbgüter ergeben könnte, in seinem
Reich die weibliche Erbfolge abgeschafft – niemals mehr kann im König-
reich England eine Frau das Erbe antreten. Daher stellt die Geburt einer
Tochter Eufamie und Cador vor große Probleme. Damit sie das Land von
Cornwall erben kann, wird die Tochter mit Männerkleidern und einem
Zwitternamen versehen: Silence.

»Nennen wir es *Silence*, im Namen der heiligen Geduld, denn das Schweigen nimmt
die Sorgen. Möge Jesus Christus in seiner Macht uns die Kraft geben, es zu verstecken
und ruhigzuhalten. Sein Wille geschehe. Ich weiß nichts Besseres. Es wird *Silencius*
heißen: Und wenn zufällig seine wahre Natur entdeckt wird, verwandeln wir das -us
in -a, und sein Name wird *Silencia*. Nehmen wir ihm dann dies -us, geben wir sie
ihrem natürlichen Wesen zurück, denn dies -us ist ihr wider ihre Natur aufgezwungen, von Natur gebührt ihr das Gegenteil.«[70]

Der Name soll das Fehlen eines männlichen Nachkommen verschleiern
– ein komplexes narratives und symbolisches Geflecht, das Howard
Bloch analysierte: »Die Natur ist nämlich mit der Eigenart der Namen, der
Differenz der Geschlechter – und der Erbfolgeregel des Erstgeborenen-
rechts verknüpft; das Kunstwerk oder die Dissimulation (»celer et taisir«)
andererseits ist mit der Überschreitung der grammatikalischen Eigenart,
der sexuellen Inversion und einer Verschiebung der Nachfolge verknüpft.«[71] Das Kind, das im Wald wie ein Knabe aufwächst, legt selbst
Rechenschaft ab über seine Situation. Es ist zerrissen zwischen seinem
Wunsch nach einem »us de femme«, dem Wunsch, seinem Wesen entsprechend Frau zu sein, und der von Noreture vermittelten Notwendigkeit.

»Silencius! Wer bin ich denn? Ich trage, das weiß ich, den Namen Silencius, sonst
wäre ich ein anderer, als ich war. Eine Sache weiß ich nur zu gut, fürwahr, und zwar,
daß ich kein anderer sein kann. Folglich bin ich Silencius, scheint mir, oder ich bin
niemand.«[72]

Noreture stiftet in der Verwirrung des Kindes Ordnung – so gut, daß
Silence das Mannsein besser findet als das Frausein.[73] Später schließt
sie sich einer Jongleurtruppe an, erlernt deren Metier und übertrifft sie
bald an Geschicklichkeit, erhebt öffentlich ihre Stimme und fängt den
ungreifbaren Merlin im Wald, was nur einer Frau möglich ist: So wird
offenbar, daß sie eine Frau, Silencia, ist. Endlich zu ihrer weiblichen
Identität gelangt, heiratet sie den König von England. Diese Verknüpfung
von Problemen der Macht mit der Geschlechtsidentität und der Erlangung des Namens ist im Corpus der mittelalterlichen Literatur besonders
reich an Symbolik.

Die böse Rede

Allegorien sind meist weiblich, ob gut oder schlecht. Auch diese neun
Ausgeburten des Teufels: Simonie, Heuchelei, Raub, Habsucht, Betrug,
Religionsfrevel, Götzendienst, Hoffart und Hurerei, die sich in der Dicht-
kunst des 13. Jahrhunderts verderblich paaren, sind Frauen.

Die Allegorie ist ein treffendes Bild und eine Distanzierung vom Laster
gleichermaßen. Aber auch das Reden der Frauen selbst ist oft »schlecht«.
Vorschriften sollten die ausschweifende Sprache auf den Pfad maßvoller
Rede zurückführen: »Die Frau soll sich nicht töricht zu unnützen Reden
noch zu bösen Taten verleiten lassen; denn wenn sie schlecht redet, wird
man ihr entweder die Wahrheit sagen oder eine Lüge erwidern, und daraus wird ihr Verlegenheit und Schande für ihr ganzes Leben erwachsen.«[74]

Wir könnten es nicht besser ausdrücken, daß das Sprechen eine symbolische Haut ist, an der Individuum und Gemeinschaft sich berühren:
Ein Wort gibt das andere. Die weitschweifigen Texte mögen von einer
hohen Erzählkunst zeugen, zeigen aber vor allem eine Sprachinstanz, die
die Welt regiert. Offenbar sind den Frauen unglaubliche Fähigkeiten und
eine unersättliche Gier nach Worten eigen: Sie hören zu und reden
gleichzeitig selber. Zuvörderst ist ihr gefräßiger Mund ein gefräßiges Ohr,
das sich jedermanns Wissen einverleibt. Die Frau lauert wie der Jäger auf
dem Anstand. Ihre Strategie ist gewitzt, ihre honigsüßen Worte sind verführerisch, sie legt Köder aus, und schon nimmt das Unglück seinen
Lauf. Das Geheimnis ist gelüftet, der Panzer des Mannes zerstört. Über
das Verborgene wird öffentlich geredet. Die Frau ist von dem teuflischen
Wunsch beseelt, alles zu erhaschen und zu besitzen, dabei ist sie
unfähig, das erlangte Wissen zu bewahren, sie verschleudert und verbreitet es. Das leichtfertige Geschwätz bleibt, wie die moderne Soziolinguistik behauptet, ein »rassischer Zug«, eine Besonderheit der weiblichen
»Rasse«.[75] Schon der Betrunkene kann kein Geheimnis für sich behalten,
die Frau aber wird vollends haltlos, wenn sie getrunken hat.

»Und wer immer seiner Frau seine Geheimnisse
erzählt, der macht sie zu seiner Herrin.
Kein Mann, der von einer Mutter geboren wurde,
darf, wenn er nicht betrunken oder wahnsinnig ist,
einer Frau etwas enthüllen,
was zu verbergen ist,
wenn er es nicht von anderen hören will«[76]

sagt Genius in dem allegorischen Roman zu Natur. Für die Lust am Tratsch
würde die Frau sogar ihr Leben riskieren. Einmal ihren Verführungskünsten erlegen, plaudert der Mann bei seiner Frau mehr aus als bei seinem
Beichtvater. Das Wort, einmal entflohen, ist nicht mehr einzufangen.

Auch Samson vertraute Delila seine Geheimnisse an. Wieviel Unheil ist schon über die Welt gekommen durch die Enthüllung von Dingen, die unter dem Siegel der Verschwiegenheit weitergegeben wurden! »Darumb lieben dŏchtern«, ermahnt der Ritter vom Turm seine Töchter, »so ist dyß eyn gut exempel/wie jr verschwygen sŏllen die heymlicheit üwern mannen.«[77] Eine Katastrophenphilosophie, die die Bedeutung des Wortes im gesellschaftlichen Raum enthüllt.

Deshalb zögert der Gatte nicht, die Zunge seiner Frau auf die Probe zu stellen. Man bindet ihr einen Bären auf, wie die naturwidrig gelegten Eier im Buch des Ritters vom Turm, um zu sehen, ob das Geheimnis gewahrt bleibt. Dann gerät das Gerücht in Umlauf und fällt auf den zurück, der es verbreitet hat. Der mittelalterliche Text gibt hier ein schönes Beispiel sozialer Kommunikation.

Die Reden der Moralisten sind gleichsam eine Besserungsanstalt. Angeblich treffen sie nur Feststellungen, tatsächlich aber projizieren sie vorwegnehmend alle Übel in die Zukunft, deren sie die Töchter Evas für fähig halten. Was die Frau mit bezaubernden Gebärden und anmutiger Haltung auch erreichen will – durch Worte gelingt es ihr allemal besser. Dem törichten Geschwätz hat der Mann bald Einhalt geboten. Vom Getuschel der Verschwörer abgesehen, ist das rechte Wort, die Sprache der Autorität, eine männliche Angelegenheit. So wird der Frau in den Schriften der Moralisten eine strenge Überwachung ihres Sprechens nahe gelegt. Sie sollte besser schweigen.

Das Sprechen in der Gruppe

Der verbale Austausch der Frauen wirkt im Raum der Gemeinschaft, die Frauengemächer sind die Bühne, auf der Frauengruppen Gebärden mit Worten verstricken, spinnen, sticken[78]; hier haben sie Zeit, sich miteinander zu unterhalten. Die Schönen aus den *chansons de toile* teilen ihrer Mutter oder ihrer Gouvernante den Namen dessen mit, den sie lieben. Braut sich hier eine Revolution zusammen? Der Rahmen ist fest gefügt: In Nordfrankreich und im galego-portugiesischen Bereich schließt er die Frauen im Raum ein, isoliert sie in den täglichen Verrichtungen, und der literarische Code zieht die Grenzen: ein Frauengemach am Bachufer.[79] Alltägliche Zeit, abendliche Zirkel; die Frauen sitzen beisammen, nähen, singen, reden. Die verderblichen Folgen dieser Tätigkeiten, wie sie in *Guillaume de Dole* beschrieben sind, mag man der Einbildungskraft des Romanciers zugutehalten. In solchen zuweilen aufgeregten und boshaften Szenen des okzitanischen Romans *Flamenca* macht sich einmal eine junge Ehefrau über ihren eifersüchtigen Mann lustig und malt sich ein Rendezvous mit ihrem jungen Liebhaber aus.

In den *Évangiles des quenouilles* (*Spinnrocken-Evangelien*) – einem
einzigartigen Werk, das eine alte Tradition mit einer neuen Form literarischer Darstellung verquickt – treten »weise und kluge Matronen« auf,
die sich zwischen Weihnachten und Lichtmeß allabendlich versammeln
und nach einem peinlich genau beachteten Ritual abwechselnd den Vorsitz führen: »Eine von uns wird damit beginnen, ihren Teil vor allen hier
Versammelten vorzutragen, um ihn in Erinnerung zu rufen und ihm ein
ewig währendes Gedächtnis zu sichern.«[80]

Der einzige zugelassene Mann muß die Evangelien niederschreiben,
wie die vier Evangelisten, die die Worte Gottes verkündet haben. Es gibt
eine Präsidentin, eine Hierarchie der Reden, aber dennoch einen demokratischen Austausch, weil jede ihre Maximen verkünden und die der
anderen glossieren darf. Die Worte werden von den Spinnerinnen zum
Werk verwoben. Reden ist Handeln. Das weibliche Auditorium wächst
von Tag zu Tag. Die Spinnstube wird zur Werkstatt, die Gebärden, Worte, geheimes Wissen fabriziert, Sprachwissen über Rezepte und Gesten
zur Führung der häuslichen und ländlichen Gemeinschaft in Verbindung
mit geheimen Zauberworten. Drei alte Frauen hatten Beziehung zu den
okkulten Wissenschaften, der Kunst der Weissagung, ketzerischen
Reden, »von welcher Wissenschaft sie sehr viel behalten hat«, heißt es
über eine von ihnen. Die Spinnerinnen widmen sich dem Gespräch in
der Runde, verfolgen damit aber das Ziel, den Faden der weiblichen
Erinnerung in eine glückliche Zukunft fortzuspinnen. Ihre Geheimnisse
betreffen Frauenthemen und sind für die Frauen der Zukunft bestimmt.
Sie wollen dieses umfangreiche Wissen, die nützlichen Kenntnisse am
Leben erhalten, »zu diesem Zweck, daß sie von Generation zu Generation weitergegeben und vermehrt werden«.[81] Die beruhigenden Worte, die
über das Reich des Alltäglichen wachen, können zaubern: wohltätig,
wenn sie die Fruchtbarkeit von Vieh und Menschen ankündigen, Verderben bringend, wenn sie auf die Begierde oder unbewußte Affekte
einwirken wollen.

Die Bemerkungen des Schreibers verraten die zugrundeliegende tragische Spaltung zwischen Männern und Frauen in der Gesellschaft.
Zunächst spricht er den Frauen die Vernunft ab: »(. . .) was sie gesagt
haben, scheinen mir lauter Dinge ohne Verstand oder Folgerichtigkeit«.[82]
Und als das Geplauder gar kein Ende nehmen will: »Es schien nicht so,
als ob sie schweigen wollten, so nahm ich in ihrem Blickfeld Platz, damit
meine Augen sie beschämen sollten wegen ihrer Reden, die so wirr
waren wie das sieg- und ruhmlose Ende einer Schlacht.«[83]

Angesichts des unbezähmbaren Redeflusses vertieft er die Kluft zwi-
schen den Geschlechtern und demonstriert, daß der Übergang zum
Geschriebenen das weibliche Sprechen entstellt; zuerst rät er seinem
Lesepublikum, keiner der Frauen Beachtung zu schenken, da sie weder

die Früchte der Wahrheit noch deren Substanz, ja noch nicht einmal eine gute Einleitung (?) zu bieten hätten.[84] Dann spottet er über ihren Aberglauben und verwirft »die Frau, das Mündliche, das Ländliche und das Irrationale« gleichermaßen.[85]

Durch diese Sammlung volkstümlicher Ansichten werden die Worte der Frauen zu einer Lektüre voll obskurer Zeichen, die schwer auf dem Leben der Männer lasten. Wir wollen aus den *Évangiles des quenouilles* hervorheben, was von den übermittelten Weisheiten an die Sprache selbst rührt. Man beachte: Der Ehemann, der nicht auf die kluge Rede seiner Frau hört, »der ihr in allem widerspricht, was sie sagt«, ist ein Meineidiger[86], heißt es im Kapitel II. Kapitel VII erläutert, daß der Name, den eine schwangere Frau im Schlaf ausspricht, das Geschlecht des Kindes, das sie trägt, verrät – sofern es gelingt, ihr im Schlaf Salz auf den Kopf zu streuen und sie zum Sprechen zu bringen. Selbstverständlich ist es eine Frau, die sich auf die Kunst versteht, andere im Schlaf zum Reden zu bringen. Die Glosse in Kapitel XIII vermerkt, daß ein Neugeborenes, das, bevor es an die Brust gelegt wird, einen gekochten Apfel ißt, genügsam und »plus courtois en fais et en parolles« sein wird: höflicher im Umgang mit den Frauen. Darauf antwortet eine der Alten: »Wenn ein Kind geboren wird und das Schläuchlein um den Kopf trägt, wird es davon ein langes Leben, süßen Atem, eine schöne Stimme und eine anmutige Rede haben.«[87] Nabelschnur und Kopf, die Quelle des Lebens und der Sprache: Die Gabe der Rede ist an die Idee eines vollkommenen Menschen geknüpft.[88] Die Nabelschnur verlängert die ursprüngliche Bindung an die Mutter, die durch Verführung und Gemeinschaft entsteht. Diese Filiation wird bekräftigt durch die verheißene Unsterblichkeit für den, der die Nabelschnur als Talisman trägt. In Kapitel XII wird versichert, daß einem Mann, der in der Schlacht ein Stück Nabelschnur mit sich führt, keine Wunde geschlagen und kein Haar gekrümmt wird. Die folgende realistische Glosse allerdings macht diesen Talisman zum Gespött. Und mit der Enthüllung eines »wunderbaren Geheimnisses, das nur wenige Männer wissen«, »und wofür sie mich sehr bedauern würden – wenn sie es wüßten«, beendet Dame Berthe von Horn den Samstagabend, im XIX. Kapitel dieser Schilderung weiblicher Macht und Wohltaten.

Die bittere Spaltung

»Ich bin eine Frau und ich kann nicht schweigen,/ sondern ich will jetzt alles aufdecken.«[89] So beklagt sich Natur über die zahllosen Beleidigungen, die ihr zugefügt werden. Gegen die Regeln der Natur stiftet stets der Mann Unordnung:

»(. . .) ich bereue sehr, den Mann geschaffen zu haben./ Doch bei dem Tod, den Jener erlitt,/dem Judas den Kuß anbot/und den Longinus mit seiner Lanze verwundete!/Ich werde ihm vorrechnen, was er gewürfelt hat,/vor Gott, der ihn mir übergab,/als Er ihn nach seinem Ebenbild gestaltete,/da er mir so viel Verdruß macht./. . ./Seine Laster werden hier aufgezählt werden/und ich werde über alles die Wahrheit sagen.«[90]

Der Mann, sklavisch allen Lastern ergeben, wird als Lügner, Betrüger, Verräter und Großmaul entlarvt – als Antwort auf die Vorurteile der Männer, die die weibliche Rede verdammen und von der fixen Idee besessen sind, daß die Frau die Sprache mißbrauche. Die Natur ist in dem philosophischen Poem von Jean de Meung, dem *Rosenroman*, in einer ziemlich überlegenen Position.

Die bittere Spaltung zwischen männlich und weiblich wird auf unterschiedliche Weise in Szene gesetzt. Im nämlichen Werk werden die Frauen insgesamt als verderbte Wesen dargestellt, als Hexen, die sich teuflischen Praktiken hingeben. So heißt es im Lamento des unglücklich Verheirateten: »Ihr seid, werdet oder wart alle Huren.«[91] Das geht alle Frauen an, genauer: die Beziehungen der Frauen untereinander. Die Schwiegermutter, die den Zauber ihrer Tochter ausnutzt, beschimpft er als Kupplerin und Hexe: »Wie die Mutter, so die Tochter./Ich weiß wohl, Ihr habt Euch miteinander verabredet,/Ihr habt beide, und das ist klar,/Herzen, die von der gleichen Gerte berührt wurden.«[92]

Eine Sammlung von fünfzehn parodistischen Geschichten, die *Fünfzehn Freuden der Ehe – Quinze joyes de mariage –* genannt, illustriert diese Macht der Frauen als Gruppe mit alltäglichen Beispielen, die sehr modern klingen. Umgeben von ihren Komplizinnen ist die Frau allmächtig, der Mann sitzt traurig in der Falle. Freundschaftliches Verständnis in der Frauengruppe, die plaudert und Komplotte schmiedet. Der Mann ist allein und schweigt. Die häuslichen Gemächer legen die Rollen unwandelbar fest. Der Mann, seiner Sprache beraubt, erlebt einen Alptraum. Drehbücher eines Geschlechterkrieges, wo das Wort, das in diesem Falle der Frau gehorcht, zum Antrieb einer verkehrten Welt wird.[93]

Das Sprechen der Frau erscheint immer als Abweichung. Aber es ist auch eine Quelle der Täuschung durch gewandte Worte und »süsse reden«, wie der Ritter vom Turm warnt.[94] Das gravierendere Problem ist also das der Wahrheit, die unter dem Falschen so schwer zu finden ist. Öfter noch als Übertreibung bergen die Worte »betrügnyß«. Der Code des guten Benehmens in der Gesellschaft sorgt für die Feinabstufung der Verbote. Frauen mangelt oft der Respekt vor diesen Konversationsregeln, die den Wechsel des Gesprächs bestimmen:

»Dann wer vil redt/der mag nit allzyt wol reden/Man sol ouch wol hören vnnd vernemen/vor dem vnnd ee man antwurt gebe/vnnd sich wol bedencken ee man rede/So mag man dest gewysser vnd vernünfftticklicher red vnnd antwurt geben/Dann uß vil reden vnnd vnbedachter antwurt/vil vnnützs vnd selten gutz mag erwachsen/jn sonders frowen vnd junckfrowen.«[95]

Verbissen wird nach den Ursachen der Übertreibung geforscht. Vielleicht kommt das jahrhundertealte Geschwätz der Frauen daher, daß Eva Gott so schlecht zugehört hat und deshalb dem »sûsse wort« des Teufels nicht widerstehen konnte, das in Wahrheit »trvglich vnnd giftig« war. [96] Es geht also um das Problem der Falschheit, »faulx langage«. Am Ende macht sie noch an eine verkehrte Welt glauben, in der die Nacht zum Tag wird, sagt der Ritter vom Turm in Kapitel LXII. So berührt die schreckliche Macht der Lüge das schwerwiegende Problem der gesellschaftlichen Ethik, den Vertrag der Wahrheit zwischen den Wesen. Ein grausames Beispiel enthebt immerhin die Frau der ausschließlichen Verantwortung: Eine Mutter, deren Sohn in der Schlacht gefallen ist, wird mit frommen Lügen (»flateries«) und falschen Worten abgespeist, um ihr Warten zu verlängern. Die Lüge gleicht der Macht der Zauberer, die für eine kurze Zeit die Wirklichkeit verwandeln und »ein Stück Kohle als schönes Ding erscheinen lassen«.

Die Angst vor der Täuschung überlagert das Bild der ständig schnatternden Frau, wie auch andere Bereiche der mittelalterlichen Kultur zeigen.

Sprache des Todes

Malebouche, der »Böse Mund« im *Rosenroman*, läßt schon in seinem Namen die Schandtaten der Sprache erahnen. Er stammt von einer zänkischen Alten ab und hat wie seine Mutter eine stechende, bittere Zunge, mit der er andere vergiftet und verpestet. Im Gegensatz zu all jenen Allegorien, die einen guten Gebrauch von der Sprache machen, niemanden vor den Kopf stoßen und alle zufriedenstellen – *Largece* (Freigebigkeit), die einen verdienstvollen Ritter aus dem Geschlecht des König Artus begleitete, dessen Ruhm in den Worten der Erzählungen überlebt hat, *Franchise* (Edelmut), deren Worte durch ihre Empfindsamkeit geadelt werden, und *Cortoisie* (Höflichkeit), vornehm und vernünftig in ihren Reden und Antworten, da sie niemandem zu nahe tritt und es allen recht macht –, verkörpert *Malebouche* die schreckliche Macht des Wortes. [97]

Da jedermann weiß, daß die Frau nur Ärger und Schande bringt, gilt es vor allem, ihrer verletzenden Sprache Einhalt zu gebieten. In *Le vilain de Bailleul* verweigert die Frau dem Mann gar das Gefühl, zu existieren: »Mein Freund, der Tod, der Euch verstört, verändert und bedrückt so sehr Euer Herz, daß Ihr nur noch ein Schatten Eurer selbst seid. Bald ist es vorbei!« Und später: »(. . .) du bist tot.« [98]

Oft genug sieht sich der Ehemann mit seiner traurigen Ohnmacht konfrontiert. Schuld daran tragen die bösen Weiberreden, die im Zusammenspiel von Mutter und Tochter besonders wirkungsvoll *sind. Die* Rollenumkehr ist nämlich erblich. Der Einfluß der Mutter auf die Individuation des Mädchens zeichnet sich deutlich ab. In *Écureuil* tritt eine Mutter auf, die auf die Erziehung ihrer Tochter großen Wert legt. Sie rät ihr, ihre Worte in Zaum zu halten und das Verbot zu beachten, das »Ding« der Männer beim Namen zu nennen, »die Rute, die zwischen den Beinen dieser Männer baumelt«.[99] Getreu ihrem Ruf als Frau lehrt sie ihre Tochter, daß das »Ding« Schwanz heißt. Die Konversation ist reich an Symbolik: Den Namen zu nennen ist so etwas wie Sünde; wer es tut, ist der Demiurg und erwachsen. Das Verbot wird in einer Weise überschritten, daß das Mädchen lachen muß: »Möge Gott mir doch einen Schwanz geben, daß ich ihm auch einen Namen geben kann!« Der Mann hat das Recht, den Namen zu nennen; die Frau dagegen, die Ausschweifung und Überschwang liebt, muß Worte und Tabus achtsam handhaben. Vom Reden über das Geschlecht wird noch die Rede sein.

Die Frauen in *La dame écouillée* haben die Angewohnheit, mit ihren Worten alles zu zerstören, was der Mann aufgebaut hat; auch dieses Erbe geht von der Mutter auf die Tochter über. Sie sind die Verkörperung des Widerspruchs. Der Mann, von seiner Frau vollständig unterworfen, bietet ein abschreckendes Beispiel für sein Geschlecht. Um das Vermächtnis der weiblichen Linie zu wahren, mahnt die Mutter ihre frisch vermählte Tochter: »Nehmt Euch ein Beispiel an Eurer Mutter, die Eurem Vater stets widerspricht. Niemals sagte er etwas, dem sie nicht widersprochen hätte, nie befahl er, was sie getan hätte.«[100] Fest entschlossen zunächst, das weibliche Erbe nicht zu verraten, berichtet die junge Frau ihrem Mann von dem Ratschlag ihrer Mutter. Nun erhält der Hochmut der Weiber endlich die gebührende Lektion. Zwar ist der Männerclan weniger eloquent, der Angetraute kann aber zumindest den Erfindungsreichtum der Weltordnung für sich in Anspruch nehmen: Wenn man die Hoden nicht verträgt, wird man davon eingebildet und dumm.[101] Zum Entsetzen der Tochter werden der Mutter in einem bizarren chirurgischen Eingriff die Hoden aus den Lenden geschnitten. Daher also ihre herrische Rede!

Im Reden mögen die Frauen solidarisch sein, aber im großen Totentanz des Lebens erleiden sie ein tragisches Schicksal: Sie werden Körper. Keine tugendhaften, berühmten Damen mehr, sondern Weiber im bekannten Topos der Bürde des Alters. Die solidarische Rede erscheint in einem *Mirouer des dames et damoyselles et de tout le sexe féminin*, der Spiegel ist eine Art *vanitas*, eine Klage über die Verwüstungen durch die Zeit. Jean Castel hat im 15. Jahrhundert den Diskurs über den Tod dramatisiert: Eine junge Tote spricht zu ihren Schwestern über die Vergänglichkeit der Schönheit und der Macht, der Vornehmheit und der

Ehre in der Zeit nach dem Tod, die der Armut und der Trauer geweiht ist:

>Seht in den Spiegel, Damen und Jungfrau'n,
seht in den Spiegel und dann mein Gesicht;
ach, bedenket, ihr Schönen,
wie der Tod jegliche Schönheit auslöscht.«[102]

In der hier wiedergefundenen Gleichheit wird jede Spaltung aufgehoben!

Das Geschlecht benennen

Eva, so steht es in der *Genesis*, hat als erste einen Dialog mit dem anderen begonnen. Adams Privileg war die erste Benennung der Dinge und der Wesen. Das Sprechen Evas organisiert nur den Gebrauch dessen, was Adam durch das Wort in die Welt gebracht hat. Auf die Frage des Versuchers antwortet sie: »Die Frucht der Bäume, welche im Paradies sind, essen wir; aber die Frucht des Baumes, der mitten im Paradies ist, verbot uns Gott zu essen oder ihn zu berühren, damit wir nicht etwa stürben.«[103] Die Schlange besiegt diese Wachsamkeit. Aber schon dieses Gespräch war nicht »vernünftig«, es handelte von verdammenswerten, abscheulichen Dingen, meint Dante. Es könnte auch sein, daß Adam die Dinge bloß innerlich benannte; um den Kreaturen Namen zu geben, muß man seine Stimme nicht erheben. Die Frau dagegen redet einfach los, wo es sich darum handelt, die geschlechtlichen Dinge zu bezeichnen und die Sprachmacht darüber zu beanspruchen.

Es gibt Bereiche, wo die Sprache gar nicht unklar sein kann, und wenn sie doch einen Umweg einschlägt, so ist auch der bedeutungsvoll. Wenn das Wort im geschlechtlichen Bereich zweideutig ist, dann deshalb, weil es sich maskieren will, und gerade das ist ein Kennzeichen für die Zweideutigkeit seines Gegenstandes. Eine sehr berühmte Passage des *Rosenromans*, die von Jean de Meung stammt, befaßt sich genau mit der Benennung dieser Dinge: Der Liebende wirft der Vernunft – schon wieder eine Frau von überwältigender Beredtsamkeit und gut gewappnet mit Argumenten – vor, sie habe die Geschlechtsorgane bei ihrem Namen genannt, statt sie mit einer eleganten Umschreibung zu versehen, wie es einer Dame geziemte:

»Euch aber halte ich nicht für wohlerzogen,/da Ihr mir hier von Hoden gesprochen habt,/die im Munde einer wohlerzogenen Jungfrau/nicht sehr anständig sind.«[104]

Selbst die Ammen, die eine sehr freie Sprache führten, seien da vorsichtiger. Darauf antwortet die Vernunft:

»(. . .) auch begehe ich keine Sünde,/wenn ich die edlen Dinge/beim vollen Namen, ohne Umschreibung nenne,/ die mein Vater im Himmel/vormals mit eigenen Händen geschaffen hat,/wie auch alle anderen Werkzeuge,/die Stützen und Gründe sind,/um die menschliche Natur zu erhalten,/die ohne sie schon zerstört und kraftlos wäre;/denn freiwillig und nicht gegen seinen Willen/gab Gott den Hoden und männlichen Gliedern/die Kraft zum Zeugen,/mit der wunderbaren Absicht,/das Geschlecht stets lebend zu erhalten/durch ursprüngliche Erneuerung,/das heißt, durch vergängliches Entstehen/und wiederentstehenden Verfall,/wodurch Gott es in solchem Maße bestehen läßt,/daß es den Tod nicht erleiden kann.«[105]

Heftige Erwiderung des Liebenden: Gott hat keine gemeinen Worte geschaffen. Aber die Vernunft pariert:

»Die Zunge muß im Zaum gehalten werden,/denn von Ptolemäus lesen wir/ein sehr ehrbares Wort/am Beginn des Almagestes:/Daß derjenige weise ist, der sich bemüht,/seine Zunge zu zügeln,/außer allein, wenn er von Gott spricht.«[106]

Gott, so zeigt die Vernunft, hat die Dinge, nicht die Wörter gemacht, selbst wenn er jene am Anfang der Welt benannt hat; die Vernunft aber ermächtigte er dazu, Worte zum allgemeinen Gebrauch zu finden: »(. . .) und er schenkte mir die Rede, in der ein sehr wertvolles Geschenk liegt.«[107] Außerdem, vermutet die Vernunft spitzfindig, hätte ihr Gegenüber, wenn sie das Ding etwa »Reliquien« genannt hätte, Reliquien für ein unanständiges Wort gehalten. Dann:

»Hoden ist ein schöner Name und deshalb habe ich ihn gern;/ebenso ist es, meiner Treu, mit Hode und Glied;/niemand hat je schönere gehört./Ich habe diese Worte gemacht und bin sicher,/niemals etwas Gemeines getan zu haben; Gott, der weise und zuverlässig ist,/hält, was ich auch tat, für gut getan,/und wie sollte ich, beim Leib des heiligen Omer!/es nicht wagen, die Werke meines Vaters/genau zu bezeichnen?«[108]

Die Vernunft will genaue und passende Worte finden. Und wenn die französischen Frauen das beanstandete Wort nicht verwenden, dann ist das bloße Gewohnheit. Die Kunst der Sprache besteht sowohl darin, den treffenden Namen zu kennen, als auch in der je individuellen Wahl der Zeichen.

Tabuwörter – Tabuobjekte: Die initiatorische Wirkung mancher Texte ist offensichtlich. Frauengespräche in Zonen der Permissivität, wo sie über sich und ihre Beziehungen zu den Männern reden, sind besonders verräterisch. Eigenmächtig werden Bezeichnungen verliehen, und die Spuren dieser Willkür und der Unklarheit um das »Ding« in einigen Fabliaux haben eine große Wirkung auf das Imaginäre. Die sprachlichen Tabus betreffen unmittelbar den Bereich sexueller Tabus[109]: Wie in einem Initiationsritus kennzeichnen das ungezwungene Aussprechen der verbotenen Wörter, das Lachen über sie und das Spielen mit ihnen die enge Verbundenheit der Frauengruppe und weisen damit über die Zoten der Fabliaux weit hinaus.

Über geschlechtliche Dinge zu reden, die Geschlechtsorgane beim Namen zu nennen, ist ein ursprünglicher Fall von Namengebung und weiblicher Kühnheit! Sehen wir, wie sich die Frauen aus der Zweideutigkeit der Gespräche ziehen! Das junge Mädchen aus *Écureuil* ruft lachend aus, es wolle ein Mann sein, damit es »dem Ding, das keinen Namen hat (. . .), das weder offen noch heimlich genannt werden darf«[110], endlich einen Namen geben könne – im Verborgenen allerdings, im Gespräch mit der Mutter. Ist Frauen der Zutritt ins Reich der Phantasie verboten? Die Übertretung des Verbots folgt auf dem Fuße, die Mutter erklärt: »Auch wenn es verboten ist, und sei dieses Verbot noch so vernünftig und gerecht, ich sage dir, es ist ein Schwanz.« Männliche Zensur im Sprachgebrauch: Merken wir uns an dieser Auskunft der Mutter an die Tochter die Filiation in der Eroberung des Geschlechtlichen, die mit dem Besitz des Namens beginnt.

Anders als bei dieser fröhlichen Eroberung konnte ein Fräulein, auf Euphemie versessen, nicht »vom Vögeln sprechen hören, ohne daß ihr übel wurde«. Sie wollte »weder von Schwanz noch von Hoden noch von anderen Dingen« wissen, auch nicht von Männern und deren Worten und Taten.[111] Ihre Sprachgeilheit hat sie zu einer Meisterin in der Kunst gemacht, Metaphern zu erfinden. Sobald sie den geläufigen Worten entkommen ist, wird ihre geschlechtliche Initiation einfach. Auch hier ist Benennen Sünde. So wäre denn die Sprache des Geschlechtlichen Männersache? Kaum sind die sexuellen Angelegenheiten in den Rahmen einer idyllischen Frühlingsepisode verpflanzt, ist in dieser Geschichte alles erlaubt: Das Register ländlicher Bilder ersetzt die kruden Namen der Lustorgane, das weibliche Geschlecht wird zu »Wiese« und »Brunnen«, das männliche zum »Hühnchen«, das an Gras und Brunnen Geschmack findet. Tabuwort für ein Tabuobjekt: Metapher oder Periphrase können den Akt auch verfälschen.

Ein glücklicher junger Ehemann verfällt im Fabliau *De la dame qui demandait de l'avoine pour Morel pour sa provende* auf die Idee, die höchst angenehmen geschlechtlichen Vereinigungen mit einer Art Kennwort zu versehen. Er schlägt also seiner Frau vor, immer, wenn sie die Lust dazu bekäme, »Hafer für Morel« zu verlangen. Dieser vom Mann aufgezwungene Euphemismus verführt die Dame zur Maßlosigkeit. Da er sie ermutigt hat, jederzeit »Hafer für Morel« zu verlangen, »jede Woche und jeden Tag und jede Stunde, wann immer es ihr gefalle, und ohne zu zögern«, steigert sie ihr Begehren ins Unermeßliche und überwältigt den Mann mit unmäßigen Forderungen. Dabei war sie es, die anfangs diese Worttäuscherei ablehnte: »Lieber wollte ich, daß man mir die Kehle durchschneide, als daß ich jemals so schändliche Worte gebrauchte oder lernte, so etwas zu sagen.«[112] Diese Ablehnung des sprachlichen Umwegs zeugt von einem gut entwickelten Sprachgefühl.

Solch delikate Zurückhaltung im Wortgebrauch ist allerdings *selten*. Zahlreiche Texte kranken an einer schreckenerregenden Logorrhöe, an heillosem Redeschwall. Die Benennung ist als Aneignung zu verstehen. Schon in einer Geschichte wie den *Quatre souhaits de saint Martin* (*Vier Wünsche des heiligen Martin*) wird das Ausmaß der Aggression spürbar:

»Ich wünschte in Gottes Namen,
daß Ihr mit Schwänzen beladen wärt,
daß Euch nicht ein Hühnerauge bliebe,
noch im Gesicht ein Fleck, noch Arm noch Seite,
die nicht mit Schwänzen bedeckt.
Alle Schwänze hätten Hoden,
sie wären nicht baumelnd noch weich,
sondern stets hoch aufgereckt,
auf daß Ihr dem gehörnten Mann gleich.«[113]

Hierin ähneln sich die Geschlechter: In seiner Geilheit wünscht sich der Mann die Frau mit »cons en amont jusques aux pieds«, mit Mösen bis zu den Füßen. Der Spott der Geschlechter übereinander hat eine lebendige Tradition, und die derben Worte sprechen für sich. In *Li sohaiz desvez*[114] (*Der unvernünftige Wunsch*) läßt Jean Bodel einer Frau im Traum ganze Wagenladungen von Hoden und Schwänzen erscheinen. Die Übertreibung zielt auf das weibliche Begehren. Auch in dem kleinen Meisterwerk *La veuve*[115] (*Die Witwe*) von Gautier Le Leu beklagt sich die Frau über ihren Mann: »Mein Alter hat nur seinen Arsch geheiratet und die ganze Nacht geschlafen, ohne daß er mir ein anderes Vergnügen gemacht hätte.« Der Erzähler nennt die Dinge beim Namen:

»Ihr gefräßiger Goliath quält und plagt sie, so daß die Hitze sie ganz verzehrt, bis sie einen in die Falle gelockt hat. Hat sie ihn erst einmal eingefangen, ist er schlecht dran, wenn er nicht eine ordentliche Erfahrung mit den weiblichen Geschlechtsteilen (*anneaux vaginaux*) hat; er muß lebhaft und schnell sein, gut einzudringen (*enconner*) wissen, ihr seinen Schwengel zu spüren geben (*donner du braquemart*) und ihren Hintern liebkosen (*jouer du croupion*).«

Wenn der Mann sich nicht völlig verausgabt hat, prasseln Beschimpfungen auf ihn nieder: Schlappschwanz, Eunuch, Jammerlappen! Der Unglückliche stöhnt: »Euer Goliath sperrt sein Maul zu oft auf. Ich kann ihn nicht zufriedenstellen, und Eure Forderungen bringen mir noch den Tod«; und weiter: »Ihr besitzt einen Vielfraß, der zu oft gesäugt werden will: Er hat Baucent erschöpft, den ich in einem ganz bejammernswerten Zustand und völlig ausgetrocknet herausgezogen habe.«[116] Das Geschlecht ist ein gefräßiges Maul: Goliath wird zum Menschenfresser (*goule*[117]). Viel gefährlicher aber sind die redundanten Invektiven der Frau aus Bath, die die Farben der heiligen Venus trägt. Unter ihrem Wortschwall wird das Geschlecht ihrer Gefährten in seiner Einzigartigkeit zermalmt:

»Ich nutz mein Werkzeug wohl im Ehstand
So frei, wie es mein Schöpfer mir gesandt.
Mein Gatte soll es haben, Nacht und Morgen,
Wenn's ihm beliebt, zu zahlen seine Pflicht.
Mein Gatte muß stets, eher ruh ich nicht,
Zugleich mein Schuldner und mein Leibeigener sein,
Und soll an seinem Fleische Kreuz und Pein
So lang erdulden, als ich bin sein Weib;
Denn während seines Lebens ist sein Leib
Sein eigen nicht und mir zum Dienst verpflichtet.«[118]

Die Rede der Frau aus Bath ist, auch wenn sie von der Finalität der Fortpflanzungsorgane handelt, eine Inszenierung des Geschlechterkrieges.
Die Gewalt dehnt sich auf das Symbolische aus: Dem Mann wird das Privileg der Gelehrsamkeit entzogen. Ein Buch wird zum Anlaß des Streits,
ist es doch ausgeschlossen, »daß ein Gelehrter gut von Frauen spricht«[119],
sofern es sich nicht um Heilige handelt. Sie reißt eine Seite aus dem
Buch, wird geschlagen, nimmt ihm das Buch weg und bringt ihn schließlich dazu, es zu verbrennen. Durch ihre »Kunst und List« erlangt sie Souveränität: die vollkommene Herrschaft über Mann, Haus und Land.[120]

Das Unsagbare sagen

Weit entfernt von der Bitterkeit, die sich hinter der Komik dieser Erzählungen verbirgt, im Bereich der Spiritualität, ist den Frauen lebhaft
bewußt, wie mächtig ihre Sprache und wie ohnmächtig gleichzeitig der
logos ist, von ihrer inneren Erfahrung Rechenschaft abzulegen. Die Sprache der Kleriker genügt nicht, das Wort ist schwach. Unter der Spannung
wird die Rede zum Fluß, und der Schrei, die ursprüngliche, dem
Anschein nach regressive Sprache, kommt dem armseligen Wort, der
angeblichen Macht der Sprache zu Hilfe. Kindersprache? Regression? Am
Beginn steht die Feststellung der Ohnmacht des Sprachcodes, dann die
implizite Forderung nach einer Sprache der Überschreitung, schließlich
der Anspruch auf eine totale Sprache der Zukunft, wo das Wort sich eine
Syntax des Feuers aneignet, wo der Satz kein Maß mehr kennt, wo der
Schrei von Gott befohlen ist, wo ein Schluchzen artikuliert, was die
respektierte Ordnung eines Gesprächs verbieten könnte.
    Zuerst das sprachliche Rüstzeug: Die Beziehung zur Muttersprache ist
Begehren und Liebe gleichermaßen; dieser linguistische Bereich wird in
erster Linie zum Raum der ungebildeten Frau. Er liegt, erläutert Jacques
Dalarun, der sich mit den italienischen Heiligen des 13. und 14. Jahr-
hunderts beschäftigt hat, außerhalb des Männerreiches, das auf der
Macht des Wortes, der Schrift und der lateinischen Sprache beruht.[121] In
Nordeuropa wird die Volkssprache sehr früh zum Vehikel der inneren

Erfahrung: für Hadewijch und Beatrijs von Nazareth das Niederländische, für Mechthild das Deutsche, für Marguerite Porete das Französische.[122] Manche italienische Heilige, offenbar weiter entfernt vom Schrei-
ben- und Lesenkönnen, reklamieren die mündliche Rede für sich. Frappierend ist auch die Vielzahl der Situationen, wo es der Mystikerin allein
durch ihre Gegenwart gelingt, Sprachgrenzen zu überwinden. Traum
von einer Epoche vor Babel? Es wäre eine gewagte These, wenn wir
behaupteten, daß die Frau durch ein Gottesgeschenk das allgemeine
Verstehen aus einer Epoche wiederherstellte, die der Spaltung der Menschen durch verschiedene sprachliche Codes vorherging. Die Vulgärsprachen sind die Frucht der Diaspora von Babel – Dante erinnert daran in *De vulgari eloquentia*. Diese Trennung durch die Sprache lastet auf
den Erlebnissen der Frauen, die sich um jeden Preis verständlich machen
wollen: Zwar ist die Wahl der Sprache beim Schreiben – sofern es belegbar ist, daß es sich dabei wirklich um ein persönliches Schreiben handelt
– unmißverständlich, die Szenarien, in denen sich die Sprachgrenzen
verwischen, werfen aber dennoch einige Fragen auf.

Ein höchst interessantes Beispiel dafür ist Margery Kempe. Sie reist
durch Europa und trifft in Saint-Jean-de-Latran einen Priester, der nicht
Englisch kann; er ist gebürtiger Deutscher. Ein Übersetzer wird gerufen.
Der Priester fleht zu Gott, Margery erbittet für ihn die Gnade, »ihre Sprache und das, was sie ihm, mit der Gnade Gottes, sagen wolle, zu verstehen«. Dreizehn Tage später kommt er wieder auf sie zu, und
»(. . .) er verstand, was sie zu ihm auf Englisch sagte, und sie verstand,
was er sagte. Dennoch verstand er nicht Englisch, wenn andere sprachen, selbst wenn sie dieselben Worte gebrauchten, die sie aussprach.«[123]

Dann ist Margery angeklagt, einem Priester gebeichtet zu haben, der,
da er ihre Sprache nicht verstünde, auch das Geständnis ihrer Sünden
nicht annehmen könnte. In Kapitel XL tritt sie den Wahrheitsbeweis an:
Der englische Priester, der nach Rom gekommen ist, um Margery zu
sehen, plaudert während des Essens in seiner Sprache. Der deutsche
Priester schweigt, er versteht die anderen nicht, außer wenn sie Latein
sprechen. Daraufhin wendet sich Margery in Englisch an ihn und zitiert
eine Passage aus der Heiligen Schrift:

»Die anderen fragten ihren Seelsorger, ob er verstünde, was sie gesagt habe; und er
wiederholte es sogleich, Wort für Wort, aber auf Latein, da er nicht Englisch sprechen
konnte und es nur aus dem Munde dieser Kreatur verstand und niemals, wenn es von
einer anderen Person kam. Aufs höchste verwundert, mußten sie sich der Evidenz
beugen.«[124]

Trotz des unterschiedlichen Kontextes erinnert diese Geschichte an eine
andere »Kreatur«, die ihre Macht über das Wort aus der Verbindung
mit der Welt der prophetischen Sibyllen bezog: die Königin Sibylle aus

der Höhle des Antoine de La Selle; sie steht an der Spitze eines satanischen Reiches, wo es keine Grenzen mehr gibt zwischen den Sprachen, eines unterirdischen Imperiums, in dem die Spaltung von Babel aufgehoben ist und so die Autorität Gottes geleugnet wird. Die Sibylle empfängt den verwegenen Ritter und verleiht ihm – letzte Etappe einer Initiation für den Aufenthalt in der Hölle – sprachliches Allwissen. Der stufenweise Erwerb dieses Wissens ist eine Einweihung in den Mangel: Er beginnt mit völligem Unverständnis, dann versteht man, kann aber nicht sprechen, und am Ende steht die Beherrschung aller Sprachen. Das schwefelhaltige Universum der Sibylle zeugt von seltsamem Wissen.

Bei den Mystikerinnen aber ist die Beziehung zur Sprache von Ehrfurcht für den Ursprung der Welt geprägt: Sie träumen von der Sprache des Paradieses und gebrauchen Ausdrucksmittel, die dem Ursprung der Sprache nahestehen, jener Sprache, die dem Wimmern des Säuglings folgt. Hildegard, die die Sprache Adams wiederfinden wollte, glaubte, daß der erste Mensch Deutsch gesprochen habe, andere mögen ans Flämische gedacht haben. Sicher kann man die ebenso schöne wie kühne Spracharchitektur der großen gebildeten Frau des 12. Jahrhunderts, die *lingua ignota* Hildegards (die übrigens bis heute rätselhaft ist), nicht mit jener Ursprache vergleichen, einem Schrei fast, von Frauen, die späterhin in einem Sprechen ihren Ort fanden, das kaum als ein dem Intellekt angemessenes Mittel angesehen werden konnte. Sie brauchten eine neue Sprache, um ihr mystisches Erleben zu offenbaren, eine Sprache, die sie nirgends lernen konnten, die auf den Wogen des Affekts zum lebhaftesten Ausdruck des Ich werden kann. Das Herkunftsidiom dient dem spontansten und unmittelbarsten Ausdruck. In der *Pagina meditationum* der Maria von Oignies skandieren mundartliche Interjektionen – »Ha las! quam grant damajo!« – den Text. Paul Zumthor hat wahrscheinlich recht, wenn er hervorhebt, daß wir uns in den mittelalterlichen Schriften den vokalen Kontext vorstellen müssen, um wirklich ins Zentrum der Problematik vorzustoßen, die das weibliche Sprechen bildet. Der »ungebildete« Teil des Selbst (»des Ich, des Du, dieser ganzen Gesellschaft«, sagt Zumthor), dieser ungebildete Teil also »beherrscht die Worte weniger und beherrscht weniger Worte; aber er ist ihnen näher und spürt ihre Macht stärker; deshalb zweifellos ist es richtig (selbst die ›Schrift‹ (›lettre‹) des Evangeliums neigt zu dieser Ansicht), die *Unbildung* in sich triumphieren zu lassen, um sich das Heil zu sichern.«[125]

»(. . .) denn die Erde kann himmlische Denkkraft nicht begreifen. Für alles, was es auf Erden gibt, kann man Gedanken und Deutsch genug finden; aber hierfür weiß ich kein Deutsch und keinen Gedanken, trotzdem ich mich auf des Denkens verborgensten Sinn verstehe, wie nur ein Mensch es verstehen mag. Alles, was ich dir gesagt habe, das ist, als ob es kein Deutsch dafür gäbe. Denn für das, was ich weiß, läßt sich nichts finden, was ihm gewachsen wäre.«[126]

Dieses schöne Eingeständnis der Ohnmacht drückt die verschwenderische Güte Gottes aus, der sich ohne Vermittler an die Kreatur wendet.
Aber das unterdrückte Wort will zur Stimme aufsteigen oder zur Schrift
und drängt die Frauen zum Reden (ein häufig gebrauchter Topos), auch
wenn sie unwissend und kaum dazu fähig sind und weit ungebildeter als
die Kleriker, die darüber urteilen.

Aus ihrer Distanz sich selbst gegenüber entstehen manchmal Gedanken, die schwer auszudrücken sind. So berichtet Maria von Oignies von
einer großen Gunst, die der Herr »vor kurzem einer Person seiner
Bekanntschaft«[127] erwiesen habe. Die Distanz ist verräterisch. Die »Person«
widmet sich der Lektüre des Buches, das in sie selbst eingeschrieben ist,
als wäre Jesus gegenwärtig und hielte ein Buch in der Hand. Das Buch,
von dem sie bisher nur Bilder schwarzer, weißer und roter Buchstaben
von außen erkennen konnte, öffnet sich. Und in seinem Inneren
erscheint nicht die Schrift, sondern ein wunderbarer Ort:

> »Dieses Buch war in seinem Innern wie ein schöner Spiegel, und es hatte nur zwei
> Seiten. Von dem, was sie in diesem Buch sah, werde ich euch nur wenig sagen, da
> ich weder den Verstand habe, der es erfassen, noch den Mund, der es schildern könn-
> te.«[128]

In ihren Briefen berichtet Maria mit einfachen Worten, wie »jene, die diese Dinge aufgeschrieben hat, eines Nachts zu unserem Herrn entrückt
wurde, so daß es ihr schien, als sähe sie alle diese Dinge«. Der Weg von
der Vision zum Schreiben – und zu einem Schreiben, das sich nie wirklich auf das Wort bezieht – ist verwirrend; die sprachlichen Gaben der
Maria von Oignies reichen nicht aus für das, was sie sagen will. Andere
konnten ihre Botschaft besser formulieren. Sie behält ihre Maske.
Hildegard, 65 Jahre alt, spricht vom Beginn ihrer Arbeit: »unwissend, wie
ich war, arm, schwach, von einer Legion von Schmerzen geschüttelt, mit
zitternder Hand«. Oft aber ist ihre Rede weniger bescheiden und selbst-
sicherer.[129] Die Schwäche, von der sie spricht, ist verwoben mit einer verblüffenden Kraft und offenbar auch mit dem Stolz, erwählt zu sein. Der
Prolog zum *Liber divinorum operum* enthält eine majestätische Offenbarung:

> »Armes Wesen! Du Tochter vieler Leiden, die du von den vielen und schweren Krank-
> heiten deines Körpers förmlich ausgedörrt bist! Trotz alledem hat dich die Tiefe der
> Geheimnisse Gottes übergossen, und nun zeichne mit festhaltendem Griffel auf, was
> du mit deinem inneren Auge schaust und mit dem Ohr deiner Seele vernimmst! Die
> Menschen sollen dadurch ihren Schöpfer erkennen lernen und ihn würdig verehren.
> Schreibe dies also . . . Nicht du erfindest die Vision, und auch kein anderer Mensch
> hat sie erdacht. Ich bin es, der alles bestimmt hat vor der Erschaffung der Welt.«[130]

Diese feierliche Einleitung hat wohl in der gesamten spirituellen Frauenliteratur nicht ihresgleichen. Aber ein starkes Selbstbewußtsein erhob in

besonderer, einzigartiger Weise seine Stimme und hat offenbar auch andere Mystikerinnen inspiriert. Weibliche Rede? Jedenfalls das Bewußtsein einer Sendung des Wortes, eines den Frauen zustehenden Rechts: Ihr Sprechen will nicht das der Männer sein und siedelt sich in einem Diesseits und Jenseits der Männersprache an. Der Körper der Frau macht aus ihr eine willfährig Empfangende – aber in einem besonderen, erlesenen Bereich. Das ist die Bedingung, unter der der Heilige Geist sie »als Heimstatt« annehmen kann. Das Buch

»ist nicht die Frucht irgendeiner Lehre einer menschlichen Wissenschaft, sondern, nach ihrem Wunsch auf wunderbare Weise, die Frucht dieser Frauengestalt, naiv und ohne Bildung. Kein Mann aber sollte es wagen, etwa einen Zusatz zu den Worten dieser Schrift zu machen oder eine Passage zu tilgen, wenn er nicht aus dem Buch des Lebens und jeglicher irdischen Glückseligkeit ausgestoßen werden will«[131]

. . . außer, fügt Hildegard noch hinzu, wenn es sich um die Korrektur eines Buchstabens oder Satzes handelt, die unter der Inspiration durch den Heiligen Geist allzu naiv gesetzt worden sind. Wie vorsichtig sie und andererseits mit wieviel Sinn für die Glorie des Auserwähltseins auftritt!

FEUERWORTE

»Ich wart von disem büche gewarnet,
und wart von menschen also gesaget:
Wôlte man es nit bewaren,
da môhte ein brant über varen«[132],

sagt Mechthild von Magdeburg in *Das fließende Licht der Gottheit* – eine Brandrede, in der mit dem Feuer gedroht wird. Aber Gott erwidert der bestürzten Mechthild, daß niemand die Wahrheit verbrennen könne und der Klang der Worte seinen lebendigen Geist verkünde!

Eine neue Spiritualität

Zahlreiche Frauen sind Opfer höchst sonderbarer körperlicher wie geistiger spiritueller Phänomene, schreibt Jacques de Vitry an Fulko, Bischof von Toulouse, in der Einführung zur *Vita der Marie d'Oignies*.[133] Wenn Rutebeuf im *Dit des béguines* darüber spottet, bedeutet das nichts anderes, als daß dieses besondere Sprechen der Frauen zur Kenntnis genommen wurde, und sei es auch nur als Zielscheibe von Spott und Kritik. Die Worte der Begine, höhnt Rutebeuf, sind prophetisch, ihre Tränen Zeichen der Ergebung, ihr Schlaf Symptom der Ekstase, ihre Träume Vision.

»Und außerdem lügt sie, glaubt ihr also nichts.«[134] Die treffsichere Polemik des Klerikers zielt offensichtlich auf ein Ensemble von Manifestationen des Selbst: Beherrschung der Zeit durch das Wort, Zeichen der Verbundenheit, Zeugnisse der Frömmigkeit, ekstatische Entrückung, träumerische Erkenntnis. Die Verse zielen auf die Polysemie wesentlicher Glaubensäußerungen; in Wirklichkeit geht es um eine neue Sprachordnung aus Reden, Lachen, Weinen, Schlaf, Traum. Die asketische Verzückung der Frauen machte Probleme – mehr als das feministische Engagement der Christine de Pizan, die in die Männerwelt eingedrungen war und ihren Kampf unter dieser Prämisse ausfocht. In der zweiten Hälfte des 12. Jahrhunderts fand eine erstaunliche Entwicklung im Bereich weiblicher Spiritualität statt, die es den Frauen ermöglichte, der Negation und dem Schweigen zu entkommen: In den Niederlanden konstituierten sich Beginengruppen, die sich der Arbeit und dem Gebet widmeten; das Phänomen breitete sich unter verschiedenen Formen über das Rheinland bis nach Italien aus; die Predigten der Franziskaner wandten sich ausdrücklich an Laien, darunter viele Frauen; es entstand ein Klima der Exaltation, das manchmal zum Paroxysmus führte. In diesem Bereich sollten sich die Worte der Frauen weithin verbreiten.[135]

Eine allmähliche Veränderung ergriff die asketischen Verzückungen und mystischen Herzensergüsse und ließ diese von den letzten Jahren des 13. Jahrhunderts an zu einem der wichtigsten Kriterien der Heiligsprechung werden.[136] Diesem Wandel, von dem die Biographien der Heiligen Zeugnis ablegen, sind die erstaunlichsten Zeugnisse weiblichen Sprechens zu verdanken. Diesmal gelingt es den Frauen tatsächlich, sich für einige Zeit Gehör zu verschaffen. Die neue Spiritualität wendet sich an alle, die den ehelichen und familiären Zwängen entrinnen wollen, und führt sie dennoch nicht in Versuchung, ein Leben in der Abgeschiedenheit zu führen: Mitten in der Welt wünschen sich diese Frauen in die Nähe Gottes, sind sie auf der Suche nach der mystischen Vereinigung. Eine eigene Sprache entsteht, in der, wie wir sehen werden, der Körper mit dem gleichen Recht redet wie die Stimme. Der Körper wird, wie André Vauchez treffend formulierte, zum »privilegierten Kommunikationsinstrument«: Er ist Sprache für sich, ein verbaler Code, der in eine neue Syntax eintritt, wo Körper und Affektäußerungen mit Worten verschmelzen. Das Sprechen der Visionärin und Prophetin wird endlich gehört. Die Zeit der Heiligen, die schweigend meditierte, ist abgelaufen.[137]

Trotz alledem wurde die Rede der Frauen immer wieder mit schweren Anschuldigungen überzogen. Jacques de Vitry setzte die Figur der Maria von Oignies vor häretischem Hintergrund als aufrechte, fromme Frau in Szene, die dem rechten Glauben treu geblieben ist. Sie illustriert die ideale Einfügung der Frauen ins religiöse Leben. »Allez, ma dame, filez votre quenouille!« – »An Euren Spinnrocken, Madame!« –: Esclarmonde, die

Schwester des Comte de Foy, zu einer »Vollkommenen« der Katharer geworden, die hier zu heilsamem Schweigen gerufen wird, ist in der Tat von überschäumender Aktivität. Sie führt den Vorsitz in Ketzerversammlungen und will sich gar in eine öffentliche Kontroverse einmischen. Nun wird sie von den strengen Worten eines Zisterziensers an ihr Spinnrad verwiesen: »Es geziemt Euch nicht, in dieser Art von Gesprächen das Wort zu ergreifen!«[138] Um die Unruhe zu beschwichtigen, die die Praktiken der Beginen in der Diözese von Liège gestiftet haben, zeigt Jacques de Vitry, wie Maria von Oignies wegen ihrer vorbildlichen Einheit mit Gott und ihrer beispielhaften Haltung als asketische, mystische Heilige neue Fähigkeiten zuwachsen: die Gabe der Heilung, die Gabe der Weissagung, auch die Gabe der Tränen, der Selbstartikulation, die bei manchen Mystikerinnen zu einer besonderen Kraft wird – kurz: die totale Sprache *in nuce*. Und parallel zu dieser Aufwertung der weiblichen Sprache begünstigt auch das steigende Ansehen der Volkssprachen die Verbreitung eines Sprechens, das von da an weiblicher wird.

»Sein selbst und aller Dinge frei,/Ohn Mittel sehen, was Gott sei«: So versuchte der Franziskaner Lamprecht von Regensburg in »Die Tochter Sion« die Spiritualität der bayrischen und flämischen Beginen in der ersten Hälfte des 13. Jahrhunderts zu definieren; seine Beschreibung galt im besonderen der spekulativen Mystik, der Annäherung an Gott ohne Mittler und der Nacktheit der Seele. Hadewijchs siebenter Brief bestätigt das: Unter dem Schutzmantel des Schweigens bleibe der Grund der Seele frei, ein Gestade in der Leere des Seins, jenseits aller Sprache und Vorstellung. So werde die Vereinigung mit Gott möglich. »Ich fand mich empfangen und erleuchtet in der Einigkeit, und so verstand ich diese Essenz und erkannte sie klarer als auf Erden irgendeine erkennbare Sache durch Worte, Gründe oder Visionen.«[139] Die Vereinigung mit Gott geht über die Macht der Vernunft, die Möglichkeiten der Sprache, die Evidenz des Sichtbaren hinaus – Grund genug, eine neue Sprache zu erfinden, die vom Körper und den Affekten genährt wird.

Die Sprache des Körpers

Die Phänomene des Körpers haben überraschend Spuren in den Schriften hinterlassen: Verzückungen, Entrückungen, Wechsel zwischen besorgniserregenden Krankheiten und plötzlichen Genesungen, Todesnähe und Rückkehr ins Leben. »Mein Herz war gespalten (. . .) und meine Seele vom Fleisch erlöst«[140], berichtet Katharina von Siena. Es ist nicht verwunderlich, daß die Frauen, wenn sie in sich hineinhorchten, den Prozeß des Leidens beobachteten und immer wieder den nahezu initiatorischen Eintritt in den Raum und die Zeit einer Offenbarung, einer Ent-

rückung, einer Vision beschrieben. Das führte zur Artikulation einer
Sinnlichkeit, die sich zwar aus einer langen Tradition speiste, aber nie
zuvor solche Ausmaße erreicht hatte.[141]

Eine Vision wie ein Tableau in Traumfaktur berichtet Maria von Oignies, weniger kunstvoll als andere Mystikerinnen, in einem Brief:

> »Bevor sie ihre Gebete gesagt und diesen Ort verlassen hat, wollte der, der voll der
> Güte und des Mitgefühls ist, sie trösten und ihren Geist zu sich holen, so nämlich, daß
> ihr schien, sie wäre in einem großen leeren Raum, wo es nur einen großen Berg gab,
> und am Fuße dieses Berges gab es einen höchst wunderbaren Baum. An diesem
> Baum gab es fünf Äste, die alle vertrocknet waren und die sich alle zur Erde neigten.
> Auf den Blättern des ersten Astes war geschrieben ›visu‹, auf dem zweiten war
> geschrieben ›auditu‹, auf dem dritten war geschrieben ›gustu‹, auf dem vierten war
> geschrieben ›odoratu‹, auf dem fünften war geschrieben ›tactu‹.«[142]

Auf dem Wipfel des Baumes eine große Scheibe, die dem Boden eines
Fasses gleicht und den Baum vor Sonne und Tau schützt. Dann sieht die
Heilige einen großen Fluß den Berg herabfließen, ein Meer, das den
Baum umstürzt. Der Wipfel fällt zur Erde, die niedergebeugten Äste rich-
ten sich auf, die trockenen Blätter kräftigen sich, und alles erhebt sich
zum Himmel.

Zwischen den Zeilen ist diese Schilderung eines spirituellen Erlebnisses eine flammende Anrufung der Sinne und der fieberhaften Intensität
sinnlichen Lebens. Die Innerlichkeit erscheint als unersättlicher Hunger,
der die Gegensätze, das Süße und das Bittere, verschlingen will, oder als
Trunkenheit, einer Metapher für Verlangen und Erfüllung. Im Hennegau
bezeichnet sich Marguerite Porete als trunken von etwas, das sie nie
getrunken hat und niemals trinken wird. Sinnliche Wünsche, erfüllt und
dennoch unersättlich, Spannung des Begehrens, das sich mit einer Ästhetik des Wissens vom Heiligen verbindet.

Der weibliche Körper ist am spirituellen Erleben beteiligt; Gefühle von
Mattigkeit und Trunkenheit gehen der Ekstase voran, nach der Vision ist
der Körper völlig entkräftet. Nachdem sie »in unseren Herrn entrückt«[143]
war, ißt Maria von Oignies nichts, noch trinkt oder schläft sie, sie fällt in
eine so große Schwäche, daß man sie für tot hält. Die Worte, die der Herr
in sie eingeschrieben hat, denkt sie, sollten aufgeschrieben werden –
und wird durch die Redekur geheilt. Auch Juliana von Norwich beschreibt in *Showings* körperliche Krankheit als Beginn ihres spirituellen
Lebens: Todesnähe, Lähmungserscheinungen, Augenstarre, Verdunk-
lung der Sicht, Unfähigkeit zu sprechen, in treffenden physiologischen
Termini. Der Körper ist die Schwelle zum Reich der Offenbarung. Eine
Körpersprache entsteht, die immer wiederkehrende Metaphern zeitigt.
Um grenzenlose Lust oder unsagbares Leid zu beschreiben, wird der
Reichtum der sinnlichen Wahrnehmung beschworen. Sehen ist in seiner
Komplexität von besonderer Bedeutung: Man sieht mit den Augen des

Körpers oder denen der Seele, sagt Margery Kempe, überall, im Zimmer, auf dem Feld oder in der Stadt, selbst in der Dunkelheit: Zeichen Gottes! Andere Zeichen, nach denen die Mystikerin immer sucht, sind hörbar, ein Hauch etwa, der sie beunruhigt; sie ist »innerlich« gewarnt, sich davon nicht irre machen zu lassen, es ist der Heilige Geist, und der Hauch wird zum Gurren der Taube und dann zum Gesang des Rotkehlchens. Die Beschwörung des Sichtbaren ist von auffälliger Intensität und Vielfalt. Die Zisterzienserin Beatrijs von Nazareth, gebildeter als Margery, von einer größeren Leidenschaft des Wortes und heftigerem Temperament beseelt, überläßt sich in den »Sieben Graden der Liebe«, wo alle Sinne zu geistigen Sinnen geworden sind und wichtige Funktionen haben, dem Gewitter der Seele: Lärm und »köstlicher Ausschweifung« im Akt der Liebe und der *fruitio*, der intimen Vereinigung mit Gott, in dem ihr das Herz brechen und die Seele entweichen will. Die Sprache lodert, die Sätze reißen einander fort mit der Kraft sich brechender und vernichtender Wogen:

»Augenblicklich verliert die Liebe in ihr jedes Maß, schießt auf mit einem solchen Einbruch, schüttelt das Herz so stark und so wild, daß dieses Herz an allen Teilen verwundet scheint, und ihre Wunden erneuern sich unaufhörlich, jeden Tag brennender und schmerzender. Es kommt ihr vor, als rissen ihre Venen, als verlasse sie das Blut, als vergingen ihre Eingeweide; ihre Knochen biegen sich, ihre Brust zerspringt, ihre Kehle trocknet aus; ihr Gesicht und alle ihre Glieder empfinden das inwendige Brennen und die königliche Raserei der Liebe. Manchmal ist es auch wie ein Blitz, der ihr Herz bis zur Kehle durchbohrt und ihre Sinne schwinden läßt, oder wie ein Feuer, das alles an sich reißt, was es verzehren kann; solche Gewalt empfindet diese Seele, das Handeln der Liebe in ihr ist ohne Maß und ohne Mitleid, es fordert und verschlingt alles.«[144]

Hier ist sie, die Braut des Herrn, glühend und erschöpft, ohne Maß und Vernunft. Ihr Körper wird zur Bühne eines gewalttätigen Stückes. Wunde und Erfüllung: Im sechsten Grad wird das sehr weibliche Bild vom schönen inneren Haus – im Vergleich mit der »klug eingerichteten und schön geführten« Bleibe der Hausherrin – zum Ausdruck des Wissens und der Ruhe der Seele, die endlich von Gott erfüllt ist.

Raymund von Capua, der Biograph der Katharina von Siena, spricht lange von dieser Körpersprache, von den Schilderungen eines entleerten Organismus, der sich erschöpft und unermeßliche Kräfte gewinnt. Die Sinnlichkeit der spirituellen Wahrnehmung, besonders Riechen und Sehen, ist sehr ausgeprägt: Katharina sieht und riecht die Seelen in ihrer Schönheit oder ihrer Häßlichkeit. Wie andere erweitert sie die Selbstartikulation durch Tränen. Ihr ausschweifendes sinnliches Leben verleiht dem Körper einzigartige Fähigkeiten: Er erhebt sich mit dem Geist von der Erde. »Oft erhob sich ihr Körper mit dem Geist von der Erde und ließ so die Kraft erkennen, die ihren Geist anzog.«[145]

Wenn Katharina sich vom sinnlichen Leben zurückzieht, verfällt sie in einen todesähnlichen Zustand, der ihre Abwesenheit von der Welt kundtut. »Die Skala der Wahrnehmung durchmessen«, nannte das Michel de Certeau bei den Mystikerinnen späterer Jahrhunderte.[146] Diese Empfänglichkeit für die Sprache der Sinne ist keine bloße Metapher. Mechthild von Magdeburg und Mechthild von Hackeborn bestehen auf der Beziehung zwischen Vision und Geschmack, auf der großen Bedeutung des *gustus*; mit dem Geschmack scheint die Seele über ein lebenswichtiges Kapital zu verfügen, der Geschmack gibt der vom Begehren erfaßten Seele den Schwung, der sie fortträgt. Diese umfassende Sinnlichkeit und die Intensität, die Leib und Seele beleben, kennzeichnen die weibliche Spiritualität dieser Epochen.

Schreie, Tränen, Raserei: Die Mystikerinnen laden zu einer einzigartigen Semantik ein. In unterschiedlichen Formen – die von ihrem Verhältnis zu Kultur und Sprache, sofern sie ihre Erfahrungen selbst mitteilen, oder von der Vermittlung ihrer Biographen und Beichtväter geprägt sind – integriert eine neue Syntax ihr einmal haltloses, ein andermal wunderbar geordnetes Sprechen in die Artikulationen des Körpers. Eine neue Syntax der Kommunikation, in der das Wort sicher, überzeugend, belehrend und erklärend auftritt; es schmiegt sich aber auch in den leeren Raum des Schweigens – ein Sprechen, in dem das Ungesagte, wie Barthes meinte, Statthalter der Sprache *(interim du langage)* ist. Vom Schluchzen skandiert, zerfällt die Sprache in Raserei, als ob die Frau, die von Gott geschüttelt wird, eine ursprüngliche Sprache wiederzufinden suchte: nicht Regression wird darin sichtbar, sondern Neuschöpfung. In den Schreien Claras in Rimini, Margery Kempes in Lynn oder Rom ahnte die verstörte Gemeinde eine Sprache, die nur scheinbar chaotisch war und vielleicht aus einem Anderswo kam.

Clara von Rimini überläßt sich, verdammt zur Sünde der unmäßigen Rede, kreischend und wahnsinnig, einem exzessiven Sprechen. Sie will ihren Mund »beschneiden«, d. h. sich die Zunge herausreißen: ein Fall von Maßlosigkeit, der Strafe verdient. Margery Kempe, die laizistische Pilgerin, hat viel zur Erfindung dieser neuen Sprache aus Schreien und Schluchzen beigetragen. Im von den Lollarden geprägten Klima des Inselreichs legt sie das Zeugnis einer befreiten Gestik ab. Unablässig denkt sie an die Leiden Christi und weint so viel und so heftig, daß Mönche, Priester und Laien sie mit Mißtrauen und Vorwürfen überhäufen. Der Schrei übrigens wird für ihre Umgebung und für sie selbst Gegenstand einer fieberhaften Prüfung: Ist er von der Kreatur geheuchelt oder von Gott eingegeben?

Margerys Weinen entfaltet eine machtvolle Wirkung: Es quält den Teufel und entreißt ihm viele Seelen! Die Reise ins Heilige Land ist eine Reise der Tränen: Margery weint, die Passion wiederholt sich, Margery fällt zu Boden und fuchtelt schreiend mit den Armen, als wollte ihr Herz zerspringen. In Jerusalem wird Margery zum Schrei geboren. Folgen wir der Symptomatologie des Schreis, müssen wir ein Crescendo diagnostizieren. Sie integriert den Schrei in ihr spirituelles Leben, einmal im Monat, einmal pro Woche, jeden Tag, bis zu vierzehnmal am Tag, je nach den Besuchen, die Gott ihr gewährt. Margery gilt als Epileptikerin. Der Schrei ist das Zeichen einer höheren Kontemplation, und wenn sie sich bemüht, ihn zu unterdrücken, wird sie aschfahl, und der unbezwingliche Schrei bricht sich Bahn. Diese unmäßige, krampfartige Sprache als hysterisch zu bezeichnen ist zu einfach. Nur die Orte der Passion können sie erwecken, die Erinnerung, die die Beteiligten wieder aufleben läßt, der Anblick eines Kruzifixes oder eines Heiligenbildes. Diese Syntax aus Heulen, Schreien und Schluchzen ist gottgewollt, und Margery hat nicht die Macht, sie hervorzurufen oder aufzuhalten.

Das rituelle Schreien holt das rituelle Weinen ein. Margery weint über ihre eigenen Sünden, dann manchmal noch eine Stunde für die Seelen im Fegefeuer, eine Stunde für die Armen, eine Stunde für die Juden, die Sarazenen und die Ketzer: Weinen als Fürbitte. Sie fragt Jesus: »Warum willst du mir Schreie geben, so daß die Leute sich fragen, was mit mir los ist?« Worauf Christus antwortet:

»Ich sende starken Regen und gewaltige Unwetter oder kleine Schauer. So tue Ich es auch mit dir, wenn es Mir gefällt, zu deiner Seele zu sprechen. Als Zeichen Meiner Liebe für dich gebe Ich dir manchmal leises Weinen und sanfte Tränen; manchmal aber, wenn Ich dich sehen will, wie du den Schmerz meiner Mutter begreifst, gebe Ich dir laute Schreie und Heulen, damit die Gnade, die Ich dir erweise, die Leute erschrecke und sie größeres Mitleid haben um das, was sie für Mich gelitten hat.«[147]

Das ist schwer zu vermitteln – sich selbst und auch anderen. Offenbarungen, die sie nicht entziffern kann, stürzen Margery in Melancholie. Beim Diktieren des Traktats, des zweiten Teils ihrer Vita, beleben sich ihre Gefühle aufs neue. Sie kann nicht aufhören zu weinen und steckt damit den Priester an, der ihr seine Feder leiht, ihren zweiten Schreiber. Er weint so sehr, daß er seine Kleider und seinen priesterlichen Schmuck durchnäßt, und nur diese Ansteckung, diese tiefe Empathie läßt ihn an das glauben, was Margery ihm enthüllt. Beweis genug, daß der Glaube fürderhin durch eine Sprache gehen muß, die das Wort transzendiert.

Der Blick der Gemeinde

Erstaunliche Zuneigung und exemplarische Zurückweisung erfährt Margery, die von Gott Ergriffene. Ihre Selbstartikulation ist anerkannt, aber dem Blick der anderen unterworfen: »Was werden Sie nun tun?« verhört sie der Seelsorger. Abseits vom laizistischen spirituellen Leben in Kontinentaleuropa reklamieren die Lollarden auf den britischen Inseln einen freieren Zugang der Gläubigen zur englischen Bibelversion. Vor diesem Hintergrund gibt Margery dem Drängen der Sprache nach und wiederholt Wörter wie unter Zwang.

Wollte sie das Rederecht der Gruppe befördern? Das Hin und Her um die Frage, ob ihr Sprechen »vernünftig« sei, zeigt den Widerspruch zwischen dem Diskurs der Macht und dem Sprechen einer »Kreatur«, die sich einer vernünftigen Bewertung des Diskurses entzieht. Diese Frau suchte offenbar die Demütigung, kleidete sich seltsam, setzte sich dem Sarkasmus aus und wollte dennoch, ihren weiblichen Vorbildern nacheifernd, ein religiöses Erwachen einleiten. Die öffentliche Rede ist ihr Begehren, Filiation und Identifikation mit Birgitta von Schweden, Katharina von Siena, Dorothea von Montau ihr Anspruch[148]: Sie stürzt sich in die Mission, und das Bewußtsein ihrer Filiation läßt sie in der ganzen Welt umherirren. Im heimatlichen Inselreich findet sie die Einsiedlerin Juliana von Norwich und führt mit ihr tagelang erbauliche Gespräche. Sie vertraut ihr »auf Geheiß Jesu« die Gnadenerweise an, mit denen er sie überschüttet hat, ihre Meditationen und Kontemplationen. Sie will deren Wahrheit bestätigt wissen:

»Um sicherzugehen, daß sie sich keine Illusionen mache, enthüllte sie viele weitere erstaunliche Einzelheiten dieser Einsiedlerin gegenüber, die Bescheid wußte in dieser Materie und ihr daher gut raten konnte.«[149]

Die Männer, denen sie die Geheimnisse ihrer Seele anvertraute, konnten sehr aufgeschlossen sein; manchmal allerdings prüfte man sie. Dann verzichtete sie auf die exzessive Sprache, löste viele »schwierige« Fragen, und die Kleriker bewunderten sie rückhaltlos, wie sie »so schnell und intelligent« antwortete. Aber immer ist es der das Rationale transzendierende Affekt, der schließlich ihr Auditorium mitreißt. Zahllose hervorragende Persönlichkeiten wollen sie hören, der Erzbischof von Canterbury lauscht ihr bis zum Einbruch der Nacht, da, wie sein Biograph vermerkt, »ihre Konversation von einer solchen Gottesliebe zeugte, daß ihre Zuhörer darüber oft heiße Tränen vergossen.«

Fragen über Fragen: Margery kann sich vernünftig und geordnet ausdrücken, aber das Gespräch mit Maria oder den Heiligen ist stets aufs neue von »erstaunlichen Grimassen und Gebärden, gellendem Schluchzen und unzähligen Tränen« begleitet. Ihre Umgebung hält sie nach einer semiologischen Prüfung für besessen von einem bösen Geist. Oder ist sie krank? Und die große Frage: Woher kommt ihr Wahn? Frauen spielten bei der Entscheidung, ob Margery angenommen oder zurückgewiesen wurde, eine wichtige Rolle: Sie konnten dieses überschwengliche Verhalten verstehen, das etwas ausdrückte, was sie vielleicht selbst sagen wollten.

»Erstaunt von ihrem Weinen und Schreien, liebten diese guten Frauen, die ihre Qual nachfühlen konnten, sie nur um so mehr und wollten gar nicht von ihr lassen und baten sie mit Zeichen – da sie ihre Sprache nicht verstand –, zu ihnen zu kommen. In gewissem Sinne forderten sie sie geradezu heraus, so sehr wünschten sie sich, sie trösten zu können nach dieser Probe ihrer Spiritualität.«[150]

Eine Redekur rettete Margery, wie sie schon Maria von Oignies geholfen hatte. Nach den Offenbarungen Gottes ist die Einsiedlerin dem Tode nah. Würden diese »Dinge« aufgeschrieben,

»wie der Herr sie ihr ins Herz gelegt hat, würde ihr Herz davon erleichtert; sie begann alles aufzuschreiben, was in dem Buch ist, genau in der Ordnung, wie sie es im Herzen hatte; und kaum hatte sie die Worte in das Buch geschrieben, kam es ihr aus dem Herzen. Und als sie alles aufgeschrieben hatte, war sie vollkommen geheilt. Ich glaube fest, wenn sie es nicht niedergeschrieben hätte, wäre sie tot oder irre geworden, denn sie hatte seit sieben Tagen weder geschlafen noch gegessen . . .«[151]

Margery mochte von den Offenbarungen der Heiligen Jungfrau zu niemanden außer zu ihrem Seelsorger sprechen. Dieser bat sie in seiner Weisheit, ihm alles zu sagen, was sie fühlte, und das tat sie schließlich auch, »mit der Kraft des Gehorsams«.

Ausführlich berichten die Frauen in ihrer Körpersprache über depressive Zustände; die Kommunikation reißt ab, Melancholie und Sehnsucht überfallen sie. Hildegard schildert die Krankheitsanfälle ihrer Vergangenheit, die vorübergehenden Begleiterscheinungen bedeutsamer körperlicher Zustände, die Erregung, die der Vision vorangeht, den Wechsel von Schwächegefühlen und physischer Kraft. Sie empfand deshalb wohl auch so lebhaft die Schwachheit der Frauen, weil sie sich in das Leben des Körpers versenkte. Doch diese Einschätzung wechselte immer wieder mit einer glücklichen Lobpreisung ihres Leibes und seiner geistigen Möglichkeiten: »O feminea forma, quam gloriosa es!« Die späteren Mystikerinnen dagegen fühlten sich als Durchgangsort eines Leidens, von dessen Spannungen ihr Leib und ihre vom Schreien heisere Stimme mehr als jedes andere Sprechen Zeugnis ablegten.

Speisen der Seele

»Essen, Schmecken, inwendig Sehen (. . .)«[152] kennzeichnen eine dem weiblichen Diskurs zugrundeliegende Ursprünglichkeit, wie Caroline Walker Bynum[153] zeigte. Die innere Verbundenheit von Frauen und Nahrung, die Gesten von Geben und Nehmen dienten nicht nur dem Vergleich oder als Angelpunkt einer Metapher, sondern waren ein wesentlicher Teil weiblicher Frömmigkeit.

Die Ernährungspraktiken – Abstinenz und Fasten oder extremer Hunger und Gier nach der Eucharistie – erlaubten eine Auslöschung des Selbst in der Identifikation mit dem Leib Christi. Der Diskurs über Askese und eucharistische Frömmigkeit ist zweifellos eine Frucht der vorangegangenen Jahrhunderte; in der weiblichen Frömmigkeit aber ist Nahrung ein wichtigeres Motiv als in der männlichen. Auch die Predigten haben nicht plötzlich religiöse Ernährungspraktiken mit weiblichem Verhalten verknüpft. Ohne Männer, wie etwa Franz von Assisi, gänzlich aus dieser oral getönten Frömmigkeit ausgrenzen zu wollen, ist festzustellen, daß bei Ruisbroek und Tauler die Nahrungsmetaphern nicht die Vereinigung mit Gott oder die Beziehung zu anderen ausdrücken. Ebensowenig wird bei ihnen der Akt der Nahrungsaufnahme zur Metapher für die Identifikation mit den Leiden Christi, für die *unio mystica* oder die Erlösung der Seelen.

Durch die Hostie Gott zu schmecken bedeutet ein Vergehen des Ichs in der *fruitio*, der mystischen Vereinigung mit Gott, und ist für die Frauen die innigste Erfahrung. Für eine Anthropologie der Weiblichkeit ist diese Speisung der Frau wesentlich. In dem weiten lexikalischen Feld »Nahrung« verschmelzen Schmecken, Verschlingen, Hungergefühle und Wonnen der Sättigung leicht mit anderen sinnlichen Elementen wie Hitze, Licht oder Klang.

Besonders das Verschlingen setzt mit verblüffenden Metaphern Brot und Blut und Gott und die irdischen Geschöpfe in eine im wesentlichen orale Beziehung zueinander. Die starken biologischen Bilder besitzen einen verblüffend erotischen Charakter. So bei Hadewijch:

»Dies Band vereint zwei Liebende so, daß der eine den anderen ganz durchdringt im Schmerz, in der Stille oder in der Raserei der Liebe und sein Fleisch ißt und sein Blut trinkt: Das Herz eines jeden verschlingt das andere Herz, ein Geist überwältigt den anderen und reißt ihn ganz mit sich fort, wie es uns der gezeigt hat, der die Liebe selber ist, der uns Brot und Nahrung wurde und alle Gedanken des Menschen verwirrte. Er ließ uns wissen, daß darin innigste Vereinigung der Liebe ist, im Essen, Schmecken, inwendig Sehen. Er verzehrt uns, wir glauben Ihn zu verzehren, und ohne Zweifel tun wir es auch.«[154]

Die untrennbare Verbindung von Begehren und Hunger, Erfüllung und Darben ist die Mitgift der freien Liebe: Die Liebe kommt und macht satt, sie zieht sich zurück, und die Seele weint. Der Ansturm der Liebe geht mit erneutem Hunger einher, so groß, daß die Liebe für ewige Zeit die neuen Gaben verschlingt, sagt Hadewijch.[155] Der Liebeswahn der Beatrijs von Nazareth gleicht einer Krankheit, deren Schlüsselbild die Nahrung ist: Wahnsinn und Trinken sind die gleichermaßen physischen wie imaginären Formen der Vereinigung mit dem gemarterten Leib Christi. Bei

Katharina von Siena entstehen Netze aus Bildern über Essen und Trinken, Brot und Blut, fieberhaftes Fasten und eucharistischen Hunger. Sie huldigt einem Geschmack der Extreme: Den Ekel bekämpfend, während sie vom verfaulten Fleisch eines Kranken ißt – eine exquisite Speisung und Tränkung, sagt sie –, läßt sie sich an Jesu Brust säugen. Auch Katharina von Genua, Mechthild von Magdeburg, Angela von Foligno sind mit dieser symbolischen Sprache reich gesegnet. Wenn auch jede dieser Frauen ihre Einzigartigkeit bewahrt, so beherrschten doch Einverleibungserotik und Affektstärke ihre Spiritualität. Angela haftet am Detail: Die Hostie schmeckt nach Fleisch, sie erzittert. Béatrice von Ornacieux, schreibt die Lyoneser Einsiedlerin, die ihre Vita verfaßt, empfängt den Leib Christi und fühlt, wie ein linsengroßes Stück davon in ihrem Mund bleibt, das sie erfolglos zu verschlucken sucht. Sie weint,

».. . die Hostie, die sie im Munde hatte, begann zu wachsen, so daß ihr Mund davon ganz gefüllt war. Und in der großen Verstörung, die sie dabei fühlte, daß ihr Mund so voll war, näherte sie ihre Hand und konnte sie nicht mehr von ihrem Munde zurückziehen. Aber es schien ihr, daß irgendetwas sie nach hinten zog und daß sie dort einen Geschmack von Fleisch und Blut fand. Die große Angst, die sie dabei erlebte, würde niemand zu schildern wagen.«[156]

Symbolik der Sättigung und Hunger nach Worten – ein dem poetischen Diskurs ähnliches Sprechen, wie Barthes sagt, »voller Löcher und Licht, voll Mangel und übersättigender Zeichen«.

Diskurs der Liebe

»So ist es!, spricht die Seele (. . .)«:[157] Diese neue Sprache, in der das Ich sich sonderbare Ausdrücke erfindet und die Ordnung der Wörter in einem Klanggewitter zerbricht – Chaos in den Augen der Welt, Sprache, die Gott seinen Geschöpfen einbläst – enthüllt in oft sehr kunstvollen literarischen Kompositionen den ganzen Reichtum der Temperamente, der kulturellen Traditionen und der Kontexte der Offenbarungen. Die verliebte Sprache der Mystikerin ist oft sehr individuell und immer autark: Sprachmuster einer Autorin sind zu erahnen, verbale Rituale, Vorlieben, die sich oft bei den anderen wiederfinden und als bereicherndes Echo widerklingen.

Der Spiritualismus ist ein reicher, kunstvoller Diskurs der Liebe, der der Literaturkritik mit Hilfe der Linguistik, der Psychoanalyse und der Studien über das Imaginäre ein weites Forschungsfeld von verblüffender Fruchtbarkeit eröffnet. In der Anordnung der Bilder, der Fügung der Wörter, die sich einander entgegenstemmen, um sich dann zu vereinen, im subtilen Spiel der Antonyme, die die unfaßbare Verschmelzung der

Gegensätze fassen wollen, und im Schweigen der Mystikerin vor dem unaussprechlichen Gott strahlt ein Sprechen auf, das unüberhörbar ist. Die Mystikerin, die sich unter dem Druck der drängenden Worte kundtut, ist eine unschätzbare Quelle für jene, die sich mit dem Imaginären der Sprache befassen und die verbalen Äußerungen des Unbewußten dabei nicht ausschließen – selbst wenn dieser unerträgliche Druck des Wortes Teil einer Topik weiblicher Spiritualität und eines exemplarischen Diskurses wäre.

Heinrich von Nördlingen sagte über Margarethe Ebner, daß ihre Schriften alle Sehnsucht stillende Früchte der Liebe seien, in dem wunderbarsten Deutsch, das er je gelesen habe. Aus dem Gebrauch bekannter literarischer Formen, die mit sehr persönlichen Passagen verquickt sind, spricht nicht bloß eine hohe literarische Kultur, sondern auch Selbstbewußtsein und eine im Schreibakt erworbene Freiheit sowie eine Aufmerksamkeit für das Selbst als Ort der Verkündung spiritueller Erfahrung und als Schwelle zum Schreiben.

Die schöpferischen Stimmen erzeugen eine Vielfalt der Formen: *Das fließende Licht der Gottheit*, das Mechthild von Magdeburg um 1250 aus Gedichten und erzählender Prosa komponierte, ist ein Dialog Gottes mit der Seele. Die *Sieben Arten der Liebe*, Beatrijs' von Nazareth kürzeres Opus, ist ein Traktat über die Liebe, viel profilierter als die Mitteilungen des Biographen in der Vita es vermuten lassen. Die Offenbarung der Visionen erfordert eine neue Sprache, aber die Wahl bleibt der Offenbarenden überlassen. Beatrijs spricht, weitergehend als andere, die Sinne an, Fühlen, Hören, Schmecken. Hadewijch bezeugt eine verblüffende weltliche und theologische Bildung. Sie gilt, ähnlich Beatrijs, als große niederländische Dichterin. Ihr lyrisches Werk zeugt von einer hervorragenden Beherrschung der höfischen Dichtung und von einer bemerkenswerten Virtuosität der Sprache. Geistreich beschreibt sie ihre Liebe als »Poesie ohne Reim noch Vernunft«; die Unsicherheit der Liebe sei Sicherheit, die Sehnsucht nach ihr Kraft. Vergeblich würden wir bei den Troubadours nach stärkeren Ausdrücken suchen. Marguerite Poretes *Spiegel der einfachen Seelen* wiederum ist als Konstruktion des Imaginären und Ausdruck des Selbstbewußtseins von großer Schönheit, die, wie Peter Dronke hervorgehoben hat, auf dem Schauspiel innerer Kräfte, auf der Qualität der Dialoge und dem Wechsel zwischen Prosa und gereimten Passagen beruht und ein sicheres Gespür für die Möglichkeiten der Sprache verrät.

Über die kluge Handhabung literarischer Formen hinaus aber enthüllt der verliebte Diskurs eine Wildheit des Begehrens, Sehnsucht und Irrsinn, die Kunst einer Liebe ohne Maß, die, wie etwa bei Beatrijs, Schmerz mit Freude verknüpft. *Orewoet – ur-woet?* –: Dieses Wort dient den niederländischen Mystikerinnen zur Beschreibung des Furors auf dem

Grund der Seele, eines »gewaltigen Begehrens der an ihrer Wurzel berührten Natur, Raserei der Liebe, die nichts Endliches besänftigen kann«. [158] Das *orewoet* umfaßt durch die von ihm selbst gezeugten Antithesen die Gesamtheit aller Weisen des Begehrens, so im 19. Gedicht der *Mengeldichten*, wo sich die Namen für die Liebe überstürzen: Band, Licht, Kohle, Feuer, Tau, lebendige Quelle, Hölle.

Die Seele sagt, daß sie nackt ist, nackt in ihrem Begehren, nackt in ihrer Erwartung. Paradoxerweise gebraucht die Sprache der Liebe den Zauber des Wortes, um zu sagen, daß sie unfähig sei zu reden. Im 20. Sendbrief beschreibt Hadewijch in einer Parabel den Weg zur liebenden Verschmelzung:

»Die Natur, aus der gerechte Minne kommt, hat zwölf Stunden, die die Minne aus sich selbst hinausgeleiten und wieder in sich hineinbringen. Und wenn die Minne wieder in sich selbst kommt, bringt sie das mit, weshalb die ungenannten Stunden sie hinausgetrieben hatten. Das ist ein suchender Sinn, ein verlangendes Herz und eine liebende Seele. Wenn die Minne diese mitbringt, so wirft sie sie in den Abgrund der starken Natur, aus dem die Minne geboren und genährt ist. Dann kommen die ungenannten Stunden in die unbekannte Natur. Dann ist die Minne zu sich selbst gekommen und genießt ihre Natur unter sich, über sich und rings um sich selbst.« [159]

Dieser Diskurs der Liebe will sich durch seine überschäumende Sprache und die kunstvolle Schöpfung geistreicher Metaphern zu einem ersten Grad der Offenbarung, einem Nullpunkt (*degré zéro*) der Sprache machen: Die Erkenntnis »des Inneren jenseits der Vernunft« erfordert den Verzicht auf »die Gewitter des Verstandes, den Schein der Vorstellungen« [160] – Hadewijch entblößt hier die Sprache, auf die sie dennoch nicht verzichten will. Der Reichtum ihrer Intuition versagt, wenn sie versucht, das Unfaßbare zu fassen. Nicht »verstehen« will sie, sondern »erkennen«; sie verzichtet auf Rationalität und läßt sich in eine schöpferische Hingabe fallen:

»In der Intimität mit dem Einen sind diese Seelen rein und inwendig nackt,/ohne Vorstellung, ohne Gestalt,/wie befreit von der Zeit, ungeboren,/losgelöst von ihren Grenzen in der stillen Weite.« [161]

Und hier gesteht die Rede selbst ihre Ohnmacht ein: »Hier schließe ich«, schreibt die Mystikerin, »ich finde kein Ende und keinen Anfang mehr, keinen Vergleich, der die Worte rechtfertigte.« [162] Könnte man die Macht und die Grenzen des Wortes treffender darstellen als in ihrem Drängen und ihrem Verstummen? Später wird Marguerite Porete dasselbe Paradoxon anders ausdrücken: in der wortreichen Beschreibung der Unmöglichkeit, etwas über Gott zu sagen. In einer ihrer Visionen stellt Julian of Norwich dar, wie sich die tiefste Wahrheit der Sprache jeder Artikulation entzieht: Jesus spricht zu ihr »mit Worten, ohne Stimme und Bewegung der Lippen«.

Die innere Zeit

»Begehren, umherirren, lange warten auf diesen Frühling, der die Liebe selbst ist«[163] – dieses Bild, das dem Register der profanen Liebe entsprungen sein könnte, fügt sich ein in den Ausdruck einer persönlichen Zeit: in die Erwartung des Moments, in dem die spirituelle Reise beginnt, in die Erwartung der Symptome der Ekstase und der Zeitbrüche und des atemlosen Tanzes der Zeit in der von Gott auferlegten Mission, der die Worte entspringen, die zu sagen sind und zu schreien.

Sprache ist nach außen gewandt: Sie redet und will gehört werden; hier aber soll sie Zeugnis ablegen über die äußerste Introversion, kundtun, was sich an den geheimsten Orten verbirgt, wo das Bewußtsein sich in Verzückung auflöst. Denn erst dann, wenn die Seele blankgebeizt ist und von sich selbst entblößt, ist sie wirklich erfüllt (»perfusa«, sagt Hildegard). Diese intimen Erlebnisse finden auf vielfältige Weise Ausdruck: in den großen kosmischen Visionen Hildegards, die dabei stets ihre weibliche Schwäche und das Ungenügen ihrer Ausdruckskraft beteuert, bis zu den mit der Liturgie verknüpften Visionen, deren Chronologie etwa Beatrijs oder Hadewijch beschreiben: Alle Sinne sind nach innen gezogen; diese Introversion, diese Entrückung »im Geiste«, geht der in der Vision enthaltenen Offenbarung voraus.[164] Dann wird die Seherin »weit von mir selbst weggetragen und von allem, was ich von Ihm gesehen habe, über jede Vorstellung hinweg, über jedes Wissen, jedes Begreifen außer dem, in meinem Bewußtsein mit Ihm vereint zu sein, Ihn zu genießen«. Und danach kehrt sie wieder in den Alltag zurück.[165]

Diese Texte weiblicher Spiritualität dokumentieren das Bewußtsein von Subjekten. Setzen wir dieses Bewußtsein mit der Sprache der Frauen in Beziehung, dann können wir nicht nur ihr Sprechen und ihre Gruppenbindungen wahrnehmen, sondern auch ihr Sein ermessen. Das Subjekt (eine Gestalt, die der zeitgenössischen Literaturkritik faszinierend, rätselhaft und manchmal etwas kompliziert erscheint) – wird es auch von Gott durchdrungen und geschüttelt, wie die Frauen oft sagen, von der Gnade heimgesucht, unterworfen und geknechtet – herrscht in diesen Werken souverän.

Ein Wandel des Bewußtseins, parallel zum Wandel in der Sprache der Romane und der persönlich gewordenen Lyrik, wird in diesen Schriften kenntlich[166]: Die von Gott heimgesuchte Seele selbst sucht und verändert ihre Form zu erzählen; die »Kreatur« kann ein Wesen außerhalb von Zeit und Raum sein, ein »Ich«, oder sich, wie im *Spiegel der einfachen Seelen*, zur Bühne für allerlei Allegorien machen – sie bricht sich als individuelle Einheit Bahn.

In Berichten über den schwierigen Aufbruch zu ihrer Vereinigung mit Gott und ihr früheres Bewußtsein sind oft willkürlich Partikel eines Rückwärtsschauens eingestreut. Diese Frauen, Hildegard, Hadewijch, Mechthild und die anderen, beschwören in ihrer je individuellen Gottsuche die Vergangenheit: Ihr Weg gibt Zeugnis von den ersten Schritten des spirituellen Abenteuers und zeigt die Spuren der wunderbaren Verschmelzung mit der vergangenen Zeit der Erlösung, die diesen Berichten, wie in den Viten Margery Kempes, Claras von Rimini oder Angelas von Foligno, eine ganz besondere Struktur verleiht.

Aus den Aussagemerkmalen dieser Berichte wäre ein Typologie zu ermitteln, die hier keinen Platz hat: eine Typologie des »Ich«, das von der »Kreatur« spricht, um die es geht. Das Erzählen in der dritten Person zeigt eine extreme Distanz zu sich selbst. Diese Distanz verkleinert zwar die Person, schafft aber im Gegenzug eine unerwartete Dichte im Wesen des Handelnden, wie etwa bei Marguerite Porete, wo »die Seele« sich durch Inszenierungen des Ich und das Spiel über die Zeit und ihre Brüche verdoppelt. Die flammende Wiederbelebung der Vergangenheit, der wirre, gehetzte Diskurs von der Gegenwart des Affekts, die nachgelebte Passion bei Juliana von Norwich oder Margery Kempe sprechen vielleicht von der Rückkehr zu einer »ersten« Zeit, einer Leugnung der Zeitfolge und vollständiger Verschmelzung.

Schreiben erfordert das Bewußtsein einer inneren Zeit. Auf geniale Weise hat Proust die Bruchstücke der Erinnerung zusammengefügt. Aber schon das 11. Jahrhundert – und das ist für die historische Anthropologie interessant – war eine Epoche, die Texte mit Selbstbewußtsein verknüpfte, wie Brian Stock unlängst einleuchtend demonstriert hat.[167] Der Blick auf die eigene Geschichte, die Facetten eines Glaubensbekenntnisses und das Bewußtsein eines gelebten Weges sind bei den Mystikerinnen höchst lebendig – durch das Paradoxon einer Vision, die von außen auferlegt erscheint, tatsächlich aber oft zu einer Reise in die innerste Zeit wird.

Für das Besondere einer Frauen- oder Männersprache im Corpus der Visionen muß ein Analyseraster noch gefunden werden.[168] Bruchstücke einer persönlichen Zeit aber lassen sich auch in Briefen entdecken, etwa im elften Brief Hadewijchs:

»Seit dem Alter von sechs Jahren wurde ich in solcher Weise von außerordentlicher Liebe zu Ihm bedrängt, daß ich vor dem Ende des zweiten Jahres gestorben wäre, hätte Gott mir nicht andere Kräfte verliehen als die, über die die Menschen gewöhnlich verfügen, und hätte er nicht meine Natur zu einer Ihm gemäßen neubelebt.«[169]

Später datiert sie das Jahr, den Tag der Himmelfahrt, den Moment, wo Gottes Sohn auf den Altar herabsteigt und sie sich in der Vereinigung empfangen und erleuchtet fühlt. Die geheimnisvollen Stunden im zwanzigsten Brief sind nur eine Parabel, aber die Wahl der *dramatis personae* in diesen »ungenannten« Stunden, die den transzendenten Charakter einer Erfahrung illustrieren, ist nicht zufällig.

Auf der Fährte der Zeugnisse, die die Subjektivität des Individuums ins Spiel bringen, sprach Michel Zink von der ergreifenden Inbrust und Schamlosigkeit Heloïses Abaelard gegenüber, ihrem Gefühl von Trunkenheit und Schwindel, ihrem Bemühen um Introspektion, ihren Selbstbezichtigungen.[170] Aber auch diese schöne Stelle aus Hadewijchs 25. Brief an eine Gruppe von Frauen erzählt von gelebter Zeit – ein glühendes Bekenntnis von Frau zu Frau und mehr als das:

> »Und ihr, die ihr von mir mehr haben könnt als jede andere Person auf der Welt außer Sara, ich umarme euch beide, Emma und Dich, in einem einzigen Gefühl. Aber ihr habt beide noch zuwenig Verständnis für die Liebe, die mich besitzt, deren Umklammerung und Wildheit ich so schrecklich fühle. Mein Herz und meine Seele und meine Sinne ruhen weder Tag noch Nacht: Diese Flamme lodert unaufhörlich in den Eingeweiden meines Wesens.«[171]

Von der Zärtlichkeit, die die Inbrunst ihres eigenen Lebens umschließt, kommt Hadewijch auf eine kurze Formel, fast nachlässig hingeworfen:

> »Den anderen Tag (. . .) habe ich eine Predigt gehört, wo man über St. Augustin gesprochen hat. Beim Zuhören war ich augenblicklich von innen her entflammt, daß mir schien, als müßte sich die ganze Welt und alles, was in ihr enthalten ist, in dieser Flamme verzehren (. . .)«

und schließt abrupt mit dem flammenden Satz: »Die Liebe ist alles.«

Die rücksichtslose Emotionalität, mit der die Botschaft endet, kontrastiert mit der Gewandtheit, Feinheit und Genauigkeit des möglicherweise unvollständigen Briefanfangs, in dem Hadewijch bittet, Sara von ihr zu grüßen, »mit allem, was mein ist – mit diesem Nichts, das ich bin«.

Mein und Nichts: Dieser Appell an das Ohr der anderen Frauen, der die Nichtigkeit der Seele betont, ist als Zeichen einer literarischen Komposition und als Zeugnis der Bindungen, die aus diesem Briefcode sprechen, ein wertvolles Dokument.

Andere Modalitäten des Ausdrucks einer inneren Zeit: Das Bemühen um die Aufzeichnung des spirituellen Erlebnisses im *Book of Margery Kempe* und den *Showings* der Juliana von Norwich enthält manchmal ein Streben nach einer Selbstverdopplung, die den Übergang vom Sehen zum Verstehen markiert (»Ich sah drei Himmel, und ich dachte: Ich sehe drei Himmel.«[172]). Margery bearbeitet, beweist die Zeit. Sie entzieht sich jeder Autorität und erhebt Anspruch auf das Wort; nicht um zu predigen oder zu lehren, sondern allein, um von Gott zu sprechen: »Das Evangelium gibt mir das Recht, von Gott zu sprechen.« Ihr Sprechen kommt aus dem furchtbaren Mitleiden, das sie vor dem Kreuz empfindet, wo der gemarterte Körper Jesu ihr in neubelebtem Schmerz erscheint und der

Strom des Blutes wirklich fließt. In Wahrheit leugnet, vernichtet sie die Zeit in ihren Konvulsionen. Auch die Bestürzung Claras von Rimini vor dem Kruzifix verleiht dem Bild die Macht, in ihr die Halluzination der Wirklichkeit hervorzurufen. Die Zeitdarstellungen sind individuell: Juliana, zeitlose Zeugin des Leidens Christi, bevorzugt Momentaufnahmen, während Birgitta von Schweden und Margery ganze Sequenzen ablaufen lassen.

Äußert sich das Ergötzen an der Liebe auch oft im Leiden, so ist doch der Augenblick vor dem Glück des Zeichens voll Jubel, der dem Proustschen Entzücken und der sinnlichen Erfüllung gleichermaßen ähnlich ist. Und die Erinnerung, die endlich zu sich gekommen ist, erahnt dieses Zeichen, eine Erinnerung, in der die Mystikerin tief im Innern die totale Zeit einer enthüllten Ewigkeit wiederfindet. Eine wesentliche Stärke dieses neuen Diskurses der Liebe ist, daß die Gegenwart gewordene Rückschau der Vision Fleisch und Blut verleiht.

Selbst die einfachen Worte der Maria von Oignies sprechen manchmal auf subtile Weise von der Zeit: Im *Speculum*, das relativ kurz und verschlüsselt ist, ist sie die Person, von der sie spricht (»una persona que jo cognoisso« – »eine Person, die ich kannte«), und die Skansion »il n'y a pas longtemps« (»es ist nicht lange her«), diese Leugnung der verflossenen Zeit, ist die Litotes ihrer selbst. Die eigentliche Aufgabe des mystischen Diskurses ist die Darstellung einer besonderen Beziehung zur Zeit: das Unsagbare im Ergötzen und in der ästhetischen Empfindung zu sagen – zu sagen oder nicht zu sagen oder nicht sagen zu können. Die Mystikerin wagt sich an die Erfindung einer Sprache, in der sich ein neues Verhältnis zur Welt und zum Heiligen ausdrücken könnte. Das eigensinnige Werden eines »Ich« im »Spiegel der einfachen Seelen«, das nach der Selbstvernichtung aus der Vielzahl hervortritt, ist auch die Zeit der Raserei außerhalb der Rationalität, die sich – wie man »am Wind« segelt – so nahe wie möglich an der Didaktik, am Beispiel, an einem Kommentar zu halten versucht, der dennoch fast immer leidenschaftlich ist: Botschaft, Sehnsucht nach der *fruitio* und unerträgliches Exil!

Sich in der Sprache mit diesem Vokabular der Lust und diesen quälenden Metaphern verlieren und die Unfähigkeit behaupten, sie zu sprechen, ist ein höchst sinnliches Unterfangen, durch das die durchlässige Seele zur Nacktheit strebt: Mit der Erfindung der neuen Sprache, die das Abwesende durch eine extreme Präsenz des Wortes sagt, wird das Sprechen weiblicher; demütig und kraftvoll billigt es, daß kein Diskurs der Liebe, und sei er noch so entschlossen, die Barrieren des Sprachcodes bezwingen, die Verschmelzung in Worte fassen könnte. Aus der höfischen Kultur entlehnen diese Frauen Bilder und Umschreibungen, um dem Affekt Ausdruck zu geben, den doch keine Sprache fassen kann. So träumen sie davon, eine ursprüngliche Sprache wiederzufinden, die die

Übereinkunft mit dem Empfänger wiederherstellt und schließlich den Anforderungen der Sprachgeste gerecht wird. Über die späteren Mystikerinnen sagt Michel Certeau, es gehe um die Grundlegung eines Ortes, von dem aus sie sprechen, der von keiner Instanz legitimiert sei: »Unendliches Kreisen um die produzierende Instanz, die der unendliche und ungesicherte Raum des ›Ich‹ ist, die mystische, redundante, kraftvolle, hervorstechende Sprache, die allein der Ort inspirierter Verkündigung werden könnte, des Werkes der Gegenwart.«[173] Jenseits des institutionalisierten Diskurses der Kirche ist diese Forderung nach Unmittelbarkeit eine Provokation.

Wir träumen vom Schreiben, das Tun wird Wunschbild einer Poetik, für die sich Bachelard einsetzte und die Barthes beschrieb: Sprachlust kippt um in Lust. Pracht der Worte in Echos und Wellen. Die atemberaubende Wollust der Sprache läßt die Mystikerin vom Nicht-sagen-Können ohnmächtig werden, und ihr innigstes Wort ist ein Heulen, das die Zeit durchdringt. Die Unmöglichkeit, beim Namen zu nennen: In der vierten »ungenannten« Stunde in Hadewijchs Brief geschieht es, daß wortlos »die Minne die Seele ihre verborgenen Urteile kosten läßt, die tiefer und dunkler sind als die Abgründe«.[174]

Aus dem Französischen von Brigitte Große

13
RELIGIÖS-THEOLOGISCHE SCHRIFTSTELLERINNEN

Elisabeth Gössmann

Trotz der Ferne des Mittelalters, dessen Fremdheit in seinen hinterlassenen Texten uns oft berührt, findet die philosophie- und theologiegeschichtliche Frauenforschung vieles in den in dieser Zeit entstandenen Frauentexten, das uns heute nicht etwa nur unmittelbar anspricht, sondern geradezu wie aus dem Herzen gesprochen scheint. Das deutet schon darauf hin, daß gewisse Bedingungen des weiblichen Lebensvollzugs sowie die nicht unproblematische Stellung der Frau in der Kirche sich fortgesetzt haben. Wir müssen uns aber den Weg zu dem, was uns in mittelalterlichen Frauentexten wie aus dem Herzen gesprochen scheint, gleichsam freischaufeln, und das ist manchmal harte Arbeit, zumal die meisten dieser Texte weder kritisch ediert noch adäquat übersetzt sind.

Die veränderte Forschungslage und die Bedingungen weiblichen Schreibens im Mittelalter

Warum bezeichnen wir eigentlich religiöse Schriftstellerinnen des Mittelalters als »Mystikerinnen«? Wir schließen uns damit einer doppelten Verhüllungstaktik an, einmal der dieser schreibenden Frauen selbst, die sich, wie etwa Hildegard von Bingen im 12. Jahrhundert, auf das berufen, wozu sie »in mystica visione« beauftragt wurden, und andererseits der derartige Selbstbezeichnungen aufgreifenden historischen Wissenschaft, die bis vor kurzem darauf bedacht gewesen ist, das Schrifttum der Frauen von der eigentlichen Theologie, die den männlichen Mystikern immer auch offenstand, abzugrenzen. Der Begriff »Mystik« hat also sehr wohl dazu gedient, die theologische Leistung von Frauen unsichtbar zu machen. Die mittelalterlichen Schriftstellerinnen selbst haben meistens mit Erfolg versucht, sich als prophetisch-mystische Visionärinnen an die Tradition der Prophetinnen des Alten und Neuen Testaments anzuschließen und dabei den Verdacht des Lehrens zu vermeiden, das ja in der, wie wir heute wissen, nicht von Paulus stammenden Stelle (1 *Tim* 2, 9ff.)[1] den Frauen verboten wird. Vielleicht war auch in der Mainzer Gegend, dem Bistum, zu dem das Kloster Hildegards auf dem Rupertsberg bei Bingen gehörte, noch die Erinnerung an jene Thiota[2] lebendig, die auf einer Mainzer Synode des 9. Jahrhunderts als Häretikerin verurteilt wurde, weil sie, wie die zeitgenössischen Quellen sagen, »usurpabat publice docendi munus« (das Amt des öffentlichen Lehrens an sich riß) und viele ihr »quasi magistram«, gleichsam als einer Lehrerin folgten. Den Anschein solchen Lehrens zu vermeiden, war also notwendig für diese Frauen, auch wenn ich damit keineswegs sagen will, daß ihr mystischer Stil etwa der Erfahrungsgrundlage entbehrt hätte.

Aber wie wollen wir Mystik definieren? Sagen wir, es gehört Ekstase dazu, so fällt etwa Hildegard von Bingen aus diesem Mystikbegriff heraus, während er für Elisabeth von Schönau und manche andere zutreffen würde, aber längst nicht für alle, die gemeinhin als Mystikerinnen bezeichnet werden. Jedoch hat der Begriff »Frauenmystik«, so problematisch er heute auch geworden ist, immerhin soviel Gutes bewirkt, daß die Forschung seit dem 19. Jahrhundert, im Gegensatz zu vielen sonst vergessenen Frauen, diese mittelalterlichen Schriftstellerinnen überhaupt im Gedächtnis gehalten hat, auch wenn die Methode der Textinterpretation und die Beurteilung der Frauentexte vieles zu wünschen übrig ließ. Die meisten dieser Frauen waren auch eigenständige Theologinnen, selbst wenn sie sich – mit Ausnahme des Briefes – des theologisch-wissenschaftlichen Stils ihrer Zeit nicht bedienen konnten. Daß die Mystikerinnen genannten religiös-theologischen Schriftstellerinnen ihre ganz eigenständigen Meinungen hatten, sieht man besonders an ihren Ergänzungs- und Abweichungsleistungen in bezug auf die zeitgenössische männliche Theologie, eben die Scholastik.[3]

Nachdem so die auch von männlichen Forschern der Gegenwart mitgetragene theologiegeschichtliche Frauenforschung nicht mehr die Frauentexte an denen männlicher Provenienz mißt und als minderwertiges Abfallprodukt oder rationalitätsfernes dunkles Geraune versteht, aber auch nicht mehr als ein Ergebnis weiblicher Hysterie betrachtet, wie es bis vor etwa dreißig Jahren häufig der Fall war, sind Zugänge erarbeitet worden, die uns helfen, die Distanz zu unseren Vorschwestern leichter zu überwinden. Diese Freude wird aber dadurch erheblich getrübt, daß postmoderne Feministinnen wie Luce Irigaray den von der theologischen Frauenforschung überwundenen Forschungsstandpunkt wieder »aufzuwärmen« und auf die alte Hysteriethese zur Erklärung weiblicher Mystik zurückzukommen sich nicht scheuen.[4]

Neu ist an der heutigen Erforschung von Frauentexten des Mittelalters aber auch, daß wir nicht mehr nur die einzelne schreibende Frau, etwa in ihrer Abhängigkeit von männlichen Lehrern, Beichtvätern oder eventuell Kirchenväterlektüre etc. untersuchen, sondern auch die Beeinflussung von Männern durch Frauen im Auge haben, vor allem jedoch, daß wir auf Traditionsbildungen unter Frauen achten, indem wir feststellen, welche den Frauen wichtige Wahrheiten der biblischen Überlieferung sich von Elisabeth von Schönau und Hildegard von Bingen im 12. Jahrhundert zu den flämischen Mystikerinnen und den Helftaerinnen Mechthild von Hackeborn und Gertrud der Großen im 13. Jahrhundert weiterverfolgen lassen, aber ebenso zu den Italienerinnen wie Angela von Foligno oder der sicher auch als Inspiratorin Meister Eckharts wirkenden Marguerite Porete, die 1310 in Paris als Häretikerin verbrannt wurde[5]; nicht zu vergessen die Engländerin Juliana von Norwich, die heute vielleicht ein wenig zu einseitig herausgehoben wird wegen ihres Gedankens der göttlichen Mütterlichkeit, der in Wirklichkeit schon bei Hildegard von Bingen und Elisabeth von Schönau zu greifen ist, von deren Werken es auch Handschriften im zeitgenössischen England gab, ebenso wie von denen der Marguerite Porete.

Letztere, eine theologisch sehr gebildete Beginc, wird sogar zitiert von einer hochgelehrten Frau der französischen Renaissance, nämlich der Schwester des französischen Königs François I., Margarete von Navarra, woran wir sehen, daß die Frauentradition Epochen und Stände überwindet, später sogar auch konfessionelle Gegensätze. Es ist ohnehin fraglich, ob die üblicherweise angenommene Epochengrenze zwischen Mittelalter und Renaissance, die von einigen stark bezweifelt wird, überhaupt für Frauen gilt, obschon die männliche Forschung die theologisch-philosophisch schreibenden Frauen des Mittelalters und der Renaissance jeweils anders benannt hat, um sie eben dieser Epochengrenze anzupassen: nämlich die ersteren als Mystikerinnen und die letzteren als Dichterinnen. Aber es lassen sich·auch hier wieder geradlinige Verbindungen ziehen, etwa von Hildegard von Bingen zu Christine de Pizan. Auch Christine, die 1399 zu schreiben beginnt, bedient sich ja noch deutlich visionärer Elemente, wenn wir an die drei Frauengestalten Vernunft, Rechtschaffenheit und Gerechtigkeit denken, die in dem 1405 entstandenen *Buch von der Stadt der Frauen* der literarischen Christine erscheinen, um mit ihr das weibliche Selbstverständnis in Dialogen zu klären, und ihr helfen, die Stadt zu errichten und mit den Frauengestalten aus Mythologie und Geschichte zu bevölkern, was ein ausgesprochenes Bewußtsein von Frauentradition voraussetzt.[6]

Wenn also auch die Epochengrenze Mittelalter/Renaissance besonders für das weibliche Schreiben fragwürdig ist, so scheint es doch offenbar zu sein, daß die später schreibenden Frauen etwas freier waren und auch Kritik an männlichen Autoritäten offen aussprechen konnten, wie dies um 1600 etwa die Italienerin Lucrezia Marinella tat, die den griechischen Philosophen Aristoteles wegen seines Frauenbildes einen eitlen Gesellen nennt[7], und im 18. Jahrhundert Dorothea Christiane Leporin, die aus ähnlichen Gründen den französischen Philosophen Bodin als einen »Feind unseres Geschlechts« bezeichnet.[8] Diese Art der offenen Kritik ist den schreibenden Frauen des Mittelalters noch versagt, aber das heißt nicht, daß sie ihre Meinung nicht auch für die, die zu lesen verstanden, deutlich zum Ausdruck gebracht hätten.

Die Weise des Schreibens mittelalterlicher Frauen, die jenseits aller individuellen Unterschiede rollenbedingt ist und von den Erwartungen bestimmt war, die an ihr Geschlecht gestellt wurden, hilft ein Begriff zu verstehen, den die feministische Literaturtheorie geprägt hat, nämlich den des »double voiced discourse«, des zweistimmigen Diskurses.[9] Auf die mittelalterlichen Frauentexte bezogen, heißt das: mit einer Stimme, dem Cantus firmus sozusagen, beziehen sich die Frauen auf die Haupttradition, wiederholen etwa die männliche Rede von Gott oder die von der Stärke des Mannes und der Schwäche des Weibes, und das an den auffälligen Stellen ihrer Werke, den Buch- oder Kapitelanfängen etwa. Mit einer gleichsam zweiten Stimme jedoch, an verborgeneren Stellen ihrer Werke, stellen sie diese Wiederholungen bzw. Zitate von Sätzen der Haupttradition in Frage, ergänzen sie oder werten sie um bzw. unterwandern sie, so daß es vielfach zu einem ganz anderen Gottes- und Menschenbild kommt, das uns heute mehr anspricht und mit unseren Vorschwestern verbindet. Aber dies herauszufinden ist wichtig und keineswegs eine Vergewaltigung der Frauentexte. Wußten die Autorinnen doch, daß sie einerseits offiziell-kirchlicher Kontrolle unterlagen und andererseits für jene Mitschwestern und Mitbrüder schrieben, die nach spiritueller Nahrung hungerten. Wer diesen zweistimmigen Diskurs bei den schreibenden Frauen des Mittelalters übersieht und meint, auch die Frauen hätten das negative Frauenbild der Männer ihrer Zeit internalisiert, versteht nichts von mittelalterlichen Texten.[10]

Damit ist jedoch nicht gesagt, daß nicht auch männliche Mystiker eine ganzheitliche und sogar eine die mütterliche Gottessymbolik einbeziehende Spiritualität gepflegt hätten. Derartiges ist vielfach bezeugt bei

dem betend meditierenden Anselm von Canterbury ebenso wie bei Bernhard von Clairvaux, der sogar die weibliche Rolle auf sich selbst bezieht
und sich oft genug nicht Vater, sondern Mutter seiner Mönche nennt, die
er, von einem Kloster zum anderen ziehend, wie gerade entwöhnte Kinder zurücklassen muß, was er bedauert.[11]

Jedoch lassen sich Unterschiede feststellen, die bei den Frauen auf
einer ihrer Spiritualität voll integrierten Körpererfahrung beruhen, ob sie
nun selbst geboren haben oder nicht. Aber viele von ihnen, wie etwa Birgitta von Schweden oder Margery Kempe, hatten ja auch Geburtserfah-
rung, und bei manchen, wie etwa Juliana von Norwich, ist man sich nicht
sicher. Jedenfalls hatten Frauen ein enges Verhältnis zu Blut und zu
Schmerzen; infolgedessen wurde in der Frauentradition das Leiden Christi oft den Geburtswehen für eine neue Menschheit gleichgesetzt. In der
frühen Neuzeit ist eines der von Frauen meist behandelten Themen die
Betrachtung des Leidens Christi oder die Andacht zum Blute Christi, was
heute alle Befremdlichkeit verliert, wenn wir uns klarmachen, auf welchem Wege die Frauentradition zu diesem Gedanken gelangt ist, nämlich aufgrund jener von den sogenannten Mystikerinnen immer schon
und immer von neuem entdeckten Ähnlichkeit zwischen Christus und
dem weiblichen Geschlecht, und zwar Christus in seiner Menschlichkeit und Bedrückung. Das hat keineswegs wie Opium auf die weibliche
Spiritualität gewirkt, sondern als Kraft zum Durchhalten und Überwinden.

Die Verwendung weiblicher Metaphorik durch Frauen hat oft etwas
Ergänzendes zu den vorherrschenden Bildern und Symbolen an sich,
wenn etwa im Widerspruch zu einer den Frauen nicht verborgen ge-
bliebenen Herabstufung der weiblichen Gottebenbildlichkeit durch die
männliche Theologie der Scholastik die strahlende Schönheit der eben
erschaffenen Eva als Abglanz göttlicher Schönheit dargestellt wird, wenn
neben den verlorenen Sohn die verlorene Tochter gestellt wird, oder
wenn die Tochter Sion in den Höhen und Tiefen ihres Schicksals die
Geschichte der Menschheit widerspiegelt und die weisheitlich-mütter-
liche Gottessymbolik die männliche Gottesrede zuweilen sogar verdrängt. Aber der Wandel dieser Bilder des Menschlichen wie des Göttlichen stellt die Ganzheit her – oder, mit einer Formulierung des
4. Laterankonzils von 1215 gesprochen, die Analogie, und das bedeutet
die Ähnlichkeit und Verschiedenheit menschlicher Gottesrede zum
bzw. vom Gemeinten. Frauen gebrauchen, wenn sie Latein schreiben,
sehr oft Ausdrücke wie *quasi* und *sicut* (als ob, sowie), um das von
ihnen visionär Geschaute von dem eigentlich damit Gemeinten und mit
irdisch-menschlichen Bildern eben nicht mehr Sagbaren abzuheben. Sie
sind also in ihren theologischen Aussagen hoch sensibel und analogie-
bewußt.

Das Gottes- und Menschenbild der Frauen als Ausdruck ihrer eigenständigen Theologie

Hildegard, die benediktinische Äbtissin des 12. Jahrhunderts auf dem Rupertsberg bei Bingen, hat in ihren drei lateinisch geschriebenen Visionswerken ebenso wie in ihren Naturschriften sowohl die Harmonie zwischen Makro- und Mikrokosmos als auch die kosmischen Spiegelungen der Heilsgeschichte Gottes mit der Menschheit beschrieben. Ihr Gesamtwerk hat daher durchaus den Charakter einer theologischen Summa, jener Gattung, wie sie von der zeitgenössischen männlichen Theologie vorgelegt wurde, wenn auch in anderem Stil verfaßt. Hildegard hat bei ihrer Gründung der beiden Benediktinerinnenklöster Rupertsberg und Eibingen eine solche Tatkraft bewiesen, daß die ältere Forschung sich nicht scheute, sie als eine männliche Gestalt zu bezeichnen, was aber durchaus nicht zu ihrem Selbstverständnis paßt. Mit ihrer Nonnengemeinschaft hat sie versucht, ein gesundes Leben zu führen, hat vor übertriebenen Bußübungen gewarnt und zu genügend Ruhe und Schlaf gemahnt.

In ihrer sensiblen Lesefähigkeit biblischer Gleichnisse ist sie nicht die einzige, die auf das Gleichnis von der Frau mit der verlorenen Drachme reagiert, das im 15. Kapitel des *Lukasevangeliums* (8–10) zwischen dem Gleichnis vom verlorenen Schaf und dem vom verlorenen Sohn steht:

»Welche Frau, die 10 Drachmen besitzt und eine davon verliert, zündet nicht ein Licht an und kehrt das Haus aus und sucht voll Eifer, bis sie sie findet? Und hat sie diese gefunden, ruft sie Freundinnen und Nachbarinnen zusammen und sagt: ›Freut euch mit mir, denn ich fand die Drachme, die ich verloren hatte‹.«

Schon von den Kirchenvätern wurde die Drachme, die die Frau verloren hatte, allegorisch ausgelegt auf die Menschheit, die den zehnten Engelchor, der nach der Theologie jener Zeit von Gott abgefallen war und gestürzt wurde, ersetzen sollte, aber nun selbst in die Irre ging. So ist das Suchen und die Freude des Wiederfindens der Drachme bei der Frau im Gleichnis keine rein materielle Angelegenheit, sondern heilende Barmherzigkeit. Auch jener allegorische Zug ist im Mittelalter bereits vorgegeben, daß das der Münze eingeprägte Königsbild die menschliche Gottebenbildlichkeit besagt. Schon bei Augustinus hat die Frau des Gleichnisses die Bedeutung der göttlichen Weisheit angenommen, die mit der entzündeten Lampe, dem menschgewordenen Wort Gottes, die verlorene Menschheit sucht und wiederfindet.

Um vieles intensiviert ist diese Bedeutung jedoch bei Hildegard, die es nicht einmal für nötig hält, zu erklären, was durch die Frau des Gleichnisses symbolisiert wird, sondern die direkt sagt: »Sancta divinitas habuit drachmas decem.« (Die heilige Gottheit hatte zehn Drachmen.) Sie zündete ihr Licht an in Christus, der Sonne der Gerechtigkeit, kehrte das Haus, indem sie der Geschichte des menschlichen Heils durch ihn eine positive Wende gab. Im Unterschied zu den Kirchenvätern ist bei Hildegard die Frau nicht nur die präexistente göttliche Weisheit, die sich in Christus inkarniert, sie ist die Gottheit schlechthin. Weibliche Arbeit, wie das Kehren des Hauses, wird nicht als unwürdig für eine Symbolik erachtet, die das göttliche Wirken in der menschlichen Heilsgeschichte meint. Die Freundinnen und Nachbarinnen, die die Freude des Wiederfindens der Drachme mit der Frau des Gleichnisses teilen, sind bei Hildegard die weltlichen und geistlichen Autoritäten, die von ihr, der *divinitas*, in Pflicht genommen werden, das himmlische Jerusalem aus lebendigen Steinen aufzubauen, was nichts anderes bedeutet, als einen kritischen Aufruf an eben diese Autoritäten, zur Reform der christlichen Gesellschaft beizutragen.[12]

Im gleichen Werk *Scivias*[13] hat Hildegard ihre eigene Parabel eingefügt, inspiriert von der Parabel vom verlorenen Sohn und der von der verlorenen Drachme. Der Kontext ist unverfänglich. Es ist eine Vision von der Beseelung des Kindes im Mutterleib. So erwartet man hier nicht eine Parabel gemeinsamen Schicksals von Gottheit und Menschheit unter der weiblichen Symbolik von Mutter und Tochter Sion. Die Tochter hat in Hildegards Parabel eine sich wandelnde Identität. Sie ist die individuelle Menschenseele, von ihrem Schöpfer in die Leiblichkeit gesandt, aber sie ist auch das Gottesvolk im Alten Testament, und als solches wird sie die verlorene Tochter, die sich rückerinnert an und zurückgerufen wird von ihrer Mutter im Himmel.

Am Beginn der Parabel nennt sich die Tochter im Anklang an biblische Motivik *peregrina*, Pilgerin im Todesschatten, des Trostes beraubt und aus ihrem Erbe vertrieben, in Sklaverei, verspottet und ihrer Ehre bar. Aber sie weiß noch um ihre eigentliche Bestimmung, als Tochter der Mutter Sion in einem kostbaren Zelt zu leben, von Sternen und Edelsteinen geschmückt. Die Erinnerung an die zarte Liebe der Mutter läßt ihr die babylonische Gefangenschaft, in der sie jetzt ist, unerträglich erscheinen, und so schreit sie zur Mutter, die sie verlassen hat, weil zuerst sie, die Tochter, von ihr abgewichen ist, wäscht ihre Wunden mit Reuetränen und fühlt sich plötzlich berührt vom sanften Duft der mütterlichen Weisheit.[14] Gestärkt davon vermag die Tochter ihrer Gefangenschaft zu entfliehen.

Was nun folgt, ist die Beschreibung eines mächtigen Kampfes zwischen der Tochter und den sie verfolgenden Feinden, die durch Berge und Schluchten ihr den Weg abzuschneiden versuchen. Der erneute Schrei der Tochter nach der Mutter artikuliert die Furcht, daß die Mutter sie wieder verlassen hat, nachdem die Tochter einmal ihre Nähe spüren durfte. Das wäre schlimmer als zuvor. Aber die Stärkung durch den sanften Duft der *sapientia* hält noch an, und die Tochter erreicht den Gipfel des Berges – allerdings nur, um durch Skorpione und Drachen erneut auf ihrem Weg aufgehalten zu werden. Es folgt die dritte, fast herausfordernde Hinwendung der Tochter zur Mutter: »Oh Mutter, mein Schmerz wäre geringer, hätte ich nicht einmal deine sanfte Nähe gespürt. Wo ist deine Hilfe jetzt, da mir die Gefahr droht, in meine Gefangenschaft zurückzufallen?« Nach diesem Schrei von Verzweiflung und Hoffnung zugleich hört endlich die Tochter die Stimme der Mutter Sion: »Oh Tochter, eile, Flügel sind dir gegeben (...), fliege schnell hinweg über alle diese Hindernisse.« Mit den Flügeln des Glaubens, wie Hildegard selbst interpretiert, flüchtet sich die Tochter aber nicht wie ein kleines Kind in die Arme der Mutter, sondern in der Kraft ihrer Tröstung beginnt sie ein neues Leben in der Welt, wiedereingesetzt in ihr Erbe, stark genug, sich nicht mehr in die Abhängigkeit jener Mächte zu begeben, die sie versklavt hatten.

Diese weibliche Symbolik von Gottheit und Menschheit enthüllt ein Gottes- und Menschenbild, das gegenseitige Erwartungen und Ansprüche stellt, voller Dynamik ist und die Interaktion betont. Die Menschheit ist gegenüber der Gottheit nicht passiv, und deren Eingreifen in die Verworrenheit geschichtlicher Wege ist zwar kraft- und trostspendend, aber doch sehr zurückhaltend und beschränkt sich auf die Inspiration zur menschlichen Selbstbefreiung.

Diesem sehr offenen Gleichnis entspricht in Hildegards bekannter Trinitätsvision in *Scivias*[15], wo sie die offiziell dogmatische Sprache von Vater, Sohn und Geist spricht, eine Abwandlung dieser Sprache durch Mütterlichkeits- und Natursymbolik. Als sie von der Menschwerdung des göttlichen Wortes spricht, fügt Hildegard unvermerkt ein, durch dieses sei »die mütterliche Liebe der Umarmung Gottes in die Welt gekommen, die uns zum Leben nährte [Anspielung auf das Stillen des Kindes] und die unsere Helferin in Gefahren ist« (... *materna dilectio amplexionis Dei venit, quae nos ad vitam enutrivit et quae in periculis auxiliatrix nostra est).*

Daß sie diese weibliche Gottessprache bis ans Ende ihres Schreibens durchgehalten hat, zeigen ihre makro-mikrokosmischen Visionen am Anfang ihres letzten Werkes *De operatione dei*, wo die *divina caritas*, deren Flügel die *sapientia* ist, also wieder die göttliche Weisheitsliebe, den Kosmos umarmt.[16] Wie aus dem Text dieser Vision hervorgeht, ist diese göttliche Weisheitsliebe im Unterschied zu dem darüber sichtbaren männlichen Haupt eine deutliche Symbolisierung der weiblichen Seite Gottes. Das geht vor allem aus der Sprache hervor, mit der die *sapientia-caritas* sich selbst vorstellt. Hildegard benutzt die lateinischen Substantive *vis, vita, rationalitas, sapientia*, alles nicht von ungefähr feminine Substantive. Diese Selbstvorstellung der *divina caritas* ist auch der schönste mittelalterliche Text, den ich kenne, der die Immanenz und Transzendenz Gottes verbindet.

»Und ich sah im Geheimnis Gottes inmitten der südlichen Luft so etwas wie ein schönes und wunderbares Bild, gleichsam eine Menschengestalt, deren Gesicht von solcher Schönheit und Klarheit war, daß ich leichter in die Sonne hätte hineinschauen können als in dieses Gesicht. Ein weiter Reif von goldener Farbe umgab das Haupt der Gestalt. In diesem Reif aber erschien oberhalb dieses Hauptes ein anderes Gesicht, gleichsam das eines Greises. (. . .) Und jenes Bild der Menschengestalt sprach: ›Ich bin die höchste feurige Kraft, die ich alle lebendigen Funken entzündet und nichts Tödliches ausgehaucht habe, sondern alles unterscheide, damit es sei. Indem ich den herumgehenden Kreis mit meinen Flügeln, der Weisheit, umstreife, habe ich ihn in die rechte Ordnung gebracht. Aber ich bin auch die feurige Lebenskraft der Substanz der Gottheit, flamme über die Schönheit der Felder, leuchte in den Gewässern, brenne in Sonne, Mond und Sternen. Mit dem luftigen Wind treibe ich alles lebensvoll hoch, als unsichtbare Lebenskraft, die alles erhält. Die Luft nämlich lebt in der Grünkraft und den Blüten, die Gewässer fluten, wie wenn sie lebten, auch der Sonnenball lebt in seinem Licht, und wenn die Mondsichel abnimmt, wird sie vom Sonnenlicht wieder entzündet, daß sie gleichsam von neuem lebt. (. . .) Dies alles lebt in seiner Wesenheit und wird nicht für tot befunden, weil ich die Lebenskraft bin. Ich bin auch die Rationalitas, die den Windeshauch des tönenden Wortes in sich hat, durch das alle Kreatur geschaffen ist. (. . .) Denn ich bin die unverminderte Lebenskraft, die weder von den Steinen abgehauen, noch aus den Zweigen gegrünt, in der männlichen Kraft nicht verwurzelt ist. Die Rationalitas ist die Wurzel, das tönende Wort aber blüht in ihr.«[17]

Einem solchen Gottesbild entsprechen bei Hildegard als Spiegelung in der menschlichen Gottebenbildlichkeit die männlichen und weiblichen Züge. Wenn sich die göttliche Gerechtigkeit im Menschen spiegelt, so ist das gleichsam etwas Männliches, wenn sich aber die göttliche Barmherzigkeit im Menschen spiegelt, so ist das gleichsam etwas Weibliches.[18] Vor allem jedoch ist Hildegard im Unterschied zur männlichen Scholastik, die die weibliche Gottebenbildlichkeit gegenüber der männlichen erheblich zurückstuft und den Leib von der menschlichen Gottebenbildlichkeit ausschließt, eine Verfechterin der uneingeschränkten Gottebenbildlichkeit der Frau, und – was theologisch ebenso wichtig ist – sie bezieht den Leib, der die Erkenntnis aus den Sinnen vermittelt, die für die Gotteserkenntnis so notwendig ist, in die menschliche Gottebenbildlichkeit mit ein.[19]

Obwohl sie niemals polemisch wird, unterwandert Hildegard auch die damals verbreitete Naturphilosophie, indem sie die kosmisch legitimierte Mann-Frau-Hierarchie auflöst. Während nämlich ihre Zeitgenossen die beiden nach dem damaligen Weltbild oberen Elemente des Kosmos, Feuer und Luft, als im männlichen Körper überwiegend und die beiden unteren, nämlich Wasser und Erde, als im weiblichen Körper überwiegend bezeichnen, ist für Hildegard der weibliche Körper durch Luft und Wasser geprägt, was die größere Agilität und Grazilität der Frau bedingt und die kosmisch legitimierte Hierarchie zerstört. Da mit der Elementenlehre die Lehre von den Temperamenten und Begabungen verbunden ist, hat Hildegard auch die Auffassung von der höheren Begabung des Mannes und der minderen der Frau aufgelöst. Das bedeutet für sie die gegenseitige Angewiesenheit der Geschlechter auf einander und die Kooperation nicht nur bei der Kinderzeugung. [20]

Dieses komplementäre Gottes- und Menschenbild ist sowohl für den Austausch zwischen den Geschlechtern offen, als auch für ein Leben von Frauen mit Frauen, wie es das Benediktinerinnenkloster mit sich bringt. Diese Schwesterlichkeit hat bei Hildegard einmal die Funktion der gegenseitigen Stärkung von Frauen in ihrem prophetischen Selbstbewußtsein, wie ihr Briefwechsel mit Elisabeth von Schönau beweist, wobei der Gedanke mitwirkt, daß in einem Zeitalter, in dem die Männer versagen, die Frauen als Arbeiterinnen in Gottes Weinberg ganz besonders zur Stelle sein müssen. Aber Schwesterlichkeit ist auch der Freiraum für Kritik von Frauen an ihresgleichen. Eine besonders harte Erfahrung mußte Hildegard mit Richardis von Stade durchmachen, die jahrelang ihre unentbehrlich gewordene Mitarbeiterin war, dann aber gegen Hildegards Willen in einem anderen Kloster Äbtissin wurde, jedoch bald darauf starb. In einem Klagebrief Hildegards an Richardis sehen wir, daß das Verhältnis Äbtissin = Mutter, Nonnen = Töchter auch umgekehrt werden kann: »Weh mir Mutter, weh mir Tochter, warum hast du mich wie eine Waise zurückgelassen?« schreibt Hildegard an Richardis. [21] Hier zeigt sich Hildegard als eine trostsuchende Frau, die an der Beziehung zu einer anderen schwer leidet. Aber dieses Menschliche gehört auch zu jener Schriftstellerin großartiger und wie mit dem Winkelmesser gestalteter Visionen, die dem Menschen den Platz in seiner Welt anweisen, einer Welt, die sie gehalten sieht von der mütterlichen Weisheit Gottes.

Wenden wir uns nun Gertrud der Großen von Helfta als Repräsentantin des 13. Jahrhunderts zu, die die Blüte dieses nach der Zisterzienserregel lebenden Frauenklosters wesentlich mitgestaltet hat. Zwei große Werke gingen in diesem Jahrhundert aus Helfta hervor, die zum Teil Gemeinschaftsarbeiten der dortigen Schwestern sind: Der *Liber specialis gratiae* unter dem Namen Mechthilds von Hackeborn und der *Legatus divinae pietatis* unter dem Namen Gertruds der Großen. Als Kind von fünf Jahren 1261 dem Kloster übergeben, wurde Gertrud wesentlich geprägt von der Begine Mechthild von Magdeburg, die ihren Lebensabend hier verbrachte. Das Buch II ihres *Legatus* ist von Gertrud selbst geschrieben, Buch III–V sind einer oder mehreren Schwestern zur Niederschrift mitgeteilt, und Buch I, in dem Gertrud *theologa* genannt wird, wurde nach ihrem Tod wahrscheinlich im Jahr 1302 vom Kloster Helfta verfaßt.

In diesem Kloster ist die Spiritualität der Frauen eine andere als bei den ein Jahrhundert früher schreibenden Benediktinerinnen. Der große kosmische Rahmen tritt zurück, statt dessen ist die Innigkeit der je individuellen Gottesbeziehung deutlicher beschrieben, aber auch das soziale Umfeld des Klosters, die beratende und seelsorgerliche Tätigkeit der Nonnen, die intensive Kontakte zur Außenwelt pflegten. Ein großes Thema ist bei Gertrud die Bestätigung und Bestärkung des weiblichen Selbst in den Christusvisionen, wozu wieder die unverminderte weibliche Gottebenbildlichkeit gehört, die Gertrud durch Christus anerkannt und bestätigt sieht. In dem von ihr selbst verfaßten Buch II berichtet Gertrud, wie sie Christus zu sich sprechen hört:

»Wie ich das Ebenbild Gottes des Vaters in der Gottheit bin, so wirst du für die Menschheit das Bild meines Wesens sein. Du hast in deine von Gott geschaffene Seele das Wirken meiner Gottheit aufgenommen wie die Luft die Sonnenstrahlen.«[22]

Weiblichkeit ist also für den Christus dieses Gesprächs kein Hindernis für Christusähnlichkeit. Wie Gertrud, ebenfalls im Buch II, betend berichtet, fühlt sie sich sogar zum Bußgespräch ermächtigt:

»Du hast darüber hinaus mir unwürdigem Geschöpf die Versicherung gegeben, daß, wer auch immer mit zerknirschtem Herzen und demütigem Sinn mir eine Verfehlung unter Klagen anvertraut, entsprechend dem, ob ich jene Verfehlung als leichter oder schwerer beurteile, Du, barmherziger Gott, jenen Menschen für schuldiger oder weniger schuldig befinden wollest.« (43)

Im Buch IV, also von der Mitschwester berichtet, wird daraus sogar ein Anhauchen Christi, verbunden mit den Worten aus *Johannes* 20, 22: »Empfangt den Heiligen Geist«, worauf Gertrud ausdrücklich nachfragt, da sie weiß, daß die Binde- und Lösegewalt den Priestern gegeben ist. Aber sie hört wieder die gleichen Worte, daß Christus sich ihrem Urteil anschließe, er spreche aus ihrem Mund (308).

Aus einem im Buch III, also von der Mitschwester aufgeschriebenen Christuswort, nach dem er selbst in Gertruds Seele die sieben Sakramente heilswirksam erneuere, besser als das ein irdischer Priester könne, geht hervor, daß Gertrud sich auch im Besitz der direkt von Christus vermittelten Priesterweihe weiß (163). Daß im Kloster Helfta Gott als Vater und Mutter angerufen wurde, bezeugt Gertrud ebenfalls selbst im Buch II (37). Die Mitschwester schreibt ihr in Buch IV auch ausdrücklich das Bewußtsein zu, daß sie durch ihre beratende und seelsorgliche Tätigkeit viele Menschen beiderlei Geschlechts zur Liebe Christi geführt habe (315).

Gertruds weibliche Gottesmetaphorik, die auch das menschliche Selbstverständnis als Frau stützt, ist vom gesamten Kloster mitgetragen. Es handelt sich vornehmlich um eine Christusmetaphorik. Christus offenbart seine Liebe als mütterlich, indem er sich mit einer perlenstickenden Mutter vergleicht, der das Kind Perlen und Seidenfäden anreicht (69), wieder eine Würdigung weiblicher Handarbeit als Symbol für die Kooperation von Gott und Mensch. Ähnlich erscheint auch bei Gertrud die Frauenarbeit, Leinen auf der Wiese zu bleichen, so daß die Sonne mit ihren Strahlen die Flecken tilgt, als Symbol der Erlösung (77). Aber auch das Gotteswort bei *Jesaja* 66,13 »Wie eine Mutter ihren Sohn tröstet, so tröste ich euch« findet neue Beachtung bei Gertrud, die es von Christus selber in einer langen Passage paraphrasiert hört: Wie keiner das Lallen eines kleinen Kindes verstehen könne, außer seiner Mutter, so kenne auch Gott allein die wahren Absichten des Menschen (126f.). In einer vielleicht bewußten Verkehrung der üblichen Geschlechterstereotypen erscheint bei Gertrud aber neben der Symbolik der zärtlichen auch die der strengen Mutter. Vor allem aber setzt sich der zu Gertrud sprechende Christus einer die Tochter lehrenden Mutter gleich: »Wenn eine Mutter, um ihre Tochter zu lehren, die Arbeit der Tochter mit eigener Hand vollendet, so tut sie das durch ihre Kenntnisse. So tue ich: wenn eine Person betend nachsinnt, bereite ich in meiner ewigen Weisheit ihr dieses Geschenk.« (236) Ein besonders schönes Motiv ist bei Gertrud die ihre Tochter schmückende Mutter, mit der sich der zu ihr sprechende Christus identifiziert. »Der Herr hielt in seinen Händen eine kostbar geschmückte Krone (...) und sprach zu ihr: ›Genauso wie ein Mädchen mit Freuden den Festtag erwartet, wenn es in den Händen seiner Mutter den Schmuck sieht, mit dem es an jenem Festtag geschmückt werden soll‹«, so solle auch sie von ihm die Krone erwarten (449). Dabei erfahren wir nebenbei auch so manches von mittelalterlicher Kultur.

Interessant ist, daß bei Gertrud nicht wie bei Hildegard der verlorene Sohn zur Tochter wird, sondern der daheimgebliebene. Nach einer Zeit der Gottesferne, wie sie aus der Erfahrung aller mystisch begabten Menschen beiderlei Geschlechts überliefert ist, fürchtet Gertrud um die erneute Zuwendung Gottes zu ihr und muß sich mit den Worten des Gleichnisses sagen lassen, daß ihre Erfahrung sie getrogen hat. Frei nach *Lukas* 15, 31 versichert ihr der gütige Gott, sich sanft ihr zuneigend: »Meine Tochter, du bist immer bei mir, und alles, was mein ist, ist auch dein.« (124) Ähnlich wie bei Hildegard sind auch bei Gertrud schöne und jugendliche Mädchen Symbole der *vita contemplativa*, des betrachtenden Lebens im Gegensatz zu – leicht negativ getönter – männlicher Betriebsamkeit (174f.).

Die Schwesterlichkeit im Kloster Helfta ist vielfach bezeugt. Das Gebet für die als Freundinnen bezeichneten Mitschwestern, mit dem auch Störungen der Gemeinschaft aufgearbeitet werden, gewährleistet das gemeinsame Bemühen der Gotteserkenntnis ohne die Bevorzugung von einzelnen. Zum schwesterlichen Dienst gehört Beratung und Kritik, vor allem das Wort der Lossprechung von den Sünden durch die Äbtissin und die spirituelle und zugleich sehr menschliche Begleitung in den Tod, die von den das Sterbebett umstehenden Mitschwestern einer jeden zuteil wird.

In einer solchen Sterbeszene hört die Sterbende Christus zu sich sprechen, wobei Vater- und Muttersymbolik einander zu überbieten scheinen:

»Ich werde dich im Schatten meiner väterlichen Güte behüten, wenn deine Seele aus dem Körper scheidet, so wie eine Mutter ihr geliebtes Kind auf dem Schoß, mit ihrem Gewand umhüllt, ruhen läßt, während der Fahrt über stürmisches Meer. Und nach der Unausweichlichkeit des Todes werde ich dich mit mir nehmen und auf himmlischen Auen erfreuen, wie ja auch die Mutter will, daß ihr Kind nach den Gefahren der Meerfahrt das Glück der Landung im Hafen erlebt.« (478)[23]

Die Begine Marguerite Porete († 1310) spricht in ihrem *Spiegel der einfachen Seelen* mehrfach von *deité* oder *divinité notre mère* (Gottheit unsere Mutter). Dies war allerdings nicht der Grund für ihre Hinrichtung, sondern ihr Sich-Absetzen von den Tugenden, die die Seele laut Marguerite nicht mehr braucht, wenn sie ein bestimmtes Stadium ihres geistlichen Weges erreicht hat, wenn sie also nicht mehr bedacht ist auf Schmach oder Ehre, Armut oder Reichtum, Liebe oder Haß, wenn sie gleichsam zu nichts geworden ist – für diesen Zustand der Seele findet Marguerite nurmehr die paradoxe Sprache, daß die zu nichts gewordene Seele alles hat, wenn sie nichts hat, also auch ihren Tugendschatz von sich getan hat. Diese Seele ist für Marguerite die unschuldigste der Töchter Sion, die in Gott ihren Namen verliert wie der Fluß im Meer: »Die Seele, spricht die Liebe, ist die Herrin über die Tugenden, eine Tochter der Gottheit, die Schwester der Weisheit und die Braut der Liebe.«[24] Bei dieser die spirituelle Tradition des Christentums so ungeheuer bereichernden mystischen Theologin hat es die offizielle Kirche bisher nicht für nötig gehalten, sich vom damaligen Inquisitionsurteil und der Verbrennung abzusetzen, obwohl derartiges längst überfällig ist.

Daß Frauen im Mittelalter den Heiligen Geist für sich entdeckten, wie Daniela Müller es ausdrückt, indem sie betonten, aus ihnen spreche oder in ihnen lebe die göttliche Weisheit, was z. B. bei Wilhelmina von Böhmen und Prous Boneta der Fall war, war sehr wohl der Grund für ihre Hinrichtung bzw. die Verdammung ihrer Lehre.[25] Diese Entdeckung des Heiligen Geistes von Frauen für sich selber vollzog sich aber auch im orthodoxen Rahmen, was wir nach der Reformation an der protestantischen Barockdichterin Catharina Regina von Greiffenberg sehen, die die Beziehung Frau – Heiliger Geist in leicht polemischem Ton besonders betont:

»Es ward aber Elisabeth voll des Heiligen Geistes / daraus klärlich zu sehen / daß der Heilige Geist auch die Weibsbilder seiner Erfüllung würdiget / und weder Geschlechte / Stand noch Alter von seiner Gnad ausschließet (. . .) Sind sie doch von ihm nicht verachtet / er wirket / singet / spielet / jauchzet / und jubiliret so wohl in ihrem Herzen / als in den Männern.«[26]

Die Mariologie und Christologie der Frauen

Daß die Frauen neben der herkömmlichen Eva-Maria-Parallele eine andere entwickeln, nämlich die positive von allen Frauen einschließlich Maria als »Evatöchtern«, beruht auf einer weitgehenden Exkulpierung der Eva. Christine de Pizan schreibt 1399 ihre *Epistre au Dieu d'Amours* gegen die antifeministische Dichtung ihrer und der vorhergehenden Zeit. Sie beruft sich dabei auf die Bibel als Gottes wahres Wort dafür, daß die Frau am bevorzugten Ort, nämlich im Paradies, erschaffen sei, als Bild Gottes, der ihr Weisheit und Erkenntnis gab, der ihren Leib aus der feineren Materie schuf, als edelstes aller Geschöpfe. Sie fügt hinzu, daß die Täuschung oder Verführung des Mannes, für die man »dame Eve notre mère« tadle, nicht ihr angelastet werden dürfe, sondern dem Feind des Menschengeschlechts. Weil Männer Frauen schmähen und ihre Qualitäten nicht zu würdigen wissen, sondern sie mit der Stammutter des Menschengeschlechts als Anlaß zum Verderben der Menschheit bezeichnen, können Frauen durch Schriftstellerinnen nur entlastet werden, indem Eva von Schuld nahezu freigesprochen und Maria zur Anwältin des weiblichen Geschlechts wird. Nach der Erbauung ihrer Stadt der Frauen im gleichnamigen Werk lädt Christine Maria ein, in ihr zu wohnen. Maria kommt und spricht zu den Frauen: »Da die Frauen mich ohne Unterlaß ehren, werde ich für alle Zeiten das Haupt des weiblichen Geschlechts sein.« Christine weiß, was sie von Maria erwartet: »Nun weilt die unvergleichliche Herrscherin unter uns, ob das nun den männlichen Schandmäulern passen mag oder nicht.«[27] Selbstverteidigung von Frauen und auch Frauenverteidigung durch frauenfreundliche Männer steigern sich in den frühneuzeitlichen Jahrhunderten, aber immer als Verteidigung gegen eine antifeministische Übermacht.

Eine Verknüpfung von Mariologie und Christologie entsteht für die Frauen aus ihrer Deutung des Geschehens bei der Verkündigung an Maria (*Lk* 1, 26–38). Frau Ava und Mechthild von Magdeburg schreiben dem Gebetswort Marias um das Heil der Welt, bei dem der Engel sie antrifft, eine große Kraft zu:

»Aber die propheten riefen lute und ladeten vnseren herre sere harnidere. Mere disu juncfrowe zoh vnsern herren harnider mit einer suessen stimme irer sele; und si sprach in irme gebete, do si was alleine, alsus: Herre got, ich vroewe mich des, dc du komen wilt in also edeler wise, dc ein magt din muoter wesen sol. Herre, da wil ich zuo dienen mit miner kuscheit und mit allem dem dc ich von dir habe. Do trat der engel Gabriel harnider in einem himelschen liehte.«[28]

Die Maria der Verkündigung wird bei Mechthild zum Urbild der Gottes-geburt in der menschlichen Seele, ein Thema, das später durch Meister Eckhart allgemein bekannt geworden ist. Die enge Beziehung zwischen Maria und ihrem Sohn, über die Leiblichkeit vermittelt, bedeutet aber auch eine enge Beziehung von Frau und Eucharistie. Hildegard von Bin-gen hat eigens ausgeführt, daß das Geschehen bei der Messe, die Ver-leiblichung im Brote, dem Geschehen bei der Verkündigung an Maria, der Menschwerdung des »Wortes« Gottes, entspricht.[29]

Bei Mechthild von Magdeburg bezieht sich die gehörte Gottesrede denn auch ausdrücklich auf Bedingungen, die ein Priester zu erfüllen hat bzw. die Gott ersetzt, damit Gottes Kinder »das himelbrot . . . essen«.[30] Der Priester muß Bedingungen erfüllen, die Maria zur Menschwerdung des Wortes würdig machten.

Ein Gebet der Adelheid Langmann, das sie nach eigener Aussage stän-dig verrichtet, macht den mariologisch vermittelten Eucharistiebezug der Frauen und ihre Nähe zu Maria besonders deutlich.

»Ich man dich, herre, des rotes des du hest in deiner ewigen gotheit, . . . daz dein ein-geporner sun mensch solt werden und wi du, herre ewiger sun, do zu gebt dein got-lichen willen und wi du, herre heiliger geist, do zu gebt dein gotlich güet und wi du do zu erwelest di junkfraun Maria vor allen menschen und wi du sentest dein engil daz er di potschaft würb. und pit dich, herre, daz du zu mir kerest dein veterlich gunst und mir gebst dein einporn sun, daz er mein ewiger trost und mein ewiger lon sei hie und dort ewiclichen.«[31]

Daß mittelalterliche Schriftstellerinnen sich mit Maria identifizieren kön-nen, hängt nicht zuletzt auch mit deren biblisch überliefertem Wort, dem Magnificat, zusammen, in dem sie die Erhebung aus der Niedrigkeit preist, die Gott ihr zuteil werden läßt (*Lk* 1, 46–55). Zahlreiche Anspielungen auf dieses Lied finden sich bei den schreibenden Frauen des Mittelalters und der frühen Neuzeit, die Grund haben, es auf sich sel-ber anzuwenden.

Durch diese erfahrene Nähe zwischen Maria und jeder Frau wird jedoch jene in der Frauentradition beheimatete Analogie zwischen Eva bzw. jeder Frau und Christus nicht verdrängt, Christus als dem »Wort« Gottes, das die Frau hört, in sich trägt und bewahrt, aber auch – trotz aller ihrem Geschlecht auferlegten Beschränkung – verkündet. Ein Ver-gleich der Funktion von Frau und Christus liegt dieser Analogie zugrun-de. Dabei wird sehr hintergründig mit den Paradoxien des Glaubens gearbeitet. Schon Hildegard von Bingen hat darauf aufmerksam gemacht, daß es nicht die »Stärke« des Mannes, sondern die »Schwäche« der Frau sei, die sie allerdings in eine »weichere Kraft« verwandelt, die

die Menschheit gebiert, die von Christus, ebenfalls nicht in der »Stärke«
seiner göttlichen, sondern in der »Schwäche« seiner menschlichen Natur
wiedergeboren werde.[32] Solche von den Frauen meditierten Gedanken
finden eine besondere Ausprägung bei Juliana von Norwich, die zwischen den Geburtswehen der Frau und den »Wehen« Christi am Kreuz
eine genaue Entsprechung sieht.

»The moders service is nerest, redyest and sekirest, for it is most of trueth. This office ne myte, ne couthe, ne never non don to the full (but) he alone. We wetyn that all
our moders beryng is us to peyne and to deyeng; and what is that but our very moder
Iesus, he, al love, beryth us to ioye and to endles lyving; blissid mot he be! Thus he
susteynith us within himselfe in love, and traveled into the full tyme that he wold suf-
fre the sharpist throwes and the grevousest peynes that ever were or ever shall be,
and dyed at the last.«[33]

Daß die Christologie der Frauen sich auf das Rettende und Heilende konzentriert, ohne allzu viel Gewicht auf Gebot, Gericht und Strafe[34] zu
legen, dem Leiden jedoch nicht fremd ist, bedeutet eine theologische
Alternative, die, trotz aller bedrückenden Lebenserfahrungen, das existentielle Problem eines Martin Luther, wie er sich einen »gnädigen Gott«
schaffen könne, nicht kennt.

Dieser knappe Überblick von Gottes- und Menschenbild, aber auch
Mariologie und Christologie der Frauen, wie sie im weiblichen Schreiben
zum Ausdruck kommen, zeigt, daß die christliche Tradition, die uns bisher überwiegend in ihrer männlichen Linie historisch dargestellt und
systematisch aufbereitet wurde, sehr einseitig rezipiert worden ist. Denn
vom Sondergut der Frauen wie auch dem männlicher alternativer Traditionen ging nicht viel in das allgemeine Bewußtsein ein. Mit mehr oder
weniger Recht konnte sich daher feministische Kritik gegen einen nicht
nur rein männlich gedachten, sondern auch androzentrisch-patriarcha-
lisch verkommenen Gottesbegriff des Christentums wenden, einen Gott,
der mehr transzendent als immanent, mehr abstrakter Geist als Materie
belebend, mehr gerecht und strafend als barmherzig ist, weit entfernt
vom Evangelium, schlimme Komplexe hervorrufend und wenig heil-
bringend. Wenngleich es sich dabei um Extreme von verhängnisvoll ein-
seitiger Rezeption handelt, bleibt doch die Tatsache bestehen, daß wir
ohne die Frauentradition die christliche Überlieferung nur sehr unvollkommen kennen. Im Wort der schreibenden Frauen sind nicht nur alle
Relationen des weiblichen Menschseins aus dem christlichen Glauben
durchdacht, es sind auch die oft beklagten Dualismen von Transzendenz
und Immanenz, Geist und Leib/Materie in einer sie zur Spannungseinheit
aufhebenden Denkweise präsentiert.

...istine de Pizan, *Die Stadt der Frauen*. Blatt 1 der Handschrift; 15. Jahrhundert.
...ntilly, *Musée Condé*.

Miniatur des *Spinnrocken-Evangeliums*; 15. Jahrhundert. *Chantilly, Musée Condé.*

STIMMEN DER FRAUEN

Ein Mann überreicht einer Frau eine Blume. Hieronymus Bosch, *Die Tafel der sieben Hauptsünden: die Wollust* (Ausschnitt); 15. Jahrhundert. *Madrid, Musée du Prado.*

Aussagen, Zeugnisse, Geständnisse

Georges Duby

Die Frauen im mittelalterlichen Abendland redeten. Sie redeten sogar viel. Die Männer fanden, daß sie zuviel redeten, und unter ihren Fehlern, die die Prediger anprangerten, rangierte die Schwatzhaftigkeit ganz oben. Und doch, so redselig sie auch waren, von ihren Worten ist fast nichts zu uns gedrungen. Vor Ende des 13. Jahrhunderts ist das Schweigen nachgerade total. Gewiß, einige Schriften, die aus früheren Perioden stammen, geben sich als das Werk einer Frau aus. Aber es gibt gute Gründe, die meisten von ihnen einem Mann zuzuschreiben. Wenn das aber einmal nicht der Fall ist, wenn es sich ohne jeden Zweifel um die Hand einer Frau handelt, ist sie bestrebt, wie die Männer zu schreiben; sie geht selbst so weit, Monologe, die die klassischen antiken Autoren ihren Heldinnen in den Mund legten, ganz einfach abzuschreiben. Um die authentische Stimme einer Frau zu hören, die nicht durch die Zwangsjacke der Rhetorik vermännlicht ist oder durch das Plagiat entstellt, müssen wir nach Spuren in den Aufzeichnungen der Schreiber suchen, die Aussagen, Zeugnisse und Geständnisse aufzuschreiben hatten. Sie schrieben fast immer Lateinisch, was die Sache erschwert: Wir müssen versuchen, zu übersetzen, die wirklichen Worte wiederzufinden. Und doch ist gerade da die lebendige und ungekünstelte weibliche Stimme zu hören. Sie ist aber erst sehr spät zu hören, nachdem die Mächtigen sich mit Schreibern umgeben haben, nachdem die gerichtlichen Instanzen in ihrer Suche nach der Wahrheit begonnen haben, schriftliche Beweisführungen zu fordern und das Gewissen der Zeugen zu erforschen.

Unter den Handschriften, die solche Aussagen enthalten, habe ich eine der ältesten und ergiebigsten ausgewählt, die der spätere Papst Benedikt XII., Jacques Fournier, 1326 abschreiben ließ, einen Text, mit dem sich dank der Edition und Übersetzung, die Jean Duvernoy besorgt hat, mühelos arbeiten läßt. [1]

Damals verließ Jacques Fournier den Bischofsstuhl von Pamiers, um den von Mirepoix einzunehmen. Neun Jahre lang war er äußerst gewissenhaft den Pflichten seines Amtes nachgekommen und hatte dabei in der Diözese alle Abweichler, alle diejenigen verfolgt, von denen man ihm berichtete, daß sie sich mit Hexerei befaßten oder der katharischen Irrlehre anhingen. Diese hatte nach einem kurzzeitigen Wiederaufflackern viel von ihrer Virulenz verloren. Dominikaner und Franziskaner hatten das Flachland nahezu von ihr gereinigt. Doch in den Dörfern und auf dem Weideland des Gebirges, wohin ihre Anhänger verdrängt worden waren, zeigte sie sich sehr lebendig. Im Jahr 1320, als Jacques Fournier eine Frau verfolgte, die man für eine Hexe hielt, traf er zufällig auf eine andere Frau, Béatrice, die sich offensichtlich ebenfalls mit Hexerei abgab und außerdem verdächtige Äußerungen über den Leib Christi machte. Der Prälat befragte sie ein erstes Mal. Erschreckt floh sie. Man wurde ihrer wieder habhaft und nahm sie gefangen. Ihre Bekenntnisse führten zu einer strengen Untersuchung im Dorf Montaillou. Männer und Frauen – besonders letztere in großer Zahl – mußten vor dem Bischof erscheinen. Intelligent, neugierig und darauf bedacht, die geringsten Spuren von Schlechtigkeit zu entdecken, bestürmte er sie mit Fragen und befahl dem Schreiber, ein vollständiges Protokoll dessen anzufertigen, was er die Beschuldigten aufzudecken zwang. Die Aufzeichnungen sind sehr umfangreich. Ich entnehme ihnen nur einige Aussagen, die von zwei Frauen gemacht wurden. Gewiß nicht freiwillig. Sie wurden gezwungen und mußten ihr Innerstes preisgeben.

Die beiden sind Witwen. Die eine, Grazida, ist eine Bäuerin von etwa zweiundzwanzig Jahren. Die andere, adlig, Ehefrau eines Ritters und sehr viel älter, ist eben jene Béatrice, die den Skandal ausgelöst hatte. Unter ihrem Mädchennamen, Béatrice de Planissolles, ist sie berühmt geworden, seit der okzitanische Philosoph René Nelli sie zur Hauptfigur eines Opernlibrettos machte, und vor allem seit Emmanuel Le Roy Ladurie 1975 eine hervorragende ethnographische Studie über die Bevölkerung von Montaillou veröffentlichte.

Hören wir zunächst Grazida, die am 19. August 1320 verhört wurde:

Vor ungefähr sieben Jahren, *sagte sie*, im Sommer, kam der Pfarrer *(es handelt sich um Pierre Clergue, Pfarrer von Montaillou)* zu meiner Mutter, die gerade bei der Ernte war, und bat, mich im Fleische erkennen zu dürfen. Ich willigte ein. Damals war ich noch Jungfrau und war wohl so vierzehn oder fünfzehn Jahre alt. Er entjungferte mich in der Scheune, wo das Stroh liegt.

Er gebrauchte dabei keine Gewalt. Danach erkannte er mich oft bis zum folgenden Januar, und es geschah immer im Hause meiner Mutter, mit ihrem Wissen und Einverständnis. Es geschah hauptsächlich tagsüber.

In jenem Januar dann verheiratete der Pfarrer mich mit Pierre Lizier, meinem verstorbenen Mann, wonach der Pfarrer mich mit Wissen und Einverständnis meines Mannes oft im Fleische erkannte in den vier Jahren, die mein Mann noch lebte. Als mein Mann mich fragte, ob der Pfarrer mit mir Verkehr gehabt habe, antwortete ich, daß das so sei, und mein Mann sagte mir, ich solle mich vor anderen Männern in acht nehmen, außer vor diesem Priester. Jedoch erkannte mich der Priester nie, wenn mein Mann zu Hause war, sondern nur, wenn er nicht da war . . .

– Wenn du gewußt hättest, daß deine Mutter durch uneheliche Geburt die blutsverwandte Base des Pfarrers war, hättest du dich dann auch von ihm erkennen lassen? – Nein. Aber weil es mir genauso Spaß machte wie dem Pfarrer, wenn wir uns im Fleische erkannten, deshalb kam mir nicht in den Sinn, daß wir sündigten.

– Als du von dem Priester erkannt wurdest, ob nun vor deiner Heirat oder während der Ehe, glaubtest du zu sündigen? – Weil es mir zu diesem Zeitpunkt Spaß machte und dem Pfarrer auch, uns gegenseitig zu erkennen, glaubte ich das nicht, und ich meine auch, daß das keine Sünde war. Aber weil es mir jetzt keinen Spaß macht, von dem Priester erkannt zu werden, würde ich glauben zu sündigen, wenn ich es würde.

– Wenn dein Mann dir diese Vereinigung verboten hätte, hättest du dann geglaubt zu sündigen, wenn du dich danach mit dem Priester vereinigt hättest? – Wenn mein Mann mir das verboten hätte, was er nicht getan hat, hätte ich nicht geglaubt zu sündigen, wenn ich dem Priester trotz seines Verbots beigewohnt hätte, denn der Priester und ich hatten Spaß daran . . .

– Glaubst du, daß die Leute, die sich richtig verhalten und ein heiliges Leben führen, nach ihrem Tod ins Paradies kommen und daß die Sünder in die Hölle kommen, und glaubst du, daß es eine Hölle und ein Paradies gibt? – Das weiß ich nicht. Ich habe gehört, daß es ein Paradies gibt, und das glaube ich. Ich habe auch gehört, daß es eine Hölle gibt, aber das glaube ich weder noch leugne ich es. Ich glaube, daß es ein Paradies gibt, weil das eine gute Sache ist, soweit ich gehört habe, aber ich glaube weder an die Hölle noch leugne ich sie, weil das eine schlechte Sache ist . . .

– Glaubst du immer noch, daß die fleischliche Vereinigung keine Sünde ist, wenn der Mann und die Frau ihren Spaß haben? – Ich glaube nicht, daß das eine Sünde ist.

– Wie lange hast du in diesem Glauben verharrt? – Seit der Zeit, als der Priester mich erkannt hat.

– Wer hat dich diesen falschen Glauben gelehrt? – Niemand. Ich selbst.

– Hast du ihn jemandem weitergegeben? – Nein, niemand hat mich danach gefragt.

Béatrices Verhör zog sich über zwei Wochen hin, vom 13. bis zum 25. August 1320. Ich wähle aus den Antworten dieser Frau zunächst das aus, was sie nach und nach über ihre vielfältigen Liebschaften gestand. Jacques Fournier zwang sie, darüber zu sprechen, weil einige ihrer Liebhaber sie mit der Ketzerei besser vertraut machten als sie es durch ihren Vater schon war. Hier erfahren wir, daß die Frau aus vornehmem Hause gegen die Angriffe der Männer und gegen ihre eigene Lust auch nicht besser geschützt war als die Bäuerin. Als sie, frisch verheiratet, etwa 15 Jahre alt und bereits schwanger, in der Burg in Montaillou lebte, deren Kastellan ihr erster Ehemann war, drängte sie der Verwalter des Anwesens, Raymond Roussel, mit ihm in die Lombardei zu gehen und sich den »guten Christen« anzuschließen, den katharischen »perfecti«:

Als Raymond mir, *sagte sie*, häufig und bei verschiedenen Gelegenheiten seine ketzerischen Reden hielt und mich aufforderte, mit ihm wegzugehen, ging er schließlich eines Abends heimlich in das Zimmer, in dem ich schlief, und legte sich unter mein Bett. Nachdem ich das Haus in Ordnung gebracht hatte, legte ich mich in mein Bett. Alle im Haus ruhten und schliefen. Ich schlief auch. Raymond kam unter meinem Bett hervor, legte sich im Hemd neben mich und fing an sich zu gebärden, als wolle er mir beiwohnen. Ich sagte: »Was soll das?« Er sagte, ich solle still sein. Ich antwortete: »He, du Bauer, wie sollte ich wohl still sein?« Ich fing an zu schreien und meine Dienerinnen zu rufen, die mit mir im selben Zimmer schliefen, und ich sagte ihnen, daß ein Mann in meinem Bett sei. Als Raymond das hörte, verschwand er aus meinem Bett und aus dem Zimmer. Am nächsten Tag sagte er mir, daß es schlecht war, sich bei mir zu verstecken. Ich antwortete ihm: »Jetzt weiß ich es genau: Als Ihr mir vorgeschlagen habt, zusammen zu den guten Christen zu gehen, habt Ihr das nur gesagt, um mich zu besitzen und im Fleische zu erkennen. Wenn ich nicht Angst hätte, mein Ehemann könnte glauben, ich hätte etwas Unehrenhaftes mit Euch getan, würde ich Euch sofort in den Turm werfen lassen.«

Béatrice blieb nicht lange so heftig:

Zu Lebzeiten meines Mannes, *sagte sie*, tat mir eines Tages, es war der 10. August, Raymond Clergue, genannt Pathau, unehelicher Sohn von

Guillaume Clergue, dem Bruder von Pons Clergue, Vater von Pierre Clergue, jetzt Pfarrer von Montaillou, in der Burg Gewalt an und erkannte
mich im Fleische. Und als ein Jahr später mein Mann Béranger de Roquefort starb, hielt er mich öffentlich als Geliebte.

Obwohl besagter Pfarrer, ein blutsverwandter Vetter von Raymond,
wußte, daß dieser Verkehr mit mir hatte, wollte er, daß ich ihm bei-
wohne. Ich fragte ihn, wie er das verlangen könne; er wisse doch, daß
sein Vetter mich im Fleische erkenne und daß er es sehr schnell merken
würde. Der Pfarrer antwortete, daß man sich daraus nichts machen und
sich auch nicht behindern lassen solle. »Ich weiß, wie die Dinge liegen,
aber ich kann euch nützlicher sein und euch mehr geben als dieser
Bastard.« Er sagte mir auch noch, daß alle beide, er, der Pfarrer, und Raymond, mich gemeinsam halten könnten. Ich antwortete ihm, daß ich das
nie im Leben zulassen würde, weil es dann meinetwegen zu Zwistigkeiten zwischen ihnen kommen würde und weil jeder mich wegen des
anderen beschimpfen würde. Seit der Priester mich im Fleische erkannt
hat, habe ich keinen Geschlechtsverkehr mehr mit Raymond gehabt,
obwohl er es immer mal wieder versucht hat. Deshalb gab es zwischen
Raymond und dem Priester einen versteckten Haß, von dem ich wußte.

Pierre Clergue hatte sie zum ersten Mal während der Fastenzeit bedrängt,
als

ich meine Sünden in der Kirche von Montaillou beichten gehen wollte,
sagte sie. Als ich dort ankam, ging ich zum Pfarrer, der die Beichte hinter dem Marienaltar abnahm. Sobald ich vor ihm kniete, gab er mir einen
Kuß und sagte, es gebe keine Frau auf der Welt, die er so liebe wie mich.
Verdutzt ging ich fort, ohne gebeichtet zu haben. Später, es war Ostern,
besuchte er mich mehrmals und wollte, daß er mich im Fleische erkennen dürfe. Eines Tages, als er mich auf diese Weise gebeten hat, sagte
ich ihm, daß ich lieber von vier Männern erkannt sein möchte als von
einem einzigen Priester, denn ich hatte gehört, daß eine Frau, die einem
Priester beigewohnt hatte, das Gesicht Gottes nicht schauen durfte. Darauf antwortete er mir, ich sei dumm und unwissend, denn es sei eine
genauso große Sünde für eine Frau, ihrem Ehemann beizuwohnen wie
jedem anderen Mann, und die Sünde bleibe sich gleich, was der Mann
auch sei, Ehemann oder Priester. Ihm zufolge war es sogar eine größere
Sünde mit dem Ehemann, weil die Ehefrau meinte, mit einem Ehemann
nicht zu sündigen, es aber bei anderen Männern glaubte.

Béatrice gab Anfang Juli nach. Eines Nachts gab sie sich hin in ihrem
Haus, in der Nähe der Burg, wo der Pfarrer sie von da an regelmäßig
zwei- oder dreimal in der Woche besuchte, ohne sich, selbst an den fei-

erlichsten Festtagen, Enthaltsamkeit aufzuerlegen. Das Verhältnis dauerte einhalb Jahre, bis Béatrice Montaillou verließ, um nach Prades zu
gehen.

Am 22. August gestand sie:

Pierre Clergue besuchte mich dort. Er bat mich, in der folgenden Nacht
mit ihm zu schlafen und sagte, er würde Jean, seinen Schüler, dessen
Familiennamen ich nicht kenne, schicken, um mich zu holen. Ich war
einverstanden. In jener Nacht war ich zur Stunde des ersten Schlafes zu
Hause und erwartete den Schüler. Er kam, ich folgte ihm, denn die Nacht
war dunkel, und wir erreichten die Kirche Saint-Pierre de Prades, wo wir
eintraten. Wir trafen auf Pierre Clergue, der sich in der Kirche ein Bett
hatte richten lassen. Ich sagte zu ihm: »He, wie können wir so etwas in
der Kirche des heiligen Petrus machen?« Er antwortet: »O que gran damp-
nage y ora seint Peire?« (Was für einen Schaden würde der heilige Petrus
davon denn haben?) Dann legten wir uns ins Bett und schliefen zusammen in der Kirche. In jener Nacht, in der Kirche, hat er mich im Fleische
erkannt. Er begleitete mich dann vor Sonnenaufgang aus der Kirche und
brachte mich bis zur Tür des Hauses, in dem ich wohnte.

Wenig später, am 15. August 1301, nahm Béatrice im Flachland einen
zweiten Ehemann. Bei der nächsten Weinernte kam der Pfarrer von Montaillou zu ihr; er gab vor, aus Limoux zu kommen.

Als er in mein Haus kam, sagte er zu mir, meine Schwester Gentille, die
in Limoux wohnt, lasse mich grüßen, und ich empfing ihn. Wir gingen
beide in den Keller des Hauses, und dort erkannte er mich im Fleische,
während Sibille, die Tochter von Arnaud Teisseyre, meine Magd, sich an
der Tür des Kellers aufhielt. Am Vortag hatte sie im Auftrag des Pfarrers
einen Überwurf nach Barcelonaer Art gebracht, mit einer roten und einer
gelben Spitze aus Seide. Sie hatte mir gesagt, daß er am nächsten Tag
kommen würde, damit niemand da sei, und damit, wenn jemand käme,
er nicht vermuten sollte, daß wir sündigten, der Pfarrer und ich. Deshalb
stand jene Magd mitten in der offenen Tür des Kellers, in dem ich mich
mit dem Priester vereinigte.

Zum zweiten Mal Witwe, hatte sie, fünf Jahre vor dem Verhör, ihr Auge
auf Barthélemy geworfen, den Priester der Gemeinde, in der sie wohnte, und der die jüngste ihrer Töchter unterrichtete. Sie hatte ihren Spaß
mit ihm, immer tagsüber, wenn sie allein zu Hause war, von Juni bis
Pfingsten. Danach gingen sie zusammen auf die katalanische Seite der
Pyrenäen, in die Grafschaft Pailars. In dieser Gegend lebten die Priester
in aller Öffentlichkeit mit ihren Konkubinen zusammen, mit denen sie

sich durch einen Vertrag vor dem Notar wie bei einer Ehe verbanden. Die auf diese Weise geschlossene Ehe dauerte ein Jahr. Als Béatrice, von den ersten Fragen Jacques Fourniers in Angst und Schrecken versetzt, der Inquisition zu entkommen suchte, war es dieser letzte Liebhaber, zu dem sie sich in ihrer Verzweiflung aufmachte.

In dem Gepäck, das sie mitgenommen hatte, befanden sich einige merkwürdige Gegenstände. Für den Inquisitor bestand kein Zweifel: Das war die Ausrüstung einer Hexe. Sie äußerte sich dazu.

Diese Nabelschnüre, *sagte sie*, habe ich von den männlichen Kindern meiner Töchter, und ich habe sie aufbewahrt, weil eine getaufte Jüdin mir gesagt hatte, daß ich, wenn ich sie bei mir tragen würde und in einen Prozeß verwickelt würde, diesen nicht verlieren würde. Deshalb habe ich die Nabelschnüre meiner Enkel genommen und aufbewahrt. In der Zwischenzeit hatte ich keinen Prozeß und konnte nicht feststellen, ob sie wirken.

Die Blutflecken auf diesen Lappen sind vom Menstrualblut meiner Tochter Philippa. Die getaufte Jüdin hatte mir gesagt, wenn ich das erste Blut dieser Tochter aufbewahren würde und ihrem Ehemann oder einem anderen Mann von dieser Monatsblutung zu trinken geben würde, würde dieser Mann sich nie mehr um eine andere Frau kümmern. Deshalb sah ich meiner Tochter Philippa, als sie vor langer Zeit ihre erste Regel hatte, ins Gesicht; sie war hochrot; ich fragte sie, was sie habe. Sie sagte mir, daß sie Blut aus der Scham verliere. Ich erinnerte mich an das, was die getaufte Jüdin mir gesagt hatte, und schnitt ein Stück von dem Hemd meiner Tochter Philippa ab, das mit diesem Blut befleckt war, und weil mir schien, daß es nicht genug war, gab ich meiner Tochter ein anderes Stück Stoff aus sehr feinem Leinen, damit sie, wenn sie ihre Regel haben würde diesen Stoff färbe und tränke. Sie tat es. Ich trocknete die Stoffstücke mit dem Ziel, daß ich, wenn sie einen Ehemann haben würde, ihm von dieser Monatsblutung zu trinken geben würde, indem ich das Blut aus den vorher naß gemachten Lappen ausdrücke. Philippa wurde in diesem Jahr verlobt, und ich hatte vor, ihrem Verlobten davon zu trinken zu geben. Aber ich dachte, ich würde es ihm besser erst dann geben, wenn der Ehemann Philippa im Fleische erkannt haben würde. Sie würde ihm dann selbst davon zu trinken geben. Als ich verhaftet wurde, war die Ehe noch nicht vollzogen worden, und die Hochzeit hatte noch nicht stattgefunden; ich habe also den Ehemann nicht davon trinken lassen.

Diese Stoffstücke hier habe ich nicht zum Zweck einer Hexerei zusammen mit den Weihrauchkörnern in die Tasche gesteckt. Das kam vielmehr so. Ich hatte den Weihrauch nicht, um zu hexen. Aber in diesem Jahr litt meine Tochter unter Kopfschmerzen. Man sagte mir, daß

Weihrauch mit anderen Dingen gemischt, dies Übel heilen würde. Von den Weihrauchkörnern sind welche übriggeblieben, die man in dieser Tasche bei mir gefunden hat. Ich hatte nicht die Absicht, damit noch irgend etwas anzufangen.

Ich bewahrte weder den Spiegel, noch das eingewickelte Messer, noch das Stück Leinenstoff auf bzw. trug sie bei mir, um eine Hexerei oder eine Zauber auszuführen.

Das in einen Musselin eingewickelte Korn stammt von einem Kraut, das Gamander heißt. Ein Pilger hat es mir in diesem Jahr gegeben; er sagte, es sei ein Mittel gegen die Fallsucht. Weil mein Enkel, der Sohn meiner Tochter Condors in diesem Jahr an Fallsucht litt, wollte ich dieses Korn benutzen. Aber meine Tochter hat mir gesagt, sie habe ihren Sohn zur Kirche Saint-Paul gebracht, er sei dort von dieser Krankheit geheilt worden und sie wolle nicht, daß ich irgendetwas mit ihrem Sohn wegen der Krankheit mache. Ich habe es also nicht benutzt.

– Hast du andere Hexereien begangen, hast du sie weitergegeben, hast du sie jemandem beigebracht?

– Nein. Aber ich habe manchmal geglaubt, daß Barthélemy, der Priester, mich verhext hatte, denn ich liebte ihn zu leidenschaftlich, und ich wollte immer mit ihm zusammen sein, obwohl meine Regel, als ich ihn das erste Mal erkannt hatte, bereits ausgeblieben war. Ich habe ihn danach gefragt. Er hat es immer abgestritten.

Die beiden Frauen schworen der Ketzerei ab, erhielten Absolution und erschienen am 3. März 1321 vor dem Inquisitor des Königreichs Frankreich. Am 8. März wurden sie »zur Mauer« verurteilt, das heißt zu lebenslänglichem Gefängnis. Aber am 4. Juli 1322 kamen beide in den Genuß einer Strafmilderung. Sie wurden freigelassen und mußten Zeit ihres Lebens auf ihrer Kleidung ein gelbes Kreuz tragen als Zeichen für die Öffentlichkeit, sich davor zu hüten, diesen ehemals befleckten Leibern zu nahe zu kommen.

Aus dem Französischen von Heide Musahl

NACHWORT

Claudia Opitz

N icht eine Galerie großer Frauen des Mittelalters zu eröffnen und zu bevölkern, ist das erklärte Anliegen der Herausgeberin dieses Bandes und ihrer Mit-Autorinnen und -Autoren. Im Gegensatz zu vielen anderen der in jüngster Zeit recht zahlreich erschienenen Überblicksdarstellungen zum Thema »Frauen im Mittelalter« ist dieses Konzept hier tatsächlich durchgängig angewandt worden. Von Hildegard von Bingen, Eleonore von Aquitanien oder der Kaiserin Theophanu ist hier nur am Rande die Rede, andere »Prominente« der mittelalterlichen Geschichte fehlen gänzlich.

Dies begründet die Herausgeberin zu Recht damit, daß es, methodisch gesehen, höchst problematisch ist, das Lob auf einige außergewöhnliche Frauen zu singen und darüber alle übrigen nicht nur zu vergessen, sondern gar zu beschämen, indem sie so erneut zur Randerscheinung der Weltgeschichte abgewertet und ihre »gewöhnlichen« Erfahrungen und Lebensumstände als unwichtig deklariert werden. Dem hat sich die historische Frauenforschung, wie sie seit den siebziger Jahren in vielen europäischen Ländern und den USA entstand, von Beginn an vehement entgegengestellt und vielmehr gefordert, den historischen Blickwinkel insgesamt so zu verändern, daß alle Bereiche des sozialen Lebens und alle Stufen der sozialen Hierarchie beleuchtet werden, damit Frauen als Geschlecht in die Geschichte zurückkehren können und dort auch einen ihnen und ihren Lebensumständen angemessenen Platz einnehmen können.[1]

Die Beiträge im vorliegenden Band versuchen, dieser Aufgabe gerecht zu werden und an bekanntes Material neue Fragen zu stellen auf dem

Hintergrund der Überzeugung, daß das Geschlechterverhältnis historische Wurzeln hat, sich im sozialen Wandel verändert und diesen seinerseits auch mitbedingt und mitbefördert. In konsequenter Umsetzung des berühmt gewordenen Satzes von Simone de Beauvoir, »man wird nicht als Frau geboren, man wird dazu gemacht«, gehen alle in diesem Band versammelten Beiträge von der Überzeugung aus, daß die Tatsache, als Mann oder als Frau geboren zu werden, auch in der mittelalterlichen Gesellschaft keine neutrale biologische Gegebenheit war, sondern mit eminenten gesellschaftlichen Wertsetzungen und Prägungen verbunden war, ein Produkt der sozialen Beziehungen der Geschlechter, das männliche Menschen in Männer und weibliche Menschen in Frauen verwandelt.

Die den Frauen zugewiesenen Rollen und Aufgaben sind nicht natürlichen, sondern sozialen Ursprungs, das machen insbesondere die in Teil I versammelten Beiträge über den »normativen Diskurs« deutlich, den Theologen, Wissenschaftler und Moralisten über die Ordnung der Geschlechter und die Rolle und Bedeutung der Frauen mehr als geschwätzig führten. Dennoch sind gerade hier die Schwierigkeiten deutlich abzulesen, die ein solch ambitioniertes Forschungs- und Handbuchprogramm gleichzeitig behindern und prägen: Es lassen sich, bei aller Problematisierung, keine klaren Linien ziehen, keine eindeutigen Schuldzuweisungen vornehmen, keine Verschwörungstheorien eines »patriarchalen Denkens« vortragen: Auch die weltlichen und geistlichen Autoren dieser Epoche waren geprägt von ihren gesellschaftlichen und kulturellen Gegebenheiten, auch die »zölibatäre Männerkaste«, die sich hier über Frauen eher phantasmatisch als kompetent zu Wort meldet, ist in erster Linie ein Produkt ihrer Zeit und ihrer Geschichte: Als Angehörige des männlichen Geschlechts sind sie von der Prägung der historischen Geschlechterbeziehungen ähnlich markiert (wenn auch nicht unbedingt betroffen) wie ihre weiblichen Zeitgenossen.

Das macht ganz besonders Jacques Dalarun in seinem Beitrag über Frauenbilder in der Theologie deutlich, der, ausgehend vom konkreten Beispiel, die Verstrickungen und Widersprüche, die das hierarchische und von Konflikten belastete Geschlechterverhältnis in Kirche und Gesellschaft auch für männliche Wesen bereithielt, gerade an den vermeintlich durch systematisches Denken und Respekt vor den Traditionen und Autoritäten charakterisierten Elaboraten der hohen Theologie aufzeigt.

Daß ihm dies ebenso gelingt wie Georges Duby, der in seiner teilweise überraschenden Interpretation der höfischen Literatur des hohen Mittelalters deutliche Spuren männlicher Konkurrenz und Unterwerfung in der feudalen Gesellschaft ausmacht, scheint mir vor allem am fruchtbaren methodischen Einfluß der sogenannten »Mentalitätengeschichte« zu liegen[2], durch deren Entfaltung in der mediävistischen Forschung ein

Weg geebnet wurde, auch solche Quellen für (sozial-)historische Erkenntnis heranzuziehen, die traditionell eher in die Literatur- oder Geistesgeschichte fallen: Literatur und Philosophie, Theologie und Wissenschaften, alle Bereiche können nun – und werden es in den letzten Jahren verstärkt – auch und gerade für eine geschlechtergeschichtliche Neuinterpretation des Mittelalters herangezogen.

Darüber hinaus ermöglicht die offene Darstellung und die umsichtige Interpretation der historischen Quellen jenseits aller festgelegten Wertungen und Vorurteile, Leserinnen und Lesern die Mittel an die Hand zu geben, über all das selbst zu urteilen, was in unseren Augen die Geschlechterbeziehungen im Mittelalter so stark zu prägen scheint, nämlich hierarchische Interpretationsmodelle der Geschlechter- und Sozialbeziehungen auf allen Ebenen und, für die Frauen, die sehr engen Verhaltensmodelle, deren Ausformung im Laufe der Jahrhunderte in kirchlichen, aber auch in höfischen Kreisen fortgesetzt betrieben wurde.

Frauen ohne Stimme?

Diese Übermacht der Interpretationsmodelle allerdings birgt unübersehbar auch Gefahren für unser historisches Denken wie für die Forschung im engeren Sinne. In einer Zeit, in der es keinen Buchdruck, ja, nicht einmal Papier gab, war das Verschriftlichen von Gedanken (oder gar Gefühlen!) und die Überlieferung des Niedergeschriebenen ein Privileg, das sich nicht einmal alle Angehörigen der Oberschicht, des Adels, leisten konnten. Und in einer Epoche, in der Kampf und Krieg zu den Haupttätigkeiten und Interessen eben dieser Oberschicht zählten, wurde das wenige, das auf Pergament gebannt wurde, häufig durch Feuer und Stahl vernichtet. Unser Blick auf die mittelalterliche Gesellschaft und das Alltagsleben der Frauen darin ist somit mehrfach eingeschränkt, ja, vielfach sogar bewußt getrübt – denn es ist häufig nur das auf uns gekommen, was einer gelehrten, aber auch machtbeflissenen und dogmatischen Männerkultur – angesiedelt in Kirchen und Klöstern – wichtig genug erschien, um aufbewahrt und weitergegeben zu werden. Insofern stellen unsere Erkenntnisse über Leben und Denken anderer gesellschaftlicher Gruppen, und insbesondere der Angehörigen des weiblichen Geschlechts, Glücks- aber auch Zufälle dar, die vielfach die Vor- und Darstellung des Lebens von Frauen in der mittelalterlichen Gesellschaft marginal erscheinen lassen oder doch zumindest problematisch machen. Die von Christiane Klapisch-Zuber einleitend problematisierte Vielfalt der Deutungen des ›Status der Frauen‹ in der mittelalterlichen Gesellschaft ist ganz ohne Zweifel auch auf diese einseitige Quellenlage zurückzuführen.

Allerdings finden wir insbesondere in den mittelalterlichen Frauenklöstern eine weibliche Tradition, die seit dem hohen Mittelalter auch
andere Sichtweisen und Erfahrungen übermittelt, wenn auch im wesentlichen auf den religiösen Handlungs- und Erfahrungsbereich von Frauen
beschränkt.

Daß Frauen sich darüber hinaus den von (klerikalen) Männern erdach-
ten und formulierten Verhaltensmustern nicht immer und widerspruchs-
los fügten, dafür haben wir mehr als ein Beispiel – von der klugen, unabhängigen und kritischen Christine de Pizan einmal ganz abgesehen, die
um 1400 diese unheilige Allianz von männlichem Vorurteil und männlicher Vormachtstellung bereits deutlich erkannte und benannte.

Häufig allerdings folgte die Strafe dafür auf dem Fuß, wie Pauline
L'Hermite-Leclercq in ihrer Schilderung weiblicher (adliger) Sozialisation
zeigt, spätestens aber im Jenseits, wie Beichtväter und Moralisten ihren
weiblichen Schäflein immer wieder deutlich zu machen suchten, obgleich in der mittelalterlichen Christenheit durchaus die Überzeugung
vorherrschte, daß sich im Jenseits die Ungleichheit von Männern und
Frauen auflösen würde und die weiblichen Seelen ganz ebenso zum
himmlischen Vater aufsteigen könnten wie die männlichen. Es war
vor allem diese Überzeugung, die Frauen auf Erlösung im Jenseits als
Mittel der Befreiung aus ihrer geschlechtsgebundenen Unterwerfung
hoffen ließ. Kein Wunder also, daß sich die (wenigen) weiblichen
Stimmen aus dieser Zeit, die bis zu uns dringen konnten, meist im
religiösen Zusammenhang geäußert haben: Es waren die sogenannten
Mystikerinnen, die häufig um ihr Seelenheil ebenso rangen wie um ihre
Anerkennung als Gefäße des heiligen Geistes und Verkünderinnen göttlicher Eingebungen.

Gerade hier hat die (theologie- und philosophie-) historische Frauenforschung in den letzten Jahren viel Interessantes und Wissenswertes an
den Tag gebracht, so daß es uns angebracht erschien, an dieser Stelle
den Kreis der Themen wie der Autorinnen gegenüber der Originalausgabe zu erweitern: Wir haben in diesen Band einen zusätzlichen Beitrag
aufgenommen, der die Sicht auf Texte von mittelalterlichen Frauen eröffnet, die zunächst zögernd, seit dem hohen Mittelalter aber immer deutlicher einen weiblichen Zugriff auf das Göttliche und die religiösen Theorien und Praktiken der Zeit manifestieren. Elisabeth Gössmann referiert
und interpretiert hier die Schriften von »Mystikerinnen«, die sie als die
Theologinnen des Mittelalters bezeichnet und aus deren Bildern und
Gedanken sie teilweise erstaunliche Anregungen auch noch für heutige
Gottes-, Glaubens- und Geschlechtervorstellungen herausarbeitet. Ihr
Beitrag ergänzt, wie ich finde, die Ausführungen von Danielle Régnier-
Bohler über das weibliche Sprechen und Schreiben sehr glücklich und
dokumentiert daneben auch einen Forschungszweig, der in den letzten

Jahren zunehmend an Gewicht gewonnen hat: den Beitrag von (mittelalterlichen) Frauen zu den wissenschaftlichen und intellektuellen Debatten ihrer Zeit vorzustellen und zu kommentieren.

Macht der Frauen?

Die Dimension der weiblichen Widerständigkeiten im Alltag und mehr
noch die Frage nach dem spezifischen weiblichen Einfluß in der mittelalterlichen Gesellschaft läßt sich nicht ganz so einfach ergänzen. Zwar
weisen alle Autorinnen des zweiten Teils auf solche »Widerständigkeiten«
und auf die Widersprüche im System hin, wo sie denn dingfest zu
machen sind, die Frage jedoch, weshalb es gerade im Mittelalter eine so
verhältnismäßig große Zahl an machtvollen Frauen und Herrscherinnen
gegeben hat, wird hier weder gestellt noch beantwortet. Ebensowenig ist
hier die Frage nach der Bedeutung von Frauen innerhalb der politischen
Geschichte des Mittelalters präsent. Sie hat jedoch, ebenso wie die rechtliche und wirtschaftliche Stellung der Frauen im Mittelalter, insbesondere die deutsche, englische und – vor allem in den letzten zwanzig Jahren – die nordamerikanische Frauenforschung stark beschäftigt.[3]

Die Absenz »mächtiger Frauen« in der vorliegenden *Geschichte der
Frauen* ist nicht zuletzt dem Übergewicht der französischen Forschung
geschuldet, die sich zwar ähnlichen gesellschafts- und wissenschaftspo-
litischen Prämissen und quellenmäßigen Voraussetzungen verdankt wie
die entsprechenden Forschungen in anderen Ländern, die aber eine
eigene Forschungstradition im Rahmen der »Annales«-Schule bildete, aus
der heraus sie eine eigene Sicht auf die Situation und die Geschichte von
Frauen entwickelt hat.[4] Diese läßt sich global in den Kontext einer historischen Anthropologie einordnen, einer Sichtweise also, in welcher der
Mensch – hier also der weibliche – und seine/ihre Lebensweisen und
-bedingungen im Mittelpunkt des Interesses stehen. Diese Sichtweise
nimmt bislang eine gewisse Politikferne durchaus billigend in Kauf;
infolgedessen sind auch die hier gestellten Fragen nach den demographischen, materiellen und spirituellen Bedingungen weiblicher Existenz
zwischen 500 und 1500 einer strukturgeschichtlich-anthropologischen
Denkweise viel mehr verpflichtet als den Kategorien traditioneller Mittelalterforschung, die eher nach den verfassungsgeschichtlichen Grundlagen der ständischen Ordnung fragt oder nach Auseinandersetzungen
um Besitz- und Herrschaftsinteressen. Diese sind zwar auch für die
Geschichte der Frauen nicht außer acht zu lassen, denn sie bestimmten
vielfach den Rahmen der »conditio feminina« direkt oder indirekt mit,
doch sie bleiben im Zusammenhang moderner Mediävistik und Frauenforschung – und so auch in diesem Band – im Hintergrund gegenüber

den Aspekten und Fragen der ›longue durée‹, dem langsamen Wandel, denen die alltäglichen Lebensbedingungen und die Weltbilder mittelalterlicher Frauen (und Männer) unterworfen waren.

In einem nächsten Schritt können dann durchaus, das haben Arbeiten französischer Historikerinnen zur Geschichte der Frauen und der Geschlechterverhältnisse in der Antike und in der Moderne gezeigt, auch Fragen nach der »Macht der Frauen« bzw. den diffizilen und subtilen Interaktionen zwischen Männern und Frauen in einer noch so hierarchisch gegliederten Gesellschaft auf methodisch und quellenmäßig besser bereitetem Boden gestellt und beantwortet werden.[5]

Nicht zuletzt ist der vorliegende Band deshalb auch zu verstehen als ein Plädoyer für die Ablösung bzw. das Aufweichen überkommener Kategorien historischen Denkens und Forschens, da dies für die Erfassung des »Platzes der Frauen in der Geschichte« nicht nur erhellend, sondern geradezu unverzichtbar ist. Andererseits wollen der Herausgeber und die Herausgeberinnen und die Autorinnen und Autoren auch keine Verlust- oder Erfolgsgeschichte von Frauenemanzipation schreiben, getreu der Überzeugung, die neulich die Mitherausgeberin der Reihe, Michelle Perrot formulierte, als es um die Frage einer methodologischen Neubestimmung der Frauen- und Geschlechtergeschichte ging:

»Die sozialen Praktiken, die verschiedenen Diskurse, die eigentümlichen Repräsentationen und Vorstellungen zu untersuchen und sich freizumachen von grobschlächtigen Dichotomien wie ›Natur/Kultur‹ oder ›häuslich/öffentlich‹; damit aufzuhören, die ›Misogynie‹ als stets passende Erklärung für den Ort der Frauen in der Gesellschaft zu gebrauchen; sich endlich mit den Grauzonen, den Widersprüchen, dem Ungeschiedenen und dem Rollentausch zu beschäftigen; die Ambivalenzen ernster zu nehmen als die grellen Plakatfarben – das wären programmatische Elemente einer Methodologie, die mit ihrem Gegenstand spricht anstatt über ihn und die auch dem sozialen Kontext, von dem nicht abstrahiert werden kann, zu seinem Recht verhilft.«[6]

Insofern zieht der vorliegende Band eher eine Zwischensumme der bisherigen Forschung und zeigt weiterführende Perspektiven auf anhand einer Auswahl aus der Vielzahl bislang erarbeiteter Ansätze und Forschungen, ohne dabei jedoch in normierender oder gar dogmatisierender Weise konkurrierende Zugänge zum Thema verstellen zu wollen oder gar zu desavouieren.

Ein letztes Wort

Seitdem im Sommer 1987 die Autorinnen und Autoren dieses Bandes zum ersten Mal zusammentrafen, um Konzept und Ausrichtung der fünf Bände zur *Geschichte der Frauen* zu diskutieren, ist diesseits und jenseits des Atlantiks die Forschung weiter vorangeschritten, und nicht zuletzt die Forschung zur Situation von Frauen im Mittelalter.[7] Das bedeutet sicherlich nicht, daß dieser Band der *Geschichte der Frauen* – oder vielleicht sogar die ganze Reihe – an Aktualität und Aussagekraft eingebüßt hätte, ja, völlig neu geschrieben werden müßte. Im Gegenteil zeigen sich gerade im Abstand von fünf Jahren die Vorteile und Stärken eines offenen, methodisch interessierten Konzepts von »Frauengeschichte«, das die Chronologie eher kritisch reflektiert als sie zum zwingenden Maßstab der Darstellung zu machen und das Forscherinnen und Forscher aus verschiedenen Disziplinen, Generationen und nationalen Forschungstraditionen zu Wort kommen läßt. Dennoch müssen zum jetzigen Zeitpunkt auch Defizite und mittlerweile überwundene, oder doch zumindest veraltete Feststellungen und Erkenntnisse konstatiert werden, wie sie sich in jedem Handbuch finden und wie sie auch bei diesem Projekt, dank einer fortschreitenden und sich verbreiternden internationalen Forschungstätigkeit, nicht zu vermeiden sind.

Dies gilt insbesondere für die von Suzanne F. Wemple in diesem Band vor- und dargestellte Situation von Frauen im frühen Mittelalter. Mit ihren Pionierarbeiten über Frauen in der fränkischen Gesellschaft hat Suzanne F. Wemple eine in den letzten Jahren immer weiter sich entfaltende Frühmittelalterforschung über Frauen und deren Lebensbedingungen angeregt, so daß mittlerweile eine wachsende Zahl jüngerer Forscherinnen und Forscher sich zwar immer noch ausnahmslos auf ihre Arbeiten beziehen, sie jedoch vielfach kritisch kommentieren und, aufgrund weitergehender Quellenstudien und weiterreichender methodischer Überlegungen, auch kompetent korrigieren, etwa im Hinblick auf das Verhältnis von klösterlichem und ehelichem Leben von Frauen oder auch im Hinblick auf wirtschaftliche und rechtliche Bedingungen des Frauenlebens zwischen ca. 500 und 1100.[8] Aus verschiedenen Gründen war es leider nicht möglich, den Beitrag von S. Wemple in dieser Richtung zu überarbeiten. Es wird also der nächsten »Generation« von Historikerinnen und Historikern überlassen bleiben, die jüngst gewonnenen Erkenntnisse in ähnlicher Weise zu dokumentieren und einem breiteren Publikum vorzutragen.

Immerhin haben wir uns hier, wie bei den übrigen Themen, bemüht, zumindest im bibliographischen Bereich den neuesten Stand der Forschung zu erfassen und zu dokumentieren. Auch haben wir uns zur Aufgabe gemacht, deutschsprachige Forschungen und Forschungstraditionen[9] zumindest in bibliographischer Hinsicht sichtbar und die hier vorhandenen Potentiale für Interessierte und Forschende zugänglich zu machen. Nun bleibt uns nur noch zu wünschen, daß die vielfältigen Anregungen und Überlegungen, die dieser Band zusammenträgt, auf ein ebenso breites wie offenes Interesse von Leserinnen und Lesern trifft und nicht zuletzt der deutschen Mittelalterforschung weiteren Auftrieb bringt.

ANHANG

ANMERKUNGEN, LITERATUR, REGISTER

ANMERKUNGEN

Einleitung

1 Christine de Pizan, *Das Buch von der Stadt der Frauen*. Aus dem Mittelfranz. übers., mit einem Kommentar und einer Einl. versehen von Margarete Zimmermann, München ³1992, S. 37f.

2 Der Ausdruck stammt von Joan Kelly, The Social Relation of the Sexes. Methodological Implications of Women's History, in: *Signs: Journal of Women in Culture and Society* 1, Nr. 4, 1976, S. 810; auch in: Kelly 1984, S. 4 (dt.: Die sozialen Beziehungen der Geschlechter. Methodologische Implikationen der Frauengeschichte, in: Barbara Schaeffer-Hegel und Barbara Watson-Franke (Hg.), *Männer – Mythos – Wissenschaft*, Pfaffenweiler 1989, S. 7–32).

3 Ein gutes Beispiel dafür ist in der französischen Fachliteratur das Buch von Régine Pernoud 1980 (dt.: 1991).

4 Ein solcher Überblick wurde 1976 auf einem Kolloquium in Poitiers versucht; die wegen ihrer Bibliographie und einiger Forschungshypothesen nützlichen Protokolle wurden unter dem Titel *La femme dans les civilisations des Xᵉ–XIIIᵉ siècles* 1977 in Poitiers veröffentlicht.

5 Kelly 1984, S. 4.

6 Vgl. Ortner/Whitehead 1981.

7 Gayle Rubin, The Traffic in Women, in: Reiter 1975, S. 159 und 179.

8 MacCormack/Strathern 1980.

9 Von den frühesten Aufsatzsammlungen jenseits des Atlantik wären zu nennen Stuard 1976; Bridenthal/Koonz 1977, die weit über das Mittelalter hinausgeht und die 1987 in einer neuen, gründlich überarbeiteten und erweiterten Ausgabe erschienen ist; Baker 1978, in der es mehr um Frauen an der Macht und um Ordensfrauen geht. Erst kürzlich hat Susan M. Stuard einen neuen Überblick über die weibliche Historiographie in England, Italien, Frankreich, den Vereinigten Staaten und Deutschland herausgegeben (Stuard 1987); Julius Kirshner und Suzanne F. Wemple haben etwa 15 unveröffentlichte Aufsätze zusammengestellt (Kirshner/Wemple 1985). Auf weitere Aufsatzsammlungen, die sich mit spezielleren Themen befassen, wird weiter unten in den Anmerkungen hingewiesen.

10 E. Power, *Medieval People*, Methuen 1924, in dem zwei Kapitel Frauen gewidmet sind; dies., *Medieval English Nunneries*, Cambridge 1922. In ihrem posthum erschienenen Buch, Power 1975 (dt.: 1984), wurden Aufsätze und Vorträge aus der Vorkriegszeit zusammengefaßt, Vorarbeiten zu einer größerer Studie, welche die Autorin nicht mehr vollenden konnte.

11 Yvonne Knibiehler, Chronologie et histoire des femmes, in: Perrot 1984, S. 50–57 (dt.: Das Ereignis und die Chronologie, in: Perrot 1989, S. 83–93).

12 Joan Kelly Gadol, Did Women Have a Renaissance? in: Bridenthal/Koonz 1977, S. 137–164; auch in: Kelly 1984, S. 19–50 (dt.: Gab es die Renaissance für Frauen? in: Schaeffer-Hegel und Watson-Franke (Hg.), *Männer – Mythos – Wissenschaft*, S. 33–66). Die Frage wird für das frühe Mittelalter auch von Joann McNamara und Suzanne F. Wem-

ple aufgeworfen: The Power of Women Through the Family in Medieval Europe, 500–1100, in: *Feminist Studies* 1973; auch in: Mary Hartmann und Lois W. Banner (Hg.), *Clio's Consciousness Raised: New Perspectives on the History of Women*, New York 1974, S. 103–118, und in Erler/Kowaleski 1988, S. 83–101; von denselben auch: Sanctity and Power: The Dual Pursuit of Medieval Women, in: Bridenthal/Koonz 1977, S. 90–118.

13 Vgl. Judith C. Brown, A Women's Place was in the Home: Women's Work in Renaissance Tuscany, in: Ferguson/Quilligan/Vickers 1986, S. 206–226.

14 Erler/Kowaleski 1988, S. 1–13.

Normen und Diskurse

1 Paolo da Certaldo, *Libri di buoni costumi*, Nr. 209, in: *Mercanti scrittori*, hg. von V. Branca, Mailand 1986, S. 43.

2 Zu den Auswirkungen der Dichotomie privat/öffentlich vgl. Elshtain 1981; Pomata 1983.

3 Vgl. S. B. Ortner, Is Female to Male as Nature is to Culture?, in: Lamphere/Rosaldo 1974, und die Kritiken von E. B. Leacock und J. Nash, Ideologies of Sex: Archetypes and Stereotypes, in: Eleanor Burke Leacock, *Myths of Male Dominance*, New York/London 1981, S. 242–263; MacCormack/Strathern 1980.

Die Sicht der Geistlichen

Der Einfachheit halber werden die patristischen und mittelalterlichen Quellen in der Regel nach der *Patrologiae cursus completus, Series Latina (PL)*, hg. von Jacques-Paul Migne, 221 Bde., Paris 1844–1864 zitiert, selbst wenn bessere Editionen vorliegen.

1 d'Alverny 1977, S. 105.

2 Metz 1962, S. 59–82.

3 Manselli 1980, S. 242.

4 Gottfried von Vendôme, *PL* 157, Sp. 168.

5 *Gen* 2, 20.

6 Zapperi 1979 (dt.: 1984, S. 9–17).

7 *Gen* 3, 16–20.

8 Ambrosius von Mailand, *PL* 14, Sp. 303.

9 Tertullian, *PL* 1, Sp. 1305.

10 Odo von Cluny, *PL* 133, Sp. 556.

11 Ivo von Chartres, *PL* 162, Sp. 279.

12 Gottfried von Vendôme, *PL* 157, Sp. 126.

13 *Job* 18, 17.

14 Maximus von Turin, *PL* 57, Sp. 350.

15 Marbod von Rennes, *PL* 171, Sp. 1486.

16 Zit. nach: Jean Delumeau, *La peur en Occident (XIVe–XVIIIe siècles)*, Paris 1978, S. 306 (dt.: *Angst im Abendland. Die Geschichte kollektiver Ängste im Europa des 14.–18. Jahrhunderts*. Aus dem Franz. von Monika Hübner, Gabriele Konder und

Martina Roters-Burck, Reinbek bei Hamburg 1985, S. 458).

17 Devailly 1980, S. 163–170.

18 Rosario Leotta (Hg.), *Marbodi liber decem capitulorum*, Rom 1984.

19 Marbod von Rennes, *PL* 171, Sp. 1698–1699.

20 Hildebert von Lavardin, *PL* 171, Sp. 1428.

21 1 *Petr* 3, 7.

22 Isidor von Sevilla, *PL* 82, Sp. 417.

23 Roger von Caen, *PL* 158, Sp. 697.

24 Petrus Damiani, *PL* 145, Sp. 410.

25 Isidor von Sevilla, *PL* 82, Sp. 275.

26 Hieronymus, *PL* 22, Sp. 408.

27 Augustinus, *PL* 38, Sp. 1108.

28 Anselm von Canterbury, *PL* 158, Sp. 406–407.

29 Henri Barré, *Prières anciennes de l'Occident à la Mère du Sauveur des origines à Saint Anselme*, Paris 1963, S. 75.

30 Gottfried von Vendôme, *PL* 157, Sp. 234–235.

31 *Mt* 1, 25.

32 *Lk* 1, 34.

33 Gregor der Große, *PL* 76, Sp. 1197.

34 Hinkmar von Reims, *PL* 125, Sp. 694.

35 *Ez* 44, 2.

36 Rupert von Deutz, *PL* 167, Sp. 1493.

37 Gottfried von Vendôme, *PL* 157, Sp. 249–250.

38 Hildebert von Lavardin, *PL* 171, Sp. 813.

39 Gottfried von Vendôme, *PL* 157, Sp. 265–267.

40 *Sancti Ephraem Syri Hymni et Sermones*, hg. von Thomas Lamy, Malines, II, 1886, S. 264.

41 Petrus Chrysologus, *PL* 52, Sp. 576.

42 Hildebert von Lavardin, *PL* 171, Sp. 193–194.

43 Ebd., Sp. 959.

44 Duby 1981, S. 142–147, 192–193 (dt.: 1985, S. 151–157, 208–209).

45 Marbod von Rennes, *PL* 171, Sp. 1700.

46 Hildebert von Lavardin, *PL* 171, Sp. 967.

47 Jean-Yves Tilliette, Les modèles de sainteté du IXe au XIe siècle d'après le témoignage des récits hagiographiques en vers métriques, in: *Santi e demoni nell'alto Medioevo. Atti della 36ª Settimana di Studi sull'alto Medioevo (Spoleto 1988)*, Spoleto 1989, S. 381–406.

48 Petrus Damiani, *PL* 145, Sp. 599–601.

49 Hasenohr 1986.

50 Toubert 1977, S. 259–260.

51 Corbet 1986.

52 François Dolbeau, Vie latine de sainte Ame, composée au XIe siècle par Étienne, abbé de Saint-Urbain, in: *Analecta bollandiana* 105, 1987, S. 42–43 und 52–57.

53 Duby 1981, S. 147–150 (dt.: 1985, S. 157–161).

54 Jane Tibbetts Schulenburg, Sexism and the Celestial Gynecaeum. From 500 to 1200, in: *Journal of Medieval History* 4, 1978, S. 122.

55 Koch 1962.

56 Hildebert von Lavardin, *PL* 171, Sp. 149.

57 Petrus Venerabilis, *PL* 189, Sp. 214.
58 Marbod von Rennes (?), *PL* 171, Sp. 1599.
59 *Lk* 7, 38.
60 Saxer 1967, Sp. 1089.
61 Dominique Iogna-Prat, »Bienheureuse polysémie«. La Madeleine du »Sermo in veneratione sanctae Mariae Magdalenae«, attribué à Odon de Cluny (Xe siècle), in: Eve Duperray (Hg.), *Marie Madeleine dans la mystique, les arts et les lettres*, Paris 1989, S. 21 und 29.
62 Petrus Cellensis, *PL* 202, Sp. 837.
63 Gottfried von Vendôme, *PL* 157, Sp. 270–272.
64 Odo von Cluny, *PL* 133, Sp. 721.
65 Gottfried von Vendôme, *PL* 157, Sp. 274.
66 Ebd.
67 Origenes, *Patrologiae cursus completus, Series Graeca*, hg. von Jacques-Paul Migne, 161 Bde., Paris 1857–66, Bd. 12, Sp. 158.
68 Ambrosius von Mailand, *PL* 14, Sp. 279.
69 Gottfried von Vendôme, *PL* 157, Sp. 231–234.
70 Hieronymus, *PL* 22, Sp. 398.
71 Marbod von Rennes (?), *PL* 171, Sp. 1631–1632.
72 *Gen* 1, 27.
73 1 *Kor* 11, 7.
74 Dalarun 1986, S. 80–91, 101–113 (dt.: 1987, S. 84–95, 107–119).
75 Le Goff 1981 (dt.: 1990).
76 Jean Leclercq, Un témoin de l'antiféminisme au Moyen Age, in: *Revue bénédictine* 80, 1970, S. 304–305.
77 Leclercq 1954, S. 368.
78 Thomas von Aquin, *Summa Theologica* I, Q 92.
79 Gilbert de Tournai, *Collectio de scandalis Ecclesiae*, hg. von Autbert Stroick, in: *Archivum franciscanum historicum* 24, 1931, S. 61–62.
80 Thomas von Aquin, *Summa Theologica* II–II, Q 177, a 2.
81 Gratian, *Decretum* I, D XXIII, c 29 und II, C XXXIII, Q 5, c 12–19.
82 1 *Tim* 2, 12.
83 Saxer 1959, Bd. 1, S. 183–255.
84 Russo 1989, S. 33–47.
85 Tibbetts Schulenburg, Sexism, S. 127, 131.
86 Bell 1985, S. 146.
87 Giunta Bevagnati, *Vita b. Margaritae de Cortona*, in: *Acta Sanctorum* Feb. III, Paris 1865, S. 317.

Von der Natur der Frau

1 Mirko D. Grmek, *Les maladies à l'aube de la civilisation occidentale*, Paris 1983, S. 227ff.
2 Avicenna, *Canon*, übers. von Gerardus von Cremona, Mailand 1473, Buch III, fen. 20, tr. 1, c. 1. Die deutsche Übersetzung aller hier verwendeten Zitate basiert auf der französischen Übersetzung von Jacquart/Thomasset 1985.
3 Platon, *Sämtliche Werke*, übers. von Friedrich Schleiermacher und Hieronymus Müller, Hamburg 1959, Bd. 5, S. 212, 91 c.
4 Oswei Temkin, *Galenism: Rise and Decline of a Medical Philosophy*, Ithaca/New York/London 1973.
5 Schema aus: W. D. Sharpe, Isidore of Seville. The Medical Writings, in: *Transactions of the American Philosophical Society*, n. S., LIV-2, 1964, S. 24.
6 Pneuma (Spiritus, Geist) ist ein körperlich-geistiger Stoff von luftig-ätherischer Konsistenz, der durch die Atmung in den Körper gelangt und dort nach seinen Hauptsitzen: Herz – Pneuma physikòn oder Lebensgeist, Hirn – Pneuma zótikòn oder Seelengeist, Leber – Spiritus naturalis, unterschieden wird. (A. d. Ü.)
7 Claude Thomasset (Hg.), *Placides et Timéo ou Li Secrés as philosophes*, Paris/Genf 1980, S. 117, § 259.
8 Zu den Anatomien des Mittelalters siehe W. Corner, *Anatomical Texts of the Earlier Middle Ages*, Carnegie Institution of Washington, Publikation Nr. 364, Washington 1927; vgl. auch Franz Redeker, Die »Anatomia Magistri Nicolai Physici« und ihr Verhältnis zur »Anatomia Cophonis« und »Ricardi«, Diss. Leipzig 1917, S. 67–86.
9 Wilhelm von Conches, *Dialogus de Substantiis*, Straßburg 1567, S. 253 (es handelt sich um das *Dragmaticon Philosophiae*).
10 In: *Spurii Libri Galeno ascripti*, Venedig 1597, fol. 59 r°–60 v°, ins Italienische übers. von V. Passalacqua, Microtegni seu De spermate, in: *Traduzione e commento*, Rom 1958.
11 Über Sexualität und Gynäkologie bei Hildegard von Bingen siehe Joan Cadden, It Takes All Kind: Sexuality and Gender Differences in Hildegard of Bingens *Book of Compound Medicine*, in: *Tradition*, 1984, S. 149–174.
12 Thomas von Cantimpré, *Liber de natura rerum* I, hg. von H. Boese, Berlin/New York 1973, S. 72.
13 Vgl. Hewson 1975, S. 21ff.
14 Dieser Ausdruck kommt bei Aegidius Romanus oft vor in *De formatione corporis humani* und bei Thomas von Aquin in *Summa Theologica* I, XCII, I arg. I.
15 René Descartes, *La description du corps humain et de toutes ses fonctions*, in: Charles Adam und Paul Tannery (Hg.), *Œuvres de Descartes*, Bd. XI, Paris 1974, S. 253.
16 Duby 1988, S. 42 (dt. 1989, S. 43).
17 *Trotulae de Mulierum Passionibus ante, in et post Partum*, Straßburg 1654; Trotula de Ruggerio, *Sulle malattie delle donne*, hg. von Pina Cavallo Boggi, übers. von Matilde Nabié und Adriana Tocco, Turin 1979.
18 Beschreibung des Manuskripts in: G. Beaujouan, Manuscrits médicaux du Moyen Age conservés en

Espagne, in: *Mélanges de la Casa de Velazquez* 8, 1972, S. 173.

19 *Chlamydia trachomatis* sind den Erregern der Einschlußkonjunktivitis (TRIC-Erreger) nahe verwandt, welche entzündliche Erkrankungen an Augen (Trachom) und Geschlechtsorganen hervorrufen. (A. d. Ü.)

20 P. F. Dembovski (Hg.), *Ami et Amile – Chanson de geste*, Paris 1987.

Die beaufsichtigte Frau

1 Alanus ab Insulis, *Summa de arte praedicatoria*, in: J.-P. Migne, *Patrologia Latina (PL)* 210, S. 111–195; Jacques de Vitry, *Sermones vulgares*, Manuskript, Paris, Bibliotheque Nationale Lat. 17509; Gilbert de Tournai, *Sermones ad omnes status*, per Johannem de Vingle, Lyon 1511.

2 Vinzenz von Beauvais, *De eruditione filiorum nobilium*, hg. von A. Steiner, Cambridge (Mass.) 1938; Guglielmo Peraldo, *De eruditione principum*, in: S. Thomae Aquinatis *Opera Omnia*, XVI, Parma 1865, S. 390–476.

3 Jean de Galles, *Communiloquium*, per Georgium de Arrivabenis Mantuanum, Venedig 1496, ff. 1r–166v; Jacobus de Voragine, *Sermones de tempore*, per Simonem de Luere, Venedig 1497; ders., *Chronica civitatis Ianuensis*, hg. von Giovanni Monleone, Rom 1941.

4 Filippo da Novara, *Les quatres âges de l'homme*, hg. von Marcel de Fréville, Paris 1888.

5 Ludwig IV. von Frankreich, *Lettre à sa fille Ysabelle*, in: *Vie de Saint Louis par le confesseur de la reine Marguerite*, in: *Recueil des Historiens des Gaules et de la France*, hg. von Daunon et Naudet, XX, Paris 1940, S. 82–83; Durand de Champagne, *Speculum dominarum*, Ms. Paris, B.N. Lat. 6784.

6 Aegidius Romanus, *De regimine principum libri III*, apud Bartholomaeum Zanettum, Rom 1607.

7 Humbertus de Romanis, *De eruditione praedicatorum*, in: *Maxima Bibliotheca Veterum patrum et antiquorum Scriptorum*, XXV apud Anissonios, Lyon 1677, S. 424–567.

8 Francesco da Barberino, *Reggimento e costumi di donna*, hg. von Giuseppe Edoardo Sansone, Turin 1957, S. 9.

9 Guglielmo Peraldo, *Summa de virtutibus et vitiis*, per Paganinum de Paganinis, Venedig 1497, f. 207 ra.

10 Jacques de Vitry, *Ad viduas et continentes. Sermo I*, in: *Sermones vulgares*, f. 142va; Guglielmo Peraldo, Summa, f. 207 va.

11 Francesco da Barberino, *Reggimento*, S. 10.

12 Aegidius Romanus, *De regimine*, S. 340–47.

13 Filippo da Novara, *Les quatres âges*, S. 16.

14 Humbertus de Romanis, *Ad mulieres malas corpore sive meretrices*, in: *De eruditione praedicatorum*, S. 506.

15 Francesco da Barberino, *Reggimento*, S. 20.

16 Ebd., S. 200ff.

17 Humbertus de Romanis, *Ad mulieres nobiles*, in: *De eruditione praedicatorum*, S. 504.

18 Ludwig IX. von Frankreich, *Lettre à sa fille Ysabelle*, S. 83.

19 Durand de Champagne, *Speculum dominarum*, f. 15r–v.

20 Francesco da Barberino, *Reggimento*, S. 15.

21 Thomas von Aquin, *Summa Theologica*, II, II, q. 151, a. 1, 1.

22 Christine de Pizan, *Das Buch von der Stadt der Frauen*. Aus dem Mittelfranz. übers., mit einem Kommentar und einer Einl. versehen von Margarete Zimmermann, München [3]1992, S. 286–89); dies., *Le trésor de la cité des dames (Le livre des trois vertus)*, hg. von Denis Janot, Paris 1536.

23 *Le ménagier de Paris*, 2 Bde., hg. von Jérôme Pichon, Paris 1846; Giovanni Dominici, *Regola del governo di cura familiare* (1403), hg. von Piero Bargellini, Florenz 1927; ders., *Le livre du Chevalier de la Tour Landry pour l' enseignement de ses filles*, Paris 1854; Simone Fidati da Cascia, *Regola ovvero dottrina a una sua figliuola spirituale*, in: Nicola Mattioli, *Il beato Simone Fidati da Cascia. I suoi scritti editi e inediti*, Rom 1898, Bd. 2, S. 223–241.

24 Francesco Eiximenis, *Lo libre de los dones* (1388), 2 Bde., hg. von Franck Naccarato, Barcelona 1981.

25 Girolamo da Siena, *Il soccorso dei poveri*, in: *Scrittori di religione del Trecento. testi originali*, hg. von Giuseppe De Luca, Turin 1977, Bd. 2, S. 277 bis 328.

26 Bernardino da Siena, *Le prediche volgari inedite. Firenze 1424– 1425. Siena 1427*, hg. von Dionisio Pacetti, Siena 1935; ders., *Le prediche volgari*, 5 Bde., hg. von Ciro Caunarozzi, Florenz 1934–40; ders., *Quadragesimale de Christiana Religione*, in: *Opera Omnia* (Ad Claras Aquas 1950), I–II; ders., *Quadragesimale de Evangelio aeterno*, in: ebd., III–IV, 1956; ders., *Sermones imperfecti*, in: ebd., VIII, 1963, S. 1–160; ders., *Prediche volgari sul Campo di Siena 1427*, 2 Bde., hg. von Carlo Delcorno, Mailand 1989.

27 Antonino da Firenze, *Opera a ben vivere*, hg. von Francesco Palermo, Florenz 1858; ders., *Regola di vita cristiana*, hg. von F. Palermo, Florenz 1866.

28 Giovanni il Certosino, *Decor puellarum*, Venedig 1461; ders., *Gloria mulierum, ovvero Ordine delle donne maritate*, per Nicolaum Jenson, Venedig 1471.

29 Dionigi il Certosino, *De laudabili vita coniugatorum*, in: *Opera Omnia*, XXXVIII, Tournai 1909,

S. 55–117; ders., *De laudabili vita viduarum*, in: ebd., S. 119–142; ders., *De laudabili vita virginum*, in: ebd., S. 157–178.

30 Aegidius Romanus, *De regimine*, S. 342.

31 Guglielmo Peraldo, *Summa*, S. 342.

32 Ebd., f. 210vb.

33 Filippo da Novara, *Les quatres âges*, S. 18; Francesco da Barberino, *Reggimento*, S. 12f.

34 Jacques de Vitry, *Ad virgines. Sermo I*, in: *Sermones vulgares*, f. 146va.

35 Francesco da Barberino, *Reggimento*, S. 95.

36 Konrad von Megenberg, *Yconomica*, hg. von Sabine Krüger, Monumenta Germania Historica, *Staatsschriften des späten Mittelalters*, III, 5, Stuttgart 1973–1984, S. 112f.

37 Durand de Champagne, *Speculum dominarum*, ff. 37r–38r.

38 Andreas Cappellanus, *De Amore*, München 1964, S. 346.

39 Francesco Eiximenes, *Lo libre de los dones*, I., S. 20.

40 Aegidius Romanus, *De regimine*, S. 272.

41 Francesco da Barberino, *Reggimento*, S. 59, 62, 88.

42 Jacobus de Voragine, *Chronica*, S. 191; Augustinus, *Sermo IX: De decem cordis*, in: *Sermones ad populum, PL* 38, 84.

43 Kari Elisabeth Børresen, *Subordination et équivalence. Nature et rôle de la femme d'après Augustin et Thomas d'Aquin*, Oslo 1968.

44 Jacobus de Voragine, *Quinta feria quintae hebd. Sermo II*, in: *Sermones Quadrigesimales*, Venedig 1497, f. 55rb.–55va.

45 Jacques de Vitry, *Ad virgines. Sermo I*, in: *Sermones vulgares*, f. 146rb.; Gilbert de Tournai, *Ad virgines ed puellas. Sermo II*, in: *Sermones*, f. 147vg.

46 Bernardino da Siena, *Sermo XLVI. Feria V post dom. de Passione. De multitudine malorum quae ex vanitatibus subsequuntur*, in: *Quadrigesimale de Christiana Religione*, II, S. 77.

47 Aegidius Romanus, *De regimine*, S. 270f.

48 Jacques de Vitry, *Ad meniales grisias, cistercenses, albas*, in: *Sermones vulgares*, ff. 53vb–55vb., Gilbert de Tournai, *Ad virgines ét puellas, Sermo IV*, in: *Sermones*, ff. 150vb–153va.

49 Francesco da Barberino, *Reggimento,* S. 13, 27, 213.

50 Aegidius Romanus, *De regimine*, 278–281.

51 Gilbert de Tournai, *Ad virgines et puellas. Sermo V*, in: *Sermones*, f. 153va.

52 Francesco da Barberino, *Reggimento*, S. 27.

53 Antonino da Firenze, *Opera a ben vivere*, S. 164.

54 Girolamo da Siena, *Il soccorso dei poveri*, S. 312.

55 Filippo da Novara, *Les quatres âges*, S. 16.

56 Francesco da Barberino, *Reggimento*, S. 17.

57 Aegidius Romanus, *De regimine*, S. 271f.

58 Durand de Champagne, *Speculum dominarum*, f. 15v.

59 Christine de Pizan, *Das Buch von der Stadt der Frauen*, S. 60.

60 Aegidius Romanus, *De regimine*, S. 272.

61 Ebd. S. 283–286.

62 Filippo da Novara, *Les quatres âges*, S. 16.

63 Paolo da Certaldo, *Libri di buoni costumi*, hg. von Alfredo Sociaffini, Florenz 1945, S. 126.

64 Vinzenz von Beauvais, *De eruditione filiorum*, S. 176f.; Guglielmo Peraldo, *De eruditione principum*, S. 457.; Francesco da Barberino, *Reggimento*, S. 15, 17–19, 39, 148f.; Aegidius Romanus, *De regimine*, S. 344f.

65 Giovanni Dominici, *Regola*, S. 11f.; Francesco Eiximenes, *Lo libre de los dones*, I, S. 91f.; Giovanni il Certosino, *Decor puellarum*, S. 344f.

66 Vinzenz von Beauvais, *De eruditione filiorum*, S. 176.

Die gute Gattin

1 Robert de Sorbon, *De matrimonio*, in: Jean Barthélemy Hauréau, *Notices et extraits de quelques manuscrits latins de la Bibliothèque Nationale*, Paris 1890, Bd. 1, S. 200.

2 Bei den Texten handelt es sich weitgehend um dieselben wie im vorhergehenden Kapitel. Daher wird auf die dort angegebenen Quellen verwiesen. Für die *Sermoni* von Gilbert de Tournai *Ad coniugatas*, die sich mit dem Vorbild Sarah befassen, bringt die zitierte Quelle nur den dritten, ff. 140va–152rb. Vgl. für die anderen beiden *Sermoni*: Ms. Mailand Ambr. F. 57 sup., ff. 171rb–174ra.; Jacobus de Voragine, *Dom. II post fest. Trin. Sermo II*, in: *Sermones de tempore*, ff. 78va–79ra.; Guglielmo Peraldo, *De eruditione principum*, S. 463f.; Vinzenz von Beauvais, *De eruditione filiorum*, S. 197–206; Paolino Minorita († 1344), *Trattato di regimine rectoris*, hg. von Adolfo Mussafia, Florenz/Wien 1868, S. 73f.

3 Durand de Champagne, *Speculum dominarum*, ff. 132r u. 180v.

4 Duby 1981 (dt.: 1985).

5 Philippe Delhaye, Le dossier anti-matrimoniale de l'*Adversus Jovinianum* et son influence sur quelques écrits latins du XIIᵉ siècle, in: *Medieval Studies* 13, 1951, S. 65–86.

6 Francesco Eiximenis, *Lo libre de los dones*, I, S. 117–144; Dionigi il Certosino, *De laudabili vita*, S. 70; Cherubino da Siena (da Spoleto), *Regole della vita matrimoniale*, Bologna 1888, S. 28–32.

7 Gilbert de Tournai, *Ad coniugatas. Sermo I*, in: *Sermones*, ff. 171va–172ra.

8 Jacobus de Voragine, *Dom. II post fest. Trin. Sermo II*, in: *Sermones de tempore*, f. 78va.

9 Nicole Oresme, *Le livre de Yconomique d'Aristote*, hg. von Albert Douglas Menut, in: *Transactions of the American Philosophical Society* 47, 1957, S. 844.

10 Humbertus de Romanis, *In solemnibus conviviis nuptiarum*, in: *De eruditione praedicatorum*, S. 539f.
11 Albert von Sachsen, *Expositio librorum Economicorum*, hg. von Vicente Beltran de Heredia, in: *La ciencia tomista* 46, 1932, S. 327f.
12 Christine de Pizan, *Le trésor*, ff. 15r–17r.
13 Gilbert de Tournai, *Ad coniugatas, Sermo II*, in: *Sermones*, ff. 172va–174vb.
14 Guglielmo Peraldo, *Summa*, ff. 70va–71rb.
15 Jacobus de Voragine, *Chronica*, S. 195–198.
16 Gilbert de Tournai, *Ad coniugatas. Sermo II*, in: *Sermones*, ff. 174rb.
17 Albertus Magnus, *Super Ethica*, hg. von Wilhelmus Kübel, in: *Opera Omnia*, XIV, 2, Münster 1987, S. 638; Thomas von Aquin, *Sententia libri Ethicorum*, in: *Opera Omnia iussu Leonis XIII edita*, XLVII, 2, Rom 1969, S. 489.
18 Johannes Buridanus, *Quaestiones in decem libros Ethicorum Aristotelis ad Nicomachum*, Oxford 1637, S. 762.
19 Christine de Pizan, *Le trésor*, ff. 26v–27r.
20 *Le ménagier*, I, S. 96–168.
21 Jacques de Vitry, *Ad coniugatas. Sermo II*, in: *Sermones vulgares*, f. 137vb.
22 Gilbert de Tournai, *De decem praeceptis Decalogi. Sermo II*, in: *Sermones*, f. 220va–b.
23 Jacobus de Voragine, *Dom. XX post fest. Trin. Sermo II*, in: *Sermones de tempore*, f. 123vb.
24 Aegidius Romanus, *De regimine*, S. 248f.
25 Thomas von Aquin, *Summa contra Gentiles*, III, 123; Albert von Sachsen, *Expositio librorum Economicorum*, S. 323; Nicole Oresme, *Le livre de Yconomique*, S. 837; Johannes Buridanus, *Quaestiones in octo libros Politicorum Aristotelis*, Oxford 1640, S. 85.
26 Thomas Chobham, *Summa confessorum*, Löwen/Paris 1968, S. 375.
27 Pierre Dubois, *De recuperatione terre sancte*, Paris 1891, S. 50–52.
28 Jacques de Vitry, *Ad coniugatas. Sermo I*, in: *Sermones vulgares*, f. 135rb; Robert de Sorbon, *De matrimonio*, S. 199f. Guglielmo Peraldo, *De eruditione principum*, S. 443.
29 Bonaventura da Bagnoregio, *Commentaria in IV libros Sententiarum*, in: *Opera Omnia* (Ad Claras Aquas 1882–1902), II, S. 432; Konrad von Megenberg, *Yconomica*, S. 32–34.
30 Jacobus de Voragine, *Dom. II post oct. Epiph. Sermo I*, in: *Sermones de tempore*, f. 15va.
31 Francesco da Barberino, *Reggimento*, S. 101f.
32 *Le ménagier*, S. 185f.
33 Christine de Pizan, *Le trésor*, ff. 27r, 101r, 119v, 128v, 130v.
34 Guglielmo Peraldo, *De eruditione principum*, S. 444.
35 John Bromyard, *Summa praedicatorum*, Venedig 1586, II, f. 15va.

36 Paolo da Certaldo, *Libro di buoni costumi*, S. 91.
37 Jacobus de Voragine, *Chronica*, S. 188.
38 Aegidius Romanus, *De regimine*, S. 256f.
39 Gilbert de Tournai, *Ad coniugatas. Sermo II, in: Sermones*, f. 174ra.
40 Jacobus de Voragine, *Dom. I post oct. Epiph. Sermo III*, in: *Sermones de tempore*, f. 16vb.
41 Nicola di Gorran, *In omnes divi Pauli Epistoleas elucidatio*, Antwerpen 1617, S. 525.
42 Bonaventura da Bagnoregio, *Comm. in Sent.*, in: *Opera Omnia*, IV, S. 678.
43 Gilbert de Tournai, *De sacramento matrimonii. Sermo*, in: *Sermones*, f. 217r.; John Bromyard, *Summa praedicantium*, II, f. 15va; Francesco da Barberino, *Reggimento*, S. 109.
44 Durand de Champagne, *Speculum dominarum*, ff. 11v.–12r.
45 Francesco da Barberino, *Reggimento*, S. 225, 227, 230.
46 Konrad von Megenberg, *Yconomica*, S. 73ff.
47 Jacobus de Voragine, *Chronica*, S. 205f.
48 Thomas von Aquin, *Sent. libri Ethicorum*, S. 469.
49 Albertus Magnus, *Super Ethica*, S. 665; Thomas von Aquin, *Summa Theologica*, II, II, q. 26, a. 10; Johannes Buridanus, *Quaestiones in libros Ethicorum*, S. 757f.
50 Jacobus de Voragine, *Dom. XVI post fest. Trin. Sermo III*, in: *Sermones de tempore*, f. 114ra.
51 Ders., *Dom. infra oct. Epiph. Sermo I*, in: *Sermones de tempore*, f. 12vb; Gilbert de Tournai, *Ad coniugatas. Sermo III*, in: *Sermones*, f. 140va–b.
52 Filippo da Novara, *Les quatres âges*, S. 20.
53 Gilbert de Tournai, *Ad adolescentes. Sermo I*, in: *Sermones*, f. 179va.
54 Francesco da Barberino, *Reggimento*, S. 133.
55 Thomas von Aquin, *Expositio in omnes S. Pauli Epistolas*, in: *Opera Omnia*, XIII, Parma 1862, S. 201.
56 Christine de Pizan, *Le trésor*, ff. 30r–32r, 110v, 120rv, 128v.
57 Gilbert de Tournai, *Ad coniugatas. Sermo III*, in: *Sermones*, f. 141vb.
58 Tolomeo da Lucca († 1326–27), *De regimine principum ad regem Cypri*, in: S. Thomas Aquinatis *Opera Omnia*, XVI, Parma 1864, S. 275.
59 Nicole Oresme, *Le livre de Yconomique*, S. 827.
60 Gilbert de Tournai, *Ad coniugatas. Sermo III*, in: *Sermones*, f. 142ra.
61 Ebd., f. 142ra–b.
62 Guglielmo Peraldo, *De eruditione principum*, S. 464; Vinzenz von Beauvais, *De eruditione filiorum*, S. 203–206.
63 Jacobus de Voragine, *Dom. II post fest. Trin. Sermo II*, in: *Sermones de tempore*, f. 78vb.
64 Vgl. Philip J. Jones, Florentine Families and Florentine Diaries in the Fourteenth Century, in: Evelyn M. Jamison (Hg.), *Studies in Italian Medieval*

History, Rom 1956, S. 183–205; Fulvio Pezzarossa, La memorialistica fiorentina tra Medioevo e Rinascimento. Rassegna di studi e testi, in: *Lettere italiane,* 1979, S. 96–138.

65 Bernardino da Siena, *Sermo XIII. De matrimonio regulato, inordinato et separato,* in: *Sermones imperfecti,* S. 59; Cherubino da Siena (da Spoleto), *Regole,* S. 18–22; Dionigi il Certosino, *De laudabili vita,* S. 70.

66 Geneviève Hasenohr, La vie quotidienne de la femme vue par l' Église: l' enseignement des »journées chrétiennes« de la fin du Moyen Age, in: *Frau und spätmittelalterlicher Alltag, Intern. Kongreß, Krems, 2.–5. Okt. 1984,* Wien 1986, S. 19–101.

67 Antonino da Firenze, *Opera a ben vivere,* S. 189.

68 Giovanni il Certosino, *Gloria mulierum,* 3. Kap.

69 Giovanni Dominici, *Regola,* S. 35–48, S. 50–64.

70 Andréz Vauchez, *Les laïcs au Moyen Age. Pratiques et expériences religieuses,* Paris 1987.

71 Bernardino da Siena, *Le prediche volgari inedite,* S. 63–66, S. 80.

72 Giovanni Dominici, *Regola,* S. 101–116.

73 Maffeo Vegio, *De educatione liberorum et eorum claris moribus,* hg. von Maria Walburg Fanning, Washington 1933, S. 12–17, S. 48–50, S. 126f.

74 Joan Kelly Gadol, Did Women Have a Renaissance?, in: Bridenthal/Koonz 1977; jetzt auch in: Kelly 1984, S. 19–50 (dt.: Gab es die Renaissance für Frauen?, in: Barbara Schaeffer-Hegel und Barbara Watson-Franke (Hg.), *Männer – Mythos – Wissenschaft,* Pfaffenweiler 1989, S. 33–66).

75 David Herlihy, Did Women Have a Renaissance? A Reconsideration, in: *Medievalia et Humanistica,* n. S., 16, 1985, S. 1–22.

Frauenmoden und ihre Kontrolle

1 M. de Grenaille, *La mode ou charactère de la religion, de la vie, de la conversation, de la solitude, des compliments, des habits et du style du temps,* Paris 1642, zit. nach: Louise Godard de Donville, *Signification de la mode sous Louis XIII,* Aix-en-Provence 1978, S. 144.

2 *Ordericus Vitalis, Historiae Ecclesiasticae,* hg. von Auguste Le Prevost, 5 Bde., Paris 1840–55, III, S. 323.

3 Zit. nach Ruth Matilda Anderson, *Hispanic Costume, 1480–1530,* New York 1979, S. 143.

4 Giovanni Fiorentino, *Il Pecorone,* in: G. Carducci, *Cantilene e ballate,* Pisa 1871, Bd. VII, S. 196.

5 Paris, Archives Nationales, KK8, f. 26v, zit. nach: Stella Mary Newton, *Fashion in the Age of the Black Prince,* Woodbridge/Suffolk 1980, S. 31.

6 Cesare Vecellio, *De gli habiti antichi et moderni di diverse parti del mondo,* Venedig 1590, S. 140v.

7 Ebd., S. 100.

8 Florenz, Archivio di Stato, Deliberazioni dei Signori e Collegi, Ordinaria Autorità, 42, ff. 5v–6r.

9 G. Buchheit, *Der Totentanz, seine Entwicklung und Entstehung,* Leipzig 1926, S. 203.

10 Joseph Swetnam, *The Arraignment of Lewd, Idle, Froward and Unconstant Women: Or the Vanitie of Them, Choose You Whether,* London 1615, S. 30.

11 John Rylands Library, Ms. Lat. 367, fol. 256.

12 *De Cultu Feminarum,* hg. von Marie Turcan, Paris 1971, S. 44–46.

13 *Le prediche Volgari,* hg. von Ciro Canarozzi, 5 Bde., Pistoia 1934–58, Bd. 1, S. 244.

14 Die Erzählung der Frau aus Bath. Der Prolog, 337–347, zit. nach: Geoffrey Chaucer, *Die Canterbury-Erzählungen.* Aus dem Engl. übertr. und hg. von Martin Lehnert, Frankfurt 1987.

15 St. Bernardini, *Opera Omnia,* II, Florenz 1950, S. 56.

16 Venedig, Archivio di Stato, Maggior Consiglio, Ursa, f. 81v.

17 Zit. nach Anderson, *Hispanic Costume,* S. 209.

18 Zit. nach: L. T. Belgrano, *Della vita privata dei Genovesi,* Genua ²1875, S. 270.

19 *Le Blason de Basquines et Vertugalles,* Lyon 1563.

20 Zit. nach Michel Zink, Les Destinataires des recueils de sermons en langue vulgaire au XIIᵉ et au XIIIᵉ siècle, in: *La pieté populaire au Moyen Age,* Paris 1977, S. 70.

21 Ludovico Frati (Hg.), *La vita privata in Bologna dal secolo XIII al XVII,* Bologna ²1928, S. 251–62.

22 *Laurae Ceretae Epistolae,* hg. von J. F. Tomasini, Padua 1640, S. 70–71.

Frauenalltag

1 John Hajnal, European Marriage Patterns in Perspective, in: D. V. Glass und D. E. C. Eversley (Hg.), *Population in History,* London 1965, S. 101–143.

2 Vgl. den Überblick über die finanziellen Regelungen bei der Eheschließung im Mittelmeerraum von Diane O. Hughes, From Brideprice to Dowry in Mediterranean Europe, in: *Journal of Family History* 3, 1978, S. 263–296, und den Vergleich der Merkmale der Eheschließungsziffern zwischen Nord- und Südeuropa von R. Smith in: The People of Tuscany and Their Families in the Fifteenth Century: Medieval or Mediterranean? in: *Journal of Family History* 6, Nr. 1, 1981, S. 107–128, insbes. S. 115–116.

3 Herlihy 1985, S. 67.

4 *Polyptyque de l'abbé Irminon.* Collection de documents inédits sur l'histoire de France, hg. von B. Guérard, 3 Bde., Paris 1844; *Polyptyque de l'abbaye de Saint-Germain-des-Prés,* neu hg. von A. Longnon, Paris 1886–95; Herlihy 1985, S. 67; J.-P.

Devroey, Les premiers polyptyques rémois, 7.–9. Jahrhundert, in: *Le grand domaine aux époques mérovingienne et carolingienne*, hg. von A. Verhulst, Gent 1985, Belgisch Centrum voor landelijke Geschiedenes, Publ. 81, S. 112–124.

5 Monique Zerner-Chardavoine, Enfants et jeunes au IXe siècle. La démographie du polyptyque de Marseille, S. 813–814, in: *Provence historique* 126, 1981, S. 355–384, insbes. S. 359.

6 Richard M. Smith, Hypothèses sur la nuptialité en Angleterre aux XIIIe–XIVe siècles, in: *Annales E.S.C.* 38, Nr. 1, 1981, S. 107–136, insbes. S. 116, und ders., The People of Tuscany.

7 David Herlihy und Christiane Klapisch-Zuber, *Les Toscans et leurs familles. Une étude du catasto florentin de 1427*, Paris 1978.

8 Vgl. die Zusammenstellung dieser Angaben in R. Smith, The People of Tuscany, S. 116. Sie stammen zum Teil aus Josiah C. Russell, Late Medieval Population Patterns, in: *Speculum* 20, 1945, S. 163.

9 Richard Ring, Early Medieval Peasant Households in Central Italy, in: *Journal of Family History* 2, Nr. 2, 1977, S. 2–25; J.-P. Devroey, Les méthodes d'analyse démographique des polyptyques du haut Moyen Age, in: M.-A. Arnould u. a. (Hg.), *Histoire et Méthode. Acta historica Bruxellensia* 4, 1981, S. 71–88.

10 E. R. Coleman, L'infanticide dans le haut Moyen Age, in: *Annales E.S.C.* 29, Nr. 2, 1974, S. 315–335.

11 Herlihy 1985, S. 63–68; Monique Zerner, La population de Villeneuve-Saint-Georges et de Nogent-sur-Marne au IXe siècle d'après le polyptyque de Saint-Germain-des-Prés, in: *Annales de la Faculté des lettres et sciences humaines de Nice* 37, 1979, S. 17–24; Robert-H. Bautier, Haut Moyen Age, in: Jacques Dupâquier (Hg.), *Histoire de la population française*, Paris 1988, S. 186 und 202.

12 So für die späteren Epochen geschehen bei Gérard Delille, Un problème de démographie historique: hommes et femmes devant la mort, in: *Mélanges de l'École française de Rome* 86, 1974, S. 419–443.

Frauen im frühen Mittelalter

Folgende Abkürzungen wurden verwendet:
AS = Acta Sanctorum
CCL = Corpus christianorum, Series latina
CSEL = Corpus scriptorum ecclesiasticorum latinorum
Mansi = Mansi, Sacrarum Conciliorum nova et amplissima Collectio
MGH Capit. = Monumenta Germaniae historica, Capitularia
MGH Conc. = Monumenta Germaniae historica, Concilia
MGH Epist. = Monumenta Germaniae historica, Formulae

MGH Script. = Monumenta Germaniae historica, Scriptores
MGH Script. rer. mer. = Monumenta Germaniae historica, Scriptores rerum merowingicarum
PL = J. P. Migne, Patrologia latina

1 Tacitus, *Germania*, 18–20, in: *Die Germania des Tacitus*, erläutert von Rudolf Much, Heidelberg ²1959, S. 190–207.

2 P. F. Girard, Le Manuel de mariage, in: *Manuel élémentaire de droit romain*, Paris ⁸1929, S. 162–174.

3 *Codex Theodosianus. Theodosiani libri XVI cum constitutionis Sirmondianis*, hg. von Theodor Mommsen, Bd. 1, Berlin 1905, 3.4.5–15.1.

4 Ambrosiaster, *Commentarium ad Corinthios Primam*, 7.11, *CSEL*, 81/2, 74–75.

5 Caesarius Arelatensis, *Sermones*, 32: 4, 42, 43, hg. von G. Morin, Bd. 1 *CCL*, 103.1, Turnhout 1933, S. 141–142, 184–194.

6 Gregor der Große, *Registrum epistolarum, MGH Epist.*, 2 Bde., Berlin 1957. Über Nonnenklöster siehe beide Bände; zu menstruierenden Frauen siehe Bd. 2, S. 331–339.

7 Gregor von Tours, *Historia Francorum*, 8.21, *MGH Script. rer. mer.*, I, 339; O. Doppelfeld, Das fränkische Frauengrab unter dem Chor des Kölner Domes, in: *Germania* 38, 1960, S. 89–103; *Lex Alamannorum*, 49, *MGH Leges*, I, 5/1, 108.

8 Thomas A. Walker, *A History of the Law of Nations*, Cambridge 1899, Bd. 1, S. 65.

9 *Leges Burgundionum*, 12, 1–2, *MGH Legum Sectio*, I, 2/1.

10 Defensor Logiacensis monachus, *Scintillarum liber*, 13, 9, *CCL*, 117, 1.

11 *History of the Lombards*, 6, 1, Philadelphia 1974, S. 250.

12 *Vita sanctae Bathildis*, 4, *MGH Script rer. mer.*, 2, 485–486.

13 *Leges Burgundionum*, 100, *MGH Legum Sectio*, I, 2/1, 113.

14 King 1972, S. 229.

15 Anstrud zum Beispiel war zwölf Jahre alt, als sie verlobt wurde. *Vita Anstrudis*, 2, *MGH Script rer. mer.*, 6, 67. Zum Alter der Knaben siehe Eugen Ewig, Studien zur merowingischen Dynastie, in: *Frühmittelalterliche Studien* 8, 1974, S. 17–24.

16 *Leges Burgundionum*, 52, 1–4, *MGH Legum Sectio*, I, 2/1, 85–86.

17 Fortunatus, *De vita sanctae Radegundis*, 2, *MGH Script. rer. mer.*, 2, 365.

18 Gregor von Tours, *Historia Francorum*, 4.3., *MGH Script. rer. mer.*, 1, 147.

19 Hucbald, *Vita sanctae Rictrudis*, 1, 11, *AS 12 Maii*, 3, 83.

20 *Lex Ribuaria*, 16, 14–18, *MGH Legum Sectio*, I, 3/2, 112; *Leges Burgundionum, MGH Legum Sectio*, I, 2/1, 69.

21 *Pactus legis Salicae*, 13, 11, *MGH Legum Sectio*, I, 4/1, 62–63; *Leges Burgundionum*, 36, *MGH Legum Sectio*, I, 2/1, 69; *Leges Visigothorum*, 3.5.1, 2.5, *MGH Legum Sectio*, I, 1, 159–161, 163–164.

22 Gregor von Tours, *Historia Francorum*, 4.3, 9, 26, 28, *MGH Script. rer. mer.*, 1, 143, 147, 161–163; Fredegar, *Chronica*, 4.53, 58–60, *MGH Script. rer. mer.*, 2, 147, 150–151; *Liber historiae Francorum*, 31, *MGH Script. rer. mer.*, 2, 292.

23 *Leges Visigothorum*, 3.4.9, 6.2, *MGH Legum Sectio*, I, 150, 168; *Lex Romana Visigothorum*, 2.21, 1, hg. von Conrat, 132.

24 *Lex Romana Visigothorum*, C.3.16.1, hg. von Conrat, 117; *Lex Romana Burgundionum*, 21.2, *MGH Legum Sectio*, I, 2/1, 143–44.

25 *Leges Burgundionum*, 34.2–4, *MGH Legum Sectio*, I, 2/1, 68; *Leges Visigothorum*, 3.6.1, *MGH Legum Sectio*, I, 1, 166; *Lex Baiuwariorum*, 8.1, 13, *MGH Legum Sectio*, I, 5/1, 34; Gregor von Tours, *Historia Francorum*, 6.36, 8.19, *MGH Script. rer. mer.*, 1, 276, 338; Fredegar, *Chronica*, 4.60, *MGH Script. rer. mer.* 2, 151.

26 *Leges Burgundionum*, 34.1, *MGH Legum Sectio*, I, 2/1, 68.

27 *Lex Romana Visigothorum*, C.3.16.1, hg. von Conrat, 117; *Lex Romana Burgundionum*, 21.3, *MGH Legum Sectio*, I, 2/1, 144.

28 *Leges Visigothorum*, 3.5.4, *MGH Legum Sectio*, I, 1, 163.

29 *Liber historiae Francorum*, 35, *MGH Script. rer. mer.*, 2, 302, 304.

30 *Leges Langobardorum*, Edictus Rotharii, 189, 196, *MGH Leges*, 4, 45, 47–48.

31 Lucas Holstenius (Hg.), *St. Leandri, De Institutione Virginum et contemptu mundi ad Florentinam sororem liber, Codex Regularum monasticarum et canonicarum*, Bd. 1, Nachdruck Graz 1957, S. 408.

32 Louis-Maurice-André Cornuey, *Le régime de la dos aux époques mérovingienne et carolingienne*, Algier 1929.

33 Gregor von Tours, *Historia Francorum*, 4.28, 6.45, *MGH Script. rer. mer.*, 1, 164, 284–285.

34 *Pactus legis Salicae*, 104, 10–11, *MGH Legum Sectio*, I, 4/1, 261.

35 *Marculfi Formularum liber*, 2.29, *MGH Form.* 93–97.

36 *Pippini regis Capitulare* (754–755), 1; *Decretum Compendiense* (757), 1–4, 13, 17–18; *Concilium Vernense* (755), 15; *MGH Capit.* 1, 31, 36–39.

37 *Codex Carolinus*, 45, *MGH Epist.* 3, 561–562; L. Oelsner, *Jahrbücher des fränkischen Reiches unter König Pippin*, Leipzig 1871, S. 495–496.

38 *Marculfi Formularum liber*, 2.30, wiederholt in: *Formulae Senonenses*, 47; *Formulae Turonenses*, 19; *Formulae Salicae Merkelianae*, 18; *MGH Form.*, 94, 206, 248.

39 K. F. Werner, Die Nachkommen Karls des Großen, in: W. Braunfels (Hg.), *Karl der Große*, Bd. 4, Düsseldorf 1967, S. 444, Nr. 8.

40 Hinkmar von Reims, *De divortio Lotharii et Tetbergae*, 4, 21, *PL*, 125, 649A–B, 734A–B.

41 Ebd. 659 A–675 B.

42 Hadrian II., *Relatio de Theutbergae receptione scripta* (865), *MGH Capit.*, 2, 468–469; Nikolaus I., *Epistolae*, 3, 5–6, 10–11, 16, 18–26, 29–32, 35–39, 42, 44–49, 51–53, *MGH Epist.*, 6, *Karolini aevi*, 4, 268–351.

43 *Concilium Duziacense* (874), *Mansi* 17A, 282–288; *Concilium Coloniense* (877), 6, *Mansi* 18, 48; *Concilium Moguntiacense* (888), 18, *Mansi* 18, 69; *Concilium Metense* (888), 11, *Mansi* 18, 80–81.

44 Hinkmar von Reims, *De ordine palatii*, 22, *MGH Capit.*, 2, 525.

45 Pierre Riché (Hg.), *Manuel pour mon fils/Dhuoda; indroduction, texte critique, notes*, 10.4, Paris 1975, S. 350–352 (Sources chrétiennes 225).

46 *Vita sanctae Liutbergae*, 1–7, *MGH Script.*, 4, 158–160.

47 K. F. Werner, *Die Nachkommen Karls des Großen*, Bd. 4, S. 403–483.

48 J. Vives, T. M. Martinez und G. M. Diez (Hg.), *Concilios Visigothicos e Hispano-romanos*, Madrid 1963, S. 4, 9.

49 Bonifatius, *Die Briefe*, hg. von Michael Tangl, S. 265–266.

50 *Capitulare de disciplina palatii Aquisgranensis*, 3, *MGH Legum Sectio*, II, I 298.

51 Liudprand von Cremona, *Antapodosis*, 2, 48; *PL*, 136, 828A.

52 Paul de Winterfeld (Hg.), *Hrotsvithae Opera*, Berlin 1902; Gongolfus 543, S. 50; Abraham 4.4, S. 153; Pafnutius 1.23, S. 167; 11.2, S. 178; Dulcitius 12.3, S. 133.

53 Elke Krüger, *Aspects of Family and Marriage in Frankish Penitential Books*, unveröffentlichtes Manuskript; Twenty-second International Congress on Medieval studies, May 7, 1987, Western Michigan University, Kalamazoo, Michigan.

54 *Capitulare de villis*, 16, *MGH Capit.*, 1, 84.

55 Eileen Power, *Medieval People*, London/New York 1966, S. 18–38.

56 Mehrere ähnliche Fälle in Leyser 1979, S. 52.

57 *Gesta Ottonis*, 139–155, *Hrotsvithae Opera*, *MGH Scriptores rerum germanicarum*, 206–207.

58 Sabine Reiter, *The Position of Women and their Families During the Tenth Century*, unveröffentlichtes Manuskript; Twenty-second International Congress on Medieval Studies, May 7, 1987, Western Michigan University, Kalamazoo, Michigan.

59 Liudprand von Cremona, *Antapodosis*, 4, 13, *PL*, 136, 864A–B.

60 Gregor von Tours, *Historia Francorum*, 2.43, *MGH Script. rer. mer.*, 1, 394.

61 Beda der Ehrwürdige, 4, 19, übers. von Günter Spitzbart, Bd. 2, S. 374–379.

62 Fortunatus, *De vita sanctae Radegundis*, 1.12, *MGH Script. rer. mer.*, 2.368; Gregor von Tours, *Liber vitae patrum*, 19.1, *MGH Script. rer. mer.*, 1, 737.

63 *Vita Bertilae*, 1, *MGH Script. rer. mer.*, 6.101.

64 *Vita sanctae Herlindis et sanctae Renildae*, 3, 6, *AS 22 Martii*, 3, 384–385; Agius, *Agii vita et obitus Hathumodae*, 3, *MGH Script.*, 4, 167.

65 *Vita Sadalbergae*, 12, *MGH Script. rer. mer.*, 5, 56.

66 Gregor der Große, *Registrum Epistularum*, 2.10; 3.17; 6.12, neu hg. von P. Ewald und L. Hartmann, *MGH Epist.*, 1, 108–109, 175–176, 390–391 und 9.137, 13.2 in Bd. 2, 135–136, 367.

67 Caesarius von Arles, *Regula sanctarum virginum*, hg. von G. Morin, Bonn 1933, S. 33–52 (Florilegium patristicum 34).

68 Gregor von Tours, *Historia Francorum*, 9.32, *MGH Script. rer. mer.*, 1, 378; *De virtutibus sancti Martini*, 1.17, *MGH Script. rer. mer.*, 1, 598; *Liber vitae patrum*, 9.2, *MGH Script. rer. mer.*, 1.703.

69 Gregor der Große, *Registrum Epistularum*, 3.58, *MGH Epist.*, 1, 217–218 und 9.54, 11.207 *MGH Epist.*, 2, 79, 195–196.

70 Siehe zum Beispiel Florentius, *Vita sanctae Rusticulae*, 3, *MGH Script. rer. mer.*, 4, 341.

71 *Concilium Latunense* (673–675) 12–13, *CCL*, 148A, 316.

72 *Leges Langobardorum, Liuprandi Leges*, 30.I, *MGH Leges* 4, 122–123.

73 *Concilium Turonense* 21 (20), *CCL*, 148A, 187; René Metz, La consécration des vierges en Gaule des origines à l'apparition des livres liturgiques, in: *Revue de droit canonique* 6, 1956, S. 321–339.

74 Waldabert, *Regula cuiusdam patris ad virgines*, 12, *PL*, 88, 1064; vgl. dazu auch Mary Bateson, *Origin and Early History of Double Monasteries*, Royal Historical Society, Transactions, S. 13, London 1889.

75 *Concilium Germanicum* (742), 6, *MGH Conc.*, 2, 4.

76 *Concilium Vernense*, 6, *MGH Capit.*, 1, 34; Eugen Ewig, Beobachtungen zur Entwicklung der fränkischen Reichskirche unter Chrodegang von Metz, in: *Frühmittelalterliche Studien* 2, 1968, S. 67–77; *Concilium Cabillonense*, 43–56, *MGH Conc.*, 2, 284–285.

77 *Institutio sanctimonialium*, 23, 26–28, *MGH Conc.*, 2, 454, 455–456.

78 Rather von Verona, *Praeloquiorum*, 9,18, *PL*, 136C–D.

79 Atto von Verceuil, *Capitulare*, 11–12, 81, *PL*, 134, 30C, 31A, 44A.

80 *Concilium Foroiulense*, 12, *MGH Conc.*, 2, 194.

81 *Capitularia ecclesiastica ad Salz data* (803), 7, *MGH Capit.*, 1, 119.

82 *Institutio sanctimonialium*, 18, *MGH Conc.*, 2, 455.

83 *Admonitio generalis* (789), 76, *MGH Capit.*, 1, 60; wörtlich wiederholt in: *Ansegesi capitularium*, 1,71, *MGH Capit.*, 1, 404; *Concilium Parisiense* (829), 45, *MGH Concl.*, 2, 639.

84 *Concilium Rispacense, Frisingense, Salisburgense*, 22, *MGH Conc.*, 22, *MGH Conc.*, 2, 210; *Concilium Moguntiacense* (847), 16, *MGH Capit.*, 180.

85 *Vita sanctae Austrobertae*, 10, *AS*, 10. Feb., 2,421.

86 Jean Guérout, Le monastère a l'époque carolingienne, in: Y. Chaussy u. a. (Hg.), *L'Abbaye royale Notre-Dame de Jouarre*, Bd. 1, Paris 1961, S. 75–78.

87 Joseph Semmler, Corvey und Herford in der benediktinischen Reformbewegung des 9. Jahrhunderts, in: *Frühmittelalterliche Studien* 4, 1970, S. 289–319; Hans Goetting, *Das Bistum Hildesheim*, 2 Bde., Berlin/New York 1973 (= Neue Folge 7. Die Bistümer der Kirchenprovinz Mainz). Semmler vertritt die erste Meinung, Goetting die zweite.

88 Albert Hauck, *Kirchengeschichte Deutschlands*, Leipzig 1920, 3, S. 1011–1040.

89 Siehe zum Beispiel: *Vita Liudgeri*, 6, *MGH Script.*, 2, 406.

90 Leyser 1979, S. 4–73.

91 *Annales Quedlinburgenses*, *MGH Script.*, 3, 75.

92 Fortunatus, *De vita sanctae Radegundis*, 12, *MGH Script. rer. mer.*, 2, 368.

93 *Concilium Epaonense* (517), 21, *CCL*, 148 A, 29; *Concilium Aurelianense* (533), 27–28, *CCL*, 148A, 124.

94 *Synodus Dioecesane Autissiodorensis* (561–605), 36–37, 42, *CCL*, 148A, 269–270.

95 *Concilium Wormatiense* (868), 73, *Mansi*, 15, 882.

96 F. Maasen, Glossen des canonischen Rechts aus dem karolingischen Zeitalter, in: *Akademie der Wissenschaften, Wien, philologisch-historische Klasse, Sitzungsberichte* 84, 1876, S. 274.

97 *Epistola*, 8, *PL*, 134, 114–115.

98 Das Konzil von Orléans leitete diese Gesetzgebung ein: *CCL*, 148A, 114–115. Die späteren Konzile waren noch strenger.

99 *Poenitentiale Burgundiense*, 19, in: H. J. Schmidt, *Die Bußbücher und das kanonische Bußverfahren*, Düsseldorf 1898, Nachdruck Graz 1958, Bd. 2, S. 321.

100 Bonifatius, *Die Briefe*, 50–51, hg. von Michael Tangl, S. 82–88.

101 Es beginnt mit dem *Concilium Germanicum* (742), 7, *MGH Conc.*, 2, 4, und endet mit dem *Concilium Moguntiacense* (888), 19, *Mansi*, 18, 69.

101a Atto von Verceuil, *Epistola* 9, *PL* 134, 118 B.

102 Thiebaux 1987, S. 15–23, 63–64.

103 Pierre Riché (Hg.), *Manuel pour mon fils/Dhuoda*, S. 350–52.

104 Caesarius von Arles, *Regula sanctarum virginum*, 7, hg. von G. Morin, Bonn 1933, S. 7 (Florilegium patristicum 34).

105 *Vita sanctae Geretrudis*, A6, *MGH Script. rer. mer.*, 2, 460.

106 Bonifatius, *Die Briefe*, 35, hg. von Michael Tangl, S. 60.

107 B. Bischoff, Die Kölner Nonnenhandschriften und das Skriptorium von Chelles, in: *Mittelalterliche Studien*, Bd. 1, Stuttgart 1966, S. 16–34.

108 B. Krusch (Hg.), *De vita sanctae Radegundis Liber II*, *MGH Script. rer. mer.*, 2, 377–395.

109 Thiebaux 1987, S. 25–42.

110 W. Levison (Hg.), *Vita Aldegundis abbatissae Malbodiensis*, *MGH Scriptores rerum Merovingicarum*, 6, 79–90.

111 Siehe S. F. Wemple, Female Spirituality and Mysticism in Frankish Monasticism – Peaceweavers, Bd. 2 von: Nichols/Shank 1987, S. 39–53.

112 Sie hat sich mit einem Kryptogramm in der Einleitung ihres Manuskripts identifiziert. München, Bayerische Staatsbibliothek, MS Clm 1086.

113 Alkuin, *Epistolae*, 15, 84, 88, 154, 195–196, 213–214, 216, 228, *MGH Epist.*, 4, *Karolini aevi*, 2, 40–42, 127–133, 249, 322–325, 354–360, 371–372.

114 P. de Winterfeld (Hg.) *Hrotsvithae Opera*, Berlin 1902.

115 *Vita sanctae Herlindis et sanctae Renildae*, 4–5, *AS*, 22 Martii, 3, 384–385.

Die feudale Ordnung
(11. und 12. Jahrhundert)

1 Robert Fossier, *Le Moyen Age*, Bd. 2: *L'éveil de l'Europe*, Paris 1982, S. 321–324.

2 R. Bucaille, L'ostéologie humaine du bas Moyen Age. Paléontologie ou anthropologie culturelle?, in: *Hommage à G. Chevrier et A. Geslan*, Paris/Straßburg 1975, S. 11–17.

3 Le Goff 1972, S. 354 (dt.: 1976, S. 476).

4 Michel Mollat, *Les pauvres au Moyen Age*, Paris 1978, S. 154 (dt.: *Die Armen im Mittelalter*. Aus dem Franz. von Ursula Irsigler, München 1984, S. 113).

5 Adam of Eynsham, *Magna Vita Sancti Hugonis*, hg. von Decima L. Douie und David Hugh Farmer, 2 Bde., Edinburgh/London 1961–1962, Bd. 2, Kap. 5.

6 Delort 1982, S. 105; Fossier 1982, Bd. 2, S. 930; Herlihy 1985, S. 102.

7 *AASS*, Januar, Bd. 13, S. 145–169.

8 Charles H. Talbot (Hg.), *The Life of Christina of Markyate*, Oxford 1987.

9 *Il Matrimonio* 1977; Duby 1981 (dt.: 1985).

10 Diane Owen Hughes, Urban Growth and Family Structures in Medieval Genoa, in: *Past and Present* 66, 1975, S. 3–28.

11 Fossier 1982, Bd. 1, S. 590.

12 Leclercq 1983, S. 65.

13 Murray 1978.

14 Herlihy 1985.

15 Duby 1981, S. 141 (dt: 1985, S. 150f).

16 Helmholz 1974.

17 Juliette-M. Turlan, Recherches sur le mariage dans la pratique coutumière, XIIᵉ–XVIᵉ siècles, in: *Revue d'histoire du droit français et étranger* 35, 1957, S. 477–528.

18 Talbot (Hg), *The Life of Christina*.

19 Walther Holtzmann und Eric W. Kemp (Hg.), *Papal Decretals relating to the Diocese of Lincoln*, Lincoln 1954, S. 60.

20 John T. Noonan, Marital Affection in the Canonists, in: *Studia Gratiana* XII, Collectanea Stephan Kuttner, Bd. 2, S. 481–509.

21 Adam of Eynsham, *Magna Vita*, Bd. 2, S. 31.

22 William Dugdale, *Monasticon Anglicanum*, Bd. IV, 2, London 1830, S. VII.

23 Giles Constable, Aelred of Rievaulx and the Nun of Watton, in: Baker 1978, S. 222.

24 Ebd. S. 205–226.

25 Mary MacLaughlin, Peter Abelard and the Dignity of Women, in: *Pierre Abélard. Pierre le Vénérable*, Paris 1975, S. 287–334, S. 336.

26 Siehe in diesem Band Kapitel 11.

27 Joseph S. Brewer (Hg.), *Giraldi Cambrensis Opera*, (= Gemma ecclesiastica, Bd. 2), London 1852, S. 250.

28 Vgl. Pierre Toubert, La théorie du mariage chez les moralistes carolingiens, in: *Il matrimonio* 1977, S. 233–285.

29 Duby 1978b (dt.: 1981).

30 Marie-Thérèse Lorcin, *Société et cadre de vie en France, en Angleterre et Bourgogne*, Paris 1985, S. 220.

31 Roberta Frank, Marriage in Twelfth and Thirteenth Century Iceland, in: *Viator* 4, 1973, S. 174–184; Jenny M. Jochens, En Islande médiévale: à la recherche de la famille nucléaire, in: *Annales E.S.C.* 40, Nr. 1 1985, S. 95–112.

32 Pierre Toubert, Les status communaux et l'histoire des campagnes lombardes au XIVᵉ, in: *Mélanges d'archéologie et d'histoire* 1960, S. 468ff.

33 Pierre Bonnassie, *La Catalogne du milieu du Xᵉ siècle à la fin du XIᵉ siècle*, 2 Bde., Toulouse 1975–1976.

34 Vgl. Hughes, Urban Growth and Family Structures, S. 3–28.

35 Pierre Grimal (Hg.), *Histoire mondiale de la femme*, Paris 1966, Bd. 2, S. 154–171.
36 Fossier 1982, Bd. 1, S. 571.
37 Otis 1985, S. 17.
38 *Caesarii Hesterbacensis Monachi Dialogus Miraculorum*, hg. von Joseph Stange, 2 Bde., Köln 1850–1857, Bd. 1, S. 94–95.
39 Erler/Kowaleski 1988, S. 1–17.
40 Patrick Corbet, *Les saints ottoniens. Sainteté dynastique, sainteté royale et sainteté féminine autour de l'an mil*, Sigmaringen 1986, S. 81ff.
41 Grimal (Hg.), *Histoire mondiale*, S. 57–58.
42 Guillaume VIII de Montpellier, Marie et Pierre d'Aragon, in: *Congrès de la Fédération historique du Languedoc-Roussillon, 15.–18. Mai 1980*, Montpellier 1982, S. 25–45.
43 Ebd.
44 *AASS*, Juni, Bd. 4, S. 65.
45 Arlette Farge und Christiane Klapisch-Zuber (Hg.), *Madame ou mademoiselle? Itinéraires de la solitude féminine (XVIIIᵉ–XXᵉ siècles)*, Paris 1984, S. 7.
46 Matthäus Bernards (Hg.), *Speculum Virginum*, Beihefte zum Archiv für Kulturgeschichte 16, Köln/Graz 1965.
47 Fontette 1967.
48 Paulette L'Hermite-Leclercq, Les pouvoirs de la supérieure. Communicátion au colloque du C.E.R.C.O.R., Poitiers, 29. Sept.–2. Okt. 1988, in: *Les religieuses dans le cloître et dans le monde* (erscheint demnächst).
49 Dies., La femme à la fenestrelle du reclusoir. Communication au colloque de Maubeuge, 6.–9. Okt. 1988, in: *Les femmes au Moyen Age*, Maubeuge 1990.
50 Charles R. Dodwell, Otto Pächt und Francis Wormald (Hg.), *The St.-Albans Psalter*, London 1961, Tafeln 13, 33 und 72.
51 Adam of Eynsham, *Magna Vita*, S. 117.
52 Corbet, *Les saints ottoniens* S. 261–268.
53 Bell/Weinstein 1982.

Das höfische Modell

1 Mundy 1987.
2 Ousâma, *Des enseignements de la vie. Souvenirs d'un gentilhomme syrien au temps des croisades*, Paris 1983.
3 Huchet 1987; Rey-Flaud 1983.
4 Marchello-Nizia 1981.
5 Karnein 1985.
6 R. Schnell, *Andreas Capellanus. Zur Rezeption des römischen und kanonischen Rechts in De Amore*, München 1982.
7 Jacquart/Thomasset 1985.
8 Rocher 1987.

Frauenalltag im Spätmittelalter (1250–1500)

1 Davor warnte neulich Georges Duby in seiner Arbeit über die Ehe im feudalen Frankreich, Duby 1981 (dt.: 1985).
2 Zur Rechtsstellung von Frauen in den verschiedenen Ländern und Regionen Europas siehe *La Femme, Recueils de la Societé Jean Bodin pour l'histoire comparative des institutions*, Bd. 12, 2, Brüssel 1962.
3 Siehe dazu u. a. Thomas Kuehn, Cum consensu mundualdi: Legal Guardianship of Women in Quattrocento Florence, in: *Viator* 13, 1982, S. 309–33 und ders., Women, Marriage and *patria potestas* in Late Medieval Florence, in: *Revue d'histoire du droit* 49, 1981, S. 127–47.
4 Siehe dazu etwa Marianne Weber, *Ehefrau und Mutter in der Rechtsentwicklung*, Tübingen 1907 und Ennen 1986, S. 134ff.
5 Ab der Mitte des 15. Jahrhunderts allerdings zeichnet sich ein gesamteuropäisches Bevölkerungswachstum ab, das u. a. auch eine Herabminderung weiblicher Arbeitskraft und eine wesentliche Veränderung der rechtlichen Stellung der Frauen (in Mittel- und Nordeuropa) beförderte. Siehe dazu Romano/Tenenti 1967, S. 9–26.
6 Siehe dazu Ennen 1986 und Christiane Klapisch-Zuber, La fécondité des florentines (XIVᵉ-XVIᵉ siècles), in: *Annales de démographie historique* 1988, S. 41–57.
7 Etwa bei Karl Bücher, *Die Frauenfrage im Mittelalter*, Tübingen 1882.
8 Siehe dazu Romano/Tenenti 1967 und Wunder 1987, S. 123–154.
9 Siehe dazu Romano/Tenenti 1967, S. 9ff.
10 Für den mediterranen Raum scheint dies allerdings nicht zutreffend zu sein, siehe Herlihy/Klapisch-Zuber 1978.
11 Über die Situation von Dienstboten und ihr Verhältnis zur Familie für die mediterranen Verhältnisse siehe R. M. Smith, The People of Tuscany and Their Families in the Fifteenth Century: Medieval or Mediterranean? in: *Journal of Family History*, Frühling 1981, S. 107–128; für Mitteleuropa Nicholas 1985, und für England wiederum R. M. Smith, Kin and Neighbours in a 13th Century Suffolk Community, in: *Journal of Family History*, Fall 1979, S. 219–256.
12 Am deutlichsten bringt dies Georges Duby zum Ausdruck, siehe Duby 1978.
13 John T. Noonan, Power to Choose, in: *Viator* 4, 1973, S. 419ff.
14 Dies belegt David Nicholas für den flandrisch-brabantischen Raum, der wirtschaftlich besonders entwickelt war, siehe Nicholas 1985.

15 De b. Agnete de Bohemia virgine Ord. S. Clarae Pragae vita, in: *Acta Sanctorum*, März I, S. 502–532 und De b. Elisabetha seu Isabella virgine regia fundatrice monasterii Longi Campi vita gallice scripta per Agnetem de Harcourt abbatissam Longi campi, in: *Acta Sanctorum*, August VI, S. 787–808.

16 Hinsichtlich der geschlechtsspezifischen Mädchenerziehung im Adel gilt auch für das spätere Mittelalter, was Paulette L'Hermite-Leclercq für das Hochmittelalter darstellte (vgl. ihren Beitrag in diesem Band); religiöse, mentalitäre und alltagspraktische Vorstellungen zur Geschlechtsspezifik prägten jedoch auch die Mädchenerziehung anderer sozialer Gruppen, wie Silvana Vecchio in ihrem Beitrag zeigt.

17 Siehe dazu Opitz 1985 und Klapisch-Zuber 1988.

18 Siehe dazu Petra Kellermann-Haaf, *Frau und Politik im Mittelalter. Untersuchungen zur politischen Rolle der Frau in den höfischen Romanen des 12., 13. und 14. Jahrhunderts*, Göttingen 1986.

19 De b. Elisabetha in: *Acta Sanctorum*.

20 De s. Clara virgine, prima s. Francisci discipula vita auctore anonymo coaevo, in: *Acta Sanctorum*, August II, S. 739–68 (dt. in: *Leben und Schriften der heiligen Klara*, hg. und eingel. von E. Grau, Werl 1960).

21 J. M. Turlan, Recherches sur le mariage dans la pratique coûtumière (XIIᵉ–XVIᵉ siècles), in: *Revue historique de droit français et étranger* 217, 1957, S. 477–528.

22 De s. Hedwige vidua, ducissa Silesiae vita auctore anonymo subaequali, in: *Acta Sanctorum*, Oktober VIII, S. 198–270 (dt.: *Das Leben der heiligen Hedwig*, hg. von Walter Nigg, übers. von K. und F. Metzger, Düsseldorf 1967).

23 Siehe dazu Jean-Philippe Lévy, L'officialité de Paris et ses questions familiales à la fin du XIVᵉ siècle, in: *Etudes du droit canonique dédiées à Gabriel LeBras,* Paris 1965, Bd. 2, S. 1265–94.

24 Frauen, die ihre Ehemänner ermorden ließen oder selbst ermordeten, zählen, zusammen mit den Kindesmörderinnen, zu den wenigen Fällen weiblicher Gewalttätigkeit, die spätmittelalterliche Rechtsquellen überliefern, siehe dazu Hanawalt 1976, S. 125–140.

25 Cäsarius von Heisterbach, Vita der Elisabeth von Thüringen, in: Lee Meril (Hg.), *Elisabeth von Thüringen – die Zeugnisse ihrer Zeitgenossen,* Zürich 1960, S. 73–190, hier S. 93.

26 Siehe dazu Rossiaud 1984 (dt.: 1989); Ernst Schubert, Gauner, Dirnen und Gelichter in deutschen Städten des Mittelalters, in: *Mentalität und Alltag im Spätmittelalter,* hg. von C. Meckseper und E. Schraudt, Göttingen 1985, S. 97–128 und Richard Trexler, La prostitution florentine au XVᵉ siècle:

Patronage et clientèles, in: *Annales E.S.C.* 6, 1981, S. 983–1015.

27 Inquisito processus canonisationis dominae Dalphinae de Podio Michaelis, hg. von Jacques Cambell O. F. M., *In. Enquete pour le procès de canonisation de Dauphine de Puymichel, Comtesse d'Ariano,* Turin 1978.

28 Le Roy Ladurie 1975 (dt.: 1980).

29 Zwei behandelten die Untreue beider Ehepartner, vgl. dazu Lévy, L'officialité de Paris, S. 1265–94.

30 Jacobi Basnagii in Thodorici Thuringi de vita s. Elisabethae libros observatio, in: *Thesaurus Monumentorum Ecclesiasticorum et Historicorum,* Amsterdam 2/1725 (dt.: *Die heilige Elisabeth von Thüringen,* hg. und übers. von Walter Nigg, Düsseldorf 1963).

31 Siehe dazu Opitz 1985, S. 126ff. und Kellermann-Haaf, *Frau und Politik im Mittelalter.*

32 Zu dem Ehepaar Dauphine und Elzéar siehe André Vauchez, Elzéar et Delphine ou le mariage virginal, in: ders. 1987, S. 211–26 und Deux Laics en quête de perfection: Elzéar de Sabran († 1323) et Delphine de Puymichel († 1360), in: ebd., S. 83–121.

33 Siehe dazu Theodor Knochenhauer, *Geschichte Thüringens zur Zeit des ersten Landgrafenhauses,* Gotha 1871; Neudruck Aalen 1969, S. 304ff.

34 Opitz 1985, S. 273, Anm. 645.

35 Vgl. dazu die Ausführungen von Silvana Vecchio in diesem Band.

36 Vita sanctae Salomeae reginae Halicensis, in: *Monumenta Poloniae Historica,* Bd. 4, ältere Reihe, Krakau 1864–72, S. 776–96.

37 Siehe dazu die Studie von Nicholas 1985, der allerdings aus seinen Quellen keine demographischen Hinweise erhält, also auch keine systematischen Aussagen zum Altersverhältnis der Ehegatten treffen kann.

38 Siehe dazu Erika Uitz, Zur Darstellung der Stadtbürgerin, ihrer Rolle in Ehe, Familie und Öffentlichkeit in der Chronistik und in den Rechtsquellen der spätmittelalterlichen deutschen Stadt, in: *Jahrbuch für die Geschichte des Feudalismus* 7, 1983, S. 130ff.

39 Ständische Unterschiede in der Familien- und Verhaltensstruktur zeigt für Italien Hughes 1975, S. 115ff.; vgl. dazu auch Stanley Chojnacki, The Power of Love: Wives and Husbands in Late Medieval Venice, in: Erler/Kowaleski 1988, S. 126–48.

40 Über die Aufteilung Europas in unterschiedliche »Kulturräume« insbesondere hinsichtlich der Stellung der Frauen vgl. Kathleen Casey, The Cheshire Cat: Reconstructing the Experience of Medieval Women, in: Carroll 1976, S. 224–49.

41 Zur Situation und Bedeutung der Ammen vgl. Christiane Klapisch-Zuber, Parents de sang,

parents de lait: la mise en nourrice à Florence (1300–1500), in: *Annales de démographie historique*, 1983, S. 33–64 und Leah L. Otis, Municipal Wet Nurses in Fifteenth-Century Montpellier, in: Hanawalt 1986, S. 83ff.

42 Shahar 1981 und Philippe Ariès, *Geschichte der Kindheit*, München 1975.

43 *Summa Theologica*, Bd. I, quaestio 92.1, zit. nach der dt. Ausgabe, hg. von der Albertus Magnus Akademie, Heidelberg/München/Graz/Wien/Salzburg 1951, Bd. 7.

44 Vgl. dazu André Vauchez, *La sainteté en occident aux derniers siècles du moyen âge*, Rom 1981, und ders., Un nouvel idéal au XIIIe siècle: La chasteté conjugale, in: ders. 1987, S. 203ff. Vgl. hierzu auch die Ausführungen von Jacques Dalarun in diesem Band.

45 Il prozesso di Canonizzazione di S. Chiara d'Assisi, hg. von Z. Lazzeri in: *Archivum Franciscanum Historicum* 13, 1920. S. 439–93.

46 Vita der heiligen Salomea, in: *Monumenta Poloniae Historica*, Bd. 4, ältere Reihe, Krakau 1864–72, S. 776–79.

47 Migne, *Patrologia Latina*, 197, Sp. 292c–293b, dt. Übers. zit. nach Heide Dienst, Dominus vir. Von der Herzogin-Markgräfin Agnes und anderen Frauen des Hochmittelalters, in: *Das ewige Klischee*, hg. von der Autorinnengruppe der Universität Wien, Wien/Köln/Graz 1981, S. 22ff., hier S. 23.

48 J. C. Russel, Die Bevölkerung Europas 500–1500, in: *Bevölkerungsgeschichte Europas*, hg. von Carlo M. Cipolla und Knut Borchardts, München 1969, S. 9ff. Zu den Unterschieden in der Kinderzahl durch die Tätigkeit der Ammen vgl. etwa für oberitalienische Verhältnisse die Studie von Hughes 1975.

49 Childrearing among the Lower Classes in Late Medieval England, in: *Journal of Interdisciplinary History* 7, 1977, S. 1–22.

50 Kanonisationsprozeß der sel. Margarethe, hg. von J. Farknoi in: *Monumenta Romana Episcopatus Vesprimiensis*, Bd. 1, Budapest 1896.

51 Vita der hl. Agnes v. Montepulciano, in: *AASS*, April II, S. 791–817.

52 De beata Ivetta, sive Jutta, vidua reclusa Hui in Belgio vita auctore Hugone Floreffiensi, in: *Acta Sanctorum*, Januar I, S. 863–887.

53 *Die heilige Elisabeth*, hg. und übers. von W. Nigg.

54 De beata Angela di Fulginio vita auctore Arnaldo, in: *Acta Sanctorum*, Januar I, S. 186–234.

55 De s. Humilitate abbatissa Ord. Vallombrosani Florentiae, in: *Acta Sanctorum*, Mai V, S. 203–22.

56 De b. Margarita Poenitente tertii ord. s. Francisci vita ex mss. auctore f. Junctâ Bevagnate, in: *Acta Sanctorum*, Februar III, S. 298–357.

57 Le Roy Ladurie 1975 (dt.: 1980).

58 Siehe dazu Claudia Opitz, Von Kinderwunsch und Kindsmord. Mutterschaft und Mütterlichkeit vom 13. bis zum 15. Jahrhundert, in: dies. 1990, S. 54–86.

59 De S. Clara virgine, in: *Acta Sanctorum*, August II, S. 739–68.

60 Vita S. Salomeae reginae Halicensis, in: *Monumenta Poloniae Historica*, Bd. 4, ältere Reihe, Krakau 1864–72, S. 776–96, hier S. 785.

61 »... qu'elles ont veue et diligemment visitée à grant diligence Marion de la Court prisonnière dessus nommée, tastée et mesniée à nu au mieulx que elles ont sceu et ne tiennent en elle aucun signe par quoy elles peussent et osassent tesmoigner que elle soit grosse d'enfant car elle est moult plate de ventre et veu l'esmouvance d'elle qui se débat en la visitant et regardant son ventre tiennent et croient en leur conscience qu'elle ne soit aucunement grosse ou enchargée d'enfant ...« (zit. nach Annik Porteau-Bitker, Criminalité et délinquences féminines dans le droit pénal des XIIIe et XIVe siècles, in: *Revue historique de droit français et étranger*, 4. Serie, Bd. 98, 1980, S. 13–56; hier S. 27).

62 Siehe dazu die Studie von Yvonne B. Brissaud, L'infanticide à la fin du moyen âge: ses motivations psychologiques et sa repression, in: *Revue historique du droit français et étranger*, 4. Serie, Bd. 50, 1972, S. 229–256.

63 Zit. nach Klaus Arnold, *Kind und Gesellschaft in Mittelalter und Renaissance*, Paderborn 1980, S. 47.

64 Ebd.

65 Vgl. dazu John Boswell, *The Kindness of Strangers. The Abandonment of Children in Western Europe from Late Antiquity to the Renaissance*, New York 1988.

66 Siehe dazu David Herlihy, Medieval Children, in: *Essays on Medieval Civilization*, hg. von B. K. Lackner und K. P. Philio, Austin 1978, S. 109–141.

67 Diese nationale »Spezialisierung« hat im übrigen leider auch zu einer regionalen Konzentration geführt; die Arbeitsbedingungen von Frauen im mediterranen Raum sind wesentlich weniger gut erforscht als die Verhältnisse in Mittel- und Westeuropa. Entsprechend einseitig sind meine Ausführungen, die sich im wesentlichen an mittel- und westeuropäischen Verhältnissen orientieren.

68 Vgl. dazu Wunder 1987, S. 123–154.

69 Vgl. dazu u. a. die Beiträge von Barbara A. Hanawalt, Peasant Women's Contribution to the Home Economy in Late Medieval England, S. 3–19, und Judith M. Bernett, The Village Ale-Wife: Women and Brewing in Fourteenth-Century England, S. 20–36, in: Hanawalt 1986.

70 Zit. nach Heide Dienst, Rollenaspekte von Männern und Frauen im Mittelalter in zeitgenössischer Theorie und Praxis, in: Opitz 1984, S. 137–57.

71 Zit. nach Hermann Pleij, Arbeitsteilung in der Ehe. Literatur und soziale Wirklichkeit im Spätmittelalter, in: *Eheglück und Liebesjoch. Bilder von Liebe, Ehe und Familie in der Literatur des 15. und 16. Jahrhunderts*, hg. von Maria E. Müller, Weinheim/Basel 1988, S. 105–124.

72 Wunder 1987.

73 Zur Situation der Mägde siehe z. B. Smith, Kin and Neighbours, S. 219–256, und Christina Vanja, Frauen im Dorf. Ihre Stellung unter besonderer Berücksichtigung landgräflich-hessischer Quellen des späten Mittelalters, in: *Zeitschrift für Agrargeschichte und Agrarsoziologie*, 34. Jg., H. 2, 1986, S. 147–59.

74 Uitz 1988, S. 41. Beispiele aus Italien zeigt Mary R. Beard, Force of Woman in Medieval Economic and Social Life, in: dies. 1946, S. 219–69.

75 Zit. nach Uitz 1988, S. 65.

76 Ebd.

77 Ebd. Beispiele für England liefert Beard 1946, S. 223ff.

78 Ebd.

79 Zu den außergewöhnlichen Kölner Verhältnissen siehe Wensky 1980.

80 Vgl. dazu Barbara Hanawalt, Einleitung, in: dies. 1986, S. vii-xviii.

81 *Vita Beatricis – De autobiografie van de s. Beatrjis van Tienen, Ord. Cist., 1200 bis 1268*, hg. und eingel. von L. Reypens, S. J., Antwerpen 1964; *Vita beatae Idae de Nivella sanctimonialis in monasterio de Remeya*, hg. v. J. Henriquez, in: *Quinque prudentes virgines*, Antwerpen 1630, S. 199–297.

82 Die hier und im folgenden erwähnten Beispiele entstammen dem Buch von Uitz 1988.

83 Beard 1946, S. 246ff.

84 Barbara Kroener, Von Kauffrauen, Beamtinnen, Ärztinnen. Erwerbstätige Frauen in deutschen mittelalterlichen Städten, in: Jörn Rüsen und Anette Kuhn (Hg.), *Frauen in der Geschichte II. Fachwissenschaftliche und fachdidaktische Beiträge zur Sozialgeschichte der Frauen vom frühen Mittelalter bis zur Gegenwart*, Düsseldorf 1982.

85 Uitz 1988, S. 97ff.

86 Ebd., S. 68.

87 Ebd., S. 68f. und Pernoud 1980 (dt.: 1991).

88 Zur theoretischen Beschäftigung von »Akademikern« mit Frauenheilkunde und Geburtshilfe vgl. die Ausführungen von Claude Thomasset in diesem Band.

89 Siehe dazu die Studie von A. Delva, Vrowengeneeskunde in Vlandern tijdens de late middeleuwen met mitgave van het Brugse Liber Trotula, in: *Vlaamse Historische Studies* 2, Brügge 1983.

90 Georg Burckhard, Die deutschen Hebammenordnungen von ihren ersten Anfängen, Leipzig 1914; Merry E. Wiesner, Early Modern Midwifery: A Case

Study, in: Hanawalt 1986, S. 94–114, und allgemein Diepgen 1963.

91 Über die Kölner Frauenzünfte berichtet Wensky 1980; zur Pariser Situation Uitz 1988, S. 50f.; über die englischen Verhältnisse berichtet Cathleen Casey, Women in Norman and Plantagenet England, in: *The Women of England. From Anglo-Saxon Times to the Present*, hg. von Barbara Kanner, Hamden 1979, S. 83–112. Hier bleibt jedoch noch viel zu forschen.

92 Uitz 1988, S. 54ff.

93 Christina Vanja, Bergarbeiterinnen. Zur Geschichte der Frauenarbeit im Bergbau, Hütten- und Salinenwesen seit dem späten Mittelalter, Teil I: Mittelalter und frühe Neuzeit, in: *Der Anschnitt* 39. 1, 1987, S. 2–15.

94 Auch diese Zahlen sind dem Buch von Erika Uitz entnommen, 1988, S. 65.

95 Wolf-Graaf 1981, S. 60ff.

96 Zit. nach ebd., S. 73.

97 Siehe dazu Barbara Händler-Lachmann, Die Berufstätigkeit der Frau in den deutschen Städten des Spätmittelalters und der beginnenden Neuzeit, in: *Hessisches Jahrbuch für Landesgeschichte* 30, 1980, S. 131–175.

98 Ebd.

99 Vgl. dazu Wiesner 1986.

100 Siehe dazu Wunder 1987, S. 138ff.

101 Siehe dazu Barbara Hanawalt, Einleitung, in: dies. 1986, S. xi ff.

102 Wunder 1987, S. 138ff., und Martha C. Howell, Citizenship and Gender: Women's Political Status in Northern Medieval Cities, in: Erler/Kowaleski 1988, S. 37–60.

103 Russel, Die Bevölkerung Europas.

104 *Der sog. libellus de dictis quattuor ancillarum s. Elisabethae confectus*, hg. und eingel. von Albert Huyskens, Kempten/München 1911.

105 Über unterschiedliche Entlohnung von Frauen- und Männerarbeit siehe Casey, The Cheshire Cat, bes. S. 230f.

106 Siehe dazu Hanawalt 1976, S. 125–140, und Isabelle Chabot, Poverty and the Widows in Later Medieval Florence, in: *Continuity and Change* 3, 1988, S. 201–311.

107 Humbertus de Romanis, Ad mulieres pauperes in villulis, in: *Prediche alle donne del secolo XIII*, hg. von Carla Casagrande, Mailand 1978.

108 Zur Entwicklung und Bedeutung von Prostitution in den mittelalterlichen Städten siehe Leah Otis, *Prostitution in Medieval Society*, Univ. of Chicago Press, 1980, bes. Teil 1, sowie Rossiaud 1984 (dt.: 1989).

109 Siehe dazu Schubert, Gauner, Dirnen und Gelichter, S. 17–128. Zur Verehrung der Büßerin Maria Magdalena siehe den Beitrag von Jacques Dalarun in diesem Band.

110 Vita b. Odiliae, viduae Leodiensis, libri duo prio-res, in: *Analecta Bollandiana* XIII, S. 197–248.

111 Jean-Luc Dufresne, Les comportements amou-reux d'après les registres de l'officialité de Cérisy (XIVᵉ–XVᵉ siècles), in: *Bulletin philologique et historique du comité des travaux historiques et scientifiques 1973*, 1976, S. 131–156.

112 Siehe dazu Marie Thérèse Lorcin, Retraite des veuves et filles au couvent: Quelques aspects de la condition féminine à la fin du moyen âge, in: *Annales de Demographie Historique*, 1975, S. 187–201.

113 Dies zeigt für den mitteleuropäischen Raum Schmelzeisen 1935, und für die ländlichen Ver-hältnisse Lutz K. Berkner, Inheritance, Land Tenure and Peasant Family Structure: a Ger-man Regional Comparison, in: *Family and Inheritance*, hg. von Jack Goody, Joan Thirsk, E. P. Thompson, Cambridge Univ. Press 1976, S. 71–95.

114 De s. Aemiliana sive Humiliana vidua tertii ordi-nis s. Francisci vita, in: *AASS*, Mai IV, S. 385–417.

115 Siehe zu diesem Rechtsstreit Walter Heinemeyer, Die Landgräfin Elisabeth von Thüringen, in: *Die heilige Elisabeth in Hessen*, hg. von dems. u. a., Ausstellungskatalog, Marburg 1983, S. 29–56.

116 Vgl. dazu für die mediterranen Verhältnisse Kuehn, Women, Marriage and *patria potestas*, S. 127–47 Christiane Klapisch-Zuber, La ›mère cru-elle‹. Maternité, veuvage et dot dans le Florence des VIXᵉ–XVᵉ siècles, in: *Annales E.S.C.* 3, 1983, S. 1097–1109, sowie D. O. Hughes, Brideprice and Dowry in Mediterranean Europe, in: *Journal of Family History* 3, 1978, S. 263–96.

117 Strasbourg, Archives municipales, Statuten von 1477, Bd. 18, fol. 144

118 Siehe dazu Grundmann 1970.

119 Vgl. dazu Barbara Degler-Spengler, Die religiöse Frauenbewegung des Mittelalters, in: *Rottenbur-ger Jahrbuch für Kirchengeschichte*, 1984, S. 75–88.

120 Bücher, *Die Frauenfrage im Mittelalter.*

121 Über die Entwicklung und Bedeutung – und auch die häretischen Ausformungen – des Begi-nentums informiert Ernest William McDonell unter dem Begriff »Beginen/Begarden« in der *Theologischen Realenzyklopädie*, Bd. IV, 1980, S. 404ff. sowie ders., *The Beguines and Beghards in Medieval Culture with Special Reference to the Belgian Scene*, New Brunswick 1954.

122 Grundmann 1970, bes. Kap VII. Daß diese (reli-giöse) »Frauenbewegung« nicht nur in Mitteleuro-pa auftrat, zeigen Studien wie die von John Mar-tin, Out of the Shadow: Heretical and Catholic Women in Renaissance Venice, in: *Journal of Family History*, Frühling 1985, S. 21–33 und all-gemein Bynum 1987, bes. Kap. 1.

123 Zit. nach Peters 1984.

124 Siehe dazu etwa Kaspar Elm, Ketzer oder from-me Frauen? Das Beginentum im europäischen Mittelalter, in: *Journal für Geschichte* 2, 1980, Heft 6, S. 42–46.

125 Vgl. zu den genannten Mystikerinnen Bauer/Din-zelbacher 1985 und J. A. Nichols und L. T. Shanks (Hg.), *Peace Weavers. Medieval Religious Women*, Bd. 2, Kalamazoo, Michigan 1987.

126 Siehe dazu Peters 1984.

127 Vgl. dazu den Beitrag von Elisabeth Gössmann in diesem Band.

128 Siehe dazu Vauchez 1987, Teil V: La parole inspirée, S. 239ff.

129 Siehe dazu Vauchez, *La sainteté en occident aux derniers siècles du moyen âge*, und David Bell und Donald Weinstein, *Saints and Society. The Two Worlds of Western Christendom 1100–1700*, Chicago 1982.

130 Martha C. Howell, *Women, Production and Patriarchy in Late Medieval Cities*, Chicago/Lon-don 1986.

131 Siehe dazu André Vauchez, L'église face au mysticisme et au prophétisme aux derniers siècles du moyen âge, in: ders. 1984, S. 265–76.

132 Christine de Pizan, *Das Buch von der Stadt der Frauen*. Aus dem Mittelfranz. übers., mit einem Kommentar und einer Einl. versehen von Marga-rete Zimmermann, München ³1992.

133 Siehe dazu Joan K. Kelly, Early Feminist Theory and the ›Querelle des femmes‹ 1400–1789, in: *Signs*, Herbst 1982, S. 4–22.

Die Welt der Frauen

1 Parisse 1983.

2 Zum Beispiel Henri Dubois, *Les foires de Châlon et le commerce dans la vallée de la Saône*, Paris 1976, S. 146–147.

3 Michel Balard, La femme-esclave à Gênes (XIIIᵉ–XVᵉ siècles), Referat auf dem Kolloquium *Les femmes au Moyen Age*, Université de Lille III, Mau-beuge, 6.–9. Oktober 1988, Maubeuge 1990.

4 Perrine Mane, *Calendriers et techniques agricoles (France-Italie, XIIᵉ–XIIIᵉ siècles)*, Paris 1983, S. 204.

5 Ich beziehe mich auf die Angaben von Perrine Mane über ihre noch unveröffentlichten Untersu-chungen.

6 Bucaille/Piponnier 1976, S. 227–232.

7 Françoise Piponnier, Une maison paysanne au XIVᵉ siècle: le mobilier, in: *Rotterdam Papers II*, Rotter-dam 1975, S. 151–170.

8 Le Roy Ladurie 1975, S. 159 (dt.: 1980, S. 138).

9 Pierre Riché, *La vie quotidienne dans l'Empire caro-lingien*, Paris 1973, S. 195–196 (dt.: *Die Welt der Karolinger*, Stuttgart 1981, S. 202).

10 *Un village au temps de Charlemagne*, Katalog zur Ausstellung des Musée national des Arts et Traditions populaires, hg. von Rémy Guadagnin, Paris 1988, S. 278–283.

11 G. De Poerck, *La draperie médiévale en Flandre et en Artois*, 3 Bde., Bd. 1: *La technique*, Gand 1951.

12 Florence Edler De Roover, Andrea Banchi Florentine Silk Manufacturer and Merchant in the Fifteenth Century, in: *Studies in Medieval and Renaissance History* 3, 1960.

13 Renée und Michel Colardelle, L'habitat médiéval immergé de Colletière à Charavines (Isère), in: *Archéologie médiévale* 10, 1960, S. 167–269.

14 Archives départementales de la Côte-d'Or: B 2082, inventaire du château d'Aisey (1380).

15 Parisse 1983, S. 57.

16 Zum Beispiel Demians d'Archimbaud 1982, S. 460–465.

17 Langlois 1904, S. 9.

18 Turnau 1983, S. 368–389.

19 *Costume Coûtume*, Katalog zur Ausstellung im Grand Palais, hg. von Jean Cuisenier, Paris 1987, S. 58: gestrickte Wollmütze, in Saint Denis gefunden.

20 Françoise Piponnier, Les ateliers des artisans dijonnais du textile d'après les inventaires mobiliers (XIVe–XVe), in: *Autour de l'habitat textile*, Tourcoing 1987, S. 1–9.

21 Alexandre-Bidon/Closson 1985, S. 158–161.

22 P. Demolon, *Le village mérovingien de Brebières (VIe–VIIe siècles)*, Arras 1972, S. 134.

23 Le Roy Ladurie 1975, S. 288 (dt.: 1980, S. 220).

24 Lorcin 1982, S. 3–15.

25 Pesez 1986, S. 65–92.

26 Piponnier 1977, S. 57–80.

27 Desportes 1987, S. 121–143.

28 Zitiert bei Parisse 1983, S. 140–141.

29 Le Roy Ladurie 1975, S. 373 (dt.: 1980, S. 270).

30 Geneviève Bresc-Bautier, Pour compléter les données de l'archéologie: le rôle du bois dans la maison sicilienne, in: *Atti del colloquio internazionale di archeologia medievale (Palermo-Erice 1974)*, Palermo 1976, S. 435–464.

31 Günter P. Fehring, Der Beitrag der Archäologie zum Leben in der Stadt des späten Mittelalters, in: *Das Leben in der Stadt des Spätmittelalters, Internationaler Kongreß Krems 1976*, Wien 1977, Abb. 23.

32 Françoise Piponnier, Les métaux et leurs emplois d'après les inventaires mobiliers (Bourgogne, XIVe–XVe siècles), Forschungsbericht auf der *Diciottesima Settimana di Studio (Prato 1986)*. Erscheint demnächst.

33 Pichon 1846.

34 Le Roy Ladurie 1975, S. 203–204 (dt.: 1980, S. 169).

35 Langlois 1904, S. 119.

36 Alexandre-Bidon/Piponnier 1987, S. 211–244.

37 Le Roy Ladurie 1975, S. 72 (dt.: 1980, S. 72).

38 Maurice Beresford und John G. Hurst, *Deserted Medieval Villages*, London 1971; Gabrielle Démians d'Archimbaud, L'habitation médiévale en Provence médiévale, in: *La construction au Moyen Age, histoire et archéologie*, Paris 1973, S. 59–110; Pesez 1986, S. 219–133; Chapelot/Fossier 1980.

39 Zit. bei Gabriel Fournier, *Le château dans la France médiévale*, Paris 1978, S. 290.

40 Pesez 1984.

41 Jean-Marie Pesez, Une maison villageoise au XIVe siècle: les structures, in: *Rotterdam Papers II*, Rotterdam 1975, S. 139–149; Piponnier, Une maison paysanne, S. 151–170.

42 Le Roy Ladurie 1975, S. 383 (dt.: 1980, S. 277).

43 Jean-Marie Pesez, Obscure et enfumée, la maison paysanne au Moyen Age, in: *Fasciculi Archaeologiae Historicae* 2, 1987, S. 79–83.

44 Le Roy Ladurie 1975, S. 383 (dt.: 1980, S. 277).

Frauenbilder

1 Jean Hubert, Jean Porcher, W. F. Volbach, *L'impero carolingio*, Mailand 1968, S. 135.

2 Victor Y. Haines, The Iconography of the Felix Culpa, in: *Florilegium* I, 1979, S. 151–185, insbes. S. 174.

3 Ambrosius von Mailand, *De Virginibus*, I, Kap. 9, 60, *PL* 16, Sp. 216; Hieronymus, *Commentarium in Evangelium Matthaei*, 1. II, Kap. 13, *PL* 26, Sp. 92.

4 Vgl. die Studie von Paulette L'Hermite-Leclercq in diesem Band.

5 *Adversus Jovinianum*, 1. I, *PL* 23, Sp. 246.

6 Über die Praxis der sexuellen Enthaltsamkeit, wie sie sich in christlichen Kreisen seit dem 5. Jahrhundert herausgebildet hatte, vgl. Peter Brown, *The Body and Society. Men, Women and Sexual Renunciation in Early Christianity*, New York 1988 (dt.: *Die Keuschheit der Engel. Sexuelle Entsagung, Askese und Körperlichkeit am Anfang des Christentums*. Aus dem Engl. von Martin Pfeiffer, München/Wien 1991).

7 D. J. A. Ross, Olympias and the Serpent, in: *Journal of the Warburg and Courtauld Institutes* 26, 1963, S. 1–21, Abb. Iab.

8 *Homiliae in Evang.*, 1. II, XXVI, 5, *PL* 76, Sp. 1269.

9 *Liber de modo bene vivendi*, *PL* 184, Sp. 1285.

10 Neben der bereits zitierten gibt es noch zwei weitere: in München, Staatsbibliothek, Ms. Clm 4453 Cin 58, *Evangeliar von Otto III.* Bl. 28r; in Saint-Omer, Kathedrale, Ms. 154, Zeichnung mit dem Evangelium Bl. 1, wiedergegeben in Frugoni 1977b, S. 901–963, Abb. 28, 29, 31.

11 Jacopo Passavanti, *Specchio di vera penitenza*, hg. von F. L. Polidori, Florenz 1863, »Trattato della suberbia«, Kap. 5, S. 209–211.

12 »... wer Vater und Mutter schmähte«. »[...], die Meineidigen, Mörder, die Ehefrau, welche in der Kirche geredet hat, die Buhlerinnen, ... *sa velata*.« Der letzte Teil ist unvollständig und daher in seiner Bedeutung nicht ganz klar. (A. d. Ü.)

13 In der jüngsten Ausgabe des Werkes wird die Äbtissin Herrad von Hohenbourg (anstatt wie früher: von Landsberg) genannt. Dies. 1979, Bd. 2, S. 352.

14 Wiedergegeben in: *Age of Chivalry, Art in Plantagenet England, 1200–1400*, hg. von Jonathan Alexander und Paul Binski, London 1987, S. 353.

15 Ebd., S. 446.

16 Über die unterschiedlichen Versionen der Lebensgeschichte von Magdalena, insbes. über die Sage, die Schwester des Lazarus sei in Frankreich gelandet, vgl. in diesem Band den Beitrag von Jacques Dalarun.

17 Domenico Cavalca, *Le vite de' santi padri*, Mailand o. J., I, S. 173, »Vita di Santa Maria Egiziaca«.

18 Frugoni spielt hier mit dem Geschlechterunterschied: Auf Italienisch ist der Tod weiblich. (A. d. Ü.)

19 Chiara Frugoni, La morte propria, la morte degli altri, in: *Storia vissuta del popolo cristiano*, hg. von Jean Delumeau, Turin 1985, S. 349ff., insbes. S. 357ff.

20 *Visio Alberici*, hg. von M. Inguanez, in: *Miscellanea Cassinese* 9, 1932, S. 83ff. Zu den verschiedenen Versionen und Überarbeitungen der *Visio* von Alberico de Settafrati, Mönch im Kloster von Montecassino zu Beginn des 12. Jahrhunderts, vgl. *Dizionario biografico degli italiani*, Rom 1960, unter dem Stichwort »Alberico di Montecassino« (besorgt von Anselmo Lentini).

21 Warner 1976, S. 60ff. (dt.: 1982).

22 Jean-Louis Flandrin, *Un temps pour embrasser*, Paris 1983.

23 Diese Ikonographie bleibt auch nach dem Ausgang des Mittelalters bestehen. Vgl. Gigetta Dalli Regoli, *La preveggenza della Vergine. Struttura, stile, iconografia nelle Madonne del Cinquecento*, Pisa 1984.

24 Zur Darstellung der Laster vgl. Katzenellenbogen 1939; 1977.

25 Blumenkranz 1966, insbes. S. 53, S. 57ff., S. 61ff. und S. 112ff.; Lambert de Saint Omer, *Liber Floridus*, hg. von A. Derolez, Gand 1968.

26 Alain Boureau, *La papesse Jeanne*, Paris 1988.

27 Frugoni 1977b, S. 957ff.

28 Vgl. zu dieser verwickelten Geschichte *La Bibbia di S. Paolo fuori le Mura*, hg. von Viviana Jemolo und Mirella Morelli, Rom 1981, S. 11.

29 Siehe *Vita Mathildis a Donizone Presbytero*, 1. II, vv. 80 ff. in: *Rerum italicarum scriptores*, 2, V, P. 2.

30 *I Vangeli apocrifi*, hg. von Marcello Craveri, Turin 1969, S. 21f.

31 Harksen 1974, Abb. S. 94; Laurent 1989.

32 Sally Fox, *The Medieval Woman, and Illuminated Books of Days*, Boston 1985, Abb. für den Monat Juli.

33 Frugoni 1983b, S. 5ff. Über Chiara da Montefalco vgl. besonders Chiara Frugoni, Domine, in conspectu tuo omne desiderium meum: visioni e immagini in Chiara da Montefalco, in: *S. Chiara da Montefalco e il suo tempo*, hg. von Claudio Leonardi und Enrico Menestò, Florenz 1985, S. 154ff.

34 Enrico Menestò, *Il processo di canonizzazione di Chiara da Montefalco*, Florenz 1985, S. 85.

35 Chiara Frugoni, Le lastre veterotestamentarie e il programma della facciata, in: *Lanfranco e Wiligelmo. Il Duomo di Modena*, hg. von E. Castelnuovo, V. Fumagalli, A. Peroni, S. Settis, Modena 1989, S. 422ff.; *Il Duomo di Modena. Atlante fotografico*, Modena 1989, S. 144ff.

36 Frugoni 1983a, S. 173ff.

37 Paris, Bibliothèque Nationale, Ms. lat. 16515, f. 204: Chiara Frugoni, La rappresentazione dei giullari nelle chiese fino al XII secolo, in: *Il contributo dei giullari alla dramaturgia italiana delle origini*, Rom 1978, S. 113ff. sowie Abb. 18.

38 Vgl. die Geschichte jener Frau, die das Buch mit der Beschreibung der Wundertaten des heiligen Franziskus liest, es an die Brust drückt und davon geheilt wird. Dieses Wunder wird von Tommaso da Celano berichtet: Tractatus de miraculis B. Francisi, in: *Analecta franciscana*, Bd. X, Ad Clara Aquas, Florentiae 1941, Kap. XVIII, n. 193, S. 328f.

39 Gigetta Dalli Regoli, *Il maestro die Borsigliana. Un pittore del '400 in Alta Val di Serchio*, Lucca 1987. Eine Reihe von Beispielen dieser Art sind zusammengetragen worden von Danielle Alexandre-Bidon, La lettre volée. Apprendre à lire à l'enfant au Moyen Age, in: *Annales E.S.C.* 4, 1989, S. 953–992.

40 Francesco Filippini und Guido Zucchini, *Miniatori e pittori a Bologna: documenti dei secoli XIII e XIV*, Florenz 1947.

41 Opitz/Schraut 1984.

42 Es wird im Metropolitan Museum of Art in New York aufbewahrt. Vgl. den Katalog *Europe in the Middle Ages*, New York 1987, S. 53 sowie Abb. 44.

43 Vgl. o. Kapitel 1.

44 Lucca, Biblioteca Governativa, *Hildegarda Revelationes*, f. 143r. Zu Hildegard vgl. Maria Teresa Beonio-Brocchieri, Ildegarda, la profetessa, in:

Bertini u. a. 1989, S. 144ff. (Im selben Band finden sich zwei Artikel zu Radegundis und Hrotsvit).

45 *De Ida Lewensi virgine*: *AA.SS.*, Octobr., Bd. XIII, S. 113.

46 Zahlreiche Hinweise enthalten Opitz/Schraut 1983 und 1984 sowie Opitz 1984.

47 Harksen 1974, S. 46

48 Ich erwähne die Wandbehänge von Bayeux (aus der zweiten Hälfte des 11. Jahrhunderts) nicht, die ohne Beleg der Königin Mathilde, der Gemahlin von Wilhelm dem Eroberer (seine Taten werden darin dargestellt), zugeschrieben werden. Die Diskussion darum, wer die lange, bildlich und textlich ausgestaltete Erzählung konzipiert und zu Ende geführt habe, ist noch keineswegs abgeschlossen. Vgl. C. H. Gibbs-Smith, *The Bayeux Tapestry*, London 1974, S. 5.

49 Antonio Volpato, Il tema agiografico della triplice aureola nei secoli XIII-XV, in: *Culto dei santi, istituzioni e classi sociali in età preindustriale*, hg. von Sofia Boesch Gajano und Lucia Sebastiani, Rom/L'Aquila 1984, S. 509ff.

50 André Vauchez, *Les Laïcs au Moyen Age. Pratiques et experiences religieuses*, Paris 1978, insbes. S. 169ff. aus dem Kap. »Patronage des saints et religion civique dans l'Italie communale«.

51 Jane Tibbets-Schulenburg, Sexism and the celestial gynecaeum, from 500 to 1200, in: *Journal of Medieval History* 4, 1978, S. 117ff.

52 Chiara Frugoni, Santa Bona pellegrina »per desiderio«, in: *Gli universi del fantastico*, Florenz 1988, S. 259ff.

53 *Tommaso da Modena*, Katalog hg. von Luigi Menegazzi, Treviso 1979, Abb. auf den Seiten 74 und 165.

Die Stimme der Frauen

1 M. L. King, Thwarted Ambitions. Six Learned Women of the Italian Renaissance, in: *Soundings* 59, 1976, S. 280–304; Labalme 1984; M. L. King, *Venetian Humanism in an Age of Patrician Dominance*, Princeton 1986.

Literarische Stimmen, mystische Stimmen

1 Dante, *De vulgari eloquentia (Über die Volkssprache)* I, IV 1, in: *Dante Alighieri's prosaische Schriften*, übers. von Karl Ludwig Kannegießer, Leipzig 1845, S. 99.

2 »Omnes dicunt e vel a/quotquot nascuntur ab Eva«; Pierre Comestor, *Historia scolastica*, zit. nach d'Alverny 1977, S. 112f.

3 Duby 1988, S. 57 (dt.: 1989, S. 61).

4 *Le mirouer aux dames, unveröff. Dichtung aus dem 15. Jb.*, hg. von A. Piaget, Paris/Neuchâtel 1908, V. 500ff.

5 Ebd., V. 757ff.

6 Didier Anzieu, *Le moi-peau*, Paris 1985, S. 227; bes. Kapitel 11: L'enveloppe sonore.

7 Marina Mizzau, Silence à deux voix, in: *Langages* 85, 1987, S. 45.

8 Ovid, *Metamorphosen*, Liber III, V. 201f., hg. und übers. von Erich Rösch, München/Zürich 1988.

9 Anne-Marie Houdebine, Sur les traces de l'imaginaire linguistique, in: V. Aebischer und C. Forel (Hg.), *Parlers masculins, parlers féminins*, Paris 1988, S. 105ff.; dies., Les femmes et la langue, in: *Tel quel*, 1977, S. 84ff.; dies., La différence sexuelle et la langue, in: *Langage et société* 7, 1979, S. 3ff.

10 Luce Irigaray, *Parler n'est jamais neutre*, Paris 1985.

11 Verena Aebischer, Einleitung, zu Aebischer/Forel (Hg.), *Parlers masculins, parlers féminins*, S. 9.

12 Dronke 1984.

13 Paul Zumthor, Litteratus illiteratus. Remarques sur le contexte vocal de l'écriture médiévale, in: *Romania* 106, 1985, S. 1ff.

14 Pascal Bourgain, *Poésie lyrique latine du Moyen Age*, textes présentés et traduits, Paris 1989, S. 53.

15 Ebd., S. 121.

16 Geoffrey Chaucer, *Die Canterbury Tales*, V. 693ff., hg. und übers. von Martin Lehnert, München 1985, S. 177.

17 Béatrice Slama, De la littérature féminine à l'écrire femme, in: *Littérature* 44, 12/1981, S. 51.

18 *Les vies des troubadours*, hg. und übers. von Margarita Egan, Paris 1985, S. 52f.

19 Marie-Louise Ollier, Les lais de Marie de France ou le recueil comme forme, in: M. Picone, C. Di Stefano, P. Stewart (Hg.), *La nouvelle. Genèse, codification et rayonnement d'un genre médiéval*, Montreal 1983, S. 64ff.

20 Ebd., S. 67.

21 Jean-Charles Huchet, Noms de femme et écriture féminine au Moyen Age, in: *Poétique* 48, 1981, S. 402–430; ders., Les femmes troubadours ou la voix critique, in: *Littérature* 51, 1983, S. 58ff.

22 Ebd., S. 84.

23 Pierre Bec (Hg.), *Burlesque et obscénité chez les troubadours. Le contre-texte au Moyen Age*, Paris 1984, S. 193.

24 Henry Deluy (Hg.), *Troubadours galégo-portugais. Une anthologie*, Paris 1987.

25 Bec (Hg.), *Burlesque et obscénité*, S. 18f.

26 Kevin Brownlee, Discourses of the Self: Christine de Pizan and the *Rose*, in: *Romanic Review* 79, 1988, S. 199ff.

27 Jacqueline Cerchiglini, L'étrangère, in: *Revue des langues romanes* 92, 2, 1988, S. 240.

28 Hicks 1977.

29 Ebd., S. 22.

30 Ebd., S. 6.

31 Cerchiglini, L'étrangère, S. 241.

32 »(. . .) auquel il suffit d'ajouter INE, et voilà sa nomination accomplie«: unübersetzbares Wortspiel mit Christ-INE einerseits und Name-Berufung andererseits (A. d. Ü.); Christine de Pizan, *Le livre de la mutacion de Fortune*, hg. von S. Solente, Paris 1959–1966, V. 374ff.

33 Erik Hicks, Femme-auteur et auteur-femme: Christine de Pizan et la question féministe, in: Opitz/Schraut 1983, S. 69.

34 Marie-Thérèse Lorcin, Mère nature et le devoir social. La mère et l'enfant dans l'œuvre de Christine de Pizan, in: *Revue historique* (in Druck).

35 Christine de Pizan, *Le livre de la mutacion de Fortune*, S. 1391ff.

36 Christine de Pizan, *Das Buch von der Stadt der Frauen*. Aus dem Mittelfranz. übers., mit einem Kommentar und einer Einl. versehen von Margerete Zimmermann, München [3]1992, S. 37.

37 Ebd., S. 48

38 Ebd., S. 59

39 Chaucer, *Die Canterbury Tales*, V. 401f., S. 189.

40 Christine de Pizan, *Stadt der Frauen*, S. 59.

41 Ebd., S. 61.

42 Ebd., S. 89.

43 Ebd., S. 94.

44 Ebd., S. 117.

45 Nathalie Z. Davis, Gender and Genre: Women as Historical Writers, 1480–1820, in: Labalme 1984, S. 157ff.

46 Filippo da Novara, *Les quatre âges de l'homme*, hg. von Marcel de Fréville, Paris 1888, S. 16.

47 Ursula Peters, Frauenliteratur im Mittelalter? Überlegungen zur Trobairitzpoesie, zur Frauenmystik und zur feministischen Literaturbetrachtung, in: *Germanisch-romanische Monatsschrift* 69, 1988, S. 35ff.; dies., Frauenmystik im 14. Jahrhundert. Die ›Offenbarungen‹ der Christine Ebner, in: Opitz 1984, S. 213ff.

48 Andreas Bauch, Einleitung, *Das Leben des Hl. Willibald*, Eichstätt 1962 (Eichstätter Studien VIII, Quellen zur Geschichte der Diözese Eichstätt, Bd. 1), S. 13ff.

49 Dronke 1984, S. 36ff.

50 Curtius 1948, Kap. 5: Topik, S. 89ff.

51 Dronke 1984, S. 76.

52 Vgl. Epiney-Burgard/Zum Brunn 1988.

53 Peters, Frauenliteratur im Mittelalter?, S. 35ff.

54 Claudia Opitz, ». . . zu schriben von gutten und selgen schwestern übung«. Frauenmystik und geistliche Literatur in südwestdeutschen Frauenklöstern des Spätmittelalters, in: Elisabeth Renz (Hg.), *Die Frauenfeder*, Weingarten 1986, S. 75ff.

55 Peters, Frauenmystik im 14. Jahrhundert, S. 216ff.

56 Ebd., S. 220.

57 Joan M. Ferrante, The Education of Women in the Middle Ages in Theory, Fact and Fantasy, in: Labalme 1984, S. 9ff.

58 Michel Lauwers, Paroles de femmes, sainteté féminine. L'église du XIII[c] siècle face aux béguines, in: G. Braive und J.-M. Cauchiers (Hg.), *La critique historique à l'épreuve. Liber discipulorum Jacques Paquet*, Brüssel 1989, S. 108ff.

59 Margaret L. King, Booklined Cells: Women and Humanism in the Early Italian Renaissance, in: Labalme 1984, S. 66ff.

60 Marie de France, *Lais*, übers. von Pierre Jonin, Paris 1982, *Lai de Yonec*, V. 68ff., S. 89.

61 Philippe de Mézières, Histoire de Grisélidis, in: Elie Golenistcheff-Koutouzoff, *L'histoire de Grisélidis en France au XIVe et au XVe siècle*, Paris 1933, S. 174.

62 Es handelt sich um die Romane von Philippe de Beaumanoir, *Histoire de la Manekine* von 1270/80 und *La belle Hélène de Constantinople*, vielleicht von Alexandre de Bernaix, später als Volksbuch verbreitet. (A. d. Ü.)

63 Marie-Françoise Notz, Esthétique de la violence et cruauté de la prose dans ›La fille du comte de Ponthieu‹, in: *Eidolon* 22, 1982, S. 51ff.

64 Roberta L. Krueger, Double Jeopardy: The Appropriation of Woman in Four Old French Romances of the ›Cycle de la Gageure‹, in: S. Fisher und J. E. Halley (Hg.), *Seeking the Women in Late Medieval and Renaissance Writings. Essays in Feminist Contextual Criticism*, Knoxville 1989, S. 21ff.

65 *Guillaume de Dole ou le Roman de la rose*, hg. von F. Lecoy, V. 4768ff., übers. von J. Dufournet, J. Kooijman, R. Ménage und C. Tronc, Paris 1979, 2., durchges. und verb. Aufl. 1988, S. 96.

66 Golenistcheff-Koutouzoff, *L'histoire de Grisélidis*.

67 Philippe de Mézières, Histoire de Grisélidis, S. 174 (dt. zit. nach Christine de Pizan, *Stadt der Frauen*, S. 202).

68 Rossiaud 1984 (dt.: 1989).

69 Ebd., S. 204.

70 Heldris de Cournouaille, *Le roman de Silence*, hg. von Lewis Thorpe, Cambridge 1972, V. 2067ff.

71 Howard Bloch, *Etymologie et généalogie. Une anthropologie littéraire du Moyen Age français*, Paris 1989, S. 263.

72 Heldris de Cournouaille, *Le roman de Silence*; V. 2532ff. »us« ist im Lat. die männliche Endsilbe, bedeutet im Franz. aber auch »Wesen«. (A. d. Ü.)

73 Ebd., V. 2637f.

74 Filippo da Novara, *Les quatre âges*, S. 14.

75 Verena Aebischer, Bavardages, sens commun et linguistique, in: Aebischer und Forel (Hg.), *Parlers masculins, parlers féminins*, S. 173.

76 Guillaume de Lorris und Jean de Meung, *Der Rosenroman*, hg. von H. R. Jauss und E. Köhler, übers. von Karl August Ott, III, V. 16349ff, S. 883.

77 Marquard vom Stein, *Der Ritter vom Turm*, krit. hg. von Ruth Harvey, Berlin 1988, zit. nach der Erstausgabe von 1493, S. 238.

78 Diese Handarbeiten haben im Franz. Nebenbedeutungen, die das Dt. nicht kennt: broder – sticken/lügen, ausschmücken; filer – spinnen/Sätze drechseln, ausführlich und kunstvoll berichten. (A. d. Ü.)

79 Danielle Régnier-Bohler, Geste, parole et clôture: les représentations du gynécée dans la littérature médiévale du XIIIe au XVe siècle, in: *Mélanges de langue et de littérature médiévales offerts à Alice Planche*, Nizza 1984, S. 393ff.

80 *Les Évangiles des quenouilles*, hg., eingel. und mit Fußnoten versehen von Madeleine Jeay, Montréal/Paris 1985.

81 Ebd.

82 Ebd.

83 Ebd., S. 116.

84 Ebd.

85 Ebd., Einleitung, S. 10f; »Glose« (Glosse) kann auch das Geschwätz der Frauen meinen und hat am Ausgang des Mittelalters einen ironischen Sinn angenommen.

86 Ebd.

87 Ebd.

88 Madeleine Jeay, Savoir faire. Une analyse des croyances des ·Évangiles des quenouilles·, in: *Le moyen français* 10, Montréal 1982, S. 232.

89 *Der Rosenroman*, S. 1027.

90 Ebd., S. 1027; die dt. Übersetzung verwendet in dieser Rede der Natur konsequent »Mensch« für »ome« (homme), D. Régnier-Bohler liest konsequent »Mann«; beide Lesarten sind möglich; da R.-B.s Überlegungen aber nur in ihrer Lesart sinnvoll sind, ist hier und im folgenden »Mensch« durch »Mann« ersetzt. (A. d. Ü.)

91 Ebd., S. 521.

92 Ebd., S. 529.

93 Danielle Régnier-Bohler, Femme/faute/fantasme, in: Esteban/Fonquerne 1986, S. 475ff.

94 Marquard vom Stein, *Der Ritter vom Turm*, S. 218.

95 Ebd., S. 101. Das im Franz. erwähnte Sprichwort fehlt in der dt. Übersetzung; es lautet: »Denn das Sprichwort sagt, daß der, der zuhört und nicht wirklich achtgibt, dem gleicht, der auf die Jagd geht und mit leeren Händen nach Hause kommt.«

96 Ebd., S. 132.

97 Dieser Abschnitt bezieht sich auf den ersten Teil des Rosenromans, den Guillaume de Lorris verfaßt hat. (A. d. Ü.)

98 A. de Montaiglon (Hg.), *Recueil général et complet des fabliaux des XIIIe et XIVe siècles*, 6 Bde., Paris 1872–1890, Bd. IV, S. 213f; übers. ins moderne Franz. in: *Contes à rire du Nord de la France*, La Ferté-Milon, Corps 9 Editions, 1987 (im folgenden Ü1), S. 21.

99 Rute: engin de pêche = eig. »Fisch-Zeug«; Wortspiel mit engin de péché = Werkzeug der Sünde (A. d. Ü.); Montaiglon (Hg.), *Recueil*, Bd. V, S. 50; Übers. ins moderne Franz. von Nora Scott (Hg.), *Fabliaux des XIIIe et XIVe siècles. Contes pour rire?*, Paris, 10/18, 1977 (im folgenden Ü2), S. 167.

100 Montaiglon (Hg.), *Recueil*, Bd. VI, S. 103; Ü2, S. 197.

101 Die »grenottes« machen »orgueilleuses et sottes«; Montaiglon (Hg.), *Recueil*, Bd. VI, S. 114; Ü2, S. 203.

102 G. A. Brunelli, Jean Castel et le Mirouer des dames et damoyselles et de tout le sexe féminin, in: *Le Moyen Age* 62, 1956, S. 93ff.

103 Dante, *De vulgari eloquentia (Über die Volkssprache)* I, IV, 1, S. 99.

104 *Der Rosenroman*, S. 400.

105 Ebd. S. 411.

106 Ebd., S. 415.

107 Ebd., S. 417.

108 Ebd., S. 417f.

109 Nancy Huston, *Dire et interdire. Éléments de jurologie*, Paris 1980, S. 121.

110 Montaiglon (Hg.), *Recueil*, Bd. V, S. 103; Ü2, S. 168.

111 Ebd., *Recueil*, Bd. IV, S. 199; Ü2, S. 172ff.

112 Ebd., *Recueil*, Bd. I, S. 318ff; Ü2, S. 176ff.

113 Ebd., *Recueil*, Bd. V, S. 204; Ü2, S. 60.

114 Jean Bodel, *Fabliaux*, hg. von P. Nardin, Paris 1965, S. 45; Ü1, S. 31ff.

115 Ch. H. Livingston, *Le jongleur Gautier Le Leu. Études sur les fabliaux*, Cambridge (Mass.) 1951; Ü1, S. 61.

116 Ebd., S. 179.

117 Goule: gespenstisches, menschenfressendes Wesen der arabischen Sage; früher auch: Maul; goulu = gefräßig, gierig. (A. d. Ü.)

118 Chaucer, *Die Canterbury Tales*, V. 149ff., S. 183.

119 Ebd., V. 689, S. 196.

120 Ebd., V. 817f., S. 200.

121 Jacques Dalarun, *Hors des sentiers battus. Saintes femmes d'Italie aux XIIIe–XIVe siècles*, im Druck.

122 Lauwers, Paroles de femmes.

123 *Le livre de Margery Kempe. Une aventurière de la foi au Moyen Age*, Paris 1989, S. 125 (vgl. dazu: Louise Collis, *Leben und Pilgerfahrten der Margery Kempe*, Berlin 1986).

124 Ebd., S. 146f.

125 Zumthor, Litteratus illiteratus, S. 6.

126 Hadewijch, *Lettres spirituelles*, vom mittelalterlichen Niederländisch ins Franz. übers. von Fr. J. B. M. P., Genf 1972, Brief XVII, S. 143 (dt.: *Die Werke der Hadewych,* übers. von G. O. Plassmann, Hannover 1923, S. 35f).

127 *Les œuvres de Marguerite d'Oingt*, hg. von A. Duraffour, P. Gardette und P. Durdilly, Paris 1965

(Publications de l'Institut de linguistique romane, 21), S. 91.

128 Ebd., S. 95.

129 Marie-Christine Pouchelle, Le corps féminin et ses paradoxes: l'imaginaire de l'intériorité dans les écrits médicaux et religieux (XIIIᵉ–XIVᵉ siècles), in: Esteban/Fonquerne 1986, S. 315ff.

130 *Schriften der heiligen Hildegard von Bingen.* Ausgewählt und übertragen von Johannes Bühler, Leipzig 1922, S. 254f.

131 Hildegarde de Bingen, *Livre des œuvres divines*, ins Franz. übers. von B. Gorceix, Paris 1982, S. 216f.

132 Mechthild von Magdeburg, *Das fließende Licht der Gottheit.* Nach der Einsiedler Handschrift in kritischem Vergleich mit der gesamten Überlieferung, hg. von Hans Neumann, München 1990, S. 68.

133 »Aliquas etiam vidisti mulieres tam speciali et mirabili in Deum amore affectione resolutas, ut prae desiderio languerent, nec a lecto per multos annos nisi surgere possent«, führt Jacques de Vitry weiter aus. Vgl. André Vauchez, Prosélytisme et action antihérétique en milieu féminin au XIIIᵉ siècle: la ›Vie de Marie d'Oignies‹ (1213) par Jacques de Vitry, in: Jean Marx (Hg.), *Propagande et contre-propagande religieuses. Problèmes d'histoire du christianisme*, Brüssel 1987, S. 95ff. (Editions de l'Université 17).

134 Rutebeuf, *Œuvres complètes*, Bd. I, hg. von Michel Zink, Paris 1989, S. 239.

135 André Vauchez, L'idéal de sainteté dans le mouvement féminin franciscain aux XIIIᵉ et XIVᵉ siècles, in: *Movimento religioso femminile e francescanesimo nel secolo XIII. Atti del VIIᵉ Convegno della Società internazionale di studi francescani, Assisi, 11–13 ott. 1979*, Assisi 1980, S. 317ff; Anna Benvenuti Papi, *Penitenza e santità femminile in ambiente cateriniano e bernardiniano (1980)*, Siena 1982, S. 865ff.

136 Vauchez, L'idéal de sainteté, S. 326.

137 Vauchez, Prosélytisme et action antihérétique, S. 95ff.

138 Ebd., S. 100.

139 Hadewijch, *Lettres spirituelles*, XVII, S. 142.

140 Raymund von Capua, Vita, zit. nach Odile Redon, Catherine corps et âme, in: *La représentation du corps dans la culture italienne. Actes du Colloque d'Aix-en-Provence, 1982*, Aix-en-Provence 1983, S. 77ff. (zit. S. 83).

141 Schmidt, Elemente der Schau, S. 129ff.

142 *Les œuvres de Marguerite d'Oingt*, S. 145f.

143 Ebd., S. 142.

144 Béatrice de Nazareth, *Sept degrés d'amour*, aus dem mittelalterlichen Niederländisch ins Franz.

übers. von Fr. J. B. M. P., Genf 1972, 5. *Grad der Liebe*, S. 240.

145 Legenda Maior, zit. nach Redon, Catherine corps et âme, S. 85.

146 Michel de Certeau, *La fable mystique. XVIᵉ–XVIIᵉ siècles*, Paris 1982, S. 15.

147 *Le livre de Margery Kempe*, S. 265

148 Ebd., Einleitung, S. VIII.

149 Ebd., S. 68.

150 Ebd., S. 148f.

151 *Les œuvres de Marguerite d'Oingt*, S. 143.

152 Hadewijch d'Anvers, *Écrits mystiques des béguines traduits du moyen néerlandais, Mengeldichten*, XVI, übers. von J.-B. F., Paris 1954, S. 124.

153 Bynum 1987, bes. Kap. V.

154 Hadewijch d'Anvers, *Écrits mystiques, Mengeldichten*, XVI, S. 124.

155 Hadewijch d'Anvers, *Écrits mystiques, Strophische Gedichten*, XXXIII, S. 109.

156 Vie de sainte Béatrice d'Ornacieux, in: *Les œuvres de Marguerite d'Oingt*, S. 122f.

157 Marguerite Porete, *Spiegel der einfachen Seelen. Wege der Frauenmystik.* Aus dem Altfranz. übertragen und mit Nachwort und Anm. versehen von Louise Gnädinger, Zürich/München 1987, S. 18.

158 So der Kommentar des franz. Übersetzers dieser Gedichte in: Hadewijch d'Anvers, *Écrits mystiques*, S. 102.

159 Hadewijch, *Lettres spirituelles*, XX, S. 158 (dt.: *Die Werke der Hadewych*, S. 41).

160 Hadewijch, *Mengeldichten*, übers. in: Epiney-Burgard/Zum Brunn 1988, S. 166.

161 Ebd. XVII.

162 Hadewijch, *Lettres spirituelles*, XX, S. 158 (dt.: *Die Werke der Hadewych*, S. 41).

163 Hadewijch d'Anvers, *Écrits mystiques, Strophische Gedichten*, XXXI, S. 105.

164 Hadewijch, *Visionen*, übers. in: Epiney-Burgard/Zum Brunn 1988, Vision IV.

165 Ebd., Vision VI, S. 105.

166 Zink 1985.

167 Brian Stock, Writing and Internal Time-Consciousness: Othloh of St. Emmeran, in: *Le nombre du temps. En hommage à P. Zumthor*, Paris 1988, S. 263ff.

168 Dinzelbacher 1981.

169 Hadewijch, *Lettres spirituelles*, XI, S. 110.

170 Zink 1985, S. 244.

171 Hadewijch, *Lettres spirituelles*, XXV, S. 195.

172 Zit. nach Roland Maisonneuve, *L'univers visionaire de Julian of Norwich*, Paris 1987, S. 50.

173 de Certeau, *La fable mystique*, S. 244ff.

174 Hadewijch, *Lettres spirituelles*, XX, S. 159 (dt.: *Die Werke der Hadewych*, S. 41).

Religiös-theologische Schriftstellerinnen

1 Vgl. die Literaturangaben zum Artikel »Bibel« in: *Wörterbuch der Feministischen Theologie,* hg. von Gössmann u. a.

2 Vgl. Leonis Allatii Confutatio Fabulae de Joanna Papissa, in: *Amoenitates literariae,* hg. von Schelhorn, Bd. 9, Frankfurt/Leipzig 1728, S. 801.

3 Vgl. dazu Gössmann 1991.

4 Vgl. Luce Irigaray, *Speculum. Spiegel des andern Geschlechts,* Frankfurt a.M. 1980, darin: Das Mystische-Hysterische. Psychologisierung und Sexualisierung spiritueller Frauentexte.

5 Vgl. Elisabeth Gössmann, Die Geschichte und Lehre der Mystikerin Marguerite Porete, in: H. Häring, K. J. Kuschel, *Gegenentwürfe,* Festschrift für Hans Küng, München 1988, S. 69–79.

6 Vgl. dazu Fietze 1991.

7 Lucretia Marinella ist (teilweise) übersetzt von Hanna-Barbara Gerl in: Gössmann 1985, Kap. 1.

8 Vgl. ebd., Kap. 10.

9 Vgl. dazu Gisela Brinker-Gabler, Einleitung: Frauen schreiben. Überlegungen zu einer ausgewählten Exploration literarischer Praxis, in: dies. 1988, Bd. 1, S. 11–36.

10 Vgl. Peter Dinzelbacher zum »Selbstverständnis der Mystikerinnen«, der solche methodischen Überlegungen nicht zugrunde legt, in: Bauer/Dinzelbacher 1988, S. 290–297.

11 Vgl. Bynum 1982, Kap. 4: Jesus as Mother and Abbot as Mother.

12 *Scivias* III, 2, CChr. CM 43 A, S. 366.

13 *Scivias* I, 4, CChr. CM 43, S. 62–67.

14 Daß »Duft« = »Weisheit« zu verstehen ist, war lateinisch denkenden Menschen des Mittelalters durch die Verwandtschaft von *sapere* (riechen, schmecken) und *sapientia* unmittelbar vertraut.

15 *Scivias* II, 2, CChr. CM 43, S. 127.

16 Vgl. die Miniaturen aus dem Codex Latinus 1942 der Biblioteca Governativa von Lucca, abgedruckt bei Heinrich Schipperges, *Hildegard von Bingen. Welt und Mensch,* Salzburg 1965.

17 Eigene Übersetzung von *De operatione Dei* I, 1 (Liber divinorum operum), hg. von Migne, *PL* 197, Sp. 743.

18 *De operatione dei* II, 5, *PL* 197, Sp. 952.

19 Vgl. dazu Elisabeth Gössmann, Sinne, Seele, Geist. Zur makro-mikrokosmischen Anthropologie Hildegards von Bingen, in: Herlinde Pissarek-Hudelist und Luise Schottroff (Hg.), *Mit allen Sinnen glauben.* Festschrift für Elisabeth Moltmann-Wendel, Gütersloh 1987, S. 115–123.

20 Vgl. Allen 1985, S. 292–313, mit Anmerkungen; dies., Two Medieval Views on Woman's Identity: Hildegard of Bingen and Thomas Aquinas, in: *Studies in Religion* (Waterloo, Ontario) 16, 1987, S. 21–38.

21 Hildegard von Bingen, *Briefwechsel.* Nach den ältesten Handschriften übersetzt und nach den Quellen erläutert von Adelgundis Führkötter OSB, Salzburg 1964, S. 98.

22 Gertrud die Große von Helfta, *Gesandter der Göttlichen Liebe (Legatus divinae pietatis),* ungekürzte Übersetzung von Johanna Lanczkowski, Heidelberg 1989, S. 25 (die Seitenangaben im folgenden beziehen sich auf diese Ausgabe).

23 Zu Gertrud der Großen vgl. auch Lewis 1990.

24 Marguerite Porete, *Spiegel der einfachen Seelen. Wege der Frauenmystik.* Aus dem Altfranz. übertragen und mit einem Nachwort und Anm. versehen von Louise Gnädinger, Zürich/München 1987, S. 133.

25 Vgl. Müller 1989.

26 Zit. nach: Louise Gnädinger in: Brinker-Gabler 1988, Bd. 1, S. 263.

27 Vgl. Gössmann 1990.

28 Vgl. Gössmann 1957, zu Frau Ava S. 99–103, zu Mechthild von Magdeburg S. 185–190, mit Zitatnachweis.

29 Vgl. Newman 1987, S. 188–195. Daß diese Gedanken auch im Zusammenhang jener oft betonten Nähe der Frauen zu allem, was mit Speise und Trank zusammenhängt, zu sehen sind, betont Bynum 1987 – zu Mechthild von Magdeburg vgl. bes. S. 3, 133, 250. Dies zeigt auch Françoise Piponnier in diesem Band.

30 Vgl. Marianne Heimbach, *Der ungelehrte Mund als Autorität. Mystische Erfahrung als Quelle kirchlich-prophetischer Rede im Werk Mechthilds von Magdeburg,* Stuttgart/Bad Cannstatt 1989, S. 153. Von den zahlreichen Arbeiten Margot Schmidts sei hier nur genannt: Schmidt 1988.

31 *Die Offenbarung der Adelheid Langmann,* hg. von Ph. Strauch, London 1878, S. 81.

32 Vgl. dazu Elisabeth Gössmann, Das Menschenbild der Hildegard von Bingen und Elisabeth von Schönau vor dem Hintergrund der frühscholastischen Anthropologie, in: Bauer/Dinzelbacher 1985, S. 24–47, bes. S. 34f.

33 Julian of Norwich, Showings, Kap. 60, hg. von Marion Glasscoe, *A Revelation of Love,* Exeter 1976, S. 73. Ähnliches findet sich auch in den Viten der Margarethe Ebner und der Adelheid Langmann, vgl. Claudia Opitz, Von Kinderwunsch und Kindsmord. Mutterschaft und Mütterlichkeit vom 13. bis zum 15. Jahrhundert, in: dies., *Evatöchter und Bräute Christi. Weiblicher Lebenszusammenhang und Frauenkultur im Mittelalter,* Weinheim 1990, S. 54–86, hier S. 74ff.

34 Vgl. Kari Elisabeth Børresen, Christ notre mère. La Théologie de Julienne de Norwich, in: *Mitteilungen und Forschungsbeiträge der Cusanus-Gesellschaft* 13, 1978, S. 320–329. Collier-

Bendelow 1989. Julianas Korrektur am herkömmlichen (Erb-) Sündenbegriff geht auch aus ihrem in vielen Anthologien abgedruckten Gleichnis vom Herrn und seinem Knecht hervor. Vgl. z. B. Petroff 1986, S. 308–314. Zu den mittelalterlichen Autorinnen insgesamt vgl. Lewis 1989.

Aussagen, Zeugnisse, Geständnisse

1 *Le registre d'inquisition de Jacques Fournier, évêque de Pamiers (1318–1325)*, 3 Bde., Toulouse 1965, und *Le registre d'inquisition de Jacques Fournier*, 3 Bde., Paris/Den Haag/New York 1978.

Nachwort

1 Siehe hierzu etwa den grundlegenden Artikel von Gisela Bock, Der Ort der Frauen in der Geschichte, in: *Methoden in der Frauenforschung*, hg. von der ZE zur Förderung von Frauenstudien und Frauenforschung, Frankfurt a. M. 1984, S. 51-75.
2 Siehe dazu einführend Ulrich Raulff (Hg.), *Mentalitätengeschichte*, Berlin 1987.

3 Siehe dazu den Sammelband von Erler/Kowaleski 1988 und die Studie von Kellermann-Haaf 1986.
4 Zu den verschiedenen nationalen Forschungstraditionen auch innerhalb der mittelalterlichen Frauenforschung siehe die Beiträge in dem höchst interessanten Sammelband von Stuard 1987.
5 Dies zeigt u. a. Pauline Schmitt Pantel und Michelle Perrot in ihren Beiträgen zu dem Band von Perrot 1989.
6 Michelle Perrot, Vorwort zu dies. 1989, S. 25.
7 Die Diskussion in Deutschland dokumentiert sehr übersichtlich der Band von Lundt 1991.
8 Hier läßt sich etwa auf die Arbeiten von Werner Affeldt und seiner Berliner-Projektgruppe verweisen, die niedergelegt sind in dem Sammelband Affeldt/Kuhn 1986, ebenso auf den von H. W. Goetz herausgegebenen Sammelband (1991) und schließlich auf die Arbeiten von Dagmar Baltrusch-Schneider (1985 und 1991).
9 Siehe dazu auch den jüngst erschienenen Literaturbericht von Hedwig Röckelein, Historische Frauenforschung, in: *Historische Zeitschrift* 255, 1992, S. 377–409.

LITERATUR

Der Abschnitt *Allgemeine Literatur* dieser Auswahlbibliographie enthält Überblicksdarstellungen und diejenigen Werke, die in mehreren Kapiteln dieses Bandes zitiert werden. Die Spezialbibliographien zu den einzelnen Kapiteln ergänzen die in den Anmerkungen der jeweiligen Kapitel ziterten Werke.

Allgemeine Literatur

ALBISTUR, MAÏTÉ und DANIEL ARMOGATHE, *Histoire du féminisme français du Moyen Age à nos jours*, Paris 1977

ARIÈS, PHILIPPE und GEORGES DUBY (Hg.), *Histoire de la vie privée*, Bd. 2: *De l'Europe féodale à la Renaissance*, Paris 1985 (dt.: *Geschichte des privaten Lebens*, Bd. 2: *Vom Feudalzeitalter zur Renaissance.* Aus dem Franz. von Holger Fliessbach, Frankfurt 1990)

BAKER, DEREK (Hg.), *Medieval Women*, Oxford 1978

BAUER, DIETER R. und PETER DINZELBACHER (Hg.), *Frauenmystik im Mittelalter*, Ostfildern bei Stuttgart 1985

BERMAN, CONSTANCE H., CHARLES W. CONNELL und JUDITH RICE ROTSCHILD, *The Worlds of Medieval Women: Creativity, Influence, Imagination*, Morgantown 1985

BØRRESEN, KARI ELISABETH, *Anthropologie médiévale et théologie mariale*, Oslo 1971

BRIDENTHAL, RENATE und CLAUDIA KOONZ (Hg.), *Becoming Visible. Women in European History*, Boston 1977, 2. Aufl. 1987

BRUNDAGE, JAMES A., *Law, Sex, and Christian Society in Medieval Europe*, Chicago 1987

BRUNDAGE, JAMES A. und VERN L. BULLOUGH, *Sexual Practices and the Medieval Church*, Buffalo/New York 1982

BURGUIÈRE, A., C. KLAPISCH-ZUBER, M. SEGALEN und F. ZONABEND (Hg.), *Histoire de la famille*, Bd. 1: *Mondes lointains, mondes anciens*, Paris 1986

BYNUM, CAROLINE WALKER, *Holy Feast and Holy Fast. The Religious Significance of Food to Medieval Women*, Berkeley/Los Angeles/London 1987

CARROLL, BERENICE A. (Hg.), *Liberating Women's History*, Urbana/Chicago/London 1976

CASEY, CATHLEEN, The Cheshire Cat: Reconstructing the Experience of Medieval Women, in: CARROLL 1976, S. 224–249

DAUPHIN, CÉCILE u. a., Culture et pouvoir des femmes. Essai d'historiographie, in: *Annales E.S.C.* 41, 1986, S. 271–293

DE MATTEIS, MARIA CONSIGLIA, *Idee sulla donna nel Medioevo: fonti e aspetti giuridici, antropologici, religiosi, sociali e letterari della condizione femminile*, Bologna 1981

DRONKE, PETER, *Women Writers of the Middle Ages. A Critical Study of Texts from Per-petua to Marguerite Porete*, Cambridge 1984

DUBY, GEORGES, *Medieval Marriage. Two Models from Twelfth Century France*, Balti-more/London 1978a

DUBY, GEORGES, *Les trois ordres ou l'imaginaire du féodalisme*, Paris 1978b (dt.: *Die drei Ordnungen. Das Weltbild des Feudalismus*. Aus dem Franz. von Grete Oster-wald, Frankfurt a. M. 1981)

DUBY, GEORGES, *Le chevalier, la femme et le prêtre. Le mariage dans la France féodale*, Paris 1981 (dt.: *Ritter, Frau und Priester. Die Ehe im Frankreich des 11. und 12. Jahrhunderts*. Aus dem Franz. von Michael Schröter, Frankfurt a. M. 1985)

DUBY, GEORGES, *Mâle Moyen Age. De l'amour et autres essais*, Paris 1988 (dt.: *Die Frau ohne Stimme. Liebe und Ehe im Mittelalter*. Aus dem Franz. von Gabriele Ricke und Ronald Voullié, Berlin 1989)

DUPERRAY, EVE (Hg.), *Marie Madeleine dans la mystique, les arts et les lettres. Actes du Colloque international, Avignon, 20–22 juillet 1988*, Paris 1989

ELSHTAIN, JEAN BETHKE, *Public Man, Private Woman: Women in Social and Political Thought*, Princeton 1981

ENNEN, EDITH, *Frauen im Mittelalter*, München 1986

ERICKSON, CAROLLY und KATHLEEN CASEY, Women in the Middle Ages: A Working Biblio-graphy, in: *Medieval Studies* 37, 1975, S. 340–359

ERLER, MARY und MARYANNE KOWALESKI (Hg.), *Women and Power in the Middle Ages*, Athens (Georgia)/London 1988

ESTEBAN, ALFONSO und YVES-RENÉ FONQUERNE (Hg.), *La condición de la mujer en la Edad Media, Actas del Coloquio celebrado en la Casa de Velasquez del 5 al 7 nov. de 1984*, Madrid 1986

(La) Femme, Recueils de la Société Jean Bodin pour l'histoire comparative des institu-tions, Bd. 12, 2, Brüssel 1962

(La) Femme dans les civilisations des Xe–XIIIe siècles. Actes du Colloque tenu à Poi-tiers les 23–25 septembre 1976, Poitiers 1977

FERGUSON, MARGARET W., MAUREEN QUILLIGAN und NANCY J. VICKERS (Hg.), *Rewriting the Renaissance: The Discourses of Sexual Difference in Early Modern Europe*, Chi-cago/London 1986

FLANDRIN, JEAN-LOUIS, *Le sexe et l'Occident. Evolution des attitudes et des comporte-ments*, Paris 1981

FOUQUET, CATHERINE und YVONNE KNIEBIEHLER, *L'histoire des mères du Moyen Age à nos jours*, Paris 1980

Frau und Spätmittelalterlicher Alltag. Internationaler Kongreß, Krems, 2.–5. Okt. 1984, Wien 1986

GAUDEMET, JEAN, *Le mariage en Occident. Les mœurs et le droit*, Paris 1987

GOODY, JACK, *The Development of the Family and Marriage in Europe*, Cambridge 1983 (dt.: *Die Entwicklung von Ehe und Familie in Europa*. Aus dem Engl. von Eva Horn, Berlin 1986)

GRIMAL, PIERRE (Hg.), *Histoire mondiale de la femme*, Paris 1966

HARKSEN, SIBYLLE, *Die Frau im Mittelalter*, Leipzig 1974

HERLIHY, DAVID, *Women in Medieval Society*, Houston 1971 (The Smith History Lecture 14)

HERLIHY, DAVID, *Medieval Households*, Cambridge (Mass.) 1985

JACQUART, DANIELLE und CLAUDE THOMASSET, *Sexualité et savoir médical au Moyen Age*, Paris 1985

KELLY, JOAN, *Woman, History, and Theory*, Chicago/London 1984

KETSCH, PETER, *Frauen im Mittelalter*, 2. Bde., hg. von Anette Kuhn, Düsseldorf 1984

KIRSHNER, JULIUS und SUZANNE F. WEMPLE (Hg.), *Women of the Medieval World. Essays in Honor of John H. Mundy*, Oxford 1985

KOCH, GOTTFRIED, *Frauenfrage und Ketzertum im Mittelalter. Die Frauenbewegung im Rahmen des Katharismus und des Waldensertums und ihre sozialen Wurzeln (12.–14. Jahrhundert)*, Berlin 1962

LABALME, PATRICIA H. (Hg.), *Beyond Their Sex. Learned Women of the European Past*, New York/London 1984

LAMPHERE, L. und M. Z. ROSALDO (Hg.), *Women, Culture, and Society*, Stanford 1974

LUCAS, ANGELA M., *Women in the Middle Ages. Religion, Marriage and Letters*, Brighton 1983

LUNDT, BEA (Hg.), *Auf der Suche nach der Frau im Mittelalter*, München 1991

MACCORMACK, S. C. und M. STRATHERN (Hg.), *Nature, Culture, and Gender*, Cambridge 1980

MACLEAN, IAN, *The Renaissance Notion of Women: A Study in the Fortunes of Scholasticism and Medical Science in European Intellectual Life*, London/New York 1980

(Il) Matrimonio nella società altomedievale, 24a Settimana di studio sulla società dell' alto Medioevo, Spoleto, 22–28 aprile 1976, 2 Bde., Spoleto 1977

MCLAUGHLIN, ELEANOR und ROSEMARY R. RUETHER (Hg.), *Women of Spirit: Female Leadership in the Jewish and Christian Traditions*, New York 1979

Methoden in der Frauenforschung, hg. von der Zentraleinrichtung zur Förderung von Frauenstudien und Frauenforschung an der Freien Universität Berlin, Berlin 1985

METZ, RENÉ, *La femme et l'enfant dans le droit canonique médiéval*, London 1985

MOREWEDGE, ROSEMARIE THEE (Hg.), *The Role of Woman in the Middle Ages*, Albany 1975

NOONAN, JOHN T., *Contraception. A History of its Treatment by the Catholic Theologians and Canonists*, Cambridge (Mass.) 1966

OPITZ, CLAUDIA und ELISABETH SCHRAUT (Hg.), *Frauen und Kunst im Mittelalter*, Ausstellungskatalog, Braunschweig 1983

OPITZ, CLAUDIA (Hg.), *Weiblichkeit oder Feminismus? Beiträge zur interdisziplinären Frauentagung (Konstanz 1983)*, Weingarten 1984

OPITZ, CLAUDIA, *Frauenalltag im Mittelalter. Biographien des 13. und 14. Jahrhunderts*, Weinheim 1985

ORTNER, S. und H. WHITEHEAD (Hg.), *Sexual Meanings: The Cultural Construction of Gender and Sexuality*, Cambridge (Mass.) 1981

PARISSE, MICHEL, *Les nonnes au Moyen Age*, Le Puy 1983

PEREIRA, MICHELA, *Né Eva né Maria: condizione femminile e immagine della donna nel Medioevo*, Bologna 1981

PERNOUD, RÉGINE, *La femme au temps des cathédrales*, Paris 1980 (dt.: *Leben der Frauen im Hochmittelalter*. Aus dem Franz. von Roswitha Schmid, Pfaffenweiler 1991)

PERROT, MICHELLE (Hg.), *Une histoire des femmes est-elle possible?* Marseille 1984 (dt.: *Geschlecht und Geschichte. Ist eine weibliche Geschichtsbeschreibung möglich?* Aus dem Franz. von Wolfgang Kaiser, Frankfurt a. M. 1989)

POMATA, GIANNA, La storia delle donne: Una questione di confine, in: *Il mondo contemporaneo*, Bd. 10, Gli strumenti della ricerca, Teil 2, Florenz 1983, S. 1434–1469

POWER, EILEEN E., *Medieval Women*, Cambridge 1975 (dt.: *Als Adam grub und Eva spann, wo war da der Edelmann? Das Leben der Frau im Mittelalter*. Aus dem Engl. von Angelika Tümmler und Dirk von Meeredonk, Berlin 1984)

REITER, RAYNA R. (Hg.), *Toward an Anthropology of Women*, New York/London 1975

RENZI, PAOLO und BENEDETTO VETERE (Hg.), *Profili di donne. Mito, immagine, realtà fra Medioevo ed età contemporanea*, Galatina 1986

ROSSIAUD, JACQUES, *La prostituzione nel Medioevo*, Rom/Bari 1984 (dt.: *Dame Venus. Prostitution im Mittelalter*. Aus dem Ital. von Ernst Voltmer, München 1989)

ROY, BRUNO (Hg.), *L'érotisme au Moyen Age. Études présentées au troisième colloque de l'Institut d'études médiévales*, Montréal 1977

RUETHER, ROSEMARY R. (Hg.), *Religion and Sexism: Images of Women in the Jewish and Christian Traditions*, New York 1974 (dt.: *Sexismus und die Rede von Gott. Schritte zu einer anderen Theologie.* Aus dem Engl. von Annemarie Eggers, Jean Fraser, Karin Willms u. a., Gütersloh 1985)

SAXONHOUSE, ARLENE W., *Women in the History of Political Thought: Ancient Greece to Machiavelli,* New York/Toronto 1985

SHAHAR, SHULAMITH, *Die Frau im Mittelalter,* Königstein/Ts. 1981

STUARD, SUSAN M. (Hg.), *Women in Medieval Society,* Philadelphia 1976

STUARD, SUSAN M. (Hg.), *Women in Medieval History and Historiography,* Philadelphia 1987

UITZ, ERIKA, *Die Frau in der mittelalterlichen Stadt,* Stuttgart 1988

VAUCHEZ, ANDRÉ, *La sainteté en Occident aux derniers siècles du Moyen Age d'après les procès de canonisation et les documents hagiographiques,* Rom 1981

WARNER, MARINA, *Alone of All Her Sex. The Myth and the Cult of the Virgin Mary,* London 1976 (dt.: *Maria. Geburt, Triumph, Niedergang – Rückkehr eines Mythos?* Aus dem Engl. von Gabriele Spielvogel u. a., München 1982)

Die Sicht der Geistlichen/Jacques Dalarun

(Siehe auch die Arbeiten von BØRRESEN, DUBY und WARNER im Abschnitt *Allgemeine Literatur*)

BELL, RUDOLPH M., *Holy Anorexia,* Chicago/London 1985

BØRRESEN, KARI ELISABETH, *Subordination et équivalence. Nature et rôle de la femme d'après Augustin et Thomas d'Aquin,* Oslo/Paris 1968

BYNUM, CAROLINE WALKER, *Jesus as Mother. Studies in the Spirituality of the High Middle Ages,* Los Angeles/London 1982

CORBET, PATRICK, *Les saints ottoniens. Sainteté dynastique, sainteté royale et sainteté féminine autour de l'an mil,* Sigmaringen 1986 (Beihefte der Francia 15)

DALARUN, JACQUES, *Robert d'Arbrissel, fondateur de Fontevraud,* Paris 1986 (dt.: *Erotik und Enthaltsamkeit. Das Kloster des Robert von Arbrissel.* Aus dem Franz. von Johanna und Günter Woltmann-Zeitler, Frankfurt a. M. 1987)

D'ALVERNY, MARIE-THÉRÈSE, Comment les théologiens et les philosophes voient la femme, in: *La femme dans la civilisation des Xᵉ–XIIIᵉ siècles,* Poitiers 1977, S. 105–129 (Cahiers de Civilisation médiévale 20)

DEVAILLY, GUY, Un évêque et un prédicateur errant au XIIᵉ siècle: Marbode de Rennes et Robert d'Arbrissel, in: *Mémoires de la Société d'histoire et d'archéologie de Bretagne* 57, 1980, S. 163–170

DUBY, GEORGES, *Le chevalier, la femme et le prêtre. Le mariage dans la France féodale,* Paris 1981 (dt.: *Ritter, Frau und Priester. Die Ehe im Frankreich des 11. und 12. Jahrhunderts.* Aus dem Franz. von Michael Schröter, Frankfurt a. M. 1985)

HASENOHR, GENEVIÈVE, La vie quotidienne de la femme vue par l'Église: l'enseignement des »journées chrétiennes« de la fin du Moyen Age, in: *Frau und spätmittelalterlicher Alltag, Internationaler Kongreß, Krems, 2.–5. Okt. 1984,* Wien 1986, S. 19–101

KOCH, GOTTFRIED, *Frauenfrage und Ketzertum im Mittelalter. Die Frauenbewegung im Rahmen des Katharismus und des Waldensertums und ihre sozialen Wurzeln (12.–14. Jahrhundert),* Berlin 1962

KOEHLER, THÉODORE, Marie (Vierge), III: Du Moyen Age aux Temps modernes, in: *Dictionnaire de spiritualité ascétique et mystique, doctrine et histoire,* Bd. 10, Paris 1990, Sp. 440–459

LECLERCQ, JEAN, Saint Bernard et la dévotion médiévale envers Marie, in: *Revue d'ascétique et de mystique* 30, 1954, S. 361–375

LEFEVRE, YVES, La femme du Moyen Age en France, dans la vie littéraire et spirituelle, in: PIERRE GRIMAL (Hg.), *Histoire mondiale de la femme,* Bd. 2, Paris 1966, S. 79–134

LE GOFF, JACQUES, *La naissance du Purgatoire*, Paris 1981 (dt.: *Die Geburt des Fege-feuers. Vom Wandel des Weltbildes im Mittelalter*. Aus dem Franz. von Ariane For-kel, München 1990)

MANSELLI, RAOUL, La Chiesa e il francescanesimo femminile, in: *Movimento religioso femminile e francescanesimo nel secolo XIII. Atti del VII Convegno internazionale, Assisi, 11–13 ottobre 1979*, Assisi 1980, S. 239–261

METZ, RENÉ, Le statut de la femme en droit canonique médiéval, in: *La femme*, Brüs-sel 1962, S. 59–113; wiederabgedruckt in: DERS., *La femme et l'enfant dans le droit canonique médiéval*, London 1985

PLANQUE, MICHEL, Eve, in: *Dictionnaire de spiritualité, ascétique et mystique, doctrine et histoire,* Bd. 4, Paris 1961, Sp. 1772–1788

RUSSO, DANIEL, Entre le Christ et Marie: la Madeleine dans l'art italien des XIIIe–XVe siècles, in: *Marie Madelaine dans la mystique, les arts et les lettres. Actes du Collo-que international, Avignon, 20–22 juillet 1988*, Paris 1989, S. 33–47

SAXER, VICTOR, *Le culte de Marie Madeleine en Occident des origines à la fin du Moy-en Age*, 2 Bde., Auxerre/Paris 1959

SAXER, VICTOR, Maria Maddalena, santa, in: *Bibliotheca sanctorum,* Bd. 8, Rom 1967, Sp. 1078–1104

TOUBERT, PIERRE, La théorie du mariage chez les moralistes carolingiens, in: *Il matri-monio nella società altomedievale, 24a Settimana di studio sulla società dell' alto Medioevo, Spoleto, 22–28 aprile 1976*, Spoleto 1977, S. 233–282

ZAPPERI, ROBERTO, *L'uomo incinto. La donna, l'uomo e il potere*, Rom 1979 (dt.: *Der schwangere Mann. Männer, Frauen und die Macht*. Aus dem Ital. von Ingeborg Walter, München 1984)

Von der Natur der Frau/Claude Thomasset

(Siehe auch die Arbeiten von BRUNDAGE/BULLOUGH, NOONAN, ROSSIAUD und ROY im Abschnitt *Allgemeine Literatur*)

BARKAI, RON, A Medieval Hebrew Treatise on Obstetrics, in: *Medical history* 33, 1988, S. 96ff.

BENTON, JOHN F., Women's Problems, and the Professionalization of Medicine in the Middle Ages, in: *Bulletin of the History of Medicine* 59, 1985, S. 30ff.

BOSWELL, JOHN, *Christianity, Social Tolerance and Homosexuality,* Chicago 1980

BRODY, SAUL N., *The Disease of the Soul: Leprosy in Medieval Literature*, Ithaca/London 1974

BULLOUGH, VERN L., Medieval Medical and Scientific Views on Women, in: *Viator* 4, 1973, S. 485ff.

CADDEN, JOAN, Medieval Scientific and Medical Views of Sexuality: Questions of Pro-priety, in: *Medievalia et Humanistica*, n. S., 14, 1986, S. 157

DIEPGEN, PAUL, *Frau und Frauenheilkunde in der Kultur des Mittelalters*, Stuttgart 1963

DUBY, GEORGES, *Mâle Moyen Age. De l'amour et autres essais*, Paris 1988 (dt.: *Die Frau ohne Stimme. Liebe und Ehe im Mittelalter*. Aus dem Franz. von Gabriele Ricke und Ronald Voullié, Berlin 1989)

FLANDRIN, JEAN-LOUIS, *Un temps pour embrasser. Aux origines de la morale sexuelle occidentale (VIe–XIe siècles)*, Paris 1983

HEWSON, M. ANTHONY, *Giles of Rome and the Medieval Theory of Conception*, London 1975

JACQUART, DANIELLE und CLAUDE THOMASSET, Albert le Grand et les problèmes de la sexualité, in: *History and Philosophy of the Life Sciences*, 1981, S. 73ff.

JACQUART, DANIELLE und CLAUDE THOMASSET, *Sexualité et savoir médical au Moyen Age*, Paris 1985

KUSCHE, BRIGIT, Zur ›Secreta mulierum‹-Forschung, in: *Janus* 62, 1975, S. 103ff.

LAWN, BRIAN, *The prose Salernitan questions,* Oxford 1979

LESKY, ERNA, Die Zeugungs- und Vererbungslehre der Antike und ihre Nachwirkungen, in: *Abhandlungen der Akademie der Wissenschaften und der Literatur in Mainz* 19, 1950

LOEFFLER, JOSEF, *Die Störungen des geschlechtlichen Vermögens in der Literatur der autoritativen Theologie des Mittelalters; ein Beitrag zur Geschichte der Impotenz und des medizinischen Sachverständigenbeweises im kanonischen Impotenzprozeß,* Wiesbaden 1958

NEMESIUS D'EMESE, *De natura hominis,* übers. von Burgundio de Pise, hg. von G. Verbeke und J. R. Moncho, Leyden 1975

POUCHELLE, MARIE-CHRISTINE, *Corps et chirurgie à l'apogée du Moyen Age. Savoir et imaginaire du corps chez Henry de Mondeville, chirurgien de Philippe le Bel,* Paris 1983

RODNITE-LEMAY, HELEN, Anthonius Guainerius and Medieval Gynecology, in: JULIUS KIRSCHNER und SUZANNE F. WEMPLE (Hg.), *Women of the Medieval World,* Oxford 1985, S. 317ff.

SHARPE, W. D., Isidore of Seville. The Medical Writings, in: *Transactions of the American Philosophical Society,* n. S., 54, 2, 1964, S. 5ff.

WICKERSHEIMER, ERNEST, *Anatomies de Mondino dei Luzzi et de Guido de Vigevano,* Genf 1926

WOOD, CHARLES T., The Doctor's Dilemma: Sin, Salvation and the Menstrual Cycle in Medieval Thought, in: *Speculum* 56, 1981, S. 710ff.

Die beaufsichtigte Frau/Carla Casagrande

(Siehe auch die Arbeiten von D'ALVERNY und HASENOHR in der Bibliographie zum Kapitel *Die Sicht der Geistlichen*)

AGRIMI, JOLE und CHIARA CRISCIANI, Immagini e ruoli della »vetula« tra sapere medico e antropologia religiosa (sec. XIII e VX), in: *Le pouvoir informel dans l'Eglise et la société du bas Moyen Age (Congr. intern. Erice, 24–30 sept. 1989),* Palermo 1990

ALLEN, PRUDENCE, *The Concept of Women: The Aristotelian Revolution, 750 BC-AD 1250,* Montréal/London 1985

ATKINSON, CLARISSA W., Precious Balsam in a Fragile Glass: The Ideology of Virginity in the Later Middle Ages, in: *Journal of Family History* 8, 1983, S. 131–143

BATANY, JEAN, Les »Estats« au féminin: un problème de vocabulaire social du XIIe au XVe siècle, in: *Annales de la Faculté des lettres et sciences humaines de Nice* 48, 1984, S. 51–59

BORNSTEIN, DIANE, *The Lady in the Tower. Medieval Courtesy Literature for Women,* Hamden (Conn.) 1983

BUGGE, JOHN, *Virginitas: An Essay in the History of a Medieval Ideal,* The Hague 1975

CASAGRANDE, CARLA, *Prediche alle donne del secolo XIII,* Mailand 1978

DULAC, LILIANE, Inspiration mystique et savoir politique: les conseils aux veuves chez Francesco da Barberino et chez Christine de Pizan, in: *Mélanges à la mémoire de Franco Simone,* Bd. 1, Genf 1980, S. 113–141

FERRANTE, JOAN M., *Woman as Image in Medieval Literature from the Twelfth Century to Dante,* New York/London 1975

HENTSCH, ALICE ADÈLE, *De la littérature didactique du Moyen Age s'adressant spécialement aux femmes,* Cahors 1903

PEREIRA, MICHELA, L'educazione femminile alla fine del Medioevo. Considerazioni sul »De eruditione filiorum nobilium« di Vincenzo di Beauvais, in: EGLE BECCHI (Hg.), *Per una storia del costume educativo (Età classica e Medio Evo),* Turin 1983 (Quaderni della Fondazione Gian Giacomo Feltrinelli 23)

PILOSU, MARIO, *La donna, la lussuria e la Chiesa nel Medioevo,* Genua 1989

RÉGNIER-BOHLER, DANIELLE, Geste, parole et clôture: les représentations du gynécée dans la littérature médiévale du XIIIᵉ au XVᵉ siècle, in: *Mélanges de langue et de littérature médiévales offerts à Alice Planche, Annales de la Faculté des lettres et sciences humaines de Nice* 48, 1984, S. 393–404

Die gute Gattin/Silvana Vecchio

BOSCHINGER, DANIELLE und ANDRÉ CRÉPIN (Hg.), *Amour, mariage et transgressions au Moyen Age* (Actes du colloque des 24–27 mars 1983, Université de Picardie, Centre d'études médiévales), Göppingen 1984

BRIDENTHAL, RENATE und CLAUDIA KOONZ (Hg.), *Becoming Visible. Women in European History*, Boston 1977, 2. Aufl. 1987

BROOKE, CHRISTOPHER N. L., *The Medieval Idea of Marriage*, Oxford 1989

D'AVRAY, DAVID L., The Gospel of the Marriage Feast of Cana and Marriage Preaching in France, in: KATHERINE WALSH und DIANA WOOD (Hg.), *The Bible in the Medieval World. Essays in Memory of Beryl Smalley*, Oxford/New York 1985, S. 207–224

D'AVRAY, DAVID L. und M. TAUSCHE, Marriage Sermons in »ad status« Collections of the Central Middle Ages, in: *Archives d'histoire doctrinale et littéraire du Moyen Age* 47, 1980, S. 71–119

DE MAIO, ROMEO, *Donna e Rinascimento*, Mailand 1987

DUBY, GEORGES, *Le chevalier, la femme et le prêtre. Le mariage dans la France féodale*, Paris 1981 (dt.: *Ritter, Frau und Priester. Die Ehe im Frankreich des 11. und 12. Jahrhunderts*. Aus dem Franz. von Michael Schröter, Frankfurt a. M. 1985)

FARMER, SHARON, Persuasive Voices: Clerical Images of Medieval Wives, in: *Speculum* 61, 1986, S. 517–543

GARIN, EUGENIO, *L'educazione umanistica in Italia*, Rom/Bari 1949

GAUDEMET, JEAN, *Le mariage en Occident. Les moeurs et le droit*, Paris 1987

HEANEY, SEAMUS, *The Development of the Sacramentality of Marriage from Anselm of Laon to Thomas Aquinas*, Washington 1963

KELLY, JOAN, *Woman, History, and Theory*, Chicago/London 1984

KELSO, RUTH, *Doctrine for the Lady of the Renaissance*, Urbana 1956

KING, MARGARET L., La donna del Rinascimento, in: EUGENIO GARIN (Hg.), *L'uomo del Rinascimento*, Rom/Bari 1988, S. 273–327 (dt.: Die Frau, in: DERS. (Hg.), *Der Mensch der Renaissance*. Aus dem Engl. von Linda Gränz, Frankfurt a. M./New York 1990)

KLAPISCH-ZUBER, CHRISTIANE, *La maison et le nom. Stratégies et rituels dans l'Italie de la Renaissance*, Paris 1990

LAMBERTINI, ROBERTO, Per una storia dell' *economica* tra alto e basso Medioevo, in: *Cheiron* 4, 1985, S. 45–74

LE BRAS, GABRIEL, La doctrine du mariage chez les théologiens et les canonistes depuis l'an mil, in: *Dictionnaire de théologie catholique* IX, 2, Spalte 2123–2317

LENZI, MARIA LUDOVICA, *Donne e madonne. L'educazione femminile nel primo Rinascimento italiano*, Turin 1982

LUGLI, VITTORIO, *I trattatisti della famiglia nel Quattrocento*, Bologna/Modena 1909

PARMISANO, FABIAN, Love and Marriage in the Middle Ages, in: *New Blackfriars* 50, 1969, S. 599–608 und 649–660

PIAZZA, ROSALBA, *Adamo, Eva e il serpente*, Palermo 1988

PINKAERS, SERVAIS, Ce que le Moyen Age pensait du mariage, in: *La vie spirituelle, ascétique et mystique* 82, 1967, S. 413–440

VEREECKE, LOUIS, Mariage et sexualité au déclin du Moyen Age, in: *La vie spirituelle, ascétique et mystique* 57, 1961, S. 199–225

Frauenmoden und ihre Kontrolle/Diane Owen Hughes

BALDWIN, FRANCES ELIZABETH, *Sumptuary Legislation and Personal Regulation in England*, Baltimore 1926

BAUR, VERONIKA, *Kleiderordnung in Bayern vom 14. bis zum 19. Jahrhundert*, München 1975

BERNIS, CARMEN, *Trajes, y modas en la España de los Reyes Catolicos*, 2 Bde., Madrid 1979

BISTORT, G., *Il Magistrato alle pompe nella Repubblica di Venezia. Studio storico*, Venedig 1912

BOUCHER, FRANÇOIS, *Histoire du costume en Occident de l'Antiquité à nos jours*, Paris 1965

BRUNDAGE, JAMES A., Sumptuary Laws and Prostitution in Late Medieval Italy, in: *Journal of Medieval History* 13, 1987, S. 343–355

D'ANCONA, PAOLO, *Le vesti delle donne fiorentine nel sec. XIV*, Perugia 1906

EISENBART, LISELOTTE CONSTANZE, *Kleiderordnungen der deutschen Städte zwischen 1350 und 1700*, Göttingen 1962

HERALD, JACQUELINE, *Renaissance Dress in Italy, 1400–1500*, London 1981

HUGHES, DIANE OWEN, Distinguishing Signs: Ear-Rings, Jews and Franciscan Rhetoric in the Italian Renaissance City, in: *Past and Present* 112, 1986, S. 3–59

HUGHES, DIANE OWEN, Sumptuary Law and Social Relations in Renaissance Italy, in: JOHN BOSSY (Hg.), *Disputes and Settlements: Law and Human Relations in the West*, Cambridge 1983, S. 69–99

KANTOROWICZ, HERMANN (mit N. Denholm-Young), De Ornatu mulierum: A Consilium of Antonius de Rosellis with an introduction on Fifteenth Century Sumptuary Legislation, in: *Rechtshistorische Schriften*, S. 315–376

KRAEMER, PIERRE, *Le luxe et les lois somptuaires au Moyen Age*, Paris 1920

LABALME, PATRICIA H., Venetian Women on Women: Three Early Modern Feminists, in: *Archivio veneto*, Serie V, 116, 1981, S. 81–109

LEVI PISETZKY, ROSITA, La couleur dans l'habillement italien, in: *Actes du 1er Congrès international d'histoire du costume, Venise 1952*, Mailand 1955

LEVI PISETZKY, ROSITA, *Storia del costume in Italia*, 5 Bde., Mailand 1964–1969

MOLMENTI, POMPEO, *La storia di Venezia nella vita privata dalle origini alla caduta della Repubblica*, 3 Bde., 4. Aufl., Bergamo 1905–1980

PIPONNIER, FRANÇOISE, *Costume et vie sociale: la cour d'Anjou XIVe–XVe siècle*, Paris/La Haye 1970 (Coll. Civilisations et sociétés 21)

PLATELLE, H., Le problème du scandale: les nouvelles modes masculines aux XIe et XIIe siècles, in: *Revue belge* 53, 1975, S. 1071–1096

VERGA, ETTORE, Le leggi suntuarie milanesi, in: *Archivio storico lombardo*, 3a serie, 9, 1898

VINCENT, JOHN MARTIN, *Costume and Conduct in the Laws of Basel, Bern and Zürich, 1370–1800*, Baltimore 1935

Frauen im frühen Mittelalter/Suzanne Fonay Wemple

COLEMAN, EMILY, Medieval Marriage Characteristics: A Neglected Factor in the History of Medieval Serfdom, in: *Journal of Interdisciplinary History* 2, 1971, S. 205–219

COLEMAN, EMILY, L'infanticide dans le haut Moyen Age, in: *Annales E.S.C.* 29, Nr. 2, 1974, S. 313–335

CORNUEY, LOUIS-M.-A., *Le régime de la »dos«, aux époques mérovingienne et carolingienne*, Alger 1929

DRONKE, PETER, *Women Writers of the Middle Ages. A Critical Study of Texts from Perpetua to Marguerite Porete*, Cambridge 1984

HERLIHY, DAVID, Land, Family, and Women, in: *Traditio* 18, 1962, S. 89–113

JUSTER, JEAN, *La condition légale des Juifs sous les rois visigoths*, Paris 1911

KING, P. D., *Law and Society in the Visigothic Kingdom*, Cambridge 1972, bes. S. 222–250

LEYSER, K. J., *Rule and Conflict in an Early Medieval Society*, London 1979, bes. S. 49–73

MCNAMARA, JOANN, Sanctity and Power: The Dual Pursuit of Medieval Women, in: R. BRIDENTHAL und C. KOONZ (Hg.), *Becoming Visible. Women in European History*, Boston 1977, 2. Aufl. 1987, S. 90–118

MCNAMARA, JOANN und SUZANNE FONAY Wemple, Marriage and Divorce in the Frankish Kingdom, in: SUSAN M. STUARD (Hg.), *Women in Medieval Society*, Philadelphia 1976, S. 95–124

NICHOLS, A. und L. T. SHANK (Hg.), *Medieval Religious Women*, Kalamazoo 1987

THIEBAUX, MARCELLE, *The Writings of Medieval Women*, New York 1987

WEMPLE, SUZANNE FONAY, *Women in Frankish Society: Marriage and the Cloister, 500–900*, Philadelphia 1981

Die feudale Ordnung (11. und 12. Jahrhundert)/Paulette L'Hermite-Leclercq

(Siehe auch die Arbeiten von ARIÈS/DUBY, BURGUIÈRE u. a., ESTEBAN/FONQUERNE, DUBY, GAUDEMET, GOODY, HERLIHY, MOREWEDGE, PARISSE, PERROT, STUARD sowie *Il Matrimonio nella società altomedievale* im Abschnitt *Allgemeine Literatur* und von CORBET in der Bibliographie zum Kapitel *Die Sicht der Geistlichen*)

BAKER, DEREK (Hg.), *Medieval Women*, Oxford 1978

BELL, RUDOLPH M. und DONALD WEINSTEIN, *Saints and Society: The Two Worlds of Western Christendom, 1000–1700*, Chicago 1982

BENVENUTI PAPI, ANNA, »Velut in sepulchro«: cellane e recluse nella tradizione agiografica italiana, in: SOFIA BOESCH GAJANO und LUCIA SEBASTIANI (Hg.), *Culto dei santi, istituzioni e classi sociali in età preindustriale*, L'Aquila/Rom 1985, S. 365–455

DELORT, ROBERT, *La vie au Moyen Age*, Paris 1982

DUBY, GEORGES, *Medieval Marriage. Two Models from Twelfth Century France*, Baltimore/London 1978a

DUBY, GEORGES, *Les trois ordres ou l'imaginaire du féodalisme*, Paris 1978b (dt.: *Die drei Ordnungen. Das Weltbild des Feudalismus*. Aus dem Franz. von Grete Osterwald, Frankfurt a. M. 1981)

DUBY, GEORGES, *Le chevalier, la femme et le prêtre. Le mariage dans la France féodale*, Paris 1981 (dt.: *Ritter, Frau und Priester. Die Ehe im Frankreich des 11. und 12. Jahrhunderts*. Aus dem Franz. von Michael Schröter, Frankfurt a. M. 1985)

ERLER, MARY und MARYANNE KOWALESKI (Hg.), *Women and Power in the Middle Ages*, Athens (Georgia)/London 1988

FONTETTE, MICHELINE PONTENAY de, *Les religieuses à l'âge classique du droit canon*, Paris 1967

FOSSIER, ROBERT, *Enfance de l'Europe*, 2 Bde., Paris 1982

GOLD, PENNY SCHINE, *The Lady and the Virgin. Image, Attitude, and Experience in Twelfth Century France*, Chicago/London 1985

HELMHOLZ, RICHARD H., *Marriage Litigation in Medieval England*, Cambridge/London 1974

HERLIHY, DAVID, *Medieval Households*, Cambridge (Mass.) 1985

LECLERCQ, DOM JEAN, *Le mariage vu par les moines au XIIᵉ siècle*, Paris 1983

LE GOFF, JACQUES, *La civilisation de l'Occident médiéval*, Paris 1972 (dt.: *Kultur des europäischen Mittelalters*. Aus dem Franz. von Gerda Kurz und Siglinde Summerer, München/Zürich 1976)

L'HERMITE-LECLERCQ, PAULETTE, La réclusion volontaire au Moyen Age: une institution spécifiquement féminine, in: YVES-RENÉ FONQUERNE und ALFONSO ESTEBAN (Hg.), *La condición de la mujer en la Edad Media, Actas del Coloquio celebrado en la Casa de Velasquez del 5 al 7 nov. de 1984*, Madrid 1986, S. 135–154

L'HERMITE-LECLERCQ, PAULETTE, *Le monachisme dans la societé de son temps. Le monastère de La Celle (XIᵉ- début du XVIᵉ siècle)*, Paris 1989

MURRAY, ALEXANDER C., *Reason and Society in the Middle Ages*, Oxford 1978

OTIS, LEAH LYDIA, *Prostitution in Medieval Society*, Chicago/London 1985

Das höfische Modell/Georges Duby

DRAGONETTI, ROGER, *Le gai savoir dans la rhétorique courtoise*, Paris 1982

HUCHET, JEAN-CHARLES, *L'amour dit courtois. La »Fin'amors« chez les premiers troubadours*, Toulouse 1987

JACQUART, DANIELLE und CLAUDE THOMASSET, *Sexualité et savoir medical au Moyen Age*, Paris 1985

KARNEIN, A., *»De Amore« in volkssprachlicher Literatur. Untersuchungen zur Andreas Capellanus-Rezeption in Mittelalter und Renaissance*, Heidelberg 1985

MARCHELLO-NIZIA, CHRISTIANE, Amour courtois, société masculine et figures de pouvoir, in: *Annales E.S.C.* 35, 6, 1981, S. 969–982

MONSON, D. A., Andreas Capellanus and the Problem of Irony, in: *Speculum*, Juli 1988

MUNDY, JOHN HINE, Le mariage et les femmes à Toulouse au temps des Cathares, in: *Annales E.S.C.* 42, 1, 1987, S. 117–134

NELLI, RENÉ, *L'érotique des troubadours*, Toulouse 1963; neue Ausg., 2 Bde., Paris 1974 (Collection 10/18)

PARIS, GASTON, *Manuel d'ancien français. La littérature française au Moyen Age, XIᵉ–XIVᵉ siècle*, Paris 1888

PARIS, GASTON, *La poésie du Moyen Age*, Paris 1913

REY-FLAUD, H., *La névrose courtoise*, Paris 1983

ROCHER, D., Le débat autour du mariage chez les clercs et les écrivains »mondains« à la fin du XIIᵉ et au début du XIIIᵉ siècle, in: *Cahiers d'études germaniques*, 1987

Frauenalltag im Spätmittelalter (1250– 1500)/Claudia Opitz

BARCHEWITZ, JUTTA, V*on der Wirtschaftstätigkeit der Frau in der vorgeschichtlichen Zeit bis zur Entfaltung der Stadtwirtschaft*, Breslau 1937 (Breslauer Historische Forschungen 3)

BAUER, DIETER R. und PETER DINZELBACHER (Hg.), *Frauenmystik im Mittelalter*, Ostfildern bei Stuttgart 1985

BEARD, MARY R., *Woman as Force in History. A Study in Traditions and Realities*, New York 1946

BENNETT, JUDITH M., *Women in the Medieval English Countryside: Gender and Household in Brigstock before the Plague*, New York 1987

BRODMEIER, BEATE, *Die Frau im Handwerk in historischer und moderner Sicht*, Münster 1963 (Forschungsberichte aus dem Handwerk 9)

BYNUM, CAROLYNE W., *Holy Feast and Holy Fast. The Religious Significance of Food to Medieval Women*, Berkeley 1987

CARROLL, BERENICE A. (Hg.), *Liberating Women's History*, Urbana/Chicago/London 1976

CHARLES, L. und LORNA DUFFIN (Hg.), *Women and Work in Preindustrial England*, Beckenham 1983

DIEPGEN, PAUL, *Frau und Frauenheilkunde in der Kultur des Mittelalters*, Stuttgart 1963

DUBY, GEORGES, *Medieval Marriage. Two Models from Twelfth Century France*, Baltimore/London 1978

DUBY, GEORGES, *Le chevalier, la femme et le prêtre. Le mariage dans la France féodale*, Paris 1981 (dt.: *Ritter, Frau und Priester. Die Ehe im Frankreich des 11. und 12. Jahrhunderts*. Aus dem Franz. von Michael Schröter, Frankfurt a. M. 1985)

ENNEN, EDITH, *Frauen im Mittelalter*, München 1986

ERLER, MARY und MARYANNE KOWALESKI (Hg.), *Women and Power in the Middle Ages*, Athens (Georgia)/London 1988

FERRANTE, JOAN M., The Education of Women in the Middle Ages in Theory, Fact, and Fantasy, in: PATRICIA H. LABALME (Hg.), *Beyond Their Sex. Learned Women of the European Past*, New York 1984, S. 9–42

Frau und spätmittelalterlicher Alltag. Internationaler Kongreß, Krems, 2.–5. Okt. 1984, Wien 1986

GRUNDMANN, HERBERT, *Religiöse Bewegungen im Mittelalter*, Darmstadt 1970

HANAWALT, BARBARA A., The Female Felon in Fourteenth-Century England, in: *Viator* 5, 1974, S. 253–268; wieder abgedruckt in: SUSAN M. STUARD (Hg.), *Women in Medieval Society*, Philadelphia 1976, S. 125–140

HANAWALT, BARBARA A., *Crime and Conflict in English Communities 1300–1348*, Cambridge 1979

HANAWALT, BARBARA A. (Hg.), *Women and Work in Preindustrial Europe*, Bloomington 1986

HERLIHY, DAVID und CHRISTIANE KLAPISCH-ZUBER, *Les Toscans et leurs familles. Une étude de Catasto florentin de 1427*, Paris 1978

HOWELL, MARTHA C., *Women, Production, and Patriarchy in Late Medieval Cities*, Chicago/London 1986

HUGHES, DIANE OWEN, Domestic Ideals and Social Behaviour. Evidence from Medieval Genoa, in: CHARLES E. ROSENBAUM (Hg.), *The Family in History*, Philadelphia 1975, S. 115–136

HUGUES, MURIEL, J., *Women Healers in Medieval Life and Literature*, New York 1943

IRSIGLER, FRANZ und ARNOLD LASOTTA, *Bettler und Gauner, Dirnen und Henker. Außenseiter in einer mittelalterlichen Stadt*, Köln 1984

KLAPISCH-ZUBER, CHRISTIANE, *La famiglia e le donne nel rinascimento a Firenze*, Rom 1988

LE ROY LADURIE, EMMANUEL, *Montaillou, village occitan de 1294 à 1324*, Paris 1975 (dt.: *Montaillou. Ein Dorf vor dem Inquisitor*. Aus dem Franz. von Peter Hahlbrock, Frankfurt a. M./Berlin/Wien 1980)

NICHOLAS, DAVID M., *The Domestic Life of a Medieval City: Women, Children, and the Family in Fourteenth-Century Ghent*, Lincoln (Nebr.) 1985

OPITZ, CLAUDIA (Hg.), *Weiblichkeit oder Feminismus? Beiträge zur interdisziplinären Frauentagung (Konstanz 1983)*, Weingarten 1984

OPITZ, CLAUDIA, *Frauenalltag im Mittelalter. Biographien des 13. und 14. Jahrhunderts*, Weinheim 1985

OPITZ, CLAUDIA, *Evatöchter und Bräute Christi. Weiblicher Lebenszusammenhang und Frauenkultur im Mittelalter*, Weinheim 1990

PERNOUD, RÉGINE, *La femme au temps des cathédrales*, Paris 1980 (dt.: *Leben der Frauen im Hochmittelalter*. Aus dem Franz. von Roswitha Schmid, Pfaffenweiler 1991)

PETERS, URSULA, Frauenmystik im 14. Jahrhundert: Die Offenbarungen der Christine Ebner, in: OPITZ 1984, S. 213–227

PETERS, URSULA, *Religiöse Erfahrung als literarisches Faktum. Zur Vorgeschichte und Genese frauenmystischer Texte des 13. und 14. Jahrhunderts*, Tübingen 1988

RIPPMANN, DOROTHEE und KATHARINA SIMON-MUSCHEID, Weibliche Lebensformen und Arbeitszusammenhänge im Spätmittelalter und in der frühen Neuzeit. Methoden, Ansätze und Postulate, in: M. OTHENIN-GIRARD u. a. (Hg.), *Frauen und Öffentlichkeit. Beiträge der 6. Schweizerischen Historikerinnentagung*, Zürich 1991, S. 63–98

ROMANO, RUGIERO und ALBERTO TENENTI, *Die Grundlegung der modernen Welt*, Frankfurt a. M. 1967

ROSSIAUD, JACQUES, *La prostituzione nel medioevo*, Rom 1984 (dt.: *Dame Venus. Prostitution im Mittelalter*. Aus dem Ital. von Ernst Voltmer, München 1989)

SCHMELZEISEN, GUSTAV K., *Die Rechtsstellung der Frau in der deutschen Stadtwirtschaft*, Stuttgart 1935

SHAHAR, SHULAMIT, *Die Frau im Mittelalter*, Königstein/Ts. 1981

UITZ, ERIKA, *Die Frau in der mittelalterlichen Stadt*, Stuttgart 1988

VAUCHEZ, ANDRÉ, *Les Laïcs au Moyen Age*, Paris 1987

WACHENDORF, HELMUT, *Die wirtschaftliche Stellung der Frau in den deutschen Städten des späteren Mittelalters*, Quakenbrück i. H. 1934

WEINMANN, UTE, *Mittelalterliche Frauenbewegungen*, Pfaffenweiler 1990

WENSKY, MARGARETHE M., *Die Stellung der Frau in der stadtkölnischen Wirtschaft im Spätmittelalter*, Köln/Wien 1980

WIESNER, MERRY E., *Working Women in Renaissance Germany*, New Brunswick 1986

WOLF-GRAAF, ANKE, *Die verborgene Geschichte der Frauenarbeit*, Weinheim/Basel 1983

WUNDER, HEIDE, Frauen in der Gesellschaft Mitteleuropas im späten Mittelalter und in der frühen Neuzeit (15.–18. Jahrhundert), in: H. VALENTINITSCH (Hg.), *Hexen und Zauberer. Die große Verfolgung – ein europäisches Phänomen in der Steiermark*, Graz/Wien 1987, S. 123–154

Die Welt der Frauen/Françoise Piponnier

ALEXANDRE-BIDON, DANIÈLE und MONIQUE CLOSSON, *L'enfant à l'ombre des cathédrales*, Lyon 1985

ALEXANDRE-BIDON, DANIÈLE und FRANÇOISE PIPONNIER, Gestes et objets de la toilette aux XIVᵉ et XVᵉ siècles, in: *Les soins de beauté. Moyen Age, début des temps modernes*, Nizza 1987, S. 211–244

BUCAILLE, RICHARD und FRANÇOISE PIPONNIER, La belle ou la bête? Remarques sur l'apparence corporelle de la paysannerie médiévale, in: *Éthnologie française* 6, 3–4, 1976, S. 227–232

CHAPELOT, JEAN und ROBERT FOSSIER, *Le village et la maison au Moyen Age*, Paris 1980

DEMIANS D'ARCHIMBAUD, GABRIELLE, *Les fouilles de Rougiers (Var): contribution à l'étude de l'habitat rural médiéval en pays méditerranéen*, Paris 1982

DESPORTES, FRANÇOISE, *Le pain au Moyen Age*, Paris 1987

FEHRING, GÜNTER P., Der Beitrag der Archäologie zum Leben in der Stadt des späten Mittelalters, in: *Das Leben in der Stadt des Spätmittelalters. Internationaler Kongress, Krems, Sept. 1976*, Wien 1977

LANGLOIS, CHARLES V., *La société française au XIIIᵉ siècle d'après dix romans d'aventure*, Paris 1904

LE ROY LADURIE, EMMANUEL, *Montaillou, village occitan de 1294 à 1324*, Paris 1975 (dt.: *Montaillou. Ein Dorf vor dem Inquisitor*. Aus dem Franz. von Peter Hahlbrock, Frankfurt a. M./Berlin/Wien 1980)

LORCIN, MARIE-THÉRÈSE, Le feu apprivoisé. L'homme, la femme et le feu dans les fabliaux, in: *Revue historique* 268, 1, 1982, S. 3–15

PARISSE, MICHEL, *Les nonnes au Moyen Age,* Le Puy 1983

PESEZ, JEAN-MARIE (Hg.), *Brucato, histoire et archéologie d'un habitat médiéval en Sicile,* 2 Bde., Rom 1984

PESEZ, JEAN-MARIE, Le foyer de la maison paysanne (XIᵉ–XVᵉ siècle), in: *Archéologie médiévale* 16, 1986, S. 65–92

PICHON, JÉRÔME (Hg.), *Le ménagier de Paris,* 2 Bde., Paris 1846

PIPONNIER, FRANÇOISE, Equipement et techniques culinaires en Bourgogne au XIVᵉ siècle, in: *Bulletin philologique et historique du comité des travaux historiques et scientifiques, année 1971,* Paris 1977, S. 57–80

TURNAU, IRENA, The Diffusion of Knitting in Medieval Europe, in: *Cloth and Clothing in Medieval Europe,* London 1983, S. 368–389

VAULTIER, ROGER, *Le folklore pendant la guerre de Cent Ans d'après les lettres de rémission du Trésor des Chartes,* Paris 1965

Frauenbilder/Chiara Frugoni

Bibliotheca sanctorum, 12 Bde., Rom 1963–1969

Index of Christian Art, Princeton

KAFTAL, GEORGE, *Iconography of the Saints:* . . . *in Tuscan Painting,* Florenz 1952; . . . *in the Paintings of North East Italy,* Florenz 1978; . . . *in the Paintings of North West Italy* (mit F. Bisogni), Florenz 1985; . . . *in Central and South Italian Painting,* Florenz 1986

Lexikon der christlichen Ikonographie, 8 Bde., hg. von Engelbert Kirschbaum, Rom/Freiburg/Basel/Wien 1986–76

MALE, EMILE, *L'art religieux du XIIᵉ siècle en France. Études sur les origines de l'iconographie du Moyen Age,* . . . *du XIIIᵉ siècle,* . . . *du XIVᵉ siècle en France,* Paris 1923; 4. Aufl. 1940; *L'art religieux du XIIIᵉ siècle en France. Étude sur l'iconographie du Moyen age et sur ses sources d'inspiration,* Paris 1920; 5. Aufl. 1923; *L'art religieux de la fin du Moyen Age en France. Étude sur l'iconographie du Moyen Age et sur ses sources d'inspiration,* Paris 1908; 5. Aufl. 1949

REAU, LOUIS, *Iconographie de l'art chrétien,* 6 Bde., Paris 1955–59

SCHILLER, GERTRUD, *Ikonographie der christlichen Kunst,* Bd. 4, Gütersloh 1980

(Siehe auch die Arbeiten von DRONKE, POWER, VAUCHEZ im Abschnitt *Allgemeine Literatur*)

BERTINI, FERRUCCIO, FRANCO CARDINI, MARIA TERESA BEONIO-BROCCHIERI und CLAUDIO LEONARDI, *Medioevo al femminile,* Rom/Bari 1989

BLUMENKRANZ, BERNARD, *Le Juif médiéval au miroir de l'art chrétien,* Paris 1966

FRUGONI, CHIARA, L'iconographie de la femme au cours des Xᵉ–XIIᵉ s., in: *La femme dans les civilisations des Xᵉ–XIIIᵉ siècles. Actes du Colloque tenu à Poitiers les 23–25 septembre 1976,* Poitiers 1977a, S. 177–188

FRUGONI, CHIARA, L'iconografia del matrimonio e della coppia nel Medioevo, in: *Il matrimonio nella società altomedioevale, 24a Settimana di studio sulla società dell' alto Medioevo, Spoleto, 22–28 aprile 1976,* 2 Bde., Spoleto 1977b, S. 901–963

FRUGONI, CHIARA, *Una lontana città: sentimenti e immagini nel Medioevo,* Turin 1983a

FRUGONI, CHIARA, Le mistiche, le visioni e l'iconografia: rapporti ed influssi, in: *La mistica femminile del Trecento* (Atti del convegno di Todi, 1982) Todi 1983b, S. 5–45

GREER, GERMAINE, *The Obstacle Race: The Fortunes of Women Painters and Their Work,* New York 1979 (dt.: *Das unterdrückte Talent. Die Rolle der Frauen in der bildenden Kunst.* Aus dem Engl. von Rainer Redies und Ingrid Krüger, Berlin 1980)

HARKSEN, SIBYLLE, *Die Frau im Mittelalter,* Leipzig 1974

HERRAD VON HOHENBOURG, *Hortus deliciarum,* 2 Bde., hg. von Rosalie Green, London 1979

KATZENELLENBOGEN, ADOLF, *Allegories of the Virtues and Vices in Medieval Art, from Early Christian Times to the Thirteenth Century,* London 1939; neue Ausg. Liechtenstein 1977

LAURENT, SYLVIE, *Naître au Moyen Age. De la conception à la naissance: la grossesse et l'accouchement (XIIᵉ–XVᵉ siècles),* Paris 1989

OPITZ, CLAUDIA (Hg.), *Weiblichkeit oder Feminismus? Beiträge zur interdisziplinären Frauentagung (Konstanz 1983),* Weingarten 1984

OPITZ, CLAUDIA und ELIZABETH SCHRAUT (Hg.), *Frauen und Kunst im Mittelalter,* Ausstellungskatalog, Braunschweig 1983

OPITZ, CLAUDIA und ELIZABETH SCHRAUT, Frauen und Kunst im Mittelalter, in: *Frauenkunstgeschichte,* Gießen 1984, S. 33–52

VINCENT-CASSY, MIREILLE, Péchés de femmes à la fin du Moyen Age, in: YVES-RENÉ FONQUERNE und ALFONSO ESTEBAN (Hg.), *La condición de la mujer en la Edad Meda, Actas del Coloquio celebrado en la Casa de Velasquez del 5 al 7 nov. de 1984,* Madrid 1986, S. 501–517

WARNER, MARINA, *Alone of All Her Sex. The Myth and the Cult of the Virgin Mary,* London 1976 (dt.: *Maria. Geburt, Triumph, Niedergang – Rückkehr eines Mythos?* Aus dem Engl. von Gabriele Spielvogel u. a., München 1982)

Literarische Stimmen, mystische Stimmen/ Danielle Régnier-Bohler

(Siehe die Arbeiten von BAKER, BAUER/DINZELBACHER, BERMAN u. a., POWER, VAUCHEZ im Abschnitt *Allgemeine Literatur,* von POUCHELLE in der Bibliographie zum Kapitel *Von der Natur der Frau* sowie von GOLD in der Bibliographie zum Kapitel *Die feudale Ordnung)*

AEBISCHER, VERENA, *Les femmes et le langage. Représentations sociales d'une différence,* Paris 1985

BATANY, JEAN, *Approches du Roman de la rose,* Paris 1973 (Collection Études 363, Série bleue)

BAUER, DIETER R. und PETER DINZELBACHER (Hg.), *Religiöse Frauenbewegung und mystische Frömmigkeit im Mittelalter,* Köln/Wien 1988

BLOCH, HOWARD R., Medieval Misogyny, Woman as Riot, in: *Representations* 20, 1987, S. 1–24

BLOCH, HOWARD R., *The Scandal of the Fabliaux,* Chicago/London 1986

BYNUM, CAROLINE WALKER, *Holy Feast and Holy Fast. The Religious Significance of Food to Medieval Women,* Berkeley/Los Angeles/London 1987

CHRISTINE DE PIZAN (Studien, zusammengestellt von L. Dulac und J. Dufournet), in: *Revue des langues romanes* 92, 2, 1988, S. 237–380

CURTIUS, ERNST R., *Europäische Literatur und Lateinisches Mittelalter,* 2 Bde., Bern 1948

D'ALVERNY, MARIE-THÉRÈSE, Comment les théologiens et les philosophes voient la femme, in: *La femme dans la civilisation des Xᵉ–XIIIᵉ siècles,* Poitiers 1977, S. 105–129

DINZELBACHER, PETER, *Vision und Visionsliteratur im Mittelalter,* Stuttgart 1981

DRONKE, PETER, *Women Writers of the Middle Ages. A Critical Study of Texts from Perpetua to Marguerite Porete,* Cambridge 1984

DUBY, GEORGES, *Mâle Moyen Age. De l'amour et autres essais,* Paris 1988 (dt.: *Die Frau ohne Stimme. Liebe und Ehe im Mittelalter.* Aus dem Franz. von Gabriele Riche und Ronald Voullié, Berlin 1989)

EPINEY-BURGARD, G. und E. ZUM BRUNN (Hg.), *Femmes troubadours de Dieu,* Turnhout 1988 (Coll. Témoins de notre histoire)

ESTEBAN, ALFONSO und YVES-RENÉ FONQUERNE (Hg.), *La condición de la mujer en la Edad Media, Actas del Coloquio celebrado en la Casa de Velasquez del 5 al 7 nov. de 1984*, Madrid 1986

FOX, JOHN HOWARD, *Robert de Blois, son œuvre didactique et narrative. Étude linguistique et littéraire*, Fortsetzung einer Ausgabe von »Enseignement des Princes« und von »Chastoiement des Dames«, Paris 1948

HICKS, ERIC (Hg.) *Le débat sur le Roman de la rose: Christine de Pizan, Jean Gerson, Jean de Montreuil, Gontier und Pierre Col*, Paris 1977 (Coll. Bibliothèque du XVe siècle)

IRIGARAY, LUCE, *Ethique de la différence sexuelle*, Paris 1984

KERBRAT-ORECCHIONI, CATHERINE, *L'énonciation de la subjectivité dans le langage*, Paris 1980

KERBRAT-ORECCHIONI, CATHERINE, *L'implicite*, Paris 1986

LABALME, PATRICIA H. (Hg.), *Beyond Their Sex. Learned Women of the European Past*, New York/London 1984

LORCIN, MARIE-THÉRÈSE, *Façons de sentir et de penser: les fabliaux français*, Paris 1979

NICHOLS, JOHN und LILLIAN THOMAS SHANK (Hg.), *Distant Echoes. Medieval Religious Women*, Bd. 1, Kalamazoo 1984

OPITZ, CLAUDIA (Hg.), *Weiblichkeit oder Feminismus? Beiträge zur interdisziplinären Frauentagung (Konstanz 1983)*, Weingarten 1984

OPITZ, CLAUDIA und ELISABETH SCHRAUT (Hg.), *Frauen und Kunst im Mittelalter*, Ausstellungskatalog, Braunschweig 1983

WILSON, KATHARINA M. (Hg.), *Medieval Women Writers*, Athens (Georgia) 1984

ZINK, MICHEL, *La pastourelle. Poésie et folklore au Moyen Age*, Paris/Montréal 1972 (Coll. Études 67: Littérature française)

ZINK, MICHEL, *Les chansons de toile. Étude et traduction*, Paris 1977

ZINK, MICHEL, *La subjectivité littéraire: autour du siècle de Saint Louis*, Paris 1985

Religiös-theologische Schriftstellerinnen/ Elisabeth Gössmann

ALLEN, PRUDENCE, *The Concept of Woman*, Montréal 1985

BAUER, DIETER R. und PETER DINZELBACHER (Hg.), *Frauenmystik im Mittelalter*, Ostfildern bei Stuttgart 1985

BAUER, DIETER R. und PETER DINZELBACHER (Hg.), *Religiöse Frauenbewegung und mystische Frömmigkeit im Mittelalter*, Köln/Wien 1988

BRINKER-GABLER, GISELA (Hg.), *Deutsche Literatur von Frauen*, 2 Bde., München 1988

BYNUM, CAROLINE WALKER, *Jesus as Mother. Studies in the Spirituality of the High Middle Ages*, Berkeley/Los Angeles/London 1982

BYNUM, CAROLINE WALKER, *Holy Feast und Holy Fast. The Religious Significance of Food to Medieval Women*, Berkeley/Los Angeles/London 1987

COLLIER-BENDELOW, MARGARET, *Die Offenbarung der Juliana von Norwich. Gott ist unsere Mutter*, Freiburg 1989

FIETZE, KATHARINA, *Spiegel der Vernunft. Zum Menschsein der Frau in der Anthropologie des 15. Jahrhunderts*, Paderborn 1991

GÖSSMANN, ELISABETH, *Die Verkündung an Maria im dogmatischen Verständnis des Mittelalters*, München 1957

GÖSSMANN, ELISABETH, Reflexionen zur mariologischen Dogmengeschichte, in: HEDWIG RÖCKELEIN u. a. (Hg.), *Maria – Abbild oder Vorbild? Zur Sozialgeschichte der mittelalterlichen Marienverehrung*, Tübingen 1990, S. 19–36

GÖSSMANN, ELISABETH, Das Konstrukt der Geschlechterdifferenzierung in der christlichen theologischen Tradition, in: *Concilium*, Nov. 1991, 27. Jg., S. 483–488

GÖSSMANN, ELISABETH (Hg.), *Archiv für philosophie- und theologiegeschichtliche Frau-enforschung*, Bd. 2, München 1985

GÖSSMANN, ELISABETH u. a. (Hg.), *Wörterbuch der Feministischen Theologie*, Gütersloh 1991

JARON-LEWIS, GETRUD, *Bibliographie zur deutschen Frauenmystik des Mittelalters*, Berlin 1989

JARON-LEWIS, GERTRUD, Das Gottes- und Menschenbild im Werk der mittelalterlichen Mystikerin Gertrud von Helfta, in: *Geist und Leben* 63, 1990, S. 53–69

MÜLLER, DANIELA, Der Prozeß gegen Prous Boneta, Begine, Ketzerin, Häresiarchin (1325), in: N. Höhl (Hg.), *Ius et Historia*. Festgabe für Rudolf Weigand, Forschungen zur Kirchenrechtswissenschaft Bd. 6, Würzburg 1989

NEWMAN, BARBARA, *Sister of Wisdom. St. Hildegard's Theology of the Feminine*, Berkeley/Los Angeles 1987

PETROFF, ELISABETH ALVIDA, *Medieval Women's Visionary Literature*, Oxford Univ. Press 1986

MARGOT SCHMIDT, *Mechthild von Magdeburg*, »Ich tanze, wenn Du mich führst«, Freiburg 1988

Nachwort/Claudia Opitz

AFFELDT, WERNER und ANNETTE KUHN (Hg.), *Frauen in der Geschichte VII. Interdiszi-plinäre Studien zur Geschichte der Frauen im Frühmittelalter. Methoden-Probleme-Ergebnisse*, Düsseldorf 1986

BALTRUSCH-SCHNEIDER, DAGMAR, *Anglo-Saxon Women in the Religious Life: A Study of the Status and Position in an Early Medieval Society*, Diss., Cambridge 1985

BALTRUSCH-SCHNEIDER, DAGMAR, Klosterleben als alternative Lebensform zur Ehe? in: GOETZ 1991, S. 45–64

ERLER, MARY UND MARYANNE KOWALESKI (Hg.), *Women and Power in the Middle Ages*, Athens (Georgia)/London 1988

GOETZ, HANS-WERNER (Hg.), *Weibliche Lebensgestaltung im frühen Mittelalter*, Köln/Weimar/Wien 1991

KELLERMANN-HAAF, PETRA, *Frau und Politik im Mittelalter*, Göppingen 1986

LUNDT, BEA (Hg.), *Auf der Suche nach der Frau im Mittelalter*, München 1991

PERROT, MICHELLE (Hg.), *Une histoire des femmes est-elle possible?* Marseille 1984 (dt.: *Geschlecht und Geschichte. Ist eine weibliche Geschichtsschreibung möglich?* Aus dem Franz. von Wolfgang Kaiser, Frankfurt a. M. 1989)

STUARD, SUSAN M. (Hg.), *Women in Medieval History and Historiography*, Philadelphia 1987

SACHREGISTER

Äbtissin 202ff., 209f., 256, *418, 419,* 421
Abtreibung 307f.
Almosen 111f.
Amme 144, 301, 304, 309, 350
Anatomie, weibliche 55f., 58f., 64ff.
Ansteckung, durch Frauen 80ff.
Anthropologie 9, 14
Antisemitismus 246f., 388f.
Archäologie 344f.
Aristoteliker 25f., 52, 57, 68, 70f., 76, 89, 102, 104, 114, 116, 121, 124f., 137f., 140f.
Ärztin 317f.; siehe auch Medizin, weibliche
Atem, weiblicher 61
Aussteuer 152f., 192
Autorin 209f., 214, 336, 414, 419f., *432,* 442–457, 488, 497f., 509

Beginen 257, 316, 333f., 440, 453f., 455, 477f.,
Beichte 115
Benediktiner/innen 329, 504
Bibel 33, 36, 43, 48, 58, 87, 99, 104f., 113, 116, 120, 123, 227, 246, 262, 292, 359ff., 375, 469, 496, 500, 506, 508f.
Bilder 343ff., 347f., 391, 401
Brautpreis 187f., 192
Brust, weibliche 60

Chopinen 159f.
Christentum 186, 188, 213, 227, 234; siehe auch Kirche

Demographie, historische 176ff.
Diakonin 206f.
Dienerschaft 133, 274, 300
Dominikaner/innen 53, 86, 329, 333, 451, 516
Ehe 119–145, 176, 187ff., 225–242, 262, 273f., 289ff., 311, 361ff., *365,* 391ff.
  Altersunterschied 229
  Annulierung 230
  Friedelehe 190
  Raubehe 190, 292
  Sakrament 32, 41, 120, 225f., 238f., 302, 366ff.
  Wiederverheiratung 240
  Zwangsverheiratung 228ff.,290ff.
Ehebruch; siehe Treue
Ehefrau; siehe Frau
Ehemann; siehe Mann
Ehepartner, Wahl des 193, 227ff., 289ff., 328
Erbrecht 192, 220f., 331f.
Eremitin 252, 440
Erziehung 135ff., 141, 143f., 301
Exogamie 226
Exorzismus 371f.

Familie 91ff., 286f., 311
Familienwirtschaft 311ff.
Fegefeuer 50

Franziskaner/innen 51, 53, 86, 333, 516
Frau: adlige 93f., 147–170 passim, 196, 205, 220f., 247ff., 261, 265–282, 290ff., 296ff., 391ff.
  alte 75, 79f., 90f.
  arme 261, 295, 309f., 333
  Beaufsichtigung 102–117, 132, 300
  besessene *369,* 371f.
  bürgerliche 299ff.
  Ehefrau 94ff., 119–145, 151, 188ff., 198, 286, 292ff., 391ff.
  gebildete 208ff., 225, 315f., 426, 433, 437, 451ff., 456f.
  gesellschaftliche Position 86, 91f., 122f., 187, 199, 219f., 241, 252, 346
  im Gottesdienst 202f., 375
  Klassifikation 88ff.
  in der Öffentlichkeit 99ff., 107ff., 113, 440
  ökonomische Abhängigkeit 192, 230f., 330, 332
  mit Priestern zusammenlebend 207f., 246, 258
  Rechtsstellung 189ff., 284ff., 294, 329ff.
  und Religion 86, 142ff., 189, 199ff., 224, 252ff., 334ff., 526; siehe auch Mystikerinnen; Nonnen; Theologie, weibliche
  Ruf 138f., 141

Scheu 103
Schwatzhaftigkeit 52f., 112, 378f., 433, 462f.
Schweigen 457ff.
Sprechen 112ff., 128f., 375, 433, 435–443, 462–477
    als Symbol 385, 462
    als Teufel 366, *368*, 369ff.
    als Tod *380*, 380f., *381*
    als Türhüterin 34f., 47
    als Versucherin *376*, 377f.
    Wesen 25ff., 55f., 102, 224
Frauenanteil, an der Bevölkerung 178ff., 214, 218f., 287f., 333
Frauenarbeit 92f., 110f., 187, 197, 219, 243, 245, 310–325, 346ff., 401ff., *402*; siehe auch Frauenberufe
    Handwerkerfrauen 300f., 330, 348
    Haushalt 137f., 141f., 350ff.
Frauenberufe: Bäuerin 197, 243f., 271, 274, 313, 346f., 349
    Gauklerin 404f.
    Händlerin 286, 313ff.
    Handwerkerin 319ff., 348
    Hebamme 307f., 318f.
    Hökerin 315
    Lehrerin 209, 316f.
    Magd 313, 321f., 325
    Schreiberin 209, 411f., *412*, 422f.
    Schulmeisterin 316f.
    Tagelöhnerin 312f., 320
Frauenfeindlichkeit; siehe Misogynie
Fruchtbarkeitspraktiken 303f.

Galenismus 61ff.
Gebärmutter 60f., 65ff., 76
Gebet 115f., 258
Geburt 35, 134, 288, 307, 384, 399f., *399*, 499
Geistlicher 18, 29–54, 271, 294ff., 516ff.
    verheirateter 207f.
Germanien 186–193, 258, 260
Geschichtswissenschaft 13ff., 140ff., 213ff., 227, 283, 523ff.
Geschirr 352
Geschlecht, gesellschaftliche Definition 13f., 524
Geschlechterverhältnis 9, 13f., 25, 33ff., 103ff., 124ff., 229, 238f., 260f., 272f., 277f., 280f., 292f., 301, 457ff., 464ff., 524f.
Gesellen 322, 325, 330

Gift, Immunität der Frauen 80
Gregorianische Reform 32

Haare, weibliche 379
Häretikerinnen 114, 215, 252, 335f.
Haus, Bauformen 353ff.; Ort der Frau 101, 106, 138
Haushalt; siehe Frauenarbeit
Heilige, männliche 369ff
    weibliche 41ff., 53, 164, 223, 237, 251, 262, 302, 337f., 425ff., *425, 427, 428*, 478
Heiratsalter 190, 198, 220, 228ff., 287, 291, 299
Hexen 75, 338, *396*, 397ff., 520ff.
Hochzeit 103, 122, 152f., 228
Hof 271f., 274f.
Hölle *370, 371*, 371ff., *373*

Island 241f.

Johanniter 331
Juden 227, 246, 294, 317f.
Jungen 136, 144, 272, 275, 290
Jungfrauengeburt 39f., 383f., 398
Jungfräulichkeit 41ff., 94ff., 131, 201, 224ff., 232ff., 247, 252, 259, 359ff.

Kanonissin 202ff.
Kartäuser 228, 255
Katalonien 244
Katharer 215, 516
Keuschheit 94ff., 100, 109f., 126, 142f., 193, 239f., *385*, 386, 417
Kinder 72f., 133ff., 196, 222f., 240, 301, 304, 309, 350ff.
Kindesaussetzung 309f.
Kindstötung 181, 204, 219, 308f., 319, 382
Kirche 32, *388*, 388f.; /Einfluß 85ff., 213ff., 225ff., 233f., 281, 289, 299, 336ff., 379f., 391; siehe auch Literatur, geistliche
Kirchenväter 30, 34, 36, 52, 94, 188, 234
Kleidung, männliche 174ff.; weibliche 106ff., 131f.; siehe auch Mode
Kleriker; siehe Geistliche
Klitoris 59f., 61
Kloster 201f., 331
    Frauenkloster 200ff., 208ff., 252, 254ff., 332f., 456, 504ff.
Königinnen 195f., 248, 286
Konkubinat 48, 188, 194, 198, 207f., 231f., 234f., 520f.

Konzile 39, 47, 201, 203, 246, 253, 292, 499
Künstlerin 411ff., *413, 421*, 423
Kupplerin 75, 90

Landwirtschaft 312f.
Laster *384*, 385ff., *385*
Lebenserwartung 196, 240, 288
Lepra 56, 80 ff.
Lesbische Liebe 197
Leserin 115, 224, 405ff., *407, 408, 409*
Liebe 123f., 234f., 251, 299
    höfische 265–282
Literatur 35, 301, 312, 345, 440; siehe auch Autorin
    geistliche 29–54, 85–117, 120f., 126, 139f., 312, 377, 453f.
    höfische 30, 265–282 passim
    humanistische 140
Lollarden 482, 484
Lust, weibliche 74, 76ff., 94f.; siehe auch Sexualität
Luxus 147–170 passim

Mädchen 91, 135f., 143f., 218, 228ff., 290ff.
Magdalenenkult 45, 49, 53, 215
Magdalenenorden 327
Mann 9, 11, 18, 225, 270f., 325
    Angst vor Frauen 74ff., 82f., 436f., 439
    Ehemann 123–133, 140ff., 189f., 292ff.
    Frauen beobachtend 74f., 81f.
Marienkult 37ff., 51, 214f.
Masturbation 197
Matriarchat 213f.
Medizin 25, 55–83, 317ff., 397ff.
    arabische 56f., 62f., 77
    weibliche 317f., 397ff.
Menstruation 67f., 79
Minne; siehe Liebe, höfische
Misogynie 30f., 33ff., 301, 372f., 383, 437
Mitgift 231, 329
Möbel 356
Mode 147–170
Mönch 36f., 86, 156ff., 229, 236f., 255f.
Montaillou 347, 351f., 354, 357, 516
Mutterschaft 133ff., 143f., 223, 262, 301ff.
Mystik 51, 114, 258, 295f., 336ff., 401, 433, 440f., 453ff., 474–513, 526

Nonne 97, 106, 108, 110, 147, 199ff., 209ff., 237, 252ff., 262f., *371*, 372ff., *417*, 417ff., *422*, *424*, 440, 451, 453f., siehe auch Beginen; Kloster: Frauenkloster

Oblation 229, 254

Patrilinearität 151, 170, 219, 260f.
Prämonstratenser 255
Prophezeiung 114
Prostitution 36, 48f., 53, 69, 74, 89, 92, 159f., 161f., 196f., 208, 245f., 258, 274, 294f., 325ff., 375, 460

Recht, römisches 185f.
Reifrock 160f.
Rekluse 253, 257f.
Ritter 265–282

Scheidung 191ff.
Schleier 162
Schminken 106ff., 189
Schmuck 106ff., 151f.
Schönheit, weibliche 235f., 397
Schriftstellerin; siehe Autorin

Schulen 316
Schwangerschaft 134, 288, 301
Schwiegereltern 121ff.
Seele 47, 104f., 507; weibliche 47, 141f., 164, 188, 238
Sexualität 76ff., 126, 142f.,. 154f., 274f., 294ff., 469ff.; siehe auch Lust in der Ehe 238ff., 294ff., 517
Sexuelle Freiheit, weibliche 161, 295
Sklaverei 227, 245f., 346
Stadtleben 244f., 299ff., 357, 426ff.
Sünde 155ff., 375, 377, 517
Sündenfall 33, 155, 238, 359f., *360*, *376*, 377f., 508
Synagoga *387*, *388*, 388f.

Teufel 33, 44, 90f., 101, 236, 238, 338, *364*, 365f., *368*, 369ff., *385*, 386, 397, 404f., *406*
Textilherstellung 348ff.
Theologie, weibliche 500ff.
Tod 155, *380*, 380f., *381*
Treue, eheliche 126ff., 187, 192, 238, 240, 294ff.
Troubadoure 268f.; weibliche 437, 443f., 453

Tugend *374*, 375ff., *384*, 395ff., *385*

Unfruchtbarkeit 78f., 302f.
Universität 225
Unverheiratete 324

Vaterschaft 134ff.
Vergewaltigung 189
Verhütung 306
Volkssprachen 58, 455, 473f.
Vulva 64, 76

Waldenser 215
Wallfahrtsstätten 45
Wittum 244, 329
Witwe 90, 94ff., 105, 110, 131, 190, 199, 201, 206, 240, 258, 291, 295, 305, 325, 327ff., 348, 361
Witwer 298

Zauberin 90f.
Zisterzienser/innen 228, 255, 329, 333, 504ff.
Zünfte 245, 319ff., 330, 334

PERSONENREGISTER

Abaelard 50, 238, 268, 352, 492
d'Abano, Pietro 59, 77
Abigail 137
Abraham 197, 361
Acciaiuoli, Andrea 457
Adalhard von Corbie 204
Adam 33f., 47, 52, 104, 120, 124, 155f., 239, 359, *360*, 361, *376*, 377, 403, *405*, 435, 442, 469, 475
Adam von Eynsham 215, 217
Adam von Neville 216f., 221, 261
Adele von Blois, Gräfin 43
Adelheid von Burgund, Königin von Italien, dt. Kaiserin 42, 210, 248f.
Adelheid von Thermannskirchen 327
Adelheyd von Bremen 314
Aegidius Romanus 26, 70, 87f., 91, 93, 100, 102, 108, 111f., 114f., 122, 124, 127, 130ff.
Aelred von Rievaulx 253
Aethelberga von Northumbria 189
Agace la Françoise 308
Agnes von Assisi 291
Agnes von Böhmen 290
Agnes von Kastilien 249ff.
Agnes von Saleby 215f., 218, 220f., 223, 243, 251, 261
Agnes 41, 121
Aktaion 439
Alanus ab Insulis 87f., 94, 97

Alberich, Markgraf 197
Albert von Sachsen 122, 127, 132
Albertus Magnus 51, 57, 59, 61, 63, 68, 71, 73, 77, 79, 124
Albizzi, florent. Familie 151
Aldegund von Maubeuge 210
Aldhelm 147
Alexander der Große 80, 362, 364
Alexander von Hales 51
Alfonso von Aragon 152
Ali ibn-al-Abbas 57, 67
Alice 234
Alkestis 140
Alkuin 148, 210
Allegra 411
Ama 42
Amalasuntha 208
Ambrogio Autperto *384, 385*
Ambrogio Lorenzetti 404
Ambrosiaster 188
Ambrosius von Mailand 30, 33, 39ff., 46f., 361
Anastasio 412
Andreas Capellanus 279f.
Andreas von Regensburg 312
Andromache 140
Angela von Foligno 305, 337, 487, 491, 497
Angla 194
Anna 106, 362, *409*, 411
Anna von Vaudémont 368
Anselm von Canterbury 31, 37f., 43, 47, 50, 499

Antonia 411
Antonino da Firenze 99, 109, 142f.
Antonio von Siena 425
Aregund 190
Aretino, Pietro 78
Aristoteles 14, 25f., 52, 57f., 61, 64, 68–71, 74, 76, 79f., 89, 91, 93, 101f., 104, 108, 111f., 114f., 121, 124f., 127, 129, 131, 136f., 140f., 157, 498
Arnald von Villanova 62
Arnold von Bonneval 48
Arnulf 230
Arnulf II. 354
Artemis 439
Artus, König 81, 467
Äskulap *397*, 399
Atalisa, Klausnerin 41
Athelstan, König 198
Atto von Verceuil 202f., 207f.
Au Favier, Frau 460
Audoeon (Dado) 200
Augustinus 30, 35, 37, 39, 42, 46ff., 52f., 103f., 144, 210, 234, 362, 492, 500
Augustus 186
Austroberta 203
Autti 232
Ava 508
Averroes 57, 70f.
Avicenna 57, 59f., 60, 63, 77, 80
Azalais de Pourcairagues 443f.

Balderich von Bourgueil 41
Balduin von Jerusalem 43
Balthild, Königin 210
Barthélemy, Priester 520, 522
Bartholomäus Anglicus 58
Bartolo di Fredi 381, *382, 383*
Bartolomea degli Alberti 139, 143
Baudonivia 42, 210
Beatrice (Dantes) 53
Béatrice von Ornacieux 487
Beatrijs von Nazareth 316, 336,
  450, 453, 456, 474, 481, 486,
  488, 490
Beatrix von Burgund 303
Beatus Liebanus 423
Beda Venerabilis 210
Beier, Adrian 322, 324
Bellemère, Gilles 52
Belota, Johanna 317
Benedikt 258, 364ff.
Benedikt XII., Papst 516
Bentivoglio, Ginevra 168
Benvenuto 412
Beranger de Roquefort 519
Bernard von Clairvaux 38, 51, 53,
  451, 499
Bernard IV. von Comminges 249f.
Bernard von Septimanien 196,
  209
Bernardino da Siena 51, 99, 141ff.,
  156f., 236, 397
Bernhard 253f.
Bernhard von Morlas 52
Béroul 81
Berthe von Horn 465
Berthgyth 204
Berthold von Regensburg 327
Bertila von Chelles 200
Bertrada 194
Bessarion, Kardinal von Bologna
  165
Bieiris de Romans 444
Birgitta von Schweden 54, 337f.,
  401, 484, 493, 499
Boccaccio, Giovanni 12, 126, *411,
  412, 413,* 414, 438, 457
Bodel, Jean 472
Bodin 498
Bodo 197
Boethius *386,* 387
Boileau, Étienne 245
Boleslaus 303
Bona von Pisa 426
Bona von Savoyen 168
Bonaventura 51, 53, 129, 133
Bondol, Jean *399*
Bonifacio Bembo *389*

Bonifatius 193, 196, 202, 204, 207,
  209f.
Bourgot 414
Branca 412
Bromyard, John 130, 134
Bruno 254
Bruno der Scholaster 42
Buffalmacco *368,* 371, *380*
Burckhardt, Jacob 167
Buridanus, Johannes 125, 127, 135

Cäcilia 121, 129
Caesaria von Arles 201, 210
Ceasarius von Arles 188, 201, 209,
  255
Caesarius von Heisterbach 246
Carmentis 449
Castel, Jean 468
Castellozza 444
Cavalce, Domenico 379
Cereta, Laura 166
Chapeliere 460
Charybdis 64, 157, 442, 448
Cherubino da Siena 121, 141, 143
Chiara de Montefalco 400f., *416,*
  418f.
Chilperich, König 192
Chlodwig, König 42, 189f., 199
Chlothar 42, 190, 201, 417
Chobham, Thomas 128ff.
Chrétien de Troyes 279, 436
Chrisostomos, Johannes 34, 52,
  132
Christina von Markyate 224,
  231ff., 237, 245f., 253, 258ff.,
  344
Christina von Stommeln 251
Christine de Pizan 11ff., 98, 112,
  123, 125, 130, 136, 165, 339,
  348, *397,* 398, 414, 433, 437f.,
  440, 442, 444–450, 457, 460,
  478, 497, 508, 526
Chrodegang von Metz 202
Chrodichilde 189, 199
Circe *397,* 399, 406
Clara a Cruce 337
Clara von Assisi 291f., 302, 307,
  335
Clara von Rimini 482, 491, 493
Claricia *410,* 414
Clergue, Guillaume 519
Clergue, Pierre 295, 306, 516, 520
Clergue, Pons 519
Clergue, Raymond 518f.
Coelestin III., Papst 234
Col, Pierre 446
Coloman 299

Constantia 41
Constantinus Africanus 57ff., 65,
  69, 76
Constanza, Äbtissin von Santa
  Maria im Campo Marzio 373
Corduiere 460
Couette, Thomas 157
Cynehilda 204
Cyprianus 44
Czachmannin 314

Dante Alighieri 53, 268, 435, 469,
  474
Datini, Francesco 401
Datini, Margherita 401
Dauphine von Puimichel 295, 297,
  303
David 44
Delila 463
Descartes, René 71
Deutsch, Nikolaus Manuel 155
Dhuoda 196, 209, 452
Dietrich II., Graf von Holland *393*
Dina (Genesis) 99, 101
Dionysius der Kartäuser 99, 121,
  141
Dominici, Giovanni 139–143
Donella *miniatrix* 411
Donizo von Canossa 394, *395*
Dorothea von Montau 484
Dubois, Pierre 128f.
Duns Scotus, Johannes 51
Durand de Champagne 87f., 93f.,
  101, 111, 120, 134, 138

Eadburga, Äbtissin von Thanet 210
Ebner, Christine 337, 452ff
Ebner, Margarethe 337, 488
Echo 439
Edith von England, dt. Königin 42,
  198, 210
Egbert, Erzbischof von Trier 393
Egfried, König 199
Eiximenis, Francesco 98, 121
Eleonore von Aquitanien 268, 277,
  451, 523
Elisabeth 361f.
Elisabeth I., Königin von England
  160
Elisabeth von Schönau 496f., 504
Elisabeth von Thüringen 296–299,
  305, 325, 331, 335
Elisabeth von Ungarn 143
Elzeario de Sabrano 297, 303
Emeterius 423
Ende 423
Enite 269
Ephraem 39f.

Ermengard von Narbonne 248f.
Ermentrud, Äbtissin von Jouarre 197, 203
Esclarmonde 478
d'Estaing, A. de Bastard *374*
d'Este, Beatrice 168, 170
d'Este, Isabella 168
Esther 163, 437
Etheldreda, Königin 199
Eucheria 208
Eudokia 249ff.
Eugen III. 255
Euphrosine von Vendôme 34
Eustochium, Jungfrau 43
Eva 19, 33ff., 40, 42f., 46f., 49f., 52, 88, 101, 103ff., 120, 124, 133, 155f., 166, 188, 238, 359, *360*, 361, 372, *376*, 377f., 380, 383, 403, *405*, 414, 435f., 438, 457, 463, 467, 469, 499, 508
Eva, englische Nonne 40
Ezechiel 40

Fallopio, Gabriele 59f., 67
Ferdinand II. von Aragon 158
Fernando Roja 75
Fidati, Simone 98
Filippo da Novara 87f., 91, 100, 111, 115, 124, 130, 136, 450
Filippo de Veris 382
Fina 426
Flannbard, Ranulph, Bischof von Durham 232
Flandina 412
Florentina *420*, 421
Floriana 307
Fournier, Jacques 516, 518, 521
Francesco da Barberino 87, 89, 91–94, 100f., 108f., 111, 115, 129, 134, 136
Franciscus Alphanus 57
Franco de Veris 382
Franz I. 160, 168
Franz von Assisi 163, 291, *369*, 372, 486
Franziska von Rom 164
Fredegund 192
Friedrich Barbarossa 303
Friedrich III., Kaiser 164
Fulbert von Chartres 38, 44
Fulco, Bischof von Toulouse 477
Fulco von Anjou 148

Gabriel 37, 39, 509
Galen 57f., 61–65, 67, 69, 71, 74, 79
Galetta, Rubaldus 314
Gandolfo 411

Gautier de Châtillon 442
Gawein 276
Geiler von Kaysersberg 309
Gerardus von Cremona 57
Gerberga, Äbtissin von Gandersheim 205, 452
Gerini, Nicolò 426
Gerson, Jean 442f.
Gertrud die Große 497, 504ff.
Gertrud von Helfta 256
Gertrud von Nivelles 209
Gideon 40
Gilbert von Limerick, Bischof 241
Gilbert von Sempringham 236, 252f., 255f.
Gilbert de Tournai 52, 87f., 94, 97, 107, 119, 121, 123f., 127, 134–138
Ginevra 269
Girolamo da Siena 98, 109
Gisela 210
Godefroid de Claire *387*, 388
Godeleva von Ghistelle 41
Goliath 472
Gosson, Stephen 161
Gottfried von Vendôme 31, 33ff., 37–41, 43–47
Gottfried, Abt 259
Grace von Saleby 216f., 220–223, 227, 261
Gratian 48, 52, 233, 238
Grazida 516
Gregor der Große, Papst 39, 45f., 186, 188, 200f., 366
Gregor VII., Papst 32, 394
Gregor von Nyssa 40
Gregor von Tours 47, 201
Greiffenberg, Catharina Regina von 507
Griseldis 125, 152, 440, 459f.
Guda *421*, 423
Guibert von Nogent 29, 245, 252
Guidisalvi, Sancia 416
Guillaume, Marguerite 460
Gunhild 43

Hadewijch 336, 450, 453f., 474, 479, 486, 488–492, 494
Hadrian II. 195
Harold, König von England 43
Hathumoda 200
Hedwig von Schlesien 292, 296
Heinrich I. 198, 232
Heinrich II. Plantagenet 205, 268, 277, 442
Heinrich IV. 161, 394, *395*, *417*, 419

Heinrich von Lausanne 49
Heinrich von Mondeville 59, 61
Heinrich von Nördlingen 454f., 488
Heinrich von Schlesien 292
Helaria 206
Heldris de Cournouaille 460
Helene von Konstantinopel 458
Heloïse 214, 225, 256, 438, 451, 492
Hera 74
Herlinda 200, 210
Hermaphroditos 74, 82
Herodes 124, 404
Herrad von Landsberg, auch H. v. Hohenbourg 256, *374*, 375, 377, 419
Hessi, Graf 196
Hieronymus 30, 37, 39–43, 47, 53, 120, 124, 130, 138, 143, 210, 234, 359, 361
Hilda (Hilla) 412
Hildebald von Köln 210
Hildebert von Lavardin 31, 34ff., 38, 40–43, 48
Hildegar von Bingen 69, 72ff., 219, 224, 253, 256, 303, 336, 419f., 443, 450ff., 454ff., 475ff., 485, 490f., 495ff., 500–504, 506, 509, 523
Hildegard von Holland *393*
Hinkmar von Reims 39, 194f.
Hiob 435
Hippokrates 60ff., 66, 69, 73
Hitda, Äbtissin *418*, 421
Hostiensis 231
Hrabanus Maurus 56, *174*
Hrotsvit von Gandersheim 38, 44, 197f., 210, 419, 452, 455
Hucbald 191
Hugeburc 210, 452
Hugo I. von Vaudémont *367*, 368f.
Hugo von Fouilloy 52
Hugo von St. Victor 50
Hugo, Abt von Cluny 394, *395*
Hugo, Bischof von Lincoln 215ff., 220f., 223, 227f., 230, 233f., 236, 239, 250, 254, 259
Hugo, König von Italien 197f.
Humbertus de Romanis 87, 89, 91ff., 122, 135, 325
Humiliana 330, 332

Ibn-al-Jazzâr 57
Ida von Löwen 422
Ida von Nivelles 316

Ida, Gräfin von Boulogne 43, 436
Ingund 190
Innozenz III., Papst 134, 250f., 256, 327
Institoris, Heinrich (Verfasser des Hexenhammers) 52f.
Irmengard *394*
Irmintrud 392
Isaak 361
Isabella von Bayern 446
Isabella von Kastilien 158f.
Isabella, Königin von Navarra 93f.
Isabella, Prinzessin 290f.
Isidor von Sevilla 36f., 48, 55f., 64, 67, 79, 121, *420*, 421
Isis 31
Isolde 81, 236
Isotta Nogarola 457
Ivano 411
Ivetta von Hui 223, 245, 253, 305
Ivo von Chartres 31, 34, 228f., 233, 253

Jacme 250f.
Jacobus de Voragine 87f., 103, 105, 119, 121, 124, 127, 129–132, 134f., 139, 398
Jacopone da Todi 51, 163
Jacqueline Felicie de Alemania 317
Jacques de Vitry 87f., 90, 94, 97, 101, 107f., 126, 129, 477ff.
Jakob (Genesis) 99
Jakobus 39, 398
Jean de Meung 75, 446, 466, 469
Jean de Galles 87f., 94, 135
Jean du Ries 405, *406*
Jean Le Marchent 436
Jean le Noir 414
Jeanne d'Arc 337f.
Jeanne-Marie de Maillé 337
Jehanne la Riquedonne 308
Jesus Christus 34, 39f., 43, 45f., 53, 58, 103f., 112, 120, 233, 235, 238, 254, 260f., 275, 303, 329, 350, 361f., 364f., 384, 388f., 394, 398, 400, 403, 409, *416*, 417f., 448, 455, 476, 482–493, 499, 501, 505ff., 509f.
Jochanaan 362
Johann 412
Johann, König 220
Johanna von Portugal 161
Johanna, ·Päpstin· *389*, 391
Johanna, Königin von Navarra 93
Johannes (Evangelium) 391, 426
Johannes VIII., Papst 392

Johannes der Kärtauser 99, 141f.
Johannes der Täufer 33, 362, 404
Johannes van Leeuwen 454
John 234
John de Gaddesden 77f.
John of Wales 132
Joie 457f.
Joseph 39, 364ff., 398
Judas 41, 466
Judith 106, 138, 437
Judith von Flandern *390*, 391
Juliana von Norwich 145, 454, 480, 484, 491ff., 497, 510
Justinian 188, 208
Juvenal 35, 76

Kain 246
Karl der Große 148, 194, 196f., 202, 204, 210, 248
Karl der Kahle 204, *392*, 393
Karl II. von Anjou 297
Karl V. 450
Karl von Kalabrien 317
Katharina von Alexandrien 53, *425*, 426, *427*, *428*, 429
Katharina von Aragon 149, 160
Katharina von Genua 145, 487
Katharina von Siena 54, 145, 336ff., 425, 479, 481f., 484, 487
Kempe, Margery 145, 443, 454f., 474, 481, 483ff., 491ff., 499
Klemens von Alexandria 39, 147
Koller, Druitgen 315
Kolumban 201
Konrad von Megenberg 101, 129, 134
Konrad von Sachsen 51
Konstantin 186
Kynga 303

La Selle, Antoine de 475
La Tour Landry, Geoffroy 98, 136
Lambert von Ardes 354
Lambert von St. Omer *388*, 389
Lamprecht von Regensburg 336, 454f., 479
Lancelot 269, 275
Langman, Adelheid 509
Le Leu, Gautier 472
Lea (Genesis) 99, 121
Leander 192
Leo der Große, Papst 39
Leonardo Bruni 143
Leonore von Kastilien 149
Leporin, Dorothea Christiane 498
Lioba, Äbtissin 204, 209
Liudolf, Graf 205

Liudprand von Cremona 197f.
Liutberga 196
Liutgard 194
Liuthar 198
Lizier, Pierre 517
Longinus 466
Lorenzetti, Pietro *422*, *424*
Lothar II. 194f.
Lucretia 140
Ludwig der Fromme 192, 196, 204
Ludwig IX., König von Frankreich 87f., 93f., 136, 148, 290
Ludwig von Thüringen 294, 297ff.
Ludwig XIII., König von Frankreich 147
Lukas (Evangelium) 39, 46, 506, 509
Lullus, Raymundus 75
Luther, Martin 510

Mabilia 314
Maestro di Borsigliana *408*
Maffeo Vegio 144
Magninus 77
Maître Honoré 412
Manekine 457f.
Map, Walther 52
Marbod von Rennes 31, 35–38, 41, 44, 47f., 52
Marcabru 276
Margareta von Cortona 53, 306
Margarete von Ypern 317
Margarete von Navarra 497
Margerete von Provence, Königin 148
Maria 19, 30, 31, 37–41, 44, 47, 49ff., 67, 88, 97, 102, 106, 121, 188, 197, 215, 224, 238, 259, 275f., 303, 350, 359, 362, *363*, 364ff., 379f., 383f., 398, *409*, 410f., 438, 484, 508f.
Maria de Ventadour 444
Maria Magdalena 19, 26, 42, 44–50, 53, 92, 105, 112, 163, 215, 259, *378*, 379, 391
Maria von Ägypten 48
Maria von Bethanien, Schwester der Martha und des Lazarus 45
Maria von Magdala 45
Maria von Montpellier 249ff.
Maria von Oignies 450, 454, 475–480, 485, 493
Marianna (Frau des Herodes) 124
Marie de France *432*, 437, 443f., 457
Marinella, Lucrezia 166f., 498
Marion de la Court 308
Marozia 197

Martin 164, 417
Mathilde von Canossa 394, *395*
Mathilde von Quedlinburg 205
Mathilde, Königin 42
Matthäus 39
Maxilla 234
Maximus von Turin 34f.
Mechthild von Bremen 314f.
Mechthild von Hackeborn 482, 497, 504
Mechthild von Magdeburg 335f., 450, 452ff., 474, 477, 482, 487f., 491, 504, 508f.
Meister Bertram *400*
Meister Eckhart 454, 497, 509
Melusine 82
Merlin 461
Michael 394
Minerva 449
Mithridatis, König von Pontos 80
Mondino dei Luzzi 66
Monegund 200
Monika, Mutter des Augustinus 144
Montaigne 159
Montanaria 411
Moschion 57, 59
Muraldo 168
Muriel 41

Narziß 439
Neckham, Alexander 58
Nelli, René 268, 516
Nemesios, Bischof von Emesa 57, 69
Nicola di Gorran 133
Nider, Johannes, Autor des Formicarius 52
Nikolaus I., Papst 195
Noah 361
Notker Balbulus 442

Oda 205, 228, 237
Odilia 327
Odo von Cluny 34, 46f.
Odysseus 399
Oflaterin, Cristina 314
Olivier de La Marche 459
Onesto 411
Ordericus Vitalis 148
Oresme, Nicole 122, 127, 138
Origenes 47
Ortulana 307
Otto I. 205, 210, 248
Otto II. 198, 205, 248
Otto III. 248
Ovid 74, 268, 436

Pafnutius, Retter der Thais 48, 197
Pageote 460
Paolina Minorita 119
Paolo da Certaldo 115, 130f.
Paschasius Radbertus 39, 42
Passavanti, Jacopo 371
Paulus 44, 104, 113, 120f., 129, 132, 229, 238f., 336, 362, 375, 425, 496
Pelayo, Alvaro 52
Penelope 140
Peraldo, Guglielmo 87f., 90f., 93f., 97f., 100, 115, 119, 122, 124f., 129ff., 135, 139
Perenot Viaulot 460
Peter von Aragon 250f.
Petrarca 459
Petrucci, Battista 164
Petrus 34, 44, 46, 520
Petrus Damiani 37, 39, 42, 47f., 53
Petrus Lombardus 47, 58, 236
Petrus Pictor 52
Petrus Venerabilis, Abt von Cluny 43
Philipp der Schöne 93, 150
Philipp II., Herzog von Burgund 450
Philippe de Beaumanoir 441
Philippe de Mézières 459f.
Philomène 436
Philon 47
Pietro da Talada *408*, 409
Pippin, König von Franken 193f.
Pisano, Giovanni 402, *404*
Pisano, Nicola 402, *404*
Pizzocorno *425*, 426
Planissolles, Béatrice de 296, 306, 516, 518–521
Platon 60
Plinius 79
Plutarch 229
Porete, Marguerite 336, 440, 450, 453f., 474, 480, 488f., 491, 497, 507
Poulet 438
Prous Boneta 507
Proust, Marcel 491
Ptolemäus 470
Pythia 61

Rabastens 337
Rachel 121
Radegundis 42, 190, 206, 200, 210, *415*, 417, 419
Rahab 44
Raimbaut d'Orange 444
Rather von Verona 202

Raymund von Capua 425, 481
Rebekka 121
Remigius 206
René von Anjou 150
Renilda von Eyck 200, 210f.
Rhazes 57
Richard de Verdun 412
Richard von St. Victor 50
Richardis von Stade 504
Richild 210
Richilde 392
Rictrudis 191
Rigunth 192
Robert de Sorbon 119, 129, 148
Robert von Arbrissel 35, 48f., 246, 252, 255
Rodolfo 411
Roger 258f.
Roger von Caen 35, 37
Romano, Francesca 317
Romano, Mattheus 317
Rotrud 210
Roussel, Raymond 518
Ruisbroek, Johannes van 454, 486
Rupert von Deutz 40
Rutebeuf 477

Sabadino degli Arienti 165
Sacchetti 164
Sadalberga 200
Salome *396*, 398, 404
Salomea 299, 303
Salomon 41
Samson 33, 463
Sanuti, Nicolosa 165ff.
Sarah 119ff., 133, 140
Saturn 165
Scottus, Michael 57
Sempronia 449
Sforza, Francesco *389*, 391
Sforza, Ippolita 152f.
Sibylle von Cumae 447
Sibylle, Königin 474f.
Silence 461
Simon der Pharisäer 45
Simon von Montfort 250f.
Sion 499, 501f., 507
Sokrates 80, 236
Soranos 57
Sprenger, Jakob, (Verfasser des Hexenhammers) 52f.
Subinus, Abt von *Nivelles* 210
Suger, Abt von Saint-Denis 50, 219
Sunder, Friedrich 454

Tacitus 178, 187, 189, 192
Tauler, Johannes 486

Tebaldino 412
Tecla 204
Teiresias 74
Tempier, Étienne 58
Terenz 210
Tertullian 33, 147, 156, 166
Thais 48, 197
Theoderich der Große 208, 449
Theodora 208
Theodosianus 188
Theodardus 194
Theodrada, Äbtissin 204
Theophanu 198, 523
Theophilus 38, 44
Theuderata 189
Theutberga 194f.
Thietmar, Bischof von Merseburg 198
Thiota 496
Thomas von Cantimpré 69
Thomas de Saluces 459
Thomas von Aquin 25, 42, 48, 51ff., 58, 67, 70, 95, 104, 124, 127, 134ff., 156, 254, 302
Thomas von Saleby 215–218, 220f.
Thomasse 414
Tobias 119
Tommaso da Foligno 402
Tommaso da Modena 428, 429
Tommaso da Siena 425

Totila 189
Tristan 81f.
Trotula, Hebamme, Ärztin aus Salerno 67, 75, 77f., 318
Tula rubeatrix 412

Ubertino da Casale 51
Uliana 412
Ulrich von Lichtenstein 335
Umiliana dei Cerchi 164
Umiltà 306, 422, 423, 424, 425
Unwan 196
Urban II., Papst 32
Usama, Fürst 272
Uta, Äbtissin von Niedermünster 419, 421

Varana, Constanze 456
Vecellio, Cesare 153
Venantius Fortunatus 42, 190, 206, 208, 417, 419
Venus 457, 472
Vergil 210
Vidal, Peire 269
Vinzenz von Beauvais 58, 70, 87f., 91, 93f., 97f., 115, 119, 122, 124f., 139
Visconti, Bianca Maria 456
Visconti, Matteo 389, 391
Vitalis von Savigny 48f.

Wala 204
Walburga 418, 421
Waldabert 202
Waldrada 194f.
Waltger 204
Werner 394
Wido von Tuszien 197
Wilhelm 209
Wilhelm der Eroberer 43
Wilhelm VIII. von Mentpellier 249ff.
Wilhelm von Aquitanien 268, 273, 277
Wilhelm von Conches 58, 65, 69, 73, 81
Wilhelm von Moerbeke 57
Wilhelm von Poitiers 267f., 271f.,
Wilhelmina von Böhmen 507
Wiligelmo 403, 405
Willibald 452
Wollerin, Cäcilie 312
Wunibald 210
Wynnebald 452

Yonec 457

Zacharias 361f.
Zachäus 44
Zavattari, Francesco 389
Zeno von Verona 39
Zenobia (Christines) 448
Zosima, Abt 379

AUTORINNEN UND AUTOREN

Carla Casagrande lehrt und forscht an der Universität von Pavia. Ihr Forschungsgebiet ist die mittelalterliche Philosophie. Sie ist Mitautorin von *Prediche alle donne del secolo XIII* (1978) und von *I Peccati delle lingua. Disciplina ed etica della parola nella cultura medievale* (1987).

Jacques Dalarun Leiter der Mittelalterforschung an der École Française de Rome. Veröffentlichungen: *L'impossible sainteté; la vie retrouvée de Robert d'Arbrissel* (1985) und *Erotik und Enthaltsamkeit. Das Kloster des Robert von Arbrissel* (1979, frz. Orig. 1987).

Georges Duby Mitglied der Académie Française und Professor für mittelalterliche Geschichte am Collège de France. Zahlreiche Veröffentlichungen, u. a.: *L'An Mil* (1967), *Guerriers et paysans, essai sur la première croissance économique de l'Europe* (1973), *Die drei Ordnungen. Das Weltbild des Feudalismus* (1981, frz. Orig. 1978), *Ritter, Frau und Priester. Die Ehe im Frankreich des 11. und 12. Jahrhunderts* (1989, frz. Orig. 1984), *Die Frau ohne Stimme. Liebe und Ehe im Mittelalter* (1989, frz. Orig. 1988). Er ist Mitherausgeber der *Geschichte des privaten Lebens* (1989–1993, frz. Orig. 1985–1987).

Chiara Frugoni Professorin für mittelalterliche Geschichte an der Universität von Rom II; sie unterrichtet dort mittelalterliche Kulturgeschichte und forscht über die Ikonographie in der Zeit vom 9. bis 14. Jahrhundert. Veröffentlichungen: *Una lontana città, sentimenti ed immagini nel Medioevo* (1983) und *Francesco. Un'altra storia* (1988).

Elisabeth Gössmann Honorarprofessorin der Seishin-Frauenuniversität Tokyo und apl. Professorin der Universität München. Ihre Spezialgebiete sind Theologie, Philosophie und deutsche Literatur des Mittelalters sowie Frauenforschung im Mittelalter und in der Frühen Neuzeit. Veröffentlichung zahlreicher Aufsätze zur Geschlechteranthropologie sowie zu Hildegard von Bingen. Sie ist Herausgeberin von *Archiv für philosophie- und theologiegeschichtliche Frauenforschung* (1984f.) und Mitherausgeberin des *Wörterbuchs der Feministischen Theologie* (1991).

Diane Owen Hughes unterrichtet an der Universität von Michigan. Veröffentlichung zahlreicher Artikel zur Geschichte der sozialen Strukturen und der Familie, besonders in Genua. In ihrem neuesten Buch, *The Death of Mourning*, setzt sie sich mit den Gesetzen gegen Luxus und Pomp in den mediterranen Städten des Mittelalters auseinander.

Christiane Klapisch-Zuber lehrt an der École des Hautes Études en Sciences Sociales über Bevölkerungsentwicklung und Anthropologie Italiens im Mittelalter. Veröffentlichungen: *Les maîtres du marbre, Carrare, 1300–1600* (1969), mit David Herlihy *Les Toscans et leurs familles* (1978) und *La maison et le nom. Stratégies et rituels dans l'Italie de la Renaissance* (1990).

Paulette L'Hermite-Leclercq Professorin an der Universität von Paris I – Sorbonne; sie unterrichtet dort Religions- und Kulturgeschichte des christlichen Abendlandes (12.–13. Jahrhundert). Veröffentlichungen: *Le monachisme féminin dans la societé de son temps. le monastère de la Celle, XIᵉ – début du XIVᵉ siècle* (1989).

Claudia Opitz Professorin für Neuere Geschichte an der Universität Hamburg. Ihr Forschungsschwerpunkt ist die Geschichte der Frauen vom späten Mittelalter bis zur Französischen Revolution. Veröffentlichungen: *Frauenalltag im Mittelalter. Biographien des 13. und 14. Jahrhunderts* (1985) und *Evatöchter und Bräute Christi. Weiblicher Lebenszusammenhang und Frauenkultur im Mittelalter* (1990).

Françoise Piponnier Archäologin, Professorin an der École des Hautes Études en Sciences Sociales. Veröffentlichung zahlreicher Artikel in Anthologien sowie von *Costume et vie sociale. La cour d'Anjou, XIVᵉ-XVᵉ siècle* (1970).

Danielle Régnier-Bohler Dozentin für mittelalterliche Literatur an der Universität von Paris III-Neue Sorbonne. Sie interessiert sich vorrangig für die anthropologische Betrachtung des Symbolismus. Sie ist Mitautorin des zweiten Bandes der *Geschichte des privaten Lebens* (1990, frz. Orig. 1985).

Claude Thomasset Professor für mittelalterliches Französisch an der Universität von Paris IV und Spezialist für Medizingeschichte. Veröffentlichungen: zusammen mit Danielle Jacquart, *Sexualité et savoir médical au Moyen Age* (1985).

Silvana Vecchio lehrt und forscht an der Universität Pavia. Ihr Forschungsgebiet ist die Geschichte der mittelalterlichen Philosophie. Veröffentlichungen u. a.: *I Peccati della lingua. Disciplina ed etica della parola nella cultura medievale* (1987).

Suzanne Fonay Wemple unterrichtet am Barnard College, Columbia University. Sie beschäftigt sich mit der Sozialgeschichte der Frauen im Mittelalter. Veröffentlichungen: *Women in Frankish Society: Family an Cloister, 500–900* (1981).

GESCHICHTE DER FRAUEN

GEORGES DUBY · MICHELLE PERROT

3
FRÜHE NEUZEIT

Das Leben der Frauen in der Frühen Neuzeit ist mehr noch als in den Epochen zuvor gekennzeichnet von einer überraschenden Vielfalt: ob als Hausmutter, als Regentin, Schauspielerin, Literatin oder als Bäuerin – Frauen begegnen uns überall. Eine breite Palette unterschiedlicher weiblicher Lebensformen fächert sich auf. Die mit ihnen verbundenen Wünsche, Hoffnungen und Ängste, die Versuche von Frauen, Macht und Einfluß zu gewinnen, ihr Kampf um Selbstbehauptung oder um das bloße materielle Überleben ihrer Familien – alle Aspekte weiblicher Lebenszusammenhänge werden in diesem Band beleuchtet. Die Beiträge von Historikerinnen und Historikern aus England, Frankreich, Deutschland, den Niederlanden und den Vereinigten Staaten berichten aber nicht nur vom Alltag der Frauen, sondern untersuchen auch die Vorstellungen, die Männer – seien es Literaten, Mediziner, Theologen und Philosophen – vom anderen Geschlecht hatten.

GESCHICHTE DER FRAUEN

GEORGES DUBY · MICHELLE PERROT

Editorische Betreuung
der deutschen Gesamtausgabe
Heide Wunder

1
ANTIKE
Herausgegeben von Pauline Schmitt Pantel
Editorische Betreuung der deutschen Ausgabe Beate Wagner-Hasel

2
MITTELALTER
Herausgegeben von Christiane Klapisch-Zuber
Editorische Betreuung der deutschen Ausgabe Claudia Opitz

3
FRÜHE NEUZEIT
Herausgegeben von Arlette Farge und Natalie Zemon Davis
Editorische Betreuung der deutschen Ausgabe Heide Wunder und Rebekka Habermas

4
19. JAHRHUNDERT
Herausgegeben von Geneviève Fraisse und Michelle Perrot
Editorische Betreuung der deutschen Ausgabe Karin Hausen

5
20. JAHRHUNDERT
Herausgegeben von Françoise Thébaud
Editorische Betreuung der deutschen Ausgabe Gisela Bock

FRÜHE NEUZEIT

Herausgegeben von
Arlette Farge und Natalie Zemon Davis

Die Originalausgabe
STORIA DELLE DONNE IN OCCIDENTE,
VOL. 3 DAL RINASCIMENTO ALL'ETÀ MODERNA erschien 1991 bei Editori Laterza, Rom.
Copyright © Gius. Laterza & Figli Spa, Roma-Bari, 1991.

Dieses Buch erschien erstmals im Rahmen
eines 1985 getroffenen Abkommens zwischen der Wirtschaftsstiftung
Maison des Sciences de l'Homme und dem Campus Verlag.
Das Abkommen beinhaltet die Übersetzung und gemeinsame Publikation
deutscher und französischer geistes- und sozialwissenschaftlicher Werke,
die in enger Zusammenarbeit mit Forschungseinrichtungen beider Länder
ausgewählt werden.

Lizenzausgabe mit freundlicher Genehmigung
von EULAMA Srl, Rom, www.eulama.com.
Für die Übersetzung: Campus Verlag GmbH, Frankfurt/Main
für Haffmans & Tolkemitt Verlag, Alexanderstraße 7 D - 10178 Berlin
www.haffmans-tolkemitt.de
© 2012 Haffmans & Tolkemitt für die Rechte an dieser Ausgabe

Umschlagmotiv: Gabriel M. Rossetti, Fabrique d'indienne des frères Wetter, 1764,
Orange, Musée Municipal. Photo: Bernard Delgado.
Produktion: Urs Jakob, Werkstatt im Grünen Winkel, CH-8400 Winterthur.
Druck und Bindung: Ebner und Spiegel in Ulm.
Printed in Germany.

ISBN: 978-3-942989-10-7

Sonderausgabe ISBN: 978-3-86800-508-0

INHALT

Vorwort
Eine Geschichte der Frauen schreiben
Georges Duby und Michelle Perrot 9

Einleitung
Arlette Farge und Natalie Zemon Davis 11

ALLTAG UND ARBEIT

Kapitel 1
Arbeit und Familie
Olwen Hufton 27

Kapitel 2
Körper, äußere Erscheinung und Sexualität
Sara F. Matthews Grieco 61

Kapitel 3
Die schöne Frau
Véronique Nahoum-Grappe 103

Kapitel 4
Mädchenerziehung
Martine Sonnet 119

Kapitel 5
Jungfrauen und Mütter zwischen Himmel und Erde
Elisja Schulte van Kessel 151

Kapitel 6
Frauen, Politik und Macht
Natalie Zemon Davis 189

INTERMEZZO

Kapitel 7
Frauenbilder
Françoise Borin 211

VON IHR IST VIEL GESPROCHEN WORDEN

Kapitel 8
Ambivalenzen des literarischen Diskurses
Jean-Paul Desaive 279

Kapitel 9
Das Theater: Frauenbilder
Eric A. Nicholson 311

Kapitel 10
Aus der Philosophie des 18. Jahrhunderts
Michèle Crampe-Casnabet 333

Kapitel 11
Der medizinische und andere wissenschaftliche Diskurse
Évelyne Berriot-Salvadore 367

REBELLION IN WORTEN UND TATEN

Kapitel 12
Salonkultur und Literatur von Frauen
Claude Dulong 415

Kapitel 13
Frauen als Journalistinnen
Nina Rattner Gelbart 441

Kapitel 14
Hexen
Jean-Michel Sallmann 461

Kapitel 15
Prostitution
Kathryn Norberg . . . . : 475

Kapitel 16
Straffällige Frauen
Nicole Castan 493

Kapitel 17
Frauen im Aufstand
Arlette Farge 507

STIMMEN DER FRAUEN

Glückel von Hameln
Jüdische Händlerin 529

Anne-Françoise Cornet
Handwerkerin 535

NACHWORT

Rebekka Habermas und Heide Wunder 539

ANHANG

Anmerkungen 555
Literatur 573
Sach- und Personenregister 597
Autorinnen und Autoren 605

Vorwort
Eine Geschichte
der Frauen schreiben

Georges Duby und Michelle Perrot

Die Frauen sind lange im Schatten der Geschichte gelassen worden. Der Aufstieg der Anthropologie und die zunehmende Bedeutung, die der Familie beigemessen wurde, haben ebenso wie die Geschichte der »Mentalitäten«, die dem täglichen Leben, dem Privaten und dem Individuellen eine größere Aufmerksamkeit schenkte, dazu beigetragen, sie aus dem Schatten herauszuholen. Am meisten hat dazu aber die Frauenbewegung beigetragen mit den vielen Fragen, die sie aufgeworfen hat. »Woher kommen wir? Wohin gehen wir?« fragten sich die Frauen, und sie stellten innerhalb und außerhalb der Universitäten Nachforschungen an, um die Spuren ihrer historischen Vorläuferinnen zu finden, vor allem aber, um die Ursprünge ihrer Unterdrückung und die Entwicklung der Beziehungen zwischen den Geschlechtern zu verstehen.

Denn genau darum geht es. Der Titel »Geschichte der Frauen« ist kurz und bündig. Aber wir möchten damit nicht die Vorstellung verbinden, Frauen für sich seien ein Gegenstand der Geschichte. Wir wollen vielmehr ihre Lebenswelten, ihre Rollen und ihre Macht, ihre Handlungsweisen, ihr Schweigen und ihr Sprechen erforschen; wir wollen die unterschiedlichen Bilder von der Frau – Göttin, Madonna, Hexe . . . – in ihrer Beständigkeit und in ihrem Wandel erfassen. Deshalb verstehen wir die Geschichte als sozialen Wandel grundlegender Beziehungen; deshalb ist unsere Geschichte der Frauen auch ebenso die der Männer.

Es ist eine Geschichte der *langen Dauer*: Von der Antike bis heute greifen fünf Bände die chronologischen Zäsuren auf, die die Geschichte

des Abendlandes unterteilen. Denn nur um sie geht es. Das Mittelmeer und der Atlantik sind unsere Ufer. Wir wünschen uns gewiß auch eine Geschichte der Frauen des Orients oder Afrikas. Doch es bleibt den Frauen und Männern dieser Länder vorbehalten, sie eines Tages zu schreiben.

Diese Geschichte ist insofern »feministisch« orientiert, als sie von einer grundsätzlichen Gleichheit ausgeht; sie versteht sich aber als offen für verschiedene Deutungen: Wir wollen Fragen aufwerfen, ohne sofort mit formelhaften Antworten bei der Hand zu sein; wir öffnen uns in dieser Geschichte grundsätzlich der Vielfalt, der Vielfalt der Gestalten und Interpretationen.

Unter der Gesamtregie von Georges Duby und Michelle Perrot wurde jeder Band von ein oder zwei Herausgeberinnen eigenverantwortlich betreut. Sie haben die Themen des jeweiligen Bandes zusammengestellt und die Autorinnen und Autoren ausgesucht – eine wohl repräsentative Auswahl unter all jenen, die auf diesem Gebiet in Europa und den Vereinigten Staaten arbeiten.

Mag dieses Werk als vorläufige Bilanz, als Arbeitsmittel, als Ort des Gedächtnisses oder einfach aus Interesse an der Geschichte gelesen werden, diese Geschichte der Frauen im Abendland sollte an der Schwelle des werdenden Europa ihren geistigen Ort haben.

Wir widmen sie unseren Verlegern, deren Unternehmergeist, Aufgeschlossenheit und Großzügigkeit wir dankbar anerkennen.

Aus dem Französischen von Heide Musahl

EINLEITUNG

Arlette Farge und Natalie Zemon Davis

V om 16. bis zum 18. Jahrhundert spielten Frauen in allen häuslichen, wirtschaftlichen, intellektuellen, öffentlichen, konfliktträchtigen oder auch vergnüglichen Bereichen der Gesellschaft eine Rolle. Für gewöhnlich waren sie von ihren täglichen Aufgaben in Anspruch genommen, zuweilen aber auch in Ereignisse verwickelt, die die Gesellschaft formten, wandelten oder auseinanderrissen. Auf allen Stufen der sozialen Leiter besetzten Frauen Räume, mit Ausnahme vielleicht im Krieg – wenn man von der stürmischen Phase der Fronde absieht. Ihre Präsenz wurde von denen kritisch beobachtet, denen sie häufig nicht ganz geheuer schienen.

Abgesehen vom Alltagsleben waren Frauen in hohem Maße auch auf der Ebene des gesellschaftlichen Diskurses und der Repräsentation gegenwärtig, in Mythen und Predigten, in der Wissenschaft und Philosophie. Paradoxerweise war der redundante Diskurs über die Frauen Teil einer Strategie, die dazu dienen sollte, Ordnung in das Universum zu bringen. Diese Strategie wurde von dem Bedürfnis getrieben, Frauen in ihre Schranken zu weisen, sowie von dem unverhohlenen Wunsch, ihre Anwesenheit in eine Art Abwesenheit zu verwandeln bzw. in eine unauffällige Präsenz, die – ähnlich einem ummauerten Garten – auf engstem Raum kultiviert und kontrolliert werden konnte.

Offensichtlich entsprach das, was Männer über sie sagten oder schrieben, keineswegs der Realität von Frauen. Männer hatten lediglich ein Bild vor Augen: das der Frau, die aufgrund ihrer Extravaganz und Maßlosigkeit Unheil verhieß, jedoch wegen ihrer wesentlichen Funktion als

Mutter gleichzeitig unentbehrlich war. Die Frau wurde erfunden und definiert durch den gelehrten (und daher männlichen) Blick, der sie unwillkürlich ihrer jeweiligen Identität beraubte. Es überrascht daher nicht, daß die Historiker der Frühen Neuzeit, die sich diesem äußerst turbulenten Zeitalter widmeten, in dem der Staat sich festigte und gleichzeitig starke Einbrüche erlebte (man denke nur an die Religionskriege), die zu einer weitgehenden Erneuerung der politischen und sozialen Verhältnisse führten, lange Zeit die Rolle der Frau darin vernachlässigten. Da die Historiker die Geschichte männlich definierten, waren sie weder bereit, der Geschlechterdifferenz Bedeutung zuzugestehen, noch daran interessiert, eine Gesellschaft zu beschreiben, in der Frauen und Männer sich ihre eigene Geschichte schufen, indem sie sich in unterschiedlichen Rollen bewegten und jeweils eigene Wünsche und Konflikte hatten, aber auch indem es Anlässe gab, bei denen es zu Begegnungen kam, die sie trennten oder zur Konfrontation zwangen.

Will man heute eine andere Geschichte der Frauen schreiben, so muß man sich von einer bestimmten Sicht der Vergangenheit lösen und einen neuen Blick auf die Quellen werfen. Anstatt sich von zeitgenössischen Zeugnissen und Vorstellungen leiten zu lassen, müssen wir, so gut es geht, sämtliche Kenntnisse über die weibliche Realität und die damaligen Texte, die sich mit ihr beschäftigen, vergleichen, wohl wissend, daß beide komplementär und miteinander verflochten sind. Es führt zu nichts, eine Geschichte der Frauen zu schreiben, die sich nur mit deren Handlungen und jeweiligen Lebensweise befaßt, ohne die Art und Weise zu berücksichtigen, wie der öffentliche Diskurs ihr Wesen beeinflußt hat, und umgekehrt. Die Frauen jener Zeit ernst zu nehmen heißt, ihr Handeln auf dem Feld der Beziehungen zu rekonstruieren, die sich zwischen ihnen und dem anderen Geschlecht etablierten, und in dem Verhältnis der Geschlechter ein gesellschaftliches Konstrukt zu sehen, dessen Geschichte zum Forschungsobjekt gemacht werden kann und sollte.

Vom 16. bis zum 18. Jahrhundert fand zwischen Männern und Frauen eine lebhafte Auseinandersetzung statt. Sie entstand vor dem Hintergrund sozialer und politischer Instabilität und des Verfalls, in einer Periode, in der sich die Kirchen in einzelne spirituelle Gruppierungen aufspaltet, in denen neue Glaubenspraktiken gesellschaftlich organisiert werden und die Staaten sich, vor allem im 17. Jahrhundert, dem Merkantilismus zuwenden. Sie entstand auch vor dem Hintergrund religiöser Konflikte zwischen Reformation und Gegenreformation, in denen ganz Europa in Gewalt und Krieg verstrickt wurde. Diese Auseinandersetzung nahm solche Formen an, daß am Ende des 16. und zu Beginn des

17. Jahrhunderts sogar von der »querelle des femmes« oder vom Krieg der Geschlechter gesprochen wurde. Die Authentizität dieses Konflikts zwischen Männern und Frauen – und der Inhalt der populären Literatur und der Bibliothèque Bleue[1] ist ein lebendiger Beweis dafür – läßt sich somit zweifelsfrei feststellen. Das Thema des hartnäckigen Konflikts zwischen den Geschlechtern stellt eine historische Konstante dar, die sich je nach Epoche und gesellschaftlichen Umständen verändert. Texte, Bilder, Archive führen ins Zentrum des Zwists: Frauen erscheinen dort als boshaft, unvollkommen, maßlos und teuflisch, todbringend und durchtrieben. Auch wenn sie gelegentlich als sanft und fügsam bezeichnet wurden, so scheinen doch ihre Grausamkeit und maßlose Triebhaftigkeit in den Darstellungen zu überwiegen. Der Ton der Auseinandersetzung ist harsch. In Frankreich antwortet Mademoiselle de Gournay 1622 den Gegnern des weiblichen Geschlechts. Die Précieuses[2] melden sich zu Wort, obwohl sie von Molière verlacht werden. Descartes macht seinen Einfluß geltend, bis 1673 Poullain de la Barre vier sehr modern anmutende Werke über die Gleichheit von Mann und Frau schreibt. Im 18. Jahrhundert, das manche später das Jahrhundert der Frau nennen sollten, entspann sich ein sehr lebhafter Dialog über weibliche Vernunft und deren Implikationen für die Gleichheit der Geschlechter.

Die hier gewählten Beispiele beziehen sich zwar auf Frankreich, nichtsdestoweniger wurde ganz Europa von den turbulenten Ereignissen und der heftigen Debatte um die Frauenfrage ergriffen. Auch wenn der Konflikt zwischen Mann und Frau ein historischer genannt wird und die Spannungen zwischen der männlichen und weiblichen Welt klar erkennbar sind, dürfen wir dennoch nicht in statischen Begriffen denken. Im Verlauf dreier Jahrhunderte veränderten ökonomische, politische, kulturelle und religiöse Umwälzungen ganz offensichtlich die Beziehungen zwischen den Geschlechtern und den Status der Frau, bestimmten daher ihr Verhältnis zur Welt neu. Protestantinnen und Katholikinnen, zum Beispiel, gehen eigene und verschiedene Wege hinsichtlich der Kultur und des Wissens, was ihnen eine andere Stellung sowohl innerhalb der Familie als auch innerhalb der Gemeinschaft verleiht. Im übrigen ließen sich zahlreiche Frauen von den neuen ökonomischen Verhältnissen, den Epidemien, den Hungersnöten und den Kriegen zum Widerstand oder zum Heraustreten aus denen ihnen zugewiesenen Räumen treiben, was dazu führte, daß sie auf die eine oder andere Art in der Öffentlichkeit präsent waren. Es wäre ein hoffnungsloses Unterfangen, wollte man im einzelnen beschreiben, welche Auswirkungen jene Ereignisse auf die Lebensweise der Geschlechter hatten. Der vorliegende Band will lediglich einzelne Aspekte aufzeigen. Es wird von einem Spektrum der Beziehungen zwischen Mann und Frau die Rede sein, in das beständig die gesellschaftlichen Veränderungen hineinspielen, auch wenn es durch ein Kräfteverhältnis gekennzeichnet ist, das dem weiblichen Geschlecht nicht immer zum Vorteil gereicht.

Da wir Schwerpunkte ausgewählt haben, wie beispielsweise die soziale Konstruktion der Geschlechterdifferenz und das oszillierende Feld der Spannungen zwischen Mann und Frau, ist es notwendig, den Begriff »Spannung« zu klären. Er muß in seiner weiteren Bedeutung gesehen werden: Wenn ein Draht, der zwei Objekte miteinander verbindet, »unter Spannung« steht, wird selbstverständlich angenommen, daß beide Objekte daran beteiligt sind, diese Spannung zu halten. In diesem Sinne werden hier auch die Beziehungen zwischen den Geschlechtern betrachtet – in einem fragilen Gleichgewicht zwischen zwei Welten, die dazu gemacht sind, sich zu verstehen und sich zu verschlingen. Aus dieser Spannung heraus entstehen Konflikte, aber auch Systeme von Arbeitsteilung und Kompensationen, offizielle und inoffizielle Macht, manchmal sogar eine ebenso deutliche Gegenmacht. Dieser Raum zwischen den Geschlechtern ist eine eigene Welt, deren Geschichte dieser Band über drei wesentliche Jahrhunderte zu verfolgen sucht.

Dabei wird es sich nicht um eine chronologische Aufzeichnung der Ereignisse handeln. Die verschiedenen Sichtweisen, die sich mit der Geschichte der Frauen beschäftigen, versuchen, die üblichen Klischees aufzubrechen, nach denen die Frau seit jeher beherrscht wurde und der Mann sich zu ihrem Unterdrücker machte. Die Wirklichkeit ist sehr viel komplexer, so daß es notwendig ist, genauer hinzusehen: Sicherlich gab es Ungleichheit, aber auch eine in Bewegung befindliche Zone, in der Frauen – weder auf schicksalhafte Weise Opfer noch auf außergewöhnliche Weise Heldinnen – mit vielfältigen Mitteln daran arbeiteten, aktive Agentinnen der Geschichte zu sein. Im Grunde genommen ist diese Geschichte der Frauen ein Mittel, die Frau als an der Geschichte teilhabend wahrzunehmen und nicht als bloßes Objekt. Wenn man sie so sieht, wechselt man die Perspektiven, analysiert man die Quellen mit einem neuen Blick, liest man unzählige weibliche Versuche und Erfolge, die ein Auge, dessen Blick durch die üblichen Gemeinplätze von der Frau als ewiger Sklavin und dem Mann als ewigem Beherrscher getrübt ist, weder sehen noch erahnen kann. Der Unterschied zwischen den Geschlechtern ist ein Raum: ein Ort, an dem Ungleichheit rationalisiert wird, um sie zu transzendieren, ein Ort der Wirklichkeit, der durch die Ereignisse geformt wird, ein imaginärer und imaginierter Ort, von dem Bilder und Texte auf ihre Weise berichten.

Dieser Band ist keine erschöpfende Kompilierung von Daten und Ereignissen, sondern die Erkundung von bestimmten Problemen und Problemfeldern, die der sozialen Konstruktion der Geschlechterrollen Leben und Bewegung geben, keine lineare Bewegung, vielmehr eine ruckartige, hastige, mit plötzlichen Vorstößen, gefolgt von schwierigen Rückschlägen und Kehrtwendungen.

Obgleich Frauen durch die jeweiligen gesellschaftlichen Verhältnisse definiert und kontrolliert wurden, beweist die Wirklichkeit des Alltags, daß sie Wege fanden, diesen Zwängen und Beschränkungen zu entfliehen. Deshalb haben wir beschlossen, sie zunächst im Kontext von Arbeit und Alltag anzusiedeln. Dabei ist völlig klar, daß der soziale Raum, in dem sie lebten, in Erscheinung traten und arbeiteten, durch Normen und Verbote markiert war (was sowohl für die arme Bäuerin als auch für die Prinzessin galt, auch wenn diese sich ansonsten so grundlegend unterschieden).

Im ersten Teil werden ihre Präsenz, ihre Aktivitäten sowie religiösen und kulturellen Bestrebungen abgehandelt, die sie als historische Subjekte bestätigen, die mit dem Leben, seinen Risiken, seinen Hoffnungen und Träumen ringen. Den vorliegenden Band mit der Teilhabe von Frauen an der Gesellschaft zu eröffnen ist natürlich gewagt. Wie wir bald sehen werden, stieß der weibliche Alltag immer an die Grenzen, die ihm das gängige Frauenbild setzte: Frauen konnten nicht frei über ihren Körper, ihren Bildungswillen, ihr Schicksal verfügen. In jedem Kapitel begegnen wir unvermeidlich all jenen Konventionen, die das weibliche Rollenmuster rigoros definieren und reglementieren. Es werden verschiedene Lebensweisen vorgestellt, die sich in eine strenge soziale Hierarchie einfügen und den Wirkungskreis von Frauen drastisch einschränken. Ein zweifacher Zwang wird ausgeübt: der des Geschlechts und der der sozialen Gruppe, aus der sie stammten. Teil I beschäftigt sich mit der Herausbildung der Konturen des weiblichen Status und mit den vielfältigen Weisen, in denen eben dieser Status verhandelt und erfahren wurde.

Es handelt sich hier um eine erweiterte Sicht des Alltags: Der Beschreibung der Frau zwischen Arbeit, Ehe und Familie, wie sie zu Beginn dieses ersten Teils erfolgt, entspricht am Ende eine Analyse derjenigen Frau, die aufgrund ihrer Herkunft in die »Politik« eingetreten ist, der Königin und der Prinzessin. Diese ungewöhnliche Aufteilung ist weder durch die Lust am Paradoxen noch durch den Wunsch zu schockieren motiviert. In der Tat handelt es sich hier um die bescheidene Vorstellung einer neuen Konzeption der Geschichtsschreibung. Vom 16. bis zum 18. Jahrhundert nimmt die Frau ohne jeden Zweifel an der »Politik« teil, auch wenn dieses Wort damals natürlich nicht die Bedeutung haben konnte, die es heute hat. Und wer kann dies besser demonstrieren als Prinzessinnen und Königinnen? Es ist zweifellos an der Zeit, die Geschichte der Königinnen und der Frauen des Hofes aus dem Ghetto sehr eingeschränkter Sichtweisen, aus den Anekdoten und Bettgeschichten herauszuholen. Höfische Verbindungen, Mätressen, Gunstbezeigungen, strategische Eheschließungen und Intrigen können durchaus im Sinne eines politischen Funktionierens einer Hofgesellschaft analysiert werden, die mit ihren Anliegen und ihren zahlreichen Schwierigkeiten ringt. Niemand wird übersehen, daß ein Abgrund eine Magd von einer Königin trennt, und der ihnen in diesem Kapitel jeweils zugewiesene Platz soll diese Kluft nicht reduzieren, sie vielmehr betonen und somit zeigen, daß jede weibliche Situation in ihrem sozialen und politischen Kontext analysiert werden muß. Zwischen diesen beiden extremen Gestalten, zwischen Melkschemel und Thron, liegen andere weibliche Wirklichkeiten. Der Körper der Frau, ihr Erscheinungsbild, ihre Sexualität machen sie so anziehend und so gefährlich. Auch hier werden wir sehen, wie sie Normen und wechselnden Moden, aber auch ihren eigenen Wünschen folgt. Die Mechanismen der damit zusammenhängenden Ästhetik und Verführungskraft waren so kodiert, daß das arme, aber hübsche Mädchen großen Gefahren ausgesetzt war, während das arme und häßliche Mädchen überhaupt keine Identität besaß. Was die Erziehung der Mädchen betrifft, so bewegt sich die Gesellschaft, von Notwendigkeit und Mißtrauen geleitet, nur in kleinen Schritten weiter. Der ihnen zugestandene Raum des Wissens war knapp bemessen, damit der weibliche Verstand nicht etwa zum Ausgangspunkt gefährlicher Rivalitäten mit Männern werden konnte. Was das religiöse Leben angesichts der großen Einbrüche von Reformation und Gegenreformation betrifft, so weihten sich manche Frauen Gott und widmeten sich gänzlich der Liebe zum Nächsten und zu Christus. Die Spiritualität dieser Mystikerinnen, beunruhigten sowohl Kirche wie Staat.

Über die Frau wurde so viel geschrieben, daß sich der zweite Teil ganz auf die damaligen Diskurse und Vorstellungen konzentriert. Vor dem Diskurs jedoch steht das Bild, die Ikonographie: Aus diesen drei Jahrhunderten datiert eine Fülle von Bildern – einfache Holzschnitte und Werke bekannter Künstler. Eine Kunstwissenschaftlerin, Françoise Borin, hat eine Reihe von Frauenbildnissen zusammengestellt und erläutert ihre Auswahl in einem eigenen Kapitel: Frauenbilder.

In Literatur, Theater, Philosophie, Wissenschaft und Medizin ist die Frau Gegenstand leidenschaftlicher Auseinandersetzungen, in denen man nach ihrer geheimnisvollen »Natur« sucht, die sich selbst dem medizinischen und wissenschaftlichen Wissen verschloß.

Normverstöße: Hier taucht die Frau wieder auf mit ihrem Drang, der auf ihr lastenden Wirklichkeit und den erstickenden Diskursen über das »Weibliche« zu entfliehen. Aber es boten sich nicht die gleichen Chancen für alle Frauen, und die Muster der Übertretung waren unterschiedliche, je nach sozialer Herkunft. Die Reichen konnten sich gewöhnlich der Ordnung widersetzen, ohne das Gesetz zu brechen; die Armen bedrohten sowohl Ordnung als auch Gesetz, was stets schwere Konsequenzen hatte. Trotz dieser gewichtigen und fundamentalen Differenzen haben wir die weiblichen Versuche, aus der Monotonie des Alltags auszubrechen, in einem Teil zusammengefaßt, in der Absicht, gemeinsame Bestrebungen aufzuzeigen und zu demonstrieren, daß Geschlecht und soziale Klasse untrennbar miteinander verbunden sind.

Die Frauen der wohlhabenden Schichten fanden individuelle Wege, aus der Isolation der ihnen zugedachten Rolle auszubrechen. Wenn sie intelligent und begabt waren, machten sie unerlaubterweise regen Gebrauch von ihren intellektuellen Fähigkeiten, um sich Zugang zur Welt zu verschaffen. Die Salons und die Bewegung der Précieuses schufen Möglichkeiten, nicht nur den Gebrauch ihres Verstandes einzuklagen, sondern auch ihre intellektuelle Teilhabe an der Welt des philosophischen, wissenschaftlichen und politischen Denkens zu manifestieren. Indem sie öffentlich präsent waren, verstießen sie zweifelsohne gegen die Normen, und manche Schriftstellerinnen sollten teuer dafür bezahlen.

Schwerwiegender und zweifellos auch kühner – und verständlicherweise weniger frei gewählt – waren die Normverstöße der Frauen aus dem Volk, ihr Aufbegehren und ihre Rebellionen. Für sie hatte die Flucht aus ihren Verhältnissen meistens Marginalisierung und Kriminalisierung zur Folge. War eine junge Frau mittellos, riskierte sie, zur Prostituierten zu werden, im 16. Jahrhundert Opfer der Horden junger Männer zwecks Bestätigung ihrer Männlichkeit und im 18. Jahrhundert der raffinierten Vergnügungen der Libertins zu werden. Die geschlossenen Mauern der Familie machten Lust darauf, etwas anderes zu erleben, statt unablässig Kinder in die Welt zu setzen: Ehebruch, Abtreibung, Kindsmord, Diebstahl und Familienstreitigkeiten begleiteten die heimlichen Rendezvous – bittere Symptome der Ausweglosigkeit. Im 16. und 17. Jahrhundert gerieten Hexen ins Visier der Richter. Mit ihrem vielfältigen Wissen bewegten sie sich in der Grauzone zwischen christlicher Religion und dem Glauben an die heilenden Kräfte der Erde. Währenddessen nahmen Frauen im Verlauf jener drei Jahrhunderte aktiv an der Seite der Männer an Aufständen und anderen Formen von gewaltsamen Konflikten teil.

Wie man sieht, sind die Prostituierte, die Kriminelle, die Hexe und die Rebellin vier sehr unterschiedliche Gestalten. Trotz ihrer Verschiedenheit entzündeten sie so manchen revolutionären Funken und zeigten Formen des Widerstandes und der Hoffnung auf.

Jegliche Normverstöße verunsicherten, setzten Zeichen, brachten eine Verweigerung, ein Ziel zum Ausdruck, und aus diesem Grund sollen ihre entwickelten oder einfachen, freiwilligen oder unfreiwilligen Ausprägungen diesen Band beschließen.

Die hier gewählte thematische Struktur verdeutlicht eine Absicht: Die Analyse des Geschlechterdiskurses wird eingerahmt zum einen von einem Abschnitt über das Alltagsleben und zum anderen von einem Abschnitt über das Ausbrechen aus gesellschaftlichen Konventionen. Sie sollen die weiblichen Verhaltensmuster und Denkweisen in ihrem Spannungsfeld zwischen Konformität und Widerstand zum Ausdruck bringen.

Aus dem Französischen von Roswitha Schmid

opf eines jungen Mädchens, Zeichnung, Fragonard; 18. Jahrhundert. *Collection privée.*

J. Stella p.   C. Stella sculp. cum privil. Regis

ALLTAG UND ARBEIT

Die Heuernte, Kupferstich von C. Stella nach Jacques Stella; 17. Jahrhundert. *Paris. Bibliothèque Nationale*.

Arbeits- und Alltagsleben der Frauen spielten sich innerhalb einer strengen Geschlechterhierarchie und sozialer Spannungsfelder ab. Ständiger Bevormundung ausgesetzt, mußten sich Frauen sowohl den gesellschaftlichen Konventionen als auch spezifischen ökonomischen Zwängen beugen. In den unteren und mittleren Schichten der Gesellschaft waren sie Familienmütter, hatten aber gleichzeitig zur Subsistenzsicherung beizutragen. Olwen Hufton stellt dar, wie Frauen während jedes Stadiums ihres Lebens in einem Abhängigkeitsverhältnis zu einer männlichen Autoritätsperson standen und wie ihre Arbeitskraft vom Vater auf den Ehemann und gegebenenfalls zusätzlich auf einen Arbeitgeber übertragen wurde. Als zweischneidige Angelegenheit erwies sich die Notwendigkeit für Frauen dieser unterprivilegierten Schichten, ihre Arbeitskraft zu verkaufen. Zum einen bedeutete dies einen Mehraufwand an Leistung zu den ohnehin anspruchsvollen familiären Pflichten, zum anderen bot dieser Umstand Frauen besonders ab dem 18. Jahrhundert eine Möglichkeit, aus ihrem engen häuslichen Wirkungsfeld auszubrechen, in begrenztem Umfange am öffentlichen Leben teilnehmen zu können und sich schrittweise – wenngleich äußerst mühsam – zu emanzipieren.

Sara Matthews Grieco beleuchtet den Stellenwert der sich wandelnden Vorstellungen über Mode, Schönheit, Hygiene und gutes Benehmen insbesondere für Frauen zwischen dem 16. und 18. Jahrhundert. Die Konjunktur, die der menschliche Körper während der Renaissance erlebte, ließ dessen Erscheinungsbild zu einem zentralen Objekt gesellschaftlicher Wahrnehmung werden. Sowohl Kleidung als auch Physis konnten Aufschluß über die soziale Herkunft einer Person geben. Obgleich sich im 18. Jahrhundert auch Frauen aus dem Volk – etwa die Londoner und Pariser Ladenmädchen – zunehmend mit Farben und Gewändern schmückten und den Stil zeitgenössischer Trendsetter zu imitieren suchten, konnte dies zumeist nicht über ihre tatsächlichen Lebensumstände hinwegtäuschen: Puder und Make-up, die noch bis zu Beginn des 18. Jahrhunderts Wasser und Seife vorgezogen wurden, waren kostspielige Utensilien und somit nur für eine Minderheit erschwinglich.

Generell, so Sara Matthews Grieco, war die weibliche Sexualität außerhalb von Ehe und Mutterschaft ein potentiell bedrohliches Phänomen, obwohl es hinsichtlich des Sexualverhaltens zwischen der damaligen Stadt- und Landbevölkerung gewisse Unterschiede gab. In ländlichen Gegenden ging es im allgemeinen etwas freizügiger zu, da bäuerlichen Paaren vor der Heirat mehr Raum für eine gegenseitige Erprobung ihrer Sexualität zugebilligt wurde. In den mittleren und oberen Schichten war der eheliche Geschlechtsverkehr oft eine Art Gratwanderung zwischen Prüderie und Lust.

Wechselnde Idealbilder – üppigere Formen im 16. und 17. Jahrhundert, eng geschnürte Taillen dagegen im 18. Jahrhundert – und Wunschvorstellungen sahen in Frauen einerseits strahlende Verführerinnen, die andererseits jedoch nicht aus ihrer Mutterrolle entlassen werden sollten. Der weibliche Körper erfuhr während der Renaissance eine Idealisierung, wurde allerdings auch im alttestamentarischen Sinne als Mittel der Versuchung angeprangert, war sowohl Quelle aller Lust als auch aller Sünden. Véronique Nahoum-Grappe analysiert in ihrem Beitrag das Streben nach vollkommener Schönheit als sozio-ästhetisches System. Als Gefangene dieses Systems machten sich Frauen ihre natürliche Ausstrahlung zunutze, die ihnen gegebenenfalls einen gesellschaftlichen Aufstieg ermöglichte. Da der Bonus Schönheit selbstverständlich an altersbedingte Grenzen stieß, erwies er sich nur als eine flüchtige Bedrohung männlicher Autorität und konnte überdies, im Falle mittelloser junger Frauen, mit besonderen Risiken behaftet sein.

Während der Frühen Neuzeit erwachte das Interesse an einer umfassenden Alphabetisierung und Schulbildung, das sämtliche sozialen Schichten erfaßte. Ausschlaggebend für diese Entwicklung waren die wachsende soziale Mobilität aufgrund einer an Selbstbewußtsein gewinnenden urbanen Mittelklasse sowie solche technischen Errungenschaften wie der Buchdruck, der die weitläufige Verbreitung von Schriften – insbesondere religiöser Erbauungsliteratur – und zeitgenössischen Kontroversen ermöglichte. Martine Sonnet beschreibt diesen historischen Wandel und dessen Auswirkungen auf den Alltag von Frauen der damaligen Zeit. Wenngleich für Frauen das Erreichen eines gewissen Bildungsstandes als notwendig erachtet wurde, oblag es den schulischen Institutionen lediglich, aus Mädchen gehorsame Ehefrauen, aufopferungsvolle Mütter und gläubige Christinnen zu machen. Allerdings hatten die neuen katholischen Lehrorden und erweiterten protestantischen Bildungseinrichtungen dazu beigetragen, daß Frauen mit dem 18. Jahrhundert befähigt wurden, den Lehrerinnenberuf auszuüben. Somit wurde ihnen eine Gelegenheit geboten, auch außerhalb der Ehe ihren Lebensunterhalt zu verdienen. Überdies machte man sich zu jener Zeit auch Gedanken über die Einführung höherer Ausbildungsstätten für Frauen.

Das religiöse Leben hatte sich im Zuge der Reformation und Gegenreformation grundlegend verändert. Mit der daraus resultierenden Erosion der klerikalen Macht ergaben sich Freiräume, die von Frauen bewußt besetzt wurden, um der Monotonie ihrer familiären und ehelichen Bestimmung zu entfliehen. Martine Sonnet beschreibt, in welchem Maße Frauen schrittweise Zugang zu nahezu ebenso vielen Formen religiöser Betätigung bekamen wie Männer, selbst wenn es ihnen auch weiterhin verwehrt blieb, sich als Priester, Pastoren oder Rabbis zu betätigen. In jüdischen Gemeinden, in denen der aktive Gottesdienst den Männern vorbehalten war, inspirierte die Verbreitung gedruckter religiöser Schriften in jiddischer Sprache Frauen dazu, ihre Gebete für den Hausgebrauch selbst zu ersinnen. Im katholischen Einflußbereich gab es einen regen Zuwachs an wohltätigen Bruderschaften, und die neugegründeten Orden nahmen inzwischen auch Mitglieder auf, die nicht den traditionellen mittelalterlichen Elitefamilien entstammten. Von missionarischem Eifer getrieben, zogen Frauen, denen die klösterliche Umgebung zu eng war, in die Neue Welt, um Huronen und Irokesen das Wort Gottes zu verkünden. Im protestantischen Bereich wurde die Konkubine des Priesters durch die Pfarrfrau ersetzt, und man legte den weiblichen Gläubigen gar das Studium der Bibel nahe, obgleich Männer auch weiterhin den religiösen Rahmen des Familienlebens bestimmten. Immerhin ermöglichte dies Frauen die geistige Auseinandersetzung mit der Schrift und gab Alphabetisierungskampagnen Auftrieb. Evangelische Aktivistinnen behaupteten nunmehr öffentlich, daß Religion und Barmherzigkeit ein den Frauen von der Natur bestimmtes Betätigungsfeld darstellten, und radikale Sekten ließen es zu, daß Frauen in der Kirche das Wort ergriffen und Predigten hielten.

Elisja Schulte van Kessel beleuchtet die Rolle, die katholische Mystikerinnen innerhalb ihrer Konfession einnahmen. Das Streben nach der vollkommenen Einheit mit Christus, das sowohl innerhalb als auch außerhalb des klösterlichen Kontexts ungeahnte spirituelle Möglichkeiten verhieß, wurde von den Kirchenoberen argwöhnisch beobachtet und kontrolliert.

Selbst in der Politik, dieser traditionell maskulinen Sphäre, profilierten sich Frauen als Herrscherinnen, Konkubinen, Beraterinnen, Verfasserinnen von Flugblättern und gelegentlich auch Aufrührerinnen. Natalie Zemon Davis untersucht die spezifischen Arten der politischen Einflußnahme von Frauen, die sich zumeist aus privaten Beziehungen ergaben. Waren Frauen in der Lage, sich als Staatsbürgerinnen aktiv am öffentlichen Leben einer Republik zu beteiligen? Während der letzten Jahre des Ancien Régime wurde diese Frage von engagierten Frauen und Männern aufs entschiedenste bejaht, während eine andere Fraktion darauf beharrte, daß Frauen lediglich in der Religion ihre wahre Bestimmung finden.

A.F.–N.Z.D.

1
ARBEIT UND FAMILIE

Olwen Hufton

Als der Schriftsteller Richard Steele 1710 zu bestimmen versuchte, was eine Frau sei, tat er dies in einer für uns rätselhaften, doch für seine Zeit völlig plausiblen Weise: »Eine Frau ist eine Tochter, eine Schwester, eine Ehefrau und Mutter, ein bloßes Anhängsel der menschlichen Rasse.« (*The Tatler*, Nr. 172) Einer »anständigen Frau«, die es verdiente, von der Männerwelt gewürdigt zu werden, konnte so ehrend gedacht werden wie in der elisabethanischen Zeit der adligen Dame Marie Dudley auf ihrem Grabstein in St. Margaret's Westminster:

»Hier liegt Marie Dudley begraben, Tochter des William Howard von Effingham, zu seinen Lebzeiten Großadmiral von England, Haushofmeister und Lordsiegelbewahrer. Sie war die Enkelin von Thomas, Herzog von Norfolk ... und die Schwester von Charles Howard, Graf von Nottingham, Großadmiral von England im Dienst seiner Königin Elisabeth, durch dessen glückliche Führung dank der Güte Gottes die gesamte Flotte Spaniens geschlagen und ihr schwere Verluste zugefügt werden konnten. Sie war zuerst mit Edward Sutton verheiratet, dann mit Lord Dudley und schließlich mit Richard Monpesson Esquire, der zum Gedenken an seine Liebe zu ihr dieses Denkmal für sie errichten ließ.«

Als eheliches Kind wurde ein Mädchen von Geburt an, gleich welcher sozialen Herkunft, definiert durch sein Verhältnis zu einem Mann. Erst der Vater, dann der Ehemann waren rechtlich für die Tochter bzw. Frau verantwortlich, sie sollte beide ehren und ihnen gehorchen. Vater und Ehemann sollten sie vor der harten Wirklichkeit einer von Gewalt regierten Welt schützen. Und man hielt sie für wirtschaftlich abhängig von dem Mann, der ihr Leben regierte. Die Pflicht eines Vaters bestand nach dieser Vorstellung darin, sich um seine Tochter zu kümmern, bis zur Heirat, für die der Vater oder ein Stellvertreter mit dem Bräutigam einen Ehevertrag aushandelte. Der Bräutigam erwartete am Hochzeitstag eine Kompensation dafür, daß er sie zu seiner künftigen Ehefrau erwählt hatte – die Mitgift. Danach mußte er für sie sorgen, aber die von ihr in die Ehe eingebrachte Mitgift war für die Gründung eines neuen Hausstandes entscheidend.

Dieses Verhaltensmuster wurde während der Frühen Neuzeit in den Mittel- und Oberschichten rigoros befolgt. Eheverträge für die Kinder auszuhandeln, galt als »das gewichtigste Geschäft«, das eine Familie zu besorgen hatte. Eine Tochter kostete ihre Familie Geld und Ressourcen; die Familie mußte deren künftiges Wohlergehen erkaufen, konnte aber im Idealfall durch die neue Verbindung ihren Status erhöhen. Die konkreten Bedingungen der Abhängigkeit einer Frau wurden sehr sorgfältig ausgehandelt.

Für die meisten Frauen galt dieses Verhaltensmuster jedoch nicht in gleicher Weise. In allen frühneuzeitlichen Gesellschaften erwartete man von Frauen der unteren Schichten, daß sie sich – ob ledig oder verheiratet – ihren Lebensunterhalt durch Arbeit selbst verdienten. »Bedenke, mein liebes Mädchen«, heißt es in dem für heranwachsende Mädchen bestimmten *A Present for a Serving Maid* (1741), »daß Du kein Vermögen besitzt und diesem Mangel durch die Kraft Deiner Arme und Deines Kopfes abhelfen mußt. Du kannst nicht darauf hoffen, eine so gute Partie zu machen, daß keiner von euch Eheleuten arbeiten muß, und nur ein Tor wird ein Mädchen zur Frau nehmen, dessen Brot er allein durch seiner Hände Arbeit verdienen muß und das selbst überhaupt nichts zu seinem Lebensunterhalt beiträgt.« Kurz, die Vorstellung von der völlig abhängigen Tochter und Ehefrau wurde durch die beschränkten Ressourcen, über die ihr Vater und der mögliche Ehemann verfügten, in Frage gestellt.

Trotz der Verpflichtung, für ihren eigenen Lebensunterhalt zu arbeiten, war es für die Gesellschaft undenkbar, daß eine Frau völlig unabhängig von einem Mann leben konnte oder gar sollte. Die alleinstehende, unabhängige Frau galt als widernatürlich und verabscheuungswürdig. Es war selbstverständlich, daß der Vater und der Ehemann ihr ein Heim boten und mithin teilweise für ihren Lebensunterhalt sorgten. Diese Vorstellung kam in den für Frauen üblichen Löhnen zum Ausdruck. Eine Frau erhielt weniger Lohn für ihre Arbeit, weil ihr ja ein Mann ein Dach über dem Kopf bot. Konnte eine Frau vor ihrer Heirat keine Arbeit finden, die ihr Verbleiben in der Familie finanziell gesichert hätte, so mußte man ein anderes schützendes Dach für sie suchen: Sie trat in den Haushalt ihres Dienstherrn ein. Dieser übernahm dann die Funktion des schützenden Mannes, war verantwortlich für Kost und Logis und stand *in loco parentis*, bis sie sein Haus verließ, um eine andere Arbeit zu suchen, zu ihrer Familie zurückkehrte oder heiratete. Bei der Höhe ihres Lohns war einkalkuliert, daß sie Kost und Logis erhielt. Im Idealfall gab sie so wenig wie möglich davon aus; ihr Arbeitgeber legte das Geld für sie auf die hohe Kante und gab es ihr, wenn sie sein Haus verließ.

DAS ARBEITSLEBEN

Das Ziel, auf das eine ledige Frau hinarbeitete, war klar: Sie ersparte ihrer eigenen Familie, für ihren Lebensunterhalt aufkommen zu müssen und versuchte, eine Mitgift zusammenzubringen und bestimmte Fertigkeiten zu erwerben, um damit einen Mann zu finden. Von Kindheit an machten die Familie und die Gesellschaft, in der sie lebte, ihr klar, daß das Leben ein Kampf gegen zehrende Armut war und daß sie auf lange Sicht einen Ehemann brauchte, der ihr im Kampf ums Überleben Schutz und Beistand bieten könnte. Dieses Bewußtsein brachte ungefähr 80% der Mädchen auf dem Lande dazu, schon mit etwa zwölf Jahren – zwei Jahre früher als ihre Brüder – ihre Familie zu verlassen und damit zu beginnen, all das zusammenzubringen, was sie für eine Heirat brauchten. Für die große Mehrheit der Mädchen im frühneuzeitlichen Europa begann damit eine zehn oder zwölf Jahre dauernde Phase ihres Arbeitslebens, und von ihrem Erfolg in dieser Zeit hing ihre Zukunft ab. Solche Aussichten mögen beängstigend und erschreckend gewesen sein, und auf diesem Weg gab es viele Fallstricke. Die Kindheit war kurz für die Töchter der Armen.

Arbeit in der Landwirtschaft

Als Töchter von Kleinbauern, Knechten oder Tagelöhnern verfügten sie nur über wenige Fertigkeiten, außer denen, die ihnen von ihren Müttern beigebracht worden waren: Sie konnten vielleicht nähen und spinnen, einfache Arbeiten auf dem Hof verrichten oder kleinere Kinder hüten. Die meisten Mädchen hofften auf eine Stelle als Magd in Kost und Logis auf einem Bauernhof, aber die Nachfrage nach solchen Stellen war größer als das Angebot. Stellen als Mägde gab es in der Landwirtschaft nur in Gebieten mit größeren Gütern, am zahlreichsten auf den auf Milchwirtschaft spezialisierten Höfen, wo das Melken, Buttern und die Käserei Frauenarbeit war. Diese Stellen waren heiß begehrt und hart umkämpft, weil sie der Magd die Möglichkeit boten, in der Nähe ihrer Familie zu bleiben und so ihr gewohntes Leben weiterzuführen. Manchmal wurden die Mägde jedoch nur ein Jahr oder sogar nur einige Monate beschäftigt.

In England wurden Knechte und Mägde zum Teil auf Gesindemärkten eingestellt. Gesetzlichen Regelungen zufolge sollten Arbeitslose sich am Martinstag (11. November) im nächstgelegenen Marktflecken einfinden und sich mit ihrem Werkzeug in den Händen als Arbeitskräfte anbieten. An diesem Tag standen Dienstmägde und Knechte, jeder in seiner typischen Arbeitskleidung, mit ihrem Arbeitsgerät auf dem Marktplatz und versuchten, die Aufmerksamkeit eines möglichen Herrn auf sich zu lenken. Die erfahrene Köchin trug einen Kochlöffel in ihrer Schürze, die Melkerin einen Melkschemel unter dem Arm. Sie handelten ihre Dienste mit einem Dienstherrn aus, und wenn die Sache abgemacht war, wurde der Martinstag zum Festtag. Daniel Defoe, der die Gesindemärkte zu Beginn des 18. Jahrhunderts beschrieben hat, schildert die »äußerst unverschämte« Art und Weise, in der das weibliche Gesinde seine Fähigkeiten anpries; und es gibt eine ganze Literatur, die den hohen Lohn der Landarbeiter auf die Verhandlungen darüber bei diesen Gesindemärkten zurückführt.[1] Doch überschätzt sie wohl die Rolle der Märkte für das Aushandeln des Lohns und ihre Bedeutung als Ort der Begegnung von Gesinde und Herren. Memoiren und Tagebücher weisen darauf hin, daß die meisten Dienstmägde über Familienverbindungen und Bekannte ihren Arbeitgebern empfohlen wurden und daß sie jahrelang bei ein- und demselben Herrn blieben.

In ganz Europa wurden die meisten Stellen in der Landwirtschaft über Kontakte zwischen Familien vergeben. In Frankreich gibt es Hinweise darauf, daß in einigen Regionen, wie z. B. der Champagne, die Ausbreitung der Hausindustrie auch die Zahl der Mägde auf den Höfen anwachsen ließ: Sie konnten so in der toten Jahreszeit im Heimgewerbe tätig sein und ihre Stellung auf dem Hof behalten. Die Bedingungen, Arbeit in der Landwirtschaft zu finden, waren mithin je nach Region unterschiedlich. Insgesamt gesehen ist jedoch klar, daß Ende des 18. Jahrhunderts eine wachsende Zahl von Mädchen in diesem Sektor keine Arbeit mehr fand. Dies lag zum Teil am Bevölkerungswachstum, zum Teil am Aufkommen der kommerzialisierten Landwirtschaft und an größerer regionaler Spezialisierung. In anderen Gebieten führte die Überzahl an kleinsten Hofstätten, die aus dem Bevölkerungswachstum folgte, zur Verringerung des Viehbestands, so daß keine Magd gebraucht wurde. Wo keine Kuh mehr zu sehen war, gab es nur wenige Mägde.

Arbeit in der Stadt

Ein Mädchen, das keine Arbeit auf einem Bauernhof in der Nähe fand, orientierte sich in Richtung Stadt, die indes nicht notwendig weit entfernt sein mußte. Es mußte nur zum nächsten Städtchen mit 5–6000 Einwohnern gehen, um Arbeit als Dienstmädchen zu finden – die niedrigste Tätigkeit als' Arbeitstier: Es mußte die schwere Wäsche zum Waschhaus bringen, die Latrine leeren, Körbe voll Gemüse vom Markt nach Hause schleppen, kochen und putzen. Die Nachfrage nach Dienstboten scheint in der Frühen Neuzeit stark angestiegen zu sein, Anzeichen dafür, daß es bestimmten Schichten der städtischen Gesellschaft immer besser ging und daß die angebotene Arbeitskraft billig war. Auch hier wiederum kam man durch Familienverbindungen und Kontakte zwischen Dorf und Stadt zu den besten Stellen. Gewöhnlich hatte ein junges Mädchen alle Arbeitsmöglichkeiten am Heimatort versucht, bevor es sich anderswo auf Arbeitssuche begab. Wenn es dies tat, so gewöhnlich auf einem festgelegten Weg, und an seinem Zielort fand es die Töchter von Nachbarn oder Verwandte in der Nachbarschaft vor. Kurz, junge Mädchen waren keine Pioniere, die Neuland betraten. Manchmal folgten sie einer bereits existierenden Wanderungsbewegung von Saisonarbeitern. So z. B. die Mädchen aus dem Zentralmassiv, die nach Montpellier oder Béziers gingen, um dort im Haushalt zu arbeiten: Ihre Brüder wanderten jedes Jahr dorthin, um bei der Weinlese zu helfen. Ein anderes Beispiel sind die Mädchen aus Südwales, die in London und Umgebung als Dienstmädchen arbeiteten: Sie hatten vielleicht ihre männlichen Verwandten auf dem Weg zur Arbeit in den Gemüse- und Obstgärten der Grafschaft Kent begleitet und erste Kontakte geknüpft, als sie Obst und Gemüse nach Covent Garden brachten.

Dienstbotinnen bildeten die größte Berufsgruppe mit ungefähr 12% der Gesamtbevölkerung einer Stadt (dies gilt für alle europäischen Städte) während des 17. und 18. Jahrhunderts. So schätzte Patrick Colquhoun die Zahl der Dienstboten beiderlei Geschlechts in London auf 200 000, darunter seien doppelt so viele Frauen wie Männer gewesen – was keineswegs ungewöhnlich gewesen wäre.[2] Volkszählungen wie in Würzburg und Amsterdam im 17. Jahrhundert zeigen, daß der Zustrom weiblicher Jugendlicher dem Altersaufbau der Bevölkerung eine spezifische Struktur gab. Ein Teil der zugewanderten Mädchen verließ noch vor ihrem 30. Lebensjahr wieder die Stadt; sie kehrten vielleicht mit ihren Ersparnissen in ihre Heimatdörfer zurück und heirateten dort. Zeitgenössische Beobachter meinten, die meisten Zuwanderer, die nur für eine bestimmte Zeit in der Stadt blieben, kämen aus Gegenden mit Kleinbesitz; die Hoffnung, zu heiraten und sich auf einem kleinen Hof niederzulassen, lockte die jungen Mädchen zurück in ihr Dorf. Gebiete mit großen Höfen verloren dagegen ihre Jugendlichen für immer, aus dem Dorfmädchen wurde eine Städterin. Wahrscheinlich hing viel davon ab, mit wem man in der Stadt zusammenkam und welche Aussichten sich einem bei einer eventuellen Rückkehr in das Heimatdorf boten.

Man kann sich leicht vorstellen, daß sich die Arbeitsstellen und Arbeitsbedingungen beträchtlich voneinander unterschieden, dies war weitgehend vom sozialen Status des Arbeitgebers abhängig. Dienstboten waren ein Indikator für den gesellschaftlichen Status, und da weibliche Arbeitskraft billig und reichlich vorhanden war, konnte sich selbst eine Familie mit bescheidenem Einkommen diesen Luxus leisten. Es war selbst für den größten aristokratischen Haushalt unüblich, mehr als 30 Dienstboten beiderlei Geschlechts zu beschäftigen, obgleich es Ausnahmen gab und bestimmte Familien des Hochadels, wie das Haus Orléans oder die Herzöge von Marlborough, Hunderte von Domestiken hatten. Der niedere Adel, die Gentry, und die reichsten Kaufleute der Großstädte hatten vielleicht sechs oder sieben Bedienstete. Als arm galt in der Frühen Neuzeit der Adlige, der nur drei Dienstboten hatte. Im Amsterdam des 17. Jahrhunderts dagegen, das mehr reiche Kaufleute zählte als jede andere europäische Stadt, waren ein bis zwei Bedienstete die Norm, und dies war vielleicht der gängige Durchschnitt in den europäischen Städten. Je weniger Dienstboten es in einem Hause gab, um so wahrscheinlicher war es, daß es sich um Frauen handelte.

Es ist ebenfalls leicht vorstellbar, daß es unter den in einem adligen Haushalt beschäftigten Domestiken – Köche, Lakaien, Butler, Gesellschafterinnen und Hausdamen, Kammerzofen, Wäscherinnen, Küchenmädchen usw. – eine Hierarchie gab und daß die Frauen auf den unteren Stufen dieser Hierarchie zu finden waren. Bescheidenere Haushalte beschäftigten ein »Mädchen für alles«, ein Ausdruck, den es bezeichnenderweise in den meisten europäischen Sprachen gibt. Gesinde brauchte man überall: Kaufleute hatten ein Ladenmädchen, das auch die Ware austrug und Besorgungen machte; Wirte brauchten Kellnerinnen und Küchenhilfen; Ehefrauen, die im Familienbetrieb, einer Garküche oder Bäckerei arbeiteten, beschäftigten ein »Mädchen für alles«, das im Laden half, die Wäsche besorgte, Wasser holte und sich um das Kamin- und Herdfeuer kümmerte.

Die besten Stellungen erhielt man durch Beziehungen, aber auch durch den Aufstieg in der Dienstbotenhierarchie, wenn man Berufserfahrung gesammelt und sich bestimmte Fertigkeiten angeeignet hatte. Etwas Glück mußte man indes haben, und bestimmte Fähigkeiten mußte man von Anfang an mitbringen. Die Arbeitgeber achteten im allgemeinen darauf, daß ein Mädchen aus einer ehrbaren Familie kam und nicht irgendeinem Dieb aus der Verwandtschaft die Tür öffnen oder über Nacht mit dem Familiensilber verschwinden würde. Traditionell holten sich die Adligen die Domestiken für ihr Stadthaus von ihren Besitzungen auf dem Lande. In einigen Gegenden Frankreichs, namentlich in der Bretagne und im Cotentin, gab die Gattin des örtlichen Seigneurs, die gewöhnlich Patin aller Mädchen des Dorfes war, ein Empfehlungsschreiben, oder aber der Pfarrer bürgte für ein Mädchen. In anderen Fällen begleitete ein in der Stadt lebender Verwandter, selbst ehemals oder immer noch Dienstbote, ein Mädchen, das sich bei einem Herrn vorstellen wollte. Die Verwandten betonten dann – wie Deborahs Tante gegenüber Mrs. Samuel Pepys[3] – die strenge Erziehung und gute Ausbildung, die das Mädchen genossen habe. Die Anforderungen an diese Erziehung wurden am Ende des 18. Jahrhunderts in Nordwesteuropa höher und vielfältiger. In Spanien begnügten sich Dienstherren in der Frühen Neuzeit damit, sich nach der *gobernia* des Mädchens zu erkundigen, d. h. nach der Erziehung innerhalb der Familie und der Vermittlung einiger Grundkenntnisse im Nähen und des Katechismus; sie erwarteten nicht, daß es lesen und schreiben konnte. In Nordwesteuropa dagegen verlangte man Ende des 18. Jahrhunderts von einem Mädchen, das eine Stellung in einem wohlsituierten Haushalt suchte und nicht nur Küchen- und Spülmädchen bleiben wollte, daß sie nicht völlige Analphabetin war und sich korrekt ausdrücken konnte – und selbstverständlich den geschickten Umgang mit Nadel und Faden.

Armenschulen, Dorfschulen und die *petites écoles*, die seit Mitte des 17. Jahrhunderts überall in Frankreich emporsprossen, waren vielleicht verantwortlich dafür, die Anforderungen an die Erziehung von Mädchen anzuheben, die sich um eine Stellung im Haushalt bemühten. In England hatte das aus der Armenschule kommende Mädchen in wohlsituierten Haushalten ganz sicher gewichtige Vorteile gegenüber anderen Arbeitssuchenden, denn man hatte ihm dort die Tugenden der Reinlichkeit und des gepflegten Äußeren beigebracht. Angesichts der Wohnsituation der Armen und der Schwierigkeit, Wasser zu bekommen und die Kleider wechseln zu können, war dieses Ideal nicht leicht zu erreichen. Nichtsdestotrotz waren die stärksten Trümpfe eines Mädchens, das sich an der Tür eines Arbeitgebers präsentierte, ein sauberes Kleid (wenn auch gestopft und ausgebessert), ein gestärkter Kragen und eine gestärkte Schürze (wenn auch alt), Strümpfe ohne Löcher und geputzte Schuhe. Es ist ein ernüchternder Gedanke, daß der Anfangserfolg in der Dienstbotenwelt vom wirksamen Gebrauch einiger Teelöffel Stärke bei der Kleider- und Wäschepflege abhängen konnte. Das Mädchen war in der Armenschule auch gelehrt worden, ehrerbietig, ehrlich, ernst und zurückhaltend zu sein. In der Welt der Dienstboten waren dies die Eigenschaften, die zählten.

Das Mädchen, das in einen Haushalt mit mehreren Bediensteten eintrat, lernte, in der Küche zu helfen und die Wäsche zu waschen, zu bügeln und auszubessern. Wenn es einige Jahre auf der untersten Stufe der Dienstbotenhierarchie damit verbracht hatte, Geschirr zu spülen und Böden zu schrubben, Feuer zu machen und zu unterhalten, Kohlen und Wasser zu holen und die Latrinen zu leeren, und dabei weiterhin sauber, hübsch und adrett aussah, konnte es hoffen, zum Hausmädchen aufzusteigen. Mit einer gehörigen Portion Glück, wozu auch gehören konnte, die Zudringlichkeiten ihres Herrn oder – wahrscheinlicher noch – männlicher Dienstboten abzuwehren, konnte sie weiter aufsteigen zum Zimmermädchen oder zur Zofe.

Auf jeder Stufe nach oben mußte sie jedoch mit anderen konkurrieren, oder ihr Aufstieg wurde durch die begrenzte Zahl von Stellen in dem Haushalt, dem sie angehörte, gebremst. Wenn sie ehrgeizig war, mußte sie in einen anderen Haushalt wechseln, »um vorwärts zu kommen«. Daher rührt die große Mobilität der Dienstboten am Ende des 18. Jahrhundert und das von der guten Gesellschaft so beklagte und aufgebauschte Verschwinden des »treuen Dieners«. Mobilität wurde möglich durch Dienstverträge, Empfehlungen und in England auch durch Anzeigen in Zeitungen. Auf den obersten Rängen der Dienstbotenhierarchie war die Konkurrenz indes groß, und eine Anzeige für die Stelle einer Kammerzofe brachte eine Flut von Bewerbungen.

Es gab jedoch viele Mädchen, die auf diesem Arbeitsmarkt nicht mithalten konnten, aber durch Verarmung bestimmter Regionen als Folge des Bevölkerungswachstums im 16. und 17. Jahrhundert dennoch gezwungen waren, ihr Dorf zu verlassen und in die Stadt zu gehen. Diese Mädchen waren bitterarm, unterernährt, rachitisch, pockennarbig, schmutzig und voller Läuse. Sie hatten in ihrer Kindheit nicht die Erziehung genossen, die für eine Anstellung selbst in einem bescheidenen Haushalt erforderlich war. Für die Mädchen ganzer Landstriche, im Falle Irlands einer ganzen Nation, war es, sobald sie einen Fuß in englische Großstädte setzten, durch die Armut, aus der sie kamen, von vornherein ausgeschlossen, irgendeine anständige Stellung als Dienstmagd zu finden.

Der Dienst im Haushalt umfaßte also ganz unterschiedliche Positionen und Arbeitsbedingungen: Einem kleinen Teil der Dienstboten gelang es aufzusteigen, und am Ende der Karriereleiter konnte ein erfolgreiches Dienstmädchen – wenn sie etwa Mitte zwanzig war – es zum Zimmermädchen oder zur Zofe gebracht und eine beachtliche Summe gespart haben. Die Höhe ihrer Ersparnisse hing wesentlich davon ab, ob sie regelmäßig etwas zurücklegen konnte, ohne einen Teil ihres Lohnes ihrer Familie abgeben oder Zeiten von Krankheit und Arbeitslosigkeit überbrücken zu müssen. Uns sollte jedoch klar sein, daß sie zu einer kleinen Minderheit unter den Dienstboten gehörte. Am unteren Ende der Karriereleiter standen die zahlreichen Verliererinnen, die in erbärmlichen und schwierigsten Verhältnissen lebten, von der Gnade des Arbeitgebers abhängig waren und unablässig arbeiten mußten, um ihre mageren Ersparnisse nicht angreifen zu müssen. Ein Dienstmädchen, das ungewollt schwanger wurde, entließ man einfach. In der Mitte lagen diejenigen, die im Alter zwischen zwanzig und dreißig Jahren fünfzig Pfund ihr eigen nennen konnten: sicherlich eine bescheidene Summe, aber ein persönlicher Triumph.

Frauen in der Hausindustrie

In bestimmten hausindustriellen Regionen, die weibliche Arbeitskräfte brauchten, war die Dienstmagd in Wirklichkeit eine Textilarbeiterin. Billige weibliche Arbeitskräfte waren entscheidend für die Entwicklung der Textilindustrie in Europa, z. B. im Lyoner Seidengewerbe. Seide war ein teurer und empfindlicher Stoff, der für die Reichen bestimmt war; der gesamte Fabrikationsprozeß von Seide vollzog sich in Werkstätten in der Stadt unter Aufsicht eines Meisters. Weibliche Arbeitskräfte wurden gebraucht, um die Seidenraupen aus den Kokons zu holen, die Seide zu haspeln und zu spulen, den Schützen durch das Fach zu werfen und so komplizierte Muster zu weben. Die Arbeit der Männer bestand darin, den Seidenstuhl zu bedienen, Schäfte und Lade zu bewegen. Zu jeder Werkstatt gehörten mindestens drei bis vier Mädchen, ein Lehrjunge, der Meister und seine Frau; in der gesamten Seidenindustrie waren fünfmal mehr Frauen als Männer beschäftigt. Diese weiblichen Arbeitskräfte kamen aus den Dörfern der Umgebung, Mädchen wurden aus dem dürren, unfruchtbaren Forez und der hügeligen Dauphiné ins Haus des Meisters gebracht, das gleichzeitig Werkstatt war. Sie schliefen in Wandnischen und -schränken oder unter den Seidenstühlen, ihr Lohn wurde vom Meister einbehalten. Mädchen im Alter von zwölf oder vierzehn Jahren begannen mit der niedrigsten Tätigkeit: Sie haspelten die Seide, saßen gebeugt über Wannen mit kochendem Wasser, in das die Kokons getaucht wurden, um das Serizin, die klebrige Substanz, die den Kokon zusammenhielt, aufzulösen. Ihre Kleider waren ständig feucht und ihre Finger wurden gefühllos. Schlimmer noch, in den Werkstätten wütete die Schwindsucht. Doch wenn die Seidenarbeiterin vierzehn Jahre durchhielt ohne lange Zeiten der Arbeitslosigkeit – Konjunktureinbrüche waren häufig, und man setzte die Mädchen dann ohne große Umstände vor die Tür – und zur Weberin aufsteigen konnte, dann hatte sie am Ende nicht nur eine hübsche Geldsumme gespart, sondern zugleich einen Beruf erlernt. Sie war dann die ideale Ehefrau für den ehrgeizigen Gesellen, denn sie konnte ihn mit dem nötigen Geld für den Erwerb des Meisterbriefs versehen und in einer neugegründeten Werkstatt mitarbeiten.

Spitzen wurden ebenfalls in Heimarbeit hergestellt; ein junges Mädchen konnte damit ihre Aussteuer verdienen. Dieser Gewerbezweig war insofern einzigartig, als die Herstellung von Spitzen vom Kauf des Garns bis zum Verkauf an den Großhändler gewöhnlich ganz in Frauenhand lag. Spitzen waren das teuerste textile Erzeugnis in Europa. In der Mitte des 18. Jahrhunderts kostete der Meter Seide etwa 10 Schillinge, der Meter Spitzen dagegen ungefähr 20 Pfund. Ihr Wert beruhte allein auf der Handarbeit, die nur in vielen Jahren zu erlernen war. Doch der Lohn einer Spitzenklöpplerin gehörte zu den niedrigsten Frauenlöhnen. In Frankreich konnte man sich mit der Arbeit eines Tages vielleicht einige Pfund Brot kaufen. In einigen Regionen gab es zehntausende von Spitzenklöpplerinnen. In den Gegenden, in denen die besten Spitzen hergestellt wurden, namentlich in Flandern und im Pays du Velay in Frankreich, hatten philanthropische Bemühungen das scheinbar Unmögliche erreicht: Durch das Klöppeln von Spitzen konnten die Mädchen sich langsam eine Mitgift zusammensparen. In Flandern brachten Nonnen in Klöstern den Mädchen unentgeltlich das Klöppeln bei; wenn die Mädchen in diesem Gewerbe tätig wurden, halfen sie ihnen, eine kleine Geldsumme auf die hohe Kante zu legen. Nach ihrer Heirat konnten sie selbständig als Klöpplerinnen arbeiten oder aber in den Klosterwerkstätten, wo sie weder Heizung noch Licht bezahlen mußten. Im Velay gab es solche Konvente nicht, aber die Béates, Gemeinschaften frommer Frauen, die mit Hilfe von Spenden in Le Puy kostenlose Schlafstätten für Klöpplerinnen unterhielten, den Verkauf der Spitzen an die Kaufleute übernahmen und darauf sahen, daß die Frauen auch den besten Preis erhielten. Vom eingenommenen Erlös zogen sie etwas Kostgeld ab und legten den Rest auf die hohe Kante, damit die Mädchen ihre kostbare Mitgift zusammensparen konnten. Nach der Heirat konnte die Spitzenklöpplerin zuhause arbeiten, aber die Béates unterhielten auf Bitten der Dörfer auch Gemeindehäuser, in denen die Frauen zusammenkommen konnten und sich die Kosten für Licht und eine Suppe teilten.

Die Produktion von Seide und Spitzen war mithin darauf zugeschnitten, Mädchen in die Stadt zu bringen, ihnen ein Handwerk beizubringen und ihnen zu helfen, eine Mitgift zusammenzusparen. Zwei Gruppen von Frauen indes hatten sich um 1600 von der Vorstellung gelöst, eine Frau benötige eine Mitgift in klingender Münze, um einen Ehemann zu bekommen. Das Erlernen eines Handwerks, vielleicht noch eine Aussteuer – Wäsche, ein Bett und ein Schrank – waren ihrer Meinung nach völlig ausreichend. Dies war zum einen dort möglich, wo die gewerbliche Produktion auf dem Lande schnell wuchs und das Einkommen aus der Textilproduktion die Einkünfte aus der Landwirtschaft übertraf, und zum anderen bei den kleinen Handwerkern und Gewerbetreibenden in den Städten.

Auf den für das Textilgewerbe produzierenden Dörfern arbeiteten ledige Frauen nur dann in der Hausindustrie, wenn sie glaubten, daß sie mit dieser Arbeit langfristig ihren Lebensunterhalt verdienen konnten. Dazu mußte der Lohn höher sein und regelmäßiger einkommen als das, was man mit der Saisonarbeit auf dem Lande, dem Spinnen von Wolle oder Flachs im Winter, verdienen konnte. Die jungen Männer und Frauen der Gemeinde mußten überzeugt sein, daß sie mit den Einkünften aus der Textilproduktion einen neuen Hausstand gründen oder bei ihren Eltern leben konnten. Das Rohmaterial erhielten sie vom Kaufmann oder Verleger, dem sie ihre Erzeugnisse verkauften. Unter diesen Bedingungen blieben die jungen Leute in ihrem Dorf. Ging es mit der Textilindustrie bergab, gerieten sie in bittere Armut, blieben aber gleichwohl am Ort, weil sie sich daran klammerten, daß es schon bald wieder aufwärts gehen werde. Aber mit der Zeit mußten ihre Nachkommen sich entschließen, das Dorf zu verlassen und entweder als Dienstboten in die Stadt zu gehen oder aber in eine andere Region mit blühenderem Gewerbe zu ziehen. Vielleicht entwickelte sich in ihrem Dorf langsam, doch sicher nicht über Nacht, ein anderer Produktionszweig, so wie im Devon, wo an die Stelle der Herstellung von Serge schrittweise die Knopfproduktion trat; doch dies war keineswegs zwangsläufig der Fall. Als die Tuchproduktion des Languedoc im 18. Jahrhundert zugrunde ging, wurde aus dem bienenfleißigem Weberort Clermont de Lodève eine Geisterstadt.

In diesen Dörfern mit hausindustrieller Produktion heiratete man untereinander, und man heiratete früh, denn man mußte keine riesige Summe ansparen, um einen Hof zu pachten und Vieh zu kaufen. Ging es jedoch mit der Hausindustrie bergab, schob man die Heirat hinaus und folglich fiel die Geburtenrate.

Ein Mädchen aus einer Arbeiterfamilie in einer Mittel- oder Großstadt wurde nur selten Dienstmädchen oder Textilarbeiterin, außer vielleicht in einigen großen Industriestädten. Die Volkszählungen zeigen, daß es einen der wenigen ihm offenstehenden Berufswege einschlug: Es ging ins Bekleidungsgewerbe und wurde Schneiderin, Mantelnäherin, Hutmacherin, Handschuhmacherin oder Stickerin oder in den Dienstleistungssektor und wurde Wäscherin, Straßenverkäuferin oder Marktfrau. Oder aber es arbeitete, und dies war vielleicht am häufigsten, daheim im Familienbetrieb mit.

Zweifellos waren die Arbeitsmöglichkeiten für Mädchen in den meisten europäischen Städten durch die Beschränkungen der Zünfte begrenzt, welche die Welt der qualifizierten Arbeit in der Stadt mehr oder weniger umfassend reglementierten. Die Töchter und Frauen von Handwerkern und Gewerbetreibenden arbeiteten dennoch mit, aber die Zünfte beobachteten im allgemeinen die Versuche von Frauen, auf ihrem Terrain tätig zu werden, mit großem Argwohn. Ganz besonders hatten sie Angst davor, daß eine Frau für weniger Geld arbeiten und so die Löhne der Gesellen unterbieten könnte. Widerstand gegen Frauen kam in von Zünften reglementierten Produktionszweigen weniger von den Meistern als vielmehr von ihren Gesellen. Gab es Arbeit in Hülle und Fülle und waren die Arbeitskräfte knapp, dann zeigten sich die Zünfte relativ tolerant und waren geneigt wegzusehen, wenn auch Frauen im Gewebe tätig waren. Wurden die Zeiten jedoch härter, nahmen sie eine abwehrende Haltung ein. So zwangen im 16. Jahrhundert die Augsburger Schneider die Frauen urplötzlich dazu, nur noch Schürzen und Wäsche herzustellen, während sie in besseren Zeiten zugelassen hatten, daß Frauen auch in anderen Bereichen des Bekleidungsgewerbes tätig wurden.

Ende des 18. Jahrhunderts verschwanden die Zünfte in England und Frankreich sehr schnell. Selbst dann fanden Frauen leichter Arbeit in neueren Gewerben wie der Hutmacherei und der Herstellung von Mänteln und Umhängen, die keine mittelalterlichen Vorläufer hatten. Im Laufe des 18. Jahrhunderts vergrößerten sich die Arbeitsmöglichkeiten für Frauen – erstaunlich ist, daß die Zahl der arbeitssuchenden Frauen stieg, sobald sich ein neuer Arbeitsmarkt für sie eröffnete – und folglich sanken die Löhne. Die Arbeit wurde als »Frauenarbeit« angesehen und entsprechend entlohnt. Campbells Jahrbuch für Londoner Kaufleute ordnete 1762 alle Stellen im Konfektionsgewerbe, in denen Frauen arbeiteten, den niedrigsten Lohnstufen zu; die für solchen Hungerlohn arbeitenden Frauen bildeten das Reservoir der Prostitution.

In den Familien unterhalb der wohlsituierten Handwerker war es eher die Mutter als der Vater, die darüber entschied, welchen Beruf ihre Tochter ergriff. Die Tochter einer Wäscherin wurde Wäscherin, die Tochter einer Näherin wurde Näherin, die Tochter eines Schankwirts blieb im Hause und servierte Bier und Speisen. Diese Tendenz von Eltern in der Stadt, ihre Töchter bei sich arbeiten zu lassen, erklärt vielleicht die relativ geringe Zahl erhaltener Lehrverträge für Mädchen.

Tatsächlich gehörten die Mädchen, die sich um eine ordentliche Lehre bemühten, zu zwei Gruppen: Entweder waren sie Waisen, denen die Waisenhäuser eine sichere Arbeitsstelle besorgen wollten oder aber Mädchen, deren Eltern sie nicht beschäftigen konnten und die keine Verwandten hatten, z. B. eine Tante, die Schneiderin war und ihr helfen konnte. Diese beiden Gruppen suchten nicht etwa deshalb eine Lehrstelle, weil die Ausbildung dem Mädchen eine bessere Stellung garantieren würde, sondern weil man mit einer richtigen Lehre sicher war, daß es überhaupt eine richtige Anstellung finden würde. In Genf machten Mädchen im 17. Jahrhundert eine Lehre, um die Herstellung von Uhrketten, Schlüsseln und Rädchen für Uhren oder von Spitzen und Knöpfen zu erlernen. Bei den Waisenhäusern standen diese Zweige einer »Berufsausbildung« indes nicht in hohem Ansehen, sie erschienen ihnen trotz des Lehrvertrags als unsicher; sie meinten, eine Anstellung als Dienstbotin sei besser. Die englischen Armenschulen teilten diese Auffassung voll und ganz. Sie weigerten sich, ihre Schülerinnen in die Textilmanufakturen zu geben, da man sich in diesem unsicheren Gewerbe von einem Tag auf den anderen ohne einen Pfennig auf der Straße wiederfinden konnte. Die Sicherheit einer Frau wurden am besten durch die Arbeit bei einem Verwandten garantiert, und wenn es diesen nicht gab, durch eine feste, anständige Anstellung als Dienstmädchen.

HEIRAT

Die meisten Frauen heirateten tatsächlich und folgten damit dem herrschenden Verhaltensmuster. Von 1550 bis 1800 schwankte der Prozentsatz der Frauen, die unverheiratet im Alter von fünfzig Jahren starben, zwischen 5 und 25%. In der Mitte des 17. Jahrhunderts lag er am höchsten, sank aber während des folgenden Jahrhunderts sehr rasch, so daß man davon ausgehen kann, daß der Prozentsatz lediger Frauen Ende des 18. Jahrhunderts knapp unter 10% lag. In Frankreich heirateten im 17. Jahrhundert mehr Frauen als in England, doch dann begann die Zahl der ledigen Frauen zu steigen: Um 1789 waren etwa 14% der Frauen, die nach Vollendung ihres 50. Lebensjahres starben, nie verheiratet gewesen. Im 17. Jahrhundert lag das durchschnittliche Heiratsalter der englischen Frauen bei 26 Jahren, fiel dann aber und lag am Ende des 18. Jahrhunderts knapp über 23 Jahren. In Frankreich stieg das durchschnittliche Heiratsalter von 22 Jahren zu Beginn des 17. Jahrhunderts schrittweise bis auf 26 1/2 Jahre am Vorabend der Revolution an.[4] Diese völlig gegensätzlichen Verhaltensmuster werden von den Demographen mit dem generativen Verhalten der ländlichen Bevölkerung erklärt. Sinkendes Heiratsalter bedeutet ihnen zufolge größeres Angebot an Arbeitsplätzen, höhere Löhne und eine größere Zahl verfügbarer Hofstätten. Sinkende Reallöhne in Frankreich am Ende des 18. Jahrhunderts trieben das Heiratsalter in die Höhe, weil die Paare längere Zeit arbeiten mußten, um das Geld zusammenzusparen, mit dem sie einen Hof pachten und Arbeitsgerät und Vieh anschaffen konnten. Eher steigende Arbeitslöhne und stabile Preise für landwirt-schaftliche Erzeugnisse hatten in England zu Beginn des 18. Jahrhun-derts die entgegengesetzte Wirkung: Sie verringerten die Zahl der dau-erhaft Ehelosen und ließen das Heiratsalter sinken. Die für die Nie-derlande vorliegenden Zahlen weisen darauf hin, daß die während des 17. Jahrhunderts größtenteils herrschende Prosperität frühere Ehe-schließungen förderte, daß dann aber die schwierigeren Bedingungen in der Landwirtschaft und der Niedergang in der Industrie in der zwei-ten Hälfte des 18. Jahrhunderts zu späterer Heirat und zur Zunahme der dauerhaft Ehelosen führten.

Die Frauen des Adels und der Mittelschichten hatten weniger Hei-ratschancen als Arbeiterinnen. Im 18. Jahrhundert war mehr als ein Drittel der Töchter der schottischen Aristokratie unverheiratet, und ihre Zahl lag bei den englischen Peers fast ebenso hoch. Dies erklärt sich weitgehend aus dem starken Anstieg der zu zahlenden Mitgift. Mehr als eine Tochter versorgen zu müssen brachte selbst die wohlhabend-sten Familien an den Rand des Ruins. Ein oder zwei Töchter wurden verheiratet, um Familienverbindungen zu knüpfen und den Familien-status zu wahren, aber die anderen blieben im elterlichen Haus oder lebten, wenn sie älter waren, bescheiden auf einem Gut, das nach ihrem Tod an die Familie zurückfiel. Während adlige Männer bürger-liche Frauen aus einer reichen Familie ehelichen konnten, durften ari-stokratische Frauen nicht außerhalb ihres Standes heiraten. Eine solche Heirat hätte Schande über ihre Familie und über sie selbst gebracht, weil eine Ehefrau den Status ihres Ehemannes annahm. Auch für Frauen der Mittelschichten, die aus einer vielköpfigen Familie kamen, waren die Möglichkeiten begrenzt. Die älteste Tochter fand noch einen Ehemann, der nächsten half vielleicht eine verwitwete Tante, aber die finanziellen Mittel der Familie waren begrenzt und reichten nicht für alle. Hinzu kam, daß diejenigen Töchter, die sich nicht verheiraten konnten, über geringeren finanziellen Rückhalt verfügten als aristokra-tische »Fräulein«.

In den sozialen Gruppen, in denen sich die Frauen selbst ihre Mit-gift zusammensparen mußten, hatten es alle Töchter leichter, einen Ehemann zu finden. Wechselfälle der Konjunktur, niedrige Löhne und hohe Grundrenten oder Mangel an Hofstellen konnten jedoch dazu führen, später zu heiraten. Der Rektor von Bletchley schilderte die Schwierigkeiten eines jungen Paares in seiner Pfarre so:

»Will Wood junior möchte sich mit Henry Travels Tochter verheiraten, dem hüb-schesten Mädchen im Sprengel. Er versteht sich nicht mit seiner Großmutter (die nicht über die Mittel verfügt, ihm eine Hofstelle zu verschaffen) ... Die Zeiten sind sehr hart und kleine Höfe schwer zu finden, denn man hegt immer mehr Land ein und fügt es zu großen Gütern zusammen. Das macht es so schwierig für junge Leute, sich zu verheiraten wie einst; ich kenne den Sprengel seit langem, mehrere Bauern wünschten nichts sehnlicher als zu heiraten und sich auf einem Hof niederzulassen, fanden aber kein geeignetes Stück Land . . .«[5]

Hier mußte also offenkundig ein junges Paar warten, bis eine Hofstelle frei wurde. In Gegenden, in denen es eine eingesessene Hausindustrie gab und junge Leute auch ohne große Ersparnisse an die Gründung eines Hausstands denken konnte, konnte das Heiratsalter sinken. Selbst in diesem Fall mußte das junge Paar jedoch soviel zusammensparen, um einige Möbel, Bettdecken, Kochgeschirr, Hühner, eine Ziege oder ein Schwein anzuschaffen. Es gab aber auch eine Gesellschaftsschicht, in der wirtschaftliche Erwägungen keine Rolle bei der Wahl des Ehegatten spielten, weil keiner der beiden künftigen Eheleute etwas besaß außer seiner Arbeitskraft. In englischen oder skandinavischen Dörfern widersetzte sich die Gemeinde (einschließlich des Pfarrers und des Friedensrichters) einer solchen Eheschließung, die nur die Zahl der Armen erhöht hätte.

In den Städten gab es gegen Ehen zwischen Besitzlosen nur wenig einzuwenden. Doch solche Paare, wie tief ihre Gefühle füreinander auch sein mochten, waren Gefangene ihres Schicksals. Wenn sie nicht in prosperierenden Gewerben eine Anstellung fanden, waren sie zur Armut verdammt, eine Aussicht, die stark abschreckend wirken mußte und wohl eine dauerhafte Beziehung unmöglich machte.

Wer als Ehemann in Frage kam, hing selbstverständlich davon ab, welcher gesellschaftlichen Schicht die Frau angehörte, bisweilen auch davon, das wievielte Kind sie war, denn die älteste Tochter aus einer Oberschichtfamilie genoß gewöhnlich Vorrang, und schließlich davon, wie hoch die Mitgift war. Insgesamt gesehen heirateten Frauen keine sozial unter ihnen stehenden Männer. Eine adlige Erbin hatte die beste Auswahl. Die Töchter von evangelischen Pastoren, von Ärzten und Anwälten heirateten Männer, die denselben Beruf wie ihre Väter ausübten, und festigten damit die beruflichen Verbindungen des Vaters. Mägde heirateten Knechte und hofften, mit ihrer beider Ersparnisse auf eine Hofstätte zu kommen. Ein Mädchen, das sich in der Stadt als Dienstbotin verdingt hatte, konnte jedoch durchaus mit ihrem Ersparten ins Dorf zurückkehren und Frau eines Kleinbauern werden, so wie viele Jungen vom Lande, die in der Stadt eine Lehre gemacht hatten, hofften, nach Hause zurückzukommen und Bauern zu werden. Aber wer aus einer Gegend mit großen Gütern in die Stadt gezogen war, hatte geringe Chancen, in das Heimatdorf zurückzukehren. So zum Beispiel die Kinder der Beauce, in der es große Höfe und wenig Arbeit gab: Die jungen Leute gingen nach Chartres (mit begrenzter Nachfrage nach Arbeitskräften), Orléans (vielversprechender) und – unver-

meidlich – nach Paris mit seinen anscheinend unbegrenzten Arbeitsmöglichkeiten. Sie kehrten nicht in ihr Heimatdorf zurück – wen heirateten sie also?

Eine Minderheit von Dienstmädchen heiratete Dienstboten, eine Minderheit solcher Paare blieb zusammen im Haushalt des Dienstherrn,
denn die Zahl der Stellen für derartige »Dienstbotenpaare« war
begrenzt. In der Regel legten sie ihre Ersparnisse zusammen und eröffneten ein Geschäft, einen Ausschank, ein Café oder handelten mit
Lebensmitteln. Häufig war der hauptsächliche Kontakt eines Dienstmädchens mit dem anderen Geschlecht der mit Lehrjungen, die an
der Hintertür Waren ablieferten. Wirtshausmägde heirateten Bauarbei-
ter, andere ehelichten Händler und machten ein Gasthaus auf. In
Gegenden mit hausindustrieller Produktion heirateten Spinnerinnen
Kardierer oder Weber. In den Städten waren die zahlreichen ungelernten Arbeitskräfte – Blumenverkäuferinnen, Hausiererinnen mit
Kurzwaren oder Lastenträgerinnen –, die keine Mitgift besaßen oder
sie wegen Krankheit und Arbeislosigkeit nicht zusammengebracht hatten, zwar vom Heiratsmarkt nicht völlig ausgeschlossen, konnten aber,
da sie nicht über Ersparnisse oder – ersatzweise – eine Ausbildung verfügten, nur auf einen Mann hoffen, der sich in einer ähnlichen Lage
befand.

Wirtschaftliche Beweggründe waren, wie die Quellen zeigen, entscheidend für die Wahl des Partners; dies schloß indes Zuneigung und
Liebe nicht aus. Die Ehe wurde als eine Einrichtung angesehen, die
beiden Partnern Beistand und Hilfe bot; ein klarer Blick für die ökonomischen Erfordernisse war überlebensnotwendig.

Die Ehe galt nicht allein als gleichsam natürliches Schicksal einer
Frau, sie bewirkte zugleich eine Metamorphose: Als Teil eines neuen
Haushaltes, der Grundeinheit, auf der jede Gesellschaft aufbaute, wur-
de die Frau zu einen anderen wirtschaftlichen und gesellschaftlichen
Wesen. Ihr Ehemann hatte für ein Dach über dem Kopf und den Unter-
halt zu sorgen, er zahlte Steuern und vertrat den Haushalt in der
Gemeinde. Die Ehefrau war Gefährtin und Mutter. In den höheren
Gesellschaftsschichten wurde die Frau zur Hausherrin, die den Haus-
halt führte, den Dienstboten befahl, mit Hilfe eines Verwalters Land-
güter führte und für ihren Gatten Empfänge organisierte. Die äußere
Erscheinung und Würde der Frau bestätigten den Status des Mannes.
Auch die evangelische Pfarrersfrau hatte eine genau umrissene Rolle
an der Seite ihres Mannes zu spielen. Die Bäuerin unterstützte die
Familienökonomie in vielfältiger Weise, je nachdem, was der Hof produzierte. Das Vieh versorgen, sich um den Gemüsegarten und die Bie-
nenstöcke kümmern, Einmachen, Nähen und Ausbessern, bei der Ernte helfen, die der Familie zustehende Nachlese auf den Feldern – dies

alles gehörte zu den für den Haushalt entscheidenden Diensten, die der Bäuerin zufielen.

Nur selten jedoch wurde ihre Arbeit in Geldwert ausgedrückt, obgleich ihre Tätigkeit für das Wohlergehen einer Familie wesentlich war und eine faule Ehefrau als Fluch galt. In einigen Gegenden konnten Frauen gegen Lohn in der Hausindustrie, in der Landwirtschaft oder sogar im Straßenbau arbeiten, doch änderte dies nichts an der Vorstellung, eine Frau habe sich um die nicht entlohnten häuslichen Aufgaben zu kümmern, statt zum Unterhalt der Familie beizutragen.

Auf dem Lande nahmen Frauen, wenn sie verheiratet und mit den Kindern und der Arbeit auf dem Hof belastet waren, nur soviel zusätzliche Arbeit an, wie sie als unbedingt notwendig für das Überleben ihrer Familie ansahen. Unabdingbar war in ihren Augen, ausreichend zu essen, ein geheiztes Haus und keine Schulden zu haben. Kurz, sie suchten nur dann Arbeit, wenn ihre Familie zusätzliche Einkünfte brauchte. Ansonsten stand die Arbeit in der Familie und auf dem Hof an erster Stelle, und diese war hart, lang und anstrengend. In unfruchtbaren und wasserarmen Gegenden schleppten Frauen das Wasser zu den hochgelegenen Terrassen, die sie selbst angelegt und eimerweise mit Erde angefüllt hatten. Sie stachen und trockneten Torf, sammelten Kelp[6], Feuerholz und am Wegesrand Grünzeug als Hasenfutter. Sie molken Ziegen und Kühe, zogen Gemüse, sammelten Kastanien und Kräuter. Die englischen, zum Teil auch die irischen und holländischen Bauern heizten gewöhnlich mit getrocknetem Dung; er wurde von den Frauen eingesammelt und in der Nähe des häuslichen Herdes getrocknet. Mähen und Ernten waren schwere Arbeiten, und Unkraut jäten mußte man bei jedem Wetter. Kein Wunder, daß die Frauen das Spinnen liebten; es gab ihnen die Gelegenheit, ein paar Stunden im Sitzen zu arbeiten.

Am Ende des 18. Jahrhunderts ist in vielen Gegenden zu beobachten, daß sich die Tätigkeiten der Frauen auf dem Lande verändert hatten. Zum Teil lag dies am Bevölkerungswachstum: Es verknappte die Zahl der Höfe, die eine Familie ernähren konnten, ließ die Löhne sinken, die Preise steigen und brachte geschäftstüchtige Grundbesitzer dazu, die Weiderechte und die Ährenlese auf den abgeernteten Feldern einzuschränken. Immer mehr verheiratete Frauen mußten sich so als Tagelöhnerinnen verdingen und in der Saison auf den Gemüsefeldern von Großgrundbesitzern Unkraut hacken und jäten. In England beschnitt jedoch die Einführung schwererer Arbeitsgeräte (Sense statt Sichel, Einführung der Dreschmaschine) ihre Arbeitsmöglichkeiten während der Ernte. Überall scheint es mehr und mehr verheiratete Frauen gegeben zu haben, die sich um Arbeit in der Heimindustrie bemühten und es ihren Ehemännern überließen, den kleinen Hof zu bestellen, oder vielleicht sogar die Viehhaltung und zeitraubende Feldarbeit aufgaben.

Bezeichnenderweise kam es Ende des 18. Jahrhunderts zu einer regionalen Spezialisierung der heimindustriellen Produktion. In einigen Fällen bot sie nur Arbeit für Frauen und zog damit zwischen den Beschäftigungen und Arbeitsräumen der Geschlechter eine Trennungslinie. In den Spitzen produzierenden Dörfern in Buckinghamshire oder im Pays de Velay klöppelten Frauen täglich zwölf bis sechzehn Stunden, im allgemeinen gemeinsam in einem Haus, um die Kosten für das Licht zu teilen, während die Männer ihr winziges Stück Land bestellten oder Schafe hüteten. Dagegen arbeiteten in der Kammgarnproduktion im North Riding von Yorkshire oder in den Baumwollmanufakturen um Barcelona, Rouen und Troyes beide Eheleute in der gewerblichen Produktion, und diese Tätigkeit wurde mehr und mehr zur Haupteinnahmequelle. Der steigende Pachtzins für »cottages« drückte nicht den realen Wert des Bodens aus, sondern den Wert, in einer Gegend mit einer Verdienstchancen bietenden Heimindustrie zu leben.

Jedoch war die Ansiedlung von Industrie keineswegs zwangsläufig in unfruchtbaren Gebieten mit einem großen Reservoir weiblicher Arbeitskräfte. Im Zentralmassiv, den Pyrenäen, in vielen Dörfern in den Alpen, im walisischen Binnenland, dem größten Teil Südirlands und in den schottischen Highlands gab es keine nennenswerte ländliche Gewerbeproduktion; die Erwachsenen mußten sich als Wanderarbeiter anderswo Arbeit suchen. Im allgemeinen waren dies die Männer, die Frauen blieben daheim, doch mußte dies nicht immer so sein. Walisische Frauen und ihre Kinder wanderten im Sommer nach Kent, ernteten dort Obst und Gemüse, das sie nach Covent Garden brachten. Die Frauen des schottischen Hochlands zogen mit ihren Männern in die Lowlands. Die Frauen von Massat in den Pyrenäen gingen mit ihren Kindern im Winter nach Toulouse und bettelten auf den Stufen von Saint-Sernin, während ihre Ehemänner als Kesselflicker in Spanien durch das Tal des Ebro zogen.

Zumeist jedoch übernahm in vielen gebirgigen und unfruchtbaren Gegenden, in denen ein kleiner Hof die Familie nicht ernähren konnte, die Frau für einige Monate oder sogar Jahre die Landwirtschaft, während ihr Mann für die Saison oder für längere Zeit das heimatliche Dorf verließ und anderswo Arbeit suchte. Bisweilen ging es nur darum, den Hof in der Zeit zwischen dem Pflügen und der Ernte zu versorgen; der von der Saisonarbeit wie z. B. dem Schornsteinfegen heimkehrende Mann übernahm dann die schweren Arbeiten auf dem Hof. In manchen Fällen gingen die Männer nur im Winter fort: Die Bauern aus Savoyen und der Auvergne, der Toskana, den Pyrenäen und Irland zogen dann in die Großstädte, – nach Paris, Bordeaux, Zaragoza, Valladolid, Livorno und London, je nach der regionalen Tradition – und suchten Arbeit im Hafen, schleppten Holz und Kohlen, verrichteten jede Arbeit, für die gerade jemand gebraucht wurde. In anderen Fällen verließen die Männer im Sommer die Dörfer: So zogen sie aus dem Zentralmassiv zur Weinlese in den Midi. Oder aber sie gingen für mehrere Jahre fort: Aus den heutigen französischen Departements Corrèze und Aveyron wanderte ein ganzer Strom verheirateter und lediger Männer nach Spanien und bot dort in den Häfen seine Arbeitskraft an. Die Männer blieben zwei bis neun Jahre fort; während dieser Zeit führten ihre Frauen allein und vollverantwortlich den Hof. Auch die irischen Männer blieben lange Zeit fort; die Ausbreitung des Kartoffelanbaus, den die Frauen allein bewerkstelligen konnten, machte dies möglich. Mit dem Lohn ihrer Arbeit konnten sie die Pacht für den Hof und die Rückreise bezahlen. Überall war die Arbeit der Frau notwendig, um den Hof zu bewirtschaften und die hungrigen Mäuler der Kinder zu stopfen.

Für die Stadt sind allgemeine Aussagen über die Rolle der Ehefrau in der Familienökonomie nicht leicht zu treffen. Viel hing vom Stadttypus und den damit verbundenen Arbeitsmöglichkeiten ab. Doch sieht man auch hier die Frau an der Seite ihres Mannes arbeiten und manchmal konnte sie eine unabhängigere Position einnehmen.

Im Familienunternehmen eines Druckers oder Webers konnte die Frau die Arbeit einteilen und selbst mitarbeiten (Tinte anrühren, die Lettern säubern, Tuch oder Band abmessen), vor allem aber führte sie die Bücher. In vielen Handelshäusern bedeutender Großstädte wie Amsterdam und London übernahm die Frau des Kaufmanns die Buchhaltung. Selbst der im 18. Jahrhundert lebende Brauer Thrale, der seiner Frau die Küchenarbeit verbot, sah nichts Ehrenrühriges darin, daß sie die Bücher führte – und dies mit Erfolg, denn sie war die bessere Geschäftsfrau.[7] In ärmeren Schichten verkaufte die Frau fast alles, was ihr Mann hergestellt hatte. Oder sie betrieben einen eigenen Kleinhandel auf dem Markt, in einem Laden oder einfach an der Straßenecke. In vielen Städten war den Frauen durch das Stadtrecht, die Zunftbestimmungen oder städtische Verordnungen untersagt, auf eigene Rechnung Handel zu treiben. In Oxford zum Beispiel stand dies im 16. und 17. Jahrhundert nur Bürgern und ihren Witwen zu. Dennoch, es waren die Frauen, die Erzeugnisse feilboten, wenn auch nur im Namen ihres Ehemannes. Der Laden oder Marktstand war auf seinen Namen gemietet, aber die Verkäuferin war seine Frau. So brachten die Fischweiber von Amsterdam, Marseille, Paris, Glasgow, Edinburgh oder London auf dem Markt ihre Ware »an den Mann«, während die Fischer ihren Fang en gros verkauften. Die Metzger schlachteten das Vieh und zerteilten es, ihre Frauen hingegen verkauften Kutteln, Wurstbrät und Blutwurst. Covent Garden und die Pariser Halles waren voller Marktfrauen, die alle möglichen Lebensmittel verkauften, von Eiern und Käse bis zu

Obst. Sie spielten auch im Korn- und Mehlhandel eine Rolle. Als George Morland einen »Higgler« malen wollte – pittoreske Bezeichnung für einen Zwischenhändler, der einem Bauern seine Produkte abkaufte und in der Stadt wieder verkaufte –, stellte er ihn als Frau dar. Auf dem Lissabonner Terreiro de Paco gab es 1699 31 zugelassene Brotverkäuferinnen; drei von ihnen hatten ein sehr großes Geschäft und gleichsam das Monopol für den Brotverkauf auf diesem Hauptplatz der Stadt. Ihre Ehemänner umgingen wahrscheinlich die Kontrolle der Zunft, indem sie außerhalb der Stadt buken.

Es gab einen Handelszweig, der vorrangig und ziemlich unabhängig von der Tätigkeit ihrer Ehemänner von verheirateten Frauen betrieben wurde: der Handel mit gebrauchter Kleidung, ein Handelszweig von nicht zu unterschätzender Bedeutung im frühneuzeitlichen Europa. Der Großteil der Bevölkerung kaufte keine neuen Kleider. Kinder trugen abgelegte oder umgearbeitete Kleider von Erwachsenen. In schweren Zeiten veräußerten die Armen ihre Kleider (die besten zuerst) und kauften sich, wenn die Zeiten wieder besser wurden, beim Kleiderhändler andere gebrauchte Kleidung. Für dieses Geschäft brauchte man nur wenig Kapital, seine Grundlage waren die Beziehungen zwischen den Frauen. Mütter tauschten Kinderkleidung bei einer Zwischenhändlerin ein; Dienstmädchen trugen abgelegte Kleider ihrer Herrschaft und mußten so ihren Lohn nicht angreifen; die Kleider der Verstorbenen wurden von den Erben entweder gleich zu Geld gemacht oder eingetauscht. Gewöhnlich hatten die aus Männern bestehenden Zünfte nichts dagegen, daß Frauen diesen Handel betrieben, doch gab es Ausnahmen. Angesichts der schwierigen Wirtschaftslage in der Mitte des 16. Jahrhunderts beschloß der Augsburger Rat auf Druck der Hausiererzunft, die Tätigkeit von Frauen im Haus-zu-Haus-Verkauf einzuschränken und sie sogar nicht mehr als geschworene Kleiderhändlerinnen anzuerkennen. Solche Maßnahmen waren allerdings nur von kurzer Dauer; sobald die Zeiten besser wurden, ging der Handel mit gebrauchten Kleidern, in dem es nur wenig zu verdienen gab, wieder in Frauenhand über.

Dem klugen Dienstmädchen wurde in der zeitgenössischen Ratgeberliteratur empfohlen, seine Mitgift am besten langfristig in ein kleines Geschäft zu investieren. So habe die Frau nach dem Tode ihres Ehemannes einen Rückhalt, von dem sie als Witwe leben könnte. Der Ehemann brauchte sich darum nicht zu kümmern, dies war allein ihre Sache.[8] Typische Geschäfte waren eine Taverne, ein Ausschank oder eine kleine *buverie*, eine Teestube oder ein Kaffeehaus, die in englischen und holländischen Städten in Mode waren, der Verkauf von Süßigkeiten oder fertigen Gerichten – der Zugang zu den beiden letzten Gewerben war in manchen Städten durch Zünfte beschränkt.

Manchmal bestand das Geschäft jedoch nur darin, für andere Haushalte in der Nachbarschaft zu kochen oder für die Leute in der Straße Schmalz oder Blutwurst zu machen. Die Frauen stützten sich dabei auf die Berufserfahrung, die sie vor der Ehe gesammelt hatten.

Die verheiratete Frau in Stadt und Land hatte sehr oft mehrere Beschäftigungen gleichzeitig, von denen keine eine Vollzeittätigkeit war. Als Marktfrau arbeitete sie nur an Markttagen, als Wäscherin nur einige Tage im Monat bei bestimmten Familien. Da gab es Kinder zu hüten, es mußte eingekauft und Wasser geholt werden, und vielleicht konnte man ältere Kinder einträglich beschäftigen, etwa beim Verkauf von Kuchen oder anderem, das die Eltern hergestellt hatten. Häufig stoßen wir auf ganze Familien, die am Tage der einen und des Nachts einer anderen Tätigkeit nachgingen: so etwa die Seidenarbeiterinnen von Spittalfields, die abends nach getaner Arbeit zu Hause Feuerwerkskörper herstellten, oder die Seidennäherinnen in der Gegend um Leicester, die für das Versandhaus von Mrs. Phelps hauchdünne Kondome verfertigten.[9] In der Ökonomie der Armut und des Notbehelfs, in der die Mehrheit der Familien im frühneuzeitlichen Europa lebte, war die Frau der Dreh- und Angelpunkt. Während ihr Mann nur eine einzige Arbeit als Landarbeiter oder Tagelöhner hatte, konnte sie zu verschiedenen Jahreszeiten ganz verschiedenen Tätigkeiten nachgehen. Im Unterschied zur Arbeit ihres Mannes, die genau umrissen war, zu einer bestimmten Zeit anfing und endete (außer in der Erntezeit) und ihm etwas Freizeit ließ, die er in der Schenke oder auf dem Dorfplatz verbrachte, »war die Arbeit einer Frau niemals getan«. Wenn ihr Mann krank oder plötzlich entlassen wurde, von der Arbeit in der Fremde nicht mehr zurückkam oder starb, mußte sie mehr arbeiten, um das in der Familienökonomie aufgerissene Loch zu stopfen. Sie hatte während ihres Lebens zwar nur nebenbei für Lohn gearbeitet, doch diese Arbeit war für das Überleben der Familien entscheidend.

MUTTERSCHAFT

Das Ziel der Ehe war neben der Bildung einer auf gegenseitigem Beistand beruhenden Partnerschaft die Fortpflanzung der Gattung in einem schützenden Umfeld: Sie sollte sicherstellen, daß eine Frau ihr Kind nicht allein aufziehen mußte und daß ein Mann sich seiner Pflicht, für seine Nachkommen zu sorgen, nicht entziehen konnte. Kinder verkörperten die Hoffnung auf den weiteren Bestand des Familienbesitzes, sie waren letztlich der einzige Schutz für betagte Eltern in einer Welt voller Gewalt und Unruhe. Wenn die erwachsene Frau eine Aufgabe hatte, so war es die der Mutter und Gebärenden.

Seltsamerweise gibt es trotz der starken Konzentration hervorragen-
der Historiker und Historikerinnen auf die Geschichte der Familie in
den vergangenen Jahren keine überzeugende Geschichte der Mutterschaft. Man hat uns weismachen wollen, die Beziehung zwischen
Eltern und Kind sei nicht von Fürsorge geprägt gewesen, sondern die
Eltern seien dem Kleinkind feindlich gesonnen gewesen oder hätten
ihm bestenfalls gleichgültig gegenüberstanden, und die Interessen des
Kindes hätten als denen der ganzen Familie untergeordnet gegolten.
Mutterschaft wurde als negativer Zustand gedeutet. In jüngerer Zeit
indes wurde die Eltern-Kind-Beziehung von den Historikern und Histo-
rikerinnen in milderem Licht gesehen. Die gestrengen Traktate aus der
Feder von Pfarrern und Ärzten wurden Tagebüchern, Memoiren und
Selbstzeugnissen gegenübergestellt und erwiesen sich als eine höchst
einseitige und lückenhafte Quelle.

Das für die frühneuzeitlichen Gesellschaften typische späte Heiratsalter gewährleistete, daß die Familien klein blieben. Vier bis fünf Kinder wurden in einer Ehe geboren, von denen zwei bis drei das
Erwachsenenalter erreichten. Im Adel und in den Mittelschichten waren
die Familien größer wegen des niedrigeren Heiratsalters und der
Abkehr von der natürlichen Empfängnisverhütungsmethode für Frau-
en, dem längeren Stillen. Familien dieser Schichten gaben ihre Säuglinge zu Ammen. Alle möglichen Faktoren – saisonale Wanderarbeit,
Mißernten oder Epidemien – konnten die Familiengröße in den ärmeren Schichten der Gesellschaft beeinflussen, doch im ganzen gesehen
mußte die Mutter sich nur um wenige Kinder kümmern, die im
Abstand von etwa zwei Jahren geboren wurden. Die ersten Lebensjahre waren eine gefährliche Zeit, aber der Säugling nahm mit der Muttermilch Immunstoffe auf, und wenn Mutter und Kind die Geburt
gesund überstanden hatten, gab es nicht viel zu befürchten – bis zur
Entwöhnung etwa im zweiten Lebensjahr. Zur Vorbereitung darauf gab
man dem Säugling etwas Brotsuppe oder in Brühe getauchte Brotrin-
den, an denen er saugen konnte. Viele Mütter fürchteten sich vor der
Entwöhnung. Mitte des 17. Jahrhunderts verlor Ann d'Ewes ein Kind
von bereits schwächlicher Gesundheit bei der Entwöhnung. Ihr Ehemann schildert ihrer beider Trauer über den Verlust eines Kindes, das
sie so sorgsam gestillt hatte »und dessen zarte Anmut und strahlende
graue Augen wir tief in unseren Herzen bewahren; die Trauer über
seinen Verlust ist weit stärker als die über den Tod seiner drei älteren
Brüder, die gleich nach der Geburt starben und uns nicht so ans Herz
gewachsen waren wie er.«[10] Sprichwörter zeigen, daß die Mütter um
die bei verfrühter Entwöhnung drohenden Gefahren wußten. Schon
vorher war die Furcht, daß ihr Säugling sterben könnte, bei Müttern
aus allen Schichten weit verbreitet. Katholische Mütter hängten ihren

Kindern ein Skapulier um den Hals, das am Tage das Böse abwehren sollte, und abends sprach man über dem Kind in der Wiege Zauberformeln, die es vor einem plötzlichen Tod in der Nacht bewahren sollten. Ein berühmter holländischer Stich aus dem 17. Jahrhundert versinnbildlicht diesen Alptraum durch die Darstellung, wie ein Kind vom Tod aus der Wiege geholt wird. Tagebücher und Memoiren schildern die Angst vor Husten und Fieber, Apathie und Diphterie. Kräuterbücher bringen ein ganzes Universum volkstümlicher Heilmittel und Heilbräuche zum Vorschein, mit dem man Kinderkrankheiten bekämpfte: Enzian half gegen den Mehlmund, Einreiben mit Gänseschmalz gegen verschleimte Bronchien, Kamille beruhigte zappelige Kinder. Der Verlust eines Kindes war eine schmerzliche Erfahrung, und je älter das Kind, desto größer war der Verlust. Gebildete Frauen haben Zeugnisse ihrer Trauer hinterlassen, die den nicht schreibkundigen Müttern versagt blieben. »Jedermann weiß«, behauptete im 17. Jahrhundert Dorothy Hunt, daß die Liebe einer Mutter zu ihrem Kind »sich nicht in den Grenzen der Vernunft halten läßt.«[11]

Die Mutter war vor allem Nähr- und Pflegemutter. Außerhalb der Wiege war der Platz eines Säuglings auf dem Arm der Mutter. Sie kümmerte sich darum, das Kind warm, wohlgenährt und sauber zu halten – nach den Maßstäben der Zeit. Im Laufe der Frühen Neuzeit wurde das Wickeln der Kinder, das für wohlgestaltete Gliedmaßen sorgen sollte, langsam aufgegeben. Die Kinder wurden in allen sozialen Schichten nicht so oft gewaschen, ihnen nicht so oft die Windeln gewechselt wie heutzutage. Doch sollten die Mütter ihre Kinder nicht in übelriechendem, schmutzigem und feuchtem Heu und voller Ungeziefer liegenlassen. Ein holländisches Genrebild weist mit seinem Titel »Mutters Arbeit« unmißverständlich auf das Entlausen des Haarschopfes eines Kindes hin, eine Tätigkeit, welche die Kontrolle der Mutter über Körper und Geist des Kindes versinnbildlicht. Vor Gericht verlor eine Frau mit Sicherheit ihren guten Leumund, wenn man erfuhr, daß sie ihr Kind nicht saubergehalten hatte und Hunger leiden ließ oder ihm das Herumstromern erlaubte.

Ein Kind weinte, so glaubte man, um seine Bedürfnisse kundzutun. Bei der Geburt weinte es, wenn es die schützende Gebärmutter verließ; bei der Taufe bedeutete das Schreien des Säuglings die Zurückweisung des Teufels, wenn man ihm auf der Stirn das Kreuz schlug. Babies weinten in der Nacht, weil sie von bösen Träumen gepeinigt wurden und den Trost der Mutter brauchten. Die Ermittlungen der Gerichte zeigen, daß die häufigste Todesursache bei Kleinkindern das Ersticken im Bett der Eltern war. Pfarrer und Ärzte plädierten leidenschaftlich dafür, daß die Kinder in der Wiege bleiben sollten. Wahrscheinlich handelte es sich aber um Fälle plötzlichen Kindstods, denn es wird heute ernsthaft in Zweifel gezogen, daß ein Kind im Bett ersticken kann. Wie auch immer, die gelehrten Männer waren davon überzeugt; sie beschuldigten die Mütter auch, für körperliche Mißbildungen, charakterliche Mängel oder den frühen Tod ihrer Kinder verantwortlich zu sein. Culpepper (die berühmte medizinische Autorität in Sachen Kinderaufzucht) kritisierte die Frauen, weil sie ihre Kinder zu lange stillten, sie mit Nahrung vollstopften, moderne Heilmittel der Ärzte wie den Aderlaß ignorierten und ihren überkommenen abergläubischen Mittelchen mehr vertrauten. Die Traktate der Ärzte über die Mutterschaft sind voll Groll und Erbitterung, aber viele ihrer Klagen machen deutlich, daß das Überleben der Menschheit bei der Mutter besser aufgehoben war als beim Arzt oder Pfarrer.

An der Praxis, sein Kind zu einer Amme zu geben, entzündete sich in den medizinischen und philosophischen Traktaten vom Ende des 17. Jahrhunderts ein Streit, der sich in den darauffolgenden fünfzig Jahren stark ausweitete. Diese Praxis ist von den Historikern als ein Indikator für die Gleichgültigkeit der Mütter gegenüber ihren Kindern gewertet worden. Sie sollte allerdings mit größerer Sorgfalt untersucht werden, bevor derartige Schlüsse gezogen werden. Drei Gruppen von Frauen brachten ihre Kinder zu Ammen: adlige Frauen, Frauen aus den städtischen Mittelschichten und Frauen aus den Unterschichten. Jede Gruppe hatte andere Beweggründe dafür, sich an eine Amme zu wenden. Für die erste Gruppe standen die gesellschaftlichen Verpflichtungen und möglicherweise auch das Tabu, mit dem Geschlechtsverkehr während der Stillzeit belegt war, im Vordergrund; für die zweite Gruppe war es der durch Sterblichkeitsstatistiken belegte Glaube, die Stadt sei der Gesundheit des Säuglings abträglich. Bei der dritten Gruppe waren der Zwang für die Mutter, voll mitzuarbeiten, und die Gefahren, die eine Werkstatt für ein Baby bot, die auf der Hand liegenden Begründungen. Die Säuglinge, die zu Ammen gebracht wurden, waren immer nur ein kleiner Teil aller Neugeborenen. Im Laufe des 18. Jahrhunderts sank die Zahl zu Ammen gegebener Kinder aus dem Adel und den Mittelschichten erheblich, ein Erfolg der zunehmenden Propaganda gegen diese als unnatürlich gebrandmarkte Praxis. In der Industrie arbeitende Frauen – etwa im Lyoner Seidengewerbe, wo gefährliche, mit kochendem Wasser gefüllte Wannen und Webstühle zum Arbeits- und Wohnalltag gehörten und die »Hausfrau und Mutter« die familienfremden Arbeiter zu beaufsichtigen hatte – hielten jedoch an dieser Praxis fest, weil die Familie keine wirkliche Alternative hatte.

Es gab verschiedene Kategorien von Ammen. Wohlhabende Familien versuchten, eine gesunde, wohlgenährte Bäuerin zu finden, die gerade ihr eigenes Kind gestillt hatte. Sozial schlechtergestellte Familien mußten sich bei der Suche nach einer Amme an arme Frauen wenden.

Zunehmend – und dies erklärt die Veränderungen in der Praxis vielleicht eher als die Ergüsse der Philosophen – nahmen nur noch Frauen Säuglinge an, die keine andere Einnahmequelle finden konnten. So konzentrierten sich die Ammen immer mehr in den ärmsten Gegenden, in Frankreich etwa im Morvan oder den Cevennen. Auf der untersten Stufe der Ammenhierarchie standen die in den Findelhäusern arbeitenden Frauen; sie liefen Gefahr, sich beim Stillen von Kindern, denen die Mutter eine Geschlechtskrankheit übertragen hatte, anzustecken. Die Tätigkeit als Amme wurde so in bestimmten Regionen Teil der Ökonomie der Armut, während man in adligen Familien das Kind zunehmend bei sich behielt und es, wenn die Mutter es nicht stillen konnte oder wollte, mit tierischer Milch oder anderen Flüssigkeiten ernährte, oft mit tödlichen Folgen. Sehr reiche Familien holten eine Amme zu sich ins Haus. Das Kind zu einer Amme zu geben, verweist also eher auf soziale und wirtschaftliche Zwänge statt auf die Gleichgültigkeit der Eltern, und die Tatsache, daß diese Praxis nur auf einen kleinen Teil der Kinder beschränkt war, verbietet vorschnelle Schlüsse darauf, wie Mutterschaft in der Frühen Neuzeit aussah.

Hatte das Kind die ersten Lebensjahre überstanden, wurde die Mutter zur Erzieherin. Was das konkret bedeutete, hing von ihrer sozialen Stellung und den historischen Umständen ab, davon, wo und in welcher Zeit sie lebte. Die Mutter lehrte ihr Kind, sich in der Welt zurechtzufinden, in der sie beide lebten. Einer adligen Mutter standen oft eine Vielzahl von Dienstboten, ein Kindermädchen und eine Gouvernante zur Verfügung. Gleichwohl zeigen die Memoiren von adligen Frauen häufig, daß sich die Mütter selbst um die erfolgreiche Erziehung ihrer Töchter kümmerten und ihnen alles mitgaben, was sie für eine gute Partie brauchte. Der Erfolg ihrer Tochter auf dem Heiratsmarkt brachte auch der Mutter Ansehen. Die Tochter mußte wissen, wie man sich vor- und darstellt, sich kleidet und spricht, wie man einen Haushalt mit Dienstboten führt, sie mußte tanzen und sticken können, ein Instrument beherrschen, Französisch sprechen und sich in der Literatur des Landes etwas auskennen. Lady Mary Wortley Montagu meinte, die Erziehung ihrer drei Töchter fülle ihren Tag völlig aus. Für Mädchen aus den Mittelschichten war es nützlich, wenn sie ein Haushaltsbuch führen konnten und Kenntnisse in Buchführung hatten. Ein Mädchen begleitete seine Mutter, wenn diese mildtätige Spenden an die Armen verteilte. Sie wußte, wie man Obst und Gemüse einmacht, Lebensmittel aufbewahrt, welche Gerichte man je nach Jahreszeit kocht, auch wenn sie nicht selbst am Herd stand. Die Tochter war das Aushängeschild des Haushalts.

Eine gebildete Mutter brachte gewöhnlich (außer in den höchsten Gesellschaftsschichten) ihren Kindern selbst das Lesen und Schreiben bei, und dies, bevor sie zur Schule gingen. Dorfschulen gab es nicht überall, und wenn es sie gab, sahen sie von einem Ort zum anderen sehr unterschiedlich aus. Die englische Dame School war häufig kaum mehr als eine Kinderverwahranstalt, wo die gute Frau am Spinnrad den Mädchen ein paar Grundkenntnisse im Lesen beibrachte. Manche von religiösen Orden geleitete Schulen im Frankreich des 17. Jahrhunderts funktionierten nur während der ruhigen Wintermonate. In anderen Schulen wurde das Lesenlernen für weniger wichtig erachtet als Nähen und Weben. Doch wie gut oder schlecht die örtliche Schule auch war, die Mutter spielte auf jeden Fall die wichtigere Rolle bei der Erziehung ihrer Töchter. Sie brachte ihnen ihre Kochkünste bei. Auf holländischen Genreszenen schauen aus einer Bildecke Mädchen ihren Müttern dabei zu, wie sie Zwiebeln hacken, Mohrrüben putzen und Äpfel schälen, Milchtöpfe säubern, Käse formen, Pfannkuchen backen, Teig kneten und in die Nähe des Feuers stellen, damit er aufgeht. Die mit der Herstellung von Nahrungsmitteln und der Zubereitung von Speisen verbundenen Bräuche waren in traditionalen Gesellschaften äußerst wichtig. Obgleich das Essen für die Masse der Bevölkerung aus Brot und Brotsuppe bestand, die mit etwas Pökelfleisch oder Speck angereichert und mit Kräutern und Gemüse pikanter gemacht wurden, brauchte man doch großen Erfindungsreichtum, um diese Speisen zuzubereiten. Gemüse zu ziehen, Hühner zu halten, ein Schwein (das als das Tier der Frau galt, weil sie allein sich darum kümmerte und ein Schwein oft zur Mitgift gehörte) zu füttern, dies waren wichtige Arbeiten, überlebenswichtige Fertigkeiten, die ein Mädchen erlernen mußte. Bei unzähligen zeitgenössischen Berichterstattern taucht das Bild von Mutter und Tochter auf, die gemeinsam am Wegesrand Futter für Ziegen und Hasen sammeln, in den Heckensträuchern Beeren pflücken, Pilze und Kräuter suchen, Feuerholz und Dung sammeln. Zu Weihnachten und Ostern und an bestimmten Feiertagen wie etwa dem Fest der heiligen Katharina, an dem *cattern cakes* gebacken wurden, wurden besondere Gerichte aufgetragen. Spuren solcher Kochkünste findet man in Quellen, in denen man dies gar nicht erwartet. Als die spanische Inquisition gegen die *Conversos*, die zum Christentum konvertierten Juden, vorging, versuchte sie in religiösen Bräuchen und Glaubensinhalten Beweise dafür zu finden, daß diese weiter am Judentum festhielten. Es stellte sich indes häufig heraus, daß die Glaubensinhalte vergessen waren; was blieb, war eine bestimmte Art, Speisen zuzubereiten, die Verwendung von Öl, die Tatsache, daß sie weder Schinken noch Wurst aßen usw. – Gewohnheiten, die von der Mutter an die Tochter weitergegeben wurden. Je größer und vielseitiger ihre Kochkünste und ihre Fähigkeiten beim Einmachen, der Käseherstellung und beim Buttern waren, um so bessere Chancen auf eine gute Anstellung hatte eine Tochter.

Neben dem Kochen mußte eine Mutter ihrer Tochter den Umgang mit Nadel und Faden beibringen. Die feinen Handarbeiten gehörten zu den Insignien einer großen Dame. Von einer Frau, wie hochgestellt sie auch sein mochte, wurde erwartet, daß sie Mützen und Jäckchen für Babys häkelte und ihrem Ehemann oder Bruder zu Weihnachten bestickte Westen schenkte. Weiter unten auf der sozialen Stufenleiter legte man weniger Wert auf Galanteriearbeiten als vielmehr auf eine gute Naht und einen geraden Saum, auf das Geschick, Kleider auszubessern und umzuarbeiten. Hemden, Unterröcke, Kinderkleider und Kittel nähten die Frauen zuhause selbst. Die Mädchen wurden in allen im Haushalt anfallenden Tätigkeiten unterrichtet, die als weibliche galten. Sie hüteten jüngere Geschwister, halfen mit für sie zu kochen und besserten ihre Kleider aus. Das soll nicht heißen, daß ihre Brüder faul und untätig gewesen wären, sondern daß diese Aufgaben als weibliche Tätigkeiten galten, andere dagegen als Männerarbeit.

Die 1570 in Norwich durchgeführte Volkszählung zeigt, daß Mädchen früher als ihre Brüder in die städtischen Heimgewerbe eingegliedert wurden. Vier Fünftel der Mädchen im Alter von sechs bis zwölf Jahren arbeiteten bereits, aber nur weniger als ein Drittel der Jungen. Ein weiteres Drittel der Jungen ging zur Schule. Ihnen fehlte noch die Kraft, um die Arbeit eines Mannes zu tun, und sie waren in diesem Alter vielleicht auch weniger geschickt und anstellig als ihre Schwestern: So sieht man nur sehr wenige Jungen bei der Arbeit, die die Mehrheit der Mädchen verrichtete – beim Spinnen und Stricken. Die Brügger Volkszählung von 1814 unterstreicht ebenfalls, daß Mädchen schon mit zehn Jahren Spitzen machten, während ihre gleichaltrigen Brüder noch nichts zum Unterhalt der Familie beitragen mußten.

Auf den untersten Stufen der Gesellschaft erforderten die vielen kleinen Tätigkeiten, die zusammen einen stets gefährdeten Lebensunterhalt einbrachten, die enge Zusammenarbeit der Familienmitglieder; am beeindruckendsten aber ist vielleicht die Zusammenarbeit von Mutter und Tochter. Ein Mädchen lernte von seiner Mutter, wie man sich durchs Leben schlug. Mütter verkauften zusammen mit ihren kleinen Töchtern auf dem Markt Milch, Gemüse und irdenes Geschirr, und sie gingen gemeinsam betteln. Die Ökonomie der Armen war immer ein Drahtseilakt; viele scheiterten, stürzten ab und gesellten sich zu den völlig Mittellosen. Zu wissen, wie man sich in harten Zeiten über Wasser hielt, war lebenswichtig.

Zu den Aufgaben einer Mutter gehörte auch, den Kindern bestimmte moralische Werte und Verhaltensregeln einzuprägen. Die Anstandsbücher des 16. Jahrhunderts verpflichteten beide Elternteile dazu, aber die Theologen und Moralphilosophen kamen zunehmend zu der Überzeugung, Tugendhaftigkeit (zumindest die weibliche) werde von der

Mutter weitergegeben. Die Tochter war, wozu sie die Mutter gemacht hatte. Eine Hexe konnte nur eine Hexe gebären; eine wenig tugendhafte Frau bekam uneheliche Kinder, die wiederum Bastarde zeugen würden. Eine tugendhafte Frau, die ihr Kind Keuschheit, Reinlichkeit und Zurückhaltung lehrte, konnte auf eine mildere Beurteilung hoffen. Mütter spielten auch eine zentrale Rolle bei der Weitergabe des Volksglaubens. Sie erzählten ihren Kindern Märchen; sie warnten sie vor Hexen und Dämonen, lehrten sie, Schalen voll Milch als Schutz vor bösen Geistern auf die Fensterbank zu stellen und auf der Hut zu sein vor allem, was sie als böse ansahen.

Die meisten Eltern im frühneuzeitlichen Europa trennten sich von ihren Kindern, kaum daß diese herangewachsen waren. Wir wissen nicht, wie eng sie danach miteinander in Verbindung blieben, dies hing davon ab, ob sie lesen oder Briefe schreiben konnten, ob sie nah beieinander oder weit entfernt voneinander lebten, ob es Kontakte über Mittelsleute in der neuen Heimat gab usw. Je tiefer die Familie in der sozialen Hierarchie stand, um so endgültiger war wohl der Bruch. Dennoch zeugt die Rückkehr der jungen Leute aus der Stadt, wo sie eine Lehre absolviert oder als Dienstbotin in Stellung gestanden hatten, auf ein Stück Land in den heimatlichen verschneiten Pyrenäen oder der unfruchtbaren toskanischen Maremma von der Bindung an die Familie.

Die Historiker, die sich mit der Geschichte des 19. Jahrhunderts beschäftigen, haben unlängst auf ein Phänomen aufmerksam gemacht, das sie für die Mutter-Tochter-Beziehung als entscheidend ansehen und »Aussteuerbindung« genannt haben. Dieses Phänomen hat indessen sehr viel tiefere Wurzeln. Alle Mütter wußten, daß ihre Tochter für ihre Heirat bestimmte Dinge – Töpfe, Wäsche usw. – brauchte, und je mehr sie davon besaß, um so höher war ihr Ansehen in der Gemeinde und in den Augen der Familie ihres Ehemannes. Um ihr bei der wichtigen Aufgabe zu helfen, die Aussteuer zusammenzubringen, zweigte die Mutter einen Teil ihrer Arbeitseinkünfte ab – den Erlös aus dem Verkauf von Eiern oder eines Honigtopfes, eines gemästeten Ferkels, des kleinsten aus dem Wurf – und sammelte sie im Sparstrumpf. Oder Mutter und Tochter zogen gemeinsam mit selbstgesammeltem Grünzeug Hasen auf. Viele Mütter ließen ihre Töchter Nützliches nähen, Steppdecken und andere Dinge für den Haushalt, entweder aus Stoffetzen oder aus Fetzen roher Wolle, die aus den Hecken gepflückt und langsam und geduldig über die Jahre hinweg zu Tuch verarbeitet wurden. Dieses geheime Einverständnis, das gemeinsame Zusammenbringen der Aussteuer, trug dazu bei, die Verbindung zwischen Mutter und Tochter zu festigen und ließ sie vielleicht die physische Trennung überdauern.

Die Soziologen und Soziologinnen heutiger Gesellschaften sehen die Mutter-Tochter-Beziehung mit Sicherheit als die gewöhnlich stärkste

Bindung zwischen Mitgliedern der Kernfamilie an. In der Vergangenheit entstanden diese Bande aus vielfältigen Erfahrungen. Dazu gehörte, daß die Mutter der Tochter beibrachte, wie man einen Haushalt führt; gemeinsame Ansichten darüber, wie man sich im Leben zurechtfindet; weitere Abhängigkeit von der Mutter, von ihrem Rat, wie man sich im Kindbett und das Neugeborene pflegt; vielleicht manchmal auch ein Gefühl der Solidarität angesichts der Unzulänglichkeiten und Fehler des Mannes und des Vaters. Frauen der Oberschichten brachten ihre Kinder oft im Haus ihrer Mutter zur Welt, und diese konnten – wie etwa Madame de Sévigné – mit Hilfe des ihrem Alter geschuldeten Respekts Ehemänner zur Räson bringen, die übertriebene Ansprüche hatten. Wie verbreitet solche Praktiken in den unteren Schichten der Gesellschaft waren, wissen wir aufgrund fehlender Quellen nicht. Es gibt jedoch Anzeichen dafür, daß jenes durch die Witze und Märchen geisternde Ungeheuer, die sich in alles einmischende Schwiegermutter, in den westeuropäischen Gesellschaften eine lange Geschichte hat, auch, ja vielleicht sogar noch stärker, in Südeuropa, wo die junge Frau mit der Heirat in die Familie ihres Ehemannes eintrat und mit der potentiellen Macht und der Kritik ihrer Schwiegermutter konfrontiert wurde.

DIE WITWE

Den Eltern war bewußt, daß sie nur geringe Chancen hatten zu erleben, wie ihre Kinder das Erwachsenenalter erreichten. Das Waisenkind und insbesondere das Waisenmädchen galt nicht nur den Schriftstellern, sondern auch den Philanthropen und den Verfassern von Moraltraktaten als ganz besonders gefährdet. Ein verwitweter Vater hatte die Pflicht, eine Ersatzmutter für seine Kinder zu finden: indem er wieder heiratete, eine unverheiratete Verwandte in sein Haus aufnahm oder seine Kinder ins Haus seiner Schwester schickte. Die Stiefmutter war eine furchterregende Gestalt, denn ihr sagte man nach, sie bevorzuge ihre eigenen Kinder gegenüber den Stiefkindern. Eine mögliche Alternative für den Vater bestand darin, seiner ältesten Tochter die Rolle der Mutter und Hausfrau zu übertragen, während die des Sohns sich nicht änderte. Dies verringerte die Möglichkeiten für sie, durch ihre Arbeit eine Mitgift zusammenzusparen; von ihr wurde erwartet, daß sie sich, so lange ihr Vater lebte, um ihn kümmerte und ihn versorgte. In vielerlei Hinsicht mußte man den Tod der Mutter mehr fürchten als den des Vaters. Andererseits hieß der Tod des Vaters, daß auch die verwitwete Mutter ihren Töchtern neue Lasten aufbürden mußte.

In einer Gesellschaft, die eine Frau durch ihre Beziehung zu einem Mann definierte, war der Verlust des Ehemannes selbstverständlich ein Ereignis, das für die Frau ungeheure soziale, wirtschaftliche und psychologische Folgen mit sich brachte. Je höher die Familie in der sozialen Hierarchie rangierte, um so weniger dramatisch waren sie vielleicht. Eine adlige Frau konnte zumindest theoretisch über die Vermögenszuwendung oder die Einkünfte verfügen, die ihr zum Zeitpunkt, als sie ihre Mitgift in die Ehe einbrachte, für ihren Lebensunterhalt garantiert wurden, falls ihr Ehemann vor ihr sterben sollte. Weiterhin wurde der verwitweten Adligen gewöhnlich die Vormundschaft für die Kinder übertragen. Sie erhielt plötzlich Führungsaufgaben, wurde Herrin über ihr Schicksal, frei von irgendwelcher Gängelung.

Wir haben viele Zeugnisse über wohlhabende Witwen, die nach dem Tod ihres Ehemannes ein neues Leben anfingen. So etwa, im 18. Jahrhundert Mrs. Delaney, Lady Granville, Opfer einer von ihrer Familie arrangierten unglücklichen Ehe: Als Witwe blühte sie auf, wurde die oberste Hüterin des Anstands und der Etikette in London, beobachtete mit vornehmer Zurückhaltung, wie sich ein Schwarm von Verehrern um sie, sprich ihr Vermögen, bemühte, und bewahrte lieber ihre Unabhängigkeit.[12] Oder Hester Thrale und die Herzogin von Leinster, die nach höchst unharmonischer Ehe ein zweites Mal, mit großem Pomp und das Urteil ihrer Umwelt mißachtend, unterhalb ihres gesellschaftlichen Rangs heirateten: den Mann ihrer Wahl. Mrs. Thrale verlor viele Freunde, darunter den frömmelnden Samuel Johnson, als sie Piozzi heiratete, den Italienischlehrer ihrer Kinder. Die Herzogin von Leinster habe, so meinten viele, den Hauslehrer ihres Sohnes in unziemlicher Eile geheiratet – nur einen Monat nach dem Tod ihres Mannes –, aber zumindest ihre Freundinnen blieben ihr treu. In der zeitgenössischen englischen Literatur – in Briefen und Tagebüchern wie in Traktaten – wird eine hysterische Obsession bei Männern der Mittel- und Oberschichten deutlich: Würden ihre Frauen nach ihrem Tod ihr Vermögen mit verarmten Gigolos durchbringen, denen sie körperlich verfallen waren? Das beste Beispiel dafür findet man in Richardsons *Familiar Letters on Important Occasions* (1740) unter der Überschrift »Briefe eines Gentleman, der einer alten reichen Witwe, die einen jungen Lebemann heiraten will, energische Vorhaltungen macht«.

Auch die Theologen verbreiteten sich in den Anstandsbüchern der Reformation und Gegenreformation über die Torheiten der Witwen. Nach dem Trienter Konzil versuchten die katholischen Reformer sie dazu zu bringen, ihr Vermögen für Zwecke der Nächstenliebe einzusetzen und in mildtätigen Werken einen neuen Lebensinhalt zu finden – mit einigem Erfolg. Viele Witwen gründeten religiöse Orden oder Gemeinschaften und nutzten dazu das Vermögen, das sie durch die

Ehe erworben hatten. So rief Louise de Marillac, die Witwe Gondis, die Töchter der christlichen Liebe ins Leben, und Jeanne de Chantal gründete nach dem Tod ihres Mannes den Orden von der Heimsuchung Mariä. Sie sind zwei herausragende Gestalten, aber es gab noch viele andere, sozial nicht so hochstehende Witwen, die auf diesem Gebiet tätig wurden. Wohlhabende Witwen finden wir auch als Seele eines Salons, als Schutzherrinnen von Philosophen und als englische Blaustrümpfe. Die Existenz solcher Frauen darf uns jedoch nicht über die Probleme hinwegtäuschen, mit denen die übergroße Mehrheit der Witwen konfrontiert war. Die meisten Frauen wurden zur Witwe, wenn die Kinder noch nicht erwachsen waren, und hatten nur unzureichende Mittel, sie durchzubringen. Die Gesellschaft stellte »Anforderungen« an die Witwe. Dazu gehörte, daß sie ihren Gatten mit »decorum«, will heißen in allen Ehren bestatten sollte, und dies konnte Kosten verursachen, die sie kaum tragen konnte. Die irische Totenwacht zum Beispiel, bei der die Witwe das ganze trauernde Dorf bewirten mußte, wurde von vielen Klerikern, angefangen vom Bischof von Cashel, heftig kritisiert, weil sie viele arme Frauen völlig ruinierte. Und schließlich erwartete die Gesellschaft von den Witwen Mut, Kraft und Geschick, ihr Schicksal so zu meistern, daß sie nicht mit ihren Kindern der Gemeinde zur Last fiel.

Mit der Beerdigung waren nicht zwangsläufig ihre Schulden beglichen. Die Zünfte gestatteten im allgemeinen der Witwe, im Namen ihres Ehemannes die Werkstatt weiterzuführen, vorausgesetzt sie zahlte die erforderlichen Abgaben. Entscheidend war, ob die Zunft der Witwe erlaubte, Lehrlinge zu beschäftigen, denn sie waren die billigsten Arbeitskräfte. Nur wenige Zünfte gestatteten der Witwe, neue Lehrlinge anzustellen; wenn beschlossen wurde, daß sie die von ihrem Ehemann angestellten nicht weiter beschäftigen durfte, mußte sie neue Meister für sie finden und konnte sich nicht mehr auf ihre Dienste stützen. Mit ziemlicher Sicherheit mußte sie dann die Werkstatt schließen.

Niemand glaubte, eine Witwe könnte das Geschäft genauso gut wie ihr verstorbener Mann führen. Daher verlangten Gesellen und Dienstboten nach dem Tod des Meisters die sofortige Auszahlung ihres Lohnes, was ein weiteres Problem für die Witwe aufwarf. Viele konnten nicht zahlen, und die ersten Opfer waren die Mägde, die keinen Pfennig von ihrem einbehaltenen Lohn sahen. Waren die Schulden beglichen, mußte die Witwe entscheiden, in welcher Form sie das Gewerbe weiterführen konnte. Erforderte es große Körperkräfte, wurde sie von der Zunft gezwungen, Gesellen zu beschäftigen. In England und Holland zum Beispiel konnten Frauen versuchen, die Druckerei weiterzuführen, aber die Ordnung der Stationer's Company[13] legte fest, daß ein Geselle die Druckpresse zu betätigen hatte. Frauen konnten ein

Bestattungsunternehmen weiterführen, aber sie mußten Männer als Leichenträger beschäftigen, da Männer auf jeden Fall bei den mit dem Tod und der Bestattung verbundenen Bräuchen dabei sein mußten. In Genf war das Uhrmacherhandwerk eine männliche Tätigkeit, aber die Witwe konnte weiter die Werkstatt besitzen und selbst Teile herstellen oder Uhrdeckel gravieren. Im ganzen gesehen hinderte der Zwang, den verstorbenen Ehemann durch Lohnarbeiter ersetzen zu müssen, sicherlich mehr als 90% der Handwerkerwitwen daran, die Werkstatt ihres Mannes voll weiterzuführen.

Am besten mit dem Tod des Ehemannes fertig wurden Familien, die ein kleines Geschäft oder Gewerbe betrieben, namentlich eine Taverne, ein Kaffeehaus, einen Lebensmittelladen, oder Familien, die Kuchen, Pasteten und Fettgebackenes herstellten oder ein kleines Gasthaus betrieben. Die meisten dieser Tätigkeiten wurden nicht von Zünften reglementiert. Das Dienstmädchen, das bei der Heirat genau das tat, wozu ihm die Rat- und Hülfsbüchlein mit Blick auf die ungewisse Zukunft rieten, und ein kleines Gewerbe oder Geschäft zu betreiben begann, war am besten geschützt, da diese Tätigkeiten aus der Kontrolle der Zünfte herausfielen. Zu Lebzeiten des Mannes bildete es nur einen Nebenerwerb, doch nach seinem Tode konnte sich die Witwe darauf stützen, und die Kinder konnten mitarbeiten. So wurden viele Schenken und Trinkstuben von Witwen geführt und die Straßen waren voll von Kindern, die heiße Pasteten und Süßigkeiten auf ihrem Bauchladen feilboten.

Die Witwe, die von ihrer Hände Arbeit leben mußte und noch Kinder zu versorgen hatte, sank so tief wie nur möglich in der Hierarchie der europäischen Ökonomie. Sie war zahlreich auf den Armenlisten und in den Büchern wohltätiger Einrichtungen vertreten; wenn es milde Gaben zu verteilen gab – und dies war keineswegs sicher – dann war sie die erste Kandidatin, deren Ansprüche allgemein anerkannt wurden.

DIE JUNGFER

Das Los der »alten Jungfer« war jedoch nicht viel besser, außer ihre Familie konnte für ihren Unterhalt sorgen. Die niedrigen Löhne für Frauen schlossen eine unabhängige Existenz aus, so daß viele ledige Frauen sich in den Städten zusammentaten, in Dachstuben oder Zimmern zusammenwohnten und sich gegenseitig halfen. Von ihren mageren Löhnen konnten sie nur wenig oder gar nichts für das Alter, für Krankheit oder Arbeitslosigkeit zurücklegen. Manche fanden vielleicht bei einem Bruder ein Dach über dem Kopf oder ersetzten in der Familie eines Verwandten die verstorbene Mutter, aber für die meisten waren die Aussichten düster.

Selbst für Frauen, die mehr als nur die Dorfschule genossen hatten, boten sich geringe Berufsaussichten. Mary Wollstonecraft meinte, sie beschränkten sich auf die Arbeit als Gouvernante, Hausdame oder Mantelschneiderin. Wie eine wachsende Zahl verzweifelter Frauen aus den Mittelschichten griff sie zur Feder. Aber die Frauen, die vom Schreiben leben konnten, kann man an den Fingern abzählen, selbst noch am Ende des 18. Jahrhunderts, als Fanny Burney, Madame de Staël und vor allem Jane Austen der Literatur aus der Feder von Frauen eine neue Qualität gegeben hatten.

Außerhalb der Familie und der ihnen darin zugebilligten Rolle als Tochter, Ehefrau und Mutter lebten die Frauen in einer sehr schwierigen Situation. Unabhängigkeit, die Virginia Woolf so entschieden einklagte, hing davon ab, ob man ein eigenes Einkommen und ein »Zimmer für sich« hatte. Die gängige Meinung, der natürliche Platz einer Frau sei in der Familie, bildete das große Problem für Frauen, die nicht geheiratet hatten und deren Familien sie nicht unterstützen konnten. Auf lange Sicht jedoch und immer deutlicher am Ende des 18. Jahrhunderts drängten gerade die Frauen, die sich der etablierten Norm nicht unterwerfen konnten, auf Veränderung. Es waren nicht die glücklichen Frauen, die sich kein anderes Leben als dasjenige, das sie führten, vorstellen konnten, die Geschichte machten und gesellschaftlichen Wandel bewirkten.

Aus dem Englischen von Wolfgang Kaiser

2
KÖRPER, ÄUSSERE ERSCHEINUNG UND SEXUALITÄT

Sara F. Matthews Grieco

Zwei widersprüchliche Haltungen gegenüber dem Körper charakterisieren die Frühe Neuzeit. Die Renaissance erbte einerseits ein gründsätzliches Mißtrauen gegenüber dem Körper, seiner kurzlebigen Natur, seinen gefährlichen Begierden und seinen vielen Schwächen. Weder die protestantische Reformation noch die katholische Gegenreformation konnten dieses mittelalterliche Erbe abschütteln, so daß sich im Europa des 16. und 17. Jahrhunderts die Prüderie gegenüber dem Körper, seiner Erscheinung und Sexualität verstärkte. Andererseits brachte die Renaissance die Wiederentdeckung der Nacktheit und die Bewunderung körperlicher Schönheit. Italienische Künstler und Gelehrte verbreiteten in ganz Europa die klassischen Ideale körperlicher und geistiger Vollkommenheit und die neuplatonische Rehabilitierung irdischer Liebe und Schönheit, die zur Grundlage der ästhetischen Maßstäbe in der Frühen Neuzeit wurden. Jedoch verbreiteten sich, ebenfalls ausgehend von Italien, die beiden Geißeln Pest und Syphilis über Europa. Sie waren Anlaß für die Schließung der meisten öffentlichen Bäder und Bordelle, für die Ablehnung der Anwendung von Wasser zur Körperpflege und für die Förderung ehelicher Sexualität auf Kosten aller übrigen sexuellen Praktiken.

Frauen wurden lange Zeit mit ihrem Körper gleichgesetzt. Gleich ob man sie als »unvollkommene Männer« oder »wandelnde Gebärmütter«, als irdische Spiegelbilder göttlicher Schönheit oder laszive Verlockungen des Satans ansah, ihr soziales Dasein wurde sowohl durch die generelle Einstellung zum Körper als auch durch spezifische Definitio-

nen der Geschlechter beherrscht.¹ Für das Verständnis der gesellschaftlichen und imaginären Dimensionen des Lebens der Frauen zwischen dem 16. und 18. Jahrhundert ist es notwendig zu untersuchen,
wie der menschliche Körper wahrgenommen und gepflegt wurde. Was
wurde als unabdingbar für seinen Schutz, seine Pflege und Erhaltung
erachtet? Vor allem, nach welchen Kriterien richteten die Frauen ihre
Erscheinung aus, und welchen Zwecken diente sie? Vom Ende des Mittelalters bis zum Ende der Frühen Neuzeit veränderten sich die Vorstellungen von weiblicher Schönheit und die Normen der Körperpflege in vieler Hinsicht. Diese Entwicklungen spiegelten jedoch mehr als
nur Veränderungen in der Vorstellung des Körpers und der äußeren
Erscheinung der Frauen wider. Sie waren auch Indikatoren einer dauerhaften sozialen Instabilität und tiefgreifender politischer und religiöser Konflikte. Denn sie brachten die immerwährende und alles bestimmende Sorge nach Ordnung, Stabilität und klar definierten sozialen
Grenzen zum Ausdruck, in denen das Konzept der Geschlechterverhältnisse eine stets gegenwärtige und prägende Rolle spielte.

KÖRPERPFLEGE

Die Vorstellungen von Sauberkeit und Körperpflege veränderten sich
zwischen dem Ende des Mittelalters und dem 18. Jahrhundert grundlegend. Einst angewiesen auf regelmäßige Bäder und den Luxus des
Dampfraumes, entwickelte sich die Körperhygiene im 16. und 17. Jahrhundert zu einer wasserfreien Angelegenheit, bei der die saubere Leibwäsche an die Stelle der sauberen Haut trat. Die Angst vor Wasser verhalf einer Reihe von Ersatzstoffen wie Puder und Parfum zum Durchbruch. Diese bildeten eine neue Grundlage sozialer Unterschiede. Mehr
denn je wurde Sauberkeit zum Vorrecht der Reichen.

Die Gefahren des Wassers

Die Sitte, entweder in öffentlichen Einrichtungen oder im eigenen Haus
ein Bad zu nehmen, verschwand im Laufe des 16. und 17. Jahrhunderts nahezu gänzlich. Sowohl die Angst vor Seuchen (Pest und Syphilis) als auch eine strengere Einstellung zur Prostitution (ein Nebenerwerb vieler Bäder) führten zur Schließung der Mehrzahl öffentlicher
Badeeinrichtungen. In den Bürgerhäusern bewirkten das wachsende
Mißtrauen gegenüber dem Wasser und die Entwicklung neuer »trocke-
ner« Methoden der Körperpflege für die Oberschichten das Verschwinden des Badezubers.

Die gezielte Schließung öffentlicher Bäder konstituierte einen Akt sozialer und moralischer Hygiene. Weit davon entfernt, nur dem Ritual persönlicher Reinigung vorbehalten zu sein, boten diese Einrichtungen eine Reihe von Dienstleistungen an, die in den Augen der Obrigkeit die öffentliche Moral in den Städten bedrohte. Den Badenden wurden sowohl im Wasser als auch außerhalb Wein oder Speisen serviert. Denjenigen, die nach ihrem Bad ausruhen, ihren Liebhaber treffen oder von einer Prostituierten unterhalten werden wollten, standen Betten zur Verfügung. Obwohl die meisten Einrichtungen Männern und Frauen verschiedene Räume bzw. getrennte Wasserbecken zuteilten (einige verfügten über getrennte Männer- oder Frauenbadetage oder standen nur einem Geschlecht zur Verfügung), waren die meisten öffentlichen Bäder Orte des Vergnügens. In den Köpfen der Zeitgenossen wurden sie oft mit Bordellen und Tavernen gleichgesetzt. Prediger des 16. und 17. Jahrhunderts wetterten ständig gegen die schimpflichen Gepflogenheiten junger Männer, die ihre Zeit und ihr Erbe damit verschwendeten, daß sie »Bordelle, Bäder und Tavernen« besuchten. So enthalten auch Dürers sorgfältig geführte Bücher über seine Reiseausgaben Angaben über die Besuche in Bädern (häufig gemeinsam mit Freunden) neben anderem Zeitvertreib wie Glücksspiel und Trinken.[2]

Moralische Verderbtheit war jedoch nicht das einzige Übel, dessen sich jene nackten oder spärlich bekleideten Körper verdächtig machten, die sich in der Intimität der Dampfräume zusammenfanden und an den häufig ausgelassenen Vergnügungen des Gemeinschaftszubers teilnahmen. Wie Tavernen und Bordelle gehörten Bäder zu den ersten Einrichtungen, die in Zeiten der Pest geschlossen wurden. Man glaubte, daß jede Menschenansammlung die Verbreitung der gefürchteten Krankheit begünstigen würde. Bereits im 15. Jahrhundert rieten Ärzte und Obrigkeiten während Seuchenzeiten vom Baden ab, aus Angst, daß die nackte Haut mit ihren durch die heißen Dämpfe erweiterten Poren noch anfälliger für die verpesteten »Miasmen« sei, die als Krankheitserreger galten. Im Laufe des 16. und 17. Jahrhunderts trug der Glaube an die Durchlässigkeit der Haut und an die Bedrohung, die das Baden für die Gesundheit allgemein darstellte, dazu bei, daß medizinische Texte eine Reihe von Argumenten gegen die Übel öffentlicher Bäder und die Gefahren des Wassers lieferten. Im 16. Jahrhundert gesellte sich zu den Standardargumenten gegen gemeinsames Baden von Männern und Frauen noch die Angst vor Syphilis und anderen ansteckenden Krankheiten. Darüber hinaus grassierten ausgefallenere – wenngleich nicht minder ernstgenommene – Ängste wie die Vorstellung von einer »Badeschwangerschaft«. Man glaubte, daß die Frauen durch Abenteuer suchende, im warmen Wasser herumwandernde Samen befruchtet würden. Seit dem 17. Jahrhundert war die schwächende Wirkung heißen Wassers allgemein anerkannt. Man war überzeugt, daß die Körpersäfte durch die erweiterten Poren entweichen würden, was den Verlust vitaler Kräfte sowie Schwäche oder gar ernstere Krankheiten wie Wassersucht, Schwachsinn und Mißgeburten zur Folge haben würde. Aus Vorsicht wurde nach dem Bad oft eine Ruhepause im Bett als erforderlich angesehen, die in manchen Fällen sogar mehrere Tage dauern konnte. Im Jahre 1610 befand es König Heinrich IV. für völlig normal, daß sein Minister Sully – obwohl herbeizitiert – nicht anwesend sein konnte, weil er sich notwendigerweise nach dem Bad ausruhen mußte. Der französische Souverän drängte ihn nicht nur, an diesem Tag zu Hause zu bleiben, sondern er zog den königlichen Arzt zu Rate, der der Auffassung war, daß jede Anstrengung die Gesundheit des Ministers gefährde. Sully wurde deshalb angewiesen, den König nicht vor dem nächsten Morgen zu besuchen und auch dann nur in Nachtrock, Nachthaube und Pantoffeln.[3]

Allmählich entwickelte sich das Baden eher zu einer medizinischen Kur als zu einer angenehmen Form der Körperpflege. Es wurde oft durch das Ansetzen von Schröpfköpfen begleitet, um so dem Körper schädliche Säfte zu entziehen und war zwangsläufig mit einer Reihe von Vorsichtsmaßnahmen verbunden. Naß galt der Körper als »offen« und verletzlich, trocken als »geschlossen« und geschützt. Aus dieser Auffassung heraus entwickelten sich die neuen wasserfreien Techniken, die die Feinheiten persönlicher Körperpflege und das öffentliche Auftreten ermöglichten.

Trockene Toilette: Abreiben, Pudern, Parfümieren

Man war lange der Auffassung, daß das Verschwinden des Wassers aus dem täglichen Reinigungsritual der Frühen Neuzeit einen Rückfall in einen allgemeinen Zustand von Dreck und Schmutz bedeutete. Obgleich der Schmutz der unteren sozialen Schichten ebenso charakteristisch für ihren niedrigen Stand blieb wie die schmuddeligen, groben Kleidungsstücke, die sie auf dem Körper trugen, stimmt es, daß diejenigen, die es sich leisten konnten, der Pflege ihres Körpers und ihres Äußeren oder wenigstens jener Teile, die dem Urteil der öffentlichen Meinung ausgesetzt waren, wachsende Aufmerksamkeit schenkten.

Überall dort, wo das Wasser verschwand, traten Abreiben, Abrubbeln, Pudern und Parfümieren in den Vordergrund. Erziehungsbücher wie Erasmus' einflußreiches Buch *De civilitate morum puerilium* (1530) beschreiben nicht nur die von der Oberschicht anerkannten, verfeinerten Sitten beim Putzen der Nase oder beim Zu-Tische-Sitzen. Sie bestehen auf der Reinigung des Körpers und seiner Öffnungen, wodurch sie die neuen gesellschaftlichen Erfordernisse hervorheben und zu einer Trennung der Elite von der »Masse« führen. Verfeinerte Gebärden, kultiviertes Benehmen und gepflegtes Äußeres entwickelten sich auf diese Weise zu »Kennzeichen« des sozialen Standes, die sich die neuen Eliten zu eigen machten. Dadurch wurde eine Hierarchie der Umgangsformen geschaffen, die die traditionelle mittelalterliche Hierarchie der Geburtsstände ablöste.⁴ In dieser Herrschaft der guten Umgangsformen und der gepflegten Erscheinung übernahmen die adligen und gebildeten Frauen die Rolle der »arbiter elegantiorum« (Kennerinnen des guten Geschmacks und Schiedsrichterinnen über das männliche Verhalten), sei es in Form der schweigsamen Musen italienischer »Unterhaltungen« zu Hofe, der viel verspotteten, doch letztlich einflußreichen Précieuses oder der Gastgeberinnen literarischer und philosophischer Salons, deren Maßstäben auf dem Gebiet des Benehmens und des gesellschaftlichen Anstandes von einem zumeist männlichen Publikum gehuldigt wurde.⁵

Wie wirkten sich die neuen Regeln der Höflichkeit auf die Körperpflege und die äußere Erscheinung aus? Vor allem den unbedeckten Teilen des Körpers wie Gesicht und Händen wurde größere Aufmerksamkeit geschenkt. Wurden im 16. Jahrhundert diese beiden Körperteile bei der morgendlichen Toilette noch mit Wasser gereinigt, so galt es im 17. Jahrhundert als angemessen, Mund und Hände lediglich aus- bzw. abzuspülen und dies nur unter der Voraussetzung, daß die möglicherweise schädliche Wirkung des Wassers durch den Zusatz von Essig oder Wein abgeschwächt wurde. Erziehungsbücher rieten insbesondere davon ab, das Gesicht mit Wasser zu waschen, weil es angeblich dem Augenlicht schade, Zahnschmerz und Katarrh verursache sowie die Haut im Winter übermäßig blaß und im Sommer extrem braun mache.⁶ Der Kopf mußte mit einem parfümierten Handtuch oder Schwamm kräftig abgerieben, das Haar gekämmt, die Ohren mußten ausgeputzt und der Mund ausgespült werden. Anfangs tauchte Puder als eine Art »Trockenshampoo« auf. Man ließ ihn über Nacht einwirken und kämmte ihn morgens mit Fett und anderem Schmutz aus. Gegen Ende des 16. Jahrhunderts hatte sich diese Praxis jedoch zu mehr als nur einem Gebot der Reinlichkeit entwickelt. Duftende und gefärbte Puder wurden zum wesentlichen Bestandteil der täglichen Toilette begüterter Männer und Frauen. Dieses sichtbare und wohlriechende Beiwerk gab nicht nur Auskunft über das Privileg der Reinlichkeit, sondern auch über die jeweilige gesellschaftliche Stellung, da Mode ein Vorrecht der Reichen war. Im 17. Jahrhundert hatte der Puder die Oberschicht so weit erobert, daß Adlige, die etwas auf sich hielten, sich niemals ohne Puder in der Öffentlichkeit zeigten, und im 18. Jahr-

hundert lief Jung und Alt mit weißen Haaren herum, entweder in Form
von Perücken oder der eigenen Silberlocken. Der Verzicht auf Puder
ließ daher nicht nur eine doppelte Unschicklichkeit – in hygienischer
und sozialer Hinsicht –, sondern auch eine gesellschaftlich niedrigere
Stellung erkennen. Die Bourgeoisie und deren Untergebene hatten
»dunkles, fettiges Haar«.[7] Parfum stand in dem Ruf, über eine Reihe von
Vorteilen zu verfügen. Die wichtigsten waren das Ausschalten oder
Überdecken unangenehmer Körpergerüche sowie seine Funktion als
Desinfektions- und Reinigungsmittel.

Das Gesicht, den Körper und insbesondere die Achselhöhlen rieb
man sich mit duftenden Tüchern ab, weil man annahm, daß der angenehme Parfum-Duft den säuerlichen Körpergeruch überdecke. Exotische Düfte, die die Reichen lange zur Desinfektion von Häusern,
Möbeln und Textilien in Zeiten der Pest benutzt hatten, wurden auch
dazu verwendet, die Inhalte von Kommoden und Kleidertruhen sauberzuhalten. Einige dieser Düfte waren so durchdringend, daß das Öffnen einer Truhe einen Raum entvölkern konnte. Dies geschah beispielsweise, als Lakaien 1629 in Saint-Germain die Truhen der Königin
öffneten und sowohl die Diener als auch die Besucher aus dem Raum
fliehen mußten, bis er gelüftet war. Ebenso wie Puder entwickelten
sich Parfums zu einem bestimmenden Merkmal der gesellschaftlichen
Stellung, und die Distanz zwischen »guten und schlechten« Gerüchen
wuchs derartig, daß Lemery im Jahre 1709 drei Kategorien von Düften
unterschied: »königliches Parfum«, ein »Parfum der Bourgeoisie« und ein
»Parfum der Armen«, das aus Öl und Talg hergestellt wurde und dessen einziger Zweck darin bestand, die Luft zu desinfizieren. Daraus
resultierte ein anderes Standesprivileg: Schützte Parfum den Körper,
dann erhielt es auch die Gesundheit. Es schaltete nicht nur üble
Gerüche aus, sondern auch ansteckende Ausdünstungen und Miasmen.
Ein italienischer Besucher, der von der Charité in Paris stark beeindruckt war, bemerkte, daß neben jedem Krankenbett ein Blumenstrauß
stand und eine Duftlampe brannte, um die Luft zu reinigen und die
Station zu desinfizieren.[8]

Weißer bedeutet sauberer

Die Regeln des Anstandes, die vorschrieben, daß alle sichtbaren Körperteile angenehm für Auge und Nase sein mußten, richteten ihre Aufmerksamkeit in stärkerem Maße auf die äußere Erscheinung als auf die
Hygiene. Ein »sauberes« Äußeres galt als Garant für moralische Integrität und gesellschaftliches Ansehen. Daraus leitete sich auch die
Bedeutung weißer Wäsche ab. Die weiße Oberfläche wurde mit der

Reinheit der Haut darunter gleichgesetzt. Die Leibwäsche – diese äußere Hülle oder »zweite Haut« – diente darüber hinaus zum Schutz der »inneren« Hülle oder Epidermis. Vor diesem Hintergrund ersetzte sie allmählich die reinigende Wirkung des Wassers. Weißes Tuch wurde insbesondere deshalb geschätzt, weil es nicht nur den Schweiß absorbierte, sondern weil ihm auch nachgesagt wurde, Verunreinigungen anzuziehen und so die Gesundheit zu schützen. Vom 17. Jahrhundert an gehörte das Wechseln von Hemd und Unterkleid für das gehobene Bürgertum wie für die Aristokratie zur täglichen Hygiene, so daß Savot in seiner *Abhandlung über die Konstruktion von Schlössern und Stadthäusern* (1626) darauf hinwies, daß Badeeinrichtungen in »modernen« Zeiten nicht länger notwendig seien, weil »wir nun Wäsche benutzen, die uns hilft, unsere Körper reinzuhalten, besser als die Wannen und Dampfbäder der Menschen des Altertums, denen der Gebrauch und die Annehmlichkeit der Unterwäsche nicht vergönnt waren.«[9] Leibwäsche galt daher als »modern«, als der letzte Schrei im Bereich der Körperpflege.

Seit dem 15. Jahrhundert wagten sich Hemden und Unterkleider immer mutiger unter den Gewändern der Männer und Frauen hervor, zeigten an Nacken und Handgelenk einen kleinen Hauch von Spitze oder Rüschen. Gegen Ende des 16. Jahrhunderts entwickelten sie sich zu reich verzierten Kragen und Halskrausen, dann im 17. Jahrhundert zu elegant bestickten Flächen, die über Schulter, Brust und Unterarm reichten und sich im 18. Jahrhundert zu Spitzenbesatz und durchsichtigem Stoff wandelten. Während der Renaissance wuchs der Gebrauch von Leibwäsche proportional zum Rückgang von Wasser und Bädern. Als Jeanne d'Albrét 1514 starb, wurden in der Inventarliste nur einige Unterkleider erwähnt. Am Ende des Jahrhunderts jedoch vermerkte der Notar, der für die Erstellung der Inventarliste von Gabrielle d' Estrée zuständig war, daß ihre Mieder so zahlreich waren, »daß sie nicht gezählt werden können«. Männer waren gleichermaßen vom Nutzen der Leibwäsche überzeugt. 1556 besaß der Pariser Arzt Jean Lemoignon zum Zeitpunkt seines Todes 32 Hemden, während sein Kollege, Geoffrey Granger, im Jahre 1567 34 hinterließ. Die Inventarlisten bezeugen insofern den Triumphzug der Unterwäsche in den Schränken der oberen und mittleren Stände der Gesellschaft, als sie ab Mitte des 16. Jahrhunderts die Leibwäsche gesondert aufführten.[10]

Nicht jeder wechselte jedoch täglich sein Unterhemd. Heinrich III. von Frankreich wurde 1560 als »weibisch« erachtet, weil er seine Unterwäsche zu oft wechselte, während Madame de Montpensier sich in ihrem Standesbewußtsein gekränkt fühlte, weil es ihr an Unterwäsche mangelte. Die Mehrheit der städtischen Bevölkerung fand den Wechsel des Unterhemdes im drei- bis siebentägigen Turnus als ihren

Ansprüchen vollkommen angemessen. Die Vorschriften der meisten Klöster und Schulen bestanden auf einem regelmäßigen – wenn auch nicht täglichen – Wechsel der Leibwäsche, und sogar Strümpfe und abnehmbare Kragen fielen unter die Hygienevorschriften jener Einrichtungen. Abgesehen davon, wie oft die Vertreter unterschiedlicher gesellschaftlicher Stände das Wechseln ihrer Unterwäsche für notwendig erachteten, war Leinen kein Material, das für jedermann erschwinglich war, und nicht jeder konnte sich das Wechseln leisten. Obwohl Studenten, Arbeiter und Handwerker Hemden aus Hanf trugen, die ungefähr nur ein Viertel dessen kosteten, was Unterhemden aus Leinen kosteten (ganz abgesehen von Spitzen und anderen Verzierungen), waren die Preise gemeinhin sehr hoch. In Paris betrug der Preis für ein Wams zwei Livres, was dem Drei- oder Viertagelohn eines Handarbeiters entsprach. Außerdem hatte Hanf zwei wesentliche Nachteile: Es war weniger hautfreundlich und nicht so weiß wie Leinen. Lediglich Leinen und Seide besaßen die schneeweiße Reinheit, die den Ansprüchen der Elite an die äußere Erscheinung genügen konnte; dies bedeutete, daß »wahre« Sauberkeit wiederum ein Privileg war, das nur den Reichen und den Adligen vorbehalten blieb.[11]

Leib- und Unterwäsche fanden zwar keine weite Verbreitung, aber bis ins 18. Jahrhundert setzten sich die Maßstäbe, die die Oberschicht festgelegt hatte, nicht nur unter Dienern, Tagelöhnern und Handwerkern durch, sondern inspirierten auch eine reiche Vielfalt der Unterwäsche, die sich vor allem in der weiblichen Mode entwickelte. Besaßen im Jahre 1700 nur 78% der weiblichen Angestellten und 75% der Dienstmädchen ein Unterhemd, so stieg die Zahl bis 1789 auf 93% beziehungsweise auf 100%. Die Bandbreite der Leibwäsche, die sowohl Männer als auch Frauen der niederen Stände trugen, erreichte eine Eleganz, die bis dahin nur den Begüterten vorbehalten war. Gegen Ende des Jahrhunderts besaßen 75% des mittleren und gehobenen Bürgertums zwischen 10 bis 30 Unterkleider, 11 Paar Strümpfe und 34 Paar Ärmel. Darüber hinaus besaßen fast alle Frauen Unterröcke und Hauben, dagegen nur 60% auch Schnürmieder und Nachthemden.[12] Nur wenige hatten jedoch Schlüpfer oder Unterhosen. Diese waren noch bis ins 19. Jahrhundert auf die oberen Schichten (und auf Dienerinnen, die die gebrauchten Sachen ihrer Herrinnen trugen) beschränkt.

Schlüpfer standen in dem Ruf, eine italienische Erfindung gewesen zu sein, die Katharina von Medici in Frankreich einführte, um ein Pferd *à l'amazone* (im Damensitz) zu reiten, ohne die Regeln des Anstandes zu verletzen. Viele Zeitgenossen billigten diese Übernahme männlicher Unterhosen, weil sie im Falle eines Sturzes jene Körperteile vor neugierigen Männerblicken und vor »zügellosen jungen Männern, die ihre

Hände unter die Röcke der Frauen steckten«, schützten. Dieses ungewöhnliche Kleidungsstück diente jedoch nicht allein der Wahrung des Anstandes. Adlige Frauen trugen *caleçon* oder *calzoni* (Unterhosen) aus prächtigem Material und fügten auf diese Weise ihrem geheimen Arsenal der Verführungskunst noch eine Waffe hinzu.[13] Daß Schlüpfer als ziemlich gewagte Ergänzung des Spektrums der Damenwäsche galten, beweist weiterhin die Tatsache, daß Kurtisanen wiederholt geschmäht wurden, weil sie derartige »männliche« Kleidungsstücke trugen. Obgleich beliebt unter den Verehrern jener Damen, verstieß das Tragen von »Pantaletten« nicht nur gegen kirchliche Vorschriften, die den Kleidertausch verboten, sondern wurde auch als Zugeständnis an die männliche Homosexualität interpretiert, weil Frauen in ihnen wie Knaben aussahen.[14] Bis ins 18. Jahrhundert hinein trugen lediglich Schauspielerinnen, Fensterputzerinnen, Prostituierte und Adlige Unterhosen, deren wesentliche Funktionen darin bestand, entweder den Anstand der Frau zu wahren oder die erotische Vorstellungskraft zu inspirieren. Es bedurfte der Hygiene-Revolution des 19. Jahrhunderts, um die Unterhosen als festen Bestandteil der weiblichen Garderobe zu etablieren.

Die Rückkehr zum Wasser

Obwohl Wasser in der Frühen Neuzeit ein Element blieb, dem viele schädliche Kräfte zugeschrieben wurden, und immer ein Gegenstand des Argwohns war, erlebte das 18. Jahrhundert das Comeback des Bades sowohl als luxuriöse Freizeitbeschäftigung als auch als therapeutische Übung. In den 40er Jahren des 18. Jahrhunderts begannen die Adligen wieder zu baden. Sie bauten luxuriöse Bäder in ihren Palästen und Stadthäusern, manchmal sogar mit Springbrunnen und exotischen Pflanzen. Ungeachtet der Tatsache, daß Vorsichtsmaßnahmen zumeist noch das Eintauchen begleiteten (ein Abführmittel vorweg, Bettruhe und eine Mahlzeit anschließend), verbreitete sich dieser Brauch. 1751 beschrieb die *Encyclopédie* den Badezuber als einen Gegenstand, der seiner Form nach ungefähr unseren heutigen Badewannen glich. Hergestellt aus Kupfer oder hölzernen Dauben, war er nicht länger rund, sondern oval: 4,5 Fuß lang und 2 Fuß breit.

Sowohl Ort als auch Wassertemperatur entschieden über den Zweck des Bades und über dessen Wirkung auf den Körper. In Privathäusern waren heiße Bäder ein Luxus, ein sinnliches Ereignis, das phlegmatische Frauen (oder Männer) häufig als Vorbereitung auf ein Liebestreffen zelebrierten. Anderswo konnten heiße Bäder aber auch einer medizinischen Kur dienen. 1761 wurde am Ufer der Seine ein Badehaus für die Reichen errichtet (der Preis für ein Bad entsprach dem Wochenlohn eines Handwerkers), so daß sie nahe ihrem Zuhause durch die Heilkräfte des Flußwassers kuriert werden konnten.[15] Kalte Bäder fanden erst nach 1750 im Gefolge einer Flut medizinischer Studien über die Vorteile des Badens und seines Nutzens zur Erhaltung der Gesundheit weitere Verbreitung: Es hieß, daß ein richtig genommenes Bad die Zirkulation der Körpersäfte unterstütze, die Muskeln stärke und die Funktion der Organe anrege. Eine neue Generation von Ärzten geriet in Begeisterung über die tonische Wirkung kalten Wassers, das den Körper zusammenziehe und seine Kraft stärke. Kalte Bäder galten als nützlich, nicht etwa weil sie den Körper reinigten, sondern weil sie ihn vielmehr kräftigten. Im großen und ganzen badete man aus Gründen asketischer Gesinnung wie mit Rücksicht auf die Gesundheit kalt. Bevorzugt vom aufsteigenden Bürgertum, das aufgrund seiner Energie die aristokratische Trägheit verachtete, entwickelte sich das kalte Bad zum Symbol einer neuen »kraftvollen« Klasse im Gegensatz zur »verweichlichten« Aristokratie, deren Zerbrechlichkeit Beweis ihrer Dekadenz war.[16]

ÄUSSERE ERSCHEINUNG: SCHÖNHEIT UND KOSMETIKA

Schönheit war genau wie Sauberkeit stets ein relativer Begriff. Zwischen dem Ende des Mittelalters und dem Beginn der Frühen Neuzeit haben die Richtlinien für weibliche Schönheit und für die ideale weibliche Gestalt eine Reihe radikaler Veränderungen erfahren. Von grazil zu rundlich, von rosig zu geschminkt – so reagierten die weibliche Figur und der weibliche Teint auf Änderungen der Nahrung, der gesellschaftlichen und finanziellen Stellung und schufen damit neue Normen für die Erscheinung und den Geschmack sowie neue Ideale von Schönheit und Erotik.

Dick ist schön

Das mittelalterliche Ideal der anmutigen, schmalhüftigen und kleinbrüstigen aristokratischen Dame wurde im Laufe des späten 15. und 16. Jahrhunderts zugunsten eines üppigeren, breithüftigen und vollbusigen Modells weiblicher Schönheit abgelöst – ein Ideal, das bis zum Ende des 18. Jahrhunderts Gültigkeit bewahren sollte. Ist es Zufall, daß dieser Wandel in der Ästhetik des Körpers mit einer bedeutenden Veränderung der Eßgewohnheiten der herrschenden Schicht jener Zeit einhergeht? Die Kochbücher des 14. und 15. Jahrhunderts zeigen eine starke Vorliebe für herbe und säurehaltige Saucen, die weder

Zucker noch Fett enthielten, wohingegen die des 16. und 17. Jahrhunderts reich an Butter, Sahne und Zucker waren. Waren die Frauen der herrschenden Klasse dicker als ihre Vorfahrinnen im Mittelalter? Paßte sich die Mode somit den sich ändernden physischen Gegebenheiten an? Oder entwickelten die Frauen der Renaissance absichtlich eine rundliche Figur in Anlehnung an das verbreitete Schönheitsideal?[17] Auf jeden Fall blieb eine »gesunde« Rundlichkeit ebenso wie Sauberkeit den Reichen vorbehalten, während Magerkeit als häßlich, ungesund und Zeichen der Armut galt. Die Mehrheit der Frauen – Bäuerinnen, Mägde und Handwerksfrauen – aßen jedenfalls im Vergleich zu ihren Männern schlechter. Die besten und reichhaltigsten Speisen wurden den männlichen Mitgliedern der Familie zugedacht, dann folgten die Kinder und schließlich die Frauen. Europäische Frauen magerten auch zwischen dem 14. und 18. Jahrhundert ab, was die Folge einer langen wirtschaftlichen und landwirtschaftlichen Krise war, die erst im Laufe des letzten Jahrhunderts abflaute. Eine weitere Auswirkung weiblicher Unterernährung war die sichtliche Veränderung des Pubertätsalters, das vom Verhältnis zwischen Alter und Körpergewicht abhängt. Im Mittelalter reiften die Mädchen zwischen 12 und 15 Jahren heran. Im 17. und 18. Jahrhundert stieg das Durchschnittsalter der Pubertät auf 16 Jahre. Bei der Stadtbevölkerung lag es etwas niedriger, bei der Landbevölkerung etwas höher.[18]

Rachitis, Skorbut und eine Vielzahl unansehnlicher Krankheiten folgten der chronischen Unterernährung auf den Fuß. Kein Wunder also, daß die Frauen der oberen Schichten darum bemüht waren, sich von ihren weniger glücklichen Schwestern dadurch zu unterscheiden, daß sie große Flächen milchigen Fleisches kultivierten im Gegensatz zu den ausgezehrten, braunen und mageren Staturen jener, deren hartes Leben sie in den Augen ihrer Zeitgenossen nicht nur häßlich machte, sondern auch vorzeitig altern ließ. Wohlhabende Frauen, die einen erhöhten Stoffwechsel hatten, wandten sogar spezielle Mittel an, um einen Gewichtsverlust zu vermeiden. Glissenti erwähnt in seinen *Discorsi morali* (1609) zwei Arten von Marzipan, die Venetianerinnen und Neapolitanerinnen aßen, um ihr Idealgewicht zu halten. Henri Estienne sprach sich jedoch gegen diese Sitte aus und wies darauf hin, daß französische Frauen eine weniger korpulente Statur vorzogen.[19]

Die Konstruktion von Weiblichkeit

Die Renaissance war nicht nur eine Epoche, in der sich die Frauen der Oberschichten von den sozial Benachteiligten durch ihren wohlgenährten Körper und das makellose Weiß ihrer Leibwäsche unter-

schieden, sondern auch ein Zeitalter, in dem es immer wichtiger wurde, daß sich Frauen von Männern in allem, was Kleider, Erscheinung
und Verhalten betraf, absetzten. Die Kleider-Revolution des 14. und
15. Jahrhunderts bestand in der Differenzierung männlicher und weiblicher Kleidung. Die Roben der Männer wurden kürzer, man zeigte
mehr Bein und der Hosenbeutel wurde eingeführt. Dagegen kleideten
sich Frauen zurückhaltender. Ihre langen, wallenden Gewänder betonten die Taille, die durch ein Schnürmieder noch schlanker erschien.
Soweit es der gelockerte Sittenkodex zuließ, wurden sogar die weißen
Brüste enthüllt, selbstverständlich angemessen geschminkt und gepudert. Darüber hinaus mußte jede Bewegung, jede Geste einer Dame
die Zartheit und Anmut widerspiegeln, die nun von den Frauen im
Gegensatz zur Virilität der Männer erwartet wurden. So bemerkte
Castiglione in seinem *Buch vom Hofmann* (1528): »Vor allem aber
scheint es mir, daß die Frau in Sitten, Gewohnheiten, Worten, Gebärden und im Betragen vom Mann sehr verschieden sein muß. Denn wie
es sich für diesen schickt, eine gewisse gesetzte und feste Männlichkeit zu zeigen, so steht es der Frau gut an, eine weiche und feine Zärtlichkeit zu haben mit einer Art von weiblicher Lieblichkeit in jeder
Bewegung.«[20]

Seit dem 15. Jahrhundert beharren alle Abhandlungen über die Familie, Traktate höfischer Sitten und sogar die medizinische Literatur auf
der Zerbrechlichkeit des weiblichen Geschlechts und auf der Pflicht der
Männer, die Frauen vor ihrer eigenen angeborenen Schwäche zu
schützen, indem sie sie mit sanfter, aber fester Hand regieren.[21] Dahin
waren die höfischen Vorbilder für die Geschlechterbeziehungen, bei
denen der Ritter seiner Herrin gehorchte und diente. Die Renaissance
brachte den Wunsch nach klar festgelegten sozialen Grenzen und
unveränderlichen Hierarchien (einschließlich der Geschlechterhierarchie) mit sich – ein Wunsch, der um so stärker wurde, als das wirtschaftliche und politische Leben die sozialen Unterschiede durcheinanderbrachte und neue Eliten schuf, die die alten in Frage stellten.[22]
Luxusgesetze spiegelten ebenfalls die dauernde Sorge um sozialen
Rang, Geschlechtsidentität und Kleidung wider. Das Tragen von Kleidern des anderen Geschlechts wurde allgemein verurteilt, was aber
Frauen nicht davon abhielt, gelegentlich ihrer Schwäche für männliche
Kleidungsstücke zu frönen, sehr zum Entsetzen ihrer Zeitgenossen.[23]
Die »wahnwitzigen Ausgaben« eitler Frauen standen wiederholt im
Brennpunkt der Luxusgesetze, in denen dieses Verhalten immer wieder für eine Vielzahl von Mißständen verantwortlich gemacht wurde,
angefangen vom Ruin der Wirtschaft, über die demographische Krise
bis hin zur Homosexualität ihrer Ehemänner. Gewannen die Standes-
und Geschlechterunterschiede in bezug auf Kleidung und Verhalten im

Laufe des 16. und 17. Jahrhunderts an Bedeutung, so sollte das 18. Jahrhundert Zeuge der Umwälzung traditioneller Vorstellungen von Standes- und Geschlechtszugehörigkeit werden.

Leitbilder und Kriterien weiblicher Schönheit

Während die klerikale Kultur des Mittelalters dazu neigte, weibliche Schönheit und die Macht, die sie den Frauen über die Männer verlieh, zu fürchten[24], maß der Neo-Platonismus der Renaissance der Schönheit einen neuen Wert bei, indem er sie zum äußeren Zeichen einer inneren unsichtbaren »Güte« erklärte. Schönheit galt nicht länger als gefährlicher Besitz, sondern vielmehr als notwendiges Attribut der moralischen Verfassung und der jeweiligen gesellschaftlichen Stellung. Schön zu sein, wurde zur Pflicht, da Häßlichkeit nicht nur mit sozial niedrigerem Rang in Verbindung gebracht wurde, sondern auch mit dem Laster. Machten die Wunden der Syphilis die Prostituierte nicht unansehnlich; ließen Hautkrankheiten und Krätze die verwahrlosten Armen nicht abscheulich aussehen? Die äußeren Hüllen des Körpers entwickelten sich zu einem Spiegel, in dem das Innere für die Außenwelt sichtbar wurde.

Weibliche Schönheit wurde nicht nur zum Garanten moralischer Integrität und zur Inspiration für alle jene, die das Privileg besaßen, auf eine schöne Erscheinung zu blicken, sondern wurde auch durch die riesige Produktion an Liebesgedichten, Benimmbüchern und Rezeptsammlungen für die Schönheitspflege kodifiziert. Schönheit folgte einer Formel und Frauen nahmen große Opfer und Kosten auf sich, um ihre Erscheinung den Maßstäben anzupassen, die praktisch die Frühe Neuzeit hindurch unverändert blieben. In Italien, Frankreich, Spanien, Deutschland und England stimmten die Normen der Ästhetik im wesentlichen überein: Helle Haut, blondes Haar, rote Lippen und Wangen, schwarze Augenbrauen. Die Hände und der Hals mußten lang und schlank sein, die Füße klein und die Taille geschmeidig. Die Brüste mußten fest, rund und weiß sein und rosige Brustwarzen haben. Die Augenfarbe durfte variieren (die Franzosen mochten grün, die Italiener bevorzugten schwarz oder braun) und gelegentlich konnten auch Zugeständnisse an dunkles Haar gemacht werden, aber der Kanon für die weibliche Erscheinung blieb im wesentlichen über 300 Jahre lang der gleiche.

Eine mündliche und literarische Tradition schrieb den Frauen eine Liste von »Schönheitsmerkmalen« zu, deren Zahl sich im Laufe des 16. Jahrhunderts von drei auf dreißig erhöhte. Nach Aussagen Morpurgos in *El costume de la donne* (1536) ist die Liste sogar länger. Seine idea-

le Frau besaß nicht weniger als 33 Merkmale, die zur Vollkommenheit
ausgebildet sein mußten:
– Haar, Hände und Beine mußten lang sein
– Zähne, Ohren und Brüste – klein
– Stirn, Brustkorb und Hüften – breit
– Taille, Knie und jene Partien, »wo die Natur alles plaziert, was zart
  ist« – schmal
– Körpergröße, Arme und Oberschenkel – groß (»aber gut proportio-
  niert«)
– Augenbrauen, Finger, Lippen – schmal
– Hals, Arme und … – rund
– Mund, Kinn und Füße – klein
– Zähne, Hals und Hände – weiß
– Wangen, Lippen und Brustwarzen – rot
– Augenbrauen, Augen und »was Sie selbst wissen sollten« – schwarz.[25]

Im Laufe des 16. Jahrhunderts entwickelte sich auch eine literarische
Form, die unter dem Begriff »Blason« bekannt war. Hierbei handelte es
sich um ein Gedicht zum Ruhme der Reize einer Dame, die entweder
gemeinsam oder einzeln beschrieben wurden. In einer solchen Gedichtsammlung, die 1543 veröffentlicht wurde, folgten Clement Marots
berühmtem Gedicht *Blason du beau tetin* Gedichte über Stirn, Augenbrauen, Hals, Wangen, Nase, Zähne, Gesäß, Stimme, Füße, Haar, Knie,
Hand, Vagina, Mund, Oberschenkel, Arm, Herz, Ohr etc. Es erübrigt
sich zu erwähnen, daß einige dieser Gedichte relativ freizügig und
anstößig waren. Grobe Holzschnitte, die die verschiedenen gepriese-
nen Körperpartien darstellten, illustrierten viele Ausgaben der *Blasons*.
Diese Illustrationen neigten paradoxerweise zu einer so derb realistischen Darstellung, daß sie die erotische Vorstellungskraft kaum anregen konnten.[26]

Die Welle der Schilderung weiblicher Schönheit hielt sich bis zu den
50er Jahren des 16. Jahrhunderts. Gedichte zu Ehren einzelner Frauen
beschrieben diese gern gemäß den damaligen ästhetischen Maßstäben.
Die Frauen selbst wandten sich Kosmetika, Schnürmiedern und hoch-
hackigen Schuhen zu, um dem gängigen Ideal zu entsprechen. Mängel wurden sorgsam korrigiert oder wenn möglich versteckt. »True-Wit«
in Jonsons *Epicoene* (1609) kommentiert dies wie folgt:

»Eine intelligente Frau, falls sie selbst die Unzulänglichkeit erkennt, wird sehr
bedacht sein, sie zu verstecken, und es ziemt sich für sie. Ist sie klein, lassen Sie
sie viel sitzen. Für den Fall, daß sie steht, sollte man sie sich sitzend denken. Hat
sie häßliche Füße, lassen Sie sie ein längeres Kleid und dünnere Schuhe tragen.
Hat sie dicke Hände und entstellte Nägel, lassen Sie sie weniger tranchieren und
mehr in Handschuhen arbeiten. Hat sie einen säuerlichen Atem, lassen Sie sie nie-

mals schnell sprechen und sprechen Sie immer aus der Distanz mit ihr. Hat sie schwarze und schiefe Zähne, geben Sie ihr weniger Anlaß zum Lachen, insbesondere dann, wenn sie den Mund zum Lachen weit öffnet«.[27]

Die kosmetischen Künste

Wie erreichten die Frauen die Vollkommenheit, die man ihnen abverlangte? Mit der Erfahrung des Buchdrucks Mitte des 15. Jahrhunderts begannen Bücher mit »Geheimnissen« und Rezepten für Parfums und Kosmetik (einige davon zirkulierten bereits in Form von Manuskripten im Mittelalter) in ganz Europa zu erscheinen und intensivierten und bereicherten damit eine mündliche Tradition, die Mütter an ihre Töchter weitergaben und Apotheker an ihre Söhne. Diese zumeist von Männern verfaßten Sammlungen, die den Leserinnen implizit männliche Schönheitskriterien aufzwangen, waren nur selten auf die Geheimnisse des Schönseins beschränkt. Ihr Inhalt war eklektisch: medizinische Informationen, Kochrezepte, Naturmagie, astrologische Tabellen und verschiedene andere Künste (wie z. B. die Physiognomik)[28] – all dies konnte sich zwischen den Deckeln eines einzigen Buches verbergen. Von wem wurden diese Bücher gelesen? Natürlich von Frauen und Männern bestimmter gesellschaftlicher Schichten, die aufgrund ihrer Bildung des Lesens mächtig waren. Nicht alle gehörten jedoch unbedingt der herrschenden Schicht an. Liébaults Abhandlung *Destillation des eaux* (1578) richtet sich beispielsweise an die *bonne menagère* (gute Hausfrau), »die nicht übermäßig mit Schminken beschäftigt sein«, sondern sich eher der Sorge um den Haushalt widmen sollte. »Trotzdem«, schreibt Liébault, »soll sie darin bewandert sein, wie man Wässerchen für Kosmetika destilliert, nicht etwa, um diese selbst zu benutzen, sondern um mit ihnen Geld zu verdienen, indem sie sie an hohe Herrschaften verkauft und an jene Leute, die sich gerne schminken.«[29] Trotz wiederholter Beschimpfungen, die geschminkte Frauen während der Frühen Neuzeit von den Kanzeln und in Flugschriften erfuhren, schienen jedoch mehr Hausfrauen Schminke zu benutzen, als es Liébault gebilligt hätte. Außerhalb bestimmter elitärer Zirkel, in denen Kosmetika so wichtige Accessoires waren wie Puder, Parfum und Leibwäsche, galten Farben und Cremes als Zeichen von Eitelkeit und als Anreiz der Begierde.[30] Die Frauen aller gesellschaftlicher Schichten gaben es jedoch nicht auf, ihre äußere Erscheinung mittels kosmetischer Mixturen zu »verschönern«. Einige dieser Mittel richteten allerdings mehr Schaden als Nutzen an. In Albertis *Über das Hauswesen* (1437) versuchte der frischvermählte Gianozzo, seine Frau dadurch davon abzuhalten, sich zu schminken, daß er ihr die schlimmen Folgen von Schminke bei einer Nachbarin beschrieb: »[Eine Frau], die nur

wenige Zähne mehr im Mund hatte – und die sahen aus wie aus
wurmstichigem Buchsholz –, die beständig tief bläuliche Höhlen um
die Augen hatte, den Rest des Gesichtes welk und aschgrau, die Haut
überall totenbleich und schmutzig – die silberhellen Haare waren das
einzige an ihr, was man ohne Mißfallen betrachten konnte.«[31] Er fuhr
fort, daß diese ausgezehrte Frau tatsächlich jünger als 32 Jahre war.
Die Schrift mit dem Titel *Tracte Containing the Artes of Curious Pain-
tinge, Carvinge & Building* aus dem 16. Jahrhundert widmet einen
ganzen Abschnitt den Eigenschaften bestimmter Kosmetika, die zu
jener Zeit im täglichen Gebrauch waren, da sich Frauen angeblich der
Bestandteile und der schrecklichen Auswirkungen dieser Mittel auf ihre
Benutzer nicht bewußt waren. Der Abschnitt beginnt mit einer schau-
erlichen Beschreibung der schädlichen Wirkungen von Quecksilber-
sublimat, das teilweise für das schnelle Schwinden der Jugend und
Schönheit verantwortlich war, das die Damen am Hofe von Königin
Elisabeth beklagten:

> »Das Sublimat trägt wegen seiner bösartigen und ätzenden Natur den Namen totes
> Feuer. Dieses Mittel setzt sich aus Salz, Quecksilber und Vitriol zusammen. Alle
> Substanzen werden in einem gläsernen Gefäß zusammengemischt. Das Ergebnis
> nennen die Ärzte ein Korrosiv. Gießt man es auf menschliche Haut, brennt es sich
> in kurzer Zeit in die Stelle ein und tötet die Haut ab, was mit großen Schmerzen
> für den Patienten verbunden ist. Deshalb haben Frauen, die es auf ihrem Gesicht
> anwenden, stets schwarze Zähne, die weit aus ihrem Zahnfleisch heraussstehen, so
> wie bei einem spanischen Maultier; sie haben einen abstoßenden Atem, ein halb
> versengtes Gesicht und unreinen Teint ... So daß einfältige Frauen, die glauben,
> schöner zu werden, entstellt werden, frühzeitig altern und ihren Ehemännern Grund
> bieten, sich fremde anstelle ihrer eigenen Ehefrauen zu suchen, und verschiedene
> andere Unannehmlichkeiten.«[32]

Warnungen vor langfristigen Nebenwirkungen von Kosmetika waren
nicht das einzige, was gegen ihren Gebrauch sprach. Frauen, die sich
schminkten, wurden ebenfalls beschuldigt, »das Gesicht Gottes« zu verändern (war die Menschheit nicht nach dem Bilde Gottes geschaffen?).
In einer Abhandlung *Against the Painting und Tincturing of Men and
Women* (1616) fragte sich Thomas Tuke, wie Damen zu Gott beten
können »mit einem Gesicht, das nicht sein eigen ist? Wie können sie
um Vergebung bitten, wenn die Sünden ihrem Gesicht anhaften?«[33] Der
gesamten Kritik an der Schminke lag auch die männliche Furcht vor
Täuschung zugrunde. War die junge Schönheit, die sie begehrten, nicht
vielleicht eine Hexe oder ein von Krankheit gezeichneter Körper, der
nur raffiniert getarnt war? Darüber hinaus standen jene, die Kosmetika
herstellten, häufig im Verdacht, sich mit Magie zu beschäftigen, da viele Rezepte Zauberformeln enthielten, die während der Zubereitung
gesprochen werden mußten, und solche Zutaten wie Regenwürmer,
Nesseln und Blut.[34]

Trotz wiederholter Warnungen, Vorwürfen des Ehebruchs und der Täuschung seitens der Männer sowie täglicher Beispiele beklagenswerter Folgen von Kosmetika, versuchten Frauen unbeirrt ihr Äußeres mit Hilfe von Pudern, Pasten und Farben zu »verbessern«. Im Italien des 16. Jahrhunderts hieß es, daß alle Frauen Schminke benutzten, »sogar die Tellerwäscherinnen«. Daß Kosmetika gesellschaftlich weit verbreitet waren, beweisen Sammlungen kosmetischer Rezepte, in denen die Kosten für bestimmte Zubereitungen aufgeführt sind. In Caterina Sforzas Buch *Esperimenti* (1490–1509) wechseln sich Rezepte für Cremes, um das Gesicht zu weißen, mit Rezepten für Farben, um die Wangen zu röten ab, wobei Zutaten wie Perlen, Silber und Edelsteine jenen vorbehalten waren, die sie sich leisten konnten und den weniger Wohlhabenden preiswertere Ingredienzen vorgeschlagen wurden.[35]

Die Mehrzahl der Bücher über Kosmetika und weibliche Schönheit richteten ihre Aufmerksamkeit auf ganz bestimmte Körperpartien – wie Haare, Gesicht, Hals, Brüste und Hände –, jene nämlich, die nicht bedeckt waren. Die unterschiedlichen Rezepte erfüllten im allgemeinen eine von zwei Funktionen: Entweder korrigierten sie vorhandene Mängel oder sie übertrafen die Natur. Das Haar galt beispielsweise dann als schöner, wenn es blond, üppig, gewellt und lang war. Deshalb verbrachten die italienischen Frauen Stunden damit, ihr Haar in der Sonne zu bleichen (ihren schneeweißen Teint schützten sie mit einem sogenannten *solana*, einem breitkrempigen Sonnenhut ohne Kopfteil), es mit Zitronen, Rhabarbersaft oder anderen komplizierten Mixturen aus Schwefel oder Safran zu waschen. Bekannt als die *arte biondeggiante* (Kunst des Bleichens), war diese Mode so verbreitet, daß Zeitgenossen oft ausriefen: »Auf der gesamten Halbinsel findet sich keine Brunette.«[36] Und sogar in nördlichen Breiten, in denen blondes Haar von Natur aus häufiger vorkam, konnten rabenschwarze Locken als peinliches gesellschaftliches Handicap gelten: Godelive de Bruges wurde nachgesagt, daß ihr schwarzes Haar sie so beschämte, daß die Resignation und Buße, mit der sie diesen Mangel ertrug, ihr erster Schritt auf dem Weg zur Heiligkeit war.[37] Nach dem Bleichen wurde der Haaransatz ausgezupft oder mit einer Enthaarungscreme behandelt, um die hohe gewölbte Stirn zu schaffen, die bis ins 16. Jahrhundert als modisch galt. Die Augenbrauen wurden ebenfalls ausgezupft, zuweilen vollkommen und teilweise nur so weit, daß zwei dünne weiträumige Bögen übrigblieben, die dann schwarz gefärbt wurden, um mit den Haaren zu kontrastieren und einen Rahmen für die Augen zu bilden. Augenwimpern galten als unästhetisch und blieben, falls sie nicht ganz ausgezupft wurden, ungeschminkt, wie auf zahlreichen Frauenbildnissen der Renaissance von den Niederlanden bis nach Italien zu sehen ist (Maskara kam erst im 18. Jahrhundert in Gebrauch).

Gesicht, Hals, Brüste und Hände sollten milchig weiß sein, belebt durch rosige Farben an strategisch wichtigen Stellen. Weiß wurde mit Reinheit, Keuschheit und Weiblichkeit assoziiert. Es ist die Farbe des weiblichen Himmelskörpers, des Mondes (*la luna*), im Vergleich zu den grelleren Farben der männlichen Sonne (*il sole*). Der weiße Teint gehörte im Gegensatz zu der sonnengebräunten Haut der Bauern ebenfalls zu den Privilegien der feinen Stadtbewohner. Darüber hinaus wurden die Männer auf den Bildern der Renaissance mit einem dunkleren, kraftvolleren Teint dargestellt. Im Gegensatz zu den Frauen, die im Haus eingeschlossen waren, führte das Leben die Männer häufiger nach draußen. Weiß war zarter, femininer, schöner. Dunkel galt als robuster, maskuliner, düsterer. Deshalb erschöpften sich Bücher mit Kosmetikrezepten nicht nur in »Geheimnissen«, wie das Haar der Frauen blond zu färben sei, sondern sie enthielten auch Informationen für Männer, wie sie ihren Bart schwarz färben konnten. Der von den Frauen so geschätzte Elfenbeinteint war allerdings nicht einheitlich weiß. Ein Hauch von Rouge auf Wangen, Ohren, Brustwarzen (wenn entblößt) und Fingerspitzen vermittelte den Eindruck von Gesundheit und zog die Blicke an. Manchmal wurden die so künstlerisch aufgetragenen Farbschichten jedoch zu einer echten Maske, die die Frauen vom Lächeln oder Sprechen abhielt. Castiglione, Aretino und Piccolomini kritisierten gleichermaßen die Starrheit, die Kosmetika den Frauen auferlegten, die »Holzstatuen« zu sein schienen und ihren Kopf nicht wenden konnten, ohne dabei den ganzen Körper zu drehen.[38]

Das Ende der Künstlichkeit

Zusätzlich zur Rolle, die Kosmetika bei der von Frauen empfundenen gesellschaftlichen und moralischen Verpflichtung gut auszusehen spielten, entwickelte sich Schminke zum Kennzeichen gesellschaftlicher Stellung. Farbe war die »Kleidung« sichtbarer Körperpartien. Genau wie edle Stoffe, feines Leinen und teurer Schmuck den Reichtum und die Stellung ihrer Besitzerin enthüllten, so wurde Schminke zu einem bezeichnenden Merkmal. Kosmetika waren grundlegende Accessoires, ohne die sich eine elegante Frau nackt fühlte. Im 18. Jahrhundert gab die kunstvolle Kreation einer modischen Erscheinung den Impuls zu einem neuen gesellschaftlichen Ereignis: der »Toilette«, einer halb privaten Angelegenheit, bei der eine Frau kokett wenigen privilegierten Bewunderern flüchtige Einblicke in ihre unzähligen Reize gewährte, während sie ihrem Friseur, ihrem Schneider und ihren Dienerinnen erlaubte, sich an ihr zu schaffen zu machen. Künstlichkeit, Phantasie und die bewußte Entwicklung einer verführerischen öffentlichen Persönlichkeit gehörten ebenso zu den Zielen der Toilette wie die tatsächliche Vollkommenheit der eigenen Erscheinung. Eine Zeremonie, die gleichermaßen von der »Morgentoilette der Précieuses« und der »Morgenaufwartung des Königs« inspiriert war, machte aus jeder Frau eine Königin.

Solche Künstlichkeit konnte nicht ewig dauern. Nach drei Jahrhunderten unentwegter Kritik durch Kirchenmänner, Moralisten und Ärzte wich die dicke Schminke der Frühen Neuzeit schließlich – vor dem Aufstieg des kritischen Bürgertums (das die Tarnung mittels Kosmetik mit der Unehrlichkeit, die es dem Adel unterstellte, gleichsetzte) –, einer elitären Sehnsucht nach bukolischer Einfachheit und – was vielleicht am allerwichtigsten ist – der Entdeckung des Impfstoffes gegen die Pocken, deren Narben nicht wenige Teints entstellten. Zum ersten Mal seit dem späten Mittelalter war natürliches Aussehen wieder in Mode. Nicht länger mit puritanischer Strenge oder heiliger Demut assoziiert, wurde die mit Wasser und Seife erzielte Frische unter Ludwig XVI. als Gipfel weiblicher Schönheit erachtet. Das 18. Jahrhundert rang mit einer neuen weiblichen Ästhetik, einer vor-romantischen Idealisierung schlichter Anmut, die sich in großen Augen, blassem Antlitz und einer schlanken, phlegmatischen Gestalt äußerte. All dies sollte die Feinheit von Empfindungen und Gefühlen vermitteln, die für das frühe 19. Jahrhundert und die romantische Vorstellung von Weiblichkeit den Ton angaben.[39]

SEXUALITÄT

Wurden frühe neuzeitliche Hygiene- und Kosmetikpraktiken durch eine Vielzahl von Überzeugungen und Sorgen geleitet, die vom gesteigerten Interesse an Gesundheit bis hin zur Einhaltung gesellschaftlicher Normen bezüglich der äußeren Erscheinung reichten, bestand das vielleicht grundlegendste Motiv dieser Praktiken wohl darin, dem Eros zu dienen. Im Europa des 17. Jahrhunderts existierten die wenigen verbleibenden öffentlichen Bäder aus zweierlei Gründen: Derjenige, der nicht aus gesundheitlichen Gründen badete, bereitete sich höchstwahrscheinlich auf ein Liebesabenteuer vor. In ähnlicher Weise wurden weibliche Kosmetika allgemein wegen ihrer unheimlichen Verführungskräfte verurteilt, die Moralisten und Theologen zufolge Männer mittels süßer Wirren der Lust in ihr Verderben stürzten. Stets gegenwärtig und zunehmend kontrolliert wurde Sexualität zum Schreckgespenst, sowohl der weltlichen als auch der geistlichen Obrigkeit. Sex, lediglich im Kontext der Ehe und dann nur als Mittel der Fortpflanzung geduldet, war einer Welle ständiger Überwachung und Unterdrückung unterworfen, mit dem ausdrücklichen Ziel, den Sittenkodex der städtischen und ländlichen Bevölkerung gemäß der durch Kirche und Staat festgelegten Richtlinien zu formen.

Die Renaissance der Prüderie

Während bereits im Mittelalter eine sexuelle Ethik formuliert wurde, die sich auf Sinnenfeindlichkeit und die Pflicht der Fortpflanzung gründete[40], begann erst im 16. Jahrhundert eine umfassende Kampagne gegen alle Formen der Nacktheit und der außerehelichen Sexualität. Zwischen 1500 und 1700 führten neue Einstellungen zum Körper und neue gesellschaftliche Konventionen zu einer extremen Aufwertung von Sittsamkeit in allen Bereichen des täglichen Lebens. Bordelle wurden geschlossen, Badende wurden gezwungen, ihre Hemden anzubehalten, und das Nachthemd ersetzte das Evakostüm als altbewährtes Schlafgewand. Die untere Partie des Körpers wurde eine Welt für sich, verbotenes Territorium, das sich die Précieuses des 17. Jahrhunderts zu benennen weigerten. Unter dem doppelten Einfluß der protestantischen Reformation und der katholischen Gegenreformation gaben Künstler ihren schwer erkämpften Sieg für die Darstellung des menschlichen Körpers auf, und eine Vielzahl zufällig drapierter Stoffe, Blätter und Sträucher wurde eingesetzt, um die Blöße zu verhüllen.[41] Nacktheit galt als vulgär, als etwas, das nur übermütige Lehrlinge der Öffentlichkeit zumuteten, die sich an heißen Sommertagen im Fluß tummelten, und selbst dann konnte dies unangenehme Folgen haben, wie das Beispiel acht junger Männer aus Frankfurt beweist, die deswegen im Jahre 1541 zu einem Monat Gefängnis bei Wasser und Brot verurteilt wurden.[42] Im 17. und 18. Jahrhundert fielen vornehme Pariser Damen beim Anblick nackter Männerkörper an den Ufern der Seine in Ohnmacht. Ihre eigenen gelegentlichen Bäder wurden mit Milch oder einer Handvoll Kleie getrübt, um die Nackten vor den Augen ihrer Diener zu schützen. Sittsamkeit wurde zum Symbol sozialer und moralischer Überlegenheit, die den mittleren Schichten besonders teuer war, da sie sowohl das ungepflegte Äußere der Unterschichten als auch die zügellose Nachlässigkeit der Aristokratie verurteilten.

Die ersten Opfer der Welle gesellschaftlicher Sittenlehre waren Frauen. Von frauenfeindlichen Theologen und sexuell frustrierten Geistlichen als Töchter Evas verschrien, wurden Frauen als heimtückische Verführerinnen dargestellt, deren oberstes Lebensziel darin bestand, ahnungslose Männer zu verführen und dem Satan auszuliefern.[43] Die Medizin bekräftigte dieses Bild gieriger weiblicher Sexualität, indem sie erotische Erfüllung zur biologischen Notwendigkeit für Frauen erklärte. Ihre »hungrigen« Gebärmütter lechzten nicht nur danach gefüllt zu werden, sondern schreckliche Gebrechen würden all jene befallen, die das »natürliche« Gebot der Fortpflanzung nicht beachteten. Hysterie, eine Krankheit, deren Ursprung im Uterus gesucht wurde, wurde für Wahnvorstellungen teuflischer Besessenheit und andere Formen von Geisteskrankheiten verantwortlich gemacht.[44] Ein weiterer Faktor, der die Gleichsetzung von Frauen mit Sex und Sünde verstärkte, war der Ausbruch und die schnelle Verbreitung der Syphilis im späten 15. Jahrhundert. Obwohl die schlimmsten Epidemiewellen in den 50er Jahren des 16. Jahrhunderts abflauten, hielt sich die Krankheit und brannte sich unauslöschlich in die zeitgenössische Vorstellung ein als irdische Bestrafung für die Sünden der Lust, insbesondere für regelmäßige Besuche von Häusern mit schlechtem Ruf.

Städtische bzw. von der Stadt genehmigte Bordelle waren im spätmittelalterlichen Europa verbreitet. Gefördert und geschützt, um den Bedürfnissen der wachsenden Zahl sexuell reifer Jugendlicher, ungebundener Lehrlinge und Männer, die immer später heirateten, entgegenzukommen, wurde Prostitution jedoch auch gestützt, um die männliche Homosexualität zu bekämpfen, die als eines der größten gesellschaftlichen Übel jener Zeit und als Auslöser der verschiedensten Manifestationen göttlichen Zorns wie Pest, Hunger und Krieg galt.[45] Im 16. Jahrhundert allerdings wandten sich dieselben Städte, die die Prostitution unterstützt hatten, gegen eben jene Häuser, die noch ein Jahrzehnt zuvor eine wichtige gesellschaftliche Aufgabe erfüllt hatten. Beschuldigt, Lüsternheit und Krankheit zu verbreiten, Schlägereien und andere Formen bürgerlicher Unruhe zu schüren, junge Männer vom rechten Weg abzubringen, den Ehebruch zu erleichtern und das Familienvermögen zu verschleudern, wurden Prostituierte – gemeinsam mit Landstreichern und Hexen – zu Angehörigen der »kriminellen« Bevölkerung gemacht und der Ächtung durch die weibliche und religiöse Obrigkeit anheimgegeben.[46]

Die Konsolidierung der legislativen Autorität und Gewalt, die die Renaissance prägte, befaßte sich nicht nur mit strafrechtlichen, sondern auch mit moralischen Vergehen. Ebenso wie der Körper den Theologen zufolge als für die Sünde empfänglich erachtet wurde, war er nach Auffassung der weltlichen Richter auch anfällig für »Verbrechen«. Für neu definierte Vergehen wurden neue Strafen eingeführt, und alte Verbrechen, falls sie sich gegen neue »Feinde« richteten, wurden in leichtere Missetaten umgewandelt. Ferdinand I. von Österreich gab daher eine Reihe von Edikten gegen moralische Vergehen heraus, die in der Schaffung einer »Keuschheitskommission« gipfelte, während in Frankreich nur fünf Jahre zuvor die Vergewaltigung einer Prostituierten zu einem so unbedeutenden Verbrechen erklärt wurde, daß es straffrei blieb. Zur selben Zeit mobilisierten katholische und protestantische Pfarrer und Priester die öffentliche Meinung gegen die »Damen der Nacht«: Lutherische

Prediger waren für die Schließung der Bordelle in Ulm im Jahre 1537, in Regensburg im Jahre 1553 und in Nürnberg im Jahre 1562 verantwortlich. Zunehmend führten sexuelle Vergehen zu Verhaftungen und zu Verfahren vor weltlichen Gerichten. Im Jahre 1562 bezogen sich nicht weniger als 20% der Straffälle in Genf auf außereheliche sexuelle Beziehungen.[47] Im 17. und frühen 18. Jahrhundert wurde die öffentliche Moral mit unverminderter Leidenschaft überwacht. In Arras verhandelte der städtische Gerichtshof in den Jahren zwischen 1694 und 1717 232 Fälle, von denen nicht weniger als 100 sexuelle Vergehen betrafen: 92 bezogen sich auf Prostitution, drei hatten Vergewaltigung zum Gegenstand, vier befaßten sich mit den Problemen des Konkubinats und einer mit Polygamie.[48] Bis zur Mitte des 18. Jahrhunderts wachten Kirche und Staat eifersüchtig über ihre Rechte bezüglich des Körpers und seiner Sexualität, indem sie Erotik zugunsten einer ehelichen und fortpflanzungsbezogenen Vorstellung sexueller Beziehungen verurteilten, in denen Sinnlichkeit als notwendiges Übel zur Erreichung des eigentlichen Ziels galt.

Von der Obrigkeit gebilligte Sexualität

In den Augen der kirchlichen und weltlichen Obrigkeit existierten zwei Grundtypen des Sexualverhaltens – eine akzeptable und eine verwerfliche. Erstere war ehelich und diente der Fortpflanzung. Die zweite war von Leidenschaft und sinnlichem Vergnügen geleitet, ihr Ergebnis mißgebildet und illegitim, ihre Folge die Sterilität. Galt sinnliche Leidenschaft außerhalb der Ehe als sträflich, war sie innerhalb der Ehe um so tadelnswerter, da sie nicht nur die kontrollierte und vertragliche Vorstellung ehelicher Zuneigung und die Gesundheit des Nachwuchses – empfangen in der Hitze eines Liebesexzesses – gefährdete, sondern auch die Fähigkeit der Eheleute, Gott zu lieben. Denn sie waren doch mehr von irdischer als von geistlicher Liebe durchdrungen.

Brautwerbung und vorehelicher Geschlechtsverkehr

Trotz maßgeblicher Vorschriften von Theologen, Ärzten und Staatsbeamten warteten junge Leute nicht immer auf die Ehe, um erotische Erfahrungen zu machen. Das stetig steigende Heiratsalter von Männern und Frauen in der Neuzeit (im Durchschnitt zwischen 25 und 28 Jahren) hatte zur Folge, daß sie häufig bereits ein volles Jahrzehnt lang geschlechtsreif waren, bevor es ihnen offiziell gestattet war, sexuelle Erfahrungen zu sammeln.[49] Es gibt unterschiedliche Auffassungen über das Ausmaß sexueller Aktivitäten in jener Zeit. Wurde Europa von einer

Welle der Keuschheit ergriffen oder fanden erotische Bedürfnisse anderweitig Befriedigung? Zwei wichtige Änderungen zum Ende des Mittelalters – die Schließung der meisten Bordelle und das Rekordtief in der Geburtenrate unehelicher Kinder bis in die Mitte des 18. Jahrhunderts – haben einige Historiker als eine massive Verinnerlichung der sittlichen Belange mit dem Ergebnis sexueller Enthaltsamkeit interpretiert.[50] Andere wiederum machen Änderungen im Sexualverhalten, die von Selbstbefriedigung bis zur Verbreitung elementarer Empfängnisverhütung reichten, verantwortlich.[51] Unter gewissen regulierten Umständen konnten sich Männer und Frauen der unteren Schichten jedoch nicht nur ein bestimmtes Maß an sexuellem Experimentieren gönnen, sondern auch potentielle Ehepartner »ausprobieren«, ohne dafür mit einem moralischen Stigma behaftet zu werden.

Die unter der Bezeichnung *bundling* in England, und *maraîchinage*, *albergement* oder *creantailles* in Frankreich bekannten unterschiedlichen Formen (elterlich genehmigten) vorehelichen Flirtens, sexuellen Experimentierens oder sogar eheähnlichen Zusammenlebens sind in ganz Europa belegt. *Bundling* bedeutete im allgemeinen, nachts um ein Mädchen zu werben, halbnackt im Bett in einem dunklen Raum. Obwohl *bundling* zwei junge Menschen einbezog, die die Nacht im Gespräch und mit Liebkosungen verbrachten, zog es selten eine Schwangerschaft nach sich. In der französischen Vendée war *maraîchinage* eine Veranstaltung, bei dem sich mehrere Liebespaare in demselben Zimmer oder sogar im selben Bett aufhielten, so daß jeder, der in Ekstase zu geraten drohte, gebremst werden konnte. Im Savoyen mußte der junge Mann schwören, die Jungfräulichkeit des Mädchens zu achten, bevor er bei ihr übernachtete. In Schottland wurden die Oberschenkel des Mädchens symbolisch zusammengebunden.[52] *Bundling* führte zu Ehen, die sich auf Zuneigung und körperliche Anziehung gründeten. Beiden Seiten wurde damit nicht nur Gelegenheit geboten, Gedanken und Charakter des anderen zu erkunden, sondern in den Jahren bis zur Hochzeit auch sexuelle Befriedigung zu erlangen, ohne das Risiko einer ungewollten Schwangerschaft oder einer unglücklichen Ehe eingehen zu müssen. Im späten 17. und im 18. Jahrhundert nahmen voreheliche sexuelle Praktiken sogar zu, was auf die erhöhte wirtschaftliche Unabhängigkeit junger Leute und auf das zunehmende Bedürfnis nach Zuneigung als Grundlage einer Ehe zurückgeführt werden kann. Da es leichter wurde, seinen Lebensunterhalt früh zu verdienen und jung zu heiraten, nahm die elterliche Kontrolle ab, waren die Mädchen weniger auf ihre Jungfräulichkeit bedacht und wurde die Verbreitung gelockerter Sitten von einer größeren Zahl vorehelicher Schwangerschaften begleitet.[53]

In einer Gesellschaft ohne wirksame Geburtenkontrolle war der verläßlichste Indikator für vorehelichen Geschlechtsverkehr die Zahl der

Kinder, die in weniger als 8,5 Monaten nach der Hochzeit geboren wurden. Da die Möglichkeit einer Empfängnis nach einmaligem Geschlechtsverkehr eines gesunden Paares sich um 2% bis 8% bewegt, war eine Schwangerschaft, die zur Ehe führte, wahrscheinlich das Ergebnis von wochen- oder monatelangem ungeschütztem Verkehr. Allerdings zogen nicht alle unehelichen Schwangerschaften eine Heirat mit dem Vater des Kindes nach sich. Einige verlobte Paare nahmen die eheliche Bindung durch ein eheähnliches Zusammenleben vorweg und andere, deren Bund von den Eltern verhindert wurde, bedienten sich häufig einer Schwangerschaft, um die elterliche Zustimmung zu erlangen. Mädchen niedrigerer Schichten, die von reichen Männern als Geliebte gehalten wurden, oder von ihren Herren verführte Dienstmädchen wurden häufig mit einem armen Mann verheiratet, der sich glücklich schätzte, die für diesen Zweck gezahlte Mitgift einzustreichen. Was auch immer die Ursache jener Schwangerschaften gewesen sein mag, so verzeichnen englische Taufregister voreheliche Empfängnisraten, die in den Jahren 1550–1749 bei 20% lagen und sich in der zweiten Hälfte des 18. Jahrhunderts auf 40% verdoppelten.[54]

Weder die protestantische noch die katholische Obrigkeit betrachtete solch übles Treiben mit Nachsicht. Seit dem 16. Jahrhundert und insbesondere nach dem Konzil von Trient (1563) begann die katholische Kirche ihren systematischen Kampf gegen alle Formen vorehelicher sexueller Beziehungen. Bischöfliche Verordnungen belegen das Fortschreiten dieses Kampfes in Frankreich. In den pyrenäischen Diözesen Bayonne und Alet war beispielsweise Geschlechtsverkehr während der Verlobungszeit bis ins Jahr 1640 üblich, als er plötzlich Anlaß zur Exkommunikation wurde. In der Champagne wurden Treffen zwischen Jungen und Mädchen in den *escraignes* (Spinnstuben) von 1680 an mit derselben Strafe belegt. Dagegen hatten junge Leute in Savoyen ihr Recht auf *albergement* bereits 1609 verloren. Noch bis ins Jahr 1772 ging in der protestantischen Grafschaft Mömpelgard die weltliche Obrigkeit, der Herzog von Württemberg, ähnlich gegen das Nachtfreien vor.[55]

Trotz zahlreicher und wiederholter Versuche, vorehelichen Geschlechtsverkehr und eheähnliches Zusammenleben zu unterbinden, widerstanden die ländlichen Gebiete lange Zeit dem Modell der Ehe, das vorschrieb, daß Ehen von den Eltern arrangiert werden sollten. Daher konnten im 19. Jahrhundert Anthropologen in Frankreich eifrig Beweise ähnlicher Rituale der Brautwerbung sammeln, von denen einige bis ins frühe 20. Jahrhundert fortdauerten.[56] Dagegen setzte sich in den Städten, wo Reichtum gemeinhin schwerer wog, der elterliche Einfluß bei der Wahl des Ehepartners durch. Das Europa des 16. und 17. Jahrhunderts erlebte eine Zunahme von Erlassen gegen die Ehe ohne elterliche Zustimmung, was junge Leute zunehmend der Möglichkeit beraubte, sich ihren Gefährten/ihre Gefährtin selbst zu wählen; sogar dann, wenn sie sich bereits ein Versprechen gegeben, Ringe getauscht oder gar eine sexuelle Beziehung hatten. In den Städten, in denen Heiratsstrategien eine Schlüsselrolle bei den sozialen, wirtschaftlichen und politischen Bestrebungen der mittleren Gesellschaftsschichten spielten, erwies sich das paternalistische Modell der Ehe als besonders effizient. Es blieb bis ins 18. Jahrhundert unangefochten, als die »Anglomanie« die Tendenzen zu einer neuen sentimentalen Vorstellung ehelicher Zuneigung in den Oberschichten verstärkte. Das aristokratische England war dem übrigen Europa einen Schritt in der Entwicklung einer neuen Familienideologie voraus. In diesem neuen Konzept der Familie traten engere, zärtlichere und gleichberechtigtere Beziehungen zwischen Mann und Frau, Eltern und Kindern an die Stelle der alten patriarchalischen Hierarchie, die seit dem späten Mittelalter bestimmend gewesen war.[57] Gleichwohl kritisierten jene, die entschieden für die Berücksichtigung gegenseitiger Zuneigung bei der Wahl des Ehepartners eintraten, gleichermaßen die beiden anderen Beweggründe für eine Ehe – zum einen den Wunsch nach finanziellem Gewinn, der als Wurzel vieler ehelicher Miseren galt, und zum anderen die sexuelle oder romantische Leidenschaft, die unrealistische Erwartungen ehelichen Glücks schuf.

Eheliche Beziehungen: Fortpflanzung versus Lust

Eine Reihe von Besonderheiten charakterisieren das Sexualverhalten im Europa der Frühen Neuzeit. An erster Stelle die durchschnittliche Zeitspanne von zehn oder mehr Jahren zwischen Pubertät und Ehe. Diese Kluft, die in den unteren Gesellschaftsschichten im Vergleich zu den Bessergestellten breiter war, weitete sich während des 17. und 18. Jahrhunderts noch aus. Darüber hinaus blieb eine beachtliche Zahl von Menschen ledig. Sie betrug etwa 10% bei den Bauern und der ärmeren Stadtbevölkerung und 25% bei den Oberschichten. Eine zweite Besonderheit ergibt sich aus einer Überlagerung der biologischen Konstante des Sexualtriebs durch das Konzept romantischer Liebe. Die Vorstellung von romantischer Liebe, die im Konzept der Troubadour-Literatur des 12. Jahrhunderts nur außerhalb der Ehe möglich war, wurde durch den Buchdruck und die im 16. und 17. Jahrhundert steigende Lese- und Schreibfähigkeit verbreitet. Sie inspirierte Gedichte, Theaterstücke und Romane, bis sie sich schließlich in der Mitte des 18. Jahrhunderts ihren Weg in das tägliche Leben bahnte. Das dritte und letzte Merkmal ist der Primat der christlichen Lehre bei der Legitimation und Ausübung des Geschlechtstriebs. Argwohn und Feindseligkeit in der Einstellung zur Sexualität blieben vorherrschend, obgleich dies bereits durch protestantische und humanistische Bemühungen, das mittelalterliche Ideal der Jungfräulichkeit durch den heiligen Stand der Ehe zu ersetzen, abgemildert wurde.[58] Medizinische Literatur, biologische Abhandlungen und Sittentraktate stimmten überein in ihrer Unterstützung einer fortpflanzungsorientierten Vorstellung sexueller Aktivität, bei der die Lust allein im Interesse der Fortpflanzung erlaubt war.

Die kirchliche Obrigkeit betrachtete jeden außerehelichen Geschlechtsakt ebenso als Todsünde wie jeglichen ehelichen Beischlaf, der nicht der Fortpflanzung diente. Der heilige Hieronymus erklärte den Ehemann, der seine Frau zu leidenschaftlich umarmte, zum »Ehebrecher«, weil er sie nur um seines Vergnügens willen liebte, so wie er eine Mätresse lieben würde. Bekräftigt durch Thomas von Aquin und endlos wiederholt von den Verfassern der Beichtbücher im 16. und 17. Jahrhundert, verurteilte die Brandmarkung der Leidenschaft in der Ehe die verliebte Gattin ebenso wie den triebhaften Gemahl. Sogar die Stellungen, die das Paar wählte, unterlagen einer strengen Kontrolle. Der Koitus a tergo (nicht zu verwechseln mit dem Analverkehr) wurde als wider die menschliche Natur erklärt, weil er die Paarung von Tieren nachahmte. *Mulier super virum* (die Stellung, bei der die Frau auf dem Mann liegt) galt als gleichermaßen »unnatürlich«, weil sie Frauen in eine aktive und überlegene Position versetzte, was ihrer passiven und untergeordneten gesellschaftlichen Rolle zuwiderlief. Jegliche erotische Akrobatik, die von der Konvention – die Frau auf dem Rücken liegend, der Mann auf ihr – abwich, galt als suspekt, da sie dem Vergnügen auf Kosten der Fortpflanzung den Vorrang gab. Die einzige Stellung, die das Säen des männlichen Samens begünstigte, war die, die symbolisch mit dem Pflügen der Erde durch den Bauer assoziiert wurde.[59]

Medizinische Schriften unterstützten theologische Vorschriften über die optimalen Bedingungen zur Zeugung des Nachwuchses hinsichtlich der Zügelung der Leidenschaft und der günstigsten Stellung. Jegliche Abweichung von der Norm konnte diesen Vorschriften zufolge zu mißgebildeten oder sonstwie unzulänglichen Nachkommen führen. Sowohl die katholische als auch die protestantische Obrigkeit bestimmte eine Anzahl von Tagen, an denen dem Geschlechtsverkehr entsagt werden sollte. Für die Gläubigen waren alle Fastentage keusche Tage, ebenso wie sämtliche kirchlichen Feiertage, so zum Beispiel Sonntage, Weihnachten, Karfreitag und Ostern. Enthaltsamkeit wurde auch während der Fastenzeit empfohlen, obwohl neuzeitliche Theologen von den Gläubigen nicht länger vollkommene Abstinenz erwarteten. Über die 120 bis 140 kirchlichen Feiertage hinaus, an denen vom Beischlaf abgeraten wurde – wenn er nicht sogar ausdrücklich untersagt war –, sollten Ehepaare in den heißen Sommermonaten während der verschiedenen Phasen weiblicher Unpäßlichkeit auf Geschlechtsverkehr verzichten. Das Intimwerden während des Zyklus und der 40 Tage der »Unreinheit«, die der Geburt folgten, galt nicht nur als potentiell gefährlich für den Mann, sondern stand in dem Ruf, während der Schwangerschaft oder während des Stillens die Überlebenschancen des Kindes zu mindern. Die wachsende Sorge um das Wohl der Kleinkinder, deren Sterblichkeitsrate in den ersten beiden Lebensjahren außergewöhnlich hoch lag, veranlaßte viele Ärzte und Geistliche dazu, den Geschlechtsverkehr während der gesamten Stillzeit zu verbieten. Obgleich nicht stets anerkannt wurde, daß schnell aufeinanderfolgende Schwangerschaften die Mutter schwächten, galt die Milch einer schwangeren Frau als schädlich für das noch zu stillende Kind. Das würde nämlich dazu führen, daß es plötzlich entwöhnt und vorzeitig der Nahrung und des Schutzes, den »gesunde« Muttermilch bekanntermaßen bietet, beraubt würde.[60]

Zweifellos hätten viele Frauen, die durch zahlreiche Schwangerschaften und die Erziehung vieler Kinder ausgezehrt waren, gern von dem mittelalterlichen Recht, die »eheliche Pflicht« zu verweigern, Gebrauch gemacht, gerade auch deshalb, weil eheliche Keuschheit als erstrebenswert erachtet wurde, wenn die Familie eine annehmbare Größe erreicht hatte. Die Theologen des 16., 17. und 18. Jahrhunderts gestatteten es jedoch keinem der beiden Partner, die sexuellen Bedürfnisse des anderen zu vernachlässigen. Der eheliche Beischlaf wurde zunehmend als legitimes Mittel zur Befriedigung des natürlichen Geschlechtstriebs anerkannt, nicht mehr nur als bloßes Mittel der Fortpflanzung oder als die Begierde kanalisierende Ersatzhandlung. Eine Verweigerung würde den frustrierten Partner nur in das größere Unheil des Ehebruches oder gar zur »Selbstbefleckung« Masturbation treiben.

Die biblische Überlieferung von Onans Sünde und der darauffolgenden göttlichen Strafe wuchs sich zu einer der größten Zwangsvorstellungen neuzeitlicher Geistlicher und Mediziner aus. Beichthandbücher, wie beispielsweise die *Instructions pour les Confesseurs du Diocèse de Chalon-sur-Saône* (Lyon 1682), erwiesen sich als äußerst einfallsreich, wenn es um das Thema der *mollesse* ging. Sie drängten Priester dazu, ihre Herde – insbesondere junge ledige Männer – eingehenden Befragungen zu unterziehen. Die Fragen sollten jedoch nicht zu detailliert gestellt werden, damit die noch Unschuldigen vor allzu großem Wissen bewahrt wurden. Zusammen mit dem Koitus interruptus, der Homosexualität und der Sodomie gehörte Masturbation zu den vier sexuellen Sünden, die das natürliche Fortpflanzungsgebot zugunsten »perverser« Lust mißachteten. Obwohl diese geheime Praxis zu weit verbreitet war, als daß sie einer exemplarischen Bestrafung wie etwa im Fall des Analverkehrs und der Sodomie bedurften, gab sie doch immer wieder Anlaß zu großen Befürchtungen, da gemeinhin angenommen wurde, daß schlechte Gewohnheiten, derer man sich in der Jugend bediente, noch bis ins Erwachsenenalter nachwirken und das Ehebett beflecken bzw. ganz an die Stelle der Ehe treten könnten.[61] Mit Beginn des 18. Jahrhunderts nahmen Laienpriester den Kampf gegen das auf, was damals als weitverbreitetes gesellschaftliches Leiden galt. Angeregt durch Publikationen wie Bekkers *Onania, or the Henious sin of Self-Pollution, and all its frightful consequences in both sexes considered with Spiritual and Physical Advice to those who have already injur'd themselves by this abominable Practise* (1710) oder Tissots *Onanisme, ou dissertation physique sur les maladies produites par la masturbation* (1760), beteiligten sich Ärzte, Pädagogen und Eltern an einer Kampagne gegen die Selbstbefriedigung, die erst im Laufe des 19. Jahrhunderts ihren Höhepunkt erreichen sollte. Der Verdacht, daß sowohl Masturbation als auch der Koitus interruptus von verheirateten Paaren praktiziert wurde, die sexuelle Lust auch ohne die Last der Fortpflanzung genießen wollten, quälte Moralisten und Theologen im 16. und 17. Jahrhundert am stärksten.

Bei den Historikern, die sich mit Familie und Sexualität befassen, gehen die Meinungen über den Verbreitungsgrad von Onanie und Koitus interruptus in der Frühen Neuzeit auseinander. Einige schreiben den Rückgang vorehelicher Empfängnis und unehelicher Geburten vor Mitte des 18. Jahrhunderts der steigenden Praxis von Masturbation und Koitus interruptus zu, während andere von einer Internalisierung neuer moralischer Werte ausgehen.[62] Wie auch immer vor- und außereheliche Verhaltensmuster waren, so scheint sicher, daß die Angst vor den Risiken einer Geburt und den finanziellen Belastungen durch eine wachsende Kinderschar zahlreiche Ehepaare dazu veranlaßte, ihren ohnehin bescheidenen Handlungsspielraum für sexuelle Befriedigung mittels des Koitus interruptus und der Masturbation noch weiter zu begrenzen. Natürlich verlangt der Koitus interruptus ein erhebliches Maß an Disziplin vom Manne und bereitet der Frau wenig Lust, da sie dabei zwar häufig sexuell erregt aber unbefriedigt gelassen wird. Doch selbst beim Geschlechtsverkehr mit dem Ziel der Fortpflanzung hatte die vorschnelle Ejakulation des Mannes frustrierende Auswirkungen auf die Frau. Rechnet man die Erfahrungen aus jahrelanger Selbstmanipulation dazu und aus lieblosen Verbindungen, die sowohl den Adel als auch das Bürgertum charakterisierten, müssen die Chancen beidseitig befriedigender sexueller Beziehungen im Rahmen der Ehe sehr gering gewesen sein.

Die einzige Form der Masturbation, die von katholischen Beichtvätern und von Ärzten gebilligt wurde, war die weibliche Selbstmanipulation entweder zur Vorbereitung auf den Geschlechtsverkehr (um die Gleitfähigkeit zu erhöhen) oder nachdem der Mann vorschnell ejakuliert und sein Glied zurückgezogen hatte. Der weibliche Orgasmus »öffne« den Mund der Gebärmutter und setze die weiblichen »Samen« frei, die nach Auffassung der Ärzte im 17. Jahrhundert für den Akt der Zeugung genauso wichtig waren wie die des Mannes.[63] Obwohl das Recht der Frauen auf Orgasmus in den Beichtbüchern bis weit ins 18. Jahrhundert hinein debattiert wurde, akzeptierte die Mehrzahl der Theologen für die weibliche Befriedigung die medizinische Theorie Galens: Wozu hätte Gott den Frauen diese Quelle der Lust schaffen sollen, wenn sie ohne jeden Nutzen wäre? Der Haken dieser Logik lag in der Tatsache, daß Frauen passiv und lustlos empfangen konnten, mit der Folge, daß es an ihrem »Samen« mangeln würde. Nie um eine Erklärung verlegen, kam die Medizin den Kirchenvätern entgegen, indem sie den weiblichen »Samen« zum bloßen Gehilfen seiner männlichen Entsprechung erklärte. Würde er zum selben Zeitpunkt wie der des Mannes ausgeschieden, würden schönere Nachkommen gezeugt.[64] Von Beichtbüchern und medizinischen Abhandlungen beeinflußt, wurde die fortpflanzungsorientierte Rechtfertigung weiblicher Lust zum Gemeinplatz in der gängigen Ratgeberliteratur, wie beispielsweise in *Aristoteles Meisterwerk* (London 1690), einer Sammlung von Ratschlägen zur Fortpflanzung, Schwangerschaft und Kindererziehung. Diese Sammlung blieb in unterschiedlichen Formen und in ca. 30 Ausgaben bis weit ins 19. Jahrhundert erhalten. Dadurch, daß sie volkstümliche Auffassungen von Sinnlichkeit mit allgemeineren Grundsätzen medizinischen Wissens und dem zuversichtlichen Naturalismus der Aufklärung verwoben, bezeugen Veröffentlichungen wie die eben genannte eine wachsende Bereitschaft, die christlichen Gebote in bezug auf die eheliche Sexualität zu lockern und sowohl die körperliche Vereinigung als auch die Lust daran als Grundlage einer erfolgreichen Ehe in wachsendem Maße zu akzeptieren.[65]

Wiederheirat und Charivari (Katzenmusik)

Obwohl die Ehe einen lebenslangen Vertrag darstellte, wurde sie vielfach als Verbindung verstanden, die nur so lange währte, bis der Tod sie löste. Nur wenige Paare wurden zusammen alt, und junge Mütter und Väter, die mit einer Schar kleiner Kinder allein gelassen worden waren, verheirateten sich ziemlich schnell wieder. In den ländlichen Gebieten Frankreichs dauerten im 18. Jahrhundert die Hälfte der Ehen weniger als 15 Jahre und mehr als ein Drittel weniger als 10 Jahre.[66] Frauen waren zu jener Zeit die gefährdetste Bevölkerungsgruppe, denn mindestens 10% der weiblichen Sterbefälle in den fruchtbaren Jahren zwischen Hochzeit und Klimakterium waren auf Infektionen nach der Geburt oder andere Komplikationen, die durch die Geburt verursacht wurden, zurückzuführen.

Je jünger die Witwe oder der Witwer war, desto wahrscheinlicher war es, daß sie nochmals heirateten. Die Mehrzahl der Frauen und Männer unter 30 gingen eine zweite Ehe ein. Männer über 40 hatten es leichter, sich wieder zu verheiraten als Frauen. In Meulan in Frankreich beispielsweise heiratete jeder sechste Witwer noch einmal, während nur eine von 15 Witwen einen anderen Mann fand. In Crulai waren die Unterschiede bei Frauen und Männern über 40 sogar noch gravierender: Jeder dritte Mann heiratete noch einmal, während nur eine von 25 Frauen dies bewerkstelligte. Im allgemeinen folgte die Wiederheirat dem Verlust des Ehepartners sehr schnell auf den Fuß, aber auch hier waren die Männer den Frauen voraus. Witwer nahmen sich gewöhnlich innerhalb von 18 Monaten nach dem Tode ihrer Gefährtin eine zweite (dritte oder vierte) Frau, während Witwen bis zu zwei Jahren benötigten, um einen neuen Partner zu finden. Das Kanonische Gesetz erlegte keine spezielle Frist für die Wiederverheiratung auf, obwohl ein Jahr Trauer angemessen erschien. Einzelne Länder dagegen verlangten von den Witwen nach dem Tode ihres Mannes eine zwölfmonatige Enthaltsamkeit, da sie ansonsten alle Vergünstigungen verwirken würden, die sie durch dessen Ableben gewonnen hatten.[67]

Jede vierte oder fünfte Eheschließung im Europa der Frühen Neuzeit war eine Wiederverheiratung. Nach dem Verlust ihrer Gattin heirateten Männer gern Frauen, die jünger waren als ihre verstorbene Frau, deren materieller Besitz und Mitgift das Familienvermögen häufig aufbessern half. Frauen dagegen neigten dazu, die zweite Ehe mit einem älteren Mann oder mit einem Vertreter eines sozial niedrigeren Standes einzugehen. Entgegen allem Anschein ermöglichten einige der zuletzt genannten Verbindungen den Frauen ein gewisses Maß an beruflicher und finanzieller Unabhängigkeit. Handwerkerwitwen, die einen der Lehrlinge ihres Mannes heirateten, konnten somit teilweise die Geschäfte ihres verstorbenen Ehemannes weiterführen.

Trotz eindeutiger materieller und menschlicher Erleichterungen, die eine Wiederverheiratung für eine leidgeprüfte Familie bedeutete, wurden neue Verbindungen von der Kirche oder der lokalen Gemeinde nicht immer gern gesehen. Die Kirche mußte sich vor allem mit den Implikationen einer Wiederverheiratung im Rahmen des Auferstehungskonzepts beschäftigen. Würden Männer, die drei- oder viermal heirateten, als Polygamisten auferstehen? Aus diesem Grunde weigerten sich Geistliche in einigen südfranzösischen Diözesen bis ins frühe 17. Jahrhundert hinein, den üblichen Segen bei einer nochmaligen Heirat auszusprechen. Gleichermaßen hielt die örtliche Jugend ein Charivari ab, um gegen die Wiederverheiratung eines älteren Mannes bzw. einer älteren Frau mit einem jungen, noch unverheirateten Gemeindemitglied zu protestieren.

Diese lautstarken Umzüge, die in ganz Europa unter unterschiedlichen Namen bekannt waren – *mattinata* in Italien, *skimmington ride* oder *rough music* in England und *charivari* in Frankreich –, richteten sich meist gegen Eheschließungen, die in irgendeiner Weise von der Norm abwichen, z. B. durch »schlechtes« Benehmen seitens eines Ehepartners (Witwen machten sich häufig vorehelicher sexueller Beziehungen und Schwangerschaften schuldig), durch die Hochzeit eines schwangeren Mädchens, das als Jungfrau gekleidet war, durch den Verzicht auf einen traditionellen Teil des Hochzeitsrituals (wie beispielsweise den Tanz), durch das das Nichtzahlen einer rituellen Gebühr, in Geld oder in Form von Getränken, durch eine Wiederverheiratung, die von erheblichen Alters- oder Besitzunterschieden zwischen Mann und Frau begleitet war.[68] Der letztgenannte Grund gab gleichzeitig auch am häufigsten Anlaß zu einem Charivari.

Obwohl sich das maßgebliche Anliegen der *skimmington rides* (Katzenmusik) gelegentlich auf die Verurteilung ehebrecherischer Frauen und von Pantoffelhelden ausweitete, richtete sich das Hauptaugenmerk des Charivari jedoch meist auf Eheschließungen, insbesondere auf solche zwischen einem Witwer und einer jungen Frau. Für diese mißtönende musikalische Parodie, mit der die Jugend oder andere dem frischvermählten Paar ein Ständchen brachten, bis sie Geld, Essen oder etwas zu trinken bekamen – ein Beitrag, mit dem sich das Ehepaar sein Recht auf eine ruhige Hochzeitsnacht erkaufte –, gibt es unterschiedliche Interpretationsmuster. Diese Summe, die lange Zeit als eine Art Entschädigung für die gesamte Gruppe der unverheirateten Männer galt, da ein älterer Mann ihnen eine Frau aus der Gruppe ihrer zukünftigen Bräute gestohlen hatte, wurde ferner als eine Art Bezahlung dafür angesehen, daß man seine frühere Gattin unwiderruflich »begraben« hatte. Der Lärm des Charivari, so hieß es, sollte den Geist der Verstorbenen beschwichtigen, um so den Ehemann von jedem Verdacht der Bigamie in diesem und im nachfolgenden Leben zu befreien. Die lärmende Kakophonie dieses beliebten Rituals wurde auch als Ausdruck gesellschaftlicher Unordnung verstanden, die, im Gegensatz zur Musik und zum Tanz gewöhnlicher Hochzeiten, dazu beitrug, eine von der Norm abweichende eheliche Verbindung in die Gemeinschaft einzugliedern, indem die Dissonanzen externalisiert wurden.[69] Die Weigerung, den ausgelassenen Musikern eine Gebühr zu entrichten bzw. das Zahlen einer als unzureichend erachteten Summe konnte zu Anschlägen auf das Haus der Frischvermählten oder sogar zu schweren Körperverletzungen führen. Gerichtsprotokolle sind voll von Berichten über Charivaris, die in offene Schlägereien ausarteten. Im Jahre 1528 weigerte sich ein Witwer in Modena, seinem Bruder und den übrigen *mattinata*-Teilnehmern den üblichen Obolus zu entrichten. Außer sich vor Zorn, sprachen die Zecher beim örtlichen Friedensrichter vor, der ihnen Neutralität während ihres Vergeltungsakts, der in der Zerstörung des Hauses des Bräutigams vom Dach bis zum Keller gipfelte, zusicherte.[70] In Lyon wandte sich Florie Nallo 1668 gegen ein Charivari, das ein Nachbar aus Anlaß ihrer Wiederverheiratung organisiert hatte, und revanchierte sich, indem sie ihn öffentlich einen Gehörnten schimpfte. In der folgenden Nacht organisierte dieser Nachbar ein zweites Charivari, bei dem der Neuvermählte angeschossen und zusammengeschlagen wurde, weil er angeblich die Kompagnons dadurch beleidigt hatte, daß er ihnen nur ein paar Pfennige angeboten hatte, um einen trinken zu gehen.[71]

Das Charivari, das sowohl auf dem Land als auch in der Stadt seit dem 14. Jahrhundert weit verbreitet war, unterlag vom 16. Jahrhundert an zunehmend der Kontrolle weltlicher und kirchlicher Obrigkeiten. Während die städtischen Obrigkeiten alle Formen der Volksjustiz überwachten, sahen die Vertreter der protestantischen wie der katholischen Kirche ihre Billigung einer zweiten Ehe durch diesen Brauch in Frage gestellt. Trotz verschärfter Überwachung überlebte das Charivari bis ins 20. Jahrhundert hinein als eine kollektive und ritualisierte Kontrollinstanz der Ehe. Einerseits stärkte es übliche Verhaltensmodelle, andererseits nahm es notwendige Abweichungen von der gesellschaftlichen Norm zur Kenntnis und akzeptierte sie schließlich.

Unerlaubte Sexualität

Außerhalb der Ehe war keine Sexualität gestattet. Die Schwere sexueller Vergehen wurde im Hinblick auf die Zahl der Verstöße gegen die drei grundlegenden Rechtfertigungsgründe erlaubter körperlicher Beziehungen – die Pflicht zur Fortpflanzung, die Anpassung an Naturgesetze und das sakramentale Konzept der Ehe – kategorisiert. Ein Verstoß »ersten Grades« war der einfache Geschlechtsakt zwischen unverheirateten Personen, die kein Keuschheitsgelübde abgelegt hatten. Je nach Alter und gesellschaftlicher Stellung der beiden Partner konnte das Vergehen mehr oder weniger streng geahndet werden. Die Vergewaltigung einer Jungfrau wog im allgemeinen schwerer als die einer Witwe. Die Androhung von Gewalt oder ein Eheversprechen seitens des Mannes stellten mildernde Umstände zugunsten der Frau dar. Der »zweite Grad« sexueller Sünde war Unzucht. Beim einfachen Ehebruch war lediglich eine verheiratete Person beteiligt, beim doppelten Ehe-bruch dagegen zwei. Inzest wurde ebenso wie die Verführung einer Nonne – einer »Braut« Christi – als Form des Ehebruchs gewertet.

Die dritte und schwerwiegendste Art sexueller Vergehen waren Ver-stöße »wider die Natur«, die die beiden eben erwähnten Formen inso-fern übertrafen, als sie die Fortpflanzung ausschlossen. Die Angst vor Masturbation, Homosexualität und Sodomie sollte Geistliche, weltliche Obrigkeiten und Ärzte die ganze Frühe Neuzeit hindurch verfolgen. Selbstbefriedigung sollte zum Schreckgespenst des 18. und 19. Jahr-hunderts werden, obwohl auch die wechselseitige Stimulierung zur Selbstbefriedigung in der Ehe wegen ihrer Unfruchtbarkeit verurteilt wurde. Der Tatbestand der Sodomie galt als »erfüllt«, wenn er sich auf Analverkehr bzw. oralen Verkehr in Verbindung mit homoerotischen Beziehungen bezog. Dagegen galt er nur als unvollständig erfüllt, wenn er sich auf nicht-vaginale heterosexuelle Beziehungen bezog. Bestialität (Verkehr mit Tieren) dagegen war die unbeschreibliche Sün-de schlechthin. Selbst in weniger prüden Schriften oder Beichtbüchern fand sie lediglich unter ihrer lateinischen Bezeichnung Erwähnung. Sie stellte Männer, die diesem Laster frönten, nicht nur auf eine Stufe mit Tieren, sondern stand auch im Verdacht, hybride Monster hervorzu-bringen.[72]

Verführt und verlassen

Unsere Kenntnisse über außereheliche Beziehungen gründen sich größtenteils auf historische Aufzeichnungen, die die Früchte solcher Verbindungen belegen. Allerdings kann die tatsächliche Geburtenzahl unehelicher Kinder nur schwerlich als Indikator für Häufigkeit und Art unerlaubter sexueller Aktivitäten angesehen werden. Eine uneheliche Schwangerschaft bedeutete gewöhnlich eine unerwünschte Komplizie-rung, und Studien über unerlaubte Beziehungen in einem Zeitalter, das weder wirksame Verhütung noch Antibiotika kannte, zeigen, daß ver-schiedene sexuelle Praktiken dem Koitus vorzuziehen waren. Die Angst vor Geschlechtskrankheiten, Schwangerschaft und sogar emotio-nalen oder rechtlichen Konflikten förderten alternative Praktiken wie Schmusen, Betasten und gegenseitiges Masturbieren. Darüber hinaus barg der einmalige Geschlechtsakt kaum die Gefahr einer nachfolgen-den Schwangerschaft, d. h., daß sogar diejenigen Beziehungen, die sich nicht auf eine Form der Geburtenkontrolle (im allgemeinen Koitus interruptus, das Kondom blieb bis ins 18. Jahrhundert eine Seltenheit) sehr gute Chancen hatten, unentdeckt zu bleiben. Die Hauptinforma-tionsquelle über unerlaubten Beischlaf im Ancien Régime sind die Petitionen an die geistliche und weltliche Obrigkeit von Frauen, die von Männern geschwängert worden waren, die sie entweder nicht heiraten wollten oder konnten. In Frankreich unter dem Namen *déclarations de grossesse* (Schwangerschaftserklärung) bekannt, enthalten diese Dokumente wertvolle Angaben über die Mutter und den angeblichen Vater des Kindes sowie über die Umstände ihrer Beziehung.

Drei verschiedene Muster unrechtmäßiger Beziehungen sind aus den *déclaration de grossesse* erkennbar. Da wird erstens das Verhältnis zwischen Ungleichen beschrieben, bei dem der Mann gewöhnlich der Frau in sozialer und finanzieller Hinsicht überlegen ist. Zuweilen ist der Verführer gleichzeitig Dienstherr seiner Sexualpartnerin, manchmal bietet er ihr auch eine Anstellung, Geld oder Essen im Austausch für ihre Liebesdienste. Insbesondere Frauen der unteren Schichten waren für diese Art der Ausbeutung prädestiniert, nicht nur, weil sie im Vergleich zu Männern – gleich welchen Beruf diese ausübten – weniger verdienten, sondern weil ihre Herren traditionell ein Anrecht auf den Körper der Frauen, die sie beschäftigten, beanspruchten.[73] Dienstbotinnen waren insofern doppelt angreifbar, als sie nicht nur bezüglich ihres Lebensunterhaltes vom Familienoberhaupt abhingen, sondern auch in ständiger Nähe mit einer Reihe von Männern lebten: mit Hausherren, deren Söhne und männlichen Bediensteten. In diesen ungleichen Beziehungen waren Frauen meist unter 25 und gewöhnlich 10 bis 30 Jahre jünger als der Mann, den sie anzeigten. Dies mag darauf hindeuten, daß Frauen, die um Zwanzig waren, naiver und daher leichter zu verführen waren. Es könnte aber auch eine Vorliebe älterer Männer für junge Mädchen belegen. Nicht alle diese Frauen waren jedoch unschuldige Opfer, denn berechnende »Goldgräberinnen« gab es immer und überall; ebensowenig waren alle Verführer herzlose Satyre, sondern gelegentlich auch Liebhaber oder Partner, die in einer langjährigen ehelichen Gemeinschaft lebten und versprachen, für ihr Kind zu sorgen. Solche ungleichen Beziehungen hatten jedoch sehr unterschiedliche Folgen für Männer und Frauen. Während der Alimentationsprozeß Männern ein äußerst geringfügiges Ausmaß gesellschaftlicher Ächtung bescherte, waren die Folgen einer nichtehelichen Beziehung für Frauen katastrophal. Öffentlich bloßgestellt, aus ihrer Stellung entlassen und manchmal sogar in ein Zuchthaus gesteckt, waren sie oftmals gezwungen, ihr Kind auszusetzen oder durch Prostitution ihren Lebensunterhalt zu bestreiten.[74]

Die zweite Art der Beziehung, die in den *déclarations de grossesse* erschien, involvierte sozial gleichgestellte Personen. Die Mehrzahl der Frauen, die in dieser Angelegenheit vor Gericht zogen, unterhielten Beziehungen zu einem Mann von gleichem gesellschaftlichem Status, den sie bezichtigten, ihnen die Ehe versprochen zu haben. Konnten jene Frauen, die ein ungleiches Verhältnis eingegangen waren, kaum auf die Legitimation ihrer Verbindung hoffen, glaubten solche (bzw. gaben jedenfalls vor, es zu glauben), die in einer Beziehung mit sozial Gleichgestellten standen, daß ihre Schwangerschaft eigentlich eine voreheliche sei. Der Vorgang schien folgendermaßen abzulaufen: Eheversprechen (häufig von einem Verlobungsgeschenk begleitet), rituelle Vergewaltigung, sexuelle Beziehungen, die von der Familie der Frau gebilligt wurden, gefolgt von böswilligem Verlassen. Alle Schritte, mit Ausnahme des letzten, waren wahrscheinlich bis ins 18. Jahrhundert hinein typisch für das voreheliche Verhalten der unteren Schichten sowohl in der Stadt als auch auf dem Land. Dies könnte erklären, weshalb die Frauen bei ihrer Version der Beziehung stets auf gemachten Eheversprechen und Geschenken beharrten, wohingegen die Männer ihre Partnerinnen der sexuellen Promiskuität beschuldigten und jegliche ernsten Absichten ihrerseits leugneten.[75]

Die dritte und letzte Form nichtehelicher Beziehungen war die kurzlebige Zufallsbekanntschaft. In solchen Fällen wird die Schwangerschaft entweder einer Vergewaltigung, dem promiskuitiven Verhalten oder der Prostitution der Frau zugeschrieben. Die Vergewaltiger waren meist »unbekannte« Männer, die nur aufgrund ihrer Kleider als Soldaten oder umherziehende Knechte identifiziert wurden und die sich an Bauerntöchter und Dienstmägde, die Botengänge verrichteten, heranmachten. Frauen, die in Wirtshäusern arbeiteten, und Gelegenheitsprostituierte hatten es angesichts ihrer Beziehungen zu verschiedenen Männern schwer, den Vater ihres Kindes festzustellen. Solche kurzlebigen Verhältnisse waren jedoch eher die Ausnahme als die Regel. In Aix-en-Provence stellen sie lediglich 4,7% aller *déclarations de grossesse* dar, im Gegensatz zu 66,5% sozial gleicher und 28,7% sozial ungleicher Paare.[76]

Welcher Art war der Lustgewinn der Frauen bei solchen Beziehungen? Die *déclarations de grossesse* geben kaum Auskunft über ihren Wunsch nach sexueller Befriedigung, selbst unter Berücksichtigung der freiwilligen Zensur und Manipulation von Informationen, die derartige autobiographische Schilderungen ohne Zweifel bestimmen. Anscheinend waren die meisten dieser sexuellen Beziehungen kurz und häufig brutal. Männer bemühten sich offensichtlich wenig darum, auf die Bedürfnisse ihrer Partnerinnen einzugehen, und das Vorspiel wurde so selten praktiziert, daß es quasi unbekannt war. Die Standardbeschreibung – »er warf mich zu Boden, steckte mir ein Taschentuch zwischen die Zähne und schob meine Röcke hoch« – war eine Konstante sowohl ehelicher als auch nichtehelicher Beziehungen. Selbst wenn keine Gewalt angewendet wurde, war deren Androhung jedoch stets gegenwärtig. Tatsache ist, daß sexuelle Beziehungen für die meisten Frauen eher instrumental und manipulativ als zärtlich waren. Sie waren Mittel zum Zweck (Ehe, finanzieller Gewinn oder das nackte Überleben) anstatt ein Zweck an sich zu sein.[77]

Die Unterdrückung des Konkubinats sowie aller Formen des nicht-ehelichen Geschlechtsverkehrs, die das 16. und 17. Jahrhundert charakterisierte, übte einen entscheidenden Einfluß auf die Zahl unehelicher Kinder aus. Der geringe Prozentsatz unehelicher Kinder (bis zur Mitte des 18. Jahrhunderts weniger als 3% aller Geburten) spiegeln sicherlich eine gemeinhin strengere Beachtung des Gebotes vor-ehelicher Keuschheit ebenso wider wie die zunehmende Verbreitung von Verhütungsmaßnahmen, Abtreibung und Kindestötung. Die seit Ende des Mittelalters nachlassende Toleranzbereitschaft gegenüber unehelichen Kindern und dem Konkubinat ließ zum Schutz lediger Frauen, und insbesondere ihrer Kinder, schließlich nur die *déclarations de grossesse* und Alimentationsprozesse übrig. Je größer das gesellschaftliche Stigma, das dem Vergehen anhaftete, desto stärker war die Versuchung, das Beweisstück zu vernichten. Um dem entgegenzutreten, wurden verschärfte Gesetze gegen Kindestötung erlassen und neue Findelhäuser gegründet. Von Frauen wurde in noch stärkerem Maße erwartet, daß sie ihre Schwangerschaft öffentlich eingestanden. Das führte dazu, daß die Mutter eines totgeborenen Kindes – hatte sie vorher ihre Schwangerschaft verschwiegen – solange des Mordes verdächtigt wurde, bis sie das Gegenteil beweisen konnte.[78]

Um das Jahr 1750 stieg die Zahl der nichtehelichen Geburten stark an – eine Entwicklung, die die ländlichen und städtischen Unterschichten in ganz Europa betraf. Vom rechtlichen Standpunkt aus gesehen lag der Grund dafür in der Verschärfung der Gesetzgebung hinsichtlich der Alimentationsprozesse. Galt im 16. Jahrhundert ein Eheversprechen, dem eine sexuelle Beziehung folgte, als bindend und endete die Bekanntgabe einer Schwangerschaft noch im 16. und 17. Jahrhundert in einer erzwungenen Ehe oder der finanziellen Entschädigung von Mutter und Kind, wurde die Last der Beweisführung im 18. Jahrhundert auf die Mutter abgewälzt, mit dem Ergebnis, daß gerichtlich beschlossene Eheschließungen eine Seltenheit wurden.

Wirtschaftlich gesehen lag der Grund für den Anstieg unehelicher Geburten teilweise in der Entwicklung der Heimindustrie, die es jungen Leuten vergleichsweise früh ermöglichte, ihren Lebensunterhalt selbst zu verdienen. So konnten sie sich der elterlichen und gesellschaftlichen Bevormundung entziehen und sich vorehelichen sexuellen Beziehungen in der Gewißheit hingeben, daß einer schnellen Heirat – sollte sich eine Schwangerschaft einstellen – finanziell nichts im Wege stand. Natürlich ließ die steigende Zahl vorehelicher Schwangerschaften auch den Anteil nichtehelich geborener Kinder steigen, da die zunehmende Lockerung der Brautwerbungsrituale mit höheren Risiken für junge Frauen verbunden war. In diesem Falle waren es die' Männer, die sich den Gepflogenheiten entweder aus finanziellen oder aus persönlichen Gründen widersetzten und sich weigerten, die Frau zu heiraten, die sie verführt hatten. Ähnliche Faktoren bewirkten auch in den Städten ein Ansteigen vorehelicher Beziehungen. Männer ohne Aussicht auf Landbesitz und junge Bauerntöchter wanderten in die Städte ab, um dort Arbeit zu suchen. In dieser unverbindlichen Umgebung mangelte es an der starken regulierenden Instanz von Familie und Dorfgemeinschaft sowie der kirchlichen Obrigkeit (deren Macht oft entscheidend mithalf, den mutmaßlichen Vater zur Heirat eines Mädchens zu zwingen). Die relative Unabhängigkeit von der elterlichen Autorität, die Veränderung ihrer wirtschaftlichen Situation sowie sich wandelnde Verhaltensmuster seitens der Frauen veranlaßten diese, sich bereitwilliger dem vorehelichen Beischlaf hinzugeben, was sie zugleich aber auch in höherem Maße der Gefahr aussetzte, verführt zu werden. Der Zuwachs unehelicher Geburten betraf die Städte stärker als das Land. Diese Entwicklung wurde dadurch beschleunigt, daß ledige Schwangere oft aus ihrer Heimatgemeinde vertrieben wurden und ihr Kind in der Anonymität der Stadt zur Welt brachten. Dort stellten sie weder eine finanzielle Belastung für ihre Gemeinde dar, noch brachten sie Schande über ihre Familie.[79]

Werden die unteren Schichten eher von rechtlichen, wirtschaftlichen und gesellschaftlichen Veränderungen geleitet, so beeinflußte der Wandel von Ideen eher die Verhaltensmuster der oberen Schichten. Im 18. Jahrhundert wurden vermehrt Ehen zwischen gleichgestellten Partnern geschlossen, die sich auf gegenseitige Zuneigung und sexuelle Anziehung gründeten. Ehegefährten konnten nicht länger auf Vergebung für kleine erotische Eskapaden mit Dienstmädchen hoffen und beschränkten ihre außereheliche Aktivitäten auf Prostituierte oder Mätressen. Die in der Aufklärung gelockerte öffentliche Moral sowie die steigende Zahl arbeitsloser Frauen, unverheirateter Mütter und der in Armut lebenden Frauen förderten die Ausbreitung der Prostitution. Für jene, die die Folgen der Promiskuität am meisten fürchteten – Folgen, die von öffentlichen Vaterschaftsprozessen über die finanziellen Lasten der Unterstützung unehelicher Kinder bis hin zu Geschlechtskrankheiten und Scheidungsgesuchen reichten – galt als eine der sichersten Alternativen zum ehelichen Sex der Ehebruch mit einer verheirateten Frau, die aller Wahrscheinlichkeit nach nicht nur keine Geschlechtskrankheiten hatte, sondern auch jedes Kind als das ihres Ehemannes ausgeben konnte.

Ehebruch

Die Geschichte des Ehebruchs ist eine Geschichte der Doppelmoral, die die außerehelichen Affären der Männer tolerierte und die der Frauen verurteilte.[80] Eine Erklärung für diese Diskrepanz liegt in dem Wert, der der weiblichen Keuschheit auf dem Heiratsmarkt patriarchaler und begüterter Gesellschaften beigemessen wurde. Bis zur Hochzeitsnacht wurde von einer Frau Jungfräulichkeit gefordert und eheliche Treue für alle Zeit danach, damit sie ihrem Mann rechtmäßige Erben schenken konnte. »Wir hängen einen Dieb dafür, daß er Schafe gestohlen hat«, bemerkte Dr. Johnson, »aber die Unkeuschheit einer Frau beraubt den Eigentümer seiner Schafe, seines Hofes und seines gesamten Besitzes«. Andererseits bemerkte er, »kluge verheiratete Frauen stören sich nicht an der Untreue ihrer Männer«, weil »Klagen eine Frau lächerlicher macht, als die Kränkung, die sie dazu veranlaßte«.[81]

Die Ansicht, daß Unzucht und Ehebruch des Mannes nur läßliche Sünden seien, über die die Frau hinwegsehen sollte, wurde dadurch genährt, daß vor dem 18. Jahrhundert die meisten Ehen der mittleren und oberen Schichten von den Eltern im Interesse familiärer, wirtschaftlicher und politischer Strategien vermittelt wurden. Nicht genug, daß Bräutigam und Braut vor der Ehe kaum Gelegenheit hatten, sich kennenzulernen, auch die emotionale Bindung nach der Hochzeit wurde als hinderlich erachtet, wenn nicht gar anstößig. Der Ehebruch des Mannes mit Dienstmädchen und Frauen unterer Schichten galt als normal, obgleich einige Frauen Einspruch gegen diese Doppelmoral und gegen die durch die Untreue zugefügte Kränkung weiblicher Gefühle erhoben.[82] Im frühen 17. Jahrhundert verlangten jedoch sowohl die Gegenreformation als auch der puritanische Sittenkodex ein größeres Maß an Verschwiegenheit hinsichtlich ehebrecherischer Beziehungen. Konkubinen und Mätressen wurden weder öffentlich zur Schau gestellt, noch wurde für die Kinder aus solchen Beziehungen durch systematische Verfügungen im Testament gesorgt.

Eine zweite Erklärung für die weitverbreitete Doppelmoral liegt darin, daß Frauen als sexuelles Eigentum ihrer Ehegatten angesehen wurden, dessen Wert sank, wenn es von einem anderen als seinem rechtmäßigen Besitzer gebraucht wurde. Vor diesem Hintergrund hing die männliche Ehre zunehmend von der Keuschheit der Ehefrau ab. Der Hahnrei war jemand, dessen Männlichkeit in Frage gestellt wurde, da er nicht nur unfähig schien, sein Eigentum angemessen »zu bewahren« (d. h., seine Frau sexuell zu befriedigen), sondern auch, seinem eigenen Haushalt vorzustehen. In vielen Ländern verzieh man den Mord an der Ehefrau, wenn sie in flagranti mit einem anderen ertappt wurde, und er wurde nur leicht bestraft, wenn er durch ehebrecherisches Verhalten der Ehefrau motiviert war. Dies ist nur zu verständlich, wenn man bedenkt, daß eine untreue Ehefrau der Bewerbung ihres Mannes um öffentliche Ämter und Ehren gewöhnlich als nicht zuträglich erachtet wurde. In ländlichen Gegenden nahm die jeweilige Dorfgemeinde die Angelegenheit selbst in die Hand, indem sie betrogene Ehemänner und ihre widerspenstigen Frauen öffentlichen Bußritualen in Kirchen und rauhen *skimmington rides* aussetzten.[83]

Nur die Aristokratie bildete eine grundsätzliche Ausnahme zu der ansonsten allgemein verbreiteten Doppelmoral. An fürstlichen Höfen wurden attraktive Damen geradezu in das Bett ihres Herrschers gedrängt, um die Karriereabsichten ihrer Ehemänner voranzutreiben. Andere nahmen sich die Freiheit, sich einen Liebhaber zu halten, nachdem sie ihrer ehelichen Pflicht dadurch nachgekommen waren, daß sie ihrem Ehemann einen rechtmäßigen Erben geschenkt hatten. Darüber hinaus ließen sich nur wenige Männer der Oberschicht dazu hinreißen, ihr Leben in einem Duell zu riskieren, um den kompromittierten Ruf ihrer Ehefrau zu rächen. Im England des 18. Jahrhunderts war die unangenehmste Folge einer ehebrecherischen Liaison die hohe Entschädigung, die an die gekränkten Gatten gezahlt werden mußte. Einige von ihnen verdienten sich gar ihren Lebensunterhalt mit den Eskapaden ihrer Frau. Außerdem waren nicht alle Frauen, denen von Aristokraten der Hof gemacht wurde, verheiratet oder adlig. Zum Ende der Frühen Neuzeit stieg das Bildungsniveau der Töchter aus bürgerlichem Hause. Der damit einhergehende Mangel an Berufschancen traf Frauen aus gutem Hause, die aufgrund plötzlich auftretender wirtschaftlicher Ungewißheit und finanzieller Einbußen ihrer Familien verarmt waren. So entstand ein Reservoir attraktiver und kultivierter Mätressen, die ihrem jeweiligen Liebhaber in der Öffentlichkeit zur Ehre gereichen konnten.[84]

Im Italien des 17. und 18. Jahrhunderts bewirkten das Erkennen des affektiven Vakuums in den meisten adligen Ehen und die männliche Überzeugung von der Notwendigkeit einer Scheinüberwachung weiblicher Tugend die Entfaltung einer Art institutionalisierten Ehebruchs, der unter der Bezeichnung *cavalier servente* oder *cicisbeo* bekannt wurde. Ein Land wie Italien war für die Strenge, mit der es über die Keuschheit seiner Bürgerfrauen wachte, gleichermaßen bekannt wie für die Tatsache, daß es Aristokratinnen erlaubte, Männer ihres eigenen Standes, mit denen sie jedoch nicht verheiratet waren, als ständige Begleiter zu haben. Diese Vereinbarung, die es den Frauen der oberen Schicht ermöglichte, in Gesellschaft mit der notwendigen männlichen Begleitung aufzutreten, hatte verschiedene Vorteile. Bestenfalls wurde der *cavalier* (Galan) vom Ehemann selbst ausgesucht, und es war Ehrensache für ihn, die Tugendhaftigkeit seines Schützlings nie zu kompromittieren. In vielen anderen Fällen war der *cicisbeo* jedoch eine Art zweiter Ehemann, der die Gunst seiner Dame mit ihrem rechtmäßigen Gatten teilte.[85]

Für die Mehrzahl der Frauen blieben außereheliche Affären allerdings ein Bereich, in dem der Preis dafür, daß sie ihren Körper und ihre Zuneigung hingaben, viel höher lag als der, der von Männern entrichtet werden mußte. Immer weniger gegen die Folgen von Verführung und Konkubinat geschützt, waren Frauen aufgrund der vorherrschenden Doppelmoral bei Ehebruch generell benachteiligt. Noch 1857 genehmigte das Scheidungsgesetz in England die Scheidung eines Mannes von einer Frau wegen gewöhnlichen Ehebruchs. Eine Frau konnte sich dagegen nur dann gerichtlich von ihrem Gatten trennen, wenn bei dessen Ehebruch noch erschwerende Umstände wie Grausamkeit, Verlassen, Bigamie, Vergewaltigung, Sodomie oder Bestialität hinzukamen.[86]

Der Weg zur Aussöhnung von Liebe, Sexualität und Ehe

Im 16. und 17. Jahrhundert herrschten zwei Klischeevorstellungen über das Sexualverhalten vor. Gemäßigter und häufig liebloser ehelicher Geschlechtsverkehr zielte lediglich auf die Zeugung eines männlichen Nachkommens ab, während nichteheliche Beziehungen einen Tummelplatz für gefühlvolle Liebe und sexuelle Leidenschaft boten. Brautwerbungsrituale der unteren Schichten, die es dem Paar erlaubten, sich noch vor der Verlobung kennenzulernen, ließen gegenseitige Zuneigung, sexuelle Anziehung und Ehe leichter vereinbaren. Die steigende Zahl unehelicher Geburten in dieser gesellschaftlichen Schicht während des 18. Jahrhunderts scheint jedoch ein Auseinanderklaffen von Liebe und Ehe zu suggerieren. Ledige Mütter dieses sozialen Spektrums wurden oft Opfer ihres Strebens nach gegenseitiger Zuneigung.[87] In den mittleren und oberen Schichten herrschte hingegen ein entgegengesetztes Muster vor. Obwohl die Doppelmoral im Hinblick auf voreheliche Keuschheit und eheliche Treue durch die gesamte Frühe Neuzeit hindurch bestimmend blieb, erlebte das 18. Jahrhundert die Entwicklung eines Modells zärtlicher und partnerschaftlicher Beziehungen, das sich auf emotionale Nähe und gegenseitige sexuelle Anziehung gründete. Aus diesem Wandel wie auch aus der größeren Autonomie, die jungen Männern und Frauen bei der Wahl ihres Ehepartners zugestanden wurde, resultierte eine Neudefinition weiblicher und ehelicher Tugenden, die auch solche körperlichen und emotionalen Funktionen mit einschloß, die bis dahin von Mätressen erfüllt worden waren. Auf dem Gebiet der nichtehelichen Sexualität gestattete die Lockerung der

Sitten sowohl ein Ansteigen ehebrecherischer Beziehungen, von Prostitution und Homosexualität als auch die Verbreitung zahlreicher sexueller Hilfsmittel und Unterhaltungen (z. B. Godemiché und Pornographie).[88] Was die Einstellung zur Sinnlichkeit anbetrifft, bestand jedoch der radikalste Wandel in der Aussöhnung von Liebe, Sexualität und Ehe, die zur Grundlage für unsere gegenwärtigen Ehevorstellungen werden sollte.

Aus dem Englischen von Judith Ertz

3

DIE SCHÖNE FRAU

Véronique Nahoum-Grappe

»Die Frauen des dritten Standes werden fast alle ohne Vermögen geboren; ihre Erziehung wird sträflich vernachlässigt: Sie besteht darin, sie zu einem Lehrer in die ›Schule‹ zu schicken, der selbst nichts von der Sprache versteht, die er unterrichtet; dort verbleiben sie so lange, bis sie die Messe auf Französisch und Vespern auf Lateinisch lesen können. Sind die ersten religiösen Pflichten erfüllt, werden sie zur Arbeit angeleitet; im Alter von fünfzehn oder sechzehn Jahren können sie fünf oder sechs Sous am Tag verdienen. Wenn die Natur sie nicht mit Schönheit bedacht hat, heiraten sie ohne Mitgift armselige Handwerker, fristen ihr mühsames Leben in der hintersten Provinz und bringen Kinder zur Welt, die sie nicht aufzuziehen vermögen. Sind sie aber hübsch, ohne Bildung, ohne Prinzipien, bar jeder moralischen Vorstellung, so fallen sie dem erstbesten Verführer zum Opfer, begehen einen ersten Fehltritt, kommen nach Paris, um ihre Scham zu begraben, verlieren sie dort gänzlich und sterben als Opfer ihrer Ausschweifungen.«[1]

Dieses trostlose Bild, das auf die Geschichte mittelloser Frauen aufmerksam macht, vermittelt eine Anfang 1789 an den König gerichtete anonyme »Petition der Frauen des dritten Standes«: Entweder »hat die Natur sie nicht mit Schönheit bedacht« oder »sie sind von Natur aus hübsch«. Im ersten Fall heiraten sie Männer, die ebenso arm sind wie sie, fristen ihr Leben weitab vom städtischen Treiben und erleiden das Schicksal wiederholter Schwangerschaften, ohne die Mittel zu haben, den daraus resultierenden Aufgaben gerecht zu werden. Hat die Frau weder Mitgift noch Schönheit, so ist ihr Schicksal hoffnungslos, trotz Heirat, Kinder und der Arbeit des Ehemannes.

Noch schlimmer war es, keine Mitgift zu haben, aber schön zu sein: Die Schönheit betonte noch ihren Mangel, nämlich den an »Bildung«, »Prinzipien« und »Moral«, welche das junge Mädchen vor den Folgen seines hübschen Aussehens beschützen könnten. »Von einer häßlichen Frau will man nichts«, heißt es in einem Text aus dem 16. Jahrhundert.[2] Die Häßlichkeit einer armen Frau erlaubt eine gleichgültige Betrachtung und macht die Frage nach ihrer Tugend überflüssig, sie löscht ihre sexuelle Identität aus und verhindert ihre Teilnahme am städtischen Leben. Schönheit hingegen ließ die sexuelle Identität einer Frau sichtbar werden, durch die sie zugleich bedroht wurde, und sie verrät ein doppeltes Defizit: sowohl das fehlende Vermögen als auch die mangelnde Erziehung, die es ihr ermöglicht hätten, auf ihre Tugend und den Schutz ihrer Umgebung zu bauen. Die auffällige Schönheit eines armen Mädchens machte es zur leichten Beute: Sobald es in die Öffentlichkeit trat, wurde es von den gierigen Blicken skrupelloser Verführer verschlungen. Der weitere Verlauf war vorhersehbar: ein erster Fehltritt, die anschließende Scham, dann die Flucht in die Anonymität der Städte – Orte maßloser »Ausschweifungen«, wo später die Scham mit dem Körper zu Grabe getragen würde.

Schönheit war verhängnisvoll: »Schöne Männer enden am Galgen, schöne Frauen im Bordell«, lautet ein von Brantôme zitiertes Sprichwort. Verhängnisvoll war sie vor allem für jene Frauen, die kein Vermögen besaßen, aber nicht nur für sie. Man denke nur an die den Frauen gewidmeten Werke der Bibliothèque Bleue, in denen zu lesen war, daß weibliche Schönheit geradewegs ins Verderben und in die Verdammnis führe.[3]

Die obige Petition wirft damit folgende Fragen auf. Zum einen: Was wurde unter »Schönheit« verstanden, und wie wirkte sie, um das Schicksal einer Frau so entscheidend beeinflussen zu können? Zum anderen: Gibt es vom 16. bis zum 18. Jahrhundert in dieser Hinsicht Parallelen oder Unterschiede zwischen Männern und Frauen? Waren diese Unterschiede ein historisches Konstrukt, und betrafen sie die Darstellung oder die Praxis?

Quellen und Voreingenommenheiten

Diese Fragen gehören eigentlich weniger in den Bereich der Geschichtswissenschaft als in den der Phänomenologie und der Soziologie. Der Eindruck von Schönheit oder Häßlichkeit entsteht zumeist in Situationen, die von den Betroffenen nicht benannt werden und kaum

Spuren in Archiven hinterlassen. Die Quellenlage erlaubt in der Tat nahezu keinen objektiven Zugriff auf das Geschehen, sondern allenfalls Hypothesen, die aus einer aufmerksamen und genauen Lektüre resultieren.

Erhalten gebliebene Dokumente sind heterogen und kontingent; Bemerkungen über die Ästhetik des Körpers tauchen lediglich bruchstückhaft in Texten auf, wo man sie nicht vermuten würde, beispielsweise in medizinischen Traktaten sowie in Texten, in denen dies selbstverständlich ist (so enthalten Romane aus dem 18. Jahrhundert gewöhnlich eine kurze Beschreibung der körperlichen und moralischen Eigenheiten der Helden). Briefe, Romane und Gedichte, medizinische und philosophische Abhandlungen geben Auskunft über die damaligen Parameter von Schönheit und Häßlichkeit. Ebenso liefern archäologische Untersuchungen von Städten und ländlichen Gebieten und die von den Historikern zahlreich erforschten Hinterlassenschaftsinventare eine Fülle bedeutenden Materials: Funde von städtischen und ländlichen Schmuckstücken, Spiegel, Badezimmer, Pinzetten etc ...

Doch diese Quellen geben vorzugsweise über die höfische und städtische Gesellschaft Auskunft, weniger über die »dörfliche Kultur«, um einen Begriff von Emmanuel Le Roy Ladurie zu gebrauchen. Die dörfliche Kultur ist weit schwieriger zu erfassen, will man nicht, wie die ersten Volkskundler und wie später auch die Ethnologen, von traditionellen Gesellschaften Rückschlüsse auf das Leben in den ländlichen Gegenden Europas im 19. Jahrhundert ziehen.

Historische Bedingungen müssen in sozialer und geographischer Hinsicht differenziert werden; der Gegensatz Stadt/Land ist allerdings zu einfach, um der Wirklichkeit gerecht zu werden. Die großen Marktflecken (etwa 2000 bis 5000 Einwohner), in denen während der Frühen Neuzeit große Teile der ländlichen Bevölkerung Europas lebten, besitzen ein Zentrum – den Marktplatz –, um das herum sich Kirche, Wirtshaus, Friedhof, die Schmiede und die Häuser der Wohlhabenden gruppierten. Die Zahl der Feier- und Festtage, an denen sich die Menschen in größeren Gruppen zusammenfanden und Neuigkeiten austauschten, lassen eine äußerst komplexe und heterogene Gesellschaft vermuten, mit ebenso intensiven sozialen und kulturellen Kontakten wie in den Städten, auch wenn diese viel seltener beschrieben worden sind. Sogar in die menschenleeren Landstriche gelangten Nachrichten entweder per pedes oder durch Reiter. Historiker kennen zwar kaum Einzelheiten über die spezifischen ländlichen Kommunikationsnetze, das soll aber weder heißen, daß das Land eine von der schriftlichen Überlieferung unabhängige kulturelle Autonomie besessen hätte, noch daß veraltete und abgelegte Lebensformen und Anschauungen der städtischen Eliten fraglos übernommen worden wären.

Wir sollten uns vor einer allzu scharfen Trennung von Stadt und Land hüten. Eine Reihe von ethnologischen und historischen Arbeiten[4] hat aufgedeckt, welche Vorstellungen vom menschlichen Körper die Landbevölkerung hatte: Wissen, das einst Gelehrten vorbehalten war, bildet gemeinsam mit bestimmten sichtbaren Attributen ein autonomes und umfassendes Bedeutungssystem. Dieses System erklärt erst, weshalb eine gewisse Haarfarbe bevorzugt oder abgelehnt wurde (man denke nur an rote Haare). Solche Geschmacksurteile standen keineswegs zwangsläufig im Widerspruch zu den herrschenden Schönheitsidealen innerhalb der städtischen und höfischen Gesellschaft. Unser Anliegen besteht darin, ein solches Sinnsystem einschließlich seiner Veränderungen historisch und geographisch zu verorten.

Am anderen Ende des sozialen Gefüges wurde politische Macht zunehmend mit ostentativer Aufmachung gleichgesetzt. Die europäischen Hofgesellschaften und mit ihnen jede ständische Vertretung bedienten sich vom 16. bis zum Ende des 18. Jahrhunderts in erster Linie sichtbarer Zeichen als Symbol ihrer Stärke. Prächtige gefärbte Stoffe, Edelsteine, Gold und zeremonielles Gebaren bannten den Blick des Publikums, der in ihnen geradezu versank. Macht, Heiligkeit, Sonnenlicht waren ebenso wie die Erscheinung einer schönen Frau gesellschaftliche Spektakel, deren Glanz strategischen Zwecken diente. Sämtliche großen Höfe konkurrierten in ihrem Prunk miteinander und suchten ihre Sprache, ihre ökonomische und soziale Ordnung, aber auch ihre ästhetischen Vorlieben in der Welt zu verbreiten. Dieses Verhaltensmuster war charakteristisch für das abendländische Verhältnis zur Macht, wie es sich während dieses Zeitraums herausbildete.

Sowohl in schriftlichen als auch in bildlichen Quellen findet man immer wieder Männer wie Frauen, die Prunk und Pracht zur Schau stellen. Je näher man dem Machtzentrum kam, desto emphatischer und ostentativer wirkte der äußere Schein, die zeremonielle Geste, die sich in einem gigantischen und schwindelerregenden Rahmen (Säle, Paläste, Plätze, aber auch Kopfputz, Schleppen) und im Glanz der Lichter (Lüster, Spiegel, Schmuck, Gold) niederschlug, den Blick einfing und den Atem raubte. Allen voran die geschmückten und geschminkten Frauen, die ab dem 19. Jahrhundert Schmuck und Farben, die ihre männlichen Gefährten inzwischen abgelegt hatten, für sich allein beanspruchen sollten.[5]

Körperliche Schönheit: eine Chance für Frauen?

In der eingangs zitierten »Petition der Frauen« wird Schönheit nicht beschrieben, die bloße Erwähnung von Schönheit genügt, sie mit dem weiblichen Geschlecht in Verbindung zu bringen. Wenn von einer armen jungen Frau gesagt wurde, sie sei schön oder häßlich, so wurde allein damit unweigerlich auf ihr mutmaßliches Schicksal geschlossen. Es gab keinen Grund, den Charakter der weiblichen Schönheit und ihre gesellschaftliche Wirkung näher zu erläutern oder zu problematisieren, vielmehr wurden ganz selbstverständlich die beiden einzig möglichen Schicksale einer mittellosen Frau vorweggenommen: Entweder sie war »hübsch« oder nicht! So verallgemeinernd wird hier der Schönheit im Kontext eines niederen sozialen Niveaus eine bestimmende Rolle zugeschrieben. Im 18. Jahrhundert nämlich beginnt sich allmählich eine zusehends einheitlichere städtische Kultur in Europa zu entwickeln, die ein mit femininen Attributen versehenes Bild von sich entwirft: war die Stadt nicht ein Ort der Kultur, der Hast, der Dekadenz, der Verrücktheiten und Frivolitäten, des eher »weibischen« (im Unterschied zu weiblichen) Scheins, des Verlustes der wahren Werte und Tugenden? Die Stadt selbst war natürlich eine Frau. Chronisten, Moralisten und Romanciers des Ancien Régime beschreiben, wie die kulturelle Angleichung der Stadt an den dekadenten Hof schließlich in Korruption und Perversion endet. Hatten die jugendlich schönen Bauernmägde und Straßenkinder erstmal die Stadt betreten, so galt ihre Schönheit als unwiederbringlich verloren. Unweigerlich bedrohte die Stadt die Schönheit. Wurde sie anfangs noch betont (mittels Schminke, Schmuck und anderer Mittel der Verführungskunst), so wird sie später in ihr Gegenteil verkehrt: schändliche Krankheit, Häßlichkeit und Tod.

Schönheit war ein Geschenk, ein Merkmal, das ähnlich objektiver Art war wie etwa Vermögen oder Bildung. Vermögen und Schönheit, bei der Geburt nach dem Zufallsprinzip verteilt, waren Glücksfälle, die im Rückblick nicht gerechtfertigt, sondern lediglich als Tatsache registriert werden konnten. In den europäischen Märchen waren die Heldinnen meist auch schön. Dabei war ihre Schönheit von unbeschreiblicher Vollkommenheit, gleichsam ein Zeichen göttlicher Gnade, wie die magische Berührung einer Wiege durch den Zauberstab einer Fee. Solche Schönheit ging gewöhnlich mit anderen außergewöhnlichen Gaben einher: Wohlstand, gesellschaftlichem Rang, moralischer Reinheit, die sich in der Klarheit des Gesichts widerspiegelten. So als reichte körperliche Schönheit allein zum Glücklichsein nicht aus, diente sie der Vervollkommnung der »wahren«, angeborenen Privilegien und bestätigte deren Legitimität.

Allerdings war Schönheit in ihrer Wirkung im allgemeinen kein dem Wohlstand vergleichbarer Faktor. Keine ästhetische »Mitgift« konnte das Fehlen einer ökonomischen Mitgift kompensieren. Obwohl Schönheit ein wünschenswertes Pendant zu den übrigen Gaben darstellte, konnte sie einem mittellosen jungen Mädchen – besonders im städtischen Milieu – zum Verhängnis werden. Im Falle eines jungen Mädchens,

dessen Vermögen ihm die Mittel an die Hand gab, sich (aufgrund seiner Erziehung und Tugendhaftigkeit) mit einem gewissen Schutz zu
umgeben, krönte Schönheit natürlich noch die glücklichen Vorzeichen
seiner Geburt.

Für arme Frauen allerdings bedeutete Schönheit ein zusätzliches Risiko zu ihrer ohnehin prekären sozialen Stellung. Häßlichkeit hingegen
war wie eine schützende Maske, die vor gemeiner Verführung und
Verrat schützte. Machte Schönheit eine reiche Frau noch betörender
und begehrenswerter, so konnte sie einer armen Frau zum Verhängnis
werden. Not und Elend machten eine attraktive Frau hilflos und lieferten sie dem Verführer aus, den diese Hilflosigkeit besonders anzog.
Außerdem gab sie sich, indem sie seinen Verführungskünsten erlag, als
»Tochter Evas« unmißverständlich zu erkennen: Ihr Verderben – egal
ob durch einen Apfel, ein Juwel oder ein Versprechen herbeigeführt –
war immer direkte Folge der Erbsünde, die sich auf ewig in den weiblichen Körper eingegraben hatte. Schönheit implizierte ein bestimmtes
Schicksal, dem um so schwerer zu entrinnen war, als es mit den grundlegenden Mythen geschlechtlicher Identität innerhalb der Kultur über-
einstimmte.

Weibliche Identität manifestierte sich mittels Schönheit, und diese
wiederum, indem sie die tautologische Verbindung von körperlicher
Präsenz und geschlechtlicher Identität aktivierte, verdeutlichte das
Dilemma, in dem Frauen sich befanden. Eine Frau, die arm und häßlich war, interessierte weder den Romancier noch den Moralisten noch
den Verführer, weil sie keinerlei kulturelle oder soziale Zuschreibung
besaß.

Im übrigen ist das gesellschaftliche Urteil, das eine Frau oder einen
Mann als attraktiv definiert, ein komplexes Phänomen, dessen objektive Voraussetzungen schwer zu erfassen sind. Schönheit bzw. Häßlichkeit sind subjektive und kulturbedingte Konzepte, die außerhalb der
zumeist stereotypen Urteile nicht erfaßt werden können. Wenn sich
derlei ästhetische Aspekte der Beurteilung nicht objektivieren lassen,
so ist eine Analyse ihrer Konsequenzen noch problematischer. Es ist
in der Tat nicht möglich zu rekonstruieren, inwieweit bei Eheschließungen, Ortswechseln oder sogar beim Eintritt ins Kloster ästhetische Erwägungen eine Rolle spielten.

Die anfangs zitierte revolutionäre Petition wirft eine weitere Frage
auf: Welche Rolle spielt Schönheit bei der Bestimmung weiblicher
Identität? Welche Rolle spielt Schönheit für die Fremd- und Eigen-
wahrnehmung und die Erfahrung von Weiblichkeit und Männlichkeit?

Eine richtige Frau hatte sowohl »weiblich« als auch »schön« zu sein,
sie stellte einen Idealtyp dar – im Weberschen Sinne, einen Typ reich
an Bedeutungen. Im Gegensatz dazu waren Häßlichkeit und Weib-

lichkeit vollkommen unvereinbar. Häßliche Frauen gehörten einer neutraleren, weniger geschlechtsspezifischen Kategorie an und tauchten weitaus seltener in Erzählungen und in der Vorstellungswelt auf.

Die ästhetische Frage: eine taktische Maske?

Wer sich mit der Geschichte der Wahrnehmungen beschäftigt, stellt Unterschiede in Auftreten und Aufmachung der Geschlechter fest, die für manche selbstverständlich sind, für andere hingegen klärungsbedürftige Fragen aufwerfen. Geschlechtsspezifischen Unterschieden im Hinblick auf Bildungschancen, politische Aktivitäten sowie das künstlerische und wissenschaftliche Schaffen wird selten Aufmerksamkeit geschenkt. Was hingegen die äußerliche Aufmachung betrifft (Make-up, Kleidung, Schmuck), so steht die Frau im Vordergrund des Interesses. Einen entscheidenden Anteil an dieser Sichtweise haben die Wissenschaftler selbst, die allzu oft gedankenlos die Paradigmen ihrer eigenen Kultur in ihre Forschungen hineintragen. Dabei täten wir besser daran, den gängigen Mustern, die Weiblichkeit mit äußerem Schein, mit Schönheit und mit Versuchung verknüpfen, zu widerstehen. Das 19. Jahrhundert erlebte den Höhepunkt eines äußerst langwierigen Prozesses der ästhetischen Differenzierung und Abgrenzung: Männer legten alles Unzweckmäßige und Auffällige an ihrer Aufmachung ab: Schminke, langes Haar, grelle Kleidung, Schmuck usw. In Europa kleideten sich die bedeutenden Männer von nun an nüchtern und neutral. Man präsentierte sich der Öffentlichkeit in Schwarz, Grau oder Weiß. Der sozialen Präsenz des Mannes wird damit der Stempel des Seriösen aufgedrückt. Jede Überschreitung wurde mit einem Verlust an Glaubwürdigkeit und Einfluß quittiert.

Wenn Männer im 19. Jahrhundert diese durch die Wahl der Kleidung zum Ausdruck gebrachte Ästhetik des Seriösen vor allem auf der politischen Bühne zur Schau trugen, so war der Erwerb geschlechtsspezifischer Körpersprache diesem Endpunkt der Entwicklung um mehrere Jahrhunderte vorausgegangen. Die Kontrolle über den eigenen Körper, die Distanz untereinander, die stolze Haltung, das Schweigen und die Affektmodellierung waren bekanntermaßen Ziele einer Erziehung, die bereits lange vor dem 19. Jahrhundert die männliche Körperhaltung bestimmt hatten. Zu plaudern, sich leichtfüßig oder heftig zu bewegen, laut zu lachen, einen Schuh, ein Taschentuch oder eine Haarspange zu verlieren waren weibliche Möglichkeiten, die Aufmerksamkeit auf sich zu lenken.

In Westeuropa war seit dem Ende des Mittelalters die Distanz zwischen der intimen körperlichen Sphäre und der öffentlichen sozialen

Sphäre beträchtlich angewachsen. Im 19. Jahrhundert hatte der über vier Jahrhunderte dauernde Prozeß die Unterschiede zwischen den Geschlechtern akzentuiert. Zurückhaltung, Selbstbeherrschung, Kälte, Schweigen, eine gerade Haltung, zurückhaltendes Gelächter waren langfristige kulturelle Erscheinungen, die sich das eine Geschlecht beflissener aneignete als das andere. In der westlichen Welt verbargen sich die politischen Machthaber und Gelehrten in der Öffentlichkeit hinter einer starren Maske seriöser Objektivität und unterschieden sich durch ihre Unbeweglichkeit kaum von dem Hintergrund, vor dem sie standen. Eine Abweichung von dieser ästhetischen Norm – durch ein auffälliges Schmuckstück etwa oder schulterlanges Haar – war ein Indiz für Weiblichkeit, also für eine Mischung aus Schwäche und Perversion, Ohnmacht und Unfähigkeit, Unbeständigkeit und Haltlosigkeit.

Lediglich Künstler entgingen ab dem 19. Jahrhundert diesem strengen Verdikt: Kunst – im Gegensatz zur Wissenschaft und noch mehr zur Politik – hatte seit jeher eine Komponente von Weiblichkeit und damit von möglicher Dekadenz, wie sie eben auch durch die Ästhetik des Körpers zum Ausdruck gebracht werden konnte. In manchen Gesellschaften Europas des 16. bis 20. Jahrhunderts gab es zuweilen Männer, die mittels ihrer äußeren »weibischen« Erscheinung ihre – nicht immer reflektierte und nicht immer sexuelle – Abweichung von den geltenden Normen bekundeten. Das »Weibische« wurde jedoch im Hinblick auf die schärfere Trennung der weiblichen und männlichen Sphäre zunehmend stigmatisiert.

Was war zwischen dem 16. und 18. Jahrhundert in Europa geschehen, daß sich solche geschlechtsspezifischen ästhetischen Vorstellungen herausbilden konnten? Versuchen wir zunächst zu bestimmen, welche Bedeutung der ästhetischen Vermittlung zukam, bevor wir uns den historischen Voraussetzungen für die Entwicklung gewisser Erscheinungsnormen zuwenden.

Ästhetische Informationen und die Folgen der Schönheit

Bunte Blumen, ein am Gürtel getragener kleiner Spiegel, ein Hauch von Rouge auf weißer Haut, das Rascheln von Kleidern, Tüchern und Schals, aufgetürmte Frisuren, die eine aufrechte Körperhaltung betonen, lange Haare als Unterscheidungsmerkmal und natürlicher Schmuck der Frau – all dies trug zur Konstruktion des Selbstbilds bei. Es bildete einen Teil des Universums, das bereits vor dem 19. Jahrhundert eng mit der Vorstellung von Weiblichkeit verbunden war. Eine Blume im Haar, frivole und auffällige Accessoires, aufwendiger Schmuck zählten zum kodifizierten Beiwerk, das Ausdruck weiblicher Verführungsstrategie war.

Wozu dieser Aufwand? Ausgehend von den Theorien Alexander Baumgartens, der im 18. Jahrhundert eine teilweise noch heute gültige Definition des Begriffs »Ästhetik« formulierte, könnte diese Frage wie folgt beantwortet werden: »Je stärker die Wahrnehmung unterscheidende Merkmale enthält, desto stärker ist der durch sie gewonnene Eindruck. Deshalb hinterläßt eine undeutliche Wahrnehmung, die jedoch mehr unterscheidende Merkmale enthält als eine deutliche Wahrnehmung, einen stärkeren Eindruck; und dasselbe gilt für eine ungenaue Wahrnehmung, die aber mehr unterscheidende Merkmale enthält als eine genaue Wahrnehmung.«[6]

Nicht die klaren und deutlichen Wahrnehmungen, von denen Descartes spricht, sondern die anderen, die dunkel, aber mit bestimmten Merkmalen ausgestattet sind und einen Eindruck hinterlassen, bevor sie einen Sinn ergeben, verfügen über diese Kraft und Prägnanz. Eine schreiende Farbe, ein Differenzkriterium, kurzum jegliche Information ästhetischer Art kann einen dunklen Eindruck hervorrufen bzw. eine undurchsichtige Sachlage eindrücklich machen. Ein Bildfragment, eine Farbe, ein Geruch können die Sinne anregen und bestimmte Assoziationen auslösen.

Der Bereich der Ästhetik ist damit nicht an bestimmte Objekte – Bilder und andere Kunstwerke – gebunden, sondern an eine spezifische Art der Wahrnehmung, die bestimmte Informationen liefert. Der menschliche Körper und das Gesicht sind dabei bevorzugte Objekte dieser Wahrnehmung. Die Wirkung von Schönheit bzw. ihres Gegenteils kommt immer ins Spiel, wenn wir es mit der bildlichen Darstellung oder der Beschreibung eines Menschen zu tun haben. Handelt es sich etwa um eine schöne Frau, so zieht deren Schönheit die Blicke der Öffentlichkeit auf sich. Ihr Erscheinen im gesellschaftlichen Geschehen ist ein einprägsames, aber stilles Ereignis. Dazu eine Stimme aus dem Paris des 18. Jahrhunderts:

»Um seinen Schäfchen beizubringen, daß Geben seliger denn Nehmen sei, bedient sich der gestrenge Pfarrherr oftmals frommer List. Am Morgen noch zog er von der Kanzel wider die Hoffart vom Leder, verdammte all den kleinen Putz, mit dem die Schönen sich zu schmücken pflegten, in Grund und Boden. Des Abends aber schickt er mit dem Klingelbeutel ein ausgesprochen hübsches Mädchen in die Runde, wohl wissend, daß ein schöngeformter Busen und ein niedliches Geschau den Strom der milden Gaben reicher fließen lasse. Sie ist aufgeputzt, und ein Sträußlein ziert ihre entblößten Brüste mehr, als daß es sie verbergen würde; so stellt sie sich an eine Kirchentür oder an eine Gefängnispforte und erheischt von jedem, der an ihr vorübergeht, mit mildem Lächeln Mitgefühl für die Bedürftigen. Den Widerstrebenden hilft sie mit sanftem Zwange nach; sie stellt sich ihnen in den Weg, läßt ihre verheißungsvolle Stimme klingen, zeigt ihre makellosen Zähne, wirft die unwiderstehliche Beredsamkeit eines nackten Armes, eines flehenden Augenaufschlages in die Waagschale [...]. Der Geizhals läßt sich erweichen, und von ihrem Charme sind selbst die Blicke der Ministranten am Altar gefesselt.«[7]

Die reizvolle Schilderung Louis-Sébastien Merciers soll über den soziologischen Gehalt dieser Szene nicht hinwegtäuschen. Die weibliche
Schönheit wird hier strategisch eingesetzt, um den Zwecken einer Institution – der Kirche – zu dienen, die sich kritisch zu den Mitteln
äußert, welche zur Erreichung ihrer eigenen Ziele angewandt werden.
Die Gegenwart der schönen Frau lenkt den Blick ab von ihren eigentlichen, legitimen Gegenständen – dem Altar, dem Thron, der Landschaft – und provoziert diesen Augenblick intensiver Wahrnehmung
von Weiblichkeit, deren erotische Implikationen über ihre soziale Ver-
wendbarkeit allerdings nicht hinwegtäuschen dürfen. Der erotische
Blick ist eher an dem – weiblichen oder männlichen – Körper und
einem Gesicht interessiert als an einem Sonnenuntergang oder einer
architektonischen Form. Diese Erotik stellt sich als virtueller, in der
Schwebe gehaltener Eindruck dar, der von seinem Ziel – der Befriedigung sexueller Begierde – abgelenkt und auf einen beliebigen – in
diesem Falle frommen – Gegenstand gerichtet werden kann, ohne die
komplexe Vermittlung eines Sublimierungsvorgangs. Das Vehikel für
eine derartige Ablenkung bietet die ästhetische Wahrnehmung – gleichermaßen evident und rätselhaft. Ähnlich der Rhetorik wirkt die
Schönheit einer Frau als Überzeugungsstrategie. Zumindest bewirkt sie
jene Ablenkung der Aufmerksamkeit. Angestrebtes Ziel ist hier nicht
etwa Sexualität, sondern gesellschaftliche Wirksamkeit.

Es geht darum, den Blick desjenigen einzufangen, der einem Gehör
schenken soll. Die weibliche Schönheit ist somit ein Mittel, Aufmerksamkeit zu erregen, bevor es zum eigentlichen Kontakt kommt. Den Blick
des anderen einzufangen ist eine der Voraussetzungen für den sozialen
Austausch. Jede Prostituierte, die gesehen werden will, ist sich dessen
bewußt. Wir können daher sagen, daß der primäre Aspekt der körperlichen Zurschaustellung eher ein funktionaler als ein ästhetischer ist.

Frauen, die die Revolution unterstützten, wurden oft wegen ihres
Aussehens angegriffen: »Die konkordentragenden Republikanerinnen
sind von furchterregender Häßlichkeit.« Dieser Anwurf wog schwerer,
als man gemeinhin anzunehmen geneigt ist. Häßlichkeit schließt Frauen
von der Kommunikation aus, die mit dem Austausch von Blicken beginnt. Sich über das Aussehen einer Politikerin oder Wissenschaftlerin
zu mokieren, ist ein willkommener Anlaß dafür, von ihrer Person, ihren
Worten, Gedanken und Taten abzusehen.

Körperliche Schönheit bot strategische Möglichkeiten für eine soziale Intervention. Die Wirkung von Schönheit war modellierbar. Das Ein-
fangen eines Blickes, sei es auch nur für einen kurzen Moment, öffnete Freiräume für kreative Interaktion. Ein Bettler weiß, daß er nur überleben kann, wenn er die Blicke der Passanten kreuzt. Häßliche Frauen,
die immer im Hintergrund agieren, mußten andere Tätigkeiten ersinnen.

Der Reiz, der von Schönheit ausgeht, entsteht im Moment eines Blickes, und seine Wirkung beruht auf jenem Durchschimmern, auf der Bereitschaft, ihn vielfältig einzusetzen. Schön zu sein war ein Argument, das um so überzeugender schien, da es keine immanente Bedeutung hatte. In *Julius Cäsar* macht Portia davon lebhaften Gebrauch: »Auf Knien bei meiner einst gerühmten Schönheit, bei Euren Liebesschwüren (. . .): enthüllt mir (. . .), was Euch so sehr bedrückt (. . .).«[8]

Schönheit war eine taktische Maske, die von Frauen mehr oder weniger bewußt und gezielt eingesetzt wurde. Wieviele Stunden wurden nicht damit verbracht, sich zu schminken und diese fragile und vergängliche Maske herzustellen, die durch die Zeit unweigerlich zerstört wurde. Und dennoch zielte diese Strategie nicht lediglich auf die sexuelle Verführung, obwohl sie meistens so interpretiert wurde. Sie war auch ein zwar prekäres, aber effektives Mittel des sozialen Handelns, vor allem dann, wenn andere − rechtliche, kulturelle, ökonomische oder politische − Formen dieses Handelns für Frauen nicht oder nur schwer möglich waren.

Dies läßt eine ständige Manipulation des begehrlichen männlichen Blicks durch die Frauen vermuten: einmal angeschaut, konnten Frauen endlich sprechen. Zudem erregte die von den Frauen in kultureller, technischer und sozialer Hinsicht konstruierte Schönheit nicht das Mißtrauen der Männer, da sie deren ethnozentrischen Vorstellungen von Weiblichkeit entsprach. Den Männern zufolge definierte sich die Frau ja ausschließlich über den Wunsch, ihnen zu gefallen. Damit wird ihr eine spezifische Möglichkeit der sozialen Intervention an die Hand gegeben, bei der Sexualität nur Mittel zum Zweck ist.

Koketterie stellte eine Taktik dar, die weder auf die Vernichtung des Anderen abzielte noch darauf, ihn zum bloßen Werkzeug zu reduzieren, sondern einfach darauf, die eigene Existenz als menschliches Wesen zu behaupten, das − hatte es einmal den Blick des Anderen eingefangen − endlich seinen eigenen Standpunkt, seine Weise des In-der-Welt-Seins vertreten konnte.

Schönheit als strategisches Mittel

»Ich kenne welche, die ein Mädchen sein wollten, ein schönes Mädchen, vom dreizehnten bis zum zweiundzwanzigsten Lebensjahr, und danach ein Mann.« (Jean de La Bruyère) Eine Geschichte der Wünsche, was die menschliche Identität betrifft, kann leider nicht geschrieben werden. Gibt es Gesellschaften, in denen kleine Mädchen davon träumen, in einem bestimmten Alter ein Junge zu sein und/oder umgekehrt? Könnten diese Wünsche untersucht werden, wüßten Anthropologen und Historiker sicherlich einiges mit ihnen anzufangen. Nehmen wir den Satz La Bruyères für das, was er ist: etwas, was ihm in der Mitte des 17. Jahrhunderts zu Ohren gekommen ist, eine Spekulation, die im Plauderton vorgebracht wird. Allein die Bedingungen, die dieser phantasievollen Spekulation zugrundeliegen, sind es wert, analysiert zu werden.

Damit ist die Jugend das Lebensalter, in dem Männer sich vorstellen konnten, eine Frau zu sein, und zwar vom dreizehnten bis zum zweiundzwanzigsten Lebensjahr, wenn die Schönheit vermeintlich ihre Blütezeit erreichte. Dieser Wunsch nach Identifikation war nicht etwa der Wunsch, diese Rolle auch auszufüllen, sondern ihre Vorteile auszuschöpfen. Man nahm an, daß es beneidenswert sei, ein junges, hübsches Mädchen zu sein, weil dieser Zustand einem Macht und Vergnügen schenkte – ein Status, der ähnlich beneidenswert war wie der eines erwachsenen Mannes in einer Gesellschaft, die eigens für erwachsene Männer geschaffen war. Schönheit wurde als das symbolische Gegenstück einer realeren Macht angesehen: die des erwachsenen Mannes. Die Frau war nur zu beneiden, solange sie schön war, denn dann übte sie eine Macht aus, die nicht nur den Wunsch nach Besitz erregte, sondern auch den Wunsch nach Identifikation mit ihr.

Schönheit operierte in dem kurzen Augenblick ihrer ästhetischen Wahrnehmung. Im Brennpunkt aller Blicke rivalisierte die schöne Frau mit den anderen Instanzen der Macht: dem Thron, dem Altar etc. In diesem Sinn bedrohte körperliche Schönheit die Hierarchie, allerdings war es eine leere, rein äußerliche Bedrohung, die mit dem Verschwinden des Objekts gleichfalls entschwand. Wenn das Märchen ein Spiel ist mit dem, was möglich ist und dem, was sein soll, so kann die Schönheit der Schäferin nur im Kontext des Erzählten bestehen: Sie heiratet den Prinzen, weil sie selbst als Prinzessin geboren wurde, und ihre vollkommene Schönheit war das gleichsam magische Zeichen ihrer sozialen Sonderstellung. Die Ordnung des Märchens stellt somit die Ordnung wieder her, das störende, unberechenbare Element der Schönheit erhält seinen angestammten Platz zurück.

Die Ästhetik des Körpers hat ihre Wirkung außerhalb des berechenbaren Kreislaufs des Ökonomischen. Der gesellschaftliche Effekt der körperlichen Schönheit und der ökonomische Prozeß der Herstellung dieses reinen und ephemeren Schauspiels werden mit einem zweifachen Klischee maskiert – dem der weiblichen Eigenart einerseits und der Frivolität, der Eitelkeit des äußeren Scheins andererseits. Die Spiegel, die in den städtischen Interieurs des 17. und 18. Jahrhunderts immer häufiger erscheinen und immer größer werden, die Schmink- und Frisiertechniken, das wissenschaftliche und medizinische Wissen, ein ganzer Komplex von Gegenständen und Praktiken, gesellschaftliche Arbeitszeit, kurz: die unterschiedlichen Bemühungen dienen der Erzeugung des Selbstbilds. Jedoch werden diese verschiedenen Prozesse verdeckt durch die deskriptiven Darstellungen von Schönheit.

Schönheit wurde auf zweierlei Arten beschrieben: Entweder wurde der Körper seziert oder er wurde mit Superlativen überschüttet.[9] Die *Blasons*[10] über den weiblichen Körper sind ein Beispiel für eine solche Beschreibung. Schönheit wurde mittels eines Zirkelschlusses definiert: Schön ist, was gefällt, und umgekehrt: Was gefällt, ist schön. Sowohl frühere als auch neuere Wörterbücher wiederholen diese nichtssagende Definition. Im Mittelpunkt stand der Ausruf des Erstaunens: ein atemloses »Oh!« der unmittelbaren und überwältigenden Wahrnehmung. So auch in der *Paulegraphie, ou description des beautés d'une dame toulousaine, surnommée la belle Paule* aus dem Jahre 1587: Die Schönheit der schönsten Frau aus Toulouse wird nur von ihren Tugenden übertroffen. Auch hier versucht die Lobrede im vertrauten Spiel der Metaphern, den schönen Körper entweder in seinen Teilen oder als Ganzes wahrzunehmen. Gedichte, die der Schönheit einer Geliebten gewidmet waren, verfahren ebenfalls nach diesem Muster.

Aber die Frage einer mehr theoretischen Definition körperlicher Schönheit bleibt bestehen. Beschreibende Analysen sind nicht geeignet, ein Bild dessen zu entwerfen, was von der jeweiligen Kultur einhellig als schön betrachtet wird. Es genügt, »hübsch« oder »schön« zu sagen, um Bilder entstehen zu lassen, die den oben genannten Effekt hervorrufen.

Schönheit ist ein einmaliges gesellschaftliches Ereignis. Die ästhetische Wahrnehmung, die sich während eines Augenblicks ereignet, ist ihre natürliche Basis. Im Moment der Wahrnehmung bleibt alles in der Schwebe. Erotische Spannung erlaubt eine soziale Subversion, die gleichsam virtuell ist und dem Vergessen anheimfällt, sobald sie nicht mehr da ist. Der Augenblick, in dem Schönheit wahrgenommen wird, ist stets vollkommen, kann aber nicht festgehalten werden. Jegliche Veränderung dieses Augenblicks würde ein Abfallen vom Ideal bedeuten, eine Antiklimax. Je vollkommener die Schönheit, desto unwirklicher ist sie. Aufblühen kann sie lediglich während einer kurzen Zäsur, in der Erinnerung bzw. der rückblickenden Erzählung. Lichtmetaphern bringen Schock, Betörung, ja Verblendung über das Strahlen der Schönheit zum Ausdruck. Im Rahmen der rhetorischen Regeln und literarischen Konventionen suchen diese Klischees eine spezifische Interaktion zu beschreiben, deren lautlose Intensität das Ergebnis komplexer Strategien ist. Der Kontext, in dem Schönheit in Erscheinung tritt, ist ein höchst prekärer und unwirklicher.

Atemberaubende Schönheit

Die Wirkung der Schönheit läßt sich nicht einfach auf das sexuelle Begehren reduzieren, da sie immer im gesellschaftlichen Zusammenhang wahrgenommen wird. Ein Blickaustausch wirft die Frage nach der angemessenen Einschätzung der jeweiligen Identität, nach dem ersten Eindruck auf. Diese Frage ist entscheidend in einer Gesellschaft, in der Gunst, Verleumdung oder Intrige Leben vernichten bzw. retten können. Knechte und Mägde zum Beispiel waren abhängig von der Gunst ihres Herren, wenn sie eine Familie gründen oder in Ruhe alt werden wollten. Intellektuelle Arbeit bedurfte der Patronage eines Ministers oder einer anderen einflußreichen Persönlichkeit, deren Blick es im Vorzimmer zu erhaschen galt. Einen »Schönheitseffekt« erzeugen zu wollen war weder Ausdruck von Eitelkeit noch eines perversen Verführungswunsches, sondern vielmehr ein waghalsiger Versuch, sich aus einer Notlage zu befreien. Dies galt für beide Geschlechter, wenn auch nicht in gleichem Maße. Seine schöne Stimme öffnete dem jungen Jean-Jacques Rousseau, der als mittelloser jugendlicher Ausreißer auf den Straßen sang, so manche rettende Tür. Der ästhetische Eindruck konnte in der kurzen Zeitspanne eines Blicks erlösen oder vernichten, und genau diese Tatsache wurde in der Petition der Frauen von 1789 formuliert. Für Frauen hatte Schönheit häufig negative Zuschreibungen und weckte überdies den »Wunsch nach Beschmutzung«, nach Zerstörung, wie er von Georges Bataille später beschrieben und vom Marquis de Sade am Ende des hier untersuchten Zeitraums in einer teuflisch vollendeten Version aufgezeichnet wurde.

Sobald Schönheit verschwunden war, wenn ihre mächtige Wirkung vergessen war, wurde sie suspekt. Ihr Körper wurde mit dem Tode assoziiert, der sie in Gestalt eines grinsenden und geschlechtslosen Skeletts umklammert hält, über den Spiegel hinaus fixiert und ihren bereits verfallenen, aber immer noch geschmückten Körper umschlingt. Die Ikonographie des 16. Jahrhunderts zeigt uns Bilder dieses schrecklichen Paares, einen Körper, dessen »Körperlichkeit« um so ausgeprägter ist, als es sich um einen weiblichen Körper handelt, und dessen Vergänglichkeit um so augenfälliger wird, als er schön gepflegt und von weißer Reinlichkeit ist. Die Umarmung durch das Skelett war eine absolute, sie erscheint viel enger als alle Liebesumarmungen, da dieses geschlechtslose Skelett, diese zukünftige Fäulnis, ein Bestandteil des schönen Körpers selbst waren.

Dieses alte Bild verliert während der Renaissance seinen Schrecken, da man die weibliche Schönheit neu zu interpretieren begann. Die Frau wurde von Wasser, Früchten und Blumen umgeben gezeigt, sie badet, betrachtet sich im Spiegel, kämmt ihr lockiges Haar, das sie wie

eine goldene Aureole umgibt – alles in einer Atmosphäre fast immaterieller Ausstrahlung, von Spitzen, Schleiern, Geschmeide und Licht.
Weiblich und wohlgeformt lächelt sie wie eine Madonna, dabei den
Kopf wie diese leicht geneigt. Der Tod ist weniger präsent, die Bedrohung diffuser. Darstellungen »schöner« Körper wurden nach der Renaissance zu einem der großen Topoi im System der europäischen Repräsentationen weiblicher Identität.

Wozu all die Brunnen, Pflanzen, Tiere und verspielten kleinen Hunde, die solchen Szenen körperlicher Darstellung beigegeben wurden
und deren integrale Bestandteile bildeten? Wozu die Früchte, die
Locken und sanften Rundungen, die sich mit der Vorstellung von
Weiblichkeit und Weichheit verbinden? Sanftmut ist eine Eigenschaft,
die es dem Betrachter erlaubt, von einem gewissen Lächeln auf dessen Sinn zu schließen, beim bloßen Anblick einer Schulter die Vorstellung zu erwecken, wie sie sich wohl anfühlen mag. Das Geschehene wird in der Phantasie fühlbar. Sanft ist der Blick, der die Seele
spiegelt, so sanft wie der geneigte Rücken, der sich bereits unterwürfig beugt. Die geschmeidigen Rundungen appellieren an die Sinne, sie
suchen das Erlebnis der Weiblichkeit auf jeder Ebene zu definieren.
Wir haben es hier mit einem ganzen identitätsbildenden künstlerischen
Programm zu tun, das die gesamte Konzeption dessen, was eine wahre Frau ist, abzubilden versucht. Weiblichkeit wird damit zur erkennbaren Größe, real, selbst wenn man ihr eigentlich nie begegnet, außer
in jenen kurzen, isolierten Augenblicken, in denen Schönheit ihre stille
Wirkung zeigt.

Somit läuft die intimste und intensivste Erfahrung letztlich Gefahr,
die am meisten kodierte und vorhersehbare zu sein. Damit ist jedoch
nicht gesagt, daß ästhetische Normen lediglich anerzogen, noch daß
sie mit der Muttermilch eingesogen oder etwa offiziell festgelegt werden. Sie sind auch Folge fundamentaler Assoziationsketten, durch die
eine Kultur ihre Vertreter dazu befähigt, die Körper der anderen les-
bar und erkennbar zu machen.

Die schöne Frau ist auch die wahre Frau, immer mit ihrer Toilette
beschäftigt, entblößt, am Wasser liegend, umgeben von Blumen und
Früchten, stets weit entfernt von den Zufälligkeiten einer gesellschaftlichen Existenz, von Arbeit und Alltag. Die Ausübung eines Berufs, die
Beschäftigung mit einer Wissenschaft oder der Gebrauch der Muskelkraft gelten als unweiblich.

Bilder »wahrer« Schönheit und Weiblichkeit definieren einen eingeschränkten Komplex von Möglichkeiten. Der Körper einer Frau sollte
kindlich sein: rund, mit glatter Haut, Grübchen und Locken, voller
Freude. Er präsentiert sich inmitten der Natur, fern jeder Zivilisation.
Doch gleichermaßen läßt er den Tod, das Vergängliche erahnen: Die

Gesichtszüge sind ausdruckslos und schwebend; das Lächeln sanft, doch enigmatisch; körperliche Präsenz gibt sich lediglich formal. Es scheint, als wohnte die Frau nicht in ihrem Körper, als würde die Darstellung ihres Körpers jedes Identitätsmerkmal auslöschen außer dem der »wahren Weiblichkeit« und reinen Schönheit. Schönheit steht hier im Gegensatz zum Hübschen. Ein hübsches Mädchen durfte lebhafter und geschwätziger sein, dunkler und scharfzüngiger, weniger ätherisch und distinguiert – ein Kontrast, der ab dem 18. Jahrhundert in der Literatur immer deutlicher herausgearbeitet wird.

Vollkommene, unveränderliche Schönheit wurde aber auch verdächtigt, leer zu sein, ohne Geist oder Seele, ohne Kultur: schweigsam, weil sie nichts zu sagen hatte. Oder sie entpuppte sich als kalt und trügerisch. Seit dem ausgehenden Mittelalter wurden mit Schönheit viele negative Vorstellungen assoziiert, beispielsweise Grausamkeit oder gar Dummheit. Solche gesellschaftlichen Urteile beeinflußten Texte und Konversationen, prägten Witze und Sticheleien; sie bestärkten und belebten archaische Vorstellungen, bleiben aber dennoch außerhalb der Reichweite historischer Forschungen.

Als Taktik der sozialen Intervention wird Schönheit von jenen Frauen bewußt eingesetzt, die Mühe haben, ihre gesellschaftlichen Ambitionen mit den gleichen Mitteln wie ihre männlichen Gefährten zu realisieren. Ähnlich wie Ruhm, Macht und der Glanz der Sonne blendete und faszinierte sie. Glanz wurde ständig von den politischen Herrschern in Anspruch genommen, die es verstanden, die glanzvollsten Frauen an sich zu binden, da Glanz das materielle Äquivalent von Schönheit darstellt. Ihn zu erwerben setzte kein geringes Budget voraus. Und schließlich manifestierte sich die Schönheit einer Frau nur, wenn sie eingegrenzt wurde durch eine sehr enge Definition von Weiblichkeit: sanft und geschmeidig, schweigsam und dennoch auf vielfältige Art bedrohlich. Während der letzten vier Jahrhunderte wurde die weibliche Bedrohung hinter Euphemismen versteckt. Trotzdem wird eine schöne Frau immer noch der Dummheit verdächtigt, während die intelligente Frau einen Teil ihrer Schönheit dadurch verliert, daß sie die Stirn runzelt, wenn sie über etwas nachdenkt – sofern sie ihre Häßlichkeit nicht dadurch wettmacht, daß sie den »Glücksritter« zum Lachen bringt, jene männliche Figur, die Georg Simmel mit der Kokotte vergleicht. Eine Untersuchung seiner Ästhetik würde ertragreich ausfallen.

Aus dem Französischen von Roswitha Schmid

4

MÄDCHENERZIEHUNG

Martine Sonnet

> How can you be content to be in the World
> like Tulips in a Garden, to make a fine show
> and be good for nothing?
>
> Mary Astell, *A Serious Proposal to the Ladies*, 1694

Zwischen dem 16. und 18. Jahrhundert, in einer Zeit also, in der weite Teile der Bevölkerung zumindest grundlegend versorgt waren, versuchten fortschrittliche Kräfte, das Erziehungswesen zu verändern. Im Mittelalter hatte sich, unterschiedslos für Jungen wie Mädchen, die Erziehung grosso modo darauf beschränkt, zum Arbeiten anzuhalten und in Gebeten zu unterweisen. Erst in den folgenden Jahrhunderten, als man mit der Forderung konfrontiert ist, führende Kräfte für Staat und Kirche auszubilden, wird ein deutlicher Unterschied gemacht: Den Söhnen der adligen und später auch bürgerlichen Elite wird die klassische Bildung zuteil, die auf höheren Schulen und der Universität gelehrt wird, Lateinkenntnisse voraussetzt und glanzvolle bürgerliche und kirchliche Laufbahnen erhoffen läßt. Sowohl den Mädchen aus dem Volk als auch denen der Oberschicht sind das Wissen und vor allem jene Fertigkeiten zugedacht, die sich auf die häusliche Sphäre beschränken: Zu Hause bei der Mutter erworben, trugen sie dazu bei, die christlichen Familienzusammenhänge zu erhalten und fortzusetzen. Es gibt kaum Berührungspunkte zwischen diesen beiden Kulturen, der des Draußen und der des Drinnen, und darin besteht für zahlreiche Denker die Schwachstelle: Die zukünftigen Gattinnen gebildeter Männer sollten wenigstens in die Lage versetzt werden, Gespräche mit ihnen zu führen und sie vielleicht gar zu bereichern.

In den Jahrhunderten zwischen Renaissance und Aufklärung tendiert die geschlechtsspezifische Differenzierung der Erziehungspraxis dazu, soziale Unterschiede in den Hintergrund zu drängen. Der Ausbau und die schnell einsetzende innere Differenzierung des Schulwesens führen dazu, daß immer mehr Männer und Frauen die grundlegenden Fertigkeiten des Lesens, Schreibens und Rechnens erlernen. Diese relative Demokratisierung zeitigt aber nicht die gleichen Erfolge für Mädchen und Jungen. Da in die Ausbildung der Mädchen weit weniger investiert wurde, bleibt es ihnen verwehrt, sich durch Wissen zu emanzipieren. Mädchen nämlich wird lediglich ein Bruchteil des ihren Brüdern gelehrten Wissens zugänglich gemacht. Und doch, trotz aller Hemmnisse, die den Zugang der Frauen zu nützlichen und in Geld umzumünzenden Kenntnissen auf eigene Rechnung behindern: Die Fortschritte in der Alphabetisierung der Frauen im 17. und 18. Jahrhundert bezeugen, daß ein irreversibler Prozeß in Gang gesetzt worden war.

EINE NEUE SORGE

Obschon die Anhänger der Frauenbildung immer wieder gegen jene ankämpfen mußten, die eine Ausbildung von Mädchen für unmöglich und unnötig ansehen oder gar fürchten, ist dieser Kampf zwar langwierig, aber nicht gänzlich ohne Erfolg: Auf dem Gebiet der Erziehung ist die Praxis vorsichtig und bleibt immer hinter der Theorie zurück. Dies gilt insbesondere für die Erziehung der Mädchen.

»Eine noch nicht behandelte Sache«

Als Jean-Louis Vivès 1523 *De l'institution de la femme chrétienne* publiziert, ist er sich völlig bewußt, daß er sich mit »einer noch nicht behandelten Sache« beschäftigt, über die aber auch andere Intellektuelle, die sich ebenfalls als Teil des neuen, durch Humanismus und Reformation geprägten Geisteslebens verstehen, nachdenken werden.

Vivès, der den Unterricht für Frauen – seien es nun junge Mädchen, verheiratete Frauen oder Witwen – allgemein befürwortet, ist bemüht, diesen auf gewisse Gebiete zu beschränken. Die Trennung der Geschlechter, der Vorrang häuslicher Arbeit vor der Lektüre und dem Schreiben, die extreme Zurückhaltung, was den Lateinunterricht betrifft, der einer Elite vorbehalten ist: Diese Prinzipien sind zahlreichen Pädagogen stets teuer gewesen. Vivès bricht aber mit sämtlichen Vorurteilen, wenn er feststellt: »Die meisten Laster der Frauen dieses Jahrhunderts und früherer Jahrhunderte rühren aus ihrem Mangel an Bildung her.« Dieses Argument sollte wiederaufgenommen werden. Erasmus teilt die Ansichten von Vivès, auch wenn er sie in mehreren seiner *Colloquia* nicht ohne Sarkasmus behandelt. Er verteidigt die Erziehung der Mädchen im Namen eines guten Einvernehmens der Ehepaare und einer Gesellschaft, in der Frauen und Männer miteinander auskommen müssen. Rabelais setzt dieses Prinzip in einer Utopie um: In der Abtei von Thélème entwickeln sich beide Geschlechter – gleich frei, *wohlgeboren* und wohlunterrichtet – in vollkommener Harmonie.

Luther, der sich auf die Autorität der Heiligen Schrift beruft, um seine Lehren zu bekräftigen, wünscht logischerweise, daß alle Menschen, Männer wie Frauen, sich auf diese beziehen und daher lesen lernen. In diesem Sinne trägt die Reformation zur Alphabetisierung bei. Aber während Luther die Einrichtung staatlicher Schulen für Mädchen und Jungen befürwortet, begrenzt er gleichzeitig in zweierlei Hinsicht den weiblichen Bildungsanspruch. Einerseits wertet die Reformation ein patriarchalisches Familienmodell auf, das die Ehefrau in ihrem Bewegungsspielraum einengt, andererseits untergräbt die volkssprachliche Bibelübersetzung eines der Argumente, die immer zugunsten einer Unterweisung der Frauen in den alten Sprachen angeführt worden waren. Und schließlich beraubt die Reformation mit ihrer Auflösung der Bibliotheken und klösterlichen Studienzentren Frauen, die zu diesen Zugang hatten, wichtiger intellektueller Ressourcen.

Ein vorrangiges Anliegen für die katholischen Reformatoren

Die auf dem Konzil von Trient (1545–1563) getroffenen Beschlüsse veranlassen die katholische Reaktion, auf dem Terrain des protestantischen Gegners tätig zu werden: Sie beschließen die Unterweisung der Gläubigen in der rechten Doktrin von frühester Jugend an. Gewaltige pädagogische Anstrengungen werden unternommen – im Falle der Erwachsenen mittels Predigen und Missionieren auf dem Lande, im Falle der Kinder mit Hilfe des Katechismus in Verbindung mit dem dafür erforderlichen Minimum an Alphabetisierung. Der Akzent wird sogleich auf diejenigen Kinder gesetzt, denen bis dahin jede Bildung fremd war, insbesondere die Straßenkinder in den Städten. Von 1560 an errichtet Karl Borromäus in seiner Mailänder Diözese ein Netz von Schulen, in denen Laien und Kleriker die Kinder unterrichten, die in den dunkelsten Gassen und Hinterhöfen aufgestöbert wurden. Jahrzehnte später gründen die Jesuiten in verschiedenen Städten der südlichen Niederlande Sonntagsschulen für diejenigen Kinder, die wochentags arbeiten.

An der Wende zum 17. Jahrhundert zeichnet sich eine neue Welle von Initiativen ab, die sich speziell der Unterweisung von Mädchen widmen. Dabei wurden die Bildungsvorhaben, die sich der Unterweisung beider Geschlechter widmeten, kontinuierlich weiter vorangetrieben.

Die katholischen Reformatoren wissen, welche potentielle Schlüsselrolle das Mädchen im Prozeß der religiösen und moralischen Rückgewinnung der gesamten Gesellschaft einnehmen kann. In jedem Mädchen schlummert eine zukünftige Mutter und damit eine potentielle Erzieherin. Sie ist das wichtigste Glied in der kommunikativen Kette, da sie das von der Gegenreformation verbreitete Wort weitergeben sollte. Diese Erkenntnis gab der allgemeinen Unterrichtung von Mädchen entscheidende Impulse, die das Lesen und das Studium des Katechismus einschloß. Das frühere Privileg einiger weniger erstreckte sich nun auf breitere soziale Schichten dank der Neubildung katholischer Schwesterorden, die sich der Ausbildung von Mädchen annahmen. Wohlhabendere Mädchen wurden in ihre teuren Klosterpensionate aufgenommen, während die ärmeren die Schulbank in den karitativen Ordensschulen drückten. Diese Erziehung zielte darauf ab, aus den Zöglingen brave christliche Mütter zu machen. Die didaktischen Methoden, die ohne nennenswerte Entwicklung gut drei Jahrhunderte lang vorherrschen sollten, wurden von den Erziehungsprinzipien der frommen Elite geprägt, die die neuen Einrichtungen finanziell unterstützte und spirituell anleitete. »Die Unterrichtung und Erziehung armer Mädchen im frühen Alter ist eine der wichtigsten guten Taten, die Christen tun und vermitteln können, und eine der größten Missionen und notwendigsten Werke der Barmherzigkeit, die sie für das Heil der Seelen erbringen können«, verkünden die Gründer einer karitativen Gemeinschaft, die arme Mädchen aus dem Pariser Viertel Les Halles aufnimmt.[1]

Mit Beginn des 17. Jahrhunderts treten bedeutende weibliche Persönlichkeiten in den Dienst katholischer Orden ein bzw. gründen neue, die sich der Mädchenerziehung widmen. Eben erst mit ihrer renitentkatholischen Familie aus England gekommen, begründet Mary Ward im Alter von vierundzwanzig Jahren ein christliches Institut im französischen Saint-Omer und bemüht sich mit Hilfe der Jesuiten darum, die Entwicklung ihres Instituts voranzutreiben. Sie setzt sich über die Vorbehalte der bischöflichen Obrigkeit hinweg, die wenig übrig hat für diese Nonnen ohne Tracht und Kloster, die auf den Straßen der Stadt unterwegs sind, um Unterricht zu halten. Eine andere starke Persönlichkeit war auch Jeanne de Lestonnac aus Bordeaux, eine Nichte Montaignes und lebenslustige Frau, die ihre fünf Kinder großzog und später, als Witwe auf der Schwelle zu ihrem fünfzigsten Lebensjahr, 1607 die Compagnie de Marie-Notre-Dame gründete, deren Einfluß sich auf Südwestfrankreich, Spanien und Südamerika erstreckte. In Paris leiteten Madame Acarie und Madame de Sainte-Beuve die Errichtung zweier Häuser der Ursulinen in den Jahren 1610 und 1621, und in Annecy gründet die Baronin Jeanne de Chantal an der Seite von Franz von Sales 1610 den Orden der Salesianerinnen. In Lothringen gründen Alix Le Clerc und Pierre Fourier zusammen die Kongregation Notre-Dame, die 1615 approbiert wurde. Wenig später, von 1633 an, breiten sich unter der Leitung von Louise de Marillac, der rechten Hand von Vincent de Paul, die Barmherzigen Schwestern über das ganze Königreich und darüber hinaus aus, um arme Kranke zu pflegen und kleine Mädchen zu unterrichten.

Ein Diskussionsthema für literarische Salons

Während katholische Reformatoren vor Ort um die Frage der Mädchenerziehung rangen, gingen Literaten anders an sie heran. Im 17. Jahrhundert lassen sich verschiedene literarische Gattungen über das Thema aus: Romane, Komödien, Briefliteratur. Die Salons bestritten ganze Abende mit Polemiken über das Wissen der Frauen. Molières *Die lächerlichen Preziösen* (1659) und *Die gelehrten Frauen* (1672) schlugen heftige Wellen. Man machte sich über die besserwisserische Frau, die *pédante*, lustig, während die kluge und natürlich gebildete Frau ihre Verteidiger fand. Der Gedanke, daß die gewöhnlich den Frauen vorgeworfenen Mängel aus fehlender Bildung herrühren, kommt bei denjenigen auf, die die Misogynie nicht blind gemacht hatte. Mademoiselle de Scudéry und Madame de Sévigné, beides einflußreiche Literatinnen, plädierten für einen abgerundeten Studienplan, während alle möglichen Philosophen und Literaten die intellektuellen Qualitäten der Geschlechter zu vergleichen suchten. Ist die Frau mit dem gleichen Verstand ausgestattet wie ihr Gefährte? Nein, antwortet Malebranche: die Wissenschaft, die Philosophie und jegliche höheren geistigen Spekulationen seien ihr fremd. Poullain de la Barre hingegen veröffentlicht 1673 seinen Traktat *De l'égalité des sexes* – ein Meilenstein in der Geschichte des feministischen Denkens. Mittels der cartesianischen Methode demonstriert Poullain de la Barre, daß die weiblichen und männlichen Fähigkeiten und Anlagen identisch seien und demzufolge auch gleichermaßen ausgebildet werden sollten:

»Wenn Frauen an den Universitäten gemeinsam mit den Männern studieren würden oder in solchen, die man eigens für sie errichtet hätte, könnten sie einen akademischen Grad und den Titel Doktor oder Magister der Theologie, der Medizin und beider Rechte erwerben: Und ihr natürliches Talent, das sie so vorteilhaft zum Lernen disponiert, würde sie auch dazu disponieren, mit Erfolg zu unterrichten.«[2]

Der mit Sozialkritik durchsetzte Feminismus Poullain de la Barres findet sich zwanzig Jahre später in den Schriften der Engländerin Mary Astell wieder. Diese veröffentlichte 1694 *A Serious Proposal to the*

Ladies. Ihr Text, ein Plädoyer für die Ausbildung der Frau, der vor
allem von den Schriften von Mademoiselle de Scudéry und Madame
Dacier beeinflußt wurde, stößt auf ein größeres Echo als der von Poullain de la Barre. Im Tonfall einer freundschaftlichen und warmherzigen Unterhaltung versucht Mary Astell, den Frauen das Ausmaß ihrer
aufgrund mangelnder Bildung brachliegenden Talente vor Augen zu
führen. Würde man die Ausbildung der Männer ebenso vernachlässigen, könnte man ihnen mindestens genauso viele Mängel vorwerfen
wie ihren Gefährtinnen. Angesichts der Hindernisse, die das Ehe- und
Familienleben der geistigen Aktivität von Frauen in den Weg stellt,
hofft die Autorin – freiwillig ledig geblieben –, daß Frauen, die den
häuslichen Zwängen entfliehen wollen, sich in Instituten zusammentun, an denen sie sich in aller Autonomie und Gemeinschaftlichkeit
dem Studium widmen können.

Erste Programme

Am Rande der literarischen Diskussionen reifen gegen Ende des 17.
Jahrhunderts in Frankreich pragmatische Ansätze zur Mädchenerziehung heran. Die ersten damals vorgeschlagenen Studienprogramme
schlossen zwar den Erwerb abstrakter Kenntnisse aus (die alten Sprachen, die Rhetorik und die Philosophie blieben den Männern vorbehalten), aber ihnen kommt das Verdienst zu, den Frauen einen gewissen Bildungsgrad zuzugestehen. Ein Grund für das wachsende Interesse an gebildeten Frauen bestand in der veränderten Bevölkerungsstruktur. Witwen, deren es damals viele gab, mußten in der Lage sein,
die geschäftlichen Angelegenheiten ihrer verstorbenen Gatten weiterzuführen. Den Frauen das Recht auf Lesen, Schreiben und Rechnen
zuzuerkennen, ohne indes ihre ausschließlich auf die Familie und das
Haus beschränkte soziale Funktion in Frage zu stellen, eröffnet einen
ersten Zugang zu einer neuen Kultur, zu neuer Macht.

Das 36. Kapitel des 1685 veröffentlichten *Traité sur le choix et la
méthode des études* des Abbé Claude Fleury handelt von den »Studien
der Frauen«. Zwar fehle es diesen etwas an Fleiß, Mut und Willenskraft, aber die Lebendigkeit ihres Geistes und ihrer Auffassungsgabe,
ihre Sanftmut und ihre Bescheidenheit glichen derartige Mängel aus;
und sei es nur wegen des »Ansehens und der Wertschätzung, die sie
in der Gesellschaft genießen«, sollten die Frauen besser unterrichtet
werden. In ihren Studienplan nimmt Fleury die Religion auf (die nicht
in den Aberglauben abgleiten soll), Lesen, Schreiben, ein Minimum an
Kenntnissen im Verfassen gewöhnlicher Schriftstücke, etwas praktische
Arithmetik, Arzneikunde, Hauswirtschaftslehre und Jurisprudenz. Mehr

zu lernen wäre reine Eitelkeit, aber »es wäre indessen besser, daß sie darauf ihre freie Zeit verwenden, als darauf, Romane zu lesen, zu spielen, oder über ihre Röcke und Bänder zu sprechen«.[3] Der *Traité de l'éducation des filles* von Fénelon, der zwei Jahre später erschien, war etwas großzügiger. Disziplinen, die Fleury als reine Notlösung gegen den Müßiggang betrachtete, finden dort Aufnahme, vorausgesetzt, sie werden vorsichtig dosiert und kontrolliert. Dies schloß die Literatur, die Geschichte, das Lateinische, die Musik und die Malerei ein. Das wichtigste war für Fénelon, daß die erteilte Ausbildung der zukünftigen Bestimmung des kleinen Mädchens angemessen ist: als Gattin oder Nonne.

Auch das Unterrichtsprogramm von Madame de Maintenon, die 1686 das Erziehungsinstitut Maison royale de Saint-Cyr gegründet hatte, wurde von Fénelon beeinflußt. Zweihundertfünfzig höhere Töchter aus verarmten adligen Familien wurden dort erzogen und ihrer Bestimmung gemäß zur frommen Gattin und guten Mutter ausgebildet, die armselige Landdomänen verwalten, aber dennoch die Aura ihrer Herkunft aufrechterhalten mußten. Schülerinnen, die im Alter von sieben bis neunzehn Jahren aufgenommen wurden, durchliefen vier Klassen, die an der Farbe des Gürtels identifiziert wurden. Die »Roten«, unter zehn Jahren, erwarben die elementaren Kenntnisse und den Katechismus, die »Grünen«, zwischen elf und dreizehn Jahren, entdeckten die Geschichte, die Geographie und die Musik, die »Gelben«, im Alter von vierzehn bis sechzehn Jahren, vervollkommneten sich in der französischen Sprache, im Zeichnen und Tanzen, bei den »Blauen« schließlich, die siebzehn bis neunzehn Jahre alt waren und sich darauf vorbereiteten, die gefahrvolle Welt zu betreten, wurde der Akzent auf das moralische Rüstzeug gelegt. Außerdem erhielten alle, von den jüngsten bis zu den ältesten Mädchen, eine hauswirtschaftliche und handarbeitliche Ausbildung. Madame de Maintenon zufolge war der Zweck all dessen, der Familie ein »christliches, vernünftiges und intelligentes«[4] Mädchen zurückzugeben.

Abgemilderte Aufklärungsbestrebungen

Als im 18. Jahrhundert die Frömmigkeit nachzulassen begann und die Philosophen sich gegen die Religion starkmachten, wird Bildung zum populären Konversationsthema. Die Aufklärungsbewegung hegte den festen Glauben an Bildung. Bildung war der Schlüssel zur Formung eines neuen gesellschaftlichen Wesens, frei von alten Vorurteilen und beseelt von der neuen Vernunft. Diese Entwicklung schien jedoch gefährdet, solange die Erziehung der Mädchen dem Zufall überlassen blieb. Als Mütter des neuen Menschen waren sie auch dessen primäre Erzieherinnen und damit Schlüsselfiguren einer dauerhaften gesellschaftlichen Erneuerung. Die katholischen Reformatoren dachten da nicht anders. In einem Jahrhundert der pädagogischen Euphorie waren Mädchen ebenso wie Taubstumme oder Landarbeiter begehrte Erziehungsobjekte von Didaktikern.

Bevor die Debatte ab 1760 richtig in Gang kommt, tritt der Abbé de Saint-Pierre mit seinem bereits 1730 vorgelegten innovativen *Projet pour perfectionner l'éducation des filles* an die Öffentlichkeit. Das vom Abbé vorgeschlagene Bureau perpétuel d'éducation publique war nichts anderes als ein nationales Erziehungsministerium im heutigen Sinne. Dieses Bureau sollte damit beauftragt werden, ein Netz von höheren Schulen für Mädchen und Jungen zu schaffen. Die Schulpflicht der Mädchen vom fünften bis zum achtzehnten Lebensjahr umfaßt dreizehn Klassen. Pro Klasse kommen 3 Lehrerinnen auf 15 Zöglinge, jede Schule sollte 39 Lehrerinnen und 195 Schülerinnen haben. Neben den Internaten sah der Abbé de Saint-Pierre kostenlose Tagesschulen vor. Das vom Autor vorgeschlagene Unterrichtsprogramm umfaßt alle Wissenschaften und Künste, damit die Frauen sich aktiv an der Konversation der Männer beteiligen können.

Von 1760 an nimmt die Bildungsfrage in bezug auf beide Geschlechter einen zentralen Platz innerhalb des Projekts der Aufklärung ein: Während zwischen 1715 und 1759 nur 51 Werke über Erziehung erschienen waren, waren es zwischen 1760 und 1790 schon 161. Jean-Jacques Rousseau veröffentlichte im Jahre 1762 den *Emile*, der sogleich von den Zensoren der Sorbonne und anschließend auch vom Parlament als gotteslästerlich angeprangert wird. Im selben Jahr löst sich aufgrund der Vertreibung der Jesuiten aus dem Königreich das Netz der höheren Schulen auf und hinterläßt ein Vakuum. Diese beiden Ereignisse beflügelten die Phantasie und inspirierten zahlreiche Studienpläne, Erziehungstraktate und andere pädagogische Reflexionen, die den Provinzakademien zur Beurteilung unterbreitet wurden. Die Gazetten widmeten diesen Veröffentlichungen zahlreiche Spalten in Form von kritischen Berichten bzw. Leserbriefen. 1768 lancierte Sieur Leroux sein *Journal d'éducation*, die erste Zeitschrift, die sich auf dieses Gebiet spezialisierte. Ein weiteres Zeichen der Zeit ist, daß ein praktischer Führer der Hauptstadt wie das *Tableau de Paris* von Jèze auf den Seiten für die Dinge des alltäglichen Nutzens eine Rubrik »Bildung« aufnimmt. Sämtliche Pariser Erziehungseinrichtungen, sowohl für Mädchen als auch Jungen, werden dort für jedes Viertel aufgeführt.

Nachdem die Notwendigkeit, die Frauenbildung zu reformieren bzw. überhaupt erst zu etablieren, einmal zugestanden war, konzentrierte sich die Debatte auf den richtigen Ort dafür – elterliches Haus oder

Institution – und damit einhergehend auf die Auswahl der Erzieherinnen und des zu vermittelnden Wissens. Die Kritik bezog sich auf den klösterlichen Kontext, in dem Mädchen angeblich nichts lernten und mangels frischer Luft verkümmerten, ganz zu schweigen von der Tatsache, daß Nonnen, denen die Erfahrung der Ehe fremd war, damit beauftragt wurden, zukünftige Ehefrauen und Mütter heranzubilden. Das 18. Jahrhundert favorisierte eine Erziehung innerhalb der Familie. Da diese jedoch nur in privilegierten Kreisen gewährleistet war, mußte ein öffentliches Schulsystem geschaffen werden.

Das von Madame de Miremont in der Einleitung ihres umfangreichen *Traité de l'éducation des femmes* (sieben Bände, veröffentlicht zwischen 1779 und 1789) vorgeschlagene System sieht die Unterrichtung von Mädchen zwischen sieben und achtzehn Jahren vor. Die Schülerinnen sollten auf lediglich zwei Klassen verteilt werden: zum einen die Sieben- bis Zwölfjährigen, zum anderen die Dreizehn- bis Achtzehnjährigen, in denen sie wie gehabt in Religion, Tanz und Musik unterwiesen wurden, aber auch in den lebenden Sprachen, der Literatur, Geographie, Geschichte und Orthographie. Madame de Miremont legte besonderes Augenmerk auf die Ausbildung der Lehrerinnen, die sechs Jahre benötigten, um ihren Beruf zu erlernen.

Die bedingungslosen Anhänger einer häuslichen Erziehung waren von Jean-Jacques Rousseau beeinflußt. Eifrige Mütter betrachteten es als ihr Lebenswerk, ihre Töchter nach seinen Erziehungsprinzipien zu formen. Madame d'Epinays Tochter Emilie beispielsweise stellt ein solches kreatives Meisterwerk dar. Damit andere Mütter von ihrer Erfahrung profitieren konnten, veröffentlichte sie 1774 *Les Conversations d'Emilie*, eine Reihe erzieherischer Unterhaltungen zwischen Mutter und Tochter zwischen dem fünften und zehnten Lebensjahr des Kindes. Madame Necker nimmt ebenfalls die Erziehung ihrer Tochter Germaine, der zukünftigen Madame de Staël, in ihre eigenen Hände. Diese Rousseau verpflichteten Mütter waren in den meisten Fällen selbst bereits Produkte einer Erziehung außerhalb des Gewöhnlichen.

Als Rousseau befand, daß Emile eine Gefährtin brauche, schuf er die Figur der Sophie, der er das fünfte Buch seines Werkes widmete. Die ihr vorbehaltene Erziehung geht von einem einfachen Grundsatz aus:

»So muß sich die ganze Erziehung der Frauen im Hinblick auf die Männer vollziehen. Ihnen gefallen, ihnen nützlich sein, sich von ihnen lieben und achten lassen, sie großziehen, solange sie jung sind, als Männer für sie sorgen, sie beraten, sie trösten, ihnen ein angenehmes und süßes Dasein bereiten: das sind die Pflichten der Frauen zu allen Zeiten, das ist es, was man sie von Kindheit an lehren muß.«[5]

Die Worte des Philosophen illustrieren, wie die progressiven Bestrebungen um die Erziehung der Mädchen, kaum aufgeblüht, sogleich auch einem Prinzip untergeordnet wurden. Wissen war für die Frau kein Selbstzweck, sondern ein Mittel, ihre Gegenwart denjenigen angenehm zu machen, die sich in ihrer Nähe aufhielten. Frauen waren nicht für die Wissenschaft gemacht, sondern ausschließlich für die Unterhaltung und das Wohlbefinden ihrer Ehemänner und ihrer Kinder zuständig.

Auf der anderen Seite des Ärmelkanals hatte sich John Locke bereits im vorangegangenen Jahrhundert zugunsten einer Erziehung ausgesprochen, die es Müttern erlaubte, als erste Lehrerinnen ihrer Kinder zu fungieren. Später dann, im 18. Jahrhundert, propagierten Daniel Defoe und Jonathan Swift die Ansicht, daß eine gebildete Frau eine bessere Gesellschafterin für ihren Mann abgäbe. Aufgeklärte Engländerinnen sehen mit Bedauern, wie die Notwendigkeit, Mädchen zu unterrichten, nicht etwa den hauptsächlich Betroffenen zugute kommt, sondern deren Familien. Im Rahmen ihrer literarischen Salons nehmen die *blue stockings* Anstoß daran, und zum Ende des Jahrhunderts kritisiert eine wachsende Anzahl weiblicher Stimmen die Frivolität und Hohlheit konventioneller Stundenpläne, die der Unterweisung junger Mädchen dienten. Rousseaus Ansichten bringen Hannah More, Maria Edgeworth, Catharine Macauley und Mary Wollstonecraft in Rage. Letztere opponierte vielleicht am vehementesten gegen die vorherrschende patriarchalische Meinung, die es Frauen verwehrte, sich im intellektuellen Wettstreit gegen die Männer zu behaupten. Sogar eine Zeitschrift, die prinzipiell eine Reform der Mädchenerziehung befürwortete, *The Lady's Magazine*, schreibt noch im Jahre 1773: »We can never wish that society should be filled with doctors in petticoats to regale us with Latin and Greek.«[6]

In Frankreich waren die revolutionären Versammlungen, die beauftragt waren, ein nationales Erziehungssystem zu errichten, gezwungen, sich mit dem Problem der Frauenbildung zu befassen. Mit Ausnahme von Condorcet, der im Namen der Gleichheit der Geschlechter den gemischten Unterricht forderte, bezogen die Pläne der Revolutionäre die Ausbildung der Frau weiterhin auf den häuslichen Kontext. Politischer Rechte entkleidet und von der Wahrnehmung öffentlicher Ämter ausgeschlossen, wird Frauen lediglich eine Ausbildung auf dem Niveau der Grundschule zugestanden. Es sollte noch ein weiteres Jahrhundert dauern, bis sich ihre Situation grundlegend verbessert.

DIE ORTE DER ERZIEHUNG

Der angemessene Ort für eine im wesentlichen auf häusliche Arbeiten ausgerichtete Ausbildung war selbstverständlich zu Hause. Obgleich diese Methode des häuslichen Unterrichts vor allem zwischen dem 16.

und 18. Jahrhundert verbreitet war, blieb auch danach das Zuhause der primäre Bildungsort für Mädchen. Als das Bewußtsein wuchs, daß es für Mädchen ebenfalls ratsam wäre, höheres Wissen zu erwerben, standen die Alternativen Kloster, staatliche Schule oder Internat zur Wahl. Der Wunsch, den intellektuellen weiblichen Horizont zu erweitern, ging einher mit der Schaffung spezifischer Bildungseinrichtungen, deren Wissensvermittlung sich deutlich von der den Jungen vorbehaltenen unterschied. Es entstand die Mädchenschule, die die befürchteten Risiken gemischter Einrichtungen vermeiden wollte. Da es vielen undenkbar schien, Brüder und Schwestern auf derselben Bank sitzen und dieselben Dinge hören zu lassen, wurde die Neugründung von Erziehungseinrichtungen für Mädchen vorangetrieben. Paradoxerweise kamen somit die wiederholten Angriffe der Moralisten und Kirchenleute gegen die Koedukation den Mädchen zugute.

Das Haus

Obwohl die Mädchen lange Zeit fast ausschließlich zu Hause unterrichtet wurden, gibt es leider kaum Aufzeichnungen darüber, wie sich der Hausunterricht abspielte. Das Wissen, das von Generation zu Generation von der Mutter an die Tochter weitergegeben wurde, hinterließ nahezu keine Spuren. Von der Mehrheit der Mädchen des 16. Jahrhunderts, die zu Hause im Verborgenen lernten, indem sie zusahen, was um sie herum geschah, sind nur wenige bemerkenswerte Beispiele häuslicher Erziehung überliefert, wie beispielsweise die Erziehung der drei Töchter von Thomas Morus. Sie wurden ebenso wie ihr Bruder auf dem Londoner Familiensitz in Buckelsbury unterrichtet. Von den vier Kindern erwies sich Margaret als das begabteste. Ihr Unterricht war zuweilen praktischer Natur und zuweilen auch theoretisch strukturiert. Keine Erziehungseinrichtung für Mädchen bot damals bessere Bildungsmöglichkeiten als ein Heim, in dem aufgeklärte Eltern sorgfältig ausgewählte Tutoren einstellten. Familien, die sich von der Aufklärung und den Grundsätzen Rousseaus anregen ließen, verwandelten ihre Häuser in regelrechte pädagogische Versuchsanstalten.

Die Mädchen erlernten zu Hause unter den Fittichen der Mutter alles, was zum Alltag einer Mutter gehörte: Kochen, Kinderpflege, Wäsche waschen, Stopfen, Sticken, Nähen und Weben. In der Malerei wurden diese häuslichen Lektionen in Geschicklichkeit häufig abgebildet. Auf dem Land kam zu diesen haushälterischen Pflichten noch die Versorgung der Stalltiere hinzu, die traditionell der Bäuerin unterstand. Auf dem Land wie in der Stadt nahm das kleine Mädchen an der Arbeit der Familie teil, egal ob sie landwirtschaftlicher, kommerzieller oder handwerklicher Art war. Für manche kam diese Tätigkeit einer Lehre gleich. Vom Hof, vom Laden oder der Werkstatt des Vaters brachten sie ihre Fertigkeiten und Erfahrungen mit in die Ehe und damit ins Geschäft ihres Gatten. Die meisten Frauen heirateten Männer ihres eigenen Standes. Im jugendlichen Alter konnte die im väterlichen Domizil begonnene Ausbildung auch in einem befreundeten oder verwandten Haushalt vervollständigt werden. Familien nahmen oft Außenstehende in ihr Heim auf. Im England des 17. Jahrhunderts ist es selbst in aristokratischen Familien und Kreisen des Landadels üblich, junge Männer im Alter von fünfzehn bis vierundzwanzig Jahren und junge Mädchen im Alter von fünfzehn bis neunzehn Jahren zu einer Familie in Pension zu geben. So trifft die Tochter von Thomas Fenton im Jahre 1546 bei ihrer Großmutter auf drei ihrer Cousinen und drei andere junge Damen aus gutem Hause. Und die Töchter von Sir Edmund Molineux werden 1551 bei einem Cousin ihres Vaters untergebracht in der Absicht, daß sie dort »in virtue, good manners and learning to play the gentlewomen and good housewives, to dress meet and oversee their households«[7] heranwachsen. Im 17. Jahrhundert war es für Mädchen von bescheidenerer Herkunft üblich, das väterliche Haus zu verlassen, um als Dienerinnen oder Ladenmädchen einige Jahre in der Stadt zu verbringen, während derer sie mit der guten Gesellschaft Londons oder der Badeorte in Berührung kommen sollten. Im Dienste anderer lernte man, seinen eigenen Haushalt zu führen.

Aus Autobiographien des 18. Jahrhunderts wird ersichtlich, daß manche Familie bewußt und trotz vorhandener spezialisierter Einrichtungen für die häusliche Erziehung optierte. Eltern aus privilegierten Kreisen behielten ihre Töchter zu Hause und ließen ihnen eine streng reglementierte Ausbildung zukommen. Diejenigen, die die Kompetenz und Muße dafür besaßen sowie Gefallen daran fanden, erteilten die Lektionen selbst, andere griffen auf professionelle Lehrer zurück, die zu ihnen ins Haus kamen. Mädchen, die auf solche Weise ihr Wissen erwarben, war es zuträglich, gemeinsam mit einem oder mehreren Brüdern zu Hause unterrichtet zu werden. Schwestern profitierten immer ein wenig von den Lektionen, die den Jungen erteilt wurden, ob sie nun nur hier und da etwas aufschnappten oder gar zu regulären Schülerinnen avancierten.

Die Eltern des 1786 geborenen Baron de Frénilly, begeisterte Förderer der Pädagogik und der Humanwissenschaften, richteten für ihren Sohn, dessen Schwester, zwei Cousinen und Mademoiselle Necker sogar eigens eine kleine Familienakademie ein. Man mag sich fragen, ob den jungen Mädchen allein eine solche Aufmerksamkeit zuteil geworden wäre. Der Unterricht wurde sonntags abgehalten, verbunden mit Freiluftaktivitäten und geistigen Spielereien. Nach dem Essen durfte die kleine Gruppe im Garten Drachen steigen lassen und sollte sich anschließend mit einem »Geschichtstext [auseinandersetzen], den man entwickeln sollte und dabei frei nach seiner Phantasie Titus-Livius, Sallust oder Tacitus sein konnte«[8] – eine intellektuelle Übung, die damals keine Schule jungen Mädchen angeboten hätte. Frénillys Eltern beurteilten später die Arbeiten des jungen Mannes und seiner vier Gefährtinnen, die sie im übrigen auch Theaterstücke aufführen ließen.

Die außerordentliche Erziehung der 1771 geborenen Madame de Chastenay oblag einer Lehrerin für Geschichte, Musik und Zeichnen, einem Lehrer für Mathematik und einem Lateinlehrer, letzterer war für alle Kinder des Hauses eingestellt worden.[9] Die 1781 als Tochter des Grafen d'Osmond in Versailles geborene Madame de Boigne verdankte ihr ungewöhnliches Wissen ihrem Vater, einem höfischen Edelmann. Er übernahm die Erziehung seiner Tochter vollständig. Da er während der Revolution ins englische Exil ging, fand er die Muße, ihren Geist zu kultivieren:

»Mein Vater hatte sich in der Zeit dieses Rückzugs ausschließlich um meine Erziehung gekümmert. Ich arbeitete regelmäßig acht Stunden täglich an den ernsthaftesten Dingen. Ich studierte die Geschichte, ich begeisterte mich für die Werke der Metaphysik. Mein Vater ließ sie mich nicht alleine lesen, aber er erlaubte [dies unter] seiner Aufsicht (. . .) mein Vater, der im übrigen Gefallen daran fand, ergänzte meine Studien durch einige Bücher über politische Ökonomie, die mich sehr amüsierten.«[10]

Die Lehrjahre von Manon Phlipon, der zukünftigen Madame Roland, waren typisch für das kultivierte Pariser Bürgertum vor der Revolution. Ihr Vater, ein Kupferstecher, und ihre Mutter ließen ihn zu Hause eine vorzügliche Ausbildung zukommen, die durch ein Jahr Klosterpensionat ergänzt wurde, während dem das Kind auf seine erste Kommunion vorbereitet werden sollte. Die 1754 geborene Manon, die als einziges von sieben Kindern überlebte, konnte mit vier Jahren lesen. Mit sieben Jahren erhielt sie ganztägig Stunden von verschiedenen Hauslehrern, die sie im Schreiben, in der Geographie, im Tanz, in der Musik und im Zeichnen unterrichteten. Aufgrund ihrer schulischen Erfolge wird Latein in ihr Studienprogramm aufgenommen. Als Manon mit elf Jahren in die Klosterschule des Ordens Notre-Dame eintritt, beglückwünschen sich die Nonnen dazu, ein solch gebildetes Mädchen zu bekommen. Sie können ihr nichts weiter beibringen, als sie auf die Kommunion vorzubereiten. Im Kloster behält Manon ihre Musik- und Zeichenlehrer, von denen sie im Sprechzimmer unterrichtet wird.[11] Ein derartiger Rückgriff auf das Kloster als Ergänzung zur häuslichen Erziehung, wie ihn die Familie Phlipon praktizierte, wurde nun als aufgeklärt und progressiv betrachtet.

Das Kloster

Das gängige Bild einer endlos hinter Klostermauern verborgenen weiblichen Kindheit verlangt nach Korrektur, will man der pädagogischen Wirklichkeit des 16. bis 18. Jahrhunderts näherkommen. Zunächst stand das Kloster nur einer relativ begrenzten Bevölkerungsschicht offen, da die Pension in einem Kloster die Eltern teuer zu stehen kam. Fehlendes oder geringes Vermögen der meisten Familien ersparte den Töchtern den Klosteraufenthalt. Das exorbitante Schulgeld erlaubte es lediglich Töchtern aus reichem Haus, in ein Kloster einzutreten. Wesentlich mehr Mädchen besuchten eine Elementarschule als ein Klosterpensionat.

In Paris mußte man um das Jahr 1750 zwischen 400 und 500 Pfund jährlich ausgeben, wollte man seine Tochter in ein Internat geben.[12] Sofern gewisse Ansprüche gestellt sowie besondere Zuwendung bzw. Privatstunden gewünscht wurden, konnte die Rechnung schnell 1000 Pfund erreichen. Ein Maurer zum Beispiel müßte dabei zwei Drittel seines Lohnes aufwenden. Aufgrund dieser nicht nur abschreckenden, sondern für gewöhnlich Sterbliche nicht erschwinglichen Tarife ist die Auslastung der Klosterschulen relativ gering. Im Jahre 1760 machten die 56 Pariser Internate 22% der schulischen Einrichtungen aus, nahmen jedoch nur 13% der Schülerinnen auf.

Die erhaltenen Schulregister zeigen, daß die Oberschicht überrepräsentiert war. In einer Einrichtung der moderateren Tarifstufe wie die der Ursulinen in der Rue Sainte-Avoye kommen 10% der Mädchen aus dem alten Adel und 34% aus der Beamtenklasse. Je höher die Gebühren, desto eher bleibt der Adel unter sich. In den großen Abteien (Penthémont, Abbaye-aux-Bois und Port-Royal), bei den Salesianerinnen und den Benediktinerinnen waren Mädchen mit adligen Vätern in der Mehrzahl.

Wie gestaltete sich nun die klösterliche Erziehung für diese Minderheit? Bereits im Mittelalter werden kleine Mädchen im Kloster erzogen. Mit der Neuzeit entwickelt sich sein pädagogischer Stellenwert weiter. Bis zum 17. Jahrhundert bietet das Kloster den Familien vor allem einen Ort des Rückzugs oder der Aufsicht und der Einführung in das Klosterleben. Während des 16. und 17. Jahrhunderts stellt das Klosterpensionat die Vorstufe des Noviziats dar. Die früh von ihren Eltern aus finanziellen Gründen – meistens um die Mitgift zu sparen – für das Kloster bestimmten Mädchen treten unmittelbar nach Abschluß der Klosterschule in die Klasse der Novizinnen ein, ohne jemals das Kloster verlassen und die Luft der Welt geschnuppert zu haben. Die Rekrutierung aus dem Pensionat spielte damals für die weiblichen Orden eine bedeutende Rolle.

Das änderte sich mit Beginn des 17. Jahrhunderts, als manche Orden anfingen, sich auf den Unterricht zu spezialisieren. Viele Familien gingen nun dazu über, ihre Tochter nur für eine begrenzte Zeit ins Kloster zu schicken. Für immer mehr junge Mädchen, die für ein weltliches und nicht für das geistliche Leben bestimmt waren, stellte dies nur eine Durchgangsstation dar. Dies führte zwangsläufig zu einer Öffnung des Klosters. Es hörte auf, als kleines Universum zu funktionieren, das mittels geschickter Manipulation seine Schülerinnen dem Nonnenstand zuführte. Tutoren wurden innerhalb der Klostermauern zugelassen, die ihren Schützlingen Privatstunden erteilen, wie im Fall Manon Phlipon. Die Nonnen des Calvaire, die sich in Paris in der Nähe des Jardin du Luxembourg niedergelassen hatten, bewiesen große Klarsicht und weise Voraussicht bei der Einschätzung ihrer künftigen Kundschaft, indem sie 1789 öffentlich erklärten:

»Wir haben uns davon überzeugen lassen, daß die jungen Mädchen, die man uns anvertraut, für die Welt geboren sind, und wir bemühen uns nicht nur darum, sie in die Pflichten einzuweisen, die sie in der Gesellschaft wahrnehmen müssen, sondern ihnen auch die Kenntnisse und Künste beizubringen, mit denen sie sich dort auszeichnen können.«[13]

Der pädagogische Wandel des Klosters kündigte sich bereits zur Zeit der Gegenreformation an, deren Stellenwert für die Ausbildung von Mädchen wir bereits hervorgehoben haben. Unter den Orden, die primär auf die Erziehung spezialisiert waren, taten sich die Ursulinen besonders hervor, sowohl aufgrund ihrer raschen geographischen Ausweitung als auch ihrer relativ frühzeitigen Etablierung. Die Nonnen dieses Ordens legten die drei traditionellen Gelübde der Armut, der Keuschheit und des Gehorsams ab, zu denen noch ein viertes hinzukam, das sie verpflichtete, sich dem Unterricht zu widmen. Die weiträumige Verbreitung der ursulinischen Schulen im Frankreich des 17. und 18. Jahrhunderts zeigt, daß ihre Einrichtungen auf eine tatsächlich existierende öffentliche Nachfrage reagierten. Der in Italien in Brescia von Angela Merici 1535 gegründete Orden gelangt 1572 nach Avignon. Von dort aus breitet er sich während des frühen 17. Jahrhunderts in Südfrankreich aus. Klöster wurden 1599 in Chabreuil in der Dauphiné, 1600 in Aix, 1602 in Arles, 1604 in Toulouse und 1606 in Bordeaux errichtet. Bis zum Jahre 1620 gab es bereits 65 Klöster der Ursulinen in Frankreich. Am Vorabend der Revolution hatte sich der Orden dort in 300 Städten etabliert, besonders in den Tälern der Rhône und Saône, in der Bretagne und im Südwesten.[14]

Die Organisationsstruktur des Unterrichtsplanes eines Klosters variierte je nach dem pädagogischen Selbstverständnis. Jene Gemeinschaften, die Schülerinnen nicht aufgrund eines speziellen Bildungsauftrags in Pension aufnahmen, sondern im Hinblick auf die klösterliche Unterhaltssicherung, hatten gewöhnlich lediglich eine einzige Klasse, in der dann etwa dreißig Pensionärinnen aller Altersstufen zusammen unterrichtet wurden. Orden dagegen, die aus Berufung lehrten, richteten zumeist drei verschiedene Klassenstufen ein: die Klasse der »Kleinen«, der »Mittleren« und der »Großen«. Um hundert Mädchen unterbringen zu können, mußte man über genügend Räumlichkeiten verfügen. Während manche klösterlichen Einrichtungen sich damit begnügten, ein Klassenzimmer und einen Schlafsaal einzurichten, war bei den Ursulinen oder dem Orden Notre-Dame die schulische Infrastruktur unterteilt und spezialisiert. Die Internatsschülerinnen hatten zudem ihren eigenen Speisesaal, eigene Krankenzimmer, zuweilen sogar ein separates Sprechzimmer und eine Küche. Der Unterrichtssektor war nicht mehr nur Appendix des Klosterlebens, sondern begann einen regulären großzügigen Posten innerhalb des Haushaltsplans darzustellen und Investitionen in Personal und Räumlichkeiten zu beanspruchen.[15]

Nichtreligiöse Internatsschulen

Neben einer Erziehung im Kloster boten sich für Mädchen aus begütertem Haus auch weltliche Internate an. Allerdings eignen sich weder die englischen *boarding schools* noch die französischen *pensions* (maisons d'éducation) bzw. andere französische Privatschulen für eine systematische Untersuchung dieses Phänomens. Die Informationen, die uns aus der Vergangenheit übermittelt wurden, lassen sich lediglich dem privaten Briefwechsel, den Memoiren, Tagebüchern oder kleinen, in der Presse veröffentlichten Werbeanzeigen entnehmen. Die *boarding schools* und Erziehungshäuser waren Privatunternehmen, die unabhängig operierten und oftmals plötzlich umzogen oder ganz verschwanden. Verglichen mit den Klosterschulen, die fest in eine jahrhundertealte kirchliche Administration eingebunden waren, unterlagen die weltlichen Einrichtungen den Wechselfällen und Risiken einer frühkapitalistischen Marktdynamik.

Im England des 17. Jahrhunderts wird die Tradition des Klosterpensionats durch die Etablierung und wachsende Verbreitung von *boarding schools* in säkularisierter Form fortgesetzt. Um das Jahr 1650 besaß jede Stadt, die sich dieser Bezeichnung würdig erweisen wollte, innerhalb ihrer Mauern ein Internat, das vor allem dazu bestimmt war, aus den Mädchen der Handelsbourgeoisie vorzeigbare Gattinnen für Angehörige der niederen Adelsschichten zu machen. Dabei war man vor allem um ein gepflegtes Äußeres, den rechten Anstand und die schönen Künste bemüht. In London wird bereits 1617 die erste *boarding school* eröffnet, und im Laufe des Jahrhunderts gab es in der Hauptstadt zeitweise bis zu vierzehn solcher Einrichtungen. Die in den Vororten Hackney, Putney und Chelsea hatten den besten Ruf. Von 1643 bis 1660 führte Robert Erwick dort eine besonders angesehene Einrichtung, die durchschnittlich etwa hundert Schülerinnen aufnahm. Man sprach damals von Hackney gemeinhin als von »the ladies university of the female arts«. Die Modewelle der *boarding schools* erfaßt auch die Provinz, vor allem solche Städte wie Manchester, Exeter, Oxford und Leicester. Gegen Ende des 17. Jahrhunderts wird die Kritik an der oberflächlichen Erziehung, die angeblich in diesen Institutionen praktiziert wird, immer lauter. Die meisten dieser Schulen ließen sich jedoch nicht von ihrem einmal eingeschlagenen Kurs abbringen. Indes unternahmen einige wenige von ihnen Anstrengungen hin zu einem gehaltvolleren Unterricht. 1673 bietet Mrs. Bathsua Makin, eine ehemalige Gouvernante von Kindern aus dem Adel, in der Tottenham High Cross School ein bemerkenswertes Unterrichtsprogramm an, das alte sowie lebende Sprachen, Naturwissenschaften, Arithmetik, Astronomie, Geschichte und Geographie umfaßt. Im 18. Jahrhundert folgen einige *boarding schools* diesem Beispiel, wie etwa 1760 in Chelsea die von Mrs. Lorrington geleitete Schule und die überaus renommierte Abbey House School, die von 1796–1797 auch Jane Austen zu ihren sechzig Schülerinnen zählte.[16]

In Frankreich sind die *pensions* später als ihre englischen Schwesterinstitute entstanden. Sie entsprechen einem in der zweiten Hälfte des 18. Jahrhunderts verspürten Bedürfnis, das mit der Infragestellung der Erziehungspraktiken des Klosters und des *collège* entstanden war. Zahlreiche Privatschulen – sowohl für Mädchen als auch für Jungen – etablierten sich im Zuge dieser Entwicklung in den Städten. Sie boten den Eltern ein Modell, das enger am Familienmodell orientiert war und solche neuen Werte wie Hygiene, Naturverbundenheit oder die Privatsphäre zunehmend in den Mittelpunkt stellten. Idealerweise entsprach das Internatsleben einem von Ehemann und Ehefrau geführten Haushalt. Die Schülerinnen wurden dazu angehalten, sich an der frischen Luft zu bewegen und sich gesund zu ernähren. Das schulische Programm beinhaltete die Erziehung des Körpers, des Geistes und der Sitten. Das Reisetagebuch von Henry Paulin Panon Desbassayns, einem Kaufmann von der Insel La Réunion im Indischen Ozean, der vier seiner Kinder – zwei Mädchen und zwei Jungen – von 1790 bis 1792 in Privatpensionen in Paris unterbringt, liefert jede Menge Informationen über jene Einrichtungen.[17] Er besuchte sieben Schulen für Mädchen, bevor er sich für diejenige entschied, die von den Eheleuten Roze in der Rue Copeau unterhalten wurde. Madame hatte auf alles ein Auge, Monsieur war Musiklehrer. Panon wünschte, daß seine Mädchen rasch

und gut lernen, und er besuchte sie häufig während ihrer Unterrichtsstunden: Lesen, Schreiben, Orthographie, Grammatik, Englisch, Kla-
vierspielen, Musiklehre, Tanz, Gesang, Sprecherziehung und Zeichnen.
Aber in der Pension Roze war auch für Amüsement gesorgt: Die Familien der Schülerinnen wurden regelmäßig zu Konzerten, Soupers, Feu-
erwerken und Bällen eingeladen. In der *maison d'éducation* wurde in
heiterer Geselligkeit gelernt.

Die Elementarschule

Kostenpflichtig oder gebührenfrei, ländlich oder städtisch – die Grundschule *(petite école)* war für eine breite Schicht von Schülerinnen eingerichtet worden. Was die Differenzierung der erzieherischen Praxis
nach Geschlechtern betrifft, ist die *petite école* zweifellos der neutralste Ort. Die religiösen Grundkenntnisse und Lesen und Schreiben werden hier Mädchen wie Jungen gleichermaßen vermittelt. Auf dem Land
war die *petite école* häufig eine gemischte Schule, ohne dadurch Anstoß
zu erregen. In den Städten allerdings belegen die wiederholten Proteste gegen den gemischten Unterricht und die Unterrichtung von
Mädchen durch Männer, daß Eltern das Miteinander beider Geschlechter im Klassenzimmer selbst dann ablehnten, wenn sich im Alltag tausend Gelegenheiten zu derartigem Kontakt boten. Dennoch verdankt
die *petite école* der Mädchen ihre Existenz und systematische Verbreitung den moralischen Vorbehalten gegen das gemeinsame Lernen der
beiden Geschlechter.

Obwohl wir sicherlich nie genau erfahren werden, wann die erste
Schule dieser Art gegründet wurde, ist historisch belegt, daß bereits
1357 der Kantor von Notre-Dame als Direktor der »Grammatikschulen
oder der *petites écoles* der Stadt Paris und ihrer Vororte« 25 Lehrerinnen zur Unterrichtung der Mädchen und 50 Lehrer für die der Jungen
beschäftigte. Der Bischof, dessen Monopol auf die kostenpflichtigen
petites écoles ein Erbe des Mittelalters war, glich die Zahl der angebotenen Stellen allmählich einander an. Als 1672 die neuen Statuten und
Ordnungen der Grundschulen erlassen wurden, konnte von etwa gleichen Zahlen ausgegangen werden. Zu dem Zeitpunkt gab es in der
Hauptstadt 166 Schulen, jeweils mit einer Lehrerin für Mädchen und
einem Lehrer für Jungen. Diese Parität wurde solange aufrechterhalten,
wie das kirchliche Schulsystem am Leben blieb. Jedesmal wenn der
Kantor seinem Netz neue Klassen hinzufügte, wurde sowohl eine Lehrerin als auch ein Lehrer benannt. 1791 gibt es 201 Lehrerinnenstellen.
Sie werden von Laien, zumeist ledigen bzw. mit Kollegen verheirateten Frauen besetzt.

Auch andere Bischofsstädte besaßen ein Netz von kostenpflichtigen *petites écoles*, das an den Bischofssitz angeschlossen war. In Lyon wurden 50 Lehrerinnen und 50 Lehrer in den verschiedenen Sektoren der Stadt beschäftigt, ein Verhältnis, das dem von Paris vergleichbar war. In Grenoble sind im Jahre 1789 13 kostenpflichtige Schulen für Mädchen und 14 für Jungen belegt. Amiens hatte zwischen 1715 und 1780 80 Lehrerinnen und 82 Lehrer, die dem Domkapitel unterstellt waren. Wenn wie in Paris der Unterricht im Haus der Lehrerin abgehalten wurde, waren die Aufnahmekapazitäten aufgrund ihrer engen Wohnverhältnisse begrenzt. Bestenfalls kamen zwanzig Schülerinnen in einem Raum unter, der nach den Schulstunden wieder als Wohnzimmer diente. Wenn der Schuldistrikt über eigene Räumlichkeiten verfügte, konnten dort etwa 50 Mädchen untergebracht werden.

Trotz der erhobenen Unterrichtsgebühren war die *petite école* wesentlich erschwinglicher als das Internat. In Paris bezahlten die Eltern im 18. Jahrhundert 3 Pfund 10 Sols im Monat, wenn sie ihre Tochter oder ihren Sohn in eine der Schulen von Notre-Dame schickten; das sind pro Jahr – berechnet auf 11 Monate – 38 Pfund 10 Sols pro Schüler. Eine solche Ausgabe konnten sich auch städtische Familien mit relativ bescheidenen Einkünften leisten, denen Bildung wichtig genug erschien, um auf die Löhne, die möglicherweiser von ihren Kindern erbracht werden konnten, zu verzichten. Neun von zehn der Mädchen, die die kostenpflichtigen hauptstädtischen Bildungseinrichtungen besuchten, kamen aus Kaufmanns- und Handwerkerfamilien – wobei mehr Töchter von Meistern als von Gesellen waren.[18] Auch wenn man dort von Zeit zu Zeit der Tochter eines Gärtners oder Köhlers, der eines Advokaten oder königlichen Geographen begegnen konnte, sind diese sozialen Schichten stark unterrepräsentiert. Die kostenpflichtige *petite école* ist vor allem für Handwerker und Kaufleute interessant, was durch ihre räumliche Verteilung innerhalb der Stadt bestätigt wird. In den Stadtzentren und den geschäftigen Vororten, wo sich Händler und Handwerker angesiedelt hatten, sind diese Schulen dichter gesät.

Als Trägerin der Bemühungen um die Volkserziehung, wie sie in der Folge des Konzils von Trient angestrengt wurden, richtet die katholische Kirche im 17. Jahrhundert in Frankreich kostenlose Schulen ein, die Mädchen zusätzliche Bildungschancen boten. Seit Beginn des 17. Jahrhunderts widmeten sich die neuen Orden, die sich mit der Mädchenbildung beschäftigten, neben ihren Internatsschulen, in denen Externe kostenlos unterrichtet wurden, der Unterweisung der Armen. Im Zuge der Gegenreformation öffneten ab 1650 weitere kostenlose Schulen ihre Pforten. Diese verdankten ihre Existenz der Initiative einer neuen, besser ausgebildeten Priestergeneration und der Förderung durch karitative Bruderschaften innerhalb ihrer Pfarrei. Das städtische Netz der Mädchenschulen wird damit engmaschiger. Die Armenschulen nehmen zwischen vierzig und hundert Mädchen in eine Klasse auf. In Paris zählen die wichtigsten Schulen bis zu 500 externe Schülerinnen. Die kostenlosen Schulen werden mittels Stiftungen und anderer testamentarischer Vermächtnisse finanziert. Wohlhabende Gönner, die ihr Seelenheil mit dem erworbenen materiellen Wohlstand zu versöhnen suchen, vermachten Teile ihres Vermögens an diese Institutionen. Einige der Schulen finanzierten sich auch teilweise über den Verkauf von Handarbeiten, die von den Schülerinnen angefertigt wurden.

Um die Gesetze der Konkurrenz zu respektieren und nicht die Mißgunst der Besitzerinnen kostenpflichtiger Internate zu erwecken, waren die kostenlosen Schulen theoretisch denjenigen Mädchen vorbehalten, deren Eltern außerstande waren, das Schulgeld aufzubringen. In Wirklichkeit bot jedoch die Kostenfreiheit nicht genügend Motivation, auch jene Schichten am Unterricht zu interessieren, deren Existenzgrundlage nicht ausreichend gesichert war. Die zahlende und die im Namen der Barmherzigkeit aufgenommene Kundschaft glichen sich mehr, als man gemeinhin annehmen würde. Zumindest bewegen sich beide im städtischen Bereich und sind in eine Pfarrei sowie eine berufliche Tätigkeit eingebunden, die ihre Subsistenz sichert. Der größte Unterschied bestand darin, daß in den karitativen Schulen ein höherer Prozentsatz von Töchtern von Tagelöhnern und Gesellen als aus Handwerker- und Händlerfamilien anzutreffen waren. Die Verfechter der kostenlosen Institutionen waren sich dessen bewußt, daß ihre Schülerschaft weniger homogen war, als sie zuzugeben gewillt waren. Deshalb schrieb die Schulordnung der Ursulinen ihren Lehrerinnen vor, »darauf zu achten, Mädchen von Stand nicht neben die ärmsten und unsaubersten Mädchen zu setzen, um in ihnen keinen Widerwillen zu erregen; dies sollte jedoch diskret geschehen, damit die armen Mädchen nicht glauben, man verachte sie«.[19] Die Gemeinschaft der Schwestern von Sainte-Anne in der Pfarrei Saint-Roch in Paris, die im Prinzip nur bedürftige Mädchen aufnahm, behält lediglich eine ihrer sieben Klassen, die sogenannte »Klasse der Zeitweiligen«, armen Mädchen vor, »die von ihren Eltern und der Notwendigkeit gezwungen werden, ihren Lebensunterhalt zu verdienen, und nicht mit Fleiß die Schule besuchen können, sondern dann kommen, wenn sie können«.[20] Anscheinend haben also auch zahlungskräftige Eltern ihre Kinder in Schulen geschickt, die nur den ärmsten vorbehalten waren. Die vielen Konflikte zwischen den Verwaltern kostenpflichtiger Schulen und kostenloser Schulen zeigen, daß die Schülerzahl sich auch mit dem Argument der Kostenfreiheit nicht beliebig steigern ließ.

Auch die englischen, irischen und walisischen Städte profitierten vom Boom der karitativen Schulen in Frankreich. Dieser wirkt sich allerdings erst ein Jahrhundert später aus und geht auf die Initiative der im Mai 1699 gegründeten Society for the Propagation of Christian Knowledge (SPCK) zurück. Im 18. Jahrhundert kümmern sich fromme Adlige mit philanthropischer Gesinnung darum, die Straßenkinder in den Städten aufzugreifen. Sie blieben solange in der Schule, bis sie Grundkenntnisse des Lesens, Schreibens, der Religion und Sittenlehre erworben hatten, anschließend brachte man sie als Lehrlinge oder als Bedienstete unter. Die SPCK koordinierte die Gründung und Verwaltung neuer Schulen. Im Jahr 1729 wurden die 132 Londoner Schulen von 5225 Schülern besucht, und 1733 werden bereits schätzungsweise 20000 Kinder im Namen der Barmherzigkeit im ganzen Land unterrichtet. 1709 verbindet die Londoner Feministin Mary Astell Theorie und Praxis und gründet eine Mädchenschule. Es gelang ihr, die Vorsteher des Chelsea Royal Hospital dafür zu gewinnen, eine Klasse mit 30 bedürftigen kleinen Mädchen einzurichten. Mary Astells Schule unterschied sich von anderen karitativen Instituten dadurch, daß auf ihrem Stundenplan die frommen Übungen nicht an erster Stelle stehen und sie sich weigert, ihre Schülerinnen mit Handarbeiten zu beschäftigen, die verkauft werden, um das Schulgeld einzutreiben.[21]

Auf dem Lande waren Mädchen generell weniger begünstigt als ihre Schwestern in den Städten. Sie profitierten nicht wie letztere von der Existenz mehrerer teils kostenpflichtiger, teils kostenloser Schulsysteme.

Die dörflichen Gemeinschaften, die kaum in der Lage waren, den Unterhalt für eine Schule aufzubringen, konnten ihr Budget nicht auf das Doppelte erhöhen, um eine Mädchenschule aufzumachen. Diese finanziellen Einschränkungen führten dazu, daß man die Augen vor einer sich unbemerkt einschleichenden Geschlechtermischung verschloß. In seinen Memoiren erzählt Restif de la Bretonne, ein ehemaliger Schüler der *petites écoles* im ländlichen Auxerrois, vom Unterricht, der ganz selbstverständlich von Jungen und Mädchen besucht wurde. Je kleiner das Dorf, desto toleranter verhielten sich die kirchlichen Behörden, auch wenn die Bischöfe auf dem Papier ausdrücklich empfahlen, Unterrichtsstunden für Jungen und Mädchen zu verschiedenen Zeiten abzuhalten, Trennwände einzuziehen oder die Mädchen nach Vollendung des neunten Lebensjahres aus der Schule zu entlassen. Häufig war die gemischte Schule für die kleinen Landbewohnerinnen die einzige Chance, ein Grundwissen zu erwerben. Immer dann, wenn es einem mit den Jansenisten sympathisierenden Bischof oder einem um die Moral seiner Schäfchen besorgten Pfarrer opportun erschien, den gemeinsamen Unterricht von Jungen und Mädchen zu untersagen, führte dies unvermeidlich dazu, daß Mädchen vom Unterricht ausgeschlossen wurden. Dies geschah im Jahre 1784 in Montigny-les-Arsu-res in der Franche-Comté. Die Einwohner weigerten sich, eine zweite Schule zu errichten, mit der Begründung, daß auf dem Land ohnehin kein Mädchen nach dem zehnten Lebensjahr eine Schule besuchen würde. Es sei für Mädchen sowieso kaum notwendig, schreiben oder lesen zu lernen. Angeführt wurde außerdem das durchaus richtige Argument, daß »es viel gefährlicher für die guten Sitten [sei], die jungen Mädchen zum Viehhüten in die Heide zu schicken [. . .] zusammen mit den heranwachsenden jungen Männern«.[22]

Selbst wenn die dörflichen Gemeinschaften eine weltliche Lehrerin einstellen konnten, die von den Eltern der Schülerinnen bezahlt wurde, kam diese, im Falle von Lehrern für Jungen häufige Praxis den Mädchen nicht vor 1750 zugute und blieb auch danach sehr selten. Während des ganzen 18. Jahrhunderts beschäftigten die 390 ländlichen Pfarreien der Region Doubs 66 Lehrerinnen und 3000 Lehrer. Die ländlichen Mädchenschulen waren in der Tat fast ausschließlich Sache der auf nationaler oder regionaler Ebene operierenden Kongregationen. Kongregationen, die sich der Erziehung widmeten, unterhielten in ihrem Mutterhaus zuweilen ein Seminar, das dazu bestimmt war, Lehrerinnen für ländliche Schulen auszubilden. Die Kongregation der Barmherzigen Schwestern der 1633 von Vincent de Paul in Paris gegründeten Charité dienten dabei als Vorbild. Die Vinzentinerinnen mit der wohlbekannten weißen Haube schwärmten ins ganze Land aus, um arme kleine Mädchen zu unterrichten und bedürftige Kranke zu pflegen. Die Dames de Saint-Maur verbreiten sich von ihrem 1678 gegründeten Pariser Seminar aus ebenfalls über ganz Frankreich, insbesondere in den Diözesen des protestantischen Südens.

Das Muster der Barmherzigen Schwestern fand häufig Nachahmung in den einzelnen Diözesen und Regionen. Die Kongregationen, die sich in erster Linie der Erziehung widmeten und meist von lokal begrenztem Einfluß waren, entstanden um 1630 und verbreiteten sich zunehmend zwischen 1660 und 1730. Ihre bestimmende Rolle erklärt die großen regionalen Unterschiede in Frankreich, was die Schulbildung der Mädchen auf dem Lande betrifft. Immer dort, wo eine dieser Kongregationen aktiv wurde, waren Mädchenschulen zu finden, selbst in den kleinsten Dörfern. Die Vatelotes genannten Schulschwestern, deren Orden 1725 von dem Domherrn Vatelot in Toul gegründet worden war, unterhielten im Jahr 1789 in Lothringen 124 Schulen. Im Westen Frankreichs unterhielt die 1719 von Grignion de Montfort ins Leben gerufene Kongregation der Schwestern der Weisheit am Vorabend der Revolution 66 Einrichtungen zwischen der Basse-Normandie und dem Saintonge. Die Auvergne und das Velay profitierten von der

Anwesenheit der Béates[23], der Dames de l'instruction und der Schwestern von Saint-Joseph. Die Lyoner Gegend war die Heimat der Schwestern von Saint-Charles, während in der Bretagne im 18. Jahrhundert
drei Orden der Karmeliterinnen in fast allen Pfarreien der Diözese von
Vannes unterrichteten. All diesen Anstrengungen zum Trotz blieben
dennoch Regionen, die nicht versorgt wurden.

Das Verhältnis von Angebot und Nachfrage hinsichtlich Erziehungseinrichtungen für Mädchen in Paris im Jahre 1760 gibt Aufschluß über die quantitativen Ausmaße des Mädchenunterrichts im
Ancien Régime. Die Stadt mit den meisten kulturellen Privilegien bot
damals ungefähr 11 200 Plätze für Mädchen in 265 schulischen Einrichtungen: 2700 in den 153 kostenpflichtigen Schulen, 7000 in den
56 kostenlosen *petites écoles* und 1500 in den 56 Klosterpensionaten.
In dieser Stadt mit 600 000–800 000 Einwohnern zählte man zwischen
49 500 und 66 000 Mädchen im schulpflichtigen Alter (zwischen sieben und vierzehn Jahren). Berücksichtigen wir diejenigen, die keine
Schule besuchten, und diejenigen, die anderswo lernten, und die Tatsache, daß Mädchen bestenfalls zwei oder drei Jahre in der Schule
verbrachten, so kann davon ausgegangen werden, daß die Hauptstadt
allenfalls einem Drittel der potentiellen Schülerinnen einen Platz
bereitstellte.[21] So war es um die Bildungssituation im vorrevolutionären Frankreich bestellt.

WISSEN UND UMGANGSFORMEN

Zwischen dem 16. und 18. Jahrhundert wurde das dem anderen Geschlecht konzedierte Wissen nicht qualitativ, sondern lediglich quantitativ erweitert, indem mehr Mädchenschulen eingerichtet wurden. Zu
Beginn des 19. Jahrhunderts besuchten zwar mehr Mädchen als je zuvor die Schule, jedoch hielt sich ihr Wissensstand auf demselben
Niveau wie vorher. Welche Schule ein Mädchen auch besuchte, es
bestand kaum jemals die Gefahr, daß sie als Gelehrte daraus hervorgehen würde. Sowohl die Klosterschulen als auch die *petites écoles* vermittelten einen äußerst begrenzten Unterrichtsstoff und verwendeten
ein Minimum an Zeit auf intellektuelle Bildung. Nur ein gut struktu-
rierter Hausunterricht ermöglichte es Frauen, einen Bildungsstand zu
erreichen, der sich mit dem der Jungen messen konnte, die ihr Wissen in Privatschulen erwarben. Das Durchschnittsmädchen wurde tunlichst von jeglichem intellektuellen Zeitvertreib ferngehalten, es genügte vollkommen, ihren Wissensdurst mit frommen Übungen und hand-
arbeitlichen Fertigkeiten zu stillen.

Eine unvollständige Schulbildung

Selbst Klöster, die sich auf pädagogischem Gebiet betätigten, stießen sehr bald auf grundlegende Hindernisse bei der Wissensvermittlung, die in den langjährigen Gewohnheiten der Familien begründet lagen, die ihre Dienste teuer bezahlten und nach eigenem Gutdünken benutzten. Eltern erwarteten, daß ihre speziellen Wünsche und Ansichten respektiert wurden, und konnten gegebenenfalls ihre Kinder aus dem Internat nach Hause zurückholen. Nonnen hatten große Mühe, Unterrichtspläne für Klassen zu erarbeiten, in denen Mädchen von vier bis achtzehn Jahren zusammenkamen. Das Konzept eines Schuljahrs war damals noch unbekannt.

Die Unterschiede zwischen Rhythmus und Dauer der Schulzeit in Mädchen- und Jungeninternaten am Ende des Ancien Régime sind bezeichnend.[25] Während die Jungen gewöhnlich im Herbst bzw. Frühjahr mit der Schule anfingen, gab es keine regulären Termine für die Mädchen. Diese traten zu beliebigen Zeiten in ein Internat ein bzw. verließen es wieder. Nur die Ursulinen näherten sich dem Semesterrhythmus an. Auch durch die Dauer des Aufenthalts im Pensionat unterschied sich die Routine der Klosterschulen deutlich von der der Knabeninternate: Die meisten Mädchen blieben ein oder zwei Jahre, ihre Brüder meistens zwischen drei und acht Jahren. Der kurze Aufenthalt der Mädchen im Internat machte einen fortlaufenden Unterrichtsplan unmöglich. So wie die zukünftige Madame Roland kurz vor der Revolution verbringen Mädchen höchstens zwei Jahre im Kloster, und meist ausschließlich, um sich auf die Erstkommunion vorzubereiten.[26] Madame Campan schrieb wenig später, daß nach 1760 »fast alle Mädchen nur noch ein Jahr in den Klöstern verbrachten, und dieses Jahr war zum vertieften Studium des Katechismus bestimmt, und als Rüstzeit zur Vorbereitung auf die Erstkommunion (...); man hatte seit langem die Gewohnheit aufgegeben, Mädchen bis zum Alter von achtzehn Jahren hinter den Mauern des Klosters zu lassen«.[27]

Die Anzahl der Schülerinnen in Klosterschulen verringerte sich allmählich; in der Hauptstadt waren nach 1750 nur wenige voll ausgelastet. Im gleichen Zeitraum geht auch der Besuch von Jungeninternaten immer mehr zurück. Aufgeklärte Familien der gesellschaftlichen Elite hatten sich längst vom Konzept der Internatsschule verabschiedet.

Dadurch, daß Klöster der Beachtung interner Regeln größeres Augenmerk beimaßen als dem eigentlichen Unterrichtsbetrieb, blieb immer weniger Zeit für akademische Belange. Die Schülerinnen, die je nach Institution und Jahreszeit zwischen 4 und 7 Uhr morgens aufstehen und zwischen 19 Uhr 45 und 21 Uhr 30 schlafen gehen mußten, wandten letztlich bestenfalls fünf oder sechs Stunden am Tag für die Schule auf.

Je stärker das Klosterleben vom Geist der Regeln bzw. von jansenistischen Skrupeln geprägt war, desto mehr wurde der Liturgie Vorrang vor der Wissenschaft gegeben. Im Stundenplan der strengsten Häuser hat der Erwerb profanen Wissens den bloßen Stellenwert eines Lückenbüßers zwischen der religiösen Unterweisung und den Andachten, den Gebeten, Meditationen und der frommen Lektüre. Der allgemeine Schulbetrieb im Kloster wird ständig durch die Glockenschläge, die zum Gebet rufen, unterbrochen.

In den *petites écoles* verläuft der Unterricht nach einem anderen Rhythmus, auch wenn der tägliche Besuch der Messe zum Stundenplan gehört. Schulen, die kostenlos waren oder geringes Schulgeld forderten, konnten ihren Terminplan gegenüber den Familien durchsetzen, deren minimale finanzielle Beteiligung nicht länger rechtfertigte, daß man sich, wie etwa im Falle teurer Internate, nach ihnen richtete. Mädchen verbrachten gewöhnlich bis zu vier Jahre in kostenpflichtigen Schulen, drei Jahre in freien kommunalen Schulen und lediglich zwei Jahre in denen der Pfarrgemeinden. Aus finanziellen Erwägungen heraus konnten es sich Lehrerinnen der kostenpflichtigen Schulen nicht leisten, das Alter ihrer Schülerinnen bzw. die Zeit, die diese benötigten, um lesen und schreiben zu lernen, zu beschränken. Anders war es bei den karitativen Institutionen, denen es darum ging, möglichst viele Schüler zu rekrutieren, und die stets darum bemüht waren, ihre Schützlinge so rasch wie möglich wieder los zu werden, um anderen Platz machen zu können. Es kam zuweilen vor, daß ein Mädchen bis zur Vollendung seines achten Lebensjahres warten mußte, bevor es Aufnahme in einer solchen Schule fand. Den Gönnern karitativer Einrichtungen ging es primär um das Ertragsvolumen, d. h. in diesem Falle um eine möglichst hohe Anzahl geretteter Seelen. Dementsprechend wurden die Schüler(innen) ihrem jeweiligen Lese- bzw. Schreibvermögen nach in zwei oder drei Klassen eingeteilt.

Schülerinnen der externen städtischen Schulen bekamen im Herbst drei oder vier Wochen Ferien, wohingegen die Schulen auf dem Land eine ausgedehntere Unterrichtspause gewährten aufgrund des während der Erntezeit bestehenden Bedarfs an zusätzlichen Arbeitskräften. Statt regulärer Schulferien gab es Unterbrechungen aus Anlaß der zahlreichen religiösen Feiertage, und die Unterrichtswoche wurde durch einen bzw. eineinhalb Tage der Ruhe unterbrochen. Schulen, die sich auf eine Berufsausbildung spezialisierten, mußten notwendigerweise weit mehr als die gemeinhin üblichen fünf bis sechs Stunden auf die Unterrichtung ihrer Zöglinge verwenden. Die Schülerinnen der Gemeinschaft der heiligen Agnes in Paris arbeiteten von 7 bis 11 Uhr morgens und von 12 Uhr 30 bis 18 Uhr nachmittags. Für diese Mädchen, die gleichsam Schülerinnen und Arbeiterinnen waren, wurde die Unterrichtszeit durch die Anforderungen des Marktes reguliert. Der geringe Zeitraum, der für den allgemeinen Unterricht übrig blieb, wurde zugunsten der Unterweisung in Nadelarbeiten und frommen Übungen genutzt. Immer noch befürchtete man, daß junge Damen zu viel lernen und sich überflüssige Kenntnisse aneignen könnten, die ihnen nur zum Schaden gereichen würden. Die Vernachlässigung bestimmter Fächer, die Beschränkung auf das Allernötigste bei der Wissensvermittlung sowie eine eher auf Toleranz denn Akzeptanz ausgerichtete pädagogische Einstellung bezeugen, daß man der weiblichen Bildung immer noch mit großem Mißtrauen begegnete.

Streng kontrollierte Unterweisung

Der Fächerkanon der Mädchenschulen des vorrevolutionären Frankreich setzte sich folgendermaßen zusammen: Religion und Sittenlehre, die Anfangsgründe des Lesens, Schreibens und Rechnens sowie der Umgang mit Nadel und Faden. Die verschiedenen Institutionen variierten diesen Kanon, der in den Klosterschulen dank der zur Verfügung stehenden finanziellen Mittel und des Rückgriffs auf Privatlehrer einige Erweiterungen erfuhr. Vor allem aber sollte den kleinen Mädchen in der Schule beigebracht werden, »Gott zu erkennen, ihn zu lieben und ihm zu dienen«. Als der katholische Pfarrer der Pariser Gemeinde Saint-Louis-en-l'Ile 1716 eine Lehrerin sucht, schließt er in seinem an die Oberin der Schwestern der Charité gerichteten »Anforderungsprofil« mit dem Satz: »Ich spreche Ihnen nicht vom Katechismus und den christlichen Unterweisungen, denn Sie wissen, daß das vor allem anderen kommt.«[28] Sowohl die unterrichtenden Laienschwestern als auch die Kongregationsschwestern waren gehalten, ihre ganze Energie, ihre Autorität, ihren Ehrgeiz und ihre Sorgfalt auf den religiösen Teil des Lehrplans zu verwenden.

Angefangen vom Erlernen der Gebete, über die Einführung in die heiligen Schriften und die Vorbereitung auf den ersten Empfang der Sakramente und die Erstkommunion bis zum täglichen Besuch der Messe, ist der gesamte Schulalltag der Mädchen durch den Glauben geprägt. Der von Gebeten unterbrochene Stundenplan (vor oder nach den Lektionen bzw. in den Pausen), die Bibliothek, in der nahezu neun von zehn Titeln der Gattung »fromme Werke« angehörten, die erbaulichen Bilder an den Wänden des Klassenzimmers – all das gehörte dazu. Aber die religiöse Komponente erschöpfte sich nicht in diesen äußeren, hörbaren, memorierbaren oder sichtbaren Zeichen, sie manifestierte sich auch in den Verhaltensweisen und Gesten der Kinder, deren spontane Reaktionen man streng im Zaum zu halten versuchte. Hier wird es schwierig, zwischen der Instruktion in allgemeiner Sittenlehre und in Verhaltensnormen und dem eigentlichen Religionsunterricht zu differenzieren: In der Mädchenerziehung waren alle drei gleichermaßen integriert. Der Erfolg eines Werkes wie der *Conduite chrétienne ou Formulaire de prières à l'usage des pensionnaires des religieuses Ursulines*, das in zahlreichen Gemeinschaften und sogar bei weltlichen Institutionen Verwendung fand und im 18. und 19. Jahrhundert mehrmals neu aufgelegt wurde – einschließlich einer 800seitigen Edition im Jahr 1868 –, zeigt, wie stark das gesamte Schulwesen vom religiösen Dogma durchdrungen war. Die *Conduite chrétienne* begleitete die Schülerinnen vom Aufstehen bis zum Schlafengehen.

Die religiöse Unterweisung reichte sogar in die Zeit hinein, die im Prinzip dem Erwerb weltlichen Wissens vorbehalten war: Lesen wurde gelernt, indem Gebete Silbe für Silbe buchstabiert wurden, ebenso erlernte man das Schreiben durch das Abschreiben frommer Sprüche. Den Mädchen das Lesen und, wenn sie lange genug auf der Schulbank blieben, das Schreiben und Rechnen beizubringen war von zweitrangiger Bedeutung und diente bestenfalls als Anreiz für den Schulbesuch. Die Unterrichtsprogramme erläuterten ausführlich das religiöse Curriculum, um lakonisch hinzuzufügen: »Die Studenten werden auch das Lesen und Schreiben erlernen.«

Das Lesen war in erster Linie ein Instrument im Dienste der religiösen Unterweisung. Es half dem schlechten Gedächtnis auf die Sprünge und verhinderte das Stammeln beim Aufsagen von Bibelversen. Die Lektüre diente zur Unterstützung der christlichen Botschaft, die von den Müttern an ihre Kinder weitergegeben wurde. Ihrer frommen Verwendung entkleidet, war sie etwas suspekt. Erzieher warnten immer wieder vor dem schlechten Gebrauch, der von ihr gemacht werden konnte. Als um das Jahr 1750 die ersten Romane für Mädchen aufkamen, fanden sie ihre Befürworterinnen unter Hauslehrerinnen und aufgeklärten Müttern. Die institutionelle Praxis blieb in dieser Hinsicht jedoch sehr weit zurück. Im Gegensatz zu frommen Büchern konnten Romane eventuell anstößige Inhalte haben und fielen somit unter die strenge Zensur sowohl der weltlichen als auch der Klosterschulen. Jedes neue Buch, das Einlaß ins Koster begehrte, wurde vorher aufs sorgfältigste von der Mutter Oberin überprüft.

Die um 1650 in den Lehrplan von Port-Royal eingeführte Neuerung, das Lesen mittels des Französischen und nicht mehr mittels des Lateinischen zu unterrichten, wurde bald auch von anderen Mädchenschulen übernommen. Angesichts einer Zwangssituation triumphierte die Logik: Da Mädchen generell nicht allzu lange in der Schule blieben, schien es ohnehin sinnvoller, das Lesen nur noch in der Muttersprache zu erlernen. Auch wenn auf dem Papier die Fächer Französisch und Latein existierten, so waren die Mädchen, die in diesen Fächern einen Abschluß erwarben, in der Minderheit. Ein akademisch ambitionierter Orden wie die Ursulinen tat sich dadurch hervor, daß der Lektüre in lateinischer Sprache Priorität eingeräumt wurde. Grund hierfür war deren ausgeprägtes Interesse an der klassischen Kultur.

Obwohl die Schule im allgemeinen das Lesen und Schreiben lehren sollte, wurde letzteres, zumindest im 17. Jahrhundert, nicht immer in die Tat umgesetzt. Zum einen beherrschten manche Lehrerinnen die anspruchsvolle Kunst des Schreibens selbst nicht ausreichend, um sie unterrichten zu können. Zum anderen gehörte das Schreibenlernen der zweiten Phase der Schulzeit an, erst nachdem das Lesen bereits gemeistert worden war. Nicht alle Schülerinnen brachten es so weit. Die schulischen Einrichtungen verfolgten unterschiedliche Methoden des Schreibenlernens, die auf den Gebrauch, den die Schülerinnen vermutlich davon machen würden, zugeschnitten waren. Während die privilegierten Zöglinge der Ursulinen individuell lernten und mit äußerster Sorgfalt betreut wurden, übten sich die Schülerinnen der karitativen Schulen mehr schlecht als recht im Schreiben, indem sie auf Pappkarton vorgemalte Beispiele kopierten. Sie lernten auch nicht, wie die Schülerinnen der Kongregation von Notre-Dame, »Formeln für Versprechungen, Quittungen für gelieferte Waren und andere Schriftstücke, was ihnen in ihrem jeweiligen Stand von Nutzen sein wird«[29], abzuschreiben.

In den meisten Fällen mußten die knappen Kenntnisse im Lesen, Schreiben oder Rechnen, die einem Mädchen zuteil wurden, außerhalb der Schule vervollkommnet werden, wenn sie nicht dem Vergessen anheimfallen sollten. Ohne die entsprechenden Anwendungsmöglichkeiten konnte der elementare Unterricht nicht auf fruchtbaren Boden fallen.

Beim Verlassen der Grundschule sollte ein Mädchen einen gewissen Geschmack am Arbeitsalltag gefunden haben. Durch die Omnipräsenz von Faden, Stoff und Nadeln, durch Unterweisung in das Sticken, Spitzenklöppeln, Gobelinsticken, Nähen, Stricken und Flicken wurde in der Schule auf diesen Arbeitsalltag vorbereitet. Die Bedeutung solcher Arbeiten war verschieden, je nachdem, ob sie in den Händen adliger Mädchen, die die Klosterpensionate besuchten, oder in denen von Schülerinnen der Charité entstanden. Im Hinblick auf die ersteren wird die Arbeit als gesunde Beschäftigung gewertet, als ein Mittel gegen Müßiggang. Bei den letzteren liegt der Zweck der in der Schule erlernten Fähigkeiten in der Möglichkeit eines ehrbaren Broterwerbs und damit der moralischen und spirituellen Läuterung.

»Mädchen in die Lage zu versetzen, auf ehrbare Weise ihren Lebensunterhalt zu verdienen«, diese Formulierung kehrt leitmotivisch in den

Veröffentlichungen der Gründer karitativer Institutionen wieder. Man lehrt sie daher »die kleinen Gewerbe, die ihren Fähigkeiten entsprechen«, wie es bei den Schwestern von Saint-Maur heißt, oder auch »die minderen Wissenszweige, die Mädchen angemessen sind«, laut dem Pariser Waisenhaus des Enfant-Jésus. Diese minderen Gewerbe, in denen Mädchen nach der Schulzeit eine Anstellung finden konnten, garantierten ihnen bescheidene Einkünfte, jedoch bestand keine Gefahr, daß sie sich über ihre Herkunft erheben würden. Aus den ehemaligen Schülerinnen werden Arbeiterinnen, die allerdings nicht die Mittel haben, einen Meisterbrief zu kaufen. Und da das Erlernen der Handarbeiten vom Einfachen zum immer Kunstvolleren fortschreitet, waren die erworbenen Fertigkeiten wiederum abhängig von der Dauer der Schulzeit. Viele Schülerinnen kamen über das Stadium elementarster Fähigkeiten nicht hinaus, die auch dementsprechend schlecht vergütet wurden. Die Berufsausbildung der karitativen Einrichtungen befriedigte zwar das gute Gewissen ihrer Gönner, gefährdete jedoch die strengen Gesetze des Arbeitsmarktes nicht. Außerdem gewährleistete die Ausbildung von Schülerinnen auf dem Gebiet der Textilverarbeitung die Bereitstellung ausreichender Arbeitskräfte zur Deckung eines besonders in den Städten wachsenden Bedarfs an Kleidung.

Klöster, deren Zöglinge ihren Lebensunterhalt gewöhnlich nicht mit Nadelarbeiten verdienen mußten, sondern eine standesgemäße Ehe anstrebten, lockerten den praktischen Unterricht auf. Der Internatskontext eignete sich vorzüglich für die Einführung in die Aufgabe, einen großen Haushalt zu führen, und geriet leicht zu einem Experimentierraum. In einer angesehenen Institution wie der Abbaye-aux-Bois durchlaufen die jungen Damen, die zu Hause keinen Finger rühren müssen, die verschiedenen Klostereinrichtungen, um von den Laienschwestern zu lernen, wie man das Hauspersonal anleitet. Hélène Massalska, die zukünftige Prinzessin von Ligne, wird so nacheinander den neun Bereichen der Abtei zugeteilt: der Abteikirche, der Sakristei, dem Sprechzimmer, der Apotheke, der Wäscherei, der Bibliothek, dem Speisesaal, der Küche und dem Gemeinschaftsraum[30] – Domänen, über die eine perfekte adlige Hausfrau herrschen können muß. Während die Schülerinnen karitativer Schulen sich in ihren zukünftigen Stand als Arbeiterin schickten, wuchsen diejenigen der Klosterpensionate in ihre Rolle als Hausherrin hinein.

Klöster ergänzten ihren Unterrichtsplan, indem sie Privatlehrer anstellten, um den Zöglingen die Schönen Künste und einige Wissenschaften beizubringen. Diese »Extras«, mit denen die Eltern auf ihre Kosten die Ausbildung ihrer Töchter anreichern, bilden eine interessante Erweiterung des üblichen Programms der Elementarschulen, und gelten als unerläßlich für die Ausbildung derjenigen Kreise, die zur

Kundschaft des Internats gehören. Die Klosterbehörden bleiben
mißtrauisch gegenüber denjenigen Fächern, die eher in den Bereich
des Frivolen fallen: Es galt, sich vor eitlen und unnützen Kenntnissen
in acht zu nehmen, die nur dazu dienten, den Geist hochmütig zu
machen. Dennoch setzten aristokratische Eltern ihre Forderungen
durch und verfaßten für ihre Töchter Lehrpläne »à la carte«. Selbst in
einem so streng reglementierten Haus wie Port-Royal erteilten 1773 sieben Lehrer Privatstunden im Sprechzimmer: Fünf Männer unterrichteten Tanz, Musik, Cembalo, Harfe und Laute, und zwei Frauen lehrten
Geographie und Zeichnen. Zwischen den Gemeinschaftsstunden und
dem Privatunterricht erhielten Hélène Massalska und ihre Mitschüle-
rinnen in der blauen Klasse (von sieben bis zehn Jahren) in der
Abbaye-aux-Bois Unterricht in Katechismus, Lesen, Musik, Zeichnen,
Geschichte und Geographie, Schreiben, Rechnen, Tanz, Harfe oder
Cembalo, der jeweils zwischen einer halben und einer Stunde dauerte.
Hinzu kommen Theaterstücke, die regelmäßig von den Schülerinnen
aufgeführt werden. Nach dem Erfolg in Saint-Cyr wird *Athalie* in allen
großen Mädchenpensionaten aufgeführt. Überall schätzte man die
Schönen Künste, wobei die Musik die meisten Anhänger fand. Die Klo-
sterinternate wurden für manche Musiker zu einer regelmäßigen Einnahmequelle. Sie wandten einen großen Teil ihrer Arbeit dafür auf und
komponierten Stücke »für die jungen Damen, die in den religiösen
Häusern erzogen werden«. Wenn man von den Beschlagnahmen
während der Französischen Revolution in Paris ausgeht, waren das
Cembalo und das Pianoforte diejenigen Instrumente, die in den Klöstern am gebräuchlichsten waren.

Die Unterschrift als Wissensspiegel

Historiker und Historikerinnen, die untersuchen wollen, wieviel in den
Schulen oder zu Hause gelernt wurde, nehmen oft die Fähigkeit zu
unterschreiben als Maßstab ihrer Beurteilung. Es ist riskant, eine eindeutige Beziehung herzustellen zwischen der Fähigkeit, eine Unterschrift zu leisten, und der Fähigkeit, die Buchstaben und den Sinn
eines geschriebenen Textes zu entziffern oder die Feder zu handhaben, aber man kann davon ausgehen, daß die Unterschrift von einem
Minimum an Alphabetisierung zeugt. Die uns für ganz Frankreich unter
dem Ancien Régime zur Verfügung stehenden Zahlen geben Auskunft
über zwei durch ein Jahrhundert getrennte Perioden: die erste für die
Jahre 1686–1690, die zweite zwischen 1786–1790. Als erstes lernen wir
daraus, den statistischen Berechnungen von Durchschnittswerten zu
mißtrauen. Hinter diesen Durchschnittswerten nämlich verbergen sich

bedeutende Unterschiede zwischen einzelnen Regionen, zwischen Stadt und Land und zwischen den Geschlechtern.

Die erste große Konstante der Alphabetisierung der Franzosen vor der Revolution ist die privilegierte Stellung Nord- und Ostfrankreichs, oberhalb einer imaginären Linie, die Saint-Malo mit Genf verbindet. In den Jahren 1786–1790 unterzeichneten nördlich dieser Linie 71% der Männer und 44% der Frauen ihre Heiratsurkunde, während es im Süden nur jeweils 27% und 12% waren. Hundert Jahre früher war die fast überall im Norden erreichte Alphabetisierungsrate von 20% im Süden außergewöhnlich. Innerhalb dieser beiden Regionen sind die privilegierte Stellung der Stadt gegenüber dem Land einerseits und der höhere Wissensstand der Männer gegenüber dem der Frauen andererseits, überall und in allen Schichten, die beiden anderen großen Konstanten, die sich beobachten lassen.

Wenn die Männer überall häufiger als die Frauen unterschreiben, so ist es besonders interessant zu beobachten, daß zwischen dem 17. und dem 18. Jahrhundert die Alphabetisierung der Frauen – relativ gesehen – schneller voranschreitet als die der Männer. Im 18. Jahrhundert holten die Frauen gewaltig auf. Im aufgeklärten Nordfrankreich, wo die Männer im 17. Jahrhundert angefangen hatten zu schreiben, begannen die Frauen, ihre Benachteiligung wettzumachen, indem sie sich rascher entwickelten als jene. In Südfrankreich, unter weniger günstigen ökonomischen und kulturellen Bedingungen, machten Frauen ähnliche Fortschritte wie die Männer. Überall ist die Alphabetisierung der Männer eine notwendige Voraussetzung dafür, daß dieser Prozeß auch bei den Frauen ausgelöst wird. François Furet und Jacques Ozouf bemerken richtig, daß »die Alphabetisierung mehrere Generationen braucht, bis sie von einem Geschlecht auf das andere übergeht«.[31]

Der Zusammenhang zwischen der Entwicklung eines Netzes von Mädchenschulen und der Zunahme des Bildungsstandes bei den Frauen im Jahrhundert der Aufklärung ist evident, selbst wenn man davon ausgeht, daß ungefähr 20% der Alphabetisierung außerhalb der Schule stattfand. In Paris, wo die Zahl der Mädchenschulen bekannt ist und wo die Unterschriften auf Inventarisierungen nach Todesfällen gezählt wurden[32], ist der hohe weibliche Alphabetisierungsgrad auf die 11 200 den Mädchen angebotenen Schulplätze zurückzuführen. Unter der Regierung Ludwigs XIV. unterschrieben 61% der Männer und nur 34% der Frauen der lohnabhängigen Bevölkerung die Liste der Güter ihrer verstorbenen Gefährtin oder ihres verstorbenen Gefährten. Unter Ludwig XVI. erhöhte sich dieses Verhältnis auf 66% zu 62%. Dieses spektakuläre Aufholen seitens der Frauen ist das Ergebnis der Bemühungen der Lehrerinnen in der Hauptstadt. Die Verbreitung von Schulen innerhalb der Stadtviertel trug Früchte, zumindest bei den sozialen

Gruppen, denen an einer kulturellen Verwurzelung gelegen war. Lesen zu können erleichterte das Leben in einer Stadt wie Paris. Aber in der kulturell so begünstigten Hauptstadt blieben dennoch dunkle Flecken: Zwischen 1770 und 1789 waren nur 16% der Delinquentinnen, die den Richtern des Châtelet vorgeführt wurden, in der Lage, ihre Aussagen zu unterschreiben. Der Trend zu einem höheren Bildungsstand in den Städten sowie zur Privilegierung der Hauptstadt waren keine Besonderheit Frankreichs. Er findet sich im 17. und 18. Jahrhundert auch in England, wo die Alphabetisierung allgemein schneller voranschritt als in Frankreich und mit weniger regionalen Unterschieden. 60% der Engländer und 40% ihrer Ehefrauen sind zum Ende des 18. Jahrhunderts in der Lage zu unterschreiben, zu einer Zeit, als der nationale Durchschnitt in Frankreich bei 47% für die Männer und 27% für die Frauen liegt. Um 1690 unterzeichneten aber bereits 48% der Londoner selbst gegenüber nur 20% der Provinzbewohner.

Es ist nicht nötig, weitere langweilige Statistiken zu bemühen, um zu erläutern, weshalb die Alphabetisierung der Frauen immer hinter derjenigen der Männer zurückblieb. Die Frau, die einer rein reproduktiven Funktion diente, brauchte zu diesem Zwecke keine höhere Bildung. Sie sollte um jeden Preis Mutter werden, und im Hinblick auf diese Rolle mußten ihr die religiösen und moralischen Werte eingetrichtert werden, die die Gesellschaft leiteten, um diese an ihre Kinder weitergeben zu können. Die Notwendigkeit einer weitergehenden Ausbildung war Anliegen einiger aufgeklärter Geister, wurde aber nie zu einer kollektiven Forderung. Erst im 18. Jahrhundert, als die geringe Kindersterblichkeit mit dem schwindenden Einfluß der Kirche auf die öffentliche Moral einhergeht, begannen immer mehr Eltern, die vorgezeichnete Zukunft ihrer Töchter zu überdenken. Aber solange das Prinzip der Gleichheit der Geschlechter Utopie blieb, wurde Frauen, auch bei einem beachtlichen Aufgebot an talentierten Lehrern, der Wissenserwerb schwer gemacht.

Aus dem Französischen von Roswitha Schmid

5

Jungfrauen und Mütter zwischen Himmel und Erde

Frauen im frühmodernen Christentum

Elisja Schulte van Kessel

Überall im frühmodernen Westeuropa standen die Zeichen der Zeit auf Reformation. Die frühen Reformatoren besannen sich auf die Ursprünge des Christentums, auf die Botschaft Christi und die seiner ersten Jünger. Sie glaubten, die christliche Botschaft entschlüsseln zu können, sie so verstehen zu können, wie sie gemeint war. Dabei begaben sie sich auf die Spuren der Kirchenväter, die ihnen auf dem mühsamen Pfad der Orthodoxie vorangegangen waren. Offensichtlich war ihr Streben auf andere Ziele gerichtet als das unsrige. Geradezu kühn erscheint unsere Suche nach den Spuren der Frauen im Lichte des jahrhundertelangen Glaubens an väterliche Autoritäten von Paulus bis Ranke, von Augustinus bis Braudel.

Liebe, die Mutter und die Jungfrau

Alles fing mit Jesus von Nazareth an. Als Mann machte er begreiflicherweise nur Männer zu seinen engsten Mitarbeitern. Wenn er sich zu den zwischenmenschlichen Beziehungen äußerte, ging er nicht eigens auf die Frauen ein, sondern predigte allgemeine Nächstenliebe unabhängig von Stand, Rasse, Verwandtschaft oder Geschlecht. Dieses revolutionäre Ideal sollte auf das ewige, göttliche Heil, auf das wahre Leben nach dem Tode vorbereiten. Vielleicht sollte es zu einer größeren Wertschätzung der Frauen aufru-

fen, wir finden dafür allerdings keine verläßlichen Belege. So könnte die Art, in der Jesus sich von seiner Mutter Maria distanzierte, auch
auf das Gegenteil hindeuten. Ihre Stellung als jüdische Mutter, die ihre
Stammeszugehörigkeit an den Sohn weitergibt – der einzige Umstand,
aus dem Maria gesellschaftliches Prestige bezog –, wurde von diesem
nicht anerkannt.

Nächstenliebe und Frömmigkeit

In den Augen der Römer war es nicht Nächstenliebe, sondern Menschenhaß, der die ersten Christen kennzeichnete. Diesem Urteil des
Tacitus (*Annalen* 15, 44) folgen zahllose kirchengeschichtliche Aufzeichnungen in ihrer Schilderung der ersten Christenverfolgung nach
dem Brand, der im Jahre 64 zehn der vierzehn Stadtviertel Roms in
Schutt und Asche legte. Kaiser Nero, dem Pyromanen, gelang es, in
der Folge den Volkszorn von sich auf jene angeblich misanthropische Sekte abzulenken, auch wenn ihnen keine Schuld an dem
Brand nachgewiesen werden konnte. Daß die junge Christengemeinde einen so schlechten Ruf genoß, ist angesichts ihrer zu jener
Zeit noch relativ marginalen Bedeutung um so bemerkenswerter,
zumal das geistige Klima in Rom noch recht tolerant war. Dennoch
flößten diese Christen offenbar Furcht ein, besonders die Frauen
unter ihnen.

Im letzten Viertel des ersten Jahrhunderts berichtete Papst Clemens Romanus, vermutlich der dritte Nachfolger des Petrus, daß
Christinnen auf der Bühne als Danaïden oder in der Rolle der Dirce auftreten mußten und anschließend tatsächlich getötet wurden
(1 *Clem* 6). Die keuschen Danaïden waren die Archetypen männermordender Frauen. In die Ehe hineingezwungen, ermordeten sie in
der Hochzeitsnacht ihre jungen Gatten. Dirce galt als Inbegriff der
Rabenmutter.

Was machte diese Handvoll Christen und vor allem die Frauen unter
ihnen so furchteinflößend? Der Bericht von Papst Clemens lehrt uns
darüber vielleicht mehr als die Beschreibungen aller anderen Kirchenväter. Christliche Nächstenliebe war in einer hierarchischen Gesellschaftsordnung wie der römischen nicht nur staatsgefährdend, sondern
auch unvereinbar mit der fundamentalen Pflicht eines jeden Römers.
Diese Pflicht leitete sich aus der zentralen Bedeutung des Begriffes
pietas her und beinhaltete die bedingungslose Loyalität gegenüber den
eigenen Verwandten einschließlich der Vor- und Nachfahren. Für Frauen bedeutete dies ein Leben als liebende und unterwürfige Ehefrauen
und Mütter, die sich voll und ganz dem Fortbestehen der Familie zu

widmen hatten. Wer ohne Rücksicht auf Verwandtschaft und Sippe liebte, stellte sich auf widernatürliche Weise gegen das unausweichliche Schicksal.

Fortpflanzung und eheliche Liebe

Fünfzehn Jahrhunderte später, am Vorabend der Reformation, stellte jene Nächstenliebe noch immer eine beunruhigende Botschaft dar. Idealisten und Weltverbesserer, Unterdrückte und Arme schlug sie in ihren Bann, während sie auf alle anderen nur mäßige Anziehungskraft ausübte. Somit wurde dieses hehre Ideal immer wieder ausgehöhlt und stand immer wieder obenan auf der reformatorischen Tagesordnung. Die Nächstenliebe erfüllte die Herzen der Auserwählten, die eine neue Welt entwarfen – Männer und Frauen, Einzelne oder Gruppen von Gleichgesinnten, deren Mittelpunkt nicht selten, dem berühmten Vorbild des Kirchenvaters Hieronymus und seiner Gefährtin Paula folgend, ein in geistiger Freundschaft verbundenes Paar bildete. Auf den Plätzen und in den Kirchen der frühneuzeitlichen Städte wurde die Botschaft der Nächstenliebe von Predigern verkündet. Die Notleidenden strömten zu ihnen, und die Wohlhabenden schlossen sich, durch die gemeinsame Sorge um die Wahrung der öffentlichen Ordnung und des Wohlstands verbunden, ihrerseits zusammen. Die christliche Nächstenliebe war ein bevorzugtes Thema der christlichen Ikonographie. Davon zeugen Bilder in Kirchen und anderen öffentlichen Gebäuden. Der Allgemeinheit spendeten sie Trost, den Auftraggebern und ihren Nachkommen verschafften sie Genugtuung.

Die Fortpflanzung behielt die zentrale Bedeutung, die sie im Rom Neros besessen hatte. Allerdings betrachtete man im frühneuzeitlichen Westeuropa die Auswirkungen der Lehre des Jesus von Nazareth wohl mit größerer Gelassenheit. Das Verhältnis von christlichem Glauben und Welt hatte sich immerhin insofern gewandelt, als die christliche Familie einer der wichtigsten Gradmesser für gesellschaftlichen Wohlstand geworden war. Vorangegangen war ein jahrhundertelanger Machtkampf zwischen Adel und Geistlichkeit um die Kontrolle über die Gesellschaft und somit auch über die Ehe. Eines der Ergebnisse dieses Kampfes bestand in der klaren Aufgabenteilung bezüglich der Sexualität zwischen den verschiedenen Ständen. Für den Klerus (auch außerhalb der Klöster) galt der Zölibat. Er war nunmehr zu einem der Merkmale geworden, die den Statusunterschied zwischen Geistlichen und Laien markierten. Darüber hinaus sorgte er dafür, daß Macht und Besitz der Kirche stetig zunahmen. Die tote Hand füllte sich zusehends.

Um die Fortpflanzung mußten sich daher mit um so größerem Einsatz die Laien kümmern, und zwar innerhalb einer legitimierten Verbindung, die auf einem vertraglich festgelegten Versprechen monogamer Treue basierte. Dieses Gelöbnis bedurfte, so bestimmte es das Konzil von Trient (1563), der göttlichen Bekräftigung. Infolgedessen gelangte die Ehe in die Sphäre des Sakralen und fiel unter die Aufsicht des Klerus. Das vertrug sich keineswegs mit den Prinzipien und Interessen des Adels. Erst geraume Zeit nach dem Konzil von Trient akzeptierte die Mehrzahl der nominell Christianisierten das Sakrament der Ehe als Vorbedingung für die Fortpflanzung. Diese Mehrzahl lebte auf dem Lande: Adel, Bauern und lebenslange Vagabunden, Verbannte, Räuber, geläuterte und degenerierte Prediger und Eremiten; sie alle zusammen machten während des Ancien Régime mindestens achtzig Prozent der gesamten Bevölkerung aus.

Der Minderheit in den Städten jedoch, die emsig darum bemüht war, den eigenen gesellschaftlichen Status gegenüber dem feudalen Landadel und dem exemten Klerus zu steigern, kam die christliche Ehe sehr entgegen. Sie eignete sich als Lebensform erheblich besser als das Ideal der höfischen Liebe, das in sublimierter Form die ausschweifende Empfindsamkeit des Adels besang. Die neue, postfeudale Ehebeziehung wurde der Maßstab sowohl für die Rollenverteilung zwischen den Geschlechtern, als auch für das Selbstbild sowie die materiellen und spirituellen Ambitionen der Bürgerinnen und Bürger.[1]

Die spätmittelalterliche bürgerliche Gesinnung stimmte auffallend mit der städtischen Moral der Spätantike überein. Auch damals war der aggressive und freizügige Lebensstil einer herrschenden Klasse, die aus gewalttätigen Rivalitäten zwischen Familienklans erwachsen war, von der kollektiven Moral der Enthaltsamkeit einer neuen Elite überflügelt worden: den Beamten eines sich stetig erweiternden Staatsapparates. Die Folge waren schärfere Grenzziehungen und Regelungen, auch bezüglich der zuvor üblichen bisexuellen Beziehungen, die nun auf rein heterosexuelle reduziert wurden. Eheliche Zuneigung und Treue, vorher eine eher rare, individuelle Angelegenheit, wurden zur allgemeinen Liebespflicht von Verheirateten im Dienste der Fortpflanzung erhoben.[2]

Man geht davon aus, daß die frühen Christengemeinschaften das gängige spätantike Ethos übernahmen. Und in der Tat bestimmten Selbstbeherrschung und Philogamie den Lebensstil spätantiker christlicher Familien, von denen die junge Kirche sich in ihrem materiellen Fortbestehen abhängig wußte. Den Idealen der größten Eiferer unter den ersten Christen entsprach jedoch viel eher eine ausgesprochene Abneigung gegen die Ehe, eine radikale »Misogamie«, die gleichfalls heidnischen Ursprungs war. Selbst der Apostel Paulus konnte diesem

Dilemma nicht entkommen. Die Lösung, die erst im Laufe des zweiten und dritten Jahrhunderts gefunden wurde, bestand in der Herausbildung eines Klerikerstandes, der sich vor allem durch sexuelle Enthaltsamkeit deutlich vom Laienstand unterschied.[3]

Enthaltsamkeit und Freiheit

Es mag weit hergeholt erscheinen, dieses Mißverständnis bezüglich der Entwicklung der christlichen Ehemoral im Rahmen eines Beitrages über den spirituellen Handlungsspielraum frühneuzeitlicher Christinnen zur Sprache zu bringen. Wenn man jedoch das spirituelle Leben jener Frauen besser verstehen will, sollte man sich zunächst von der weitverbreiteten Vorstellung der keuschen Philogamie als traditionell christlichem Ideal schlechthin verabschieden. Sie ist vor allem ein Erbe aus dem 19. Jahrhundert und versperrt die Sicht auf den ambivalenten und problematischen Charakter der ursprünglichen, radikalen christlichen Anthropologie. Zudem erschwert sie die Wahrnehmung der zunehmenden Divergenz zwischen dem mediterranen, überwiegend katholischen Modell und dem angelsächsischen, überwiegend protestantischen Modell.

Erst nach tausend Jahren Christentum hatte sich eine mehr oder minder konsistente Ehemoral entwickelt, die sich durch ihre Heiligung von der heidnischen Ethik unterschied. Ihr Verhältnis zum protochristlichen Ideal der sexuellen Enthaltsamkeit blieb gespannt. Zwar war die Identität der ersten Christen maßgeblich vom neuen Gedanken der Nächstenliebe geprägt, aber die weiterbestehende Vorstellung von sexueller Enthaltsamkeit spielte in diesem Prozeß der Identitätsfindung ebenfalls eine entscheidende Rolle.

In einer konventionellen, bürokratischen und hierarchisierten Gesellschaft eröffnete Enthaltsamkeit die Möglichkeit, den Traum vom transzendierenden Kosmopolitismus in Erfüllung gehen zu lassen: Sie machte affektive Bindungen mit den wahren Nächsten möglich, so sehr dies auch »andere« waren: Fremde, Untergebene, Unbekannte und Angehörige des anderen Geschlechts.[4] Für die Radikalsten unter den ersten Christen war die Rolle der Frau in der Fortpflanzung – sich der Verpflichtung zum Geschlechtsakt zu unterwerfen und unter Schmerzen zu gebären – Symbol der menschlichen Versklavung, während die Jungfräulichkeit ein Symbol der Freiheit darstellte. Damit wurde an uralte Vorstellungen von der Jungfrau als grenzüberschreitendem Medium zwischen Natur und Übernatürlichem, zwischen Innen und Außen, zwischen Eigenem und Fremden, zwischen Mann und Frau angeknüpft.[5] Der Heldenmut der Märtyrer konnte nur von dem der jungfräulichen Märtyrerinnen übertroffen werden. Die Jungfrau, Symbol der Freiheit um jeden Preis, und sei es der Einsatz des eigenen Lebens, verkörpert den ureigensten Menschheitstraum: Alle Menschen, Männer und Frauen, werden Gefährten, gleich im gemeinsamen Kampf um Freiheit.

LEBENDIG UND BEUNRUHIGEND

In dem Maße, wie die bürgerliche Ehemoral an Boden gewann, galt es für kirchliche und weltliche Obrigkeiten, den jungfräulichen Stand und sein transzendentes Potential zu beschränken und zu reglementieren, um zu verhindern, daß er die neue soziale Ordnung gefährdete. Der Protestantismus entwarf für dieses Problem, das eng mit dem der Anhäufung kirchlicher Reichtümer zusammenhing, eine radikale Lösung: Abschaffung des zölibatären Priesterstandes und des Klosterwesens sowie Ausrottung des »teuflischen Aberglaubens« an übermenschliche Kräfte, die angeblich durch langfristige sexuelle Enthaltsamkeit erworben wurden. Im Gegensatz dazu bestätigte die katholische Kirche den Priesterzölibat aufs Neue und intensivierte die Reglementierung der klösterlichen Lebensweise, indem sie unter anderem die Einhaltung des Keuschheitsgelübdes verschärft kontrollierte. Durch Festhalten an der Pflicht des Klerus zu sexueller Enthaltsamkeit suchte die katholische Kirche den Unterschied zur Gemeinde zu unterstreichen. Der jahrhundertealte Widerstand gegen eine bewußte Entscheidung von Laien für Jungfräulichkeit bzw. permanente sexuelle Enthaltsamkeit wurde dadurch noch massiver.

Semireligiose

Dieser Widerstand hatte sich im Mittelalter während der Blüte der »religiösen Frauenbewegung« deutlich manifestiert. Jene etwas irreführende Bezeichnung verweist auf die wachsende Partizipation breiterer Schichten der Bevölkerung an der spirituellen Kultur der Mönche und geistlichen Fürsten. Einer der erstaunlichsten Aspekte dieser »Demokratisierung« der religiösen Lebensweise bestand darin, daß die Zahl der Frauen, die ihr Leben Gott weihen wollten, beträchtlich zunahm. Die Versuche, jene explosive Entwicklung im Zaum zu halten, konzentrierten sich vor allem auf die Eliminierung einer Form des religiösen Lebens, die überwiegend von Frauen praktiziert wurde. Dabei handelte es sich insbesondere um die semireligiose Lebensweise der Reklusen, Beginen,

pinzocchere, Schwestern vom Gemeinsamen Leben, *beatas*, Tertiarierinnen und anderer gottgeweihter Frauen, die nicht dem geistlichen
Stand angehörten, da sie keine Gelübde abgelegt hatten. In den Augen
ihrer Befürworter waren sie die wahren Frommen, weil sie, wie die
Jungfrauen des Urchristentums, nicht nur Lippenbekenntnisse ablegten,
sondern ihren Glauben wirklich lebten.[6]

Bei kirchlichen und weltlichen Machthabern sowie beim Durch-
schnittsbürger stieß diese Lebensweise allerdings auf Ablehnung.
Indem sie die Unterschiede zwischen Klerikerstand und Laienstand verwischte, verursachte sie Verwirrung auch im Hinblick auf ihre rechtliche Stellung und das Erbrecht. Semireligiose waren dann auch häufig
Gegenstand unverhüllter Spötteleien und Aggressionen. Vor allem ihre
Entscheidung für sexuelle Enthaltsamkeit wurde häufig aufs Korn
genommen. Der Umgang mit ihnen kann Historikern daher als Prüfstein für das Toleranzmaß einer Gesellschaft dienen. Er indiziert darüber hinaus, inwieweit der erwähnte Popularisierungsprozeß mit einer
Feminisierung der geistlichen Kultur einherging. Diese Frage wurde in
der Forschung wiederholt gestellt, aber bisher nicht beantwortet. Für
die frühneuzeitliche Geschlechtergeschichte scheint sie von grundlegender Bedeutung zu sein. Sie zwingt dazu, den problematischen Status frommer Frauen eingehender als bisher zu untersuchen.[7]

Frauen konnten ebensowenig die Priesterweihe empfangen, wie sie
Weltgeistliche werden konnten. Innerhalb des geistlichen Standes gab
es für Männer zwei unterschiedliche Lebensweisen: die des Mönchs
(Regularkleriker) und die des Priesters (Säkularkleriker). Frauen konnten lediglich als Nonnen einen Platz in der Kirche erlangen, und zwar
nicht wie die Mönche in den höchsten, ersten, sondern in den minderen, zweiten geistlichen Orden. Frauen, die ein gottgeweihtes Leben
in der Welt führen wollten, wurden automatisch zu Semireligiosen, die
zwar durch das Ablegen bestimmter Gelübde dem sogenannten dritten
Orden (Tertiarier) beitreten konnten, aber damit noch nicht dem geistlichen Stand angehörten. Letzteres war nur dann möglich, wenn eine
Gruppe von Tertiarierinnen durch die Annahme einer Klosterregel zu
einem »regulären dritten Orden« erhoben wurde und damit faktisch in
den zweiten Orden überging.

Bis zum Beginn der Neuzeit waren fast alle Gemeinschaften gottgeweihter Frauen an eine Klosterregel gebunden. Dies konnte jedoch
nicht verhindern, daß immer wieder, einzeln oder gruppenweise, neue
Semireligiose in Erscheinung traten. Viele Frauen entschieden sich,
wenn auch häufig nur vorübergehend, weiterhin für diesen Mittelweg.
Da sie weder innerhalb der Kirche noch innerhalb der Gesellschaft
eine Existenzberechtigung besaßen, wurden sie entweder von den
Geschichtsschreibern gänzlich ignoriert oder mit den regulären Orden

in einen Topf geworfen. Es gibt allerdings Grund zu der Annahme, daß
sie außerordentlich zahlreich waren. Zusammen mit den Nonnen und
Tertiarierinnen bildeten sie eine riesige Gruppe gottgeweihter Frauen,
die die männliche Geistlichkeit zahlenmäßig weit übertraf. In den nördlichen Niederlanden etwa gab es anderthalbmal so viele gottgeweihte
Frauen wie männliche Geistliche – Regular- und Säkularkleriker zusammengenommen.[8]

Am Vorabend der Reformation blieb es ein schwieriges Unterfangen,
diese massenhafte Teilnahme von Frauen am geistlichen Leben einzudämmen und jene beeindruckenden Beispiele weiblicher Frömmigkeit
zu integrieren, die sich im kollektiven Gedächtnis festgesetzt und das
religiöse Empfinden tief beeinflußt hatten. Welche Rolle all jene Frau-
en, die ihr Leben auf Gott ausgerichtet hatten, im weiteren Verlauf der
Ereignisse spielten, ist noch weitgehend ungeklärt.

Lebende Heilige

Für Italien haben bemerkenswerte Studien zur »religiösen Frauenbewegung« – einschließlich der häretischen Tendenzen, Reformbewegungen und Gegenbewegungen – den Einfluß gottgeweihter Frauen am
Vorabend von Reformation und Gegenreformation erwiesen. Die jüngsten Resultate deuten auf einen fundamentalen Wandel kurz vor dem
endgültigen Durchbruch der Reformation hin. Das Ansehen gottgeweihter Frauen, das sich seit der Jahrhundertwende spürbar verbessert
hatte, verfiel um 1530 schlagartig. Am deutlichsten ist dies am Autor-
itätsverlust der Prominentesten unter ihnen, der charismatischen Frau-
en, abzulesen, die als »lebende Heilige« *(sante vive)* und sogar als »göttliche Mütter« *(divini madri)* verehrt wurden. Jedermann, ob arm oder
reich, zog sie bei den unterschiedlichsten Problemen zu Rate, so daß
sie nicht nur die religiösen, sondern auch die politischen und sozialen
Ereignisse ihrer Zeit beeinflußten, und zwar nicht nur auf lokaler Ebene.[9]

Ihre Prestigegewinne werden mit einem Aufschwung der Frömmig-
keit in Zusammenhang gebracht. Dieser war eine Reaktion auf die
Katastrophen, die Italien am Beginn der Neuzeit heimgesucht hatten.
Vor allem die berüchtigten Feldzüge französischer und deutscher »Bar-
baren« hatten die Ernten vernichtet, die Bevölkerung dezimiert und
Geschlechtskrankheiten verbreitet. Auffallend viele Frauen, größtenteils
Semireligiose, waren an diesem Neuanfang, dieser wahrhaft »religiösen
Bewegung«, beteiligt. Sie folgten der Botschaft des großen Bußpredi-
gers Girolamo Savonarola, aber sie orientierten sich am Vorbild einer
der berühmtesten weiblichen Heiligen, Katharina von Siena (†1380),

die rund ein Jahrhundert zuvor einem irregeleiteten Papsttum den rechten Weg gewiesen hatte. Dies beabsichtigten auch die *nuove Caterine*, ebenso wie viele andere »Spirituelle«, gottgeweihte Männer und Frauen, die eine Religion des reinen Geistes predigten und auf eine radikale Reform zusteuerten. Inmitten des Säbelrasselns wurde tatsächlich mit Hilfe Frankreichs ein Versuch unternommen, das Haupt der Christenheit zu reformieren und damit die Einheit der Kirche wiederherzustellen. Dieser Versuch war begleitet von der weitverbreiteten Hoffnung auf ein göttliches Eingreifen, auf die Erscheinung eines »Papa Angelicus«, eines rettenden Engels, der den besudelten Stuhl des heiligen Petrus einnehmen würde. [10]

Doch die Hoffnung trog, denn die Reformversuche mißglückten. In einer Atmosphäre tiefer Enttäuschung eröffnete sich die Möglichkeit, die Reformstrategie grundlegend zu ändern. Vom erschütterten Glauben an die Botschaft der Visionäre und Propheten profitierten die kirchlichen und weltlichen Obrigkeiten, Geschäftsleute und Gelehrten. Fortan zog man immer häufiger sie zu Rate und immer seltener göttliche Vermittler. Nach dem Ende der kriegerischen Konflikte in Italien zogen sich die Seher und Seherinnen schleunigst zurück. Sie mußten in einem dramatischen Konflikt, der das irreparable Auseinanderbrechen der abendländischen Christenheit zur Folge hatte, als Sündenböcke herhalten. Um die Mitte des 16. Jahrhunderts waren so gut wie alle anerkannten Visionäre verschwunden. Eine der letzten war die berühmte *divina madre* Antonia Negri († 1555), die an der Gründung des Ordens der Barnabiten beteiligt gewesen war. Ungeachtet ihrer göttlichen Sendung wurde sie auf Befehl der kirchlichen Autoritäten eingesperrt. [11]

Die Auswirkungen dieser Entwicklung waren für Männer und Frauen nicht dieselben. Der alten Überzeugung folgend, daß Frauen eine besondere Fähigkeit hätten, mit dem Unsichtbaren in Kontakt zu treten, hatte man bis dahin den Seherinnen, die mit dem Göttlichen kommunizierten, zwar ebenso argwöhnisch, aber auch ebenso aufmerksam zugehört wie den Sehern. Diese Gleichbehandlung galt jedoch nicht für die praktische Umsetzung des Willens Gottes oder die tatsächliche Reform von Kirche und Christenheit: Sie war Männern vorbehalten. Nach der Reformation wurde die Erneuerung der Kirche mehr als je zuvor zur Männersache, insbesondere das Erahnen des göttlichen Heilsplanes. Seherinnen traten zwar weiterhin in Aktion, wurden jedoch von nun an mit wachsendem Erfolg aus der öffentlichen Sphäre vertrieben. Ihre Mittlertätigkeit bezog sich infolgedessen immer weniger auf den aktuellen Lauf der Ereignisse, das Schicksal dieser oder jener Gemeinschaft, und dafür verstärkt auf das Überirdische – Himmel, Hölle, Fegefeuer – sowie eine Reihe anderer Glaubensfragen.

In diesem Rahmen erscheint Antonia Negri als eine der letzten Repräsentantinnen der »religiösen Frauenbewegung«, eines Popularisierungsprozesses, der unter anderem einer Minderheit charismatisch begabter Frauen Freiräume für eine gesellschaftlich relevante geistige Führerschaft in Wort und Schrift eröffnet hatte. Viel wichtiger ist jedoch, daß diese explosive Popularisierung des geistlichen Lebens das verblüffende spirituelle Potential von Frauen offenbart hatte. Diese Kräfte im Zaum zu halten, wurde in einer gespaltenen Christenheit zur Grundvoraussetzung für das Gelingen einer neuen Reformoffensive.

Gemeinsame Sache zwischen gebildeten Frauen und Analphabetinnen

Lassen sich Zusammenhänge oder Ähnlichkeiten dieser Prozesse mit Entwicklungen in oder außerhalb Italiens nachweisen? Das läßt sich nur schwer beantworten, denn die Forschung über Frauen und Geschlechterverhältnisse hat auf diesem Feld wohl viele Einzelstudien hervorgebracht, jedoch übergreifende Fragen vermieden.[12] Die vorliegenden Untersuchungen nehmen überdies fast immer eine verengte Perspektive ein: entweder die Sicht der Reformation oder die der Gegenreformation. Das Streben nach *reformatio* war jedoch bis weit ins 16. Jahrhundert hinein zumeist nicht an eine Entscheidung für die alte oder die neue Kirche gekoppelt. Dies hatte soziale und politische Gründe, rührte aber auch daher, daß für viele die »neue Kirche« die »alte« war, weil Reformation nichts anderes bedeutete als die Wiederherstellung der einen Mutter Kirche in ihrer ursprünglichen Gestalt.

Das galt auch für Frauen wie Vittoria Colonna, Giulia und Eleonora Gonzaga, Renata di Francia, Caterina Cybo und Veronica Gambara, die in der evangelikalen Bewegung innerhalb und außerhalb Italiens eine bedeutende Rolle spielten. Bereits am Ende des 19. Jahrhunderts wurden deren Bemühungen als »religiöse Frauenbewegung« bezeichnet, wobei man von der Vorstellung ausging, es habe sich um eine emanzipatorische Bewegung gehandelt.[13] Inzwischen ist der frauenfreundliche Charakter protestantischer Bewegungen jedoch in Zweifel gezogen worden. Es ist allerdings auch deutlich geworden, daß der zutiefst verinnerlichte Glaube »lebender Heiliger« und ihr Streben nach Reformierung vor allem des Papsttums und nach der Rückbesinnung auf die Authentizität des Urchristentums die Möglichkeit in Betracht zog, der gesamtkirchlichen Hierarchie den Rücken zu kehren.[14]

Die »Volkskultur« dieser zum größten Teil ungebildeten charismatischen Frauen weist darüber hinaus Anzeichen einer Gemeinsamkeit mit der »Elitekultur« des Adels auf. Auch der Adel bediente sich des politischen Gewichtes »lebender Heiliger« und »göttlicher Mütter«, die ihrerseits, zutiefst überzeugt von ihrer göttlichen Sendung, von ihren Anhängern blindes Vertrauen forderten. Diese Vermittlung zwischen dem Heiligen und dem Profanen bot Seherinnen die Chance, ihren Einfluß über ihren Wohnort und dessen unmittelbare Umgebung hinaus zu erweitern.

Jedoch verfügten nur Charismatikerinnen aus den Oberschichten über ein darüber hinausgehendes soziales Netzwerk. Humanistischen Auffassungen über die perfekte »Matrone« zufolge bestand eine der wichtigsten Aufgaben gebildeter Frauen aus dem Adel und der bürgerlichen Elite darin, diese Kontakte zu pflegen, damit die eigene Familie und vor allem die Karriere ihrer Ehemänner davon profitieren konnten. Die Netzwerke des Hochadels überzogen aufgrund der zahlreichen politisch motivierten Eheschließungen häufig große Teile Europas und verbanden vor allem Italien und Frankreich miteinander. Reformer machten sich diese Strukturen gern zunutze. Dies gilt ebenso für Ignatius von Loyola wie für Calvin. Sie ähnelten einander übrigens auch in ihrer Geringschätzung der intellektuellen Fähigkeiten von Frauen, gleich welchen Bildungsstandes, sowie in der Furcht vor weiblicher Einmischung in kirchliche Angelegenheiten.

Beispielhafte Tote

Wie könnte man den Unterschied zwischen katholischer und protestantischer Spiritualität besser veranschaulichen als am Beispiel der Kontakte von Lebenden mit den Helden und Heldinnen im Jenseits? In beiden Lagern war der Umgang mit diesem Phänomen problematisch. Auf katholischer Seite wurde er unter neuen Voraussetzungen fortgesetzt, auf protestantischer wurde er gänzlich abgebrochen. Aus den protestantischen Kirchen verschwanden die Bilder und mit ihnen die sinnlich wahrnehmbare Anwesenheit der Heiligen, ihre Körper, ihre Kleidung, ihr Blut, ihre Tränen. Der Kontakt mit Gott wurde zu einer rein persönlichen Angelegenheit jedes Gläubigen, ohne daß es des Umwegs über einen bzw. mehrere Mittler bedurft hätte. Das allgemeine Priestertum aller Gläubigen machte das Amt eines geweihten Mittlers unter den Lebenden überflüssig. Ein umfangreiches Vermittlungssystem zwischen dem Schöpfer und seiner Schöpfung, das im Laufe von fünfzehn Jahrhunderten aufgebaut worden war, wurde ohne viele Umstände verworfen. Während die katholischen Kirchen mit ihrem Bilderschmuck von auffahrenden Heiligen und niederfah-

renden Engeln weiterhin den Blick auf die himmlische Bühne frei-
gaben, kehrten die protestantischen Kirchen zu den Anfängen zurück
und wurden zu nüchternen Versammlungsräumen.

Die Auferstehung der Jungfrauen

Bei den Zusammenkünften der ersten Christen hatten Frauen eine un-
vergeßlich heroische Rolle gespielt, indem sie sich in vollkommener
Keuschheit ganz und gar Gott geweiht hatten und bereit gewesen
waren, für ihren Glauben sogar ihr Leben hinzugeben. Die frühchristlichen *virgines* lebten anfangs wie ihre männlichen Entsprechungen,
die *continentes,* nicht in einer Gemeinschaft von Gottgeweihten, sondern wie jeder andere Gläubige zu Hause im Kreise ihrer Familie. Ihr
wichtigstes Kennzeichen war dasselbe wie das der späteren Semireligiosen: sexuelle Enthaltsamkeit. Bemerkenswert ist, daß es zahlreiche
historische Zeugnisse über die *virgines* gibt, während wir über die *continentes* sehr spärlich informiert sind, obwohl es verläßliche Hinweise
dafür gibt, daß beide Gruppen zahlenmäßig etwa gleich stark waren.[15]
    Tatsächlich hat sich keine Gruppe von Frauen jemals so hoher Wert-
schätzung erfreut wie die der frühchristlichen Jungfrauen. Sie galten als
Inbegriff der perfekten Christin. Keuschheit wurde zur Bedingung
weiblicher Heiligkeit, so wie das Glaubenszeugnis in Wort und Tat
zum Kennzeichen männlicher Heiliger wurde. Es gibt unter den Heiligen keine weiblichen »Bekenner«, aber auch keine männlichen »Jungfrauen«. Unter den Heiligen, die ihren Glaubenseifer mit dem Leben
bezahlt hatten, unterschied man lediglich bei Frauen zwischen denjenigen, die als Jungfrauen in den Tod gegangen waren, und den »Nicht-
jungfrauen«. Märtyrer und Märtyrerinnen waren Gott wohlgefällig, am
meisten jedoch galt dies für jungfräuliche Märtyrerinnen. Nicht durch
das Bekenntnis, sondern durch vorbehaltlose Selbstaufopferung konnten Frauen am besten zur Verbreitung des wahren Glaubens beitragen
und darüber hinaus zu persönlicher Heiligkeit gelangen.
    Es kann hier weder um das Leben der Frauen in der frühen Kirche
noch um den Einfluß der Frauen auf ihr Bild gehen. Vielmehr interessieren die Bemühungen katholischer Reformer, diesem Bild neuen
Glanz zu verleihen, die einhergingen mit der gewissenhaften Suche
nach den Grundfesten des Glaubens, nach den Unterschieden zwischen Orthodoxie und Häresie, zwischen wahrem und falschem Christentum. Dabei wurde die Urkirche erneut zur Inspirationsquelle. In
diesem Zusammenhang erschienen die ersten historischen Quellen
über frühchristliche Jungfrauen und Märtyrerinnen. Dort, wo man ihre
Gräber vermutete, in häufig bereits baufälligen Kirchen, fanden Aus-

grabungen statt. Wenn die Mühe mit dem Fund der heiligen Gebeine belohnt wurde, verwandelte sich die Ruine bald in ein barockes Kunstwerk. Bernini erhielt seinen ersten Auftrag in Rom nach dem Fund der Gebeine der Märtyrerin Bibiana; und einer seiner größten Rivalen, Pietro da Cortona, konnte dank der Ausgrabung der Gebeine der Jungfrau und Märtyrerin Martina das vollkommenste Beispiel seiner architektonischen Theologie realisieren.[16]

In beiden Fällen ging es um in Vergessenheit geratene, legendäre Heilige. Aber ihre noch greifbare Präsenz bestätigte vorhandene Traditionen. Unter der Ägide von Machthabern, die zur Durchsetzung einer zentralistischen Kirchenpolitik entschlossen waren und sich der nachhaltigen Wirkung religiöser Symbole bewußt waren, führte dies zu einer Wiederbelebung kultischer Handlungen. Päpste erkannten sehr schnell, daß nichts die Vorstellungskraft so animierte wie jungfräuliche Märtyrerinnen. Urban VIII. komponierte *Carmina* zu Ehren der auferstandenen jungfräulichen Heiligen Martina. Der Triumph der einen wahren Kirche mit Sitz in Rom wurde dank der immer zahlreicheren Märtyrer, die um das Grab Petri gruppiert wurden, augenfällig. Im Gegensatz zur Verehrung lokaler Heiliger in späteren Zeiten verkörperte die kultische Verehrung der frühchristlichen Märtyrer die universale Gemeinschaft der Gläubigen schlechthin.

Heiligkeitsmodelle

Innerhalb der reformierten katholischen Kirche entwickelten sich aus dem Zusammenspiel zwischen der spontanen Dynamik kollektiver Glaubenserfahrung und dem Kräftespiel bestehender Machtverhältnisse neue Heiligkeitsmodelle. Es kam zu Machtkämpfen zwischen kirchlichen und weltlichen Autoritäten, aber auch geistlicher Mächte untereinander, und vor allem zwischen den verschiedenen religiösen Orden. Frauen spielten in diesen Auseinandersetzungen kaum eine nennenswerte Rolle. Um so wichtiger war dagegen ihr Beitrag zur kollektiven Glaubenserfahrung. Dies machte den Entwurf neuer Konzepte von Heiligkeit zu einem Drahtseilakt, denn die Existenz einer weitverbreiteten Anhängerschaft war von alters her ein grundlegendes Kriterium für die Herausstellung von Heiligen. In dem Maße, wie der »Volksglaube« und besonders der »Frauenglaube« mittels einer Vielzahl reformerischer Maßnahmen von heterodoxen Tendenzen gesäubert wurden, ließ Heiligkeit sich homogener definieren. Die Kluft zwischen spontanem Glauben und strenger Orthodoxie wurde allmählich überbrückt. Heiligkeit wurde immer mehr zu einer kirchenpolitischen Angelegenheit und immer weniger zu einer Form des Protests.

Die neuen Modelle der Heiligkeit spiegelten die Reaktionen der kirchlichen Obrigkeit auf einen Prozeß wider, der lange vor der Reformation in Gang gekommen war. Die bereits angesprochene Demokratisierung des abendländischen Glaubens kam unter anderem in einem neuen Gottesbild zum Ausdruck.

Der Akzent hatte sich vom fernen, in unerreichbarer Höhe thronenden Herrscher und Richter beim Jüngsten Gericht auf den menschgewordenen Erlöser verlagert. Auch die Heiligen hatten im Laufe jener mittelalterlichen Popularisierungsbestrebungen verstärkt menschliche Züge angenommen. Aus Wundertätern, denen man sich ehemals vor Ehrfurcht bebend näherte, waren Vertrauen und Zuneigung erweckende Beschützer geworden. Vor allem lokale Patroninnen und Patrone wurden zunehmend von einer Klientel aus allen Ständen und Lebensbereichen konsultiert. Daraus entstand der Brauch, vor wichtigen Entscheidungen den bevorzugten Heiligen anzurufen.

Das alles barg Gefahren, insbesondere wenn ein neuer Kult aufkam oder wenn Visionäre und »lebende Heilige« sich zu Wort meldeten. Kirchenvertreter versuchten seit dem zehnten Jahrhundert, die Risiken zu mindern, wie sich an der Entwicklung der Kanonisierungsverfahren ersehen läßt. Sie maßen Wundern immer weniger Bedeutung bei und betonten stattdessen zunehmend andere Kriterien. Wollte man wahre von falscher Heiligkeit unterscheiden, dann waren Tugendhaftigkeit und Rechtgläubigkeit zuverlässigere Beurteilungskriterien als die Authentizität der immer zahlreicheren und plastischeren Manifestationen göttlichen Handelns, die überdies beunruhigend oft von Frauen empfangen wurden.

Während der Periode der Gegenreformation erreichte die kirchliche Reaktion ihren Höhepunkt, nicht zuletzt aufgrund der Vorwürfe gegen die »papistische Idolatrie«. Außergewöhnliche Tugendhaftigkeit und Rechtgläubigkeit als Zeichen der Überwindung des Bösen (und folglich auch der »teuflischen Ketzerei« des Protestantismus) wurden besonders hervorgehoben und machten aus dem Heiligen einen heldenhaften Vorkämpfer der *ecclesia militans*. Daher stammt der Begriff »heroische Heiligkeit« als gegenreformatorisches Konzept, das bis in unser Jahrhundert hinein seine Gültigkeit behalten hat. Durch die Abwertung von Wundern und wunderwirkenden Charismen sowie durch die Akzentverlagerung auf heroische Tugendhaftigkeit und Orthodoxie wurde die Feststellung wahrer Heiligkeit mehr und mehr zu einer Angelegenheit von Theologen und Kanonisten im Dienste eines absolutistischen Papsttums. Diese Entwicklung kulminierte in einer minuziösen Kodifizierung des Kanonisierungsverfahrens, das 1638 verbindlich festgeschrieben wurde.[17]

Die Folgen waren immens. In den Kanonisationsprozessen verlor die Aussage von Augenzeugen, der einzigen Akteure, zu denen auch Frauen gehörten, an Bedeutung. Die neuen Kategorien der Heiligkeit wurden somit noch stärker als zuvor von Männern bestimmt. Unters Volk gebracht wurden diese Kategorien durch Predigten und religiöses Schrifttum, größtenteils aus der Feder von Priestern bzw. Mönchen, aber auch mittels bildlicher Darstellungen, die zuvor allerdings von der kirchlichen Obrigkeit auf ihre Tauglichkeit überprüft wurden. Das alles führte zu einem deutlichen Statusgefälle zwischen der Elite päpstlich legitimierter Heiliger und zahllosen nicht kanonisierten Heiligen. Schon in der zweiten Kategorie stellten Frauen eine auffallende Minderheit dar, und in der ersten waren sie noch weniger verteten.

Das Ende der »lebenden Heiligen«

Seit dem 16. Jahrhundert wurde Heiligkeit mehr als je zuvor zu einer Qualität von Klerikern, vor allem von Ordensgeistlichen und insbesondere von Ordensgründern. Das bedeutete eine weitere Verringerung des weiblichen Anteils, denn Frauen waren ja gerade unter den »Laienheiligen«, wo sie im Mittelalter noch beinahe ein Viertel der Gesamtzahl ausgemacht hatten, relativ zahlreich gewesen. »Laien« wird hier im Sinne von Nicht-Klerikern verwendet. Häufig handelte es sich um semireligiose, gottgeweihte Frauen, die weder dem Klerus angehörten, noch der »Welt«, und auf die die institutionelle Zweiteilung Klerus-Laienstand, die in der Geschichtsschreibung meist nach wie vor Verwendung findet, nicht zutrifft.

Dies gilt gleichermaßen für verheiratete weibliche Heilige, die, meist nach dem Tod ihres Ehemannes, ein semireligioses Leben aufnahmen. Es ist kein Zufall, daß man von vielen kanonisierten weiblichen »Laien« nicht weiß, ob sie verheiratet waren: Erst nachdem man die irdischen Bande abgestreift hatte, konnte man den Weg der Heiligkeit beschreiten.[18] Zunächst bedeutete das, sein Leben für den Glauben zu opfern und das eigene Schicksal und die jeweilige Lebenssituation anzunehmen. Für Frauen, die auch einem gottlosen und grausamen Ehemann gegenüber zum Gehorsam verpflichtet waren, konnte dieses Opfer solch dramatische Formen annehmen, wie wir sie aus den Lebensgeschichten mittelalterlicher Heiliger kennen.

In der Frühen Neuzeit jedoch geriet die traditionelle christliche Misogamie durch die Dominanz der ehefreundlichen Bürgermoral immer mehr in den Hintergrund. In einem weltlichen Kontext konnte die paradoxe Beziehung zwischen Ehemoral und Frömmigkeit, zwischen Fruchtbarkeit und Heiligkeit nicht entschlüsselt werden. Anstelle der »lebenden Heiligen« aus vorreformatorischer Zeit traten nun Heilige in Erscheinung, die in erster Linie auf das Jenseits verwiesen und auf diese Weise, in Übereinstimmung mit der zunehmenden Entfernung zwischen dem Sakralen und dem Profanen, den »Tod Gottes« einläuteten.

VERVOLLKOMMNUNG UND »MATRONENSCHAFT«

Im Streben nach Vervollkommnung bestand die wichtigste Aufgabe eines jeden Gläubigen, doch war sie besonders den Frauen aufgegeben. In der Mädchenerziehung spielte sie eine weitaus bedeutendere Rolle als in der der Jungen. Darüber hinaus wurde die Tugendhaftigkeit der Frauen wesentlich argwöhnischer überprüft als die der Männer, denn in jeder Frau lauerte Eva, die Wurzel allen Übels. Dennoch gab es einen Anhaltspunkt dafür, daß die Frauen es im Glauben, der obersten Tugend, weiter gebracht hatten als die Männer: ihre größere Treue zur Kirche. Als ihre aufgeklärten Ehemänner im Laufe des 18. Jahrhunderts der Religion den Rücken zu kehren begannen, folgten sie ihnen nicht. Woher rührt diese Standhaftigkeit?[19]

Die Religiosität der Frauen

Die bisher von Historikern gelieferten Erklärungen laufen darauf hinaus, daß die Kirche den Frauen mehr als der Staat zu bieten hatte. Sie stellte eine Gemeinschaft dar, in der alles auf den Schöpfer hingeordnet war, so daß das Leben aus im wesentlichen von allen geteilten Erfahrungen bestand: aus dem Zyklus der Jahreszeiten, Ernten und Mißernten, Geburt, Krankheit, Erziehung, der Ehe und dem Tod. Diese Gemeinschaft wurde nach der Reformation weiterhin in Gestalt der protestantischen und der erneuerten katholischen Gemeinden, in deren Gotteshäusern für jeden Gläubigen Platz war, gefestigt.

In den Kirchen maß man dem Streben nach persönlicher Vervollkommnung in der Tugend eine hohe Bedeutung zu. Dieses moralische Ideal war, im Gegensatz zu den intellektuellen und professionellen Errungenschaften, die in der Welt zählten, auch für Frauen erreichbar. Und nicht nur das: Für die meisten Frauen war Frömmigkeit der einzige nicht geschlechtsspezifische Aspekt, in dem sie es den Männern gleichtun bzw. diese sogar überflügeln konnten. Durch die zunehmende Professionalisierung der nicht haushaltsbezogenen Fertigkeiten entfernten sich die moralischen Ambitionen der Frauen auf die Dauer immer weiter von den beruflichen Ambitionen der Männer. Tugendhaftigkeit und Religiosität wurden in zunehmendem Maße mit der abgeschlossenen Lebenswelt von Priestern, Ordensleuten und Frauen assoziiert.

Die Kirchen stellten die persönliche Tugend immer wieder unter die Perspektive des Jenseits. Für viele Männer und Frauen war die Hoffnung auf das ewige Heil der einzige Lichtblick im täglichen Kampf ums Dasein. Frauen waren aufgrund ihres abhängigen Status besonders von Unrecht und Armut betroffen. Ihre primäre Funktion, die Fortpflanzung, brachte einerseits das Risiko eines frühen Todes mit sich, eröffnete jedoch andererseits die Möglichkeit, das Spannungsfeld zwischen Leben und Tod besonders intensiv zu erleben. Frauen gebaren tote und nicht lebensfähige Kinder oder Kinder, die jung starben, und standen so in direktem körperlichen Kontakt mit dem Reich der Toten.[20] Schließlich bot das Leben nach dem Tod außerdem die Aussicht auf die Gleichheit der Geschlechter, die im Diesseits, hier waren sich Männer und Frauen einig, weder anzustreben noch zu realisieren war. Der Protestantismus hatte, vor allem in seinen radikaleren Ausprägungen, eine Reihe von Ansätzen für mehr Gleichheit bereits im irdischen Dasein entwickelt. Das Wenige, was davon in die Praxis umgesetzt worden war, wurde jedoch bald wieder zurückgenommen und den herrschenden Normen angepaßt.[21]

Was immer in den Frauen vorgegangen sein mag, ihre unerschütterliche Kirchentreue hatte jedenfalls zur Folge, daß ihr Leben mehr als das der Männer von der täglichen Glaubenspraxis geprägt war. Diese blieb im Katholizismus erheblich vielfältiger und variationsreicher als im Protestantismus, der stärkere Betonung auf die individuelle Frömmigkeit und das persönliche Gewissen legte. Bisher ist kaum erforscht, wie Frauen von den verschiedenen Optionen Gebrauch machten. Das persönliche Gebet, die Bibellektüre, die Teilnahme am Abendmahl oder an der Messe, der Empfang der Sakramente, Wallfahrten, das Berühren von Reliquien, das Fasten, all dies wurde unterschiedlich erlebt, nicht nur abhängig von der jeweiligen Persönlichkeit, sondern auch vom gesellschaftlichen Status: von der Masse der Armen anders als von den wenigen Reichen, von Landbewohnerinnen anders als von Städterinnen, von Analphabetinnen anders als von den wenigen Gebildeten.

Es ist noch unklar, inwieweit solche Formen religiöser Praxis neben sozioökonomischen Faktoren ausschlaggebend für die Wahl der Konfession waren. Lange Zeit hat man angenommen, daß gebildete Frauen mehr zum Protestantismus tendierten. Inzwischen wissen wir, daß das nicht der Fall war. So fühlte sich Marguerite d'Angoulême de Navarre, um das berühmteste Beispiel zu nennen, zwar vom Protestantismus angezogen, hielt jedoch letztlich an der katholischen Kirche fest. Ihr Verhalten war unter gebildeten Frauen eher die Regel als die Ausnahme. Wir tun außerdem gut daran, bei unserer Forschung die altbekannte Frage nach dem Ausmaß von Misogynie und Unterdrückung in dieser oder jener Konfession zu vernachlässigen, da sie uns bei der Suche nach den Empfindungen von Frauen in der Frühen Neuzeit nicht weiterhilft. Somit sollte die Frage im Vordergrund stehen, was Frauen in ihrer Glaubenspraxis erlebten, suchten und fanden.[22]

Mitarbeiterinnen des Klerus

Einen sinnvollen Ansatz bietet die Forschung zum frühneuzeitlichen »Matronat« in Italien. Gemeint sind damit Wohltätigkeit und Schenkungen verheirateter Frauen aus den Führungsschichten, also Matronen, die als »Patroninnen« auftraten.[23] Ausgangspunkt dieser Forschungen ist eine Fragestellung, die anthropologische und sozio-religiöse Ansätze verbindet und auf diese Weise gängige sozio-kulturelle und ökonomische Herangehensweisen ergänzt. Das Ergebnis ist eine neue Sicht auf die Erfahrungswelt von Frauen und auf ihren ambivalenten gesellschaftlichen Status.

Wohltätigkeit und »Patronat« stellten für Frauen der Oberschicht die einzig möglichen außerhäuslichen Aktivitäten dar. Die Motive dieser Frauen waren in beiden Fällen dieselben: eine Mischung von persönlichen, sozialen und religiösen Interessen. Die menschlichen Beziehungen, die dabei geknüpft wurden, waren weitaus komplexer als die zwischen Vorgesetzten und Untergebenen. Der Aspekt der wechselseitigen Abhängigkeit und Zuneigung, die solche Beziehungen prägten, wurde bis vor kurzem übersehen, da man sich lediglich für die sozialökonomischen Phänomene interessierte. Barmherzigkeit schuf eine Verbindung zwischen Armen und Reichen, Schwachen und Starken, Kranken und Gesunden, die sich aus dem radikalen Ideal der Nächstenliebe speiste. Dank der Symbiose von ritterlichen Tugenden und *Imitatio Christi*, von Minnedienst und Bettelstab, die von den neuen Aposteln vorgelebt worden war, glaubten die meisten Christen, daß Jesus von Nazareth vor allem unter den Notleidenden zu finden war. Den Hilfsbedürftigen Mitleid und Beistand zu gewähren, hieß Christus lieben und ihm dienen. *Pietas*, nicht nur gegenüber den eigenen Blutsverwandten, sondern vor allem gegenüber Jesus selbst, der jedem Gläubigen im notleidenden Nächsten begegnete, wurde zu tätiger Nächstenliebe: *pietà*.

Wo man auf diese Weise Gott zugleich liebte und ihm diente, offenbarte Christi Leiden seine erlösende Kraft. Freigiebigkeit wurde mit dem Gebet des Notleidenden für das Seelenheil des Gebers vergolten: War es für die Reichen und Mächtigen doch schwieriger, ins Himmelreich zu gelangen, als für ein Kamel, durch ein Nadelöhr zu gehen (*Mt* 19, 24). Das gegenseitige Geben und Nehmen festigte nicht nur die irdische Hierarchie, sondern auch deren Übergangscharakter im Lichte des ewigen Heils. Dadurch wurde die Interaktion von Gebern und Beschenkten zu einer Transaktion im doppelten Sinne. Einerseits erzielte man direkte und sichtbare Wirkung im irdischen Leben und andererseits eine Wirkung innerhalb der Heilsordnung, die zwar unsichtbar, aber letztlich ungleich erstrebenswerter war. Diese Beziehung brachte beiden Parteien Vorteile in sozialer, wirtschaftlicher und teilweise auch heilsökonomischer Hinsicht.

Frauen spielten auf beiden Seiten eine bemerkenswerte Rolle. Als Objekte der Fürsorge genossen sie in der frühneuzeitlichen Gesellschaft eine gewisse Vorzugsbehandlung, vor allem was den Schutz ihrer Keuschheit und ihrer Rolle in der Fortpflanzung betraf. Dies führte insbesondere in Italien, aber auch anderswo in Europa zur Einrichtung von Aussteuerfonds, die die Verheiratung unbemittelter Mädchen und dadurch das Wohlergehen der gesamten Gesellschaft förderten.[21] Sowohl für diese Mädchen als auch für ihre Wohltäterinnen gab es nur zwei Möglichkeiten: entweder sie heirateten oder wurden Nonne. Diejenigen, denen weder ein irdischer noch ein himmlischer Bräutigam zuteil wurde, verfehlten ihre Bestimmung und vergaben damit jegliche Chance auf den Erwerb von gesellschaftlichem Prestige. Lediglich einer Minderheit jener Frauen – Kurtisanen und Semireligiosen – gelang es, ein Leben als Unverheiratete zu führen und sich dem geltenden Wertesystem zu entziehen: Sie wurden dafür entweder außerordentlich verehrt oder zutiefst verachtet. Im Wohltätigkeitsbereich waren daher vor allem verheiratete Frauen und Witwen aktiv.

Gerade in den Oberschichten trugen Ehefrauen häufig schwer an ihrer Einbindung in Familieninteressen und an ihrer Pflicht zur Mutterschaft. Durch Wohlfahrtsarbeit kamen sie mit einer Welt in Berührung, die ihnen respektable Motive verschaffte, sich von solchen familiären Verpflichtungen zu distanzieren. Im Zuge der katholischen Reform gelangte die Wohltätigkeit immer mehr unter die Kontrolle des Klerus. Grundlagen der Reformpolitik waren die Vereinheitlichung und Verbesserung sowohl der Seelsorge wie der Fürsorge, die enger miteinander verknüpft wurden. Vor dem Hintergrund ihrer untergeordneten Stellung innerhalb der Familie war für Frauen aus der Oberschicht die Zusammenarbeit mit der Kirche besonders entlastend. Die wachsende Autorität des Klerus schwächte die Macht des Familienoberhaupts und stärkte auf indirekte Weise die Autonomie der Ehefrauen.

Frauen nahmen folglich eine wichtige Funktion in der Reformpolitik des Klerus ein, der eine Unterminierung des allmächtigen Verwandtschaftssystems durchaus zugute kam. Denn das größte Hindernis für die katholische Reformpolitik waren nicht individuelle Abtrünnigkeit oder Widerstand von protestantischer Seite, sondern die internen Vernetzungen einer Gesellschaft, in der Verwandtschaft eine der größten Verbindlichkeiten darstellte.[25] Frauen spielten im Verwandtschaftssystem eine sekundäre Rolle. Sie handelten zuallererst im Namen der Familie ihrer Ehemänner, weniger im Interesse ihrer eigenen Blutsverwandten – daher der ambivalente Charakter ihres Familiensinnes. Ihre Wohltaten konnten nicht wie die der Männer eindeutig zur Ehre eines bestimmten Familiengeschlechts gereichen und blieben deshalb auch viel häufiger anonym. Frauen neigten stärker als Männer dazu, den Druck ihrer familiären Pflichten mit Frömmigkeit und Weltverachtung zu kompensieren. Das ist nicht erstaunlich, denn ihr *contemptus mundi* eröffnete ihnen auch im Diesseits gewöhnlich mehr Freiräume als ihre *pietas*.[26]

Ganz anders sah dies für die Frauen aus, die von der zweifachen Transaktion zwischen Reich und Arm nur am Rande betroffen waren: die Frauen aus den Mittelschichten, die »in der Welt« und vor allem in der Hoffnung auf irdische Früchte ihrer Arbeit lebten. In den Klöstern waren sie entsprechend vergleichsweise schwächer vertreten.

VERVOLLKOMMNUNG UND GELÜBDE

Klöster waren seit jeher das Rückgrat des universalen Christentums gewesen. Während die katholische Kirche deren Expansion förderte, wurden sie von der protestantischen Kirche aufgelöst. Es ist weder erwiesen, daß der explosionsartige Anstieg der Zahl von Frauen, die am Ende des Mittelalters Orden beitraten, ein gesamteuropäisches Phänomen war, noch daß die Verödung der Klöster, wie sie sich bereits vor dem Durchbruch der Reformation an verschiedenen Orten in England, den nördlichen Niederlanden und Norditalien abzeichnete, verallgemeinert werden kann.[27] Die Voraussetzung für generelle Schlußfolgerungen wäre eine Bestandsaufnahme aller damaligen Frauenklöster – eine Arbeit, die gegenwärtig für das Mittelalter läuft. Es ist zu hoffen, daß sie auch auf spätere Perioden ausgedehnt wird.[28]

Frauenklöster

Der Zusammenhang von Heiratspolitik und der Zahl der in ein Kloster eintretenden Frauen ist vielfach erörtert worden. Während der Frühen Neuzeit, die von Anfang an von kriegerischer Gewalt auf lokalem wie europäischem Niveau gezeichnet war, entwickelte sich der Rückgang der Nachfrage nach Frauen auf dem Heiratsmarkt parallel zum Kaufkraftverlust der Männer. Ökonomische Krisen ließen die Ehe für die besitzenden Klassen zu einem größeren Risiko werden. Es gab keine Garantie dafür, daß sich erhebliche Investitionen in die Mitgift später auch auszahlen würden. Viele Frauen blieben unverheiratet. Durch das hohe Heiratsalter der Männer stieg die Anzahl der Witwen, von denen sich nur die Wohlhabendsten wieder verheiraten konnten. Dieser Zuwachs an alleinstehenden Frauen konnte selbst durch die ehefreundliche Politik der protestantischen Obrigkeiten nur zu einem geringen Teil aufgefangen werden.

In den katholischen Ländern behielten die Frauenklöster ihre Rolle als Institutionen der sozialen Absicherung bei, von der jedoch vor allem die städtischen Eliten profitierten. Für eine Ehe mit Christus war eine weitaus geringere Mitgift erforderlich. Darüber hinaus erhielt der Vater einer Nonne ein gewisses Mitspracherecht in der Einrichtung, der seine Tochter angehörte, ja er hatte sogar Anspruch auf gewisse Einkünfte, wenn er ihr eine der Leitungsfunktionen im Kloster verschaffte. Die meisten Frauenklöster befanden sich entweder innerhalb der sicheren Stadtmauern oder in deren unmittelbarer Nähe. Ihren Wohlstand mittels Gewährung von Steuerfreiheit und anderer Vorrechte zu fördern, war durchaus im Interesse der örtlichen Obrigkeiten, konnten die Nonnen doch im Gegenzug täglich zu ihrem geistlichen Bräutigam für das Wohlergehen ihrer Verwandten und ihrer Vaterstadt beten. Wenn die kirchliche Obrigkeit, ein Bischof beispielsweise, ihre Autorität nicht deutlich spüren ließ, mischten sich einflußreiche Familien bald in religiöse Angelegenheiten ein, eben weil diese selten strikt von den materiellen zu trennen waren. Die lokale Elite zog ja nicht nur wirtschaftlichen, sondern auch spirituellen Nutzen daraus: Wer seine Energie auf irdische Angelegenheiten verwenden mußte, wußte sich durch das tägliche Gebet für sein Seelenheil unterstützt. Die Folge waren lebhafte Kontakte zwischen Ordensschwestern und Bürgern sowie große Standesunterschiede auch innerhalb der Klostergemeinschaft. Vor allem wohlhabendere Nonnen blieben mit ihrer Familie verbunden. Sie verfügten über komfortabel eingerichtete Zellen, die nach ihrem Tod an ein Familienmitglied übergingen. Dort wohnten sie vollkommen standesgemäß, häufig zusammen mit einer jüngeren Schwester oder Kusine als Schützling; Witwen nahmen manchmal eine Tochter mit. Sie aßen getrennt von den anderen, hatten eigene Hühner und Gemüsegärten und erregten mit ihrem luxuriösen Lebensstil den Neid ihrer ärmeren Hausgenossinnen.

Es gab allerdings auch zahlreiche Klöster, vor allem auf dem Lande, in denen bittere Armut herrschte. Die größte Gefahr, die Nonnen drohte, war nicht etwa der Verlust ihrer Keuschheit, sondern die Verarmung. Darüber hinaus fielen Schwesterngemeinschaften nur allzuoft

einem endlosen Kompetenzgerangel zwischen lokalen und zentralen
Gewalten oder zwischen Weltgeistlichen und Ordenspriestern zum
Opfer, was katastrophale Folgen für ihr materielles und spirituelles
Wohlergehen hatte.[29]

Die Tridentinischen Reformen

Das Tridentinische Konzil (1545–1563) brachte tiefgreifende Veränderungen mit sich. Die Klöster wurden immer eindeutiger zum Vorteil
der zentralistischen Kirchenpolitik betrieben, also nicht mehr primär im
Interesse der Städte oder einzelner Familien. In spiritueller Hinsicht
bedeuteten die Tridentinischen Reformen sowohl eine Institutionalisierung als auch eine Professionalisierung der persönlichen Vervollkommnung in der Tugend. Die Klöster wurden zu wahren Instituten
der Vervollkommnung *(istituti di perfezione)*, unterschieden sich nun
deutlicher von weltlichen Einrichtungen und beanspruchten das Monopol auf kanonisierte Heiligkeit.

Die den Frauenklöstern auferlegten Verhaltensregeln zielten zunächst
auf eine Wiederherstellung der gemeinschaftlichen Lebensform ab.
Hierzu mußten die Familiengruppen innerhalb der Gemeinschaften
aufgebrochen und die familiäre Einmischung weitestgehend verhindert
werden. Darüber hinaus war es nötig, ausschweifende oder häretische
Neigungen der Nonnen aufzuspüren und ihrem schädlichen Einfluß auf
die Außenwelt entgegenzutreten. Die Zeitgenossen empörten sich in
Wort und Schrift gern über die Verweltlichung der Konvente, deshalb
werden in der gängigen Geschichtsschreibung auch »Unzucht« und
»Verwässerung der Klosterdisziplin« so ausgiebig behandelt. In Wirklichkeit fürchtete man sich jedoch vor dem genauen Gegenteil, vor
einer allzu inbrünstigen Frömmigkeit. Angesichts der Tatsache, daß
Gläubige aus allen Bevölkerungsschichten gern die Häuser gottgeweihter Frauen aufsuchten, um Genesung, Trost und Rat zu erlangen,
galt es, gegen diese Brutstätten lokaler Kulte vorzugehen. Zudem lebten viele Nonnen, besonders auf dem Land, von Almosen. Als bettelnd
Umherziehende waren sie sowohl den weltlichen als auch den kirchlichen Obrigkeiten ein Dorn im Auge, die unter dem Deckmantel
beschützender Maßnahmen versuchten, jene unerwünschten Elemente
systematisch zu isolieren. So zeigten etliche kirchliche Bestimmungen,
insbesondere die über die Klausur in Schwesterngemeinschaften, dieselbe Tendenz wie die Reformprogramme weltlicher Obrigkeiten.[30]

Die Klausur stieß auf großen Widerstand, bei den Nonnen wie bei
ihren Familienangehörigen, den städtischen Gemeinden und Geistlichen, die betonten, daß Nonnen schließlich selten aus rein religiösen

Motiven, sondern vielmehr auf den Wunsch ihrer Familie in ein Kloster eintraten. Sogar im Bistum Mailand, wo unter der Leitung von Karl Borromäus ein rigoroses Reformprogramm durchgesetzt wurde, hielten die bestehenden Nonnenklöster an einer Reihe von althergebrachten Gebräuchen fest. Am geeignetsten für das Tridentinische Modell erwiesen sich die neugegründeten Klöster, die bei ihrer Errichtung die neuen Vorschriften konsequent einführen konnten, auch was die Lage und Einrichtung ihres Hauses anbetraf. Bei der Wahl des Ortes war nicht mehr dessen etwaiger magisch-sakraler Charakter ausschlaggebend, sondern die Entfernung vom Getriebe der Städte und von Männerklöstern. Man brauchte ein Areal, das den Nonnen auch den Aufenthalt in der frischen Luft erlaubte. Hohe Mauern, schwere Türen, zahlreiche Schlösser und Gitter nach vorgeschriebenen Maßen und Stärken ließen keinen Zweifel daran aufkommen, daß die Bräute Christi für immer von der Welt Abschied genommen hatten.

Das bedeutete für die Nonnen, und vor allem für diejenigen unter ihnen, die aus der Elite stammten, eine radikale Beschneidung ihrer sozialen Kontakte. Die Netzwerke persönlicher Beziehungen, in die sie eingebunden gewesen waren, wurden durch eine neue Hierarchie innerhalb der Klostergemeinschaft ersetzt, die eine strikte Unterscheidung zwischen Chorschwestern und Laienschwestern oder *conversae* vorsah. Letztere verrichteten die Hausarbeit und durften nicht am Chorgebet oder an administrativen Entscheidungen teilnehmen. Sie stammten meist vom Lande, besaßen weder Bildung noch Vermögen, brachten jedoch eine, wenn auch geringe Mitgift ein. Während Klöster ehemals eine angenehme, nahezu häusliche Atmosphäre ausgestrahlt hatten, vor allem was die Zellen wohlhabender Insassinnen anging, schliefen die Nonnen in den reformierten Einrichtungen nun allein oder in Schlafsälen und nicht mehr zu zweit. Damit verschwand die Möglichkeit, intime und liebevolle Bindungen zu kultivieren. Dies wurde selbstverständlich als großer Verlust erfahren und veranlaßte beispielsweise eine Bologneser Nonne zu dem Stoßseufzer: »Ich für meinen Teil wünschte, daß wir es wieder so hielten wie früher, nämlich daß jede von uns eine Kusine oder eine andere Person, die ihr lieb und teuer ist, bei sich haben könnte.«[31]

Für jede Nonne waren fortan die persönlichsten Beziehungen die zu dem ihr zugeordneten Beichtvater und vor allem die zu ihrem selbstgewählten geistlichen Berater. Stärker als je zuvor war man sich der Risiken bewußt, die diese Situation in sich barg. Anders als Mönche konnten Nonnen nicht ohne die Intervention von Geistlichen des anderen Geschlechts auskommen, die meist dem männlichen Zweig des jeweiligen Ordens angehörten. Diese Intervention war disziplinarischer und organisatorischer Natur, sie beinhaltete jedoch vor allem die kontinuierliche priesterliche Betreuung: das Zelebrieren der Heiligen Messe, das Spenden der Sakramente, die individuelle und kollektive Seelsorge.

Das Interesse am individuellen Seelenleben ging einher mit der verinnerlichten Spiritualität, die sich im Spätmittelalter zu einer wichtigen Komponente des christlichen Humanismus und der weiblichen Mystik entwickelt hatte. Am überzeugendsten wurde sie von den Anhängern der Devotio Moderna verbreitet, einer Reformbewegung, die in den nördlichen Niederlanden entstanden war und das spirituelle Klima in Westeuropa entscheidend beeinflußte. Dies belegt unter anderem der unübertroffene Erfolg der *Imitatio Christi* (1427) des Thomas Hemerken von Kempen, die in den Bibliotheken frühneuzeitlicher Nonnenklöster selten fehlte.[32] Mit dieser Verinnerlichung begann das Streben nach persönlicher Gotteserfahrung, die als höchste Form menschlicher Vervollkommnung betrachtet wurde. Sie sollte einem Zusammenklang von Verstand, Gefühl und Vorstellungskraft entspringen und durch systematische spirituelle Übung erreicht werden. Einfachheit war das grundlegende Ziel; die Praxis entartete jedoch leicht ins Gegenteil. Daher bedurfte es einer kundigen geistlichen Führung, die die Züge des frühmodernen Professionalisierungsprozesses trug. Als Ergänzung bereits existierender Handbücher entwickelte sich eine spezialisierte Fachliteratur, in der keine Eventualität unerwähnt blieb.

Beichte und intensive geistliche Anleitung von Frauen verlangten besonders ausgeklügelte Vorkehrungen. So wurde beispielsweise der Beichtstuhl in der Frühen Neuzeit modifiziert. Man führte eine Trennwand ein, die den visuellen Kontakt zwischen der Beichtenden und ihrem Beichtvater verhinderte und damit die der Beichtsituation innewohnenden Gefahren minimieren sollte.[33] Vor allem bei der Seelsorge gottgeweihter Frauen galt es, auf der Hut zu sein. Diese wurden als besonders von Wahnideen und übertriebenen Skrupeln geplagt hingestellt sowie als äußerst empfänglich für fingierte Gotteserfahrung, Zauberei, falsche Mystik, Teufelskünste, extravagante Askese und Besessenheit.[34]

Dennoch wurden die Bräute Christi glücklich gepriesen, denn sie hatten den besseren Teil gewählt. Dabei war man sich durchaus bewußt, daß in Wirklichkeit von Wahl zumeist keine Rede sein konnte. Eigens deshalb schrieben die Konzilsdekrete vor, daß der Klostereintritt auf freier Willensentscheidung beruhen mußte. Das Mindestalter für das Ablegen der Profeß wurde auf sechzehn Jahre erhöht. Dennoch sah rund ein halbes Jahrhundert nach Abschluß des Konzils von Trient ein Mann wie Galileo Galilei keine andere Möglichkeit der Existenzsicherung für seine Töchter als den vorzeitigen Eintritt in einen notleidenden Konvent.[35] Einige Konzilsvorschriften zielten auf die

Bekämpfung der Armut in den Klöstern ab, durch die Klausur wurde diese jedoch eher noch drückender. Die Nonnen wehrten sich denn auch vor allem deshalb gegen die Tridentinische Klosterreform, weil sie den Verlust lebensnotwendiger Einkünfte aus Almosen befürchteten.

Die Spuren dieses Widerstandes wurden später größtenteils sorgfältig getilgt, daher werden die Forschungen zu seinem tatsächlichen Umfang noch mit einigen Schwierigkeiten zu kämpfen haben. Wir wissen, daß an mehreren Orten Nonnen einfach die Flucht ergriffen. Es gab auch einige, die den Beauftragten, der die Befolgung der Dekrete überprüfen und fördern sollte, kurzerhand mit Stühlen bewarfen und dabei soviel Aufsehen erregten, daß die Polizei eingreifen mußte. Von einigen Nonnen in Rom weiß man, daß sie keinen anderen Ausweg als den Selbstmord sahen. Andere entschieden sich für die Illegalität eines semireligiosen Standes und lebten zu Hause oder in kleinen Gruppen als Tertiarierinnen, also in Anbindung an einen Orden, meist den der Franziskaner.[36]

Im Norden suchten die Semireligiosen vielfach die Verbindung zu den Jesuiten, so daß im 17. Jahrhundert der Ausdruck *Jesuitinnen* zu einem Synonym für Semireligiose wurde. Der Name hatte zuweilen einen pejorativen Beiklang, weil die eigentlichen Jesuitinnen meist wohlhabende Frauen waren, die den Jesuiten großzügige finanzielle Unterstützung gewährten und somit bevorzugt behandelt wurden. So hatten die Ursulinen in Köln es anfangs besonders schwer, weil die Patres alle Mädchen aus vornehmen Familien zu den Jesuitinnen in die Schule schickten.[37]

Nonnen und Ehefrauen

Waren die frühneuzeitlichen Klöster tatsächlich die Hölle, als die sie schon von den Zeitgenossen betrachtet wurden? Eine eindeutige Antwort darauf ist nahezu unmöglich, denn jenes negative Bild entwickelte unter dem Einfluß eines ehefreundlichen Fortschrittsklimas ein Eigenleben. Aber nachdem die talentierte venetianische Benediktinerin Angela Tarabotti († 1652) schon in zwei Dante-Parodien mit den Titeln *Paradiso monacale* (1643) und *Inferno monacale* jene ›paradiesische Hölle‹ verewigt hàtte, setzte sie diesen mit einer dritten, dem *Purgatorio delle mal maritate* die Krone auf. Den Stoff für dieses Fegefeuer hatten ihr Opfer ehelicher Gewalt geliefert, für die das Klostersprechzimmer der einzige Ort war, an dem sie ihr Herz ausschütten konnten. Es ist vielleicht kein Zufall, daß von diesen drei Werken nur das über das eheliche Fegefeuer noch nicht wiedergefunden werden konnte.[38] Wie dem auch sei, in einem Vorschlag zur Errichtung einer semireligiosen Gemeinschaft für Frauen, den am Ende des 17. Jahrhunderts eine englische Protestantin veröffentlichte, wurde das Schicksal von Ehefrauen als beinahe unerträglich geschildert. Diese Gemeinschaft ohne jegliche Form von Gelübden, die dennoch als »Kloster« und als »Religious Retirement« bezeichnet wurde, war als respektable Versorgung für unverheiratete Frauen gedacht, aber auch als Ort, an den verheiratete Frauen sich zurückziehen konnten.[39]

Die Kommunikation zwischen der Welt der Verheirateten und der der Nonnen scheint von vielen Frauen als lebensnotwendig erfahren worden zu sein. Am Vorabend des Konzils von Trient erhielt dieses Zusammenspiel von Gottgeweihten und Ehefrauen durch die *santa viva* Angela Merici († 1540) neue Impulse. Sie rief zur grenzenlosen Nächstenliebe auf und widersetzte sich damit dem vorherrschenden Trend. Ihre Anhängerinnen standen mit beiden Beinen im Leben. Sie lebten in Familien, deren Kinder sie unterrichten halfen. Angela selbst unternahm zahlreiche Pilgerfahrten, einmal gar bis ins Heilige Land. Sie war Analphabetin, besaß jedoch grenzenloses Selbstvertrauen, denn sie war ganz von der Überzeugung durchdrungen, daß sie vor allem Gott zu gehorchen hatte. Ihr Status war der einer franziskanischen Tertiarierin. Erst in ihren letzten Lebensjahren arbeitete sie am Aufbau einer Compagnia di Sant'Orsola, einer Gemeinschaft ohne Gelübde, ohne Regeln und ohne vorgeschriebene Tracht. Erst 1807, mehr als zweieinhalb Jahrhunderte nach ihrem Tod, wurde sie heiliggesprochen. Die Erinnerung an ihre gelebte Heiligkeit war inzwischen ersetzt worden durch das Bild der braven Ordensstifterin, die sie nie gewesen ist.[40]

Die Frauenkongregationen des 19. Jahrhunderts werden im allgemeinen als Nachfahrinnen frühneuzeitlicher Initiativen zur Etablierung offener Gemeinschaften gottgeweihter Frauen betrachtet. Diese Sicht ist irreführend. Die frühmodernen Klosterstifterinnen, unter denen sich bemerkenswert viele Witwen befanden, häufig Mütter mehrerer Kinder – zum Beispiel Ludovica Torelli, Jeanne de Lestonnac, Jeanne de Chantal, Louise de Marillac – verkörperten eine Form weiblicher Spiritualität, die zwar auf eine reiche Vergangenheit zurückblicken konnte, aber kaum Zukunftsperspektiven besaß.[41]

MITLEID UND EHRGEIZ

Caterina Fieschi, eine Frau aus dem Hochadel, hatte nach zehn Ehejahren ihre erste Vision: Sie sah den gekreuzigten Christus, dessen Blut ihren gesamten Palast überflutete. Ihr Aufsteigen in der Liebe begann zu Füßen des Herrn, der sie bald an seine brennende Brust zog und später noch höher hob, bis an seinen Mund, »und da bekam sie einen Kuß (. . .) und da verlor sie sich selbst ganz und gar (. . .)«.[42] Sie pflegte fortan Kranke und härtete sich durch das Aussaugen eitriger Wunden und das Essen von Schorf und Läusen ab.

Die Macht der Mystikerinnen

Diese Mystikerin, besser bekannt als Katharina von Genua († 1510), war eine der wichtigsten Inspirationsquellen der französischen Mystik des Grand Siècle. Ihr Verhalten scheint gänzlich unvereinbar mit dem urbanen Zivilisationsprozeß, der die bürgerliche Kultur erfaßt hatte und auf Mäßigkeit, Selbstdisziplin und Triebsublimierung zielte, also auf soziale Kontrolle und die Vereinheitlichung des Lebensstils. Moralisten und Mediziner verkündigten mehr oder weniger dieselbe Botschaft: Maßlosigkeit schädige die Gesundheit von Leib und Seele. So war nicht nur ein zügelloser Geschlechtstrieb schädlich, sondern ebenso die radikale sexuelle Enthaltsamkeit. So dachte man nach der Reformation auch in der katholischen Welt, mit der Einschränkung, daß für die höher bewertete geistliche Lebensform des Klerus die Verpflichtung zum Zölibat fortbestand. Katholiken teilten jedoch die allgemeine Furcht, radikale Enthaltsamkeit könne bei Frauen – von denen man noch annahm, daß sie beim Koitus ebenfalls Samen verloren – zu Eigensinn, Ungehorsam und Arroganz führen.[43] Diese Angst besaß eine lange Tradition in der atavistischen Auffassung von Jungfräulichkeit als Quelle übermenschlicher Kräfte und Freiheit.

Frauen wie Katharina von Genua waren der lebende Beweis dafür, daß diese Befürchtungen durchaus gerechtfertigt waren. In einer Atmosphäre der Enttäuschung über das unabwendbare Debakel der Reformation bildeten sie den Ausgangspunkt für den oben beschriebenen Umschwung – das systematische Eintreten gegen jegliches öffentliche Zeugnis, in Wort oder Schrift, der »göttlichen Weisheit« charismatisch veranlagter Frauen. Als die Maßnahmen zu greifen begannen, war Katharina von Genua schon rund zwanzig Jahre tot. Aber ihre geistige Hinterlassenschaft, die ihre Anhängerinnen aufgezeichnet hatten, überwand alle Widerstände und sollte zwei Jahrhunderte lang die Entwicklung der westlichen spirituellen Kultur maßgeblich beeinflussen. Offenbar befriedigten diese Lehren einer Frau trotz allem unbändige geistliche Ambitionen, sogar die mächtiger Männer. Ihre Anziehungskraft muß erheblich größer gewesen sein als der Widerstand, den sie hervorriefen. Das gilt für die gesamte Frauenmystik des Mittelalters und der Frühen Neuzeit. Auf keinem anderen Gebiet der westlichen spirituellen Kultur haben Frauen während des Ancien Régime eine so unbestreitbare Rolle gespielt wie auf dem der Mystik, in keinem Wissenschaftszweig profilierten sie sich so wie in dem der *scienza divina*.

Die Frage nach geschlechtsspezifischen Merkmalen mystischer Schriften soll an dieser Stelle nicht diskutiert werden. Ich beschränke mich auf die Feststellung, daß mystische Texte von Frauen zuweilen Männern zugeschrieben wurden. Wie vieles, was von Frauen geschaffen wurde, blieben sie häufig anonym; zum einen, weil man das für passend hielt, aber auch um der Voreingenommenheit der Leser vorzubauen. Das war auch bei der *Margarita evangelica* (Köln 1545) der Fall, der lateinischen Ausgabe der *Evangelische Peerle* (Utrecht 1535), die von der Arnheimer Ordensschwester Reinalda van Eymeren († 1540) verfaßt worden war. Diese mystische Schrift wurde, ebenso wie das Gedankengut der Katharina von Genua, zu einer der wichtigsten Inspirationsquellen der französischen Mystik.[''

Die französische Ausgabe, *Perle évangélique* (Paris 1602), wurde von einer Schlüsselfigur wie Pierre de Bérulle, dem späteren Gründer der französischen Kongregation der Priester des Oratoriums, rezipiert. Sie zirkulierte im Salon der Mystikerin Barbe Avrillot alias Madame Acarie († 1618), Mutter von sechs Kindern und eine der geistlichen Ahnen des Franz von Sales. Barbe Avrillot selbst fühlte sich am engsten der wichtigsten Vertreterin der frühneuzeitlichen Mystik, Theresia von Avila († 1582), verbunden. Das erste französische Kloster von Theresias Unbeschuhten Karmelitinnen wurde von ihr gestiftet. Jahre später, nach dem Tod ihres Mannes, trat sie selbst ein. Davor fungierte ihr Pariser Salon einige Zeit als spirituelles Zentrum Europas, nicht zuletzt dank der inspirierenden Wirkung dreier Frauen: Katharina von Genua, Reinalda van Eymeren aus Arnheim und Theresia von Avila. Ihr Denken war so eindrucksvoll, daß man es für so wertvoll erachtet hatte, daß es nicht nur aufgezeichnet, sondern auch gedruckt und übersetzt worden war.[45]

Mit Leib und Seele

Männer und Frauen mit mystischen Neigungen unterscheiden sich von gewöhnlich Sterblichen durch ihr unbändiges Verlangen nach einer innigen Beziehung, und zwar nicht etwa zu anderen Menschen, mit denen sie zusammenleben, sondern zum Göttlichen. In der christlichen Mystik beinhaltet dies eine direkte Liebeserfahrung mit einem persönlichen Gott: mit Gott, der als der andere, aber auch als Gefährte und Gleicher und letztlich als das ureigenste Ich erfahren wird. Abgesehen von individuellen Unterschieden weist die spätmittelalterliche und frühneuzeitliche christliche Mystik zwei Tendenzen auf, die häufig in einer Person vereinigt sind: eine platonische Wesensmystik und eine christusbezogene Brautmystik. Diese Zweiteilung deckt sich mehr oder weniger mit der Unterscheidung in eine Elitenmystik und eine Volksmystik. Beide sind allerdings wegen ihrer mannigfachen Wechselbeziehungen nicht scharf voneinander zu trennen. Im Augenblick der Ekstase, wenn das Vordringen zum wahren Selbst und das Aufgehen im Einen, Geliebten ineinanderfließen, erleben Mystiker Ganzheit und Fülle in höchster Vollkommenheit. In der Metaphorik der Brautmystik feiern sie in diesem Moment ihre mystische Hochzeit mit dem himmlischen Bräutigam. Diese ekstatische Vereinigung transzendiert die enge Welt gesellschaftlicher und kirchlicher Konventionen.[16]

Wie erlebten Frauen in der Frühen Neuzeit diese abstrakte Form der Liebesbeziehung? Die Popularisierung des religiösen Lebens, an der sie einen so beträchtlichen Anteil hatten, und die Hegemonie des ehelichen Modells müssen dazu beigetragen haben, daß Frauen ihren göttlichen Geliebten immer selbstverständlicher als ihren Bräutigam erlebten – mit größerer Selbstverständlichkeit sogar, als das traditionell von ihnen erwartet wurde. Der Prototyp der gottgeweihten Frau, die frühchristliche Jungfrau, war ja bereits zugleich Magd *(ancilla)* und Braut *(sponsa)* des Herrn gewesen. *Sponsa Christi* war die Kirche insgesamt, aber eben auch jede einzelne gottgeweihte Jungfrau. Seit den Anfängen des Christentums betrachtete man sie als die Braut des Menschensohnes, und ihr Eintritt in den jungfräulichen Stand wurde schon in der alten Kirche wie eine Hochzeit gefeiert. In der Frühen Neuzeit paßte der Prototyp der gottgeweihten Frau besser als je zuvor in die kulturellen Muster.

Für Frauen war es aufgrund ihrer untergeordneten gesellschaftlichen Stellung noch schwieriger als für Männer, sich aus dem Korsett solcher Rollenmuster zu befreien. Dies gelang ihnen dagegen in der inneren Erlebniswelt dank ihres Mangels an umfassender Bildung sehr viel besser. Im Kern dieser Innenwelt erfuhren Mystikerinnen eine unerhörte Freiheit. Sie ließen dort nicht nur die beengende Welt gesellschaftlicher und kirchlicher Vorschriften hinter sich, sondern alle Konventionen, die ihrer Flucht im Wege standen. In Gott war alles möglich, auch der Gipfel der Torheit: In ihrer Vorstellung erlangten sie Einheit mit Gott, wurden Gott, und der Erlöser wurde Mutter. »So ist Jesus Christus (. . .) unsere wahre Mutter. Wir verdanken ihm unsere Existenz, dort, wo die Mutterschaft ihren

Ursprung hat, mit aller süßen Liebe, die endlos daraus hervorgeht. So wahrhaft wie Gott unser Vater ist, so wahrhaft ist Gott auch unsere Mutter.«[17] Dies sind die Worte einer mittelalterlichen Einsiedlerin, die in uralten, tief im kollektiven Gedächtnis verankerten Bildern dem Verlangen wohl vieler Frauen Ausdruck verliehen. So bereitete es den Tridentinischen Reformern denn auch große Mühe, das inzwischen amtlich verworfene Konzept göttlicher Ambisexualität aus den Köpfen der Leute zu verbannen: Der menschgewordene Gott war keineswegs in Gestalt einer Frau, sondern ausschließlich in der eines Mannes auf Erden erschienen.[18]

Mystiker maßen der Phantasie und der sinnlichen Wahrnehmung große Bedeutung zu. Auch das lief der Entwicklungslinie des Zivilisationsprozesses entgegen, selbst wenn gewisse Affinitäten zur libertinistischen Psychologie gelehrter Renaissancemagier und Neuplatoniker bestehen.[19] Auf der Suche nach der mystischen Liebesbeziehung spielten körperliche Regungen, sexuelle Lust und erotische Phantasien eine große Rolle. Sie führten auf dem beschwerlichen Weg der Selbstkasteiung, der trotz unvermeidlicher Rückschläge konsequent beschritten werden mußte, zum tiefsten Inneren der Seele. Es scheint, als hätten Frauen diesen asketischen Leidensweg und auch die so erkämpfte Beziehung zu ihrem göttlichen Geliebten im Vergleich zu ihren männlichen Mitstreitern meist direkter, persönlicher und ohne Scham erlebt. Auch in dieser Hinsicht waren sie weniger durch kulturelle Erwartungsmuster gehemmt und legten daher häufig eine Radikalität an den Tag, um die männliche Mystiker sie beneideten, die sie gleichzeitig aber auch verurteilten.

Offenbar war die mystische Erfahrung von Frauen als gleichermaßen körperliches wie geistiges Phänomen oft ganzheitlicher und weniger gespalten als die der Männer. Frauen konnten das körperliche Einssein mit dem menschgewordenen Gott vielfältiger und unmittelbarer erleben, weil sie enger mit allem Körperlichen verbunden geblieben waren: mit Geburt und Tod, mit dem Nähren, Versorgen und Mitleiden, mit Milch, Blut und Tränen. Ihr christuszentriertes Mitleid bezog sich entsprechend stark auf den Körper des Erlösers. Unter Frauen war die Verehrung der Pietà entstanden, der Mater dolorosa, die den Leichnam Christi auf ihrem Schoß hielt, der – noch nicht auferstanden – zärtlich dargeboten wurde wie ein Neugeborenes, als Symbol für die Wiedergeburt der Menschheit. Und auch die rituelle Handlung der Eucharistie, des immer wieder geopferten Körpers, hatte unter Frauen einen besonderen Stellenwert. Die Wandlung, durch die Brot und Wein zu Leib und Blut Christi wurden, erlebten sie häufig so intensiv, daß der Empfang der Hostie zuweilen eine vollkommene *imitatio Christi* auslöste. Indem sie den göttlichen Körper verzehrten, wurden sie Christus. Sein Körper wurde zu ihrem Körper, seine Passion zu der ihrigen.[50]

Opposition

Diese totale, von Leib und Seele erfahrene Religiosität wandelte sich mit der zunehmenden Rationalisierung der Welt sowie der Klerikalisierung des Sakralen. Auf diese Weise wurde die Kluft zwischen Sakralem und Profanem immer unüberbrückbarer. Öffentliche Manifestationen von Mystikern stießen auf verschärfte Kritik. Besonders den Mystikerinnen wurde es zunehmend schwerer gemacht, ihre Vorstellung einer leidenschaftlichen Vereinigung mit dem göttlichen Geliebten umzusetzen in den aufopferungsvollen Dienst am Nächsten. Sie wurden nun nicht nur vom Gemeindeleben ferngehalten, sondern auch von ihren Beichtvätern und Seelsorgern wesentlich strenger beobachtet. Und wenn der Seelsorger, wie so häufig, allmählich zum Partner, Freund oder sogar Schüler wurde, erwuchsen daraus beträchtliche Probleme.[51]

Dies war beispielsweise bei Isabella Berinzaga († 1624) der Fall, einer italienischen Mystikerin, die wie Katharina von Genua die französische Mystik maßgeblich beeinflußte. Sie war Analphabetin, weigerte sich zu heiraten, aber auch in ein Kloster einzutreten, und nahm daher in ihrer Geburtsstadt Mailand ein semireligioses Leben in engem Kontakt zu den Jesuiten auf. Im Verlaufe ihrer aufopferungsvollen frommen Tätigkeit entwickelte sie zahlreiche Konzepte zu einer Kirchenreform. Zusammen mit dem Jesuiten Achille Gagliardi, der für ihr geistliches und seelisches Wohlergehen zuständig war, sich jedoch zusehends von ihren Ideen beeindruckt zeigte, entwarf sie ein Reformprogramm für den Jesuitenorden, das große Zustimmung fand. Ergebnis ihres Dialogs war außerdem ein Handbuch für das geistliche Leben, das *Breve compendio di perfezione cristiana*, ein durch seine Einfachheit, Klarheit und Knappheit bestechendes Werk.[52]

Das Paar wurde allerdings sehr bald von der Kirche zum Schweigen verurteilt. Gagliardi schwor ihren beiden Ideen ab, Berinzaga zog sich daraufhin für immer zurück. Allerdings war ihr kleines Handbuch inzwischen bereits in einer Übersetzung von Pierre de Bérulle in Paris erschienen (1597). Dadurch erlangte diese Frucht ihrer spirituellen Verbindung allen Widerständen zum Trotz große Popularität.[53] Hierbei spielte wiederum der Kreis um Madame Acarie eine bedeutende Rolle. Obwohl jene Kreise männlicher Anhänger, die sich um eine charismatische Frau scharten, im klerikalen Milieu zur Seltenheit geworden waren, fanden sie immer mehr Anklang in ihrer weltlichen Ausprägung – den Salons.

GEIST, VERNUNFT UND HEILIGE JUNGFRAU

Die Lehren von Isabella Berinzaga und Achille Gagliardi über den Weg zur Vollkommenheit waren nicht ganz ungefährlich. Sie riefen zur Weltverachtung auf, die Platz machen sollte für eine Bereitschaft zum passiven Leiden, für das pure *patire* der Märtyrer *(come i martiri (...) come a punto un agnellino)*.[54] Schlüssel dazu sollte die *quiete passiva* sein, die jegliches Handeln ausschloß, ganz in der Tradition einer der am meisten gefürchteten mystischen Schriften, des *Spiegels der einfachen Seelen* (ca. 1300). Verfaßt von Marguerite Porete, war er zur »Bibel« der Bewegung des Freien Geistes geworden, bevor er im Jahre 1310 zusammen mit seiner Autorin in Paris verbrannt wurde.[55] Das *Breve compendio* beschrieb im Gegensatz zum *Spiegel* den Weg zur Vollkommenheit und zur totalen Gotteserfahrung in allgemeinverständlichen Worten. Und realistische Geister wußten nur allzu gut, daß dieser Weg leicht zu Anarchie und Libertinismus führen konnte, zur Ablehnung der priesterlichen Mittlertätigkeit und sogar zur Verweigerung jeglicher Tugendübung, den Gehorsam eingeschlossen.

Auf dem Weg zu rationaler Frömmigkeit

Nach Jahrhunderten der Demokratisierung der religiösen Erfahrung war diese Gefahr gut bekannt. Dadurch drohte auch der *contemptus mundi*, der im Mittelalter zur religiösen Praxis von Mönchen und Nonnen gehört hatte und deshalb nur von einer relativ kleinen Gruppe gelebt worden war, zu einem weitverbreiteten Phänomen auszuarten. Dieses Risiko suchten kirchliche wie weltliche Obrigkeiten beständig zu begrenzen. Starrköpfe und unbelehrbare gottgeweihte Frauen hatten seit langem die Reaktion von Klerikern und Obrigkeit herausgefordert und die gesellschaftliche Ordnung bedroht. Eine Demokratisierung des *contemptus mundi* mußte zumindest durch eine Demokratisierung der *pietas* aufgefangen werden sowie durch eine Propagierung von Familiensinn, Tugendhaftigkeit und Frömmigkeit als allgemeine Christenpflichten.[56]

Diese zweigleisige Demokratisierung in Form einer annehmbaren Kombination von Strenge und Pragmatismus, die Bürger und Bauern sich auf dem Weg zu sozialem Aufstieg und Emanzipation zu eigen machten, bestimmte in hohem Maße das geistige Klima im frühneuzeitlichen Europa. Dies galt vor allem für den protestantischen Norden, insbesondere für die Niederlande, weil dort die Devotio Moderna unter Protestanten und Katholiken einen gleichermaßen dauerhaften Einfluß entfaltet hatte. Frömmigkeit begann somit gleichgesetzt zu werden mit der strikten Ablehnung jeglicher Extravaganz, religiöse Verinnerlichung wurde mit konkretem Realismus verbunden. Ein typisches Beispiel dafür war der in einer der ersten von der Devotio Moderna geprägten Gemeinschaften – der Schwestern des Gemeinsamen Lebens – übliche Brauch, die spirituelle Hochzeit erst in der Sterbestunde zu feiern, also zum Zeitpunkt des Eintritts ins ewige Leben.[57]

In einer solchen Atmosphäre stießen Manifestationen außergewöhnlicher Frömmigkeit daher überwiegend auf Skepsis. Das könnte erklären, warum die vor allem in den südlichen Niederlanden so zahlreichen weiblichen Heiligen und Mystikerinnen niemals einen ähnlichen gesellschaftlichen Einfluß erlangten wie ihre Schwestern im Mittelmeerraum, geschweige denn die Möglichkeit hatten, als Prophetinnen anerkannt zu werden. Das lag nicht etwa daran, daß sie weniger fromm oder tugendhaft waren, sondern daß ihre Heiligkeit anders wahrgenommen wurde. Für den Unterschied zu den italienischen Mystikerinnen und »lebenden Heiligen« waren nicht so sehr die Frauen selbst verantwortlich, sondern ihr unmittelbares soziales Umfeld, das ihnen in der Öffentlichkeit vergleichsweise engere Freiräume zugestand.[58]

Geistliche Jungfrauen

Nach der Reformation begegneten sowohl Protestanten als auch Katholiken jeglichem übertriebenen Spiritualismus mit äußerster Vorsicht, und jede Einmischung von Frauen in Glaubensangelegenheiten wurde mit größtem Argwohn betrachtet. In den nördlichen Niederlanden entstand durch Priestermangel eine Notsituation, die nicht ordensgebundenen Semireligiosen die Chance bot, sich seelsorgerisch zu betätigen. In offiziellen zeitgenössischen Dokumenten wurden sie meist als *geestelijke maagden* (geistliche Jungfrauen) oder kurz *maagden* bezeichnet. In der Umgangssprache nannte man sie allerdings abschätzig *kloppen*, was in der ursprünglichen Bedeutung des Wortes so viel wie »Kastrierte« bzw. sterile Mannweiber heißt. Katholiken zogen überwiegend die Verkleinerungsform *klopjes* vor. Im Gegensatz zu den Beginen, deren Zahl nach dem Übergang des Landes zum Protestantismus dramatisch zurückging, nahm die Zahl der geistlichen Jungfrauen stetig zu, so daß sie bald zahlreicher wurden als die verfügbaren Priester. Ebenso wie andere nicht ordensgebundene Schwestern im übrigen Europa lebten sie allein oder in Gruppen, aber zuweilen auch in häuslicher Gemeinschaft mit Familienmitgliedern. Sie waren häufig an Bettelorden angegliedert, besonders an die Franziskaner, mancherorts ließen sie sich von Jesuiten oder Weltgeistlichen seelsorgerisch betreuen, was oftmals zu beträchtlichen Spannungen führte.

Ihre Aktivitäten wurden stark von äußeren Umständen bestimmt. So kümmerten sie sich beispielsweise um die *schuilkerken*, katholische Gottesdiensträume, die nur im Verborgenen existieren durften; sie beherbergten und unterstützten im Untergrund operierende Priester, versorgten Arme und Kranke und erteilten Religionsunterricht. Bald hieß es jedoch, sie hätten zuviel Einfluß; sie versündigten sich, indem sie predigten und missionierten, kurzum, sie mischten sich allzu offenkundig in pastorale Angelegenheiten ein. Dies taten sie offenbar mit soviel Erfolg, daß in der Mitte des 17. Jahrhunderts die calvinistischen Obrigkeiten gegen sie auf die Barrikaden gingen. Anschuldigungen wurden laut, die sich wenig von dem in katholischen Kreisen kursierenden Klatsch unterschieden: *Kloppen* waren angeblich herrschsüchtig und dickköpfig; sie erregten Anstoß, indem sie selbständig in der Öffentlichkeit auftraten und ohne Begleitung reisten; sie unterhielten unzüchtige Beziehungen zu Priestern, die ihnen nicht nur ihre Ehrbarkeit, sondern auch ihr Vermögen raubten.

Insgesamt erscheinen die Reaktionen auf den Einsatz dieser Frauen widersprüchlich. Manchmal wurde die Bedeutung ihrer Arbeit geleugnet oder zumindest heruntergespielt. Die Aufmerksamkeit, die man den geistlichen Jungfrauen widmete, bezog sich nämlich keineswegs auf ihre konkrete Tätigkeit, geschweige denn auf ihre eigenen Erfahrungen und Meinungen. Es handelte sich vielmehr um die Reaktion aus Rom auf alarmierende Berichte über Mißstände an der Peripherie des katholischen Einflußgebiets. Kurienprälaten erteilten lediglich Instruktionen über den Umgang zwischen Priestern und »Haushälterinnen« sowie Maßregeln zur Vermeidung jeglichen Anstoßes bei Protestanten. Von vielen auf lokaler Ebene tätigen Priestern jedoch wurden die geistlichen Jungfrauen stolz mit den frühchristlichen Diakoninnen verglichen, den Stützpfeilern des verfolgten Christentums. Die Rivalität zwischen Ordensgeistlichen und Weltgeistlichen, die dazu führte, daß sie einander im Umgang mit den *kloppen* Geldgier und Unzucht vorwarfen, zeugt davon, wie außerordentlich die Unterstützung durch jene Frauen geschätzt wurde.

Bei Protestanten dagegen weckte die ungewohnte Zielstrebigkeit dieser Frauen Furcht, und einige zeitgenössische Berichte vermitteln den Eindruck, als hätte es in den holländischen Städten veritable Scharen von *kloppen* gegeben, die jeden, der ihnen in die Hände fiel, unverzüglich zum »papistischen Aberglauben« zu bekehren suchten. Ihr Lerneifer provozierte eher Gelächter als Furcht und gab Anlaß zu Vergleichen mit den *Précieuses* und *Savantes*. Von katholischer Seite wurde dieser Vorwurf des Blaustrumpf-Gehabes noch mit einer ernstzunehmenden Anschuldigung verbunden: *Klopjes* neigten zu übertriebener Frömmigkeit, zu häretischen Auffassungen und zu falscher Mystik.

Daher sollten sie ihre Leselust bezähmen und sich ausschließlich auf die erbauliche Lektüre beschränken, die ihnen von ihren geistlichen Ratgebern anempfohlen wurde.

In einem Punkt allerdings stimmten sowohl protestantische als auch katholische Kritiker überein: daß die Billigung der Zusammenarbeit frommer Männer und Frauen in Glaubensangelegenheiten und in der Seelsorge ein Spiel mit dem Feuer war: Beflügelt vom Abenteurertum des Hieronymus und seiner Gefährtin Paula, verstiegen sich Frauen nur allzuoft zu heillosen Unternehmungen. Beispielsweise investierten sie ihr gesamtes spirituelles und materielles Vermögen in falsche Propheten, nur um schließlich betrogen zu werden.[59]

Frömmigkeit und Fruchtbarkeit

Wie stark die Führer der etablierten Kirchen gegen eine derartige Zusammenarbeit eingenommen waren, sieht man am Beispiel der offiziellen Reaktionen auf umherziehende Predigerpaare. Es handelte sich bei ihnen um außergewöhnlich fromme Männer und Frauen, wie sie vor allem unter den katholischen Quietisten und den protestantischen Pietisten anzutreffen waren. Großes Aufsehen erregte in der protestantischen Welt der Entschluß der berühmten Gelehrten Anna Maria van Schurman (†1678), in die Sekte bzw. »Familie« des Franzosen Jean de Labadie einzutreten – eines ehemaligen Jesuiten, Ex-Calvinisten und ruhelosen Wanderers auf der Suche nach der einen Wahrheit. Auf dieser Suche taten sich die beiden zusammen, und bald wurden sie mit Hieronymus und Paula verglichen. Der Schurman wurde – wie Paula – vorgeworfen, daß sie die angestammte Ordnung verlassen hatte. Diese Frau hatte mit einem Traktat, in dem sie das Recht der Frauen auf wissenschaftliches Studium einklagte, internationale Bekanntheit erlangt. Später, in ihrer *Eukleria* (1673), stellte sie allerdings Nächstenliebe, Weltverachtung und den Dienst an Gott über die Ausübung der Wissenschaft und das Leben in einer Liebesgemeinschaft nach urchristlichem Modell über weltlichen Ruhm. Anna Maria van Schurman gab ihre Studien niemals auf. Dennoch betrachtete man ihre Entscheidung, Labadie nach Friesland zu folgen, als irrationale Leidenschaft und Verrat an der Wissenschaft.[60]

Was man Labadie und seinen Anhängern vorwarf, deckt sich weitgehend mit der Kritik an den *kloppen*. Man verübelte es ihnen, daß sie Eltern und Familie im Stich ließen, obwohl es sich dabei häufig um ältere Alleinstehende, vielfach um Witwen handelte. Der Vorwurf richtete sich in Wahrheit gegen die eigenmächtige Wahl einer Lebensform, die den Bruch mit der Familientradition beinhaltete und deshalb gegen jene Loyalität verstieß, die man lebenden und verstorbenen Verwandten schuldete. Dieser Mangel an Familiensinn brachte Frauen mit ihrer ohnehin unvernünftigen Neigung zur Freigiebigkeit sogar dazu, ihr gesamtes Vermögen in die gemeinsame Kasse der Labadisten einzubringen. Absichtlich versuchte man mit dieser Kritik den falschen Eindruck zu erwecken, daß Labadies Anhängerschaft vor allem aus Frauen bestand. Auf diese Weise wollte man andere Frauen vor ihm zurückhalten und zugleich die Person Labadies und seine Gemeinde von Auserwählten in ein ungünstiges Licht rücken. Ein Prophet, der vor allem Frauen anzog, konnte nur ein Wolf im Schafspelz und darauf aus sein, seine Geldgier und fleischlichen Gelüste zu befriedigen.

Auch auf katholischer Seite zeichnete sich im Laufe des 17. Jahrhunderts ein immer heftigerer Konflikt zwischen spiritualistischen und rationalistischen Tendenzen ab. Zu Beginn der achtziger Jahre eröffnete die Inquisition eine wahre Jagd auf Quietisten. Das Studium der Prozeßakten legt die Vermutung nahe, daß die bizarren Anklagen wegen falscher Mystik und sexueller Verirrungen mehr über die überhitzte Phantasie der Ankläger aussagen als über das tatsächliche Verhalten der Beschuldigten. So erhob man in Rom gegen einen der berüchtigtsten Quietisten, Miguel de Molinos, einem früheren Protégé von Innozenz XI., der eine zahlreiche weibliche Anhängerschaft um sich geschart hatte, den Vorwurf, er habe in Nonnenklöstern Schwarze Messen zelebriert. Was man sich darunter vorstellte, mutet wie eine Kreuzung zwischen Meßopfer und Fruchtbarkeitsritus an: Der bei der Konsekration verwendete Kelch enthielt nicht Wein und Wasser, sondern das Sperma des Zelebranten und Scheidenflüssigkeit der anwesenden Frauen. Man wußte sogar zu berichten, daß Molinos zu diesem Zweck zunächst alle Nonnen nacheinander nackt auf dem Altar mit seiner gesalbten Hand zum Orgasmus brachte, um so den weiblichen »Samen« aufzufangen.[61]

Solche Spuren atavistischer Rituale in der Vorstellungswelt zölibatärer Kirchenoberer waren Symptome geistiger Verwirrung und müssen vermutlich vor dem Hintergrund der nicht eben einfachen Vorgabe gewertet werden, die Anbetung der Vernunft mit der Verehrung der jungfräulichen Mutter zu kombinieren. Letztere war ein essentieller Bestandteil der offiziellen gegenreformatorischen Doktrin. Die paradoxe Rolle der Jungfrau und Mutter Maria im Mysterium der göttlichen Geburt war ja von grundlegender Bedeutung für das katholische Kirchenverständnis und vor allem für die Mittlerfunktion des Klerus, von der der Protestantismus sich losgesagt hatte. Die Marienverehrung, für die alle katholischen Reformer sich einsetzten, ging einher mit der Intensivierung der paradoxen Verbindung zwischen Frömmigkeit und Fruchtbarkeit, Priesterschaft und Inkarnation, zwischen dem vermit-

telnden Priester und der Mittlerin aller Gnaden. Die Fortpflanzungsfähigkeit der Mütter und die göttliche Freiheit bzw. transzendentale
Potenz der Jungfrauen wurde in einem widernatürlichen Bündnis zwischen der jungfräulichen Madonna und den zugleich jungfräulichen
und fruchtbaren Priestern zur übermächtigen Waffe im Einsatz gegen
alte und neue Feinde. Diese richtete sich zunächst gegen die magische
Repräsentation einer Welt, deren unauslöschlicher Urquell heidnische
Muttergöttinnen, *matres* oder *matronae*, Sibyllen und »göttliche Mütter«
waren – Bindeglieder zwischen Licht und Finsternis, zwischen Leben
und Tod: gegen den Morgenstern. Gleichzeitig zielte diese Waffe auf
die spaltenden Kräfte innerhalb einer Zivilisationsoffensive, die sich auf
ein neues wissenschaftliches Weltbild zubewegte, in dem für das
Mysterium als Zeichen der wesenhaften Einheit von Natur und Über-
natur kein Platz mehr war.[62]

Die am meisten verehrte unter den Frauen – Sitz der Weisheit, mysti-
sche Rose, Königin aller Heiligen – verkörperte wie keine andere die
Kluft zwischen der protestantischen und der katholischen Kultur. Beide
Konfessionen, die in der modernen westlichen Zivilisation eine domi-
nierende Rolle gespielt haben, entwickelten sich weitgehend parallel.
Aber die jungfräuliche Mutter bleibt unerschütterliches Symbol für den
Unterschied, fest verankert auf jenem Felsen, auf dem nur eine Kirche
Platz hat.

Epilog: Nord und Süd

Es durfte inzwischen deutlich geworden sein, daß diese kurze Erkundung der Geschichte zweier Jahrhunderte von einer Forscherin unternommen wurde, die vor allem mit der katholischen Landschaft vertraut
ist, und hier in erster Linie mit der Italiens und der nördlichen Niederlande. Es handelt sich um erste Sondierungen auf der Grundlage
von Schlußfolgerungen, die das vorläufige Ergebnis eines gigantischen
Projektes sind: der Eintragung von Pfaden, Grotten und Quellen, die
auf vorhandenen Generalkarten nicht verzeichnet sind. Dieses Projekt
ging hervor aus einer neuen Sicht auf die Landschaft, einer neuen
Wahrnehmung des Raumes und einem neuen Weltbild, das sich auf
ein verändertes Menschenbild gründet. Eine wachsende Anzahl von
Wissenschaftlern beteiligt sich an diesem Vorhaben. Dabei sind eine
Vielzahl neuer Spuren entdeckt worden, darunter auch solche von religiösen Erfahrungen. Sie sind so divergent, daß nur einige wenige von
ihnen in mein Blickfeld gerieten und hier als Orientierungspunkte
berücksichtigt werden konnten.

Es muß noch viel geschehen, bis eine neue Synthese der Forschungsergebnisse in greifbare Nähe rückt. Die spirituelle Praxis in der
Frühen Neuzeit ist aus frauenspezifischer Perspektive bei weitem noch
nicht so intensiv erforscht, als daß ein internationaler Dialog darüber
in Gang gebracht werden könnte, wie er für das Mittelalter bereits seit
einigen Jahren geführt wird. Nach dem lauten Startschuß von Natalie
Zemon Davis' Aufsatz *City Women and Religious Change* 1975 sind die
Forschungen nur langsam vorangekommen, vor allem auf dem Gebiet
der sozialen und religiösen Entwicklungen in der katholischen Kultur.[63]
Dieser Rückstand ist unter anderem darauf zurückzuführen, daß der
Gegenreformation lange Zeit der Ruch einer Fortschrittsbremse anhaftete.

Inzwischen ist die Fortschrittsidee selbst mehr als je zuvor in Zweifel gezogen worden. Dennoch scheint es offenbar immer noch zu früh
für einen offenen Nord-Süd-Austausch über die Entwicklung der protestantischen und katholischen Kultur im einzelnen sowie ihre Auswirkungen auf das frühneuzeitliche Menschenbild, die Wahrnehmung
der Geschlechtsunterschiede und die Rollenverteilung und Interaktion
zwischen Frauen und Männern. Ein solcher Nord-Süd-Dialog wäre ein
notwendiger Schritt auf dem Weg zu einer neuen Geschichte der westlichen Zivilisation unter Einschluß der Frauen sowie einer Kulturgeschichte der westlichen Welt. Vor uns liegt ein weiter Weg.

Aus dem Niederländischen von Maria-Theresia Leuker

6

FRAUEN, POLITIK UND MACHT

Natalie Zemon Davis

Im Jahre 1586 untersuchte Jean Bodin in seinen berühmten *Sechs Büchern über den Staat* die verschiedenen Stände und Ränge der Bürger in einem Gemeinwesen und hielt zum Abschluß fest:

»Was die Frauen anbelangt, so sei nur das eine gesagt: Ich bin der Meinung, sie sollten von allen Magistratsämtern, Befehlsfunktionen, Richterstellen und öffentlichen Ratsversammlungen so weit wie möglich ferngehalten werden, damit sie sich mit Hingabe ihren Aufgaben als Gattinnen und Hausfrauen widmen.« (III. Buch, 8. Kapitel)[1]

Die gleiche Auffassung vertrat ein englischer Jurist 1632 in der Einleitung eines Traktats über das weibliche Geschlecht betreffende Gesetze und Statuten:

»Frauen haben mit der Gesetzgebung nichts zu tun, auch nicht mit ihrer Auslegung in Vorlesungen, Urteilen und Anklageschriften; dennoch bleiben sie an die von Männern geschaffenen Einrichtungen strikt gebunden, ohne daß sie sich auf ihre Unwissenheit berufen könnten.« (T. E., *The Lawes Resolution of Womens Rights*, 1632)

Tatsächlich überschätzten diese Rechtsgelehrten jedoch den Unterschied zwischen den Geschlechtern. Im Ancien Régime wurde auch vielen Männern die volle Beteiligung am politischen Leben verweigert, weil es ihnen an Besitz und Vermögen mangelte oder sie niederen Standes waren. Dagegen besaßen einige Frauen – von Geburts wegen oder ererbt – politische Autorität oder konnten zumindest informell politischen Einfluß ausüben. Dennoch war die politische Sphäre durch

ausgeprägte Asymmetrien zwischen Männern und *Frauen* gekennzeichnet, und Überschreitungen in diesem Bereich waren für die Praxis und Symbolik strikt hierarchischer Gesellschaften ganz besonders
störend. Der schottische Calvinist John Knox, ein Zeitgenosse von Maria
Tudor, Maria Stuart und Katharina von Medici, nannte 1558 ihre Herrschaft »das monströse« – will heißen widernatürliche – »Frauenregi-
ment«.

Armeen, Gerichte, Verwaltung

Es schien »natürlich« und vom göttlichen Gesetz vorgeschrieben, daß
Frauen nicht das Waffenhandwerk ausübten. Die frühneuzeitlichen
Armeen, die schrittweise aus Söldnern, Rekruten und den Überresten
des feudalen Heerbanns entstanden, durften nur aus Männern bestehen. Nicht etwa, daß alle Männer ihre Männlichkeit durch Kriegsdienst beweisen mußten: Katholische Priester durften kein Blut vergießen, es machte sie »unrein« und ihres Amtes »unwürdig«; männliche
Angehörige radikaler protestantischer Sekten im 16. und 17. Jahrhundert legten das Schwert mit dem Argument nieder, die höchste Form
männlichen Mutes sei absolute Gewaltlosigkeit. In der zeitgenössischen Vorstellungswelt mangelte es nicht an bewaffneten Frauen: Die
Amazonen gehörten in ganz Westeuropa zur literarischen Landschaft,
und die Berichte über Jeanne d'Arc und ihr Banner erinnerten die
Franzosen daran, was eine Frau, die Männer in die Schlacht führte, zu
bewirken vermochte.

Johanna von Orléans hat ihr Geschlecht niemals verborgen, noch
nicht einmal als sie sich wie ein Soldat kleidete, und sie war sicherlich das Vorbild für die wenigen Französinnen, die im 17. Jahrhundert für alle sichtbar auf dem Schlachtfeld kämpften. Doch für
Frauen, die in England, Frankreich oder den Niederlanden in die
Armee oder die Marine eintreten wollten, war der beste Weg, sich
als Mann zu verkleiden. Der Troß von Frauen, die alle Heere der
Frühen Neuzeit begleiteten, bestand aus Köchinnen (bisweilen Ehefrauen, die für ihre Männer kochten), Dienstmägden, Marketenderinnen und Prostituierten.

Begeben wir uns nun vom Schlachtfeld in die Welt der immer zahlreicher werdenden Gerichte, Ämter und Kanzleien, so stoßen wir auf
eine ähnliche Asymmetrie. Frauen schlossen Verträge oder waren ihr
Gegenstand, aber niemals durften sie Verträge als Zeuginnen
beschwören. Wie schön ihre Schrift auch sein mochte, Notarin oder
Kanzleisekretärin wurden sie nie. Gleich wie erfahren und geschickt
sie in ihrer Nachbarschaft oder als Gevatterin Frieden stiftete, nie wur-

de eine Frau in Frankreich auch nur im kleinsten königlichen Ge-
richtsbezirk zur Richterin bestellt oder in England zur Friedensrichte-
rin ernannt (obschon im Mittelalter einige wenige adlige Damen
dieses Amt innehatten), nie in eine englische große oder Schwurge-
richtsjury berufen. Eine Erbin oder Witwe, der die hohe oder niedere
Gerichtsbarkeit in einer Herrschaft zugefallen war, bestellte (wie es
allerdings auch männliche Besitzer von Herrschaften häufig taten)
einen Vertreter, der an ihrer Stelle urteilte und Recht sprach. Von den
Positionen im Hofstaat von Königin und Fürstin einmal abgesehen,
wurden Frauen niemals mit irgendeinem jener Ämter – vom Kanzler
bis hinunter zum Gerichtsbüttel oder Kerkermeister – betraut, deren
Zunahme so wesentlich und kennzeichnend für den Ausbau des frühneuzeitlichen Staates war. Sie konnten statt dessen, sofern sie über
eigenes Vermögen oder Beziehungen verfügten, nur versuchen, darauf Einfluß zu nehmen, an wen ein Amt vergeben wurde. In jedem
Fall genossen sie das Ansehen und die Einkünfte, profitierten sie von
den Beziehungen, die über die Ämter bekleidenden Männer in ihrer
Familie und Verwandtschaft auch ihnen zugute kamen.

Im Europa der Frühen Neuzeit war, und dies galt für Männer wie
für Frauen, die Bezeichnung »Bürger« – eines Königreichs, einer Stadt-
republik oder einer Landstadt – ein vieldeutiger Begriff. Die »Rechte«,
»Privilegien«, »Freiheiten« und »Immunitäten« sahen in jedem Ort anders
aus, und auch die Begrifflichkeit und die Kennzeichen des politischen
und rechtlichen Status waren nicht überall gleich. Aber die meisten
Männer innerhalb der Mauern einer frühmodernen Stadt waren entweder Vollbürger, Beisassen (Einwohner ohne volles Bürgerrecht) oder
aber Fremde mit ihren spezifischen Rechten und Pflichten, während für
die Frauen diese Unterscheidungen – wenn sie überhaupt getroffen
wurden – keine politische Betätigung mit sich brachten. Als Bürgerin
hatte eine Frau Anspruch auf den Schutz durch das Stadtrecht ihrer
Heimatstadt; als Witwe erwartete man von ihr, daß sie einen männlichen Angehörigen ihres Haushalts für die städtische Miliz stellte (oder
ersatzweise einen Geldbetrag zahlte). In der Frühen Neuzeit wurde sie
aber nur äußerst selten zu einer beratenden oder beschließenden Versammlung geladen, niemals aufgefordert, einen Sitz im Stadtrat einzunehmen. Die einzige Frauen vorbehaltene Nische unter den städtischen Ämtern war die Verwaltung der Hospitäler: Aus den Gruppen-
bildern der Regentinnen der Armenspitäler Amsterdams und Haarlems
im 17. Jahrhundert blicken uns die Frauen genauso gebieterisch entgegen wie ihre männlichen Kollegen, die Regenten. Insgesamt gesehen jedoch war die Stadtregierung Männersache: die Angelegenheit
von Ehegatten, Vätern und Witwern, die wußten, was für ihre Familien
am besten war.

Monarchien und die Macht der Königinnen

Die Betrachtung der städtischen Verhältnisse führt uns zu einer für die Bestimmung der Rolle der Frau hilfreichen Unterscheidung zwischen den politischen Herrschaftsformen in der Frühen Neuzeit. Die republikanischen Gemeinwesen wie Florenz in der Frührenaissance, Venedig, die schweizerischen Kantone und die deutschen Reichsstädte boten die geringsten Möglichkeiten für Frauen, öffentlich politische Macht auszuüben. Hier konnten Frauen nur informell, über Familie und Verwandtschaft, Einfluß ausüben.

In den Monarchien und Fürstentümern dagegen – in Frankreich, England, Spanien, in den deutschen Territorien und im Florenz der Spätrenaissance, nunmehr Hauptstadt des Großherzogtums Toskana – gab es Frauen vorbehaltene Ämter und Würden, und es gab Arenen für eine öffentliche oder halböffentliche Betätigung von Frauen. Wo Macht durch dynastische Erbfolge statt durch Wahl oder Kooptation erworben wurde, konnten Frauen zur Königin gesalbt werden; Geburt und Heirat wurden damit zum Gegenstand der großen Politik. Die glänzenden Höfe, die für das Ansehen des Herrschers und für das ganze System monarchischer Regierung so wichtig waren, brauchten Männer und Frauen. Wenn Frauen auch niemals Sitz und Stimme im königlichen Rat hatten, so nahmen sie doch teil an der Konversation über Politik und Privates, welche die Säle, Salons und Schlafgemächer des königlichen Palasts erfüllte.

In England konnten Königinnen, wenn es keinen männlichen Thronerben in der direkten Linie gab, selbst die Herrschaft ausüben. Das Regnum Elisabeths I. ist wie die Regierungszeit Heinrichs VIII. und Eduards VI. in vielerlei Hinsicht untersucht worden: Die Religionspolitik, das soziale Gefüge, der ökonomische Wandel und die territoriale Ausdehnung des Königreichs waren Gegenstand der Forschung. Die Frauengeschichte fügt ein neues Problem hinzu: die Frage nach dem geschlechtsspezifischen Regierungsstil der Herrscher (Könige wie Königinnen) und nach den Implikationen, die dieser Stil für die zeitgenössische politische Kultur und die politische Stabilität des Königreichs hatte. Als Elisabeth 1558 den Thron bestieg, hatte sie mit den üblichen Vorbehalten gegen die Herrschaft einer Frau zu kämpfen – Frauen würden unter dem Einfluß ihrer Günstlinge stehen, seien launisch und unvernünftig – und mit der Hinterlassenschaft ihrer Halbschwester Maria Tudor, die tatsächlich unter der Fuchtel ihres Gatten, Philipps II. von Spanien, gestanden hatte und deren königlicher Körper nichts anderes hervorgebracht hatte als eine eingebildete Schwangerschaft.

Elisabeth ging diese Vorbehalte mit verschiedenen Mitteln an: Sie wurden deutlich im *Royal Progress*, wie der feierliche Einzug des Herrschers in England genannt wurde, im weitverbreiteten Portrait der Königin und auf der überschaubaren Bühne des Hoflebens. Selbst als sie ihre mögliche Eheschließung als diplomatischen Kunstgriff einsetzte, blieb sie für ihr Volk doch immer die *Virgin Queen*, die jungfräuliche Königin. In hochgeschlossene, reich verzierte und mit Perlen übersäte Gewänder gekleidet, war ihr Körper so unantastbar wie unter einer Rüstung: Die jungfräuliche Königin erschien, wenn es sein mußte, als eine männliche Gestalt, die ihren Soldaten Mut einflößen konnte; doch auch als Ikone gleichsam, Ersatz für das katholische Bildnis der Jungfrau Maria (dazu fügte sich gut, daß ihr Geburtstag auf Mariä Geburt fiel). Als jungfräuliche Königin konnte sie zu ihrem ganzen Volk und zu ihren Höflingen als Herrin, Gattin und Mutter in der Sprache der Liebe sprechen.

Während Elisabeths Regierungszeit gab es natürlich Unzufriedenheit und Opposition, die *Virgin Queen* war eine unerschöpfliche Quelle des Klatsches: Man sagte, sie habe Liebhaber und illegitime Kinder oder behauptete, sie sei körperlich mißgestaltet. Insgesamt gesehen entwickelte Elisabeth jedoch einen Stil weiblicher Selbstbeherrschung, der innerhalb der hierarchischen Vorstellungen des 16. Jahrhunderts ihre Autorität als Königin stärkte.

Die Königinnen in Frankreich auf der anderen Seite des Ärmelkanals nahmen eine geringere Position ein. Im 14. Jahrhundert war das alte Salische Gesetz über die Thronfolge erstmals bemüht worden, um den Ausschluß von Frauen von der Erbfolge zu rechtfertigen; im 16. Jahrhundert behaupteten Juristen, dieser Ausschluß ginge auf die Zeit der Franken zurück. Dies bedeutete, daß eines der »Grundgesetze« des Königreichs, eine der wenigen »konstitutionellen« Schranken, die der Souveränität des Königs während des Ancien Régime gesetzt waren, auf der Vorstellung weiblicher Wechselhaftigkeit und der Furcht beruhten, man könne vom Ausland beherrscht werden, falls die Krone »dem Spinnrocken« zufallen würde. Die Krönung der französischen Königinnen brachte jedermann den Unterschied zwischen der Königswürde und dem Rang der Königin in Erinnerung. Könige wurden in Reims, Königinnen dagegen in Saint Denis geweiht; Könige wurden mit einem vom Himmel gesandten Balsam gesalbt, der ihnen die wunderbare Kraft verlieh, durch Handauflegen die Skrofulösen zu heilen; Königinnen hingegen wurden mit geweihtem Öl gesalbt, das Fruchtbarkeit garantierte. Das Zepter der Königin war kleiner als das des Königs, ebenso ihr Thron, und während die Königskrone von den Pairs getragen wurde, hielten die Krone der Königin nur Barone.

Doch die Königin erhielt auch einen Ring, der nicht nur die Dreifaltigkeit symbolisierte, sondern auch ihre Pflicht, die Ketzerei zu bekämpfen und den Armen zu helfen. Die Königin konnte in Frankreich auch bestimmte politische Funktionen wahrnehmen: Sie konnte als Regentin wirken, wenn sie dazu ernannt worden war, oder aber informellen Einfluß als Gattin oder Mutter des Königs ausüben.

Katharina von Medici ist natürlich das beste Beispiel der weiblichen Machtausübung in all ihren Spielarten. Ihr Ziel in der Familienpolitik war, die legitime Autorität ihrer Söhne zu erhalten; ihre politische Absicht lag darin, der gallikanisch-katholischen Monarchie Hugenotten wie Anhänger der katholischen Liga unterzuordnen; und ihr Ziel als Herrscherin war es, Frieden zwischen den sich bekriegenden Religionsparteien zu halten oder ihn wiederherzustellen. Wie wir wissen scheiterte sie am Ende bei der Verfolgung ihrer Ziele, aber sie hatte dabei sachkundig das ganze Arsenal der Politik eingesetzt: von Aufführungen bei Hofe bis zu lebenden Bildern bei den feierlichen Einzügen in Städte, von Friedensedikten bis zu Erlassen, die Protestanten von Ämtern ausschlossen, von Heiratsallianzen bis zur Komplizenschaft bei politisch motivierten Morden.

War der von ihr geschaffene »weibliche Regierungsstil« verantwortlich für das Scheitern ihrer Politik? Sie selbst sah sich als eine fromme Witwe, die wie die antike Artemisia ein Grabdenkmal für ihren Gatten in Auftrag gab. Damit konnte sie sicherlich nicht die Zuneigung ihres Volkes gewinnen, wohl aber als Frau erscheinen, die das Andenken ihres Gatten in Ehren hielt. Sie sah sich als eine Frau, die Frankreich Könige geschenkt hatte, eine Mutter, die Jahre zuvor bei ihrem Einzug in Lyon durch eine goldene Statue der Ceres dargestellt worden war; so konnte sie Mütterlichkeit ins Zentrum ihrer Machtausübung als Königin stellen, sie zur Quelle ihrer Patronage und Mildtätigkeit, der entschlossenen Verteidigung ihrer Söhne und ihres Strebens nach Ordnung machen. Beim Einzug in Paris nach der Heirat zwischen Karl IX. und Elisabeth von Österreich hielt eine Statue mit Katharinas Gesichtszügen stolz eine Karte von *Gallia* in den Händen.

Doch darin lag zum Teil vielleicht gerade das Problem, denn mit Mütterlichkeit und Matriarchat verband man im 16. Jahrhundert Positives wie Negatives. Wenn kurz nach einer Hochzeit Morde geschahen wie beim Blutbad der Bartholomäusnacht, dann konnte die Königinmutter von ihren Feinden leicht als Hexe (überdies noch eine italienische Giftmischerin) hingestellt und bezichtigt werden, schwache, lügnerische und androgyne Söhne wie Heinrich III. hervorgebracht zu haben. Bereits 1575 nannte sie der vielgelesene *Discours merveilleux de la vie, actions et déportemens de Catherine de Medici* das Musterbild einer Tyrannin (»le patron de tyrannie«), die andere regierte »nach den Leidenschaften, die sie selbst beherrschen« (»à l'appetit des passions qui la régissent«). Sie habe die Krone usurpiert, und ihre schlimme Regierung sei genau das, was das salische Gesetz habe verhindern wollen.

Ein drittes Beispiel eines monarchischen Regierungsstils bietet Königin Anna, die Großbritannien (1702–1714) allein und nicht zusammen mit ihrem Prinzgemahl Georg von Dänemark regierte. Im milder gestimmten Urteil des frühen 18. Jahrhunderts galt sie als »frauliche« Herrscherin. Ihre Regierungszeit war geprägt vom Krieg mit Frankreich und vom Widerstreit zwischen zwei Konzeptionen der Regierung: auf der einen Seite ein Souverän, eine mit großer Macht ausgestattete Königin, die wie Elisabeth die Einheit Englands verkörpern wollte, »um sich der Gewalt erbarmungsloser Männer beider Parteien zu entziehen«, und ihre Minister als persönliche Untergebene ansah; und auf der anderen Seite ein nach der *Glorious Revolution* entstandenes System mit sich bekämpfenden Parteien, Wahlen und der Keimform einer Kabinettsregierung, die auf die Einschränkung der Macht des Monarchen hinauslief. Was den Krieg anging, so hatte die kränkliche Anna nichts vom martialischen Stil Elisabeths; ihr Ehemann, der 1708 starb, war auch wenig kriegerischen Geistes, und so wurde die militärische Symbolik in ihrer Regierungszeit von ihrem Oberkommandierenden Captain General John Churchill, dem Herzog von Marlborough, verkörpert. Mütterlich war ihr Regierungsstil ebenfalls nicht, hatte sie doch alle ihre Kinder bei der Geburt oder während deren Kindheit verloren. Ihr Auftreten wurde als anmutig, aber nicht königlich, als artig, aber nicht gerade beeindruckend beschrieben.

Rat holte sich Anna regelmäßig bei Lord Schatzkanzler Sidney Godolphin (mal moderater Tory, mal gemäßigter Whig) und anderen Männern, aber den intensivsten politischen Gedankenaustausch pflegte sie mit anderen Frauen, besonders mit Sarah Churchill, der Herzogin von Marlborough. Ihre Verbindung reichte bis in die Kindheit zurück – Sarah war nur einige Jahre älter als Anna –, und Anna sah mit der Zeit Sarah mehr als »Freundin« denn als »Favoritin« an und schlug vor, sie sollten einander unter den Namen Mrs. Morley und Mrs. Freeman schreiben. »Von nun an«, schrieb Sarah Churchill, »begannen Mrs. Morley und Mrs. Freeman eine Konversation von gleich zu gleich, die auf Zuneigung und Freundschaft beruhte« – der Ton ihrer Briefe bezeugt dies.[2] Als sich ihr Verhältnis in der Mitte von Annas Regierungszeit abkühlte, wurde Sarah durch ihre jüngere Cousine Abigail ersetzt.

Der »frauliche« Regierungsstil Annas bot wie Katharina von Medicis Mütterlichkeit verschiedene Möglichkeiten. Obschon sie ein eigenes und oft sehr entschiedenes Urteil hatte, führten ihre Verbindungen und Freundschaften zu Frauen dazu, sie als »schwach« und von Favoritinnen beherrscht anzusehen. Aber man könnte auch sagen, der frauliche Regierungsstil war eine angemessene Strategie, um ihre Vorstellung von der Monarchie und der Einheit der Nation in einer Zeit des Aufkommens von Parteien zu stärken. Eine männlichere Königin hätte

vielleicht Empörung, eine matriarchalischere eher Verachtung hervorgerufen.

Man könnte diese Analyse der politischen Rolle, der politischen Rhetorik und des geschlechtsspezifischen Stils vertiefen und ausweiten auf
andere Länder und andere Königinnen, auf die androgyne Christine
von Schweden, auf Katharina II. von Rußland und andere mehr.

Politik am Königshof

Das Hofleben der Monarchien ermutigte Frauen, selbst politisch tätig
zu werden, aber auch dazu, das politische Geschehen zu kommentieren. Frauen nahmen am Hofzeremoniell teil, waren Teil des Geflechts
von Klientelbeziehungen, gehörten Fraktionen an; sie baten um
Posten, Pensionen und Pardon für Mitglieder ihrer Familien und ihre
Klienten, genauso wie Männer. Die Briefe Madame de Sévignés sind
wie die Memoiren des Herzogs von Saint-Simon voll von Details über
das politische Geschehen. Marie de Sévignés Darstellung des Hoch-
verratsprozesses gegen den mächtigen Finanzminister Ludwigs XIV.,
Nicolas Foucquet, stützte sich auf Beobachter des Prozesses und sogar
auf Prozeßbeteiligte. Sie zeigt nicht nur ihre Sympathie mit einem
Landsmann ihres bretonischen Ehemannes, sondern läßt auch erkennen, wie aufmerksam sie die Regierungsgeschäfte und juristische Ver-
fahrensfragen verfolgte. Bei der zweiten Sitzung weigerte sich Foucquet erneut, eine Aussage zu beeiden:

»Daraufhin holte der Herr Kanzler zu einer großen Rede aus, um die rechtmäßige
Gewalt des Gerichtshofs aufzuzeigen; der König habe ihn eingesetzt und seine Aufträge seien von den souveränen Körperschaften geprüft worden. Monsieur Foucquet antwortete, man täte oft etwas kraft seiner Autorität, was man, wenn man später darüber nachgedacht hatte, nicht mehr rechtens fände. Der Herr Kanzler unterbrach ihn, ›Wie? Ihr behauptet also, der König mißbrauche seine Macht?‹ Monsieur
Foucquet erwiderte, ›Das sagt Ihr, mein Herr, nicht ich. Das denke ich keineswegs,
und ich bewundere Euch, daß Ihr mir in meiner Lage noch einen Streit mit dem
König unterschieben wollt. Doch wißt Ihr, mein Herr, selbst sehr gut, daß man sich
täuschen kann. Wenn Ihr ein Urteil unterzeichnet, haltet Ihr es für richtig und
gerecht. Am nächsten Tag hebt Ihr es dann wieder auf; Ihr seht also, daß man seine Meinung ändern kann.‹«[5]

Madame de Sévigné kritisierte die Prozeßführung des Kanzlers Séguier
und gab ihm manchmal, wenn ihre Bemerkungen zu bissig waren,
einen anderen Namen (Tobie). Obgleich erleichtert, daß Foucquet
nicht zum Tode verurteilt worden war, zeigte sie sich doch tief enttäuscht über den Schuldspruch und die Verurteilung zu lebenslänglicher Festungshaft. »Gibt es etwas Entsetzlicheres auf dieser Welt als
dieses Unrecht?« Doch ihre Proteste machten stets vor dem Sonnenkö-

nig halt: »Solche rohen und niedrigen Racheakte könnten unmöglich einem Herzen wie dem unseres Herrn entspringen.«¹

Frauen konnten zuweilen hoffen, die hohe Politik eines solchen Herrn und Königs als dessen »Favoritin« beeinflussen zu können. Madame de Maintenon, zunächst Vertraute Ludwigs XIV., dann in morganatischer Ehe mit ihm verbunden, behauptete, der König nehme ihre Ansichten ernst. 1695 schrieb sie dem Erzbischof von Paris, Louis-Antoine de Noailles: »Macht es Euch doch zur Gewohnheit, Monseigneur, die Dinge, die ich nach Eurem Willen dem König unterbreiten soll, in einem eigenen Schreiben festzuhalten; in ihm darf nichts auf unsere enge Vertrautheit hindeuten, sondern nur stehen, daß Ihr mich mit Euren Angelegenheiten betraut, da ich mich dazu bereiterklärt habe.« Während der Auseinandersetzung um die spanische Erbfolge im Jahre 1700 tagte der Staatsrat in ihren Gemächern, und Gesandtendepeschen wurden in ihrer Gegenwart verlesen. Die Gefahr eines europäischen Krieges war ihr gegenwärtig, als sie sich zur Möglichkeit äußerte, daß der Enkel Ludwigs XIV. den spanischen Thron für sich beanspruchen könnte (»die spanischen Angelegenheiten stehen schlecht«, schrieb sie in einem Brief vom 14. November). Die Quellen widersprechen sich in der Frage, ob sie sich für oder gegen diese Lösung der Thronfolge aussprach⁵; doch wie auch immer, die Hand Madame de Maintenons ist in der Regierungspraxis Ludwigs XIV. deutlich sichtbar.

Zur gleichen Zeit hatte Sarah, die Herzogin von Marlborough, es sich zu Maxime gemacht, der Königin die Wahrheit zu sagen, »lieber das wirkliche Interesse meiner Herrin im Auge zu haben, statt ihrer Eitelkeit zu schmeicheln« (*An Account of the Conduct of the Dowager Duchess of Marlborough*, 1742). Sarah sah sich als weiblichen Staatsmann an und arbeitete mit ihrem Gatten Generalkapitän Marlborough und dem Lord Schatzkanzler Godolphin zusammen. Sie versuchte insbesondere, Anna davor zu warnen, in der Kirchenpolitik und bei Kabinettsernennungen »sich selbst und ihre Angelegenheiten gänzlich in die Hände der Tories zu legen«. Manchmal folgte Anna ihrem Rat – etwa, als sie sich am Ende einem Erlaß der Tories widersetzte, der alle von staatlichen und städtischen Ämtern ausgeschlossen hätte, »die nicht mit der unsinnigen Kirchenpolitik einverstanden waren, die Religion durch Verfolgung zu befördern«.⁶ In anderen Fällen hörte Anna nicht auf sie, selbst nicht in den Jahren, als sie die tiefste Zuneigung für Sarah hegte.

Derartige Formen des politischen Agierens haben eine Preis, der stets mit »Einflußnahme« in einer Monarchie verbunden ist: Es sind Aktionen im Verborgenen, sie sind für Außenstehende unerklärlich, gelten ganz besonders dann als verdächtig, wenn sie von einer Frau unternommen werden. Deshalb versuchte Madame de Maintenon, jede

Verantwortung von sich zu weisen und zu betonen, sie habe auf die königliche Politik keinerlei Einfluß, obschon der Herzog von Saint-Simon sie als »böse Fee« und »femme fatale« darstellte, die den König und die Regierung auf »unheilvolle Art« beherrsche.

Als die radikale Whig-Historikerin Catharine Sawbridge Macaulay 1778 auf die Regierungszeit Königin Annas zurückblickte, sah sie diese als »hervorstechendes Beispiel« für die Schwächen einer Regierungsform, »in der Wohlergehen und Prosperität der Nation gänzlich von der Tugend des Fürsten abhängen«. Trotz ihrer guten Absichten – Anna verstand nichts von der Regierungskunst. Sie »liebte die Macht, [war aber] überhaupt nicht in der Lage, sie aus eigener Kraft und eigenem Urteil ausüben zu können«. Statt dessen war sie die »Sklavin von Favoritinnen« wie der Herzogin von Marlborough, einer Frau mit »hitzigem und herrischem Temperament«, die die Schwächen der Königin ausnutzte, um ihre »privaten Ansichten« durchzusetzen (The History of England from the Revolution to the Present Time). Für die Republikanerin und Feministin Mary Wollstonecraft verkörperte Marie-Antoinette alle Übel des französischen Hofes während der Regierungszeit Ludwigs XVI.: ihre »wollüstige Weichlichkeit«, ihre »zerstörerischen Laster«, die Zeit, die sie »in der kindischsten Weise [verbrachte], ohne irgendeinen Anflug von geistiger Stärke, die den Verirrungen ihrer Vorstellungskraft Einhalt gebieten könnte«, und überdies ihre Verschlagenheit und Schönheit, die ihr »grenzenlose Macht« über den König gaben (An Historical and Moral View of the Origin and Progress of the French Revolution, 1794). Macht zu erringen auf den Wegen, die der Hof eröffnete, war eine Sklavenlist.

Versammlungen und Vertretungen

Doch es gab andere Aufgaben, in denen Frauen politisch tätig werden konnten. Einige dieser Foren waren mit dem monarchischen Regierungssystem und seinen Institutionen fest verbunden, andere boten die Möglichkeit, diese zu verändern. Insgesamt gesehen gehörten Frauen nur selten direkt zur Welt der Versammlungen und Vertretungen. Wenn sie auch im 17. Jahrhundert noch auf Versammlungen »aller Einwohner« in Dörfern des Dunois, der Saintonge und anderer ländlicher Gebiete Frankreichs zu finden waren, war ihre Anwesenheit doch ungewöhnlicher als im Mittelalter. Die Ältestenräte in den Dörfern und die Kirchenvorstände in den Pfarrgemeinden, zu denen auch Männer der unterbäuerlichen Schichten nie geladen waren, schlossen Frauen aus, selbst wenn sie die Witwe eines Vollbauern waren oder selbst Land besaßen. Wenn eine Witwe vom städtischen Magistrat zu einer

Versammlung geladen wurde, so nur, um die Verkündung neuer Regelungen oder Steuern anzuhören, nicht um ihre Meinung zu sagen oder gar abzustimmen.

In Frankreich hatten bestimmte Frauen im Prinzip das Recht, bei den Versammlungen auf der örtlichen und Provinzebene anwesend zu sein und die Deputierten zu den Generalständen zu wählen: in ihrer Eigenschaft als Äbtissin im Ersten Stand, als Erbin eines Lehens im Zweiten und als Familienoberhaupt oder als Vorsteherin einer von Frauen gebildeten Gilde im Dritten Stand; doch zu den wichtigsten Ständeversammlungen des 16. Jahrhunderts scheinen sie männliche Vertreter benannt zu haben. Wie konnte sich eine Frau in einer solchen Versammlung Gehör verschaffen? Die Kommissionen, die in ganz Frankreich die Beschwerdeschriften (*cahiers de doléances*) für die Generalstände des Jahres 1614 bearbeiteten, hatten keine weiblichen Mitglieder; Frauen konnten zwar Gegenstand von Beschwerden sein (etwa in den Klagen über nichtadlige Frauen, die seidene Kleider trugen, was nur Frauen höheren Standes gestattet war), aber sie selbst konnten keine Gravamina vorbringen. Als die Stände dann schließlich unter den besorgten Augen Maria von Medicis zusammentraten, gehörte die bedrohliche Aussicht, daß eine Frau die Regentschaft ausüben könnte, zu den heikelsten Themen.

Nach 1614 traten die Generalstände nicht mehr zusammen, aber Provinzialstände tagten weiterhin während des ganzen Ancien Régime. Die Briefe Madame de Sévignés zeigen, wie Frauen ihres Standes mit solchen Institutionen in Berührung kommen und so ihr Verständnis des politischen Lebens in einer »absoluten« Monarchie vertiefen konnten, selbst wenn sie nicht selbst als Deputierte fungierten. Die Stände der Bretagne traten 1671 in Vitré zusammen, nicht weit entfernt vom Château de Rochers, das Madame de Sévigné von ihrem Gatten geerbt hatte. »Ich hatte die Stände bisher nie gesehen, das ist eine recht hübsche Sache«, schrieb sie ihrer Tochter. Dann schilderte sie die bretonischen Adligen, die in die Stadt kamen (einige mit ihren Ehefrauen), ihre eigenen Diners und andere Lustbarkeiten, die sie veranstaltete, die Besuche, die ihr die Edelleute auf ihrem Schloß abstatteten. Bei einigen Sitzungen war sie vielleicht selbst anwesend (»Es war eine große Freude, daß ich bei den Ständen dabei sein konnte«), und sie kommentierte:

»Die Stände werden wohl nicht lange dauern. Man muß nur verlangen, was der König will. Niemand sagt etwas dagegen, und schon ist es beschlossen. Der Gouverneur erwirkt für sich, wie, weiß ich nicht, mehr als vierzigtausend Taler. Unzählige andere freiwillige Steuerzahlungen, Pensionen, Instandsetzungen von Wegen, Bauarbeiten in Städten, fünfzehn oder zwanzig große Bankette, eine einzige Lustbarkeit, nicht endenwollende Bälle, dreimal in der Woche Theateraufführungen, ein einziges prunkvolles Fest: das sind die Stände.«[7]

Sie schließt mit einer Darstellung der Trinksprüche, die von den bretonischen Adligen auf den König ausgebracht wurden, weil er ihnen 100000 Kronen ihres *don gratuit* (ihrer »freiwilligen« Steuerzahlung) wieder zurückgegeben hatte. Vier Jahre später, als der König das Parlament von Rennes nach Vannes verlegte, schreibt sie:

»Man glaubt nicht, daß die Stände einberufen werden; wenn es doch der Fall sein sollte, dann nur, um die Edikte nochmals zu kaufen, die wir vor zwei Jahren für zweieinhalb Millionen Pfund schon kaufen mußten und die nun erneut verkündet werden. Überdies wird man vielleicht auch einen Preis für die Rückkehr des Parlaments nach Rennes verlangen.«

Auch die Stände des Languedoc, die jedes Jahr mit dem König ihren *don gratuit* aushandelten, mögen bei den Ehefrauen der Deputierten und Mitglieder politische Überlegungen wie jene der Madame de Sévigné angeregt haben, obgleich nur die feierlichen Sitzungen öffentlich waren.

Im protestantischen England saßen die wenigen Frauen, die in die Peerage erhoben wurden, nicht im *House of Lords*, und Frauen standen nie für das Unterhaus zur Wahl. Dagegen konnten adlige Ladies sehr wohl Kandidaten ihrer Wahl unterstützen, insbesondere nach der Errichtung des Zweiparteiensystems Ende des 17. Jahrhunderts. Die Ehefrauen von Kandidaten nahmen oft aktiv am Wahlkampf ihrer Gatten teil und gewannen männliche Stimmen für sie, indem sie die Frauen einflußreicher Wähler zu sich einluden. Die Frauen niederer Stände konnte man am Rande der Wahlversammlungen finden, in denen ein Tory oder Whig um die Stimmen ihrer Männer kämpfte.

Pamphlete von Frauenhand

Die begrenzte politische Erfahrung, die Frauen über die Vertretungen und beratenden Versammlungen gewinnen konnten, erweiterte sich durch die wachsende Zahl und Verbreitung periodischer Zeitungen und Pamphlete und durch die zunehmende Lese- und Schreibfähigkeit der Frauen. Sie konnten die Vielzahl von Pamphleten lesen (oder sie hören, wenn sie laut vorgelesen wurden), die in den französischen Religionskriegen und den religiös-politischen Kämpfen im England des 17. Jahrhunderts entstanden. Einige wenige konnten selbst Pamphlete verfassen: Die Meinung von Frauen, die leicht als »Klatsch« abgetan werden konnte, wenn sie nur mündlich geäußert wurde, erhielt einen ernstzunehmenden Anstrich, wenn sie gedruckt vorlag. Um nur einige Beispiele zu nennen: Marie Dentière veröffentlichte 1536 eine anonyme Darstellung, wie die Protestanten Genf von der Tyrannei der Katholiken und Savoyer befreit hatten; 1665 brachte die Quäkerin Margaret

Fell Fox *Women's Speaking Justified* heraus, eine anonyme Verteidigung des Rechts der Frauen, als Predigerinnen tätig sein zu dürfen – im England der Restaurationszeit[9] eine politische und religiöse Provokation. Von 1681 bis 1715 publizierte Elinor James, die Frau eines Londoner Druckers, unter ihrem Namen dreißig Flugschriften und Libellen zur Verteidigung Jakobs II. und der Kirche von England. »Oh, wäre ich doch nur ein Mann«, schreibt sie in der Einleitung einer Flugschrift, »Ich würde Tag und Nacht studieren und wäre zweifellos mehr als ein Eroberer; dennoch hoffe ich, genau das zu sein« (*A Vindication of the Church of England*, 1687).

Zu Anfang des 18. Jahrhunderts hatte sich die Zahl politischer Veröffentlichungen aus der Feder von Frauen in Frankreich wie in England vervielfacht.[10] Politisch gingen sie in verschiedene Richtungen: Manche verteidigten die überkommene Tradition, andere forderten Veränderungen. In ihrem Schwung konnten sie sogar über konkrete Themen hinausgehen, ja utopischen Hoffnungen Ausdruck geben wie in Sarah Scotts *Description of Millenium Hall* (1762), in der ein Kreis adliger Damen Erziehung und Wirtschaft, Eheleben und Gesundheitspflege in ihrer Pfarrgemeinde reformiert und humaner gestaltet, in scharfem Gegensatz zu den grausamen, nur an die Jagd denkenden Grundbesitzern in der Nachbarschaft.

In den folgenden Jahrzehnten zeigt Catharine Sawbridge Macaulays Werk die ganze Spannweite der politischen Interessen von Frauen. Ihr Bruder saß im Parlament, sie agierte mit der Feder. Neben ihrer vielbändigen *History of England from the Accession of James I.* (1763–1778), in der sie die freiheitsliebende Tradition des Commonwealth gegen despotische oder unfähige Monarchen und den Usurpator und Tyrannen Cromwell verteidigte, veröffentlichte sie Flugschriften, die die Rechte der Autoren verteidigten. Gegen Thomas Hobbes plädierte sie für ein »demokratisches« Regierungssystem, gegen Edmund Burke für ein durch häufige Wahlen erneuertes Parlament, und sie verurteilte die Repression gegen die amerikanischen Kolonien. In ihren letzten Lebensjahren korrespondierte sie mit George Washington und stattete ihm in den neugegründeten Vereinigten Staaten von Amerika einen Besuch ab. Sie freute sich über die neue Verfassung, warnte ihn aber, die Konzentration der Macht in der Hand des Präsidenten könne zu einem Mißbrauch des in ihn gesetzten Vertrauens führen, und das Zweikammernsystem könne »auf lange Sicht zur Quelle politischer Ungleichheit« werden.[11]

Anführerinnen und Frondeusen

Catharine Macaulay hob in ihrer *History of England* eine Gruppe von Frauen lobend hervor: die »Petitionärinnen« des Langen Parlaments während der Englischen Revolution. Die Frauen der Frühen Neuzeit wurden jedoch nicht nur durch solche großen Umwälzungen, sondern auch durch kleinere, kurzfristige Veränderungen mobilisiert. Frauen der unteren Stände waren seit langem gewohnt, an Aufläufen in der Stadt oder auf dem Dorf teilzunehmen oder sie sogar zu initiieren, wenn berechtigte Ansprüche mit Füßen getreten worden waren oder die Obrigkeit ihrer Pflicht nicht nachkam: wenn die Korn- oder Brotpreise zu hoch, Steuern ungerecht waren, Gemeindeland eingehegt wurde, Glaubensfrevel begangen wurden usw. Auflauf und Aufruhr waren während des Ancien Régime gängige Mittel.[12]

Während der Fronde (1648–1652) spielten Frauen eine gewisse Rolle: Frauen tauchten in der Menge auf, die 1644 gegen die hohen Steuern protestierte und damit den ersten Widerstand des Parlaments gegen Mazarin und die Regentin Anna von Österreich auslöste, und sie waren ganz sicher präsent bei den Aufläufen, Brotunruhen und Plünderungen, die mit der Eskalation der Fronde zum gewaltsamen Widerstand verbunden waren. Doch diejenigen, die politisch agierten, waren insbesondere Frauen des Hochadels, die Gefallen an der Macht gefunden hatten und angetrieben wurden von Familienloyalität und dem Glauben an eine gemäßigte Monarchie, in der die Machtfülle des Königs durch den Rat der Prinzen und Vertretungsorgane der Provinzen eingeschränkt war. Die Herzogin von Longueville, Gattin des Gouverneurs der Normandie und Schwester zweier Prinzen von Geblüt (des »Großen Condé« und des Prinzen von Conti) war eine Frondeuse der ersten Stunde, die ihren Brüdern zum Sieg verhelfen wollte. Sie unterstützte den Widerstand des Parlaments der Normandie und des Pariser Parlaments gegen die Regentin und Mazarin; sie floh aus Paris, als ihre Brüder und ihr Gatte ins Gefängnis geworfen wurden, und traf sich mit anderen adligen Anführern an der Grenze zu den spanischen Niederlanden, um neue Pläne zu schmieden (darunter Pläne für ein Abkommen mit Spanien). Im Triumphzug kehrte sie nach Paris zurück, als die Prinzen freigelassen worden waren, und verbrachte die letzten Monate des Bürgerkriegs – als ihr Ehemann, der sich ihr entfremdet hatte, ins Lager Mazarins zurückgekehrt war – damit, ihre schützende Hand über die radikale *Ormée* in Bordeaux[13] zu halten. Die Regierung klagte sie schließlich – als Konsequenz ihrer bedeutsamen Rolle während der Fronde – wegen Hochverrats an, und sie wurde Mitautorin eines wichtigen Pamphlets, der *Apologie pour Messieurs les Princes* (1650), in der sie behauptete, sie müsse »die Freiheit der Rede verteidigen, denn dies ist das einzige, was mir bleibt.«

1652 ließ Mademoiselle de Montpensier – die »Grande Mademoiselle« – Truppen gegen ihren Vetter Ludwig XIV. in Marsch setzen und zog im Triumphzug in Orléans ein – Ereignisse, die sie in ihren *Mémoires* in einem heroischen Licht erscheinen läßt und mit sichtlichem Vergnügen ausbreitet. Die Fronde hinterließ einander widersprechende Vorstellungen von Frauen in der Politik: einerseits die Gestalt der Königin-Regentin, die einmal mehr zeigte, wie gefährlich es war, wenn »die Krone dem Spinnrocken zufällt« (»tombe en quenouille«), und andererseits die Gestalt der »starken Frau«, die tatkräftig für das Wohl Frankreichs wirkte.

Auf der anderen Seite des Ärmelkanals kämpften einige Frauen während des englischen Bürgerkriegs als Soldaten für die Königstreuen und Rundköpfe – auch wenn es keine so herausragende Gestalt gab wie die »Grande Mademoiselle« –, und Frauen versahen die ihnen üblicherweise zugedachten Aufgaben: Sie pflegten Verwundete und halfen mit beim Bau von Befestigungsanlagen. Frauen waren bei den Straßenaufläufen dabei, mit denen in London Druck auf das Parlament ausgeübt wurde, und sie agierten als Verfasserinnen von Pamphleten, insbesondere für die »Gute Alte Sache« des Parlaments oder für die Unabhängigkeit.

Die »Petitionärinnen«

Das wirklich Neue in der Englischen Revolution war indessen, daß Frauen dem Parlament Petitionen zu politische Fragen vorlegten. Es begann 1642 mit Petitionen »einer Gruppe von Frauen« gegen »papistische Lords und abergläubische Bischöfe«. Im darauffolgenden Jahr versammelten sich – neben anderen Initiativen – »zwei- bis dreitausend Frauen zumeist niederen Standes« in Westminster und legten Ober- und Unterhaus eine Petition vor, in der sie das Ende des Bürgerkrieges und die Wiederherstellung des Friedens forderten.[14] Nach der Niederlage und Hinrichtung des Königs kamen die Petitionen von den *Leveller women*, d. h. den weiblichen Anhängern John Lilburnes, die die demokratischen Ideen der religiösen Sekten in die politische Sphäre übertrugen. Sie trugen grüne Bänder als Erkennungszeichen und forderten die Freilassung Lilburnes und anderer eingekerkerter Führer der *Leveller*, die Abschaffung der Schuldhaft, Steuersenkungen, stärkeres Augenmerk der Obrigkeit auf die Nahrungsmittelversorgung und Arbeitslosigkeit usw.

Allerdings empfing das Lange Parlament die Bittstellerinnen nicht, besonders, wenn sie sich zu »wild« gebärdeten. 1649 wurde den *Leveller women* entgegengehalten: »Der Gegenstand eurer Beschwerde übersteigt euren Verstand. Die Kammer gab euren Ehemännern Antwort; sie wünscht deshalb, ihr möget nach Hause gehen, euch um eure eigenen Angelegenheiten kümmern und euren Haushalt versorgen.« Die Begründungen der Frauen für ihre Eingaben sind erstaunlich: Zwar sprachen sie manchmal ganz traditionell vom »schwachen Geschlecht«, doch sie erhoben auch neue Ansprüche auf politische Rechte. Zunächst einmal war der Herr auf ihrer Seite: Da Gott »immer bereit war, die Bitten aller Menschen, ohne Unterschied, anzuhören«, sollte das Parlament das gleiche tun. Wichtiger noch war das Argument, das sie im Frühjahr 1649 dem Parlament vorhielten:

> »Haben wir nicht das gleiche Interesse wie die Männer dieser Nation an den Freiheiten und Garantien, die in der *Petition of Rights* und in anderen guten Gesetzen des Landes enthalten sind? Dürfte man uns mit mehr Recht als den Männern unser Leben, unsere Glieder, Freiheiten und Güter rauben? ... Und müssen wir zu Hause bleiben, als ob es nicht auch um uns, unser Leben und unsere Freiheiten ginge? ... Deshalb bitten wir euch, unsere letzte Eingabe noch einmal zu prüfen ... Denn wir sind keineswegs zufrieden mit der Antwort, die ihr unseren Ehemännern und Gefährten gegeben habt.«[15]

Mit dieser Erwiderung wandten sich die *Leveller women* gegen den Grundsatz der patriarchalischen Gesetze, wonach die Interessen der Frauen denen ihrer Väter und Ehemänner untergeordnet seien, und vertraten die Ansicht, daß Frauen die gleichen und vielleicht sogar andere, eigene Interessen zu verteidigen hätten.

Wahlrecht für Frauen?

Diese in der Hitze des politischen Gefechts vorgebrachte Position erscheint um so bemerkenswerter, wenn wir sie mit den Debatten über das Stimmrecht für Frauen vergleichen, die 1647 in Putney von den Männern im *General Council* von Cromwells Armee geführt worden waren. Cromwell und General Ireton argumentierten, diejenigen, die über die Angelegenheiten Englands mitentscheiden sollten, müßten »ein dauerhaftes, feststehendes Interesse« an ihnen haben, das nicht allein auf Geburt, sondern darüber hinaus auf Grundbesitz in England beruhte. Die *Leveller* und andere bestanden dagegen darauf, jeder Mann, der nicht sein Geburtsrecht verloren hatte, sollte abstimmen dürfen: »Ich meine, strenggenommen ist auch der ärmste Mann in England keineswegs an diese Regierung gebunden, wenn er nicht über eine Stimme verfügt hat, um sich ihr freiwillig zu unterstellen.« Die Generäle warnten, dies würde das Ende des Privateigentums bedeuten. Die Männer fragten verbittert, ob die Soldaten etwa nicht für die Freiheit, sondern dafür gekämpft hätten, den »Reichen und Grundbesitzern« die Macht zu geben, sie zu versklaven. Alle stimmten aber zumindest in dem Punkt überein, daß eine Gruppe von Männern vom Wahlrecht ausgeschlossen werden sollte: Lehrlinge, Dienstboten und Almosenempfänger, »weil sie vom Willen anderer Männer abhängig sind und

Angst davor haben, [ihnen] zu mißfallen . . . Sie werden durch ihre Herren mitvertreten.«[16]

In der Debatte in der Armee ging es nicht um das Stimmrecht für
Frauen, aber es ist ganz klar, daß es für die dargestellten Positionen
nicht annehmbar war. Den Frauen mußte das Wahlrecht verweigert
werden, weil sie vom Willen ihrer Ehemänner abhängig waren und sie
von ihnen mitvertreten wurden. Es mußte ihnen versagt werden, weil
sie – sollte man es ihnen zugestehen – es dazu verwenden könnten,
sich aus ihrer Abhängigkeit zu befreien.

Tatsächlich lebte dieses Bild der Frau als Mensch ohne rechtmäßiges eigenes Interesse unversehrt in den politischen Grundsätzen der
Restaurationszeit weiter. Das Wahlrecht blieb für Männer das gleiche
wie im 15. Jahrhundert, eingeschränkt auf Bürger und *Freeholder* mit
Grundbesitz, der mindestens 40 Schilling Rente im Jahr wert war. Die
wenigen weiblichen Grundbesitzer, die noch 1640 gewählt (oder dies
versucht) hatten, verschwanden von der politischen Bildfläche.
Während der *Glorious Revolution* (1688/89) wurden Frauen wieder
aktiv, von Prinzessin Anna, die erfolgreich gegen ihren Vater Jakob II.
agierte, bis zu den Londoner Frauen, die sich gegen die Papisten
empörten – obgleich es diesmal keine »Petitionäre im Rock« gab. 1690
wurde in einer Abhandlung über das Parlamentsrecht explizit festgestellt, daß Frauen nicht wählen durften; die Frage muß also diskutiert
worden sein. Im selben Jahr äußerte sich John Locke in seinen *Zwei
Abhandlungen über die Regierung* zu den Autoritätsverhältnissen innerhalb der Familie ebenso wie in der bürgerlichen und politischen
Gesellschaft (Zweite Abhandlung, Kapitel 6 und 7). Ehefrauen übten
gemeinsam mit ihren Gatten die elterliche Gewalt über ihre minderjährigen Kinder aus, und die Gewalt, die Mann und Frau in der Ehe
übereinander hatten, war durch Vertrag begrenzt. Und dennoch: »Obwohl aber Ehegatten nur ein gemeinsames Interesse haben, so werden
sie doch zuweilen unvermeidlich durch ihren unterschiedlichen Verstand nicht denselben Willen haben. Deshalb ist es notwendig, daß
irgendwo eine letzte Entscheidung gefällt wird, d. h., daß es irgendwo
eine Herrschaft gibt. Diese fällt naturgemäß dem Manne als dem fähi-
geren und stärkeren Teil zu.«[17] Locke behandelte das Wahl- und Bürgerrecht für Frauen nicht, scheint jedoch anzunehmen, das »Volk«, das
seine Zustimmung zur Regierung deutlich macht, bestünde nur aus
Männern, aus jenen, die »eine letzte Entscheidung« fällten.

Es blieb Neuerern im 18. Jahrhundert vorbehalten, Lehren aus der
Stellung der Frau im politischen Leben der Vergangenheit zu ziehen,
neue Vorstellungen zu entwickeln und die Ideen Lockes und andere
Naturrechtstheorien auf den Status der Frauen als Bürgerinnen im politischen Sinn anzuwenden. Für die radikale Republikanerin Mary Woll-

stonecraft war das Beispiel von Königinnen, Kurtisanen, der Einfluß von Höflingen und Adligen gänzlich negativ – überhaupt alles, was Sexualität, Frivolität oder Fleischesschwäche in die Politik einbringen konnte. Ein ungeordneter Auflauf von Frauen auf der Straße war nach ihren rationalen Maßstäben auch nicht viel besser (»nur ein Mob«, so charakterisiert sie die nach Versailles marschierenden Marktfrauen von 1789). Die Frauen konnten für sie zu »männlichen Tugenden« erzogen werden, die Männer dazu, ihre Verantwortung friedlich wahrzunehmen; beide Geschlechter hatten das Recht, an der Regierung teilzuhaben und sollten vollgültige Bürger sein, die im Lichte der Vernunft handelten (*A Vindication of the Rights of Women*, 1792). Die Hierarchie innerhalb der Ehe sollte ebenfalls aufgelöst werden, auch wenn allein die Frauen die ihnen von Natur aus zukommende Aufgabe der Mutterschaft wahrzunehmen hätten. Mit dieser bürgerlichen Vision des politischen Lebens, das von aufgeklärten Frauen und Männern getragen werden sollte, hoffte Mary Wollstonecraft, den scheinbaren Widerspruch zwischen republikanischen und egalitären Regierungsformen einerseits und dem politischen Engagement von Frauen andererseits aufzulösen. Die weiblichen Publizisten und Petionäre hätte sie gewiß gern als Wegbereiterinnen anerkannt. Doch die anderen Formen politischer Aktivität von Frauen haben sicherlich mehr, als Mary Wollstonecraft dachte, dazu beigetragen, Frauen die Natur der Macht verstehen zu lassen.

Aus dem Englischen von Wolfgang Kaiser

la reine mere du roi

tharina von Medici, Zeichnung von François Clouet; 16. Jahrhundert. *Paris, Bibliothèque Nationale*.

INTERMEZZO

Schlafendes junges Mädchen, Gemälde von Domenico Fetti;
17. Jahrhundert. *Budapest, Nationalmuseum*.

7
FRAUENBILDER

Françoise Borin

Wenn eine Kunstwissenschaftlerin über Bilder schreiben soll, so muß man eine andere Art der Interpretation akzeptieren – eine Betrachtungsweise, die ausgestattet ist mit einem visuellen Erinnerungsvermögen. Wenn Bilder unter dem Aspekt der Frau betrachtet werden, bedeutet dies, sie als Dokumente durch eine zwangsläufig subjektive Auswahl aus ihrem Kontext herauszureißen, den Blick auf ein isoliertes und damit verfälschtes Objekt zu richten und sie mit zeitgenössischen Augen zu sehen, denn »das figurative Abbild steht fest, aber die Wahrnehmung ist veränderlich«.[1]

Eine solche Betrachtungsweise wirft natürlich Probleme auf. Es ist schwierig, Realität und Imagination auseinanderzuhalten; die klassische Unterteilung zwischen Dokument und Kunstwerk führt nicht weiter. So sind die Bäuerinnen, die das Werk von Restif de la Bretonne illustrieren, idealisierter als diejenigen von Le Nain. Auch Abbildungen in medizinischen Büchern oder Zeitungsillustrationen, sei es im politischen Teil oder unter der Rubrik vermischte Nachrichten, sind keineswegs immer glaubwürdige Zeugen der historischen Wirklichkeit, sondern oftmals reich an Imaginärem. Darüber hinaus gehören Bild und begleitender Text nicht immer zusammen: Derselbe Stich ändert seinen Sinn je nach der mehr oder weniger normativen Bildunterschrift oder je nachdem, welche Texte er illustriert. Und schließlich sind die Künstler in der Mehrzahl Männer: Nur wenige Frauen hatten Zugang zu den visuellen Ausdrucksmitteln, und weibliche Werke der soge-

nannten Volkskunst bestanden aus empfindlichem Material: Stoffe, Stickereien und Kuchen sind vergänglicher als Holz, Steingut oder Ton.

Die begrenzte Anzahl von Bildern verpflichtet zudem zu einer strengen Auswahl und erfordert eine kohärente Strukturierung. Bestimmend für die Auswahl des Bildmaterials war neben reiner Intuition der Wille, Interesse und auch Überraschung bei den Leserinnen und Lesern hervorzurufen.

Schließlich muß das Bildmaterial klassifiziert werden, was einige Präzisierungen notwendig macht: Der/die Leser/in hat, Seite an Seite, Bilder vor Augen, die nicht für dasselbe Publikum bestimmt waren. Unterschiedliche soziale Gruppen haben nicht dieselben Ausdrucksmittel und »sehen« nicht dieselben Werke, obwohl die Abgrenzungen nicht völlig sicher sind und im Laufe der Jahrhunderte immer durchlässiger werden. Die profane Malerei, die Goldschmiedekunst, jede als solche anerkannte Kunstform war das Privileg der Aristokratie. Das städtische Bürgertum kennt die Stiche der gedruckten Bücher, während das Volk häufig nur zur Malerei Zugang hat. Im 16. Jahrhundert vereinigt der Holzschnitt verschiedene Ideologien und ein unterschiedliches Publikum. Außerdem wird ein Thema häufig durch mehrere Bilder »abgedeckt«, und ein Bild verweist auf mehrere Themen, so daß die Bilder in alle Richtungen ausstrahlen und »jeder Kunstgegenstand ein Ort der Konvergenz (ist), an dem man eine mehr oder weniger große Zahl von Ansichten über den Menschen und die Welt findet«.[2]

Die folgenden Bilder wurden wie zu einem Rundgang angeordnet. Zu Beginn stehen die symbolische Darstellung des Paares und Frauendarstellungen aus dem Mittelalter und dem Humanismus (Abb. 1–3). Es folgen der weibliche Körper und seine Besonderheiten (Abb. 4–17), ergänzt durch männliche Darstellungen des Frauenkopfes, in denen die Spannung zwischen Natur und Kultur spürbar wird (Abb. 18–23). Danach kommen die Neuaufteilung der Geschlechterrollen, ihre Gefahren und ihre Sorgen (Abb. 24–39) und schließlich die Versuche weiblicher Autonomie: Malerinnen, Literatinnen, Mystikerinnen, Aufrührerinnen nehmen an den Ausbruchsversuchen der Frauen aus dem Gefängnis teil, in dem sie sich befinden und gehalten fühlen (Abb. 40–54). Am Ende des Weges erscheint das Dilemma, das sich am Vorabend der Revolution stellt und das die folgenden Jahrhunderte zu lösen haben werden (Abb. 55–56): Aus der Eva, Maria und Pandora des 16. Jahrhunderts ist eine Frau geworden, die nach politischer Macht strebt ...

Das erste Bild des ineinander verschlungenen Paares (Abb. 1 und 1a) führt schon in medias res: die Beziehungen zwischen der männlichen und der weiblichen Welt. Auf den ersten Blick meint man, Adam und Eva im Augenblick der Erbsünde zu erkennen. Erstaunlich ist jedoch

Abb. 1 *Die Metamorphose des Hermaphrodit und der Nymphe Salmakis,* flämisches Gemälde, Jan Gossaert; um 1517. *Rotterdam, Museum Boymans-Van Beuningen.*

der (zum Apfel?) erhobene Arm Adams, der von Eva zurückgehalten wird, das Fehlen der Schlange und des Apfelbaumes und vorne die beiden Hände, die auf den Hals des Mannes, den Adamsapfel, gerichtet sind. Es handelt sich nicht um das biblische Paar, dennoch um ein imaginäres Ur-Paar, ohne Vorrang eines Geschlechts, differenziert und undifferenziert, zwei in einem und eines in zweien: Hermaphrodit.

Die Metamorphose des Hermaphrodit und der Nymphe Salmakis von Jan Gossaert aus dem Jahre 1517 illustriert die Erzählung Ovids. Der Dichter erzählt in seinen *Metamorphosen*, daß Salmakis sich in den schönen Hermaphrodit verliebte, während er badete; als er vor ihr zurückwich, bat sie die Götter, ihre beiden Körper in einem einzigen zu vereinigen. Man könnte in ihnen eine Frau sehen, furchterregend durch die Kraft ihrer Leidenschaft, und einen zum Opfer gemachten Mann – aber erlauben die Symmetrie des Bildaufbaus und das, was man über den Maler weiß, eine so parteiische Interpretation? Jan Gossaert, der als der erste italianisierende Maler der Niederlande gilt, ist ein Künstler, der seine Themen unterschiedslos aus der Mythologie, dem Alten und dem Neuen Testament wählt. Daß er damit im Schnittpunkt unterschiedlicher bildlicher und religiöser Kulturen steht, entspricht der sozialen und kulturellen Komplexität der beginnenden Neuzeit. Der Wunsch nach Vereinigung und Trennung, nach Verschmelzung und Autonomie, der alchimistische Traum eines ursprünglich androgynen Menschen zeigt sich in der Verschränkung der Beine, der Berührung der zum Himmel erhobenen Arme und in dem Versuch des Mannes zu atmen, wobei die Frau ihm hilft (oder ihn daran hindert?). Und was ist das für eine geheimnisvolle Frau, bei der man sich fragen kann, ob sie hilft oder schadet? Sie ist vor allem eine Tochter Evas.

Beim Anbruch der Renaissance leben die mittelalterlichen religiösen Darstellungen der Frau noch fort. Berthold Furtmayr malt die Miniatur *Der Baum des Lebens und des Todes* (Abb. 2) für das Salzburger Missale, ein offizielles Meßbuch der römisch-katholischen Kirche und damit privilegiertes Instrument für die Wissensvermittlung. Hier findet sich die Dichotomie gut und böse, Retterin und Mutter aller Übel unmittelbar verkörpert durch Maria und Eva. Auf der linken Seite pflückt die Jungfrau, neben einem kleinen Kruzifix, das Gegenmittel gegen die Erbsünde, die Hostie, vom Baum und gibt sie an die Auserwählten weiter, denen ein Engel folgt mit dem Spruchband: »Seht, dies ist das Brot der Engel, das Mahl der Pilger«. Auf der rechten Seite reicht Eva in ihrer strahlenden Nacktheit, die die ganze Aufmerksamkeit auf sich zieht, armen Leuten die verbotene Frucht, die sie neben einem Totenkopf vom Baum gepflückt hat. Daneben hält ein Skelett ein Spruchband: »Von diesem Baum kommt das Übel des Todes

Abb. 2 *Der Baum des Lebens und des Todes*, Miniatur aus dem Salzburger Missale,
Berthold Furtmayr, Donauschule; um 1481. *München, Bayerische Staatsbibliothek.*

und die Wohltat des Lebens«. Zwei Bilder des Todes umrahmen unser aller Mutter. Alles ist rund auf diesem Bild: der Raum der Szene, die Medaillons, der Baum, die Hostie und der Apfel, die Brüste und der Bauch Evas – eine graphische Huldigung an die Weiblichkeit. Die Stellung Evas rechts im Bild verleiht ihr vorrangige Bedeutung; sie kommt chronologisch nach der Jungfrau, als ob die Gestalt der Maria die Erbsünde nicht völlig auslöschen könnte. In diesem Drama der Verdammnis steht der Mann im Hintergrund: Christus, der Sieger über den Tod, erscheint nur als kleine Gestalt im Baum, und Adam, der erste Mensch, ist halb verdeckt. Die Szene wird gänzlich beherrscht von der doppelten Weiblichkeit, wobei die negative Sicht vorzuherrschen scheint.

Kann der Humanismus einen Beitrag zur Aufwertung der Frau und ihrer Rolle leisten? Die Antwort ist nicht eindeutig, wie das Bild von Jean Cousin zeigt: *Eva Prima Pandora*, entstanden um 1538 (Abb. 3), ist ein Hauptwerk des 16. Jahrhunderts und gilt als der erste Akt der Renaissance. Attribute des regungslosen Körpers und der idealisierten Schönheit sind ein Totenschädel, ein Zweig von einem Apfelbaum, die Büchse der Pandora und eine Schlange. In dieser vollkommenen Nackten zeigt sich eine Anhäufung negativer Bilder aus der Mythologie, aus der Bibel und aus der antiken und zeitgenössischen Geschichte; ihr Thema ist die Femme fatale – die Frau als Verhängnis. Allegorien mit metaphysischen, moralischen und politischen Bedeutungen werden ineinander verflochten.

Auf den ersten Blick scheint es so, als habe sich die antike Pandora an die Stelle der biblischen Eva gesetzt. Beide Traditionen verbinden sich miteinander und machen so die Frau zur Quelle allen Übels. Das Thema der Eva ist noch mittelalterlich, während das im Mittelalter vergessene Thema der Pandora im 16. Jahrhundert wieder auf großes Interesse stößt. Ist die Verbindung der beiden nicht neu, so zeigt das Bild doch erstmals ihre Verschmelzung zu einer einzigen Gestalt.

Das Geheimnis des Gemäldes ist damit allerdings noch nicht gelüftet. Warum die antike Stadt im Hintergrund, warum die ungewöhnliche Position der Schlange, die um den Arm Evas gewickelt ist? Jean Guillaume[3], der sich auf Laborergebnisse stützt, wonach weitere Schlangen zu sehen sind, hat ein drittes Frauenbild entdeckt: das Bild von Kleopatra, die an dem Biß einer Viper stirbt. Die Pose der *Eva Prima Pandora* ist identisch mit derjenigen der ägyptischen Königin auf mehreren früheren Stichen (darunter ein berühmtes, von Holbein gestochenes Frontispiz); so kann Kleopatra identifiziert werden, die im 16. Jahrhundert als »geizige, grausame und lüsterne Frau« auf neues Interesse stößt. Aber warum dann die Diskretion der Botschaft? Jean Guillaume formuliert vorsichtig die Hypothese, es handle sich um eine Anspie-

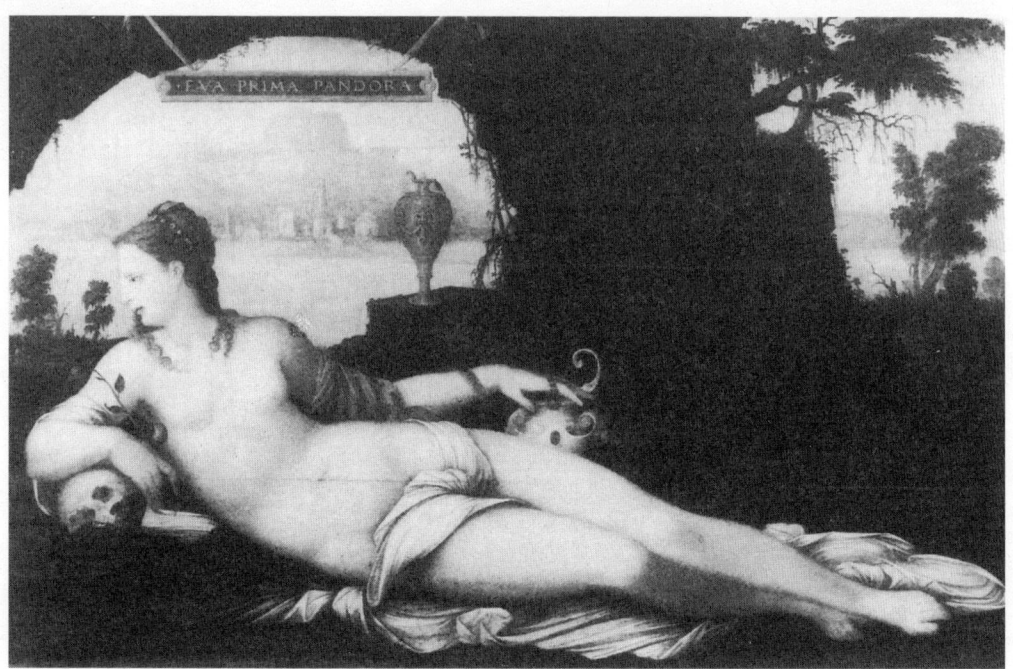

lung auf die Femme fatale der Epoche, die Frau, die den schlimmsten Einfluß auf die Macht ausübte, die Favoritin des Königs. Jean Cousins Eva weist eine Ähnlichkeit mit jener Nymphe von Cellini auf, die im Schloß von Anet die Herrin des Ortes symbolisierte, Diane de Poitiers, die den königlichen Hirsch besiegte ... Damit käme eine weitere negative Heldin zu den drei anderen hinzu. Das Paradox des idealisierten Körpers und der Gefahren, die er in sich birgt, stellt den neuplatonischen Begriff des Schönen als Weg zum Guten in Frage und zeugt von einer tragischen Sicht der Existenz. Auf beiden Bildern zieht der Körper der Frau die Aufmerksamkeit auf sich. Durch seine Schönheit ist er ein göttliches Zeugnis, durch seine Fähigkeit zur Reproduktion steht er den Tieren nahe – seltsamerweise wird die Schönheit zur Gefahr und die »animalische« Funktion aufgewertet.

Abb. 3 *Eva Prima Pandora*, Gemälde von Jean Cousin; um 1538. *Paris, Louvre.*

DIE ANGST VOR DEM KÖRPER

Das Gefühl beunruhigender Fremdheit, das die Stiche von Heemskerk (Abb. 4) und Bosse (Abb. 5) hervorrufen, verweist auf die Ambiguität dieser Darstellungen. Diese »Allegorien« lassen mehr oder weniger explizite Vorstellungen von der Natur, von der Frau, von der Kultur und von der Erde erahnen. *Natura* (Abb. 4) zeigt eine Frau mit vielen

Áles vt à primis producit in æra nidis
Iam iam pllinantes certo modulamine fœtus,
Hortaturque sequi, breuibusque insurgere pennis;

Sic genus humanum rerum Natura nouatrix
Mollibus è cunis, grauidaq; parentis ab aluo,
Ducit ad ærumnas, et duros cauta labores.

Abb. 4 *Natura*,
Kupferstich von
Martin Heemskerk,
Holländische
Schule; um 1572.
*Paris, Bibliothèque
Nationale.*

Brüsten, nach dem Vorbild von Kybele und Isis Symbole der Fruchtbarkeit, die in einer bukolischen Landschaft ein Kind stillt und von
einer Welt umgeben ist, die mit allen Instrumenten der Technik und
der Wissenschaft ausgestattet ist: Zifferblatt, Retorte, Winkel, Sanduhr.
Die Natur ist das weibliche Prinzip des Universums: Als gute Mutter
nährt sie mit ihrer Milch – der Quelle des Lebens – die Menschheit
und den Kosmos.

Diese wohlwollende Natur hat ihre Kehrseite: eine wilde Kraft, die
zu Beginn der Neuzeit neue und beunruhigende Macht der wissenschaftlichen Revolution.[4] Diese neue Vorstellung von der Natur hat
Bosse in Form der unheilbringenden, von Blattwerk gekrönten Frau
ohne Kopf dargestellt (Abb. 5). Es handelt sich um eine Mandragora,
eine Pflanze, die von den Hebammen wegen ihrer fruchtbarkeitsför-
dernden Eigenschaften benutzt wurde, aber auch von Hexen, wie Texte und Bilder herausstellen. (Über den Köpfen von Dürers berühmten
Vier Hexen befindet sich eine Mandragora.)

Abb. 5 *Mandragora*, Kupferstich von Abraham Bosse, Französische Schule; 17. Jahrhundert, *Paris, Bibliothèque Nationale.*

Abb. 6 *Das Urteil des Paris*, Gemälde von Niklaus Manuel Deutsch, Deutsche Schule;
zwischen 1516 und 1524. *Basel, Öffentliche Kunstsammlung, Kunstmuseum.*

Der ambivalenten Natur entspricht die ambivalente Frau: Heemskerk stellt Frau und Natur der Welt der Technik und der Kultur gegenüber, Bosse symbolisiert durch die Mandragora das wohltätige oder unheilbringende weibliche Geschlecht. *Das Urteil des Paris* von Niklaus Manuel Deutsch (Abb. 6) ist ganz von diesem ambivalenten Blick auf den weiblichen Körper durchdrungen. Bei diesem *Frühstück im Freien* herrscht in der Kleidung große Phantasie: Dem Gewand des Paris, demjenigen eines zeitgenössischen deutschen Ritters, steht die Botticellische Transparenz der Venus gegenüber, dem reichen bürgerlichen Gewand der Juno die erotische Rüstung Minervas. Ambivalent ist auch der Raum, der dem moralischen Gehalt des Themas eingeräumt wird: Eine lange Tradition verbindet es mit der Erbsünde und bringt Venus und den goldenen Apfel, den sie erhält, in die Nähe Evas und des von ihr gepflückten Apfels. Die bildlichen Anspielungen sind zahlreich: Die Haltung des Paris ist die umgekehrte Haltung Adams in dem Holzschnitt von Cranach über die *Erbsünde*, die Gestalt der Venus erinnert an diejenige der *Fortuna* Dürers, steht aber fest auf dem Boden und nicht in einem instabilen Gleichgewicht, und die Pose der Minerva ist derjenigen einer der *Vier Hexen* von Dürer nachgeahmt.[5] Diese formalen Anspielungen belegen, wie sehr sich die Künstler gegenseitig befruchteten, und zeigen, daß diese Themen dem Denken Deutschs nicht fremd sind; aber die einzige sichtbare Spur, die er von der moralisierenden Interpretation übrig läßt, ist die winzige Inschrift auf dem Baum: »Pâris von Troy der Torecht« (Paris von Troja, der Törichte). Ambivalent ist schließlich auch das wirkliche Thema dieser Szene voller schmeichelhafter Ironie: Was der Maler jenseits aller moralisierenden mythologischen Anspielungen und Entschlüsselungen zeigt – ist Paris etwa ein Selbstporträt und Venus eine liebenswürdige Dirne? –, ist die Liebesbegegnung zwischen Mann und Frau. Indem er die Augen des Paris öffnet – die meisten Stiche zeigen ihn schlafend und von diesem Urteil träumend unter dem Einfluß von Hermes, hier verwandelt in Cupido –, hat Deutsch den Blickaustausch zwischen Mann und Frau ermöglicht. Die Begegnung der Hände des Paris und der Venus auf dem Bauch der Frau besiegelt die Verbindung des Paares mit dem Versprechen der Fruchtbarkeit.

Ein bemaltes Schild einer deutschen Hebamme (Abb. 7) ist dagegen von ganz anderer Art: Die schwangere Frau wird gepflegt. Im Zentrum des Bildes steht der Bauch, eingefaßt von der Garnitur des Kleides und eingerahmt von den strengen Linien der Haare, des Arms, des Sessels und vor allem der drei ausgestreckten Finger der Hebamme, die die drei Regeln für eine gute Niederkunft aufzählt.

Aus der Fruchtbarkeit zieht der weibliche Bauch seine Macht und sein Geheimnis, und die Bilder auf den folgenden Seiten zeigen, daß er in der damaligen Gesellschaft Staunen und Furcht hervorrief. Nach dem moralisierenden Aspekt, wo die schwangere Frau die Ratschläge der Hebamme anhört, kommt ein eher wissenschaftlicher Aspekt: das Bild des Kindes im mütterlichen Bauch, veröffentlicht in *De formatio foetu* des Arztes Adrian van Spiegel im Jahre 1631 (Abb. 8). In der visu-

Abb. 7 Aushänge-schild einer Heb-amme, Deutsch-land; 16. Jahrhun-dert; *Château de Gué-Péan, Loir-et-Cher.*

Tab. IIII.

Abb. 8 *De formatio foetu*, Adrian van Spiegel, Kupferstich von Matthias Merian, Schweizer Schule; 1631. *Paris, Bibliothèque Nationale*.

Abb. 9 *Von*
Frauen, die viele
Kinder geboren
haben, in:
Almanach pour
l'an de grâce 1677,
Kupferstich. *Paris,*
Bibliothèque de
l'Arsenal.

ellen Umsetzung wird aus der Gebärmutter-Frau des Arztes eine
Frucht-Frau, wie sie der Kupferstecher und Dichter sieht.

Relativ »vernünftige« Bilder stehen einer Fülle phantasmagorischer
Illustrationen gegenüber: Eine schwangere Frau in einem Almanach
von 1677 (Abb. 9) besitzt einen Bauch, der ihr völlig äußerlich ist, und
eine merkwürdig flache Brust. Unter dem Titel *Von Frauen, die viele*
Kinder geboren haben bezieht sich der Stich auf einen medizinischen
Fall, der von Ambroise Paré veröffentlicht und in die *Bibliothèque*
Bleue aufgenommen wurde: Eine gewisse Dorothea kam zweimal mit
zwanzig Kindern nieder. Sie war so schwer, daß ihr Bauch auf dem
Boden schleifte und sie ihn mit einem großen Band stützen mußte, das
um ihren Hals geschlungen war. Nach Ansicht der Medizin im 17. Jahrhundert sollten zu dicke Frauen sich regelrecht verrenken, um besser

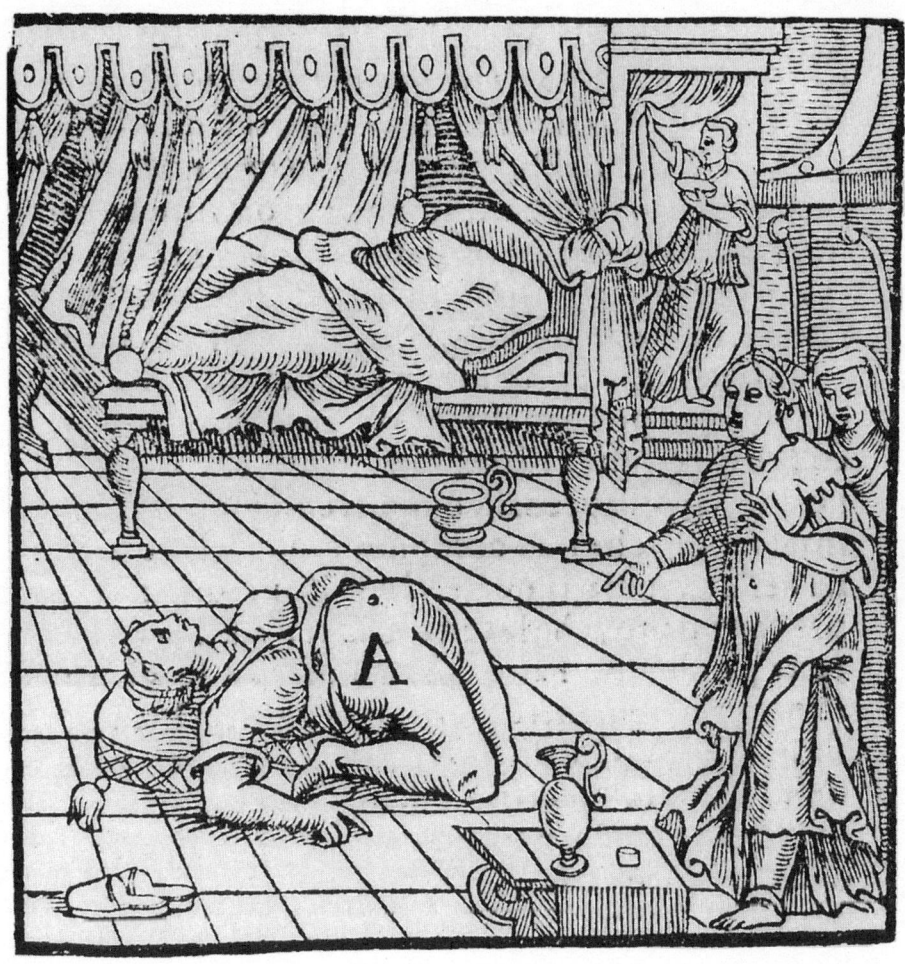

gebären zu können (Abb. 10). Eine heterogene Produktion scheint bei
der Kaninchen gebärenden Mary Toft (Abb. 11) vorzuliegen: Die analphabetische Bäuerin erklärte 1726, einen Wurf von fünfzehn Kaninchen geboren zu haben, nachdem sie sich beim Anblick eines einzigen erschreckt hatte. Ihr Arzt wollte dazu Rat einholen, und die
Geschichte gelangte bis zu König Georg I., der seine eigenen Ärzte
schickte. Ein Jahr danach wurde der Betrug aufgedeckt. Die in der Zwischenzeit entstandenen Flugschriften und Zeugenaussagen teilten London in zwei Lager. Noch vierzig Jahre später spielt Hogarth in einer
Version seines Stichs *Credulity, Superstition and Fanatism* darauf an.

Wie der Bauch spielen auch die Brüste eine doppelte Rolle: erotische
Objekte der männlichen Vorstellungen und nährende Brust. Die Gestalt

Abb. 10
*La Comare o ric-
coglitrice*, Scipio
Mercurialis, Mai-
land, Gynäkologie-
buch; 1618. *Paris,
Bibliothèque de
l'ancienne Faculté
de médecine.*

Abb. 11 Titelbild von *A Short Narrative of an Extraordinary Delivery of Rabbits*, 1727. London, British Library, Harry Price Collection.

der Salome (Abb. 12) nimmt in dem Gemälde *Das Festmahl des Herodes und die Enthauptung Johannes des Täufers* nur wenig Platz ein; das riesige Gemälde (9,52 m × 2,80 m), das erst kürzlich Bartholomeus Ströbel zugeschrieben wurde[6], entstand um 1630. Ob glänzendes Fresko Europas in den ersten Jahrzehnten des 17. Jahrhunderts, Satire auf die von Richelieu angestrebte Politik des Gleichgewichts der Kräfte, Allegorie auf die Verrücktheiten Europas zur Zeit des Dreißigjährigen Krieges oder Anspielung auf die Reise des Prinzen von Wales und Buckingham nach Madrid im Jahre 1632 zum Zwecke der Heirat – alle Interpretationen des Werkes verlieren an Bedeutung angesichts der herausragenden Brüste der Salome und der erotischen Spannung dieser außergewöhnlichen Präsentation ihres Busens und des Kopfes von Johannes dem Täufer. Die enthüllten weißen Brüste ziehen ihren Glanz aus dem blutigen Rot des enthaupteten Kopfes: Rot und Weiß, die beiden Farben der Schönheit. Salome zeigt uns »ihre beiden kleinen hochsitzenden Brüste, die so rund waren, daß sie weniger einen integrierenden Teil ihres Körpers zu bilden als vielmehr wie zwei Früchte daran gereift zu sein schienen«[7], und auf einer Platte die Frucht ihrer Arbeit, ihres Tanzes. Zwei giftige Gaben . . . Und diese Huldigung, voller Verführung und Perversität, ist an eine der negativsten weiblichen Gestalten gerichtet! Die Kirchenväter haben Salome (deren Name die Friedliche, die Friedenstiftende bedeutet) zum Prototyp der

Abb. 12 *Das Festmahl des Herodes und die Enthauptung Johannes des Täufers* (Ausschnitte),
Gemälde von Bartholomeus Ströbel, Polnische Schule; um 1630. *Madrid, Museo del Prado.*

Abb. 13 *Und auch wir werden Mütter sein, denn ...!*, Kupferstich von Jean-Jacques Lequeu, Französische Schule, *Paris, Bibliothèque Nationale*.

vom Dämon inspirierten Frau gemacht, und zahlreiche mittelalterliche
Legenden präsentieren sie als Königin der Hexen und Organisatorin
nächtlicher Sabbate.

Der subtilen Erotik der manieristischen Kunst entspricht die Sinnlichkeit des sibyllinischen Stichs von Lequeu (Abb. 13). Bei Salome, die
von einer Menge historischer Personen umgeben ist, tauchen die Brüste aus einem Damastkleid auf, das mit Schmuck beladen ist und über
dem ein Puppengesicht mit vielen kleinen Zöpfen thront, das von
einem Diadem gekrönt wird. Bei Lequeu ragen die schweren Kugeln,
die der phallusförmige Schleier leicht berührt, aus dem strengen Kleid
einer einsamen Nonne hervor, deren sinnliches und entschlossenes
Gesicht in die Haube eingezwängt ist. Eine Symphonie in Schwarz,
Grau und Weiß, ein ernstes und geheimnisvolles Bild des fleischlichen,
sexuellen und mütterlichen Begehrens der Frau, das durch den Satz
unterstrichen wird: »Und auch wir werden Mütter sein, denn . . .« Eine
Anspielung auf die Zivilverfassung des Klerus – wir sind im Jahre 1792,
und die ganze Aufregung um diese Frage mußte den visionären Archi-

Abb. 14 *Allegorie
von der Macht der
Frauen,* Zeichnung
von Martin de
Voss (?), Flämische
Schule; Ende
17. Jahrhundert.
*Ancienne collection
Charles Fairfax
Murray.*

Abb. 15 *Die gute*
Mutter, Porzellan,
Karl Gottlieb Lück,
Deutsche Schule;
um 1770. *Nürn-*
berg, Germanisches
Nationalmuseum.
tekten beeinflussen, der fasziniert war von der weiblichen Sexualität. Seine Nonne ist genauso beunruhigend wie Ströbels Salome.

Aber die wahre Rolle der Brüste ist das Stillen: Es ist eine wirkliche Macht, wie die Zeichnung von Martin de Voss (?) (Abb. 14) zeigt, die für uns deshalb interessant ist, weil sie zwei Lesarten ermöglicht. Entweder handelt es sich um eine männliche Kritik: Die Frau bedient sich der Souveränität, die ihr das Stillen verleiht, und bringt den Mann dazu, Götzen anzubeten (wie Salome oben rechts), oder raubt ihm seine Kraft (wie Delila oben links[*]); oder, gesetzt den Fall es handelt sich nicht um eine Glorifizierung: Die nährende Mutter macht die schlechten Taten der Frauen im Hintergrund des Bildes wieder gut und stellt eine bedeutendere Macht dar als die weltlichen Gewalten, deren Embleme zerbrochen zu ihren Füßen liegen.

Im 18. Jahrhundert tragen Rousseau und Diderot durch ihre Schriften und Greuze durch seine Gemälde dazu bei, das mütterliche Stillen aufzuwerten. *Die gute Mutter* (Abb. 15), eine deutsche Fayence nach einem Bild von Greuze, zeugt von dieser neuen Einstellung und deren weiter Verbreitung. Sobald sie mit der Mutterschaft verbunden sind, werden Brüste und Bauch glorifiziert.

Denn Kinder zu gebären ist die wahre Rolle der Frau, und zahlreiche Kinder sind ihr Schmuck. Auf einem Stich von Binet (Abb. 17) sehen wir Edmé Restif, den Vater des Schriftstellers, unter dem Porträt seines

Abb. 16 Österreichisches Exvoto; 1775. *Wien, Österreichisches Museum für Volkskunde.*

Abb. 17 *Die verführte Bäuerin* von Restif de la Bretonne, Kupferstich von Louis Binet,
Französische Schule; 1784. *Paris, Bibliothèque Nationale*.

Dans l'image, sur la banderole:

LA FEMME DE MESNAGE

Vous filles Friquettes et Gentilles   A deguise en peu de temps,
Prenes Garde à Vos quoquilles,   Malgré tous mes beaux Courtisans
Contemples ce pauure Visage: Baste pres mon paure pucelage,
Que l'embaras du Mariage: Et deuient famme de mesnage.

eigenen Vaters, umgeben von seiner zweiten Frau und den vierzehn überlebenden Kindern. Es waren in diesem wohlhabenden Haushalt zwei Frauen notwendig, um so viele Kinder zu bekommen, was deutlich macht, in welchem Ausmaß die Frau durch ihre Bestimmung in der alltäglichen Wirklichkeit dem Tod begegnete. Die Frauen sterben im Wochenbett, und die Kinder sterben früh. Ein österreichisches Exvoto aus dem Jahre 1775 (Abb. 16) zeigt ein Bauernpaar neben acht kleinen Mumien, den totgeborenen Kindern, das Gott anfleht: »Lieber Gott, acht Kinder sind bei dir, so schenke das neunte mir.« Die Bitte richtet sich zwar an Gott, aber Fürsprecherin ist die Jungfrau der sieben Schmerzen, den toten Christus auf ihren Knien. Die *mater dolorosa* über der Szene erlaubt die Identifikation. Als »vertraute Gefahr, unvermeidlicher Gefährte« ist der Tod allgegenwärtig.

Die hier versammelten Gesichter – mit Ausnahme des Frontispiz des *Berger extravagant* von Charles Sorel, gestochen von Crispin du Pas, das der kulturellen Elite vorbehalten war, weit verbreitete Bilder – zei-

Abb. 18 *Die Hausfrau,* anonymer Kupferstich; 17. Jahrhundert. *Paris, Bibliothèque Nationale.*

gen die vielen Vorstellungen, die man sich über den Kopf der Frauen machte. *Die Hausfrau* (Abb. 18) enthält eine bodenständige Beschreibung der Ehe und ihrer Aufgaben. Alle Geräte der weiblichen Arbeiten, vom Fingerhut bis zu den Töpfen und der unvermeidlichen Spindel, sind hier versammelt und signalisieren, was die junge Frau nach ihrer Heirat erwartet. Das männliche Gegenstück dazu ist ebenso gestaltet, aber die Werkzeuge betreffen meistenteils die Arbeit außer Hause, während die Geräte der Frau für Haus und Nebengebäude bestimmt sind. Der Ton ist freundlich, ohne Bitterkeit und Schärfe.

Neben der alten Hausfrau mit Haarknoten, Brille und Tabakpfeife regiert *La belle Charité* (Abb. 19), mit Gartengesicht und Brüsten aus Globussen. Der Schäfer Lysis – ein Pseudonym – ist verliebt in eine Schäferin, Cathérine, deren Namen er bis auf einen Buchstaben in sein Anagramm verwandelt hat: Charité. Er stimmt ein begeistertes Loblied auf die Schönheit der Geliebten an vor Anselme, seinem Malerfreund, der ihm anbietet, Charité nach seiner Beschreibung zu porträtieren. Aber zu seiner Bestürzung erkennt Lysis das Modell nicht, und Anselme muß ihm erklären, daß er Charité nach seinen Worten gemalt hat: ein Teint wie Lilien und Rosen, ein Korallenmund, Augen wie Sonnen, die Strahlen und Flammen aussenden, Haare wie Netze, Angeln und Köder, um die Herzen einzufangen, deren größtes, das von Lysis, nahe am Ohr ist, um dort von seinem Kummer zu erzählen. Die Karikatur wendet sich jenseits des visuellen Überraschungsmoments gegen die gezierte Sprache, aber nicht gegen gezierte Frauen. Sorel ist kein Vorläufer Molières.

Die Köpfe von Frauen – gleichgültig ob sie Symbole des bürgerlichen Standes oder der intellektuellen Elite sind – stehen unter dem Einfluß des Mondes: Dies sollte eine fast ebenso umfangreiche, aber dafür vielfältigere Ikonographie auslösen wie der Streit um die Hose. Hier (Abb. 20) beleuchtet der Mond eine nächtliche Szene und sendet seine Strahlen und Halbmonde auf die Köpfe von fünf ausgelassenen Frauen aus dem niederen städtischen Volk, die beschließen: »Der Mond ist über unseren Köpfen. Laßt uns trinken und lachen, denn das ist unser Fest.« Auf den ersten Blick wird die weibliche Launenhaftigkeit auf nette Weise verspottet, aber die Runde der Klatschweiber wirkt auch etwas beunruhigend: Man bräuchte die Frauen nur auszuziehen und den Ort weniger städtisch zu gestalten, um einem Hexentanz beizuwohnen. Die Verknüpfung Frau–Mond führt schnell zur Verbindung mit Nacht und Hexerei.

Die wahre Frau (Abb. 21), ein anonymer Stich aus dem 17. Jahrhundert, zeigt ein »schreckliches Monstrum mit zweifachem Kopf ..., das in der Kirche ein Engel und zu Hause ein Teufel ist«. Die Sym-

Abb. 19 *La belle Charité*, Titelblatt des *Berger extravagant* von Charles Sorel, Crispin du Pas; 1628. *Paris, Bibliothèque Nationale.*

metrie zwischen dem Teufel und der Frau wird eingehalten, sie sind regelrechte siamesische Zwillinge. Es handelt sich nicht mehr um eine wechselhafte Stimmung, sondern um den zweifachen und gleichzeitigen Ausdruck ihres Wesens: Engel und Dämon. Und wenn nicht der Teufel die Frau ergänzt, dann ist es der Tod (Abb. 22). Die Frau ist seine Ursache – sie ist die Tochter Evas, die durch ihre Anfälligkeit für die Versuchung die Sterblichkeit des Menschengeschlechts verursacht hat (Abb. 2 und 3). Sie ist die Quelle des Todes durch ihre Sexualität und ihre Schönheit, vergänglich und trügerisch: Der Stich und seine Unterschrift warnen vor dieser Gefahr. Und der Tod trifft die Frau dop-

Ce Monstre horrible a double teste, Considere ce Monstre infame
Passant ne t'effraye il point; Qui n'entend aucune raison
Et toutes-fois ô grosse beste Tu verras que c'est vne femme,
Tu l'as a tes costes asses souuent conjoint. Qui est Ange en l'Eglise et diable en la maison

Abb. 21 *Die wahre Frau*, anonymer Kupferstich; 17. Jahrhundert. *Paris, Bibliothèque Nationale.*

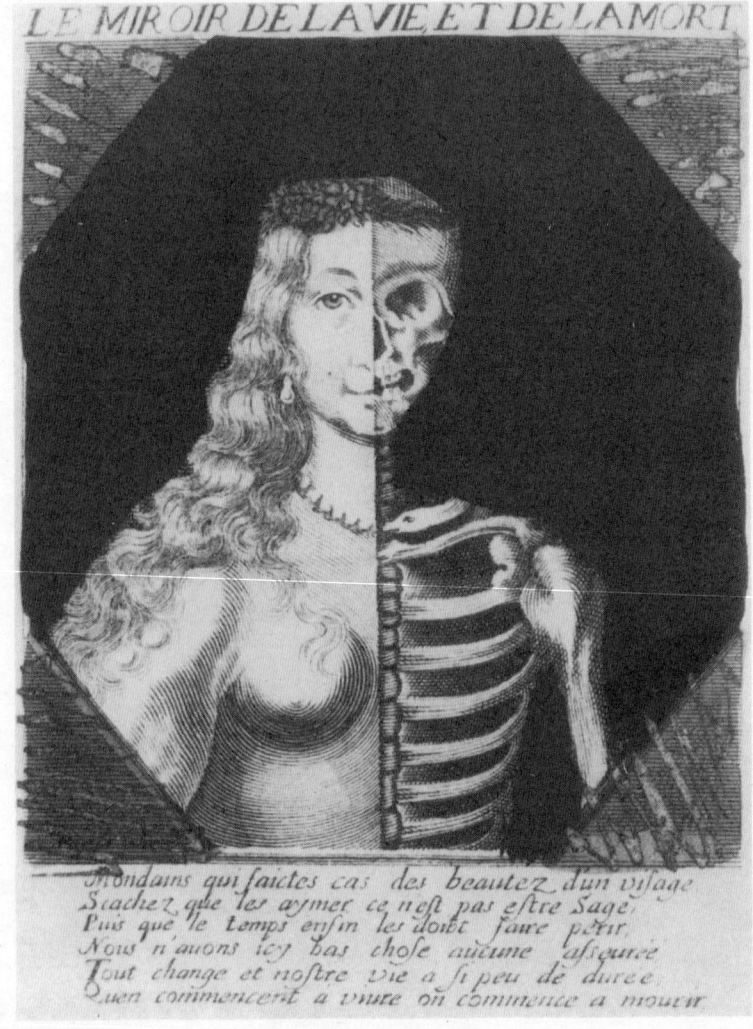

LE MIROIR DE LA VIE, ET DE LA MORT

Mondains qui faictes cas des beautez d'un visage
S'cachez que les aymer ce n'est pas estre Sage,
Puis que le temps enfin les doibt faire périr,
Nous n'avons icy bas chose aucune assurée
Tout change et nostre vie a si peu de durée
Qu'en commencant a vivre on commence a mourir.

Abb. 22 *Der Spiegel des Lebens und des Todes*, anonymer Kupferstich; 17. Jahrhundert. *Paris, Musée Carnavalet*.

pelt: Seit sie gegen die Ordnung der Natur verstoßen hat und sich die Frage nach der Existenz ihrer Seele stellt, stirbt sie auf immer mit dem Tod ihres Körpers.

Angesichts dieser diabolischen oder todbringenden Doppelnatur der Frau ist es am einfachsten, aus ihr ein kopfloses Monstrum zu machen. Das große Rätsel der weiblichen *ratio* wird durch Enthauptung gelöst und die Frau auf ihre Funktion reduziert: Sie regiert kopflos über ihren Bereich. Ein solcher Stich (Abb. 23) dient als Frontispiz für eine Schmähschrift über *L'Imperfection des femmes*[9], eine Folge von Bildern, von denen eines negativer als das andere ist. Die Frau ist »die unvoll-

kommenste aller Kreaturen ... der Abschaum der Natur ... die Plage
der Engel«. Ohne Kopf wird die Frau auf ihren tatsächlichen Rang als
Schäferin und Spinnerin verwiesen. Die Spinnerin ist die Frau par
excellence: Eine lange Reihe mythologischer Heldinnen, von Penelope, Ariadne, Arachne bis hin zu den allzu berühmten Parzen, machte
die Spindel zum Symbol für die Stellung der Frau, zu ihrem Siegel.

Diese Infragestellung des weiblichen Gehirns sollte die Neuaufteilung der Geschlechterrollen ermöglichen, die Trennung der Räume
und ihres alltäglichen Zusammenlebens.

SI TU LA CHERCHE LA VOICY

Abb. 23 *Wenn du
sie suchst, hier ist
sie*, Titelblatt von
*L'Imperfection des
femmes*; 17. Jahr-
hundert. *Paris,
Musée des Arts et
Traditions populaires.*

DAS ZUSAMMENLEBEN

Das »Zusammenleben« wird zu einem der beherrschenden Themen der Ikonographie: Darstellungen des Liebesbaums wie des Streits um die Hose, der Notwendigkeit der Gleichheit der Parteien wie der verkehrten Welt haben gemeinsam, daß sie die Grenzen, die Epochen und die sozialen Klassen überschreiten und sich aller Formen der Kunst bedienen, von den elitärsten bis hin zu den volkstümlichsten. Allesamt

Abb. 24 *Der Liebes-* *baum*, Salatschüs- sel, Fayence; 1781. *Paris, Musée des Arts et Traditions populaires.*

unterstreichen sie die Wichtigkeit der moralischen und sozialen Funktion der Ehe. Um zusammenzuleben, muß man sich zuerst begegnen, wie die Salatschüssel von René Legros aus dem Jahre 1781 zeigt (Abb. 24)[10]. Die ländliche Szenerie betont eine Freiheit in der Liebe, die auf dem Land größer ist als in der Stadt. Die Liebesbäume variieren

vom 15. bis zum 18. Jahrhundert wenig, aber sie unterteilen sich in zwei Kategorien: Entweder befinden sich die Männer auf den Bäumen oder die Frauen. Wenn die Männer unten sind, sind ihre Mittel der Verführung Wein, Musik und Tand. Lockend und abwartend brauchen sie keine Gewalt, um die Schönen zum Herabsteigen zu bewegen, während die Frauen ein aggressives Verhalten an den Tag legen: Sie bieten zwar Geschenke an, aber sie benutzen eine Axt, sägen den Baum um, steigen auf die Leiter, werfen Schlingen aus. Ist es die Umkehrung der traditionellen Rollen, die den Rückgriff auf die Gewalt erforderlich macht? Aber was ist das dann für eine anonyme Stimme

in der kreisförmigen Bildunterschrift auf dem Teller, die den Frauen rät, den Baum anzugreifen und aufzuhören, Geschenke zu machen? Wer spricht hier? Die Initiative zur Gewalt kommt nicht von den Frauen, sie wird ihnen suggeriert.

Von der Gewalt der Frauen handelt auch der Streit um die Hose. Die lange Reihe von Bildern zu diesem Thema unterteilt sich ebenfalls in zwei Gruppen. In der ersten (Abb. 25) ist der Raum diametral geteilt. Der Mann und die Frau, von für ihr Geschlecht symbolischen Gegenständen umgeben oder auch nicht (Kleid/Hose, Gewehr/Spindel, Spaten/Besen etc.), streiten sich um etwas, das weder dem einen noch dem anderen gehört. In der zweiten Gruppe ist der Mann abwesend,

Abb. 25 Der Streit um die Hose, Hölzerner Chorstuhl; Mitte 16. Jahrhundert. Hoogstraten, Stiftskirche St. Katharina.

La femme a le moufquet la quenoüil l'Epoux
Et berce pour furerois l'enfant fur fes jenoux.

Abb. 26 *Die Frau mit der Muskete, der Mann mit der Spindel,* volkstümliches Bild; 17. Jahrhundert. *Paris, Musée Carnavalet.*

es ist nur noch das Emblem seiner Männlichkeit vorhanden, eine phallische Hose, um die sich Frauen streiten, die sich die Haare zausen, sich beißen inmitten eines Gewirrs von Kleidern, entblößten Schenkeln, herausstehenden Brüsten. Das Bild verweist weniger auf die faktische Macht als auf die Angst vor der weiblichen Sexualität, was ihre Gewalt erklärt. Die kurze Hose ist zum sexuellen Symbol geworden, die lange Hose *(pantalon)* war das Symbol der Macht. Wenn die Frau die Hose gewinnt, ist das Schlimmste eingetreten, die Rollen sind vertauscht. Ein Bild aus Epinal aus dem 17. Jahrhundert (Abb. 26) zeigt den Mann sitzend, mit einer Haube auf dem Kopf, eine Spindel in der Hand, wie er das Kind wiegt, ihm gegenüber die Frau, stehend, mit einem Helm auf dem Kopf, das Schwert an der Hüfte, die Muskete über der Schulter. Das ist die verkehrte Welt. Die Häufigkeit dieser Bilder und ihre mangelnde bildliche Vorstellungskraft warfen die Frage auf, ob ein Wechsel der Rollen nur als Umkehrung und nicht als Neugestaltung begriffen werden kann.

Symbolische Bilder werden durch das tägliche Leben inspiriert, aber in der Realität finden die unterschiedlichen Tätigkeiten in gemeinsamen Räumen statt. Die diagonale räumliche Unterteilung auf einem Holzschnitt der *Roxburghe Ballads* (Abb. 27)[11] trennt Geschlechter, soziale Gruppen, Aktivitäten und Räume. Zum Edelmann gehören die Rüstung, die Mobilität, die Weite der Wälder und die Jagd, zur Hausfrau der Hocker, die Immobilität, das Spinnrad und das Spinnen der Wolle vor der Türschwelle. Dies alles geschieht unter dem doppelten Aspekt von »sehen« und »gesehen werden«. Die gleiche, auf einen Blick erfaßbare Szenerie kann man auch im städtischen Raum wiederfinden.

Der Diagonale des Jägers entspricht umgekehrt diejenige in der Zeichnung von Stella (Abb. 28); sie wird betont durch das Treppengeländer und die Verteilung des Lichts. Die symbolische Grenze trennt den männlichen vom weiblichen Raum; ein junger Mann steht auf der Seite der Frauen, wahrscheinlich mit seiner Zukünftigen, die einzige

Abb. 27 *Die Hausfrau, der Jäger,* Holzschnitt aus den *Roxburghe Ballads,* 1500–1700. *London, British Museum.*

Geschlechtermischung des Bildes. Dieser Stich ist noch in anderer Hinsicht interessant. Zum einen wurde er von einer Frau angefertigt, von Claudine-Françoise Bouzonnet, der Nichte des Zeichners, die diesen für ihr Geschlecht ungewöhnlichen Beruf erlernte und ihren Lebensunterhalt damit verdiente. Zum anderen zeigt er, wie ein Bild als Träger für die Verbreitung unterschiedlicher Ideologien dienen kann. Zwei andere Darstellungen (von Bonnart und Dewismes) dieser Genreszene erhalten durch ihre normativen Unterschriften den Charakter regelrechter Katechismen, die zur Anerkennung der bestehenden sozialen Ordnung aufrufen.[12]

Während auf dem Land die Feldarbeit und der Markt die Frau aus dem ihr ansonsten zugewiesenen häuslichen Raum heraustreten lassen, ist in der Stadt die Straße der Ort, an dem beide Geschlechter gleichermaßen anzutreffen sind: ein Ort des Lebens, an dem Neuigkeiten ausgetauscht werden, an dem Gerüchte entstehen. *Die Verwirrung in Paris* (Abb. 29), ein unerschöpfliches ikonographisches und literarisches Thema, zeigt das Verhalten und die Konflikte, die aus der stän-

digen Nähe resultieren. Kein Stich über dieses Thema, der nicht die Lebhaftigkeit der Wortgefechte von Männern und Frauen zeigt, die charakteristisch für die städtische Bevölkerung ist. »Du wirst meinem Mann den Laden bezahlen und seine ganze Arbeit, die du verdorben hast«, »Haltet den Dieb mit meiner Garnitur«, »Die große Picarde geht ins Krankenhaus«, schreien die kleinen lebhaften Gestalten.

Die Neuaufteilung der Geschlechterrollen versteht sich nicht von selbst, sie bringt Beunruhigung und Sorgen mit sich. Abraham Bosse

Abb. 29 *Die Verwirrung in Paris*, Kupferstich von François Guérard, Französische Schule; um 1720. *Paris, Bibliothèque Nationale.*

Je ne vois point que le Graueur　　Car s'il est tout chargé de maux,　　Tout ce qu'il a de vicieux
Ait pour raison que son caprice,　　D'où procedent ils que de testes　　Ne vient donc pas de sa nature,
Quand il appelle ce Resueur.　　De ces dangereux Animaux,　　Ou bien s'il est malicieux,
Vn homme fourré de malice.　　Qui trompent les plus fines bestes:　　Il s'en faut prendre a sa fourrure.

Bosse inuen et fe　　　　　　　　　　　　　　　　le blond excud auec Priuilege.

zeigt uns auf seinem Stich *Der mit Arglist gefütterte Mann* (Abb. 30) einen niedergeschlagenen Mann, das »trauernde Geschlecht«. Ein Jahrhundert später bricht dieser geneigte Kopf, der von dem angewinkelten Ellenbogen gestützt wird, zusammen und ergibt Goyas vernichteten Mann in *Der Schlaf der Vernunft gebiert die Ungeheuer.* Der Affe an seiner Seite, ebenfalls in melancholischer Stellung, ist das Emblem des universalen Künstlers und das Symbol der Verrücktheiten und der Leidenschaften (die Frauen auf dem Futterstoff?), denen die Menschheit zum Opfer fällt. Bei diesem Bild möchten wir gern verweilen und einige Augenblicke nachdenken über das Ausmaß des männlichen Kummers. Befreit die Rolle des Herrschenden von jeder Sorge, von allen Gewissensbissen, von jedem Bedauern über das Scheitern der harmonischen Zweisamkeit? Verhindert sie jedes Gewahrwerden der Ungerechtigkeit, die dem anderen Geschlecht angetan wird? Die Unterschrift führt von der ontologischen und metaphysischen Ebene auf die historische: Die Ursache des männlichen Unglücks befindet sich im Mantelfutter, wo »diese gefährlichen heimtückischen Tiere« sich eingenistet haben, und diese Feststellung diktiert das männliche Verhalten, das Sichverschließen, die Klausur.

Wenn sie offen ist, ist die Frau böse und gefährlich: Es ist wichtig, ihre Launen und ihren Wortschwall zu kontrollieren, ihre Vagina und ihren Mund zu verschließen. Für das Geschlecht benutzt man den Keuschheitsgürtel, dessen mythologischer Vater Vulcanus ist und den in Wirklichkeit ein Mann aus Padua am Ende des 14. Jahrhunderts erfand. Was das Sprechen betrifft, so zeigt das Bänkchen eines Chorstuhls (Abb. 31) das Bild einer Frau, deren Mund mit einem Vorhängeschloß verschlossen ist: eine Nonne oder eine Bäuerin, mit einem phallischen Gürtel, der das männliche Glied ersetzt oder seine Abwesenheit unterstreicht, das Pendant des verriegelten Mundes. Im Gegensatz zur großen Verbreitung des Stichs von Bosse ist das Bänkchen unter dem Chorstuhl der kleinen Kirche Sainte-Maurille versteckt, die meiste Zeit für die Mönche und Gläubigen unsichtbar. Wer konnte schon diese heilige Babille sehen, von der die Ehemänner die Schweigsamkeit ihrer Ehefrauen erbaten?[13] Die Geschwätzigkeit der Frauen, eine magere Kompensation für die ihnen fehlende Macht, ebenso unvermeidlich wie ihre Untreue, bringt die Männer zur Verzweiflung. Dieses ikonographische und literarische Thema verschärft sich bis hin zu den sadistischen Zeichnungen von Rowlandson, wo ein Schuster, die Ahle im Mund, energisch die Lippen einer mürrischen alten Frau zunäht.

Wenn Frauen das Recht auf Sprache verweigert wird, hält man sie für unmündig und nimmt sich deshalb auch das Recht, ihr Erscheinungs-

Abb. 30 *Der mit Arglist gefütterte Mann,* Kupferstich von Abraham Bosse, Französische Schule; 17. Jahrhundert. *Paris, Bibliothèque Nationale.*

bild zu reglementieren und sie zu erziehen: »Mode nennt man die Art und Weise, wie man im gegenwärtigen Augenblick die Kleider macht; danach muß man sich richten . . .«[14] Da, wo es um Vergnügen und Einfallsreichtum gehen sollte, ist die Rede von Pflicht, von Konformität, und damit schnell von Sünde und verwerflichem Exzeß. In einem Wort: Man darf weder gegen sein Geschlecht noch gegen seinen Rang verstoßen. Daß eine Frau ihrem Geschlecht gehorchen muß, zeigt das Frontispiz von *Hic Mulier, or the Man-Woman* (Abb. 32) aus dem Jahre 1620 mit aller Deutlichkeit. Darauf ist eine junge Frau zu sehen, die in einen Mann verwandelt ist durch ihren Haarschnitt, den Federhut, das Tragen des Dolches, während der Friseur bei ihrer Gefährtin Delila spielt. Dies war der Gipfel einer langen Kontroverse über die Schamlosigkeit von Frauen, die die Kleidung der Männer kopieren. Im Jahre 1620 drängte König Jakob den Klerus dazu, diese Angelegenheit in die Hand zu nehmen, und er wurde auch von Schriftstellern gehört: *Hic Mulier* wurde veröffentlicht und darin gegen die Vermännlichung von Frauen auf allen Gebieten gewettert.[15] Eineinhalb Jahrhunderte später ist man deswegen immer noch beunruhigt, und Louis-Sébastien Mercier schreibt in seinem *Bild von Paris*: »Die Kleidung einer Frau muß ein Geschlecht haben. Eine Frau muß von Kopf bis Fuß Frau sein.«

Verstöße gegen den gesellschaftlichen Rang sind gleichfalls verboten: Eine Fülle von Stichen unterscheidet ebenso deutlich die Bäuerin von der Bürgersfrau oder von der Aristokratin wie die Türkin von der Deutschen. Man fürchtet sich vor einer in Unordnung geratenen Gesellschaft. In diesem Sinne ist Mode Gewalt: Durch ihren Konformismus zwingt sie das Individuum, die von Gott – oder dem König – gewollte soziale Ordnung nicht zu stören. Sie ist Gewalt auch durch das Elitedenken, das sie voraussetzt: die »mouches« (Schönheitspflästerchen), mit denen sich die Damen im 17. Jahrhundert schmücken, sind ein System von Zeichen, eine Geheimsprache, die nur von den Eingeweihten verstanden werden kann, ein System, das diejenigen ausschließt, die nicht derselben Gesellschaftsschicht angehören. Und sie ist Gewalt durch ihren Luxus und ihre Verbindung mit der herrschenden Klasse. Seit dem 17. Jahrhundert entrüstet man sich auf Stichen über die Verschwendung von Mehl, um das Gesicht zu pudern: »Wegen deiner bemehlten Birne/verkauft man uns das Brot so teuer . . .« Die Mode ist komplex: Als sichtbare Manifestation eines ganzen Bündels ökonomischer Interessen, religiöser und politischer Zwänge, sozialer und kultureller Beziehungen bestimmt sie nicht nur die Art und Weise, wie man sich kleidet, sondern auch die Gewohnheiten und das Verhalten. Sie verändert Emotionen und domestiziert Leidenschaften. Ihren vollkommenen Ausdruck findet sie in der höfischen Gesellschaft,

Abb. 31 *Die heilige Babille*, hölzerner Chorstuhl; 16. Jahrhundert. *Pont-de-Cé, Kirche Sainte-Maurille.*

Abb. 32 *Hic Mulier, or the Man-Women*, Titelblatt, Ausschnitt; 1620. *San Marino (USA), The Sir Henry Huntington Library.*

MASCARADE UNIVERSELLE.

NOUS donnons en deux aux plus fins
A deviner quel gens nous sommes
Fussent Sorciers fussent devins
Nos masques trompent tous les hommes
Ils en seront eux mêmes les témoins
Quand le temps leur fera connoître
Qu'en tout nous ne sommes rien moins
Que ce que nous paroissons être

LE TEMPS DECOUVRE TOU

LE CARNAVAL PERPETUEL.

Bien des gens sont masqués sans être au Carnaval   Châcun dessous le masque des vertus
Soit campagnards, soit gens de ville   Tâche à cacher sa fourbe et sa malice
De tout séxe, de tous états, tout est habile,   Son ambition, son envie, son avarice
A déguiser le vray, le faux, le bien, le mal   Sa haine et ses mœurs corrompuës
Soit pour tromper, soit pour detruire   Et quoy que déguisé autant qu'on le peut être
Pour se vanger, ou pour medire.   Personne néantmoins, ne veut passer pour l'être.

1706

und die Herrschaft der Etikette ist ihre Vollendung. Diese Gesellschaft, in der »das Gesicht hinter einem gezwungenen Gesichtsausdruck verschwindet«[16], wird von Bonnart in *Die allgemeine Maskerade* (Abb. 33) angeprangert, wo zwei merkwürdige strahlende Gestalten mit vielen Gesichtern zu sehen sind. Sie tragen Holzschuhe, aber ihre Kleidung setzt sich zusammen aus Beamtenroben, bürgerlichen und aristokratischen Gewändern; »die Zeit, die alles aufdeckt« nimmt ihnen die Masken ab. Dieser »ständige Karneval« zeigt die unzähligen starren und trügerischen, weiblichen und männlichen Masken, die in der Gesellschaft verwendet werden. Das Ideal der Aufklärung wird eine transparente, sichtbare Gesellschaft sein, eine Transparenz, die vielleicht nicht möglich ist.

Der Schein, aber auch das Wissen müssen gelernt werden. Ein Stich aus einem Buch (Abb. 34) veranschaulicht den Stand der weiblichen Erziehung am Ende des Ancien Régime: Die Jungen lernen lesen und schreiben, Geometrie und Kriegstechnik, die Mädchen nähen. Ob dieses Bild die zum Ausdruck kommende Ideologie kritisiert oder unterstützt, bleibt unklar.

Abb. 33 Die allgemeine Maskerade mit Detail, Kupferstich von Nicolas Guérard, Französische Schule; 17. Jahrhundert. Paris, Bibliothèque Nationale.

WEIBLICHE AUFTRITTE

Insbesondere die anerkannten Malerinnen Artemisia Gentileschi und Clara Peeters (Abb. 35 und 36) verdeutlichen, mit welchen Mitteln die Gruppe der Macht- und Einflußlosen arbeitet: mit Gewalt und List. *Judith und Holophernes* (Abb. 35), ein Gemetzel in erotischer Stellung, mit blutiger Brutalität (die auf dem Farbgemälde noch viel drastischer

Abb. 34 Kupferstich über die Erziehung; 18. Jahrhundert. *Paris, Bibliothèque des Arts décoratifs, collection Maclet.*

wirkt), ist die beschwörende Darstellung einer Vergewaltigung. Artemisia, die Tochter eines angesehenen Malers und selbst Malerin, wurde das Opfer einer Vergewaltigung, auf die ein fünf Monate langer Prozeß folgte, der ihren Ruf beschädigte. Judith, mit der Artemisia sich
identifiziert, ist das Gegenteil von Salome, sie ist die »gute«, die tugendhafte Kopfabschneiderin. Die gewaltsam ineinander verschlungenen
Glieder zeigen mehrere Handlungen: eine Geburt – der Kopf des
Holophernes kommt zwischen den Armen wie zwischen Schenkeln auf
einem blutbefleckten Bett hervor, den Eingeweiden entrissen durch die
»weisen Frauen«, eine Vergewaltigung – die Vergewaltigung eines Mannes durch zwei Frauen – und schließlich ein rituelles Opfer. Roland

Abb. 35 *Judith und Holophernes*, Gemälde von Arte-misia Gentileschi, Italienische Schule; um 1617. *Florenz, Uffizien.*

Barthes betont hier die jähe Umkehrung der Rollen und die Äußerung
weiblicher Macht. Das ist sicherlich richtig, aber es geht vor allem
um die Neutralisierung einer Gewalttat durch eine andere: Malerei
als Exorzismus. Das Bild hat im übrigen zwar zahllose Kommentare
hervorgerufen, aber in seiner Hommage im Jahre 1979 spricht
Daniel Buren davon, daß es fast unmöglich ist, einen Zugang zu
diesem Bild zu finden. Eine Deutung des Bildes »fehlt definitiv und
ebenso grausam wie der Kopf dem Holophernes«.[17] Zuviel weibliche
Gewalt?

Neben dieser blutigen Entfesselung der Leidenschaften steht ein ruhiges Stilleben, eine andere Welt, eine andere Lebensweise (Abb. 36).

Clara Peeters spielt eine große Rolle in der Geschichte des Stillebens. Eines von ihnen, das 1612 in Karlsruhe gemalt wurde, bleibt ihr Meisterwerk: Man findet in den Trinkbechern und Muscheln die zeitgenössische Vorliebe für die »Wunderkammern« wieder, Sammlungen von Kuriositäten, die vom Menschen oder von der Natur geschaffen wurden. Aber das größte Wunder, das für uns das Bild interessant macht, ist das Selbstporträt, das sich sieben Mal in den sieben Ovalen des Trinkbechers widerspiegelt. Auf den ersten Blick sieht man ein prächtiges Stilleben, auf den zweiten Blick die ruhige Bestätigung der

Abb. 37 *Lady Dacre*, Gemälde von Hans Eworth, Flämische Schule; 1555. *Ottawa, National Gallery.*

Abb. 38 *Ulla von Tessin*, Aquarell von Olaf Fridsberg, Schwedische Schule; 18. Jahrhundert. *Stockholm, Nationalmuseum.*

Malerin: »Ich bin da« scheinen die sieben winzigen Porträts zu sagen, die einen Zentimeter hoch sind. Artemisia hat mit einer drastischen Darstellung von Gewalt ihren Namen bekannt gemacht, Clara Peeters durch die friedliche List ihrer Stilleben. Eine andere Form der Unabhängigkeit liegt im Lesen- und Schreibenkönnen. Zwei schreibende Frauen bieten zwei Perspektiven der gebildeten Frau (Abb. 37 und 38).

Die erste ist Lady Dacre, gemalt im Jahre 1555: strenges Gesicht, fest geschlossener Mund, abwesender Blick. Ihr Witwenstand wird durch die eindrucksvolle schwarze Masse signalisiert. Die Hände sind mit Schreiben beschäftigt. Über ihr bemerkt man ein Porträt ihres verstorbenen Mannes, das Holbein im Jahre 1540 gemalt hat. Sie kämpft gegen ein schweres Schicksal: Ihr Mann, angeklagt, an einem Aprilabend des Jahres 1541 einen seiner Wachmänner getötet zu haben, wurde im Juni desselben Jahres gehängt. Seitdem arbeitet sie an seiner Rehabilitierung, die sie 1558 erreicht. Es ist kein Zufall, daß sie als Schreibende dargestellt ist: Ihr Witwenstand verleiht ihr ungeteilte bürgerliche und juristische Persönlichkeitsrechte und erlaubt ihr, die gesamte Verantwortung zu übernehmen.

Auch die zweite Schreibende wird bewacht vom Porträt ihres Mannes, aber in Hauskleidung, in der Intimität einer Bibliothek, die gefüllt ist mit persönlichen Gegenständen, ein Bild des privaten Rückzugs, wie es für das 18. Jahrhundert typisch ist. Es handelt sich um die Gräfin Ulla von Tessin, die Frau des außerordentlichen schwedischen Botschafters in Frankreich, eines großen Sammlers französischer Kunst. Ulla ist dargestellt, wie sie an ihrem Buch *Porträts berühmter Männer* arbeitet, und das farbige Aquarell von Olaf Fridsberg zeigt eine andere Form der Beziehung zwischen Mann und Frau, die des intellektuellen und affektiven Einvernehmens. Zwei Jahrhunderte sind zwischen beiden Porträts vergangen, aber es ist immer noch das Bedürfnis (der männlichen Maler) vorhanden, die Frau unter dem Blick ihres Mannes zu zeigen.

Die Mystikerinnen stellen eine andere Form des Schreibens unter dem Blick eines anderen Herrn dar. Gegenüber der Immobilität der schreibenden Frauen haben wir hier die Inszenierung des von Ekstase erschütterten Körpers liebender oder gebärender Frauen, die Augen geschlossen vor der inneren Vision oder zum Himmel erhoben. Der Körper erzählt das Unsagbare. Die Verbindung zum Göttlichen wird auf zwei Weisen hergestellt: einmal über den Umweg der kirchlichen Hierarchie und der Gesellschaft, über die Religion, und zum anderen über die mystische Erfahrung und die Unmittelbarkeit des göttlichen Worts, eine »Reaktion gegen die Aneignung der Wahrheit durch die Kleriker ... Sie schätzt die Vernunft der Ungebildeten, die Erfahrung der Frauen, die Weisheit der Verrückten, das Schweigen des Kindes«.[18] Es entsteht ein Dialog der Liebe: »In Zukunft bist du für meine Ehre verantwortlich wie meine richtige Gemahlin. Meine Ehre ist auch deine, und deine ist auch meine«,[19] sagt Christus zu Theresa. »Wenn das die Liebe ist, kenne ich sie«, rief der Schriftsteller Charles des Brosses vor der Statue der heiligen

Theresa von Bernini (Abb. 39) aus, womit er die spirituelle Wirklichkeit der Vision und ihren Einfluß auf das Leben Theresas verwischte. Denn diese Verwundung zwingt Theresa, zu handeln und zu schreiben, sie macht sie zu einem Ort der Konvergenz scheinbarer Widersprüche: mystisch und realistisch, kontemplativ und handelnd, weiblich und männlich. Der Körper dieser Frau, der einzigen Kirchengelehrten, spielte noch nach ihrem Tod eine Rolle als Reliquie, die einen »Hunger nach direkten Botschaften vom Himmel«[20] verrät.

Eine andere direkte Botschaft vom Himmel war ein seltsames Schauspiel, das sich zwischen 1728 und 1732 auf dem Pariser Friedhof von Saint-Médard abspielte (Abb. 40). Ausgangspunkt war die Bulle *Unigenitus* vom September 1713, die den Jansenismus verurteilte. Sie löste bei den Gläubigen dieser Pfarrgemeinde Proteste aus, die die Form von Wundern und Heilungen auf dem Grab des Diakons François de Pâris annahmen, der 1727 gestorben war. Der Friedhof wurde zu einem Ort halb Krankenhaus, halb Theater, an dem die meisten Akteure Frauen aus dem Volk waren. Das Publikum wohnte dem körperlichen Zeugnis der Jungfer Louise Hardouin bei, die 1731 als erste öffentlich heilende Schüttelkrämpfe demonstrierte – mit »schrecklichen Schmerzen und so heftigen Bewegungen, daß die Zuschauer glaubten, ich hätte einen Anfall erlitten«. Die Antwort auf den Mangel, auf die Enteignung Gottes, auf die fehlende Unterstützung der Priester und der politischen Macht kann in ihrem gezeichneten Körper gelesen werden; er ist Träger des Zeugnisses, wie das Pergament Träger des Geschriebenen ist, ein Buch, in das sich die Gegenwart eines christlichen Gottes einträgt, der die Inkarnation gewählt hat, um seine Existenz zu bezeugen.

Auf der den Enteigneten und Ausgeschlossenen entgegengesetzten Seite stehen diejenigen, denen ihr Stand Macht verleiht: die Königinnen. Die beiden Bilder (Abb. 41 und 42) zeigen die zwei für königliche Darstellungen typischen Formen der Allegorie und Satire: zwei Königinnen, aber zwei Schicksale, zwei Länder, zwei Epochen, zwei Religionen, zwei völlig verschiedene Bilder. Elisabeth I., eine richtige Königin, ist in dem Land geboren, das sie regiert, und schafft ihre eigene Ikonographie: eine elitäre Malerei, die der Königin und ihrem Kreis vorbehalten ist. Marie-Antoinette, die königliche Gemahlin, ist dagegen eine Fremde, die zum Opfer der Ikonographie wird – ein sarkastischer Kupferstich, der durch alle Hände geht.

Das Gemälde von Hans Eworth (?) macht den Unterschied zwischen dem Blick des 16. Jahrhunderts und dem des 20. Jahrhunderts deutlich. Wir sehen darin eine Flucht, ausgelöst durch eine Erscheinung: Die Person im Zentrum – die einzige, die sich im Gegensatz zur allgemeinen Statik bewegt – entflieht. Die kultivierte Elite des 16. Jahrhunderts, für die dieses Gemälde bestimmt war, kannte dagegen die

Abb. 39 *Die Verzückung der heiligen Theresa*, Skulptur, von Gianlorenzo Bernini, Italienische Schule; 1641–1651. *Rom, Kirche Santa Maria della Vittoria.*

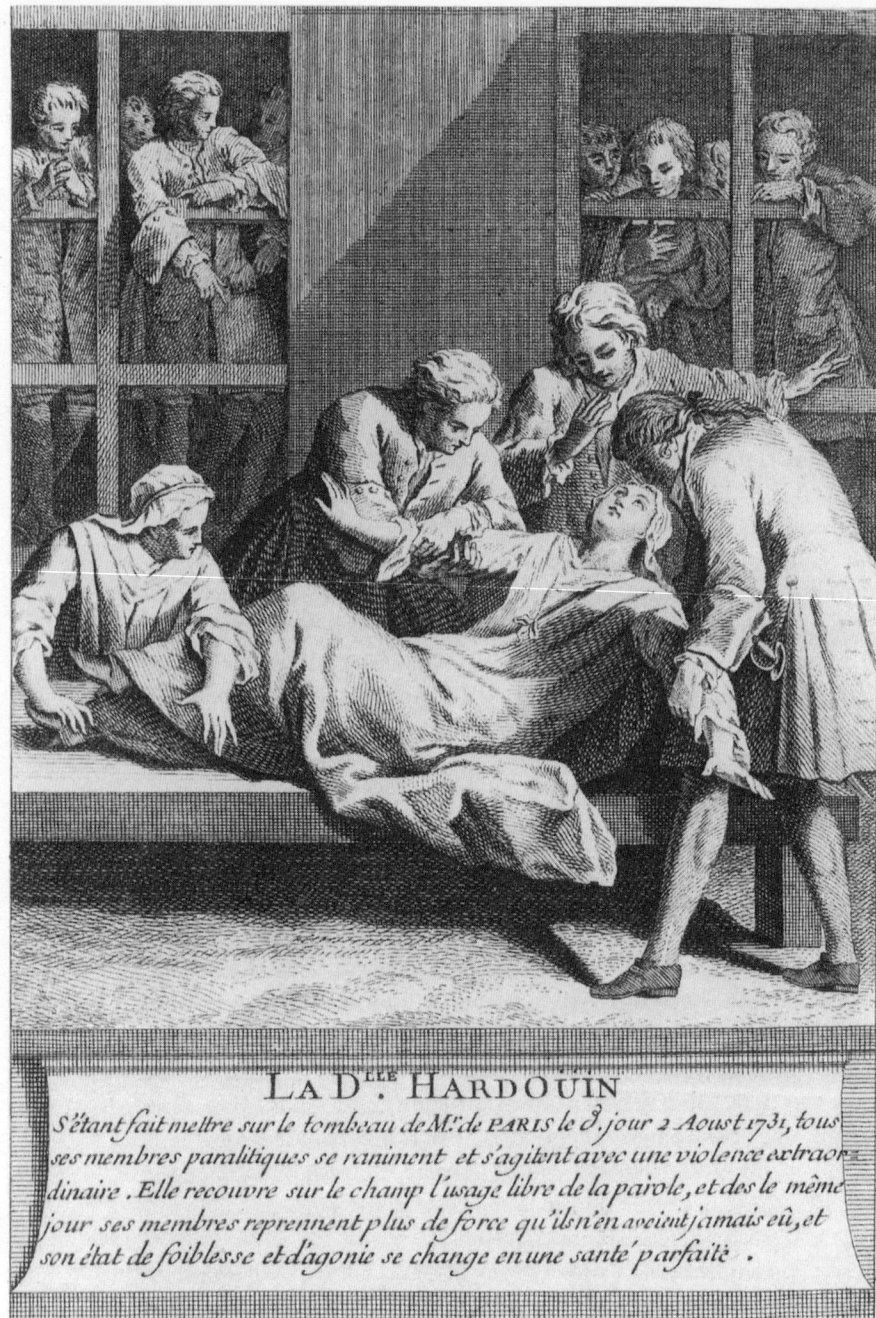

LA D:ˡˡᵉ. HARDOUIN

*S'étant fait mettre sur le tombeau de M:ᵈᵉ PARIS le 3.ʲᵒᵘʳ 2 Aoust 1731, tous
ses membres paralitiques se raniment et s'agitent avec une violence extraor=
dinaire. Elle recouvre sur le champ l'usage libre de la parole, et des le même
jour ses membres reprennent plus de force qu'ils n'en avoient jamais eû, et
son état de foiblesse et d'agonie se change en une santé parfaite.*

Abb. 40 *La Demoiselle Hardouin*, Kupferstich, Restout, 1631, in: *La Vérité des miracles
contestée*, von Carré de Montgeron, Köln, 1745–1747. *Paris, Bibliothèque Nationale.*

emblematische Sprache und das wirkliche Thema: das Urteil des Paris. Elisabeth erscheint als Ikone: Die ganze Szenerie mit den allgegenwärtigen Rosen und Wappen der Tudors dient ihrem Ruhm. Allein durch ihre Gegenwart und die Insignien der Macht (das Szepter, die Krone und der Globus) schlägt sie die drei mächtigen Göttinnen in die Flucht. Die Königin übernimmt die Rolle des Paris, aber im Stehen. Sie ist Frau durch ihre Erscheinung, aber Mann durch ihre Rolle. Als Königin und Jungfrau scheint Elisabeth ein anderes Wesen zu sein als die gewöhnlichen Sterblichen.

Dem Olymp der Götter steht der Schweinestall gegenüber, der jungfräulichen Königin das hybride Tier des französischen Königspaars. Die Karikatur *Die beiden sind eins* (Abb. 42) zeigt Ludwig XVI. als »Hausschwein«, das seiner Herrin Marie-Antoinette folgt, einer weiblichen Hyäne, aus deren Kopf Schlangen wachsen. Auch wenn die Bildunterschrift beide in diesem hybriden Monstrum gleichsetzt, das ohnmächtig ist aufgrund seiner entgegengesetzten Ausrichtung und Doppelköpfigkeit, ist die Aussage nicht unparteiisch. Ludwig XVI. wird nur seine Passivität vorgeworfen, seine Unfähigkeit, er ist nicht gefährlich. Die Karikatur betont dagegen die Boshaftigkeit seiner Frau, die als

Abb. 41 *Königin Elisabeth I. und die drei Göttinnen* (Ausschnitt), Gemälde von Hans Eworth (?); 1569. *Hampton Court Palace.*

Les deux Ne font qu'un

Abb. 42 *Die beiden
sind eins,*
Karikatur auf
Ludwig XVI. und
Marie-Antoinette
nach der Flucht
nach Varennes am
22. Juni 1791.
*Paris, Bibliothèque
Nationale.*

Frau, Königin und Fremde die bevorzugte Zielscheibe bleibt und deren Attribute die übliche Litanei der weiblichen Fehler veranschaulichen – Geilheit und unersättliche Sexualität durch die Hörner, die sie Ludwig XVI. aufsetzt, Stolz und Eitelkeit durch die Pfauenfedern (auch eine Anspielung auf die unsinnigen Frisuren der Epoche?). Sie ist blutrünstig durch ihren Hyänenkörper, ein fleischfressendes Tier, das sich von Aas ernährt (die an ihrem Elend Gestorbenen, die aufgrund ihres Luxus Hunger leiden). Sie ist todbringend durch ihre Schlangenhaare, »jedes ein Phallus«,[21] die sie zur Medusa machen, deren Schicksal sie teilen sollte: die Enthauptung.

Eine andere Kategorie von Frauen wird ebenfalls in Tiergestalt dargestellt: die Hexen. Ihre Rolle in Mythos und Geschichte erklärt die Masse der bildlichen Darstellungen. Sie erreichen jedes Publikum, überschwemmen alle Länder und alle Epochen, auch wenn die Hexenjagd nicht praktiziert wurde. Goya ist ein typisches Beispiel für diese Vormacht des Mythos. Als die Geschichte den Mythos einholt, erreicht der Umfang der Ikonographie seinen Höhepunkt. Der in dem berühmten *Discovery of Witches* von Matthew Hopkins im Jahre 1647 veröffentlichte Stich (Abb. 43) zeigt den berühmten *Witch Finder Generall* (wie er sich selbst nannte), der gerade zwei Hexen verhört: eine ebenso wörtlich genommene Illustration des Berichts zweier alter Frauen

wie das Porträt der schönen Charité von der Beschreibung ihres Liebhabers. Wir sehen Elizabeth Clark, eine alte einbeinige Bettlerin, die
von ihren *imps* (Inkarnationen der Teufel) spricht, Bilder des Hybriden und Unvollkommenen. Die andere Alte gibt ihren *imps* »Namen,
die kein Sterblicher erfinden könnte«, laut Matthew Hopkins. Die englischen Hexen sind meistens von einer mehr oder weniger extravaganten Fauna begleitet; auf deutschen und französischen Stichen wird
die Frau häufig selbst zum Tier. Hier sitzen die beiden Alten in einem
Zimmer, womit sie sich in der statischen Position der Frauen und in
ihrem gewohnten Raum befinden, wohingegen die Domäne der Hexen
in den Randbezirken der Heide, der unbestimmten Orte angesiedelt ist,
wo sie meist umherwandern. Eine charakteristische Umkehrung. Die
traditionellen Objekte der weiblichen Rolle sind ihrer Funktion ent-

Abb. 43 *The Dis-
covery of Witches*,
London, Matthew
Hopkins; 1647.
*Paris, Bibliothèque
Nationale.*

Abb. 44 *Dulle Griet*, Gemälde von Pieter Brueghel (dem Älteren), Holländische Schule; um 1563–1564. *Antwerpen, Museum Mayer van der Bergb.*

fremdet: der Besen dient dazu, den häuslichen Raum zu verlassen, die Heilsalbe wird zu einem Balsam, der die Dämonen anzieht, im Kessel werden Föten gekocht und teuflische Suppen gebraut. Es ist die von den Frauen erzeugte verkehrte Welt. Aber es ist nicht beim Symbol geblieben: Hunderte von Frauen haben mit ihrem Leben für die Unordnung bezahlt, die sie angeblich gestiftet hatten.

Einer Hexe ähnlich führt die berühmte *Dulle Griet* von Brueghel (Abb. 44) in die Welt des Krieges ein. Durch eine Höllenlandschaft, eine alchimistische Szenerie wie von Hieronymus Bosch, geht eine riesige Frau, einen Kessel auf dem Kopf, das Schwert nach vorne gerichtet, einen eisernen Handschuh an der linken Hand, eine goldene Truhe unter der Achsel, den Arm beladen mit Kesseln und Körben, gefüllt mit einer lächerlichen Beute, die Augen starr, nicht achtend auf die Unordnung um sie herum, nimmt sie – nicht zuletzt aufgrund der Größe und der starken Farben ihrer Kleidung – einen zentralen Platz im Bild ein.

Ist sie »die Rasende, die mit dem Schwert in der Hand in die Hölle geht«, eine Art Don Quijote der Gier, eine Präfiguration der *Mutter Courage* oder ganz einfach die Beschwörung des unversöhnlichen Krieges, der alles zermalmt auf seinem Wege? Hinter der bösen oder unglücklichen Margot triumphiert eine kleine, weißgekleidete Gestalt, die gute

Margarete (die heilige Margarete von Antiochia) über den Teufel, den
sie an ein Kissen fesselt, umgeben von kleinen Frauen, die hartnäckig
gegen eine Bande dämonischer Geister kämpfen. Eine mit Frauen
bevölkerte Szene, in der das männliche Element nur in Form inferna-
lischer oder allegorischer Personen erscheint. Erkennt Brueghel hier
nicht die guten und die schlechten Seiten der Frauen? Die Allegorie ist
vielleicht ambivalenter, als es scheint. Ist sie gut? Ist sie schlecht? »Die
Dulle Griet von Brueghel symbolisiert diesen Einbruch der Gewalt der
Frau in das kollektive Bewußtsein des krisengeschüttelten Europa im
16. Jahrhundert.«[22]

Abb. 45 *Lands-
knecht und
Mädchen*, Feder-
zeichnung von Urs
Graf, Schweizer
Schule; um 1560.
*Berlin, Archiv für
Kunst und
Geschichte.*

Die Federzeichnung *Landsknecht und Mädchen* von Urs Graf (Abb. 45) ist das realistischste Bild dieses Kapitels, ein dem Leben abgelauschtes Zeugnis, wie die Zeichnungen Callots, eine Skizze, die von keiner moralisierenden Absicht, keiner Symbolik, keiner Propaganda verzerrt wird. Urs Graf ist ein privilegierter Zeuge des Soldatenlebens. Seine junge Dirne, Börse und Dolch am Rock befestigt, gehört zu den zahllosen Vagabundinnen, die der Krieg hervorbringt, die sich dem Heer anschließen, meistens als Soldatenmädchen, und offen an Schlachten, Raub- und Beutezügen teilnehmen.

Auch bei Aufständen treten Frauen in der Öffentlichkeit auf. Die bekanntesten Revolten sind die Getreiderevolten, andere sind religiös – vor allem im 16. Jahrhundert – oder politisch motiviert. Die Zeichnung von Cranach, ungefähr auf das Jahr 1537 datiert (Abb. 46), ist ein Entwurf für eine Flugschrift zugunsten der Reformation. Bürgersfrauen und Bäuerinnen, junge und alte Frauen, greifen Mönche und Pfarrer mit Dreschflegeln und Gabeln an. Der Gegenstand ihrer Aggressivität ist nicht verwunderlich: Die Kleriker sind für die Lutheraner eine bevorzugte Zielscheibe und für die Frauen jahrhundertealte Feinde, weil sie von ihnen als Quelle allen Übels, als wandelnde Sünde und ständige Versuchung betrachtet werden. Auch wenn man weiß, wie sehr die Grausamkeit der Frauen Cranach faszinierte, ist dieser männliche Appell an die weibliche Gewalt erstaunlich in einer Zeit, in der Text und Bild diese unisono anprangern.

Abb. 46 Entwurf für ein Flugblatt zugunsten der Reformation von Lucas Cranach dem Älteren, Deutsche Schule; um 1537. *Berlin-Dahlem, Preußischer Kulturbesitz.*

Abb. 47 *Der Aufruhr um Wilkes*, gestochen von Okey, 17. Mai 1768, John Collet, Englische Schule. *London, British Museum.*

Um dem Aufruhr Vorschub zu leisten und ihn unter die Leute zu bringen, hat eine junge englische Propagandistin (Abb. 47) ihre Überzeugungen an ihr Mieder geheftet. Sie beherrscht das Bild durch ihre Stellung und ihre Größe. Sie wird begleitet von zwei Frauen, die Flugschriften an die Gefangenen verteilen und sie den Soldaten aufzudrängen versuchen, sowie von einem kleinen Mädchen mit einer Suffragettenpuppe; sie fordern die Befreiung von Wilkes, einem Freund Diderots und D'Holbachs, der 1768 wegen seiner progressiven Ideen verurteilt wurde. Diese weibliche Intervention in der Politik findet statt in London, vor einem Gefängnis, zwanzig Jahre vor der Französischen Revolution.

Boilly zeigt uns in *Der Triumph Marats* (Abb. 48) den Höhepunkt der »guten« Revolution, an der Frauen teilnehmen. Die Szene ereignet sich am 24. April 1793. Wir sehen den Freund des Volkes, der im Triumph zum Konventsaal gebracht wird. Ein spontanes revolutionäres Fest vor seiner Kodifizierung als bürgerliches Fest. Unter all den Personen, die Marat zujubeln, irritiert uns ein Gesicht, das einzige, das zum Zuschauer gerichtet ist, eine ambivalente Gestalt mit einer Sans-Culotten-Mütze und revolutionärer Kokarde: eine junge Frau, die als Mann verkleidet ist, oder ein junger Mann mit einem weiblichen

Gesicht? Ist es Boilly, wie ein Vergleich mit anderen Porträts glauben macht, oder ist es Théroigne de Méricourt, wie die Tradition es will? Boilly, wegen seiner republikanischen Gefühle von einem eifersüchtigen Rivalen angegriffen, skizzierte dieses Bild, um seine Verleumder zu beschämen, und vollendete es im Jahre 1794. Sollte der Maler einer in Ungnade gefallenen Heldin die Ehre erwiesen haben, die dieser Episode genauso wenig wie er beiwohnte? Wäre er nicht eher versucht gewesen, sich selbst zu zeigen? Wie dem auch sei, es ist der Augenblick, in dem die Revolution für die Frauen umkippt: Drei Monate später wird Marat von einem »weiblichen Judas« ermordet, und das Dekret vom November 1793, das die Frauenklubs und -gesellschaften verbietet, sollte das weibliche Wort für lange Zeit zum Ersticken bringen.

Der Vergleich des Bildes von Boilly mit dem von Füssli (Abb. 49) macht die Grundfrage am Ende des 18. Jahrhunderts deutlich: die Teilnahme am öffentlichen Leben oder die Entlassung in das Schweigen. *Das Schweigen* ist das Verstummen. Wenn man weiß, daß Füssli gewöhnlich von Locken und Wellen fasziniert war, wenn man sich die Leichtigkeit und Beweglichkeit seiner Shakespeareschen Heldinnen vor Augen führt und an seine Vorliebe für den Gesichtsausdruck denkt,

Abb. 48a *Der Triumph Marats* (Ausschnitt).

ermißt man den Umfang des Kummers, den er dieser Frau geben wollte, indem er alle diese Attribute wegließ: sitzend, das Gesicht versteckt
und mit hängenden Schultern, bietet sie sich unseren Augen frontal
dar. Das Individuum ist allein in einer Haltung der völligen Verlassenheit, zurückgezogen aus dem öffentlichen Leben, auf sein Innerstes
konzentriert. Hundert Jahre später stellt Edvard Munch seine Gestalten
in der gleichen frontalen Haltung dar, um der Angst vor der Welt Ausdruck zu verleihen.

Wir verstehen jetzt, am Ende dieses ikonographischen Überblicks, daß
Frauen auf diesen Bildern einige konstante Eigenschaften zugeschrie-

Abb. 49 *Das
Schweigen*, Gemälde
von Johann
Heinrich Füssli,
Schweizer Schule;
1799–1801. *Zürich,
Kunsthaus.*

ben werden, trotz unterschiedlicher Lesarten der Bilder und unterschiedlicher Zuordnungen von Bedeutungen durch die Bildunterschriften. Bemerkenswert ist vor allen Dingen die Dichotomie des Frauenbildes: Engel–Teufel, Göttin–Tier, Leben–Tod, Eva–Maria, immer wird die Frau an den Extremen angesiedelt, als ob eine mittlere, »normale« Position ihr verweigert würde. Bestimmte Themen bleiben konstant und allgegenwärtig – die Verbindung zwischen der Frau und dem Mond, der Streit um die Hose, der Mann mit der Spindel, das Urteil des Paris, die Frau ohne Kopf (von neolithischen Statuetten bis hin zum letzten Bild Duchamps oder zu *La femme 100 têtes* von Ernst zeigen die Männer beharrlich Frauen ohne Kopf), die Hysterie des weiblichen Körpers. Und schließlich das wichtige Verbot der Übertretung der Geschlechterrolle: Gefährlich sind diejenigen Frauen, die das Wort ergreifen, die Kleidung und die Attribute des Mannes anlegen und die Welt auf den Kopf stellen. Die Privilegien der Frau haben sich gegen sie gewandt: Ihre stimmungsabhängigen Sichtweisen der Welt, das Erfülltsein von der Erwartung eines Kindes und ihre lebensspendende Fähigkeit haben aus ihr ein Objekt/Subjekt der Angst gemacht und an ihrer Denkfähigkeit zweifeln lassen, was zu ihrem Ausschluß aus allen Gebieten der *ratio* führte.

Eine Kunstwissenschaftlerin unter Historikerinnen und Historikern ... Ihre Perspektive kann nicht ohne Auswirkungen auf die erzielten Ergebnisse bleiben: Bilder, die die Geschichtswissenschaft im allgemeinen begeistern, finden wenig Wertschätzung, während andere hervorgehoben werden.[23] War die Auswahl der Bilder nicht allzu subjektiv? Aus welcher unbewußten Appetitlosigkeit heraus fehlt die Küche, der Ort weiblicher Macht par excellence? Die den Bildern verliehene Priorität, der Wille, immer wieder auf sie zurückzukommen, zwingt die Leserin / den Leser zu einem ständigen Hin und Her. Die Gewöhnung an diskursive Texte und intellektuelle Verknüpfungen paßt schlecht zur Unmittelbarkeit der visuellen Beziehungen zwischen Bildern. Dieser Tribut war an das Primat der Bilder zu entrichten.

Am Ende dieses visuellen Spaziergangs mit zahlreichen und zu knapp beschriebenen Ausblicken möchte ich mit Caillois sagen, wie sehr »ich immer mehr die unentschuldbare Flüchtigkeit des Schlußkapitels bedaure. Diese zu gewagten Seiten können den Leser höchstens zum Träumen verleiten, ihm bestenfalls als Ausgangspunkt für eigene Überlegungen dienen (...) Ich tröste mich, so gut es geht, indem ich mir den Versuch eines Philosophen über ›die Fruchtbarkeit des Ungenügenden‹ in Erinnerung rufe.«[24]

Aus dem Französischen von Roswitha Schmid

VON IHR IST VIEL GESPROCHEN WORDEN

Die Gelasi, italienische Komödianten, anonymes Gemälde; 16. Jahrhundert. *Paris, Musée Carnavalet.*

Mit der Frühen Neuzeit begann man sich vermehrt öffentlich mit den gesellschaftlichen Interaktionen zwischen Frauen und Männern zu beschäftigen. Im Mittelpunkt dieser Betrachtungen standen dabei die Frauen – deren Wesen und deren Abweichung von der (männlichen) Norm. Sie waren eines der beliebtesten Sujets für Künstler, die das weibliche Geschlecht auf verschiedenste Weise bildlich und verbal darzustellen suchten. Themenwahl und Art der Darstellung ähnelten sich in ganz Europa. Ganz gleich, ob Frauen mit ihren männlichen Zeitgenossen verglichen oder als gänzlich andere Wesen beschrieben wurden – stets schnitten sie dabei schlechter ab als Männer. Das Denken in hierarchischen Ordnungen hielt sich besonders hartnäckig in bezug auf die Geschlechterbeziehungen und sollte sich in späteren Jahrhunderten ebenso im Verhältnis zwischen Europa und seinen Kolonien durchsetzen. Im kleinen spiegelte sich diese hierarchische Sichtweise in der traditionell vom Vater dominierten Familie wider, die die staatliche Ordnung in einer Art patriarchalischem Mikrokosmos nachbildete. Auch dann noch, als die Autorität Gottes mit Fortschreiten des wissenschaftlichen Erkenntnisstands und der daraus folgenden philosophischen Kontroversen langsam erodiert wurde, als die Aristokratie ihren Anspruch auf einen gottgegebenen höheren Status nach und nach aufgeben mußte, gab es keinen Zweifel an der untergeordneten Rolle, die Frauen innerhalb der Gesellschaft zu spielen hatten.

Frauen waren entweder von Grund auf verdorben oder durch und durch gut. Françoise Borin beschreibt in ihrem Aufsatz den binären Charakter der emblematischen Darstellungen des Weiblichen während jener Zeit: Die Frau wurde entweder als Eva oder als Maria, als Hure oder keusche Ehefrau, als Symbol der Barmherzigkeit oder des Krieges und der Zerstörung porträtiert. Daß Frauen vernunftbegabte Wesen sein könnten, bestritt man im allgemeinen.

Die Mehrzahl dieser Vorstellungen wurde von althergebrachten Traditionen, zeitgenössischen Konventionen und Rivalitäten genährt sowie von persönlichen bzw. fiktiven Erlebnissen mit Frauen, von männlichen Wunschträumen, Phantasien und Ängsten. Die sich daraus ergebenden Interpretationen und Zuschreibungen boten allerdings kein eindeutiges oder homogenes Gesamtbild. Die Schriften von Rabelais beispielsweise ermöglichen durchaus auch subversive Lesarten: Wer ist tadelnswerter im dritten Buch seines *Gargantua und Pantagruel* die Ehefrau, die ihren Mann ständig betrügt oder der Zwangscharakter Panurge, der Verbindlichkeiten einklagt, die keine Person von einer anderen zu fordern berechtigt ist? Das komische Genre stellte die Geschlechterhierarchie kurzerhand auf den Kopf; Debatten zwischen Naturwissenschaftlern und Moralisten ermutigten Leser dazu, zwischen den verschiedensten Positionen zu wählen.

Jean-Paul Desaive benutzt den Begriff der weiblichen Gegenkultur, wenn er das Spiel der Geschlechter in der Literatur der Frühen Neuzeit beschreibt. In dem Maße, in dem Frauen Leserinnen und später Schöpferinnen literarischer Werke wurden, nahmen die Texte Bedeutungen an, die ihren männlichen Kollegen fremd gewesen waren. Das weibliche Geschlecht beflügelte Männer zu schöpferischer Tätigkeit: Frauen waren Geliebte oder Musen, Leserinnen, die der moralischen Führung bedurften und die das Wunschdenken der Literaten in sich aufnahmen. Weniger artifiziell gaben sich die literarischen Figuren von Autoren, deren Werke sich außerhalb der Lyrik und des Romans bewegten: Desaive erwähnt in diesem Zusammenhang unter anderen Étienne Pasquier, der sich bereits während des 16. Jahrhunderts für einen gleichberechtigten und freundschaftlichen Umgang der Ehepartner aussprach, welcher das traditionelle hierarchische Modell ablösen sollte, Madame de Sévigné, die in ihrem berühmten Briefwechsel die Vorzüge und Freuden der Unabhängigkeit beschreibt, sowie James Boswell, den Charmeur und Frauenhelden, dessen Freundschaft jedoch ausschließlich Männern galt.

Auch die Welt des Theaters stellte ein ambivalentes Gefüge dar, wie Eric Nicholson in seiner Studie aufzeigt. Die Bühne war zugleich komisches und subversives Medium. Dort wurde das patriarchale Ehemodell aufs Korn genommen, allerdings ohne wirklich an dessen Grundfesten zu rütteln. Dramatische Komplikationen lösten sich in Wohlgefallen auf, und Schauspieler, die gewöhnlich auch die weiblichen Rollen übernahmen, füllten diese so aus, daß die normverletzende Prostituierte oder Ehebrecherin oftmals besser abschnitten als die prüde Jungfrau. Der Spott der Zuschauer galt eher den tyrannischen und eifersüchtigen Ehemännern als deren widerspenstigen Ehefrauen. Als Autorinnen wie Aphra Behn für die Bühne zu schreiben begannen, war deren Kritik an der Institution der Ehe und den darin wirksamen Unterdrückungsmechanismen oft noch schneidender und unerbittlicher als die ihrer männlichen Kollegen. Unter den Wortführern der Aufklärung, die sich mit der Stellung der Frau innerhalb der Gesellschaft auseinandersetzten, fanden sich allerdings keine Frauen wie Aphra Behn. Die

Ausführungen Michèle Crampe-Casnabets zeigen, daß die Philosophen des 18. Jahrhunderts freie erwachsene Männer zum Modell des universellen aufgeklärten Menschen erhoben. »Frau« stellte einen Sonderfall dar und war nach Meinung jener Philosophen mit einer eher konkreteren und weniger abstrakten Vernunft als der Mann begabt. Montesquieu zufolge nutzten Frauen ihren Charme schamlos aus, um Männer zu dominieren, und Rousseau zufolge taten sie am besten daran, ihr Leben daran zu setzen, Männern jeden Wunsch zu erfüllen. Kant sah in ihnen Geschöpfe, die Männern den Weg zu einer höheren Moral weisen konnten. Nur wenige Denker verwarfen diese Vorstellungen. Dazu gehörten Helvétius, der auf gleichen Ausbildungschancen für Frauen bestand, sowie Condorcet, der sich für einen gleichberechtigten Status der Frauen als Staatsbürgerinnen aussprach. Im Verlauf des 18. Jahrhunderts machten sich auch Frauen auf verschiedene Weise und mit unterschiedlichen Absichten die Argumente der Aufklärung zu eigen: so beispielsweise Mary Wollstonecraft mit ihrer Streitschrift *A Vindication of the Rights of Woman*.

Im Kapitel über Medizin und Wissenschaft legt Évelyne Berriot-Salvadore dar, wie der weibliche Körper als die Quelle allen Übels angesehen wurde. Drei Jahrhunderte medizinischer Kontroversen waren gekennzeichnet von dem Versuch der Ärzte, die Geheimnisse des weiblichen Körpers zu erforschen und dem schier unerschöpflichen sexuellen Appetit der Frauen auf die Spur zu kommen. War die Frau eine körperlich und geistig unvollständig ausgebildete und somit minderwertige Version des Mannes, wie dies Aristoteles und Galen behauptet hatten – mit männlichen Geschlechtsorganen, die lediglich nach innen gestülpt waren? Oder war sie doch ein vollständig geformtes menschliches Wesen, das bedauerlicherweise von jenem singulären Organ – der Gebärmutter – regiert wurde? Trug die Frau aktiv mit ihrem eigenen Samen zur Empfängnis bei oder nährte sie nur den Fötus während der Schwangerschaft? Als mit Hilfe des Mikroskops Eizelle und Sperma entdeckt wurden, stellte sich die Frage, welches dieser beiden Elemente wohl für die Fortpflanzung das wichtigere sei. Unabhängig davon, ob der betreffende Arzt noch der alten Galenschen Doktrin anhing oder sich bereits auf die neuen wissenschaftlichen Forschungen des späten 17. Jahrhunderts berief, standen medizinische Erkenntnisse durchgängig im Dienste der Begründung spezifisch weiblicher Verhaltensmuster und der Rechtfertigung der geschlechtlichen Rollenverteilung auf der Basis biologistischer Spekulationen. Wissenschaftliche Überlegungen darüber, ob die weibliche

Lust ein entscheidender Faktor bei der Empfängnis sei, sowie die Besorgnis über die Anfälligkeit und Unbeständigkeit der weiblichen Physis hatten unter anderem jedoch auch zur Folge, daß der gynäkologische Wissensstand entscheidend vorangetrieben wurde; Machtkämpfe zwischen erfahrenen Hebammen und neu in das Gebiet der Geburtshilfe eingedrungenen Ärzten schufen ein konfliktträchtiges Klima.

Mit Ende des 18. Jahrhunderts hatten sich die Vorstellungen über Wesen und soziale Einstufung der Frau gefestigt: Körperlich komplett mit eigenen Organen ausgestattet, war sie dennoch fragil, anfällig und schutzbedürftig. Sie sollte gebildet genug sein, um ihrem Ehemann eine anregende Gesprächspartnerin und ihren Kindern eine gute Mutter sein zu können. Wie eingeschränkt und durch geschlechtsspezifische Zuschreibungen sozial determiniert Frauen trotz sich wandelnder gesellschaftlicher Zustände und emanzipatorischer Bestrebungen waren, welch widerstreitenden Anforderungen sie sich zu stellen hatten, verdeutlichen die folgenden Kapitel.

A.F.–N.Z.D.

8

AMBIVALENZEN DES LITERARISCHEN DISKURSES

Jean-Paul Desaive

Die Literatur hat sich in vieler Hinsicht Frauen gegenüber als feindliches Medium erwiesen, nicht zuletzt durch das schwärmerische Feiern ihrer Feminität, das auf Kosten weiblicher Individualität ging. In der französischen Literatur des 16. Jahrhunderts dienten Frauen ausschließlich als Objekte, derer sich der Dichter bediente, um seine sprachliche Virtuosität zur Schau zu stellen. Der Frauen verhängnisvolle Blicke, ihr rosiger, zarter Teint und ihre tödlichen Reize wurden besungen, um die Tugenden des männlichen Märtyrers herauszustellen und die Angebetete auf ihre äußerlichen Attribute zu reduzieren. Zu den drei oder vier Gedichten aus dem 16. Jahrhundert, die die Wirren der Zeit überdauert haben und daher noch heute zum literarischen Standardwissen vieler Franzosen gehören, zählt das folgende Sonett von Ronsard:

Wenn du nun alt und grau geworden und beim Kerzenschimmer
zur Nacht am Feuer sitzt und Fäden spulst und spinnst,
dann singst du, selber staunend, meine Verse, sinnst:
so pries Ronsard mich einst, da ich noch schön war, immer.

Da ist wohl keine Magd, wenn sie auch fast schon schliefe,
nach schwerer Tagesarbeit halb in Schlummers Macht,
die nicht, beim Klange meines Namens jäh erwacht,
unsterblich Lob auf deinen Namen segnend riefe.

Dann bin ich längst im Grab und ruh' im dunklen Haus,
ein Schemen ohne Leib, im Myrthenschatten aus.
Du hockst gebückt und alt am Herd, denkst voller Sorgen

an meine Liebe, deinen stolzen Sinn. Vergebens! –
so lebe, glaube mir, oh warte nicht bis morgen
und pflücke heute noch die Rosen dieses Lebens.[1]

Es ist sicherlich nicht unbedeutend, daß dieses großartige, drohende
Gedicht von einem Dichter stammt, dessen Ruhm bereits zu Lebzeiten
so gefestigt war, daß er glauben konnte, noch nach vielen Jahren werde die Nennung seines Namens die obskure Dienerin und Gefährtin
der alten Hélène aus dem Schlaf reißen. Die durch harte Arbeit
gebeugte Dienerin und die durch ihr Alter erniedrigte Hélène, die
Ronsard am Herd hockend beschreibt, bieten ein Bild weiblicher
Abhängigkeit und Unterlegenheit, aber auch der Einsamkeit und Verlassenheit. Es zeigt die greise Hélène, die heute im Kreis der Ehren-
damen der Königin Triumphe feiert, in der unwürdigen (und nicht
gerade wahrscheinlichen) Gesellschaft ihrer Dienerin. Alles, was an
dieser Frau dauerhaft überlebt, wird ihr vom Dichter geschenkt – als
bloßer Abglanz seines eigenen Ruhms. Ohne Ronsard kein »unsterblich
Lob« auf den Namen und somit keine Hélène. Quod erat demonstran-
dum.

Allerdings gibt es nicht nur dieses Sonett und nicht nur Hélène. Die
bewundernswerte Übereinstimmung von Gedanke und Form, die es als
isoliertes Gedicht so vollkommen verkörpert, relativiert sich im Kontext der 136 weiteren Sonette, die lediglich Reprisen oder Entwürfe
zum Thema Hélène darzustellen scheinen. Die *Amours de Cassandre*
und die *Amours de Marie* schlagen in dieselbe Kerbe, indem sie einen
unstillbaren Kummer thematisieren. Philippe Desportes fügt dem seinerseits in den *Amours de Diane* nicht weniger als 155 Sonette, in den
Amours d'Hippolyte 88, in *Cléonice* 104 und weitere 40 Sonette in
Diverses amours hinzu, ganz zu schweigen von den Liedern, Stanzen,
Elegien und Klagen[2]: »Das ist das Tagebuch meiner Leiden!«, ruft er
aus. Wozu all diese Reime, und wozu sich »mit Leiden, Seufzern,
Mühen, Liebesglut und Tränen/als Belohnung nur Zurückweisung ein-
handeln?« Die Belohnung ist nicht etwa in den Armen der grausamen
Schönen zu suchen, sondern im literarischen Ruhm, durch den der
Fürst großzügig gestimmt wird. Desportes verdiente sich damit mehrere Abteien, davon eine, so heißt es, als Entlohnung für ein einziges
Sonett. Die Entschädigung bestand auch aus dem Zuspruch eines breiten Publikums für eine Art der kulturellen Zerstreuung, die der heutiger Werbekampagnen nicht ganz unähnlich war. Die damalige Dichtung vermittelte ebenso wie unsere Werbung ein Frauenbild, das völlig verzerrt war durch männliche Projektionen und Hirngespinste. Es
blieb den so beweihräucherten jungen Göttinnen, die stumm auf ihrem
Sockel thronten, kaum etwas anderes übrig, als die dichterischen Huldigungen dankbar entgegenzunehmen. Es ist bekannt, daß die Renais-

sance in der Schönheit die wahrnehmbare Manifestation des Göttlichen gefeiert und dieses Göttliche in der Frau exaltiert hat.[3] Die *Délie* von Maurice Scève ist vielleicht das vollendetste dieser neuplatonischen Monumente an die Liebe, diese »ursprüngliche Kraft, die die Harmonie der Welt schafft und die Bedingung für eine spirituelle Askese ist [...], die den körperlichen Besitz ausschließt«.[4] Die unglücklichen Lieben des Sir Philip Sidney *(Astrophel and Stella)* sind ähnlich metaphorisch und geläutert. In den 108 Sonetten und 11 Liedern, die er seiner Geliebten widmet, wagt Sir Philip nur eben, dieser während des Schlafes einen Kuß zu rauben...[5]

In der Flut von Versen, die Europa während des 16. Jahrhunderts überschwemmte, finden sich unter dem Wust gelehrter mythologischer Anspielungen und rhetorischer Höhenflüge wahre Wunder an Ergriffenheit und Schönheit. Immer aber besang der Dichter seine eigenen Gemütsbewegungen – seine nie heilenden Wunden, seinen hundertmal ins Auge gefaßten Tod – in einer narzistischen Ein-Mann-Show, in der die Angebetete lediglich als Vorwand dient, nie aber wirklich präsent ist. Es kommt vor, daß der in seinem Liebeswahn befangene Dichter es leid war, ständig das alte Lied anzustimmen, und seinen Ton wechselt. Der erfinderische Ronsard widmet eine außergewöhnlich freimütige Ode den Kammerzofen, die sich nicht so anstellen konnten wie die vornehmen Damen: »Die Liebe der reichen Prinzessinnen/ist eine Maske von Traurigkeit./Wer seine Lust haben will,/muß an einem niederen Ort lieben.«[6] Aber selbst das ist ein literarischer Gemeinplatz! Kann man diesen ewigen Klischees nie entkommen? Doch, ausnahmsweise, mit diesem Gedicht von einer Frau, die sich nicht verstellt, nämlich Louise Labé (»Ich lebe, ich sterbe: ich verbrenne und ertrinke./Mir ist heiß und kalt ...«), oder wiederum mit Ronsard: In dem sehr konventionellen *Bocage royal* findet sich ein unerwarteter *Discours*, der die auf Hindernisse stoßende Liebe eines jungen Mannes zu seiner Cousine mit der ganzen Heftigkeit und Bitterkeit einer gelebten Erfahrung beschreibt.[7] Diesmal kommt der Widerstand nicht von der Geliebten, sondern der Grund liegt in der unbeugsamen Haltung, mit der die Mutter des jungen Mannes eine Heirat verhindert, die alle anderen wünschen. Es gibt noch den Vater, der an dem Unglück seines Sohnes Anteil nimmt, ohne ihm jedoch helfen zu können:

»(...) da Alter und Krankheit/mich zerstört und ohnmächtig gemacht haben,/kann ich deinen Wunsch nicht erfüllen./Denn es ist nicht länger meine Sache,/mich um Hochzeiten oder anderes zu kümmern:/Der Wunsch deiner Mutter ist auch der meinige.«

Die unerwartete Einmischung der allmächtigen und despotischen Mutter hebt die Künstlichkeit der Tausende von Versen, die diesen seltsamen *Discours* umgeben, um so deutlicher hervor. Ich werde im folgenden weitere Beispiele der Beziehungen zwischen Werken, Autoren, deren Publikum und dem Zeitgeist vorstellen.

Die belehrte Frau

Wir befinden uns im 16. und 17. Jahrhundert, in England wie in Frankreich, auf christlichem Boden und inmitten der Konflikte und Kontroversen, die sich durch Reformation und Gegenreformation, zwischen Jesuiten und Jansenisten, Puritanern und Freigeistern in Wort und Tat entzündet hatten. Die Frauen werden wie alle anderen von diesem Strudel der Ideen und Gewalttätigkeiten mitgerissen, in dem Politik und Religion unentwirrbar miteinander verstrickt waren. Welchen Platz nahmen sie innerhalb der Fülle von Literatur ein, die sich zu der Zeit mit Fragen des Glaubens, des Heils und der religiösen Praxis beschäftigte? Die katholische Literatur wies Frauen religiöse Aufgaben zu, die sich unmittelbar auf ihren geschlechtlichen Status gründeten:

»Jeder Stand hat seine eigene Tugend. Der Bischof, der Staatsmann, der Soldat, die Ehefrau, die Witwe müssen zwar alle Tugenden haben, aber sie müssen und können sie nicht alle gleichzeitig und gleicherweise betätigen, sondern jeder nach dem besonderen Beruf, der ihm zugewiesen ist.«[8]

Sanftmut, Mitgefühl und Mutterliebe gehören zu den angeborenen Tugenden des weiblichen Geschlechts. Den Frauen obliegen daher die Werke der Barmherzigkeit und Nächstenliebe, die Pflege der Kranken, der Armen und Alten. Da sie die Kinder gebären, kommt ihnen die Verantwortung für deren Erziehung, ihre Unterweisung in der Religion und den sittlichen Regeln zu; und da sie überdies an das Haus gebunden sind und über das häusliche Universum herrschen, sind sie auch für die Führung des Haushalts, die alltäglichen Besorgungen und die Überwachung der Dienerschaft verantwortlich. Gehorsam und Keuschheit machen aus artigen Töchtern treue Ehefrauen. Die protestantische Glaubensauffassung, gleichsam egalitärer und fordernder, macht die Ehefrau praktisch zum *alter ego* ihres Mannes, verlangt von ihr sehr früh schon, ihre Kinder zu stillen und deren Erziehung und Sitten streng zu überwachen. Sie wird an die Seite ihres Mannes gestellt bei der Verwaltung des Familienvermögens, und bei dessen Abwesenheit oder Tod übernimmt sie den häuslichen Gottesdienst, die Verheiratung der Kinder, kurz: ihr wird das Familienwohl anvertraut.

»Das Leben der Frau, der Gattin, der Hausfrau und Mutter ist in der Optik der Propagandisten der Reformation ein individuelles Unternehmen, eine persönliche Askese, fast heroischer Natur, in jedem Fall eine Erfüllung ihres Wesens.«[9]

Die allmähliche Marginalisierung der Hugenotten in der französischen Gesellschaft erlaubte die weite Verbreitung von Werken, die weniger von den Segnungen der Orthodoxie überzeugen, als Frömmigkeit mit Höflichkeit versöhnen sollen.

Die strengen Verweise des heiligen Franz von Sales (1608) verlangten vielleicht viel von einem weiblichen Publikum, das den Versuchungen seines Jahrhunderts ausgesetzt war. Seine Epigonen bemühten sich, seine Botschaft dem Zeitgeschmack anzupassen und der *honneste femme*[9a] schmackhaft zu machen, deren Beichte sie abnahmen und mit der sie in den Salons verkehrten. Das Zeugnis des Père du Bosc, eines Franziskaners, ist für uns deshalb von Interesse, weil es unmittelbar aus dem Alltag in der Mitte des 17. Jahrhunderts schöpft.[10] Er wendet sich darin an die Damen, die er davon zu überzeugen sucht, »daß es nicht nötig ist, spröde zu sein, um tugendhaft zu sein«, und beginnt sein Buch mit einer Apologie der Lektüre, der Konversation und der Träumerei, die »die edelsten Beschäftigungen der Seele« sind: »Bei der Lektüre unterhalten wir uns mit den Toten, in der Konversation mit den Lebenden, und mit uns selbst in der Träumerei; die Lektüre bereichert das Gedächtnis, die Konversation verfeinert den Geist, und die Träumerei formt die Urteilskraft.« Dadurch daß er der Lektüre die Priorität einräumt, »die für alle Damen notwendig ist«, definiert der Autor sein Publikum als städtisch (bzw. aristokratisch), auserwählt und müßiggängerisch; ein Publikum also, das als »honneste« bezeichnet wird. Welche Bücher sollten gelesen werden? Zweifellos dachte er dabei an fromme Werke, aber seltsamerweise erwähnt er kein einziges namentlich, außer der *Philothea. Anleitung zum religiösen Leben* des Franz von Sales, in das er die *Honneste femme* einführen will. Außerdem sollten sich Frauen historischen und philosophischen Werken sowie der Dichtung zuwenden, weil »die Beispiele aus der Mythologie unterhaltender sind als diejenigen aus der Geschichte«. Es spielte hierbei keine Rolle, daß es sich um heidnische Autoren handelte (da diese aus der Antike stammen): Besser war es, sich mit deren edlen Grundsätzen zu befassen, als sich durch die Lektüre von Romanen korrumpieren zu lassen. Es erstaunt nicht, daß der Père du Bosc den Frauen empfiehlt, ihren Ruf mehr als ihr Aussehen zu pflegen, keusch, beständig, treu, umsichtig, anmutig und nicht allzu kokett zu sein, nicht über andere zu lästern, nicht eifersüchtig zu sein oder dem Laster zu frönen. In dem Kapitel »Des Dames sçavantes« (Von den gelehrten Damen) gibt er sich entschieden feministisch und scheut sich nicht davor, »die Ignoranten und die Dummköpfe, die sich vorstellen (...), daß eine Frau nicht studieren oder lesen kann, ohne lasterhaft zu werden oder wenigstens sich dessen verdächtig zu machen«, vor den Kopf zu stoßen. Er glaubt im Gegenteil, daß »die Literatur die guten Neigungen unterstützt«, und was die intellektuellen Fähigkeiten betrifft, so ist das weibliche »Temperament, da es feinfühliger als das unsrige ist, auch geeigneter für das Studium der Künste und Wissenschaften«. Aber wenn es darum geht zu präzisieren, welchen Platz diese Aktivitäten im täglichen Leben einnehmen sollen, greift er auf den geltenden sozialen Kode zurück: Die »honneste femme« soll sich »zu ihrer Beschäftigung dem Haushalt und zu ihrer Zerstreuung dem Studium widmen. Das ist ihr Los, auch nach Ansicht des heiligen Paulus«, der hierin mit Aristoteles und den anderen Philosophen übereinstimmt. Alle Weisen sind sich darin einig, »daß die Arbeit der verheirateten Personen so aufgeteilt sein muß, daß die Frau sich den häuslichen Geschäften und der Mann sich denjenigen der Außenwelt widmet (…). Es gibt keine Beschäftigung, die den Frauen angemessener wäre, als diejenige, die sie am wenigsten dazu zwingt, das Haus zu verlassen.« Das soll jedoch keineswegs heißen, daß sie dort müßig bleiben!

»Wenn man bedenkt, was die Frauen machen, könnte man dann nicht sagen, daß die Hälfte des Menschengeschlechts gelähmt ist und daß nur ein Teil unserer Gattung beschäftigt ist? Während die Männer ihr Leben damit verbringen zu kämpfen, zu studieren, zu regieren und zu reisen. Wenn man sich fragt, was die meisten Frauen machen, so kann man nichts darauf antworten, außer daß sie ihre ganze Zeit darauf verwenden, sich zu schmücken, spazierenzugehen, zu schwätzen oder zu spielen. Sind sie nur dafür geboren?«

Daher sollen Frauen ihre Zeit zwischen nützlichen Beschäftigungen, der Ausbildung ihres Geistes, dem Gebet und gesunden Zerstreuungen aufteilen.

In der englischen puritanischen Literatur, die der Ehe und der Rolle der Ehefrau einen großen Platz einräumt, soll diese vor allem »hausfraulich sein, so wohlgeboren und so reich sie auch sein mag. Denn es ist der Beruf der Frau, dies zu sein; es ist der Zweck ihrer Erschaffung.«[11] Das bescheidene Werk des Père du Bosc scheint daher repräsentativ zu sein für eine neue Strömung, die in Frankreich wie in England an Einfluß gewinnt und die mit der Zeit die Fähigkeiten und Rechte, aber auch Pflichten der Frau anerkennt, ganz besonders in der Ehe. Zahlreiche Arbeiten haben sich mit der schwierigen Geburt dieses Konsenses[12] sowohl auf der Seite der Katholiken wie der Protestanten, dem neuen Status der Ehefrau (katholisch oder protestantisch) sowie mit der diese Veränderungen dokumentierenden Literatur befaßt.[13] Aber während die englischen *conduct books* sich an Ehepaare richteten, wandte sich unser Franziskaner ausschließlich an die (verheirateten oder verwitweten) Frauen und machte sich nolens volens zu deren Seelsorger. Der Beichtvater, diese überragende Gestalt des tridentinischen Katholizismus, ersetzte praktisch den Ehemann auf spiritueller und bald auch, will man La Bruyère glauben, auf weltlicher Ebene:

»Er kümmert sich um ihre Geschäfte, übernimmt ihre Prozesse und besucht ihre Richter; er gibt ihnen seinen Arzt, seinen Kaufmann, seine Handwerker; er läßt es sich angelegen sein, ihnen eine Wohnung und ihre Möbel zu verschaffen, und er besorgt ihre Equipage (...). Er beginnt, indem er geschätzt wird, und er hört damit auf, daß man ihn fürchtet.«[13]

Die *Honneste Femme* lehrt uns, daß eine katholische Frau, ob verheiratet, ledig, Witwe oder Nonne, sich nie von der männlichen Vormundschaft freimachen darf (selbst wenn sie den Beichtvater, Liebhaber oder Ehemann terrorisiert oder verführt, wofür Saint-Simon uns zahlreiche Beispiele liefert). Aber man würde diesem Buch und allen Büchern mit derart naiven Moralvorstellungen nicht gerecht werden, wollte man sie auf ihr Programm reduzieren. In seinem Katechismus liefert uns Père du Bosc wertvolle Informationen über zahlreiche Aspekte der weiblichen Gesellschaft. Seine Art, ihre Riten, Grillen und Moden zu beschreiben, läßt darauf schließen, daß Frauen in seinen Männeraugen eine Gesellschaft für sich bilden, eine Art Republik, einen Staat im Staate. Dieser so wenig literarische Text mit seiner schwerfälligen und bilderreichen Prosa liefert gewissermaßen den Hintergrund zu den lebendigeren Porträts von Tallemant, der Madame de Sévigné oder La Bruyères.

DIE TRAUMFRAU

Wir können uns heute nur schwer den Einfluß des Theaters auf vergangene Gesellschaften vorstellen, sowohl in der Stadt als auch auf dem Land. Auf beiden Seiten des Ärmelkanals war das Theater die öffentliche Belustigung par excellence – jeder ging ins Theater, und die umherziehenden Theatertruppen traten überall auf. Das erklärt die heftigen Auseinandersetzungen über seine Rolle, die von den Anhängern der etablierten Ordnung als sehr viel schädlicher angesehen wurde als der Einfluß unanständiger Bücher, die vor allem (aber nicht ausschließlich) denen vorbehalten waren, die lesen konnten. In England entbrannte um 1580 ein unversöhnlicher Kampf zwischen einem Mittelstand, der zunehmend von den puritanischen Ideen erfaßt wurde, und den Liebhabern des Theaters. Zum Glück für Ben Jonson, Shakespeare und für uns teilten der Hof, der Adel und das Volk die Liebe zum Schauspiel[15], das sich bis zur puritanischen Diktatur Cromwells halten konnte und unter Karl II. wieder legalisiert wurde. Frankreich konnte

diesen Wechselfällen entgehen, trotz der hartnäckigen Feindseligkeit
bestimmter Elemente der Kirche – nichtitalienische Schauspieler wurden exkommuniziert.

Charles de Saint-Evremond hat im 17. Jahrhundert über das Theater
seiner Zeit einige interessante Überlegungen angestellt. Da er lange
Zeit in England im Exil war und als kultivierter Franzose die italienische, spanische und natürlich auch die lateinische Literatur kannte, war
er in der Lage, die Werke der verschiedenen Länder zu vergleichen:

> »Es gibt keine Komödie, die der antiken Komödie ähnlicher ist als die englische,
> was die Sitten betrifft; sie ist nicht nur reine Galanterie voller Abenteuer und Lie-
> besgeflüster wie in Spanien und Frankreich; sie ist die Darstellung des gewöhn-
> lichen Lebens mit seiner Vielfalt der Temperamente und den verschiedenen Cha-
> rakteren der Menschen.«[16]

Mit anderen Worten, die englischen Komödien glichen den Englän-
dern. Ebenso erschienen ihm die Autoren der spanischen Komödien

> »erfinderungsreicher als die unsrigen (...). Der Grund dafür ist, daß in Spanien, wo
> die Frauen sich fast nie sehen lassen, die Vorstellungskraft des Dichters darauf
> sinnt, Mittel und Wege zu finden, daß die Liebenden einander begegnen können;
> und in Frankreich, wo ein freier Umgang herrscht, verwendet der Autor seine Ein-
> fühlungsgabe für den zarten und verliebten Ausdruck der Gefühle.«[17]

Saint-Evremont sah eine enge Verbindung zwischen der Fiktion und dem
Milieu, in dem sie hervorgebracht und »konsumiert« wird. Da sich Männer
und Frauen in Frankreich frei begegnen konnten, richtete sich das Inter-
esse der einen mehr auf »ein Amt oder eine Anstellung«, während die
anderen »eher galant als leidenschaftlich« wurden und sich im übrigen der
Galanterie bedienten, um »Intrigen anzuzetteln«.[18] Das Neue einer solchen
Situation besteht in der Symmetrie. Im 16. Jahrhundert hörte die Frau dem
Dichter zu, der seinen Schmerz besingt; im 17. Jahrhundert richten sich
Männer und Frauen in Kenntnis der Dinge und ohne Illusionen in einer
konventionellen Koketterie – oder Galanterie – ein, die nun zum guten
Ton gehört: »Was man in Frankreich lieben nennt, ist nichts anderes, als
von der Liebe zu sprechen...«[19] Und davon spricht man in allen Tonlagen,
vor allem besingt man sie in der Oper, so als ob Leidenschaften nur noch
stellvertretend gelebt werden könnten.

Die »edlen« literarischen Genres – die Theologie, Philosophie,
Geschichte und Jurisprudenz – ignorierten die Frauen bzw. erinnerten
sie an ihre Pflichten. Im Gegensatz dazu feierten die Tragödien, Komödien und Opern die Leidenschaften und gaben den Frauen Hauptrollen. Häufig kündigten sich diese Rollen schon im Titel an – Zeichen
dafür, daß die Figur der Heldin und die Konflikte, in die sie hinein-
gerät, handlungstreibend sind.

Das gilt vor allem für Racine: Andromache, Athalie, Esther, Iphigenie, Phädra: all diese Namen stehen für die Verkörperung eines weiblichen Typus, dessen Reinheit oder aber Verworfenheit. Und Shakespeare, der seinen Stücken entweder den Namen eines männlichen Helden oder eines Paares gibt (*Romeo und Julia, Troilus und Cressida, Antonius und Cleopatra*), schuf doch auch eine Vielzahl unvergeßlicher Frauengestalten: die zu Unrecht getötete Desdemona, die mit ihren langen Haaren im Wasser treibende Ophelia und Lady Macbeth, auf immer ihre Hände reibend, an denen unsichtbares Blut klebt. Vom Ende des 16. bis zum Ende des 17. Jahrhunderts wurde die kollektive Vorstellungskraft mit einem Pantheon exemplarischer Frauen bereichert: Bereits zu Lebzeiten Racines benutzt Madame de Sévigné den Begriff »Andromache«, um auf eine Witwe zu verweisen.[20] Ein Theaterstück mit seinen vielen gesungenen und getanzten Einlagen oder eine Oper werden als Fest erlebt, als feierliches Ritual der Begegnung: Schillernde Frauen und gepuderte und betreßte Herren gingen aufeinander zu, begrüßten sich, drängten sich im Parterre oder besuchten sich in ihren Logen. Das Schauspiel begann inmitten des Stimmengewirrs der sich Klatschgeschichten erzählenden, lachenden und rufenden Menge, die mit sich zufrieden war und froh darüber, dabei sein zu können. Wie sollte man da einen kühlen Kopf bewahren und nicht im Geiste oder mit den Sinnen sündigen! Der geistreiche und konservative Boileau wendet sich mit folgenden Worten an den Ehemann einer jungen und tugendhaften Frau:

»Bald von dir in die Oper geführt,/mit welcher Miene, denkst du, wird deine Heilige/den harmonischen Prunk eines betörenden Schauspiels sehen,/diese Tänze, diese Helden mit wollüstiger Stimme,/sie wird von der Liebe reden hören;/diese süßlichen Renauds, diese unsinnigen Rolands;/sie wird von ihnen erfahren, daß man der Liebe, wie dem höchsten Gott allein,/alles opfern muß, sogar die Tugend:/daß es nie zu früh ist, in Liebe zu entbrennen;/daß man vom Himmel nur ein Herz bekommen hat, um zu lieben;/und all diese Gemeinplätze einer schlüpfrigen Moral,/die Lulli mit den Tönen seiner Musik erhitzte?/Aber von welchen Regungen, in ihrem erregten Herzen,/wird sie dann alle ihre Sinne aufgewühlt fühlen?«[21]

Man konnte nicht passender die verschiedenen Aspekte beschreiben, die zur Zeit Ludwigs XIV. aus einem Theaterstück oder einer Oper ein totales, buchstäblich berauschendes Spektakel machten, für das kein junges Mädchen und keine junge Frau unempfänglich bleiben konnte. Begegneten sie dort nicht, neben den Wonnen siegreicher Liebe von Mentoren und Graubärten, so mancher Anspielung auf die körperliche Lust – Diener und Dienerinnen traten auf, um von ihr zu künden – sowie den Handlungen und Ausdrucksweisen einer autonomen weiblichen Existenz? Und wenn sie auch nicht davon träumten, solch skandalöse Freizügigkeit der Sprache und der Sitten zu übernehmen, die

die Schauspielerinnen und Tänzerinnen zur Schau trugen, so konnten sie diese doch wenigstens mit den Zwängen und der gähnenden Langeweile ihres alltäglichen Lebens vergleichen.

Der Roman war auf privatere Art und Weise nicht weniger heimtückisch. Im Theater oder in der Oper nahmen Frauen an Ereignissen teil, die den Sinnen schmeichelten, jedoch waren Zeit und Ort der Aufführung außerhalb des Alltags angesiedelt, gleich einem festlichen Zwischenspiel. Romane machten es möglich, zu Hause zu träumen, allein oder in kleiner Gesellschaft, und dies tut man natürlich auf andere Art. Es wurden Tausende von Romanen geschrieben, ungefähr 1200 im Frankreich des 17. Jahrhunderts, nahezu 1000 in der ersten Hälfte des 18. Jahrhunderts (die Anzahl während der zweiten Hälfte des 18. Jahrhunderts ist bedeutend geringer).[22] Manche dieser Romane benötigten für ihre Lektüre eine so lange Zeit, daß man sie zwangsläufig aus der Hand legte und wiederaufnahm, weshalb viele sich aus Episoden zusammensetzten, die ohne jede Logik aneinandergereiht waren. Dieses Muster des Fortsetzungsromans, das mit *L'Astrée* (1607–1628) begann, »wurde im Roman bis ins 18. Jahrhundert hinein allgemein angewandt«. Die starke Verbreitung solcher Romane war vielleicht der Grund dafür, daß sowohl die Feinde als auch Verteidiger des Romans das Genre behandelten, als sei es vollkommen undifferenziert. Die Qualität eines Werkes oder Autors zählte weniger als die Zugehörigkeit des Buches zu einem spezifischen Genre, das als unbedeutend und ephemer angesehen wurde. Dieses Genre hätte kaum Aufsehen erregt, wenn es nicht ausgerechnet die Frauen, die aufgrund ihrer Frivolität und mangelnden Bildung dessen natürliche Leserschaft bildeten, so unmittelbar seinem schlechten Einfluß unterworfen hätte. Madame de Sévigné erwähnt in ihren Briefen nur etwa zwanzig Romane, meistens nicht mit ihrem Titel, sondern wegen der Ähnlichkeit einer Romanfigur mit einer Person aus ihrem Bekanntenkreis. An erster Stelle steht *Don Quijote* (24 Zitate), gefolgt von dem Roman *La Princesse de Clèves* ihrer engen Freundin Madame de La Fayette (21 Zitate), *Amadis des Gaules,* einem altmodischen Ritterroman, der im hintersten Winkel eines Schrankes aufgestöbert wird (17 Zitate)[23], und dem nicht aus der Mode kommenden Roman *L'Astrée* (9 Zitate). Die Werke von La Calprenède (*Cassandre* und *Pharamond*) und von Mademoiselle de Scudéry *(Clélie, Le Grand Cyrus)* tauchen vier- bzw. siebenmal auf, der *Roman comique* von Scarron und *Les Visionnaires* von Desmarets de Saint-Sorlin viermal, der Rest lediglich ein- oder zweimal. Natürlich gilt für Madame de Sévigné, die eine eifrige Leserin war, der Roman sehr viel weniger als etwa die italienische oder französische Dichtung (*La Gerusalemme liberata* wird vierzigmal zitiert, *L'Orlando furioso* 29mal und La Fontaine siebzigmal mit 29 verschiedenen Fabeln). Madame de

Sévigné schöpfte reichlich aus dem Fundus ihrer Zeitgenossen Corneille, Racine und Molière (43 Zitate aus *Médecin malgré lui*), aus den Opern von Quinault und Lulli, aus Geschichtsbüchern sowie einer kleinen Zahl antiker Schriften. Aber nichts wird so häufig zitiert wie die Bibel (121mal), die erbaulichen oder moralischen Traktate von Arnauld und Nicole (letzterer wird 95mal erwähnt), nicht zu vergessen die Grabreden. Wie ihre Zeitgenossen war sie empfänglich für die wundersamen Begebenheiten in den Romanen, »die sie wie ein kleines Mädchen mitrissen«.[24] Aber sie nahm diese Torheiten nie ernst, die in ihren Augen nicht mehr zählten als für uns heute die Groschenheftchen oder Kriminalromane. Als Aristokratin und kluge, gebildete Frau konnte sie sich über sich selbst lustig machen, so wie sie ungeniert über ignorante Priester und heuchlerische Frömmigkeit herzog. Père du Bosc hingegen hatte ein weniger gebildetes und weniger selbständiges weibliches Publikum im Sinn:

»(…) denn da die Mütter bestimmte Bilder nicht anschauen können, ohne in ihren Kindern Spuren zu hinterlassen; warum sollte man nicht glauben, daß die lasziven Geschichten der Romane den gleichen Effekt auf unsere Imagination haben können und daß sie immer Flecken auf unserer Seele hinterlassen?«[25]

Schlimmer noch:

»Die Romane machen sie nicht nur dreist, sondern auch geschickt. Sie lernen daraus Subtilitäten und Selbstvertrauen, und sie lernen nicht nur das Böse, das sie ignorieren sollten, sondern die raffiniertesten Weisen, es zu begehen (…): man sieht dort oft, daß eine Frau ihr Vaterland und ihre Eltern verließ, um einem Fremden nachzulaufen, in den sie sich sofort verliebt hat. Man liest dort, wie eine andere Briefe von ihren Galanen bekam oder wie sie ihnen Anweisungen gab. Das sind nur Lektionen der Kunstgriffe, bei denen man lernt, subtil zu sündigen.«[26]

Die Liebe ist der schlimmste Feind der Frauen, ein Feind, der sich nicht offen zu erkennen gibt. Romane, Komödien und Opern

»befleißigen sich, [die Liebe] als die bezauberndste und süßeste Sache der Welt erscheinen zu lassen (…). Mehr braucht es nicht, um eine große Neigung zu dieser unglücklichen Leidenschaft einzugeben.«[27]

Lassen die Besorgtheit dieser verdrießlichen Geister und die Heftigkeit ihrer Worte nicht darauf schließen, daß Literatur und Theater, pauschal gesehen, einer Art spezifisch weiblicher Gegenkultur Auftrieb gaben? Was bedeutete da schon die Qualität eines bestimmten Werkes, der Rang und die Sensibilität seines Autors, zum Beispiel *Clélie* von Mademoiselle de Scudéry:

»Monsieur, es geht nicht um die Verdienste der Person, die die Clélie verfaßt hat, noch um die Würdigung, die man diesem Werk zuteil werden ließ (…). Er mag, wenn Sie so wollen, der schönste aller Romane sein: aber es ist immer noch ein Roman. Das sagt alles.«[28]

Diese Literatur, deren Leserschaft (oder Zielscheibe) die Frauen bildeten, war Teil der frivolen zügellosen Sphäre, in der diese sich von Natur aus wohlfühlten und in der alles zusammenpaßte: Romane lesen, sich schminken und schmücken, mit seinen körperlichen Reizen kokettieren (vom Tanz wird noch zu sprechen sein) – in den Augen des Moralisten war dies alles dasselbe. Der Einfluß fiktionaler Werke gründete sich sicherlich nicht auf ihre literarischen Qualitäten, sondern auf den Gebrauch, den man von ihnen machte. Eine Vielzahl historischer Belege veranlaßt uns jedoch zu der Feststellung, daß sich die weltliche französische Gesellschaft (einige Rigoristen ausgenommen) insgesamt so verhielt, als ob die Verdammung der Sinneslust und die strenge Beachtung der religiösen (und ehelichen) Pflichten vor allem eine Frage des Alters gewesen seien oder aber auch des sozialen Rangs. Die Jugend sollte sich austoben, die Sorge um das eigene Seelenheil würde sich zu gegebener Zeit schon einstellen. Weisheit kam mit Reife, wobei eine heuchlerische spontane Frömmigkeit, die niemanden zu täuschen vermochte, tunlichst zu vermeiden war. Saint-Simon schreibt über das Leben der Miss Hamilton, die in Port-Royal erzogen wurde: »[Sie] hatte sich den Geschmack und das Gute bewahrt trotz aller Verirrungen der Jugend, der Schönheit, der großen Welt und einiger Galanterien«.[29] Er widmete auch Ninon de Lenclos, einer der berühmtesten Kurtisanen seiner Zeit, eine seitenlange, äußerst herzliche Totenrede: »Sie war bezaubernd im Umgang, selbstlos, treu, verschwiegen, sehr zuverlässig, und man könnte sagen, daß sie bei all ihren Schwächen tugendhaft und voller Rechtschaffenheit war.«[30] Dieses Verständnis für die Verirrungen der Jugend, der Schönheit und der großen Gesellschaft floß nicht von ungefähr aus der Feder eines Höflings. Pierre de Brantôme stellte über den Hof der Valois ähnliche Überlegungen an. Man kann sich fragen, ob die hier evozierte »Gegenkultur« ihre Stärke nicht aus einer Art Legitimität zog und diese wiederum aus dem höfischen Kontext. Die Zensoren waren sich auch darüber im klaren:

»[Am Hof] lernt man alle Formen des Luxus, der Eitelkeit, des Ehrgeizes und der Raffinesse kennen; dort bilden sich die Leidenschaften, die alle anderen antreiben (...). Und da das Laster ansteckend ist, verbreitet es sich in den unteren Regionen des Königreichs: man nimmt sich diese Regellosigkeit der Sitten zum Vorbild; und in unseliger, aber natürlicher Konsequenz werden die Sünden der Großen im Volk Mode; und die Korruption des Hofes wird schließlich in den Provinzen zur Höflichkeit!«[31]

Am englischen Hof herrschte unter Jakob II. und Karl II. eine Freizügigkeit, die sich noch unbekümmerter gab als an dem in seiner Etikette befangenen Hof von Versailles. Die *Memoiren des Grafen von Gramont* enthalten eine sehr lebendige Beschreibung dieser Zustände.[32] Es besteht kein Zweifel, daß diese Freizügigkeit des Hofes Schule gemacht hat. Der Historiker Lawrence Stone bedient sich des Bilds der nach unten durchsickernden Kontamination in bezug auf Samuel Pepys, der zur Londoner Bourgeoisie gehörte, bei der Admiralität eine glänzende Karriere begann und gleichzeitig ein außergewöhnliches *Tagebuch* schrieb:

»Die allmähliche, auf der Londoner sozialen Leiter absteigende Verbreitung der sexuellen Gewohnheiten des Hofes von Karl II. erfolgte durch Gerüchte, Beobachtungen oder Beispiele. Das *Tagebuch* von Pepys zeigt dies ganz deutlich (…) Pepys zeigte sich weiterhin schockiert und angeekelt von den Ausschweifungen des Hofes, brachte ihnen aber auch ein Interesse entgegen, das aus Begehrlichkeit und Neid gemischt war. Und während er seine Frau sorgfältig von den anderen Männern entfernt hielt und seine eigenen außerehelichen Erfahrungen vor ihr geheimhielt, erlag er allmählich der Versuchung, das sexuelle Verhalten der höheren sozialen Ränge zu imitieren, wenn auch auf sehr viel bescheidenere Weise und voller Schuldgefühle.«[33]

Aus der Dichtung des 16. Jahrhunderts und den Erbauungsbüchern und literarischen Werken des 17. und 18. Jahrhunderts kristallisieren sich drei Idealtypen des Ewigweiblichen heraus. Die Betrachtung der Frau als kollektives Wesen hat zwangsläufig bestimmten Verhaltensweisen und Äußerlichkeiten den Vorzug gegeben, zumal die Autoren, die über sie sprachen, meistens Männer waren. Es ist nicht schwer, in der »Frau als Vorwand« oder in der »belehrten Frau« das Schönheits- oder Tugendideal zu erkennen, das die Männer dem Gegenstand ihres Begehrens oder ihres Tadels aufzwingen wollten. Was die »Traumfrau« betrifft, die ebenfalls von den Romanciers und Librettisten geschaffen wurde, so bot diese der wirklichen Frau, die auch eine träumende Frau war, wenigstens eine Zuflucht im Imaginären.

DREI SCHRIFTSTELLER, DREI ZEUGNISSE

Mit dem im Hinblick auf Samuel Pepys erwähnten Begriff der Schuld betreten wir die Sphäre des Innenlebens, in der Verallgemeinerungen sehr riskant sind. Es ist daher notwendig und wünschenswert, den Blickwinkel zu ändern und mit Hilfe des Werks dreier Schriftsteller die Literatur mit dem Leben (vor allem mit ihrem Leben) zu vergleichen. Ich werde mich im folgenden auf ein literarisches Zeugnis pro Jahrhundert stützen, um das bisher Gesagte zu bestätigen, zu entkräften oder zu ergänzen. Warum drei Autoren, wo doch so viele über die Frauen geschrieben haben? Eine begrenzte Auswahl wird es uns ermöglichen, einen gründlicheren Zugang zum jeweiligen Werk zu finden. Um diese Auswahl zu treffen, habe ich mich entschieden, parteiliche, apologetische und fachspezifische sowie fiktionale Literatur auszuschließen und mich an Memoiren und Briefe zu halten. Auch sollte der Autor lange genug gelebt haben, um die Dinge und Menschen sich entwickeln gesehen zu haben, und genügend Originalität, Intelligenz und Bildung besessen haben, damit sein Zeugnis zugleich wahr und unverwechselbar erscheint. Eine so radikale Auswahl schließt aus: Montaigne und Voltaire als zu universell, Sire de Gouberville als zu provinziell und weltfremd, Brantôme und Saint-Simon als dem Hof zu nahestehend, Samuel Pepys und Jonathan Swift, da ihr Tagebuch sich nur über wenige Jahre erstreckt, Tobias Smollett als zu griesgrämig und Jane Austen, die zeitlich zu spät liegt. Es bleiben aber noch manche übrig, von denen ich für das 16. Jahrhundert Étienne Pasquier, für das 17. Jahrhundert Madame de Sévigné und für das Zeitalter der Aufklärung James Boswell ausgewählt habe. Es wird sich zeigen, ob sich diese Auswahl bewährt.

Étienne Pasquier (1529–1615)

Etienne Pasquier war ein gefeierter Jurist, der den letzten Monarchen der Valois und später Heinrich IV. beistand, ein großer Humanist, gelegentlich auch spielerischer Poet, mit seinen *Recherches sur la France* der Vater der französischen Geschichtswissenschaft und einer der Männer, die wie ein Fels den Stürmen ihrer Zeit widerstanden. Nachdem er sein Amt als öffentlicher Ankläger bei der Chambre des Comptes niedergelegt hatte, zog er sich in sein Landhaus in Argenteuil zurück, um sich dort in Muße seinen Studien zu widmen, wo er, weit über achtzigjährig, starb. Seine *Gesammelten Werke*, in die der Herausgeber auch die Briefe seines jüngsten Sohnes Nicolas, der ebenfalls Jurist war, aufnahm, wurden 1723 in Amsterdam veröffentlicht.[31]

Vielleicht hat das Beispiel seines von ihm als Person und Autor der *Essais* verehrten Freundes Montaigne ihn ermutigt, ein umfassendes Porträt seiner Person zu verfassen. Pasquiers umfangreiches und vielseitiges Werk enthält unter anderem ein Traktat über die Beziehungen zwischen Männern und Frauen, den 1556 entstandenen *Monophile*, den der Autor in die Form eines fiktiven Dialogs zwischen einer »Damoiselle bien apprise« (einem gebildeten Fräulein) und »trois jeunes Gentilshommes d'eslite« (drei jungen hochgeborenen Edelmännern) kleidet. Bei einer so ungleichen Geschlechteraufteilung verwundert es nicht, daß die verbalen Fähigkeiten der Männer die des Fräuleins weit übertreffen. Letztere befindet sich nahezu ständig in der Defensive, unter anderem in bezug auf »die merkwürdige Kleidung«. Einer der drei Gesprächspartner, Philopole, bringt das Thema allerdings auf wesentlichere Fragen, auf die Freiheit, die Frauen nicht im gleichen Maße wie

Männer genießen können. Dabei wurden sie nicht nur »von der Verwaltung der Republiken, dem Gebrauch der Waffen, der Ausübung politischer Ämter ferngehalten (…)«, sondern »unsere Vorfahren wünschten auch, daß sie eine gewisse Schamhaftigkeit an den Tag legten (…), was beim Mann nicht so wichtig war, da er nicht so schwach und lüstern wie die Frau ist«. Entrüstet erinnert das Fräulein an die Königinnen und berühmten Kriegerinnen der Vergangenheit (von Semiramis bis zu den Amazonen), an die Dichtung Sapphos und die von Marguerite de Valois, an die Eloquenz der Römerinnen Cornelia und Hortensia. Vor allem beklagt sie, daß »das ärgerliche Gesetz der Männer, das in Kenntnis der geistigen Fähigkeiten der Frauen, denen es lediglich an körperlicher Kraft mangelt«, es ihnen untersagt, Plädoyers zu halten und öffentliche Ämter zu bekleiden, ihnen sogar die Schenkung und den Verkauf von Gütern verbietet »ohne die ausdrückliche Einwilligung ihres Ehemannes«. Sahen sie denn nicht, »wie täglich angesehene und große Häuser durch die Dummheit und Verschwendungssucht der Männer verfallen und ruiniert werden, wohingegen sie durch die Klugheit und die gute Haushaltsführung der Frauen erhalten und vergrößert werden«? Wenn es den Frauen möglich wäre, ebenso wie die Männer »ihren Geist solchen Geschäften zu widmen«, »so könnten sie mit den gleichen Mitteln die Angelegenheiten einer Stadt in ihre Hände nehmen«. Die Zuhörer des streitbaren Fräuleins sind erstaunt darüber, daß sie ihre Sache so gut vertritt. Zwar räumt sie ein, »ihr Männer habt uns die Lektüre der guten Autoren verboten«, aber sie, Charilée, verwende darauf »den besten Teil ihrer Stunden«. Und was die Keuschheit anbetrifft, warum sollte sie für die Frau wichtiger sein als für den Mann, wo doch das göttliche Gesetz die Unzucht bei beiden Geschlechtern »gleichermaßen verabscheut« und die gesellschaftlichen Statuten von Männern entworfen werden, die damit gleichsam »Richter und Partei« sind. Ihr natürlicher Anstand bringe die Frauen dazu. »ihre fleischlichen Begierden zu zügeln«, während die Männer »sich rühmen, ihr Herz nach Belieben zu verschenken« und »die Erstbeste, die sich ihnen anbietet, besitzen zu dürfen«. Charilée, die an die Ursprünge der höfischen Liebe erinnert, bei der die Dame die Gebieterin und der Mann ihr Diener ist, propagiert jedoch nicht, »daß in der Liebe einer mehr Macht als der andere haben kann oder soll. Das Ganze soll auf Gegenseitigkeit beruhen, und wenn es das nicht tut, beginnt die Liebe bereits schwächer zu werden…«

Pasquier verläßt das Gebiet theoretischer Spekulation, nachdem er gezeigt hat, daß die Frau dem Manne potentiell ebenbürtig ist und nur durch Zwang im Zustand der Inferiorität gehalten wird, »so wie gewöhnlich die kleinen Fische von den großen Fischen gefressen werden«, und kehrt auf den Boden der gesellschaftlichen Institutionen zurück. Er beschäftigt sich insbesondere mit der Ehe vor dem Hintergrund der alten Debatten über Natur versus Kultur, wobei die Natur Mann und Frau dazu bringt, sich zusammenzutun, während die Kultur diese gleichberechtigte und spontane Beziehung durch die Einführung der Mitgift, das heißt der finanziellen Ungleichheit, pervertiert. Diese Unsitte hatte sich so sehr etabliert, daß »der Pöbel« einem Mann beipflichte, der eine Frau, die er nicht liebt, wegen ihres Reichtums heiratet, und denjenigen für verrückt erklärt, der aus Liebe »ein Mädchen niederen Standes« heiratet. Im Endeffekt versucht jeder, sich für derart verquere Verbindungen zu entschädigen, und um die Frauen in ihrer Pflicht zu halten, denken sich die Männer (und Gesetzgeber) strenge Sanktionen für den Ehebruch aus. Aber die Mitgift hat auch ihre Vorteile. So ist die Heirat dazu da, den Kindern das »estre« (das Sein) und das »bien estre« (den Wohlstand) zu ermöglichen. Wenn man verheiratet ist, muß man leben, und leben heißt, »sich in seinem Stand zu erhalten, seine Kinder und seine Familie zu ernähren, sich bei Krankheiten zu helfen (…): alle diese Mühen obliegen dem Mann.« Auch wenn sie dabei »zum Nachteil ihres Geschlechts« redet, betrachtet Charilée es als ungerecht, daß »diese doppelte Bürde (die Mühe und das Geld)« dem Ehemann zufällt und daß »die Frau allein das Vergnügen hat und nur das zu tun braucht, was ihr gefällt«.

Selbstverständlich kann Pasquier seine Protagonisten die ihm genehmen Argumente vorbringen lassen. Hüten wir uns jedoch vor anachronistischen Aussagen! Die Gesellschaft zu Zeiten Pasquiers war, wesentlicher radikaler als die unsrige, in eine geringe Zahl von Reichen und eine riesige Menge von Armen aufgespalten. Und während die Armen im Schweiße ihres Angesichts arbeiteten (oder vor Hunger starben), taten die Reichen entweder gar nichts oder widmeten sich edlen Beschäftigungen (der Theologie, Jurisprudenz, Literatur), bei denen sie sich die Hände nicht schmutzig machten. Ihre Gattinnen blieben daheim, teils um den Haushalt zu überwachen und teils, um sich mit mondänen Nichtigkeiten die Zeit zu vertreiben, die sie ihrem Status schuldeten. Die Überlegungen Charilées, die die Mitgift als Gegenleistung für einen erwiesenen Dienst rechtfertigte, gehen von der damals täglich erlebten Realität aus. Die von ihrem Vater oder von ihren Verwandten mit einer Mitgift ausgestattete Ehefrau erkaufte sich damit zumindest die unschätzbare Sicherheit eines Heimes, wenn schon nicht »Befriedigung und Vergnügen«. Unfähig, aufgrund gesellschaftlicher Konventionen allein für ihren Lebensunterhalt zu sorgen (sofern sie nicht ins Kloster ging oder Kurtisane wurde), durfte sich die Tochter aus adligem ode vornehmen Stande nicht so weit herablassen, einer Arbeit nachzugehen. Irgend jemand mußte für sie aufkommen, sofern sie nicht als Erbin oder Witwe wie ein Mann von den Einkünften ihrer Güter leben konnte oder gar der Klasse der verschämten Armen angehörte.

Pasquiers *Briefe* skizzieren ein Leben, aufgeteilt zwischen der Arbeit als Advokat, der Verwaltung seiner Güter, der Veröffentlichung von Büchern und der Korrespondenz selbst, in der er ausführlich von einigen erinnernswerten Ereignissen berichtet, deren Zeuge er war. Häufig auch erteilte er seinen Freunden und weiblichen Bekannten sowie seinen erwachsenen Kindern Ratschläge. Was offenbaren diese Materialien über seine Sicht der Frauen, und vor allem, was berichten sie über seine eigene Ehefrau?

1558, als er gerade mit seiner Ehefrau von einer fröhlichen Weinlese im Brie zurückgekehrt war, starb er beinahe an den Folgen einer Pilzvergiftung und mußte lange Zeit das Bett hüten. Es folgte eine achtzehnmonatige Genesungszeit mit Reisen in die Provinz. Bei seiner Rückkehr nach Paris war der junge Advokat im Justizpalast in Vergessenheit geraten. Zwei Monate lang harrte er aus, ohne etwas zu tun, und sein Mißmut war so groß, daß er beschloß, sich gänzlich zurückzuziehen. Seine Frau sah, wie er verkümmerte; er jedoch zögerte, mit ihr darüber zu sprechen.

»Als Witwe hatte sie mich in der Meinung geheiratet, daß ich eines Tages einen hohen Rang unter den Advokaten einnehmen würde, und durch diesen neuen Umstand fand sie sich unvermutet in ihrer Hoffnung betrogen; da sie aber sah, daß dies nur von meiner Niedergeschlagenheit herrührte, sagte sie mir, statt wie eine dumme Pariserin ihre Tränen einzusetzen, mit einer bewundernswerten Festigkeit, daß sie meinen Entschluß sehr gut fände, daß wir Maultiere und Lastpferde in unserem Stall hätten und genügend Mittel, um bequem zu leben…«

In einer anderen Version drängt Madame Pasquier, »eine echte Viragine«, als sie die Angst ihres Mannes vor der Beschäftigungslosigkeit wahrnimmt, diesen selbst, den Justizpalast zu verlassen, »da es ihr lieber war, daß ich meinen Beruf verlor als mein Leben«. In jedem Fall bewies die Dame Charakterstärke bei einer Entscheidung, die die Zukunft des Paares und ihren eigenen Status als angesehene Gattin aufs Spiel setzte. Sie hatte Gelegenheit, ihre Entschlossenheit auch zur Zeit der Liga unter Beweis zu stellen, und bei ihrem Tod im Jahre 1590 beweint Pasquier sie anscheinend so sehr, daß er sich schämen müßte, wenn ihn jemand sähe. Wir sind weit entfernt von den Geistlosigkeiten und Abgeschmacktheiten eines großen Teils der Literatur des 16. Jahrhunderts, dennoch wußte dieser Greis, der im Jahre 1590 um seine Frau trauerte, was er vor seiner Hochzeit gesucht hatte. In einem Brief an den Advokaten Le Picart legt er auf zwei Seiten die Vorstellungen dar, die er im *Monophile* so weitschweifig ausführen sollte:

»Was mich betrifft, so bin ich für die Ehe und gegen das zölibatäre Leben, nicht nur weil sie im allgemeinen das Mittel ist, uns in der menschlichen Gesellschaft fortzupflanzen, sondern auch insbesondere deshalb, weil wir die Frauen umso mehr brauchen, wenn wir nichts mehr mit ihnen zu tun haben. Ich meine damit, daß sie uns in unserem Alter beistehen, wenn sich die Schwächen zeigen, die wir anderen, sogar verwandten Personen weniger zumuten wollen als unseren Frauen, mit denen wir unser Leben verbracht haben.«

Die Ehe sollte sich auf »die Vereinbarkeit der Sitten und die Beseitigung der Notwendigkeit« sowie auf Gleichheit gründen; die Frau hat ihrem Mann bzw. der Mann seiner Frau zu gehorchen. Und was die sexuelle Lust betrifft, so »gibt es keine Frau, so schön sie auch sein mag, der gegenüber ein Mann nicht gleichgültig wäre, nachdem sie ein Jahr lang miteinander geschlafen haben, noch ein gemäßigtes häßliches Aussehen, das nicht mit der Zeit erträglich würde«. Pasquier distanziert sich sogar von der traditionellen Sorge, die Kontinuität der Familie zu sichern: »Kinder zu zeugen, ist auf der Welt ein großes Glück,/keine zu haben, aber deshalb kein Unglück.«

Die Frau, die Pasquier sich wünscht, ist weder Objekt noch Gebärmutter, sondern vor allem Gefährtin. Jeder hat seinen Bereich, der Mann die Arbeit, die Sorge um einen Beruf oder ein öffentliches Amt, und zur Entspannung eine »edle Betätigung« (gelehrte Arbeiten, Dichtung, Lektüre der Klassiker), aber auch Kegelspiele oder Spaziergänge im Garten und Brettspiele am Kamin. Der Frau obliegt die Verwaltung der häuslichen Geschäfte einschließlich der Erziehung der Kinder (später gehen die Jungen aufs Kolleg und die Mädchen ins Kloster), und sie verbringt einen Teil der Mußestunden gemeinsam mit ihrem Mann (Spaziergänge in der Gesellschaft von Freunden, wie 1558 im Brie, Besuche und Empfang von Gästen, Hausmusik). Ein Brief Pasquiers vermittelt uns ein konkretes und lebendiges Bild von dieser Aufteilung der Aktivitäten. Pasquier schloß sich im Alter mit seinen Büchern in ein Zimmer seines Landhauses im Châtelet ein und überließ seiner Frau die Aufsicht über die Weinlese – eine willkommene Ausrede, um die Einladung eines benachbarten Landadeligen auf später zu verschieben: »Meine Frau hat erst die Hälfte ihrer Arbeit erledigt: ihre Trauben sind in den Bottichen, kurz davor, gepresst zu werden, und die meinigen reifen im Kopf . . .« Die Zeit vergeht, man wird alt, die Gesundheit verschlechtert sich, man fällt gar ins kindliche Stadium zurück; wie schön ist es dann, von einer mütterlichen Gattin verhätschelt zu werden, die häufig jünger und daher flinker ist als ihr Ehemann und die vor allem ihre Pflichten weniger vernachlässigt als die undankbaren Nachkommen.

Ähnlich salbungsvoll wie Pasquier beschreibt Sir Francis Bacon die Situation: »Frauen sind die Geliebten der Männer in der Jugend, die Gefährtinnen auf der Höhe des Lebens, die Pflegerinnen im Alter.«[35]

Dies ist im England des Jahres 1600 nicht die einzige Äußerung zugunsten einer allmählichen Rehabilitierung der Ehe. Die Gedichte John Donnes zum Beispiel verraten die Besorgnis eines Mannes, der seine traditionellen Fixpunkte verliert in einer Gesellschaft, die sich radikal weiterentwickelt: Wo waren die großen Häuser vergangener Zeiten, die Dichtern Gunst und Schutz gewährten, eine Schlafstätte und Nahrung boten?

»Abhängig von dieser Wahrnehmung der zeitgenössischen Veränderungen und untrennbar damit verbunden existiert ein tiefgehendes charakteristisches Gefühl von Instabilität in den persönlichen Beziehungen, das einhergeht mit einem gleichermaßen charakteristischen Gefühl für die herausragende Bedeutung der Liebe zwischen Mann und Frau. Beide Gefühle verstärken sich gegenseitig.«[36]

Diese wechselseitige Liebe findet Erfüllung in der Institution der Ehe, die hierarchisch und gleichberechtigt zugleich ist, so wie Pasquier es wünschte, aber auch Shakespeare[37] und John Donne, der seine eigene »romantische« Heirat mit der Nichte seines argwöhnischen Brotherrn damit bezahlen mußte, daß er für lange Zeit in Ungnade fiel.[38]

Madame de Sévigné (1626–1696)

»Welch ein Tag, meine Tochter, der die Abwesenheit einleitet!«[39] Lediglich durch eine Reihe von Zufällen gelang es, in die Intimsphäre dieser leidenschaftlichen Frau einzudringen, deren Briefe ursprünglich nur für ihre Tochter und eine kleine Schar Vetrauter bestimmt waren. Der freie Ton ihrer Briefe rührt von ihrer Überzeugung her, offen sein zu können, hat jedoch auch andere Ursachen. Marie de Rabutin-Chantal, die schon früh ihre Eltern verlor, wurde in Paris erzogen, inmitten des mütterlichen Clans der Coulanges, die – eben erst in den Adelsstand erhoben – reich und gebildet waren. Damit entkam sie »den Rabutins und dem Kloster«[40] und einer allzu strengen Erziehung. Man verheiratete sie im Jahre 1644 (mit achtzehn Jahren) mit einem bretonischen Adligen, einem Frauenhelden und Lebemann, Henri de Sévigné. Dieser wurde schon bald im Duell getötet (1651). Seine Witwe war fünfundzwanzig Jahre alt, hatte zwei Kinder, ein gewisses Vermögen und Schulden. Sie war geistreich, verführerisch, in der besten Gesellschaft eingeführt, und es mangelte ihr nicht an Freiern. Allerdings gab sie allen einen Korb, weil sie ihre wertvolle Unabhängigkeit nicht aufgeben wollte. Über ihre Entscheidung besteht kein Zweifel, da sie im Jahre 1687 vermerkt, daß sie das Datum ihrer Geburt vergessen und an dessen Stelle dasjenige ihrer Witwenschaft setzen wolle, »welche süß und glücklich war«[41]. Später fühlte sie den Kummer der Mütter mit, die in der Schlacht von Fleurus ihre Söhne verloren hatten. »Was die jungen Witwen betrifft, so sind sie kaum zu beklagen; sie werden froh sein, ihre eigenen Herrinnen sein zu können oder den Herrn zu wechseln.«[42] In seiner Antwort gibt Bussy-Rabutin noch einen drauf und scherzt: »Ich kenne drei junge Witwen aus dieser Schlacht, mit denen man sich über den Tod ihrer Ehemänner freuen sollte, und zwei Damen, die man wegen des Überlebens der ihrigen trösten sollte, welche sich von ihren Wunden erholt haben. Die Götter der Ehe und der Liebe sind seit langer Zeit unversöhnlich.«[43] Liest man die Briefe dieser beiden, so versteht man, weshalb die unerhörte Freude über den Witwenstand solchen Aufruhr unter den Geistlichen verursachte und so ergiebigen Stoff für Komödien lieferte: »Die Hoffnung, Witwe zu werden, ist ein trauriger Zufall./Diese Gunst des Himmels kommt immer zu spät./Unsere schönen Tage sind vorbei, wenn dieser große Tag kommt.«[44] In einer Welt, in der es nur Zwangsheiraten gab, begann die Freiheit mit dem Tod des Ehemannes. Ein Jahrhundert später – der Mechanismus der Ehe war noch der gleiche – konnte Choderlos de Laclos zeigen, welchen Vorteil Madame de Merteuil aus ihrer Witwenschaft zu ziehen verstand.[45] In England gab es zwar im 18. Jahrhundert die Möglichkeit einer Ehescheidung per Parlamentsbeschluß, sie erwies sich aber als ein selten angewandtes und kostspieliges Verfahren.

Aber kommen wir zu Madame de Sévigné zurück, die dabei ist, ihre Unabhängigkeit zu erlernen, das heißt, einen beträchtlichen ererbten Grundbesitz zu verwalten, der mit Schulden belastet ist (ihr Onkel Coulanges war dabei behilflich, sie vor dem finanziellen Ruin zu bewahren); sie beginnt, ihr Leben zwischen Paris und den Annehmlichkeiten des gesellschaftlichen Lebens und der Bretagne, wo der Unterhalt nichts kostet, aufzuteilen und ist darum bemüht, ihren Kindern eine Existenz zu sichern (ihrer Tochter dadurch, daß sie sie glänzend verheiratet, ihrem Sohn dadurch, daß sie ihm vor seiner von ihr arrangierten späten Ehe ein Amt in der Armee kauft). Sie handelte damit in völliger Übereinstimmung mit den Gewohnheiten ihrer Zeit, und ihre Unabhängigkeit als Witwe gestattete es ihr zu sehen, wen sie wollte, zu reisen, wohin sie wollte, Ausgaben zu vermeiden, die sie für überflüssig hielt, und ihre Ersparnisse in Dinge zu investieren, die ihr gefielen (Geschenke für ihre Tochter, Verschönerungen ihres Landsitzes Les Rochers). Sie lernte, ihre kostbare Unabhängigkeit sogar vor übertriebenen Zuwendungen seitens ihrer Freunde zu schützen. Im Herbst 1689 versuchten drei ihrer Freundinnen, sie aus der Bretagne nach Paris zu holen, um ihr »den gräßlichen Winter auf dem Land« zu ersparen.[46] »Sie fürchten, daß ich mich langweilen werde, daß ich krank werde, daß mein Geist verkümmert, daß ich schließlich sterbe. Sie wollen mich sehen, mich halten, mich beherrschen.«[47] Eigensinnig wie sie war,

blieb sie, und eine Monat später schrieb sie, zufrieden über ihren kleinen Sieg, an ihre Tochter:

»(. . .) ich lache manchmal und sage: ›Das ist also, was man den Winter in den Wäldern verbringen nennt?‹ (. . .) Diese Wälder sind im Augenblick voller Sonne (. . .).
Und wenn es regnet, ein schönes Zimmer mit einem großen Feuer, häufig zwei
Spieltische, wie im Augenblick. Es gibt sehr viele Leute, die mich nicht belästigen;
ich tue, was mir gefällt. Und wenn niemand da ist, fühlen wir uns noch wohler,
denn wir lesen mit einem Vergnügen, das wir allem anderen vorziehen.«[48]

Neben ihrem Streben nach Unabhängigkeit bewahrte sie sich eine
äußerst tolerante Gesinnung – auch eine Art, ihre Freiheitsliebe zu
bekunden –, die sie zur Vertrauten ihres Sohnes Charles werden ließ,
der ihr von seinen Eskapaden und amourösen Abenteuern berichtete.
Als er einer der Liebhaber von Madame de Champmesle wurde,
bezeichnete sie diese freundlich als »meine Schwiegertochter«.[49] Und
sie erfuhr auch, daß er im Bett von Ninon de Lenclos versagt hatte:
»sein dada blieb kurz in Lerida (. . .). Wir mußten sehr lachen; ich sagte ihm, ich sei entzückt, daß er da bestraft worden wäre, wo er gesündigt hätte.«[50]
   Sie hatte ein Auge auf die Erziehung ihrer Enkelkinder, insbesondere von Pauline de Grignan, und empfahl ihrer Tochter immer wieder,
bei ihnen zu bleiben und maßvoll, flexibel und verständnisvoll zu sein.
Sind sie aber über die kritische Phase der frühen Kindheit hinaus, sollte man es vermeiden, sich zu sehr an sie zu klammern, und sich statt
dessen mit ihnen vergnügen. Als Pauline heranwuchs und ihre Mutter
gedachte, sie ins Kloster zu geben, sie tatsächlich zeitweilig dorthin
schickte (der Vater hatte an dieser Entscheidung anscheinend keinen Anteil), äußerte Madame de Sévigné ihre Vorbehalte: »Ich bin überrascht,
daß sie in diesem Kloster nicht dumm und albern geworden ist. Meine Tochter, Ihr habt gut daran getan, sie wieder zu Euch zu nehmen!
Behaltet sie . . .«[51] Und zehn Jahre später schrieb sie: »Glaubt nicht, daß
ein Kloster die Erziehung verbessern kann, weder was die Religion
betrifft, von der unsere Schwestern kaum etwas verstehen, noch was
die anderen Dinge betrifft. Das könnt Ihr in Grignan viel besser tun,
wenn Ihr die Zeit dazu habt.«[52] Pauline blieb in Grignan, und ihre Ausbildung bestand vor allem darin, daß sie die Rolle der Sekretärin ihrer
Mutter übernahm, die viel schrieb. Es war eine ausgezeichnete Gelegenheit, »die französische Sprache zu lernen, die die meisten Frauen
nicht kennen«.[53] Dem fünfzehnjährigen Mädchen die Lektüre »der schönen Komödien von Corneille« zu verweigern, wie dies ein dummer
Beichtvater verlangte, würde bedeuten, »von der Frömmigkeit nur die
Unterdrückung kennenzulernen, ohne durch die Gnade Gottes zu ihr
zu gelangen«. Ließen nicht auch die Pomponnes ihre Tochter Italie-

nisch lernen »und alles, was dazu dient, den Geist zu bilden«? Das hinderte sie nicht daran, ihr eine ausgezeichnete christliche Erziehung zu geben.[51] Die Großmutter gibt vorsichtige Empfehlungen hinsichtlich der Bücher, die Pauline lesen soll. In erster Linie beinhalten diese die italienische Dichtung, »Tasso, die *Aminta*, den *Pastor fido*, die *Filli di Sciro*«, und die Beschäftigung mit der Geschichte, »die [den] Müßiggang so lange zu trösten vermag«.[55] Schon im nächsten Brief kommt sie auf das Thema Erziehung zurück, das ihr sehr am Herzen liegt, und liefert ihrer Tochter in wenigen Zeilen eine großartige Familienpädagogik:

»Was Pauline betrifft, diesen Bücherwurm, so ist mir lieber, sie liest schlechte Bücher, als daß sie gar nicht lesen will. Die Romane und Komödien, Voiture, Sarasin, das ist bald erschöpft. Hat sie Lukian versucht? Kennt sie die *Petites Lettres*? Danach kommt die Geschichte; und wenn man ihr die Nase zuhalten muß, damit sie sie schluckt, dann tut sie mir leid. Was die schönen frommen Bücher betrifft, wenn sie sie nicht mag, umso schlimmer für sie, denn wir wissen nur allzu sehr, daß man sie, auch ohne fromm zu sein, charmant findet. Was die Moral betrifft (. . .), so möchte ich, daß sie ihre kleine Nase weder in Montaigne noch in Charron oder die anderen steckt; dazu ist es für sie noch zu früh. Die wahre Moral ihres Alters ist die, die man in guten Gesprächen lernt, in den Fabeln und Beispielsammlungen, ich glaube, daß das genügt. Wenn Ihr ihr ein wenig von Eurer Zeit widmet, um mit ihr zu plaudern, so ist das sicher am nützlichsten.«[56]

Über Pauline und ihre kleine Nase sind wir zur Literatur zurückgekehrt. Aber haben wir sie bei der Lektüre dieser Briefe jemals verlassen? Die Literatur nimmt einen zentralen Platz ein im täglichen – zwangsläufig dem Müßiggang gewidmeten – Leben der Kreise gebildeter Edelmänner, galanter, verseschmiedender Abbés und der Frauen, die die Lücken ihrer klösterlichen Erziehung durch Lektüre und den Besuch des Theaters zu kompensieren suchen (für Madame du Deffand spielen beide eine gleichermaßen wichtige Rolle beim Wissenserwerb).[57] Liest man die Briefe der Madame de Sévigné, so ist man immer wieder angenehm überrascht darüber, wie selbstverständlich Zitate am richtigen Ort erscheinen, wie sie das Gesagte lebendig machen und immer im richtigen Moment betonen. Mutter und Tochter kennen ihre Klassiker nicht nur auswendig, sondern haben sie verinnerlicht. »Wir haben die Stelle vom Tod Clorindes wiedergelesen. Meine Gute, sagt nicht, ich kann sie auswendig, lest sie wieder . . .«[58] Zwischen Ich und Wirklichkeit gibt es stets die Vermittlung durch den Text, die das Banale transzendiert, das Glücklichsein verstärkt oder relativiert und den Kummer zerstreut. Im Jahre 1680, einem düsteren Jahr, in dem Trauer und Sorgen überhandnahmen, besuchte Madame de Sévigné eines ihrer Familienbesitztümer bei Nantes und fand die Wälder auf Befehl ihres Sohnes abgeholzt, der knapp bei Kasse war. Sogleich »distanziert sie sich von ihren Gefühlen und gibt der vertraulichen Mitteilung den

Anschein eines Bravourstücks«.[59] Sie improvisiert zuerst eine lange Passage über die trauernden Dryaden, die Faune und die Raben, die darüber klagen, ihre Heimstätte verloren zu haben, und endet damit, daß sie vorgibt, sich zu fragen, »ob manche dieser alten Eichen nicht reden konnten wie jene, in der Clorinda wohnte? Wenn je ein Wald verzaubert war, so ist dieser es gewesen.«[60] Kann man sich eine bessere symbolische Kompensation vorstellen, als einen abgeholzten Wald in einen verzauberten Ort zu verwandeln?

Zur damaligen Zeit war die gesamte abendländische Kultur von der Autorität gewisser Texte abhängig, jedoch beschworen unterschiedliche Leute auch unterschiedliche Autoritäten herauf. Der *honnête homme* und der *gentleman*, die lebenslang geprägt waren von ihren Jahren im Pensionat, schmückten ihre Korrespondenz mit lateinischen Zitaten als Zeichen gemeinsam gelebter Erfahrung (die Briefe von Boswell und Temple sind in dieser Hinsicht typisch). Der kleine Schreiber, die Frommen, Protestanten und besonders die Puritaner beriefen sich fast ausschließlich auf die Heilige Schrift. Lediglich die Frauen genossen – als Ausgleich für ihre lückenhafte Erziehung – das Privileg, nachlässig, d. h. »natürlich«, sein zu können.[61] Die Art der Madame de Sévigné, frei und unterschiedslos aus allen literarischen Gattungen zu schöpfen, sofern diese ihr gefielen, war daher typisch weiblich. Nur benutzt sie dieses Verfahren besser als alle anderen. Man hat den Eindruck, in eiskaltes Wasser zu stürzen, wenn man im Anschluß an ihre heitere Prosa das düstere Tagebuch einer schottischen Familie zur Hand nimmt: Die Gattin glaubt, eine Todsünde begangen zu haben (»sinned unto death«), weil an einem Sonntagabend »in der Familie die starke Versuchung aufkam zu lachen«; der Gatte ist krank vor Schuldgefühlen, »mein Körper war voller Schmerzen und gebrochen durch einen Wind in meinem Magen, von dem mein Geist oft heimgesucht wurde«, und die Tochter beginnt ihr Tagebuch mit den Worten: »Ich habe Gott gelästert, aber mir wurde verziehen . . .«[62] Dieser Kontrast ist gewiß etwas überzogen. Die französischen Gegenstücke zu diesen Unglücklichen, egal wie heuchlerisch (»Räum jetzt mein Bußgeld und die Geißel weg«[63]), existierten neben der festen, aber keineswegs prüden Frömmigkeit einer Madame de Sévigné, eines Duc de Saint-Simon oder der Zofe Dorine aus Molières *Tartuffe*. In einer Zeit, da namhafte Werke mit Erfolg versuchten, die puritanische Kultur zu rehabilitieren, vor allem deren positiven Beitrag in Sachen Sexualität und Ehe[64], sollten wir nicht vergessen, daß sie, nach eigener Aussage der Engländer, auch das robuste, vitale »Merry Old England« beseitigt hatte, das bei Shakespeare noch so lebendig gewesen war.[65] Es scheint, als ob die Toleranz und die Skepsis eines Pasquier oder einer Madame de Sévigné nur aufrechterhalten werden konnten, weil sie aus allen Quellen des Wissens schöpften, wohingegen Intoleranz und Pessimismus immer dort gediehen, wo man sich beständig und ausschließlich auf das einzig gültige Evangelium berief.

James Boswell (1740–1795)

»Ich bin ein seltsamer Mensch. Ich habe die impulsive Wunderlichkeit eines Engländers, die mich dazu bringt, extravagant zu denken und zu handeln, und trotzdem habe ich die Kaltblütigkeit und den gesunden Menschenverstand eines Schotten, die mir dieses bewußt machen.«[66]

Tausende von Dokumenten, Briefe, Notizen, Tagebücher, deren Herausgabe ein abenteuerliches Unternehmen war[67], liefern uns eine Fülle von Informationen über einen Mann der Aufklärung, die wahrscheinlich nicht ihresgleichen hat. Dieser Mann, James Boswell, war der Sohn eines hohen schottischen Beamten und einer Mutter mit strengen calvinistischen Prinzipien. Boswell selbst war Advokat, aber berühmt machten ihn seine Bücher: 1768 ein Plädoyer zugunsten Korsikas, 1785 der Bericht einer Reise in die Highlands mit Samuel Johnson und 1791 eine Biographie desselben Johnson, »die berühmteste Biographie in englischer Sprache«.[68] Zur Aufklärung gehört er zweifellos aufgrund seiner Humanität, seines Engagements für Gerechtigkeit, seines außerordentlichen Wissensdrangs und seiner Begeisterung für alle Vertreter großer Ideen (er lernte Voltaire und Rousseau kennen, war ein Freund von Hume, von Goldsmith, von Malone und vielen anderen). Natürlich reiste er gerne und hatte eine ausgeprägte Vorliebe für Konversation. Freundschaft nahm in seinem intellektuellen und seinem Gefühlsleben zweifellos einen größeren Platz ein als Liebe, denn er verwechselte Liebe mit Lust, und zumindest in seiner Jugend hielt er jede Frau, die er begehrte, für die Liebe seines Lebens. Da er sowohl Charme als auch Temperament besaß und dem Alkohol zusprach, hatte er zahllose Abenteuer, vom harmlosen Flirt bis hin zu wüster Ausschweifung. Das mag ihn nicht sonderlich geeignet erscheinen lassen, um über die Frauen des 18. Jahrhunderts Auskunft zu geben. Aber Boswell war von leidenschaftlicher Aufrichtigkeit, was seine Lebensgier und seinen Erkenntnisdrang betraf. Damit auch ja keine Erfahrung in Vergessenheit geriete, schrieb er alles peinlich genau auf. Gleichzeitig trieben ihn seine Neigung zur Selbstkasteiung, sein Abscheu vor der Sünde und seine ständigen Schuldgefühle dazu, auch diejenigen Verfehlungen zu gestehen, die man in der Regel verschweigt, und seine Freunde sowie seine Frau darüber richten zu lassen. Zahlreiche ähnliche Charakterzüge finden sich bei dem Protestanten Jean-Jacques Rousseau, einschließlich der ambivalenten Haltung Frauen gegenüber, die sich allerdings durch ein grundverschiedenes sexuelles Verhalten verriet.[69]

Die Beschäftigung mit dem Werk Boswells, mit seinen Briefen und Tagebüchern, läßt die Eigenart der angelsächsischen Kultur spürbar werden. Liest man seine französischen Zeitgenossen, Diderot oder Crébillon, Voltaire oder Beaumarchais, so wird deutlich, daß diese einer gemischten Gesellschaft angehörten, in der Männer und Frauen ganz selbstverständlich in ständiger Nähe (oder gar promisk) lebten, die allerdings Ungleichheit sowie ein unterschwellig feindseliges Klima nicht verhindern konnte.[70] Mit Boswell hingegen betritt man eine zutiefst männliche, insuläre Welt. Zwar verkehren Männer und Frauen miteinander, aber engere Beziehungen, echter intellektueller Austausch und völliges Vertrauen gibt es nur zwischen Personen des gleichen Geschlechts. Reisende nehmen immer das zur Kenntnis, was sich im fremden Land anders darstellt als zu Hause. Es ist amüsant zu sehen, wie so unterschiedliche Charaktere wie Smollett oder Sterne, jeder auf seine Art, die in Frankreich herrschende Intimität des Verhältnisses zwischen Mann und Frau feststellten und wie sich der eine deswegen entrüstet und der andere darüber freut:

»Dadurch daß sie seit ihrer Kindheit mit Frauen zusammen sind, gewöhnen sich die Franzosen nicht nur an deren Gewohnheiten und Launen. Mit zunehmendem Alter erwerben sie die Fähigkeit, tausend kleine Dienste zu erweisen, die andere Männer, die ihre Zeit darauf verwendet haben, wertvollere Talente zu erwerben, geringschätzen. Sie betreten ohne weiteres das Schlafzimmer einer Dame, wenn diese sich noch im Bett befindet, reichen ihr die Gegenstände, die sie braucht, lüften ihr Hemd und helfen ihr dabei, sich anzukleiden. Sie sind bei ihrer Toilette dabei, kümmern sich um die Verteilung ihrer ›mouches‹ [Schönheitspflästerchen] und beraten sie, wie sie sich schminken soll (. . .).«[71]

Der sentimentale Reisende Sternes begegnet in Calais einer schönen Unbekannten, von der er gerne wissen möchte, wer sie ist, woher sie kommt und wohin sie geht:

»Es ging doch nicht an, sie unumwunden danach zu fragen, das war unmöglich. Ein kleiner, munterer französischer Hauptmann, der die Straße herabgetänzelt kam, zeigte mir jedoch, daß es die einfachste Sache von der Welt war. Er tauchte zwischen uns auf, gerade als die Dame zur Tür des Wagenschuppens zurückkehrte, machte sich mit mir bekannt und bat mich, noch ehe er seinen Namen ganz ausgesprochen hatte, ich möchte ihm doch die Ehre erweisen, ihn der Dame vorzustellen. Ich war aber selbst nicht vorgestellt worden; und so wandte er sich an sie und tat es eben selbst, indem er sie fragte, ob sie von Paris käme.«

Der Hauptmann bekam in fünf Minuten alle gewünschten Auskünfte die Identität und den Reiseweg der Dame betreffend, grüßte und ging. Schlußfolgerung des Reisenden: »Selbst wenn ich sieben Jahre lang bei einem Weltmann in die Lehre gegangen wäre, hätte ich nicht so viel zu erreichen vermocht.«[72]

Man hat auch heute noch den Eindruck, daß die in privaten Internatsschulen herangewachsenen *gentlemen* die nostalgischen Erinnerungen an ihre gemeinsame Initiation in das Wissen, den intellektuellen und sportlichen Wettstreit, die Sexualität und die Politik liebevoll pflegen. Selbst Frauen aus ähnlichen Verhältnissen fühlen sich aufgrund der Tatsache, daß sie nicht ebenso erzogen wurden, diesen Kontexten gegenüber vollkommen fremd. Nie ist Boswell so sehr er selbst wie in den warmherzigen, begeisterten und hellsichtigen Briefen, in denen er über seine Erlebnisse berichtet und William Temple, der zeitlebens sein Freund war, um Rat bittet. Umgekehrt trifft dies auch auf die Briefe Temples an Boswell zu. Was Samuel Johnson angeht, der dreißig Jahre älter war als Boswell, so war er für diesen mehr als nur ein angesehener Freund. Er war eine Art geistiger Vater, den er jedes Jahr in London besuchte, wodurch er Edinburgh und dem bedrohlichen Schatten seines wirklichen Vaters entfliehen konnte. Den gleichen wichtigen Platz nehmen Männer in der umfangreichen Korrespondenz von Horace Walpole ein, den bereits während seiner Schulzeit in Eton enge freundschaftliche Bande mit Gray, West und Ashton verbanden. Seine platonische Verbindung mit Madame du Deffand war für ihn (nicht für sie) nur von sekundärer Bedeutung.

In dieser stabilen Männergesellschaft, die ein Leben lang bestimmend war, gab es vorübergehend Frauen, von denen einige blieben: Ehefrauen, Verwandte, selten Freundinnen. Boswell wollte alle verführen (was ihm häufig auch gelang), nur die Art und das Ziel wechselten dabei. Bei Männern setzte er seinen Charme ein, um mit ihnen sprechen zu dürfen (Voltaire, Rousseau) oder auf Dauer ihre Wertschätzung zu gewinnen (die des korsischen Generals Paoli, von Samuel Johnson und vielen anderen). Und bei Frauen, die ihm gefielen und die er sogleich besitzen wollte, setzte er ihn ein, um eine Erbin dazu zu bringen, ihn zu heiraten (was ihm nicht gelang), oder um eine arme Cousine, die er liebte, heiraten zu können. Unter den Frauen, die seinen Weg kreuzten und deshalb Aufnahme in sein Tagebuch fanden, war zum Beispiel die Tochter des Gärtners seines Vaters. Im April 1766 kehrte Boswell zum schottischen Familiensitz zurück nach langer Reise, die ihm viele Liebesabenteuer beschert hatte. In der Zwischenzeit war die Tochter des Gärtners zu einer hübschen jungen Frau herangewachsen: Es war Liebe auf den ersten Blick. Da es sein Grundsatz war, »nie ein unschuldiges Mädchen zu verführen«, und er den Gärtner achtete, »einen würdevollen Mann mit seltenen Fähigkeiten«, war er »verrückt genug, um daran zu denken, sie zu heiraten«. Da er sich keine Illusionen über sich selbst machte, konnte er sich an so manche Eskapade erinnern, die eben nur eine solche geblieben war, was ihn jedoch nicht daran hinderte zu glauben, daß es diesmal etwas ganz anderes sein könnte:

»Sie und ich, wir wurden gewissermaßen zusammen erzogen. So weit ich zurück-
denken kann, bauten wir zusammen Häuser und legten Gärten an, plantschten im
Fluß und spielten auf seinen sonnigen Ufern. Ich kann sie nicht als mir unterlegen
ansehen (...). Sie hat das liebenswerteste Gesicht, den hübschesten Fuß und den
feinsten Knöchel. Sie ist vollkommen gebaut, und sie hat eine Lebhaftigkeit und
Vornehmheit, die unwiderstehlich ist.
   Ich versäume keine Gelegenheit, mit ihr zusammen zu sein, wenn sie das
Feuer anzündet oder ein Zimmer aufräumt (...). Ich tue so, als ob es mir
sehr wichtig wäre, die Bibliothek in guter Ordnung zu halten, helfe ihr, die Bücher
abzustauben. Ich zerreiße meine Handschuhe, damit sie sie wieder nähen kann.
Ich küsse ihr die Hand. Ich sage ihr, wie schön ich sie finde. Sie hat völliges
Vertrauen in mich und fürchtet keine böse Absicht von mir; und sie ist klug
genug, um nicht auf die Idee zu kommen, sie könnte mich zum Ehemann haben
(...).«

Die Verliebten tauschen Briefe aus – sie kann also schreiben –, außerdem hat sie viel gelesen, denn Boswell lieh ihr ständig Bücher aus:
»Kurz, sie ist besser als jede Dame, die ich kenne. Was soll ich tun,
Temple?« Fliehen. Drei Wochen später »ist das schöne Zimmermädchen
schon wie ein Traum aus der Vergangenheit«, und ein Jahr später
beschreibt er in einem Brief an Temple seine Heilung mit den derben
Worten: »Sie zündet [das] Feuer an und leert [den] Nachttopf wie jede
andere Dienerin auch.« Da er seine Macht nicht mißbrauchte und sie
sich ihrerseits keine Illusionen machte über eine eventuelle Heirat, kam
die Tochter des Gärtners noch einmal glimpflich davon. Was Boswell
betrifft, so fand er bald darauf eine andere verwandte Seele, und da
er sich der Heftigkeit seiner Gefühlsaufwallungen bewußt war, versprach er Temple, nie ohne dessen Billigung zu heiraten. Die verwandte Seele hat einen Körper, über den er nach Belieben verfügen
kann (»im Bett ist sie phantastisch«): Es ist Mrs. Dodds, eine junge Frau,
die von ihrem Mann infolge eines Skandals getrennt lebt (er behielt
die Kinder). Ihre Liaison mit Boswell, die geprägt ist von Streitereien,
Trennungen, Versöhnungen, einer Schwangerschaft und der Geburt
einer Tochter, Sally, dauert zwei Jahre. Er besorgt seiner Geliebten eine
Wohnung und eine Dienerin und kommt für den Unterhalt des Kindes
auf (das anscheinend jung gestorben ist). Freunde und Verwandte
suchten ihn davon zu überzeugen, daß er mit dieser verheirateten Frau
brechen müsse, die eine gefährliche Zauberin (eine *Laïs,* eine *Circe*)
sei, deren frühere Verfehlungen man ihm in allen Einzelheiten schilderte.
Mit ihr zusammenzubleiben bedeutete in den Augen der Gesellschaft,
von ihr an der Nase herumgeführt zu werden oder ein Sklave seiner
Leidenschaft zu sein. Kurze Begegnungen waren erlaubt (die Natur
muß zu ihrem Recht kommen), aber »wenn das Bedürfnis befriedigt ist,
muß der Gegenstand vergessen werden«. Boswell selbst gibt zu, daß
es ihr an Erziehung und feinen Manieren fehle, sie sei aber schön,
freundlich, großherzig und bereit, ihn nachts jederzeit zu empfangen.

Von einem solchen Gegenstand löste man sich nicht so leicht. Kummer, Gewissensbisse, Trennungsversuche und Versöhnungen wechselten einander ab, bis es schließlich zum endgültigen Bruch kam. Zwei Jahre später heiratete Boswell seine Cousine Margaret Montgomery. Das Paar verbrachte zusammen einige glückliche Jahre, danach trieben die Depression und Trunksucht Boswells und die Krankheit und Einsamkeit seiner Frau die Ehe auseinander.

Es bleibt Boswells Werk, die eiserne Bestandsaufnahme seines (und teilweise auch Johnsons) täglichen Lebens. Boswell besaß ein geschärftes Bewußtsein für die Ohnmacht der Worte: »Ich beobachte ständig, wie unvollkommen die Worte unsere Gedanken zumeist wiedergeben.« Nichtsdestotrotz berichtet er weiterhin seine unbedeutendsten Taten wie in Erwartung des Jüngsten Gerichts. Boswell interessiert sich nicht für Geschichte, er ist lediglich darum bemüht, die winzige Spur seines eigenen Daseins in der Geschichte zu bewahren. Seine nichts auslassende Berichterstattung informiert uns fast unabsichtlich über die Stellung, die Frauen in einem Leben wie dem seinigen und daher auch in der Gesellschaft, in der er lebte, einnahmen. Frauen gab es in den Herbergen, in denen er aß und übernachtete, nicht aber an den Orten, wo er arbeitete (Gerichte, Gefängnisse). Sie waren beim Mittagessen im Hause der Familie, bei der er gerade zu Gast war, anwesend oder empfingen ihn zum Tee in ihrem Salon. Bei den Abendessen unter Männern, die mit viel Alkohol begossen wurden und meistens im Wirtshaus stattfanden – nicht, wie in Frankreich, bei einem der Teilnehmer –, waren sie allerdings nicht dabei. Er trifft sie auf nächtlichen Straßen, wo er sich, mehr oder weniger angetrunken, eine aussucht, ehe er im Morgengrauen nach Hause geht. Der Typ Frau, dem er begegnete, wechselte demnach je nach Ort und Stunde. Aus Boswells täglichen Aufzeichungen wird ihre Trennung in nicht miteinander zu vereinbarende Kategorien deutlich: Wirtshauskellnerinnen und Zimmermädchen, Gattinnen von Freunden und Bekannten, Damen der guten Gesellschaft aus Edinburgh oder London, ausgehaltene Frauen und einfache Prostituierte. Der einzige gemeinsame Nenner all dieser Frauen ist Boswell selbst, der sich frei unter ihnen bewegt. Alle diese Frauen kennen einen Aspekt seiner Persönlichkeit (und schließen vielleicht auf den Rest). Aber ist es ein Zufall, daß Boswell, der jedes noch so triviale Wort von Johnson oder anderen glanzvollen Freunden aufschreibt, fast nie seine Teegespräche bei eleganten Damen wiedergibt? Hatten diese nichts zu sagen? Oder hatte er ihnen nichts zu sagen? Boswell schien sich nur bei Prostituierten wohl zu fühlen, bei denen es kein Zeremoniell, keine Tabus, keine Zwänge gab; fast war es wie bei seinen Freunden aus der Kindheit, allerdings gab es die (oft berechtigte) Angst vor Geschlechtskrankheiten. Er zeigt ihnen gegenüber weder Mitgefühl noch Verachtung, sondern echte Herzlichkeit: »Ich fühle mich glücklich mit Jeanie Kinnaird (. . .). Sie schien so gesund und ehrlich zu sein, daß ich nichts fürchtete.« Freundschaftlich verabschiedete er sich kurz vor seiner Hochzeit von Miss Reynolds und versuchte sie dazu zu überreden, das Gewerbe zu wechseln:

»Ihr habt nicht die Eigenschaften, die man dafür braucht, außer daß Ihr wirklich sehr hübsch und angenehm seid. Ihr habt nicht die Habgier und die Falschheit, die dafür erforderlich sind. Ich möchte Euch hier heraushelfen können.‹ Sie versprach mir, den Beruf der Modistin auszuüben und sich anständig zu verhalten (. . .). ›Mein Herr, ich wünsche Euch viel Glück in Eurem neuen Stand.‹«

Lassen wir Boswell mit diesem leichten Mädchen allein, wie sie sich gegenseitig, beflügelt vom Alkohol und in der rührseligen Stimmung einer letzten Begegnung, ein nicht eben wahrscheinliches Glück wünschen. Boswell war ein Wüstling mit Hang zur Melancholie, so wie Casanova der Lebenslust zugeneigt war. Aber verleiht nicht beider Zeugnis all diesen Frauen am Rande der Gesellschaft oder in zerrütteten Verhältnissen, deren Leben sie für einen Augenblick teilten, ein gewisses Maß an Menschenwürde, eben jene Würde, die man ihnen so lange schon abgesprochen hatte?

LITERATUR UND KÖRPERSPRACHE: DER TANZ

Ich habe mich in diesem Aufsatz vom Literarischen eher ferngehalten und versucht, die Frauen nicht im Text zu situieren, sondern in ihrem Verhältnis zum Text. Somit blieb unter anderem auch der Aspekt der Körperlichkeit ausgespart.

»Ich habe endlich die arme Caderousse gesehen: sie ist blaß und verliert ihr Blut und ihr Leben.«[73] In dem Maße wie der kranke Körper, die Heilmittel und deren Wirkung in Briefen und Memoiren ständig präsent sind, bleibt der gesunde Körper unerwähnt. Wenn ein gesunder Körper in fiktionalen Werken auftauchte, wurde er mit so konventionellen Worten beschrieben, daß sie nichts mehr bedeuteten: »Die schönste Taille der Welt, die schönste Brust der Welt« usw. Aber auf einem Gebiet geben sowohl der Roman als auch authentische Berichte ihre Zurückhaltung auf und lassen stereotype Beschreibungen hinter sich: auf dem Gebiet des Tanzes. Brantôme brachte häufig seine Faszination zum Ausdruck, die er mit dem ganzen Hof teilte: »Aller Augen im Saal konnten sich nicht daran sattsehen«, wie Heinrich III. und seine Schwester Margarete von Navarra miteinander tanzten.[74] Auch Ronsard sah ihnen zu: »(. . .) sie ging nicht wie eine Frau,/sie schwebte wie eine Göttin einher,/ihre Füße im Takt gleitend (. . .)«.

Neben dem Reiten, das die jungen Mädchen des Adels praktizierten, war der Tanz die einzige Körpersprache, die der Frau erlaubte, sich auf die gleiche Weise wie der Mann auszudrücken, in vollkommener wechselseitiger Übereinstimmung, denn der erzwungene Müßiggang der vornehmen Damen schloß alle sonstigen körperlichen Übungen aus, die die Männer praktizierten. Es fiel den Frauen zu, daneben zu sitzen und zuzuschauen. Ein Ball bot daher eine einzigartige Gelegenheit zu zeigen, daß auch sie sich anmutig, lebhaft, schwungvoll oder hingerissen bewegen konnten. Die Ankündigung eines Balls versetzte die unscheinbaren Dorfmädchen ebenso wie die stolzen Geschöpfe aus der höfischen Umgebung in fieberhafte Erregung. Es ist daher kein Zufall, daß der Herzog von Nemours und die Prinzessin von Clèves, die sich nie zuvor gesehen haben, sich zum ersten Mal auf einem Ball begegnen, wo beide im Glanze ihrer Schönheit auftreten. »Sie begannen zu tanzen, während sich im Saal ein Flüstern des Beifalls erhob.«[75] Schon bald wird der Herzog von Nemours, der sich Sorgen macht wegen eines bevorstehenden Balls, zu dem sie gehen wird und bei dem er nicht anwesend sein wird, voller Verdruß sagen, »es gäbe keine Frau, die die Sorge um ihren Putz nicht davon abhielte, an ihren Geliebten zu denken, (. . .) der Eifer, sich zu schmücken, gelte jedermann und nicht nur dem Liebhaber, denn sie wolle ja auf dem Ball allen gefallen, die sie betrachteten . . .«[76] Man kann das mit dieser raffinierten Form des Exhibitionismus einhergehende Hochgefühl, sich inmitten eines Publikums von Kennern zu bewegen, nicht besser beschreiben und wie sehr der Wunsch, aus Liebe einem einzigen zu gefallen, davon abweicht. Im Tanz erreicht das Glücksgefühl des *se pavaner* (des feierlichen Einherschreitens), einer Kreuzung aus *se paonner* (sich wie ein Pfau aufspreizen) und *pavane* (ein aus Padua stammender langsamer und feierlicher Tanz), seinen Höhepunkt.

Madame de Sévigné erwähnt sowohl die bretonischen Bauern, »die man in einer wohlgeordneten Republik daran hindern würde zu tanzen«[77], als auch die Landadligen, »die mit Feingefühl und zauberhafter Genauigkeit Zigeunertänze und bretonische Tänze aufführen«.[78] Als eine tanzende junge Zigeunerin sie an ihre Tochter erinnerte, war sie von deren Anblick so gerührt, daß sie dem Befehlshaber über die Galeeren in Marseille schrieb und ihn bat, dem Großvater der Tänzerin, einem Galeerensträfling, sein Schicksal zu erleichtern.[79] Und ein andermal war sie entzückt darüber, wie vollkommen ein jungverheiratetes Paar, vor allem der Mann, vor ihren Augen tanzte: »Madame de Chaulnes, die zu ihrer Zeit gut getanzt hatte, war *außer sich* und sagte, nichts dergleichen je gesehen zu haben.«[80] Eine bezeichnende Wortwahl, denn die Gesellschaft des Ancien Régime war für jedermann voller Zwänge. Man entfloh ihnen, so gut man konnte; die Männer flüchteten in die Gewalt (in den Krieg oder die Jagd), in die Arbeit, ins Studium, ins Spiel und in Ausschweifungen, die Frauen in die Beschäftigung mit häuslichen Angelegenheiten, in Gesellichkeit, in die Galanterie und Intrige. Ihren Geist konnten Frauen lediglich mittels Lektüre von Romanen oder durch Frömmigkeit befreien und ihren Körper nur durch den Tanz. Restif de la Bretonne zum Beispiel wußte, daß die jungen Mädchen auf dem Land »sich alles gönnen, solange sie frei sind, da sie wissen, daß sie auf alle Vergnügungen verzichten müssen, wenn sie erst einmal verheiratet sind (. . .). Diejenigen, die heute tanzen und lustig sind, werden eines Tages ohne Bedauern arbeitsame Mütter.« Hingegen »kann man sehen, wie diejenigen, die von ihren Müttern oder dummen Pfarrern daran gehindert wurden zu tanzen, es ihr Leben lang bedauern«[81] – so wichtig war diese kurze Befreiung, die Jugend und Glück bedeutete, für ihr späteres Leben. Durch diesen einzigartigen Autor lernen wir die Welt der Bauern kennen, die bis dahin als der literarischen Erwähnung nicht würdig befunden worden war und die selbst kaum Zugang zur Literatur hatte, da besonders die Frauen Analphabetinnen waren. Somit wurde der Tanz zum bevorzugten Mittel, um der belastenden Wirklichkeit des Alltags zu entfliehen.

Wievielen Frauengestalten sind wir von Ronsard bis Restif begegnet! Ist es illusorisch, anhand so weniger Zeugnisse einerseits ihre spezifische (für die Männer undurchsichtige) Sphäre und andererseits den allmählichen Autonomiegewinn der Frauen gegenüber den Männern erkannt haben zu wollen? Diese den Frauen der Aristokratie oder den reichen Witwen und einigen wenigen Kurtisanen des 16. Jahrhunderts vorbehaltene Autonomie, die zuerst im Rahmen einer vor allem durch den Roman verkörperten »Gegenkultur« erträumt wurde, gewann nach und nach an Boden. Sie faßte langsam Fuß und verbürgerlichte sich im 17. und 18. Jahrhundert mit der Urbanisierung, der Wissensverbreitung, der Nachahmung höfischer Sitten, der Entstehung einer Freizeitkultur und der Schaffung von Berufen, die es den Frauen erlaubten, ohne männliche Hilfe zu überleben (aber auch ohne Kinder, wenn sie diese nicht einer Amme übergeben konnten). So gab es vor allem Näherinnen und Händlerinnen, in den Städten auch schon einige Geschäftsfrauen, zu einem Zeitpunkt also, als Restif nur Bäuerinnen kennt, die »von der Last des Haushaltes oder von den Schlägen brutaler Ehemänner gebeugt« sind.

Wie in dem bekannten Märchen bekommt jede Frau eines Tages, wenn sie in den Spiegel schaut, zu hören, daß sie nicht mehr die schönste sei (und jeder Mann, daß er alt geworden sei). Im Spiegel der Literatur konnte eine jede sich ihren Träumen hingeben und zugleich etwas erfahren über die Macht ihrer Reize, aber auch über deren Vergänglichkeit, über die Unbeständigkeit der Männer und über

die Vorteile der Ehe, über die Notwendigkeit, tugendhaft zu sein (oder
zu scheinen), und über die sündige Wollust. Frauen lernten anscheinend, mit diesen Widersprüchen zu leben, indem sie sowohl das taten,
was sie tun sollten, als auch das, was sie nicht tun sollten, und sowohl
unbefangen freizügig als auch gewissenhaft fromm waren und umgekehrt. Könnte die Literatur für Frauen der Weg zur Erkenntnis gewesen sein? Die Frage ist nicht einfach und keineswegs abschließend
beantwortet. Schriftsteller beschrieben auch diejenigen Frauen, die
nicht lasen und sich damit begnügen mußten zu tanzen, wie die Zika-
den in der bekannten Fabel. Wenn eine ganze Gesellschaft, die durchdrungen war von Literatur, von Musik und Tanz, besonders die Oper
so kultisch feierte, konnte dann nicht ein jeder sich in der Oper, wo
Romanhelden sangen und tanzten, im irdischen (das Adjektiv ist wichtig) Paradies wähnen? Jede Gesellschaft braucht ihre Träume, nicht nur
die Frauen, sondern sicherlich auch die Männer. *Cosi fan tutte, cosi fan
tutti.*

Aus dem Französischen von Roswitha Schmid

9

DAS THEATER: FRAUENBILDER

Eric A. Nicholson

»Die ganze Welt ist Bühne« und die Bühne ist ein Bordell: Für den Europäer der Frühen Neuzeit war der eine Vergleich so zutreffend wie der andere, und beide waren gleichermaßen komplex. Die Gleichsetzung von Schauspielhaus und Freudenhaus enthält zum einen ein negatives moralisches Urteil; zum anderen vermittelt sie sowohl die sexuelle Anziehungskraft wie die bedrohlichen Aspekte der Darstellung menschlicher Beziehungen und Identitäten im Theater. Ob als Ort der Unzucht angeprangert oder als universeller, erotisch aufgeladener »Spiegel der Natur« gefördert, rückte das Theater der Fruhen Neuzeit die Frau in all ihren negativen, positiven und häufig ambivalenten Erscheinungsformen in den Vordergrund.

Theaterspielen wurde schon immer als anstößig oder gar pornographisch betrachtet, weil sich geschminkte und kostümierte Frauen vor einem weitgehend männlichen Publikum zur Schau stellten. Dies war einer der schwerwiegendsten Vorwürfe früher Christen – vor allem von Tertullian, Chrysostomus und Augustinus[1] – gegen das Theater, und im 16. Jahrhundert, als die weiblichen Tugenden der Keuschheit, Schweigsamkeit und des Gehorsams aufgewertet wurden und die Frau mehr denn je auf das Haus beschränkt war, wurde er erneut erhoben. Wenn eine Frau, die sich an ihrem Fenster sehen ließ, der Prostitution angeklagt werden konnte, was konnte erst daraus gefolgert werden, wenn sich Frauen auf einer Bühne bewegten, redeten, tanzten, sangen, umarmten, küßten, Ehebruch, Inzest oder gar Mord begingen?

Daß man dem Schauspielgewerbe sexuelle Zügellosigkeit unterstellte, wurde durch die Tatsache, daß diese kühnen Frauenfiguren damals größtenteils von jungen männlichen Schauspielern gespielt wurden, noch bestärkt: Homoerotik und sexuelle Zweideutigkeit machten es zu einer grundsätzlichen Herausforderung, wenn weibliche Darsteller auf der Bühne auftraten. Später wurden Berufsschauspielerinnen als Dirnen verachtet und als Künstlerinnen gerühmt, mitunter avancierten sie gar zu königlichen Mätressen. Die öffentliche Zurschaustellung von Frauen oder von Sexualität weckte bei Schauspielern wie bei den Zuschauern Ängste, Phantasien und tabuisierte Wünsche. Theatergruppen in Venedig, Madrid und London hatten darunter zu leiden, daß man ihr Gewerbe mit lockeren Sitten und Prostitution in Zusammenhang brachte, aber sie profitierten auch davon: Im 16. und 17. Jahrhundert war das Theaterspielen in einigen Städten zeitweise verboten (wie etwa 1642 in London), zeitweise aber wurde es enthusiastisch und über alle Maßen gefördert.

Diese Verbindung zwischen dem Theater und sexuellen Ausschweifungen wirft ein besonderes Licht auf die paradoxe Rolle der Frau im europäischen Drama der Frühen Neuzeit. Auch wenn Theaterautoren weibliche Rollen in der Regel nach den jeweils geltenden Normen ihrer Zeit entwarfen, konnten sie in ihren Stücken auch Frauen auftreten lassen, die gegen die Regeln geschlechtsbestimmten Verhaltens verstießen und häufig an eben diesen Regeln zerbrachen. Allein dadurch, daß sie auf die Bühne treten, sprechen und den Verlauf des Stückes beeinflussen, widersetzen sich selbst eher stereotype Figuren ihren jeweiligen von Fügsamkeit und Unterwürfigkeit geprägten Rollenvorbildern. In anderen Fällen, besonders in Stücken, in denen die Spannungen und Widersprüche von stürmischen sozialen Umbrüchen aufgezeigt werden, trifft man auf Frauen, die sich den Regeln ihrer männlich dominierten Welt abwechselnd unterordnen oder gegen sie aufbegehren, sie entlarven, überlisten oder ihnen zum Opfer fallen.

Ohne die Unterschiede zwischen verschiedenen Ländern, Epochen und religiösen Anschauungen zu vernachlässigen, werde ich hier vornehmlich weibliche *Rollen* untersuchen, die sowohl das Theater als auch die jeweilige Gesellschaft charakterisieren. Es wird von normativen Rollen die Rede sein – die klassische Abfolge von jungfräulichem Mädchen, keuscher Ehefrau und zölibatärer Witwe –, aber auch von Rollen außerhalb der gesellschaftlichen Norm – Ehebrecherin, Prostituierte, Kurtisane und Kupplerin. Da die nachmittelalterliche und vorindustrielle Welt die Frau fast ausschließlich durch ihre Beziehung zum Mann definierte, stellen diese Rollen vor allem die Sexualität und den weiblichen Körper in den Vordergrund, eben genau jene Kräfte, die vermeintlich am meisten der patriarchalischen Herrschaft bedurften,

diese jedoch gleichzeitig bedrohten. In diesem Kapitel wird es aber
auch um bestimmte männliche Rollen gehen, inbesondere um den
betrogenen Ehemann oder »Hahnrei« – das Gegenstück zur ehebrecherischen oder häufig nur des Ehebruchs verdächtigten Frau.

Das 18. Jahrhundert, in dem das professionelle Theater gesellschaftlich weitgehend anerkannt ist, eröffnet den Frauen als Schauspielerinnen und Dramatikerinnen neue soziale Rollen und Möglichkeiten,
bringt aber auch neue Einschränkungen hervor. Welche Folgen hat es,
daß nun im Theater weibliche Figuren von Frauen gespielt werden?
Was können sich Frauenfiguren und Schauspielerinnen auf der Bühne
und im Vergleich dazu außerhalb der Bühne erlauben? Inwiefern werden die sozialen Voraussetzungen und Erfahrungen der Frau im Theater verändert bzw. umgekehrt oder nachgebildet und in Grenzen
gewiesen? Die reichhaltige Theaterproduktion dieser Zeit des Umbruchs zeichnet die tiefgreifenden und facettenreichen Veränderungen
der Epoche nach und dient somit als aufschlußreiches Register miteinander konkurrierender und einander widersprechender Anschauungen,
Sitten und Identitäten.

DIE PROSTITUIERTE, KUPPLERIN UND KURTISANE

Obgleich der spanische Autor Fernando de Rojas sein bekanntestes
Werk *Die Tragikomödie von Calisto und Melibea* (1502) nannte und er
es nicht für die Bühne vorgesehen haben mag, wurde es bald unter
dem Namen seiner Hauptfigur »La Celestina« berühmt. Damit tritt eine
Kupplerin mit all ihrer Klugheit, ihrem Charme, ihrer Verderbtheit und
vor allem ihrer Verschlagenheit in den Mittelpunkt des Bühnenge-
schehens. Dieser eher populäre Titel macht deutlich, daß Celestina, die
»alte Hure«, nicht nur alle anderen Figuren des Stücks in ihrem Bann
hält, sondern auch das Publikum.

Von da an bereicherte und veränderte »La Celestina«, die bald in italienischer (1515), deutscher (1520), französischer (1527) und englischer
Übersetzung bzw. Bearbeitung erschien, die dramaturgische Identität
der »Lena«-Figur, die man aus den Römischen Komödien von Plautus
und Terenz kannte. Die Kupplerin erscheint hier nicht einfach als zynische, geldgierige Beraterin eines jüngeren Freudenmädchens, sondern
als komplexe Protagonistin, die von den sexuellen Ansichten der Gesellschaft – und denen des Publikums – zugleich profitiert und ausgenutzt wird. Ihr eigentlicher Name, »die Himmlische«, ist ein Oxy-
moron, das den Brauch der damaligen Prostituierten, sich ein schil-
lerndes Pseudonym zuzulegen, treffend illustriert. Obwohl sie bereits

im vorgerückten Alter dem Alkohol verfallen und »ein klein wenig Hexe« ist, wird Celestina anderweitig ihrem Namen gerecht: Sie ist vielerlei Künste und Fertigkeiten kundig, einschließlich der Medizin, und wird von ihrem Hauptklienten Calisto buchstäblich vergöttert. Wie ihre Ebenbilder in der Wirklichkeit, strickt sie an ihrem eigenen Mythos mit – ein Verhalten, das es ihr ermöglicht, die Phantasien der Männer zu befriedigen und gleichzeitig deren Ressourcen aufzuzehren. In der Schilderung von Celestinas dämonischer Verschlagenheit, gepaart mit ihrer selbstbestimmten Wandelbarkeit, verfängt sich das Stück in dem Dilemma, einen vermeintlichen Urheber der Sünde zum Idol zu erhöhen. Wie bei zahlreichen ihrer Nachfahren auf der Bühne wird Celestinas Mangel an weiblicher Tugendhaftigkeit von ihrer männlichen »Virtus« aufgewogen.

Ob absichtlich oder nicht, viele Stücke stellen ihr Publikum vor die Wahl, die verwerflichen Ansichten und Handlungen einer »gefallenen Frau« zu vergeben oder ihren Mut, ihre Talente und ihre Klugheit zu schmähen. Beispiele für solche Figuren findet man in der Kupplerin Alvigia aus Aretinos *La Cortigiana* (1533), der Mätresse des Herzogs, Vittoria Corombona, in John Websters *Der weiße Teufel* (1612) und der intriganten Witwe Livia in Thomas Middletons *Frauen fürchtet Frauen* (ca. 1621). Wenn eine Kupplerin zwangsläufig etwas »Verdorbenes« oder ein vorlautes, unabhängiges »Mannweib« etwas »Ungeheuerliches« hatte, übten sie doch zugleich eine gewisse Faszination aus. In seiner Eigenschaft, solchen beunruhigenden Frauenfiguren Stimme, Köstüm und Bewegung zu verleihen, fungierte das Theater nicht nur als Zeuge, sondern auch als Vehikel solcher Widersprüche innerhalb der Geschlechterrollen der Frühen Neuzeit.

Es gibt einen aufschlußreichen Unterschied beispielsweise zwischen Ariostos *La Lena* (1528), für eine Karnevalaufführung am Hofe der Este in Ferrara geschrieben, und Shakerley Marmions *Holland's Leaguer*, ein Stück, das ein Jahrhundert später, 1631, am Londoner Salisbury Court Theater gespielt wurde. Marmions widerspenstige Kupplerfigur verkörpert die Stereotype ihres Gewerbes und spielt für die Handlung des Stückes eine untergeordnete Rolle. Im Gegensatz dazu geht Ariosts Titelheldin noch über die Figur der Celestina hinaus, nicht allein dadurch, daß sie eine ausgeprägte Identität erhält, sondern damit, daß hier eine Kritik an der zeitgenössischen Gesellschaft zum Ausdruck gebracht wird. Lena, von ihrem Ehemann in die Prostitution verkauft, von ihrem wohlhabenden Liebhaber mißhandelt und schlecht bezahlt, macht sich dennoch zur leidenschaftlichen Fürsprecherin von Bildung und Wissen, erreicht ihre eigentlichen Ziele und erweist sich als Hauptfigur des Stücks. Ungeachtet ihres Namens ist sie alles andere als eine stereotype Komödiengestalt, wohingegen Marmions Kupplerin eine

Karikatur der bereits karikierten »Amazone« ist, eher eine Bedrohung, die man besser im Auge behält und zu zügeln versucht, als eine Frau, der es erlaubt ist, ihre kontroversen Ansichten zu äußern.

Die Popularität und unzweifelhafte Anziehungskraft solch provokativer und berüchtigter Frauenfiguren erzeugten Unbehagen, wie die Zensurbestrebungen sowohl weltlicher als auch religiöser Obrigkeiten bezeugen. Die Gleichsetzung des Theaters mit dem Bordell wird hier besonders eindringlich, da die in Bühnendarbietungen aufgeführten Worte und Handlungen von offiziellen Erlassen durchweg als »lasziv« oder gar »widernatürlich« angeprangert wurden. Dies ist auch der Tenor einer Verordnung, die im Dezember 1508 von dem Venezianischen Rat der Dieci erlassen wird und durch die jegliche Theateraufführungen verboten werden, insbesondere auf privaten Festen und Hochzeitsfeiern. Der zeitgenössische Chronist Marino Sanudo vermerkt, daß Prostituierte gelegentlich bei derartigen festlichen Anlässen auftraten, zumindest als Tänzerinnen.[2] In diesem Fall ist das Theaterprogramm buchstäblich pornographisch und das Publikum steht im Verdacht, aus willigen Freiern und Dirnen zu bestehen. In den folgenden drei Jahrhunderten kursierte weiterhin allgemein die Ansicht, daß Theaterstücke Gelegenheit oder zumindest Anreiz zu sexueller Ausschweifung böten. Beispielsweise wurden spanische Schauspieler und besonders Schauspielerinnen während des »Goldenen Zeitalters« (spätes 16. bis 17. Jahrhundert) von der Öffentlichkeit als unzüchtige Gotteslästerer und moralisch Verkommene geschmäht; in Frankreich wurden Schauspieler im 16. Jahrhundert im Rituale von Paris mit »Hurenmeistern« und »Frauen zweifelhaften Lebenswandels« verglichen, und folglich verwehrte man ihnen die heilige Kommunion sowie ein christliches Begräbnis (Molière war das prominenteste Opfer dieser Maßnahme); in England schließlich veröffentlichte eine Reihe von Puritanern und Moralisten ausführliche und oft leidenschaftliche Abhandlungen gegen das Theater, unter ihnen John Rainoldes' *The Overthrow of Stage-Plays* (1599), William Prynnes *Histriomastix* (1633) und Jeremy Colliers *Short View of the Immorality and Profaneness of the English Stage* (1698). Während der weitschweifige und halbverückte Prynne Theaterbesucher als »Ehebrecher, Ehebrecherinnen, Hurenmeister, Huren, Kuppler und Kupplerinnen« bezeichnet, bringt Jean-Jacques Rousseau die Frauenfeindlichkeit der gegen das Theater Polemisierenden höchst lakonisch zum Ausdruck, indem er behauptet, daß Schauspielerinnen Schande über ihr Geschlecht bringen: »Wie kann ein Stand, dessen einzige Beschäftigung es ist, sich öffentlich, und was noch schlimmer ist, gegen Geld zu zeigen, sich für ehrbare Frauen schicken . . .?«[3]

Rousseaus Äußerung eignet sich vorzüglich, um den Standpunkt der krankhaft mißtrauischen Bühnen-Ehemänner wiederzugeben, die ihre

Frauen der Untreue und damit der Prostitution verdächtigen. In Ben Jonsons *Volpone* (1605) beispielsweise sieht der besitzgierige Corvino seine Frau Celia ein Taschentuch aus ihrem Fenster zu dem Scharlatan »Scoto« (der verkleidete Volpone) hinunterwerfen, was er entsprechend der Gleichsetzung von Schauspielerin und Dirne interpretiert: »Du warst eine Schauspielerin mit deinem Taschentuch«, ruft er, nachdem er Celia bereits eine Hure genannt und ihr gesagt hatte: »Nimm eine Zither, Dame Eitelkeit, und mach deinen Handel mit dem tugendhaften Mann.«[4] Corvinos Worte bringen die Ansicht zum Ausdruck, daß Frauen, die sich allein in der Öffentlichkeit zeigten, die Aufmerksamkeit erregten und sich zwangsläufig für sexuelle Abenteuer feilböten. Gleichzeitig ist seine Anschuldigung auch eine Reaktion des Publikums: Indem er die Eigenschaften, die er bei einer Schauspielerin/Prostituierten erwartet, auf seine Frau projiziert, verrät der eifersüchtige Ehemann den Wunsch, daß sie diese Rolle erfolgreich spielt. Kurz gesagt, die Grenze zwischen »Ehefrau« und »Hure« kann fließend sein.

Da es im wirklichen Leben der Frauen nur wenige Rollen gab, die sie spielen durften, trifft man in den englischen Dramen des 17. Jahrhunderts häufig auf unglückliche Ehefrauen, ob sie sich nun in diese Rolle fügten oder sich ihr widersetzten. Obwohl sie heldenmütig sittsam und standfest ist, wird Desdemona in Shakespeares *Othello* (1604) als »Hure« und »Metze« gebrandmarkt und von dem Mann, der sie liebt, ermordet. Wenn eine Ehefrau überlebt, dann nur, indem sie sich der Erniedrigung durch ihren Mann entgegenstellt, manchmal mit Geduld und »Magie«, wie Hermione in Shakespeares *Wintermärchen* (ca. 1610), und manchmal mit Witz und Geschicklichkeit, wie Margery Pinchwife in William Wycherleys *Die Frau vom Lande* (1675). Wenn Margerys Mann, Mr. Pinchwife, droht, mit seinem Taschenmesser »Hure« in ihr Gesicht zu schreiben (IV ii. 87), kommt darin der gewalttätige – und in diesem Fall vereitelte – männliche Wahn von der Unterwürfigkeit und Treue der Ehefrau zum Ausdruck, der gleichzeitig den sowohl komischen als auch tragischen Handlungsverlauf bestimmt.

Obgleich es irreführend wäre, Wycherleys Darstellung feministisch zu nennen, erweckt sein Porträt des grausamen und lächerlichen Mr. Pinchwife Sympathie für die Ehebrecherin Margery: Ihre verständlichen Tändeleien versetzen das Publikum in ein moralisches Dilemma. Auf fast komplementäre Weise erzeugen verschiedene Prostituiertenfiguren in englischen Dramen des 17. Jahrhunderts ein ähnliches Dilemma. In ausgesprochen didaktischen Stücken wie *How a Man May Choose a Good Wife From a Bad* (1602) eines unbekannten Autors sowie in John Marstons *The Dutch Courtesan* (1605) wird der Prostituierten eine Art Strafe auferlegt, um dadurch die Keuschheit einer tugendhaften Frau kontrastierend zu unterstreichen. Das Auftreten sittlich verkommener

Frauenfiguren neben lächerlichen und hinterhältigen Männerfiguren relativiert jedoch das negative Bild, das männliche Dramatiker von der Frau zu entwerfen suchen. Diese unterschiedliche Personengestaltung verdeutlicht zumindest ansatzweise, wie das zeitgenössische Theater aufgrund seines eigenen prekären Rufs der Verurteilung der »Unzucht« entgegenwirkt.

In dieser Hinsicht üben sowohl Dol Common aus Jonsons *Der Alchimist* (1610) als auch Angellica-Bianca aus Aphra Behns *The Rover* (1677) zwar verschiedenartig, jedoch gleichermaßen entschieden Kritik an jeglichen Versuchen, Vorschriften hinsichtlich der Sittlichkeit, Sexualität oder deren Bewertung durch das Theater zu verbreiten. Wie ihr Name besagt, könnte Dol ein gewöhnliches Straßenmädchen oder eine Hure sein, ihre Handlungen jedoch sind häufig außergewöhnlich. Sie eröffnet das Stück, indem sie ihre zankenden Komplizinnen Face und Subtle entwaffnet und an ihr »Dreier-Unternehmen« erinnert, demzufolge sie »alle Dinge gemeinsam« austragen wollen. Auf diese Weise gewinnt sie die Ehre ihres ansonsten diskreditierten Namens zurück und veranlaßt ihre Gefährtinnen, sie »Dol Singular«, »Royal Dol« oder »Claridiana« zu nennen. Ihre eindrucksvollste Metamorphose erneuert die mythische Ikonographie von Königin Elisabeth: Sie erscheint als die »Queen of Faery« und betrügt so den leichtgläubigen Schreiber Dapper. Nach dem Muster der Alchimie, welche das gesamte Stück wie ein roter Faden durchzieht, erscheint Dol unter den führenden Alchimisten des Theaters, indem sie ihre schlichte Person in prächtige Trugbilder aus der Welt der Romanzen und der Gelehrsamkeit, der Könige und Götter verwandelt. Die Affinität ihres Gewerbes zum Theatermetier wird deutlich, und damit überschreitet die Figur in doppelter Hinsicht Grenzen, indem ihr Erfolg auf Selbsttäuschungen beruht, welche wiederum die Gedanken, Worte und Handlungen ihres Publikums bestimmen.

Behns Angellica-Bianca hingegen wird als die berühmteste Kurtisane ganz Italiens geschildert, als eine Frau, die monatlich 1000 Kronen für ihre Gunst berechnet und deren Bildnisse und Gesänge vom Balkon herab die Freier scharenweise anziehen. Darin ähnelt sie den verführerischen, aber heimtückischen Kurtisanen in den Theaterstücken vor der Restauration; innerhalb der libertären Theaterkultur im London des Jahres 1670 und aus dem Blickwinkel einer Autor*in* betrachtet, erscheint sie indes als eine sympathische Figur. Nicht ihre jungfräuliche, junge Rivalin Hellena, sondern sie selber spricht sich für eine höhere spirituelle Liebe zwischen Mann und Frau aus. Durch die Liebe von einer raffinierten Kurtisane in eine treue Liebhaberin verwandelt, erwartet sie nun von ihrem unsteten Geliebten einen ähnlichen Sinneswandel. Als sie – ganz dem Klischee einer Prostituierten entsprechend – sich durch einen Mord rächen will, der allerdings fehlschlägt, steht sie schließlich vor einer ungewissen Zukunft. Damit verdeutlicht Behn, daß Angellica nicht gänzlich die Vorurteile hinsichtlich ihrer Rolle als Kurtisane überwinden kann; dennoch gelingt es ihr, ihre persönliche Autonomie zu wahren.

Wenn indes die Prostituierte Jenny Diver aus John Gays *Bettleroper* (1728) Macheath seiner Pistole beraubt, tut sie dies im Dienste des Unternehmers Mr. Peachum: Die Prostituierte arbeitet nicht mehr selbständig, sondern als Angestellte. Im späten 18. Jahrhundert fügten sich englische Autoren den Konventionen des europäischen Festlandes und verbannten diesen Frauentyp gänzlich aus ihren Stücken. Damit verläuft das Schicksal der Prostituierten im Theater der Frühen Neuzeit parallel zu dem ihrer Entsprechungen in der Wirklichkeit, deren Tätigkeit im ausgehenden 15. Jahrhundert nicht nur geduldet, sondern offiziell sanktioniert war, bis sie schließlich vom späten 16. Jahrhundert an bis zum 18. Jahrhundert geächtet und häufig ins gesellschaftliche Abseits gedrängt wurde.[5]

Mädchen, Ehefrau oder Witwe?

Auch die Rolle der »ehrenhaften« Frau war in der Frühen Neuzeit sowohl auf der Bühne als auch in der Realität festgeschrieben. Während Shakespeares Jacques erklärt, daß ein Mann »sieben Lebensalter« habe, bekräftigt Herzog Vincentio von Wien in *Maß für Maß* die vorherrschende Ansicht, daß eine ehrbare Frau lediglich drei haben könne: Als Mariana erwidert, weder Mädchen noch Ehefrau, noch Witwe zu sein, erklärt der Herzog, daß sie folglich »gar nichts« sein könne. Daraufhin bemerkt der vorlaute Lucio schlau: »es wird wohl ein Schätzchen sein, denn die sind gewöhnlich weder Mädchen, Witwen, noch Frauen.« (V. i. 178–180)[6] Diese Zeilen benennen eindeutig die einer Frau zugestandenen sozialen Identitäten, welche – anders als die sieben Lebensalter des Mannes – einzig an ihre sexuelle Identität gebunden sind; d. h. sie sind abhängig von der Beziehung zu einem männlichen Partner. Doch die letzte Szene von *Maß für Maß*, ähnlich anderen von Shakespeare und seinen Zeitgenossen verfaßten Szenen, bringen die geschlechtsabhängige Kategorisierung auch wieder durcheinander. Während Mariana mit ihrem treulosen Gatten Angelo versöhnt wird, geht die Novizin Isabella nicht auf den Heiratsantrag des Herzogs ein: Die noch heute andauernde kritische Debatte dieser Fragen zeigt, daß sich dieser ungewisse Ausgang den Konventionen angemessenen Verhaltens von Frauen entzieht.

Mit anderen Worten: Weibliche Figuren konnten gegen geltende Normen verstoßen, selbst wenn sie die grundlegenden sexuellen und rechtlichen Einschränkungen der drei »Zustände des Frauseins« respektierten. Mehrere Stücke führten Frauengestalten ein, die ihre Jungfräulichkeit oder sexuelle Ehre bewahrten und dennoch eine Rolle für sich in Anspruch nahmen, die gewöhnlich Männern vorbehalten blieb. In solchen Fällen gerät die Stereotypisierung der jungen Frau als ideale Jungfrau, Ehefrau oder Witwe ins Wanken: Anstatt die Übereinstimmung zwischen weiblicher Keuschheit und stillem Gehorsam zu bestätigen, schlägt die Heldin des Stückes einen entgegengesetzten Weg ein, indem sie für das männliche Vorrecht der Unabhängigkeit optiert. Dementsprechend impliziert dieser Prozeß weiblicher Subjektwerdung häufig eine selbstbewußte Theatralität. Calderóns Doña Angela, eine keusche Witwe, verwandelt sich in *Die Dame Kobold* (1629), um ihre Liebe zu Don Manuel auszuleben und sich dem Mißtrauen ihrer eifersüchtigen Brüder Don Luis und Don Juan zu entziehen. Von diesen beiden ehrbesessenen Männern in ihrem Zimmer eingesperrt, wendet sie listenreiche Tricks an, um sich deren inzestuöser Tyrannei zu entziehen und ihre eigenen Liebeswünsche erfüllt zu sehen: In unterschiedlichen Situationen erscheint sie als Bühnenbildnerin, Regisseurin oder als Zauberin/Schauspielerin. Obgleich sie ein tragisches Ende findet, ist die Titelfigur von Websters *Herzogin von Malfi* (1614) ebenfalls eine heldenhafte Witwe, die eine geheime, jedoch legale Hochzeit mit ihrem Haushofmeister Antonio inszeniert. Wie Doña Angela akzeptiert die Herzogin die ihr gesetzten patriarchalischen Rollenvorgaben in gleichem Maße wie sie sich ihnen widersetzt: Einerseits verstößt sie gegen kein Gesetz oder Sakrament, und andererseits verweigert sie ihren Brüdern den Gehorsam, indem sie den Mann ihrer Wahl heiratet und trotz massiver Drohungen und Qualen eine beispiellose Ehe aufrecht erhält.

Durch ihre Klugheit, ihren Mut und ihre Gewandtheit decken diese beiden Protagonistinnen Widersprüche im konventionellen Muster des einsamen, zurückgezogenen Witwendaseins auf, das ihnen genau von den Männern auferlegt wird, die sie zu überwachen versuchen. Ein ähnliches Schema, das häufiger in Stücken behandelt wird, ist die Darstellung keuscher Mädchen bzw. Ehefrauen, die sich als Männer verkleiden. Auch hier wenden die Hauptfiguren Theatertechniken an, die es ihnen ermöglichen, einem beengenden Rollenkontext zu entschlüpfen, während sie gleichzeitig vorgeben, sich diesem zu fügen. Äußerste Zurückhaltung war das Ideal, das den Frauen anzustreben geboten wurde, und diese Gestalten verhielten sich in der Tat so unauffällig, daß sie letztlich jeglicher erkennbaren weiblichen Identität entbehrten. Zielscheibe des Spottes werden somit die männlichen Bühnenfiguren,

die eine solche vollständige Umkehrung der Geschlechterrollen nicht
erwarten und daher selten das »männliche« Äußere durchschauen.
Auf einer zweiten Ebene werden darüber hinaus die Zuschauer hinters Licht geführt, da sich auch ihnen Identität aufgrund der Geschlechterrolle erschließt und das Geschlecht wiederum aufgrund
der Kleidung. Somit verhöhnt sowohl Präsentation als auch Repräsentation die geschlechtsspezifischen Unterschiede in Kleidung und
öffentlichem Auftreten, wie sie von kirchlicher und weltlicher Obrigkeit gemäß dem biblischen Verbot gegen das Anlegen von Kleidern
des anderen Geschlechts vorgeschrieben werden (*Deuteronomium*
22, 5).

Wie diese Unterschiede gemeinhin definiert wurden, ist unklarer, doch
gibt es Gründe genug anzunehmen, daß sie Gegenstand der Faszination und lebhafter Debatten waren. Soweit es um die wechselnde sexuelle Identität ging, konnten sich sowohl deren Verfechter als auch
deren Kritiker auf mythische Vorbilder berufen, vornehmlich auf den
»Androgyn«, den »Hermaphroditen« und die »Virago«. Diesen geschlechtlich ambivalenten und häufig bedrohlichen Gestalten konnte auch eine
positive Interpretation zuteil werden (wie die biblische Judith, Ariostos
Bradamante und Spensers Britomart bezeugen): Zumindest in ihrer
Phantasie konnte sich ein Mädchen wie ein Mann benehmen und trotzdem seine Tugendhaftigkeit bewahren.

Weder mythische Herkunft noch ein gesellschaftlich gehobener Status charakterisieren jedoch die als Transvestit auftretende Santilla oder
»Lidio Femina« in Bernardo Dovizi da Bibbienas *La Calandria* (1513).
Vielmehr zeichnet sie sich durch eine verblüffende Ähnlichkeit mit
ihrem Zwillingsbruder Lidio aus sowie durch ihre frappierende Gabe,
in genau den richtigen Momenten an seine Stelle zu treten. Mit der
Erfindung dieses Szenarios führt Bibbiena den Mythos von der idealen
Androgynie in den Bereich der Komödie, der Täuschung und der niederen Stände ein. Das Motiv der identischen Zwillinge, das den Verlauf von Lidios unerlaubter Beziehung zu Calandros Frau Fulvia wie
ein roter Faden durchzieht und verkompliziert, löst sich schließlich in
einer glücklichen Wiedervereinigung und im Versprechen einer Dop-
pelhochzeit auf. Wenngleich ihr Bruder Ehebruch begeht, bleibt Santilla keusch, obwohl Fulvia sie zweimal zu sich ins Bett lockt. Die Verwechslungsspiele des Stücks, das sowohl als Farce als auch als Roman-
ze gelten kann, verhindern eine endgültige Festschreibung der weiblichen Hauptfigur entweder als Virago, die bösartigen Späßen Vorschub
leistet, oder als Verkörperung jungfräulicher Unschuld.

La Calandria beeinflußte zahlreiche europäische Komödien, unter
anderem *Gl' Ingannati* (1531) der Accademici Intronati di Siena und
Wycherleys *Ein Freund der Wahrheit* (1676). Beide Stücke zeigen eine

Heldin, die sich als Mann verkleidet, um einem untreuen, egozentrischen und/oder brutalen männlichen Liebesobjekt zu dienen und dessen Hand zu gewinnen, und jedes dieser Stücke behandelt die Problematik, einer idealen »Mädchen«-Rolle zu genügen, auf seine Weise. Würde Lelia, Virginios Tochter in *Gl' Ingannati*, ihrem Vater gehorchen, müßte sie bis zum Tage ihrer vereinbahrten Eheschließung mit dem alten und gebrechlichen Gherardo in einem Kloster bleiben. Sie verkleidet sich also als Mann, um diesem Schicksal zu entgehen, nur um dadurch mit weiteren Gefahren und Verwicklungen konfrontiert zu werden. Zwar verteidigt sie das Tragen von Männerkleidung als ein Mittel zur Selbstbefreiung und einen Weg, die Nähe und das Vertrauen ihres Geliebten genießen zu können, doch erscheint es gleichzeitig als charakteristisches Verhalten von Prostituierten, als Grund öffentlicher Schande und Befleckung der Familienehre, als Verführung zu männlicher und weiblicher Homosexualität sowie als Symptom und Ursache des Wahnsinns. Das ganze Stück hindurch hält Lelia allerdings an jenen Eigenschaften der Tugendhaftigkeit fest, die ihre Verkleidung vermeintlich befleckt.

Wie Lelia weckt auch Fidelia, die Heldin aus Wycherleys *Ein Freund der Wahrheit*, in ihrer Männerkleidung das Begehren der Frau, die ihr geliebter Herr liebt; auch sie ist gezwungenermaßen eine Kupplerin, die zunächst von einer untreuen Ehefrau bestürmt und dann von deren Ehemann entkleidet, fast vergewaltigt und verletzt wird, bis sie schließlich durch einen glücklichen Zufall am Ende des Stückes mit ihrem Herren, dem frauen- und menschenfeindlichen Manly, verlobt wird. Fidelia hat allerdings keinen Zwillingsbruder, und sie agiert inmitten der extrem merkantilen und sexuell freizügigen Lebenswelt der englischen Restauration. Weit entfernt davon, sich etwaiger magischer Selbst-Verwandlungen zu erfreuen, leidet sie vielmehr darunter, Werkzeug sowohl ihres Dienstherren als auch ihrer Kontrahentin zu deren rücksichtslosen Befriedigung sexueller Triebe zu sein. Anstatt die Protagonistin willkürlich mit einem geschwisterlichen Doppelgänger auszustatten, bedenkt Wycherley sie gleichermaßen willkürlich mit einer Mitgift von 2000 Pfund: Geld steht im Mittelpunkt seiner Analyse der damaligen Geschlechterverhältnisse.

Im frühmodernen Drama stellt die Transvestie also mehr dar als eine bloße Gelegenheit für komische Verwechslungsspiele und romantische Verstrickungen innerhalb der Handlung. Besonders hinsichtlich der im Stück bewußten Verwendung von sexueller Provokation ist das Verkleiden zugleich dramaturgisches Mittel und äußere Manifestation der Kritik an männlicher Begierde und Gewalt, am sexuellen Doppelspiel der Frauen sowie am System des Brauthandels, das derlei erotische Frevel und Betrügereien mitträgt.

EHEBRECHERIN UND HAHNREI

Erst im Hinblick auf andere Theaterrollen für junge Frauen wird der provokative Aspekt dieser als Männer auftretenden Protagonistinnen wirklich deutlich. In zahlreichen Stücken kommen sittsame, stille und gehorsame Mädchen und Ehefrauen wie beispielsweise die »geduldige Griselda« vor und werden für ihr Verhalten gepriesen und belohnt. Andererseits war die Ehebrecherin eine ebenso geläufige und oft sehr komplexe Bühnenfigur.

Ihre Komplexität beruhte zum Teil auf einer engen Verbindung zwischen fiktionaler Dramatisierung weiblichen Ehebruchs und zeitgenössischen Ritualen der Beschämung der sich wiederverheiratenden Witwen oder unbeugsamen Ehefrauen und deren Gatten. Diese Rituale, die in Italien »mattinate«, in Frankreich »charivaris« und in England »rough music« genannt wurden, verhöhnten ihre Opfer mittels lärmender, aufsehenerregender Theatergags wie Schmuddelreime, schrille Lieder, schlüpfrige Requisiten und Transvestismus. In den Charivaris wurde der Ablauf der Hochzeitszeremonie samt ihrer Utensilien verdreht, indem statt Ringen Hörner, statt wohlklingender mißtönende Musik verwendet wurden und indem das Brautpaar statt des üblichen Schmucks die Kleider des jeweils anderen Geschlechts trug.[7] Die konkreten Fassungen und Motive dieser Riten unterschieden sich je nach Ort und Zeit, aber sie unterstellten durchweg wenigstens potentiellen Ehebruch und Auflehnung der Frau. Charivaris jedoch wirkten auf paradoxe Weise, da ihre lärmende, störende, aufrührerische Verspottung sexueller Fehltritte häufig mindestens ebenso anstößig wirkte. Überdies gibt es hier eine enge Verbindung zu Komödien, Farcen und Parodien, in denen alte, impotente oder treulose Ehegatten der Lächerlichkeit preisgegeben werden. Die epische, possenhafte Sex-Komödie *Betia* (1524–27) von Angelo Beolco, genannt Ruzzante, stieß beispielsweise bei ihrem Publikum auf heftige Empörung. Diese Mißbilligung wurde offenbar von den eindeutig sexuellen Anspielungen und unanständigen Szenen des Stückes provoziert, wie einer abschließenden Vier-Personen-Hochzeit und der Mattinata im vierten Akt, in der die Rückkehr des totgeglaubten Nale zu seiner bereits »untreu« gewordenen »Witwe« Tamia dargestellt wird.

Ruzzantes Drama rückt zwar den Ehebruch in den Vordergrund, ohne jedoch ein stereotypes Bild der Ehebrecherin zu vermitteln oder deren Handlungen zu verurteilen. In seinem Stück *Des Ruzzante Rede, so er vom Schlachtfeld komme* (ca. 1526) flieht Gnua, die Frau des Bauern Ruzzante, nach Venedig und in die Prostitution, bloß um wirtschaftlich überleben zu können. Ihren zerlumpten, verarmten Ehemann überzeugt sie von der Notwendigkeit ihres Handelns, und die beiden, ihren vom Krieg verwüsteten Feldern entflohen, bleiben getrennt. Wiederum zeigt der Dramatiker Ruzzante Bauersleute, die unter dem Druck sozialer und ökonomischer Verhältnisse handeln. In dieser Hinsicht ist die Frustration seiner Figur Ruzzante auf die Bemühungen des Dramatikers zurückzuführen, Karikaturen wie den verschmähten Liebhaber bei Petrarca oder den betrogenen, naiven Ehemann zu spielen. Im Rahmen von Ruzzantes »naturalistischem« Drama wird der Ehebruch zur wirtschaftlichen Notwendigkeit für seine pragmatischen Frauenfiguren und zur paradoxen Existenzberechtigung seiner gequälten und zugleich selbstquälerischen Protagonisten.

Trotz seiner Ausnahmestellung war Ruzzante jedoch nicht der einzige Dramatiker, der aufzeigte, inwiefern sowohl der wirtschaftliche Aspekt als auch die Psychopathologie des Ehebruchs darauf zurückzuführen war, daß die Frau allgemein als Besitz des Mannes, als schwach und unterwürfig, als unstetes sexuelles Wesen betrachtet wurde. Im patriarchalischen Mikrokosmos der einzelnen Familie fiel es daher dem Ehemann (dem souveränen Herrn) zu, die Kontrolle über Körper und Sexualität seiner Gattin zu führen, zumal allgemein angenommen wurde, daß Frauen dazu selbst nicht in der Lage wären.

In der Praxis traf diese patriarchalische Theorie von der absoluten Herrschaft des Mannes und der Unterwerfung der pflichtbewußten Ehefrau zwangsläufig auf Anpassungen und Abweichungen, und genau dieses Auseinanderklaffen zwischen Theorie und Praxis wurde durch die Darstellung der Ehebrecherin und des Hahnreis in den damaligen Theaterstücken thematisiert. In den Streitereien der zankenden Paare der italienischen *mariazi* sowie der französischen Farcen des 15. und 16. Jahrhunderts geht es doch gerade darum, wer »die Hosen anhat« bzw. wer das Sagen im Haus hat. Die Farce oder »débat« *Les deux Maris et leurs deux Femmes* (ca. 1500) führt beispielsweise die Gegensätzlichkeit zweier Ehefrauen vor Augen, einer keuschen, aber ungehorsamen (als »malle teste« beschrieben) und einer folgsamen, aber promiskuösen (»tendre au cul«). Während ihre Ehemänner darüber debattieren, welche der beiden Verbindungen vorzuziehen ist, wird deutlich, in welcher Zwickmühle sie sich befinden: Einerseits haben sie Angst davor, bevormundet zu werden, und andererseits befürchten sie, zum Hahnrei gemacht zu werden. Danach legen die Frauen ihre Ansichten über eheliche Beziehungen dar: Die eine (Alice) brüstet sich mit ihrem makellosen Ruf, die andere (Jeanne) betont zunächst ihr Bemühen, den »gens de biens« in den »cachettes« gefällig zu sein und zweitens ihren frommen Eifer hinsichtlich der Erfüllung des biblischen Gebots der *multiplicamini*. Schließlich werden dem Publikum Szenen aus dem Leben der beiden Paare vorgeführt: Alice und ihr betrunkener Ehemann Colin verprügeln und beschimpfen sich gegenseitig, letzterer beklagt sich schließlich darüber, von einer Frau bevormundet zu werden, während Jeanne und ihr ebenfalls betrunkener Gatte Mathieu miteinander zu schlafen versuchen, es ihnen aber wegen seiner Impotenz nicht gelingt. Der Ehrenkodex tritt zugunsten eines Autoritätskonzepts zurück, wodurch weniger die Frauen als vielmehr die starren Muster von Keuschheit und Gehorsam zur Zielscheibe des Spottes werden.

Diese Frauen, wie auch ihre späteren englischen Entsprechungen in Stücken wie Middletons *A Chaste Maid in Cheapside* (1613) und Jonsons *Bartholomäusmarkt* (1614) sind in erster Linie Objekte der Manipulationen anderer Figuren sowie der Satire des Verfassers. Kurzum, sie sind durchaus keine Heldengestalten. Vielmehr kommt das Heroische oder zumindest die Subjektivität eher tragischen Frauenfiguren zu, die für ihre Untreue Todesqualen erleiden müssen. Beispielsweise plant Alice Arden in *Arden von Feversham* (1592), einem Stück eines unbekannten Autors, ihrem Liebhaber zuliebe die Ermordung ihres Ehemannes. Während auf der Titelseite des ursprünglichen Quartos behauptet wird, das Stück werde »die große Bosheit und Durchtriebenheit einer verruchten Frau« zeigen, beschreibt es vielmehr ihre tragische Gewissenskrise, ihr Schwanken zwischen der Begierde für einen Mann, der hauptsächlich hinter ihrem Geld her ist, und dem Festhalten an ihren ehelichen Pflichten gegenüber einem Wucherer und eifersüchtigen Frauenfeind. Am Schluß des Stückes, als sie zum Tode auf dem Scheiterhaufen verurteilt ist, beschimpft und verflucht sie die Heuchelei ihres Geliebten, der sie eine Metze nennt, aber auch die Verlogenheiten der Liebeserklärungen von Männern: »Ach, Deinetwegen nur bin ich's geworden!/Was können Schwur und Bitten nicht erlangen/ Wenn die Gelegenheit den Mann begünstigt.« (V. Akt, Szene 5)[8]

Im Rahmen eines patriarchalischen Systems mit zumeist arrangierten Ehen wird der Ehebruch gelegentlich als eine Befreiung oder zumindest als ein Mittel der Selbsterkenntnis dargestellt. Obwohl es das Genre der Tragödie gebietet, daß die untreue Ehefrau bestraft und der Ehrenkodex aufrechterhalten wird, thematisieren zahlreiche tragische Stücke nicht nur die Tyrannei dieser Forderung, sondern auch die der männlichen Vorrechte, auf der sie basiert. Daher rührt die ständig wiederkehrende Kritik an den Ausschweifungen scheinheiliger Könige, Herzöge, Kardinäle und dekadenter Höflinge in den »Rachetragödien«. Dementsprechend kann der verwerfliche Akt des Ehebruchs der vormals unterwürfigen Frau eine gewisse Macht verleihen, die es ihr ermöglicht, sich zum einen der Herrschaft ihres Partners zu widersetzen und zum anderen die verlogene höfische Gesellschaft bloßzustellen und sich an ihr zu rächen. Dieses Muster gilt beispielsweise für die Kurtisane Evadne in *The Maid's Tragedy* (1611) von Beaumont und Fletcher und ebenfalls für die erkaufte Braut/Herzogin Cassandra in

Lope de Vegas *Richter . . ., nicht Rächer!* (1631). Beide protestieren und rebellieren mutig dagegen, ausgebeutet zu werden, ohne jedoch dem für ihren Ehebruch geforderten Tod zu entrinnen.

Die Grausamkeit der Doppelmoral sowie die damit verbundene Frauenfeindlichkeit und deren Grundlage in den Rivalitäten der Männer untereinander wird in Stücken wie Calderóns *Der Arzt seiner Ehre* (1631) und Shakespeares *Othello, Cymbeline* und *Das Wintermärchen* noch schärfer kritisiert. In all diesen Stücken verteidigt die vermeintlich auf Abwege geratene Frau heroisch ihre Unschuld, um letztlich den Tod zu finden, gleich ob real oder symbolisch. Wie Websters Vittoria Corombona feststellt, ist die patriarchalische Gerechtigkeit taub und blind und hört und sieht lediglich, was sie hören und sehen will.

In *Cymbeline* ist Posthumus' Psychose nicht nur eine individuelle, sondern eine kulturelle. So radikal er ist, seine Ansicht, daß Frauen melancholisch seien, unter der Herrschaft von Saturn stünden und deshalb zu Lasterhaftigkeit, Betrug und Wankelmut neigten, entspricht doch einer allgemein verbreiteten Auffassung. Daher war es die Pflicht der Ehemänner, diesen »weiblichen« Neigungen entgegenzuwirken und sie ihrer Aufsicht zu unterstellen. In England, wo die Gerichte in Fällen von Ehebruch gemeinhin Nachsicht übten, fand die Rechtsprechung und öffentliche Demütigung häufig auf der inoffiziellen Ebene der oben erwähnten »rough music«, Spottgedichte und »skimmington rides« statt. Diese inszenierten Veranstaltungen konnten sich zu reifen Darbietungen auswachsen, wie 1614 in Salisbury, wo Alice Mustian aus dem Stegreif eine Satire über den Ehebruch ihres Nachbarn aufführte. Das allseits bekannte Motiv der Hörner des Hahnreis lieferte Elemente des Monströsen, parodierte Fruchtbarkeitssymbole und lieferte dem zeitgenössischen Theater zahllose Bezüge. Der krankhaft eifersüchtige Leontes im *Wintermärchen* fühlt sie auf seiner Stirn wachsen, was ihn öffentlich als Hahnrei bloßstellen würde: Das äußerliche Symptom wird verinnerlicht und zeigt, daß Leontes so sehr an der Furcht vor einem Skandal leidet, daß er zu seiner eigenen Karikatur wird. Wie die ständig wiederkehrenden Metaphern des Stückes verdeutlichen, verfaßt und vollzieht Leontes sein eigenes fehlgeleitetes, gewaltsames und tragisches Beschämungsritual, als wolle er jemand anderem dabei zuvorkommen.

Ehebrecherin und Hahnrei erscheinen also in den verschiedensten Ausprägungen in frühmodernen Theaterstücken, wobei Ehefrauen, die ihrem Begehren nachgehen bzw. sich behaupten, riskant leben. Den ehebrecherischen Gatten oder Liebhaber erwartete eine geringere bzw. oftmals hinausgeschobene Strafe, gewöhnlich in Form eines Racheaktes. Im 18. Jahrhundert wurden untreue Ehemänner, selbst Don Juan und seine Nachfahren auf französischen und englischen Bühnen, eher

zu Möchtegernen als zu tatsächlich »Hörnenden«. Die Ehebrecherin
ihrerseits blieb nicht länger potentielle Heldin oder gar Hauptfigur im
europäischen Drama: Ebenso wie die gleichermaßen gesetzüberschrei-
tenden und unbeugsamen Figuren der Prostituierten und der Hexe
wurde sie aus den Theaterdarbietungen verbannt.

FRAUEN ALS SCHAUSPIELERINNEN UND DRAMATIKERINNEN

Eine der charakteristischen Eigenschaften der als Hexen verdächtigten
Frauen, der »Furien« und »Megären«, war ihre Redegewandtheit, vor
allem in der Öffentlichkeit. Nicht zufällig trug dieser Umstand dazu bei,
Frauen generell von der Bühne fernzuhalten. Zahlreichen männlichen
Autoren zufolge bestätigten diese sprechenden Rollen das Vorurteil von
der schwatzhaften Frau, der man den Mund eher stopfen sollte, als sie
sich darstellen zu lassen und der man es obendrein ohne weiteres
zutraute, daß sie sich prostituierte. Laut Überlieferung tauchten in Europa während des gesamten Mittelalters und noch im 16. Jahrhundert
weibliche Darsteller fast ausschließlich als Tänzerinnen, Akrobatinnen,
stumme allegorische Figuren und vor allem als Sängerinnen auf. Im
England der frühen Stuart-Herrschaft traten Damen aus Königshäusern
und Aristokratie häufig in Maskenspielen und historischen Festspielen
auf, ohne jedoch jemals einen einzigen Satz von sich zu geben. Vor
die Entscheidung gestellt, den Stereotypen der schweigsamen bzw.
geschwätzigen Frau entweder zu entsprechen oder sich ihnen zu
widersetzen, kämpften Frauen jahrhundertelang darum, als Schauspielerinnen anerkannt zu werden: Die wenigen, die Theaterstücke verfaßten oder zur Aufführung brachten, stießen auf noch heftigeren
Widerstand nicht nur von seiten der Moralisten, sondern auch von rivalisierenden männlichen Autoren und Impresarios.

Die Auffassung, daß es von der Schauspielerin zur Prostituierten nur
ein winziger Schritt sei, verfolgte die Frauen ständig, sowohl bevor als
auch nachdem ihnen das Recht zugestanden worden war, als Berufsschauspielerinnen zu arbeiten. In Spanien erteilte der Rat von Kastili-
en, der unter dem Einfluß von Jesuiten und mächtigen Gönnern des
Theaters stand, Schauspielerinnen um 1590 und im frühen 17. Jahrhundert zunächst Auftrittsverbot, um sie kurze Zeit später wieder zuzulassen. Es wurde behauptet, daß diese Frauen promiskuös seien und
daher die Jungfrau Maria öffentlich entweihten, wann immer sie sie
darstellten. Im Jahre 1574 gastierte eine italienische Truppe in England,
wo Schauspielerinnen bis zur Wiedereröffnung der Theater im Jahre
1660 nicht zugelassen waren und für ihren »unsittlichen, schamlosen

und widernatürlichen Lebenswandel« verunglimpft wurden. 1592 pries Thomas Nashe die englischen Schauspieler dafür, ihren italienischen Kollegen moralisch überlegen zu sein: Letztere wären »unzüchtige Komödianten«, die weibliche Rollen von Huren spielen ließen.[9]

In einzelnen Fällen, die jedoch oftmals für Skandale sorgten, traten Frauen dennoch in der Öffentlichkeit auf und erlangten so große Popularität, daß sie schließlich als professionelle Schauspielerinnen anerkannt wurden, obgleich sie von den Obrigkeiten getadelt und vom Publikum zuweilen tätlich beleidigt wurden, wie es einer Gruppe umherziehender französischer Schauspielerinnen 1629 in London widerfuhr. In Italien, Frankreich und Spanien fiel ihre Anerkennung mit der Professionalisierung der Schauspielkunst zusammen, insbesondere mit dem Aufkommen von Theatertruppen der *commedia dell'arte* im mittleren und späten 16. Jahrhundert. Auch wenn die Schauspielerei insgesamt eine unsichere und umstrittene Tätigkeit war – ein Zustand, der unverändert fortbestand –, konnten die Talentiertesten mit einigem Glück eine erfolgreiche Karriere machen. Isabella Andreini übernahm beispielsweise die Hauptrolle der *prima donna innamorata* in der führenden *commedia*-Truppe jener Tage, der *Gelosi*, und gemeinsam mit ihrem Mann Francesco und dem Autor Flaminio Scala schrieb sie die verwickelten Szenarien, die zum Standard-Repertoire dieser Kunstform wurden, und brachte sie auch zur Aufführung. Es gelang ihr, die Rolle der jungen Verliebten so sehr weiterzuentwickeln, daß diese schließlich ihren Vornamen erhielt; für ihre Darstellung setzte sie nicht nur Slapsticktechniken, sondern auch die Verkleidung als Mann, philosophische Erörterungen, Parodien nach Art des Petrarca und Passagen von Boccaccio sowie ihrer eigenen Texte ein. In dem bekannten Stück *Isabellas Wahnsinn*, das sie selbst geschrieben haben soll, stellte sie ihre Fähigkeit unter Beweis, gleichzeitig alle anderen Rollen oder »Masken« der *commedia*, ob weibliche oder männliche, zu übernehmen: Pantalone, Graziano, Zanni, Pedrolino, Franceschina und andere. Überdies war sie dafür berühmt, in Tragödien und Pastoralen zu spielen und auch als Tänzerin aufzutreten. Ihre mustergültige Ehe sprach sie von dem Vorwurf der Hurerei frei, und es wurde ihr ein kirchliches Begräbnis zugestanden. Kurz gesagt, Isabella Andreini bewies, daß Frauen auch außerhalb des Haushalts eine Laufbahn einschlagen konnten, die eher künstlerisch als sexuell ausgerichtet war.

Dennoch konnte sie nicht dafür Gewähr leisten, daß die Öffentlichkeit die Schauspielerei als respektables Gewerbe betrachtete. In dem Jahrhundert nach Andreinis Tod im Jahre 1604 konnten selbst so talentierte und anerkannte Schauspielerinnen wie Madeleine und Armande Béjart, die viele von Molières ausgefeiltesten Frauenrollen auf die Bühne brachten, Zielscheibe von Klatsch und Verunglimpfungen werden.

Auch das ausführlich dokumentierte englische Theater der Restaurationszeit gibt Aufschluß über die zwischen Huldigung und Verachtung schwankende Haltung des Publikums gegenüber Schauspielerinnen. Die Novität weiblicher Darsteller lockte viele Zuschauer an, die Spaß daran fanden, Frauen in sexuell aufreizender männlicher Ausstaffierung sowie in reinen Frauenaufführungen auf der Bühne zu sehen, wie in Congreves Klassiker *Liebe für Liebe* (1705 und 1706). Einige wenige Schauspielerinnen, wie z. B. Nell Gwynn und Anne Bracegirdle, erlangten große Berühmtheit aufgrund ihrer außergewöhnlichen schauspielerischen Fähigkeiten. Häufig beendeten sie eine Vorstellung, indem sie Schlußreden von aktuellem Interesse an das Publikum richteten, ein weiterer Beweis für ihre Sonderstellung und Beliebtheit.

Andererseits hatten selbst die erfolgreichsten Schaupielerinnen der Restaurationszeit gegen Vorurteile, Diskriminierung und sexuelle Belästigungen zu kämpfen. Es wurde allgemein angenommen, daß Schauspielerinnen ein unmoralisches Leben führten; man verglich sie mit Prostituierten, und somit wurden sie häufig Opfer sexueller Zudringlichkeiten. Verbindungen zwischen Adeligen und Schauspielerinnen aus niederem Stande riefen allgemein Entrüstung und Ressentiments hervor, selbst wenn das Verhältnis, wie in dem berühmten Fall von Prinz Rupert und Margareth Hughes, in einer angesehenen, langfristigen Verbindung endete.[10] Wie in der heutigen Unterhaltungsbranche auch, verdienten Schauspielerinnen gewöhnlich weniger als ihre männlichen Kollegen und erlangten nur selten das privilegierte geistige und soziale Ansehen, das so mancher Schauspieler genoß.

Die Unzufriedenheit mit den bereits dargelegten sexistischen Anschauungen und Praktiken nährte die Arbeit damaliger Bühnenschriftstellerinnen, unter ihnen Mary de la Rivière Manley, Aphra Behn und Susannah Centlivre, die alle zwischen 1670 und 1720 ihre Theaterstücke verfaßten. Obgleich sie ihre Freunde und Fürsprecher in der männlichen Theatergemeinschaft hatten, sahen sie sich, allein aufgrund der Tatsache, daß sie Frauen waren, mit schier unüberwindbaren Hindernissen konfrontiert. Behn, die erfolgreichste unter den sogenannten »weiblichen Köpfen« und in der Tat zu den vier oder fünf hervorragenden Dramatikern ihrer Zeit zählend, verteidigte ihre Kolleginnen leidenschaftlich und wortgewandt gegen männliche Diskriminierung. Sie spezialisierte sich auf Komödien mit sexuellen Intrigen, unzüchtigen Dialogen und ehebrecherischen Abenteuern. Nachdem sowohl weibliche als auch männliche Zuschauer gegen die Freizügigkeit ihres Stücks *Sir Patient Fancy* (1678) protestiert hatten, erklärte Behn in einem Vorwort, daß sie die Ursache dieser Vorwürfe in der Diskriminierung ihrer weiblichen Autorenschaft sah. In einem Nachwort zu demselben Stück klagt die Autorin ihr Publikum noch unerbittlicher an und verteidigt die weibliche Autorenschaft noch vehementer. Behn fordert die völlige Gleichberechtigung von männlichen und weiblichen Schriftstellern und macht das Recht der Frauen geltend, sich zu behaupten und das patriarchalische System zu bekämpfen, das ihnen strikte Untertänigkeit abverlangt. Sowohl in ihren Stücken als auch in ihrem eigenen Leben setzte Behn ihre feministischen Überzeugungen in die Tat um, wenn auch häufig auf subtilere und idiosynkratische Weise. Bevor sie zur ersten Berufsschriftstellerin der englischen Geschichte avancierte, hatte sie bereits außergewöhnliche Erfahrungen gemacht: Sie hatte fast ein Jahr auf oder in der Nähe einer Plantage in Surinam verbracht; sie hatte als Spionin und Nachrichtenagentin in den Niederlanden gearbeitet und eine Zeitlang in einem Schuldgefängnis zugebracht. Um ihre Schulden abzutragen, hatte sie mit dem Schreiben und Publizieren begonnen. Sie hatte es abgelehnt, den konventionellen Weg einzuschlagen, d. h. einen Ehemann zu finden und sich in einem häuslichen Leben einzurichten. Obwohl sie mehrere Liebesaffären hatte, sowohl mit Männern als auch mit Frauen, heiratete sie nach dem Ableben ihres Mannes 1665 nicht wieder und blieb bis zu ihrem Tod im Jahre 1689 ungebunden.[11]

Zahlreiche Stücke Behns drehen sich um die erzwungene Ehe sowie um die Bemühungen von Frauen, sich aus der Bevormundung durch ihre Väter, Brüder und Ehemänner zu befreien. Der Kampf ihrer Protagonistinnen um Selbstbestimmung bot Behn hin und wieder die Gelegenheit, ein weiteres von ihr bevorzugtes Motiv einzubringen, nämlich die Verkleidung als Mann oder als weltgewandte Frau. So streifen Florinda und ihre Schwester Hellena in *The Rover* als Zigeuner verkleidet durch die Straßen von Neapel. Für Hellena ist dies eine völlige Kehrtwendung, da ihr Bruder versucht hatte, sie als Nonne in ein Kloster zu stecken. Wieder thematisiert Behn patriarchalische Taktiken, weibliche Sexualität zu unterdrücken, die wiederum überaus geschickte weibliche Strategien der Selbstbefreiung provozieren. Als sie ihre Absicht kundtut, ihren Bruder zu überlisten und einen Liebhaber ihrer eigenen Wahl zu finden, betont Hellena nachdrücklich: »Ich will nicht, daß jeder, der mich will, mich haben kann, sondern ich will den, der mir gefällt.« (III. i. 40–41) Sie beginnt mit dem draufgängerischen Frauenhelden Willmore zu flirten, indem sie Männerkleidung anlegt. Unterdessen lockt Lucetta, eine gewöhnliche Prostituierte, den grobschlächtigen Engländer Blunt zu einem ehebrecherischen Stelldichein in ihr Schlafzimmer, bloß um ihn auf raffinierte Weise zu bestehlen und ihn dann eine Falltreppe hinunterzustoßen. Abermals erschüttert eine kluge und unabhängige Frau die Überheblichkeit des Machismo. Es gibt auch eine poetische Gerechtigkeit in dem Stück, da Behn die vom Mann dominierte Institution der Ehe generell als gleichbedeutend mit der Prostitution betrachtet, vor allem, wenn der finanzielle Nutzen ihr vorrangiger Zweck ist. Ihre einfühlsamen Porträts von Prostituierten und Ehebrecherinnen enthalten eine offene Kritik an den ökonomischen Zwängen, denen die meisten Frauen in einer von Männern beherrschten, uneingeschränkt kapitalistischen Wirtschaft ausgesetzt sind. Schließlich stellen die Szenen in Behns Stücken, in denen ein sexueller Rollentausch stattfindet und in denen die Frauen den von ihnen begehrten Männern aktiv den Hof machen, nur eine von vielen Möglichkeiten dar, Behns andere Vision des Eros auf der Bühne umzusetzen.

Während Schauspielerinnen trotz einiger Rückschläge weiterhin Erfolge hatten, war die Ära der weiblichen Dramatiker bald vorbei: Nachdem 1730 die Licensing Act (eine Zensurverordnung) beschlossen wurde, hörten die Frauen auf, für die Bühne zu schreiben und konzentrierten sich auf das weniger anstößige Genre des Romans. Sowohl Umfang als auch Komplexität weiblicher Theaterrollen, die nun von Frauen gespielt wurden, reduzierten sich, und Grenzüberschreitungen jeglicher Art wurden in den Stücken entweder ganz vermieden oder stark eingeschränkt. Die Überarbeitung bzw. das vollständige Streichen der schlüpfrigen und grausamen Passagen aus Shakespeares Stücken ist ein aufschlußreiches Beispiel für diesen Trend. Auf dem Kontinent und in der Neuen Welt gab es niemanden, der die Nachfolge der Mexikanerin Sor Juana Inés de la Cruz (1651–1695) hätte antreten können, die sowohl *autos sacramentales* als auch ein abendfüllendes Stück nach Art der Komödien Calderóns mit dem Titel *Los empeños de una casa* verfaßte, das 1683 aufgeführt wurde. Sor Juana, eine wortgewandte Dichterin und gleichzeitig eine Vorkämpferin für die Rechte der Frau auf dem Gebiet der Literatur und der Bildung, erfindet für dieses Stück eine Szene, in der der spanische Adelige Don Pedro dem als Frau verkleideten einfachen Mexikaner Castaño den Hof macht. Die Verwirrung der Klassen und der Geschlechter parodiert sowohl aristokratische als auch männliche Phantasien der Verführung. Am Schluß des Stückes gelingt es Don Pedro dann auch tatsächlich nicht, die Hand seiner geliebten Doña Leonor zu gewinnen. Sor Juana enttarnt die Ideologie des Machismo von ihrem besonderen Standpunkt aus, dem einer mexikanischen feministischen Nonne.

Im folgenden Jahrhundert blieb es allerdings männlichen Dramatikern wie zum Beispiel Goldoni in *Mirandolina* (1752) und Beaumarchais in *Figaros Hochzeit* (1784) überlassen, die Versuche hochgestellter Herren, arbeitende Frauen zu verführen, zu verspotten. Wiederholt verkündet Goldonis florentinische Gastwirtin Mirandolina ihre Entschlossenheit, nicht zu heiraten und ihre geschätzte »libertà« zu behalten. Im Grunde jedoch dreht sich das Stück um Mirandolinas Wunsch, in einer von romantischen Männerphantasien geprägten Umgebung ihre Unabhängigkeit zu bewahren: Als ihre albernen aristokratischen Verehrer beschließen, sich für sie zu duellieren, verlobt sie sich rasch mit ihrem Angestellten Fabrizio, um einer Mésalliance in einer antiquierten Welt der Ehre, Titel und affektierter sozialer Umgangsformen zu entgehen. Wie im Falle von Susanne und Figaro, gibt ihr eine Heirat in die untere Mittelschicht Aussicht auf ein durch dauerhafte Kameradschaft und gesunden Menschenverstand bestimmtes Leben. In Beaumarchais' Stück werden die Pläne des Möchtegern-Ehebrechers Graf Almaviva von seiner Frau und deren Zofe vereitelt, was zu einer komischen Auflösung der Geschichte führt und die bewährte Fähigkeit von Frauen, Mißverständnisse im Hause aufzuklären, bestätigt.

Mit der Überhöhung des bürgerlichen Modells ehelicher Treue und Gemeinschaft kündigt *Figaros Hochzeit* sowohl einen gesellschaftlichen Umschwung als auch eine einschneidende Veränderung im Kontext der öffentlichen Erwartung an das Theater und die darin vorkommenden Frauenfiguren an. Das Theater sollte nicht länger als Bordell betrachtet werden oder gar als universeller Spiegel der Wirklichkeit, sondern als eine Schule für zivilisierte Werte und sexuellen Anstand: Die Zeit der viktorianischen Naiven und der moralisch gesunkenen, aber geläuterten Frau kündigte sich an.

Aus dem Englischen von Gisela Klose

10
AUS DER PHILOSOPHIE DES 18. JAHRHUNDERTS

Michèle Crampe-Casnabet

Eine Vorstellung ist bestimmt durch das, was dem Denken gegenwärtig ist, und kann der Realität der vorgestellten Sache oder Person mehr oder weniger adäquat sein. Sie kann diese Realität entstellen und sich mit reinen Phantasieprodukten vermischen. Das Objekt der Vorstellung ist dabei immer sekundär und wird durch das Subjekt der Vorstellung vermittelt.

Unter dieser Prämisse erscheint die Frau als Objekt der Vorstellung des männlichen Subjekts, das sich an ihre Stelle setzt. Seit jeher haben Männer die Frau auf ihre Vorstellungen von ihr reduziert und damit eine erfolgreiche Strategie verfolgt. Diese Vorstellungen halten sich natürlich auch im 18. Jahrhundert, scheinen jedoch ins Wanken zu geraten.

Das Bild, das die Philosophen vom 18. Jahrhundert zeichnen, ist das einer aufgeklärten Epoche, in der jedoch – vom Gedanken der Aufklärung scheinbar weit entfernt – häusliche Knechtschaft und politischer Despotismus anzutreffen sind. Der aufgeklärte Diskurs ist ein Diskurs des Menschen, das heißt der menschlichen Gattung oder der mit Vernunft begabten zweibeinigen Art. Die Unterschiede zwischen Rassen und Geschlechtern verwischen sich, auch wenn sie einige Eigenarten behalten. Die Aufklärung bewegt jeden, der Anspruch erhebt, ein Mensch zu sein, und jeder hat dieses Recht. Aber was heißt Aufklärung?

Im Jahre 1784 schreibt Kant in der *Berlinischen Monatsschrift* einen kurzen Artikel: »Beantwortung der Frage: Was ist Aufklärung?« Darin findet sich der zentrale Gedanke, daß der Mensch das Stadium der Auf-

klärung erreicht, wenn er aus seiner geschichtlichen Unmündigkeit heraustritt, in der ihn Mächte, die er nicht verstand, gefangenhielten: Dem
militärischen Befehlshaber muß man gehorchen, dem Bankier zahlen,
dem Priester glauben.

In das Stadium der Aufklärung einzutreten heißt nichts anderes, als
mündig zu werden. Das Alter der Mündigkeit ist dasjenige, in dem
jeder Mensch es endlich wagt, seine ihn definierende natürliche Fähigkeit zu benutzen: seinen Verstand. Das Wissen wagen ist eine Devise,
kein Faktum. Dieses für die etablierten Mächte unerhörte Wagnis liegt
in der Natur, und in dem Maße, wie diese im Laufe der Menschheitsgeschichte verdeckt wurde, ist es eine Pflicht, sie wieder ans Licht zu
bringen. Dieses Wagnis, das untrennbar mit seinem öffentlichen
Gebrauch verbunden ist, heißt Freiheit. Die Freiheit, die zuerst im Denken ausgeübt wird, steht von Rechts wegen jedem vernunftbegabten
Wesen zu. Kant äußert sich theoretisch über das, was den aufgeklärten Geist beschäftigt: Die freie Rationalität definiert das Menschsein in
seinem Wesen (der logische Status einer Definition) und in seiner
Geschichte (der Status einer im Werden begriffenen Art).

Wenn der aufgeklärte Diskurs sich an alle Menschen richtet, kann er
nur in der Dimension des Allgemeinen stattfinden. Aus dieser unvermeidlichen Konsequenz erwachsen notwendigerweise – ebenfalls
unvermeidliche – Schwierigkeiten. Denn wer hat Anspruch auf das Allgemeine? Im Prinzip alle menschlichen Wesen und, allgemeiner, alle
vernünftigen Wesen, deren Existenz außerhalb der Menschheit man
vernünftigerweise vermuten kann. Alle Menschen haben von Natur aus
gleiche Rechte, und da dieses Prinzip in der Geschichte ausgelöscht
wurde, war es notwendig, es 1789 feierlich zu *erklären*. Diese Sorge
um das Allgemeine liegt der praktischen Philosophie Kants zugrunde:
Die ganze Menschheit muß in meiner eigenen Person wie in der Person eines jeden anderen immer auch als Ziel, nie bloß als Mittel behandelt werden. Der Grund für den allen von jedem und jedem von allen
geschuldeten Respekt liegt in dieser Einsicht der Vernunft: Jedes
menschliche Wesen ist ein freies oder – was auf das gleiche hinausläuft – autonomes Wesen und kann in seinem ethischen Handeln keinem fremden Willen unterworfen werden.[1] In seinem *Diskurs über den
Ursprung und die Grundlagen der Ungleichheit unter den Menschen* behauptet Rousseau, daß nicht so sehr der Verstand den Menschen vom
Tier unterscheide, sondern vielmehr sein freier Wille. Ein Tier gehorche
nur, der Mensch hingegen könne willentlich zustimmen oder Widerstand
leisten. Daß die Menschen seiner Zeit, so Rousseau, überall »in Fesseln«
lägen, sei die tragische Konsequenz eines gesellschaftlichen Verfalls, der
aber letztendlich ihre Freiheit, die sie von Natur aus besäßen und die
für ihr Wesen konstitutiv sei, nicht beseitigen könnte.

Man muß jedoch eingestehen, daß diesem universalen Anspruch ein innerer Widerspruch innewohnt. Obwohl er für alle gelten soll, ist er tatsächlich das Privileg einiger weniger. Er ist kohärent genau in dem Maße, wie er abstrakt bleibt, und – wie Hegel, insbesondere in seiner heftigen Kritik der Aufklärung, hervorheben wird – ein abstraktes Allgemeines ist ein leeres Allgemeines, ohne Unterschiede.

Bereits Kants kategorischer Imperativ, andere immer nur als Ziel und nie ausschließlich als Mittel zu behandeln, konnte beunruhigend wirken. Was heißt das, jemanden als ein Mittel zu behandeln? Gibt es nicht menschliche Wesen, die mehr »Mittel« sind als andere? Zweifellos geht es hier im wesentlichen um die Gleichheit aller vor dem moralischen Gesetz, das befiehlt, seine Pflicht zu erfüllen. Aber ist dieses unhintergehbare Recht auf Pflichterfüllung nicht bedroht, wenn die Pflichten verschieden sind?

Im Jahrhundert der Aufklärung sind sich alle darüber einig, daß Frauen die Hälfte der Menschheit ausmachen. In seiner Rede an die Genfer Republik, die den *Diskurs über den Ursprung und die Grundlagen der Ungleichheit unter den Menschen* eröffnet, schreibt Rousseau: »Könnte ich jene teure Hälfte der Republik vergessen, die das Glück der anderen Hälfte ausmacht und deren Sanftheit und Weisheit den Frieden und die guten Sitten in ihr aufrechterhalten?[2]« Die Formulierung von der Hälfte der Menschheit, die Condorcet wieder aufnimmt, darf nicht in quantitativem Sinne verstanden werden: Es gab damals unterschiedliche Auffassungen darüber, ob es je nach Land, Klima, politischem Regime mehr oder weniger Frauen als Männer gibt. Der Begriff der Hälfte ist vielmehr in funktionalem Sinn zu verstehen: Die Frau ist an der Reproduktion der Art beteiligt, sie ist Gattin und Mutter, Tochter und Schwester, sie hat einen Status in der Familie und in der Gesellschaft. Aber die Formulierung von der Hälfte der Menschheit scheint in sich ambivalent, denn merkwürdigerweise ist sie nicht austauschbar: Niemand sagt von den Männern, daß sie die Hälfte der Menschheit seien. Hier beginnt eine subtile Sophisterei: Wir haben es mit einer Hälfte zu tun, die nicht genau mit der anderen zusammenzupassen scheint; die weibliche Hälfte wird in Relation zur männlichen Hälfte gesetzt, durch die sie begründet und definiert wird. Durch diese asymmetrische Beziehung wurde es zudem möglich, widersprüchliche Behauptungen aufzustellen, um den Status der Frau negativ oder positiv zu bestimmen. Wir wollen vorerst nur zwei Fälle zitieren: Nach Rousseau kann die weibliche Hälfte keinen Anspruch darauf erheben, so viel wert zu sein wie die andere; Condorcet hingegen macht den Versuch, eine zumindest präsumptive Gleichheit der beiden Hälften zu denken, ein Versuch, der in philosophischen Reflexionen über die Frauen alleine steht. Die meisten Texte bleiben hinter dem Stand der

Gedanken von Poullain de la Barre zurück, der in *De l'égalité des sexes* (1673) und *De l'éducation des dames* (1674, der »Grande Mademoiselle«, Mademoiselle de Montpensier, gewidmet) in cartesianischem Geist, im Namen der klaren und deutlichen Ideen, der rationalen Evidenz im Kampf gegen alle Vorurteile, die Gleichheit von Mann und Frau behauptet. Die von Descartes postulierte Einheit des Geistes garantiert die rigorose intellektuelle Gleichheit der Geschlechter. Daher besteht eines der fatalsten Vorurteile darin, den männlichen Diskurs über die Frauen für wahr zu halten: In diesem Diskurs sind die Männer zugleich Richter und Partei.

Das aufgeklärte Jahrhundert ist insgesamt weniger kühn. Die Beharrlichkeit der Vorurteile über das »schöne Geschlecht« (als ob die Schönheit sich nur auf einer Seite befände) scheint umso paradoxer zu sein, als die Aufklärung offen jede Meinung bekämpft, die sich nicht auf die Vernunft gründet, und ebenso jedes gedankliche System, das diese Prämissen nicht anerkennt. Ein weiteres Paradox liegt darin, die intellektuelle Ungleichheit der Frau zu behaupten, während es gerade Frauen (von gehobenem sozialen Rang) sind, die die Salons führen, in denen sich der philosophische Geist verbreitet, und die dadurch einen Beitrag leisten zum Aufschwung der Literatur wie zur Verbreitung der Wissenschaften. Die Marquise du Châtelet übersetzt die *Principia mathematica philosophiae naturalis* von Newton, Madame Lepaute, Mitglied der Akademie der Wissenschaften von Béziers, verfaßt die *Mémoires d'astronomie* und eine *Table des longueurs de pendules* – man könnte eine beträchtliche Anzahl intellektueller Leistungen von Frauen aufzählen.

Aber haben die Frauen wirklich gefordert, für gleich *erklärt* zu werden? Glaubt man gewissen männlichen Äußerungen, so fordern sie die Gleichheit deshalb nicht, weil sie kein Interesse daran haben. Montesquieu schreibt in *Mes pensées*: »Es ist bemerkenswert, daß außer in besonderen Fällen Frauen kaum jemals Anspruch auf Gleichheit erhoben haben: Denn sie haben bereits so viele andere natürliche Vorteile, daß die Gleichheit an Macht gleichbedeutend mit ihrer Vorherrschaft wäre.«[3]

DER MÄNNLICHE DISKURS

Folgt man der Sicht männlichen Philosophierens, so gibt es zwei Diskurse – einen Diskurs des Mannes über den Mann und einen Diskurs des Mannes über die Frau, und damit für die beiden ungleichen Hälften der Menschheit eine jeweils andere Weise, etwas zu sagen, zu beschreiben oder zu definieren. Das Subjekt dieser Rede ist natürlich der Mann, der sich zum Objekt machen kann, ohne seine Eigenschaft als Subjekt aufzugeben. Die Frau ist nur Objekt eines Diskurses. Die in der Regel unbewußte Absicht dieser Diskurse besteht darin, zu rechtfertigen oder zu verteidigen, in jedem Fall jedoch, das der anderen Hälfte aufgebürdete Schicksal zu legitimieren. Wir wollen hier nicht die Existenz »neutraler« Diskurse über die Menschheit leugnen; aber solche Texte gehören in den Bereich der Naturgeschichte, welche die menschliche Art erforscht, indem sie diese mit den Tieren vergleicht, um Gemeinsamkeiten und Unterschiede herauszufinden. Diesem Zweig der vergleichenden Forschung geht es eher darum zu bestimmen, was den Menschen im Verhältnis zum Tier ausmacht, und nicht in erster Linie darum, was den Mann von der Frau unterscheidet. Buffon studiert den Menschen von einem naturalistischen Standpunkt aus: Der Mensch ist ein Tier, das ißt, fühlt, denkt, spricht ... Dieser Mensch besteht aus einem materiellen Körper und einer Seele, Organ der Erkenntnis, er bildet die gleiche Organisationseinheit, gleich ob Mann oder Frau. Buffons anthropologisches Interesse richtet sich weniger auf den Unterschied zwischen Mann und Frau als auf die Formen des Menschseins in unterschiedlichen Klimazonen.[1]

Als Naturalist behauptet Buffon auch, daß die Muttermilch die beste Nahrung für das Kind sei (eine Idee, die damals aufkam und die Rousseau in *Emile* verteidigen wird):

»Wenn die Mütter ihre Kinder nähren würden, so würden diese allem Anschein nach stärker und kräftiger werden. Die Milch der Mutter muß ihnen besser bekommen als die Milch einer anderen Frau. Denn die Physiologie des Embryos ist ein Hinweis darauf, daß dieser schon vor der Geburt daran gewöhnt ist, während die Milch einer anderen Frau für ihn eine neue Nahrung ist.«[5]

Der männliche Diskurs über die Frau benutzt in den meisten Fällen die erste Person Plural: *wir*. *Wir* steht für die Gemeinschaft der Männer, die eine Theorie über die andere Hälfte entwickelt. Es gibt mehr als genug Beispiele, die diesen nicht neutralen Standpunkt des männlichen Sprechens illustrieren. Dem *wir* der männlichen Gemeinschaft steht diejenige der Frauen gegenüber: *die ihrige*. Unser Geschlecht, unsere Tugenden, unsere Sitten, unsere Rolle sind nicht die ihrigen. Beispielhaft zeigt sich dieses Verfahren in Rousseaus *Emile*. *Emile* umfaßt fünf Bücher, deren Untertitel lautet: *oder über die Erziehung*. Die ersten vier Bücher entwerfen eine Theorie der Erziehung eines jungen Waisenknaben, der von einem philosophischen – also von einem aufgeklärten – Erzieher über die Natur, über die Kindheit und über den Menschen unterrichtet wird. Diese vier Bücher tragen keinen besonderen Untertitel. Nicht so das fünfte, in dem die Gefährtin auftaucht. Deren Bestimmung ist es, Emile glücklich zu machen, und ihre

Erziehung ist einzig auf diesen Zweck ausgerichtet. Dieses Buch trägt den Untertitel: *Sophie oder die Frau*. Der Unterschied in der Behandlung der Geschlechter springt bereits ins Auge, wenn man die Anlage des Werkes betrachtet, ohne dem Inhalt vorgreifen zu wollen. Das vierte Buch, in dem Sophie noch nicht vorkommt, enthält einen Abschnitt mit dem Titel *Glaubensbekenntnis des savoyischen Vikars*, der die Seele Emiles zur intuitiven, gefühlsmäßigen Erkenntnis des höchsten Schöpfers der Natur, des gerechten und guten Gottes, des Garanten für die Ordnung der Welt und die menschlichen Tugenden anleiten soll. Sophie hat kein Recht, in diesen Diskurs der Vernunft einzutreten. Sie muß sich, im fünften Buch, mit einem elementaren Katechismus begnügen, der aus Fragen und Antworten besteht, die ihr das Kindermädchen stellt und die sich auf wenige Worte beschränken. Dieser Katechismus lehrt ein Grundwissen, das für das Leben sicher von großem Nutzen ist: Ein jeder Mensch wächst auf, pflanzt sich fort, wird alt und stirbt.

Auf die komplexe, vielleicht widersprüchliche Frage nach der Natur der Frau, wie Rousseau sie sieht, ist noch zurückzukommen. Aber die Form seines Diskurses ist deutlich: Als Parodie des ersten Satzes im *Diskurs über den Ursprung und die Grundlagen der Ungleichheit unter den Menschen* (»Ich habe über den Menschen zu sprechen, und die Frage, die ich untersuche, lehrt mich, daß ich zu Menschen sprechen werde«) kann man festhalten, daß Rousseau in *Emile* als Mann zu Männern über die Frau spricht. »Beginnen wir also damit, die Übereinstimmungen und Unterschiedlichkeiten unserer beider Geschlechter zu untersuchen«,[6] schreibt er zu Beginn des fünften Buches. An der gleichen Stelle wird behauptet: »In allem, was nicht mit dem Geschlecht zusammenhängt, ist die Frau ein Mann«: Hat sie nicht die gleichen Bedürfnisse, die gleichen Fähigkeiten? Die Frage ist weniger klar, als es scheint. Aber zugegeben: Man muß wohl eine gewisse Übereinstimmung zwischen Mann und Frau einräumen, und sei es nur, was ihre Fähigkeiten betrifft, denn – eine bedrohliche Perspektive – wie könnte sie sonst die Mutter *unserer* Söhne sein. Damit bleibt, daß die Frau sein soll, was sie ist, und nicht so tun soll, als wäre sie ein Mann. Nur der männliche Maßstab kann sie in ihrer Eigenart ermessen, und die so Gemessene kann den Maßstab nicht in ihre Macht bringen. Deshalb sollen bei der Frau nicht die Qualitäten des Mannes gepflegt werden; die Mütter sollen aus ihrer Tochter nicht einen ehrenwerten Mann machen, sondern eine ehrenwerte Frau, was, wie Rousseau versichert, »für sie und für uns besser sein wird«.[7] Daraus folgt, »daß die Methode ihrer Erziehung in dieser Hinsicht der unsrigen entgegengesetzt sein muß«.

Aber man könnte einwenden, daß in manchen männlichen Diskursen den Frauen sehr wohl das Wort erteilt wird. Montesquieu oder

Rousseau beispielsweise lassen sie, wenn schon nicht sprechen, so doch Briefe schreiben; in den *Perserbriefen* kommen die Damen des Serail zu Wort, und in der *Neuen Héloïse* äußert sich Julie. Wir haben es hier jedoch nicht mit einem weiblichen Diskurs zu tun, sondern mit einer doppeldeutigen männlichen Rede, da sie so tut, als sei sie die des anderen Geschlechts. Julie ist nichts anderes als die von Rousseau erträumte Frau, eine so vollkommene Frau, daß sie die Nicht-Transparenz ihres Schöpfers sich selbst gegenüber vergessen läßt. In der blutigen Revolte Roxanes in dem zerstörten Serail der *Perserbriefe* kommt vielleicht nur Montesquieus Faszination und Entsetzen vor dem unausweichlichen Schicksal des Despotismus zum Ausdruck.

Der männliche Diskurs in seiner gewöhnlichen Form (als Ausdruck vorgefaßter Ideen) findet sich in dem Artikel »Frau« der von d'Alembert und Diderot herausgegebenen *Enzyklopädie*. Hier werden die theoretischen Schwierigkeiten deutlich: Wer kann die Frau definieren, wenn ihr die Möglichkeit verwehrt wird, sich selbst zu definieren? Und wie, von welchem Blickwinkel aus kann man sie definieren?

Der Artikel »Frau« enthält drei Ausführungen von drei verschiedenen Autoren. Schon im ersten Beitrag aus der Feder des Abbé Mallet ist der Begriff »Frau« Gegenstand eines Systems von Verweisen. In der *Enzyklopädie* werden die in einem Artikel behandelten Begriffe im allgemeinen mit anderen in Verbindung gebracht, welche die erste Information erhellen, weiter ausführen und belegen sollen. Der erste Artikel »Frau« verweist auf die Artikel »Mensch/Mann«, »(Tier)Weibchen«, »Geschlecht«. Das ist nicht erstaunlich, wird die Frau doch folgendermaßen definiert: »Sie ist das Weibchen des Mannes.« Der Artikel »Mensch/Mann« enthält ebenfalls Verweise, die allerdings für die gesamte Art gelten. Über den Zustand des menschlichen Wesens vor seiner Geburt erfahren wir etwas in den Artikeln »Fötus«, »Embryo«, »Entbindung«, »Empfängnis«, »Schwangerschaft« etc.

Der Artikel »Mensch/Mann« enthält vier Teile. Der erste, von Diderot geschrieben, ist eine sehr allgemeine Definition, die für die gesamte Gattung zu gelten scheint: Der Mensch ist ein Wesen, das fühlt, reflektiert, denkt, das mit einem Körper und einer Seele ausgestattet und das fähig ist, Gutes und Böses zu tun. In diesem Sinne ist er ein moralisches Wesen, das in der Gesellschaft lebt, sich Gesetze gibt, und mitunter ist er auch Herrscher, das heißt, der Mensch ist ein politisches Tier. Der zweite Teil des Artikels, der unter dem Aspekt der Naturgeschichte ebenfalls von Diderot geschrieben wurde, besteht aus einer Beschreibung des Mannes und der Frau in anatomischer und physiologischer Hinsicht. Der eng an Buffon und Daubenton angelehnte Text betont im wesentlichen die natürlichen Unterschiede zwischen Mann und Frau: Geschlecht, Kraft, Langlebigkeit etc. Ein neutraler Diskurs,

aber immer von »unserem« Standpunkt aus: »Die vordere Körperpartie
der Frau ist in jedem Lebensalter höher als die unsere . . .« Der dritte
Teil behandelt den Menschen als moralisches Wesen: Er stammt aus
der Feder von Charles-Georges Le Roy. Als moralisches Wesen ist die
menschliche Art in dem, worin sie sich vom Tier unterscheidet, zu verstehen, nämlich durch ihre Fähigkeit, zu erkennen, zu arbeiten, sich
nicht allein vom Instinkt leiten zu lassen, sondern sich bestimmten Sitten entsprechend zu verhalten. Hier kommt der Einfluß der Erziehung
ins Spiel, durch die die Menschen geformt und verändert werden können. Ganz wie der Mann ist die Frau abhängig von ihrer Erziehung,
aber jedes Geschlecht wird anders erzogen. Die männliche Ordnung
bestimmt die Erziehung der Frau, eine Ordnung, die, wie der Autor
betont, den Männern selbst schade. Im vierten Teil behandelt Diderot
den Mann/Menschen unter dem Aspekt der Politik; hier ist die Rede
von den ökonomischen Aktivitäten, dem Wohlstand, dem sozialen
Wohlergehen, der Bevölkerung. »Aus Kindern werden *Menschen*. Man
muß daher dafür Sorge tragen, die Kinder zu bewahren, indem man
den Vätern, den Müttern und den Ammen besondere Aufmerksamkeit
schenkt.«

Der Artikel »Frau« ist hingegen in drei Teile aufgeteilt: *Anthropologie*
(Abbé Mallet), *Naturrecht* (de Jaucourt), *Moral* (Corsambleu Desmahis).
Der erste Teil, der anscheinend zusammenhangslos auf Galen, die
Hebräer und auf Daubenton verweist, behandelt die Frage der Inferiorität der Frau und untersucht deren natürliche und kulturelle Gründe.
Manche Philosophen (z. B. Marsilius Ficinnus) und Anatomen haben
behauptet, daß vom organischen Standpunkt aus gesehen die Frau ein
verfehlter Mann sei. Aber wird damit nicht der Natur zugeschrieben,
was in Wirklichkeit ein männliches Urteil ist? Ist die weibliche Inferiorität mit der Gleichheit der Geschlechter unvereinbar? Abbé Mallet
formuliert einen Widerspruch, indem er ihn zu lösen gedenkt: »Die verschiedenen Vorurteile hinsichtlich der Überlegenheit des Mannes entstanden durch die Bräuche der alten Völker, die politischen Systeme
und die Religionen, die sie ihrerseits verändert haben. Ich nehme die
christliche Religion davon aus, die (. . .) eine wirkliche Überlegenheit
des Mannes eingeführt und gleichzeitig der Frau die Rechte der Gleichheit bewahrt hat.«

Der von de Jaucourt geschriebene Teil behandelt den Status der Frau
(das Weibchen des Mannes) aus der Sicht des Naturrechts. Er definiert
die Frau als Besitz ihres Mannes. Da das Ziel des gesellschaftlichen
Zusammenschlusses die Vermehrung und Erhaltung der Art ist, tragen
Vater und Mutter dazu bei, diesen natürlichen Zweck zu verwirklichen,
aber »es ist wesentlich, daß die Regierungsgewalt dem einen oder
anderen gehört«. Das Beispiel der zivilisierten Nationen beweist zur

Genüge, daß die Frau sich dem Mann unterordnen muß. Dennoch betont der Artikel von de Jaucourt, daß die Unterordnung der Frau unter die Gewalt des Ehemannes »nicht ohne Gegenrede ist«. Der Autor stellt fest, daß das Prinzip der Gleichheit der in der Natur begründeten Rechte verletzt wird durch die Behauptung der Überlegenheit des einen Geschlechts in der Ehe, die auf einem Vertrag beruht, also auf einer freiwilligen wechselseitigen Übereinkunft. Es könnte sehr wohl möglich sein, daß die Unterwerfung der Frau nur ein Resultat der bürgerlichen Konventionen ist, die vom männlichen Geschlecht aufgestellt wurden, ohne je die Frauen nach ihrer Meinung zu fragen. Und doch – so behauptet de Jaucourt – akzeptiert die Frau mit der Heirat die Konvention und damit die Unterwerfung. In genau diesem Sinne impliziert die naturrechtliche Vorstellung von Gleichheit, daß sich die Frau in eine freiwillige Form der häuslichen Knechtschaft begibt.

Der von Desmahis verfaßte Teil behandelt die Frau unter dem moralischen Aspekt. Diesem Beitrag, einem Abriß der üblichen Ideen über »diese Hälfte der menschlichen Gattung«, scheint es nicht um theoretische Kohärenz zu gehen; er definiert ihr Wesen durch folgende Eigenschaften: die Kunst zu gefallen, das angenehme Beiwerk, die Einbildungskraft, ihr Gefallen an Herrschaft und Autorität, das sie nur auf Umwegen befriedigen kann, ihre Verstellungskunst und die hohe Kunst der Koketterie, die eher primitiver Natur zu sein scheint. Diese Allgemeinplätze werden durch die Figur der Chloé illustriert, der kretischen Kokotte, die sich durch ihre Liebeskünste auszeichnet und nur eine Sorge hat: die – oft leidvolle – Suche nach einem oder mehreren Liebhabern. Chloé repräsentiert den unglücklichen Pol der weiblichen Gefallsucht, der andere, zurückhaltende, fast stille Pol ist die tugendhafte Frau, die Gattin und Mutter, dem Mann gefällig, sanftmütig zu den Kindern, gut zu der Dienerschaft. Ihr Reich beschränkt sich auf einen einzigen Ort: Sie ist Hausfrau. Diese Gegenüberstellung der beiden Seiten desselben Geschlechts kann aber die scheinheiligen Gewißheiten – und einige Ungewißheiten – von Desmahis nicht verdecken: Die Natur hat den Männern das Recht verliehen zu regieren, und nur durch die Kunst (die kunstvolle Verstellung) können die Frauen hoffen, sich davon zu befreien. Findet sich diese Kunst daher in der Natur? Die Schönheit des schönen Geschlechts scheint den Gebrauch der edlen Fähigkeiten auszuschließen: »Das Lob des Charakters oder des Geistes einer Frau ist fast immer ein Beweis ihrer Häßlichkeit; es scheint, daß das Gefühl und die Vernunft nur eine Zugabe zur Schönheit sind.« Der Charakter der Frau kann nicht festgelegt werden, er hat keine klaren Konturen und ist unstet. Deshalb scheint es unmöglich zu sein, sie zu definieren: Definieren, heißt das nicht, über alle zufälligen Variationen hinaus ein gewisses unveränderliches

Wesen auszumachen? »Wer kann *die Frauen* definieren? Zwar spricht alles in ihnen, aber eine zweideutige Sprache.« Es ist daher Sache des männlichen Diskurses, der das Privileg der Eindeutigkeit besitzt und damit allein die Würde der Sprache, über die Frauen zu sprechen.

Vorausgesetzt, man überließe den Frauen diesen Diskurs, von wo aus und über was würden sie sprechen? »Und wodurch, um Himmels willen! rief Mangogul aus, werden sie sprechen? – Durch den offenherzigsten Teil, der in ihnen ist«, schreibt Diderot in den *Geschwätzigen Kleinoden*. Dieser offenherzigste Teil ist das Schmuckstück (*bijou*), das dem weiblichen Körper, wie es scheint, eigen ist, das Geschlecht, das in den Bereich der Natur gehört. Aber spricht letztlich nicht bei jedem menschlichen Wesen der Kopf? Ja, aber der Kopf der Frau ist weniger der Sitz der Vernunft als der lebhaften Sinne. Befindet sich die Frau nicht gänzlich in der Gewalt ihrer umherwandernden Gebärmutter, die ihren Körper und ihren Geist beherrscht? »Die Frau besitzt einen Sinn, der bis zu den fürchterlichsten Krämpfen reizbar ist, sie beherrscht (. . .). Ihr Kopf spricht noch die Sprache ihrer Sinne, wenn diese schon stumm geworden sind.«[8]

Die Männer sprechen von den Frauen abschätzig, nicht wie von ihresgleichen, auch und vielleicht vor allem dann, wenn sie die weiblichen Tugenden loben, erlauben es diese Tugenden, einen unüberwindlichen Unterschied zu markieren. Der männliche Diskurs, der die Stelle des göttlichen Diskurses einzunehmen scheint, ist die Rede des Schöpfers, der mit einer Art Verwunderung von seiner eigenen Schöpfung spricht, dem weiblichen Geschöpf.

Die Natur der Frau

In einem Jahrhundert, in dem die Natur nicht allein als Gegenstand der theoretischen Forschung (Naturgeschichte, Physik, Chemie etc.) begriffen wird, sondern auch als normatives Prinzip fungiert, ist es wichtig, die Frage nach der Eigenart der Natur der Frau zu stellen. Die Frau unterscheidet sich in ihrer körperlichen Konstitution augenscheinlich vom Mann. Aber liegt ihr intellektueller, moralischer, sozialer und politischer Status in der Natur begründet, oder ist er vielmehr in irgendeiner Weise an die Erziehung gebunden, die sie erhalten hat? Wenn es eine weibliche Natur gibt, dann hat die Natur es so gewollt, wenn es wahr ist, daß die Natur Ziele verfolgt und sich nicht auf eine einfache Mechanik reduzieren läßt. Es versteht sich von selbst, daß der herrschende Diskurs, der sich über die Natur der Frau ausläßt, von männlichen Überlegungen ausgeht.

In philosophischen Texten gibt es unzählige Formulierungen wie:
die Natur hat gewollt . . ., die Natur macht, daß . . ., die Frau ist von
Natur aus . . . Die zielgerichtete Natur vermischt sich in dem Maße, wie
sie Ordnung und Norm ist, mit der Vernunft. Der Rückgriff auf die
Natur erlaubt daher, eine rationale Theorie der Weiblichkeit zu entwickeln. Alles geschieht, als habe die Frau ein unmittelbares Verhältnis zur Natur. Auch Männer sind zweifellos natürliche Wesen, aber ihr
Sein steht mit der Natur in mittelbarer Beziehung. Die meisten aufgeklärten Philosophen bewegen sich im Rahmen dieses Denkens, das
Lévi-Strauss das »wilde Denken« nennt: Die Frau gehört zur Natur, der
Mann zur Kultur. Das Verhältnis Frau-Natur ist so eng, daß die Natur
metaphorisch (aber geht die Metapher nicht dem Wortsinn voraus, wie
Rousseau in seinem *Essay über den Ursprung der Sprachen* behauptet
hat?) als Frau betrachtet werden kann. Diderot ist in seiner Abhandlung *Gedanken zur Interpretation der Natur* erstaunt über die außergewöhnliche Fruchtbarkeit der Natur, die immer neue Formen hervorbringt und sich stets den Blicken zu entziehen scheint:

»Sie gleicht einer Frau, die es liebt, sich zu verkleiden, und deren verschiedene Verkleidungen bald den einen Teil, bald einen anderen durchblicken lassen und denjenigen, die sie unablässig verfolgen, einige Hoffnung darauf geben, einmal ihre
ganze Gestalt zu erkennen.«[9]

Aber was ist eine Frau? Zuerst und im wesentlichen ein Wesen, dessen
Geschlecht schon dadurch eigenartig ist, daß es nicht dasjenige des Mannes ist. Der sexuelle Unterschied, der von den Anatomen, den Medizinern
etc. studiert wird, wirft bisweilen die fundamentale Frage auf: Gab es nicht
ursprünglich ein unterschiedsloses Geschlecht, ein gemeinsames Organ,
aus dem das Männliche und das Weibliche geboren wurden? Kann man
nicht sogar vermuten, daß das männliche Geschlecht nur die Umwandlung des weiblichen Geschlechts ist? So dachte Galen. Kann man nicht
behaupten, daß Gott zugleich Mann und Frau ist (vgl. den Artikel »Frau«
des Abbé Mallet in der *Enzyklopädie,* in dem neugierig und beunruhigt
zugleich über Hermaphroditen gesprochen wird)?
    Die Abhandlungen über das weibliche Geschlecht sind ambivalent. Zum
einen wird seine Schönheit unterstrichen, sein Charme, seine unwiderstehliche Anziehungskraft, die es auf das andere Geschlecht ausübt, zum
anderen wird seine Schwäche betont, seine Zaghaftigkeit und seine Koketterie, wobei körperliche und moralische Eigenschaften miteinander vermischt werden. Die Nachteile des weiblichen Geschlechts zeigen sich in
erster Linie in der Unterjochung unter den Körper, dem die Frau bis zu
dem Augenblick unterworfen ist, in dem sie ihre Fruchtbarkeit verliert. Das
folgende Zitat stammt aus dem *Dictionnaire philosophique* von Voltaire
(Artikel »Frauen«):

»Körperlich ist die Frau aufgrund ihrer Physiologie schwächer als der Mann, die periodischen Verluste an Blut, die die Frauen schwächen, und die Krankheiten, die durch ihr Ausbleiben entstehen, die Zeiten der Schwangerschaft, die Notwendigkeit, die Kinder zu stillen und fleißig über sie zu wachen, die Zartheit ihrer Glieder machen sie wenig geeignet für alle Arbeiten, für alle Berufe, die Kraft und Ausdauer erfordern.«

Die weibliche Sexualität trägt ihr unglückliches Schicksal in sich. Die weibliche Inferiorität wird auf natürliche Ursachen zurückgeführt und steht in Zusammenhang mit ihrem Geschlecht. Rousseau[10] behauptet, daß alles, was nicht zum Geschlecht gehört, der Art gemeinsam ist, daß aber in der Frau das Geschlecht den Vorrang hat: »Es gibt keine Gleichartigkeit zwischen den beiden Geschlechtern im Hinblick auf das Geschlechtliche. Der Mann ist nur in gewissen Augenblicken Mann, die Frau ist ihr ganzes Leben lang Frau, oder wenigstens während ihrer ganzen Jugend; alles erinnert sie unablässig an ihr Geschlecht . . .«[11] Beim Sexualakt ist der Mann aktiv und stark, die Frau passiv und schwach (wobei Rousseau in diesem Punkt nur die herrschende Meinung wiedergibt), der Mann muß können und wollen, die Frau begnügt sich damit, ein wenig Widerstand zu leisten. Dieses Geschlechterpaar erinnert an ein anderes Paar, an eine Denkfigur, die häufig in Erkenntnistheorien anzutreffen ist: Der aktive Verstand informiert und organisiert die passive Sensibilität. Im übrigen ist für den Mann, in diesem Fall für Emile, der von seinem Erzieher so sorgfältig nach den Gesetzen der Natur erzogen wurde, das sexuelle Bedürfnis kein körperliches Bedürfnis, es ist kein wirkliches Bedürfnis.[12] Das Geschlecht definiert nicht die Natur des Mannes, sondern die der Frau.

Die weibliche Sexualität ist, aufgrund eines komplexen Systems von »Gründen«, die Ursache für ihre Unterjochung. In diesem Punkt wird der Begriff der Natur widersprüchlich.

In der Sexualität der Frau zeigt sich die Natur hemmungslos. Das sogenannte schwache Geschlecht ist von grenzenloser Begierde, es ist verschlingend, eine Eigenschaft, die in bestimmten Klimazonen ein so bedrohliches Ausmaß annimmt, daß die Männer, aufgrund ihrer Polygamie besonders erschöpft, die Frauen um des allgemeinen Friedens willen einsperren. Montesquieu beschreibt Bräuche, die im Zusammenhang mit der stets drohenden Entfesselung der weiblichen Leidenschaften stehen, ohne sie rechtfertigen zu wollen.

Rousseau behauptet, daß sexuelle Beziehungen gewalttätig seien. Obschon der Mann die aktive Rolle spielt und die Frau einzuwilligen scheint, provoziert sie ihn doch unaufhörlich. Auf dieser Ebene ist die Koketterie verheerend, und der Mann lebt unter einer ständigen (allerdings bezaubernden) Bedrohung.

Aber die Natur hat Mittel vorgesehen, um den Zügellosigkeiten der weiblichen Natur einen Riegel vorzuschieben. Sie hat die Frauen mit einem Gefühl ausgestattet, von dem man nicht weiß, ob es nicht auch die zarteste Frucht des sozialen Lebens ist: ihr Schamgefühl. Das Schamgefühl ist die bescheidene Zurückhaltung, die auf dem Bewußtsein der eigenen Fehler gründet und zur Mäßigung anhält: »Alle Völker stimmen gleichmäßig darin überein, daß sie die Unzüchtigkeit der Frauen verachten: Sie hören alle auf die Sprache der Natur. Sie hat die Abwehr und den Angriff geschaffen; und da sie auf beiden Seiten Begierden erweckt, so hat sie der einen die Kühnheit, der anderen die Scham verliehen.«[13] Man findet in *Emile*[14] eine ähnliche Behauptung, die offensichtlich von Montesquieu inspiriert ist.

Die Funktion der Scham liegt nicht nur in der Mäßigung der weiblichen Leidenschaft. Die Scham schützt die Frau auch vor den Angriffen der Männer, erlaubt ihr aber auf subtile Weise, den Mann zu beherrschen. Von Natur aus – hier ein Synonym für eine Art Instinkt – benutzt die Frau das, was ihr gegeben wurde, um scheinbar miteinander unvereinbare Ziele zu erreichen. Eine ganze Reihe von philosophischen Abhandlungen beschäftigt sich mit der (natürlichen?) Kunst der Frauen zu gefallen, zu unterwerfen und letzlich zu herrschen. Der Mann braucht nicht zu gefallen, es genügt ihm, zu sein, das ist das Gesetz der Natur.[15] Rousseau geht davon aus, daß die Frau beinahe schon von Geburt an Schmuck liebt und daß schon das kleine Mädchen kokettiert. Wenn die Frau aufgrund ihrer Natur gefallen will, so begreift man, daß sie nur durch den Blick der anderen existiert, durch den Blick der Männer. Die Frau ist ein Geschöpf der Beurteilung, der Meinung anderer. In diesem Sinne entspricht sie Rousseaus Definition des Menschen, der sich aufgrund seiner gesellschaftlichen Denaturierung darauf reduziert, nur noch eine scheinhafte Existenz zu führen, eine Maske ohne Tiefe zu sein, ein Wesen, das sich seiner nicht mehr gewärtig ist. Dieses Unglück des entfremdeten Menschen, das Rousseau beschreibt und beklagt, ist in seinen Augen der natürliche (und nicht gesellschaftliche) Status der Frau, und Jean-Jacques findet, daß das so gut ist.

Montesquieu, der die Vielfalt menschlicher Bräuche erklären will, behauptet ebenfalls, daß der Wunsch zu gefallen Teil der weiblichen Natur ist, die von gewisser sozialer Nützlichkeit ist: Das Gefallen am Schmuck kurbelt den Handel an. Und obschon Frauen die Sitten verderben, bilden sie den Geschmack und nehmen somit am sozialen Leben der Gesellschaft teil.[16]

Kant untersucht in seiner *Anthropologie in pragmatischer Hinsicht* bestimmte Charakteristika des weiblichen Geschlechts. Nachdem er eingangs ermittelt, daß die Frau insofern ein lohnendes Objekt anthropologischer Studien ist, als sie weniger leicht zu analysieren sei als der Mann, greift er einige gängige Argumente auf: Ihre sogenannte

Schwäche benutzt die Frau in Wirklichkeit dazu, den Mann zu lenken, und ihr Wunsch zu gefallen ist nur ein Mittel, um zu herrschen. Der Wunsch nach Herrschaft ist jedoch geschlechtsunspezifisch.

Kants Überlegungen über die Frau sind Teil seiner allgemeinen Theorie des Kulturerwerbs. Kultur ist ein Zustand, nach dem die Natur mit scheinbar unzweckmäßigen Mitteln strebt: Der Mensch kann, wie auch immer, durch bestimmte Verrücktheiten den Zustand der Vernunft erreichen, er wird gesellig durch bestimmte Formen der Ungeselligkeit. Bemerkenswert ist, daß außer der Funktion der Arterhaltung, die ihr zukommt, die Frau, so sehr sie auch Kind sein mag, den Mann zur Moralität führt. Die Frau gehört zur Natur, aber zu einer Natur, deren Ziel die Kultur ist; ohne die Frau ist dieser fragile, aber notwendige Übergang unmöglich:

»Da sie [die Natur] auch die feineren Empfindungen, die zur Kultur gehören, nämlich die der Geselligkeit und Wohlanständigkeit, einflößen wollte, machte sie dieses Geschlecht zum Beherrscher des männlichen, durch seine Sittsamkeit, Beredtheit in Sprache und Mienen.«[17]

Die Vernunft der Frau

Die Unterlegenheit der Frau, die in ihrem geschlechtlichen Anderssein wurzelt, wird natürlich auf ihr ganzes Wesen und vor allem auf ihre intellektuellen Fähigkeiten übertragen. Ist sie wirklich mit Geist, mit einem rationalen Vermögen ausgestattet? Gehört sie wirklich zur menschlichen Spezies, so muß die Antwort, zumindest theoretisch, ja lauten. Faktisch freilich stand der Theorie von der intellektuellen Gleichheit der Geschlechter eine einhellig ablehnende männliche Meinung gegenüber. Wenn es stimmt, daß die Schönheit das Privileg der Frau ist, und wenn Vernunft nicht ein für alle Mal gegeben ist, sondern gepflegt werden muß, dann kann die Frau nicht gleichzeitig die Schönheit (die nur so kurze Zeit währt) und die Vernunft (die für ihre Entwicklung so lange Zeit braucht) besitzen. So behauptet Montesquieu in seiner Schrift *Vom Geist der Gesetze*, daß zumindest in den südlichen Ländern, wo das warme Klima die Ursache für die frühreife weibliche Sexualität ist, beide Geschlechter natürlicherweise ungleich sind. Diese Ungleichheit bringt notwendigerweise die Abhängigkeit der Frau vom Mann mit sich: »Verstand und Schönheit sind also niemals bei ihnen vereint. Wenn die Schönheit die Herrschaft verlangt, läßt der Verstand sie nicht zu, und wenn der Verstand sie einnehmen könnte, dann ist die Schönheit vorbei. Die Frauen müssen in Abhängigkeit bleiben.«[18]

In Ländern mit gemäßigtem Klima, wo die Frau später als ihre orientalischen Schwestern heiratsfähig wird, bleibt ihre Schönheit länger erhalten und kann mit etwas Verstand einhergehen. Das erklärt die Monogamie gegenüber der Polygamie, die in den warmen Klimazonen herrscht. Aber auch in Ländern mit gemäßigtem Klima kann es sich nur »um eine Art Gleichheit der beiden Geschlechter« handeln.

Daß die Frau keinen Verstand oder nur einen minderwertigen Verstand hat, ist für die meisten der aufgeklärten Philosophen von beruhigender Evidenz, welche sich auf Tatsachen zu stützen vermeint. Zu diesen am häufigsten zitierten Tatsachen gehört, daß es keine Erfinderinnen gibt; Frauen sind keine Genies, auch wenn sie Zugang zur Literatur und zu bestimmten Wissenschaften haben können. Diese Unfähigkeit erklärt sich aus einer »natürlichen« Psychologie. Die Frau ist das Wesen der Leidenschaft, der Vorstellungskraft, nicht des Begriffs. Rousseau karikiert geradezu die Überzeugung, daß die Frau zwar nicht ohne jeden Verstand sei, dieser aber bei ihr einfacher sei als beim Mann, sie ihn nur in dem Maße pflegen müsse, in dem sie ihn braucht, um ihren natürlichen Aufgaben nachzukommen (dem Mann zu gehorchen, ihm treu zu sein, für die Kinder zu sorgen). Die Frau verharrt nach Rousseau immer im Zustand der Kindheit; sie ist unfähig, etwas zu sehen, das sich außerhalb der Welt der Häuslichkeit befindet, welche die Natur ihr zugewiesen hat; daraus folgt auch, daß sie »exakte Wissenschaften« nicht ausüben kann. Die einzige Wissenschaft, außer derjenigen ihrer Pflichten (die sie tatsächlich intuitiv kennt), die sie kennen muß, ist die von den sie umgebenden Menschen und vor allem ihres Gatten, eine Wissenschaft, die auf dem Gefühl beruht. Die Welt, behauptet Rousseau, ist das Buch der Frauen, die kaum andere Lektüre brauchen. Nur zum Konkreten hat die Frau eine Beziehung. Die Rolle der Frau ist es, in vielen verschiedenen Herzen zu lesen, während die Männer über das menschliche Herz im Allgemeinen philosophieren. Die Unfähigkeit, wie der Mann zu denken, zeigt sich unter anderem darin, daß es der Frau nicht möglich ist, Glaubensgründe im religiösen Bereich zu verstehen. Darum soll das Mädchen die Religion seiner Mutter annehmen, und die Frau die ihres Mannes. Alles scheint klar zu sein: Der weibliche Geist hat keine begrifflichen Vorstellungen, die Vernunft der Frau ist keine theoretische Vernunft:

»Die Erforschung der abstrakten und spekulativen Wahrheiten, der Prinzipien, der Axiome in der Wissenschaft, alles was darauf hinaus will, die Vorstellungen zu verallgemeinern, gehört nicht zu den Aufgaben der Frauen, ihre Studien müssen sich alle auf die Praxis beziehen; ihre Sache ist es, die Prinzipien, die der Mann erforscht hat, anzuwenden und die Beobachtungen anzustellen, die den Mann zur Aufstellung der Prinzipien führen.«[19]

Rousseau und mit ihm ein Großteil der aufgeklärten englischen und französischen Philosophen schließt sich damit dem schon von Locke und Condillac ausformulierten Paradox an, das in der empiristisch-sensualistischen Erkenntnistheorie herumgeistert. Diese Theorie behauptet im Unterschied zu Descartes und Leibniz, die davon ausgehen, daß Ideen dem menschlichen Geist angeboren sind und nicht aus der Erfahrung hervorgehen, daß die Idee nur das komplexe Produkt von Vergleichen und Kombinationen sei, die das Rohmaterial der Erkenntnis, die Sinneswahrnehmung, verarbeiten und organisieren. Wie auch immer die bisweilen nicht miteinander zu vereinbarenden Unterschiede in den sensualistischen »Systemen« aussehen mögen, so lassen sie doch eine gemeinsame Absicht erkennen: Condillac behauptet, daß am Anfang die Sinneswahrnehmung stehe, ohne deswegen die Existenz eines äußeren Objektes außerhalb unserer selbst zu setzen, andere neigen im Gegenteil zu einer materialistischen Systematisierung des Empirismus, insbesondere Diderot; andere schließlich, wie etwa Rousseau, behaupten weiterhin die Spiritualität der Seele und die Dualität der beiden Substanzen. Ausgehend von der Sinneswahrnehmung soll die Genese der komplexen Ideen beschrieben werden. Dieser genetische Prozeß ist einer doppelten Bewegung unterworfen: Durch eine Analyse der Inhalte des Denkens gelangt man zum Ursprung unserer Ideen, und man entwickelt von diesem Ursprung aus den Mechanismus der mentalen Vorstellungen. In diesem Prozeß spielen Gedächtnis und Vorstellungskraft eine Schlüsselrolle. Sich erinnern, sich etwas vorstellen, das heißt, sich in der Vorstellung einen Eindruck vergegenwärtigen zu können, dessen Objekt, das ihn hervorgerufen hat, gegenwärtig abwesend ist. Die Vorstellungen miteinander zu vergleichen, ihnen Zeichen der Sprache zuzuordnen, das erlaubt, zu einem Urteil zu gelangen. Urteilen besteht daraus, Begriffe, die ein Zeichen haben, und abstrakte Vorstellungen miteinander in Beziehung zu setzen. Abstrahieren, Verallgemeinern ist die eigentliche Arbeit des Verstandes. Die Genese der Fähigkeiten von der Sinneswahrnehmung hin zur abstrakten Idee ist charakteristisch für die ganze menschliche Art und für die psychologische und intellektuelle Entwicklung des Individuums, ohne Unterschied des Geschlechtes, der Rassen und Kulturen. Aber nur in der Theorie, nicht in der Praxis. Der vorherrschende Diskurs der aufgeklärten Philosophen geht so vor, als ob in der weiblichen Natur der genetische Prozeß der Erkenntnis, der zum abstrakten Denken führt, ins Stocken geraten wäre. Der Frau die Fähigkeit zur Abstraktion und Verallgemeinerung abzusprechen, also im strengen Sinne die Fähigkeit zu denken, heißt zu behaupten, daß dieser genetische Prozeß nur für die Männer gilt. Die Frau scheint im Stadium der Imagination steckengeblieben zu sein. Aber um welche Art von Imagination handelt es sich? Weniger um diejenige, die einen Beitrag zur Erkenntnis leistet, als um die stets trügerische Imagination, die uns Wünsche für Wirklichkeit halten läßt und die unaufhörlich in die Irre führt und Trugbilder auftauchen läßt. Die Imagination, eine Meisterin des Irrtums und der Falschheit, trägt das Siegel der Kindheit. Man kann durch übersteigerte Einbildungskraft krank und verrückt werden und sogar sterben. Deshalb erklärt die Fixierung des weiblichen Geistes auf das imaginative Stadium, daß die Frau Kind bleibt, zerbrechlich und unkontrollierbar. Zu den unerläßlichen, aber immer unzulänglichen Heilmitteln gegen diese latente »Verrücktheit« des weiblichen Wesens zählt das Verbot der Lektüre von Romanen, dieser fiktiven Werke, die nur ein gefestigter männlicher Geist zu benutzen vermag.

Aber die Entwicklung der weiblichen Fähigkeiten auf ein Stadium zu fixieren, das der Mann überwindet, läuft darauf hinaus, die Kohärenz des genetischen Empirismus, der die Historizität der menschlichen Gattung und des Individuums impliziert, ernsthaft zu gefährden. Die Spezies Mensch hat eine Geschichte, ob sie nun als mehr oder minder gradliniger teleologischer Prozeß begriffen wird oder als Geschichte des Verlustes einer natürlichen Gleichheit, die der Gesellschaftsvertrag auf einer neuen Basis wiederherstellen soll. Die intellektuelle Entwicklung der Frau auf die sinnliche Intuition, auf die ungeregelte Imagination zu beschränken, ohne daß sie durch männliche Strenge normiert wird, heißt zu behaupten, daß die Frau keine Geschichte hat. Beschränkt auf ihre Funktionen und Pflichten, bleibt sie mit sich selbst identisch:

»Ihnen [den Männern] gefallen, ihnen nützlich sein, sich von ihnen lieben und achten lassen, sie großziehen, solange sie jung sind, als Männer für sie sorgen, sie beraten, sie trösten, ihnen ein angenehmes und süßes Dasein bereiten: das sind die Pflichten der Frauen zu allen Zeiten, das ist es, was man sie von Kindheit an lehren muß.«[20]

Rousseaus Radikalität kennt auch in diesem Punkt keine Mäßigung: Die »andere Hälfte« des Menschengeschlechts teilt gleich den »Wilden«, um mit Lévi-Strauss zu sprechen, die Merkmale der *kalten Gesellschaften*, d. h. sie verstehen sich im Unterschied zu den *warmen* oder »zivilisierten« Gesellschaften nicht als Gesellschaft mit Geschichte.

Eine »natürlicherweise« natürliche Rolle

Aus der sexuellen und intellektuellen Unterlegenheit der Frau, aus ihrer natürlichen Rolle bei der Fortpflanzung und der Aufzucht der Kinder folgt *natürlicherweise* eine Definition ihrer Funktion und ihrer Rolle. Die Frau ist im wesentlichen Gattin und Mutter (was den gerne antiklerikalen Aufklärern erlaubt, das naturwidrige klösterliche Leben zu kritisieren, und dies um so mehr, als die jungen Mädchen aus bestimmten sozialen Schichten in Klöstern von Nonnen erzogen werden, die nicht wissen können, was es heißt, Mutter und Gattin zu sein, da sie nur Bräute Jesus Christi sind). Es ist überflüssig, hier die vielen Abhandlungen aufzuzählen, die die Frauen an ihre Pflichten gemahnen: Kinder zu gebären und sie zu stillen, wie die Natur es fordert. Man kann sich nur schwer vorstellen, daß eine Frau nicht verheiratet ist, daß sie keine Kinder hat. Die Rolle der Gebärerin geht einher mit dem Status einer Dienerin des Hauses. Die Sorge um den Mann, die Kinder und das Haus beinhaltet so viele Pflichten, daß es grausam wäre, die Frauen mit anderen Sorgen zu belasten. Montesquieu behauptet – unter dem Schleier der orientalischen Frau –, daß diese Aufgaben so zeitraubend seien, daß Frauen besser darauf beschränkt bleiben sollten; daher sei es von großem Nutzen, die Frauen in einem Serail einzusperren.[21] Rousseau wird durch eine ganz andere Kultur inspiriert, aber seine Idee ist ähnlich. Die jungen Frauen Spartas blieben nach ihrer Heirat in ihren Häusern eingeschlossen und waren nur für ihren Haushalt und für ihre Familie da: »Das ist die Lebensweise, die dem weiblichen Geschlecht von Natur und Vernunft vorgeschrieben wird.«[22]

Die Aufklärung teilt das in Sparta ebenso wie im Orient praktizierte Modell der Geschlechtersegregation, das vorsah, Frauen einzuschließen und von den Männern abzusondern, die sich um die öffentlichen Angelegenheiten, um die Regierung, den Staat kümmern und deren Ruhe durch das weibliche Geschlecht nur gestört wird. Diese Aufgabenteilung zwischen den Geschlechtern gehört auch zum aufgeklärten Jahrhundert.

Natürlich gibt es etliche Proteste von philosophischer Seite gegen willkürliche Heiraten, die sich nicht auf das gegenseitige Einverständnis gründen, wie es der Begriff des Vertrags erfordert (obwohl Rousseau meint, daß das Urteil eines Vaters bei der Verheiratung seiner Tochter weiser sei als das Urteil der zukünftigen Gattin, glaubt man dem Vater von Julie in der *Neuen Héloïse*). Aber abgesehen von einigen Einzelfällen ist der Status der Ehegatten zutiefst ungleich. Der Ehemann ist das Oberhaupt der Familie, Herr über seine Frau, seine Kinder und gegebenenfalls über seine Dienerschaft. Rousseau legt dem Erzieher von Sophie folgende Ratschläge in den Mund: »Nun, da Emile Ihr Gatte geworden ist, ist er Ihr Oberhaupt geworden; an Ihnen ist es, zu gehorchen, so hat es die Natur gewollt.«[23] Entspricht eine Frau dem Idealbild Sophie, so ist es gut, wenn der Mann von ihr geführt wird; auch das ist ein Gesetz der Natur. Das Gesetz der Natur ist gekennzeichnet durch eine subtile Dialektik von Beherrschung und Unterwerfung. Aber Sophie kann den Mann nur in dem Maße führen, in dem sie für ihn entworfen und geformt wurde.

Das formale Argument, das sich in vielen »aufgeklärten« Schriften findet, in denen die Ungleichheit der Geschlechter in der Institution Ehe gerechtfertigt wird, beruht auf der unhinterfragten Vorstellung, daß eine Partei der anderen überlegen sein muß, wenn die Verbindung unauflöslich sein soll. Durch die Gleichheit würde sich die Verbindung sehr schnell auflösen. Die Ehe ist anscheinend nicht kompatibel mit der Vorstellung einer Demokratie unter den Gatten. Das Paradox liegt darin, daß die Ehe zwar als ein freiwilliger Vertrag aufgefaßt wird, aber tatsächlich auf einer vertraglichen Unterwerfung beruht. In einem Jahrhundert, in dem bestritten wird, daß ein Mensch sich durch einen Vertrag unterwerfen kann, und in dem jede Theorie denunziert wird, die Sklaverei auf einem Willen begründet sieht, läßt man es zu, daß es zwischen der Frau und ihrem Herrn einen Knechtschaftsvertrag gibt. Dazu Kant:

»Ein Teil muß im Fortgange der Kultur auf heterogene Art überlegen sein: der Mann dem Weibe durch sein körperliches Vermögen und seinen Mut, das Weib aber dem Manne durch ihre Naturgabe, sich der Neigung des Mannes zu ihr zu bemeistern; da hingegen im noch unzivilisierten Zustande die Überlegenheit bloß auf der Seite des *Mannes* ist«.[21]

Zusätzlich zu ihren Pflichten als Gattin und Mutter und als Hüterin des Hauses ist die Frau in der Ehe vor allem zur sexuellen Treue verpflichtet. Über diesen Punkt gibt es zahllose Abhandlungen, die alle einen einfachen Grund anführen: Die weibliche Untreue erschüttert die Grundfesten der Gesellschaft, das heißt der Familie. Die Untreue läßt den Mann im Unklaren darüber, ob das Kind von ihm ist. Wie aber kann man Oberhaupt der Familie bleiben, wenn man sich des Rechtes der Vaterschaft und des Besitzes an den Kindern nicht sicher ist? Die Untreue des Mannes wird weniger strikt untersagt, man mag sich fragen, warum. Wenn ein Mann sexuelle Beziehungen mit einer anderen verheirateten Frau hat, gefährdet er dann nicht die Rolle des von ihm mit betrogenen Ehemanns als Vater und Familienoberhaupt? Auch hier zeigt sich die Asymmetrie insofern, als der Diskurs des Mannes über *seine* Frau vergißt, daß es andere Männer gibt, die auch eine Frau haben. Wie dem auch sei, daß größte Unglück, das Emile trifft, ist weniger, daß Sophie ihn betrogen hat, als die Tatsache, daß sie schwanger ist von einem anderen Mann. Ist hier der Gatte oder das Familienoberhaupt mehr verletzt?

In der *Neue Héloïse* legt Rousseau Julie das Plädoyer für die eheliche Treue, vor allem die der Frau, in den Mund: Wer an die Existenz Gottes und an die Unsterblichkeit der Seele glaubt, kann auch nicht den kleinsten Verstoß hinnehmen, der das heilige, unzerstörbare Band der Ehe gefährdet. Daß beide Ehegatten einige Freiheiten haben könnten – sexuelle Libertinage außerhalb dieses heiligen Bandes! –, ist eine der katastrophalen Konsequenzen der materialistischen Philosophie! Dieser perversen Philosophie stellt sich die Stimme der Natur entgegen: Ein Vater kann kein Kind akzeptieren, das nicht von seinem Blut ist. *Julie* verteidigt ihr Geschlecht gegen die Theoretiker: Welch naive Subtilität Rousseaus, der eine Frau einen Diskurs führen läßt, der in Wahrheit von den Interessen des Mannes diktiert wird.

»Betrachte ich insbesondere mein eigenes Geschlecht, wieviel Übel nehme ich nicht in dieser Unordnung wahr, von der sie vorgeben, sie richte nichts Übles an! Wäre es auch nur die Erniedrigung einer schuldigen Frau, welcher der Verlust der Ehre auch bald alle anderen Tugenden nimmt!«[25]

Gefangene

Hume behandelt in seinem *Traktat über die menschliche Natur* die Frage der Keuschheit und Treue der Frau im Rahmen einer Theorie der Leidenschaften. Indem er die menschliche Natur genetisch analysiert, stellt er fest, daß kein Trieb wirklich angeboren ist, sondern immer nur das Produkt verschiedener Eindrücke. Der Mechanismus der Anziehungskraft der Schönheit zwischen den Geschlechtern ist nicht komplizierter als die Anziehungskraft eines guten Gerichts auf einen Menschen, der Hunger hat. Mann und Frau haben von Natur aus dieselben Wünsche und Leidenschaften. Aber die nackte Natur ist kaum beschreibbar. Unsere Natur besteht aus einem Gewebe von Beziehungen, dessen Grundlage vielleicht im wesentlichen gesellschaftlicher Natur ist. So konnte sich die weibliche »Natur« herausbilden. Es ist eine Tatsache, daß es ein Schamgefühl *(shame, modesty)* gibt, das sich vor allem mit der Untreue der Frau verbindet. Aber warum wird die Überschreitung des ehelichen Gesetzes durch die Frau als das schlimmere Übel betrachtet? Kein objektiver Grund scheint eine solche Betrachtung rechtfertigen zu können. Wenn die Theorie versagt, muß man sich auf die Praxis, die Sitten berufen. Die Keuschheit der Gattin und ihre Treue sind keine Verpflichtung, die durch die Natur gerechtfertigt wird, sondern eine gesellschaftliche Notwendigkeit. Die völlige sexuelle Freiheit der Männer wäre gegen die Interessen der bürgerlichen Gesellschaft, umso mehr noch die sexuelle Freiheit der Frauen. Denn wer könnte sich dann seiner Vaterschaft sicher sein? Hume rechtfertigt nichts, er gibt vor, lediglich zu beschreiben, was sich nach einem langen Prozeß eingebürgert hat. Es handelt sich zweifellos um die menschliche Natur, aber diese seltsame Natur beruht auf der allmählichen Annahme von Gewohnheiten. Daher wird der Begriff der Natur nur dann ganz verständlich, wenn er in einen Prozeß der Relativierung eingebettet wird.

In *Vom Geist der Gesetze* entwickelt Montesquieu eine Theorie, die diesen Prozeß erklären soll. Der allgemeine Geist, der die Menschen leitet, wird von zahlreichen Faktoren – Klima, Religion, Gesetze, Maximen der Regierung, Sitten und Gebräuche – beeinflußt, die sich gegenseitig durchdringen und beeinflussen. Was hat eine solche Theorie mit der Frage zu tun, ob es eine weibliche Natur gibt? Die Natur der Frau, wie im übrigen auch die des Mannes, ist vom jeweiligen Klima, der Regierungsform, der Gesetzgebung und den Sitten abhängig. Die weibliche Natur erscheint auf den ersten Blick als im wesentlichen bestimmt durch ihre Lebensbedingungen, besonders durch die Regierungsform, die wiederum vom Klima abhängig ist. Doch um welches politische System es sich auch handeln mag, sei es die antike Republik, in der die Triebfeder des politischen Handelns die Tugend ist, sei es die Monarchie, deren Prinzip die Ehre ist, oder der Despotimus, in der die Triebfeder die Furcht ist: Die Frau hat nie denselben Grad an Freiheit wie der Mann. In gewissen Sinn ist sie immer eine Gefangene. Dies ist, nach der »objektiven« Methode, die Montesquieu anwenden will, eine Feststellung, nicht eine wie auch immer geartete Rechtfertigung. In den antiken Republiken sind die Frauen »nach den Gesetzen frei, aber durch die Sitten gebunden«.[26] Sie sind im Gynäkeion eingeschlossen, und die Gefühle der Männer ihnen gegenüber haben mehr mit Freundschaft als mit Liebe zu tun, welche zwischen Männern praktiziert wird. In den Monarchien (Montesquieu behandelt hier nur die Frauen, deren sozialer Rang es ihnen erlaubt, am Hof empfangen zu werden) sind die Frauen für die Männer in erster Linie Mittel, ihr Vermögen zu vermehren. Die Frau als ökonomisches Subjekt-Objekt trägt zur Entwicklung des Luxus bei. Im Despotismus schließlich ist die Frau nichts als eine Sache. Aber ist Despotismus eine Form der Regierung? Eher ist er deren Negation, ein Grenzfall der Politik, wo die erbärmlichste absolute Gleichheit zu herrschen scheint: Alle sind Sklaven, die Eunuchen, die Frauen, die Wesire, selbst der Sultan wird versklavt durch immer neue Wünsche. Hier spürt man den mächtigen Einfluß des warmen Klimas. Im Despotismus mit seinen riesigen Reichen ist alles Wüste: der Boden wie die Herzen, die nur die Furcht kennen. In diesem Staatstyp »führen die Frauen nicht den Luxus ein, sondern sie sind selbst ein Gegenstand des Luxus. Sie werden als völlige Sklavinnen gehalten.«[27] Für den Despotismus charakteristisch ist die Angst vor den Frauen, die immer bereit sind zu intrigieren. Deshalb müssen sie im Serail eingesperrt werden. Die Angst vor den Frauen ist die Angst vor ihrer Freiheit, die kopflose Angst eines jeden Despotismus vor der Freiheit als solcher. Die despotische Regierung ist ein Monstrum, das nur durch seine eigenen Mittel zugrunde gehen kann, durch die Gewalt, die Entfesselung eines Vergnügens, das mit dem Tod abgeschlossen wird. Der letzte Brief der Sultanin Roxane an ihren fernen Gatten setzt eine Katastrophe in Szene: Die Sultanin hat die Eunuchen verführt, das Serail in einen Ort des Vergnügens verwandelt, sie proklamiert ihre Freiheit im Namen der Gesetze der Natur gegen das versklavende Gesetz des Mannes. Nachdem sie diese neue Sprache gesprochen hat, stirbt sie an dem von ihr eingenommenen Gift.[28] Gewiß, es handelt sich hier um eine fiktive Katastrophe, ausgedacht von einem Mann aus der gemäßigten Klimazone. Aber für Montesquieu sucht das Gespenst des Despotismus, ebenso wie diese versklavten Frauen, die sich nur unter Strömen von Blut befreien können, jede Regierung heim, die die Gewalten nicht gegeneinander abwägt, die kein Gegengewicht findet gegen die Tendenz zum Mißbrauch, die in der Natur einer jeden Gewalt liegt.

Ausgewogenheit und Mäßigung sind die besten Prinzipien der Politik. Von diesem Standpunkt des Besten aus analysiert Montesquieu: »Es verstößt gegen Vernunft und Natur, daß die Frauen Herrinnen des Hauses sind, (...) aber es steht nichts im Wege, daß sie ein Reich regieren.« Die traditionelle Vorstellung – die Frau als Herrin im Haus, aber ausgeschlossen von der politischen Regierung – findet sich hier auf den Kopf gestellt. Der Grund dafür ist einfach: Die Schwäche der Frau ist unvereinbar mit der Stärke, die das Oberhaupt der Familie besitzen muß, aber dieselbe Schwäche ist eine Garantie für Mäßigung in der Ausübung politischer Macht: »Im ersten Falle gestattet ihre angeborene Schwäche ihnen solch einen Vorrang nicht; im zweiten gewährt ihnen gerade ihre Schwäche größere Milde und Mäßigung, und eben das vermag eher zu einer guten Regierung zu führen als harte und rauhe Tugenden.«[29]

Gibt es unter den vielfältigen Bedingungen, die die weibliche Natur konstituieren, einige wesentliche Merkmale, die *die* Frau in ihrer Eigenart definieren? Stärke und Vernunft sind von Natur aus männlich, Anmut ist das Merkmal der Frau und die Quelle ihres Einflusses. Aber entwickelt sich die Anmut nicht den Umständen entsprechend unterschiedlich? Der Relativismus verweist wohl auf unveränderliche Merkmale, die aber immer abgewandelt werden können. Hier liegt eine der größten theoretischen Schwierigkeiten von Montesquieus *Vom Geist der Gesetze*, die auf der Ambivalenz des Begriffs Natur beruht. Montesquieus wissenschaftliches Projekt impliziert, daß die Natur nur ein Prinzip der kausalen Erklärung ist. Alles, was ist, ist in der Natur und kann rational verstanden werden. So gibt es Ursachen für die Schamlosigkeit gewisser Völker und für die Polygamie ... Aber Natur bedeutet immer auch einen Komplex primitiver Gesetze, die es erlauben, positive Gesetze zu normieren und zu beurteilen, insbesondere in den Fällen, in denen die positiven Gesetze durch die Gesetzgeber verbessert werden müssen.

Verbesserungen vorzunehmen ist in dem Maße notwendig, in dem Mann und Frau Wesen sind, die sich von der Natur entfernt haben. Sich von den Gesetzen der Natur zu entfernen ist nur einem Wesen möglich, das die Natur (oder Gott, das spielt hier keine Rolle) frei gewollt hat. Die ursprüngliche natürliche Vernunft kann unterschiedliche historische Formen annehmen, sie selbst steht der Bewegung und der Zeit fremd gegenüber. Von diesem normativen Gesichtspunkt aus kann Montesquieu die Polygamie, den Despotismus etc. negativ beurteilen und gleichzeitig eine »objektive« Erklärung liefern. Das gilt auch für die Sklaverei in allen ihren Formen.

Die Ambivalenz Montesquieus liegt darin, daß er zwei Thesen zusammenbringt: Man muß die ursprünglichen Gesetze der Vernunft erhellen, und die Geschichte wird durch die Gesetze erhellt.[30] Man kann die vielgestaltige Natur der Frau durch das erklären, was mit ihr passiert ist. Aber die Geschichte ihres Geschlechts bietet keine vollständige Erklärung für den Rest, der sie vom Mann unterscheidet und der sich eben nicht auf das Geschlecht allein reduzieren läßt. Damit ist der »objektive« Diskurs, den man über die Frau halten kann, im wesentlichen derjenige, der alle Ursachen betrachtet, die sie dazu gebracht haben, das zu sein, was sie ist. Montesquieu schreibt in *Mes pensées*: »Die Frauen sind falsch. Das kommt von ihrer Abhängigkeit. Es ist mit ihnen wie mit den Gesetzen des Königs: Je mehr ihr sie verschärft, um so mehr gebt ihr dem Schmuggel Auftrieb.«

Eine notwendige Erziehung

Betrachtet man die bildende oder verbildende Funktion der Erziehung, dann wird deutlich, daß die Frage nach der Natur des Menschen nicht länger nur als Frage nach seinem Wesen begriffen werden kann, sondern immer auch nach seiner Geschichte. Was für den Mann zutrifft, scheint noch zutreffender für Mädchen und Frauen, denen eine andere Erziehung mit anderen Zielen zuteil wird. Hier sei nur daran erinnert, daß die Mädchen darauf vorbereitet werden sollen, ihrer »natürlichen« Rolle als Gattin und Mutter gerecht zu werden, und daß alle im 18. Jahrhundert sich häufenden Abhandlungen über die Erziehung (von denen einige von Frauen geschrieben sind) im wesentlichen auf dem praktischen Aspekt ihrer Ausbildung insistieren. Die Erziehungsvorschläge betonen, zumeist mit den besten Absichten, die Ungleichheit der Geschlechterrollen. Es ist zweifellos möglich, an die natürliche Ungleichheit zu glauben und gleichzeitig die schädlichen Auswirkungen der traditionellen Erziehung (die Klöster etc.) auf die zerbrechliche und formbare weibliche Natur anzuprangern. Diese aufrichtige Verurteilung geht jedoch kaum über eine moralische Kritik hinaus. Sie ist blind dafür, daß die Erziehung zu einem großen Teil für das Verhalten, ja für das Wesen der Frau verantwortlich zu machen ist, wobei es leicht und beruhigend ist, dieses Wesen für ihre Natur zu halten.

Ganz anders bei den Philosophen, die die Gleichheit von Mann und Frau behaupten. Diese Behauptung setzt natürlich voraus, daß alle Fakten, welche die Ungleichheit manifestieren, außer acht gelassen werden. Aber wenn die Fakten sind, was sie sind, so sind sie nur ein Resultat und haben als solche keine erklärende Kraft. Die Gleichheit wird daher gewissermaßen *a priori* gesetzt, aber welche Gleichheit? Folgen wir zuerst den Gedanken von Helvétius in *Vom Geist* (dessen erste Ausgabe im Jahre 1758 anonym erschien), der behauptet, die Methode Bacons zu praktizieren, die von den Tatsachen ausgehend zu den Ursachen zurückgeht, in der Absicht, die Natur des Geistes zu beschreiben. Aber was versteht man unter Tatsachen? Eine Tatsache kann beobachtet werden, in diesem Fall die Fähigkeiten des Mannes, seine Handlungen und Leidenschaften etc. Aber die Beobachtung wird geleitet von einer Theorie der Erkenntnis und der Sitten, die den sensualistischen Empirismus radikalisiert: Alle unsere Vorstellungen und alle unsere Handlungen wurzeln in den Sinnen. Das *a priori* bei Helvétius ist die Idee, daß nichts dem Menschen von Natur aus gegeben ist, alles ist erworben, mit Ausnahme seiner Konstitution als fühlendes Wesen, das fähig ist, alles zu erwerben. Daraus folgt, daß alle menschlichen Wesen, unabhängig von ihrem Geschlecht oder ihrer Zugehörigkeit zu einem bestimmten Volk, ursprünglich gleich sind. Helvétius begründet diese Gleichheit nicht mit den Naturgesetzen, sondern mit der Identität des Geistes. Alle Männer und alle Frauen haben unter normalen Bedingungen die gleichen Gehirne, also die physische Möglichkeit, zu den höchsten Gedanken Zugang zu finden. Der Motor jedes menschlichen Verhaltens ist Eigennutz, ein Interesse, das unter einer guten Gesetzgebung dem allgemeinen Interesse nicht widerspricht. Aber woher rührt die Ungleichheit? Diese Frage stellt sich für beide Geschlechter, aber auch für das Verhältnis der Menschen untereinander. Die Ungleichheit verdankt sich nicht physischen, klimatischen oder anderen Bedingungen, sie liegt einzig im Bereich des »Moralischen«, das heißt der sozialen und politischen Faktoren, die die menschliche Gattung in ihrer Geschichte bestimmt haben. Die historische Entwicklung hat zu Unterschieden zwischen den Menschen geführt, insbesondere zu »Lastern«, die eher einem Geschlecht eigen zu sein scheinen. Ein Beispiel dafür ist die weibliche Galanterie, aber ist sie wirklich ein Laster? Der Luxus, den die galante Frau ermöglicht und begünstigt, ist für die Gesellschaft nützlich, er schafft Arbeitsplätze für alle möglichen Gewerbe ...

Wie dem auch sei, was eine schlechte Gesetzgebung hervorgebracht hat, kann eine gute Gesetzgebung wieder abschaffen, wenn Helvétius recht hat, daß allein die Kraft der Gesetze die Individuen und die Völker formen kann. Die grundlegende Funktion der Gesetzgebung ist aber die Erziehung, die »uns zu dem gemacht hat, was wir sind«.[31]

Die weibliche Ungleichheit, die Unterschiede in ihrer »Natur« und in ihrem »Verhalten«, die die Philosophen so stark betonten, sind nur die Auswirkungen der schlechten Erziehung der jungen Mädchen, die diese daran hindert, Fortschritte in den Wissenschaften und den Künsten zu machen, zu denen sie durchaus fähig sind. Die Frau wurde so geformt, daß sie nur »vorurteilshafte Tugenden« besitzt, deren Opfer sie ist. Ein Vorurteil kann aber per definitionem keine Gründe liefern. Man kann die der Frau auferlegte Verpflichtung, keusch zu sein, genauso wenig rechtfertigen wie die Praktiken der Fakire in Indien. Die sexuelle Freizügigkeit, insbesondere diejenige, die zwischen den Geschlechtern praktiziert wird, mag dem Theologen als Korruption erscheinen. Aber dem Philosophen? Helvétius stellt fest, daß die sexuelle Freizügigkeit, die in manchen Ländern und Religionen sehr wohl akzeptiert wird, weit davon entfernt ist, dem Glück einer Nation im Wege zu stehen.

Die Gleichheit der Gehirne von Männern und Frauen sollte eine gleiche Erziehung der Geschlechter nach sich ziehen. Ohne im einzelnen ein Erziehungssystem zu entwerfen, behauptet Helvétius, daß den Frauen nichts von dem, was ein Mann lernen kann, untersagt bleiben darf. Schließlich muß die Erziehung öffentlich sein und daher vom Staat organisiert werden. Nur eine gute Gesetzgebung kann für ein gutes Erziehungssystem bürgen. Und es ist nicht ausgeschlossen, daß man, um ein solches System errichten zu können, die Form des Staates ändern muß:

»Die Kunst, Menschen heranzubilden, hängt in jedem Land so eng mit der Regierungsform zusammen, daß es vielleicht nicht möglich ist, irgendeine bedeutende Veränderung in der öffentlichen Erziehung herbeizuführen, ohne eine Veränderung in der Verfassung der Staaten selbst zu bewirken.«[32]

Vom Geist wurde 1759 von Papst Clemens XIII. verboten und schließlich, zuerst auf Geheiß des Parlaments von Paris, später durch die theologische Fakultät der Sorbonne, feierlich verbrannt.

BÜRGERINNEN?

Wenn Mann und Frau gleich sind und wenn sich aus dieser Gleichheit der Geschlechter die Notwendigkeit einer gemeinsamen Erziehung ergibt, so scheint daraus auch das Recht zu folgen, daß Frauen am

politischen Leben teilnehmen dürfen – das Bürgerrecht. Der Begriff
des Bürgerrechts ist mit dem der Republik verknüpft, auch wenn die
sogenannte republikanische Regierungsform nicht immer die gleiche
Bedeutung hat. So ist Genf sehr wohl eine Republik, die Rousseau
in seiner Vorrede zum *Diskurs über den Ursprung und die Grundlagen der Ungleichheit unter den* Menschen würdigt. Genf, das mutmaßliche Land der Freiheit, der Herrschaft der von allen gewollten
Gesetze (Rousseau sollte später, nach dem Verbot von *Emile*, seine
eigenen Illusionen über diese »Republik« anprangern), setzt sich aus
Bürgern, aus dem ganzen Volk zusammen. Aber was ist mit den Frau-
en, die Rousseau als liebenswerte und tugendhafte Bürgerinnen
bezeichnet? Bürgerinnen sind sie nur deshalb, weil sie Gattinnen von
Bürgern sind, was ihnen aber kein anderes Recht verleiht, als die
Keuschheit der Sitten zu wahren und über das gute Einvernehmen in
der Familie zu wachen. Das Recht der Frauen bleibt damit auf die
private Sphäre beschränkt und ist von der politischen Wirklichkeit
ausgeschlossen. Das Gleiche gilt für Sophie. Sie hat kein Recht auf
den politischen Diskurs des Erziehers, der, bevor er sie verheiratet,
Emile, das zukünftige Familienoberhaupt, in sein Leben als Staatsbürger einführt: Was heißt es, an der Regierung zu sein, was ist ein
Vertrag, was heißt es, Bürger zu sein? Das Bürgerrecht der Frau ist
nur der passive Schatten des Bürgerrechts des Gatten und Familienoberhaupts. Rousseaus Diskurs ist von eigensinniger Kohärenz: Die
Frau ist dem Manne nicht gleichgestellt, sie erhält nicht die gleiche
Erziehung, sie ist Bürgerin nur aufgrund eines metaphorischen Wort-
gebrauchs.

In einer Republik, in der alle Bürger die gleichen Rechte haben, ist
die in der Natur begründete Gleichheit der Rechte, die Gleichheit der
Geschlechter, die Gleichheit des Unterrichts das Fundament für das
Bürgerrecht der Frau, das heißt für ihre politischen Rechte. Condorcet
ist zweifellos der Philosoph, der im letzten Viertel des 18. Jahrhunderts
die radikalste Form der Aufklärung vertritt: Wenn nur einem Individuum seine Rechte vorenthalten werden, wird dadurch das allgemeine
Prinzip der Gleichheit der Menschen gestört.

Im Juli 1790 veröffentlicht Condorcet in der Nummer 5 des *Journal
de la Société de 89* einen Aufsatz mit dem Titel »Sur l'admission des
femmes au droit de cité«. Er beginnt damit, daß Philosophen und Gesetzgeber ständig das natürliche Recht eines jeden Menschen auf
Gleichheit verletzt haben: »Sie haben in aller Ruhe der Hälfte der
Menschheit das Recht abgesprochen, bei der Entstehung der Gesetze
mitzuwirken, indem sie den Frauen das Bürgerrecht vorenthielten.«[33]
Condorcet polemisiert schonungslos gegen das Vorurteil, wonach die
Frau ein körperlich schwaches und damit minderwertiges Wesen sei.

Die weibliche Sexualität ist mit vorübergehenden Unpäßlichkeiten (Menstruation, Schwangerschaft etc.) verbunden, aber das Bürgerrecht kann den Frauen deshalb ebensowenig verweigert werden, wie Schnupfen, Gichtanfälle und andere gesundheitliche Störungen die Männer davon abhalten, von ihm Gebrauch zu machen. Ein anderes Vorurteil, daß es in Wissenschaft und Kunst nie geniale Frauen gegeben habe, hat nicht mehr Gewicht. Stellen wir uns vor, daß nur geniale Männer Stimmrecht hätten. Es wäre wohl schwer, in diesem Fall eine vernünftige Zahl von Bürgern zu finden! Frauen konnten ihre politischen Talente zeigen, wenn sie aufgrund der Regierungsform dazu die Möglichkeit hatten. Es gab große Königinnen und Kaiserinnen – um nur Elisabeth von England, Katharina von Rußland und Maria-Theresia von Österreich zu nennen. Frauen sind fähig zu philosophieren, sich literarisch und wissenschaftlich zu betätigen. Das aufgeklärte Jahrhundert ist der augenfällige Beweis, denn Condorcet, der mehrere Salons frequentiert, darunter auch den von ihm sehr geschätzten seiner Frau Sophie de Grouchy, glaubt, daß diese von Frauen organisierten Salons der bevorzugte Ort für die Verbreitung der Aufklärung sind.

Condorcet unterwirft alle Vorurteile, die zur Entstehung einer Pseudo-Wahrheit über die Natur und die Sitten der Frau beigetragen haben, einer genauen Analyse. Diese Natur und diese Sitten sind in Wirklichkeit das Ergebnis einer langen Geschichte, einer heimtückischen Sedimentierung von Gewohnheiten. Die Frau ist genauso wenig von Natur aus frivol, verlogen, hinterhältig, durchtrieben etc., wie der schwarze Sklave von Natur aus ein Feigling und Drückeberger ist, unfähig, ein gegebenes Wort zu halten (im übrigen bittet man ihn auch nicht darum!). Die Frau und der Neger als menschliche Wesen, deren Rechte Condorcet unbeirrt verteidigt, sind nur die traurigen Produkte einer tyrannischen Ordnung, einer irrationalen Macht. Der Schwarze erhält keine Erziehung, er ist der rohen Gewalt seines Herrn unterworfen; die Frau wird unglücklicherweise vor allem von den Priestern erzogen, die ihre Sexualität und ihren Geist einer Autorität unterwerfen, die die Frau nicht verstehen soll. Über die Frau wollen sich die Priester die ganze Menschheit gefügig machen. Die Autorität des Vaters und des Ehemannes setzt die weibliche Knechtschaft fort – aber eine Autorität, die auf ein Wesen ausgeübt wird, das dazu erzogen wurde, sich willenlos zu unterwerfen, ist keine verantwortungsvolle Autorität. Condorcet, der von der Allgemeinheit der Vernunft überzeugt ist, hält einer jeden Theorie, die behauptet, die Frau habe weniger Verstand als der Mann, entgegen, daß die Frauen »sich nicht durch die Vernunft der Männer leiten lassen, sondern durch ihre eigene«.[34] Heißt das, daß es sich um zwei von Natur aus verschiedene Formen der Vernunft handelt? Die Vernunft beruht bei jedem menschlichen Wesen auf seinem Interesse. Wenn es einen Unterschied zwischen den Geschlechtern gibt, so den, daß die Frau ihre eigenen Interessen verfolgt. Aber die Interessen der Frau sind durch die Gesetze der Männer gemacht worden. Die Frau schminkt sich nur deshalb, weil sie auf den Schein reduziert wurde. Ihre Vernunft muß sich schmücken.

Bedeutet das Bürgerrecht der Frau nicht eine Gefahr für den Zusammenhalt der Familie? Wird sie dann nicht den ihr von der Natur bestimmten heimischen Herd vernachlässigen, den privaten Bereich, um sich im öffentlichen Bereich an der Gesetzgebung zu beteiligen? Dieses Argument scheint die letzte Bastion derjenigen zu sein, die glauben, die Ungleichheit der Geschlechter müsse im Namen des öffentlichen Nutzens, des allgemeinen Interesses aufrechterhalten werden. Condorcet stellt diesen Trugschluß in Frage:

»Im Namen des öffentlichen Nutzens stöhnen Handel und Industrie in ihren Ketten und wird der Afrikaner als Sklave gehalten; im Namen des öffentlichen Nutzens wurde die Bastille gefüllt, wurden Zensoren für Bücher eingesetzt und geheime Prozesse abgehalten, wurde gefoltert.«[35]

Condorcet ist der Ansicht, daß die öffentliche Verantwortung einer Frau, die Mitglied einer Nationalversammlung wäre, dem Familienleben keineswegs schaden würde, da diese dadurch besser in der Lage wäre, ihre Kinder zu erziehen und Menschen aus ihnen zu machen.

1790/91 veröffentlicht Condorcet in der Bibliothèque de l'homme public *Cinq Mémoires sur l'instruction publique*. Die Nationalversammlung beauftragte ihn, einen Entwurf zum öffentlichen Unterricht vorzubereiten, den er im April 1792 vorlegte, der aber nicht angenommen wurde. Dieser Entwurf ist von beträchtlicher Tragweite, ein Monument der Aufklärung. Der Unterricht verfolgt eine klare politische Zielsetzung: Da die Unwissenheit immer die Tyrannei begünstigt hat, ist der Unterricht das einzige Mittel, die Freiheit und Gleichheit eines Volkes zu garantieren. Der Unterricht muß öffentlich, weltlich und kostenlos sein. Eine solche Auffassung ist untrennbar von einer Regierungsform, die die Gleichheit aller vor dem Gesetz erklärt und deren Bürger nur den Gesetzen gehorchen, an deren Entstehung sie beteiligt waren, in einem Wort: von der Republik. Der Unterricht trägt zur Vervollkommnung der Menschheit bei und beschleunigt den unumstößlichen Fortschritt der Freiheit und Rationalität. Dieser Fortschritt führt, wenn auch mit Krisen und Einbrüchen, zum allgemeinen Glück. In seinem Entwurf eines öffentlichen und weltlichen Unterrichts trennt Condorcet zwischen Unterricht und Erziehung. Der Unterricht ist Sache der Schule, die allein die gleiche Behandlung der Schüler, was den zu unterrichtenden Stoff betrifft, garantieren kann; die Erziehung ist Sache

der Familie. Condorcet argumentiert folgendermaßen: Da sich Familien
je nach ihrer sozio-ökonomischen Lage unterscheiden, tragen sie zur
Ungleichheit bei. Wenn die Schule sich in die Erziehung einmischen würde, so geriete sie nur in Konflikt mit der Familie. Für Condorcet gibt es
keinen »privaten« Raum, der im öffentlichen Raum so etwas wie einen
Staat im Staate bilden könnte. Wenn er das Feld der Erziehung der Familie überläßt, so deshalb, weil er davon überzeugt ist, daß mit dem Fortschritt der Aufklärung diese Anschauungen verschwinden werden. Was
zweifellos eine Illusion der Aufklärung ist ...

Im ersten Teil seiner *Mémoires* betont Condorcet, daß Männer und
Frauen gemeinsam unterrichtet werden sollen: »Da jeder Unterricht sich
darauf beschränkt, Wahrheiten darzulegen und Beweise zu entwickeln,
ist nicht einzusehen, warum der Unterschied zwischen den Geschlechtern Unterschiede in der Auswahl dieser Wahrheiten oder in der Art
der Beweisführung erforderlich machen sollte.«[36]

Wesentlich ist, daß die Frau im Namen der Gleichheit der Rechte
den gleichen Unterricht wie der Mann erhalten soll. Gleicher Unterricht für Frauen und Männer ist von öffentlichem Nutzen – hier geht
es nicht mehr um ein Prinzip, sondern um eine pragmatische Überlegung. Eine gebildete Frau kann die Erziehung ihrer Kinder überwachen, und da sie aufgrund ihrer Kenntnisse ihrem Mann gleich ist,
kann sie das Glück der Familie vermehren. Und sie macht es ihrem
Gatten möglich, seine in der Jugend erworbenen Kenntnisse nicht zu
vergessen(!).

Aber vor allem: Wenn die Ungleichheit der Frau aufrechterhalten
würde, wäre es nicht möglich, die Ungleichheit unter den Männern
abzuschaffen. Das bedeutet, daß auch die Männer nicht frei und
gleich sein können, wenn die Hälfte der Menschheit nicht von ihren
jahrhundertealten Fesseln befreit wird. Die Aufklärung ist nicht allein
Sache der Männer. Wer dies glaubt, geht unvernünftigerweise davon
aus, daß ein Geschlecht der Endzweck des anderen ist, für Condorcet eine mittelalterliche Denkweise. »Der Starke ist in seinem Stolz
leicht geneigt zu glauben, daß der Schwache für ihn geschaffen wurde; aber das ist weder eine Philosophie der Vernunft noch der
Gerechtigkeit.«[37]

In seiner *Histoire socialiste de la Révolution française* sagt Jean
Jaurès, daß Condorcets großes Denken die Zukunft eröffnet hat. Aber
die von ihm entworfene großartige Theorie des Fortschritts der
Menschheit ist nicht so radikal, als daß nicht einige Anachronismen
in ihr fortlebten.

So haben die Frauen wie die Männer das Bürgerrecht. Aber um das
Recht zu haben, ihre Vertreter zu wählen (und selbst wählbar zu sein),
müssen beide Geschlechter bestimmte Bedingungen erfüllen, darunter

als erste, Besitz zu haben, und als fünfte, nicht von einer *Person* oder Körperschaft abhängig zu sein. Das Bürgerrecht gilt also nicht für alle, im Gegensatz zu dem, was die naturbedingte Gleichheit der Rechte erwarten läßt. Während der Zeit der Revolution ist die Vorstellung geläufig, daß das Wahlrecht aller Bürger sich auf dasjenige der aktiven Bürger reduziert, die in der Lage sind, den Zensus zu zahlen. Dieses Zensuswahlrecht gilt nur für die Männer, Frauen sind davon ausgeschlossen. Condorcet vertritt die Auffassung, daß das Geschlecht beim Bürgerrecht keine Rolle spielen soll. Die Frau soll es erlangen können, wenn sie Besitz hat. Das alte Feudalrecht, das den Frauen, die ein Lehen besaßen, das Recht einräumte, zum Beispiel an der Wahl der Vögte teilzunehmen, sollte nach Condorcet nicht abgeschafft, sondern auf alle über Besitz verfügenden Frauen, die einem Haushalt vorstehen, ausgedehnt werden.

Vom allgemeinen Unterricht erwartet Condorcet das Verschwinden der Vorurteile, die die Vorstellung von der intellektuellen Minderwertigkeit der Frau aufrechterhalten. Aber hinter dem generösen Prinzip der Gleichheit der Geschlechter bleibt ein Unterschied bestehen: Bestimmte Berufe sind den Männern vorbehalten, die Frauen haben eigene Berufe (so sind sie zum Beispiel geeigneter, Schulbücher für die Anfangsklassen zu schreiben und die Wissenschaften durch ihr natürliches Beobachtungstalent vorwärtszubringen). Die Frau ist von Natur aus und aus Neigung ein häusliches Wesen, daher nimmt sie die Rolle der Hauslehrerin ein. Die Frau fühlt sich wohl in ihrem Heim, und die aufgeklärte Frau empfängt in ihrem Salon.

Es bleibt zwischen den Geschlechtern ein Unterschied bestehen, den Condorcet nicht als Ungleichheit sehen will. Er vermutet, daß Frauen aufgrund ihrer geschlechtsbedingten Verschiedenheit die Menschheit zu Formen des Wissens führen können, die den Männern vorenthalten sind:

»Wer weiß, ob nicht, wenn eine andere Erziehung die natürliche Entwicklung des weiblichen Verstandes möglich macht, die intimen Beziehungen der Mutter und der Amme zu dem Kind, Beziehungen, die die Männer nicht haben, der Frau erlauben, Entdeckungen zu machen, die für die Erkenntnis des menschlichen Geistes und für die Kunst, diesen zu vervollkommnen und seinen Fortschritt zu befördern, bedeutender und notwendiger sind, als man glaubt?«[38]

Kommt man damit nicht gewissermaßen auf eine Definition der weiblichen Eigenart zurück, die auf »natürliche« Weise mit ihrer Funktion der Arterhaltung verbunden ist? Vielleicht; aber was hier als scheinbar unbedeutend außer acht gelassen wird, ist die Rolle der Ehefrau.

DAS IRRITIERTE ALLGEMEINE

Der Diskurs der aufgeklärten Philosophen kann bei allen Unterschieden nicht außer acht lassen, daß es trotz der Erklärung der natürlichen Freiheit und Gleichheit eines jeden menschlichen Individuums einen letzten, nicht mehr verstehbaren Rest gibt, der den selbstverständlichen Anspruch der Vernunft auf Allgemeingültigkeit irritiert. Der großartige Gedanke der Gleichheit der Rechte birgt in sich eine Kraft, die das etablierte gesellschaftliche Gleichgewicht zu sprengen vermag. Daß unfreie Männer frei und gleich werden, ist nicht so erschreckend. Aber was ist mit den Frauen, wenn das Prinzip der Gleichheit auf alle menschlichen Wesen angewandt werden soll? (Und was mit den Sklaven, wenn man sie befreit?) Die Schwierigkeit dabei ist, daß es zwei Geschlechter und unterschiedliche »Rassen« gibt. Welch ein Traum, sich ein einziges Geschlecht vorzustellen, das in der Lage wäre, sich unterschiedslos selbst zu reproduzieren wie in dem Mythos des Aristophanes die Kugeln, die alle gleich aussahen und von Zeus zur Strafe in zwei Hälften geteilt wurden, um diese unmögliche Art zu zwingen, einander näherzukommen?[39] Und welch ein Traum, sich vorzustellen, die Gattung Mensch sei autochthon, dem Boden entsprossen und alle hätten die gleiche Farbe ...

Aber die Unterschiede existieren. Ob man sie betont oder zu reduzieren versucht, in die männlichen Diskurse schleichen sich, mehr oder weniger verstohlen, immer Widersprüche ein.

Um die theoretischen Schwierigkeiten lösen zu können, die der Unterschied der Geschlechter dem aufgeklärten Geist bereitet, scheint sich die Möglichkeit zu bieten, der Frau einen ambivalenten Status zuzuschreiben. Kant ist diesen Weg zweifellos am weitesten gegangen, nicht ohne Gefahren.

Die Frau ist wie der Mann eine Person im ethischen Sinn des Begriffs. Als autonome Wesen sind Mann und Frau vor dem moralischen Gesetz gleich, welches allgemein durch den freien Willen konstituiert wird und welchem dieser sich unterwirft. In diesem Sinne ist jedes menschliche Wesen Bürger in der ethischen Gemeinschaft, die Kant als das »Reich der Zwecke« bezeichnet. Aber kann eine solche Gleichheit in der rechtlichen Ordnung aufrechterhalten werden? Das Recht wird nach Kant durch ein System von Zwängen definiert. Jede Freiheit findet dort ihre Grenze, wo die Freiheit des anderen beginnt. Die innere ethische Freiheit muß sich aber in Handlungen realisieren, sich manifestieren können, wenn sie nicht pure Absicht bleiben will; die Manifestation einer Freiheit impliziert ihre »Verkörperung« in einer Sache. Diese Sache ist ein Besitz (nach Kant im wesentlichen der Besitz des Bodens, der einen »substantiellen« Wert hat). Wir betreten hier die

Sphäre des Privatrechts. Dieses Recht unterscheidet sich dadurch vom öffentlichen oder politischen Recht, daß es die Beziehungen der Individuen zu den Sachen regelt (dingliches Recht) sowie die Beziehungen der Eigentümer untereinander (persönliches Recht, Vertragsrecht). Es impliziert nicht per se eine den Individuen übergeordnete staatliche Instanz, bezieht sich aber notwendigerweise insoweit darauf, als nur der politische Staat das Eigentum und die Gültigkeit der Verträge garantieren kann. Nur derjenige kann eine juristische Person sein, der seine Freiheit im Eigentum veräußerlicht. Auf politischer Ebene haben nur die Eigentümer das Wahlrecht in einem republikanischen Regime, das nach Kant nichts zu tun hat mit einer wie auch immer gearteten Demokratie. Kann die Frau als Eigentümerin die gleichen Rechte haben wie ein Mann, der Eigentum besitzt? Strenggenommen nein. Um den Status der Frau darzulegen (aber auch den der Diener und der Lohnempfänger, die von einem Meister oder einem Arbeitgeber abhängig und daher in der Gesellschaft nicht autonom sind), führt Kant eine juristische Neuheit ein, das »auf dingliche Art persönliche Recht«, das er folgendermaßen definiert: »Es ist das Recht des Menschen, eine Person außer sich als das Seine zu haben.«[40] Im Klartext erlaubt diese Form des Rechts, ein Wesen, das eine Person ist, wie eine Sache zu besitzen. Besser kann man die rechtliche und soziale Ungleichheit nicht begründen, und zwar nicht nur die der einen Hälfte der Menschheit, sondern die eines jeden Individuums, das einen Lohn empfängt. Im Zentrum der Macht steht der Besitzer, als Ehemann, Vater, Hausherr ... Der Beweis dafür ist, daß man eine Person wie eine Sache *(res)* behandeln kann. Wenn die Frau oder der Diener fliehen (Kant analysiert nicht die Gründe dieser Flucht), hat der Besitzer ein Recht, sie zu verfolgen. Die Absicht dieser seltsamen Kant'schen Neuerung liegt darin, eine faktische Beherrschung von Rechts wegen zu begründen. Die Untersuchung der ehelichen Gemeinschaft bringt die wahre Natur dieses »neuen« Rechts ans Licht. Die eheliche Gemeinschaft, deren Zweck die Fortpflanzung ist – wobei Unfruchtbarkeit kein Grund für ihre Auflösung ist –, erlaubt beiden Geschlechtern, den Körper des Partners zu benutzen und zu genießen. Die natürliche Sexualität hat immer etwas Tierisches an sich:

»(...) ist der fleischliche Genuß dem Grundsatz (wenn gleich nicht immer der Wirkung nach) cannibalisch. Ob, mit Maul und Zähnen, der weibliche Teil durch Schwängerung, und daraus vielleicht erfolgende, für ihn tödliche Niederkunft, der männliche aber durch, von öfteren Ansprüchen des Weibes an das Geschlechtsvermögen des Mannes herrührende Erschöpfungen aufgezehrt wird, ist bloß in der Manier zu genießen unterschieden, und ein Teil ist in Ansehung des anderen, bei diesem wechselseitigen Gebrauche der Geschlechtsorganen wirklich eine verbrauchbare Sache (res fungibilis) (...).«[41]

Den Anderen und seinen Körper als Sache zu behandeln widerspricht dem Recht des Menschen, nicht nur als ein Mittel behandelt zu werden. Aber wenn aufgrund einer freien Übereinkunft des beiderseitigen Willens beide damit einverstanden sind, als Sache behandelt zu werden, macht diese Wechselseitigkeit zwischen den Parteien eine beiderseitige sexuelle Benützung unmöglich. Eine solche Übereinkunft definiert einen Vertrag: Durch die Heirat erklären sich beide Gatten damit einverstanden, von ihrem Ehepartner benutzt zu werden. Die monogame Ehe normiert den Kannibalismus der natürlichen Sexualität. Ein seltsamer Vertrag, der die Eigenschaft hat, unaufhebbar zu sein! Diese Gleichheit der Ehegatten in bezug auf den körperlichen Besitz schließt nach Kant weder die gesetzmäßige Herrschaft des Mannes über die Frau aus noch widerspricht sie ihr. Denn der Mann ist der Frau von Natur aus überlegen, ohne daß es nötig wäre, einen solchen Anspruch zu legitimieren.

Abgesehen von dieser legalisierten Sexualität und ihrer moralischen Würde, die sie ihre Pflicht tun läßt, bleibt die Frau unterlegen. Das Allgemeine stößt hier an seine am meisten irritierende Grenze: Auch wenn es für jedes menschliche Wesen gilt, so herrscht es nur in der Ordnung der reinen praktischen Vernunft, in der der moralischen Autonomie.

Es ist ein Anliegen der Aufklärung, die weibliche Verschiedenartigkeit zu denken, eine Verschiedenartigkeit, die immer mehr oder weniger als Minderwertigkeit gesehen wird, wobei gleichzeitig versucht wird, sie mit dem Prinzip einer Gleichheit zu versöhnen, die im Naturrecht begründet ist. Es soll der Frau eine gesellschaftliche Rolle als Gattin und Mutter zugewiesen werden. Jeder aufgeklärte Denker betont, daß dies für die Frauen eine Notwendigkeit ist. Durch diese von der Natur gewollte Funktion ist es der Frau in gewisser Weise möglich, Bürgerin zu sein. Ein politischer Status wird der Frau nie unmittelbar zuerkannt (außer vielleicht von Condorcet). Man kann sagen, daß die am meisten vertretene Ideologie im 18. Jahrhundert die Annahme ist, der Mann sei der Endzweck der Frau. Rousseau treibt diese Theorie sicherlich auf die Spitze, da die Erziehung Sophies (man heißt nicht zufällig Sophie!) gänzlich auf das Glück Emiles ausgerichtet ist. Aber indem er sie auf die Spitze treibt, zerstört er sie. Die Erziehung Sophies hat einen fatalen Fehler: Niemand hat sie über die Herrschaft der Notwendigkeit aufgeklärt. Zweifellos bestand ihre Erziehung aus einem System sanfter Zwänge, da es ihr Schicksal als Ehefrau sein wird, Zwängen zu unterliegen, aber es wurden ihr nicht die Mittel an die Hand gegeben zu verstehen, daß es Dinge gibt, die nicht von uns abhängen. Deshalb kann sie sich nicht mit dem Tod ihrer Eltern abfinden und vor allem nicht mit dem Tod ihrer Tochter. Emile führt die untröstliche Sophie nach Paris–Babylon, in das Zentrum aller Laster, denen Sophie nicht widerstehen wird – man hat es sie nicht gelehrt.

In *Emile et Sophie ou les Solitaires* sprengt Rousseau das ganze Erziehungssystem, das das Schicksal von Emile und Sophie bestimmt hat. Emile verläßt die untreue Gattin, findet Arbeit, entzieht sich seiner Familie und seinem Vaterland, wird Sklave in Algier, lernt den harten Stand einer irrationalen Knechtschaft kennen, organisiert den Aufstand seiner Gefährten und hält schließlich dem Herrn über die Sklaven einen aufgeklärten Vortrag (der Text ist zwar unvollendet, aber konnte es anders sein?). Dadurch daß er aufhört, Familienvater und Bürger zu sein, wird Emile immer mehr zum Menschen. Aber hat sich Sophie befreit? Die Frage ist in dieser Form anachronistisch. In ihrem Unglück wird die Nichtigkeit von Sophies Erziehung offensichtlich. Sophie hat weder verraten noch gelogen, aber sie hat aufgehört, Emile alleine zu gehören; dadurch erfährt der Mann endlich die prosaische Wirklichkeit der Welt und gelangt so – warum nicht? – zum Bewußtsein seiner selbst.

Aus dem Französischen von Roswitha Schmid

11

DER MEDIZINISCHE UND ANDERE WISSENSCHAFTLICHE DISKURSE

Évelyne Berriot-Salvadore

Angefangen von den Enzyklopädien des Mittelalters bis hin zu den verschiedenen Sammelwerken der Renaissance, von den Predigern der Gegenreformation bis zu den Rednern der Revolution mußte der medizinische Diskurs dazu herhalten, die der Frau in Familie und Gesellschaft zugewiesene Rolle zu rechtfertigen. Wenn Marie de Gournay sich bereits 1622 in *L'Egalité des hommes et des femmes* darüber entrüstet, daß eine bestimmte Sicht der weiblichen Physiologie als Vorwand für Diskriminierungen diente, so hatte sich daran zu Constance de Theis' Zeiten kaum etwas geändert. In ihrer *Epître aux femmes* von 1797 nahm sie solche Vorurteile aufs Korn:

»Lassen wir den Anatomen, blind in seiner Wissenschaft,/kunstvoll die Stärke einer Faser berechnen,/und daraus den unwiderruflichen Schluß ziehen,/daß seine Frau ihm ewigen Respekt schuldet.«

Die theoretische Basis dieses Diskurses war bereits gegen Ende des 13. Jahrhunderts gelegt worden: Die Palette der Möglichkeiten schloß dabei die aristotelische Doktrin, in der die Frau als unvollständig betrachtet wurde, ebenso ein wie die Lehren Galens, in denen sie auf ihr beunruhigend eigentümliches Organ – den Uterus – reduziert wurde. Die Frauenheilkunde blieb vom Mittelalter bis zum 19. Jahrhundert gefangen in diesem Spektrum, was zweifellos einen raschen Fortschritt in der Anatomie und Biologie verhinderte. Aber das Fortleben der Stereotypen und die offensichtliche Reproduktion des Diskurses verbergen Entwicklungen und Einbrüche, die um so schwieriger zu analysieren sind, als sie nicht zwangsläufig mit den Wendepunkten der Medizingeschichte einhergehen. Zur Disposition stand vielleicht weniger die Kenntnis der eigentlichen Natur und Funktion der Geschlechter – diese wurde erst im 19. Jahrhundert geliefert – als die Art und Weise, in der die Geschlechterdifferenz auf die kosmische und soziale Ordnung einwirkte.

DIE WEIBLICHE NATUR

Dieses Thema ist an sich problematisch. Das Interesse der Naturwissenschaftler an der Frau war Teil eines allgemeinen Interesses an der menschlichen Fortpflanzung. Der Geschlechtsdimorphismus war für den Biologen wie für den Anatomen ein Geheimnis. Im Mittelalter gab es eine lebhafte Kontroverse zwischen den Anhängern des Aristoteles, welche die Frau als passives Gefäß für den Embryo betrachteten, und den Erben des Hippokrates, die den weiblichen Körper als in zweierlei Hinsicht aktiv ansahen: nämlich deshalb, weil er Samen und Nahrung produzierte, aus denen der Embryo sich herausbildete. Der Streit schien sich im 14. Jahrhundert gelegt und zu einem Kompromiß geführt zu haben, der in der Haltung Henri de Mondevilles zum Ausdruck kommt: Da für die menschliche Fortpflanzung sowohl der Körper des Mannes als auch der Körper der Frau erforderlich waren, erschien es nützlich, die Anatomie der Frau zu studieren, auch wenn diese Galen zufolge lediglich eine nach innen ausgestülpte Version des männlichen Körpers war.

Wozu über die Frau sprechen?

Die zahlreichen kommentierten Übersetzungen der Schriften Galens und Hippokrates' brachten im 16. Jahrhundert die Diskussion wieder in Gang, verliehen ihr aber eine andere Dimension, da sich der medizinische Diskurs nunmehr als *praxis* und *doxa* verstand. Obwohl durch keine bedeutende anatomische Entdeckung das Schema ins Wanken geriet, das bereits im 4. Jahrhundert vor Christus von Hierophilos aufgestellt worden war, bezeugen das Interesse der Studenten an Sezierungen von Frauen in den anatomischen Fakultäten bedeutender Universitäten sowie die immer zahlreicheren anatomischen Traktate und praktischen Handbücher in französischer Sprache, daß auf dem Gebiet der Gynäkologie und Geburtshilfe lebhaft geforscht wurde. Die Spezialisten der Frauenheilkunde erkannten gegen Ende der Renaissance, daß sich ihre Kunst verändert hat: Früher, so schreibt Jean Liébault im *Thresor des remedes secrets pour les maladies des femmes* (1585), hätten es die meisten der Traktate über die Pathologie vermieden, sich mit Frauenkrankheiten zu beschäftigen, denn die Materie galt als zu schwierig und zu undurchsichtig; heute verstünden die Ärzte die Lehren des Hippokrates besser und seien vom gleichen Geist der Nächstenliebe beseelt, um der Frau in ihren Bedrängnissen beizustehen. Vor allem begann der Arzt der Renaissance, die moralischen und sozialen Konsequenzen dieser Theorien zu ermessen: Wie konnte man einen Körper verachten und vernachlässigen, der eigens dazu geschaffen war, einen Mitmenschen zu empfangen und zu gebären? Ärzten des ausgehenden 16. Jahrhunderts wäre der misogyne Spott, der in einer Ausgabe der *Practica* von Arnaud de Villeneuve zu lesen ist, fast als Gotteslästerung erschienen: »Ich beschäftige mich hier, mit Gottes Hilfe, mit dem, was die Frauen betrifft, und da die Frauen zumeist bissige Tiere sind, werde ich anschließend den Biß der giftigen Tiere behandeln.«[1]

Wenn Mediziner nicht nur Kollegen und Hebammen, sondern alle Personen mit gesundem Menschenverstand – einschließlich Frauen – anzusprechen suchten, konnte dies nicht ohne Einfluß auf das soziale Verhalten bleiben, selbst wenn dabei zumeist weitverbreitete Vorurteile artikuliert wurden. Warum empfinden die meisten Männer die Geburt einer Tochter als Schande, fragte sich zu Beginn des 17. Jahrhunderts der Mediziner Louys de Serres bei seinen Forschungen über die Sterilität. Nicht weil sie ein Geschöpf, das nach ihrem Bilde geschaffen wurde, verabscheuten, sondern weil sie unter dem Einfluß einer Tradition standen, die sich seit dem Altertum, seit Aristoteles und Galen, bis hin zu Rabelais und Tiraqueau, hartnäckig gehalten hatte.

Die meisten medizinischen Texte boten eine negative Sicht des weiblichen Geschlechts. War dies lediglich die Reproduktion kultureller Vorurteile, wie Louys de Serres zu verstehen gibt? Der Naturforscher der Renaissance ebenso wie der des ausgehenden Mittelalters war in der Tat Gefangener einer bestimmten Methodologie: Seine Beobachtungen des weiblichen Körpers sind Analogieschlüsse, die den männlichen Körper als Bezugspunkt nehmen. In seiner Würdigung Galens, der höchsten wissenschaftlichen Autorität, vergaß der Anatom niemals das eine grundlegende Prinzip: »Alle Zeugungsorgane des Mannes finden sich auch bei der Frau.« Der einzige Unterschied bestand in der unterschiedlichen Lage der Organe. Diese Beschreibung, die im übrigen das aristotelische Bild der Frau als eines unvollendeten Mannes beibehielt, bildete ein ernsthaftes Hindernis für den Fortschritt der Gynäkologie. Dies läßt sich ermessen an der Haltung von Philippe de Flesselles, eines Anhängers von Galen, der zwar vorgibt, seinen Lesern eine vollständige Beschreibung des menschlichen Körpers zu bieten, dabei aber die Anatomie der Frau unberücksichtigt läßt, weil »der Unterschied des Geschlechts nur ein zufälliger Unterschied ist«.[2] Das Traktat des Pariser Arztes wurde zu einem bedeutsamen Zeitpunkt veröffentlicht, nämlich kurz vor den revolutionären anatomischen Entdeckungen, die Wegbereiter der modernen Gynäkologie und Geburtshilfe werden sollten. Das berühmte Titelblatt der *Fabrica* von Vesalius, das einen Frauenkörper zeigt, um eine Anatomiestunde zu illustrieren, zeugt vom großen Interesse an diesen Studien. Aber die Abbildungen in den Kapiteln, die den Zeugungsorganen gewidmet sind, demonstrieren auch, wie sehr die Anatomen Gefangene der antiken Analogie blieben: Die Gebärmutter und der Gebärmutterhals weisen eine erstaunliche Ähnlichkeit mit den Genitalien des Mannes auf. Diese Darstellung, die Anlaß zu den verschiedensten Interpretationen solch unterschiedlicher Disziplinen wie der Teratologie oder der Psychoanalyse gegeben hat, mutet indes nicht ungewöhnlich an, wenn man die anderen Anatomen betrachtet, die ein dreiviertel Jahrhundert lang trotz unbestreitbarer Fortschritte in den anatomischen Beobachtungen eben diese Darstellung reproduzierten. Das erfolgreiche Werk Scipion Mercurios, *La commare o riccoglitrice*, das bis Ende des 17. Jahrhunderts immer wieder neu aufgelegt und übersetzt wurde, bietet hierfür ein treffendes Beispiel.[3]

In *La Dissection des parties du corps humain*, erschienen 1546, mit Abbildungen des Chirurgen La Rivière, war Charles Estienne offensichtlich darum bemüht, eine zufriedenstellende Beschreibung der weiblichen Fortpflanzungsorgane zu liefern, die er ausdrücklich von denen des Mannes unterscheidet. Ihm lag daran, all das aufzuzeigen, was sich nicht im männlichen Körper finden ließ. Dennoch folgte seine rigorose Betrachtungsweise einem anderen Imperativ: dem Respekt vor der Autorität Galens. Nachdem er seine Freiheit als Wissenschaftler demonstriert hat, begleicht er daher seine Schuld mit einer orthodoxen Erklärung, die im Widerspruch zu seinen Beschreibungen steht, denn er ist weit davon entfernt, dem Meister widersprechen zu wollen! Man könnte hier natürlich Konformismus und übertriebene Vorsicht vermuten, fänden sich nicht ähnlich paradoxe Erklärungen bei zahlreichen anderen Autoren wieder, sogar bei denjenigen, die wie Ambroise Paré nicht immer blinden Gehorsam gegenüber den Griechen und Römern bewiesen. Der autodidaktische Chirurg erklärt in *De l'anatomie*, daß die Gebärmutter ein spezifisches Organ der Frau ist, im übrigen jedoch erinnert er sich des unerschütterlichen Grundsatzes, der sich auf die lapidare Formel bringen läßt, daß die Frau lediglich eine Inversion des Mannes sei.

Galens a priori stellt eine Grenze dar, die der Wissenschaftler seinen Beobachtungen setzt. Deshalb fühlt sich Pierre Franco bemüßigt, eine

Rechtfertigung dafür zu liefern, daß er einige Kapitel seines chirurgischen Traktats der weiblichen Anatomie widmet: »Da die Kunst der Chirurgie häufig für die schamhaften Teile der Frau gebraucht wird, glauben wir, daß es nicht lächerlich ist, darüber zu schreiben . . .«[1]

Diese Haltung, die sich aus der analogischen Vorgehensweise erklärt, und die noch begünstigt wird durch die Zweideutigkeit der anatomischen Terminologie, kann sich auch dem Volksglauben nicht verschließen, der auf unterschiedlichen kulturellen Stufen in zahlreichen Schriften gegenwärtig ist. So wurden aus den Geschichten über die Umwandlung von Mädchen in Männer, die seit Plinius in den »Kuriositätensammlungen« zu finden waren, wissenschaftlich beglaubigte Tatsachen. Wenn der Vielschreiber Antoine Duverdier von dem Mißgeschick eines Bauernmädchens berichtet, das zum Zeitpunkt ihrer Menarche ein – bis dahin in ihrem Bauch verstecktes – männliches Glied aus sich herausstieß, so beruft er sich dabei auf den Arzt Amatus Lusitanus. Selbst Montaigne, der von ähnlichen Phänomenen weiß, verweist auf einen Bericht des Ambroise Paré. Sowohl der wissenschaftliche Diskurs als auch die Alltagsrede verbürgten sich wechselseitig und spiegelten immer das gleiche Bild wider: das eines unvollendeten oder mangelhaften weiblichen Körpers.

Weibliche Unvollkommenheit

Mediziner dagegen begnügten sich nicht damit, die charakteristischen Merkmale der weiblichen Anatomie zu beschreiben. Sie mußten gewissermaßen diesen seltsamen Fehltritt der Natur rationalisieren. Die Theorie der Temperamente – ein Vermächtnis der Antike – und ganz besonders die Lehren der Galenschen Physiologie wurden bereits im Mittelalter dazu herangezogen, den Geschlechtsdimorphismus zu erklären. Sie sollten die Grundlage des medizinischen Denkens bis ins 17. Jahrhundert hinein bleiben. Galen zufolge besaß die Frau, die von kalter und feuchter Beschaffenheit war, samenerzeugende Organe, die angeblich kälter und weicher waren als diejenigen des Mannes. Und da Kälte zusammenziehend und verengend wirkt, verblieben sie innerhalb des Körpers, ähnlich einer Blume, die mangels Sonne nie aufblühen kann. Der weibliche Körper, solchermaßen definiert durch Ohnmacht und Schwäche, paßte nun vortrefflich in die Hierarchie der Geschöpfe zwischen Tier und Mann. Aus diesem Grunde nur konnten sich die Theorien Galens so lange halten, denn sie dienten nicht nur dazu, die weibliche Anatomie zu erklären, sie implizierten auch eine der Eigentümlichkeiten der weiblichen Physiologie, nämlich ihre Fehlkonstruktion.

Die Monatsblutung war das bezeichnendste Symptom dieser Fehl-konstruktion. Seit der Antike schrieben gelehrte Traktate und Enzyklo-pädien, autorisierte Texte und der Volksglaube diesem Ausfluß eine geheimnisvolle, unheilbringende Macht zu. Spuren dieser Ansichten finden sich nicht nur bei dem niederländischen Arzt Levin Lemnius, der sich für die okkulten Geheimnisse der Natur interessierte, sondern auch bei Jean Fernel, der beim Menstruationsausfluß zunächst zwi-schen zwei notwendigen Elementen unterscheidet – dem, welches das Kind in utero nährt, und dem, welches in Milch umgewandelt wird –, aber auch noch ein drittes benennt, das giftig ist und zum Zeitpunkt der Niederkunft ausgeschieden wird. Die Spezialisten für Frauen-krankheiten, als erster Jacob Sylvius, später Ambroise Paré, Giovanni Marinello und Jean Liébault, wandten sich selbstverständlich gegen eine solche allzu irrationale Meinung, betrachteten allerdings ebenfalls diesen Ausfluß als »überflüssig« und durch übermäßige Feuchtigkeit und Kälte eines Temperaments verursacht, das nicht in der Lage war, die gesamten Nährstoffe in nützliches Blut umzuwandeln. Erst im *Traité des maladies des femmes grosses* von François Mauriceau kann man eine Erklärung lesen, die sich endlich von jedweden negativen Zuschreibungen löst, auch wenn die Unkenntnis des Ovulationszyklus immer noch kein genaues Verständnis des Phänomens erlaubt.

In Traktaten über die praktische Medizin und in Werken der Natur-philosophie wird die Theorie der Temperamente bemüht, um die Sicht der gebrechlichen und unbeständigen weiblichen Natur zu rechtferti-gen, die sich bereits im 14. Jahrhundert bei Guy de Chauliac findet, dessen Werke bis zum Beginn des 17. Jahrhunderts neu herausgege-ben und kommentiert wurden. Die Kontroverse über die Unfruchtbar-keit ist diesbezüglich sehr aufschlußreich. Das 1625 erschienene Buch von Louys de Serres, *Discours de la nature, causes, signes et curation des empeschemens de la conception et de la stérilité des femmes*, in dem dieser unverblümt behauptet, daß beide Geschlechter gleichermaßen unfruchtbar sein können, klagt das Verhalten seiner Zeitgenossen sowie die irrige Meinung seiner Kollegen an. Wie Serres zweifellos bei seiner Tätigkeit als praktischer Arzt feststellen konnte, beschuldigten gewöhnlich die Männer ihre Frauen, wenn die Geburt des ersten Kin-des allzu lange auf sich warten ließ. Manchmal führte dies sogar dazu, daß sie die Scheidung einreichten. Was die Ärzte betraf, so blieben sie im Grunde genommen überzeugt davon, daß die Frau wie ein feuch-tes und kaltes Feld leicht den fruchtbaren Samen des Mannes verder-ben lassen konnte, und interpretierten diesen Mangel als Zeichen gött-licher Gerechtigkeit: Es schien, daß »Gott die Frauen diesem Leiden besonders unterwerfen wollte, um ihren Stolz zu bekämpfen und um ihnen zu zeigen, daß sie viel unvollkommener sind als der Mann«.[5] Das

medizinische Denken, das sich einmal auf diese Art Metaphysik eingelassen hatte, brauchte sich nicht mehr vor Widersprüchen zu fürchten: Wurde nicht gar behauptet, daß sehr schöne Frauen häufiger als
andere unfruchtbar waren? Louys de Serres zeigte mühelos den Widersinn einer solchen Rede auf, die die Regeln der Physiologie außer acht
ließ: Die Unfruchtbarkeit befiel eher häßliche Frauen, deren zänkischer
Charakter ihr Temperament korrumpierte!

Aber so sehr sich auch Louys de Serres und andere, wie Laurent Joubert oder Gaspard Bachot, darum bemühten, »gemeine Irrtümer und
Darstellungen« zu bekämpfen, blieben Ärzte noch sehr lange unter
deren Einfluß. Dies galt auch für Hebammen, deren eigene Erfahrungen sie doch eines besseren hätten belehren müssen. Louise Bourgeois,
die gefeierte Hebamme Maria von Medicis, wies jene Frauen, die ihren
Ehemann dafür verantwortlich machten, daß sie ohne Nachkommen
blieben, mit den Worten zurecht: »Das liegt gewöhnlich nicht so häufig an den Männern als an den Frauen.«[6]

Kurzum, die Wissenschaft diente alles in allem lediglich der Bestätigung volkstümlichen Aberglaubens. Hatten nicht die Heiligen Grelichon, Paterne und Guignolet in ihrer Eigenschaft als Heiler sich
besonders mit der Unfruchtbarkeit der Frau beschäftigt, während keiner von ihnen sein Talent darauf verwandte, einen solchen Defekt
beim Mann zu suchen? Unfruchtbarkeit, die aus einem Mangel an
Wärme oder aus einer Entgleisung der Säfte herrühren sollte, war per
definitionem eine Frauenkrankheit.

Die Implikationen einer derartigen medizinischen Theorie beschränkten sich nicht auf die Physiologie. In den meisten Fällen verstanden sich Ärzte auch als Psychologen und entwarfen nach demselben System die moralische und intellektuelle Konstitution der Frau. In
einer Tradition, die sich neben anderen auf Aristoteles berief, galt die
Frau gemeinhin als schwach, aufbrausend, eifersüchtig und verlogen,
der Mann hingegen als mutig, verständig, besonnen und tüchtig. Die
in der Renaissance auflebende Wissenschaft versuchte den Beweis
dafür zu erbringen, daß diese Eigenschaften die unvermeidlichen und
notwendigen Konsequenzen des weiblichen Temperaments seien. Der
Spanier Juan Huarte hatte dies mit großer Akribie demonstriert. In seinem *Examen de ingenios para las sciencias*, das sich eines unmittelbaren und dauerhaften Erfolgs erfreute und sogleich ins Lateinische
sowie in die europäischen Volkssprachen übersetzt wurde, behauptet
er, daß die Frau aufgrund ihrer kalten und feuchten Beschaffenheit
nicht so viel Geist haben könne wie der Mann und es ihr daher versagt sei, sich erfolgreich auf literarischem und wissenschaftlichem Gebiet zu erweisen. Mittels einer hieb- und stichfesten Argumentation
ging man daran, die Physiologie und Psychologie der Frau ein für alle

Mal als angeborene Unvollkommenheit darzustellen. In *Della fisiono-*
mia dell'huomo stellt Giambattista della Porta sogar einen engen
Zusammenhang her zwischen Temperament, Physiognomie und den
Sitten: Die Frau habe feuchtes Fleisch, ein enges Gesicht, kleine
Augen, eine gerade Nase, und sei deshalb furchtsam, jähzornig und
vor allem falsch; der Mann hingegen beweise durch sein breites und
starkes Gesicht einen mutigen und gerechten Geist. Tieranalogien
erlaubten im übrigen eine emblematische Darstellung des Unterschieds
der Geschlechter: die Frau als Panther oder Rebhuhn, der Mann als
Löwe oder Adler. Das Werk des neapolitanischen Physiologen, der sich
für die okkulten Wissenschaften, die Gerichtsastrologie und die Magie
begeisterte, fiel zweifellos etwas aus dem Rahmen, sein Erfolg jedoch
war von Dauer. Nach seiner lateinischen Ausgabe von 1583 verbreitete es sich in verschiedenen italienischen Ausgaben, durch Übersetzungen ins Spanische, ins Arabische sowie ins Französische und übte seinen Einfluß auf Physiognomen, insbesondere auf Lavater, noch bis
zum Ende des 18. Jahrhunderts aus.

Dieser allzu enge Determinismus, dessen wissenschaftliche Grundlagen durch andere medizinische Theorien erschüttert wurden – so zum
Beispiel durch den Spiritualismus eines Jourdain Guibelet, der 1631
sein *Examen de l'examen des esprits* veröffentlichte, um Juan Huarte
anzugreifen. Dennoch hielten sich diese Theorien bis weit über das
17. Jahrhundert hinaus, da sie sich mühelos in die Ordnung der von
der ganzen Gesellschaft übernommenen Werte einfügten. Die Diskurse der juristischen, theologischen und wissenschaftlichen Eliten dienten sich gegenseitig als Alibi, um die minderwertige Rolle zu rechtfertigen, in die sich das weibliche Geschlecht gestellt sah. Für zahlreiche
Theologen, unter ihnen Florimond de Raemond und François Garasse,
war die gesellschaftliche Position der Frau durch ihre von den Medizinern definierte natürliche Gebrechlichkeit rigoros vorgezeichnet.

Die Frau als Gebärmutter

Diese Logik, aus der eine negative Vorstellung von der Hälfte der
Menschheit erwächst, gipfelt in einem Paradoxon: Wenn die Frau wirk-
lich das schwache Wesen ist, als das sie die Wissenschaft betrachtet,
weshalb wurde sie dann eigentlich geschaffen? War sie vielleicht ein
Irrtum der Natur? Aristoteles ermöglichte es zwar, die Existenz von
Monstren zu erklären, und für Galen war die Verstümmelung der Frau
Teil einer Teleologie, aber seit dem 16. Jahrhundert schienen Ärzte und
Naturphilosophen sich nicht mehr mit solchen Vorstellungen zu be-
gnügen. Die Kontroverse zwischen den Anhängern der erstarrten Lehre

Galens und den Erforschern und Bewunderern des »großen Werkes der Natur« war symptomatisch für eine sich wandelnde Weltsicht: Die grundlegende Unvollkommenheit des weiblichen Geschlechts zu behaupten wäre gewissermaßen Gotteslästerung und wissenschaftliche Häresie gewesen. Pierre de La Primaudaye attackiert in *La Suite de l'Académie françoise* (1580), einem Werk, das er jenen Denkern widmete, die neugierig waren auf die Wunder der Schöpfung, vehement die irrige Meinung der Gelehrten und vor allem die vergleichende Methode, die sie auf Abwege geführt hatte. Seiner Meinung nach waren beide Geschlechter vollkommen in ihrer jeweiligen, vom Schöpfer gewollten Eigenart. Natürlich ging es diesem adligen Zeitgenossen Heinrichs III. ebenso wenig darum, ein Plädoyer zugunsten der Frauen zu halten, wie dem Philosophen René de Cerisiers, der dieselben Argumente in der Mitte des 17. Jahrhunderts ausführlich darlegte. Vielmehr beabsichtigte er, die Gelehrten vor den moralischen und religiösen Folgen einer maßlosen Herabsetzung des weiblichen Geschlechts zu warnen.

Manche Ärzte hatten diese Warnung sehr wohl verstanden. Die wissenschaftliche Definition der Geschlechterdifferenz mußte in Worte gefaßt werden, die dem teleologischen Credo, daß in der Natur alles seinen Zweck habe, nicht widersprachen. Die französische Version von *Le Medecine partenenti alle infermità delle donne* von Giovanni Marinello brachte dieses Anliegen zum Ausdruck. Jean Liébault äußert in einem Eingangskapitel, das im ursprünglichen Text nicht enthalten ist, seine Absicht, mit den Gesetzen der Naturphilosophie zu beweisen, daß die Frau kein unvollendeter Mann sei – denn konnte man etwa behaupten, daß das Werk der Natur unvollkommen sei, nur weil es zahlreiche und unterschiedliche Arten gab? So wie die kleinste von ihnen, die Ameise, gleichermaßen bewundernswert war wie die größte, der Elephant, zählte in der Schöpfungsordnung allein der Zweck, für den jedes Ding geschaffen war. Diese Erklärung, die weit entfernt davon war, eine wissenschaftliche Beobachtung zu sein, übernahm lediglich Anschauungen der Kosmogonie der Renaissance. Liébault allerdings zog neue Schlüsse aus dieser Weltsicht. Dadurch, daß er jeder Art ihren eigenen inneren Wert zuerkannte, schuf er die alte Werteskala ab, nach der sich zwischen den Mineralen am untersten Ende und dem Manne am obersten Ende die mittleren Stufen befanden, auf denen die Tiere und Frauen angesiedelt waren.

Sowohl im Diskurs der Ärztephilosophen als auch in dem der Medizinethiker wurde die Frau berücksichtigt. Der weibliche Körper wurde nicht mehr als bloße mangelhafte Kopie des Mannes untersucht, sondern als vollendetes und einzigartiges Wesen. Um den Geschlechtsdimorphismus zu rechtfertigen, waren die Ärzte gezwungen, bis dahin unbestreitbare Konzepte zu hinterfragen. In den ersten Jahren des 17. Jahrhunderts erschienen bestimmte Werke, die das Bedürfnis zum Ausdruck bringen, den medizinischen Kenntnisstand auf Vordermann zu bringen. So präsentierten André Du Laurens und sein Schüler François Ranchin alles, was mit der weiblichen Anatomie und der Fortpflanzung zu tun hat, in Form von »Kontroversen« und »Fragen«, um die divergierenden Ansichten zwischen der Antike und dem modernen Denken besser erfassen und schließlich aufzeigen zu können, daß die meisten Vorurteile auf die fehlende Kenntnis der Anatomie zurückzuführen waren. Von dem Augenblick an, wo der innere und äußere Aufbau des weiblichen Körpers genau beschrieben worden war, erschien es absurd, weiterhin an der Behauptung festzuhalten, die Frau sei eine Verirrung der Natur: »Das Geschlecht der Frau ist nicht weniger in seiner Art vollendet als dasjenige des Mannes, und die Frau ist keineswegs ein zufälliges Tier, wie die Barbaren sagen, sondern ein notwendiges Geschöpf, das von der Natur für sich selbst geschaffen wurde.«[7]

Die nachdrücklichen Worte des Rates der Fakultät von Paris zeigen bereits zur Genüge, daß die alte Meinung noch tief verwurzelt war. Das gegen Juan Huarte gerichtete Werk Jourdain Guibelets legt dies noch nachdrücklicher dar. Wenn der Spanier sich in Guibelets Augen schuldig gemacht hatte, so wegen seiner vorbehaltlosen Unterwerfung unter die Autorität Galens, die aufgrund der Fortschritte der Anatomie jedoch revidiert werden mußte. Da bekannt war, daß das Temperament die Organe nicht von ihrer Stelle bewegen konnte, und vor allem, daß die Genitalien des Mannes nicht denen der Frau gleichen, wurden alle Geschichten von Geschlechtsumwandlungen zur Fiktion erklärt. Guibelet und Du Laurens zufolge weisen jene Geschichten eher auf Fälle von Hermaphrodismus oder auf einen unnatürlichen Auswuchs der Klitoris hin.

Das störrische Festhalten an Juan Huartes Theorien war weder zu dessen Lebzeiten noch in den darauffolgenden Jahrzehnten ungewöhnlich. Guy Patin wählte 1624 als Thema seiner Doktorarbeit: »Kann die Frau sich in einen Mann verwandeln?« Auch wenn er selbst diese Frage negativ beantwortete, so kann vermutet werden, daß sie noch aktuell war. Im übrigen stellte der leitende Chirurg des Hôtel-Dieu in Paris, Saviard, am Ende des 17. Jahrhunderts fest, daß manche Ärzte immer noch einen Vorfall der Gebärmutter mit einer Geschlechtsumwandlung verwechselten! Die Schrift Louis Barles', *Les nouvelles découvertes sur les organes des hommes servans à la génération* aus dem Jahre 1675 verfolgte keine andere Absicht, als den weniger gelehrten Chirurgen und Ärzten das nahezubringen, was in Traktaten über die Anatomie bereits seit einem Jahrhundert zu lesen war.

Die Hartnäckigkeit von Irrlehren läßt sich zweifellos durch die fehlende Ausbildung in Anatomie erklären, aber auch durch den fortwährenden Einfluß des aristotelischen Prinzips. Für Ärzte schien klar zu sein, auch wenn natürlich der Begriff »Kastrationskomplex« noch nicht auftauchte, daß das weibliche Geschlecht immer danach strebte, die ihm mangelnde männliche Vollkommenheit zu erlangen. Wenn die Transsexualität als biologisch möglich dargestellt wurde, so wurde sie stets als »Virilisierung« gesehen. »Die Männer, die als solche in der mütterlichen Vulva geformt wurden«, schreibt Jacques Duval in seinem *Traité des hermaphrodits*, »legen ihre männliche Natur nie ab und kehren nie zum weiblichen Geschlecht zurück, um so mehr, als alle Dinge zur Vollkommenheit neigen . . .«[8] Dieser Wunsch nach Vollendung äußerte sich ihm zufolge nicht nur in der Natur, sondern auch im Verhalten, denn Duval konstatiert, daß Hermaphroditen oft als Jungen getauft wurden, da ihre Eltern lieber einen Jungen als ein Mädchen großzogen.

Auch wenn der medizinische Diskurs darum bemüht war, einem Referenzsystem zu entkommen, das die anatomische Beobachtung sowie Fortschritte in der Therapie behinderte, so war er doch abhängig von einer Ordnung der Welt, die es zu legitimieren galt, indem gezeigt wurde, daß die Natur jedem Geschlecht seine Funktion vorgab. Die Vorläufer der Frauenheilkunde und Geburtshilfe, der Deutsche Rösslin, der Italiener Marinello und der Franzose Liébault, sehen somit die Rechtfertigung und den Schutz der Frau in der Erklärung des ihr eigenen Organs, durch das ihr Wesen völlig bestimmt wurde. Gerade weil die Gebärmutter das Behältnis war, in dem sich »ein kleines Gottesgeschöpf« bildete, und weil sie durch das Nervensystem und den Blutkreislauf mit den anderen Teilen des Körpers in Verbindung stand, stellte sie das wichtigste und edelste Organ dar, das gleichsam die Essenz des Weiblichen in sich barg. Die überragende Bedeutung, die der Gebärmutter von Ärzten und Anatomen zugestanden wurde, auch nach den am Ende des 17. Jahrhunderts gemachten Entdeckungen über die Rolle der Eierstöcke, machte zwar die von den Peripatetikern übernommene Negativdefinition zunichte, verurteilte die Frau jedoch dazu, bloße Gefangene jenes seltsamen Organs zu sein, das in ihr wohnte. Verborgen im Schutz der geheimnisvollen Winkel, in denen sich die Prozesse der Befruchtung und Schwangerschaft abspielten, wurden der Gebärmutter mysteriöse und symbolische Kräfte zugesprochen. In seinem *Buch Matricis* definiert Paracelsus dieses Organ – die Mutter – als eine »kleinste Welt«, die in sich verschieden ist vom Makrokosmos und vom Mikrokosmos. Die Frau als Mutter ist nichts anderes als dieser »mundus conclusus«, und deshalb ist ihre Anatomie, Physiologie und Pathologie eine andere als die des Mannes. Die terminologische Ambivalenz ist hier signifikant: Das Gefäß, das das Kind empfängt und schützt, wird gemeinhin als Gebär*mutter* bezeichnet, weil der weibliche Körper eigens für dieses Organ konzipiert ist und weil die Frau nur aufgrund dieses Organs existiert. Man kann in der Theorie des Paracelsus leicht eine lange Tradition von Texten erkennen, die sich mehr oder weniger treu an den *Timaios* oder die *Republik* Platons anlehnen, in denen die Gebärmutter mit einer eigenen inneren Macht ausgestattet wird.

Dieses beunruhigende Bild des weiblichen Organs – ein innerhalb eines unsteten Tieres herumwandelndes Tier – lauert hinter einer anderen Fragestellung, deren Langlebigkeit glauben läßt, daß sie mehr als eine bloße Provokation darstellte: Ist die Frau ein wahrhaft menschliches Geschöpf? Der Ursprung dieser Debatte ist höchst ungewiß. Angeblich läßt sie sich auf ein Konzil zurückführen, das 585 in Mâcon abgehalten wurde und auf dem ein Bischof behauptet haben soll, daß Frauen nicht unter die Menschen zu zählen seien. Diese Legende hielt sich derart hartnäckig, daß noch am Ende des 16. Jahrhunderts Simon Gedicus mit dem größten Ernst daranging, das Werk des deutschen Philosophen Acidalius, *Mulieres non esse homines*, zu widerlegen. Bis ans Ende des 18. Jahrhunderts hallt diese Polemik nach: Auf den Podesten der Revolutionsclubs geißelten Frauenrechtlerinnen die Zeit, in der sich eine Männergesellschaft die Frage gestellt hatte, ob Frauen eine Seele besäßen. Über den komischen Aspekt dieses Streits hinaus läßt sich die subtile Verbindung erkennen zwischen einer bloßen physiologischen Feststellung – dem Eigenleben des Uterus – und der diskriminierenden Reaktion, die Frauen als seltsam fremd darstellen.

Daß eine Theorie, die die weibliche Identität an ihrem Anderssein festmachte, schließlich in eine Sackgasse führen mußte, läßt die Hindernisse vermuten, die die Medizin zu überwinden hatte, um sich von kulturellen Vorurteilen zu befreien. Denn sobald die Chirurgen und Anatomen dem Körper der Frau ihre Aufmerksamkeit zu widmen begannen, die ihr durch die Theorie des »unvollendeten Mannes« vorenthalten worden war, zwang ihr Mißtrauen gegenüber den noch unverstandenen Phänomenen der Weiblichkeit sie zu einer Haltung, die Frauen wiederum in eine einengende Typologie einordnete.

Auf den Mythos von der unvollkommenen Frau folgte der Mythos der Frau als Gebärmutter. Zwischen dem 16. und dem 19. Jahrhundert versuchen unzählige Texte, in denen die wissenschaftliche Terminologie der Metaphorik weicht, dieses seltsame »Tier« zu beschreiben. Doktor Rondibilis, der von Rabelais im dritten Buch von *Gargantua und Pantagruel* in Szene gesetzt wurde, war zwar eine fiktive Gestalt, die medizinischen Theorien allerdings, auf die er sich beruft, waren Teil des medizinischen Diskurses seiner Zeitgenossen, die in der Gebärmutter ein mächtiges Organ sahen, das »arme Frauenzimmer« plagte, aber auch der Zeitgenossen Rousseaus, die nicht daran zweifelten, daß dieses »aktive« Organ mit einem »besonderen Instinkt«[9] begabt war. Die Reihe ließe sich fortführen, über die Zeitgenossen Michelets, die sie als ein tyrannisches Organ betrachteten, das »fast alle Handlungen und Gemütsregungen der Frau einer Herrschaft« unterwirft, bis in unser Zeitalter:

»Wenn das Organ der weiblichen Sexualität dazu neigt, etwas zu verschlingen und sich einzuverleiben, wenn es jede psychische Bewegung in einem geschlossenen Kreis steuert, so kann man die Schwierigkeiten der Frau verstehen, aus sich selbst herauszutreten, die Grenzen ihres Gefühlslebens zu überschreiten . . .«[10]

Die kränkliche Frau

Die meisten Mediziner, sogar diejenigen, die die Idee von der weiblichen Unvollkommenheit verwarfen, glaubten, daß das eigentümliche Organ der Frau ihre sehr anfällige Physiologie und Psychologie bedinge. Der medizinische Diskurs, selbst wenn seine theoretische Basis sich veränderte, blieb Teil der allgemeinen Auffassung, nach der nun die Erregbarkeit des Uterus anstelle des feuchten Temperaments für die natürliche Minderwertigkeit der Frau verantwortlich gemacht werden sollte. Die zahlreichen volkssprachigen Werke über Frauenheilkunde und Geburtshilfe seit dem Ende des 16. Jahrhunderts berichten vom medizinischen Fortschritt, aber auch von einem neuen ärztlichen Bewußtsein: Die Frau war ein kränkliches Wesen, dem beigestanden werden mußte, damit es seinen bedauernswerten Status klaglos akzeptierte. Sogar die Hebamme Louise Bourgeois, deren beruflicher und familiärer Erfolg diese Ansicht aufs schärfste dementierte, war von dieser Vorstellung beeinflußt, und auf die Frage nach der offensichtlichen Ungerechtigkeit der Natur gegenüber ihrem eigenen Geschlecht fand sie lediglich eine metaphysische Antwort: Ohne die Leiden, die die Gebärmutter den Frauen verursachte, könnten diese in der Tat »an Gesundheit sowohl des Körpers als auch des Geistes den Männern gleich sein, aber Gott wollte sie in dieser Hinsicht geringer machen, um Neid zwischen den Geschlechtern zu verhüten«.[11]

Von der Hebamme Maria von Medicis konnte kaum erwartet werden, daß sie über die Meinungen Gelehrter und Volksmediziner hinausging. Sowohl Philibert Guibert, in *Le Medecin charitable*, als auch François Mauriceau, der berühmte Geburtshelfer, bestätigten im 17. Jahrhundert einstimmig die bereits von Hippokrates gemachte Beobachtung, die Gebärmutter sei Ursache der meisten Frauenkrankheiten. Hebammen, deren theoretische Ausbildung sicherlich nicht auf den letzten Erkenntnissen der Wissenschaft beruhte, vertraten diese Überzeugung noch länger. In ihrem 1754 erschienenen *Abrégé de l'art des accouchemens* kritisierte Madame Le Boursier du Coudray die Hebammen auf dem Lande, die die Gebärmutter, »die sie Mutter nennen«, immer noch als die Quelle aller Frauenkrankheiten ansahen.

Jahrhundertelang basierte die Behandlung von Frauenkrankheiten auf der Medizinern, Moralisten und Theologen gemeinsamen Vorstellung, daß die Frau ihren Geschlechtsorganen unterworfen sei. Das Studium der Hysterie ist in dieser Hinsicht exemplarisch. Bis zum Ende des 17. Jahrhunderts gehörte dieses Leiden ausschließlich in den Bereich der Pathologie der Frau, mehr noch, im medizinischen Diskurs war sie Symbol der Weiblichkeit. Neben dem gelehrten Begriff »Hysterie«, dessen Etymologie allerdings vielsagend ist, zog man anschaulichere Ausdrücke vor, wie »Atemnot der Gebärmutter« oder »Gebärmutteraufruhr«. Das grundlegende Symptom, das dem Arzt erlaubte, seine Diagnose zu stellen, waren ungewöhnliche Bewegungen der Gebärmutter, die sich mit heftigen Konvulsionen wie ein Tier in alle Richtungen warf. Chirurgen wie Ambroise Paré und Allgemeinmediziner wie Jean Fernel ließen sich gerne von einer solchen Metapher mitreißen und schrieben dem Organ gar ein autonomes Gefühlsleben und eigene Verhaltensweisen zu. So regte es sich über ärgerliche Dinge auf, aber beruhigte sich auch wieder, wenn ihm Angenehmes widerfuhr. Allerdings verwarf Fernel die von Platon übernommene Vorstellung von der Gebärmutter als Tier und glaubte, daß sie ein Organ wie der Magen oder der Darm sei, sich aber durch ihre Physiologie von den anderen Teilen des Körpers unterscheide. Die Ursache für einen hysterischen Anfall sei daher immer dieselbe: eine giftige Ausdünstung der Gebärmutter, die durch die Arterien und Poren des Körpers hindurch den ganzen Organismus bis ins Gehirn hinein in Mitleidenschaft ziehe.

Die medikamentöse Behandlung der Hysterie stützte sich daher auf die vermuteten Eigenschaften der Gebärmutter, vor allem ihre merkwürdige Geruchsempfindlichkeit, auf die wohlriechende Pessare und üble Dämpfe eine Wirkung ausüben sollten. Solche Heilmittel fanden sich zuhauf in volkstümlichen Arzneibüchern, selbstverständlich in Texten über die »Geheimnisse der Damen«, aber auch in Traktaten der gelehrten Medizin, die für die Ausbildung junger Ärzte bestimmt waren.

So bewegte sich der medizinische Diskurs hin und her zwischen anatomischen Defekten, den Ausuferungen der Sprache, die noch keinen wissenschaftlichen Kode gefunden hatte, und den Phantasmen, die durch den Mythos von der alles verschlingenden Gebärmutter inspiriert waren. Dementsprechend debattierten Ärzte über die wirksamste Methode, die Krankheit auszuschalten, nachdem das akute Stadium der Hysterie unter Kontrolle gebracht war. Den meisten Spezialisten für Frauenkrankheiten zufolge rührte die von der Gebärmutter ausge-

schiedene giftige Substanz aus dem Zurückhalten und der Zersetzung
von Materie her, das heißt aus einer Fehlfunktion in der Absonderung
von Blut und Samen, die auf die allgemeine Lebensweise der Frau
zurückgeführt werden konnte. Hier stößt man auf die moralischen
Implikationen einer solchen Ätiologie:

»Wenn eine Frau, vor allem wenn sie jung und sinnlich ist, gut im Fleisch, gut
genährt und reich an Blut und Samen, entweder Nonne ist oder aus freiem Willen
keusch lebt oder mit einem Mann verheiratet ist, der sich seiner Frau wenig hingibt, oder die Witwe eines Mannes ist, der diesem Vergnügen stark unterworfen
war, und vom Begehren der Venus versucht wird, vom Blick eines Mannes, von
schamlosen und lasziven Worten, von einem Kuß oder von der Berührung der Brüste oder der natürlichen Teile erregt wird, auch wenn das nur im Traum geschieht,
so breitet sich ihr Samen in der Gebärmutter aus (...), wo er sich zersetzt (...)
und zum Herzen und zum Gehirn bestimmte Ausdünstungen aufsteigen, die zu
grausamen Anfällen führen.«[12]

Somit läßt sich die Hysterie auf wenige Worte reduzieren: Es war eine
Krankheit der Frauen ohne Männer. Deshalb war die beste Behandlung
für von ihr befallene junge Mädchen immer noch die Heirat. Obwohl einige Autoritäten, vor allem Jean Fernel, ihre Stimme gegen eine so simpli-
fizierende Therapie erhoben, überlebte diese befremdliche Vorstellung
von Weiblichkeit in populärwissenschaftlichen Werken und verschiedenen
wissenschaftlichen Anthologien noch lange Zeit; zumal sich hier zwei Diskurse kreuzten – der eine durch die wissenschaftliche und philosophische
Autorität legitimiert, der andere durch die Volksweisheit bestätigt: Die
Gebärmutter war eine Art Schlund, ein Boden, der nie genug Wasser fassen konnte! Weil die Frau ihrem Geschlecht unterworfen war, folgte daraus, daß sie auch dem Mann unterworfen war. Der Philosoph Scipion
Dupleix erklärte in einem Werk, das in nachvollziehbarer Form die wichtigsten Fragen der physikalischen und medizinischen Wissenschaft einem
breiten Publikum vorstellte, den »Appetit« der Gebärmutter als legitimen
Wunsch nach Vollkommenheit, da die Frau erst in der Vereinigung mit
dem Mann ihre Erfüllung fände.

In diesem Denkgebäude wurde die Hysterie zur Allegorie, in der die
wissenschaftliche Beschreibung der Krankheit der Vorstellung von der
weiblichen Natur wich. Es ist daher nicht verwunderlich, daß Mediziner lange Zeit nicht glauben wollten, daß diese Krankheit auch Männer befallen konnte. Deshalb mutete die 1681 erschienene *Dissertation on the Hysterical Affection* des Engländers Sydenham, wonach die
Gebärmutter nicht die erste Ursache für diese eher der Hypochondrie
vergleichbare Krankheit sei, geradezu revolutionär an. Sie widersetzte
sich zu vielen Vorurteilen, um sogleich akzeptiert zu werden. Erst als
Mediziner im 18. Jahrhundert eine moralische Ätiologie der sogenannten »vapeurs« entwarfen, als deren hauptsächliches Opfer wiederum die

Frau angesehen wurde, konnte endgültig die traditionelle Anschauung der Hysterie als »Wüten der Gebärmutter« aufgegeben werden.

Wegweisend war Joseph Raulins *Traité des affections vaporeuses du sexe* (1758), in dem er sich ironisch gegen die Vorurteile seiner Kollegen wandte und die alten Theorien über die eigentümliche Macht der Gebärmutter ad absurdum führte. Die Hysterie, die er als »affection vaporeuse« bezeichnet, sei gewissermaßen eine Gesellschaftskrankheit, die durch die schlechte Luft der großen Städte und das ungeregelte Leben der besseren Gesellschaft hervorgerufen werde. Daher konnte sie im Prinzip beide Geschlechter befallen. Dennoch seien Frauen sehr viel mehr als Männer durch die von Raulin und seinen Zeitgenossen als Krankheit des Jahrhunderts angesehenen »vapeurs« bedroht, da ihr Temperament empfindlicher und reizbarer sei und weil ihre müßiggängerische Lebensweise bereits einen pathogenen Zustand darstelle. Auch wenn die Vorherrschaft der Gebärmutter und ihrer »okkulten Eigenschaften« erschüttert war, so hielt sich das Vorurteil des Hippokrates doch hartnäckig. Raulin zufolge »übertreffen die Krankheiten der Frauen die der Männer um mehr als zweihundert«. [13]

Obgleich die weibliche Schwäche eher als ein Produkt der Kultur denn der Natur betrachtet wurde, so bestimmte sie dennoch das Schicksal der Frau in einem noch größeren Ausmaß. Für die Ärzte des 18. Jahrhunderts bedeuteten die hysterischen »vapeurs« eine Strafe, die die Frauen traf, welche ihre von der weisen Natur vorgezeichnete Rolle vergessen hatten. Bienville wendete sich nach der Veröffentlichung eines Traktats seines Landsmanns Tissot über die Onanie direkt an seine Leser, um seiner Drohung mehr Gewicht zu verleihen. Zwar räumt er ein, daß sein auf Französisch geschriebenes Buch *La nymphomanie* geschmacklos erscheinen mag, trotzdem hatte er nichts dagegen, daß es in die Hände junger Mädchen fiel, denn nur so könnten diese sich Gedanken über die Mängel ihres Geschlechts machen, ihre natürliche Schwäche spüren und die Prinzipien anerkennen, die sie vor dem Verderben schützen.

Der medizinische Diskurs, der sich hier als neu ausgibt, bleibt letztlich in einer völlig statischen Ideologie befangen. Bienvilles Quellen waren die Mediziner der Antike – Moschion, von dem er den Begriff der »Satyriasis« übernimmt – und die der Renaissance, insbesondere Jacob Sylvius, dem er zwar dadurch widerspricht, daß er die »Erotomanie« als eine Entgleisung der Nervenfasern definiert, von dem er aber fast Wort für Wort abschreibt, wenn er deren Opfer benennt: heftig verliebte junge Mädchen, junge Witwen, Frauen, die mit zu kalten Männern verheiratet sind, Leserinnen unzüchtiger Romane... Der Mediziner versteht sich hier bewußt als Moralist, und seine dramatischen Beschreibungen dienen nicht etwa der wissenschaftlichen Genauigkeit, sondern der wirksamen Erbauung.

DIE FUNKTION DER FRAU

In Wirklichkeit konnte der Arzt weder ein Wissenschaftler sein, der sich ausschließlich der Forschung widmete, noch ein Philosoph, der sich nur mit ontologischen Fragen beschäftigte, weil die verschiedenen intellektuellen Sphären noch nicht klar voneinander geschieden waren und vor allem weil die Entwicklung der medizinischen Praxis, die nicht mehr nur Badern oder Hebammen überlassen wurde, dazu führte, daß er zum bevorzugten Ratgeber der Familie wurde. Seit dem 16. Jahrhundert war der Arzt mit einem größeren Sozialprestige ausgestattet und immer dazu aufgerufen, als wissenschaftlicher Garant der herrschenden Werte zu dienen.

Boden oder Samen?

Die zahlreichen Traktate über die menschliche Fortpflanzung, die in französischer Sprache erschienen, angefangen von den Übersetzungen Galens oder Jacob Sylvius' durch Guillaume Chrestien bis zu den Werken des Chirurgen Ambroise Paré, gehören somit nicht nur in den Bereich der Biologie. Den humanistischen Ärzten ging es auch darum, die Funktion eines jeden Geschlechts in der Natur oder in der Gesellschaft zu definieren. Natürlich interessierten sich nicht ausschließlich die Ärzte der Renaissance für die Embryologie. Im Mittelalter gab es ausgiebige Diskussionen zwischen Anhängern des Aristotelismus, der die Empfängnis als Einwirkung des männlichen Samens auf das Menstruationsblut der Frau ansah, und der von Hippokrates und Galen behaupteten und danach von den arabischen Ärzten des 11. Jahrhunderts verbreiteten Theorie des zweifachen Samens. Mit Beginn der Renaissance schien diese Kontroverse entschieden zu sein, und in den Enzyklopädien wie in der medizinischen Praxis gab man im allgemeinen der Theorie Galens, vermischt mit einer Prise Aristotelismus, den Vorzug: Die Frau trage zur Fortpflanzung mittels ihres Menstruationsbluts und ihres Samens bei, der jedoch im Vergleich zum männlichen Sperma minderwertig sei. Alle berühmten Spezialisten des 16. Jahrhunderts betrachteten die Zeugung als das Zusammenwirken dreier Elemente: des männlichen Samens, des weiblichen Samens und des Menstruationsbluts. Man könnte daher zu Recht annehmen, daß diese Akte solange geschlossen blieb, bis die Entdeckung der Eierstöcke durch den Holländer De Graaf zu einer völlig neuen Theorie führte. Dem war keinesfalls so, denn die Tradition, die seit Aristoteles der Frau jegliche aktive Funktion bei der Zeugung absprach, war in der Volksmeinung noch stark verbreitet, wie aus der Literatur ersichtlich ist. Aber auch unter Ärzten und Hebammen war dies der Fall. Man braucht nur die *Occultes merveilles et secrets de Nature* von Levin Lemnius zu lesen, der ein ganzes Kapitel der Nützlichkeit des weiblichen Samens widmete, um die gefährliche Meinung unwissender Hebammen zunichte zu machen, »die sich bemühen, die Frauen davon zu überzeugen, daß sie nur wenig zur Zeugung des Kindes beitragen und daß sie nur die Mühe haben, es neun Monate in ihrem Bauch zu tragen, als ob sie ihren Bauch den Männern nur vermieteten, in dem sie wie in einem Schiff ihre Ware tragen und ihren Abfall abladen«.[14]

Das Mißtrauen der Ärzte den Hebammen gegenüber, die ihrer Ansicht nach eine ungeheure Macht hatten, erklärt zum Teil den aggressiven Tonfall dieses Textes. Die Anschuldigungen jedoch schienen ins Schwarze zu treffen, denn sie werden von späteren medizinischen Autoren, wie beispielsweise André Du Laurens, vorgebracht, die noch immer gegen die unbelehrbaren Anhänger der Aristotelischen Theorie argumentierten. Allerdings ging die Diskussion über die Entstehung des Fötus über einen bloßen Schulstreit hinaus, denn von den daraus gezogenen Schlußfolgerungen hing der moralische Status der Frau ab. Wenn sie tatsächlich durch ihren Samen aktiv an der Zeugung beteiligt war, dann wäre sie zumindest bei diesem Akt dem Mann ebenbürtig, ja sogar überlegen, da sie wie er Sperma liefert und anschließend allein für die Ernährung des Embryos aufkommt. Wie konnte eine These übernommen werden, die die Vorurteile über Unvollkommenheit, Schwäche und Unvollständigkeit der Frau derartig erschütterte? Auf dem Spiel stand die legitime Macht des Mannes innerhalb von Familie und Gesellschaft, und deshalb nahm sich die Literatur so überaus willig dieser wissenschaftlichen Debatte an. Die Rolle des weiblichen Samens war einer der bevorzugten Streitpunkte der vom Erzähler Cholières erfundenen Figuren, die in *La Guerre des masles contre les femelles* darüber debattieren, ob die juristische und politische Entmündigung der Frau gerechtfertigt sei.

Zu verzeichnen war ein starkes Mißverhältnis zwischen den vorherrschenden gelehrten Spekulationen und den im Volk verbreiteten Ansichten. Während die medizinische Forschung solche Entdeckungen der Anatomie wie die der Eileiter nicht ignorieren konnte, die die Theorie vom weiblichen Samen erhärteten, beriefen sich zahlreiche Texte noch auf die »Passivität« der Mutter als einem grundlegenden Element der Weltordnung. Sogar noch sehr viel später, im Jahre 1750, als Gautier-Dagoty seine *Zoo-génésie* veröffentlichte, in der er mit Hilfe der Heiligen Schrift, des Salischen Gesetzes und der Moral zu beweisen sucht, daß nur der Vater eine aktive Rolle bei der Zeugung spiele, ist diese Sichtweise noch nicht vollständig überholt.

Damit kündigte sich eine neuerliche Spaltung an, die am Ende des 17. Jahrhunderts offenkundig wurde, als die biologische Forschung

großen Auftrieb erhielt: Der Diskurs der Wissenschaft entfernte sich
von dem der Praktiker, denen es darum ging, in den alltäglichen Problemen ihrer Kunst mit beruhigenden medizinischen Gewißheiten
unterstützt zu werden. Nach nahezu siebzehn Jahrhunderten theoretischer Stabilität wurde durch die Entdeckungen in der Biologie die
althergebrachte Zeugungstheorie in Frage gestellt. In seiner Abhandlung über die weiblichen Geschlechtsorgane formulierte der Holländer
Régnier De Graaf 1672 seine These über die Ovarien. Mit Hilfe der
früheren Beobachtungen des Engländers Harvey und der Forschungen
des Dänen Stenonis entkräftete er die Zwei-Samen-Theorie und behauptete, daß alle Tiere – auch der Mensch – einem Ei entspringen
würden, das nicht etwa durch die Mischung der Samen in der Gebärmutter gebildet würde, sondern bereits vor dem Geschlechtsverkehr in
den Eierstöcken der Frau vorhanden sei.

Diese Behauptung, die bei den Gelehrten in ganz Europa auf lebhaftes Interesse stieß, begegnete auch den heftigsten Vorbehalten von
seiten der Ärzte. Lamy, ein treuer Anhänger des Hippokrates, veröffentlichte 1678 eine *Dissertation contre la nouvelle opinion qui prétend
que tous les animaux sont engendrez d'un œuf.* Hatte schon die Zwei-
Samen-Theorie die männliche Vorherrschaft erschüttert, so bedrohte
die Entdeckung der Eierstöcke die Würde des Menschen: Der Mann
fand sich auf die Stufe eierlegender Tiere erniedrigt und gleichzeitig
seiner ganzen Macht entkleidet, da allein die Frau den heiligen Keim
des Lebens in sich trug. Es ist daher nicht erstaunlich, daß noch bis
zur Mitte des 18. Jahrhunderts die für eine breite Öffentlichkeit
bestimmte medizinische Literatur vor einer Theorie warnt, die »der Frau
fast die ganze Ehre der Zeugung gibt«.[15]

Die Entdeckung der Spermatozoen durch den Deutschen Ludwig
von Ham und die Holländer Huygens und Leeuwenhoek zu einem
Zeitpunkt, als diese Kontroverse ihrem Höhepunkt zusteuerte, mußte
daher als eine von der göttlichen Vorsehung gesteuerte wissenschaftliche Revolution erscheinen, die dem Mann sein Prestige als Schöpfer
zurückgab. Aber nach einem kurzlebigen Erfolg während der letzten
Jahre des 17. Jahrhunderts stieß diese »Tierchentheorie« ebenfalls auf
Zweifel bei den Medizinern, die nicht hinnehmen wollten, daß der
Mensch aus einer Art Wurm hervorgehen sollte! Außerdem schien die
Dynamik der Forschung selbst das Mißtrauen mancher Ärzte noch zu
steigern, die bis zum Ende des 18. Jahrhunderts ihre Anhängerschaft
an die hippokratische Zwei-Samen-Theorie beteuern, die Pierre Roussel zufolge am klarsten und wahrscheinlichsten war und die man auch
der bürgerlichen Definition der christlichen Ehe gemäß interpretieren
konnte: Die Fortpflanzung ist das Ergebnis dreier Elemente, die gemäß
der natürlichen und göttlichen Hierarchie ungleichen Wertes sind.

Eine zerbrechliche Form

Aber trotz vielfältiger Widerstände gegen die Neuerungen der Wissenschaft und der Versuche, die hippokratische Samentheorie auf die etablierte Ordnung der Geschlechter anzuwenden, brachte die Neugier auf das undurchsichtige Mysterium der Zeugung einen Einstellungswechsel der Ärzte gegenüber der Frau als Erzeugerin mit sich.

Das Studium der Fortpflanzung führte zwangsläufig zu einer Aufwertung der Rolle der Frau. Die Mutter war nicht nur für die post-natale Entwicklung des Kindes, sondern auch für die Entstehung und Entwicklung des Embryos verantwortlich. Daher war es notwendig, die Gesetze der Vererbung genau offenzulegen, indem man die Rolle des weiblichen Spermas sowie die Auswirkungen der physiologischen Beschaffenheit der Gebärmutter auf die Bildung des Fötus erforschte. Die Wachsamkeit der Mediziner war um so größer, als sie immer noch davon überzeugt waren, daß die meisten Erbkrankheiten während der Schwangerschaft durch die Mutter übertragen wurden. Der Traktat des englischen Mediziners Walter Harris über Kinderkrankheiten, auf den man sich in ganz Europa berief, vertrat noch am Ende des 17. Jahrhunderts diesen Standpunkt.

Erbkrankheiten und angeborene Mißbildungen waren jedoch kein wesentlicher Forschungsschwerpunkt. Da die Zeugung nicht allein das Werk des Mannes war, gab er auch nicht allein seine sittliche Konstitution, seinen Charakter und seine Intelligenz weiter. Die Frau war an der psychologischen Entwicklung des Kindes zu gleichen Teilen beteiligt. Angesichts dieser Feststellung tauchten, explizit oder implizit, wieder beunruhigende Vermutungen über die »Schlechtigkeit« der Frau, ihre »Dummheit« und Unbeständigkeit auf. Jerôme Cardan erklärte die verderbten Sitten der Bastarde mit ihrer mütterlichen Abstammung: »Sie werden geboren von nichtswürdigen Frauen, die keine Ehrbarkeit kennen (...), und da sie der Mutter folgen, so werden sie genauso und von gleichen Sitten.«[16] Aber es genügte nicht, daß eine Mutter ehrbar war: Sie mußte feinsinnig sein, denn das Kind konnte die Intelligenz beider Elternteile erben. Das war zweifellos ein mächtiges Gegenargument gegen diejenigen, die behaupteten, das Studium sei für Mädchen völlig unnütz. Cornelius Agrippa ließ dieses medizinische Argument nicht außer acht, als er mit spitzer Feder *La noblesse et préexcellence du sexe féminin* schrieb. Die Mediziner jedoch zogen aus ihren Forschungen keine solchen Schlußfolgerungen, im Gegenteil: Die Rolle, die die Natur der weiblichen Vererbung zubilligte, erweckte ihr Mißtrauen, und dementsprechend zielten ihre Empfehlungen vor allem darauf ab, den Vorrang des väterlichen Einflusses zu wahren.

Über die Pathologie hinaus führte das Studium der Vererbungslehre zur grundlegenden Frage des Geschlechtsdimorphismus zurück. Da in der Natur alles seinen Zweck hatte, konnte die Zeugung eines Jungen oder eines Mädchens kein Produkt des Zufalls sein. Somit konnten sich Physiologen den Mechanismen widmen, die bei der Geschlechterbestimmung wirksam wurden. Nach den Theorien von Hippokrates und Galen war die Befruchtung ein Kampf zwischen männlichem und weiblichem Samen, der sich im Innern der Gebärmutter zutrug. War der weibliche Samen quantitativ oder qualitativ überlegen, so wurde ein Mädchen geboren, blieb dagegen der männliche Samen stärker, wurde ein Junge gezeugt. Sowohl Ambroise Paré und Jean Liébault als auch Giuseppe Liceti in seinem *Dialogo, Il ceva overo dell'eccellenza et uso de genitali* (1598) machten deutlich, daß dieser Kampf um Einfluß zum Zeitpunkt der Samenreifung ausgetragen wurde, in einem Prozeß, der an den Mythos vom Hermaphroditen erinnert, aber auch bereits moderne Theorien über die Bisexualität vorwegnahm: Das kalte und schwache weibliche Element und das warme und kräftige männliche Element waren sowohl der Frau als auch dem Mann eigen, wobei das männliche oder weibliche Prinzip je nach Alter und Lebensweise dominierte. Manchmal erwies sich der Kampf als unentschieden und brachte einen jener Hermaphroditen hervor, für die sich die Medizin am Ausgang der Renaissance so sehr interessierte und die in sich den Widerstreit ihrer zweifachen Sexualität auszutragen schienen.[17]

Diese Auffassung war indessen weit davon entfernt, alle Ärzte zufriedenzustellen, denn sie setzte das Unmögliche voraus, nämlich daß das weibliche Temperament mitunter wärmer sein konnte als dasjenige des Mannes. Medizinische Traktate gaben daher lieber Interpretationen wieder, die die unveränderliche Hierarchie der Geschöpfe nicht in Frage stellten und die weibliche Physiologie für die Zeugung eines Mädchens verantwortlich machten (aufgrund der minderen Qualität des Menstruationsblutes oder der niedrigen Temperatur der Gebärmutter, die den guten Samen in Unkraut zu verwandeln vermochte).

Die Anatomie mußte dazu herhalten, ein allgemeineres Gesetz zu formulieren. In seinem *Buch von der Zeugung* behauptete Jacob Sylvius beispielsweise, daß die Gebärmutter, die eine kleine Welt nach dem Vorbild des ganzen Körpers darstelle, zweigeteilt sei und in ihrem rechten Teil, auf der Seite der Leber, Blut von besserer Temperatur empfing. Infolgedessen führe eine Befruchtung, die auf der rechten Seite der Gebärmutter erfolge, zur Zeugung eines Jungen, während aus dem unglücklicherweise nach links gefallenen Samen nur ein Mädchen entstehen könne. Dieser Theorie war ein um so größerer Erfolg beschieden, als sie zugleich dem im Volk verwurzelten Glauben und der gelehrten hippokratischen Tradition entsprach: Im allgemeinen hatte alles, was sich auf der rechten Seite des Körpers befand, mit Männern und Jugend zu tun, und alles, was sich auf der linken Seite befand, mit Frauen und Alter. Eine wörtliche Interpretation des berühmten Ausspruchs von Hippokrates – foetus mares dextra uteri parte, foemina sinistra magis gestatur (Ein männlicher Fötus wird auf der rechten, ein weiblicher auf der linken Seite der Gebärmutter ausgetragen.) – lieferte laut Levin Lemnius auch die Erklärung für die Existenz jener Frauen, die sich allzu männlich oder autoritär aufführten: Es handele sich bei ihnen um Frauen, die versehentlich auf der rechten Seite der Gebärmutter empfangen wurden!

Dieser Wirrwarr von Hypothesen war nicht etwa nur das Resultat eifriger Forschungen, die von der Bewunderung der Werke der Natur geleitet wurden. Die Motivation der Mediziner war deutlich: Eine perfekte Kenntnis der Mechanismen der Empfängnis könnte den Menschen jene Stärke zurückgeben, die sie Thomas von Aquin zufolge im Stand der Unschuld besessen hatten, in dem das Geschlecht des Kindes allein vom Willen der Eltern abhängig gewesen war. Diese Entscheidungsfreiheit war ein Wunschtraum, der seit undenklichen Zeiten gehegt worden war und der uns aus dem Brauchtum mit seinen magischen Beschwörungsformeln überliefert ist. Ärzte verstanden diesen Wunsch der Familie nach einem Sohn um so besser, als sie selbst meistens davon überzeugt waren, daß die Geburt einer Tochter eine Quelle von Sorgen sei. Deshalb sparte der Spanier Huarte auch nicht mit Ratschlägen für Familienväter, wie vermieden werden konnte, ein Geschlecht zu zeugen, das aufgrund seiner angeborenen Kälte und Feuchtigkeit keinen ausgeglichenen und gefestigten Verstand haben könne.

Selbstverständlich legten nicht alle Ärzte dieses extreme Mißtrauen gegenüber Frauen an den Tag, aber auch diejenigen, die am wenigsten den üblichen Vorurteilen zugeneigt waren, blieben für gewöhnlich empfänglich für die sozialen Implikationen, die mit dem Geschlecht des Neugeborenen verbunden waren. Auch Laurent Joubert suchte in seinem 1579 veröffentlichten *Erreurs populaires* ernsthaft die Phasen zu erforschen, die für die geschlechtliche Vereinigung am günstigsten seien, denn »das kann den Männern dienen, die Jungen haben wollen, sowohl zu ihrer Hilfe als für das Erbe der Güter, Ehren und Würden, (...) und auch wenn es nur wegen der Vortrefflichkeit des Geschlechts wäre, gibt es doch Grund, dies zu wünschen«.[18]

Wie könnte man es treffender sagen! Wenn Eltern sich Entscheidungsfreiheit wünschten, so natürlich deshalb, um in ihrer Nachkommenschaft die Anzahl der Mädchen zu begrenzen, die das Erbe nur zerstückeln und soviel Mühe machen würden: Hatte man erst einmal ihre zarte Gesundheit geschützt, ihren frivolen Geist erzogen, ihre außerordentliche Empfindsamkeit zu beherrschen gelernt, mußte man sie schließlich mittels Heirat bzw. in einem Kloster etablieren. Mehrere Jahrhunderte lang bemühten sich Mediziner um das, was Jacques-André Millot, der Geburtshelfer von Marie-Antoinette, die »Kunst, die Geschlechter nach Belieben zu zeugen« nannte. Von Juan Huartes *Examen* bis zu *L'art de faire des garçons* des Michel Procope Couteau aus der Mitte des 18. Jahrhunderts waren sämtliche Empfehlungen hinsichtlich der Partnerwahl, des richtigen Zeitpunkts, der korrekten Stellung von der Überzeugung getragen, daß die Beachtung der moralischen und natürlichen Gesetze mit der Geburt eines Jungen belohnt wurde.

Eine Rolle für Frauen

Die Einblicke der Medizin in die Geheimnisse der Embryologie machten eine Beschäftigung mit solchen Themen wie der Vererbung, der Geschlechterbestimmung und der Kontrolle über die Zeugung möglich. Nachfolgende Theorien erhellten die komplexen Beziehungen, die zwischen dem Fötus und seiner Mutter bestanden. So statten sowohl die bis zur Mitte des 17. Jahrhunderts vorherrschende Zwei-Samen-Theorie als auch die der Eierstöcke, die sich im 18. Jahrhundert verbreitete, die Frau mit einer heiligen, aber auch bedrohlichen Macht aus. Ärzte, die sich der Tragweite ihrer Ideen bewußter wurden, begannen, unmittelbarer auf die private und öffentliche Moral Einfluß zu nehmen. Seit dem Ende der Renaissance bis hinein ins 18. Jahrhundert bildet sich eine medizinische Strategie heraus, die sich deutlich in Richtung jener Rolle bewegte, die die Gesellschaft der Frau innerhalb der Familie zuschrieb.

Die Regeln der Harmonie

Ärzte zur Zeit Jean-Louis Vivès' oder Jean Bodins waren noch von keiner Vorstellung über Geburtenpolitik geleitet. Ihr primärer Auftrag bestand darin, die Institution der Ehe zu schützen, auf der letztlich die gesamte öffentliche Ordnung beruhte. Die Ehe interessierte nicht nur die Kasuisten und Gesetzgeber, sondern auch die Mediziner, deren naturwissenschaftlicher Diskurs sich dem gefährlichen Sittenverfall entgegenstellte. Die Frau war das bevorzugte Objekt ihres Interesses, weil von ihrer körperlichen und moralischen Gesundheit die Fruchtbarkeit des Paares abhing, aber auch die Harmonie in der Familie allgemein.

Wenn Mediziner die verschiedenen Lebensphasen einer Frau studierten, so immer als Phasen, die ihre natürliche Berufung zur Ehe entweder vorbereiten oder darauf folgen. Hierin folgte die Medizin im übrigen der *Institution de la femme chrestienne* des Moralisten Vivès, der darin Richtlinien für das zu verheiratende junge Mädchen, für die Ehefrau und die Witwe entwarf. Daher nahmen am Ende des 16. Jahrhunderts Ärzte für Frauenheilkunde in ihren Traktaten ohne weiteres Anweisungen auf, die man heute in einer Familienenzyklopädie erwarten würde. Ihre vordringlichste Aufgabe war es, gegen diejenigen Verbindungen anzugehen, die lediglich gesellschaftliche Ambitionen berücksichtigten, ohne sich um das gefühlsmäßige und körperliche Einvernehmen der Ehegatten zu kümmern. Ambroise Paré und Jean Liébault sprachen sich vehement gegen Ehen von Partnern aus, die ein unverhältnismäßig großer Altersunterschied trennte oder deren Temperamente unvereinbar schienen. Ohne unbedingt auf die Juristen zu hören, die das gesetzliche Heiratsalter für Mädchen auf zwölf und für Jungen auf vierzehn Jahre festlegten, handelten Ärzte im Sinne ihrer Berufung, wenn es die Frau vor zwei gleich großen Gefahren zu bewahren galt, nämlich vor einer zu frühen oder auch einer zu späten Heirat. Die Autoren medizinischer Traktate waren keinesfalls mehr nur Intellektuelle, die aus dem Elfenbeinturm heraus ihre Erkenntnisse verkündeten. Vor allem die praktische Geburtshilfe, die allmählich aufhörte, das Monopol von Hebammen zu sein, hatte ihnen die »fast unerträglichen Leiden der Schwangerschaft«[19] vor Augen geführt, und sie wußten nur zu gut, daß ein noch nicht ausgewachsenes Mädchen dabei sein Leben riskierte. Sie wandten sich nicht nur gegen in einem zu frühen Alter geschlossene Ehen, sondern ebenso gegen jene Eltern, die, in der Hoffnung auf eine vorteilhafte Partie, ihre bereits »reifen« Töchter den Anfechtungen ihrer unbefriedigten Sexualität aussetzten. Diese Traktate, die auf grauenerregende Weise die Symptome sexueller Frustration beschrieben – Blässe und das furchtbare Wüten der Gebärmutter – sowie die Angst des braven Bürgers vor der familiären Zerrüttung reflektierten: Eine Frau, die über zwanzig war, würde sich nicht mehr so leicht den Anweisungen ihres Gatten fügen, um so mehr, als Frauen ihrem Naturell nach eher zum Befehlen und Widersprechen neigten. Auch der Arzt Jean Liébault, der immerhin mit der gelehrten Olympe Estienne verheiratet war – der Autorin von *Les misères de la femme mariée* – schien davon überzeugt zu sein.

Die besten Regeln waren in den Augen des Arztes diejenigen, die von der Natur vorgegeben wurden. Aristoteles wurde wiederum dafür bemüht nachzuweisen, daß aufgrund des biologischen Rhythmus der Frau, die früher geschlechtsreif, aber auch früher unfruchtbar würde als der Mann, das ideale Heiratsalter für Mädchen zwischen fünfzehn und sechzehn Jahren und das für Jungen zwischen fünfundzwanzig und dreißig Jahren läge. Die Natur legitimierte lediglich, was die christliche Moral und die soziale Ordnung verlangten, nämlich daß der Ehemann seine Frau beherrschte.

Diese Ratschläge fanden sich im übrigen nicht nur in Traktaten über die Körperpflege; Familienväter mußten nur die Werke humanistischer Philosophen lesen, um sich aufgeklärter zu verhalten. Ärzte schöpften ihre Argumente häufig aus denselben Quellen wie Moralisten. Aber sie beriefen sich auf ihre unbestreitbare Autorität, wenn es darum ging, über die physiologische Kompatibilität der Gatten zu entscheiden. Juan Huarte träumte gar von einer Republik, in der es den Ärzten überlassen würde, Ehen zu stiften. So könnten sie, wenn sie das Temperament und die Schönheit einer Frau untersuchten, als Experten darüber urteilen, ob sie für den Mann gemacht war, dem sie versprochen war. Die Verbindung zwischen den Geschlechtern wurde als Verschmelzung von Gegensätzen angesehen, die bei einer wechselseitigen Ergänzung der positiven und negativen Elemente Erfolg hatte. Diese Vorstellung gewann eine solche Bedeutung, daß sie bereits so etwas wie eine Sexologie darstellte. Da die Natur den Geschlechtern in ihren Liebesbeziehungen unterschiedliche Rollen zugewiesen hatte, galt es für den Arzt auch, die Frage der Lust und ihres Zweckes zu berücksichtigen. Während einstimmig behauptet wurde, daß »die Frauen auf eine Art und die Männer auf eine andere Art entflammt sind«, gingen die Meinungen ansonsten auseinander. Dieser Zustand war charakteristisch für eine Wissenschaft, die noch in den Kinderschuhen steckte. Bei ihren Forschungen ließen sich Ärzte weitgehend von den Erklärungsmustern leiten, die ihnen von der Gesellschaft, den Sitten und Gebräuchen sowie natürlich den antiken Texten suggeriert wurden. Deshalb stellte sich erstmalig die Frage nach der sexuellen Lust im Rahmen der kulturellen Annahmen über die weibliche Natur. Sehr viele Ärzte waren immer noch davon überzeugt, daß Frauen in der Liebe sehr viel leidenschaftlicher seien als Männer. In seiner Studie *De la maladie d'amour ou melancholie erotique* (1623) vertrat Jacques Ferrand diesen Standpunkt, der gestützt wurde durch die Doktrin, nach der die Liebe eine Bewegung der Seele sei, welche die Frau, der es an Vernunft und Stärke fehle, nicht zu beherrschen vermochte, und darüber hinaus durch die Erfahrung des Arztes, der gewöhnlich sehr viel mehr erotomanische Frauen als Männer behandelte. Die Heftigkeit des weiblichen Begehrens und der weiblichen Lust hatten im übrigen ihre Berechtigung. Ferrand sah darin eine Art Kompensation der weisen Natur für die Schmerzen, die die Frau bei der Geburt erleidet.

Diese Behauptungen, die vor dem Hintergrund dessen zu sehen sind, was die satirische Literatur als weibliche Lüsternheit verlachte, standen jedoch im Widerspruch zu der Notwendigkeit, die männliche

Überlegenheit auch auf dem Gebiet der sexuellen Lust zu beweisen. Für einen Schulmediziner wurde dieses Eingeständnis noch dadurch erschwert, daß keine Theorie erklären konnte, weshalb die Frau mit ihrem feuchten und kalten Temperament intensivere Lustgefühle haben sollte. Hippokrates, der so interpretiert wurde, wie es gerade opportun erschien, mußte dafür herhalten, daß auch auf diesem Gebiet die Hierarchie der Geschlechter gewahrt blieb: Denn trotz ihres übermäßigen sexuellen Verlangens waren die eher extensiven Lustgefühle der Frau den intensiven Lustgefühlen des Mannes qualitativ unterlegen.

Auch wenn diese Kontroverse ein großes Maß an öffentlicher Aufmerksamkeit auf sich zog und sich selbst in solch populärwissenschaftlichen Werken wie *La curiosité naturelle* von Scipion Dupleix und in den öffentlichen Vorträgen des »Bureau d'Adresses« von Théophraste Renaudot niederschlug, zeichnete sich unter den praktischen Ärzten am Ende der Renaissance ein anderer Streitpunkt ab. Es ging weniger darum, ob der Mann oder die Frau den Liebesakt mehr genösse, sondern vielmehr darum, ein für die menschliche Gattung so wichtiges Phänomen besser zu verstehen. Warum war der Mensch unter allen Arten das einzige Lebewesen, das sich nicht nur während bestimmter Zeiten fortpflanzte? Die vorausschauende Natur wollte es, daß das bei der Paarung empfundene unvergleichliche Lustgefühl ihn davon abhielt, über die Beschaffenheit seiner Fortpflanzungsorgane nachzudenken. Abscheuliche Vorstellungen von uterinen Abgründen grassierten im medizinischen Diskurs und hielten Chirurgen wie Ambroise Paré, praktische Ärzte wie André Du Laurens und Geburtshelfer wie François Mauriceau in ihrem Bann, die nicht genug Farben und Gerüche erfinden konnten, um den »Schmutz« und den »Unrat« dieser »Kloake« zu beschreiben.[20] Als Maske für den Horror und den Schmerz erschien die Sinnlichkeit nun durchaus legitim und notwendig. Paradoxerweise verblaßten sowohl die Sicht der weiblichen Lust als sündhaft oder unnatürlich als auch die Angst vor der alles verschlingenden Gebärmutter vor dem bewundernden Staunen des Naturforschers angesichts des unbeschreiblichen Einfallsreichtums der Natur. Bei Paré, Joubert oder Duval werden die jeweiligen Geschlechterrollen als Notwendigkeit des Reagierens definiert, nicht wie im Kampf, sondern wie in einem Spiel, dessen potentieller Gewinn ein »kleines Gottesgeschöpf« darstellte.

Die Notwendigkeit weiblicher Lust

Unbeirrt von moralischen Tabus und trotz der Gefahr, den Zorn der gesamten medizinischen Fakultät oder der Zensur auf sich zu ziehen, wie dies im Falle Ambroise Parés und Jacques Duvals geschah, scheuten die Ärzte nicht davor zurück, sich mit den intimsten Aspekten des Sexuallebens zu befassen, um Paaren dabei behilflich zu sein, ihre Wünsche und Körper besser zu verstehen. In Kapiteln über »die Art der Beiwohnung und Zeugung« wurden in erster Linie dem Mann Ratschläge erteilt, dem es oblag, die Initiative zu ergreifen, und der aus diesem Grund in hohem Maße für die sexuelle Harmonie des Paares verantwortlich war. In den Empfehlungen, die noch nicht durch die wissenschaftliche Terminologie neutralisiert waren, schien die Erfahrung des Arztes durch, der in seiner Praxis so viel gelernt hatte wie ein Beichtvater. Allzu häufig wußten Männer nichts über die sinnliche Konstitution ihrer Gattinnen und – wie Ambroise Paré mit seiner Vorliebe für deftige Metaphern anmerkte – warf sich kopfüber und gedankenlos auf das Feld der menschlichen Natur!

Hinter der Fürsorge des Arztes kommt das alte Thema der Embryologie zum Vorschein. Das Primat der Zwei-Samen-Theorie zwang Ärzte zu einer neuen Betrachtungsweise. Ambroise Paré beharrte darauf, daß der Samenerguß in drei Phasen erfolge: Auf eine feuchte Absonderung, die zum größten Teil aus dem Gehirn komme, folge die Erektion der Genitalien, die von den »Lebensgeistern« hervorgerufen werde, und schließlich die Ejakulation des Samens, die durch die Wollust und das gemeinsame Vergnügen ausgelöst würde. Es sei daher unumgänglich, daß »das Objekt gefällt und begehrt wird, sowohl von seiten des Mannes als auch von seiten der Frau«, sonst bliebe die Verbindung unfruchtbar.[21] Die von dieser Theorie beeinflußten volkssprachlichen Traktate über die menschliche Zeugung, die für Hebammen und Ärzte bestimmt waren, aber auch das Interesse der lesenden Öffentlichkeit an den Wissenschaften des Lebens befriedigen sollten, verurteilten daher heftig die zeitgenössische Ehepolitik. Paré und Liébault zufolge war der häufigste Grund für Unfruchtbarkeit darin zu sehen, daß die Frau beim Geschlechtsakt nur wenig Vergnügen empfinde, wodurch sie nicht nur keinen Samen erzeuge, sondern aufgrund der Verkrampfung ihres Gebärmuttermundes das männliche Sperma zurückweise. Diese Ansicht wird von Mauriceau in seinem 1668 erschienenen Traktat bestätigt. Deshalb machten sich diejenigen Väter, die, obwohl Wissenschaft und Erfahrung sie eines Besseren belehrt hatten, ihre Töchter ohne deren Einwilligung verheirateten, in den Augen der Natur schuldig.

Die Sorge der Ärzte entsprang indes nicht einem rein geburtenpolitischen Interesse. Weder François Mauriceau noch Jean Liébault oder Louys de Serres betrachteten die Sterilität als Stigma. Ersterer äußerte sich sogar mit beißender Ironie über »die starke Leidenschaft, der man bei manchen Leuten begegnet, die nichts mehr bedauern, als ohne Kinder zu sterben oder, noch schlimmer, ohne männliche Nachkommenschaft«.[22] Das Studium der Fortpflanzung und die Entdeckung der engen Beziehungen zwischen organischen Funktionen und psychologischen Prozessen machten den Körper zu einer komplexen und bis ins kleinste Detail bewundernswerten Maschine. Für den Naturforscher, der die Werke der Natur betrachtet, war jede Funktion des Körpers eine Manifestation der Seele, die ihm innewohnt. Hatten die Wissenschaftler die sexuelle Lust zuerst als kompensatorische Funktion verstanden, die darauf ausgerichtet war, den Ekel vor dem Geschlechtsakt auszuschalten, so begannen sie nun, die Geschlechtsorgane und den Beischlaf als sublimes Zeugnis göttlicher Genialität zu deuten, selbst wenn letzterer keinen Nachwuchs erzeugte.

In den Chor der Stimmen, die sich gegen heimliche Ehen erhoben, die den familiären Interessen zuwiderliefen und lediglich auf Verlangen des jungen Paares hin geschlossen wurden, brachte der medizinische Diskurs zumindest hier eine falsche Note ein: Von dem Augenblick an, wo die harmonische Verbindung der Geschlechter als von der körperlichen und geistigen Kompatibilität abhängig betrachtet wurde, konnten Frauen nicht mehr nur als passive Objekte männlicher Lust angesehen werden. Naturwissenschaftler sprachen ihnen das Recht, ja sogar die Pflicht zu, sich an ihrer Zukunftsplanung aktiv zu beteiligen. In den Augen einer Gesellschaft, die der Frau jegliche Entscheidungsgewalt verweigerte, mußte der Protest solcher Ärzte als frommer Wunsch und vergebliche theoretische Spekulation anmuten. Natürlich konnten diese befreienden Ratschläge nur wenig an einer Wirklichkeit ändern, in der junge Mädchen lediglich Waren und Tauschmittel in einem Handel waren, der auf ökonomischer Macht und sozialem Prestige beruhte. Dennoch war die Meinung der Ärzte von Bedeutung, denn sie lieferte all denjenigen eine wissenschaftliche Legitimation, die im Namen der christlichen Ehe oder im Namen eines wiederauflebenden Naturalismus für Paare emotionale Gleichberechtigung förderten. Schon Margarete von Navarra berief sich implizit auf die Theorie des weiblichen Samens, als sie in einer Novelle des *Heptameron* das Scheitern einer Ehe ohne Liebe schilderte: »Und obwohl sie eine bildschöne Frau und ihr Gatte wohlgestalt, kräftig und zeugungsfähig war, bekam sie dennoch keine Kinder von ihm, weil ihr Herz allezeit sieben Meilen von ihrem Leib entfernt weilte.«[23] Zum Ausgang der Renaissance gab es eine wachsende Anzahl literarischer Texte, die solche »Verbindungen ohne Seele« anklagten und den Einfluß der medizinischen Argumentation stärkten. Die Reaktion auf die Veröffentlichung bestimmter medizinischer Texte in der Volkssprache beweist allerdings, daß man Angst hatte, die öffentliche Moral könnte durch sie erschüttert werden. Das erklärte Motiv des 1575 gegen Ambroise Paré geführten Prozesses war die fehlende Ermächtigung für die Veröffentlichung seiner gesammelten Werke, aber sein von ihm selbst vorgetragenes Plädoyer läßt keinen Zweifel aufkommen, was die wahren Gründe der Zensur betrifft: Die Professoren zeigten sich besonders irritiert über die Kapitel über »die Art und Weise des Beischlafs und der Zeugung«, über die »Sterilität« und über »die Hymen genannte Membrane«, die ihrer Ansicht nach allzu freizügig verfaßt waren und »die Jugend zur Unzucht anregen können«.[24] Laurent Joubert widerfuhr einige Jahre später das gleiche Mißgeschick. Um seine Verleumder zu beschwichtigen, die ihm sowohl vorwarfen, ein derartiges medizinisches Werk der Königin von Navarra, Margarete von Valois, gewidmet zu haben, als auch jungen Mädchen »lüsterne« Geheimnisse enthüllt zu haben, die sie besser nie hätten wissen sollen, sah er sich gezwungen, die zweite Ausgabe seiner *Erreurs populaires* zu überarbeiten.

Die medizinische Fakultät war nicht ohne Grund darum bemüht, einen medizinischen Diskurs einzudämmen und zu reglementieren, der immer häufiger auf dem Gebiet der Sitten und der gesellschaftlichen Moral intervenierte. Da Ärzte in allen Angelegenheiten, die Ehe und Sexualität betrafen, als Experten galten, hatten ihre medizinischen Theorien soziale Implikationen, die vielleicht bedeutender waren als deren rein wissenschaftlicher Wert. Im 16. und 17. Jahrhundert beriefen sich Ärzte, die in Vergewaltigungsprozessen aussagten, zwangsläufig auf die Zwei-Samen-Theorie, der zufolge die beim Koitus empfundene Lust die Voraussetzung für den Samenerguß war. Wenn Jean Liébault die Richter vor jenen Frauen warnte, die behaupteten, ohne Lust empfangen zu haben, so wies er damit implizit diejenigen ab, die Wiedergutmachung für eine Vergewaltigung forderten, welche zu einer Schwangerschaft geführt hatte. Dieselbe Theorie erlaubte es allerdings Jacques Duval, einer vergewaltigten Frau ihre Integrität und ihre verlorene Ehre zurückzugeben, da ohne Lustempfinden die Gebärmutter geschlossen, und ohne die Einwilligung des Herzens somit auch die moralische Jungfräulichkeit intakt blieb. Eine Vergewaltigung stellte in den Augen der Ärzte einen aggressiven Akt dar, bei dem die Frau das Opfer war und nicht etwa die Schuldige. Aus der Rechtsgeschichte wissen wir, daß dies nicht immer die Ansicht der Richter war.

Ein sanfterer, mitleiderregenderer Ton

Für die Medizin zu Beginn des 17. Jahrhunderts, die jede vitale Funktion in ihrer komplexen Beziehung zwischen einem »Vermögen« oder »Geist« und dem ihm als Instrument dienenden Organ betrachtete, nahm die Psychophysiologie eine wesentliche Bedeutung an. Dies läßt sich besonders an den Prozessen nachweisen, die um Eheannulierungen aufgrund von Impotenz geführt wurden. Wenn ein Schüler Ambroise Parés, Jacques Guillemeau, 1612 die Feder ergreift, um die *Abus qui se commettent sur les procedures de l'Impuissance des hommes et des femmes* zu denunzieren, so deswegen, weil er nicht die brutale Methode, den Vollzug des Beischlafs zu testen, zulassen konnte, die Juristen unter Mißachtung des Anstandes und der Wissenschaft eingeführt hatten. Der Physiologe wußte, daß es einem Mann und einer Frau, die bereits in Herz und Verstand getrennt waren, nie gelingen würde, ihre sexuelle Potenz in Anwesenheit erfahrener Ärzte und Hebammen und unter skandalösen und schändlichen Umständen unter Beweis zu stellen. Sich auf die Ergebnisse eines solchen Tests zu berufen, um die Annullierung einer Ehe auszusprechen, war daher widersinnig. Hier zeigte sich der Arzt strenger als der Jurist, der schon in der Nichtbeachtung einer der Klauseln des Ehevertrages – des *debitum conjugalis* – einen ausreichenden Grund für dessen Auflösung sah. Charles Guillemeau und mit ihm alle Kritiker der Annullierung einer Ehe wegen Impotenz wandten sich gegen ein Verfahren, das weniger das Glück der Ehegatten berücksichtigte als die Interessen der beteiligten Familien. Das Gesetz über die Trennung von Eheleuten beruhte nicht nur auf irrigen anatomischen Annahmen (die ungenügende Kenntnis des weiblichen Körpers ließ Zweifel an den Merkmalen der Defloration) und der völligen Unkenntnis der Prinzipien der Physiologie; mehr noch, das kanonische Recht führte aus, daß für den Fall, daß die Impotenz nach der Auflösung der Ehe verschwinden würde, die Ehegatten wieder zusammenleben müßten, selbst wenn sie inzwischen wieder neu verheiratet wären. Welch ein wissenschaftlicher Irrtum! Denn Impotenz – wenn sie nicht gerade von einem anatomischen Defekt herrührte – war ja eben häufig lediglich die Folge einer Antipathie zwischen den Ehegatten. Jene Annullierungsverfahren, die selbstverständlich nur die gesellschaftliche Oberschicht betrafen, trugen zur Befreiung der Frau gar nichts bei, die in solchen Angelegenheiten bloßes Objekt war bzw. Ursache öffentlichen Skandals.

Ärzte, die als Berater der Familien oder als Experten vor Gericht konsultiert wurden, votierten zumeist für Versöhnung, um den Körper vor erniedrigenden Untersuchungen zu bewahren. Die Institution der Ehe beruhte auf dem fragilen Gleichgewicht der weiblichen Physiologie: Wurde das Begehren der Frau ignoriert oder sie gar gegen ihren Willen gezwungen, bedrohte das die Harmonie des Paares. Daher liefen alle medizinischen Vorschriften auf die Regel des goldenen Mittelwegs hinaus: Mäßigung in der Lust und Mäßigung, was die Forderungen des Ehemannes und das Verhalten der Gattin anging. Auch hier suchte der medizinische Diskurs seine Legitimation in der Natur. Ambroise Paré erklärte die Unterschiede in der Sexualität des Mannes und der Frau als weise Vorsehung des Schöpfers, der nicht wollte, daß beide Geschlechter zum selben Zeitpunkt und mit gleicher Intensität entflammten, um sie nicht schutzlos dem Ansturm unmäßiger und gefährlicher Wollust auszuliefern. In diesem Punkt waren sich sowohl der Arzt als auch der Moralist in dem Bemühen um eine Ethik des Privatlebens als Garantin der sozialen Ordnung einig. Doch während die bürgerliche Ideologie die Gattin darauf reduzierte, nur ein Spiegel der Persönlichkeit und des gesellschaftlichen Rangs ihres Gatten und ein Symbol der konservativen Familientugenden zu sein, entwarf der Arzt das Bild einer weiblichen Individualität – beunruhigend in ihrer Zerbrechlichkeit und in ihren geheimnisvollen Gebrechen, aber auch faszinierend in ihrer fruchtbaren Schönheit.

Wenn man der *Declamation sur l'incertitude et vanité des sciences* von Heinrich Cornelius Agrippa Glauben schenken will, dann war die Medizin die Kunst, die am meisten die Lasterhaftigkeit förderte, denn sie lieferte dem Volk alle möglichen Verfahren, die der Verschönerung von Gesicht und Körper dienten. Die Anthologien über die »Geheimnisse der Damen« hatten zweifellos eine lange Tradition und riefen eine bestimmte paramedizinische Literatur ins Leben, deren Erfolg in gewissem Maße noch heute andauert. Aber auch die gelehrte Medizin selbst bereicherte dieses Genre und brachte dabei paradoxe Blüten hervor. So hatte der italienische Arzt Leonardo Fioravanti, der in seinem *Specchio di scientia universale* (1564) den Gebrauch der Schminke streng geißelte, einige Jahre zuvor noch die *Capricci medicinale* veröffentlicht, die voll von Rezepten waren, welche der Frau ewige Schönheit und zahllose Liebhaber verschaffen sollten! Wurde der Arzt nicht letztlich von der diabolischen Schönheit angezogen, von dem von Cornelius Agrippa beschriebenen vollkommenen Körper, dessen Anblick so lustvoll war und den man nicht berühren konnte, ohne eine angenehme Erregung dabei zu verspüren?[25]

Diese widersprüchlichen Empfehlungen spiegeln insbesondere die ambivalente Rolle des Arztes wider, der bald Moralist, bald Naturforscher war. Als Moralist reproduzierte und legitimierte er das Mißtrauen seiner Zeitgenossen gegenüber dem anderen Geschlecht, als Naturforscher äußerte er Bewunderung für einen Körper, der durch und für seine fruchtbare Schönheit existierte. Es war die Aufgabe des Arztes, die Frau vor ihren eigenen Anfälligkeiten zu schützen, aber auch ihre ästhetische Harmonie, die das Zeichen ihrer Vollkommenheit war, zu bewahren. Um dieser Aufgabe gerecht zu werden, veröffentlichte Giovanni Marinello im Anschluß an sein bedeutendes Werk über die Frauenkrankheiten den Traktat *Degli ornamenti delle donne*, in dem er behauptet, lediglich das wundervolle natürliche Gleichgewicht wiederherstellen zu wollen. Das, was dem moralistischen Mediziner des

16. Jahrhunderts noch Unbehagen bereitete, verschwand im Zuge der Neudefinition von Frauenheilkunde. Nun, da die Wissenschaft anerkannt hatte, daß es eine spezifisch weibliche Anatomie, Physiologie und Pathologie gab, erschien es legitim, eine speziell auf die Frau ausgerichtete Gesundheitspflege und Ästhetik zu entwickeln. Abraham de la Framboisière verdeutlichte in seinem Traktat *Du gouvernement des dames*, den er einer prominenten Dame der frühen Jahre des 17. Jahrhunderts widmete, diese medizinische Strategie:

»So wie die Männer die Frauen an Kraft übertreffen, übertreffen in den meisten Fällen die Frauen die Männer an Schönheit. Deshalb ist es nicht befremdlich, wenn sie darauf bedacht sind, das zu bewahren, was ihnen als ihr natürliches Recht zu gehören scheint (. . .). Da ich hier der Ordnung nach das behandeln will, was dem weiblichen Geschlecht eigen ist, werde ich zuerst erklären, wie die Damen sich zu verhalten haben, um ihre Schönheit zu bewahren.«[26]

Auch wenn Ärzte in ihren theoretischen Konzeptionen hin und her gerissen waren zwischen einem sozialen Funktionalismus und einem nicht immer orthodoxen Naturalismus, wurden sie in der Praxis mitunter zu Verbündeten der Frau gegen die sie bedrohenden Vorurteile. Wahrscheinlich spielte der Einbruch der Männer in das Gebiet der Geburtshilfe, das bis dahin ausschließlich Hebammen vorbehalten war, eine wesentliche Rolle bei der Entwicklung einer medizinischen Ethik. Liest man die Werke, die in der Geschichte der Geburtshilfe entscheidenden Einfluß hatten – die Werke des Deutschen Rösslin, des Franzosen Paré und des Portugiesen Castro –, so ist man bestürzt über die ständig wiederkehrende Vorstellung des Leidens, so als ob Ärzte selbst sich fürchteten vor den Schmerzen und der schrecklichen Angst, die sie noch nicht zu beherrschen vermochten, als ob Männer sich plötzlich verantwortlich für diese »Passion« der Frauen fühlten. Louys Guyon gesteht in seinem *Miroir de beauté et santé corporelle*:

»Zweifellos befehlen uns die Vernunft und die Nächstenliebe, besonders den Frauenzimmern in ihren Ängsten, Bedürftigkeiten und Zufällen beizustehen, weil sie uns gedient und uns geliebt haben. Ich sage das, weil die Frau, um dem Mann Befriedigung, Vergnügen und Lust sowie Nachkommen zu schenken, um die menschliche Art unsterblich zu machen, ihm ihren Körper zur Verfügung stellt und die Mühen, Schmerzen und Gefahren nicht fürchtet, die sie durchleiden muß, wenn sie von ihm schwanger geworden ist.«[27]

Auch wenn die Schwangerschaft ohne besondere Komplikationen verlief, stellte sie in den Augen des Arztes einen pathogenen Zustand dar, der das Nervensystem und das psychische Gleichgewicht durcheinanderbrachte. Rationale Beschreibungen der Symptome – dunkle Flecken im Gesicht, geschwollene Brüste, Angstzustände – gingen unter in imaginären Schreckensszenarien der Schwangerschaft, in denen die phantastischsten Berichte über »abartige Gelüste« und Mißgeburten Erwähnung fanden. Die schwangere Frau war daher in den Worten von Louys de Serres wie ein drittes vernunftbegabtes Geschlecht, der ganzen Unbill einer in Unordnung geratenen Physiologie ausgeliefert. Geburtshelfer äußerten sich mitfühlend in ihren Empfehlungen, die darauf abzielten, die physischen und psychischen Störungen zu minimieren, die auch als für den Fötus gefährlich erachtet wurden, und vor allem die Entbindung zu erleichtern, indem nichts außer acht gelassen wurde, was für die Kreißende zuträglich war und ihre Ängste zu beschwichtigen vermochte. Die medizinischen Erkenntnisse schienen hier der christlichen Religion zu widersprechen, die die Frau dazu verdammte, unter Schmerzen zu gebären. In *De universa muliebrium morborum* (1620) wandte sich Roderiquez Castro, und später auch François Mauriceau, entschieden gegen einen Glauben, der den Geburtshelfer dazu ermutigte, seinen Beistand zu verweigern. Sie setzten der theologischen Rechtfertigung des Leidens ihre Beobachtungen als Ärzte entgegen: Die Frau litt, weil der Kopf des menschlichen Fötus größer ist als der der Tiere und weil in den zivilisierten Gesellschaften die Damen nicht mehr an harte Arbeiten gewöhnt waren – eine Argumentation, die auf der Anatomie, der Lebensweise und den Gepflogenheiten basierte, nicht aber auf religiösen Vorstellungen.

Ärzte, die vor allem darum bemüht waren, einen Körper zu erhalten, dessen Schönheit und Gleichgewicht so ernsthaft bedroht waren, überschritten mitunter die Grenzen ihres Pflichtbewußtseins und wurden zu Komplizen weiblicher List. Laurent Joubert und Ambroise Paré beschrieben in ihren Diskussionen, die sie der Zeit nach der Geburt widmeten, den männlichen Abscheu vor den Verunstaltungen des Körpers durch die Schwangerschaft, den Schmerzen der Entbindung und vor den Spuren, die dabei zurückblieben. Beide Autoren, die sich als gute Gatten und gute Väter verstanden, waren sich jedoch darüber einig, daß die große Mehrheit der Ehemänner durch die Entbindung in Schrecken versetzt würde, über das Wimmern des Neugeborenen verärgert wäre und es alles in allem vorzöge, nicht in die abstoßenden Aspekte der weiblichen Physiologie eingeweiht zu werden. Ärzte durften nicht davor zurückschrecken, sich über die traditionellen Geheimnisse kundig zu machen, die von den Hebammen von Generation zu Generation weitergegeben worden waren und die die Frau dabei unterstützten, ihren Körper wieder zu kräftigen, die Falten wegzuzaubern und wieder zu der »pucelle« (Jungfrau) zu werden, die von ihrem Mann begehrt wurde. Eine solche Bereitwilligkeit, Heilmittel zu berücksichtigen, die mehr mit Kuppelei als mit Geburtshilfe zu tun hatten und die man im übrigen auch in den satirischen Texten über *L'Art de r'accoustrer les pucelages perdus* findet, spiegelt zweifellos die Gefühle der Ärzte wider, die in gewisser Weise selbst davon überzeugt waren, daß die Frau nach ihrer Niederkunft unrein sei. Vor allem aber kommt darin der Wunsch zum Ausdruck, die körperlichen Spuren der Schwangerschaft zu vertuschen, die der sexuellen Harmonie des Paares abträglich sein könnten.

Was die Empfängnisverhütung und Abtreibung betraf, war die Haltung der Ärzte noch ambivalenter. Die meisten Traktate über Geburtshilfe wandten sich gegen einen künstlich herbeigeführten Schwangerschaftsabbruch, zum einen aus Gründen der Moral, zum anderen aber vor allem auch aus medizinischen Erwägungen, denn sehr oft verursachte ein solcher Eingriff tödliche Blutungen. Die weitschweifigen Beschreibungen der anatomischen und physiologischen Vorgänge bei der Abtreibung hatten jedoch eine Wirkung, die die Fakultät in ihrer Anklage gegen Ambroise Paré nicht unberücksichtigt ließ: Eine Aufzählung der Gründe für Fehlgeburten und die Erwähnung von Mitteln, die dem Fötus schaden können, gab denjenigen eine Methode an die Hand, die sich ihrer Leibesfrucht entledigen wollten. Tatsächlich ließen sich die meisten Ärzte jedoch kaum von diesem Dilemma beirren und beschrieben – nach Abgabe der üblichen Erklärung die Lauterkeit ihrer Absichten betreffend – auch weiterhin genau die möglichen Arten der Abtreibung: erstens durch eine medizinische Substanz, zweitens durch physische Gewalt bzw. mechanische Intervention und drittens durch einen psychischen Schock. Louys Guyon ging in *Le Miroir de la beauté et santé corporelle* noch weiter und plädierte ohne besondere rhetorische Vorsichtsmaßnahmen für die Zulässigkeit therapeutischer Abtreibungen. Moralische Einwände hatten in seinen Augen wenig Gewicht gegenüber den Risiken, die eine Schwangerschaft mitunter für das Leben der Mutter, des Kindes, ja der ganzen Familie in sich barg. So räumte er einer Frau, deren Becken zu eng war oder die nur mißgebildete Kinder auf die Welt gebracht hatte oder deren Mann drohte, das Neugeborene zu töten, das Recht ein, nicht mehr empfangen zu wollen, und bot ihr hierzu die Mittel.

Das Mitgefühl gegenüber dem Leiden der Mutter und die Achtung vor ihrem Leben bestimmten die medizinische Ethik mehr als jene Kriterien, auf die sich die Theologen und Juristen stützten. Auch wenn sie generell die Abtreibungspraxis als Mittel der Empfängnisverhütung verurteilten, erachteten sie es als ihre Pflicht einzugreifen, wenn das Leben der Mutter in Gefahr war. Selbst Louise Bourgeois, die aufgrund ihrer Position als Hebamme sicher Grund zur Vorsicht hatte, vertrat diese Einstellung. Sie tadelte zwar die Hebammen, die sich zu Komplizinnen sittenloser Frauen machten, beschrieb aber für den medizinischen Notfall eine manuelle Methode, die die Abstoßung des Fötus bewirken konnte. Der große Geburtshelfer Mauriceau glaubte, daß die Entscheidung des Arztes lediglich von der Diagnose geleitet werden sollte: Sobald dieser die Symptome einer für die Mutter gefährlichen

Anomalie erkenne, insbesondere eine Blutung, müsse er mit größter Entschlossenheit handeln, um die Geburt einzuleiten, auch wenn der dafür vorgesehene Zeitpunkt noch nicht erreicht war. Für ihn war die schlimmste Haltung jene falsche Vorsicht, die aus Motiven des Selbstschutzes heraus den Arzt dazu brachte, die verzweifelte Schwangere unter schrecklichen Schmerzen sterben zu lassen.[28]

Bis zur Mitte des 17. Jahrhunderts blieb die Abtreibung, die von Mauriceau als »widernatürlicher Abgang des unvollendeten Kindes aus der Gebärmutter heraus« definiert wurde, ein rein pragmatisches Thema, bei dem erst in zweiter Linie religiöse Motive ins Spiel gebracht wurden. Das änderte sich im 18. Jahrhundert, als sich die Debatte über den Schwangerschaftsabbruch über den Kompetenzbereich des Arztes hinausbewegte und zu einer Angelegenheit der Kleriker wurde.

In diesem Kontext ist die Geschichte des Kaiserschnitts besonders aufschlußreich. Lange Zeit wurde der Eingriff nur post mortem vorgenommen, und Ärzte, die einen Fötus aus seiner leblosen Hülle befreiten, erfüllten lediglich eine Pflicht, deretwegen ihr Gewissen nicht beunruhigt wurde. War die Mutter noch am Leben, aber ihr zu enges Becken verhinderte die Entbindung, dann mußte man entweder die Natur ihren Lauf nehmen lassen oder auf ein Instrument zurückgreifen, das von arabischen Geburtshelfern entwickelt worden war – die Zange. Im Jahre 1561 veröffentlichte der französische Chirurg François Rousset einen *Traité nouveau de l'hysterotomotokie ou enfantement caesarien*. Er wurde zu diesem Schritt getrieben durch den »jämmerlichen Anblick der Angst, des Entsetzens, der Gebete und mitleidheischenden Blicke dieser so geplagten armen Kreaturen, die um ihr Leben schreien und sich händeringend an uns wenden, um die Hilfe zu bekommen, die wir ihnen geben wollen«.[29] Rousset behauptete, daß es möglich sei, das Kind mittels eines seitlichen Schnitts durch den Bauch und die Gebärmutter der lebenden Mutter herauszuholen, ohne ihr Schaden zuzufügen und sogar ohne ihr die Aussicht auf zukünftige Schwangerschaften zu nehmen. Das Werk des Arztes aus Montpellier löste sogleich eine lebhafte Polemik aus, denn obgleich es durch die Genauigkeit seiner anatomischen Demonstration überzeugte, so wirkte es auf Mediziner aufgrund der beträchtlichen Risiken des Eingriffs eher abschreckend. Die wenigen Erfolge dieser Operation wurden durch zahlreiche Todesfälle überschattet. In den medizinischen Kreisen Frankreichs und Deutschlands erregte dieser Eingriff lebhaftes Interesse. Schließlich aber wandten sich die gefeiertsten Chirurgen der damaligen Zeit nach einer Anzahl erfolgloser Versuche davon ab. Ambroise Paré, Jacques Guillemeau und Louys Guyon weigerten sich, eine Operation auszuführen, die darauf hinauslief, zugunsten des Neugeborenen wissentlich das Leben der Mutter zu opfern. Getreu ihrer professionellen Ethik und aus Prinzip gegen

Behandlungen, die schlimmere Auswirkungen als die Krankheit haben konnten, waren Ärzte lediglich an den physischen Folgen ihrer therapeutischen Entscheidungen interessiert.

Aber seit dem 17. Jahrhundert wurde diese Debatte durch die Einmischung der Kasuisten in die Fragen der Geburtshilfe beträchtlich angeheizt. Der Jesuit Théophile Raynaud bemächtigt sich in seinen *Opuscula moralia* von 1630 sehr geschickt der von François Rousset gelieferten Beispiele, um zu beweisen, daß der Kaiserschnitt anatomisch möglich sei. Die Frage nach der tatsächlichen Erfolgsrate war in seinen Augen zweitrangig, da sein hauptsächliches Motiv darin bestand, die Seele des Kindes durch die Taufe zu retten. Der Arzt war also gehalten, seine Skrupel zu unterdrücken und andere Methoden, wie beispielsweise die Zangengeburt, zurückzuweisen, die die Mutter auf Kosten ihres Kindes retten würden. Innerhalb eines halben Jahrhunderts hatte die Kontroverse die Richtung gewechselt. Geburtshelfer, die gegen den Kaiserschnitt waren, wurden nicht mehr als ängstliche Gemüter betrachtet, wenn es darum ging, mit einer kühnen Entdeckung zu experimentieren, sondern als glühende Verfechter ihrer professionellen Autonomie. Diese Situation veranlaßte François Mauriceau zu einer heftigen Schmährede gegen die Anhänger einer grausamen und barbarischen Praxis, die sich unter dem Deckmantel der Religion einzuschleichen suchte:

»Ich weiß nicht, ob es jemals ein christliches oder bürgerliches Gesetz gegeben hat, das verordnete, die Mutter so zu quälen und zu töten, um das Kind zu retten. Eher um die Habgier gewisser Leute zu befriedigen, die sich wenig darum kümmern, ob ihre Frau stirbt, vorausgesetzt sie haben ein Kind, das sie überleben kann ...«[30]

Die späteren großen Geburtshelfer Philippe Peu, Guillaume Mauquest de La Motte und Hermann Boerhaave folgten dieser Überzeugung und versuchten, Operationstechniken zu entwickeln, die der Mutter die Leiden eines Kaiserschnitts ersparen würden. Der Fortschritt der Chirurgie gab diesen Ärzten letztlich Unrecht, aber wissenschaftliche Kriterien allein können den Wert ihrer Haltung nicht ermessen angesichts einer Einmischung, für die die *Embryologia sacra* des Domherrn Cangiamila bezeichnend ist.

Der Auftrag der Frauen

Eine natürliche Mission: Die Gebärenden

Fragen, die den Kaiserschnitt und die Verwendung abtreibender Medikamente betrafen, beschäftigten und beunruhigten das ärztliche Gewissen zweifellos am stärksten. Daniel Le Clerc, ein Arzt und Historiker des 18. Jahrhunderts, empfand dies genauso: Zu einem Zeitpunkt, als die Techniken der »unnatürlichen« Entbindung noch wenig beherrscht wurden, ging es im allgemeinen darum zu entscheiden, ob es erlaubt war, das Kind oder die Mutter zu töten. In den Schriften der »Väter« der Geburtshilfe, Rösslin, Paré und Mauriceau, steht das Mitgefühl mit der leidenden Mutter für die Forderung nach einer menschlicheren medizinischen Praxis. Alle beschreiben sie ausgiebig jene Verletzungen, Brüche und Verstümmelungen, die Frauen von unerfahrenen Hebammen oder »barbarischen« Ärzten angetan wurden.[31]

Dieses Mitgefühl hat sicherlich Fortschritte in der Medizin gefördert, die für das tägliche Leben der Frauen nicht folgenlos blieben: Erkenntnisse in der Geburtshilfe über die Bedeutung der psychischen Einstimmung der Gebärenden und den Einfluß ihrer Umgebung im Hinblick auf ihre Schmerztoleranz; verbesserte Lehrbücher für Hebammen vermittelten die elementaren Regeln der Körperpflege und Anatomie. Allerdings war das Mitgefühl des Arztes eine zweischneidige Angelegenheit. Einerseits schützte es Frauen vor Verachtung und Verwünschung, andererseits bestärkte es jedoch die Vorstellung von der weiblichen Schwäche. Im Falle Jean Liébaults läßt sich besonders gut nachweisen, daß die Sorge des Arztes mit dem Gefühl von männlicher Überlegenheit einhergeht; ihm schien das Los der Frau bedauernswert zu sein, die unzähligen Krankheiten und der schwierigsten Prüfung – der Entbindung – unterworfen war. Sein Mitgefühl wurde nur noch von seinem Argwohn übertroffen: Wie könnte dieses schwache und kränkliche Wesen seine natürliche Berufung ohne die Hilfe der Medizin erfüllen?

Der Widersinn ist augenfällig: Die Frau, die physisch und psychisch wenig gefestigt ist, mußte ihre Aufgabe als Gebärerin erfüllen, die das Überleben der menschlichen Art sicherstellte. Ärzte schienen eifrig darum bemüht, die irrationalen Kräfte, die diesen Prozeß zu unterbrechen drohten, auszutreiben. Alles war geheimnisvoll, insbesondere das weibliche Geschlecht: Die medizinische Betreuung junger Mädchen, denen Ambroise Paré und Jean Liébault zu gesunder Ernährung und gründlicher Körperpflege rieten, genügte nicht, die Anfechtungen der tierhaften Gebärmutter zu bannen. Nicht weniger mysteriös war die Fruchtbarkeit: Diagnostiker bemühten sich vergeblich, die Anzeichen für den Beginn einer Schwangerschaft zu erkennen, wobei ihnen auch der Geburtstermin verborgen blieb, da von allen Lebewesen allein die Schwangerschaft der Frau nicht von bestimmter Dauer war und sieben, acht, neun, sogar elf Monate dauern konnte. Schließlich die weibliche Psyche: Selbst die weiseste Disziplin vermochte die demiurgische Phantasie der Frau nicht zu beherrschen, die alle ihre Vorstellungen dem Körper des Fötus einprägen konnte. Alles in allem stellte jeder

Abschnitt eines Frauenlebens eine gefahrvolle Etappe dar, sowohl für die Frau selbst als auch für die gesamte Gesellschaft.

Die Fürsorge des Arztes glich der eines Pädagogen, der nie die Verantwortungslosigkeit seines Schülers außer acht lassen durfte. Das liest man auch aus den Ratschlägen an werdende Mütter heraus, denn obgleich jede Frau gebären konnte, so waren doch sehr wenige fähig, gute Mütter zu sein. Grundsätzlich enthielten die einschlägigen Werke über Geburtshilfe lebhafte Plädoyers für das Stillen. Man glaubte, daß das Kind über die Milch die Gesundheit und die Sitten der Stillenden aufnähme, deshalb war eine Frau nur dann wirklich Mutter, wenn sie stillte. Zur Bekräftigung veranschaulichten Laurent Joubert und Jacques Guillemeau ihre Überlegungen durch rührende Szenen, in denen der Säugling mit seinem Lachen und seinen Spielen die mütterliche Tugend belohnte. Im Gegensatz zu den Moralisten, die in dem Brauch, Ammen einzustellen, vor allem ein Zeichen weiblicher Verderbtheit sahen, wiesen Ärzte eher auf den Widerstand der Ehemänner gegen das Stillen hin, die weniger empfänglich waren für die Reize des Säuglings und darum besorgt waren, daß ihre Bequemlichkeit und Ruhe durch das Stillen gestört werden könnten. Der Mutter die volle Verantwortung für das Neugeborene zu überlassen, setzte jedoch ein Vertrauen voraus, das Ärzte dem mütterlichen Instinkt nicht bedingungslos bezeigten. Die stillende Mutter mußte natürlich von guter Gesundheit und angenehmem Temperament sein, aber auch vernünftig genug, eine bestimmte Ernährungs- und Lebensweise zu befolgen. Schließlich sollte sie ihre falsch verstandene übertriebene Zuneigung dem Kind gegenüber zügeln.

Trotz der Zweifel hinsichtlich der unvorsichtigen mütterlichen Liebe – Zweifel, die sich selbst in den Schriften von Erasmus und Montaigne finden, die gewiß von den Moralisten beeinflußt waren – erkannten die Ärzte, die am Ende der Renaissance die Bedeutung der physiologischen Interaktion zwischen dem Fötus und der Gebärmutter entdeckt hatten, der Mutter eine unersetzliche Funktion zu. Die Frau als Gebärerin wurde ihrer Unvollkommenheit enthoben durch den Auftrag, den die Natur ihr anvertraut hatte, und die Frauenheilkunde wurde zu einem geachteten Teilgebiet der medizinischen Kunst. Frauen zu behandeln bedeutete, sie bei ihrer schwierigen Aufgabe zu unterstützen und somit die Absichten der Natur voranzutreiben.

Eine göttliche Mission: Sühne für den Sündenfall

Während der Zeit der Gegenreformation diente die Medizin auch als Instrument religiöser Erbauung. In dem, was Jean Delumeau als »Pastorale der Angst« bezeichnete, war der Arzt manchmal wirksamer als der

Priester. Waren die »Wüstlinge beiderlei Geschlechts« nicht eher abgeschreckt von Gefahren für ihre Gesundheit als von Vorwürfen im Namen der christlichen Moral? Die Aufgaben des Arztes und des Pfarrers ergänzten einander: Beide riefen den Geschöpfen ihre Sterblichkeit in Erinnerung, insbesondere den Frauen, die aufgrund der Erbsünde gezwungen waren, persönlich dafür zu büßen. In seinem *Recueil alphabétique du prognostic dangereux et mortels*, das für »Personen, die sich um die Seelen kümmern« verfaßt war, machte Col de Villars sich diese Ansicht zu eigen. In seiner Liste der Krankheiten, die die Anwesenheit eines Priesters erforderten, war der Geburtsvorgang unter den ersten, sicherlich aufgrund der alphabetischen Einordnung, aber auch aus medizinischen und religiösen Erwägungen heraus, denn seit dem fatalen Urteilsspruch gegen Eva bedrohten Schmerz und Tod alle Gebärenden.

Die Frau fand Erlösung in ihrer Aufgabe als Mutter, die zwar ihre Seele erlöste, nicht aber ihren Körper wiederherstellte. Deshalb war für den Abbé Dinouart, den französischen Herausgeber der *Embryologia sacra*, das Problem der Entscheidung zwischen Mutter oder Kind kein wirkliches Thema. Dem Arzt wird darin keine Wahl gelassen, er hatte in jedem Fall zugunsten des Kindes einzugreifen, da »die Mutter ihr Leben nicht behalten kann, ohne sich schuldig zu machen, wenn dies nur zu Lasten ihrer Leibesfrucht geschieht«.[32]

Trotz ihrer humanistischen Grundhaltung und ihres erklärten Willens, jeglichem von außerhalb der medizinischen Profession kommenden Druck zu widerstehen, konnten Ärzte die ideologischen Implikationen ihrer Lehre nicht mehr länger ausblenden. In Abhandlungen über die Fortpflanzung des Menschen und über alles, was die Physiologie der Ehe betraf, mußte der moralische und soziale Nutzen ihrer Arbeit gerechtfertigt werden. Das 1685 von dem Arzt Nicolas Venette aus Rochelles veröffentlichte *Tableau de l'amour conjugal considéré dans l'état de mariage* ist hierfür das beste Beispiel. Beim ersten Lesen scheint das Buch dieses »königlichen Professors der Anatomie« unmittelbar in der Tradition der naturalistischen Medizin am Ende der Renaissance zu stehen. Es war die Absicht des Autors, der körperlichen Liebe ihre Würde wiederzugeben, indem er sie von einer Moral der Schuldhaftigkeit befreite, aber ihr zugleich eine Disziplin auferlegte. Wie bei Guiseppe Liceti und bei Jacques Duval erfahren Aufbau und Funktion der Zeugungsorgane eine genaue Beschreibung, weil sie keine »schändlichen Teile« sind, sondern der Ort der »Liebeslust zwischen verheirateten Personen«. Ebenso wie Ambroise Paré führt Venette den Gatten in die erogenen Zonen des weiblichen Körpers ein. Und wie er liefert er den Frauen einige Tricks, die sie auf immer begehrenswert machen, ja sogar ihre verlorene Jungfräulichkeit vertuschen sollen.

Sowohl für Venette als auch für Paré war die sexuelle Kompatibilität eines Paares wesentlich für die Harmonie der Ehe. Venettes Äußerungen, die aus gängigen medizinischen Quellen schöpfen, liegt jedoch eine entschieden andere Motivation zugrunde. Er wußte, daß er denjenigen antworten mußte, die ihm Anstößigkeit in seinen Beobachtungen vorwerfen würden, weshalb er sein Anliegen geschickt auf die von der christlichen Moral vorgezeichnete Linie bringt. Obwohl sein Vorwort durch die Kühnheit seines Traktats dementiert wird, präsentiert sich Venette zunächst als Verbündeter der Theologen, Kasuisten und Juristen. Dabei verweist er auf den Nutzen seines Werks für verheiratete Männer und Frauen. Fast schon resigniert, beschreibt er darin die Gefahren, die Frauen drohen: »Das junge Mädchen wird von vornherein aufgeklärt über die Unordnung, die die Liebe verursachen kann, ohne sie zuvor an sich selbst verspürt zu haben; denn da das Band der Ehe unauflöslich ist, wäre zu wünschen, daß die jungen Mädchen, bevor sie heiraten, den Kummer und den Schmerz kennen, den man dabei erleidet.«[33]

Der unvergleichliche Erfolg des *Tableau de l'amour*, das in alle europäischen Sprachen übersetzt und bis ins 19. Jahrhundert hinein immer wieder neu aufgelegt wurde, zeigt deutlich, daß Generationen von Lesern sich kaum beim Vorwort aufgehalten, vielmehr den toleranten Humanismus des *Tableau* zur Kenntnis genommen haben. Dennoch kündigen sich bei Nicolas Venette, der zwischen vorsichtiger Rhetorik und kühnen Ratschlägen laviert, die neuen Anforderungen an die Medizin an, die sie zu einem sozialen Instrument machen sollte.

Eine soziale Mission: Hüterin der Familie

Im 17. Jahrhundert hatten sich die praktizierenden Ärzte von den forschenden Biologen entfernt, deren Spekulationen nur wenig dazu beitrugen, die täglichen Schwierigkeiten ihrer Kunst zu bewältigen. Im Jahrhundert der Aufklärung konnten Mediziner noch leicht von den neuesten Hypothesen der Wissenschaft absehen, sie erhoben jedoch den Anspruch, einen kapitalen Beitrag für die reformerischen Ambitionen der Philosophen ihrer Zeit zu leisten. Der menschliche Körper war nun Teil eines größeren kohärenten Systems, nicht mehr des Makrokosmos, sondern einer etablierten sozialen Ordnung. Die organischen Funktionen, die individuelle Physiologie und der Geschlechtsdimorphismus wurden nach den Prinzipien einer sozialen Zweckbestimmtheit rationalisiert. Ärzte waren nun nicht mehr nur Spezialisten für Frauenkrankheiten, sondern für Frauen überhaupt, für junge Mädchen, verheiratete Frauen, für Frauen der Gesellschaft. Denn die weibliche Natur – mochte sie ein Produkt der Zivilisation sein, wie Helvétius glaubte, oder eine ursprüngliche Gegebenheit, wie dies Rousseau annahm – war in jedem Falle im Kontext einer bestimmten sozialen Funktion zu verstehen.

Das Werk des Arztes und Philosophen Pierre Roussel, das im Jahre 1775 erschien und einen unmittelbaren und dauerhaften Erfolg erlebte, legt diese medizinische, soziale und moralische Definition der Frau am besten dar, die bereits im Titel angekündigt wird: *Système physique et moral de la femme ou Tableau philosophique de la constitution, de l'état organique, du tempérament, des mœurs et des fonctions propres au sexe.* Roussel dachte sich wie Rousseau die Weiblichkeit als wesentlich von der Natur bestimmt und durch zweckorientierte organische Funktionen definiert: »Die Frau ist nicht nur an einer Stelle Frau, sondern in allen Aspekten, unter denen man sie betrachten kann.«[34] Die Vorherbestimmung der Frau erwies sich an besonderen körperlichen Anzeichen: Ihre zerbrechlichen Knochen, ihr breites Becken, ihr weiches Gewebe, ihr kleines Gehirn und ihre überreichlich vorhandenen Nervenfasern verdeutlichen, daß die natürliche Berufung der Frau die Mutterschaft im Rahmen einer geordneten häuslichen Existenz war. Ihre Pathologie ließe sich somit nicht mehr nur durch die Schwäche ihres Temperaments oder die unkontrollierbaren Eskapaden ihrer Gebärmutter erklären, sondern durch Verstöße gegen ihre Natur: Die Verderbtheit der Sitten, die Exzesse der Zivilisation bewirkten bei der Frau, die sehr viel sensibler sei als der Mann, eine seelische Erschütterung, eine physiologische Entgleisung, mithin eine Beeinträchtigung des ganzen Körpers, wie die Ätiologie der »vapeurs« und vor allem der Hysterie bewiesen habe. Roussel und allen anderen, die nach ihm an den gesellschaftlichen Auftrag der medizinischen Wissenschaft glaubten, ging es darum zu zeigen, daß das Unglück der Frau, ihre Laster und ihre Krankheiten aus dieser Ablehnung ihrer normalen und natürlichen Rolle herrührten. Raulin bewegte die Frage nach den *Affections vaporeuses du sexe*, Tissot beschrieb die Schrecken der Onanie, Bienville malte das Schreckgespenst der Nymphomanie an die Wand, Lignac schließlich drohte mit der Entartung der Gattung, wenn Männer und Frauen die Rolle mißachteten, die ihnen im Ehestand zukam.

Im Namen eines natürlichen Determinismus schloß das medizinische Denken die ideale Weiblichkeit in jene enge Sphäre ein, die ihr von der sozialen Ordnung zugebilligt wurde: Die gesunde und glückliche Frau war per definitionem Mutter und Hüterin der Tugenden und ewigen Werte.

Aus dem Französischen von Roswitha Schmid

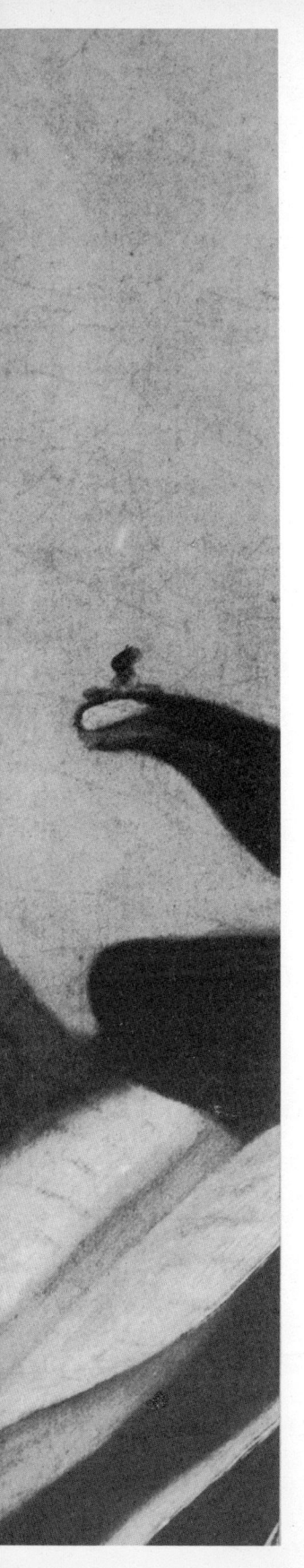

REBELLION IN WORTEN UND TATEN

Junges Mädchen mit Rosen im Haar, Gemälde von Fragonard; 18. Jahrhundert. *Paris, Musée Cognaq-Jay.*

Öffentlich ihre Stimme zu erheben, war nur einer verschwindend kleinen Minderheit von Frauen vergönnt; dieses Privilegs konnten sich lediglich Königinnen und Prophetinnen erfreuen. Dennoch gab es vielfältige Gelegenheiten, bei denen Frauen miteinander ins Gespräch kamen. Solche Möglichkeiten boten sich besonders im Kontext häuslicher Betätigungen: beim Wasserholen, Kornmahlen, am Spinnrad und Wöchnerinnenbett. Frauen tauschten Informationen, Ideen, Ansichten, Klatsch und eben jene »Geheimnisse« aus, die Männern Stoff für ganze Bücher lieferten. Der exklusive Charakter solcher Gesprächsrunden und deren Themen, die Männern für gewöhnlich verschlossen blieben, gab aber auch Anlaß zu Argwohn und Mißtrauen: Leicht konnten sie als Hexensabbat verleumdet werden, und oft wurden scharfe Zungen, die sich etwas zu freimütig über Konventionen und Tabus hinwegsetzten, brutal zum Schweigen gebracht.

Im Rahmen tradierter Konventionen und Riten gab es auch besondere Anlässe für soziale Interaktionen zwischen Männern und Frauen. In ländlichen Gegenden kam man zu diesem Zwecke während der Wintermonate zusammen; dabei erwiesen sich Frauen gewöhnlich als äußerst versierte Geschichtenerzählerinnen, die auf volkstümliche Überlieferungen und archaische Erzählmuster zurückgreifen konnten. Im aristokratischen Milieu vergnügte man sich gemäß der spätmittelalterlichen Minnebräuche mit spielerischen Wortgefechten, Rätseln und Gesten immer dann, wenn die Ehemänner und Freier, von Kriegen und Reisen zurückgekehrt, auf ihren Burgen und Schlössern anwesend waren.

Claude Dulong beschreibt, wie gegen Ende des 16. Jahrhunderts Frauen ein neues Ambiente für Konversationen schufen: den Salon. Salons waren Zusammenkünfte, die von kultivierten und belesenen Damen der städtischen Oberschicht geführt wurden. Sie boten Frauen und Männern Gelegenheit, gemeinsam über Literatur, Politik, Geschlechterbeziehungen und all jene Themen, die relevant erschienen, zu sprechen. Dulong zeigt, wie diese Frauen, die man auch die Précieuses nannte, ihre häusliche Umgebung umgestalteten, um einen höflichen und zuvorkommenden Umgang zu förden, weitab vom Schlachtenlärm und von der steifen, verstaubten Atmosphäre der Kanzleien. Von Molière verspottet, kämpften die Précieuses gegen die Vorurteile ihrer männlichen Zeitgenossen und suchten einen neuen Umgangston zu etablieren: frisch, spontan und frei von Obszönitäten.

Anders als die Debatten und Vorlesungen an Universitäten oder neugegründeten Akademien, zu denen Frauen kaum Zugang hatten, brachte der Salon
Menschen mit unterschiedlicher formaler Bildung zusammen, denen eines
gemeinsam war: ihr Wissensdrang und ihre Lust am Diskutieren. Salons
waren aber auch Schauplätze intellektueller und gesellschaftlicher Profilie-
rung, mittels derer neue Mitglieder und Ideen mit Unterstützung einer gewo-
genen Gastgeberin ihren Weg machen konnten. In der etwas nüchterneren
und reservierteren protestantischen Umgebung Englands spielten die Salons
eine ähnlich bedeutende Rolle wie im katholischen Frankreich. Gegen Ende
des 18. Jahrhunderts erlebten sie eine erneute Blütezeit in Berlin, wo einige
der berühmtesten Salonnières assimilierte Jüdinnen waren, die es Christen
und Juden ermöglichten, miteinander in Dialog zu treten.

Zu den Aktivitäten eines florierenden Salons zählte auch die Präsentation
neuer Manuskripte sowie die Gewinnung von Mäzenen bzw. künftiger
Leser. Selbstverständlich war die Veröffentlichung literarischer Werke von
Frauen keine Erfindung des 17. Jahrhunderts: Traktate und Theaterstücke
schreibender mittelalterlicher Nonnen waren bereits im 16. Jahrhundert
gedruckt worden, ebenso wie die Schriften von Christine de Pizan, von
denen sich Autorinnen späterer Jahrhunderte inspirieren ließen. Gegen
Ende des 16. Jahrhunderts fanden sich die Namen von Frauen auf den Titelseiten europäischer literarischer Werke und Erbauungsbücher. Sicherlich die
wohl bedeutendste unter ihnen war Margarete von Navarra, deren *Heptameron* sich großer Popularität erfreute.

Während der folgenden zwei Jahrhunderte schrieben Frauen über eine
Vielzahl von Themen. Die Palette reicht von Hannah Wooleys Rezept-
büchern bis zu Emilie du Chatelets Dissertation über das Wesen des Feuers,
von Elizabeth Carters Übersetzung des Epictetus über Elizabeth Elstobs
angelsächsische Grammatik bis zu Marie-Charlotte de Lézardières Studie
früher französischer Gesetze und politischer Institutionen. Die Beiträge
Madeleine de Scudérys und Madame de La Fayettes zum französischen
Roman waren derart bedeutsam, daß sowohl Gegner als auch Fans dieses
Genres Frauen als dessen eigentliche Begründerinnen anerkannten. Im England des 18. Jahrhunderts wurden Frances Burneys Romane in hohen Auflagen veröffentlicht und verhalfen ihr zu Ruhm und beachtlichen Einkünften, von denen sie mit ihren Kindern leben konnte.

Claude Dulong beklagt, daß die literarischen Werke von Frauen gewöhnlich an einer zu ungebrochenen Anpassung an geltende Normen krankten:

Ihre Heldinnen waren grundsätzlich tugendhaft und sittsam, die gesellschaftlichen Strukturen und Mechanismen blieben zumeist unhinterfragt und intakt. Gewiß stimmt es, daß sich Schriftstellerinnen während der gesamten Frühen Neuzeit besorgt darüber zeigten, sie könnten von ihren Zeitgenossen verspottet oder gar geächtet werden. Als eine Art Vorsichtsmaßnahme widmeten sie daher ihre Bücher oft anderen Frauen. Dennoch finden sich freizügige und ausschweifende Protagonistinnen in zahlreichen Passagen des *Heptameron* und der Romane Mary de la Rivière Manleys. Aphra Behns *Oroonoko* prangerte als erster Roman die Grausamkeiten der Sklaverei an, und Sarah Scotts *Millenium Hall* und Marie Anne de Roumier Roberts *Les Ondins* waren beunruhigend als weibliche Utopien. Schriftstellerinnen rebellierten mittlerweile auch verdeckt, so beispielsweise, wenn sie einen Roman bzw. die Biographie eines bedeutsamen Ehemannes als Vorwand nutzten, um die maskuline Festung der Geschichtsschreibung zu erobern; zuweilen erwiesen sie sich aber auch als äußerst mutig, so beispielsweise im Falle von Catharine Macaulay, die sich redegewandt den Weg in den Leseraum des British Museum bahnte und ihre eigene Sammlung von nahezu 5000 Schriften aufbaute.

Die damaligen Journalistinnen, die von Nina Rattner Gelbart vorgestellt werden, legten sowohl Kühnheit als auch unternehmerisches Gespür an den Tag. In ihrem Bestreben, Abonnenten für ihre Zeitschriften zu gewinnen und die Zensur zu umgehen, zeigten sie sich äußerst einfallsreich. Prinzipiell richteten sich Zeitschriften wie der *Female Spectator* und das *Journal des Dames* an eine überwiegend weibliche Leserschaft, doch selbst wenn manche ihrer Beiträge Ratschläge in bezug auf die Wahl des richtigen Ehegatten erteilten oder die Freuden der Mutterschaft priesen, verloren sie ihren ernsthaften intellektuellen Anspruch nie ganz aus den Augen. Beispielhaft für die radikalen Möglichkeiten einer Frau während der Zeit des Ancien Régime ist Madame de Beaumer: als Feministin, Republikanerin, Verfechterin von Gerechtigkeit, Freimaurerei, Toleranz und Pazifismus, trug sie ein Schwert an ihrer Seite, als sie sich ins Büro des Zensors begab, um ihre Zeitschrift zu verteidigen.

A.F.-N.Z.D.

12
SALONKULTUR UND LITERATUR VON FRAUEN

Claude Dulong

V or dem Schreiben kam das Sprechen, vor der literarischen Schöpfung die Konversation, das heißt der Salon. Warum? Weil der Salon einer der wenigen Orte war, der es Frauen gestattete, sich frei zu äußern. Es ist kaum von Bedeutung, daß der Begriff Salon selbst erst am Ende des 18. Jahrhunderts auftauchte; an dieser Stelle interessiert das Phänomen an sich. Adlige Frauen hatten natürlich immer die Möglichkeit gehabt, als Gastgeberinnen erlesener Kreise Männer und Frauen um sich zu scharen, deren hauptsächliche Beschäftigung die Konversation war, und, so sie dazu in der Lage waren, Sachgebiete vorzuschlagen, um das Gespräch in Gang zu halten bzw. auf ausgewählte Themen zu lenken. Uns sind die mittelalterlichen Minnehöfe[1] bekannt sowie die literarischen Zirkel der Renaissance; wir wissen, welche Bedeutung im 16. Jahrhundert die Gruppen um Margarete von Navarra und Margarete von Valois in Frankreich und die von Isabelle d'Este und Lucrezia Borgia in Italien hatten. (Im Gegensatz zu dem, was gemeinhin angenommen wird, zählte Lucrezia Borgias Intellekt weit mehr als ihre Liebschaften.)

Diese Tradition sollte sich fortsetzen. Es gab in Europa zwischen dem 16. und dem 18. Jahrhundert, und sogar danach, immer wieder literarisch gebildete Königinnen und Fürstinnen, die ihren Hof zu einem kulturellen Zentrum machten: Elisabeth von England, Christine von Schweden, die Herzogin Anna Amalia von Weimar etc., nicht zu vergessen so manche »Schattenkönigin«, Favoritin eines Königs, wie die berühmte Pompadour. Diese Frauen genossen aufgrund ihrer gesellschaftlichen Stellung zahlreiche Privilegien, durch die sie über alle Kritik erhaben waren.

Von einem Salon kann man erst von dem Augenblick an sprechen, als sich kulturelle Zentren auch außerhalb des Hofes, des Palastes oder Palazzos, in der Stadt und in privaten Häusern etablierten. Dieser Wandel fand in der Frühen Neuzeit statt, kann aber nicht in allen europäischen Ländern beobachtet werden. Denn der Salon war ein Ort, wo sich Menschen beiderlei Geschlechts begegneten – das machte seine Besonderheit und zugleich eine seiner wesentlichen Bedingungen aus. Daher konnte er nicht in Gegenden existieren, wo religiöse bzw. soziale Tabus schwer auf den Frauen lasteten. So gab es beispielsweise keine spanischen Salons, obwohl die spanische Kultur, zumindest in ihrer ritterlichen und höfischen Ausprägung, unter der man sie sich gemeinhin vorzustellen pflegte, auf die ersten Salons anderer Länder so großen Einfluß ausübte.

Beobachter stellten diese Unterschiede fest, und so sie Franzosen waren, beglückwünschten sie sich dazu, in einem gesellschaftlichen Klima zu leben, in dem das schöne Geschlecht nicht vollständig ausgeschlossen war und mit dem anderen in »ehrbarer Freiheit« (*honnête liberté*) verkehren konnte. Denn die gegenteilige Situation zeitigte lästige Konsequenzen. Um das Jahr 1630 entdeckte der Dichter Voiture in dem damals von Spanien beherrschten Brüssel, daß strenge Regeln den Frauen verboten, männliche Huldigungen anders als von ihrem Balkon aus entgegenzunehmen und dies zudem nur zu bestimmten Zeiten zuließen. Eine »ehrbare Konversation« war damit unmöglich und, was noch schlimmer war, es kam einem Dammbruch gleich, wenn man durch Zufall oder List sich doch noch ein Tête-à-tête erschlichen hatte. Männer, die nur selten bzw. kurz Gelegenheit haben, sich einer Frau zu nähern, gehen ohne Umschweife direkt auf ihr Ziel zu! In England, wo es eigentlich liberaler zuging, beklagten andere Beobachter den Brauch, der die Damen zwang, sich am Ende der Mahlzeiten zurückzuziehen, um die Männer beim Wein allein zu lassen, was freilich häufig eher die Zirkulation der Karaffe als die der Gedanken begünstigte.

Aufgeschlossenen Geistern schienen Frauen somit im gesellschaftlichen Leben unabkömmlich zu sein, da sie diesem zu einem gewissen Ton verhalfen. Frauen selbst erwarteten von den Salons mehr als das Vergnügen, Männern zu begegnen und vielleicht galante Beziehungen anzuknüpfen. Es ist durchaus bezeichnend, daß der Eintritt eines jungen Mädchens in das gesellschaftliche Leben lange noch »entrée dans le monde« (Eintritt in die Welt) genannt wurde, ein Überbleibsel aus der Zeit, von der hier die Rede ist. Frauen konnten damals die Welt der Kultur, deren Kenntnis ihnen von Familie, Schule und Kloster vorenthalten wurde, lediglich durch Kontakt mit gewissen gesellschaftlichen Kreisen kennenlernen.

Zwischen dem 16. und dem 18. Jahrhundert erfüllten die gehobenen Kreise eine zivilisatorische Aufgabe. Wir wissen, daß in den großen französischen Städten kaum die Hälfte der Frauen in der Lage war, eine Unterschrift zu leisten. In den Salons jedoch wuchs aus der Minderheit dieser Minderheit eine Elite heran. Wie hätte, ohne diese Elite, die Masse der Frauen ein Bewußtsein dessen, was ihnen fehlte und was sie erstrebten, erlangen können? Woher hätte in dieser Gesellschaft, die von Männern für Männer gemacht war, der Wandel kommen können, wenn nicht von den Frauen selbst?

»Ein Bündnis gegen den rauhen Umgangston«

Die Salons waren hervorragende Stätten der Bildung, nicht nur für Frauen, sondern auch für Männer. Indem sie sich selber bildeten, erzogen die Frauen auch die vergnügungssüchtigen und rückständigen Männer, die glaubten, Frauen seien ausreichend unterrichtet, wenn sie das Bett ihres Ehemannes von dem eines anderen unterscheiden können, wie dies von einer damaligen Feministin unverblümt vorgebracht wurde. Es ist kein Zufall, daß die ersten Salons, die diese Bezeichnung verdienen, zu Beginn des 17. Jahrhunderts in Frankreich auftauchen[2]: Fünfunddreißig Jahre Bürgerkrieg hatten sich verheerend ausgewirkt. Die Triebe hatten triumphiert, die Moral war im Untergang begriffen, die Unwissenheit hatte einen tragischen Gipfel erreicht und die Frauen waren die ersten Opfer dieser Entwicklung. Ein – wie Maurice Magendie[3] es nannte – »Bündnis gegen den rauhen Umgangston«, zu dem im weiteren Sinne auch die Salons gehörten, bildete sich heraus. Die aus der Gegenreformation neu erstandene Kirche, die Restauration der Zentralgewalt sowie die Philosophen und Moralisten spielten eine Rolle in diesem großen Unterfangen der Erziehung oder vielmehr der Umerziehung der Franzosen. So verschieden die Motive und Methoden dabei waren, so lassen sie sich doch auf einen gemeinsamen Nenner bringen: Die Menschen mußten lernen, ihre Triebe zu beherrschen oder sie zumindest zu mäßigen. Die zahlreichen didaktischen Werke, die den Typus des *honnête homme*[4] entwarfen, verbanden sittliche Regeln mit Anleitungen zur Gefälligkeit, zum Schreiben und zur Konversation, wie sie im übrigen auch durch die zahllosen Traktate über die Höflichkeit (*civilité*) geliefert wurden, die in jener Zeit und während des gesamten Jahrhunderts erschienen. Die Atmosphäre der Salons blieb völlig von diesem Ideal geselliger Höflichkeit durchdrungen, und Voltaire, *homme de lettres* par excellence, bemerkte diesbezüglich, daß man zuerst Mann von Welt sein müßte, bevor man Literat würde.

Alle Traktate über Umgangsformen zählten die Achtung vor der Frau zu den zu befolgenden Regeln, aber in der romantisch-illusionären

Welt der Salons mußte man etwas mehr an den Tag legen als bloße
Achtung. Dadurch, daß den jungen Frauen ernsthafte Studien untersagt
waren, waren sie auf das Lesen literarischer Werke angewiesen, obwohl gerade diese ihnen mehr als alle anderen verboten wurden. Aber
ohne daß die Familie sich dessen bewußt war, wurden junge Mädchen
geprägt durch das Phantastische, Wundersame und Illusionäre alter
Volksmärchen, die ihnen von Ammen und Dienerinnen erzählt wurden. Wenn sie später als erwachsene Frauen mit der harten Wirklichkeit, tyrannischen Eltern, aufgezwungenen Ehemännern oder brutalen
Liebhabern (so sie es wagten, sich einen Liebhaber zu nehmen) konfrontiert wurden, kam ihnen diese Vorliebe zugute. Manche nahmen
ihre Romane, als Stundenbücher getarnt, sogar in die Kirche mit. Selbstverständlich handelte es sich hierbei um Romane, die von amourösen
Abenteuern berichteten und dazu angetan waren, die eigene Traum-
vorstellung zu beflügeln. Die Helden der barbarischsten Zeiten und
wildesten Regionen schmachteten und starben aus Liebe zu unerreichbaren Heldinnen, die selbst dann, wenn sie in die Hände von Barbaren fielen, deren vollkommener Hingabe sicher sein konnten.

Die zurechtgebogene Form von Idealismus, die diese Romane beherrschte, speiste sich aus einer langen Tradition, die zu Beginn des
17. Jahrhunderts durch Honoré d'Urfé mit seinem Roman *Astrée* wiederbelebt worden war. Der internationale Erfolg der *Astrée* war enorm.
Mit den Mitteln der Tradition des Schäferromans, die Flucht aus dem
Alltag verhieß – friedliche Hirten und Hirtinnen, die frei von materiellen Sorgen waren –, und dank seines charmanten Stils war es d'Urfé
gelungen, die Botschaft des Neoplatonismus zu vermitteln: Liebe überwindet alle Hindernisse. Aber nicht jede Liebe taugt dazu, sicherlich
nicht die begehrliche Liebe. Was wir auf der Erde in den Geschöpfen
lieben, ist der Widerschein einer idealen himmlischen Schönheit, nach
der sich unsere Seele sehnt, weshalb wir dunkel danach streben, uns
wieder mit ihr zu vereinigen. Die Frauen fungieren als Vermittlerinnen
zwischen dieser Welt der Ideen und der Welt der Körper. Sie sind den
Männern Gefährtinnen, ohne deren Hilfe diese nicht zur reinen Liebe
gelangen können.

Natürlich überstieg dieser Idealismus das Fassungsvermögen der
meisten Leserinnen und Leser, von denen sich nur wenige zur platonischen Liebe bekehrten. Aber sie entdeckten in der *Astrée*, besser als
in allen Traktaten und Handbüchern, wie notwendig und schwierig es
war zu gefallen. Sie schöpften daraus unvermutete oder zumindest in
Vergessenheit geratene Köstlichkeiten des Gefühls, des Verhaltens und
der Sprache. Die Liebe bot die vollkommenste Bildungsmöglichkeit,
die Frau wurde zum Objekt der Eroberung, nicht mehr der Lust, und
diese Eroberung konnte nur nach einem bestimmten Ritual erfolgen,

dessen Forderungen von jetzt an mehr oder weniger aufrichtig respektiert wurden. In den Salons gesellte sich zur Höflichkeit die Galanterie, dieses bezaubernde gewisse Etwas, das nur mit Hilfe der Frauen erworben werden konnte, das sich aber bald auf das gesamte Verhalten einer Elite erstreckte. Galanterie wurde zum entscheidenden Merkmal dieser Elite, das sich bei jeder möglichen Gelegenheit offenbarte, so daß sogar Fénelon, einem Mann der Kirche, der über allen Zweifel erhaben war, »galantes Gebaren« bescheinigt wurde.

»Gastgeberinnen« und Salons

Woher kamen in einer so gearteten Gesellschaft die Frauen, die die ersten Salons gründeten? Was befähigte sie dazu, die Sitten, die Manieren und den Geschmack so nachdrücklich zu beeinflussen und den Männern klarzumachen, daß es keine Zivilisation gäbe, die dieses Namens würdig wäre, wenn sie ihnen, den Frauen, nicht den gebührenden, d. h. den ersten Platz einräumte? Es waren natürlich Pariserinnen, die durch ihre Herkunft und (oder) ihr Vermögen privilegiert waren und deren Ehemänner entweder besonders liberal oder abwesend bzw. tot waren; aber auch unverheiratete Frauen, wie Mademoiselle de Scudéry, die keine Eltern mehr hatten, von denen sie in die Schranken gewiesen werden konnten. Diese Unabhängigkeit war zwar eine notwendige, jedoch keine ausreichende Bedingung. Diese Frauen mußten ein Minimum an Kultiviertheit erworben haben, und vom 16. bis zum 18. Jahrhundert waren die kultivierten Frauen diejenigen, die unbeirrt jede Chance auf Bildung ergriffen, die sich ihnen bot, indem sie sich ähnlicher Schliche bedienten, um an dieses Wissen zu gelangen, wie diejenigen, die eine Liebschaft zu verbergen suchten. Viele waren als junge Mädchen nur dadurch mit klassischer Bildung in Berührung gekommen, daß sie in einer Zimmerecke den Lektionen folgten, die ihren Brüdern erteilt wurden. Auf diese Weise hatte Madame de Brassac, die Gouvernante des jungen Ludwig XIV., Latein gelernt. Da sie aus eigenem Antrieb fortfuhr, Latein zu studieren, vermochte sie die Texte der römischen Autoren zu lesen sowie sehr viele andere gelehrte Werke, die damals allesamt in lateinischer Sprache erschienen.

Frauen aus protestantischen Familien hatten in dieser Hinsicht einen Vorteil gegenüber Katholikinnen: Ihr Vater konnte ein Mann der Kirche sein, der somit gebildet war, der alten Sprachen mächtig und eine Bibliothek besaß, aus der sie mit oder ohne Genehmigung ihre Lektüre beziehen konnten. Es ist erwiesen, daß in protestantischen Städten die Zahl der im Besitz von Privatleuten befindlichen Bibliotheken dreimal so hoch war wie in katholischen Städten. Sicher enthielten diese Bibliotheken in der Regel vor allem fromme Werke und heilige Schriften. Die Bibel aber, die für Protestanten Pflichtlektüre war, stellte eine unerschöpfliche Quelle keineswegs nur religiöser Themen für die Befriedigung weiblichen Wissensdurstes dar. Von daher rührt vielleicht die beträchtliche Zahl der gebildeten und sprachlich versierten jungen Mädchen, denen man seit dem 16. Jahrhundert in England begegnet und von deren mühelosen und kühnen Wortgefechten die Werke Shakespeares künden. Auch das Beispiel von Königin Elisabeth I. vermochte die Engländerinnen sicherlich dazu zu inspirieren, ihre geistigen Fähigkeiten zu entfalten. Nach deren Tod wurde das anders. Erst in der Mitte des 18. Jahrhunderts sollte es den Engländerinnen gelingen, Salons im französischem Sinne einzurichten, in denen man kein anderes Vergnügen suchte als das des Intellekts.

Das Modell des französischen Salons wurde von der Marquise de Rambouillet, Prototyp aller *hôtesses*, etabliert. Sie besaß von Anfang an alle denkbaren Privilegien und vor allem eine sehr intelligente und gewandte italienische Mutter, die ihre Erziehung nicht vernachlässigte. Daher war sie zweisprachig und lernte später von sich aus Spanisch, um ihre literarische Bildung zu vervollkommnen. Die Marquise de Rambouillet verband die Qualitäten des Geistes mit denen des Herzens, war liebenswürdig und wohlwollend und pflegte einen regelrechten Kult der Freundschaft. Zu all diesen Vorzügen gesellte sich noch ein makelloser Ruf, der sich sicherlich auch damit erklären läßt, daß sie an ihrer Seite einen liebenden und sie bewundernden Ehemann wußte.

Ihr Salon war gewissermaßen ein Produkt der Umstände. Sie floh vom Hof Heinrichs IV., der ihr zu Recht zu grobschlächtig erschien. Da sie von zarter Gesundheit war, ertrug sie im übrigen weder das dort herrschende Gedränge noch den Tonfall. Später trug die Tatsache, daß ihr Mann unter Richelieu teilweise in Ungnade gefallen war, zu ihrem Rückzug bei.

Nachdem sie sich dazu entschlossen hatte, zu Hause einen Hof nach ihrem eigenen Geschmack zu schaffen, begann Madame de Rambouillet mit der Ausstattung, der sie sich mit bis dahin nicht gekannter Sorgfalt widmete. In ihrem Stadthaus, dessen Pläne sie selbst entworfen hatte, war die Treppe nicht in der Mitte, sondern an der Seite angebracht, was eine für Empfänge günstige Zimmerflucht eröffnete. Eine andere Innovation, die nicht weniger Aufsehen erregte, war der Alkoven. Nicht daß Madame de Rambouillet ihn erfunden hätte. In denjenigen Räumen damaliger Wohnhäuser, die noch keine feste Bestimmung hatten, bildeten der Alkoven (ein durch Vorhänge abgeteilter Raum um das Bett) und die *ruelle* (ein Raum zwischen Bett und Wand) bereits eine private Enklave. Diese Orte der Intimität dienten nicht nur dem Schlaf, der Liebe oder dem Gebet, sondern auch der Unterbringung von Papieren, Büchern sowie von persönlichen und wertvollen Gegenständen in den dort angebrachten Wandschränken bzw. Tresoren. Madame de Rambouillet hatte einen besonderen Grund, ihren eigenen Alkoven zum Zentrum ihres Salons zu machen: Die seltsame Krankheit, unter der sie litt (eine Wärmeüberempfindlichkeit), untersagte es ihr, sich der Hitze des Feuers oder den Strahlen der Sonne auszusetzen. Wie sonst hätte man sich vor der schrecklichen Kälte schützen können, die in den Häusern des 17. Jahrhunderts herrschte, wenn man nicht, wie andere, in der Nähe des Kamins verweilen konnte?

Unter denjenigen Frauen, die damals einen Salon hatten, befand sich eine beachtliche Zahl kranker oder zumindest besonders krankheitsanfälliger Frauen, die hypersensibel waren und mehr als andere unter der Unbequemlichkeit ihrer Epoche und an tausend kleinen Beschwerden litten, die ihren rauhen Zeitgenossen mit robusterer Gesundheit unverständlich blieben. Madame de Sablé war ebenso berühmt für ihren Intellekt wie wegen der für lächerlich gehaltenen Vorsichtsmaßnahmen, die sie ergriff, um Krankheiten zu verhüten. Madame de Maure, ihre Freundin, litt ebenso wie sie an Schlaflosigkeit, und beide fürchteten sich so sehr vor einer Ansteckung, daß sie, auch wenn sie im selben Haus wohnten, nur über einen Boten von einem Zimmer zum anderen miteinander kommunizierten, wenn eine von ihnen an einem harmlosen Schnupfen litt. Madame de La Fayette lebte fast völlig abgeschlossen und wurde von manchen, die ihre Leiden nicht kannten, die sie elegant verschwieg, für »verrückt« gehalten, weil sie sich weigerte auszugehen. Bezeichnenderweise war sie eine der ersten, die an ihrer Kutsche Fensterscheiben anbringen ließ, so sehr hatte sie darunter gelitten, daß die Öffnungen der Türen lediglich durch Vorhänge vor Wind, Kälte und Regen geschützt waren.

Der Arzt du Boulbon bei Proust hätte von diesen Frauen behauptet, daß sie »dieser wunderbaren und beklagenswerten Familie angehörten, die das Salz der Erde ist«, der Familie der Neurotiker, von denen die Welt »nie wissen wird, was sie ihnen verdankt und vor allem, was diese gelitten haben, um es ihr zu geben«. Proust dachte an die Künstler, an die schöpferischen Menschen, die litten, um zu schaffen. Aber war das Leiden derjenigen, die nicht schaffen konnten und sich mit dem Surrogat der Konversation begnügen mußten, nicht akuter? Die Hypersensibilität, die Allergien und Phobien von Madame de Rambouillet, Madame de Sablé und vielen anderen haben vielleicht keine andere Ursache.

Räume und Ausstattungen

Daß eine Mode häufig aus der Notwendigkeit heraus entsteht, gerät schnell in Vergessenheit. Wenn auch die bürgerlichen Frauen des 17. Jahrhunderts die Gewohnheit annahmen, Gäste im Bett oder in ihrem Alkoven zu empfangen, so geschah das sicherlich, um es den großen Damen gleichzutun, und weniger, um sich vor Kälte und Ermüdung zu schützen. Auch wenn es sich nicht um ausgesprochene Prunkbetten handelte, so doch immerhin um monumentale Objekte, die mit Vorhängen und Schabracken verhangen und deren vier Pfeiler manchmal mit Federn gekrönt waren. Das restliche Mobiliar jedoch war bis ins 18. Jahrhundert hinein relativ karg und wenig abwechslungsreich: Tische, Truhen, Schränke, bei reicheren Leuten Kabinettschränke mit zahlreichen Schubladen und mit Einlegearbeiten aus kostbarem Holz oder Elfenbein. Zum Sitzen gab es Stühle und Klappstühle, und die damals aufkommenden Sessel hatten gerade und hohe Lehnen, die aber wie der Sitz gepolstert waren: ein großer Fortschritt gegenüber der *caquetoire*, diesem Vorläufer der Lehnstühle, die ihren Namen dem Umstand verdankte, daß die Frauen sich darauf niederließen, um zu schwätzen (*caqueter*, wie diese Art der Konversation zu Beginn des Jahrhunderts häufig bezeichnet wurde). Wie auf historischen Kupferstichen zu sehen ist, geht eine Atmosphäre geometrischer Steifheit von diesen Möbeln aus.

Madame de Rambouillet verstand es, die Ausstattung heiterer und luftiger zu gestalten. Manche dieser Feinheiten sind uns mittlerweile so vertraut, daß wir darüber vergessen, daß jemand sie zunächst erfinden mußte. So hatte sie beispielsweise den Einfall, ihre Möbel mit Nippes zu versehen und mit Vasen oder Körben frischer Blumen, die »den Frühling in ihr Zimmer brachten«, zu dekorieren. Diese Worte eines Zeitgenossen zeigen, wie entzückt die wenigen Erwählten waren, in ein Ambiente Einlaß zu finden, das sie nur unzulänglich zu beschreiben wußten, so neu erschien es ihnen. Madame de Rambouillet liebte die Natur. Da sie an deren Reichtum kaum teilhaben konnte, begnügte sie sich nicht damit, aus ihrem Fenster auf die Wiese zu schauen, die sie in ihrem Garten anlegen ließ, um sich den originellen Luxus leisten zu können, mitten in Paris Heu zu ernten. Sie wollte, daß in ihrem ganzen Haus der Frühling herrschte. Die Wände waren nicht mehr dunkel getäfelt oder mit Córdoba-Leder bespannt, sondern mit Stofftapeten, deren frische Farben denen der Blumensträuße entsprachen: Grün, Gold, Rot und für das Schlafzimmer der Hausherrin Azurblau (daher der Name »Blaues Zimmer«). Auf diesem leuchtenden Hintergrund brachte sie Gemälde und Porträts von lieben Freunden an, jedoch nicht, wie damals üblich, eng aneinandergereiht. Der sichere

Instinkt einer Kennerin leitete die Wahl und die harmonische Anordnung der einzelnen Gegenstände: venezianische Vasen, chinesisches
Porzellan, antike Marmorplastiken, Werke der Goldschmiedekunst, und
das Ganze geschickt in Spiegeln reflektiert – eine Neuheit – und von
Kristallüstern beleuchtet, deren Facetten das Licht der Kerzen dämpften und brachen, was ebenfalls neu war.

Ein Ort und seine Umgangsformen

Wer käme in einer solchen Umgebung auf die Idee, sich wie in einer
Kneipe aufzuführen? Auch die poetischen Pseudonyme, die man anzunehmen pflegte, verliehen den Gesprächen eine galante Wendung.
Wenn man sich Arthénice, Icas oder Léonide nennen läßt, dann kon-
versiert und korrespondiert man nicht im gleichen Ton miteinander wie
Pierre und Pierrette. Die Dichter, die in den Salons verkehrten, wo sie
zu Beginn des Jahrhunderts mittlerweile sehr viel angesehener waren
als am Hof, trugen wesentlich zu dieser Entwicklung bei. Es war Malherbe, der für Madame de Rambouillet den poetischen Namen Arthénice aussuchte, der trotz seines hellenischen Klangs lediglich ein Anagramm ihres Vornamens Cathérine war.

Auch anderweitig erwiesen sich die Dichter und Literaten als äußerst
nützlich. Sie dienten den Damen als freiwillige Hauslehrer, sie lasen
ihnen ihre Werke vor und lieferten Themen für ihre Konversation. Aber
sie konnten aus dem Salon auch vertrieben werden, wenn sie sich
nicht nach den dort aufgestellten Normen richteten. Dies betraf nicht
nur ihre Umgangsformen, sondern auch ihre literarische Produktion,
falls sie sich weigerten, ihren Stil und in gewissem Sinne auch ihre
Denkweise zu reformieren. Malherbe, der in seiner Jugend satirische
und obszöne Couplets geschrieben hatte, verurteilte nun die folgenden
beiden Verse von Desportes:

O vent qui fais mouvoir cette divine plante,
Te jouant, amoureux, parmi ses blanches fleurs.

O Wind, der du diese göttliche Pflanze bewegst
Und verliebt mit ihren weißen Blüten spielst.

»Das ist unanständig,« ruft er aus, »jeder weiß genau, was ich meine.«
Jeder? In Wahrheit muß man schon eine sehr ausgeprägte Phantasie
besitzen, um in diesem Distichon etwas Unanständiges zu entdecken.
Aber das war genau die Geisteshaltung, die die Zeitgenossen Malher-
bes hatten und die Malherbe selbst eigen gewesen war, bevor er sich
eines besseren besann.

Nicht weniger signifikant sind die Skrupel Corneilles. Der große Mann hatte freizügige Äußerungen nie gescheut. Und was schreibt er im *Examen de Polyeucte* (dem *Polyeucte*, dessen erste Lesung im Salon der Madame de Rambouillet stattfand)? »Wenn ich die Geschichte von David und Bathseba darzustellen hätte, so würde ich nicht beschreiben, wie er sich in sie verliebte, als er sie beim Bade sah, aus Angst davor, daß der Eindruck dieser Nacktheit die Vorstellungskraft des Zuhörers kitzeln könnte, sondern ich würde mich damit begnügen, ihn voll Liebe für sie zu beschreiben, ohne in irgendeiner Weise davon zu sprechen, wie diese Liebe sein Herz ergriffen hatte.«

Man kann das bedauern. Sicherlich hatte diese Selbstzensur, im Verein mit der äußeren Zensur, die Richelieu der französischen Bühne auferlegte, um »unehrenhafte Handlungen und laszive Reden« zu untersagen, auch ihr Gutes, da sie die sogenannte klassische Tragödie hervorbrachte und der Sittenkomödie dazu verhalf, über die Farce zu triumphieren – mit dem Ergebnis, daß es den Damen erlaubt war, das Theater zu besuchen und damit Zugang zu einer Form von Kultur zu erlangen. Andere Formen der Dichtung allerdings litten unter diesen Zwängen. Dadurch, daß sie sich den Imperativen des Salons anpaßte, ging der französischen Lyrik viel verloren, und dies auf lange Sicht. Wenn Autoren fürchten, die Vorstellungskraft der Zuhörer und vor allem die der Zuhörerinnen durch allzu konkrete Bilder zu »kitzeln«, wenn jegliche Form der Sinnlichkeit vermieden wird, bleibt das Geschriebene abstrakt, weltfremd, verkümmert – und verliert dadurch seine Glaubwürdigkeit. Den Dichtern bleibt dann nur noch, das abhandengekommene Gefühl mittels ingeniöser Imagination zu ersetzen. Das Ergebnis ist dann eine Kultur der Schöngeister und züchtigen Madrigale; eine Zivilisation, die durch *La Guirlande de Julie* symbolisiert wird, einer Sammlung von zweiundsechzig Stücken, die Julie d'Angennes, der ältesten Tochter Madame de Rambouillets, von Montausier gewidmet wurde, der vierzehn Jahre lang um sie warb.

Kann man es den Salons vorwerfen, die Kunst der Liebe ohne Liebesspiel befürwortet und kultiviert zu haben? Solche Lektionen waren notwendig für Leute, die sich nicht vorzustellen vermochten, daß ein poesievollerer Umgang im Liebesleben Wunder wirken konnte. Wenn Galanterie meint, jede beliebige Frau wie die Frau, die man liebt, zu behandeln, so ist das wesentlich angebrachter, als die Frau, die man liebt, wie jede beliebige andere zu behandeln. Die ersten Frauen, die einen Salon führten, hatten eine Pioniertat vollbracht: Es war ihnen gelungen, impulsive, soeben von den Schlachtfeldern zurückgekehrte Krieger, die lange Zeit hatten auf Frauen verzichten müssen, so zu zähmen, daß diese an der Bettkante haltmachten, ohne sofort über die Objekte ihrer Begierde herzufallen. Sie wiesen diesen Männern den Weg vom Schlafalkoven zum Konversationsalkoven.

Die Précieuses: Der Drang nach Wissen

In der zweiten Hälfte des 17. Jahrhunderts entstanden immer mehr Salons, zumindest in Frankreich, im Zuge der Mode und des Aufstiegs der Geldbourgeoisie. Selbst wenn sich dabei ihr Charakter nicht veränderte und sie auch weiterhin als Orte der Begegnung zwischen Männern und Frauen der guten Gesellschaft fungierten und als Stätten des Geistes verstanden wurden, so wehte der intellektuelle Wind nicht gleichermaßen stark in dieselbe Richtung. Der wissenschaftliche Fortschritt brachte immer neue Sensationen mit sich. Bereits 1662 schrieb Bossuet: »Der Mensch hat nahezu das Gesicht der Welt verändert.« Das stimmte seit Galilei, Kepler und Descartes, ganz zu schweigen von Pascal, von dem erst einige Experimente und sein polemisches Talent bekannt waren. Da die Universität, die sich hinter Dogmatismus und Hochmut verbarrikadierte, feindselig alles verwarf, was den sakrosankten antiken Autoren widersprach – das heißt jedwede neue Entdeckung –, waren es die privaten Kreise, die den kritischen Geist kultivierten, die neuen Theorien kommentierten, deren Begründer aufnahmen und protegierten. Hinzu kam für Frauen der Reiz der verbotenen Frucht, da sämtliche im engen Sinne wissenschaftlichen Disziplinen gewöhnlich von ihnen ferngehalten wurden. Noch am Ende des Jahrhunderts schrieb Fénelon an eines seiner Beichtkinder: »Lassen Sie sich nicht von den teuflischen Reizen der Geometrie betören.« Denn auch die Geometriker wurden jetzt in den Salons empfangen, ebenso wie die Physiker, Mediziner und Astronomen. Philaminte aus den *Gelehrten Frauen* von Molière, die bei sich zu Hause ein Teleskop installieren läßt, gibt lediglich einer neuen Modewelle nach. Selbst vor der Chemie schreckten die Damen nicht zurück und wagten sich sogar in die Laboratorien – in Paris in das des berühmten Nicolas Lémery, welches aber, wie Fontenelle beschreibt, »weniger ein Zimmer als ein Keller war, und fast eine magische Höhle, nur durch das Licht der Kocher beleuchtet«.

Aber letzlich blieben die Literatur, die Sprechkunst sowie die hehren Gefühle das Hauptinteresse der Salons und bildeten den gemeinsamen Hintergrund für die Konversation. Diese Themen dominierten im Kreise derjenigen, die man seit 1654 die Précieuses nannte, da sie, wie man glaubte, Dingen einen Wert zuerkannten, die keinen hatten, angefangen mit ihnen selbst. Das war natürlich Ausdruck männlicher Ironie, die die genauen Umstände nicht in Betracht zog.

Die Fronde, die zu Ende ging, als die Précieuses auftauchten, hatte dem Idealismus der Salons einen harten Schlag versetzt. Vier Jahre Bürgerkrieg wirkten sich zwar weniger verheerend aus als fünfunddreißig Jahre Krieg im Ausland, und nicht alles mußte von vorn begonnen

werden, wie etwa noch am Anfang des Jahrhunderts. Aber die guten
Manieren mußten wiederhergestellt werden, denn der Adel, der in diesem Abenteuer viele Illusionen verloren hatte, legte einen gewissen
Zynismus an den Tag. Auch wenn es stimmte, daß Frauen, vor allem
Angehörige des Hochadels, während der Fronde eine bedeutende Rolle gespielt hatten, so war diese Rolle für sie doch verhängnisvoll gewesen. Sie hatten geglaubt und auch glauben machen wollen, daß sie,
indem sie ihre Männer dazu ermutigten, gegen die Zentralgewalt zu
kämpfen, und manchmal sogar selbst zu den Waffen griffen, wie
Romanheldinnen handelten. Aber sie verteidigten lediglich ihre materiellen bzw. Standesinteressen gegen den übergeordneten Willen des
Staates, und in sehr vielen Fällen genügte es dem geschickten Mazarin, einige Säcke Gold in ihre gierigen Hände zu werfen, um sie wieder zur Vernunft zu bringen. Derselbe Mazarin sagte auch: »Diejenige
Person, die heute ein Königreich weise regieren würde, wird morgen
zu einem Herrn, den man nicht über zwölf Hennen regieren ließe.«
Denn unsere Heldinnen hatten auch die allgemeine Verwirrung dazu
genutzt, ihren Gelüsten zu frönen und den Anstand mit Füßen zu treten, ohne sich um ihr Ansehen zu kümmern. Es galt daher, dieses
Ansehen wiederherzustellen, das Recht der Frau auf Wertschätzung, ja
auf Verehrung, und natürlich auf Unabhängigkeit und Wissenserwerb
zu bekräftigen. Wir müssen die späteren Konnotationen des Begriffs
Preziosität (*préciosité*) vergessen. Historisch gesehen handelt es sich
hierbei um eine Erscheinungsform der feministischen Bewegung. Die
Précieuses verspürten in den Jahren nach der Fronde das Bedürfnis
und die Pflicht, auf eine Situation zu reagieren, die die prekären Errungenschaften ihrer Vorgängerinnen bedrohte. Vielleicht weil die Frauen
im allgemeinen kühner geworden waren und weil die Précieuses
zumeist aus unterschiedlichsten Kontexten stammten, was sie sowohl
verletzlicher als auch kämpferischer als etwa eine Vertreterin des Hochadels wie beispielsweise die Marquise de Rambouillet erscheinen ließ,
gelangte diese Reaktion mit einer nie gekannten Heftigkeit zum Ausdruck.

Als erstes wurde die gesellschaftliche und sexuelle Versklavung der
Frau ins Visier genommen: »Man heiratet, um zu hassen. Deshalb darf
ein richtiger Liebhaber nie von Heirat sprechen, weil Liebhaber zu sein
bedeutet, geliebt werden zu wollen, und Ehemann werden zu wollen
bedeutet, gehaßt werden zu wollen.« (Mademoiselle de Scudéry) Oder:
»Ich war ein unschuldiges Opfer, das unbekannten Motiven und obsku-
ren Interessen des Hauses geopfert wurde, aber geopfert wie eine Sklavin, gefesselt und geknebelt (...). Man bestattet mich, oder vielmehr
man begräbt mich lebendig im Bett des Sohnes von Evandre.« (*La Précieuse* von Abbé de Pure) Was die Mutterschaft betrifft, diese »Wasser-

sucht der Liebe«, so machten die Preziösen zu deren Verhütung den Vorschlag, die Ehe von Amts wegen bei der Geburt des ersten Kindes aufzulösen und dieses dem Vater zu überlassen, der der Mutter dafür eine Prämie in Bargeld zahlen sollte. Und warum auch nicht, da die meisten Männer nur heirateten, um ihre Nachkommenschaft zu sichern, und dabei vergaßen, daß die Frauen, indem sie Leben schenkten, häufig den Tod riskierten? In ihrem Bestreben, die idealistischen Vorstellungen wiederzubeleben, die sich so günstig auf das weibliche Geschlecht ausgewirkt hatten, stellten die Précieuses Herzensdinge über alle anderen Interessen:

Dans un lieu plus secret on tient la précieuse
Occupée aux leçons de morale amoureuse,
Là se font distinguer les fiertés des rigueurs,
Les dédains des mépris, les tourments des langueurs;
On y sait démêler la crainte et les alarmes,
Discerner les attraits, les appâts et les charmes . . .
Et toujours on ajuste à l'ordre des douleurs
Et le temps de la plainte et la saison des pleurs.

An einem geheimen Ort hält man die Preziöse
beschäftigt mit Lektionen der Liebesmoral,
dort lernt sie die stolze Zurückweisung,
die Verachtung und die Qualen der Sehnsucht.
Dort weiß man Angst und Furcht zu unterscheiden,
die Verlockungen und Reize und den Charme zu erkennen.
Und immer richtet man nach seinem Schmerz
sowohl die Zeit der Klagen wie die Saison der Tränen aus.

Saint-Evremonds Spott ist nicht boshaft, und obwohl er nur die Auswüchse jenes Phänomens gesehen hat, hilft er uns zu verstehen, wie die Franzosen die Liebespsychologie zu ihrer Spezialität machen konnten. Aus den »Seelenzergliederungen«, den »Liebesfragen«, denen sich die Précieuses mit Leidenschaft hingaben, entstand nicht nur die *carte du tendre*[5], auch Meisterwerke waren davon beeinflußt. Um *Zaïde* und *La Princesse de Clèves* schreiben zu können, bedurfte es gewiß des Genies, der Scharfsichtigkeit und der tiefen Verzweiflung einer Madame de La Fayette, jedoch mußte man auch in den Salons verkehrt, dort seinen Geschmack verfeinert und seinen Geist geübt haben. Abgesehen davon, daß man eben nur dort den zeitgenössischen Theoretikern, Grammatikern und Schöngeistern begegnete, die den noch unerfahrenen Autorinnen dabei behilflich sein konnten, ihre romanesken Verwicklungen zu konzipieren, ihre Syntax und ihren Stil zurechtzubiegen.

Und was das gängige Vokabular der Précieuses betrifft, so hat nach so vielen ausgezeichneten Arbeiten zum Thema heute keiner mehr das Recht zu glauben, sie hätten gemeinhin so gesprochen, wie dies die Satiriker behaupteten. Mademoiselle de Scudéry, die Repräsentantin der

Précieuses in der Literatur, hat nie die Augen »Spiegel der Seele« genannt, die Füße »liebe Leidende«, die Brüste »Liebeskissen«, einen Spiegel »den Ratgeber der Anmut«, die Sitze »Bequemlichkeiten der Konversation«. (Manche dieser Metaphern waren bereits lange vor ihr gebräuchlich und drückten im übrigen auf nette Weise das aus, was sie meinten). Es ist allerdings richtig, daß die Précieuses Jagd machten auf schlüpfrige oder, um ein von ihnen lanciertes Adjektiv zu gebrauchen, »obszöne« Wörter. Dabei verurteilten sie sämtliche Ausdrücke, die gemeine physiologische Realitäten evozierten: *crotter, lavement, être en couche* (beschmutzen, Einlauf, im Wochenbett liegen). Sie weigerten sich, das Verb *aimer* (lieben) sowohl auf materielle als auch auf geistige Dinge anzuwenden: man liebt *(aimer)* seine Maitresse, aber man genießt *(goûter)* eine Melone.

Sicherlich waren einige von ihnen zu geziert und trieben die Prüderie etwas zu weit, und einige Provinzlerinnen – es gab jetzt auch in der Provinz Salons – neigten vielleicht dazu, unterschiedslos ein poetisches Vokabular zu verwenden, an das sie nicht gewöhnt waren, aber das ist nebensächlich. Was man in Wirklichkeit den Précieuses vorwarf, war nichts anderes als das, was man seit jeher allen Frauen, die sich mit Sprache beschäftigten, vorwarf: nämlich in erster Linie, daß sie sich überhaupt einmischten. Am Wendepunkt des 17. Jahrhunderts wurde der allgemeine Tonfall allerdings schärfer. Die Précieuses wurden beschuldigt, »dem alten Stil den Krieg zu erklären«. Das traf genau den Punkt, und sie hielten sich dies auch zugute in dem Bewußtsein, als Feministinnen und auch als »Moderne« zu handeln, indem sie pedantische, veraltete und technische Wörter verwarfen. Den Précieuses zufolge stellten diese den eigentlichen Jargon dar und nicht ihr eigener Stil bzw. der weibliche Stil allgemein, in dem sie das zu finden glaubten, was sie Einfallsreichtum und Freiheit nannten; anders gesagt: eine glückliche und echte Spontaneität – Qualitäten also, die Mademoiselle de Scudéry vor allen anderen an Madame de Sévigné zu schätzen wußte. Woher kamen solche Qualitäten? Daher, daß der Geist der Frauen nicht »durch fremde Begriffe verstellt« noch durch »Prinzipien des Wissens« verbraucht war. Auch Claude Favre de Vaugelas dachte nicht anders, als er 1647 in seinen *Remarques sur la langue française* schrieb, daß es »in den Zweifelsfällen der Sprache besser ist, die Frauen zu fragen und diejenigen, die nicht studiert haben (. . .) weil sie geradewegs das aussprechen, was sie zu sagen oder zu hören gewohnt sind«. Damit wurde das Pech der Frauen, die von der Unterrichtung des Lateinischen ausgeschlossen waren, zu einem Glücksfall – Ironie der Geschichte – in einer Zeit, als die Volkssprache in den Adelsstand erhoben wurde, als Descartes seinen *Discours de la méthode* auf Französisch schrieb (welch innovatives Konzept für einen Philosophen!), damit, wie er sagte, auch die Frauen ihn verstehen könnten.

Aber solche Neuerungen sind das Markenzeichen großer Männer, die Mehrzahl der Kleingeister billigte sie keinesfalls. Weil er vorschlug, in den sprachlichen Zweifelsfällen die Frauen zu Rate zu ziehen, wurde Vaugelas verlacht. Sein Ansinnen stieß auf heftige Ablehnung, die um so abwegiger war, als sie sich auf eben die Argumente berief, die er gerade verworfen hatte: Wie sollten die Frauen den richtigen Sprachgebrauch kennen, wenn sie mit den Regeln der Rhetorik, der Grammatik, der lateinischen und griechischen Sprache und damit den Grundlagen der Etymologie nicht vertraut waren, die allein es erlaubten, den Sinn und die Reichweite all der Wörter zu erfassen, die diesen alten Sprachen entlehnt waren?

Damit wird deutlich, daß jener Streit weit über die sprachlichen Belange hinausging. Er betraf auch die Weitergabe und Verbreitung von Wissen. Sollte sie das Privileg der Gelehrten bleiben? Nein, entgegneten die Précieuses und mit ihnen alle Frauen, die nach Kultur hungerten. Wissen konnte und mußte allgemein verfügbar und der gesitteten Gesellschaft zugänglich gemacht werden. Das bedeutete, die Ansprüche der *pédants*[6] zu entmystifizieren, die das sehr übel nahmen. Die Kritik, mit der die Précieuses seit dreihundert Jahren reichlich bedacht werden, ist zu einem guten Teil nur auf die seitens der *pédants* gegen sie gerichtete gehässige Kampagne zurückzuführen. Bereits 1640 war François de Grenaille in seinem Werk *L'honneste fille* ausgiebig über die Frauen hergezogen, die sich nicht damit begnügten, »in den Gesellschaften zu herrschen«, sondern auch über Schriftsteller herrschen wollten. Es mochte noch angehen, daß sie über Romane und modische Komödien debattierten, sich über die drei Einheiten der Tragödie ausließen, aber sie überspannten ganz entschieden den Bogen, wenn sie »Ansichten über die ausgefallensten Themen« zu haben glaubten, diese zum »Spielzeug« ihres Kreises machten und behaupteten, daß »jedes Werk, das erscheint, noch nicht das sei, was man daraus machen könnte.« Und was, meinten sie, sollte getan werden? »Die allgemeine Politik aller Völker, einen Kurs über die Philosophie aller Jahrhunderte, die allgemeine Geschichte aller Dinge in einem einzigen Band und in einem einzigen Buch alle Geheimnisse der Kunst und der Natur. Der Stil sollte rein und gehoben sein, die Gedanken subtil und allgemein verständlich, das Ganze zusammenhängend und von einigen angenehmen Abschweifungen unterbrochen.«

Dieses enzyklopädische Ansinnen, so wenig realistisch es scheint, ist gerade deshalb so anrührend, weil es zeigt, wie begierig die Frauen waren, etwas zu lernen. Grenaille macht sich zu Unrecht über den Inhalt lustig und über die Art und Weise, in der die Frauen Wissen zu erwerben suchten. Es ging keineswegs darum, die ganze römische Geschichte in Madrigale zu fassen, wie Molière in den *Lächerlichen*

Preziösen seinen Mascarille sagen läßt, sondern darum, populärwissenschaftliche Bücher zu schreiben, die einfach, klar und – warum auch nicht? – »von einigen angenehmen Abschweifungen unterbrochen« sein sollten, trotz des Widerwillens, den Grenaille bei einer derartigen Vermischung der Genres empfunden haben mochte. Die Frauen verfügten nicht über einen ausreichenden Bildungsstand, um sich unverdauliche Kompendien einzuverleiben und den Stil der Gelehrten zu verstehen, die, selbst wenn sie nicht auf Lateinisch schrieben, daraus zu übersetzen schienen. Philaminte aus den *Gelehrten Frauen* hat völlig recht, wenn sie »das, was man woanders trennt, zusammenbringen, die schöne Sprache und die hohen Wissenschaften vermischen« will. Der einzige Irrtum in ihrer Begeisterung einer Neubekehrten bestand darin, sich von Scharlatanen und falschen Stilisten täuschen zu lassen.

Man mag bedauern, daß Molière in den *Gelehrten Frauen* wie in den *Lächerlichen Preziösen* sich mit Karikaturen begnügte, obwohl er durch die Schauspielerinnen, die sein Leben teilten, wußte, daß auch Frauen von bescheidener Herkunft fähig waren, sich zu bilden und Schönheit zu würdigen. Sicherlich wollte er die Leute in erster Linie zum Lachen bringen, das war sein Beruf. Dennoch lieh er den *pédants* seine Stimme und sein Talent, um Frauen lächerlich zu machen, die sich entwickeln und emanzipieren wollten. Emanzipation war nicht ohne Bildung möglich, und es ist das Verdienst der Feministinnen des 17. Jahrhunderts, besonders der Précieuses, beides immer im Zusammenhang gesehen zu haben. Man hätte das vielleicht eher verstanden, wenn sie selbst es besser vermittelt hätten. Leider waren ihre Schriften ihren ambitionierten Zielsetzungen nicht gewachsen.

Das Wagnis des Schreibens

Tatsächlich muß festgestellt werden, daß der überwiegende Teil der literarischen Produktion von Frauen sich vor dem 19. Jahrhundert zumeist auf mittelmäßigem Niveau bewegte. In erster Linie deshalb, weil bestimmte Gattungen den Frauen nicht zugänglich waren. Wie hätten sie, auch mit Hilfe der Salons, sich Wissenschaft und Philosophie in ausreichendem Maße aneignen können, um ihrerseits darüber zu schreiben? Die wenigen, die dies vermochten, wie Anna Maria von Schurmann in Utrecht, wurden wie seltsame Wesen bestaunt. Es ist kein unwesentliches Detail, daß diese gelehrte Frau nicht von einem Ehemann abhängig war, was auf eine andere, eigentlich die größte Schwierigkeit verweist, der schreibende Frauen begegneten. Um veröffentlichen zu können, war es notwendig, daß sie niemanden zu schonen und keine gesellschaftliche Stellung zu wahren brauchten. Man erlaubte ihnen gerade, über das zu schreiben, was man ihnen auch zu lesen gestattete, nämlich fromme und moralisierende Traktate. Ich spreche hier nicht von den Frauen, die ihr Leben Gott geweiht hatten und denen es gelang, in dem ihnen zugebilligten engen Rahmen von ihrem Glauben und ihrer Spiritualität Zeugnis abzulegen. Wie aber hätten Frauen, die in der Welt lebten, sich damit begnügen sollen, Andachtsbücher, orthodoxe Traktate über Mädchenerziehung oder Bücher mit moralischen und praktischen Ratschlägen für andere Frauen zu schreiben? Wenn sie sich jedoch über dieses Metier hinauswagten, gerieten sie in Mißkredit. Nie hätte Mademoiselle de Gournay zu Beginn des 17. Jahrhunderts mit Vehemenz die ungerechte Situation der Frau anzuprangern vermocht, wenn sie nicht bereits eine an den Rand der Gesellschaft gedrängte »alte Jungfer« gewesen wäre, die nichts zu verlieren hatte. Am anderen Ende der sozialen Hierarchie hingegen wurde es der Herzogin von Newcastle nachgesehen, daß sie das Banner des Feminismus schwang und sich mit Philosophie befaßte, eben weil sie Herzogin war. Dies allerdings nur für kurze Zeit, denn ihre Dreistigkeit schockierte auf Dauer, so daß sie ihren Lebensabend einsam auf ihren Schlössern fristete. Bemerkenswert ist, daß nicht nur Männer darüber schockiert waren, daß Frauen Schriften zu veröffentlichen wagten. Als sehr viel später, im Jahre 1771, Sophie von La Roche, eine Deutsche der guten Gesellschaft, einen erfolgreichen Roman geschrieben hatte, mutmaßte Frau Rat Goethe, die Mutter des Dichters, über sie, daß sie den Verstand verloren haben müßte und ihre Kinder ins Unglück stürzen würde. Erschwerend hinzu kam, daß Sophie als gebildete und intelligente Frau keine solche Verrücktheit hätte begehen dürfen.

Natürlich schrieben Frauen sehr viele Briefe, aber diese Briefe waren nicht zur Veröffentlichung bestimmt. Die Briefe Madame de Sévignés gingen zwar von Hand zu Hand, ohne jedoch eine ausgewählte Leserschaft zu verlassen. Etwas anderes war es, sich als Autorin eines gedruckten Werkes zu erklären. »Sich in den Bibliotheken zu begegnen«, so Madame de Sévigné, oder, schlimmer noch, bei Buchhändlern, hieß nicht nur, die Regeln der Schicklichkeit zu verletzen, sondern auch, sich gegen den eigenen Stand zu vergehen. Daß wir heute die Briefe Madame de Sévignés oder diejenigen der portugiesischen Nonne[7] lesen können, ist fast schon ein Glücksfall, den wir ihren Adressaten zu verdanken haben, die im ersten Fall guten Geschmack und im zweiten eine gewisse Eitelkeit bewiesen, die sie dazu veranlaßten, die Briefe aufzubewahren.[8] Wahrscheinlich gingen viele andere Meisterwerke der Briefkunst aufgrund der Nachlässigkeit ihrer Empfänger oder, wenn es sich um Memoiren oder Tagebücher handelte, aufgrund des Wunsches derjenigen, die sie verfaßt hatten, verloren.

Lady Mary Wortley Montagu war eine der schillerndsten Frauengestalten im England des 18. Jahrhunderts. Da sie jedoch häufig geäußert hatte, eine Frau bzw. ein Mann von Stand dürfte nicht veröffentlichen,
fühlte ihre Tochter sich nach deren Tod dazu ermächtigt, ihr Tagebuch
zu verbrennen.

»Schreiben heißt, die Hälfte seines Adels zu verlieren«, stellt Mademoiselle de Scudéry fest, die aus diesem Grund ihre ersten Romane
unter dem Namen ihres Bruders veröffentlichte. Und sie hätte das vielleicht auch weiterhin getan, wenn sie keinen Erfolg gehabt und die
Not sie nicht dazu getrieben hätte. Fast immer aus einer Notlage heraus fanden sich Frauen in anderen Ländern damit ab, »Professionelle«
zu werden.

Somit ist es verständlich, daß viele schreibende Frauen anonym blieben oder sich hinter einem Pseudonym versteckten. Sogar Madame de
La Fayette, die sich aufgrund der Erhabenheit dessen, was sie schrieb,
durchaus für berechtigt hätte halten können, sich als Autorin der *Princesse de Clèves* zu bekennen, tat dies nur hinter vorgehaltener Hand
und erst am Ende ihres Lebens gegenüber einem intimen Freund. Wieviele Werke finden sich wie die ihrigen in den Katalogen der Buchhändler, deren Autorinnen lediglich als »eine Dame (oder eine *Lady*)
von Stand« verzeichnet sind.

Diese zur Anonymität verurteilten Damen kannten nicht mal die
Verlockung des Ruhms, die sie bei ihrer Arbeit hätte anspornen können; selbst die Hoffnung auf späten Ruhm, die Autoren gewöhnlich
auch unter schwierigsten Bedingungen bei der Stange hält und für
zahlreiche Entbehrungen entschädigt, mußten sie sich versagen. Insbesondere Frauen nahmen ihrer schriftstellerischen Tätigkeit zuliebe unendliche Risiken und Beschränkungen auf sich. Seit jeher gelang es
Frauen weniger als Männern, der Last des Alltags zu entrinnen, und so
sie nicht auf Ehe und Mutterschaft gänzlich verzichten wollten, mußten sie den größten Teil ihrer Zeit dem Ehemann, dem Haushalt und
der Familie widmen. Zudem gab es die Gefahren damals allgegenwär-
tiger oft unheilbarer Krankheiten und, wie die Précieuses andeuten,
ohne ins Detail zu gehen, den Fluch der Frauenleiden, die gemeinhin
auf wiederholte Schwangerschaften, Fehlgeburten, Abtreibungen sowie
Syphilis zurückzuführen waren. Das betraf natürlich die Frauen allgemein, aber schreibende Frauen waren dadurch mehr als die anderen
eingeschränkt: Wie sollte man sich auf das Schreiben konzentrieren,
wenn man an allen möglichen Gebrechen litt? Wenn die Ehemänner
erfolglos waren oder vorzeitig starben, kam zu dieser Misere noch die
Aufgabe hinzu, das Familienerbe zu sichern – ein gewaltiges Unterfangen, auf das die Frauen keineswegs vorbereitet wurden. Nicht etwa
weil sie raffgierig waren, gingen damals so viele Frauen vor Gericht.

Vielmehr versuchten sie, kraft ihres Willens, ihrer Klugheit und ihrer Fähigkeiten, dies alles zu bewältigen, wie beispielsweise Madame de La Fayette, die man beschuldigte, eigennützig zu handeln, da sie – während sie die Interessen ihrer Familie verteidigte – gleichzeitig ihre Romane schrieb. In einer Bemerkung, die sie als Witwe am Ende ihres Lebens an Gilles Ménage schrieb, rechtfertigt sie sich: »Ich bewundere mich manchmal ganz alleine (. . .) Finden Sie mir eine andere, die ein Gesicht wie das meinige hat, schöngeistige Neigungen, wie Ihr sie mir eingabt, und so viel für ihr Haus getan hat.«[9] Ein melancholischer Augenblick von Selbstzufriedenheit, in dem das Bedauern laut wird, dem »Haus« einen Teil des eigenen Glücks geopfert zu haben, das Schönheit und Talent versprachen.

Wenigstens hinterließ Madame de La Fayette ein Werk, und sie erlebte noch zu ihren Lebzeiten die, wiewohl geheime, Genugtuung, daß dieses Werk von den besten Köpfen ihrer Zeit geschätzt wurde. Wieviele andere Frauen verzichteten, erschöpft und entmutigt, auf literarische Betätigung und jedes andere kulturelle Unterfangen noch bevor sie beweisen konnten, was sie zu leisten vermochten! So um das Jahr 1750 Luisa Bergalli in Venedig, obzwar sie einem »freieren« Milieu angehörte, dessen Angehörige sich mehr oder weniger der Literatur bzw. den Künsten widmeten. Aber indem sie für die Bühne schrieb und eine Theatergruppe gründete, kam sie ihrem Schwager, Carlo Gozzi, einem bekannten Dramatiker, ins Gehege und zog sich dessen Feindschaft zu. Außerdem brachte sie fünf Kinder zur Welt, das Geld wurde knapp, ein Prozeß folgte dem anderen, ihr depressiver Ehemann unternahm einen Selbstmordversuch. Luisa gab schließlich jegliche Ambitionen auf und verfiel in jenen Zustand, den man damals Melancholie nannte, woran sie auch starb.

Jane Austen war mit Problemen anderer Art konfrontiert. Als sie sich Ende des 18. Jahrhunderts ernsthaft der Schriftstellerei widmete, hatten sich die Beschränkungen, die Autorinnen auferlegt waren, zwar etwas gelockert, doch war sie aufgrund der herrschenden Vorurteile in der englischen Provinz dermaßen eingeschüchtert, daß sie nur im Verborgenen schrieb – auf fliegenden Blättern von ziemlich kleinem Format, die sie schnell unter einem Buch verstecken konnte, falls man sie dabei ertappte. Und Unterbrechungen dieser Art waren häufig, da sie ihre Romane im gemeinsamen Wohnzimmer schrieb; ein Umstand, der nicht nur mit der relativen Armut ihrer Familie und der Krankheit ihrer Mutter zusammenhing, deren Pflege natürlich der unverheirateten Tochter zufiel. (Es genügte nicht, ledig zu sein, um häuslichen Sorgen zu entrinnen). Der Luxus eines »Zimmers für sich allein« wurde damals jungen Mädchen gemeinhin verweigert. Jenes eigene Zimmer wurde von Virginia Woolf für die schöpferische Arbeit als so unverzichtbar erachtet, daß sie es zum Titel eines ihrer Bücher wählte *(Ein Zimmer für sich allein).* Jane Austen verdankte es dem Knarren der Tür, daß sie nicht bei ihrer schuldhaften Beschäftigung überrascht wurde. Deshalb lehnte sie es auch immer ab, die Angeln dieser Tür ölen zu lassen – sehr zum Befremden ihrer Familie.

Verordneter Konformismus

Insgesamt waren die Werke dieser Autorinnen jedoch nicht subversiv. Selbst wenn die allgemeine gesellschaftliche Stellung der Frau häufig beklagt wurde, so wurde die Gesellschaft als Ganzes nicht in Frage gestellt. Es waren Männer wie Daniel Defoe in England mit *Moll Flanders* oder der Abbé Prévost in Frankreich mit *Manon Lescaut*, die es wagten, arme Frauen zu porträtieren, die, um ihrer Misere zu entkommen, keinen anderen Ausweg sahen, als sich zu prostituieren. Wir werden auch kein weibliches Äquivalent zu Rousseau und noch weniger zu Choderlos de Laclos oder de Sade finden. Sogar diejenigen Frauen, die im Leben selbstbewußt einen freien Geist und freizügige Sitten vertraten und keine Scheu hatten, in ihren Briefen die Dinge beim Namen zu nennen, verhielten sich konformistisch, sobald ihre Schriften Aussicht auf Veröffentlichung hatten. Die Gattung des Romans, der sich die Schriftstellerinnen vorzugsweise bedienten, hätte ihnen einen weitgesteckten Rahmen für Kritik geboten. Aber nein! Ihre Heldinnen entfernten sich nie von den ihrem Geschlecht auferlegten Normen der Anständigkeit, und es bedurfte schon einer Vergewaltigung, damit sie ihre Unschuld verloren. Eine weitere Vorsichtsmaßnahme unserer Romanschreiberinnen war ihr häufiger Rückgriff auf die Fiktion des anonymen Manuskripts, das angeblich auf mysteriöse Weise in ihre Hände gelangt war und das sie, wie sie behaupteten, lediglich kopierten. Ein effektives Mittel, die wenigen kleinen Freiheiten, die sie sich herausnahmen, auf einen imaginären Dritten zu schieben und ihre Anonymität wirksam vor einer möglichen Aufdeckung zu schützen.

Katharine Rogers hat in ihrer eindringlichen Studie[10] über Romane von englischen Frauen des 18. Jahrhunderts darauf aufmerksam gemacht, daß – wie originell auch das Ambiente und wie groß die Schärfe der Psychologie und des Stils in diesen Romanen sein mag – man dennoch immer wieder auf die üblichen Konventionen stößt. Das spätere Niveau von *Wuthering Heights* oder auch *Jane Eyre* wird niemals auch nur annähernd erreicht. Dadurch daß sie ausnahmslos tugendhafte Heldinnen beschrieben, entschieden sich diese Romanschriftstellerinnen vielleicht bewußt dafür, ihre Sexualität zugunsten ihrer Intellektualität zu unterdrücken. Anders gesagt: der befreiende, der eigentliche emanzipatorische Akt war das Schreiben, unabhängig davon, worüber geschrieben wurde. Wenn diese Autorinnen schwarz auf weiß konstatiert hätten, daß Frauen ebenso wie Männer sexuelle Wünsche haben und diesen zuweilen auch nachgeben – was selbst André Gide zu Beginn des 20. Jahrhunderts noch anzuzweifeln vermochte[6]. –, hätte der dadurch ausgelöste Skandal zur Folge gehabt, daß sie weder ein normales und ehrbares Leben hätten führen noch ihre Werke hätten veröffentlichen können. Indem sie das Gegenteil taten, indem sie vermittels ihrer Heldinnen bewiesen, daß ihre Vernunft und ihre Tugend jegliche Leidenschaft in Schach hielten, vermieden sie öffentliche Anschuldigungen. Es mag sein, daß ihre Vorsicht über dieses unmittelbare Ziel hinausging und in den zeitgenössischen Debatten über die Frau begründet lag. Wenn die Liebe als vorherrschende Leidenschaft ihres Geschlechts präsentiert worden wäre, hätten diese Romanschriftstellerinnen in gewisser Weise Verrat an ihrer eigenen Sache begangen und den Anti-Feministen Munition geliefert, d. h. sie hätten diese in ihrem Glauben an die Frau als Objekt bestätigt – unrein und zwangsläufig vom Mann abhängig –, da im Gegensatz zu den Weibchen in der Tierwelt die Töchter Evas immer bereit sind, sich zu paaren. Dieses alte Argument der Theologen wäre dadurch noch bekräftigt worden.

Die erstaunliche Schamhaftigkeit, ja Prüderie der Heldinnen dieser von Frauen geschriebenen Romane – die von ihnen erhobenen Einwände, bevor sie sich der Liebe, auch der ehelichen, hingaben –, sollte daher eher als unartikulierte und vielleicht unbewußte Angst vor Unterwerfung gewertet werden, gleichsam als Widerstand gegen die fatale Beherrschung durch den Mann. Solange eine Frau nicht *ja* gesagt hat, ist sie Objekt der Begierde und der Eroberung, kurzum: unabhängig; hat sie einmal *ja* gesagt, so bedeutet dies das Ende der geringen Freiheit, die sie einst genossen hatte, sowie des gesellschaftlichen Ansehens. Und auch Liebe kann die Besitznahme nicht überdauern – wie es nur Madame de La Fayette, bereits im 17. Jahrhundert, auszudrücken verstand.

Intellektuelle Sehnsucht

Es wäre indessen falsch, den intellektuellen Fortschritt der Frauen nur am Stil ihrer jeweiligen literarischen Produktion zu messen. Menge und Vielfalt sind weitere Faktoren, die es in Erwägung zu ziehen gilt. Statistische Erhebungen in verschiedenen Ländern beweisen, daß Frauen im 18. Jahrhundert vermehrt zu schreiben begannen und sich in neue Gebiete vorwagten. In Venedig wurden im 16. Jahrhundert nur

49 Werke und im 17. Jahrhundert 76 Werke von Frauen veröffentlicht. Zwischen 1700 und 1750 dagegen veröffentlichten sie bereits 110, das heißt fast genauso viele wie ihre männlichen Kollegen.[12] Romane machen natürlich den Löwenanteil aus, gefolgt von Gedichtbänden. Aber es finden sich daneben auch Geschichtsbücher, Werke der Philosophie, polemische, wissenschaftliche und populärwissenschaftliche Schriften, Übersetzungen aus toten oder lebenden Sprachen, Theaterstücke und Opernlibretti (die beiden letzteren Gattungen aus offenkundigen Gründen häufiger in Venedig als anderswo). Nicht zu vergessen die Journalistinnen, von denen noch die Rede sein wird, und diejenigen, die in den vielerorts entstehenden Akademien glänzten oder denen es gar gelang, an Universitäten Lehrstühle für Literatur, Recht oder Medizin zu besetzen. Das geschah nicht ohne Hindernisse, und jene Frauen waren nicht zahlreich, aber sie waren ein Signal dafür, daß Frauen zu studieren begannen und nach umfassenderer Bildung strebten. Es sollte nicht unterschlagen werden, daß sie die Voraussetzungen dafür zum Teil einem Unterrichtssystem verdankten, das im vorhergehenden Jahrhundert eingerichtet worden war, aber Zeit benötigte, um sich entfalten zu können. Die Grenzen dieses Systems, das von den beiden Kirchen kontrolliert wurde, sind hinlänglich bekannt. Jedoch kommt ihm das Verdienst zu, Generationen von Frauen das Lesen beigebracht zu haben, was natürlich die erste, unverzichtbare Stufe beim Erklimmen der kulturellen Leiter darstellte. Madame de Maintenons Saint-Cyr[13] ist nur ein Beispiel unter anderen für die zahlreichen Lehranstalten, die in der zweiten Hälfte des 17. Jahrhunderts geschaffen wurden, aber eines, das besondere Erwähnung verdient, denn es gibt nicht viele Mädchenpensionate, die sich zugutehalten können, gleich zwei Tragödien des größten Dramatikers seiner Zeit – Jean Racine – auf die Bühne gebracht zu haben.[14]

Mit dem Abgang der Frauen vom Mädchenpensionat war auch deren formale Ausbildung beendet. Höhere Schulen existierten nicht für sie. Blieben also nur die Salons, die während des 18. Jahrhunderts nahezu überall wie Pilze aus dem Boden schossen, als den Frauen offenstehende, kulturvermittelnde Einrichtungen. Zuweilen wurden sie als »Konversation« bezeichnet. Montesquieu beispielsweise berichtet von einer gewissen Dame, die in Mailand »eine Konversation hielt«. Außerdem fügt er hinzu: »Was an den Konversationen Mailands so edel ist, ist der Umstand, daß Ihnen Schokolade und andere Erfrischungen gereicht werden, ohne daß für die Karten bezahlt werden muß.« Offensichtlich trieben die italienischen Frauen, die einen Salon führten, den Purismus nicht so weit, das Glücksspiel gänzlich zu untersagen, wie zur gleichen Zeit in England die Gruppe intellektueller Frauen, die man *blue-stockings* nannte – ein Begriff, der Furore machen sollte. Allerdings blieb ein Salon, selbst wenn darin gespielt wurde, eine »Konversation«. Daß das Ganze durch den einen Aspekt bezeichnet wurde, zeigt, was der eigentliche Grund für diese Zusammenkünfte war.

Frankreich war das Epizentrum dieser internationalen Salons, die sich im Europa des 18. Jahrhunderts herausbildeten und in denen die Ideen der Aufklärung zirkulierten. Es spielte dabei eine ebenso große Rolle wie bereits ein Jahrhundert zuvor, als es den Prototyp für alle späteren Salons geliefert hatte. Von den zahlreichen bekannten Gründen ist es nur einer wert, an dieser Stelle erwähnt zu werden: Wie die Précieuses es einst erhofft hatten, hatte die französische Sprache ihr Potential voll entwickelt, sie war zu einem vertrauten Instrument geworden, das imstande war, allen an sie gestellten Ansprüchen gerecht zu werden. Sogar die Gelehrten kamen nicht mehr umhin, sich ihrer zu bedienen, und im Ausland wurde sie allgemein von der gebildeten Gesellschaft übernommen. Im übrigen waren die Salons des 18. Jahrhunderts aufgrund des Fortschritts in der Bildung, der sich wandelnden Sitten und Ideen weniger als zuvor Orte des Wissenserwerbs und Schulen der Galanterie. Sie bildeten den Resonanzboden für Autoren, Künstler und ihre Werke. Frauen, die einen Salon hatten, waren inzwischen selbst freier in der Entfaltung ihrer intellektuellen Fähigkeiten und Kenntnisse geworden und sahen sich nunmehr gezwungen, eine vielseitigere, geistreichere Klientel zu empfangen, um mit den Cafés und Clubs – den neuen Stätten der Zusammenkunft und des Austauschs – konkurrieren zu können. Diderot hielt Hof bei Madame d'Epinay, Buffon bei Madame Necker, während Voltaire das Idol des Salons von Madame du Châtelet war, bevor er zu dem von Madame du Deffand überwechselte. Die Enzyklopädisten waren brillante, aber feurige Gesellen, und die Gastgeberinnen mußten ihr ganzes Geschick aufwenden, um sie innerhalb des Rahmens gesellschaftlicher Schicklichkeit zu halten. Manchmal wurde diesen schwierigen Gästen eigens ein bestimmter Tag eingeräumt, um Peinlichkeiten zu vermeiden. Auch wenn jene Salons der Französischen Revolution den Weg freimachten, hütete man sich vor öffentlichen Bekenntnissen zum Atheismus oder zur Demokratie.

Daß so mancher Autor auch gleichzeitig Liebhaber der Hausherrin war, sei nur am Rande erwähnt. Sowohl die Liebe aus Vergnügen als auch die aus Gewohnheit war mittlerweile salonfähig geworden. Die Liebe aus Leidenschaft war dagegen folgenschwerer, beanspruchte sie die Aufmerksamkeit der Gastgeberin doch über Gebühr und konnte selbst Stammgäste vertreiben. Verfügbarkeit war in der Tat die oberste Tugend einer Frau, die einen Salon führen wollte. Da sie keine Karriere machten, waren Frauen generell auch verfügbar, außer eben im Falle einer leidenschaftlichen Verbindung oder ähnlicher Mißgeschicke.

Mademoiselle de Lespinasse empfing zwölf Jahre lang regelmäßig jeden Tag von 17 bis 21 Uhr! Weil sie es zu der Zeit, da sie lediglich die unvermögende Gefährtin von Madame du Deffand war, verstanden hatte, für die Besucher verfügbar zu bleiben, während die Hausherrin ruhte, konnte sie einen Teil von deren Stammgästen übernehmen und mit diesen Überläufern, allen voran Jean d'Alembert, ihren eigenen Salon gründen – ein gesellschaftlicher Eklat, von dem wir uns heute keine Vorstellung mehr machen können.

Daß Madame du Deffand an Schlaflosigkeit litt und gezwungen war, wegen ihrer schlaflosen Nächte nachmittags zu ruhen, erinnert daran, daß trotz ihrer scheinbaren Ausdauer sehr viele *hôtesses* des 18. Jahrhunderts demselben Typus angehörten wie ihre Vorgängerinnen. Häufig waren es ängstliche und unzufriedene Frauen, die Besucher empfingen, weil sie selbst nicht kreativ tätig sein durften und um sich die Zeit zu vertreiben. Da sie gebildet waren, litten diese Frauen schwerer als ihre Vorgängerinnen im 17. Jahrhundert an dem, was ihnen fehlte. »Sie wissen nicht und können nicht wissen«, schreibt Madame du Deffand an Voltaire, »wie der Zustand derjenigen ist, die denken, die überlegen, die aktiv sind, und gleichzeitig ohne Talent, ohne Beschäftigung, ohne Zerstreuung (. . .) Ich habe kein Mittel mehr gegen die Langeweile; ich empfinde das Unglück einer vernachlässigten Erziehung; die Unwissenheit macht das Alter drückender, sein Gewicht erscheint mir unerträglich.«

Voltaire tröstete seine Freundin, indem er ihr gegenüber »das edle Vergnügen, sich von anderer Art zu spüren als die Dummen« pries und ihr nahelegte, das fortzusetzen, was sie schon tat: ein gesellschaftliches Leben zu führen als einzig mögliches Heilmittel. »Sie brauchen nur den Entschluß zu fassen, weiterhin Ihre Freunde um Sie herum zu versammeln. Die Süße und die Sicherheit der Konversation ist ein ebenso reales Vergnügen wie dasjenige eines Rendezvous in der Jugend.«

Ein Rendezvous der Geister war in der Tat das einzige Vergnügen, das blieb, wenn der Körper aufgehört hatte, verführerisch zu sein. Aber Madame du Deffand wollte sich damit nicht begnügen. Sie war weiterhin der Überzeugung, daß nur diejenigen glücklich sein konnten, die mit Talent geboren wurden, weil sie damit das der anderen nicht brauchten: »Sie tragen überall ihr Glück mit sich und können auf alles verzichten.« – Eine Illusion, die eine andere Frau, sehr zu Madame du Deffands Bedauern, zunichte machen sollte.

Jene Frau war das reine Produkt eines Salons, der selbst ein reines Produkt des 18. Jahrhunderts war: desjenigen von Madame Necker. Dort begegnete man Leuten, die man bei Madame de Rambouillet nicht angetroffen hätte: wirtschaftlichen und politischen Theoretikern, Philosophen, Gelehrten, Publizisten sowie einer Vielzahl von Ausländern, die eine kosmopolitische Atmosphäre schufen, die eines der markanten Merkmale des Jahrhunderts war. Bei den Neckers begann der Kosmopolitismus bereits damit, daß Madame aus dem Waadtland stammte und sich erst in einen Engländer (Gibbon) verliebte; Monsieur war ein Deutscher aus Genf, von dem man sagte, daß er nie ein anderes als das von ihm adoptierte Vaterland gehabt hätte. Diese Frau aus dem Waadtland und dieser Deutsche verbrachten den größten Teil ihres Lebens in Paris und verheirateten ihre Tochter mit einem Schweden.

Da ihr Vater Pastor war – zur damaligen Zeit ein unschätzbarer Vorteil –, erhielt Suzanne Necker eine ziemlich fundierte Schulbildung und war bereits als junges Mädchen der Stolz einer kleinen literarischen Akademie in Lausanne. Als sie sich nach ihrer Heirat mit dem jungen Bankier Necker in Paris niedergelassen hatte, fühlte sie sich zunächst etwas verloren in der Metropole und in einem Milieu, dessen geistreicher, animierender und zuweilen frivoler Ton stark mit ihren eigenen Gewohnheiten als Schweizerin kontrastierte. Aber sie paßte sich an, denn sie wollte ihrem Mann bei seinem beruflichen Aufstieg behilflich sein. Ihre Ehe war von gegenseitiger Zuneigung geprägt – ein selten glücklicher Umstand. Für die Finanziers, deren Goldenes Zeitalter soeben angebrochen war, waren Geselligkeit und Mäzenatentum der ideale Vorwand, sich in der Gesellschaft, die sie bereits de facto beherrschten, das Ansehen zu erwerben, das ihnen nur ungern zugebilligt wurde. Madame Necker verwandte deshalb all ihre Energien darauf, einen Salon zu gründen. Mit außerordentlicher Gewissenhaftigkeit bereitete sie sich auf die Themen vor, über die sie während des Diners mit ihren Gästen sprechen wollte, und machte sich Notizen dazu. (»Ich werde zum Chevalier de Chastellux über *La Félicité publique* und *Agathe* sprechen, zu Madame d'Angiviller über die Liebe (...) Erneut M. Thomas loben wegen seines Gedichts von Jumonville...«) Der »jour« wurde von Madame Necker sorgfältig gewählt, um nicht etwa mit dem Montag und Mittwoch von Madame Geoffrin, dem Dienstag von Helvétius, dem Donnerstag und Sonntag des Barons d'Holbach in Konflikt zu geraten. Blieb also nur der Freitag, und man wundert sich, wie die Autoren, die von einem Salon zum andern eilten, jemals Zeit für ihre Arbeit fanden. Wo aber hätten sie sonst, in einer Welt ohne Radio und Fernsehen, ihre Werke veröffentlichen und dafür das bekommen können, was heute gemeinhin unter den Begriff »Subventionen« fällt?

Zu Füßen von Madame Necker, die gewöhnlich auf einem Holzschemel saß, der sie zum aufrechten Sitzen zwang, saß häufig ein kleines Mädchen, Germaine, das einzige Kind der Familie, das es vielleicht diesem Umstand verdankte, so früh schon im mütterlichen Salon zugelassen zu werden. Sie war schweigsam, so wie es sich für ein Kind schickte, wenn sich jedoch einer der Stammgäste ihr näherte und sie nach ihren Studien oder ihrer Lektüre befragte, so antwortete sie mit erstaunlicher Redegewandheit. Später sollte das niemanden mehr überraschen, da bekannt war, daß sie außergewöhnliche Begabung besaß. »Die Glühwürmchen«, sagte Madame Necker, »sind das Bild der Frauen; solange sie im Dunkeln bleiben, wird man von ihrem Glanz überrascht; sobald sie im hellen Licht des Tages erscheinen wollen, verachtet man sie, und man sieht nur ihre Fehler.« Germaine allerdings schien sich nicht mit dem schwachen Glanz der Glühwürmchen begnügen zu wollen. Diskret von ihrem Vater unterstützt (das Interesse für das Kind, die kameradschaftliche Komplizenschaft zwischen Vater und Tochter war typisch für jene Zeit), wurde Germaine, mehr noch als ihre Mutter, zur Attraktion des Salons Necker. Sie mischte sich in die Unterhaltungen ein, die ihre Mutter mit soviel gewissenhaftem Eifer vorbereitet hatte. Während zwischen den anwesenden großen Männern Grundsatzdiskussionen in Gang waren, plauderte Germaine in einer Ecke mit weniger prominenten Personen. Dies tat sie auf eine solch interessante und geistreiche Weise, daß die großen Geister einer nach dem anderen – das konnte Buffon sein, Marmontel, Grimm, Diderot, Bernardin de Saint-Pierre – sich aus der ihnen zugedachten Gruppe lösten, um sich Germaine zuzugesellen und mit ihr zu sprechen. Germaines Antworten auf ihre Fragen zogen andere Gäste an. Necker selbst konnte nicht umhin, lächelnd mit einem Ohr den Worten seiner Tochter zuzuhören.

Auch nach ihrer Heirat mit dem schwedischen Botschafter im Jahre 1786 blieb Germaine der Mittelpunkt des Salons ihrer Mutter – mit dem einzigen Unterschied, daß sie jetzt Madame de Staël hieß.

Außer Schönheit besaß sie alle Privilegien, die den meisten jungen Mädchen ihrer Zeit entweder ganz oder teilweise versagt waren: Vermögen, die Zuneigung ihrer Eltern, eine gesellschaftliche Stellung, einen Vater, der königlicher Minister war, und vor allem Bildung und Talent. Als die Zeiten sich geändert hatten – und auf welch radikale Weise im Jahre 1789! –, hatte auch sie die Möglichkeit, zu lieben, unter ihrem eigenen Namen zu veröffentlichen und dafür Ruhm zu ernten. Trotz alledem war sie nicht glücklich. Madame du Deffand und andere waren zu früh gestorben, um in *Corinne* diesen hoffnungslosen und verzweifelten Satz zu lesen: »Der Ruhm ist für eine Frau nur die blendende Trauer um das verlorene Glück.«

Aus dem Französischen von Roswitha Schmid

13

Frauen als Journalistinnen

Nina Rattner Gelbart

Journalistinnen waren selten im frühneuzeitlichen Europa. Es erforderte außerordentlichen Mut, als Frau einen Beruf auszuüben und Karriere zu machen in einer Zeit, in der dies als unerhört und widernatürlich galt. Diese Frauen wollten auf eigenen Beinen stehen, einen Beruf mit Würde ausüben und von Zeitgenossen beiderlei Geschlechts ernstgenommen werden. Sie waren nicht nur darauf aus, Geld zu verdienen, obgleich sie natürlich hofften, mit ihrem Beruf ihren Lebensunterhalt bestreiten zu können. Doch in einer Zeit, in der die Gesellschaft von der Frau verlangte, im Haushalt und in der Reproduktionssphäre dienende Funktionen zu erfüllen oder reine Zierde des Mannes zu sein, brachen diese weiblichen Ambitionen mit allen Verhaltensnormen.

Der Journalismus entstand in der Mitte des 17. Jahrhunderts, und praktisch von Beginn an war eine zwar kleine, doch nicht zu vernachlässigende Zahl von Frauen in der Publizistik präsent. Sie begriffen sofort, welchen Einfluß Zeitungen und Zeitschriften auf die öffentliche Meinung hatten. Sporadisch erschienen im 18. Jahrhundert Periodika – nur wenige und in großem zeitlichen Abstand voneinander –, die von Frauen herausgegeben oder redaktionell geleitet wurden. Viele hatten nur eine kurze Existenz. Doch 1759 wurde das *Journal des Dames* auf den Markt gebracht. Es erschien fast zwei Jahrzehnte lang und war damit das langlebigste Periodikum von und für Frauen in ganz Europa vor der Französischen Revolution. Niederländische, italienische und deutsche Frauen scheinen bis zum Ende des 18. Jahrhunderts nur relativ wenig in der Publizistik tätig geworden zu sein. In England wie in Frankreich hingegen gab es während der gesamten Frühen Neuzeit eine starke weibliche Komponente im Journalismus. Der folgende Essay wird sich deshalb auf diese beiden rivalisierenden Nationen und die bemerkenswerten Frauen konzentrieren, die auf beiden Seiten des Ärmelkanals diesen dornigen und häufig undankbaren Weg einschlugen.

Bevor wir uns einzelnen Fällen zuwenden, müssen jedoch einige allgemeine Fragen aufgeworfen und vergegenwärtigt werden. Inwieweit waren diese ungewöhnlichen Journalistinnen sich ihrer Besonderheit, ihres Geschlechts bewußt? Praktizierten sie einfach den Feminismus, statt ihn nur zu predigen, indem sie ein wagemutiges, unkonventionelles Leben führten, oder kommt in ihren Artikeln ein explizites feministisches Bewußtsein zum Ausdruck (die Unterwerfung der Frau unter den Mann zu erkennen und gegen sie anzugehen)? Welche Strategien erfanden und verfolgten sie, um männliche Rivalen zu besänftigen, den königlichen Zensoren ein Schnippchen zu schlagen und sich die Gunst ihres Publikums zu sichern? Gibt es in diesen von Frauen redigierten Blättern einen genuin weiblichen Ton und wenn ja, worin unterscheidet er sich vom männlichen? Was bedeuten die mannigfaltigen Formen der Selbstdarstellung und Selbstdefinition dieser Journalistinnen? Wie sahen ihre Beziehungen zu männlichen Kollegen und zu anderen Frauen aus? Natürlich können diese Fragen nicht alle in jedem Einzelfall beantwortet werden, denn wir haben es mit ganz spezifischen Publikationen zu tun, die von außergewöhnlichen Frauen redigiert wurden. Sie gestalteten den Inhalt ihres Blattes mehr danach, was sie selbst sagen wollten, denn auf Grund einer klaren Einschätzung des Geschmacks ihrer weiblichen Leserschaft. Viele dieser Blätter hatten nur ein kurzes Leben. Manche wurden freilich auch zu einem Gutteil von den Leserinnen und Lesern gestaltet und spiegelten somit nicht immer zutreffend die Politik der Herausgeberin wider. Und nur selten scheinen Journalistinnen ihre Vorgängerinnen vor Augen gehabt zu haben, zu weit waren sie zeitlich und räumlich voneinander entfernt. Folglich entwickelte sich bei diesen Frauen kein echter Sinn für Kontinuität, für Solidarität unter Frauen und Berufskolleginnen oder für die Entwicklung eines eigenständigen Berufsbildes. Auch wenn diese Fragen nicht alle beantwortet werden können, sie stellen uns immerhin die Aufgabe, im wagemutigen Leben dieser Frauen einen Sinn zu finden, und sie skizzieren Perspektiven für die weitere Forschung.

Frauen im englischen Pressewesen

Zuerst ein Blick nach England. Während der Zeit einer starken Monarchie, zwischen der Restauration und dem Ende der Regierungszeit Königin Annas, gab es heftige und intensive Debatten im Parlament, in dem sich die beiden Parteien, die Whigs und die Tories, mit ziemlicher Regelmäßigkeit an den Schalthebeln der Macht ablösten. Da keine der beiden Gruppen die Politik länger als einige Jahre lang dominierte, folgte die Öffentlichkeit interessiert jeder Sitzungsperiode des Parlaments, denn man konnte nicht vorhersagen, wer am überzeugendsten sein oder wer zu welchem Zeitpunkt eine bestimmte Regierung stürzen würde. Bei Zuhörern und Lesern entwickelten sich bestimmte Verhaltensweisen: das politische Leben zu verfolgen, Stellung zu nehmen, ja sich selbst daran zu beteiligen. Die aufkommenden Periodika profitierten von dieser Vorstellung vom Publikum als Schiedsrichter, als einer Gruppe mit aufgeklärter Meinung, die sogar den Lauf der Dinge beeinflussen konnte. Männer und Frauen galten als informiert und kultiviert. John Dunton, dessen *Athenian Mercury* sich an eine breite Leserschaft richtete, brachte 1693 *The Ladies Mercury* heraus, um den sich vergrößernden Markt weiblicher Leser zu bedienen und zu erweitern. *Ladies Diary* wurde von John Tipper verlegt, einem Mathematiklehrer, der sein Blatt mit Puzzlespielen, Rechen- und Denksportaufgaben füllte, um damit sein Vertrauen in das klare Urteil, die schnelle Auffassungsgabe und den Scharfsinn der Frauen zu zeigen. Richard Steele und Joseph Addison ermunterten ebenfalls die Frauen, die von ihnen redigierten Blätter zu lesen. Der *Tatler,* der *Spectator* und der *Guardian* waren bestrebt, ihre Leser beiderlei Geschlechts zu bilden und ihre Sitten zu verfeinern.

Es verwundert folglich nicht, daß Frauen, die als Leserinnen so hochgeschätzt waren, selbst daran gingen, Zeitschriften herauszubringen. Die erste war Mary de la Rivière Manley, die 1709 den *Female Tatler* unter dem Pseudonym Mrs. Crackenthorpe auf den Markt brachte. Mary Manleys Vater hatte ihr eine gute Erziehung und Bildung angedeihen lassen, und so hatte sie nichts von dem ehrerbietig-demütigen Verhalten, zu dem die meisten Mädchen gezwungen wurden. Sie war eine glühende Anhängerin der Tories, ihr satirisches Blatt ein kaum verhüllter Angriff auf die damals regierenden Whigs, eine Darstellung der Intrigen und Skandale. Wegen Verleumdung verhaftet und zum Schweigen gebracht, übergab sie widerstrebend ihr Blatt an eine »Gesellschaft sittsamer Damen«, die es zu einem völlig unlesbaren Blatt machten. Der Gefängnisaufenthalt setzte ihr zwar körperlich hart zu, ihren Geist aber konnte er nicht brechen. Als sie entlassen wurde, schlug Jonathan Swift, der ihre politischen Ansichten teilte, ihr vor, seinen *Examiner* zu übernehmen und eine Reihe politischer Pamphlete zu schreiben. Während andere Mary Manley abschätzig einen einfältigen »Weiberkopf« nannten, wurde sie von Jonathan Swift hochgeschätzt; er akzeptierte sie einfach als Kollegin der schreibenden Zunft. Es schmerzte sie, als »Verleumderin« abgestempelt und verfolgt zu wer-

den, denn sie war überzeugt, ihre Artikel trügen dazu bei, ihr Land
von der Korruption zu befreien. Die vorherrschende literarische Form
der Zeit war die Satire, und sie meinte, ihre Satiren würden als gefährlicher gelten, weil sie von einer Frau stammten. Was bei Männern kein
Verbrechen ist, gilt bei einer Frau als empörend und unverzeihlich,
klagte sie und investierte später – nach dem Tod von Königin Anna
und der vernichtenden Schlappe der Tories – ihr literarisches Talent
in das Schreiben von Liebesgeschichten und behauptete nun, Politik
sei nichts für Frauen. Der Widerruf früherer Positionen, die vorgetäuschte Selbstbescheidung und der Wechsel zu anderen Themen
waren bewußte Entscheidungen, denn sie mußte sich als Autorin ihren
Lebensunterhalt verdienen, und dies, obwohl ihre schlimmsten Feinde
von einst, die Whigs, nunmehr an der Macht waren (und sie vierzig
Jahre lang behalten sollten). Bei anderer Gelegenheit werden wir
wieder auf solche taktischen Rückzüge stoßen. Rückzug aus exponierten Stellungen war eines der wenigen erfolgversprechenden Mittel, das
Frauen der schreibenden Zunft zur Verfügung hatten. Mary Manley
schrieb zwar nicht über Frauenfragen, doch sie wußte ganz gewiß,
daß ihr Blatt ein neues, nie dagewesenes Unterfangen war; und sie
wußte, worüber man schreiben mußte, um sein Brot zu verdienen.

Ann Dodd organisierte 1721 die Verbreitung des oppositionellen
London Journal. Sie war politisch und religiös radikal gesonnen, eine
»Schwärmerin« mit hochfliegenden Plänen. Häufig von der Obrigkeit
verfolgt und eingesperrt, war sie recht geschickt darin, sich aus den
Klauen der Justiz zu befreien: indem sie eine Krankheit vorschob und
darauf verwies, ihre vielköpfige Familie sei auf sie angewiesen, oder
gar behauptete, sie habe nicht gewußt, was in den von ihr verkauften
Zeitungen stand. Doch sie wußte sehr wohl, was sie tat, und war
zutiefst davon überzeugt, daß Freiheit und Bildung zusammengehörten
und einander bedingten, daß man den Lesern beiderlei Geschlechts die
unschmeichelhafte Wahrheit über die Politiker, die sie regierten, sagen
mußte und damit zu geistiger Unabhängigkeit beitrug.

Im Jahre 1737 brachte Lady Mary Wortley Montagu, eine Anhängerin der Whigs, die politische Wochenzeitung *The Nonsense of Common
Sense* heraus. Sie schrieb anonym, denn sie meinte, es sei für sie als
Adlige unschicklich, einen Beruf zu ergreifen. Lady Montagu war berühmt, weil sie den aufgeklärten Gedanken einer Schutzimpfung gegen
die Pocken aus der Türkei nach Europa gebracht hatte. Mit Befriedigung hatte sie beobachtet, daß sich aufgeklärte medizinische Behand-
lungsmethoden verbreiteten, und war sich folglich völlig bewußt, welche einflußreiche Rolle Frauen in der Gesellschaft spielen konnten. Sie
war befreundet mit der ersten Vorkämpferin für Frauenrechte, Mary
Astell, die sich für die Einrichtung von höheren Lehranstalten für Frau-

en einsetzte. In ihrem Wochenblatt pries Lady Montagu Bildung für Mädchen, griff Frivolität und Extravaganz an und mischte grundsätzlich politische Stellungnahmen mit einer feministischen Botschaft; sie predigte die Bedeutung gebildeter, berufstätiger und politisch aktiver Frauen überall auf der Welt und lebte dieses Ideal selbst vor.

Eliza Haywood war wahrscheinlich die bekannteste englische Journalistin in der Frühen Neuzeit, weil ihr *Female Spectator* (1744–1746) auch in anderen europäischen Ländern Erfolg hatte und sogar auf der anderen Seite des Atlantik, in den englischen Kolonien Nordamerikas, sehr populär war, besonders in New York, Pennsylvania und Connecticut. Das Blatt erlebte zahlreiche Nachauflagen in Buchform und war so erfolgreich, daß um ihren Erfolg bangende Schriftsteller ihre Konkurrentin als »dummen und niederträchtigen weiblichen Schmierfinken« zu diffamieren versuchten. In den 1740er Jahren hatte sich das politische Klima in England verändert. Die Hannoveraner Georg I. und Georg II. sprachen schlecht Englisch und nahmen nur wenig Einfluß auf die Politik, so daß die politische Macht von der Krone auf die Whigs überging, die das Parlament völlig beherrschten. Angesichts einer so eindeutig dominierenden Seite war die einst so lebhafte Debatte zwischen den beiden Parteien abgeflaut, und der Journalismus hatte sich entpolitisiert. Der *Female Spectator* spiegelte diese Tendenzen: Er befaßte sich mit Themen wie Heirat und Ehe, mit Moral und Philosophie, Erdkunde, Geschichte und Mathematik. Die Herausgeberin und drei andere anonyme Journalistinnen ermutigten ihre Leserinnen, Maskenbälle und das Spiel aufzugeben und statt dessen lieber zu lesen und ihren Geist anderweitig zu bilden. Eliza Haywood wollte nach eigener Aussage eine neue Mode lancieren: Bildung. In ihrem nächsten Blatt, den *Epistles for the Ladies* (1749–1750), wies sie darauf hin, daß wissenschaftliche Studien heilsam und gleichsam etwas Natürliches für Frauen seien. Angeregt wurde insbesondere zu Untersuchungen mit dem Mikroskop, denn die Entdeckung winziger und bis dahin unbekannter Organismen könne den Frauen Freude bereiten und ihnen zur Ehre gereichen, vielleicht sogar »unsterblichen Ruhm« einbringen. Die Mütter wurden aufgefordert, ihre Töchter die Naturwissenschaften zu lehren, gleichsam als frühen Religionsunterricht, denn die Erkenntnis der Wunder der Natur mit Hilfe von Mikroskop und Teleskop könne bei einem jungen Menschen nur die Bewunderung und Liebe für den Schöpfer stärken. In ihren Artikeln sah Eliza Haywood die Frau als Mutter, Lehrerin und Amateurforscherin in den Naturwissenschaften. Sie führte anscheinend selbst Forschungen mit dem Mikroskop durch. Doch mit Sicherheit plädierte sie nicht dafür, daß alle Frauen einen Beruf ergreifen und Karriere machen sollten. Um nicht ein verzerrtes Bild zu erhalten, muß darauf hingewiesen werden, daß ein Großteil ihrer Artikel sich damit beschäftigte, wie *eine Frau* es anstellen sollte, einen passenden Ehemann zu finden. Aber auch diese Artikel legten das Gewicht auf Ernsthaftigkeit: nicht Eitelkeit und Frivolität dürften das Gefühlsleben bestimmen, man sollte lieber eine dauerhafte Beziehung eingehen, die auf gemeinsamen Interessen und gegenseitigem Vertrauen beruhte. Obgleich ihr Platz im Haus sei, müßten Frauen sich darin üben, selbstverantwortlich ihren Kopf zu gebrauchen und zu »räsonnieren«.

Die irische Romanschriftstellerin Charlotte Lennox, eine gute Freundin Samuel Johnsons, brachte 1760–1761 das *Lady's Museum* heraus, ein Blatt, das geschickt versuchte, ehrbaren Leserinnen die Beschäftigung mit ernsten Dingen nahezubringen: Klugheit und Schönheit seien in jeder Hinsicht vereinbar, so ihre Botschaft. Nach Charlotte Lennox scheinen jedoch in England Frauen von der journalistischen Bühne verschwunden zu sein. Selbst die nicht journalistisch tätigen Frauen im Pressewesen waren nach 1760 weniger sicht- und hörbar: die Straßenhändlerinnen, die nicht genehmigte Pamphlete verkauften, die *mercuries*, die Zeitungen en gros einkauften und ihren Vertrieb organisierten, diejenigen, die *congers* bildeten, Netzwerke, um die zahlreichen kleinen Presseunternehmen zu schützen, die auf zu unsicheren Füßen standen, um allein auf sich gestellt überleben zu können. Die Männer, die mit ihren »Frauenmagazinen« den Markt übernahmen, waren sehr viel weniger anregend für Frauen mit intellektuellen Ambitionen: Sie mokierten sich über »Blaustrümpfe« und legten das Schwergewicht auf ein Thema: Mode, Mode und noch einmal Mode. Diese von Männern gemachten Zeitschriften für Frauen stehen für die Trivialisierung des Frauendaseins, die Mary Wollstonecraft am Ende des 18. Jahrhunderts so heftig beklagte. Journalistinnen hatten in England die Überwachung durch Spitzel, Schikanen und Verfolgung durch die Obrigkeit, ja sogar das Gefängnis riskiert und erduldet. Sie hatten immer wieder Argwohn wegen ihrer unorthodoxen Lebensweise und wegen ihres ungewöhnlichen Berufs erregt. Wie und warum sie sich nach 1760 so vollständig aus ihren hart erkämpften Positionen verdrängen ließen, wäre interessant zu erforschen, insbesondere weil dies eine Zeit großen Aufschwungs für Journalistinnen in Frankreich war, dem wir uns nun zuwenden wollen.

Die Situation in Frankreich

Die ersten journalistischen Versuche von Frauen entstanden in den stürmischen Tagen der Fronde, nicht einmal zwanzig Jahre nach dem Erscheinen der offiziellen, absolutistisch orientierten *Gazette de France* im Jahre 1631. Während der Rebellion gegen die Krone, der Fronde, sprossen an allen Ecken und Enden Oppositionsblätter hervor. Manche waren für eine weibliche Leserschaft gedacht, stellten Frauen heraus oder waren wahrscheinlich sogar von Frauen geschrieben. In der *Gazette des Halles*, in *Le Babillard* und in der *Gazette de la Place Maubert* war viel von einer gewissen »Dame Denise« die Rede. Oft in *patois* verfaßt und häufig laut vorgelesen, waren diese Blätter an ein breites Publikum gerichtet, zu dem auch die weitgehend leseunkundigen Unterschichten gehörten, namentlich die *poissardes*, die Fischweiber. Es wäre faszinierend, mehr zu erfahren über jene Frauen, die im Hintergrund diese frühesten Oppositionsblätter steuerten.

Die erste französische Journalistin, deren Namen wir kennen, war Marie-Jeanne L'Héritier, die 1703 das Projekt einer Zeitung entwarf: *L'Érudition enjouée ou Nouvelles savantes, satiriques et galantes écrites à une dame française qui est à Madrid*. Das Blatt kam niemals wirklich zustande, aber es war gedacht als ein Protest gegen pedantische, »gelahrte« Literaturkritik, als ein mehr individualistischer, subjektiver Zugang zu den *belles lettres* und Fragen des ästhetischen Geschmacks überhaupt. Es war der Versuch, eine weibliche Tradition der Literaturkritik zu begründen. Nach ihr kam Anne-Marguerite Petit Dunoyer, eine aus Nîmes stammende Protestantin, die sich in Holland niedergelassen hatte, nachdem eine stürmische Ehe mit einem französischen Katholiken in die Brüche gegangen war. Sie bemühte sich sehr, gute Ehemänner für ihre Töchter zu finden – eine von ihnen hatte eine berühmte Liaison mit dem jungen Voltaire, als dieser sich im Jahre 1713 in Den Haag aufhielt –, hatte aber nichts als Ärger mit ihren zukünftigen Schwiegersöhnen, die ihre Töchter verführten, ihr Vermögen durchbrachten und sogar versuchten, sie zu ermorden. Besonders scharf wandte sie sich gegen Voltaire, der es seiner »Beinahe-Schwiegermutter« später heimzahlte, indem er ihren Charakter in den schwärzesten Farben schilderte, sich über ihre literarischen Versuche lustig machte und versuchte, ihre Tochter gegen sie aufzubringen. Vieles davon schildert Madame Dunoyer in ihren *Mémoires* unverblümt, was vielen Lesern gefiel. Auch in ihren *Lettres Historiques et Galantes* finden sich Episoden aus ihrem Leben voller Drangsal. Sie fand schließlich finanzielle Sicherheit als Redakteurin der *Quintessence des Nouvelles*, die sie von 1711 bis 1719 leitete und die ihr nach eigener Aussage Ehre, Geld und Reputation einbrachten.

Der Ton der *Quintessence* war – zum Teil, weil Madame Dunoyer die Aufhebung des Edikts von Nantes durch Ludwig XIV. verurteilte – ziemlich antifranzösisch, das Blatt trat für Gewissensfreiheit ein. Es erschien zweimal wöchentlich, und seine Verbindung von Neuigkeiten und Klatsch war ein höchst erfolgreiches Gemisch. Die Leserinnen und

Leser mochten es sehr, wenn man nach den mehr als guten Einkünften urteilt, die es seiner Herausgeberin einbrachte. Die Regierung indes verklagte die Redakteurin mehrmals wegen Verleumdung, zum Teil wegen ihrer französischen Übersetzung von Mary de la Rivière Manleys 1709 erschienenen skandalträchtigen *Secret Memoirs . . . from the New Atlantis* im Jahre 1713. Voltaire und ihr früherer Ehemann beschuldigten Madame Dunoyer, sie vernichte soviele Leute in ihrem Blatt, daß man sich wundern müsse, daß ihr noch niemand die Knochen gebrochen oder sie in einen Kanal geworfen habe. Doch wir müssen objektiv über sie urteilen und nicht aufgrund der Beschuldigungen zweier Männer. Denn letzten Endes konnte ein männlicher Journalist ein noch so schlechter Ehemann sein, nie hätte man von seiner von ihm getrennt lebenden Frau oder begüterten Schwiegertochter ein ernstzunehmendes Urteil über seine publizistische Tätigkeit eingeholt oder auch nur erwartet.

Madame Dunoyers Blatt war faszinierend und einzigartig. Sein vollständiger Titel lautete: *Quintessence des nouvelles historiques, critiques, politiques, morales et galantes*, und es war tatsächlich eine bunte Mischung aller möglichen Gattungen. Es berichtete über Neuigkeiten, aber auch über Abenteuer, Kuriositäten, Prozesse, Unfälle, Katastrophen, Verbrechen, Aufstände, Stürme und Unwetter, Feuerbrände und Festlichkeiten. Diese Artikel von »allgemein menschlichem Interesse« waren ein Gemisch aus Realität und Fiktion, und Frauen spielten darin eine große Rolle. Madame Dunoyer berichtete auch gern über das Geschehen bei Hofe und über *grandes dames*. Die Einbildungskraft spielte eine große Rolle in ihrem Blatt; sie schrieb lieber über Menschen als über abstrakte Themen. Madame Dunoyer arbeitete ohne Mitarbeiter, sie stützte sich z. B. auf die ungedruckten *nouvelles à la main*. In Form fiktiver »Briefe an den Herausgeber« lobte sie sich unablässig selbst.

Welche Absichten verfolgte sie? Sie behauptete, sie wolle vor allem Nachrichten bringen, doch da diese oft schlecht waren, meinte sie, das ausgleichen und ihnen durch Hinzugedichtetes einen tröstlichen Ausgang geben zu müssen. Sie verband Öffentliches und Privates, Fernliegendes und ganz Persönliches, wollte informieren, aber auch unterhalten und reicherte deshalb viele Neuigkeiten mit Erdichtetem an und gab Erfundenes als wirklich Geschehenes aus. Damit machte sie Politik zu etwas Persönlichem, einem eher privaten als öffentlichen Bereich. Ihre Berichte waren eine lebendige, frische Neugestaltung und Verschönerung der Wirklichkeit, in denen sie politische Geschehnisse mit bekannten literarischen Figuren zusammenbrachte, mit denen ihre Leserinnen und Leser vertraut waren. Bisweilen schlug sie für Nachrichten-Geschichten der Leserschaft verschiedene Alternativen für den

Ausgang der Geschichte vor, unter denen sie wählen konnte! Sie war stets persönlich präsent in ihrem Blatt, und ihr kühnes Hinzufügen von Selbsterfundenem stärkte das Gefühl ihrer eigenen Bedeutung. Die Freiheit, mit der sie sich zwischen realer Geschichte und Literatur bewegte, beweist ein fast modernes Gespür dafür, wie weitgehend ein »Faktum« subjektiv geprägt ist.

Madame Dunoyer zeigte sich nie schwach oder demütig. Sie hatte einen freien, äußerst originellen Zugang zum Journalismus und nahm sich mehr Freiheiten gegenüber den journalistischen Konventionen heraus als jeder andere männliche oder weibliche Herausgeber oder Redakteur. Doch trotz all ihren Wagemuts sah sie sich nie als Sprecherin für ihr Geschlecht. Sie hatte nicht ausdrücklich für Frauen geschrieben und wollte anscheinend sogar die doppelte Gefahr vermeiden, ein weiblicher Redakteur zu sein und sich dann noch an eine vornehmlich weibliche Leserschaft zu wenden. Mademoiselle Barbiers *Saisons littéraires* (1714) suchte ebenfalls Schutz hinter einem geschlechtsneutralen Titel, obgleich das Blatt Sympathien für die Rechte der Frauen und für die unteren Schichten zeigte. Die anonyme Redakteurin von *La Spectatrice* (1728–1729) gab ihre Identität niemals preis – wir können noch nicht einmal mit völliger Sicherheit sagen, daß es sich um eine Frau handelte; sie strebte tatsächlich die Objektivität eines Hermaphroditen an. Madame Le Prince de Beaumonts *Nouveau magasin français* wandte sich ebenfalls an eine gemischte Leserschaft und zielte nicht ausschließlich auf ein weibliches Publikum. Erst das *Journal des Dames* bekannte sich kühn dazu, ein Blatt »von Damen für Damen« zu sein und wird allein schon durch diese Selbstdefinition zu einem Meilenstein in der Geschichte des Pressewesens.

Das *Journal des Dames* erschien – mit Unterbrechungen – von 1759 bis 1778, für ein Periodikum des Ancien Régime eine respektable Lebenszeit. Neun Männer und Frauen leiteten nacheinander die Monatszeitschrift. Am Anfang und am Ende wurde das Blatt von einem Mann geleitet, dazwischen hatten nacheinander drei Frauen die Chefredaktion inne. Ursprünglich von seinem Begründer, einem glühenden Royalisten, als harmloser Zeitvertreib für Damen der guten Gesellschaft bei ihrer Toilette konzipiert, wurde das Blatt in seinen letzten Jahren, unter der Leitung Louis-Sébastien Merciers, ganz offen *frondeur*, ein Oppositionsorgan. In der Mitte seines Erscheinungszeitraumes, von Oktober 1761 bis April 1775, folgten drei Frauen einander in der Leitung des Blattes. Sie bewirkten die Veränderung von einem belanglosen Blättchen zu einem ernstzunehmenden Oppositionsorgan, das soziale Fragen ansprach, für Reformen eintrat und seine Leserinnen und Leser aufforderte, selbst zu denken, eitlen Zeitvertreib aufzugeben und lieber den Geist zu bilden. Die Zeitschrift konnte nicht länger der sorgsamen Prüfung durch die Zensoren entgehen. Die *Herausgeberin-nen* repräsentieren mithin eine wichtige Übergangsphase in der Entwicklung des *Journal des Dames*, sie verwandelten es von einem politisch konformistischen *rien délicieux* zu einem Stachel im Fleisch der Regierung und gaben es schließlich in die Hände von Männern mit revolutionären Sympathien.

Das Blatt hatte – je nach Zeitpunkt – zwischen 300 und 1000 Abonnentinnen; leider sind die Subskriptionslisten, die zeigen könnten, wer diese Abonnentinnen waren, verlorengegangen, wohl durch den häufigen Wechsel in der Leitung des *Journal*. Mit 12 livres pro Jahr lag sein Preis weit unter dem der meisten literarischen Monatszeitschriften. Wenn wir Annoncen oder Leserbriefe als Indiz für die Leserschaft nehmen, scheint die soziale Zusammensetzung der Leserschaft des Blattes während der zwanzig Jahre seines Erscheinens breiter geworden zu sein, von einer verwöhnten Elite zu einer mehr praktisch orientierten Leserschaft.

Die drei weiblichen Chefredakteurinnen setzten große Hoffnungen und noch größere Erwartungen in ihre Leserschaft. Die erste Leiterin des Blatts, die den Männern vorwarf, sie hätten die Frauen in Ketten gehalten, glaubte tatsächlich, sie könnten allein auf sich gestellt und sehr rasch eine Bewegung für die Gleichheit der Geschlechter initiieren. Trotz ihrer leidenschaftlichen Appelle konnte sie aber die Frauen nicht zu Aktionen bewegen. Vielmehr zeigt ein starker Rückgang der Auflage, daß ihre feurige Rhetorik viele Abonnentinnen die Flucht ergreifen ließ. Ihre beiden Nachfolgerinnen waren realistischer. Die Passivität ihrer Leserinnen schien ihnen zu beweisen, daß die Frauen an ihrer Unterjochung genauso schuld waren wie die Männer. Da ihnen klar war, daß weitgehende gesellschaftliche und politische Veränderungen notwendig waren, bevor die Frauen selbst auf den Plan treten konnten, akzeptierten sie männliche Hilfe und Unterstützung von Reformern und sogar Radikalen. Ihre eigene Lage hatte sie für andere Formen sozialer Ungerechtigkeit sensibilisiert, und ihr Groll gegen das monarchische Regime wuchs. Sie waren zwar gezwungen, innerhalb des alten Systems zu arbeiten, mußten Schutzherren umwerben und Zensoren besänftigen, aber zugleich halfen diese Redakteurinnen den Männern, die eifrig dessen Sturz vorbereiteten. Insbesondere unterstützten sie viele *frondeurs* mit Sympathien für das Parlement und die Jansenisten und ließen sich umgekehrt von ihnen gern helfen. Diese Männer identifizierten sich stark mit der Fronde, jener »révolution manquée«, die nichtsdestotrotz auf der konstitutionellen Ebene eine harte Herausforderung für den französischen Absolutismus gewesen war und ein zwar kurzlebiges, aber explosives Bündnis zwischen Prinzen und Prinzessinnen von Geblüt, Richtern und dem *peuple* der

Städte zustande gebracht hatte. Die *frondeur*-Ideologie des *Journal des Dames* störte die Obrigkeit genauso wie das Einklagen von Frauenrechten, wenn nicht gar noch mehr.

Madame de Beaumer, die erste weibliche »journaliste des Dames«, übernahm das Blatt im Oktober 1761 von seinen schüchternen Begründern und schlug als erste den das Blatt später kennzeichnenden nonkonformistischen Ton an. Selbst für ihre Zeitgenossen war sie eine rätselhafte Gestalt. Da sie nichts über ihr Privatleben in Erfahrung bringen konnten, zeichneten sie ein Bild von ihr als einer Frau, der es an Vermögen, Schönheit und Anmut mangelte, die aber äußerst resolut war. Mit ziemlicher Sicherheit war sie eine Hugenottin mit engen Verbindungen nach den Niederlanden. Ihre radikalen Tendenzen waren bereits früher deutlich geworden, in den unter einem Kryptonym herausgegebenen *Lettres curieuses, instructives et amusantes*, ein nur kurze Zeit 1759 in Den Haag erschienenes Periodikum, in dem sie die französischen Zeitungszensoren als widerliche Brut von Halunken bezeichnete und die Pressefreiheit in Holland lobte. Kein Wunder, daß Madame de Beaumer die französischen Zensoren und die Aufsicht über den Buchhandel, mit denen sie bereits heftig aneinandergeraten war, als Bedrohung dafür ansah, ihre Mission zu erfüllen. Sie war der beste potentielle Bastille-Häftling. Sie pries die Fähigkeiten der Frauen, zog aber auch für die Armen und Unterdrückten, für soziale Gerechtigkeit, religiöse Toleranz, Freimaurerei, republikanische Freiheit, Frieden zwischen den europäischen Staaten und Gleichheit vor dem Gesetz ins Feld. Ihre hochgesteckten Ideale mögen manchmal überzogen erscheinen, als lächerlich kann man sie nicht abtun, denn bei allem exzentrischen Auftreten war Madame de Beaumer schon bald nach ihrer Rückkehr nach Frankreich der Obrigkeit wieder ein Dorn im Auge. Mehrere Zensoren lehnten von ihr vorgelegte Manuskripte ab. Verzweifelt, daß sie mit ihrer Botschaft nicht durchdrang, beschloß sie, sich in das *Journal des Dames* einzuschleusen, eine bereits existierende Zeitschrift, die äußerst zahm war und von Schöngeistern gemacht wurde und nie auch nur den leisesten politischen Argwohn erregt hatte.

Madame de Beaumer wußte, daß sie nur begrenzte Zeit zur Verfügung hatte, daß die Zensoren sie bei der ersten sich bietenden Gelegenheit mundtot machen würden. Sie hoffte jedoch, zumindest einige Ausgaben herausbringen zu können, bevor man sie festnehmen würde; deshalb schrieb sie in so eindringlichem Ton. Sie mußte zeigen, daß die Unterjochung der Frau eine allgemeine, weltweite Tragödie war, daß gegenseitige Achtung der Geschlechter auch zu Respekt zwischen den Gesellschaftsklassen und vielleicht auch zwischen den Nationen führen würde, daß eine Revolution der *mœurs*, der Sitten, soziale Harmonie und Frieden zwischen den Völkern schaffen würde. Nun hatte sie endlich Leserinnen, wenn auch nur für kurze Zeit, ein unfreiwilliges Publikum von Abonnentinnen. Sie wollte die Gelegenheit so gut wie möglich nutzen und schrieb deshalb ohne Rücksichtnahme, herausfordernd und streitlustig.

Sie behauptete, die Ehre der französischen Nation sei eng verbunden mit dem weiteren Erscheinen des *Journal des Dames*, nun, da es von einer Frau geleitet wurde. Die Frauen forderte sie auf, wagemutig zu sein, und betonte, sie könnten genauso gut denken, sprechen, forschen, analysieren und Kritik üben wie die Männer. Sie rief zu einer »Revolution« des weiblichen Selbstbewußtseins auf und schwor, sie sei eine der ersten, die diese Revolution in Gang setzen werde. In der Zeitschrift veröffentlichte sie provozierende Artikel, Literaturkritiken, Würdigungen berühmter Frauen und insbesondere Listen mit den Namen von unbekannten Künstlerinnen, Kauffrauen, Handwerkerinnen und Musikerinnen aus den unteren Schichten. Diese Vielzahl fähiger, talentierter Frauen schien all ihre Argumente zu bestätigen. Sie bildeten eine aktionsbereite Kraft voll Energie, die nur darauf wartete, angesprochen und vor ihre Aufgaben gestellt zu werden. Achtung vor den Frauen war schließlich der erste Schritt der »Revolution«, die sie propagierte.

Madame de Beaumer, die vielleicht sogar selbst Freimauerin war – in Den Haag, wo sie sich öfter aufhielt, gab es eine gemischte Loge –, übernahm nachdrücklich und wortwörtlich die Vorstellung der Freimaurer von einer universellen Harmonie. Davon überzeugt, daß ihre Botschaft für alle Menschen und überall galt, veröffentlichte sie eine Liste mit 81 Städten in Frankreich, den deutschen Territorien, der Eidgenossenschaft, Holland, Spanien, Italien, Portugal, Rußland, Schweden und England, in denen das *Journal des Dames* verkauft werde. Diese Aufstellung war mehrere Seiten lang, und kein anderes Blatt konnte etwas derartiges vorweisen. Sie war jedoch frei erfunden; die übereifrige Madame de Beaumer hat vielleicht wirklich Exemplare ihres Blattes an die aufgelisteten Buchhändler geschickt, aber es gab keinen wirklichen Markt für das *Journal*. Doch allein schon die Möglichkeit, daß ihre Zeitschrift international bekannt sein und gekauft werden könnte, beunruhigte die Obrigkeit; die Zensurinstanzen verzögerten das Erscheinen einiger Ausgaben, verboten die Zeitschrift schließlich ganz und brachten damit Madame de Beaumer in ernste finanzielle Schwierigkeiten. Auch ihr Aufenthalt im *enclos du Temple* (ein Viertel, zu dem Polizei und Gläubiger keinen Zutritt hatten), wo sie ihr wagemutiges Blatt produzierte, bildete keinen Schutz mehr. Die Hugenottenfamilie Jaucourt, die sie zuvor finanziell unterstützt hatte, konnte ihr auch nicht mehr unter die Arme greifen. Sie floh nach Holland, nach fruchtlosen Versuchen, die Herzen ihres Zensors und des für den Buchhandel verantwortlichen Malesherbes zu erweichen. Die beiden hatten darauf bestanden, sie solle ihre Sünden dadurch büßen, daß sie eine die Soldaten verherrlichende *Histoire Militaire* verfasse und damit ihren Patriotismus beweise – eine Aufgabe, an die diese pazifistische Vorkämpferin für die Frauen nicht einmal im Traum denken mochte.

Bevor sie Frankreich verließ, hatte Madame de Beaumer zumindest einige treue Leserinnen gewonnen, die ihr Eintreten für die Frauen unterstützten. Eine Leserin verlangte sogar von ihr, sie möge die französische Sprache von den Männern, die sich ihrer bemächtigt hätten, zurückverlangen. Sie meinte, die Karriere Madame de Beaumers versetze sie in die einzigartige Lage und gebe ihr das Recht, die weiblichen Formen von Autor und Redakteur zu gebrauchen und zu erreichen, daß sie von allen akzeptiert würden; es sei eine Schande für die Frauen, daß sie noch nicht allgemeiner Sprachgebrauch seien. Entzückt übernahm Madame de Beaumer die Wortschöpfungen ihrer Mitstreiterin und bezeichnete sich fortan als *autrice* und *éditrice*; ihren Leserinnen versicherte sie, daß sie ihr Geschlecht liebe und entschlossen sei, seine Ehre und Rechte einzufordern. In Holland fand sie ihren Mut wieder und bereitete sich darauf vor, nach Paris zurückzukehren und ihr Blatt zurückzufordern. Es gibt Hinweise darauf, daß sie die temperamentvolle Lady Montagu in England besuchte. Gespräche mit holländischen Freunden überzeugten sie, daß die Frauen kurz vor einem intellektuellen und gesellschaftlichen Durchbruch stünden.

Marin, ihrem Zensor, war ihre Rückkehr auf die Pariser journalistische Bühne gar nicht recht; er sandte sogleich einen Brief an Malesherbes. An jenem Morgen sei sie, so schrieb er, in seinen Gemächern erschienen, mit einem großen Hut auf dem Kopf, einem langen Schwert an der Seite, die Brust (sie hätte gar keine, notiert er) und das Gesäß (an dem, wie er schreibt, auch nicht viel dran sei) in enganliegende, abgetragene Männerkleider gehüllt. Marins abschätzige Beschreibung ihrer Person rührte zweifellos daher, daß seine üblichen Formen des Umgangs mit Frauen bei ihr nicht griffen. Hinter diesem schnellen Abtun ihrer Person verbargen sich indes Misogynie und politischer Argwohn, denn Marin war zu dem Entschluß gekommen, »la femme Beaumer« als Angriff auf die öffentliche Moral, als eine äußerst unbesonnene und unerhört taktlose Vertreterin der schreibenden Zunft anzusehen. Er versuchte sie jetzt dazu zu zwingen, das Blatt zu einer Modezeitschrift umzuwandeln, worauf sie mit einem heftigen Ausfall antwortete. Sie könne nicht die Grundsätze aufgeben, die ihr ganzes Leben bestimmten. Ihr wurde klar, daß sie die Grenzen weiblicher Bescheidenheit so weit überschritten hatte, daß ihr nie wieder verziehen würde. Da sie jedoch entschlossen war, das *Journal des Dames* als ein wichtiges Kommunikationsmittel für Frauen zu erhalten, übergab sie es vor ihrem endgültigen Rückzug nach Holland an eine andere Chefredakteurin. An eine Frau, die über genügend Beziehungen in der Gesellschaft *(le monde)* verfügte, um für das Blatt den Segen der Verantwortlichen für den Buchhandel zu erhalten, doch auch wagemutig genug war, um als *prête-nom*, als »Strohmann« für ihre männlichen Mitarbeiter zu dienen, die immer stärker zu *frondeurs* wurden.

Die Nachfolgerin Madame de Maisonneuve ging ihre journalistische Laufbahn anders, doch genauso mutig an. Sie verkehrte in den Kreisen der Hochfinanz und langweilte sich in ihrem Müßiggang, bis ihr die Aufgabe und Herausforderung angetragen wurde, ihre gesellschaftliche Stellung dazu zu nutzen, dem *Journal des Dames* Anerkennung zu verschaffen. Schon bald kamen sie selbst und ihr Blatt in den Genuß königlicher Gunstbezeugungen. Die Gattin des Ministers Choiseul wurde Abonnentin, und im Juni 1765 wurde der stolzen Herausgeberin die persönliche Ehre zuteil, dem König in Versailles das *Journal* zu präsentieren. Sie wurde auch zur *pensionnaire du roi* gemacht und erhielt 1000 livres im Jahr. Der Welt zeigte sie, daß eine Frau aufsehenerregenden Erfolg im Journalismus haben konnte. In weniger als drei Jahren vervierfachte sie den Gewinn ihres Blattes. Wie hatte sie das vor dem Ende stehende *Journal des Dames* in ein gutgehendes Blatt verwandelt, so gutgehend, daß sich selbst der vorsichtige Panckoucke, der nur erfolgreiche Zeitschriften verlegte, dafür interessierte?

Madame de Maisonneuves Geheimnis war ein vertrauenerweckender, gemäßigter Ton, ein großes Gespür für den richtigen Augenblick und die Fähigkeit, pikante Themen in den Grenzen des Anstands zu behandeln, eine ausgewogene Mischung von Gewagtem und Wohlanständigem zu finden. Die kämpferische Rhetorik ihrer Vorgängerin fehlte bei ihr völlig. Ihre diplomatische Darstellungskunst verband sich trefflich mit den zahlreichen *pièces fugitives*, die eine Gruppe junger männlicher Mitarbeiter lieferte, und das Ergebnis war ein gefälliges und erfolgreiches Blatt. 1766 ging diese glückliche Zeit jedoch zuende, weil der von der Regierung unterstützte *Mercure* Abonnenten an das *Journal des Dames* verlor. Der *Mercure* nutzte das ihm vom König verliehene Recht dazu, die Themenbreite des unliebsamen Konkurrenten einzuengen und ihn so weniger attraktiv für Leser zu machen. An diesem entscheidenden Punkt gab Madame de Maisonneuve das Blatt an ihren wichtigsten Mitstreiter ab, an Mathon de la Cour. Sie vertraute ihm so sehr, daß sie darauf bestand, daß ihr Name weiter auf der Titelseite prangen sollte und sie das Blatt weiter »den gekrönten Häuptern Europas« präsentieren konnte. Mit ihrem Segen veränderte Mathon die Ausrichtung des Blattes, es wurde weniger gefällig und sehr viel wagemutiger. Mathon füllte es mit Artikeln, in denen die Tugenden der Spartaner und der Römer gepriesen wurden, brachte Rousseaus republikanische Ideen in das *Journal*, griff den Luxus und die Verschwendung bei Hofe an. Ganz besonders bewunderte er die Schriften des jungen Louis-Sébastien Mercier, für ihn ein unverdorbener, draufgängerischer Kopf, der eine eindringliche Prosa schrieb und den Dingen auf den Grund ging. Merciers verbotene Arbeiten, in denen er die Tyrannei, die Ungleichheit zwischen den Gesellschaftsklassen und das Horten von Korn aus Gewinnsucht (während zur gleichen Zeit Bauern hungerten) verurteilte, wurden im *Journal des Dames* veröffentlicht.

Madame de Maisonneuve hatte dem Blatt in Mathons fortschrittlich-rebellischer Phase weiterhin ihren Namen geliehen, als Mathon die *parlements* gegen den »Despotismus« der Krone unterstützte. Doch Ende der 1760er Jahre schlug das politische Klima um. Choiseul wurde entlassen, der neue Kanzler Maupeou war ein glühender Royalist und fest entschlossen, die Opposition der *parlements* zu zerschlagen. Zu Mathons wie auch ihrem eigenen Schutz nahm Madame de Maisonneuve ohne Protest das Verbot ihres Blattes hin. Während der gesamten Regierungszeit Maupeous und der beiden Minister, die mit ihm ein despotisches »Triumvirat« bildeten, d. h. bis 1774, blieb das *Journal des Dames* stumm.

Die letzte Herausgeberin des Blattes, die Baronin de Princen, später bekannt als Madame de Montanclos, war ebenso ehrgeizig und unabhängig wie Madame de Beaumer, aber sehr viel mütterlicher. Durch ihren ersten Gatten, einen extravaganten deutschen Baron, hatte sie Zugang zu Hofkreisen, und so widmete sie ihr *Journal des Dames* der heranwachsenden Kronprinzessin Marie-Antoinette. Diese vergnügte sich in ihren Mußestunden mit den Stücken von Beaumarchais und Mercier, anscheinend ohne das in ihnen enthaltene revolutionäre Potential zu bemerken, den rachgierigen Zorn, der sich hinter dem Lachen des Poeten und den Tränen des Dramatikers verbarg. Die Baronin de Princen, eine glühende Verehrerin Merciers, dem sie am Ende ihr Blatt übergeben sollte, fand einen gefügigen Zensor und brachte das *Journal des Dames* 1774, als Maupeou und sein verhaßtes »Triumvirat« ihre Macht verloren, wieder auf den Markt.

Zunächst tat sie alles, um Marie-Antoinette zu schmeicheln, doch schrittweise – insbesondere, nachdem sie Monsieur de Montanclos geheiratet hatte und aus Versailles nach Paris zurückgekehrt war – wandte sie sich von den bei Hofe herrschenden Werten ab. Sie konzentrierte sich stärker auf Themen, die um die Mutterschaft kreisen, und orientierte ihr Blatt zunehmend auf Frauen, die wie sie selbst *mères de familles* waren. Ihr Feminismus war komplexer, subtiler und facettenreicher als derjenige ihrer beiden Vorgängerinnen, die anscheinend kinderlos geblieben waren. Während diese zum Beispiel Rousseau nicht mochten, meinte Madame de Montanclos, er habe sehr viel getan für das Selbstwertgefühl der Frauen, weil er ihnen gezeigt hatte, daß sie gesellschaftlich nützliche Wesen waren. Obschon Rousseau weibliche Intellektuelle ablehnte, übertrug er den Frauen doch die Verantwortung für die moralische Erneuerung der Gesellschaft, denn die Mütter sorgten nicht nur für den Zusammenhalt ihrer Familie, sondern bildeten zugleich das moralische Rückgrat der *patrie*. Durch ihre Tätigkeit im Haus, im Reich der Mutter, leisteten sie ihren unschätzbaren Beitrag zum Gemeinwesen.

Das *Journal des Dames* sprach unter ihrer Ägide in einer Weise über Kinder, wie es dies vorher nie getan hatte. Kinder waren Freude bereitende, kostbare kleine Wesen; es war ein Vergnügen, ja ein Privileg, seine Zeit mit ihnen zu verbringen. Madame de Montanclos betrachtete die Mutterschaft als ein Recht der Frauen; sie mußten dieses Recht für sich einklagen und sich als fähig erweisen, ihre Mutterrolle wahrzunehmen. Mutter zu sein, war eine ungeheure Verantwortung, aber keine Last. Seine Kinder etwas zu lehren, konnte sogar für beide ein Vergnügen sein. Besondere Aufmerksamkeit wurde natürlich der Mädchenerziehung gewidmet.

Doch Madame de Montanclos vertrat auch die von Rousseaus Ansichten weit entfernte Auffassung, Frauen sollten einen Beruf ausüben dürfen, wenn sie dies wollten. Sie führte als Beispiel Laura Bassi, eine willensstarke bürgerliche Frau an, die einen Doktortitel in Physik erworben und einen Lehrstuhl an der Universität Bologna erhalten hatte. Schon bald, hoffte die Redakteurin, würden Frauen überall den Gipfel wissenschaftlicher Anerkennung erreichen, so daß dieses Ereignis nicht mehr als außergewöhnlich gelten würde. Sie freute sich, daß die Berufswege zumindest im Prinzip beiden Geschlechtern offenstanden. Dies war zu ihrer Zeit eine ziemliche radikale Position und ging weit über das hinaus, was Eliza Haywood vertreten hatte. Die vier bekanntesten Publizistinnen in Deutschland, die fast ein Jahrzehnt nach Madame de Montanclos schrieben, schreckten immer noch vor der Vorstellung zurück, es könne weibliche Gelehrte und Professoren geben, und beschränkten selbst die Ziele von Frauen, »die ihren Kopf gebrauchten«, auf Heim und Herd. Madame de Montanclos stimmte zwar mit ihnen darin überein, daß Mutterschaft von erstrangiger Bedeutung war, glaubte aber, geistige Tätigkeit und deren Anerkennung seien ebenfalls notwendig. Dennoch entmutigte sie eine Reihe ihrer Autorinnen, deren Beiträge sie streng kritisierte. Mercier unterstützte Madame de Montanclos aus dem Hintergrund heraus. Sie bewunderte seine Tatkraft und seine Politik und verkaufte ihm das Blatt für ein Butterbrot, denn sie glaubte, als Autor des prophetischen *L'An 2440* könne er eine bessere Zukunft für die Menschheit entwerfen. Ihre letzte, gemeinsam mit Mercier erstellte Ausgabe des *Journal des Dames* behandelte unverblümt Themen wie die große Hungersnot in Frankreich, lobte den neuen *contrôleur général des finances* Turgot und die Freiheiten der Engländer, unterstrich, wie wichtig die Abschaffung der verhaßten *corvée*, der Spanndienste, und die Erweiterung der Freiheit des Menschen war. Madame de Montanclos sah am Ende – wie ihre beiden Vorgängerinnen – die Presse als ein Werkzeug an, um Männer wie Frauen aus Unwissenheit und Sklaverei herauszuführen.

Die Redakteurinnen des *Journal des Dames* waren gezwungen, erfinderisch zu sein und viele Wege einzuschlagen, um ihr Blatt über Wasser zu halten. Doch sollte die Tatsache, daß keine von ihnen sehr lange auf ihrem Posten blieb, nicht dazu führen, ihren Erfolg geringzuschätzen. Der Beruf des Journalisten war nichts für feige Leute. Die meisten Männer fanden ihn undankbar, und die bekannten *salonnières* und *femmes de lettres* rümpften über ihn die Nase oder hatten vielleicht Angst, ihn auszuüben. Aber diese *éditrices* hatten hochfliegende Pläne und glaubten, sie könnten das Los der Frauen verbessern. Anders als die Buchautoren suchten Journalistinnen unmittelbaren, häufigen, direkten, wiederholten Kontakt und wechselseitigen Austausch mit einem sozial breit gestreuten Spektrum von Leserinnen und Lesern. Sie hofften auch, durch ihr eigenes Beispiel zu zeigen, daß Frauen in einem stark in der Öffentlichkeit wirkenden und exponierten Beruf erfolgreich sein konnten. Bei der Verwirklichung ihrer Projekte stießen sie jedoch auf ungeheure Schwierigkeiten.

Nach dem *Journal des Dames* tauchten noch einige Publizistinnen mit Zeitungsprojekten auf und verschwanden bald wieder. Keine von ihnen konnte sich lange halten, und keine setzte sich dafür ein, ein ernstzunehmendes Blatt »par et pour les femmes« ins Leben zu rufen. 1778 brachte Charlotte Chaumet, die Gattin des Gerichtsvorsitzenden D'Ormoy, ein *Journal de Monsieur* heraus, das noch nicht einmal zwei Jahre lang erschien. Adeleide Gillette Dufrenoy übernahm den *Courrier lyrique et amusant*. Sie und ihr Gatte sollten während der Revolution großen Mut zeigen und Verstecke und Asyl für viele ihrer verfolgten Freunde besorgen. Doch in dem von ihr redigierten Blatt, in dem vor allem Lieder und Gedichte abgedruckt wurden, durften keine politisch gewichtigen Themen behandelt werden. Die Revolution brachte nur ein zunehmend unfreundliches Klima für Journalistinnen mit sich.

Wie läßt sich also die Initiative dieser ersten Herausgeberinnen und Redakteurinnen bewerten? Die kurze Zeit, die sie im Redakteurssessel saßen, und ihr Scheitern läßt sie auf den ersten Blick als ungeeignet für die Aufgabe erscheinen. Ihre kühnen Aufrufe an die Frauen, sich

zusammenzuschließen, und ihre Versuche, ihre Blätter dazu einzusetzen, Solidarität zwischen den Frauen zu schaffen, lassen sie als heroische Gestalten und ihrer Zeit Jahrhunderte voraus erscheinen. Es muß
indes berücksichtigt werden, daß starke gesellschaftliche Kräfte am
Werk waren, um die Frauen in »ihrer ureigensten« Welt, der Reproduktionssphäre, zu halten. Mary Wollstonecraft sollte es später prä-
gnant ausdrücken: Männer fanden ungebildete Frauen sexuell gefügi-
ger; es lag in ihrem Interesse, ihr »Püppchen« unwissend zu halten.
Frauen wurden sinnvolle Tätigkeiten außerhalb des Hauses verweigert.
Man ermutigte sie nicht oder erlaubte ihnen nicht einmal, ihre Talente
zu entfalten und selbstgesteckte Ziele zu verfolgen. Die Redakteurinnen lehnten sich dagegen auf. Fast alle ergriffen den Beruf der Journalistin, um der Leere und Ziellosigkeit ihres früheren Lebens zu entkommen.

Zu ihren männlichen Kollegen unterhielten diese Journalistinnen lebhafte, bisweilen sehr anregende Beziehungen. Es gab einen ständigen
Gedankenaustausch, gegenseitigen Respekt, eine gemeinsame Opposi-
tionshaltung, doch von Seiten der Frauen auch Anpassungsstrategien,
um keinen Anlaß zur Entrüstung zu geben. Viele Frauen nahmen wenn
nötig eine ehrerbietig-demütige Haltung ein, aber diese Bescheidenheit
war oft nur gespielt, eine Verstellungstaktik, damit ihr Blatt überhaupt
gedruckt wurde. Manche Männer waren neidisch und beklagten die
Freiheit, die Frauen im Austausch für solche Verzichtleistung genossen.
Viele Journalisten, darunter Fréron, schrieben eine Zeitlang unter dem
Namen einer Frau, um zu sehen, ob die Öffentlichkeit ihnen gegenüber dann nachsichtiger wäre. Nur wenige Frauen schrieben unter dem
Namen eines Mannes – dazu kam es später –, aber einige verbargen
ihre wirkliche Identität und schrieben unter Pseudonym. Dieses Mas-
ken- und Rollenspiel, dieses Verkehren männlicher Stimmen in weibliche und umgekehrt, gleichsam in einer Art journalistischer Saturnali-
en, verdiente sicherlich eingehendere Beschäftigung und Erforschung.
Auch die Beziehungen der Redakteurinnen zu Kollegen und Lesern
ihres eigenen Geschlechts waren kompliziert. Diejenigen, die nicht sehr
nachsichtig mit ihren Mitarbeiterinnen umgingen, wirkten eher abschreckend und wurden nicht sehr geschätzt. Auf der anderen Seite
fühlte sich Madame de Beaumer, die die höchsten Erwartungen hegte
und damit rechnete, daß sich ihre Leserinnen ihr zugesellten und
ebenfalls für einen aggressiven Republikanismus und Solidarität unter
Frauen, für Schwesternschaft einträten, verletzt und verärgert, als diese
sie enttäuschten. Diese Frauen versuchten, unabhängig zu leben in
einem System, das auf Abhängigkeit aufgebaut war, doch konnten sie
nie genügend Unterstützung von Frauen gewinnen. Im Beruf mußten
sie unausweichlich mit den Männern Kompromisse eingehen.

Ihr Privatleben jedoch entsprach keineswegs der herrschenden Norm. Mary Manleys romantische Eskapaden waren sprichwörtlich. Eliza Haywood flüchtete nur einige Jahre nach der Hochzeit aus ihrer Ehe. Lady Montagu verließ im Alter von 50 Jahren ihren Ehemann, einen Gesandten, und brannte mit ihrem italienischen Liebhaber durch, einem 25jährigen Möchtegernpoeten. Madame Dunoyer ging nach Holland, um einem Ehemann zu entkommen, der sich nicht um ihren Unterhalt kümmerte. Die anonyme *Spectatrice* hielt die Ehe für die größte Erniedrigung und Knechtschaft und bekannte sich stolz dazu, ledig zu sein, eine *célibataire*. Sie ging sogar so weit, die geschlechtliche Neutralität eines Hermaphroditen und die Freiheit für sich in Anspruch zu nehmen, die ihr das Verbergen ihrer Identität eingebracht hatte: den völligen Schutz ihres Privatlebens. Von Madame Leprince de Beaumont, Mutter von sechs Kindern, sagte man, sie habe nacheinander drei Ehemänner gehabt, die indes alle drei Tölpel gewesen seien. Madame de Beaumer lebte allein in einem möblierten Zimmer im *enclos du Temple*; sie scheint sich von ihrem Ehemann getrennt zu haben, wenn sie überhaupt einen gehabt hat. Madame de Maisonneuve nahm nie den Namen ihres Ehemannes an und verbrachte die meiste Zeit ihres Lebens anscheinend zufrieden als Witwe. Madame de Montanclos heiratete zwar nach dem Tod ihres ersten Mannes noch einmal, trennte sich aber auch sofort wieder von ihrem zweiten Gatten. Dies zeigt bei Frauen mit Ambitionen eine gut nachvollziehbare Ablehnung der ihre Freiheit einengenden Ehe, in der sie nach den gesetzlichen Regelungen des 18. Jahrhunderts aufhörten, rechtlich selbständige Personen zu sein. Ihr Besitz, Hab und Gut und ihre Person wurden von ihren Ehemännern kontrolliert; deren Einwilligung wurde verlangt, wenn Frauen schriftstellerisch oder journalistisch tätig werden wollten. Diese wagemutigen, stolzen Frauen suchten nach einem anderen Lebensstil, der ihren unorthodoxen Ambitionen mehr entgegenkam.

Es handelte sich also um eine Gruppe von Frauen, die Einfluß auf die öffentliche, patriarchalische, politische Welt haben wollte. Madame Leprince de Beaumont, die Herausgeberin des *Nouveau magasin français*, sah sich als eine von einer ganzen Reihe von Frauen – sie fragte sich nur, wieviele es waren –, die entschlossen waren, zu beweisen, daß ihr Geschlecht die Fähigkeit, ja die Verpflichtung hatte, seine eigene Identität zu finden. Ihre Anstrengungen und Kämpfe werfen ein neues Licht auf die ideologischen, institutionellen, kulturellen Spannungen und selbstverständlich auch auf die Spannungen zwischen den Geschlechtern im frühneuzeitlichen Europa.

Aus dem Englischen von Wolfgang Kaiser

14
HEXEN

Jean-Michel Sallmann

Teil der abendländischen Vorstellungswelt war lange Zeit die
Überzeugung, daß die schadenstiftende und dämonische
Hexerei eng mit der weiblichen Natur verbunden sei und daß
im weiteren Sinne in jeder Frau eine potentielle Hexe stecke. Soweit
man das heute beurteilen kann, ist dieses Klischee um 1400 entstanden
und hat sich zumindest im Strafrecht bis Ende des 17. Jahrhunderts
gehalten. Im 19. Jahrhundert wurde es von der Romantik wieder aufgegriffen und in Märchensammlungen, im historischen Roman, in der Malerei und in der lyrischen Musik dem Zeitgeschmack angepaßt. Die Hexe
wurde so ein Teil der schwarzen Legende eines noch kaum bekannten
und weitgehend mythischen Mittelalters. Die Historiker haben noch
immer Schwierigkeiten, sich von diesem obsessiven Bild zu lösen. Als
Jules Michelet 1862 *La Sorcière* veröffentlichte – ein provokantes Buch,
gleichzeitig ein bewundernswerter Hymnus auf die Frau –, wandte er
sich gegen diesen Gemeinplatz der historischen Tradition. Seine Hexe
ist weder häßlich noch alt, nicht einmal bösartig. Sie ist einfach eine
Verkörperung der Frau, der »Mutter, zärtlichen Hüterin und treuen Nährerin«, die er zur zentralen Figur seines Werkes machte – ein Opfer,
keine Kriminelle. Aber bei seinem Versuch, das Bild der Hexe aufzuwerten, unterlag Michelet genau der Logik, deren Folgen er kritisch aufzeigen wollte und deren Verantwortung er der Kirche zuschrieb: der
Gleichsetzung von Frau und okkulten Mächten.

Selten hat ein Thema so fasziniert wie die Hexerei. Durch die Hexerei finden wir Zugang zu einem System von Vorstellungen, zu einer

Weltsicht – zu den Beziehungen zwischen den Menschen und den übernatürlichen Kräften und zu den jeweiligen Rollen von Mann und Frau in der Gesellschaft des Ancien Régime. Es handelt sich um eine komplexe Geschichte, die über alle notwendigen Verallgemeinerungen hinaus die Beachtung der zeitlichen und räumlichen Nuancen erfordert.

»AUF EINEN HEXER ZEHNTAUSEND HEXEN«

Die Statistik scheint die Vorstellung zu bestätigen, wonach die Frau unmittelbar in das vermeintliche oder reale Verbrechen der Hexerei verwickelt gewesen sein soll. Wir wollen kurz einige Ergebnisse von jüngeren regionalen Untersuchungen aufgreifen. In England, in der Grafschaft Essex im Westen Londons, wurden vor den Schwurgerichten zwischen 1560 und 1680 270 Personen der Hexerei verdächtigt; davon waren 91% Frauen. In Frankreich, im heutigen Département Nord, finden sich in den Archiven der Gerichte die Spuren von 288 Personen, die von der Mitte des 16. bis zum Ende des 17. Jahrhunderts wegen Hexerei angeklagt waren. Der Anteil der Frauen beträgt 82%. Ein vergleichbarer Anteil findet sich in Süddeutschland und im Jura, wo die Hexenverfolgung ihren Ausgang nahm. In Baden-Württemberg zählt man 15 große »Epidemien«, die von 1562 bis 1684 zur Hinrichtung von 1050 der Hexerei verdächtigen Personen geführt haben, davon 82% Frauen. In einem Gebiet, das das Bistum Basel, das Fürstentum Montbéliard, die Franche-Comté, die Schweizer Kantone Fribourg und Neuchâtel, das Waadtland und Genf umfaßt, betrafen 1365 Anklagen wegen Hexerei zwischen 1537 und 1683 1060 Frauen, das heißt nahezu 78%. Neuengland war noch im 17. Jahrhundert ein vorgeschobener Brückenkopf des Abendlandes in Nordamerika. Es erlebte eine späte Welle der Hexenverfolgung. Auch hier waren von den 355 Personen, die zwischen 1647 und 1725 angeklagt wurden, 79% weiblichen Geschlechts. Die Zahlen sprechen für sich. Im 16. und 17. Jahrhundert war das Risiko der Frau viermal so groß, des Verbrechens der Hexerei angeklagt und dafür hingerichtet zu werden.

Die juristischen Traktate – am Anfang im wesentlichen die Handbücher der Inquisitoren – bestätigen die Rolle der Frau in der Hexerei. Aber sie erscheinen erst am Ende des 15. Jahrhunderts, während der Mythos der Hexerei – der Glaube an die Existenz einer Sekte von Hexern, die sich dem Kult des Teufels hingeben – schon Ende des 14. Jahrhunderts auftaucht und zu immer strengeren Verfolgungen führt. Die ersten Gemeinschaftsprozesse gegen vermeintliche Hexer fanden 1397–1406 in Boltingen in der Schweiz statt, im Kanton Luzern, von 1428 an im Wallis und in der Dauphiné und vermehrt seit der Mitte des Jahrhunderts. Die Strafverfolgung wird anfänglich von kirchlichen Richtern eingeleitet, den Inquisitoren, die im 16. Jahrhundert von weltlichen Richtern abgelöst werden. Mit der Bulle *Summis desiderantes affectibus* von 1484 erhält die Hexenjagd den päpstlichen Segen, und Innozenz VIII. ernennt zwei Inquisitoren, Jakob Sprenger und Heinrich Institoris, die das Verbrechen der Hexerei im mittleren Rheintal verfolgen sollen.

Über den Ursprung des Hexenmythos gibt es zwei einander widersprechende Thesen: Der ersten These zufolge ist er in einer Linie zu sehen mit der Existenz schamanischer Traditionen, die seit der Antike im ganzen eurasischen Kulturraum verbreitet waren; der zweiten These zufolge ist er eine intellektuelle Konstruktion der Kleriker, ausgehend von den Gemeinplätzen der religiösen Polemik des Mittelalters. Wie dem auch sei – an der Wende vom 14. zum 15. Jahrhundert kommt es zu einer kulturellen Revolution, in deren Gefolge ein System von Weltbildern entsteht, das nahezu drei Jahrhunderte Gültigkeit behalten sollte. Das Abendland ist überzeugt, daß es eine Sekte von Hexern gibt, die sich durch einen Pakt Satan verschrieben haben. Diese Hexer besitzen unheilvolle Kräfte und fügen den Menschen und Gott Schaden zu, um die Religion des Teufels zu errichten. Sie werden verantwortlich gemacht für Naturkatastrophen, die Mensch und Vieh heimsuchen (wie Epidemien, Unbilden der Witterung, schlechte Ernten, Viehseuchen), und für individuelles Unglück (wie den unerklärlichen Tod eines kleinen Kindes, die Unfruchtbarkeit der Frau, die Impotenz des Mannes). Sie treffen sich auf nächtlichen Versammlungen – dem Sabbat oder der Synagoge –, in deren Verlauf sie dem christlichen Glauben abschwören und den Teufel anbeten. Ein großes Bankett beschließt den Sabbat. Man verschlingt dort kleine Kinder, und die Versammlung endet mit einer allgemeinen Orgie, bei der die Hexer sich mit Sukkuben und die Hexen mit Inkuben paaren. Die Sektenbildung, der Abfall vom christlichen Glauben, der Teufelskult, der rituelle Mord, alles trägt dazu bei, in dem Mythos der Hexerei eine Häresie zu sehen – die abscheulichste Häresie überhaupt, da sie die christliche Religion zu Fall bringen und durch die Religion Satans ersetzen will.

Im Jahre 1486 veröffentlichen Jakob Sprenger und Heinrich Institoris in Straßburg ein Buch, dem ein beträchtlicher Erfolg beschieden war: den *Malleus maleficarum*, den *Hexenhammer*. Zum ersten Mal behaupten die Autoren – tatsächlich Heinrich Institoris, der alleinige Verfasser des Buches – eine unmittelbare Verbindung zwischen der Häresie der Hexerei und der Frau. Bei ihrer Demonstration dessen, was sie aufgrund ihrer Erfahrung als Inquisitoren fraglos glauben, schöpfen sie ihre Argumente aus der misogynen Tradition des Alten Testaments, aus den Texten der klassischen Antike und der Autoren des Mittelalters. Hier erfinden die beiden Dominikaner nichts; sie begnügen sich damit, bis dahin disparate oder implizite Vorstellungen zusammenzutragen und sie als gute Scholastiker klar und systematisch zu formulieren. Der *Hexenhammer* wurde in der Folge oft kopiert, aber nie erreicht. Die großen Dämonologen des 16. Jahrhunderts, der Inquisitor Bernardo Rategno da Como, der spanische Jesuit Martin Del Rio und der französische Jurist Jean Bodin, beriefen sich stets auf seine Autorität.

Die Minderwertigkeit der Frau geht auf die Genesis zurück, genauer auf zwei Episoden, die von den Theologen immer wieder kommentiert wurden: die Erschaffung Evas und den Sündenfall. Gott hat Eva aus einer Rippe Adams geschaffen, was in den Augen der Theologen die Unterwerfung der Frau unter den Mann rechtfertigt. Und da die Rippe ein gebogener Knochen ist, konnte der Geist der Frau nur verbogen und pervertiert sein: Der Sündenfall ist der Beweis dafür. Eva, vom Satan verführt, führte Adam in Versuchung, also ist die Frau unmittelbar verantwortlich für den Sündenfall des Mannes. Für die Autoren des *Hexenhammer* ist die Existenzberechtigung der Frau nur darin zu sehen, daß sie für die Fortpflanzung notwendig ist, indem sie dem Mann Kinder schenkt, sowie für die Ökonomie des Hauses, indem sie dem Mann durch ihre Ergebenheit und ihre Zuneigung bei seiner Arbeit hilft. Auf der anderen Seite ist die Frau jedoch aufgrund ihrer Sexualität auch eine Gefahr. Für das Christentum bleibt die Jungfräulichkeit das Ideal; das Paar ist nur eine Notlösung für die Laien, damit sie nicht die Todsünde der Begehrlichkeit und der Unzucht begehen. Die Misogynie im *Hexenhammer* basiert auf dieser sehr alten christlichen Tradition. Sie übernehmen das kategorische Urteil des Johannes Chrysostomos, wonach die Frau »die Feindin der Freundschaft (ist), die unvermeidliche Strafe, das notwendige Übel, die natürliche Versuchung, das begehrenswerte Unglück, die häusliche Gefahr, die köstliche Geißel, das Böse der Natur, das in leuchtenden Farben gemalt ist« – Formulierungen, die das ganze Mittelalter hindurch verwendet wurden. Institoris und Sprenger verstanden es, aus ihrer persönlichen Erfahrung als Inquisitoren und Hexenjäger Nutzen zu ziehen. Sie konnten feststellen, daß die Frau aufgrund ihrer rebellischen Natur und ihrer angeborenen Schwäche für die Versuchung durch den Teufel und den Schadenzauber empfänglich ist. Drei Gründe bringen danach die Frauen dazu, leichter dem Aberglauben zu verfallen als die Männer: Zum einen sind sie leichtgläubiger als die Männer, was Satan sehr wohl bekannt ist, und weshalb er sich vorzugsweise an sie wendet. Zum andern sind sie von Natur aus leichter zu beeindrucken und daher durch die Täuschungen des Teufels leichter zu manipulieren. Und schließlich sind sie sehr geschwätzig und können nicht umhin, sich untereinander auszutauschen und ihre Kenntnisse in der Kunst der Magie weiterzugeben. Ihre Schwäche zwingt sie dazu, Geheimnisse zu benützen, um sich mit Hilfe des Schadenzaubers an den Männern zu rächen.

Der *Hexenhammer* erzeugt den Eindruck, daß die Hexerei nur ein Krieg der Geschlechter ist, zwischen aggressiven Hexen auf der einen Seite und den in ihrer Fortpflanzungsfähigkeit bedrohten Männern auf der anderen Seite. In mehreren Kapiteln ihres Werkes beschreiben die beiden Dominikaner, wie die Hexen es anstellen, den Männern ihre Zeugungsfähigkeit bzw. ihr Glied zu rauben, aber sie verweisen auch auf die geeigneten Mittel gegen solche Aggressionen. In kurzer Zeit setzte sich das Bild der dämonischen Hexe im ganzen Abendland durch. Die Angst speist sich aus den Prozessen und den immer zahlreicheren Scheiterhaufen, die die allgemeine Meinung in ihrer Überzeugung bestärken, daß die Hexer Hexen sind. Auch wenn die Inquisition eine schwerwiegende Verantwortung trägt bei der Entstehung eines Klischees, das zu solch dramatischen Konsequenzen führen sollte, sind doch nicht alle Inquisitoren fanatische Mönche, wie man sie sich gewöhnlich vorstellt. Heinrich Institoris war sein ganzes Leben lang ein Ketzerjäger, aber Jakob Sprenger hatte hohe Ämter in seinem Orden und in der Umgebung des Papstes inne. Er verwendete einen großen Teil seiner Energie darauf, die rheinischen Dominikanerklöster zu reformieren, und er war ein unermüdlicher Verbreiter des Rosenkranzes. Diese Kleriker begnügten sich damit, mit der ihnen eigenen Logik die Ängste und Erwartungen ihrer Zeitgenossen in intellektueller und plausibler Form zum Ausdruck zu bringen.

Die Historiker stehen vor vielen Fragen über die Verfolgung der Hexerei und den plötzlichen Anstieg der gegen die Frauen gerichteten Gewalt. Mehrere Gründe wurden dafür angeführt. Im allgemeinen wird angenommen, daß die Hexerei ein Ausdruck des Elends der Epoche war und ihre Verfolgung eine Antwort auf die Naturkatastrophen, die das Volk heimsuchten. Der Mensch, der noch nicht in der Lage war, die Natur zu beherrschen, konnte sich Phänomene, die sein Verständnis überstiegen, nur mit übernatürlichen Dingen erklären. Eine Epidemie, eine schlechte Ernte, ein unerklärlicher Todesfall oder ein Unglück waren das Werk des Teufels. Die Historiker haben daher die alte Theorie des Sündenbocks wieder ausgegraben, die sich die Anthropologen am Ende des letzten Jahrhunderts ausgedacht haben: Die Gesellschaft brauchte Schuldige. Man fand sie unter den nicht angepaßten und am Rand stehenden Gruppen, die der Verfolgung einen schweren Tribut entrichteten. In erster Linie Frauen – die ältesten, häßlichsten, ärmsten oder aggressivsten, diejenigen, die Angst erzeugten. Die dörflichen Gemeinschaften konnten auf diese Weise ihre Spannungen an ihren schwächsten Gliedern entladen.

Diese große Angst, die die Menschen in Europa im ausgehenden Mittelalter und zu Beginn der Neuzeit umtrieb, entwickelte sich unter ungünstigen gesellschaftlichen und wirtschaftlichen Bedingungen. Der Wandel der Familie muß dabei eine bedeutende Rolle gespielt haben. So dürfte das seit dem 16. Jahrhundert immer höhere Heiratsalter, verbunden mit einer immer strengeren Sexualmoral unter dem Einfluß der protestantischen und katholischen Reformation, bei den jungen Männern, die sowohl vom Heiratsmarkt als auch vom Besitz des Bodens ausgeschlossen waren, erhebliche Frustrationen hervorgerufen haben. Ein leichtes Opfer bildeten am anderen Ende der Alterspyramide die Witwen, manchmal mit Kindern belastet, häufig in wirtschaftlichen Schwierigkeiten und ohne gesellschaftliche Anbindung, denn eine Wiederheirat war für sie unvorstellbar. Eine Studie hat gezeigt, daß in Neuengland zum Beispiel 80% der zwischen 1647 und 1725 wegen Hexerei angeklagten Personen Frauen und zwei Drittel der Personen, die Klage führten, Männer waren. Viele dieser vermeintlichen Hexen waren alleinstehende Frauen, die keinen Ehemann, keinen Sohn und keinen Bruder hatten und für deren Güter, für die es keine Erben gab, die normalen Regeln der Erbfolge nicht galten.

Man hat auch die Umwälzungen in den ländlichen Regionen seit dem Ende des Mittelalters verantwortlich gemacht. Die Konzentration des Grundbesitzes und die Auflösung kollektiver Zusammenhänge – also die Entstehung des Agrarkapitalismus – drängten die Ärmsten an den Rand, vor allem die Witwen. In England wie in den Niederlanden scheint die Verfolgung der Hexerei eine Reaktion auf die soziale Angst zu sein, die durch die Zunahme der Bettelei und der Armut auf dem Lande hervorgerufen wurde. Es wurde eine enge Verbindung zwischen den Veränderungen in der Besitzstruktur, den Armengesetzen und der Hexenverfolgung festgestellt. Auch in der Stadt wird die Hexerei von solchen sozio-ökonomischen Bedingungen geprägt. 1692–93 waren die Hexen von Salem in Massachusetts Opfer eines heftigen Konflikts zwischen den landbesitzenden Bauern, die gesellschaftlich im Niedergang begriffen waren, und den Händlern im Hafen, deren ökonomische und politische Macht sich in der Stadt Geltung zu verschaffen begann.

Bleibt schließlich die bereits von Michelet vorgebrachte These, wonach die Frau als Wahrerin der Geheimnisse der Volksmedizin die bevorzugte Zielscheibe der Inquisitoren und weltlichen Richter war, die davon überzeugt waren, daß nur der Teufel ihr diese Kenntnisse mitgeteilt haben konnte. Diese allmähliche Verlagerung von der weißen auf die schwarze Magie ist in den Traktaten über die Dämonologie deutlich erkennbar. Wenn die Frau die Macht besitzt, durch symbolische Mittel oder die Anwendung von Pflanzen zu heilen, kann man sich dann nicht vorstellen, daß sie auch imstande ist, ihrer Umgebung durch ähnliche Verfahren Schaden zuzufügen? Die juristische Praxis gibt ihnen recht. An allen untersuchten Orten ist der Anteil der der Hexerei verdächtigten Hebammen und Heilerinnen sehr hoch. Je älter sie sind, desto größer ist ihre Erfahrung und desto verdächtiger sind sie.

Diese verschiedenen Hypothesen ermöglichen es, ein Modell zu entwerfen, das in seinen großen Linien der von den Dämonologen definierten Norm entspricht. Aber auch wenn sie – mehr oder weniger harmonisch miteinander kombiniert – die lokalen Manifestationen der Hexerei und ihrer Verfolgung zu erklären vermögen, so können sie weder das Phänomen in seiner Gesamtheit noch die zahlreichen Abweichungen von der Norm erklären. Nicht alle wegen Hexerei angeklagten Personen waren Frauen. Im Durchschnitt waren 20% der Angeklagten Männer, und sie verdankten ihr trauriges Schicksal nicht alle dem einzigen Mißgeschick, ausgemachte Hexen geheiratet zu haben. Andererseits waren nicht alle Hexen alt, verwitwet oder arm. Auch wenn der Anteil der Witwen unter den Hexen höher ist als der entsprechende Anteil in der Bevölkerung, so waren doch die meisten Hexen verheiratete Frauen oder im heiratsfähigen Alter, und auch ihr hoher sozialer Rang konnte manchen die Anklage oder die Verurteilung nicht ersparen.

Die Verbindung von sich häufenden Naturkatastrophen und dem Glauben an die Hexerei scheint durch die Jagd auf die »Verursacher« der Pest bestätigt zu werden, die nach jeder Epidemie veranstaltet wurde, insbesondere in Genf und 1630 in Mailand, ein Fall, der durch *Die Verlobten* von Alessandro Manzoni berühmt wurde. Aber als die Pest erstmals 1347–1348 Europa heimsuchte, waren es zunächst andere Bevölkerungsgruppen, Juden und Leprakranke, die angeklagt wurden, die Krankheit zu verbreiten. Erst im 15. Jahrhundert wurde eine imaginäre Sekte von Hexern wegen dieses Verbrechens angeklagt. Darüber hinaus erlebte das Abendland vom Ende des 15. bis zum Beginn des 17. Jahrhunderts eine Zeit des relativen Wohlstands – zur selben Zeit, als die Verfolgung der Hexerei ihren Höhepunkt erreichte. Auch wenn der schnelle wirtschaftliche Wandel beim Auftauchen der Hexerei eine wichtige Rolle gespielt haben mag – im 16. Jahrhundert in England und in den Niederlanden und im 17. Jahrhundert in Neuengland –, so ist ein solcher Wandel kaum bezeugt in Lothringen, in der Franche-Comté, in den Alpen und dem Baskenland, in Gegenden also, wo die Verfolgung der Hexerei besonders heftig war.

Hinter dem vereinfachenden Begriff der Hexerei verbirgt sich in Wirklichkeit eine Vielfalt, die Europa im ausgehenden Mittelalter und zu Beginn der Neuzeit noch kannte und die durch die religiöse Konkurrenz ihren Höhepunkt erlebte. Die spezifische Rolle, die der Frau bei der Hexerei zugeschrieben wurde, war ihrerseits abhängig von den Rollen, die Männern und Frauen in den europäischen Kulturen zugewiesen wurden. Um die tieferen Gründe für den Glauben an die Hexerei und seinen Erfolg herauszufinden, muß man auf dem Gebiet der Religion und der Kultur suchen.

Eine kulturelle Aufgabenteilung

Wenn man sich von den ideologischen Zwängen der Dämonologie freimacht, die von der historischen Tradition allzu bereitwillig übernommen wurden, wird das Bild komplexer.

Im Verhältnis zur Kriminalität insgesamt war der Anteil der Hexerei immer eher bescheiden, außer vielleicht in Südwestdeutschland, wo zwischen 1571 und 1670 über 3200 Personen hingerichtet wurden. Prozesse wegen Hexerei waren nicht sehr häufig, nur das öffentliche Interesse an diesem Verbrechen und die spektakuläre Strafe machten sie für die Geschichtsforschung so interessant. Indem die Historiker die Straftat der Hexerei isoliert und nicht innerhalb des Gesamtzusammenhangs der Kriminalität betrachteten, haben sie ihr eine Publizität verliehen, die in keinem Verhältnis steht zu ihrer wirklichen Bedeutung. Die Hexenjagd war nie der Holocaust, als den man sie lange Zeit gern beschrieben hat, und es ist sogar möglich, daß der Anstieg der Prozesse im 15. Jahrhundert lediglich auf die wachsende Bürokratisierung der juristischen Verwaltung und damit auf eine größere Zahl von Archiven zurückzuführen ist. Die Prozesse wegen Schadenzauber und Hexerei kamen seit dieser Zeit vor die Gerichte, während sie vorher in einfacheren und kürzeren Verfahren geregelt wurden. Andererseits wurde zu Recht hervorgehoben, daß durch die Verknüpfung der dämonischen Hexerei mit der Stellung der Frau letztere zum bevorzugten Opfer einer kulturell und sozial determinierten Verfolgung wurde. Aber man vergißt dabei, daß die Hexerei nicht die einzige Straftat mit gesellschaftsspezifischer Konnotation war. Die Sodomie (Homosexualität) wurde als spezifisch männlich angesehen. Die Hexe ist eine Frau mit zügelloser Sexualität, die den Zeugungsorganen des Mannes Schaden zufügt und sich mit Dämonen paart, wodurch sie den natürlichen Gesetzen der Fortpflanzung zuwiderhandelt. Der Homosexuelle unterminiert die Ordnung der Fortpflanzung, indem er sich mit einem anderen Mann paart und sein Sperma vergeudet. Beide Straftaten wurden im übrigen mit der gleichen Strenge verfolgt und in den offiziellen Erlassen zusammen erwähnt, mit denen die Richter aufgefordert wurden, verschärft dagegen vorzugehen.

Bei seinen Nachforschungen über die Hexe hat der Historiker letztlich den Hexer vergessen, dessen Präsenz an manchen Orten in keiner Weise nur eine marginale ist. In den deutschsprachigen Ländern Luxemburgs waren von 316 Personen, die am Ende des 16. und zu Beginn des 17. Jahrhunderts wegen Hexerei angeklagt waren, 218 Frauen und 98 Männer, das heißt 31% vermeintliche Hexer. In der Stadt Luxemburg wurden von 1619 bis 1625, auf dem Höhepunkt der Verfolgung, 20 Männer und 21 Frauen angeklagt. Weiter im Süden, in der heutigen Schweiz, finden wir häufiger Beispiele, die vom bekannten Modell abweichen. In Fribourg betrug der Anteil der Hexer zwischen 1609 und 1683 36%, im Waadtland zwischen 1539 und 1670 sogar 42%. In Süddeutschland erlebte die Stadt Würzburg einen rapiden Anstieg der Verfolgung unter ihrem Bischof Philipp Adolf von Ehrenberg: Von 1627 bis 1629 wurden 160 Personen bei 29 öffentlichen Verbrennungen hingerichtet. Über die Hälfte waren männlichen Geschlechts, ein Viertel davon Kinder. Im Zuständigkeitsbereich des Parlaments von Paris, der um das Jahr 1600 ungefähr zwei Drittel des französischen Königreichs umfaßte, legten von 1565 bis 1640 1094 Personen Berufung ein gegen ein Todesurteil, das von einem Gericht in erster Instanz wegen Hexerei ausgesprochen wurde: 565 (das heißt ungefähr 52%) waren Männer. In Frankreich brachten die großen Hexereiprozesse, die die öffentliche Meinung erregten, Hexer und nicht Hexen vor Gericht. In der Vauderie von Arras, die 1460 ausbrach, findet man nur eine kleine Prostituierte aus Douai inmitten mehrerer Notabeln der Stadt, die angeklagt, verurteilt und größtenteils hingerichtet wurden. Im 17. Jahrhundert wurden in den Prozessen von Aix-en-Provence (1611), Loudun (1634) und Louviers (1647) Priester wegen ihres Umgangs mit den Dämonen verurteilt – Frauen und Nonnen waren die Opfer ihres Schadenzaubers.

Es bleibt ein letzter Aspekt der Hexerei, der bei den Historikern nicht genügend Aufmerksamkeit gefunden hat: Nachdem die Gebiete, in denen die Hexerei verfolgt wurde, inzwischen bekannt sind, unterläßt man es, darauf hinzuweisen, daß ein großer Teil Europas im 16. und 17. Jahrhundert die Hexenjagd überhaupt nicht kannte: Italien, Spanien, Portugal und deren Kolonien. In diesen Ländern sind die einzigen Regionen, in denen es zu örtlich begrenzten Verfolgungen kam, an der Peripherie gelegene Grenzprovinzen, die mit Ländern Kontakt hatten, in denen die Hexenjagd wütete: die Alpentäler der Lombardei am Ende des 16. Jahrhunderts, das Baskenland im Jahre 1610, das Trentino um das Jahr 1625. Die Nichtberücksichtigung dieser weißen Flecken auf der Landkarte der Hexerei verhindert eine korrekte Interpretation des Phänomens.

Eine solche Interpretation erfordert zunächst, den Glauben an Schadenzauber vom Satansmythos zu trennen. Ersterer kann ohne letzteren

auskommen, das Gegenteil ist nicht möglich. Während des ganzen
16. Jahrhunderts wurden in England Hexen gejagt, ohne daß man sich
jemals implizit oder explizit auf den Teufelspakt bezogen hätte. Erst
der *Witchcraft Act* von 1604 stellt offiziell eine Verbindung zwischen
beidem her. Im übrigen fiel in der angelsächsischen Welt und sogar
im puritanischen Neuengland, das empfänglicher war für das Werk des
Teufels, die Hexerei in den Bereich des Strafrechts und nicht des religiösen Rechts. Die Hexen wurden gehängt und nicht verbrannt. Auf
dem Kontinent ist die Situation komplizierter. Im deutschen Reich
nannte die *Carolina* von 1532, die für Hexereiprozesse die Todesstrafe vorsah, nicht die Art der Hinrichtung, was ein Hinweis darauf ist,
daß über die Verbindung des Schadenzaubers mit dem Satansmythos
anscheinend noch nicht entschieden war. In den Prozessen des Ancien
Régime wurden die Hexen wegen der angeblich von ihnen begangenen Verbrechen angeklagt, aber die Richter deuteten diese Anklagen
im Sinne des Satansmythos. Der Glaube an die unheilbringende Frau,
die mit zerstörerischen, übernatürlichen Kräften ausgestattet ist, ist alt.
Es ist die *strix* der Antike, die kannibalische Frau, die bei Nacht umher-
fliegt, um ihre Verbrechen zu begehen, deren Existenz in mittelalterlichen Zeugnissen erwähnt wird und die im 14. Jahrhundert wieder in
den Archiven auftaucht. Der Glaube an die unheilbringende Frau und
der Satansmythos verschmolzen im 15. Jahrhundert miteinander und
verhalfen der Wahnvorstellung von der dämonischen Hexe zum Leben.

Der Satansmythos hat sich im Kontext der mittelalterlichen Häresie
herausgebildet. Der Glaube an die Existenz einer Sekte von Hexern,
die sich dem Kult Satans hingaben, wurde von den Inquisitoren in
ihrem Kampf gegen die heterodoxen Bewegungen des ausgehenden
Mittelalters – die Vaudois und die Fratizellen – erfunden. Im 15. Jahrhundert und in den ersten Jahren des 16. Jahrhunderts deckt sich die
Geographie der Hexerei genau mit derjenigen der Häresie: Ober- und
Mittelrhein, die Alpen, die Dauphiné, Nord- und Zentralitalien, das Baskenland. Die päpstlichen Bullen, die den Inquisitoren in ihrem Kampf
gegen die angeblich satanische Häresie weitgehende Befugnisse einräumten, erwähnen nicht, daß Frauen verdächtiger sind als Männer.
Sowohl die Bulle von Innozenz VIII. aus dem Jahr 1484 wie die von
Alexander VI. *(Cum acceperimus)*, die an den Generalinquisitor der
Lombardei Fra Angelo da Verona gerichtet war, erwähnen immer »Personen beiderlei Geschlechts«. Dies macht auch Episoden wie die Vauderie von Arras im Jahre 1460 plausibel: Nichts weist klar darauf hin,
daß Frauen der satanischen Häresie mehr zuneigen als Männer. Erst
die Inquisitoren bringen an manchen Orten eigenmächtig die Frau mit
dem Teufelskult in Verbindung. Sie machen sich dabei noch lebendige
Glaubensvorstellungen zunutze, wie die von der unheilbringenden Frau

oder von der »Gesellschaft der Diana«, wonach manche Frauen nachts im Gefolge einer Göttin, der römischen Diana oder der germanischen Perchta, durch das Land ziehen und sich in den Wäldern versammeln, um Tiere zu essen, denen sie danach das Leben wiedergeben. Dieser Glaube, der bereits im 10. Jahrhundert in einem berühmten Text erwähnt wird, dem Kanon *Episcopi*, war in der Alpenregion und in Norditalien am Ende des Mittelalters immer noch verbreitet.

Die Inquisitoren handelten nicht ohne Grund; ihre intellektuellen Wurzeln lassen sich bis zum Anfang des 15. Jahrhunderts zurückverfolgen. Im vorhergehenden Jahrhundert hatte die Frau mit Hilfe der Bettelorden und deren weiblichen dritten Orden ihre Autonomie und ihre Ausdrucksfreiheit in der Kirche gefordert. Das große abendländische Schisma, eine Krise, wie sie das Christentum bis dahin nicht gekannt hatte, ermöglichte das Entstehen einer von Frauen getragenen prophetischen Bewegung, deren Galionsfiguren Katharina von Siena und Birgitta von Schweden waren und deren subversives Moment die Kleriker von Anfang an erkannt hatten – sie sahen darin zu Recht eine Infragestellung ihres Monopols. Der Fall Birgittas von Schweden ist in vieler Hinsicht exemplarisch: Nicht weniger als drei päpstliche Bullen waren notwendig, um ihre Heiligsprechung durchzusetzen, die in Teilen des Klerus nie völlig anerkannt wurde. Bei den verschiedenen Prozessen zu ihrer Heiligsprechung konnten die Gegner der Prophetin zu Wort kommen. Mehrere herausragende Doktoren wie Jean Gerson, Pierre d'Ailly und Heinrich von Langenstein zeigten sich mißtrauisch gegenüber dem weiblichen Prophetismus. Diese Debatte führte zu einer strengeren Unterscheidung der geistigen Fähigkeiten, die dadurch, daß sie die Frau im Vergleich zum Mann als empfänglicher für die Täuschungen des Teufels schilderte, mit dazu beitrug, die theologisch begründete Minderwertigkeit der Frau festzuschreiben und sie aus kirchlichen Ämtern auszuschließen. Am Ende des 15. Jahrhunderts brauchten die Inquisitoren, die besessen waren von der satanischen Gefahr, nur aus diesen Traktaten zu schöpfen, um ihre eigenen Überzeugungen zu bekräftigen.

In der ersten Hälfte des 16. Jahrhunderts interessiert sich die Inquisition nicht mehr für den Kampf gegen die satanische Hexerei. Sie glaubt nicht mehr wirklich daran, und sie macht eine tiefe Krise durch, als sie sich dem dringenderen Problem der reformierten Häresie stellen muß. Der Satansmythos wird nun von den weltlichen Richtern übernommen, aber die enge Verbindung zwischen Hexerei und Häresie bleibt bestehen. Die Geographie der großen Hexenjagd des 16. und 17. Jahrhunderts deckt sich mit den Berührungszonen zwischen Katholizismus und Reformation; die Verfolgung findet auf beiden Seiten der religiösen Grenze statt: in den Niederlanden, in Luxemburg und

Lothringen, im Rheintal und in Süddeutschland, im Burgund, in der
Franche-Comté, den Schweizer Kantonen, der Dauphiné, im Béarn und
im Baskenland, in manchen Orten des Loiretals und in der Normandie. In den Gebieten, wo die Häresie schnell vernichtet wurde oder
wo sie nie Fuß gefaßt hat – im Süden Europas und in Lateinamerika –,
kennen wir keine Hexenjagd.

Die feudalen und königlichen Richter übernahmen die gegen die
Frau gerichtete Argumentation, so wie sie von den Inquisitoren ein
Jahrhundert zuvor entwickelt worden war, auf katholischer Seite mit
größerer Strenge als auf protestantischer. Deutschland ist ein gutes Beispiel: In Südwestdeutschland war die Zahl der Verfolgungen wegen
Hexerei in den katholischen Regionen doppelt so hoch wie in den protestantischen, und die Zahl der Hinrichtungen lag viermal so hoch.
Aber die Angst vor dem satanischen Komplott, die noch verschärft
wurde durch den religiösen Konflikt, brachte die Richter dazu, alle Formen der Magie mit der dämonischen Hexerei in Verbindung zu bringen: Die verschiedenen Kirchen trieben sie dazu an. Calvin schrieb
eine Warnung vor der Astrologie (1549), während Papst Sixtus V. im
Jahre 1586 die Bulle *Coeli et Terrae Creator* gegen alle Formen der
Wahrsagerei veröffentlichte. Für beide war der Versuch, die Zukunft
vorauszusagen, eine Schmähung der göttlichen Macht und er konnte
nur durch einen impliziten oder expliziten Pakt mit dem Satan gelingen. Die gelehrten Formen der Wahrsagerei, die sich aus der jüdischen
und arabischen Tradition herleiteten und angereichert waren durch die
Praxis der Astrologie und Alchimie, erlebten während der Renaissance
einen gewaltigen Aufschwung. Vor allem in den Städten, wo mehr
Menschen nach einer Anklage wegen Hexerei auf dem Scheiterhaufen
endeten, waren »Nekromanten«, Gebildete aus den höheren Schichten
der Gesellschaft, für diese Vermischung verantwortlich.

Paradoxerweise sind es die Länder, die der Hexenjagd entgangen
sind, die es uns erlauben, die überaus komplexen Glaubensvorstellungen zu verstehen, zu deren Vermischung der Satansmythos beiträgt,
sowie die Männern und Frauen im Umgang mit den übernatürlichen
Mächten jeweils zugeschriebenen Rollen. In Übereinstimmung mit der
damals allgemein im Abendland verbreiteten Einstellung betreibt das
Inquisitionsgericht von Neapel am Ende des 16. Jahrhunderts die Verfolgung der Magie. Es wird mit zwei einander entgegengesetzten kulturellen Verhaltensweisen konfrontiert. Die gelehrte Magie wird von
Intellektuellen vertreten, von Mönchen und Gelehrten – natürlich alles
Männer, die alle Kräfte aufbieten, um versteckte Schätze wiederzufinden, die sie reich machen sollen. Ihre Kultur speist sich aus der neuplatonischen Magie der Renaissance, die die älteren Traditionen des
mittelalterlichen Okkultismus aufgenommen hat. Die apokryphen Schrif-

ten des großen Magiers der Renaissance, Cornelius Agrippa von Nettesheim, sind ihre Lieblingsbücher. Sie geben untereinander Geheimnisse weiter, wie man Talismane herstellt, die sie mächtig oder unver-
letzbar machen sollen, oder wie man Geister beschwört, die ihnen die
Zukunft und das Versteck der begehrten Schätze enthüllen sollen. Auf
der anderen Seite gibt es eine volkstümliche Magie, die von ungebildeten Frauen einfacher sozialer Herkunft ausgeübt wird, von Heilerinnen oder Prostituierten. Ihre Macht beruht auf Kenntnissen, die mündlich von der Mutter an die Tochter oder unter Nachbarinnen weitergegeben werden. Sie praktizieren eine empirische Medizin, kennen die
Geheimnisse der einfachen Leute, richten gebrochene Knochen oder
verrenkte Gelenke wieder zurecht, behandeln die Krankheiten der
Frauen und Kinder. Sie besitzen ein Wissen, das traditionell den Frauen
zugeschrieben wird. Weil es naheliegt, werden sie Wahrsagerinnen,
wenden den bösen Blick ab und werden natürlich verdächtigt, andere zu verhexen. Die *fattucchiere* Süditaliens – wie ihre spanischen und
amerikanischen Entsprechungen – vertreten ein Modell, das wahrscheinlich in ganz Europa verbreitet war, das aber hier aufgrund einer
weniger blinden Repression überleben konnte.

Die neapolitanischen Inquisitoren kannten ihre Klassiker und versuchten, das dämonologische Modell auf die ihrer Gerichtsbarkeit
unterworfenen Personen anzuwenden, denen dieses ebenfalls genau
bekannt war. Aber es gelang ihnen nicht. Die traditionellen kulturellen
Modelle leisteten Widerstand, und die Autoritäten, die von der Gefahr
der Häresie nicht besessen waren, fragten nicht weiter. Im Norden, im
Friaul, in der Nähe der religiösen Grenze, war die Situation komplexer. Die *benandanti* des Friaul träumen davon, die Hexer in der Nacht
der Vier Zeiten zu bekämpfen. Sie werden von einem jungen Hauptmann unter der Fahne des Gekreuzigten angeführt und kämpfen mit
Fenchelrohren gegen die Hexer, die mit Hirsestengeln bewaffnet sind.
Vom Ausgang dieser Kämpfe hängt der Erfolg der jährlichen Ernte ab.
Dieser schamanische Glaube ist sehr alt und stützt sich auf einen
mythischen Kontext, der seit der Antike in ganz Mitteleuropa belegt ist:
das Heer der umherirrenden Seelen, die vom Gott der Toten und des
Krieges angeführt werden. Dieser Mythos, der seit dem Hochmittelalter verchristlicht wurde, ist in Norditalien im 16. Jahrhundert noch
lebendig. Die *benandanti* sind aber allesamt Männer. Die wenigen
Frauen, die in die Prozesse verwickelt waren, beziehen sich nicht auf
die nächtlichen Schlachten gegen die Hexer, sondern auf einen anderen Fruchtbarkeitsmythos – die Gesellschaft der Diana. Auch im Friaul
interpretierten die Inquisitoren diesen Glauben aufgrund des dämono-
logischen Modells, das sie in sich aufgenommen hatten: Die *benandanti* bekämpften nicht die Hexer, sie waren selbst Hexer, und ihr

Hauptmann war niemand anders als der Teufel. Unter dem *Druck* der Inquisition zerfiel nach und nach die kulturelle und mythische Basis, auf der dieser schamanische Glaube beruhte. Aber die Zuordnung der *benandanti* zur satanischen Hexerei konnte sich nie richtig durchsetzen, und die Inquisition zeigte sich nur wenig grausam. Das Friaul kannte keine Scheiterhaufen.

Das Klischee der unheilbringenden und satanischen Hexe ist aus der Krise des Christentums am Ende des 16. Jahrhunderts entstanden, die sich mit dem Auseinanderfallen der religiösen Einheit im 16. Jahrhundert vertiefte. Hinter diesem Modell, das zur herrschenden Ideologie wurde, verbirgt sich eine große Vielfalt von Glaubensvorstellungen; dennoch sanktioniert es eine Herabsetzung des gesellschaftlichen Bildes der Frau am Ende des Mittelalters. Als man am Ende des 17. Jahrhunderts überall und zur gleichen Zeit vom Verbrechen der Hexerei abläßt, wird der kulturelle Status der Frau dennoch nicht aufgewertet. Das Verbrechen der Hexerei ist de facto, aber nicht von Rechts wegen aufgehoben. Im Falle einer Anklage sind die Richter gehalten, einen eventuellen Schadenzauber tatsächlich zu beweisen, aber die Existenz des Schadenzaubers selbst und noch weniger die des Teufels wird nicht in Frage gestellt. Mit dieser Entwicklung des Strafrechts geht aber ein allmählicher Wandel des gelehrten Diskurses über die Hexerei einher. Die großen Prozesse des 17. Jahrhunderts, die die gebildete öffentliche Meinung bewegten, trugen dazu bei, den Ärzten das Gebiet zu überlassen; aus der Ketzerin wurde so unmerklich eine kranke Frau. Die Hexe, die zuvor mit dem Satan einen Pakt geknüpft hatte, wird zum Opfer ihrer eigenen Vorstellung. Der Satansmythos weicht der Hysterie, deren Beschreibung im 18. und vor allem im 19. Jahrhundert perfektioniert wird. Aus dem heutigen Abstand heraus kann man sich mit Recht fragen, ob das Bild der Frau dabei gewonnen hat. Als sie noch eine Hexe war, demonstrierten der Galgen oder der Scheiterhaufen in all ihrer Grausamkeit ihre strafrechtliche Verantwortlichkeit. Als Opfer ihrer eigenen Vorstellungen oder als Verrückte wird die Frau zu einem juristisch wegen Unzurechnungsfähigkeit nicht voll belangbaren Wesen mit begrenzter persönlicher Verantwortung.

Aus dem Französischen von Roswitha Schmid

15
PROSTITUTION

Kathryn Norberg

P rostituierte gehörten in der Frühen Neuzeit zum Stadtbild. Es war kaum möglich, den Rialto zu überqueren, ohne ihnen zu begegnen. Der spanische Matrose, der sich in Sevilla ausschiffte, wurde umgehend ihrer Reize und Lockrufe gewahr. Sie belagerten die Londoner Theaterbesucher auf dem Weg zu Covent Garden, und der Pariser Handwerker stolperte vor den Wirtshäusern der Vorstädte über sie. Inmitten des Lärms europäischer Städte, in dem Marktschreier ihre Waren feilboten, konnte man gewöhnlich gegen Abend die etwas verhaltenere und verführerische Frage vernehmen: »Wie wäre es mit einer netten Bekanntschaft?«

Den Angaben zeitgenössischer Beobachter zufolge waren Prostituierte nahezu überall anzutreffen. Bei einer Volkszählung in Venedig im Jahre 1526 wurden unter 55035 Einwohnern auch 4900 Dirnen registriert. Zuhälter und Kupplerinnen eingeschlossen, scheint es, daß etwa 10 Prozent der venezianischen Bevölkerung von diesem Gewerbe lebten.[1] In der Mitte des 18. Jahrhundert wurde in Paris die Zahl der Prostituierten auf 10000 bis 40000 oder 10 bis 15 Prozent der erwachsenen weiblichen Einwohnerschaft geschätzt.[2] Für London veranschlagte ein deutscher Reisender die Zahl der Prostituierten auf 50000, ohne die ausgehaltenen Frauen und Kurtisanen mitzuzählen.[3] Alle diese Angaben muten gewaltig übertrieben an: Dem rechtschaffenen oder auch nicht so rechtschaffenen Beobachter erschien jede Dirne wie zehn Dirnen. Doch wie phantastisch diese Schätzungen auch gewesen sein mögen, Prostituierte nahmen in den frühneuzeitlichen Städten einen wichtigen Platz ein, und käuflicher Sex war für viele Frauen eine gelegentliche oder regelmäßige Einnahmequelle.

Wie lassen sich jene Frauen charakterisieren? Waren sie Rebellinnen, wild entschlossen, die herrschende patriarchalische Ordnung zu untergraben? Oder waren sie Opfer, ahnungslose Stützen der männlichen Vorherrschaft? Einerseits bewegte sich die Prostituierte in einer Männerwelt und lebte davon, sich an Männer zu verdingen. Wirtshäuser, Spielhäuser und Kasernen waren ihre Welt. Sie hatte sich den Männern zu fügen und deren Launen zu ertragen, sie war die Zielscheibe männlicher Phantasien, aber auch Gegenstand der Verachtung, wurde von der Obrigkeit gehetzt und mißhandelt. Gewöhnlich existierte sie im Polizeiregister lediglich als Name oder Nummer – als Niemand ohne eigene Stimme oder Identität.

Andererseits war die Prostituierte, weil sie selbständig über ihren Körper verfügte, eine ständige Herausforderung für brave Bürger und erschütterte die Grundfesten des Patriarchats. Sie entschied darüber, wann und wem sie ihre Gunst schenkte und stellte ihre Sexualität offen zur Schau. Die Dirne unterminierte öffentlich das exklusive Recht von Vätern und Ehemännern auf die Kontrolle weiblicher Sexualität. Weit entfernt davon, unterwürfig und still zu sein, erhob sie selbstbewußt ihre Stimme. Ihre Geschichte teilt uns eine Menge über das Schicksal und die Lebensbedingungen der Frauen zwischen 1500 und 1800 mit.

Rebellin oder Opfer: Während des späten Mittelalters war die Prostituierte keines von beidem. Sie war ein Mitglied der städtischen Gemeinschaft, eine selbstbewußte Bürgerin, die einen wichtigen und angesehenen Platz im städtischen Leben innehatte. Im Europa des Mittelalters und der Renaissance wurde die Prostitution nicht nur geduldet, sondern sogar allgemein anerkannt und institutionalisiert. In Florenz und Venedig kennzeichneten die Stadtväter verschiedene Straßen – das Gebiet um den Mercato Vecchio in Florenz und den Rialto in Venedig – als offizielle Rotlichtviertel, in denen die käufliche Liebe in der Hoffnung, damit dem angeblichen Anwachsen der Homosexualität und dem Rückgang der Eheschließungen zu begegnen, gefördert wurde. Berühmte Familien wie die Medicis sowie die venezianischen Aristokraten besaßen Häuser, die von Dirnen bewohnt wurden, und sie profitierten anscheinend ohne Scham von den Gewinnen des Gewerbes. In Florenz gar wurde die Prostitution durch die Einrichtung eines speziellen Gerichtshofes – die Onesta – geschützt, dessen Polizei durch den Rotlichtbezirk patrouillierte.

In den Städten außerhalb Italiens wurden im Laufe des 15. Jahrhunderts öffentliche Bordelle errichtet. Die Lizenz zum Betreiben dieser Häuser wurde in Straßburg (1469), München (1433), Sevilla (1469) und in den Städten des Rhône-Tals an einen Frauenwirt, einen Bordell*padre* bzw. eine *abbesse* versteigert. Außer in Frankreich waren die Besitzer und Betreiber öffentlicher Bordelle Männer. Sie hatten das Recht, den Dirnen das Zimmer, teilweise aber auch das Essen zu berechnen sowie einen Teil von deren Einkünften einzubehalten. Im Gegenzug mußten sie gewisse Regeln befolgen. Meistens wurde von seiten der Obrigkeit darauf bestanden, daß städtische Bordelle an Fastentagen geschlossen blieben und Ehemännern und Priestern der Zutritt verwehrt wurde. Zuweilen wurden Prostituierten, die sich zu lange bei einem bestimmten Freier aufhielten, von den Gemeinden auch Bußgelder auferlegt – enge Beziehungen zwischen Dirnen und ihren Freiern wurden gemeinhin nicht geduldet.

Trotz gewisser Ähnlichkeiten war das mittelalterliche Bordell mit dem *maison close* des 19. Jahrhunderts nicht zu vergleichen. Dirnen kamen und gingen unbehelligt und fanden ihre Kunden in Wirts- und Badehäusern. Überdies betrieb eine Unmenge inoffizieller Prostituierter, sogenannte *insoumises*, zumeist jüngeren Alters, dem Monopol der Stadtmagistrate zum Trotz ihr Gewerbe außerhalb der Bordelle. Manchmal belangte man sie deswegen, generell jedoch wurde allen Prostituierten ein Platz im rituellen Leben ihrer Gemeinden zugebilligt. In Deutschland waren sie bei Hochzeiten angesehene Gäste, in Lyon nahmen sie an den städtischen Prozessionen und Festen teil.

Ähnlich wie Augustinus betrachteten die städtischen Magistrate die Prostitution gegenüber dem Ehebruch oder der vorehelichen Defloration als geringeres Übel und sahen in ihr ein Bollwerk der Ehe. Dirnen stellten ein Ventil für den männlichen Sexualtrieb und somit auch einen Schutz für Ehefrauen und Töchter ehrlicher Kaufleute dar. Gleichzeitig förderten sie eine »normale« sexuelle Aktivität, wodurch sie wiederum die Ehe und deren rechtmäßige Nachkommenschaft sicherten. Daß die meisten Dirnen keine Einheimischen waren, kam der politischen Elite bei der Rechtfertigung dieser freizügigen Praxis durchaus entgegen, und daß die meisten Mädchen ohnehin schon ihren guten Ruf verloren hatten oder von herumstreunenden Banden junger Männer vergewaltigt worden waren, beruhigte obendrein das Gewissen der braven Bürger. Mit minimalem Kostenaufwand schufen die Stadtväter somit innerhalb des urbanen Gefüges einen Ort für das männliche Triebleben.

Bis zur Mitte des 16. Jahrhunderts allerdings hatte man einen Großteil der öffentlichen Bordelle bereits geschlossen: in Augsburg im Jahre 1532, in Basel 1534 und in Frankfurt 1560. Sevilla folgte diesem Beispiel im Jahre 1620. In Italien wurden keine so drastischen Maßnahmen ergriffen. Obgleich sie die Rotlichtbezirke nie offiziell sperrten, gingen die Behörden in Florenz und Venedig nach 1511 strenger gegen die Prostitution vor und suchten, sämtliche Spielarten dieses Gewerbes zu unterdrücken. In ganz Europa begann die Obrigkeit, die inoffizielle Prostitution einzuschränken. Mit einer Reihe von Erlässen wurde die käufliche Liebe kriminalisiert. Die Verordnung von Orléans aus dem Jahre 1560 untersagte den Besitz und das Betreiben von Bordellen. Philipp IV. ließ 1623 die Bordelle in ganz Spanien schließen. 1650 war das städtische Freudenhaus eine Einrichtung der Vergangenheit geworden.

Die meisten Historiker und Historikerinnen führen die plötzliche Kriminalisierung der Prostitution auf das verstärkte Auftreten von Syphilis zurück. Tatsächlich aber kam es zu den ersten Schließungen von Bordellen erst etwa dreißig Jahre nach Ausbruch der furchtbaren Syphilisepidemie von 1490.[4] In einem Fall, nämlich in Sevilla, wo es im Jahre 1568 einen epidemischen Zuwachs von Geschlechtskrankheiten zu verzeichnen gab, sahen sich die Behörden sogar dazu veranlaßt, die Zahl der öffentlichen Prostituierten zu erhöhen, anstatt das städtische Freudenhaus abzuschaffen.[5] Eine Verbindung zwischen Prostitution und Syphilis wurde im 16. Jahrhundert nicht unbedingt hergestellt, obgleich sich Europäer für gewöhnlich darüber im klaren waren, wie man sich diese Krankheit zuzog und daß sie durch Prostituierte verbreitet wurde. Allerdings betrachteten sie Syphilis nicht als die gefährlichste oder nennenswerteste Bedrohung, die die Prostitution darstellte. Anders als ihre Nachfahren im 19. Jahrhundert fürchteten die Männer der Frühen Neuzeit weniger um ihren Körper, als vielmehr um ihre Seele.

Religiöser Wandel scheint der wesentlichste Faktor gewesen zu sein, der eine Änderung der Einstellung zur Prostitution bewirkte. In seiner Schrift *An den christlichen Adel deutscher Nation* aus dem Jahre 1520 beklagte Martin Luther: »Ist das nit ein jämmerlich Ding, daß wir Christen unter uns sollen halten freie, gemeine Frauenhäuser, so wir sind alle zur Keuschheit getauft?«[6] Im Zuge der Reformation sollten Männer denselben moralischen Maßstäben gerecht werden wie Frauen; das bedeutete Enthaltsamkeit außerhalb der Ehe – dem männlichen Begehren durfte fortan nicht mehr durch die Einrichtung öffentlicher Bordelle nachgegeben werden. Für Luther und andere protestantische Reformatoren war die Augustinische Rechtfertigung der käuflichen Liebe nicht vertretbar. In einem kurzen Traktat über Bordelle widerlegte Luther dessen Ansichten und verwarf den Gedanken, demzufolge die Prostitution der Verhinderung weitaus größerer Sünden diene. Luther war der Auffassung, daß sie im Gegenteil der Unzucht Vorschub leistete und junge Männer ruinierte. Im Jahre 1543 warnte er die Studenten in Wittenberg vor Prostituierten, die vom Teufel gesandt wurden, um so manchen Jüngling ins Verderben zu stürzen. An anderer Stelle empfahl er im Interesse der Bewahrung der Männer vor Unzucht und zum Schutze der Ehe, Dirnen streng zu bestrafen.

Die protestantischen Reformatoren waren jedoch nicht die einzigen, die die käufliche Liebe verurteilten. Auch von katholischer Seite wurden vermehrt Stimmen gegen die Prostitution laut, und ähnliche moralische Bedenken schienen die Schließung von Bordellen in Frankreich, Spanien und Italien motiviert zu haben. Im späten 15. Jahrhundert begannen Prediger im Rhône-Tal öffentlich gegen die Prostitution zu wettern und auf das städtische Freudenhaus als Symbol für einen generellen Sittenverfall aufmerksam zu machen. Mit Beginn des 16. Jahrhunderts war die Prostitution in Florenz ebenso verpönt und öffentlichen Schmähungen ausgesetzt wie die Homosexualität. Moralisten sahen nunmehr in der Hure eine ernsthafte Bedrohung für ehrliche Frauenzimmer und die Institution der Ehe. Ähnliche moralische Erwägungen, obgleich diese erst später laut wurden, führten auch in Spanien zum Ende der Duldung des Gewerbes. In Sevilla geißelten katholische Reformer die Prostitution und erreichten schließlich 1620 die Schließung des dortigen Bordells.

Allerdings war religiöser Eifer nicht allein verantwortlich für die Kriminalisierung der Prostitution. Gesetze zum Verbot der käuflichen Liebe wurden von einer Flut von speziellen Statuten begleitet, die das Äußere von Prostituierten zu regeln suchten. Gemeinden in Italien und im Rhône-Tal verabschiedeten Verordnungen zur Bestrafung von Dirnen, die sich als Männer verkleideten, sowie detaillierte Gesetze, die ihnen das Tragen eleganter Kleidung untersagten. In Frankreich, Deutschland und Genf fiel die Verfolgung von Prostituierten mit den Hexenprozessen und der Schließung der Badehäuser zusammen. Diese Aktionen scheinen eine wachsende Angst vor der weiblichen Sexualität und eine generelle Besorgnis über die Verwischung von Geschlechts- und Standesunterschieden widerzuspiegeln. Für die Florentiner Stadtväter und die deutschen Bürger stellten Prostituierte, die sich als Männer oder, schlimmer noch, als ehrbare Frauen verkleideten, eine Bedrohung der sexuellen und sozialen Hierarchie dar.

Die Schließung von Freudenhäusern war nicht ausschließlich das Ergebnis solcher Ängste; sie war vielmehr auch eine Reaktion auf die konkreten Veränderungen der Prostitution selbst. Obgleich wir keinesfalls über schlüssiges Beweismaterial verfügen, deutet vieles darauf hin, daß ein Großteil der Prostituierten mobiler und unabhängiger geworden war. Die meisten hatten anscheinend die städtischen Bordelle bereits vor deren Schließung verlassen und manche waren sogar finanziell erfolgreich. Die Gemeinden fanden es zunehmend schwieriger, die käufliche Liebe auf die konzessionierten Freudenhäuser zu beschränken. In Spanien, Italien, Frankreich und Deutschland gingen der Schließung städtischer Bordelle zahlreiche Verordnungen voraus, die die Prostitution außerhalb der einschlägigen Häuser einzudämmen und zu kontrollieren suchten. Die Stadtväter von Florenz, Augsburg, Dijon und Sevilla klagten, daß Dirnen ihr Gewerbe auch unabhängig von den öffentlichen Freudenhäusern betrieben. Im Jahre 1490 wohnten viele – vielleicht die meisten – der Prostituierten außerhalb der Bordelle, arbeiteten selbständig und kümmerten sich nicht um die örtlichen Vorschriften. In Frankfurt beispielsweise gingen so viele Dirnen außerhalb des städtischen Freudenhauses ihrem Gewerbe nach, daß sich 1501 niemand mehr bereit erklärte, das Amt des Frauenwirts zu übernehmen, da die dortige Einrichtung nicht mehr gewinnträchtig war.[7]

Nach den spärlichen Überlieferungen scheint ab dem frühen 16. Jahrhundert die Mehrzahl bzw. wenigstens ein Großteil der Prostituierten in europäischen Städten unabhängig gelebt und gearbeitet zu haben. Manche von ihnen zogen auch durch die Stadt und das Umland. Der Frankfurter Magistrat beschwerte sich darüber, daß »fremde« Dirnen während der Messen in die Stadt einfielen, und in Paris waren die großen Märkte von Saint Germain und Saint Laurent wegen der hohen Zahl sich dort herumtreibender Dirnen berüchtigt. Während jener Zeit nahm auch die Zahl der Marketenderinnen zu. In Straßburg, Frankfurt und Nürnberg beklagten sich die Stadtväter über Frauen, die den Truppen folgten, zuweilen vor den Stadtmauern kampierten und dort für Aufruhr und Unordnung sorgten. Mit dem Anwachsen der Armeen vergrößerte sich auch das Heer der Marketenderinnen. Demzufolge dürfte das Erstarken des Staates mit seiner gewachsenen Militärmacht die Kriminalisierung der käuflichen Liebe befördert haben. Im Laufe des 16. Jahrhunderts, so der Historiker Jacques Rossiaud, entwickelte sich die Prostitution zu einem mehr und mehr gefährlichen und schändlichen Gewerbe.[8] Marketenderinnen und deren randalierende Freier prägten zunehmend die Welt der käuflichen Liebe, und die Prostitution wurde gleichgesetzt mit dem Chaos, Stehlen und Morden, das bewaffnete Truppen gemeinhin nach sich zogen. Mithin wurde Prostitution nicht nur als bedrohlicher wahrgenommen, sie war es auch.

Außerdem war sie für manchen auch kostspieliger geworden. Im späten 15. und frühen 16. Jahrhundert begann sich ein neuer Typ von Dirne herauszubilden – die Kurtisane. Bereits am Ende des 15. Jahrhunderts wetterten Prediger und die städtischen Obrigkeiten in Dijon, Venedig, Florenz und anderen Orten gegen das Auftreten eines neuen Typs von Prostituierten, die elegante Kleider trugen und ihrem Gewerbe heimlich nachgingen – kurzum, gegen jene Prostituierten, die mit ihrer Tätigkeit eine ernsthafte Bedrohung für die Institution der Ehe darstellten, indem sie ehrbare Männer erst verführten, um sie anschließend dauerhaft an sich zu binden.

Obgleich der Aufstieg der Kurtisane erst noch der gründlichen historischen Erforschung bedarf, scheint er einen grundlegenden Wandel in den Gewohnheiten und Anschauungen der Elite zu signalisieren. Offensichtlich hatten die Reichen keine Lust mehr darauf, den städtischen Bordellen einen regelmäßigen Besuch abzustatten; sie gaben dem heimlichen Vergnügen den Vorzug. Ebenso zogen sie eine gepflegtere und intimere Art des sexuellen Abenteuers vor. Bedeutet die Geburt der Kurtisane, daß die Oberschicht eine Vorliebe für kultivierte sexuelle Beziehungen entwickelt hatte? Große Kurtisanen wie die venezianische Dichterin Veronica Franco und die Schriftstellerin Tullia d'Aragona boten mehr als nur Sex: Sie verhießen Erotik, d. h. sexuelle Vergnügungen mit einer eleganten und versierten Expertin. Es war kein Zufall, daß das erste pornographische Werk – Pietro Aretinos *Ragionimenti* (1534) – eine Kurtisane als Protagonistin hatte. *La cortegiana* beflügelte die Phantasie, gab aber auch Anlaß zur Besorgnis. Anders als die kranke, widerliche Bordellprostituierte drohte die Kurtisane, die Männer von ihren rechtmäßigen Ehefrauen wegzulocken und ehrbare Jünglinge von ihrer Partnersuche abzuhalten.

Kurtisanen waren unabhängiger und hatten sicherlich mehr Geld zur Verfügung, als ihre Schwestern, die sich an Soldaten hefteten oder sich in Bordellen verdingten. Paradoxerweise hatte eben gerade die zunehmende Kriminalisierung gewisse Vorzüge im Hinblick auf Eleganz und Wohlstand mit sich gebracht. Im Zuge der Bordellschließungen widersetzten sich viele Prostituierte den Vorschriften und gingen ihrem Gewerbe, wie die meisten heutigen Prostituierten auch, selbständig bzw. unter der Aufsicht anderer Frauen nach. Die Kriminalisierung zwang zu größerer Vorsicht. In diesem Prozeß schlüpften ältere Frauen als Mutter oder Herrin einer Prostituierten in die Rolle der bis dahin männlichen Bordellbesitzer und Frauenwirte und übernahmen deren geschäftliche Funktion. Zuhälter waren sicherlich keine Seltenheit. In Venedig beherrschten auch weiterhin *lenos* wie ehedem das Gewerbe. Im allgemeinen jedoch fungierten anderswo ältere Frauen, zumeist ehemalige Dirnen, als Vermittlerinnen zwischen Freiern und Prostituierten und sicherten sich somit einen Großteil der Gewinne, die ursprünglich den männlichen Bordellbesitzern und -betreibern zugeflossen waren. Um 1600 zählte die Prostitution zu den wenigen Gewerben, die nahezu ausschließlich von Frauen kontrolliert wurden.

Es ist wahrscheinlich, daß die Kriminalisierung sowie die daraus für Dirnen und Freier notwendig gewordenen Vorsichtsmaßnahmen für die Veränderungen innerhalb des Gewerbes verantwortlich waren. Weniger einfach läßt sich die Umstellung von Zuhältern auf Kupplerinnen erklären. Vielleicht wähnte sich der Freier, der eine Nacht mit einer Dirne auf deren Zimmer verbrachte und das Geschäft lediglich mit der alten Kupplerin und dem Mädchen abwickelte, sicherer vor einer möglichen Enthüllung seiner Ausschweifungen als im Beisein eines Zuhälters.

Die Kriminalisierung brachte – und das ist ja nicht überraschend – ebenso viele Nachteile wie Vorteile für das Gewerbe mit sich. Für die Prostituierten war die größer gewordene Autonomie mit den damit verbundenen Risiken sowie neuen Unterdrückungsmechanismen verbunden. Unter dem früheren offiziell gelenkten System genossen Prostituierte den Schutz der Stadtväter. Obgleich es häufig Vergewaltigungen gab, trugen registrierte Dirnen ein unverkennbares Zeichen, das sie vor herumstreunenden Banden junger Männer schützte. Offizielle Prostituierte konnten auch, wurden sie von Freiern geschlagen oder betrogen, den Magistrat um Unterstützung ersuchen. Der Dirne der Frühen Neuzeit bot sich keine solche Zuflucht. Nun selbst eine Kriminelle, konnte sie die Ordnungshüter nicht mehr um Schutz bitten vor Haus- und Kneipenbesitzern, die ihr zu viel Geld abverlangten, oder vor Freiern, die sie schlugen oder die Zahlung verweigerten. Solche Freier gab es zuhauf, und gelegentlich sprangen Pariser Polizeiinspektoren, insbesondere die der Sittenpolizei, der Prostituierten bei. Erpresser und Schutzgeldeintreiber waren eine weitere dauerhafte Plage; sie schliefen mit Prostituierten, um ihnen dann die Bezahlung unter der Androhung zu verweigern, sie der Polizei auszuliefern. Oder sie forderten einen Teil der Einnahmen der Prostituierten als Gegenleistung für ihr Schweigen. Weil sie keinen offiziellen Schutz mehr genossen und ihrem Gewerbe außerhalb der Legalität nachgingen, stellten Dirnen vermehrt *souteneurs* oder Zuhälter ein. In Paris beispielsweise konnte so mancher ehemalige Soldat oder Spieler sich als Wächter eines Bordells verdingen, der ungebärdige Freier im Zaum hielt und neugierige Nachbarn einschüchterte; in Marseille trat der *souteneur* als Vermittler zwischen den kleinen Bordellen des Hafenviertels und den Offizieren der im Hafen liegenden Schiffe auf. Da die Behörden Zuhälter gewöhnlich in Ruhe ließen, vorausgesetzt, daß sie keine ehrbaren Mädchen belästigten, sind die uns verfügbaren Angaben über deren Zahl und Tätigkeiten äußerst vage. Allerdings scheinen sie, ebenso wie die Polizisten, im Verlauf des 18. Jahrhunderts zahlreicher geworden zu sein.

Die Kriminalisierung setzte Prostituierte auch in zunehmendem Maße der Gewalt und dem Diebstahl aus. Außerdem waren sie der Härte der Justiz schutzlos ausgeliefert. Eine Reihe von Gesetzen, die mit dem Erlaß vom 20. April 1684 ihren Anfang nahm, führten in Frankreich strenge Bestrafungen für Prostituierte ein (Einkerkerung in einem besonderen Krankenhaus) und statteten die Polizei mit uneingeschränkter Aufsicht über die Prostituierten aus. In den Jahren 1713, 1724, 1734, 1776 und 1777 wiederholten jeweilige königliche Edikte die Auflagen des ursprünglichen Gesetzes und bekräftigten die polizeilichen Befugnisse. Trotz dieser königlichen Verordnungen verblieben die Befugnisse in Angelegenheiten der Prostitution in jenen Händen, in denen sie seit eh und je geruht hatten – denen der Gemeinden. Paris nahm dabei eine gewisse Sonderrolle ein: Der Polizeigouverneur war ein königlicher Beamter mit Pauschalgewalt, und die Erhaltung der öffentlichen Ordnung in der Hauptstadt lag der Krone besonders am Herzen. Die Provinzregierungen – Städte wie Marseille, Nantes, Lyon oder Montpellier – mußten sich mehr oder weniger selbst um die Wahrung der Sitten kümmern. Das Ausmaß der Reglementierung sowie die Strenge der Bestrafung waren von Ort zu Ort verschieden; diesbezüglich hatte sich seit dem Mittelalter nur wenig geändert – der Gemeinde oblag auch weiterhin die Aufsicht über ihre Dirnen.

Was sich allerdings änderte, war die Zahl der Polizisten und deren Befugnisse. Paris stand dabei an vorderster Front. Dort beschäftigte sich ein ganzes Heer von Polizeiinspektoren eigens damit, Informationen über exponierte Prostituierte – meistens Operntänzerinnen und Schauspielerinnen – zu sammeln. Die etwas prosaischeren Straßendirnen wurden in periodischen Abständen einfach aufgelesen und gewöhnlich freitags vor den Polizeigouverneur gebracht, um anschließend geschlossen verurteilt zu werden. Trotz ihrer im Vergleich zu früheren Zeiten zahlenmäßig gewachsenen Stärke waren die Polizisten jener Zeit keinesfalls ähnlich effektiv wie ihre heutigen Kollegen. Gesetze wurden ziemlich planlos und willkürlich durchgesetzt. Durchsuchungen und nächtliche Razzien der einschlägigen Viertel durch Sondereinheiten fanden lediglich sporadisch statt. Nur aufmüpfige Dirnen, die die Straße blockierten oder sich widersetzten, liefen Gefahr, festgenommen zu werden. Prostituierten, die wenigstens nach außen einen ehrbaren und unauffälligen Lebenswandel zeigten, spürten die Behörden für gewöhnlich nicht nach.

Diskrete Dirnen wurden normalerweise stillschweigend geduldet. Allerdings warteten auf diejenigen, die sich weniger zurückhaltend verhielten oder einfach nur Pech hatten, drastische Bestrafungen. Prostituierte, die von einer Patrouille oder von nächtlichen Wachtposten aufgegriffen wurden, brachte man ins Untersuchungsgefängnis Saint Martin (später ins Hôtel de Brienne), um sie dann etwas später zu einer Haftstrafe zwischen zwei und sechs Monaten in der Salpetrière zu verurteilen. Die Urteile in der Provinz konnten wesentlich gesalzener ausfallen: Dirnen in Marseille verbrachten zuweilen während der ersten Hälfte des 18. Jahrhunderts bis zu fünf Jahre in einer *maison de force*. Einmal in dem schmuddeligen, überfüllten Krankenhaus angelangt, wurden diese Frauen gewöhnlich als syphilitisch eingestuft – manchmal auch ohne vorherige ärztliche Untersuchung – und der Quecksilber-»Kur« unterzogen, die einen Teil ihrer Bestrafung ausmachte.

Auf die körperliche sollte die moralische Heilung folgen. Viele jener europäischen Anstalten für Prostituierte wurden von Nonnen geführt und verfolgten sowohl geistliche als auch soziale Ziele. Während des 16. und frühen 17. Jahrhunderts errichteten fromme Katholiken in Spanien, Frankreich und Italien zahlreiche kleine Klöster bzw. Anstalten, die dazu bestimmt waren, Prostituierte aufzunehmen und zu einem anderen Lebenswandel zu erziehen. Der Orden der Zuflucht, der von der Visionärin Elizabeth de Ranfaing gegründet worden war, bot sündigen Mädchen in Nancy, Avignon, Marseille, Lyon und anderen Orten Schutz. In Florenz boten die Orden des Convertite und des Malmaritate und in Sevilla das Kloster Zum Süßen Namen Jesu sowohl reumütigen als auch weniger einsichtigen Prostituierten eine Zuflucht. Im frühen 18. Jahrhundert hatten jene Einrichtungen immer mehr ihre religiösen Funktionen verloren. Obgleich sie noch von Nonnen betrieben wurden, waren sie mittlerweile zu Strafanstalten geworden, die meistens vom Magistrat getragen und verwaltet wurden. Ein Stadtgericht in Marseille beispielsweise verurteilte Prostituierte zu langen Aufenthalten im einschlägigen örtlichen Kloster. Außerdem kam die Stadt auch Bittgesuchen verärgerter Eltern nach, wenn sie ihre eigenwilligen Töchter einzusperren suchten, um die Familienehre zu retten.

Eine Einweisung in solche *maisons de force* war sehr gefürchtet. Doch normalerweise konnte eine Prostituierte ohne Verfolgung und Bestrafung ihrer Tätigkeit nachgehen, wenn es ihr nur gelang, die Nachbarn zu beschwichtigen, deren Gerede der häufigste Grund für Anzeigen war. Nach den vorhandenen Quellen dürften etwa 80 Prozent der in Marseille verurteilten Prostituierten von Arbeitern und Arbeiterinnen aus ihrer Nachbarschaft angezeigt worden sein. Obwohl die wenigen erhaltenen Quellen einen Vergleich erschweren, scheint diese Proportion in etwa mit der im übrigen Frankreich übereinzustimmen.

Die Rolle der Nachbarn bei der Verfolgung von Prostituierten wirft Licht auf die Einstellung der Bevölkerung gegenüber der Prostitution. Aus den Gerichtsakten von Nantes, Paris und Marseille ist klar erkennbar, daß Nachbarn sich dazu ermächtigt fühlten, das Verhalten lediger Frauen zu überwachen, und daß sie dem Gewerbe insbesondere dann äußerst ablehnend gegenüberstanden, wenn es Lärm, Unordnung und Gefahr für Leib und Leben mit sich brachte. In Marseille und Nantes wandten sich Nachbarn an die Polizei, wenn sie sich von den Freiern einer Prostituierten beleidigt oder bedroht fühlten. Sicherlich lag dem Eigentümer bzw. Verwalter eines Gebäudes sehr daran, Prostituierte daraus zu vertreiben, da er ansonsten zur Zahlung drastischer Bußgelder verurteilt werden konnte. Aber auch gewöhnliche Handwerker und Mieter beschwerten sich, und sogar die privilegierteren Bordellwirtinnen lebten in ständiger Angst, von ihren Nachbarn angezeigt zu werden. Die Risiken der käuflichen Liebe in jener Zeit brachten eine Isolierung bzw. Abgrenzung von den Arbeitervierteln mit sich.

Die Prostituierte mußte ihre Nachbarn fürchten, da sie nun ihrem Gewerbe nur noch in einem gemieteten Zimmer nachgehen konnte, meist in einem ehrbaren Haus statt in einem Bordell. Aufgrund der Kriminalisierung der Prostitution und der dadurch notwendig gewordenen Vorsicht verteilten sich die Dirnen über das gesamte Stadtgebiet.

Bordelle waren natürlich nicht ganz verschwunden, doch in ihnen wurde für gewöhnlich die käufliche Liebe entweder auf der höchsten oder niedersten Stufe des Gewerbes angeboten. In Paris und London offerierten einige wenige Luxusetablissements ungewöhnlichen Sex in diskreter Umgebung für zahlungskräftige Kunden. Für die weniger Zahlungsfähigen gab es eine Reihe pornographischer Texte, die vorgaben, eine akkurate Beschreibung der Aktivitäten jener elitären Etablissements zu liefern, allerdings aber hemmungslos deren Eleganz und Größe übertrieben. Dem *Portefeuille de Madame Gourdan* zufolge, einer kleinen Schrift über die berühmteste Pariser Bordellwirtin, bestand das Gourdansche Etablissement aus zahlreichen Zimmern, einem schwimmbadähnlichen Raum und einem unerschöpflichen Angebot williger Nymphen. Pariser Polizeiberichten zufolge zählten jedoch die meisten Bordelle tatsächlich nicht mehr als vier Zimmer und beschäftigten außer der Wirtin maximal drei Mädchen und einen Bediensteten. Als Casanova eines der bekanntesten dieser Pariser Häuser besuchte, fand er es nur mäßig eingerichtet und die Besitzerin häßlich und unverhohlen habgierig.

Das Arbeiterbordell am anderen Ende des Spektrums hingegen war zumeist lediglich ein Mietshaus, das vollständig von Straßendirnen bewohnt wurde. Der Cour Guillaume, gleich neben dem Palais Royal, war solch eine Einrichtung, in der mehr als 200 Prostituierte Zimmer zu astronomischen Preisen anmieteten. Dirnen in Marseille bewohnten ganze Gebäude in der Nähe des Carmelite, und in Nantes gab es ein Bordell mit vierzig Insassen. In diesen Häusern wurden die Prostituierten nicht von einer Bordellwirtin reglementiert. Sie kamen und gingen, wie es ihnen gefiel und suchten sich ihre Freier außerhalb des Hauses – auf der Straße oder in Wirtshäusern. Allerdings mußten sie sich mit ungewöhnlich hohen Mietzahlungen abfinden und waren auf die Diskretion des Hausbesitzers angewiesen.

Ein gemietetes möbliertes Zimmer in einem Privathaus bot zwar einen relativ diskreten Rahmen für die Ausübung des Gewerbes, brachte jedoch die Prostituierten in das Dilemma, einerseits unauffällig bleiben zu müssen, um einer Verhaftung zu entgehen, gleichzeitig aber genügend sichtbar zu sein, um Freier anzulocken. Manche Prostituierten lösten dieses Problem, indem sie sich einer Mittelsperson bedienten, einer *marcheuse* bzw. *macquerelle*. Die *marcheuse* sprach Kunden auf den öffentlichen Durchgangsstraßen an, besonders häufig auf den Boulevards von Paris; die *maquerelle* oder Kupplerin suchte den Kontakt zu Männern weniger offen. Sie stellte auch junge Mädchen ein, mietete Zimmer für sie an, lieh ihnen Geld und Kleider, zwang die Freier zu bezahlen und sahnte generell so viel wie möglich (manchmal bis zur Hälfte) von den Einnahmen der Prostituierten ab. Eine Kupplerin legte sich nicht mit widerspenstigen Freiern an, das war Aufgabe des Zuhälters oder *souteneurs*. Doch alles in allem verkaufte sie der Prostituierten ihre Dienstleistungen, wenn auch zu einem extrem hohen Preis.

Die meisten Prostituierten allerdings kamen ohne *macquerelle* aus und warben selbst in den einschlägigen Vierteln, den inoffiziellen Rotlichtbezirken, deren Lage von Stadt zu Stadt aufgrund von Geschichte und Tradition verschieden war. Meistens jedoch konnte man Dirnen in der Nähe wichtiger Märkte wie beispielsweise Les Halles und in verlasseneren Gegenden finden. Sowohl in England, Frankreich als auch Deutschland zogen Prostituierte mit Cabarets umher, und nahezu jedes Mädchen, das in einem Wirtshaus bediente, wurde als käuflich angesehen. Einige Bars besaßen *cabinets* – kleine Zimmer für intime Zusammenkünfte –, andere vermieteten zu diesem Zwecke Kammern im Obergeschoß. Da jede »Nummer« mit einem gemeinsamen Essen und Trinken begann bzw. endete, war die Kneipe ein offensichtlicher Umschlagplatz für die käufliche Liebe. Manchmal war sie sogar der einzige Ort dafür. Die Wirtshäuser, Wein- und Tabakstuben des alten Hafens machten die Hauptzentren der Prostitution aus.

Mit den Veränderungen der Freizeit im 18. Jahrhundert ergaben sich auch neue Gelegenheiten für die Prostitution; die Vergnügungsgärten der Reichen (Vauxhall, das Colisée, Ranelagh) waren ein Tummelplatz für Dirnen. In den verarmten Pariser Außenbezirken und entlang der Rhône waren es vornehmlich die *guinguettes* bzw. Vorstadttavernen, in denen sich die Dirnen aufhielten. Prostituierte waren besonders zahlreich in Porcherons, einem verrufenen Vorort in der Nähe des Montmartre. Dort arbeiteten sie in großen Cabarets und verdingten sich auf den Tanzflächen, die sich hinter den Wirtshäusern befanden, an Soldaten und Arbeiter oder wickelten ihr Geschäft gar auf den Wiesen des Montmartre ab.

Auch das Theater war ein Magnet für Prostituierte. Sie bevölkerten nicht nur die Pariser Boulevards, auf denen die Tagelöhner Zerstreuung suchten[9], sie hielten sich auch in der Gegend respektabler Theater auf, wie etwa der Comédie Française in Paris, Covent Garden in London und dem Theater am Place des Celestins in Lyon. Wenn die Theater umsiedelten, zogen die Dirnen mit. Selbst in den Foyers und Gängen der Theater tummelten sie sich. Sobald der Vorhang fiel, hasteten sie auf die Straße hinaus, um sich an die Fersen der das Theater verlassenden Männer zu heften.

Schauspielerinnen und Sängerinnen wurden gewöhnlich als Prostituierte angesehen, und die meisten von ihnen waren es auch. Die Akten der Pariser Polizeikommissare Marais und Meunsier aus den Jahren um 1750 sind sehr aufschlußreich. Die typische Pariser Kurtisane war eine noch sehr junge Operntänzerin oder Studentin am *magasin* (Lagerhaus) – wie diese Stätte vielsagend bezeichnet wurde –, deren Aufnahme in die königliche Theatertruppe zumeist von einem älteren Liebhaber veranlaßt wurde. Eine Stelle an einem der königlichen Theater verlieh ihr eine gewisse Immunität gegenüber der Verfolgung durch die Sittenpolizei. Das Mädchen, das vom *prévot des marchands* aufgenommen worden war, konnte von seinem Vater nicht wegen losen Benehmens eingesperrt werden und war somit in der Lage, das Leben einer Kurtisane zu führen, ohne jemals Angst vor einem *lettre de cachet* haben zu müssen. Für ihre Dienste konnte die Operntänzerin von ihrem Liebhaber – ob Bankier oder Mann aus dem Adel – einiges als Gegenleistung erwarten: Er kleidete sie ein und stellte ihr sowohl Möbel als auch eine Wohnung in Saint Germain zur Verfügung. Allerdings konnte sie kaum mit großzügigen Bargeldbeträgen rechnen. Wenn wir den Polizeiakten glauben dürfen, schenkte der durchschnittliche Pariser »Beschützer« seiner Geliebten monatlich zwischen 200 und 500 Livres – eine fürstliche Summe, gemessen am Einkommen eines Arbeiters, jedoch kaum genug, um den Lebensstil einer Mätresse zu finanzieren. Um sich Pferde und Kutschen halten zu können, besserte die Mätresse ihre regulären Einkünfte durch Abendessen im Bois de Boulogne oder gelegentliche Dienste in einem Nobelbordell auf. Meist hatte sie früher für ein solches Haus gearbeitet, denn viele der Schauspielerinnen hatten auf der untersten Stufe des Gewerbes angefangen. Mademoiselle Carlier war, dem Bericht des Polizeikommissars zufolge, von einer gewöhnlichen Marketenderin zur distinguierten Mätresse aufgestiegen und hatte damit bewiesen, daß die Karriere einer Prostituierten nicht unbedingt einen sozialen Abstieg bedeutete. Wir unterstellen gemeinhin gern, daß Prostituierte sich auf dem Gipfel ihrer Laufbahn befinden, wenn sie jung sind, um dann allmählich, gemeinsam mit ihren körperlichen Reizen, zu verblühen. Im Europa der Frühen Neuzeit war das nicht immer der Fall: zuerst Straßenmädchen, dann Bordellangestellte, anschließend Rückkehr zum unabhängigen Dasein der Straße und letztlich oftmals der Aufstieg als Mätresse. Manche alternde Prostituierte endete allerdings auch als *pierreuse*, die mit ihren Freiern in den Steinbrüchen von Montmartre oder auf verlassenen Baustellen in der Pariser Umgebung schlief. Andere hatten es zur Kupplerin oder gar Bordellbesitzerin gebracht. Ehemalige Dirnen eröffneten manchmal jedoch auch Spielhallen und Trinkstuben. Es ist wenig über diejenigen Prostituierten bekannt, die sich aus

Altersgründen ganz aus dem Gewerbe zurückziehen mußten. Wahrscheinlich sind sie in die Kreise der Arbeiterschaft, denen sie ursprünglich entstammten, zurückgekehrt.

Sollten die statistischen Daten, die in Frankreich zusammengestellt worden sind, auf ganz Europa zutreffen, so kam die Mehrzahl der Prostituierten in jener Zeit tatsächlich aus den armen Schichten. Die Polizeibehörden kümmerten sich nicht sonderlich um die Herkunft derer, die sie festnahmen, befragten aber alle nach Alter, Wohnort, Heimatgemeinde und Beruf. Keine dieser Angaben wurde überprüft, und es ist durchaus möglich, daß die Prostituierten logen bzw. den Behörden einfach das erzählten, was diese ohnehin von ihnen zu hören erwarteten. Dennoch lassen sich gewisse Muster herauslesen. Nahezu jede Prostituierte war zwischen 15 und 30 Jahren alt. Die meisten waren ledig und in der Stadt, in der sie festgenommen wurden, wohnhaft. Viele lebten erst relativ kurze Zeit in dieser Stadt; der Anteil der Zugezogenen in Paris war beachtlich (ca. 70 Prozent), lag damit allerdings nicht höher als der Anteil aller Zugezogenen. In Provinzstädten wie beispielsweise Montpellier stellte sich dieses Verhältnis ähnlich dar.[10] Während des frühen 18. Jahrhunderts jedoch waren in Marseille lediglich 30 Prozent der vor Gericht gebrachten Dirnen keine Einheimischen.

Waren Prostituierte für gewöhnlich unschuldige Mädchen vom Lande, die von bösen Kupplerinnen und durch das korrupte Stadtleben verführt wurden, wie es die Bilder Hogarths und die Texte von Restif de la Bretonne glauben machen wollen? Augenscheinlich nicht, denn die meisten Dirnen kamen aus den Städten, nicht vom Lande. Pariser Prostituierte kamen aus Orten wie Rouen, die in Marseille aus Aix oder Aubagne. Die Prostitution folgte den bekannten Migrationsmustern des 18. Jahrhunderts – Muster, die sich auch bei anderen Berufsgruppen, etwa den Dienstboten, finden. Doch das Klischee des Dienstmädchens vom Lande, das verführt wurde und anschließend der Prostitution anheimfiel, entspricht nicht der Wirklichkeit.

Gewiß wurden viele Hausangestellte Prostituierte. In Montpellier machten sie etwa 40 Prozent der in der Anstalt Bon Pasteur inhaftierten Frauen aus; dieser Anteil ist jedoch außergewöhnlich hoch. So waren in Marseille zwischen 1680 und 1750 lediglich 25 Prozent der vor Gericht erschienenen Prostituierten ehemalige Hausangestellte.[11] Und in Paris kamen im späten 18. Jahrhundert nur 12 Prozent der vom Polizeigouverneur verurteilten Frauen aus dieser Berufsgruppe.[12] Im Hinblick darauf, daß ledige Frauen sich während des Ancien Régime am häufigsten als Hausangestellte verdingten, scheinen sie in diesem Gewerbe eher unterrepräsentiert zu sein – dies um so mehr, als die Bezeichnung *servante* in Marseille nicht nur Hausmägde, sondern auch Barmädchen einschloß, insbesondere die Frauen, die in den Tavernen um den alten Hafen arbeiteten. Demzufolge dürften mit der Bezeichnung *domestique* nicht nur Hausmägde, sondern auch Gewohnheitsprostituierte gemeint gewesen sein. Ungeachtet der durch literarische Werke verbreiteten Klischees führte der Weg vom Dienstbotendasein nicht unvermeidlich zur Prostitution.

Andererseits scheinen Frauen, die mit Tätigkeiten wie Waschen, Nähen und Verkaufen beschäftigt waren, mit dem Milieu, in dem käuflicher Sex üblich war, näher in Berührung gekommen zu sein. In Paris und Marseille kam ein hoher Anteil der Prostituierten aus der »Fadenzunft«. Mehr als die Hälfte der Frauen in Paris arbeiteten als Stickerinnen, Näherinnen, Bandmacherinnen oder Stopferinnen für die große und weitgefächerte Textilindustrie der Stadt. Die Mehrzahl der übrigen verkaufte eine Vielzahl von Waren in den Straßen oder in kleinen Läden. Unter ihnen nahmen die *revendeuses* oder Gebrauchtwarenhändlerinnen als Prostituierte einen besonderen Platz ein. Auch in der Mittelmeerregion waren Näherinnen, Stickerinnen und Straßenhändlerinenn unter Prostituierten stark vertreten. Dasselbe gilt für Frauen, die Seile herstellten, Mützen strickten und Essen und Getränke verkauften.

Eine Interpretation dieser Angaben ist nicht einfach, denn sämtliche von Frauen ausgeübten Berufe waren unter Prostituierten zu finden. Doch welche waren überrepräsentiert? Da kein genaues Material über die Verteilung beruflicher Tätigkeiten innerhalb der Arbeitswelt von Frauen vorliegt, ist es schwer zu sagen, welche Berufe der Prostitution am förderlichsten waren.

Trotzdem lassen sich einige plausible Rückschlüsse ziehen. Das Hausangestelltendasein und die käufliche Liebe waren anscheinend fast unvereinbar. Die Arbeitsbedingungen einer Dienstbotin – ihre Arbeitszeit, die strenge Aufsicht durch ihren Brotgeber sowie ihr Wohnsitz in dessen Haus – machten es schier unmöglich, nebenbei als Straßendirne zu arbeiten. Andererseits ließ sich eine derartige Nebenbeschäftigung für eine Straßenhändlerin oder Wäschestopferin durchaus einrichten, ja diese Tätigkeiten erleichterten die Ansprache von Freiern. Straßenhändlerinnen trugen ihre Waren oft auch in die Häuser ihrer Kunden; Waschfrauen und Wäschestopferinnen betraten die Zimmer ihrer Auftraggeber, um Wäsche abzuholen bzw. zurückzubringen. Gängigen Behauptungen zeitgenössischer Beobachter zufolge boten die Frauen, die Essen, Getränke oder Kleider auf der Straße verkauften, gleichzeitig auch ihren eigenen Körper feil; ebenso waren zahlreiche Läden, insbesondere Damenmodegeschäfte in Wirklichkeit *boutiques prétextes*, d.h. getarnte Bordelle.

Verschiedene Frauenberufe, wie das Beispiel der Wäscherin oder Verkäuferin zeigt, teilten zahlreiche Aspekte der Prostitution: persönliche Kontakte, Werbung in den Straßen sowie Besuche im Hause des Kunden. Somit war die käufliche Liebe im Europa der Frühen Neuzeit durchaus mit nahezu jeder Art weiblicher Tätigkeit vereinbar – mit Ausnahme der einer Hausangestellten. Nicht vergleichbar war jedoch sicher die Bezahlung, obgleich sie nicht mehr exakt feststellbar ist, da Angaben über Einkünfte zu jener Zeit sogar im Falle legaler Arbeit kaum auffindbar sind. Zusätzlich erschwert wird der Blick in die Einkommensverhältnisse dadurch, daß Mätressen und Bordellangestellte einen Teil ihres Lohns als Unterkunft und Verpflegung ausgezahlt bekamen, während andere Prostituierte ihren Anteil mit Kupplerinnen, Wirtshausbesitzern und Zuhältern teilen mußten. Überdies hing die jeweilige Höhe der Bezahlung auch vom Gutdünken des Freiers ab. Sie konnte deshalb extrem unterschiedlich ausfallen, selbst innerhalb ein und desselben Etablissements. So zahlte ein Bordellbetreiber in Marseille für vergleichbare Dienste Beträge zwischen 10 Livres und 25 Sous aus.[13] Dennoch verdienten Prostituierte gewöhnlich mehr Geld als andere Arbeiterinnen. In Marseille beispielsweise erhielt eine gelernte Arbeiterin im städtischen Arsenal um 1690 täglich 25 Sous[14], so viel etwa wie eine Bordellprostituierte für eine Nummer. Literarische Texte und Justizakten gewähren den besten Einblick in die Einnahmen einer gewöhnlichen Pariser Dirne. In verschiedenen am Vorabend der Französischen Revolution veröffentlichten Flugschriften wird das Durchschnittshonorar einer Straßendirne auf 12 Sous veranschlagt. Dieser Betrag wird so oft in Aussagen von Prostituierten angegeben, daß er glaubhaft erscheint. Mit 12 Sous pro Nummer konnte eine Prostituierte mit zwei Freiern mehr herausholen, als den durchschnittlichen Tagesverdienst einer Handwerksfrau.[15] Wie auch heute noch, brachte die Prostitution damals vergleichsweise mehr ein als die meisten anderen weiblichen Erwerbsmöglichkeiten. Außerdem bot sie einen entscheidenden Vorteil, der in anderen Tätigkeitsfeldern fehlte: relative Autonomie. Es ist daher keineswegs verwunderlich, daß sich so viele Frauen diesem Gewerbe verschrieben.

Offenkundig ist, weshalb Frauen zu Prostituierten wurden, weniger klar allerdings, wie sie das taten. Gewöhnlich unterstellte man damals, daß Frauen entweder verführt und verlassen oder von ihren Müttern in die Prostitution verkauft wurden. Tatsächlich sind Fälle bekannt, in denen Mütter ihre Töchter verkauften oder sie wenigstens in das Gewerbe einführten. In Marseille gab es ganze Dynastien von Frauen, die Bordelle mit dem stillschweigenden Einverständnis ihrer Männer besaßen und betrieben. Die meisten Prostituierten allerdings fanden den Einstieg in ihre Laufbahn nicht mit Hilfe ihrer Mütter, sondern gegen deren Willen. Polizeiakten lassen erkennen, daß viele Prostituierte als eigenwillige Heranwachsende begannen, die gegen die elterliche Autorität rebellierten und von zu Hause wegliefen. Manche wurden von ihren Eltern in eine der einschlägigen Anstalten gesteckt. Die meisten von ihnen jedoch hatten keine Eltern, die wohlhabend genug waren, um für einen derartigen Zwangsaufenthalt zu zahlen. Diese Mädchen drifteten allmählich in die Prostitution, nicht aufgrund einer unglücklichen Liebe, sondern weil sie gewöhnlich eine Freundin hatten, die sich nebenbei verdingte. Solche Freundschaften hielten sich oft unter Prostituierten, denn die meisten arbeiteten zusammen und teilten sich ihre Einkünfte bzw. ihren Platz auf den Boulevards.

Generell waren Prostituierte keine Opfer; sie »fielen« nicht in ein sündhaftes Leben, noch wurden sie von einer Kupplerin oder einem undankbaren Liebhaber betrogen. Die Mehrzahl von ihnen waren Mädchen aus Arbeiterfamilien, die sich zuerst ihren Eltern und dann der Gesellschaft widersetzt hatten, indem sie frei über ihren eigenen Körper verfügten. Sie wurden auch nicht von Zuhältern schikaniert oder waren etwa von einer Bordellbesitzerin abhängig. Gewöhnlich waren sie unabhängige Unternehmerinnen, die sich ihre eigene Arbeit beschafften. Diese Unabhängigkeit, diese ungezügelte weibliche sexuelle Energie, beunruhigte die Moralisten des späten 18. Jahrhunderts. Romanciers und gesellschaftliche Kommentatoren bedienten sich zweier Beschreibungsmuster. Erstere porträtierten die Prostituierte als Opfer, als Kind, dessen Unschuld und Schamhaftigkeit das Rousseausche Weiblichkeitsideal bestätigte[16], für letztere war sie das Sinnbild eines Krankheitsherdes – eine verseuchte Arbeitergöre, die mit ihrer Verderbtheit die ahnungslose Gesellschaft zu infizieren sucht.

Gegen Ende des 18. Jahrhunderts begann die Gefahr der Syphilis bestimmend für die öffentliche Debatte um die Prostitution zu werden, und die Sorge über die gesundheitlichen Folgen der käuflichen Liebe ersetzte allmählich die Angst vor deren moralischen Konsequenzen. Bernard Mandeville vertrat bereits 1724 die Ansicht, daß die Prostitution nicht an und für sich kriminell sei, sondern lediglich gefährlich, falls sie nicht überwacht würde. In seiner Schrift *A Modest Defense of Public Stews* schrieb er jegliches gesellschaftliche Übel – von Ehebrecherinnen bis zu unehelichen Kindern – der unkontrollierten Prostitution zu und schlug deren Legalisierung und strenge Regulierung vor. Später, im Jahre 1770, setzte sich auch Restif de la Bretonne für die Absonderung und Kontrolle von Prostituierten in einer Reihe von Pariser Bordellen ein. Eine Flut weniger bekannter Autoren stimmte in den Chor der Befürworter der Legalisierung ein und warb für eine Regulierung zum Schutz der Familie und zur Rettung der Armee.

Jene Veröffentlichungen erwiesen sich als vorausschauend. 1792 führte Berlin ein System zur Regulierung der Prostitution ein, das eine polizeiliche Genehmigung zur Eröffnung eines Bordells und den Prostituierten ganz bestimmte Viertel für ihre Tätigkeit vorschrieb. Die Pariser Kommune veranlaßte im Jahre 1796 ihre Polizeibeamten, Prostituierte aufzuspüren und zu registrieren. 1798 wurden zwei Ärzte damit beauftragt, die Pariser Dirnen zu untersuchen, 1802 wurde von einem Arzt ein Dispensarium gegründet, in dem Prostituierte Zwangsuntersuchungen unterzogen wurden. Napoleons Präfekten setzten den Kampf um die Eingrenzung und Kontrolle der Prostitution fort. In Lyon, Nantes, Marseille und anderen Städten führten die Beamten eine Zählung der Prostituierten und Bordelle durch. Sie versuchten auch, das Gewerbe auf einige wenige, eigens dafür vorgesehene Straßen zu beschränken und verlangten die Registrierung sämtlicher Bordelle. Bereits gegen Ende der Napoleonischen Herrschaft war das Fundament für ein komplexes Kontrollsystem vorhanden, obgleich es erst viele Jahre später vollständig in Kraft trat.

Mit der Wiedereinführung behördlich genehmigter Bordelle schienen die Europäer zum Ausgangspunkt, zum status quo ante des späten Mittelalters, zurückgekehrt zu sein. Doch die beiden Kontrollsysteme basierten auf völlig verschiedenen Annahmen. Im Napoleonischen Paris gehörte die Prostituierte weder zur Gemeinschaft – sie galt als krank und bewegte sich demzufolge außerhalb der gesellschaftlichen Ordnung –, noch kam die behördliche Genehmigung einer Zustimmung gleich. Die Moralisten des ausgehenden 18. Jahrhunderts befürworteten nicht die Registrierung von Bordellen, um diese zur Benutzung durch die Jugendlichen der Stadt freizugeben, sondern um sie zu kontrollieren und sicherzustellen, daß diese nicht unter Umgehung der polizeilichen Aufsicht verborgen betrieben wurden.

Für die Zeitgenossen des 18. Jahrhunderts war die Prostituierte – und damit kehren wir zur Ausgangsfrage dieses Kapitels zurück – eine Rebellin. Nicht weil sie gefährlich war, wurde sie so aufmerksam beobachtet und vielfältigen Repressionen ausgesetzt, sondern weil sie sich den gesellschaftlichen Normen widersetzte. Deshalb mußte sie kontrolliert und reglementiert werden. Krankheit diente nur als Metapher für die wahre Gefahr, die sie verkörperte: die Bedrohung der patriarchalischen Ordnung, d.h. der Ordnung schlechthin. Nicht von ungefähr assoziierten Konservative im 19. Jahrhundert die Prostituierte mit dem drohenden Aufstand der Arbeiterschaft. Ungezügelte weibliche Sexualität war gefährlich, und die Prostituierte der Frühen Neuzeit – ob als Kurtisane oder Wirtshausmagd, Mätresse oder Straßendirne – stellte die etablierte Ordnung in Frage und forderte sie heraus.

Aus dem Englischen von Anne Hamilton

16
STRAFFÄLLIGE FRAUEN

Nicole Castan

Der Anteil der Frauen an der Kriminalität ist nicht leicht zu erfassen. Es ist zunächst eine Frage der Definition und der Quellen, die es zu erhellen gilt; erst dann können Schlüsse über eine spezifische weibliche Form von Straffälligkeit gezogen werden, die im übrigen nicht unabhängig von persönlichen Beziehungen und der familiären Umgebung gesehen werden kann. Um Mißverständnisse und Anachronismen zu vermeiden, wird die weibliche Kriminalität hier in einem weiten Sinne und mit Bezug auf die Verhaltensnormen der Zeit verstanden. Wir werden daher nicht nur die Straftaten betrachten, die vor Gericht verhandelt wurden, sondern auch die Verstöße, die durch eine eher informelle soziale Kontrolle der Gesellschaft geahndet wurden.

Spuren davon finden sich in erster Linie in den Akten der Justiz; allerdings weisen sie große Lücken auf, die glücklicherweise zwischen dem 16. und 18. Jahrhundert geringer werden. Ergänzt werden diese durch die Akten der Regierungsverwaltung, insbesondere durch die sogenannten *lettres de cachet*, königliche Haftbefehle, die ohne vorausgehendes Gerichtsurteil erteilt wurden. Natürlich wurden viele Vergehen und Verbrechen nie aktenkundig, weil sie geschickt verheimlicht wurden, oder aufgrund der tief verwurzelten Gewohnheit, sogar die schlimmsten Verbrechen – häufig vor einem Notar – zu schlichten, in der Absicht, Wiedergutmachung und Entschädigung zu erhalten und dabei die Prozeßkosten zu sparen. Betrachtet man all diese Quellen, so stellt sich die Frage, warum nur so wenige Frauen straffällig geworden sind: Der Anteil der Frauen an der Kriminalität betrifft je nach Instanz zwischen 10 und 20%. Diese niedrige Kriminalitätsrate steht im Widerspruch zu den zeitgenössischen Urteilen über das weibliche Geschlecht, über die »rohe und unbeherrschte Natur der Frau«, die diese zur Maßlosigkeit und Lüsternheit treibe. Die »sündige Eva, trunken vor Begierde nach den Männern« wird von der katholischen wie von der protestantischen Kirche verurteilt, die die »Kontrolle der Sinnlichkeit« empfehlen, indem sie das Bild der Jungfrau oder der Gattin und Mutter aufwerten, die ihre Leidenschaften, die Fallstricke des Dämonen, beherrscht. Diese weibliche Schwäche, die so häufig mit Gewalttätigkeit in Verbindung gebracht wird, ließe auf bestimmten Gebieten eigentlich eine hohe Delinquenz erwarten, wofür im übrigen ein Frauenanteil von 80% bei den Hexenprozessen spricht. Aber die gewöhnliche Kriminalität bestätigt dies nicht, mehr noch, sie beschränkte sich auf ganz bestimmte Bereiche, in erster Linie auf die häusliche Welt zwischen privatem Raum und Öffentlichkeit, in der die Frau nahezu uneingeschränkt herrschte.

Ehre und Gewalt im Alltag

Zum Bereich der Frau gehörten das Haus und seine Umgebung, die Nachbarschaft, die Straße, das berufliche Milieu. Gerade hier kam es häufig zu Regelverletzungen und kleineren Straftaten. Es handelt sich um einen familiären Raum, der in Westeuropa im Durchschnitt 4 bis 6 Personen umfaßte, die Tisch und Herd teilen, nicht gerechnet die Mägde und Knechte. Die Ehefrau ist für diesen Raum verantwortlich, in erster Linie für die materiellen Dienstleistungen (Küche, Betreuung der Kranken und Sterbenden, Aufzucht der Kinder), alles Dinge, die sie mit dem Schmutz und den Niederungen des Alltags in Berührung bringen (von daher ihre realistische Sprache), aber auch schnell dem Verdacht der Hexerei oder der Giftmischerei aussetzen. Auf ihr lastet aber auch ein moralischer Auftrag, die Aufrechterhaltung von Tugend und damit von Ehre. Diese Ehre beruht natürlich in erster Linie auf der Forderung nach Keuschheit und Treue, aber ebenso sehr auf der Sorge um ihren guten Ruf und den ihrer Familie. Entsprechend dem Stand der Familie, des jungen Mädchens, der Gattin oder der Witwe wurde ein alles in allem ziemlich flexibler Verhaltenskodex eines ehrbaren Lebenswandels entwickelt, der sich nach und nach in den mittleren und weiten Teilen der unteren Klassen durchsetzte. Dieser Kodex war bei Katholiken wie Reformierten von gleicher Strenge und wurde überall durch die väterliche Gewalt und ab dem 16. Jahrhundert durch den modernen Staat gestärkt. Dem Ehrenkodex zu trotzen oder ihn zu verletzen, war riskant. Wer gegen ihn verstieß, bekam es mit der Justiz zu tun, sofern nicht eine indirekte Bestrafung durch die nachbarschaftliche Öffentlichkeit (Kirchenrat, Gemeinschaften, Jugendgruppen) in Form von Denunzierungen, diffamierenden Liedern oder lautstarken Gerüchten erfolgte. Man kann einwenden, daß Familiengeheimnisse viele Unregelmäßigkeiten nicht ans Licht kommen ließen, umso mehr, als die Dienerschaft darauf verpflichtet wurde und im Falle einer Indiskretion als treulos galt. Das im allgemeinen enge Zusammenleben in der Familie und mit der Nachbarschaft und die unersättliche Neugierde aller Beteiligten, besonders der Frauen, erlaubten es freilich nicht, die Abweichungen und Gewalttätigkeiten lange geheimzuhalten, die aus der zwangsläufig an ihren Besitz gefesselten Familie zwar einen Zufluchtsort machen, aber auch ein kriminalitätsträchtiges Milieu, in dem die Frau wohl oder übel eine wesentliche Rolle spielt.

Große Aufmerksamkeit schenkte man den Verstößen, die die Familienordnung insofern verletzen, als sie mit der Sexualmoral brechen, die von Kirche und Staat streng überwacht wurde. Ein Verstoß gegen die Sexualmoral hatte in erster Linie für junge Mädchen und Witwen institutionelle und familiäre Sanktionen zur Folge. Welcher Art sie waren, hing unter anderem auch von der väterlichen Autorität und von der sozialen Stellung ab. Im Falle einer ungewollten Schwangerschaft hatte etwa ein Mädchen aus der englischen *gentry* oder aus angesehenem Provinzadel gute Chancen, dem öffentlichen Skandal zu entgehen, und die Affäre konnte durch eine arrangierte Heirat mit finanzieller Entschädigung oder im Falle einer heimlichen Entbindung durch ein diskretes Verschwinden aus der Welt geschafft werden. Der Macht des in Windeseile von Haus zu Haus getragenen Gerüchtes konnte es freilich nicht entgehen. Mit Mädchen aus bescheideneren Verhältnissen wurde anders verfahren: Ein Edikt Heinrichs II sah vor, daß außereheliche Schwangerschaften angezeigt werden müssen und deren Verheimlichung unter Strafe gestellt wird; eine ähnliche englische Verordnung von 1624 sah in der Verheimlichung der Schwangerschaft den Willen zum Kindsmord. Diese Gesetze und Verordnungen wirkten sich vor allem im städtischen Milieu aus. Über 55% der Schwangerschaftsanzeigen wurden im 18. Jahrhundert in den Städten erstattet. Im Laufe des Jahrhunderts werden immer mehr Verstöße aktenkundig – sei es aufgrund der Korrumpierung der städtischen Sitten und im Namen des damals häufig beschworenen Rechtes der Liebe, oder sei es auch aufgrund des größeren Eifers der Justiz bei der Strafverfolgung angesichts des Zustroms der Mädchen vom Lande, die vor der Familienjustiz und vor der Schande fliehen und in ihren Heimatgemeinden nicht mehr leben können. Hatten die Diziplinierungsbemühungen im 16. und 17. Jahrhundert Erfolge gezeigt, war die Rate der unehelichen Geburten in Frankreich und England rückläufig gewesen, so stagnierte sie im 18. Jahrhundert auf dem Lande auf einem sehr niedrigen Niveau. In den Städten jedoch wurden immer mehr Mädchen angezeigt, die ihre Ehre verloren hatten oder mittellos geworden waren; sie begegnen uns in den Registern der Hospitäler Frankreichs und Italiens ebenso wie in den Besserungsanstalten Englands, Hollands und Deutschlands.

Der Ehebruch galt als subversiver Akt par excellence, da er in Gesellschaften, die stark am Prinzip der Ehelichkeit festhalten, eine Bedrohung für die Weitergabe des Namens und des Erbes bildet. Deshalb wird er seit dem 16. Jahrhundert verstärkt kriminalisiert, zumindest wenn die Ehefrau ihn begeht, und harten juristischen Sanktionen unterworfen. Tatsächlich kamen jedoch nur wenige Fälle vor Gericht, meist nur die, die damit enden, daß der zutiefst gekränkte Ehemann seine Frau ermordet oder die Frau zusammen mit ihrem Liebhaber den Ehemann umbringt, vielleicht weil der Liebhaber – als Diener in ihrem Haus oder von niedrigerem Rang – einfach die Stelle des Verstorbenen einnehmen möchte. Sofern der Ehemann der ehebrecherischen Gattin nicht verzieh oder sie keinen Straferlaß durch den König bekam, wie die Frau aus einer Familie großer Pariser Juristen im 16. Jahrhundert, wurde sie mit der Verbannung hinter Klostermauern bestraft. Argwöhnische Ehemänner freilich benützten die *lettres de cachet* als Präventiv- oder Sanktionsmaßnahme. Und eine Frau machte sich, wie das Beispiel einer Bürgersfrau aus Aquitanien zeigt, leicht verdächtig. Diese Frau genoß große Freiheiten, ihren Haushalt führte sie eigenständig, und in Begleitung einer Magd waren ihr selbständige Ausritte erlaubt. Ihr vertraulicher Umgang mit einem Geistlichen jedoch überschritt die vom argwöhnischen Ehemann gezogenen Grenzen. Sein Mißtrauen wuchs, als er Verdauungsstörungen bekam und die Katze starb, die von einem Stück Eingemachtem gekostet hatte, das seine Frau zubereitet hatte. Deshalb wurde sie des Ehebruchs angeklagt und des Versuchs, ihren Gatten zu vergiften. Aber der Gang vor das Gericht erforderte überzeugende Beweise und drohte, sich zu einem Skandal auszuweiten und damit die Ehre der gesamten Familie in aller Öffentlichkeit in Frage zu stellen. Der Ehemann zog es daher vor, zu dem diskreteren Mittel des königlichen Haftbefehls zu greifen, und die Ehefrau wurde zu den Ursulinen in der Nachbarschaft geschickt.

Auch im Zusammenhang mit der damals häufigen Wiederverheiratung eines Witwers kam es oft zu Gesetzesverstößen. In den Märchen von Perrault hat die böse Stiefmutter großen Anteil an der häuslichen Gewalt. Habgier, der Wunsch, diejenigen aus dem Weg zu räumen, die nicht von ihrem Blut sind, und der Wunsch, über die Gesamtheit der Güter zu verfügen, dies alles macht die Stiefmutter von Catherine Estinès, deren Prozeß ganz Frankreich kurz vor der Revolution in Atem hielt, zum Prototyp der eifersüchtigen bösen Stiefmutter, die entschlossen ist, sich ihrer Stieftochter zu entledigen. Die Stiefmutter hat die Tochter bereits zu ihrer

Dienerin gemacht; als der Vater, ein wohlhabender Kneipenwirt und noto-
rischer Säufer, bei der Rückkehr von einer Messe, auf der er zuviel getrunken hatte, stirbt, wird Catherine auf der Stelle von ihrer Stiefmutter
beschuldigt, ihn vergiftet zu haben. Die Anklage ist plausibel, da das junge Mädchen, wie es üblich war, Arsen gekauft hatte, um die Vorräte vor
Nagetieren zu schützen. Obendrein hat sie an diesem Abend, nachdem
sie dem Vater die Suppe serviert hat, gegen alle Gewohnheit unverzüglich den Topf ausgeleert und gespült. Aufgrund von Expertisen ahnungs-
loser Ärzte und nach einem übers Knie gebrochenen Prozeß wird Catherine zur grausamen Strafe für Vatermord verurteilt: zum Tode durch das
Feuer, wobei zuvor die Hand abgeschnitten wird. Zum Glück revidierte
das Parlament dieses Urteil. Diese berühmte Affäre beweist vor allem die
große Schwierigkeit, zum Kern der zumeist latenten Zwietracht in der
Familie vorzudringen, die spontan oder nach langer Vorbereitung zum
Ausbruch kommen kann. Dies wird gern den Frauen aufgrund ihrer
»natürlichen Heimtücke und Schwäche« zugeschrieben, so daß sie häufig
wegen Vergiftung angeklagt werden. Aber nur wenige dieser Dramen
kamen vor Gericht; so kann man sie in den Urteilen des Parlaments von
Toulouse im 18. Jahrhundert an den Fingern abzählen. Vor dem Châtelet
in Paris werden während der Regierungszeit Ludwigs XVI. nur vier Fälle
verhandelt, wobei die angeklagten oder verurteilten Frauen, die um
Straferlaß nachsuchten, das Argument vorbrachten, daß »der Zorn sie
ergriffen hat«, eine legitime Verteidigung angesichts der auch den Kindern
zugefügten Behandlung. Im England des 17. Jahrhunderts, genauer in der
Grafschaft Essex, hinterläßt diese Gewalttat Spuren, wenn es eine Leiche
gibt. Es überrascht nicht, daß sie eher von Männern begangen wird: Zwischen 1620 und 1680 waren in fünf von sieben Fällen, die dem Schwurgericht vorgetragen wurden, die Ehefrauen das Opfer. Diese werden eher
angeklagt, Kinder und Dienerinnen vernachlässigt und geschlagen zu
haben. In der ungefähr 80000 Einwohner zählenden Grafschaft Surrey hingegen stehen im 18. Jahrhundert sechs Männern neun Frauen gegenüber;
sie handelten vor allem aus Eifersucht, aus lange aufgestautem Groll über
die von ihnen erlittene schlechte Behandlung und nicht zuletzt aufgrund
der Ablehnung durch die Kinder aus erster Ehe. Auf traurige Weise und
ohne Nachdruck, aber mit dem Wunsch zu überzeugen, enthüllen Verhöre und Zeugenaussagen, in welchem Ausmaß Haß und Ressentiments
im privaten Raum – ohne die Möglichkeit des Entkommens oder der
Ablenkung – gedeihen. In Frankreich nehmen die von den Familien ein-
gereichten Gesuche um Verhaftung deutlich zu: Zu Beginn des Jahrhunderts betrafen 20% aller Gesuche um königliche Intervention Familienmitglieder, während es gegen Ende des Jahrhunderts schon 30% sind. In Paris
betreffen ein Drittel der Fälle einen der beiden Ehegatten. Im Bezirk von
Caen zeigte man folgende Vergehen an, um die Inhaftierung von Frau-

en zu erreichen: Ausschweifung und Verschwendung in 52,6% der Fälle, Verrücktheit in 18,1% und die Gefahr einer Mesalliance in 15,8% der Fälle. Diese Anklagen, die im allgemeinen vom Vater oder der Mutter, vom Ehemann oder der Ehefrau unterschrieben wurden, gingen von allen Klassen der Gesellschaft aus, von der Aristokratie bis zu den Händlern, Handwerkern und Bauern, und ihre Zunahme im 18. Jahrhundert kann sowohl ein Hinweis sein auf den Anstieg der häuslichen Straffälligkeit als auch auf die Schwierigkeiten der Familienautorität, schädlichen und destruktiven Handlungen Schranken zu setzen, für die häufig, durch die Gewalt der Dinge, die Frau verantwortlich gemacht wird.

Aggressive Geselligkeit

Die Beziehungen der Frauen untereinander könnten am Fortschritt der Umgangsformen zweifeln lassen, so sehr herrscht hier ein Klima der Gewalt, der Beleidigungen und Schläge, die im 19. Jahrhundert die Strafkammern beschäftigen werden. Diese Unbeherrschtheiten charakterisieren gelegentlich die mittleren Schichten, aber mehr noch und täglich das gemeine Volk, allerdings eher in der Stadt als auf dem Land. Solche Konflikte machten über die Hälfte der Streitfälle in den Städten aus; davon gehen 20 bis 25% auf das Konto von Frauen, wobei die Angeklagten zur Wiedergutmachung und zum Schadenersatz verurteilt werden. Aber auch die vornehme Welt war reich an heftigen Auseinandersetzungen, die fast immer aus einem verletzten Ehrgefühl heraus entstehen. So wie bei jener Bürgersfrau in Südwestfrankreich, die mit Klauen und Zähnen den Ruf ihres Sohnes verteidigt, der für den Militärstand bestimmt ist: »Wie kann mein Sohn erhobenen Hauptes zu seinem Regiment zurückkehren?« Was sind die Gründe für eine derart leichte Erregbarkeit, vor allem in den unteren Schichten? Zweifellos spielte hier die Freiheit eine große Rolle, die Frauen, weit davon entfernt, zu Hause eingeschlossen zu sein, in allen westlichen Ländern hatten: Frauen trafen Freunde und Bekannte vor ihrem Haus, auf der Straße herrschte ein Kommen und Gehen zu den Arbeitsstätten, zum Waschplatz und zu den Geschäften. Frauen waren Informantinnen und Kommentatorinnen, Neuigkeiten und Klatsch trugen sie von Haustür zu Haustür. Aufgrund der engen Wohnverhältnisse wußten sie über alles Bescheid und brachten es an die Öffentlichkeit. Ständiger Anlaß für diese Redseligkeit waren die Reibereien des täglichen Lebens, die zuweilen konfliktträchtige gemeinsame Benutzung des Hauses (Wasser, Abfall, Tor), die quengelnden Kinder, die ein Klima voller Gezeter und Tumult schufen.

Wie Arlette Farge gezeigt hat, ist in Paris die Straße der bevorzugte Ort für Auseinandersetzungen, in denen Frauen ihre Streitereien mit Beleidigungen austragen: »Landstreicherin, Hure, verdorbenes Stück«, schreit eine Wagenvermieterin, die von einem Klatschweib beschuldigt wird, 6 Pfund gestohlen zu haben, das Ganze begleitet von Ohrfeigen, Besenhieben und der Gegnerin ins Gesicht geschleuderten Pferdeäpfeln. Trotz der Bemühungen der Kirchen, die Barmherzigkeit und Frieden predigen, war die Gewalt Teil der Volkskultur; sie wird vielleicht in dem Maße schwächer, wie sie eher verbal und in obszönen Gesten als durch einen Messerstich zum Ausdruck kommt. Zu berücksichtigen ist auch, daß Frauen, die von nicht bloß gesellschaftlichen öffentlichen oder hierarchischen Rollen ausgeschlossen sind, nur allzu gerne bereit sind, ihre eigenen Streitereien auszutragen, und dies vor einem Publikum, das die Akteurinnen zu schätzen weiß. Ein Zeugnis dafür ist ein Konflikt um den Vortritt, bei dem in einer Bäckerei im Departement Gard die Tochter des Bürgermeisters und die Frau eines Handwerkers aneinander geraten: Die Handwerkersfrau will sich nicht von dieser Aufsteigerin herabsetzen lassen. Zuerst fallen grobe Beleidigungen über die gesellschaftliche Herkunft und die Ehre der Familie, dann entsteht ein heftiger Wortwechsel, und die Bürgersfrau landet im Backtrog. Aber sie gibt sich nicht geschlagen und organisiert mit ihren Freundinnen eine Prügelei: »Sie kamen mit einem Stock in der Hand, hüpfend und tanzend, und schrien: ›Wir haben es ihr gegeben, sie kann sich verarzten lassen.‹« Wenn durch Zufall die Angelegenheit schlecht ausging, vor allem im Todesfall, konnte man sich immer noch auf Notwehr berufen und um Straferlaß nachsuchen. Aber wie Natalie Zemon Davis gezeigt hat, ist das die Ausnahme: In Frankreich und England steigt der Prozentsatz der von Frauen verübten Morde vom 13. bis zum 18. Jahrhundert von 7,3 auf 11,7%. Im 16. Jahrhundert betrifft nur 1% der Straferlasse durch Gnadenerlasse *(lettres de rémission)* Frauen. Die weibliche Gewalt äußerte sich eher in Geschrei und Wutausbrüchen, was im übrigen von den Männern, die dies geschickt einzusetzen wissen, mit ironischer Nachsicht betrachtet wurde.

DIE KRIMINALITÄT DES ELENDS

Wir haben es hier mit Fällen zu tun, die heute vor dem Schwurgericht verhandelt würden, damals jedoch körperlichen und entehrenden Strafen unterlagen. Die Frauen sind hier in der Minderheit, im allgemeinen unter 10%, und es sind noch weniger, wenn man nur diejenigen berücksichtigt, die tatsächlich eine Strafe verbüßt haben. Es sind fast ausschließlich Frauen, die ihre Familien verlassen haben oder von ihr aus dem Haus gejagt wurden, die Hälfte oder zwei Drittel davon Töchter, ein Fünftel verlassene Ehefrauen und ein unterschiedlicher Anteil von Witwen. Da sie keinen familiären Schutz mehr genießen, arbeiten sie als Tagelöhnerinnen, Dienstmädchen, Arbeiterinnen in der Textilindustrie und sind daher allen Risiken der Marktwirtschaft ausgesetzt und der Arbeitslosigkeit, Krankheit und Witwenschaft ausgeliefert. Die Versuchungen der Kriminalität lauern überall: Sie machen Jeanne Deschamp, eine aus Fribourg stammenden Spinnerin, die zuweilen auch bettelt, zur Gelegenheitsdiebin. Andere Frauen, wie in Toulouse Marion, die von ihrem Mann, der in den Krieg zog, verlassen wurde, versuchen, sich mehr schlecht als recht mit Gelegenheitsarbeiten wie Wäschewaschen, Wassertragen oder als Bedienung durchzuschlagen. Es sind Entwurzelte, die oft Zuflucht in den Städten suchen und die der Justiz oder sogar dem Galgen zum Opfer fallen, da sie sich auf kleinere Delikte spezialisieren.

Neben dieser Kleinkriminalität spielt insbesondere ein Delikt eine große Rolle: der Kindsmord. Der Kindsmord wurde dem Vater- oder Muttermord gleichgestellt, wobei das Verheimlichen der Schwangerschaft bereits den Vorsatz dazu ankündigte. Er war ein »abscheuliches« Verbrechen gegen »die Frucht des Leibes« und wurde deswegen mit dem Tod durch das Feuer oder den Galgen bestraft. In Wirklichkeit war es im allgemeinen eine Handlung, die aus der Not geboren und von Frauen in Panik begangen wurde. Eine ehrenrührige Schwangerschaft war für sie eine Katastrophe, die sie in das Dilemma brachte, zwischen ihrer Arbeitsstelle und ihrem Kind zu wählen. Also entledigten sich nicht wenige ihres Kindes, wie sie konnten, indem sie es erstickten, indem sie es zwischen ihren Schenkeln erdrückten, wie ein Arzt aufgrund des langgezogenen und platten Kopfes bezeugte. Es ist schwierig, die Häufigkeit dieser Handlungen abzuschätzen, vor allem im ländlichen Milieu, da Frauen einerseits die Anzeichen einer Schwangerschaft und heimlichen Niederkunft schnell entdeckten, andererseits aber auch aus einer momentanen Solidarität heraus bereit waren, diese geheimzuhalten und nicht vor Gericht auszusagen. Der Kindsmord machte daher weniger als 1% der Fälle aus, die vor dem Parlament von Toulouse verhandelt wurden, und nur drei Fälle kommen während der Regierungszeit Ludwigs XVI. vor das Châtelet in Paris. In Essex machen im 17. Jahrhundert die dieser Tat Angeklagten, überwiegend junge Witwen oder ledige Frauen, noch fast 10% der zum Tode verurteilten Frauen aus. Aber im 18. Jahrhundert war man weniger streng, und in Surrey, wo im Durchschnitt eine Anklage pro Jahr erfolgt, gab es zwischen 1750 und 1800 nur vier Verurteilungen zum Galgen und keine Exekution. Der Unterschied ist nicht so sehr auf das religiöse Bekenntnis zurückzuführen, denn Katholiken und Reformierte kämpfen im 16. und 17. Jahrhundert gleichermaßen gegen die Ausschweifungen, die die Familie und die öffentliche Ordnung bedrohen. Aber im 18. Jahrhundert verlangen englische Jurys und französische Magistraten begründetere Beweise und berücksichtigen die Umstände des Todes. Sogar die auf frischer Tat ertappte Marie Guyot, die von ihren Nachbarn dabei überrascht wurde, wie sie ihr Kind zum Fenster hinauswirft, kann dies abstreiten: »Ich stand da, als es herauskam, ich wußte nicht, was das war ... da ...« Es ist eher üblich, daß die Angeklagten behaupteten, ein totgeborenes Kind auf die Welt gebracht zu haben, was die medizinischen Expertisen nicht ausdrücklich widerlegen können. Die Todesstrafe ging daher zurück, und die Angeklagten wurden in Besserungsanstalten eingeliefert, der Zwangsverwahrung durch die Hospitäler oder den Bons Pasteurs überantwortet. Gleichzeitig läßt sich eine andere veränderte Einstellung feststellen, entsprechend der in diesem Jahrhundert gepflegten Empfindsamkeit: Sie zeigt sich im spektakulären Anstieg der Kindesaussetzungen, die größtenteils unehelich geborene Kinder betreffen, was wiederum den wachsenden Anteil der unehelichen Geburten in den Städten bestätigt. Dies hatte zwar einen Rückgang der Strafverfolgung wegen Kindsmord zur Folge, aber auch den Ruin der Finanzen der Hospitäler, trotz der erschreckend hohen Sterblichkeitsrate der zu einer Amme gegebenen Kinder.

KLEINERE UND GRÖSSERE DIEBSTÄHLE

Schenkt man den Kriminalitätsakten Glauben, so ist der Diebstahl das weibliche Delikt par excellence. Auf den ersten Blick könnte man versucht sein, hierin eine typisch proletarische Aggression zu sehen. Tatsächlich handelt es sich bei den Diebinnen jedoch um eine sozial hochdifferenzierte Schicht von Bäuerinnen von niedrigem Stand bis hin zu Frauen aus dem kleinen Handel und dem Handwerk, denen man vorwirft, sich auf Forderung oder Vorschlag ihrer Männer hin zu deren Komplizinnen zu machen und andere durch widerrechtliche Bodennutzung oder Unterschlagung zu schädigen. Der Mann befindet sich nicht unbedingt im Elend, aber er ist ein gewohnheitsmäßiger Dieb, wie er in allen Gemeinschaften anzutreffen ist und bis zu einem gewissen Grad toleriert wird – dies kann in der Tat ein Weg zur Bereicherung sein. Und die Ehefrau kann sich umso mehr auf das eheliche Herrschaftsgefüge berufen, als sie zur Erfüllung ihrer Rolle als Hausfrau und Ernährerin zu schäbiger Habsucht und Geldgier autorisiert wird, was sie dazu treibt, das Gut anderer zu schädigen. Zudem ist man einer Diebin gegenüber nachsichtiger, sobald diese sich auf die Notwendigkeit beruft, ihre Kinder ernähren zu müssen. So kann sie trotz kleiner Diebstähle im wesentlichen ihre Ehre als Frau bewahren, die für ihre Familie verantwortlich ist. Insgesamt handelt es sich dabei um unbedeutende, aber häufige Diebstähle – mit einer Ausnahme: Der Diebstahl im Hause der Herrschaft stellt einen Vertrauensbruch dar. Weil eine ständige Überwachung nicht möglich ist, schöpft man schnell Verdacht, und auch einfache Familien teilen Tisch und Herd mit einem Dienstmädchen. Diese stellen allerdings keine große Gefahr dar, eher diejenigen, die in reichen Häusern dienen, bei denen es sich manchmal um Abenteurerinnen und häufig um Entwurzelte handelt – so auch C. Petit, verwitwete Boudard, 44 Jahre alt, Köchin in Paris mit einem Gehalt von 18 Talern im Jahr, die jedoch für den Unterhalt eines Paukenschlägers der königlichen Garden aufkommen muß. Sie stiehlt und wechselt von einer Arbeitsstelle zur anderen – Mobilität wird in diesem Beruf ungern gesehen und unterscheidet die treue Dienerin von all den anderen, deren Habgier in den Romanen und Komödien der Zeit beschrieben wird. Die Habgier wird dadurch angestachelt, daß die Dienerinnen für sie unerreichbare Reichtümer vor Augen haben und daher voller Ressentiments sind. Aber die Befürchtungen der Herrschaft, die Louis-Sébastien Mercier am Ende des 18. Jahrhunderts zum Ausdruck bringt, führen nur selten zur Strafverfolgung. 1782 gab es im Zuständigkeitsbereich des Parlaments von Paris nur wenige Fälle und vor dem Präsidialgericht von Angers im Laufe des 18. Jahrhunderts nur 18 Anklagen: das entspricht 5 bis 8% der Diebstähle in den Städten, die zu fünfzig Prozent von Frauen begangen wurden, denen weitgehende Straflosigkeit sicher war, denn Herrschaften und Magistraten oder Geschworene schreckten davor zurück, sie zum Tode zu verurteilen. Man zog es vor, die Treulose auf ziemlich brutale Weise zu durchsuchen und fortzuschicken. Die Todesstrafe ereilte jedoch gefährliche Wiederholungstäterinnen oder z. B., nach mehrfachen Anklagen, ein armes Mädchen von siebzehn Jahren, das wegen eines Diebstahls von Taschentüchern in Toulouse und eines silbernen Löffels in Paris gehängt wurde. Streng verurteilt wird auch die Erschleichung oder der Raub eines Erbes, wodurch auch eine Frau bescheidenen Standes, wenn sie es geschickt anstellte, zu Reichtum gelangen konnte. Der Fall kommt nicht häufig vor, denn in reichen Familien ist es nicht üblich, einen Greis seiner Dienerin auszuliefern. Ideal ist der alte gebrechliche Junggeselle, der keine nahen Verwandten hat und von dem, wie in einem Fall, das Gerücht geht, er habe Schuldanerkennungen über 40000 Pfund und jede Menge Gold und Taler. Die Frau macht sich im Haus dank der für ihren Herrn erforderlichen abstoßenden Pflege unersetzlich. In Komplizenschaft mit den Nachbarn plündert sie das Haus und nutzt das durch den Todesfall hervorgerufene allgemeine Durcheinander, um sich der Geldscheine und Goldstücke zu bemächtigen. Aber sie war so unvorsichtig, verdächtig hohe Investitionen zu tätigen, die sie schließlich verrieten.

In der überwiegenden Mehrzahl der Fälle handelt es sich um banale und unbedeutende Diebstähle, wenn man außer acht läßt, daß sie wiederholt begangen wurden und eine Gesellschaft hart trafen, die über eine begrenzte Menge an Verbrauchsgütern und Gebrauchsgegenständen verfügte, in der die Güter der Armen am meisten gefährdet waren und ihr Verschwinden äußerst schmerzhaft empfunden wurde. Diese Diebstähle sind zu einem großen Teil verantwortlich für das unsichere Klima vor allem in den großen Städten und insbesondere in Paris, wo Eigentumsdelikte die Hälfte bis drei Viertel aller Straftaten ausmachen. Im Jahr 1782 sind von den 532 Angeklagten vor dem Parlament von Paris 98 (davon 17 Frauen) wegen schwerer Gewalttätigkeit angeklagt, aber 399 wegen Diebstahl und Betrug, davon 76 Frauen. Frauen sind also signifikant beteiligt, in Paris in einem von vier Fällen, wobei sie bei den Diebstählen von Wäsche und Stoffen in der Mehrheit sind, aber in der Minderheit, wenn es sich um Silberwaren, Schmuck oder Geld handelt. Auf dem Land sind Diebstähle seltener und betreffen vor allem Getreide, Gemüse, Obst und Holz, während in den Städten vor allem Wäsche, Gebrauchsgegenstände und insbesondere Lebensmittel gestohlen werden, was damit gerechtfertigt wird, daß die Familie ernährt werden muß. Auch wird in den Geschäften gestohlen, wo die reichlich vorhandenen Waren und die relative Leichtigkeit, sich ihrer zu bemächtigen, reizen. Das Sozialprofil der Diebin unterschied sich in den verschiedenen europäischen Ländern nur unerheblich: Die Frauen kommen fast alle aus den arbeitenden oder notleidenden Klassen; sie wohnen weniger auf dem Land als in der Stadt; sie sind Lohnabhängige, die von einem Tag zum andern leben. Nach Montyon ist über die Hälfte von ihnen ledig, annähernd 45% sind verheiratet und 4,5% verwitwet, wobei dieser Prozentsatz unterschiedlich sein kann, je nach Art des Delikts. Ob es sich um professionelle Diebinnen handelt, ist schwer zu sagen, da diese Qualifizierung mehr oder weniger ihre Zugehörigkeit zu einer Bande impliziert. Dieses Faktum ist selten, und man begegnet ihm vor allem in England, wo die Presse 1764 auf Banden junger Frauen aufmerksam macht, die die Londoner Geschäfte plündern. Bei den Professionellen handelt es sich eher um organisierte Hehlerinnen, die mit anerkannten Dieben in Verbindung stehen, die alle möglichen gestohlenen Gegenstände weiterverkaufen, Pfandleihen tätigen und im allgemeinen den Polizeibeamten, die sie mit Informationen beliefern, als Kupplerinnen bekannt sind.

Erst die Zunahme der Diebstähle in der zweiten Hälfte des 18. Jahrhunderts beunruhigt die öffentlichen Gewalten. Dem Problem, das eng mit der Armut verbunden ist, begegnete man seit dem 16. Jahrhundert sowohl mit Hilfsmaßnahmen als auch mit der Einsperrung der Bettler. Armut, Bettelei und Landstreicherei hatten Kriminalität zur Folge, die besonders in schlechten Jahren in den Städten und auf den Überlandstraßen überhandnahm. Für diese entwurzelten Frauen war es schwierig, den Teufelskreis zu durchbrechen, der sie zu Opfern der Justiz und insbesondere der Gendarmerie machte; nur wenige schafften es, den Zwangsverwahrungsabteilungen der Hospitäler oder der riesigen Salpêtrière in Paris für immer zu entkommen.

STRAFEN

Will man versuchen, weibliche Kriminalität zu klassifizieren, so muß zuerst untersucht werden, welche Strafen eine Gesellschaft wählt: Sie sind ebenso signifikant wie die Vergehen selbst, die uns im übrigen nur bekannt sind, weil sie Gegenstand einer gerichtlichen Verhandlung waren. Daraus resultiert auch das ständige Problem der Dunkelziffer, die die weibliche Delinquenz aufgrund ihres privaten Charakters besonders betrifft; es gibt gerade in den oberen und mittleren Klassen nur wenige Frauen, die nicht den Schutz der Familie genießen. Überdies schreibt die Jurisprudenz im 18. Jahrhundert in ganz Europa auch der unterprivilegierten Frau nur eine eingeschränkte Verantwortlichkeit zu, vor allem wenn sie für Kinder zu sorgen hat. So erklärt sich der Unterschied zwischen der Zahl der Frauen, die angeklagt, und der Zahl derer, die tatsächlich verurteilt wurden. Viele Angeklagte wurden freigelassen, weil man an ihrer Schuld zweifelte, und mehr noch deswegen, weil sie sich um den Haushalt kümmern mußten. So geraten hauptsächlich, insbesondere in den Städten, alleinstehende und sozial deklassierte Frauen in die Fänge der Justiz. Das erklärt im großen und ganzen, warum Frauen in den Kriminalitätsstatistiken unterrepräsentiert sind.

Die Wahl der Strafe war natürlich abhängig von den am häufigsten begangenen Straftaten. Frauen neigen weniger zu schweren Gewalttaten als Männer: In Surrey entfielen zwischen 1660 und 1800 von 7000 tätlichen Angriffen nur ein Viertel auf Frauen. Aber die von Frauen begangenen Gewalttaten stoßen auf besondere Ablehnung, weil sie die Werte und fundamentalen Tugenden der Familie betreffen: Mord, Kindsmord und Diebstahl im Haus der Herrschaft, die alle unter Todesstrafe stehen, welche noch im 16. Jahrhundert streng angewandt wurde. In den Jahren 1535 und 1545 wurden von 18 Frauen, die des

Kindsmordes angeklagt waren, 13 in erster Instanz und 8 in zweiter Instanz zum Tode verurteilt. Im Laufe der folgenden Jahrhunderte wurden zusehends mildere Strafen verhängt. Die Todesstrafe wurde zunehmend durch Gefängnisstrafen abgelöst, und dies in einem unveränderten (so die Ordonnanz von 1670) oder sogar, wie in England, durch neue Statuten verschärften legislativen Kontext (»Blutkodex«). So wurden in Neuchâtel in einem Jahrhundert 103 Personen zum Tode verurteilt (10,2% aller Verurteilungen), darunter 14 Frauen; 9 Frauen wurden hingerichtet, davon 6 wegen Kindsmord. Am häufigsten (65% aller Strafen) wurde die Verbannung verfügt, oft in Verbindung mit Auspeitschung; meist wurden damit Eigentumsdelikte geahndet. Wiederholungstäterinnen, Diebinnen oder Frauen, die gegen die guten Sitten verstießen, kamen in eine Strafanstalt. Ebenso verhielt es sich in England, wo harte Strafen wie Hinrichtung und Deportation den Männern vorbehalten waren und Frauen seit der Mitte des 18. Jahrhunderts vorzugsweise in Besserungsanstalten gesteckt wurden; minderjährige Straffällige wurden ausgepeitscht, oder es wurde ihnen das Halseisen angelegt.

Auch die französischen Gerichte behandelten straffällig gewordene Frauen nicht härter: Sie wurden streng verurteilt, wenn sie die heilige Familienehre verletzten, und mit relativer Milde, wenn ihr Vergehen für wenig gefährlich angesehen wurde. Selbst die in erster Instanz gefällten Urteile, die in der Regel immer strenger sind, wurden zusehends milder. So wurde nahezu die Hälfte der Frauen freigesprochen, die vor dem Parlament von Toulouse in den letzten zwölf Jahren des Ancien Régime Berufung einlegten: Von 462 Frauen wurden 3,9% zum Tode, 25,7% mit Gefängnis, 22,2% zur Verbannung und die anderen zur Auspeitschung, zum Halseisen etc. verurteilt. Auch in Paris läßt sich eine solche Tendenz feststellen, die die Todesstrafe grausamen Verbrechen und dem wiederholten schweren Diebstahl vorbehält: 15,8% wurden wegen Verbrechen innerhalb der Familie, 7,7% wegen Kindsmord und 6,1% wegen Gewaltanwendung zum Tode verurteilt, aber im gleichen Zeitraum nahm die Zahl der Todesstrafen ständig ab. So kam es bereits vor der Revolution zu einer Milderung der Strafen, von der vor allem die Frauen profitierten.

Die Urteile waren insgesamt zwar streng, aber – wie die Beispiele zeigen – auch begrenzt und sollten die Kontrolle der Familie über die Fortpflanzungsfähigkeit der Frau wahren. Man ließ deutlich Milde walten im Falle der wirtschaftlichen Schwäche der Frau, von der die Moraltheologie zurückhaltend sagte, daß sie den Diebstahl entschuldige. Was kann man anderes erwarten von einer Gesellschaft, die zu arm war, um auf eine konstitutive Disziplinierung der Familienordnung und auf minimale Sanktionen für jeden Angriff auf fremdes Gut zu verzichten?

Aus dem Französischen von Roswitha Schmid

17

FRAUEN IM AUFSTAND

Arlette Farge

D ie Beschäftigung mit der Gewalt im Volk ist eine der großen Aufgaben der europäischen Geschichtsschreibung. Ausgehend von klassischen Interpretationen – marxistischen und anderen – wurden die Analysen immer genauer, mit denen anhand von Gerichtsakten die Gesten, Reden, Rollen und Funktionen von Gruppen und Gemeinschaften untersucht wurden, deren Zorn zwischen dem 16. und dem 18. Jahrhundert zum Ausbruch kam. Von diesen manchmal auch bewaffneten Massen müssen Historiker und Historikerinnen berichten, wohl wissend, daß jede Revolte eine Vielzahl von Sinngebungen freisetzt und zu ihrer Zeit und an ihrem Ort einen Graben aufreißt, der das jeweilige Morgen vom Gestern trennt.

Trotz aller Unterschiede im Einzelfall ist man sich darüber einig, daß es zwischen dem 16. und dem 18. Jahrhundert in Nordwesteuropa (Frankreich, Holland, England, Deutschland) ein gemeinsames Modell des Aufruhrs gibt. Auf die ökonomischen Forderungen und schweren religiösen Ausschreitungen des 16. Jahrhunderts folgen antifiskalische Bauernbewegungen, die sich gegen Besteuerungen, Teuerungen und zu hohe Getreidepreise wandten, und schließlich im 18. Jahrhundert – zweifellos weniger von Krisen geschüttelt – städtische und ländliche Revolten aus unterschiedlichen sozialen und politischen Motiven. Spanien wird im 16. Jahrhundert von großen Revolten heimgesucht, wie die der *Germanies* von 1519–1520 gegen die Grundherrschaft auf den Ländereien der Krone von Aragon oder die der *Comunidades* von

Kastilien zur gleichen Zeit. Im 17. Jahrhundert wurde Spanien von zwei großen nationalistischen Bewegungen erschüttert: in Katalonien nach der Annexion von 1659 und in Portugal, wo die Bewegung schließlich siegreich war. Darüber hinaus erlebte Andalusien viele Erhebungen, die vor dem Hintergrund des Elends und der Ungerechtigkeit, wie sie um das Jahr 1640 im Land herrschten, gesehen werden müssen. Im 18. Jahrhundert gab es in Spanien große soziale Bewegungen, deren bekannteste die von Motin de Esquilache ist.

In Italien liegt zwischen zwei Epochen großer Unruhen in den Städten – die eine im späten Mittelalter und in der Renaissance, die andere in den schwierigen Augenblicken der Vereinigung – ein langer Zeitraum, der reich war an Agrarrevolten, in denen ein tiefer Groll des Volkes gegen die Reichen zum Ausdruck kam.

In zahlreichen Untersuchungen amerikanischer und europäischer Historiker und Historikerinnen wurde Einigkeit erzielt über die Fragestellungen, die Formen der Analyse und über die Interpretation der Daten. So konnte man nach den Worten von Charles Tilly ein »Repertoire von Leistungen«[1] erstellen, das die Fähigkeit einer sozialen Gruppe zeigt, sich zu einer bestimmten Zeit und an einem bestimmten Ort kollektiv zu behaupten und andere Existenzbedingungen zu erreichen als diejenigen, die sie ertragen muß. Ebenso versucht man, die Zusammensetzung aufständischer Massen detailliert zu analysieren, um die soziale Zugehörigkeit ihrer Mitglieder, die Art und Weise ihrer ökonomischen Integration und ihre politischen Prinzipien zu verstehen. Im übrigen erweist sich eine Untersuchung der Haltungen als notwendig, die Individuen dazu bringen, sich mit Blick auf eine – punktuelle oder groß angelegte – Aktion gegen eine oder mehrere Autoritäten zusammenzuschließen. Damit werden die strittigen Phänomene in allen ihren Dimensionen aufgezeigt und die damit verbundenen Handlungen durch die Erklärung der Formen des symbolischen, sozialen und politischen Willens rekonstruiert.

Und doch, trotz der unbestreitbaren Fortschritte in der Protestforschung: Über eine an allen Aufständen beteiligte Gruppe wissen wir nach wie vor recht wenig: über die Frauen. Dies läßt sich in erster Linie darauf zurückführen, daß weibliche Gewalt widersprüchlicherweise eine Vorstellung hervorruft, die sie zu beseitigen sucht, indem sie diese fasziniert feststellt. In diese Sackgasse gerät jeder, auch die Historiker, die erst spät über die Formen und Funktionen ihrer Präsenz nachgedacht haben.

In Frankreich konstatierten Albert Soboul, Robert Mandrou[2] und Yves-Marie Bercé als erste die große Anzahl von Frauen in den Volksbewegungen der modernen revolutionären Epoche. In einem ersten schüchternen Schritt glaubten diese Historiker, Frauen hätten nur in

Ausnahmesituationen an Aufständen teilgenommen: In erster Linie wären sie in Brotprotesten aktiv geworden, und zwar um die Mitglieder ihrer Familie vor dem Hunger zu bewahren. Sie waren aufgrund ihrer Natur dabei: als Gebärerinnen und Ernährerinnen schützten sie »instinktiv« ihre Kinder vor der Hungersnot, so wie bei den Tieren die Weibchen ihre Kleinen schützen. Diese Sichtweise entspricht ziemlich genau den wenigen zeitgenössischen Überlegungen zur Rolle der Frauen im Gemeinwesen.

Unter dem Druck der Frauengeschichte, wie sie seit den siebziger Jahren betrieben wird, wurden die Fragen genauer formuliert. Michelle Perrot und später Natalie Zemon Davis wurden durch die große Zahl aufrührerischer Frauen irritiert, auf die sie in ihren Untersuchungen stießen; sie betonten dabei einerseits, daß das Auftreten dieser Frauen dadurch erleichtert wurde, daß sie zivilrechtlich und strafrechtlich weniger zur Verantwortung gezogen werden konnten. Andererseits hoben sie die Formen der Kultur hervor, in denen Frauen lebten und die es ihnen erlaubten, eine Zeitlang die Unordnung und die »verkehrte Welt« zu verkörpern, darin dem getreu, was in den populären und gelehrten literarischen Texten über sie gesagt wurde. Außerdem ist nicht zu übersehen: Frauen nehmen an allen oder fast allen Aufständen teil, und sie sind in den Lebensmittelrebellionen kaum zahlreicher. Dieses Schema scheint allgemeingültig zu sein – wie englische Studien, deutsche Arbeiten über die Bauernbewegungen zwischen 1648 und 1806, Untersuchungen über die italienischen Revolten, vor allem den sogenannten Masaniello-Aufstand 1647 in Neapel und die Arbeiten über die Lyoneser Volksaufstände im 17. und 18. Jahrhundert¹ belegen. Die besonders detaillierten Forschungen über Holland¹ zeigen, daß Frauen während des ganzen 17. und 18. Jahrhunderts in religiösen wie antifiskalischen und sogar politischen Aufständen (z. B. die *Patriot Revolt* 1782–1787) sehr aktiv waren. Frauen denken also nicht nur mit ihrem Bauch – welch eine Erleichterung.

Das Paradox ist erstaunlich: Die – manchmal mehrheitliche – Präsenz von Frauen in den Aufständen ist offensichtlich und wird von der gesamten Protestforschung bestätigt. Dennoch fragen – sieht man von Ausnahmen ab – auch die Studien, die die aufständischen Frauen nicht einfach verschweigen, nicht nach den Motiven dieser Frauen, geschweige denn, daß die Schwierigkeiten, die sie bei ihrer Rückkehr zur Normalität des Alltags zu gewärtigen haben, erforscht werden. Genau das freilich soll im folgenden getan werden: Es wird nach dem Beginn, den Ursachen der Revolte gefragt, nach den Rollen, Gesten und Symbolen während des Aufstandes und nach der Rückkehr in den Alltag.

Der Eintritt in die Revolte

Der Eintritt in die Revolte bedeutet, mit kollektiven Mitteln, die man für legitim und geeignet hält, gegen eine für unannehmbar angesehene Situation vorzugehen – und damit in das Innere des Gemeinwesens vorzustoßen. Nun sind aber die Frauen und das Gemeinwesen zwei Realitäten, die weit voneinander entfernt sind, zumindest rechtlich gesehen. Deshalb kann man sich fragen, wie der Einbruch der Frauen in eine Welt, von der sie von Rechts wegen ausgeschlossen waren, üblicherweise vonstatten ging.

Es gibt zwei Erklärungsansätze für die Formen weiblichen Protestes zwischen dem 16. und dem 18. Jahrhundert. Ein Teil der Historiker und Historikerinnen geht davon aus, daß Frauen im Mittelalter und in der Frühen Neuzeit genauso »frei« waren wie Männer, daß vor allem in den unteren Schichten auf dem Land männliche und weibliche Rollen nicht so stark festgeschrieben waren. Erst die Industrialisierung und der Übergang zum kapitalistischen System zerstörten eine Art präexistenter Harmonie.[5] Aus dieser Hypothese kann die Schlußfolgerung gezogen werden, daß Frauen von Aufständen genauso betroffen waren wie Männer und auf gleicher Ebene daran teilnehmen konnten.

Die wohl vernünftigere Perspektive geht davon aus, daß innerhalb der Familien die Verteilung der Arbeit asymmetrisch war und daß die Rollen, so »komplementär« sie auch erscheinen, ungleich waren, sowohl in materieller wie in symbolischer Hinsicht.[6] Damit wirft die Teilnahme von Frauen am Aufruhr neue Fragen auf und verpflichtet zu anderen Antworten.

Im folgenden wollen wir einige Aufstände oder Revolten (man kann sie nicht alle studieren) in England, Frankreich und Holland näher untersuchen. Die weibliche Dissidenz (ohne Waffen und ohne Gewalt) ist nicht zu unterschätzen; man kann sich dabei auf ein Beispiel stützen, um die zahllosen und subtilen Formen zu verstehen, mit denen die Frauen den Vorschriften der zivilen und religiösen Autoritäten Widerstand leisten: die *recusant women*, eine englische Bewegung zwischen 1560 und 1640.[7] Eine Minderheit katholischer Frauen enthüllte durch ihren Widerstand gegenüber dem *Uniformity Act* von 1559, der alle derselben Religion unterwerfen sollte, das Wesen und die Grenzen der staatlichen Autorität und zeigte ihre Fähigkeit, Widerstand zu leisten und sich dem Dogma des zivilen und religiösen Gehorsams zu widersetzen. Diese Frauen weigerten sich, dem Gesetz zu gehorchen und sich der Kirche zu unterwerfen. Einfallsreich sprachen sie für sich selbst, erklärten ihre Handlungen, auch wenn man von ihren Ehemännern verlangte, sie davon abzubringen. Trotz Geld- und Gefängnisstrafen mußten sie nicht den vollen Preis für ihre Herausforderung der Autoritäten bezahlen – dank des traditionellen Mechanismus der geringeren Verantwortlichkeit der Frau. Nur drei Frauen wurden hingerichtet, während 27 Männer ihre Rebellion mit dem Tod bezahlen mußten.

Bei diesen Protesten wußten sie ihre alltäglichen Lebensformen wirkungsvoll einzusetzen. So beherbergten sie katholische Priester und richteten ihren privaten Raum so her, daß das Versteck unentdeckt blieb. Wenn die benachrichtigten Autoritäten trotzdem bei ihnen auftauchten, beteuerten sie ihre Unschuld, ihr Nichtwissen, beriefen sich auf ihre Schwäche und alle Formen weiblicher Ohnmacht, um ihre Gegner zu rühren. Aggressiv, entschlossen, »weiblich« widersetzten sie sich dem Gesetz und stellten das Gemeinwesen auf den Kopf, indem sie zu ihren Gunsten und für ihre Sache die Handlungsformen unterliefen, die ihnen gewöhnlich zuerkannt wurden. Sie trafen das Gemeinwesen durch das, was dem Staat am äußerlichsten ist – durch einen privaten Bereich, der zum unerwarteten Kriegsschauplatz wurde.

Frankreich, Paris, im Juli 1750[8] liefert ein anders Beispiel: Die Polizei hat beschlossen, die kleinen Straßenjungen, die Flaneure und Müßiggänger von den Straßen zu entfernen, sie vielleicht sogar nach Louisiana zu verschicken, um die blutarme Kolonie zu bevölkern. Aber man vergreift sich nicht ungestraft an den Kindern des Volkes. Schon 1725 hatte sich die Bevölkerung aus denselben Gründen aufgelehnt. Jetzt, 1750, bricht an mehreren Stellen der Hauptstadt ein schwerer Volksaufstand aus. Es gibt Tote, zahlreiche Verletzte, und nach einer einmonatigen Gerichtsverhandlung drei exemplarisch vollstreckte Todesurteile an jungen Männern, die angeklagt waren, an den Straßenaufständen beteiligt gewesen zu sein.

Daß die Frauen sich aufgelehnt haben, überrascht nicht. Interessanter sind zweifellos ihre Aktionsformen in der Stadt, wenn sie versuchen, ihre entführten Kinder wiederzufinden, die auf mehrere Pariser Gefängnisse zerstreut sind. Sie bedienen sich nicht nur ihres sozialen Wissens, sie haben Zugriff auf den Augenblick (der Entführung ihrer Kinder) wie auf das Ereignis, im allgemeinen über die Nachbarschaftsnetze, die Verwurzelung im Stadtviertel, soziale und politische Fertigkeiten: Sie postieren sich zu den Zeiten und an den Stellen, von denen sie wissen, daß der Generalleutnant der Polizei und seine Sekretäre vorbeikommen müssen, sie halten die Kutsche an und diskutieren mit den Insassen, sie gehen zum Kommissar, suchen einflußreiche Inspektoren auf, sie gehen vor die Tore der Gefängnisse, unterhalten sich mit ihren Kindern, bringen ihnen etwas zu essen und sorgen sich sogar wegen der Schule. Diese Vielzahl punktueller Aktionen zeigt nicht nur eine Vertrautheit mit der Art und Weise, wie die Stadt regiert wird, und mit den sozialen Gewohnheiten der Polizei, sondern auch eine unmittelbare Fähigkeit, Handlungs-, Denk- und Sprachformen zu finden, die stark an Verhandlungen erinnern.

Politische Aufstände in Holland waren die Aufstände der Oranier von 1653, 1672, 1747 und diejenigen, die zwischen 1782 und 1787 ausbrachen (die Patriotische Revolte).[9] Die Frauen waren hier zahlreicher vertreten als in allen anderen Getreide- oder Steueraufständen dieser Zeit. Ihre Rolle in der traditionellen Gemeinschaft ihrer Nachbarschaft oder ihres Stadtviertels versetzte sie in die Lage, in politischen Aufständen zahlreich präsent zu sein. Per Gesetz aus dem Gemeinwesen ausgeschlossen, arbeiten sie dort auf »natürliche« Weise: Ist das wirklich so außergewöhnlich? Wie könnte man glauben, daß ihre gesetzlich verordnete Ohnmacht mit Gleichgültigkeit einhergeht? Und wie kann man aus ihren Motivationen oder ihrer Teilnahme eine wie auch immer geartete Form der Gleichheit mit der männlichen Macht und den Männern im besonderen ableiten?

Die Teilnahme der Frauen an den Aufständen, ihr Engagement bei diesen Ereignissen sind offenkundig. Sie sind der Ausdruck der tragischen Rolle, die die Frauen in ihrer familiären, sozialen und öffentlichen Umgebung spielen.

DIE REVOLTE: SPRACHE, ZEICHEN, VORSTELLUNGEN

In der Revolte haben Frauen eine andere Funktion als Männer; letztere wissen dies, sind damit einverstanden und verurteilen sie dennoch. Frauen ergreifen die Initiative, fordern die Männer auf, ihnen zu folgen, und besetzen die ersten Reihen des Aufstands. Diese momentan »verkehrte Welt« überrascht die Männer nicht. Bedrängt von den Schreien und anfeuernden Rufen, vergrößern sie die Menge durch ihre Anwesenheit. Sie wissen, wie sehr Frauen in der ersten Reihe die Autoritäten beeindrucken, sie wissen auch, daß die Frauen wenig zu fürchten haben, da sie strafrechtlich weniger zur Verantwortung gezogen werden, und daß diese Tatsache der Garant für einen späteren Erfolg der Bewegung sein kann. Die Männer kennen und akzeptieren diese männlichen und weiblichen Rollen, und dennoch verurteilen sie gleichzeitig die Frauen, ihre Schreie, ihre Gesten und ihr Verhalten. Fasziniert und aufgebracht betrachten sie die Frauen und beschreiben sie als außer sich, übermäßig, ja maßlos.

So werden gesellschaftlich zwei doppeldeutige Systeme errichtet, die sich gegenseitig entsprechen und aufrechterhalten: auf der einen Seite Frauen, die in Übereinstimmung mit den Männern handeln und sich dennoch auf die Seite des Exzesses verwiesen wissen; auf der anderen Seite Männer, die sich nicht freimachen können von einer ambivalenten Sicht der Frau, die ihnen gut, sanft, notwendig und gleichzeitig falsch, verlogen und als mit dem Teufel verbündet erscheint. Diese Themen werden im übrigen durch die volkstümliche Literatur (Bibliothèque Bleue) tradiert, in der die weibliche Dualität hergestellt und die Frau zugleich als Engel und Ungeheuer, Leben und Tod dargestellt wird.

Man kann die Situation der Frau in den Revolten nur innerhalb dieses Systems verstehen, das sie anzieht und zurückstößt, in dem Vorstellungen genauso wirksam sind wie die Fakten und die Evidenz ihrer Handlungen. Innerhalb dieser Verflechtung muß man über die Formen der Präsenz von Frauen nachdenken.

Private oder Nachbarschaftskonflikte, wie man sie in der Stadt und auf dem Land kennt, organisieren sich nach eigenen Modalitäten. Im Viertel, im Dorf, in den Hausgemeinschaften ist ein Zusammenhalt notwendig, um »äußeren Gefahren« entgegentreten zu können; so organisiert sich ein Territorium (nach Robert Muchembled[10] »Territorium des Ich« genannt), in dem die Männer die Verteidigung der kollektiven Interessen durch ihre Stärke und die Frauen durch ihre überwachende und warnende Rolle übernehmen. Wenn es unglücklicherweise zu einem offenen Streit kommt, verbirgt die Frau sich hinter dem Mann und setzt Beschwichtigungsstrategien ein. Die Frau beginnt das Spiel, und sie beruhigt es wieder. Der Nachbarschaftskonflikt verrät eine Differenzierung der Geschlechterrollen, wo die Frau im Hintergrund handelt.

Der Aufstand bricht diesen Kode auf und setzt – ausgehend vom Unterschied der Geschlechter – andere Modalitäten und andere Spiele in Gang. Es ist ein Glücksfall, wenn anhand der gerichtlichen Archive der Übergang von einem Moment zum anderen genau untersucht werden kann. In Paris bricht am 14. Juli 1725 ein Aufstand gegen die Bäcker aus: Alles beginnt mit einem Streit zwischen einem Bäcker und einer Kundin.[11] Im Faubourg Saint-Antoine weigert sich eine Frau Desjardins, dem Bäcker Radot 34 Sous für ein Brot zu bezahlen, das noch am Morgen 30 Sous kostete. Die Frau ruft die Nachbarn des Viertels zusammen, und das Volk, ungefähr 1800 Personen, erhebt sich gegen die Bäcker, plündert und verwüstet deren Vorratslager.

In der ersten Phase, als der Streit sich ankündigt, holen die nächsten Nachbarn den Ehemann Desjardins, der einige Häuser weiter eine Schreinerei hat. Man läßt keine Frau in einem Streit, ohne ihren Gemahl oder ihren Gefährten zu rufen oder zu benachrichtigen, damit die Ordnung auf angemessene Weise wiederhergestellt wird. Desjardins zögert nicht lange: Kaum war er da, »wollte [er] seine Frau mißhandeln und dazu bringen, nach Hause zu gehen«. Die Intentionen dieser Intervention liegen offen zutage: Desjardins wollte, daß sich alles wieder beruhigt und der beginnende öffentliche Konflikt wieder zu einem privaten wird, in dem der Mann die Autorität und das Recht hat, seine Frau zu züchtigen. Aber das ist auch sein Irrtum. Die Frauen haben das Ereignis verstanden: Es ist öffentlich und braucht nicht wieder privat zu werden, denn der Preis des Brotes ist zu hoch und die Frau Desjardins' hat recht. Desjardins »wurde sofort von mehr als hundert Frauen umringt, die ihm sagten, daß seine Frau im Recht wäre und der Fehler beim Bäcker läge«.

Der Streit ist kein Streit, der Aufstand und die Plünderung der Bäckereien sind der legitime Ausdruck der Verweigerung gegenüber dem ungerechten Gemeinwesen, das hier in einer übertriebenen Verteuerung des Brotpreises zum Ausdruck kommt.

Damit wird die weibliche Rolle zur traditionellen Rolle der Revolte, im Gegensatz zu derjenigen in privaten Konflikten: Die Frauen zeigen dem Mann andere Handlungsmöglichkeiten, die über die Führung des Haushalts und den häuslichen Herd hinausgehen, sie rufen nach Versammlung und Gewalt, betreten als erste die benachbarten Bäckereien. Die Frauen stellen ihre öffentliche Identität her (die sie in gewöhnlichen Zeiten nicht besitzen) und werden zu Vertretern der sie umgebenden Gemeinschaft. In der Härte dieses Übergangs vom Privatesten zum Öffentlichsten manifestiert sich nicht nur ein Zugriff auf das Ereignis, sondern auch ein entschlossener Wille, eine gewöhnlich ignorierte, wenn nicht verspottete kollektive Identität herzustellen.

DIE FRAU UND DAS KIND

Fast alle historischen Untersuchungen stellen eine massive Präsenz von jungen Leuten in den Aufständen fest und erklären sie mühelos. Die demographische Entwicklung zwischen dem 16. und dem 18. Jahrhundert verstärkt die Rolle der Jugend, deren immer früherer Eintritt in die Pubertät und in das Arbeitsleben mit einer immer späteren Heirat einhergeht, wodurch die jungen Leute eine zahlenmäßig starke, verfügbare und mächtige Altersklasse bilden. Sie verkörpern die Zukunft der Gemeinschaft, sie besitzen Unschuld und Ansehen, sie geben der Stadt und dem Viertel Sinn, wo sie richtige Funktionen ausfüllen.

Die jungen Leute, aber auch die Kinder sind präsent. Die von den Kommissaren verfaßten Protokolle notieren aufmerksam die Zusammensetzung der aufständischen Massen und weisen häufig auf leicht auszumachende Paare hin: Frauen in Begleitung ihrer Kinder. In manchen Episoden der Religionskriege des 16. Jahrhunderts gab es eine ähnliche Präsenz der Kinder, aber in getrennten Gruppen, was etwas anderes ist. So organisierte am 1. Januar 1589 die Paris beherrschende Katholische Liga eine Prozession aller Kinder der Hauptstadt, die ihre Kerzen vom Friedhof der Unschuldigen zur Kirche der heiligen Genoveva auf dem Berg trugen. Es waren fast 100 000. Ebenso konnte man sehen, wie sich bei den religiösen Gewalttätigkeiten Kinder über Verwundete hermachten oder halfen, Tote in Stücke zu reißen. Während der Großen Rebellion von 1641 in Irland bezeichneten englische Pamphlete und Schmähschriften die irischen Kinder als Ungeheuer, die in Banden durch das Land zogen, mit Peitschen bewaffnet, um die englischen Feinde zu züchtigen.[12]

Im 18. Jahrhundert steht weder die Grausamkeit der Kinder noch ihre Isolierung als Gruppe im Vordergrund, sondern ein häufig wiederkehrendes Bild: Frauen und Kinder in den vorderen Reihen der Revolten. Man kann natürlich erklären, daß Mutter und Kind zusammen da sind, weil es nicht anders geht. Aber man kann, scheint es, noch weiter gehen: Auch wenn das kleine Kind eine gewohnte Gestalt des Gemeinwesens ist, ökonomisch und kulturell produktiv, kennt und erkennt man es im Viertel und weiß es sich zu eigen zu machen. Bei dem erwähnten Aufruhr von 1750, als mitten in Paris Kinder entführt wurden, waren es nicht nur die Eltern, die ihre Kleinen wiedererkannten, sondern auch die Bewohner des Viertels, die vor die Tore der Gefängnisse kamen und die Kinder zurückforderten. Das Kind verkörpert die Ehre seiner Familie wie seiner Nachbarschaft. Daß es seine Mutter in der Revolte begleitet, ist ein Zeichen für den Platz, den es zwischen Familie und Gemeinwesen einnimmt, ein reales, aber auch symbolisches Zeichen. Das Bild der Weiblichkeit verbunden mit dem der Jugend gibt den Volksaufständen ihr Gewicht und ihre Legitimität, denn es ist gleichzeitig ein Bild eines zweifachen subversiven Willens, der in dem Wunsch nach Wiederherstellung der Gerechtigkeit und nach Erneuerung zum Ausdruck kommt.

Durch die Frau und das Kind versucht der Aufstand, das wiederherzustellen, was beschädigt wurde, und einer Zukunft vorzugreifen, die man sich nicht länger als eine ungewisse wünscht: Gemeinsam bilden sie den Übergang von der Gegenwart zur Zukunft, sie sind das Gesicht dieses Willens zum Übergang.

WORTE, GESTEN, HALTUNGEN

Aufständische Verhaltensmuster sind schwer zu analysierende spezifische Handlungsweisen, bei denen der Höhepunkt, die Gewalt und der Zorn eine eigene Grammatik und Logik besitzen. Innerhalb dieser

Logik, in der die Menge manchmal den Sinn dessen entdeckt, was sie gerade vollbringt, spielen Männer und Frauen unterschiedliche Partituren. Sie handeln gemeinsam für dieselbe Sache, aber sie unterscheiden sich voneinander, sehen sich und ergänzen sich. Der Blick des einen beeinflußt zweifellos die zukünftige Handlung; die weibliche Sprache und Gestik sind sowohl weibliche Tatsachen als auch Produkte ihres Bildes.

Wenn man die zahllosen emotionalen Ausbrüche untersucht, die lediglich für einen kurzen Augenblick ein Dorf, ein Viertel oder auch nur ein bestimmtes Gewerbe betreffen, oder eine symbolische Revolte als Beispiel nimmt, bemerkt man schnell, daß die Teilnahme der Frauen ohne Zögern und schnell erfolgt, als ob sie mit Leichtigkeit in die sie umgebende Woge der Empörung eintauchten. Viele Notizen in Polizeiprotokollen oder Berichte von Chronisten bemerken ihre Kühnheit, aber auch ihren Humor und ihre Freude. So schreibt Métra in seiner geheimen Korrespondenz über den »Mehlkrieg« von 1775: »Man hat bemerkt, daß die Plünderer nur Lastträger und andere gemeine Leute waren und daß sie sehr fröhlich aussahen.« Zuvor präzisiert er, daß der Aufruhr »vor allem von seiten der Frauen« kam.[13] Auch bei den Feldzügen der *généralité* Ende des 17. und während des ganzen 18. Jahrhunderts herrscht große Heiterkeit, an die man sich noch lange erinnert, vor allem nachdem der Aufruhr der Frauen den Sieg davongetragen und die Eliten zur Genüge erschreckt hatte, um ihrer Forderung Gehör zu verschaffen.

Heiterkeit, Erregung und Anfeuerung: Die Frauen – das ist fast schon ein Klischee – treiben die Männer durch *Worte* an. Die von den Frauen ausgestoßenen schrecklichen Schreie verkünden den Beginn des Aufruhrs. Bei den Worten handelt es sich weder um Beschimpfungen noch um bloße Ausrufe, wie oft behauptet wurde, sondern um prononcierte Sätze, deren Sinn die Männer anfeuerte. Auch wenn es nicht selten ist, aus ihrem Mund Aufforderungen zum Töten zu hören, gegen den König gerichtete Schreie, blutige Drohungen gegen die Autoritäten, hört man auch viele Sätze, die über die rein verbale Gewalt hinausgehen und Sozialkritik üben. Die anstachelnden Äußerungen der Frauen artikulieren das, was für das Gemeinwesen auf dem Spiel steht und worum die Gemeinschaft kämpft: Sie erklären in wenigen Worten die Ungerechtigkeit, attackieren die Gegner, drücken die erlittenen Demütigungen aus. Sie erinnern nicht nur an den normalen Preis des Brotes, sondern prangern auch die Situation der Frauen an, die gezwungen sind, zu arbeiten und ihre Kinder aufzuziehen. »Ist das nicht gemein, die Mütter verkaufen auf der Straße Kresse, und man nimmt ihnen ihre Kinder weg, wenn sie nicht da sind«, schreit eine Nachbarin aus ihrem Fenster anläßlich der Affäre der Kindesentführungen im Juli 1750 in Paris.[14] Frauen wußten sich auszudrücken, soziale Erklärungen zu formulieren und trugen durch ihre Handlungen wie durch ihre Ansichten Wesentliches zu diesen Aufständen bei.

Mit leeren Händen in den Kampf aufgebrochen, macht es ihnen nichts aus, Steine zu werfen oder aufzulesen und den Männern zu reichen. Sie läuten Sturm und sabotieren die mit Getreide beladenen Fuhren. Manchmal verstecken sie unter ihren Röcken Messer oder Stöcke, die sie beim ersten Blick der Autoritäten schnell wieder verbergen. Man spricht von ihnen als einem Bienenschwarm, ein häufig wiederkehrendes Bild, das vor allem die besondere Eigenheit der Gruppe und ihre geschlechtsbezogene Charakteristik unterstreicht. Die Versessenheit, die kollektive Erregung, die unablässig wiederholten Handlungen zeichnen eine solidarische und aufgewühlte weibliche Gemeinschaft aus, der nur schwer Widerstand geleistet werden kann. Von der Biene haben sie die Ernsthaftigkeit, vom Schwarm das infernalische Summen: Hier ist wieder die weise Frau zusammen mit ihrer Gefährtin, der wahnsinnigen Teufelin.

Die Bienen besitzen eine Königin, die Frauen werden häufig angeführt von einer unter ihnen, die selbstsüchtiger oder charismatischer ist als die anderen und die im Viertel bekannt und geachtet ist. Es kann sein, daß sie sich einen Beinamen gibt oder daß sie einen bekommt – manchmal militärische Namen (wie eine *la capitaine* genannte Schankwirtin, die vor dem versammelten Volk eine Rede hält, um gegen Fuhrleute zu kämpfen, die mit Arbeiten für den König beauftragt sind[15]), manchmal Namen aus dem Märchen oder dem Adel, wie die »Prinzessin«, eine erstaunliche Gestalt der Pariser Aufstände von 1775, eine dreiundvierzigjährige lebhafte und aktive Tagelöhnerin, die von der Wache wegen Aufruhrs abgeführt und von allen, Männern wie Frauen, zurückgefordert wird: »Laßt sie uns, laßt sie uns, sie ist unsere Prinzessin.«[16] Amazone, Kapitänin, Prinzessin – alles weist auf einen realen Willen hin, eine Gruppe anzuführen, zu den Stärkeren zu gehören, in die männliche und vor allem militärische Hierarchie eingegliedert zu werden. Die Waffen zu ergreifen ist im übrigen eine der männlichen Funktionen, die von den Frauen am häufigsten eingeklagt werden. 1789 insistieren die weiblichen *cahiers de doléances* (Beschwerdehefte) und die Texte revolutionärer Frauen auf diesem Punkt.

In den Krieg ziehen wie die Männer, sich aufzulehnen und sich dabei als Mann auszugeben: die *Verkleidung* ist eine der üblichen Formen des Volksaufstandes. In England, in Deutschland und in Holland legen Frauen ohne weiteres Männerkleidung an[17], nicht nur im Augenblick des Aufstands, sondern auch in Krisenzeiten, wenn sie, durch den wirtschaftlichen Druck auf die Landstraße getrieben, zu überleben suchen oder zu kriminellen Praktiken greifen und sich in Diebesbanden einschleichen, wo die Verkleidung eine sowohl praktische als auch symbolische Bedeutung hat. Auch aus »Patriotismus«, wie in Holland im 17. und 18. Jahrhundert, wo sie sich in politischen Aufständen engagieren sowie in den zu Wasser und zu Land geführten Kriegen. Auf ihre Verkleidung angesprochen, antworten sie im allgemeinen der Polizei mit Stolz und berufen sich auf eine lange Reihe heroischer Frauen, deren Beispiel ihre Kühnheit legitimiert.

Als Antwort auf dieses Phänomen ist die umgekehrte Haltung hervorzuheben: die der Männer, die sich als Frauen verkleiden und sich unter die Menge der Aufständischen mischen. Der wichtigste Vorteil der sexuellen Umkehrung liegt in der größeren Straflosigkeit – da die Frau strafrechtlich weniger verantwortlich ist als der Mann, sucht der als Frau verkleidete Mann von diesem Zustand zu profitieren. Aber die Gründe für diese wechselseitigen Verkleidungspraktiken liegen tiefer, wie Natalie Zemon Davis gezeigt hat.[18] In dieser Umkehrung gewinnt jedes Geschlecht etwas vom anderen Geschlecht. Wenn der als Frau verkleidete Mann die Dämonen vertreibt, die Kastration vermeidet, gewinnt die als Mann verkleidete Frau die Möglichkeit, außergewöhnliche Taten zu vollbringen und zwanglos in die Öffentlichkeit treten zu können. So ruft die Verkleidung nicht Unordnung hervor, stürzt nicht die Wertesysteme um, sondern erneuert sie, indem sie diese durch unvermeidliche und wiederholte Neuerungen subtil unterwandert. Dennoch trägt das auf den ersten Blick egalitäre und reziproke System den Stempel der Ungleichheit der Rollen: Der Mann, der sich als Frau verkleidet und diese nachahmt, übernimmt die als unordentlich geltenden Aspekte der traditionellen weiblichen Rolle. Er stützt sich auf die Macht dieser Unordnung, um die ungerechten Formen der Gesellschaft anzuprangern und den Fortbestand und die Fruchtbarkeit der Gemeinschaft zu sichern. Auf diesem Wege manifestieren die Männer die weibliche Macht, aber es handelt sich in Wirklichkeit nur um den dunklen und verhaßten Teil dieser Macht, um ihre lüsterne und zügellose »Natur«, um den Teil, der in ruhigen Zeiten vermindert und entwertet ist. Der als Frau verkleidete Mann übernimmt einen Mythos und nicht sein umgekehrtes Gesicht.

Frauen mischen sich nicht nur unter Männer, Frauen kämpfen in religiösen und sozialen Protesten auch gegen Frauen. Während in den Konflikten privater Natur, die die Neuzeit kennzeichnen und sowohl die Pfarreien, die Dörfer wie die städtischen Märkte aufrühren, die Gewalt zwischen Frauen selten bis zum Mord geht, treibt die Revolte und die damit einhergehende kollektive Gewalt die Frauen zu größerem Nachdruck und stärker ausgeprägtem Tötungswillen. Die religiösen Gewalttätigkeiten des 16. Jahrhunderts zum Beispiel sind deshalb so erbittert, weil es für jede Gemeinschaft darum geht, sich von den Schandmalen zu befreien, die von gottlosen Gegnern übertragen wer-

den. Man muß um jeden Preis die »wahre« Doktrin verteidigen und die
falsche von sich weisen mit Hilfe einer von Tag zu Tag größeren Dramatisierung der Gesten und Einstellungen. Die Gewalt ist nicht nur ein
Instrument der göttlichen Gerechtigkeit, sondern eine läuternde Übung,
die der Gemeinschaft erlauben soll, sich von den teuflischen Kräften
zu befreien, die die gegnerische Gemeinschaft ihnen aufzwingt. Diese
Massaker, bei denen es keine Schuld gibt, da sie im Namen Gottes
vollbracht werden, sind deswegen so erbittert, weil bewiesen werden
soll, daß der Häretiker, der religiöse Feind, kein menschliches Wesen
ist, sondern ein Ungeheuer. Protestanten und Katholiken verfügen
nicht über die gleiche Gestik des Aufruhrs, denn die begangenen Taten
werden im allgemeinen dem biblischen oder lithurgischen Repertoire
entlehnt[19] und spiegeln die unterschiedlichen Beziehungen wider, die
die jeweilige Religion zum Körper, zum Tod und zum Überleben des
Körpers unterhält. Die männliche und weibliche Gewalt war groß, entsprang sie doch den fundamentalen Werten der jeweiligen Gemeinschaft. Wenn Frauen einen deutlichen Anteil daran hatten und auch
gegen andere Frauen kämpften, dann deswegen, weil sie innerhalb
ihrer Gemeinschaft einen privilegierten Platz einnahmen: Sie sind das
Band zwischen Leben und Tod, ein unerhörter Ort der Schöpfung und
Zerstörung, ein fleischlicher Raum, in dem sich die Kräfte der Natur
und des Sakralen reproduzieren.

Auch später, in den darauffolgenden Jahrhunderten, im Verlauf von
Aufständen, die nicht mehr religiös motiviert sind, schonen die Frauen
andere Frauen nicht. Die Hölle ist nicht mehr spirituell, ja mystisch,
sondern ökonomisch: Es ist ein Kampf der Armen gegen die Reicheren, eine Gewalt, die sich auf die Not beruft und sich gegen jeden
Anschein eines Privilegs richtet. So sind in den Getreiderevolten der
Ile-de-France und in den städtischen Aufständen des 18. Jahrhunderts
Frauen Opfer von Frauen, vor allem die Bäckerinnen oder die Frauen
von Bäckermeistern, die einen Laden führen. Sie verkörpern nicht ihr
Geschlecht, sondern eine privilegierte soziale Gruppe, die man daher
mißhandeln, ja umbringen darf. Das läßt sich gut an dem Pariser Aufstand von 1775 zeigen[20], wo nicht nur Bäckerinnen das Opfer anderer
Frauen werden, sondern auch solche Frauen, die besondere Funktionen in der Handwerkerinnung innehaben. Damit sind sie der kollektiven Verfolgung ausgesetzt als Veruntreuerinnen, Preisfälscherinnen,
gefährliche Mächte, die auf Kosten der Ärmsten leben wollen.

Frauen unter sich sind gemeinsam oder getrennt zwei Seiten derselben Wirklichkeit. Die weibliche Fähigkeit zum Aufruhr folgt der Logik
der erlittenen Verletzungen von Gemeinschaften, die durch das religiöse, soziale oder ökonomische Leben zusammengeschweißt sind.
Daß sie auf spezifische Art und Weise als demselben Geschlecht an-

gehörig handeln, hindert sie nicht daran, sich gegen gewisse Aspekte dieses Geschlechts auflehnen zu müssen, die Mißbrauch, Ungerechtigkeit oder Gotteslästerung repräsentieren.

Die Frau ist ungeteilte aktive Aufrührerin, aber sie ist noch mehr: Fabeln, Erzählungen und Chroniken beschreiben sie als zornig, *grausam* und blutrünstig. Man muß natürlich berücksichtigen, daß diese Texte alle von Männern geschrieben sind und die beharrliche und hartnäckige Beobachtung der weiblichen Grausamkeit damit zwangsläufig durch das männliche Gedächtnis verzerrt wird. Man mag sich auch fragen, ob das Schauspiel der Barbarei, ein tödliches Fest, das man so weit wie möglich von sich weisen muß, ein Objekt, das der faszinierte Blick zugleich von sich weist und betrachtet, nicht ein so abscheulicher Teil der Faszination des Todes ist, daß der Mann ihn auf »das andere« schiebt, auf die radikal andere Fremde – das heißt auf die Frau, die Trägerin des Lebens, der Arglist und der fatalen Agonie. Aber wie dem auch sei, wenn Frauen, Grausamkeit und Blut sich zeitweise als Gefährten wiederfinden, muß man eine Erklärung suchen und darf nicht stumm bleiben. Grausam, vielleicht, aber warum und wie? Blut zu vergießen ist eine äußerste Übertretung für diejenigen, denen man untersagt, Waffen zu tragen und zu töten. Ausgeschlossen von juristischen, zivilen und politischen Entscheidungen unterhalten Frauen mit dem Aufruhr und dem dabei vergossenen Blut eine auf den Moment reduzierte Verbindung, bei der die Macht zu entscheiden ihnen gehört. Gewöhnlich sind Frauen dazu verurteilt, Zuschauerinnen der großen politischen Maschine zu bleiben; aber im Aufruhr stellen sie sich genau an den Ort, wo ihre gestische und damit ihre politische Wirkung am größten ist. Sie können umso grausamer werden, wenn ihre Rolle öffentlich anerkannt ist und von der ganzen Gemeinschaft erwartet wird. Akteure und Zuschauer beeinflussen sich: Wahrnehmungen beeinflussen Handlungen, Handlungen beeinflussen Wahrnehmungen.

Zu diesem politischen Aspekt kommt der symbolische Aspekt, ohne daß beide voneinander getrennt werden können: Der Mann, die Frau und das Blut sind Komplizen und Feinde. Als Komplize des weiblichen Körpers fließt das Blut jeden Monat, aber weder der Mann noch die Frau wissen zu jener Zeit genau warum, auch wenn man sich am Ende des 18. Jahrhunderts seine Rolle bei der Befruchtung vorstellen kann, ohne sie zu verstehen. Das an jedem Mond vergossene Blut ist der Feind des Mannes. Als Zeichen der Beschmutzung und Unreinheit des weiblichen Körpers verbietet es ihm regelmäßig den Zugang zu dem von ihm begehrten Schoß. Als Symbol der Erbsünde Evas ist das Blut zugleich Hexerei und Macht. Ständig als Zeichen einer schuldhaften Verletzung angeprangert (in vielen Märchen und Sprichwörtern), von Natur aus verdächtig, wird es zum heimtückischen Feind der Frau.

Zwischen der Unwissenheit über seine Ursache und dem darüber gehaltenen Diskurs internalisiert die Frau dieses flüssige »Tabu« und erlebt mit Entsetzen und Schmerzen die monatliche Blutung. So kann man sich gut vorstellen, daß sie fasziniert ist von dem Blut, das zu Recht fließt, das einen Sinn hat und die Gemeinschaft reinigt. Wenn daher inmitten der Rebellion, in dem Willen, eine verhöhnte Gerechtigkeit oder einen entfernten Gott wiederherzustellen, die Frau auftritt und das Blut anderer vergißt, mit ihm spielt, sich darüber freut, daß es vergossen wird, hat sie dann nicht teil an einer Wirkung des Blutes, die ihr immer verweigert wird und deren Notwendigkeit ihr Körper in seiner Intimität spürt? Das von ihrer Hand vergossene Blut wird legitim, ihr eigenes ist es nicht. Das vergossene Blut des Feindes erzeugt eine Reinheit, die ihr eigenes nicht kennt und die man ihm abspricht. So wird die Beschmutzung wiedergutgemacht, der Mangel kompensiert, dessen einer Aspekt die politische Abwesenheit ist.

OFFENSICHTLICHE EXZESSE

An diesem Punkt der Beschreibung und der Interpretation der Rolle der Frauen in den Aufständen kann man eine provokante Überlegung wagen: Im Gegensatz zu dem, was man bis vor einigen Jahren dachte, ist die weibliche Präsenz in allen ländlichen und städtischen Rebellionen des modernen Europas so offensichtlich, daß der überraschte Ton derjenigen, die damals und heute über dieses Thema geschrieben haben, obsolet oder zumindest wenig einleuchtend ist. Ist letztlich nichts Außergewöhnliches an dieser regelmäßigen Teilnahme von Frauen an Aufständen, so ist vielleicht das Thema der Aufrührerinnen trotz aller benutzten Symbolik ein Unthema. Über die Rolle der Frauen in der Revolte zu schreiben bedeutet in erster Linie, nicht über die offensichtliche Partizipation überrascht zu sein, sondern zu wissen, daß nur das Gegenteil erstaunlich wäre und daß die Frage vielleicht anders gestellt werden muß: Im Namen welcher Sache und warum sollten Frauen abwesend sein, wenn die Revolte beginnt? Damit könnte das Problem anders betrachtet werden; andere Fragen an die Geschichtsschreibung und an die für Mann und Frau konstitutiven Beziehungen wären möglich.

Es ist zweifellos noch etwas früh, aufständische Frauen aus dieser Perspektive zu betrachten, und dennoch: Zumindest kann man versuchen zu verstehen, wie sehr die gewöhnliche Teilnahme der Frau am Aufstand bis dato zur außergewöhnlichen wurde:
– Der Frau steht eine ganze Reihe von Rollen zur Verfügung, wenn sie an einem Aufstand teilnimmt; alle »die« Gesichter, die die Gesell-

schaft der Frau gewöhnlich zuspricht, vermischen sich darin. Als Mutter mit Kind steht sie in der ersten Reihe; anspornend schreit sie aus dem Fenster; solidarisch reißt sie ihre Gefährten mit; betroffen spricht sie mit den Autoritäten, sucht sie auf und verhandelt; aufgebracht greift sie diejenigen an, die feindlich aussehen – auch Frauen; auf ihr Recht vertrauend und ihr Ziel verfolgend vergießt sie heiteren Sinnes Blut; aufmerksam gegenüber ihrer Gemeinschaft gibt sie ihr neuen Sinn . . .

Alle diese Rollen sind ihre eigenen, werden ihr aber auch von den anderen und von der Legende aufgezwungen, in der durch die Ungerechtigkeit provozierten Erbitterung und den durch den Aufruhr entflammten Leidenschaften. Die Frau benutzt alles, was sie selbst ist und was sie angeblich selbst ist: Sie holt sich aus der Menge die nötige Energie, um eine momentane kollektive Identität herzustellen. Außerhalb der Tage des Aufruhrs, in der Monotonie des Alltags, verschleißen sich ihre Qualitäten und Fehler und machen aus ihr ein Individuum, von dem gesagt wird, daß es Wohltat, Angst und Ekel erzeugt. Indem der Aufruhr die Frauen versammelt, konstituiert er sie als gleich und verschieden, und sie gewinnen in der Aktion die Macht, sich zu definieren, Stellung zu beziehen und zu handeln.

– Unterstützt durch den männlichen Blick, werden die Frauen durch denselben Blick auch gezwungen, ja entstellt. Sie stehen zwischen dem Sinn und der Übertreibung des Sinns. Sie selbst wissen dies und ahnen die Sackgasse, in die sie geraten und die ihre Handlungen dem Reich des Wahnsinns und der Hysterie zuschlägt. Dies um so mehr, als sie wissen, daß ohne Einübung der traditionellen politischen Sprache ihre Worte und Gesten auf die Seite der Nicht-Rationalität gezogen werden. Im 18. Jahrhundert und vor allem während der Revolution ist dies eines der Probleme, die manche von ihnen am besten zum Ausdruck bringen, vor allem in den *cahiers de doléances*, in denen sie sagen, daß sie erstickt werden, weil sie »ständig Objekte der Bewunderung und der Verachtung der Männer«[21] sind.

Zwischen Bewunderung und Verachtung bleibt für nichts Platz, außer für den Mangel, der die Frauen dazu bringt, zu handeln, zu kämpfen, sich aufzulehnen, öffentlich inmitten des Ereignisses zu stehen.

Jede Handlung hat merkwürdigerweise zur Folge, daß das Bild der Frauen als Rasende nicht zerschlagen, sondern bekräftigt wird. Aber dennoch verschiebt sich jedes Mal etwas zwischen Archaismus und Innovation, wird etwas Neues im Gemeinwesen wie in den gemeinschaftlichen Beziehungen geschaffen.

»Auf allen Seiten läßt sich ein politisches Raunen hören«[22], und am Ende des 18. Jahrhunderts wird dies in großem Umfang zum Ausdruck gebracht, wobei die Frauen Gleichheit, Arbeit und Erziehung mit modernsten Akzenten fordern.

Als unübersehbare Aufrührerinnen wurden Frauen oft des Extremismus verdächtigt. Sie bewegten sich auf einem merkwürdigen Grat, wo jeder sie anschaute und wo unter den Augen der anderen ihre Tugenden tausend Mal in Teufeleien umschlugen. Sie lebten so, weil sie die Frucht und das Begehren des Mannes am selben Ort trugen. Deshalb wurden sie zum Ort des absoluten Exzesses gemacht.

– Auf den Sturm folgt die Ruhe: Der Aufruhr ist beendet. Es gab Verletzte, auch Tote, und es kam die Repression. Aufrührer, die der Rebellion angeklagt sind, werden unter Mißbilligung der Menge öffentlich hingerichtet. Die Polizei wird sagen, daß man ein Exempel statuieren muß und nie das Volk über sich selbst entscheiden lassen darf, auch nicht im Fall legitimer Forderungen. Das Brot wird billiger, der Frieden kehrt zurück. Vom Aufruhr bleibt nur die Erinnerung. Bis zum nächsten Mal, bis zu weiteren Aufständen, bei denen alle sagen, wenn sie unglücklicherweise festgenommen werden, daß sie zufällig da waren, um »die Revolte« zu sehen, von der man ihnen »seit ihrer Jugend« gesagt habe, daß man eine sehen müsse . . .

Die Männer haben ihre Arbeit und ihre alltäglichen Aktivitäten wieder aufgenommen. Niemand stellt sich Fragen wegen ihrer Rückkehr: Sie nehmen ihren Platz im Gemeinwesen wieder ein. Die Frauen tun das gleiche – aber es ist nicht ganz das gleiche, da sie zu ihren gewohnten Rollen zurückkehren ohne den staatsbürgerlichen und politischen Part, den sie gerade übernommen hatten, indem sie rebellierten, der aber nicht der ihrige ist.

Es ist eine schwierige Frage, worin diese Wiederaufnahme des Alltäglichen besteht: im Stolz auf die Teilnahme, in der Einwilligung in eine Ordnung der Dinge, in der sie die ersten und dann wieder die letzten sein können oder in besonderen Formen individueller oder kollektiver Reaktionen innerhalb ihrer Gemeinschaft? Wir wissen es nicht. Wir können nur ahnen – aber das ist vielleicht eine allzu lineare Sicht der Geschichte –, daß jede Revolte die Dinge verwandelt, auch wenn sie den traditionellen Konsens aufrechterhält. Das ist eine wenig befriedigende Erklärung. Was diesen Punkt betrifft, so muß man, wie dies für jüngere Phasen der Geschichte, wie den Krieg von 1914–18, getan wurde, über die Zeit nach der Krise nachdenken, über diese manchmal unmerklichen Brüche, die der Zeit einen anderen Rhythmus geben, auch wenn sie sich für viele in der Frühen Neuzeit zu wiederholen und wenig »revolutionär« zu sein scheinen.

Trotz der unterstellten offenen Exzesse findet die Frau nach dem Aufruhr die Männer wieder, und nur wenige überrascht dies. Mit anderen Worten: Bis auf wenige hatte man vergessen, daß die Frau an den großen sozialen Bewegungen ihrer Zeit teilgenommen hatte. Und wenn sie und ihre rebellischen Aktivitäten bemerkt wurden, lief man mitunter Gefahr, die Frau allzu isoliert von ihrem alltäglichen Kontext zu sehen und sie allzu sehr den sie umgebenden Vorstellungen zu unterwerfen. So hat der Historiker – aber auch die Historikerin – zweifellos auf seine Weise dazu beigetragen, ihr das mythische Gesicht einer entfesselten Heldin zu verleihen. Weil einfach nicht an das Offensichtliche gedacht wird, an die Geschichte, die der Mann und die Frau machen, »deren Auge durch seinen Freimut erstaunt«.[23]

Aus dem Französischen von Roswitha Schmid

Verteilung des Brots des Königs im Louvre, anonymer Kupferstich; 17. Jahrhundert. *Paris, Bibliothèque Nationale.*

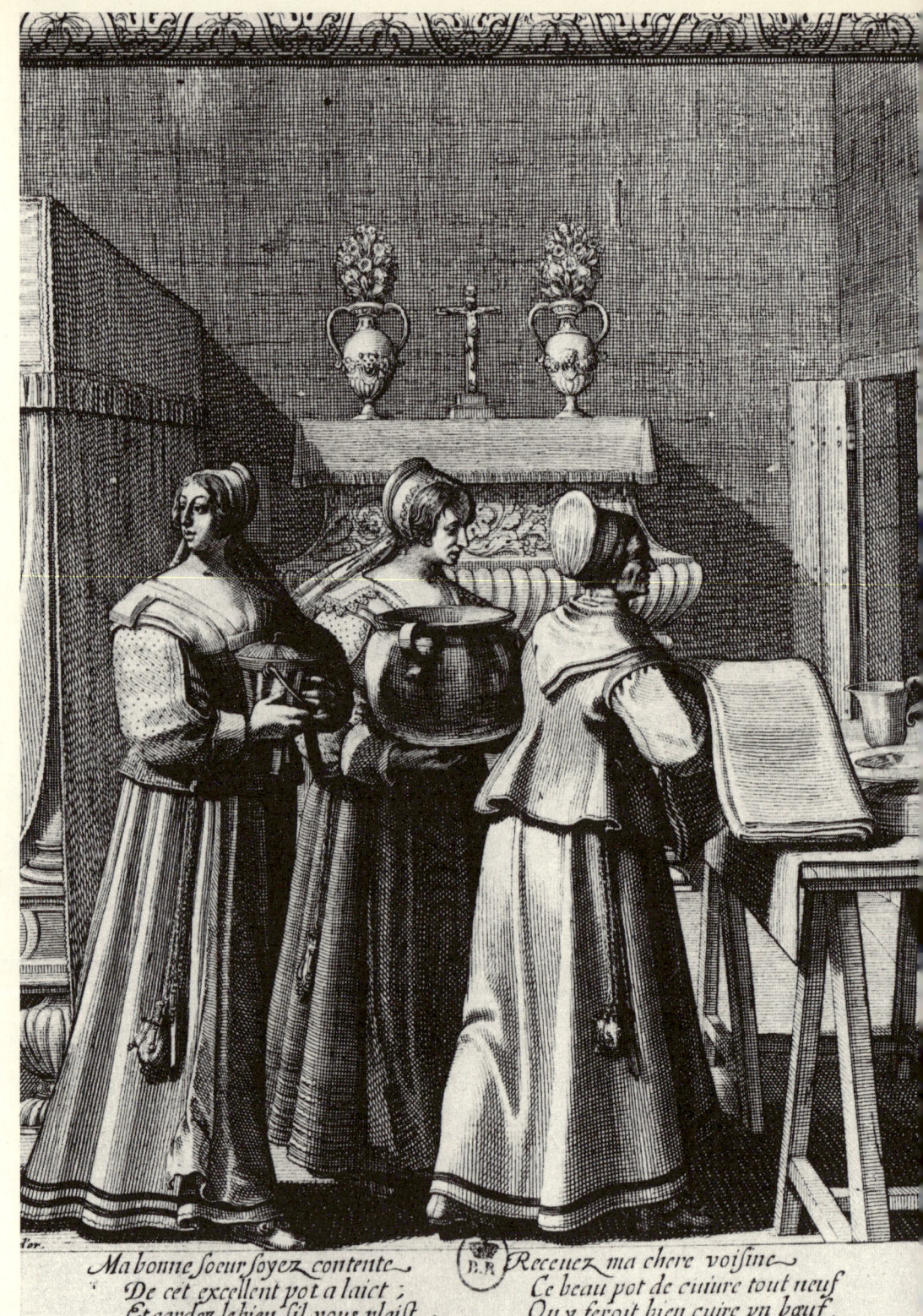

Ma bonne sœur soyez contente
  De cet excellent pot a laict;
  Et gardez le bien sil vous plaist
  Puis quil vient de feu nostre Tante.

Receuez ma chere voisine
Ce beau pot de cuiure tout neuf
On y feroit bien cuire vn bœuf
Tant il est bon pour la cuisine.

Stimmen der Frauen

Die Hochzeitsgeschenke, Kupferstich,
Le Blond nach Abraham Bosse;
17. Jahrhundert. *Paris, Bibliothèque Nationale.*

GLÜCKEL VON HAMELN

JÜDISCHE HÄNDLERIN, HAMBURG–METZ, 17. JAHRHUNDERT

Glückel von Hameln war eine jüdische Händlerin, die im 17. Jahrhundert lebte. Sie wurde 1646 in Hamburg geboren, heiratete den jungen Chajim Hameln und brachte vierzehn Kinder zur Welt, von denen die meisten überlebten, heirateten und selbst Kinder hatten. Solange ihr Mann lebte, half sie ihm bei seinen Geschäften, die ihn auf alle deutschen Messen führten. Nach seinem Tod im Jahre 1689 verheiratete Glückel ihre Kinder an jüdische Familien in Mitteleuropa und übernahm das Familiengeschäft. Sie verlieh Geld, verkaufte Perlen und andere Waren und ging mit ihren älteren Söhnen auf die Messen.

Sie begann, auf Jiddisch ihre *Memoiren* zu schreiben, aus der tiefen Melancholie heraus, in die sie durch den Tod von Chajim geraten war. Darin erzählt sie, warum sie nach Jahren der Witwenschaft beschloß, sich wieder zu verheiraten, und zwar mit einem reichen jüdischen Bankier aus Metz. Kurz nach ihrer Heirat machte Hirz Lévy Bankrott.

Der folgende Auszug gibt uns einen Eindruck von der religiösen Sensibilität einer jüdischen Frau, von ihrem Bewußtsein ihrer selbst als Mutter und von der Art und Weise, wie sie ihre Vergangenheit konstruierte.

N.Z.D.

»Es waren mir in dieser Zeit viele Partien vorgeschlagen worden und darunter wirklich die vornehmsten in ganz Deutschland. Aber so lange ich konnte und so lange mir deuchte, daß ich mich mit dem, was mein seliger Mann mir hinterlassen, ernähren könnte, kam es mir nicht in den Sinn, mich zu verändern. Der Höchste hat wohl meine vielfältigen Sünden angesehen und mir nicht in den Sinn gegeben, einen Mann zu nehmen, als mir Partien vorgeschlagen wurden, durch die ich mit meinen Kindern hätte glückselig sein und mich auf mein betrübtes, mühseliges Alter hätte in einen ruhigen Stand versetzen können. Solches war dem großen Gott nicht wohlgefällig und er hat mich wegen meiner Sünden veranlaßt, mich zu dieser Partie zu resolvieren, von der ich jetzt sprechen werde. Bei alledem danke ich doch meinem Schöpfer, der mir mehr Gnade und Barmherzigkeit in meiner schweren Strafe erweist, als ich unwürdige Sünderin wert bin, und der mich bei allen Leiden Geduld lehrt. Zwar müßte ich Gott mit vielem Fasten oder sonstigen Bußübungen meinen Dank bezeigen; aber meine großen Sorgen und der Aufenthalt im fremden Lande haben mich nicht dazu kommen lassen. Ich weiß, daß solche Entschuldigungen mir vor Gott wenig helfen werden. Darum schreibe ich dies mit zitternder Hand und mit bitteren, heißen Tränen; denn es steht (in der heiligen Schrift), daß wir Gott ·mit ganzem Herzen und mit ganzem Vermögen· dienen sollen. Also gehört es sich, daß der sündige Mensch im Dienste Gottes seinen Körper und sein Vermögen nicht achte, und alle Rechtfertigungen (derer, die dies vernachlässigen) sind eitel Nichtigkeiten. Ich bitte Gott den Allmächtigen, daß er mich in seiner Gnade kräftige und mir in den Sinn gebe, nichts andres zu tun als ihm zu dienen, auf daß ich nicht in meinen beschmutzten Kleidern vor ihn trete, wie es heißt (*Sprüche der Väter* 2,10): Kehre einen Tag vor deinem Tode um! Nun wissen wir ja nicht, wann der Tag kommt, da wir sterben sollen; darum ist der Mensch verpflichtet, jeden Tag umzukehren und Buße zu tun. Solches hätte ich auch tun und betrachten sollen; denn ich hätte es gar gut tun können. Zwar habe ich eine lumpige Rechtfertigung für mich: ich wollte erst meine verwaisten Kinder einigermaßen versorgen und dann nach dem heiligen Lande ziehen. Aber solches hätte ich sehr wohl tun können, zumal da mein Sohn Moses verlobt war und ich nachher nur noch meine jüngste Tochter Mirjam zu versorgen hatte. Also hätte ich Sünderin keinen Mann nehmen, sondern nur meine Tochter Mirjam verheiraten und dann tun sollen, was sich für eine gute, fromme jüdische Frau geziemt; ich hätte alle Nichtigkeiten dieser Welt verlassen und mich mit dem bißchen, was ich noch übrig hatte, ins heilige Land begeben sollen. Denn dort hätte ich als eine gute Jüdin leben können und die Sorgen und Leiden meiner Kinder und Freunde und sonstige Nichtigkeiten der Welt hätten mir keine Beschwerden gemacht und dort hätte ich Gott mit meinem ganzen Herzen und meiner ganzen Kraft dienen können. Aber (wie gesagt) meine Sünden haben bewirkt, daß Gott mich zu anderen

Gedanken geführt und mich dessen nicht gewürdigt hat. Nun wollen wir wieder anfangen, wo wir gehalten haben.

Inzwischen hat es ein ganzes Jahr gewährt, ehe ich auf die Hochzeit meines Sohnes Moses habe kommen können. Unterdessen sind mir allerhand Widerwärtigkeiten und Leiden, zum Teil von meinen Kindern, zugestoßen, die mich schon vorher und allezeit viel Geld gekostet haben. Aber es ist nicht nötig, darüber zu schreiben. Es sind doch meine lieben Kinder und ich verzeihe ihnen, sowohl denen, die mich viel gekostet als auch denen, die mich nichts gekostet haben, daß ich so in meinen Vermögensverhältnissen herabgekommen bin. Dabei habe ich noch ein großes Geschäft geführt – denn ich hatte noch großen Kredit bei Juden und Nichtjuden – und habe mich sehr gequält, bin im Sommer bei der Hitze und im Winter bei Regen und Schnee auf die Messen gefahren und habe dort ganze Tage in meinem Gewölbe gestanden. Weil ich nun gar wenig von allem Meinigen übrig behalten habe, habe ich es mir sehr sauer werden lassen und immer danach getrachtet, in Ehren weiterzukommen um nicht, Gott behüte, meinen Kindern zur Last zu fallen und von dem Tische anderer abhängig zu sein. Obschon es meine Kinder gewesen wären, so wäre es mir doch noch weher als bei Fremden gewesen; denn meine Kinder hätten sich, Gott behüte, an mir versündigt und dies wäre mir alle Tage ärger als der Tod gewesen. Nach alledem habe ich aber doch die große Mühe und das Reisen und das Herumgehen in der Stadt nicht länger aushalten können. Denn wenn ich auch noch ein großes Geschäft hatte und einen bedeutenden Kredit genoß, so war ich doch immer in Angst, wenn mir einmal etliche Ballen Waren oder ausstehende Schulden verloren gingen, daß ich, Gott behüte, ganz bankerott gehen und meine Gläubiger um das Ihrige bringen müßte, was mir und meinen Kindern und meinem frommen Manne unter der Erde eine Schande gewesen wäre. Damals habe ich angefangen zu bereuen, daß ich so viele gute Heiratspartien hatte fahren lassen, durch die ich mein Alter in Reichtum und Ehre hätte verbringen und vielleicht auch meinen Kindern hätte wohltun können. Aber alle Reue hilft nicht; es war zu spät; Gott hat es nicht haben wollen und mir zu meinem Unstern etwas anderes in den Sinn gegeben, wie jetzt folgen wird.

Solches ist im Jahre 5459 (= 1698/99) geschehen. Wie schon erwähnt, wollte ich meinen Sohn Moses verheiraten. Es ist aber damals nicht dazu gekommen, wie schon erwähnt. Unterdessen bekam ich einen Brief von meinem Schwiegersohn Moses (Krumbach) aus Metz, der am 15. Siwan 5459 (= Juni 1699) geschrieben war. Darin stand, daß Hirz Levy ein Witwer geworden und daß er ein vortrefflicher Jude und hervorragend an Gelehrsamkeit und Reichtum sei und was er für eine Haushaltung führe. Kurz – er rühmte den Mann gar sehr, wie auch allem Anschein nach die Wahrheit war. Aber ›der Mensch sieht nach dem Augenschein, Gott aber sieht ins Herz‹. (1 *Sam* 16,7.)

Dieser Brief kam mir gerade zu Händen, als ich über meine Sorgen nachdachte. Ich war damals eine Frau von 54 Jahren und hatte mein ganzes Leben lang so viele Sorgen um meine Kinder ausgestanden. Wenn die Verhältnisse so waren [wie mein Schwiegersohn sie schilderte], konnte ich noch in meinem Alter in eine so fromme Gemeinde kommen, wie Metz damals den Namen hatte, und dort den Rest meines Lebens in Ruhe zubringen und auch meiner Seele wohltun. Ich habe mich auch darauf verlassen, daß meine Kinder mir nicht zuraten würden, wenn es nichts für mich wäre. So schrieb ich meinem Schwiegersohn als Antwort: Ich bin vierzehn Jahre Witwe gewesen und habe niemals die Absicht gehabt, wieder einen Mann zu nehmen, wenn es auch allgemein bekannt war, daß ich die größten und vornehmsten Partien in ganz Deutschland hätte machen können; aber ich habe mich niemals dazu entschließen wollen. Nichtsdestoweniger wolle ich mich dazu entschließen, weil er mir so sehr dazu rate, wenn meine Tochter Esther auch derselben Ansicht sei. Darauf schrieb mir meine Tochter Esther gleichfalls, was sie wußte und vor sich gesehen hatte. Wegen der Mitgiftsumme haben wir nicht viel Auseinandersetzungen gehabt. Ich habe meinem Mann wirklich alles gegeben, was ich hatte, und er hat mir verschrieben, daß, wenn ich zuerst stürbe, meine Erben mein Geld wieder erhalten sollten; wenn aber mein Mann zuerst stürbe, so sollte ich 500 Reichstaler mehr erhalten als mein Eingebrachtes, welches 1500 Reichstaler betrug. Mein Mann verpflichtete sich noch, meine Tochter Mirjam, die damals 11 Jahre alt war, umsonst bei sich zu behalten, bis sie Hochzeit hätte. Wenn ich noch viel mehr Geld gehabt hätte, hätte ich es meinem Mann auch gegeben; denn ich dachte, daß ich mein Geld nirgendwo sicherer und besser haben könnte als bei diesem Mann. Zudem meinte ich auch meiner Tochter Mirjam eine Wohltat zu tun: sie brauchte nichts zu verzehren und ihr Geld lag doch auf Zinsen. Auch hat der Mann einen großen Ruf im Geschäft. Wer weiß, was ich meinen Kindern noch ins Geschäft bringen kann. Aber ›viele Gedanken sind im Herzen eines Menschen‹. ›Der im Himmel thront, lacht darüber.‹ Der hochgepriesene Gott hat leider über meine Pläne und Anschläge gelacht und bei ihm war schon längst mein Verderben und meine Not beschlossen um mich für die Sünde zu strafen, daß ich mich auf Menschen verlassen hatte. Denn ich hätte nicht daran denken sollen, mir einen anderen Mann zu nehmen; ich hätte doch keinen Chajim Hameln wieder bekommen können; ich hätte lieber bei meinen Kinderchen bleiben und mit Gut und Böse, wie es Gott haben wollte, vorlieb nehmen sollen.

Nun, das sind alles Dinge, die vorbei sind, und was geschehen ist, ist nicht zu ändern. Ich habe jetzt nur noch Gott zu bitten, daß ich nur Gutes von meinen Kindern hören und sehen möchte. Was mich anbelangt, so nehme ich alles von dem hochgepriesenen Gott mit Liebe auf. Möchte mir der große, gerechte Gott nur die Geduld geben, wie er es sher getan hat, und alles eine Sühne für meine Sünden sein lassen!«[1]

ANNE-FRANÇOISE CORNET

HANDWERKERIN, PARIS,

18. JAHRHUNDERT

Juli 1750: In Paris bricht ein Aufstand aus, da mitten auf der Straße Kinder entführt wurden, von einer übereifrigen Polizei, die den Befehl hatte, die Straßen von Gassenjungen zu säubern. Die aufgebrachten Frauen und Männer protestieren dagegen. Während die einen sich mit den Inspektoren anlegen, auf die der Verdacht dieser Gemeinheit fällt, suchen andere in den naheliegenden Gefängnissen nach ihren Kindern.

Hier sagt Anne-Françoise Cornet aus, die Frau eines Uhrmachermeisters. Sie erzählt ganz genau, wie diese Tage des Wartens aussahen, bevor sie ihren festgenommenen Sohn wiederbekam. Sie unternahm eine *démarche* nach der anderen, sie ging zur Polizei und verlangte nach ihrem Kind, wobei sie ihre mageren Kenntnisse dazu nutzte, ihr Ziel zu erreichen.

Eine würdevolle Aussage, eine standfeste Frau, deren Schmerz groß ist, und die vor allem ihr soziales Wissen auf erstaunliche Weise einsetzt, um eine kurze Unterredung mit den Verantwortlichen der Polizei zu erhalten: Anne-Françoise Cornet ist eine Handwerkerin wie alle anderen im 18. Jahrhundert, sie will Einfluß nehmen auf das Ereignis, sie zögert nicht, mit den Autoritäten zu verhandeln, und beweist dabei, wie wenig sie sich über die politischen Verhältnisse und die Polizei täuscht, die sie nicht als Partnerin anerkennen will. Sie ist Subjekt der Geschichte, staatsbürgerlich und politisch verantwortlich. Ihr Bericht ist genauso beharrlich wie ihre Taten und Hoffnungen.

Anne-Françoise Cornet, vierundvierzig Jahre alt, Frau von *Pierre Millard*, Uhrmachermeister, wohnhaft in der Rue Royale.

A.F.

»... was den Aufruhr betrifft, so hat sie nichts gesehen und weiß von nichts. Was den an einem Sonntag gegen Ende September erfolgten Abtransport von Kindern betrifft, so kam sie gerade von einem Besuch eines ihrer Kinder zurück, das bei einem Uhrmacher in Saint Denis de la Chastre wohnt, und bemerkte einen Haufen Kinder aus ihrem Viertel, die ihr sagten, ihr Sohn sei festgenommen worden und befinde sich im Grand Châtelet, worauf sie sich sofort dorthin begab und auf dem Hof ihr Kind fand, das weinte und ihr sagte, Bruxelles hätte es festgenommen, als es mit zwei anderen Kindern aus dem Viertel auf den Stufen der Reiterstatue der Place Royale mit Pfennigen spielte. Eines der Kinder heißt Lucas und ist der Sohn eines Mannes, der in der Wache war, und das andere, Toussaint, ist der Sohn einer Witwe, die im Haushalt arbeitet und Flickarbeiten macht. Sie ging sofort nach Hause, damit ihr Mann nichts davon erfahre, aber er wußte es bereits. Gegen 8 oder 9 Uhr abends wurde ihr mitgeteilt, daß der Inspektor Bruxelles auf dem Nachhauseweg war zum Hôtel de Nicolaï. Sie lief dorthin und fand ihn im Säulengang, verlangte nach ihrem Kind und bot ihm an, die Kosten zu bezahlen. Er antwortete ihr, daß das nicht der richtige Zeitpunkt wäre, daß er jetzt nicht Herr darüber wäre, daß weder sie noch ihr Kind sterben würden, wenn sie zwei Tage ohne ihr Kind wäre. Da sie erfahren hatte, daß er um 10 Uhr bei Tobary, einem Weinhändler, der ihr gegenüber wohnte, zu Abend essen sollte, ging sie wieder dorthin und bat ihn, ihr Kind zurückzugeben. Bruxelles sagte, daß sie sich gedulden müsse, daß das Kind nicht lange bleiben würde. Gleich am folgenden Tag bemühte sie sich, ihr Kind zurückzubekommen, griff zum Mittel der Bittschrift, die sie dem Generalleutnant Berryer mehrere Male präsentierte. Da sie damit nichts erreichte, gewann sie die Protektion von Herrn von Montrevaux über den Malermeister Bligny, der sie Herrn von Montrevaux vorstellte. Dieser gab ihr einen Brief für den Procureur des Königs, der ihm nach Asnières geschickt wurde. Da sie keine Antwort von ihrem Kind bekam, ging sie wieder zu Herrn von Montrevaux, wo sie erfuhr, daß der Procureur des Königs bei ihm war und besagter Inspektor Bruxelles sich im Vorzimmer befand. Als dieser gegangen war, bezahlte sie Herrn von Montrevaux, der ihr versprach, daß sie ihr Kind noch am selben Tag zurückbekommen würde. Da dies aber nach drei Tagen noch nicht der Fall war, ging sie wieder zu Herrn von Montrevaux, der sehr überrascht war und ihr einen Brief für den Generalleutnant der Polizei, Berryer, mitgab. Trotz dieses Briefes war sie noch 4 Tage ohne ihr Kind, und am Sonntag, vierzehn Tage, nachdem ihr Sohn festgenommen worden war, wurde er zusammen mit 10 anderen entlassen. Sie brachte das Entlassungsschreiben für ihren Sohn und die anderen zur Gerichtsregistratur, dies kostete sie 36 Sols für die Registratur, 50 Sols für das Gefängnis, 36 Sols für den Empfang, wobei sie dem Polizeioffizier nichts gab.«[1]

Aus dem Französischen von Roswitha Schmid

NACHWORT

Rebekka Habermas und Heide Wunder

Frauen in der Geschichtsschreibung

Werke, in denen die Geschichte der Frauen beleuchtet werden, haben eine lange Tradition. Entgegen einer ebenso falschen wie weitverbreiteten Ansicht, daß Frauen erst vor wenigen Jahrzehnten dem Dunkel der Geschichtslosigkeit entrissen worden seien, gab es sie stets, die Geschichtsschreibung über weibliche Vergangenheiten. Berühmt geblieben sind etwa Christine de Pizans *Buch von der Stadt der Frauen* aus dem 15. Jahrhundert, in dem sich lange Passagen über weibliche Gestalten und Figuren aus Mythologie und Geschichte finden. Deutlicher als Geschichtswerke ausgewiesen sind die 1788 erschienene Abhandlung von Christoph Meiners über die *Geschichte des weiblichen Geschlechtes* oder auch das *Biographical Dictionary of Celebrated Women of Every Age und Country* von Mary Betham aus derselben Zeit. Die meisten dieser und unzähliger anderer Arbeiten aus der Aufklärungszeit, die sich mit der weiblichen Geschichte beschäftigen, sind allerdings in der Tat in Vergessenheit geraten.

Erst die in den 80er Jahren dieses Jahrhunderts von Bonnie Smith und Natalie Zemon Davis unternommenen Nachforschungen[1] förderten diese Tradition der Frauengeschichtsschreibung wieder zutage und erinnerten daran, daß es ab der Mitte des 19. Jahrhunderts zu einer wahren Flut von Frauengeschichten unterschiedlicher Couleur und Provenienz kam: von Luise Büchners *Frauen und ihr Beruf* über Lily Brauns *Die Frauenfrage* bis zu Luise Dörings *Frauenbewegung und christliche Liebestätigkeit*. Für die erste Hälfte des 20. Jahrhunderts lassen sich die Beispiele angefangen von Marianne Webers rechtsgeschichtlichen Untersuchungen zur weiblichen Lebenswelt über Eileen Powers Studien über mittelalterliche Nonnen bis zu Mary Beard und Simone de Beauvoir fortführen. Daß es schließlich im letzten Drittel dieses Jahrhunderts zu einem erneuten, regelrechten Boom des Frauengeschichtsbuchmarktes gekommen ist, der bis heute anhält, muß nicht eigens hervorgehoben werden.

Warum also – so läßt sich mit einigem Recht fragen – jetzt ein erneuter und überdies recht unbescheidener Versuch, eine »Geschichte der Frauen« zu schreiben? Ist es für ein solches Unterfangen nicht viel zu früh, oder vielleicht auch angesichts der Fülle vorliegender Untersuchungen insofern längst zu spät, als es das Machbare weit überschreitet. Zu früh scheint es, blickt man auf die hier nur stichwortartig angedeutete altehrwürdige Tradition historiographischer Studien über Frauen, nicht zu sein. Zu spät freilich mag es jenen erscheinen, die der Frauengeschichte den Rücken gekehrt haben, um sich mit der Geschlechtergeschichte zu beschäftigen, da sie nicht ganz zu Unrecht erkannt haben, daß sich die Geschichte des einen Geschlechtes nie ohne die Geschichte des anderen schreiben läßt. Auch Natalie Zemon Davis und Arlette Farge und mit ihnen die Mehrzahl der Autorinnen und Autoren der *Geschichte der Frauen* teilen dieses Credo für die Geschlechtergeschichte, das Michelle Perrot folgendermaßen zusammenfaßte: »Nichts wäre meiner Meinung nach gefährlicher, als Reservate zu schaffen – ein Territorium der Historikerin, ein neues Ghetto. . .« Zu einer Geschlechtergeschichte gehört weibliches wie männliches Leben, gehört der Blick der Männer genauso wie der der Frauen. Und genau aus diesen Gründen ist die *Geschichte der Frauen* keine Gesamtschau, sondern der vorsichtige Versuch einer vorläufigen Annäherung an die vielen Facetten weiblichen und auch männlichen Daseins.

· Vergangenheit kann und vor allem soll hier nicht gebannt werden in dem Sinne wie das Mary Hays 1803 mit ihrer sechs Bände umfassenden *Female Biography* versuchte, und auch nicht nach der Art der fast doppelt soviele Bände umfassenden Reihe *Famous Women*, die Ende des 19. Jahrhunderts erschien. Im Unterschied zu diesen Kompendien kann die *Geschichte der Frauen* keine Vollständigkeit beanspruchen.

Bruchstückhaft ist diese *Geschichte der Frauen* auch, weil hier verschiedene nationale historiographische Traditionen zusammenfließen, die nicht nachträglich geglättet und ihrer Widersprüche beraubt wurden. Die *Geschichte der Frauen* gibt damit gleichsam Auskunft über »the state of the art« der Frauen- und Geschlechtergeschichte in Frankreich, Italien, England und den Vereinigten Staaten: So entstand die Frauengeschichte Großbritanniens im Rahmen der angelsächsischen Sozialgeschichte. Die unterscheidet sich ganz erheblich von der

Sozial- und Gesellschaftsgeschichte in Deutschland, von der ihrerseits die hiesige Frauengeschichte maßgeblich beeinflußt wurde. In Frankreich waren vor allem die Schule der *Annales* und schließlich auch Michel Foucault, in Italien die Microstoria wie der Poststrukturalismus von großem Einfluß auf die Frauengeschichte. Die Frauen- und Geschlechtergeschichte in den USA wurde geprägt durch die Sozial- und Kulturanthropologie einerseits und durch den Dekonstruktivismus, wie er in der Literaturwissenschaft entstand, andererseits.

Gemeinsam ist diesen unterschiedlichen nationalen Traditionen einer Frauengeschichtsschreibung in den letzten 25 Jahren, daß sie wesentliche Impulse der Neuen Frauenbewegung verdanken, die Ende der 60er, Anfang der 70er im Gefolge der Studentenbewegung die ersten Seminare zur Geschichte der Frauen organisierte. Gegen den lautstark artikulierten Willen der Mehrheit der Zunft und trotz bloßer Lippenbekenntnisse zur weiblichen Gelehrsamkeit hat die Frauengeschichte mittlerweile Fuß gefaßt in den einschlägigen universitären Institutionen.

Ähneln sich die Entstehungsbedingungen der Frauengeschichte in Frankreich, England, den Vereinigten Staaten und Deutschland auch, so haben sie in den letzten Jahrzehnten zusehends unterschiedliche Fragestellungen und Methoden entwickelt. Der vorliegende Band der *Geschichte der Frauen* ist beredter Ausdruck genau dieser Unterschiedlichkeit in Fragen und Methoden, in nationalen Perspektiven und Traditionen: Olwen Hufton etwa, um mit der angelsächsischen Frauengeschichte zu beginnen, die sich mit dem Zusammenhang zwischen Arbeit, Frauen und Familie gegen Ende der Frühen Neuzeit beschäftigt, steht in der britischen Tradition der Sozialgeschichte. Sie nimmt Anregungen der englischen Familienforschung der 60er Jahre auf, die von Peter Laslett bis Lawrence Stone schon früh eigene Wege ging. Kennzeichnend für die englische Sozialgeschichte ist nicht erst seit Edward P. Thompsons Klassiker *The Making of the English Working Class* eine im Vergleich zur deutschen Sozialgeschichte weniger starke und ausschließliche Fixierung auf ökonomische und soziale Strukturen, und statt dessen eine stärkere Einbeziehung der mentalen und kulturellen Prozesse, der Erfahrungen historischer Akteure und Akteurinnen, der Perspektive »von unten«. So verwundert es nicht, daß auch die angelsächsische Frauen- und Geschlechtergeschichte schon früh den Erfahrungen der Menschen Beachtung schenkte, darauf verwies, daß die ökonomischen und sozialen Bedingungen und die männlich bestimmten Herrschaftsformen das Leben von Frauen zwar mitprägen, aber nicht determinieren, daß auch die Handlungsformen und Wahrnehmungen der Frauen das Lebensfeld mitstrukturieren. Hufton vermag genau in diesem Sinne zu zeigen, daß die Arbeits- und Lebensbedingungen von Frauen wie Männern in der Frühen Neuzeit im Rahmen von Demographie, Arbeits- und Wirtschaftsformen wie auch geschlechtsspezifischen mentalen Faktoren zu situieren sind. Ein weiteres Kennzeichen der englischen Frauen- und Geschlechtergeschichte ist, daß Frauen nicht isoliert wurden – wie das etwa typisch für die frühe deutsche und französische Frauengeschichte war –, sondern als Teil der »allgemeinen« Geschichte betrachtet wurden.

An die englische Sozialgeschichte knüpft auch der Beitrag von Natalie Zemon Davis zu weiblichen Partizipationsformen am Politischen in der Frühen Neuzeit an. Sie freilich erweitert diese Perspektive um Fragestellungen und Methoden aus der Sozial- und Kulturanthropologie. Und es ist gerade diese Erweiterung, die charakteristisch für große Teile der Frauen- und Geschlechtergeschichte in den Vereinigten Staaten ist. Dort nämlich schenkten viele Historikerinnen schon in den frühen 80er Jahren den Diskussionen innerhalb der »anthropology of women« Aufmerksamkeit und versuchten Methoden – etwa die »dichte Beschreibung« und die Rekonstruktion der Innenperspektiven – dieser Nachbardisziplin fruchtbar zu machen. Eine sich solcher Methoden bedienende Rekonstruktion der Innenperspektiven (im vorliegenden Fall von weiblichen Regierungsformen und direkten und indirekten Einflußmöglichkeiten und Herrschaftsoptionen) deckt eine Wirklichkeit mit andersartigen Logiken auf, die aus dem Blickfeld geraten, konzentriert man sich auf die Perspektive von oben oder auf eine Perspektive, die nur männliche Lebensrealitäten in den Blick nimmt. So eröffnet dieser Ansatz insbesondere für die Geschichte der Frauen, die ja oftmals am Rande, verdeckt und zuweilen heimlich vonstatten ging, neue Einsichten: etwa die aus der Perspektive traditioneller Politikgeschichte überraschende Einsicht, daß auf Blutsverwandtschaft basierende politische Systeme Frauen größere Partizipationsmöglichkeiten offerierten als die »demokratischen« Stadtverfassungen der Frühen Neuzeit.

Französische Richtungen der Geschichtswissenschaft, die sich entweder auf die Annalesschule oder auf Michel Foucaults Diskursanalysen beziehen, spielen in anderen Beiträgen eine Rolle. Die unter dem Titel »Von ihr ist viel gesprochen worden« versammelten Untersuchungen stehen alle unter dem Einfluß Foucaults. Mit den Mitteln der Diskursanalyse, die Foucault so meisterhaft in seinen frühen historischen Arbeiten – erinnert sei nur an *Wahnsinn und Gesellschaft* – vorgeführt hat, werden hier die männlichen Diskurse aus Literatur, Theater, Philosophie und Medizin über das Weibliche analysiert. Unterschiedlich sind freilich die Gewichtungen: Während Évelyne Berriot-Salvadore und Michèle Crampe-Casnabet sich ausschließlich auf das männliche Reden über Frauen, auf die normativen Aussagen also konzentrieren und weibliche Lebensrealitäten, d. h. alltägliche Erfahrungen und

Zwänge gänzlich ausklammern, gehen Jean-Paul Desaive und Eric Nicholson auch auf die sozialen, ökonomischen und mentalen Lebensbedingungen etwa der Literatinnen und Schauspielerinnen ein. Je stärker die männlichen Diskurse über Weiblichkeit isoliert werden, desto ungeschminkter tritt der Herrschaftscharakter dieser männlichen Aussagesysteme zutage. Gerade dadurch, daß – im Unterschied zur angelsächsischen Sozialgeschichte und der historischen Anthropologie – eine Einbettung in soziale und ökonomische Kontexte unterbleibt und nur den normativen Aussagen Rechnung getragen wird, können die allgemeinen Strukturen von Herrschaft, Macht und Kontrolle im Geschlechterverhältnis klarer erfaßt werden; obschon – und das kann durchaus kritisch hinzugefügt werden – über die Praxis des Geschlechterverhältnisses wenig Konkretes aus den Diskursen zu erfahren ist.

Auch die Annalesschule hat ihre Spuren in diesem Band hinterlassen: Sara F. Matthews Griecos und Véronique Nahoum-Grappes Untersuchungen über den weiblichen Körper, Sexualität und Schönheit verweisen auf jenes Themenspektrum, das als »culture féminine« insbesondere in den 80er Jahren im Mittelpunkt von Debatten stand, die Historikerinnen aus dem Umkreis der Annalesschule initiiert hatten. Das Credo der frühen Annalesschule, die Erforschung von Mentalitäten in den Mittelpunkt zu stellen, und die Einsicht eines Philippe Ariès bzw. der Forschergeneration von Alain Corbin, daß auch so vermeintlich Nebensächliches wie Düfte, Liebe, Tod und Kindheit eine Geschichte haben, wurde auch für die Frauengeschichte fruchtbar gemacht. Mit der Geschichte der Aussteuer, des Körperlichen und des Gebärens begann die französische Frauengeschichte an diese Traditionen anzuknüpfen. Solche historischen Untersuchungen machen darauf aufmerksam, daß bestimmte von der Geschichtswissenschaft vernachlässigte Themen – wie etwa das Körperliche, die Schönheit – für die Geschichte der Frauen insofern von Bedeutung sind, als etwa die Schönheit einer Frau ihre Lebensbedingungen durchaus mitbestimmen, ihr z. B. zu Einfluß und Macht verhelfen konnte bzw. sie zum Objekt männlicher Begierden werden ließ.

Jede in diesem Band vertretene Form von Frauengeschichte – sei es die angelsächsische Frauengeschichte mit ihrer Integration von Frauen- und »allgemeiner« Geschichte; sei es die »anthropological history« mit ihrer besonderen Beachtung der Innenperspektiven, die es erlaubt, schwerzugänglichen Logiken auf die Spur zu kommen; sei es die der Foucaultschen Diskursanalyse, deren besondere Stärke im Aufdecken von Machtstrukturen liegt oder die der Annalesschule, die auf vernachlässigte Themen hingewiesen hat – vermag andere Aspekte der Geschichte der Frauen zu erhellen. Die überwiegende Mehrzahl der Beiträge jedoch entpuppt sich bei näherem Hinsehen als Produkt einer fruchtbaren Vermischung all dieser und auch anderer Traditionen.

Frauen im Heiligen Römischen Reich[2]

Seit dem späten Mittelalter lassen sich in der Reiseliteratur und in den Topographien stereotype Frauenbilder für einzelne Länder finden. So hat z. B. der spätere Papst Enea Silvio Piccolomini (1405–1464) bei seinen Aufenthalten in Basel und Wien die dortigen Frauen mit den Frauen italienischer Städte verglichen.[3] Seine Charakterisierungen sind bezeichnend für einen Männerdiskurs, der von bestimmten Interessen gesteuert wurde. Zugleich knüpften diese Darstellungen an die antiken landeskundlichen Schilderungen in der Nachfolge Herodots an, und es wurde eine beliebte Methode, die bereisten Länder durch die jeweilige Art der Geschlechterverhältnisse zu charakterisieren. Später hat Mozart der »englischen Freiheit« mit dem Blondchen in der »Entführung aus dem Serail« ein Denkmal gesetzt. Und Simon Schama hat in seinem Buch *Überfluß und schöner Schein* am Beispiel der Niederlande gezeigt, wie der Topos der »Reinlichkeit« für die Kennzeichnung der Frauen prägend wurde. Es scheint, daß diese Stereotypen nicht geschlechtsspezifisch waren, sondern sich an die jeweiligen Länderstereotypisierungen anlehnten. In dieser Sichtweise wurden die Frauen in den fundamentalen Wandel der europäischen Gesellschaft einbezogen, in dem sich zwischen dem 15. und 18. Jahrhundert die moderne europäische Staatenwelt herausgebildet und gleichzeitig die »Welt« erweitert hat, in dem sich eine dominant agrarisch geprägte Gesellschaft in Richtung Industrialisierung bewegte, die Katholizität der Römischen Kirche in Frage gestellt und die ehedem religiös gebundene Kultur säkularisiert wurde. Daß diese Prozesse in den einzelnen Regionen und Ländern sehr unterschiedlich verliefen, ist in der Erforschung der Geschichte der Frauen noch keine Selbstverständlichkeit, da die scheinbar unwandelbar gleichen Frauenbilder vielfach noch den Blick auf die Gestaltungsmöglichkeiten und Handlungsfelder von Frauen verstellen.

In den Beiträgen dieses Bandes stehen die Frauen West- und Südeuropas im Mittelpunkt, während die historischen Erfahrungen der Frauen im Heiligen Römischen Reich deutscher Nation, in den skandinavischen Ländern sowie denen Ost- und Südosteuropas nur am Rand berührt werden. Die Gründe dafür liegen keineswegs in Sprachproblemen, schließlich entstand ein Teil der Forschungen zum Alten Reich und zu den skandinavischen Ländern in den USA und in England.[4] Wichtiger sind vielmehr Unterschiede in den Forschungsinteressen und Konzeptionen von Frauengeschichte. Anders als bei dem primär geistes- und kulturwissenschaftlich ausgerichteten französischen Interessen liegt der Akzent der deutschsprachigen Forschungen – ähnlich wie bei der anglo-amerikanischen Forschung[5] – bislang mehr im sozial- und neuerdings auch im politikgeschichtlichen Bereich.[6] Erforscht wurde in erster Linie das 16. Jahrhundert mit den traditionellen Schwerpunkten Reformation[7] und Frauenarbeit[8], während die frommen Frauen der Katholischen Reform[9] kaum beachtet worden sind. Diese Fixierung auf Reformation hat auch verhindert, daß – anders als in England – die tragende Rolle von Frauen für die neue Frömmigkeit des 17. Jahrhunderts, den Pietismus, gewürdigt wurde.[10] Das 18. Jahrhundert dagegen ist als Zeitalter der Bildung und Erziehung, als Zeitalter, in dem Frauen erstmals in einer großen literarischen Öffentlichkeit auftraten[11], traditionell von hohem Interesse für die Geschichte der Frauenbildung. Besondere Faszination üben die »Frauen der Goethezeit«[12] aus, vergleichbar den Précieuses in Frankreich. In den letzten Jahren zeigt sich jedoch eine zunehmende Verselbständigung von den alten Orientierungen, und es wird mehr und mehr kritisch gefragt, welchen Fortschritt die Aufklärung für Frauen gebracht habe, eine Frage, die sich für die Renaissance als sehr anregend erwiesen hat. Die zwiespältigen Folgen der Aufklärung für Frauen zeigen sich vor allem in einer neuen Anthropologie, die die bis heute bestimmenden Weiblichkeitsentwürfe schuf.[13]

Und doch: Trotz der heterogenen Forschungsschwerpunkte für die einzelnen europäischen Länder gibt es eine Reihe von Gemeinsamkeiten zwischen den Gesellschaften Süd- und Westeuropas und dem Alten Reich. Jedoch variierten die Handlungsmöglichkeiten von Frauen im Heiligen Römischen Reich je nachdem, ob es sich um städtische oder ländliche Gesellschaften handelte, je nachdem, ob man adelige, bürgerliche oder dörfliche Lebensformen betrachtet.

Die Gemeinsamkeiten beziehen sich auf die generelle rechtliche und soziale Ungleichheit von Männern und Frauen, die nicht nur die Ungleichheit in einer ständischen Gesellschaft darstellten – vorstellbar ist, daß Männer und Frauen eines Standes die gleichen Rechte besitzen –, sondern auf einer Anthropologie der Ungleichheit von Mann und Frau beruhten, in der sich griechische, spätantike und christliche Vorstellungen miteinander verbanden.[14] Die wissenschaftlichen Entwürfe »der Frau« durch Theologen, Philosophen, Juristen[15] und Mediziner[16] kannten keine Grenzen: Der gelehrte Diskurs wurde über das Universitätsstudium und die gelehrte Literatur in ganz Europa verbreitet, spielte aber auch in der Berufspraxis von Juristen und Medizinern[17] eine nicht zu unterschätzende Rolle. Seine Differenzierungen folgten weniger politischen als konfessionellen Grenzen. Während in den katholischen Ländern das Ideal »Keuschheit« wie im Mittelalter die am höchsten bewertete Lebensform darstellte, wurde in den protestantischen Ländern die Ehe als allgemeine Lebensform für Erwachsene zur Norm erhoben.[18] Daher war es Aufgabe der protestantischen Ehetraktate und Ehebücher, das neue Ideal der Ehe- und Hausfrau, personifiziert in der protestantischen Pfarrfrau[19], zu definieren und zu propagieren.[20]

In den katholischen Ländern näherten sich seit den Beschlüssen des Konzils von Trient (1561) die Ehevorstellungen denen der Protestanten in vieler Hinsicht an.[21] So erklären sich die über konfessionelle Grenzen hinweg ganz ähnlichen Reaktionen insbesondere der ländlichen Bevölkerung auf die neuen protestantischen und katholischen Ehevorstellungen, die auf der Trennung der Geschlechter in der Jugendzeit insistierten und daher mit eingeübten Lebenspraktiken kollidierten.[22] Alle Kirchen führten einen lange währenden Kampf gegen die weiterhin geübte Praxis der Eheanbahnung, bei der bereits nach dem Eheversprechen der Geschlechtsverkehr erlaubt war.[23] Demgegenüber nahmen die Konfessionen anfänglich zur Prostitution sehr unterschiedliche Haltungen ein. Während die Protestanten die städtischen Frauenhäuser schlossen[24], blieben diese in den katholischen Ländern zunächst weiter in Funktion, wurden allerdings im Zuge der katholischen Reform gleichfalls verboten.

Wie für das südliche und westliche Europa sind für das Reich bevorzugt die wechselnden Lebenssituationen von Frauen in den größeren Städten erforscht: z. B. Köln[25], Augsburg[26], Frankfurt am Main[27], Nürnberg,[28] Basel[29], Hamburg[30], Freiburg[31], Hildesheim[32], Nördlingen[33], Schwäbisch Hall[34], Mainz[35], Koblenz[36] und Trier[37]. Daß auch die Geschichte kleinerer Städte wichtige Hinweise über die Handlungsfelder von Frauen geben können, zeigen die Studien zu Oppenheim[38], Weismain und Forchheim[39] sowie zu den kleinen schleswig-holsteinischen Städten[40]. Demgegenüber haben adelige Frauen – abgesehen von ihrer Rolle für Reformation und Gegenreformation – lange wenig Interesse bei der Historischen Frauenforschung gefunden[41], da ihre Lebensweise, sehr zu Unrecht, als gesichert und unproblematisch angesehen wurde. Daher bestimmen die traditionellen biographischen Darstellungen noch weitgehend das Feld.[42] Erste Ansätze zu einer Sozialgeschichte adeliger Frauen zeichnen sich jedoch ab.[43] In den neueren Untersuchungen der Literaturwissenschaft hingegen sind adelige Autorinnen, wie z. B. Elisabeth von Braunschweig oder Katharina von Greifenberg, sehr wohl beachtet worden.[44] Für die Frauen auf dem Land liegen bislang gleichfalls nur wenige Arbeiten aus der Perspektive der Historischen Frauenforschung vor.[45] Einige wichtige Aspekte wie Frauenarbeit und generatives Verhalten sind jedoch von der Historischen Familienforschung[46], der Historischen Demographie[47] und der Protoindustrialisierungsforschung[48] bearbeitet worden. Damit sind Einblicke in die Lebenssituationen von Frauen in der Gesellschaft der Frühen Neuzeit möglich geworden, die eine ausgeprägte Differenzierung nach Ort, Schicht, Personenstand, Lebensalter, Konfession, politischer und wirtschaftlicher Lage dokumentieren.

Auch »Frauenarbeit« war weniger durch nationale Eigenheiten bestimmt als durch die länderübergreifende Erfahrung sozialer Ungleichheit in den verschiedenen Formen von geschlechtsspezifischer Arbeitsteilung.[49] Im Bereich von selbständiger Arbeit kam dies beispielsweise darin zum Ausdruck, daß Frauen in den meisten Handwerken von der regulären professionellen Ausbildung ausgeschlossen waren und ihnen deshalb kein eigenständiger Zugang zum Handwerk möglich war.[50] Aber von den zukünftigen Handwerksfrauen wurde erwartet, daß sie lesen, schreiben und rechnen konnten, um die schriftlichen Angelegenheiten und die Eintreibung der Schulden übernehmen zu können.[51] Erst als Witwen erhielten Handwerkerfrauen das Recht der Betriebsführung, teilweise für einen kurzen Zeitraum, teilweise bis ein Sohn den Betrieb übernehmen konnte. Diese Regelung war nicht unumstritten, besaß aber gleichwohl vielerorts Gültigkeit, da es um die Versorgung der Witwe wie um die Erziehung der Kinder ging, die andernfalls der städtischen Armenversorgung zur Last gefallen wären. Für die Frauen von Handwerkern und Kaufleuten gab es also bedeutende Handlungsspielräume während der Zeit ihrer Ehe wie als Witwe. Demgegenüber war das Leben alleinstehender Frauen vielfach mit großen Risiken verbunden.[52]

Noch zu wenig beachtet sind die großen Leistungen der Frauen für die Versorgung der Städte mit Lebensmitteln und Kleidung. Wie sich für Nürnberg und Frankfurt zeigen ließ[53], handelte es sich um selbständige Tätigkeiten, mit denen viele Frauen den Lebensunterhalt für sich und ihre Kinder bestreiten konnten. Zwar waren die Verdienstmöglichkeiten der Höckerinnen und Altkleiderhändlerinnen gering, aber sie waren nicht wie im geschlossenen Zunfthandwerk im Prinzip Männern vorbehalten.

Im Bereich der agrarischen und gewerblichen Lohnarbeit ist zu beobachten, daß Frauenarbeit im Vergleich mit Männerarbeit überwiegend geringer bewertet wurde. Das galt insbesondere für Dienstbotinnen, die – anders als Hausknechte – wenig Aufstiegsmöglichkeiten hatten. Ausnahmen von dieser Regel stellten z. B. die besonders qualifizierten Spinnerinnen dar, die die feinen Garne für die Herstellung von Spitzen spannen.[54] Auch Seidenarbeiterinnen konnten als stark gefragte Spezialistinnen einen guten Lohn erzielen.[55]

Die alteuropäischen Gemeinsamkeiten im Hinblick auf die »unbezahlte« Hausarbeit erscheinen weniger deutlich, da sie mit jeweils anderen Forschungsinteressen thematisiert wurde. Die am modernen Arbeitsbegriff orientierte Forschung hat sie entweder ausgeblendet oder versucht, sie als »produktiv« zu definieren. Erst im Kontext des Konzepts »Familienwirtschaft« wurde ihre Bedeutung für die Stellung von verheirateten Frauen erkannt.[56] Denn zu den Fähigkeiten der Haushaltsführung gehörte es, in der Funktion als »Hausmutter« neben dem »Hausvater« Autorität auszuüben. Am deutlichsten läßt sich dies für

Bäuerinnen erkennen, da in vielen Regionen die Verträge bei der Hofübernahme mit dem bäuerlichen Ehepaar geschlossen wurden.[57] Es leuchtet daher ein, daß Bäuerinnen – anders als Bürgerinnen – vielerorts die Berechtigung besaßen, an den Gemeindeversammlungen teilzunehmen.

Die hohe Bewertung der gemeinsamen Haushaltsführung durch das Ehe- und Arbeitspaar[58] wird in solchen Arbeitsbereichen bestätigt, die nur von Mann und Frau gemeinsam als »Amtsehepaar«[59] übernommen werden konnten, z. B. als Hospitalverwalterpaar. Während Frauen prinzipiell von »Ämtern« im Gerichtswesen, in Verwaltung und Regierung sowohl in den Städten wie in den Territorien ausgeschlossen waren, konnten sie auf diese Weise zu den nicht von akademischer Ausbildung abhängigen Ämtern Zugang erlangen. In Deutschland war diese spezifische Form des Arbeitspaars bis in das 16. Jahrhundert auch im Heilbereich weit verbreitet: So erhielten Arzt und Ärztin oder Bader und Baderin gemeinsam die Konzession für die Berufsausübung.[60] Mit der zunehmenden Bedeutung der studierenden Mediziner und deren Bestallung als Aufsichtspersonen wurde der gesamte Bereich der Heilberufe umstrukturiert. Unter den »weisen Frauen« gelang es allein einem Teil der Hebammen, als »geschworene« Hebammen einen Platz in diesem neuen System medizinischer Versorgung und Kontrolle zu erlangen, weil sie für gerichtliche Untersuchungen, die nicht von Männern durchgeführt werden konnten, unersetzbar waren.[61]

Ganz erhebliche Unterschiede herrschten jedoch zwischen den politischen Handlungsmöglichkeiten von Frauen im Heiligen Römischen Reich deutscher Nation und denen in den west- und südeuropäischen Nachbarländern, Unterschiede, die nicht zuletzt mit dessen Verfassungsstruktur zusammenhängen. Das Reich mit seinen mehreren hundert Territorien war nicht wie die westeuropäischen Länder auf dem Weg zum zentralisierten Nationalstaat. Kaiser und Landesherren der großen Territorialstaaten konkurrierten um die Macht, während die Vielzahl kleiner weltlicher und geistlicher Territorien angestrengt versuchten, ihre Position und ihren Status zu wahren. Zu den geistlichen Territorien gehörten auch Frauenklöster, in denen selbstverständlich Äbtissinnen regierten, und kaiserlich-freiweltliche Reichsstifte[62], unter denen dem Reichsstift Essen hervorragende Bedeutung zukam.[63] Doch nicht nur geistliche Frauen aus dem Hochadel konnten im Heiligen Römischen Reich regieren. In den kleinen Herrschaftsgebieten haben nicht selten gräfliche und fürstliche Witwen während der Unmündigkeit des Sohnes viele Jahre die Regentschaft geführt, ein Sachverhalt, der nicht leicht erkennbar ist, da ihre Regentschaftsjahre vielfach der Regierungszeit des Sohnes zugerechnet werden. Die Landgräfinnen Amalie Elisabeth von Hessen-Kassel (1637–1650) und ihre Schwiegertochter Hedwig Sophie (1663–1677)[64] gehören zu den wenigen Regentinnen, deren politisches Handeln angemessen gewürdigt wird.

Als Ehefrauen hatten sich die fürstlichen Frauen jedoch – abgesehen von den gar nicht so seltenen Ausnahmesituationen[65] – jeglicher politischen Einflußnahme zu enthalten. Was ihnen zugestanden wurde, war die Rolle der gewissenhaften Mutter, der mildtätigen Landesmutter oder die des glänzenden Mittelpunkts der höfischen Gesellschaft. Für alle Rollen gab es an den vielen deutschen Höfen reichlich Gelegenheiten. Höfische Kultur wurde im 17. und 18. Jahrhundert entscheidend geprägt von den Frauen der Herrscherfamilie, z. B. in Braunschweig-Wolfenbüttel, in Hessen-Kassel oder in Pfalz-Neuburg.[66] Allerdings fehlte dem Reich ein politischer und kultureller Mittelpunkt wie Paris-Versailles in Frankreich, Madrid in Spanien und London in England: Der Kaiser residierte in Wien und entfaltete dort seine Macht, in Regensburg tagte seit 1663 der Immerwährende Reichstag und Frankfurt am Main war Wahl- und Krönungsstadt.

Dafür erlaubte das Reich als multi-zentrischer Verband auch den großen Reichsstädten, eine eigene Kultur zu entwickeln.[67] Dazu gehörte es im 17. Jahrhundert, daß z. B. in Nürnberg der »Löbliche Hierten- und Blumenorden an der Pegnitz« als Gesellschaft zur Förderung der deutschen Sprache und Dichtung entstand, an der Frauen beteiligt waren.[68] Der »Palmenorden zur Erhaltung deutscher Treue und Verbesserung der vaterländischen Sprache« war 1617 zur Ehre der in jenem Jahr verstorbenen Fürstin Dorothea Maria von Weimar gegründet worden.[69] Frauen waren als Autorinnen geistlicher Dichtungen in deutscher Sprache seit der Reformation hervorgetreten[70], was sie trotz fehlender klassischer Bildung an den öffentlichen höheren Schulen und Universitäten befähigte, in den Sprachgesellschaften zu wirken.[71] In der ersten Hälfte des 18. Jahrhunderts bildete Leipzig den literarischen Mittelpunkt Deutschlands, wo auch Frauen wie Luise Adelgunde Victorie Gottsched, geb. Kulmus und Christiana Mariana von Ziegler prominent als Literatinnen hervortraten. Allerdings galt auch hier, daß sie nur als Dilettantinnen, nicht mit der Aussicht auf professionellen Gebrauch ihrer Fähigkeiten akzeptiert wurden.[72]

In der politischen Struktur des Reiches, das keine starke Zentrale kannte, lag sicherlich ein wichtiger Grund für die Bedeutung von Hexenprozessen im Reich.[73] Bereits Friedrich von Spee, der vehemente Kritiker der Hexenprozesse, hatte bemerkt, daß die Verfolgungen im Heiligen Römischen Reich die in den Nachbarländern weit übertrafen. Die gerichtliche Verfolgung von Hexen besaß hier eine andere Dynamik als in Frankreich, England und den Niederlanden, da die Vielzahl kleiner und kleinster, häufig durch konfessionelle Gegensätze getrennter Territorien sich gegenseitig anspornten, die »bösen Frauen« so

schnell wie möglich aus der Welt zu schaffen. Während Lieselotte von
der Pfalz Anfang des 18. Jahrhunderts berichtete, daß in Frankreich keine Hexenprozesse mehr denkbar seien, scheiterte in Deutschland an
der Wende zum 18. Jahrhundert die Beendigung der Verfolgungspra-
xis u. a. daran, daß die Mitglieder der geistlichen Gerichte noch an der
Wirklichkeit von Zauberei festhielten, gegen die sich die bereits skeptisch gewordenen Juristen noch nicht durchgesetzt hatten.[74] Zur Intensität der Verfolgungen von Frauen als Zauberinnen und Hexen trugen
nicht nur die beständigen sozialen Konflikte bei[75], sondern die Stärke
der lokalen bäuerlichen Gemeinden, die dem Landesherrn mit Rebellion drohten, wenn er die »bösen Frauen« nicht vernichte. Einige Landesherren verlangten von solchen Gemeinden, daß sie für die anfallenden, vielfach erheblichen Unkosten bürgen müßten, andere, z. B. in
Westdeutschland, überließen den lokalen Hexenausschüssen Organisation und Finanzierung der gerichtlichen Verfolgung.[76] Die Interpretation der Hexenverfolgungen im Alten Reich wurde nicht zuletzt vom
Konzept »Sozialdisziplinierung« (G. Oestreich) geleitet, das stark von
der Kritik an der obrigkeitsstaatlichen Tradition in Deutschland geprägt
ist.[77] Gleiches gilt auch für die Erforschung der Prozesse wegen
Unzucht und Kindsmord[78], die ebenso wie Hexenprozesse einen spezifischen Frauenbezug hatten.

Die hier nur stichwortartig angedeuteten Unterschiede und Gemeinsamkeiten der Methoden und Forschungsssschwerpunkte der jüngeren
Frauen- und Geschlechtergeschichte haben alle mehr oder minder
deutliche Spuren in der vorliegenden »Geschichte der Frauen« hinterlassen. Und obwohl auf die weiblichen Vergangenheiten im Heiligen
Römischen Reich, viele regionale Differenzen und nationale Eigenheiten nur am Rande eingegangen werden konnte, wird eines doch ganz
deutlich: Die Geschichte der Frauen entzieht sich einfachen Stereoty-
pisierungen und Erklärungsmustern, sie ist weit facettenreicher, bewegter und zuweilen auch voller Überraschungen.

Lady Dacre, Gemälde von Hans Eworth, Flämische Schule; 1555. *Ottawa, National Gallery.*

ANHANG

ANMERKUNGEN, LITERATUR, REGISTER

ANMERKUNGEN

Einleitung

1 Groschenhefte und Flugschriften, die von Straßenhändlern vertrieben wurden. (A.d.Ü.)
2 Literarischer Kreis von Frauen im Paris des 17. Jahrhunderts. (A. d. Ü.)

Arbeit und Familie

1 Daniel Defoe, *The Behaviour of Servants in England* . . ., London 1724, S. 1–9.
2 Patrick Colquhoun, *A Treatise on Indigence . . . with Proposals for Ameliorating the Condition of the Poor*, London 1806, S. 253.
3 Samuel Pepys, Beamter im Marineministerium, Autor eines mehrbändigen Tagebuchs – eine Fundgrube für alle Aspekte des Lebens im London des 17. Jahrhunderts –, beginnt ein Verhältnis mit seinem Dienstmädchen Deborah, das seine Fau im September 1666 einstellt; eine deutschsprachige Auswahl aus dem Tagebuch bietet Samuel Pepys, *Tagebuch aus dem London des 17. Jahrhundert*, Stuttgart 1980.
4 E. A. Wrigley und R. S. Schofield, *The Population History of England, 1541–1871*, London 1981; J. Dupaquier, *Histoire de la population française*, Paris 1975 und Les caractères originaux de l'histoire démographique française au XVIIIe siècle, in: *Revue d'Histoire Moderne et Contemporaine* 23, 1976, S. 182–202.
5 F. G. Stokes (Hg.), *The Bletchley Diary of the Rev. William Cole, 1765–67*, London 1931, S. 41.

6 Riementang, die Asche wurde als Düngemittel verwendet. (A. d. Ü.)
7 Mary Hyde, The Thrales of Streatham Park, III. The Death of Thrale and the Remarriage of the Widow, in: *Harvard Library Bulletin* 25, 1977, S. 193–241.
8 J. Hecht, *The Domestic Servant Class in Eighteenth-Century England*, London 1956, S. 189.
9 Hufton 1984, S. 363.
10 J. O. Halliwell (Hg.), *The Autobiography and Correspondence of Sir Simonds d'Ewes, Bart*, London 1845, I, S. 10.
11 D. Leigh, *The Mother's Blessing* (1616), 10. Aufl. London 1627, S. 25.
12 *The Autobiography and Correspondence of Mary Granville, Mrs. Delany*, 3 Bde., London 1861, bes. Bd. 1.
13 Zusammenschluß der Drucker, Buchbinder und Papiermacher. (A. d. Ü.)

Körper, äußere Erscheinung und Sexualität

1 Vgl. Bock/Nobili 1983; MacLean 1980; Susan R. Sulieman (Hg.), *The Female Body in Western Culture*, Cambridge 1986.
2 Vigarello 1985, S. 37–48 (dt.: 1992, S. 39–49).
3 Ebd., S. 15–29 (dt.: ebd. S. 15–31).
4 Elias 1976, S. 98–109; P. Stallybrass, Patriarchical Territories: The Body Enclosed, in: Ferguson/ Quilligan/ Vickers 1986, S. 123–144.
5 Renate Bridenthal, Claudia Koonz, Susan M. Stuard (Hg.), *Becoming Visible. Women in Europe-*

an History, Boston 1987, S. 251–273; Carolyn C. Lougee, *Le Paradis des Femmes. Women, Salons and Social Stratification in Seventeenth-Century France*, Princeton 1976.

6 Perrot 1984, S. 17–19.

7 Vigarello 1985, S. 95f. (dt.: 1992, S. 103f.).

8 Ebd., S. 98–101 (dt.: ebd., S. 105–108).

9 L. Savot, *L'Architecture française*, Paris 1624, S. 102f.

10 Vigarello 1985, S. 76f. (dt.: 1992, S. 82f.).

11 Ebd., S. 78–88 (dt.: ebd., S. 83–96).

12 Roche 1989, S. 149–176.

13 Ebd., S. 175; Perrot 1984, S. 74–76.

14 Bologne 1986, S. 63–65; Madeleine Lazard, *Le corps vêtu: signification du costume à la Renaissance* (Referat zur Konferenz »Le corps à la Renaissance«, Centre d'Etudes Superieures de la Renaissance, Université de Tours, 2.–10. Juli 1987).

15 Vigarello 1985, S. 105–117 (dt.: 1992, S. 115–128).

16 Ebd., S. 125–143 (dt.: ebd., S. 137–158); Perrot 1984, S. 19–23.

17 Jean-Louis Flandrin und Marie-Claude Phan, Les métamorphoses de la beauté feminine, in: *L'Histoire* 68, Juni 1984, S. 48–57.

18 Shorter 1982, Kapitel 2 (dt.: 1987).

19 Rodocanachi 1922, S. 110f.

20 Baldesar Castiglione, *Das Buch vom Hofmann*. Aus dem Engl. von Fritz Baumgart, München 1986, S. 245.

21 MacLean 1980, Kapitel 3–5.

22 Joan Kelley(-Gadol), Did Women have a Renaissance?, in: dies., *Women, History and Theory. The Essays of Joan Kelley*, Chicago 1984, S. 19–50, Diane Owen Hughes, Sumptuary Law an Social Relations in Renaissance Italy, in: John Bossy (Hg.), *Disputes and Settlements: Law and Human Relations in the West*, Cambridge 1983, S. 66–99.

23 Camden 1952, S. 263–267; Sara F. Matthews Grieco, »*Querelle des femmes*« or »*guerre des sexes*«? *Visual representations of Women in Renaissance Europe*, Ausstellungskatalog, Florenz 1989, S. 32.

24 Jean Delumeau, *La peur en Occident (XIVᵉ–XVIIIᵉ siècle)*, Paris 1978, S. 305–345 (dt.: *Angst im Abendland. Die Geschichte kollektiver Ängste des 14. bis 18. Jahrhunderts*. Aus dem Franz. von Monika Hübner, Gabriele Konder und Martina Roters-Burck, Reinbek, 1989, S. 457–503).

25 Rodocanachi 1992, S. 90f. und Anm. 4.

26 Alison Saunders, ›*La beauté que femme doibt avoir*: La vision du corps dans les Blasons anatomiques (Referat zur Konferenz: Le corps à la Renaissance).

27 Camden 1952, S. 214.

28 Courtine/Harouche 1988, Kapitel 1–2.

29 Jean-Louis Flandrin, Soins de beauté et recueils de secrets, in: Menjot 1987, S. 18–32.

30 Sara F. Matthews Grieco, *Histoire et iconographie de la femme au XVIᵉ siècle. Représentations, mythes, discours*, Paris 1990, Teil 3, Kapitel 2.

31 Leon Battista Alberti, *Über das Hauswesen*. Aus dem Ital. von Walther Kraus, Zürich 1962, S. 292f.

32 G. P. Lomazzo, *A Tracte Containing the Artes of Curious Paintige Carvinge & Building*, zit. nach: Camden 1952, S. 203.

33 Ebd., S. 198.

34 Rodocanachi 1922, S. 109.

35 Marie-Claude Phan, Pratiques cosmétiques et idéal féminin dans l'Italie des XVᵉ et XVIᵉ siècles, in: Menjot 1987, S. 109f.

36 Rodocanachi 1922, S. 105f., S. 111–113.

37 Ebd., S. 102.

38 Marie-Claude Phan, Pratiques cosmétiques, S. 116f.

39 Perrot 1984, Kapitel 2, 4.

40 Jacques Le Goff, Le refus du plaisir, in: Duby 1984, S. 52–59.

41 Bologne 1986, S. 187–220.

42 Ebd., S. 34.

43 Jean Delumeau, *La peur en Occident*, S. 305–334 (dt.: *Angst im Abendland*, S. 457–495).

44 MacLean 1980, S. 28–46.

45 Guido Ruggiero, *The Boundaries of Eros. Sex, Crime and Sexuality in Renaissance Venice*, Oxford 1985, Kapitel 4, 5.

46 Lean Otis, *Prostitution in Medieval Society. The History of an Urban Institution in Languedoc*, Chicago 1985, S. 40–43.

47 Ebd., S. 191f.

48 Robert Muchembled, *Culture populaire et culture des élites dans la France moderne (XVᵉ–XVIIIᵉ siècles)*, Paris 1973, S. 238f. (dt.: *Kultur des Volkes – Kultur der Eliten. Die Geschichte einer erfolgreichen Verdrängung*. Aus dem Franz. von Ariane Forkel, Stuttgart ²1984, S. 193).

49 Flandrin 1981, S. 280f.; Gaudemet 1987, S. 352 bis 354; François Lebrun, *La vie conjugale sous l'Ancien Régime*, Paris 1975, S. 85–110.

50 Shorter 1982, passim (dt.: 1987).

51 Flandrin 1981, S. 290.

52 Ders., Repression and Change in the Sexual Life of Young People in Medieval and Early Modern Times, in: Robert Wheaton und Tamara Hareven (Hg.), *Family and Sexuality in French History*, Philadelphia 1980, S. 32–37.

53 Stone 1977, S. 607–612.

54 Ebd., S. 607–611.

55 Flandrin, Repression and Change, S. 32–37.

56 Ders. 1981, S. 285–291.

57 Randolph Trumbach, *The Rise of the Egalitarian Family. Aristocratic Kinship and Domestic Relations in Eighteenth-Century England*, New York 1978.

58 Stone 1977, S. 490f.

59 Flandrin 1976, S. 156–161 (dt. 1978, S. 187–191).
60 Ders., La vie sexuelle des gens mariés dans l'ancienne société: de la doctrine de l'Eglise à la réalité des comportements, in: Aries/Bejin 1982, S. 125f. (dt. 1984, S. 147–165).
61 Flandrin 1976, S. 186f. (dt.: 1978, S. 219f.).
62 Rotberg/Rabb 1980, passim.
63 Stone 1977, S. 489–495.
64 Shorter 1982, Kap. 1 (dt.: 1987); François Lebrun, La vie conjugale, S. 124f.; Flandrin 1981, S. 132 bis 135.
65 Roy Porter, »The Secrets of Generation Display'd«: Aristotle's Master-Piece in Eighteenth-Century England, in: R. P. Maccubbin (Hg.), 'Tis Nature's Fault. Unauthorized Sexuality during the Enlightenment, Cambridge 1987, S. 1–22; Stone 1977, S. 527–529, 542f.
66 François Lebrun, La vie conjugale, S. 48.
67 Ebd., S. 48–51.
68 Claude Karnoouh, Le charivari ou l'hypothèse de la monogamie, in: Le Goff/Schmitt 1981, S. 81.
69 Ebd., S. 37f.
70 Christiane Klapisch-Zuber, La ›mattinata‹ médiévale d'Italie, in: ebd., S. 153 (dt.: Die mittelalterliche mattinata, in: Das Haus, der Name, der Brautschatz. Strategien und Rituale im gesellschaftlichen Leben der Renaissance. Aus dem Franz. von Alexander Métraux, Frankfurt a. M. 1994).
71 Natalie Zemon Davis, Charivari, honneur et communauté a Lyon et a Génève au XVIIᵉ siècle, in: ebd., S. 214f.
72 Bernos u.a. 1985, S. 186–188.
73 Fairchilds 1984, S. 164–192.
74 Dies., Female Sexual Attitudes and the Rise of Illegitimacy: A Case Study, in: Rotberg/Rabb 1980, S. 170–176.
75 Arlette Farge, La vie fragile. Violence, pouvoirs et solidarités à Paris au XVIIIᵉ siècle, Paris 1986, S. 165–190 (dt.: Das brüchige Leben. Verführung und Aufruhr im Paris des 18. Jahrhunderts. Aus dem Franz. von Wolfgang Kaiser, Berlin 1989, S. 89–111).
76 Cissie Fairchilds, Female Sexual Attitudes, S. 176–185.
77 Arlette Farge, La vie fragile, S. 165–190 (dt.: Das brüchige Leben, S. 89–111); Edward Shorter, Illegitimacy, Sexual Revolution and Social Change in Modern Europe, in: Rabb/Rotberg 1976, S. 53f.
78 Stone 1977, S. 612f., 633f.; Flandrin 1976, S. 176–185 (dt.: 1978, S. 210–219).
79 Stone 1977, S. 636–643.
80 Keith Thomas, The Double Standard, in: Journal of the History of Ideas 20, April 1959, S. 195–216.
81 Zit. nach Stone 1977, S. 637, 502.
82 Vgl. Christine de Pizan, Das Buch von der Stadt der Frauen (1405). Aus dem Mittelfranz. übers., mit einem Kommentar und einer Einl. versehen von Margarete Zimmermann, München ³1992; Margarete von Navarra, Das Heptameron (1558). Aus dem Franz. von Walter Widmer, München 1979.
83 Stone 1977, S. 501–504.
84 Ebd., S. 529–534.
85 Rodocanachi 1922, S. 322–327.
86 Stone 1977, S. 503 und Anm. 51.
87 Flandrin 1981, S. 95f.
88 Stone 1977, S. 527–529, 542–544.

Die schöne Frau

1 Anonymus, Pétition des femmes du Tiers État au Roi, 1. Jan. 1789, zit. in: Duhet/Rebérioux 1989, S. 25.
2 Blasons anatomiques du corps féminin, Paris 1554.
3 Arlette Farge (Hg.), Le miroir des femmes: Textes de la Bibliothèque Bleue, Paris 1982.
4 U. a. Verdier 1979 (dt.: 1982).
5 Philippe Perrot, Le travail des apparences ou les transformations du corps féminin, XVIᵉ–XIXᵉ siècle, Paris 1984.
6 Baumgarten, 1961.
7 Mercier 1782, Bd. 2, Buch 11, Kap. 132, S. 87–89 (dt.: 1976, S. 90).
8 William Shakespeare, Julius Cäsar, II, 1, in: Die großen Dramen, Frankfurt a. M. 1981, Bd. 4, S. 40.
9 Nahoum-Grappe 1990.
10 Beschreibende Gedichte des 15. und 16. Jahrhunderts, die u. a. auch den weiblichen Körper bzw. bestimmten Partien desselben gewidmet waren. (A. d. Ü.)

Mädchenerziehung

1 Règlemens pour la Communauté des filles établies pour l'instruction des pauvres filles de la paroisse Saint-Roch, Paris 1688.
2 Poullain de la Barre, De l'égalité des sexes, 1673, S. 162f.
3 Claude Fleury, Traité du choix et de la méthode des études, Paris, 1686, S. 270.
4 Mme de Maintenon, Lettres sur l'éducation des filles, Paris 1854, S. 140.
5 Jean-Jacques Rousseau, Emil oder Über die Erziehung (1762), hg. von Martin Rang, unter Mitarbeit des Hg. aus dem Franz. übertragen von Eleonore Sckommodau, Stuttgart 1993, 5. Buch, S. 733.
6 Zit. bei Stone 1977, S. 356.
7 Zit. bei O'Day 1982, S. 184.
8 Baron de Frénilly, Souvenirs. 1768–1828, Paris 1908, S. 12.
9 Mme de Chastenay, Mémoires. 1771–1815, Bd. 1, Paris 1896.
10 Comtesse de Boigne, Mémoires, Paris 1971, S. 99.

11 Mme de Roland, *Mémoires*, Paris 1966 (dt.: *Memoiren und Korrespondenzen*, hg. und aus dem Franz. übers. von Rudolf Noack, Leipzig/Weimar 1988).
12 Sonnet 1987, S. 44–48.
13 Zit. bei Heike Wunderlich, *Studienjahre der Grafen Salm-Reifferscheidt (1780–1791). Ein Beitrag zur Adelserziehung am Ende des Ancien Régime*, Heidelberg 1984, S. 311.
14 Karte in Julia 1987, S. 19.
15 Sonnet 1987, S. 67–74.
16 O'Day 1982, S. 188f.
17 Henry Paulin Panon Desbassayns, *Voyage à Paris pendant la Révolution (1790–1792), journal inédit d'un habitant de l'île Bourbon*, Paris 1985.
18 Sonnet 1987, S. 87–89.
19 *Règlemens des religieuses ursulines de la congrégation de Paris*, Paris 1705.
20 *Règlemens de la communauté des filles de Sainte-Anne établis pour l'instruction des pauvres filles de la paroisse Saint-Roch à Paris*, 2. Teil, 1698. Manuskript in der Bibliothèque Mazarine.
21 Perry 1986, S. 233–240.
22 Zit. bei Grosperrin 1984, S. 128.
23 Mitglieder einer 1665 von Mlle Martel in Puy-en-Velay gegründeten Einrichtung, die den Dames de l'instruction angeschlossen war. (A. d. Ü.)
24 Sonnet 1987, S. 80–82.
25 Julia 1987, S. 60.
26 Martine Sonnet, Première communion et éducation au XVIIIe siècle, in: Jean Delumeau (Hg.), *La première communion. Quatre siècles d'histoire*, Paris 1987, S. 115–132.
27 Mme Campan, *De l'éducation*, Paris 1824.
28 *Etablissements desservis par les Filles de la Charité, paroisse Saint-Louis-en-l'Ile*, Nationalarchiv S 6160.
29 *Usages des religieuses de la congrégation de Notre-Dame*, Châlons 1690, S. 77.
30 Lucien Perey (Pseudonym von Luce Herpin), *Histoire d'une grande dame au XVIIIe siècle: la princesse Hélène de Ligne*, Paris 1887.
31 Furet/Ozouf 1977, Bd. 1, S. 44.
32 Daniel Roche, *Le peuple de Paris. Essai sur la culture populaire au XVIIIe siècle*, Paris 1981, S. 206–212.

Jungfrauen und Mütter zwischen Himmel und Erde

1 Amussen 1985; vgl. Jeanne Marie Noël, Education morale des filles et des garçons dans les Pays Bas au XVIe siècle, in: Schulte van Kessel 1986, S. 94–98 (le mouvement philogame).
2 Paul Veyne, La famille et l'amour sous le Haut-Empire Romain, in: *Annales E.S.C.* 1, 1978, S. 35–63.
3 Brown 1988 (dt.: 1991).
4 Julia Kristeva, *Etrangers à nous-mêmes*, Paris 1989 (dt.: *Fremde sind wir uns selbst*. Aus dem Franz. von Xenia Rajewsky, Frankfurt a. M. 1990).
5 Anton Blok, Notes on the Concept of Virginity in Mediterranean Societies, in: Schulte van Kessel 1986, S. 27–33.
6 Guarnieri 1980 und 1984; Anna Benvenuti Papi, »Velut in sepulchro«: cellane e recluse nella tradizione agiografica italiana, in: Sofia Boesch Gajano und Lucia Sebastiani (Hg.), *Culto dei santi, istituzioni e classi sociali in età preindustriale*, Aquila-Rom 1984, S. 365–455; Degler-Spengler 1984; Pennings 1987.
7 Schulte van Kessel 1981, S. 190–192.
8 Ebd., S. 171f.
9 Zarri 1980.
10 Prosperi 1986.
11 Andrea Erba, Il »caso« di Paola Antonia Negri nel Cinquecento Italiano, in: Schulte van Kessel 1986, S. 193–211.
12 Irwin 1982; Hufton 1983; Kloek 1983; Marshall Wyntjens 1984 und 1989; Norberg 1988.
13 Bruto Amante, *Giulia Gonzaga, Contessa di Fondi e il movimento religioso femminile nel secolo XVI*, Bologna 1896, S. xiv–xv, 263.
14 Zarri 1980, S. 376, Anm. 22; 377, 398, 439.
15 G. M. Colombàs, Asceti e Ascete, in: Gerrino Pellicia und Giancarlo Rocca (Hg.), *Dizionario degli Istituti di Perfezione*, Bd. VIII, Rom 1988, Sp. 917–924.
16 Karl Noehles, *La chiesa dei SS. Luca e Martina nell'opera de Pietro da Cortona*, Rom 1970, S. 97.
17 R. De Maio, *Riforme e miti nella Chiesa del Cinquecento*, Neapel 1973, S. 257–278 (L'ideale eroico nei processi di canonizzazione della controriforma); vgl. Zarri 1980; Vauchez 1981; Weinstein/Bell 1982; Boesch Gajano und Sebastiani (Hg.), *sulto dei Canti*; Pellicia und Rocca (Hg.), *Dizionario*, Bd. VIII, Sp. 857–890: Santità (A. Vauchez, P. Delooz, M. Foralosso, I. Venchi, G. Rocca); Anna Benvenuti Papi, Il »patronage« nell'agiografia femminile, in: Ferrante/Palazzi/Pomata 1988, S. 201–218; siehe auch die ausführliche Einleitung (S. 7–56) und die Beiträge von Anna Scattigno und Marina Romanello (beide in der Bibliographie zu diesem Beitrag nachgewiesen); C. Leonardi, La santità delle donne, in: Pozzi/Leonardi 1988, S. 43–57.
18 Delooz 1988, Sp. 865.
19 Hufton 1983, S. 136f.; Norberg 1988, S. 142.
20 Ginzburg 1989, S. 282 (dt.: 1993, S. 295).
21 Kloek 1983; Merry E. Wiesner, Nuns, Wives, and Mothers. Women and the Reformation in Germany, in: Marshall Wyntjens 1989, S. 13; siehe auch oben Anm. 11.
22 Davis 1975, S. 65–95 (dt.: 1987, S. 75–105); dies. 1982, S. 321–341; s. Douglass 1985; Wiesner 1987.

23 Schulte van Kessel 1986; Ferrante/Palazzi/Pomata 1988, siehe vor allem die Einleitung.

24 Ameglia 1988.

25 John Bossy, The Counter-Reformation and the People of Catholic Europe, in: *Past and Present* 47, 1970, S. 55: »The great obstacle to Tridentine uniformity was not individual backsliding or Protestant resistance, but the internal articulations of a society in which kinship was a most important bond«; vgl. ders., *Christianity in the West, 1400–1700*, Oxford/New York 1985; Adriano Prosperi und A. Torre, »Christianity in the West« di John Bossy, in: *Quaderni Storici* 66, 1987, S. 961–986.

26 Schulte van Kessel 1986, S. 57–63.

27 Zarri 1986, S. 377–398; Sherrin Marshall Wyntjens, Vrouwen en godsdienstkeus, in: *Jaarboek voor vrouwengeschiedenis* 4, 1983, S. 101–103.

28 Mary Martin McLaughlin, Looking for Medieval Women: An Interim Report on the Project »Women's Religious Life and Communities, A.D. 500–1500«, in: *Medieval Prosopography* 8, 1987, S. 61–91.

29 Zarri 1986, S. 378–398.

30 Ebd., S. 404f.; vgl. Marco Bascapè, Le fondazioni francescane femminili nella diocesi di Lodi, in: *Il Francescanesimo in Lombardia, Storia e arte*, Mailand 1983, S. 172f.

31 »Et quanto a me vorrei che se ne havesse all'istesso modo che si teneva prima, cioè che ognuno potesse tenere una nepote, o altra che li volesse bene.« Deposizione di Suor Cecilia, Bologna 23 dicembre 1622, in: Zarri 1986, S. 415, Anm. 16.

32 Schulte van Kessel 1988, S. 269–273, 281f.; Zarri 1986, S. 417–419.

33 Wietse de Boer, »Ad audiendi non videndi commoditatem.« Note sull'introduzione del confessionale soprattutto in Italia, in: *Quaderni Storici* 77, 1991/92, S. 543–572.

34 Brown 1986 (dt.: 1989); Lussana 1987; Reynes 1987.

35 Lussana 1987, S. 256–258; Morandini 1983.

36 Guarnieri 1980, Sp. 1745–1748; Zarri 1986, S. 403; vgl. Lussana 1987.

37 Elisja Schulte van Kessel, Scandaleuze dienstmaagden in de zielzorg, in: dies. 1980, S. 101–107; Guarnieri 1980, Sp. 1740; Bernards 1975.

38 Conti Odirisio 1979, S. 79f., 84, 98–100; Lussana 1987, S. 250f.

39 Hill 1987, S. 109.

40 L. Mariani, E. Tarolli, M. Seynaeve, *Angela Merici. Contributo per una biografia*, Mailand 1986; T. Ledóchskowska, Angela Merici, in: Pellicia und Rocca (Hg.), *Dizionario*, Bd. I, Sp. 631–634.

41 Vgl. Liebowitz 1979.

42 Corpus catherinianum, in: Pozzi/Leonardi 1988, S. 348f.

43 Schulte van Kessel 1980, S. 115, 158; dies. 1985, S. 123–125.

44 P. J. Begheyn, De verspreiding van de Evangelische Peerle, in: *Ons Geestelijk Erf* 51, 1977, S. 391–421; ders., De Evangelische Peerle, in: *Spiegel Historiael* XIII, 1978, S. 29–33; ders., Nieuwe gegevens betreffende de Evangelische Peerle, in: *Ons Geestelijk Erf* 58, 1984, S. 30–40.

45 Papàsogli 1983, S. 9–21, 56, 61–63, 91f.

46 Bynum 1987; Pozzi/Leonardi 1988; Certeau 1982.

47 »Thus Jesus Christ (...) is our very Mother. We have our being of him, there, where the ground of Motherhood beginneth; with all the sweet keeping of love that endlessly followeth. As truly as God is our Father, so truly is God our Mother.« J. Walsh (Hg.), *The Revelations of Divine Love of Julian Norwich*, Wheathampstead 1973, S. 161; zit. n.: Kari Elisabeth Børresen, Christ notre Mère. La théologie de Julienne de Norwich, in: Martin Bodewig, Josef Schmitz, Reinhold Weier (Hg.), *Das Menschenbild des Nikolaus von Kues und der christliche Humanismus*, Mainz 1978, S. 325, Anm. 31; vgl. Giovanni Pozzi, L'Alfabeto delle sante, in: Pozzi/Leonardi 1988, S. 40–42; Børresen 1990.

48 Prosperi 1986, S. 87.

49 Couliano 1987; vgl. Papàsogli 1983, S. 64; Gloria Flaherty, Sex and Shamanism in the Eighteenth Century, in: G. S. Rousseau und Roy Porter (Hg.), *Sexual Underworlds of the Enlightenment*, Manchester 1987, S. 261–280.

50 Bynum 1987, S. 55, 77, 93, 256–259, 274–276; Pozzi/Leonardi 1988, S. 23, 40–42.

51 Guarnieri 1986; Scattigno 1988.

52 Papàsogli 1983, S. 22–28, 59–69; Pozzi/Leonardi 1988, S. 392–398.

53 Als erste italienische Ausgabe gilt die aus dem Jahre 1611; Pozzi/Leonardi 1988, S. 393.

54 *Breve compendio*, zit. n.: Pozzi/Leonardi 1988, S. 395.

55 Romana Guarnieri, Il movimento del Libero Spirito. Testi e documenti, in: *Archivio Italiano per la Storia della Pietà* IV, 1965, S. 353–663.

56 Delumeau 1983, Kap. I u. II; Schulte van Kessel 1988, S. 283f.

57 Vandenbroeck 1989, S. 71.

58 Vgl. Anneke Mulder-Bakker, Concluding Remarks, in: Schulte van Kessel 1986, S. 233–237.

59 Schulte van Kessel 1977; 1980, S. 51–115; 1981; 1986, S. 49f.; vgl. Sherrin Marshall Wyntjens, Protestant, Catholic, and Jewish Women in the Early Modern Netherlands, in: dies. 1989, S. 129.

60 Irwin 1977; De Baar 1987.

61 Romana Guarnieri, Il quietismo in otto manoscritti Chigiani. Polemiche e condanne tra il 1681 e il 1703, in: *Archivio italiano per la storia della pietà* IV, 1965, S. 685–708; Fiorani 1977, Bd. 1, S. 98–105, 106 Anm. 123.

62 Vgl. Ginzburg 1989, S. 65–118; Accati 1986 und 1987; Warner 1976 (dt.: 1982); Roberto Zapperi, *L'homme enceint. L'homme, la femme et le pouvoir*, Paris 1983, S. 79–87 u. ö.

63 Siehe oben Anm. 22. Bereits früher erschienen einige weniger bekannt gewordene, aber ebenso bahnbrechende Arbeiten, z. B. von Nancy L. Roelker über adelige Frauen und die Reformation in Frankreich (1972); siehe auch Anm. 12, v. a. Kloek 1983, S. 131–134.

Frauen, Politik und Macht

1 Jean Bodin, *Sechs Bücher über den Staat*. Aus dem Franz. und Lat. von Bernd Wimmer. Eingel. und hg. von P. C. Mayer-Tasch, Bd. 1, München 1977, S. 570.

2 Sarah Churchill, *An Account of the Conduct of the Dowager Duchess of Marlborough, from her first Coming to Court to the year 1710*, London 1742, S. 14; *Private Correspondence of Sarah, Duchess of Marlborough*, 2 Bde., London 1838.

3 Brief an Monsieur de Pomponne, Paris, den 17. November 1664, in: Madame de Sévigné, *Correspondence*, hg. von Roger Duchêne, 3 Bde., Paris 1972, Bd. 1, S. 55f., Nr. 59.

4 Brief an Monsieur de Pomponne, Paris, den 21. und 25. Dezember 1664, in: ebd., S. 80f., Nr. 70 und 71.

5 Françoise d'Aubigné, Marquise de Maintenon, *Lettres*, hg. von Marcel Langlois, 5 Bde., Paris 1935–39, Bd. 4, S. 426, Nr. 1025; Bd. 5, S. 521, Nr. 1399.

6 Churchill, *An Account ... of the Duchess of Marlborough*, S. 140.

7 Brief an Madame de Grignan, Les Rochers, den 5. August 1671, in: Madame de Sevigné, *Correspondence*, Bd. 1, S. 312–314, Nr. 189.

8 Brief an Madame de Grignan, Les Rochers, den 20. Oktober 1675, hier zit. nach der dt. Auswahl der Briefe: Madame de Sévigné, *Briefe*. Aus dem Franz. von Theodora von der Mühll, Frankfurt a. M. 1966, S. 143.

9 Der Rückkehr der katholischen Stuart auf den Thron (A. d. Ü.).

10 Siehe im vorliegenden Band den Beitrag Nina Gelbarts über Journalistinnen.

11 Lucy Martin Donnelly, The Celebrated Mrs. Macaulay, in: *William and Mary Quaterly*, 3. Serie, 6, 1949, S. 197f.; Bridget Hill, *The Republican Virago. The Life and Times of Catharine Macaulay, Historian*, Oxford 1992, S. 226.

12 Siehe im vorliegenden Band Arlette Farges Beitrag über die »Frauen im Aufstand«.

13 Eine vor allem vom mittleren Bürgertum getragene Bewegung, die sich 1651 zugunsten der Fronde bildete. Sie wandte sich gegen das Parlament von Bordeaux und die städtische Oligarche und unterstützte die Partei der Prinzen gegen Mazarin bis zu ihrer Auflösung im Jahr 1653 (A. d. Ü.).

14 Higgin 1973, S. 185–187, 192.

15 Ebd., S. 217.

16 A. S. P. Woodhouse (Hg.), *Puritanism and Liberty. Being the Army Debates (1647–1649)*, London 1951, S. 53, 71–73, 79, 83.

17 John Locke, *Zwei Abhandlungen über die Regierung*. Aus dem Engl. von Hans Jörn Hoffmann, Frankfurt a. M. 1977, S. 250, zweite Abhandlung, Kap. 7 §82.

Frauenbilder

1 Francastel 1974, S. 56.

2 Ebd., S. 17.

3 Jean Guillaume, Cleopatra Nova Pandora, in: *Gazette des Beaux-Arts,* Oktober 1972, S. 185–194.

4 Merchant 1980.

5 Hugo Wagner, Niklaus Manuel. Leben und künstlerisches Werk, in: *Niklaus Manuel Deutsch, Maler, Dichter, Staatsmann*, Katalog einer Ausstellung im Kunstmuseum Bern, September–Dezember 1979, S. 26.

6 Lode Seghers, Los enigmas de un cuadro del Museo del Prado, in: *Revue Goya* 198, 1987, S. 348–357.

7 Marcel Proust, *A la recherche du temps perdu. La Prisonnière*, Paris 1988, Bd. 3, S.587 (dt.: *Auf der Suche nach der verlorenen Zeit, Bd. 8, Die Gefangene*. Aus dem Franz. von Eva Rechel-Mertens, Frankfurt a. M. ³1983, S. 2853).

8 Madlyn Millner Kahr, Delilah, in: Broude/Garrard 1982, S. 111–145.

9 *L'Imperfection des femmes ... tirée de l'Ecriture sainte et de plusieurs auteurs, dédiée à la Bonne Femme. A Ménage, chez Jean trop tôt marié, à l'enseigne de la femme sans tête*, zit. nach Bollême 1971, S. 16.

10 Cusenier 1979, S. 61.

11 Die *Roxburghe Ballads* sind Sammlungen alter Lieder zu verschiedenen Themen und wurden zwischen 1550 und 1700 gedruckt; die darin enthaltenen Holzschnitte wiederholen sich wie in der *Bibliothèque Bleue* und stehen ohne direkte Beziehung zu den Texten.

12 Bonnart, *Mesnage champestre:* »Man ist zufrieden in diesem Dorf/Vater, Mutter, Kinder, Knechte/In den Palästen leuchtet das Gold/Im Dorf herrscht die Gemütlichkeit.«; Dewismes, *L'Hiver:* »Am Feuer für ein gütes Mahl/ist selbst der Winter nicht unangenehm/Wenn man trinkt, wenn man lacht, wenn man gesellig ist/hat jede Jahreszeit ihre guten Seiten.«

13 Vgl. Claude Gaignebet und Jean-Dominique Lajoux, *Art profane et religion populaire au Moyen Age*, Paris 1985; Babille von *babiller*, schwatzen. (A. d. Ü.)

14 *Les Règles de la bienséance et de la civilité chrétienne* . . ., Paris 1716, in: Bollême 1971, S. 136.

15 Camden 1952.

16 Courtine/Haroche 1988, S. 242.

17 Daniel Buren, Autour du manque ou Qui a vu Judith et Holopherne?, in: *Artemisia*, Ausstellungskatalog mit Texten von Roland Barthes u. a., Paris 1979, S. 78–86 (= collection »Mot pour Mot/Word for Word«, Bd. 2).

18 Certeau 1982.

19 Faveurs de Dieu 555, zit. in: Emmanuel Renault, *Sainte-Thérèse d'Avila et l'expérience mystique*, Paris 1970, S. 67.

20 Warner 1976 (dt.: 1982).

21 Jean Clair, *Méduse*, Paris 1989.

22 Jacques Revel, Masculin/Féminin: sur l'usage historiographique des rôles sexuels, in: Michelle Perrot (Hg.), *Une histoire des femmes est-elle possible?*, Paris 1984, S. 133 (dt.: Geschlechterrollen in der Geschichtsschreibung, in: Michelle Perrot (Hg.), *Geschlecht und Geschichte. Ist eine weibliche Geschichtsschreibung möglich?* Aus dem Franz. von Wolfgang Kaiser, Frankfurt a. M. 1989, S. 108).

23 Nach Marc Abélès, *Jours tranquilles en 89, ethnologie politique d'un département français*, Paris 1984.

24 Roger Caillois, *L'homme et le sacré*, Vorwort zur dritten Auflage, Februar 1963, Paris 1988, S. 16 (dt.: *Der Mensch und das Heilige*. Aus dem Franz. von Brigitte Weidemann, München 1988, S. 9).

Ambivalenzen des literarischen Diskurses

1 Ronsard, Pierre de, *Sonnets d'amour – Sonette der Liebe*. Frz.-dt. Ausgabe ausgewählter Sonette. Aus dem Franz. von Franz Fassbinder, Mainz 1948, S. 69.

2 Philippe Desportes, *Œuvres*, mit einer Einleitung und Anmerkungen von Alfred Michiels, Paris 1858.

3 Enea Balmas, La Renaissance, in: Antoine Adam (Hg.), *Littérature française*, Paris 1970–78, S. 71.

4 Maurice Scève, *Délie objet de plus haute vertu*, hg. und mit Anmerkungen versehen von Françoise Charpentier, Paris 1984, S. 13.

5 Hamilton 1977.

6 *Odes*, II, XXIII, in: Pierre de Ronsard, *Œuvres complètes*, hg. und mit Anmerkungen versehen von Gustave Cohen, Paris 1978, Bd. 1, S. 462.

7 *Le Bocage royal*, 2. Teil, *Discours*, in: ebd., Bd. 1, S. 893–902.

8 Franz von Sales, *Philothea. Anleitung zum religiösen Leben*, hg. und übers. von Otto Karrer, Freiburg Schweiz/Würzburg 1988, S.86.

9 Janine Garrisson, *L'homme protestant*, 1986, S. 145.

9a Die den damaligen Vorstellungen von Gesittetheit, Bildung und Anstand entsprechende Frau, das Pendant zum *honneste homme*. (A. d. Ü.)

10 Jacques du Bosc, *L'honneste femme*, 3 Bde., Paris ⁴1662.

11 Thomas Gataker, *A Mariage Praier*, London 1624, zit. in: Edmund Leites, *La passion du bonheur. Conscience puritaine et sexualité moderne*, Paris 1988, S. 107 (dt.: *Puritanisches Gewissen und moderne Sexualität*. Aus dem Franz. von Friedrich Griese, Frankfurt a. M. 1988, S. 116).

12 Darunter John Knox, Autor eines antifeministischen Pamphlets, *First Blast of the Trumpet against the Monstrous Regiment of Women* (1558), aufgrund seiner Feindschaft gegenüber Mary Tudor, Königin von England, und Marie von Lothringen, Regentin von Schottland.

13 Siehe insb. Edmund Leites, *La passion du bonheur* (dt.: *Puritanisches Gewissen und moderne Sexualität*); René Pillorget, *La tige et le rameau. Familles anglaise et française XVIᵉ–XVIIIᵉ siècle*, Paris 1979; Stone 1977; Burguière u. a. 1986.

14 Jean de la Bruyère, *Les caractères*, hg. von A. Chassang, Paris 1981, S. 58 (dt.: *Charaktere*. Ungekürzte Ausgabe in einem Band. Aus dem Franz. von Otto Flacke, Wiesbaden 1979, S. 179).

15 A. L. Rowse, *The England of Elizabeth: The Structure of Society*, London 1961, S. 206.

16 Charles Marguetel de Saint-Denis, seigneur de Saint-Evremont, *Œuvres meslées*, 2 Bde., Paris 1693–1694, De la comédie anglaise, Bd. 2, S. 260.

17 Ebd., Sur les comédies, Bd. 2, S. 248.

18 Ebd., S. 251.

19 Ebd., S. 251.

20 Marie de Rabutin-Chantal, Marquise de Sévigné, *Correspondance*, hg. von Roger Duchêne, 3 Bde., Paris 1972–1978, Brief vom 22. Januar 1674, Bd. 1, S. 679.

21 Nicolas Boileau-Despreaux, *Œuvres*, 4 Bde., Amsterdam 1735, Bd. 4, S. 136.

22 Henri Coulet, *Le roman jusqu'à la Révolution*, Bd. 1: *Histoire du roman en France*, Paris 1967, S. 287.

23 Madame de Sévigné, *Correspondance*, Bd. 3, S. 1646, Anm. von R. Duchêne: »Coulanges schrieb drei Lieder über ›die vierundzwanzig Bände der *Amadis*, die in Ancy-le-Franc gefunden wurden‹. Der erste beginnt wie folgt: ›(...) ein alter Clermont (Gott behüte seine Seele!)/hatte Amadis versteckt./Wir suchen ihn, und können es nicht glauben;/aber die Riesin, die vom Schatz weiß,/zeigt ihn uns in einem Schrank,/wo er seit mindestens Hundert Jahren schläft.‹«

24 Diesen Abschnitt verdanken wir den Arbeiten von Roger Duchêne. Die Zahlen stammen aus dem kostbaren »Index des noms de lieux et d'œuvres littéraires«, den er am Ende des 3. Bandes der *Cor-*

respondance von Madame de Sévigné erstellt hat; die kurze Anspielung auf die Rolle der Romane verlangt nach Ergänzung. Vgl. den Artikel Signification du romanesque: l'exemple de Madame de Sévigné, in: Roger Duchêne, *Ecrire au temps de Mme de Sévigné: Lettres et texte littéraire*, 2. erw. Aufl., Paris 1982, S. 121–137.

25 Jacques du Bosc, *L'honneste femme*, 1. Teil, S. 15

26 Ebd., S. 17.

27 Nicolas Boileau-Despreaux, *Œuvres*, S. 137.

28 Ebd., S. 140.

29 Louis de Rouvroy, Herzog von Saint-Simon, *Mémoires*, 7 Bde., hg. von Gonzague Truc, Bd. 2, Paris 1953–1961, S. 1043 (dt.: *Die Memoiren des Herzogs von Saint-Simon*, 4 Bde., hg. und übers. von Sigrid von Massenbach, Frankfurt a. M. 1991).

30 Ebd., S. 514 (dt.: ebd., S. 28).

31 Esprit Fléchier, *Recueil des Oraisons funèbres*, Rouen 1780, Oraison funèbre de Marie-Thérèse d'Autriche, S. 153–154.

32 Antoine Hamilton, *Mémoires de la vie du comte de Gramont* (1713), in: *Romanciers du XVIIIᵉ siècle*, Bd. 1, hg. von René Etiemble, Paris 1960 (dt.: *Die Memoiren des Grafen von Gramont*, hg. von L. Hamilton, Berlin 1915).

33 Stone 1977, S. 349.

34 Étienne Pasquier, *Les Œuvres (. . .) contenant ses Recherches de la France (. . .) ses Lettres; ses Œuvres meslées; et les Lettres de Nicolas Pasquier, fils d'Estienne*, 2 Bde., Amsterdam 1723.

35 Sir Francis Bacon, *The Essayes or Counsels Civill and Morall*, hg. von Michael Kiernan, Oxford 1985, S. 26 (dt.: *Essays oder praktische und moralische Ratschläge*. Aus dem Engl. von Elizabeth Schücking, hg. von Levin L. Schücking, Stuttgart 1980, S. 24).

36 William Zunder, *The Poetry of John Donne. Literature and Culture in the Elizabethan and Jacobean Period*, New Jersey 1982, S. 33.

37 In *Twelfth Night*, nach Zunder, *The Poetry of John Donne*, S. 30.

38 Ebd., S. 38.

39 Madame de Sévigné, *Correspondance*.

40 Ebd., Bd. 1, Chronologie, S. XXIII.

41 Ebd., Bd. 3, S. 300 (17. Juni 1687).

42 Ebd., Bd. 3, S. 914 (12. Juli 1690).

43 Ebd., Bd. 3, S. 916 (16. Juli 1690).

44 Thomas Corneille, *Le galant doublé*, Komödie, 2. Akt., 2. Szene.

45 Pierre Choderlos de Laclos, *Gefährliche Liebschaften*, 81. Brief (auf den mich Martine Riga aufmerksam machte, der ich hiermit danke).

46 Madame de Sévigné, *Correspondance*, Bd. 3, S. 723 (12. Okt. 1689).

47 Ebd., Bd. 3, S. 725 (16. Okt. 1689).

48 Ebd., Bd. 3, S. 768 (29. Nov. 1689).

49 Ebd., Bd. 1, S. 417 (15. Jan. 1672).

50 Ebd., Bd. 1, S. 210–211 (8. April 1671).

51 Ebd., Bd. 2, S. 695 (6. Okt. 1679).

52 Ebd., Bd. 3, S. 482 (24. Jan. 1689).

53 Ebd., Bd. 3, S. 607 (1. Juni 1689).

54 Ebd., Bd. 3, S. 592 (5. Mai 1689).

55 Ebd., Bd. 3, S. 808 (11. Jan. 1690).

56 Ebd., Bd. 3, S. 810 (15. Jan. 1690).

57 Horace Walpole, *Horace Walpole's Correspondence*, 31 Bde., hg. von W. S. Lewis, Bd. 3: *Horace Walpole's Correspondence with Madame du Deffand and Wiart*, New Haven ³1970, Einleitung, S. XXVII.

58 Madame de Sévigné, *Correspondance*, Bd. 2, S. 166 (17. Nov. 1675).

59 Ebd., Bd. 2, S. 1532: Anm. von R. Duchêne über den folgenden Abschnitt.

60 Ebd., Bd. 2, S. 950 (27. Mai 1680) (dt.: Madame de Sévigné, *Briefe*. Aus dem Franz. von Theodora von der Mühll, Frankfurt a. M. 1979, S. 263).

61 »Es wäre reizvoll, eine männliche Schreibweise einer weiblichen Schreibweise gegenüberzustellen, nicht aufgrund eines vorgeblichen natürlichen Unterschieds, sondern aufgrund eines unbestreitbaren Unterschieds in der grammatischen, literarischen und kuturellen Bildung«, der den Frauen »das Recht auf Nachlässigkeit« gibt, Duchêne, *Ecrire au temps de Mme de Sévigné*, S. 72.

62 Arthur Ponsonby, *Scottish and Irish Diaries from the Sixteenth to the Nineteenth Century* (1927), New York 1970, S. 10.

63 Molière, *Le Tartuffe ou l'imposteur*, 3. Akt, 2. Szene (dt.: *Der Tartuffe oder der Betrüger*. Aus dem Franz. von Monika Fahrenbach-Wachendorff, Stuttgart 1989, S. 35).

64 Leites, *La passion du bonheur* (dt.: *Puritanisches Gewissen und moderne Sexualität*).

65 Rowse, *The England of Elizabeth*: Über die puritanische Mentalität und ihren Einfluß, S. 464–488.

66 James Boswell, *Memorabilia* (1767), zit. in: *The Yale Edition of the Private Papers of James Boswell*, Bd. 6, *Boswell in Search of a Wife*, 1766–1769, 1957, S. 4.

67 Frederick A. Pottle, *Pride and Negligence: The History of the Boswell Papers*, 1982.

68 James Boswell, *The Life of Samuel Johnson*, London 1791 (dt.: *Dr. Samuel Johnson. Leben und Meinungen*. Aus dem Engl. von Fritz Güttinger, Zürich 1990). Der Kommentar ist in dem Artikel »Boswell«, *The Oxford Companion to English Literature*, hg. von Margaret Drabble, ⁵1985, S. 120.

69 Christian Rotureau, Jean-Jacques Rousseau et les deux visages de Tante Suzon, in: *L'information littéraire* 41, Nr. 3, 1989, S. 18–24.

70 Ein Klima, für das die *Gefährlichen Liebschaften* stehen oder die Rache der Madame de la Pommeray in *Jacques, der Fatalist und sein Herr* von Diderot und das weit entfernt ist vom Paroxysmus de Sades.

71 Tobias George Smollett, *Travels through France and Italy* (12. Okt. 1763), Fontwell 1969, S. 76.

72 Laurence Sterne, *A Sentimental Journey through France and Italy*, mit einer Einführung von Virginia Woolf, ⁹1965 (dt.: *Yoricks Reise des Herzens durch Frankreich und Italien*. Aus dem Engl. von Helmut Findeisen, Leipzig o. J., S. 39 f.).

73 Madame de Sévigné, *Correspondance*.

74 Pierre de Bourdeilles, Seigneur de Brantôme, *Œuvres complètes accompagnées de remarques historiques et critiques*, Paris 1822, 9 Bde., Bd. 5 (*Vie des Dames illustres françoises et étrangères*), S. 183.

75 Marie-Madeleine Pioche de la Vergne, Comtesse de Lafayette ou La Fayette, La princesse de Clèves, in: *Romanciers du XVIIᵉ siècle*, hg. von Antoine Adam, Paris 1958, S. 1126 (dt.: *Die Prinzessin von Clèves*. Aus dem Franz. von Julia Kirchner, Frankfurt a. M. 1967, S. 40).

76 Ebd., S. 1135 (dt.: ebd., S. 54).

77 Madame de Sévigné, *Correspondance*, Bd. 1, S. 309 (29. Juli 1671).

78 Ebd., Bd. 1, S. 313 (5. Aug. 1671).

79 Ebd., Bd. 1, S. 284 (1. Juli 1671).

80 Ebd., Bd. 3, S. 650 (24. Juli 1689).

81 Nicolas Restif de la Bretonne, *Monsieur Nicolas*, hg. von Pierre Restud, Paris 1989, Bd. 1, S. 646.

Das Theater: Frauenbilder

1 Siehe Tertullian, *De spectaculis* (Karthago, ca. 197), hg. von E. Castorina, Florenz 1961 und *De cultu feminarum*, besonders II, 9–11 (Kartago ca. 202), hg. von Marie Turcan, Paris 1971 (dt.: *Über die Schauspiele* und *Über den weiblichen Putz*, in: Tertullians private und katechetische Schriften, übersetzt von K. A. H. Kellner, Bibliothek der Kirchenväter, Bd. 7, München 1912). Diese Ausführungen sowie die entsprechenden Passagen aus St. John Chrysostomus und St. Augustinus werden ausführlich diskutiert in Barish 1981, S. 42–64.

2 Siehe Marino Sanudo, *I Diarii*, hg. von Rinaldo Fulin u. a., 58 Bde., Venedig 1879–1902, Bd. 18, S. 265. Dieser Eintrag vom 12. Juni 1514 beschreibt eine Veranstaltung, die von den »Zardinieri« (Giardinieri) gefördert wurde, einer der Compagnie della Calza, die hauptsächlich aus aristokratischen Jünglingen bestanden und Festlichkeiten organisierten. Die vom Venezianischen Rat der Dieci 1508 erlassene Verordnung ist in Padoan 1982, S. 38 f. abgedruckt.

3 Siehe Jean-Jacques Rousseau, 1758, in seinem *Brief an d'Alembert über das Schauspiel*, in: ders., *Schriften*, hg. von Henning Ritter, 2 Bde., Frankfurt a. M. 1988, Bd. 1, S. 425.

4 Ben Jonson, *Volpone* oder *Der Fuchs*. Übersetzung von Walther Pache und Richard C. Perry in der zweisprachigen Ausgabe, Stuttgart 1974, II. Akt, 5. Szene.

5 Diese Entwicklung wird in einigen neueren Untersuchungen der Prostitution in der Frühen Neuzeit ausführlich diskutiert, besonders in Otis 1985 und Rossiaud 1986 (dt.: 1989). Zu lokalen Studien der Prostitution in London, Florenz und Bologna siehe E. J. Burford, *The Orrible Synne*, London 1973 (eine sensationslüsterne Arbeit, aber mit nützlichen Exzerpen), Richard Trexler, La prostitution florentine au XVᵉ siècle: Patronages et clientèles, in: *Annales ESC* 36, 6, 1981, S. 983–1015, und Lucia Ferrante, L'Onore ritrovato: Donne nella casa del Soccorso di S. Paolo a Bologna (Sec. XVI–XVII; in: *Quaderni Storici* 53, 1983, S. 499–527. Siehe auch Dr. Ferrantes Kapitel in diesem Band.

6 William Shakespeare, *Maß für Maß*, in der Übersetzung von Schlegel und Tieck, zweisprachige Ausgabe hg. von L. L. Schücking, Reinbek bei Hamburg 1964.

7 Zu Charivaris und anderen Beschämungsritualen siehe Jacques Le Goff und Jean-Claude Schmitt (Hg.), *Le Charivari*, Paris 1981, besonders die Beiträge von Carlo Ginzburg, Christiane Klapisch-Zuber, Richard Trexler, André Burguière und Martin Ingram; Natalie Zemon Davis, The Reasons of Misrule, in: dies 1975, S. 97–123 (dt.: Die Narrenherrschaft, in: dies. 1987, S. 106–135); und Ingram 1985, S. 166–197.

8 Die deutsche Übersetzung dieser Zeilen des *Arden of Faversham* ist dem Band *Shakespeares Vorschule* entnommen, hg. und mit Vorreden begleitet von Ludwig Tieck, Bd. I, Leipzig 1823.

9 Zu ersterem Verweis, erwähnt von Thomas Norton, siehe E. K. Chambers, *The Elizabethan Stage*, 4 Bde., Oxford 1923, Bd. 2, S. 262. Zum zweiten Verweis siehe Thomas Nashe, Pierce Penilesse His Supplication on the Devil, in: *The Works of Thomas Nashe*, 4 Bde., hg. von R. B. McKerrow, Oxford 1958, Bd. 1, S. 215.

10 Zu diesem Thema siehe Antonia Fraser, *The Weaker Vessel*, New York 1984, Kap. 21, Actress as Honey-Pot, S. 418–439, und Pearson 1988, Kap. 2, Women in the Theatre, 1660–1737, S. 25–41.

11 Zu Aphra Behns Leben, Arbeit und ihrem Eintreten für sexuelle Freiheit und Gleichberechtigung siehe Pearson 1988, S. 143–168 und Angeline Goreau, *Reconstructing Aphra: A Social Biography of Aphra Behn*, New York 1980.

Aus der Philosophie des 18. Jahrhunderts

1 Immanuel Kant, *Grundlegung zur Metaphysik der Sitten* (1785), in: *Werkausgabe*, Bd. 7, hg. von Wilhelm Weischedel, Frankfurt a. M. ⁶1982.

2 Jean-Jacques Rousseau, *Diskurs über den Ursprung und die Grundlagen der Ungleichheit unter den Menschen*. Aus dem Franz. von Heinrich Meier, Paderborn 1984, S. 36.

3 Charles de Montesquieu, *Mes pensées*, Bibliothèque de la Pléiade, Bd. 1, S. 1076.

4 Georges Louis de Buffon, *Histoire naturelle générale et particulière avec la description du cabinet du Roy*, Paris 1749, Bd. 2 und 3.

5 Ebd., De l'homme (Kap. De l'enfance).

6 Jean-Jacques Rousseau, *Emile oder Über die Erziehung* (1762), hg.von Martin Rang, unter Mitarbeit des Hg. aus dem Franz. übertragen von Eleonore Sckommodau, Stuttgart 1993, 5. Buch (Sophie oder die Frau), S. 719.

7 Ebd., S. 723f.

8 Denis Diderot, Über die Frauen, in: *Die Nonne – Über die Frauen. Erzählungen und Essays*. Aus dem Franz. von Carola Wohlmuth, Karlsruhe 1967, S. 328.

9 Ders., *Gedanken zur Interpretation der Natur*, in: *Philosophische Schriften*. Aus dem Franz. von Theodor Lücke, Berlin 1984, Bd. 1, S. 427.

10 Rousseau, *Emile*, 5. Buch, S. 719f.

11 Ebd., S. 726.

12 Ebd., S. 677.

13 Charles de Montesquieu, *Vom Geist der Gesetze*. In neuer Übertragung, eingeleitet und herausgegeben von Ernst Forsthoff, Tübingen 1951, Bd. 1, Buch 16, Kap. 12, S. 363.   ·

14 Rousseau, *Emile*, 5. Buch, S. 721.

15 Ebd., S. 720.

16 Montesquieu, *Vom Geist der Gesetze*, Bd. 1, Buch 19, Kap. 8, S. 415.

17 Immanuel Kant, *Anthropologie in pragmatischer Hinsicht*, in: *Werke in zehn Bänden*, hg. von W. Weischedel, Darmstadt 1975, Bd. 10, S. 625.

18 Montesquieu, *Vom Geist der Gesetze*, Bd. 1, Buch 16, Kap. 2, S. 352f.

19 Rousseau, *Emile*, 5. Buch, S. 775.

20 Ebd., S. 733.

21 Montesquieu, *Vom Geist der Gesetze*, Bd. 1, Buch 16, Kap. 10, S. 360f.

22 Rousseau, *Emile*, 5. Buch, S. 736.

23 Ebd., S. 951.

24 Kant, *Anthropologie*, S. 648.

25 Jean-Jacques Rousseau, *Julie oder Die neue Héloïse*. Aus dem Franz. von Johann Gottfried Gellius, 2., durchges. Aufl., München 1988, S. 376.

26 Montesquieu, *Vom Geist der Gesetze*, Bd. 1, Buch 7, Kap. 9, S. 147.

27 Ebd., S. 146.

28 Charles de Montesquieu, *Perserbriefe*. Aus dem Franz. von Jürgen von Stackelberg, Frankfurt a. M. 1988, S. 272.

29 Ders., *Vom Geist der Gesetze*, Bd. 1, Buch 7, Kap. 17, S. 155.

30 Ebd., Bd. 2, Buch 31, Kap. 2, S. 433f.

31 Claude-Adrien Helvétius, Vom Geist, in: *Philosophische Schriften*, hg. von Werner Krauss, Berlin 1973, 3. Abh., Kap. 30, S. 383f.

32 Ebd., 4. Abh., Kap. 7, S. 506.

33 Marie Jean de Condorcet, Sur l'admission des femmes au droit de cité, in: *Œvres*, Paris 1847–49, Bd. 10, S. 479f.

34 Ebd., S. 125.

35 Ebd., S. 128.

36. Ders., *Cinq mémoires sur l'instruction publique*, Paris 1989, S. 71.

37 Ders., *Fragment sur l'Atlantide*, Paris 1988, S. 325.

38 Ebd., S. 328.

39 Platon, *Symposion*, in: *Sämtliche Werke*, nach der Übers. von Friedrich Schleiermacher, hg. von Walter F. Otto u. a., Hamburg 1957, Bd. 2, S. 220f.

40 Immanuel Kant, *Die Metaphysik der Sitten* (1797), in: *Werkausgabe*, Bd. 8, hg. von Wilhelm Weischedel, Frankfurt a. M. ^{5}1982, S. 483.

41 Ebd., S. 484f.

Der medizinische und andere wissenschaftliche Diskurse

1 Arnaud de Villeneuve, *Praxis medicinalis*, 1586, »Compendium medicinae Arnaldi de Villanova«, 3. Buch, S. 111.

2 Philippe de Flesselles, *Introductoire de chirurgie rationele*, Paris 1547, S. 42.

3 Mercurio 1621, 1. Buch, Kap. 2, »Forma della matrice«.

4 Pierre Franco, *Traité des hernies contenant une ample déclaration de toutes leurs espèces et autres excellentes parties de la chirurgie*, Lyon 1561, S. 331.

5 Serres 1625, Kap. 1, S. 1.

6 Bourgeois 1626, Kap. 1, S. 1.

7 *Les œuvres d'André Du Laurens*, Paris 1646, 8. Buch, Kap. 1, S. 366.

8 Duval 1612, Kap. 51.

9 Roussel (1775) 1803, 1. Buch, Kap. 3, S. 187.

10 Artikel »Matrice« in: *Dictionnaire des sciences médicales*, hg. von Dechambre, 1864; *Encyclopaedia universalis*, Bd. 7, S. 583.

11 Bourgeois 1626, S. 74.

12 Jacques Sylvius, *Livre de la nature et utilité des moys des femmes*, Paris 1559, S. 236.

13 Joseph Raulin, Discours préliminaire, in: 1758.

14 Levin Lemnius, *Occultes merveilles et secrets de Nature*, Paris 1574, Kap. 3, S. 15.

15 Planque, *Bibliothèque de médecine de France*, 1762, Bd. 1, S. 11.

16 Jérôme Cardan, *De la subtilité et subtiles inventions, ensemble les causes occultes et raison d'icelles*, Paris 1584, 11. Buch, S. 309.

17 Duval 1612.
18 Laurent Joubert, *Erreurs populaires au fait de la médecine et régime de santé*, Bordeaux 1579, 2. Buch, Kap. 4, S. 170.
19 Liébault 1585, Kap. 23, S. 46.
20 Ambroise Paré, *De la Generation*, Bd. 2, Kap. 1, S. 636; *Les œuvres d'André Du Laurent*, 7. Buch, Kap. 1, S. 337; Mauriceau 1668, 1. Buch, Kap. 4, S. 71.
21 Paré, *De la Generation*, S. 640.
22 Mauriceau 1668, S. 49.
23 Margarete von Navarra, *Das Heptameron* (1558). Aus dem Franz. von Walter Widmer, München 1979, S. 656.
24 Response de Monsieur Ambroise Paré aux calomnies d'aucuns medecins touchant ses œuvres, in: Le Paulmier, *Ambroise Paré d'après de nouveaux documents*, Paris 1887, S. 86–93.
25 Denÿs Janot (Hg.), *De la noblesse et preexcellence du sexe feminin*, Paris e. o. 1527, Blatt C.
26 *Les œuvres de N. Abraham de La Framboisière*, Lyon 1644, 3. Buch, Kap. 1, S. 105.
27 Guyon 1625, 5. Buch, Kap. 23, S. 884.
28 Mauriceau 1668, 1. Buch, Kap. 24, »De l'avortement et de ses causes«, S. 184.
29 Rousset 1581, »Epistre au lecteur«.
30 Mauriceau 1668, 2. Buch, Kap. 33, S. 357.
31 Ebd., 1. Buch, Kap. 20, S. 159.
32 Cangiamila 1762, 1. Buch, Kap. 3, S. 17.
33 Venette (1685) 1773, S. XII.
34 Roussel (1775) 1803, 1. Buch, Kap. 1, S. 1.

Salonkultur und Literatur von Frauen

1 Minnehöfe waren Versammlungen adliger Damen im 12. und 13. Jahrhundert, die über Streitfragen der erotischen Liebe entschieden oder Liebesregeln festlegten. (A. d. Ü.)
2 Die französischen Salons des 17. Jahrhunderts betreffend verweise ich auf Dulong 1969, 3. Kap. und dies., *La vie quotidienne des femmes au Grand Siècle*, Paris 1984, 4. Kap. Dort findet sich auch eine Bibliographie.
3 Magendie 1925, S. 944.
4 Das den damaligen Normen gesellschaftlichen Verhaltens entsprechende Ideal einer die Regeln der Höflichkeit und Gesellichkeit beherrschenden Persönlichkeit. (A. d. Ü.)
5 Psychologisches Schema der Liebe analog einer geographischen Karte, veröffentlicht im Roman *Clélie* der Mademoiselle de Scudéry. (A. d. Ü.)
6 Die von sich und ihrem Wissen eingenommenen Spezialisten. (A. d. Ü.)
7 Die sogenannten *Lettres portugaises* (1669), deren Autorschaft umstritten ist, werden einer Nonne zugeschrieben, die darin ihren treulosen Verführer

anklagt. (A. d. Ü.)
8 Vorausgesetzt natürlich, daß die *Lettres portugaises* tatsächlich von der Nonne an Noël Bouton de Chamilly geschickt wurden.
9 Siehe dazu auch Dulong 1987.
10 Katharine Rogers, *Feminism in Eighteenth Century England*, Urbana 1982, S. 151, 215f.
11 André Gide, *Et nunc manet in te*, Neuchâtel/Paris 1947, S. 23.
12 Sicherlich kommt zu dieser Zahl noch eine bestimmte Anzahl von Werken, die unter einem männlichen Pseudonym oder anonym veröffentlicht wurden.
13 1685 von Ludwig XIV. und Madame de Maintenon gegründetes Mädchenpensionat für Töchter verarmter Adliger. (A. d. Ü.)
14 *Esther* und *Athalie*, von Madame de Maintenon bei Racine ausdrücklich für die Demoiselles von Saint-Cyr bestellt.

Prostitution

1 U. Gnoli, zit. in: Paul Larivaille, *La vie quotidienne des courtisanes en Italie au temps de la Renaissance*, Paris 1975, S. 31.
2 Erica-Marie Bénabou, *La prostitution et la police des mœurs au XVIIIe siècle*, Paris 1987, S. 327.
3 D'Archenholz, zit. in: Fernando Henriques, *Prostitution in Europe and the Americas*, New York 1969, S. 143.
4 Siehe auch Claude Quetel, *Le mal de Naples. Histoire de la syphilis*, Paris 1986.
5 Mary Elizabeth Perry, *Gender and Disorder in Early Modern Seville*, Princeton 1990, S. 137–152.
6 Martin Luther, An den christlichen Adel deutscher Nation von des christlichen Standes Besserung, zit. in: *Hutten, Müntzer, Luther*, Bd. 2, Berlin/Weimar 1970, S. 97.
7 Merry E. Wiesner, *Working Women in Renaissance Germany*, New Brunswick, N. J. 1986, S. 106f.
8 Jacques Rossiaud, *La prostituzione nel Medioevo*, Rom/Bari 1984 (dt.: *Dame Venus. Prostitution im Mittelalter*. Mit einem Vorwort von Georges Duby. Aus dem Ital. von Ernst Voltmer, München 1989.
9 Erica-Marie Bénabou, *La prostitution et la police des mœurs*, S. 195–199.
10 Colin Jones, Prostitution and the Ruling Class in 18th-Century Montpellier, in: *History Workshop* 6, Herbst 1978, S. 15.
11 Dieser Betrag ist Ergebnis meiner eigenen Forschungen. Annick Riani hat einen ähnlichen Betrag für einen nur geringfügig anderen Zeitraum veranschlagt, in: *Pouvoirs et contestations: La prostitution à Marseille au XVIIIe siècle*, Diss., Université de Provence 1982.

12 Bénabou, *La prostitution et police des mœurs*, S. 300–306.
13 Archives Municipales de Marseille, FF 239.
14 Felix Tavernier, *La vie quotidienne à Marseille de Louis XIV à Louis Philippe*, Paris 1973, S. 114.
15 Bénabou, *La prostitution et la police des mœurs*, S. 326.
16 Klaus Sasse, *Die Entdeckung der »courtisane vertueuse« in der französischen Literatur des 18. Jahrhunderts*, Hamburg 1967.

Frauen im Aufstand

1 Charles Tilly, *British conflicts, 1828–1831*, Ann Arbor 1982, S. 5.
2 Mandrou 1969, S. 37.
3 P. Blicke, Les communautés villageoises en Allemagne, in: Charles Higounet (Hg.), *Les communautés villageoises en Europe occidentale du Moyen Age aux Temps modernes*, 1984, S. 123–136; Peter Burke, The Virgin of the Carmine and the Revolt of Masaniello, in: *Past and Present* 99, 1983, S. 3–21; R. Villari, Masaniello: Contemporary and Recent Interpretations, in: *Past and Present* 108, 1985, S. 117–132; Peter Burke, Masaniello: a response, in: *Past and Present* 114, 1987, S. 197–199; C. Maurin, Le rôle des femmes dans les émotions populaires dans les campagnes de la généralité de Lyon de 1665 à 1789, in: *Révolte et Société*. 1989, Bd. 2, S. 134–140.
4 Dekker 1987, S. 337–362.
5 Es sei hier verwiesen auf die Pionierarbeit von Alice Clark, *Working Life of Women in the Eighteenth Century*, London, 1919; Hans Medick, Die protoindustrielle Familienwirtschaft, in: P. Kriedte, H. Medick, J. Schlumbohm, *Industrialisierung vor der Industrialisierung*, Göttingen 1977, S. 254–282.
6 Joan N. Scott und Louise A. Tilly, *Women, Work and Family*, New York 1978; Mary Prior, Women and the Urban Economy: Oxford 1500–1800, in: dies. 1985, S. 93–118.
7 M.-B. Rowlands, Recusant Women, 1560–1640, in: Prior 1985, S. 149–180.
8 Arlette Farge, *La vie fragile. Violence, pouvoir et solidarités à Paris au XVIIIᵉ siècle*, Paris 1986 (dt.: *Das brüchige Leben. Verführung und Aufruhr in Paris vor der Revolution*. Aus dem Franz. von Wolfgang Kaiser, Berlin 1989).
9 Dekker 1987.
10 Robert Muchembled, *La violence au village*, Brépols 1989.
11 Nationalarchiv, Y 12571, 14. Juli 1725, Protokoll des Kommissars Labbé.
12 P. Loupès, Le Jardin irlandais des Supplices, la grande rébellion de 1641 vue à travers les pamphlets anglais, unveröffentlichter Vortrag, Colloque franco-irlandais, Marseille, 28. Sept.–2. Okt. 1988, »Culture et pratiques politiques en France et en Irlande, XVᵉ–XVIIIᵉ siècle«.
13 François Métra, *Correspondance secrète, politique et littéraire ou mémoires pour servir à l'histoire des cours, des sociétés et de la littérature en France depuis la mort de Louis XV*, London 1787, Bd. 1, S. 338ff.
14 Nationalarchiv, Serie X, X2B 1367, 3. Juli 1750.
15 Archiv der Bastille, 9. August 1721, ms 10728.
16 Nationalarchiv, Serie Y, Kommissar Chénon, Affäre von 1775, Y 11441, 1. Januar 1775, Verhör von M. Pochet.
17 Rudolf M. Dekker und Lotte C. von de Pol, *The Tradition of Female Transvestism in Early Modern Europe*, New York 1989 (dt.: *Frauen in Männerkleidern. Weibliche Transvestiten und ihre Geschichte*. Aus dem Ndl. von Maria Theresa Leuker, Berlin 1990).
18 Davis 1975, Kap. 5: Women on Top (dt.: 1987, S. 136–170).
19 Ebd., Kap. 6: The Rites of Violence (dt.: ebd. S. 171–209).
20 C. A. Bouton, Les victimes de la violence populaire pendant la guerre des Farines, 1775, in: Nicolas 1985, S. 391ff.
21 Paule-Marie Duhet, Vorwort, in: ders. und M. Rebérioux (Hg.), *Cahiers de doléances des femmes et autres textes*, Paris 1989, S. 25; B. Didier, *Écrire la Révolution, 1789–99*, Paris 1989, Kap. 4: Les femmes dans la lutte, S. 57–72.
22 Jean Nicolas, Un chantier toujours neuf, in: ders. 1985, S. 14–20.
23 Charles Baudelaire, Spleen und Ideal XXII: Fremdländischer Duft, in: *Die Blumen des Bösen – Les Fleurs du Mal*. Vollständige zweisprachige Ausgabe, hg. und übers. von Friedhelm Kemp, München ⁴1991, S. 53.

Glückel von Hameln

1 *Denkwürdigkeiten der Glückel von Hameln*. Aus dem Jüd.-Dt. übers., mit einer Einl. versehen und hg. von Alfred Feilchenfeld, Darmstadt ⁴1979, S. 251–257.

Anne-Françoise Cornet

1 Nationalarchiv, X2B 1367, 2. Juni 1750, Aufstand von Mai 1750 wegen Kindesentführungen.

Nachwort

1 Bonnie S. Smith, The Contribution of Women to Modern Historiography in Great Britain, France and the United States 1750–1940, in: *American Historical Review* 89, 1984, S. 709–732; Natalie Zemon Davis, Gender and Genre: Women as Historical Writers, 1400–1820, in: Patricia H. Labalme (Hg.), *Beyond their Sex: Learned Women of the European Past,* New York 1984, S. 153–182; dies., Die Frauen und die Geschichtswissenschaft. Das Beispiel der Annales, in: *Neue Rundschau* 1, 1994, S. 56–70.

2 Aufgrund der kulturellen Nähe werden hier auch Forschungen zur Geschichte der Schweizerinnen einbezogen.

3 Enea Silvio Piccolomini, *Briefe, Dichtungen,* München 1966, z. B. S. 15–27.

4 Merry E. Wiesner, *Women in the Sixteenth Century: A Bibliography,* Saint Louis 1983.

5 Renate Bridenthal und Claudia Koonz (Hg.), *Becoming Visible: Women in European History,* Boston 1977; Marilyn Boxer und Jean H. Quataert (Hg.), *Connecting Spheres. Women in the Western World,* Oxford/New York 1987.

6 Karen Offen, Ruth Roach Pierson und Jane Rendall (Hg.), *Writing Women's History. International Perspectives,* Bloomington, Indianapolis 1991; Wiesner 1993; Ulbrich 1990; dies, Aufbruch ins Ungewisse. Feministische Frühneuzeitforschung, in: Beate Fieseler und Birgit Schulze (Hg.), *Frauengeschichte: Gesucht – gefunden? Auskünfte zum Stand der Historischen Frauenforschung,* Köln/Weimar/Wien 1991, S. 4–21; Wunder 1992; Susanna Burghartz, Frauen – Politik – Weiberregiment. Schlagworte zur Bewältigung der politischen Krise von 1691 in Basel, in: Anne-Lise Head-König und Albert Tanner (Hg.), *Frauen in der Stadt. Les femmes dans la ville,* Zürich 1993, S. 113–134.

7 Die Reformation ist inzwischen ein »klassisches« Thema, das nicht nur von der deutschsprachigen, sondern auch von der amerikanischen Forschung favorisiert wird. Repräsentativ für die ältere Forschung: Maria Heinsius, *Das unüberwindliche Wort. Frauen der Reformationszeit,* München 1951; Robert Bainton, *Women of the Reformation in Germany and Italy,* Minneapolis, Minn. 1971; Roper 1990; Merry E. Wiesner, Beyond Women and the Family: Towards a Gender Analysis of the Reformation, in: *The Sixteenth Century Journal* 18, 1987, S. 311–321; dies., Luther and Women: The Death of two Marys, in: Jim Obelkevich, Lyndal Roper und Raphael Samuel (Hg.), *Disciplines of Faith. Studies in Religion, Politics and Patriarchy,* London/New York 1987, S. 295–308; dies., Women's Response to the Reformation, in: Ronnie Po-Chia Hsia (Hg.), *The German People and the Reformation,* Ithaca/London 1988, S. 148–172; Susan C. Karant-Nunn, Women and the Reformation in Zwickau, in: *Sixteenth Century Journal* 12, 1982, S. 17–42; Miriam Usher Chrisman, Women and the Reformation in Strasbourg 1490–1530, in: *Archiv für Reformationsgeschichte* 63, 1972, S. 142–168; Alice Zimmerli-Witschi, *Frauen in der Reformationszeit,* Zürich 1981; Kobelt-Groch 1993; Merry E. Wiesner, The Reformation of the Women, in: *Die Reformation in Deutschland und Europa: Interpretationen und Debatten. Beiträge zur gemeinsamen Konferenz der Society for Reformation Research und des Vereins für Reformationsgeschichte, 25.–30. Sept. 1990, im Deutschen Historischen Institut Washington D.C.,* hg. von Hans R. Guggenberg, Gütersloh 1993 (*Archiv für Reformationsgeschichte,* Sonderband), S. 193–208.

8 Vgl. z. B. Margret Wensky, *Die Stellung der Frau in der stadtkölnischen Wirtschaft im Spätmittelalter,* Köln 1980.

9 Anne Conrad, *Zwischen Kloster und Welt. Ursulinen und Jesuitinnen in der katholischen Reformbewegung des 16./17. Jahrhunderts,* Mainz 1991; Martha Schad, *Die Frauen des Hauses Fugger von der Lilie (15.–17. Jahrhundert),* Augsburg-Ortenburg-Trient, Tübingen 1989.

10 Richard Critchfield, Prophetin, Führerin, Organisatorin: Zur Rolle der Frau im Pietismus, in: Barbara Becker-Cantarino (Hg.), *Die Frau von der Reformation zur Romantik. Die Situation der Frau vor dem Hintergrund der Literatur- und Sozialgeschichte,* Bonn 1980, S. 112–137; Barbara Hoffmann, Libertäre Sophienmystik und keusche Ehe. Wandel und Kontinuität weiblicher spiritueller Vorbilder im radikalen Pietismus (17. und 18. Jahrhundert), in: Claudia Opitz, Hedwig Röckelein, Gabriela Signori, Guy P. Marchal (Hg.), *Maria in der Welt. Marienverehrung im Kontext der Sozialgeschichte. 10.–18. Jahrhundert,* Zürich 1993, S. 191–210; Ulrike Witt, *»Wie soll ich aber zu solch' einem herrlichen Durchbruch kommen?« Frauen im Umkreis des Halleschen Pietismus,* Diss. Göttingen 1993.

11 Brinker-Gabler 1988; Becker-Cantarino 1987.

12 Hoock-Demarle 1990.

13 Honegger 1991; Schmidt-Linsenhoff 1989; Karin Hausen, Die Polarisierung der »Geschlechtscharaktere«, in: Werner Conze (Hg.), *Sozialgeschichte der Familie in der Neuzeit Europas. Neue Forschungen,* Stuttgart 1977, S. 363–393; Karin Hausen, ». . . eine Ulme für das schwankende Efeu«. Ehepaare im Bildungsbürgertum. Ideale und Wirklichkeiten im späten 18. und 19. Jahrhundert, in: Ute Frevert (Hg.), *Bürgerinnen und Bürger,* Göttingen 1988, S. 85–117.

14 Gössmann 1984; dies. 1985.

15 Koch 1991.

16 Esther Fischer-Homberger, *Medizin vor Gericht. Gerichtsmedizin von der Renaissance bis zur Aufklärung mit 70 illustrierenden Fallbeispielen zusammengestellt von Cecile Ernst*, Bern/Stuttgart/Wien 1983.

17 Duden 1987; Edith Stolzenberg-Bader, Weibliche Schwäche – Männliche Stärke. Das Kulturbild der Frau in medizinischen und anatomischen Abhandlungen um die Wende des 18. zum 19. Jahrhundert, in: Martin/Zoepffel 1989, S. 751–818.

18 Anette Völker-Rasor, *Bilderpaare – Paarbilder. Die Ehe in Autobiographien des 16. Jahrhunderts*, Freiburg 1993; Safley 1984; Susanna Burghartz, Rechte Jungfrauen oder unverschämte Töchter? Zur weiblichen Ehre im 16. Jahrhundert, in: Hausen/Wunder 1992, S. 173–183; Rebekka Habermas, Frauen und Männer im Kampf um Leib, Ökonomie und Recht. Zur Beziehung der Geschlechter im Frankfurt der Frühen Neuzeit, in: Richard van Dülmen (Hg.), *Dynamik der Tradition. Studien zur historischen Kulturforschung IV*, Frankfurt a. M. 1992, S. 109–136.

19 Luise Schorn-Schütte, »Gefährtin« und »Mitregentin«. Zur Sozialgeschichte der evangelischen Pfarrfrau in der Frühen Neuzeit, in: Vanja/Wunder 1991, S. 109–153; Gerta Scharffenorth, Martin Luther zur Rolle von Mann und Frau, in: H. Süssmuth (Hg.), *Das Luther-Erbe in Deutschland*, Düsseldorf 1985, S. 111–129.

20 Die protestantische Eheauffassung ist auch in der Kunst dokumentiert: Berthold Hinz, Studien zur Geschichte des Ehepaarbildes, in: *Marburger Jahrbuch für Kunstwissenschaft* 19, 1974, S. 139–218; Robert Wheaton, Images of Kinship, in: *Journal of Family History* 12, 1987, S. 389–405; Diane Owen Hughes, Representing the Family: Portraits and Purposes in Early Modern Italy, in: *Journal of Interdisciplinary History* 17, 1986, S. 7–38. In den Personalteilen der Leichenpredigten für Frauen und Männer nahm der »christliche Ehestand« eine zentrale Stellung ein: Heide Wunder, Frauen in den Leichenpredigten des 16. und 17. Jahrhunderts in: R. Lenz (Hg.), *Leichenpredigten als Quelle historischer Wissenschaften*, Marburg a. d. Lahn 1984, Bd. 3, S. 57–68; Ines Elisabeth Kloke, Die gesellschaftliche Situation der Frauen in der Frühen Neuzeit im Spiegel der Leichenpredigten, in: Peter-Johannes Schuler (Hg.), *Die Familie als sozialer und historischer Verband. Untersuchungen zum Spätmittelalter. und zur Frühen Neuzeit*, Sigmaringen 1987, S. 147–163. Das konfessionell geprägte Leitbild »Frau« hat jedoch nicht verhindert, daß solche protestantischen Frauen, die ihre Ansprüche auf Gleichheit mit den Männern anmeldeten – wie z. B. Dorothea Christiana Leporinin –, Frauen der anderen Konfession als Autoritäten in ihre Argumentation

aufnahmen: vgl. Dorothea Christiana Leporinin, *Gründliche Untersuchung der Ursachen die das Weibliche Geschlecht vom Studiren abhalten*, Berlin 1742 (Neudruck 1975).

21 Beck 1992.

22 Beck 1983; Christian Simon, *Untertanenverhalten und obrigkeitliche Moralpolitik. Studien zum Verhältnis zwischen Stadt und Land im ausgehenden 18. Jahrhundert am Beispiel Basels*, Basel/Frankfurt a. M. 1981; Albert Schnyder-Burghartz, *Alltag und Lebensformen auf der Basler Landschaft um 1700. Vorindustrielle, ländliche Kultur und Gesellschaft aus mikrohistorischer Perspektive – Bretzwil und das obere Waldenburger Amt von 1690 bis 1750*, Liestal 1992; Ulrike Gleixner, »Das Mensch« und »der Kerl«. Die Konstruktion von Geschlecht in Unzuchtsverfahren der Frühen Neuzeit (1700–1760), Frankfurt a. M./New York 1994.

23 Hans Medick, Spinnstuben auf dem Dorf. Jugendliche Sexualkultur und Feierabendbrauch in der ländlichen Gesellschaft der Frühen Neuzeit, in: G. Huck (Hg.), *Sozialgeschichte der Freizeit. Untersuchungen zum Wandel der Alltagskultur in Deutschland*, Wuppertal 1980, S. 19–48; Rudolf Braun, *Industrialisierung und Volksleben. Veränderungen der Lebensformen unter Einwirkung der verlagsinternen Heimarbeit in einem ländlichen Industriegebiet (Zürcher Oberland) vor 1800*, Bd. 1, Winterthur 1960.

24 Lyndal Roper, Discipline and Respectability: Prostitution and the Reformation in Augsburg, in: *History Workshop* 19, 1985, S. 3–28; Schuster 1992; Beate Schuster, *Die freien Frauen. Dirnen und Frauenhäuser in den deutschen Städten vom 13. bis zum 16. Jahrhundert* (i. Ersch. 1995).

25 Wensky, *Die Stellung der Frau in der stadtkölnischen Wirtschaft.*

26 Vor allem die verschiedenen Arbeiten von Lyndal Roper; vgl. auch Schad, *Die Frauen des Hauses Fuggers.*

27 Petra Rentschler, Lohnarbeit und Familienökonomie. Zur Frauenarbeit im Zeitalter der Französischen Revolution, in: Schmidt-Linsenhoff 1989, S. 223–246.

28 Merry E. Wiesner, Paltry Peddlers or Essential Merchants? Women in the Distributive Trades in Early Modern Nuremberg, in: *Sixteenth Century Journal* 12, 1981, S. 3–13.

29 Katharina Simon-Muscheid, *Basler Handwerkszünfte im Spätmittelalter. Zunftinterne Strukturen und innerstädtische Konflikte*, Bern/Frankfurt a. M./New York/Paris 1988; Dorothee Rippmann und Katharina Simon-Muscheid, Weibliche Lebensformen und Arbeitszusammenhänge im Spätmittelalter und in der frühen Neuzeit, in: Gossenreiter/Othenin-Girard/Trautweiler 1991, S. 63–98.

30 Petra Eggers, Lebens- und Arbeitswelt der Hamburger Handwerksfrauen im 18. Jahrhundert. Einige methodische Probleme in der Frauengeschichtsschreibung, in: *Frauenalltag. Frauenforschung. Beiträge zur 2. Tagung der Kommission Frauenforschung in der Deutschen Gesellschaft für Volkskunde*, Frankfurt a. M./Bern/New York/Paris 1988, S. 274–284; dies., Frauenarbeit im Handwerk – Die Hamburger Buchbinderfrau im 18. Jahrhundert, in: Lisa Berrisch, Charlotte Gschwind-Gisiger, Christa Köppel, Anita Ulrich, Yvonne Voegeli (Hg.), *Beiträge der 3. Schweizer Historikerinnentagung*, Zürich 1986, S. 107–121; Vogel/Weckel 1991.

31 Sully Roecken und Carolina Brauckmann, *Margaretha Jedefrau*, Freiburg i. Brsg. 1989.

32 Silke Lesemann, *Arbeit, Ehre, Geschlechterbeziehungen. Zur sozialen und wirtschaftlichen Situation von Frauen in Hildesheim in der Frühen Neuzeit*, Hildesheim 1994.

33 Ingrid Bátori, Frauen in Handel und Handwerk in der Reichsstadt Nördlingen im 15. und 16. Jahrhundert, in: Vogel/Weckel 1991, S. 27–49.

34 Gerd Wunder, *Die Bürger von Hall. Sozialgeschichte einer Reichsstadt 1216–1802*, Sigmaringen/Schwäbisch Hall 1980; Renate Dürr, »*Des Menschen Feinde werden seine eigene(n) Haußgenossen seyn*«. *Mägde im »ganzen Haus« am Beispiel von Schwäbisch Hall im 17. Jahrhundert*, Diss. Berlin 1994.

35 Walter G. Rödel, *Mainz und seine Bevölkerung im 17. und 18. Jahrhundert. Demographische Entwicklung, Lebensverhältnisse und soziale Strukturen in einer geistlichen Residenzstadt*, Stuttgart 1985.

36 Etienne François, *Koblenz im 18. Jahrhundert. Zur Sozial- und Bevölkerungsstruktur einer deutschen Residenzstadt*, Göttingen 1982.

37 Thomas Kohl, *Familie und soziale Schichtung. Zur historischen Demographie Triers 1730–1860*, Stuttgart 1985.

38 Peter Zschunke, *Konfession und Alltag in Oppenheim*, Wiesbaden 1984.

39 Marlene Besold-Backmund, *Stiftungen und Stiftungswirklichkeit. Studien zur Sozialgeschichte der beiden oberfränkischen Kleinstädte Forchheim und Weismain*, Neustadt a. d. Aisch 1986.

40 Klaus Joachim Lorenzen-Schmidt, Zur Stellung der Frauen in der frühneuzeitlichen Städtegesellschaft Schleswigs und Holsteins, in: *Archiv für Kulturgeschichte* 61, 1979, S. 317–339.

41 Das Forschungsprojekt von Beatrix Bastl, »Domina ac Mulier. Quellenstudien zur Geschichte der adeligen Frau in der Habsburger Monarchie (16./17. Jahrhundert)« an der Universität Wien stellt noch eine der wenigen Ausnahmen dar. Vgl. Schad, *Die Frauen des Hauses Fugger*; Roswitha von Bary, *Henriette Adelaide von Savoyen. Kurfürstin von Bayern*, München 1980.

42 Vgl. die Arbeiten zu bayerischen Kurfürstinnen: z. B. Michel Komaszynski, Die politische Rolle der bayerischen Kurfürstin Theresia Kunigunde, in: *Zeitschrift für bayerische Landesgeschichte* 45, 1982, S. 555–573.

43 Johannes Arndt, Möglichkeiten und Grenzen weiblicher Selbstbehauptung gegenüber männlicher Dominanz im Reichsgrafenstand des 17. und 18. Jahrhunderts, in: *Vierteljahresschrift für Sozial- und Wirtschaftsgeschichte* 77, 1990, S. 153–174; Margret Lemberg, *Juliane Landgräfin zu Hessen (1578–1643). Eine Kasseler und Rotenburger Fürstin aus dem Hause Nassau-Dillenburg in ihrer Zeit*, Marburg 1994.

44 Neben den Überblickswerken von Becker-Cantarino und Brinker-Gabler vgl. Joseph Leighton, Die literarische Tätigkeit der Herzogin Sophie Elisabeth von Braunschweig-Lüneburg, in: August Buck, Georg Kauffmann, Blake Lee Spahr, Conrad Wiedemann (Hg.), *Europäische Hofkultur im 16. und 17. Jahrhundert*, Bd. 3, Hamburg 1981, S. 483–488; Hans-Gert Roloff, Die höfischen Maskeraden der Sophie Elisabeth, Herzogin zu Braunschweig und Lüneburg, in: ebd., S. 489–496.

45 Christina Vanja, Frauen im Dorf. Ihre Stellung unter besonderer Berücksichtigung landgräflich-hessischer Quellen im Mittelalter, in: *Zeitschrift für Agrargeschichte und Agrarsoziologie* 34, 1986, S. 147–159; dies., Frauenarbeit in der vorindustriellen Gesellschaft. Fragestellungen – Quellen – Forschungsmöglichkeiten, in: *Frauenalltag – Frauenforschung*, hg. von der Arbeitsgruppe Volkskundliche Frauenforschung Freiburg, Frankfurt a. M./Bern/New York/Paris 1988, S. 261–273; dies., Bergarbeiterinnen. Zur Geschichte der Frauenarbeit im Bergbau, Hütten- und Salinenwesen seit dem späten Mittelalter, Teil 1: Spätes Mittelalter und Frühe Neuzeit, in: *Der Anschnitt* 39, 1987, S. 2–15; dies., Zwischen Expansion und Verdrängung, Kontrolle und Befreiung. Frauenarbeit im 18. Jahrhundert im deutschsprachigen Raum, in: *VSWG* 1992, S. 457–482; dies., »Verkehrte Welt«. Das Weibergericht zu Breitenbach, einem hessischen Dorf des 17. Jahrhunderts, in: *Journal für Geschichte* 5, 1986, S. 22–29; Dorothee Rippmann, Frauenarbeit im Wandel. Arbeitsteilung, Arbeitsorganisation und Entlöhnung im Weinbau am Oberrhein (15./16. Jahrhundert), in: Vanja/Wunder (Druck in Vorbereitung); demnächst Claudia Ulbrich, *Frauen im Dorf, Handlungsräume und Erfahrungswelten von Frauen im 18. Jahrhundert aus der Perspektive einer lokalen Gesellschaft*.

46 Michael Mitterauer, *Familie und Arbeitsteilung. Historisch-vergleichende Studien*, Wien/Köln/Weimar 1992.

47 Arthur E. Imhof, *Einführung in die Historische Demographie*, München 1977; ders. (Hg.), *Histori-

sche *Demographie als Sozialgeschichte. Gießen und Umgebung vom 17. zum 19. Jahrhundert*, 2 Bde., Darmstadt/Marburg 1975.

48 Peter Kriedte, Hans Medick und Jürgen Schlumbohm, *Industrialisierung vor der Industrialisierung*, Göttingen 1977.

49 Heide Wunder, »Jede Arbeit ist ihres Lohnes wert.« Zur geschlechtsspezifischen Teilung und Bewertung von Arbeit in der Frühen Neuzeit, in: Karin Hausen (Hg.), *Geschlechterhierarchie und Arbeitsteilung. Zur Geschichte ungleicher Erwerbschancen von Männern und Frauen*, Göttingen 1993, S. 19–39.

50 Wiesner 1986; dies., Guilds, Male bonding and Women's Work in Early Modern Germany, in: *Gender & History* 1, 1989, S. 125–137.

51 Christopher R. Friedrichs, Deutsche Schulen nach der Reformation. Einige Belege aus Braunschweig, in: *Braunschweigisches Jahrbuch* 63, 1982, S. 127–135. In Johann Georg Krünitz' »Oekonomisch-technologischer Encyklopädie« heißt es: »Insonderheit gehört zu einer guten Handwerksfrau als eine nöthige Eigenschaft, daß sie sich in den Kram und in das Handwerk ihres Mannes zu schicken wisse, und entweder einiges mit arbeite, oder doch die Ware geschickt und mit Nutzen verkaufen lerne. Sie muß daher gelehrig, etwas gesprächig, klug und witzig, hiernächst aber im Rechnen und Schreiben etwas unterrichtet und vermögend seyn, mit jedermann, jedoch nach ihrem Stande, in Zucht, Ehrbarkeit und Niedrigkeit umzugehen, und denselben zu accomodiren wissen.« (Teil 14, 2. Aufl., Berlin 1786, S. 791).

52 Wunder 1992, Kapitel 7; Claudia Ulbrich, Zwischen Resignation und Aufbegehren. Frauen, Armut und Hunger im vorindustriellen Europa, in: Gabriele Klein und Annette Treibel (Hg.), *Begehren und Entbehren. Bochumer Beiträge zur Geschlechterforschung*, Pfaffenweiler 1993, S. 167–183.

53 Wiesner, Paltry Peddlers or Essential Merchants?; Rentschler, Lohnarbeit und Familienökonomie.

54 Vanja 1992, S. 474.

55 Otto Hintze, *Seidenindustrie*, 3 Bde., Bd. 1 und 2 zusammen mit Gustav Smoller, Berlin 1982; Peter Kriedte, *Eine Stadt am seidenen Faden. Haushalt, Hausindustrie und soziale Bewegung in Krefeld in der Mitte des 19. Jahrhunderts*, 2. durchges. Aufl., Göttingen 1992.

56 Bridget Hill, *Women, Work, and Sexual Politics in Eighteenth-Century England*, Oxford 1989; Catherine Hall, The History of the Housewife, in: dies. 1992, S. 1–42; Wunder 1992, Kapitel 4 und 5.

57 Käthe Sonnleitner, Die Stellung der bäuerlichen Frau im Mittelalter, in: *Blätter für Heimatkunde* 56, 1982, S. 33–41; Heinz Beißner, Ehebeschreibungen (Eheverträge) in den Ämtern Bückeburg und Arnsburg von 1740 bis 1770, in: *Zeitschrift für*

Agrargeschichte und Agrarsoziologie 34, 1986, S. 160–175.

58 Wunder 1992, Kapitel 4.

59 Christina Vanja, »Auf Geheiß der Vögtin«. Amtsfrauen in hessischen Hospitälern in: Vanja/Wunder (Druck in Vorbereitung).

60 Peter Ketsch, *Frauen im Mittelalter*, Bd. 1, Düsseldorf 1983, S. 279

61 Eva Labouvie, Selbstverwaltete Geburt. Landhebammen zwischen Macht und Reglementierung, in: *Geschichte und Gesellschaft* 18, 1992, S. 477–506; Wunder 1992, S. 139–144; Merry E. Wiesner, The midwives of south Germany and the public/private dichotomy, in: Hilary Marland (Hg.), *The Art of Midwifery. Early Modern Midwives in Europe*, London/New York 1993, S. 77–94.

62 Merry E. Wiesner, Gender and Power in Early Modern Europe: The Empire Strikes Back, in: *Chloe* 1994; Rainer Pape, Elisabeth von der Pfalz, in: *Westfälische Lebensbilder*, Bd. 7, 1979, S. 23–41.

63 Vgl. Ute Braun, Hochadelige Frauen des kaiserlich-freiweltlichen Damenstiftes Essen. Neue Fragestellungen, in: Bea Lundt (Hg.), *Vergessene Frauen an der Ruhr. Herrscherinnen, Hörige, Hausfrauen, Hexen*, Köln 1992, S. 51–76.

64 Almut Bues, Der Briefwechsel der Landgräfin Hedwig Sophie von Hessen-Kassel mit ihrer Schwester Luise Charlotte, Herzogin von Kurland, in: *Hessisches Jahrbuch für Landesgeschichte* 43, 1993, S. 77–106.

65 Vgl. z. B. die Regentschaft der Kurfürstin Theresia Kunigunde von Bayern während der Abwesenheit ihres Gemahls: Komaczynski, Die politische Rolle der bayerischen Kurfürstin.

66 Leighton, Die literarische Tätigkeit; Lemberg, *Juliane Landgräfin zu Hessen*; *Anna Maria Luisa Medici, Kurfürstin von der Pfalz*, hg. vom Stadtmuseum Düsseldorf 1988.

67 Erich Kleinschmidt, *Stadt und Literatur in der Frühen Neuzeit*, Köln/Wien 1982.

68 Ute Brandes, Studierstube, Dichterclub, Hofgesellschaft. Kreativität und kultureller Rahmen weiblicher Erzählkunst im Barock, in: Brinkler-Gabler 1988, Bd. 1, S. 222–247; Louise Gnädinger, Ister-Clio, Teutsche Uranie, Coris die Tapfere, Catharina Regina von Greiffenberg (1633–1694). Ein Porträt, in: ebd., S. 484–264; Gerhard Dünnhaupt, Merkur am Scheideweg. Eine unbekannte Schwesterakademie der Fruchtbringenden Gesellschaft, in: J. P. Schelka und J. Jungmayr (Hg.), *Virtus und Fortuna, Festschrift für H.-G. Roloff*, Bern/Frankfurt a. M./New York 1983, S. 384–392; Karl F. Otto, Die Frauen der Sprachgesellschaften, in: Buck u. a. (Hg.), *Europäische Hofkultur*, Bd. 3, S. 497–504.

69 Thomas Klein, Ernestisches Sachsen, kleinere thüringische Gebiete, in: Anton Schindling und Walter

Ziegler (Hg.), *Die Territorien des Reichs im Zeitalter der Reformation und Konfessionalisierung. Land und Konfession 1500–1650*, Bd. 4, Münster 1992, S. 27.

70   Gisela Brinker-Gabler (Hg.), *Deutsche Dichterinnen vom 16. Jahrhundert bis zur Gegenwart. Gedichte und Lebensläufe*, Frankfurt a. M. 1978.

71   Ulrich Herrmann, Erziehung und Schulunterricht für Mädchen im 18. Jahrhundert, in: *Wolfenbütteler Studien zur Aufklärung*, Bd. 3, S. 101–127; Cornelia Niekus Moore, »Mein Kind, nimm diß in acht«, in: *Pietismus und Neuzeit*, Bd. 6, Göttingen 1980, S. 164–185; dies., Mädchenlektüre im 17. Jahrhundert, in: W. Brückner u. a. (Hg.), *Literatur und Volk im 17. Jahrhundert. Probleme populärer Kultur in Deutschland*, Teil 2, Wiesbaden 1985, S. 489–497. Zur »gelehrten Frau«: Erich Kleinschmidt, Gelehrte Frauenbildung und frühneuzeitliche Mentalität, in: Sebastian Neumeister und Conrad Wiedemann (Hg.), *Res Publica Litteraria. Die Institutionen der Gelehrsamkeit in der frühen Neuzeit*, Wiesbaden 1987, S. 549–557; Barbara Becker-Cantarino, Die »gelehrte Frau« und die Institutionen und Organisationsformen der Gelehrsamkeit am Beispiel der Anna Maria van Schurman (1607–1678), in: ebd., S. 559–576; Jean M. Woods, Das »Gelahrte Frauenzimmer« und die deutschen Frauenlexika 1631–1743, in: ebd., S. 577–587; Elisabeth Gössmann, Rezeptionszusammenhänge und Rezeptionsweisen deutscher Schriften zur Frauengelehrsamkeit, in: ebd., S. 589–601; Gerda Utermöhlen, Die gelehrte Frau im Spiegel der Leibniz-Korrespondenz, in: ebd., S. 603–618; Ingrid Guentherodt, Urania Propritia (1650) – in zweiyerley Sprachen: Ein lateinisch- und deutschsprachiges Compendium der Mathematikerin und Astronomin Maria Cunitz, in: ebd., S. 619–640.

72   Silvia Bovenschen, *Die imaginierte Weiblichkeit. Exemplarische Untersuchungen zu kulturgeschichtlichen und literarischen Präsentationsformen des Weiblichen*, Frankfurt a. M. 1979; Cornelia Niekus Moore, Die adelige Mutter als Erzieherin: Erbauungsliteratur adeliger Mütter für ihre Kinder, in: Buck u. a. (Hg.), Europäische Hofkultur, Bd. 2, S. 505–510.

73   Kurt Baschwitz, *Hexen und Hexenprozesse. Die Geschichte eines Massenwahns*, München 1966; Hartmut Lehmann, Hexenverfolgung und Hexen-prozesse im Alten Reich zwischen Reformation und Aufklärung, in: *Jahrbuch des Instituts für deutsche Geschichte* (Tel Aviv) 7, 1978, S. 13–70; Gerhard Schormann, *Hexenprozesse in Deutschland*, Göttingen 1981.

74   Gabriele Hoffmann, *Constantia von Cosel und August der Starke. Die Geschichte einer Mätresse*, Bergisch Gladbach 1984.

75   Ingrid Ahrendt-Schulte, Schadenzauber und Konflikte. Sozialgeschichte von Frauen im Spiegel der Hexenprozesse des 16. Jahrhunderts in der Grafschaft Lippe, in: Vanja/Wunder 1991, S. 198–228.

76   Labouvie 1991; dies., *Verbotene Künste. Volksmagie und ländlicher Aberglaube in den Dorfgemeinden des Saarraumes (16.–19. Jahrhundert)*, St. Ingbert 1992; Walter Rummel, *Bauern, Herren und Hexen. Studien zur Sozialgeschichte sponheimischer und kurtrierischer Hexenprozesse 1574–1664*, Göttingen 1991; Wolfgang Behringer, *Hexenverfolgung in Bayern. Volksmagie, Glaubenseifer und Staatsräson in der Frühen Neuzeit*, München 1987; ders., Erträge und Perspektiven der Hexenverfolgung, in: *HZ* 249, 1989, S. 619–640; Andreas Blauert, *Frühe Hexenverfolgung. Ketzer-, Zauberei- und Hexenprozesse des 15. Jahrhunderts*, Hamburg 1989; Norbert Schindler, Die Entstehung der Unbarmherzigkeit. Zur Kultur und Lebensweise der Salzburger Bettler am Ende des 17. Jahrhunderts, in: ders., *Widerspenstige Leute. Studien zur Volkskultur in der frühen Neuzeit*, Frankfurt a. M. 1992, S. 258–314; Hartmut Lehmann und Otto Ulbricht (Hg.), *Vom Unfug des Hexen-Prozesses. Gegner der Hexenverfolgung von Johann Weyer bis Friedrich Spee*, Wiesbaden 1992.

77   Kritik bei: Martin Dinges, Frühneuzeitliche Armenfürsorge als Sozialdisziplinierung. Probleme mit einem Konzept, in: *Geschichte und Gesellschaft* 17, 1991, S. 5–29.

78   Regina Schulte, *Das Dorf im Verhör. Brandstifter, Kindsmörderinnen und Wilderer vor den Schranken des bürgerlichen Gerichts. Oberbayern 1848–1910*, Reinbek bei Hamburg 1989; Otto Ulbricht, *Kindsmord und Aufklärung in Deutschland*, München 1990; Mitterauer 1983; Stefan Breit, *»Leichtfertigkeit« und ländliche Gesellschaft. Voreheliche Sexualität in der frühen Neuzeit*, München 1991.

LITERATUR

Der Abschnitt *Allgemeine Literatur* dieser Auswahlbibliographie enthält Überblicksdarstellungen und diejenigen Werke, die in mehreren Kapiteln dieses Bandes zitiert werden. Die Spezialbibliographien zu den einzelnen Kapiteln ergänzen die in den Anmerkungen der jeweiligen Kapitel zitierten Werke.

Allgemeine Literatur

ABENSOUR, LÉON, *La femme et le féminisme avant la Révolution*, Paris 1923, Genf 1977

ADAM, ANTOINE, *Histoire de la littérature française au XVIIe siècle*, 5 Bde., Paris 1948–56

ALBISTUR, MAÏTÉ und DANIEL ARMOGATHE, *Histoire du féminisme français*, 2 Bde., Paris 1978

AMUSSEN, SUSAN DWYER, *An Ordered Society: Gender and Class in Early Modern England*, Oxford/New York 1988

ANDERSON, BONNIE S. und JUDITH P. ZINSSER, *A History of Their Own: Women in Europe from Prehistory to the Present*, 2 Bde., New York 1988 (dt.: *Eine eigene Geschichte. Frauen in Europa*, 2 Bde. Aus dem Engl. von Katharina Biepger und Pia Holenstein-Weidmann, Zürich 1992/93)

ANDERSON, MICHAEL, *Approaches to the History of the Western Family, 1500–1914*, London 1980

ARIÈS, PHILIPPE und GEORGES DUBY (Hg.), *Histoire de la vie privée*, 5 Bde., Paris 1985–87 (dt.: *Geschichte des privaten Lebens*, 5 Bde. Aus dem Franz. von Holger Fliessbach und Gabriele Krüger-Wirrer, Frankfurt a.M. 1989–93)

ARIÈS, PHILIPPE, *L'enfant et la vie familiale sous l'Ancien Régime*, Paris 1973 (dt.: *Geschichte der Kindheit*. Aus dem Franz. von Caroline Neubaur und Karin Kersten, München 1975)

BOLOGNE, JEAN-CLAUDE, *Histoire de la pudeur*, Paris 1986

BRANTÔME, PIERRE DE BOURDEILLE SEIGNEUR DE, *Œuvres complètes*, 2 Bde., Paris 1888

BRANTÔME, PIERRE DE BOURDEILLE SEIGNEUR DE, *Les dames esclaves*, hg. von Maurice Rat, Paris 1955

BRÉMOND, HENRI, *Histoire littéraire du sentiment religieux en France*, 6 Bde., Paris 1916

BROWN, PETER, *The Body and Society. Men, Women and Sexual Renunciation in Early Christianity*, New York 1988 (dt.: *Die Keuschheit der Engel. Sexuelle Entsagung, Askese und Körperlichkeit am Anfang des Christentums*. Aus dem Engl. von Martin Pfeiffer, München/Wien 1991)

BURCKHARDT, JAKOB, *Die Kultur der Renaissance in Italien*, hg. von Konrad Hoffmann, Stuttgart 1988

BURGUIÈRE, ANDRÉ, CHRISTIANE KLAPISCH-ZUBER, MARTINE SEGALEN, FRANÇOISE ZONABEND (Hg.), *Histoire de la famille*, 2 Bde., Paris 1986

BURKE, PETER, *Historical Anthropology in Early Modern Italy*, Cambridge 1987 (dt.: *Städtische Kultur in Italien zwischen Hochrenaissance und Barock*. Aus dem Engl. von Wolfgang Kaiser, Berlin 1988)

CARO BAROJA, JULIO, *Las brujas y su mundo*, Madrid 1968

CERTEAU, MICHEL DE, *La fable mystique, XVIe–XVIIe siècles*, Paris 1982

CHARTIER, ROGER und HENRI-JEAN MARTIN, *Histoire de l'éducation française*, 3 Bde., Paris 1983–86

CHARTIER, ROGER, MARIE-MADELEINE COMPÈRE und JULIA DOMINIQUE, *L'éducation en France, XVIe–XVIIIe siècles*, Paris 1976

DAUPHIN, CÉCILE, ARLETTE FARGE, GENEVIÈVE FRAISSE, CHRISTIANE KLAPISCH-ZUBER, ROSE-MARIE LAGRAVE, MICHELLE PERROT, PIERRETTE PEZERAT, YANNICK RIPA, PAULINE SCHMITT PANTEL, DANIÈLE VOLDMAN, Culture et pouvoir des femmes: essai d'historiographie, in: *Annales E.S.C* 41, 1986, S. 271–293

DAVIS, NATALIE ZEMON, *Society and Culture in Early Modern France: Eight Essays*, Stanford 1975 (dt.: *Humanismus, Narrenherrschaft und die Riten der Gewalt. Gesellschaft und Kultur im frühneuzeitlichen Frankreich*. Aus dem Engl. von Nele Löw Beer, Frankfurt a. M. 1987)

DAVIS, NATALIE ZEMON, *The Return of Martin Guerre*, Cambridge, Mass. 1983 (dt.: *Die wahrhaftige Geschichte von der Wiederkehr des Martin Guerre*. Mit einem Vorwort von Carlo Ginzburg. Aus dem Engl. von Ute und Wolf Heinrich Leube, München 1984; Frankfurt a. M. 1989)

DAVIS, NATALIE ZEMON, *Fiction in the Archives: Pardon Tales and Their Tellers in Sixteenth-Century France*, Stanford 1987 (dt.: *Der Kopf in der Schlinge. Gnadengesuche und ihre Erzähler*. Aus dem Engl. von Wolfgang Kaiser, Berlin 1988; Frankfurt a. M. 1991)

DELUMEAU, JEAN, *Le péché et la peur. La culpabilisation en Occident XIIIe–XVIIIe siècles*, Paris 1983

ELIAS, NORBERT, *Über den Prozeß der Zivilisation. Soziogenetische und psychogenetische Untersuchungen* (1936), 2 Bde., Frankfurt a. M. 1976

FAVRET-SAADA, JEANNE, *Les mots, la mort, les sorts. La sorcellerie dans le bocage*, Paris 1977 (dt.: *Die Wörter, der Tod, die Schicksale. Eine Feldstudie über zeitgenössischen Volks-glauben*. Aus dem Franz. von Eva Moldenhauer, Frankfurt 1979)

FEBVRE, LUCIEN, *Autour de l'Heptaméron. Amour sacré, amour profane*, Paris 1944

FERGUSON, MARGARET W., MAUREEN QUILLIGAN UND NANCY J. VICKERS (Hg.), *Rewriting the Renaissance. The Discourses of Sexual Difference in Early Modern Europe*, Chicago 1986

FLANDRIN, JEAN-LOUIS, *Familles, parentées, maison, sexualité dans l'ancienne société*, Paris 1976 (dt.: *Familien. Soziologie – Ökonomie – Sexualität*. Aus dem Franz. von Eva Brückner-Pfaffenberger, Frankfurt a.M. 1978)

FLANDRIN, JEAN-LOUIS, *Le sexe et l'Occident. Évolution des attitudes et des comportements*, Paris 1981

FLANDRIN, JEAN-LOUIS, *Les amours paysannes. Amour et sexualité dans les compagnes de l'ancienne France, XIIIe–XVIIIe siècles*, Paris 1975

FOUCAULT, MICHEL, *Histoire de la sexualité*, Paris, Bd. 1: *La volonté de savoir*, 1976; Bd. 2: *L'usage des plaisirs*, 1986; Bd. 3: *Le souci de soi*, 1986 (dt.: *Sexualität und Wahr-heit*. Aus dem Franz. von Ulrich Raulff und Walter Seitter, Frankfurt a. M., Bd. 1: *Der Wille zum Wissen*, 1983; Bd. 2: *Der Gebrauch der Lüste*, 1989; Bd. 3: *Die Sorge um sich*, 1989)

FOUCAULT, MICHEL, *Surveiller et punir. Naissance de la prison*, Paris 1974 (dt.: *Überwachen und Strafen. Die Geburt des Gefängnisses*. Aus dem Franz. von Walter Seitter, Frankfurt a. M. 1976)

FOUQUET, CATHERINE und YVONNE KNIBIEHLER, *Histoire des mères du Moyen Age à nos jours*, Paris 1980

FURET, FRANÇOIS und JACQUES OZOUF, *Lire et écrire: l'alphabétisation des Français de Calvin à Jules Ferry*, 2 Bde., Paris 1977

GELIS, JAQUES, *L'arbre et le fruit. La naissance dans l'Occident moderne (XVIe–XIXe siècles)*, Paris 1984 (dt.: *Die Geburt. Volksglaube, Rituale und Praktiken von 1500–1900*. Aus dem Franz. von Clemens Wilhelm, München 1989; Freiburg 1992)

GINZBURG, CARLO, *I Benandanti. Stregoneria e culti agrari tra Cinquecento e Seicento*, Turin 1966 (dt.: *Die Benandanti. Feldkulte und Hexenwesen im 16. und 17. Jahrhundert*. Aus dem Ital. von Karl Friedrich Hauber, Frankfurt a. M. 1980; Hamburg 1993)

GINZBURG, CARLO, *Storia notturna. Una decifrazione del Sabba*, Turin 1989 (dt.: *Hexensabbat. Entzifferung einer nächtlichen Geschichte*. Aus dem Ital. von Martina Kempter, Berlin 1990; Frankfurt 1993)

GRIMAL, PIERRE (Hg.), *Histoire mondiale de la femme*, Paris 1965/66, Bd. 2: *L'Occident des Celtes à la Renaissance*, 1966; Bd. 4: *Sociétés modernes et contemporaines*, 1966

HANLEY, SARAH, Engendering the State: Family Formation and State Building in Early Modern France, in: *French Historical Studies* 16, 1989, S. 4–27

HOFFMANN, PAUL, *La femme dans la pensée des Lumières*, Paris 1977

JORDAN, CONSTANCE, *Renaissance Feminism: Literary Defenses of Women in Early Modern Europe*, Ithaca, N.Y. 1990

KLAPISCH-ZUBER, CHRISTINE, *Women, Family, and Ritual in Renaisssance Italy*, Chicago 1985

LOUX, FRANÇOISE, *Le corps dans la société traditionnelle*, Paris 1979 (dt.: *Das Kind und sein Körper in der Volksmedizin. Eine historisch-ethnographische Studie*. Aus dem Franz. von Hainer Kober, Stuttgart 1980; Frankfurt a. M. 1991)

MACLEAN, IAN, *The Renaisssance Notion of Women: A Study in the Fortunes of Scholasticism and Medical Science in European Intellectual Life*, Cambridge/New York 1980

MACLEAN, IAN, *Women Triumphant: Feminism in French Literature, 1610–1652*, Oxford 1978

MARTIN, HENRI-JEAN, *Livre, pouvoirs et société à Paris au XVIIe siècle (1589–1701)*, 2 Bde., Genf 1969

NUSSBAUM, FELICITY, *The Autobiographical Subject: Gender and Ideology in Eighteenth-Century England*, New York/London 1989

PRIOR, MARY, (Hg.), *Women in English Society, 1500–1800*, London/New York 1985

RÉTAT, PIERRE u. a., *Le journalisme d'Ancien Régime*, Lyon 1981

ROGER, JACQUES und JEAN-CHARLES PAYEN, *Histoire de la littérature française. Du Moyen Age à la fin du XVIIe siècle*, Paris 1969

ROSE, MARY BETH (Hg.), *Women in the Middle Ages and the Renaissance: Literary and Historical Perspectives*, Syracuse 1986

SCHIEBINGER, LONDA, *The Mind has no Sex? Women in the Origins of Modern Science*, Cambridge, Mass. 1989 (dt.: *Schöne Geister. Frauen in den Anfängen der modernen Wissenschaft*. Aus dem Engl. von Susanne Lüdemann und Ute Spengler, Stuttgart 1993)

SEGALEN, MARTINE, *Mari et femme dans la société paysanne*, Paris 1979

SHORTER, EDWARD, *A History of Women's Bodies*, New York 1982 (dt.: *Der weibliche Körper als Schicksal. Zur Sozialgeschichte der Frau*. Aus dem Engl. von Hainer Kober, München/Zürich 1987)

SHORTER, EDWARD, *The Making of the Modern Family*, New York 1975 (dt.: *Die Geburt der modernen Familie*. Aus dem Engl. von Gustav Killper, Reinbek 1977)

SMITH, BONNIE G., *Changing Lives: Women in European History since 1700*, Lexinton, Mass. 1989

STONE, LAWRENCE, *The Family, Sex and Marriage in England, 1500–1800*, New York 1977

STONE, LAWRENCE, *The Road to Divorce: England 1530–1987*, Oxford/New York 1990

SULLEROT, ÉVELYNE, *Histoire de la presse féminine en France des origines à 1848*, Paris 1966

WARNER, MARINA, *Alone of All Her Sex: The Myth and the Cult of the Virgin Mary*, London 1976 (dt.: *Maria. Geburt, Triumph, Niedergang – Rückkehr eines Mythos?* München 1982)

Arbeit und Familie / Olwen Hufton

BAULANT, MICHELINE, La femme de Brie, 1650–1750, in: *Pénélope* 7, 1972, S. 21–24

BAULANT, MICHELINE, La famille en miettes: sur un aspect de la démographie au XVIIe siècle, in: *Annales E.S.C.* 27, 1972, S. 959–968

CHARLES, LINDSEY und LORNA DUFFIN (Hg.), *Women and Work in Pre-Industrial England*, London/Dover 1985

DAVIDSON, CAROLINE, *A Woman's Work is Never Done: A History of Housework in the British Isles, 1650–1950*, London 1981

FARGE, ARLETTE, *Vivre dans la rue à Paris au XVIIIe siècle*, Paris 1979

FARGE, ARLETTE und MICHEL FOUCAULT (Hg.), *Le désordre des familles. Lettres de cachet des Archives de la Bastille au XVIIIe siècle*, Paris 1982 (dt.: *Familiäre Konflikte. Die »Lettres de cachet«*. Aus dem Franz. von Albert Gier und Chris Paschold, Frankfurt a.M. 1989)

HANAWALT, BARBARA (Hg.), *Women and Work in Preindustrial Europe*, Bloomington 1986

HILL, BRIDGET, *Women, Work and Sexual Politics in Eighteenth-Century England*, London/New York 1989

HOULBROOKE, RALPH, *The English Family, 1450–1700*, London/New York 1984

HOWELL, MARTHA, *Women, Production and Patriarchy in Late Medieval Cities*, Chicago 1986

HUFTON, OLWEN, *The Poor of Eighteenth Century France*, Oxford 1974

HUFTON, OLWEN, Women, Work and Family in Eighteenth Century France, in: *French Historical Studies*, 1975

HUFTON, OLWEN, Women without Men: Widows and Spinsters in Britain and France in the Eigteenth Century, in: *Journal of Family History* 9, 1984, S. 355–376

LEBRUN, FRANÇOIS, *La vie conjugale sous l'Ancien Régime*, Paris 1975

MAZA, SARAH, *Servants and Masters in Eighteenth Century France: The Uses of Loyalty*, Princeton 1983

OZMENT, STEVEN, *When Fathers Ruled. Family Life in Reformation Europe*, Cambridge 1983

POLLOCK, LINDA, *Forgotten Children: Parent-Child Relations from 1500 to 1900*, Cambridge/New York 1983

PRIOR, MARY (Hg.), *Women in English Society, 1500–1900*, London/New York 1985

ROPER, LYNDAL, *The Holy Household*, Oxford 1989 (dt. Übers. in Vorbereitung)

SCHAMA, SIMON, *The Embarassment of Riches: An Interpretation of Dutch Culture in the Golden Age*, New York 1987 (dt.: *Überfluß und schöner Schein. Zur Kultur der Niederlande im Goldenen Zeitalter*. Aus dem Engl. von Elisabeth Nowak, München 1988)

WIESNER, MERRY E., *Working Women in Renaissance Germany*, New Brunswick, N.J. 1986

Körper, äußere Erscheinung und Sexualität / Sara F. Matthews Grieco

ARIÈS, PHILIPPE und ANDRÉ BÉJIN (Hg.), Sexualités occidentales, Paris 1982 (dt. in: DIES. und MICHEL FOUCAULT (Hg.), *Die Masken des Begehrens und die Metamorphosen der Sinnlichkeit. Zur Geschichte der Sexualität im Abendland*. Aus dem Franz. von Michael Bischoff, Frankfurt a.M. 1984)

BERNOS, MARCEL, CHARLES DE LA RONCIÈRE, JEAN GUYON, PHILIPPE LÉCRIVAIN, *Le fruit défendu. Les chrétiens et la sexualité de l'antiquité à nos jours*, Paris 1985

BOCK, GISELA und GIULIANA NOBILI, *Il corpo delle donne*, Ancona/Bologna 1988

BOLOGNE, JEAN-CLAUDE, *Histoire de la pudeur*, Paris 1986

BURGELIN, OLIVIER, PHILIPPE PERROT und MARIE-THÉRÈSE BASSE (Hg.), Parure, pudeur, étiquette, in: *Communications* 46, Paris 1987

CAMDEN, CARROLL, *The Elizabethan Woman: A Panorama of English Womanhood, 1540 to 1640*, London/New York 1952

CÉARD, JEAN, MARIE-MADELEINE FONTAINE und JEAN-CLAUDE MARGOLIN (Hg.), *Le corps à la Renaissance. Actes du XXXe colloque de Tours 1987*, Paris 1990

COURTINE, JEAN-JACQUES und CLAUDINE HAROCHE, *Histoire du visage. Exprimer et taire ses émotions, XVIe-début XIXe siècle*, Paris 1988

DUBY, GEORGES (Hg.), *L'amour et la sexualité*, (Sondernummer von l'Histoire), Paris 1984

ELIAS, NORBERT, *Über den Prozeß der Zivilisation. Soziogenetische und psychogenetische Untersuchungen* (1936), 2 Bde., Frankfurt a. M. 1976

FAIRCHILDS, CISSIE, *Domestic Enemies. Servants and Their Masters in Old Regime France*, Baltimore 1984

FERGUSON, MARGARET W., MAUREEN QUILLIGAN and NANCY J. VICKERS (Hg.), *Rewriting the Renaissance. The Discourses of Sexual Difference in Early Modern Europe*, Chicago 1986

FLANDRIN, JEAN-LOUIS, *Familles, parenté, maison, sexualité dans l'ancienne société*, Paris 1976 (dt.: *Familien. Soziologie – Ökonomie – Sexualität*. Aus dem Franz. von Eva Brückner-Pfaffenberger, Frankfurt a.M. 1978)

FLANDRIN, JEAN-LOUIS, *Le sexe et l'Occident. Évolution des attitudes et des comportements*, Paris 1981

GAUDEMET, JEAN, *Le mariage en Occident. Les mœurs et le droit*, Paris 1987

GONCOURT, EDMOND und JULES DE, *La femme au dix-huitième siècle*, Paris 1987 (dt.: *Die Frau im 18. Jahrhundert*. Aus dem Franz. von Friedrich Griesel. Mit einem Essay von Elisabeth Badinter, München/Zürich 1986)

LASLETT, PETER, *Family Life and Illicit Love in Earlier Generations: Essays in Historical Sociology*, Cambridge 1977

LE GOFF, JACQUES und JEAN-CLAUDE SCHMITT (Hg.), *Le charivari. Actes de la table ronde organisée à Paris, 25–27 avril 1977 par l'Ecole des Hautes Études en Science Sociales et le Centre National de Recherche Scientifique*, Paris/New York 1981

LHOLEST, BENOÎT, *L'amour enfermé. Amour et sexualité dans la France du XVIe siècle*, Paris 1990

MACLEAN, IAN, *The Renaissance Notion of Woman: A Study in the Fortunes of Scholasticism and Medical Science in European Intellectual Life*, Cambridge/New York 1980

MATTHEWS GRIECO, SARA F., *Ange ou diablesse. La représentation de la femme au XVIe siècle*, Paris 1991

MENJOT, DENIS (Hg.), *Les soins de beauté. Moyen Age, Temps modernes* (Centre d'Études médiévales. Actes du IIIe Colloque International, Grasse, 26–28 avril 1985), Nizza 1987

PERROT, PHILIPPE, *Le travail des apparences ou les transformations du corps féminin XVIIIe–XIXe siècles*, Paris 1984

PHAN, MARIE-CLAUDE, *Les amours illégitimes. Histoires de séduction en Languedoc (1667–1786)*, Paris 1986

ROCHE, DANIEL, *La culture des apparences. Une histoire du vêtement (XVIIe–XVIIIe siècles)*, Paris 1989

RODOCANACHI, EMMANUEL, *La femme italienne avant, pendant et après la Renaissance*, Paris 1922

ROTBERG, ROBERT I. und THEODORE K. RAAB (Hg.), *Marriage and Fertility. Studies in Interdisciplinary History*, Princeton 1980

SEGALEN, MARTINE, *Mari et femme dans la société paysanne*, Paris 1980

SHORTER, EDWARD, *A History of Women's Bodies*, New York 1982 (dt.: *Der weibliche Körper als Schicksal. Zur Sozialgeschichte der Frau.* Aus dem Engl. von Hainer Kober, München/Zürich 1987).

STONE, LAWRENCE, *The Family, Sex and Marriage in England*, 1500–1800, New York 1977

VIGARELLO, GEORGES, *Le propre et le sale. L'hygiène du corps depuis le Moyen Age*, Paris 1985 (dt.: *Wasser und Seife, Puder und Parfum. Geschichte der Körperhygiene seit dem Mittelalter.* Aus dem Franz. von Linda Gränz, Frankfurt a.M./New York 1992)

Die schöne Frau / Véronique Nahoum-Grappe

ADORNO, THEODOR W., *Minima moralia. Reflexionen aus dem beschädigten Leben*, Frankfurt a.M. 1969

BAULANT, MICHELINE, Costume populaire et costume bourgeois à Meaux au XVIII^c siècle: nuances ou contrastes, in: *L'Ethnographie* 80, 1984, S. 269–275

BAULANT, MICHELINE, Un dossier: la personne âgée dans la société briarde aux XVII^c–XVIII^c siècles, in: *Annales de démographie historique*, 1985, Viellier autrefois, S. 283–302

BAULANT, MICHELINE, La famille en miettes: sur un aspect de la démographie au XVII^c siècle, in: *Annales E.S.C.* 27, 1972, S. 959–968

BAUMGARTEN, ALEXANDER GOTTLIEB, *Aesthetica* (1750), Hildesheim 1961

Blasons anatomiques du corps féminin, ensemble des contreblasons. C. d'Augebie, 1554, l'exemplaire Abîmé: Bibliothèque National Nr. 5, E. Picot 811; une autre réédition 1570 (Vve. Bonnefous): Bibliothèque National Enfer 600 et un exemplaire à la Bibliothèque de l'Arsenal 8 H11 131 Rés. in-12; eine der zahlreichen Neuauflagen: *Blasons anatomiques du corps féminin*, hg. von P. Quignard, Paris 1982

DEKKER, RUDOLF M. und LOTTE C. VAN DE POL, *The Tradition of Female Transvestism in Early Modern Europe*, New York 1989 (dt.: *Frauen in Männerkleidern. Weibliche Transvestiten und ihre Geschichte.* Aus dem Ndl. von Maria Theresa Leuker, Berlin 1990)

DELARUE, PAUL und M.-L. TENEZE, *Le conte populaire français*, 4 Bde., Paris 1985

DUHET, PAUL-MARIE und M. REBÉRIOUX, *Cahiers de doléances des femmes de 1789*, Paris 1989

HOUILLON, HENRIETTE, La femme en France aux XVII^c–XVIII^c siècles, in: Pierre Grimal (Hg.), Histoire mondiale de la femme, Bd. 4, Paris 1966, S. 7–98

LOUX, FRANÇOISE, *Le corps dans la société traditionelle*, Paris 1980 (dt.: *Das Kind und sein Körper in der Volksmedizin. Eine historisch-ethnographische Studie.* Aus dem Franz. von Hainer Kober, Stuttgart 1980; Frankfurt a.M. 1991)

LOUX, FRANÇOISE und PHILIPPE RICHARD, *Sagesse du corps, santé et maladie dans les proverbes régionaux français*, Paris 1978

MERCIER, LOUIS-SEBASTIEN, *Tableau de Paris*, 1782–1783 (dt.: *Mein Bild von Paris*, hg., übers. und mit einem Nachwort versehen von Jean Villain, Leipzig 1976)

MINUT, GABRIEL DE, *De la beauté, discours divers … Avec la Paule-graphie, ou descriptions des beautés d'une dame toulousaine, surnommée la belle Paule …*, Lyon 1587

NAHOUM-GRAPPE, VÉRONIQUE, *Beauté, laideur. Un essai de phénoménologie historique*, Paris 1990

PIPONNIER, FRANÇOISE, *Costume et vie sociale. La cour d'Anjou, XIVe–XVe siècles*, Paris 1970

POUCHELLE, MARIE-CHRISTINE, *Corps et chirurgie à l'apogée du Moyen Age*, Paris 1983

ROCHE, DANIEL, *La culture des apparences. Une histoire du vêtement, XVII^c–XVIII^c siècles*, Paris 1989

ROCHE, DANIEL, *Le peuple de Paris. Essai sur la culture populaire au XVIII^c siècle*, Paris 1981

ROUSSEAU, JEAN-JACQUES, *Les confessions*, 4 Bde., hg. von Van Bever, Paris 1927 (dt.: *Bekenntnisse*. Mit einer Einf. von Werner Krauss. Aus dem Franz. von Ernst Hardt, Frankfurt a. M. 1985)

SIMMEL, GEORG, *Philosophische Kultur. Über das Abenteuer, die Geschlechter und die Krise der Moderne. Gesammelte Essais*. Mit einem Vorwort von Jürgen Habermas, Berlin 1986

VELAY-VALLANTIN, CATHERINE, Le miroir de contes. Perrault dans les Bibliothèques Bleues, in: ROGER CHARTIER (Hg.), *Les usages de l'imprimé (XVᵉ–XIXᵉ siécles)*, Paris 1987, S. 129–185

VERDIER, YVONNE, *Façons de dire, façons de faire. La laveuse, la couturière, la cuisinière*, Paris 1979 (dt.: *Drei Frauen. Das Leben auf dem Dorf*. Aus dem Franz. von Thomas Kleinspehn, Stuttgart 1982)

VIGARELLO, GEORGES, *Le corps redressé*, Paris 1978

Mädchenerziehung / Martine Sonnet

CRESSY, DAVID, *Literacy and the Social Order: Reading and Writing in Tudor and Stuart England*, Cambridge/New York 1980

DAVIDOFF, LEONORE und CATHERINE HALL, *Family Fortunes: Men and Women of the English Middle Class, 1780–1850*, London 1987

FURET, FRANÇOIS und JACQUES OZOUF, *Lire et écrire: l'alphabétisation des Français de Calvin à Jules Ferry*, 2 Bde., Paris 1977

GROSPERRIN, BERNARD, *Les petites écoles sous l'Ancien Régime*, Rennes 1984

JULIA, DOMINIQUE (Hg.), *Atlas de la Révolution française*. Bd. 2: *L'enseignement, 1760–1815*, Paris 1987

LEBRUN, FRANÇOIS, MARC VÉNARD und JEAN QUÉNIART, *Histoire générale de l'enseignement et de l'éducation en France*, Bd. 2: *De Gutenberg aux Lumiéres*, Paris 1981

LUPPÉ, ALBERT, COMTE DE, *Les jeunes filles dans l'aristocratie et la bourgeoisie à la fin du XVIIIᵉ siècle*, Paris 1924

O'DAY, ROSEMARY, *Education and Society 1500–1800: The Social Foundations of Education in Early Modern Britain*, London/New York 1982

PERRY, RUTH, *Les Religieuses enseignantes, XVIᵉ–XXᵉ siècles*, Angers 1981

PERRY, RUTH, *The Celebrated Mary Astell: An Early English Feminist*, Chicago 1986

PRIOR, MARY (Hg.), *Women in English Society, 1500–1800*, London/New York 1985

ROHAN-CHABOT, ALIX DE, *Les écoles de campagne au XVIIIᵉ siècle*, Nancy 1985

ROUSSELOT, PAUL (Hg.), *La Pédagogie féminine extraite des principaux écrivains qui ont traité de l'éducation des femmes depuis le XVIᵉ siècle*, Paris 1881

ROUSSELOT, PAUL, *Histoire de l'éducation des femmes en France*, 2 Bde., Paris 1883

SONNET, MARTINE, *L'éducation des filles au temps des Lumières*, Paris 1987

STONE, LAWRENCE, *The Family, Sex and Marriage in England, 1500–1800*, New York 1977

THOMPSON, ROGER, *Women in Stuart England and America: A Comparative Study*, London 1974

Jungfrauen und Mütter zwischen Himmel und Erde / Elisja Schulte van Kessel

ACCATI, LUISA, Simboli maschili e simboli femminili nelle devozione alla Madonna della Controriforma: appunti per una discussione, in: ELISJA SCHULTE VAN KESSEL (Hg.), *Women and Men in Spiritual Culture (XIV–XVII Centuries)*, The Hague 1986, S. 35–43

ACCATI, LUISA, Il padre naturale. Tra simboli dominanti e categorie scientifiche, in: *Memoria. Rivista di storia delle donne* 21, 1987, S. 79–106

AMEGLIA, MARINA D', La conquista di una dote. Regole del gioco e scambi femminili alla Confraternita dell'Annunziata (sex. XVII–XVIII), in: LUCIA FERRANTE u.a. 1988, S. 305–343

AMUSSEN, SUSAN DWYER, Féminin/masculin: le genre dans l'Angleterre de l'époque moderne, in: *Annales E.S.C.* 40, 1985, S. 269–187

ATKINSON, CLARISSA, Precious Balsam in Fragile Glass: The Ideology of Virginity in the Later Middle Ages, in: *Journal of Family History* 8, 1983, S. 131–143

BANGE, PETTY u. a., *Tussen Heks en heilige. Het vrouwbeeld op de drempel van de moderne tijd, 15 de/16 de eeuw*, Nijmegen 1985 (engl.: *Saints and She-Devils: Images of Women in the 15th and 16th Centuries*, London 1987)

BERNARDS, MATTHÄUS, Kölns Beitrag zum Streit um die religiöse Frauenfrage im 17. Jahrhundert, in: *Annalen des historischen Vereins für den Niederrhein* 177, 1975, S. 76–91

BILINKOFF, JODI, *The Avila of Saint Teresa: Religious Reform in a Sixteenth-Century City*, Ithaca, N.Y. 1989

BØRRESEN, KARI ELISABETH (Hg.), *Image of God and Gender Models in Judaeo-Christian Tradition*, Oslo/New Jersey 1990

BROWN, JUDITH C., *Immodest Acts: The Life of a Lesbian Nun in Renaissance Italy*, Oxford/New York 1986 (dt.: *Schändliche Leidenschaften. Das Leben einer lesbischen Nonne in Italien zur Zeit der Renaissance*. Aus dem Engl. von Barbara Rojahn-Deyk, Stuttgart 1988)

BROWN, PETER, *The Body and Society. Men, Women and Sexual Renunciation in Early Christianity*, New York 1988 (dt.: *Die Keuschheit der Engel. Sexuelle Entsagung, Askese und Körperlichkeit am Anfang des Christentums*. Aus dem Engl. von Martin Pfeiffer, München/Wien 1991)

BUGGE, JOHN, *Virginitas: An Essay on the History of a Medieval Ideal*, The Hague 1975

BYNUM, CAROLINE WALKER, *Holy Feast and Holy Fast. The Religious Significance of Food to Medieval Women*, Berkeley/Los Angeles/London 1987

CAMPORESI, PIERO, *La carne impassibile*, Mailand 1983

CAMPORESI, PIERO, *Le officine dei sensi*, Mailand 1985

CERTEAU, MICHEL DE, *La fable mystique, XVIe–XVIIe siècles*, Paris 1982

CHRISTIAN, WILLIAM, *Apparitions in Late Medieval and Renaissance Spain*, Princeton 1981

CIAMMITTI, LUISA, Una santa di meno. Storia di Angela Mellini, cucitrice bolognese (1667–17[?]), in: *Quaderni Storici* 41, 1979, S. 603–639

COHEN, SHERILL, Convertite e Malmaritate. Donne »irregolari« e ordini religiosi nelle Firenze rinascimentale, in: *Memoria. Rivista di storia delle donne* 5, Nov. 1982

CONTI ODIRISIO, GINEVRA, *Donna e società nel Seicento. Lucrezia Marinelli e Arcangela Tarabotti*, Rom 1979

COULIANO, IOAN P., *Eros and Magic in the Renaissance*, Chicago/London 1987

DAENENS, FRANCINE, Superiore perché inferiore: Il paradosso della superiorità della donna in alcuni trattati italiani del Cinquecento, in: VANNA GENTILI (Hg.), *Trasgressione tragica e norma domestica. Esemplari di tipologie femminili dalla letteratura europea*, Rom 1983, S. 11–50

DAVIS, NATALIE ZEMON, *Society and Culture in Early Modern France: Eight Essays*, Stanford 1975 (dt.: *Humanismus, Narrenherrschaft und die Riten der Gewalt. Gesellschaft und Kultur im frühneuzeitlichen Frankreich*. Aus dem Engl. von Nele Löw Peer, Frankfurt a.M. 1987)

DAVIS, NATALIE ZEMON, From »Popular Religion« to Religious Cultures, in: STEVEN OZMENT (Hg.), *Reformation Europe: A Guide to Research*, St Louis, Miss. 1982, S. 321–341

DE BAAR, MIRJIAM, De betrokkenheid van vrouwen bij het huisgezin van Jean de Labadie (1669–1732), in: *Jaarboek voor Vrouwengeschiedenis* 8, 1987, S. 11–43

DE CLEMENTI, ANDREINA, Una mistica contadina: Caterina Paluzzi di Morlupo, in: *Memoria. Rivista di storia delle donne* 7, 1983, S. 23–33

DEGLER-SPENGLER, BRIGITTE, Die religöse Frauenbewegung des Mittelalters, in: *Rottenburger Jahrbuch für Kirchengeschichte* 3, 1984, S. 75–88

DEKKER, RUDOLF M. und LOTTE C. VAN DE POL, *The Tradition of Female Transvestism in Early Modern Europe*, New York 1989 (dt.: *Frauen in Männerkleidern. Weibliche Transvestiten und ihre Geschichte*. Aus dem Ndl. von Maria Theresa Leuker, Berlin 1990)

DELOOZ, PIERRE, Santità. – II: Santità e sociologia, in: GUERRINO PELLICCIA und GIANCARLO ROCCA (Hg.), *Dizionario degli Istituti di Perfezione*, Bd. 8, Rom 1988, Sp. 861–873

DELUMEAU, JEAN, *Le péché et le peur. La culpabilisation en Occident XIII^c–XVIII^c siècles*, Paris 1983

DE MAIO, ROMEO, *Donna e Rinascimento*, Mailand 1987

DOUGLASS, JANE DEMPSEY, *Women, Freedom and Calvin*, Philadelphia 1985

FERRANTE, LUCIA, MAURA PALAZZI und GIANNA POMATA (Hg.), *Ragnatele di rapporti. Patranage e reti di relazione nella storia delle donne*, Turin 1988

FIORANI, LUIGI, Monache e monasteri romani nell'età del quietismo, in: *Ricerche per la storia religiosa di Roma*, Bd. 1, Rom 1977, S. 63–111

FIORANI, LUIGI, L'esperienza religiosa nelle confraternite romane tra Cinque a Seicento, in: *Ricerche per la storia religiosa di Roma*, Bd. 5, Rom 1984, S. 155–196

GINZBURG, CARLO, *Storia notturna. Una decifrazione del Sabba*, Turin 1989 (dt.: *Hexensabbat. Entzifferung einer nächtlichen Geschichte*. Aus dem Ital. von Martina Kempter, Berlin 1990; Frankfurt a. M. 1993)

GUARNIERI, ROMANA, Pinzocchere, in: GUERINO PELLICCIA und GIANCARLO ROCCA (Hg.), *Dizionario degli Istituti de Perfezione*, Bd. 6, Rom 1980, Sp. 1721–1749

GUARNIERI, ROMANA, Beghismo d'oltralpe e Bizzochismo italiano tra il secolo XIV e il secolo XV, in: RAFFAELE PAZZELLI und MARIO SENSI (Hg.), *La beata Angelina da Montegiove e il movimento del terz'ordine regolare francescano femminile*, Rom 1984, S. 1–13

GUARNIERI, ROMANA, Nec domina nec ancilla, sed socia. Tra csi di direzione spirituale tra 500 e 600, in: ELISJA SCHULTE VAN KESSEL (Hg.), *Women and Men in Spiritual Culture (XIV-XVII Centuries)*, The Hague 1986, S. 111–132

HILL, BRIDGET, A Refuge from Men: The Idea of a Protestant Nunnery, in: *Past and Present* 117, 1987, S. 107–130

HUFTON, OLWEN, Women in History. Early Modern Europe, in: *Past and Present* 101, 1983, S. 125–141

IRWIN, JOYCE, Anna Maria van Schurman: From Feminism to Pietism, in: *Church History* 46, 1977, S. 48–62

IRWIN, JOYCE, Society and the Sexes, in: STEVEN OZMENT (Hg.), *Reformation Europe: A Guide to Research*, St Louis, Miss. 1982, S. 343–359

KLOEK, ELS, De Reformatie als thema van vrouwengeschiedenis. Een histories debat overgoed en Kwaad, in: *Jaarboek voor vrouwengeschiedenis* 4, 1983, S. 106–149

LIEBOWITZ, RUTH, Virgins in the Service of Christ: The Dispute over an Active Apostolate for Women during the Counter-Reformation, in: ROSEMARY RUETHER and ELEANOR McLAUGHLIN (Hg.), *Women of Spirit. Female Leadership in the Jewish and Christian Traditions*, New York 1979, S. 131–152

LUSSANA, FIAMMA, Rivolta e misticismo nei chiostri femminili del Seicento, in: *Studi Storici* 28, 1987, S. 243–260

MARSHALL WYNTJENS, SHERRIN, Women and Religious Change in the Sixteenth Century Netherlands, in: *Archiv für Reformationsgeschichte* 75, 1984, S. 276–289

MARSHALL WYNTJENS, SHERRIN (Hg.), *Women in Reformation and Counter-Reformation Europe: Private and Public Worlds*, Bloomington/Indianapolis 1989, S. 120–139

MARTIN, JOHN, Out of the Shadow: Heretical and Catholic Women in Renaissance Venice, in: *Journal of Family History* 10, 1985, S. 69–90

MORANDINI, GUILIANA (Hg.), *Suor Maria Celeste Galilei. Lettere al padre*, Turin 1983

NORBERG, KATHRYN, The Counter-Reformation and Women: Religious and Lay, in: J. W. O'MALLEY (Hg.), *Catholicism in Early Modern History: A Guide to Research*, St. Louis, Mo., 1988, S. 133–146

PAPASOGLI, BENEDETTA, *Gli spirituali italiani e il »Grand Siècle«*, Rom 1983

PENNINGS, JOYCE, Semi-Religious Women in 15th Century Rome, in: *Mededelingen van het Nederlands Instituut te Rome* (Papers of the Dutch Institute in Rome), XLVII, 1987, S. 115–145

POZZI, GIOVANNI and CLAUDIO LEONARDI (Hg.), *Scrittrici mistiche italiane*, Genua 1988

PROSPERI, ADRIANO, Dalle »divine madri« ai »padri spirituali« in: ELISJA SCHULTE VAN KESSEL (Hg.), *Women and Men in Spiritual Culture (XIV–XVII Centuries)*, The Hague 1986, S. 71–90

RAPLEY, ELIZABETH, *The Dévotes: Women and Church in Seventeenth-Century France*, Montréal/Kingston 1990

REYNES GENEVIÈVE, *Couvents de femmes. La vie des religieuses cloîtrées dans la France des XVII° et XVIII° siècles*, Paris 1987

ROMANELLO, MARINA, Il caso di Marta Fiascaris tra affettata santità e rete di solidarietà femminile, in: FERRANTE u. a. 1988, S. 240–252

SALLMANN, JEAN-MICHEL, La sainteté mystique féminine à Naples au tournant des XVI° et XVII° siècles, in: SOFIA BOESCH GAJANO and LUCIA SEBSTANIANI (Hg.), *Culto dei santi, istituzioni e classi sociali in età preindustriale*, Aquila-Rom 1984, S. 681–702

SCATTIGNO, ANNA, Carissimo figliolo in Cristo. Direzione spirituale e mediazione sociale nell'epistolario di Caterina de'Ricci (1542–1590), in: FERRANTE u. a. 1988, S. 219–239

SCHULTE VAN KESSEL, ELISJA, Le vergini devote nella missione olandese, in: *Actes du colloque sur le jansénisme*, Louvain 1977, S. 187–203

SCHULTE VAN KESSEL, ELISJA, *Geest en Vlees in godsdients en wetenschap. Vijf opstellen over gezagsconflicten in de 17e eeuw*, The Hague 1980

SCHULTE VAN KESSEL, ELISJA, Vis noch vlees. Geestelijke maagden in de Gouden Eeuw, in: *Jaarboek voor Vrouwengeschiedenis* 2, 1981, S. 167–192

SCHULTE VAN KESSEL, ELISJA, Sapienza, sesso, pietas: I primi Lincei e il matrimonio. Un saggio di storia umana, in: *Mededelingen van het Nederlands Instituut te* Rome (Papers of the Dutch Institute in Rome) XLVI, 1985, S. 121–144

SCHULTE VAN KESSEL, ELISJA, Gender and Spirit, pietas et contemptus mundi. Matron-patrons in Early Modern Rome, in: DIES. (Hg.), *Women and Men in Spiritual Culture (XIV–XVII Centuries)*, The Hague 1986, S. 47–68

SCHULTE VAN KESSEL, ELISJA, Moederschap en Navolging van Christus, in: PETTY BANGE u. a. (Hg.), *De doorwerking van de Moderne Devotie*, Hilversum 1988, S. 267–285

SPAANS, JOKE, Negenenveertig Haarlemse Mirjams over het aandeel van vrouwen in de moeilijkheden rondom de lutherse predikant Conrad Vietor 1617–1620, in: *Nederlands Archief voor Kerkgeschiedenis* (Dutch Review of Church History) 67, 1987, S. 1–14

THOMAS, KEITH, The Virgin in History, in: *The New York Review Books 18*, 11. Nov. 1976, S. 10–14

VANDENBROECK, PAUL, Zwischen Selbsterniedrigung und Selbstvergottung. Bilderwelt und Selbstbild religiöser Frauen in den südlichen Niederlanden, in: *De zeventiende eeuw* 1, 1989, S. 67–88

VAUCHEZ, ANDRÉ, *La sainteté en Occident aux derniers siècles du Moyen Age d'après les procès de canonisation et les documents hagiographiques*, Rom 1981

VUARNET, JEAN-NOËL, *Extases féminines*, Paris 1980

WARNER, MARINA, *Alone of All Her Sex: The Myth and the Cult of the Virgin Mary*, London 1976 (dt.: *Maria. Geburt, Triumph, Niedergang – Rückkehr eines Mythos?* München 1982)

WEAVER, ELISSA, Spiritual Fun. A Study of Sixteenth-Century Tuscan Convent Theater, in: MARY BETH ROSE (Hg.), *Women in the Middle Ages and the Renaissance: Literary and Historical Perspectives*, Syracuse 1986, S. 173–205

WEINSTEIN, DONALD und RUDOLP M. BELL, *Saints and Society: The Two Worlds of Western Christendom, 1100–1700*, Chicago 1982

WIESNER, MERRY E., Beyond Women and the Family: Towards a Gender Analysis of the Reformation, in: *Sixteenth Century Journal* 3, 1987, S. 311–321

ZARRI, GABRIELLA, Le sante vive. Per una tipologia della santità femminile nel primo Cinquecento, in: *Annali dell'Istituto storico itali-germanico di Trento* 6, 1980, S. 371–445

ZARRI, GABRIELLA, L'altra Cecilia: Elena Dugliolo Dall'Olio (1472–1520), in: SOFA BOESCH GAJANO und LUCIA SEBASTIANI (Hg.), *Culto dei santi, istituzione e classi sociali in età preindustriale*, Aquila 1984, S. 573–613

ZARRI, GABRIELLA, Monasteri femminili e città (secoli XVI–XVIII), in: GIORGIO CHITTOLINI und GIOVANNI MICCOLI (Hg.), *Storia d'Italia. Annali 9: la Chiesa e il potere politico dal Medioevo all'età contemporanea*, Turin 1986, S. 359–429

Frauen, Politik und Macht / Natalie Zemon Davis

BEIK, WILLIAM, *Absolutism and Society in Seventeenth-Century France: State Power and Provincial Aristocracy in Languedoc*, Cambridge 1985

BOUCHER, JACQUELINE, *Le cour de Henri III*, Rennes 1986

CHARTIER, ROGER und DENIS RICHET (Hg.), *Représentation et vouloir politiques: autour des états généraux de 1614*, Paris 1982

DAVIS, NATALIE ZEMON, Gender and Genre: Women as Historical Writers, 1400–1820, in: PATRICIA LABALME (Hg.), *Beyond Their Sex: Learned Women of the European Past*, New York 1980, S. 153–182

DEKKER, RUDOLF M. und LOTTE C. VAN DE POL, *The Tradition of Female Transvestism in Early Modern Europe*, New York 1989 (dt.: *Frauen in Männerkleidern. Weibliche Transvestiten und ihre Geschichte.* Aus dem Ndl. von Maria Theresa Leuker, Berlin 1990)

DICKENS, A.-G. (Hg.), *The Courts of Europe: Politics, Patronage and Royalty, 1400–1800*, New York 1977

ERLANGER, PHILIPPE, *Madame de Longueville: De la révolte au mysticisme*, Paris 1977

GIESEY, RALPH, The Juristic Basis of Dynastic Right to the French Throne, in: *Transactions of the American Philosophical Society*, n. S. 51-5, 1961

GREEN, DAVID, *Sarah Duchess of Marlborough*, New York 1967

GREGG, EDWARD, *Queen Anne*, London/Boaton 1984

HIGGIN, PATRICIA, The Reactions of Women, in: BRIAN MANNING (Hg.), *Politics, Religion and the English Civil War*, London 1973, S. 179–222

HIRST, DEREK, *The Representative of the People? Voters and Voting in Early-Seventeenth Century England*, London 1974

HOWELL, MARTHA C., Citizenship and Gender: Women's Political Status in Northern Medieval Cities, in: MARY ERLER und MARYANNE KOWALESKI (Hg.), *Women and Power in the Middle Ages*, Athens, Georgia 1988, S. 37–60

LEVIN, CAROLE, Power, Politics and Sexuality: Images of Elizabeth I., in: JEAN R. BRINK, ALLISON P. COUDERT und MARYANNE HOROWITZ (Hg.), *The Politics of Gender in Early Modern Europe, Sixteenth Century Essays and Studies*, 12, Ann Arbor, Mi 1989

LEWALSKI, BARBARA, Rewriting Patriarchal Patronage: Margaret Clifford, Anne Clifford, and Aemilia Lanyer, in: *The Year Book of English Studies* 21, Jan. 1991

MAJOR, J. RUSSELL, *The Deputies to the Estates General in the Renaissance*, Madison, Wis. 1960

MONTROSE, LOUIS ADRIAN, »Shaping Fantasies«: Figurations of Gender and Power in Elizabethan Culture, in: STEPHEN GREENBLATT (Hg.), *Representing the English Renaissance*, Berkeley, CA 1988, S. 31–64

MULLER, SHEILA D., *Charity in the Dutch Republic: Pictures of Rich and Poor for Charitable Institutions*, Ann Arbor, Mi 1985

PATEMAN, CAROLE, *The Sexual Contract*, Cambridge 1988

SCHWOERER, LOIS GREEN, Women and the Glorious Revolution, in: *Albion* 18, Sommer 1986, S. 195–226

SHERMAN, CLAIRE RICHTER, The Queen in Charles V.'s »Coronation Book«: Jeanne de Bourbon and the »Ordo and Reginam Benedicendam«, in: *Viator* 8, 1977, S. 255–298

STRONG, ROY, *The Cult of Elizabeth: Elizabethan Portraiture and Pageantry*, London 1977

YATES, FRANCES A., *Astrea: The Imperial Theme in the Sixteenth Century*, London 1975

YATES, FRANCES A., *The Valois Tapestries*, London 1959

Frauenbilder / Françoise Borin

BOLLÊME, GENEVIÈVE, *La Bibliothèque Bleue. La littérature populaire en France du XVIIe au XIXe siècle*, Paris 1971

BOUSQUET, JOE, *La peinture maniériste*, Neuchâtel 1964

BROUDE, NORMA und MARY M. GARRARD (Hg.), *Feminism and Art History: Questioning the Litany*, New York 1982

BRUNEL, PIERRE (Hg.), *Dictionnaire des mythes littéraires*, Paris 1988

CAMDEN, CAROLL, *The Elizabethan Woman: A Panorama of English Womanhood 1540–1640*, London/New York 1952

CASTAN, NICOLE und YVES, *Vivre ensemble. Ordre et désordre en Languedoc aux XVIIe et XVIIIe siècles*, Paris 1981

CERTEAU, MICHEL DE, *La possession de Loudun*, Paris 1970

CERTEAU, MICHEL DE, *La fable mystique, XVIe–XVIIe siècles*, Paris 1982

COURTINE, JEAN-JACQUES und CLAUDINE HAROCHE, *Histoire du visage. Exprimer et taire ses émotions, XVIe–début XIXe siècle*, Paris 1988

CUSENIER, JEAN, *L'art populaire en France. Rayonnements, modèles et sources*, Fribourg/Paris 1979

DAVIS, NATALIE ZEMON, *Society and Culture in Early Modern France: Eight Essays*, Stanford 1975 (dt.: *Humanismus, Narrenherrschaft und die Riten der Gewalt. Gesellschaft und Kultur im frühneuzeitlichen Frankreich*. Aus dem Engl. von Nele Löw Beer, Frankfurt a. M. 1987)

DEFOE, DANIEL, *Moll Flanders*, Paris 1974 (dt.: *Moll Flanders*, hg. und mit einem Essay versehen von Norbert Kohl. Aus dem Engl. von Martha Erler, Frankfurt a. M. 1983)

DELUMEAU, JEAN, *La peur en Occident XIVe–XVIIIe siècles. Une cité assiégée*, Paris 1978 (dt.: *Angst im Abendland. Die Geschichte kollektiver Ängste des 14. bis 18. Jahrhunderts*, 2 Bde. Aus dem Franz. von Monika Hübner, Gabriele Konder und Martina Toters-Bruck, Reinbek 1985)

DIDEROT, DENIS, *La religieuse*, Paris 1984 (dt.: *Die Nonne*. Aus dem Franz. von Christel Gersch, Berlin 1989)

DUHET, PAULE-MARIE, *Les femmes et la révolution, 1789–1794*, Paris 1971

DULONG, CLAUDE, *La vie quotidienne des femmes au Grand Siècle*, Paris 1984

FARGE, ARLETTE, *Vivre dans la rue à Paris au XVIIIe siècle*, Paris 1979

FARGE, ARLETTE, *La vie fragile. Violences, pouvoirs et solidarités à Paris au XVIIIe siècle*, Paris 1986 (dt.: *Das brüchige Leben. Verführung und Aufruhr in Paris vor der Revolution*. Aus dem Franz. von Wolfgang Kaiser, Berlin 1989)

FARGE, ARLETTE, (Hg.), *Le miroir des femmes: Textes de la Bibliothèque Bleue*, Paris 1982

FARGE, ARLETTE, La violence, les femmes et le sang au XVIIIe siècle, in: *Mentalités* 1, 1988, S. 95–111

FARGE, ARLETTE, Le siècle au féminin. Rôles et représentations des femmes, in: *Electra*, Juni 1987

FRANCASTEL, PIERRE, *Études de sociologie de l'art, création picturale et société*, Paris 1974

FRANCASTEL, PIERRE, *Histoire de la peinture française*, Bd. 1: *Du Moyen Age à Fragonard*, Paris 1984

GENTILESCHI, ARTEMISIA, *Actes d'un procès en viol suivis des lettres*, Paris 1984

GRIMMELSHAUSEN, HANS JAKOB CHRISTOFFEL VON, *Der abenteuerliche Simplicissimus*, München 1985

HERRIS, ANN SUTHERLAND und LINDA NOCHLIN, *Femmes peintres 1550–1950, Los Angeles, Museum Associates of the Los Angeles Museum of Art*, Paris 1981

LASCAULT, GILBERT, *Figurées, défigurées. Petit vocabulaire de la féminité représentée*, Paris 1977

MAIRE, CATHERINE-LAURENCE, *Les convulsionnaires de Saint-Médard. Miracles, convulsions et prophéties à Paris au XVIIIe siècle*, Paris 1985

MATTHEWS GRIECO, SARA F., *Mythes et Iconographie de la femme dans l'estampe du XVIe siècle français. Images d'un univers mental*, Diss., Paris 1982

MATTHEWS GRIECO, SARA F., Mito ed immagine della donna nelle incisioni del Cinquecento francese: il discorso morale sulla sessualita, in: *Profili di Donne-Mito Immagine Realta fra Medioevo ed eta Contemporanea*, Galatina Congedo èd. 1986

MERCHANT, CAROLYN, *Death of Nature: Women, Ecology and Scientific Revolution*, San Francisco 1980, London 1984 (dt.: *Der Tod der Natur. Ökologie, Frauen und neuzeitliche Naturwissenschaft*. Aus dem Engl. von Holger Fliessbach, München 1987)

MUCHEMBLED, ROBERT, *La sorcière au village, XVe–XVIIe siècles*, Paris 1979

PERROT PHILIPPE, *Le travail des apparences ou les transformations du corps féminin XVIIIe–XIXe siècles*, Paris 1984

ROUDINESCO, ÉLISABETH, *Théroigne de Méricourt. Une femme mélancolique sous la révolution*, Paris 1989

SACHS, HANNELORE, *Die Frau in der Renaissance*, Leipzig 1970

SALLMANN, JEAN-MICHEL, *Les sorcières, fiancées de Satan*, Paris 1989

SOLÉ, JACQUES, *L'amour en Occident à l'époque moderne*, Paris 1976; Brüssel 1984

STEINBERG, LEO, *The Sexuality of Christ in Renaissance Art and in Modern Oblivion*, New York 1983

STRONG, ROY, *The English Icon: Elizabethan and Jacobean Portraiture*, New York 1969

VERDIER, YVONNE, *Façons de dire, façons de faire. La laveuse, la couturière, la cuisinière*, Paris 1979 (dt.: *Drei Frauen. Das Leben auf dem Dorf*. Aus dem Franz. von Thomas Kleinspehn, Stuttgart 1982)

WARNER, MARINA, *Alone of All Her Sex: The Myth and the Cult of the Virgin Mary*, London 1976 (dt.: *Maria. Geburt, Triumph, Niedergang – Rückkehr eines Mythos?* München 1982)

Ambivalenzen des literarischen Diskurses / Jean-Paul Desaive

ADBURGHAM, ALISON, *Women in Print: Writing Women and Women's Magazines from the Restoration to the Accession of Victoria*, London 1972

BALD, R.-C., *John Donne: A Life*, Oxford 1970

BEER, E. S. DE (Hg.), *The Diary of John Evelyn*, London/New York/Toronto 1959

BURGUIÈRE, ANDRÉ, CHRISTIANE KLAPISCH-ZUBER, MARTINE SEGALEN, FRANÇOISE ZONABEND (Hg.), *Histoire de la famille*, 2 Bde., Paris 1986

BUXTON, JOHN, *Sir Philip Sidney and the English Renaissance*, New York 1966

CAMDEN, CARROLL, *The Elizabethan Woman: A Panorama of English Womanhood, 1540 to 1640*, London/New York 1952

FINLAYSON, IAIN, *The Moth and the Candle, A Life of James Boswell*, London 1984

GRIVELET, MICHEL, *Thomas Heywood et le drame domestique élisabéthain*, Paris 1957

HAMILTON, A. C., *Sir Philip Sidney: A Study of His Life and Works*, Cambridge 1977

SPRINGER, MARLENE (Hg.), *What Manner of Woman. Essays on English and American Life and Literature*, New York 1977

STENTON, DORIS MARY, *The English Woman in History*, London/New York 1957

STONE, LAWRENCE, *The Family, Sex and Marriage in England, 1500–1800*, New York 1977

WARD, A.-W. und A.-R. WALLER (Hg.), *The Cambridge History of English Literature*, 15 Bde., Cambridge 1967–1968

Das Theater: Frauenbilder / Eric A. Nicholson

BARISH, JONAS, *The Antitheatrical Prejudice*, Berkeley 1981

BELSEY, CATHERINE, *The Subject of Tragedy: Identity and Difference in Renaissance Drama*, New York/London 1985

BEVIS, RICHARD, W., *English Drama: Restoration and Eighteenth Century, 1600–1789*, London/New York 1988

COHEN, WALTER, *Drama of a Nation: Public Theater in Renaissance England and Spain*, Ithaca 1985

DAVIS, NATALIE ZEMON, *Society and Culture in Early Modern France: Eight Essays*, Stanford 1975 (dt.: *Humanismus, Narrenherrschaft und die Riten der Gewalt. Gesellschaft und Kultur im frühneuzeitlichen Frankreich*. Aus dem Engl. von Nele Löw Beer, Frankfurt 1987)

GILDER, ROSAMOND, *Enter the Actress: The First Women in the Theater*, Boston 1931

GURR, ANDREW, *Playgoing in Shakespeare's London*, Cambridge 1987

HONIG, EDWIN, *Calderon and the Seizures of Honor*, Cambridge, Mass. 1972

INGRAM, MARTIN, *Church Courts, Sex, and Marriage in England, 1570–1640*, Cambridge 1987

INGRAM, MARTIN, Ridings, Rough Music, and Mocking Rhymes in Early Modern England, in: BARRY REAY (Hg.), *Popular Culture in Seventeenth-Century England*, New York 1985, S. 166–197

JARDINE, LISA, *Still Harping on Daughters: Women and Drama in the Age of Shakespeare*, Brighton 1983

KAHN, COPPELIA, *Man's Estate: Masculine Identity in Shakespeare*, Berkeley 1981

LAZARD, MADELEINE, *Le théâtre en France au XVIᵉ siècle*, Paris 1980

MORGAN, FIDELIS, *The Female Wits: Women Playwrights of the Restoration*, London 1981

OTIS, LEAH LYDIA, *Prostitution in Medieval Society: The History of an Urban Institution in Languedoc*, Chicago 1985

PADOAN, GIORGIO, *La Commedia Rinascimentale Veneta (1433–1565)*, Vicenza 1982

PEARSON, JACQUELINE, *The Prostituted Muse: Images of Women and Women Dramatists, 1642–1737*, New York 1988

ROSE, MARY BETH, *The Expense of Spirit: Love and Sexuality in English Renaissance Drama*, Ithaca 1988

ROSSIAUD, JACQUES, *La Prostituzione nel Medioevo*, Rom/Bari 1984 (dt.: *Dame Venus. Prostitution im Mittelalter*. Mit einem Vorwort von Georges Duby. Aus dem Ital. von Ernst Voltmer, München 1989)

UNDERDOWN, DAVID, *Revel, Riot, and Rebellion. Popular Politics and Culture in England, 1603– 1660*, Oxford 1987

WOODBRIDGE, LINDA, *Women and the English Renaissance: Literature and the Nature of Womankind, 1540– 1620*, Urbana 1984

Aus der Philosophie des 18. Jahrhunderts / Michèle Crampe-Casnabet

BADINTER, ÉLISABETH, *Émilie, Émilie: L'ambition féminine au XVIIIe siècle*, Paris 1983 (dt.: *Emilie, Emilie. Weibliche Lebensentwürfe im 18. Jahrhundert*. Aus dem Franz. von Friedrich Griese, München 1984)

CRAMPE-CASNABET, MICHÈLE, *Condorcet, lecteur des Lumières*, Paris 1985

DUCHET, MICHÈLE, *Anthropologie et histoire au siècle des Lumières*, Paris 1971

FAURÉ, CHRISTINE, *La démocratie sans les femmes. Essai sur le libéralisme en France*, Paris 1985

FONTENAY, ÉLISABETH DE, *Diderot ou le matérialisme enchanté*, Paris 1981

FRAISSE, GENEVIÈVE, *Muse de la raison. La démocratie exclusive et la différence des sexes*, Aix-en-Provence 1989

GEFFRIAUD ROSSO, JEANETTE, *Montesquieu et la féminité*, Pisa 1977

GOLDZINK, JEAN, *Montesquieu. Lettres persanes*, Paris 1989

KINTZLER, CATHERINE, *Condorcet. L'instruction publique et la naissance du citoyen*, Paris 1984

KOFMAN, SARAH, *Le respect des femmes. Kant et Rousseau*, Paris 1982

SONNET, MARTINE, *L'éducation des filles au temps des Lumières*, Paris 1987

SNYDERS, GEORGES, *La pédagogie en France aux XVIIe et XVIIIe siècles*, Paris 1965

Der medizinische und andere wissenschaftliche Diskurse / Évelyne Berriot-Salvadore

Quellen

BARLES, LOUIS, *Les nouvelles découvertes sur les organes des hommes servans à la generation*, Lyon 1675

BIENVILLE, M. D. T., *La nymphomanie ou traité de la fureur uterine* (1771), Amsterdam 1778

BOURGEOIS, LOUISE (genannt Boursier), *Observations diverses sur la sterilité, perte de fruict, fœcondité, accouchements et maladies des femmes et enfants nouveaux nais*, Paris 1626

CANGIAMILA, JOSEPH ANTOINE, *Abregé de l'Embryologie sacrée ou du devoir des Prêtres, des medecins et autres, sur le salut eternel des enfans que sont dans le ventre de leur mère* (1745), übers. von Abbé Dinouart, Paris 1762

DU PLEIX, SCIPION, *Des hermaphrodits, accouchemens des femmes et traitement que est requis pour les relever en santé et bien elever leurs enfans*, Rouen 1612

FERRAND, JACQUES, *De la maladie d'amour ou melancholie érotique*, Paris 1623

GUYON, LOUYS, *Le miroir de santé et beauté corporelle* (1615), Lyon 1625

HUARTE, JUAN, *Examen des esprits propres et naiz aux sciences* (1580). Aus dem Span. von G. Chappuis, Paris 1631

LE BOURSIER DU COUNDRAY, ANGÉLIQUE-MARIE, *Abrégé de l'art des accouchemens dans lequel on donne les preceptes necessaires pour le mettre en pratique*, Paris 1759

LIÉBAULT, JEAN, *Thresor des remedes secrets pour les maladies des femmes*, Paris 1585

MARINELLO, GIOVANNI, *Le medecine partenenti alle infermità delle donne*, Venetia 1572

MAURICEAU, FRANÇOIS, *Les maladies des femmes grosses et accouchées*, Paris 1668

MERCURIO, SCIPION, *La commare o riccoglitrice* (1604), Venetia 1621

MILLOT, JACQUES-ANDRÉ, *L'art de procréer les sexes à volonté ou système complet de génération*, Paris 1800

PARÉ, AMBROISE, *Œuvres complètes* (1575), hg. von J.-F. Malgaigne, Genf 1970

RAULIN, JOSEPH, *Traité des affections vaporeuses du sexe*, Paris 1758

ROSSLIN, EUCHAIRE (genannt Rodion), *Der schwangeren Frauen und Hebammen Rosengarten* (1513), Augsburg 1537

ROSSLIN, EUCHAIRE, *Des divers travaux et enfantemens de femmes*, übers. von Paul Bienassis, Paris 1586

ROUSSEL, PIERRE, *Système physique et moral de la femme ou tableau philosophique de la constitution, de l'état organique, du tempérament, des mœurs et des fonctions propres au sexe* (1775), Paris 1803

ROUSSET, FRANÇOIS, *Traitté nouveau de l'Hysterotomotokie, ou enfantement caesarien*, Paris 1581

SERRES, LOUIS DE, *Discours de la nature, causes, signes et curation des empeschemens de la conception et da la stérilité des femmes*, Lyon 1625

SYDENHAM, THOMAS, Dissertation sur l'affection hystérique du 20 janvier 1681, in: *Médicine pratique de Sydenham*, übers. von M. A. F. Jault, Paris 1778

VENETTE, NICOLAS, *La génération de l'homme ou tableau de l'amour conjugal considéré en l'état de mariage* (1685), London 1773

Studien

BERRIOT-SALVADORE, ÉVELYNE, *Images de la femme dans la médicine du XVIe et du début du XVIIe siècle*, Diss., Montpellier 1979

BERRIOT-SALVADORE, ÉVELYNE, *Les femmes dans la société française de la Renaissance*, Genf 1990

DARMON, PIERRE, *Le mythe de la procréation à l'âge baroque*, Paris 1981

FILIPPINI, NADIA MARIA, Levatrici e ostetricanti a Venezia tra sette e ottocento, in: *Quaderni Storici* 58, 1985, S. 149–180

GELIS, JACQUES, *L'arbre et le fruit. La naissance dans l'Occident moderne, XVIe–XIXe siècle*, Paris 1984 (dt.: *Die Geburt. Volksglaube, Rituale und Praktiken von 1500–1900*. Aus dem Franz. von Clemens Wilhelm, München 1989; Freiburg 1992)

JACQUART, DANIELLE und CLAUDE THOMASSET, *Sexualité et savoir médical au Moyen Age*, Paris 1985

KNIBIEHLER, YVONNE und CATHERINE FOUQUET, *La femme et les médicins. Analyse historique*, Paris 1983

LAQUEUR, THOMAS, *Making Sex: Body and Gender from the Greeks to Freud*, Cambridge, Mass. 1990 (dt.: *Auf den Leib geschrieben. Die Inszenierung der Geschlechter von der Antike bis Freud*. Aus dem Engl. von Jochen Bußmann, Frankfurt a. M./New York 1992)

LAQUEUR, THOMAS, Mythes et Représentations de la femme, in: *Revue Romantisme* 13–14, 1976

MACLEAN, IAN, The Renaissance Notion of Woman: A Study in the Fortunes of Scholasticism and Medical Science, in: *European Intellectual Life*, London/New York 1980

PETER, JEAN-PIERRE, Entre femmes et médicins. Violence et singularités dans les discours du corps et sur le corps, in: *Ethnologie française* 6, 1976, S. 341–348

ROGER, JACQUES, *Les sciences de la vie dans la pensée française du XVIIIe siècle*, Paris 1963

WILSON, LINDSAY BLAKE, *Les maladies des femmes: Women, Charlatanry, and Professional Medicine in Eighteenth-Century France*, Diss., Stanford 1982

Salonkultur und Literatur von Frauen / Claude Dulong

ANDRIEUX, MAURICE, *La vie quotidienne dans la Rome pontificale au XVIIIe siècle*, Paris 1962

ARIÈS, PHILIPPE und ROGER CHARTIER (Hg.), *De la Renaissance aux Lumières*, Paris 1986, Bd. 3 der *Histoire de la vie privée (Geschichte des privaten Lebens)*, hg. von PHILIPPE ARIÈS und GEORGES DUBY (dt.: *Von der Renaissance zur Aufklärung*. Aus dem Franz. von Holger Fliessbach und Gabriele Krüger-Wirrer, Frankfurt a. M. 1991) (siehe vor allem die Beiträge von Jacques Revel und Orest Ranum)

DAUMARD, ADELINE und FRANÇOIS FURET, *Structures et relations sociales à Paris au milieu du XVIIIe siècle*, Paris 1961

DULONG, CLAUDE, *L'amour au XVIIe siècle*, Paris 1969

DULONG, CLAUDE, *La vie quotidienne des femmes au Grand Siècle*, Paris 1984

DULONG, CLAUDE, Mme de La Fayette et ses placements immobiliers, in: *XVIIe Siècle*, 156, Juli-Sept. 1987, S. 241–266

FAGNIEZ, GUSTAVE, *La femme et la société française dans la première moitié du XVIIe siècle*, Paris 1929

FAUCHERY, PIERRE, *Le destinée féminine dans le roman européen du XVIIIe siècle, 1713–1807*, Paris 1972

FRITZ, PAUL und RICHARD MORTON (Hg.), *Woman in the 18th-Century and Other Essays*, Toronto 1976

GEORGELIN, JEAN, *Venise au siècle des Lumières*, Paris/La Haye 1978

GLOTZ, MARGUERITE und MADELEINE MAIRE, *Salons du XVIIIe siècle*, Paris 1949

GRENAILLE, FRANÇOISE DE, *L'honneste fille*, Paris, Bd. 1: *Jean Paslé*, 1640; Bd. 2: *Antoine de Sommaville*, 1640; Bd. 3: *Antoine de Sommaville*, s.d.

GRIMAL, PIERRE (Hg.), *Histoire mondiale de la femme*, Paris 1965/66, Bd. 2: *L'Occident, des Celtes à la Renaissance*, 1966; Bd. 4: *Sociétés modernes et contemporaines*, 1966 (Siehe besonders den Beitrag von Henriette Houillon, »La femme en France aux XVIIe–XVIIIe siècles, S. 8–98)

HAHN, H. GEORGE und CARL BEHM III, *The Eigtheenth-Century British Novel and Its Background. An annotated bibliography*, Methuen, N. J./London 1985

HOOCK-DEMARLE, MARIE-CLAIRE, *La femme au temps de Goethe*, Paris 1987 (dt.: *Die Frauen der Goethezeit*. Aus dem Franz. von Renate Hörisch-Helligrath, München 1993)

KUHN, ANETTE, u. a. (Hg.), *Frauen in der Geschichte*, 5 Bde., Düsseldorf 1982–1985

LABALME, PATRICIA (Hg.), *Beyond Their Sex: Learned Women of the European Past*, New York 1980

LATHUILLIÈRE, ROGER, *La préciosité, étude historique et linguistique*, Genf 1966

LOUGEE, CAROLYN, C., *Le paradis des femmes. Women, Salons and Social Stratification in Seventeenth-Century France*, Princeton, N. J. 1976

MACLEAN, IAN, *Women Triumphant: Feminism in French Literature, 1610–1652*, Oxford 1978 (mit einer sehr ausführlichen Bibliographie)

MAGENDIE, MAURICE, *La politesse mondaine et les théories de l'honnêteté en France au XVIIe siècle, de 1600 à 1660*, Paris 1925

MAGNE, ÉMILE, *Voiture et l'Hôtel de Rambouillet. Les origines, 1597–1635*, Paris 1929

MAGNE, ÉMILE, *Voiture et les années de gloire de l'Hôtel de Rambouillet, 1635–1648*, Paris 1930

MARION, MICHEL, *Recherches sur les bibliothèques privées à Paris au milieu du XVIIIe siècle (1750–1759)*, Paris, Bibliothèque nationale, 1978

MISH, CHARLES C., *English Prose Fiction, 1600–1640*, Charlottesville 1952

MÖBIUS, HELGA, *Die Frau im Barock*, Leipzig 1982

PELOUS, JEAN-MICHEL, *Amour précieux, amour galant: 1654–1675. Essai sur la représentation de l'amour dans la littérature et la société mondaine*, Paris 1980

PLAISANT, MICHÈLE, PAUL DENIZOT und FRANÇOISE MOREUX, *Aspects du féminisme en Angleterre au XVIIIe siècle*, Lille 1972

POMEAU, RENÉ, *L'Europe des Lumières. Cosmopolitisme et unité européenne au XVIIIe siècle*, Paris 1966

RAVOUX-RALLO, ÉLISABETH, *La femme à Venise au temps de Casanova*, Paris 1984

REYNIER, GUSTAVE, *La femme au XVIIe siècle, ses ennemis et ses défenseurs*, Paris 1930

RICHARDSON, LULA MAC DOWELL, *The Forerunners of Feminism in French Literature of the Renaissance from Christine de Pisan to Marie de Gournay*, Baltimore 1929

ROGERS, KATHERINE M., *Feminism in Eighteenth-Century England*, Urbana/Chicago/London 1982

Frauen als Journalistinnen / Nina Rattner Gelbart

Quellen

Epistles for the Ladies
Female Tatler
Female Spectator
Journal des dames
La Spectatrice
Lady's Museum
Nouveau Magasin Français
Quintessence des nouvelles

Studien

ADBURGHAM, ALISON, *Women in Print: Writing Women and Women's Magazines from the Restoration to the Accession of Victoria*, London 1972

CLANCY, PATRICIA A., A French Writer and Educator in England: Madame Le Prince de Beaumont, in: *Studies on Voltaire and the Eighteenth Century*, Bd. 201, 1982, S. 195–208

DAVIS, NATALIE ZEMON, Gender and Genre: Women as Historical Writers, 1400–1820, in: PATRICIA H. LABALME (Hg.), *Beyond Their Sex: Learned Women of the European Past*, New York 1980, S. 153–182

DAWSON, RUTH P., Women Communicating: Eighteenth-Century German Journals Edited by Women, in: *Archives et Bibliothèques de Belgique*, Bd. 54, 1983, S. 95–111

GELBART, NINA RATTNER, *Feminine and Opposition Journalism in Old Regime France: Le Journal des dames*, Berkeley/Los Angeles/London 1987

GELBART, NINA RATTNER, Frondeur Journalism in the 1770s: Theatre Criticism and Radical Politics in the Pre-Revolutionary French Press, in: *Eighteenth Century Studies*, 17, 1984, S. 493–514

GELBART, NINA RATTNER, Old Regime Press, in: JACK R. CENSER und JEREMY D. POPKIN (Hg.), *Press and Politics in Pre-Revolutionary France*, Berkeley/Los Angeles/London 1987, S. 24–74

HUNT, MARGARET, Hawkers, Bawlers and Mercuries: Women and the London Press in the Early Enlightenment, in: *Women and the Enlightenment. Women and History* 9, 1984, S. 41–68

JOERES, RUTH-ELLEN B. und MARY JO MAYNES (Hg.), *German Women in the 18th and 19th Centuries: A Social and Literary History*, Bloomington 1986

KOON, HELENE, Eliza Haywood and the Female Spectator, in: *Huntington Library Quarterly*, Bd. 42, 1978–79, S. 43–55

MEYER, GERALD DENNIS, *The Scientific Lady in England 1650–1760*, Berkeley/Los Angeles 1955

NEEDHAM, GWENDOLYN, B., Mary de la Rivière Manley, Tory Defender, in: *Huntington Library Quarterly*, Bd. 12, 1848–49, S. 253–288

RÉTAT, PIERRE, u. a., *Le journalisme d'Ancien Régime*, Lyon 1981

RIMBAULT, C., *La presse féminine de langue française au XVIIIᵉ siècle. Place de la femme et système de la mode*, Diss., Paris 1981

SGARD, JEAN (Hg.), *Dictionnaire des journalistes (1600–1789)*, Grenoble 1976

STEARNS, BERTHA MONICA, Early English Periodicals for Ladies (1700–1760), in: *PMA* 48, 1993, S. 38–60

SULLEROT, ÉVELYNE, *Histoire de la presse féminine en France des origines à 1848*, Paris 1966

VAN DIJK, SUZANNA, *Traces des femmes. Présence féminine dans le journalisme français du XVIIIᵉ siècle*, Amsterdam/Maarsen 1988

WHITE, CYNTHIA L., *Women's Magazines, 1693–1968*, London 1970

Hexen / Jean-Michel Sallmann

ALBERRO, SOLANGE, *Inquisition et société au Mexique (1571–1700)*, Mexico City 1988

BARREIRO, BERNARDO, *Brujos y Astrologos de la Inquisicion de Galicia y el famoso Libro de San Cipriano* (1885), Madrid 1973

BOGUET, HENRI, *Discours exécrable des sorciers* (1603), Paris 1980

BONOMO, GUISEPPE, *Caccia alle streghe. La credenza nelle streghe dal secolo XIII al XIX con particolare riferimento all'Italia*, Palermo 1959

BOYER, PAUL und STEPHEN NISSENBAUM, *Salem Possessed: The Social Origins of Witchcraft*, Cambridge, Mass. 1974

CARMONA, MICHEL, *Les diables de Loudun. Sorcellerie et politique sous Richelieu*, Paris 1988

CERTEAU, MICHEL DE, *La possession de Loudun*, Paris 1970

COHN, NORMAN, *Europe's Inner Demons: An Enquiry Inspired by the Great Witch-Hunt*, New York 1975

DELCAMBRE, ÉTIENNE, *Le concept de la sorcellerie dans le duché de Lorraine aux XVIᵉ–XVIIᵉ siècles*, Nancy 1948

DEMOS, JOHN PUTMAN, *Entertaining Salem. Witchcraft and the Culture of Early New England*, New York 1982

DUPONT-BOUCHAT, MARIE-SYLVIE, WILLEM FRIJHOFF und ROBERT MUCHEMBLED, *Prophètes et sorciers dans les Pays-Bas (XVIᵉ–XVIIIᵉ siècles)*, Paris 1978

DOUGLAS, MARY (Hg.), *Witchcraft, Confessions and Accusations*, London 1970

GALLINI, CLARA, *Dono e malocchio*, Palermo 1973

GINZBURG, CARLO, *I Benandanti. Stregoneria e culti agrari tra Cinquecento e Seicento,*. Turin 1966, 1980 (dt.: *Die Benandanti. Feldkulte und Hexenwahn im 16. und 17. Jahrhundert*. Aus dem Ital. von Karl Friedrich Hauber, Frankfurt a. M. 1980; Hamburg 1993)

GINZBURG, CARLO, *Storia notturna. Una decifrazione del Sabba*, Turin 1989 (dt.: *Hexensabbat. Entzifferung einer nächtlichen Geschichte*. Aus dem Ital. von Martina Kempter, Berlin 1990; Frankfurt a. M. 1993)

GUILHELM, CLAIRE, L'Inquisition et la dévaluation des discours féminins, in: BARTOLOMÉ BEN-
NASSAR, *L'Inquisition espagnole XVe–XIX^c siècles*, Paris 1979, S. 193–236

INSTITORIS, HEINRICH und JAKOB SPRENGER, *Der Hexenhammer – Malleus Maleficarum*. Aus
dem Lat. von J. W. R. Schmidt, München [10]1991

KARLSEN, CAROL F., *The Devil in the Shape of a Woman: Witchcraft in Colonial New England*, New York 1987

KIECKHEFER, RICHARD, *European Witch Trials: Their Foundations in Popular and Learned
Culture, 1300–1500*, Berkeley 1976

LARNER, CHRISTINA, *Enemies of God: The Witchhunt in Scotland*, Baltimore 1981

MACFARLANE, ALAN, *Witchcraft in Tudor and Stuart England: A Regional and Comparative Study*, New York 1970

MANDROU, ROBERT, *Magistrats et sorciers en France au XVIIe siècle. Une étude de psychologie historique*, Paris 1968

MIDELFORT, H.-C. ERIK, *Witch Hunting in Southwestern Germany, 1562–1684: The Social
and Intellectual Foundations*, Stanford 1972

MONTER, E. WILLIAM, *Witchcraft in France and Switzerland: The Borderlands during the
Reformation*, New York 1976

MUCHEMBLED, ROBERT, *La sorcière au village (XVe–XVIII^c siècles)*, Paris 1979

PAGEL, ÉLAINE, *Adam, Eve and the Serpent*, London 1988

SALLMANN, JEAN-MICHEL, *Chercheurs de trésors et jeteuses de sorts. La quête du surnaturel
à Naples au XVI^c siècle*, Paris 1986

SALLMANN, JEAN-MICHEL, *Les sorcières, fiancées de Satan*, Paris 1989

SOMAN, ALFRED, Les procès de sorcellerie au Parlement de Paris (1565–1640), in: *Annales E.S.C.* 32, 1977, S. 790–814

VEITH, ILZA, *Hysteria. The History of a Disease*, Chicago 1965

WEISMAN, RICHARD, *Witchcraft, Magic and Religion in Seventeenth Century Massachusetts*,
Amherst, Mass. 1984

Prostitution / Kathryn Norberg

BÉNABOU, ERICA-MARIE, *La prostituion et la police des mœurs au XVIIIe siècle*, Paris 1987

BORZAGHI, ANTONIO, *Donne o cortigane?*, Verona 1980

COHEN, SHEWILL, *The Convertise and the Malmaritate: Women's Institution, Prostitution
and Hufamily in Counter-Reformation Florence*. Diss., Ann Arbor, Michigan 1985

FERRANTE, LUCIA, L'onore ritrovato. Donne nella casa del soccorso di San Paolo a Bologna (Sec. XVI–XVII), in: *Quaderni Storici* 53, 1983, S. 499–527

FERRANTE, LUCIA, Pro mercede carnali ... Il guisto prezzo rivendicato in tribunale, in:
Memoria 17, 1986, S. 42–58

GRIMMER, CLAUDE, *La femme et le bâtard. Amours illegitimes et secretes dans l'ancienne
France*, Paris 1983

MEDICK, HANS und DAVID SABEAN (Hg.), *Emotionen und materielle Interessen. Sozialan-
thropologische und historische Beiträge zur Familienforschung*, Göttingen 1984

OTIS, LEAH L., *Prostitution in Medieval Society: The History of an Urban Institution in Languedoc*, Chicago 1985

ROPER, LYNDAL, Discipline and Respectability: Prostitution and Reformation in Augsburg,
in: *History Workshop Journal* 19, 1985, S. 3–28

ROSSIAUD, JACQUES, Prostitution, jeunesse et société dans les villes du sud-est au XV^c
siècle, in: *Annales E.S.C.* März-April 1976, Nr. 2, S. 289–326

WIESNER, MERRY E., *Working Women in Renaissance Germany*, New Brunswick, N.J. 1986

Straffällige Frauen / Nicole Castan

BEATTIE, J.-M., *Crime and the Courts in England, 1660–1800*, Oxford 1986

CASTAN, NICOLE, *Les criminels de Languedoc, les exigences d'ordre et les voies ressentiment dans une société prérévolutionnaire, 1750–1790*, Toulouse 1980

CASTAN, NICOLE and YVES, *Vivre ensemble. Ordre et désordre en Languedoc aux XVIIe et XVIIIe siècles*, Paris 1981

DAVIS, NATALIE ZEMON, *Fiction in the Archives: Pardon Tales and Their Tellers in Sixteenth-Century France*, Stanford 1987 (dt.: *Der Kopf in der Schlinge. Gnadengesuche und ihre Erzähler*. Aus dem Engl. von Wolfgang Kaiser, Berlin 1988; Frankfurt a. M. 1991)

FARGE, ARLETTE, *Le vol d'aliments à Paris au XVIIIe siècle*, Paris 1974

FARGE, ARLETTE, *Vivre dans la rue à Paris au XVIIIe siècle*, Paris 1979

GEREMEK, BRONISLAW, *Litość i szubienica. Dzieje nędzy i milosierdzia w Europie*, 1978 (unveröffentlicht) (dt.: *Geschichte der Armut. Elend und Barmherzigkeit in Europa*. Aus dem Poln. von Friedrich Griese, München 1991)

GUTTON, JEAN-PAUL, *La société et les pauvres, l'exemple de la généralité de Lyon, 1534–1789*, Paris 1971

HENRY, PHILIPPE, *Crime, justice et société dans la principauté de Neuchâtel au XVIIIe siècle, 1710–1806*, Diss., Neuchâtel 1984

HUFTON, OLWEN, *The Poor of Eighteenth-Century France, 1750–1789*, Oxford 1974

HUFTON, OLWEN, *Marginalité et criminalité à l'époque moderne*, Sonderband der *Revue d'histoire contemporaine*, Paris, Bd. 21, Juli–Sept. 1974

PETITFRÈRE, CLAUDE, *L'œil du maître. Maîtres et serviteurs de l'époque classique au romantisme*, Paris 1986

QUETEL, CLAUDE, *De par le Roy. Essai sur les lettres de cachet*, Toulouse 1981

SCHNAPPER, BERNARD, La justice criminelle rendue par le Parlement de Paris sous le règne de François Ier, in: *Revue Historique de droit français et étranger* 52, 1974, S. 252–284

SHARPE, J. A., *Crime in Seventeenth-Century England: A County Study*, Cambridge/New York 1983

Frauen im Aufstand / Arlette Farge

BERCÉ, YVES-MARIE, *Révoltes et révolutions dans l'Europe moderne, XVIe–XVIIIe siècles*, Paris 1980

DEKKER, RUDOLF M., Women in Revolt: Popular Protest and Its Social Basis in Holland in the Seventeenth and Eighteenth Centuries, in: *Theory and Society* 16, 1987, S. 337–362

ELLIOTT, J. H., Revolts in the Spanish Monarchy, in: ROBERT FORSTER und JACK P. GREENE (Hg.), *Preconditions of Revolution in Early Modern Europe*, Baltimore 1970, S. 109–130

FARGE, ARLETTE, La violence, les femmes et le sang au XVIIIe siècle, in: *Mentalités* 1, 1988, S. 95–111

JOUHAUD, CHRISTIAN, Révoltes et contestations d'Ancien Régime, in: JACQUES JULLIARD (Hg.), *Histoire de la France, l'État et les conflits*, Paris 1990, S. 17–99

MANDROU, ROBERT, Vingt ans après ou une direction de recherche féconde. Les révoltes populaires en France au XVIIe siècle, in: *Revue historique* 242, 1969, S. 29–40

NICOLAS, JEAN (Hg.), *Mouvements populaires et conscience sociale, XVIe–XIXe siècle. Actes du colloque de Paris 24–26 mai 1984*, Paris 1985

PILLORGET RENÉ, *Les mouvements insurrectionnels de Provence entre 1596 et 1715*, Paris 1975

PORCHNEV, BORIS, *Les soulèvements populaires en France de 1623 à 1648*, Paris 1963

PRIOR, MARY (Hg.), *Women in English Society, 1500–1800*, London/New York 1985

Révolte et Société, Actes du IVe colloque d'Histoire au présent, Paris, mai 1988, 2 Bde., Paris 1989

THOMPSON, EDWARD, P., The Moral Economy of the English Crowd in the Eighteenth Century, in: *Past and Present* 50, 1971, S. 76–136 (dt.: Die »sittliche Ökonomie« der englischen Unterschichten im 18. Jahrhundert, in: DETLEV PULS (Hg.), *Wahrnehmungsformen und Protestverhalten. Studien zur Lage der Unterschichten im 18. und 19. Jahrhundert.* Aus dem Engl. von Günther Letteg, Frankfurt a. M. 1979, S. 13–80)

TILLY, CHARLES, *La France conteste: de 1600 à nos jours*, Paris 1986

Nachwort/Rebekka Habermas und Heide Wunder

BECKER-CANTARINO, BARBARA, *Der lange Weg zur Mündigkeit. Frau und Literatur (1500–1800)*, Stuttgart 1987

BRINKER-GABLER, GISELA (Hg.), *Deutsche Literatur von Frauen*, 2 Bde., München 1988

BECK, RAINER, Illegitimität und voreheliche Sexualität auf dem Land. Unterfinning, 1671–1770, in: RICHARD VAN DÜLMEN (Hg.), *Die Kultur der einfachen Leute. Bayerisches Volksleben vom 16. bis zum 19. Jahrhundert*, München 1983, S. 112–150

BECK, RAINER, Frauen in Krise. Eheleben und Ehescheidung in der ländlichen Gesellschaft Bayerns während des Ancien régime, in: RICHARD VAN DÜLMEN (Hg.), *Dynamik der Tradition. Studien zur historischen Kulturforschung IV*, Frankfurt a. M. 1992, S. 137–212

DUDEN, BARBARA, *Geschichte unter der Haut. Ein Eisenacher Arzt und seine Patientinnen um 1730*, Stuttgart 1987

GOSSENREITER, ANNA, MIREILLE OTHENIN-GIRARD und SABINE TRAUTWEILER (Hg.), *Frauen in der Öffentlichkeit. Beiträge der 6. Schweizerischen Historikerinnentagung*, Zürich 1991

GÖSSMANN, ELISABETH (Hg.), *Das wohlgelahrte Frauenzimmer*, München 1984

GÖSSMANN, ELISABETH (Hg.), *Eva. Gottes Meisterwerk*, München 1985

HALL, CATHERINE, *White, Male and Middle-class. Explorations in Feminism and History*, Oxford 1992

HAUSEN, KARIN und HEIDE WUNDER (Hg.), *Frauengeschichte – Geschlechtergeschichte*, Frankfurt a. M./New York 1992

HONEGGER, CLAUDIA, *Die Ordnung der Geschlechter. Die Wissenschaft vom Menschen und das Weib 1750–1850*, Frankfurt a. M./New York 1991

HOOCK-DEMARLE, MARIE-CLAIRE, *Die Frauen der Goethezeit*, München 1990

KOBELT-GROCH, MARION, *Aufsässige Töchter Gottes. Frauen im Bauernkrieg und in den Täuferbewegungen*, Frankfurt a. M./New York 1993

KOCH, ELISABETH, *Maior dignitas est in sexu virili. Das weibliche Geschlecht im Normensystem des 16. Jahrhunderts*, Frankfurt a. M. 1991

LABOUVIE, EVA, *Zauberei und Hexenwerk. Ländlicher Hexenglaube in der frühen Neuzeit*, Frankfurt a. M. 1991

MARTIN, JOCHEN und RENATE ZOEPFFEL (Hg.), *Aufgaben, Rollen und Räume von Frau und Mann*, Freiburg/München 1989

MITTERAUER, MICHAEL, *Ledige Mütter. Zur Geschichte unehelicher Geburten in Europa*, München 1983

ROPER, LYNDAL, *The Holy Household. Women and Morals in Reformation Augsburg*, Oxford 1990 (dt. Übers. in Vorbereitung)

SAFLEY, THOMAS MAX, *Let No Man Put Asunder. The Control of Marriage in the German Southwest: A Comparative Study, 1550–1600*, Kirksville, Missouri 1984

SCHMIDT-LINSENHOFF, VIKTORIA, *Sklavin oder Bürgerin? Französische Revolution und Neue Weiblichkeit 1760–1830*, Frankfurt a. M. 1989

SCHUSTER, PETER, *Das Frauenhaus. Städtische Bordelle in Deutschland 1360–1600*, Paderborn/München/Wien/Zürich 1992

ULBRICH, CLAUDIA, Unartige Weiber. Präsenz und Renitenz von Frauen im frühneuzeitlichen Deutschland, in: RICHARD VAN DÜLMEN (Hg.), *Arbeit, Frömmigkeit und Eigensinn*, Frankfurt a. M. 1990, S. 13–24

VANJA, CHRISTINA, Zwischen Verdrängung und Expansion, Kontrolle und Befreiung – Frauenarbeit im 18. Jahrhundert im deutschsprachigen Raum, in: *VWSG* 79, 1992, S. 457–482

VANJA, CHRISTINA und HEIDE WUNDER (Hg.), *Wandel der Geschlechterbeziehungen zu Beginn der Neuzeit*, Frankfurt a. M. 1991

VANJA, CHRISTINA und HEIDE WUNDER (Hg.), *Frauen in der ländlichen Gesellschaft der Frühen Neuzeit* (Druck in Vorbereitung)

VOGEL, BARBARA und REGINA WECKEL (Hg.), *Frauen in der Ständegesellschaft. Leben und Arbeiten in der Stadt vom späten Mittelalter bis zur Neuzeit*, Hamburg 1991

WIESNER, MERRY E., *Working Women in Renaissance Germany*, New Brunswick/New York 1986

WIESNER, MERRY E., *Women and Gender in Early Modern Europe*, Cambridge 1993

WUNDER, HEIDE, *»Er ist die Sonn', sie ist der Mond.« Frauen in der Frühen Neuzeit*, München 1992

SACHREGISTER

Abtreibung 400ff.
Ämter, öffentliche 190f., 198ff.
Ärzte s. Medizin
Ästhetik 110ff., 116ff.
Alimentationsklage 94–97
Alphabetisierung 148ff.
Amme 50f.
Amtsehepaar 548
Anatomie s. Medizin
Anthropologie 339f., 345f.
Arbeit 23, 28–39, 42–47, 546ff.
    häusliche 42ff., 52f., 146f., *233*,
    235, 238f., *239*, 242ff., 547
Armee 190, 203
Armut 34, 519
Askese s. Enthaltsamkeit
Aufklärung 125–128, 276f., 302,
    333–366, 406f.
Aufstände 201ff., 266f., *266f.*,
    507–524, 535ff. (s. auch Revo-
    lution)
Aussteuer 54
Autorin s. Schriftstellerin

Bäder, öffentliche 62ff., 69f.
Bäuerin 42–45, 548
Bauch, weiblicher 221–225, *222–
    225*
Beichtvater 173f., 181, 284f.
Berufsausbildung 33, 35f., 38f.
Bildung 24, 119–150, 360f., 417–
    420, 428ff., 436; und Kirche
    121f., 136ff.

Blason 74, 115
Bordell 62f., 81f., 476–481, 485,
    492
Brautwerbung 82–85
Brust, weibliche 225–231, *227–230*
Bürger/Bürgerin 191, 205f., 357–366

Caritas s. Wohltätigkeit
Charivari 91f., 322

Diebstahl 501–505 (s. auch Frau,
    straffällige)
Dienstmädchen 31–35, 94, 502
Diskurs 16f.; männlicher 336–342,
    351f., 363

Ehe 28, 42f., 45, 47, 84–89,
    97–100, 153ff., 175f., 235, 240–
    247, 276, 282, 284, 293–297,
    316f., 350ff., 364ff., 389f.,
    395ff., 545f.
Ehebruch 92f., 98ff., 316f., 322–
    326, 496
Ehefrau 42f., 45, 47, 98ff., 175f.,
    233, 235, 282, 284, 294–297,
    316f., 350
Ehemann 28f., 42, 98ff., 296, 350
Eheversprechen 94ff.
Ehre 98ff., 494f., 498f., 502
Eltern 48, 54
Enthaltsamkeit, sexuelle 86f., 155ff.,
    162f., 177
Epidemien s. Pest, Syphilis

Erbsünde 213–216, 221, 464
Ernährung 70f.
Erotik 225–230, *227f.*
Erzieherin, Frau als 125ff.
Erziehung 51–54, 119–150, 251,
    252, 299f., 337f., 355ff.
    Mädchen 51ff., 119–150, 299f.
    Jungen 53

Familie 47–55, 85, 205, 231ff.,
    231f., 242ff., *244*, 296, 340f.,
    349ff., 494–499, 510ff., 529–533,
    547
Feminismus 10, 123f., 204, 329f.,
    426, 428ff., 431, 442, 445, 451ff.,
    455ff.
Fortpflanzung 47, 79ff., 82, 85–89,
    92f., 100f., 153ff., 383–389
Frau, adlige 297–302, 546
    als Mann *248*, 249, 267f., *268*,
    319–322, 329, 517f.
    als Verhängnis 216ff., *217*
    Darstellung 214–270
    gebildete 185, *255f.*, 257f., 425–
    440
    Klatsch 247, *248*, 326
    jüdische 529–533
    ledige 39f., 58f.
    Natur 235–239, *237*, 341–346,
    352–355
    straffällige 493–505
Frauenheilkunde 221–225, *223ff.*,
    277f., 367–407

Frauenkrankheiten 372f., 379–382
Freiheit 334
Frivolität 290f.
Frömmigkeit s. Religiosität
Fronde 202f., 425f., 446f., 450f.
Fruchtbarkeit *218f.*, 217–222

Gebärmutter 370, 377–382
Geburt 221–225, *223*, *225*, 398–406
Gegenkultur, weibliche 289ff., 309f.
Gegenreformation 121ff., 137f., 154ff., 159–165, 172–175, 479
Geschichtswissenschaft 9f., 11f., 187f., 192, 211ff., 270, 413
Geschlechterdifferenz 14, 71f., 104, 275, 277f., 337–340, 343f., 346f., 355ff., 362f., 367–371, 374ff., 379, 387ff., 391f., 396f.
Geschlechterrollen 15, 71f., 213f., 238–251, *242ff.*, 263f., 267–270, 275–278, 282–285, 296, 303–307, 318f., 349–352, 416, 418, 424, 426f., 510–513
  Umkehrung 242f., *242*, 263f., 318–322, 517f.
Geschlechterverhältnis 12ff., 61f., 72, 149f., 189f., 204ff., 268f., 275–278, 335, 340f., 346f., 349–352, 359f.
Geschlechtskrankheiten s. Syphilis
Geschlechtsverkehr 392–395 (s. auch Sexualität)
Gesinde s. Magd
Gewalt 248–251
  häusliche 496ff.
  sexuelle 81f., 92, 95, 251–256, *253*, 395
  von Frauen *240f.*, 241ff., *253*, 253f., 264–269, *264*, 498f., 508f., 515–521
Glaube s. Religiosität
Gleichheit (der Geschlechter) 13, 292f., 296, 335f., 356ff.

Haar 77
Händlerin 45ff., 529–533
Handwerkerfrauen 547
Häresie 463, 470ff.
Häßlichkeit 103ff., 108f., 112
Haushalt s. Arbeit, häusliche
Hebamme 548
Heilige 158ff., 161–166
Heirat 39–42, 82–85
  Heiratsalter 39ff.
  Heiratschancen 40f.

Partnerwahl 41f., 84f.
Herrschaftsformen, weibliche 192ff., 548
Hexe 262ff., *263*, 461–474, 549
Hexer 469, 473ff.
Historikerin 198, 201, 413
Hinrichtungen s. Todesstrafe
Höflichkeit 65, 417ff., 423f.
Hof/höfische Gesellschaft 15f., 106, 196ff., 249ff., *250*, 290f., 549
Homosexualität 69, 72, 81, 93
Hygiene 49f., 62ff., 68
Hysterie 81, 380ff.

Identität, weibliche 104, 108, 116f., 318ff.
Ikonographie 211–270
Impotenz 395f.
Industrie s. Textilindustrie
Inquisition 186, 462–465, 470–474
Inzest 93

Jesuiten 121f., 175, 181
Journalistin 413, 441–459
Jungfräulichkeit 186f.
Jungfrau 155f., 162, 183ff.

Kaiserschnitt 401f.
Katholizismus 84ff., 161f., 167, 170f., 177, 183ff., 186f., 282–285 (s. auch Gegenreformation, Kirche, Religiosität)
Ketzerei s. Häresie
Keuschheit 98, 352, 545
Kinder 47–55, 231ff., *231f.*, 511, 514f., 529–537
  -krankheiten 49f.
  -sterblichkeit 48ff.
  uneheliche 96f.
  Eltern-Kind-Beziehung 48, 54
Kindstötung 96, 500f., 504f.
Kindstod 49
Kirche 84ff., 137–141, 151–187
Klausur 172–175
Kleidung 23, 66–69, 72, 248–251, *248*, *250* (s. auch Mode)
Kloster 170–176, 548
Klosterschule 131–134, 142f., 147f.
Koedukation 136, 139f., 361
Königin 15f., 192–198, 203, 259–262, *261f.*
Körper 23f., 61–80, 106–118, 214–239, 277f., 308ff., 367–407
Körperpflege 61–70, 79
Koitus interruptus 87f., 93

Kongregationen 122f., 132ff., 140f., 144–147, 176, 178
Konkubinat 82, 84
Konversation 415f.
Konzil von Trient s. Gegenreformation
Kosmetik 75–79
Krieg 264ff., *264f.*
Kriminalität 493–505
Kultur als Gegensatz zu Natur 217–221, *218*
  dörfliche 105
  städtische 107
Kunst s. Ikonographie
Kupplerin s. Prostitution
Kurtisane 480f., 487

Landwirtschaft 29f., 42f.
Lehrorden 121ff., 132ff., 138, 140f., 144–148
Lesen 145f., 283f., 288f., 418
Levellers 203–206
Liebe 100f., 280ff., 286f., 297, 304ff., 418, 424, 427
Literatur 123f., 276, 279–310, 412f., 430–436
  Frau in der 279–310
  für Frauen 282–285, 288ff.
  von Frauen 297–302, 412f., 430–436
Lohn 28ff., 34–38, 496
Lust/Sinnlichkeit 82, 85–89, 95, 100f., 391–395 (s. auch Sexualität)
Luxus 106

Macht 109f., 112–115, 189–206, *229*, 230f., 507–524
Magd 29f.
Männlichkeit 72, 78, 108ff.
Märtyrerin 162f.
Mätresse 99
Magie 472f.
Malerin 251–256
Mann, Darstellung 241–247, *242–244*, *246*
Marienverehrung 186f.
Marktfrau s. Händlerin
Medizin 49f., 80f., 86–89, 222–225, *223ff.*, 277f., 367–407
Mensch s. Anthropologie
Menschenrechte 334
Menstruation 372, 520f.
Misogynie 123, 463f.
Mitgift 40f., 294f.
Mode 248–251, *250f.* (s. auch Kleidung)

Möbel 422f.
Mutter 47–55, 151f., *229f.*, 230–233, 404–407, 529–533
jungfräuliche 186f.
-liebe 49f.
-Tochter-Beziehung 54f.
Mystikerin 177–183, 257ff., *258*

Nächstenliebe 152f., 168ff.
Natur als Gegensatz zu Kultur 343–346
als weibliches Prinzip 217–221, *218*, 343, 346
der Frau s. Frau, Natur
Naturwissenschaft 445
Nonne 170–176, *228*, 229f., 431
(s. auch Religiöse Frauen)
Norm/Normverstoß 16f., 318f.
Notzucht s. Vergewaltigung
Nymphomanie 382

Onanie 87ff., 93
Orgasmus 89

Paar, Darstellung *212*, 213f., *220*, 221
Pädagogik s. Erziehung
Parfüm 64ff.
Patriarchat 323ff., 476, 492
Pest 63, 467
Philosophie 123, 276f., 333–366
Politik 189–206, 357–362, 542
Politische Schriften 200ff.
Précieuses 65, 79f., 123, 411f., 425–430, 432, 437
Presse s. Zeitschriften
Privatrecht 363f.
Prostitution 81f., 306f., 313–318, 475–492, 546
Kriminalisierung 482–485
Regulierung 491f.
Protestantismus 156, 159–162, 167, 170f., 182–186, 282–285, 419f.
(s. auch Kirche, Reformation)
Prüderie 80ff., 84

Quietisten 186

Reformation 121, 156, 159–162, 266, 478

Religiöse Frauen 156–161, 165–185
(s. auch Nonne, Mystikerin)
Religiosität 25, 151–187, 257ff., *258*, 529–533, 545
Revolution 201–206, 267f., *268*
Roman 288–291, 418, 434f.

Salon 123f., 128, 359, 411f., 415–428, 436–440
Säugling 48ff.
Sterblichkeit 48ff.
Pflege 49
Schauspielerin 315f., 326ff., 487
Schlange *215*, 216, *217*
Schönheit 61f., 70–79, 103–118, 216f., 226–230, 279–281
Schriftstellerin 297–302, 328ff., 412f., 430–436
Schule 51f., 119ff., 125–129, 131–141, 142–148 (s. auch Klosterschule)
Schwangerschaft 87, 221–225, *222–226*, 398ff.
uneheliche 83f., 93–97, 495f.
Selbstporträt 254ff., *254*
Sexualität 24f., 61ff., 79–101, 225–230, 343ff., 381f., 389–397, 405f.
außereheliche 80–85, 92–97, 100f.
eheliche 85–89, 100f., 364f.
Sexuelle Vergehen 81f., 87f., 92f.
(s. auch Ehebruch, Inzest, Homosexualität, Vergewaltigung)
Sonett 279–282
Spiritualität s. Religiosität
Spitzenklöpplerin 36, 44
Ständeversammlung 198ff.
Stiefmutter 55, 496f.
Stilleben 254ff., *254*
Stillen 48, *229f.*, 230f.
Stimmrecht 204ff., 301f.
Syphilis 63, 81, 478, 491

Tanz 307ff.
Teufel 235f., *237*, 462ff., 470ff.
Textilindustrie 35–39, 44
Theater 276, 285–289, 311–331, 486f.

Tod 214ff., *215*, *231*, 233, 236, 238, *238*
Todesstrafe 500ff., 504f.
Toilette 78f.
Transvestie 319–322, 517f.
Treue, eheliche 98ff., 35f.

Unfruchtbarkeit 372f.
Universität 123f.
Unterricht für Mädchen 124f., 127, 131, 135f., 142–148
häuslicher 129–131
religiöser 144f.
Untreue s. Ehebruch
Unzucht s. Sexuelle Vergehen
Urkirche/Urchristentum 152–160, 162f.
Ursulinen 122, 132ff., 138, 145f., 176

Vater 27ff., 55
Vaterschaftsklage s. Alimentationsklage
Vererbungslehre 386ff.
Verführung 93f., 97
Vergewaltigung 81f., 92, 95, 252ff., *253*, 395
Verhütung 93
Vernunft 346–349, 359f.

Wäsche 66–69
Wasser 62–64, 69f.
Weberin 35
Weiblichkeit 71f., 78f., 103–118, 216–221, *217–220*, 235–239, *237f.*, 268ff., *269*, 275, 279–285, 290f., 340–355, 371–382, 397ff., 403–407
Wissenschaft 127f., 185, 277, 283f., 425f., 429ff., 445f.
Witwe 55–58, 89–92, 257, *255f.*, 297f., 319
Handwerker- 57f., 90
Wiederheirat 56, 89–92
Witwer 55, 89–92
Wohltätigkeit 168ff.

Zauberei s. Magie, Hexe
Zeitschriften 413, 441–459
Zölibat 154ff.
Zünfte 37f., 46, 57f.

PERSONENREGISTER

Acarie, Mme (Barbe Avrillot) 122, 178, 181
Acidalius, Valens 378
Adam 213–216, *215*, 221, 464
Addison, Joseph 443
Agrippa von Nettesheim, Heinrich Cornelius 386, 397, 472f.
d'Ailly, Pierre 471
Alberti, Leon Battista 75f.
d'Albrét, Jeanne 67
d'Alembert, Jean 339, 438
Alexander VI. (Papst) 470
Amalie Elisabeth von Hessen-Kassel 549
Andreini, Isabella 327
d'Angennes, Julie 424
d'Angiviller, Mme 439
d'Angoulême, Marguerite s. Margarete von Navarra
Anna, Königin von Großbritannien 195ff., 205, 442, 444
Anna von Österreich 202f.
Anna Amalia, Herzogin von Weimar 415
d'Aragona, Tullia 481
Aretino, Pietro 78, 314, 481
Ariosto, Ludovico 314, 320
Aristoteles 277, 284, 368f., 373f., 383f., 390
Arnauld, Antoine 289
Astell, Mary 119, 123f., 139, 444f.
Augustinus, Hl. 477
Austen, Jane 59, 135, 292, 433f.

Bachot, Gaspard 372
Bacon, Sir Francis 296, 356
Barbier, Marie Anne 449
Barles, Louis 376
Bassi, Laura 456
Baumgarten, Alexander 111
Beaumarchais, Pierre Augustin Caron de 303, 330f., 445
Beaumer, Mme de 413, 451–455, 458f.
Beaumont, Francis 324
Beauvoir, Simone de 540
Behn, Aphra 276, 317f., 328ff., 413
Béjart, Armande 327
Bekker *(Onania)* 88
Beolco, Angelo s. Ruzzante
Bergalli, Luisa 433
Berinzaga, Isabella 181f.
Bernini, Giannlorenzo 163, 257ff.
Bérulle, Pierre de 178, 181
Betham, Mary 539
Bibbiena, Bernardo Dovizi da 320
Bibiana, Hl. 163
Bienville *(De la nymphomanie)* 382, 407
Binet, Louis 231f.
Birgitta von Schweden, Hl. 471
Boccaccio, Giovanni 327
Bodin, Jean 189, 389, 464
Boerhaave, Hermann 402
Boigne, Louise d'Osmond, Comtesse de 131
Boileau, Nicolas 287

Boilly, Louis 267f.
Bonnart 244, 251
Borgia, Lucrezia 415
Borromäus, Karl 121, 173
Bosc, Père du 283ff., 289
Bosse, Abraham 217ff., 221, 245ff.
Bossuet, Jacques Bénigne 425
Boswell, James 276, 292, 301–307
Bourgeois, Louise 373, 379, 400
Bouzonnet, Claudine-Françoise 243f.
Bracegirdle, Anne 328
Brantôme, Pierre de 104, 290, 292, 307
Brassac, Mme de 419
Braun, Lily 539
Brosses, Charles des 257
Brueghel, Pieter (der Ältere) 264f.
Büchner, Luise 539
Buffon, Georges-Louis Leclerc, Comte de 337, 339, 437, 440
Burke, Edmund 201
Burney, Frances (Fanny) 59, 412
Bussy-Rabutin, Roger de 298

Calderón de la Barca, Pedro 319f., 325, 330
Callot, Jean 266
Calvin 161, 472
Cangiamila *(Embryologica sacra)* 402
Cardan, Jerôme 386
Carlier, Mlle 487

Carter, Elizabeth 412
Casanova, Giacomo 307, 485
Cashel, Bischof von 57
Castel, Charles-Irénée s. Saint-Pierre
Castiglione, Baldassare 72, 78
Castro, Roderiquez 398f.
Cavendish, Margret s. Newcastle
Cellini, Benvenuto 217
Centlivre, Susannah 328
Cerisier, René de 375
Champmesle, Marie de 299
Chantal, Jeanne de 57, 122f., 176
Chastelleux, Chevalier de 439
Chastenay, Mme de 131
Châtelet, Emilie, Marquise du 336, 412, 437
Chauliac, Guy de 372
Chaulsnes, Mme de 308
Chaumet, Charlotte 457
Chloé 341
Choiseul, Etienne François, Duc de 454f.
Cholières, Nicolas 384
Chrestien, Guillaume 383
Christine, Königin von Schweden 196, 415
Christine de Pizan 539
Chrysostomos, Johannes 464
Churchill, John s. Marlborough
Churchill, Sarah s. Marlborough
Clark, Elizabeth 263f., 263
Clemens XIII. (Papst) 357
Clemens Romanus (Papst) 152
Collet, John 267
Collier, Jeremy 315
Colonna, Vittoria 160
Condillac, Etienne Bonnot de 347f.
Condorcet, Marie Jean de Caritat, Marquis de 128, 277, 335, 358-362, 365
Congreve, William 328
Corneille, Pierre 289, 424
Cornet, Anne-Françoise 535ff.
Cortona, Pietro da 163
Cour, Mathon de la 454f.
Cousin, Jean 216f.
Couteau, Michel Procope 389
Crackenthorpe, Mrs. s. Mary de la Rivière Manley
Cranach, Lucas (der Ältere) 221, 266
Crébillon, Prosper Joliot 303
Cromwell, Oliver 201, 204, 285
Cruz, Sor Juana Inès de la 330
Culpepper, Nicholas 50
Cybo, Caterina 160

Dacier, Anne LeFevre 124
Dacre, Lady 255, 257
Daubenton, Louis 339f.
Deffand, Marie du 304, 437f.
Defoe, Daniel 30, 128, 434
Delila 229, 230
Del Rio, Martin 464
Delumeau, Jean 404
Delaney, Mrs. s. Lady Granville
Dentière, Marie 200
Descartes, René 13, 111, 336, 348, 425, 428
Deschamp, Jeanne 500
Desjardins, Mme 513f.
Desmahis, Corsambleu 340ff.
Desmarets de Saint-Sorlin, Jean 288
Desportes, Philippe 280, 423
Deutsch, Niklas Manuel 220f.
Diana (röm. Göttin) 471, 473
Diane de Poitiers 217
Diderot, Denis 231, 267, 303, 339f., 342f., 348, 437, 440
Dinouart, Abbé 405
Dodd, Anne 444
Dodds, Mrs. 305f.
Döring, Luise 539
Donne, John 297
Dudley, Marie 27
Dürer, Albrecht 63, 218, 221
Dufrenoy, Adeleide Gillette 457
Du Laurens, André 376, 384, 392
Dunoyer, Anne-Marguerite Petit 447ff., 459
Dunton, John 443
Dupleix, Scipion 381, 392
Duval, Jacques 377, 392, 395, 405
Duverdier, Antoine 371

Edgeworth, Maria 128
Eduard VI., König von England 192
Ehrenberg, Philipp Adolf von 469
Elisabeth I., Königin von England 76, 192ff., 195, 259, 261, 317, 359, 415, 420
Elisabeth von Braunschweig 546
Elisabeth von Österreich 194
Elstob, Elizabeth 412
d'Epinay, Louise Florence Pétronille de la Live 127, 437
Erasmus von Rotterdam 64, 120f., 404
Erwick, Robert 135
d'Este, Isabelle 415
Estienne, Charles 370
Estienne, Henri 71

Estienne, Olympe 390
Estinès, Catherine 496f.
d'Estrée, Gabrielle 67
Eva 213-217, 215, 221, 236, 464
d'Ewes, Anne 48
Eworth, Hans 255, 257, 259, 261

Fénelon, François de Salignac de la Mothe 125, 419, 425
Fenton, Thomas 130
Ferdinand I. von Österreich 81
Fernel, Jean 372, 380f.
Ferrand, Jacques 391
Ficinnus, Marsilus 340
Fieschi, Caterina s. Katharina von Genua
Fitzgerald, Pamela s. Herzogin von Leinster
Flesselles, Philippe de 369f.
Fletcher, John 324
Fleury, Claude, Abbé de 124f.
Fontenelle, Bernard de 425
Fouquet, Nicolas 196
Fourier, Pierre 123
Fox, Margaret Fell 200f.
Frambiosière, Abraham de la 398
Francia, Renata di 160
Franco, Pierre 370f.
Franco, Veronica 481
Franz von Sales 122f., 178, 283
Frénilly, François, Baron de 130f.
Fréron, Elie-Catherine 458
Fridsberg, Olaf 256f.
Füssli, Johann Heinrich 268f.
Furtmayr, Berthold 214ff.

Gagliardi, Achille 181f.
Galen 89, 277, 340, 343, 367-371, 374ff., 383, 387
Galileo Galilei 174, 425
Gambara, Veronica 160
Garasse, François 374
Gautier-Dagoty, Jacques 384
Gay, John 318
Gedicus, Simon 378
Gentileschi, Artemisia 251-256
Geoffrin, Marie Thérèse Rodet 439
Georg von Dänemark 195
Georg I., König von Großbritannien 225, 445
Georg II., König von Großbritannien 445
Gerson, Jean 471
Gibbon, Edward 439
Glissenti (Discorsi morali) 71
Glückel von Hameln 529-533
Godelive de Bruges 77

Godolphin, Sidney 195, 197
Goethe, Elisabeth von 431
Goldoni, Carlo 330f.
Gondi, Henri de 57
Gonzaga, Eleonora 160
Gonzaga, Giulia 160
Gossaert, Jan 214
Gottsched, Luise Adelgunde Victorie, geb. Kulmus 549
Gouberville, Gille de 292
Gourdan, Mme 485
Gournay, Marie de 13, 367, 431
Goya, Francisco José de 247, 262
Gozzi, Carlo 433
Graaf, Regnier De 383, 385
Graf, Urs 265f.
Granger, Geoffrey 67
Granville, Lady (Mrs. Delaney) 56
Grelichon, Hl. 373
Grenaille, François de 429f.
Greuze, Jean-Baptiste 231
Grignan, Pauline de 299f.
Grouchy, Sophie de 359
Guérard, François 244f.
Guibelet, Jourdain 374, 376
Guibert, Philibert 379
Guignolet, Hl. 373
Guillemeau, Jacques 396, 401, 404
Guyon, Louis 398, 400f.
Guyot, Marie 501
Gwynn, Nell 328

Ham, Ludwig von 385
Hamilton, Miss 290
Hardouin, Louise 259, 260
Harris, Walter 386
Harvey, William 385
Hays, Mary 540
Haywood, Eliza 445f., 456, 459
Hedwig Sophie von Hessen-Kassel 549
Heemskerk, Martin 217f., 221
Hegel, Georg Wilhelm Friedrich 335
Heinrich II., König von Frankreich 495
Heinrich III., König von Frankreich 67, 194, 307, 375
Heinrich IV., König von Frankreich 64, 420
Heinrich VIII., König von England 192
Helvétius, Claude Adrien 277, 356f., 407, 439
Hemerken von Kempen, Thomas 174
Herodot 544

Hieronymus, Hl. 86, 153, 185
Hierophilos 368
Hippokrates 368, 379, 383, 385, 387f., 392
Hobbes, Thomas 201
Hogarth, William 225, 488
D'Holbach, Paul Henri, Baron 267,439
Holbein, Hans 257
Hopkins, Matthew 262ff.
Huarte, Juan 373f., 376, 388f., 391
Hughes, Margaret 328
Hume, David 302, 352
Hunt, Dorothy 49
Huygens, Christiaan 385

Ignatius von Loyola 161
Innozenz VIII. (Papst) 463, 470
Innozenz XI. (Papst) 186
Institoris, Heinrich 463ff.
Ireton, Henry 204

Jakob II., König von England 201, 205, 290
Jakob IV., König von Schottland 249
James, Elinor 201
Jaucourt, Louis de 340f.
Jeanne d'Arc 190
Jesus von Nazareth 151f., 168, 178–181, 257, 258
Johanna von Orléans 190
Johannes der Täufer 226, 227
Johnson, Samuel 56, 98, 302, 304, 306, 446
Jonson, Ben 74, 285, 316f., 324
Joubert, Laurent 373, 388, 392, 395, 399, 404
Judith 253, 253f., 320
Juno (röm. Göttin) 220, 221

Kant, Immanuel 277, 333ff., 345f., 351, 363ff.
Karl II., König von Großbritannien 285, 290f.
Karl IX., König von Frankreich 194
Karl Eugen, Herzog von Württemberg 84
Katharina von Genua, Hl. 176ff., 181
Katharina von Greifenberg 546
Katharina II. von Rußland 196, 359
Katharina von Siena, Hl. 158f., 471
Kepler, Johannes 425
Kinnaird, Jeannie 307
Kleopatra (ägypt. Königin) 216f.
Knox, John 190

Labadie, Jean de 185f.
Labé, Louise 281
La Bruyère, Jean de 113ff., 285
La Calprenède, Gautier de 288
Laclos, Choderlos de 298, 434
La Fayette, Mme de 288, 308, 412, 421, 427f., 432f., 435
La Fontaine, Jean de 288
Lamy, Bernard 385
Langenstein, Heinrich von 471
La Primaudaye, Pierre de 375
La Roche, Sophie von 431
Lavater, Johann Caspar 374
Le Boursier du Coudray, Mme 380
Le Clerc, Alix 123
Le Clerc, Daniel 402f.
Leeuwenhoek, Anton von 385
Legros, René 240f.
Leibniz, Gottfried 348
Leinster, Pamela Fitzgerald, Herzogin von 56
Lemery, Nicolas 66, 425
Lemnius, Levin 372, 384, 388
Lemoignon, Jean 67
Lenclos, Ninon de 290, 299
Lennox, Charlotte 446
Lepaute, Mme 336
Le Prince de Beaumont, Mme 449, 459
Lequeu, Jean-Jacques 228f.
Le Roy, Charles-Georges 340
Lespinasses, Julie de 438
Lestonnac, Jeanne de 122, 176
Lézardières, Marie-Charlotte de 412
L'Héritier, Marie-Jeanne 447
Liceti, Giuseppe 387, 405
Liébault, Jean 75, 369, 372, 375, 377, 387, 390, 393, 395, 403
Lieselotte von der Pfalz 550
Lilburne, John 203
Locke, John 128, 205, 347f.
Longueville, Herzogin von 202
Lope de Vega, Félix 324f.
Lorrington, Mrs. 135
Ludwig XIV., König von Frankreich 149, 196f. 202, 287, 419, 447
Ludwig XVI., König von Frankreich 79, 149, 198, 261f., 262, 497, 500
Lück, Karl Gottlieb 230f.
Lulli, Jean-Baptiste 287, 289
Lusitanus, Amatus 371
Luther, Martin 121, 478

Macauly, Catherine Sawbridge 128, 198, 201, 413

Maintenon, Françoise d'Aubigné de 125, 197f., 436
Maisonneuve, Mme de 454f., 459
Makin, Bathsua 135
Malebranche, Nicolas de 123
Malesherbes, Chrétien-Guillaume 453
Malherbe, François de 423
Mallet, Abbé 339f., 343
Malone, Edmund 302
Mandeville, Bernard 491
Manley, Mary de la Rivière 328, 413, 443f., 448, 459
Marat, Jean Paul 267f., 268
Margarete von Antiochia, Hl. 264f., 264
Margarete von Navarra 307, 394, 412f., 415
Margarete von Valois 395, 415
Maria (Hl. Jungfrau) 152, 186f., 214ff., 215
Maria Stuart 190
Maria Tudor 190, 192
Maria-Theresia von Österreich 359
Marie-Antoinette 198, 259ff., 261, 389, 455
Marillac, Louise de 57, 123, 176
Marin, François Louis Claude Marini, gen. 453
Marinello, Giovanni 372, 375, 377, 397
Marlborough, John Churchill, Herzog von 195, 197
Marlborough, Sarah Churchill, Herzogin von 195, 197f.
Marmion, Shakerley 314f.
Marot, Clément 74
Marston, John 316f.
Martina, Hl. 163
Massalska, Hélène (Prinzessin von Ligne) 147f.
Maupeou, René-Nicolas 455
Mauquest de La Motte, Guillaume 402
Maure, Mme de 421
Mauriceau, François 372, 379, 392f., 399–403
Mazarin, Jules 202, 426
Medici, Katharina von 68, 190, 194f.
Medici, Maria von 199, 373, 379
Meiners, Christoph 539
Ménage, Gilles 433
Mercier, Louis-Sébastien 111f., 249, 449, 455ff., 502
Mercurio, Scipion 370
Merian, Matthias 223
Merici, Angela 133, 176

Méricourt, Théroigne de 268
Merteuil, Mme de 298
Michelet, Jules 461, 466
Middleton, Thomas 314, 324
Millot, Jacques-André 389
Minerva (röm. Göttin) 220, 221
Miremont, Mme de 127
Molière, Jean-Baptiste Poquelin 13, 123, 235, 289, 301, 315, 327, 411, 425, 429f.
Molineux, Sir Edmund 130
Molinos, Miguel de 186
Mondeville, Henri de 368
Montagu, Lady Mary Wortley 51, 432, 444f., 453, 459
Montaigne, Michel Eyquem de 122, 292, 371, 404
Montanclos, Mme de s. Princen
Montausier, Charles de Sainte Maure, Duc de 424
Montesquieu, Charles-Louis de Secondat de 277, 336, 338f., 344–347, 350, 352–355, 436
Montfort, Grignion de 140
Montgeron, Carré de 259f.
Montgomery, Margaret 306
Montpensier, Anne-Marie Louise d'Orléans, Duchesse de 67, 202f., 336
More, Hannah 128
Morland, George 46
Morpurgo 73f.
Morus, Margaret 129
Morus, Thomas 129
Mozart, Wolfgang Amadeus 544
Mustian, Alice 325

Nallo, Florie 92
Nashe, Thomas 327
Necker, Suzanne 127, 437–440
Necker, Germaine s. Staël
Negri, Antonia 159f.
Nero (röm. Kaiser) 152
Newcastle, Margaret Lucas Cavendish, Herzogin von 431
Newton, Isaac 336
Nicole, Pierre 289
Noailles, Louis-Antoine de 197

Ovid 214

Pandora 216f., 217
Panon Desbassayns, Henry Paulin 135f.
Paracelsus 377f.
Paré, Ambroise 224, 370ff., 380, 383, 387, 390, 392ff., 396–401, 403, 405f.

Paris von Troja 220, 221, 261
Pâris, François de 259
Pas, Crispin du 233f.
Pascal, Blaise 425
Pasquier, Étienne 276, 292–297, 301
Paterne, Hl. 373
Patin, Guy 376
Paul, Vincent de 123, 140
Paula (Gefährtin des Hieronymus) 153, 185
Paulus (Apostel) 154f., 284
Peeters, Clara 251, 254ff.
Pepys, Samuel 33, 290ff.
Perchta (germ. Göttin) 471
Petit, C. 502
Petrarca 323, 327
Peu, Philippe 402
Philipp II. von Spanien 192
Philipp IV. von Spanien 478
Phlipon, Manon s. Roland
Piccolomini, Enea Silvio (Papst) 544
Piozzi, Gabrielle 56
Platon 378, 380
Plinius 371
Pompadour, Marquise de 415
Porete, Marguerite 182
Porta, Giambattista della 374
Poullain de la Barre, François 13, 123f., 335f.
Prévost, Abbé 434
Princen, Baronin de 455ff., 459
Prynne, William 315
Pure, Abbé de 426

Quinault, Philippe 289

Rabelais, François 121, 275f., 369, 378
Racine, Jean 287, 289, 436
Raemond, Florimond de 374
Rainoldes, John 315
Rambouillet, Catherine, Marquise de 420–424, 426, 438
Ranchin, François 376
Ranfaing, Elizabeth de 484
Rategno da Como, Bernardo 464
Raulin, Joseph 382, 407
Raynaud, Théophile 402
Reinalda van Eymeren 178
Renaudot, Théophraste 392
Restif, Edmé 231, 232
Restif de la Bretonne, Nicolas 139, 211, 231f., 309, 488, 491

Reynolds, Miss 307
Richardson, Samuel 56
Richelieu, Armand Emmanuel du Plessis, Duc de 420, 424
Rösslin, Eucharius 377, 398, 403
Rojas, Fernando 313f.
Roland, Jeanne Marie 131, 133
Ronsard, Pierre de 279–282, 307, 309
Roumier, Robert, Marie Anne de 413
Rousseau, Jean-Jacques 116, 126ff., 129, 231, 277, 302, 304, 315, 334f., 337ff., 343ff., 347–352, 358, 365f., 379, 407, 434, 455f.
Roussel, Pierre 407
Rousset, François 401f.
Rowlandson, Thomas 247
Roze, Monsieur und Mme 135f.
Ruzzante, Angelo Beolco, gen. 322f.

Sablé, Mme de 421
Sade, Marquis de 116, 434
Saint-Evremond, Charles de 286, 427
Saint-Pierre, Charles-Irénée Castel, Abbé de 126
Saint-Simon, Louis, Duc de 196, 198, 285, 290, 292, 301
Sainte-Beuve, Mme de 122
Salome 225–230, 227, 229, 230, 253
Sanudo, Marino 315
Savonarola, Girolamo 158
Savot, Louis 67
Scala, Flaminio 327
Scarron, Paul 288
Scève, Maurice 281
Schurman, Anna Maria van 185, 430f.
Scott, Sarah 201, 413
Scudéry, Madeleine de 123f., 288f., 412, 419, 426ff., 432

Séguier, Antoine Louis 196
Serres, Louys de 369, 372f., 393, 399
Sévigné, Charles de 299f.
Sévigné, Marie de 55, 123, 196f., 199f., 276, 285, 287ff., 292–302, 308, 428, 431
Sforza, Caterina 77
Shakespeare, William 285, 287, 297, 301, 316, 318, 325, 330, 420
Sidney, Sir Philip 281
Sixtus V. (Papst) 472
Smollett, Tobias 292, 303
Sorel, Charles 233ff.
Spee, Friedrich von 549
Spenser, Edmund 320
Spiegel, Adrian van 222ff.
Sprenger, Jakob 463ff.
Staël, Germaine de 59, 127, 130, 439f.
Steele, Richard 27, 443
Stella, Jacques 244ff.
Stenonis, Nicolaus (Niels Steensen) 385
Sterne, Laurence 303
Ströbel, Bartholomeus 226f., 230
Sully, Maximilien de Béthune, Duc de 64
Swift, Jonathan 128, 292, 443
Sydenham, Thomas 381
Sylvius, Jacob 372, 382f., 387

Tacitus 152
Tallemant des Réaux, Gédéon 285
Tarabotti, Angela 175f.
Temple, William 301, 304f.
Tessin, Ulla Gräfin von 254, 257
Theis, Constance de 367
Theresa von Bernini, Hl. 257ff., 258
Theresia von Avila, Hl. 178
Thomas von Aquin 86, 388

Thrale, Hester 45, 56
Tipper, John 443
Tiraqueau, André 369
Tissot, Samuel 88, 382, 407
Toft, Mary 225, 226
Torelli, Ludovica 176
Tuke, Thomas 76
Turgot, Anne-Robert-Jacques 457

Urban VIII. (Papst) 163
d'Urfé, Honoré 418

Vaugelas, Claude Favre de 428f.
Venette, Nicolas 405f.
Venus (röm. Göttin) 220, 221
Verona, Fra Angelo da 470
Vesalius 370
Villars, Col de 405
Villeneuve, Arnaud de 369
Vivès, Jean-Louis 120f., 389f.
Voiture, Vincent 416
Voltaire, François-Marie Arouet 292, 302, 304, 343f., 417, 437f., 447f.
Voss, Martin de 229f.

Walpole, Horace 304
Ward, Mary 122
Washington, George 201
Weber, Marianne 539
Webster, John 314, 319f., 325
Wilkes, John 267
Wollstonecraft, Mary 59, 128, 198, 205f., 277, 446, 458
Woolf, Virginia 59, 433f.
Wooley, Hannah 412
Wycherley, William 316, 320f.

Ziegler, Christiana Mariana von 549

AUTORINNEN UND AUTOREN

Évelyne Berriot-Salvadore Dozentin an der Universität von Korsika. Ihre Forschungsschwerpunkte sind die Literatur und die Ideengeschichte der Renaissance. Veröffentlichung: *Les femmes dans la société française de la Renaissance* (1990).

Françoise Borin Kunsthistorikerin und Layouterin (Plon, Gallimard, Payot etc.), Studium der Geschichte. Sie arbeitet derzeit über die bildliche Darstellung von Gefühlen und Tränen und über schreibende Maler.

Nicole Castan Professorin für Neuere Geschichte an der Universität Toulouse II. Ihre Forschungsgebiete sind der häusliche Raum, ausgehend von juristischen und notariellen Quellen im Ancien Régime, und die geschlechtsspezifische Inanspruchnahme der Justiz. Veröffentlichungen: *Les criminels de Languedoc au siècle des Lumières* (1981) und mit Yves Castan *Vivre ensemble. Ordre et désordre en Languedoc aux XVIIe et XVIIIe siècles* (1981).

Michèle Crampe-Casnabet Professorin für Philosophie an der École Normale Supérieure von Fontenay-Saint Cloud. Ihr Forschungsschwerpunkt ist die Philosophie der Aufklärung in Deutschland und Frankreich, insbesondere die Themen Religion und Geschichte. Veröffentlichungen u. a.: *Condorcet, lecteur des Lumières* (1985) und *Kant, une révolution philosophique* (1989).

Jean-Paul Desaive Dozent an der École des Hautes Études en Sciences Sociales in Paris. Er interessiert sich für die Geschichte der ländlichen Gesellschaften Frankreichs in der Frühen Neuzeit. Veröffentlichungen u. a.: *Du geste à la parole: délits sexuels et archives judiciaires 1690–1750*, in: *Communications* 1987. Seine Dissertation befaßt sich mit Ehe, Eigentum und Wirtschaftsweise im Aillanttal im 18. Jahrhundert: *La mesure du possible* (1985).

Natalie Zemon Davis ist Henry Charles Lea Professor of History an der Universität Princeton und Direktorin des dortigen Shelby Cuttom Davis Center for Historical Studies. Ihr Forschungsgebiet ist die Sozial- und Kulturgeschichte Europas im 16. und 17. Jahrhundert. Veröffentlichungen u. a.: *Die wahrhaftige Geschichte von der Wiederkehr des Martin Guerre* (1984, engl. Orig. 1983), *Humanismus, Narrenherrschaft und die Riten der Gewalt. Gesellschaft und Kultur im frühneuzeitlichen Frankreich* (1987, engl. Orig. 1975) und *Der Kopf in der Schlinge. Gnadengesuche und ihre Erzähler* (1988, engl. Orig. 1987).

Claude Dulong Archivarin und Paläographin, Schriftstellerin, Forschungen zum 17. Jahrhundert. Veröffentlichungen: *Anne d'Autriche* (1980) und *La vie quotidienne des femmes au Grand Siècle* (1984).

Arlette Farge Forschungsleiterin am Centre National de Recherche Scientifique in Paris. Ihr Forschungsgebiet ist die Lebensweise des Volkes im 18. Jahrhundert. Veröffentlichungen u. a.: *Familiäre Konflikte. Die »Lettres de cachet«* (1989, frz. Orig. 1982, hg. mit Michel Foucault), *Das brüchige Leben. Verführung und Aufruhr in Paris in der Revolution* (1989, frz. Orig. 1986) und *Lauffeuer in Paris* (1993, frz. Orig. 1992).

Nina Rattner Gelbart Professorin für Geschichte am Occidental College in Los Angeles. Sie interessiert sich derzeit für die Gesundheitspolitik in der Presse des 18. Jahrhunderts, für den medizinischen Journalismus und die Hebammen. Veröffentlichungen u. a.: *Feminine and Opposition Journalism in Old Regime France: Le Journal des Dames 1759–1778* (1987).

Rebekka Habermas Wissenschaftliche Angestellte an der Fakultät für Geschichtswissenschaften der Universität Bielefeld. Ihre Arbeitsschwerpunkte sind die Geschlechtergeschichte und die Historische Anthropologie. Veröffentlichungen u. a.: *Wallfahrt und Aufruhr. Zur Geschichte des Wunderglaubens in der Frühen Neuzeit* (1991).

Olwen Hufton Professorin für europäische Geschichte und Geschichte der Frauen an der Harvard University. Sie arbeitet derzeit an einer ver-

gleichenden Geschichte der Frauen im modernen Europa. Veröffentlichungen u. a.: *The Poor of Eighteenth-Century France* (1975) und
Europe, Privilege und Protest (1981).

Sara F. Matthews Grieco Professorin für Geschichte an der Syracus-Uni-
versität (Florenz). Sie interessiert sich insbesondere für die Darstellungen
von Frauen und die Geschlechterrollen in Frankreich und in Italien im
16. Jahrhundert. Veröffentlichungen u. a.: *Querelle des femmes ou guerre des sexes? Visual Representations of Women in Renaissance Europe*
(1989) und *Ange ou diablesse. La représentation de la femme au XVIe
siècle* (1991).

Véronique Nahoum-Grappe unterrichtet an der École des Hautes Études
en Sciences Sociales in Paris. Ihr Forschungsgebiet ist die Geschichte und
Phänomenologie der körperlichen Identität (Schönheit, Häßlichkeit).
Veröffentlichungen u. a.: Histoire et anthropologie du buveur, France
XVIe–XIXe siècles, in: *De l'ivresse à l'alcoolisme. Essai d'ethnopsychana-
lyse; La culture de l'ivresse. Un essai de phénoménologie historique*
(1991).

Eric A. Nicholson Professor für Literatur- und Theaterwissenschaften an
der State University of New York, Purchase. Er arbeitet derzeit über
Shakespeare, die Geschichte der Schauspielerinnen im 16. und 17. Jahrhundert sowie die Geschichte des Publikums und schreibt selbst Theaterstücke, z. B. *The American Mandrake* (1989).

Kathryn Norberg Professorin für Geschichte an der University of California, Los Angeles, und Direktorin am UCLA Center for the Study of
Women. Sie arbeitet derzeit an einer Studie über Prostitution und deren
Darstellung im 17. und 18. Jahrhundert in Frankreich. Veröffentlichungen
u. a.: *Rich and Poor in Grenoble, 1600–1814* (1985).

Jean-Michel Sallmann Dozent an der Universität Paris X-Nanterre.
Schreibt an einem Buch über die barocke Heiligkeit in Süditalien. Veröffentlichungen u. a.: *Chercheurs de trésors et jeteuses de sort. La quête du
surnaturel à Naples au XVIe siècle* (1986) und *Naples et les saints à lâge
baroque*, 1540–1750 (1993).

Elisja Schulte van Kessel Professorin für Geschichte in Rom (Niederlän-
disches Institut). Ihre Forschungsschwerpunkte sind die Geschlechterbeziehungen in der religiösen Kultur und der *nuova scienza* des 16. und
17. Jahrhunderts sowie die Immigration und Assimilation in Rom
(16.–17. Jahrhundert). Veröffentlichungen u. a.: Gender and Spirit, pietas

et contemptes mundi. Matron-Patrons in Early Modern Rome, in: *Women and Men in Spiritual Culture (XVI–XVII Centuries). A meeting of South and North* (1986).

Martine Sonnet Lehrerin am Institut Catholique in Paris. Ihr Forschungsgebiet ist die Geschichte der Familie und der Erziehung. Veröffentlichungen u. a.: *L'education des filles au temps des Lumières* (1987).

Heide Wunder Professorin für Sozial- und Verfassungsgeschichte der Frühen Neuzeit an der Universität Gesamthochschule Kassel. Ihre Arbeitsschwerpunkte sind die Historische Frauenforschung und die Transformationen der ländlichen Gesellschaft im späten Mittelalter und der Frühen Neuzeit. Veröffentlichungen u. a.: *Die bäuerliche Gemeinde in Deutschland* (1986) und *»Er ist die Sonn', sie ist der Mond.« Frauen in der Frühen Neuzeit* (1992).

GESCHICHTE DER FRAUEN

GEORGES DUBY · MICHELLE PERROT

4

19. JAHRHUNDERT

Im 19. Jahrhundert, so die gängige Vorstellung, waren Frauen eingeschlossen in die Privatheit ihrer Familie, bevormundet von ihren Vätern und Ehemännern, abgeschnitten von den einschneidenden Entwicklungen in der von Männern gestalteten Öffentlichkeit. Wie ein Verstoß gegen die bestehende Geschlechterordnung erscheint dann die große Zahl außerhäuslich erwerbstätiger Frauen. Dieser Band zeigt, wie trügerisch dieses Bild ist, das einseitig ausgewählte Zuschreibungen als Wirklichkeit mißversteht. Frauen bewältigten schon damals mit ihren Arbeiten in Haushalt und Familie die akuten Herausforderungen, die durch Urbanisierung, Industrialisierung und Kommerzialisierung entstanden waren, und forderten bessere Ausbildungsmöglichkeiten, angemessene Erwerbschancen und gleiche Bürgerrechte. Vor diesem Hintergrund wird verständlich, daß gerade in diesem Jahrhundert die Frauenbewegung als neue politische Kraft zu wirken beginnt.

GESCHICHTE DER FRAUEN

GEORGES DUBY · MICHELLE PERROT

Editorische Betreuung
der deutschen Gesamtausgabe
Heide Wunder

1

ANTIKE

Herausgegeben von Pauline Schmitt Pantel
Editorische Betreuung der deutschen Ausgabe Beate Wagner-Hasel

2

MITTELALTER

Herausgegeben von Christiane Klapisch-Zuber
Editorische Betreuung der deutschen Ausgabe Claudia Opitz

3

FRÜHE NEUZEIT

Herausgegeben von Arlette Farge und Natalie Zemon Davis
Editorische Betreuung der deutschen Ausgabe Heide Wunder und Rebekka Habermas

4

19. JAHRHUNDERT

Herausgegeben von Geneviève Fraisse und Michelle Perrot
Editorische Betreuung der deutschen Ausgabe Karin Hausen

5

20. JAHRHUNDERT

Herausgegeben von Françoise Thébaud
Editorische Betreuung der deutschen Ausgabe Gisela Bock

19. JAHRHUNDERT

Herausgegeben von
Geneviève Fraisse und Michelle Perrot

Die Originalausgabe
STORIA DELLE DONNE IN OCCIDENTE,
VOL. 4 L'OTTOCENTO erschien 1991 bei Editori Laterza, Rom.
Copyright © Gius. Laterza & Figli Spa, Roma-Bari, 1991.

Dieses Buch erschien erstmals im Rahmen
eines 1985 getroffenen Abkommens zwischen der Wirtschaftsstiftung
Maison des Sciences de l'Homme und dem Campus Verlag.
Das Abkommen beinhaltet die Übersetzung und gemeinsame Publikation
deutscher und französischer geistes- und sozialwissenschaftlicher Werke,
die in enger Zusammenarbeit mit Forschungseinrichtungen beider Länder
ausgewählt werden.

Lizenzausgabe mit freundlicher Genehmigung
von EULAMA Srl, Rom, www.eulama.com.
Für die Übersetzung: Campus Verlag GmbH, Frankfurt/Main
für Haffmans & Tolkemitt Verlag, Alexanderstraße 7 D - 10178 Berlin
www.haffmans-tolkemitt.de
© 2012 Haffmans & Tolkemitt für die Rechte an dieser Ausgabe

Umschlagmotiv: Max Liebermann, Der Hof des Waisenhauses in Amsterdam, 1881/82,
Frankfurt a. M., Städelsches Kunstinstitut. Photo: Artothek.
Produktion: Urs Jakob, Werkstatt im Grünen Winkel, CH-8400 Winterthur.
Druck und Bindung: Ebner und Spiegel in Ulm.
Printed in Germany.

ISBN: 978-3-942989-10-7

Sonderausgabe ISBN: 978-3-86800-508-0

INHALT

Vorwort
Eine Geschichte der Frauen schreiben
Georges Duby und Michelle Perrot   9

Einleitung
Ordnungen und Freiheiten
Geneviève Fraisse und Michelle Perrot   11

DER POLITISCHE BRUCH UND DIE NEUORDNUNG DES DISKURSES

Kapitel 1
Töchter der Freiheit und revolutionäre Bürgerinnen
Dominique Godineau   25

Kapitel 2
Die Französische Revolution als Wendepunkt
Elisabeth G. Sledziewski   45

Kapitel 3
Von der sozialen Bestimmung zum individuellen Schicksal
Geneviève Fraisse   63

Kapitel 4
Die Widersprüche des Gesetzes
Nicole Arnaud-Duc   97

DIE PRODUKTION IMAGINÄRER UND WIRKLICHER FRAUEN

Kapitel 5
Idolatrie
Stéphane Michaud   141

Kapitel 6
Lesen und Schreiben in Deutschland
Marie-Claire Hoock-Demarle   165

Kapitel 7
Das katholische Modell
Michela De Giorgio   187

Kapitel 8
Die protestantische Frau
Jean Baubérot   221

Kapitel 9
Die jüdische Frau: Variationen und Transformationen
Nancy Green   237

Kapitel 10
Mädchenerziehung: das laizistische Modell
Françoise Mayeur   253

Kapitel 11
Zwischen Erwerbsfleiß und Bildungsreligion – Mädchenbildung
in Deutschland
Juliane Jacobi   267

Kapitel 12
Bilder – Schein und Erscheinung, Muße und Subsistenz
Anne Higonnet   283

Kapitel 13
Frauenbilder
Anne Higonnet   313

Die bürgerliche, die öffentliche und die private Frau

Kapitel 14
Leib und Seele
Yvonne Knibiehler 373

Kapitel 15
Gefährliche Formen der Sexualität
Judith R. Walkowitz 417

Kapitel 16
Die Arbeiterin
Joan W. Scott 451

Kapitel 17
Alleinstehende Frauen
Cécile Dauphin 481

Neuerungen

Kapitel 18
Ausbrüche
Michelle Perrot 505

Kapitel 19
Die feministische Szene
Anne-Marie Käppeli 539

Kapitel 20
Die neue Eva und der alte Adam
Annelise Maugue 575

Stimmen der Frauen

Den Frauen das Wort
Germaine de Staël 597
Lou Andreas-Salomé 602

NACHWORT

Karin Hausen 607

ANHANG

Anmerkungen 625
Literatur 643
Sach- und Personenregister 671
Autorinnen und Autoren 683

VORWORT
EINE GESCHICHTE
DER FRAUEN SCHREIBEN

Georges Duby und Michelle Perrot

Die Frauen sind lange im Schatten der Geschichte gelassen worden. Der Aufstieg der Anthropologie und die zunehmende Bedeutung, die der Familie beigemessen wurde, haben ebenso wie die Geschichte der »Mentalitäten«, die dem täglichen Leben, dem Privaten und dem Individuellen eine größere Aufmerksamkeit schenkte, dazu beigetragen, sie aus dem Schatten herauszuholen. Am meisten hat dazu aber die Frauenbewegung beigetragen mit den vielen Fragen, die sie aufgeworfen hat. »Woher kommen wir? Wohin gehen wir?« fragten sich die Frauen, und sie stellten innerhalb und außerhalb der Universitäten Nachforschungen an, um die Spuren ihrer historischen Vorläuferinnen zu finden, vor allem aber, um die Ursprünge ihrer Unterdrückung und die Entwicklung der Beziehungen zwischen den Geschlechtern zu verstehen.

Denn genau darum geht es. Der Titel »Geschichte der Frauen« ist kurz und bündig. Aber wir möchten damit nicht die Vorstellung verbinden, Frauen für sich seien ein Gegenstand der Geschichte. Wir wollen vielmehr ihre Lebenswelten, ihre Rollen und ihre Macht, ihre Handlungsweisen, ihr Schweigen und ihr Sprechen erforschen; wir wollen die unterschiedlichen Bilder von der Frau – Göttin, Madonna, Hexe . . . – in ihrer Beständigkeit und in ihrem Wandel erfassen. Deshalb verstehen wir die Geschichte als sozialen Wandel grundlegender Beziehungen; deshalb ist unsere Geschichte der Frauen auch ebenso die der Männer.

Es ist eine Geschichte der *langen Dauer*: Von der Antike bis heute greifen fünf Bände die chronologischen Zäsuren auf, die die Geschichte

des Abendlandes unterteilen. Denn nur um sie geht es. Das Mittelmeer und der Atlantik sind unsere Ufer. Wir wünschen uns gewiß auch eine Geschichte der Frauen des Orients oder Afrikas. Doch es bleibt den Frauen und Männern dieser Länder vorbehalten, sie eines Tages zu schreiben.

Diese Geschichte ist insofern »feministisch« orientiert, als sie von einer grundsätzlichen Gleichheit ausgeht; sie versteht sich aber als offen für verschiedene Deutungen: Wir wollen Fragen aufwerfen, ohne sofort mit formelhaften Antworten bei der Hand zu sein; wir öffnen uns in dieser Geschichte grundsätzlich der Vielfalt, der Vielfalt der Gestalten und Interpretationen.

Unter der Gesamtregie von Georges Duby und Michelle Perrot wurde jeder Band von ein oder zwei Herausgeberinnen eigenverantwortlich betreut. Sie haben die Themen des jeweiligen Bandes zusammengestellt und die Autorinnen und Autoren ausgesucht – eine wohl repräsentative Auswahl unter all jenen, die auf diesem Gebiet in Europa und den Vereinigten Staaten arbeiten.

Mag dieses Werk als vorläufige Bilanz, als Arbeitsmittel, als Ort des Gedächtnisses oder einfach aus Interesse an der Geschichte gelesen werden, diese Geschichte der Frauen im Abendland sollte an der Schwelle des werdenden Europa ihren geistigen Ort haben.

Wir widmen sie unseren Verlegern, deren Unternehmergeist, Aufgeschlossenheit und Großzügigkeit wir dankbar anerkennen.

Aus dem Französischen von Heide Musahl

EINLEITUNG
ORDNUNGEN UND FREIHEITEN

Geneviève Fraisse und Michelle Perrot

Mit dem 19. Jahrhundert verbindet sich gewöhnlich die Vorstellung, es sei für Frauen eine düstere, freudlose und beengende Zeit gewesen. In der Tat ist gerade in diesem Jahrhundert das Leben von Frauen neu überdacht worden mit dem Ziel, deren je persönliche Lebensgeschichte einer gesellschaftlich geschaffenen, präzisen kollektiven Ordnung einzupassen. Dennoch wäre die Annahme falsch, diese Epoche hätte ausschließlich im Zeichen der Herrschaft, der vollständigen Unterdrückung der Frauen gestanden. Denn in diesem Jahrhundert entstand auch der Feminismus. Mit dem Begriff Feminismus sind hier sowohl bedeutende strukturelle Veränderungen (Lohnarbeit, Autonomie des bürgerlichen Individuums, Recht auf Bildung) als auch das kollektive Auftreten von Frauen auf der politischen Bühne gemeint. Insofern ist es richtiger zu betonen, daß sich in diesem Jahrhundert das Leben von Frauen, oder genauer gesagt, die Lebensperspektive von Frauen tiefgreifend veränderte. Die Moderne eröffnete überhaupt erst die Möglichkeit, daß Frauen einen Platz als Subjekt, als eigenständiges Individuum, als politische Akteurin und Staatsbürgerin beanspruchen konnten. Trotz der extremen normativen Kodifizierung ihres Alltagslebens erweiterte sich für Frauen in dieser Zeit der Bereich des Möglichen, und neue kühne Aussichten rückten in greifbare Nähe.

Das von Historikern ausgemessene lange 19. Jahrhundert begann und endete mit zwei herausragenden Ereignissen: mit der Revolution von 1789 und mit dem Krieg von 1914; das soll allerdings nicht besagen, diese beiden Ereignisse könnten die gesamte historische Bedeutung der

Epoche erschließen. Doch sei im Hinblick auf Frauen zumindest angemerkt, daß Frauen üblicherweise sowohl in einer Revolution als auch im
Krieg in die Pflicht genommen und anschließend, sobald sie ihre Schul-
digkeit getan haben, schnellstens wieder entlassen werden. Wir werden
später auf diese von Männern in Gang gehaltene subtile Dynamik von
Aufforderung und Abweisung, von Ausschluß und Teilhabe der Frauen,
wo immer es um die Belange von Staat und Nation geht, noch einmal
zurückkommen.

Die Moderne erwies sich für Frauen als eine Chance; denn die für das
19. Jahrhundert charakteristischen wirtschaftlichen und politischen, gesellschaftlichen und kulturellen Veränderungen waren in ihren Auswirkungen für Frauen letztlich von Vorteil. Dafür gaben verschiedene Faktoren den Ausschlag.

Zunächst einmal schloß die Idee der Menschheitsgeschichte die
Annahme ein, daß auch Frauen eine Geschichte haben, daß deren Stellung als Gefährtin des Mannes und Erzeugerin der nachwachsenden
Generation weniger unveränderlich war, als es den Anschein hatte, und
daß das sogenannte Ewig-Weibliche offenbar vielfältigen Wandlungen
unterliegen und selbst das Versprechen eines neuen Lebens in sich bergen konnte. So stellten die sozialistischen Utopien, auch wenn ihr Ort
gerade nicht die Geschichte war, dennoch eine von der Gegenwart verschiedene Zukunft in Aussicht; denn in ihnen wurde das Funktionieren
der Familie, die Liebesbeziehung, die Mutterschaft und das weibliche
Handeln in der Gesellschaft neu überdacht. Ähnliches gilt auch für die
Evolutionstheorien, die sich mit den Ursprüngen der menschlichen
Gesellschaft und insbesondere mit den Ursprüngen von Familie und
Patriarchat (bzw. Matriarchat) beschäftigten. Die Vorstellung, daß die
Menschheit eine Geschichte hat (einen Ursprung, eine Vergangenheit,
eine Zukunft), enthielt für Frauen in jedem Fall eine Verheißung.

Zum zweiten eröffneten die industrielle Revolution und die allmähliche Ausweitung des politisch-demokratischen Bereiches neben aller
Gewalt, welche den Frauen angetan wurde, auch neue soziale Räume, in
denen das selbständige Individuum privilegiert war. Insofern konnte das
weibliche Individuum dem männlichen, dem Arbeiter und Bürger immer
ähnlicher werden und die Fesseln wirtschaftlicher und symbolischer
Abhängigkeit, die es an Vater und Ehemann gebunden hatten, sprengen.
Gewiß, der Weg dahin war weit. So kann eine Frau z. B. erst im 20. Jahrhundert frei über ihr Einkommen verfügen. Aber gerade diese Ambivalenz, daß Arbeitsplätze für Frauen sowohl Orte höchster Ausbeutung als
auch der Emanzipation waren, daß die Staatsbürgergesellschaft sowohl
ein Raum des Ausschlusses als auch der Anerkennung war, gilt es zu
begreifen. Das führt zum dritten Punkt. Das Ausrufen der demokrati-

schen Ära gereichte den Frauen nicht automatisch zum Vorteil.[1] Zunächst einmal wurde als Grundprinzip bekräftigt, daß Frauen generell von allen öffentlichen Angelegenheiten ausgeschlossen und auf den häuslichen Bereich beschränkt bleiben sollten. Der Grund dafür läßt sich unschwer erkennen. Während es im Feudalsystem undenkbar war, daß Rechte oder besser gesagt Privilegien, die einzelnen Frauen zustanden, allen Frauen zukommen müßten, beruhte die demokratische Ordnung auf dem Grundsatz, daß das, was für den einen gilt, für alle zu gelten hat. Die damit eröffnete Perspektive, nun möglicherweise allen Frauen Rechte einräumen zu müssen und damit eine als unsinnig erachtete Rivalität zwischen Mann und Frau zu riskieren, galt als Gefahr. Um diese abzuwenden, erschien es nun als höchst erstrebenswert, prinzipiell keiner einzigen Frau Rechte zu gewähren. Dementsprechend zielten Debatten um die Frau im allgemeinen jetzt nicht länger nur auf einzelne, sondern auf alle Frauen.

Allerdings hat die Demokratie den Ausschluß von Frauen niemals zum System erhoben; ja, ein prinzipieller Ausschluß stand sogar im Widerspruch zum demokratischen System selbst, das die Gleichberechtigung befürwortete und eine republikanische Form der Politik einführte. Eben deshalb konnte in der gesamten westlichen Welt der Feminismus entstehen, dessen erklärtes Ziel die Gleichberechtigung der Geschlechter und dessen Praxis die kollektive, soziale und politische Bewegung war. Feministische Aktivitäten und Schriften gab es auch schon vor dem 19. Jahrhundert; doch der Feminismus, der sich in den revolutionären Praktiken von 1789 bereits angekündigt hatte, kam erst nach 1830 wirkungsvoll zum Zuge.

Das 19. Jahrhundert erscheint demnach als Wendepunkt in der langen Geschichte der Frauen. Die traditionellen Karten wurden neu verteilt. Diese Karten waren schon immer ausgespielt worden zwischen der Arbeit in Werkstatt oder Haushalt und der Familie, die ebenso als Ideal des häuslichen Lebens wie als nützliche Einrichtung für soziale Dienste hochgeschätzt wurde; zwischen der Welt der Äußerlichkeiten, des Putzes, der Vergnügungen und der Welt der Subsistenzsicherung, des Erlernens und Ausübens eines Berufes; zwischen dem Ort der religiösen Praxis, der spirituellen Übungen, der sozialen Regeln und dem neuen Ort der Erziehung und der weltlichen Schulen. Die Karten wurden nun nicht nur anders verteilt, es kamen auch neue Einsätze ins Spiel. Das Leben der Frauen veränderte sich ganz offensichtlich. Aber wie können wir erfahren, was sie selbst davon hielten? Dies herauszufinden ist ebenso schwierig, wie die vielfältigen Arten von Widerstand, Verweigerung und Zuwiderhandlung aufzudecken. Selbst wenn die moderne Frau in bezug auf Stand und Besitz, Familiengeschäfte und Wohnform Macht einbüßte, selbst wenn das Leben einer viktorianischen Hausfrau vielleicht ungleich eingeschränkter gewesen sein mag als das einer Aristokratin zur Zeit der Aufklärung, nach deren Freiheit sich Madame de Staël zurücksehnte – sie erwarb im Gegenzug auch neue Macht, und zwar insbesondere in Verbindung mit der Mutterschaft. Man sollte in der über die Maßen hohen Bewertung der Mutterschaft nicht einfach nur die Zuschreibung der Fortpflanzungsfunktion sehen. Es ging auch um das »Erschaffen neuer Menschen«, wie Joseph de Maistre schrieb, »um die großartige Geburt eines neuen Menschengeschlechts, das sich von dem Fluch des alten befreit hat«. Ob in gehorsamer Unterwerfung oder im Streben nach Emanzipation, die Frauen wußten sich der ihnen überantworteten Aufgabe der Mutterschaft sehr wohl auch im eigenen Interesse zu bedienen. Sie konnten Mütterlichkeit als Zuflucht wählen oder als ein Mittel einsetzen, um ihren Einfluß in der Gesellschaft zu vergrößern. Das Bild der Lehrerin, die der Gesellschaft ihre mütterlichen Qualitäten andient, bringt diesen Übergang von der »Mutter als Lehrerin« zur »Lehrerin als Mutter« beredt zum Ausdruck.

In der Tat ist es undenkbar, daß nur ein einziges Frauenbild Geltung erlangte und keinerlei Ausbruchsversuche den Rahmen des häuslichen Daseins, die Grenzen des bürgerlichen Frauenlebens, das Verbot, die Welt der Politik zu betreten, sprengten. Teils naiv, teils bewußt wehrten sich Frauen gegen die behauptete Normalität einer Existenz, die ihnen in der Form eines Ideals vorgestellt wurde; selbst wenn sie an dieses Ideal glaubten und sich ihm zu nähern versuchten, mußten sie es dennoch verändern. Manche Frauen kultivierten ihren Verstand und taten dieses nicht nur mit der Absicht, in Gesellschaft geistreich zu erscheinen; andere traten in missionarischer Absicht oder aus Abenteuerlust Reisen an, wieder andere zogen in die Stadt, um eine Anstellung zu suchen und verloren damit die Unterstützung der Familie. Einige gingen schließlich auch auf die Straße und in politische Versammlungen, um das Unrecht, das ihrem Geschlecht, ihrer Klasse oder auch den Sklaven angetan wurde, öffentlich anzuprangern. Zweifel ist außerdem angebracht, ob das 19. Jahrhundert wirklich so prüde war, wie behauptet wird, und ob das Sexualleben tatsächlich so überschaubar war, wie man es gerne gehabt hätte. Denn selbst wenn Un-Ordnung, und zumal organisierte Un-Ordnung, meistens von Männern ausging, die vom schwangeren Arbeitermädchen bis zur tuberkulösen Prostituierten die Frauen ausnutzten, selbst wenn sich freie Liebe für Frauen nur allzu oft als Falle erwies und ausgegrenztes Sexualverhalten wie das der Homosexuellen nur unter größten Risiken gelebt werden konnte: Frauen waren dennoch keineswegs nur Opfer.

Das Spannungsverhältnis zwischen Abhängigkeit und Freiheit herauszuarbeiten reicht allerdings bei weitem nicht aus, um einen zutreffenden

Eindruck vom Leben der Frauen im 19. Jahrhundert zu vermitteln. Auch die Vielfalt der sozialen und beruflichen Gruppen gilt es zu berücksichtigen. Wie groß war die Zahl der Bäuerinnen, deren Alltag sich innerhalb jener hundert Jahre kaum veränderte? Zu ihnen gehörten mehr als drei Viertel der weiblichen Bevölkerung, das sollte nicht übersehen werden. Aber die hier erzählte Geschichte der Frauen will nicht in erster Linie die Geschichte der äußerst langsam veränderten Arbeits- und Lebensverhältnisse von Frauen in das Zentrum rücken, wie es häufig in der Frauengeschichte geschieht. Das Interesse richtet sich vielmehr auf Veränderungen, also auf das, was die Geschichte der Frauen relevant macht, was die Frauen nicht nur als Statistinnen, sondern als historische Akteurinnen der Geschichte zeigt. Eine weitere Auslassung, die in den Beiträgen bisweilen auffällt, ist weniger leicht zu erläutern. Sie läßt sich umschreiben als Problem mit der konkreten Wirklichkeit, mit den materiellen und sozialen Fakten im Leben der Frauen. Die wirtschaftlichen Strukturen, die Arbeitsweise beispielsweise von religiösen Institutionen und die Interaktion zwischen verschiedenen Klassen bleiben in den Analysen meistens unberücksichtigt. Sie tauchen in den Texten, wenn überhaupt, dann gemeinsam mit anderen Faktoren auf, die der symbolischen, der bildlichen oder der Ebene des Diskurses angehören. Das ist weder Zufall noch allein Ausdruck des derzeit ausgeprägten Forschungsinteresses an den Mechanismen der Wahrnehmung, die die Sicht von Männern auf Frauen und von Frauen auf sich selbst leiteten. Es hat den Anschein, als gehöre die Ebene der Bilder und Vorstellungen unabdingbar zur Geschichte der Frauen dazu, existiert doch eine Frau niemals unabhängig von dem ihr zugeschriebenen Bild der Frau. Frauen gibt es als Symbole: die Marianne der französischen Republik, die Musen der schönen Künste; Frauen sind Illustrationen, Romangestalten, Modestiche, Reflex und Spiegel des Anderen, wie die Philosophen sagen. Frauen setzten an diesen Bildern an, um sich selbst zu verändern, denn sie wußten, daß diese Bilder eine Falle waren. Gleichzeitig aber gibt es keinen Feminismus ohne die Karikatur des Feminismus, ohne daß der Feminismus wegen seiner Exzesse in Ausdruck und Verhalten, wegen Vermännlichung, Grobheit, Zorn denunziert worden wäre. Wir haben deshalb dem Buch einen Bildteil beigegeben und diesen mit einem argumentierenden Kommentar ausgestattet, um so eine möglichst große Distanz zur gewohnten Vorstellungswelt herzustellen.

Unsere Geschichte der Frauen will ernst machen mit einer überfälligen Geschichte der Bilder und Vorstellungen. Eben deshalb weist sie immer wieder darauf hin, daß es in der Geschichte der Frauen auch um die Geschichte der Männer und die Geschichte der Verhältnisse und Unterschiede zwischen den Geschlechtern gehen muß. Diese Zusammenhänge werden in den einzelnen Beiträgen je nach Thema und Interesse der Autorin unterschiedlich ausgeleuchtet. Körper und Seele einer Frau wurden stets im Vergleich zu denen des Mannes beschrieben; Recht und Philosophie befaßten sich zwangsläufig auch mit dem Geschlechterverhältnis. Religiöse Setzungen, literarische und ikonographische Darstellungen wurden ebenfalls aus dem Blickwinkel der Geschlechterdifferenz betrachtet. Gleiches gilt für die Diskurse über politische Ökonomie, für welche die Konfusion zwischen der natürlichen und der sozialen Ordnung, zwischen der geschlechtsspezifischen Arbeitsteilung und dem Arbeitsmarkt für männliche und weibliche Arbeitskräfte besonders symptomatisch ist. Bei genauerer Analyse zeigt sich, daß typische Frauenberufe, die scheinbar auf »natürlicher« Qualifikation beruhen, reine Produkte von Spracharbeit sind.

Das Bestreben, die Geschichte der Frauen als eine Geschichte der westlichen Welt zu schreiben, ist für das 19. Jahrhundert mehr als gerechtfertigt, zugleich aber angesichts der ausgeprägten nationalen Besonderheiten und der Vielzahl neuerer Forschungen auch vermessen. In den letzten zwei Jahrzehnten ist eine kaum mehr überschaubare Zahl von Untersuchungen veröffentlicht worden, und diese Zahl steigt von Tag zu Tag weiter. Auch wenn es eine Binsenwahrheit ist, sei noch einmal daran erinnert, daß zum Westen nicht nur die verschiedenen Länder und Nationen Europas zählen – vom Atlantik bis zum Ural, von der Ostsee bis zum Mittelmeer –, sondern auch Nordamerika. Immer wieder gibt es historische und kulturelle Ungleichzeitigkeiten und Unterschiede zwischen England und Frankreich, Italien und Deutschland, zwischen den USA und Belgien oder der Schweiz. Experimente mit politischen Transformationen kamen zuerst in Frankreich mit seinen Revolutionen und seiner laizistischen Republik zum Zuge. Gleiches gilt für die großen Entwicklungen in der Religion, bei denen es vornehmlich um eine Neudefinition der katholischen Frau ging. Demgegenüber scheinen die großen kulturellen Neuerungen eher angelsächsischen und deutschen Ursprungs zu sein. So waren der deutsche und der britische Feminismus zwar nicht sonderlich politisch, dafür aber in ihren Praktiken weitaus innovativer als andernorts. Die Beispiele für nationale Unterschiede sind zahlreich. Während der französische Code civil ein Modell für moderne Gesetzgebung war, gaben in der Philosophie die Deutschen während des ganzen Jahrhunderts den Ton an. Auch verlagerte sich das Zentrum der Neuerungen bereits von Europa nach Nordamerika. Die seit dem Unabhängigkeitskrieg schöpferischen Amerikaner entwickelten sehr bald neue, aus der protestantischen Erweckungsbewegung stammende *Modelle* und Praktiken der Demokratie. Ergänzt wurden diese Impulse durch Erfahrungen aus der Expansion nach Westen und aus dem Zustrom der Einwanderer. Der nordamerikanische Kontinent war eine neue Welt auch im Hinblick auf das Verhältnis zwischen den Geschlechtern. Die »neue Frau« entstand aus den Erfahrungen der Boston-Frauen und der New Yorker Jüdinnen. Die »neue Frau« kam dann im Triumph zurück nach Europa und hielt dort ihren Einzug in die Debatten um die Identität der Geschlechter.

In dem dergestalt erweiterten Westen, der sowohl homogener als auch verschiedenartiger war als der Westen früherer Jahrhunderte, gab es Unterschiede im Verhalten und Nuancen im Ausdruck, die auch in der Mannigfaltigkeit der Feminismen zutage traten. Um so überraschender ist die internationale Dimension und wechselseitige Kommunikation im Feminismus. Damit setzte ein Wandel in den Beziehungen zwischen den Geschlechtern ein, der als kontinuierlicher und vielleicht endloser Prozeß andauert und uns noch heute so beschäftigt wie damals die Männer und Frauen der Belle Époque, ebenfalls einer Zeit der Krisen und der großen sexuellen Ängste.

Aus dem Französischen von Harald Riemann

de la garde Nationale de paris pour all

garde Nationale de paris, pour aller
es quelles district il y avois beaucoup d

DER POLITISCHE BRUCH UND DIE NEUORDNUNG DES DISKURSES

Marsch der Pariser National-
garde nach Versailles, an
dem viele Frauen teil-
nahmen, 5. Oktober 1789,
anonymer Stich;
Ende des 18. Jahrhunderts.
Paris, Bibliothèque Nationale.

Frau, die auf den Champs-Élysées einen Wagen zieht, anonyme Photographie; um 1900. *Paris, Sammlung Viollet.*

Zwischen der Revolution als Ereignis und dem Code civil als Text vollzog sich ein historischer Bruch, und selbst diejenigen Länder, in denen der Wandel nicht so genau datiert werden kann wie in Frankreich und in den Vereinigten Staaten, blieben nicht unberührt von diesem Übergang zur Moderne, vom Ende der Monarchie und dem Beginn der demokratischen Ära, von der Trennung zwischen bürgerlicher Gesellschaft und politischer Sphäre.

Was kennzeichnete diesen Bruch? Er war vielfältig, und die in Gang gesetzten Veränderungen hatten widersprüchliche Auswirkungen auf Frauen. Einerseits schufen sowohl die Französische als auch die Amerikanische Revolution einen Raum, in welchem Frauen auch für sich das Recht beanspruchen konnten, an kollektiven Handlungen teilzunehmen; sich mit ihren Geschlechtsgenossinnen auch außerhalb der privaten Räume, an denen sie sonst zusammenkamen, zu versammeln. Die Interventionen der Frauen waren in Frankreich zweifellos politischer als in den Vereinigten Staaten; aber das heißt nicht, daß sie auch radikaler waren. In jedem Falle ist zu beobachten, daß das Ereignis der Revolution Zusammenkünfte von Frauen hervorbrachte und daß Frauen sich dort als Angehörige des weiblichen Geschlechts begriffen. Aber diese Vorläufer der feministischen Praxis des 19. Jahrhunderts hatten noch keine Zukunft und es folgten Jahrzehnte des Schweigens. Denn andererseits begründete der um die Jahrhundertwende vollzogene Bruch auch den Ausschluß der Frauen aus dem politischen Gemeinwesen, ein Ausschluß, der sehr viel radikaler war als im Feudalsystem. Jede moderne Revolution hat bis heute die Frauen auf die Straßen gehen und politische Clubs gründen lassen. Sie hat es aber ebenso stets auch verstanden, diese Clubs wieder zu schließen und die Frauen an den häuslichen Herd zurückzurufen. Zu den Folgen einer Revolution gehörte immer auch, daß sich die Trennung zwischen öffentlicher und privater Sphäre konsolidierte. Es wurde peinlich genau zwischen privatem und öffentlichem Leben, bürgerlicher und politischer Gesellschaft unterschieden. Es war letztlich diese Unterscheidung, die die Frauen auf Distanz zur Politik und innerhalb der bürgerlichen Gesellschaft in einem Abhängigkeitsverhältnis hielt.

Diese durch die Französische Revolution eingeführte Ambivalenz ist andernorts weniger offensichtlich, aber gleichermaßen gegenwärtig. Das Ereignis allein reicht indes nicht aus, um zu erklären, weshalb der Anbruch der Moderne im Leben der Frauen lediglich einen moderaten Fortschritt mit sich brachte. Der Text besiegelte, was die politischen Handlungen der Männer bereits vorbereitet hatten: Die Entstehung des Code civil war ebenso wie die Revolution ein beispielloses Ereignis. Das beweist nicht zuletzt sein Einfluß auf ganz Europa. Manche sehen in ihm einzig ein Monument, das die Unterwerfung der Frauen verewigt. Das mag zutreffen. Aber auch hier herrscht Zweideutigkeit. Ganz ohne Frage wurde die Frau, und zwar besonders die Ehefrau, in einem konkreten Abhängigkeitsverhältnis zu Vater, Ehemann und der gesamten Familie gehalten. Doch gleichzeitig sah sich die Tochter dem Sohn gleichgestellt, da das Erstgeburtsrecht zugunsten der gleichberechtigten Erbschaft abgeschafft wurde. Dieser ersten Widersprüchlichkeit sollten zahlreiche andere folgen. Für volljährige unverheiratete Töchter galten einige Bestimmungen des Code civil nicht, während für verheiratete Frauen, denen das Interesse des Gesetzgebers vorrangig galt, die verschiedensten Hemmnisse aufgerichtet wurden. Die spätere Entwicklung der Gesetzgebung belegt deutlich den Zerfall der Ausgangsidee des Code civil, daß nämlich Frauen in Abhängigkeit zu halten seien, was wiederum die Vorstellung von deren Minderwertigkeit voraussetzte und bestätigte.

Während des gesamten 19. Jahrhunderts erfuhren die Gesetze Verbesserungen, regionale Angleichungen, innovative Auslegungen und feministische Korrekturen. Dies beweist, wie wenig eine Gesetzgebung endgültig oder statisch ist. In dieser Hinsicht ist eine Auseinandersetzung mit den Philosophen höchst aufschlußreich. Schon wenn man nur die Werke der anerkannt großen Philosophen, unter denen sich übrigens keine einzige Frau befindet, durchmustert, zeigt sich ein fundamentaler Wandel in dem, was philosophische Texte jeweils als Norm vorstellten. Zu Beginn des Jahrhunderts war man sich einig, daß alle Frauen einzig und allein die Bestimmung und Aufgabe der Ehefrau und Mutter hatten. Hier findet der demokratische Gedanke, daß unter der Frau im allgemeinen »alle Frauen« zu verstehen sind, seinen Niederschlag. Statt zu Bürgerinnen wurden nun alle Frauen zu Erhalterinnen der Art gemacht. Gegen Ende des Jahrhunderts entwickelten die führenden Philosophen angesichts der offensichtlichen Überwindung normativer Grenzen und der tatsächlichen Vielfalt weiblicher Wahlmöglichkeiten subtilere Maßstäbe. Die Geschichte ihres Lebens wurde dadurch für jede einzelne Frau zur Meisterung der vorgegebenen Bestimmung. Dies könnte man als Überantwortung der Freiheit an das weibliche Individuum werten, dem man nun die Entscheidung über das eigene Leben zubilligte. Aber trifft diese Deutung auch wirklich zu? Zweifel sind angebracht, denn die Geschicke einer Frau sollten nun einer sorgfältig komponierten Partitur folgen, an der Medizin, Soziologie, Psychoanalyse und Ästhetik gemeinsam arbeiteten, um der Frau das Wesen ihrer Weiblichkeit zu erläutern.

G.F.–M.P.

1

TÖCHTER DER FREIHEIT UND REVOLUTIONÄRE BÜRGERINNEN

Dominique Godineau

D as Ende des 18. Jahrhunderts steht im Zeichen einer ganzen Kette von Umbrüchen. Revolution folgte auf Revolution, sie waren allerdings nach Bedeutung und Gewicht durchaus unterschiedlich. Es genügt nicht, einfach festzustellen, daß Frauen beteiligt waren oder auch nicht. Es genügt auch nicht, den Stellenwert des männlichen oder weiblichen Faktors hervorzuheben. Vielmehr gilt es, die Geschichte zu hinterfragen, um zu erfahren, welche Wechselwirkungen es zwischen dem Geschlechterverhältnis und den tatsächlichen Ereignissen gab: Welchen Einfluß hatten die Mann-Frau-Beziehungen auf die Ereignisse, und welche Auswirkungen hatten die Ereignisse auf diese Beziehungen? Wie beeinflußten die institutionellen, politischen, gesellschaftlichen und ideologischen Umwälzungen die Rollen und Repräsentation, die ein jedes Geschlecht innerhalb der Gesellschaft zu haben glaubte oder beanspruchte? Die wirtschaftlichen Veränderungen, deren Implikationen nicht außer acht gelassen werden sollten, können im folgenden leider nicht berücksichtigt werden.

FRAUEN UND MÄNNER IN AUFRUHR

Die vergleichende Geschichtsbetrachtung kann uns helfen, auf diese Fragen Antworten zu finden. Die revolutionären Erschütterungen in Europa und Nordamerika ereigneten sich in unterschiedlichen Kontex-

ten. Trotz des gemeinsamen Erbes der Aufklärung gingen die Auseinandersetzungen auf den beiden Kontinenten um verschiedene Themen: Die Franzosen suchten die Gesellschaft völlig neu zu gestalten
und die Welt von Grund auf zu erneuern; sie schufen einen neuen
politischen Raum, in welchem Männer und Frauen als mächtige Volks-
bewegung intervenierten. Die Amerikaner dagegen verzichteten, nachdem sie die Unabhängigkeit erkämpft hatten, darauf, noch weiter an
den gesellschaftlichen Fundamenten des Landes zu rühren. Die Belgier
erhoben sich gegen die Reformen eines »aufgeklärten Despoten« und
verlangten nach Wiederherstellung ihrer früheren Autonomie. Wenn
auch eine erschöpfende Darstellung der komplexen Situation unmöglich ist, so läßt sich herausarbeiten, was in bezug auf die Geschlechterverhältnisse in den verschiedenen Ländern annähernd gleich und
was höchst unterschiedlich war. Es ist zu hoffen, daß es mit diesem
Vorgehen gelingt, das Ineinandergreifen zwischen einer Gesellschaft
mit ihren Entwicklungen und Wertvorstellungen auf der einen und den
Beziehungen, die die Männer und Frauen in dieser Gesellschaft für sich
selbst ausgestalten, auf der anderen Seite genauer zu bestimmen.

Die »Brandstifter«

Ohne rebellische Massen kann es keine Revolution geben. Aus dem
Europa der Frühen Neuzeit ist bekannt, daß Frauen traditionsgemäß
die Rolle der Aufständischen zu spielen verstanden.[1] Es ist also keineswegs verwunderlich, Frauen wieder an der Spitze der Pariser Aufstände zu sehen. Sie waren die ersten, die sich am 5. Oktober 1789
zusammenschlossen und nach Versailles marschierten; ihnen folgte am
Nachmittag die Nationalgarde. Auch Erhebungen vom Frühjahr 1795
wurden durch Frauendemonstrationen eingeleitet. Sie läuteten die
Sturmglocke, schlugen die Trommeln in den Straßen von Paris, verhöhnten Behörden und das Militär, rissen Passanten mit sich fort, drangen in Läden und Werkstätten ein, stiegen in den Häusern von Stockwerk zu Stockwerk, um zögernde Schwestern zu zwingen, mit ihnen
zum Konvent zu marschieren, wo sie in wachsenden Mengen anlang-
ten und wo schließlich auch bewaffnete Männer zu ihnen stießen. Sie
spielten die Rolle der »Brandstifterinnen«, wie die Autoritäten später
schreiben werden.[2]

Wie bereits 1789 und im Mai 1793, besetzten Frauen auch in den
Wochen vor den Aufständen von 1795 die Straße. Sie formierten sich
zu Gruppen – am 23. Mai wurde ihnen von den Deputierten bei Strafe des Arrests untersagt, sich in Gruppen von mehr als fünf Personen
zusammenzurotten – und riefen die Männer zum Handeln auf, indem

sie sie als Feiglinge beschimpften. Wo die Männer zögerten, verständigten sich die Frauen, daß sie offenbar »den Tanz eröffnen müßten«, und die Männer würden ihnen dann schon folgen. Bevor der Mai-Juni-Aufstand 1793 losbrach, rief ein Abgeordneter im Konvent aus: »Die Frauen werden die Bewegung beginnen, (. . .) die Männer werden den Frauen zu Hilfe kommen.« In Wirklichkeit wurde der Aufstand nicht von den Frauen in Gang gesetzt, aber diese Bemerkung, die keinesfalls die einzige ihrer Art war, zeigt deutlich, wozu man Frauen in diesen bewegten Zeiten für fähig hielt. In explosiven Situationen wandten sich politische Aktivisten zuweilen an Frauen, um so die Lunte an das Pulverfaß zu legen. Der Grund dieses Vorgehens war keineswegs nur der Versuch, sich der Frauen als Schutzschild zu bedienen. Die zahlreichen Appelle, die die Anführer und Anführerinnen an die Frauen richteten, entsprachen auch der Vorstellung von den Rollen, die Männer und Frauen im Aufstand hatten. Frauen wurden als notwendige Vermittler zwischen den Anführern und den übrigen Männern angesehen. Ihre Stimmen und ihr Handeln vermochten eine Revolte auszulösen. Wenn diese einmal losgebrochen war, kehrten sich die Geschlechterrollen wieder um. In der aufständischen Massenbewegung war es dann Aufgabe der Frauen – wie sie selbst sagten –, »den Männern nun beizustehen«. Denn die männlichen Bürger waren als Nationalgarde organisiert und mit Kanonen bewaffnet. Inmitten der Kämpfe agierten die Frauen auch weiterhin in der Rolle der »Brandstifterin«: »Es sind im wesentlichen die Frauen, gegen die man vorzugehen hat; denn sie übertragen ihre wilde Raserei durch aufwieglerische Äußerungen auf den Geist der Männer; sie versetzen diese in Erregung und bringen deren ungestüme Gewalttätigkeit in Wallung«, verzeichnet ein Polizist während des Maiaufstandes 1795. Doch auch wenn die Frauen stets ein Auge auf ihre Männer hatten und gegebenenfalls deren Kampfgeist anheizten, so blieben es letztlich doch die Männer, die mit ihren Waffen das Geschehen lenkten. Zuerst waren es Männer, die den Frauen sekundierten, dann waren es Frauen, die ihren Männern beistanden: Hinter der anscheinenden Spontaneität der Menschenmenge ist deutlich eine ungleiche Verteilung der Geschlechterrollen erkennbar. Für die Bevölkerung war dies eine der als selbstverständlich erachteten Gegebenheiten eines Volksaufstandes.

Tradition und Innovation

Die Ära der Revolution ist so faszinierend, weil sie Altes und Neues eng miteinander verwob, weil sie das Erbe vergangener Jahrhunderte mit den rudimentären Vorboten künftiger Formen der politischen Aktion verband. Von daher ist es möglich, ein wenig besser zu begreifen, wie sich das Verhältnis zwischen den Geschlechtern herausbildete bzw. in neue Richtungen entwickelte. Das oben genannte Schema spiegelte eine alte Ordnung wider, die noch nicht ganz abgedankt hatte. Vom 16. bis zum 18. Jahrhundert trifft man zwischen Amsterdam und Neapel auf Frauen, die die Männer zur Revolte aufriefen. Die aufwieglerische Rhetorik der französischen Revolutionärinnen war in einer langen Tradition verankert: der Trommelwirbel, die karnevalistischen Rituale, die die Obrigkeit dem allgemeinen Spott preisgaben, die Berufung auf Mütterlichkeit als Legitimation des weiblichen Handelns – all das war nichts Neues. Doch selbst wenn die Rebellinnen der Französischen Revolution dieselben alten Lumpen wie ihre Vorfahrinnen trugen, so waren sie dennoch nicht ganz und gar dieselben Frauen. Sie trugen stolz die Erklärung der Menschenrechte den aufständischen Massen voran und bekräftigten, daß das souveräne Volk in dem von den Aufständischen besetzten Konvent zu Hause sei. Damit signalisierten sie, daß sie ungeachtet ihrer traditionellen Rollen und Gesten die von der Revolution neu eröffnete politische Arena betreten hatten. Diese neue Arena aber war von Männern für Männer errichtet und strukturell ihnen allein vorbehalten worden. Und obgleich die Frauen Frankreichs es verstanden hatten, als Bürgerinnen in Erscheinung zu treten und sich Gehör zu verschaffen, stießen sie schon bald ebenso wie die Frauen anderer Länder an die Grenzen ihres Status als Nicht-Staatsbürger. Man hatte es bereits 1789 erkannt: Eine Revolution ist mehr als eine bloße Rebellion; sie erfordert eine Organisationsstruktur. Von eben dieser aber blieben Frauen überall ausgeschlossen. Sie gehörten nirgendwo zur Bürgerwehr: weder zur französischen Nationalgarde noch zum batavischen *vrijcorps* oder zur amerikanischen Miliz; sie waren auch nicht Mitglieder der beratenden Versammlungen, Ortskomitees und politischen Gruppierungen. Die Beziehungen zwischen den Geschlechtern veränderten sich also im Verlauf des Aufstandes. Während der mehr oder weniger spontanen Aufstände wirkten die Frauen als Antriebskraft; sobald aber revolutionäre Vereinigungen die Führung des Geschehens übernahmen, wurden Frauen an den Rand gedrängt. Im niederländischen Bürgerkrieg, in dem sich zwischen 1784 und 1787 die Oranier und die Patrioten gegenüberstanden, tauchten die Frauen vor allem in den Reihen der Oranier auf. War dies wirklich eine Manifestation der dem weiblichen Geschlecht so gerne zugeschriebenen reaktionären Neigungen? Bei genauerem Hinsehen zeigt sich, daß die Oranier den Frauen Gelegenheit gaben, ihre traditionelle Rolle im Aufstand zu übernehmen und mit althergebrachten Formen (Krawalle, Appelle an den Pöbel) die Mobilmachung anzufeuern. Frauen standen auch hier an vorderster Front. So stellte sich beispielsweise Kaat

Mussel, eine Muschelverkäuferin, an die Spitze des Rotterdamer Aufstands im Jahre 1784. Zweifellos gab es auch bei den Patrioten Frauen, aber sie sind weniger sichtbar, da sie im Schatten jener Organisationen operierten, die die Revolution lenkten. Nach 1787 legten sich auch die Oranier eine eigene politische Organisation zu. Das hatte zur Folge, daß Frauen während der zweiten Revolutionsepisode 1795 auch bei den Oraniern nicht mehr dieselbe Rolle spielten.[3]

In Frankreich liefert der Aufstand zwischen dem 1. und 4. Prairial des Jahres III (20.–23. Mai 1795) ein beredtes Zeugnis für den Einfluß, den politische Organisationen für die Konstruktion der Geschlechterverhältnisse hatten. Während Augenzeugen den Frauen für die Ereignisse des ersten Tages eine führende Rolle beimaßen, werden Frauen in den Berichten über den folgenden Tag, der im Zeichen der Bezirksversammlungen und der Nationalgarde stand, nicht mehr erwähnt. Frauen waren gezwungen, das Rampenlicht zu verlassen; sie kehrten dorthin nur zurück für Sonderaktionen wie die Freilassung eines Gefangenen oder um den Widerstand anzufechten. Zu Beginn eines Aufstandes gab es Platz genug für beide Geschlechter, solange beide unorganisiert waren. Das änderte sich aber, sobald das eine Geschlecht eine wirkungsvolle und, trotz des zur Legitimation wichtigen Anspruchs, das gesamte souveräne Volk zu vertreten, eine exklusive politische Struktur aufgebaut hatte. Die Ökonomie des Aufstandes funktionierte von nun an nicht mehr nach dem früheren System der Geschlechterbeziehungen.

DER ALLTAG DER REVOLUTION

Die Teilnahme der Frauen an den Revolutionen des ausgehenden 18. Jahrhunderts beschränkte sich keineswegs auf die Momente des Aufruhrs. Ihr tägliches Engagement variierte je nach den Traditionen und Situationen eines Landes. Zweifellos war ihre Beteiligung in Frankreich am umfassendsten; dort vermochten die weiblichen Sansculotten, die in die politische Arena drängten, ihren Aktivitäten eine nationale Dimension zu geben. Ihr militantes Vorgehen ergab sich weitgehend aus ihrem ambivalenten Status als Bürgerinnen ohne Staatsbürgerschaft. Manche politische Handlungsweisen von Frauen waren offensichtlich ein Versuch, den rechtlichen Ausschluß aus dem politischen Gemeinwesen zu kompensieren und sich als Mitglieder des Volkes souverän zu bestätigen.

Tribünen, Clubs und Salons

Obgleich Frauen sich nicht an den Entscheidungsfindungen politischer Gremien beteiligen durften, drängten sie doch in großer Zahl auf die für das Publikum offenen Zuschauerränge. Zeitgenossen kommentierten die Mehrheit von Frauen im Publikum und kritisierten den fieberhaften Eifer, mit dem Frauen den politischen Versammlungen beiwohnten. Die Frauen blieben als Publikum keineswegs stumm. Schreie, Zwischenrufe und Applaus störten oft den Verlauf der Debatten. Bei solchen Anlässen erwarben Frauen 1795 den Spitznamen *tricoteuses* (»Strickerinnen«). Sie wurden beschrieben als Zuschauerinnen, die »auf den Tribünen Posten bezogen haben und mit ihren heiseren Stimmen Einfluß auf die gesetzgebende Versammlung nehmen«. Für die Frauen war ihre Anwesenheit auf den Tribünen eine Möglichkeit, sich konkret und symbolisch in die politische Sphäre einzubringen. In der Tat erfüllten diese Zuschauerränge in der Vorstellung des Volkes eine wesentliche politische Funktion: Sie überwachten die Aktivitäten der Gewählten. Indem eine Frau auf den öffentlichen Rängen Platz nahm, bekundete sie, daß sie an der politischen Herrschaft teilhatte, auch ohne dazu gesetzlich berechtigt zu sein.

Trotz alledem und trotz der Existenz einiger weniger gemischter Volksvereine erhielten Frauen keine vollgültige Mitgliedschaft in den revolutionären Organisationen. In mindestens dreißig Städten gründeten Frauen ihre eigenen politischen Clubs. Deren Anhängerinnen, oftmals Verwandte angesehener Revolutionäre, hielten regelmäßige Sitzungen ab, in denen sie die Gesetze und Zeitungen lasen, über lokale oder nationale politische Probleme debattierten, sich mit philanthropischen Aufgaben befaßten und den konstitutionellen Klerus gegenüber ihren Mitbürgerinnen verteidigten. Nach 1792 wurden diese Gesellschaften zunehmend radikaler und übernahmen eine aktive Rolle im politischen Leben ihrer Gemeinden, meistens an der Seite der Jakobiner. In Paris tauchten zwei Frauenclubs in rascher Folge auf. Die Société patriotique et de bienfaisance des Amies de la vérité (1791–1792), gegründet von Etta Palm d'Aelders, interessierte sich für die Ausbildung mittelloser Mädchen, das Recht auf Scheidung und die Gewährung politischer Rechte für Frauen. Der Club des citoyennes républicaines révolutionaires (10. Mai–30. Oktober 1793), der sich aus militanten Frauen aus dem Volk (Verkäuferinnen, Näherinnen und Industriearbeiterinnen) zusammensetzte, die der Sansculottenbewegung nahestanden, griff engagiert in den Konflikt zwischen Girondisten und Montagnarden sowie in die politische Debatte des Sommers 1793 ein, bevor er am 30. Oktober 1793 zusammen mit anderen Frauenclubs vom Konvent verboten wurde. Der Abgeordnete Amar hatte in seinem einleitenden

Bericht zu diesem Dekret zunächst das Thema der sozialen und politischen Rollenverteilung unter den Geschlechtern angesprochen und
dann kategorisch erklärt: »Es ist nicht möglich, daß Frauen politische
Rechte haben.« Dieses gebieterische Urteil konnte Frauen jedoch nicht
davon abhalten, weiterhin politisch mitzumischen, sowohl auf den
Straßen und Zuschauerrängen als auch bei den regierungsfeindlichen
Verschwörungen des Jahres 1795 und verschiedenen anderen aufständischen Bewegungen.

Die militante Praxis trägt auch in revolutionären Zeiten oftmals den
Stempel der gesellschaftlichen Praxis von ruhigeren Zeiten. Für die
ärmeren Stadtviertel war im 18. Jahrhundert der rege soziale Austausch
zwischen den Frauen kennzeichnend. Frauen trafen sich zum Schwatz
und um Neuigkeiten (zuweilen auch Schläge!) auszutauschen, und verliehen auf diese Weise einer Frauenwelt Konturen, die gegenüber der
Welt der Männer relativ autonom war. Während der Revolution erhielten diese Treffen eine politische Färbung. Die Wäscherinnen, die sich
nach getaner Arbeit in den Schenken trafen, suchten gemeinsam die
Diskurse der revolutionären Redner aufzuschlüsseln. Nachbarinnen, die
ihren Stuhl vor die Haustür gestellt hatten, um die lauen Sommerabende zu genießen, wurden handgreiflich, wenn es darum ging, die
Sache der Girondisten oder der Montagnarden zu verteidigen. Frauen
teilten ihr politisches Leben häufiger mit ihren Nachbarinnen als mit
ihren Ehemännern. Arm in Arm zogen sie vergnügt oder zornig auf die
Versammlungen. Die zahlreichen militanten Paare agierten keineswegs
immer einvernehmlich. Diese durch den Krieg noch zugespitzte revolutionäre Situation war nichts anderes als eine Übertragung der sozialen Beziehungen zwischen Männern und Frauen auf den politischen
Bereich. Wenn Ehemänner zum politischen Verhalten ihrer Frauen
befragt wurden, antwortete so mancher, das gehe ihn nichts an. Gelegentlich fügten sie noch verächtlich hinzu, sie würden nicht viel auf
»Weibergeschichten« geben. In den Aussagen von Frauen deutete sich
immer wieder Aufmerksamkeit für die eigene Unabhängigkeit an. In
ihre Angelegenheiten sollten sich die Männer gefälligst nicht einmischen. Ihre handgreiflichen Zänkereien auf der Straße, die durch
politische Meinungsverschiedenheiten hervorgerufen wurden, regelten
Frauen für gewöhnlich unter sich; die Männer sahen zu, wohl wissend,
daß sie sich nicht in einen Streit unter Frauen einzumischen hatten, sei
er nun privater oder politischer Natur. Die Aufteilung der Haushaltspflichten innerhalb der Familie beeinflußte ebenfalls die revolutionäre
Praxis beider Geschlechter. Während der militante Mann ein Familienvater um die Vierzig war, war die militante Frau entweder unter Dreißig
oder hatte die Fünfzig bereits überschritten; kurzum, eine Frau, die
nicht mehrere Kinder aufzuziehen hatte.

Der weibliche Militarismus, der sich auf der Bühne des städtischen Lebens abspielte, war vor allem volkstümlich und pariserisch. Wenn wir die revolutionäre Hauptstadt, in welcher Wut und Begeisterung tobten, verlassen und uns auf die staubigen Landstraßen begeben, werden wir kaum mehr auf Frauengruppen stoßen, die über Politik diskutierten, und wir werden hinter den Fenstern verräucherter Kneipen auch keine Frauen mehr entdecken. Die Frauen auf dem Land wählten andere, weniger sichtbare Wege, um ihre revolutionäre Anteilnahme kundzutun. Manche schickten Spenden, andere kauften Gewehre für die Nationalgarde oder legten zusammen mit ihren Männern den Eid ab. Sie schlossen sich allenfalls zusammen, um ihren Gemeindepfarrer zu schützen, das Abhängen der Kirchenglocken zu verhindern oder die Wiedereröffnung der Kirchen zu fordern.

Frauen der Führungsschicht engagierten sich auf gänzlich andere politische Art in einem Grenzbereich zwischen Privatem und Öffentlichem – in ihren Salons. Privat waren die Zusammenkünfte insofern, als sie im eigenen Haus abgehalten wurden, zu dem nicht jeder Zutritt hatte. Sie waren zugleich auch öffentlich, da sich Männer der Öffentlichkeit dort versammelten. In der gleichen Weise, wie sie im Club der Jakobiner zusammenkamen, trafen sich die Abgeordneten in den privaten Salons, um sich in einem inoffiziellen Rahmen auf künftige Sitzungen der Versammlung vorzubereiten. Von Frauen geführte Salons wie der von Madame Roland oder Madame de Condorcet waren gleichermaßen Orte für den politischen Meinungsaustausch zwischen den Geschlechtern. Politiker aus gegnerischen Lagern konnten dort in einer entspannten Atmosphäre miteinander streiten. Bevor die Kluft zwischen den Girondisten und den Montagnarden unüberbrückbar wurde, besuchte der Montagnard Robespierre regelmäßig den Salon von Manon Roland, der »Muse der Girondisten«. Sein halb privater, halb öffentlicher Charakter verlieh dem Salon eine strategische Bedeutung. Im Frühstadium der belgischen Revolution von 1789 wurden im Salon der berühmten Gräfin d'Yves Kontakte zwischen den Zunftführern und dem Adel, den Demokraten und den Traditionalisten geknüpft.

An der gemeinsamen Sache spinnen

Auch die Amerikanerinnen mußten wie die Französinnen ihren Wunsch nach politischem Engagement den ihnen zugestandenen Möglichkeiten anpassen. Aber diese waren andere. Die Amerikanerinnen, die in Mann-Frau-Beziehungen aus der Kolonialgesellschaft lebten, lassen die ideologischen und formellen Unterschiede zwischen den beiden Revolutionen besonders deutlich hervortreten. Im Amerika des

18. Jahrhunderts beteiligten sich Frauen nicht am politischen Leben; lediglich die Religion bot ihnen Raum für öffentliche Betätigung. Sie standen der methodistischen Bewegung besonders nahe und zögerten nicht, bei kirchlichen Zusammenkünften ihre Meinung zu äußern, ja gegebenenfalls sogar neue Sekten zu gründen. Überdies erlangte der revolutionäre Bruch in Amerika nicht die gleichen populären und politischen Dimensionen wie in Frankreich. Demzufolge standen die Amerikanerinnen weder an der Spitze der revolutionären Massen, noch gründeten sie Clubs, und sie beteiligten sich auch nicht als Zuschauerinnen an den gesetzgebenden Versammlungen, da diese ihre Sitzungen nicht unter den aufmerksamen Augen der als Kontrolle verstandenen Öffentlichkeit abhielten.

Bereits 1765 war in den rebellischen Kolonien eine Parole im Umlauf: »Boykott der aus England importierten Ware. Wir fabrizieren und kaufen amerikanisch.« Die »Söhne der Freiheit« richteten sich im Namen des Patriotismus an die Frauen, die im Mittelpunkt dieser Aktion standen: Sie sollten ihre Bestellungen nicht mehr bei Importeuren aufgeben, keinen Tee mehr trinken, auf die eleganten Luxusgüter des alten Kontinents zugunsten der eingestandenermaßen einfacheren und gröberen, dafür aber amerikanischen Waren verzichten. Und es lag bei ihnen, Importprodukte in eigener Arbeit zu ersetzen! Amerikanerin zu sein bedeutete, Wolle für die patriotische Sache zu spinnen. Allein oder zu mehreren kamen die Frauen im Hause eines Patrioten, meistens eines Pastors, zusammen, um Garn zu spinnen, und in der damals in den Kolonien blühenden Tradition weiblicher Gebetsgruppen dabei einer Predigt zu lauschen oder Kirchenlieder zu singen. Die religiöse Geselligkeit von Frauen gewann somit eine politische Bedeutung. Während militante französische Praktiken ihren Ausdruck auf öffentlicher Bühne und in einer politischen Sprache fanden, spielte sich das Engagement der Amerikanerinnen im privaten Bereich ab. Der öffentliche Raum blieb eine Domäne der Männer. Spinnen lernen, sich amerikanisch zu kleiden oder keinen Tee mehr zu trinken waren individuelle Entscheidungen, die einen militanten Sinn hatten; es waren staatsbürgerliche Handlungen, die der Amerikanerin das Bewußtsein vermittelten, eine »Tochter der Freiheit« zu sein, die für die gemeinsame Sache eintrat.

Häusliche Arbeiten gehörten insgesamt zu den wesentlichen Aufgaben der Frauen während des Unabhängigkeitskrieges: Es galt, so gut wie möglich den von den Männern verlassenen Familienbetrieb zu führen und in Gang zu halten. Nur vereinzelt beteiligten sich Frauen direkt an der Revolution. Solche Frauen lieferten der patriotischen Armee dann Informationen, arbeiteten als Köchin oder Wäscherin oder zeichneten finanzielle Anleihen. Ihre einzige kollektive Aktion von größerer Reichweite war eine Geldsammlung für die Truppen, die 1780 von weiblichen Angehörigen der Politiker in Philadelphia initiiert und durch die Ladies Association organisiert wurde.

Die weibliche Art zu schreiben und zu sprechen

Wo immer eine Revolution das Land aufwühlte, haben Frauen ihre Meinung über den Verlauf der Geschehnisse kundgetan. Aber auch in diesen weiblichen Ausdrucksformen fanden die nationalen Unterschiede der Aufteilung von Rollen und Tätigkeitsbereichen ihren Niederschlag.

Briefwechsel, Pamphlete und Petitionen

Einige Amerikanerinnen, wie u. a. Mercy Otis Warren, Judith Sargent Murray und die schwarze Sklavin Wheatley, verschafften sich öffentlich Gehör. Die meisten Frauen jedoch artikulierten sich vor allem gegenüber Verwandten und Freunden. Die in den führenden Kreisen ausgetauschte Korrespondenz knüpfte ein enges Netz. Briefe gingen an den Bruder, den Vater, den Ehemann, die als Abgeordnete tätig waren, oder auch an eine Freundin, die wiederum mit einem Politiker verwandt war. Abigail Adams, die ganz allein den Hof der Familie führte, fand dennoch die Zeit zu einem regelmäßigen Briefwechsel mit ihrer Freundin M. O. Warren und mit ihrem Ehemann. Wenn sie glaubte, von den örtlichen Angelegenheiten genug berichtet zu haben, ging sie nicht selten zu politischen und bisweilen feministischen Bemerkungen über. So bat sie im März 1776 Adams, der damals Abgeordneter im Kongreß war, bei der Verabschiedung neuer Gesetze keinesfalls die Frauen zu vergessen, andernfalls hätte er mit einer weiblichen Rebellion zu rechnen. Diese Forderung gibt uns Aufschluß über die geistige Verfassung der Frauen, aber sie gelangte nicht an die Öffentlichkeit und blieb eine individuelle Meinung. Individuell blieben ebenfalls die Petitionen von Witwen oder Frauen, die sich, nachdem sie den Krieg unterstützt hatten, nun in einer prekären wirtschaftlichen Situation befanden und um Entschädigungen ersuchten. Der Stil ihrer Bittschreiben war eher unterwürfig und bittend als fordernd; ihre Anfragen bezogen sich nicht auf die allgemeine Politik, sondern auf konkrete materielle Einzelfälle.

Wenn sich demgegenüber in Frankreich Frauen zur Revolution äußerten, dann taten sie dies in der Regel in aller Öffentlichkeit. Mit ihren gedruckten oder handschriftlichen Texten und öffentlichen Reden richteten sie sich an ein relativ großes Publikum und nicht nur an den engeren Familien- und Freundeskreis. Ihre Äußerungen, ganz gleich, ob sie kollektiv oder individuell vorgetragen wurden, galten selten einem Einzelfall, und wenn, dann wurde er in die weitere Vision eingeordnet. In Broschüren und Petitionen formulierten Frauen ab 1789 ihre Hoffnungen und Forderungen gegenüber der revolutionären Gesellschaft und ihre Vorschläge für Reformen. Ob schüchtern oder radikal, ihre Aufrufe an die Nation waren von ein und demselben Wunsch getragen: nicht aus dem politischen Leben ausgeschlossen zu werden und, auch ohne im Besitz formaler Staatsbürgerrechte zu sein, etwas zum Aufbau des entstehenden politischen Gemeinwesens beizusteuern. Diese von einer einzigen oder mehreren Frauen verfaßten Schriften sprachen häufig im Namen des gesamten weiblichen Geschlechts. Sie waren durch und durch politisch, sowohl im Inhalt (Themen und Sprache) als auch in bezug auf ihre Adressaten (Mitbürger/innen bzw. häufiger die Gesetzgeber). Auch die Art und Weise, wie diese Schriften in Umlauf gebracht wurden, verstärkte den angemeldeten Anspruch auf Teilhabe an der Staatsbürgergesellschaft. Viele dieser Texte wurden vorher von revolutionären Organisationen überprüft. Gelangten sie dann zum Druck, wurden sie anschließend von Zeitungshändlern feilgeboten und von militanten Frauen gekauft, die sie an andere weitergaben. Einige Autorinnen, beispielsweise die Einzelgängerin Olympe de Gouges oder die »Demokratin Dubois«, die im Frühjahr 1795 die Menschen zum Aufstand aufrief, schlugen ihre Flugschriften an Häuserwänden an, wo sie von den davor versammelten Passanten laut vorgelesen wurden.

Petitionen hatten im Verlauf der Revolution bei Männern und Frauen Hochkonjunktur. Diese oft kollektiven Petitionen forderten die Regierung gelegentlich auch mit drohender Gebärde dazu auf, weitreichende Maßnahmen zu treffen. Sie wurden aus der Provinz an die Versammlung gesandt oder auch von den Verfasserinnen vor den Abgeordneten verlesen. Die Liste der revolutionären Petitionen ist endlos und füllt Bände. Hier seien zumindest einige, die besonders eindrucksvoll zeigen, auf welchen Wegen Frauen ihre Teilhabe am politischen Gemeinwesen durchzusetzen suchten, vorgestellt. Die eingeschlagenen Wege waren nicht selten Seitenwege, mußten die Frauen doch die politische Ungleichheit zwischen den Geschlechtern zu umgehen versuchen. Wie sollte man sich als Bürgerin behaupten können, wenn man keinerlei staatsbürgerliche Rechte besaß? Welche angelehnten Türen galt es weit aufzustoßen, um politisches Mitbestimmungsrecht zu erlangen? So lauteten die Fragen, auf die die verschiedenen Vorstöße von Frauen eine Antwort zu finden versuchten.

Die symbolische Sprache

Am 6. März 1792 verlas Pauline Léon vor der gesetzgebenden Versammlung eine von 300 Pariserinnen unterzeichnete Petition, mit der
die Frauen ihr »natürliches Recht«, sich ebenfalls zur Nationalgarde zu
formieren, einklagten. Die Teilhabe an den bewaffneten Organisationen des souveränen Volkes war ein fundamentales Staatsbürgerrecht.
Der Empfang, der den petitionierenden Frauen bereitet wurde, verdeutlicht die Tragweite ihres Handelns. Der Präsident der Versammlung erinnerte sie an die unterschiedlichen Rollen, die jedem Geschlecht zugeteilt seien. »Hüten wir uns davor, in die Ordnung der
Natur einzugreifen«, rügte er, indem er sich auf eines der Leitmotive
der Gegner der politischen Gleichheit zwischen den Geschlechtern
stützte. Mit demselben Argument wurde auch das Verbot der Frauenclubs gerechtfertigt. Durch die bis 1793 häufig wiederholte Forderung
nach Zulassung zur Nationalgarde machten jene militanten Frauen
ihren Anspruch auf ein staatsbürgerliches Recht und somit auf einen
Platz im politischen Gemeinwesen geltend. Ihr Wille, sich zu bewaff-
nen, war nicht – wie bei den etwa hundert Frauen, die auf eigene
Faust der Armee als Soldaten beitraten – eine Sache der patriotischen
Gesinnung. Die Forderung zielte auf die Frage der Macht, der Staatsbürgerrechte und der Gleichberechtigung der Frauen.

Die vom Konvent am 24. Juni 1793 beschlossene Verfassung wurde
anschließend einem Volksentscheid unterzogen, der exklusiv allen
Angehörigen des männlichen Geschlechts vorbehalten war. Einige
Frauen wiesen das Ansinnen einer derart geschlechtlich polarisierten
Nation zurück. Sie schlossen sich zusammen, um ebenfalls zu wählen,
den Eid abzulegen und den Vertretern des Volkes (der Nation) ihre
Zustimmung zur »Verfassung« kundzutun. Diese Bewegung erlangte
zwar keine überwältigenden Ausmaße, aber die Adressen der Frauen
waren doch zahlreich genug, um Eindruck zu machen. Die Texte hatten keinen ausdrücklich feministischen Inhalt: Nur zwei Bürgerinnen
und drei Clubs verurteilten die politische Ungleichheit zwischen den
Geschlechtern. Dennoch spiegelte diese Petitionswelle nicht nur die
Unterstützung militanter Frauen für die Montagnarden wider. Indem sie
sich versammelten und den Konvent über ihr Einverständnis informierten, verwandelten sie einen privaten Akt – die Zustimmung zur
Verfassung durch Frauen, die keine formalen politischen Rechte
besaßen – in einen öffentlichen Akt, durch den sich die Bürgerinnen
zu Mitgliedern des Gemeinwesens erklärten. Ihre Beharrlichkeit, die
Gesetzgeber offiziell davon in Kenntnis zu setzen, daß auch sie,
obwohl »das Gesetz sie von dem kostbaren Wahlrecht ausschließt«, die
Verfassung ratifizieren, die dem souveränen Volk zur Abstimmung vor-

gelegt wurde, kennzeichnet ihren Wunsch, an der Macht des Volkes trotz der ausschließlich männlichen Wählerschaft teilzuhaben.

Ein weiteres Beispiel dafür, welche Bedeutung kollektive symbolische Handlungen für die Geschlechterbeziehungen hatten, war der »Kokardenkrieg«. Im September 1793 initiierten die Sansculottenfrauen eine Kampagne für ein Gesetz, das alle Frauen verpflichten sollte, die Trikolore-Kokarde zu tragen. Bevor die von Bürgerinnen eines gemischten Vereins abgefaßte Petition in den Konvent kam, wurde sie in den Versammlungen der Sektionen und Clubs verlesen und bestätigt. Der Club des Cordeliers erkannte an, daß »Bürgerinnen, die unsere Arbeit teilen, auch diesen Vorzug mit uns teilen sollen«. Auf den Straßen und Märkten kam es zwischen denjenigen Frauen, die das pflichtgemäße Tragen der Kokarde befürworteten, und denen, die dies ablehnten, zu gewalttätigen Auseinandersetzungen. Besorgt über das Ausmaß der Unruhen, gab der Konvent am 21. September nach. Die Kokarde war seit Juli 1789 eines der bestimmenden Symbole der Staatsbürgerschaft; nun auch die Frauen zu zwingen, die Kokarde zu tragen, hieß, sie als Bürgerinnen anzuerkennen. Während des Sommers 1793 wuchs innerhalb der Sansculottenbewegung der Einfluß der militanten Frauen; zur gleichen Zeit kritisierten immer mehr Frauen und Männer den Grad der politischen Ungleichheit in einem »Staat, in dem das Gesetz die Gleichheit heiligt«. In diesem Zusammenhang erscheint das Dekret vom 21. September wie ein Angriff auf den Status quo. Wie die Cordeliers richtig erkannten, war es eine Frage des Teilens. Im Augenblick betraf das Teilen nur eines der Symbole der Staatsbürgerschaft; auf längere Sicht aber vielleicht sogar die Macht insgesamt. Die Kommentare zum Dekret lassen vermuten, daß die Mehrzahl der Männer den Ernst der Situation erkannte: nach der Kokarde würden die Frauen auch nach dem roten Barrett, den Waffen und dem Wahlrecht verlangen. Die Gespräche in den Kneipen kreisten ebenso wie die Reden des Abgeordneten Fabre d'Eglantine um die Angst, die Gesellschaft werde durch die Verwirrung der Geschlechter destabilisiert und unweigerlich in ein Chaos gestürzt. Durch die Gleichberechtigung würden Frauen zu Männern mit kurzen Haaren, die Hosen trügen und munter Pfeife rauchten. Ließe sich die Macht im übrigen zwischen den Geschlechtern aufteilen? Für einige Männer war dies völlig undenkbar und unvorstellbar. Sie dachten lediglich – und mit durchaus verständlicher Angst – an einen Rollentausch (der »die natürliche Ordnung auf den Kopf stellen«, »das Geschlecht vertauschen« würde). Wenn die Frauen aus diesem Prozeß als Siegerinnen hervorgingen, würden sie ihren Gefährten die Kehle durchschneiden und die Herrschaft »einer Katharina von Medici, die sämtliche Männer in Ketten legt«, einläuten. Um sich gegenseitig das Fürchten zu lehren, spielten die Stammgäste in den Schenken

nach Verabschiedung des Dekrets über die Kokarde mit apokalyptischen Visionen von Frauen, die zu den Waffen griffen, um die Männer
im Verlauf einer Art sexueller Bartholomäusnacht zu ermorden. Solche
Visionen tauchten periodisch immer wieder auf und offenbarten die
Bedeutung des Symbolischen und Imaginären beim Aufbau politischer
Beziehungen zwischen den Geschlechtern in Phasen des radikalen
Wandels. Während sie um ein dreifarbiges kleines Band kämpften, um
es an ihren Hut zu stecken, ging es den militanten Frauen mitnichten
um eine »typisch weibliche« Modeangelegenheit; sie versuchten vielmehr, die Geschlechtsaxiome des politischen Lebens umzustürzen.

EIN NEUES GESCHLECHTERVERHÄLTNIS

Briefe, Artikel, Broschüren und Reden zeichnen mit feinen Pinselstri-
chen gleichsam das Porträt einer mythischen Frau, welche die Träume
all jener Frauen verkörpert, die gehofft hatten, der revolutionäre Einschnitt werde, indem er ein Vorher und ein Nachher, ein Altes und ein
Neues definierte, auch ihren Platz in der Gesellschaft und ihr Verhältnis zu den Männern neu gestalten.

Amerikanische Penelope

»Ich hoffe, daß unsere jungen Frauen eine neue Ära in der Geschichte der Frauen begründen werden«, schrieb Judith Sargent Murray im
Jahre 1798. Wie die junge Republik der Vereinigten Staaten von Amerika wurde auch die Republikanerin während des Unabhängkeitskrie-
ges geboren. Denn der Krieg stürzte sämtliche Regeln um, brutalisier-
te das Leben, setzte auch jeglichem sorglosen Dasein von Frauen ein
Ende, die nun anstelle ihrer Ehemänner, die in den Krieg gezogen
waren, vor der Aufgabe standen, allein für das Überleben der Famili-
en zu sorgen. Judith Sargent, eine Frau aus der religiösen Dissidenz-
bewegung, gehörte zu dieser »Generation der Überlebenden«[4], die in
diesen stürmischen Zeiten zum Bewußtsein ihrer Kraft und ihres Wertes als Individuum gelangt. Ausgehend von persönlichen Erfahrungen
schuf sie ein Modell für die neue amerikanische Frau; diese nannte sie
Penelope, in Anlehnung an die Frau des Odysseus, die ebenfalls
während der langen Abwesenheit ihres Mannes die Geschicke ihrer
Familie hatte in die Hand nehmen müssen. In ihrem um 1790 veröffentlichten Essays suchte Judith Sargent ihr Publikum von den intellek-

tuellen Fähigkeiten der Frauen zu überzeugen und von der Notwendigkeit, ihnen eine angemessene schulische Ausbildung zu gewähren, um die jungen Mädchen auf die Wechselfälle des Lebens vorzubereiten. Ihre Penelope war eine pragmatische junge Frau, die Mode und Frivolität verachtete und ihre Persönlichkeit nicht im Hinblick auf einen zukünftigen Ehemann zuschnitt. Anstatt in ihrem weichen Bett vom Traumprinzen zu träumen und die Kunst der körperlichen Verführung zu erlernen, stand sie lieber bei Sonnenaufgang auf und widmete sich tagsüber ihren Studien, aus denen sie sowohl Vergnügen als auch Unabhängigkeit zog. Auf diese Weise war sie für eventuelle Schicksalsschläge gewappnet, und ihre Ehe würde sich um so harmonischer gestalten. Der Krieg, den beide Geschlechter auf unterschiedliche Weise erlebten, verstärkte die Bindung der Frauen an die typischen Grundsätze protestantischer Ethik. Sie sahen sich aufgerufen, die eigenen Begabungen herauszubilden, sich »die edle Glut der Unabhängigkeit« zu bewahren und Selbstachtung zu behalten. Die Gewißheit, daß nur eine solche Penelope in schwierigen Zeiten überleben würde, spiegelt sich in verschiedenen literarischen Werken wider. Unter den Heldinnen von M. O. Warren (*The Ladies of Castille*, 1790) und C. Brown (*Ormond*, 1799) werden diejenigen, die ignorant und nur mit ihren Liebschaften beschäftigt sind, durch ein Unglück, dessen sie sich nicht zu erwehren wissen, in den Selbstmord getrieben; diejenigen aber, die gebildet, stolz, stark, voller Selbstachtung und Selbstvertrauen sind, gehen aus Krisensituationen gefestigter hervor. Solche Frauen brauchte Amerika.

Allerdings brauchte Amerika seine Frauen einzig und allein im Hause, inmitten ihrer Familien. Dort gehörten sie hin, und niemand wollte dies ändern. Das republikanische Modell der Frau war die Mutter. Ihre Kompetenz, die Kraft, die sie aus ihrer Selbstachtung gewann, wurden in den Dienst der Familie gestellt und erstreckten sich nicht auf den Bereich öffentlicher Entscheidungen. Dennoch spielte die republikanische Mutter durchaus eine wesentliche Rolle im bürgerlichen Leben. Indem sie ihre Söhne zu aufrechten Bürgern erzog, »stärkt sie die bürgerliche Ordnung, in der sie lebt«.[5] Auch wenn sie die politische Bühne nicht betrat, trug sie doch politische Verantwortung; diese reichte allerdings nicht über den häuslichen Kreis hinaus. Die Amerikanerinnen beanspruchten zwar keine öffentliche Funktion, aber sie wiesen ihre Männer darauf hin, daß sie sich nicht mehr als Quantité négligeable behandeln ließen, da der revolutionäre Umbruch auch ihrer Rolle innerhalb der Familie einen neuen Sinn gegeben habe. Sie holten das Politische in das Privatleben hinein und gaben ihren häuslichen Funktionen einen staatsbürgerlichen Sinn.

Noch eine weitere Aufgabe war den Frauen beim Aufbau des Landes vorbehalten. Sie waren die Wächterinnen über Tugend und Moral, also über Werte, durch die der Krieg gewonnen werden konnte und ohne die die Republik nicht überleben würde. Tugend und Moral waren individuelle und religiöse Eigenschaften, für die jeder einzelne vor Gott Rechenschaft abzulegen hatte, und nicht, wie in der Französischen Revolution, öffentlich eingesetzte, politische Eigenschaften, für die jedes Individuum vor der menschlichen Gemeinschaft verantwortlich war. Diese Eigenschaften, die für eine von Puritanern gegründete Gesellschaft entscheidende Bedeutung hatten, waren im Modell der »republikanischen Mutter« inbegriffen: Die Tugend der Mutter ruft immer erneut dem Ehemann und den Söhnen diese sittliche Dimension des guten Staatsbürgers ins Gedächtnis. Das Rollenkonzept war in dem Pamphlet *Women Invited to War* noch radikaler formuliert.[6] Dieser Text beginnt wie ein politischer Text, nimmt dann aber sehr schnell einen religiösen Ton an und behauptet, daß der hauptsächliche Feind der jungen Nation immer noch Satan sei. Es sei an den Frauen, die weniger dem Laster (Trinken, Fluchen) verfallen seien als Männer, gegen diesen diabolischen Gegner zu Felde zu ziehen. Der Kampf der Männer sollte politisch und öffentlich sein: Sie errichten die Fundamente des Gemeinwesens und sorgen für das Funktionieren der Institutionen. Dagegen sollte der Kampf der Frauen geistig sein und privat ausgetragen werden. Frauen sollten die Seele des Gemeinwesens retten, indem sie um Vergebung für dessen Sünden beteten, dessen Betragen läuterten und die Männer aufforderten, dasselbe zu tun. Diese Schrift hat feministisch-religiöse Untertöne, wenn ausdrücklich gesagt wird, daß Männer und Frauen vor Gott gleich sind, und Eva nicht erschaffen wurde, um mit Füßen getreten zu werden. Die Amerikanerinnen, die während der Revolution keine politischen Clubs gebildet hatten, schlossen sich im Anschluß an den Krieg in Vereinen zusammen, die häufig den Kirchen angeschlossen waren, um die Witwen und Waisen zu unterstützen. Diese Gruppen, in denen sich kollektive öffentliche Aktivitäten entwickelten, bildeten später die Ausgangsbasis für die Abolitionisten und die Frauenbewegung des 19. Jahrhunderts. Auch hier legitimierten die Amerikanerinnen ihr politisches Engagement mit der ihnen übertragenen religiösen und moralischen Verantwortung.

Bürgerinnen

Die »republikanische Mutter« war auch in der französischen Gesellschaft das weibliche Ideal. Auch hier sollte es Aufgabe der Frauen sein, die Kinder zu guten Republikanern heranzuziehen und in ihnen die Liebe zu Freiheit und Gleichheit zu erwecken. Eben deshalb war es Frauen auch gestattet, wenn schon nicht aktiv an den Debatten teilzuhaben, so doch die politischen Versammlungen zu besuchen, um dort die Prinzipien der Revolution zu erlernen. Weder richtig einbezogen noch völlig ausgeschlossen, hatten sie ihren Platz an der Peripherie. Es war schwierig, ihnen als Bürgerinnen ohne politische Rechte einen genauen Platz zuzuweisen. Manche Frauen nutzten diesen zweideutigen Status, um ihre eigenen politischen Ambitionen zu rechtfertigen. Die geschlechtsspezifische Rollenteilung wurde nicht völlig zurückgewiesen, jedoch wurde die Trennung der politischen Sphäre keineswegs strikt gehandhabt: Frauen waren zwar dazu bestimmt, für die Familie zu sorgen, doch in ihrer Rolle als Bürgerinnen mußten sie sich darüber hinaus auch um die Interessen des Gemeinwohls kümmern. Im April 1793 schreibt der Abgeordnete Guyomar: Die Frau »kümmert sich um die inneren, der Mann um die äußeren Angelegenheiten (. . .). Aber die große Familie muß die Oberhand über die kleine Familie eines jeden einzelnen behalten, sonst untergräbt das Privatinteresse bald das Allgemeininteresse.« Das revolutionäre Konzept der Unterordnung des Besonderen unter das Allgemeine diente als Grundlage für die Forderung, daß politisches Engagement und staatsbürgerliche Rechte in der neuen Gesellschaft beiden Geschlechtern zukommen müssen. Die Frauen wurden als Mitglieder der menschlichen, gesellschaftlichen und politischen Gemeinschaft definiert. Um die Notwendigkeit der Gründung von Frauenclubs zu demonstrieren, argumentierte die Präsidentin eines dieser Clubs in Dijon, daß in einer Republik »jedes Individuum unbedingter Bestandteil des Ganzen ist« und in öffentlichen Angelegenheiten mitwirken müsse.

Die Republik leitete eine neue Annäherung der veränderten individuellen Beziehungen zwischen Männern und Frauen ein. In einem Punkt ähnelten die Bestrebungen der Französinnen denen der Amerikanerinnen: die Zeiten waren vorbei, in denen die Frauen »durch einen falschen, frivolen Kult herabgesetzt und erniedrigt wurden«, wie es für die »Höfe von Despoten« angemessen schien. Republikanische Frauen warfen die Bänder und den Schmuck, diese Zeichen nicht nur ihrer eigenen Unterdrückung, sondern der eines ganzen Volkes, fort. Die früher unternommenen Anstrengungen, das andere Geschlecht zu verführen, verloren an Wert, wenn es – wie in Amerika – darum ging, innere Werte geltend zu machen, um aktiv an der »öffentlichen Sache« mitzuwirken. Auch hier wiederum betrachteten sich die Französinnen eher als Teil einer Gesamtheit denn als Individuen. So entstand die Fiktion von der »freien Frau« als Mitglied eines »freien Volkes«, die im Interesse der Allgemeinheit handelt und aktiv an der Eroberung kollektiver Freiheit teilnimmt. Im Gegensatz zur »freien Frau« stand die »versklavte Frau«, Mitglied eines »versklavten Volkes«, eines Volkes ohne Rechte, dazu bestimmt, die Anweisungen von ebenfalls »versklavten

Männern« zu befolgen. Ziel der Frauen war es nicht, das weibliche Geschlecht an die Stelle des männlichen zu setzen, sondern die gesamte Bandbreite ihrer menschlichen Eigenschaften in einem allen zugänglichen Raum zu entwickeln. Zudem erlaubte es das Bild von der »freien Frau«, mit einem Paradoxon zu spielen: Frauen waren Mitglieder eines »freien Volkes«, aber dem »Despotismus« der Männer unterworfen. Somit konnte eine Parallele zum Despotismus des Königs und des Adels während des Ancien Régime gezogen werden. Die Amerikanerinnen bedienten sich derselben Rhetorik, um die Tyrannei, die ein Mann über seine Ehefrau ausüben konnte, mit der Englands über seine Kolonien zu vergleichen. Aber die von den Französinnen kritisierte Sklaverei war nicht nur privater, sondern auch politischer Natur: Solange sich die Frauen nicht vollständig sämtlicher Bürgerrechte erfreuen, sind sie Sklavinnen. Und »überall, wo die Frauen Sklavinnen sind, werden Männer durch das Joch des Despotismus verbogen«, so die Präsidentin des Frauenclubs von Dijon. Die Unterdrückung der Frau durch den Mann wird im wechselseitigen Zusammenhang mit dem Konzept der Freiheit der gesamten Menschheit gesehen, und stets als einer der wesentlichen Züge des politischen Wesens einer Gesellschaft verstanden: entweder Demokratie für alle oder Despotismus für alle.

Stellung, Rolle und Lebensentwürfe der Frauen waren also nicht auf beiden Seiten des Atlantiks gleich. Das zeigt einmal mehr, wie sehr die Beziehungen zwischen den Geschlechtern die jeweiligen gesellschaftlichen Verhältnisse widerspiegeln. In beiden Fällen jedoch war die Ordnung der Geschlechterverhältnisse für diejenigen, die sich damit auseinandersetzten, ein zentrales Thema beim Aufbau des Gemeinwesens.

Die Unabhängigkeit des einzelnen stand im Zentrum der amerikanischen Ideologie. Das staatliche Gemeinwesen wurde als Summe aller einzelnen Mitglieder gedacht, nicht aber als deren Verschmelzung zu einer Gemeinschaft: Die Stärke einer jeden Persönlichkeit sichert die der ganzen Republik. Gleichzeitig erlaubt die Gesellschaft jedoch den einzelnen, im persönlichen Leben materiell und geistig voranzukommen (*self-reliant*, *self-respect*). Traditionell aus der Öffentlichkeit ausgeschlossen, erkannten die Amerikanerinnen während des Unabhängigkeitskrieges ihre individuellen Fähigkeiten. Ihre Töchter und Enkelinnen konnten später, gestützt auf diese während des politischen Umbruchs definierte Rolle als Garanten von Tugend und Moral, Einfluß auf das politische Geschehen nehmen.

Im Unterschied dazu verstanden die französischen Revolutionäre Macht ausdrücklich im Sinne von »kollektiver Aneignung«[7]. Es ist also nicht verwunderlich, daß die Französinnen sich nicht in erster Linie als unabhängige Individuen begriffen, sondern als Mitglieder einer Gemeinschaft, in der das Allgemeine über das Besondere gestellt werden sollte. Diese Denkweise war typisch für ihr Land und eröffnete ihnen einen Weg, den sie zu ihrem eigenen Vorteil nutzen konnten. Sie agierten auf der öffentlichen Bühne des 18. Jahrhunderts und sie verließen diese auch nicht, als sie zur politischen Bühne wurde. Zwar verweigerte man ihnen die Staatsbürgerrechte, nannte sie aber dennoch Bürgerinnen *(citoyennes)*. Dieser Widerspruch in der Sprache, entstanden aus dem Verhältnis der Geschlechter, das im Gegensatz zu den Gründungsprinzipien der Republik stand, offenbarte das Wesen und die Eigenheit der Französischen Revolution: Da die Nation als souverän galt, war es unmöglich, Frauen eine andere Bezeichnung zukommen zu lassen. Die Feministinnen des 19. Jahrhunderts bezogen sich daher nicht von ungefähr auf die Episode der Revolution als den eigentlichen Gründungsakt der Demokratie.

Aus dem Französischen von Harald Riemann

2

DIE FRANZÖSISCHE REVOLUTION ALS WENDEPUNKT

Elisabeth G. Sledziewski

Oft wird behauptet, Frauen hätten von der Französischen Revolution keinerlei Vorteil gehabt. Die Revolution habe die Situation der Frauen entweder überhaupt nicht oder aber nur zum Schlechteren verändert. Diese beiden konvergierenden und zugleich antagonistischen Sichtweisen berücksichtigen jedoch nicht hinreichend das Ausmaß des revolutionären Umbruchs. Dieser Umbruch war viel zu tiefgreifend und viel zu umfassend, als daß ein Bereich der Gesellschaft oder eine Gruppe gesellschaftlicher Akteure davon hätte verschont bleiben können; der Umbruch war schöpferisch und trotz aller Verheerungen voller Verheißungen.

Die Französische Revolution brachte auch für die Geschichte der Frauen entscheidende Veränderungen. Davon wird man auszugehen haben. Denn zum einen war die Revolution keineswegs nur für die Geschichte der Männer, sondern für die Geschichte der Menschheit insgesamt höchst bedeutsam. Zum anderen stellte die Revolution auch die Ordnung der Geschlechterverhältnisse und die Beziehungen zwischen den Geschlechtern von Grund auf in Frage. Frauen wurden keineswegs nur dadurch von den Ereignissen mit betroffen, daß alles im Wandel begriffen war, weil der revolutionäre Sturm nichts unberührt ließ. Ihre Situation veränderte sich vielmehr auch dadurch tiefgreifend, daß die Revolution die »Frauenfrage« erstmals überhaupt formulierte und in den Mittelpunkt der *politischen* Verständigung über Gesellschaft rückte.

Das war die große Neuerung. Alle, die an der Revolution mitwirkten, sie bekämpften oder nur beobachteten – ganz gleich, ob innerhalb oder außerhalb von Frankreich –, konnten das revolutionäre Gemeinwesen und den revolutionären Akt nur begreifen, indem sie dabei auch die Rolle der Frauen mit definierten. Dies ist ein *sicheres* Indiz für die enorme Tragweite der Umwälzungen. Eine ganze Zivilisation wurde bis in ihre häuslichen Fundamente erschüttert. Die Französische Revolution war daher nicht von ungefähr – ebenso wie bereits vor ihr das frühe Christentum, die Reformation und der Staatsrationalismus – um die Beziehung zwischen den Geschlechtern bemüht. Jetzt aber wurden neue Fragen aufgeworfen. Insbesondere kam es erstmals zur Diskussion über die Rolle der Frau nicht nur im häuslichen Bereich, sondern auch im staatlichen Gemeinwesen. Die Französische Revolution war der historische Augenblick, in dem die westliche Zivilisation begriff, daß Frauen einen Platz innerhalb des Gemeinwesens einnehmen können. Bis dahin waren weder die europäische Aufklärung noch die Amerikanische Revolution ein Anlaß gewesen, die uralte »Frauenfrage« in dieser Weise zu politisieren und damit offenzulegen, daß es um mehr als nur um eine Frage der Sitten ging.

Warum kam es zu einer solchen Entdeckung zu eben diesem Zeitpunkt? Wodurch wurde während der Französischen Revolution die sexistische Abriegelung der Politik erstmals in Frage gestellt? Wie ging dies vonstatten, und was folgte daraus?

Die revolutionäre Debatte über den möglichen neuen Platz von Frauen im Gemeinwesen führte nicht zwangsläufig dazu, diesen Platz nun auch tatsächlich revolutionär auszugestalten. Festzustellen, daß Frauen eine politische Rolle spielen können, bedeutete nicht, daß man ihnen diese Rolle auch zubilligen wollte. Allein die Möglichkeit einer solchen Folgerung mag selbst denjenigen, die das Thema aufgebracht hatten, so skandalös erschienen sein, daß sie eher auf Abwehr denn auf Realisierung hinarbeiteten. Nicht die denkbaren Innovationen, sondern ein reaktionärer Diskurs über Frauen hat sich schließlich durchgesetzt.

Diese beiden Seiten der Revolution gilt es im Blick zu behalten: die Kühnheit der Entwürfe ebenso wie das historische Zurückweichen vor deren Realisierung. Die Revolution hat eine Auseinandersetzung mit den Geschlechterverhältnissen im politischen Gemeinwesen verweigert, so als sei sie im nachhinein darüber erschrocken gewesen, diesen Punkt überhaupt auf die Tagesordnung gesetzt zu haben. Aber daß es die Revolution selbst war, die dieses Thema überhaupt erst auf die Tagesordnung gesetzt hat, sollte darüber nicht in Vergessenheit geraten.

Frauen im politischen Gemeinwesen

Die Revolution – in diesem Punkt waren sich ihre zeitgenössischen und späteren Gegner einig – habe insbesondere Schuld auf sich geladen, indem sie die Frauen emanzipiert und damit das Laster in das Herz der sozialen Ordnung hineingetragen habe. Angefangen beim Bild der *tricoteuses* und anderer Furien der Guillotine bis hin zum Bild von der *citoyenne*, die sich von ihrem Ehemann scheiden läßt, Waffen trägt, debattiert oder schreibt, wurde in allen konterrevolutionären Diskursen den Phantasien über subversive Frauen freier Lauf gelassen. Allein der Einbruch des »schwachen Geschlechts« in Räume und Rollen, die ihm vormals versperrt waren, galt als Ausdruck für den Vormarsch aller Schwachen, und diese den Frauen unterstellte Wirkung reichte aus, um zu behaupten, die Welt werde auf den Kopf gestellt.

Subversive Frauen

Der monarchistische Theoretiker Bonald machte zu Recht den Revolutionären den Vorwurf, sie hätten die »Naturgesellschaft« zerstört, in der die Frau »Untertan und der Mann der Herr ist«. »Mann« und »Frau« werden hier als Gegensätze verstanden; die Frau als »Untertan« ist ein dem Manne untergebenes Wesen, unfähig, sich als autonomes Subjekt mit eigenen Handlungen zu definieren, und somit selbstverständlich jeglicher staatsbürgerlicher Rechte entkleidet. Nach Bonald ist also alles in Ordnung, »solange der Mann als Verkörperung der Macht in dieser Gesellschaft, in der Position bleibt, die ihm die Natur zugewiesen hat; wenn ihn die Schwäche von dort herabholt, wenn er derjenigen, die er befehligen muß, gehorcht, wird er selbst dem zuwiderhandeln, dem er gehorchen muß«. Mit anderen Worten, ein Mann, der die Zügel der Frau überläßt, kommt seinen natürlichen Pflichten gegenüber Gott und dem König nicht nach; schlimmer noch, er gibt das Signal zur allgemeinen Subversion: »Was für eine Lektion erteilen dem Universum die erbärmlichen Folgen, die aus der Schwäche der Macht und dem Stolz des Subjekts entstehen! Indem er in den Augen der schwächsten Partei der Gesellschaft den falschen Glanz von Freiheit und Gleichheit aufblitzen läßt, wiegelt ihn ein bösartiger Geist gegen die legitime Autorität auf.«[1] Für Bonald waren die Dinge also ganz klar: Die Revolution wäre nicht so revolutionär verlaufen, wenn die Frauen herausgehalten worden wären.

Dieselbe Schlußfolgerung zog der Engländer Edmund Burke, ein Liberaler, der nicht weniger feindselig gegenüber der Revolution eingestellt war. Die Revolution, schrieb er 1796, habe das schamloseste,

verderbteste und zugleich gröbste, wildeste und grausamste System der
Sitten eingeführt, das die Welt je gekannt habe. Ein System, das
namentlich die Frauen befreite, das die Fesseln der Ehe löste und das
gegen die unwandelbaren Gesetze der geschlechtsspezifischen Rollenteilung in einem Maße verstieß, daß sogar die Londoner Prostituierten,
die an Verrufenheit ihresgleichen suchen, dies als schamlos empfinden
könnten. Die Revolution habe die Grenzen der Zivilisation ausgelöscht,
indem sie »fünf- bis sechshundert betrunkene Frauen vor der Versammlung erscheinen ließ, um das Blut ihrer Kinder zu fordern«, oder
die Ehe auf die Stufe eines bürgerlichen Vertrages herabsetzte und die
Scheidung erleichterte. »Bei den Jakobinern wird die Vermischung der
Geschlechter dem Zufall überlassen«, entrüstete sich Burke. Und er
wetterte gegen das »gräßliche Prinzip der Billigkeit«, auf das sich dieses System beruft, das »den Frauen das Recht einräumt, ebenso verderbt zu sein wie wir«.

Diese erstaunlichen Sätze lassen das Ausmaß des Skandals erahnen.
Kein anderes Regime hatte es je vorher gewagt, mit einer politischen
Entscheidung die Hierarchie der Geschlechter zu widerrufen. Selbst
wenn dies, wie manche Gegner annahmen, lediglich eine Kriegslist
darstellte, »um die öffentliche Ordnung zu stören«, eröffnete sie doch
leichtfertig den Frauen einen unbegrenzten politischen Kredit, und
davon würden alle naturgemäß zur Unterwerfung bestimmten Wesen
künftig profitieren. »Man sagt, die Frauen hätten sich so lange unter
das Joch der Männer beugen müssen. Es ist nicht nötig«, fügt Burke
hinzu, »daß ich mich lang und breit über die unseligen Folgen auslas-
se, die ein Gesetz nach sich ziehen mag, das der Hälfte unserer Gattung den Schutz der anderen Hälfte von unten her entzieht.«[2] Diese
Folgen seien nicht nur unheilvoll für den häuslichen Frieden, sondern
für die Gesellschaft insgesamt.

Bürgerinnen

Burke hatte recht. Die Revolution hat den Frauen klargemacht, daß sie
keine Kinder sind. Sie hat ihnen eine bürgerliche Persönlichkeit zugestanden, die ihnen vom Ancien Régime verweigert worden war. Frau-
en wurden nun zu Individuen, d. h. zu eigenständigen menschlichen
Wesen, die sich eigener Rechte erfreuten und befähigt wurden, diese
auch selbständig wahrzunehmen.

Die *Déclaration* von 1789 gestand jedem Individuum das unantastbare Recht auf »Freiheit, Eigentum, Widerstand gegen Unterdrückung«
zu.[3] Folglich konnte nun jede Frau, ebenso wie jeder Mann, ihre Meinung frei äußern und ihre Entscheidungen frei treffen; die Unver-

sehrtheit ihrer Person und ihrer Habe wurde garantiert. Töchter durften bei der Erbteilung nicht länger benachteiligt werden. »Hat mich
meine Mutter nicht ebenso wie ihre anderen Kinder unter dem Herzen getragen?«[4] rief Mutter Duchêne im März 1791 aus, als die verfassunggebende Versammlung die Gleichheit im Erbrecht *ab intestat* beschloß und im Begriff war, das Privileg der Männlichkeit abzuschaffen.
Die Verfassung vom September 1791 legte in identischer Form für
Frauen und Männer die bürgerliche Volljährigkeit fest. Darüber hinaus
wurde Frauen die erforderliche Vernunft und Unabhängigkeit zuerkannt, um standesamtliche Handlungen zu bezeugen und aus freien
Stücken vertragliche Pflichten zu übernehmen (1792). Sie hatten
Anrecht auf die Zuteilung gemeinschaftlichen Besitzes (1793). Im ersten
Entwurf des Code civil, der 1793 von Cambacérès dem Konvent vor-
gelegt wurde, erfreuten sich Mütter derselben Privilegien wie Väter bei
der Ausübung der elterlichen Autorität.

Doch vor allem die großen Gesetze vom September 1792 über den
bürgerlichen Status und die Scheidung führten die Gleichheit beider
Ehepartner ein und schufen zwischen ihnen eine strikte Symmetrie,
sowohl vor dem Gesetz als auch im Wortlaut der Verfahren. Die Ehe
als Vertrag, eine Innovation, die Burke so entsetzte, fußte auf der Idee,
daß beide Ehepartner gleichermaßen verantwortlich und imstande
waren, selbst zu überprüfen, ob die beiderseitig vereinbarten Verpflichtungen korrekt eingehalten wurden. Sollte dies nicht der Fall sein,
stand es ihnen frei, den Vertrag aufzukündigen. Sie mußten deshalb
nicht einmal vor den Richter treten, wenn es ihnen gelang, sich über
Unstimmigkeiten zu verständigen. Das Gesetz verfügte, daß eine Ehe
bei Unverträglichkeit oder im gegenseitigen Einverständnis durch
Scheidung aufgelöst werden konnte. Selbst die von einem Partner
angefochtenen Scheidungen konnten vollzogen werden, vorausgesetzt,
daß alle Versuche, ein Einverständnis zu erzielen, nicht fruchteten. Die
Gesellschaft griff mit anderen Worten also erst dann in die Auseinandersetzungen zwischen Eheleuten ein, wenn die Partner nicht selbst in
der Lage waren, ihre Streitigkeiten beizulegen, und zwar nur auf ausdrückliches Ersuchen der Beteiligten hin. Die Ehe war kein Zweck an
sich, sondern ein Mittel zum individuellen Glück. Sollte sie diesem
Zweck nicht mehr zuträglich sein oder gar zum Hindernis für das persönliche Glück werden, hatte sie ihren Sinn verloren.

Warum sind diese gesetzlichen Verfügungen von Bedeutung? In welcher Weise markieren sie einen Wendepunkt in der Geschichte der
Frauen?

Zunächst einmal erlangten die Französinnen zum ersten Mal den
vollen Status einer Rechtsperson, und dies war eine durchaus wesentliche Veränderung ihrer gesellschaftlichen Position. Sie erhielten den

Status von Bürgerinnen, d. h. sie wurden als freie und vernünftige Individuen angesehen, die imstande waren, ihre Geschicke selbst in die Hand zu nehmen.

Allerdings schloß dieser Erwerb bürgerlicher Freiheiten nicht bereits die staatsbürgerlichen, d. h. politischen Rechte ein; doch in jedem Fall waren die errungenen Rechte eine notwendige Bedingung für die noch fehlenden Rechte, deren Fehlen um so unannehmbarer erscheinen mußte. Als mündige Mitglieder der bürgerlichen Gesellschaft und des Rechtsstaats konnten Frauen logischerweise annehmen, daß ihnen auch im staatlichen Gemeinwesen, in der politischen Gesellschaft ein Platz zustand. Und in der Tat handelten sie dementsprechend. Das beweisen die spektakulären Auftritte militanter Frauen bei öffentlichen Debatten während der Revolution. Tatsächlich war es schwer, zwischen sozialer und politischer Bewegung zu unterscheiden. Wenn Hausfrauen wirtschaftliche Maßnahmen forderten und Ehefrauen den Gesetzgeber dazu beglückwünschten, die Scheidung eingeführt zu haben, dann waren dies durchaus politische Interventionen und wurden auch als solche wahrgenommen.

Die Antifeministen des 19. Jahrhunderts hatten in diesem Sinne nicht ganz unrecht, wenn sie behaupteten, die Revolution habe durch die Destabilisierung der Ehe und der häuslichen Ordnung eine Büchse der Pandora voll politischer Forderungen für Frauen geöffnet. Wer den Ehemann aussuchen und sich scheiden lassen kann, kann zweifellos auch Anspruch darauf erheben, eine Regierung zu wählen. Die Revolution hatte den Frauen schlechte Angewohnheiten beigebracht. Das jedenfalls beklagten weniger als zehn Jahre nach der progressiven Gesetzgebung von 1792–1793 die Verfasser des Code civil. Als Gegenstück zu den machohaften Tiraden Bonapartes beschäftigte sich der Conseil d'Etat (Staatsrat) nahezu zwanghaft mit dem Thema des weiblichen Sittenverfalls und dem Niedergang der Autorität des Ehemanns. So beharrte am 5. Vendémiaire im Jahre X (27. September 1801) beispielsweise Portalis darauf, daß die Gehorsamkeit der Ehefrauen und Töchter nicht etwa im Sinne einer politischen, sondern im Sinne einer naturbedingten Unterwerfung zu verstehen sei. Der mindere gesellschaftliche Status von Frauen sei ein körperbedingtes Erfordernis und bedeute daher keinesfalls, daß Frauen unterjocht oder um ihre legitime Autorität gebracht würden. Im Gegenteil, die Gesellschaft hole sich ihr Recht wieder und gebe den Frauen ihren natürlichen Status, den die Revolution ihnen so fahrlässig genommen habe, zurück. »Es ist also keinesfalls eine von uns getroffene Ungerechtigkeit«, ruft Portalis aus, »sondern entspricht der natürlichen Berufung der Frauen, daß ihr Streben gerichtet sein muß auf das Prinzip strengerer Pflichten, die ihnen zu ihrem eigenen größten Vorteil und zum Nutzen der Gesellschaft auferlegt worden sind.« Man hatte sich weit entfernt von der Zeit, da die Abgeordneten das Vorrecht des Mannes abgeschafft, die Ehe revolutioniert und Petitionen revolutionärer Bürgerinnen in Empfang genommen hatten. Auch wenn jene Männer damals keine Feministen waren, so gingen sie immerhin davon aus, daß auch Frauen durch die Revolution etwas zu gewinnen hatten und somit selbstverständlich daran teilnehmen wollten.

Staatsbürgerinnen

Die Revolution eröffnete eine Ära der Politisierung aller Lebensbereiche. Im Verlauf weniger Wochen machte sich im Frühjahr 1789 ein in politischen Angelegenheiten völlig unbedarftes Volk mit Leidenschaft daran, das Ruder der Politik zu übernehmen. Der deutsche Reisende Joachim Heinrich Campe berichtete seinen Landsleuten aus Paris, wie ihn erstaunte »zu sehn, welchen warmen Anteil sogar auch diese Leute, die größtenteils weder lesen noch schreiben können, jetzt an den öffentlichen Angelegenheiten nehmen«, und beschrieb die befremdlichen Bräuche einer Nation, in der die »Theilnahme Aller« erforderlich zu sein schien, um über jedwedes Thema zu diskutieren: Überall sehe man »ein unendlich buntes und vermischtes Publicum von Lastträgern und feinen Herrn, von Fischweibern und artigen Damen, von Soldaten und Priestern«, die gemeinsam zuhörten, wie Plakate, Broschüren und Flugblätter vorgelesen wurden. Die Frauen waren also mit von der Partie. Sie nahmen in der modernen Agora keinen speziellen Platz ein, sondern mischten sich unter die Angehörigen des anderen Geschlechts. Unser preußischer Beobachter hatte keinerlei Zweifel über das, was er erlebte. In einer solchen Schule für Staatsbürgerkunde macht ein Volk Fortschritte, steigert seine Fähigkeiten. »Denken Sie sich, wie diese Publicität, diese Theilnahme Aller an allem, auf die Entwickelung der menschlichen Seelenkräfte, besonders auf die Verstandes- und Vernunftausbildung der Leute wirken muß!«[5] Bezieht man diese Aussagen auf Fischweiber und Bürgersfrauen, denen man einen Platz im öffentlichen Forum eingeräumt hat, dann wird deutlich, welchen entscheidenden Schritt das für sie bedeutete, und warum noch während der Revolution die Abwehrreaktion gegen die »Staatsbürgerin« derartig vehement, der auf Ungleichheit zielende Wunsch, die Frauen wieder einzusperren, so laut war. Es mochte zwar noch angehen, daß das gemeine Volk plötzlich zu Geist und Verstand gekommen war, aber nicht die Frauen. Viele von denen, die sich heldenhaft für das allgemeine Recht auf Bildung einsetzten, für das universelle Wahlrecht und dafür, daß der einfachste Bauer die Möglichkeit erhielt, zum aufgeklärten Bürger zu werden, lehnten es kategorisch ab, den Frauen dasselbe zuzugestehen, und es grauste ihnen bei dem Gedanken, der Lauf der Dinge könnte Frauen eines Tages auch die Macht überlassen. Denn Bürgerinnen in das staatliche Gemeinwesen zu integrieren würde bedeuten, sie zu aktiven, dem Mann gleichgestellten Subjekten der Revolution mit Entscheidungsgewalt zu machen. Für viele damalige Zeitgenossen war dies eine unerträgliche Perspektive. Dagegen war die Vorstellung, daß Männer emanzipatorische bürgerliche Gesetze für Frauen schufen, schon beruhigender, da letztere dadurch ihre Stellung als Objekte beibehielten: Objekte einer fortschrittlichen Gesetzgebung zwar, aber dennoch Objekte.

Eine überwältigende Mehrheit der Revolutionäre, darunter die Jakobiner, befürwortete bis auf wenige Ausnahmen den Rückzug der Frauen ins häusliche Leben. Der weiter links stehende Agitator Chaumette geißelte schonungslos die politischen Frauenclubs, die bereits zwei Wochen verboten waren, während er gleichzeitig die Scheidung und die Anmut einer Frau im Haus rühmte: »Seit wann ist es üblich mitanzusehen, wie die Frau ihre fromme Sorge für den Haushalt und die Wiege ihrer Kinder verläßt, um in der Öffentlichkeit von den Tribünen aus die Reden zu verfolgen?«[6] Eineinhalb Jahre früher, am 13. April 1792, beklagte sich der Bierbrauer Santerre, eine bekannte Persönlichkeit der demokratischen Bewegung, mit den gleichen Worten über den staatsbürgerlichen Eifer der Pariserinnen: »Diesen Männern aus der Vorstadt gefällt es besser, wenn sie von der Arbeit nach Hause kommen, einen ordentlichen Haushalt vorzufinden, als ihre Frauen von einer Versammlung, bei der diese nicht gerade an Sanftmut dazugewinnen, zurückkehren zu sehen. Sie haben allen Grund, diese dreimal wöchentlich stattfindenen Versammlungen mit scheelem Auge zu betrachten . . .«

Aber um die Ursache der allgemeinen Begeisterung für den sexistischen Status quo zu entdecken, muß man zum September des Jahres 1791 zurückgehen, zur Zeit der konstitutionellen Monarchie und der triumphierenden Mäßigung. Frankreich hatte sich gerade eine Regierung gegeben, die das Glück aller anstrebte. Ging es dabei auch um das Glück der Frauen? Ja, antwortete Talleyrand, »vor allem das der Frauen«, unter der Bedingung, daß »sie keinerlei politische Rechte und Funktionen anstreben«. Folge man dem »abstrakten Prinzip, dann erscheine es zwar unmöglich zu erklären, warum« im Namen von Freiheit und Gleichheit »eine Hälfte der Menschheit von jeglicher Teilnahme an der Regierung durch die andere Hälfte ausgeschlossen« wird, und warum allen Frauen – den Revolutionärinnen der ersten Stunde – die Staatsbürgerrechte vorenthalten bleiben. Doch es gebe, versicherte Talleyrand, »eine weitere Ordnung der Ideen, innerhalb derer sich die Frage verändert«. Diese Ordnung war die Ordnung der Natur, oder vielmehr das, was die Männer der Französischen Revolution unablässig als Natur beschworen, wenn ihnen vor den Auswirkungen einer bürgerlichen Emanzipation der Frauen, für die sich einst fast alle von ihnen ausgesprochen hatten, schwindelte. Die Natur, so sagten sie, fordere, daß diese Auswirkungen strikt auf das Privatrecht beschränkt bleiben müßten. Die Natur selbst müsse die allzu begeisterten *citoyennes* daran erinnern, daß sie sich innerhalb der Geborgenheit ihres Heimes in umfassender und ehrenwerter Weise an den Segnungen der Revolution erfreuen sollten.

Die Existenz der Staatsbürgerin schien also durch die Existenz der Revolutionsbürgerin gleichzeitig impliziert und ausgeschlossen worden zu sein. Impliziert war sie insofern, als die mündigen Französinnen an der Seite ihrer Ehemänner zweifellos für immer ein historisches Bewußtsein erlangten und nun wußten, daß sie durchaus in der Lage waren, eine Rolle im Gemeinwesen zu übernehmen. Niemand dachte im übrigen daran, ihnen dieses abzusprechen. Es bleibt jedoch zu erörtern, welche spezielle Rolle den Frauen zugewiesen wurde, und ob eine Staatsbürgerschaft, die sich im politischen Bereich auf bloße Ratgeberfunktion und Zustimmung beschränkte, überhaupt als Staatsbürgerschaft anzusehen war. In diesem Sinne konnte die zivilrechtliche Besserstellung der Frau ein Mittel sein, um in einer Zivilisation, die sich auf die Menschen- und Staatsbürgerrechte berief, den Ausschluß der Frauen aus der Politik akzeptabel erscheinen zu lassen. Die Bürgerinnen, so Talleyrand, sollten unterrichtet, angehört, respektiert und »unter die Herrschaft von Freiheit und Gleichheit« gestellt werden. »In dem Moment, in dem sie auf alle politischen Rechte verzichten, erwerben sie die Gewißheit, daß sich ihre Bürgerrechte festigen und sogar erweitern.«[7]

DIE HELOTEN DER REPUBLIK

Es war ausgerechnet Talleyrand, dem die Engländerin Mary Wollstonecraft ihre berühmte *Verteidigung der Rechte der Frauen*, erschienen 1792, widmete. Dieses »unvergängliche Buch«, wie es ein halbes Jahrhundert später von Flora Tristan genannt wird, war ein Echo auf die *Erklärung der Rechte der Frau und Bürgerin*, verfaßt von Olympe de Gouges im September 1791, und auf die Broschüre *Sur l'admission des femmes au droit de cité* von Condorcet im Juli 1790. Diese drei Schriften verdienen besondere Aufmerksamkeit. Sie entwerfen drei verschiedene Argumentationen zugunsten der Frauenrechte. Alle drei berufen sich auf die Prinzipien von Freiheit und Gleichheit und kritisieren Institutionen, die diese Prinzipien verhöhnen. Sie zeigen nicht zuletzt höchst unterschiedliche Ansichten und Stellungnahmen zur Revolutionierung der Beziehungen zwischen Männern und Frauen. Alle drei stimmen allerdings darin überein, daß die Französische Revolution auch die Geschlechterverhältnisse revolutionieren müsse.

Plädoyers für die Frau

Welche Prioritäten gab es? Wollte man jede dieser exemplarischen Stellungnahmen charakterisieren, könnte man sagen, daß sich Condorcet für den juristischen Status, Gouges für die politische Rolle und Wollstonecraft für die soziale Situation von Frauen vorrangig interessierten. Alle drei waren sich über die Dringlichkeit einer expliziten Formulierung der Rechte der Frauen einig. Diese Übereinstimmung spiegelt eine Gemeinsamkeit aller revolutionären Forderungen wider: Nahezu jeder Aspekt der Französischen Revolution schloß die Vorstellung ein, daß es neue Rechte zu erobern gelte. Aber die Bedeutung dieser Rechte sahen alle drei unterschiedlich. Während Condorcet aus Gründen der politischen Vernunft und als Korrektiv für die unselige Asymmetrie innerhalb der Geometrie der Verfassung nach gleichen Rechten verlangte, sah Olympe de Gouges ihr Ziel in der historischen Mobilisierung der Frauen, und Mary Wollstonecraft erwartete, daß der Anspruch auf Rechte dem unterdrückten Geschlecht die Gelegenheit zu einer wirklichen Veränderung böte. Die Ansichten Condorcets blieben rein theoretisch, ihnen folgten keine speziellen legislativen Schritte im Kampf gegen den politischen Ausschluß der Frauen. Olympe de Gouges verfocht demgegenüber mit militantem Engagement den Befreiungskampf gegen die Tyrannei der Männer. Mary Wollstonecraft richtete ihre Aufmerksamkeit radikaler und zugleich programmatischer auf die kulturelle Dimension der Unterdrückung der Frauen und der Forderung nach Gleichberechtigung. Sie hielt sich aus den politischen Konflikten weitgehend heraus. Alle drei Ansätze, der philosophische, der politische und der ethische, finden sich noch heute in den Debatten über die Rechte der Frauen wieder.

Condorcet stellte in seiner Analyse, die am 3. Juli 1790 in der Nr. 5 des *Journal de la Société de 1789* erschien, die Frage nach dem Ausschluß der Frauen von den staatsbürgerlichen Rechten. Dabei behandelte er diesen Ausschluß als einen Sonderfall des allgemeinen Problems der Ungleichheit: »Entweder hat kein Individuum der menschlichen Gattung wirkliche Rechte oder aber alle haben dieselben; und derjenige, der gegen das Recht eines anderen stimmt, welche Religion, Hautfarbe und Geschlechtszugehörigkeit er auch haben möge, hat von dem Augenblick an auch seinen eigenen Rechten abgeschworen.« Die Weigerung, die Frauen in das bürgerliche Gemeinwesen zu integrieren, unterscheide sich in nichts von ideologischer oder rassischer Ächtung und falle somit ebenfalls unter die Kritik der Diskriminierung. Jegliche Form von Diskriminierung, die aus Gewohnheit und Vorurteil nach wie vor gedeihe, ohne den Zorn derer zu erregen, die an der Durchsetzung der Gleichberechtigung als »dem einzigen Fundament der politischen Institutionen« arbeiten, gelte es zu bekämpfen. Condorcet selbst war bis 1789 Anhänger des Klassenwahlrechts gewesen.

Der Ausschluß der Frauen war insofern ein Versäumnis, eine Verzögerung im Bewußtsein. Wenn aufgeklärte Männer ihre eigenen Grundsätze verraten konnten, indem sie seelenruhig der Hälfte der menschlichen Gattung die Rechte, die sie gleichzeitig jedem vernünftigen Wesen zugestanden, versagten, geschah dies aus Mangel an Wachsamkeit. Für Condorcet war dieser Fehler verzeihlich, denn »bei allen in der Geschichte bekannten Völkern hatte es zwischen Männern und Frauen gesetzliche Ungleichheit gegeben«, und die Welt konnte nicht an einem Tag von Grund auf neu geschaffen werden. Dennoch war der Philosoph optimistisch. Es gebe keinen Grund, den Frauen die Gleichberechtigung zu verweigern, weil es keine vernünftige Rechtfertigung für die weitere Aufrechterhaltung von Ungleichheit gebe. Mit anderen Worten, eine intellektuell unhaltbare Position war historisch dazu verurteilt, innerhalb einer kurzen Frist zu verschwinden. Eine entwaffnende Vorstellung, die belächelt werden könnte, hätte Condorcet sein politisches Engagement nicht mit dem Leben bezahlen müssen. In jedem Fall sei betont, daß seine zugleich mutige und idealistische Argumentation ein Paradoxon einschließt: Sie formuliert explizit eine Frage, die bis dahin alle Naturrechtstheoretiker ohne den Anflug eines schlechten Gewissens verdrängt hatten. Doch die Frage wird aufgeworfen, um aufzuzeigen, daß sie von der allgemeineren Problematik der Gleichberechtigung nicht abgesondert werden darf und daß es sich hier nicht um einen Gegenstand handelt, der nach einer spezifischen Doktrin verlangt. Das Problem des Geschlechterverhältnisses sei dann geregelt, wenn die Gleichberechtigung kein Problem mehr darstelle. Condorcet, der hier lediglich auf rein konzeptioneller Ebene argumentierte und dabei die besondere Dimension des Sexismus verkannte, entschärfte am Ende die feministische Bombe, zu deren Bau er selbst beigetragen hatte. Seine Stellungnahmen zugunsten der Frauen sind vor allem Aussagen über den Schwachsinn der Diskriminierung im allgemeinen: »Warum sollten Wesen, die der Schwangerschaft und vorübergehenden Unpäßlichkeiten ausgesetzt sind, nicht die Rechte ausüben dürfen, die man niemals allen Leuten, die jeden Winter das Zipperlein befällt und die sich leicht erkälten, vorzuenthalten gedachte?«

Der revolutionäre Akademiker täuschte sich, wenn er hierin nur eine Frage von juristischer Logik sah; aber es ist sein Verdienst, *das Thema* überhaupt angesprochen zu haben.

Olympe de Gouges' Einwände unterschieden sich in Ton und Inhalt von denen Condorcets. Ihr ging es nicht darum, die neuen Gesetze, die die politische Partizipation regelten, zu überarbeiten. Sie wollte für den Kampf gegen die Ungerechtigkeit, die seitens der Männer hartnäckig verteidigt und durch die Revolution nur noch unannehmbarer gemacht wurde, mobilisieren. Frauen gegen Männer: Die Offenbarung der Rechte einer vernunftbegabten Menschheit enthülle den Skandal des Kampfes zwischen den Geschlechtern, der in der Welt tobt und den zu beenden es an der Zeit sei. Im Gegensatz zu Condorcet, für den der Sexismus nur eine der Formen von Diskriminierung darstellte, glaubte Olympe de Gouges, daß die über Frauen ausgeübte Tyrannei der eigentliche Ursprung sämtlicher Arten der Diskriminierung sei. Der Französischen Revolution sei es noch nicht gelungen, zusammen mit deren Mauerwerk auch die Grundfesten der Bastille einzureißen. Sie habe das Prinzip des Despotismus intakt belassen. Die Revolution habe den Männern die Macht übergeben, die Männer aber hätten sich das Prinzip des Despotismus zu eigen gemacht, während sie gleichzeitig dessen Auswirkungen, die nicht mehr tolerabel waren, bekämpften. Sie hätten den Krieg zwischen den Geschlechtern weiter geführt, ja sogar neu entfacht, nachdem es ihnen – mit Hilfe der Frauen – gelungen war, die sozialen und politischen Ketten zu zerreißen. So viele Kämpfe, so viele Hoffnungen, empörte sich Olympe de Gouges, um letzten Endes lediglich zur Ablösung der einen Tyrannei durch eine andere zu gelangen, statt deren völlige Abschaffung zu erreichen.

Man müsse daher den revolutionären Kampf an einer neuen Front weiterführen, an der Front der Verteidigung der Frauen gegen die Männer. An dieser neuen Front gelte es, die Revolution politisch weiterzuentwickeln und zunächst einmal die Unzulänglichkeiten und Inkonsequenz der Revolution anzuprangern. »Oh Frauen! Ihr Frauen, wann wird eure Verblendung ein Ende haben? Sagt zu, welche Vorteile sind euch aus der Revolution erwachsen? Man bringt euch eine noch tiefere Verachtung, eine noch unverhohlenere Geringschätzung entgegen. In den Zeitaltern der Korruption habt ihr wenigstens über die Schwächen der Männer geherrscht. Dies Imperium liegt nun in Trümmern, was bleibt euch denn noch? Das Wissen um die Ungerechtigkeit des Mannes, die Forderung nach eurem Erbe, die sich auf die weisen Gesetze der Natur beruft.«

Ähnlich wie Marx fünfzig Jahre später hinsichtlich der Ausbeutung des Menschen durch den Menschen, so sah Olympe de Gouges mit der Französischen Revolution hinsichtlich der Ausbeutung der Frau durch den Mann das Ende der Illusionen gekommen. Sie betonte die moralische Grausamkeit ebenso wie die historische Heilsamkeit dieses Übergangs von der galanten Idylle zum Zeitalter der Geringschätzung. Die Stunde der Mobilmachung sei gekommen. »Frau erwache: Die Stimme der Vernunft erschallt über unsern Erdball; erkenne deine Rechte!« Das erste dieser Rechte sei, vom Feind Rechenschaft zu fordern. »Mann, bist du fähig, gerecht zu sein? (. . .) wer hat dir die selbstherrliche Macht verliehen, mein Geschlecht zu unterdrücken?« Diese mahnende Frage könne mit keiner Antwort rechnen. Denn welche Argumente vermöchte der Despotismus vorzubringen, da nur blinde Gewalt ihm Recht verlieh? Es sei an den Bürgerinnen, selbst eine Antwort zu geben, indem sie ihre Rechte als Frau und Bürgerin verkündeten und darauf insistierten, daß diese im Gesetz verankert würden.

Olympe de Gouges umrahmte ihre Erklärung der Frauenrechte zwar mit Aufrufen zum Kampf gegen die Männer, hielt sich aber ansonsten bei der Präambel und den siebzehn Artikeln ihrer *Erklärung der Rechte der Frau und Bürgerin* strikt an das Modell der *Déclaration des droits de l'homme et du citoyen* vom 26. August 1789. Sie übertrug lediglich die Privilegien des Rechtsstaats auch auf die Frauen, indem sie beharrlich den zweigeschlechtlichen Charakter des bürgerlichen und politischen Gemeinwesens hervorhob. Es gab also wenig Originelles in dieser provokanten Schrift außer dem Geist der Provokation, der sie beseelte. Darauf hinzuweisen, daß die *droits de l'homme* (Menschen-/Mannesrechte) auch weiblich durchdekliniert werden müssen und darauf zu achten, daß diese Deklination effektiv geschehe, bedeute klarzustellen, daß der behauptete Universalismus der Rechte ein Schwindel war und daß Männer, wenn sie vorgaben, im Namen der ganzen Menschheit zu sprechen, nur für ihr eigenes Geschlecht sprachen. Durch ihre explizite, fast aufdringliche »Feminisierung« der Deklaration von 1789 setzte Olympe de Gouges der Männerpolitik Widerstand entgegen: Sie demaskierte deren implizite Formen der Ausgrenzung und stellte die verheerenden Zweideutigkeiten eines angeblich über jeden Zweifel erhabenen Universalismus bloß. »Die Fackel der Wahrheit hat das dunkle Gewölk der Dummheit und Gewalt zerteilt«, proklamierte die zwar mittelmäßige Dichterin, aber wahre Verfechterin der Aufklärung. Es sei nicht mehr erlaubt, sich übertölpeln zu lassen. Einzig die politische Wachsamkeit der Frauen könne die Männer daran hindern, die Revolution ganz für sich zu beanspruchen. Es sei nun an den Frauen, die befreiende Kraft dieser Revolution zu enthüllen.

In Artikel X ihrer *Erklärung* schrieb Olympe de Gouges: »Die Frau hat das Recht, das Schafott zu besteigen, gleichermaßen muß ihr das Recht zugestanden werden, eine Rednertribüne zu besteigen (. . .).« Zwei Jahre später fiel sie selbst – nur wenige Tage vor Madame Roland –

als Girondistin der Guillotine zum Opfer. Bis zum Schluß galt ihr Engagement der Politik.

Mary Wollstonecraft schlug einen anderen Ton an. Bei ihr, wie auch bei dem Amerikaner Thomas Paine, war die Begeisterung über die Erklärung der Menschenrechte ebenso wie die Ablehnung der aristokratischen Werte der englischen Zivilisation vor allem moralischer Natur. Trotz ihres anhaltenden Interesses für die Französische Revolution, deren Geschichte sie 1794 veröffentlichte, war in ihren Augen nicht der politische Bereich der entscheidene Ort für die Emanzipation der Frauen. Mary Wollstonecraft verkündete zwar beredt, der von den französischen Verfassungsgebern verfügte ausdrückliche Ausschluß des weiblichen Geschlechts sei untragbar, und sie bezichtigte Talleyrand des »Wankelmuts« und der »Ungerechtigkeit«, weil er eine solche Lücke in der neuen Verfassung duldete. Aber daß der Frau politische Rechte verweigert wurden, sei lediglich das vergleichsweise unbedeutende Symptom einer weitaus beunruhigenderen Tendenz. Der Mann wurde zum einzigen wahren Vertreter der Gattung gemacht, »indem Angehörige des weiblichen Geschlechts mehr als Frauen, denn als Menschen angesehen werden«. Auf der Grundlage dieser Geschlechtertrennung entwickele sich eine ganze Zivilisation der Verleugnung, die unablässig so tue, als gehörten Frauen nicht in die Kategorie vernunftbegabte Wesen. Dies sei der eigentliche Skandal, nicht zu akzeptieren, daß die Menschheit doppelt sei, in zwei geschlechtlichen Formen existiere, von denen die eine ebensosehr Mensch sei wie die andere. Der Skandal setze sich fort, wenn die Gesellschaft in ihrer Gesamtheit sich um den Grundsatz organisiert, nur ein Geschlecht bewahre das Monopol der Vernunft. Sämtliche gesellschaftliche Institutionen hatten dann die Funktion, die Frauen aus dem öffentlichen Leben auszuschließen, sie zu entmenschlichen und zu beweisen, daß ihnen etwas Wesentliches fehle.

Die Verteidigung der Rechte der Frauen ist eher ein Traktat über den Status der Geschlechterdifferenz der im Umbruch befindlichen westlichen Gesellschaft, denn ein militantes politisches Programm. Sein hauptsächliches Ziel war nicht, die Frauen gleichberechtigt mit den Männern zu politischen Akteurinnen zu machen, sondern ihnen zur Anerkennung ihrer Verantwortung für das Gemeinwesen zu verhelfen. Es sollte ihnen freistehen, über ihr Schicksal selbst zu bestimmen und zu entscheiden, welchen Beitrag zur Gesellschaft sie unter den gegebenen Bedingungen leisten wollten. Dieser Beitrag sollte spezifisch weiblich und in Übereinstimmung mit der Natur sein. Aber selbst wenn Mary Wollstonecraft für eine Teilung der gemeinsamen Aufgaben optierte und ihre Schwärmerei für die Aufgaben der Mutterschaft mit Rousseau-Anklängen ausstattete, beharrte sie gleichwohl darauf, daß es notwendig sei, die Bereitschaft der Frauen, sich auf die Sorge für die Privatsphäre zu spezialisieren, um der Akzeptanz willen in der Vernunft zu verankern. Es bestehe ein gewaltiger Unterschied zwischen der häuslichen Sklavin, die sich in der Enge ihres Heims verkriecht und überzeugt davon ist, dieses sei der Tribut für ihre Unwissenheit, und der aufgeklärten Bürgerin, die den Aufgaben einer republikanischen Hausherrin und Mutter nachkommt. Die Mutterschaft solle als staatsbürgerliche Pflicht verstanden werden und nicht als Antithese von Bildung und Geist. Im übrigen deute es auf eine fehlgeleitete Auffassung ihrer häuslichen Mission, wenn sich Frauen zuweilen ihren Familien entfremdeten. Dafür seien allerdings wiederum die Männer verantwortlich, da sie niemals das Wagnis auf sich nehmen wollten, die Frauen über ihre eigene Berufung nachdenken zu lassen, statt sie ihnen wie eine Strafe aufzuerlegen.

Es mag den Anschein erwecken, als sei der Anspruch von Mary Wollstonecraft, verglichen mit der forschen Militanz einer Olympe de Gouges, eher bescheiden. Alles, was sie für die Frau forderte, war das Recht, die eigene Rolle begreifen zu lernen, statt sich unterwürfig in sie zu fügen. Die Rolle an sich aber wollte sie nicht ändern. Doch der wichtigste Beitrag dieser Autorin liegt in dem Gedanken, daß die Emanzipation des unterdrückten Geschlechts nicht die Verleugnung seiner Identität erfordere. Für Mary Wollstonecraft konnte es für Frauen keine authentische Freiheit geben, solange die Freiheit nur um den Preis der Absage an die weibliche Eigenart, das heißt an ihre Qualität als vernunftbegabtes und gleichzeitig geschlechtlich festgelegtes Wesen, zu haben war. »Wer hat den Mann zum alleinigen Richter erklärt, wenn doch die Frau die Gabe der Vernunft mit ihm teilt?« Diese zu Beginn der *Verteidigung* gestellte Frage zielt in zwei Richtungen. Sie stellt die Tyrannei der Männer in Frage und eröffnet neue Horizonte für die weibliche Vernunft, für die weibliche Art zu urteilen – kurzum, für eine rationalistische Alternative zur männlichen Logik, die bis dahin die Zivilisation beherrscht hat. Diese Einsicht macht Mary Wollstonecraft zur Revolutionärin. Ihr hat die spätere feministische Bewegung viel zu verdanken.

Plädoyer für die Demokratie

Die Vorstellung, daß die Menschheit doppelt ist und daß das Wort »homme« (Mann/Mensch) aufgrund seiner tückischen Zweideutigkeit nicht als Referenz für einen wahren politischen Humanismus ausreiche, war die Grundlage für die im Frühjahr 1793 angefertigte Analyse des Abgeordneten der Bergpartei, Guyomar. Der Titel der Schrift lautete: *Le partisan de l'égalité politique entre les individus ou problème très important de l'égalité en droits et de l'inégalité en fait* (Der Partisan politischer Gleichheit zwischen den Individuen oder: das bedeutende Problem rechtlicher Gleichheit und tatsächlicher Ungleichheit). Dies war während der revolutionären Phase das wohl umfassendste, aber auch tiefgreifendste und modernste Traktat über die notwendige Integration der Frauen in das demokratische System. In seinem Auftritt vor dem Konvent griff Guyomar die bereits von anderen vorgebrachten grundsätzlichen Argumente zugunsten von politischen Rechten für Frauen auf. Außer der Tatsache, daß er in seiner Eigenschaft als Abgeordneter sprach (Condorcet war zu dem Zeitpunkt, als er seine *Admission des femmes* veröffentlichte, nicht Abgeordneter), bestand Guyomars Besonderheit darin, die politische Partizipation der Bürgerinnen zu einer notwendigen Bedingung der Demokratie zu erklären. Ihr Ausschluß sei nicht nur ein Verstoß gegen die Grundsätze der Menschenrechtserklärung von 1789 und der für Ende April 1793 vorbereiteten Erklärung; er sei auch die Negation der Demokratie; er sei schlicht und einfach eine Störung ihres Mechanismus. Die Frauen, so Guyomar, sind die »Heloten der Republik«. Die Existenz von Heloten, dieser Parias der spartanischen Gesellschaft, aber sei mit den Prinzipien einer Demokratie nicht vereinbar. Es sei undenkbar, daß eine Nation, die behaupte, die Grundlagen für eine moderne demokratische Gesellschaft zu legen, einen solchen Mißstand innerhalb ihres Systems fortbestehen lassen wolle. Der Ausschluß der Frauen aus dem öffentlichen Leben könne wohl kaum mit deren unverzichtbarer Anwesenheit im Haushalt begründet werden. Denn dann, spottete Guyomar, müsse »man einen solchen auch gegen die Männer aussprechen, deren Anwesenheit in den Werkstätten ebenfalls dringend erforderlich ist«. Wo Demokratie herrsche, wo es aktive Bürger gebe, müsse »die große Familie den Sieg über die kleine Familie davontragen«. Dies gelte für Frauen ebenso wie für Männer. Denn Demokratie bedeute nicht nur Gleichberechtigung, wie sie Condorcet verfocht, sondern vielmehr die effektive Ausübung der Macht durch das Volk *(demos)*, der größtmögliche dynamische Einsatz seines *kratos*, des ganzen Ausmaßes seiner Fähigkeiten. Eine wahre Demokratie erfordere also die Beteiligung des gesamten Volkes. Man müsse daher die »Anzahl der Kinder des Vaterlandes verdoppeln«, also die Frauen einbeziehen und so die Masse der Aufklärung im Gemeinwesen vergrößern. Guyomars Position ist weniger formalistisch als die von Condorcet. Sie bewegt sich auch nicht auf der Ebene der noch vor Anbruch der feministischen Ära formulierten feministischen Forderungen von Olympe de Gouges oder Mary Wollstonecraft. Guyomar argumentierte im Sinne einer politischen Demographie; er begriff die Demokratie als einen Kampf, der sowohl qualitativ als auch quantitativ nach dem äußersten Engagement aller Bürger verlange, also auch nach dem der Frauen. Eine halbherzige Demokratie ergebe keinen Sinn. Kein politischer Humanismus könne sich ernsthaft auf eine solche berufen. Wenn man Frauen von der Politik ausschließen wolle, so Guyomar, dann solle man sie auch nicht als Bürgerinnen bezeichnen. »Dann müßte man sie *Frauen* oder *Töchter* von Bürgern nennen, jedoch niemals *Bürgerinnen*. Laßt dieses Wort entweder wegfallen oder bewilligt die Sache.« In der Tat werde der politische Humanismus dieser Pseudodemokratie den Kampf ansagen, und dieser Kampf werde Teil des Kampfes um Demokratie sein und erfordere dann logischerweise die Beteiligung der Frauen. Insofern war die Gründung des Club des citoyennes révolutionnaires am 10. Mai 1793 die Antwort der Frauen auf Guyomars Rede vom 29. April.

Aus dem Französischen von Harald Riemann

3

VON DER SOZIALEN BESTIMMUNG ZUM INDIVIDUELLEN SCHICKSAL

PHILOSOPHIEGESCHICHTE ZUR GESCHLECHTERDIFFERENZ

Geneviève Fraisse

Der philosophische Diskurs über Frauen und die Geschlechterdifferenz befindet sich am Kreuzweg von Geschichte – des politischen Umbruchs und des wirtschaftlichen Wandels der Moderne – und der immerwährenden philosophischen Auseinandersetzung mit der Dualität von Körper und Geist, dem Gegensatz zwischen Natur und Zivilisation, dem Gleichgewicht zwischen Privatheit und Öffentlichkeit. Ich möchte im folgenden zeigen, in welcher Weise diese alten und traditionellen Fragen von Philosophen erörtert werden, die in der Zeit zwischen den letzten Jahren von Kant und den ersten Schriften von Freud schreiben.[1] Im 19. Jahrhundert wird die Menschheit in ihrer Geschichte wahrgenommen, und zwar in zweifacher Weise: zum einen im Hinblick auf den revolutionären Wandel und zum anderen im Hinblick auf die Idee, daß der Mensch selbst sich mit der Zeit verändere. Die alten Strukturen im Verhältnis von Mann und Welt lösen sich auf, und dies wirkt sich auch auf Frauen aus. Trotz aller Rigidität des Frauenbildes ist der Zerfall der alten Geschlechterordnung im 19. Jahrhundert real, und dies spüren auch die Philosophen. Die durch den historischen Wandel notwendig gewordene Neuformulierung des Geschlechterverhältnisses und das entstehende Bewußtsein einer möglichen Emanzipation der Frau und damit das Infragestellen der Ungleichheit der Geschlechter lassen philosophische Reflexionen entstehen, die bestimmte Gewißheiten verkünden oder eine Reihe von Ungereimtheiten ausstrahlen, in jedem Fall aber alle metaphysischen Register ziehen, um das Identische und das Andere in Gestalt des Geschlechterunterschieds auftreten und sich befragen zu lassen.

Das Infragestellen der Ungleichheit zwischen den Geschlechtern folgt notwendig aus dem Postulat der neuen Ära, welches die individuelle Freiheit und die Autonomie des Subjekts begründet. Männer und Frauen gelten nun als vernunftbegabte Wesen. Das aber eröffnet die kontroverse Debatte, ob beide potentiell auch Subjekt sind. Wenn man vom autonomen und individuellen Subjekt ausgeht, dann stellt sich auf neue Weise die Frage nach den Geschlechterbeziehungen und nach dem Verhältnis von Körper und Geist für ein jedes der beiden Geschlechter. Damit aber steht gleichzeitig auch der Platz der Natur in der Welt des Menschen und die Bedeutung der »Andersartigkeit« in der Arbeit des Denkens auf neue Weise zur Debatte.

Die philosophische Diskussion über die Vorstellung von der Frau als Subjekt kreist um drei zentrale Themen, und jedes von ihnen gibt Anlaß zu ausführlichen Abhandlungen: erstens die Familie, verstanden sowohl als Herleitung aus der Heirat wie auch als Keimzelle der Gesellschaft; alsdann die Gattung, deren Fortbestand als Zweck des menschlichen Lebens angesehen wird; schließlich das Eigentum mit Arbeit und Freiheit als seinen Begleiterscheinungen.

Die Philosophen, selbstverständlich nur Männer, arbeiten sich ab an der Aussicht auf eine Emanzipation der Frauen, die notwendigerweise aus dem Entstehen des individuellen Subjekts folgen muß. Die anstehenden Fragen werden erörtert als Fragen der Beziehung zwischen zwei Lebewesen, zwei Subjekten, Mann und Frau. Dabei teilen sich die Philosophen in zwei Lager. Die einen rechnen a priori mit der Ausbildung harmonischer Beziehungen zwischen den Geschlechtern, die anderen setzen a priori auf Konflikt, die einen gehen von Frieden, die anderen von Krieg aus. Beide Gruppen allerdings denken nach über eine Definition der Liebe als Brennpunkt aller höheren Freuden des Lebens und Ursache tiefster Leiden. Fichte erklärt das Problem der Ungleichheit oder Gleichheit der Geschlechter zu einer Frage von höchster Dringlichkeit an der Schwelle zum 19. Jahrhundert.

In der Tat produziert das 19. Jahrhundert eine Fülle von neuen Texten über Frauen und die Geschlechterdifferenz. Beide Themen überschneiden sich, ohne sich zu decken. Ich habe meine Verwunderung über diese Texte, die ich hoffe mitteilen zu können, in der Darstellung produktiv umzusetzen versucht. Dabei mußte ich zwei Einschränkungen vornehmen. Ich habe mich erstens auf die sogenannten »großen« Philosophen konzentriert, eine Auswahl zu treffen war bei der Zahl von Texten, die für diese Thematik relevant sind, unerläßlich; zweitens habe ich meine Untersuchung auf den konkreten Gehalt der Geschlechterdifferenz beschränkt, d. h. auf das weibliche Subjekt und sein Verhältnis zum männlichen. Wie sich der Platz und die Rolle der Geschlechterdifferenz in der Gesamtheit einer jeden einzelnen Philosophie niederschlägt, kann allenfalls angedeutet, aber nicht ausgeführt werden. Um die Sache etwas zu vereinfachen, werde ich mein Hauptargument auf die Überschneidung von Politischem und Metaphysischem richten.

DIE FAMILIE, DAS SUBJEKT UND DIE GESCHLECHTLICHE TEILUNG DER WELT

Die Philosophen des frühen 19. Jahrhunderts setzen an der Stelle an, wo die postrevolutionären Schriften des 18. Jahrhunderts aufgehört haben. Ihr Interesse gilt vor allem der Frage des Rechts. Dabei geht es nicht direkt um Frauenrechte, sondern vielmehr darum, ob das Verhältnis zwischen Mann und Frau (die Ehe) einen Rechtsstatus habe oder nicht. Die Frage, ob die Frau im juristischen Sinne als Subjekt zu betrachten sei oder lediglich als Untergebene des Mannes – d. h. als freies Rechtssubjekt oder als Abhängige –, ist dabei von zweitrangiger Bedeutung. Fichte, Kant und Hegel können als Vertreter der Grundpositionen dieser Debatte gelten.

Fichte benennt die Problematik in aller Deutlichkeit: Anders als in den sonstigen Rechtsbeziehungen ist eine »Deduction der Ehe« aus dem Naturrecht nicht möglich. Denn »die Ehe ist gar nicht bloss eine juridische Gesellschaft, wie etwa der Staat; sie ist eine natürliche und moralische Gesellschaft« (Bd. 3, S. 304). Wenn sie dennoch innerhalb der Doktrinen des Rechts definiert werden müsse, so allein deshalb, weil die Ehe »notwendig« ist.

Die Ehe, so Fichte, sei eine »vollkommene Vereinigung«, die auf dem geschlechtlichen Instinkt beider Geschlechter beruhe und keinerlei Zweck außerhalb ihrer selbst verfolge; sie stelle nichts anderes als eine »Bindung« zwischen zwei Personen her. Diese Bindung sei Liebe, und »Liebe ist der innigste Vereinigungspunct der Natur und Vernunft«. Eben dieses Verhältnis zwischen Natur und Vernunft schaffe juristischen Raum. Das Gesetz greife nur in eine bereits bestehende Ehe ein. Noch bevor das Gesetz zum Zuge kommt, hat sich die Frau dem Mann in einem freien Akt unterworfen.

In diesem Punkt weicht Fichte eindeutig von der Position seines Zeitgenossen Kant ab, der die Ehe als einen »Vertrag« auffaßt. Für Kant ist die Ehe nicht »die natürliche Geschlechtsgemeinschaft (. . .) nach der bloßen tierischen Natur«. (Bd. 8, S. 390f.) Sie ist gesetzlich geregelt. Der wechselseitige Gebrauch der Geschlechtseigenschaften von Mann und Frau sei nur durch die Wechselseitigkeit eines rechtmäßigen Besitzanspruchs vertretbar. Deshalb ist ein Vertrag erforderlich. Daran schließe das Gesetz an und schreibe außerdem vor, daß der Mann befiehlt und die Frau zu gehorchen hat.

Hegel äußert einige Jahre später sein Entsetzen über Kants Theorie und beschreibt die Ehe als das »unmittelbare sittliche Verhältnis«, innerhalb dessen die *»natürliche* Lebendigkeit« in »eine *geistige,* in selbstbewußte Liebe, umgewandelt« werde. Die Ehe ist weder Vereinigung noch vertragliche Vereinbarung, sondern die Konstituierung »einer Person« aus zwei erwachsenen Partnern. Sie sei daher vor allem eine moralische Bindung. Das Recht interveniere erst, wenn eine Familie, im Sinne einer »Rechtsperson«, auseinanderbricht und jedes ihrer Mitglieder zu einer »unabhängigen Person« wird. Die Ehe findet im wesentlichen im Bereich der Sittlichkeit statt, sie ist wesentlich ein sittliches Verhältnis und mehr als die unmittelbare Vereinigung von natürlichen Individuen und ihren Instinkten. Der Mann als Familienoberhaupt ist die juristische Person.

Diese drei Philosophen haben unterschiedliche Ansichten über die Natur des Geschlechts, die Rolle des Rechts in den Beziehungen zwischen Mann und Frau und die Sittlichkeit, die sich in diese Beziehungen mischt. Nichtsdestotrotz sind sie sich völlig einig in ihrer Akzeptanz der weiblichen Abhängigkeit und der Selbstaufgabe der Frauen in Ehe und Familie. Gleichzeitig jedoch suchen Kant und besonders Fichte ihre Argumentation durch die entscheidende Aussage zu stützen, daß Männer und Frauen gleichermaßen freie und vernünftige Wesen seien. Für Kant wird diese Gleichheit durch die Wechselseitigkeit des rechtmäßigen ehelichen Besitzanspruchs garantiert, der wiederum als Beweis ihrer Freiheit auf der Einwilligung beider Partner basiert. Ein freies Wesen ist notwendigerweise ein vernünftiges Wesen. An anderer Stelle in seiner *Anthropologie* sagt Kant, es sei das Vernunftwesen in der Frau, das sie für ihre einzigartige Mission als Erhalterin der Art weihe. Die Abhängigkeit der Frau von ihrem Ehemann und ihre Unterordnung unter das Fortpflanzungsgebot seien demnach durchaus vereinbar mit Freiheit und Vernunft; sie stünden sogar im Einklang mit der Gleichheit aller Menschen, insbesondere mit der zwischen Mann und Frau.

Fichte argumentiert mit der Strenge dessen, der ein Problem direkt angeht und sich nicht, wie manch anderer Philosoph, damit begnügt, die Schwierigkeiten nebenbei abzuhandeln: Die Frau behauptet (und schützt) ihre Würde als menschliches Wesen, indem sie Mittel zum Zweck wird (der darin besteht, den Mann zu befriedigen) und somit aufhört, Zweck für sich selbst zu sein. Dies tut sie aus freien Stücken. Der Name für diese Handlung ist Liebe, »die Gestalt, unter welcher der Geschlechtstrieb im Weibe sich zeigt«, denn im Gegensatz zum Mann kann sich die Frau ihren geschlechtlichen Instinkt nicht selbst eingestehen, denn dazu müßte sie ihrer Würde entsagen. Die Würde der Vernunft erlegt der Frau auf, zur Erfüllung ihrer selbst ein Mittel zu werden. Es wäre falsch, hierin einen Zirkelschluß zu sehen. »Auf diese einzige Verschiedenheit gründet sich der ganze übrige Unterschied der Geschlechter.« (Ebd., S. 309f.)

Von alldem kann abgeleitet werden, daß der Frau aufgrund ihrer Abhängigkeit keine eigenständige bürgerliche Persönlichkeit zukommt (Kant). Wenn sie als Staatsbürgerin anerkannt wird (worauf Fichte besteht), muß sie notwendigerweise dem Mann die gemeinsame Vertretung dieser Staatsbürgerschaft anvertrauen. Beide Philosophen nehmen die Existenz lediger erwachsener Frauen und Witwen wahr. Fichte gesteht diesen zwar eine Staatsbürgerschaft zu, ohne daß diese an einen Mann übergehen muß, doch er verweigert ihnen die Ausübung eines öffentlichen Amtes. Das öffentliche Amt einer Frau sei noch schlimmer als deren Partizipation am Staatsleben. Frauen hätten ihren Platz innerhalb der Familie; ihr Bereich sei der der Häuslichkeit.

Hegel bedenkt ausführlich diese Unterteilung in häusliche und öffentliche Sphäre, die er als Aufteilung in zwei Arten von Vernunft versteht: die eine zielt auf Autonomie und Universalität, während die andere in der Passivität und konkreten Individualität verharrt; die eine richtet sich auf den Staat, die Wissenschaft und die Arbeit, die andere auf die Familie und die Entstehung des moralischen Bewußtseins. Antigone, Hegels bevorzugtes Beispiel, symbolisiert diese Aufteilung in das Gesetz des Mannes und das der Frau, das Gesetz des Staates und das der Familie, das menschliche Gesetz und das göttliche. Dem dialektischen Moment gemäß ist diese Aufteilung entweder harmonisch oder konfliktär. In jedem Fall aber ist es notwendigerweise ein Wechselspiel zwischen beiden Gesetzen überall dort, wo es um das Zusammenspiel zwischen Familie und Staat in der Gesellschaft insgesamt geht, wo sich die Person gegenüber dem zufälligen Individuum abzuheben beginnt.

Über die Gleichheit oder Ungleichheit zwischen den Geschlechtern ist folgendes zu sagen: Eine Frau kann Tochter, Ehefrau, Mutter oder Schwester sein; nur in der letztgenannten Beziehung zum Mann (erinnern wir uns an Antigone) kann sie als Gleichberechtigte gelten. Die Trennlinie zwischen Familie und Gemeinwesen darf nur vom Mann überwunden werden. Insofern kann der Mann in seiner Person die Universalität seiner Staatsbürgerschaft und Singularität seines Begehrens trennen und gleichzeitig beide realisieren. Das eröffnet eine Frei-

heit und Anerkennung des Selbst, zu denen die Frau keinen Zugang
hat. Sie hat einzig die Universalität ihrer familiären Situation (als Ehefrau und Mutter), nicht jedoch die Singularität ihres Begehrens. Letztlich basiert die dialektische Gegenüberstellung von Familie und bürgerlicher Gesellschaft auf der positiven Repression von Weiblichkeit,
welche allerdings nicht einfach verschwindet, sondern als »ewige Ironie der Gemeinschaft« fortbesteht.

Im Nachdenken über die Aufteilung der Räume zwischen Männern und
Frauen vollzieht sich die Unterscheidung von weiblich und männlich.
Fichte spricht vom »Gesetz der Trennung beider Geschlechter«. Diese
gleichsam naturwüchsige Zweiteilung wird von anderen Philosophen
ins Metaphysische gehoben. Werfen wir einen Blick auf Hegels philosophischen Umgang mit dem Geschlechterunterschied. Ausgehend von
der geschlechtlichen Beziehung, Kopulation und Fortpflanzung, erarbeitet er ein Spiel der Anerkennung des Selbst im Anderen, des Mannes in der Frau und umgekehrt im Rahmen der Logik der Differenz,
wobei der Sinn in der Herstellung von Einheit durch Differenz besteht.
Alle Naturphilosophien, besonders die von Hegels Zeitgenossen Schelling, gründen auf der Vorstellung von Dualität und ihrer Auflösung in
Einheit, insbesondere auf der Vorstellung von der Aufhebung des
Spannungsverhältnisses zwischen Endlichem und Unendlichem. Die
Scheidung der Natur in zwei Geschlechter spiegelt die Tatsache wider,
daß das (endliche) Individuum im Dienste der (unendlichen) Gattung
steht. Die Problematik dieser Trennung hat teil an einer weiterreichenden philosophischen Reflexion, worin sie gleichzeitig als Notwendigkeit für das Leben der Natur anerkannt und als Herausforderung für den idealistischen Blick wahrgenommen wird. Darin begründet sich die Arbeit der Dialektik. Die Metaphysik des 19. Jahrhunderts
nährt sich vom Konzept der Dualität, von der Beziehung und Einheit
der Gegensätze, worin die Geschlechterdifferenz eine der möglichen
Darstellungen, vielleicht sogar eine grundlegende Metapher ist.

Um 1800 scheinen in Deutschland die Romantiker, allen voran Friedrich Schlegel, im Gegensatz zu den bislang erwähnten Philosophen
vom Wind der Freiheit erfaßt worden zu sein. In seinem Brief *Über die
Philosophie,* den er an seine Frau Dorothea richtete, wie auch in seinem Roman *Lucinde* verwirft Schlegel die normativen Vorstellungen
seiner Zeit. Seine konsequente Ablehnung der Vorurteile gegen Frauen
in bezug auf die Ehe und den weiblichen Intellekt gestatten es ihm,
die weibliche Lust (sowohl die des Fleisches als auch die des Geistes)
und die Gleichheit der Geschlechter hinsichtlich der Freiheit neu zum
Thema zu machen. Schlegels moderner Diskurs löst seinerzeit einen

wahren Skandal aus und behält später noch seine provozierende Wirkung. Der Theologe und Philosoph Schleiermacher verteidigt Schlegels Auffassungen und gibt seiner Hoffnung Ausdruck, daß die Frau sich von den Fesseln ihres Geschlechts befreien möge, wohingegen Kierkegaard noch vierzig Jahre später den Immoralismus dieser romantischen Schriften, die seine Zeitgenossen noch immer begeistern, angreift. Es ist nicht etwa nur »die Rehabilitierung des Fleisches«, die dem dänischen Philosophen ein Dorn im Auge ist. Die mit dieser romantischen Demarche in poetischer Gestalt vorgetragene Forderung ist für ihn zweifellos die weitaus größere Gefahr. Kierkegaard erkennt in der Tat scharfsinnig, wie brisant der von Schlegel betonte intellektuelle Austausch zwischen den Geschlechtern ist, der die Trennung zwischen Sinnlichkeit und Verstand unterläuft und so die Ehe unmoralisch und unreligiös werden läßt.

Das Bedürfnis nach Abschwächung des Widerspruchs zwischen Fleischlichem und Geistigem und der Wunsch, daß Mann und Frau gemeinsam »alle Stufen des Menschseins«, von der überschwenglichsten Sinnlichkeit bis zur höchsten Geistigkeit durchlaufen mögen, wog schwerer als die Begeisterung für die Fleischeslust auf der einen und die ausschließliche Verherrlichung des Geistes auf der anderen Seite. Der Gedanke, daß Parität im Austausch zwischen Mann und Frau gerade wegen ihrer geschlechtlichen Differenz herrschen könne (Geben oder Nehmen als eine einzige Form, ebenso wie Poesie oder Philosophie), ist schwindelerregender als die Erklärung der absoluten und gleichberechtigten Identität beider Geschlechter. Die Behauptung schließlich, die Differenz der Geschlechter sei nur ein äußeres Merkmal, ein »angeborener, naturgegebener Stand«, und dieser Unterschied müsse in einer Beziehung der Umkehrung überspielt werden (»nur sanfte Männlichkeit, nur selbständige Weiblichkeit ist die wahre und schöne«), treibt den Skandal auf die Spitze.

In Frankreich ist es Charles Fourier, der den Skandal auslöst. Er erhält allerdings erheblich weniger öffentliche Aufmerksamkeit. Bis 1830 bleiben seine Schriften nahezu unbekannt. Dann werden sie zur Quelle aller nachfolgenden libertären Theorien über Frauen. Das Denken Fouriers richtet sich mehr auf Freiheit als auf Gleichheit, mehr auf Befreiung als auf Emanzipation. Er verzichtet darauf, von den Rechten des Mannes auszugehen und den Gesellschaftsvertrag als Garanten für den Schutz des modernen Individuums einzuführen. Seiner Meinung nach verdecken die Menschenrechte die entscheidenden Dinge, zuallererst die Wirtschaft und offensichtlich das Recht auf Arbeit. Unterdrückung und Erniedrigung der Frau in der Zivilisation würden im Bild der Ehe, die Fourier heftig kritisiert, noch verdichtet. Noch vor aller moralischen

Kritik der Ehe und der Vorurteile, mit der die Ehe in der modernen Moral umgeben ist, betont er deren Krämerwirklichkeit und ökonomische Fundierung (Geld und Eigentum). Darin ist Fourier ein Wegbereiter, wie Marx wenig später anerkennen wird. Fourier läßt im übrigen keine Gelegenheit ungenutzt, um die Verantwortung der Philosophen anzuprangern, »die sich um die häusliche Ordnung nur dann kümmern, wenn sie die Ketten des schwachen Geschlechts anziehen wollen«. Die deutschen Rechtsphilosophen haben dem nichts entgegenzusetzen; aber auch andere, wie beispielsweise der Ideologe Cabanis, der eine wissenschaftliche Theorie der Ungleichheit der Geschlechter entworfen hat, derzufolge der Einfluß des Körperlichen auf das Moralische im wesentlichen die gesellschaftliche Rolle der Frau bestimmt.

Fouriers Utopie ist eine Utopie der Freiheit: der Freiheit der Frau als Individuum (nur ein Viertel der Frauen ist seiner Überzeugung nach für das häusliche Leben geeignet); der Freiheit, mit dem Mann in Wettstreit zu treten (Rivalität sei gesund, behauptet er im Gegensatz zu den meisten seiner Zeitgenossen); und der Freiheit, die ihre Verwirklichung in der »leidenschaftlichen Anziehung« und »Verbindung« zwischen Mann und Frau finde. Die sexuelle Beziehung solle nach Fourier weder zu einem Vertrag noch zu einem Bund führen und die Natur solle allein in der Spontaneität des Begehrens, aber nicht etwa als Grundlage der Familie ins Spiel kommen.

Fouriers Utopie ist auch eine soziale Utopie, da bei ihm der Fortschritt und das Glück der gesamten Menschheit in direktem Zusammenhang mit dem Freiheitsgrad der Frauen stehen. Das ist eine für das 19. Jahrhundert bedeutsame Formulierung. Die entscheidende Frage ist, ob die Entfaltung der Moderne die Frauen integriert oder nicht. In der postrevolutionären Ära gehören Frauen zwar prinzipiell dazu, werden jedoch faktisch ausgeschlossen. Dieser Widerspruch setzt die Geschichte der Frauenemanzipation in Gang.

Auch die englischen Philosophen entwickeln in diesem Punkt widersprüchliche Positionen. Der Utilitarist Jeremy Bentham zögert, die Staatsbürgerschaft der Frauen zu definieren. Sobald die Identität der Individualinteressen für grundlegender erachtet werde als die Identität der Menschenrechte, sei das universelle Wahlrecht (der Kernpunkt der Diskussion) keine Selbstverständlichkeit mehr. Denn die Interessen von mehreren Personen könnten dann auch von einer einzigen Person wahrgenommen werden. Die natürliche Unterordnung der Frau sei ebensogut ein Grund, den Frauen die politische Gleichberechtigung zu verweigern, wie sie ihnen zu gewähren. Nach anfänglichem Zögern gelangt Bentham allmählich dazu, das demokratische Prinzip des allgemeinen Wahlrechts zu befürworten. Im Gegensatz dazu schreibt James Mill, der zunächst demokratischer denkt als Bentham, in einem Artikel von 1820, vom Wahlrecht sollten diejenigen ausgeschlossen werden, deren Interessen unbestreitbar in denen anderer Individuen einbegriffen seien. Die Interessen einer Ehefrau (oder eines Kindes) seien unter denen des Ehemannes zusammengefaßt, und daher benötige sie kein eigenes Wahlrecht. Offensichtlich bieten also die utilitaristischen Philosophien mehr Spielraum, die Gleichheit der Geschlechter abzulehnen, als die Rechtsphilosophien. In die philosophische Debatte mischt sich schließlich auch William Thompson, ein Freund Benthams und Robert Owens, ein mit seinem *Appeal of One Half of the Human Race, Women, against the Pretensions of the Other Half, Men, to retain them in political, and thence in civil and domestic slavery* (Plädoyer einer Hälfte der menschlichen Rasse, der Frauen, gegen die Anmaßungen der anderen Hälfte, der Männer, sie in politischer, und damit in bürgerlicher sowie häuslicher Sklaverei zu halten). Damit beginnt die Ära des Feminismus mit den Utopisten und mit John Stuart Mill, dem Sohn James Mills, auf dessen philosophisches Engagement für die Gleichheit der Geschlechter wir später zurückkommen werden.

LIEBE, KONFLIKT UND METAPHYSIK DES GESCHLECHTS

Bevor sich die Philosophen explizit der Frauenemanzipation zuwenden, um diese entweder mit Argumenten oder übellauniger Rhetorik abzulehnen oder sich auf theoretischer Grundlage für sie auszusprechen, gibt es eine Phase des Stillstands der Diskussion. In dieser Zeit wird statt dessen über Liebe, Verführung und Keuschheit, über die Metaphysik der Sexualität und die Dualität der Geschlechter sowie über eine ontologische Komplementarität, die ebensosehr im gesellschaftlichen Leben wie im Gattungsleben verwurzelt sei, verhandelt. Die aktuelle feministische Frage lauert währenddessen im Hintergrund. Schopenhauer, Kierkegaard oder Auguste Comte halten es für nützlich, diese Frage zumindest mit einigen Zeilen als absurd und nichtig abzutun. Für sie liegt das eigentliche Problem offensichtlich woanders.

Wirft man einen Blick auf die jeweiligen Biographien dieser drei Philosophen, so fällt auf, daß ihr Einstieg in das philosophische Denken mit ihrem Eintritt in das aktive Geschlechtsleben zusammenfällt. Bei allen drei Philosophen tauchen biographische Momente in ihren philosophischen Texten auf, wo es um ihren Widerstreit mit Frauen geht. Schopenhauer bricht nach dem Tode seines Vaters endgültig mit seiner Mutter. Kierkegaard löst seine Verlobung auf spektakuläre Weise.

Die Gegenwart des Privaten in beider Schriften ist über den anekdotischen Effekt hinaus von Interesse. Abgesehen davon, daß biographische Elemente zum Verständnis ihres Denkens beitragen können, ist wichtig, daß Philosophen auch geschlechtliche Wesen sind und ihr Leben als solche offenbaren. Auguste Comte ist hierfür ein exemplarischer Fall. Seine Frau Clotilde de Vaux und später auch seine Hausangestellte tragen ausdrücklich nicht nur zu dessen Gedanken über Frauen bei, sondern auch zu seinem philosophischen System insgesamt. Es könnte durchaus sein, daß sexuelle Beziehungen ein fester Bestandteil des philosophischen Erkennens sind.

Kierkegaards zahlreiche Texte über Liebe, Verlobung, Ehe, Eheleben etc. scheinen dies zu bestätigen. Diese Vermutung wird dadurch erhärtet, daß er sein Denken nicht nur aus der Sicht der menschlichen Gattung oder Menschheit im allgemeinen entwickelt, sondern auch aus der subjektiven Sicht des Individuums in seiner einzigartigen sexuellen Beziehung. Man könnte dies als die existentielle Dimension einer Philosophie bezeichnen, die die Hegelschen Absoluta hinter sich gelassen hat. Was Schopenhauer betrifft, so ist er sich dieser Neuerung völlig bewußt: »Statt sich zu wundern, daß auch ein Philosoph dieses beständige Thema aller Dichter einmal zu dem seinigen macht, sollte man sich darüber wundern, daß eine Sache, welche im Menschenleben durchweg eine so bedeutende Rolle spielt, von den Philosophen bisher so gut wie gar nicht in Betrachtung genommen ist.« (Bd. IV, S. 623)

Schopenhauer schreibt eine »Metaphysik der Geschlechtsliebe«. Ausgehend vom geschlechtlichen Instinkt, entwickelt sich die Liebe und findet ihren Ausdruck im individuellen Bewußtsein; sie gedeiht zwischen zwei Extremen: der Frivolität der Beziehung, der Liebesaffäre, und dem imperativen Interesse der Gattung, dem unerschütterlichen Willen der Natur. Genauer gesagt, ist die Liebe die Maske des geschlechtlichen Instinkts, eine List der Natur, damit diese ihr Ziel erreicht. Und das Individuum ist in dieser Angelegenheit der Geprellte, von der Illusion getäuscht. Der hinlänglich bekannte Pessimismus Schopenhauers läßt in diesem metaphysischen Text die Frage nach dem Individuum in der Schwebe. Man erfährt nur, daß es zu keiner Zufriedenheit gelangt. In anderen Texten wird das Individuum, egal ob Mann oder Frau, auf andere Weise abgehandelt: Während der Mann imstande ist, über den Willen der Natur hinauszugehen, um in einen Zustand der Askese einzutreten, in dem die Keuschheit reichhaltige Möglichkeiten verheißt, soll die Frau ausschließlich zur Erhaltung der Art geschaffen sein.

Trotzdem ist die *Metaphysik der Geschlechtsliebe* eine Betrachtung über das Verhältnis der Geschlechter zueinander, über die Entsprechung und Ergänzung von Mann und Frau. Über die List der Natur hinaus, die den Willen zum Leben, das grundlegende Prinzip der Schopenhauerschen Metaphysik, perpetuiert, teilen sich die Geschlechter ihre Verantwortung für die Nachkommenschaft: der Vater bestimmt den Charakter und Willen des Kindes, die Mutter dessen Intellekt. Es mag verwundern, daß die rationale Gabe ausgerechnet von der Frau vermittelt wird, wenn man bedenkt, wie häufig die Philosophen den Frauen die Vernunft abzusprechen und deren minderen Status eben damit zu rechtfertigen pflegten, daß der weibliche Verstand schwächer sei. Schopenhauer selbst bemerkt zu diesem Punkt, alle Philosophen hätten fälschlicherweise das metaphysische Prinzip, das unzerstörbar und ewig sei, im Intellekt des Mannes angesiedelt. In der Tat lebe und sterbe der Intellekt, der vom Gehirn abhängig sei, auch mit diesem. Einzig der Wille sei übertragbar; nur der Wille der Natur, der Wille zum Leben, bleibe vom Tode verschont. Damit gibt Schopenhauer, der seine Metaphysik nicht im Ideenhimmel, sondern im Prinzip des ewigen Lebens durch Fortpflanzung festzumachen sucht, dem Konzept der Geschlechterdifferenz eine überraschende Wendung, indem er der Frau das zugesteht, was viele andere Philosophen ihr verweigerten.

Gleichwohl ändert sich sein Ton, sobald er nicht mehr über die Liebe, sondern über den Unterschied der Geschlechter und über die Metaphysik der Geschlechtsspezifizierung der Welt schreibt, wenn er Frauen als Objekte im Diskurs eines Mannes betrachtet; dann gewinnt das Misogyne die Oberhand. So besitzt für Schopenhauer die Frau, zwischen Mann und Kind situiert, bestenfalls eine vergängliche Schönheit, die lediglich eine jener Listen der Natur ist, um den Mann zu verführen und die Art zu erhalten. Aber die Frau kann nicht das schöne Geschlecht sein, sie kann keine Beziehung zum Schönen an sich geltend machen. Sie ist das andere, zweite Geschlecht, ohne jedwede Parität mit dem ersten. Und ihr schwacher Verstand existiert in einem Zustand der Unmittelbarkeit, zwischen Frivolität und Schicklichkeit. Das Christentum germanischer Prägung hatte den Irrtum begangen, die Frau in den Stand einer »Dame« zu erheben, statt ihr einen Meister zu geben und die Polygamie einzuführen. Die Art und Weise, wie Schopenhauer die Metaphysik des Geschlechts von der Meinung über Frauen trennte, wird sich als höchst einflußreich erweisen. Darauf wird zurückzukommen sein. Mit Schopenhauers metaphysischer Sprache, in der die Frauen lediglich zur Erhaltung der Art dienen, wird den früheren rechtsphilosophischen Analysen des Geschlechterunterschieds der Boden entzogen. Durch eine solche Entpolitisierung des Problems verschwinden gewisse Stützen, beispielsweise das abstrakte Zugeständnis der Gleichheit der Geschlechter, das innerhalb des rechtsphilosophischen Rahmens fast selbstverständlich scheint. Damit kann sich der Frauenhaß ungehemmt entfalten und wird später noch zusätzlich ideologisch verbrämt.

Kierkegaard stellt die Ehe in den Mittelpunkt seines philosophischen Denkens. Er meditiert über Liebe – zunächst über die Liebe zum Anderen, danach über die Liebe zum Wahren (und darüber hinaus zu Gott) sowie über fleischliche und philosophische Erotik. Sowohl das sexuelle als auch das geschlechtsspezifische Begehren werden von ihm mit bemerkenswerter Eindringlichkeit befragt, beschrieben und nach allen Seiten hin beleuchtet. Kierkegaard bearbeitet im philosophischen Diskurs eine subjektivistische Position, indem er von seiner eigenen Geschichte ausgeht und sich anderer Subjektivitäten bedient (zuweilen benutzt er sogar Pseudonyme). Sein Werk kann in erster Linie als ein philosophisches Erkennen des menschlichen Begehrens verstanden werden. In dieser Hinsicht geht Kierkegaard neue Wege, sowohl in den Themen als auch im Stil seiner philosophischen Betrachtungen.

Kierkegaard äußert sich kritisch über Schlegels Verherrlichung der romantischen Liebe in *Lucinde*. Sie sei auf Sinnlichkeit, jener Quelle falscher Ewigkeit, gegründet. Diese trügerische Liebe nähre bei Frauen zudem den verwerflichen Wunsch nach Emanzipation. Sie sei um so mehr eine Illusion, weil sie die grundlegende Bedeutung des Christentums für unsere Zivilisation ignoriere, insbesondere die der Feindschaft zwischen Körper und Geist. Die Spannung zwischen dem Sinnlichen und dem Geistigen präge unser Verhältnis zur Liebe und könne daher nicht außer acht gelassen werden. Deshalb bemüht Kierkegaard sich in ausführlichen Analysen von Verlobung und Ehe um eine Unterscheidung zwischen drei verschiedenen Ebenen, auf denen sich die Liebe entfalten kann: auf der Ebene des Ästhetischen ist die Liebe an den Moment, auf der des Ethischen ist sie an die Zeit und auf der des Religiösen an die Ewigkeit gebunden. Ohne sich selbst zu schaden, kann der Mensch nicht auf sein Verhältnis zur Ewigkeit verzichten; seine Endlichkeit ist nur in Anbetracht des Unendlichen erträglich – ein Paradoxon, das seinen konkreten Ausdruck im Konflikt zwischen Körper und Geist findet. Man kann somit Ewigkeit im Ästhetischen und im Ethischen finden (oftmals der Ehestand), und das Ästhetische im Religiösen. Das gelingt aber erst nach langwierigen Überlegungen, die zum Beispiel das *Tagebuch des Verführers* zu einem äußerst detaillierten Text über Liebesstrategien werden lassen. Kierkegaard kommt zu dem nicht überraschenden Schluß, daß eine der Möglichkeiten zur Versöhnung dieser widerstreitenden Impulse die Entscheidung für die Keuschheit sei.

Wie aber sieht Kierkegaard den Unterschied zwischen Mann und Frau? Wenn man ihn nicht in Form einer Regel, sondern im Diskurs über das Begehren zu erfassen versucht, ist der Unterschied wesentlich einfacher in seinen Wandlungen wahrnehmbar. Insofern ist das Vorhandensein des Weiblichen im Männlichen, der Bisexualität des

Menschen, Bestandteil des Zusammenspiels beider Geschlechter. Desgleichen kann es keine Verführung ohne gegenseitige Freiheit bzw. keinen Besitz des anderen ohne dessen Anerkennung geben. Dennoch weicht Kierkegaards Liebesdialektik lediglich in einem Punkt von der traditionellen Darstellung der Frau ab: Die Erhaltung der Art ist für die Ehe nur ein Zweck unter anderen, und damit beschränkt sich das Dasein der Frau nicht auf ihre Rolle bei der Fortpflanzung. Die Frau wird bei Kierkegaard zum »Traum des Mannes«, zur »Vollkommenheit in der Unvollkommenheit«, zur Natur, Erscheinung, Unmittelbarkeit – sie ist all das, was den Mann daran hindert, direkten Kontakt zum Absoluten zu haben. Die Frau drückt das Endliche aus, der Mann läuft dem Unendlichen hinterher. Wenn die Schlange der Emanzipation Besitz von seiner Frau ergriffen habe, müßte das den Mut des Mannes brechen. Ihm bliebe nichts anderes, als sich auf einen öffentlichen Platz zu stellen und zu heulen, wie ein Künstler, dessen Werk zerstört wurde und der sich selbst nicht einmal mehr daran erinnern kann, was jenes darstellte.

Die Verschiedenheit der Geschlechter impliziert die Existenz des Anderen, und da der Mann das Subjekt des philosophischen Diskurses ist, muß dessen Objekt, das Andere, notgedrungen die Frau sein.

Das Paar, das aus dem Einen und dem Anderen, dem Mann und der Frau besteht, ist nicht von ungefähr von entscheidender Bedeutung für die Arbeit des metaphysischen Denkens. Die Vorstellung des Zwei-Seins – des Dualismus von Geist und Körper im Menschen, des Dualismus von Natur und Gott außerhalb des Menschen – hat ihren Ursprung im Konzept der geschlechtlichen Differenz. Das hat die Hegelsche Dialektik bereits hervorgehoben.

Mit Ludwig Feuerbach und Auguste Comte gelangen wir kurz vor der Mitte des 19. Jahrhunderts zur Kritik der Metaphysik. Bei beiden ist der Geschlechterunterschied von grundlegender Bedeutung für ihr philosophisches System und die darin entwickelte Kritik.

Feuerbach ist ein entschiedener Kritiker der christlichen Religion, Auguste Comte der Prophet einer neuen Religion; beide jedoch gründen ihre Kritik auf der Mann-Frau-Dichotomie. In *Das Wesen des Christentums* stellt Feuerbach den Menschen als Geschlechtswesen dem christlichen Mann gegenüber, der asexuell bzw. kastriert sei. Er entlarvt die Religion als eine Produktion des Mannes, der Gott nach seinem Bilde geschaffen hat – ein Bild, in dem alle Besonderheiten, namentlich der geschlechtliche Unterschied, zugunsten einer universellen Leere weggelassen worden seien: »Das ehelose, überhaupt asketische Leben ist der direkte Weg zum himmlischen unsterblichen Leben, denn der Himmel ist nichts andres als das übernatürliche, gattungsfreie, geschlechtslose, absolut subjektive Leben. Dem Glauben an die persönliche Unsterblichkeit liegt der Glaube zugrunde, *daß die* Geschlechtsdifferenz nur ein äußerlicher Anflug der Individualität, daß *an sich* das Individuum ein geschlechtsloses, für sich selbst vollständiges, *absolutes* Wesen ist.« (Bd. 5, S. 200)

Die geschlechtliche Bestimmung ist hier »ein inniger, ein chemischer Bestandteil« des menschlichen Wesens. Ebenso ist das menschliche Wesen nichts ohne seinen Leib, der den »Grund, das Subjekt der Persönlichkeit« bildet. »Aber der Leib ist nichts *ohne Fleisch und Blut ...* Aber Fleisch und Blut ist nichts ohne den *Sauerstoff der Geschlechtsdifferenz.* Die Geschlechtsdifferenz ist keine oberflächliche oder nur auf gewisse Körperteile beschränkte; sie ist eine wesentliche. Sie durchdringt *Mark und Bein ...* Die Persönlichkeit unterscheidet sich *wesentlich* in männliche und weibliche Persönlichkeiten. Wo kein Du, ist kein Ich.« (Ebd., S. 109)

Im Gegensatz zum Christentum mit seiner Furcht vor der geschlechtlichen Differenz und dem Fleisch glaubt Feuerbach an wahre Differenz sowie deren Entsprechung, die Komplementarität von Ich und Du, von Männlichem und Weiblichem. Es ist offensichtlich, daß die Keuschheit für Feuerbach keine Tugend darstellt, wenn er über das aus dem christlichen Glauben hervorgegangene Zölibat für wenige, nämlich die Priester, und die Ehe für viele spottet: Die Ehe gestattet es, die Natur zu verleugnen, während man ihr Genüge tut, und von daher erklärt sich, warum das Mysterium der Erbsünde das Mysterium des geschlechtlichen Vergnügens ist. Alle Menschen werden in Sünde empfangen, weil sie in Vergnügung und Sinnesfreude empfangen werden. Einzig die Ehe erlaubt es den Christen, diesen Widerspruch zu ertragen. Feuerbach hat sich vom Konzept der Liebe und Ehe als Einrichtungen zur Fortpflanzung weit entfernt und die Bedeutung von Sinnlichkeit und Lust betont. Er hält aber fest an der Komplementarität der Geschlechter. Er bedient sich der traditionellen Opposition zwischen Männlichem und Weiblichem, Aktivem und Passivem, Denken und emotionaler Intuition, jedoch vor allem um aufzuzeigen, daß der Unterschied keinen Bestand haben kann ohne Vereinigung und Ergänzung um einer zukünftigen Harmonie willen. Der Gedanke der geschlechtlichen Dualität wird durch den der gegenseitigen Ergänzung aufgehoben, so daß die Freiheit beider Geschlechter ein streng geregeltes Spiel bleibt.

Die Vorstellung eines komplementären Paars findet sich auch im Denken Auguste Comtes, wo sie zugleich in gesellschaftlichen wie auch religiösen Kontexten erscheint. Die Biologie dient ihm dabei als verbindliche Grundlage für seine Argumentation. Die Berufung der positivistischen Philosophie auf die Naturwissenschaft ist bekannt. Gleichwohl sei daran erinnnert, daß die Biologie überhaupt erst in den 1840er Jahren als Wissenschaft anerkannt wird. Die Biologie bestätige endgültig die »Hierarchie der Geschlechter«, schreibt Comte 1843 an John Stuart Mill. Vor dem Hintergrund einer unwandelbaren Natur, in der der Frau das Gefühl und dem Mann der Intellekt zugeschrieben werden, verändert Auguste Comte im Laufe seines Schaffens das männlich-weibliche Paar. Er ändert die Definition der Frau, ohne damit sein differentielles System insgesamt wirklich zu modifizieren. In Comtes letztem Gesellschaftsentwurf werden Frauen nicht länger wie große Kinder behandelt, sondern zu Göttinnen erhoben, äußert John Stuart Mill während der Arbeit an seiner eigenen Abhandlung über die Unterwerfung der Frauen. Das ist etwa fünfundzwanzig Jahre später, nachdem seine umfangreiche Korrespondenz mit Comte aufgrund von Meinungsverschiedenheiten über die Frage der Gleichheit der Geschlechter unterbrochen worden ist.

Für Comte leben die Frauen in einem Stadium der radikalen Kindlichkeit; sie gehören der Familie, dem häuslichen Leben an, und diese basieren auf der Geschlechterhierarchie. Frauen sind dem Mann nicht gleichwertig, sondern dessen Begleiterinnen. Außer in mütterlichen Funktionen wirken sie als Quelle sozialer Empfindungen, und für den aufkommenden Positivismus haben sie eine Mission als geistliche Hilfskräfte zu erfüllen. Frauen verkörpern »das gefühlvolle Geschlecht« und sollen deshalb in der zukünftigen Religion eine Rolle spielen, also nicht völlig eingeschlossen nur im häuslichen Bereich leben. Dem Positivismus konnte man sich in der Tat ebensogut mit dem Kopf wie mit dem Herzen nähern.

Die Beziehung zwischen Comte und Clotilde de Vaux, deren Tod und der anschließend von Comte betriebene Kult um ihr Gedenken verändern diese Struktur nicht grundlegend; im Gegenteil, sie verleihen ihr eher neue Tragweite. Der Wandel vollzieht sich im wesentlichen in der Sprache: Die Frau, Tochter, Mutter und Schwester wird für den Mann zu einem »Engel« und für die Menschheit zu einer Göttin. Diese neue Religion, die das alte Christentum ersetzen soll, stellt die jungfräuliche Mutter in den Vordergrund. Der Gedanke von der geschlechtlichen Komplementarität gelangt damit zu einer hypertrophen Vorstellung vom Weiblichen.

Auguste Comte läßt sein privates Leben in seine Schriften einfließen, und keine post mortem Analyse ist erforderlich, um dafür den Beweis anzutreten: Frauen stehen im Mittelpunkt seiner philosophischen Betrachtungen. Dieses ist wiederum nicht als Anekdote von Interesse, sondern im Hinblick auf Comtes Aussagen. Er selbst spricht von der »grundlegenden Verbindung zwischen meinem privaten und meinem öffentlichen Leben«. Mehr noch als die Existenz der Frau und des

Weiblichen in der Philosophie macht sich die Verbindung zwischen Mann und Frau im Denken bemerkbar. Dieser Punkt kann nicht genug gewürdigt werden: »Mit Mann und Frau haben wir das gesellschaftliche Individuum«, befindet Saint-Simon und bahnt damit um 1830 den Weg für die Vorstellungen der utopischen Sozialisten, vor allem der Saint-Simonisten. Zu ihnen zählt auch Auguste Comte, der zu jener Zeit sein Sekretär ist. Die Darstellung des Paares folgt allerdings ebenso strengen Regeln wie im dualistischen Denken. Abweichungen jedweder Art erweisen sich als undenkbar. So findet sich bei Comte die Apologie der Ehe, das Verbot jeglicher Teilhabe von Frauen am öffentlichen Leben, die Zufriedenheit mit ihrem »heilsamen Ausschluß« vom gesellschaftlichen und politischen Leben, das ihnen nur über indirekte Partizipation zugänglich sein soll. Comte ist Molière dankbar, daß dieser es so gut verstanden hat, gute Argumente für eine Einschränkung der Bildungsmöglichkeiten von Frauen zu liefern, und brandmarkt den entstehenden Feminismus als einen »Aufruhr« ohne Zukunft.

Autonomie, Emanzipation und Gerechtigkeit

Mitte des 19. Jahrhunderts scheinen sich die Einsätze zu klären; die politische und die philosophische Geschichte verändern die Problematik. Nach der Revolution von 1848 verläßt das Nachdenken über die Frauenfrage sowohl den Bereich des Rechts als auch den der Natur und entwickelt sich in Form eines Diskurses zum einen über Liebe, menschliches Begehren und Transzendenz, und zum andern über die Metaphysik der Differenz. Das bedeutet eine Rückkehr zu Fragen der Familie, der bürgerlichen Gesellschaft und generell der Immanenz. Die sozialen Probleme und die Religionskritik treten in den Vordergrund, die Sorge über die Erhaltung der Art wird in den Hintergrund gedrängt.

Gleichzeitig erfährt die Misogynie der Philosophen im Kern einen Wandel. Das liegt zweifellos daran, daß sich die Emanzipation der Frauen konkret absehen läßt und daß der Feminismus als soziale und politische Bewegung zur öffentlichen Realität wird. Während Philosophen wie Pierre Leroux, Marx oder Mill sich wohlwollend über Frauen äußern, schreiben sich andere wie Proudhon in die Tradition Kants und Schopenhauers sowie der französischen Revolutionsideologie ein, indem sie unentschieden sind zwischen dem völligen Ausschluß des weiblichen Geschlechts aus Gesellschaft und Politik und dessen Einstufung als unheilbringende Kraft. Das Infragestellen der Metaphysik zeitigt ambivalente und widersprüchliche Wirkungen auf die Vorstellungen über die Geschlechterdifferenz.

Pierre Leroux, einer der Theoretiker der Emanzipation, befaßte sich sowohl mit Rechtsfragen als auch mit Liebe, sexueller Identität sowie mit geschlechtlicher Differenz. Er kann als Übergangsfigur zwischen den älteren utopischen Sozialisten, den Anhängern Saint-Simons und Fouriers, und den Theoretikern der Revolution, Marx und Proudhon, gewertet werden. Mit seiner Befürwortung der Religion ist Leroux noch ein Mann der Jahrhundertwende. Sein Appell an die Gerechtigkeit hingegen stellt ihn an die Seite der neuen Kämpfer. Unter dem zentralen Begriff der Liebe sucht er bestimmte neue Elemente in die Diskussionen seiner Zeit hineinzutragen.

Leroux betrachtet die Liebe weder als Sexualität und Fortpflanzung noch als Beziehung zwischen Begehren und Verfügung. Vielmehr definiert er sie als »Gerechtigkeit in ihrer göttlichsten Gestalt«. Gottes Gerechtigkeit könne nicht einfach Gleichgewicht sein, sondern müsse sich auf einen dritten Begriff, die Liebe, beziehen. Gott sei weder Mann noch Frau, wie die Anhänger Saint-Simons behaupteten: »Gott wird erst offenbar, wenn das Er und das Sie, die in ihm als Möglichkeit sind, durch ein drittes Prinzip, die Liebe, vereinigt werden; und dann, nur dann offenbaren sich die beiden Prinzipien, die ihr unterscheidet. Und gleichermaßen erweisen sich Mann und Frau nur dann als Geschlechter, wenn Liebe sie vereint. Vor der Liebe und dem Paar gibt es die Frau nicht; denn sie existiert nicht als Frau, sie ist nur menschliche Person.«

Verdeutlichen wir uns diese verschiedenen Punkte noch einmal: Es ist nicht die Metaphysik der Zweiheit, sondern der Triade, die Leroux für relevant erklärt. Das ist seine Antwort auf die Frage des Jahrhunderts, die Frage der Dialektik. Die Zweiheit findet unter Umständen in einem dritten Begriff zusammen. Mit Hilfe der Triade kann Pierre Leroux zugleich die geschlechtliche Identität und die geschlechtliche Differenz begrifflich denken, und er kann darüber hinaus die Möglichkeit einer wirklichen Gleichheit zwischen Mann und Frau bekräftigen. Das ist das Neue und Interessante seiner Überlegungen. Er unterscheidet im Mann-Frau-Verhältnis zwei Sphären: die der sexuellen und amourösen Beziehungen und die der sozialen Situation der Frauen als Individuen. Die erste Sphäre ist geprägt durch den Geschlechterunterschied, die zweite nicht. Das Weibliche ist eine Möglichkeit und nur eine von vielen Besonderheiten des Individuums. Es ist eine Möglichkeit, deren sich die Frau gewahr wird oder auch nicht; wenn ja, bringt sie diese gegebenenfalls zum Ausdruck, indem sie Ehefrau und Mutter wird. Infolgedessen muß zwischen der Frau, der Ehefrau und dem Menschen unterschieden werden. Erstere wird durch die Geschlechterdifferenz im Kontext der klassischen Komplementarität der Liebesbeziehung geprägt, die zweite macht die gesellschaftliche Realität dieses Ergänzungsverhältnisses offenkundig, wobei sie jedoch die »Parität« zwischen Mann und Frau respektiert; die dritte trägt lediglich der Ähnlichkeit beider Geschlechter Rechnung, insofern als beide Personen sind.

Es besteht ein zweifaches Interesse an dieser subtilen Unterscheidung: Zunächst gestattet sie es Leroux, die irreführenden Versprechungen der Gleichberechtigung zu kritisieren, und zwar sowohl die formale Gleichheit im Code civil, die in Wirklichkeit die Abhängigkeit der Ehefrau festschreibt, als auch die reale Gleichheit der Saint-Simonisten, die die freie Liebe predigen und in dieser die Frauen unterwerfen. Wahre Gleichheit sei aber eine Beziehung der Gerechtigkeit und Billigkeit, und diese erwachse nicht aus leeren Abstraktionen. Der Geschlechterunterschied und die Last der traditionellen Hörigkeit der Frau verböten simple Erklärungen und machten Präzisierungen erforderlich.

Da es für ihn die Liebe ist, die als der dritte Begriff die geschlechtliche Dualität transzendiert, kann Leroux den Krieg der Geschlechter, der zu seiner Zeit die Gestalt des offenen »Aufstandes« anzunehmen beginnt, nicht akzeptieren. Die Frau werde den Mann emanzipieren und umgekehrt; dies sei der egalitäre Horizont, der vor beiden Geschlechtern liege: für die Frau als geschlechtliches Wesen sei Gleichheit unwesentlich, für die Frau als Ehefrau und als Mensch hingegen unbedingt erforderlich.

Max Stirner zieht gegen Pierre Lerouxs Auffassungen zu Felde, die, wie er vermutet, auch von seinem Landsmann und Diskussionspartner Feuerbach geteilt werden. Er kritisiert an beiden Theoretikern deren Heiligsprechung der Liebe und Wiederherstellung des Göttlichen ungeachtet der von beiden vorgetragenen Kritik an Gott und Religion. Stirner kritisiert mit anderen Worten, daß deren Humanismus die Werte, die einstmals Gott anheimgegeben waren, nun einfach dem Menschen übergebe. Zu diesen Werten zählten vor allem anderen Liebe, Familie, Menschlichkeit, Männlichkeit und Weiblichkeit. Wenn man statt dessen zuerst das Individuum setze, was Stirner vorschlägt, dann werde deutlich, daß das Individuum zugleich einzigartig und egoistisch, d. h. durch sein Selbst definiert sei, bevor es durch männliche und weibliche Werte bestimmt werde.

Menschen sind geschlechtlich festgelegt, aber weder Mann noch Frau gehorchen immer der »wahren Männlichkeit« bzw. der »wahren Weiblichkeit«. Das Geschlecht ist eine naturgegebene Eigenschaft, kein Ideal, das es zu erstreben gilt. Es ist in jedem einzelnen einmalig und unvergleichlich. Das ist für Feuerbach nicht nachvollziehbar, und in seinen Diskussionen mit Stirner handelt er das von diesem propagierte Ich als ein »ergo nicht geschlechtlich festgelegtes Ich« ab. Stirner weiß dagegen sehr wohl, worauf er hinaus will. Indem er vorgebliche Werte zurückweist, gibt er dem einzigartigen Willen des Individuums den Vorrang. Weder die Gattung noch die Familie bestimmten den Zweck des einzelnen, Individuen sind eher sich selbst zugehörig als irgendwelchen über sie hinausgehenden Entitäten. Einzelne bilden keine Gesellschaften, ganz gleich ob als Ehe, Familie oder Staat. Da eine jede Gesellschaft Abhängigkeitsverhältnisse schafft, hält Stirner den »Verein der Einzigen« für die einzige Möglichkeit, Individuen auf interessante Weise zu verbinden.

Diese Betonung des unabhängigen Individuums verlagert den Schwerpunkt des Diskurses auf die Geschlechterdifferenz: Menschen sind geschlechtsbestimmt, sogar bis in ihr Denken hinein, allerdings drückt sich diese Geschlechtsbestimmung nicht in Gestalt von Komplementarität bzw. in der Zuweisung bestimmter Rollen aus. Der Dualismus als Konzept wird aufgegeben, und das abstrakte Menschheitskonzept des Humanismus stößt ebenfalls auf Skepsis. Wiederum hat sich ein Wandel in der Diskussion über Geschlechterbeziehungen vollzogen. Jetzt gilt das Interesse verstärkt dem Individuum und der Gesellschaft, mehr der Familie als dem Paar und der Ehe. Die Frage der Geschlechterbeziehungen wird nun entweder im Hinblick auf das autonome Individuum oder im Hinblick auf das Individuum, welches in der Familie eine Gesellschaft bildet, formuliert.

Karl Marx verwirft in seinen frühen Schriften sowohl Feuerbachs Essentialismus als auch Max Stirners Individualismus. Marx zufolge spielen beide lediglich mit Konzepten, während es darum gehen müsse, sich den Tatsachen zuzuwenden, genauer gesagt, den gesellschaftlichen Gegebenheiten. So sei beispielsweise die bürgerliche Familie keineswegs gleichzusetzen mit der proletarischen Familie. Stirner kritisiere die dominante bürgerliche Familie, doch es gebe noch die andere, durch den Kapitalismus dem Zerfall ausgesetzte Familie. Letztere zeige gänzlich andere, weniger geschäftliche Beziehungsformen. Innerhalb der bürgerlichen Familie seien Eigentum und Geschäft die treibenden Elemente sowohl hinsichtlich der Frauen und Kinder als auch hinsichtlich des materiellen Besitzes. Marx preist Fourier als den ersten, der es verstanden hat, Ehe und Familie als ein System von Besitzverhältnissen, im Rahmen dessen die Frau als Handelsware angesehen werde, bloßzustellen.

Für Marx ist die Familie also immer eine historische Realität. In seinem Werk *Die deutsche Ideologie* kritisiert er an Stirner dessen eher abstraktes als historisches Konzept der Familie. Die Familie durchlaufe mit der Zeit verschiedene Entwicklungsstufen, und es sei absurd zu glauben, sie abschaffen zu müssen. Bereits in seinen frühesten Schriften aus dem Jahre 1842 spricht sich Marx für Monogamie und das Recht auf Scheidung aus (im Gegensatz zu Hegel und dessen Heiligsprechung der Familie), und wiederholt weist er primitive Kommunismusvorstellungen sowie deren Idee einer »Frauengemeinschaft« zurück. Eine solche Gemeinschaft existiere bereits unter dem Namen »Prostitution« in Form des Warenhandels mit Frauen, die von Männern wie Gegenstände in Besitz genommen würden.

Der moderne Kapitalismus löse die proletarische Familie auf, weil er Frauen auf den Arbeitsmarkt zwinge und damit aus dem privaten Bereich der Familie heraushole. Auf diese Weise leite er, ohne es zu wissen, den Prozeß der Befreiung der Frauen ein. In der Tat sei Lohnarbeit der erste Schritt zu einer Autonomie der Frauen, die der Kommunismus mit der Abschaffung des Privatbesitzes und den Veränderungen der Produktionsverhältnisse vollständig durchsetzen werde. Insofern schaffe die Ökonomie und nicht das Gesetz die Grundlage für die Befreiung der Frau sowie für eine neue Familienstruktur.

In den *Ökonomisch-philosophischen Manuskripten* von 1844 versucht Marx, die Familie als primäre gesellschaftliche Beziehung zu definieren und die Frau als das natürliche Wesen, das es dem Mann gestatte, diese primäre gesellschaftliche Beziehung aufzubauen. Es entwickele sich eine menschliche, über die bloße Natur hinaus führende Beziehung, die Familie sei die Brücke zwischen Natur und Gesellschaft, die Keimzelle einer jeden Gesellschaft. Innerhalb dieses Prozesses werde die Frau zum ersten Besitz des Mannes (gemeinsam mit den Kindern zur Sklavin). Folglich sei es logisch, daß sie in der kapitalistischen Gesellschaft zur Ware degradiert werde. Ursprünglich Naturwesen, entwickele sich die Frau nun zum Handelsobjekt: Die stufenweise Veränderung familiärer und gesamtgesellschaftlicher Beziehungen allein konnte es der Frau ermöglichen, ihre Menschlichkeit wiederzuerlangen.

Engels nimmt dieses Thema – die Evolution der Familie, deren Ursprung und Zukunft – zu einem Zeitpunkt wieder auf, als die Vorstellung von der historischen Entwicklung der Familie als Keimzelle der Gesellschaft weiter ausgearbeitet worden ist. Gegen Mitte des 19. Jahrhunderts wird die Familie noch als unveränderliche Größe betrachtet. Nur Fourier steht allein mit seinem Versuch, sie anders zu definieren und eine wirtschaftliche Analyse von Ehe und Familie zu entwerfen. Marx gibt der Debatte nun eine konkrete Richtung, indem er darlegt, daß die Frau aufhören könne, Instrument der familiären und gesellschaftlichen Produktion zu sein, um zur Arbeiterin innerhalb eines Produktionssystems und zu einem unabhängigen Wesen im Privatleben zu werden.

Tatsächlich ist die Zeit für eine Geschichte der Familie noch nicht reif. Proudhon, ein Zeitgenosse (und Gegner) von Marx, sieht in Ehe und Familie die eigentliche Verkörperung der unveränderlichen Beziehung zwischen Mann und Frau. Gleichzeitig sind es nun wirtschaftliche und nicht nur metaphysische Argumente, die die Unveränderlichkeit der Familie und der Geschlechterbeziehungen bestätigen. Man muß wiederum bei dem Verhältnis zwischen Familie und Gesellschaft ansetzen.

Das Ziel Proudhons ist es, der wirtschaftlichen und sozialen Ungerechtigkeit ein Ende zu bereiten. Einen ersten Schritt sieht er darin, den Ort der Gerechtigkeit zu definieren. Der Dualismus, so argumentiert er, sei eine organische Bedingung für Gerechtigkeit, und die primäre Form des Dualismus sei die des Paares als Grundlage der Familie. Ableitungen davon seien beispielsweise der wirtschaftliche Dualismus mit der Produktion auf der einen und der Konsumtion auf der anderen Seite sowie der Arbeitsdualismus, bei dem die Frau für die Reproduktion (Haushalt, Konsum, Sparen) und der Mann für die Produktion (Werkstatt, Herstellung, Handel) zuständig ist.

Die Familie ist für Proudhon die Inkarnation der Gerechtigkeit; das heißt aber noch lange nicht, daß sie für ihn auch die Keimzelle der Gesellschaft ist. Im Gegensatz zu Marx und Bonald (die trotz der bestehenden politischen Differenzen einen starken Einfluß auf sein Denken haben), macht Proudhon die Werkstatt und nicht die Familie zur Grundeinheit der Gesellschaft. Die Familie unterscheidet sich vom übrigen gesellschaftlichen Leben. In ihr herrscht ein auf Ungleichheit gegründeter Frieden, der unberührt ist von jeglichem Konflikt oder Antagonismus und der auf dem Respekt vor der Dualität der Geschlechter basiert. Konflikt und Konkurrenz gehören in den Bereich von Wirtschaft und Politik und werden erst aufhören, wenn Gerechtigkeit anderswo, und zwar in der gesellschaftlichen Dualität, entstehe. Das Paar ist somit der Zusammenschluß zweier Individuen (keineswegs eine Verbindung), der Ausdruck eines einzigen (sozialen) Individuums, das man durchaus als androgyn bezeichnen könnte.

Die Gerechtigkeit soll nach Proudhon dasjenige vereinigen, was sich sonst nur zu streiten vermag, und sie tut dieses in anderer Weise als durch die gefährliche Kraft der Liebe: »Verändert, verwandelt oder stellt das Verhältnis der Geschlechter auf den Kopf, durch welches Mittel auch immer, und ihr werdet die Ehe in ihrem Wesen zerstören; aus einer Gesellschaft mit Vorherrschaft der Gerechtigkeit macht ihr eine Gesellschaft, in der die Liebe die Vorherrschaft übernimmt.« Im Gegensatz zu Pierre Leroux trennt Proudhon Liebe und Gerechtigkeit. Er knüpft subtile Verbindungen zwischen Ökonomie und Metaphysik, um seine Behauptung von der Minderwertigkeit des weiblichen Geschlechts zu beweisen.

Einige Kommentatoren gehen mit wenigen Bemerkungen auf die Frauen in Proudhons Leben (Mutter, Ehefrau, Töchter) ein; viel aufschlußreicher aber ist es, die Aufmerksamkeit auf seine endlosen Polemiken gegen die Feministinnen seiner Zeit (Jeanne Deroin, Juliette Lamber und vor allem Jenny d'Héricourt) zu lenken. Denn seine Theorie der Gerechtigkeit hat für seine Auffassung von Frauen katastrophale Folgen. »Haushälterin oder Kurtisane (und nicht Dienerin)«, so lautet der Proudhonsche Grundsatz, der in der äußerst antifeministischen, französischen Arbeiterbewegung Furore macht. Dieser Grundsatz bedenkt: Im häuslichen Leben übt die Hausfrau eine Tätigkeit aus, die zwar nicht entlohnt wird, aber auch nicht unterwürfig ist; in der Öffentlichkeit ist die Frau dagegen in den Marktverhältnissen gefangen, innerhalb derer sie praktisch selbst zur Ware wird. Der geschlechtliche Dualismus des Ehepaares hingegen ist, trotz der Ungleichheit zwischen Mann und Frau, auf gegenseitigen Respekt gegründet.

Den Diskurs über die Komplementarität und Gleichwertigkeit der Geschlechter, der zumindest den Anschein von Fairneß erweckt, gibt Proudhon allmählich auf zugunsten einer grenzenlos frauenfeindlichen Position, auch wenn das weibliche Geschlecht im allgemeinen die Verliererrolle hat. Die Frau sieht er als »Ergänzung« des Mannes, die ihre Schönheit der Stärke des Mannes zugesellt; die Schönheit erachtet er allerdings als Stillstand der Entwicklung. Sie stelle die Frau nahezu auf eine Stufe mit ihren Kindern. Folglich sei sie unmündig, ein minderwertiges Wesen, Materie, der Aristoteles zufolge erst Gestalt verliehen werden müsse, und deshalb suche das Weibliche das Männliche. Schließlich stuft Proudhon die Frau als Übergangswesen zwischen Mensch und Tier ein, in ihrer gewöhnlichen Stellung eine Variante zwischen Natur und Gesellschaft, aber eine Variante von verhängnisvoller Bedeutung: »Zwischen Frau und Mann kann es Liebe, Leidenschaft, Gewohnheitsbeziehung und was immer man will geben, aber nicht wirklich Gesellschaft. Mann und Frau bilden keine Gesellschaft. Die Differenz der Geschlechter errichtet zwischen ihnen ebenso eine Trennung wie es die Differenz der Rassen zwischen den Tieren tut. Daher kann ich dem, was man heute Emanzipation der Frau nennt, keinen Beifall zollen. Ja, sollte es zum Äußersten kommen, dann wäre ich eher geneigt, die Frau einzusperren.«

John Stuart Mill nimmt geradezu die entgegengesetzte Position zu Proudhon ein. Dieses beweist nicht zuletzt seine Korrespondenz mit Auguste Comte, denn dessen Antifeminismus führt schließlich zum Bruch ihrer Beziehung. Andere Details seiner Biographie sind gleichermaßen aufschlußreich. In seiner Autobiographie berichtet er, wie er sich mit seinem Vater gestritten habe, als dieser den Frauen das Wahlrecht verweigern wollte, und wie entscheidend für ihn seine

Begegnung mit Harriet Taylor gewesen sei. Zwanzig Jahre sind sie eng befreundet, bevor der Tod von Taylors Ehemann ihnen schließlich die Heirat ermöglicht; die Hochzeit nimmt Mill zum Anlaß, eine Erklärung abzugeben, in der er sich verpflichtet, niemals Gebrauch von den »unrechten Rechten« des Ehemannes über die Frau zu machen. Ihre intellektuelle Zusammenarbeit ist besonders bemerkenswert. Sie veröffentlichen drei gemeinsame Schriften: über Ehe und Scheidung (1832), über die Emanzipation der Frau (1851) und über die Unterwerfung der Frau (1869). Mill und Taylor schreiben beide, sie tauschen sich bei ihrer Arbeit ständig aus, und der Einfluß reicht über den Tod hinaus. Noch bemerkenswerter ist indes, was Mill dieser Zusammenarbeit zu verdanken behauptet. Ihre Zusammenarbeit erstreckt sich nicht nur auf ihr gemeinsames Anliegen, einen Beweis für die mögliche Gleichheit zwischen den Geschlechtern zu liefern. Mill anerkennt darüber hinaus den entscheidenden Einfluß von Harriet Taylor bei der Erarbeitung seines philosophischen Gesamtwerkes (mit Ausnahme seiner Arbeiten über Logik). Sie leben und arbeiten in einer intellektuellen Gemeinschaft, die weit über das gemeinsame Engagement für Ideen hinausgeht und den eigentlichen Prozeß philosophischer Erkenntnis einschließt.

Die Frage nach der intellektuellen Produktion ist im Hinblick auf den Geschlechterunterschied zweifellos hochinteressant und wichtig. Gleichwohl werde ich mich im folgenden auf Mills Vorstellungen über die Gleichberechtigung der Geschlechter beschränken. Diese lassen sich in drei Gruppen unterteilen: zunächst diejenigen über die Geschichtlichkeit der Beziehungen und die gegenwärtige Ungleichheit der Geschlechter; dann die Überlegungen zur modernen Politik und insbesondere zu Wahlrecht und Selbstbestimmung von männlichen und weiblichen Staatsbürgern; schließlich Betrachtungen über das Eherecht, d. h. die Rechte der Individuen im Ehestand.

Mills Auseinandersetzungen mit Auguste Comte beziehen sich auf die erste Gruppe: Die Biologie könne nicht die letzte Wahrheit über die Beziehungen zwischen den Geschlechtern sein, Frauen seien bereits das Produkt von Erziehung, und diese sei selbst veränderbar. Dieses schon von Condorcet benutzte klassische Argument betont den Unterschied zwischen Frauen als historisch ausgebildeten Personen und einem vorgeblich naturgegebenen Wesen des weiblichen Geschlechts. Mit Mill allerdings ändert sich allein die Tonart dieses Arguments: Er benutzt Begriffe wie »Unterwerfung« und »Befreiung« und beschreibt die Lage der Frauen als eine Form der »Sklaverei«. Dasselbe tun Fourier und Marx zum Entsetzen von Auguste Comte und später auch Freud, der als junger Mann einige der Millschen Texte übersetzt. Das Gegenteil von Sklaverei ist Freiheit, und John Stuart Mill ist ein Philosoph der

Freiheit. Deshalb kritisiert er die Behauptung seines Vaters, die Interessen der Frau stünden in Einklang mit denen ihres Mannes, der allein fähig und vor allem über das Wahlrecht auch befugt sei, an öffentlichen Angelegenheiten teilzuhaben. Freiheit, sofern es sie überhaupt gibt, könne nicht delegiert werden, und jeder einzelne habe Anteil daran: Männer ebenso wie Frauen, im öffentlichen Recht ebenso wie im bürgerlichen Recht, in der Öffentlichkeit ebenso wie zu Hause. Eine Heirat könne demnach die Rechte der Frau nicht aufheben. Das Ende der Sklaverei kündige die Freiheit und Emanzipation jedes einzelnen an. Als Verteidiger der individuellen Freiheit setzt sich Mill entschieden von der großen Zahl seiner Zeitgenossen ab, die sich der Metaphysik der Liebe und der Analyse der Familie als gesellschaftlicher Mikrokosmos verschreiben. Geschlechtliche Liebe und Mutterschaft interessieren ihn kaum. Sein Denken konzentriert sich, darin Stirner ähnlich, auf das Individuum und den Staatsbürger. Allerdings ist dieser Verteidiger der Freiheit gleichzeitig auch Logiker: Er ist entschlossen, die Gleichheit zu beweisen, und die Aufgabe stellt sich als äußerst schwierig heraus. Kann es tatsächlich etwas wie einen Beweis für die Gleichheit, insbesondere für eine Gleichheit der Geschlechter geben? Mill hat seine Zweifel darüber und teilt sie seinen Lesern in aller Schärfe mit.

In der Schweiz kommt Charles Secrétan wenig später, ausgehend von einer Moralphilosophie, die der sogenannten protestantischen Erweckungsbewegung nahesteht, zu ähnlichen Schlußfolgerungen: »Die Frau ist eine Person, denn sie hat Pflichten.« Auch wenn das Konzept der »Persönlichkeit« noch unklar ist, steht es doch mit Sicherheit im Widerspruch zur damaligen »Sklaverei der Frau«. Und die offensichtliche Verschiedenheit der Geschlechter, die seit Condorcet von den Theoretikern des Frauenrechts nie mehr bestritten worden ist, stellt kein unüberwindbares Hindernis dar: »Die geistige Minderwertigkeit berechtigt also ebensowenig wie die muskuläre Minderwertigkeit dazu, die juristische Persönlichkeit von der moralischen zu trennen und die erstere denen zu verweigern, die durch die Natur zur moralischen Persönlichkeit bestimmt sind. Wenn die Frau eine Person ist, ist sie juristisch gesehen ein Zweck in sich: Das Gesetz muß sie entsprechend behandeln und ihr die Rechte zuerkennen. Wenn sie eine Person ist, ist sie auch Staatsbürgerin: Wir fordern das Wahlrecht für die Frau, damit ihr endlich Gerechtigkeit widerfährt.«

DAS INDIVIDUUM, DIE GESCHICHTE DER FAMILIE UND DAS WEIBLICHE ÜBEL

Im späten 19. Jahrhundert verstärkt sich das Nachdenken über das Individuum. Es wird auf mannigfache Weise untersucht: als sozialer Akteur, als moralische und politische Person, als Mensch im Sinne Nietzsches, als Thema der Psychologie. Männer und Frauen werden dies alles, allerdings auf verschiedene Weise. Die Geschlechter werden weniger in ihrer Komplementarität gesehen, obgleich die obligatorische Bipolarität zwischen Männlichem und Weiblichem fortbesteht. Die während des gesamten Jahrhunderts vieldiskutierte Familienfrage wird insofern neu formuliert, als nun der Familie Geschichtlichkeit zuerkannt wird. Althergebrachte Gewißheiten über das Wesen von Mann und Frau fallen in sich zusammen und gleichzeitig werden wirkliche Männer und Frauen einer immer subtileren Analyse unterzogen. Die Psychoanalyse markiert einen bedeutenden historischen Einschnitt. Sie macht die Geschlechter und die Geschlechtlichkeit erstmals zum Mittelpunkt eines Denksystems. Aber die zunehmend sichtbare Geschlechterdifferenz löst eine Welle phantastischer und angsterfüllter Interpretationen aus. Die Frau kann zur Trägerin alles Negativen werden, beispielsweise zur Quelle der Dekadenz. Die Misogynie stattet sich mit einer für die Frauen besonders gewaltsamen Sicht der Welt aus.

Die »Bestimmung«, die der Frau noch zu Beginn des Jahrhunderts in Aussicht gestellt wurde, war farbloser, aber auch weniger zweideutig als das »Schicksal«, das man ihr am Vorabend des 20. Jahrhunderts anbietet.

Paradoxerweise findet die Betonung des Individuums vor dem Hintergrund neuer Überlegungen zur Familie ihren Ausdruck. Die Familie erhält nun eine historische Gestalt, und diese eröffnet beiden Geschlechtern größere Freiheiten. Bis zu diesem Zeitpunkt haben sich die Diskussionen über den Ursprung der Familie auf die biblische Überlieferung gegründet, und damit erscheint das Patriarchat unumstößlich. Auf diesen Punkt hat Friedrich Engels in seiner Schrift *Der Ursprung der Familie* hingegen hingewiesen und das Aufkommen der neuen Familiengeschichte mit Bachofens 1861 erschienenem Buch *Das Mutterrecht* datiert. Wenn die Familie eine Geschichte hat, dann kann sie zu einem früheren Zeitpunkt durchaus auch matriarchalisch strukturiert, eine Gynaikokratie gewesen sein. Die Geschichte der Familie verweist also auf das Gewaltverhältnis zwischen Männern und Frauen.

Der von Bachofen entwickelte Begriff des Matriarchats, der in späteren Jahren zum politischen Programm einer Alternative wird, eröff-

net vor allem die Sicht auf einen mythischen und realen Ursprung, auf
einen Zustand, der schließlich durch das Patriarchat überwunden wurde: »Wie auf die Periode des Mutterrechts die Herrschaft der Paternität
folgt, so geht jener eine Zeit des regellosen Hetärismus voran. Die
demetrisch geordnete Gynaikokratie erhält dadurch jene Mittelstellung,
in welcher sie als Durchgangspunkt der Menschheit aus der tiefsten
Stufe des Daseins zu der höchsten sich darstellt.« (S. XVIII)

Dieser Übergang wird in Aischylos' *Orestie* geschildert, in der das
Recht Orestes, seine Mutter Klytaimnestra zu töten, mit dem Recht
Klytaimnestras, ihren Gemahl Agamemnon zu töten, in Konflikt gerät;
das Recht eines Mannes steht dem Recht einer Frau gegenüber. Mehr
noch als die Gynaikokratie, die Vorherrschaft der Frauen, erweckt das
Matriarchat oder Mutterrecht Bachofens Aufmerksamkeit. Das Recht
geht ihm über die Macht. Die Vorherrschaft der Frauen stellt ein extremes Experiment dar, während das Mutterrecht, gegründet auf die Evidenz der weiblichen Filiation, einfach die früheste Regelung ist, die
einer primitiven Unordnung entgegengesetzt wird. Die Ehe, die auf
diese Regelung folgt, macht die Vaterschaft rechtsgültig, und die Frau-
en verlieren dementsprechend an Ansehen. Da aber das Mutterrecht in
die Geschichte eingegangen ist, können sich Frauen bei ihrer Forderung nach gleichen Rechten (sowohl auf individuelle Autonomie als
auch auf gesellschaftliche Emanzipation) darauf berufen.

Engels ist sich der Folgen einer solchen Argumentation deutlich
bewußt. Die Relativierung des Vaterrechts erschüttert dessen Fundament; da es nicht von Anfang an bestanden hat, kann es ebenso eines
Tages wieder verschwinden. Ganz offensichtlich ist Engels Sicht realistischer, »materialistischer« als die Bachofens, von dem er sich die »Fakten« und gewisse vorläufige Interpretationen entleiht: »Es ist eine der
absurdesten, aus der Aufklärung des 18. Jahrhunderts überkommenen
Vorstellungen, das Weib sei im Anfang der Gesellschaft Sklavin des
Mannes gewesen. Das Weib hat bei allen Wilden und allen Barbaren
der Unter- und Mittelstufe, teilweise noch der Oberstufe, eine nicht nur
freie, sondern hochgeachtete Stellung.« (Bd. 21, S. 53)

Darauf sei eine Art linearer Fortschritt mit gelegentlichen Rückschritten gefolgt. Gewiß habe das Mutterrecht den Frauen eine starke
gesellschaftliche Stellung gegeben. Doch die geschlechtliche Teilung
der Arbeit in Produktion und Fortpflanzung sowie die Forderung der
Frauen nach Monogamie habe dem ein Ende gesetzt. So sei aus einer
Mischung von Ökonomie und Recht die »Einzelehe« entstanden, die
den Übergang zum Patriarchat besiegelte. Das Patriarchat kombinierte
die Gewißheit der männlichen Filiation mit der Möglichkeit, die vom
Mann akkumulierten Besitztümer auf die Nachkommenschaft zu übertragen. Das genaue Datum dieser Revolution sei nicht bekannt; doch

sie sei »die weltgeschichtliche Niederlage des weiblichen Geschlechts«. Die »Einzelehe« ist also kein Ideal; sie »tritt (. . .) keineswegs in die Geschichte als die Versöhnung von Mann und Weib, noch viel weniger als ihre höchste Form. Im Gegenteil: Sie tritt auf als Unterjochung des einen Geschlechts durch das andere, als Proklamation des bisher in der ganzen Vorgeschichte unbekannten Widerstreits der Geschlechter.« (Ebd., S. 68)

Nach Engels führt die Auflösung der Familie durch den Kapitalismus diesen Konflikt an sein Ende; gleichzeitig aber zeichnet sich seine Lösung ab in Gestalt neuer Rechte und der Lohnarbeit. Engels teilt diese Ansichten mit Marx und einigen Spezialisten, beispielsweise August Bebel (*Die Frau und der Sozialismus*, 1883). Er schließt seine Betrachtungen mit dem Bild einer durch die künftige Revolution neugeschaffenen Familie. Es sei kaum möglich, von ihr eine genauere Vorstellung zu haben, gleichwohl sei sicher, daß die geschlechtliche Liebe darin eine wesentliche Rolle spielen werde.

Die Geschichte der Familie und des Geschlechterverhältnisses erlaubt es, zwei Ideen zu entwickeln, nämlich erstens die Vorstellung eines Ursprungs und einer von der Gegenwart deutlich verschiedenen Zukunft der Familie und zweitens die Vorstellung, daß der Geschlechterkonflikt ein zu regelndes Probem sei. Der Diskurs über die Komplementarität verliert zweifellos an Glaubwürdigkeit, da er die Dialektik zwischen Macht und Begehren und die Dynamik der Beziehungen zwischen Männern und Frauen außer acht läßt. Sehr bald gibt es eine Vielzahl historischer Analysen des Geschlechterkonfliktes. Diese kreuzen sich mit ebenfalls neuen Theorien, über die Evolution der Menschlichkeit einerseits und die natürliche bzw. geschlechtliche Selektion andererseits. Allerdings scheinen weder Herbert Spencer, der Philosoph des Evolutionismus, noch Charles Darwin, der Theoretiker des Ursprungs der Arten, der Geschlechterfrage große Bedeutung beigemessen zu haben. Gleichwohl dienen ihre Ideen verschiedenen Denkern als Vorlage, um den wissenschaftlichen Beweis zu erbringen, daß die Gleichheit der Geschlechter unmöglich sei. Der alte, vornehmlich von philosophierenden Medizinern zu Beginn des Jahrhunderts geführte Diskurs findet damit neue Belege für die These, daß es die natürliche Berufung der Frauen zur Fortpflanzung schwierig, ja unmöglich mache, sich höheren Aufgaben zu widmen. Herbert Spencer zufolge kommt es darauf an, die Gesetze der Evolution, den Evolutionismus, als Mechanismus des Fortschritts zu erkennen. Bei diesem Fortschritt handele es sich um ein Gleichgewicht zwischen der Bevölkerungszahl und der Menge der Subsistenzmittel, also um ein Gleichgewicht zwischen Produktion und Reproduktion. Die Gesetze der Evolution sollten nach

Spencer auch für das Geschlechterverhältnis gelten. Der Konflikt zwischen Fortpflanzung bzw. Reproduktion und Individuation bzw. Selbstverwirklichung sei für die Frau ein Konflikt zwischen Fruchtbarkeit und geistiger Aktivität. Von daher gelte ganz offensichtlich, daß die Frau als Ganzes von der Rolle, die sie innerhalb der Art einzunehmen habe, vereinnahmt sei und deshalb weder ihr Ich noch ihren Verstand entwickeln könne. Einzig der Arbeit für die Gattung geweiht, könne sie sich dennoch verbessern: Bildung werde es ihr eines Tages gestatten, das Wahlrecht zu erlangen. Spencer, der zu Zeiten seiner Freundschaft mit John Stuart Mill der Geschlechtergleichheit als junger Mann wohlwollend gegenübergestanden hat, ändert seine Meinung angesichts der Emanzipationsbewegung.

Darwin macht trotz eines gewissen Unbehagens in seiner *Abstammung des Menschen* keinen Hehl aus seiner Überzeugung: Die durch geschlechtliche Selektion verstärkte natürliche Selektion habe den Mann privilegiert und ihn der Frau überlegen sein lassen. Auch auf die Frage, ob sich diese Ungleichheit im Laufe der Menschheitsentwicklung auflösen könne, fällt seine Antwort negativ aus: In seiner Theorie von der Vererbung erworbener Eigenschaften (die im übrigen falsch ist) geht er davon aus, daß die im Erwachsenenalter gemachten Fortschritte sich nur von Geschlecht zu Geschlecht vererben würden. Die Frauen würden also immer hinter den Männern zurückbleiben und die Ungleichheit somit fortbestehen.

Das von Geschichtlichkeit ausgehende Denken garantiert also ebensowenig eine Rechtfertigung der Geschlechtergleichheit wie das dem Recht verpflichtete Denken. Jeder Denkansatz scheint a priori den Frauen Chancen zu eröffnen und den Weg zu einer Gleichheit der Geschlechter zu ebnen. Letzten Endes aber bleiben beide diese Wirkung schuldig. Recht und Geschichte sind die beiden zentralen Achsen des Denkens im 19. Jahrhundert. Wenn es um die Gleichheit zwischen den Geschlechtern geht, lassen beide die Entscheidung offen.

Am Ende des Jahrhunderts bleibt die Frage der Gleichheit in der Schwebe. Man widmet sich jetzt statt dessen verstärkt der Geschlechterdifferenz. Nietzsches Werk beschäftigt sich eindringlich mit dieser Frage. Und Freud ist aus der Sicht der Philosophiegeschichte der erste, der den Geschlechterunterschied zum Gegenstand der Erkenntnis macht. Da die Psychoanalyse zugleich Praxis und Theorie ist, bewerkstelligt sie eine bemerkenswerte Rückkehr zum Realen. Die Überprüfung der Theorie anhand der Fakten wird generell zum zentralen Thema der neuen Humanwissenschaften. Das gilt insbesondere für die von Durkheim begründete Soziologie. So beginnt das 20. Jahrhundert als Ära des »fundierten« Wissens über die Geschlechter. Der Antifeminismus findet nun seinen bedeutendsten Denker in Otto Weininger, der weder eindeutig der Vergangenheit noch der Zukunft zuzurechnen ist.

Bei Nietzsche durchziehen geschlechtliche Metaphern zahlreiche seiner Diskurse. Mehr noch als eine bloße Metapher ist für ihn der Geschlechterunterschied, in den Bildern vom Männlichen und Weiblichen, vom Mann und von der Frau, eine Form des Denkens. Er bezeichnet eine Epoche als »männlich« oder die Wahrheit als »Frau«, ohne jemals »Männlichkeit« oder »Frau« zu definieren. Die Schwierigkeit zu definieren ist jedoch keine Schwierigkeit zu qualifizieren. Nietzsche spricht beispielsweise von Schönheit und Intelligenz und von deren seit der Antike bekannten Aufteilung zwischen Männern und Frauen. Das spezifische Wesen eines jeden Geschlechts hingegen bleibt bei ihm undurchsichtig. Man könnte sagen, daß es für ihn nicht Männer und Frauen im allgemeinen gibt, sondern nur bestimmte Männer und bestimmte Frauen. Das binäre System der Sexualität gestaltet sich um so geschmeidiger, je mehr das Räsonieren feste Kategorien zurückweist und sich an das Individuum selbst hält: »Diese Frau ist schön und klug: ach, wie viel klüger aber würde sie geworden sein, wenn sie nicht schön wäre!« (*Morgenröte,* § 282, Bd. 2, S. 184) Ein jedes Individuum ist genauso wahr wie ein jedes andere; und eine jede Frau ist ebenso *die* Frau wie die Frauen. Denn man kann immer noch darüber hinaus gelangen: »So will ich Mann und Weib: kriegstüchtig den einen, gebärtüchtig das andere, beide aber tanztüchtig mit Kopf und Beinen.« (*Also sprach Zarathustra,* Dritter Teil, § 23, Bd. 2, S. 457)

Aber das »Gesetz der Geschlechter« existiert nichtsdestotrotz, und es ist »ein hartes Gesetz für das Weib!« (*Die fröhliche Wissenschaft,* § 68, Bd. 2, S. 356). Nietzsche zieht die Klarheit der Illusion vor und die Anerkennung der Ungleichheit der Geschlechter einer unmöglichen Identität: »Die Leidenschaft des Weibes in ihrem unbedingten Verzichtleisten auf eigene Rechte hat gerade zur Voraussetzung, daß auf der anderen Seite nicht ein gleiches Pathos, ein gleiches Verzichtleistenwollen besteht: denn wenn beide aus Liebe auf sich selbst verzichteten, so entstünde daraus – nun, ich weiß nicht was, vielleicht ein leerer Raum?« (*Die fröhliche Wissenschaft,* § 68, Bd. 2, S. 237)

Solchermaßen ist das Gesetz der Liebe beschaffen, welches ebenso wie die Tatsache des Geschlechterkonfliktes selbst jegliche Gleichheit undenkbar und unwahrscheinlich macht. So bleibt den um das Liebesspiel betrogenen Frauen nur noch »die Nachsicht«; darüber hinaus das Mißtrauen gegenüber der Emanzipation: »Man kann in den drei oder vier zivilisierten Ländern Europas aus den Frauen durch einige Jahrhunderte von Erziehung alles machen, was man will, selbst Männer, freilich nicht in geschlechtlichem Sinne, aber doch in jedem ande-

ren Sinne (. . .). Diese Zeit wird es sein, in welcher der Zorn den
eigentlich männlichen Affekt ausmacht, der Zorn darüber, daß alle
Künste und Wissenschaften durch einen unerhörten Dilettantismus
überschwemmt und verschlammt sind, die Philosophie durch sinnver-
wirrendes Geschwätz zu Tode geredet, die Politik phantastischer und
parteiischer als je, die Gesellschaft in voller Auflösung ist (. . .).«
(*Menschliches, Allzumenschliches*, § 425, Bd. 1, S. 658f)

Und Nietzsche erklärt auch, warum das so ist: Die Frauen besitzen
große Macht »in den Grenzen der Sitte«; wenn sie darauf verzichten,
wie könnten sie dann eine gleichbedeutende Macht erlangen? Die
Identität der Geschlechter und die Macht des einen oder des anderen
sind die beiden Schlüssel zum Nachdenken über die Geschlechter.
Nietzsche geht diesen Fragen mit ungewöhnlichem Scharfsinn nach,
zweifellos dank seiner Fähigkeit, die Frauen aus den verschiedensten
Blickwinkeln zu betrachten.

Die Wahrheit ist Frau, ebenso sind die Natur und das Leben Frau-
en. Da der Mann den Diskurs produziert, übernimmt die Frau die Rolle des anderen innerhalb dieses Diskurses. Aber deshalb wird die Frau
noch nicht Objekt; sie vertritt vielmehr das für ewig unzugängliche
Objekt, die Wahrheit. Im übrigen interessiert Nietzsche die Intelligenz
der Frauen. Sie spiele eine bedeutende Rolle in der Liebe, und die Ehe
könne ein »langes Gespräch« sein (*Menschliches, Allzumenschliches*,
§ 406, Bd. 1, S. 651). Nietzsche greift Schopenhauers Unterscheidung
zwischen dem weiblichen Intellekt und dem männlichen Willen wieder auf (§ 411); allerdings vermischt er unentwegt die Eigenschaften
beider Geschlechter. Er ist dabei vielleicht immer noch vom Bild der
Schwangerschaft (der »intellektuellen Schwangerschaft«) fasziniert, von
dieser gewaltigen Vorstellung von der Überwindung des Seins.

Der Vermännlichung Europas, von Napoleons Taten bis hin zu den
künftigen Kriegen, steht das gefährliche Konzept des »Künstlers«
gegenüber, in dem sich Komödianten, Juden und Frauen in der ihnen
gemeinsamen Schwäche und Falschheit zusammenfinden. Diese kon-
zeptuelle Nähe von Jude und Frau kennzeichnet das deutsche Denken
jener Zeit, besonders das des Österreichers Otto Weininger. Dieses
Denken läßt sowohl die Frau als auch den Juden über sich hinaus-
wachsen und eine zugleich präzise und diffuse Bedrohung verkörpern.
Die Vorstellungen werden später für die Juden zur tragischen Realität
und für die Frauen zur Phantasiewelt.

Die Wirklichkeit der Frauen ist fern von diesen schwindelerregenden
Spekulationen. Die neuen Wissenschaften der Soziologie und der Psychoanalyse befassen sich mit konkreten Fakten und Individuen. Durkheims Ziel ist es, Strenge und Disziplin in die Beschreibung gesell-

schaftlicher Fakten einzuführen. Man findet dieselbe Beharrlichkeit in seinen Betrachtungen über Familie und Scheidung, d. h. über die »Krise« der Familie. Die historische Entwicklung der Familie gilt nun als erwiesen. Durkheim analysiert als gesellschaftliche Keimzelle die »Kernfamilie«, deren wesentliches Element die Ehe ist. Die frühere Familie sei eine »häusliche Gesellschaft« gewesen, eine Stätte der Produktion und der Vererbung von Gütern. Heute werde bei Heirat und ehelicher Gemeinschaft der öffentliche Charakter dieses Bundes betont und durch »Gütergemeinschaft« die Gleichheit der Eheleute ermöglicht, gleichzeitig aber auch die Vergangenheit und Perspektivlosigkeit der Ehe unterstrichen. Die Familie erfülle nicht mehr ihre wirtschaftliche und moralische Funktion, und die Berufsgruppe werde zunehmend als Ersatz dienen. Desgleichen werde die Gleichberechtigung der Geschlechter ein wesentlich stärker nach außen gerichtetes Leben der Frauen herausfordern.

»Die Heirat begründet die Familie und leitet sich von ihr ab.« Allein die eheliche Verbindung schaffe eine moralische Gesellschaft. Durkheim weist eine Scheidung im gegenseitigen Einverständnis zurück. Nur eine Scheidung aus festgelegten Gründen könne legal sein, da nur sie an Recht und Gerechtigkeit appelliere, während erstere einzig und allein auf dem Willen, dem Wunsch der beteiligten Parteien beruhe. Als Angriff auf die Institution der Ehe und die gesellschaftliche Moral werde diese Art der Scheidung eine »schwerwiegende gesellschaftliche Krankheit« auslösen. Durkheims Analyse, die zeitgleich mit der von Engels entsteht, ist dessen Gesellschaftsentwurf genau entgegengesetzt. Ihre divergierenden Ansichten lassen sich nicht auf einen Unterschied zwischen Wissenschaftler und Revolutionär reduzieren. Auch Soziologen können bisweilen mit ihrem utopischen Denken über die Regeln des Sozialen hinausweisen. Solches leistet beispielsweise Georg Simmel, als er im frühen 20. Jahrhundert über die Möglichkeit einer »weiblichen Kultur« innerhalb der modernen Welt nachsinnt.

Die Entstehung der Psychoanalyse geht ebenfalls auf die Beschäftigung mit Krankheit zurück. Ihr Ausgangspunkt ist die Hysterie, eine Krankheit der Frauen und des Geschlechts, aber auch eine Krankheit der Beziehung zwischen Körper und Geist. Die Psychoanalyse bedeutet einen doppelten Bruch in der Philosophie. Sie entwirft eine Theorie der Sexualität, d. h. eine Reihe kohärenter Thesen über die Geschlechterdifferenz, und eine neue Theorie der Erkenntnis, die sich auf das Unbewußte gründet. Zweifellos hat das Konzept des Unbewußten die bisherigen Vorstellungen über die dem Menschen mögliche Selbst- und Welterkenntnis grundlegend verändert. Dagegen ist die Sexualtheorie vielleicht weniger originell, als dies den Anschein hat; einige ihrer Thesen erinnern auffallend an die philosophische Medizin zu Beginn des

19. Jahrhunderts und an alle Versuche, den Frauen ihre »Bestimmung« zuzuschreiben. Indes bringt die Psychoanalyse mit der Verschiebung der Diskussion von »Geschlecht« zu »Sexualität« wesentliche Impulse in die Debatte. Sexualität ist nun allen zu eigen, Männern und Frauen, Erwachsenen und Kindern; bei der Frau wird zwischen Sexualität und Fortpflanzung unterschieden; Menschen gelten grundsätzlich als bisexuell; das Sexualleben ist nicht länger nur Biologie, Instinkt und Trieb. All das ist um 1900 noch ein vager Entwurf, aber was auf dem Spiel steht, ist bereits klar: Die Menschheitsgeschichte muß um die Geschichte des Individuums erweitert werden; die Analyse der Familie muß vertieft werden, um eine jede einzelne Person und deren gemeinsamen Familienroman sichtbar zu machen. Damit aber hören die Frauen auf, nur das »schöne Geschlecht« zu sein. Auch ihnen muß nun eine Geschichte, ein je eigenes, durch die geschlechtliche Anatomie bestimmtes »Schicksal« zuerkannt werden, wie Freud sagt. Der Begriff »Schicksal« ist zweideutig: Ist das »Schicksal« reicher als die »soziale Bestimmung«, die den Frauen ein Jahrhundert vorher angedient worden ist, bereichert durch die Einzigartigkeit eines jeden Individuums? Oder ist es armseliger als die vorgeblich damit verbundene gesellschaftliche Rolle, die Aussicht auf ein Leben ohne vollständige Freiheit?

Gleichheit oder Freiheit der Frauen. Alles Wissen der Welt reicht nicht aus, um Endgültiges darüber auszusagen. Otto Weininger muß dies zu seinem Bedauern erfahren, und sein Selbstmord kurz nach der Veröffentlichung von *Geschlecht und Charakter* (1903) läßt die Risiken seines philosophischen Unterfangens erahnen. In der Tat nennt er das, was er tut, Philosophie – er studiere nicht Fakten, sondern Prinzipien –, Philosophie mit dem Ziel, die »Existenz« von Frauen in Abrede zu stellen, »antifeministisch« zu sein. Dies, so erkennt er, werde niemandem so recht gefallen: »Wo die Darstellung antifeministisch ist – und das ist sie fast immer – dort werden auch die Männer ihr nie gerne und mit voller Überzeugung zustimmen: ihr sexueller Egoismus läßt sie das Weib immer lieber so sehen, wie sie es haben wollen, wie sie es lieben wollen.« (S. VI) In diesem Paradoxon, die Männer als »feministisch« einzustufen, verbirgt sich das Geheimnis seines Denkens. Es ist besser, die Kastration der Frauen (und der Juden) anzuerkennen, als sie zu leugnen. »Wird aber das Weib sich entschließen können, die Sklaverei aufzugeben, um unglücklich zu werden?« (S. 472), fragt er am Ende. Nein, gewiß nicht; es sei denn, die Emanzipation der Frau, die ihn in erster Linie beschäftigt, bewirke eine Rückkehr des Menschen zum Kantschen kategorischen Imperativ, zur Abkehr vom Sex zugunsten der Keuschheit. Da die Frau nur Geschlecht sei, könne sie dem nicht entkommen; der Mann dagegen sehr wohl.

Geschlecht oder Sexualität: Weininger ist einer der wenigen, die diese Unterscheidung treffen. Sie macht es möglich, das eine und das andere zu behandeln, anstatt das eine für beides oder eines anstelle des anderen zu erörtern. Von daher erklärt sich bei ihm die sonst seltene Betonung, er wolle über den Unterschied der Geschlechter philosophieren.

Seine Theorie über die Sexualität ist eine Theorie der Bisexualität, ähnlich der von Freuds frühem Mitarbeiter Wilhelm Fliess. Bisexualität ist für Weininger keine Ausnahme, sondern die Regel: »Es gibt in der Erfahrung nicht Mann noch Weib, könnte man sagen, sondern nur männlich und weiblich.« (S. 10) So verstehen sich »die Gesetze sexueller Anziehung« (einschließlich der homosexuellen) als Gesetze einer Verhältnismäßigkeit der Komponenten von M(ann) und W(eib) in jedem einzelnen. Von daher ist die Emanzipation im Sinne des männlichen Anteils der Frau zu sehen. Weininger begnügt sich nicht damit, die Befreiung der Frau grundsätzlich einfach abzulehnen, er begründet seine Ablehnung und stellt eine Gegentheorie auf. Zweifellos erklärt sich daraus die Faszination, die er auf seine Zeitgenossen ausübt. Er sucht nach Gründen für etwas, was andere schlicht als Unsinn abtun. Sein Antifeminismus hat durchaus Zwischentöne: »Die Emanzipation, die ich im Sinne habe, ist auch nicht der Wunsch nach der äußerlichen Gleichstellung mit dem Manne, sondern problematisch ist dem vorliegenden Versuche, zur Klarheit in der Frauenfrage zu gelangen, der Wille eines Weibes, dem Manne innerlich gleich zu werden, zu seiner geistigen und moralischen Freiheit, zu seinen Interessen und seiner Schaffenskraft zu gelangen.« (S. 80)

Die juristische Gleichheit ist ebenso notwendig, wie die moralische und intellektuelle unerträglich ist. Man muß um jeden Preis den unauflösbaren Unterschied zwischen den Geschlechtern aufrechterhalten, auch wenn dadurch Frauenfeindlichkeit als Antifeminismus durchgeht. Die »männlichen« Frauen sind ein Fortschritt und nicht, wie Moebius glaubt, ein Zeichen von Entartung der Gesellschaft (*Vom physiologischen Schwachsinn des Weibes,* 1900); das Böse ist weiblich, es stammt vom Weiblichen in der Frau: Die Frau ist ein Wesen ohne moralische Fähigkeit.

Dies also ist der Weg, den die Darstellung der Frau in der Epoche der aufkommenden Frauenbewegung nimmt: von ihrer sozialen Bestimmung als Verantwortliche gegenüber der Gattung zu ihrem individuellen Schicksal im sexuellen und familiären Leben. Dieser Übergang ist zwar kennzeichnend für die allgemeine Entwicklung des Jahrhunderts, hier aber ist er auch geprägt durch die Reaktionen auf die mögliche Autonomie des weiblichen Subjekts.

Aus dem Französischen von Harald Riemann

4

DIE WIDERSPRÜCHE
DES GESETZES

Nicole Arnaud-Duc

Juristischer und moralischer Diskurs wirken zusammen, um männliche und weibliche Sphären vernunftgemäß gegeneinander abzugrenzen. Als symbolisches Steuerungsinstrument legt das Recht die Normen einer Gesellschaft fest und bestimmt die gesellschaftlichen Rollen. Kann man die Erfolge der Frauen auf diesem besonders exponierten Gebiet der Auseinandersetzung als historischen Wandel der Geschlechterbeziehungen ansehen? Das Recht, dieser Schauplatz interner Auseinandersetzungen, stößt bei seiner Umsetzung auch auf mentalitätsbedingten Widerstand, auf Unwissenheit oder das Desinteresse, das die meisten Menschen allem Juristischen entgegenbringen, so daß dieser Bereich ganz und gar von den Fachleuten als ihr eigenes Revier beansprucht wird. Das Kräfteverhältnis zwischen Frau und Mann ist Teil eines Wechselspiels, einer gegenseitigen Durchdringung gesellschaftlicher und rechtlicher Systeme, und kann vielleicht sogar als zentraler Widerspruch gelten.

Seit Aristoteles ist das Prinzip juristischer Gleichheit mit der Behauptung konfrontiert, daß gewisse Ungleichheiten naturgegeben seien. Zu den angeblich naturbedingten Unzulänglichkeiten der Frauen gehörten körperliche Unterlegenheit und mangelnde Urteilskraft. Die vorherrschende Rechtstheorie im 19. Jahrhundert gründete sich auf den freien Willen des Individuums. Doch in Frankreich war die Gesetzgebung eine autoritäre. Eine solche Fiktion des autonomen Willens, vom individualistischen Liberalismus propagiert, brachte das Konzept in Umlauf, die Frau befürworte einen Status, der sie zu einem abhängigen Wesen mache. Sie könne nur als Tochter, Gattin oder Mutter existieren, in sekundären Gestalten also, die allein durch ihre Beziehungen zum Manne, dem einzigen wirklichen Rechtssubjekt, definiert waren. Das Recht jedoch mußte seinen Diskurs und sogar seine Inhalte an die Evolution der Sitten anpassen, die mit den ökonomischen und politischen Umwälzungen verbunden war. Daher versuchten die Juristen, die ungleiche Behandlung der Geschlechter mit der Behauptung zu legitimieren, die Frauen wünschten im Grunde, vor sich selbst beschützt zu werden. Dabei deuteten sie die Möglichkeit von Reformen an, wenn die Frauen einmal soweit wären, ihre eigenen Angelegenheiten selbständig zu regeln (von denen man sie jedoch von Anfang an fernhielt). Es ist daher verständlich, daß die Frauen, indem sie ihre Rechte einklagten, zugleich versicherten, ihr einziges Ziel sei es, bessere Ehefrauen und Mütter zu werden.

So traten neue Widersprüche zutage. Gewiß blieben die meisten Frauen dem Idealbild verhaftet, das man ihnen als Spiegel vorhielt – der Verkörperung von Sanftmut und Mitleid –, einer Vorstellung von der bürgerlichen Ehefrau und Mutter, die die Sphäre des Rechts als natürliche Domäne ihres Ehegatten auffaßt. Die Macht der Gewohnheit drängte wohlhabendere Frauen kaum dazu, einen Status aufzugeben, der ihnen lebenslange Sicherheit versprach. Als sie sich gegen Ende des Jahrhunderts in manchen Lebensbereichen emanzipierten, geschah dies größtenteils, um bestimmte ihnen auferlegte Zwänge und Verhaltensvorschriften abzuschütteln. Das Desinteresse, das die Mehrheit der Frauen, nämlich die Frauen aus dem Volk, für das Recht – das ohnehin nicht für ihresgleichen konzipiert war – bekundeten, war auf ihre soziale Situation zurückzuführen. Niedergedrückt von ihrer schweren Arbeit, früh bereits verbraucht, waren sie im wesentlichen bloße Manövriermasse und oft die Opfer der weitreichenden ökonomischen Umwälzungsprozesse. Was kümmerte es sie, daß sie nicht wählen oder einen Besitz verwalten konnten, den sie sowieso nicht hatten? Während das Gesetz die verheiratete Frau mit seinem willkürlichen Schutz geradezu bedrängte, war die Frau, die außerhalb einer Familiengemeinschaft lebte, ganz auf sich selbst gestellt. So standen Frauen inmitten der rechtlichen Ambivalenzen; eine Folge der Kluft zwischen dem juristischen Diskurs und der sozialen Realität, über die er gebieten wollte. Welche Rechte hatten Frauen im 19. Jahrhundert? Wie sollten sie diese innerhalb der Familie, dem Zentrum der Geschlechterbeziehungen und der Grundlage der gesellschaftlichen Ordnung, also am Kreuzungspunkt zwischen öffentlicher und privater Sphäre, ausüben?

Der vorenthaltene Bürgerstatus

Einen Platz im staatlichen Gemeinwesen einzunehmen heißt, durch das Wahlrecht an der allgemeinen Herrschaft teilzuhaben und erfordert das Recht auf Bildung, auf Arbeit und auf den Schutz durch das Gesetz.

Bürgerin oder Frau und Tochter eines Bürgers?

Mittels ihrer politischen Rechte können die Bürger Einfluß auf die Prioritäten des Staats nehmen und öffentliche Ämter ausüben. Das Wahlrecht kann ein nationales (föderales), kommunales oder ein auf bestimmte Ämter beschränktes sein. Aufgrund dieser Hierarchie gelang es den Frauen allmählich, ihre volle Staatsbürgerschaft zu erlangen. Am Ende des 18. Jahrhunderts war keine Frau politisch gleichberechtigt; kurz nach dem Ersten Weltkrieg gab es in Mittel- und Südamerika, in Griechenland, Österreich, Italien, Spanien und in der Provinz Quebec immer noch keine Frauenemanzipation. In Frankreich dauerte es noch bis 1946 und in der Schweiz gar bis 1971, um Frauen das Wahlrecht zu erkämpfen. Hundert Jahre Kampf und über 82 »Volksabstimmungen« waren in der Eidgenossenschaft dafür nötig!

Die Französische Revolution hatte erstmals die Frage der rechtlichen und politischen Stellung der als Individuum anerkannten Frau in der Bürgerschaft aufgeworfen. Historisch betrachtet ist das Verhalten der Männer an der Macht entmutigend. Das Trauma, das dadurch entstanden war, daß Frauen eine Bresche in das Monopol der Männer schlugen, nährte und erregte reaktionäre politische Debatten während des gesamten 19. Jahrhunderts, vor allem im Hinblick auf den juristischen Diskurs. Frauen, denen man bereits eine Rechtspersönlichkeit zuerkannt hatte, zahlten nun anscheinend den Preis für das entstandene subversive Bild der Revolutionärin, die sich in Paris widerrechtlich einen Raum eroberte, der den Männern vorbehalten bleiben sollte. Der Ausschluß des weiblichen Geschlechts aus der Politik fällt zusammen mit dem Ausschluß der unteren Gesellschaftsschichten: Beide störten die neue bürgerliche Ordnung. Medizinische und religiöse Lehrmeinungen schürten die Angst – die sich auch in juristischen Texten niederschlug –, die Frauen ließen sich nicht mehr bändigen, wenn sie einmal an die Macht gekommen seien. Die Frage, warum die Frauen von der Politik ausgeschlossen blieben, erfordert eine komplexe Antwort, die an die Fundamente der Geschlechterbeziehungen rührt. Jede der vorgebrachten Meinungen konnte sich einerseits als Schutz der als äußerst empfindsam charakterisierten Geschöpfe darstellen und zugleich die irrationale Furcht verraten, die man angesichts jener weiblichen Macht empfand, die erahnbar wurde. In Ländern, die eine Trennung zwischen Kirche und Staat praktizierten, befürchtete man außerdem, daß die Frauen den Konservativen Stimmen bringen würden – eine Folge ihrer Verbannung in die Bereiche des Privaten und der Kirche. Doch selbst wenn das Recht die unterschiedliche Behandlung der Geschlechter rational zu begründen suchte, mußte der Ausschluß der Frauen – der Hand in Hand ging mit ihrer Verherrlichung als Mutter, Muse oder Madonna – im Rahmen der neuen öffentlichen Ordnung in einen neuen Zusammenhang gebracht werden.

Im Europa der Feudalzeit konnten Frauen in Adelskreisen ihre Repräsentanten ernennen. Doch bei diesem Recht handelte es sich weniger um ein politisches Recht als um einen Effekt des Eigentumsrechts.

Vom 18. Jahrhundert an wurden feministische Forderungen im allgemeinen von einer kühnen und im öffentlichen Leben engagierten Avantgarde artikuliert, von gebildeten Frauen aus dem mittleren und Kleinbürgertum. Die Arbeiterinnen sahen in der Lohnarbeit keine Befreiung, sondern nur eine zusätzliche Ausbeutung, und die aufkommende sozialistische Bewegung kämpfte in erster Linie für die soziale Revolution und die Einführung des allgemeinen Wahlrechts. Da die Frauen an der Erarbeitung von Gesetzen nicht beteiligt waren, konnten sie nur versuchen, durch Demonstrationen, Petitionen und Zeitungsartikel überzeugend auf diejenigen einzuwirken, die diese Gesetze verabschiedeten. Sie suchten sich Verbündete bei politischen und religiösen Gruppierungen. So schlossen sie sich in Frankreich mit Freidenkern, den Freimaurern und Republikanern zusammen. In Deutschland spielten die Freikirchen eine große Rolle. Im allgemeinen kann man sagen, daß in Europa laizistische Demokraten, Republikaner und Linksliberale sie in ihrem Anliegen unterstützten.

Die ersten Frauenforderungen wurden in Frankreich gleichzeitig mit der Einführung des allgemeinen Wahlrechts im Jahre 1848 erhoben. Man schenkte ihnen jedoch kein Gehör, und Pierre Leroux wurde ausgepfiffen, als er das Kommunalwahlrecht für Frauen forderte.[1] Auch als 1879 endgültig die Republik errichtet wurde, wies man die Forderungen der Frauen weiterhin ab, da die Regierung angeblich nicht stabil genug für einen solchen radikalen Wandel war. Gegen Ende des Jahrhunderts hatten die Frauen begriffen, daß sie sich nur noch auf sich selbst verlassen konnten. Sie spalteten sich in Radikale, die nach vollständiger Gleichberechtigung strebten, und Gemäßigte, die, ausgehend von der »Komplementarität« der Geschlechter, der Ansicht waren, man müsse Frauen zunächst auf die Ausübung öffentlicher Rechte vorbereiten. (Für Männer war nirgendwo etwas vergleichbares verlangt worden.) Die Bewegung für das Frauenstimmrecht erfreute sich keiner großen Popularität, und Hubertine Auclert konnte keinen einzigen wirklichen Erfolg verzeichnen. Auch die Versuche von Frauen, sich in Wählerlisten einzutragen, stießen auf wenig Sympathie. Von den Parlamenten abgewiesen, versuchten es die Frauen vor den Gerichten. Sie argumentierten auf der Grundlage der Gesetzestexte, die das neutrale Maskulinum verwendeten, und schlugen vor, dieses neutrale Maskulinum auf alle Bürger auszudehnen. Auch dieser Vorstoß blieb vergebens.[2] Im übrigen zögerten die Richter nicht, einer »Kupplerin«[3] und einer nicht registrierten Zeitungsverkäuferin per Gerichtsurteil die politischen Rechte abzuerkennen, obwohl sie diese gar nicht besaßen.[4] Zur Lösung dieses Problems bediente sich ein berühmter Jurist einer juristischen Konstruktion. Er unterschied zwischen *ungültigen* und *nicht-existierenden* Rechtshandlungen; das erlaubte ihm eine Trennung zwischen Fällen, in denen die Ungleichheit anfechtbar war, und solchen, in denen sie eklatant zutage trat: Eine Frau sei ein »nicht existierender Bürger, der nicht einmal die Substanz eines Bürgers hat (...) das Geschlecht eines Kandidaten ist nach der Gewohnheit unserer Sitten eine Tatsache, deren Feststellung zu keinerlei Disput Anlaß gibt«.[5]

Das Jahr 1914 begann in Frankreich vielversprechend. Die Frauenbewegung hatte sich aus taktischen Gründen zusammengeschlossen; 300 Abgeordnete waren ihr wohlgesonnen. Dann aber waren die Parlamentarier plötzlich mit anderen Dingen beschäftigt. Erst nach dem Zweiten Weltkrieg wurde den Französinnen das Wahlrecht zugestanden, ohne daß dazu die Legislative noch befragt worden wäre.

Sämtliche romanischen Länder mit katholischer Tradition opponierten vehement dagegen, den Frauen politische Rechte zuzuerkennen. In Ländern dagegen, in denen ein im wesentlichen protestantisch geprägter moralphilosophischer Liberalismus herrschte und insbesondere dort, wo die Quäker Einfluß hatten, konnten die Frauen weitaus schneller lokale politische Macht erlangen. Das war in England der Fall und stärker noch in seinen ehemaligen Kolonien. In England kann man die Reform Bill von 1832 als Ausgangspunkt für die Suffragettenbewegung ansehen. In diesem Gesetz wurde anstelle von *male* der Begriff *person* verwendet, um für das Zensuswahlrecht neue Wählerkategorien zu bilden. Im Jahre 1835 aber war in der Wahlordnung für Stadträte wieder von *males* die Rede; damit nahm man den Frauen die Rechte, die ihnen in einigen Kommunalverfassungen bereits zuerkannt waren. 1851 berichtete John Stuart Mill in der *Westminster Review* über die Vereinbarung von Worcester, die 1850 in den Vereinigten Staaten zustande gekommen war. Im selben Jahr richtete die Frauenvereinigung von Sheffield die erste Petition zum Frauenstimmrecht an das Oberhaus. Bis 1873 kam es im Parlament zu heftigen Agitationen, die sich um die Veröffentlichung von Mills einflußreicher Schrift *Die Unterwerfung der*

Frauen (1869) kristallisierten. Als gewählter Abgeordneter machte Mill sich im Unterhaus zum Sprecher der Frauen. Als sein Antrag auf Gesetzesänderung zurückgewiesen wurde, verstärkte sich die Agitation. Waren die Frauen steuerpflichtig, übten sie auf lokaler Ebene die gleichen Funktionen aus wie Männer, vor allem in den Bereichen Hygiene, Fürsorge, Schulbildung und in der Pfarrgemeinde. Sie durften offizielle Urkunden ausstellen und hatten verantwortungsvolle Posten inne, besonders in der Kommission für die Londoner Armenhäuser. Doch der Forderung nach dem Frauenstimmrecht auf nationaler Ebene setzte das Parlament hartnäckigen Widerstand entgegen. Als man das Stimmrecht in den Grafschaften, das in den Marktflecken bisher lediglich Gutsbesitzer und Pächter innegehabt hatten, auf sämtliche männlichen Familienoberhäupter erweiterte, fühlten sich die Frauen obendrein durch ein Gesetz beleidigt, das analphabetischen Landarbeitern das Wahlrecht einräumte, es ihnen selbst jedoch verweigerte. Gleichwohl gelang es den Britinnen im Laufe der Jahre, bedeutende Rechte zu erringen: das Stimmrecht bei Stadtratswahlen (1869, in Schottland 1882), aktives und passives Wahlrecht in den School Boards (Schulbehörden) und Boards of Guardians (Vormundschaftsämtern), das Stimmrecht in den County Councils (Grafschaftsräten), in denen sie ab 1907 auch gewählt werden konnten. Aus Erbitterung über die anhaltende Verweigerung des nationalen Stimmrechts wandten sich die Feministinnen, vor allem die des Mittelstands, einer gewaltsameren Taktik zu. Im Jahre 1903 gründete Mrs. Pankhurst die Women's Social and Political Union. Die 1906 konstituierte Labour Party wollte dagegen wie alle sozialistischen Parteien zuvorderst soziale Ziele durchsetzen. Als die Konservativen erneut ins Parlament kamen, verschärften sie die Repressalien gegen die Suffragetten (Black Friday, 1911). Bis 1914 wurden militante Feministinnen immer wieder eingesperrt (Cat and Mouse Act). 1913 wurde zum letzten Mal ein Gesetzentwurf zum Frauenstimmrecht – es war der fünfzigste – abgelehnt. In den im Jahr 1900 zum australischen Staatenbund zusammengeschlossenen Gebieten gab es bereits ab 1867 das kommunale Wahlrecht. Im Jahre 1895 stimmten die Frauen in zahlreichen kommunalen Parlamenten und ab 1902 erhielten sie das aktive und passive Wahlrecht auf Bundesebene. Dieselben Rechte wurden Grundeigentümerinnen in Neuseeland 1886 und 1893 zugestanden. In Kanada entfalteten die Frauen zwar rege philanthropische Aktivitäten, aber die Wahlrechtsbewegung war noch wenig fortgeschritten. Stimmrecht besaßen sie jedoch auf kommunaler und schulbehördlicher Ebene, wo sie mit gewissen Einschränkungen auch gewählt werden konnten.

In Amerika – ein Vorbild, dem die Frauen in Europa und vor allem die Britinnen nacheiferten – wurde eine andere Strategie eingeschla-

gen. Im Westen eröffnete der herrschende Pioniergeist den Frauen notwendigerweise eine herausgehobene Stellung. Um 1850 bemühte sich
ein reformerischer Feminismus, alle Institutionen auf der Basis von
Gleichberechtigung und Zusammenarbeit neu aufzubauen. Die breit
entfaltete mittelständische Clubkultur trug entscheidend dazu bei, den
bürgerlichen Status der Frauen zu verbessern, auch wenn die Trennung
der Geschlechter weiter fortbestand. Seit den Anfängen der amerikanischen Union hatten Frauen das Wahlrecht gefordert, doch 1808
wurde es allein den Männern vorbehalten. Allerdings blieb jeder Staat
in seiner eigenen Gesetzgebung souverän. Die Suffragettenbewegung
entstand in New York. Um 1833 verbanden die Feministinnen ihre
eigene Sache mit der der Schwarzen. Der amerikanischen Delegation
wurde jedoch – aufgrund ihres Geschlechts – die Teilnahme an der
Anti-Sklaverei-Konferenz in London verweigert. Frauen knüpften alsbald Kontakte zur Presse. Der erste internationale Frauenkongreß fand
im Jahre 1850 in Worcester (Massachusetts) statt. Im Anschluß an den
Bürgerkrieg mußten die Frauen, die für die Rechte der Sklaven gekämpft hatten, mitansehen, wie man diesen neuen Bürgern politische
Rechte zuerkannte, die ihrem eigenen Geschlecht hartnäckig vorenthalten wurden. Sie gaben sich nicht mehr mit dem Einfluß zufrieden,
den sie in kommunalen Gremien, in Fragen der Fürsorge und des
Schulwesens sowie in manchen steuerlichen Bereichen (besonders
wenn es um die Lizenzen zum Verkauf alkoholischer Getränke ging)
hatten. Von 1870 an intervenierten Frauen beharrlich in den Versammlungen der einzelnen Bundesstaaten und im Kongreß: *Die Damen aus
Boston* von Henry James zeigt die männlichen Reaktionen auf die feministische Entschlossenheit in ebenso ambivalenter wie faszinierender
Weise.

Um die Verfassung zu ändern, gab es zwei mögliche Wege: die Bundesebene (Annahme durch beide Kammern des Kongresses und drei
Viertel der Bundesversammlungen oder der Repräsentanten der einzelnen Staaten) oder die kommunale Ebene (Zustimmung einer Zwei-
drittelmehrheit der lokalen Gesetzgeber und Bestätigung durch einen
Volksentscheid). Sämtliche Versuche scheiterten aus verschiedenen
Gründen. Vor allem die Volksabstimmungen waren, trotz ansonsten
beeindruckender Mehrheiten für das Frauenwahlrecht, überall negativ.
Gastwirte und Schnapsbrenner, die sich durch den energischen Kampf,
den Frauen gegen die Verheerungen des Alkoholismus führten,
bedroht fühlten, hetzten die Menge gegen die Feministinnen auf.
Immerhin erzielten die Temperenzlergesellschaften mit ihren veritablen
sozialen Kreuzzügen auch in Europa großen Widerhall. Die Frauen fanden Verbündete bei den Abgeordneten aus bereits lange im Land verwurzelten Familien. Wyoming schlug als erstes eine Bresche: Das Frau-

enwahlrecht war eines der Mittel, um das nötige Quorum zu erreichen, das für die Bildung eines selbständigen Bundesstaates erforderlich war. Seit 1869 wurde Wyoming den europäischen Zeitungslesern als Modell, als Versuchslabor und Kuriosität vorgestellt. Kurz vor dem Ersten Weltkrieg hatten die Amerikanerinnen in zahlreichen Bundesstaaten, vor allem im Westen, ihre politischen Rechte erobert. Fast überall besaßen sie für sämtliche öffentlichen Funktionen das aktive und passive Wahlrecht. Auf kommunaler Ebene war ihre aktive Partizipation häufig der Grund für die Durchsetzung humanitärer Gesetze. 1889 gab es nur noch zwölf Staaten, die Frauen von Abstimmungen in Schulangelegenheiten ausschlossen. Da kein Gesetz es verbot, daß eine Frau Präsidentin wurde, war die Freude französischer Kommentatoren grenzenlos, als 1884 »eine hübsche vierzigjährige Witwe, Rechtsanwältin, auf dem Fahrrad strampelnd, Aktenmappe und Tabaksdose unter dem Arm (. . .) mit Silberhaaren und Goldbrille«, einen dynamischen Wahlkampf führte. Allerdings ließen die Kommentare keinerlei Zweifel über die wahre Geisteshaltung der französischen Männer: Man machte sich lustig, spürte aber auch bereits eine gewisse Beklemmung angesichts der Tatsache, daß in diesen neuen Rollen keine vermännlichten Ungeheuer zu sehen waren, sondern Frauen, die alle erforderlichen weiblichen Qualitäten besaßen. Hatte die fragliche Dame nicht »nähen, stricken, waschen, bügeln, Brot backen und sich allein frisieren gelernt, bevor sie das Alphabet beherrschte«?[6]

Um 1890 begann eine dritte Phase, die schließlich zur Zulassung von Frauen in Parlamentsausschüsse und sogar ins Parlament selbst führte, wo sie ihre Anliegen und Beschwerden vorbringen konnten. Berühmte Rednerinnen taten sich im Kampf um Gleichberechtigung hervor, darunter insbesondere die damals fünfundsiebzig Jahre alte Mrs. Stanton. Die neunzehnte Verfassungsänderung von 1919 gestand den Frauen schließlich uneingeschränkte Bürgerrechte zu.

In Nordeuropa machten die isländischen Frauen ihr Land zu einer der ersten Hochburgen des Feminismus, nachdem es im Jahre 1872 die staatliche Unabhängigkeit erlangt hatte. 1882 bekamen sie das Stimmrecht bei Kommunalwahlen, ab 1902 konnten sie auch selbst als Kandidatinnen aufgestellt werden; die vollen Bürgerrechte wurden 1915 zunächst Frauen über vierzig, 1920 schließlich allen Frauen zuerkannt. In Schweden standen den Frauen Stadt- und Gemeinderäte ab der Mitte des 19. Jahrhunderts offen. Ab 1909 waren sie wählbar, 1924 erhielten sie die volle politische Handlungsfähigkeit. In Dänemark, wo auch die Landbevölkerung bemerkenswert aufgeklärt war, durften Frauen ab 1883 bei Kommunalwahlen abstimmen, bei Parlamentswahlen ab 1915. Norwegen war die erste europäische Nation, die die politische Gleichberechtigung einführte. Die feministische Bewegung hatte hier im Jahre 1830 ihren Anfang genommen. Das allgemeine Wahlrecht wurde 1910 zuerkannt. Damit erfreuten sich die Norwegerinnen sämtlicher Bürgerrechte. Von 1912 an konnten sie in alle Staatsfunktionen gewählt werden, mit Ausnahme des königlichen Rats, dem Kreis der kirchlichen Würdenträger, der Diplomatie und bestimmten anderen, den Männern vorbehaltenen Posten. In Finnland, das in der Mitte des 18. Jahrhunderts an Rußland angeschlossen worden war, kämpften die Frauen gegen den Zaren. 1906 wurde der finnische Reichstag von beiden Geschlechtern nach allgemeinem Wahlrecht gewählt. Die Macht dieser Versammlung war zwar begrenzt, aber immerhin gehörten ihr 1910 neunzehn Frauen an.

Wie bereits erwähnt, waren die Errungenschaften der Frauen in den romanischen und germanischen Ländern mager, und das römische Recht hatte seine Spuren hinterlassen. Zieht man das Beispiel Frankreich heran, das in keinem Fall außergewöhnlich ist, kann man folgende Bilanz aufstellen: ab 1880 konnten Frauen die Mitglieder des Conseil supérieur de l'Instruction publique (Oberster Rat des Erziehungsministeriums) wählen; ab 1886 besaßen sie das aktive und passive Wahlrecht für die Conseils départementaux de l'enseignement primaire (Departementsräte für das Grundschulwesen), ab 1898 für den Conseil supérieur de la mutualité (Oberster Rat der Versicherungsgesellschaften), ab 1903 für den Conseil supérieur du travail (Oberster Rat des Handelsministerium), ab 1905 für die Commissions communales d'assistance (Kommunaler Ausschuß der öffentlichen Fürsorge), ab 1905 für den Conseil supérieur du conservatoire (Oberster Rat des Konservatoriums), für den Conseil de prudhommes (Paritätischer Arbeitsschiedsausschuß; aktives Wahlrecht 1907; passives Wahlrecht 1908), ab 1908 für die Chambres consultatives des Arts et Manufactures (Interessenverband der Industrieberufe). Geschäftsfrauen konnten allerdings erst ab 1898 die Mitglieder der Kammer für Handelsangelegenheiten wählen.

Hinzuzufügen ist, daß es auf dem europäischen Kontinent, vor allem in den Ländern, die unter römischer Herrschaft gestanden hatten, weitere sogenannte »männliche« Funktionen gab, die Frauen nicht ausüben durften. Dabei handelte es sich um Ämter, die zwar nicht direkt erforderten, daß man in das öffentliche Leben trat, aber doch zumindest, daß man den häuslichen Bereich verließ. 1792 wurden Frauen in Frankreich als Zeugen zugelassen, doch bereits 1803 wurde ihnen dieses Recht wieder entzogen. In krassem Widerspruch dazu wurden Frauen jedoch weiterhin von der Justiz als Zeuginnen benannt. So konnte man etwa, wenn man keine Geburtsurkunde besaß, eine eidesstattliche Versicherung beibringen, die von einem Richter ausgestellt und von sieben männlichen oder weiblichen Zeugen bestätigt wurde.

Am Ende einer zehnjährigen Kampagne führte der Antrag auf eine diesbezügliche Gesetzesänderung 1897 schließlich zum Erfolg. Ähnliche

Modifikationen erfolgten 1877 in Italien, 1897 in Genf und 1900 in Deutschland. Österreich ließ weibliche Zeugenschaft zu, wenn es darum ging, auf hoher See ein Testament aufzusetzen, Spanien gestattete dies zu Zeiten großer Epidemien.

Lange Zeit blieben Frauen von Geschworenengerichten ausgeschlossen, mit Ausnahme einiger amerikanischer Bundesstaaten. Ebensowenig konnten sie als Vormund oder Treuhänder eingesetzt werden. In Frankreich gestand man ihnen im Jahre 1907 das Recht zu, die Vormundschaft für ihre eigenen Kinder zu übernehmen. Allerdings hatte man bis dahin ohnehin festgelegt, daß dies ihre natürliche Bestimmung sei: Eine Frau ohne staatsbürgerliche Rechte war gerade gut genug für ein uneheliches Kind. 1917 befähigte sie ein Ausnahmegesetz auch zu anderen Vormundschaften, die nicht kraft des Gesetzes eintraten. In Deutschland wurden die Beschränkungen weiblicher Vormundschaft 1900 aufgehoben, in Belgien 1909, in den Niederlanden und der Schweiz 1901. Das vorherige Verbot hatte unter anderem auch bedeutet, daß Frauen im Familienrat ohne Stimme waren.

Doppelte Unterdrückung: Die Ungleichheit in Bildung und Arbeit

Es wäre ein Anachronismus, das Problem mit Begriffen wie Recht auf Arbeit oder Recht auf Bildung anzugehen. Überall jedoch war angemessene Schulbildung für Mädchen eine der grundlegenden feministischen Forderungen. Die französischen Revolutionäre hatten ihr egalitäres Programm nicht umsetzen können. Ein nicht zwingendes Gesetz vom 28. Juni 1836 forderte die Kommunen auf, Mädchenschulen zu eröffnen. Doch die meisten Bürgermeister hielten sich lieber an die Tradition und begnügten sich mit den kirchlichen Schulen, deren Personal sie nicht bezahlen mußten. Erst das Gesetz Falloux vom 15. März 1850 und vor allem das Gesetz Duruy vom 10. April 1867 verpflichteten jede Gemeinde mit über 500 Einwohnern dazu, eine Grundschule für Mädchen einzurichten. Von 1863 an versuchte man, auch höhere Schulen zu organisieren. Das Gesetz vom 8. August 1879 begründete 67 Normalschulen für Frauen; das Gesetz Camille Sée vom 21. Dezember 1881 beschloß die Einrichtung von Realschulen und Gymnasien für Mädchen; 1883 folgte die Hochschule für die Ausbildung von Gymnasiallehrerinnen in Sèvres. Erst 1925 wurde endlich die gleiche Schulbildung für Jungen und Mädchen gesetzlich festgelegt.

Im romanischen Sprachraum Europas war die Frauenbildung auch ein Streitobjekt im Machtkampf zwischen Kirche und Staat. In Deutschland und in England fand das Grundschulwesen wenig Anklang, höhere Schulen und Hochschulen waren im wesentlichen privat, wie auch in den Vereinigten Staaten. Dort wurde allerdings der gemischte Volksschulunterricht sehr früh organisiert. Rußland konzentrierte sich auf die Bildung des Bürgertums. Als die Universitäten den Töchtern der Bourgeoisie aus politischen Gründen verschlossen blieben, fanden sich russische Frauen zusammen mit anderen begüterten Europäerinnen an der Züricher Universität ein. Die Notwendigkeit, die Frauen durch höhere Bildung auf dem Arbeitsmarkt konkurrenzfähig zu machen, wurde von nur wenigen Familien empfunden oder zumindest nicht umgesetzt, wenn nicht gar gänzlich verworfen. Die Zulassung zu Prüfungen und Universitäten sorgte in den aufgeklärtesten bürgerlichen Milieus Europas weiterhin für Konflikte.

Hinsichtlich der Arbeitsgesetzgebung ist wichtig, daß eine der goldenen Regeln des liberalen Staats im 19. Jahrhundert lautete, sich nicht in das Verhältnis zwischen Unternehmern und Arbeitern einzumischen. Doch im letzten Drittel des Jahrhunderts begann Europa den Sozialstaat zu entdecken. Es entstanden sozialreformerische Initiativen, die die Ausbeutung von Frauen und Kindern in der Industrie anprangerten und sich für Gesetze zu deren Schutz einsetzten. Feministinnen protestierten im Namen der Gleichheit gegen solche potentiell diskriminierenden Maßnahmen, die auf dem Geschlechterunterschied beharren, die Frau in ihrem historischen Status als Unmündige belassen und ihre Arbeitsmöglichkeiten einschränken wollten. Zugleich schürten sie damit Ressentiments bei den Arbeitern, die die Frauen als Konkurrenz fürchteten und vom Arbeitsmarkt zu verdrängen suchten. Sicher verrieten die Männer damit ihren Wunsch, die Frau am heimischen Herd zu sehen. Aber ebenso kämpften sie gegen die Politik der Unternehmer, die Arbeiterinnen ausbeuteten, indem sie sie schlechter bezahlten, und sie so als Erpressungsmittel gegen die Arbeiter einsetzten. Man muß gelesen haben, wie in überaus seriösen wissenschaftlichen Werken mit geradezu mathematischer Genauigkeit bewiesen wurde, daß Frauen weniger Nahrung brauchten und von Natur aus nicht geeignet seien, außer Haus zu arbeiten. Den Autoren solcher Schriften war die Realität der Frauenarbeit durchaus bekannt. Manche Anhänger von Frauenschutzgesetzen waren oft mehr von philanthropischen Erwartungen denn von Gerechtigkeitssinn geleitet. Später wurden dieselben Schutzmaßnahmen auch auf Männer ausgedehnt, vor allem in Frankreich unter dem Einfluß der »Solidaritätsbewegung«.[7] Diese Maßnahmen waren zwar nicht unerheblich, aber zunächst doch kaum mehr als ein Notbehelf..Da es nicht darum ging, die Gleichberechtigung im Arbeitsprozeß zu festigen, waren sie notwendigerweise begrenzt. Die neuen Gesetze galten allein für Fabriken, in denen die »gefährlichen Klassen« beschäftigt waren. Der nach wie vor umfangreichen Arbeit in der Landwirtschaft schenkte man ebensowenig Beachtung wie der Heimarbeit, der Arbeit in Werkstätten, in Kaufhäusern und im häuslichen Dienst.

In Frankreich schloß das Gesetz vom 3. Juni 1874 Frauen und Kinder von der Arbeit unter Tage aus. Aber es war vor allem das Gesetz vom 2. November 1892, das zum ersten Mal eine Geschlechterdiskriminierung in der Arbeitswelt bewirkte. Es galt nicht nur für alle Kinder unter achtzehn Jahren, sondern auch für alle Fabrikarbeiterinnen. Es wurde verboten, Frauen und Kinder in gesundheitsschädigenden Betrieben, unter gefährlichen Arbeitsbedingungen oder in Druckereien bei der Herstellung von Texten und Illustrationen zu beschäftigen. In der Hauptsache aber regelte das neue Gesetz die Arbeitszeiten je nach Geschlecht vollkommen unterschiedlich. Im Interesse der Familie »begünstigte« man die Frauen, während man ihnen zugleich den Zugang zu qualifizierten Arbeiten versperrte. Nachtarbeit wurde ihnen prinzipiell verboten, und spätere Gesetze, vor allem das vom 15. Juli 1908, das die internationalen Vereinbarungen von Bern (26. September 1906 und 22. Dezember 1911) bestätigte, bauten dieses Prinzip noch weiter aus.

Eine Kampagne der Zeitung *La Fronde*, die eine verbesserte, aber für beide Geschlechter *gleiche* Gesetzgebung zum Ziel hatte, wurde von den Arbeiterinnen, die lediglich eine bessere Anwendung der bereits bestehenden Gesetze wünschten, nicht unterstützt. Es gab auch tatsächlich beträchtliche Hindernisse, die sich einer vernünftigen Gesetzgebung entgegenstellten. Ausnahmen waren vom Gesetz vorgesehen, vor allem was die abendlichen Überstunden der Frauen insbesondere in der Modebranche betraf. Das Gesetz von 1911 verbot Nachtarbeit nach 22 Uhr für Frauen. Die Kontrollen wurden allerdings äußerst lax gehandhabt. Das galt vor allem in Wohlfahrtseinrichtungen wie Bon-Pasteur, die vor 1902 kaum überwacht wurden. Man baute einen Stab von Kontrolleuren und Kontrolleurinnen auf, deren Zahl jedoch nicht genügte. Ein solches Verfahren war zudem völlig illusorisch, da die Arbeiterinnen aus Angst vor Entlassung ihre Arbeitgeber deckten und sogar abends noch Arbeit mit nach Hause nahmen. Ab 1892 durften auch Inspektorinnen Betriebe besichtigen, allerdings nur solche, in denen ausschließlich Frauen arbeiteten und kein mechanischer Motor benutzt wurde (1908 wurden ihre Befugnisse ausgeweitet). Das Gesetz vom 2. November 1892 setzte eine größere Zahl von wöchentlichen Ruhetagen und Feiertagen fest, die es für Schulkinder bereits gab. Am 13. Juli 1906 wurde die Sonntagsruhe festgeschrieben – das erste nichtdiskriminierende Gesetz im Arbeitsrecht, das jedoch zahlreiche Ausnahmeregelungen enthielt. Eine erste gesetzliche Regelung der Arbeitszeit stammt aus dem Jahre 1848. Sie erstreckte sich im Prinzip auf alle Erwachsenen. Die Länge des Arbeitstags sollte maximal zehn Stunden in Paris und elf in der Provinz betragen. Später wurde sie für alle auf zwölf Stunden erhöht. Das Gesetz vom 2. November 1892 verbot es nun allein Frauen, länger als elf Stunden zu arbeiten, und schrieb eine Stunde Pause am Tag vor. Das wirkte sich störend auf die Arbeitsorganisation aus, und der Lohn der Frauen wurde beschnitten, denn die Entlohnung erfolgte in der Regel nach Stückzahl. Oft wurden Fabrikfrauen durch Heimarbeiterinnen ersetzt, die nicht durch das Gesetz geschützt waren und deren Arbeit von ihren Ehemännern zumeist gutgeheißen wurde. Das Gesetz vom 30. März 1900 verstärkte noch die Bindung der Frauen an die Familie, denn es regelte ihre Arbeitszeit so, daß sie zusätzliche Pausenzeiten bekamen, um zu Hause das Essen zu kochen. Eine Verfügung vom 29. September 1900, das sogenannte »Sitzgesetz«, verpflichtete Unternehmer, ihren weiblichen Beschäftigten Sitzgelegenheiten zur Verfügung zu stellen.

Von den Maßnahmen, die ausschließlich Frauen zugedacht waren, bezogen sich die wichtigsten auf die Mutterschaft. Im Vergleich zum restlichen Europa wurde der vierwöchige Mutterschaftsurlaub, der von den fünfzehn Teilnehmerländern der internationalen Konferenz von Berlin am 15. März 1890 empfohlen wurde, in Frankreich erst sehr spät zugestanden. Dabei war die Lage von Frauen und Neugeborenen dort dramatisch. Im Jahre 1886 initiierten Feministinnen eine Kampagne. Erst das Gesetz vom 27. November 1909 legte in Frankreich fest, daß es kein Bruch des Arbeitsvertrags sei, wenn eine Frau in den acht Wochen vor oder nach der Niederkunft unbezahlten Urlaub nahm. 1910 und 1911 gewährte der Staat Lehrerinnen, Werftarbeiterinnen und weiblichen Postangestellten bezahlten Mutterschaftsurlaub. Am 27. März 1913 stellt der Kassationshof klar, daß diese Maßnahmen auch für ledige Mütter galten. Aber das Gericht machte gleichzeitig darauf aufmerksam, daß der Unternehmer selbstverständlich das Recht behalte, der Angestellten wegen ihrer Schwangerschaft zu kündigen, wenn ihr »Fehltritt« dem Ruf seiner Firma zu schaden drohe. Die Gesetze vom 17. Juni und 30. Juli 1913 gestatteten werdenden Müttern, vor der Niederkunft mit der Arbeit auszusetzen, und verpflichteten sie – auch die Heimarbeiterinnen –, nach der Geburt vier Wochen lang nicht zu arbeiten. Erst vom 30. Juli 1915 an war ein täglicher Zuschuß für junge Mütter vorgesehen, der im Falle einer Fehlgeburt jedoch nicht ausgezahlt wurde und sehr viel niedriger war als der Arbeitslohn.

Der Gesetzgeber sprach nie von einem Ausschluß der Frauen von der Arbeitswelt, doch aus Gründen des Familienschutzes wurde die Arbeitszeit so festgelegt, daß die weiblichen Arbeitskräfte in ungeschützte Arbeitsverhältnisse abgedrängt wurden. Diese Maßnahmen, die zu Arbeitslosigkeit und Diskriminierung in der Arbeit führten, benachteiligten ganz besonders ledige Arbeiterinnen, für die das Argument, ihre Einkünfte seien ja lediglich ein Nebenverdienst, keinen Sinn ergab. Trotz aller Mängel bleibt festzuhalten, daß diese schützende Gesetzgebung mit dem Prinzip brach, der Staat hätte kein Recht, sich in private Arbeitsverträge einzumischen. Das Recht, ihren Beruf auch gegen den Widerstand der Männer ausüben zu dürfen, mußten sich Frauen in den verschiedenen Berufsgruppen durch die Anrufung von Gerichten sowie durch Appelle an den Gesetzgeber hart erkämpfen. Zwei Beispiele seien stellvertretend dafür genannt. 1908 wies man eine Klage von Medizinstudenten ab, die forderte, daß ein Beschluß der staatlichen Fürsorge in Paris, wonach sich Frauen ebenfalls bereits nach dem dritten Studienjahr um eine Stelle im Krankenhaus bewerben konnten, aufgehoben würde.[8] Der Streit um die Zulassung zum Anwaltsberuf sorgte in der juristischen Welt Europas für beträchtliche Aufregung. In der Polemik wurden sämtliche Vorurteile gegen die weibliche Berufstätigkeit zusammengetragen, von der »*pudicitia*, die die Natur gebietet«,[9] bis hin zur Unmöglichkeit, eine Frau in die Schranken zu weisen, da kein Richter ihrer Geschwätzigkeit Herr werden könne. Alle nur erdenklichen Behauptungen wurden aufgestellt: körperliche Schwäche; die Schwierigkeiten von Frauen bei der Verteidigung ihrer Mandanten auf Lateinisch – ein Mangel, der in Amerika anscheinend unerheblich war, da dort Frauen als Anwältinnen zugelassen waren; die Gefahr, daß die Richter den Verführungskünsten der Frauen erlägen, da diese von Natur aus kokett seien. Um so erstaunlicher ist es, daß in Frankreich mit dem Gesetz vom 1. Dezember 1900 Frauen zum Anwaltsberuf zugelassen wurden.[10] Allerdings konnte man sich damals auf zahlreiche Präzedenzfälle in der ganzen Welt berufen: Rußland, Japan, Rumänien, Schweiz, Finnland, Norwegen, Neuseeland, die Vereinigten Staaten (die erste Anwältin ließ sich 1869 in Iowa nieder; 1879 erhielten amerikanische Frauen das Recht, vor dem Bundesgericht zu plädieren). In manchen Bundesstaaten wirkten sie als Friedensrichterinnen, und die sogenannten weiblichen *court clerks* übten gleichzeitig die Funktionen eines Richters wie eines Verwaltungsbeamten, eines Notars wie eines Gerichtsschreibers aus.

Frauen und Strafrecht

Man zweifelte zwar auf vielen Gebieten an den Fähigkeiten der Frauen, aber im allgemeinen traute man ihnen sehr wohl zu, Straftaten zu begehen und sich vor Gericht dafür zu verantworten. In England war allerdings der Ehemann für die Delikte seiner Frau verantwortlich, bis man die Frau 1870 zum Rechtssubjekt erklärte. Obwohl Michelets Auffassung, die Frau sei zu schwach, um strafrechtlich zur Verantwortung gezogen zu werden, im allgemeinen nicht unterstützt wurde, gab es im Rahmen des Gewohnheitsrechts gewisse Ausnahmen. Todesurteile wurden selten vollstreckt, und eine schwangere Frau mußte ihre Strafe erst nach der Niederkunft abbüßen. Das französische Strafgesetzbuch von 1791 ersetzte die Bestrafung mit dem Halseisen durch die Aberkennung der bürgerlichen Rechte, und Straftäterinnen kamen ins Zuchthaus, anstatt in Eisen gelegt zu werden. Schon im alten Strafrecht verbüßten Frauen ihre Strafen versteckt hinter Gefängnismauern. Das Gesetz vom 19. Juli 1907 modifizierte das vom 27. Mai 1885; rückfällige Frauen wurden nun von der Verbannung in Strafkolonien auf Guayana oder in Neukaledonien dispensiert. Im großen und ganzen blieben Frauen ebenso wie Minderjährige oder über Siebzigjährige von der Schuldhaft befreit (Gesetz vom 15. Germinal im Jahr IV). Nicht betroffen von dieser Ausnahmeregelung waren Geschäftsfrauen oder Frauen, die in betrügerischer Absicht Immobilien, die ihnen nicht gehörten oder die sie als nicht belastet erklärten, verkauft oder mit Hypotheken belastet hatten. In der Praxis bedeutete diese Bestimmung, daß die Kreditfähigkeit von Frauen und deren Möglichkeiten, Geschäfte zu tätigen, gravierend beeinträchtigt war. Überdies konnten Frauen vor dem Gesetz vom 17. April 1832 bzw. seiner erweiterten Fassung vom 22. Juli 1867 keine öffentlichen Gelder verwalten und waren so von zahlreichen Arbeitsbereichen ausgeschlossen.

Was die Prostitution anbelangt, so florierte das Gewerbe in jedem der zahlreichen Länder, die dessen freie Ausübung unterdrückten. In Frankreich wurde allerdings rechtlich besonders heuchlerisch mit der Prostitution verfahren. Seit dem Konsulat und der Rückkehr zu größerer sexueller Freizügigkeit war die Prostitution bis zum Jahre 1946 nicht verboten. Sie wurde toleriert, was allerdings nicht hieß, daß man sie nicht reglementiert hätte. Die Prostitution galt für Männer als unentbehrlich, als notwendiger Faktor bei der Aufrechterhaltung der öffentlichen Ordnung und als Schutz für junge Mädchen. Doch sie sollte sich in einem geschlossenen Milieu abspielen, fern vom Blick ehrbarer Frauen, aber unter der »panoptischen« Kontrolle der Behörden. Als offizielle Dirnen (im Gegensatz zu den nichtregistrierten) amtlich anerkannt, übten die Prostituierten ihr Gewerbe entweder einzeln oder in einem Bordell aus. Der Staat gab sich gemeinhin nicht damit ab, die Orte, an denen Prostituierte ihrem Gewerbe nachgingen, gesetzlich festzulegen. Die Prostitution vollzog sich im Verborgenen und in Schande. Dieses »französische System« war ein regelrechter Angriff auf das weibliche Geschlecht, das allein die Folgen der »Unzucht«, die von beiden Geschlechtern praktiziert wurde, zu tragen hatte. Nicht einmal in England oder in den Vereinigten Staaten mit ihren äußerst energischen Kampagnen gegen die Prostitution gab es so minutiöse und für

die Frauen so erniedrigende Bestimmungen. Reglementierung, Heuchelei und Verachtung waren kennzeichnend für die Art, wie man in
Frankreich mit dem gesellschaftlichen Problem der Prostitution umging.
In Krankenhäusern, Gefängnissen, »Zufluchtsstätten der Reue« und Bordellen herrschte polizeiliche, medizinische und religiöse Willkür. Frau-
en, die sich dieser Behandlung unterziehen mußten, wurden den übel-
sten Schikanen ausgesetzt, ohne daß die Repräsentanten der öffentlichen Ordnung die geringste Strafe hätten fürchten müssen.[11]

Die Ausbreitung der »wilden« Prostitution und die zahlreichen Veröffentlichungen über Geschlechtskrankheiten sowie die wahnhaften
Vorstellungen über das weibliche Sexualverhalten lösten zwischen 1876
und 1884 eine Bewegung der Anteilnahme für die Prostituierten aus,
die Opfer dieser Misere waren. Es kam zu einer Reihe von Enqueten
und zu verstärkten Bemühungen um neue Wege in der Sozialpolitik.
Die Protestbewegung gegen das »französische System« begann in protestantischen Kreisen Englands und der Schweiz (Genf und Neuchâtel).
Die Contagious Diseases Acts (Gesetze über ansteckende Krankheiten)
von 1866, 1867 und 1869 führten in England zu einer minimalen Reglementierung, indem nun in einzelnen Städten und Häfen die Prostitution offiziell kontrolliert wurde. Josephine Butler initiierte damals nach
US-amerikanischem Beispiel gemeinsam mit Ärzten und Quäkern eine
internationale Protestbewegung. Diese in erster Linie moralische Bewegung zielte darauf ab, die außereheliche Sexualität generell zu unterbinden; von 1870 bis 1879 wurden 9667 Petitionen mit insgesamt
2150941 Unterschriften eingereicht.[12] Im Gegensatz dazu kämpften
Feministinnen und Radikale vor allem in Paris im Namen der Freiheit
und der Menschenrechte gegen die Sittenpolizei und die Festnahmen
von Prostituierten. Verschiedene Petitionen wurden von der Deputier-
tenkammer abgelehnt. Als nach den Wahlen von 1902 der Linksblock
die Regierung übernahm, verbanden sich ordnungspolizeiliche mit
gesundheitspolizeilichen Bemühungen, was den Ruf nach Reglementierung verstärkte. Ein Gesetz vom 11. April 1908 verfügte, daß Prostituierte unter achtzehn Jahren in Anstalten untergebracht werden sollten.

Ende des 19. Jahrhunderts beflügelte der »weiße Sklavenhandel« die
Phantasie der Leser. Das Thema wurde zu einem wahren Verkaufsschlager für die Presse. Vor allem in England und Belgien veranlaßten
die Parlamente sorgfältige Untersuchungen. Auch Ungarn und Österreich zeigten sich über das Problem beunruhigt. 1881 wurde der Frauenhandel in Genf offiziell angeprangert. 1895 verabschiedete der französische Senat einen Gesetzentwurf gegen Personen, die Frauen zur
Prostitution zwangen, doch die Abgeordneten nahmen ihn nicht an.
Nur in Deutschland wurden konkrete Maßnahmen getroffen. Von 1897

an riskierten Frauenhändler Gefängnis- bzw. Geldstrafen; Ausliefe-
rungsverträge wurden unterzeichnet. 1899 trafen sich Vertreter der
europäischen Staaten (mit Ausnahme Spaniens und Italiens) auf einem
Kongreß. Die wissenschaftlichen Dokumente dieses Kongresses belegen, daß – genährt von der Presse – ein regelrechter Mythos entstanden war, der gleichermaßen Angst vor einer sexuellen Befreiung der
Frau, aggressive Fremdenfeindlichkeit und bösartigen Rassismus schürte. Der Frauenhandel erreichte nie das Ausmaß, das man ihm nachsagte. Viele Frauen dürften sehr wohl Bescheid gewußt haben über die
Art der »Verträge«, die sie abschlossen, um nach Amerika, Australien,
in den Orient oder während des Krieges in Transvaal nach Südafrika
zu gelangen. Lediglich Schweden scheint sich diesem Handel entzogen
zu haben. Mit dieser Richtigstellung soll im übrigen weder das soziale
Problem, noch dessen Ursachen negiert werden.

Ein 1902 in Paris abgehaltener Kongreß wandte sich nicht gegen das
französische System der Reglementierung. Am 3. April 1903 verabschiedete das französische Parlament ein Gesetz, das den Handel mit Frauen
lediglich dann unter Strafe stellte, wenn diese durch Anwendung von
Gewalt, Täuschung oder Drohungen zur Prostitution gezwungen wurden. Die internationale Übereinkunft vom 4. Mai 1910 übernahm den
Wortlaut des französischen Gesetzes. Bereits vorher waren durch das
internationale Abkommen vom 8. Mai 1904 Schutzmaßnahmen und die
Rückführung der Frauen in ihr Heimatland geregelt worden.

Opfer zu sein, bedeutete für Frauen, an den Rand der Gesellschaft
gedrängt zu werden. Zu Unrecht von einer Frau zu behaupten, sie sei
vergewaltigt worden, wurde als Angriff auf ihre Ehre betrachtet, die zu
einer finanziellen Entschädigung berechtigte.[13] Der Begriff »Sittlichkeits-
delikt« verrät, daß die öffentliche Ordnung dabei stärker im Blickfeld
stand als das Opfer. Das französische Strafgesetzbuch von 1791 unterschied nur zwei Arten der Vergewaltigung: die einfache Vergewaltigung (bestraft mit sechs Jahren in Eisen) und die Vergewaltigung unter
erschwerenden Umständen, die vom Alter des Opfers, der Anwendung
von Gewalt sowie der Anwesenheit von Mittätern abhing (bis zu zwölf
Jahre in Eisen). Auf die Entführung einer Minderjährigen unter 15 Jahren zum Zweck der Vergewaltigung oder Prostitution stand dieselbe
Strafe. Das Strafgesetzbuch von 1810 unterschied nicht zwischen Vergewaltigung und gewaltsam erzwungener Unzucht, die mit Gefängnis
bestraft wurde (Art. 330). War das Opfer jünger als fünfzehn Jahre, riskierte der Schuldige einige Jahre Zwangsarbeit; mit lebenslänglicher
Zwangsarbeit wurde er bestraft, wenn das Opfer in einem Abhängigkeitsverhältnis zu ihm stand oder wenn ein Mittäter beteiligt war (Art.
332). Wer die Prostitution einer Minderjährigen unter einundzwanzig
Jahren begünstigte, wurde mit Gefängnis zwischen sechs Monaten und

zwei Jahren sowie einer Geldbuße bestraft; wenn der Schuldige die Vormundschaft über das Opfer hatte, konnte dies um bis zu fünf Jahre verlängert werden (Art. 332–334). Das Gesetz vom 28. April 1832, das bis zur Neufassung vom 23. Dezember 1984 fast unverändert blieb, modifizierte Art. 331: Jegliche Unzucht mit Kindern unter elf Jahren wurde mit Zuchthaus geahndet (seit dem 13. Mai 1863 unter dreizehn Jahren).

Wichtig ist vor allem, daß im Gesetz Vergewaltigung als Verbrechen galt, ohne jedoch wirklich definiert zu werden. Für die Rechtsprechung war Vergewaltigung ein Akt männlicher Gewalt, der sich auf den vaginalen Koitus beschränkte, und die Gerichte interessierten sich besonders für den tatsächlichen Grad der Gewaltanwendung. Frauen, die behaupteten, einer Gewaltdrohung nachgegeben zu haben, wurden der Lüge verdächtigt.[14] Als Bestrafung vorgesehen war eine Zuchthausstrafe, die verschärft wurde, wenn das Opfer jünger war als fünfzehn Jahre.

Weitere Formen der Kriminalität, die insbesondere Frauen betrafen, waren Abtreibung und Kindsmord. Von der neomalthusianischen Bewegung, die Ende des 19. Jahrhunderts vor allem in England, Deutschland und den USA, also Ländern mit protestantischer Tradition aufkam, hielten französische Frauen nicht viel. Sie nutzten statt dessen das in den Grauzonen von Moral und Recht herrschende geheime Einverständnis: Nachbarinnen, Freundinnen und Verwandte gaben Verhütungspraktiken weiter, tauschten Adressen aus, um einen gefährdeten guten Ruf wiederherzustellen und praktizierten insgeheim Geburtenkontrolle, vor allem Frauen, die bereits mehrere Kinder hatten.[15] Um die Jahrhundertwende, als viele Staaten bereits zur pronatalistischen Politik übergegangen waren, stieg die Zahl der Abtreibungen. Möglicherweise war dies Ausdruck eines populären Feminismus.[16] Das Strafgesetzbuch von 1791 sah für jemanden, der eine Abtreibung vornahm, zwanzig Jahre in Ketten vor. Ab 1810 war für diesen sowie die betreffende Frau – egal ob sie dem Eingriff zugestimmt hatte oder nicht – eine Zuchthausstrafe vorgesehen. Kindsmord wurde mit der Todesstrafe geahndet. In der Realität widerstrebte es jedoch den Geschworenen, allzu strenge Strafen zu verhängen.

Das Gesetz vom 21. November 1901 definierte den Kindsmord nicht länger als Verbrechen (Schwurgericht), sondern als Vergehen (Strafgericht), so daß die Schuldigen vor Berufsrichtern und nicht vor Geschworenen erscheinen mußten. Auf diese Weise versuchte der Gesetzgeber, die große Zahl der Freisprüche und die sehr häufig akzeptierten mildernden Umstände zu reduzieren. In Frankreich bestand kein Unterschied zwischen der Tötung eines ehelichen und der eines unehelichen Kindes. Demgegenüber sahen die meisten ande-

ren europäischen Strafgesetze der Neuzeit eine mildere Strafe vor,
wenn der Kindsmord mit dem Ziel begangen wurde, die Ehre der Mutter zu retten. In der Tat waren die meisten des Kindsmords Angeklagten mittellose ledige Frauen, häufig weibliche Dienstboten.

Die Familie als Falle

Die Auseinandersetzung um die Rechtsfähigkeit der Frau beschäftigte
am Ende des 19. Jahrhunderts Literaten, Bühnenautoren, Feministinnen
und parlamentarische Instanzen weit mehr als das einfache Volk. Überall in der abendländischen Welt war die Frau ihrem Mann rechtlich
untergeordnet. Wie läßt sich der Widerspruch erklären, daß aus einer
volljährigen und rechtsfähigen ledigen Frau, sobald sie heiratete, ein
Wesen wurde, das aus dem rechtlichen Leben ausgeschlossen war und
sich auf derselben Stufe wiederfand wie geistig Behinderte und Minderjährige? Und wie läßt sich der hohe Stellenwert rechtfertigen, den
der Staat in einem Bereich des Rechts, der die Beziehungen zwischen
Individuen regelte, für sich beanspruchte? Nicht zu unterschätzen ist
die Bedeutung, die man der Familie als Fundament der Gesellschaft
beimaß. Gute Väter, gute Ehegatten, gute Söhne – nur sie waren gute
Bürger.[17] In Frankreich war es unmöglich, die Regeln, nach denen Ehe
und Familie organisiert waren, zu umgehen, denn diese Regeln waren
Teil der öffentlichen Ordnung.

Es ist wichtig, zwischen dem *Besitz* und der *Ausübung* eines Rechtes zu unterscheiden. Die Frau hatte zwar Rechte, war aber unfähig,
diese selbst *auszuüben*. Das ist eine bedeutsame juristische Spitzfin-
digkeit. Nicht umsonst zählt die Rechtfertigung der männlichen Autorität in der Ehe zu den schönsten Blüten juristischer Rhetorik. Die Autorität des Ehemannes hatte einen praktischen Zweck: Er soll nach der
traditionellen Rollenverteilung die eheliche Gemeinschaft verwalten
und Frau und Kinder leiten. Ende des 18. Jahrhunderts waren die Philosophen der Ansicht, diese Autorität entspreche dem Naturrecht; manche jedoch, so etwa Burlamaqui, wollten sie im Sinne einer natürlichen
Gleichheit ein wenig mäßigen. Rousseau dagegen konnte sich die Frau
nur als vom Mann abhängig vorstellen. Auch in diesem Bereich waren
die Errungenschaften der Revolution zweifelhaft: die Frau wurde als
Individuum anerkannt, das Prinzip der tyrannischen Macht des Ehemannes abgeschafft, aber die Ehegatten dennoch nicht als gleichberechtigt angesehen. Das in Frankreich entwickelte Ehe- und Familienrecht galt bis in das 20. Jahrhundert als Modell, denn die der Ehefrau
zugewiesene Rolle war in allen patriarchalisch organisierten Gesell-

schaften im wesentlichen gleich. Auch in Frankreich hatte das Rechtssystem einen gemischten Ursprung, wobei der Code Napoléon von
1804 dem vorrevolutionären Pariser Gewohnheitsrecht einen erheblichen Stellenwert einräumte. Die von den Juristen im 18. Jahrhundert
neu überarbeiteten Maximen des römischen Rechts und Maximen des
germanisch inspirierten Gewohnheitsrechts begründeten gemeinsam
die Abhängigkeit der Frau und deren Rechtsunfähigkeit. Die verheiratete Frau existierte lediglich in der und durch die Familie; das Recht
bezog sich überall auf die bürgerliche Frau. Und dieses Recht bestimmte noch über das Ende einer Ehe hinaus das Leben einer Frau und den
Umgang mit ihrem Besitz.

Die Unterwerfung unter die Ziele der Ehe

Die Vormachtstellung des Ehemannes »ist eine Huldigung der Frau an
die Macht, die sie schützt«.[18] In der Tat leitete sich die Überlegenheit
des Mannes von einer angenommenen Schwäche des weiblichen
Geschlechts ab. Diese *fragilitas,* übernommen aus dem römischen
Recht, war eigentlich keine naturgegebene Schwäche, sondern eher der
Beweggrund für den Schutz Unmündiger. Eben dies führt zur auffälligen Inkohärenz des Rechts. Statt die Vormachtstellung des Ehemannes
direkt zu bekräftigen, wird die physische Unterlegenheit der Frau, die
allerdings nur bei verheirateten Frauen von Belang war, zur Rechtfertigung herangezogen. Der Ehemann »muß als oberster und absoluter
Richter über die Familienehre gelten«.[19]
So galt z. B. jede Ansteckung mit Syphilis durch die Ehefrau, sofern
erwiesen war (wie?), daß die Frau die Krankheit als erste hatte, als
schwere Verfehlung und Scheidungsgrund; denn die Syphilis ließ die
Frau als Ehebrecherin erscheinen. Umgekehrt wurde ein Mann nur
schuldig gesprochen, wenn er die Krankheit wissentlich und wiederholt unbescholtenen Frauen übertragen hatte. Ebenso konnten Anschuldigungen, eine Frau hätte bei ihrer Eheschließung gewisse Tatsachen verheimlicht (zum Beispiel Schwangerschaft oder die polizeiliche Registrierung als Prostituierte), gegen sie verwendet werden.

Die Gehorsamspflicht

»Der Mann schuldet seiner Frau Schutz, die Frau schuldet ihrem Mann
Gehorsam«, besagt Artikel 213 des bürgerlichen Gesetzbuches in Frankreich. Eine solche Formulierung war im Abendland durchaus üblich,
auch wenn einige Rechtssysteme, so etwa das norwegische, italienische

oder deutsche des späten 19. Jahrhunderts, eine weniger direkte Sprache bevorzugten. Doch ob mehr oder weniger explizit, die Idee lag einer jeden Gesetzgebung zugrunde. »Diese Worte klingen hart, aber sie stammen vom Apostel Paulus, und seine Autorität ist ebensogut wie jede andere«, meinte einer der Verfasser des Code civil.[20] In den Ländern jüdisch-christlicher Tradition hat die Vorstellung vom Primat der Schöpfung des Mannes und der Schuld der Frau im Sündenfall großen Schaden angerichtet. Nach Napoléon Bonaparte hätte dieser Text bei der Eheschließung öffentlich verlesen werden sollen: Denn in einem Jahrhundert, in dem die Frauen »das Bewußtsein ihrer Unterlegenheit vergessen, muß man sie in aller Offenheit an die Ergebenheit erinnern, die sie dem Manne schulden, welcher Herr über ihr Geschick sein wird«.[21] Die antifeministische Einstellung des Ersten Konsuls ist hinlänglich bekannt. Aber es wäre falsch, in diesen Worten einzig und allein die Laune und Rache eines eitlen, betrogenen Generals zu sehen. Hier ist vielmehr auf militärisch knappe Weise formuliert, was Männer dachten und nahezu jede Frau akzeptierte.

Eine Frau nahm grundsätzlich die Nationalität des Mannes an, es sei denn, diese stand in Konflikt mit staatlichen Interessen. Das war in Frankreich ab 1899 der Fall, wo man um die Reinheit der Rasse fürchtete. Auch in England wurde die Gesetzgebung als Reaktion auf »Mißbräuche« im Zusammenhang mit Prostitution strenger. Eine Französin gab gewöhnlich ihren Mädchennamen auf, ohne daß ein Gesetz sie ausdrücklich dazu gezwungen hätte. Nach einer Scheidung konnte der Mann seiner Frau verbieten, weiterhin seinen Namen zu tragen: Er hatte ihn ihr gewissermaßen nur geliehen. Dagegen mußte im angelsächsischen Sprachraum die Frau den Namen des Mannes auch nach einer Scheidung behalten. In wieder anderen Ländern waren Doppelnamen üblich.

Der Mann hatte die edle Pflicht, über das Betragen seiner Gattin zu wachen. Der »häusliche Richter [muß] in Maßen zu seiner Autorität auch die Gewalt gesellen [können], um sich Respekt zu verschaffen«.[22] Und nicht immer könne man die Disziplinarmaßnahmen oder die Wutausbrüche eines Mannes verurteilen: »Die Autorität, die dem Mann von der Natur und vom Gesetz verliehen ist, hat das Ziel, die Frau in ihrem Betragen zu leiten.«[23] Englische Ehemänner waren sicherlich nicht grausamer als andere, aber nur sie genossen bis 1870 eine völlige, aus der absoluten Ohnmacht der verheirateten Frau hergeleitete Straffreiheit. 1840 ermächtigte ein Richter, der sich auf Bacon berief, einen Ehemann, seine Frau zu schlagen und einzusperren, solange er dies ohne Grausamkeit tat.[24] Als Antwort auf die Veröffentlichung des Artikels »Wife Torture in England« und nach mehreren Jahren Propaganda in der Zeitschrift *English Women's Review* wurde endlich 1878 per Gesetz

den Engländerinnen im Falle von Mißhandlungen die Trennung von
Tisch und Bett erlaubt. 1893 wurde auch »fortgesetzte Grausamkeit« als
Scheidungsgrund eingeführt, eine Regelung, die Gerichte recht großzügig interpretierten, ähnlich wie im Falle von *injure grave* in Frankreich
oder von *faltas* in Spanien.

Ein Ehemann muß »über den Grundtenor der Gespräche seiner Frau
und deren außerhalb und unabhängig von ihm ausgeübten Einflüsse
Bescheid wissen«. So stellte ein Briefwechsel »einen Vertragsbruch, eine
Art moralischer Untreue dar, [und der Ehemann kann] solchen Abson-
derungsbestrebungen einen Riegel vorschieben«.[25] Er war ermächtigt,
Briefe, die seine Frau schrieb oder erhielt, abzufangen; er konnte die
Post anweisen, ihm diese zurückzugeben und verbieten, daß sie an
den Adressat ausgehändigt wurden. Wenn der Ehemann sich dieser
Korrespondenz kraft seiner Autorität bemächtigt oder sie mit List unterschlagen hatte, konnte er sie bei einem Scheidungsprozeß vorlegen.
Seine Ehefrau dagegen hatte nicht das Recht, sich der Briefe ihres Mannes zu bemächtigen oder von diesen gar im Prozeß Gebrauch zu
machen.[26] Doch die französische Rechtsprechung entwickelte sich ein
wenig weiter: So wurden Briefe der Ehefrau an eine Freundin dann
nicht berücksichtigt, wenn diese um die Briefe nur gebeten hatte, um
sie dem Ehemann auszuhändigen – ein solches Vorgehen galt als
unsittlich. Das Briefgeheimnis war im übrigen auch für Anwältinnen,
Ärztinnen, Geschäftsfrauen und Beamtinnen ein Problem. Das französische Recht blieb weit entfernt von den englischen Prinzipien, die die
Individualität der Ehefrau anerkannten und ihr ab 1870 auch das Briefgeheimnis zugestanden. Viele französische Juristen waren der Ansicht,
solche Regeln unterminierten die Autorität des Ehemannes und bedrohten den Zusammenhalt der Familie.[27]

Die Ehegatten schuldeten sich gegenseitig Unterstützung und Hilfe,
doch die Unterwerfung der Frau hatte zur Folge, daß im wesentlichen
der Ehemann leistungspflichtig war. Es war seine Pflicht, seine Frau mit
dem Notwendigen (Nahrung, Wohnung, Kleidung, Arzneien) zu versorgen. Darunter fiel auch, wie bei einem Kind, das Taschengeld
(*Nadelgeld*, wie man in der Schweiz sagte). Die Frau trug mit ihrem
Einkommen zu den Haushaltskosten bei, hatte aber keinen Zugriff auf
das Vermögen. In England konnte sie bis 1857 keinerlei Privatklage
gegen ihren Mann erheben, um sich eine Art Rente zu sichern; danach
gestattete man ihr, zur Bestreitung ihres Unterhalts einen Teil des Besitzes, der ihr womöglich zugesprochen würde, wenn der Ehemann sie
verließe, zu behalten. Ab 1886 konnte ein Mann dazu verurteilt werden, eine geringfügige wöchentliche Rente an seine getrennt von ihm
lebende Ehefrau zu zahlen. Im Falle »fortgesetzter Grausamkeit« oder
wenn kein Unterhalt geleistet wurde, war die Rechtsprechung ab 1895

dazu befugt, Ehemänner zur Zahlung von Alimenten zu zwingen. Ebenso wurde es in den USA gehandhabt. In Frankreich wurde das Eheverlassen erst ab 1924 gesetzlich verfolgt.

Die Ehefrau mußte in der Wohnung leben, die der Mann ausgesucht hatte, vorausgesetzt diese entsprach dem sozialen Status des Paares. Das sollte ihr die Möglichkeit geben, »nach außen hin zumindest ihre Würde zu wahren, selbst wenn sie im Innern all ihr Glück verloren hatte«.[28] Ein Ehemann konnte Zwang anwenden, um seine Frau nach Hause zurückzuholen. Zahlreiche Gerichtsurteile befanden, eine Ehefrau sei *manu militari* zurückzubringen, d. h. in der Begleitung eines Amtsdieners, der bewaffnete Beamte zu Hilfe rufen konnte, »damit es nicht von den Launen oder gar einem Verbrechen der Ehefrau abhängt, daß eine neue Art der Trennung von Tisch und Bett entsteht, die das allgemeine Recht der Gesellschaft zersetzt«.[29] Der Richter konnte, ohne dabei die Mobilien untersuchen zu müssen, anordnen, daß man die Einkünfte der Frau, ja sogar ihre Kleider beschlagnahmte. Der Ehemann seinerseits hatte das Recht, seiner Ehefrau den »Unterhalt« zu verweigern, wenn sie die eheliche Gemeinschaft verlassen hatte. In Deutschland wurde die Zwangsvollstreckung, die bis 1900 erlaubt war, schließlich durch das Recht auf Klage, die eheliche Gemeinschaft wiederherzustellen, abgelöst. Männer verfügten über die verschiedensten Mittel, mit denen sie ihre Frauen zwingen konnten, in der vom Mann gewählten Wohnung zu leben.

Die Aufrechterhaltung der rechtmäßigen Familie

Die »eheliche Pflicht« gestattete es dem Ehemann, innerhalb der Grenzen von Natur, Sitten und Gesetzen Gewalt anzuwenden, solange es nicht um Handlungen ging, die dem »legitimen Zwecke der Ehe«[30] entgegengesetzt waren. Es konnte daher weder auf Vergewaltigung noch auf Verstoß gegen die Sittlichkeit geklagt werden oder Scham geltend gemacht werden, wenn der Ehemann seine Frau zu normalen sexuellen Beziehungen zwang, ohne sie dabei schwer zu mißhandeln.[31] Gegen Ende des Jahrhunderts bestanden die Gerichte darauf, daß der Ehemann seine Frau nicht »wie eine Dirne« behandeln und durch »widernatürliche Berührungen«[32] beschmutzen dürfe. Dementsprechend galt es als kränkend und beleidigend, wenn ein Mann gegen den Willen seiner Frau über längere Zeit Präservative benutzte.[33] Um sicherzustellen, daß die Nachkommenschaft rechtmäßig war, wurde weibliche Untreue streng geahndet. Im übrigen betrachtete das Recht jegliche außereheliche Zuneigung mit Mißtrauen. Die leidenschaftliche Freundschaft eines verheirateten Mannes zu einem anderen wurde als »geistige Gemeinschaft« angesehen, es sei denn, der Freund legte eine »krankhafte Empfindlichkeit«, eine »Art Hysterie im Gehirn« an den Tag; dies war dann eine »schwere Verfehlung«.[34] Wie man sieht, begegnete das Recht auch bei Männern jeder abweichenden Sexualität mit Argwohn. Doch die Untreue einer Frau brachte die Gefahr mit sich, daß ein Fremder in die Familie eindrang und die gerechte Verteilung des Besitzes vereitelte. Daher wurde sie weit strenger geahndet als die des Mannes. Ehebruch war ein Vergehen, bei dem nur die Ehegatten Klage erheben konnten. Das geschah vor allem, wenn der Ehebruch als Scheidungsgrund oder Grund für die Auflösung der ehelichen Gemeinschaft angegeben wurde. Eine solche Klage bietet dem Zivilgericht im französischen Prozeßrecht die einzige Gelegenheit, eine Strafe für dieses Vergehen zu verhängen. Ehebruch wurde fast überall vor Gericht als Trennungsgrund anerkannt, aber nur in manchen Ländern, vor allem im romanischen Kulturbereich, wurde er bestraft. Das moderne Zivilrecht, in Deutschland das Bürgerliche Gesetzbuch aus dem Jahre 1900, und das Eherecht in den angelsächsischen und skandinavischen Ländern tendierten eher zu einer Entkriminalisierung.

Die je nach Geschlecht unterschiedliche Behandlung vor Gericht zeigt sich in der Art der Beweisführung, in der Ungleichheit der Strafen, die die schuldige Partei nebst Komplizen zu erwarten hatten, sowie in gewissen Rechten, derer sich nur der Ehemann erfreute. So galt in Frankreich bis 1884 schon ein einmaliger Ehebruch der Frau als ein Vergehen, das mit allen zur Verfügung stehenden Mitteln, einschließlich unterschlagener Briefe, bewiesen werden durfte. Der Mann dagegen machte sich des Ehebruches nur schuldig, wenn er diesen wiederholt beging und seine Konkubine im ehelichen Domizil aushielt: Das kam dann der Schändung einer heiligen Stätte durch das Sakrileg der Bigamie gleich! Als erwiesen galt der Ehebruch nur dann, wenn der Ehemann in flagranti ertappt wurde oder wenn Briefe vorlagen, die der Ehegattin zufällig in die Hände gefallen waren. Kontrovers diskutiert wurde die Frage, ob das Aushalten einer Konkubine zeitgleich mit der Klage der rechtmäßigen Ehefrau sein mußte oder nicht. Unter ehelichem Domizil verstand man die gemeinsame Wohnung im engeren Sinn. Hielt ein Mann seine Geliebte an einem geheimen Ort aus, machte er sich nicht strafbar. Die Rechtsprechung wertete ein solches Betragen als »schwere Verfehlung«. Im gesamten romanischen Sprachraum beschäftigte sich das Gesetz mit der Verfehlung eines Mannes erst dann, wenn sie einen öffentlichen Skandal darstellte oder wenn erschwerende Umstände hinzukamen. In England konnte ein Mann des Ehebruches nur im Zusammenhang mit Bigamie, Inzest, einem »Verbrechen gegen die Natur«, einer Entführung oder einer Vergewaltigung angeklagt werden.

Artikel 337 des französischen Strafgesetzbuchs sah für den Ehebruch seitens einer Frau eine Gefängnisstrafe von drei Monaten bis zu zwei Jahren vor. Während des überwiegenden Teils des 19. Jahrhunderts wurde die Höchststrafe durchaus häufig verhängt.[35] Die Strafe lag um 1880 noch im Durchschnitt zwischen 14 Tagen und vier Monaten, um 1890 bei 14 Tagen und um 1910 war meist nur noch eine Geldbuße fällig.[36] Bevor Artikel 463 des Strafgesetzbuchs modifiziert wurde, herrschte die Meinung vor, die Minimalstrafe von drei Monaten könne man nicht weiter reduzieren. Bei einem Vergehen, welches Gesetz, öffentliche Moral und Religion zugleich beleidigte, dürften keine mildernden Umstände geltend gemacht werden. Wie bei jeder Straftat war der Staatsanwalt befugt, Berufung einzulegen, wenn ihm das Urteil zu milde erschien.

Ein ehebrecherischer Mann riskierte lediglich eine Geldstrafe von 100 bis 2000 Francs (Art. 339); der Mitschuldige der Ehebrecherin, in flagranti ertappt oder durch seine eigenen Briefe überführt, hatte mit derselben Gefängnisstrafe wie seine Geliebte und zusätzlich mit einer Geldbuße von 100 bis 2000 Francs zu rechnen (Art. 338). Theoretisch war der Staatsanwalt nicht berechtigt, ein Verfahren zu eröffnen, wenn der betrogene Ehemann keine Klage gegen seine Frau erhob, aber dieser Punkt blieb heftig umstritten. Viele Gesetzesinterpreten waren außerdem der Meinung, daß im Falle fehlenden schriftlichen Beweismaterials die Konkubine nicht bestraft werden könne. Ausgefeilte Kalkulationen wurden auch darüber angestellt, wessen Ehre mehr Schaden erlitten hätte – die des Ehemannes der Konkubine oder die der betrogenen Ehefrau. Gewöhnlich wurde zugunsten der betrogenen Ehefrau entschieden. Demgegenüber hatte die Konkubine nicht »die Entschuldigung, verführt worden zu sein oder eine einmalige Verfehlung begangen zu haben, wie es bei einer ehebrecherischen Frau im allgemeinen der Fall ist, denn sie führt ein Leben in entschiedener Pflichtvergessenheit«.[37] Dem Ehemann wurde das »unumschränkte Privileg zu verzeihen« übertragen. Er konnte die Strafe aufheben, indem er seine Frau wieder zu sich nahm.[38] Diese Möglichkeit der Vergeltung galt jedoch nicht für den Komplizen der Frau.

All diese Ungleichheiten von Mann und Frau im Ehe- und Strafrecht werden noch übertroffen von einer besonders skandalösen Regelung: Tötete ein Ehemann seine Frau oder ihren Liebhaber, wenn er sie in flagranti in der ehelichen Wohnung ertappte, so war dies laut dem »Blutartikel« des französischen Strafgesetzbuches (Art. 324) entschuldbar. Das bedeutete, daß der Ehemann bei seiner Tat rechtlich keinerlei Risiken einging. Dem »eher unglücklichen als schuldigen« Täter sollte nur eine »leichte Strafe« auferlegt werden.[39] Diese Auffassung kam der allgemeinen Mentalität in den Mittelmeerländern entgegen. Auch

im bürgerlichen Gesetzbuch Kolumbiens war der Vater oder der Ehemann in einem solchen Fall gleichermaßen unschuldig. Rufen wir uns
nur die Affäre ins Gedächtnis, die Gabriel García Márquez in der *Chronik eines angekündigten Todes* schildert. Während die übrigen europäischen Länder ihr Strafrecht modifizierten, behielt allein Frankreich diese gesetzliche Verfügung bis 1975 bei.[40] In Belgien, Italien, Spanien,
Portugal und im Tessin konnten sich beide Ehegatten auf die Klausel
des entschuldbaren Mordes berufen. Da das Gesetz in vielen Ländern
eine spätere Heirat zwischen zwei Ehebrechern untersagte, stellten die
Erleichterungen, die man Ehemännern beim Nachweis des Ehebruchs
ihrer Frauen einräumte, eine zusätzliche Strafe für die Frauen dar. Diese Klausel wurde in Frankreich erst 1904 abgeschafft.

Rechte über das Kind

Am Vorabend des Ersten Weltkrieges propagierten libertäre Kreise in
Europa die freie Liebe. Dieses Modell stieß allerdings nur bei einer
intellektuellen und künstlerischen Elite sowie beim emanzipierten Bürgertum auf positive Resonanz. Das Gesetz ignorierte die »wilde Ehe«
völlig. Da die Treue der Ehefrauen vorausgesetzt wurde, entschied man
die Vaterschaft zumeist zugunsten des rechtmäßigen Ehemannes. Die
Klage zur Anfechtung der Vaterschaft, eine Möglichkeit für den Ehemann und seine Erben, war nur solchen Fällen vorbehalten, in denen
die Unmöglichkeit der Vaterschaft offenkundig, um nicht zu sagen
stadtbekannt war. Der Paterfamilias war somit »Eigentümer« eines jeden
Kindes, das seine Frau gebar. Bis 1964 gab es in Frankreich und einigen anderen Ländern die »Vormundschaft über die Leibesfrucht«, eine
Einrichtung, die das postume Kind eines Mannes gegen die eigene
Mutter schützen sollte.

Der Ehemann konnte aber auch auf eine Klage zur Anfechtung der
Vaterschaft verzichten und damit seine Frau und den leiblichen Vater
daran hindern, das Kind nach einer Scheidung und Wiederverheiratung
zu legitimieren. Das Vorurteil zugunsten der ehelichen Vaterschaft war
so stark, daß es als Beweis für Ehebruch, nicht aber für Vaterschaft
galt, wenn ein Mann das Kind seiner verheirateten Geliebten offiziell
anerkannte.[41] Diese paradoxe Situation war eine Folge der Rechte des
Familienoberhauptes. Die elterliche Gewalt wurde, selbst wenn unterstellt wurde, sie stehe beiden Elternteilen zu, in der Ehe rechtlich allein
vom Manne ausgeübt. Auch das war eine subtile juristische Unterscheidung. War der Vater allerdings abwesend, entmündigt *oder seiner*
Rechte verlustig gegangen, trat die Mutter an seine Stelle. Starb der
Vater, war die Mutter der gesetzliche Vormund, sofern der Verstorbe-

ne nicht anders verfügt hatte. In Frankreich und anderen Ländern konnte der Mann für seine Witwe einen Berater bestimmen; wenn sie wieder heiratete, mußte ihr erst der (männliche) Familienrat gestatten, die Vormundschaft weiterhin zu behalten; dazu war erforderlich, daß der neue Ehemann als Nebenvormund ernannt wurde. Unter französischem Recht waren die Vollmachten der Mutter gegenüber denen des Vaters eingeschränkt. Wurde ihr nach einer Scheidung das Sorgerecht übertragen, behielt der Vater das Recht, die Erziehung der Kinder zu überwachen; auch für deren Heiratserlaubnis war seine Zustimmung entscheidend. In Deutschland verlor der schuldig geschiedene Vater nicht sein Privileg, den Besitz seiner minderjährigen Kinder zu verwalten. Dramatisch war die Lage der Frauen vor 1870 in England, da die väterliche Allmacht ihnen keinerlei Rechte auf ihre Kinder einräumte und sie so den erpresserischen Methoden ihrer Ehemänner aussetzte (Thackeray, *Barry Lindon*). Der Vater besaß hier die uneingeschränkte Befugnis, seine Kinder zu sich zu nehmen und einer Person seiner Wahl anzuvertrauen. Eine erste vorsichtige Maßnahme im Jahre 1839, die es dem Richter gestattete, eine Untersuchung anzuordnen, verursachte einen Skandal.

Gemäß dem hohen Stellenwert, den man der Familie beimaß, wurde Unehelichkeit aufs schärfste verurteilt. Feministinnen forderten einen straf- und zivilrechtlichen Schutz für verführte Mädchen sowie das Recht auf Vaterschaftsermittlung. In den Vereinigten Staaten wurde dank der politischen Aktivitäten amerikanischer Frauen, die sich ihrer neu erlangten staatsbürgerlichen Rechte bedienten, die Verführung junger Mädchen streng bestraft. Im Fall eines Ehebruchs war der Mann verpflichtet, seine Geliebte, sofern sie noch ledig war, zu heiraten. In Frankreich führte dagegen eine höchst einseitige Interpretation des alten Rechts im nachrevolutionären Recht zum Verbot der Ermittlung der natürlichen Vaterschaft. Vor 1789 konnte eine verführte Frau den »Vater« angeben, doch der Richter erkannte dessen Vaterschaft nicht in vollem Umfang an, d. h. das Kind wurde nicht in die väterliche Familie aufgenommen. Bestand eine berechtigte Vermutung, wer der Vater war, mußte dieser dem Kind einen bescheidenen Unterhalt gewähren, der allerdings nur schwer einzutreiben war. Im 19. Jahrhundert gingen die Gerichte in Frankreich bei überzeugender Beweislage allmählich dazu über, der geschwängerten Frau zu gestatten, von ihrem Schwängerer auf der Rechtsgrundlage von Artikel 1382 des Code civil eine Entschädigung zu verlangen. Ende des Jahrhunderts war es in den meisten europäischen Ländern, sogar in Spanien, möglich, eine Vaterschaftsklage zu führen. In Frankreich kam es erst am 16. November 1912 zu einer nach wie vor sehr restriktiven Novellierung des alten Rechts. Demnach mußte die Schwangerschaft Folge einer Vergewaltigung, einer Entführung, eines offenkundigen Zusammenlebens, einer Täuschung oder eines klaren Autoritätsmißbrauchs sein, damit auf Entschädigung geklagt werden konnte; die Vaterschaft mußte vom Mann schriftlich und unmißverständlich anerkannt oder das Kind vom Vater unterhalten werden. Dieses Gesetz galt nicht in den Kolonien, was für die Situation von Nebenfrauen bezeichnend ist. Jede Vaterschaft wurde automatisch abgewiesen, wenn es Zweifel an der moralischen Untadeligkeit der Mutter gab.

Die Rechtsunfähigkeit verheirateter Frauen

Bis zum Vorabend des Zweiten Weltkriegs (in Frankreich bis zum Jahre 1965) bedurften Frauen im allgemeinen der Zustimmung ihres Ehemannes, um einen Beruf ausüben zu können, »weil niemand sonst den Grad ihrer Intelligenz besser einzuschätzen wüßte«.[42] Diese Erlaubnis war entweder explizit erforderlich (wie etwa in Frankreich) oder wurde stillschweigend vorausgesetzt, d. h. der Ehemann mußte Einspruch erheben, wollte er die Frau an einer Berufsausübung hindern. Um 1900 konnten Frauen sich im Falle einer Ablehnung zwar an ein Gericht oder eine Vormundschaftsinstanz wenden, aber diese waren gewöhnlich rasch mit der Berufung auf das Familieninteresse bei der Hand, um die Klage zurückzuweisen. Eine Ehefrau konnte ohne diese Einwilligung keine Prüfung ablegen, sich nicht an der Universität immatrikulieren, kein Konto eröffnen, sich keinen Paß ausstellen lassen, keinen Führerschein machen und sich in keinem Krankenhaus behandeln lassen. Diese Liste ließe sich fortsetzen. Eine Frau war auch rechtlich nicht handlungsfähig. Das französische Recht ging sogar so weit zu fordern, daß eine Frau, selbst wenn sie ihre Ehe annullieren lassen wollte, nicht von diesem »Akt der Ehrerbietung und des Gehorsams«[43] gegenüber ihrem Ehemann befreit werden dürfte. Auch konnte eine Frau ihren Mann nicht strafrechtlich verfolgen lassen. Für die Unterzeichnung eines juristischen Dokuments mußte sie um eine Sondergenehmigung ersuchen, es sei denn, sie übte mit Erlaubnis ihres Mannes ein eigenes und zugelassenes Gewerbe aus. Ab 1896 konnte ein Mann seiner Frau in Italien eine Pauschalbevollmächtigung ausstellen. In den meisten westlichen Ländern konnten Frauen nötigenfalls einen Prozeß anstrengen bzw. Klage erheben (außer in Spanien). In Portugal war die Ehefrau seit 1867 bei den meisten Rechtsgeschäften, die beide Gatten betrafen, die Partnerin des Mannes. Wenn der Mann verhindert, entmündigt oder abwesend war, übernahm die Frau im allgemeinen seine Rechtsfähigkeit.

In den westlichen Ländern hatte es historisch stets zwei Typen patrimonialer Beziehungen zwischen Ehegatten gegeben: das germanisch inspirierte Gewohnheitsrecht, das jeglichen Besitz dem Mann zuwies, und das römische Recht, das die Unabhängigkeit der Ehefrau zwar nominell einräumte, diese aber mit so vielen Einschränkungen versah, daß sie real kaum vorhanden war.[44] Die ehelichen Besitzverhältnisse gestalteten sich somit nach zwei unterschiedlichen Prinzipien: entweder vollständige bzw. teilweise Gütertrennung oder Gütergemeinschaft. Ebenso wie juristisch zwischen dem Besitz eines Rechts und der Fähigkeit, es auszuüben, unterschieden werden muß, gliederten sich auch Rechtshandlungen in *Verfügungs*geschäfte, die den Wert des Erbes verändern konnten, und *Verwaltungs*geschäfte, die den Wert des Besitzes zu wahren hatten. Sein Eigentumsrecht auszuüben, bedeutete demzufolge, fähig zu sein, über das Eigentum zu verfügen, es zu verwalten, Einkünfte aus ihm zu beziehen und es sogar zu ruinieren. In einem System teilweiser Gütergemeinschaft behielten beide Ehegatten auch nach der Eheschließung ihr Eigentum an Immobilien, an Schenkungen und Erbschaften. Zur gemeinsamen Besitzmasse gehörten Einkünfte aus Immobilienvermögen, Mobiliar, Wertpapiere und Verdienst. Unter dem System der vollständigen Gütertrennung behielten beide Ehegatten ihren Besitz als Eigentum und trugen zu den Haushaltskosten bei. Das Dotalsystem war ein System der Gütertrennung mit dem Ziel, einen Teil des Vermögens der Frau während der Ehe zu bewahren.

Im allgemeinen entschieden sich die meisten Paare für eines der beiden Systeme, was einen Ehevertrag gewöhnlich überflüssig machte. Unter dem System der Gütergemeinschaft war seit dem Code Napoléon in Frankreich der Ehemann Herr über das gemeinsame Eigentum und besaß sämtliche Vollmachten. Nur bei Schenkungen wurden diese bisweilen eingeschränkt. Er verwaltete auch das Erbe der Ehefrau, konnte allerdings nur mit deren Einwilligung darüber verfügen. In Schweden und Schottland hatte die Ehefrau eine Verwaltungsvollmacht über den gemeinsamen Besitz. In Italien, Rußland und den meisten angelsächsischen Ländern war das meistverbreitete System die Gütertrennung.

England stellt jedoch eine Ausnahme dar und verdient daher eine nähere Betrachtung. Bis 1870 verlor die Frau unter dem *common law* durch die Heirat ihre Rechtspersönlichkeit; diese ging in der des Mannes auf *(feme covert)*. Nach Blackstones Formulierung »sind Mann und Frau eins, und dieses Eine ist der Mann«. Der Mann wurde Eigentümer des persönlichen Vermögens seiner Frau, ohne je darüber Rechenschaft ablegen zu müssen. Gegenüber diesem System existierte ein zweites, das auf dem Konzept von *equity* (Billigkeit) beruhte und durch die Gerichte ins Leben gerufen wurde. Danach genoß die Frau ein angemessenes Eigentumsrecht über ihre Güter, das sie in aller Freiheit nutzen konnte. Um der Ehefrau eine Einflußnahme zu ermöglichen, wurden also nicht die Vollmachten des Mannes beschnitten, sondern es wurde der Besitzanteil erweitert, über den er nicht verfügen konnte. Die kontinentaleuropäische Auffassung, daß eine Frau Rechte besaß, die sie aber nur unter Leitung ihres Mannes ausüben konnte, war dem angelsächsischen Recht fremd. Nichtsdestoweniger führten Feministinnen eine heftige Kampagne für eine Modifizierung des Gesetzes, da das Konzept von *equity* nur wohlhabenden Frauen zugute kam. Der Matrimonial Causes Act von 1857 gestand den Frauen, die getrennt von ihrem Ehegatten lebten oder von ihm verlassen worden waren, durch eine sogenannte Protection Order das gesetzlich getrennte Eigentum an ihrem Besitz zu. Eine Französin, die getrennt von ihrem Mann lebte, erhielt dieses Recht erst im Jahre 1894.[45] Ab 1870 bzw. 1874 war die patrimoniale Unabhängigkeit englischer Eheleute vollkommen hergestellt, 1893 erhielten englische Frauen auch das Recht, ein Testament zu machen, was Frauen in den meisten Ländern bereits durften.

In den USA waren die Prinzipien des *common law* schon vor der Jahrhundertmitte, ohne den Rekurs auf *equity*, modifiziert worden. Ein weitreichendes Gesetz des Staates New York von 1840 gestand der Ehefrau die volle Rechtsfähigkeit über ihr Eigentum und die Einkünfte aus ihrer Berufstätigkeit zu. In einem System der Gütertrennung konnte sie ihre Rechte frei ausüben. Nach und nach verabschiedeten zahlreiche andere Bundesstaaten ähnliche Gesetze. Lediglich diejenigen, die ehemals unter spanischem oder französischem Einfluß gestanden hatten, behielten die Gütergemeinschaft teilweise bei. Das gilt vor allem für Louisiana, wo ebenso wie in Quebec noch das durch den Code Napoléon modifizierte Pariser Gewohnheitsrecht angewandt wurde.

Im Dotalsystem – gebräuchlich in Italien, Chile, Peru und Südfrankreich – verwaltete oft der Ehemann das Eigentum seiner Frau. Dieses System der Trennung konnte, wie etwa in Südwestfrankreich und im Tessin, durch die Vereinbarung einer Zugewinngemeinschaft etwas gelockert werden. Die Unveräußerlichkeit der Mitgift behinderte geschäftliche Transaktionen. Daher gab es Ausnahmeregelungen in Ehekontrakten bzw. gerichtliche Genehmigungen im Interesse der Erbschaftsverwaltung oder der Familie. In Frankreich allerdings verschärfte die Rechtsprechung die Situation noch, indem sie die Unveräußerlichkeit auch auf Mobiliar und Wertpapiere ausdehnte. Der Code Napoléon beschränkte die Rechtsfähigkeit, die verheiratete Frauen unter dem Dotalsystem hatten und wohlhabende Frauen im Ancien Régime vor allem in der Provence klug zu nutzen verstanden.

Das System der Gütergemeinschaft war typisch für die Schweiz und für Teile Deutschlands (Preußen, Oldenburg, Sachsen) sowie die baltischen Provinzen. Es wurde offiziell mit der Aufnahme in die Gesetzbücher von 1900 und 1907 sanktioniert. Der Ehemann verwaltete als

Oberhaupt der ehelichen Gemeinschaft den Besitz und bezog die Einkünfte daraus, ohne daß das jeweilige Eigentum der Ehegatten miteinander verschmolzen wurde. Er benötigte die Zustimmung seiner Frau, um über das von ihr eingebrachte Gut zu verfügen, und die Frau besaß über ihren Besitz die volle Geschäftsfähigkeit. Bei Meinungsverschiedenheiten konnten sich beide Ehegatten an das Treuhandschaftsgericht wenden, und seit 1900 hatte eine Ehefrau gegebenenfalls die Möglichkeit, ihren Mann wegen Rechtsmißbrauch anzuklagen.

Die geschlechtsspezifische Rollenverteilung erforderte es, daß eine Frau in der Lage war, die nötigen Dinge für das tägliche Leben der Familie kaufen. Die Ehefrau verfügte daher in Frankreich über ein *mandat* (Vollmacht) bzw. in England über eine *agency of necessity*, um den Ehemann zu vertreten und sein Vermögen und das der Ehegemeinschaft im Hinblick auf das Haushaltseinkommen angemessen zu bewirtschaften. Letzteres war eine grundlegende Einschränkung, die es den Gerichten ermöglichte, als übertrieben erachtete Ausgaben für ungültig zu erklären. Natürlich konnte der Ehemann diese Vollmacht widerrufen. Dann stellte sich allerdings das ernste Problem der Information Dritter. In Arbeiterhaushalten war es im allgemeinen die Frau, die über das Familieneinkommen verfügte und ihrem Ehemann das Taschengeld aushändigte. Aber dabei handelte es sich lediglich um eine gesellschaftliche Praxis und nicht um ein Recht, selbst wenn es hier und da sogar zu einer Abmachung zwischen Ehefrau und Unternehmer kam, den Lohn des Mannes direkt an die Frau auszubezahlen.[46] In den Mittelschichten war die Ehefrau als Verwalterin der Familienersparnisse rechtlich anerkannt. In Frankreich waren Frauen vom 9. April 1881 an berechtigt, Geld auf Sparkonten einzuzahlen, und nach und nach war es ihnen auch erlaubt, Geld abzuheben. Das Bestreben der Regierungen, dieses Geld wieder in den Konsumkreislauf fließen zu lassen, relativiert den scheinbar rein feministischen Stellenwert mancher Gesetze. Auf die Pensionskassen traf dieselbe Logik zu.

Feministinnen forderten für Frauen das Recht, über die Einkünfte aus ihrer Arbeit frei zu verfügen. Das Gesetz vom 13. Juli 1907[47] organisierte ein System von »Vorbehaltsgütern« (Gehalt, Ersparnisse sowie deren Zinsen). Diese Mittel mußten in erster Linie für die Bedürfnisse des Haushalts verwendet werden, jedoch konnte die Frau frei darüber verfügen. Allerdings behielt der Mann das Recht, sich an ein Gericht zu wenden, wenn er der Ansicht war, die Frau mißbrauche diese Möglichkeit. Diese Bestimmung liefert für Frankreich ein perfektes Beispiel für die Grenzen eines Rechts, welches der logischen Kohärenz entbehrt. Denn solange die allgemeine Geschäftsunfähigkeit von Frauen nicht aufgehoben wurde, gab es kaum Bestrebungen, das Gesetz vom 13. Juli auch in die Praxis umzusetzen.

Ähnliche Gesetze wurden Ende des 19. Jahrhunderts verabschiedet und in Ländern mit weniger restriktiven Ansichten über Frauenrechte auch effektiv angewandt. Italien nahm ein solches Gesetz im Jahre 1865, die Schweiz im Jahre 1894 an.

Frauen ohne Männer

Diese Überschrift trifft exakt das Problem. Frauen, die nie geheiratet hatten, galten als gesellschaftliche Ausnahme, auch wenn die Zahl der ledigen Frauen im 19. Jahrhundert sehr groß war. Eine Frau ohne Mann war daher für das Recht nicht von Interesse. Als Minderjährige war sie abhängig von ihrem Vater. Blieb sie unverheiratet, war sie juristisch gesehen rechtsfähig, sozial jedoch – mit Ausnahme der seltenen und glanzvollen Beispiele in intellektuellen und künstlerischen Kreisen – eine Randexistenz. In allen westlichen Gesellschaften gaben die alleinstehenden Frauen ein eher düsteres Bild ab, dem nur die ledigen Frauen in den USA, die sich in Clubs zusammenschlossen und einen gewissen Einfluß ausübten, eine etwas hellere Note verleihen. Unverheiratete Frauen sollten ebenso wie verheiratete Frauen zumindest im Prinzip Zeit ihres Lebens einem Vormund unterstehen. Eine solche Regelung gab es in Teilen Skandinaviens, in Deutschland und der Schweiz bis in das letzte Drittel des Jahrhunderts. Rechtsfreiheit erhielten Frauen erst mit der Auflösung ihrer Ehe, Scheidung, Tod des Ehegatten oder äußerst selten auch durch Ehe-Annulierung. In den römisch-katholischen Ländern gab es lange Zeit keine Scheidung, sondern lediglich die Trennung der Ehepartner. Eine Trennung ließ die Pflichten der Ehe fortbestehen. Dazu gehörte auch die Treuepflicht, die zunehmend in Widerspruch geriet zu einer Politik der Geburtenförderung. Ehescheidungen waren in Frankreich von 1816 bis 1884 ebenso wie in Spanien, Portugal, Italien, Mittel- und Südamerika nicht erlaubt. In allen übrigen Ländern sah das Recht Ehescheidungen vor.

Die französische Verfassung von 1791 hatte die Ehe dem konfessionellen Einfluß entzogen und die Frauen von der Last der christlichen Tradition befreit. Frauen wurden 1791 ebenso wie die Männer mit einundzwanzig Jahren volljährig, für sie galt nun dieselbe Erbberechtigung wie für ihre Brüder, sie konnten nun ebenfalls Verträge abschließen bzw. brechen. Auch das Scheidungsgesetz vom 20.–25. September 1792 war bemerkenswert. Beiden Ehepartnern wurde absolute Gleichheit zuerkannt, insbesondere bei der Scheidung in gegenseitigem Einverständnis. Doch diese Regelung der Ehescheidung galt bald als Bedrohung der Familie. Das Recht auf einvernehmliche Ehescheidung wurde daraufhin in Frankreich derartig eingeschränkt, daß es bis 1975 in der Praxis nahezu keine Bedeutung mehr hatte. Das revolutionäre Recht hatte zusätzlich zwei weitere Scheidungsgründe eingeräumt. Außer der Unvereinbarkeit der Charaktere waren als Gründe definiert: Demenz, Verurteilung aufgrund eines schweren Verbrechens, Mißhandlungen, schwere Verfehlungen, notorisch sittenloser Lebenswandel, mehr als zweijährige Abwesenheit und Emigration. Der hier nicht aufgezählte Ehebruch wurde meistens zum Schaden der Frau unter den Stichworten »sittenloser Lebenswandel« oder »schwere Verfehlung« subsumiert. Der Code civil, der die Scheidung in gegenseitigem Einverständnis nahezu illusorisch machte, erlaubte noch die schuldhafte Scheidung als Folge von Ehebruch, Mißhandlungen, schweren Verfehlungen oder einer Verurteilung zu einer entehrenden Strafe. Das Scheidungsrecht anderer Länder läßt sich einteilen in Gesetze, die alle plausiblen Scheidungsgründe einzeln aufzählen, und solche, die es dem jeweiligen Richter überlassen, ob die vorgebrachten Klagen die Beendigung einer Ehe ausreichend begründen.

Scheidungen wurden in den Gesellschaften des 19. Jahrhunderts sowohl juristisch als auch gesellschaftlich streng beurteilt. Sie wurden nicht nur erschwert und zu einer Gerichtssache gemacht, sondern zusätzlich zu den generell härteren Bestimmungen für die Frauen wurden beide geschiedenen Eheleute auch noch mit bestimmten Verboten konfrontiert. Häufig durften sie einander nicht ein zweites Mal heiraten oder es galt im Falle eines Ehebruches für das ehebrecherische Paar ein Heiratsverbot. Frauen mußten zudem nach Auflösung der Ehe durch Tod oder Scheidung eine gesetzliche Frist von etwa 300 Tagen bis zur Wiederverheiratung einhalten, damit die legitime Nachkommenschaft gesichert war.

In Italien gab es ein Recht auf Scheidung zwischen 1796 und 1815, in Frankreich wurde die Ehescheidung am 8. Mai 1816 aus religiösen Gründen abgeschafft und erst nach langen Kämpfen am 27. Juli 1884 wieder erlaubt (Gesetz Naquet). Die anerkannten Scheidungsgründe waren dieselben wie im Code civil von 1804. Doch im Falle von Ehebruch wurden nun beide Geschlechter gleich behandelt. Das Gesetz vom 6. Juni 1908 eröffnete die Möglichkeit, eine Trennung von Tisch und Bett nach mindestens drei Jahren Dauer in eine Scheidung umzuwandeln.

In England blieb die Scheidung bis 1857 ungesetzlich; es gab allerdings die religiös motivierte Trennung mit begrenzter Wirkung. Eine »Luxus-Scheidung« konnte außerdem in Ausnahmefällen vom Parlament durch Einzelentscheidung gewährt werden. Der Divorce Act von 1857 machte die Ehescheidung gesetzlich, und sein Einfluß war auch in Englands ehemaligen Kolonien spürbar, trotz der in den USA von Staat zu Staat unterschiedlichen Gesetzgebung.

In Frankreich waren es vor allem die Frauen, die – insbesondere während der Revolution und nach der Einführung des Armenrechts 1851 (zu dieser Zeit gab es lediglich die Trennung von Tisch und Bett) – die Möglichkeit zur Scheidung nutzten, wenn sie verlassen worden waren oder mißhandelt wurden. Dennoch blieben Scheidungen selten; auf dem Land waren sie praktisch unbekannt und ansonsten vorwiegend in den Mittelschichten verbreitet. Denn wenn die Scheidung eine Frau auch vor den Exzessen eines tyrannischen Ehemanns bewahrte, so war eine geschiedene Frau danach ganz auf sich allein gestellt, ohne einen Platz in der Gesellschaft, selbst wenn sie Unterhaltszahlungen erhielt. Dies ist das Paradoxe an einer Situation, in der die rechtlichen Folgen nicht ausreichen, um die sozialen Folgen angemessen zu kompensieren.

Auf den ersten Blick sollte man meinen, daß Witwen eine bessere Behandlung widerfuhr als Geschiedenen. Aus der Literatur kennen wir das Bild der habgierigen Witwe, die von der Bekanntheit ihres verstorbenen Mannes profitiert. Die Realität sah anders aus. Sicher konnten einige reiche, gut beratene Witwen vor allem auf dem Land ihre Position als Familienoberhaupt festigen oder die Geschäfte ihres Ehegatten weiterführen. Die meisten Witwen aber hatten nichts aufzuteilen und mußten äußerst eingeschränkt leben, gleichermaßen beschützt und eingeengt durch ihre Familien.

Eine Witwe konnte plötzlich in heftige Auseinandersetzungen mit gierigen Erben und fordernden Gläubigern geraten. Unter dem vorrevolutionären Recht wurden ihr gewisse Vergünstigungen zuerkannt. Sie erhielt das Nutzungsrecht auf den Besitz des Gatten sowie auf das gemeinsame Eigentum. Der französische Code civil regelte im Unterschied zu anderen Gesetzbüchern des 19. Jahrhunderts erst im Jahre 1891 die Rechte des überlebenden Ehegatten. Bis zu diesem Datum war der überlebende Ehepartner als letzter vor dem Staat erbberechtigt. Einige Rechte wurden den überlebenden Ehegatten auf Beamtenpensionen und Urheberrechte eingeräumt (Gesetz vom 14. Juli 1866). Die Witwe hatte drei Monate und vierzig Tage lang Anspruch auf »Unterhalt«, auf Wohnung und Kleidung. Wenn ihr Erbanspruch anerkannt wurde, handelte es sich in der Regel um ein lebenslängliches Nutzungsrecht; nur wenn keine Kinder vorhanden waren, wurde ihr gewöhnlich auch der volle Besitz zugesprochen.

Wie konnte sich eine verheiratete Frau gegen die inkompetente oder unehrliche Besitzverwaltung ihres allmächtigen Gatten schützen? Im allgemeinen konnte sie sich an die Justiz oder eine Aufsichtsbehörde wenden, um – in der Regel zu spät – zu verlangen, daß Schutzmaßnahmen, beispielsweise die Verwaltung durch einen Treuhänder oder eine Gütertrennung, eingeleitet wurden. Die Frau konnte eine Hypothek auf den Besitz des Mannes eintragen, wenn eine solche, wie etwa in Frankreich, nicht im Gesetz vorgesehen war. Doch ein solcher Schritt konnte unter Umständen die Handlungsfähigkeit ihres Mannes lähmen. Daher gab es Klauseln, die es der Frau gestatteten, zugunsten von Käufern eines Hauses, das dem Ehemann gehörte, oder zugunsten seiner Gläubiger auf die Hypothek zu verzichten (in Frankreich die Gesetze vom 23. März 1855 und vom 13. Februar 1889). Infolgedessen begannen Notare zu fordern, daß beide Ehegatten Verträge unterzeichneten, die den Besitz des Mannes betrafen. In England konnte die Frau eine Klausel festlegen lassen, die jede Rechtshandlung untersagte, die sich auf bestimmte Besitztümer bezog. Häufig konnte sie die Gütergemeinschaft auflösen lassen oder sie nur dann akzeptieren, wenn die Vermögenswerte hoch genug waren, um die Schulden zu decken.

Auch wenn die modernen Gesetze am Vorabend des Ersten Weltkriegs im allgemeinen an der Vormachtstellung des Ehemannes festhielten, scheinen sie doch auf eine größere rechtliche Zusammenarbeit zwischen den Ehepartnern abzuzielen – je nach vorherrschendem Rechtssystem mit unterschiedlichen Methoden. Angesichts der sprunghaften Entwicklung des Kreditwesens, der Mobilität von Vermögenswerten, der Schnelligkeit der Transaktionen und der immer größeren Zahl von Frauen, die berufstätig waren, konnte das Recht nicht unverändert bleiben. Doch die Veränderungen erfaßten nicht die Armen. Erwerbsarbeit wurde nur bei unverheirateten Frauen als Notwendigkeit und bei Ehefrauen als bloßes Zubrot betrachtet. Im Bereich des Privatrechts scheinen die angelsächsischen Länder das Problem am angemessensten gelöst zu haben, indem sie eine völlige Vermögenstrennung sicherten. Ob das auch für den sozialen Bereich galt, ist in einer Wettbewerbsgesellschaft, die Frauen nicht mit den nötigen Waffen ausrüstete, um unter gleichen Bedingungen kämpfen zu können, sehr zu bezweifeln. Auf der anderen Seite handelte es sich in vielen Ländern und vor allem in Frankreich zunächst lediglich um winzige Zugeständnisse. Den rechtlichen Handicaps von verheirateten Frauen steht zu Beginn des 20. Jahrhunderts noch eine lange Lebensdauer in Aussicht.

Im öffentlichen Recht springen die inneren Widersprüche ins Auge. Politische Rechte wurden den Frauen zunächst in den skandinavischen Ländern und vor allem in den ehemaligen englischen Kolonien zugestanden, die damit das englische Vorbild überholten.

Der rechtliche Status der Frau ist äußerst aufschlußreich hinsichtlich der Spannungen zwischen Staat und Gesellschaft. Auch innere Ungereimtheiten im juristischen Diskurs werden deutlich und offenbaren, daß auch das konservative Milieu von Zweifel erfaßt wurde. Der rechtliche Status der Frauen mußte Empörung auslösen zu einer Zeit, da Frauen massenhaft auf die am wenigsten qualifizierten Posten der neuen Produktionssektoren strömten, während der kleinen Zahl gebildeter Frauen allein unter dem Vorwand des Geschlechts der Zugang zu Berufen verwehrt wurde. Die meisten Frauen kämpften in ihrem Alltagsbereich, weit entfernt von rechtlichen Auseinandersetzungen. Solange der wesentliche Teil ihrer Aktivitäten darin bestand, hart für ihren Lebensunterhalt zu arbeiten, sich außerhalb der Ehe und ohne Vermögen durchzuschlagen, lebten die Frauen in ihrer Mehrheit ohne Berührung mit den Gesetzen. Für sie war das Recht kaum etwas anderes als ein Mittel des Zwanges.

Man kann das Los der Frauen jedoch nicht von dem der Männer trennen. Ihre Rechtssituation war mit der der Männer verknüpft, und das Recht, das in erster Linie soziale Beziehungen regelt, regelte zwangsläufig auch die Geschlechterbeziehungen. Stärker als die Vorstellung von *Gleichheit* hat sich im Laufe der Entwicklung das Konzept einer *Komplementarität* der Geschlechter herausgebildet. Das Beispiel Amerikas erinnert daran, daß die vielgeschmähte »Macht der Mütter« genau die Konsequenz einer Geschlechtertrennung – im Namen der spezifischen sozialen Rollen bei juristischer Gleichheit – ist, die zu einer Art sozialer Ungleichheit führt und spürbar macht, wie widernatürlich ein Recht sein muß, das sich von der sozialen und ökonomischen Realität abkoppelt.

Aus dem Französischen von Gabriele Krüger-Wirrer

Das Schweigen, Gemälde, Odilon Redon. *New York, Museum of Modern Art.*

DIE PRODUKTION IMAGINÄRER UND WIRKLICHER FRAUEN

Die Prüfungen der Mädchen
im Rathaus, Illustration aus
dem *Petit Journal* vom
28. Juli 1895.
Privatsammlung.

P roduktion im Sinne von »produzieren« wird hier in doppeltem Sinne aufgefaßt, einerseits passiv – welche Art von Frauen produziert werden – und andererseits aktiv – was sie selber produzieren. Frauen sind nämlich nicht einfache Trägerinnen der Reproduktion, sondern Subjekte ebenso wie Objekte der Produktion. Sie sind nicht nur Geschöpfe, sondern auch Schöpferinnen, und sie verändern ständig auch den Prozeß, der sie formt.

Geformt wurden die Frauen das ganze 19. Jahrhundert hindurch von den religiösen Geboten und Ritualen, von einer Erziehung, die etwas anderes sein wollte als Ausbildung, und von einem Unterricht, der nie über die engen Grenzen des unmittelbar Nützlichen, des Schicklichen, des Hauswirtschaftlichen und des Benimms hinausgehen sollte. Die Erziehung veränderte sich kaum; sie blieb an die Aufgaben und Pflichten von Gattin, Mutter, Hausfrau gebunden, und ihre Inhalte und Ziele wurden vom Chor der Pfarrer, Philosophen, Moralisten und Staatsmänner fast einstimmig und ohne Unterlaß immer erneut bekräftigt; der Unterricht war dagegen eher entwicklungsfähig, weil er sich auf ein Allgemeinniveau und auf veränderte politische Vorgaben beziehen mußte.

Im Jahrhundert der Pädagogik wuchs das Bewußtsein dafür, wie einflußreich die Erziehung und wie wichtig die Rolle der Familie und vor allem der Mutter für das Kleinkind waren; dementsprechend richteten sich nun die pädagogischen Diskurse und Handlungen verstärkt auch auf Mädchen aus. Allenthalben wurden Mädchenschulen, Pensionate, Abendschulen eingerichtet; sie standen manchmal in Konkurrenz zueinander, aber alle richteten sich exklusiv an Mädchen, so entschieden war der Wille, die Geschlechtsunterschiede herauszuarbeiten. Die Alphabetisierung der Frauen geriet nach der Französischen Revolution nicht nur in Frankreich ins Stocken; später kam sie wieder voran und holte ihren Rückstand auf. Zunächst privat und weithin konfessionell betrieben, wurde die Mädchenerziehung später zur Sache des Staates, zumindest in denjenigen Ländern (Frankreich, Belgien), in denen das Modell einer überkonfessionellen Schule entstand, das eine relative Förderung von Frauen intendierte. Der interessanteste Aspekt ist dabei der Entwurf einer neuen Moral, die um so höhere Ansprüche stellte, als sie ihre Rechtfertigung in sich selbst finden mußte. Tugendhaftigkeit ersetzte Gott.

In der Mädchenerziehung ging es um kontroverse konfessionelle, politische und, in einem Europa der Nationalitäten, auch um ethnische Ziele.

Überall, in Athen ebenso wie in Budapest, in Österreich-Ungarn ebenso wie im russischen Zarenreich – das als erstes seine Universitäten für junge Frauen öffnete –, wurden in heftig umstrittenen Reformen Inhalte umgestaltet, Anforderungen erhöht; aber immer wieder wurden solche Reformen gehemmt und gebremst von der Furcht, Frauen könnten zuviel Bildung erwerben, den Haushalt vernächlässigen und den Männern Konkurrenz machen. Institutionell und theoretisch wurden schließlich auch für Frauen die Grenzen des Wissens immer mehr verschoben, allerdings nie aufgehoben.

Da das 19. Jahrhundert wußte, wie stark Bilder wirken können, wie sehr sie zur Nachahmung und zum Normbruch reizen, fürchtete es, den Frauen, denen von Wahnsinn überschattete Köpfe und schwache Nerven zu eigen sein sollten, einen freien Zugang zur Schrift zu erlauben. Schon seit der Renaissance tobte der Kampf um das Buch in verschiedenen Ausformungen, auf die zu achten sich lohnt: Protestanten, und vor allem Protestanten in den Erweckungsbewegungen, trauten auch den Frauen Urteilskraft zu. Das erklärt den Kulturvorsprung der Frauen in Ländern reformierten Glaubens, und auch die wichtige Rolle der französischen Protestanten bei der Schaffung der überkonfessionellen Mädchenschule ist bekannt. Pastoren und Laien überboten einander mit Leseangeboten, legten erlaubte Literaturgattungen fest, sparten nicht mit Vorschlägen, trugen Sammlungen »wertvoller Bücher« und besonderer Journale zusammen, die alles in allem Horizonte weiteten.

Das führte auch zu einer differenzierteren Behandlung der verschiedenen Altersstufen: Neben ihren schon lange ernstgenommenen männlichen Konkurrenten traten nun auch kleine Mädchen, Heranwachsende, junge Mädchen, junge Frauen in den Kreis der Gesprächspartner ein. Sie sollten nun nicht nur erzogen, sondern auch gebildet werden, mit allem, was das an Positivem und an Öffnung zur Welt mit sich brachte. Da die Tätigkeit des Übersetzens als Aufgabe von Frauen galt, lernten Frauen Fremdsprachen. Sie machten sich mit anderen Kulturen vertraut und wurden zu deren Mittlerinnen. Da den Frauen Reisebeschreibungen als Lektüre eher zugestanden wurden als Romane, entwickelten sie Reiselust. Als Sekretärinnen »großer Männer« stießen sie in schöpferische Kreise vor.

Frauen wußten sich zu eigen zu machen, was ihrem Interesse oder ihrer Leselust geboten oder zugestanden wurde; und sie wurden ihrerseits zu Wissensproduzentinnen. Diese Formen von Aneignung und Rückerstattung, die kleinen Improvisationen, mit denen sich Unterdrückte der Worte und Dinge bemächtigten, verdienen genaue Betrachtung, denn sie geben Auskunft über die Geschlechtergeschichte der Kultur als Praxis. Es gilt herauszufinden, wie und womit Frauen zu Lesenden wurden und dem Bild von der Frau mit dem Buch, das aus Erbauungsbüchern, Träumen vom häuslichen Glück und erotischen Phantasien gewoben war, Substanz gaben; wie und womit Frauen zu Schreibenden wurden und sich in einem Jahrhundert, das die Korrespondenz zur bevorzugten Kommunikationsform erhoben hatte, vor allem im stillen Kämmerlein als eifrige Verfasserinnen von Briefen betätigten, und wie manche von ihnen schließlich zu Schriftstellerinnen wurden; wie und womit Frauen zu Künstlerinnen wurden. Zwar blieb die Musik als Sprache der Götter ihrer Erfindungsgabe weithin verschlossen, doch etliche Frauen führten Stift und Pinsel als professionelle Illustratorinnen, Modezeichnerinnen, als begabte Malerinnen, die ihre Werke in Ausstellungen zeigten – auch wenn es keine Meisterwerke waren; denn die Behinderungen ihres Schaffens waren groß. Sollte der Skandal einmal eintreten, daß eine Frau eine »große« Künstlerin oder Schriftstellerin war, wurde sie abwertend klassifiziert (wie Berthe Morisot als kindgemäß, George Sand als rustikal), verleumdet oder eingesperrt (wie Camille Claudel). Genialität, dieses göttliche oder biologische Mysterium, konnte und durfte nur männlich sein.

Der schöpferische Ehrgeiz konnte nicht nur Männer, sondern sehr viel krasser auch Frauen ins Unglück stürzen. Denn gründete die Genialität der Frauen nicht doch in der Harmonie und Einheitlichkeit ihres Lebens? Viele, und darunter die größten der Künstlerinnen, dachten so. Als Behinderung ihrer schöpferischen Möglichkeiten wirkte sich ganz ohne Zweifel auch aus, daß sie selbst die Unterschiedlichkeit der Geschlechterrollen und die Bilder und Vorstellungen, die diese Rollen begründeten, vollauf akzeptierten. Sie bewegten sich in der Ordnung des Symbolischen, die die Teilungen regiert, in der Ordnung der Sprache, die die Teilungen immer schon ausdrückt.

G.F.–M.P.

5

IDOLATRIE

DARSTELLUNGEN IN KUNST UND LITERATUR

Stéphane Michaud

N ie zuvor hat man so viel über Frauen gesprochen wie im 19. Jahrhundert. Das Thema taucht überall auf: in Katechismen, Gesetzbüchern, Anstandsbüchern, in Werken der Philosophie, der Medizin, in theologischen Traktaten und natürlich in der Literatur. Kaum jemals hat es so zahlreiche Gesetze, eine solche Fülle dogmatischer Abhandlungen oder derart viele Phantasien über Frauen gegeben. Die Französische Revolution feiert die Frau als »Gottheit des häuslichen Heiligtums«, und die katholische Kirche erhebt die Unbefleckte Empfängnis Mariens zum Dogma. Am 8. Dezember 1854 erklärt Pius IX. feierlich, die Mutter Gottes sei als einzige unter allen Geschöpfen von der Erbsünde frei. Im Lauf des Jahrhunderts kommt es zwischen katholischer Kirche und laizistischem Staat, diesen als antagonistisch erachteten Institutionen, in diesem Punkt zu einer bemerkenswerten Annäherung. Sie kündigt sich bereits in republikanischen Gravuren an, die die Göttin der Vernunft nach Gemälden der italienischen Renaissance als Madonna oder als Frau mit vier Brüsten, die die vier Jahreszeiten symbolisieren, darstellt. Was aber gibt die Kraft, dergestalt die Gräben zwischen den Ideologien zu überwinden und die Frau vollständig aus dem Reich der Wirklichkeit zu entrücken? Es ist wohl kaum die Macht der Natur, wie in der damaligen Epoche mit verwegener Beharrlichkeit behauptet wird. Wirksam ist vielmehr die Macht der Bilder. Die imaginierte Frau, die Frau als Idol fasziniert das Jahrhundert.

Der Kult der Bilder

Literatur und Kunst stehen im Zentrum dieser Metamorphose der Frau. Kaum eine andere Literatur hat die Macht der Bilder, deren verführerisches Potential und Eigenleben so aufmerksam reflektiert wie die Literatur des 19. Jahrhunderts. Bilder können das Verhalten des Menschen bestimmen und selbst seine Identität bedrohen. Von den Romantikern in Deutschland über Offenbach und Villiers de l'Isle-Adam in den achtziger Jahren in Frankreich bis zu Oscar Wilde in den neunziger Jahrer in England ist das 19. Jahrhundert voll von Geschichten über die gefährliche und trügerische Macht der Bilder. Ob sinnlich erfaßbar oder imaginär, Bilder sind alles andere als bedeutungslos. Sie teilen dem Menschen seine Sehnsüchte mit, aber auch seine Unfähigkeit, das Objekt seiner Begierde zu besitzen. Wehe dem, der sich diesem Gesetz zu widersetzen sucht. Peter Schlemihl muß dafür, daß er sich von seinem Schatten getrennt hat, mit ewigem Umherirren büßen; Dorian Gray zahlt mit seiner Seele dafür, daß er sich die unwandelbare Schönheit seines eigenen, auf die Leinwand gebannten Abbilds angeeignet hat. Am häufigsten dargestellt wird die ergreifende Tragödie der weiblichen Statue oder Puppe, deren illusionärer Liebreiz den Tod herausfordert. Die Oper *Hoffmanns Erzählungen* bringt diese Thematik exemplarisch auf die Bühne. Der prägende Einfluß des Bildes kann nicht verwundern in einem Jahrhundert, das die Imagination, diese höchste aller Gaben, die den begnadeten Künstler auszeichnet, mit großem Aufwand verherrlicht. Für Goethe und Novalis, Coleridge und Baudelaire ist die Phantasie die Königsgabe, die alle anderen entzündet und einschließt: Sie erhebt den Künstler in den Rang eines Demiurgen, eines Mittlers zwischen Weltenharmonie und Sinnenwelt. Im Deutschen und Englischen wird zwischen Einbildungskraft und Phantasie, *imagination* und *fancy*, unterschieden, doch auch diese Unterscheidung erlaubt nur eine unzulängliche Annäherung an das Unendliche. Freud lehrt uns in seiner *Traumdeutung* (1899), daß die Energie des Unbewußten, die im Halbdunkel der Seelen pulsiert, einen Urgrund von Bildern – Wunschbildern oder Urphantasien – mobilisiert, ohne die jeder Zugang zu dem Rätsel, das wir uns selbst sind, versperrt wäre.

Kann man aber die Leitbilder, die die Gesellschaft den Frauen anbietet, streng genommen noch als Bilder bezeichnen? Lebendige Beziehungen im Bild dauerhaft erstarren zu lassen, ist eine Degradierung. Die Tyrannei, die Unendlichkeit des Bildes auf die Knechtschaft für das Tatsächliche zurückzustutzen, ist so brutal, und die Absicht, die Frauen zu verherrlichen, um damit ihre Unterwerfung um so sicherer zu erkaufen, ist so zynisch, daß die ganze Energie der Bilder mit der

lächerlichen Gleichung, die Männer in ihrer Selbstgefälligkeit aufzustellen suchen, versiegt: Frau ist Madonna, Engel oder Teufel. Vor
allem soll sie Madonna sein. Die Vollkommenheit der Gemälde Raffa-
els, die überall in Europa bewundert werden, hat die Vorstellung der
Mutter, der Frau, die ihre erhabenste Erfüllung in der Selbstdarstellung
ihrer Mutterschaft findet, mit dem Nimbus der sinnlichen Vollkommenheit umgeben. In der Abgeschlossenheit ihres Heims als Mütter
verherrlicht, müssen die Frauen den Preis der Restauration zahlen. Die
Revolution hat den König abzusetzen und den Bürger zu erfinden vermocht; die Bürgerin hat sie nicht geschaffen. Die Lehren der Kirche
sind noch deutlicher. Seit der Gegenreformation ist der Marienkult mili-
tant geworden; er kennzeichnet den Willen zur Rückeroberung und
die Weigerung, mit dem Zeitgeist zu paktieren. Die wohlüberlegte Entscheidung, das Marien-Dogma zu verkünden, kommt einem »Medien-
Coup« gleich. Pius IX. hat bereits aufgrund der wachsenden religiösen
Gleichgültigkeit in Europa an spirituellem Einfluß verloren, und nun
tangieren die ersten Anzeichen einer Einigung Italiens – er ist zeitweise
aus seinen Papsttümern vertrieben worden – auch seine politische
Autorität. Um den Glanz seines päpstlichen Zeichens aufzupolieren,
läßt er barocken Prunk wiedererstehen: Die Erhöhung der Herrlichkeit
Marias solle ihrem Sohn und der heiligen Kirche zum Vorteil gereichen.
Die zum Symbol gemachte Frau wird zum wertvollsten Einsatz und
Instrument im Machtkampf. Die Marienfigur hat die leibhaftigen Frau-
en vertrieben. Diese Tyrannei beläßt nichts mehr da, wo es hingehört.

Ein pragmatisches, gelassenes Herangehen an die »Frauenfrage« ist
ausgeschlossen: Nach damaliger Ansicht ist bereits die Thematisierung
dieser Frage gleichbedeutend mit einer Erschütterung der Grundfesten
der Zivilisation. Diese Angst gibt Aufschluß über die Brüchigkeit des
gesamten Gebäudes. Als Olympe de Gouges, Mary Wollstonecraft und
Flora Tristan öffentlich ihre Stimmen erheben, um daran zu erinnern,
daß das Wesen des Menschen die Unterschiede zwischen den Geschlechtern transzendiert, scheitern sie an der Starrheit einer Ordnung,
die Vorrechte umklammert. »Zuerst werde ich nun die Weiber als
menschliche Geschöpfe betrachten, die ebensogut als die Männer auf
die Erde gesetzt wurden, um ihre Kräfte und Fähigkeiten zu entwickeln«[1] – diese Forderung, die Mary Wollstonecraft 1792 in ihrer *Verteidigung der Rechte der Frauen* formuliert, verhallt wirkungslos, blieb
jedoch das ganze Jahrhundert hindurch eine Provokation. Die Frau,
vom Mann als schweigsames Idol erschaffen, soll keine eigene Freiheit
erringen. Balzac spricht das unverblümt aus: »Die Frau ist eine Sklavin, die man auf einen Thron zu setzen wissen muß.«

Die Gesellschaft hat entschieden. Alle Anstrengungen werden gemacht, um jegliche emanzipatorische Bestrebungen zu ersticken. Man

stellt sich taub gegenüber den Stimmen, die während der Ereignisse von 1789, 1848 und 1870/71 laut werden, als die Frauen auf die Straßen und Barrikaden gehen. Die von ehrwürdigen Institutionen wie die der Medizin, Jurisprudenz und Religion wirksam unterstützten Manöver überdeckt der Schleier der Poesie. Alle drei Instanzen versehen das priesterliche Amt, die Schwäche des Weibes zu bewahren.

Die Literatur beeinflußt die gesellschaftliche Imagination; doch das Bewußtsein ihrer eigenen Macht trennt sie von einer Gesellschaft, die dem Leben gegenüber blind ist. So wie Baudelaire, der in seinen Tagebüchern über die verborgenen Triebkräfte seiner Kunst vermerkt: »Den Kult der Bilder preisen (meine große, meine einzige, meine ursprünglichste Leidenschaft)«[2], hat sich ein Teil der Literatur um ihrer selbst willen dem Imaginären verschrieben. »Das Höchste in der Kunst (und das Schwierigste)«, schreibt Flaubert, der führende Kopf, auf den sich eine ganze Generation realistischer und naturalistischer Schriftsteller beruft, besteht darin, »träumen zu lassen«. Für diesen Mystiker der Literatur bedeutet Erlösung, dem Wort seine schimmernde Kraft zurückzugeben, so daß es wie ein gefiederter Pfeil ins Herz des Seins treffen kann. Das Schreiben, das die *abwesende* Frau zum Thema macht – diese außerordentlich aufnahmebereite und zweifellos überladene symbolische Heimstatt, in der Männer wider Willen vor ihren Widersprüchen und ihren Träumen Zuflucht suchen –, bringt Bewegung in eine erstarrte Welt. In dieser Rolle muß das Schreiben zwangsläufig maskulin sein und das innere Exil der Frau noch verschärfen. Als Produkt der Phantasie wird die geliebte Frau zur Matrix allen Zaubers, aller Metamorphosen. Sie steckt um ihres Partners willen die Grenzen des Ich zurück, ist die Kristallisation seiner Kindheitsträume und wildesten Erwachsenenphantasien; sie aktualisiert das von Madame de Staël so tief empfundene Gesetz, daß »sich die Leidenschaften mit aller Kraft nur an das Objekt klammern, das man verloren hat«. Die Literatur des 19. Jahrhunderts liefert wohl gerade deshalb, weil sie die Leidenschaften als Träume erkannt hat, den Schlüssel zu den ältesten Träumen. Die Frau entfacht im Geiste eine Feuersbrunst und reißt damit eine nie heilende Wunde auf; die Frau ist es, die das Leben zum Geheimnis seines Ursprungs zurückführt.

Zum anderen – und das ist vielleicht ein zweites Merkmal des Jahrhunderts – genügt bisweilen ein flüchtiger, ja, selbst ein kalter Blick, um Probleme, die die Gesellschaft nicht zur Sprache zu bringen wagt, aufzuwerfen und in Schicksalsfragen zu verwandeln. Nicht *mehr* nur die schmerzhaft allgegenwärtige männliche Sehnsucht aufzuzeigen und zu inszenieren, sondern auch die Freiheit der Frauen und die Klippen, an denen diese Freiheit scheitert; oder zu zeigen, welch eine unglaubliche Herausforderung die Freiheit der Frauen für all diejenigen war, die an deren Existenz zweifelten; dies alles (gegen den Widerstand der Institutionen, die »eilig einen Riegel« vorzuschieben versuchen) darzustellen bedeutet, einen Raum der Klarheit, der Sympathie und sogar der Zärtlichkeit zu öffnen. Die Frauen haben dieses Mal ihren Platz an der Seite der Männer, selbst wenn sie diesen Platz Schritt für Schritt verteidigen müssen und ihre Entfaltung an der aufgezwungenen Verteidigung zerbricht.

Der Spiegel, den die Literatur vorhält (der seinerseits unmittelbar auf den Künstler verweist, der den Spiegel hält und darüber entscheidet, was als wirklich angesehen wird), spricht somit eine unerwartete oder im Verborgenen gehaltene Wahrheit aus. Mehr noch vielleicht als in vorangegangenen Perioden klärt die Literatur die Gesellschaft über sich selbst auf. Dieses ist nicht nur der stark anwachsenden lesenden Öffentlichkeit geschuldet, die ihrerseits eine Folge der gestiegenen Bildungschancen und der immer breiteren Verfügbarkeit von Druckerzeugnissen ist. Die tiefgreifendere Veränderung besteht vielmehr darin, daß sich der Schriftsteller von nun an bewußt ist, allein mit der schöpferischen Kraft der Sprache eine ganze Welt regieren zu können. Seine Freiheit fordert die Gesellschaft heraus, sie stellt deren armselige Listen bloß und lockt eine unfreiwillige Grimasse hinter deren mühsam beherrschter Maske hervor. Die Mittel, mit denen sich die Gesellschaft dieser Einmischung zu erwehren sucht, erweisen sich als unzureichend und unwirksam; sie erschöpfen sich darin, den Künstler der Unmoral zu bezichtigen, ihn in Verruf zu bringen oder ihn in einer Pose, die ihn verrät, zur Statue zu machen. Das Genie jedoch läßt sich nicht zähmen: Der Kritik wird es niemals gelingen, es auf eingefahrenen Wegen traben zu lassen. Wenn die Kunst unbezähmbar ist, stellt sich der Skandal unvermeidlich ein: Flaubert und Baudelaire zeigen das für das Frankreich des Zweiten Kaiserreichs, und nach ihnen zeigt es eine ganze Generation von Schriftstellern, die seit den achtziger Jahren überall in Europa – von Stockholm bis London über Paris bis Madrid und Wien – die Scheinheiligkeit attackiert.

Schon 1793 heftet Blake dem Jahrhundert ein Schandurteil auf die Pforte: »Bordelle (baut man) mit den Ziegeln der Religion.«[3] Er geißelt die unfreie und erniedrigte Liebe und die Verlogenheit in den Beziehungen zwischen den Geschlechtern. Es ist sicherlich angemessen, an den berühmten Ausspruch Flauberts über seine Heldin zu erinnern: »Madame Bovary, c'est moi.« Sicher, der Satz bleibt rätselhaft und das Scheitern, mit dem der Roman schließt, ist offensichtlich. Klar ist jedoch auch, daß Madame Bovary, die Ehebrecherin, die schuldig geworden ist und ihre Träume verloren hat, über den Gemeinheiten steht, mit denen sie zur Strecke gebracht wird. Der sie erschuf, scheut sich nicht vor der Verantwortung: Weit entfernt, sie dem Zorn der Selbstgerechten auszuliefern, identifiziert er sich mit ihrem Los.

Erst seit kurzem hat die Literaturkritik damit begonnen, die haarsträubende Unaufrichtigkeit der damaligen Literatur aufzudecken, die am Ende des Jahrhunderts wahrscheinlich noch ausgeprägter ist als an dessen Anfang. Mit den Worten eines der schärfsten Beobachter jener Epoche sind die Beispiele Legion, »daß Frauen, die die Opfer sind, die Schuldigen zu sein scheinen, und nicht zu Worte kommen, um sich verständlich zu machen«.[4] Die Literatur stellt sich hinter ein System von Trug und Täuschungen und legt Fallstricke, die um so gefährlicher sind, je geschickter sie konstruiert werden. Wer vermag zu sagen, wieviel Schaden das Frauenbild – Engel oder Madonna – angerichtet hat, das das Jahrhundert beherrschte? Aber sind trotz der tiefgreifenden Veränderungen in unseren Sitten und Gebräuchen die Heldinnen des 19. Jahrhunderts nicht immer noch fähig, unsere Aufmerksamkeit auf sich zu ziehen? Wenn sie auf der Leinwand so häufig zu neuem Leben erweckt werden, geschieht das dann nicht gerade wegen ihres Wunsches nach Glück, wegen ihrer inneren Widersprüche und wegen ihres Schicksals, gegen das sie sich aufbäumen? Da Freiheit unteilbar ist, sind uns ihre Sehnsüchte nur allzu vertraut.

Die Zauberwelten der Oper wenden oft die trügerischen und niederträchtigen Kompromisse der bürgerlichen Moral ins Lyrische. Das wohl berühmteste Beispiel ist Verdis *La Traviata*, in der die Geschichte einer Wandlung von der rührenden Prostituierten zur Heiligen nach der literarischen Vorlage Alexandre Dumas' *(Die Kameliendame)* geschildert wird. Das für das Theater jener Zeit beherrschende Handlungsschema der Erlösung durch Liebe übt abermals seinen Zauber aus. Nur daß diesmal der Schuft nicht durch die Fürsprache einer reinen Frau gerettet wird, sondern durch die höchst unwahrscheinliche Unterwerfung der sündigen Dame unter die Gesetze der Familie. Die Notwendigkeit der Entsagung drängt sich Violettas Gewissen auf, nachdem sie durch die Enthüllungen des Vaters und des Geliebten aufgeklärt worden ist. Das Opfer der Kurtisane auf dem Altar von Familie und Patrimonium, die von ihrer Vergangenheit bedroht wurden, besiegelte ihre Erlösung. »Sie ist im Himmel«, erklingt es sieghaft im Schlußchor.

Es ist kaum möglich, zuverlässiger, als es hier geschieht, die Erwartungen eines Publikums zu erfüllen, das für Vergnügungen und Ordnung schwärmt, aber mythische Antworten auf eines der drängendsten sozialen Probleme des industriellen Zeitalters zurückweist, das sich gleichgültig zeigt gegenüber den Legionen von Entwurzelten, die es geschaffen hat – solange diese die gesellschaftliche Stabilität nicht bedrohen. Unschuldig Verführte (für die Margarethe in Gounods *Faust* das Modell sein könnte) oder männermordende Weiber (die *Salome* von Strauss etwa, der die von Oscar Wilde ins Theater eingeführte Gestalt getreulich übernimmt) erscheinen auf der Bühne; sie sind fügsam oder furchterregend, in jedem Falle aber die reinsten Spiegelungen von Männerphantasien. Wagner ist die beherrschende Figur des Jahrhunderts. Sein Aufstieg beruht nicht nur auf der Neuartigkeit seines Musikstils. »Wagner est une névrose« (Wagner ist eine Neurose), notierte Nietzsche in französischer Sprache. Seine Musik bewirkt ein »Theater-Lourdes«, behauptet Thomas Mann. Wagners in schwere, mythologische Faltenwürfe gehüllte, wie aus einem Block gehauene Personen, Engel oder Hexen, unterstützen das Kunstwerk seiner vergifteten Musik. Auf eine Brünnhilde – die jungfräuliche Kriegerin, die auf die Unsterblichkeit verzichtet, zur Frau wird und Siegfried in seinen irdischen Kümmernissen beisteht, auf die Gefahr hin, ihrerseits verraten und verlassen zu werden – kommen soundso viele Sentas, Elisabeths und Kundrys, blind fixiert auf einen Mann, den es zu retten oder zu verderben gilt. Isolde, die vielleicht großartigste all dieser Liebenden in einem Drama, das das Universum auf zwei verzückte Seelen reduziert, verstrickt sich so in den Gefahren narzißtischer Liebe, daß sie ihre Beute ins Nichts entführt und, berauscht von Leitmotiven, in der Exstase untergeht.

Alle diese Beispiele sprechen allein vom männlichen Begehren. Der Selbstrausch romantischer Leidenschaft und die moralisierenden Mythen vermitteln sehr viel weniger über das Leben der Frauen in der Wirklichkeit, als jene Stimmen, die in den Werken des frühen 19. Jahrhunderts mit wachsender Beharrlichkeit und thematischer Vielfalt von der Ernüchterung sprechen. Das Glück – worunter wir die Entfaltung der Persönlichkeit sowie deren Selbstverwirklichung und nicht das Trugbild aus Selbstverleugnung und Hingabe im Dienst an anderen verstehen sollten – bleibt für Frauen unerreichbar. Aber kann man sich ein persönlicheres Abenteuer vorstellen, als die Suche nach dem Glück? Sie mobilisiert die tausend Reserven des weiblichen Geistes. Selbst die Niederlage erweist sich als ein riesiges Erkundungsfeld, gleich ob man sich gegen sie aufbäumt oder sie still hinnimmt. Wenn der Sieg der etablierten Ordnung gehört und nur durch widerliche Intrigen errungen werden kann, dann sind die Niederlagen das Zeichen eines außerordentlichen Schicksals. Der Roman hat sie immer wieder in ihren verschiedenen Ausprägungen dargestellt, selbst wenn der Fin-de-siècle-Pessimismus mit düsterer Stimme beide Geschlechter Rücken an Rücken einer fundamentalen Nicht-Kommunikation ausliefert.

Zwar ist die generelle Geschlossenheit jenes Zeitalters offenkundig (es geht dabei eher um den Zeitraum zwischen den zwei Erschütterungen von 1789 und 1914, als um das streng chronologisch eingeteilte

Jahrhundert), doch bleibt es gleichwohl ein gewagtes Vorhaben, für die gesamte Periode die Bilder und literarischen Vorstellungen des Abendlandes zu beschreiben, vor allem, wenn man die Literatur nicht willkürlich von ihrem natürlichen Milieu und ihren verbündeten Künsten trennen will. Ein solches Vorhaben widerspricht den Gewohnheiten der Literaturgeschichte, die zu Recht vor so umfassenden Synthesen zurückschreckt und überdies kaum daran gewöhnt ist, mit den radikalen Fragen umzugehen, die seitens der Frauen an sie herangetragen werden. Die Epoche ist voller Widersprüche, die sie uns auf Gedeih und Verderb vererbt hat, und es gibt kaum Anhaltspunkte, um sie zu verstehen. Der Fortschrittsbegriff, eine allzu bequeme Vorstellung, die den kritischen Geist des Jahrhunderts eingeschläfert hat, hilft uns nicht weiter. Die Ängste dagegen, die die Ländergrenzen überschreiten und keine literarischen Schulen kennen, haben eine Geschichte. Sie liefern eine anpassungsfähige und dauerhafte Matrix, aus der ein Teil der Modellvorstellungen entstehen, die die gemalten Frauenbilder inspirieren. Außer den gesellschaftlichen und politischen Veränderungen erlangen auch Sittlichkeitserwägungen entscheidenden Einfluß. So erschüttert die Entdeckung sexueller Energien das Ende des Jahrhunderts, während die im Gegensatz dazu christlich genannte Geringschätzung des Körpers (obwohl sie sich dummerweise aus stoischen und gnostischen Traditionen speiste, die den Kern der sogenannten Inkarnationsreligion gefährdeten) in früheren Jahren jegliche Äußerung strikt reglementiert hat.

Wie läßt sich vermeiden, daß bei diesem Porträt die zuweilen so kontrastreichen Züge ausgelöscht werden, die das Gesicht einer jeden Generation zeichnen; und wie kann man außerdem – auch das ist nicht ohne Bedeutung – die Besonderheiten von Sprache (und Mundarten) berücksichtigen, die literarischen Gestalten erst ihre unverkennbare Präsenz verleihen; die die Heldinnen von Fontane in Brandenburg und die von Thomas Hardy im ländlichen Süden Englands verankern, und die die Nuancen aufzeigen, die Amerika von Europa – auch dem englischsprachigen – unterscheiden und bei Henry James zur Quelle der Beunruhigung für seine Personen werden? Die einzige Chance wird sein, sich so eng wie möglich am Leben zu orientieren, das gegen den systematischen Geist rebelliert, Kraftlinien ausfindig zu machen und deren Zusammenwirken zu begreifen versuchen, und sich vielleicht gar in den Bann von einer jener imaginären Frauen ziehen zu lassen.

DIE VORRANGSTELLUNG DER IMAGINÄREN FRAU

»Die Frauen sind silberne Schalen, in die wir goldene Äpfel legen. Meine Idee von den Frauen ist nicht von den Erscheinungen der Wirklichkeit abstrahiert, sondern sie ist mir angeboren, oder in mir entstanden . . .«

Goethe an Eckermann, 22. Oktober 1828

»Und so ist es das Weib, das den stärksten Schatten und das stärkste Licht in unsere Träume wirft . . . Es lebt in den Einbildungen, in denen es befruchtend umgeht.«

Baudelaire, *Die künstlichen Paradiese* (1861)[5]

Wenn Rousseau, im Jahrhundert der Aufklärung, als erster die Frauen den unzähligen Zufälligkeiten und Situationen des Lebens entreißt, um sie im Empyreum der Einbildungskraft anzusiedeln, so ist er auch der erste, der am eigenen Leib die Gefahr verspürt, die daraus erwächst, sich in den eigenen Träumen zu verlieren. Tatsächlich dem Charme der romantischen Heldin erliegend, die er in der *Neuen Heloïse* (1761) geschaffen hat, ist der Zauberer von dieser Julie hingerissen, die er nach Herzenslust mit allen Vorzügen ausgestattet hat, und träumt einen Augenblick lang, daß sie ihn in Gestalt der Madame d'Houdetot begegnet sei. Eine süße Verwirrung, die ihm noch teuer zu stehen kommen wird. In gewisser Weise wiederholt sich dieses Abenteuer bei *Emile*. Jean-Jacques verliert die Gelassenheit des Pädagogen. Überwältigt von den Reizen Sophies, dem weiblichen Gegenstück zu Emile in dieser umfangreichen Abhandlung über die Erziehung, verliert Jean-Jacques seine pädagogische Fassung. Er tut mehr, als nur die Fäden des Plots so miteinander zu verbinden, daß Sophie zur Ehe bestimmt wird; er mischt sich außerdem zu ihren Gunsten ein und preist ihre Vollkommenheit. Der Philosoph offenbart damit, welche Macht die Bilder und Vorstellungen auf ihn ausüben. Aus dieser Bedrängnis kann er sich nicht befreien. Für ihn ist die Frau im wesentlichen ein Bild: Sie magnetisiert und elektrisiert die männlichen Energien. Sie ist zugleich Ursache der Degeneration in der Gesellschaft und Mittel zu deren Gesundung.

Reich an all den Paradoxen, die die Vorstellung vom Glück heraufbeschwört, läßt der lyrische Gedankenflug von Saint-Preux den Zauber der Frau kurz aufleuchten:

»Frauen, Frauen! Teure und verhängnisvolle Objekte, die die Natur zu unserer Pein geschmückt hat, die ihr straft, wenn man euch die Stirn bietet, die ihr verfolgt, wenn man euch fürchtet, deren Haß und deren Liebe gleich schädlich sind, und die man nicht ungestraft sucht noch flieht! Schönheit, Charme, Anziehung, Sympathie! Unbegreifliches Wesen oder Chimäre, Abgrund der Schmerzen und der Wonnen! Schönheit, die schrecklicher ist für die Sterblichen, als das Element, aus dem du geboren bist, unglücklich derjenige, der sich deiner trügerischen Ruhe ausliefert! Du bist es, die die Stürme hervorruft, die das Menschengeschlecht peinigen!«

Gelingt es der Beredsamkeit der Leidenschaften, über den außergewöhnlichen Charakter des Vorhabens hinwegzutäuschen, das der
Roman beschreibt und das der Tod glücklicherweise vor dem Scheitern bewahrt? Julie stirbt, bevor sie sich ehrlich eingesteht, daß es eine
trügerische Hoffnung war, aus der Liebe ein rein geistiges Prinzip zu
machen, das der Obhut der Tugend anvertraut ist. Wenn die *Neue
Heloïse* somit im Hinblick auf das Glück und das Leben die Frage eines
geistigen Priesteramtes absolut offen läßt, das Rousseau entgegen seinem Jahrhundert der Frau zuteil werden läßt, so setzt sie doch Phantasien in Umlauf, von denen die Leser noch bis hin zu den Surrealisten fasziniert sind. Diese wirken um so heimtückischer, als Rousseaus
Denken aufgrund seines Umfangs, seines gestalterischen und musikalischen Vermögens neue Welten eröffnet. Die Krankheit der Menschheit, behauptet Rousseau, sitzt tief: Sie erfaßt das Leben selbst. Die Verantwortung dafür muß der Gesellschaft angelastet werden, da sie sich
vom Naturzustand entfernt hat. Das Heilmittel liegt daher im Bauprin-
zip der Gesellschaft selbst. Das Vorhaben der Genesung setzt, da man
nicht zum Naturzustand zurückkehren kann, als Grundlage die Existenz
gesicherter Werte voraus. Und was gibt es Wirksameres als das Heilmittel der Weiblichkeit? Mehr als nur ein Gegengift ist nach Jean Starobinski die Frau; sie – das rettende Anderssein – ist das Heilsver-
sprechen. »Sie verkörpert die höchste Chance für den Mann; sie sollte,
wie im Denken Goethes, als der Schlußstein im Gewölbe eines Gebäudes angesehen werden«, schreibt André Breton noch Mitte des 20. Jahrhunderts.

Selbst als die Romantik langsam verblaßt, lebt die Epoche noch weiterhin von der romantischen Illusion. Denn zweifellos ist das Anderssein der Frau eine reine Erfindung, eine Konstruktion des Mannes.
Rousseau, der im *Emile* eine Theorie über die Unterwerfung der Frau
unter die Natur und unter die konservativen Instinkte der Gesellschaft
entwickelt und damit ein Arsenal gefährlicher Waffen hinterläßt, das
seine Nachfolger durchaus zu nutzen bereit sind, bestätigt das. Das
Wesen der Frau zu offenbaren ist die Tat des Mannes. »Wer bist du,
Eva? Kennst du denn deine Natur?« fragt Vigny seine Gefährtin in *La
maison du berger* (1844). Aber der Frau zu offenbaren, wer sie selbst
ist, heißt immer nur sie zu erträumen, sie zu formen (vorzugsweise
gefügig und kindlich), ja sie gegen die finsteren Mächte zu schützen,
die ihr innewohnen (Schwachheit, Unreinheit, Hysterie). Baudelaire
weiß das besser als jeder andere, wenn er betont: »Das Weib ist natürlich, das heißt abscheulich.«[6] Man könne sie kaum vom Affen unterscheiden! Aber wenn sich erst Schmuck, Parfums, Kosmetika ihrer
bemächtigen, sei die Verwandlung vollkommen. Selbst ihre Torheit leiste der Idolatrie Vorschub. Die um ihr Selbst betrogene Frau nimmt die

unerträgliche Last der Existenz hinweg und gibt dem Dichter das Paradies seiner Träume zurück. Baudelaires Kurzerzählung mit dem Titel
La Fanfarlo (1847) stellt dies anschaulich dar: Noch in dem Augenblick, wo er die Geliebte in Besitz nimmt, verlangt ihr Liebhaber von
ihr, daß sie aus dem Theater das Kostüm hole, in dem sie wenige Stunden zuvor als begnadete Tänzerin aufgetreten war, und mahnt sie,
auch das Rouge nicht zu vergessen, das sie dafür aufgelegt hatte. Für
den Dandy war das Liebesobjekt ein Bild, eine Idee.

Wohlgemerkt: Die Dichtung bedient sich solcher Mittel, um die Tiefen des menschlichen Wesens auszuloten. In diesem exzentrischen,
zuweilen auch qualvollen Streben löst sich die Frau von ihrem minderwertigen Status als selbstverständliche Gefährtin des Mannes sowie
von der zweckmäßigen und falschen messianischen Figur, für die sich
der Sozialismus eine Zeitlang erwärmt. Gegebenenfalls auch grausam,
sucht sie sich jeder Vereinnahmung als ein Ewiges, Transzendentes zu
entziehen, sei es der Abgrund des Bösen oder die Unberechenbarkeit
des Lebens, per Definition fähig, sich zu geben, aber nicht zurückzuhalten. Das männliche Begehren, das unablässig den Traum von der
Frau als dessen Spiegelung zu neuem Leben erweckt, als Chimäre oder
Automat, verbrennt an der unerreichbaren Flamme, die es plagt. Die
bedeutendsten Künstler begnügen sich nicht damit, die Selbstgefälligkeit des Jahrhunderts zu geißeln. Man möchte fast behaupten, daß sich
die Literatur auf dem höchsten Punkt ihrer Bewußtheit über die Künstlichkeit, um die sie sich so verzweifelt bemüht (was wäre Baudelaire
zum Beispiel ohne das Dogma von der Erbsünde, das ihn unter den
Fluch eines schlechten Gewissens stellt?), in den Rang einer blasphemischen Huldigung an die unreduzierbare Freiheit erhebt.

Das allerdings ist ein Spiel, in dem Frauen bestenfalls als Vorwand
dienen und immer Opfer bleiben. Wie sollten lebende Frauen unter
solchen Umständen unbeschadet davonkommen? Es ist bekannt, mit
welchen Worten Baudelaire von Madame Sabatier, der er lange Zeit
mit mystischen Sonetten den Hof gemacht hatte, am Morgen nach einer
Liebesnacht Abschied nimmt: »Vor einigen Tagen warst du eine Göttin
. . . Jetzt bist du eine Frau.« Der Fall kommt plötzlich, unwiderruflich,
kaum gemildert durch die Warnung, die er noch zu Zeiten seiner Ergebenheit ihr gegenüber ausgesprochen hat: »Ich bin ein Egoist – ich
benutze Sie.«

Um den Preis solch extremer Erfahrungen jedoch erzielt die Epoche
einen revolutionären Durchbruch auf den unterschiedlichsten Gebieten
des Kunstschaffens und des Denkens. Denn wenn unter Hölderlins
Feder die Dichtung zum kritischen Bewußtsein ihrer Zeit wird, oder
nach den Worten seines Freundes Hegel zur »Lehrerin der Menschheit«,
wenn sie mit Baudelaire und Nerval ehemals unantastbare Grenzen

überschreiten, deren Intensität blendet, dann tut sie dies durch den Kult der höchsten Weiblichkeit, ohne Zweifel nur eine reine Vorstellung, die in ihrem Ursprung mit der Dichtung selbst verschmilzt. Noch zu einer Zeit, in der die alte Gesellschaft zerfällt, um einer neuen Platz zu machen, deren Selbstbewußtsein noch ungewiß ist nach dem Verlust der althergebrachten Werte, betrieb die Poesie einen verzweifelten Kult um sich selbst.

Der Roman, dessen große Meister – Balzac, Dickens, Zola, um aufs Geratewohl ein paar Namen zu nennen – das Ziel verfolgen, die gesellschaftliche Wirklichkeit abzubilden und dabei manchmal mit der kühlen Exaktheit der Wissenschaft konkurrieren möchten, gerät selbst in die Klauen der Dämonen des Jahrhunderts. Dickens stellt einen Extremfall dar. Er ist ein Beweis dafür, in welchem Maße die scharfe Beobachtung des sozialen Elends und die Darstellung der Frau getrennte Bereiche sind. Der Erfolg auf dem ersten Gebiet wird erkauft durch unglaubliche Stereotype auf dem zweiten. Wie viele andere Männer so erzittert auch Balzac vor der Ungeheuerlichkeit einer schreibenden Frau: Eine Autorin sei ein Hohn auf die Naturgesetze, sie werde durch »irgendwas Jungfräuliches, Unbezähmbares« alles in Furcht und Schrecken versetzen. Und indem er sich lebhaft von dem biblischen Vorbild distanziert, fügt er hinzu: »Eine starke Frau darf es nur als Symbol geben, in der Wirklichkeit macht sie angst.« Die Alpträume, die die Theologen und ihre weltlichen Schüler (beispielsweise Proudhon) ob der Vorstellung einer Frau quälen, die dem Mann nicht vollkommen unterworfen ist, suchen auch die Brüder Goncourt heim, obgleich diese doch in ihrer Darstellung von Frauen Neuland erobern. Tatsächlich heben sie eines der letzten literarischen Tabus auf. Sie öffnen den Roman den »Gefallenen« – den ledigen Müttern wie Germaine Lacerteux (in dem gleichnamigen Roman von 1865), die in »Dienstmädchenhysterie« verfällt und an der Schwindsucht stirbt; und den Prostituierten, die dem Verbrechen anheimgefallen sind, wie die Heldin in *Die Dirne Elisa* (1877), deren Wille durch das unmenschliche Redeverbot in den Frauengefängnissen gebrochen wird, so daß sie dem Wahnsinn verfällt und schließlich stirbt. Die Darstellungen der beiden Brüder beruhen auf eigenen Untersuchungen und Auswertungen von Dokumenten und sind noch unter dem Eindruck des erschütternden Erlebnisses einer Besichtigung des Zuchthauses von Clermont-de-L'Oise entstanden. Als Initiatoren der großen Reise in die Welt der Arbeiterinnen, der Kriminalität und der Halbwelt, ebnen die Goncourt-Brüder den Weg für den selbstzerstörerischen Epos der Gervaise in *Die Schnapsbude* von Zola (1877); und sie waren ebenfalls Vorreiter für die zahlreichen Schilderungen schwer arbeitender Frauen, die die naturalistischen Theaterstücke und Romane in ganz Europa bevölkern. Gleichzeitig aber sind sie Zeugen für die allgemeine Mißachtung, mit der Frauen belegt werden, und für deren grausame Herabsetzung zum Sexualobjekt oder zur Ware. Ihr *Journal* ist voll mit Aufzeichnungen damals gängiger antifeministischer Schmähungen. Es wimmelt von bösartigen Bemerkungen über die angebliche Unmenschlichkeit der Frau, die die Natur »zur Gebärmutter herabgestuft« habe. Die Zeiten, in denen die Frau für Baudelaire noch den Zauber der Unendlichkeit in sich birgt, sind längst vorbei.

Zola, dessen Einfluß in den 1880er Jahren so entscheidend wird, liefert das Bindeglied. Nana, das schamlose, verzehrende Biest, gehört mehr dem Mythos als der Sozialgeschichte an. Von ihren Anfängen als ausgehaltene Frau, die die Begierden einer vergnügungssüchtigen Gesellschaft befriedigt, steigt sie in den Rang eines Symbols auf. Sie veranschaulicht die Destruktivität einer von der Fortpflanzungsfunktion abgelösten Sexualität und ist eine Verkörperung des gesellschaftlichen Verfalls, der das Zweite Kaiserreich untergräbt. Selbst der eher gelassene Maupassant bringt seinen Horror vor allem Mütterlichen zum Ausdruck, während er sich gänzlich der Vorstellung einer unerreichbaren Traumfrau – dem Symbol seiner eigenen Obsessionen – hingibt. Und wie steht es mit dem Ästhetizismus des Joris-Karl Huysmans? Der Romancier hat gut lästern über den »Idealismus alter Trottel«, die »Hohlheit der zölibatsbesessenen alten Jungfer«, in denen die Literatur bis zum Naturalismus geschwelgt habe. Danach kann er selbst nicht verhindern, daß in seinen eigenen Schriften Gestalten wie die Salomé (*Gegen den Strich*, 1884) auftauchen, die eine geradezu kosmische Angst verraten.

Die anderen europäischen Länder standen Frankreich in dieser Hinsicht in nichts nach. Das Bild der Frau als Sphinx oder Chimäre verfolgt bereits Heine, bevor es gegen Ende des Jahrhunderts die Phantasie von Malern wie Gustave Moreau und Félicien Rops beeinflußt. Die unversöhnliche Jungfrau sät im Theater Hauptmanns und Hofmannsthals Furcht und Schrecken, ebenso wie die Kurtisane bei Wedekind, dem Schöpfer der furchterregenden Lulu, die Berg 1935 in die Opernwelt einführt. Die Präraffaeliten in England, Klimt in Wien, der Norweger Edvard Munch sowie Alfred Kubin in Österreich-Ungarn beschwören in ihren Bildern nicht weniger beunruhigende Visionen. Aber Frankreich bekundet vielleicht am deutlichsten und früher als andere Länder, in welchem Ausmaß sich ein gesamter Teil des künstlerischen und intellektuellen Schaffens von einer geschlechtsbestimmten Darstellung nährt, die dem Mann die Bändigung der fremden weiblichen Natur zum Ziel setzt. Michelets kraftvoller und intuitiver Geist überträgt grobe und ungehobelte Vorstellungen auf seine äußerst lyrisch angelegte Prosa. Mit seinem maskulinen Denken befruchtet er das Territorium der Geschichtsschreibung und beherrscht es auf ähn-

lich liebevoll-tyrannische Weise wie im Privatleben seine zweite Frau.
Einem Visionär gleich entschlüsselt er die Geschicke Frankreichs und
des französischen Volkes, feiert die heilsamen Energien der Hexe und
Mutter, stellt jedoch den Einfluß der Frauen als einen entscheidenden
Faktor dar, der die Revolution in die falsche Richtung gelenkt hat (*Die
Frauen der Revolution*, 1854). Paradoxerweise ist es die Wissenschaft,
ob sie sich nun Soziologie nennt wie bei Comte oder Religionsgeschichte wie bei Renan, welche die Logik des Jahrhunderts zu ihrem
Abschluß führt. Sie träumt vom Kommen einer höheren Form der
Menschheit, bei der die Parthenogenese endlich der skandalösen Notwendigkeit ein Ende setzen wird, das Überleben der Gattung einem
so unzulänglichen Geschlecht wie dem weiblichen anvertrauen zu
müssen.

Der schwarze Kontinent der Frau flößt Furcht ein, und jeder Wahnsinn ist ihrer skandalösen und nackten Präsenz vorzuziehen. Der deutsche Idealismus hat sich ebenso wie später Wagner an diesem Thema
abgearbeitet. Glücklicherweise werden Wagners dürftige dogmatische
Erklärungen, mit denen er vergebens versucht, »das ewige Weib« auf
eine dem Manne ergebene, dienende Natur festzulegen, von der Musik
überwältigt. Wagners verstiegenes Bestreben, Goethe zu überbieten,
unterstreicht nur die Originalität des Vorbilds. So maskulin Goethes
Denkweise auch gewesen sein mochte, für ihn erschöpft sich das
Wesen der Frau nicht allein im Lieben. Wie seine Zeitgenossin Rahel
Varnhagen, eine der aufgeklärten Frauen der Romantik, die in Berlin
einen Salon führte, bemerkt, ist es kein Zufall, daß unter den zahlreichen Frauengestalten, die er in *Wilhelm Meisters Lehrjahre* geschaffen
hat, diejenigen, deren Leben allein der Liebe gewidmet ist, zu Tode
kommen. Das Ewig-Weibliche, dieser höchste Wert, mit dem *Faust II*
schließt, stellt gewiß eine Krönung dar. Der Dichter überantwortet
seine Weisheit dem Geleit der Musik und des Symbolismus. »Das Ewig-
Weibliche / zieht uns hinan«, verkündet der Chor. Die Knappheit dieses Schlußsatzes faßt das Schicksalhafte bündig zusammen und registriert die Kontinuität von Zeit und Ewigkeit. Faust hat mehrere Frauen
getroffen: Gretchen, die Kleinbürgerin, die er ins Verderben stürzt, und
Helena, die Gestalt aus der Antike, die für einen Augenblick in ihrer
unwandelbaren Perfektion wieder zum Leben erweckt wird. Zusammen mit Maria, der Gottesmutter (die Gretchen in jener Schlußszene
anfleht, die den Aufstieg des unsterblichen Teils Fausts vor dem Hintergrund eines Hochgebirges zeigt, das von Engeln und mystischen
Gestalten bevölkert ist), bilden die Frauen doch nur einen Teil des
Symbols, dessen Wunder der Dichter in kühner Sprache beschreibt.
Das Symbol existiert in der Tat nur, wenn es durchdrungen ist von den
beweglichen Energien des Traums, der Schönheit und der Natur. Die-

se Energien, die Faust auf seinem Weg geleitet haben, vereinigen sich
nun in höchster Erfüllung. Gleichgültig gegenüber jeglichen Besitztümern, zurückgegeben an die Freiheit eines ungebundenen Daseins und
geöffnet für die Wohltat der Meditation gehört Faust völlig zu Recht
dem Seienden an. Goethe feiert eine Sehnsucht, die sich in das Gesetz
des Lebens fügt.

Wie kann man sich in solchen Höhen bewegen, wenn das Jahrhundert blanke Scheinheiligkeit predigt? Die offizielle Wahrheit der
siegreichen Menschheit, die auf dem Gipfel ihrer Errungenschaften die
Früchte der Zivilisation genießt, wird untergraben durch die Auflösung
des Bewußtseins und des Individuums. Dies zeigt sich an Ibsens Stück
Das Puppenheim (1879), das sofort auf allen Bühnen Europas großen
Erfolg hat. Es endet mit der Szene eines endgültigen Abschieds: Nora
wirft die Tür hinter ihrem Eheleben zu, um endlich allein zu leben. Sie
hat sich ihrem Mann aufgeopfert, ihn vor dem Tod bewahrt und ihm
zwei Kinder geschenkt. Er aber ist zu unbeständig und unfähig, in ihr
etwas anderes zu sehen als die Puppen-Frau, derer er bedarf. Deshalb
gibt es für Nora nur eine Rettung, die Flucht: Das Leben beginnt jenseits von Heim und Familie. Welche Gewißheit wird bleiben, fragt
Schnitzler zu Beginn des 20. Jahrhunderts? Seine Theaterstücke und seine Erzählungen erkunden die verborgenen Winkel der Seele und
befassen sich immer wieder mit deren Ängsten und ewiger Unschlüssigkeit. Er zieht die Realität der gelebten Wirklichkeit in Zweifel; Wirk-
lichkeitserfahrung sei letztlich bedeutungslos, da Menschen von der
Phantasie beherrscht und in törichte gesellschaftliche Mechanismen
verstrickt seien. Schnitzler veranschaulicht in seiner unnachahmlichen
Art sowohl den mächtigen Einfluß als auch das Versagen des Imaginären. Mann und Frau lösen sich in der Vorstellung auf und werden
auf den Wogen des Unbewußten fortgetragen. Ein anderer Wiener ist
ihm nah, Sigmund Freud, der sich in Schnitzlers düsterer Klarheit wiedererkannte.

VERHÄNGNISSE

»Es ist unabdingbar, daß die Existenz von sich ausgeht (. . .) und daß man, ohne
je der Mittelpunkt zu sein, doch immer die treibende Kraft beim eigenen Geschick
ist.«

Madame de Staël, *Über den Einfluß der Leidenschaften* (1796)

»Als sie merkte, wie das starre System sie einzuschließen begann (. . .), ergriff sie
ein Gefühl von Finsternis und von Erstickenmüssen.«

Henry James, *Bildnis einer Dame* (1881)

Wie kann man für die Freiheit geboren sein in einer Gesellschaft, die sie nicht toleriert? Wie kann man das Glück erlangen in einer Welt, in der der Raum für weibliches Handeln immer enger wird? Die Beschränkung der Frau auf Heim und Herd, so wollen es die viktorianischen Abhandlungen, soll die Grundlage ihrer moralischen Autorität sein. »You have deep responsibility: you have urgent claims; a nation's moral worth is in your keeping« (Ihr tragt große Verantwortung; ihr habt dringende Ansprüche; der sittliche Wert einer Nation liegt in eurer Obhut), erklärt Sarah Ellis ihren Leserinnen in *The Women of England* (1839), einem der unzähligen Traktate, mit denen das siegreiche Industriebürgertum sein Gesetz vorschreibt. Eine jede Nation verteidigt so mit der immer gleichen Fadheit ihr je eigenes Modell. Es versteht sich, daß die den Frauen zugestandene Macht abhängig ist von der Einhaltung eines Vertrags, demzufolge Frauen jeglichen persönlichen, politischen und gesellschaftlichen Anspruch aufgeben. Sobald Frauen diesen Vertrag zerreißen, verzichten die Männer auf frühere Ritterlichkeit, nun nur noch eine Don Quichotterie, ein vorgegaukeltes Blendwerk. C'est la guerre.

Die Literatur wird zum unmittelbaren Kampfplatz. Noch bis zum Ende des 18. Jahrhunderts konnte das Schreiben als Bestandteil weiblicher Freiheit gelten. Das Briefeschreiben – eine Tätigkeit, die sich für den unterbrochenen Tagesrhythmus derjenigen besonders eignet, die sich dem Haushalt und der Familie widmen – ist als literarische Form anerkannt worden und hat auch den Roman beeinflußt. Mit den ersten Jahren des 19. Jahrhunderts wird die Lage zunehmend angespannter. Die Aufrechterhaltung des Status quo bereitet Probleme. Paradoxerweise ist England vielleicht dasjenige Land, das Schriftstellerinnen am ehesten toleriert. Aber ist dieses vergleichsweise tolerante Klima nicht allein darin begründet, daß Jane Austen, die Brontë-Schwestern oder auch George Eliot nicht ausdrücklich gegen die etablierte Ordnung anschreiben? Die Ehe bleibt für sie das entscheidende Geschehen. Jane Austen hat ihren Optimismus nicht verloren, und Charlotte Brontë kann den Triumph Jane Eyres zeigen: Mittellos und verwaist, gelingt es Jane schließlich, ihren Verführer zur Heirat zu verpflichten. Somit erreicht sie wenigstens einen Teil dessen, was sie sich erhofft hat (auch wenn das Leben selbst ihr grausam die Flügel gestutzt hat).

Andernorts tobt ein erbitterter Kampf. Im Jahre 1800 äußert Madame de Staël die schmerzliche Erkenntnis, daß eine Literatin ein ebenso erbärmliches Leben führe wie die Parias in Indien. Zurückgewiesen und verflucht, muß sie dafür bezahlen, daß sie das Tabu gebrochen hat: Sie hat sich in die Männer-Domäne gewagt und Anspruch auf ihr eigenes Leben erhoben. George Sand, die wie so viele ihrer Generation von der Schreibwut, dem ersten Weg zur Emanzipation, gepackt

ist, kann sich nur mit Mühe durchsetzen. Wegen der Fülle ihres literarischen Schaffens und ihres schöpferischen Genies kam das Jahrhundert nicht umhin, sie zu dulden; jedoch erspart es ihr auch nicht die
Schmerzen der Verfolgung: War es offensichtlich zu spät, in ihrem Fall
noch Einhalt zu gebieten, kommt nun alles darauf an zu verhindern,
daß dieser Fall sich zum zweiten Mal wiederholt. Die deutschsprachigen Länder bieten kein erfreulicheres Bild: Die Metternichsche Restauration erstickt alle früheren Initiativen bereits im Keim. Rahel Varnhagen, die die Freiheit gekostet hat, zieht sich zurück. Ihre Korrespondenz bleibt nun privat. Sie zu veröffentlichen hätte vorausgesetzt, daß
sie sich maskiert, sich in die Rollen fügt, die ihr von Männern aufgezwungen werden. Nichts verdeutlicht besser die herrschende Ungleichheit, als die Geschichte zweier blutsverwandter Schriftsteller, Clemens
und Bettina Brentano. Er ist ein gefeierter Dichter. Als sie dagegen um
1835 zu veröffentlichen beginnt, ist sie schon fünfzig Jahre alt und
außerdem Witwe sowie Mutter von sieben Kindern und eine bedeutende Berliner Persönlichkeit; dennoch muß sie sich die Vorwürfe ihres
Bruders gefallen lassen, sie habe die gebotene Schamhaftigkeit verletzt,
indem sie so dreist an die Öffentlichkeit getreten sei. Gewiß hat Bettina ihre Lage noch dadurch verschlimmert, daß sie sich ausgerechnet
mit dem sozialen Elend in den Berliner Armenvierteln befaßt hat. Der
anschließende gesellschaftliche Skandal verstärkt den literarischen
Skandal, und das Buch wird verboten. »Warum war ich kein Mann!«
fragte sich bereits die unglückliche Karoline von Günderode, jene leidenschaftliche Frau, die von der Verantwortungslosigkeit ihrer Partner
in den Selbstmord getrieben wurde.

Die von Frauen geschriebenen Romane schildern daher selbstverständlich die Desillusionierung und das zerbrochene Glück. Sehen wir
uns das Werk Madame de Staëls an. Corinne, eine hochbegabte Dichterin, kann sich keine größere Erfüllung vorstellen, als den errungenen
Ruhm ihrem Geliebten Oswald zu Füßen zu legen. Aber dieser entzieht sich, Opfer eines falschen Pflichtgefühls. Corinne bleibt nichts
anderes als der Tod. »Das Los einer Frau ist besiegelt«, so das Fazit
ihres früheren Romans *Delphine*, »wenn sie nicht den geheiratet hat,
den sie liebt; die Gesellschaft hat für das Schicksal der Frauen nur eine
Hoffnung gelassen; wenn die Würfel gefallen sind und man verloren
hat, ist alles entschieden.« Diese Aussage spiegelt eine schreckliche
Wahrheit dieser Epoche. Es gibt für die Frau keine Möglichkeit der Entfaltung in einer misogynen Welt. Sie kann sich allenfalls mit anderen
Außenseitern zusammentun und sich dem Volk, dem der Sieg versprochen ist, anschließen auf der Suche nach Erlösung – ein Ausweg,
den George Sand in *Consuelo* ihren Leserinnen anbietet. Zu dieser Zeit
(1844) hellt sich der Himmel für einen kurzen Augenblick auf. Die Soli-

darität mit den Unterdrückten beginnt, konkrete Formen anzunehmen, zum Beispiel im sozialen Engagement Flora Tristans, die auf ihrer Tour durch Frankreich die Arbeiterschaft organisiert. Aber die zarten Hoffnungen werden mit der blutigen Unterdrückung der Aufstände von 1848 zerschlagen.

Nehmen wir den denkbar abgelegensten Ort der Welt, das Refugium des Aristokraten Clochegourde in einem Tal der Touraine, am Ufer des Indre, und nehmen wir eine Frau, die in ihrer Berufung als Mutter vollkommen aufgeht, beflügelt vielleicht durch eine innere Religiosität, wie sie nur den reinen Seelen eigen ist – und schon haben wir einen neuen Stoff für einen Roman über das Drama des Privatlebens. Es gibt keinen Ort auf dieser Erde ohne geheime Wunden. Ist *Die Lilie im Tal* von Balzac (1836) wirklich der Roman einer Aufopferung? Madame de Mortsauf bebt vor Leidenschaft, die Felix, der Geliebte, in ihr entfacht, obwohl sie sich, im Irrtum befangen, zwingt, ihn wie einen Sohn zu betrachten. Die schreckliche Eifersucht, von der sie gepackt wird, als ihre Rivalin Erfolg hat, verrät eine tiefe Erkenntnis: Felix' Untreue läßt sie mit ihrem unerfüllten Verlangen allein. Zugegeben, Balzac hat sich einer Selbstzensur unterworfen. Das Aufbegehren dieser Frau, das sie auf dem Sterbebett angesichts ihres nicht gelebten Lebens verspürt, war im Manuskript prägnanter herausgearbeitet. Der Romancier opferte das Herz seiner Erzählung, um seine Geliebte zufriedenzustellen, die sich zweifellos darüber beunruhigte, was die Erkundung seelischer Abgründe zutage förderte. Dennoch, selbst so wie der Text nun vorliegt, spricht er eine deutliche Sprache und wird überdies erhellt durch das Ineinandergreifen der Erzählteile, die den Roman bilden. Wenn *Die Lilie* eine Lektion in Moral darstellt, dann ist diese Lektion sicherlich nicht an die Frauen gerichtet. In Wirklichkeit erteilt eine Frau dem Erzähler, der sich herausnimmt, sein eigenes Abenteuer in eine Liebeserklärung umzuwandeln, die eigentliche Lektion: Nathalie de Manerville weist den unrühmlichen Bewerber, der gegenüber dem Verlangen der Madame de Mortsauf blind war, ab. Eine Frau zerstört zu haben, so teilt sie ihm mit, ist eine erbärmliche Empfehlung für die Verführung einer anderen.

Wo Balzac sich noch zügelte, fallen seit den sechziger Jahren des Jahrhunderts viele Hindernisse. Am Ende des Jahrhunderts wird das Schauspiel des unerbittlichen Schicksals, das die Frauen verfolgt, breit entfaltet. Der Realismus in der Malerei dient als eines der Vehikel. Aufschlußreich ist der Skandal, den Manets Bilder *Frühstück im Freien* und *Olympia* (1863 und 1865) hervorriefen. Der Maler hat gewagt, eine zeitgenössische Prostituierte, die höchst repräsentativ war für die Moral des Zweiten Kaiserreiches, als Akt darzustellen. Zunächst war es Zola in Frankreich, dann nach und nach Autoren in ganz Europa, die die Lite-

ratur für die Darstellung aller sozialen Schichten öffneten. Auch die
letzten Tabus wurden nun angegriffen. So bezichtigen die Spanier
Pérez Galdós und Clarin und etwas zurückhaltender auch Thomas Hardy in England die Kirche der Machtgier und des Unverständnisses
gegenüber den Problemen von Frauen. Die kirchliche Obrigkeit küm-
mere sich weniger um die Moral als darum, Ehepaare in religiöser
Zeremonie zu vereinen, ein ebenso kurzes wie erfolgloses Verfahren.
Eine Vielzahl neuer Sehnsüchte und Wünsche gerät ins Blickfeld. Die
Frauen können weder von den anderen Belangen einer in Bewegung
geratenen Gesellschaft abgetrennt, noch mit einem Archetypus gleichgesetzt werden. Die beiden Heldinnen Fortunata und Jacinta gehören
im gleichnamigen Roman von Galdós (1887) nicht derselben Welt an.
Sie mögen beide aus Madrid kommen und Opfer desselben Mannes
sein. Jedoch gehört die eine der Unterschicht an, deren robuste
Gesundheit, Leidenschaftlichkeit und eifersüchtigen Stolz sie verkörpert, und letzterer veranlaßt sie, sich als Ehefrau des Mannes zu
betrachten, dem sie ein Kind geboren hat. Die andere dagegen genießt
die tristen Vorteile der Bourgeoisie – Geld, Ehrbarkeit –, die ihr nichts
nützen, als ihr Mann sie verläßt und sie kinderlos zurückbleibt. Es wäre
müßig, hier die Vielfalt der Romansituationen zu beschreiben. Vom
Rußland Tolstois bis zum Portugal des Eça de Queirós (dessen Luisa
im *Vetter Basilio* von 1878 im Gedächtnis haftet: sie ist eine ehrbare
Bürgerin, die sich allmählich zur Ehebrecherin entwickelt), der Roman
bleibt durchzogen von Sehnsüchten, in denen endlich das weibliche
Geschlecht und die Gegenwart sprechen: Sehnsucht nach Glück, nach
sinnlicher und intellektueller Erfüllung, nach Selbstbestimmung, anstatt
sich einem abwesenden oder gleichgültigen Ehemann anzuvertrauen.
Auch schwingt in der Literatur das Verlangen des Fleisches mit, dem
Frauen auch gegen den sie umgebenden Idealismus eine Sprache
geben. Das ist zum Beispiel in Juan Valeras *Pepita Jimenez* (1874) der
Fall. Der Roman erzählt, wie eine junge Witwe die Liebe eines Semi-
naristen kurz vor seiner Ordination gewinnt und ihn veranlaßt, sie zu
heiraten und das Priesteramt aufzugeben. Dieser Roman führt zu einem
glücklichen Ende; viele andere jedoch enden in der Katastrophe, herbeigeführt durch die unerbittliche Trägheit der Gesellschaft. Maupassant, der sich des Urteils enthält, unterstreicht mit der Kälte seines
Schreibens die gesellschaftliche Grausamkeit. Der Schwede Strindberg
führt mit *Fräulein Julie* (1888) und anderen Theaterstücken in die endgültige Ausweglosigkeit. Liebe ist eine Illusion, der Kampf der
Geschlechter wie der Klassen hoffnungslos. Es wäre besser, nie geboren zu sein, heißt es in *Ein Traumspiel* (1901).

Der Roman ist im 19. Jahrhundert das wohl unbestritten lebendigste
literarische Genre und zudem dasjenige, das am angemessensten die

Sehnsucht der Frauen nach Glück und die Hindernisse, gegen die sie ankämpfen, beschreibt. Zwei Romanciers, der Engländer Thomas Hardy und der Amerikaner Henry James, seien kurz vorgestellt. Mit ihnen nimmt unsere Welt ihren Anfang. Welches sind die Hindernisse, an denen die stolze, rechtschaffene Tess in *Tess von d'Urbervilles* (1891) und die noble, unabhängige Sue Bridehead in *Juda der Unberühmte* (1895) zerbrechen? Beide Romangestalten glauben einem vorbestimmten Schicksal oder auch der Ordnung der Dinge erlegen zu sein, wenn sie ihr Elend mit den Worten Hiobs beschreiben. In Wirklichkeit sind sie zu empfindsam, ihrer Zeit zu weit voraus in ihrem Bestreben, nach dem inneren Gesetz zu leben und sich dem Starrsinn und den Konventionen entgegenzustellen. Sie geraten in die Fallen einer Freiheit, gegen die sich alles verschworen hat. Lediglich Batseba, die Heldin aus *Fern der rasenden Menge* (1874), überwindet den Dämon im Dämmerlicht der Freiheit und entwindet sich dem Zugriff des Schicksals. Dies gelingt ihr nur, weil sie sich der unerschütterlichen Treue Gabriel Oaks, eines Mannes, der aus demselben Holz wie sie geschnitzt ist, sicher weiß. Das Scheitern von Tess und die Entsagungen Sues, die von der Gesellschaft gezwungen werden, in die Falschheit, der sie entkommen wollten, zurückzukehren, hinterläßt einen bitteren Geschmack: Wie viele Verheißungen wurden einer brüchigen bunten Ordnung geopfert!

Henry James ist ein ebenso scharfsinniger Beobachter der oberen Gesellschaftsschichten wie Hardy es für das bäuerliche Milieu ist. Er läßt den Hang zur Unabhängigkeit, die Gabe der Intelligenz und die Schönheit für Frauen immer dann zur Bedrohung werden, wenn ihr extremes Selbstbewußtsein es nicht zuläßt, Unterstützung anzunehmen. *Die Damen aus Boston* (1888) ist eine unbarmherzige Satire auf den Feminismus in Amerikas intellektueller Metropole. Sicher ist es unvermeidlich, daß das Leben sich an den Höhen eines so abstrakten und weltfremden Kultes der Humanität rächt, wenn ihm Frauen, die sich in ihrer Haut nicht wohl fühlen, als militante Streiterinnen dienen. Aber das moralische Gefängnis, das im *Bildnis einer Dame* (1882) Isabel Archer umschließt und dessen Realität sie physisch erfährt, und ebenso der Tod, den die allzu unbekümmerte Daisy Miller im gleichnamigen Roman erleidet, signalisieren auf subtile Weise eine Gefahr: Angesichts der neuen und berauschenden Herausforderungen der Freiheit und des Glücks kann die geringste Fehleinschätzung fatal sein. Wie aber können Irrtümer vermieden werden, wenn es in der »Neuen Welt« für die Jagd nach dem Glück Regeln gibt, die mit den Gepflogenheiten der »Alten Welt« in Konflikt geraten?

Das Leben annehmen: Lou Andreas-Salomé

»Die Welt, sie wird dich schlecht begaben, glaube mir's: Sofern du willst ein Leben
haben: raube dir's!«

Lou Andreas-Salomé, *Lebensrückblick*[7]

»Nun liegt es mir eigentlich ferner, von Tugenden und Leistungen zu reden, als von
dem, worin ich mich kompetenter fühle: vom Glück.«

Lou Andreas-Salomé, »Zum Typus Weib« (1914)[8]

Es steht außer Frage, daß Henry James sich seinen Gestalten mit einer
zutiefst weiblichen Sympathie annähert. Gleichwohl ist es an der Zeit,
daß wir uns wieder den Frauen selbst zuwenden. Die Aufmerksamkeit
soll nun dem Leben einer einzelnen Frau gelten, einem Leben, welches Schritt für Schritt seiner selbst bewußt wird und, befreit von aller
den Elan fesselnden Last des Protestes, sich seiner Autonomie verge-
wissert. Ungestüm in ihrer Bereitschaft, alle Risiken des Ungebunden-
seins auf sich zu nehmen; rätselhaft selbst für ihre Freunde, die sie selten dort antreffen, wo sie sie vermuten; verliebt in ein Glück, dessen
Geheimnis sich mischt mit dem sprühenden Leben, dem sie mit Leib
und Seele verbunden ist, hat Lou Andreas-Salomé (1861–1937) wie
keine andere die Debatten des 19. Jahrhunderts hinter sich gelassen.
Wenn sie es ist, die einen Weg weist, dann weniger durch den Glanz
ihrer vor Unabhängigkeit, Kultur und Schönheit sprühenden Persönlichkeit, als durch ihre innere Richtschnur, die es ihr ermöglicht, souverän und unvoreingenommen dem nur als Geschenk erfahrenen
Leben gegenüberzutreten.

»Ich kann weder Vorbildern nachleben, noch werde ich jemals ein Vorbild darstellen können, für wen es auch sei; hingegen mein eigenes Leben nach mir selber
bilden, das werde ich ganz gewiß, mag es nun damit gehn wie es mag. Damit habe
ich ja kein Prinzip zu vertreten, sondern etwas viel Wundervolleres – etwas, das in
Einem selber steckt und ganz heiß vor lauter Leben ist und jauchzt und heraus will
. . . Glücklicher als ich jetzt bin, kann man bestimmt nicht werden . . .«[9]

Die junge Frau, die diesen Brief schreibt, ist gerade 21 Jahre alt. Sie
lebt in Rom, wohin sie sich aufgrund ihrer gefährdeten Gesundheit
zurückgezogen hat. Sie träumt von einer Art Lebens- und Arbeitsge-
meinschaft mit zwei brillanten, jedoch wesentlich älteren Intellektuellen, deren Bekanntschaft sie soeben geschlossen hat: Friedrich Nietzsche und Paul Rée. Mit unerschütterlicher Gelassenheit reagiert sie auf
die entrüsteten Einwände, von seiten ihrer Mutter, aber auch von Feministinnen, die ihr aus ihrem heimatlichen Rußland übermittelt werden
durch den Mann, der ihr erster Lehrer gewesen ist und der sie geliebt
hat mit einer Liebe, die zu erwidern Lou außerstande war: Pastor Gillot. Lou aber weicht nicht von ihrem Weg ab, weder zu diesem noch

zu einem anderen Zeitpunkt ihres Lebens. Die Kraft, die sie vorantreibt und sie unempfindlich macht für das Gerede der Leute, ist nicht die Kraft der Rebellion, denn auch die Revolte hat ihre Konformismen. Jedes Freiheitsbegehren, so wird sie später über Ibsens Heldinnen sagen, ist zum Scheitern verurteilt, wenn es über das Stadium der Negation nicht hinausgeht, wenn es ihm nicht gelingt, seine eigenen Verhaltensregeln zu entwerfen. Eine innere, gleichsam stendhalische Überzeugung gibt der jungen Frau die Sicherheit, daß ihre Entscheidungen richtig sind. Lou wird mehr als einen Partner durch dieses Verhalten zerstören, angefangen bei Nietzsche und Rée, den abgewiesenen Liebhabern, die sich verzehren nach dieser Frau, die sich ihnen verweigert und ihnen nur eine intellektuelle Partnerin und Lebensgefährtin zu sein gedachte – eine Rolle, die sie später in ihrer platonischen Verbindung mit ihrem Ehemann Andreas ausleben kann. Aber aus diesem Leben, das sie mit solcher Intensität zu erfassen versucht, dessen Fülle der Sinnenlust sie 1897 in der Liebe zum jungen Rilke entdeckt, schöpft sie auch die Kraft, dem späteren Dichter der *Duineser Elegien* beizustehen, ihn zur Reife seines Genies zu führen, selbst auf die Gefahr hin, mit einer zu exklusiven Beziehung ihre Kraft zu überdehnen.

Diese unverbrüchliche Treue veranlaßt Lou Andreas-Salomé auch, sich mit ihren gründlichen philosophischen und medizinischen Kenntnissen und ihrem Vertrautsein mit den großen Strömungen des europäischen literarischen Lebens nun dem verheißungsvollen neuen Feld der Psychoanalyse zu öffnen. Bereits vor dem Ersten Weltkrieg ist Lou für Freud eine bevorzugte Partnerin. Sie bereichert die Psychoanalyse mit ihrer kreativen, warmen und poetischen Intelligenz, die es ermöglicht, Blockierungen zu überwinden und eine höhere Synthese zu erreichen, wo Freud zu sehr der Mann der Wissenschaft blieb, der analysiert und zergliedert. Spätestens seit der Jahrhundertwende beschäftigt sich Lou Andreas-Salomé mit den Verbindungen, die sich beim Liebeserlebnis zwischen Geist und Körper einstellen, und sie sucht in den jüngsten biologischen Erkenntnissen nach einem neuen Zugang zu diesen Bereichen. Wie könnte die Psyche unberührt bleiben von den Energien, die aus den Tiefen des Körpers aufsteigen? Wie könnte sie weiterhin dem überirdischen Romantizismus anhängen, der an die Verschmelzung zweier Seelen glaubt, wenn die Trunkenheit der fleischlichen Lust möglicherweise an die Wurzeln des menschlichen Seins rührt? Zum Verdruß der Feministinnen sucht Lou Andreas-Salomé in der Biologie, aber auch in den Symbolen, die das Leben der Frauen reglementieren – vor allem in der Gestalt der Madonna, die, wie wir gesehen haben, die Vorstellungswelt beherrscht –, einen Zugang zu einem freien Verständnis der Frau. Die zynische Verschiebung von

Werten, die die Gesellschaft vorgenommen hat, als sie die Fülle des
Weiblichen auf hysterische Unterwerfung reduzierte und die Frau
zum Weibchen machte, darf nach Lou Andreas-Salomé nicht als
Vorwand dienen, um die in der Sprache aufgehobenen Werte insgesamt zu verwerfen. Angemessen interpretiert, könnten sie die Frauen
und die Gesellschaft allgemein vor dem Chaos und der Orientie-
rungslosigkeit bewahren, die mit dem Zusammenbruch der Werte
drohen.

Diese Überlegungen könnten ehrgeiziger und dringlicher kaum sein.
Sie zielen darauf, sich selbst zu versöhnen und ein noch unbekanntes
Verhältnis zum Körper, zur Sprache und zur Poesie auszuloten. Lou,
die über die Bilder von der Frau nachgedacht hat (bei Ibsen, Strindberg, aber auch bei ihren feministischen Schwestern), leistet zweifellos
einen entscheidenden Beitrag, als sie im Anschluß an Freud auf den
Narzißmusbegriff zurückkommt. Narzißmus ist in ihren Augen nicht nur
ein strukturierendes Prinzip in dem Sinn, daß er über die Liebe des
Individuums zu seinem Selbstbild auch die Selbstliebe bezeichnet. Er
verankert vielmehr im Erwachsenenalter etwas von den frühkindlichen
Wünschen aus der Zeit, in der das Kleinkind sich noch nicht von seiner Umgebung unterscheidet. Es ist diese kraftspendende Energie, die
insbesondere Künstler besser als alle anderen einzufangen wissen,
Künstler, deren Schöpfungen das gesamte Sein durchqueren und die
aus Quellen schöpfen, die den meisten von uns kaum zugänglich sind.
Mit dieser Deutung weist Lou Andreas-Salomé einen Weg, der besser
kaum gedacht werden kann, um der Ausgrenzung eines Geschlechts,
das allein auf die Inkonsistenz von Bildern verwiesen war, ein Ende
zu setzen. Sie gibt den Bildern ihre Prägekraft, die sie für die Menschheit insgesamt haben, zurück.

Lou Andreas-Salomé ist sicherlich nicht die größte Schriftstellerin des
19. Jahrhunderts. Wie ausgeprägt ihre Empfindsamkeit auch ist, wie
entscheidend auch ihr Anteil am Werk Rilkes (das undenkbar ist ohne
ihre briefliche Unterstützung) gewesen sein mag, am deutlichsten ist
ihre Spur auf dem Gebiet der Philosophie und der Psychoanalyse. Eine
allzu trennende Beurteilung würde jedoch weder ihrer außerordentlichen Großzügigkeit gerecht noch ihrer stilistischen und dichterischen
Begabung, die sie so klar im *Lebensrückblick* unter Beweis stellt, den
sie am Ende ihres Lebens in den Jahren 1933–34 abfaßt. Diese Frau,
die ihr Leben mehr als jede andere selbst bestimmt hat, legt jegliche
Eitelkeit, die sie besessen haben mag, ab, um von den ungewöhnlichen Begegnungen zu erzählen, die sie geprägt haben, und darüber,
wie sich ihr Leben in Dichtung verwandelt hat, nicht etwa, weil sie es
von eigener Hand gemeistert hat, sondern durch das Wirken einer
Energie, die über uns hinausreicht und uns durchdringt.

Künstlerinnen haben keine leichte Aufgabe. Oft müssen sie zusehen, wie ihre Arbeit geopfert wird: Etwa Alice James, deren *Journal* lediglich auf Gleichgültigkeit, wenn nicht Feindseligkeit bei ihrem Bruder Henry stößt, der zum großen Teil für dessen verspätete Veröffentlichung im Jahre 1934 verantwortlich ist – vierzig Jahre nach dem Tod der Autorin; ebenso Camille Claudel, Bildhauerin, deren Karriere durch die Feigheit ihres Liebhabers Rodin und ihres Bruders, des Schriftstellers Paul Claudel zerstört wird. Unter diesen Bedingungen gelingt es Frauen kaum, Einfluß zu nehmen auf das Bild, welches Kunst und Literatur von ihnen entwerfen. In unserer Abhandlung kamen notwendigerweise abwechselnd männliche und weibliche Stimmen zu Wort, Stimmen, die sich klar und unverwechselbar unterscheiden. Aller Widrigkeit zum Trotz aber gibt es einige wenige Neuerungen. Neu ist zum Beispiel die literarische Figur des kleinen Mädchens, die unterschieden wird vom universellen männlichen Modell des Kindes. Diese Gestalt taucht in den 1860er Jahren auf. Sie trägt zweifellos Züge eines Opfers, wie zum Beispiel Cosette oder die Waise, die in Victor Hugos *Die Elenden* im Haus der Thénardiers ausgebeutet wird. Aber vor allem erringt sie mit Sophie, der kleinen Schelmin, die die Gräfin de Ségur in *Les malheurs de Sophie* (1864) entwirft, und noch mehr mit der charmanten und ungewöhnlich unabhängigen, gewitzten Alice in Lewis Carrolls *Alice im Wunderland* (1865) ein besonders eigenständiges Profil: als logisch denkender und wißbegieriger Widerspruchsgeist.[10] Hat Lou Andreas-Salomé, zur selben Zeit geboren wie Alice, von der Bresche profitiert, die Carrolls Figur geschlagen hat? Als Frau von Fleisch und Blut, von Geist und Feder gibt sie dem bisherigen Bild einen Hauch von Frische.

Aus dem Französischen von Anne Hamilton und Karin Hausen

6
LESEN UND SCHREIBEN IN DEUTSCHLAND

Marie-Claire Hoock-Demarle

Wie der weibliche Teil der Bevölkerung in Deutschland, Frankreich oder in anderen Ländern alphabetisiert worden ist, war lange Zeit schwer zu ermitteln, und noch heute läßt sich der Prozeß aus unterschiedlichsten Gründen nur unscharf charakterisieren. Schon wenn man in Volkszählungstabellen oder Gesetzestexten vom Ende des 18. Jahrhunderts nachschlägt, enthalten diese zwar Angaben über Bevölkerungszahlen im Kindes- und Jugendalter, über bestimmte Alterskohorten oder Vermögensklassen, jedoch keine über geschlechtsspezifische Unterschiede. Manche avantgardistischen Schriften gehen zwar darauf ein, aber nur mit der Klage, wie kraß die Ungleichheit sei.

Auch über »schreibende Frauen« etwas herauszufinden ist nicht einfach. Hier ist es weniger das Thema an sich, das sich gegen die Forschung sperrt, als der besondere Diskurs des 19. Jahrhunderts, der das Phänomen verschleiert und der Analyse entzieht, indem er es als beschämende und unschickliche Sache vorstellt. Hat eine Frau – sozusagen in schreibender Notwehr – ihre dichterische Begabung entdeckt, versucht sie sich für die Sünde des Schreibens zu entschuldigen, als wäre es ein Seitensprung: »Mein Mann ahnt nicht, daß ich Verse schmiede, und ich habe ihm nie etwas von meinen poetischen Versuchen erzählt«, gesteht Louise Ackermann 1885.[1]

Dennoch legen die Frauen binnen eines Jahrhunderts, etwa zwischen 1780 und 1880, als die wichtigsten Länder Europas die Mädchenerziehung an Volks- und Oberschulen bereits eingeführt haben oder im Begriff sind, sie einzuführen,[2] einen ungeheuren Weg zurück. Das läßt sich anhand ihrer autobiographischen und sozialpolitischen Schriften ermessen. Lesen und Schreiben zu lernen ist der rasch getane erste Schritt; doch dann folgen die Schwierigkeiten mit der Qual der Wahl der Lektüre und dem Nachdenken über das Gelesene. Eine schriftstellerische Betätigung riskieren nur wenige Frauen. Aber Lesen und Schreiben eröffnen den Frauen Mittel und Wege, sich in die moderne Welt zu integrieren. Schon das Lesen erfordert eine soziale Organisation, und das eigene Schreiben verlangt nach einem privilegierten Zugang zur Öffentlichkeit. Beides zusammen bringt einen neuen Bezug zur Gesellschaft hervor, der die Frauen verstärkt über sich selbst, ihre eigenen Ausdrucksmittel, über selbständige Formen der Darstellung und eine unabhängige Wahrnehmung von Zeit und Raum nachdenken läßt.

Hier soll von der Zeit zwischen 1789 und 1848 die Rede sein, der Epoche zwischen zwei Revolutionen, die auch die Frauen mitrissen. Beide Ereignisse strahlen auf ganz Europa aus. Die Zeitspanne umfaßt das Leben mehrerer Frauengenerationen, und die Epoche ist ereignisreich genug, um für die Frauen den gewaltigen, manchmal gewaltsamen Wandel von Verhalten und Mentalitäten nachzeichnen zu können. Diese hochbedeutsame Etappe in der Geschichte der Frauen soll am Beispiel von Deutschland vorgestellt werden. Zweifellos vollzieht sich eine ähnliche Entwicklung auch anderswo und unter bisweilen ganz anderen Vorzeichen. Doch im besonderen Fall Deutschland entfalten soziale, politische und vor allem religiöse Strömungen eine ganz einzigartige Wirkung. Im übrigen wirft die Debatte um Kriterien der Alphabetisierung im Vergleich zu gewissen französischen Forschungen nicht nur wegen der unterschiedlichen Quellenlage für Deutschland von vornherein eine Reihe von Fragen auf, die weit über einen simplen Methodenstreit hinausgehen.[3]

Deutschland ist gerade wegen seiner Besonderheiten von großem Interesse. Mit seinen geographischen Unterschieden, grundverschiedenen politischen Systemen und Konfessionskonflikten bildet es das Europa der damaligen Zeit gleichsam im Kleinen ab. Hier finden sich in konzentrierter Form die Faktoren, die mit wechselndem Erfolg die Entwicklung der Frauen in puncto Schulbesuch, Lesen und Schreiben in ganz Europa bestimmt haben. Außerdem gibt es in etlichen deutschen Staaten schon recht früh eine gesetzliche allgemeine Schulpflicht. Das macht es möglich zu untersuchen, welche Rolle staatlicher Gestaltungswille bei der Alphabetisierung gespielt hat.

Will man den Weg untersuchen, den die Frauen im 19. Jahrhundert von den Grundkenntnissen des Lesens bis zur literarischen Selbstdarstellung und selbständigen Themengestaltung zurückgelegt haben, dann erheben sich zwei Fragen:

– Wie konnten Frauen über diese Faktoren der Akkulturation, über die Lesekultur und die Sprache der Literatur, Zugang zur sogenannten Moderne finden?

– Welche Hindernisse mußten sie auf diesem Weg überwinden und welche Strategien entwickelten sie, um sie zu umgehen oder sich gar zunehmend frontal mit ihnen auseinanderzusetzen?

Lernsituationen.
Von der Mädchenerziehung zur Frau als Erzieherin

Alphabetisierung ist in erster Linie der Erwerb von Grundwissen: fließend lesen, schreiben und in geringerem Maß rechnen lernen. Diese Definition, bescheiden und unpräzise zugleich, fordert Kritik heraus. Was soll das Kriterium der Alphabetisierung sein: Ob eine Person ihren Namen schreiben oder ob sie einen Text ohne Stocken vorlesen kann? Beide Male mag es willkürlich scheinen, hieraus auf den Umfang der Alphabetisierung einer Gruppe der Gesellschaft zu schließen, ob es sich nun um Rekruten, Dienstboten oder Frauen handelt; in den Kirchenregistern haben nämlich die Frauen nicht immer mitunterschrieben, und fließendes Lesen kann auch dadurch zustandekommen, daß ein Text, meist aus der Bibel, unzählige Male laut vorgetragen und Wort für Wort auswendig gelernt worden ist.

Dennoch werden Frauen Ende des 18. Jahrhunderts zunehmend in die Alphabetisierung einbezogen. In Frankreich steigt ihre Alphabetisierungsquote von 14 auf 17 Prozent, was die Formulierung berechtigt scheinen läßt, daß »die Teilhabe von Mann und Frau an der Schriftkultur zum Gleichtakt findet«.[4] In Deutschland, wo Statistiken erst später erhoben werden und zur Suche nach anderen Kriterien zwingen, vermelden bestimmte norddeutsche Landstriche bereits 1750 bei Mädchen einen Schulbesuch von 87,5 Prozent.

Es liegt also ein echtes Gesellschaftsphänomen vor, eine Kulturrevolution aus einer Vielzahl von Gründen und mit anhaltenden und zugleich gesamteuropäischen Folgen.

In Deutschland und besonders Norddeutschland geht diese Revolution des Lernens auf Faktoren zurück, die völlig verschieden sein mögen, aber durch eine Art Grundkonsens aus der Aufklärung miteinander verbunden sind.[5] Als erstes ist da der Faktor Staat, der erklärte Wille bestimmter Landesregierungen und besonders derjenige Preußens, die allgemeine Schulpflicht für alle Kinder zwischen sechs und vierzehn Jahren gesetzlich vorzuschreiben. In Preußen wird sie schon 1717 dekretiert, in Bayern allerdings erst 1802 eingeführt. Das verweist bereits auf das zweite wichtige Moment bei der Durchsetzung einer allgemeinen Schulbildung für die Gesamtbevölkerung: die Konfession. Unter den deutschen Staaten, in denen der Landesherr zugleich Kirchenoberhaupt ist und so direkt in das geistlich dominierte Bildungswesen eingreifen kann, erlangen die protestantischen Länder einen klaren Vorsprung vor dem katholischen Süddeutschland, wo Bildung eher Knaben vorbehalten bleibt und Mädchen bei den Nonnen über Jahre hinweg meist nur Beten und sogenannte »Weiberarbeiten« lernen.

Die allgemeine Schulpflicht ist nicht immer nur hohle Phrase. Durch Pastoren überwacht die Staatsmacht, ob das Gesetz eingehalten wird. Im Herzogtum Oldenburg etwa, damals zur dänischen Krone gehörig, wurden Aufzeichnungen von Dorfpfarrern über »Hausvisitationen« gefunden, die sie auf Geheiß der Behörde mindestens zweimal jährlich durchführen mußten. Dort sind neben Bücherlisten für die jeweiligen Haushalte auch die schulischen Fleißnoten der Kinder beiderlei Geschlechts erhalten geblieben. 1750 sind nur noch 1,5 Prozent der Frauen Analphabetinnen, 98,5 Prozent können Lesen, 43,8 Prozent Lesen und Schreiben und 6,6 Prozent verblüffenderweise obendrein Rechnen. Das trifft nicht nur auf Mädchen aus besseren Familien zu, auf die Töchter kleinstädtischer Beamter oder reicher Bauern, sondern auch von den Dienstmädchen können 64 Prozent Lesen und immerhin 2 Prozent Rechnen. Diese fortgeschrittene Alphabetisierung der Mädchen seit Mitte des 18. Jahrhunderts ist um so bemerkenswerter, als der Schulbesuch auf dem Land bei Mädchen häufig kürzer ausfällt als bei Knaben: generell werden sie ein Jahr später eingeschult, ungefähr mit sieben Jahren (weil sie daheim mithelfen müssen); sie verlassen mit etwa elf Jahren die Schule, um als Magd in Stellung zu gehen. Während das Lesen bereits im ersten Schuljahr gelernt wird, machen die Kinder erst als Achtjährige Bekanntschaft mit dem Schreiben. Das Rechnen indes kommt nicht nur äußerst spät an die Reihe, im zwölften oder dreizehnten Lebensjahr, sondern kostet obendrein Schulgeld. Daß es jedenfalls als sinnvoll erachtet wurde, 7 Prozent der Mädchen dieses Landstrichs die Grundkenntnisse des Rechnens beizubringen, ist der Hervorhebung wert. Denn auch wenn sich dieser Befund nicht verallgemeinern läßt, macht er doch deutlich, daß Frauen später imstande sein werden, das Haushaltsgeld in eigener Regie zu verwalten.

Die obige Untersuchung Wilhelm Nordens bezieht sich auf ländliche Regionen, die von Kriegsnöten des 18. Jahrhunderts weitgehend verschont geblieben sind. Wieviele Mädchen in den Städten die Schule besuchten, ist ab Ende des 18. und vor allem nach Beginn des 19. Jahrhunderts nur noch sehr schwer festzustellen.

Soziale Mobilität, Verdrängung der Armen an den Stadtrand, kaum dokumentierte Arbeiterghettos, Aufgehen der einzelnen in einer immer gedrängteren städtischen Masse, das alles macht es schwierig, das Ausmaß von Alphabetisierung und Schulbesuch im Laufe des 19. Jahrhunderts statistisch zu ermitteln.

Die Alphabetisierung, zunächst unter dem gemeinsamen Einfluß eines gefestigten Protestantismus und der pädagogisch aufgeschlossenen Aufklärung eine der großen Errungenschaften des 18. Jahrhunderts, verliert im Laufe der ersten Hälfte des 19. an Schwung. Von Rückläufigkeit zu sprechen wäre gewiß verfehlt, doch eine gewisse Stagnation ist unverkennbar. Für 1818 etwa weisen die preußischen Statistiken für Berlin aus, daß 30 Prozent der Kinder nicht zur Schule gingen, obwohl die allgemeine Schulpflicht bereits bestand. In Bremen, im 18. Jahrhundert noch eine Hochburg von pädagogischer Aufklärung und pietistischem Einfluß auf die Mädchenerziehung,[6] gingen 1838 von 107 Mädchen im schulpflichtigen Alter 35 nicht zur Schule, weil sie bereits in der Fabrik arbeiten mußten. Erst im März 1839 verbot ein Erlaß Fabrikarbeit vor dem neunten Lebensjahr und schrieb außerdem ein schriftliches Zeugnis über einen dreijährigen Schulbesuch vor. Es dauerte allerdings Jahre, bevor der Erlaß zu greifen begann. Lernen, im 18. Jahrhundert noch als echte persönliche Chance verstanden, bietet jetzt mitunter nur noch für die Kinder Hoffnung auf eine bessere Zukunft. Ein Leitmotiv, das auch Bettina von Arnim in ihrem Bericht von 1843 über das Vogtland mit dem Titel *Dies Buch gehört dem König* gebührend hervorhebt:

»Die Mutter hielt das kleinste Kind auf der Schürze und trieb das Spulrad. Dabei erzählte sie vergnügt, daß zwei Kinder die Schule besuchen und recht viel lernen. Es zeigt sich auch hier, daß die Armen ihre größte Freude an den Kindern haben und fest darauf rechnen, daß diese durch den Schulunterricht aus dem Elende gerissen werden.«[7]

Der Bildungsstand – vor allem der Mädchen – ist jedoch nicht allein am Schulbesuch abzulesen, der im übrigen nur dem Elementarunterricht an Volks- und Mittelschulen gilt. Mädchenoberschulen, also Lyzeen für höhere Bildung, entstanden als Institution auch in Preußen erst 1872, und zwar in Berlin. Bei der Einweihung des nach der Kronprinzessin benannten Viktoria-Lyzeums empörte sich Fanny Lewald, von deren Zugehörigkeit zur Minorität der »Schriftstellerinnen« noch die Rede sein wird:

»Das Victoria-Lyceum ist, ich wiederhole das ausdrücklich, ein sehr gutes Institut, aber es ist in gewissem Sinne ein Luxusinstitut. Was uns fehlt, ist jedoch nicht die Turmspitze, sondern ein ordentliches Fundament. Wir brauchen Schulen, Realschulen für die Frauen wie für die Männer.«[8]

Das Abitur und damit die Zulassungsvoraussetzung zur Universität konnten deutsche Frauen erst nach 1900 erlangen. Die gleichfalls seit Ende des 18. Jahrhunderts geforderte Zulassung zum Lehrerberuf dagegen erreichten die Frauen nur für die Grundschule, und dies auch nur unter der Bedingung, daß sie unverheiratet waren und erklärten, dies auch bleiben zu wollen. Erst 1890 – nach einem kurzen Zwischenspiel um 1849 – wurde von Helene Lange der Allgemeine Deutsche Lehrerinnenverein gegründet, der dann um die Jahrhundertwende mehr als 15 000 Mitglieder umfaßte.

Ein krasser Widerspruch: Einerseits erfaßte die Alphabetisierung durch die allgemeine Schulpflicht im Prinzip alle Mädchen: Lesen, Schreiben oder in geringerem Umfang auch Rechnen lernten sowohl die in der Stadt wie die auf dem Land lebenden, die aus wohlhabenden wie die aus ärmeren Schichten stammenden Mädchen. Doch die spezielle Heuchelei des 19. Jahrhunderts verwehrte der überwältigenden Mehrheit der weiblichen Bevölkerung den Zugang zu höherer Bildung. Angesichts der Rolle der Metternichschen Restauration und der Rückorientierung auf Haus und Herd läßt sich sogar sagen, daß die erste Hälfte des 19. Jahrhunderts auf diesem Gebiet besonders vom Rückschritt gekennzeichnet war. Jeder Reform, die sich an gleichen Bildungschancen für alle orientiert, erwachsen Gegner, die ihre feindselige Abwehr mitnichten verhehlen. So sah sich der preußische Bildungsreformer von Süvern 1818 wegen seiner Vorschläge beschuldigt, »die Grundlage der natürlichen Verschiedenheit und damit zugleich die unveräußerliche, naturgegebene Ungleichheit« in Frage stellen zu wollen. Für die Gleichheit von Bildungschancen zu plädieren heißt also soviel wie das Fundament der Gesellschaft zu untergraben.

Angesichts dieser Abwehr hatten die Frauen schon lange begriffen, daß wahres Lernen nur auf Nebengleisen möglich war. Den größten Bildungswillen hatten die Autodidaktinnen, wie sich manche Frauen freimütig selbst nannten, wenn sie allein ihren Weg gemacht hatten und in Einzelfällen Schriftstellerinnen geworden waren. Anna Luise Karsch, eine der großen Autorinnen des 18. Jahrhunderts, hatte es vorgemacht. Bitter arm, hatte sie sich beim Viehhüten auf der Weide selbst das Lesen beigebracht. Zu Beginn des 19. Jahrhunderts gibt es verschiedentlich solche selbstgebildeten Romanschriftstellerinnen, die stolz verkünden, wie sie aus alten Bibeln oder *Todtengesprächen* vom Speicher des Pfarrers von ganz allein Lesen und Schreiben gelernt hatten.[9] Konnte man ihnen da einen Vorwurf daraus machen, daß dieses improvisierte Lernen auf ihren Stil abgefärbt hat?

Außerhalb der staatlichen und privaten Schulen, vor allem der Klosterschulen, die Mädchen zur Ausbildung aufnahmen, fand die eigentliche Erziehung, in der die Persönlichkeit geformt und das Fragen gelernt wird, in der Geborgenheit des Hauses statt, was die Mädchen nach überkommener Ansicht mancher Pädagogen und Männer vor einem Übermaß an Wissen verschonen sollte. Mit einer Widersprüchlichkeit, die schon damals von Feministinnen – Mary Wollstonecraft, Betty Gleim – und vielen ihrer Geschlechtsgenossinnen angeprangert wurde, bleibt die Frau ausgeschlossen von der Kultur, soll aber zugleich als heilige Pflicht die Erziehung der Kinder im zarten Alter übernehmen und die der Mädchen noch viel länger. Zur »geborenen Erzieherin« auf einem Gebiet erhoben, von dem sie im Grunde keine Ahnung hat, widmet sie sich ihrer Aufgabe mit großem Ernst. Wilhelm von Kügelgen notiert in seinen *Jugenderinnerungen* zu den Jahren 1806 und 1807 über seine Mutter:

»Mit ihren Kindern beschäftigte sie sich treu und unablässig und war gewissenhaft bemüht, nichts zu versäumen, was zu unserer Menschenbildung dienlich schien. Aus diesem Grunde studirte sie auch fleißig die gepriesensten pädagogischen Werke ihrer Zeit, aus denen sie freilich wenig Nutzen ziehen mochte: denn eine halbwegs gescheute Mutter weiß schon allein, wie sie ihre Kinder zieht – wo nicht, so lernt sie schwerlich, weder von Campe, noch von Pestalozzi.«[10]

Man denke nur an die »Großmuttertöchter« George Sand oder Bettina von Arnim. Erzogen wurden sie weniger in den Klosterschulen, in die sie als kleine Mädchen kamen, als später von ihren Großmüttern. Diese chaotische, bisweilen anachronistische Erziehung schlägt übrigens den Bogen zur Geschichte der Frauen und zeichnet sozusagen eine »weibliche Linie« vor. Christa Wolf ordnet sich als moderne Autorin in diese Tradition ein, wenn sie mit Wärme und Bewunderung von ihren Vorfahrinnen schreibt, den Pionierinnen, den »Frauen von 1800«.[11] Es war bestimmt ein böses Erwachen, wenn die Großmutter die Enkelin pädagogisch unter ihre Fittiche nahm. Das junge Mädchen, frisch aus der Klosterschule entlassen, kann lesen, schreiben und vor allem Gebete leiern, die Großmutter aber lebt und atmet die Philosophie der Aufklärung und hat Leibniz' Universalgeschichte, Plutarch im Original oder die *Briefe* Madame de Sévignés als Bildungsideal im Kopf. Für George Sand wie auch für Bettina von Arnim – und man könnte hinzufügen, Madame de Staël, obgleich eine Generation früher geboren und von ihrer Mutter erzogen – kommt dabei eine kuriose Mischung von Klassik und Moderne heraus, von Lateinübungen und lautem Vorlesen aus den Reden Mirabeaus, alten Geschichtsschwarten und Tagesgazetten. Letztendlich läßt sich behaupten, Mädchen seien in diesen so seltenen, später berühmt gewordenen Fällen viel liberaler erzogen worden als gemeinhin die Knaben, die in ein Lehrplankorsett eingezwängt waren, Lateinisch sprechen mußten und mit dem Rohrstock traktiert wurden. Hier haben wir einen begrenzten Freiraum, aus dem feminines Empfinden und später eine eigene weibliche Weltsicht erwächst.

Die größte Angst haben männliche wie weibliche Volksaufklärer vor dem Schreckgespenst der Büchergelehrtheit. Schon die *Moralischen Wochenschriften,* Zeitschriften für die Damen mit pädagogischem Auftrag, warnen ihre Leserinnen vor allem Bücherwissen, das gegen den gesunden Menschenverstand verstoße. Sophie von La Roche, Großmutter und Erzieherin Bettina von Arnims, wettert in ihren Zeitschriften »für die deutschen Mädchen« ständig gegen die höchst gefährliche »Besserwisserei«, von der man nur Neurosen bekomme und zwangsläufig zur alten Jungfer werde. Die gebildete Frau verbreite Angst, sie sei eine »Ausnahme«, eigentlich schon keine richtige Frau mehr, beziehungsweise in Männeraugen eine Witzfigur, ein Schreckgespenst, das so manchem »kalte Schauer« über den Rücken jage.

Noch ein weiterer Faktor spielt in der Entwicklung dieser privaten Formen der Mädchenerziehung eine erhebliche Rolle: der Pietismus. Indem er Männer und Frauen zum gemeinsamen Gottesdienst und zur Gewissenserforschung vereint, entwickelt sich der pietistische »Konventikel« schließlich zu einem Ort gemeinsamen Interesses und kultureller Geselligkeit, wo die Selbstfindung allmählich das Religiöse verdrängt. Klassisches Beispiel für den Einfluß dieses Pietismus auf die Frauen ist die »schöne Seele«, deren Bekenntnisse Goethe in *Wilhelm Meisters Lehrjahre* (1796) aufgreift. Das Fräulein von Klettenberg, eine alte Frankfurter Bekannte des Dichters, nach der er die Figur gestaltete, ist zwar inbrünstig gläubig, doch bekennt sie auch den Wunsch, aus einem festgelegten Frauenschicksal auszubrechen, und dies in erstaunlich moderner Sprache: »Ich erkannte auf einmal, daß es nur eine Glasglocke sei, die mich in den luftleeren Raum sperrte; nur noch soviel Kraft, sie entzweizuschlagen, und du bist gerettet!«[12]

Diese Einstellung haben nicht nur Protestanten. Es gibt auch eine katholische Spielart des Pietismus, und auch in ihr betätigten sich die Frauen als Neuerinnen. Das zeigt sich unter anderem am Münsteraner Zirkel um die Fürstin Galitzin oder am Spätwerk der Dichterin Annette von Droste-Hülshoff.

Der Pietismus blieb als Verhaltenssteuerung keineswegs nur wohlhabenden Kreisen vorbehalten; in vielen Texten ist vom »mächtigsten und heilsamen Einfluß (des Predigers) auf die intellektuelle und religiöse Bildung« der Frauen und besonders der Mütter die Rede.[13] Wenn man bedenkt, daß Frauen ihre Kinder beiderlei Geschlechts von klein auf erziehen, läßt sich der Einfluß des Pietismus auf das Bildungsverhalten der deutschen Nation ermessen. Dieser Einfluß resultierte auch aus dem besonderen Verhältnis des Pietismus zum Buch: Das Vorgelesene, anfangs noch biblisch und sakral, wird immer profaner und löst Nachdenken und Diskussionen aus, in denen die Frauen frei ihre Meinung sagen können. Das Gefühl der Geborgenheit in einer geistigen

Gemeinschaft wird zu einem neuen Verstandeserlebnis und setzt einen Prozeß der Akkulturation in Gang, der seltsamerweise über den Weg der Selbstbetrachtung verläuft. Der Pietismus bringt über Tagebuch, Briefwechsel und Wechselgespräch eine Literatur der Innerlichkeit hervor, die bei Frauen Lebendigkeit und Eigenart gewinnt:

»Ich beschloß, ein Tagebuch zu führen, worin ich nun wie vor einem Gewissen von meinem innersten Leben Rechnung ablegte und meine Gedanken und Urteile, so wie sie in mir aufstiegen, der Reihe nach zu meiner eigenen Belehrung und Prüfung aufstellte.«[14]

Das geht weit über den Unterricht in Schule, Kloster oder durch einen Hauslehrer hinaus. Es überschreitet selbst die Grenzen einer zum Nutzen von Frauen entwickelten Volkspädagogik, die anfangs traditionell und passiv bleibt, dann aber in Anpassung an die Bedürfnisse der nachwachsenden Generationen revidiert und verlebendigt wird.

Die Formen und Verfahren des Lesens und Schreibens werden auf breiter Front durch Lernen erworben. Klein bleibt demgegenüber die Gruppe derjenigen jungen Frauen, die aus Bildungshunger lesen, und noch seltener sind Frauen, die über den Inhalt ihres Lesestoffs eigenständig nachdenken.

Lesestoffe.
Vom Fluchtmittel zum Denkanstoss

Ihr Wissen erwerben Mädchen, wie wir gesehen haben, hauptsächlich aus der Bibel, und zwar auf allen Ebenen. Das Lesen wird durch Blättern in der Bibel, das Leben durch Moralisieren nach Bibelversen gelernt. Zwar nimmt der Anteil religiöser Erbauungsschriften in den Katalogen vor allem der Leipziger Buchmesse Ende des 18. Jahrhunderts stetig ab, doch ist er immer noch beträchtlich. 1770 machen religiöse Werke 25 Prozent der Neuerscheinungen aus, im Jahr 1800 noch 13,5 Prozent. Umgekehrt zeigt sich bei den Werken der sogenannten »schöngeistigen Literatur« eine steigende Tendenz: von 16,5 Prozent 1770 klettert ihr Anteil bis 1800 auf 21,5 Prozent. An beiden Kurven ist klar abzulesen, was ein zeitgenössischer Buchhändler und weltgewandter Geschäftsmann »die große Revolution der Bibliotheken« genannt hat.[15]

In dieser »Revolution« spielen häufig Frauen mehr oder minder bewußt die Rolle der Kulturträgerinnen. Lesen wird in gewissen Frauenkreisen fast zu einer Sucht; die Gouvernante einer prominenten Pietistenfamilie nennt in ihren Briefen mehr als acht Arten täglicher Lektüre und fügt hinzu: »Gelesen wird, wie man Mastgänse nudelt.«

Nachdem sie gelernt haben, Glaubenstexte tagsüber und manchmal auch nachts zu lesen und darüber zu sinnieren, beginnen die Frauen um die Wende zum 19. Jahrhundert allmählich, einen ganz persönlichen Gebrauch von der Lesefreiheit zu machen, die ihnen von den Philosophen und Pädagogen der Aufklärung möglicherweise unbedacht zugestanden und nach dem erklärten Willen mancher Souveräne sogar auferlegt worden ist. So kann man sehen, wie sich die »Lesewut« der Frauen austobt, und zugleich, mit welch heftiger Mißbilligung männliche Zeitgenossen darauf reagieren.[16] Ein junges Mädchen, das sich der Romanlektüre hingebe – Lyrik könne freilich genauso gefährlich werden –, verleugne seine Unschuld und schaffe sich eine Phantasiewelt. Doch sei überhaupt kein Vergleich zwischen diesem Vorgriff auf das Leben im Roman und dem Schaden, ja den widernatürlichen Verhältnissen, die angerichtet würden, wenn sich eine (unglücklich) verheiratete Frau der Sucht nach Romanlektüre hingebe. Madame Bovary ist allgegenwärtig und überall. Das Buch als einfaches Fluchtmittel werde so zum Ersatz, dem Alltag zu entfliehen, und bedeute das Ende des Hausfriedens. Die Gesellschaft sei in Gefahr, denn die Romanleserin komme weder ihrer wahren Berufung als Hausfrau und Mutter noch ihrer heiligen Pflicht nach, als Weib über Zucht und Ordnung in der Familie zu wachen. Kurz: Lesen gilt als träumen, also flüchten, sich den Forderungen, Normen und Konventionen zu entziehen, also genau das Gegenteil dessen, was einer Frau in der (besseren) Gesellschaft des 19. Jahrhunderts erlaubt ist.

Die Frauen als Hauptbetroffene sehen das anders. In der Einsamkeit ihrer vier Wände wird die Lektüre häufig zur Rettung aus einer von den Eltern gestifteten und inzwischen gescheiterten Frühehe. Caroline Schlegel-Schelling, eine der großen Frauengestalten der deutschen Frühromantik, ist zunächst nur die junge Frau eines biederen Provinzarztes; ihre einzige Verbindung zur Außenwelt sind die Bücher, die ihr aus ihrer Heimatstadt Göttingen zugesandt werden. Bleibt eine Sendung aus, bettelt sie erregt: »Ich vertrockne seit einiger Zeit, weil alle meine Bücherquellen sich verstopfen«, und schickt Bücherlisten zur dringenden Erledigung: »Nun bitte ich Meyern, erstlich um etwas Amüsantes, gut zu lesen, wenn man auf dem Sofa liegt (. . .) zweitens möchte ich etwas zu lesen, wenn man auf dem Sofa sitzt und einen Tisch vor sich hat.«[17] Es handelt sich schon lange nicht mehr um die Bibel oder um Erbauungsschriften, sondern um eine bunte Mischung aus Romanen und Erzählungen, Zeitschriften und historischen Schmökern. Die Einstellung der Frauen zum Lesen wandelt sich ständig, während sich zugleich der Inhalt ihrer Lektüre verändert. Die Auswahl wird vielseitiger und bisweilen zum Lesefutter, und es wird nicht länger ein einziger Text, der einen unumstößlichen moralischen und religiösen Rahmen setzt, laut vorgelesen. Noch ist Caroline nicht zu politischen Texten vorgedrungen, doch entdeckt sie die Literatur des Auslands: Shakespeare, dessen Werke sie später übersetzt, Mirabeaus *Lettres écrites du donjon de Vincennes,* und dann einige Essays von Condorcet. 1796 schreibt sie an ihren Schwager Friedrich Schlegel: »Fritz, es gibt zwei Bücher, die Sie lesen müssen, und das Eine (. . .), das ist Condorcet (. . .). Daß Sie mir nicht versäumen, dies und die Werke eines gewissen Fulda zu lesen, der ein Magister mit recht originellem Menschengefühl gewesen sein muß.«[18]

Solange sie sich mit Schöngeistigem und mit dem Sammeln geflügelter Worte für ihren Zitatenschatz begnügt, kann ein Verlobter oder Gatte stolz seine »gebildete« Frau herumzeigen. Sobald sie aber versucht, ihre Erkenntnisse zu erweitern, und die Inhalte ihrer Lektüre analysiert, vergleicht sie sie mit der Wirklichkeit um sich herum, und wieder erhebt die Büchergelehrte ihr Gorgonenhaupt. Diesmal in einer neuen, noch stärker verunsichernden und in einer vom Ruch der Revolution umwaberten Gestalt. So jedenfalls sieht es Barbey d'Aurevilly, wenn er klarstellt, der Blaustrumpf sei »die literarische Revolution, denn der Blaustrumpf ist für die Frau, was für den Mann die rote Jakobinermütze«.[19] Das trifft den Nagel auf den Kopf, denn die Frauen des 19. Jahrhunderts sind es allmählich leid, sentimentale Romane zu lesen, die manche ihrer Geschlechtsgenossinnen geschickt nach englischem Vorbild gestrickt haben. Die deutschen Imitationen von Richardsons Romanen *Pamela* oder *Clarissa* sind passé, und sogar ein »Bestseller« wie die *Geschichte des Fräuleins von Sternheim,* der Triumph Sophie von La Roches in den siebziger Jahren des 18. Jahrhunderts, hat inzwischen Patina angesetzt.

Zwei Faktoren beeinflussen den Wandel der Frauenlektüre. Erstens entwickelt das weibliche Lesepublikum einen Hunger nach Meldungen über Tagesereignisse, Wissenschaft, Neuerungen und Erfindungen. Interessanterweise wird in den Schriften von Frauen dieser Zeit leitmotivartig immer wieder auf das *Konversationslexikon* verwiesen. Als kostbarer, allem voran zu rettender Hausschatz bietet das Lexikon Rat in allen Lebenslagen: man kann nachschlagen, wie man im Wilden Westen eine Blockhütte errichtet und sich mit den dort herumtobenden Indianern verständigt; wie man unter primitivsten Umständen ein Kind auf die Welt bringt oder wie man als Frau seine eigenen Kinder alleine durchfüttern und erziehen kann.

Ein zweiter Faktor verstärkt diesen Lesehunger. Die Französische Revolution konfrontiert die Frauen ohne Zweifel erstmals direkt und fortdauernd mit Gegenwartsgeschichte. Ein Vierteljahrhundert lang, von 1790 bis 1815, sind sie meist ganz allein für die Ernährung und Erziehung der Familie zuständig und durch nichts darauf vorbereitet. Interesse am Tagesgeschehen und an politischen Ereignissen verschmelzen und treiben eine regelrechte »Kulturrevolution« der Frauen hervor, speziell in Deutschland. Bemerkenswert ist allerdings, daß es nicht zu politischen Forderungen wie in Mary Wollstonecrafts *Verteidigung der Rechte der Frauen* (1792) oder Olympe de Gouges' *Erklärung der Rechte der Frau und Bürgerin* (1790) kommt. Doch Lektüre und Literatur gehen fortan ineinander über: Das Zeitunglesen und das Entstehen dessen, was man »Gegenwartsromane« mit unmittelbarem Bezug auf das politische Geschehen nennen könnte, sind zwei Seiten derselben Medaille. Der Roman spiegelt wider, was Frauen damals in Frankreich oder Deutschland durchmachen. Er ist nicht länger ein Synonym für Flucht, sondern im Gegenteil ein Medium für die Bewußtwerdung, daß es in Europa eine Welt von Frauen gibt, die alle mit denselben Problemen zu tun haben. Aus der Lektüre entsteht eine weibliche Solidarität, die Frauen aller sozialen Schichten und Generationen vereint. Als fünfundsiebzigjährige Dame genießt es Goethes Mutter, Frauenromane zu lesen, in denen Tagesfragen behandelt werden: »Sie können kein Beßeres und verdinstlicheres Werck an Ihrer Sie liebenden Mutter thun, als daß Sie die Güte haben, wenn Ihnen solche liebliche Sachen zukommen, mich in meiner Geistesarmuth theil daran nehmen zu laßen . . .«[20]

Das Buch, zunächst Lektüre im stillen Kämmerlein, Seelentröster und Fluchtmittel, ist zum Denkanstoß geworden, zum Ausgangspunkt eines Nachdenkens über sich und die anderen.

Im ersten Stadium wird das Buch durch die notwendig gewordenen Lesegesellschaften zum wirksamen Mittel einer Sozialisation, wie sie eine bestimmte Leserinnenschaft will. Denn diese Öffentlichkeit gibt es, und das florierende Buchgewerbe ist bemüht, ihre immer anspruchsvollere Nachfrage zu decken. Auf Aktualität spezialisierte Konversationslexika lassen sich für die Damen immer neue Rubriken einfallen. Da gibt es je nach Inhalt »Klostergeschichten, Robinsonaden, Emigranten- und andere Revolutionsromane, Räuber- und ähnliche Romane«, oder nach Genre »philosophische, besonders moralische, pädagogische u. a. Romane«.[21] Manchen Männern geht das gegen den Strich, und sie sehnen sich nach den noch nicht lange vergangenen Zeiten zurück, als die Frauen nur »erbauliche Werke, ein paar Märchen und Kochbücher« gelesen hatten.

Dieses Lesefutter verändert die Lesestruktur. Die intensive Beschäftigung mit einem einzigen, unendlich oft wiedergelesenen Buch wird durch eine Form des Lesens ersetzt, die als »extensiv« bezeichnet worden ist.[22] Die Leserin beschafft sich eine Vielzahl von Texten und liest diese nur noch einmal: Also muß das Lesen organisiert erfolgen, damit sie ständig an die unaufhörlich wachsende Titelproduktion herankommt.

Das Lesen wird zu einer festen gesellschaftlichen Einrichtung. Genau hierin besteht der zweite Faktor der Sozialisation durch Lesen. In Deutschland wird Lesen wie nirgendwo sonst im zeitgenössischen Europa zur Selbstverständlichkeit. Das Land überzieht sich förmlich mit Lesegesellschaften, Leihbüchereien, Lesestuben und anderen mehr oder minder privaten Formen der Leseorganisation. Abgesehen von einigen reinen Herrengesellschaften sind die meisten auch für Frauen offen. Die Mitgliederstruktur ist keineswegs rein städtisch und bürgerlich; es finden sich durchaus auch dörfliche, ja bäuerliche Lesegesellschaften.[23] Diese schließen auch niemanden aus; manche dieser Gesellschaften verfügen zwar wie die »Harmonie« in Hamburg über prunkvolle Lesesäle, aber in anderen verleihen Ärzte, Amtsrichter oder Lebensphilosophen schlicht ihre eigenen Bücher an Nachbarn.[24]

Das Buch kursiert auf allen Ebenen. Friedrich Schlegel mokiert sich darüber, wie das Dienstmädchen wohl unter dem Gewicht der Bücher stöhnen mag, die seine Frau aus der Jenenser Bibliothek ausleiht, weiß aber nur zu gut, daß dieser Bücherumlauf Motor einer neuen Form von Geselligkeit ist, bei der die Frau im Mittelpunkt steht. Sogar in den Briefen, der eigentlich femininen Literatur, spiegelt sich dieser Wandel. Die Häuslichkeit wird verlassen und das literarische Urteil riskiert. Wovon leben die romantischen Zirkel von Jena oder die jüdischen Salons der Berlinerinnen Rahel Varnhagen oder Henriette Herz, wenn nicht davon, daß die Neuerscheinungen durchgehechelt werden. Sogar Madame de Staël, immerhin Expertin für literarische Salons, zeigt sich erstaunt über das lebendige Kulturleben dieses ansonsten sehr provinziellen Berlins »mitten im brandenburgischen Sand«. Der Übergang vom Lesen zur Geselligkeit verläuft über mehrere Stufen, wie Henriette Herz in ihren *Erinnerungen* beschreibt:

»Etwas später bildete sich ein sogenanntes Teekränzchen (. . .). In den letzten Jahren des vorigen Jahrhunderts endlich wurde eine Lesegesellschaft gegründet (. . .). Ihr Gründer war Fessler (. . .). Auch an ihr nahmen gleich anfangs Männer der verschiedensten Fächer teil, Gelehrte, Künstler, Staatsmänner. Aber Frauen waren auch hier nicht ausgeschlossen, ja sie waren tätige und gern gesehene Mitwirkende.«[25]

Das Revolutionäre an der Lesegesellschaft ist, daß sie neben dem Theater und manchen Bürgersalons praktisch die einzige Öffentlichkeit darstellt, in der beide Geschlechter aus gemeinschaftlichem Interesse zusammenfinden. In diesen profanen »Kränzchen« wird die Leserin zur selbständigen Einzelperson, deren Urteil gefragt und maßgebend ist.

Beflügelt von der historischen Umbruchsituation, gehen die Frauen rasch zur Lektüre politischer Schriften über und fangen an, über Politik nachzudenken. Über das Buch wagen sich die Frauen auf ein

Gebiet vor, das bisher strikt den Männern vorbehalten war. Der Vorstoß ist kurz, aber folgenreich.

Im ersten Jahrzehnt des 19. Jahrhunderts ist in Frauenbriefwechseln
viel von Mirabeau, Condorcet oder Sieyès die Rede. Das Zeitunglesen
erlangt erstaunliche Verbreitung. Zeitschriften für Damen werden
immer zahlreicher und verteilen sich über ganz Europa, wie das *Journal des Luxus und der Moden* von 1786 oder die *Revue London und
Paris* von 1816 mit Helmina von Chézy als Pariser Sonderkorrespon-
dentin. Doch das Frauenpublikum will auch die maßgebenden Zeitungen der Epoche zu lesen bekommen, den *Hamburger Korrespon-
dent* oder den Pariser *Moniteur*, wobei die Sprache nebensächlich ist:

>»Lafayette! Mirabeau! Pétion! Bailly! und so viele noch, deren damals auf allen Zun-
>gen schwebende Namen jetzt verklungen sind! Wie erglühe ich in freudiger Begei-
>sterung, wenn ich in stillen Abendstunden meinem Manne und etwa noch zweien
>oder dreien seiner vertrautesten Freunde ihre Reden vorlas, welche der Moniteur
>uns getreulich mitteilte!«

notiert Johanna Schopenhauer, die Mutter des Philosophen, in ihren
Erinnerungen von 1839.[26]

Die Zeit zwischen 1790 und 1815, die den deutschen Frauen allerlei Gebiete zugänglich macht, die bis dahin weithin den Männern vorbehalten waren, ist ein einzigartiger Abschnitt in der Geschichte der
Frauen. Jetzt trägt die allgemeine Schulpflicht, so lückenhaft sie auch
gewesen sein mag, die ersten Früchte, und eine erste Frauengeneration verlegt sich aufs Lesen, um auch die höheren Stufen zu erklimmen, die ihnen in ihrer Schule vorenthalten wurden. Leserinnen, die
über das Buch und seinen immer besser organisierten Umlauf ins
soziale Gefüge eingedrungen sind, nutzen das Lesen nun regelrecht als
Werkzeug ihrer gesellschaftlichen Integration. Manche Frauen sind
schon froh über die faktische Gleichstellung im Geiste, die ihnen in
den Lesegesellschaften eingeräumt wird. Andere jedoch wollen mehr
und setzen, immer noch unter Berufung auf die vom Buch gestiftete
Gemeinsamkeit, mit ihren Zirkeln und Salons der Romantik spezifische
Formen der Geselligkeit durch.

Dünn gesät aber sind noch immer die Frauen, die ihren Drang zu
Tagesnachrichten und ihre Auswahl an Bücherlektüre zu einem Akt
politischer Emanzipation gestalten, die ihnen weder die Gesetze noch
die Männer zu gewähren bereit sind. So wird verständlich, warum sich
manche männliche Beobachter getrieben fühlen, wahre Schreckensbil-
der von den Leseweibern zu entwerfen:

>»Ich tadle nicht, daß ein Frauenzimmer ihre Schreib-Art und ihre mündliche Unter-
>redung durch einiges Studium und durch keuschgewählte Lektur zu verfeinern
>suche, daß sie sich bemühe, nicht ganz ohne wissenschaftliche Kenntnisse zu seyn;

aber sie soll kein Handwerk aus der Literatur machen; sie soll nicht umher-
schweifen in allen Theilen der Gelehrsamkeit.«[27]

Trotz des gravitätischen Tons ist die Argumentation verzweifelt rückständig und läßt sich in der Aussage zusammenfassen, daß ein bißchen
Wissen nichts schaden kann, aber ein Zuviel nicht gut ist.

Diese Argumentation wird nach 1815 sehr viel vehementer aufgegriffen. In einer Zeit, in der die Entwicklung der Mädchenerziehung
infolge tiefgreifender sozialer Umwälzungen – Massenaufbruch in die
Städte, Fabrikarbeit im Kindesalter – gebremst wird, stellen sich der
»Lesewut« der Frauen immer konkretere Hindernisse entgegen. Die Metternichsche Staatenordnung und die Restauration überlassen es nicht
länger der freien Entscheidung des einzelnen, was gelesen werden
darf. Reglementiert, gesteuert, der Zensur unterworfen, gerät das Lesen
unter staatliche Vormundschaft, und auch im stillen Kämmerlein können sich die Frauen den herrschenden Verhältnissen nicht mehr entziehen. Sie verfallen in großes Schweigen, und gegen diese Zustände
empören sich erst um die Jahrhundertwende einige wenige Frauen, die
marginalisiert werden.

Erst gegen Ende des Jahrhunderts erhebt sich »die Stimme der Frau-
en« erneut. Sie wird unterstützt von manchen männlichen Autoren, so
von August Bebel mit seinem Werk *Die Frau und der Sozialismus*
(1879). Doch die deutsche Frauenbewegung, gespalten in eine bürgerliche und eine proletarische Strömung, agiert nur noch auf der
schmalen Bühne der Politik und findet bei ihrer »Öffentlichkeit« nicht
mehr das gleiche Echo. Selbst der Begriff »Öffentlichkeit« erscheint
zunehmend unpassend, denn bei Frauen wird alles, womit sie zu tun
haben und was mit ihnen zu tun hat, zum »Privaten« gerechnet. Selbst
wenn man davon ausgeht, daß ein weibliches Lesepublikum weiterhin
in nennenswerter Zahl vorhanden ist, hat sich doch sein Anspruch sehr
gewandelt. Obsiegt hat das wohlfeile Fluchtmittel, von amtlichen und
selbsternannten Zensoren pflichtschuldigst unter Kuratel gehalten, mit
einer Schwemme von historischen Schmökern ohne jeden Gegen-
wartsbezug, mit Fortsetzungskolportagen in Riesenauflagen im Feuilleton von Frauenzeitschriften wie der berühmt-berüchtigten *Gartenlaube*.
Autorinnen wie Eugenia Marlitt oder Hedwig Courths-Mahler feiern
rauschende Erfolge, ein Fortsetzungsroman der Marlitt aus der *Gartenlaube* von 1866 erlebt in zwanzig Jahren dreiundzwanzig Auflagen!

Doch zugleich beginnen andere Frauen ihre Meinung zu äußern
über Fragen, die sich ihnen aufdrängen. Seit der Jahrhundertmitte, und
obwohl bürgerliche Tugenden und Konventionen durch Restauration
und Zensur geschützt werden, spaltet sich die von Frauen gelesene
und geschriebene Literatur in die Gruppen der Fluchtmittel und der

Denkanstöße, und diese Spaltung wird immer ausgeprägter. In einer jener Ungleichzeitigkeiten, deren Geheimnis in der Geistesgeschichte *verborgen* liegt, verschaffen sich zur selben Zeit, als das Buch »jedes religiösen oder sonstigen Meinungsstreits ostentativ entsagt«[28] und die weibliche »Öffentlichkeit« mit ebenso gefälligen wie süßlichen Machwerken abgefüttert wird, allmählich ein paar Frauen Gehör, die sich weder von Zensur noch von Verleumdung oder Gleichgültigkeit den Mund stopfen lassen, nicht einmal vom augenfälligen Scheitern der 48er-Revolution. Von der Jahrhundertmitte an erheben diese Frauen in der allgemeinen »Friedhofsruhe« ihre Stimme, die sie selbst als »die Stimme der Frauen« bezeichnen.

Ausdrucksformen.
Vom Schreiben für sich zum Schreiben für andere

Der Übergang zum Schreiben erfolgt bei den deutschen Frauen ziemlich genau um 1800, am Rande der von Christa Wolf so bezeichneten »Zwischenzeit«, einer Schwebe zwischen zwei Jahrhunderten, aber auch zwischen zwei grundverschiedenen Politik-, Sozial- und Kulturwelten. Zwar gab es damals durchaus schon eine Frauenliteratur, im wesentlichen eine moralisierende, pädagogische oder sentimentale, doch nun entsteht eine ganz andere Art Frauenliteratur, weil behandelt werden muß, welchen Bruch die Französische Revolution bedeutet. Sie wird sehr schnell zur literarischen Manifestation einer Selbstdarstellung, die sich durch das ganze Jahrhundert zieht, bis sie unter dem Druck der sozialen Frage schließlich die konkrete Wirklichkeit formuliert, mit der *alle* Frauen konfrontiert sind.

Das Phänomen ist insofern aufschlußreich, als genau zu der Zeit, da die politische Meinungsäußerung am schmerzlichsten entbehrt wird, ja verboten ist, aus dem politischen Geschehen das Bedürfnis erwächst, sich auf dem Umweg über Literatur öffentlich zu äußern. In Deutschland gibt es zwar keinen Text einer Frau, der wie Theodor von Hippel »die bürgerliche Verbesserung der Weiber« einfordert. Indes entstehen unter den politischen Verhältnissen zwischen 1790 und 1815 eine Anzahl Frauenromane, die typischerweise auf die Gegenwart bezogen sind, auf die Französische Revolution und ihre unmittelbaren Folgen. Das Recht der Frauen auf Teilhabe an der Öffentlichkeit, welches das ganze 19. Jahrhundert hindurch gesellschaftlich *nicht anerkannt* wird, muß vorerst durch indirekte Einmischung in die Männerbereiche der Politik und Geschichte über die vorgeblich wertneutrale Literatur erschlichen werden.

Allerdings sind diejenigen Frauen, die die Hürde nehmen und sich auf im Umbruch befindliche Gattungen wie Roman oder Drama einlassen, nicht gerade Legion. Sie laufen Gefahr, von ihren männlichen Kollegen mit Hohn und Spott überschüttet zu werden:

»Unter den vierzig bis fünfzig Damen, die man jetzt in Teutschland als Schriftstellerinnen zählt – die Legionen derer ungerechnet, die keinen Unsinn haben drucken lassen –, sind vielleicht kaum ein halbes Dutzend, die als privilegirte Genies höherer Art, wahren Beruf haben, sich in das Fach der Wissenschaften zu werfen, (. . .) welche weder die Natur, noch die bürgerliche Verfassung ihnen angewiesen hat.«[29]

Diese an der Wende zum 19. Jahrhundert formulierte Bemerkung bringt treffend die allgemeine Einstellung zu »Schriftstellerinnen« zum Ausdruck, die das ganze 19. Jahrhundert hindurch herrscht: Kritisch, ja mißbilligend ist der Blick auf alle, die skrupellos ihre Weiblichkeit unter Mißachtung des Doppeltabus zum Schutze von Kultur und Gesellschaft zur Schau stellen. Das positivistische und pseudowissenschaftliche 19. Jahrhundert formuliert später noch ein drittes Tabu und bezieht sich dabei auf eine naturgesetzliche biologische Minderwertigkeit von Wesen und Hirn der Frau: »Die Schriftstellerin gibt es nicht; sie ist ein Widerspruch in sich. Die Rolle der Frau in der Literatur ist die gleiche wie in der Manufaktur; sie werkelt dort, wo das Genie nicht mehr dienstbar ist . . .«[30] Der Frauenhaß kennt, wie man sieht, keine Grenzen, und er erkennt außerdem bei Schriftstellerinnen auch kein Genie oder Talent an. Als dem alternden Dichter Clemens Brentano zu Ohren kommt, auch seine Schwester habe sich auf das Abenteuer Schreiben eingelassen, schimpft er: »Es ist ein Elend mit diesem Geschöpf … Bettina hätte ihre Engelsrolle sehr gut gespielt, wenn sie nicht ihr Bestes, ihr Intimstes in der Öffentlichkeit ausgebreitet hätte.«[31] Bevorzugte Zielscheibe spitzer Bemerkungen ist und bleibt George Sand: »In der Zigarette und den Romanen von Madame Dudevant finden wir nur die allertiefste und allerverächtlichste Vulgarität.«[32] In einem so unfreundlichen Klima – das im Laufe des Jahrhunderts noch frostiger wird – sind es häufig so konkrete Anlässe wie die materielle Herausforderung, »die Familie zu ernähren«, oder die Wechselfälle der Emigration – in der manche Frauen die Lesefrüchte einer auf diese neue Aufgabe schwerlich ausgerichteten Erziehung nutzen müssen, um ihren Lebensunterhalt zu fristen –, die die Frauen zu schriftstellerischer Arbeit bringen. Parallel jedoch gibt es den starken Drang zu schreiben: Viele Frauen veröffentlichen ihre Texte unter Pseudonym oder dem Namen des Ehegatten, was zu allerhand Ehestreitigkeiten führt, weil es nicht immer als Ehre betrachtet wird. Manche lüften später ihr Pseudonym und argumentieren dazu so merkwürdig wie Therese Huber 1820 im Vorwort zu dem erstmals unter ihrem richtigen Namen erschienenen Roman *Emilie:*

»Daß die Schriftstellerin eine ruhige Hausmutter sein könnte, wird dem Publikum zu glauben sehr schwer – deswegen verschwieg ich meine literarische Beschäftigung (...). Die greisende Matrone hat nun keinen Hausstand mehr, sie kann jetzt noch Mutterpflichten erfüllen, indem sie schreibt, nicht sie vernachlässigen.«[33]

Eine der wirksamsten und raffiniertesten Strategien, zum eigenen Schreiben zu kommen, ist und bleibt das Übersetzen. Dieses wird nämlich aus naheliegenden Gründen als Frauenarbeit par excellence betrachtet. Übersetzt wird zu Hause, im stillen: Man setzt sich also nicht dem unschicklichen literarischen Jahrmarkt aus. Das Übersetzen, obwohl damals bisweilen recht gut bezahlt, bleibt anonym: Man prostituiert weder den Namen des Gatten noch bringt man Schande über die Familie. Schließlich ist es als Tätigkeit auch mit den sogenannten häuslichen Pflichten vereinbar: Eine Frau kann die Arbeit an einer Übersetzung nach Belieben unterbrechen und wieder aufnehmen, ihre »Arbeit« dem Rhythmus des Haushalts unterwerfen statt umgekehrt. Doch da ist noch etwas anderes, was nicht allen klar ist, die das Übersetzen für einen den Frauen angenehmen Zeitvertreib halten: Übersetzen heißt, erworbenes Wissen konkret anwenden, und manchen Frauen, die sich dessen bewußt sind, bietet es in der Auswahl der Texte einen Freiraum und sogar die Möglichkeit, in die Übersetzung wie zufällig eigene Reflexionen und Akzente einfließen zu lassen, die ansonsten nirgends unterzubringen sind. Warum wählen Frauen, die erst Übersetzerin, dann Schriftstellerin werden, systematisch zur Übersetzung Briefwechsel von Frauen wie Ninon de Lenclos oder Theaterstücke und Romane über die Revolutionswirklichkeit?[34] Therese Huber selbst offenbart das Geheimnis dieses Übergangs vom Übersetzen zum eigenen Schreiben, indem sie einer ihrer Übersetzungen des Modeschriftstellers Louvet de Couvray hinzufügt:

»Ich komponirte ein Ende zu *Divorce nécessaire* ... ich schrieb au courant de la plume, was meine damals reiche Einbildungskraft eingab; in den Nachtstunden (...) an Hubers Krankenbett – mehr wie einmal mit dem säugenden Kind an der Brust –, so ward ich Verfasserin der Erzählungen.«

Zwar gehört Übersetzen zu den von Proudhon so bezeichneten »dienenden Tätigkeiten«, doch verschafft es den Übersetzerinnen den nötigen Antrieb zum eigenen Schreiben. Französische wie deutsche Schriftstellerinnen wagen sich kaum ans Theater, das ihnen im übrigen auch geringe Erfolgsaussichten eröffnet. Typisch dafür ist Marie von Ebner-Eschenbach: Als bekannte Romanschriftstellerin am Ende des Jahrhunderts riskiert sie ein eigenes Drama über Madame Roland, schafft es aber nicht, es auf die Bretter zu bringen.[35] Im Roman und in der Novelle bietet sich den Frauen Gelegenheit, in der Literatur Fuß zu fassen, mit der vorhersehbaren Folge, daß diese Genres von Männern zur

Handwerkelei herabgewürdigt werden: »Es sind Frauen, die die meisten Romane verschlingen, und sie sind es auch, die die meisten fabrizieren (. . .). Ich meine daher, man solle sie ihr Roman- und ihr Stopf-
und Flickwerk machen lassen.«[36] Bedenken wir, daß ein Teil der
Romanproduktion von Frauen solche Klischees bestätigt: Als schwülstige Epigoninnen Walter Scotts und unermüdliche Verfasserinnen von
Ritter- oder Schauerromanen richten sich manche Schriftstellerinnen im
Genre nach dem, was gerade gefragt ist, und produzieren für ihr Publikum eine immer läppischere Literatur, die in der zweiten Hälfte des
Jahrhunderts im Fortsetzungsfeuilleton der *Gartenlaube* Triumphe feiert. Doch obwohl es diese Literaturgattung gibt und sie mit wohlwollender Duldung der Behörden im 19. Jahrhundert synonym für Frauenliteratur wird, kann sie doch nicht eine ganz andere weibliche Literatur verdecken, die im Gegensatz dazu mit Zensur, Spott und Verachtung überzogen wird.

Briefwechsel als erste Äußerungsform schaffen eine Art Parallelöffentlichkeit, in der sich die Frauen von Begabung und Geist hervortun. Als Herzensergüsse getarnt gehen Briefe herum und werden
zugleich zum Mitteilungsorgan, zum Ort der Nachdenklichkeit und zur
Spielwiese für alle möglichen Genres. Die Korrespondenz Rahel Varnhagens ist dafür das subtilste Beispiel, doch Bettina von Arnim zeigt in
der Art, wie sie ihre früheren Briefwechsel dichterisch umsetzt und daraus eine eigene Gattung macht, ebenfalls schöpferisches Genie.[37] Das
Phänomen ist einzigartig und unterstreicht die Bedeutung und Kontinuität dieser Literatur der Innerlichkeit, die auch Tagebücher, Lebensbeschreibungen, Autobiographien und andere Erinnerungen umfaßt.
Sie wird in den vierziger Jahren des 19. Jahrhunderts gedruckt und
setzt einer Jugendzeit ein Denkmal, die in den ersten Jahren des Jahrhunderts in jener so kurzen wie intensiven Zwischenzeit erlebt wurde
und sich tief ins Gedächtnis der Frauen eingegraben hat.[38] Doch weitergehende Perspektiven zeichnen sich bereits ab; couragierte Frauen
mischen sich trotz alledem in politische Auseinandersetzungen ein, so
Bettina von Arnim, deren schriftstellerisches Schaffen erst begonnen hat
und die 1837 Partei für die »Göttinger Sieben« ergreift, nachdem diese
Universitätsprofessoren entlassen wurden, weil sie den Herzog von
Hannover an sein Verfassungsversprechen zu erinnern gewagt hatten.
Doch erst der wachsende Druck der sozialen Frage bringt die latente
Spaltung in der Frauenliteratur voll zum Vorschein.

Soziales Engagement verleiht dem Werk mancher Autorinnen der
vierziger Jahre des 19. Jahrhunderts Ursprünglichkeit und Kraft. Man
sieht, wie sie das Feld der schöngeistigen Literatur hinter sich lassen,
auf dem sie sich allmählich einen Namen gemacht haben, und sich auf
das Gebiet der Sozialkritik vorwagen.

Das Erscheinen von Flora Tristans *Promenades dans Londres* 1839 und von Bettina von Arnims *Dies Buch gehört dem König* 1843 belegt zugleich die europäische Tragweite einer Frauenliteratur, die von den unmittelbar gegebenen sozialen Verhältnissen ausgeht und sich mit den tiefen sozialen Umwälzungen befaßt. Unter dem Gewicht der sozialen Frage, die sie zu behandeln trachtet, entledigt sich diese Literatur zunehmend hergebrachter Attribute – Erfundenes, Schwülstiges, Phantasiefiguren – zugunsten von Statistiken, Armenlisten oder Dokumentarischem. Daraus entstehen überzeugende, von den Zeitgenossen kaum wahrgenommene Werke, ein fast dokumentarischer Stil und ein politischer und gesellschaftlicher Diskurs, den nach Meinung mancher männlicher Schriftsteller, denen die Zensur einen Maulkorb umgehängt hat, nur noch die Frauen weiterzuführen imstande sind. Zu belegen scheint das auch die Unterredung der Schriftstellerin Louise Aston mit dem Berliner Polizeipräsidenten vom März 1846:

»Ich: Aber meiner schriftstellerischen Karriere wegen ist mir der Aufenthalt in Berlin wünschenswert, wo ich stets neue geistige Anregungen finde. – Minister: In unserem Interesse ist es keineswegs, daß Sie Ihre künftigen Schriften, die gewiß so frei wie Ihre Ansichten sind, hier verbreiten. – Ich: Nun, Exzellenz, wenn sich erst der Preußische Staat vor einer Frau fürchtet, dann ist es weit genug mit ihm gekommen!«[39]

Das Scheitern der 48er Revolution in Deutschland wird zum entscheidenden Wendepunkt. Die für den Vormärz[40] typische sozialkritische Literatur verschwindet von der Bildfläche. Bezeichnend ist, daß manche Schriftstellerinnen nun ihr früheres Engagement rundweg verleugnen und sich in sichere Werte flüchten: Luise Mühlbach, die mit ihrem Roman *Aphra Behn* – die Biographie der ersten hauptberuflichen englischen Schriftstellerin – noch 1849 eine Kampfschrift für wahre Frauenemanzipation veröffentlichte, schreibt nur noch Histörchen aus Sanssouci zur Zeit Friedrichs II. und andere pseudohistorische Schmonzetten. Sogar die Emanzipiertesten haben insgeheim Angst, sich auf das Schreiben als Herstellung von Öffentlichkeit einzulassen. Fanny Lewald, emanzipierte Jüdin und stille Ratgeberin des literarischen Berlin, gesteht in ihrer *Lebensgeschichte* (1861/1862):

»(. . .) an Abhängigkeit und Unterordnung mehr gewöhnt, als ich es selber wußte, [betrieb ich] meine literarische Beschäftigung immer noch wie ein mir Zugestandenes, gleichsam auf Widerruf Erlaubtes (. . .), daß ich mich für verpflichtet hielt, eine Menge von Handarbeiten zu verrichten, weil es früher meine Aufgabe war, sie zu machen (. . .).«[41]

Eine bestimmte neue Art von Frauenliteratur kommt in der zweiten Hälfte des 19. Jahrhunderts auf. Deren Ansätze liegen nun außerhalb der aristokratischen Kreise oder wohlhabenden Schichten. Gewiß veröffentlichen Bürgerliche und Aristokratinnen weiter, etwa Louise Otto-Peters, 1849 Gründerin der ersten *Frauen-Zeitung*, Lily Braun, geb. Kretschman und Verfasserin der bemerkenswerten *Memoiren einer Sozialistin*, oder auch Hedwig Dohm, die für das Frauenstimmrecht kämpft.[42] Doch eine genauso starke und viel neuere Bewegung zeichnet sich bei den Proletarierfrauen ab. Der Bruch zwischen den beiden Strömungen in der sogenannten »Frauenfrage« erfolgt 1894. Das Ergebnis ist eine Reihe von Autobiographien von Arbeiterinnen, deren berühmteste Adelheid Popps *Jugend einer Arbeiterin* bleibt. Hier handelt es sich um eine jener »Biographien von unten«, wie sie Goethe nannte, und die Verfasserin unterstreicht von vornherein den exemplarischen Charakter: »Ich schrieb die Jugendgeschichte (. . .), weil ich in meinem Schicksal das von Hunderttausenden Frauen und Mädchen des Proletariats erkannte.«[43] Dreizehn Kinder in der Familie, drei Jahre Schulbesuch mit Unterbrechungen, mit zehn Jahren Fabrikarbeiterin, Spitalaufenthalt mit dreizehn und Entdeckung der Klassiker, dieser Lebensweg wird nicht als individuell bedeutsam nachgezeichnet, sondern weil er Vorbild für andere ist. Das Schreiben über sich selbst wird zum Schreiben im Dienste der anderen, und die Frauenliteratur findet zum Ende des Jahrhunderts zurück zu einer Rolle, die derjenigen ähnlich ist, die sie ein Jahrhundert früher in Erbauungsschriften, in den *Moralischen Wochenschriften* und Liebesromanen spielte. Nur ist nun aus der moralischen Mahnung der Literatur an die Leserinnenschaft eine soziale geworden.

So stellt die kurze und unvollständige Geschichte von Lebensbahnen, die Frauen vom Elementarunterricht über das Schreiben zum öffentlichen Engagement führen, eine Art Gleichnis für die Sozialgeschichte im großen dar: »Wenn Stil Ausdruck des einzelnen ist, ist Literatur Ausdruck der Gesellschaft«, hatte Bonald bereits 1812 geschrieben. Unabweisbar drängten die Frauen über eine fortwährende Alphabetisierung in die öffentliche Kultur, die sich durch keine gesetzlichen Schranken mehr wirklich hemmen läßt.

Anderes gilt für die Stellung von Schriftstellerinnen im Hauptberuf. Während Verfasserinnen von Flucht- und Illusionsliteratur wohlwollend von einem Frauenpublikum aufgenommen werden, das sich lammfromm wieder in die Gesellschaftsordnung der Restauration fügt, stoßen Frauen, die die Literatur in eine wahre »Stimme der Frauen« zu den Problemen und Fragen der Zeit verwandeln wollen, mehr denn je auf Verbote, Hohn und Sarkasmus. Aber sie lassen sich den Schneid nicht abkaufen, sondern bahnen mit ihren Schriften neue Wege,[44] wobei sie sich den Verlauf der Kulturgeschichte der Menschheit, die sie auch für sich in Anspruch nehmen, etwas unkonventionell erklären:

»Es ist den Frauen unaufhörlich eingeschärft worden: für Euch denken die Männer, – daß sie schließlich aufgehört haben zu denken. Lange Reihen von Frauengenerationen sind unter dem Drucke der Verachtung ihrer Intelligenz aufgewachsen, und natürlich haben sie Manches gethan um diese Verachtung zu rechtfertigen. (...) Der gelehrte Herr spricht der Frau die Fähigkeit ab, auf dem Gebiete der Kunst, Wissenschaft und Politik etwas Bedeutsames und Epochemachendes zu leisten ... Dasjenige Buch, das in unserem Jahrhundert den weitgreifendsten Einfluß auf die soziale Welt geübt hat, ist das Buch einer Frau gewesen: *Onkel Toms Hütte* ... Der Größte Prosaiker unseres Jahrhunderts vielleicht ist eine Frau: George Sand. Der größte Romanschriftsteller der Gegenwart ist, wenigstens meiner Meinung nach, George Eliot, eine Frau. (...) Das Zeitalter der Ruinen und Alterthümer-Sentimentalität ist vorüber; die urältesten Pyramiden werden erbrochen, und die morschen, vergilbten Gedanken, die fossilen Vorstellungen müssen heraus ans Licht der sonnigen Wahrheit.«[45]

Aus dem Französischen von Günter Seib

7

DAS KATHOLISCHE MODELL

Michela De Giorgio

WEIBLICHKEIT UND GEGENREVOLUTION

Die Tugenden des edlen Geschlechts

Im Jahre 1866 verknüpfte Anna Maria Mozzoni, die bedeutendste Vertreterin des italienischen Feminismus, eine für das katholische Frauenbild der Restaurationsära charakteristische aristokratische Genealogie weiblicher Tugenden mit emanzipatorischen Idealen. Die »edle Kühnheit« der Marie-Antoinette von Frankreich, die sittliche Größe der Herzogin d'Angoulême und die Energie der Marie-Caroline de Berry werden zu Pfeilern, auf denen der Beweis für die sittliche Überlegenheit des Charakters der Frauen beruht. Der feministische Traum der Emanzipation – die Frauen sollten verdientermaßen, d. h. »aufgrund ihrer moralischen Tugenden«, die Stellung der Männer einnehmen – appelliert an die Geschichte: Sie stehe über den parteilichen Leidenschaften und »weist jedem (Geschlecht) die ihm gebührende Rolle zu«.[1] Von der Überlegenheit der Frauen ist auch der Theatiner Pater Gioacchino Ventura überzeugt. Im Vergleich zu ihnen seien die Bourbonen als das erkennbar, was sie sind, nämlich »nichtswürdige Männer«, ohne jegliche männliche moralische Kraft.

Die Feministin und der Priester sind sich also einig in dem Vorhaben, die Frauen zu adeln. Gewiß, Pater Ventura ist ein untypischer Vertreter des Klerus im 19. Jahrhundert. Er ist ein Gefolgsmann von Lamennais, lebt seit 1848 aufgrund von Zwistigkeiten mit Papst Pius IX. im Exil in Frankreich und ist Verfasser der weit verbreiteten Schrift

La donna cattolica (1855)[2], die ein Grundpfeiler für die moralische Erziehung des weiblichen Geschlechts war. Sein entschiedenes Eingreifen zugunsten der moralischen Tugenden der Frauen (»man muß heutzutage die Frau nicht nur in den Augen des Mannes, sondern auch in ihren eigenen Augen erhöhen«) unterscheidet sich kaum von dem ungeachtet unterschiedlicher politischer und religiöser Positionen vorherrschenden erbaulichen Ton der gesamten europäischen Kultur des 19. Jahrhunderts. Venturas Modell bezieht sich auf den Archetypus der »Mutter als Lehrerin und Erzieherin«, der während der Französischen Revolution im Zuge der Debatte um die weibliche Erziehung entstanden ist. Die »neue« Mutter sollte in den Herzen der Kinder und auch der Männer die sozialen und individuellen Tugenden entwickeln und bestärken. Das ist die klassische Vorstellung des pädagogischen Denkens der Revolution von Lakanal bis zum Italiener Buonarroti.

Die katholische Kultur der Restauration übernimmt problemlos dieses Modell und wird dabei durch die Wissenschaft unterstützt. In Frankreich hatte sich unter dem Einfluß der Schriften von Georges Stahl Ende des 18. Jahrhunderts die Überzeugung vom Primat der Seele über den Körper durchgesetzt. Die von Pierre Roussel 1775 verfaßte Schrift *Système physique et moral de la femme,* die über ein Jahrhundert als grundlegend galt, stellte heraus, daß das Wesen der Weiblichkeit über die physiologische Beschränkung durch die Geschlechtsorgane hinausreiche. Schwäche und Sensibilität der Frauen seien keine negativen Folgen der Beziehung zwischen Leib und Seele, sondern vielmehr positive Attribute des Geschlechts. Auch die Seele genieße die Extension der Zeichen der Weiblichkeit: von den Muskelfasern bis hin zum moralischen Verhalten.[3]

Seit Beginn des 19. Jahrhunderts entwickeln viele katholische Autoren die Theorie einer besonderen »historischen« Fähigkeit des Christentums, diese »empfindsamen« Charakteristika der Weiblichkeit anzuleiten und sie von allen körperlichen, ja fleischlichen Äußerungen zu lösen.[4] Befreit von aller Abhängigkeit zwischen physiologischer Struktur und psychologischer Substanz verbreitet sich dieses Idealmodell des Weiblichen im gesamten nachrevolutionären Europa. Die weibliche Seele, die sich von der männlichen unterscheiden und diese ergänzen soll, wird für die Kirche der Restauration zu einer Quelle der Zivilisierung und Bekehrungsmöglichkeiten. Ebenso erachtet der klassische Idealismus die weibliche Seele als erforderlich, um die volle Humanität zu erlangen (die Familie als Kern der Sittlichkeit in der Hegelschen Rechtsphilosophie). Dasselbe gilt auch für die Romantik mit ihrem Ideal der harmonischen Komplementarität der Liebe.

»Dieses Geschlecht, dem nur Sanftheit und Geduld zuteil geworden zu sein scheint, hat häufig den tatkräftigsten Eifer, die unerschrocken-

ste Hingabe, die erstaunlichste Selbstbeherrschung gezeigt«, schreibt zu
Anfang der zwanziger Jahre des 19. Jahrhunderts das katholische Tages-
blatt *L'Ami*. In dieser Zeitung gilt die Überlegenheit des weiblichen
Lebens gegenüber dem männlichen bereits als Faktum.[5] In den Augen
der Katholiken der Restauration ist es einer der wenigen Verdienste
der Revolution, daß sie die Dialektik von weiblicher Stärke und
Schwäche voll ins Bewußtsein gehoben hat. Die Frau als neues soziales Subjekt scheint unverdorben durch politische Leidenschaften und
durchdrungen von christlichen Gefühlen, so daß sie schon allein
dadurch zum moralischen Beispiel wird. Auf dem Gipfel strahlen – als
unmittelbarer politischer Bezugspunkt – die Frauen der Königsfamilie
mit ihren strategischen Heldentaten, doch weiter unten gibt es ein
unerschöpfliches Netz weiblicher Ressourcen ohne Klassenschranken.

»Gebete, Zärtlichkeiten, Klagen, Liebkosungen« sind die Waffen
weiblicher Überredungskunst, der intime Weg der Frauen, um in
Frankreich auf das öffentliche Leben wirkungsvoll Einfluß zu nehmen.
Joseph de Maistre faßt nahezu perfekt die Ansichten seiner Epoche zusammen: »Im Guten wie im Schlechten ist der Einfluß eures Geschlechts groß.« Er meint damit allerdings nur den Einfluß der Frauen
im erweiterten Familienkreis: »Ihre Kinder, ihre Freunde, ihre Hausangestellten sind mehr oder weniger ihre Untertanen.« Ein »empirisches«
Beispiel liefert hierfür Pater Pierre Alexandre Mercier. Er nimmt in
Fourvières von 1850 bis 1857 20000 Reumütigen die Beichte ab, also
im Schnitt vierzehn Beichten pro Tag. Der Anteil der Frauen ist leider
nicht bekannt. Der Pater hat seine Erfahrungen mit diesen Berichten
über Tugend und Sünde in einer Reihe von Vorträgen unter dem Titel
»De l'influence salutaire ou pernicieuse qu'exerce la femme dans la
société« (Über den heilsamen oder verderblichen Einfluß der Frau in
der Gesellschaft) zusammengetragen. Der Text wird als Beispielsamm-
lung für Predigten empfohlen.[6]

Gott wechselt das Geschlecht

Die katholische Erschaffung einer weiblichen Gegenmacht, die auf Ge-
fühlsressourcen als moralisches Korrektiv wider die Männer zurückgreifen kann, gelingt in Frankreich um so leichter, als dort die »Weiblichkeit des Herzens« bereits zur literarischen Tradition gehört. Von
Madame de Sévigné bis zu Madame de Lafayette schildern Autorinnen
in ihren herausragenden literarischen Werken den weisen und leichten
Zugriff der Frauen im Geflecht der privaten Beziehungen. In Italien war
die Situation anders. Es gab weder einen Nationalstaat noch eine nationale Gesellschaft. Was das bedeutet, zeigt unter anderem die Verbrei-

tung allgemeiner Verhaltens-Ratgeber. »Das bloße Fehlen von Gesellschaft (. . .) führt natürlich dazu, daß es in Italien einen Stil, einen
bestimmten italienischen Ton nicht gibt«, klagte schon Leopardi.[7] Es ist
letztlich die Kirche, die eine Vereinheitlichung der Sitten und damit
eine herrschende zivilisatorische Tradition durchsetzt, indem sie die
Tugenden des aristokratischen Benehmens mit denen des guten Christen zusammenfügt.[8] In den ersten Jahrzehnten des 19. Jahrhunderts
bricht die bis zu Boccaccio und Filippo da Bergamo reichende Tradition unverschämter Abhandlungen über Frauen endgültig ab. Die Kirche dehnt ihre Hegemonie aus. Wenn italienische Autoren jetzt beispielhafte Frauenleben darstellen, dann orientieren sie sich an katholischen Lehrbüchern aus Frankreich. Dieser Einfluß ist von anhaltender
Wirkung. Gegen Ende der 80er Jahre zog die *Civiltà Cattolica* gegen
den (von einer Frauenzeitschrift begangenen) Frevel zu Felde, berühmte Italienerinnen wie Mathilde von Canossa und Katharina von Siena
neben zwei Märtyrerinnen der neapolitanischen Revolution von 1789,
Eleonora Fonseca Pimentel und Luisa Sanfelice, auf der gleichen Ehren-
galerie zu plazieren.[9] Die weibliche soziale Identitätsbildung verlangt
jetzt auch nach eigenen Leitbildern wie sie im Katholizismus von der
literarischen Ikonographie und einer Fülle an weiblichen Heiligen
reichlich angeboten werden.[10]

Die Abwendung von der Kirche und der Antiklerikalismus sind im
19. Jahrhundert ausschließlich eine Sache von Männern. Priester klagen allgemein, daß in ihren Gemeinden die Männer wegblieben. Ihre
Religion geht nicht verloren, aber sie erhält einen anderen Status. War
die Religion vorher eine umfassende, absolute Geisteshaltung, so
erhält sie nun Züge der Relativität bloßer religiöser Meinungen. Vor
allem der Glaube der Männer drückt sich zunehmend in »politischen
Positionen« aus, während er bei den Frauen noch als »Geisteshaltung«
erhalten bleibt. Bei Frauen drückt sich die Stärke des Glaubens mehr
denn je durch »faktisches Verhalten« aus. Der Katholizismus des
19. Jahrhunderts steht also im Zeichen des weiblichen Geschlechts.
Die Feminisierung der Praktiken, der Frömmigkeit wie auch des
Klerus sind offensichtlich. »Gott hat das Geschlecht gewechselt«, konstatiert um die Mitte des Jahrhunderts Michelet, der noch heute als
Wegbereiter einer geschlechtsspezifischen Sprache für religiöse Glaubensinhalte gilt.

Von Frauen war selten die Rede, wenn französische Seelsorger nach
dem Sturm der Revolution die beherrschenden Laster auflisteten, als da
sind: zunehmende Sonntagsarbeit, Fernbleiben von der Messe, Nichtbeachtung der Pflicht zur Osterkommunion. Frauen praktizieren ihre
Religion aufmerksamer und sie sind strenggläubiger als die Männer.
Versucht man trotz des regional sehr unterschiedlichen Verhaltens eine

nationale Gesamtbeurteilung zu formulieren, so dürften von vier praktizierenden Katholiken wohl drei Frauen gewesen sein.[11] Zu Beginn
des 19. Jahrhunderts notierte Aegidius Jais, daß er während seiner jahr-
zehntelangen Sorge um die Seelen im Salzburger Umland nur auf einen
einzigen Ort gestoßen sei, in dem nicht überwiegend Frauen den
Beichtstuhl aufsuchten.[12] Aussagen über die nach Geschlecht differenzierten religiösen Praktiken stützen sich häufig allein auf die impres-
sionistischen Berichte der Pfarrer. Doch auch die Andachtsbücher verweisen auf das Überwiegen der Frauen. »Die Religion steht, da sie eine
Angelegenheit des Gefühls ist, den Frauen näher als dem Mann«,
schreibt 1814 der deutsche Benediktiner C. Gartner in einem speziell
an die Frauen gerichteten Lesebuch. Um die Mitte des Jahrhunderts
bestätigt die *Civiltà Cattolica* die Feminisierung der Andachtspraktiken
als »unbestritten und offenbar«. Überall in den Kirchen ist das »weibliche Geschlecht« gegenüber dem »männlichen« in der Überzahl.[13] In
Rom sind im Heiligen Jahr 1825 zwar nur 38 Prozent der Pilger Frau-
en.[14] Aber in der Masse der Gläubigen, die aus ganz Frankreich nach
Ars ziehen, dem ersten und meistbesuchten Wallfahrtsort um die Mitte des 19. Jahrhunderts (60000 bis 80000 Pilger pro Jahr), ist das Übergewicht der Frauen deutlich: von den 397 namentlich identifizierten
Pilgern sind 64,5 Prozent Frauen. Sie zeigen, daß sie die katholische
Religion nicht nur praktizieren, sondern auch mehrheitlich von religiöser Inbrunst beseelt sind.

Identifikation der katholischen Frau

Eine »Völkerpsychologie« der Geschlechter

In der ersten Hälfte des 19. Jahrhunderts beschreiben die Pfarrer ihre
Gemeinden – unter anderem mangels statistischer Verfahren – noch,
ohne nach dem Geschlecht der Gläubigen zu differenzieren. Auch
sonst sind ihre Kategorien reichlich vage und ungenau. So wird die
»Völkerpsychologie« gewissermaßen auf die Größe der Kirchengemeinde verkleinert: Wir erfahren einiges über das jeweilige »Temperament«
eines Dorfes – fromm, arbeitsam, gleichgültig, störrisch –, womit es
sich für die Pfarrer erübrigt, die ganz konkreten Tugenden der verschiedenen Gläubigen zu beschreiben. Dieses territoriale »Abstecken«
von psychologischen Menschentypen – ihre Zuordnung nach Gemeinde oder Region, wie es etwa Philippe Boutry für die Diözese von Ars
beobachtet hat[15] – wird dann umgekehrt auch auf ganze Nationen aus-

gedehnt. Und das erlaubt wiederum die Identifikation *aller* gesellschaftlichen und moralischen Eigenschaften des »typisch« Weiblichen
dieser oder jener Nation. Die Neigung zu derartiger Typenbildung war
keineswegs eine Eigenart der Kirche: Auch Stendhal, Michelet und ihre
italienischen Nachfolger, der humanistische Gelehrte Tomaseo ebenso
wie der Anthropologe Mantegazza, teilen die Frauen in »nationale
Typen« ein. Daraus leiten sie spezifische moralische Verhaltensweisen
ab: unterschiedliche Grade an Leidenschaft, Emotionalität, Opfergeist,
Bereitschaft zum ehelichen Gehorsam usw.

Erst in den letzten Jahrzehnten des 19. Jahrhunderts ist die Kirche
unter dem Druck von Industrialisierung, Verstädterung, Alphabetisierung und schließlich Politisierung der Frauen gezwungen, sich den
Standards der weltlichen Sozialwissenschaften anzunähern, den undifferenzierten Kosmos der Frau aufzugeben und präzisere Typologien
unter Einbeziehung von Klasse, Familienstand, Altersgruppe und Beruf
zu entwickeln.[16] Das Verblassen einer scharfen und antagonistischen
Unterscheidung zwischen katholischen und nichtkatholischen Frauen
ist eine der positiven Folgen dieser weniger summarischen Erfas-
sungsmethoden. »Wir müssen die Gewohnheit ablegen, eindeutige
und absolute Typen zurechtzuzimmern, und wir sollten möglichst
nicht im Singular sprechen, wie etwa: ›die christliche Frau, die nicht-
christliche Frau‹«, schreibt am Ende des Jahrhunderts Pater Gabriel
d'Azambuya.[17]

Ebensowenig wissenschaftlich ist die im 19. Jahrhundert übliche,
höchst impressionistische Einordnung ganzer Nationen nach unterschiedlichen katholischen »Temperamenten«. Als Elisabeth Galitzin 1828
im Gefolge von Mutter Oberin Sophie Barat durch Italien nach Rom
reist, »spürt« sie, daß sie das Land der Katholizität durchquert. In der
heiligen Stadt ist sie aufgewühlt vor Freude: Selbst die Luft ist »durchtränkt von der Nähe des Heiligen Stuhls Petri«. Die Straßen sind von
Kreuzen gesäumt und mit Marienbildern geschmückt, vor denen Männer wie Frauen niederknien (»Maria ist die Herrin, vor der ganz Italien
auf den Knien liegt«, schrieb Hippolyte Taine), die Städte und Dörfer
sind mit Heiligenstatuen übersät: ein Beweis für die Frömmigkeit der
Italiener.[18] Félicité de Lamennais dehnte zur gleichen Zeit jene heilige
Topographie gläubiger Folgsamkeit auf nahezu die gesamte Bevölkerung des Kirchenstaates aus.

1862 fühlt sich die zweifellos emanzipierte Louise Colet im Dom
von Mailand umfangen von einer »himmlisch volkstümlichen Atmosphäre (...), die mit der Seele dieses Volkes untrennbar verbunden
ist«.[19] Ihre anhaltende Sympathie für das Risorgimento (als Kind hatte
sie sich nach der Lektüre von *Le mie prigioni* in Silvio Pellico verliebt)
trägt dazu bei, sie in der Gewißheit zu bestärken, daß der höchste

Grad an Katholizität bei den Italienerinnen und Italienern zu finden sei.

Die Gestalt der zugleich nationalen und katholischen »Italienerin« entsteht in den 1830er Jahren, unter dem Einfluß von liberalen politischen Idealen: Sie wird als kulturelles Vorbild entworfen, das nicht auf das Hinterland eines in den Grundzügen gemeinsamen »Nationalcharakters« zurückgreifen kann. Schließlich war es in Italien schwierig, derart gegensätzliche Haltungen auf einen Nenner zu bringen wie etwa das spöttisch aggressive Verhalten gegenüber dem Klerus, wie Goethe es bei der jungen neapolitanischen Aristokratie beobachtet hatte[20], oder die starke Loyalität gegenüber dem katholischen Glauben und dem Königshaus beim Piemonteser Adel, der sich sehr bewußt vom restlichen, »in Goldonis Florindo- und Rosaura-Gestalten getreulich porträtierten«[21] italienischen Adel abgrenzte. Die erste Typisierung des Ideals der nationalen »Italienerin« stammt von Niccolò Tomaseo: »Die italienische Frau, die zu inspirieren vermag, die zu gehorchen und zu befehlen weiß, wo es nötig ist, ist uns eine Gewähr für ein weniger hartes Schicksal. Wo immer Männer verdorben und schwach sind, dort sind die Frauen weniger schwach und weniger verdorben.«[22] Für die *Civiltà Cattolica* ist dieser Text zu liberal (»obgleich er viel Gutes enthält«); sie empfiehlt für die christliche Bildung der weiblichen Seelen zuverlässigere Autoren, und diese stammen allesamt aus den Reihen des Klerus. Aber Tomaseos Modell der »neuen« patriotischen und gleichzeitig durch und durch katholischen »Italienerin« lebt fort in den zahlreichen Traktaten und moralischen Abhandlungen der zweiten Hälfte des 19. Jahrhunderts.

Auch die Kirche entwickelt ihre eigene »Völkerpsychologie«. Sie tut dies natürlich auf religiöser Grundlage. Die Vertreibung der englischen Frauen vom Sockel der moralischen Autorität, auf den der Katholizismus sie gestellt hatte, ist ein Topos der Auseinandersetzung mit dem Protestantismus: »Die englische Frau (...) erregt keine Bewunderung mehr; kaum noch empfängt sie die ihrem Geschlecht geschuldete Achtung«, schreibt 1844 der Anti-Engels Abbé Gaume, als er untersucht, in welcher Weise die unterschiedlichen religiösen Bekenntnisse die Ausübung familiärer Macht und Gegenmacht der Frauen schützen.[23]

Das 19. Jahrhundert mit seinem Primat des männlichen Diskurses bleibt sich in seiner Rhetorik durchaus treu bei dieser üppigen Produktion von Modellgestalten. Frauen werden bedacht mit einem »Gegendiskurs«, der sich im wesentlichen auf die Eigenart ihrer Religiosität bezieht. Diese erscheint als »empfindsame« Frömmigkeit und strahlt von den Andachtsstätten auf das alltägliche Familienleben aus. Das Gefühl der Selbstbestätigung (so typisch für die Rolle der Frau im 19. Jahrhundert) erwächst den Frauen aus dem bewußten Einsatz ihrer moralischen Souveränität im häuslichen Leben und aus der Erziehung der Kinder. Selbstverständlich gibt es die vielen Unzulänglichkeiten des realen Lebens. Sie werden jedoch abgeschwächt durch die feste Überzeugung, daß die menschlichen Gefühle nichts anderes sind als üblicherweise enttäuschende Reflexe der religiösen Gefühle, die ihrerseits tragfähige Vorbilder und Ausdrucksmittel für das irdische Gefühlsleben liefern.

Die Entwicklung der religiösen Empfindsamkeit im 19. Jahrhundert steht in engem Zusammenhang mit dem familiären Gefühlshaushalt. Das vom Katholizismus propagierte weibliche Modell war ausschließlich das der Ehefrau und Mutter. Von der Ehefrau verlangt die Kirche Unterwerfung und Bereitschaft zur Entsagung. Die Welt ist ein Jammertal für alle, insbesondere jedoch für die Frauen. Die emotionalen, und erst recht die sexuellen Aspekte der ehelichen Liebe werden von der schamhaften katholischen Literatur des 19. Jahrhunderts ausgespart, ein Schweigen, das bis in die ersten Jahrzehnte des 20. Jahrhunderts anhielt. Selten und nur knapp werden die »ehelichen Pflichten« angedeutet, die stets zu erfüllen sind, ohne jede Enthaltung, auch nicht »um der Tugend willen«. Der Ehemann ist eine Gabe Gottes, er führt die Frau durch ihr Opfer zur Heiligkeit.[24]

Der Code der Gefühle

Mit der Enzyklika *Arcanum* antwortet die Kirche 1880 auf die weltlichen Angriffe gegen die Ehe. Papst Leo XIII. bekräftigt die Autorität des Ehemanns: »Der Mann ist Herr über die Frau: wie Christus der Herr der Kirche ist.« Die Ehefrau »soll sich dem Ehemann unterwerfen und ihm gehorchen, nicht in der Art einer Magd, sondern als Gefährtin, das heißt dergestalt, daß sie die Unterwerfung immer noch mit Anstand und Würde leistet«.[25]

Die Enzyklika Leos XIII. bestätigt und verlangt die Würde der Frau in der Ehe, obgleich der eheliche Schutz sich bisweilen als blutrünstig erweist. Die scharfe Verurteilung eines Ehemannes, der seine ehebrecherische Frau tötet, enthüllt das dramatische klassenübergreifende Hintergrundgeschehen der unauflöslichen Institution Ehe. Für den übergroßen Teil der um die Mitte des 19. Jahrhunderts geborenen bürgerlichen und aristokratischen Italienerinnen ist eine Ehe nach dem Willen der Familie noch immer die Norm. Die selbständige, vom Gefühl bestimmte Wahl des Ehegatten gehört in eine andere, von feministischen Pamphleten geschilderte mythische Welt »des freien Amerika« mit seiner Gleichberechtigung auf dem Heiratsmarkt. Gegen Ende des 19. Jahrhunderts entfalten die Romane der katholischen Schriftstellerinnen zum Lieblingsthema »Ehe« viele der moralischen Reformvorschläge, für die sich die internationalen Vorkämpfer einer Soziologie der ehelichen Beziehungen begeisterten (Legouvé, Letourneau, Mantegazza, Lombroso, Lhotzky, Werner, Carpenter, etc.). Die passiv hingenommene Verheiratung mit sehr viel älteren Männern ist eines der am heftigsten debattierten Themen der Erneuerung. Den Erbhygienikern war dieser ungleiche Handel – ästhetisches Kapital der Frau gegen ökonomisches Kapital des Mannes – ein Dorn im Auge. In den Texten der katholischen Schriftstellerinnen aber wird das ungleiche Heiratsalter sehr viel seltener kritisiert als das System der doppelten Moral, das den Heiratsmarkt beherrscht. Die aus dem Alter des Ehemanns herrührenden Schwierigkeiten lösen sich in den Geschichten meistens im Happy-End auf.[26] Man darf nicht vergessen, daß das Bestreben, unter die Haube zu kommen, und die bis zum Ersten Weltkrieg vorherrschende Auffassung, daß die Frau lediglich in der Ehe zu einer würdigen sozialen Existenz gelangen kann, nicht nur in der katholischen Publizistik zu finden ist. Die aus Vernunft und nicht aus Leidenschaft oder um des Trostes willen geschlossene Ehe, zu der die Presse der Gioventù Femminile der Azione Cattolica noch in den 1920er Jahren rät, hat eine lange Tradition antiemotionaler Pädagogik. Die nur von den Augen oder vom Herzen geleitete Wahl des Ehepartners führt zu instabiler und vergänglicher Ehe. Vom Ehemann der praktizierenden Katholikin wird lediglich verlangt, daß er ein guter Christ sei.

»Sie hat sich ferngehalten vom Murren in Weiberkreisen über die Niedertracht der Männer«, heißt es in der Lobpreisung auf Rita da Cascia, verlesen in Rom während der Zeremonie ihrer Heiligsprechung (1900). Das lange Erdulden der von einem »rohen, bestialischen« Mann auferlegten ehelichen Strafen und die würdevolle Distanz zu anderen Frauen, die ebenfalls Opfer ihrer Ehe waren, sind Themen, die einen großen Teil der Heiligenbiographien des 20. Jahrhunderts beherrschen.[27] Das ist das kirchliche Gegenstück zur zahlreichen weltlichen Literatur über die schlechte Ehe, die bis in die Details Ritas Leiden im Eheleben enthüllt. Mit der Heiligsprechung von Rita schafft die Kirche ein Vorbild, mit dem sie eingesteht, daß das Eheleben für Frauen eine Last oder gar ein Martyrium sein kann. Um 1900 taucht in den spärlichen Beispielen katholischer Autobiographien über unglückliche Ehen auch die Sexualität auf. Jaqueline Vincent – 25 Jahre lang Dienstmagd und Geliebte eines brutalen und atheistischen Ehemannes, dann ab 1925 Karmeliter-Terziarin – schreibt ein erschütterndes *Livre de l'amour*, in welchem sie eheliche Beziehungen als mystische Folter bezeichnet.[28]

Hortus clausus

Berufungen

Ehefrau und Mutter, das sind die dominanten Bilder, die die unverheiratete Frau in den Hintergrund drängen. Die ledige Frau mit ihrem Platz außerhalb der Familie ist ein soziales Problem, welches das Fin de siècle beschäftigt. Zwischen der ledigen Frau als Problem und der stark zunehmenden »Feminisierung des Klerus« besteht ein enger Zusammenhang. In Frankreich steigt die Anzahl der Frauen, die in alte und neue religiöse Kongregationen eintreten, zwischen 1808 und 1880 von unter 13 000 auf über 130 000 an. Im Jahre 1830 war das Verhältnis von Frauen zu Männern im Ordensklerus zwei zu drei. 1878 dreht sich das Verhältnis um: drei Frauen kommen auf zwei Männer. Zwei Drittel der Gründerinnen neuer Kongregationen stammen aus den oberen Klassen. Vor der Revolution kamen 29 Prozent aus dem Adel und 33 Prozent aus dem Bürgertum. Im 19. Jahrhundert steigt der Anteil der Bürgerlichen auf 46 Prozent, der des Adels sinkt auf 19 Prozent. Die übrigen Mitglieder dieses machtvollen Heeres kommen aus den Familien kleiner Bauern, Handwerker und Lohnabhängiger.[29] Claude Langlois hat betont, daß dieses Phänomen der Feminisierung des Klerus eine einzigartige Neuerung darstellt. Die neuen Ordensgemeinschaften unterstanden der Autorität ihres Gründers, vor allem aber der der Gründerin und der Generaloberin. Diese institutionelle Autonomie der neuen Frauenorden kommt insbesondere bei der Mädchenerziehung zur Geltung. 1876 stehen 80 Prozent der 500 000 französischen Kinder, die den Kindergarten besuchen, unter der Obhut religiöser Gemeinschaften. Schwieriger ist es, die katholische Vorherrschaft über die Erziehungsanstalten (in Frankreich wie in Italien) in Zahlen auszudrücken. Die erste nationale statistische Erhebung Italiens von 1872 zeigt, daß Ordensgemeinschaften und religiöse Kongregationen ein absolutes Monopol über 570 erfaßte Internate haben. Dreißig Jahre später kann der Staat lediglich 86 öffentliche Institute den insgesamt 1429 privaten Schulen und Internaten entgegensetzen. Zu letzteren zählen ca. 800 Hilfswerke und Wohlfahrtseinrichtungen mit 48 677 Internats- und 59 179 externen Schülerinnen.[30] Diese Zahlen sind ein Beleg für das unerschütterliche Vertrauen, das auch die nichtkirchlichen Eliten in die Prägung der weiblichen Rolle durch die katholischen Mädchenschulen setzen.[31]

Die beeindruckende Feminisierung des französischen Klerus ist ein wahrhaft nationales Phänomen. Es erreicht die anderen katholischen Länder mit unterschiedlicher Geschwindigkeit und Intensität. In Frankreich liegt die Blütezeit der Ordensneugründungen mit einer General-

oberin als Leiterin zwischen 1820 und 1830. In Italien, wo die Kirchenpolitik in den Einzelstaaten extrem unterschiedlich war, erlauben die
verfügbaren Daten vor der nationalen Einigung noch kein Gesamtbild.
Die Zunahme der weiblichen religiösen Einrichtungen scheint ein Jahrzehnt später als in Frankreich eingesetzt zu haben. 1861 erfaßt die erste
Zählung im Königreich Italien 42 664 »Nonnen«, ohne jedoch dabei zwischen »Nonnen« und »Schwestern«, zwischen Klöstern mit Klausur, Kon-
servatorien, Oblatenschulen oder neuen zentralisierten Instituten zu
unterscheiden. Auch in Italien ist die Feminisierung des Klerus eine
wohlbekannte Tatsache; schließlich gibt es nur 30 632 männliche
Ordensmitglieder. Es gibt 1,95 Nonnen pro Tausend der Bevölkerung.
Das ist weniger als in Belgien, wo die Zahl bei 2,70, und mehr als
in Spanien, wo sie bei 1,20 liegt. Die höchsten Prozentsätze sind in
Umbrien und den Marken zu verzeichnen, zwei Provinzen des ehemaligen Vatikanstaates. Doch die übergroße Mehrheit der Ordensfrau-
en – in Zahlen 22 619 – findet sich im Süden, in den Provinzen Nea-
pels (13 651) und in Sizilien (8968).[32]

In einem der neapolitanischen Klöster schrieb Enrichetta Caracciolo
über ihren erzwungenen Klostereintritt. Die *Misteri del chiostro napoletano* (1864)[33] – die private und politische Autobiographie einer Adligen, die durch den unbeugsamen Willen der Mutter der Gefräßigkeit
des »levitischen Landes par excellence« übergeben wurde – ist die anti-
hagiographische, vom Risorgimento inspirierte und patriotische Kehrseite einer Nonnenbiographie.[34] Diese *Misteri,* diese Geheimnisse,
waren den Spitzen der Hierarchie des römischen Klerus im übrigen
wohlbekannt, welche sie dem bourbonischen Königshaus in die
Schuhe schoben. Die »Berichte der Bischofe an den Heiligen Stuhl«
sprachen von Einkleidungen, die in der Art von Karnevalsparaden vorgenommen wurden, mit Tänzen und Festen; von der Wahl der
Oberin, die wie in einer Massenversammlung mit Beifallsrufen begleitet wurde; von unkontrolliertem Kommen und Gehen von Ärzten,
Hausangestellten und Priestern in den Klöstern der neapolitanischen
Aristokratie.[35]

Alle bekannten Vermutungen über die Extreme »religiöser Hingabe«
in Sizilien lassen sich erahnen, wenn man in den Seiten eines weitverbreiteten Handbuchs für klösterliches Verhalten blättert. Hier ist der
Körper der offensichtliche und charakteristische Ort der Sünde. Im
Körper entsteht sie, dort hat sie ihren Sitz: die Sünde der Zunge (üble
Nachrede), des Auges (Neid), und des Gaumens.[36] Der Leib ist also in
dieser Verhaltenslehre niemals ein bloß abstrakter Begriff, sondern
wird konkret dazu angehalten, die analogen heiligenden Körperhal-
tungen nachzuahmen. In Wirklichkeit schwächt aber dieses absolute
Übergewicht der realistischen Vorstellung von Körperlichkeit die Strenge

einer auf den Willen zur Entkörperlichung abzielenden Pädagogik, wie sie Odile Arnold für die französischen Klöster in der zweiten Jahrhunderthälfte beschrieben hat.[37]

Oberinnen mit Unternehmergeist

Ein hohes Maß an Emanzipation – am Ende des 19. Jahrhunderts stehen die Engländerinnen an zweiter Stelle hinter den Amerikanerinnen – erlaubt es den Stifterinnen neuer religiöser Orden in der englischen Terra incognita, fiktionale und nichtfiktionale »katholische« Literatur für Bekehrung und Eigenfinanzierung zu benutzen. Lady Georgiana Fullerton (*Ellen Middleton*, 1844) und Fanny Taylor (*Tyborne*, 1857) verwenden die Erträge aus ihren Bestsellern zur Förderung der Poor Servants of the Mother of God. Das ist die erste »gewerbliche, sich selbst tragende« Kongregation; sie betrieb u. a. eine gewerbliche Wäscherei.[38] In England und Amerika[39] entwickelt sich die Feminisierung des Klerus im Zeichen einer praktisch-karitativen Religiosität, deren Betätigungsfeld das soziale Elend ist. Auch das starke »Selbstbewußtsein« der englischen Ordensfrauen ist an eine karitative Praxis gebunden; bewußt überschreiten sie die zum Schutze der Frauenehre erlassenen Beschränkungen der Bewegungsmöglichkeiten für weibliche Bettelorden. Auch die Französin Jeanne Jugan erhält ihr Charisma durch Almosensammeln entlang der Straßen Westfrankreichs, um mit dem Geld Vagabunden in den Instituten ihrer Kongregation beherbergen zu können. »Ich bin Jeanne Jugan«, sagt die von Tür zu Tür gehende Stifterin der 1843 gegründeten Petites Sœurs des Pauvres, welche in den 80er Jahren nach Sacré-Cœur die an Immobilienbesitz zweitwichtigste Kongregation wird. Das Wanderleben der Jeanne Jugan dauert dreizehn Jahre. 1852 erkennt der Bischof von Rennes die Kongregation an und verpflichtet die Petites Sœurs des Pauvres zur klösterlichen Tugend des festen Wohnsitzes im Ordenshaus.[40]

Die Idee, Frauen durch ihre sozialen Tätigkeiten den Zugang zur Welt zu öffnen, wirkt lange Zeit beunruhigend. Die verbreitete Angst, daß die moralische Integrität einer Frau *außerhalb* des Schutzes der Familie und des häuslichen Herdes Schaden nehmen könne, findet ihren Niederschlag in traditionellen Verhaltensweisen wie der sowohl in katholischen wie laizistischen Familien üblichen strengen Überwachung von Frauen. Noch unmittelbar nach dem Ersten Weltkrieg kostet es Armida Barelli, die Gründerin der Gioventù femminile italiana der Azione Cattolica, viel Mühe, die höchst katholischen Widerstände des Vaters der zweiunddreißigjährigen Marchese-Tochter Teresa Pallavicino zu brechen: »Papa läßt mich einfach nicht alleine reisen.« In Parma (der

Stadt der Pallavicino) ist es nicht anders als in Palermo: »In Sizilien gehen die jungen Mädchen und Frauen nicht einmal nach der Hochzeit allein aus, und Ihr wollt sie auf Propagandareise durchs Land schicken, um Vereinigungen zu gründen?« So lautet der Einwand der kirchlichen Hierarchie von Palermo gegen Barellis Organisiereifer. Ohne Zweifel trägt die intensive Reisetätigkeit der Leiterinnen der Gioventù Femminile, die damit erfolgreich ein soziales Verbot umstoßen, das das gesamte weibliche Geschlecht betrifft, zu ihrem Charisma bei. Armida Barelli, die Präsidentin, und Teresa Pallavicino, die Vizepräsidentin, diese katholischen »neuen Frauen«, fahren im Auto durch Italien, und wo immer sie auftauchen, werden sie triumphal begrüßt. Sie gelten als Symbol für ein Höchstmaß an Emanzipation und Selbstbestimmung »des Geschlechts«. Sie begeistern auch die Mitglieder an der Basis, die selbst von einem solchen innovativen Verhalten noch weit entfernt sind.[41]

Die von der offiziellen politischen Bühne ausgeschlossenen katholischen Frauen finden ein Betätigungsfeld in der Wohltätigkeit. Adelige Frauen sind die ersten, die sich direkt auf das soziale Elend einlassen. Für einige von ihnen werden in Italien wie in Spanien[42] sogar die Regeln des mediterranen Ehrenkodex gelockert. Ihre bedingungslose, »von Tugend geleitete Leidenschaft« führt zu enthusiastischen Briefwechseln und dauerhaften Freundschaften – die dann später in Biographien verewigt worden sind. Ein bekanntes Beispiel hierfür sind die international in der Wohltätigkeit aktiven Paolina Craven und Georgiana Fullerton. Der mächtige Wunsch, allen Elenden zu helfen, wird auch in historischen Rekonstruktionen dokumentiert. So schreibt Teresa Ravaschieri, selbst berühmt als Begründerin von Wohltätigkeitseinrichtungen in Neapel, in der zweiten Hälfte des 19. Jahrhunderts eine monumentale *Storia della carità napoletana*. Selbst in Vorstellungen über den idealen Ehemann kann das Interesse für wohltätige Aufgaben einen Niederschlag finden: »Ich möchte auch, daß er reich wäre, um viel Gutes für die Armen tun zu können.« Nicht selten erwächst der Wunsch zu heilen aus dem selbst erfahrenen Schmerz und dessen Vergleich mit dem Schmerz anderer Menschen. Häufig geben die Wohltäterinnen den Hospitälern oder Fürsorgeeinrichtungen den Namen ihrer in zartem Alter verstorbenen Kinder. Doch diese Art der sozialen Praxis war meistens auch der bewußte Versuch, der männlichen Machtausübung alternative Werte entgegenzusetzen. In diesem Sinn deuten die Wohltäterinnen der jüngeren Generation das Werk der Ravaschieri nach ihrem Tod. »Ihrem Feingefühl, ihrer Unabhängigkeit von jeglichem Cliquenwesen (...) ist es zu danken, daß heute jede Frau, auch ohne sich als Feministin zu fühlen, bei uns eintreten kann, um wohltätig zu wirken.«[43]

In Paris steht während der Regierungszeit von Jules Ferry Mademoiselle David-Nillet unter dem strengen Schutz eines Onkels; nur zur Sonntagsmesse darf sie aus dem Haus gehen. Mit ihrer Heirat wird sie zu Albertine Duhamel. Die Änderung des Familienstandes legt bei ihr organisatorische Fähigkeiten frei, die man der ehemals so abgeschieden Lebenden nicht zugetraut hätte. Nach 1910 führen ihre sozialen Aktivitäten sie kreuz und quer durch Frankreich. In zehn Jahren besucht sie rund 3400 Einrichtungen, das ist im Vergleich mit dem *cursus honorum* der auch schon sehr aktiven Wohltätigkeitsdamen des 19. Jahrhunderts eine beispiellose Leistung.[44] Seit Beginn des 20. Jahrhunderts lassen sich die Katholiken auf die Herausforderung des Feminismus mit seinen sozialen Laienaktivitäten ein; sie beginnen, die Werte und Erfahrungen zu aktualisieren, um davon ausgehend den Frauen einen neuen Sinn für Identität anzubieten. Die »kämpferische Frau« (*donna militante*) – ein von Papst Pius XI. eingeführter Begriff – tritt nun an die Stelle der Wohltätigkeitsdame. Die Frauenabteilungen von Azione Cattolica finden überall in Europa Zustimmung. Es sind stark hierarchisch gegliederte Strukturen, auf die sich das nationale Charisma ihrer Leiterinnen stützt. 1910 hat die Ligue patriotique des Françaises 450 000 Anhänger. Die 1908 gegründete UDACI (Unione donne di azione cattolica italiana) umfaßt im ersten Jahr ihres Bestehens über hundert Komitees mit 15 000 Mitgliedern.[45] Die »neue Frau« des militanten Katholizismus ist eine Frau der Tat, allerdings ohne die männer-ähnlichen Züge, mit denen das katholische Feuilleton (in *Civiltà Cattolica*) die Feministin karikiert.[46]

Das Selbstbewußtsein der katholischen Führerinnen ist gewaltig. Es mag noch bei den Aktivistinnen unter Kontrolle gehalten werden, aber bei Frauen in höheren Ämtern tritt es deutlich hervor. Es erwächst aus den Schwierigkeiten, die bei der persönlichen »Emanzipation« zu meistern waren. »Was mich betrifft, so bin ich zu aufrecht, um Opportunistin zu sein: Solange mein Gewissen es zuläßt, konziliant zu sein, bin ich es; darüber hinaus werde ich es nie sein können (. . .) Eure Eminenz hat auch meinen schlechten Charakter angesprochen, und darin könnte Eure Eminenz recht haben. Ich habe einen unnachgiebigen Charakter«, schreibt 1914 die Prinzessin Cristina Giustiniani Bandini (1866–1959) an Pius X. Sie war Gründerin und von 1909 bis 1917 unermüdliche Präsidentin der Union der katholischen Frauen in Italien. Nach der Erziehung – natürlich beim Sacré-Cœur – tritt sie mit 18 Jahren ins Kloster ein. Sie verläßt es nach einem Jahrzehnt gegen den Willen ihres Vaters. Um zu leben, muß sie jetzt arbeiten. Die alte römische Aristokratie ist unnachgiebig gegenüber selbständigen Entscheidungen ihrer Töchter, wenn diese sich außerhalb der vorgeschriebenen Wege der Ehe oder des Klosters bewegen.[47]

VERBOTE UND LEKTÜRE

Wenig lesen, gut lesen

Während des gesamten 19. Jahrhunderts – und im 20. Jahrhundert bis
zur Zeit nach dem Ersten Weltkrieg – ist die Lektüre der Frauen Gegenstand aufmerksamer Kontrolle. Dem Roman wird der höchste Grad an
Gefährlichkeit zugeschrieben. Die Verdammung durch die Kirche folgt
bei ihren Urteilskriterien Rousseauschen Ideen – »Ein anständiges
Mädchen liest keine Bücher über Liebe« –; damit können sich Katholiken und Laien gleichermaßen identifizieren. Die junge Mailänderin,
die im Oktober 1787 dem durch Italien reisenden Goethe gesteht: »Man
lehrt uns nicht schreiben, (...) weil man fürchtet, wir würden die
Feder zu Liebesbriefen benutzen; man würde uns nicht lesen lassen,
wenn wir uns nicht mit dem Gebetbuch beschäftigen müßten«,[48]
braucht dieses »man« nicht zu spezifizieren; denn was die Ausbildung
der Frauen angeht, folgt die weltliche Gesellschaft dem Standpunkt der
Kirche. Und doch bewegt sich die betrübte Halbanalphabetin gemäß
den Regeln der zeitgenössischen Modernität: sie reist, plaudert, verführt
(sie ist eine von Goethes italienischen Geliebten). Aber Bücher sind ihr
strengstens verboten.

Wir können vermuten, daß es viele weibliche Strategien zur Umgehung der strengen Verbote gab. Der Roman ist so sehr Verkörperung
der Sünde, daß die Leserin sich schon schuldig macht, wenn sie
ein solches Buch nur in die Hand nimmt. Gegen Ende des 18. Jahrhunderts suchte Harlowes Buch *Clarissa* die ländlichen Gebiete der
Bourgogne heim. Nicht einmal das aufmerksame Auge ihrer jansenistischen Mutter schützt Sophie Barat, die aus einer wohlhabenden Bau-
ernfamilie stammende künftige Gründerin der Kongregation des Sacré-
Cœur, vor diesem Roman. Obwohl er sich wie ein Lauffeuer verbreitet, kann Sophie die Schuld für ihre Lesesünde nicht nach außen
abwälzen. Ihr ganzes Leben lang empfand sie Reue wegen dieser Lektüre. Zu Beginn des 19. Jahrhunderts nennen pädagogische Unterweisungen den Ursprung dieser Ansteckungsgefahr beim Namen. Der
besorgte Blick, dem im 19. Jahrhundert die Jugend ausgesetzt ist, entdeckt als Brutstätte für die Versuchung eben gerade jener Altersgruppe Freundinnen, ältere Schwestern und vor allem Brüder, welche der
aufmerksamen Überwachung durch die Eltern weniger streng ausgesetzt sind. Die Intensität weiblicher Freundschaften basiert auch auf
dem Austausch verbotener Bücher. Um der Kontrolle einer »ultra-rigo-
rosen« Mutter, einem wahren Auswuchs an christlicher Perfektion, zu
entgehen, bittet 1831 Paolina Leopardi eine Freundin aus Bologna um
Stendhal und Walter Scott.

Die soziale Ehre, die die bürgerliche Gesellschaft des 19. Jahrhunderts der Rolle der Ehefrau zugesteht, mildert die Strenge dieser Vorschriften und handhabt sie nach der Heirat wesentlich lockerer. In Frankreich entschärfen die in der Nachfolge von Baronin Staffe oder Madame de Genlis schreibenden Verfasserinnen von Verhaltensanleitungen die Kontrolle der Lektüre, sobald es um verheiratete Frauen geht. In Italien dagegen konstatieren die katholischen Handbücher zur Lebensführung noch am Ende des 19. Jahrhunderts mit Bestürzung, daß im Ehestand die Einhaltung von Lektüreverboten nicht mehr eine unumstößliche Gewissenssache ist.

Das Ausmaß der empfohlenen oder verbotenen Frauenlektüre ist schwieriger zu definieren. Der im 19. und bis in die ersten Jahrzehnte des 20. Jahrhunderts in größeren Mengen produzierte katholische Lesestoff ist von der Forschung noch nicht mit der »Quantität« der weiblichen Lektüre korreliert worden. Die erlaubten Titel wiederholen sich. Eine der seltenen Informationen über den Bücherbesitz in der städtischen Mittelschicht Italiens ist beeindruckend. In Neapel, der bevölkerungsreichsten Stadt Italiens, in der die Tageszeitungen eine Auflage von 50 000 haben, sind in den 1870er Jahren Haushalte, die keine Bücher besitzen, in der Mehrzahl.[49] Im Italien des frühen 19. Jahrhunderts repräsentiert eine Frau mit einem Buch in der Hand – das kein Andachtsbuch ist – alles andere als die angesehene und gesellschaftlich geschätzte Verbindung von ästhetischen und kulturellen Werten. Es gibt nur wenige liberale und aufgeklärte Katholiken, die von Büchern träumen, die »ausdrücklich mit Blick auf den Intellekt der Frauen geschrieben sind« und keine Andachtsbücher sind. Für Silvio Pellico sollen darin »süße Gefühle«, »häusliche Fürsorge« und »heroische Begeisterung für die Liebe, die privaten Tugenden und Religion« vorkommen, und sie sollen sich auf weibliche Genealogien stützen: auf Familiengeschichten von Töchtern, Ehefrauen und Müttern.[50] Ein seinen Vorstellungen entsprechendes Buch ist eine unvorstellbare Ware für die Buchläden mit ihren Andachts- und Zuchtbüchern, die die lombardische Produktion im frühen 19. Jahrhundert beherrscht.[51] Erst in den 70er Jahren erhält das italienische Verlagswesen von der ersten Generation nationaler Romanschriftsteller eigene »Gemälde der privaten Gefühle«. Vorher ist Italien das Land der Übersetzungen: Abgesehen von einer gewissen Zahl an Andachtsbüchern kommen insbesondere die Romane und die Benimmratgeber aus Frankreich.

Mit einem großen zeitlichen Vorsprung gegenüber den Italienerinnen gehen die katholischen Schriftstellerinnen Frankreichs und Englands den doppelten Weg der Erziehungsschriften und des Romans. Diese literarische Gattung gilt für die Kirche nach wie vor als sündhaft. Das erklärt die vielen absichernden Erklärungen der Autorinnen.

Die bekannte Madame Bourdon (Mathilde Froment, 1817–1888) unterscheidet ihr Buch *Souvenirs d'une institutrice* (1869) – »Alltagsszenen aus der wirklichen Welt« – von einem echten Roman wie *Jane Eyre* der allseits bewunderten Charlotte Brontë. Sie trägt auf ihre Weise dazu bei, die strenge Trennung zwischen guten und schlechten Romanen aufzubrechen. Sie macht nicht nur die ruhmreichen Beispiele einer weiblichen literarischen Tradition bekannt, sondern sie befördert darüber hinaus den Übergang von der Leselust zur Schreiblust. Eine gehorsame Schülerin händigt, wie es die Internatsregeln vorschreiben, der Erzieherin, der Hauptfigur der *Souvenirs,* das Buch *Corinne* von Madame de Staël zur Kontrolle aus. Entflammt vom Wunsch nach literarischem Ruhm – »vielleicht gefährlich, aber verlockend!« –, sieht sich die Erzieherin nun als Schriftstellerin, die »den Einbildungen, die durch unsere Phantasie schweben«[52] eine literarische Beständigkeit zu geben vermag. Die »Phantasie« der Frauen, die die katholische Erziehung des 19. Jahrhunderts zu zügeln versuchte, ist nicht mehr zu bremsen: Es ist ein reicher Fundus, aus dem sich das literarische Schreiben der Frau entwickeln kann.

In Italien bieten die Autoren, die den katholischen Leserinnen um die Mitte des Jahrhunderts empfohlen werden – philosophische Abhandlungen von Plutarch, Diskurse von Sokrates, Werke von Cicero, von Augustin Thierry oder von Muratori –, keine geschlechtsspezifischen Identifikationsmodelle an.[53] Die streng klassische Lektüre soll eine anti-romantische Funktion erfüllen. Monsignor Dupanloup hat 1879 für eine wesentlich jüngere Altersgruppe ähnliches vorgeschlagen. »Um den weiblichen Verstand zu stärken«, schreibt der Bischof von Orléans die Lektüre der großen französischen Autoren des 17. Jahrhunderts vor – Pascal, Bossuet, Fénelon, Racine, Corneille, La Bruyère, Madame de Sévigné. Das 18. Jahrhundert läßt er ganz aus, für das 19. Jahrhundert erwähnt er nur einige christliche Poeten. Er verbannt die exakten Wissenschaften und die Literatur: In seinem durchaus innovativen Programm steht literarische Disziplin an erster Stelle.

Lest wenig und dafür Gutes, lautet die Maxime.[54] Wieder lesen, zurückblättern (»nie ein Buch beiseite legen, bevor es zu Ende gelesen ist«), Zusammenfassungen erstellen, die wichtigsten Abschnitte abschreiben, keine Abschweifung: Lesen ist eine Gewissensprüfung mit Hilfe eines Textes. Durch Bücher kann man eher Charakterzüge aufbauen und verändern als sie kennenlernen. Die Instrumente der geistigen Orthopädie von Madame Swetchine, die sich sagt, sie sei »mit wenig Charakterstärke geboren«, sind Bleistift und Papier. »Mit dem Bleistift schreiben, (. . .) das ist wie leise sprechen.« Man markiert die Seiten, liest sie erneut, schreibt Zusammenfassungen ab und verfaßt (dieses Mal mit der Feder) Kritiken und Reflexionen.[55]

Lesestile und Strategien des Eigensinns

Überzeugender als die Vorschriften von Dupanloup vermitteln die intellektuellen Autobiographien von Frauen Einblicke in das Leben einer wirklichen »mit Studien befaßten Frau«: Eine solche Möglichkeit können sich nur wenige adlige Frauen in wohlwollenden familiären Situationen verschaffen. Zu Beginn des 19. Jahrhunderts ist weibliche Ausbildung häufig nur Gedächtnistraining; die bloße Wiedergabe dient als Gegengift gegen innere Abschweifungen durch »Einbildungskraft«. Einen Text auswendig zu kennen, erleichtert das laute Vorlesen, eine Form der Familien- und Salonunterhaltung, deren Protagonisten bis zum Ende des Jahrhunderts die Frauen der oberen Klassen sind. Diese Lernmethode wendet die sechzehnjährige Turiner Baronesse Olimpia Savio (1816–1889) ausschließlich auf französische Autoren an: »Racine, Corneille, Mignet, Marmontel, Bouilly, Berquin, Bossuet, Fénelon, Madame de Maintenon, Madame de Sévigné, Massillon«, aber »nichts Italienisches«. Für das Königreich Sardinien und Piemont in den 30er Jahren ist Olimpia Savio durchaus ein Beispiel für eine »gehobene« mütterliche Erziehung: »Ich bin die einzige Tochter und wurde deshalb immer an der Seite meiner Mutter erzogen.« Sie ist das insbesondere für Frauen seltene Beispiel eines hartnäckigen Willens zur kulturellen Befreiung. Olimpias Mutter war eine Pionierin, eine nächtliche Autodidaktin, die ihre Bücher unter der Matratze versteckte, eine Kämpferin gegen ihre Mutter und Großmutter, die ihre Lektüre auf Andachtsbücher beschränkt sehen wollten.[56]

Erst Ende des 19. Jahrhunderts erhalten Frauen bzw. Mädchen allmählich Zutritt zu höheren Schulen. Zu Beginn des 20. Jahrhunderts gibt es 233 Schülerinnen in den staatlichen Lyzeen, aber 12605 Schüler – jetzt entdeckt die katholische Hagiographie rückblickend den Wert der Hartnäckigkeit von Frauen, die sich autodidaktisch etwas beigebracht haben. Gerade die Strenge der Arbeitsmethode schützt sie gegen den Ruch des Ungehorsams. Die seliggesprochene Elena Guerra (1835–1914), Gründerin eines Erziehungsinstituts für Mädchen in Lucca, studierte nachts Latein beim Lichte von kleinen, aus Nußschalen gefertigten Lämpchen, um sich nicht durch den Kerzenverbrauch zu verraten.[57] Die Außergewöhnlichkeit solcher Vorbilder wird durch unzählige Nacheiferinnen keineswegs geschmälert und läßt ihnen den hagiographischen Charakter.

Doch zu Beginn des 20. Jahrhunderts erhoben sowohl die medizinische Wissenschaft als auch die kirchliche Predigt ihre warnende Stimme. Sie zeigen sich besorgt über die täglichen Anstrengungen des Schulalltags, denen sich eine immer größere Zahl von Schülerinnen aussetzt, und über das weibliche Streben nach der Abschlußprüfung

samt allen belastenden Folgen des Konkurrenzverhaltens. Die pathologische Sequenz des im 19. Jahrhundert beliebten Modells der see-
lisch-körperlichen weiblichen Schwäche – Bronchozöle, Bleichsucht,
Schäden der Wirbelsäule, Hysterie – kennt als einzige Ursache den
schädlichen Erwerb von Buchwissen. Dieselbe Erklärung findet sich
noch im 20. Jahrhundert in der katholischen Presse, die jedoch einen
Ausgleich durch Leibeserziehung für Mädchen strikt ablehnt. Gleichzeitig tauchen allerdings am Horizont des neuen Jahrhunderts die
ersten katholischen Theoretiker einer »neuen« weiblichen Erziehung
auf, die sich – wie der spanische Jesuit Ramon Ruiz Amado – die
Lehren der amerikanischen Hygieneschule zu eigen machen. Sie kritisieren von der Kanzel herab Formen des im 19. Jahrhundert beliebten
weiblichen Zeitvertreibs wie »die langen Zusammenkünfte am Klavier,
weitverbreitet bei den spanischen *Señoritas*«, und schlagen eine intensive sportliche Betätigung auch für Mädchen vor.[58] Auf dem Land hält
sich die Gewohnheit des Vorlesens aus den Andachtsbüchern noch bis
nach dem Ersten Weltkrieg. Es war eine Form, den Katechismus zu lernen, wurde aber seit Beginn des 20. Jahrhunderts das Banner der
Bekehrungsversuche von seiten der katholischen Frauenorganisationen.
In Nivernais wurde Ende der 50er Jahre mit dem Gebetbuch Lesen und
Schreiben gelernt; zur Übung wurden die Vokale des Symbols der
Apostel gesucht und abgeschrieben.[59] Das abendliche Lesen der Gebete mündete ein in eine Form des Lernens. Die Gebete wurden eher
vom Rhythmus der andächtig umgeblätterten Seiten »geleitet« als vom
Inhalt der Botschaft.

Die Kirche hält an ihrer Klassifizierung der Bücher in gute und
schlechte Bücher fest. Sie hat es dabei mittlerweile mit einer ständig
wachsenden Produktion von populären Romanen zu tun. 1905 bringt
das Werk des Abbé Bethléem *Romans à lire et à proscrire* Ordnung in
die üppig sprießende Kultur der populären Romane in Frankreich.
Bonne Presse konzentriert sich auf junge Mädchen als Leserinnen.
Doch jeden Samstag gibt es die Groschenromane für 65 Centimes, und
sie sind schon längst kein heimliches Vergnügen mehr. Die jungen
Mädchen liegen den ganzen Sonntag ausgestreckt auf dem Bett und
vergessen ihre religiösen Pflichten.[60] Das weibliche Bewußtsein, daß
das Lesen schlechter Bücher Sünde ist, läßt nach. Das unschuldige
Erstaunen beichtender Mädchen, die bestraft werden für eine Lektüre,
die ihr Beichtvater für schlüpfrig hält, zeigt die Problematik der Selbstkontrolle in einer Gesellschaft, in der das Buch den Charakter moralischer Erziehung verloren hat und statt dessen Gefährte der Freizeit
geworden ist.

Für die »militante« Katholikin, diesen neuen sozialen Typus des
20. Jahrhunderts, werden die Bücher zu obligatorischen Instrumenten

ihrer Ausbildung. 1927 schenkt Papst Pius XI. der Nichte der Marchesa
Maddalena Patrizi, Präsidentin der UDACI, zur Hochzeit eine ideale
Bibliothek, die ca. achtzig Bände umfaßt: »Lauter Bücher eigens für sie«,
ganz wie Dupanloup es gewollt hatte. Von 37 Autoren sind 25 Franzosen (Dupanloup, Gratry, Tissier etc.); zu den italienischen Werken
gehörte eine Kunstgeschichte, ein Verhaltenshandbuch, das Gesamtwerk von Manzoni und das *Sillabario del Cristianesimo* von Olgiati aus
der Mailänder Gruppe der Università Cattolica.[61] Diese Büchersamm-
lung bringt sowohl die anhaltende kulturelle Abhängigkeit Italiens von
Frankreich in der Rezeption geistlicher Literatur deutlich zum Ausdruck
als auch die Rigidität des religiösen Verlagswesens. Nach Claude Savart
gilt letztere, auch außerhalb Frankreichs, noch über das 19. Jahrhundert hinaus.[62]

Die Frömmigkeit: Praktiken und Einstellungen

Die weibliche Privatisierung der Verehrung

Gebete, die leichter faßbaren *gesprochenen* Gebete ebenso wie die nicht
greifbaren *mentalen* Gebete – eine Unterscheidung von Brèmond –,
bestimmen den Rhythmus des Alltagslebens von Frauen. Die Zeit der
Restauration verändert den Grundton des Gebets. Das beherrschende
Gefühl von Angst und göttlicher Vergeltung, das im 18. Jahrhundert das
Beten durchzog, verschwindet allmählich. Die für die Frömmigkeit des
19. Jahrhunderts typischen zielgerichteten Gebete – die Schutz und
göttliches Wohlwollen für Gesundheit, geschäftlichen Wohlstand, Reisen oder Kriege erbitten – sind sowohl durch den wachsenden Individualismus der Epoche geprägt als auch durch den Willen der Theologie, sich gegen den Mystizismus zu wappnen.

Im klassenübergreifenden System der doppelten Moral, auf dem viele Ehen des 19. Jahrhunderts basieren, hat das Gebet auch friedens-
stiftende Funktion. Die zeitgleichen Gebete von Maria Adelaide von
Savoyen, königliches Vorbild für eheliche Ergebenheit (von Pius IX.
1847 mit der »Goldenen Rose« ausgezeichnet, einer päpstlichen Ehrung
für die tugendhaftesten Herrscherinnen und Prinzessinnen der katholischen Welt), und des Herzogs Vittorio Emanuele (zukünftiger König
von Italien) adeln eine unvollkommene Ehe. Das Gebet erhebt sich
über das wohlbekannte und offen gezeigte ehebrecherische Verhalten
des Ehemanns und stellt zu Kriegszeiten in der raum-zeitlichen Einheit
der Anrufungen Gottes den Frieden der Beziehung wieder her. »Wenn
ich erfahren kann, an welchem Tag Ihr kämpfen werdet, werde ich am

Morgen meine Gebete für Euch sprechen«, schreibt die Herzogin. Vittorio Emanuele bestätigt ihr, daß in Peschiera durch ihre Fürbitte die feindlichen Kugeln umgeleitet worden seien.[63]

Die durch die Moralauffassung Alfons von Liguoris beeinflußte italienische Frömmigkeit eröffnet eine neue Dimension der Vertrautheit mit dem Heiligen und verändert die religiöse Empfindsamkeit völlig. Ob maßlose Emotionalisierung, krankhafte Intensität und unkontrollierter Mystizismus oder im Gegenteil gewohnheitsmäßige Wiederholung und kurzes häusliches Gebet, alle diese charakteristischen Merkmale des Gebets im 19. Jahrhundert sind auch Zeichen für die fortschreitende Feminisierung des Heers der Gläubigen. Die Kirche nimmt dieses Phänomen zur Kenntnis und stellt die Mutter stärker heraus. Wie ein »Pfarrer am häuslichen Herd« wünscht sie sich der Abbé Pichenot. Wie Marie-Françoise Lévy gezeigt hat, geben die für Mütter geschriebenen Andachtsbücher des 19. Jahrhunderts der Liebe Gottes mehr Gewicht als der Angst vor der Verdammnis.[64]

Gott ist Gegenstand der Liebe, er unterhält mit den Gläubigen seit ihrer Mädchenzeit persönliche Beziehungen. Das Jesuskind ist in der romantischen Ikonographie als Inbegriff des Leidens dargestellt, mit dem von Dornen bekränzten kleinen Herzen. In der zweiten Hälfte des Jahrhunderts werden die Jungfrau und das Kind in vertrauteren, nicht mehr schmerzensreichen Bildern der Mutterschaft dargestellt. Das vom Schwert durchbohrte und von Dornen bekränzte Herz verlagert sich weg vom organischen Zentrum. Es liegt in der Hand des kleinen Jesuskindes wie ein Apfel oder ein Spielzeug und ist nicht länger eine offene und anklagende Wunde.

Eine frühkindliche Neigung zum Gebet – glückliches Ergebnis mütterlicher Initiation – taucht in einem großen Teil der Hagiographie des 19. Jahrhunderts auf und bleibt unberührt vom Verdacht, es könne sich um eine natürliche kindliche Bereitschaft zur spielerischen Wiederholung gehandelt haben. Mit sechs Monaten ist Jean-Baptiste-Marie Vianney, der zukünftige heilige Pfarrer von Ars, bereits das wachsame Gewissen der Mutter, die ihn dazu erzogen hat, sich vor dem Essen zu bekreuzigen: Er ermahnt sie, falls sie es vergessen sollte.[65] Die geistlichen Ratschläge an die kleinen Gläubigen gebieten Maßhalten: Monsignor Dufêtre betont, daß es keine quantitative Beziehung zwischen wahrer Andacht und äußeren Praktiken gibt, und er empfiehlt, bei Gebeten und frommen Exerzitien nicht zu übertreiben.[66]

Ab der zweiten Hälfte des 19. Jahrhunderts werden die Andachtsübungen für Mädchen aktiver und sorgfältiger ausgestaltet. Sie orientieren sich an dem durch den Marienkult gesteigerten Glauben der Erwachsenen. Die Altersgrenze für individuelle religiöse Handlungen sinkt. Im Monat Mai errichten auch die Mädchen und Halbwüchsigen

kleine Marienaltäre in ihren Zimmern. Viele haben wie Caroline
Brame ein persönliches »kleines Oratorium«.[67] Auch die Heiligenbilder
werden weiblicher. Die mit leidenschaftlicher Manie betriebene Dekoration entdeckt die *canivets*, feinste Spitzen aus Papier, mit denen die
Darstellungen der Jungfrau mit dem Kind umrahmt werden. Die
Meßbücher werden dicker. Für fromme Sammlerinnen wird ihr Besitz
doppelt wünschenswert als Beweise des Glaubens und als Freund-
schaftspfande. Das päpstliche Dekret *Quam singulari* erlaubt 1910 die
private Kommunion und fördert deren Ausbreitung. Ein Heiligenbild –
mit dem Namen und einem Spruch aus dem Evangelium, passend zum
jugendlichen Alter der Kommunikantin – ist Teil des Ereignisses. Die
Kommunion ist eine erste bewußte Etappe nicht nur des spirituellen
Lebens, sondern auch der gesamten gesellschaftlichen wie emotionalen Existenz: »Das Leben der Frau spielt sich in ihrer ersten Phase ganz
und gar zwischen zwei weißen Schleiern ab: dem Schleier der Erstkommunion und dem Hochzeitsschleier.« Dieses Zitat aus dem bekanntesten italienischen Ratgeber zu Beginn des 20. Jahrhunderts ist ein Beispiel unter vielen für die Verbreitung dieser chromatisch-literarischen
Synthese auch in Kreisen, die nicht im strengen Sinne konfessionell
sind.[68]

Tempel der Ehe und unbefleckte Jugend

Embleme religiöser Frömmigkeit finden sich vor allem im Schlafzimmer. In der zweiten Hälfte des 19. Jahrhunderts schützen die neapolitanischen Bürgerinnen und Bürger den Tempel ihrer Ehe mit Kruzifi-
xen, Madonnenstatuen und Gemälden mit heiligen Sujets (manchmal
gibt es bis zu elf in einem Zimmer).[69] Ob solche ikonographischen
Modelle, die schon lange zur alltäglichen Dekoration gehören, zur
intensiven Andacht Anlaß geben, ist nur schwer zu beurteilen. Für
Mädchen und Halbwüchsige wird daraus eine lebende, ehrfürchtige
Selbstikonographie, indem sie die Haltung des betenden Engels einnehmen. Das ist die erste Ebene körperlicher Selbstkontrolle, mit deren
Hilfe die katholische Lehre die Regeln des moralischen Verhaltens von
Frauen aufzwingt. Bildet mit so deutlichem Signalcharakter – weißgekleideter Körper in aufwärts gerichteter Haltung, Blick nach oben:
Inbrunst; gesenkter Blick: Bescheidenheit – sind die Grundlage für die
herrschende »dogmatische Engelslehre«; so nennt Paolo Mantegazza die
obsessive soziale Ehrfurcht vor den Normen, die die weibliche Reinheit verteidigen.

Die sechzehnjährige russische Adlige Marie Bashkirtseff, die im
Leben wie im Tode (sie starb 1884 im Alter von 26 Jahren an Schwind-

sucht) die kosmopolitische *jeune fille* verkörperte, fügt der spätroman-
tischen existentialistischen Maxime »leben, leiden, weinen, kämpfen«
ein hartnäckiges »und eine gute Portion Ehrgeiz haben« hinzu. Beim
Gebet in der St.-Peter-Kirche in Nizza, das Kinn in die schönen weißen
Hände gestützt, weist sie den Versuch zurück, Weiblichkeit in engelhaften Formen zu ritualisieren. »Ich mache mich häßlich, als eine Form
der Buße«.[70] Auch darin war sie Pionierin, denn die Ratgeberliteratur
betrachtet noch bis ins neue Jahrhundert hinein Kirchen und Gottesdienst als optimale Orte, um – mit dem Ziel, einen Heiratskandidaten
zu finden – die weiblichen Tugenden herauszustellen. Das *Vaterunser*,
das *Ave Maria*, das *Credo*, das *Angelus* sind die Morgen- und Abend-
gebete der Mädchen ab sieben, acht Jahren und der jungen Frauen.
Nach Abschluß der mütterlichen Einweisung geht das Ritual weiter mit
Anforderungen an die Person. »Notwendig« im Gebet eines halbwüchsigen Mädchens im 19. Jahrhundert sind Bitten um schönes Aussehen,
eine schöne Stimme und eine glückliche Ehe. Und daß das Gebet die
Pocken und den Tod von der Mutter fernhalte. So ist sich auch Marie
Bashkirtseff bewußt, daß »es über das Notwendige hinaus geht«, wenn
sie im unausbleiblichen Nachsatz ihrer Gebete um eine Begegnung mit
dem gerade aktuellen Geliebten bittet.

Die Entdeckung des 19. Jahrhunderts, daß die weibliche Adoleszenz
eine Quelle schwer kontrollierbarer Träumereien in sich birgt, beunruhigt nicht nur die Katholiken. Die Kirche wählt nicht zufällig den
Monat Mai für die Marienverehrung. Die Madonna muß darüber
wachen, daß die weibliche Unschuld »inmitten der Versuchungen, die
in der schönen Jahreszeit haufenweise auftreten«, bewahrt bleibt. Der
Marienkult im Mai wird von italienischen Jesuiten zu Beginn des
18. Jahrhunderts (Dionisi, 1726; Liguori, 1750; Lalomia, 1785; Muzza-
relli, 1785) vorgeschlagen und breitet sich im katholischen Europa in
der ersten Hälfte des 19. Jahrhunderts aus. Diese vorbeugende religiöse Praxis sollte die jugendlichen Liebesgefühle, die in ländlichen
Gesellschaften schwierig zu kontrollieren sind, ins Übernatürliche sublimieren. Die Reinheit der Jungfrau wird zum Identifikationsmodell,
zum Zentrum der weiblichen Erziehung. Nach der Erstkommunion geht
die Aufgabe des Schutzes der jungen Katholikinnen auf die Kongregationen der Figlie di Maria (Töchter Marias) über. In Frankreich entsteht
1820 die erste Congrégation des Enfants de Marie du Sacré-Cœur in
Paris. In Italien entstehen zusätzlich zu den Figlie di Maria nach 1854
(dem Jahr des Dogmas) weitere weibliche Vereinigungen, die sich der
unbefleckten Jungfrau weihen.

In der explosiven Ausbreitung dieses Kultes zeigt sich eine spezifische und komplexe Übereinstimmung mit den Wünschen und Projektionen der Frauen. Die beeindruckende Analyse von Luisa Accati führt

die symbolische Kraft der unbefleckten Maria darauf zurück, daß es sich um »eine Inszenierung des (weiblichen) Verführungswunsches« handle. Die jungen Mädchen träumen von und sehnen sich nach der Liebe, aber sie fürchten die mit der Entjungferung verbundenen sozialen Verbote und den physischen Schmerz. Die Verehrung der unbefleckten Jungfrau ermöglichte es, so Accati, »sich des sexuellen Begehrens bewußt zu werden, ohne es zu akzeptieren«. Es ist nicht nur der »Wunsch, das Vergnügen zu genießen, ohne Schuld zu empfinden«, wie Isidor Sadger sagte, sondern die »Suche nach Vergnügen ohne Schmerz«. Ein Kult also, der die narzißtische Selbstgenügsamkeit der Frau festigt, indem er sie an jene primäre Erfahrung in der Pubertät kettet. Dieser Theorie zufolge suchen die Frauen die einzige Selbstbestätigung im tugendhaften Verhalten und in der angenehmen Erscheinung, während sie all ihren anderen Fähigkeiten mißtrauen.[71]

Tugend und Erscheinung

Sichtbar gemachte Jungfräulichkeit

In den Dörfern Frankreichs sind die *rosières* ein Beispiel für das soziale Abmessen der weiblichen Tugenden. Die im Mai mit Kränzen aus Rosen gekrönten jungen Mädchen (ungefähr Tausend im 19. Jahrhundert) stehen als Beispiel für eine Jugend, die im gerechten Kampf für die Verbesserung der eigenen Situation das Kapital der Jungfräulichkeit nicht aufgibt. Vor einer Kommission, bestehend aus Bürgermeister, Pfarrer und Lehrer, müssen sie mit einem ärztlichen Attest beweisen, daß sie Jungfrauen sind, in bescheidenen Verhältnissen leben und eine gute Arbeitshaltung haben. Als Prämie winken 1500 Franken als kirchlich-staatliche Mitgift, die die Jury der *rosière* zwei Monate vor ihrer Hochzeit aushändigen wird.[72]

Ein solcher Wettbewerb ist für kein anderes Land als Frankreich denkbar. Mehr als jede andere in Europa bedient sich die französische Gesellschaft für politisch-pädagogische Ziele der »Geschlechter-Allegorie«. Die *rosière* ist die demonstrative Antwort auf den gegen Ende des Jahrhunderts durch Umfragen und literarische Reportagen – wie *Les Demi-Vierges* von Marcel Prévost (1895) oder *Les jeunes filles peintes par elles-mêmes* von Remy de Gourmont (1901) – ausgerufenen sozialen Notstand in Sachen weiblicher Reinheit. Die Übersetzung dieser Werke ruft auch in Italien Unruhe hervor. Aber hier bestätigt Antonio Marro mit seinen Untersuchungen zur Adoleszenz schon bei Jugendlichen das Erwachen sexueller Triebe.[73] Zeitgleich mit dem physiologischen Realismus der aufkommenden *scientia sexualis* vermeiden es die italienischen katholischen Abhandlungen tunlichst, die Jungfräulichkeit in ihrer genauen, körperlichen Definition zu benennen.

In der zweiten Hälfte des 19. Jahrhunderts verändert sich die Form der Kontrolle über die weibliche Ehre: Diese entzieht sich mehr und mehr der gemeinsamen Obhut von Staat, Kirche und Familie. Wir erinnern daran, daß in Neapel in der Zeit vor der Einigung Italiens die in Heimen untergebrachten ledigen Frauen und Witwen 3,8 Prozent der weiblichen Bevölkerung ausmachten. Je nach dem Grad an Ehrbarkeit – rechtschaffen, anfällig, gefährdet, Prostituierte – wurden sie in streng voneinander getrennten Gruppen untergebracht.[74]

Das weibliche Modell der jungfräulichen Vollkommenheit basiert auf dem Wert der Reinheit. Diese individuelle, im »Inneren« der Seele befestigte Tugend basiert auf den Grundsätzen moralischer Autonomie, die durch die Praxis des Bußsakraments bestärkt werden. Aber der massenweise Eintritt der Frauen in den industriellen Arbeitsmarkt bringt eine Menge neuer Versuchungen mit sich. Die Einheit muß sich nun als Wert und moralische Pflicht an Orten voller Gefahren und Risiken bewähren. Auch solche sozialen Schichten sind jetzt bedroht, die vorher von der normativen Ehrenpädagogik ausgeschlossen waren. Auch für die adligen und bürgerlichen Frauen wird die weibliche Tugend vor allem zu einer Frage des eigenen »Erscheinungsbildes« auf der Straße, im Theater, auf den Bällen, an den Buden bei Wohltätigkeitsveranstaltungen und den zunehmend zwielichtigen Treffpunkten der jugendlichen Gesellschaft. In dieser Situation empfiehlt Professor Rodolfo Bettazzi, der Gründer der katholischen Liga für öffentliche Moral in Turin 1894, daß Frauen, wenn sie an den Bällen teilnehmen, an ihrem Gürtel eine weiße Rose – eine Anspielung auf die in der Stadt nicht länger von den jungen Frauen gepflegten Marien-Andachten – tragen sollen als ebenso dekoratives wie demonstratives Zeichen des Schutzes und als Bekundung des Willens, den Ball »mit unversehrter Rose wieder zu verlassen«.[75]

Die Gefahr gemischter Gesellschaft

Im frühen 20. Jahrhundert wird der Wert der Jungfräulichkeit gegenüber den Versuchen einer zunehmend säkularisierten Moral nur um so stärker betont. Den Anreiz zur Nachahmung emanzipierter Verhaltensweisen (Kleidung, gesellschaftlicher Umgang, Lektüre etc.) liefern lebende Vorbilder auf der Straße oder in den Sensationsnachrichten der weltlichen Presse. Da gibt es Liebesdramen, die mit Selbstmord oder Verbrechen enden und Symptome sind für die Widerstände gegen eine

Änderung des weiblichen Ehrenkodex. Die katholische Presse verurteilte dieses entschieden als »verfluchte und blutige Nachrichten, die
unser Land entehren«. Doch 1902 wird die Ermordung der zwölfjährigen Maria Goretti, die sich gegen einen Vergewaltigungsversuch wehrte – ein beliebtes Thema der gerügten Sensationsnachrichten – durch
die Massenmedien zu einem spektakulären Fall von hagiographischer
Bedeutung hochstilisiert.[76]

Die moderne Rettung der auf Abwege geratenen jungen Mädchen,
die in die Nähe oder bereits in den Sog der Kinder-Prostitution geraten sind, stellt – wie Annarita Buttafuoco gezeigt hat – eine Herausforderung dar, die der weltliche an den katholischen Feminismus in
Italien heranträgt.[77] Letzterem gelingt es nicht, neue Lösungen zu finden für das Dilemma, das sich zwischen dem Höchstmaß an tatsächlicher Verderbnis (z. B. in den Strafanstalten mit religiösem Personal)
und seinen mutmaßlichen Ursachen auftut. Die Trennung der Geschlechter – in Weiterführung der separaten Erziehungseinrichtungen –
bleibt für die katholischen Frauenorganisationen die zuverlässigste
Garantie für die Kontrolle der Reinheit der Frau. Diese Haltung sollte
in Italien bis zur Mitte des 20. Jahrhunderts andauern.

Um die Barriere zwischen den Geschlechtern aufrechtzuerhalten,
bejubelt die katholische Frauenpresse die Vorteile getrennter Geselligkeit. »Das Mädchen findet die höchste Zufriedenheit des Herzens
und die beste Erholung des Geistes, wenn sie bei den Vergnügungen
unter ihresgleichen bleibt. Wenn jedoch junge Männer dabei sind,
kommt es zu Aufregung, Neid, Verwirrung und Unvorsichtigkeiten«,
schreibt 1912 *Vita femminile*, eine zweiwöchentliche Zeitschrift für
Arbeiterinnen. Die gemischte Geselligkeit gehört zu den umstrittenen
Situationen, in denen ein neues weibliches Sozialverhalten praktiziert
wird und sich bewähren muß. Unter dem besorgten Kontrollblick der
Katholiken lösen sich die schützenden Strukturen des Geschlechtsdimorphismus auf, die gleichermaßen Erscheinung und Substanz, Kleidung und Seele der christlichen Weiblichkeit sind. In der sozialen
Nachahmung, die im Zusammenhang steht mit dem vermehrten Zugang der Frauen zu öffentlichen Schulen, sehen die katholischen Frauenorganisationen die Ursache für den Zerfall der festgeschriebenen
öffentlichen und privaten Rollen und für das Chaos in der sozialen
Identitätsbildung der Frau. Die Bäuerinnen wollen Lehrerinnen werden, die Lehrerinnen Doktorinnen und »die Doktorinnen und Professorinnen setzen sich in Bewegung, um den Männern möglichst ähnlich zu werden, zumindest was die sozialen Rechte angeht. Da haben
wir den Ursprung der Entwicklung des Feminismus in Italien«; so
kommentiert die Unione Donne Cattoliche d'Italia 1911 den sozialen
Wandel.[78]

Der verlorene Kreuzzug gegen die Mode

Auch die Katholikinnen werden gezwungen, die soziale Dimension des Körperverhaltens anzuerkennen, als die Kleidung zum wunderbaren Schlüssel für soziale Mobilität wird. Die Mode transportiert das Ethos der Veränderung und den Kult der Modernität, sie wird mehr ein sozialer kategorischer Imperativ denn ein klassenübergreifendes Recht. Nach dem Ersten Weltkrieg starten Frauenorganisationen wahre »Kreuzzüge gegen die unanständige Mode« und »Wettbewerbe für eine saubere Mode«. Die Mobilisierung gegen das verderbte Äußere der Frau erreicht ganz Europa, sie bleibt allerdings trotz der Unterstützung durch Papst Benedikt XV. wirkungslos.[79] Die Integrität der Frauen wird von den katholischen Frauenorganisationen nach der Länge der Kleider und Haare beurteilt. In den 1920er Jahren erkennt und verhöhnt die weltliche Presse die Aktivistinnen der Gioventù Femminile Cattolica gerade wegen der mißverständlichen Merkmale einer strengen, schlichten und nachlässigen Kleidung.[80] Sie verkörpern einen »puritanischen« Typ (wie J. C. Flugel[81] es nennt) des traditionalistischen Beginentums und ziehen damit den Spott auf sich. Militante Katholikinnen sind herausgefordert, ein nicht länger ausgrenzendes und auf den familiären Bereich beschränktes Modell zu entwerfen und als Alternative zu dem extremen Bild der stets verdammten feministischen »Vermännlichung« ein eigenständiges ästhetisches »Erscheinungsbild« zu entwickeln.

Im 20. Jahrhundert sind die Ressourcen der »Ästhetik der Frömmigkeit«, die sich strikt an die Dogmen des strengen Geschlechtsdimorphismus des 19. Jahrhunderts hält, erschöpft. Deren funkelndes Flittergold waren die Tränen. Das weibliche Andachtsverhalten hatte die rhetorische Tradition des tränenseligen 18. Jahrhunderts weitergeführt. Marcelline Pauper, eine der ersten der Sœurs de la Charité von Nevers in der ersten Hälfte des 19. Jahrhunderts, schildert glücklich die göttliche Gabe der Tränen, die ihre Gebete überschwemmten: als ein Beweis der heiligen Verbindung mit dem Göttlichen. Auch Bernardette Soubirous weint viel, bemerkt G. Thuillier.[82] Tränen waren ein Beweis des wahren Glaubens, und durch die Tränen des armen und ungebildeten Mädchens wurde zugleich auch die Lebendigkeit des Volksglaubens bezeugt, der in den Marienerscheinungen des 19. Jahrhunderts seine typische Ausdrucksform fand. In den oberen Klassen drohte hingegen der spirituelle Wert der Tränen zu einer rein äußerlichen Geste zu verkümmern. »Die jungen Mädchen lieben die Tränen so sehr, daß ich einige gesehen habe, die zum Weinen vor einen Spiegel traten, um diesen Zustand doppelt zu genießen«, beobachtete Monsignor Dupanloup. In pädagogischer Weitsicht entwickelt die Kongregation des Sacré-Cœur als erste eine »Tränenordnung«. Angesichts einer Gefühlsäußerung, die – was Überfluß und Nichtkontrollierbarkeit angeht – einem Stereotyp der Weiblichkeit des 19. Jahrhunderts entspricht, begegnet die Kongregation der übermäßigen und manierierten Sentimentalität mit jesuitischem Mißtrauen.

ZEIT UND ORDNUNG

Die Rationalisierung der Tugenden

Das Gebet gibt der weiblichen Existenz im zeitlichen Gerüst der häuslichen Disziplin eine neue Legitimität. Als im Jahre 1810 Giulia Manzoni Beccaria sich wieder den Sakramenten zuwendet, schickt sie ihrem geistlichen Beistand, dem jansenistischen Pater Tosi, einen »Fragenkatalog zur Art und Weise, den Tag zu verbringen«. Sie bekennt, daß es ihr schwerfällt, Alltagsleben und Gebet miteinander in Einklang zu bringen. Der Pater präzisiert (mit einem gewissen Spielraum) nach Stunden und Minuten die strengen Bestimmungen, die Giulia in den *Regolamenti* gelesen hat. »Euer Hochwürden hatten mir als Übung christlicher Buße empfohlen, nachts aufzustehen, um wenigstens einige Augenblicke lang zu beten; ich habe außer ein paarmal nie den Mut gehabt, das zu tun.« Und Pater Tosi: »Auch die Übung, nachts aufzustehen, ist zwar nicht unbedingt nötig, jedoch durchaus angebracht für Sie. Beginnen Sie ein oder zwei Nächte pro Woche damit, wobei Sie in der kalten Jahreszeit das Bett nicht verlassen müssen, sondern sich nur gut zugedeckt aufsetzen oder sich zumindest in eine Lage bringen, daß Sie Ihr Kruzifix in den Händen halten können.« Die flexible Dosierungsanleitung für Gebete und kleine Kasteiungen – Schokolade ist erlaubt, Kaffee verboten – zeigt das verhandlungsfähige Wesen der Frömmigkeit: Sie kann lockerer oder strenger praktiziert werden, je nach den individuellen Aufnahmemöglichkeiten.[83]

Die Utopie des friedlichen, perfekten Zusammenlebens der Geschlechter (wie auch der Klassen), die sich in den auf zeitlicher Disziplin basierenden Verhaltenstheorien findet – ein Topos der Zivilisation im 19. Jahrhundert: von Fouriers Phalanstère bis zum Selphismus des Willens bei Payot –, hält Einzug in die Verhaltensratgeber. In Frankreich wie in Italien propagieren die katholischen Autorinnen eine Disziplin, die häuslichen Fleiß mit geistigem Eifer verknüpft – dabei zeigen sie sich im Vergleich zu einem Beichtvater als weitaus kompetenter, diese Disziplin zu präzisieren. Die kosmologische Maxime »Gott ist Ordnung und Regel« beherrscht noch die kleinsten täglichen Beschäftigungen der Frau in der *Journée chrétienne de la jeune fille*

(1867) von Madame Bourdon; dieses Werk wurde des öfteren neu aufgelegt und ins Italienische übersetzt. Alles, von großen Ereignissen bis hin zu Banalitäten, erhält seinen Platz in dieser Ordnung, die den Stempel der höchsten heiligen Exaktheit trägt.

Es ist symptomatisch, daß das goldene Zeitalter der Industrialisierung in einer weit verbreiteten Literatur, die die Einteilung und Verwendung der täglichen Zeit zum Thema hat, ihre Entsprechung findet. »In unseren Zeiten lebt man in Eile: Die Tage reichen nicht aus für all das, was man unternimmt, Geschäfte, Beziehungen, Reisen, Vergnügen, und auch Studien«, schreibt Madame Bourdon.[84] Ihr Buch ist besonders beliebt bei den Arbeiterinnen der großen Textilindustrie Nordfrankreichs. Die Frauen sind Hüterinnen einer häuslichen Arbeitsmoral, die erforderlich war, um Haushaltsgeschäfte mit Bilanzen, Organisation der Dienerschaft, Sorge um die Kinder (ihre mittlere Geburtenrate steigt von 1840 bis 1900 von 5 auf 7 Kinder) zu bewältigen.[85]

Der Brief, den Giulietta Manzoni, die erstgeborene Tochter von Alessandro und Enrichetta Blondel im Oktober 1833 von ihrer Schwiegermutter, der Marchesa Cristina d'Azeglio erhält, ist ein deutliches Beispiel dafür, wie die perfekte Organisation von Andachtspraktiken und Haushaltsarbeiten die ethische Garantie für den sozialen Wert der Frau abgibt. Die nachlässige Sorge Giuliettas für die kranke Mutter, die schlechte Lektüre, die »leichtsinnigen Einkäufe«: fertige Kleidchen für die Tochter (»den Stoff kauft man, aber man näht zu Hause«), Möbel, Teppiche, Nippes im Übermaß, solch eine unzuverlässige Haushaltsführung ist das Gegenteil von jenem »ostentativen Niedrigkonsum« und dem nötigen Mißtrauen gegenüber allem Überflüssigen, das die Tochter einer konvertierten Calvinistin im Blut haben müßte.[86] Es gibt keine Zweifel über die Ursache der Verirrung: »Du gehst zur Kirche wie die Protestanten ins Gotteshaus, einmal am Sonntag und Schluß.«[87]

Der schöne Tod in eigener Regie

Die neue Moraltheologie der Heiligen Alfons von Liguori und Franz von Sales dämmte die angsterfüllte Identifizierung des Todes mit den Leiden Christi ein. In den Andachtsbüchern und asketischen Abhandlungen über den schönen Tod – das am meisten nachgeahmte Vorbild war die *Philotea* des Heiligen Franz von Sales – wird das *memento mori* mit einem Katalog von Fragen über Tag, Ort, Jahreszeit und Stunde des Austritts der Seele aus dem Körper präzisiert. Novizinnen, die in der Kongregation des Sacré-Cœur erzogen worden sind, drücken Vertrautheit mit dem Tod als einer erfaßbaren Realität aus. Ihre Kultur des Gefühls läßt sich problemlos in die Nähe der weiblichen Empfindsamkeit der Romantik rücken. Heiter begegnen sie dem Sterben und froh erwarten sie das himmlische Wiedersehen mit den Mitschwestern. All dieses beweist die Wirksamkeit der Lehren des Franz von Sales. Ein solches »Dürsten nach dem Tod« (ein endemisches Phänomen in vielen Noviziaten, wie O. Arnold anmerkt), erklärt die Lebenspädagogik der Mutter Oberin Barat, der Gründerin des Ordens: »Leben um zu leiden und um Herzen für Jesus Christus zu gewinnen ist eine edlere Sache als das Leiden um des Genusses willen zu ersehnen« (1829).[88]

Diese Kultur des Todes, die in der heiteren Sprache des Abschiednehmens zum Ausdruck kommt, ist nicht nur den Spezialisten des Gebets eigen, deren Status die Pflicht zum Gebet einschließt. Auf weltlicher Seite äußert sie sich in der Reihe schöner Tode der Familie La Ferronnays, auf die Philippe Ariès hingewiesen hat.[89] Deren Komplizenschaft mit dem Tod kennt keine Grenzen des Geschlechts. Eugénie, die jung an Schwindsucht sterben wird, singt in Neapel in den 30er Jahren in klassisch Lamartinescher Szenerie mit Rosen, Orangenhainen und Sternennächten für ihre Freunde »fröhlich wie ein Vogel, leuchtend wie ein Sonnenstrahl«; für sie ist der Tod ein unvergleichliches Gut. »Oh (. . .) wie schön ist das Leben! Wie wird dann erst der Himmel sein? *Ist der Tod also besser als all dies?*«, fragt sie mit glücklicher Leichtigkeit ihre Schwester Pauline.[90]

Selten ist der letzte Gruß im 19. Jahrhundert wortkarg: »Ich bin glücklich über meinen Zustand«, sagt die sechsundzwanzigjährige Cristina Manzoni 1841, während sie ihren Mann umarmt, kurz bevor sie stirbt: ein Genrebild des schönen Todes. Aber kurz zuvor hat sie Sakramente und Beichtvater abgewiesen. Nur durch die Vermittlung des Vaters überwindet sie schließlich den Widerwillen gegen das heilige Öl. Es ist schwierig, spezifisch weibliche Antworten auf das Nahen des Todes auszumachen. Denn die Haltung im Angesicht des Todes ist bereits in einem inneren Code familiärer Erfahrungen stilisiert worden. Mehr als die salesianischen Schriften über einen guten Tod bestimmt das innige Vertrautsein mit vorzeitigem Sterben und die Verzweiflung darüber, Waisen zu hinterlassen, die weiblichen Formen des Abschiednehmens. Doch über die Toten der Familie Manzoni – die wie die zeitgenössischen La Ferronnays in wenig mehr als zehn Jahren sechs Sterbefälle zu beklagen haben – gibt es keinen Familienroman, der dem *Récit d'une sœur* von Pauline Craven La Ferronnays gleichkäme. Dort werden, wie Ariès anmerkte, Geburten und Hochzeiten nur knapp angedeutet als Bezugspunkte in der unaufhörlichen Reihe von Todesfällen.

Die Korrespondenz der Frauen aus dem Hause Manzoni spricht von Krankheiten und Todesfällen, ohne daß ein vorzeitiges Streben nach dem Jenseits erkennbar wäre. Sie berichten voller Vertrauen von Aderlässen, diese in Italien noch verbreitete fatale Heilmethode, von Medikamenten und Diäten. Die Grabinschriften sind knapp: Für Enrichetta Manzoni, geborene Blondel: »Unvergleichliche Schwiegertochter, Ehefrau und Mutter/Schwiegermutter, Ehemann und Kinder/beten mit heißen Tränen, aber mit lebhaftem Vertrauen/für die himmlische Seligkeit« (1933); für Giulia d'Azeglio Manzoni: »Gestorben im Frieden« des Herrn/der betrübte Ehemann und die Verwandten empfehlen sie seiner Barmherzigkeit/und den Gebeten der Gläubigen an« (1834). Auf den makabren Erotismus des 18. Jahrhunderts, mit dem Giulia Manzoni Beccaria 1805 ihren Schmerz über den Tod des Geliebten Carlo Imbonati zu lindern versucht, indem sie ihn einbalsamieren ließ, folgen die klassischen und verhaltenen Formeln der Grabinschriften des 19. Jahrhunderts ohne jegliche literarische Sublimierung des »seligen Hinübergehens«, wie Enrichetta Blondel es nannte.

MÜTTER

Die bedrohte mütterliche Autorität

Das 19. Jahrhundert gilt als das Jahrhundert der Mutter. Die Familie wandelt sich und mit ihr die Rollen der Familienmitglieder. Väter und Ehemänner bleiben zwar die dominanten Gestalten. Doch der soziale Abstand zwischend den Ehegatten wie auch Eltern und Kindern wird geringer. Ernest Legouvé sah in der zweiten Hälfte des 19. Jahrhunderts in den neuen Gefühlen des intensiveren Zusammenlebens zwischen Eltern und Kindern, in der »verdoppelten Fürsorge«, verbunden mit »Schwäche und gelockerter Autorität«, die Ursache für jene unerhörte Rebellion der »Damen und Herren Kinder«, die sich gegen die für ihr Alter geltenden Regeln auflehnen und die rituelle Ordnung der Übergänge umgehen.[91] Es könnte sehr wohl sein, daß diese »neuen Töchter und Söhne« auch ein Ergebnis der Feminisierung der familiären Erziehung sind. Schon zu Beginn des 19. Jahrhunderts hat ein aufmerksamer (weltlicher) Beobachter der italienischen Sitten dieses vermutet. Die Mütter seien den Töchtern keine starken Vorbilder. Sie hätten »die Antriebsfeder des Respekts zerbrochen, ohne größeren Gehorsam durchzusetzen. »Heutzutage duzt ein Mädchen, das das Alter der Vernunft erreicht hat, die Mutter, und anstatt sie Mutter zu nennen, nennt sie sie *Freundin*.«[92]

Die katholische Kultur des 19. Jahrhunderts gründet die Mutterrolle auf das für die weibliche Andacht typische Verhalten der Gefühlsfrömmigkeit. Die Mutterschaft der Jungfrau Maria hat die Schande Evas ausgelöscht. Dieses Bild ist die Quelle sowohl für Marienverehrung wie für die Aufwertung der Mutterschaft. Für die Kirche in Italien ist die Mutter von Don Bosco das ideale Vorbild. Sie folgt 1846 dem Sohn nach Valdocco und organisiert das praktische Leben des Oratoriums. »Sie dachte und sorgte für alles«, und beweist, daß die häuslichen Fähigkeiten über den kleinen Kreis der Familie hinausreichen können.[93] Zu Beginn des Jahrhunderts sorgen selbst einflußreiche Väter dafür, den Keim für die geistige Mutterschaft zu legen: »Wie du irrst, mein liebes Kind«, schreibt Joseph de Maistre an seine zweitgeborene Tochter Constance, »wenn du von dem ein wenig vulgären Verdienst, Kinder zu machen, sprichst! Das Verdienst der Frau besteht darin, das Haus zu versorgen, den Ehemann glücklich zu machen, indem sie ihn tröstet und ermutigt, und seine Kinder zu erziehen; das heißt *Menschen zu machen*, das ist das große Gebären, das nicht verflucht worden ist wie das andere.«[94]

Worin lag tatsächlich der »Fluch« des Frauenlebens? Die hohe Sterblichkeit bei der Geburt und die Kindersterblichkeit machten die Mutterschaft zu einem ebenso natürlichen wie beängstigenden Risiko. Im habsburgischen Venetien lag zwischen 1839 und 1845 die Geburtenrate bei 40 pro Tausend, die Sterberate bei 31. Die Kindersterblichkeit machte mehr als ein Drittel aller Todesfälle aus. Die Gläubigen verlangten deshalb, die Taufe am ersten oder innerhalb der ersten beiden Tage nach der Geburt vorzunehmen. Die Pflichten einer katholischen Mutter im 19. Jahrhundert – Ergebenheit, Opferbereitschaft und religiöse Erziehung – werden erfüllt im Bewußtsein, daß die Mutter-Kind-Beziehung an einem dünnen Lebensfaden hängt.

»Ich habe aus nächster Nähe eine Familienmutter kennengelernt, die nicht abergläubisch, sondern solide und exakt im christlichen Glauben und bei den religiösen Exerzitien war. Sie hatte nicht nur kein Mitleid für Eltern, die ihre Kinder in zartem Alter verloren, sondern sie beneidete sie zutiefst und aufrichtig, weil deren Kinder ohne Gefahren ins Paradies geflogen waren und so die Eltern von der Last, die Kinder aufzuziehen, befreit hatten. Da sie des öfteren in Gefahr war, ihre Kinder im gleichen Alter zu verlieren, betete sie zwar nicht zu Gott, daß er sie sterben ließe, weil die Religion das nicht zuläßt, doch sie freute sich von Herzen; und wenn sie den Ehemann weinen oder betrübt sah, zog sie sich in sich selbst zurück und empfand einen wirklichen und fühlbaren Ärger.«[95] Diese italienische Anti-Mutter, die Giacomo Leopardi im *Zibaldone* geschildert hat, läßt keine generalisierenden Aussagen über die Substanz der Mutter-Kind-Beziehung zu. Es handelt sich eher um eine mütterliche Pathologie angesichts der überwältigenden statistischen Wahrscheinlichkeit des Todes. Die Aussage bezieht sich auf die von der Haushaltsführung besessene Marchesa Adelaide Antici Leopardi (1778–1857).

Die 1841 jung verstorbene Melania d'Azeglio (aus dem piemontesischen Hochadel) bezwingt die Angst vor dem letzten Gang, indem sie ihrem Töchterchen Costanza einen Abschiedsbrief schreibt, der wörtlich den brieflichen Abschied wiederaufnimmt, den ihr die Großmutter mütterlicherseits im Jahre 1805 hinterließ. Sie gibt der kleinen Tochter zwei Empfehlungen mit auf den Weg: stets bescheidene Kleidung zu tragen und täglich ein Kapitel aus der christlichen Lehre zu lesen. Die Möglichkeit, auf eine familiäre briefliche Quelle zurückgreifen zu können, tröstet in bezug auf die Unvermeidlichkeit und festigt das weibliche Bewußtsein der hauchdünnen irdischen Bindungen an die Kinder.[96]

Für Thérèse Martin (die heilige Therese von Lisieux, 1873–1897), Jüngste von neun Kindern eines Elternpaares, das zwei Jungen und zwei Mädchen verloren hat, ist der vorzeitige Tod von Kindheit an eine konkrete Erfahrung. Auf mystischer Ebene sieht sich die kleine Therese als Lieblingskind der Mutter. Als sie mit vier Jahren Waise wird, entwickelt sie ihr Modell der Heiligkeit auf der Basis der nur kurze Zeit währenden Zuwendung der Mutter.[97] Die katholische Kultur des 19. Jahrhunderts weist der Mutter im Zeichen einer unbeschränkten Opferbereitschaft die Funktionen der religiösen Erziehung und des moralischen Korrektivs zu. *La femme et la famille. Journal de la vie domestique*, diese 1862 von Felicita Bottaro in Genua gegründete und 1867 nach Paris verlegte und bis 1917 weitergeführte Zeitschrift, ist eines der dauerhaftesten Beispiele für diese Kultur. Die Erziehung der Frau und der Kinder, die Verherrlichung der Familie als einzigem Ort des Glücks und seit den 70er Jahren die Polemik gegen das staatliche Schulwesen sind darin stets wiederkehrende Themen. Den »armen Träumerinnen«, den Emanzipierten, die die Kinder verlassen, um »das verhaßte System« der Rollenteilung zu zerstören, werden die guten, arbeitsamen und wohltätigen Frauen gegenüber gestellt, die fähig sind, »sich schweigend für eine Idee, einen Schicksalsschlag aufzuopfern« und unbesiegbar sind in der Kraft ihrer Liebe und ihres Leidens.[98]

Die Kraft der Liebe

Es ist möglich, zwischen dem katholischen und dem laizistischen Verständnis der Ideologie der natürlichen Opferbereitschaft der Frau feine Unterschiede auszumachen. Michelet nennt jene grenzenlose Berufung »amour«. »Sie ist der Altar«, sagt er von der Frau. Sie lebt für die anderen, und »es ist dieser Beziehungscharakter, der sie über den Mann stellt und aus ihr eine Religion macht«.[99] Auf dieser den *Frauen* des 19. Jahrhunderts eigenen Qualität – Altruismus und Selbstaufopferung für die anderen – wird eine Reihe von »Prinzipien«, »Idealtypen« und »intuitiven Abstraktionen« des Weiblichen aufgebaut, die mit großer Intensität auch in die Kulturgeschichte des 20. Jahrhunderts hineinreichen. Wieviele Frauen mag *L'éternelle sacrifiée* (1906) der französischen Feministin Nelly Roussel erreicht haben? »Eure Ergebenheit soll freiwillig sein«, mahnt sie, aber es wird die Form, nicht die Substanz der opferwilligen Ergebenheit angegriffen. Nach dem Ersten Weltkrieg schlägt die Italienerin Gina Lombroso das Konzept der »alterozentrischen Frau« vor. Nach diesem Konzept soll der an den Pflegeberufen erläuterte Altruismus das Merkmal der weiblichen Psychologie sein.[100] Die deutsche Theologin Gertrud von Le Fort, auf die sich Papst Pius XII. häufig berief (*Die ewige Frau*, 1936), übersetzt eben diesen Alterozentrismus in eine existentielle Maxime: »Der andere sein, für den anderen, durch den anderen.« Das »soziale« Wesen des Weiblichen gilt ihr als Beweis eines privilegierten Verhältnisses der Frauen zu Gott.

Aus dem Italienischen von Gesa Schröder

8

DIE PROTESTANTISCHE FRAU

Jean Baubérot

G ab es einen spezifischen Typus der protestantischen Frau? Einen solchen gab es sicherlich nicht in dem Sinne, daß das Protestantische der maßgebliche Wesenszug einer weiblichen Persönlichkeit war. Aber wie in früheren Epochen war Religion auch im 19. Jahrhundert ein wirksamer Faktor bei der Bildung der Frauen gewesen. Allerdings ist es unmöglich, deren Einfluß unter verschiedenen, in der Realität untrennbar miteinander verbundenen anderen Faktoren wie soziale Klasse, Land, Region zu isolieren.

Die Reformation schuf ein neues Frauenbild. Es definierte sich vor allem durch den Bruch mit dem katholischen Ideal, das Jungfräulichkeit und Klosterleben aufwertete. Seit seinen Anfängen betrachtete der Protestantismus das Leben in der Welt und das eheliche Leben als den bevorzugten Rahmen, um die »christliche Treue« zu verwirklichen. Dabei blieb die Frau eingegliedert in das patriarchalische System, das auch in den protestantischen Ländern weiterhin Bestand hatte. Ähnlich wie später das »allgemeine Wahlrecht« lange Zeit nur als «Männerwahlrecht« realisiert wurde, so verlieh auch die Lehre vom »allgemeinen Priestertum« (jeder Gläubige ist kraft seiner Taufe selbst Priester) bis ins 20. Jahrhundert in erster Linie dem Familienvater die Rolle des religiösen Oberhauptes, selbst wenn dessen Ehefrau einen nicht geringen (unter manchen Umständen sogar entscheidenden) Anteil an der Vermittlung von Glaubensinhalten hatte.

In der Tat gedachte die Lehre vom allgemeinen Priestertum, eine wesensmäßige Gleichheit mit den funktionsmäßigen Unterschieden zu versöhnen. Luthers Lehre besagte: Jeder getaufte Christ kann sich zwar rühmen, zum Priester, Bischof oder Papst geweiht zu sein, dennoch kommt es nicht jedem gleichermaßen zu, eine solche Funktion auch auszuüben. Dieser Übergang vom Wesen zur Funktion konnte eine Möglichkeit zu Mobilität und sozialem Aufstieg eröffnen. De facto konnte dies aber auch heißen, ohne Rücksicht auf die geistliche Wesenheit in der kirchlichen Gesellschaft dieselben Unterschiede zu reproduzieren.

Die Stellung der Frau im Protestantismus war daher von einer gewissen Ambivalenz geprägt. Einerseits führte die Aufwertung der Laien und gewöhnlichen Christen zu einem frühzeitigen Interesse auch an Frauenbildung, und zwar nicht nur für Frauen der Oberschicht, selbst wenn gesellschaftliche Unterschiede de facto durchaus eine Rolle spielten. Demzufolge war im 19. Jahrhundert die Ausbildung von Frauen in protestantischen Regionen und Staaten häufig weiter entwickelt als in katholischen, und dies hatte bestimmte Konsequenzen. Andererseits teilten auch die Protestanten die vorherrschende gesellschaftliche Auffassung von einer Rollenteilung zwischen Mann und Frau. Auch im Protestantismus blieb daher den Frauen der Zugang zu bestimmten Ämtern, vor allem kirchlichen Ämtern, versperrt.

In vielen Fällen wurde dieser Widerspruch gelöst, indem man die protestantische Frau mit der Aufgabe betraute, ihrem Ehemann hilfreich zur Seite zu stehen. Größtenteils erschien sie als mitverantwortlich sowohl für das emotionale Gelingen der Ehe wie für den kulturellen und sozialen Aufstieg des Paares und der Familie. Diese Haltung zeigte sich besonders deutlich bei den angelsächsischen Puritanern und den Pietisten in der deutschsprachigen und skandinavischen Welt.

DIE ERWECKUNGSBEWEGUNG – EIN AUFBRUCH DER FRAUEN

Zu Beginn des 19. Jahrhunderts liefert die Erweckungsbewegung, und hier vor allem der Methodismus, die interessantesten Hinweise auf eine – wenn auch begrenzte – Weiterentwicklung der religiösen Situation protestantischer Frauen. John Wesley (1703–1791), der Begründer des Methodismus, war in diesem Punkt wie in vielen anderen durchaus ein Anhänger von Tradition und Ordnung. Lange Zeit hielt er es für undenkbar, daß Frauen religiöse Autorität ausüben könnten. Anfangs teilten die meisten der Männer, die am Ende des 18. und 19. Jahrhunderts für eine Wiederbelebung des Christentums eintraten, seine Ansichten. Diese schienen durch zahlreiche Passagen in den Briefen des Apostel Paulus über die Frauen gerechtfertigt. Aber aus verschiedenen Gründen kam es in den religiösen Gepflogenheiten der Erwecker zu einem Wandel und zur Aufwertung des den Frauen zugewiesenen Platzes.

Die Erweckungsbewegung strebte keinen Bruch an und wollte auch keine neue protestantische Religionsgemeinschaft gründen. Ihr Ziel war vielmehr, die bestehenden protestantischen Kirchen, vor allem den Anglikanismus und die presbyterianischen bzw. reformierten Kirchen, erneut mit dem Geist der Reformation zu erfüllen. Der Name »Erweckung« ist an sich schon bezeichnend. Aber wo immer die Erweckungsprediger auftraten, mußte es zu Spaltungen kommen zwischen den Gläubigen, die sie guthießen, und jenen, die sie ablehnten. Unter den Befürwortern fanden sich viele, die mehr oder weniger zu den Randgruppen der Gesellschaft gehörten oder in Abhängigkeit lebten. So gehörten auch zahlreiche verheiratete Frauen und junge Mädchen zu den ersten »Erweckten«.

Die Ehegatten und Väter im einfachen Volk sahen diesen religiösen Enthusiasmus ihrer Frauen nicht unbedingt gern, war er doch ein Akt des Ungehorsams. So manche, die einem Erweckungsprediger trotz des Verbots zugehört oder ihm Geld für seine Bewegung gegeben hatten, erwarteten zu Hause Prügel. Um solchen Züchtigungen zu entgehen, nahmen die Frauen und Mädchen häufig ohne Wissen ihrer Männer und Väter an »Gottes Werk« teil. Damit begünstigte die Erweckungsbewegung, obwohl deren Inhalte weder in diesem noch in anderen Punkten per se gesellschaftlich subversiv waren, implizit den weiblichen Widerstand gegenüber der männlichen bzw. väterlichen Autorität. In einigen Erweckungsgemeinden wurden die »Schwestern« den »Brüdern« auch formal gleichgestellt – ein Grund mehr, um das Mißtrauen oder sogar die Feindseligkeit von Ehemännern und Vätern zu bestärken.

Auch in wohlhabenderen Schichten übte die Erweckungsbewegung auf die Frauen häufig eine größere Anziehungskraft aus als auf die Männer, die manchmal dank des Engagements der ihnen nahestehenden Frauen im zweiten «Anlauf« erreicht wurden. Die Erweckungsbewegung bot den Frauen ganz offensichtlich eine Möglichkeit zu Unabhängigkeit und Einflußnahme und ermunterte sie dazu, Verantwortung zu übernehmen.

Allgemein kam den Frauen die relative Bedeutung von Laien innerhalb der »Erweckung« zugute. Als eine gegen die Institutionen gerichtete Bewegung setzte sie mehr auf Inbrunst und Eifer denn auf kirchlichen Status. Laienprediger spielten von Anfang an eine nicht unwesentliche Rolle, vor allem in England als Gegenspieler der anglikanischen Pfarrer. Dieser Aspekt war um so bedeutsamer, als die Struktur der Kirche von England eher der des Katholizismus ähnelte als der der übrigen protestantischen Kirchen. In der anglikanischen Kirche bedurfte es einer »außergewöhnlichen Berufung« durch Gott, um die Tätig-

keit von Laienpredigern zu rechtfertigen. Eine solche außergewöhnliche Berufung galt auch für Gemeindemitglieder, die nicht ordiniert
waren. Und zu diesen gehörten unter anderem die Frauen, die somit
Gelegenheit bekamen, etwas zu tun, was ihnen traditionell untersagt
war: öffentlich Zeugnis für ihren Glauben abzulegen und zu predigen.

Die quasi priesterliche Rolle mancher Frauen trat vor allem in der
Neuen Welt zutage, wo der wachsende Bedarf an Geistlichen die
Bedenken vieler Erweckungsanhänger überwinden half. In England
wurde die Bewegung offiziell von Lady Huntington unterstützt, und
Lady Maxwell trug wesentlich dazu bei, diese im 18. Jahrhundert nach
Schottland zu bringen. Während jener Zeit galt Barbara Ruckle Heck,
obwohl sie keine vergleichbare gesellschaftliche Stellung innehatte, als
die »Mutter des amerikanischen Methodismus«, denn sie war maßgeblich an der Gründung verschiedener neuer Kirchen im Tal des Sankt-
Lorenz-Stroms beteiligt. Sie predigte allerdings noch nicht. Damit
begannen andere Frauen gegen Ende des 18. Jahrhunderts. Sie traten
sogar als »Wanderpredigerinnen« auf. Zu den Berühmtesten unter ihnen
gehörten Hannah Pearce Reeves, Lydia Sexton und vor allem die ersten
schwarzen Predigerinnen Jarena Lee und Rebecca Gould Stewart.

Eine solche Ausübung von Autorität durch Frauen provozierte Kontroversen und Schwierigkeiten. Es ist immer ein Risiko, die Grenzen
einer sozialen Rolle zu überschreiten. Die Frau als Helferin des Mannes
– das blieb auch im Protestantismus des 19. Jahrhunderts das geläufigste Modell. Auch Frauen in der Erweckungsbewegung (vor allem der
amerikanischen) fungierten häufig als eine Art »Gastgeberin«; ihre Aufgabe war es dann, die Ankunft und den Empfang der Wanderprediger
am jeweiligen Ort zu organisieren. Diese Rolle war zwar der des Predigers untergeordnet (und daher auch leichter auszufüllen), doch sollte deren Bedeutung nicht unterschätzt werden: der Erfolg eines Predigers, die Menschenmenge, die er auf die Beine brachte, der Einfluß,
den er dauerhaft ausüben konnte, all dies hing zu einem großen Teil
vom Organisationstalent und von der religiösen Ausstrahlung der »Gastgeberin« ab. Eine der bekanntesten war Catherine Livingston Garretson,
die im Hudsontal eine Art Hauptquartier für Wanderprediger einrichtete und ein bemerkenswertes spirituelles Tagebuch führte.

Pfarrfrauen

Die Stellung der Ehefrau des Pfarrers in den verschiedenen protestantischen Kirchen unterschied sich kaum von der Rolle der »Gastgeberinnen« in der Erweckungsbewegung. Während des gesamten 19. Jahr-

hunderts waren sie im allgemeinen eng mit dem Amt ihres Mannes verbunden, und sein Erfolg hing zu einem nicht geringen Teil von ihren persönlichen Qualitäten ab. Trotzdem hatte die Pfarrfrau keinerlei offiziellen Status, keinerlei institutionelle Legitimität. Aber in den meisten Fällen wurden ihr, zumindest de facto, bestimmte Funktionen zugewiesen. Sie empfing und machte Besuche, sie unterrichtete und pflegte Gemeindemitglieder, und oft konnte sie gefahrlos, und ohne daß es als unschicklich gegolten hätte, Orte aufsuchen, die eine Frau normalerweise mied bzw. meiden sollte.

Der Umfang ihrer Arbeit und ihres Einflusses hing von verschiedenen Faktoren ab, unter anderem von der Größe der Pfarrei und der räumlichen Streuung ihrer Mitglieder. Wenn der Pfarrer beispielsweise entlegene Teile seiner Pfarrei besuchen mußte, konnte seine Frau während seiner Abwesenheit geistliche Belange wahrnehmen. Als autodidaktische Theologin leistete sie Beistand, erteilte Ratschläge, hielt Bibelstunden und sogar Gebetsversammlungen ab. Eine solche Praxis erschien um so selbstverständlicher, wenn diese Frau einem gesellschaftlich und kulturell höher stehenden Milieu entstammte, während ihre Zuhörer und Zuhörerinnen bescheidener Herkunft waren. Doch das war nicht immer der Fall.

Unterrichten und Pflegen waren üblichere Aufgaben der Pfarrfrau als etwa die geistliche Stellvertretung ihres Mannes. Sie unterrichtete – egal, ob sie als Lehrerin ausgebildet war oder nicht – nicht nur die Kinder, sondern übernahm auch die Erwachsenenbildung. Häufig leistete sie bei Frauen Krankenpflege. Die vorherrschende Auffassung von Scham und Moral führte vor allem in der ersten Jahrhunderthälfte dazu, daß bestimmte Aufgaben, die einen nahen körperlichen Kontakt erforderten oder ein vertrauliches Verhältnis zu anderen Frauen förderten, allein den Frauen vorbehalten blieben. So konnten sich manche Formen weiblicher Einflußnahme herausbilden, die übrigens nicht nur den Pastorenfrauen zugute kamen. Da die Schulen nach Geschlechtern getrennt und im allgemeinen konfessionell waren, wurden junge Protestantinnen – vor allem Pastorentöchter – nicht selten Lehrerinnen. Häufig halfen auch ein oder mehrere Hausmädchen der Pfarrfrau bei ihren erzieherischen und pflegerischen Aufgaben. Ein bemerkenswertes Beispiel dafür war Madame Oberlin, die Frau des Pastors von Bande-la-Roche im Elsaß. Unterstützt von ihrer Hausangestellten Louise Scheppler gründete sie die ersten französischen Vorschulen. Nach ihrem Tod übernahm Louise Scheppler deren Leitung.

Im Umkreis des Pfarrers wirkten also verschiedene Frauen – seine Gattin, seine Töchter, ein oder auch mehrere Hausmädchen – an der Weiterbildung von Frauen sowie an der Förderung weiblicher Eigeninitiative mit. Tatsächlich waren sie ein Vorbild für andere Protestantinnen. Diese Frauen verkörperten das dynamische Bild einer Frau, die alles andere als ein kraftloses Geschöpf war. Die Frauen im Pfarrhaushalt dürften als Vorbild um so attraktiver gewesen sein, als sie für die Mentalität des Durchschnittsmannes wenig bedrohlich und daher im allgemeinen kein Anlaß für Konflikte waren. Sie bewiesen gleichwohl, daß es für eine Frau möglich war, die eigenen vier Wände zu verlassen, ohne Gefahr zu laufen, die »Bescheidenheit, die ihrem Geschlecht geziemt«, und die »untadelige Moral« zu verletzen.

DIAKONISSEN

Damit auch andere Protestantinnen der Mittelschichten ihre Frömmigkeit öffentlich bekunden und sich karitativ und sozial betätigen konnten, wurde das Amt der Diakonisse geschaffen. Die Schwesternschaft der Diakonisse erwuchs dem sozialen Engagement des protestantischen Pietismus, vor allem im deutschsprachigen Raum. Vorläufer war der Weibliche Verein für Armen- und Krankenpflege, den Amalie Sieveking (1794–1859), die Tochter eines Hamburger Senators, 1832 gegründet hatte. Das erste Diakonissenhaus errichtete Pastor Theodor Fliedner in Kaiserswerth (Nordrhein-Westfalen). Ein Jahr später entstand in Berlin das Elisabeth-Krankenhaus, in welchem Diakonissen als Krankenschwestern tätig waren. 1841 initiierte Pastor Antoine Vermeil in Frankreich die Gründung eines Diakonissenhauses in Reuilly, 1842 schuf Pastor François Haerter ein Diakonissenhaus in Straßburg. Außer in Deutschland und den deutschsprachigen Ländern entstanden auch andernorts in rascher Folge zahlreiche solcher Häuser.

Die Gründung von Diakonissenhäusern stand in engerem Zusammenhang mit der vermehrten Fürsorge, d. h. Pflege und Unterrichtung der Armen. Dank der Ordensgemeinschaften verfügte die katholische Kirche über ein Heer von opferbereiten Menschen, die sich diesen sozialen Aufgaben widmeten. Trotz einiger Hilfswerke konnte der Protestantismus nicht im entferntesten mit einem vergleichbaren Angebot aufwarten. Einige Katholiken verstanden es, dies lautstark zu betonen. So schrieb der Arzt Sulzer: »Die Nächstenliebe, diese Himmelsblume, kann auf dem trockenen und sandigen Boden der protestantischen Kirche nicht gedeihen.« Im übrigen machte es die Einrichtung des Diakonissenamts möglich, dem Bedürfnis mancher Protestantinnen nach einem allumfassenden religiösen Engagement entgegenzukommen, ohne ihnen den Zutritt zum Priesteramt zu gewähren. Die ersten Diakonissen nannten sich «Dienerinnen der Armen« und erklärten: »Schon seit langem haben wir uns dem Herrn versprochen, es drängt uns danach, seine Liebe, die er uns bekundet hat, indem er unsere Seelen vor Sünde und Tod rettete, zu erwidern, indem wir der leidenden Menschheit dienen.«

Das Haus in Kaiserswerth nahm »Novizinnen« aus anderen Einrichtungen auf. Die Zeit, die sie dort verbrachten, beschrieb Pastor Fliedner folgendermaßen: »Wir halten es für die beste Ausbildung der Schwestern, wenn sie auf allen Krankenstationen und auch im Haushalt hospitieren, ohne die fachliche Ausbildung durch einen Arzt, die Unterweisung in der Seelsorge durch mich und in der Körperpflege durch meine Frau zu vergessen.« Diakonissen, die als Lehrerin für die Kinder der Armen tätig werden wollten, erhielten eine etwas andere Ausbildung.

Die Regeln, die man bei der Gründung von Diakonissenhäusern aufstellte, basierten auf der protestantischen Doktrin der Erlösung allein durch Gnade und nicht durch gute Werke. Diakonissen erwarben sich mit ihrem Dienst an der »leidenden Menschheit« keinerlei Verdienst oder größere Hoffnung auf ihr Seelenheil. In mancher Hinsicht jedoch gab es durchaus Ähnlichkeiten zwischen dem Status einer Diakonisse und dem einer Nonne in einem karitativen Orden. Natürlich führte das innerhalb des Protestantismus zu Debatten.

Einige der Diakonissenhäuser, insbesondere die in Kaiserswerth und Reuilly, standen unter der Aufsicht eines Pastors, der sich voll und ganz seinem Amt als Leiter und Anstaltsgeistlicher widmete. Andere dagegen errichteten eine Art Frauendemokratie. So etwa im Diakonissenhaus in Straßburg, das gemeinsam von einem Vorstand von Frauen, die keine Diakonissen waren und sich um die Verwaltung kümmerten, und einem Inneren Rat geleitet wurde. Letzterer bestand aus der »Schwester Oberin« und einigen »leitenden Schwestern«, die aus den Reihen der Diakonissen gewählt wurden, und sorgte für Ruhe und Ordnung sowie für das gute Einvernehmen innerhalb der Gemeinschaft. Nach einem einjährigen Noviziat wurde man Diakonisse. Die Diakonisse erhielt von der Gemeinschaft Unterkunft und Verpflegung, aber kein Gehalt. Sie schuldete der Schwester Oberin Gehorsam und hatte eine einjährige Kündigungsfrist, bevor sie die Gemeinschaft verlassen konnte. Als Ledige trug sie eine spezielle Schwesterntracht.

In mehreren Punkten entfernte sich der Stand der Diakonisse von der klassischen protestantischen Auffassung vom christlichen Leben, die für die Nächstenliebe keine gesonderte Lebensform vorsah. Zahlreiche kritische Stimmen gegen die neuen Institutionen wurden laut. Besonders klar legte die reformierte Schweizer Protestantin Madame Gasparin ihre Einwände in dem zweibändigen Werk *Des corporations monastiques au sein du protestantisme* (1854/55) dar. Gasparin zufolge gab es für die Schaffung von Diakonissengemeinden in der Bibel kein einziges Vorbild. Die Worte Jesu über die Bekehrung und die Treue eines jeden Christen seien zugunsten einer Organisation verdreht worden, die an die mittelalterlichen Klöster erinnerte, die einst von Luther abgeschafft worden seien. Eine Etablierung von Diakonissengemeinschaften drohe im Schoß des Protestantismus eine Entwertung der Berufung zur Ehe und zum Leben in der Welt auszulösen. Der vorgebrachte Gedanke »ist deutlich genug, das ist die Verherrlichung der Ehelosigkeit, die Heiligung durch das Ordensgelübde, die ausschließliche anstelle der teilweisen Weihe, die Absonderung von der Welt, die Jesus nicht gewollt hat, kurz, das ist Rom ohne Schleier«.

Solche Kritik wurde immer wieder geäußert. Für manche Protestanten des 19. und 20. Jahrhunderts verkörperten die Diakonissen durch ihr Gelübde und ihre Tracht eine Form des Krypto-Katholizismus und waren somit nicht ungefährlich. Aber im allgemeinen fanden die Diakonissen sehr rasch ihren Platz innerhalb des Protestantismus, der ja in den vielfältigsten Erscheinungsformen auftrat. Obwohl manche ihrer Prinzipien der protestantischen Denkweise merkwürdig entgegengesetzt waren, wurde den Diakonissen zugebilligt, daß sie mit ihrem Tun Zeugnis für ihren Glauben ablegten und von tiefer Spiritualität beseelt seien.

Protestantinnen gegen die Sklaverei

Während von manchen Protestanten und Protestantinnen die Schaffung des Diakonissenamts als eine Art Rückschritt angesehen wurde, waren andere vom ausgesprochen kühnen Engagement protestantischer Frauen für große gesellschaftliche Reformbewegungen schockiert. Das galt beispielsweise für die Beteiligung an der Anti-Sklaverei-Bewegung.

Die Kampagnen gegen die Sklaverei entstanden im amerikanischen Protestantismus. Sie wurden in Gang gebracht von William Lloyd Garrison, einem Bostoner Journalisten, und seiner Veröffentlichung *The Liberator*. Dieser strenge Calvinist nannte die Rassenvorurteile im Norden eine ebenso schwere Sünde vor Gott wie die Sklaverei im Süden. Er forderte die sofortige und vollständige Emanzipation aller Schwarzen. Dabei wandte er sich auch speziell an die Frauen. Diese sollten kämpfen für die Befreiung der schwarzen Frauen, die der männlichen Grausamkeit und Begierde ausgeliefert seien. Sein Appell fand sofort Anklang bei einigen Frauen aus der Oberschicht. Sie begannen ihr Leben dieser Sache zu widmen und ihre gesellschaftliche Position einzusetzen, um eine weibliche Anti-Sklaverei-Bewegung zu organisieren.

Drei Frauenvereine gegen die Sklaverei wurden gegründet. Zwei davon vereinten von Beginn an weiße und schwarze Frauen im selben Kampf und favorisierten autonome Initiativen von Frauen. Die Boston Society gruppierte sich um Maria Weston Chapman und drei ihrer Schwestern. Sie rekrutierte Protestantinnen aus verschiedenen Gruppierungen, in erster Linie Mitglieder der unitarischen und der anglikanischen Kirche sowie der Quäker. Eines ihrer Mitglieder, Lydia Maria Child, die bekannte Verfasserin romantischer Romane, schrieb das erste amerikanische Werk gegen die Sklaverei: *An Appeal on Behalf of That Class of Americans Called Africans* (1833). Das Buch wandte sich gegen die Art und Weise, in der freie schwarze Männer in Schulen und Kirchen behandelt wurden, und gegen das Verbot von Mischehen. Die Philadelphia Society, gegründet von Lucretia Coffin Mott, einer Quäkerin, bestand vor allem aus Mitgliedern dieser Religionsgemeinschaft. Der Verein zeichnete sich durch die starke Persönlichkeit seiner schwarzen Mitkämpferinnen aus: Sarah Mapps Douglas und die drei Schwestern Sarah, Margaretta und Harriet Forten, die aus einer Familie stammten, die sich während des gesamten 19. Jahrhunderts im Kampf gegen die Sklaverei, für die Rechte der Frauen und für andere wichtige gesellschaftliche Themen engagierte.

Das dritte Zentrum der Anti-Sklaverei-Aktivitäten war New York. Hier schlossen sich vor allem Presbyterianerinnen zusammen. Ihre Aktivitäten bewegten sich in herkömmlicheren Bahnen. Das Komitee der Frauen blieb dem der Männer untergeordnet, und weiße und schwarze Frauen organisierten sich getrennt.

Im Jahre 1837 fand in New York der erste Frauenkongreß gegen die Sklaverei statt. Im selben Jahr wurde eine große Vortragstournee durch zahlreiche Städte in Neu-England organisiert. Sechs Monate lang sprachen zwei Aktivistinnen aus South Carolina, Sarah und Angelina Grimke, meistens in Kirchen vor zahlreichen Männern und Frauen. In ihren Reden wurde die Komplizenschaft der Kirchen bei der Aufrechterhaltung des minderwertigen Status der Schwarzen angeprangert. Mit Sicherheit war es für viele protestantische Pfarrer ein Stein des Anstoßes, daß diese Frauen mit solcher Vehemenz das Wort ergriffen und mit ihren Reden unbequeme Ansichten verbreiteten. Die Vereinigung kongregationalistischer Pastoren veröffentlichte einen Hirtenbrief, der – gestützt auf Zitate aus dem Neuen Testament – klarzustellen suchte, daß es nicht zur weiblichen Rolle gehöre, sich um öffentliche Belange zu kümmern.

Die Kontroverse um die Sklaverei verband sich mit der Kontroverse um die Rechte der Frauen. Diese Verbindung war von großer Bedeutung, denn manche der Aktivistinnen wären eher geneigt gewesen, sich von den Argumenten der Pastoren überzeugen zu lassen, wenn es sich

nur um ihre eigenen Interessen gehandelt hätte. Nun aber waren sie
überzeugt, für eine heilige Sache zu kämpfen, und das half ihnen, sich
den religiösen Argumenten zu widersetzen, die man gegen sie vor-
brachte. Den Weitsichtigen unter ihnen wurde klar, daß sie von nun
an einen umfassenden Kampf für eine »neue Ordnung der Dinge«
führen mußten. Angelina Grimke schrieb dazu: »Wir setzen uns nicht
nur für die Sache der Sklaven ein, sondern auch für die der Frauen als
moralische und verantwortliche Wesen.« 1838 veröffentlichte ihre
Schwester Sarah ihre *Letters on the Equality of the Sexes, and the Condition of Women,* das erste Manifest des zeitgenössischen protestantischen Feminismus.

Der protestantische Feminismus

Sarah Grimke zufolge lehre die Bibel, so sie korrekt übersetzt und ausgelegt werde, keineswegs die Ungleichheit zwischen Mann und Frau.
Im Gegenteil, sie bekräftige, daß beide Geschlechter mit denselben
Rechten und Pflichten erschaffen worden seien: Beispielsweise interpretierte sie *Genesis* 3,16 (»Dein Begehren wird dich hin zu deinem
Mann ziehen, und er wird dich beherrschen«) – häufig herangezogen,
um das Abhängigkeitsverhältnis der Frau zum Mann zu rechtfertigen –
einfach als Vorhersage dessen, was nach dem Sündenfall geschehen
würde, und nicht als Befehl Gottes oder göttliche Legitimation männlicher Vorherrschaft. Dies war der erste Schritt hin zu einer feministischen Bibelexegese. Während des 19. Jahrhunderts bildeten sich vor
allem in den angelsächsischen Ländern andere Feministinnen zu Theologinnen aus. Erwähnt sei an dieser Stelle Elizabeth Cady Stanton, die
bekannte Theoretikerin und Propagandistin des amerikanischen Feminismus, die in den 1890er Jahren ihre *Women's Bible* herausgab. Dabei
handelte es sich um eine Sammlung exegetischer Kommentare, die sie
dem traditionellen christlichen Diskurs über die Beziehung zwischen
Mann und Frau und die Stellung der Frau in der Gesellschaft entgegenstellte. Überliefert ist die Parole der engagiertesten angelsächsischen
Feministinnen des 19. Jahrhunderts: »Betet zu Gott, auf daß SIE euch
erhören werde!«

Der protestantische Feminismus verwies im allgemeinen auf *Genesis*
2,18: »Es ist nicht gut, daß der Mensch allein bleibt. Ich will ihm eine
Hilfe machen, die ihm entspricht.« Seine Gefährtin war dem Mann
gleichgestellt, wenn nicht sogar höhergestellt, wie manche Protestantinnen – so beispielsweise die Französin Eugénie Niboyet – naheleg-
ten. Äußerst geschickt stellte diese die traditionellen Argumente zugun-

sten einer männlichen Vorrangstellung schlichtweg auf den Kopf. Eva wurde aus Adams Rippe erschaffen? Nun denn, diese Rippe war eine menschliche Substanz, also ein edleres Material als der Lehm und Staub der Erde, aus dem Gott den ersten Mann geformt hatte. An diesem Punkt betonte man gemeinhin die Reihenfolge der Schöpfung: Wurde nicht der Mann zuerst erschaffen, die Frau erst danach? Gewiß doch, allerdings verkörpert die Reihenfolge der Schöpfung eben auch eine Progression: zuerst die Meeresungeheuer, dann die Tiere, dann der Mann und zuletzt die Frau und nichts über ihr. Mit Eva hatte die Schöpfung ihre ganze Vollendung erreicht, und Gott konnte am siebten Tage ruhen.

Dieser wendige Radikalismus wurde jedoch nicht von allen Protestantinnen, die sich auf die eine oder andere Weise mit der Herausbildung der Geschlechterbeziehungen befaßten, akzeptiert. Die Diakonisse Sarah Monod, Ende des Jahrhunderts Redakteurin der Zeitschrift *La femme,* fühlte sich durch die Art, wie manche Feministinnen die »Rechte oder angeblichen Rechte« der Frauen verteidigten, oft in ihrer »Würde als Frau« verletzt. Für sie sollte der Feminismus »die Tugenden der Frauen selbst haben: würdevoll, aber nicht starr, beharrlich, aber nicht vermessen, hartnäckig, aber nicht rücksichtslos, warmherzig, aber nicht leidenschaftlich. Der beste Feminismus wird der weiblichste sein.« Wie sie waren viele Protestantinnen bemüht, sich nicht an den Rand der Gesellschaft zu stellen und ihr soziales Ansehen nicht zu gefährden. Doch dieses hinderte sie nicht in ihren Initiativen. Einige standen unter dem Einfluß Madame Necker de Saussures. Sie gründete am Genfer See eine Schule, die nach innovativen Erziehungsprinzipien geleitet wurde, und veröffentlichte 1828 ihr Werk *L'éducation progressive.* Das Buch, das zahlreiche Neuauflagen erlebte, machte sich für eine Pädagogik stark, die Mädchen wie Jungen zur Eigenständigkeit erzog, und propagierte die Notwendigkeit, das Heiratsalter für junge Mädchen heraufzusetzen, damit ihnen Zeit gelassen würde, zu »aufgeklärten Menschen« und »intelligenten Geschöpfen« heranzuwachsen.

Diese Betonung auf Erziehung und Bildung wurde von Protestantinnen der mittleren und oberen Schichten geteilt. Ihre Botschaft an die anderen Frauen ihrer Zeit lautete im wesentlichen folgendermaßen: Die angebliche »Minderwertigkeit« der Frau sei kein Produkt der »weiblichen Natur«, sondern der ungenügenden Mädchenbildung, die so reduziert sei, daß der Wissensstand der Frauen mit dem der Männer letztlich unmöglich konkurrieren könne. Die Arbeiterinnen dürften nicht länger zum »Abschaum des Volkes« und zu »lasterhaften Frauen« gemacht werden, die im Armenhaus ihre Kinder zur Welt brächten, ohne den »Trunkenbold« zu kennen, der sich ihnen nur für einen Augenblick genähert hatte. Sie müßten vielmehr zu wahrhaften Müttern werden, die sich um die Erziehung ihrer Kinder kümmerten, so gut sie konnten. Die Frauen der Oberschichten sollten nicht »träge dahinleben« und sich »mit Schminke häßlich machen«, um einige verfrühte Falten zu kaschieren, sondern »soziale Pflichten« übernehmen, die ebenso wie das Gebet Zeichen für »wahre Frömmigkeit« seien.

Von diesem Bewußtsein ihrer »sozialen Pflichten« waren die wohltätigen protestantischen Damen des 19. Jahrhunderts durchdrungen. Zahlreiche Frauen gründeten lokale, regionale und sogar nationale Wohlfahrtseinrichtungen. Unter ihnen ragen einige große Frauengestalten mit internationalem Ansehen hervor: Josephine Butler, die sich für die Prostituierten einsetzte, Elisabeth Fry, die für eine Verbesserung der Situation strafgefangener Frauen eintrat, und Florence Nightingale, die den Beruf der Krankenschwester entscheidend formte.

Feminismus und Sittlichkeit

Das vielleicht bedeutendste Beispiel für die protestantische Verbindung von sittlichem und sozialem Engagement ist Josephine Butler. Diese Frau aus der Mittelschicht kämpfte ab 1870 gegen die Regulierung der Prostitution, die einige Jahre zuvor in Großbritannien eingeführt worden war. Eine solche Regulierung, gerechtfertigt durch eine beabsichtigte soziale und gesundheitspolitische Kontrolle, machte es den Prostituierten praktisch unmöglich, ihrem Milieu zu entkommen. Die »gestrauchelten Frauen« waren so zur »lebenslänglichen Zwangsarbeit in Schande« verurteilt.

Josephine Butlers Einsatz fand in den protestantischen Kreisen Englands rasch ein großes Echo. Die Zeitschrift *The Shield* wurde zur Unterstützung ihrer Kampagne gegründet. Auch in anderen Ländern, so etwa in der Schweiz, wo Madame de Gasparin ein Werk mit dem Titel *La lèpre sociale* herausgab, fand die Initiative von Butler Nachahmung. 1877 wurde in Genf ein internationales Bündnis zur Abschaffung der Prostitution gegründet. Der französische Zweig nannte sich Französische Liga zur Hebung der öffentlichen Moral und vereinte nicht nur Protestantinnen und Protestanten, sondern auch Freidenker und sogar einige Katholiken beiderlei Geschlechts.

Obgleich die Bewegung nicht auf protestantische Kreise beschränkt blieb, war sie stark von dem sittlichen und religiösen Anliegen des Protestantismus geprägt. Auch eine Frau im »Abgrund des Lasters« besaß ein unantastbares Recht auf ihr Seelenheil. Im übrigen war sie zumeist weniger »Schuldige« als »Opfer« der männlichen »Bestialität« und der gesellschaftlich bedingten Not. Der Kampf gegen die regulierte Prosti-

tution wurde im Namen der Heiligen Schrift und der »politischen Bibel«
der angelsächsischen Verfassungsprinzipien, der Bill of Rights, geführt.
Er zielte gleichzeitig in verschiedene Richtungen, die jedoch nicht ohne
Querverbindungen waren. Zum einen ging es um die Freiheit der Frau,
die von einer »medizinisch-rechtlichen Tyrannei« und dem »Fetischismus
des Staats« bedroht sei, Zum anderen um die Moral des Mannes und
die »Heiligkeit« der Familie, denn das »Laster« sei kein »unvermeidbares
Verhängnis«. Und schließlich ging der Kampf besonders in Frankreich
und der Schweiz manchmal einher mit sozialen Reformbestrebungen.
Pastor Tommy Fallot, übrigens auch Begründer der Bewegung für ein
soziales Christentum, initiierte in den Jahren nach 1880 einen »Kreuzzug« zugunsten der »versklavten Frau«: Die Hauptursache der Prostitution sei in einer vernachlässigten oder fehlgeleiteten Erziehung, in
unzureichenden Löhnen und in den fehlenden staatsbürgerlichen Rechten der Frau zu suchen – kurz, in einer ganzen Reihe »sozialer Ungerechtigkeiten«. Die Liga forderte nicht nur die Geltung des Rechts auch
für Prostituierte, sondern zusätzlich eine Neugestaltung der Erziehung
und der Gesetzgebung (die Gleichheit staatsbürgerlicher Rechte) sowie
einen relativen Wandel »in der Beziehung zwischen Kapital und Arbeit«.
Ein protestantischer Jurist aus der Schweiz, Louis Bridel, trat in diesem
Kampf besonders aktiv hervor (*La femme et le droit,* 1884).

Das Aktionsfeld war sehr weit gesteckt. Heute würde man sagen,
daß es eine bestimmte Art von Moralismus und Feminismus umfaßte.
So führten der Kampf gegen die »Unzucht« und die Beteuerung, die
»Praxis der Unreinheit ist beim Mann ebenso zu verwerfen wie bei der
Frau« (Kongreß in Genf, 1877), zur Propagierung »derselben Moral für
beide Geschlechter«. Dieses Anliegen paßte auch zu dem anderer Protestantinnen und Protestanten, die mehr »Brüderlichkeit« zwischen den
Geschlechtern zu entwickeln suchten. Eine der überzeugtesten Verfechterinnen dieser »Brüderlichkeit«, Madame Piecznynska, erläuterte,
daß dieses erreicht werden könne: durch »vernünftige« Sexualerziehung
der Jugend, Koedukation, Turnunterricht für Mädchen, durch Aufhebung der Geschlechtertrennung bei der Arbeit. In verschiedenen
skandinavischen und angelsächsischen Bildungseinrichtungen war die
koedukative Schule Ende des 19. Jahrhunderts bereits Realität. In
Schweden gab es sogar Internate, in denen die Koedukation nicht als
»Quell der Unmoral« galt, sondern als Mittel, »die Sitten zu heben«.

Zwei internationale Kongresse der Hilfswerke und Einrichtungen von
Frauen, die 1889 und 1900 in Versailles stattfanden, waren stark von
Protestantinnen dominiert. Madame Legrand-Priestley bemerkte, daß
die »Frauenfrage« in Amerika, England, Dänemark und Schweden
»unendlich fortgeschrittener« sei als in Frankreich. Diese beiden Kongresse waren in jeder Beziehung repräsentativ für das, was man als

protestantischen Feminismus bezeichnen mag. »Ruhe« und »Mäßigung« bestimmten ihren Verlauf. Manche feministischen Forderungen wurden zwar nicht ausgeschlossen, aber die Betonung lag auf dem philanthropischen Engagement. Dadurch übe die Frau ihre »soziale Mission« aus und trage zu einer notwendigen »Annäherung zwischen den Klassen« bei.

Der Kampf um den Zugang zu geistlichen Ämtern

Mittlerweile hatte sich der Feminismus weitgehend zu einer weltlichen Angelegenheit entwickelt und dabei die verschiedenen Einflüsse in sich aufgenommen. Dennoch darf nicht außer acht gelassen werden, daß die Forderung nach politischen Rechten für die Frau (vor allem nach dem Wahlrecht) und das Verlangen, daß alle Formen protestantischer religiöser Autorität, einschließlich des Pastorenamtes, von beiden Geschlechtern geteilt würden, parallel zueinander liefen. Mit der berühmten Vereinbarung von Seneca Falls (New York) über das »Recht der Frauen« (1848) wurde auch eine Resolution angenommen, die das Ende des männlichen Predigtmonopols zum Ziel hatte. Gefordert wurde, was im Rahmen einer »außergewöhnlichen Berufung« in der Erweckungsbewegung manchmal möglich gewesen war, nun in den protestantischen Kircheninstitutionen zu einer allgemein anerkannten Praxis werden zu lassen. Dabei ging es um die Gesamtheit der geistlichen und seelsorgerischen Befugnisse.

Solche Hoffnungen stießen lange Zeit auf äußersten Widerstand. Nach Meinung der Kirchenobrigkeit gab es weder im Alten noch im Neuen Testament einen einzigen Passus, der nahelege, Gott habe gewollt, daß Frauen das Pastorenamt ausübten. Männer und Frauen täten am besten daran, in dem Bereich zu bleiben, den Gott ihnen zugewiesen habe. Nach dem amerikanischen Bürgerkrieg sollte sich jedoch bald zeigen, wie groß die Macht der von Frauen kontrollierten Organisationen innerhalb der verschiedenen protestantischen Glaubensgemeinschaften (Baptisten, Methodisten, Episkopalisten etc.) war. Vor allem auf dem Gebiet der Missionstätigkeit gelang es ihnen dank ihrer finanziellen, im Norden von den Frauen selbst verwalteten Ressourcen, ihren Einfluß zu verstärken.

Zunächst machte sich das wachsende Gewicht der Frauen im Bereich der Laienarbeit bemerkbar. Warum hatten die Protestantinnen nicht ebenso an der kirchlichen Macht teil wie die männlichen Laien? Seit den 1880er Jahren wurden Frauen in Kirchengemeinden oder regionalen Synoden als Delegierte zu Konferenzen oder allgemeinen

Synoden gewählt. Gleichzeitig verweigerte man ihnen jedoch das Recht, bei diesen Versammlungen öffentlich zu sprechen. Bestenfalls erhielten sie ein paar Minuten Redezeit. Um die Jahrhundertwende billigten einige Kirchen dann schließlich sämtlichen Laiendelegierten unabhängig von ihrem Geschlecht dieselben Rechte zu.

Das Thema der Kanzelpredigten wurde ernstlich ab den 1870er Jahren angesprochen. Bei den Quäkern gab es traditionellerweise Predigerinnen. Eine von ihnen, Sarah Smiley, wurde in jenen Jahren eingeladen, in presbyterianischen Kirchen zu predigen, beispielsweise in Brooklyn. Die Frauenrechtlerin Anna Howard Shaw, die ihren akademischen Abschluß an einer der theologischen Fakultäten Bostons gemacht hatte, erhielt die Erlaubnis, in methodistischen Kirchen zu predigen. Einige andere Frauen drängten mehr oder weniger erfolgreich in diese von den Aktivistinnen geschlagene Bresche. Um Erfolg zu haben, mußte man mit der Autorität eines Mannes und der Bescheidenheit einer Frau sprechen! Frances Willard, Vorsitzende der Temperenzler-Liga christlicher Frauen, erörterte dieses Problem in ihrem 1888 erschienenen Werk *Woman in the Pulpit*.

In Amerika kam es trotz aller Schwierigkeiten zu gewissen Fortschritten. In Europa dagegen gab es keine vergleichbare Entwicklung. Hier scheint erst der Erste Weltkrieg dem Ruf nach einem »weiblichen Pastorenamt« Gehör verschafft zu haben. Tatsächlich führten Dauer und Ausmaß des Krieges zu längeren Abwesenheiten von Pastoren, die an der Front waren, und es entstand eine neue Nachfrage nach Predigern.

Zwar waren die Probleme nahezu überall die gleichen, doch am besten dokumentiert ist die Situation in Frankreich, dank einer Untersuchung durch Madame Witt-Schlumberger (Präsidentin der französischen Vereinigung für das Frauenwahlrecht). Durch die Einberufung eines hohen Prozentsatzes von Pastoren entstanden gravierende Lücken in den Kirchengemeinden. In einer allgemeinen Atmosphäre von Opfermut und Mobilisierung gemeinschaftlicher Energien (also ohne eine ausdrücklich politische Agenda) übernahmen Pastorenfrauen die Aufgaben ihrer Ehemänner. Diese notwendige Grenzüberschreitung verunsicherte sie manchmal, meistens waren sie gleichermaßen schockiert und fasziniert.

Drei verschiedene Szenarien traten zutage. Zunächst die teilweise Stellvertretung: Die Pfarrfrau war zuvor bereits mit dem Amt ihres Mannes verbunden gewesen und führte nun allein durch, was sie zuvor unter seiner Autorität getan hatte. Sie mochte auch einige neue Verantwortlichkeiten übernehmen, die mit ihrem Status als Frau nicht unvereinbar erschienen. So gewährleistete sie den Religionsunterricht, übernahm den Vorsitz bei diversen religiösen Zusammenkünften der Gemeindeglieder, leitete Jugendgruppen, besuchte Kranke, leistete den

Armen Beistand etc. Predigten und geistliche Amtshandlungen wurden im allgemeinen jedoch von einem zumeist älteren und somit nicht eingezogenen Pastor einer Nachbarpfarrei übernommen. Diese Situation war zweifelsohne die häufigste.

Die zweite Möglichkeit bestand darin, daß die Frau für eine Übergangszeit die volle Stellvertretung ihres Mannes übernahm und dessen Funktionen nahezu vollständig erfüllte. Nachdem sie anfänglich vielleicht alte Predigten ihres Mannes vorgelesen haben mochte, kam sie zu der Ansicht, man müsse »sich direkter an die Seelen der Gemeindeglieder« wenden. Sie begann also selbst zu predigen, wenngleich nicht ohne heftige Bedenken. Die Not brachte manche der Frauen schließlich auch dazu, »pastorale Handlungen« zu vollziehen, so zum Beispiel Trauungen und Beerdigungen. Übrig blieb lediglich das Spenden der Sakramente. Die erwähnte Untersuchung schweigt sich darüber größtenteils aus, aber andere Hinweise legen nahe, daß selbst die beiden protestantischen Sakramente (Taufe und Abendmahl) in aller Diskretion zuweilen auch von Frauen gespendet wurden. Auch wenn es dafür keinerlei theologische Rechtfertigung gab, blieben die Sakramente in den meisten protestantischen Kirchen die letzte Bastion des Heiligen, die sich die Frauen noch erobern mußten.

Letzte Möglichkeit war schließlich die Einnahme der Pastorenstelle durch die Pfarrfrau und anschließende Einführung von Neuerungen im Gemeindeleben. Eine Interimsvertretung setzte Kontinuität voraus. Aber konnten sich die Frauen, die sich ihrer eigenen Persönlichkeit bewußt geworden waren und mit einer wenig alltäglichen Situation konfrontiert sahen, damit zufriedengeben? Die religiöse Botschaft mußte sich auf die schweren Zeiten, deren Not und Bedrängnis einstellen. Neue Tätigkeitsfelder bei der Betreuung von Einberufenen, Verwundeten und deren Familien wurden eröffnet. Der generelle Kurs der Pfarrei konnte sich dadurch schließlich in eine neue Richtung entwickeln. Bei seiner Rückkehr fand der Pastor manchmal eine veränderte Kirchengemeinde und eine Ehegattin vor, die ihre Befähigung zum Pastorenamt bewiesen hatte. Auf lange Sicht blieb das nicht ohne Folgen.

Für protestantische Frauen war das 19. Jahrhundert im weitesten Sinne eine Periode des Wandels. In Verbindung mit der allgemeinen gesellschaftlichen Entwicklung veränderte sich, je nach Land, gesellschaftlicher Klasse und Konfession unterschiedlich, deren Stellung beträchtlich. Zahlreiche Frauen trugen aktiv zu diesen Umwälzungen bei. Der Kampf um die Zulassung der Frauen zum Pastorenamt wurde zwar bis 1914 nicht gewonnen, aber die Tatsache, daß der Kampf eröffnet wurde, war bereits ein wichtiger Schritt.

Aus dem Französischen von Gabriele Krüger-Wirrer

9

DIE JÜDISCHE FRAU: VARIATIONEN UND TRANSFORMATIONEN

Nancy Green

» **E** s ist hart, Jude zu sein, noch härter aber ist es, Jüdin zu sein.«[1] Doch gibt es die jüdische Frau überhaupt? Es ist unmöglich, die Jüdin der Berliner Salons zu Beginn des 19. Jahrhunderts und die in den osteuropäischen *Schtetlech* (Dörfern) geborene, seit den 1880er Jahren nach Amerika verpflanzte »jiddische Mame« zu einem einzigen Modell der jüdischen Frau zusammenzufassen. Zum einen entsprach das theoretische religiöse Modell von der Stellung der Frau im Judentum und der jüdischen Gesellschaft – selbst in seiner traditionellsten Form – nicht immer der Realität. Wie die Gesamtheit der rabbinischen *Responsa* (Briefe in Frage-Antwort-Form) deutlich zeigt, haben Juden ihr alltägliches Leben zu jeder Zeit und an jedem Ort immer wieder neu gedeutet. Zum anderen veränderte sich im Verlauf des 19. Jahrhunderts das religiöse Modell selbst. Unter dem Einfluß der jüdischen Reformbewegung kam es zu einer neuen Synthese von Tradition und Modernität, und diese veränderte die Einstellungen zur Rolle der Frauen im jüdischen Leben. Darüber hinaus legte die moderne Diaspora, die Massenmigration der Juden im ausgehenden 19. Jahrhundert von Ost nach West, den Keim des ideologischen Wandels auch hinsichtlich der Geschlechterbeziehungen. Die verschiedenen nationalen Kontexte boten unterschiedliche Bildungsmöglichkeiten und neue Modelle für die jüdische Frau.

Ich werde nun im folgenden zunächst das idealtypische religiöse Modell erläutern und dann drei Frauentypen – die Jüdin der Berliner Salons, die aus dem russischen Schtetl stammende »traditionelle« Frau

und die jüdische Einwanderin in Amerika – vorstellen. Dabei interessiert mich die Entwicklung hin zur modernen jüdischen Frau und die
Auswirkung dieser Entwicklung auf die Geschlechterbeziehungen in
der jüdischen Gemeinde. Um den gesetzten Rahmen nicht zu sprengen, soll es hier nur um aschkenasische Frauen gehen; die sephardi-
schen Frauen würden ein eigenes Kapitel verdienen.

DIE GESCHLECHTERORDNUNG IM RELIGIÖSEN LEBEN

Der Mann beginnt seine täglichen Gebete mit einem Dank an Gott,
daß er nicht als Frau erschaffen wurde. Gemäß der Vorstellung, daß
Gott den Männern, nicht aber den Frauen die Pflicht auferlegt hat, eine
bestimmte Anzahl von Geboten *(Mizvot)* zu erfüllen, schreibt das
Judentum den Frauen eine klar gesonderte Rolle sowohl in der Synagoge als auch allgemein in der jüdischen Kultur vor. So zählen bei der
Bildung eines *Minjan*, der für das öffentliche Gebet notwendigen Zahl
der Gläubigen, allein die Männer. Frauen werden im allgemeinen nicht
in die heilige Sprache des Hebräischen eingeweiht. In der Synagoge
sitzen sie, von den Männern getrennt, auf einem Balkon, und sie haben
bei der Ausgestaltung des Gottesdienstes weniger Verpflichtungen. Ihre
Aufgabe ist es, das Sabbatmahl zu bereiten, aber nicht unbedingt am
Freitagabendgottesdienst teilzunehmen.

Die Trennung von Mann und Frau nach öffentlicher (Synagoge) und
privater (Heim) Sphäre entspricht nicht nur einer religiösen Arbeitsteilung, sondern auch einer strikten Interpretation der Geschlechterbeziehung. Das jüdische Recht sucht nicht nur die Heiligkeit der Familie,
sondern auch die Tugend des Lernens (der Männer) zu schützen. Männer sollen in ihrer Hingabe an Gott und das Gebet nicht durch Gedanken an Frauen abgelenkt werden, deshalb sind sexuelle Beziehungen
und der tägliche Umgang zwischen den Geschlechtern streng geregelt.
Ein frommer Mann soll einer Frau niemals direkt in die Augen sehen,
und die fromme Frau soll, sobald sie verheiratet ist, traditionsgemäß
ihre Haare abschneiden und ihren Kopf mit einer Perücke oder einem
Tuch bedecken. Im Interesse der Fortpflanzung werden eheliche
Sexualbeziehungen jedoch ermutigt, ihre Häufigkeit ist im *Schulchan
aruch* (ein noch heute benutzter talmudischer Kodex, der im 16. Jahrhundert von Joseph Caro zusammengestellt wurde) sogar, je nach Beruf des Mannes, genau festgelegt. Männer hatten ein ziemlich groß-
zügiges Recht auf Scheidung. Seit dem Mittelalter konnten auch Frau-
en – zumindest der Theorie nach – u. a. wegen fehlender sexueller
Befriedigung eine Scheidung fordern. Rachel Biale weist jedoch dar-

auf hin, daß der *Halacha* (jüdischer Gesetzeskodex) mit seiner Tendenz, Frauen in vielen Bereichen Rechte zu gewähren, hinsichtlich der
Sexualität vielleicht »toleranter und großzügiger als das Leben selbst«
war.[2]

Die Trennung von Männern und Frauen hat wichtige Konsequenzen
für die Erziehung. Der hohe Wert, den Juden auf den Wissenserwerb
legen, ist legendär, das Wissen aber ist theoretisch allein Männern vorbehalten. Männer sind nach religiösem Gesetz zum Torastudium verpflichtet, Frauen aber davon freigestellt. Diese Freistellung ist allerdings
insofern widersprüchlich, als es in der Hauptsache Frauen sind, die das
tägliche Leben nach den religiösen Gesetzen gestalten sollen. Während
es die Aufgabe der Männer ist, über die theoretischen Grundlagen des
Gesetzes nachzudenken, haben die Frauen im Alltag als Hüterinnen
des Rituals und des koscheren Heims das Gesetz anzuwenden. Obwohl
einige religiöse Kommentatoren argumentierten, daß Freistellung nicht
notwendigerweise Ausschluß bedeute, wurde gleichwohl das Torastudium den Frauen in der traditionellen Gesellschaft meist untersagt und
von vielen religiösen Autoritäten sogar als Sünde erachtet. Die weibliche Hauptfigur in Isaac Bashevis Singers Kurzgeschichte »Yentl the
Yeshiva Boy« war so entschlossen, die Tora zu studieren, daß sie ihre
Geschlechtsidentität verbarg. Sie studierte an der *Jeschiwa* (Talmud-
hochschule), trug Männerkleidung und brach damit das Gesetz gleich
doppelt.

Das religiöse Modell muß zumindest in zweierlei Hinsicht modifiziert
werden. Zum einen werden Frauen nach jüdischem Recht vom formalen Studium und von den meisten öffentlichen religiösen Pflichten
ferngehalten, doch ist die Religion in ihrer Privatsphäre durchaus
gegenwärtig; sie hat dort allerdings eine andere, von Barbara Myerhoff
»häusliche Religion« genannte Form.[3] Jüdische Frauen haben, wie die
Frauen in fast allen Gesellschaften, die wichtige Aufgabe, informelles
Wissen und eine eher gefühlsmäßige Frömmigkeit zu bewahren und
weiterzugeben – ein Wissen, von dem Kinder später oft sagen, daß es
für sie wichtiger gewesen sei als das formale Lernen in der Hebräisch-
schule.

Zum anderen widmeten sich selbstverständlich nicht alle Männer den
ganzen Tag dem Talmudstudium, auch wenn das vielleicht das Ideal
war. In dem Maße aber, in dem Männer zu religiösen Studien ermutigt wurden, mußte es zu einer Umkehrung der Geschlechterrollen im
sozioökonomischen Leben kommen. Die öffentliche Rolle der Männer
in der sakralen Welt war nur möglich, weil jüdische Frauen eine größere Rolle in der profanen Welt spielten – die eine Rolle bedingte die
andere. Während Männer unter der Woche zur Synagoge gingen, gingen Frauen auf den Markt. Der umfassende Zugang der Frauen zur

profanen öffentlichen Sphäre wird, sobald das Judentum auf die Reformbewegung und die Auswanderung stößt, weitreichende Folgen haben.

Die Jüdin der Berliner Salons

Nichts konnte vom Idealtypus der religiösen Jüdin weiter entfernt sein als das Leben der Jüdinnen in den Berliner Salons des ausgehenden 18. und beginnenden 19. Jahrhunderts. Die jüdischen Frauen der Salons sind als Avantgarde weiblicher Emanzipation gerühmt, als Beispiele der von der jüdischen Reformbewegung herbeigeführten Assimilation verdammt und als Modelle für die »Konvertierungsmanie« der deutschen Juden dieser Zeit beschuldigt worden. Deborah Hertz hat gezeigt, wie diese Salons in einem bestimmten historischen Augenblick der deutschen Geschichte funktionierten. Es ist die Zeit zwischen dem Jahrhundert der Aufklärung und dem Sieg Napoleons über die Preußen 1806 bei Jena, und damit eine Phase, in der der königliche Schutz für die Künste zurückging und das Verlagswesen noch nicht entwickelt war. Die Juden wurden, nach einer Formulierung von Hannah Arendt, zu »Lückenbüßern« in einer noch unsicheren sozialen Situation.[4] In dieser Frühzeit der Romantik, noch bevor sie nationalistische und antisemitische Züge annahm, konnten verarmte Adelige, bürgerliche Intellektuelle und reiche Juden zu einer »halbneutralen Gesellschaft« – so die Charakterisierung von Jacob Katz – zusammenkommen.[5]

Waren aber die Beziehungen zwischen jüdischen Frauen, preußischen Adeligen und Schriftstellern wirklich ein Zeichen jüdischer Integration oder waren sie eine Ausnahme? Hannah Arendt hat argumentiert, daß die jüdischen Salons gerade wegen ihrer Marginalität ein »neutrales Territorium« sein konnten. Jüngst hat Marion Kaplan betont, daß die Geschichten der in den Eliten konzentrierten assimilierten deutschen Juden und der Jüdinnen in den Berliner Salons zwar höchst bedeutsam, aber nicht die Norm waren.[6]

Warum aber konvertierten die Jüdinnen schließlich? Dorothea von Schlegel, geborene Brendel Mendelssohn (Tochter von Moses Mendelssohn), konvertierte sogar zweimal – zunächst zum Protestantismus, später mit ihrem Mann Friedrich zum Katholizismus. Rahel Varnhagen (geborene Levin) machte aus ihrer Einstellung zum Judentum, sie nannte es ihre »infame Geburt«, keinen Hehl, für sie war es ein Handicap, vor dem sie bis zu ihrem Tod zu fliehen versuchte.[7]

Man hat die Unzufriedenheit dieser Frauen mit dem Judentum auf ihre Erziehung zurückgeführt. Sie erhielten die beste Ausbildung, die eine Familie der oberen Gesellschaft einem Mädchen bieten konnte: Unterrichtung in Sprachen (Französisch, Englisch, Lateinisch, Hebräisch) und Musik, Hauslehrer, Lektüreanleitung von aufgeklärten Vätern. Ihre Erziehung aber gilt einigen Historikern, ebenso wie schon den auf die intellektuellen Ambitionen der Frauen verächtlich herabblickenden Zeitgenossen, als zu »dekorativ« und den meisten jüdischen Historikern als bedenklich weltlich ausgerichtet. Deborah Hertz argumentiert jedoch recht überzeugend, daß weniger die frühe Erziehung als vielmehr die soziale Gelegenheit in einer spezifischen historischen Situation zu diesen »Mesalliancen« geführt habe.

Das Modell der Salon-Jüdin führt, selbst wenn es ein extremes Modell ist, zur Frage nach der Herausforderung des Judentums durch die Reform. Zu den bisher vernachlässigten Hauptproblemen der Reformbewegung gehören deren Auswirkungen auf die Geschlechterbeziehungen. Moses Mendelssohn, der Wegbereiter dieser Bewegung, der Ende des 18. Jahrhunderts in Berlin schrieb, versuchte das Denken der Aufklärung mit jüdischen Prinzipien zu verknüpfen und den Judaismus als eine Vernunftreligion neu zu deuten. Mendelssohn hat zwar selbst in seinem Haus zeitlebens die Traditionen gepflegt, doch viele seiner Ideen führten letztlich dazu, daß nachfolgende Reformer mit dem Ziel einer weiteren historischen Anpassung des Judentums an seine Umgebung einer Modifizierung, ja sogar einer totalen Aufgabe jüdischer Riten zustimmten.

Von den neuen ideologischen Strömungen mußte die Erziehung besonders stark betroffen sein. Die Erziehungsreform warf vor allem zwei zentrale Fragen auf: In welchem Umfang sollten weltliche Inhalte in eine jüdische Erziehung eingehen? Und in welchem Umfang sollten Frauen zum Studium zugelassen werden? Naphtali H. Wessely, ein Schüler Mendelssohns, machte geltend, daß allgemeine akademische Studien notwendig seien, und in diesem Sinne errichtete David Friedländer 1778 eine Jüdische Freischule. Bis zur Einführung der Koedukation vergingen jedoch weitere fünfzig Jahre, und ironischerweise war es der Führer der Neoorthodoxen-Bewegung, Samson Raphael Hirsch, der als erster 1855 Mädchen gemeinsam mit Jungen eine formale religiöse Erziehung ermöglichte. Beunruhigt darüber, daß immer mehr jüdische Kinder öffentliche Schulen besuchten und selbst moderne jüdische Schulen allzu wenig jüdische Erziehung vermittelten, wollte Hirsch der Reform mit einer modifizierten traditionellen Erziehung begegnen. Talmudstudien blieben jedoch weiterhin das Privileg der Knaben.

Sowohl die Denker der *Haskala* (der jüdischen Aufklärung) als auch die Neoorthodoxen erkannten, daß die wachsende Disparität zwischen männlich-religiöser und weiblich-profaner Erziehung schließlich zu einer Gefahr für das werden könnte, was die getrennten Sphären eigentlich bewahren sollte: die Reinheit der jüdischen Familie und das Judentum generell. Während der Kompromiß der Orthodoxen darauf zielte, Frauen einen erweiterten Zugang zum religiösen Studium zu gewähren, sah die Lösung der Reformer eine umfassendere profane Erziehung für Jungen und Mädchen gleichermaßen vor. Das jüdische Reform-Modell verlegte religiöse Erziehung und Identität in die Privatsphäre, gestattete stärkeren öffentlichen Kontakt zwischen den Geschlechtern und billigte schließlich sogar Frauen Hilfsfunktionen in der Synagoge zu. Dieses Modell gelangte in der Mitte des 19. Jahrhunderts durch deutsche Juden auch in die Vereinigten Staaten.

ERZIEHUNG IM SCHTETL: EXKLUSION, INTEGRATION, EMIGRATION

Zwischen den jüdischen Frauen, die in den Berliner Salons in kleinen Schlückchen Tee tranken und denen, die in Osteuropa Tee aus Samowaren ausschenkten, lagen materiell und ideell Welten. Die Frauen des beinahe mythischen Schtetl-Modells stammten aus einer anderen Gesellschaftsschicht und aus einem anderen Land. Sie führen uns zu den eher traditionellen Geschlechterbeziehungen in der jüdischen Gemeinde zurück, in welcher nach wie vor der Talmudschüler und seine fromme Frau, wenn nicht die Realität, so doch das Ideal waren.

In Rußland war zu Beginn des 19. Jahrhunderts jüdische Bildung selbstverständlich allein den Knaben und Männern vorbehalten. Der Gebildete genoß höchstes Ansehen, gleichwohl waren seine Studienbedingungen alles andere als ideal. Im Alter von fünf bis dreizehn Jahren besuchten Jungen entweder den privaten *Cheder* oder die *Talmud-Tora* (für die Armen) der Gemeinde, wo der oft despotische, schmutzige und schlecht bezahlte Lehrer widerspenstigen Schülern die Grundzüge des Hebräischen und der Tora einzubläuen versuchte. In den weiterführenden Schulen, *Jeschiwa* und *Bet namidrasch* (dem örtlichen Haus des Studiums) für Erwachsene, waren die Bedingungen zwar weniger chaotisch, doch auch hier herrschte ein strenges Regime, und für den armen *Jeschiwa bocher* (Talmudschüler) war die Teilnahme oft materiell schwierig. Kam er aus einer anderen Stadt, schlief er gewöhnlich in der Synagoge und nahm seine Mahlzeit jeden Abend in einer anderen Familie ein. Diese beging damit nicht nur eine fromme Tat, sondern erhoffte sich davon oft auch einen angesehenen Toraschüler als Schwiegersohn.

Gelegentlich war auch jungen Mädchen der Besuch des *Cheder* gestattet. Sie wurden dann in einem gesonderten Raum von der Frau des Lehrers unterrichtet. Die meisten erhielten jedoch eine solche Ausbildung nur ein oder zwei Jahre, gerade lange genug, um Jiddisch lesen, vielleicht auch schreiben und die notwendigen hebräischen Gebete auswendig zu lernen. Vor allem während der ersten beiden Drittel des 19. Jahrhunderts blieb die Erziehung der Frauen im allgemeinen so informell, wie sie immer gewesen war. Einige Mädchen hatten Brüder, die mit ihnen abends lernten. Mädchen aus wohlhabenderen Familien hatten vielleicht Hauslehrer. Die meisten gelangten jedoch nicht über das Lesen der äußerst populären jiddischen *Ze enna ureena* hinaus, der volkstümlichen Version der Bibel mit in einfachem Stil geschriebenen Erklärungen.

In der Mitte des 19. Jahrhunderts erreichten die Ideen der jüdischen Aufklärung zunächst die eher städtischen Gebiete Osteuropas, in den 1870er und 1880er Jahren dann auch die ländlichen *Schtetlech*. Wieder war die Bildungsreform ein wichtiges Thema, das lautstarke Debatten provozierte: Welche Inhalte (religiöse oder auch weltliche) sollten in welcher Sprache (Hebräisch, Russisch oder Jiddisch) welcher politischen Richtung (bundistisch oder zionistisch) folgen und wem (Mädchen ebenso wie Jungen) vermittelt werden? Schließlich war es der Zar selbst, der in seinem Bestreben, die jüdische Minorität zu »russifizieren«, neue Erziehungsmodelle unterstützte.

Bis in die Mitte des Jahrhunderts hatte das russische Erziehungssystem die Juden einfach ausgeschlossen. 1844 wurden aufgrund eines Edikts von Uwarow, dem Erziehungsminister unter Nikolaus I., staatliche Grundschulen für jüdische Kinder und zwei Rabbinerseminare errichtet. Die Bemühungen des Zaren (die unter anderem auf »die Auslöschung der durch das Talmudstudium eingeimpften abergläubischen und gefährlichen Vorurteile« zielten) wurden jedoch nie ein voller Erfolg. 1854 besuchten ungefähr 3000 jüdische Kinder 70 zaristische Schulen, 1863 waren es etwa 4000 Kinder in 98 Schulen. Die Zahl der Kinder in traditionellen *Chadorim* war jedoch viel größer und stieg stetig von 70000 im Jahre 1844 auf 76000 im Jahre 1847 an. Immerhin trug das neue Schulsystem letztlich zur Institutionalisierung und Konsolidierung der Reformbewegung im russischen Judentum bei, wie Michael Stanislawski überzeugend nachgewiesen hat.[8]

Die liberaleren Verfügungen Alexanders II. öffneten für Juden die Türen zur höheren russischen Bildung. 1870 besuchten 2045 jüdische Schüler die höhere Schule, das war ein Anteil von 5,6 Prozent aller Schüler; zehn Jahre später waren es 12 Prozent bei 7004 Schülern, weit mehr als der Anteil der Juden an der Bevölkerung. Nichtsdestoweniger besuchten 1879 noch immer 50000 jüdische Kinder die *Chadorim*, und Ende des Jahrhunderts wählten noch immer über 50 Prozent der jüdischen Familien für ihre Kinder diese traditionelle Form der Grundschulerziehung.[9]

Im Gegensatz zu den Jungen erreichte bei den Mädchen der Besuch der Regierungsschulen einen nennenswerten Umfang. Einem Bericht zufolge waren in den offiziellen Regierungsschulen im benachbarten Galizien (Österreich-Ungarn) 1910 doppelt so viele Mädchen wie Jungen (beinahe 44000 Mädchen gegenüber 23000 Jungen) eingeschrieben.[10] Ähnlich wie in Deutschland wurden auch hier die orthodoxen Juden unruhig. Bereits vor dem Ersten Weltkrieg unternahm man einige Versuche zur Errichtung eigener Religionsschulen für Mädchen. Die ersten orthodoxen Schulen für Mädchen, *Beis Jaakauw*, wurden jedoch erst 1917 in Polen gegründet.

Ende des 19. Jahrhunderts waren die russischen Jüdinnen in der Mehrzahl noch Analphabeten. Der russischen Volkszählung von 1897 zufolge konnten lediglich 33 Prozent der jüdischen Frauen, hingegen 67 Prozent der jüdischen Männer lesen und schreiben.[11] Die Mädchen besuchten jedoch verstärkt die modernen, »verbesserten« *Chadorim*, und viele junge Frauen des aufgeklärten Bürgertums gingen wie ihre Brüder direkt auf die russische höhere Schule oder die Universität. In den Familien führten die intellektuellen Debatten über den Wert einer Ausbildung für Frauen und den Wert einer weltlichen Erziehung im allgemeinen nicht selten zu Konflikten. Trotzdem begann eine einflußreiche Minderheit jüdischer Frauen nun, neue Verhaltensmodelle zu erproben.

Mit der Ermordung Alexanders II. im Jahre 1881 wurde für Juden, Männer wie Frauen gleichermaßen, der Zugang zur russischen Bildung blockiert. Elizabeth Hasanovitz erinnert sich in ihren Memoiren, daß es praktisch illegal war, mit einer Bestechungssumme aber toleriert wurde, jüdische Kinder Russisch zu lehren. Der Unterricht im kleinen Klassenzimmer ihres Vaters wurde regelmäßig vom Alarm der Wachposten unterbrochen, und die Papiere wurden schnell in den Keller hinuntergeworfen – »dieses großartige Versteck für die verbotene Aneignung einer Russisch-Ausbildung«.[12] Der 1887 eingeführte Numerus clausus, der die Zahl jüdischer Studenten an der Universität drastisch begrenzte, war ein wichtiger Grund für die Emigration in den Westen. Wie ihre Brüder wanderten manchmal auch Frauen aus, um ein Studium aufzunehmen; sie immatrikulierten sich in überraschend großer Zahl an westlichen Universitäten. Von 1905 bis 1913 machten Russinnen und Rumäninnen an der Pariser Universität über ein Drittel der Studentinnen insgesamt und ungefähr zwei Drittel der Gesamtzahl der ausländischen Studentinnen aus. In den Disziplinen Medizin und Jura waren eineinhalbmal bis doppelt soviele osteuropäische Frauen wie Französinnen eingeschrieben.[13]

Eine Minderheit jüdischer Frauen versuchte schließlich, auf zwei radikalen Wegen den Geschlechternormen der jüdischen Gemeinde zu entkommen. Prostitution und Revolution bedrohten die jüdische Gesellschaft
auf je unterschiedliche Weise. Die große Diskussion Ende des Jahrhunderts über den »weißen Sklavenhandel« zwischen Galizien, Rio de Janeiro
und Buenos Aires, an dem sowohl jüdische Prostituierte als auch jüdiche
Zuhälter beteiligt waren, wurde teilweise zu einer Kritik an der weltlichen
Erziehung der Frauen. Die Orthodoxen gaben generell der mangelnden
religiösen und moralischen Erziehung der jüngeren Generation und speziell der Erziehung an den staatlichen Schulen in Galizien die Schuld für
die Verletzung der Reinheits-, Keuschheits- und Geschlechtertrennungs-
normen. Bertha Pappenheim und Dr. Sarah Rabinowitch kamen demgegenüber nach einer Untersuchung der jüdischen Prostitution in Galizien im Jahre 1903 zu dem Schluß, daß auch ultraorthodoxe Mädchen
gerade wegen ihrer sexuellen Unkenntnis und der Ungleichheit in der
Erziehung von Mädchen und Jungen für die Prostitution anfällig waren.
Das strenge Verbot des außerehelichen Geschlechtsverkehrs, das selbst
in nichttraditionellen jüdischen Haushalten galt, konnte zur Folge haben,
daß ein einmal »gefallenes« Mädchen, wie z. B. Polly Adler, die berühmte
Besitzerin eines New Yorker Bordells um die Jahrhundertwende, sich aus
der Gemeinschaft ausgeschlossen fühlte.[14]

Anders als die jüdischen Prostituierten, die in Vergessenheit geraten
sind, behaupten die osteuropäischen jüdischen Revolutionärinnen
einen festen Platz in der jüdischen Geschichte. Die große Zahl radikaler Frauen aus Polen oder den USA, von »Rosa« (Luxemburg) bis hin
zur »Roten Emma« (Goldman), zog die Aufmerksamkeit von Journalisten und Polizeispitzeln gleichermaßen auf sich. Wie Henriette Herz
oder Rahel Varnhagen ein Jahrhundert zuvor, so beschäftigten auch die
jüdischen Revolutionärinnen, obwohl ihre absolute Zahl nur gering
war, in hohem Maße die Vorstellungswelt. Sie lebten ein anderes, radi-
kales Modell weiblicher Emanzipation; sie stellten die traditionellen
Geschlechterrollen in Frage, forderten Gleichheit im öffentlichen
Bereich, lehnten Geschlechtertrennung ab und traten offen für freie
Liebe ein. Seit der Gründung des Bundes (einer jüdischen Arbeiterbewegung) im Jahre 1897 machten junge Arbeiterinnen ungefähr ein Drittel seiner Mitglieder aus,[15] und auch in den rivalisierenden zionistischen
Gruppen waren Frauen stark vertreten. Vielleicht war die stärkere Präsenz der Frauen im öffentlichen und selbst im politischen Leben der
wichtigste Aspekt der neuen Rolle, die die Frauen spielten. Wie Paula
Hyman sehr richtig bemerkt hat, hatte die »neue jüdische Frau« bereits
in Osteuropa Gestalt angenommen.[16]

Die größte, auch die Beziehung zwischen den Geschlechtern beein-
flussende Veränderung im Leben vieler Frauen und Männer war die

Emigration. Durch zaristische und populäre Antisemiten sowie von wirtschaftlicher Not aus Rußland vertrieben und aufgrund idyllischer Erfolgs- und Freiheitsvorstellungen von der Neuen Welt angezogen, wanderten allein zwischen 1881 und 1924 eineinhalb Millionen Juden in die Vereinigten Staaten aus. Einige verließen das Land, um in der Fremde ihre politischen Aktivitäten fortzusetzen, andere um zu studieren. Die meisten trieb das Verlangen nach besseren wirtschaftlichen Lebensbedingungen und größerer Freiheit, wenn sie vor dem Zaren oder einem despotischen Vater flohen. Für Frauen konnte die Emigration Unterwerfung oder einfach das Zusammenbleiben mit Vater, Mutter, Geschwistern, Ehemann, aber auch Emanzipation bedeuten. Männer und Frauen standen einander nun in einem neuen Land gegenüber, in dem das traditionelle Modell der Geschlechterordnung bereits seit langem aufgegeben worden war.

EMIGRATION UND DAS AMERIKANISCHE MODELL

Zu Beginn der Massenauswanderung nach Amerika emigrierten die Männer meistens zuerst. Frauen und Kinder blieben zurück und führten unter Umständen für mehrere Jahre die Geschäfte weiter, während sie darauf warteten, daß ihnen die Fahrkarten (die in manchen Fällen niemals ankamen) für die Schiffsreise geschickt würden. Später transportierten sie dann Bettzeug, Samowar und anderen unentbehrlichen Hausrat über den Ozean. Viele Frauen machten sich nur widerstrebend und angsterfüllt auf den Weg. Das mit Gold gepflasterte Land erschien ihnen als ein heidnisches, unkoscheres Land, in dem sich die Männer die Bärte abrasierten. Andere Frauen traten die Reise entschlossen an und entledigten sich schon unterwegs ihrer von der Religion vorgeschriebenen Perücken.

Unter anderem bot das neue Land kostenlose und obligatorische Erziehung für Jungen wie Mädchen. Besserer Zugang der Frauen zur formalen Schulausbildung war eines der wesentlichen Kennzeichen der Neuen Welt, und selbst die Orthodoxen begannen, den Schulunterricht für Mädchen allmählich zu akzeptieren. Bis zur Beseitigung der Bildungsunterschiede zwischen den Geschlechtern aber mußte noch einige Zeit vergehen.

Von den russischen Jüdinnen, die in der Zeit von 1908 bis 1912 in die Vereinigten Staaten kamen, konnten doppelt soviele lesen und schreiben als die in der russischen Volkszählung 1897 erfaßten jüdischen Frauen, nämlich 63 Prozent, im Vergleich zu vormals 33 Prozent. Ob dies eine Folge verbesserter Schulbildung oder der Effekt einer auswanderungsbedingten Selektion ist, muß offenbleiben. Die russischen Jüdinnen waren stärker als Frauen aus den meisten anderen Einwanderungsgruppen jener Zeit alphabetisiert. Dennoch war ihr Alphabetisierungsgrad beträchtlich geringer als der der Männer (80 Prozent).[17]

Nach der Einwanderung war die erste Aufgabe für Männer und Frauen – ganz gleich, ob sie lesen und schreiben konnten oder nicht –, die englische Sprache zu lernen. Fast alle Männer erreichten dieses Ziel, und im Vergleich zu nur 35 Prozent anderer Einwanderinnen wurde geschätzt, daß auch 90 Prozent der jüdischen Einwanderinnen, die älter als 14 Jahre waren, die englische Sprache erlernten.[18] Für Arbeiter, ob Männer oder Frauen, erfolgte die formale Ausbildung in Abendschulen: Englischunterricht, Grundschul- oder höherer Schulunterricht, berufliche Ausbildung.

Kinder aber wurden in die Grundschule, diesen großen amerikanischen *melting-pot*, geschickt. Dort kamen Jungen und Mädchen, amerikanische Kinder und Kinder von Einwanderern zusammen. Zweifellos fällten nicht alle Schüler ein solch lyrisches Urteil über die Vorteile einer öffentlichen Erziehung wie die Schriftstellerin Mary Antin. Für sie war Amerika das neue Zion, die Lehrerin ein weiblicher Moses. »Nie hatte ich mit so viel Ehrfurcht und Inbrunst gebetet, die Lieder Davids gesungen, das Allerheiligste angerufen, wie ich die einfachen Sätze meiner Kindergeschichte vom Patrioten George Washington wiederholte.«[19] Sozialarbeitern fielen die guten Leistungen und hohe Bildungsbereitschaft der jüdischen Einwanderer auf.

Das heißt nicht, daß es keine jüdischen Versager gab. Hohe Einschreibungsraten bedeuteten nicht zwangsläufig ebenso hohe Teilnahmeraten, auch wenn jüdische Einwanderer und ihre Kinder der Tendenz nach länger als andere Gruppen am Unterricht teilnahmen. Armut und Erschöpfung forderten ihren Tribut. Nach einem langen Arbeitstag in einer »Schwitzbude« war es oft schwer, sich auf den Unterricht zu konzentrieren. In den Grundschulen wirkten Klassengrößen von 60 bis 100 Schülern sicherlich entmutigend. Erwerb und Bildung gerieten häufig in Konflikt. Viele Kinder mußten früh die Schule verlassen, um zum Unterhalt der Familie beizutragen. Häufig waren es die Mädchen, die geopfert wurden und die letztlich mit ihrem Einkommen die Ausbildung ihrer Brüder unterstützten. Ein Historiker weist jedoch darauf hin, daß das Alter möglicherweise einen größeren Einfluß als das Geschlecht auf die Länge der Ausbildung eines Kindes hatte: Ältere Einwandererkinder halfen finanziell mit, jüngeren Geschwistern den Schulbesuch zu ermöglichen.[20]

Die übertrieben enthusiastische Vorstellung, daß Juden und Bildung, und insbesondere höhere Bildung, zusammengehören, ist in der neueren Forschung relativiert worden. Selma Berrol und Sherry Gorelick haben gezeigt, daß Bildung auch in der Neuen Welt *weiterhin hoch* bewertet wurde, daß aber die soziale Mobilität erst eine Folge des beruflichen Erfolgs war. Vor allem für die frühen Einwanderungsgenerationen war Bildung das Ergebnis und nicht die Ursache für sozialen Aufstieg.[21]

In Amerika wurde die religiöse Erziehung keineswegs völlig aufgegeben. Sie fand vielmehr auf freiwilliger Basis außerhalb der Schule weiterhin statt. Nach osteuropäischem Modell errichteten orthodoxe Einwanderer außerschulische *Chadorim* nur für Jungen. Für die ungefähr 1,5 Millionen in New York lebenden Juden gab es 1917/18 annähernd 500 solcher Schulen. Jiddische Gruppen, die – wie z. B. der Workmen's Circle – eher kulturell als religiös geprägt waren, boten auch außerschulischen Unterricht an. Hier machten Mädchen etwa 37 Prozent der Schüler aus.[22]

Die von deutschen Einwanderern betriebenen jüdischen Sonntagsschulen, in denen über die Hälfte der Schüler Mädchen und der größte Teil des Lehrpersonals Frauen waren, boten eine weltlichere (und weniger »ethnische«) jüdische Erziehung. 1838 hatte Rebecca Gratz in Amerika die erste jüdische Sonntagsschule nach protestantischem Vorbild gegründet und sogar ein protestantisches Bibellehrbuch als Unterrichtsmittel benutzt, indem sie alle Erläuterungen, die jüdischen Vorstellungen entgegenliefen, einfach überging![23] Die deutschen Juden, die seit Mitte des 19. Jahrhunderts in den Vereinigten Staaten lebten und das Gedankengut der Reformbewegung mitgebracht hatten, gehörten jetzt größtenteils der Mittelschicht an und betrachteten den Ende des Jahrhunderts immer größer werdenden Zustrom armer Juden aus Osteuropa mit Mißtrauen und Furcht. In New York unternahmen sie verschiedene Versuche, eine neue Form jüdischer Erziehung zu etablieren, die ein Gegengewicht zu den *Chadorim* bilden sollte. Diese *Chadorim* hielten sie »vom Standpunkt der Hygiene, der Moral und der Amerikanisierung aus betrachtet genau für den Schultyp, den es von seiten der Allianz auszulöschen gilt«.[24] Die eher weltlich ausgerichtete Hebrew Free School und die Educational Alliance, mit der sie 1899 verschmolz, sowie die 1910 einsetzende, stärker die religiöse Erziehung betonende *Kehillah*-Bewegung (der auch bürgerliche Einwanderer angehörten) versuchten, den Einwanderern aus Osteuropa alternative Modelle zu bieten. Auch drei Versuchsschulen für Mädchen wurden eingerichtet. Es war jedoch schwer, das richtige Gleichgewicht zwischen weltlicher und religiöser jüdischer Erziehung, zwischen Bildungsmöglichkeiten für Mädchen und solchen für Jungen zu finden. Beide Bestrebungen wurden bald sowohl von den Orthodoxen als auch von den Sozialisten scharf angegriffen.

Öffentliche Erziehung bedeutete Amerikanisierung, und die religiöse Erziehung mußte ihrerseits auf die im amerikanischen Leben sich ändernden Formen religiösen Verhaltens reagieren. Wo immer die formale Ausbildung zugunsten der Erwerbsarbeit aufgegeben wurde, erlangten Familie, Fabrik, Straße als informelle Schule des Lebens größeres Gewicht.

Das Heim, die Sphäre der Frauen, ist oft idealisiert worden. Gewiß fungierte das Heim als Ort kultureller Kontinuität. Doch die reibungslose Übermittlung von Informationen von Mutter zu Tochter wurde gestört durch die Einwanderungserfahrung. »Ich bin Amerikanerin – du bist nur eine unerfahrene Einwanderin«, schrie eine frustrierte Tochter, »du verstehst noch nicht einmal, was ich sage.«[25] In der Erziehung hatte die Einwanderung eine Rollenumkehrung zur Folge. Da die Kinder besser Englisch sprachen, belehrten sie die Eltern und übernahmen bestimmte Erwachsenenrollen. Zwischen den Generationen kam es über Fragen der Trennung und der ungleichen Bildungschancen der Geschlechter zu Konflikten. Außerdem versuchten amerikanisierte (deutsch-jüdische) Sozialarbeiterinnen aus der Mittelschicht, den Neuankömmlingen auf Müttertreffen und bei Hausbesuchen Sparsamkeit und Sauberkeit beizubringen und deren häusliches Leben zu beeinflussen. Das berühmte *Settlement Cookbook* war als Akkulturationshilfe gedacht. Es enthielt nicht nur koschere Rezepte, sondern auch genaue Anweisungen an die eingewanderte Hausfrau, wie sie u. a. den Tisch abzuräumen, das Geschirr zu spülen hätte. Auch die jiddische Presse beteiligte sich am Integrationsprozeß, diskutierte die veränderten Beziehungen zwischen den Geschlechtern, empfahl für Mädchen den Schulbesuch und für verheiratete Frauen den Besuch der Abendschule. Das Urteil über die jüdische Mutter in der Immigration war widersprüchlich. Wegen ihrer aus der alten Welt stammenden Verhaltensweisen wurde sie verachtet und gleichzeitig wegen ihrer Kraft und ihres Einfallsreichtums – Ellen Schiff spricht von »kreativem Überlebenstalent«[26] – bewundert.

Junge Frauen lernten in der Werkstatt, bis zu 16 Stunden täglich an der Nähmaschine zu arbeiten. Sie lernten auch, daß sie ihrem Boß auf Gedeih und Verderb, auch sexuell, ausgeliefert waren. Und viele hörten vom Sozialismus. Das Bild vom »Aufstand der 20000«, dem dreimonatigen Streik von 1909/10 in der Bekleidungsindustrie, erinnert außerordentlich eindrucksvoll an die aktive Teilnahme jüdischer Frauen an der Arbeiterbewegung. Wie Alice Kessler-Harris gezeigt hat, blieben auch die jüdischen Aktivistinnen befangen in ihren Klassen-, Geschlechts- und ethnischen Identitäten. Dennoch betraten sie den öffentlichen Raum in merklich größeren Zahlen als ihre italienischen Kolleginnen, und sie überraschten ihre männlichen Landsleute mit scharfen Forderungen.[27]

Mädchen und Jungen erlernten zusammen oder getrennt die amerikanische Lebensweise auch auf der Straße, auf den Dachterrassen der

Wohnhäuser und in den Tanzsälen. Derweilen tauschten ihre Mütter in den Küchen Gedanken und Informationen aus. Die Nachbarschaftsbeziehungen der Frauen machten einen wichtigen Teil des Lernens im Alltag aus. Während des Boykotts des koscheren Fleisches 1902 in New York City, während der Mietstreiks 1904 und 1908 und der Nahrungsmittelunruhen 1907 und 1917 gingen die Frauen von Haus zu Haus und von Synagoge zu Synagoge, um für Unterstützung zu werben. Dabei spielten sie ihre Geschlechts- und Klassenbindungen gegen die (deutschen und jüdischen) Männer aus, die die Großhändler und Vermieter waren.[28]

Letzten Endes bedeutete die Emigration stets auch einen Verlust an Wissen, den diejenigen, die den Ozean überquerten, deutlich spürten. Einige erlebten die Entwertung ihres bisherigen Könnens: »Als ich hierher kam, wußte ich mehr als heute. Ich wußte, wie man ein ganzes Kleid nähte«, sagte eine Konfektionsnäherin.[29] Der Verlust der Sprache war für alle besonders einschneidend: »Ich komme aus der Ukraine. Dort gehörte ich zu den Gebildeten, ich war Lehrerin. Hierher zu kommen und die Sprache nicht zu können, nicht aufs College gehen zu können – das war schrecklich!«[30] Die Emigration eröffnete neue Rollen, neue formale und informelle Bildungsmöglichkeiten, aber der Preis war hoch.

Ein einheitliches Modell der jüdischen Frau gab es nicht, weder in der Diaspora mit ihrer Vielfalt der Lebensverhältnisse noch um die Jahrhundertwende in den Vereinigten Staaten. Die deutsche Jüdin stand einer nichtjüdischen Frau aus der Mittelschicht deutlich näher als der russischen Einwanderin. Eine der kurzlebigen Zeitschriften, *American Jewess* (1895–1899), beschäftigte sich zum Beispiel mit der Erziehung von Frauen für Ehe und Mutterschaft oder mit dem Dienstbotenproblem. Ende des 19. Jahrhunderts stand deutschen Jüdinnen bereits die höhere Schule und die Ausbildung zur Lehrerin offen, während russische Jüdinnen noch froh waren, wenn sie in der Abendschule vor Müdigkeit nicht einschliefen.

Die durch Schichtzugehörigkeit, Sprache und Einstellung zur Religion voneinander getrennten deutschen und russischen Juden betrachteten sich gegenseitig mit Mißtrauen. Kontakt zwischen den beiden Gruppen kam eher durch die Frauen als durch die Männer zustande. Deutsch-jüdische Sozialarbeiterinnen wie Lillian Wald organisierten Sozialzentren, in denen Einwanderinnen Säuglingspflegekurse, öffentliche Vorträge, Nähkurse usw. angeboten wurden. Der Nationalrat jüdischer Frauen, der 1893 während der Weltausstellung in Chicago gegründet wurde, hatte, wie es eine seiner Gründerinnen erklärte, zum Ziel, die Pflegearbeit der Frauen über Philanthropie, Religion und Erziehung der Öffentlichkeit zugute kommen zu lassen. Diese öffentlichen Aktivitäten der deutschen Jüdinnen waren eine Einmischung in die Privatsphäre der russischen Jüdinnen. Damit konfrontierten sie aber gleichzeitig, wie Baum, Hyman und Michel zeigen, die Immigrantinnen mit einem realen Modell der Amerikanerin, das ihnen vergleichsweise nahe stand.[31]

In dem Bemühen, die Kontrolle über ihre eigene Privatsphäre zu behalten, hielten viele Einwanderinnen, wie z. B. die Gitl in *Hester Street*, länger als Männer an Verhaltensweisen der alten Welt fest. Andere verbanden Praktiken der alten Welt mit den Möglichkeiten der neuen, indem sie lautstark eine Teilnahme an öffentlichen Angelegenheiten forderten. Besonders für jüngere Frauen konnte die Emigration eine Form der persönlichen Emanzipation sein.

UNTERSCHIEDE UND VERÄNDERUNGEN

1934 verurteilte Bertha Pappenheim die historische Rolle der Frauen im Judentum, gab ihrem Ärger Ausdruck über das, »was an der jüdischen Frauenseele und damit an dem Gesamtjudentum gesündigt wurde«, und trat für eine bessere Ausbildung der jüdischen Frauen ein.[32] Die ungleiche Ausbildung von Männern und Frauen war das Ergebnis asymmetrischer Geschlechterrollen und trug gleichzeitig zur Verstärkung dieser Asymmetrie bei. Unter dem gemeinsamen Einfluß von Säkularisierung (in der umgebenden Gesellschaft), Emanzipation (der jüdischen Gemeinden) und Reform (des Judentums) fielen die Grenzen im 19. Jahrhundert nur langsam. Doch blieben die Beziehungen zwischen den Geschlechtern je nach Land, Einstellung zur Religion (Orthodoxie, Reform) und Schichtzugehörigkeit auch weiterhin verschieden.

Obgleich es also kein einheitliches Modell für die »Entstehung der jüdischen Frauen« gibt, lassen sich im 19. Jahrhundert bei den jüdischen Einstellungen zur Beziehung zwischen den Geschlechtern und zur Ausbildung der Frauen mehrere Konstanten erkennen. Erstens war der Zugang der Frauen zur Bildung überall begrenzt, weil man zweierlei befürchtete: Konversion und Ehelosigkeit. Während deutsche Eltern befürchteten, daß eine weltliche Erziehung zur Abkehr von der Religion führen könnte, sahen russische Eltern in der höheren Bildung den Weg zum Sozialismus. Allgemein herrschte jedoch in allen Schichten und allen Ländern die Sorge, daß zuviel Bildung dazu führe, daß Frauen keinen Mann finden.

Zweitens waren für Mädchen noch stärker als für Jungen die Bildungsmöglichkeiten von den wirtschaftlichen Verhältnissen abhängig. Die reiche Elite der »Schutzjuden« in Berlin und das aufgeklärte russische Bürgertum engagierten für ihre Töchter Hauslehrer – gleichsam als weltlichen Ersatz für die ihren Söhnen gewährte religiöse Ausbildung. Vor allem in Rußland war Ende des Jahrhunderts Privatunterricht im Grunde die einzige Möglichkeit für Männer und Frauen, Zugang zur Universität zu erhalten. Aber selbst in den Vereinigten Staaten, wo der Schulunterricht kostenlos war, war Bildung an Geld geknüpft. Armut bedeutete, daß Kinder früh arbeiten mußten, und dann erhielt die Ausbildung der Jungen häufig Vorrang vor der der Mädchen. Ob in Berlin, St. Petersburg oder New York – allgemein gilt, je besser die wirtschaftlichen Verhältnisse der Familie waren, um so eher glichen sich die Bildungschancen von Männern und Frauen an.

Drittens betrieb beinahe im ganzen 19. Jahrhundert der *Schadchan* (Heiratsvermittler), dieses Symbol traditioneller Geschlechterbeziehungen, noch ein reges Geschäft. Außerhalb der hehren Zirkel der Berliner Salons konnte die romantische Liebe mindestens noch für ein weiteres Jahrhundert nicht über die arrangierte Ehe triumphieren. Nach wie vor waren Eheschließungen ein wichtiges Thema des Klatschs und Objekt komplexer Strategien innerhalb der Gemeinde. Später führte der Kampf um das Recht auf freie Wahl des Ehepartners sowohl bei vereitelten Ehepaaren als auch bei enttäuschten Familien zu viel *Zores* (jiddisch: Unglück, Leid, Elend). Vermutlich war letztendlich entscheidend, daß die Frauen gleichberechtigte Bildungschancen erhielten, daß sich dadurch neue Formen des sozialen Umgangs durchsetzten und diese schließlich wirkungsvoll das Monopol des Heiratsvermittlers zu untergraben vermochten.

Aus dem Englischen von Sylvia M. Schomburg-Scherff

10

MÄDCHENERZIEHUNG:
DAS LAIZISTISCHE MODELL

Françoise Mayeur

D as Europa des 19. Jahrhunderts orientierte sich fast durchweg eher an den durch Brauch und Sitte überlieferten
Mustern der Mädchenerziehung als an Reformmodellen,
wie sie Talleyrand und Condorcet der Konstituante und Nationalversammlung in der Aufbruchstimmung der Französischen Revolution
unterbreitet hatten. Mädchenerziehung und Aufklärung fanden, wie
bereits für das Paris des 18. Jahrhunderts konstatiert, auch weiterhin
nicht zusammen.[1] In der Epoche nach der Französischen Revolution
wurden die alten Verhältnisse fortgeschrieben bzw. wiederhergestellt.
Allerdings muß man zwischen Modellvorstellungen und Praxis unterscheiden: In der Praxis nämlich breitete sich der konfessionslose Unterricht bereits aus, bevor im Schulwesen die Trennung von Staat und
Kirche durchgesetzt war. Gesetzlich und institutionell geschah dieses
zumindest für Frankreich erst Ende des 19. Jahrhunderts. Auch machte
der schulische Unterricht nicht das gesamte Erziehungswesen aus,
denn die allgemein anerkannte Lehre von der Verschiedenheit der
Geschlechter verlangte nach der herkömmlichen Mädchenerziehung.
Neben dieser aber kam dem Schulunterricht, und sei es auch nur in
reinen Mädchenfächern, doch eine wachsende Rolle zu. In den achtziger Jahren wurde in Frankreich vor allem im staatlichen Schulwesen,
in Belgien vorwiegend in kommunalen oder privaten Einrichtungen
und in Deutschland oder der Schweiz an wenigen Reformschulen ein
Unterrichtssystem eingeführt, das entweder überhaupt keinen Religionsunterricht mehr vorsah oder ihn auf einen bedeutungslosen Stun-

denanteil verwies. Nach der für Knaben und Mädchen gemeinsamen Grundschule gab es also auch für Mädchen zunehmend weltlichen Unterricht, der sich indes im Unterrichtsstoff weitgehend von dem der Knabenschule unterschied.

Es ist aufschlußreich, die Kluft zwischen hochgestochener Revolutionsrhetorik und dürftiger Schulwirklichkeit für Mädchen auszuloten. Auch nachdem sich in Frankreich schließlich die Republik als Staatsform durchgesetzt hatte, hielt die Entwicklung der Mädchenschule aus vielerlei Gründen keineswegs Schritt mit dem Ausbau des Schulwesens insgesamt und erst recht nicht mit der allgemeinen Zunahme des überkonfessionellen Unterrichts.

Im Prinzip hätte die Französische Revolution staatliche Schulen für Mädchen in dem Moment schaffen müssen, in dem sie die bisher damit befaßten Nonnenklöster schloß und deren Lehrkörper in alle Winde zerstreute. Faktisch aber blieb die Mädchenerziehung nach wie vor von Brauch und Sitte bestimmt. Das war insofern ohne weiteres möglich, als Mädchen noch kaum zur Schule gingen. In den folgenden Jahrzehnten wurde der Schulbesuch häufiger, und damit breitete sich vermehrt auch weltliches Wissen aus. Gleichwohl sollte es noch fast ein Jahrhundert dauern, bevor der nicht konfessionell gebundene Unterricht in Frankreich gesetzlich verankert wurde. Dagegen blieb in Spanien und Italien jede außerfamiliäre Erziehung weiterhin in Form und Inhalt Angelegenheit der Kirche. In Deutschland und England kam es aufgrund anderer historischer Überlieferungen und wegen des Bekenntnispluralismus zu anderen Lösungen. Dort hatte jede Religionsgemeinschaft eigene Schulen, doch fanden mit wachsenden staatlichen Zuschüssen besonders in England konsensfähige überkonfessionelle Gebete und Glaubenstexte immer größere Verbreitung.

Die Darstellung solcher Kontraste macht den Stellenwert der Schule deutlich: Die Säkularisierung des Schulwesens hat nur dann eine Chance, wenn die öffentliche Hand in Gestalt von Kommunalbehörden oder des Staates ihr Schulaufsichtsrecht durchsetzt. Die sogenannte »laizistische« Erziehung scheint also untrennbar verknüpft mit einem »staatlichen« Schulwesen, also mit einer Erziehung außerhalb der häuslichen Sphäre. Eine nicht kirchlich gebundene Mädchenerziehung konnte sich erst entwickeln, als der Staat diese zunehmend zu seiner Sache machte. Sobald der Staat mit Gesetzen und Haushaltmitteln, die eine öffentliche Verwendungskontrolle zur Folge hatten, das Schulsystem zu beeinflussen suchte, mußte er bestrebt sein, auch für alle Steuerbürger konsensfähige Unterrichtsinhalte einzuführen. In Frankreich dehnte der Staat seinen Einfluß in der Mädchenerziehung schon Mitte des 19. Jahrhunderts auf die erst im Entstehen begriffene Oberschule aus. Dreißig Jahre später stand die Dritte Republik dann vor dem Problem, einen

Oberschulunterricht speziell für Mädchen und ohne jede religiöse Gebundenheit gesetzlich einzuführen. Dabei kam es darauf an, jeden offensichtlichen Verstoß gegen das Hergebrachte zu vermeiden und diese Neuerung in der Mädchenbildung mit den höheren Weihen der philosophischen, politischen und pädagogischen Verankerung in einer fernen Vergangenheit auszustatten. In den Argumenten von Pädagogen und Schulreformern zugunsten von Mädchenoberschulen spielten außerdem Rückverweise auf die Französische Revolution eine große Rolle. Die Befürworter forderten eine Institutionalisierung der Mädchenbildung, um Kontinuität gegenüber historischen Wechselfällen zu sichern. Sie legitimierten die Mädchenoberschule als republikanische Tradition und als Erbe der Klassiker, deren Unterrichtsdarstellung und Lektionen sie gleichfalls neu interpretierten und formulierten. Bei der Herausbildung einer laizistischen Erziehung für Mädchen überwog also das Politische.

DIE LAIZISTISCHE MÄDCHENERZIEHUNG: GRUNDLAGEN UND PRINZIPIEN

Die Französische Revolution, die auch in dieser Frage Rousseau folgte, hatte wenig über Mädchenerziehung nachgedacht und noch weniger gesetzlich festgelegt. Dennoch gab es in ihr auch Bestrebungen, Knaben und Mädchen geistig gleichzustellen. Dieses hätte zu identischen Lerninhalten führen müssen, wäre nicht gleichzeitig das Prinzip der Arbeitsteilung zwischen den Geschlechtern beibehalten worden. Knaben lernten für ein Leben in der Öffentlichkeit, für Waffenhandwerk und Rechtswesen. Mädchen wurden erzogen für den Haushalt und die Ehe. Auch diese Bildungskonzepte waren politisch motiviert. Sie unterwarfen die Frau der männlichen Fremdbestimmung, indem sie sie »naturgemäß« von jedweder öffentlichen Debatte ausschlossen. Ihr stiller Einfluß indes blieb keineswegs unerkannt; genau seinetwegen hoben die Männer der verfassunggebenden Versammlung die Klöster für Frauen ebenso wie die für Männer auf. Denn junge Mädchen aus dem Adel und aus privilegierten Schichten waren teilweise oder ganz in Klöstern erzogen worden. Die ausgeprägte Feindschaft gegen die Klöster verband sich mit einer starken Abneigung gegen das Internat. Dieses war die vor 1789 vorherrschende Schulform und der Hort aller »religiösen« Bevormundung im Unterricht. Mädchen, so hieß es nun, sollten die Obliegenheiten ihres Geschlechts und wahre Frömmigkeit von der Mutter lernen. Das Prinzip der »mütterlichen Erziehung« blieb von nun an für mehr als zwei Drittel des 19. Jahrhunderts vorherrschend. Dabei zeigte sich ein Widerspruch. »Laizistisch« wurde als Gegensatz zu »kirchlich« begriffen. Doch barg die Ablehnung einer kirchlich bestimmten Erziehung die Gefahr in sich, in einem nächsten Schritt auch den Glauben zu leugnen.

Die spärlichen Schriften Mirabeaus über die Mädchenerziehung veranschaulichen, welche Grundsätze damals allgemein anerkannt waren. Frauen, schrieb er, seien für das »Leben im Innern«, für die »Häuslichkeit« geschaffen. Er stellte lediglich die Forderung, bereits vorhandene Mädchenschulen für Lesen, Schreiben und Rechnen zu erhalten und dort, wo es noch keine gab, neue nach dem Vorbild der Knabenschulen in den Städten und Gemeinden zu schaffen. Der schulische Teil der Mädchenerziehung war demnach für Mirabeau auf das Elementare und Praktische, wenn nicht gar das rein Nützliche beschränkt und blieb der eigenen »Strebsamkeit«, also der Privatinitiative überlassen.

Ganz anders der absolut systematische Vorschlag, den Talleyrand der verfassunggebenden Versammlung unterbreitete. Schulunterricht, schrieb er, müsse allen erteilt werden; desgleichen seien alle zu Lehrern berufen. Bildung müsse als Gemeingut für beide Geschlechter gewährleistet sein. Daraus folge die Notwendigkeit, Anstalten »in allen Landesteilen« zu gründen; aus dieser wiederum folge die Abschaffung jedes Sonderanspruchs, als Lehrer tätig zu werden, da jedermann zum Unterricht befugt sei. Aufgabe der Gesellschaft sei es, jede Form von Bildung zu entwickeln, zu ermöglichen und zu fördern. Unverzüglich müßten Schulen für beiderlei Geschlecht geschaffen und Grundsätze für den Unterricht aufgestellt werden, die er als »gültige Grundsätze für die Verbreitung von Bildung« ansah. Doch zwischen Grundsätzen und Praxis bleibe ein Unterschied. Zwar solle allen an den Schulen Unterricht erteilt werden, als handfestes Zeichen staatlicher Fürsorge für jedermann, doch sollten Mädchen nach Talleyrands Plan anders als Knaben mit acht Jahren von der Schule abgehen, um dann zu Hause von Vater und Mutter erzogen zu werden. Staatliche Berufsbildungs- oder Bildungsanstalten waren nur für solche Mädchen gedacht, die nicht von ihren Eltern erzogen werden konnten. Ziel war nämlich die Vorbereitung der Mädchen auf die Tugenden der Häuslichkeit und ihre Befähigung zur Führung einer Familie.

Wieviel Bildung Mädchen erhalten sollten, war nach Talleyrand sowohl vom Staats- und Gesellschaftsrecht wie vom Familienrecht bestimmt. Im Namen des Gemeinwohls müßten Mädchen anders als Knaben unterrichtet werden: »Höchstes Ziel aller staatlichen Einrichtungen muß das Glück für die größte Zahl sein (...). Wenn der Ausschluß der Frauen von öffentlichen Ämtern dazu beiträgt, ihr gemeinsames Glück (mit den Männern) zu mehren, muß er zum Gesetz erhoben werden, das von allen Gesellschaften anerkannt und geheiligt wird.« Zur Begründung berief er sich auf »die Stimme der Natur«.

Manche seiner Zeitgenossen gingen noch weiter und forderten im Konvent, Erziehung solle ausschließlich in der Familie stattfinden. Soweit sie wie Mirabeau von einer grundsätzlichen Verschiedenheit der Fähigkeiten und Aufgaben von Mann und Frau ausgingen, wurde die Frau zwangsläufig auf die Familie verwiesen. Die französischen Denker nach Rousseau wollten die Frau von der politischen Debatte ausschließen und die Arbeitsteilung zwischen den Geschlechtern ebenso wie die Klassenunterschiede in der Gesellschaft erhalten sehen. Dementsprechend hatten sie eindeutig geschlechtsspezifische Unterrichtsinhalte im Sinn: Im Anschluß an die Grundschule sollten Mädchen Spinnen, Nähen und Kochen erlernen, Knaben hingegen die Grundbegriffe von Mathematik und Geographie. Die künftigen Damen der besseren Gesellschaft sollten außer in Hauswirtschaftsfächern auch in der Kunst unterrichtet werden, die Häuslichkeit angenehm zu gestalten, eine notwendige Fähigkeit, wie Deleyre 1793 schrieb, um den Gatten stärker an das Heim zu binden.

Auf diese Weise wurde von einer kleinen Zahl von Autoren der Kanon des den Mädchen zugestandenen Alltagswissens aufgestellt: Der Religionsunterricht erschien ihnen dabei so selbstverständlich, daß sie ihn nicht besonders erwähnten. Ganz anders der Ansatz Condorcets, der gleiche Bildungschancen für Mann und Frau einforderte, da sie gleiche Rechte hätten. Als einziger sah er in der gemischten Schule ein Bollwerk gegen den Einfluß der Pfaffen und den Dünkel, der Eheschließungen zwischen verschiedenen sozialen Schichten verhinderte. Ansonsten verwies auch Condorcet die Frauen auf ihre Aufgabe als Gattin und Mutter. Seine Zukunftsvision eines rein weltlichen Unterrichts ging den Nachfolgegremien des Konvents nicht verloren und geriet den Gesetzgebern der Dritten Republik zur Mahnung.

Nach schimärenhaften Reformvorschlägen und dem Auftreten von Eiferern wie Lepeletier de Saint-Fargeau, dem das spartanische Ideal näher lag als die Erfordernisse seiner Zeit, erhielten Mädchen und Knaben gleichen Grundschulunterricht für einige Jahre, und zwar in Gestalt einer republikanischen Erziehung, die nur das Bekenntnis zu den Bürgerpflichten verlangte. Aus Rücksicht auf die Stimmung in der Bevölkerung und die allgemeine Ablehnung gemischter Klassen wurde allerdings nach Geschlechtern getrennt unterrichtet, wo immer dies nach Schülerzahlen und Lehrerversorgung möglich war. Doch blieben Schüler und Schülerinnen alsbald dem republikanischen Unterricht fern. Die Eltern hatten Vorbehalte gegen die Indoktrinierung und sehnten sich häufig nach den alten Mustern zurück, und auch die Lehrer verließen die Schule, weil die Republik, die militärisch um ihr Überleben kämpfte, sie nicht mehr bezahlen konnte.

Die allgemeinbildende und konfessionslose Schule mit allgemeiner Schulpflicht war kaum über die Anfänge hinausgelangt. Die materiellen Gründe für ihr Scheitern liegen auf der Hand. Weitere Ursachen hängen mit der allgemeinen Geisteshaltung und mit verfestigten Gewohnheiten zusammen. Mädchen hatten daheim bei der Mutter zu bleiben, und vor allem sie hatten einen Religionsunterricht nötig. Zunächst im Untergrund, dann immer offener, kehrten entlassene Priester, ehemalige Mönche und Nonnen zurück und verdienten sich meist als Lehrer und Lehrerinnen den Lebensunterhalt, der ihnen ansonsten mittlerweile verwehrt wurde. Auch Pfarrverweser verwandelten sich in Schulmeister. Die Säkularisierung des Schulwesens erscheint also januskönig: Für die Mehrheit der Franzosen, die weiterhin ihrem Glauben anhingen, war sie von oben oktroyiert; für eine Minderheit in einzelnen Städten oder Landgemeinden war sie ein Schritt zur Befreiung vom »Aberglauben«. Die Alphabetisierung der französischen Bevölkerung verlief im übrigen äußerst ungleichmäßig, und im weiten Südwestfrankreich gerieten dabei die Frauen eindeutig ins Hintertreffen.

Die Konfessionsschule
bekommt Konkurrenz

Nicht alle Länder Europas führten die konfessionslose Mädchenerziehung auf die gleiche Weise ein. In Frankreich koexistierte das staatliche Schulwesen neben einem privaten; in Belgien dagegen tobte seit den sechziger Jahren des 19. Jahrhunderts ein so heftiger Kulturkampf zwischen Katholiken und freidenkerischen Laien, daß ein liberales Schulgesetz nicht umgesetzt werden konnte. In der Folge wurde die konfessionslose Mädchenerziehung von privaten Gruppierungen, philosophischen Gesellschaften und lokalen Bildungsvereinen eingeführt.

Der Hauptkonflikt in England lag auf anderem Gebiet: Da die anglikanische Staatskirche ihre gesetzliche Verfügungsgewalt über das Schulwesen bereits eingebüßt hatte und es sogar schon im mittleren Bürgertum üblicher als in anderen Ländern war, Privatunterricht von Gouvernanten oder stundenweise bezahlten Hauslehrern erteilen zu lassen,[2] ging es weniger um Entkonfessionalisierung als um einen Religionsunterricht, der allen Glaubensrichtungen genehm war und Atheisten nicht vor den Kopf stieß. Mit der Schaffung eines staatlichen Unterrichtswesens durch den Forster Act (1870) kam es zu einem

»typisch englischen« Kompromiß[3] zwischen den verschiedenen Interessen und Meinungen. Die von den Lokalbehörden ernannten Schulausschüsse hatten festzulegen, welcher Religionsunterricht erteilt werden sollte, und die Glaubensfreiheit wurde durch die Vorschrift gewährleistet, den Religionsunterricht auf die erste oder letzte Schulstunde zu legen: Schüler, die nicht daran teilnehmen wollten, versäumten so nichts vom anderen Unterricht. In den staatlichen Schulen erhielt der Religionsunterricht eine so allgemeine Gestalt, daß er allen recht war, sogar den Agnostikern. So kam es zur Konkurrenz zwischen der staatlichen Schule und der kirchlich-anglikanischen, die zugunsten der staatlichen Schule ausging, denn sie wurde 1894 von fast zwei Dritteln aller Schulpflichtigen besucht. Gegen Ende des Jahrhunderts wurden zahlreiche neue Schulhäuser errichtet, in denen Mädchen- und Knabenschule baulich getrennt waren. Ein Gesetz von 1893 verlängerte die allgemeine Schulpflicht bis zum elften Lebensjahr, ein Nachfolgegesetz von 1899 bis zum zwölften.

In diesen Jahren wurden in England auch Anstalten zur Ausbildung von Grund- und Oberschullehrern gegründet: Die meisten dieser *training colleges,* die alsbald den Universitäten angeschlossen wurden, waren gemischt. Der Oberschulunterricht als solcher wurde erst 1902 gesetzlich vom Grundschulunterricht getrennt. In der weiteren Entwicklung wurde im Schulwesen jede Auseinandersetzung um Fragen der Religion, aber auch um die Stellung der Frau im Bildungswesen gemieden. Frauen überwogen im Lehrkörper allerdings in wachsendem Maße: Von 70 000 im Jahre 1859 nahm ihre Zahl bis 1901 auf 172 000 oder 74,5 Prozent aller Lehrkräfte zu.[4] Schon 1865 ließ die Universität Cambridge junge Frauen zu Prüfungen *(local examinations)* zu. Das war allerdings noch kein Zugang zu akademischen Graden. Als Vorkehrung gegen Sittenverderbnis wurde das Frauencollege in Cambridge zunächst weit vom Universitätsgelände entfernt untergebracht. Ein Gesetz von 1875 ermächtigte die Universitäten, Frauen akademische Grade zu verleihen. Doch noch 1914 gab es erst wenige Oberschullehrerinnen. Dabei mag sich ausgewirkt haben, daß es viele Widerstände besonders bei den Medizinern gab, daß Frauen nicht genug Ehrgeiz zeigten oder ihre Kräfte im Kampf um das Frauenwahlrecht verschlissen.

In Frankreich herrschte wie in England freie Wahl der Schule, doch hatten lokale Schulvereine nicht denselben Spielraum. In Frankreich waren die Beziehungen zwischen staatlicher Schule und anerkannten Religionsgemeinschaften seit der Revolution zwar gesetzlich geregelt, doch konfessionslos wurde die staatliche Grundschule erst mit den Schulgesetzen von 1882 (allgemeinverbindliche, nichtkirchliche Inhalte) und 1886 (Prinzip der konfessionellen Unabhängigkeit des Lehrpersonals). Außer in den Nonnenschulen wurden die Religionsstunden zudem durch die Lehrpläne der Lehrerverbände, die den Lehrern und Lehrerinnen im Laufe des Jahrhunderts immer vollständiger als Handreichung angedient wurden, zunehmend an den Rand gedrängt. Darüber hinaus erhielt der Religionsunterricht per Gesetz von 1833 und von 1850 als »Ethik- und Religionsunterricht« eine verbindliche Form. Mädchen wurden durch ihn stärker geprägt, da sie zu einem erheblichen Teil bei den Nonnen zur Schule gingen. Diese Einflußnahme der Kirche auf die Mädchenerziehung wurde Hauptstreitpunkt im Kulturkampf der Republikaner und Freidenker um die Säkularisierung des Erziehungswesens.

Am Rande des Mädchenschulwesens, das weiterhin stark religiös bestimmt blieb, und dieses um so mehr, als saint-simonistische Träume, fourieristische Spekulationen und lärmende Demonstranten von 1848 jeden Reformversuch der Lächerlichkeit preisgegeben hatten, entwickelte sich dennoch allmählich der nichtkirchlich gebundene Unterricht. Élisa Lemonnier, eine Protestantin, wie ihr Gatte vom Saint-Simonismus geprägt und vom Elend und der Unwissenheit der Arbeiterfrauen in der Revolution von 1848 stark beeindruckt, gründete 1862 in Paris eine Berufsschule für mittellose junge Frauen. Ihre zweite Schule wurde 1864 eröffnet; sie stand unter Leitung der Freidenkerin Clarisse Sauvestre, der Ehefrau des antiklerikalen und bonapartistischen Journalisten Charles Sauvestre. Diese Lehranstalten wurden auch von jungen Mädchen aus dem Mittelstand besucht, die außerhalb der Familie einen Beruf erlernen mußten, und waren die ersten konfessionslosen Schulen in Frankreich; die religiöse Erziehung der Schüler blieb völlig der Familie überlassen. Der Lehrplan sah drei Unterrichtsgruppen vor: Allgemeinunterricht, Sonderklassen für Kaufmannsgehilfinnen oder technische Zeichnerinnen, praktische Arbeit in den Werkstätten. Die jungen Mädchen erhielten außerdem Moralunterricht. Élisa Lemonnier wollte sie zu »guten Familienmüttern« mit Frauenwürde, Selbstwertgefühl und Selbstachtung bilden. Die Direktorin ihrer ersten Mädchenschule, Mademoiselle Marchef-Girard, wurde später die erste Direktorin des berühmten Collège Sévigné. Sie ist das symbolische Bindeglied zwischen dem Lebenswerk Élisa Lemonniers und der ersten konfessionslosen Mädchenoberschule von Paris.

Ebenfalls 1864, jedoch in Belgien, wurde auf Initiative Senator Bischoffsheims der erste Verein zur beruflichen Bildung von Frauen gegründet. Die erste Berufsschule öffnete ihre Pforten im April 1865; die konfessionslose Privatanstalt wurde 1868 von der Stadt Brüssel übernommen. Zehn Jahre später gab es schon drei Schulen dieses Typs. Das Ziel der Anstalt bestand darin, mehr zu vermitteln als simple Hauswirtschaftslehre, auf welche die Mädchenerziehung der

Nonnen beschränkt gewesen war. Das Lehrangebot sollte auch theoretischen Unterricht umfassen. Doch das Frauenbild blieb unverändert: Die Frau hatte durch ihre häusliche Tätigkeit zum »Familienglück« beizutragen.[5]

Sicher läßt sich an den Lehrplänen, die als Ersatz für die der Klosterschulen vorgeschlagen wurden, am besten ermessen, wie zwiespältig das neue Schulsystem mit seiner Einbeziehung aller sozialen Schichten war. Die Frau wurde nicht uneingeschränkt auf »die Wissenschaft« losgelassen, und ihre Bildungsmöglichkeiten nach der Grundschule blieben begrenzt. Weder die Republikaner in Frankreich noch die Liberalen in Belgien trennten sich nämlich von der Vorstellung, daß die ideale Frau an den häuslichen Herd gehöre. Wie ihre politische Konkurrenz und ihre geistigen Väter waren sie von der Furcht beseelt, allzuviel Bücherwissen könnte die Frau ihrem Auftrag als Mutter und Gattin entfremden. Sogar die weltliche Spielart der Mädchenerziehung hielt sich also zumeist an alte Erziehungsmuster und nahm dabei »Rücksicht auf das schwache Geschlecht« und auf hergebrachte Sitten. Die entschiedensten Verfechter des staatlichen Unterrichtswesens in Frankreich und Belgien ließen die Frau zwar zur »Wissenschaft« zu, aber nur zum höheren Nutzen der Männer, der Söhne oder Gatten: Jules Ferry wollte »republikanischen Männern republikanische Gefährtinnen« zur Seite geben, um die seelische Kluft zwischen gottgläubiger Frau und freidenkendem Mann zu überbrücken. Zwar zeigt sich an seiner Betonung dieses Aspekts, welch stillen Einfluß er den Frauen immerhin zutraute, doch einen ausgedehnten Schulbesuch wollte er ihnen deswegen nicht zugestehen. Obzwar noch die Grundschule der Dritten Republik bis auf die Handarbeitslehre, die in einer Mädchenklasse nicht fehlen durfte, für beide Geschlechter gleich war, gingen die Mädchen schon nicht so lange auf die Oberschule wie die Knaben und hatten nicht die gleiche Fächerauswahl; sie lernten weiterhin weder Latein und Philosophie noch moderne Naturwissenschaften.

Daraus folgte für Frankreich zwischen 1905 und 1914 ein ständiges Hin und Her in der Frage, ob Mädchen der Zugang zum Abitur und damit zum Hochschulstudium gewährt werden sollte oder nicht.

DIE DURCHSETZUNG DES LAIZISTISCHEN SCHULUNTERRICHTS

Aus Gründen sowohl der Landeskultur und -geschichte wie auch der Traditionen staatlicher Einmischung oder Nichteinmischung in Angelegenheiten der Religionsausübung stellte sich die Frage der überkonfessionellen Grundschule in den wichtigsten Ländern Europas in anderer Form als in Frankreich und Belgien. In Belgien scheiterte eine dauerhafte gesetzliche Regelung im Sinne Ferrys am Widerstand der Katholiken.[6] Die Schuldebatte wurde äußerst erbittert geführt, und nur wenige Bürger waren bereit, ihre Töchter auf die Universität zu schicken. Die Freidenkerinnen, die der konfessionslosen Mädchenerziehung Bahn gebrochen hatten, wurden mit Schimpfkanonaden und den Bannflüchen der kirchlichen Würdenträger bedacht. Der Kampf um die Säkularisierung des Unterrichts begann in den *salles d'asile*, der damaligen Bezeichnung für Kleinkinderhorte. Ein Förderverein für Kindergärten (*écoles gardiennes*, wobei schon der Name auf den Charakter der Einrichtung als Zwitter zwischen Wohlfahrtseinrichtung und Bildungsstätte hinweist) eröffnete bereits 1846 in Brüssel mit Unterstützung der Loge der Menschenfreunde einen Kinderhort. Weitere Horte vom gleichen Typ entstanden in den großen Städten. Schon bald kam es zur Auseinandersetzung mit den Nonnen, die bisher das Monopol auf »Kindergärten« gehabt hatten. Wieder obsiegte das laizistische Lager und setzte 1847 die Ernennung der Brüsseler Anwaltstochter und Fourieristin Zoé de Gamond als Inspekteurin für alle Einrichtungen durch. 1851 legte sie die Erziehungsgrundsätze in einem *Manuel des salles d'asile et des écoles primaires* nieder. Wenig später betrieben die gleichen Kreise die Übernahme von Fröbels aktiven Unterrichtsmethoden. Der erste 1857 in Ixelles gegründete Kindergarten erhielt einen Zuschuß von der Regierung. Doch die enge Zusammenarbeit zwischen den Anhängern Fröbels und Isabelle Gatti de Gamond, der Tochter von Zoé de Gamond, führte zu einer Verfassungsbeschwerde wegen Atheismus.[7] Einige Töchter von Liberalen und Sozialisten, darunter auch die von Proudhon, gingen auf eine kostenpflichtige »Schule der Familienväter«, die 1857 gleichfalls in Ixelles gegründet wurde.

Sozialisten und Fourieristen wollten einen freien oder zumindest erschwinglichen Schulbesuch für die breite Masse durchsetzen. Sie suchten daher nach effizienten und zugleich kostengünstigen Methoden. So erklärt sich der Erfolg der Methode Fröbels und vor allem Lancasters, die in Frankreich von der Linken schon unter der Julimonarchie propagiert worden war. Diese Methode des wechselseitigen Unterrichts, bei der ältere Kinder den Kleinsten etwas beibringen, war nicht bloß ökonomisch; sie erforderte eine Zusammenstellung von Schülergruppen nach Lernniveau und ermöglichte das gleichzeitige Erlernen von Lesen und Schreiben.

In den sechziger Jahren erlebte der wechselseitige Unterricht seine Blüte. In Frankreich und in Belgien schrieben »Liberale« aller Schattierungen nun den kostenlosen Primarschulunterricht für alle auf ihre Fahnen und machten ihn zu ihrem Hauptprogrammpunkt. Im Dezember 1864 gründete sich in Belgien die Ligue de l'enseignement. Diese sammelte durch ihre Sektionen oder Freundesorganisationen so viele Spenden, daß sie um 1878 eine Musterschule, sechs Grund- und Mittelschulen für Knaben und sieben für Mädchen unterhalten konnte.[8] Ihre Anstalten wurden meist nach ein paar Jahren von den Kommunalbehörden übernommen. Der per Gesetz von 1878 beschlossene konfessionslose Primarunterricht für Mädchen konnte jedoch nicht wie in Frankreich eingeführt werden, nachdem die Konservativen 1884 die Macht zurückerobert hatten.

Der Oberschulunterricht für Mädchen entwickelte sich in Belgien aus einigen wenigen Initiativen, die von Kommunen und Bildungsvereinen vor allem in Lüttich und Tournai gegen ein kämpferisches Episkopat durchgesetzt werden mußten. Es handelte sich zunächst um einen Mittelschulunterricht in Handarbeit, Hauswirtschaftslehre und Buchhaltung, der verbunden war mit pädagogischen Neuerungen wie Fächerabstimmung, mündlichem Unterricht in Fremdsprachen und praktischen naturwissenschaftlichen Experimenten. Dieser Unterricht wurde heftig angefeindet, weil in den Lehrplänen angeblich Naturalismus und Materialismus obsiegte. Diese Bemühungen lassen sich in Verbindung setzen mit Bestrebungen, auch in den Hebammen- und Schwesternschulen den Einfluß der Kirche zurückzudrängen. Eine erste Schule für Krankenschwestern und -pfleger wurde 1888 von einem sozialistischen Arzt eröffnet; sie fand kein Vertrauen. 1907 gründete die Pastorentochter Édith Cavell eine erste Schule für Diplom-Krankenschwestern; gegen diese Anstalt wurde ebenfalls heftig polemisiert, doch setzte sie sich allmählich durch. Bei den Mädchenlyzeen ergriff der Staat vor 1914 keinerlei Initiative. Das erste Mädchenlyzeum entstand in Gent, und auch dort nur auf private Anregung.

Die in Frankreich 1880 per Gesetz erfolgte Errichtung eines völlig säkularisierten staatlichen Oberschulwesens für Mädchen ist also ein Sonderfall. Die neue Bildungseinrichtung, in der sich zugleich das Vorwärtsdrängen, Zurückweichen und Zaudern des Jahrhunderts im Bildungswesen widerspiegelte, wurde zum Vehikel, die Situation vor allem von Frauen der Mittelschichten nachhaltig zu verändern. Das sogenannte Gesetz Camille Sée, das die Errichtung erst ermöglichte, war hauptsächlich das Werk eines Einzelkämpfers. Dennoch ist es nicht von den sonstigen Gesetzesinitiativen des Kabinetts Ferry zu trennen, mit denen das Fundament für die Bekenntnisfreiheit der Mädchenschule gelegt wurde. Zwei gegenläufige Strömungen sind bei den Ansätzen auszumachen: Zunächst deckten sie sich mit der in allen europäischen Ländern erkennbaren Tendenz, für alle Kinder eine Schulbildung über die allmählich durchgesetzte Alphabetisierung hinaus zu gewährleisten. Ursprünglich für Bürgermädchen gedacht, sollte sie über die für die Mädchen der Unterschicht gedachte Grundschulerziehung hinausgehen und eine verfeinerte Kultur vermitteln. Auf der anderen Seite jedoch erhob dieses Gesetz, das den Republikanern entgegenkam, weil es verhieß, »die Mädchen der Kirche zu entreißen«, nicht auch noch den Anspruch, nun auch Mädchen die traditionell den Knaben vorbehaltene Oberschulbildung zu vermitteln. Wieder einmal sollte alles vermieden werden, was die Mädchen ihrer angeblich wahren Berufung als Hüterin des Hauses hätte entfremden können. Damit blieb jedwede außerhäusliche Berufstätigkeit als Perspektive ausgeschlossen. Das Gesetz Camille Sée brachte zwar einen Bruch mit der traditionellen Klostererziehung der gläubigen oder nichtgläubigen Mädchen, beugte sich aber dem Beharrungsvermögen einer Gesellschaft, deren inneres Gleichgewicht zumindest für die privilegierten Schichten auf der geschlechtsspezifischen Arbeitsteilung beruhte. Die Frauenarbeit im Arbeitermilieu wurde dagegen als schiere Notwendigkeit hingenommen.

Auch in den allgemeinen pädagogischen Prinzipien der Dritten Republik waren entsprechende Ausnahmen für Mädchen vorgesehen. Der Unterricht in den exakten Wissenschaften sollte für sie anders ablaufen als für die Knaben üblich, denn es galt als gefährlich, bei interessierten Mädchen die Lust an der Abstraktion zu wecken. Mädchen sollten nur praktisches Rechnen lernen, kam doch der Ingenieurberuf für sie ohnehin nicht in Frage. Wie man sieht, war den Anhängern der Bildungsreform mitnichten daran gelegen, die Frau durch eine solide Schulung in klassischer Philosophie oder in modernen Naturwissenschaften vom religiösen Aberglauben zu befreien. Auch die alten Sprachen wurden nur eben geduldet: Griechisch sollten Mädchen »nicht für sich, sondern für ihre Kinder« lernen. Die Mutter als Erzieherin blieb also das ganze Jahrhundert hindurch Leitfigur. Entsprechend zweideutig waren die Reformideen in bezug auf Mädchen. Es ging in erster Linie nicht darum, Mädchen gründlichere Kenntnisse in diesem oder jenem Fach zu vermitteln, sondern darum, der Kirche die Kontrolle über die Mädchenerziehung zu entziehen. Um dieses Ziel zu erreichen, durften Familien nicht kopfscheu gemacht werden, indem hergebrachte Unterrichtsinhalte verändert und Mädchen mit Schularbeiten von ihren häuslichen Pflichten abgehalten wurden.

Das Gesetz wurde am 21. Dezember 1880 genau so angenommen, wie es die Republikaner gewollt hatten. Aber innerhalb des republikanischen Lagers gingen die Ansichten auseinander. Antiklerikal waren sie zwar alle. Aber manche fanden es durchaus akzeptabel, wenn sich in ihrer eigenen Familie die Frauen um Glaubensdinge kümmerten. Wieder andere, die ältesten Abgeordneten, die zumeist 1848 noch miterlebt hatten, blieben Deisten. Auch kann es nicht überraschen, daß die oberste Schulaufsicht, in der die weniger militanten Universitäten

das Sagen hatten, in die Lehrpläne auch die »Erziehung zur Gottesfurcht« hineinschrieb, was erst 1923 gestrichen wurde, und auch das
nur vorübergehend.

Dem »laizistischen Modell« der Mädchenerziehung wurde 1880 in
Frankreich der Weg gebahnt. Es dauerte allerdings noch lange, bis es
als vorherrschendes Modell tatsächlich doch Gesetz war. Die auf der
Basis des Gesetzes gegründeten Lyzeen und Mädchenrealschulen
wuchsen in den ersten zwanzig Jahren ihres Bestehens zwar stetig,
aber langsam. Sie konnten sich um so besser in die pädagogische
Landschaft Frankreichs einfügen, je weniger sie gegen hergebrachte Sitten verstießen und als Trojanisches Pferd des Antiklerikalismus gebrandmarkt werden konnten. Katholische Familien mit besonderen Bil-
dungsambitionen schickten ihre Mädchen bisweilen lieber auf die
bekenntnisfreie staatliche Schule als auf katholische Konfessionsschu-
len. Bis 1914 waren die Probleme, mit denen sich die etwa 33 000
Mädchen in den Lyzeen und Realschulen und deren Lehrer konfrontiert sahen, nicht in erster Linie weltanschaulich-konfessionelle Probleme, sondern sehr viel prosaischer der fehlende Zugang zur Arbeitswelt,
den ihnen die zwar bekenntnisfreie, aber konservative Gesetzgebung
der Dritten Republik nach wie vor verwehrte.

Aus dem Französischen von Günter Seib

11
Zwischen Erwerbsfleiss und Bildungsreligion – Mädchenbildung in Deutschland

Juliane Jacobi

Deutschland gilt im Gegensatz zu England als Musterland eines bereits früh im 19. Jahrhundert geregelten und normierten öffentlichen Schulwesens. Das Volksschulwesen für die Töchter und Söhne nichtbürgerlicher Schichten wurde ebenso wie das höhere Knabenschulwesen in den meisten deutschen Staaten unter staatlicher Regulierung früh als öffentliche Aufgabe begriffen. Der Blick auf das weiterführende Mädchenschulwesen im 19. Jahrhundert bietet jedoch ein ganz anderes Bild. Auffallend ist nicht nur seine späte staatliche Normierung, sondern auch die hohe Zahl privat finanzierter Mädchenschulen mit unterschiedlicher Zielsetzung, lehrplanmäßiger Ausprägung und in unterschiedlicher Trägerschaft bis zum Ende des deutschen Kaiserreichs 1918. Eine Darstellung der Geschichte der Mädchenschulen, die darauf zielt, die Normierung und Angleichung des Mädchenschulwesens an die Regelungen und Berechtigungen der Knabenschulen zu beschreiben, würde deshalb nicht nur eine große Gruppe von Schulen, die überwiegend von Mädchen aus den Mittelschichten besucht wurde, stiefmütterlich behandeln, sie könnte auch kaum den eigenständigen Beitrag von Frauen der Frauenbewegung zur Mädchenbildung im 19. Jahrhundert hinreichend würdigen. Diese Schulen, zunächst oft Töchterschulen, später höhere Mädchenschulen genannt, waren zum Teil allgemeinbildend, zum Teil berufsbildend und in ihnen wurden die Trägerinnen der weiblichen Sozialreform wie der weiblichen Bildungsreform des 19. und frühen 20. Jahrhunderts ausgebildet.

Höhere Mädchenschulen ermöglichten den Eintritt der *Frauen* der Mittelschichten in das Erwerbsleben oder verschafften ihnen einen Wirkungskreis, der über den der Familie hinausging. So unterschiedlich sie von ihren Veranstalterinnen und Veranstaltern auch konzipiert gewesen sein mögen, gemeinsam war ihnen, daß sie die Verantwortung für eine weiterführende Mädchenbildung trugen, solange sich der Staat und lange Zeit auch die Kommunen zurückhielten, und daß sie zugleich einer großen Zahl von Frauen aus den Mittelschichten selbst zur Existenzsicherung dienten: sei es, daß sie als selbständige Unternehmerinnen arbeiteten oder als Lehrerinnen von privaten Stiftungen oder Vereinen angestellt waren, sei es, daß sie als Schwestern religiöser Frauengemeinschaften – katholischer Kongregationen und evangelischer Diakonissenverbände – wirkten.

1912, zwei Jahre nachdem auch in Sachsen als letztem deutschen Teilstaat eine staatliche Regelung der Zulassungen von Mädchen zu berechtigenden Schulabschlüssen erfolgt war, konnte Anna Schmidt, die Vorsitzende des Bundes privater deutscher Mädchenschulen in einem Bericht schreiben: »Die für die Mädchen geschaffenen Schularten (neuerdings Frauenschulen, Mädchengymnasien sowie die jetzt vom Staat übernommenen Gewerbeschulen für Frauen) sind fast ausschließlich Neuschöpfungen und private Arbeitsstätten weitblickender Frauen gewesen.«[1] Wie kam es zu dieser Ausprägung der Mädchen- und Frauenbildungseinrichtungen und welches waren ihre gemeinsamen und ihre unterschiedlichen Züge?

Waren in der Entstehungszeit der neuzeitlichen Geschlechteranthropologie auch in Deutschland durchaus kontroverse Positionen zur Bedeutung und Orientierung der Mädchenbildung zu hören, so hatte sich spätestens nach den Freiheitskriegen die Vorstellung durchgesetzt, daß eine über die Elementarbildung hinausgehende höhere Bildung von Jungen und Mädchen geschlechtsspezifisch differenziert werden müsse und daß Töchter aus bürgerlichen gebildeten Familien nicht auf außerhäusliche Erwerbstätigkeit und öffentliche Aufgaben durch eine am klassischen Bildungskanon orientierte sogenannte Allgemeinbildung vorbereitet werden sollten. Die Ziele der Mädchenbildung sollten vielmehr durch den späteren Beruf der Hausfrau, Gattin und Mutter und die damit zusammenhängenden Pflichten und Aufgaben bestimmt werden.[2] Die dieser Bildungskonzeption zugrundeliegenden Imaginationen und Konstruktionen von Weiblichkeit, die Begründungen und die Kontroversen um die Zielsetzung der Bildung unterschieden sich in den meisten europäischen Ländern, trotz konfessionell und politisch-kulturell unterschiedlicher Gegebenheiten, nur graduell.[3] Die feministischen wie die nichtfeministischen Stimmen in diesem Diskurs betonten mit wenigen Ausnahmen seit dem späten 18. Jahrhundert – seit Rousseau und Pestalozzi – die Bedeutung von Mutterschaft ebenso wie die von Mütterlichkeit, von »Häuslichkeit« als deutschsprachiger Variante der *woman's sphere*, und später im 19. Jahrhundert dann die Bedeutung des »weiblichen Kulturbeitrages« für die Ziele der Mädchenbildung.[4]

Wie das Bildungswesen für Mädchen auf dieser Grundlage in Deutschland im Verlauf des 19. Jahrhunderts gestaltet wurde, soll im folgenden erläutert werden. Die Darstellung konzentriert sich auf die Einrichtungen und Aktivitäten in der Mädchen- und Frauenbildung, die über die Elementarbildung hinausgehen, und legt damit das Schwergewicht auf die Mädchenbildung der Töchter aus gebildeten bürgerlichen Familien. Bildung und Ausbildung der Mädchen aus nicht- und kleinbürgerlichen Schichten kommen nur insoweit zur Sprache, als diese im Verlauf des 19. Jahrhunderts ebenfalls zunehmend vom pädagogischen Diskurs über Mädchenbildung geprägt wurden.

Für die Geschichte der deutschen Mädchenbildung im 19. Jahrhundert muß, ähnlich wie es Margaret Bryant für die private und halböffentliche Schullandschaft Englands festgestellt hat, der Beitrag von Frauen hoch veranschlagt werden.[5] Deren pädagogische Praxis führte schließlich dazu, daß Staat und Gesellschaft die Interessen von Frauen an Bildung und an qualifizierter Erwerbsarbeit als öffentliche Aufgabe erkannten. Und ähnlich wie Bryant es für die englischen Mädchenschulreformer und -reformerinnen herausgearbeitet hat, kann auch für die deutschen Pädagoginnen gesagt werden, daß sich ihr Eifer aus verschiedenen, sowohl christlich-patriotischen, konfessionell-erwecklichen, aber auch romantisch-pestalozzianischen, nichtkonfessionellen Quellen speiste und religiöse Züge trug. Diese produktive Mischung aus praktischem Handeln und ideellem Eifer prägt die Geschichte der Madchenbildung im gesamten 19. Jahrhundert. Die gegen große politische, soziale und ideologische Widerstände durchgehaltenen Bemühungen eröffneten zu Beginn des 20. Jahrhunderts den Mädchen in Schule und Berufsausbildung erweiterte Partizipationsmöglichkeiten und legten die rechtlichen Grundlagen für die Bildungsgleichberechtigung. Die ersten Töchterschulen wurden gegründet, um der allgemeinen Schul- oder Unterrichtspflicht, die um 1800 fast überall in Deutschland eingeführt war, mit standesgemäßen Einrichtungen nachzukommen.[6]

In einem ersten Abschnitt werden Frauenvereine, die während und nach den Freiheitskriegen entstanden, und Privatunternehmen, die häufig von Frauen geführt wurden, dargestellt, denn sie gründeten die ersten höheren Mädchenschulen. Die »Fröbelbewegung«, demokratische Kräfte der Zeit um 1848 und liberale Reformer und Reformerinnen, die sich für Frauenerwerbstätigkeit und die Übernahme von Erziehungsaufgaben durch Frauen einsetzten, aber auch christlich-konfessionelle Vereinigungen im Grenzgebiet zwischen Wohltätigkeit und Erziehung haben die Mädchenbildung im weiteren Verlauf des 19. Jahrhunderts geprägt. In einem zweiten Abschnitt wird am Beispiel einer höheren Mädchenschulgründung aus den 1860er Jahren, der Hamburger Paulsenstiftschule, diese Entwicklung exemplarisch dargestellt. Neben der Durchsetzung von Zugangsmöglichkeiten zur Allgemein- und Berufsbildung für Frauen, die sich im Laufe der zweiten Hälfte des 19. Jahrhunderts entwickelten, standen die Aktivitäten der Frauenbewegung um die Ddurchsetzung von Zugangsmöglichkeiten für Mädchen zum akademischen Studium zwischen 1890 und 1910. Beide Formen organisierter Bildungsreform bilden den Schwerpunkt des dritten Abschnittes. Die gesamte Darstellung betont den engen Zusammenhang von Sozial- und Bildungsreform, der den Auf- und Ausbau des Mädchenschulwesens durch das ganze 19. Jahrhundert geprägt hat.

FRÜHE FRAUENVEREINE UND PRIVATE MÄDCHENSCHULEN BIS 1860

»Bei der Aufsicht über die Töchterschulen werden die Schuldeputationen die verständigsten und achtbarsten Frauen aus den verschiedenen Ständen zu Rate ziehen, ihnen wesentlichen Anteil an Schulbesuchen, Prüfung und Beurteilung der Arbeiten, der Erziehung und Unterweisung geben und die Hausmütter des Orts auf alle Weise für die Verbesserung der weiblichen Erziehung zu interessieren suchen (. . .). Die Spezialaufsicht dürfen sie Frauen, welche vorzüglich Sinn und Eifer an den Tag legen, übertragen und sie zu Mitvorsteherinnen desselben ernennen.«[7] Dieses preußische Ministerialreskript vom 26. Juni 1811, das als Ergänzung zur Steinschen Städteordnung noch 1902 Gültigkeit hatte, wertete Gertrud Bäumer 1902 zu Recht als Ausdruck eines in der Zeit der nationalen Neuorganisation Deutschlands lebhaften Interesses an der Einbeziehung von Frauen in die öffentliche Mädchenerziehung. Daß das Reskript »nirgendwo in irgendwie nennenswerter Weise zur Verwirklichung gekommen ist«, räumt die Autorin, die selbst am Anfang einer Karriere als Bildungspolitikerin stand, zwar ein, machte aber gleichzeitig anhand der staatlichen Verordnung darauf aufmerksam, welche Vorstellungen von öffentlichen Aufgaben für Bürgerinnen in der Zeit der nationalen Erhebung vorhanden waren. Ihren praktischen Ausdruck fanden diese Vorstellungen in der Gründung der sogenannten patriotischen Frauenvereine in den Notzeiten während und nach den Befreiungskriegen. Neben Armenfürsorge widmeten diese sich zumeist auch der Unterweisung von Mädchen in Schulen, die zum Teil nach dem Modell der Industrie- und Spinnschulen, zum Teil aber auch als allgemeinbildende Fortbildungsveranstaltungen organisiert waren. In den deutschen Staaten, in denen es noch kein staatlich oder kommunal alimentiertes und geregeltes Volksschulwesen gab, wie beispielsweise in Bremen und Hamburg, boten sie als »Freischulen« auch armen Mädchen eine kostenlose Elementarbildung. Unter dem Stichwort »Frauenvereine« nennt der Brockhaus von 1834 und 1844 deshalb als Aufgabe der Frauenvereine neben der Armen- und Krankenpflege »die Erziehung armer Mädchen« und die »Unterhaltung von Kleinkinderschulen«.[8]

In den dreißiger Jahren entstanden in Anlehnung an die patriotischen Frauenvereine an vielen Orten als Antwort auf die schwierige wirtschaftliche und soziale Situation, die Frauen und Kinder besonders traf, neue Vereine, die sich der Armen- und Krankenpflege sowie der Ausbildung von Mädchen für diese Aufgaben widmeten. Die Motivationen der Gründerinnen waren häufig von der pietistischen Erweckungsbewegung geprägt und hatten eine strikt konfessionelle Färbung. Einflußreich wurde der Weibliche Verein für Armen- und Krankenpflege der Hamburgerin Amalie Sieveking (1794–1849), die vor allem in Norddeutschland rasch Nachahmerinnen fand und deren Bestrebungen ausdrücklich auf eine Erweiterung des Wirkungskreises von Frauen der höheren Schichten zielten.[9]

Etwa gleichzeitig entstanden Diakonissenverbände wie das Kaiserswerther Mutterhaus (1836) und katholische Kongregationen wie die Armen Schulschwestern (1835), die sich ähnliche Aufgaben stellten. Die kirchlichen Gemeinschaften unterschieden sich allerdings insofern von den Frauenvereinen, als sie unter männlicher Leitung standen und die subaltern dienenden Aufgaben von Frauen betonten. Sie entwickelten recht schnell Ausbildungseinrichtungen für Krankenpflege, Kinderwärterinnen, die katholischen Kongregationen vor allem für Elementarschullehrerinnen. Im Umfeld der 48er Revolution entstanden weitere ähnliche Vereine, die sich freireligiös, einem aufgeklärten, nichtkonfessionell verengten Christentum verpflichtet fühlten, wie der Hamburger Frauenverein zur Unterstützung der Armenpflege von Charlotte Paulsen. Trotz aller Unterschiede stand hinter diesen verschiedenen Gründungen als gemeinsames Merkmal, daß sie den Wunsch von Frauen nach außerhäuslicher Tätigkeit aufgriffen und in praktische Organisation umsetzten. Dieses war das entscheidende Antriebsmoment für die Entwicklung des Mädchenschulwesens im 19. Jahrhundert. Die religiöse Motivation wurde dabei in mehrfacher Hinsicht wirksam: sie bot kritische Distanz zu den bestehenden sozialen Verhältnissen, die die eigene Lage und die von Frauen armer Schichten bestimmten, sie verhalf zum notwendigen Durchhaltevermögen bei den Unternehmungen und sie legitimierte in höherem Sinn die praktische Arbeit. Die Überzeugung, im Dienst einer höheren Macht für Frauenbildung und Frauenarbeit einzutreten, prägte nicht nur in Deutschland die Tradition der Führerinnen der Frauenbewegung und hielt sich bis ins 20. Jahrhundert. Für die Ausgestaltung einer Bildungstheorie, die den moralischen Aspekt auch der intellektuellen Bildung betont und diese als weibliche Bildung bezeichnet, bildete dieses religiös gefärbte Selbstverständnis eine wichtige Grundlage.

Gleichzeitig gründeten in den ersten Jahrzehnten des 19. Jahrhunderts Frauen und Männer, letztere allerdings in der Minderheit und häufig gemeinsam mit Ehefrauen, zum ersten Mal in größerem Umfang als freie Unternehmen private Mädchenschulen. Da die rechtliche Stellung dieser Schulen auf einer staatlichen Konzessionsregelung beruhte, waren sie keineswegs nur Veranstaltungen von Privatpersonen. Ähnliches gilt auch für Privatschulen, die von Vereinen oder Stiftungen getragen wurden. Beide Typen von Privatschulen unterstanden der mittelbaren staatlichen oder kommunalen Kontrolle. Die privaten Mädchenschulen hielten sich durch das ganze Jahrhundert. Die bekannteren Vertreterinnen des Typs der unternehmenden Schulleiterin wie Betty Gleim (1771–1827) oder Tinette Homberg (1797–1877) waren gleichzeitig pädagogische Schriftstellerinnen. Als Pestalozzi-Anhängerinnen übertrugen sie dessen Erziehungsvorstellungen auf die Mädchenbildung in bürgerlichen Kreisen. Andere entsprachen mehr dem Typ der »erwerbenden Frau«. Zu ihnen zählt Lucie Crain, Besitzerin eines aufgefächerten Mädchenschulunternehmens in Berlin, der Helene Lange in ihren Lebenserinnerungen ein kleines Denkmal gesetzt hat, wenn auch ganz im kritischen Licht der eigenen Anstrengungen und Leistungen für die Akademisierung der Lehrerinnenbildung.[10] In einer Stadt wie Frankfurt am Main besuchten die Mädchen aus bürgerlichen Schichten in den Jahren zwischen 1810 und 1870 ganz überwiegend solche privaten, vielfältig personell miteinander vernetzten Mädchenschulen.[11] Ein erheblicher Teil des Unterrichts wurde dort von staatlich geprüften hauptamtlichen Lehrern der weiterführenden Jungenschulen gegeben. Diese Schulen waren, da nicht von konfessionellen Vereinen oder Schuldeputationen getragen, interkonfessionelle, christliche Schulen. Sie standen meistens unter der Leitung einer Frau und trugen im Zeitalter des immer stärker werdenden Konfessionalismus in den Kreisen ihrer Klientel zu religiöser Toleranz bei, zumal wenn eine Pensionsanstalt angeschlossen war. Im Vergleich zu den öffentlichen Volksschulen und den weiterführenden öffentlichen Jungen- und Mädchenschulen bildeten sie einen familienähnlichen, sehr intimen Stil aus, der für das höhere Mädchenschulwesen auch im Zuge seiner Normierung und Veröffentlichung prägend blieb.

»DAS RECHT DER FRAUEN AUF ERWERB«. WEIBLICHE BILDUNG ZWISCHEN ALLGEMEIN- UND BERUFSBILDUNG

Als 1866 in Berlin der »Verein zur Förderung der Erwerbstätigkeit des weiblichen Geschlechts«, nach seinem Initiator Lette-Verein genannt, von einem Honoratiorenzirkel aus dem Umfeld des liberalen »Centralvereins für das Wohl der arbeitenden Klassen« gegründet wurde, erklärte seine Vereinssekretärin Jenny Hirsch: »Die sogenannte Frauenfrage ist für uns und für die Mehrzahl ihrer einsichtsvollen Vertreter vorläufig eine wirtschaftliche und erziehliche.«[12] Bereits 1865 war der Allgemeine Deutsche Frauenverein (ADF) gegründet worden, der vor allem Zugang von Frauen zu Bildung und Erwerb forderte. Im Zuge dieser sich neu organisierenden Frauenbewegung und neuer liberaler sozialpolitischer Tendenzen entstanden in den größeren Städten vieler deutscher Staaten Frauenbildungsvereine, die sich auf vielfältige Weise für eine Verbesserung der ökonomischen, sozialen, politischen und rechtlichen Situation von Frauen einsetzten. Die Frauenbildungs- und Erwerbsvereine organisierten Kurse und gründeten Schulen oder unterstützten die Gründung von Schulen mit dem Ziel, die »Erwerbsfähigkeit des weiblichen Geschlechts« zu erhöhen. Dabei ging es ebensosehr um die Berufsqualifikation und Erwerbsförderung von Mittelschichtfrauen wie um die Vermittlung hauswirtschaftlicher Kenntnisse an Mädchen und Frauen der Unterschichten. Geboten wurden Kurse für erwerbstätige und nichterwerbstätige schulentlassene Mädchen, in denen neben gewerblich-technischem Unterricht, Ausbildung in Bürotätigkeiten, Buchführung etc. auch allgemeinbildende Fächer angeboten wurden. In Berlin wurde 1881 die Viktoria-Fortbildungsschule als Zweiganstalt des Lette-Vereins gegründet. Hier wurde das Ausbildungsprogramm zusätzlich um Seminarkurse für Lehrerinnen von Fortbildungskursen erweitert. Die Aktivitäten dieser Vereine, die an unterschiedlichen Orten auf verschiedene Weise dem gleichen Ziel dienten, erstreckten sich seit den 1880er Jahren häufig auch auf hauswirtschaftliche und an Familienaufgaben orientierte Kursangebote. Dieser Aufschwung des hauswirtschaftlichen Unterrichts war eine sozialpolitisch motivierte Maßnahme und sollte der Veränderung der Lebensverhältnisse durch Urbanisierung und Industrialisierung gerade in Unterschichtfamilien Rechnung tragen.[13] Der Hauswirtschaftsunterricht war durch die Frauenbildungs- und Frauenerwerbsvereine vorbereitet und wurde zum Teil von ihren Mitgliedern organisiert. Hedwig Heyl, Mathilde Weber, Mathilde Lammers, Helene Sumper und Ulrike Henschke haben Fortbildungsschulen mit hauswirtschaftlichen Kursen für schulentlassene Mädchen aus den unteren Sozialschichten initiiert und darauf hingearbeitet, diesen Unterricht in staatliche Programme umzusetzen. Da die Vermittlung einer hauswirtschaftlichen Bildung an junge Fabrikarbeiterinnen, die unter sozialreformerischem Aspekt die wichtigste Zielgruppe waren, auf freiwilliger Basis kaum Erfolg hatte, forderten die Reformerinnen, den hauswirtschaftlichen Unterricht für Mädchen in den letzten Volksschulklassen zu integrieren. Aus dem Dilemma, Mädchen im allgemeinbildenden Schulwesen gleichzeitig auf Erwerbstätigkeit und Familienpflichten vorbereiten zu wollen, erklärt sich die bis weit ins 20. Jahrhundert anhaltende merkwürdige Zwischenstellung des hauswirtschaftlichen und familienbezogenen Unterrichts als »weibliche Bildung« zwischen Allgemein- und Berufsbildung. Mit den Bemühungen um den hauswirtschaftlichen Unterricht im Pflichtschulwesen verbanden sich auch berufspolitische Interessen der Frauenbildungsbewegung. Der Unterricht erforderte hauswirtschaftliche Lehrerinnen und Hauswirtschaftlerinnen. Hauswirtschaftlich geprägte Bildungsgänge an allgemeinbildenden höheren Mädchenschulen mußten geschaffen werden, um diese Lehrerinnen auszubilden. Für die hauswirtschaftlich geprägte Variante von allgemeinbildenden Mädchenschulen, die bis weit ins 20. Jahrhundert hineinreichte, liegen hier die Wurzeln.[14] Eine allgemeine staatliche Pflicht zum Besuch der Fortbildungsschule, die für Mädchen in den meisten Fällen hauswirtschaftlichen Unterricht vorsah, wurde erst in der Weimarer Zeit eingeführt.

Ein zweites weibliches Tätigkeitsfeld, auf dem schon die ersten Frauenvereine aktiv gewesen waren, war die Kleinkindererziehung. Sie war zwischen Wohltätigkeit, Frauenerwerbsförderung und Sozialreform angesiedelt. In diesem Aufgabenfeld entwickelte sich seit den 1840er Jahren eine eigenständige Bildungs- und Ausbildungtradition, die in der Reichsgründungszeit von Kreisen der Frauenbewegung organisatorisch umgesetzt wurde. Die »Allgemeinen Bestimmungen zur Neuordnung des Mädchenschulwesens«, mit denen 1908 in Preußen der Kampf der Frauen um gleichwertige Bildung und gleichberechtigte Zugangsmöglichkeiten zur Bildung einen vorläufigen Abschluß fand, nehmen diese Tradition der Frauenbildung auf. Mit der Reform von 1908 wird die Frauenschule als Oberstufe des Mädchenlyzeums eingeführt und noch die Frauenoberschule, ein Zweig der höheren Schule, der in Preußen nach dem Ersten Weltkrieg geschaffen wird, steht in dieser Tradition.

Theodor Fliedner gründete 1836 das erste »Seminar für Kleinkinderlehrerinnen« im Mutterhaus der Diakonissen in Kaiserswerth. Die Armen Schulschwestern richteten 1843 in München einen ähnlichen Ausbildungszweig für ihre Nonnen ein. Auch Friedrich Fröbels »Entwurf eines Planes zur Begründung eines Kindergartens (. . .). den deutschen Frauen und Jungfrauen als ein Werk zur würdigen Mitfeier des vierhundertjährigen Jubelfestes zur Erfindung der Buchdruckerkunst zur Prüfung und Mitwirkung vorgelegt« (1840), diente einem ähnlichen Zweck. Die praktische Umsetzung fand dieser Entwurf in den Kursen über Kindergartenpädagogik, die Fröbel 1849 zunächst auf Einladung des »Allgemeinen Bildungsvereins deutscher Frauen« in Hamburg in der dort soeben gegründeten »Hochschule für das weibliche Geschlecht«, dann von 1849 bis zu seinem Tod regelmäßig in Bad Liebenstein hielt. Während Fröbel allerdings den Sinn eines Kindergartens im Kontext der pestalozzianischen Pädagogik und im Hinblick auf ein neu zu schaffendes demokratisches Schulwesen begründete, verstanden die kirchlichen Initiativen die Kindergärten als Armenhilfe und christliche Wohltätigkeitsveranstaltungen.

Zwei Schülerinnen Fröbels haben die Idee der weiblichen Erziehungsarbeit im Kindergarten in der zweiten Hälfte des 19. Jahrhunderts transformiert, international verbreitet und in ein großangelegtes und einflußreiches Projekt weiblicher Bildung zur Staatsbürgerschaft einmünden lassen. Bertha von Marenholtz-Bülow (1810–1893) verschrieb sich als unermüdliche Propagandistin vor allem der Verbreitung von Fröbels Ideen. Fröbels Nichte Henriette Schrader-Breymann gehörte gemeinsam mit ihrem Mann, dem freisinnigen Reichstagsabgeordneten Karl Schrader, zum engsten Freundes- und Beraterkreis des Kronprinzen Friedrich und seiner englischen Frau Viktoria. Sie schuf durch den »Volkskindergarten« und noch stärker durch das 1872 gegründete Pestalozzi-Fröbel-Haus eine gänzlich neue Form der allgemein- wie berufsbildenden Mädchenerziehung, die zwar klassenspezifisch ausdifferenziert, aber vom Selbstverständnis her klassenübergreifend gedacht war. 1890, auf der Höhe seines Ausbaus, umfaßte das Pestalozzi-Fröbel-Haus einen Kindergarten für 150 Kinder, der für eine niedrige Gebühr besucht werden konnte, sowie einen Kinderhort. Angeboten wurden u. a. ein Zweijahreskurs für Kindergärtnerinnen, kürzere Kurse für Kinder- und Säuglingspflege, Kurse in Kochen und Hauswirtschaft, die auf die Aktivitäten von Hedwig Heyl zurückgingen, und ein Schulspeisungsprogramm für Kinder erwerbstätiger Mütter. Der Haushalt und die mütterliche Arbeit bildeten für diese weitgefächerte Bildungseinrichtung das bewußte Gegenmodell zur männlich-patriarchalen Schule. Von zentraler Bedeutung war das ethisch-pädagogische Konzept der »geistigen Mütterlichkeit«. Es war die Antwort der bürgerlichen Frauen auf die eigene Unselbständigkeit und auf die Herausforderungen durch Urbanisierung und Industrialisierung. Die Idee der »geistigen Mütterlichkeit« wurde zur Leitidee der in der deutschen Frauenbewegung effektiven Verbindung von Sozial- und Bildungsreform im Kaiserreich.[15] Ziel der Ausbildung im Pestalozzi-Fröbel-Haus war es, junge Frauen der bürgerlichen Schichten auf ihre weiblichen staatsbürgerlichen und beruflichen Aufgaben vorzubereiten. Das Haus war in seiner Art einzigartig. Doch gleichzeitig entstanden, angelehnt an die Konzeption Schrader-Breymanns, in vielen anderen Städten Deutschlands Seminare zur Ausbildung von Kindergärtnerinnen und Lehrerinnen.

Die nichtkonfessionelle, freireligiös orientierte »Fröbelbewegung« stand zunächst im heftigen Kreuzfeuer der Frauendiakonie beider Konfessionen, denen die Idee der individuellen Verwirklichung in weiblicher Erziehungsarbeit geradezu sündhaft erschien. Dieselbe drang gleichwohl gegen Ende des Jahrhunderts in Kreise des protestantischen Liberalismus ein. Friedrich Zimmer, der Gründer des evangelischen Diakonievereins, dessen Satzung als Vereinszweck vorsah, »berufslosen Frauen durch Erziehung, Berufsbildung und genossenschaftliche An- und Sicherstellung für ihr Leben, Unterhalt und Rückhalt zu gewähren«[16], gründete, nach dem Vorbild des Pestalozzi-Fröbel-Hauses in Kassel, ein Kindergartenseminar mit angeschlossenem Lehrerinnenseminar. Um die Jahrhundertwende setzte die wissenschaftliche Beschäftigung mit der Entwicklung des Kindes ein. In Deutschland fanden diese Bestrebungen in der *Zeitschrift für Kinderforschung* (gegründet 1903) eines ihrer ersten Publikationsorgane, zu dessen Mitbegründerinnen Frauen aus dem Fröbelverband gehörten.

Drittens kam es gleichzeitig mit den verstärkten Aktivitäten von Frauen und den für Fragen der Frauenerwerbstätigkeit und Frauenbildung aufgeschlossenen Männern seit den 1860er Jahren auch zu einer Gründungswelle von kommunalen, öffentlichen und Stiftungsschulen für Mädchen. Die Lehrerschaft an diesen Schulen begann organisiert eine Normierung und Aufwertung der weiterführenden Mädchenschulen zu fordern.

Eine dieser Gründungen war die Paulsenstiftschule[17] in Hamburg, deren Träger der 1849 gegründete »Verein zur Unterstützung der Armenpflege« war. Der Verein hatte bereits kurz nach der Revolution eine allgemeine Volksschule für Mädchen gegründet. Dieser wurden von der politischen Reaktion, die in den fünfziger Jahren auch den Hamburger Rat beherrschte, wegen ihrer engen personellen Verbindungen zu den deutschkatholischen Frauen der Revolutionszirkel erhebliche Schwierigkeiten gemacht. Treibende Kräfte dieser Schulgründung waren Emilie Wüstenfeld und Johanna Goldtschmidt, die schon die kurzlebige »Hochschule für das weibliche Geschlecht« mitbegründet hatten. 1866 ist die Schule des Vereins als voll ausgebaute Volksschule soweit anerkannt, daß sie in einem neuen Gebäude als Paulsenstiftung des Vereins eröffnet werden kann. Sie erweitert sich nun durch den Unterricht in zwei modernen Fremdsprachen schnell zu einer gehobenen Mittelschule und wird 1881 der Schulaufsicht für das höhere Schulwesen unterstellt. 1893 wird die Schule zu einer voll ausgebauten höheren Mädchenschule mit einem neunjährigen Kurs. Dessen Besuch berechtigt zum Übergang in die zehnte »Seminarvorbereitungsklasse« der anderen Hamburger Mädchenschule, an der seit 1873 ein Lehrerinnenseminar existiert. Zu diesem Zeitpunkt gibt der Verein die Trägerschaft ab, und es kommt zu einer neuen Zusammensetzung des Vorstandes der Stiftung. Dem Vorstand gehören jetzt ganz überwiegend einflußreiche Hamburger Bürger an, neben den prominenten demokratischen Pädagogen und Schulpolitikern Anton Rée und Otto Jessen der Bankier Max Warburg und Alfred Lichtwark, der Direktor der Hamburger Kunsthalle. Der Frauenverein ist weiterhin durch seine Vorsitzende vertreten, und an der Konzeption der Schule, vor allem an der Einstellungspraxis, die Männer fast gänzlich ausschloß, wird festgehalten. Von 1866 bis 1911 leitete Anna Wohlwill die Schule. Zu Beginn ihrer Direktorinnenlaufbahn war die jüdische Lehrerin, die sich ihre beruflichen Fähigkeiten bei Anton Rée und Otto Jessen in Privatunterricht erworben hatte, 25 Jahre alt. Anna Wohlwill gab der Paulsenstiftschule ein unverwechselbares reformpädagogisches Profil als Mädchenschule. Bereits 1866 hatte Johanna Goldtschmidt die pädagogische Bedeutung der »Vermischung der Stände« hervorgehoben: »Die wohlhabenden Kinder zahlen für ein armes mit, haben fast immer bessere Sprache und Manieren, tauschen dafür aber von den ärmeren Kinder Anspruchslosigkeit, bedeutende Lernbegierde und Unverdrossenheit ein.« Von Beginn an stand eine größere Zahl von Freistellen (20 volle, 50 halbe bei etwas über 450 Schülerinnen) zur Verfügung. Das Schulgeld war nach Einkommen gestaffelt, und ab 1869 gab es eine «Suppenanstalt«, die die ärmsten Mädchen mit einer warmen Mahlzeit versorgte.

Bereits 1894 beginnt die Schule mit dem Bau eines Ferienheims am Timmendorfer Strand. Lichtwark, der Initiator der Kunsterziehungsbewegung, engagiert sich in der Lehrerinnenfortbildung, und Wohlwill führt 1908 das Fach »Einführung in die soziale Hilfstätigkeit« als Teilgebiet weiblicher staatsbürgerlicher Erziehung in die Abschlußklasse der Schule ein. Nach der Reform von 1908 wurde die Schule zu einem Lyzeum, mit dessen Abschluß eine Reihe von Berechtigungen für die Berufsausbildung im öffentlichen Dienst und den Besuch eines höheren Lehrerinnenseminars (Oberlyzeum) verbunden war. Die Frauen hatten lange gezögert, diesen Status zu beantragen, weil mit ihm eine Quotierung männlicher Lehrkräfte oktroyiert wurde. Durch trickreiche Verfahren gelang es der Schule jedoch, bis zur ihrer Verstaatlichung 1937 die Dominanz weiblicher Lehrkräfte zu erhalten. In der Paulsenstiftschule konnten pädagogische Vorstellungen von weiblicher Allgemeinbildung fast acht Jahrzehnte lang ganz im Sinne der Frauenbewegung erprobt und weiterentwickelt werden. So war es die Idee einer spezifisch weiblichen Bildung, mit der die männliche Vorherrschaft in weiten Teilen der Gesellschaft faktisch anerkannt wurde und mit der zugleich die Gesellschaft durch den »weiblichen Kulturbeitrag« pädagogisch befreit werden sollte, die die Arbeit an dieser Schule trug.

Höhere Mädchenbildung zwischen 1889 und 1914 – der Kampf um gleichberechtigte Teilhabe an Wissenschaft, Staat und Kultur

Es gab ein Gebiet, in dem die Frauenbewegung die männliche Exklusivität grundsätzlich in Frage stellte: die akademische Berufstätigkeit. Nur wenige ihrer Protagonistinnen stellten allerdings deshalb die soziale Bedeutung der Geschlechterdifferenz in Frage. Das hinderte Frauen nicht, intellektuelle Gleichberechtigung zu fordern und dies in bildungspolitische Vorstellungen für Mädchen umzusetzen. Wenn auch der Kampf einzelner Pionierinnen der Frauenbewegung um die ärztliche Ausbildung und die Ausübung des ärztlichen Berufes – er verbindet sich in Deutschland mit den Namen Henriette und Franziska Tiburtius, in England mit dem von Elizabeth Garrett – spektakulär und politisch am brisantesten war, so ist das bildungspolitisch entscheidende Einfallstor in die Universitäten für die Frauen seit den 1890er Jahren jedoch die Lehrerinnenausbildung für das Lehramt an höheren Mädchenschulen gewesen.[18] Auch dies gilt offenbar für England ganz ähnlich wie für Deutschland. Elizabeth Garretts enge Verbindung mit Emily Davies, Kern eines ganzen Zirkels von sozial- und bildungsreformerisch tätigen Männern und Frauen, führte 1869 zur Gründung des ersten Frauencolleges in Cambridge. Gleichzeitig betrieb Davies erfolgreich die Übernahme der Mädchenschulen für die *middle classes* in die öffentliche Verantwortung und die Zulassung von Frauen zu den Universitätsexamina. Helene Langes Kontakte zu den Schwägerinnen Tiburtius und zum Kreis um die Kronprinzessin Viktoria zeigen eine ähnliche Bedeutung von persönlichen Netzwerken in diesen für die organisierte Frauenbildungsbewegung entscheidenden Jahren.

Lange wirkte, wie so viele politisch aktive Frauen ihrer und der vorangehenden Generation, seit den frühen siebziger Jahren als Lehrerin an einem privaten Lehrerinnenseminar. Sie selbst hatte sich noch weitgehend autodidaktisch aus- und durch Auslandsaufenthalte fortgebildet. Sie gründete 1890 gemeinsam mit Auguste Schmidt, einer Lehrerin aus der Leipziger Frauenbewegung, die mit Louise Otto-Peters 1865 den ADF gegründet hatte, und einigen anderen Kolleginnen den Allgemeinen Deutschen Lehrerinnenverein (ADLV). Dieser bewährte sich als wichtigstes Organisationsnetz im politischen Kampf um die Verbesserung und rechtliche Angleichung der höheren Mädchenbildung an die höhere Knabenbildung. Den Auftakt für die »Kampfzeiten« – so der Titel einer Sammlung von Langes Aufsätzen – bildete die Begleitschrift zu einer Petition an den Preußischen Landtag von 1887, die »Gelbe Broschüre«. In dieser erläuterte Lange die Forderung nach gleichberechtigter Teilhabe von Mädchen und Frauen an höherer Bildung. Bildungsgeschichtlich anknüpfend an Pestalozzis Vorstellung von Unterricht und Liebe als erziehende Mittel, setzt sie sich kritisch mit der herrschenden Mädchenschulpädagogik von Männern auseinander. Lange macht dieser den Vorwurf, die menschlich-weibliche Seite der Mädchen nicht zu bilden. Neben dem Interesse, die berufliche Konkurrenz zwischen Männern und Frauen im Mädchenschulwesen, die in Deutschland stark ausgeprägt war, zugunsten von Frauen zu entscheiden, liegt der Langeschen Argumentation eine demokratisch orientierte Bildungstheorie zugrunde, die von ihr in späteren schultheoretischen Arbeiten weiterentwickelt wurde. Die Emphase, entlehnt der pädagogischen Romantik von Schleiermacher und Pestalozzi, kulturtheoretisch überformt als Kritik am »Männerwerk« des Staates und zum Ersten Weltkrieg hin mit immer nationaleren Akzenten versehen, verlieh nicht nur Lange als Führerin, sondern großen Teilen der Frauenbildungsbewegung das Bewußtsein, ihr Kampf für das akademische Studium sei durch höhere Mächte legitimiert. Auffallend ist, daß Lange es nicht als Widerspruch empfindet, pragmatische Politik zu betreiben und diese gleichzeitig emphatisch als »Dienst der Idee« zu legitimieren.

Neben der Vereinstätigkeit – sie gehörte dem Vorstand des ADLV von 1890 bis 1921 an – ging Helene Lange unmittelbar nach dem Erscheinen der Schrift an die praktische Durchführung ihrer Forderungen: In privater Initiative, da das öffentliche Schulwesen in Preußen für Mädchen keinerlei zum Abitur führende Möglichkeiten bot, gründete sie 1890 zunächst zweijährige Realkurse für Frauen, die sie 1893 in der Trägerschaft eines Vereins in vierjährige Gymnasialkurse zur Vorbereitung auf das Abitur umwandelte. Prominente liberale Berliner Professoren und Kulturpolitiker wie Wilhelm Dilthey, Rudolf von Gneist, Adolf von Harnack, Gustav Schmoller, Otto Pfleider und Friedrich Paulsen gehörten zu seinen Mitgliedern. Vermögende Frauen wie Hertha von Siemens, die später selbst Chemie studierte, und Männer trugen zur Finanzierung bei. Frauen in anderen Städten folgten mit der Einrichtung ähnlicher Kurse. Andere Vorstellungen über den am besten geeigneten Weg zur Durchsetzung gleicher Bildungschancen für Mädchen veranlaßten den Verein Frauenbildungs-Reform, der sich zum

radikalen Flügel der Frauenbewegung rechnete, und andere Frauenbildungsvereine zur erfolgreichen Einrichtung grundständiger Mädchengymnasien, unter anderem in Karlsruhe (1893), in Stuttgart (1899)
und in Köln (1903). Die einzelnen deutschen Staaten reagierten durchaus zögernd auf die immer deutlicheren Forderungen, die noch dazu
von einer »Propaganda der Tat« unterstützt wurden. Die seit den 1880er
Jahren überfällige Reform des weiterführenden Knabenschulwesens,
von der eine Anpassung an Veränderungen in Wissenschaft und Technik erwartet wurde, und eine kulturkritische Wendung gegen die
Exklusivität des humanistischen »Pauk«-Gymnasiums, das allein zur allgemeinen Hochschule führte, trug zunächst sicherlich zur Zurückhaltung auf staatlicher Seite bei. Aus größerer historischer Distanz gesehen, wurde die Reform des höheren Schulwesens nach 1900 jedoch
auch durch die Forderung nach gleichen Berechtigungen für Mädchen
maßgeblich beeinflußt.[19]

Mädchenschulen, ob öffentlich oder privat, waren in den 1890er Jahren ganz überwiegend als Mittelschulen ausgebaut worden und entsprachen dem Typ der Realschule, allerdings mit starker Betonung der
Fremdsprachen, ohne Lateinführung und mit geringerem Anteil in der
Mathematik und den Naturwissenschaften. Im Streit um das Abitur für
Jungen zwischen »Realisten« und »Humanisten« legte man nicht unbedingt Wert auf »Schützenhilfe« der Frauenbewegung, die dem Abitur
ohne Griechisch aufgrund der Unter- und Mittelstufe der Mädchenschulen mit modernen Sprachen den Vorrang gab. Allerdings forderten
die Frauen schon aus prinzipiellen Gründen auch die Möglichkeit zur
klassischen humanistischen Bildung für Mädchen und wurden hierin
zum Teil von den Vertretern der »humanistischen« Bildung in der Debatte um die Reform des Gymnasiums unterstützt.

Als schließlich Preußen nach der Gymnasialreform von 1902 mit den
»Allgemeinen Bestimmungen zur Neuordnung des Mädchenschulwesens« 1908 als größter und einer der letzten deutschen Staaten eine
Schulreform anordnete, die für Frauen verschiedene, allerdings nicht
völlig gleichberechtigte Zugänge zum akademischen Studium eröffnete, wurden die bis dahin privaten Veranstaltungen der Frauenbildungs-
dungsbewegung keineswegs umstandslos verstaatlicht. Zwar mußten
viele Schulen des älteren Typs der Privatschule schließen, weil sie das
nun geforderte differenzierte Lehrangebot nicht bieten konnten. Dennoch bestanden in Preußen im Jahre 1911 neben 212 öffentlichen
Lyzeen weiterhin 198 private, vollausgebaute zehnklassige höhere
Schulen, von denen aus unter bestimmten Bedingungen weiterführende Oberstufen besucht werden konnten, die zum Abitur (Studienanstalten) oder einer Lehrerinnenprüfung mit Hochschulzugangsberechti-
gung für das Lehramtsstudium (Oberlyzeen) führten. Es gab 68 private

Oberlyzeen gegenüber 78 öffentlichen, 5 private Studienanstalten neben 28 öffentlichen.

So erscheint es nur zu berechtigt, wenn die eingangs zitierte Anna Schmidt ihren Bericht über private Mädchenschulen in Deutschland mit den Worten schließt: »Aus der privaten deutschen Mädchenschule sind die führenden Kräfte unserer Frauenbewegung hervorgegangen, an ihr haben bedeutende Frauen gewirkt, wie Auguste Schmidt, Helene Lange: sie (die private Mädchenschule, J. J.) unterrichtet jetzt in höheren Mädchenschulen, Frauenschulen, Lehrerinnenseminaren und Studienanstalten die Hälfte aller eine höhere Bildung suchenden deutschen Mädchen; sie hat also eine verantwortungsvolle Arbeit zu vollbringen.« Schmidts daran anschließender Wunsch: »Möge die äußere Gestaltung ihrer Lebensbedingungen, möge vor allem ihr eigener Idealismus, ihre eigene Kraft ihr ermöglichen, auch unter den neuen veränderten Verhältnissen, Seite an Seite mit der öffentlichen Schule der deutschen Frauenwelt mit den ihr eigentümlichen und ihr anvertrauten Gaben zu dienen!«, sollte sich nicht erfüllen. Die öffentliche Schule bot den Lehrerinnen langfristig die besseren Erwerbsmöglichkeiten und verringerte den Bedarf an privaten Mädchenschulen; nur große Organisationen, wie die katholischen Schulorden, waren dieser Konkurrenz finanziell gewachsen. Auch sie kämpften allerdings nach 1918 ums Überleben. Die alte Klientel zog zunehmend die öffentlichen Schulen vor, so daß das weiblich geprägte Bildungsmilieu der höheren Mädchenschule im Rückblick eine Erscheinung ist, die ganz dem 19. Jahrhundert mit seiner Trennung in männliche und weibliche Lebenssphären zugeschrieben werden muß. Durch Kräfte, die sie selbst bildete, und die erfolgreich für die Verbesserung der Bildungsmöglichkeiten für Mädchen stritten, hat sie sich selbst überflüssig gemacht.

12
BILDER – SCHEIN UND ERSCHEINUNG, MUSSE UND SUBSISTENZ

Anne Higonnet

Weiblichkeit ist immer auch eine Frage der äußeren Erscheinung. Die visuelle Kultur des 19. Jahrhunderts brachte zahllose Frauenbilder hervor – viele waren untereinander konsistent, einige widersprüchlich, alle aber beeinflußten wirkungsvoll die immer wieder geänderte Definition dessen, was es bedeutete, eine Frau zu sein. Weiterhin waren es Bilder, die dem Fluß des sozialen und wirtschaftlichen Wandels eine Form gaben. Doch zum ersten Mal in der Geschichte waren nun auch Frauen genau wie Männer in der Lage, ihre eigene Weltsicht darzustellen.

ARCHETYPEN

Madonna, Verführerin, Muse – diese drei weiblichen Archetypen beherrschten die Vorstellungswelt des 19. Jahrhunderts (Abb. 1, 2, 3; siehe Kap. 13). Sie tauchen auf allen – hohen und niederen – Ebenen der visuellen Kultur auf: in Zeitungen, Anzeigen, Photographien, Buchillustrationen und im Kunsthandwerk ebenso wie in der Plastik, der Malerei und Gelegenheits-Malerei. Zwar verlagerte sich in den meisten europäischen Ländern und in den Vereinigten Staaten der Ort der weiblichen Archetypen im Laufe des Jahrhunderts vom Religiösen hin zum Weltlichen (Abb. 1, 3), doch das, worauf sie anspielten und was mit ihnen beabsichtigt war, blieb gleichwohl bemerkenswert konstant und war eng mit ähnlichen Tendenzen in der Literatur verknüpft.

In Krisenzeiten erlangten die weiblichen Archetypen durch formale und thematische Innovationen oder durch schlichte Wiederholung neue Kraft. Solche Krisen gab es in den 60er Jahren und gegen Ende des Jahrhunderts. In den 60er Jahren bahnten bürgerliche Angriffe auf die etablierte Kunst den Weg zu neuartigen Bildern vom häuslichen Leben, in denen Frauen in ihrer Rolle als keusche Töchter, Ehefrauen und Mütter besonders herausgestellt wurden (Abb. 8, 13, 15, 16). Ende des Jahrhunderts lehnten sich dann entfremdete bürgerliche Ästheten gegen eben diese Werte auf. Sie schufen eine Flut von Bildern, die zutreffend als »Idole der Perversität« bezeichnet worden sind (Abb. 2, 39, 40). Die weiblichen Archetypen reflektierten keineswegs nur die herrschenden Schönheitsideale; sie lieferten auch Verhaltensmodelle. Dabei verstärkte der kulturelle Kontext die den bildenden Künsten innewohnende Überzeugungskraft.

Als Bild gestaltete Archetypen schlossen Individualität aus und beförderten rigide Unterscheidungen zwischen begrenzten Verhaltensmöglichkeiten. Die Muse blieb, was sie immer gewesen war, nicht eine bestimmte Person, sondern eine allegorische Figur oder die Verkörperung einer Idee. Dargestellt wurden Ideale: das Ideal der Freiheit zum Beispiel, verkörpert in der kolossalen Freiheitsstatue von Frédéric-Auguste Bartholdi, die immer noch Reisende im Hafen von New York City begrüßt. Nicht weniger abstrakt waren Bilder von Madonnen und Verführerinnen. Sie ordneten Weiblichkeit um zwei entgegengesetzte Pole: der eine versammelte Normalität, Ordnung und Sicherheit, der andere Abweichung, Gefahr und Verführung; auf der einen Seite standen Figuren voll pflichtgetreuer Häuslichkeit (Abb. 1, 4, 6, 7, 8, 13, 15, 16, 26, 27, 28); auf der anderen Prostituierte, beruflich qualifizierte und politisch aktive Frauen, die meisten Arbeiterinnen und farbige Frauen (Abb. 2, 9, 10, 12, 18, 30, 35, 36, 37, 38, 39, 40, 46). Diese Alternativen waren keineswegs gleichwertig. Üblicherweise wurden feminine Frauen als bewundernswerte, tugendhafte, glückliche oder belohnte Frauen dargestellt, während die vom Weiblichkeitsideal abweichenden Frauen als groteske, verdorbene, unglückliche oder bestrafte Frauen gestaltet wurden.

Bilder verliehen den Definitionen des Frauseins eine Aura der Wahrheit, indem sie abstrakte Konzepte in Porträts von Menschen und Orten verwandelten. Auf die eine oder andere Weise nahm ein Großteil der bildenden Künste für sich in Anspruch, realistisch zu sein, das heißt physikalische Phänomene beobachtet und objektiv wiedergegeben zu haben; im Laufe des Jahrhunderts erlangte diese Doktrin zunehmende Verbreitung. Die Tatsache, daß der Realismus in der bildenden Kunst verwandt war mit dem Positivismus in der Philosophie, der Feldforschung im Journalismus und in der Soziologie, dem Experiment in

Frauen spielten weder in der amerikanischen Revolution von 1776 noch in den fran-
zösischen Revolutionen zwischen 1789 und 1871 eine führende Rolle. Als jedoch die
Bildhauer Frédéric-Auguste Bartholdi und Gustave Eiffel das Projekt einer Freiheits-
statue entwarfen, erkannten sie, daß sowohl in den Vereinigten Staaten als auch in
Frankreich nur eine Frauengestalt als Symbol in Frage kommen würde.
Ansicht auf die Weltausstellung, anonyme Photographie, Paris; 1878.

Die Jungfrau Maria von Bouguereau ist ein typisches Beispiel für die religiöse
Ikonographie des 19. Jahrhunderts. Die zweite Hälfte des letzten Jahrhunderts war
durch einen Bruch gekennzeichnet: Avantgarde-Künstler, die einen weltlichen Moder-
nismus vertraten, standen in Opposition zu den Malern der Akademie, wie etwa
Bouguereau, oder den Künstlern volkstümlicher Bilder, die die gängigen Archetypen
dieses Genres fortführten.
Jungfrau mit Engeln, Skulptur von Bouguereau; vor 1900. *Paris, Musée du Petit-
Palais.*

den Naturwissenschaften, gereichte ihm zur Garantie für die universelle Gültigkeit seiner Auffassungen. Für ein nach Legitimation suchendes Bürgertum wurde Kunstaneignung durch Sammlungen, Ausstellungen, Kunstkritik oder Reproduktionen zu einer einenden Tätigkeit, die die Vision, welche dieses Bürgertum von sich selbst hatte, bestätigte und aufwertete.

Charakteristisch für diese Zeit war jedoch auch, daß alle etablierten Positionen Widerstand erzeugten. In der Kunst wie in anderen Bereichen rief der Individualismus auf Seiten marginaler Sozialgruppen ein unerwartetes Selbstbewußtsein hervor. Ja, die hohe Kunst begann, sich in immer schneller werdenden Ablehnungs- und Anerkennungszyklen zu erneuern, wobei jede folgende Generation durch Rebellion gegen die vorangegangene zu Ansehen gelangte. Selbst innerhalb einer Generation vertraten Kritiker, Künstler und Kunstverwalter unterschiedliche Auffassungen darüber, wie künstlerischer Wert zu definieren sei. Diese allgemeine Verunsicherung kam den Frauen zugute. Ihnen eröffnete sich jetzt die nie zuvor gebotene Möglichkeit, die Welt der Kunst zu betreten und sich so Mittel und Wege zur bildlichen Selbstdarstellung zu erschließen.

Doch die sozialen Werte, die Frauen als ihre Wirklichkeit erlebten, standen weiterhin dem Experimentieren mit dem eigenen Bild entgegen. Weiblichkeit schloß Sicherheit und Freuden ein, und das Infragestellen der anderen, mehr unterdrückenden und einengenden Aspekte derselben Identität drohte auch deren positive Seiten zu gefährden. Die meisten Frauen, die im 19. Jahrhundert eine künstlerische Laufbahn einschlugen, entstammten dem Bürgertum. Sie gehörten zu derjenigen Gruppe von Frauen, deren Klassenprivilegien standen und fielen mit der generellen sozialen Stabilität. Diese aber wurde vom Feminismus bedroht. Solange die Frauen in diesen Widersprüchen gefangen blieben, gestalteten sie keine Bilder von sich, die in Stil und Inhalt grundlegend anders waren als die von Männern entworfenen Frauenbilder.

Aber allein schon die Tatsache, daß Frauen nun an der Kunst teilhatten, verbesserte ihre Situation. Frauen veränderten ihre Wahrnehmung vom Platz der Frau in der Kultur der Bilder in dem Maße, wie sie darin nicht länger nur als passive Objekte auftauchten, sondern immer zahlreicher und immer professioneller auch aktiv als Produzentinnen an deren Gestaltung mitwirkten. Viele Frauen machten äußerst erfolgreich am Rande der hohen Kunst Karriere. Einige, so die Engländerinnen Beatrix Potter (1866–1943) als Kinderbuchillustratorin und Gertrude Jekyll (1843–1932) als Gartenbauarchitektin, setzten als Meisterinnen auf ihrem Gebiet Maßstäbe (Abb. 21, 41). Dagegen mußten Frauen für den Zutritt zu den prestigeträchtigen Gebieten der Malerei und Bildhauerei einen hohen Preis zahlen. Sie mußten sich entweder den künstlerischen Konventionen unterwerfen oder große persönliche Opfer bringen, oft beides gleichzeitig. Trotzdem haben Frauen wie Rosa Bonheur (1822–1899) in Frankreich und Mary Cassatt (1844–1926) in Amerika einen angesehenen Platz in der Kunstgeschichte errungen und so nachfolgenden Generationen überzeugende Rollenmodelle geliefert.

DAS GENIE

Die zahlreichen Faktoren, die dazu beitrugen, daß Frauen keinerlei berufliche Laufbahn einschlugen, auch nicht einschlagen wollten, werden in anderen Beiträgen dieses Bandes untersucht. Im Bereich der Kunst war das größte Hemmnis das ausschließlich männlich gedachte Geniekonzept. Dieses Konzept war seit der Renaissance zusammen mit einer Hierarchie der Kunstformen allmählich entwickelt worden. Es sollte das künstlerische Schaffen und dessen Qualität erklären helfen. Ein großer Künstler galt als geborenes Genie. Seine Genialität, so glaubte man, würde über alle widrigen Umstände triumphieren und in Meisterwerken von transzendentaler Schönheit zum Ausdruck kommen. Alle Kunstformen wurden nach dem Grad der in ihnen enthaltenen Genialität klassifiziert. In den bildenden Künsten rangierten historische, mythologische und religiöse Malerei und Plastik an oberster, das Kunsthandwerk an unterster Stelle, alles andere wurde irgendwo dazwischen angesiedelt. Imagination galt mehr als Imitation, der Entwurf mehr als die Ausführung.

Frauen, deren Werk in diesem Sinne Genialität erkennen ließ, hielt man für anormal oder bestenfalls für asexuell. Die Attribute der Weiblichkeit waren denen des Genies diametral entgegengesetzt; eine Frau, die künstlerische Größe anstrebte, beging, so meinte man, Verrat an ihrer häuslichen Berufung. In fiktionalen Geschichten, deren Helden oder Heldinnen Künstler sind, finden sich die umfassendsten Aussagen zum Verhältnis von Geschlecht und Kreativität. Romane wie *Das unbekannte Meisterwerk* von Honoré de Balzac (1837), *Der Marmorfaun* von Nathaniel Hawthorne (1860) oder *Das Erwachen* von Kate Chopin (1899) zeigen, welche Annahmen der Vorstellung vom Genie zugrundeliegen. Während Künstler und Kunstkritiker sich einfach auf den Genius beriefen, offenbaren Erzählungen, die den Genius in Charakteren und sozialen Situationen vorführten, wie sehr die Idee vom Genie alle Kreativität geschlechtsspezifisch zumaß. Aktivität, Imagination, Produktion und männliches Geschlecht werden hier als hochran-

Bis 1951 wurde dieses Gemälde David zugeschrieben, später dann seiner Schülerin Constance-Marie Charpentier (1767–1849). Da aber die Vorstellung des männlichen Genies sehr hartnäckig im Bewußtsein verankert war, wurde diese Zuschreibung wieder verworfen: Das Gemälde wird mittlerweile als anonym deklariert. Aber es existiert noch eine andere Hypothese: Das Modell Charlotte du Val d'Ognes (1786–1868) hält Malutensilien in ihrem Schoß und war Davids Schülerin. Könnte es sich nicht um ein Selbstbildnis handeln?
Charlotte du Val d'Ognes, anonymes französisches Gemälde; um 1800. *New York, Metropolitan Museum of Art.*

gige Werte den ebenfalls zusammengehörenden Werten Passivität, Imitation, Reproduktion und weibliches Geschlecht gegenübergestellt. Männer schaffen originelle Kunstwerke; Frauen reproduzieren sich in ihren Kindern. Das Geniekonzept half, zwischen Weiblichkeit und Männlichkeit zu unterscheiden, indem es binäre kulturelle Identitäten schuf und diese in den biologischen Geschlechtsunterschieden verankerte.

Germaine de Staël (1766–1817) und George Sand (1804–1876) antworteten auf dieses Konzept. Beide, Staël in *Corinne* (1807) und Sand in *Consuelo* (1842–1844), wagten es, weibliche Genies zu erfinden, die nicht in die konventionellen künstlerischen Kategorien paßten. Corinne ist gleichzeitig Dichterin, Schauspielerin, Rhetorikerin und Improvisatorin; Consuelo ist zunächst Diva, dann Komponistin und schließlich Straßensängerin. Beide Heldinnen werden vom patriarchalischen Recht in Gestalt von Vaterfiguren und politischer Autorität bedroht. Corinne unterliegt, doch Consuelo wird von einer Mutterfigur gerettet, die ihr politisches Bewußtsein weckt und ihr hilft, weibliches Geschlecht und intellektuelle Ideale miteinander zu versöhnen. Consuelo lehnt alle von anderen so hartnäckig verteidigten Unterscheidungen ab. Ihre Mütterlichkeit befähigt sie zu einer Kunst, in der sich kompositorischer Entwurf und darstellende Ausführung vereinigen, die mit Hilfe von Wiederholung Neues hervorbringt und sich nur außerhalb der gewöhnlichen Gesellschaft entfalten kann. Sand gab damit zu verstehen, daß Talent zwar angeboren sein mochte, daß aber seine Ausdrucksformen und seine Rezeption völlig von Geschlecht, Reichtum und Klassenzugehörigkeit abhängig waren. Paradoxerweise plädiert dieser utopischste und exzentrischste aller Texte von Sand für eine sehr viel materialistischere Auffassung von Frauenkunst als alle sonst in realistischen Romanen oder Kunstkritiken vorgeschlagenen Deutungen.

AKZEPTIERTE AUSDRUCKSFORMEN DER SELBST-DARSTELLUNG

Die in Phantasien oder Theorien entworfenen ästhetischen Positionen wurden bisweilen in tatsächliche Berufe und Lebensformen umgesetzt. Künstlerisch begabte Frauen wandten sich allerdings überwiegend Bereichen mit geringem kulturellen Prestige zu, Bereichen also, in denen sie mit möglichst wenig Hindernissen zu rechnen hatten und sich sowohl künstlerisch als auch sozial sicher fühlen konnten. Wohlhabende Frauen bevorzugten in der ersten Hälfte des Jahrhunderts eher die Amateurmalerei, während Frauen, die ihren Lebensunterhalt verdienen mußten, das Kunsthandwerk, die dekorativen Künste oder

Dieser Kupferstich von 1828 zeigt Modelle für Schneiderinnen oder Modistinnen. Hier trifft das für das Bürgertum charakteristische Bedürfnis, sich zur Schau zu stellen, auf die Existenzbedürfnisse der Handwerkerklasse. Besitzerinnen von Luxusmodengeschäften regten zu kostspieligen Kleiderlaunen und raschem Stilwandel an, um sich ihren Lebensunterhalt zu sichern. Gleichzeitig nähten viele Frauen für einen Hungerlohn, während die in die Haute Couture investierte Kreativität eine ästhetische Schichtenbildung verstärkte.

das Design wählten. Auf dem Gebiet der Musik, des Tanzes und des Theaters konnten dagegen auch Frauen eine glanzvolle Karriere machen. Die höchste Anerkennung als Genie aber wurde auch hier nicht denen zuteil, die die Werke interpretierten, sondern denen, die die Musik komponierten, das Ballet choreographierten oder die Stücke schrieben, und das waren fast ausschließlich Männer.

Überall in Europa und den Vereinigten Staaten widmeten sich Frauen des mittleren und gehobenen Bürgertums der Amateurmalerei und -musik. Nur wenige Mädchen lernten nicht Klavier oder Geige spielen (Abb. 6, 25), Singen, Tanzen, Zeichnen oder Aquarellieren. Solche künstlerischen Fähigkeiten gehörten zur weiblichen Bildung, sie sollten das Feingefühl eines Mädchens kultivieren und seine gesellschaftliche Attraktivität erhöhen. Viele Frauen – vielleicht sogar eine in jeder Großfamilie – musizierten oder malten mit Eifer viele Jahre, manchmal ein ganzes Leben lang, meistens zusammen mit Freundinnen oder anderen Frauen der Familie. Während beispielsweise die Engländerin Jane Austen (1775–1817) schrieb, malte ihre Schwester Cassandra (1773–1845). Gemälde wurden im Wohnzimmer der Familie ausgestellt, Musik wurde von Frauen und Mädchen oftmals recht kritischen Gästen der Familie vorgetragen (Abb. 6). Die mit Edouard Manet verheiratete Holländerin Suzanne Leenhoff (1830–1906) genoß als Chopininterpretin bei ihren Freunden und Kollegen hohes Ansehen.

In ihren Bildern brachten bürgerliche Frauen ihre häusliche Identität zum Ausdruck: Familienangehörige und gute Freunde, das Heim, Spaziergänge, Ferienorte, Szenen von Familienausflügen wurden dargestellt. Ihre Porträts zeigen entweder sie selbst oder andere Frauen, ihre Bilder vom Haus meistens den Salon der Frauen. Die Amerikanerin Sophie Dupont (1810–1888) entwarf mehr als 200 kleine, lebhafte Karikaturen vom Familienleben in Delaware 1823–1833. Victor und Adèle Hugo (1806–1868) zeichneten beide; er stellte gothische Schlösser und phantastische Landschaften dar; sie porträtierte ihre Kinder. Die Frauen der Aristokratie folgten diesem bürgerlichen Muster. Die englische Königin Victoria (1819–1901) malte fast immer Bilder, die ihr Privatleben darstellten; und selbst wenn das Thema ihrer Bilder Staatsanlässe waren, legte sie den Akzent auf emotionale Momente oder persönliche Interaktionen. Unter den Tausenden ihrer Bilder findet sich kaum ein halbes Dutzend Porträts ihres Gemahls.

In der Amateurmalerei spiegelt sich weniger die äußere Welt, in der bürgerliche Frauen lebten, als vielmehr die Art und Weise, wie Frauen sich selbst sahen. Amateurmalerinnen versuchten, ihre kulturelle Identität in ihren Bildern zum Ausdruck zu bringen, indem sie sich einerseits mit Hilfe des Spiegels porträtierten und sich andererseits in ihren Kindern, Schwestern, Müttern, Innenräumen und Gärten spiegelten.

Nadelarbeiten galten als schickliche Arbeit für Frauen jeden Alters und jeder Klasse; sie stellten eine Möglichkeit dar, das häusliche Schicksal mit dem Stolz der Arbeit und dem Wunsch, sich selbst auszudrücken, zu verbinden. Der Titel des Gemäldes *(Die Arbeit)* lenkt die Aufmerksamkeit auch auf die zurückhaltendere Frau, rechts, wahrscheinlich eine Gesellschaftsdame, die gerade vorliest.
Die Arbeit, Gemälde von Jules Trayer; Ende des 19. Jahrhunderts. *Carcassonne, Musée municipale.*

Amateurmalerei und -musik gehörten ganz ähnlich wie die Literatur zur elementaren Bildung der Frauen. Im Falle der bildenden Kunst folgte jedoch die Amateurkunst einer grundsätzlich anderen Logik als die hohe Kunst. Die Amateurkunst hinderte daher zunächst den Übergang der Frauen zum professionellen Status eher, als daß sie ihn beschleunigte. Erst am Ende des Jahrhunderts dürfte sie den Frauen den Zutritt zur Welt der Avantgarde-Kunst erleichtert haben.

Die kleinformatigen, fragilen, meistens auf ein Blatt Papier gesetzten Amateurbilder der Frauen transportierten fließende und kontextabhängige Aussagen. Frauen klebten häufig ihre Bilder, manchmal zusammen mit diversen Gegenständen und anderen selbstgemachten oder gefundenen Bildern, in Alben und versahen sie mit erklärenden Überschriften. Amateurbilder waren dafür vorgesehen, in einer Gruppe zusammen mit anderen Bildern und als Teil der Familiengeschichte verstanden zu werden. Kein Bild beanspruchte Autonomie; ein jedes war von seiner Beziehung zu anderen Bildern und von dem Wissen abhängig, welches der private Kreis der Betrachtenden mit ihm verband. Diese Amateurinnen waren eher Bildermacherinnen als individuelle Künstlerinnen; sie bemühten sich weder um stets wiedererkennbare Stile oder Themen, noch arbeiteten sie für einen Markt. Deshalb hatten ihre Werke nach damaliger Definition der hohen Kunst so gut wie keinen formalen, intellektuellen oder ökonomischen Wert und dementsprechend waren alle dem Vergessen preisgegeben.

Zur gleichen Zeit waren Frauen aus der Arbeiter- und unteren Mittelschicht gezwungen, ihren Lebensunterhalt selbst zu verdienen. Ihnen standen jedoch nur wenige und vor allem kaum respektable Berufe offen, die Frauen ohne Verlust an Ansehen ausüben konnten. Einige wenige handwerkliche Tätigkeiten wurden im Laufe des 19. Jahrhunderts aufgrund ihrer künstlerischen Aura als mit dem weiblichen Wesen vereinbar erachtet.

Genaue Zahlen über den Anteil der Frauen an kunstgewerblichen Berufen sind in der Forschung nicht greifbar. Zeitgenössische Kommentatoren behaupteten jedoch, daß die Herstellung von künstlichen Blumen, Gravierungen, Miniatur-, Tapeten- und Porzellanmalerei (Abb. 19), Emaillearbeiten, Handkolorierungen (Abb. 16) und das Entwerfen von Mustern größtenteils den Frauen Arbeits- und Verdienstmöglichkeiten boten.

Obwohl diese Berufe genauso langweilig, ermüdend und schlecht bezahlt wie alle anderen sein konnten, galten sie als relativ fein und weiblich. Sie erforderten wenig körperliche Kraft, dafür Geduld und Geschicklichkeit. Die meisten wurden in Werkstätten, in denen nur Frauen beschäftigt waren, oder zu Hause ausgeübt. Diese kunstgewerblichen Berufe boten Frauen daher die seltene Möglichkeit,

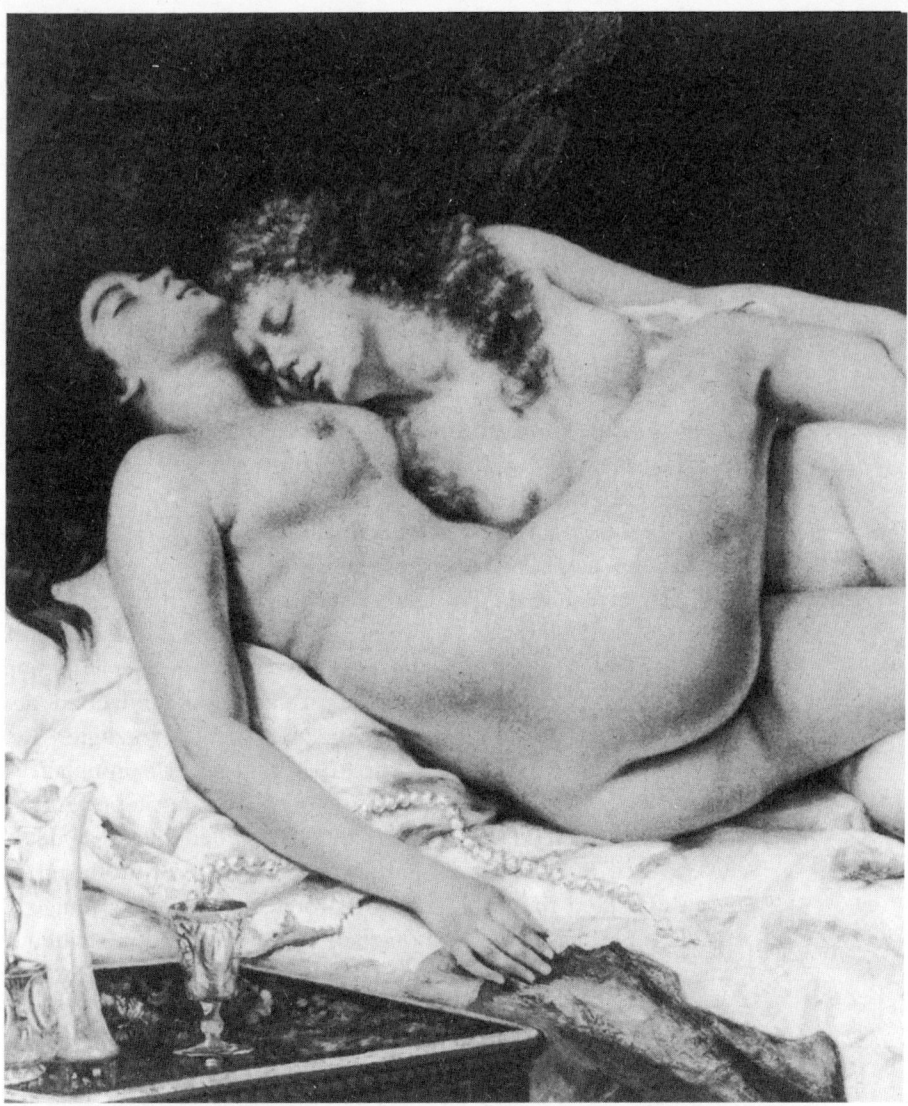

Als Courbet diese Frauen 1866 malte, wurden sexuelle Verhaltensweisen, die vorher weder völlig bekannt waren noch als skandalös galten, erstmals thematisiert. Auch wenn es sich nicht um die Darstellung lesbischer Liebe handelt, kann man mit Sicherheit davon ausgehen, daß das Bild der zwei nackten, sich umarmenden Frauen für Männer ein erregendes Thema war, auf welches in der allgemeinen pornographischen Bildkunst häufig zurückgegriffen wurde.

Der Schlaf oder die zwei Freundinnen, Gemälde von Courbet; 1866. *Paris, Musée du Petit-Palais*.

erwerbs-, geschlechts- und schichtenspezifischen Anforderungen miteinander in Einklang zu bringen.

»Geschmack« wurde für Frauen vor allem im Bekleidungs- und Putzmachergewerbe zur Finanzquelle und marktgängigen Ware. Paris-Führer nannten begabte Putzmacherinnen »Künstler«, und Luxusgeschäfte konkurrierten miteinander weniger auf der Basis von Preis und Haltbarkeit der Waren als auf der von Stil und Modeneuheiten. Margaret Oliphant gestaltete 1893 in ihrer Novelle *Kirsteen* den Traum vom wirtschaftlichen und zugleich künstlerischen Erfolg: Kirsteen, einer Frau aus Schottland, gelang der Aufstieg in der Werkstatthierarchie, weil sie ihre Arbeit beherrschte, aber auch weil sie ein höchst ertragreiches eigenes Geschäft aufzubauen vermochte. Sie hatte sich von den Modebildern an den Wänden ihres ersten Arbeitsplatzes inspirieren lassen; diese Bilder und die Modelle selbst waren überwiegend von Frauen für eine weibliches Publikum entworfen worden.

Die Verbindung von Weiblichkeit und Schönheit ermutigte Frauen, ihrer Arbeit ästhetischen Wert beizumessen. Gleich ob es dabei um das Entwerfen profitablerer Produkte oder um das gesteigerte Vergnügen an einer Beschäftigung in Mußezeiten ging, Frauen übten sich im Urteil über Geschmack. Stickerei unterschied sich von eher funktioneller Näharbeit durch das höhere Maß an Dekoration, und eben deshalb wählten Frauen des Mittelstandes Stickerei zum bevorzugten Zeitvertreib. Ähnliches läßt sich für Stepparbeiten sagen. Ursprünglich waren die aus winzigen Stoffstücken zusammengesetzten Steppdecken eine Möglichkeit, Reste zu verwerten. Das Herstellen dieser »Quilts« entwickelte sich in Amerika dann zu einer weiblichen Kunstform, an der Frauen aus allen sozialen Schichten arbeiteten (Abb. 22). Einige Quilts dienten ausschließlich zeremoniellen Zwecken, andere hatten ihren Platz im Alltag, einige waren aus kostbarer Seide gearbeitet, andere aus einfacher Baumwolle; aber alle Quilts verdankten ihre besondere Schönheit letztlich dem Sinn für Farben und Kompositionen, mit dem seine Herstellerin zu Werke ging. Welche Quilts waren Kunstwerke, welche ein Teil des Hausrats? Einige Sklavinnen auf den größten Plantagen der amerikanischen Südstaaten, deren Talent für Stepparbeiten entdeckt worden war, mußten für ihre Herren tagein tagaus Quilts nähen; waren sie Berufskünstlerinnen?

Frauen wandelten ihre häuslichen Tätigkeiten nicht nur zu Berufen um, sie lenkten Berufe auch in neue Richtungen. Elizabeth Keckley (1840–1900) lebte im Süden Amerikas als Sklavin und Näherin. Sie stellte ihre künstlerische Begabung und Energie in den Dienst ihrer politischen Überzeugungen und setzte ihre Arbeit ein, um sich selbst und ihrem Sohn die Freiheit zu kaufen. Im amerikanischen Sezessionskrieg, als es um die Abschaffung der Sklaverei ging, wurde

Die Impressionisten erkundeten in ihren Bildern nicht nur den äußeren Schein, sondern auch die Psychologie der zwischenmenschlichen Beziehungen. Manet stellt hier den Sohn eines Restaurantbesitzers dar, der keck mit seiner weiblichen Kundschaft flirtet. Die Haltung der Sitzenden ist sorgfältig studiert: er scheint den Raum, den sie beansprucht, in Besitz zu nehmen. Wird sie seinen Annäherungsversuchen erliegen?
Chez le Père Lathuille, Gemälde von Manet; 1879. *Tournai, Musée des Beaux-Arts.*

sie die Näherin und Vertraute von Mary Todd Lincoln, der Gattin des Präsidenten der Nordstaaten, Abraham Lincoln. Sie kämpfte mit ihrem Talent für die Sache der Bürgerrechte und schuf Werke wie ihren Freiheits-Quilt aus Stoffresten von Mary Todd Lincolns Kleidern. In Frankreich gehörten drei Schwestern, Héloïse Leloir (1820–1873), Anaïs Toudouze (1822–1899) und Laure Noël (1827–1878), alle geborene Colin, zu denjenigen Künstlern, die in den 1840er Jahren die Stile und Themen der kommerziellen Modezeichnung bestimmten. Künstlerinnen wie die Colins fertigten die Zeichnungen und Aquarelle an, die als Vorlagen für Stiche dienten, deren Abzüge dann handkoloriert wurden. Annähernd ein halbes Jahrhundert lang erschien die herausragende Arbeit der Colins in den führenden Frauenzeitschriften (Abb. 16).

INSTITUTIONELLE REFORMEN

Das eigentlich Neue war wohl weniger, daß Frauen handwerklich arbeiteten, sondern daß diese Arbeit nun als Beruf definiert wurde. Wir wissen, daß Frauen aus Handwerkerfamilien jahrhundertelang im Familienbetrieb mitgearbeitet haben. Elizabeth Keckley nutzte Nähtechniken, die in allen Familien von Frau zu Frau weitergegeben wurden. Die Schwestern Colin lernten bereits als Kinder von ihrem Vater in dessen Atelier das Malen und Zeichnen und verdienten mit ihrer Kunst Geld, sobald sie herangewachsen waren. Mit der Entfaltung des Kapitalismus mußten Frauen sich immer häufiger auf dem öffentlichen Arbeitsmarkt um Stellen bewerben, die ihre Mütter und Großmütter noch selbstverständlich geerbt hatten.

In der zweiten Hälfte des Jahrhunderts war der Zerfall der familialen Arbeitsorganisation bereits so weit fortgeschritten, daß die nachfolgenden Generationen nicht mehr wie noch Elizabeth Keckley und die Schwestern Colin zu Hause ausgebildet wurden. Um trotzdem weiterhin im Handwerk und in den neuen, einige Handwerke verdrängenden Berufen des Industriedesigns um Erwerbschancen konkurrieren zu können, mußten Frauen nun eine öffentliche Ausbildung fordern. Gleichzeitig erkannten die wenigen Frauen, die in der Kunst einen Platz anzustreben begannen, daß sie diesen ohne offizielle Ausbildung und Berufszugehörigkeit nicht erreichen würden. Wenn wir beispielsweise heute in der Amerikanerin Jennie Louise Bethune (geborene Blanchard, 1856–1913) eine der allerersten professionellen Architektinnen sehen, so nur deshalb, weil sie die erste Frau war, die 1888 in das American Institute of Architects, dem bis heute wichtigsten Berufsverband amerikanischer Architekten, aufgenommen wurde. Eine

Konvergenz wirtschaftlicher und künstlerischer Faktoren führte im letzten Drittel des Jahrhunderts überall in Europa und den Vereinigten Staaten zu kontroversen Debatten über die Aufnahme von Frauen in die kulturellen Institutionen der Männer.

Die Streitfragen waren in allen Ländern mehr oder weniger dieselben. Gegner einer künstlerischen Ausbildung für Frauen forderten, Frauen sollten zu Hause bleiben, während Befürworter argumentierten, daß sich das keineswegs alle und schon gar nicht alleinstehende Frauen leisten könnten und daß eine künstlerische Ausbildung, mehr als alle anderen, die Weiblichkeit einer jungen Frau eher vergrößere als verringere. Jedoch variierte die Chronologie der Proteste und Konzessionen in jedem Land je nach Mobilisierungsgrad der Künstlerinnen und der Bereitschaft des nationalen oder städtischen Kunstestablishments zu Zugeständnissen. Da Paris zu jener Zeit das Zentrum der Kunstwelt war, liefert uns Frankreich den ungewöhnlichsten und zugleich wichtigsten Fall:[1] Ende des Jahrhunderts kamen Frauen aus Belgien, Großbritannien, Finnland, Deutschland, Holland, Italien, Norwegen, Rußland, der Schweiz und den Vereinigten Staaten zu Studienzwecken nach Paris. Sie alle werden später die führenden Malerinnen ihrer jeweiligen Länder sein.

Frankreich hatte eine der ersten öffentlich finanzierten Kunstschulen für Frauen. 1803 von zwei Frauen in Paris gegründet, diente die École Gratuite de Dessin pour les Jeunes Filles als Modell für ähnliche Schulen in anderen Ländern. Sie bot einen Grundkurs in Gestaltung an, der die meisten Schülerinnen auf kunstgewerbliche Berufe ausrichtete. In den 60er Jahren waren bereits in vielen Provinzstädten ähnliche Schulen entstanden. 1869 gab es allein in Paris zwanzig derartige Schulen gegenüber nur sieben für Männer. Kunst wurde zu einem integralen Bestandteil des Unterrichts für Mädchen an öffentlichen Schulen, was wiederum den Künstlerinnen vermehrt eine Anstellung als Lehrerin brachte. Ende des Jahrhunderts eröffnete die nationale Union Centrale des Arts Décoratifs eine Frauensektion, um für Frauen im Handwerk hinsichtlich Zahl und Qualität die Standards anzuheben.

Frauen, deren Gemälde oder Plastiken dem Urteil der Jury standhielten, konnten in Paris unter der Schirmherrschaft des Staates und seines künstlerischen Organs, der Académie des Beaux-Arts, im berühmten Salon ausstellen. Im Jahre 1800 stammten 66 und damit 12,2 Prozent der im Salon ausgestellten Werke von Frauen. Bis 1900 waren die Zahlen stark gestiegen: 609 oder 21,2 Prozent aller Arbeiten stammten von Frauen. Frauen stellten sehr selten Skulpturen aus; am häufigsten waren Aquarelle, und im Laufe der Zeit wuchs auch die Zahl der Ölbilder. Da Frauen jedoch nicht in den Genuß der gleichen Ausbildung wie Männer kamen, vermochten sie sich auch nicht so erfolgreich wie diese im Ausstellungsbetrieb, gegenüber der Kritik und auf dem Markt, zu behaupten. Um 1860 betrieb der berühmte Maler Charles Chaplin eine professionelle Atelierschule für Frauen. In den 70er Jahren folgten andere, z. B. Tony Robert-Fleury an der Académie Julian, seinem Beispiel. Aber selbst in diesen seriösen Ateliers entsprach die den Frauen gewährte Ausbildung nicht der der Männer: die Unterrichtsstunden waren andere, es gab weniger Lehrer, Aktzeichnen war nicht erlaubt, und Anatomie wurde nicht gelehrt.

Die Frauen erkannten schließlich, daß sie ihre Sache selbst in die Hand nehmen mußten. 1881 gründete die Bildhauerin und Pädagogin Madame Léon Bertaux, geborene Hélène Pilate, die Union des Femmes Peintres et Sculpteurs. Ähnliche Organisationen gab es an anderen Orten Europas. Ab 1882 organisierte diese Union einmal im Jahr eine eigene Ausstellung, an der im ersten Jahr 38, 1897 schon 942 Künstlerinnen teilnahmen. Als 1890 zum ersten Mal ihr *Journal des Femmes Artistes* erschien, zählte die Union 500 Mitglieder. Mit Hilfe dieser Zeitschrift und unter Einsatz der unermüdlichen Madame Bertaux kämpfte die Union für die Aufnahme von Frauen in die berühmteste aller europäischen Kunstschulen, in die staatlich geführte und finanzierte École des Beaux-Arts. Der Erfolg kam schließlich 1896, lange nachdem bereits ähnliche Schulen in Dänemark, Deutschland, Rußland und Großbritannien vor den Frauen kapituliert hatten. Frauen blieben allerdings an der École des Beaux-Arts immer noch von Kursen, in denen nach der Natur gearbeitet wurde, ausgeschlossen, und sie konnten sich ebenfalls nicht um die höchste Auszeichnung der Schule, den Prix de Rome, bewerben.

Mit Siegen wie dem der Union gewannen Frauen leider jedoch nur das Recht auf überholte Privilegien. Führerinnen und Mitglieder der Union hatten erkannt, daß für eine erfolgreiche künstlerische Laufbahn eine institutionelle Absicherung erforderlich war. Sie bestanden daher aus gutem Grund auf dem Prinzip des gleichen Zugangs für Frauen; sie erkannten aber nicht, welche Privilegien die eigentlich modernen waren. Als Frauen endlich Zugang zur École des Beaux-Arts erlangten, hatten die Entwicklungen in der Kunst bereits eine andere Richtung genommen. Nun waren nicht mehr der Staat, sondern unabhängige Ausstellungen, avantgardistische Kunstbewegungen und private Händler entscheidend. In dieser modernen Kunstwelt aber, die so viel flüchtiger, egozentrischer und individualistischer als die vorangegangene war, blieben die Frauen so ungeschützt wie zuvor.

Schon zu Beginn ihrer langen Karriere gelang es Sarah Bernhardt, die neuesten Bild-
techniken in den Dienst ihrer Berühmtheit zu stellen. Deshalb arbeitete sie mit
männlichen Künstlern: Nadar stellt sie hier als ein Schönheitsobjekt dar und erhebt
die Photographie unter Verwendung der Mittel von Komposition und Belichtung in
den Rang eines Kunstwerks. Mittels dieser neuen Bildkultur verwandelte sich das
weibliche Idol für zahlreiche Käuferinnen von Photographien der Schauspielerin in
einen Star.
Sarah Bernhardt, Photographie von Nadar; 1864.

Blick und Geschlecht

Die Bilder spiegelten noch immer die Sicht von Männern auf Frauen und die Einstellungen, die Männer zu Sexualität, Klasse, Rasse, Arbeit und Kunst hatten. Mit der Industrialisierung der visuellen Kultur veränderten sich allmählich die von früheren Jahrhunderten übernommenen Darstellungskonventionen. Einige Frauentypen wurden neu sichtbar, während andere im Dunkeln verschwanden.

Männliche Künstler behielten weiterhin die Kontrolle über ihre weiblichen Sujets. Männer stellten Frauen nicht nur als ein der Autorität eines sexualisierten Blicks unterworfenes Objekt dar. In vielen Fällen verschärften zusätzlich noch Klassenunterschiede diese Ungleichheit der Geschlechter. Maler und Bildhauer beanspruchten zumindest Mittelschichtzugehörigkeit, während die von ihnen engagierten Modelle der Arbeiterklasse angehörten. Ganz ähnlich betrachteten Graphiker und Photographen ihre aus der Arbeiterklasse stammenden weiblichen Objekte mit gleichzeitig herablassendem und begehrlichem Blick.

Dieses Machtverhältnis zwischen dem Künstler und seinem Modell kam nirgends deutlicher als in Darstellungen des nackten Körpers zum Ausdruck. Mehr als je zuvor bedeutete Aktdarstellung in der Kunst die Darstellung des weiblichen Akts. Was wurde aber enthüllt: die Körper der Frauen oder erotische Männerphantasien? Gewöhnlich wurden sexualisierte Körper gemalt, die auf die eine oder andere Art unterwürfig und fremd zugleich erschienen: Frauen aus anderen Zeiten, anderen Orten, anderen Kulturen, anderen Welten; primitiv-lüsterne Arbeitermädchen, verführerische Odalisken, liegende Göttinnen. Mythen umgaben die Nacktheit als Sujet und die Frauen, die für diese Bilder Modell standen. Weit verbreitet war die Ansicht, daß Aktmodelle sich den Künstlern, für die sie arbeiteten, bereitwillig sexuell hingaben. Ob das nun der Wirklichkeit entsprach oder nicht, der Mythos vom Künstlermodell brachte die imaginären Beziehungen zwischen männlichem Betrachter und der Aktdarstellung in der hohen Kunst treffend zum Ausdruck.

Pornographische Bilder lieferten Frauenkörper sehr viel direkter dem besitzergreifenden männlichen Blick aus. Massenhaft reproduzierte Lithographien, Holzschnitte und später Photographien entledigten sich der in der hohen Kunst üblichen Idealisierung und bedienten einen expandierenden Markt mit expliziten Sexualitätsdarstellungen (Abb. 38). 1874 beschlagnahmte die Polizei in London bei einer einzigen Razzia in einem einzigen Laden 135 248 als obszön bezeichnete Photographien.[2] Dabei konnten die unterschiedlichsten ästhetischen Intentionen nebeneinander existieren. Vor allem auf frühen Daguerreotypen vermochte eine sorgfältige Komposition zusammen mit dem Einsatz der

von der Kamera gebotenen Möglichkeit der perspektivischen Verkür-
zung, Erotik ins Bild zu bringen.

Frauenkörper, die für Männer visuell unattraktiv waren, tauchten so
gut wie nie in der bildenden Kunst des 19. Jahrhunderts auf. Darstellungen von älteren Frauen waren entweder Karikaturen oder süßliche
Stereotypen. Die körperliche Arbeit von Frauen war fast nie Thema der
Darstellung. Wie der Mythos vom Künstlermodell von den materiellen
Bedingungen dieser Arbeit ablenkte und stattdessen die sexuelle Verfügbarkeit betonte, so wurden auch andere Arbeiterinnen entweder
ignoriert oder erotisiert.

Anfangs war das Bürgertum selbst vom Anblick traditioneller bäuerlicher Arbeit schockiert, als Millet in großem Format die mühevolle
repetitive Arbeit der Bäuerinnen malte (Abb. 32).

Volkstümliche Darstellungen zeigten vorzugsweise relativ privilegierte
Arbeiten wie die Putzmacherei, die mit weiblichen Freuden in Verbindung gebracht wurden, aber auch andere Berufe, in denen Frauen für
Männer des Mittelstandes sexuell zugänglich erschienen. Später wurden solche handwerklichen Berufe ergänzt um neue, ebenfalls dem
weiblichen Geschlecht zugeschriebene Berufe wie dem der Angestellten oder der Telefonistin (Abb. 35).

Die Photographie begann allmählich, die Lebens- und Arbeitsbedingungen der Armen zu zeigen, aber selbst Pioniere wie Jacob Riis stellten weiterhin proletarische Frauen nur als Mütter und Opfer, nicht aber
als aktive und produktive Arbeiterinnen dar (Abb. 36).

Frauen aus der Theaterwelt dagegen standen im Rampenlicht. Sängerinnen wie die Spanierin La Malibran (1808–1836), Schauspielerinnen
wie die Französin Sarah Bernhardt (1844–1923), Tänzerinnen wie
die Italienerinnen Carlotta Grisi (1819–1899) und Marie Taglioni
(1804–1884) faszinierten überall in Europa und den Vereinigten Staaten ihr männliches und weibliches Publikum. Die Bilder, die man von
ihnen machte, trugen ebenso zur Verbreitung ihres Ruhms bei wie ihr
tatsächlicher Bühnenerfolg (Abb. 13). Bereits Mitte des Jahrhunderts
bestanden die Aufträge von Photostudios zu mehr als einem Drittel in
Porträtaufnahmen von Schauspielerinnen und Sängerinnen.[3] Diese ver-
herrlichenden Bilder von Berühmtheiten schufen zwar auch Mythen
über Frauenkörper, aber diese Mythen werteten die abgebildeten
Frauen auf und priesen deren Fähigkeit, dem eigenen Körper technisch
brillante Leistungen abzuverlangen. Ballerinen wie Taglioni und Grisi
waren für ihre großartige Spitzentanztechnik berühmt, die den Eindruck erweckte, als ob sie über die Bühne schwebten.

Noch erfreute sich die Jungfrau Maria der größten Berühmtheit. Trotz
des allgemeinen Rückgangs sowohl der populären als auch der gehobenen religiösen Bildkunst wurde dem Bild Mariens im religiösen Kul-

tus des 19. Jahrhunderts zentrale Bedeutung beigemessen. Papst Pius'
Proklamation des Dogmas der Unbefleckten Empfängnis, 1854, und der
Erfolg der Mädchenschulen, die von Frauen in der Klostergemeinschaft
vom Heiligsten Herzen Jesu betrieben wurden, unterstreichen die
Bedeutung, die der Katholizismus im 19. Jahrhundert als Modell für die
religiöse Frauenrolle erlangte. Von den Präraphaeliten bis zu den anonymen Graveuren von religiösen Karten – dem religiösen Gegenstück
zu den *carte-de-visite* der Photographen – prägten alle Künstler Maria
zur bürgerlichen Mutter, einem Bild, dem sich auch Protestanten anschließen konnten. Die erste professionelle Kunsthistorikerin, die Engländerin Anna Jameson (1794–1860) krönte ihr überaus populäres
Werk *Legendary and Sacred Art* mit einem letzten Band über *Legends
of the Madonna*. Darin pries sie das Gemälde der Madonna mit Kind
als »Glorifizierung alles dessen, was an der Weiblichkeit das Reinste,
Lieblichste und Heiligste« ist.[4]

Produktion und Konsumtion

Zusammen mit populären Drucken erweiterten Photographien den
Bereich der visuellen Kultur beträchtlich. Dieses neue Medium, das in
den 30er Jahren entwickelt wurde und im Laufe des Jahrhunderts enorme Verbreitung fand, popularisierte zeitgenössische weibliche Themen,
zog besonders das weibliche Publikum an und schuf neue visuelle
Identifikationsmodelle. Leichter als jemals zuvor konnten Frauen Bilder
nicht nur machen, sondern auch erwerben. Ihre intensivere Beteiligung
an der visuellen Kultur aber machte Frauen zugleich stärker für deren
Suggestionen empfänglich.

Mechanische Mittel trugen dazu bei, die Definitionen von Autorenschaft aufzuweichen. Frauen wie die Engländerin Julia Margaret Cameron (1815–1879; Abb. 47) konnten auch ohne professionelle Ausbildung eine Kamera in die Hand nehmen und sich einen herausragenden Platz sichern auf einem Gebiet, in dem noch nicht rigide zwischen
Kunst und Wissenschaft, Amateur und Profi unterschieden wurde. Im
Photostudio konnte sich die Künstler–Modell-Beziehung geradezu
umkehren, und der Photograph mochte passiv bleiben, während sein
Modell sich in Szene setzte, um für die Kamera eine Identität vorzu-
geben, die von der photographischen Apparatur festgehalten werden
sollte.

Die Italienerin Virginia Verasis, Gräfin de Castiglione (geborene
Oldoini, gestorben 1899), Augustine, eine Französin unbekannter Herkunft, und die Engländerin Hannah Cullwick (1833–1909), sie alle

Reklame wurde Ende des letzten Jahrhunderts für jedermann zu einem wesentlichen Bestandteil der bildhaften Phantasie. Zahlreiche Werbekampagnen zielten auf ein weibliches Publikum: Die weibliche Natur wurde mit Vergnügungen, Luxus und Konsumwünschen gleichgesetzt.
Halles de Flers/Orne, anonyme Photographie; um 1910.

nutzten die Photographie, um ebenso extravagante wie herausfordernde Bilderserien von sich selbst herzustellen. Die Gräfin de Castiglione stellte sich selbst als laszive Kurtisane, als Schaubild der Sexualität und Objekt der Begierde dar (Abb. 18). Augustine, Patientin von Jean-Martin Charcot in der psychiatrischen Klinik für Frauen an der Salpêtrière, mimte die Phasen ihrer Hysterie für Aufnahmen, die Charcot als klinisches Anschauungsmaterial nutzte (Abb. 37). Hannah Cullwick, ein einfaches Hausmädchen, posierte in Rollen von der Sklavin bis zur Dame von Welt, um Arthur Munby, dem exzentrischen Photosammler zu gefallen, der sie schließlich heiratete. War das Posieren dieser Frauen Selbstdarstellung oder Selbstausbeutung? Verteidigten sie den Anspruch auf marginale Identitäten, oder waren sie in Rollen gefangen, die ihre Bilder festschrieben? Die Widersprüche ihrer Selbstdarstellungen verdeutlichen gerade in ihren Übertreibungen die in der modernen industriellen Verbraucherkultur allen weiblichen Identitäten inhärenten Spannungen.

Frauen kontrollierten Bilder, indem sie sie kauften, wurden aber selbst wiederum durch den Zwang, Bilder zu kaufen, kontrolliert. Die Industrialisierung verwandelte die weibliche Amateurtradition in massenhaft reproduzierte Bilder. Frauen füllten ihre Alben allmählich nicht mehr nur mit selbstgemalten Bildern, sondern ergänzten sie um Photographien mit ähnlichen Themen. In ihrer Amateurkunst hatten sich Frauen innerhalb einer häuslichen Welt imaginiert; nun lösten Drucke, Photographien und vor allem Modebilder die Amateurbilder ab und stellten Frauen kommerziell dar (Abb. 16). Modebilder und als deren Publikationsmedien die Frauenzeitschriften gab es bereits seit dem ausgehenden 17. Jahrhundert. Sie entwickelten sich erst in den 40er Jahren des 19. Jahrhunderts zu einer kulturellen Kraft. In Amerika hatte Godeys *Ladies Book*, das von Sarah Josepha Hale herausgegeben wurde, 1849 schon 40 000 Abonnenten; in Frankreich erzielten Frauenzeitschriften wie *Le Petit Echo de la Mode* 1890 eine Auflagenhöhe von 200 000. Jedes verkaufte Heft wurde von mehreren Leserinnen gelesen. Frauen wurden von der Bekleidungs- und Druckindustrie als Markt erkannt und als Zielgruppe angesprochen. Durch das Modebild lernten Frauen die Werbung (Abb. 17, 28) mit ihrer beispielhaften Verknüpfung von Bild und Kaufinformation kennen, die die Produkte als Geschlechts- und Klassenideal verkaufte.

Anzeigen definierten Weiblichkeit im Sinne von Oberflächen und Gegenständen neu: Kleidung, Kosmetik und Accessoires. Im Verlauf des 19. Jahrhunderts entwickelten sich Frauen von Produzentinnen, die im Haus arbeiteten, zu Konsumentinnen, die außerhalb des Hauses Geld ausgaben. An diesem Prozeß hatten Anzeigen einen visuellen Anteil, indem sie die traditionellen Selbstbilder der Frauen in kom-

Ungeachtet ihres außerordentlichen musikalischen Talents, ordnete Clara Schumann ihre
Karriere der ihres Mannes und den Bedürfnissen ihrer Kinder unter. Die Achtbarkeit
ihrer sozialen Stellung und die weibliche Selbstverleugnung, durch welche sie den Einfluß
ihres Werkes gering hielt, bewahrten sie vor Kritik und verschafften ihr Zugang zur geschlossenen Gesellschaft der musikalischen Welt.
Robert und Clara Schumann, Stich nach einer Zeichnung von Erwald Kaiser; 1847.

merzielle Schaubilder verwandelten. Diese neuen Selbstbilder waren Waren, die allen Frauen gegen Geld zur Verfügung standen, und vielleicht wurden Frauen, die sich diese neuen Werte aneigneten, selbst zur Ware.

»Männer handeln, Frauen zeigen sich«, sagte einmal der Kritiker John Berger. Als die äußere Erscheinung für die weibliche Identität immer wichtiger wurde, spielten Bilder für das Selbstgefühl der Frauen eine entsprechend größere Rolle. Die unerhört große Zahl von Frauen, die sich nun künstlerischen Berufen zuwandte, war eine Reaktion auf diese Verknüpfung von Frauen und Bildern. Indem Frauen in künstlerische Gebiete vordrangen, perpetuierten sie die Geschlechterstereotypen. Mit der Zeit jedoch trugen ihre Werke und Leistungen dazu bei, Frauen anders als bisher erscheinen zu lassen.

STRATEGIEN

Negativ wie positiv charakterisierten Ambiguität und Kompromißbereitschaft die kulturelle Produktion der Frauen. Die erfolgreichsten künstlerischen Karrieren von Frauen – ganz gleich, ob man den Erfolg an sozialer Anerkennung, Ruhm, Reichtum oder Einfluß mißt – basierten weniger auf der Forderung nach gleichem Zugang zu männlichen Institutionen und offiziellen Privilegien, als auf der Fähigkeit, am Rande dieser Institutionen zu arbeiten und die Bindung entweder an die Amateurtradition oder an einen handwerklichen Beruf aufrechtzuerhalten.

Eine der wichtigsten Hilfen für Frauen mit künstlerischen Ambitionen waren nach wie vor männliche Künstler. Die Verbindung zu einem männlichen Kollegen ging zwar oft mit dem Verlust des guten Rufs einher (siehe den Mythos vom Künstlermodell) und barg die Gefahr in sich, daß das eigene Werk der Inspiration des Mannes zugeschrieben wurde oder gar als dessen Ausführung galt. Dennoch durchlief die Mehrzahl der im 19. Jahrhundert als Künstlerin angesehenen Frauen die Phase des Modells, der Gefährtin oder der Schülerin einer in der Kunstwelt anerkannten männlichen Figur. Die englische Stickerin May Morris (1862–1938) war Tochter und Schülerin des Zeichners William Morris; die deutsche Komponistin Clara Schumann (1819–1896) war mit dem Komponisten Robert Schumann verheiratet; Carlotta Grisi war die Geliebte des Choreographen Jules Perrot; die Französin Berthe Morisot (1841–1895) stand für ihren Malerkollegen Edouard Manet (Abb. 24) Modell. Die Häufigkeit dieses Phänomens läßt sowohl auf die fortbestehende Abhängigkeit der Frauen von Männern bei ihrer Einführung in die Kunstwelt, als auch auf ihr psychisches Bedürfnis nach Aufwertung durch Männer schließen.

Camille Claudel und Jessie Lipscomb begannen ihr Studium gemeinsam, schlugen aber schon bald sehr unterschiedliche Wege ein. Lipscomb etablierte sich im Konformismus, wohingegen Claudel, der jeglicher Kompromiß verhaßt war, gesellschaftliche Ablehnung ertragen mußte. Keine von beiden zog eine andere Möglichkeit für sich in Betracht.
Camille Claudel und Jessie Lipscomb in ihrem Atelier, Photographie von 1888. *Paris, Musée Rodin, Museumssammlung.*

Karrieren am Rande der Künste boten Frauen unbekanntes Terrain, das sie ganz für sich beanspruchen konnten. Wenn sie wie Potter und die Engländerin Kate Greenaway (1846–1901) Bücher illustrierten, wenn sie sich auf ungewöhnliche und marginale Genres der Malerei spezialisierten – bei Bonheur waren es Tiere, bei Lady Elizabeth Butler (1846–1933) Militärszenen –, wenn sie sich neue Gebiete erschlossen – wie die Schwestern Colin die Modezeichnung oder Cameron die Photographie –, wenn sie über Kunst schrieben, wie es die Russin Marie Bashkirtseff (1859–1884) in ihrem Tagebuch, das ein Bestseller wurde, oder die Engländerin Anna Jameson (1794–1860), als eine der ersten professionellen Kunsthistorikerinnen, taten, dann konnten Frauen sich weit vorwagen, ohne den Anschein eines Regelbruchs zu erwecken.

Eine andere Strategie von Künstlerinnen bestand darin, die hohe Kunst der Männer in einen häuslichen Rahmen einzubetten. Frauen konnten ihre Identifikation mit der Häuslichkeit nach außen ausdehnen und Handwerk, Malerei, Architektur und Natur selbst wieder zu komplexen Kunstwerken eigenen Rechts neu ordnen. Die Amerikanerin Edith Wharton (1862–1937) schrieb 1897 zusammen mit Ogden Codman das erste professionelle Buch über Innendekoration, *The Decoration of Houses*. Gertrude Jekyll entwarf und pflanzte Gärten um Häuser (Abb. 41). In den Vereinigten Staaten gründete, plante und realisierte Isabella Stewart Gardner (1840–1922) aus den Beständen ihrer Kunstsammlung und der ihres Mannes in einem Privathaus eines der bedeutendsten Hausmuseen der Welt und machte dieses zur öffentlichen Einrichtung (Abb. 42, 43).

Frauen konnten nicht wie Männer ihr Berufs- von ihrem Privatleben trennen. Einige wußten daraus einen Vorteil zu ziehen, andere scheiterten daran. Eine radikale Karriere konnte mit traditionellen Darstellungsthemen kompensiert werden. Mary Cassatt und Berthe Morisot, die prominentesten Avantgarde-Malerinnen des 19. Jahrhunderts, widmeten beide ihr Werk ausschließlich den konventionell weiblichen Themen der Amateurtradition (Abb. 1, 25). Beide Frauen führten auch das gesetzte Privatleben der Mittelschicht. Zeigten Frauen dagegen Kühnheit in der Wahl des Mediums und gleichzeitig Radikalität im beruflichen wie im privaten Leben, so konnte das katastrophale Folgen haben. Camille Claudel (1864–1943) wurde zum mythischen Archetypus des bestraften weiblichen Genies. Sie wagte es, sich der Bildhauerei, diesem männlichsten aller künstlerischen Medien, zuzuwenden, einem dominanten Künstler, Auguste Rodin, nicht nur Modell zu stehen, sondern mit ihm zusammenzuarbeiten, ihn offen zum Liebhaber zu nehmen und noch dazu die erotischen Wünsche von Frauen darzustellen (Abb. 40). Ihre Familie und Rodin ließen sie fallen, sie verlor den Verstand, und ein dreiviertel Jahrhundert wurde sie von der Kunstgeschichte vergessen.

Frauen waren mit komplexen und sich wandelnden Konfigurationen ästhetischer, ökonomischer, sexueller, technologischer und politischer Werte konfrontiert. Diese materialisierten sich in einzelnen Kunstformen, -institutionen oder -industrien und konstituierten gemeinsam die visuelle Kultur. Einige dieser Werte stimmten denen Werten der Weiblichkeit überein, viele nicht. Frauen mußten widersprüchliche Werte miteinander in Einklang bringen und neue Sinnordnungen entwerfen, um für sich einen Platz zu schaffen, wo sie vorher keinen hatten. Sie mußten für sich neue berufliche Laufbahnen, Kunstformen und Formen der Weiblichkeit erfinden. Um ihre Leistung beurteilen zu können, müssen wir die sehr eng an Gemälden und Skulpturen orientierte Sicht der Kulturgeschichte aufgeben und das gesamte Gebiet der visuellen Kultur in ihrem historischen Kontext betrachten. Dann wird sichtbar, wie mutig das Werk der Frauen war, wie raffiniert, gewinnbringend, verschiedenartig, kreativ und wie schön es aus all diesen Gründen war.

Aus dem Englischen von Sylvia M. Schomburg-Scherff

13
FRAUENBILDER

Anne Higonnet

Bilder können auf unterschiedliche Weise betrachtet werden. Die hier vorgestellten Abbildungen lassen sich mit Hilfe der knappen Bildunterschriften verstehen. Man kann sie aber auch in einem viel weiteren Sinne als bildliche Entsprechungen, Ergänzungen oder Erklärungen der in den verschiedenen Beiträgen dieses Bandes angesprochenen Themen begreifen: Revolution, Subversion, Sexualität, Familie, Arbeit, Feminismus, Identität und Darstellung. Das vorangegangene Kapitel »Bilder – Schein und Erscheinung, Muße und Subsistenz« erläutert den Ort, den Bilder in der Geschichte der visuellen Kultur des 19. Jahrhunderts haben. In diesem Kapitel werden anhand ausgewählter Bilder Sinnzusammenhänge und visuelle Strategien erläutert.

MADONNA, VERFÜHRERIN, MUSE

Das Bad (1891–92) von Mary Cassatt (Abb. 1), *Judith* (1901) von Gustav Klimt (Abb. 2) und *Die Freiheit, das Volk führend* (1830) von Eugène Delacroix (Abb. 3) zeigen die drei Frauenstereotypen der hohen Kunst: Madonna, Verführerin und Muse. Doch jedes dieser Gemälde modernisiert sein Stereotyp auf eine für das 19. Jahrhundert typische Weise.

Cassatts Madonna, eine bürgerliche Mutter mit Tochter, signalisiert zum einen das Ende religiöser Themen in der Kunst, vor allem in pro-

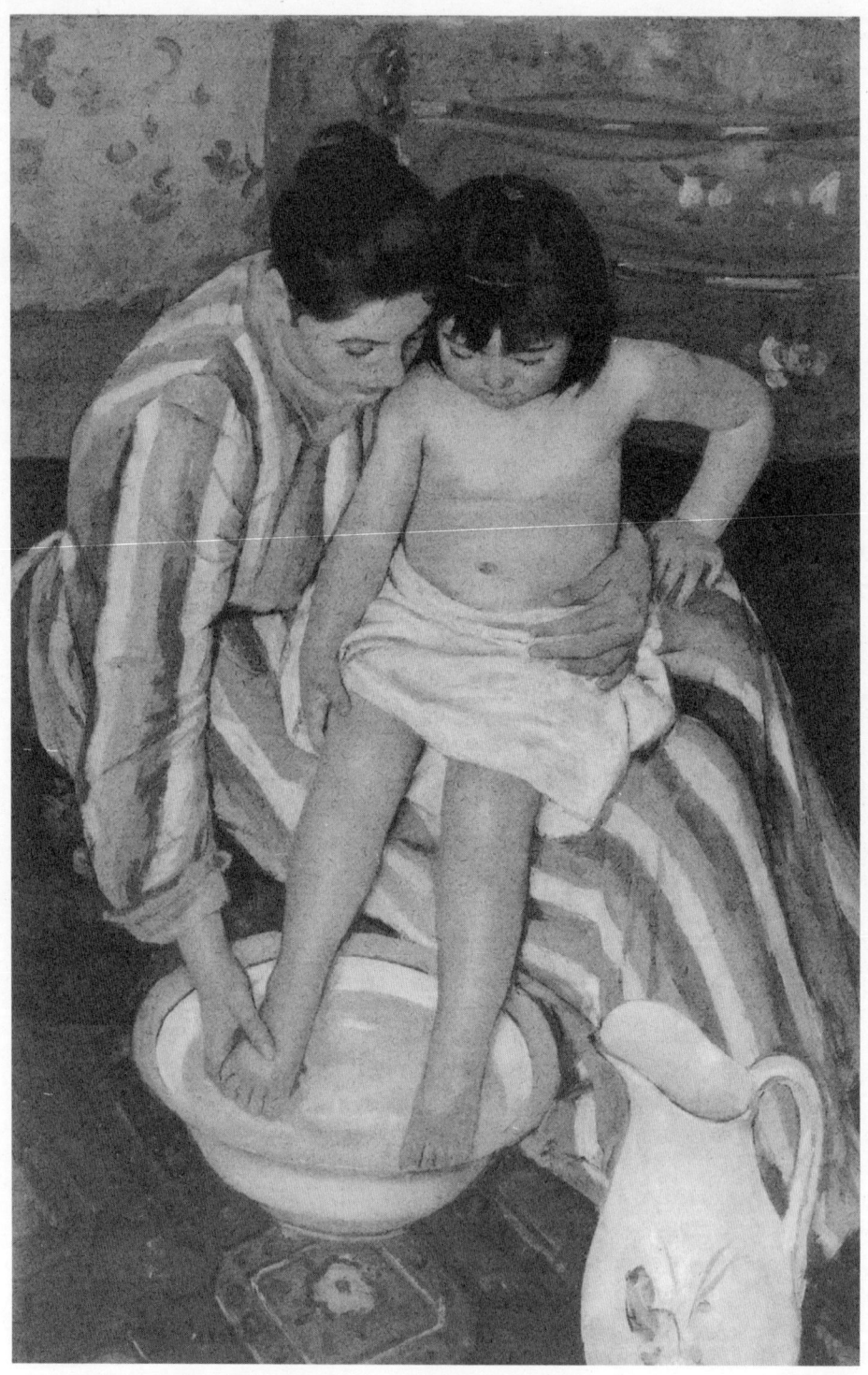

Abb. 1 *Das Bad*, Ölbild, Mary Cassatt; 1891–92. *Chicago, Art Institute of Chicago.*

Abb. 2 *Judith*, Ölbild, Gustav Klimt; 1901. *Österreichische Galerie, Wien*

Abb. 3   Ein für die
Republikaner be-
sonders typisches,
weibliches Stereo-
typ im Frankreich
des 19. Jahr-
hunderts: Die Frei-
heit trägt die
Gesichtszüge der
Marianne und eine
Jakobinermütze mit
Abzeichen.
*Die Freiheit, das
Volk führend,*
Ölbild, Eugène
Delacroix; 1830.
*Paris, Musée du
Louvre.*

testantischen Ländern, aber auch in Frankreich. Es transportiert zum anderen das wachsende Interesse an Bildern von kleinen Mädchen und an der Mutter-Tochter-Beziehung. Die von Cassatt gemalte mütterliche Figur badet ihr Kind – ein alltägliches Ereignis, mit dem jeder Betrachter aus der Mittelschicht sich identifizieren kann. Cassatt wahrt die Tradition, indem sie Mütterlichkeit als körperliche Beziehung betont; die Zentralaxe ihres Bildes ist dort, wo Haut und Haut einander berühren.

Die Ästhetik des Fin de siècle schwelgte in erotischen Darstellungen und brachte damit auch latente Ängste vor der sexuellen Macht von Frauen an die Oberfläche. Klimts Bild eines weiblichen Körpers spielt mit dem Kontrast von reichlich dargestellter nackter Haut und dem kostbar verzierten Gold. Judiths spürbare Sinnlichkeit verführt und wirkt gleichzeitig abstoßend. Judith nähert sich dem Betrachter, lädt ihn mit glänzendem, geöffnetem Mund und entblößter Brust ein. Doch ihr Name erinnert daran, daß sie eine gefährliche Frau ist, eine Frau, die um der Zerstörung willen verführt.

DIE REVOLUTION

Die Freiheit von Delacroix führt Männer mit dem Versprechen der Demokratie in die Revolution. Delacroix stellte sie unerschrocken als Frau des Volkes dar, braun und muskulös, eine Frau, die über die Barrikaden hinweg auf uns zuschreitet. Sie bleibt die unerreichte Verkörperung der »Marianne«, des Emblems der französischen Republik.

Abb. 4 *Der Schwur der Horatier*, Ölbild, Jacques-Louis David; 1784–85. *Paris, Musée du Louvre.*

David faßte den Ort der Frauen in der Ideologie der Französischen Revolution mit seinem *Schwur der Horatier* (1784–85) (Abb. 4) zusammen. Die drei Brüder schwören, entweder den Sieg über die korrupten Curatier davonzutragen oder zu sterben. Auf der einen Seite befinden sich die Männer: fest vereint, einem gemeinsamen Ziel verpflichtet, von ihrem Vater ermahnt, zu solch mitleidlosen Waffen der Gerechtigkeit zu werden, wie es die Schwerter sind, die seine Hand umklammert. Auf der anderen Seite befinden sich die Frauen: von Gefühl überwältigt, hingesunken, anmutig im sanften Rhythmus der Gesten

VUE DE LA MONTAGNE ELEVÉE A[...]
pour la fête qui y a été célébrée en l'honneur de l'Être Suprême le [...]
A Paris chez Chéreau Rue Jacques, aux deux Colonnes[...]

Abb. 5   *La Montagne
élevée au Champ-de-Mars
pour la fête de l'Être
suprême, le 8 juin 1794,*
Stich nach einem Entwurf
von Jacques-Louis David.
*Paris, Bibliothèque Natio-
nale.*

Abb. 6 *Newport Pagnell. Tanz bei Mrs. Hurst, 17. September 1816*, aus einem Familienalbum, Aquarell von Diana Sperling; 1816. *Privatsammlung.*

und des Faltenwurfs vereint. Jede Seite gibt der anderen *ihren Sinn* –
Männlichkeit und Weiblichkeit stehen im Gegensatz zueinander. Einzige Verbindung zwischen ihnen ist der kleine Junge, der, von der Gruppe der Frauen unbemerkt, die Männer anschaut, um von ihrem Beispiel zu lernen.

Mit seinen Entwürfen für die Revolutionsfeierlichkeiten setzte David
seine Ideen in die Praxis um. Obwohl diese Bilder die neuen politischen Ideale dramatisch in Szene setzten, wurden Frauen innerhalb
der revolutionären Parameter weiterhin auf ihre traditionellen Rollen
verwiesen. In *La fête de l'Être suprême* von 1794 (Abb. 5) sind Frauen
dargestellt als Gruppe weißgekleideter Jungfrauen oder als allegorische
Versinnbildlichung des in der Kutsche des Reichtums fahrenden Über-
flusses oder der Weisheit, die aufscheint aus dem vom Feuer verschlungenen Bollwerk des Atheismus. Frauen wurden so gut wie nie
als aktiv an der Revolution teilnehmende individuelle Personen dargestellt, sondern allenfalls als Mitwirkende in kollektiven politischen
Aktionen, in denen es um unmittelbare materielle Bedürfnisse ging,
oder häufiger noch als Symbole der die Reinheit der revolutionären
Ziele garantierenden häuslichen und keuschen Tugenden.

Abb. 7 *Anthony
und seine drei
Kinder,* aus einem
Familienalbum,
Gouache von Mary
Ellen Best; 1847.
Privatsammlung.

DER HÄUSLICHE RAUM

Die bürgerliche Ideologie der ersten Dekaden des 19. Jahrhunderts verankerte tugendhafte Frauen fest in der häuslichen Sphäre. Im Rahmen der Amateurkunst, die in der ersten Hälfte des Jahrhunderts überall in Europa stark verbreitet war, stellten Frauen sich auch selbst in ihrer häuslichen Rolle dar, bisweilen humorvoll oder mit kritischem Scharfblick. Diana Sperlings lebhaftes Aquarell von 1816 zeigt eine abendliche Tanzveranstaltung im Rahmen der Familie (Abb. 6). Frauen sind in der Überzahl; eine Frau tanzt beschwingt für sich allein; ein kleines Mädchen sitzt auf einem Stuhl am Bildrand und schaut aus dem Bild heraus den Betrachter an. Am Klavier sorgt eine andere Amateurkünstlerin, Sperlings Pendant auf dem Gebiet der Musik, für die musikalische Begleitung.

Bests Gouache von 1847 (Abb. 7) zeigt ihren Ehemann am Klavier und ihre drei Kinder, die das Musik- und Eßzimmer betreten, in dem der Tisch für die Familie gedeckt ist. Best stellt die Möbel ihres Heims mit so großer Detailtreue dar, daß wir ihre Selbsteinschätzung als Künstlerin erkennen. Das untere der in der linken Bildhälfte wiedergegebenen Bilder ist Bests Hochzeitsporträt ihres Ehemannes. Dieses Porträt sieht uns von der linken, ihre Söhne sehen uns von der rechten Bildseite an. Best hat ihre Werke symmetrisch komponiert; auch sie und ihr Ehemann sind symmetrisch vorgestellt: Er spielt ihr gegenüber Klavier, während sie malt.

Die Amateurkunst der Frauen verblieb in der häuslichen Sphäre; Männer dagegen malten Bilder vom privaten Leben für die öffentliche Sphäre. *Companion to Manhood* (Abb. 8) von George Elgar Hicks, Teil eines *Women's Mission* genannten Tryptichons, ist eine der vielen, in der Mitte des Jahrhunderts von Künstlern aus der Mittelschicht für das Bürgertum gemalten häuslichen Szenen. Umgeben von Zeichen ehrbarer Häuslichkeit – Herd, Teppich, behaglicher Frühstückstisch, poliertes Silber – tröstet eine Frau ihren Ehemann, der gerade von einem Todesfall erfahren hat. Sie ist für ihn hingebungsvoller Trost, doch er für sie aufrecht stehende Kraft. Die Bilder von Sperling und Best wurden auf Papier gemalt, in Alben eingeklebt und innerhalb der Familie vererbt. Hick malte sein Bild virtuos und realistisch in der angesehenen Öltechnik auf Leinwand. Sobald es fertig war, wurde es öffentlich ausgestellt und gehört heute zur Sammlung der Tate Gallery, dem englischen Nationalmuseum.

Abb. 8   *Companion
to Manhood* (Detail),
Ölbild, George Elgar Hicks;
1863. *London, Tate Gallery*.

DAS KLEIDUNGSSYMBOL

Nichts unterscheidet die beiden Geschlechter oberflächlicher und hartnäckiger zugleich als die Kleidung. In keinem anderen Jahrhundert
waren männliche und weibliche Kleidungsstücke so verschieden, wurde eine Verletzung der Kleidungsvorschriften so sorgfältig überwacht
und so gern zur Verdeutlichung von Konformität und Abweichung
benutzt wie im 19. Jahrhundert. Die *Junge Saint-Simonistin* (Abb. 9),
1832 von Maleuvre gemalt, wirkt auf einen Betrachter des 20. Jahrhunderts zart und zierlich, für einen Betrachter des 19. Jahrhunderts
entsprach ihr Kostüm aber ihrem revolutionären Denken. Ihr Kleid
war betont einfach und reichte gerade bis kurz unters
Knie – kurz genug, um das, was sie darunter
trug, als Hosen erkennen zu lassen. Hosen
symbolisierten Männlichkeit. Sie zu tragen,
kam der Forderung nach Männerrechten
gleich.

So brachte George Sand mit ihrer
vollkommen männlichen Kleidung ihre
radikale Haltung deutlicher noch als
mit ihrem männlichen Pseudonym
oder selbst dem Inhalt ihrer Schriften
zum Ausdruck. Ihre äußere Erscheinung stand sinnbildlich für den
Gehalt ihres Denkens. Lorentz'
Porträt von Sand (Abb. 10) aus
dem Jahre 1842 mokiert sich zum
Beispiel über ihre politischen
Meinungen – dargestellt als Zei-
tungsschlagzeilen –, indem es
ihr Aussehen ins Lächerliche
zieht. Was Sand zeigen will,
so lautet die Bildunterschrift,
ist, daß das »Genie kein Geschlecht hat«. Ihr Argument
wird lächerlich gemacht, ist
aber zumindest richtig verstanden und wiedergege-
ben worden.

Abb. 9 *Junge Saint-Simonistin,*
Stich von Maleuvre; 1832.
Paris, Bibliothèque Nationale.

»Je me fiche bien de votre Madame Sand qui empêche les femmes de racommoder les pantalons!« (Eure Madame Sand, die Frauen davon abbringt, Hosen zu flicken, ist mir völlig egal), ruft in der Bildunterschrift zu einer Lithographie von Honoré Daumier ein verletzter

Abb. 10 George Sand, Lithographie von Alcide Lorentz; 1842. Paris, Bibliothèque Nationale.

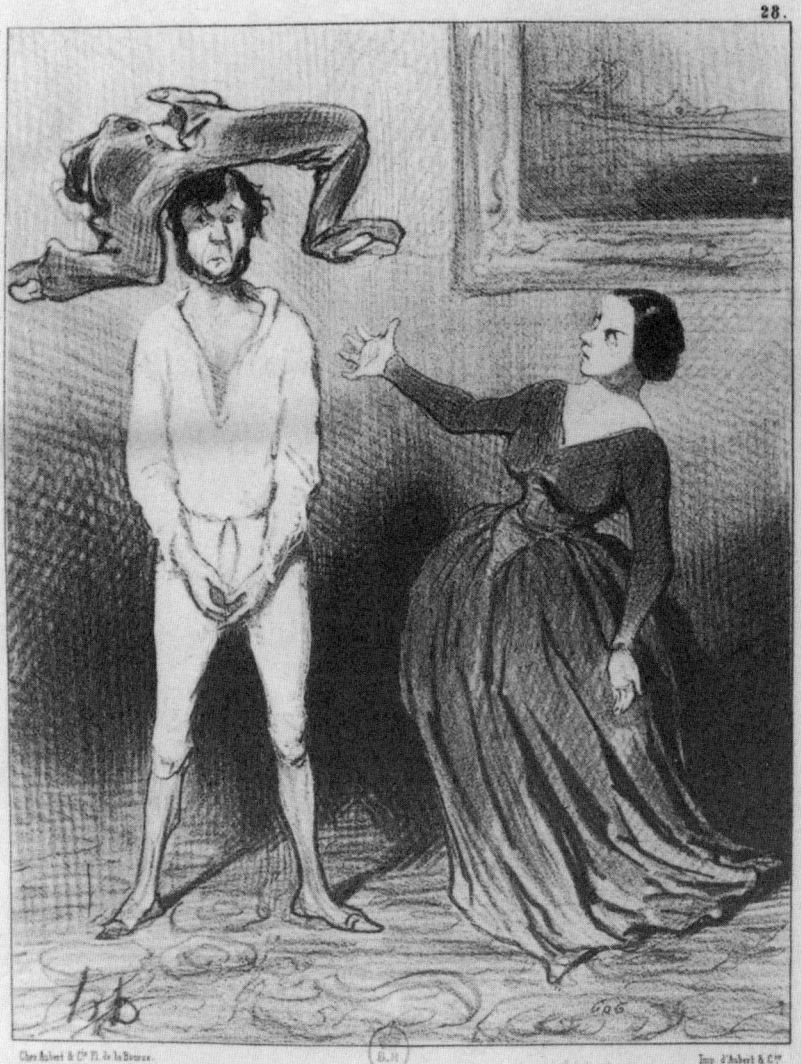

Abb. 11 Les Bas-Bleus, Lithographie von Honoré Daumier, in Le Charivari vom 23. Mai 1844. Paris, Bibliothèque Nationale.

Abb. 12   *Franz Liszt am Klavier* (von links nach rechts Dumas, Berlioz, Sand, Paganini, Rossini, Liszt, Marie d'Agoult alias Stern), Ölbild, Joseph Danhauser; 1840. *Berlin, Nationalgalerie.*

Ehemann seiner nach Unabhängigkeit strebenden Frau zu. Daumier, sonst überzeugter Fortschrittler, sparte seine konservative Wut für Feministinnen mit literarischen Neigungen auf. Auf einem anderen Bild seiner »Bas-Bleu«-(Blaustrumpf-)Serie (Abb. 11) weigert sich eine Frau zornig, einen Knopf an die Hose ihres Mannes anzunähen. Dieser, ein Bild des Jammers, seine Hände schlaff vor sein Geschlecht haltend, klagt, daß seine Frau nicht mehr nur »die Hosen anhat«, sondern sie ihm jetzt auch noch an den Kopf wirft.

Die Druckgraphiken von Maleuvre, Lorentz und Daumier behandeln die Geschlechterproblematik in einer Weise, die in der hohen Kunst undenkbar wäre. Verbesserungen der Lithographie- und Holzschnitttechniken in den ersten Jahrzehnten des Jahrhunderts ermöglichten eine weite Verbreitung billiger Bilder, die zeitkritische Themen aufgriffen und diese mit Hilfe des Wechselspiels von Bild und Bildunterschrift kommentierten. So konnte »richtige« Weiblichkeit als populäres Bild verbreitet und ebenso jede Abweichung davon visualisiert werden. Frauenbilder wurden in Diskussionen über die Stellung der Frau in der Gesellschaft nun zu wirksamen Instrumenten. Man bezog sich auf Darstellungen, als seien diese unumstößliche Tatsachen.

Zur selben Zeit schuf die Romantik neue Bilder der Weiblichkeit. George Sand konnte karikiert, aber auch als begeisterte Zuhörerin der Lisztschen Musik dargestellt werden (Abb. 12). Wenn die künstlerische Inspiration, wie die Romantiker meinten, den universellen Naturkräften entstammte, dann hatten alle Künste denselben Ursprung, und wenn alle Menschen vor der Natur gleich waren, dann waren alle Künstler vor der genialen Schöpferkraft gleich. Danhauser malte Sand in einer Gruppe von gleichgestellten Musikern und Schriftstellern. Sand, links, wird mit Daniel Stern (Pseudonym von Marie d'Agoult), rechts, verglichen und kontrastiert; sie trägt Männerkleidung und raucht eine Zigarette, während Stern ein elegantes Kleid anhat. Sand gehört zur Gruppe der männlichen Genies auf der linken Bildseite, und man kann sie tatsächlich nicht von den anderen unterscheiden.

Zur Zeit der Romantik war die in weißen Tüll gehüllte Ballerina die vollkommene Verkörperung des Ideals weiblicher Vergeistigung. Zwei typisch romantische Ballette – La Sylphide, 1832 uraufgeführt mit der Tänzerin Marie Taglioni in der Hauptrolle, und Giselle, bei dessen Premiere 1841 Carlotta Grisi die Titelrolle tanzte – stellen die Heldinnen als Geistwesen dar. Die Zartheit ihrer Erscheinung ließ die Kraft ihrer aufopfernden und tragischen Liebe um so deutlicher hervortreten. Taglioni war die erste Ballerina, die auf ihren Zehenspitzen tanzte, eine kräftezehrende Technik, welche die Illusion der Schwerelosigkeit schaffen sollte. Auf einem der zahlreichen populären Bilder von der

Abb. 13 *Marie Taglioni*, Lithographie von Devéria; 1840. *Cambridge, Harvard University Theater Collection.*

Taglioni hat Devéria (Abb. 13) einfach die materielle Voraussetzung der Illusion – die Spitzenschuhe – weggelassen: Die Tänzerin schwebt barfuß über dem Boden.

Bilder als Massenprodukte

Einige traditionelle Bilder von Weiblichkeit behielten weiterhin ihre Bedeutung für die Vorstellungswelt von Frauen. Doch auch sie wurden im 19. Jahrhundert industriemäßig und mittelständisch umgeprägt. Religiöse Bilder (Abb. 14) hatten schon immer zum Repertoire populärer Druckgraphik gehört. Mit dem Aufkommen von Massenproduktion konnten sie jetzt jedoch in sehr viel größerer Zahl verbreitet und gesammelt werden. Sie waren nun kleinformatig und wurden bisweilen nach dem Druck von Hand koloriert und mit Spitzen-Streifen umgeben. Heiligenbildchen wurden häufig auf Meßbüchern angebracht. Heilige wurden nun nicht länger als unbestechliche Richter, sondern als sanfte, gütige und meistens androgyne junge Männer dargestellt. Damit trugen die Heiligenbildchen wesentlich zur Feminisierung der Religion bei. Viele Bildchen scheinen speziell zu dem Zweck, Mädchen das katholische Rollenmodell und vor allem die Jungfrau Maria nahezubringen, gestaltet worden zu sein.

Die Expansion und Diversifikation des Marktes für Druckerzeugnisse führte zur Spezialisierung. In den ersten Jahrzehnten des Jahrhunderts entwickelte sich ein auf die Darstellung bürgerlicher Weiblichkeit spezialisiertes Druckgenre, das sich an Frauen aus der Mittelschicht wandte (Abb. 15). Dieser Typ von Drucken war ein Mittelding zwischen den Amateurbildern, die Frauen seit dem ausgehenden 18. Jahrhundert ge-

Abb. 14 Heiligenbild, das die Jungfrau Maria darstellt, kolorierter Stich; vor 1860. *Privatsammlung.*

Abb. 15 *Frau und Kinder im Garten*, kolorierte Lithographie, von der Londoner Firma Kronheim zwischen 1850 und 1860 verbreitet. *Privatsammlung*.

Abb. 16 *Modezeichnung*, Holzstich von Laure Noël für *Le Papillon* Nr. 427; um 1855.

Abb. 17 *Grands Magasins du Louvre*, Werbeanzeige zum Auftakt der Herbst- und Winterkollektion, erschienen in *L'Illustration* vom 1. Oktober 1881.

macht hatten (Abb. 6, 7), und den ab den 40er Jahren des 19. Jahrhunderts immer populärer werdenden Frauenbildern in Modezeichnungen (Abb. 16). Modezeichnungen selbst lieferten anschauliche Übergänge zwischen scheinbar neutralen Bildern und solchen, die seit dem letzten Drittel des Jahrhunderts Frauendarstellungen offen für kommerzielle Zwecke einsetzten. Werbeanzeigen (Abb. 17), Mode-

Abb. 18 *Die Grä-
fin de Castiglione*,
Photographie von
Mayer und Pierson;
um 1850–1860.
*Colmar, Musée
d'Unterlinden.*

zeichnungen und Drucke zeigten Frauen durchgehend als unbewegte, ausdruckslose, erlesen gekleidete Mannequins in Räumen und Dekors, die Weiblichkeit symbolisieren. Häusliche Innenräume, Gärten, Ferienorte der Familie, Kirchen und Tanzsäle wurden mit der Zeit ergänzt um urbane Orte wie Museen, Kaufhäuser und Bahnhöfe. Die beabsichtigte Identifizierung sollte sich nicht auf eine individuelle Person, sondern auf eine durch Raum und Kleidung definierte Inszenierung von Weiblichkeit richten.

Diese als Ware vermarktete Identität stellte die Gräfin de Castiglione in ihren über 400 zwischen 1856 und 1865 und 1895 bis 1898 entstandenen photographischen Selbstporträts zur Schau. Auf mehreren Photographien präsentiert sie sich selbst ausdrücklich als Objekt von Visionen, indem sie Bilderrahmen und Spiegel einsetzt, um die Künstlichkeit herauszustellen (Abb. 18). In ihrer Selbstdarstellung betont sie die extravagante Oberfläche, die ein eigenes inneres Sein überdeckt.

KUNST JENSEITS DES MAINSTREAM

Indem sie die strittigen Bereiche der hohen Kunst und der Sexualität mieden, konnten Künstlerinnen zwar kaum Ansehen erringen, wohl aber neue wirtschaftliche Möglichkeiten und Ausdrucksformen erschließen. Kunstgewerbe und weniger angesehene Genres der Malerei ermöglichten es Frauen nicht nur, außerhalb des Hauses Geld zu verdienen, sondern boten ihnen auch Gelegenheit, dem Dilemma des weiblichen Subjekts zu entkommen. Das Miniatur-Selbstbildnis auf Emaille von Marthe Leclerc (Abb. 19) ist erst 1917 entstanden, doch fängt es gleichwohl die im 19. Jahrhundert von einem kunsthandwerklichen Beruf gebotene Sicherheit ein. Leclerc wird von ihrem Handwerkszeug wie von einem sicheren Raum abgeschirmt. Ihr Selbstbildnis enthält ebensoviele Hinweise auf ihre Kunstfertigkeit (Gipsabdruck, Bilder, leerer Kerzenhalter, ein offenes, die Außenwelt spiegelndes Fenster) wie das Bild von Castiglione. Doch anders als diese imaginisiert sich Marthe Leclerc als eine in ihre Arbeit versunkene Frau und nicht als Schaustück für den Blick des Betrachters.

Frauen entwarfen Welten, in denen Geschlechtsunterschiede abgemildert waren. Rosa Bonheur (1822–99) und Beatrix Potter machten auf je unterschiedliche Weise außerordentlich erfolgreich mit Tierbildern Karriere. Rosa Bonheur – wie George Sand für ihre Männerkleidung berühmt – erhielt 1848 im Rahmen der offiziellen Gemäldeausstellung des Pariser Salons eine Goldmedaille, 1865 die französische Ehrenlegion-Medaille und wurde 1894 zum Offizier der Ehrenlegion ernannt. Ihre Gemälde und die Reproduktionsrechte brachten riesige Summen Geld ein. *Der Pferdemarkt* von 1853 (Abb. 20) wurde zunächst einem Londoner Händler für 40 000 Franc, danach einem amerikanischen Sammler für 55 000 Dollar verkauft.

Die Aquarelle von Beatrix Potter sind so klein und phantasievoll wie die Ölgemälde Rosa Bonheurs groß und realistisch sind, ihr Erfolg übertraf jedoch mit der Zeit sogar den der Ölbilder. Potter hatte keinerlei berufliche Ausbildung. Ihre frühen Kinderbücher entstanden aus

Abb. 19 *Selbstporträt im Atelier,* Miniatur auf Email von Marthe Leclerc; 1917. *Genf, Musée de l'Horlogerie et de l'Emaillerie.*

bebilderten Briefen, die sie ihren kleinen Freunden schickte. Das erste hieß *Peter Rabbit* (Abb. 21). Erstmals im Oktober 1902 in einer Auflage von 8000 gedruckt, wurden bis Ende des Jahres zwei weitere Auflagen erforderlich, so daß 28000 Exemplare auf dem Markt waren. Potters Popularität hält bis heute an; ihre Arbeit wird immer noch reproduziert und unzählige Male imitiert. Ihre Bücher werden bis heute verlegt, ihre Originalzeichnungen werden von Museen gesammelt und waren kürzlich in einer Ausstellung zu sehen.

Ähnlich wie Potters Werk sind inzwischen auch amerikanische Quilts der Marginalität entrissen. Früher als anonyme Erzeugnisse abgetan, schätzt man diese Steppdecken heute wegen der individuellen Kreativität, die in den schönsten Stücken zum Ausdruck kommt, und wegen der kollektiven Arbeit von Frauen, die schließlich zu einem Gesamtwerk zusammengefügt wird. Amerikanische Quilt-Macherinnen wählten gewöhnlich abstrakte oder äußert stilisierte Motive. Ihre Bildthemen behandelten aber auch Aspekte des Privatlebens wie Freundschaft, Tod

Abb. 20 *Der Pferdemarkt*, Ölbild von Rosa Bonheur; 1853. *New York, Metropolitan Museum of Art.*

und Ehe und selbst öffentliche Probleme wie religiöse Überzeugungen, Abschaffung der Sklaverei und Alkoholverbot. Harriet Powers hat auf ihrem *Bible Quilt* von 1886 (Abb. 22) in fünfzehn Szenen aus der Apokalypse die Bestrafung der Ungläubigen und die Erlösung der Unschuldigen dargestellt. Dieser Quilt gehört zu den wenigen erhaltenen Kunstwerken, die das afrikanische Bilderbe der Schwarzen in Amerika belegen. Powers hat geschickt den für die Fon des alten Königreichs Dahomey typischen Stil und dessen Appliqué-Technik mit amerikanischen Quiltformen und -techniken vereint und ein ebenso kraft- wie kunstvolles Bild von Menschen, Tieren, Gott und dem Paradies geschaffen. In der Mitte des unteren Randes verweist ein weibliches Schwein, Symbol der Unabhängigkeit, auf den von den Sklaven zurückgelegten Weg zur Freiheit.

Abb. 21 *Peter Rabbit*, Detail des von der Autorin Beatrix Potter gezeichneten Umschlags; 1902. *London, Frederick Warne Archives.*

Die Künstlerin und ihre Identität

Nur allmählich veränderten sich die Vorstellungen der Frauen von ihrem Platz in den hohen Künsten und die Einstellungen der *Männer* zu den Künstlerinnen. Der Maler und Graphiker Edgar Degas interessierte sich so sehr dafür, den Besuch seiner Kollegin Mary Cassatt im

Abb. 22 *Die Er-
schaffung der Tiere,*
Patchworkdecke von
Harriet Powers;
um 1886. *Boston,
Museum of Fine Arts.*

Musée du Louvre darzustellen, daß er das Thema vierundzwanzigmal
bearbeitete (Abb. 23). Er zeigt sie in Rückenansicht, den Gemälden
zugewandt, ihre Aufmerksamkeit drückt sich in der Ausrichtung von
Kopf und Schultern an den Achsen der Bilderrahmen aus. Degas läßt
sie jedoch nicht selbst malen, sondern die Bilder nur betrachten.
Edouard Manet hat elf Porträts seiner Kollegin Berthe Morisot (Abb. 24)

Abb. 23   *Mary Cassatt und ihre Schwester
im Louvre*, Stich, Edgar Degas; 1885.
Chicago, Art Institute of Chicago.

Abb. 24 *Berthe
Morisot, liegend*
(Ausschnitt),
Edouard Manet,
Ölbild; 1873. –
Privatsammlung.

gemalt, aber sie kein einziges Mal als Malerin dargestellt, obwohl er
sowohl ihrer Klugheit als auch ihrer Schönheit Anerkennung zollte.

Die Bewegung der Impressionisten gab gleichwohl Cassatt und Morisot ein hohes, vorher undenkbares Maß an Selbstvertrauen. 1893 malte Morisot ein Bild (Abb. 25), das – wie das Bild von Best (Abb. 7) –
die Vielfältigkeit ihrer Identität betont. Im Hintergrund eines Porträts
von ihrer Tochter reproduzierte sie rechts einen kleinen Ausschnitt
des von Degas gemalten Porträts ihres Mannes, links ihr von Manet
stammendes Porträt (Abb. 24). Morisot hat sich also mit ihrem Mann
gleichgestellt und ihrem Kind eine Abstammung zugedacht, deren mütterliche Seite sie entschieden betonte. Darüber hinaus gibt Morisot der
Mutter-Kind-Beziehung eine neue Dimension, indem sie die Bindung
zwischen ihnen eher intellektuell als körperlich erscheinen läßt. Sie
zeigt sich und ihre Tochter zwar im selben Bild, aber auf unterschiedlichen Darstellungsebenen. Beide, Mutter und Kind, üben sich in
der Kunst – in Malerei bzw. Musik –, was sie gleichzeitig verbindet

Abb. 25 *Julie mit
der Geige* (Aus-
schnitt), Ölbild,
Berthe Morisot;
1893. *Hermann
Mayer Sammlung.*

und trennt. Während Morisot einerseits anerkennt, daß ihre künstlerische Identität die Tatsache einschließt, daß sie Manets Modell ist, eignet sie sich andererseits sein Bild für eigene, neue Zwecke an.

FRAUENARBEIT

Wieviel einfacher erschien es, Frauen bei Tätigkeiten, für die sie zuständig waren, und an Orten, von denen man glaubte, daß sie dort hingehörten, darzustellen. Von Anfang bis Ende des 19. Jahrhunderts war Nähen die am häufigsten dargestellte Frauenarbeit (Abb. 26, 28, 29, 31), noch häufiger als traditionelle Landarbeit (Abb. 32). Stärker mit Geschlecht als mit Klassen identifiziert, konnte Nähen konsensstiftend als weibliche Frauenarbeit dargestellt und die Kontroversen über soziale und wirtschaftliche Unterschiede sowie über Industriearbeit vermieden werden. Wollte man Frauen aus der Arbeiterklasse darstellen, so zeigte man sie gewöhnlich in der Küche bei so beruhigenden häuslichen Tätigkeiten wie Nähen oder Kochen (Abb. 26, 27).

Anzeigen für Nähmaschinen spekulierten auf die Identifizierung von Nähen mit Weiblichkeit und versprachen eine bessere Erfüllung tradi-

Abb. 26 *Küchen-Interieur*, Ölbild, Martin Drölling; Ende des 19. Jahrhunders. *Paris, Musée du Louvre.*

tioneller Rollen. In einer Anzeige der Firma Singer von 1896 wurde beispielsweise die Nähmaschine als »Mutters Maschine« und »willkommenes Hochzeitsgeschenk« bezeichnet, die »viel zum häuslichen Glück beiträgt«; ein großes »S« schlingt sich um die mollige Figur einer selbstbewußten Matrone (Abb. 28). Auf diese Weise blieb der Unterschied zwischen den Geschlechtern trotz der industriellen Revolution in der Bekleidungsbranche erhalten, wo Frauen sowohl zu Hause (Abb. 29) als auch in der Fabrik an Nähmaschinen arbeiteten.

Arthur Munby ist die Ausnahme, die die Regel bestätigt. Munby sammelte Photos von Frauen, die Küchen reinigten, in der Fischerei und in Bergwerken arbeiteten (Abb. 33). Je schmutziger die Arbeit und je unweiblicher das Aussehen oder die Kleidung, um so stärker war er an einem Photo interessiert. In seinen Tagebüchern erklärt Munby, daß viele dieser Photos nur auf seinen Wunsch hin zustande kamen oder von ihm selbst aufgenommen werden mußten, weil die Bilder, an denen er interessiert war, so kaum existierten.

Abb. 28 Anzeige
für Nähmaschinen
der Firma Singer,
in der Oktober-
ausgabe von
*Mc Lure's
Magazine*, 1896.

Frauen aus der Arbeiterklasse gaben sich selbst, wenn sie in das Atelier eines Photographen gingen, das Aussehen von Bürgerinnen. Arbeitsreformer, die auf bestimmten Gebieten ziemlich radikal sein konnten, bedienten sich zur Unterstützung ihrer Ziele konservativer Frauenbilder. So warb man beispielsweise für einen kürzeren Arbeitstag mit »Vorher«-/»Nachher«-Bildern, die dem Ideal einer bürgerlichen Geschlechterbeziehung verpflichtet waren (Abb. 34). »Vorher« geht ein Mann in die Kneipe, während eine abgehärmte Frau ihn anfleht, doch an seine elenden Kinder zu denken. »Nachher« sind sie als glückliche Familie in einem Heim vereint, das von einem Ehemann beherrscht und von einer Ehefrau bewältigt wird.

Abb. 29 Dieser Raum diente nachts als Schlafzimmer und tagsüber als Konfektionsatelier für Lederbekleidung, Photographie, erschienen in einer Untersuchung über die Wohnungssituation von der Berliner Ortskrankenkasse; 1910. *Berlin, Archiv für Kunst und Geschichte.*

DIE PHOTOGRAPHIE

Die Photographie antwortete auf das Neue. Photographen verfolgten aufmerksam die Folgen technischer Neuerungen wie Telefon und Telefonvermittlung und versuchten, bisher unsichtbare Aspekte des Lebens

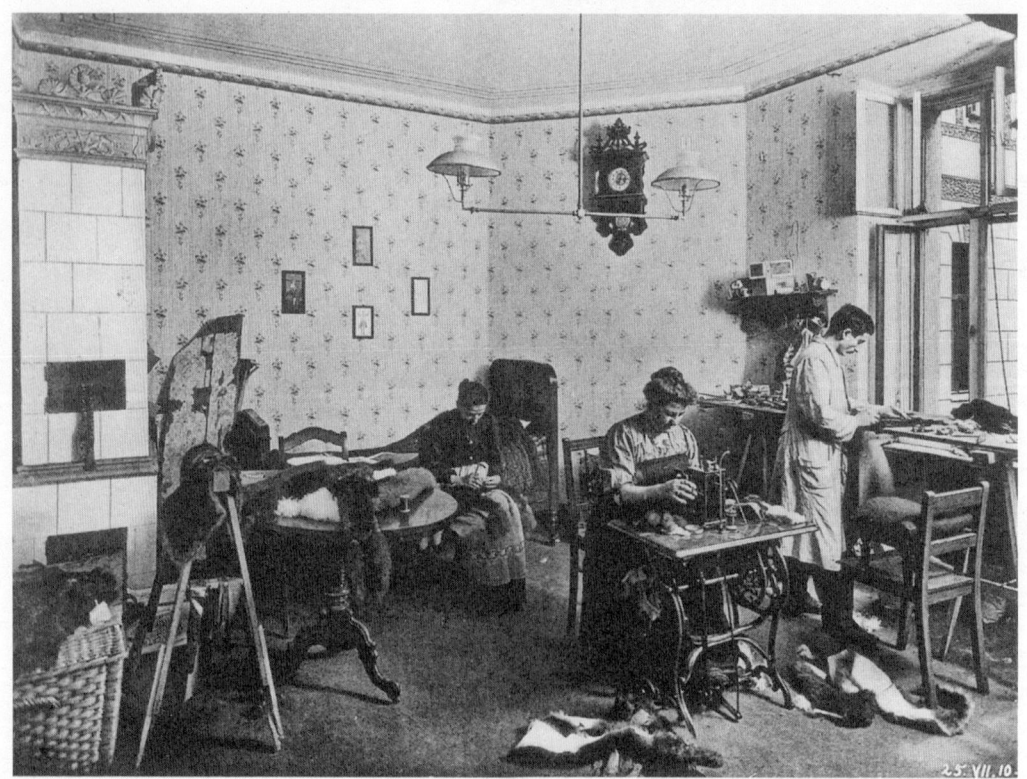

Abb. 30   *Siehst Du! Er folgt mir*, Lithographie von Langlume; um 1810. *Paris, Musée Carnavalet*.

Abb. 31   *Im Atelier ... kleine Arbeit, große Toilette,* Photographie von M. de Charly; 1862. *New York, Inter-national Museum of Photography.*

von Frauen einzufangen (Abb. 35). Sozialreformer wie Jacob Riis nahmen Kameras mit in städtische Elendsviertel und enthüllten eine Armut und Entwürdigung, von der sich viele Angehörige des Bürgertums nie zuvor ein Bild gemacht hatten. Die Photos von Riis schockierten, weil sie die Lebensbedingungen von Immigranten zeigten und Riis mit äußerstem Pathos arbeitete. Sein Photo *Bei einer italienischen Lumpensammlerin* von 1889 ist ein traditionelles Madonna-mit-Kind-Bild, nur daß Mutter und Kind zwischen Säcken voller Lumpen sitzen (Abb. 36). Die Photographie erlaubt unserem Blick, in das Leben dieser Frau einzudringen und gleichzeitig eine sichere Distanz zu wahren. Die Frau sieht schmerzvoll nach oben; Riis hat einen sehr starken Blitz verwendet.

Ärzte bedienten sich der Photographie bei Vorträgen oder in ihren Veröffentlichungen als Ersatz oder Ergänzung für Krankheitsbeschreibungen; zweifellos benutzte Jean-Martin Charcot am ausgiebsten Photographien zur Dokumentation seiner Analyse der weiblichen Hysterie. Er glaubte, daß ein photographisches Abbild des äußeren Körpers den

Abb. 32 *Die Ährenleserinnen,* Ölbild, Jean-François Millet; 1857. *Paris, Musée du Louvre.*

inneren geistigen Zustand offenbaren könne. Als Modelle wählte er Patientinnen, deren geistige Störungen sich am auffälligsten in somatischen Symptomen äußerten und die diese Symptome vor der Kamera am besten demonstrieren konnten. Charcot klassifizierte und bezeichnete jedes Bild als eine Phase der Hysterie (zum Beispiel *Affekthaltungen – Bedrohung*, Abb. 37), so daß es später für Lehr- und Diagnosezwecke dienen konnte.

Mit der Erfindung der Photographie entstand auch ein ihr eigentümlicher Stil der Erotik und Pornographie. Posen und Themen älterer Formen pornographischer Publikationen wurden zwar übernommen, das neue Medium legte es aber nahe, weniger Betonung auf suggestive

Abb. 33 *Arbeiterin im Bergwerk von Wigan*, Photographie aus der Sammlung von Arthur Munby; zwischen 1867 und 1878. *Cambridge, Trinity College.*

Abb. 34 *Arbeitszeitverkürzung …*, Kampagne der C.G.T. für den Acht-Stunden-Tag; Mai 1913, Plakat von Paul Poncet. *Privatsammlung.*

Abb. 35 *Telefoni-stinnen in London,* anonyme Photographie; um 1890.

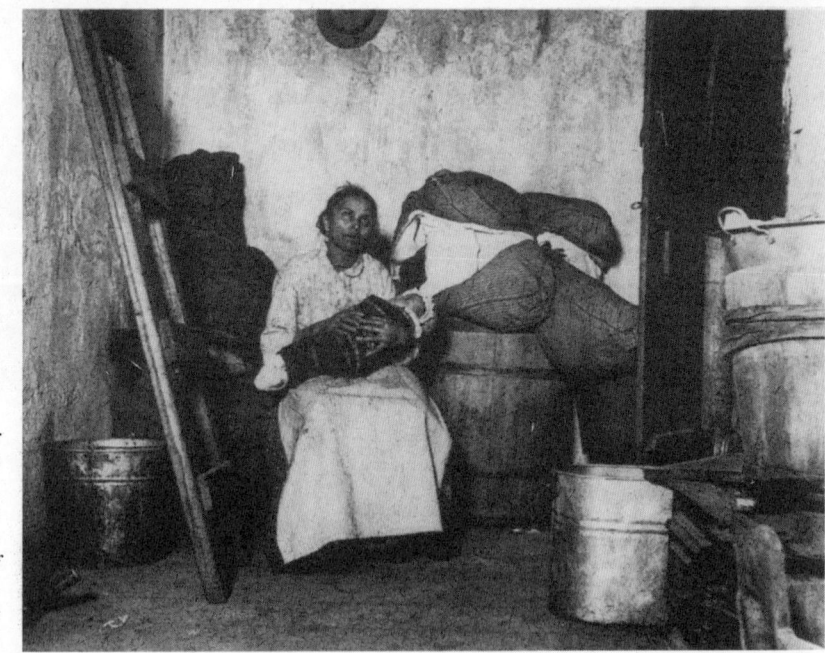

Abb. 36 *Bei einer italienischen Lumpensammlerin,* Photographie von Jacob Riis aus *How the Other Half Lives;* 1889. *Museum of the City of New York.*

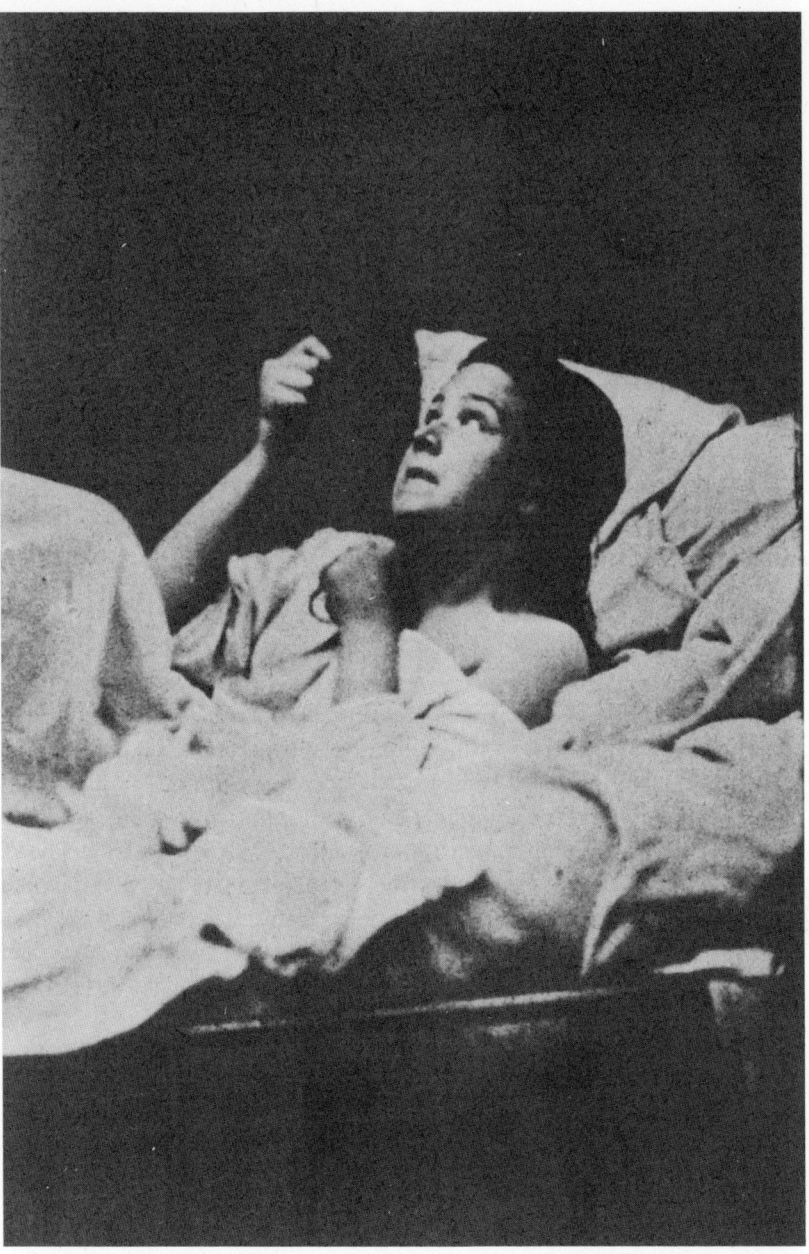

Abb. 37 *Affekthaltungen –
Bedrohung,* Photographie aus
*Iconographie photographique de
la Salpêtrière* von Bourneville
und Régnard; 1878. *Paris, Bibliothèque Charcot de la Salpêtrière.*

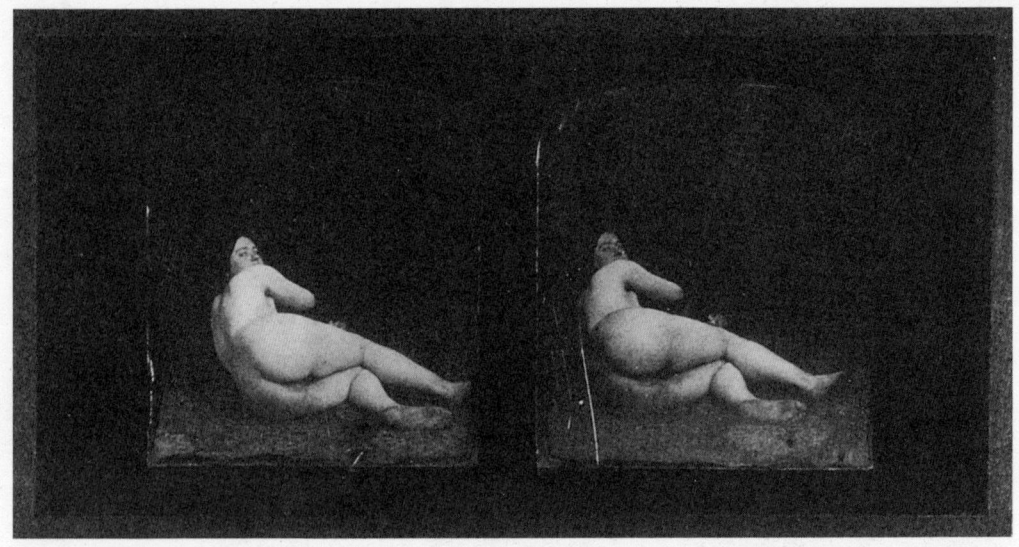

Bewegung oder vielsagendes Dekor als auf eingehende Zurschaustellung der Geschlechtsteile zu legen. Handkolorierte stereoskopische
Photographien, die man durch einen vor das Gesicht gehaltenen Apparat, der die Illusion von Dreidimensionalität vermittelte, betrachtete,
riefen ein frappierendes Gefühl intimer Nähe hervor (Abb. 38). Sozialreformer, Wissenschaftler und Pornographen begründeten die Wirk-
lichkeitstreue ihrer Photographien mit der optischen Genauigkeit des
Mediums. Was aber die Kamera getreu festhielt, war das, was der Photograph vor dem Objektiv arrangierte: Er traf die Wahl des Dekors, der
Pose, des Rahmens, des Lichts, des Modells und des Augenblicks. Seine Entscheidungen waren ebensosehr von kulturellen Annahmen über
Armut, Gesundheit und Sexualität von Frauen geprägt, wie es die von
Hand gemalten Bilder schon immer gewesen waren.

DIE WEIBLICHE BEGIERDE

Gleich in welchem Medium erotische Bilder realisiert wurden, sie stammten fast immer von Männern. Frauen war es selten gestattet, in Kunstschulen am Anatomieunterricht oder am Aktzeichnen teilzunehmen. Die bürgerliche Moral verbot die Darstellung des männlichen Akts von Frauen und hielt eine weibliche sexuelle Begierde für anormal – zwei Tabus, mit denen Camille Claudel mutig brach. Skulpturen von Auguste Rodin über heterosexuelle Liebe, z. B. *Der Kuß* von 1886 (Abb. 39), wurden begeistert als klassische Darstellungen einer universellen Lebenskraft aufgenommen. Claudels sehr ähnliches Werk, *Sakuntala. Die Hingabe* 1888–1905 (Abb. 40), aber trug zur Marginalisierung dieser Künstlerin bei. Hätte Claudel, wie gewöhnlich unterstellt wurde, Rodin lediglich imitiert, wäre allein diese Geste ein bemerkenswerter Beleg dafür, daß Frauen erotische Themen ebenso gut darstellen können wie Männer. *Die Hingabe* unterscheidet sich aber hinreichend von *Der Kuß* und verweist auf ein anderes in der Kunstgeschichte des 19. Jahrhunderts äußerst ungewöhnliches Bild von der sexuellen Begierde der Frauen. Claudel stellt die Begierde nicht als ein Machtverhältnis dar, in dem eine Frau sich von unten an einen beherrschenden Mann klammert, sondern als das gegenseitige Begehren zweier reziproker Körper. Die männliche Gestalt, von sinnlicher Schlankheit, kniet voller Leidenschaft vor der Frau; die weibliche Figur, stark und muskulös, gibt sich ihm hin. Claudels meisterhafte Beherrschung der Modellier- und Schneidetechniken gibt ihrer Vorstellung von Sexualität körperliche Präsenz. Keine andere Künstlerin, nicht einmal Suzanne Valadon, ehemaliges Modell aus der Arbeiterklasse, welche kühne weibliche Aktbilder malte, hat jemals mit so vielen kulturellen Regeln gebrochen.

UMWEGE

Frauen fanden viele Möglichkeiten, die ihnen verbotenen künstlerischen Bereiche zu umgehen. Gertrude Jekyll war lediglich die erfolgreichste unter vielen Landschaftsgestalterinnen, welche die Natur selbst in räumliche und zeitliche, der Architektur vergleichbare Kunstwerke verwandelte. Jekyll entwarf nicht nur berühmte Gärten wie Munstead Wood, der die Gebäude des hervorragenden Architekten Edwin Lutyens umgab, sondern machte auch selbst Photos von ihren Werken, die sie als Illustrationen in ihren vierzehn zwischen 1899 und 1925 ver-

Abb. 39   *Der Kuß*,
Marmorskulptur von
Auguste Rodin; 1886. *Paris,*
Musée Rodin.

Abb. 40 *Sakun-
tala. Die Hingabe,*
Marmorskulptur
von Camille
Claudel; 1905.
Paris, Musée Rodin.

Abb. 41 *Herbst-gartenbeet, von Laburnam Arch aus gesehen,* der von Gertrude Jekyll entworfene Garten von Munstead Wood, Photographie von Gertrude Jekyll, veröffentlicht 1908. *Berkeley, Documents Collection, The College of Environmental Design, University of California.*

öffentlichten Büchern über Gartenarchitektur verwandte (Abb. 41). Frauen wie Isabella Stewart Gardner und Nelie Jacquemart gründeten Museen, um die gemeinsam mit ihren Ehemännern zusammengetragenen Kunstsammlungen zu institutionalisieren. Nach dem Tod ihres Ehemannes entwarf Gardner ein Museum, dem sie ihren Namen gab: ein Zusammenspiel von Architektur, Gemälden, dekorativen Künsten und Pflanzen, das die private weibliche Innensphäre auf die öffentliche Sphäre projizierte. Das Museum öffnet sich nach innen auf einen zentralen Hof (Abb. 42) und schließt eine Direktionswohnung ein. Wie bei allen

Abb. 42   Innenhof des Isabella Stewart Gardner Museums, nach Plänen von Isabella Stewart Gardner; 1809–1903. *Boston, Isabella Stewart Gardner Museum*.

aus einem Privathaus hervorgegangenen Museen ähneln die Gallerien den Zimmern eines Hauses. Doch Gardner ging mit der Unterordnung von Meisterwerken der Malerei in ihre selbst entworfenen Installationen (Abb. 43), die sie per Testament schützte, weiter als andere Museumsgründer.

ÖFFENTLICHKEIT

Abb. 43 *Der Tizian Raum,* Installation von Isabella Stewart Gardner im gleichnamigen Museum; *Boston, Isabella Stewart Gardner Museum.*

Am Ende des Jahrhunderts forderten Frauen einen direkteren Zugang zur öffentlichen Sphäre. Die ersten Frauen-Colleges wurden Mitte des Jahrhunderts in den USA und in England gegründet. Die Photoalben dieser Colleges und später ihre Jahrbücher belegen die Formung der Frauen zur akademischen Persona. Anfangs stellten sich Frauen nur anläßlich von Maskeraden in akademische Roben gehüllt vor die Kamera. Später tauchen Hüte und Roben immer häufiger, vor allem anläßlich von Universitätsritualen, auf, und in den 1880er Jahren schließ-

Abb. 44 Photographie einer Promotionsfeier von Studentinnen des Wellesley College, in Uniform (Robe und Hut). *Wellesley College Clapp Library Archives.*

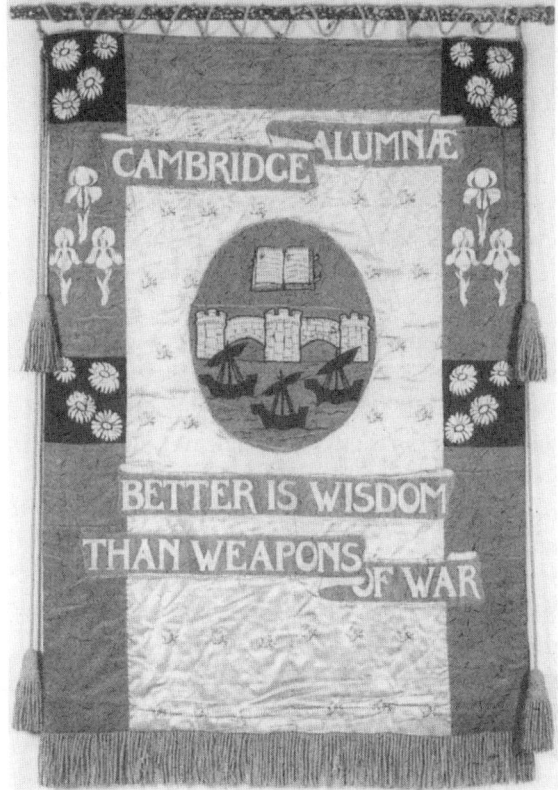

Abb. 45 Feministisches Banner, entworfen von Mary Lowndes, angefertigt von den Studentinnen der Colleges von Girton und Newnham anläßlich der NUWSS Prozession am 13. Juni 1908 in Cambridge. *Cambridge, Newnham College.*

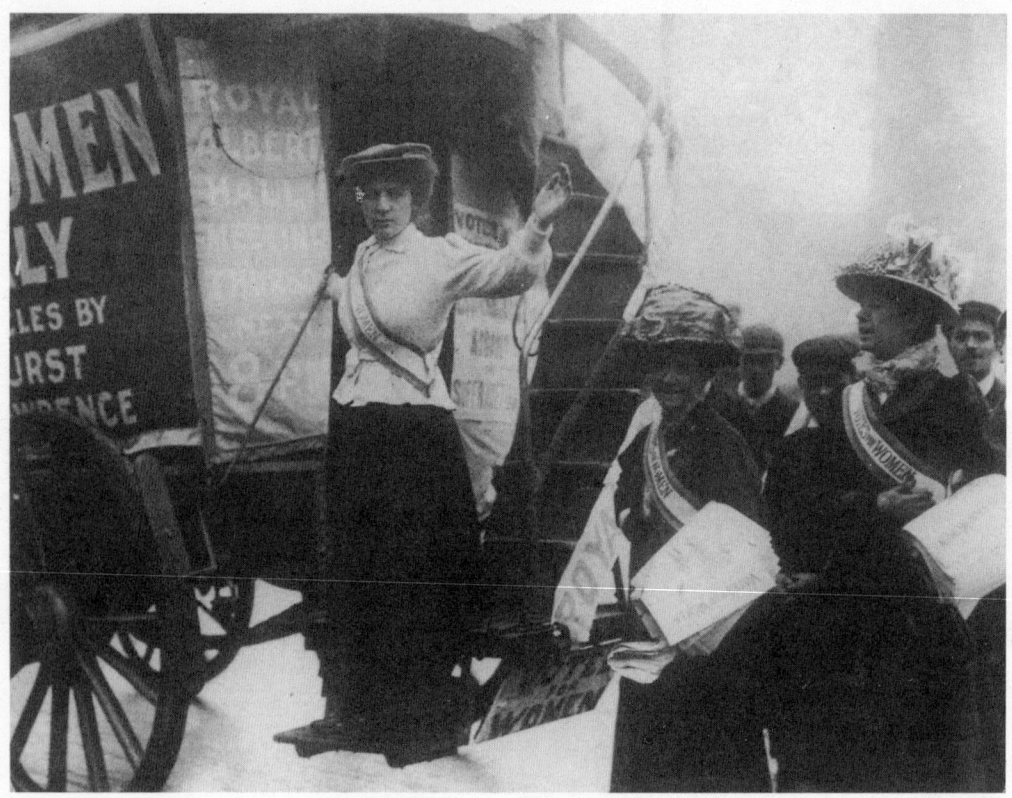

Abb. 46 Suffraget-
ten, die für das
Frauenwahlrecht
demonstrieren;
anonyme Photo-
graphie; 1905.
Privatsammlung.

lich posieren Frauen für Gruppenporträts bei Studienabschluß durchgängig in akademischer Aufmachung und bekräftigen damit selbstbewußt ihre Zugehörigkeit zur intellektuellen Gemeinschaft und Tradition (Abb. 44).

Mit spektakulärem Auftreten erregten Frauen bei ihrer Wahlrechts-
kampagne internationales Aufsehen. Besonders in England setzten
Frauen Banner (Abb. 45), Abzeichen, Plakate, Bänder mit symbolischen
Farben (Abb. 46), Pomp und vor allem sich selbst ein, um ihre Sache
sichtbar zu machen. Zum ersten Mal übten organisierte Frauengruppen
Kontrolle über Bilder aus, um sich eine eigene öffentliche und politische Identität zu schaffen.

Julia Margaret Camerons Photographie von Stella Duckworth aus
dem Jahre 1867 (Abb. 47) faßt das künstlerische Erbe, das die Frauen
des 19. denen des 20. Jahrhunderts hinterlassen haben, zusammen. Wie
so viele emporstrebende Künstlerinnen verfügte auch Cameron über
ein enormes Talent, aber so gut wie keine professionelle Ausbildung.
Sie machte kurz, aber voller Energie auf einem marginalen Gebiet Karriere, das es ihr gestattete, zu Hause zu arbeiten und Familienpflichten

mit ästhetischen Ambitionen zu verknüpfen. Sie photographierte wie ihre Nichte Stella Duckworth Nachbarn, Freunde und Familienmitglieder. Für Virginia Woolf, die Tochter von Stella Duckworth, war Cameron Exzentrikerin und Vorbild zugleich. Woolf schrieb über ihre Großtante eine Komödie, war aber auch die erste, die die Photographien Camerons nach deren Tod neu herausgab. *Victorian Photographs of Famous Men and Fair Women* erschien 1926 mit einer Einführung von Woolf. Die Künstlerinnen des 19. Jahrhunderts schufen die kulturelle Basis, auf der nachfolgende Frauen bis heute weitergebaut haben.

Aus dem Englischen von Sylvia M. Schomburg-Scherff

Abb. 47 *Mrs. Herbert Duckworth,* Photographie von Julia Margaret Cameron; 1867. *Austin, Gernsheim Collection.*

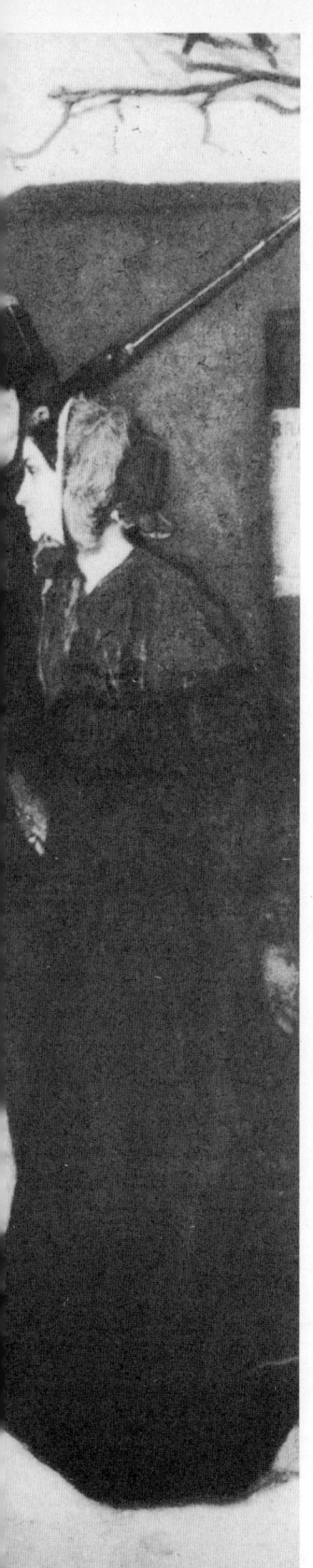

DIE BÜRGERLICHE, DIE ÖFFENTLICHE UND DIE PRIVATE FRAU

Was man Landstreicherei nennt, Gemälde, Alfred Stevens; 1855. Paris, Musée d'Orsay.

Die neue Definition des Politischen im 19. Jahrhundert ging einher mit einer neuen Definition dessen, was das Wesen der bürgerlichen Gesellschaft ausmacht. Manche Gesellschaftstheoretiker (vor allem angelsächsische) und Organisatoren unterschieden zwischen »Öffentlichkeit« und »Privatheit« und setzten diese getrennten »Sphären« gleich mit den Sphären von Mann und Frau. Ungeachtet solcher Theorien aber waren auch damals beide Bereiche miteinander verbunden und deren Grenzen fließend und ungenau. Nicht alles Öffentliche war männlich, und nicht alles Private weiblich. Frauen bewegten sich in der Öffentlichkeit und öffneten mit dem Salon ihre private Häuslichkeit nach außen. Desgleichen waren Männer im Privaten keineswegs abwesend, und die Allmacht des Hausvaters lastete auf der Familie. Die bürgerliche Frau war zugleich öffentlich und privat, zu Hause und in der Stadt, in der Familie und in der Gesellschaft. Es ist wichtig, in diesem Punkt den Fallen des Diskurses zu entkommen und die herkömmlichen Stereotype zu dekonstruieren. Leib, Seele, Sexualität, Arbeit, Alleinsein durchzogen als Schneisen das Dickicht der Gesellschaft. Der Leib der Frau war öffentlich und privat zugleich. Man machte sich ein Bild von der Frau, und dieses war so bedeutsam, daß immer auch die äußere Erscheinung einer Frau – Schönheit, Haltung, Kleidung – im Spiel war. Die Müßiggängerinnen der *leisure class* (Veblen), ob adlig oder bürgerlich, mußten elegant sein, denn in der Welt der gehobenen Kreise, die das Hofleben ersetzt hatte, herrschte statt der Kleiderordnung nun die Mode. Das Modegewerbe aber war von der Herstellung bis zum Verbrauch unübersehbar weiblich besetzt. Mode und Bekleidung scheinen Frauen dazu gezwungen zu haben, erste Ansätze eines ökonomischen Bewußtseins zu entwickeln.

Die Gebärfähigkeit rückte den Leib der Frau in den Mittelpunkt des gesellschaftlichen Interesses. Das Gebären wurde zu einer Sache des Staates. Ärzte verdrängten die Hebammen vom Wochenbett, und Volkszähler spürten Alkovengeheimnissen nach mit der Vermutung, hinter der Abtreibung, zu der immer mehr kinderreiche Ehefrauen ihre Zuflucht nahmen, verberge sich eine heimliche Form der Geburtenkontrolle. Der Ruf der Neomalthusianer nach »bewußter Mutterschaft« fand zwar zunächst kaum Gehör, doch in der Praxis bestimmten die Frauen bereits selbst energisch über die Größe ihrer Familie und wurden damit zu demographischen Akteurinnen, mit denen fortan gerechnet werden mußte.

Öffentlich war auch die »Dirne«. Deren Gewerbe wurde im Namen von Hygiene und »Volksgesundheit« immer stärker reglementiert. So sehr sich Männer bemühten, zwischen ehelichem Schlafzimmer und Freudenhaus oder Bordell zu trennen, es gab doch zahlreiche Berührungen zwischen beiden Bereichen. Wie man Empfängnis verhütet, wurde in solchen Häusern gelernt. Geschlechtskrankheiten wurden von Männern aus dem Bordell in die Familie eingeschleppt. Eine Frau konnte durchaus eine Zeitlang Hure sein und anschließend ein normales Familienleben führen. Allerdings wurde der Übergang zur Ehrbarkeit Ende des 19. Jahrhunderts erschwert, und die Trennlinie zwischen »anständigen« und anderen Frauen schärfer gezogen.

Für Frauen war die Prostituierte eine zwiespältige Figur. Sie rief Ängste und Verachtung hervor, aber auch Mitleid und solidarische Verbundenheit, sie mußte ebensosehr als Wunschbild ersehnter Freizügigkeit wie als Symbol größtmöglicher Unterdrückung herhalten. Im Namen der »Reinheit« wurde in London 1885 eine der größten Frauenkonferenzen des 19. Jahrhunderts durchgeführt. Frauen gingen gegen den Mißbrauch ihrer Geschlechtsgenossinnen auf die Straße. Sie brachten damit den privatesten Bereich des Privaten öffentlich zur Sprache und übten so erstmals als weibliches Geschlecht eine öffentliche Rolle aus.

Das weibliche Geschlecht war das eigene Geschlecht. Die Frauen eigneten sich einen Teil davon an, beseelt von einer »Wißbegier«, auf der allerdings das Gewicht der Tabus fühlbar lastete. Das 19. Jahrhundert wurde nicht das Jahrhundert ihrer »sexuellen Befreiung«. Lesbierinnen konnten nur im verborgenen ihre Sexualität leben. Sie wurde geduldet, weil sie kaum bekannt war, nicht richtig erkannt wurde (man bezeichnete sie als »Pseudo-Homosexualität«), und allemal weitaus weniger öffentliches Ärgernis erregte als Gleichgeschlechtlichkeit unter Männern. Lesbierinnen konnten sich daher den Nachstellungen der Staatsmacht entziehen und ihre Intimität schützen.

Frauenerwerbsarbeit läßt sich nur im Zusammenhang mit der Familie verstehen. Denn der Familienstatus entschied über den Erwerbsstatus der Frau. Der Zugang zu bezahlter Arbeit regelte sich für Frauen danach, ob sie verheiratet waren, wieviele Kinder sie hatten und wie alt die Kinder waren. Die spezifischen Bedingungen der weiblichen Erwerbsarbeit wurden weder durch die Industrialisierung, die auch die Haushalte erreichte, noch durch die Urbanisierung, die die Möglichkeiten zur Arbeit im Haushalt vermehrte, bereits völlig umgewälzt.

Erst in der zweiten Hälfte des 19. Jahrhunderts wurde die Häuslichkeit so gut wie ausschließlich zur Frauensache. Im Diskurs der politischen Ökonomie wurde das Wesen der Frauenarbeit bestimmt und daran gearbeitet, die »weiblichen Arbeiten« und den »Beruf der Frau« als Naturverhältnis auszugeben. Bei genauerem Hinsehen zeigt sich, wie sehr die geschlechtsspezifische Arbeitsteilung ein Produkt der Sprache ist, die von männlichen Ökonomen, Arbeitgebern und Gewerkschaften in Umlauf gebracht wurde und die es daher genau zu analysieren gilt. Meistens ist der viel beredete Unterschied der Geschlechter in erster Linie eine gesellschaftliche Konstruktion.

Das Alleinleben von Frauen ist ebenfalls schwer einzuschätzen. Allzu stark wird es von realitätsüberdeckenden Stigmata verschleiert. Das Alleinleben bestand aus einem Geflecht von Beziehungen – zur Zeit, zu anderen Menschen, zur eigenen Person – und war daher in ständigem Wandel begriffen. Das Alleinleben war eine Erfahrung, die eine Frau im Laufe ihres Lebens zumindest zeitweilig gemacht hat. Die wachsende Kluft zwischen der Lebenserwartung von Männern und Frauen erhöhte die Zahl und Unterschiedlichkeit der Witwen, die zusammen mit einer geschlechtsspezifischen Untersuchung des Alters eine gesonderte Untersuchung verdienten. Doch es gab darüber hinaus auch dauerhaftes Alleinleben. Neben den unfreiwillig »Sitzengebliebenen« gab es die Unabhängigen, die es vorgezogen hatten, um der Freiheit willen ledig zu bleiben, denn »volljährige Mädchen« waren Männern rechtlich gleichgestellt. Zwischen diesen beiden Extremen gab es eine Fülle anderer konfliktreicher Lebenssituationen.

Noch zahlreiche andere Räume und Lebensverhältnisse von Frauen hätten vorgestellt werden können. Wichtig wäre es zum Beispiel über Geld, Geselligkeit, Gewalt zu berichten. Auch die Veränderungen der Ehe- und Mitgiftverträge, die wirtschaftlichen und häuslichen Zuständigkeiten der Frauen (Ressourcen des Haushalts und eigene Ressourcen), deren Rolle für Familienunternehmen oder das Familienvermögen – dieses und vieles mehr verlangt nach vergleichender Forschung.

Desgleichen wäre es nötig, in der abendländischen Welt die öffentlichen und vor allem die städtischen Räume zu durchstreifen, wie es Reisende im 19. Jahrhundert getan haben – Tocqueville, Flora Tristan, Vallès –, um herauszufinden, wie Männer und Frauen dort zusammentrafen. Denn ganz offensichtlich wurde der Wille zur Trennung der Geschlechter ständig von spontanen Begegnungen durchkreuzt. Waren die von Frauen dominierten

Salons noch weiterhin ein Zentrum der Frauenmacht? Waren die Cafés wirklich ausschließlich eine Männerdomäne, wie immer behauptet wird?

Die von Frauen erlittene oder ausgeübte Gewalt in Familie oder Gesellschaft ist ein Prisma, in dem sich besonders deutlich zeigt, wo sich das Patriarchat weiterhin hartnäckig hielt und wo es zurückwich. Inzest, Vergewaltigung, sexuelle Belästigung in Werkstatt oder Fabrik, gewaltsame Entführung, Essensentzug, Schläge verweisen auf eine Unterjochung der Körper von Frauen, deren Ausmaß schwer zu ermessen ist.[1] Umgekehrt zeigt sich an der »kriminellen Frau«, von der zwar ständig die Rede ist, deren Zahl aber in der strafrechtlichen Verfolgung verschwindend gering war (überall weniger als 20 Prozent der Angeklagten), welche Phantasmen die Furcht der Männer vor der Gleichstellung und ihre Angst vor dem Aufstand der Frauen hervorbringt. Alexandre Dumas der Jüngere verglich in seinem gleichnamigen Roman mordende und wählende Frauen (1880) und forderte gleichzeitig zu den nötigen Reformen auf. Gebt ihnen Rechte, meinte er, oder sie schlagen uns tot![2] Noch in seinen Auswüchsen verrät der kriminologische Diskurs (noch eine Sprache, die analysiert werden müßte) vieles über die Spannung, die im 19. Jahrhundert zwischen den Geschlechtern herrschte.

G.F.–M.P.

14
LEIB UND SEELE

Yvonne Knibiehler

U m 1800 hieß das neueste modische Kleinmöbel in Frankreich »Psyche«. In diesem waagerechten Kippspiegel konnte man sich von Kopf bis Fuß betrachten. Psyche aber bedeutet Seele! Eine Chance zu einer neuen Identität unter Einbeziehung des ganzen Körpers? Dazu war es noch zu früh. Den überwiegend gläubigen, wenn nicht gar frommen Frauen des 19. Jahrhunderts war beigebracht worden, der Leib sei der Seele feind und Haupthindernis auf dem Weg zur Glückseligkeit. Außerdem erinnerte sie der Körper mit seinen Gebrechen daran, wie sehr er durch Schwangerschaft, Geburt und Stillzeit zur Erhaltung der Art entfremdet worden war. Wie hätten sie sich mit ihrem Leib identifizieren können?

Mittelpunkt der weiblichen Identität war die Seele. Auch hierin waren sich säkulare Gesellschaft und Kirchen einig. Anthropologen wie Ärzte lehrten, Empfindlichkeit, Gefühle und Triebe seien bei Frauen überreich entwickelt und eine unverzichtbare Quelle von Eigenschaften, die für das reibungslose Funktionieren der Gesellschaft sorgen. Der Herz-Jesu-Kult nahm in katholischen Ländern krasse Formen an. Die entsprechende Heiligenmalerei zeigt einen aufgerissenen Brustkorb, bei dem auch im Herzen eine tiefe Wunde klafft: Symbole einer unmittelbaren und innigen Gemeinsamkeit oder Kommunion, die nicht durch Verstand oder Wissenschaft, sondern über das Wunder der Liebe zuteil wird.[1]

Durch die Fortschritte der Hygiene indes wurde das bisher unbestimmte und bruchstückhafte Bild des Körpers schärfer; er erhielt mehr

Aufmerksamkeit und mit dem Geburtenrückgang auch andere Aufgaben. Zugleich drang wissenschaftliche Kultur in die Bildung der Frauen vor und überlagerte mehr und mehr die frühere, vorrangig affektive Kultur. Allmählich und unauffällig, aber unwiderruflich löste sich das Frauenbewußtsein aus seiner traditionellen Verankerung.

DER LEIB

Zwar wurde über den Leib so gut wie nicht geredet,[2] doch stand Schönheit schon bald nach der Krise der Revolution wieder hoch im Kurs. Schönheit, die christlichen Moralisten verdächtig gewesen war, wurde vom Naturalismus der Aufklärung rehabilitiert. Schönheit sei nicht nur nützlich, um den Mann zur Zeugung zu veranlassen, sondern die besondere und legitime Waffe des »schwachen Geschlechts«, das seine Schwäche ausgleichen könne, indem es das starke durch Schönheit bezähme. Diese Vorstellung hatte die Betonung der Andersartigkeit zur Voraussetzung. Der sexuelle Dimorphismus galt ohne Rücksicht auf die jeweils individuelle Morphologie als verbindliche Norm. Jedes Merkmal von Zartheit und Empfindsamkeit wurde hoch bewertet: Pfirsichhaut mit feinen Äderchen, schwellende Formen, um Kleinkinder zu wiegen oder Kranke zu trösten, zierlicher Knochenbau, kleine Hände und Füße; aber auch alles, was auf natürliche Gebärfähigkeit hindeutete, ausladende Hüften, praller Busen, üppige Rundungen.

Soziale Definition: Die neuen Aufgaben der Schönheit

Jede Ähnlichkeit mit dem Mann machte aus der Frau eine angsteinflößende Anomalie. Das könnte den Dauererfolg des Korsetts erklären, das um 1810 erneut aufkam. Nicht mehr ganz so hochgeschlossen und atembeklemmend wie früher das Fischbeinkorsett, erfüllte es nun eine ästhetische Funktion: Betonen der Taille, Herauswölben von Brust und Gesäß. Mit dem Korsett hatte die Frau zudem ihre Formen und Posen immer so in der Gewalt, »wie sich's gehörte«; es bot der körperlichen und moralischen Würde einen Halt. Sein anhaltender Gebrauch ließ den modischen Wandel der weiblichen Formen durchaus zu, wie zwei Stars von internationalem Rang belegen. Um die Wende zum 19. Jahrhundert wurde die schlanke, blasse und keusche Juliette Récamier, an seinem Ende die üppige Sinnlichkeit der Gräfin de Castiglione gefeiert.

Die Romantik sehnte sich nach der körperlosen Frau. Die Ballerinen gaben mit ihrem Können dieser Sehnsucht Ausdruck. Mit der Erfindung des »Spitzentanzes« wurden Silhouetten gestreckt und Sprünge von ätherischer Leichtigkeit möglich. In Balletten wie *Les Sylphides* (1832) oder *Giselle* (1841) überwanden Frauen für kurze Zeit die Schwerkraft der Sterblichen. Romanheldinnen mußten grazil und anfällig sein, ihr Antlitz als Spiegel der Seele innere Stürme verraten. Das romantische Ich schmachtete in träger Blässe, möglichst überhöht durch schwarzes Haar, schwarzumrandete Augen und eine dicke Reispuderschicht.

Um die Jahrhundertmitte kam die gute Gesundheit wieder zu ihrem Recht. Ein üppiger Busen wurde abendlich offenherzig und milchweiß in Dekolletés ausgestellt. Um Männerblicken ein aufregendes Hohlkreuz zu bieten, zwängten sich die Frauen in Schnürleibchen, um Brust und Hinterteil herauszustrecken: Die Kreuzbeinsenkung wurde zur typisch weiblichen Fehlbildung. Auch als vornehme Blässe wieder außer Mode kam, galt Hellhäutigkeit weiterhin als Schönheitskriterium. Die Damen waren bemüht, sich einen perlmutterfarbenen Teint zu bewahren und so auszusehen, als kämen sie wenig nach draußen und als liebten sie die Häuslichkeit. Neben schwellenden Rundungen und weißer Haut galt auch mattglänzende Haarfülle als Unterpfand der Schönheit. Die Dame wickelte lange »Korkenzieherlocken« sinnend um den Zeigefinger, trug ausladende Schleifen, breite Stirnbänder und schwere Dutts. Üppige Lockenpracht wurde mit falschen Haarteilen vorgetäuscht. Diese Mode verhalf armen Frauen vom Lande zu einem Nebenverdienst, wenn sie das grausame Opfer brachten, ihr Haupthaar zu veräußern, was durchaus nicht gern gesehen wurde, schon gar nicht von ihren Ehemännern. Aus Angst vor Erkältung wurden die Haare nie gewaschen, nur ausgiebig gebürstet. Der Geruch sollte angeblich die Männer verwirren. Doch wurden die Nasen allmählich empfindlicher. Gerüche des Frauenkörpers, lange als Aphrodisiakum betrachtet (schon wieder Michelet!), wurden allmählich – vielleicht wegen der drangvollen Enge in den Städten – eher als anstößig empfunden, vielleicht auch aufgrund zunehmender Raffinesse in Liebesdingen. Der Verbrauch an Kölnischwasser nahm im Laufe des Jahrhunderts stetig zu.

Seit der Revolution war mit der Abschaffung der Privilegien die Männerbekleidung streng und nüchtern geworden. Ehrgeizige Männer stellten ihren Erfolg und ihre Ansprüche nun an den Körpern von Frauen zur Schau, an dem Putz und Geschmeide von Gattinnen oder Mätressen. Womöglich niemals zuvor in der Geschichte hatten die Damen so viel Stoff zur Kleidung gebraucht wie jetzt. Die Kleider, im ersten französischen Kaiserreich noch enganliegend, schlauchartig und hochbusig, wurden immer bauschiger, bis hin zur Krinoline (1854–1868). Ein Reifrock konnte leicht drei Meter Durchmesser errei-

chen und dreißig Meter Stoff verbrauchen. Als dergestalt stattlich aus-
gerüstetes Objekt der Verehrung verwies Madame ihre gesamte Umgebung auf Distanz; sie konnte sich nur mit Mühe fortbewegen und hin-
setzen, und aufs stille Örtchen mußte ihr eine Zofe helfen. Dieser
monumentalen Kleidung folgten Schnürleibchen, Schleppen, Podex-
polster mit anzüglich eleganter Betonung der weiblichen Formen. Tail-
lenhöhe, Ärmelform und Ausschnitt änderten sich mit jeder Saison. Die
Mode produzierte das Nebensächliche in immer schnellerem Takt, um
eine Demokratisierung des Sich-Kleidens abzuwehren. Allerdings wurden die feinen Damen in dieser Konkurrenz rasch von der Halbwelt
überflügelt. Daraufhin wurde dezente Zurückhaltung zum Kennzeichen
wahrer Eleganz und echter Vornehmheit.

Zu bedeutenden Neuerungen kam es, als Männer sich dem Geschäft
mit der Mode widmeten. In Frankreich war im ersten Kaiserreich der
Damenschneider Leroy tonangebend. Doch zum eigentlichen Vater der
Haute Couture entwickelte sich Worth; er war der Erfinder von Mode-
schauen und Mannequins; er regte die Hersteller zur Produktion von
changierenden Geweben und graziösen Ornamenten an, die eine Toilette unverwechselbar persönlich machten. Seine märchenhaften Krea-
tionen waren ebenso berühmt-berüchtigt wie seine atemberaubenden
Rechnungen und seine Arroganz: Damen von Stand gaben sich bei ihm
die Klinke in die Hand.

Für selbständige Schneiderinnen eröffneten sich gute Zeiten. Ihre
Zahl wuchs schnell. Gefahr für ihr Gewerbe drohte ihnen nicht von
den Modekönigen, sondern von der Konfektion, die alle Bekleidungs-
gewohnheiten revolutionierte. Noch zu Beginn des 19. Jahrhunderts
war es üblich, daß Kleider und Putzartikel von der Ober- an die Mit-
tel- und Unterschicht weitergereicht wurden: Kleiderhändlerinnen, diese häufig als Verführerinnen und Kupplerinnen verdächtigten *mar-
chandes à la toilette*, kauften abgelegte Röcke, Mäntelchen, Hauben,
Nachthemden auf, um sie an putzsüchtige junge Frauen weiterzuver-
kaufen. Nun aber begannen neugegründete Kaufhäuser Kleidung von
der Stange zu verkaufen. Die geräumigen, hellen Kaufhäuser mit Aus-
lagen, die dazu aufforderten, die Waren zu besehen, zu betasten und
anzuprobieren, boten den Frauen als Einkaufsparadies einen Tummelplatz für Augen, Finger und Sehnsüchte, einen neuen Ort des Glücks.
Das Einkaufen mit seinen Überraschungen und Versuchungen wurde
noch aufregender, als die Preise fielen. Frauen aus dem Mittelstand und
selbst Arbeiterinnen erhielten Zugang zu der bis dahin unerreichbaren
Euphorie des Kleiderauswählens. Wer früher zehn Jahre lang ein grau-
es oder blaues Kleid aus Zwillich getragen hatte, ohne es zu waschen,
konnte sich jetzt Jahr für Jahr ein paar Kattunkleidchen in verschiedenen Farben leisten!

Diese ansteckende Lust verbreitete sich allerdings nicht überall. Das platte Land blieb lange von städtischen Moden so gut wie verschont. Zwar setzte sich nach 1850 auch hier die Mode durch, doch sie bereicherte zunächst nur die landestypischen Trachten. Am malerischsten entwickelten sich diese in Holland, im Schwarzwald, im Voralpenland, im Elsaß, in der Bretagne und in Südfrankreich um Arles. Dort äußerten sich Sitte und Brauchtum weiterhin in einer komplexen Formensprache: Zuschnitt, Farbe, Größe, Kopfputz, Schultertuch, Schürze, Rock hatten jeweils eine festumrissene Bedeutung. Nach 1880 verschwanden die Regionaltrachten plötzlich in nur wenigen Jahren bzw. wurden nun allein folkloristisch gepflegt.

Trachten von Glaubensgemeinschaften hielten sich länger.[3] Die Sekten, deren Zahl damals ungemein zunahm, entwickelten eine erstaunliche Bekleidungsvielfalt. Unglaubliche Sorgfalt wurde auf die Auswahl von Häubchen, Schleier, Stirnband, Kragen, Skapulier, Ärmel und Manschetten, Farben und Stoffen verwendet. Hier wurde Kleidung zum mystischen Symbol, jedes Einzelteil tat Buße kund. Zu einer Zeit, in der viele Frauen Analphabetinnen waren, übermittelte die Kleidung ohne Worte unmißverständliche Lehren über den Frauenleib, seine Pflichten und seine Bestimmung aus.

Die Kleidung sprach über die Unschuld von Mädchen. Weiß kleidete sich fortan die Braut, zumindest in der Stadt; weiß war das Kleid für die Erstkommunion; weiß auch der durchsichtige Musselin des ersten Ballkleids als Schleier züchtiger Jungfräulichkeit. Die ledige Jungfrau war Lilie, weiße Taube: Ihre Jugendfrische gemahnte an Frühling. Luxus durfte sie nicht treiben: Ihr Los war Bescheidenheit. Doch wies ihr die Aufgeputztheit der Mutter und Gattin, welcher Zuwachs an schmückender Schönheit ihr künftig zuteil werden würde.[4] Die Kleidung betonte auch die Stadien des Wachstums und der Persönlichkeitsbildung. Der Rocksaum einer jungen Frau ging bis zum Boden, und sie war kunstgerecht frisiert. Das heranwachsende Mädchen, das gerade in der Pubertät war, steckte das geflochtene Haar zu Schnecken fest oder befestigte es unter einem Haarnetz; der Rocksaum reichte erst bis zu den Knöcheln. Kleine Mädchen im Kindergartenalter trugen das Haar offen; das Röckchen war so kurz, daß die Schnürstiefel und sogar das Spitzenhöschen vorlugten. Beachtenswert, wie einprägsam kleine Mädchen in den Werken der Gräfin de Ségur und Lewis Carrolls geschildert werden. Schon die vierjährige Sophie begehrt auf, und Alice tritt durch den Spiegel hindurch, um das Wunderland ganz allein zu entdecken.[5]

Lange und kurze Hosen machten eine eigenartige Entwicklung durch. Noch zu Beginn des 19. Jahrhunderts für Frauen generell verpönt, wurden sie an seinem Ende zur Unterwäsche. Zwar ließen sich manche Frauen durch Verbote nicht von Männerkleidung abbringen. Manche trugen sie aus Bequemlichkeit – so etwa Madame Marbouty, die sich 1836 als Mann verkleidete, um Balzac nach Turin zu begleiten –, andere als Zeichen der Emanzipation – so etwa George Sand nach der Trennung von ihrem Mann oder 1848 die »Vesuvierinnen«. Doch das waren Ausnahmen. Unterdessen setzte sich die kurze Hose als Unterwäsche durch. Erst wurde sie aus Gründen der Sittlichkeit den Operntänzerinnen vorgeschrieben (so entstand das Tutu), dann den beinewerfenden Damen vom Varieté. Prostituierte bedienten sich um 1820 erstmals der Hose und hatten damit durchschlagenden Erfolg. Schließlich griffen auch anständige Frauen zur Unterhose, als es unter den Reifen der Krinoline mit ihrer weiten Abspreizung von Röcken und Unterröcken in der Körperzone zwischen Schnürleibchen und Strumpfbändern unangenehm kalt wurde. Aber war es zum Wärmen nötig, ein Ding mit zwei Hosenbeinen anzuziehen und so den Zugang zum Geschlecht zu verlegen? Dieser Sieg der Hose in der Frauenkleidung hatte vor allem symbolische Bedeutung, denn der »Kampf um die Hose« war ein uraltes, höchst populäres und immer erneut bearbeitetes Thema. Frauenunterhosen wurden sowohl als »Unentbehrliche« wie auch als »Unaussprechliche« umschrieben. Es galt als unschicklich, das zu bezeichnen, woran sie erinnerte, war es doch verpönt, Schenkel und Beine in voller Länge zu zeigen. Die viktorianische Prüderie ging so weit, selbst Tisch- und Stuhlbeine zu umhäkeln. Es war sicher kein Zufall, daß der berühmte französische Cancan der Belle Époque als trutzige Äußerung von Gegenkultur nichts als heftig hochgeworfene Beine, Beine, Beine zeigte.

Damals wurde eine Unzahl Dessous für Frauen erfunden: spitzenbesetzte Unterhöschen, Korsettschoner, Rundspencer, Schichtunterröcke, Leibchen, Brusttücher und anderes mehr. Die Mechanisierung der Textilindustrie, der Preisverfall bei Baumwollstoffen erklären dies nur zum Teil. Dieser fast neurotische Drang zu verdecken, zu verhüllen, zu verbergen drückte womöglich die Sehnsucht nach neuen Spielregeln in Liebessachen aus, den Versuch, in einer langsameren, sanfteren, zartfühlenderen Annäherung eine neue Balance zwischen Scham und Erotik zu finden. Spitzenunterröcke aber blieben ein unerschwinglicher Luxus für die allermeisten Frauen, von denen viele weiterhin nur Hemdchen besaßen, sich Unterröcke aus abgetragenen Kleidern nähten und bis nach dem Ersten Weltkrieg keine Unterhosen kannten. Die Mädchen im Waisenhaus Bon Pasteur trugen noch 1903 keinerlei Unterwäsche: Sie erhielten nur eine grobe Kittelschürze, und diese kam, selbst wenn sie Flecken von der »Unpäßlichkeit« aufwies, nur alle drei Monate in die Wäsche.

Auch spitzenbesetzte Kopfkissen, kunstfertig bestickte Bettwäsche betonten die Schönheit der Dame. Darin erlebte sie hilflos die Hochzeitsnacht, darin kamen die Kinder zur Welt. Leibwäsche und Aussteuerwäsche dienten den Pflichten der Frau im Bett, am Tage und bei Tisch. Dieses war der Wert ihrer Aussteuer, ihr persönlicher Besitz, ihr unveräußerlicher Reichtum. Die Aussteuer zu nähen und zu besticken war eine wichtige Etappe der Erziehung. Mit dem Nähen erlernte das junge Mädchen geduldiges Arbeiten und Stillsitzen sowie ausgiebiges Sinnieren über den eigenen Leib, seine Körperöffnungen und deren Funktion. Von der Pubertät bis zur Hochzeit »zeichnete« die junge Frau ihre Wäsche, indem sie ihre Initialen mit immer verschlungeneren Verzierungen hineinstickte. Das Ganze, liebevoll gestapelt, später kaum benutzt, bewahrte die Erinnerung an die Jungfernjahre wie ein Symbol einstiger Unabhängigkeit. Ein Kult um die Aussteuer wurde vor allem in Südeuropa (Südfrankreich, Spanien, Italien) getrieben, wo die Frauen noch stärker unterdrückt waren. Die Arbeit an der Aussteuer ließe sich durchaus auch als naive und eigensinnige Äußerungsform eines unausrottbaren Narzißmus lesen.[6]

Weißnäherin, Korsettmacherin, Wäscherin verstanden, teilten, unterstützten diesen Hang zu schöner und makelloser Feinwäsche. Von Berufs wegen erhielten sie Einblick in die Leibes- und Liebessachen ihrer Kundinnen. In viele Geheimnisse eingeweiht, sorgten sie über Standesgrenzen hinweg für diskrete Komplizenschaft unter Frauen. Die Zahl dieser Hausarbeitskräfte war Legion; sie hatten oft ihr gutes Auskommen und waren stolz auf ihre Arbeit, wie Gervaise in *L'Assommoir*.

An der Schwelle zum 20. Jahrhundert wurde das Erscheinungsbild des weiblichen Körpers einem radikalen Wandel unterworfen. Der Modeschöpfer Poiret riskierte um 1905 den Bannfluch gegen das Korsett: Er entwarf fließende und wallende Gewänder von nüchterner Eleganz, die sich eng an eine schlanke Figur schmiegten. Zur selben Zeit widersetzte sich die amerikanische Tänzerin Isadora Duncan der Mode der Tuturöckchen und Ballettschuhe. Sie tanzte barfuß und in einer dem Vorbild des klassischen Griechenlands nachempfundenen Tunika. Sie setzte sich rasch durch, und ihre rauschenden Erfolge offenbaren nicht zuletzt den unter Frauen verbreiteten Wunsch nach Emanzipation.

Als die aufgeblähten Hüllen fielen, die den Frauenkörper verunstaltet hatten, änderte sich nicht nur eine Mode. Es war eine Kulturrevolution. Manche Autoren sahen darin den »Bankrott der Schönheit«. Der klarsichtigere Émile Zola schrieb: ». . . die Idee der Schönheit wandelt sich. Ihr verlegt sie nun in die Unfruchtbarkeit der Frau, in die lange und schlanke Gestalt, in schmale Hüften.«[7] Das ganze Jahrhundert hatte sich blindlings auf diesen Wandel zubewegt. Doch in dem Maße, wie die Fruchtbarkeit der Frauen abnahm, wurden die Lebensspenderinnen mit um so größerer Aufmerksamkeit bedacht.

Biologische Definition und Medikalisierung

»Schwangere müssen zum Gegenstand aktiver Fürsorge, religiöser Verehrung, eines regelrechten Kultes werden«, schrieb Doktor Marc 1816.[8] Diese Fürsorge galt vor allem dem Ungeborenen, kam aber auch der Frau zugute, die das Ungeborene im Leibe trug. Marc schlug Maßnahmen vor, die viel über das Los der Frauen aussagen, die er zu schützen empfahl. Er wollte sie vor der Gewalt bewahren, die in der Unterschicht herrschte: Zahlreiche Fehlgeburten seien auf brutale Attacken volltrunkener Ehemänner zurückzuführen. Er wollte schwangere Frauen von schwerer körperlicher Arbeit, die er in erschütternden Einzelheiten beschrieb, entlasten. Seine Ideen fanden allmählich Verbreitung. Für die betroffenen Frauen hatten sie nicht nur angenehme Folgen. Marc und seinesgleichen beanspruchten, Frauen auch vor sich selbst zu schützen. Sie versuchten, peinlich genau deren Lebenswandel zu überwachen und ausgelassene Vergnügungen auf Festen einzuschränken: Schaukeln und Walzer seien strikt zu verbieten. Der Paternalismus der Ärzte lief darauf hinaus, Schwangerschaft zur überwachten Askese zu machen. Dieses Programm eilte seiner Zeit weit voraus. Erst gegen Ende des Jahrhunderts kam es im Rahmen der Arbeitsschutzgesetze zum Mutterschutz.

Vorher aber wurde Schwangerschaft unter der viktorianischen Prüderie zum Tabu: Wer in »anderen Umständen« war, ging selten aus und zeigte sich so wenig wie möglich. Ein ähnliches Tabu lag über der Geburt: im Elsaß brachte der Klapperstorch das Kind, andernorts wuchs es auf einem Acker im Kohlkopf heran, oder die Hebamme hatte es mitgebracht. Vordergründig ging es darum, Kindern und jungen Mädchen nicht die Unschuld zu nehmen; aber ohne Zweifel waren diese Ammenmärchen auch ein Versuch, das Animalische im Menschen zu verleugnen oder zumindest zu vertuschen. Damals waren schwangere Prostituierte bei Bordellbesuchern besonders begehrt.

Die Medikalisierung der Geburt begann im 18. Jahrhundert und setzte sich im 19. Jahrhundert massiv durch. Auslöser war eine Art Geltungssucht. Weil ein Arzt für seine Dienste drei- oder viermal mehr verlangte als eine Hebamme, war es ein Zeichen von Wohlstand, wenn er gerufen wurde. Gebärende in bescheideneren Verhältnissen blieben den Hebammen treu, die Ärmsten gingen ins Spital. Daß sich die Frauen je nach Ort verschieden verhielten, hatte häufig wirtschaftliche Gründe. In den Armenvierteln des Londoner East End ließ 1892 die Hälfte aller gebärenden Frauen eine Hebamme kommen; im West End dagegen waren es nur zwei Prozent.[9] In Boston scheint bereits 1820 fast die gesamte Geburtshilfe in Männerhänden gelegen zu haben.[10]

Vor 1870 scheint das Eingreifen der Ärzte nirgendwo die Sterblichkeit verringert zu haben. In Rouen, wo die Medikalisierung weit fortgeschritten war, aber zugleich viele Arme in Elendsquartieren hausten, lag die Müttersterblichkeit durchgehend bei etwa 11 Prozent. Im amerikanischen Bundesstaat Utah dagegen, wo noch die Matronen mit ihrer praktischen Erfahrung vorherrschten, lag sie bei 6 Prozent: Die Menschen lebten dort in einem offenen Gebiet am Fuße eines großartigen Gebirges, also in einem wahrhaftig seuchenarmen Paradies.[11]

Auch weist nichts darauf hin, daß Ärzte die Schmerzen hätten lindern können. Die Anästhesie, mit der seit Ende der 40er Jahre auf der Basis von Äther oder Chloroform experimentiert wurde, war ungeachtet der christlichen Lehre, die den Evastöchtern gebietet, ihre Kinder unter Schmerzen zu gebären, fast augenblicklich heiß begehrt. Königin Viktoria verlangte nach Chloroform, als die 1853 ihr achtes Kind zur Welt brachte. Doch die Ärzte setzten wegen möglicher Komplikationen diese Methode nur zögernd ein. Die französische Kaiserin Eugénie, die 1856 eine sehr schmerzhafte und komplizierte Geburt hatte, lehnte diese Erleichterung ab. Sie hat nach dieser Geburt kein weiteres Kind geboren. Hebammen warfen den Ärzten vor, sie hätten zu wenig Geduld und griffen voreilig nach der Zange.

Große Fortschritte in der Geburtshilfe gab es nicht bei Hausgeburten, sondern in Krankenhäusern. Diese aber wurden nur von den Ärmsten der Armen unter den Frauen aufgesucht. In den Augen der Öffentlichkeit war es nach wie vor unvorstellbar und eine Schande, wenn ein Kind nicht im eigenen Heim zur Welt kam. Seit Ende des 18. Jahrhunderts kam es vermehrt zu Anstrengungen, Schwangere vom Rande der Gesellschaft besser zu versorgen. Bestenfalls geschah dieses durch neuartige Einrichtungen, wie die 1794 eröffnete Geburtsklinik Port-Royal in Paris, schlechtestenfalls wurden einer oder mehrere Kreißsäle von einem Hospiz abgetrennt. Die seit den 1850er Jahren in diesen Einrichtungen recht zuverlässig geführten Statistiken belegen, daß die Sterblichkeit mit 10–20 Prozent hier immer noch sehr hoch war, was nur zum Teil daher rührte, daß die dort aufgenommenen Mütter Rachitis oder Tuberkulose hatten und sich in einem sehr schlechten Allgemeinzustand befanden. Hauptsächliche Todesursache aber war das Kindbettfieber. Dieses wurde vom Geburtshelfer selbst und seinen Studenten übertragen, weil sie ohne desinfizierende Vorkehrungen geburtsklinische Untersuchungen unmittelbar nach Autopsien vornahmen. Der österreichisch-ungarische Arzt Ignaz Semmelweiss hatte schon in den 40er Jahren vermutet, daß dieses die Infektionsquelle sei, und die Müttersterblichkeit in seiner eigenen Klinik dadurch drastisch gesenkt, daß er seine Untergebenen zwang, sich mit Karbolseife gründlich die Hände zu reinigen. In Frankreich wurde Tarnier zum vergleichbaren

Pionier. Wirksam aber wurden diese Fortschritte erst, nachdem die Grundsätze der Antisepsis formuliert worden waren. Zwischen 1870 und 1890 akzeptierten alle Krankenanstalten in Europa und Amerika diese neuen Verhaltensregeln. Um 1900 fiel die Müttersterblichkeit auf etwa zwei Prozent. Erst jetzt war eine Geburt in der Klinik weniger riskant als eine Hausgeburt. Die Kombination von Anästhesie und Antisepsis und die Fortschritte in der Technik des Wundvernähens ermöglichten eine kühnere Chirurgie. Der Kaiserschnitt wurde an der Schwelle zum 20. Jahrhundert geläufige Praxis.

Während dieser Zeit verloren die Hebammen ihre Kundschaft. Ihre freiberufliche Tätigkeit rentierte sich nicht mehr. Hebammen arbeiteten zunehmend als Angestellte in Krankenhäusern und Privatkliniken. Dort mußten sie als Untergebene den Anweisungen der damals allmächtigen Ärzte Folge leisten und konnten so den Gebärenden nicht mehr uneingeschränkt beistehen. Eine traditionelle Form der Frauensolidarität zerbrach, und die Frauen büßten in der Reproduktion jegliche Autonomie ein. Schamgrenzen fielen schnell, was deutlich macht, daß dies nicht »naturbedingte«, sondern kulturelle Grenzen waren. Von nun an war der natürliche Beschützer einer Frau im Kindbett nicht mehr der Ehemann, sondern der Arzt.

Die Hebammen waren nicht die einzigen Opfer des medizinischen Fortschritts. Auch andere traditionelle Pflegekräfte mußten erleben, wie ihr Wissen und ihre praktische Erfahrung entwertet wurden. Nonnen, Krankenpflegerinnen, Naturheilkundige wurden seit der Ära Louis Pasteur den Ärzten untergeordnet und von diesen regelrecht domestiziert. Einzig in den angelsächsischen Ländern konnten die *nurses* dank der Energie von Frauen wie Florence Nightingale eine gewisse Eigenständigkeit bewahren. Zwar kehrten Frauen nach einiger Zeit durch den Vordereingang wieder in die medizinische Praxis zurück, indem viele von ihnen Ärztinnen wurden. Doch wurde ihnen der Zugang zum Beruf erst spät und nur allmählich gewährt. Von den männlichen Berufskollegen lange Zeit mißtrauisch beäugt, verhielten sie sich wie gefügige Schülerinnen, um eher akzeptiert zu werden; sie wagten es nicht, Anspruch auf verantwortliche und gestaltungsfähige Posten zu erheben. Bis auf einige wenige Ausnahmen[12] waren sie daher nicht imstande, der Frauenmedizin entscheidende Impulse zu geben.

Die Frau des 19. Jahrhunderts galt als ewig Kranke. Die Medizin der Aufklärung konzipierte die Phasen eines Frauenlebens als Abfolge grauenhafter Krisen, selbst wenn keinerlei Krankheitsbild vorlag. Neben Schwangerschaft und Niederkunft wurden auch Pubertät und Wechseljahre als mehr oder minder gefahrvolle Prüfungen dargestellt, und selbst die Menstruation erschütterte als angebliche Verletzung der Eierstöcke monatlich das nervliche Gleichgewicht. Alle Statistiken belegen in der Tat, daß Frauen im 19. Jahrhundert eine höhere Morbidität und Mortalität hatten als Männer.[13] Die öffentliche Meinung und viele Ärzte führten dieses auf die »schwächliche weibliche Natur« zurück; diese biologische »Ursache« erschien als gottgegeben und allgemeingültig und drohte einen unüberwindlichen Fatalismus zu nähren. In Wirklichkeit aber wurden Mädchen und Frauen krank von den Lebensbedingungen, die ihnen auferlegt waren; doch nur wenige Ärzte waren damals imstande, soziale Faktoren in Rechnung zu stellen.

»Mädchen sind der anfälligste Teil der Menschheit«, behauptete Doktor Virey 1817.[14] Eine überhöhte Mädchensterblichkeit war in der Tat im ganzen Abendland vom fünften Lebensjahr an festzustellen. Bereits im Laufe des 18. Jahrhunderts sichtbar, verschärfte sie sich zwischen 1840 und 1860, und zwar offenbar am stärksten in Frankreich und Belgien.[15]

Die mörderischste Krankheit war die »Schwindsucht«. In Belgien erlagen ihr 20 Prozent der Mädchen zwischen dem siebten und dem fünfzehnten und 40 Prozent zwischen dem fünfzehnten und dem zwanzigsten Lebensjahr. Im allgemeinen erfaßte die Schwindsucht doppelt soviele Mädchen wie Jungen. Die Ärzte, die die Familien der Reichen betreuten, konnten nicht begreifen, warum diese verwöhnten und verzärtelten jungen Mädchen so anfällig waren. Die Zusammenballung in den Städten steigerte ohne Frage die Ansteckungsgefahr. Doch die besten Ärzte, so der große Laennec, zählten zu den Ursachen auch Kummer, Enttäuschung und Seelenschmerz. Der Fall der Schwestern Brontë scheint diesen Erklärungsansatz zu untermauern. Ist es Zufall, daß die Tuberkulose zur romantischen Krankheit par excellence wurde? Kummer und Enttäuschung, moralischer Verfall und Lebensüberdruß waren selbst wiederum Folgen allgemeiner Bedingungen. Mädchen waren schon von Geburt an weniger willkommen und wurden bewußt oder unbewußt zurückgesetzt. Nach einem auch von Michelet bekräftigten hartnäckigen Vorurteil durften sie kein Fleisch essen, vor allem kein rotes. Nach den Grundsätzen einer sittsamen Erziehung sollten die Fräuleins in drapierieverhangenen Wohnungen ohne Luft, Sonne und Körperbewegung verharren und sich über Nadelarbeiten beugen. In bescheideneren Verhältnissen mußten sie schon im zartesten Alter kräftezehrende Hausarbeit leisten oder während überlanger Arbeitstage auf dem Feld, in der Fabrik oder in der Werkstatt arbeiten.

Die Tuberkulose zählte ebenfalls zu den Hauptursachen der sogenannten Müttersterblichkeit, die häufig eine natürliche Folge der Mädchenerziehung war. Gleiches läßt sich über die Rachitis sagen, eine andere und damals häufige Folge von Mangelernährung und körperlicher Verelendung. Unterernährte Frauen hatten ein verengtes Becken, und das erschwerte das Gebären. Aber auch die Fräuleins der Oberschicht verkrümmten sich das Rückgrat (Skoliose, Kyphose, Lordose fanden Eingang in den medizinischen Wortschatz) und hatten dann unter Geburtskomplikationen zu leiden.

Weitere signifikante Krankheiten zeigten sich an den Geschlechtsorganen. Die Ärzte wußten kaum Bescheid über deren Umfang, da sie sich nicht trauten, ihre schamhaften Patientinnen zu untersuchen. Viele glaubten, der Schanker sei unvermeidlich und allgemein verbreitet. Zwar war ihnen bekannt, daß venerische Krankheiten ansteckend sind, doch das scherte sie kaum: »Ehegatten teilen sich ihre Syphilis wie ihr täglich Brot.«[16] Die keusche Gattin, gemeinhin das Opfer dieses bereitwilligen »Teilens«, wurde häufig um des häuslichen Friedens willen über ihr Los im unklaren gelassen. Der Arzt behandelte sie nur mit Genehmigung des Ehemanns, denn die Behandlung hätte ihr alles verraten. Wir werden nie erfahren, wieviele junge Frauen, die um ihrer Mitgift willen geehelicht wurden, Opfer eines solchen Männerkomplotts wurden. Nicht alle ließen sich täuschen oder resignierten. Christina Trivulzio, Fürstin Belgiojoso von reichem lombardischem Adel, setzte sich ebenso wie die Stickerin Suzanne Voilquin in Paris offensiv mit dieser Heimsuchung auseinander, die ihr Leben umstülpte. Beide setzten eine einvernehmliche Trennung von dem Gatten durch, der sie angesteckt hatte. Beide wandten sich der Heilkunde zu. Christina, die an rasenden Nervenschmerzen litt, erwarb aufgrund der eigenen Erfahrung ausgefeilte Kenntnisse über zeitgenössische Arzneilehren und konnte mit ihrem Wissen Familienmitgliedern und Freunden helfen. Während der Belagerung Roms 1849 organisierte und leitete sie die Spitäler und Notaufnahmen der Stadt mit einer Effizienz, die ungeteilte Bewunderung fand. Suzanne hingegen arbeitete sich zunächst in die homöopathische Lehre Doktor Hahnemanns ein. Später stieß sie zu ihren exilierten saint-simonistischen Freunden in Kairo, um als Mann verkleidet in einem Spital Vorlesungen zu hören; mit einem Hebammenbrief versehen, übte sie den Beruf später in Frankreich und Rußland aus. Erst Ende des 19. Jahrhunderts, als die Syphilis zu einer wahren Volksgeißel geworden war, erhielten die Ärzte endlich die Befugnis, auch ehrbare und selbst verheiratete Frauen zu behandeln.

Weit verbreitet war außerdem die Behauptung, alle Frauen seien nervenleidend, seien es gewesen oder würden es zukünftig werden. In einer Zeit, da die friedliche Landidylle noch nostalgische Sehnsüchte weckte, gaben die Ärzte die Schuld an den Nervenleiden gerne dem Stadtgetriebe, das in der Tat die Stellung, Aufgaben und Lebensbedingungen der Gattin und Mutter verändert hatte. Einige Ärzte ereiferten sich über die »Migränepüppchen«, an denen alle Therapieversuche abprallten. Hier kommen wir in den geheimnisumwitterten Bereich lähmender Leiden, die sich sehr wohl auch simulieren oder kultivieren lassen. Wie weit wurde die Migräne für enttäuschte und überforderte Frauen zur Zuflucht oder Ausrede? Wie weit bezeichnete sie schmerzhafte Identitäts- und Bewußtseinskrisen? Die Gräfin de Ségur durchlebte das Klimakterium als furchtbare Zeit der Kopfschmerzen und der Lethargie; ihre Heilung fiel zusammen mit dem Beginn ihrer literarischen Tätigkeit.[17] Ein Gegenbeispiel ist Madame Vrau-Aubineau, eine Bürgersfrau aus Nordfrankreich. Als sie gezwungen war, ihre Gewerbetätigkeit aufzugeben, versank sie bis zum Ende ihrer Tage in Migräneanfällen.[18]

Noch stärker als die Migräne war die Hysterie damals, wenn man so sagen will, die Krankheit des »schwachen Geschlechts«. Manche Autoren erachteten sie als untrennbaren Teil der »Natur des Weibes«. Diese Krankheit versetzte die Familien, die Gesellschaft, ja sogar die ärztliche Wissenschaft in Unruhe; alle Welt schien mit diesem Leiden geschlagen. Aus Angst vor Anfällen wurde die Hysterikerin von der Verwandtschaft wie ein rohes Ei behandelt und entwickelte sich dadurch bisweilen zur Familientyrannin. In einer Art Ansteckung konnte es zu beklemmenden Fällen kollektiver Hysterie kommen. Solches geschah etwa zwischen 1857 und 1873 in Morzine. Mädchen und Frauen kreischten, wanden sich in Krämpfen, beschimpften und schlugen Väter und Ehemänner, tranken Schnaps und wollten nicht mehr arbeiten. Die Staatsgewalt war beunruhigt und unternahm einen regelrechten Feldzug, um die betroffene Landbevölkerung aus Isolierung und Elend zu reißen: Sie ließ Straßen bauen, gründete eine Garnison, organisierte Bälle. Die Theatralisierung, der die psychiatrische Anstalt Salpêtrière zwischen 1863 und 1893 unterlag, steigerte die Ängste und Anfälle von Hysterikerinnen aufs äußerste; sie zeigt gleichzeitig, welches Faszinosum das Leiden für die Ärzteschaft war. Freud bemühte sich als erster um ein ernsthaftes Verständnis dieser unglücklichen Frauen. Er rehabilitierte ihre Tiraden, ihre Träume, sogar ihre Sexualität; er hörte ihnen zu, wenn sie endlos über sich selbst redeten.

Die Anhängerschaft der Ärzte wurde im Laufe des Jahrhunderts immer zahlreicher, vor allem nach Pasteur, und die von den Ärzten vertretenen Werte setzten sich immer stärker durch. Schon die Aufklärung hatte betont, Hygiene sei zugleich hochmoralisch, weil sie den Körper vor Krankheit und zugleich die Seele vor Laster schütze. Doch die Hygiene stieß auf zwei Hindernisse. Ein erstes Hindernis war die Scham. Allzu genußvolle Waschungen vor allem der verborgenen Teile galten als Ausschweifung; lieber wurde die Wäsche gewechselt. Das zweite Hindernis war das Fehlen von fließendem Wasser und eines Ausgusses, Gesicht und Hände reinigte man sich (fast) jeden Tag in einer Waschschüssel, das Übrige allenfalls einmal pro Woche. Dusche und Vollbad blieben (als Hydrotherapie) lange Zeit Kranken vorbehalten. Selbst die glücklichen Besitzer einer eigenen Badewanne badeten, folgten sie der Empfehlung, nur einmal pro Monat. Die Badewanne *(tub)* war in England erfunden worden und verbreitete sich gegen Ende des Jahrhunderts auch auf dem Kontinent. An Degas' Malerei läßt sich nachvollziehen, wie die Gewöhnung an eine gründliche Körperwäsche den weiblichen Akt verändert: *Die Badende* wird zu einem fast trivialen Sujet.

Eine ordentliche Hygiene erforderte auch Freiübungen an der frischen Luft. Für Frauen, deren Haut makellos weiß bleiben mußte, war eine solche Vorschrift von zweifelhaftem Wert. Doch hatte Marie de Flavigny (die spätere Gräfin d'Agoult) schon um 1820 einen *maître de grâces*, also einen von seiner Wichtigkeit überzeugten Tanzmeister, und eine Fechtlehrerin, die sie im Florett unterwies; obendrein ritt sie häufig aus. Auch in den Stundenplänen von Mädchenpensionaten schlug sich die neue Tendenz nieder: Auf die »Haltungsstunde«, in der das Geradehalten für alle Momente des Tages und Lebens geübt wurde, folgten zu Beginn der 80er Jahre allmählich korsettfreie Turnübungen und sogar Geräteturnen. Die wachsende Beliebtheit des Badens am Meer trug vermutlich erheblich dazu bei, den Körper der Frau schneller von seinen Hüllen zu befreien. Doch mehr als die Freiheit sollten die Frauen meist unter nationalistischen und oft unter rassenhygienischen Gesichtspunkten fortan Spannkraft und Physis pflegen.

Ausgehend von Deutschland und England hatte der Kreuzzug für das Mädchenturnen Ende des Jahrhunderts ganz Mitteleuropa erobert. Welche wilde Begeisterung das Turnen erweckte, belegt unter anderem ein ironisierender und schlüpfriger Roman von Edmondo De Amicis.[19] Doch Frauensport, vor allem in Form von Wettkämpfen, stieß auch auf große Ablehnung und manchmal entschiedene Gegnerschaft. Zeitgenössische Beobachter klagten, wie abstoßend eine Frau bei körperlicher Anstrengung wirke, redeten anmutiger Erschlaffung das Wort und warnten vor übermäßiger Muskelbildung, da sie der zukünftigen Gebärenden schaden könne. Dennoch begeisterten sich wohlhabendere Töchter und Frauen rasch für Schwimmen und Tennis.[20] Diverse Vereine machten Radfahren, Laufen, Springen, Geräteturnen populär. Und trotz Pierre de Coubertins hartnäckigen Widerstands nahmen Frauen bereits 1912 an den Olympischen Spielen teil.

Zur selben Zeit setzten sich Ärzte nachdrücklich für sexuelle Aufklärung der Mädchen ein, um der Syphilis Einhalt zu gebieten. Ein aufgeklärtes Mädchen lasse sich nicht so leicht verführen und werde vom Verlobten ein Gesundheitsattest verlangen. Aufklärungsbroschüren erschienen. Aber, da es schon an Revolution grenzte, den Frauen ein Recht auf den eigenen Körper einzuräumen, wie konnte man ihnen da obendrein noch ein Recht auf die Kontrolle über den Körper des Mannes gewähren?

LEIB ODER SEELE

Das »Verhältnis zwischen Physis und Moral beim Menschen«[21] hatte die Ärzte der Aufklärung stark beschäftigt. Waren eheliche Liebe und Mutterliebe, deren die Gesellschaft so dringend bedurfte, hehre Gefühle und auf immerdar in die weibliche Seele eingepflanzt? Oder waren sie nur ungewisse und zufällige Launen einer Gebärmutter, die nach Sperma und Fötus lechzte? Das Verhältnis zwischen Leib und Seele blieb ein Geheimnis. Hat sich im Laufe des Jahrhunderts mit den Veränderungen der Rolle des »schwachen Geschlechts« in Gesellschaft und Familie auch diese Beziehung geklärt oder gewandelt? Wie entwickelte sich die Begegnung zwischen Frau und Mann, zwischen der Frau und dem Mann im Kind?

Das Geschlecht der Engel

Seit den 1840er Jahren wurde es üblich, mit dem französischen Wort »frigidité« die sexuelle Lustlosigkeit bei Frauen zu benennen. In der viktorianischen Zeit entstand im übrigen eine Literatur, die eine solche Lust glattweg leugnete. Es ist bekannt, daß etwa Michelet Athenaïs nicht zum »Erschauern« bringen konnte; diese war zufrieden damit, begehrt zu werden, gut zu essen und ruhig zu schlafen: Das war ihre ganze Sinnlichkeit. Da es zum Problem geworden war, Madame zu erwecken, gab Doktor Debay, Militärarzt und Realist, ein Aufklärungsbuch heraus, das zwischen 1848 und 1888 hundert Auflagen erlebte und die verschiedenen Methoden, eine Frau zu erregen, detailliert erläuterte.[22] William Acton, ein in angelsächsischen Ländern vielgelesener Arzt, hielt dagegen, die Sexualität der Frau sei mit Kinderkriegen und Haushalt völlig ausgelastet.[23] Er hat viel zur Definition von *true womanhood* und zur Trennung der »zwei Sphären« beigesteuert.

Zu beachten ist, daß Sexualität dem viktorianischen Moralismus allgemein nicht geheuer war. Derselbe Acton empfahl den Herren, sich in ihrer sexuellen Betätigung zu bremsen: Ein Beilager alle sieben oder zehn Tage reiche völlig aus. Mehrere französische Ärzte waren derselben Meinung. Die meisten Mediziner empfahlen einen kurzen Koitus, um die Manneskraft nicht zu vergeuden, was einem gleichzeitigen Orgasmus kaum dienlich sein konnte. Zudem fanden die zwischen 1840 und 1860 recht erfolgreichen Ovologen heraus, daß ein Höhepunkt der Frau für die Empfängnis nicht nötig ist. Mit dieser Entdeckung war die ausschließliche Berufung der Frau zur Mutter bestätigt, die Selbstbezogenheit des Mannes gerechtfertigt und die verhaßte Klitoris der Nutzlosigkeit überführt.[24] Es waren also mehrere

Faktoren, die zu einer neuen Auffassung und Praxis der sexuellen Beziehungen führten: Der für produktive Arbeit zuständige Ehemann dürfe nicht überstrapaziert, die Ehefrau müsse wegen ihrer Aufgaben als Mutter und Hausfrau geschont werden, und schließlich solle man auch das Zeugungsgeschäft nicht übertreiben. Für die Frauen war dabei nicht deren sexueller Appetit ausschlaggebend, sondern die vielfältigen Zwänge, denen sie unterworfen waren,.

Elisabeth Blackwell, 1845 die erste Ärztin in den Vereinigten Staaten, behauptete, Frigidität sei in erster Linie ein Produkt der Erziehung: Mit dem Ziel, junge Mädchen bis zur Ehe jungfräulich zu halten, werde ihnen eingeschärft, es sei Sünde, an das Geschlecht zu denken.[25]

Mädchen lebten in der Tat durchaus nicht »natürlich«. Sie wurden zwischen zwölf und fünfzehn geschlechtsreif, durften aber im allgemeinen erst nach dem zwanzigsten Lebensjahr heiraten; dieser gesellschaftlich erzwungene Wartestand war wider die Natur. Damit sich Mädchen ohne übermäßigen Zwang auf das Warten einließen, wurde dafür Sorge getragen, daß das Verlangen nicht zu früh erwachte. Deshalb empfahl es sich, ihnen die fleischlichen Realitäten des Geschlechtslebens zu verheimlichen. Ein »reines« Mädchen sollte nichts wissen und nichts ahnen. So gesehen war Jungfräulichkeit nicht länger christliche Tugend: Freidenkenden Vätern und Ehegatten war daran nicht weniger gelegen als den gläubigen. Jungfräulichkeit galt als Gütesiegel einer zukünftigen Gattin.

Strenge Prinzipien regelten daher die Erziehung der Jungfrau, für die die Mutter zuständig war. Erziehungsbücher gaben sexualhygienische Empfehlungen über Ernährung (nur unaufreizende Schonkost, abends Milch) und Nachtruhe (kein weiches Pfühl, Frühaufstehen). Masturbation war kaum zu verhindern; Ärzte behaupteten, Mädchen frönten ihr häufiger als Knaben. Eine energische Vorkämpferin der Social Purity und Predigerin der Keuschheit stellte beim Lesen von Traktaten gegen das »heimliche Laster« mit Schrecken fest, daß sie sich diesem Laster jahrelang selbst in aller Unschuld hingegeben hatte.[26] Ein sittsames Mädchen behielt beim Waschen und sogar beim Baden das Hemd an und kniff die Augen zu, wenn dieses gewechselt werden mußte.

Die Mutter sollte das Mädchen aufklären, wenn die erste Menstruation bevorstand. Sogar die Priester wünschten dies: Mit dem *Ave Maria* (»gebenedeit sei die Frucht deines Leibes«) könne man das Kind darauf vorbereiten und ihm erklären, die Regel sei dazu da, die Frau allmonatlich an ihre wahre Bestimmung zu erinnern. Wieviele Mütter trauten sich das zu? Madeleine Pelletier, eine Frau aus dem Arbeitermilieu, berichtete, wie sie eines Tages (1886, mit zwölf Jahren) total verängstigt mit blutbeflecktem Kleid in die Schule kam. Von der Nonne angeschnauzt, rannte sie nach Hause zurück, wo ihre frömmelnde

Mutter keinerlei Fragen zulassen wollte. Schließlich habe sie der bett-
lägerige Vater mit ein paar zotigen Bemerkungen ein für allemal sexuell aufgeklärt.[27] Madeleine wurde Ärztin, brachte es aber nie über sich,
einen Mann an sich heranzulassen. Sicher gingen manche Frauen
wegen ähnlicher Erlebnisse ins Kloster. Wäre das erstaunlich? Mütter,
die damit groß geworden waren, den eigenen Körper zu verachten und
sich ihres Geschlechts zu schämen, konnten nur dummes und stum-
mes Dulden lehren. Entsprechend hatten viele junge Frauen vor der
Hochzeitsnacht keine Ahnung, was auf sie zukam. Selbst da noch
schwiegen die Mütter. Vielleicht fürchteten sie, Ekel vor dem Geschlechtsakt zu wecken, wenn sie ihn nur mit nackten Worten und
ohne die Gefühle und Zärtlichkeiten, die ihn erst erträglich machten,
beschrieben. Diese Furcht war nicht unbegründet: Zélie Guérin, die
spätere Mutter von Therese von Lisieux, hatte sich reichen Kindersegen
gewünscht, erlitt aber einen Nervenschock bei der Mitteilung, was sie
dafür in Kauf nehmen sollte; ihr verständnisvoller Gatte wartete mehrere Monate, bevor er die Ehe vollzog.

Lieber wurde versucht, den »Mutterinstinkt« zu wecken. Joséphine de
Gaulle, die Großmutter des Generals, Verfasserin vieler Kinderbücher,
schlug vor, Heranwachsenden ein Kätzchen oder Hündchen zur Pflege zu geben. »Große Mädchen« könnten auch Patin, das heißt, wie sie
erklärt, spirituelle Mutter werden und das Patenkind moralisch miter-
ziehen. Zur Vorbereitung auf die Mutterschaft aber diente in erster
Linie die Puppe. Dieses Spielzeug verbreitete sich rasch und machte
dabei äußerlich eine grundlegende Veränderung durch. Zu Beginn des
Jahrhunderts sah die Puppe wie eine elegante junge Dame aus, als
wolle man dem kleinen Mädchen Lust machen, groß und schön zu
werden. Um 1850 brachten Fabrikanten Säuglingspuppen auf den
Markt, die sofort reißenden Absatz fanden. Diese Säuglinge waren
geschlechtslos wie Engelchen und blieben es bis lange nach dem
Zweiten Weltkrieg. Mit ihnen konnte das kleine Mädchen wunderbar
»Mutter und Kind« spielen.

Dem »unschuldigen« Mädchen wurde Verschämtheit zu einer Art
unbewußtem Habitus; so entwickelte es sich zum typischen »Backfisch«. Die Erziehung zur engelhaften Unschuld verfestigte sich um die
Jahrhundertmitte als Programm, setzte sich aber in der Praxis niemals
für alle und überall durch. Auf dem Lande, wo alle zusehen können,
wie Tiere kopulieren und Junge werfen, konnten Mädchen wohl kaum
naiv gehalten werden. Rituale und Feste heidnischen Ursprungs trugen
außerdem dazu bei, den Geschlechtstrieb zu wecken. In der Provence
rannten die Jungen im Karneval den Mädchen nach und schmierten
ihnen Modder auf Brust und Schenkel.[28] In Mittel- und Westfrankreich
wurden »Weibermärkte« abgehalten.[29] Obwohl auch die ländliche

Gesellschaft ihre jungen Leute im Griff hatte, blieb der Umgang zwischen jungen Männern und jungen Frauen freizügig. In den Marais der Vendée durften Verliebte einander mit Duldung der Familie unter einem großen Regenschirm liebkosen; ausgiebige Zungenküsse wurden dabei ebenso akzeptiert wie gegenseitiges Petting; die Mädchen waren wißbegierig genug, mehrere Liebhaber auszuprobieren. Die katholische Offensive hatte Ende des Jahrhunderts Mühe, diesen Mädchen Tugend beizubringen. In den Armenvierteln der Städte scheinen voreheliche Beziehungen allgemein üblich gewesen zu sein.[30]

In den Vereinigten Staaten wurde mitten im viktorianischen Zeitalter hemmungslos geflirtet. Diese Libertinage verblüffte immer wieder erneut die Besucher aus Europa, von Tocqueville in den 30er Jahren bis Mademoiselle Marie Dugard, der Repräsentantin der französischen Oberschule auf der Weltausstellung von Chicago 1893.[31] Junge Mädchen gingen ohne Anstandsdame mit Jungen ihrer Wahl aus und kamen erst spät nachts nach Hause: Aus vertraulichen Tagebüchern und Briefwechseln geht hervor, wieviel Spaß sie daran hatten, sich küssen und streicheln zu lassen und es hundertfach zu vergelten.[32] Zwanzig Liebeleien waren ihnen kein Hindernis, am Ende zu heiraten und patente Ehefrauen zu werden.

Selbst in den überspanntesten Kreisen des alten Europa durfte auch das wohlerzogene Mädchen etwa auf einem Ball Annäherungen dulden. Quadrillen und Kontertänze ahmten die schönsten Liebesmomente nach, Begegnung, Trennung, Sichwiederfinden; berühren durfte man einander nur mit den Händen oder Fingerspitzen. Doch mit dem Wiener Walzer brach eine neue Welt von Gefühlen und Empfindungen herein. Engumschlungen wirbelten die Paare übers Parkett: Dreivierteltakt, schwindelerregender Hautkontakt, Festlichkeit und Sinnenrausch. Ein Fräulein von Stand kann zudem »verrohte« Dienstboten[33] oder verbotene Bücher zu Rate ziehen: Louise Weiss schlich allnächtlich hinunter in die väterliche Bibliothek, um sich mittels Nachschlagewerken kundig zu machen.[34] Im übrigen wurde auch in Frankreich um die Wende zum 20. Jahrhundert heftig geflirtet.[35]

Ob Backfisch oder unberührte Jungfrau, eines Tages mußte das junge Mädchen heiraten. Selbst wenn die Hochzeitsnacht gut verlaufen war, stieß sie auf dem Weg zur erfüllten Sexualität alsbald auf Hindernisse: Das bei weitem größte war das Kinderkriegen. Fachleute meinten damals, Geschlechtsverkehr in der Schwangerschaft schade dem Kind und der Milch; darauf Rücksicht zu nehmen, hätte zwei Jahre Enthaltsamkeit bedeutet. Die Zahl derer, die die Geburten beschränken wollten, wurde ständig größer. Die Angst, schwanger zu werden, durchtränkte das Begehren, solange geglaubt wurde, die Lust begünstige die Empfängnis. Der Verhütung redeten fast ausschließlich Männer das Wort, hauptsächlich Engländer: Robert Malthus, Francis Place, Richard Carlyle, Charles Knowlton. Frauen und selbst Feministinnen vermieden noch lange, dieses Thema öffentlich anzusprechen. Doch insgeheim, in ihren Briefen und Tagebüchern sprachen sie von ihrer Erschöpfung und ihrem Widerwillen. Königin Victoria war keine glückliche Mutter: Neun Schwangerschaften und Geburten mußte sie durchstehen, jede ein Martyrium, das ihr Eheleben belastete und ihr jegliche Bewegungsfreiheit nahm. Ihr Horror vor einer vielköpfigen Familie wurde in der englischen Oberschicht weitgehend geteilt, was nicht ausschloß, daß auch diese kräftig für Nachwuchs sorgte.

Die Geburtenverhütung kam nur langsam zum Zuge, und die auffallenden Unterschiede zwischen den einzelnen Ländern sind schwer zu erklären. Am weitesten fortgeschritten waren Frankreich – wo die Geburten bereits seit 1790 deutlich zurückgingen – und die Vereinigten Staaten, wo der Geburtenrückgang nach 1880 einsetzte. Diese beiden Nationen hatten miteinander gemein, daß sie eine Revolution gemacht und die Menschenrechte sowie die Freiheit des Individuums verkündet hatten. Es läßt sich allerdings kaum beweisen, daß dies der entscheidende Faktor war. In den Ländern Nordeuropas ging die Zahl der Geburten erst nach 1870 zurück, in Südeuropa noch später. Man kann nicht sagen, daß der Geburtenrückgang mit der Industrialisierung zusammenhing, denn in Frankreich und den Vereinigten Staaten setzte die Industrialisierung erst sehr viel später ein. Der Geburtenrückgang war auch eine Reaktion auf die verminderte Kindersterblichkeit, welche nach der Pasteurschen Hygienerevolution stark zurückging. Auch war Geburtenkontrolle nicht vorrangig eine Praxis von Protestanten, die sehr auf Gewissensfreiheit achteten, denn Frankreich ist überwiegend katholisch. Das Verhalten der verschiedenen sozialen Schichten ist keineswegs eindeutig. Als Pioniere taten sich nicht die reichen und kultivierten Oberschichten hervor; so erreichten in Frankreich die Damen von Adel und Großbürgertum weiterhin die höchste Fruchtbarkeit. Die angeblich konservativen Bäuerinnen gingen bisweilen – so z. B. im aquitanischen Becken – sehr früh dazu über, die Zahl ihrer Geburten zu beschränken. Demgegenüber brachten Arbeiterinnen überall noch sehr viele Kinder zur Welt, zumindest bis die Kinderarbeit verboten wurde. In den Vereinigten Staaten ist zu beobachten, daß die bereits dort geborenen Frauen weniger Kinder bekamen als die Einwanderinnen. Es kam auch vor, daß Einwanderinnen nach dem Seßhaftwerden mehr Kinder gebaren. Das gilt zumindest für die Brabanterinnen, die zwischen 1852 und 1856 in Wisconsin siedelten.[36] Die Geburtenbeschränkung ist ein komplexes Phänomen, bei dem ökonomische, kulturelle und psychologische Faktoren zusammenspielten, jeder Fall ist ein Fall für sich. Selbst die These, daß die

Mittelschichten hierbei eine Pionierrolle gespielt haben, ist daher gewagt.[37]

Die Methoden der Geburtenbeschränkung bzw. Familienplanung waren höchst unterschiedlich. Hier soll es weniger um deren Wirksamkeit als um deren Bedeutung gehen: Wieviel Initiative, Verantwortung, Freiheit ermöglichten sie den Gebärfähigen, welche Verfügungsgewalt über den eigenen Körper, wieviel Aussicht auf lustvolle Sexualität?

Das hergebrachte Muster von Spätehe, verlängerter Stillzeit und hoher Ledigenziffer blieb in vielen ländlichen Gebieten üblich. Das gilt für Irland, die Iberische Halbinsel, die Gebirgsregionen Frankreichs und Italiens. Doch mit dem Rückgang der Kindersterblichkeit reichten diese Vorkehrungen nicht mehr aus. Um die Übervölkerung zu vermeiden, hätten junge Frauen gegen Ende des 19. Jahrhunderts erst nach dem fünfunddreißigsten Lebensjahr heiraten dürfen oder zu vierzig Prozent ledig bleiben müssen. Nun heirateten aber um 1850 in Frankreich auf dem Land Frauen mit etwa fünfundzwanzig Jahren, und nur dreizehn Prozent aller Frauen blieben zeitlebens ledig.

Manche Ehepaare hatten getrennte Schlafzimmer: diese Lösung war wohl nur für reiche Leute mit großen Wohnungen praktikabel. Diese Methode funktionierte, doch getrennt zu schlafen, konnte frustrierend sein. Für wen? Dem Hausherrn, der auf seine Gattin »Rücksicht nahm«, machte es selten etwas aus, sie entweder mit ausgehaltenen Frauen oder, als sparsamer Hausvater, mit einer Magd zu betrügen. Was aber war mit der Dame des Hauses?

In der Mittelschicht waren die Gatten eher auf Verhütung bedacht. Gewisse Methoden, in galanteren Kreisen schon lange üblich, drangen allmählich auch in ehrbare Haushalte vor. Soweit dafür Hilfsmittel erforderlich waren, setzten sie sich erst spät und nur in Grenzen durch: Kondom, Pessar, Spülungen waren lange Zeit zu teuer und zu unbequem. Analverkehr und Fellatio wurden in Prozessen als Scheidungsgrund angeführt; welche reale Verbreitung sie hatten, ist nicht bekannt. Alles deutet darauf hin, daß dem simplen und kostenlosen Coitus interruptus fast überall der Vorzug gegeben wurde. Er verlangt vom Mann eine problematische Selbstbeherrschung, und das Ergebnis hängt daher wesentlich von ihm ab. Die Methode entsprach also voll der patriarchalischen Logik, nach der sich die Frau passiv ihren »ehelichen Pflichten« zu unterwerfen hatte. Und dennoch wurde alles anders: Indem der Mann nun einzig und allein seine Lust suchte, gab er seiner Gefährtin ein Beispiel oder verhalf ihr zumindest zu einer bewußten Wahrnehmung der Situation. In jedem Fall verhielt sich der Gatte, auch wenn er nur Vaterpflichten vermeiden wollte, nun schonender gegenüber der Lebenskraft, Gesundheit und Freiheit der Erzeugerin seiner Kinder und gewährte ihr so eine Chance auf ein anderes Leben ohne Überlastung durch Mutterschaft.

Der katholische Klerus reagierte erst, als der Coitus interruptus bereits allgemein verbreitet war. Warum so spät? Seit der Revolution gingen in erster Linie die Frauen zur Beichte, und diese sprachen das Thema von sich aus nicht an und ließen sich ungern danach ausfragen. Die meisten fühlten sich ohnehin nicht zuständig, weil der Gatte die Sache in der Hand hatte. Manche beichteten ihre Komplizinnenschaft und behaupteten, des guten Glaubens gewesen zu sein, es sei keine Sünde, sondern im Gegenteil verantwortungsvolles Tun. Der Priester bohrte nie nach: Zeugung war Männersache. Die Ärzte protestierten dagegen in aller Klarheit und sehr früh. Etlichen machte zu schaffen, daß die Frauen um ihre Befriedigung betrogen wurden; sie ließen damit durchblicken, daß Frauen wohl gar nicht so frigide waren, wie gemeinhin behauptet wurde. Doktor Bergeret[38], dessen Aufklärungswerk auch in englischer Übersetzung viel gelesen wurde, drohte den »Betrügern« mit den fürchterlichsten Krankheiten, was diese jedoch wenig beeindruckte.

Verhütungstechniken führten in der Praxis nicht dazu, die Zeiten zwischen den Geburten zu verlängern, sondern dazu, die Phase des Kinderkriegens insgesamt zu verkürzen.[39] Offenbar lag den Frauen wenig daran, ihre Schwangerschaften weiter auseinanderzulegen; sie brachten diese Belastungszeit lieber schnell hinter sich, um dadurch Zeit für ein anderes, selbständigeres Leben zu gewinnen.

Abtreibung wird häufig als ein besonders in der Arbeiterschaft verbreitetes frauenspezifisches Verfahren dargestellt. Hier muß differenziert werden. In der Unterschicht war Abtreibung zweifellos allgemein üblich, doch abgetrieben wurde auch in besseren Kreisen. Einen Beleg dafür liefert Lady Henrietta Stanley, die sich ihrer zehnten Schwangerschaft mit einem Abführmittel, einem brühheißen Vollbad und einem Gewaltmarsch entledigte und dann ihren Gatten Lord Edward davon in Kenntnis setzte. Mit Sicherheit war Abtreibung Frauensache: Schon seit eh und je haben zahlreiche Frauen alleine eine Abtreibung ausgeführt oder einander dabei geholfen, ohne Schuldgefühl und in der Überzeugung, der Fötus lebe erst, wenn er treten könne, also vom vierten Monat an. Dieser Annahme folgte auch die englische und amerikanische Gesetzgebung.[40] Doch trotz aller Tradition veränderten sich Charakter und Bedeutung der Abtreibung durch die Technik und die zunehmende Beteiligung von Männern. Mit genauerer Kenntnis von Anatomie und Physiologie der Frau wurden Methoden möglich, die nicht so traumatisierend wirkten wie Pilzgifte oder Sprünge vom Heuboden: Mit einer Stricknadel wurde die Fruchtblase angestochen und später immer häufiger durch eine Kanüle Seifenwasser in die Gebärmutter geleitet; sofern dabei aseptisch vorgegangen wurde, hielt sich das Risiko in Grenzen.[41] Um 1910 war das Seifenwasser-Verfahren alltägliche Praxis geworden; professionelle Abtreiber, Ärzte und Hebammen boten ihre Dienste ziemlich unverhüllt an. Mit welcher Methode auch immer ausgeführt, die Zahl der Abtreibungen nahm in der zweiten Hälfte des 19. Jahrhunderts allenthalben zu. Sie war keine Verzweiflungstat verführter Mädchen oder kinderreicher Mütter, sondern ein Verfahren zur Geburtenbeschränkung. Eine früher der privaten und diskreten Frauenwelt vorbehaltene Praxis wurde nun in Männerhand kommerzialisiert: Die Gebrüder Chrimes hatten in London 1898 mindestens zehntausend Klientinnen.

Am Ende des Jahrhunderts kam es zu einer verblüffend allgemeinen und heftigen Reaktion auf diese Entwicklung. Die Abtreibung wurde zum politischen Problem Nummer eins. In den Vereinigten Staaten setzte diese Reaktion unmittelbar nach dem Bürgerkrieg ein; in England stand sie in einem gewissen Zusammenhang mit dem Aderlaß des Burenkriegs; in Frankreich war sie unterschwellig von Revanchegelüsten nach der Niederlage von 1870 gegen die Preußen motiviert. Nach einem jeden Krieg gilt das Leben als heilig! Überall wurde nun Abtreibung mit Kindsmord gleichgesetzt: Fötus und sogar Embryo erklärte man zu vollwertigen Menschen. Das hatte das christliche Dogma zwar schon immer vertreten. Doch spielte sich nun alles so ab, als hätte sich die weltliche Gesellschaft diese Erkenntnis ganz plötzlich zu eigen gemacht oder sich erstmals aufgerafft, sich allen daraus folgenden Konsequenzen zu stellen.

Was die Sexualität der Frau anbelangt, so dürfte die damals sehr schmerzhafte und bisweilen auch verstümmelnde Abtreibung das sexuelle Begehren gewiß nicht gefördert haben. Aus Polizeiakten über Ruhestörung geht hervor, daß viele Frauen der Unterschicht ihrem Mann die »eheliche Pflicht« verweigerten, selbst wenn sie deswegen verprügelt wurden. Eine von ihnen befriedigte sich selbst direkt neben ihrem Gatten, den sie kurz zuvor abgewiesen hatte.[42] Alle diese Frauen erklärten, sie wollten das Risiko einer Schwangerschaft und seltener auch der Syphilis vermeiden. Wie konnte Erotik bei solchen Hindernissen ins Ehebett finden?

Die Amerikanerinnen, energischer als die Europäerinnen, unternahmen in den letzten beiden Jahren des Jahrhunderts eine entschlossene Offensive.[43] Womöglich in der Hoffnung, so die Zahl der Schwangerschaften begrenzen zu können, lehnten sie unter Berufung auf die Religion ausdrücklich die bestehenden Geschlechterrollen und die ehelichen Rechte des Mannes ab. Militante Vorkämpferinnen für Social Purity verkündeten, allein der Gattin stehe es zu, über Häufigkeit und Zeitpunkt des ehelichen Verkehrs zu befinden, denn die Doktrin der

»zwei Sphären« räume ihr uneingeschränkte Verfügung über ihre Privatsphäre ein. Es sei zwar eine irrige Annahme, daß Frauen weniger
Lust verspürten als Männer; aber Frauen könnten sich beherrschen,
während Männer Sklaven ihres Triebes seien. Welche Auswirkung
hatte dieser puritanische und keineswegs feministische Kreuzzug? Eine
nach 1892 von der Ärztin Clelia Mosher durchgeführte Untersuchung
läßt darauf schließen, daß sich eine Art Kompromiß durchgesetzt
hatte. Eheleute hatten im Durchschnitt zweimal pro Woche Geschlechtsverkehr. Die Männer hatten gern dreimal, die Frauen aber nur
einmal gewollt.

Mit der geringeren Kinderzahl veränderte sich indes die Selbstwahrnehmung der Frauen. Auch wenn sich die Negation alles Geschlechtlichen als Kodex des Wohlverhaltens bis Ende des Jahrhunderts hielt,
verlor Sexualität allmählich das Odium des Schandbaren, und die eheliche Liebe entwickelte sich zu mehr als bloßer Pflicht. Mit der Sensibilisierung für Lust wurde die Gattin zu einer empfindungsfähigeren
und aktiveren, aber auch anspruchsvolleren Partnerin. Das erklärt auch
den Wunsch der Paare nach mehr Intimität. Trotz aller Proteste von
seiten der Ärzte setzte sich die Mode der Hochzeitsreise rasch durch.
Neuvermählte konnten sich auf diese Weise leichter indiskreten Fragen, Anspielungen, verständnisinnigem Lächeln entziehen. Das eheliche Schlafzimmer wurde zum unantastbaren Refugium. Gleichzeitig
aber wurde auch nach außen vertrauter Umgang demonstriert: Monsieur wird in aller Öffentlichkeit »Chéri« genannt und geküßt. Die ehelichen Beziehungen verfeinerten sich, spendeten intensivere Lust, verursachten aber auch Enttäuschung und Überdruß. Was auch immer im
Gesetzbuch stand, der Mann war in der Ehe nicht mehr Herr und
Meister und sollte es nie wieder werden. Er konnte Geliebter sein, im
guten wie im schlechten Sinne. Auch die mütterlichen Gefühle veränderten sich von Grund auf. Fortpflanzung trat zugunsten von Erziehung
in den Hintergrund: Eine Mutter mit weniger Kindern hatte mehr Zeit
für jedes einzelne, konnte aufmerksamer und liebevoller sein; die Mut-
ter-Kind-Idylle wurde genußvoll ausgelebt.

Die Frau und der Säugling

Ist die stillende Frau Weibchen oder Mutter? Wieviel an ihrem Verhalten ist allein animalischer Instinkt und wieviel menschliche Regung?
Die europäischen Gesellschaften gaben hierauf keine eindeutige Antwort. Die Last dieser Ungewißheit hatten zwei Jammergestalten zu tragen: die Amme und die ledige Mutter.

Trotz aller Schriften Rousseaus blühte das Ammengewerbe im ganzen Abendland in verschiedenen Spielarten: im Süden der Vereinigten Staaten herrschte die schwarze Amme vor; die Engländerinnen beschäftigten hierfür ledige Mütter; die Französinnen bevorzugten verheiratete Bäuerinnen. Der Usus, Säuglingen eine Amme zu geben, hing damit zusammen, daß sexuelle Beziehungen während der Stillzeit tabu waren. Sobald Eva niederkommt, »muß sich Adam aus dem Paradies schleichen«, jammerte Michelet.[44] »Die ehelichen Freuden sind einzuschränken oder zu untersagen« pflichtete Doktor Garnier 1879 bei.[45] Hervorzuheben ist, daß die Entscheidung darüber grundsätzlich immer noch beim Kindsvater lag.

Das Neue im 19. Jahrhundert war die wachsende Zahl von »Hausammen«, die mit den Eltern des Säuglings unter einem Dach lebten. Die Eltern wußten nur zu genau, wie leicht Kleinkinder sterben konnten, wenn sie einer ungebildeten Frau überlassen wurden, und wollten ihr Neugeborenes unter den Augen haben. Die Beziehungen zwischen Madame und der »Ersatzmutter« gestalteten sich bisweilen recht schwierig. Die junge Mutter wachte nunmehr eifersüchtig über ihre Rechte; sie hatte mitunter ein Vermögen in Baby-Ausstattung, Wiege und Einrichtung des Kinderzimmers investiert und wollte sich nun mit ihrem »Baby« schmücken, sich an seinem ersten Lächeln freuen. Aber sie traute sich nicht, die Amme zu verärgern, da sie fürchten mußte, dieser könnte die Milch sauer werden. Die Amme aber wußte diesen Vorteil zu nutzen und zeigte sich manchmal anspruchsvoll und launisch.

Die Amme war vor allem ein gemieteter Körper, gut behandelt, aber botmäßig. Da sie für die Herrschaft ein Wohlstandssymbol darstellte, war sie immer adrett angezogen. Im Hause wurde sie verwöhnt; sie bekam Lohnerhöhungen und Geschenke. Sie schlief mit im Kinderzimmer und nicht etwa in einer Dachkammer wie das sonstige Gesinde. Ihr wurde strikteste Reinlichkeit abverlangt, doch durfte sie essen, wonach ihr der Sinn stand; auch hatte sie so gut wie keine Arbeit zu verrichten, allenfalls einige Näharbeiten. Im schweren Leben einer armen Frau war dieses eine eigenartige Zwischenexistenz, die untilgbare Spuren hinterlassen konnte.

Doch war diese Erfahrung mit schweren Opfern verbunden. Die Amme mußte die eigene Familie und den eigenen Säugling verlassen, den dann eine andere Frau recht oder schlecht aufzuziehen versuchte. Vor der Anstellung hatte ihr der Hausarzt die Brüste befühlt, ihre Milch gekostet, ihren Atem beschnuppert. Obzwar ihr sexuelle Beziehungen nicht strengstens verboten wurden (nicht immer traute man sich, ihr den Umgang mit ihrem Ehemann ganz zu untersagen), waren sie nicht gern gesehen. Ein Arzt drückte es brutal so aus: »Eine Amme ist als

Milchkuh anzusehen. Wenn sie nicht mehr milchen kann, muß sie weg.«[46] Leute mit demokratischem Gewissen, von denen es in Frankreich unter der Dritten Republik immer mehr gab, bezeichneten die Situation der Amme als Skandal und verglichen sie mit der der Prostituierten.

Indessen kam das Ammengewerbe nicht nur durch den Egoismus der Reichen zustande. Schon seit langem wurden für Findelkinder und Kinder von Müttern mit langen Arbeitszeiten entlohnte Ammen herangezogen. In katholischen Ländern und besonders in Frankreich war das Ammenwesen sehr verbreitet.[47] Bäuerinnen, die bereit waren, fremde Säuglinge aufzuziehen, holten sie aus den Spitälern oder besonderen Büros der Stadt ab. Vor allem sie waren gegen Ende des Jahrhunderts von der doppelten Revolution des Stillens, dem Siegeszug des Fläschchens und der Medikalisierung, betroffen.

Die Säuglinge, die von diesen Bäuerinnen mit nach Hause gebracht wurden, waren oft kränklich und von schwacher Konstitution. Durch ihr langes Tagewerk bereits überlastet, schenkten ihnen die Ammen nur wenig Aufmerksamkeit. Ohne große Gram sahen sie die Kleinen sterben. 1870 wurden in der Ammenregion Morvan 65–70 Prozent der »Pariserchen« (der aus Paris geholten Milchkinder) und immerhin 33 Prozent der lokalen Milchkinder, aber nur 16 Prozent der Muttersäuglinge vom Tod dahingerafft. Ärzte und Philanthropen zerbrachen sich lange Zeit ergebnislos die Köpfe über eine Verbesserung der Situation. Erst nach der militärischen Niederlage von 1870 wurde in Frankreich Alarm geschlagen. Für die spätere Revanche mußten massenhaft Rekruten her, und deshalb erschien es dringlicher denn je, jetzt die Kindersterblichkeit wirksam zu bekämpfen. Zum Vorbild nahm man sich die deutschen Sieger und die Bismarckschen Sozialmaßnahmen.

Mit dem Gesetz Roussel (1874) wurde die Überwachung der Ammen durch Amtsärzte eingeführt. Bei ihren Visiten entdeckten diese, unter welchen haarsträubenden Bedingungen die »Aufzucht« stattfand (über die Wortwahl aus der Tierwelt regte sich keiner auf), und sie waren empört. Wie zu Rousseaus Zeiten gaben sie der Unwissenheit und den Vorurteilen der Bäuerinnen und vor allem der alten Bäuerinnen die Schuld an dem Elend der Säuglinge. Doch sie machten auch auf die elenden Wohnverhältnisse auf dem Land aufmerksam, die jeder Hygiene spotteten, und forderten die Einführung von Auswahlkriterien für Ammen. Unter dem Druck dieser Regelungen veränderte sich das Milieu: Berichte aus der Zeit nach 1900 nennen besser ausgestattete Häuser, in denen es mehrere Zimmer, Fenster und sogar Möbel gibt. Die Amme selbst mußte sich ärztlich untersuchen lassen.

Die Inspektoren verzeichneten auch den rasanten Vormarsch des Fläschchens: Mittlerweile ließen die Ammen ihre Brustmilch dem leiblichen Kinde zukommen. Da unter Beachtung der Pasteurisierung Mikroben abgetötet und Infektionen ausgeschaltet werden konnten, duldeten die Ärzte das Fläschchen und förderten es schließlich. Aus einer Stillkarte um 1900 [48] geht hervor, daß die stärker industrialisierte, wohlhabendere, besser gebildete Nordhälfte Frankreichs bereits mehrheitlich zum Fläschchengeben übergegangen war; die Südhälfte hielt sich noch etwa 20 Jahre länger an die Mutterbrust.

Durch den Siegeszug des Fläschchens wandelte sich die Beziehung zwischen Frau und Säugling sowohl symbolisch wie auch praktisch. [49] Der Erfolg der Amme in ihrem Beruf hatte von ihrer eigenen Fruchtbarkeit abgehangen. Sie hatte im Extremfall das Kinderkriegen auf sich genommen, nur um das eigene Kind im Stich zu lassen und die Muttermilch zu verkaufen, die dem eigenen Säugling zugestanden hätte. Ausgewählt wurde sie wegen ihrer physischen Eigenschaften. Das Fläschchen machte dieser Vermietung der Brüste ein Ende. Die Kinderamme hieß zwar noch so, war aber nur noch Erzieherin, Kindermädchen, und deren Alter und Gebärfähigkeit war bedeutungslos geworden. Das Bruststillen wurde nun zum ausschließlichen Vorrecht der Mutter. Bevor man das Kind an eine fremde Brust anlegte, bekam es notfalls abgepumpte Muttermilch aus dem Fläschchen. Das Bruststillen war nunmehr affektiv besetzt. Eine stillende Frau galt nicht mehr als »Milchkuh«, sondern als treusorgende Mutter.

Eine weitere Wirkung des Fläschchens war, daß es den Ärzten nun gelang, sich in die Beziehung zwischen Frau und Säugling einzuschalten, in der sie so lange nichts zu sagen gehabt hatten. Endlich durften sie nach der Menge und Güte der Muttermilch fragen, die ein Säugling in den verschiedenen Altersstufen brauchte, und optimale Stillzeiten ermitteln. Alsbald waren sie in der Lage, Mütter mit Säuglingen anzuleiten und zu beraten. Noch ein anderer Faktor veranlaßte sie zum Eingreifen: das Elend der ledigen Mütter.

Die Bezeichnung »fille mère« für ledige Mütter, die im Französischen »Mädchen als Mutter« besagt und während der Revolution aufkam, ist heute im Aussterben begriffen. Zwei Jahrhunderte lang galt sie in Frankreich Frauen, die die patriarchalische Logik in Frage stellten. Sobald nämlich unverheiratete Mütter im Diskurs und in der Gesellschaft ernstgenommen worden wären, hätte man bewußt oder unbewußt zugegeben, daß Frauen selber für ihre Kinder sorgen konnten, daß die Mutter-Kind-Gruppe den Vater links liegen lassen und sehr wohl ohne ihn auskommen konnte. Das aber rüttelte an den Grundfesten der Familien- und Gesellschaftsordnung.

Uneheliche Geburten waren auch in früheren Jahrhunderten gang und gäbe gewesen. Doch zwischen 1750 und 1850 wandelte sich ihr Status, als deren Zahl immer größer, die »Verführer« immer verantwortungsscheuer und dadurch die Staatsmacht immer stärker gefordert wurde. Mit gewissen zeitlichen Verschiebungen nahm die Zahl der unehelichen Geburten überall zu.[50] In ganz Frankreich stieg zwischen 1790 und 1840 der Anteil der unehelichen an der Gesamtheit aller Geburten von 3,3 auf 7,4 Prozent und hielt sich noch um die Wende zum 20. Jahrhundert bei 7 bis 8 Prozent. In Paris aber, wo die »gefallenen« Mädchen Legion waren, erreichte dieser Anteil in den 1830er und 1840er Jahren 30 Prozent. In England setzte die Zunahme unehelicher Geburten schon um 1750 ein, doch wurde deren Anteil niemals so erheblich.[51] Selbst in London waren es 1859 nur 4 Prozent. Dagegen scheint in Wien die Zahl der unehelichen Geburten höher gewesen zu sein als die der legitimen. Manche Frauen lebten in wilder Ehe mit dem Vater ihrer Kinder, ob er sie nun als eigene Kinder anerkannt hatte oder nicht. Die wirklich »ledigen Mütter« aber standen ohne jeden männlichen Beistand da. Fast alle waren aufgrund von Gewaltanwendung, Einschüchterung oder eines Heiratsversprechen gefügig gewesen. Vom Gesetz kaum geschützt, sah sich das einmal »gefallene« Mädchen auf dem Lande ebenso wie in der Stadt häufig als Freiwild behandelt. Die öffentliche Meinung ließ sogar Vergewaltigung zu.[52] Ein Mädchen, das nachgegeben hatte, auch unter Gewalt, war »entehrt«, »gefallen«, keiner Achtung und Rücksichtnahme mehr wert. Eine Frau, die schwanger geworden war, ohne verheiratet zu sein oder heiraten zu können, blieb bis auf wenige Ausnahmen[53] ganz auf sich allein gestellt.

Der Kindsmord verschwand nicht, ging allerdings mit steigenden Abtreibungszahlen zurück. Jede uneheliche Mutter, die ihr Kind am Leben ließ, mußte zwischen zwei gleichermaßen schlimmen Alternativen wählen: das Kind aussetzen oder versuchen, es alleine großzuziehen. Hier griff der Staat ein. Seine Maßnahmen sind äußerst aufschlußreich. In den südeuropäischen und katholischen Ländern setzten die Lokalbehörden lange Zeit auf Findelhäuser. In Frankreich wurden die Drehladen der Findelhäuser während der Revolution zunächst geschlossen, aber schon 1811 wiedereröffnet. Die mit der Drehlade gebotene Möglichkeit, einen Säugling anonym auszusetzen, verringerte die Gefahr des Kindsmords, mußte sich die Frau, die das Kind aussetzte, doch nicht offenbaren, wenn sie ihre Unabhängigkeit zurückerlangen wollte. In Wirklichkeit aber hatte eine junge Frau, die »die Ehre« verloren hatte, weiter darunter zu leiden. Auch ohne Kind blieb sie der üblen Nachrede und Verachtung ausgesetzt. Gewissensbisse und Ängste blieben ihr selten erspart: Dem Findelkind war häufig ein Erkennungsmerkmal für später beigegeben oder ein Briefchen des Bedauerns mit der Bitte, gut für das Kind zu sorgen. Nach Ansicht der Behörden aber konnte eine ledige Mutter den lebenden Beweis ihres Fehltritts niemals lieben; und auch das Kind sollte die Frau, die es als Bastard in die Welt gesetzt hatte, nur verachten oder gar hassen können. Deshalb gehe es nicht an, daß eine ledige Frau Mutter sei.

Doch wurden die Findelhäuser dem Staat mit der Zeit zu teuer. Indem das Findelhaus die Kindesaussetzung erleichterte, förderte es sie. Selbst verheiratete Paare in mehr oder minder bedürftiger Lage schafften sich auf diesem Wege lästigen Nachwuchs vom Hals. Wegen allzu großer Nachfrage schlossen die Lokalbehörden ihre Findelhäuser. In Frankreich wurden die letzten 1860 aufgelöst, in Italien 1880. An ihre Stelle traten Ämter, bei denen ein Kind weiterhin abgegeben werden konnte, aber nicht mehr anonym. Erst 1904 wurde in Frankreich durch Gesetz die anonyme Niederkunft und Adoptionsfreigabe ermöglicht.

Unterdessen fand das englische Modell vermehrt Nachahmung. Um der jungen Frau zu helfen, gewährte man ihr Unterstützung. In England widmeten sich private Mütterwohlfahrtsvereine dieser Aufgabe. Schon der bloße Gedanke an eine solche Praxis löste in Frankreich und in Italien bei gläubigen Katholiken Entsetzen aus. Sie befürchteten, damit die sündige Lust zu fördern. Doch die Zeit arbeitete für die Wohlfahrt. In Frankreich machte der Geburtenschwund den Ökonomen Sorgen: Aus ihrer Sicht war das sogenannte natürliche Kind genausoviel wert wie jedes andere; es bei der Mutter zu lassen, schien die billigste und sicherste Form der Aufzucht. Von kirchlicher Seite wurde allmählich zugestanden, daß die junge Frau durch Pflege ihres Kindes Reue beweisen, Vergebung verdienen und auf Umwegen schließlich auch zu Mutterwürden gelangen könne. Die revolutionäre Krise von 1848 beschleunigte diese Entwicklung. Die gesetzlich geregelte Beihilfe wurde von einem Armenausschuß verteilt, der das sittliche Verhalten der Geförderten streng überwachte. An die Stelle des Gatten und Vaters trat der französische Staat als Ernährer und maßte sich einen Teil von dessen Verfügungsgewalt an. Gleichwohl war die Beihilfe für die uneheliche Mutter ein kleines regelmäßiges Einkommen, um das sie beneidet wurde. Vermutungen wurden laut, ob die ledige Mutter ihr Kind allein aus Geldgier und nicht aus Liebe bei sich behielt. Um an die Beihilfe zu kommen, wurde möglicherweise der Kindsvater einfach verschwiegen und die geplante Heirat aufgeschoben.

Eine ledige Schwangere, die im Spital niederkam, wurde mehr oder minder gut behandelt. Das Preußen Bismarcks richtete schon vor der Jahrhundertwende Mütterstationen ein, wo Schwangere in Ruhe die Niederkunft abwarten konnten. In Frankreich und in Italien war die Unterbringung erheblich schlechter. Ledige Frauen wurden ohne Rücksicht auf Schamgefühl als Anschauungsobjekt für Medizinstudenten eingesetzt; nach der Geburt hatten sie zwei oder drei fremde Säuglinge zu ernähren, und man nahm ihnen das eigene Kind weg, damit sie es nicht bevorzugen konnten. Doktor Fodéré beobachtete solche Praktiken schon zu Beginn des 19. Jahrhunderts im Hôtel-Dieu von Marseille. Seine vehemente Kritik blieb vergebens.[54] Die Praxis hielt sich auch in Mailand. Im Juli 1899 wurden dort im Ospedale 74 Säuglinge auf 32 stillende Mütter gezählt. In Mantua mußte eine im Januar 1900 niedergekommene ledige Mutter zwischen März und November 18 Neugeborene stillen. Manche der Säuglinge waren schon bei der Geburt mit Syphilis infiziert und steckten ihrerseits die Milchmutter an, die dann die Seuche auf weitere Kinder übertrug, die wiederum anderen Milchmüttern angelegt wurden und auch diese ansteckten. Die Ärzte sahen allein in den Milchmüttern die Schuldigen; sie brandmarkten das mehrfache Stillen und den häufigen Säuglingstausch aus Freundschaft oder des Verdienstes wegen.

Gegen dieses Gewimmel von Leibern und Mikroben traten Pasteur und die Hygienebewegung auf den Plan. Die Aufzucht von Menschen wurde humanisiert, kam aber zugleich unter die Aufsicht der Ärzte. Die Männer der Wissenschaft machten sich nun an die geduldige und methodische Ausbildung von Müttern und Ammen.

Als erstes schafften sie den »Mutterinstinkt« ab, der bis dahin für eine Trennung zwischen der durch Erfahrung, Gefühl und Tradition bestimmten Welt der Frauen und der durch Neuerungen, Rationalität und Wissenschaft bestimmten Welt der Männer gesorgt hatte. Mutterschaft bedurfte nach Meinung der Ärzte fortan auch in ihren körperlichen Aspekten einer wissenschaftlich hergeleiteten Kultur. Bei Frauen wohlhabenderer Kreise schlugen die Ärzte einen herablassend freundlichen Ton an. Gegenüber ärmeren Frauen bevorzugten sie den Kommandoton: die Zahl der Mahlzeiten und deren Zeitpunkt, das Sterilisieren von Fläschchen und Schnullern, das Säubern und Baden, die Schlafenszeiten, die Benutzung des Thermometers, all dies wurde strengstens vorgeschrieben. Um Frauen aus der Unterschicht zu unterweisen, führten Geburtshelfer in der Gebäranstalt eine Säuglingsberatung ein. Auch private Einrichtungen (in Frankreich die *gouttes de lait*) boten ihre Dienste an. Die Mütter scheinen eifrig um Rat nachgesucht und Anweisungen fügsam befolgt zu haben. Für jedes Kind wurde ein Gesundheitsbuch angelegt. Das erste, 1869 von dem Arzt Fonssagrives erfundene Muster, gelangte durch den Arzt M.-W. Garrison über den Atlantik. In diesem Buch sollten Gewicht, Körpergröße, Impfungen und Krankheiten notiert werden. Wohltätige Damen assistierten den Ärzten, knüpften Beziehungen zu den Ratsuchenden an und machten Hausbesuche zur Vergewisserung, daß die Vorschriften richtig verstanden worden waren. Eine neue Form gegenseitiger Frauenhilfe zeichnete sich ab: diese aber war nicht mehr selbständig, sondern stand völlig unter der Kontrolle von Ärzten.

Manche Mediziner wollten Säuglingskunde in die Lehrpläne der Grund- und Oberschulen für Mädchen einführen, um Mädchen frühzeitig auf ihre spätere Mutterschaft vorzubereiten, die in aller Augen die vorbestimmte Rolle des »schwachen Geschlechts« war. Dieses Vorhaben aber konnte sich nirgends durchsetzen. Die Lehrpläne für Mädchenschulen wurden zunehmend nach dem Muster derjenigen für Knaben gestaltet. Das aber mußte über kurz oder lang die spezifischen Frauenrollen in Familie und Gemeinwesen zum Verschwinden bringen.

Die Seele

Im Zuge der kulturellen und ökonomischen Entwicklung veränderte sich auch die Aufteilung der Rollen und Aufgaben zwischen den Geschlechtern. Allerdings ging man in Theorie und Praxis weiterhin vom Unterschied zwischen dem öffentlichen Leben als Betätigungsraum der Männer und dem Privatleben als Reich der Frauen aus, also von den »zwei Sphären«, wie sie in den Vereinigten Staaten genannt wurden. Es gab demnach eine Welt der Frauen, in der ständig eine eigene, wesentlich sinnliche und gefühlsbetonte Kultur entwickelt und weitergegeben wurde. Wie aber gestaltete sich das Zusammenleben zwischen den Frauen sowie zwischen ihnen und den Männern?

Die Erziehung lief darauf hinaus, immer gefestigtere, selbständigere Persönlichkeiten zu formen. Wie aber konnten die so ausgebildeten Frauen schließlich ihre ureigenen Ziele mit dem, was sie ihren nächsten Angehörigen schuldeten, auf einen Nenner bringen?

Frauen unter sich

Victor Hugo schwelgte in seiner Beschreibung von Cosettes Zimmer ebenso wie Balzac beim Möblieren des Zimmers von Césarine Birotteau in eigenen Phantasien. Junge Mädchen aber wollten schlicht ein Zimmer für sich allein. Keine Frau äußerte je, sie sehne sich nach der schwülen Gemeinsamkeit der alten Pensionatsschlafsäle zurück. Das Zimmer, wo alte Puppen gehütet, Erinnerungsstücke verborgen wurden, wo sie sich zum Träumen oder Weinen einschließen konnte, wurde Zuflucht knospender Autonomie, der erste Ort, wo sich Persönlichkeit äußern konnte. Auch das geheime Tagebuch diente der Selbstvergewisserung.[55] Ein Tagebuch zu führen, war nicht neu, aber es wurde umfangreicher und erhielt eine andere Bedeutung. Zu Beginn des Jahrhunderts hatte noch die Gewissenserforschung als christliche Bußform vorgeherrscht: Schon kleine Mädchen sollten aufschreiben, wo sie gesündigt hatten, in Versuchung geraten waren, und welche guten Vorsätze sie gefaßt hatten. Doch bald übten sich Tagebuchschreiberinnen in Selbstversenkung, Selbstentschlüsselung oder Selbstbetrachtung, wie es die Psychologen schon damals nannten. Junge Mädchen wie Marie Bashkirtseff brachten ihre Zukunftsangst oder auch ihre Auflehnung zu Papier, ihr Streben nach Unabhängigkeit. Manche blieben auch als Erwachsene ihrem Tagebuch treu, um etwas wie innere Leere auszufüllen und um Tage festzuhalten, die ohne Spuren verrannen, wie es Eugénie de Guérin und Alix de Lamartine taten.[56] Für das kleine und sogar noch für die heranwachsenden Mädchen galt die Erziehung durch die Mutter als besser denn jede andere, weil nur sie auf das Privatleben wirklich vorbereiten könne. In Briefen und Tagebüchern erscheint diese Erziehung sanft und einfühlsam, aus Vertraulichkeiten und Komplizinnenschaft gewoben. Zärtlichkeiten zwischen Mutter und Tochter wurden immer üblicher, das Siezen wurde durch das Duzen ersetzt, körperliche Züchtigungen waren zunehmend verpönt. Dies gilt vor allem für die Mittelschicht; im Adel und in Bauernfamilien wurde die alte Distanz und Erziehungstradition noch länger gewahrt.[57] Die Mütter betätigten sich gerne als Lehrerinnen oder Repetitorinnen ihrer Töchter, und vor allem die sittliche Erziehung stand allein ihnen zu. Viele stürzten sich auf Erziehungsbücher. Niemals zuvor scheint das Verhältnis zwischen Mutter und Tochter eine solche Intimität erreicht zu haben, niemals zuvor war allerdings auch die soziale Rollenzuweisung nach Geschlecht so umstritten. Durch die geringere Kinderzahl wurden zudem dauerhaftere und persönlichere Beziehungen gestiftet. Doch der Rollenzwiespalt blieb. Nicht selten bedauerte eine Mutter, ein Mädchen geboren zu haben, »so tief ist die Vorstellung verwurzelt, daß ein Mann mehr Glück und Würde bedeutet«. Sie lief dann Gefahr, im Kind das eigene Geschlecht zu verachten und zu vernachlässigen; dafür gibt es zahlreiche Beispiele. Oder eine Mutter wollte, getragen vom »Gefühl der Identität«, in der Tochter ein neues, noch besseres »Ich erschaffen«,[58] eine idealisierte Doppelgängerin. In einem solchen Fall drohte mütterliche Erziehung zur Inquisition zu werden. Für junge Frauen war häufig die Trauer um die verstorbene Mutter das Allerschlimmste. Obwohl sie von weiblichen Verwandten und Freundinnen umgeben waren, fühlten sich Caroline Brame[59] und Stéphanie Julien[60] grausam alleingelassen, vor allem bei so schwerwiegenden Entscheidungen wie der Gattenwahl.

Ende des Jahrhunderts wurde diese innige Vertrautheit noch aus anderer Richtung untergraben. Mütter konnten nicht mehr so genau wissen, was sie ihren Töchtern vermitteln sollten. Die Wissenschaftlerin Clémence Royer fühlte sich wie ein Zwitter. An die Tochter hatte sie nur eine Anforderung: Sie möge sie später »auf diesem Schlachtfeld ablösen«.[61] Mädchen aber konnten, wenn sie das durchlebten, was Louise Weiss die »moralische Pubertät« genannt hat, manchmal äußerst streng über die Mutter urteilen. Mit Bildung und Schulzeugnis versehen und nach Unabhängigkeit verlangend, lehnte die junge Frau das Vorbild der Mutter ab, ohne allerdings selbst auf das Flirten, Heiraten und Kinderkriegen zu verzichten. Diese widersprüchlichen Wünsche führten zu Spannungen, die schwer auszuhalten waren. Das könnte eine Ursache für das eigenartige Leiden gewesen sein, das der Arzt Lasègue 1873 als Anorexie[62] (Appetitlosigkeit) beschrieb.

In der Praxis wurden nur wenige Mädchen ausschließlich zu Hause erzogen. Liebend gern traten Mütter die Probleme, die es mit der heranwachsenden Tochter gab, an Mädchenpensionate ab. Das Internat deckte und dämpfte die Krise. Das Fräulein Tochter fand andere Vertraute, die gebotene Distanz zwischen Mutter und Tochter konnte sich einpendeln. So entwickelte etwa Marie de Flavigny nach ihrer Aufnahme in Sacré-Cœur eine starke Anhänglichkeit zu Madame Antonia, einer hochgeborenen, distinguierten und liebenswürdigen Nonne. Ähnlich fand am unteren Ende der sozialen Leiter die kleine Marie-Claude im Waisenhaus Zärtlichkeit und Schutz bei Schwester Marie-Aimée. Weltliche Lehrerinnen hatten ein weniger gutes Renommee.

Viele junge Mädchen entdeckten im Pensionat die Freuden der Gemeinsamkeit, die Verschwesterung. Nicht selten verbündeten sich zwei junge Mädchen zu einer engen Seelenfreundschaft; sie wurden unzertrennlich, schworen einander ewige Treue und tauschten als Unterpfand unverbrüchlicher Zuneigung Medaillons mit verwobenen oder verflochtenen Haaren, Ringe oder Armreifen. In katholischen Klöstern unterband eine wachsame Aufsicht »sündiges Tun«, hatte aber nichts gegen sentimentale Schwärmerei. In angelsächsischen Ländern scheint schrankenlose Libertinage geherrscht zu haben: Aus Briefwechseln geht hervor, daß die jungen englischen und amerikanischen Internatsschülerinnen intimsten Umgang hatten, Kleider tauschten, im selben Bett schliefen, einander bekochten und sich in eine »Kuschelkammer« zum Musizieren zurückziehen durften.[63]

Nach der Heirat lockerten sich diese Bande, zumindest auf dem europäischen Kontinent. In Amerika jedoch überdauerte die Leidenschaft füreinander häufig die Trennung. So tauschten Mary Hallock Foote und Helena Dekay Gilder Briefe, die über Zärtlichkeit hinaus starkes körperliches Verlangen verraten. Sie konnten es kaum erwarten, einander zu treffen, zu umarmen, gemeinsam zu schlafen und tausend Liebkosungen auszutauschen. War das Homosexualität? Die Frauen selbst dachten nicht so, da ihnen ihre Kultur weder einen Begriff noch Worte dafür gab.[64] Im übrigen gehörten sie konservativen Familien von Rang an, die solche Beziehungen ohne Einwände akzeptierten und für durchaus vereinbar mit der Ehe hielten. Auch die Ehemänner regten sich nicht auf, da ihnen bekannt war, daß die Welt der Frauen eine Fülle von Emotionen, Gefühlsüberschwang und sogar spezieller Sinnenlust kannte, die sie nicht zu unterdrücken trachteten, weil sie diese Welt meistens ohnehin verachteten. Die viktorianische Ethik, häufig als starr und repressiv bezeichnet, bewies hier eine geschmeidige Anpassungsfähigkeit an die Bedürfnisse einer jeden Person.

Schwestern und Kusinen bildeten in den Familien eine Art Clan. In katholischen Ländern kam es nicht selten vor, daß mehrere von ihnen gemeinsam ins Kloster gingen. Der Wunsch nach Zusammenleben unter Frauen war offenbar Bestandteil der frommen Berufung. Nonnen konnten mit einem Schritt der Unterdrückung durch Vater oder Ehemann und den Sorgen und Nöten des Kinderkriegens entfliehen und sich lebenslang die Gemeinschaft mit Schwestern und einer Mutter sichern. Das klösterliche Eingeschlossensein bewirkte bisweilen Anfälle von Eifersucht und Intrigen, doch mit der Beichte vor den anderen konnten solche Konflikte Woche für Woche gelöst werden.[65] Nonnen spielten eine wichtige Rolle in der Gesellschaft. Eröffneten sie auf dem Land oder in der Stadt eine Poliklinik und eine Mädchenschule, wurden sie rasch zum Kristallisationspunkt der Frauensolidarität.[66] Manche Nonnen gelangten zu echter Macht: In den 1840er Jahren soll Schwester Rosalie, der Schutzengel der »gefährlichen Klassen« in Paris, die Macht gehabt haben, die Zusammensetzung eines jeden Kabinetts zu verändern, und Mutter Javouhey wurde 1848 in Mana in Französisch-Guyana von den schwarzen französischen Bürgern, die sie aus der Sklaverei befreit hatte, zur Abgeordneten gewählt, obwohl sie gar nicht wählbar war.

Außerhalb dieser institutionalisierten »Schwesternschaften« wurden die Beziehungen zwischen Frauen durch Familienstrukturen und ökonomische Bedingungen bestimmt. Diese waren alles andere als paradiesisch. In manchen armen ländlichen Gegenden lebten Frauen seit altersher in Mißtrauen und Feindschaft zusammen. Das gilt noch an der Schwelle zum 20. Jahrhundert für die italienische Provinz Friaul.[67] Dort wohnten mehrere Generationen zusammen unter einem Dach. Die Macht der Schwiegermutter stützte sich auf ihre Rolle als Gebärerin ihrer Söhne, die sie vor dem Despotismus des Ehemanns in Schutz nahmen. Heiratete ein Sohn, tauchte mit der Schwiegertochter eine Konkurrentin auf. Sie wurde erniedrigt und ausgebeutet und konnte ihren Status erst verbessern, wenn sie selbst einen Sohn geboren hatte. Das wiederum erklärt den Haß der Schwiegermutter auf die schwangere Schwiegertochter. Diese wurde nicht etwa geschont, sondern mußte bis zur Niederkunft hart arbeiten; man ließ sie alleine niederkommen, ohne daß sie ihre Mutter oder Schwestern benachrichtigen durfte; bisweilen kam ihr eine Nachbarin zu Hilfe. Später behandelte sie die eigene Schwiegertochter ganz genauso. Diese im Schoß der Familie gegeneinander ausgespielten, zu jeglicher Solidarität unfähigen Frauen legen Zeugnis ab von der Barbarei der ländlichen Welt des Mittelmeerraums, die von Männern dominiert war.

Doch die ökonomische Entwicklung sprengte die alten Familienstrukturen und ließ eine neue Vielfalt von Familienformen entstehen. Sogar auf dem Land kam es im 19. Jahrhundert zu unterschiedlichsten Beziehungen zwischen Frauen. An den Bäuerinnen von Minot etwa können wir sehen, daß sich ihre Beziehungen untereinander nie auf das Private beschränkten. Die Beziehungen wurden innerhalb der Dorfgemeinschaft gestiftet, und die Vielfalt dieser kollektiven Beziehungen vermochte die im engen Rahmen der Familie drohende Kleinlichkeit und Gehässigkeit weitgehend zu kompensieren. Im übrigen waren diese Beziehungen nicht starr, sondern ständig in Entwicklung.

In der Stadt konnten sich »anständige« Damen ebenfalls eine Welt nach ihrem Zuschnitt und Geschmack aufbauen. Ein eindrucksvolles Beispiel sind hierfür die Bürgersfrauen im Norden Frankreichs nach den 1850/60er Jahren.[68] Zu Beginn des Jahrhunderts waren sie noch an allen Geschäften ihrer im Handel tätigen Väter und Gatten beteiligt gewesen. Ihre eigentlich weiblichen Aufgaben standen demgegenüber zurück. Die Frauen überließen ihre Kinder dem Hausgesinde, sie kümmerten sich kaum um den Haushalt und waren auch nicht sehr fromm. Das Aufkommen der Industrie in der zweiten Hälfte des Jahrhunderts führte zur räumlichen Trennung von Fabrik und Familienvilla, verdinglichte die Abschottung zwischen den zwei Sphären und verwies die Ehefrauen und Mütter auf Heim und Herd. Dort richteten sich die Frauen nun mit der ihnen eigenen Autorität ein. Sie definierten ihre eigenen Werte und setzten diese nach und nach denen der Männer entgegen.

Angesichts der Produktion von Gütern und Wohlstand verherrlichten sie die Familie und die Reproduktion. Während fast allenthalben ein Geburtenrückgang verzeichnet wurde, bekamen sie mehr Kinder als vordem ihre Mütter. Das Gebären wurde für sie zur Chance, ihre Besonderheit zu behaupten und Bedeutung zu erlangen. Um ihren Nachwuchs kümmerten sie sich selbst. Schwestern und Kusinen, Nachbarinnen und Freundinnen lebten in einem ständigen Karussell von Schwangerschaft, Niederkunft, Stillen, erneuter Schwangerschaft und Wechseljahren. Die biologische Uhr war zugleich ihre Schwäche und ihre Stärke, begründete ihre Solidarität, ihre Identität. Sie wachten auch strikt über die Ausbildung und Moralerziehung ihrer Kinder. Der Kinderreichtum erhöhte die Last der Hausfrauenarbeit. Doch anstatt es sich einfacher zu machen, sorgten die Damen mit Vergnügen für weitere Erschwernisse: gekocht wurde immer anspruchsvoller, gegessen immer feiner, und die Wohnung wurde mit Staubfängern und Nippes vollgestellt. Die Ausgaben stiegen beträchtlich und die Männer beklagten sich, ihre Gattinnen würden den Wert des Geldes verkennen. Diese führten zwar fein säuberlich ihre Haushaltsbücher, hatten aber mit Wirtschaften nichts mehr im Sinn. Das zahlreiche Gesinde bestand zunehmend aus Frauen. Die Beziehung zum Personal war als persönliches Band nach dem Muster fast feudaler Abhängigkeit gestaltet. Dienstmädchen gehörten zur Familie, führten also kein eigenes Leben, konnten im Grunde weder heiraten noch Mutter werden, keinerlei Freizeit beanspruchen und mußten sich dem täglichen Rhythmus einer Arbeit unterwerfen, die weder Ziel noch Ende hatte.

Die Bürgerfrauen Nordfrankreichs machten die Religion zum Mittelpunkt ihrer Welt. Das Sakrale durchdrang ihren ganzen Alltag. In ihrer Frömmigkeit wollten sie von Erkenntnissen der Naturwissenschaft nichts hören und wiesen jede rationale Kausalitätswahrnehmung von sich. Krankheit, Tod, Elend wurden als Zeichen göttlichen Willens ergeben hingenommen. Die Himmelskönigin symbolisierte alle weiblichen Werte: Jungfrau und Mutter zugleich, stand sie in Widerspruch zu Natur und Wissenschaft; sie verkörperte den Traum der körperlosen Mutterschaft ohne Vereinigung im Fleische und blutige Geburt. In christlicher Wohltätigkeit gründeten diese Damen Kinderkrippen, Kindergärten, Schulvereine, Nähstuben. Sie ließen ihre Unterstützung allerdings nur verheirateten Paaren mit getauften Kindern angedeihen. Im sicheren Gefühl der allumfassenden Geltung ihrer Werte wollten sie diese auch im öffentlichen Leben durchsetzen. Sie gründeten Frauenbünde gegen die atheistische Presse, patriotische Vereine, Mütterbünde.

Anstatt einander komplementär zu ergänzen, wurden die »zwei Sphären« auf diese Weise zunehmend voneinander getrennt und bisweilen gegeneinander ausgespielt. Ähnliches geschah durch die religiösen Erweckungsbewegungen in den protestantischen Ländern. Angesichts dieser Phänomene drängt sich die Frage auf, ob die affektiven und persönlichen Bindungen zwischen Frauen und Männern noch ausreichen, um die beiden Geschlechter innnerhalb der Familie zusammenzubringen.

Frauen und Männer

Vielleicht bestand im Zeitalter der Aufklärung und noch zu Beginn des 19. Jahrhunderts eine Art Idyll zwischen Vätern und Töchtern. Die Männer ließen sich rühren von der Zartheit des kleinen Mädchens, von seiner Feingliedrigkeit, seiner Fügsamkeit, seinen spontanen und entwaffnenden Zärtlichkeiten. Auf der Gegenseite wurde das kleine Mädchen gedrängt, die Wertschätzung und Gunst des Hausherrn zu suchen. Das sei die beste Vorbereitung auf die Ehe, sprachen die Erzieherinnen. Doch offenbar ließ sich manches junge Mädchen gerne vom Verstand des Vaters anziehen und beeinflussen. Die Anhänglichkeit Germaine de Staëls gegenüber Jacques Necker gründete sich auf eine solche Bewunderung. Desgleichen war der von seiner Tochter Marie vergötterte Graf de Flavigny ein Mann der Aufklärung, der Denkanstöße gab und Wissen verbreitete. Noch zu Beginn des 19. Jahrhunderts gibt es zahlreiche Beispiele. Die Herren nahmen sich Zeit, mit ihren Töchtern zu reden, leiteten sie bei der Lektüre an, förderten ihre Begabung für schöne Künste oder Schriftstellerei. Bald aber gingen die Väter des 19. Jahrhunderts zunehmend in ihren Geschäften auf. Sie fanden immer weniger Zeit für Erziehungsaufgaben und persönlichen Gedankenaustausch. Zunehmend neigten sie dazu, das Interesse der Töchter, die fügsamer waren als Söhne, den eigenen Zielen unterzuordnen. Gehilfin eines aktiven Vaters zu werden, konnte gewisse Vorzüge haben. So übte die in den Handel mit Batist eingeführte Mademoiselle Dubois dieses einträgliche Gewerbe ihr ganzes Leben lang aus, obwohl sie mit ihrer Heirat eine hervorragende Partie gemacht hatte.[69] Doch allzu häufig ähnelte diese Zuarbeit purer Ausbeutung. Das Fräulein Tochter fungierte als unbezahlte Kopistin oder Schreibkraft, und das ohne jede Hoffnung auf Beförderung. Desgleichen mußte die Bauerstochter ihrem Vater oft bis an die Grenze ihrer Kraft »helfen«. Und in allen sozialen Schichten wurde erwartet, daß die Tochter ihrem Vater, wenn er zum hilflosen Greis geworden war, als Krankenpflegerin diente.

Sobald die Jungfrau den Wunsch nach Emanzipation äußerte, kam es zum offenen Konflikt. Bei der Gattenwahl mochten auch die (politisch) liberalsten Väter nur ungern darauf verzichten, das Engagement ihrer Töchter zu kontrollieren. Victor Hugo, Karl Marx, hochverehrte Väter und Familiendespoten, verfolgten mit den besten Absichten ihre Töchter in dieser Situation.[70] Die zarte Elisabeth Barrett mußte sich mit fast vierzig Jahren von dem sehr ehrenwerten Robert Browning entführen lassen, damit sie endlich einem despotischen Vater entkam. Weiterer Streit konnte aufkommen, wenn eine Tochter studieren wollte, statt sich der Häuslichkeit zu widmen. Louise Weiss durfte sich an der Sorbonne erst einschreiben, nachdem sie ein Jahr in Deutschland auf einer Hauswirtschaftsschule verbracht hatte.[71] Desungeachtet lernten Väter bald, sich mit den schulischen Erfolgen ihrer Töchter zu brüsten und sogar voll auf sie zu setzen, vor allem dann, wenn kein Sohn da war. Die Tochter wiederum trat häufig in des Vaters Fußstapfen, wenn sie politisches Bewußtsein entwickelte.[72] Kurz, Vater und Tochter entdeckten immer mehr kulturelle Gemeinsamkeiten, die sie über allen Streit und alle wechselseitigen Zärtlichkeiten hinweg miteinander verbanden.

War kein Vater da, kam es vor, daß das junge Mädchen Stütze und Zuneigung bei einem Bruder fand: eine Beziehung, die in der Romantik besonders ergiebig und häufig war. In allen Ländern gab es unzählige Beispiele dafür.[73] Die Eltern sahen es mit Wohlwollen. Sie rechneten damit, daß die Schwester den Bruder sittlich bildete; als ältere Schwester wurde sie zur zweiten Mutter; als jüngere brachte sie ihm Rücksicht auf Schwächere bei; in beiden Fällen konnte sie den jungen Mann mit ihrem Liebreiz lenken. Noch andere Faktoren spielten hinein. Für die Mädchen war der Bruder einer der wenigen jungen Männer, dem sie sich nähern, mit dem sie freimütig und vertraut reden konnten; und umgekehrt galt dasselbe. Mehr noch: der Knabe wünschte sich häufig, gespiegelt zu werden, eine Doppelgängerin zu haben, oder er versuchte sich als Pygmalion. Auch das Mädchen sah den Bruder als Mittler; durch ihn sprach das öffentliche Leben zu ihr, zu dem sie keinen Zutritt hatte. Damit er ordentlich studieren und eine gute Stellung erlangen konnte, opferte sie gern ihre Mitgift, also die eigene Zukunft. Spürte sie, daß Gottlosigkeit ihn bedrohte, schloß sie ihn vermehrt in ihre Gebete, Bußen, Gelübde ein, wie es Eugénie de Guérin oder Caroline Gobineau taten.

In der Literatur kommen Inzestphantasien zur Blüte, etwa in Emily Brontës *Stürmische Höhen* oder in Robert Musils *Der Mann ohne Eigenschaften*.[74] Manche Autoren träumten vom Inzest mit der Mutter; bekannt ist dies von Freud, aber auch von Jules Renard. Richter, Amtsärzte, zeitgenössische Beobachter stellten fest, daß der Inzest zwischen Vater und Tochter auf dem Lande und in der Stadt besonders häufig vorkam, behandelten ihn aber üblicherweise als Bagatelle. In Gesetzen und Gerichten blieb der Inzest so gut wie unbeachtet.[75] Die Familie sollte über jeden Verdacht erhaben sein, und deshalb mußten die Opfer stumm bleiben.[76]

Jeder Mann ist seiner Mutter Sohn, schrieb Michelet sinngemäß. Er war nicht der einzige, dem der ungeheure Einfluß, die unbegrenzte Macht auffiel, die die Mutter über das Kind und vor allem über das Einzelkind hatte. Doch Mutterliebe wurde damals so hoch bewertet, daß niemand diese Macht fürchtete, auch nicht für einen kleinen Jungen. Faktisch wurden die Mütter um so stärker an der Knabenerziehung beteiligt, je mehr die Väter zur Arbeit aus dem Haus mußten.[77] Zu Beginn des Jahrhunderts konnte der Sohn schon mit sieben Jahren in ein Internat geschickt werden; Ende des Jahrhunderts trat er erst mit zwölf Jahren ein. Das Internat verlor zudem an Ansehen. Mit Billigung des Vaters übernahm es nun immer häufiger die Mutter, über Gesundheit und Lernerfolg des Sohnes zu wachen, ihm bei den Hausaufgaben zu helfen und seine Lektionen abzuhören. Sie wollte vor allem Einfluß auf seine sittliche und religiöse Erziehung nehmen. Auf diesem Feld suchte und fand sie meist eine tiefe und dauerhafte Gemeinsamkeit mit dem Sohn. Edgar Quinet nannte seine Mutter »mein Orakel« und verglich sie mit einem geistigen Vater; später wird er sich selbst vorwerfen, sie zu sehr verehrt zu haben.[78] Für die Mutter wurde es häufig zum Problem, zwischen Vater und Sohn Stellung zu beziehen. Im allgemeinen war ihr männliche Strenge zuwider, und sie erhob Einspruch gegen körperliche Züchtigungen, doch fürchtete sie auch die eigene Nachgiebigkeit, mit der sie womöglich einen »Schwächling« heranzog. Viele Mütter wollten ihren Sohn bei sich behalten, viele wollten auch seine Zukunft mitbestimmen, bei der Berufswahl, bei der Wahl der künftigen Gattin ein gewichtiges Wort mitreden. Solches Verhalten entwickelte sich vorwiegend in den Mittelschichten mit ihrem starken Streben nach sozialem Aufstieg und in der Enge, Borniertheit und Unentrinnbarkeit ihrer Familienbeziehungen. Die komplexe Beziehung zwischen Mutter und Sohn durchzieht die Literatur. Männer wie Baudelaire oder Proust konnten sich nie von ihren Müttern lösen. Jules Vallès, Arthur Rimbaud, Jules Renard lernten das Aufbegehren, indem sie gegen die eigene Mutter rebellierten. Es kann kaum überraschen, daß Freud Ende des 19. Jahrhunderts den »Ödipuskomplex« entdeckte. Unter den gegebenen historischen Bedingungen war die Gefahr groß, daß die Beziehung zwischen Mutter und Kind, besonders zwischen Mutter und Sohn, ins Pathologische abgleiten konnte. Wie oft mögen sich Frauen an ihren Sohn geklammert haben, weil sie mit dem Gatten keine harmonische Beziehung hatten?

Haushalt und Eheleben

Sobald eine junge Frau heiratete, kam sie zu einem »eigenen Hausstand«, »gründete eine Familie«. Wollte sie auch eine Paarbeziehung? War das überhaupt ihr Wunsch? Konnte sie einen solchen Wunsch verwirklichen? Haushalt und Familie waren überlieferte, festgelegte Institutionen ohne Überraschungen. Das Paar aber war eine neue Realität und mußte erst erfunden werden. Man zwang einer Tochter den Ehemann nicht mehr auf, sondern ließ sie fast immer zwischen mehreren guten Partien wählen. Eine Wahl treffen aber hieß Vorliebe bekennen, Zuneigung, den Wunsch nach Liebe, die Hoffnung auf eine innigere und vollkommenere Lebensgemeinschaft. Unter welchen Bedingungen konnten solche Hoffnungen und Wünsche Erfüllung finden?

Wieviel Bedeutung der Mitgift beigemessen wurde, war je nach Land verschieden. Die angelsächsische Welt wollte sie nicht und ließ jungen Leuten größere Freiheit, und das war der Homogamie kaum abträglich. In den romanischen Ländern aber und besonders in Frankreich heiratete kein Mädchen ohne Mitgift, nicht einmal bei den weniger Bemittelten. Daraus ergaben sich sorgsam ausgetüftelte Ehestrategien, besonders bei wohlhabenden Bauern, Gewerbetreibenden oder Händlern. Solchen Strategien unterwarfen sich die Mädchen in vollem Bewußtsein, ohne sich als »Opfer« zu fühlen, solange die Ehebewerber rangmäßig ihrer würdig waren. Im übrigen hieß es allgemein, die Liebe werde nach der Hochzeit schon kommen. Blieb sie aus, kamen sie auch ohne zurecht. Die Ehe war für sie eher Garantie ihrer sozialen Identität als Quelle von Liebesglück. Doch begann sich die Idee der Mitgift zu wandeln. Immer größere Wertschätzung erlangten bestimmte Eigenschaften, Wissen und Fertigkeiten, mit denen die künftige Gattin ihrem Manne nützlich sein konnte. Ein Schneider umwarb gern eine Schneiderin. Ein Kleinhändler suchte eine Frau, die ihm die Bücher führen konnte. Ende des Jahrhunderts meinten Ökonomen wie Paul Leroy-Beaulieu, im Arbeitermilieu solle hauswirtschaftliche Kompetenz als Mitgift Geltung erlangen.

Wie die Mitgift war auch der Altersunterschied der Gatten eine potentielle Belastung. In Amsterdam war die Braut zu Beginn des 19. Jahrhunderts in 29 Prozent der Fälle älter als der Bräutigam.[79] In Amerika dagegen führte der Frauenmangel bei Mädchen zur Frühehe.[80] Wie sich solche Altersunterschiede auswirkten, ist schwer zu ermitteln.

Das freie Amerika bietet mit den Mormonen, die die Einehe ablehnten, statt Wunschträume darum zu spinnen, einen eigenartigen Sonderfall.[81] Sie erkannten allein den Männern die Polygamie zu und richteten sich damit auf ihre Weise in der Doppelmoral ein. Da Männer sexuell »von Natur aus«, wie sie sagten, größere Ansprüche hätten als Frauen, sei es Gott wohlgefällig, wenn ein Mann mehrere Frauen heirate, denn so würden Ehebruch, uneheliche Geburten, Kindsmord und Prostitution vermieden und jeder Mann wäre verpflichtet, für alle seine Kinder zu sorgen. Für die keusche Frau sei es besser, einen schon verheirateten anständigen Mann zu heiraten, als allein oder mit einem Sünder zu leben. Als Schwangere oder Stillende könne sie ohne schlechtes Gewissen mit Rücksicht auf das Kind seltener verkehren; sie habe besser unter Kontrolle, wieviele Kinder sie gebären wolle. Schließlich stehe für sie Mutterschaft an erster Stelle. Bestimmt fiel es den Mormoninnen nicht immer leicht, den Gatten mit anderen Ehefrauen zu teilen. Janet Snyder sträubte sich drei Jahre lang, als ihr Mann eine zweite Frau nehmen wollte, und ließ sich schließlich durch eine Vision bekehren. Hinterher erklärte sie einer Freundin, man müsse sich verhärten und nicht ständig an den Mann denken. Das gelang ihr am Ende so gut, daß sie sich mit den Kindern zu Tische setzen konnte, ohne ihn überhaupt zu rufen. Diese relative Einsamkeit gewährte viel Autonomie. Es kam auch vor, daß die diversen Gattinnen sich blendend verstanden und frohe gemeinschaftliche Haushalte bildeten. Allerdings wurde die Polygamie 1890 verboten.

Immer mehr junge Mädchen träumten davon, die große Liebe mit der Ehe in Einklang zu bringen. Solche Hoffnungen hegten z. B. die Pflanzerstochter Bessie Lacy in South Carolina und die Arzttochter Fanny Arnaud in Aix-en-Provence als ängstliche Bräute. Bessie nahm 1851 (mit neunzehn) den Heiratsantrag Thomas W. Deweys an, des Bruders einer Pensionatsfreundin.[82] Ein Jahr lang erschöpfte sich ihre Beziehung in einem lebhaften Briefwechsel. Die ersten Briefe sind förmlich. Aber bald strebte Bessie nach größerer Intimität. Sie wollte Gefühle äußern, über Liebe sprechen, von Thomas für Thomas geformt werden (»Mould me as you please«), und verlangte, er solle sie mit »dearest« anreden. Doch Thomas blieb auf Distanz. Er war gerade damit beschäftigt, sich beruflich zu etablieren. Da zog sich Bessie allmählich zurück. In ihren letzten Briefen vor der Ehe legte sie ihre Rechte und Pflichten dar, und die Rechte und Pflichten von Tom. Sie stellte die Abschottung wieder her, die sie hatte überwinden wollen; indem sie ihr Territorium abgrenzte, schützte sie sich vor Leidenschaft und Enttäuschungen.

Die mit einer großen Mitgift ausgestattete hübsche Fanny[83] wählte unter ihren Bewerbern den Marseiller Industriellensohn Charles Reybaud. Sie war zwanzig Jahre alt und man schrieb 1822. Sie wollte sich in absoluter Offenheit völlig hingeben, hatte aber Angst, diese Hingabe könnte nicht erwidert werden. Einer Freundin schrieb sie: »Ich will mich nicht zu sehr auf die Zukunft verlassen; sie lächelt mir nur scheinbar zu, um mich zu täuschen.« Schwer war es in der Tat, in einer Welt, in der weiterhin Trennung der Geschlechter, Allzuständigkeit des Mannes und Doppelmoral herrschten, das ideale Paar entstehen zu lassen. Welche Erfolgschancen hatten Bessie und Fanny?

Amerika hatte es offenbar auch hier besser. Mit der Festlegung der »zwei Sphären«, die allenthalben gepredigt wurde, wurden die Aufgaben der Frau immerhin real anerkannt und gewürdigt. Als Gattin, Mutter, Erzieherin gebührte der Frau ebensoviel Rücksicht und Achtung wie dem Mann als Erzeuger von Waren und Einkünften. Ihr Einflußbereich war unbegrenzt. Im Namen ihrer sittlichen Verantwortung wachte sie über die Tugend der ganzen Familie und griff ein, sobald diese gefährdet war. Der Gatte nahm sogar Kritik seines eigenen Verhaltens hin. Harriett Beecher Stowe kanzelte ihren Ehemann regelrecht ab: Für einen Prediger des Evangeliums lese er zu viele profane Bücher, er beschäftige sich zu viel mit Luther und zu wenig mit Chri-

stus, er habe sein Triebleben nicht unter Kontrolle, usw.[84] Alle
Europäer, die nach Amerika reisten, konstatierten seit Tocqueville, wie
wichtig dort Frauen mit ihren Meinungen und Forderungen genommen
würden. Auch die Harmonie der Gefühle wurde hervorgehoben. Verheiratete Männer hätten selten Mätressen. Alle wichtigen Entscheidungen trafen die Eheleute gemeinsam. Bessie führte mit Tom einen
ordentlichen Hausstand (und vielleicht auch eine gute Ehe). Tom arbeitete als Bankier, Bessie war in verschiedenen Vereinen aktiv, zusammen zogen sie mehrere Kinder groß.

Fannys Ehe dagegen scheiterte. Charles erwies sich als eifersüchtiger
Lebemann. Die Erfolge seiner Frau verdrossen ihn. Er hatte sich noch
immer nicht »die Hörner abgestoßen«; als Fanny schwanger wurde, hatte er häufig wechselnde Liebschaften. Enttäuscht verlangte die blutjunge
Frau nach nur drei Jahren Eheleben die Trennung, obwohl ein Sohn
geboren war. Sie wurde alsbald eine der meistgelesenen Romanschriftstellerinnen ihrer Generation. Der Fall ist recht typisch: Ehebruch des
Mannes wurde von Gesetz und öffentlicher Meinung toleriert; Gattinnen
schickten sich darein oder flüchteten in eine (amtlich erklärte oder
gerichtliche) Trennung, in der sie weder die Freiheit noch ihre Mitgift
zurückbekamen. Als die Scheidung möglich wurde (in Frankreich erst
nach 1884), gingen die meisten Anträge auf Scheidung von Frauen aus.
Das Scheidungsbegehren wurde keineswegs in erster Linie mit ehebre-
cherischem Verhalten des Mannes begründet. Sehr viel häufiger führten
die Klägerinnen Mißhandlungen oder fehlenden Lebensunterhalt an, was
die Richter viel stärker beeindruckte. Zugleich wurde der Ehebruch der
Frau allmählich zur Bagatelle, und Ehemänner verzichteten darauf, Klage zu erheben, um nicht öffentlich als Hahnrei verspottet zu werden.

Vor allem in der Unterschicht fürchteten Ehefrauen die Brutalität des
Gatten und dessen Geiz. Auf dem Lande oder im Handwerk war die
Arbeitsteilung in der Ehe für den Mann kein Anlaß, von seiner Macht
etwas abzugeben. Viele Redewendungen zeugen davon. In manchen
armen Landstrichen manifestierte sich die Macht der Männer in brutaler Unterdrückung. Bäuerinnen im Gévaudan hatten keinen Schlüssel
zur Speisekammer; weil der Mann ihnen alles weggenommen hatte,
mußten sie bisweilen stehlen, um nicht zu verhungern. Überall auf
dem Bauernhof oder im Familienbetrieb galt die Frau als des Mannes
Arbeitstier; sie erhielt ihrerseits bei ihrer eigenen Arbeit keinerlei Unterstützung vom Mann. Frauen, die über ihre Kräfte arbeiten mußten,
alterten früh und starben noch jung an Jahren. Der Leitgedanke von
der »guten Fee des Hauses« setzte sich in diesen Milieus nur langsam
durch: Die Bäuerin konnte sich kaum als »Frau des Hauses« sehen.

Dagegen wurde die »Hausfrau« allmählich zum Gravitationszentrum
der Arbeiterfamilie. Der Mann wußte ihre Leistungen zu schätzen: Kin-

dererziehung, Essenkochen, Kleider- und Wäschepflege, Krankenpflege. Allerdings vergifteten auch hier zwei Streitursachen – Haushaltsgeld und Kirchgang – die ehelichen Beziehungen. Arbeiterfrauen blieben gern der Kirche ihrer Kindheit treu und liebten deren Feiertage, Pomp und Zeremonien. Sie hörten auf Priester und Nonnen und steckten ihnen gern ein Scherflein zu. Auf diese Weise hofften sie, sich ein Plätzchen im Paradies zu erwerben, das ihnen niemand wegnehmen konnte, und Gottes Gnade auf ihre Familie herabzuflehen. Die Männer, meist Freidenker und manchmal Pfaffenfresser (vor allem in katholischen Ländern), trauten sich nicht, ihren Frauen den Kirchgang zu verbieten, da deren Frömmigkeit auch deren Tugendhaftigkeit garantierte; aber immer wieder beschimpften, beleidigten und schlugen Männer das »bigotte Weib«. Des Mannes Aufgabe aber war es, das Haushaltsgeld zu verdienen, von dem er sich nur ungern trennte. Um die Jahrhundertmitte notierte Le Play, viele Arbeiter in Frankreich (aber nicht in England) überließen den Lohn häufig erst nach heftigem und manchmal gewalttätigem Streit der Ehefrau. Gerichtsakten werfen Schlaglichter darauf, wie oft um das Geld gestritten wurde und wie kräftig die Frauen austeilen konnten. In Trennungsprozessen[85] warfen sie den Ehemännern Faulheit und Trunksucht vor; sie beschwerten sich, mit den Kindern ohne einen Pfennig dazusitzen, während der Mann »gottweißwohin« laufe. Sie wünschten sich eine Wohnung mit eigenem Inventar und wollten nicht länger möbliert wohnen. Wurden sie verprügelt, zahlten etliche jeden Schlag heim, bevor sie die Flucht ergriffen.

Eins ist sicher: Die Paarbeziehung in der Ehe wurde im 19. Jahrhundert zu einem der zentralen Probleme der abendländischen Gesellschaft. Es war ein Problem, das alle Schichten erfaßte und weit über die Privatsphäre hinausging und das hier keineswegs erschöpfend dargestellt worden ist.

Glücklich verheiratete Frauen waren aus zeitgenössischer Sicht solche, die sich ihrem Manne unterordneten. Reisende stellten in Frankreich mit Überraschung fest, daß in den Läden Mama die Kasse führte, während Papa fleißig werkelte. Solch gemeinsames Wirtschaften stärkte das Band zwischen den Gatten. Michelet bewunderte Madame Puchet,[86] die ihrem Ehemann und Arzt als Versuchskaninchen diente und zugleich imstande war, seine wissenschaftliche Korrespondenz zu führen, ohne darüber die ehelichen Freuden zu verachten. Manche Schriftsteller- oder Künstlerfrauen wie Julia Daudet oder Alma Mahler machten sich unentbehrlich, indem sie unter Vernachlässigung der eigenen die berufliche Laufbahn ihres Mannes energisch förderten. Bei einem Politiker war die Zuarbeit schwieriger. Die spottlustige, mit einem Botschafter verheiratete Mary Waddington fand die Parlamentariergattinnen in Frankreich etwas »abgeschmackt«, da sie nur über ihre Kinder reden könnten, während Politikerfrauen in Italien, England oder den Vereinigten Staaten in allen Themen beschlagen seien.[87]

Die Wechseljahre

Die beim Mann kaum merkliche Schwelle zum Alter wird bei der Frau durch das Klimakterium sichtbar. Ärzte lernten diese Erscheinung immer besser kennen; manche sahen darin den »Altweibersommer« eines Frauenlebens;[88] die meisten aber rieten in bester Tradition zu Mäßigung und Verzicht. Die Frauen selbst hatten zu diesem »gewissen Alter« eine höchst gespaltene Einstellung.

In dieser Lebensphase übernahmen sie als Schwiegermutter, Großmutter, Witwe neue Rollen. Die Schwiegermutter geriet immer mehr in Mißkredit: In der guten alten Zeit hatte sie die Schwiegertochter gequält, nun ging ihre Einmischung auch dem Schwiegersohn zu weit. Doch es fiel ihr schwer, sich von ihren verheirateten Kindern zu lösen, nachdem sie ihnen alles gegeben hatte. Als Großmutter wurde sie höher geschätzt. War sie mittellos und mußte den Ihren zur Last fallen, zeigten sich diese eher zur Unterstützung bereit, wenn die alte Mutter sich noch nützlich machen konnte. Die strickende, kinderhütende Großmutter wurde zum typischen Genrebild des 19. Jahrhunderts. In jedem Haushalt wußte man es zu schätzen, daß sie Familientradition, Alltagswissen, Abzählreime, Wiegenlieder, Marmeladenrezepte, Gruselgeschichten und Schauermärchen überlieferte. Nur der Hausarzt begegnete ihr mit Mißtrauen. Wenn sie aber nicht mehr von Nutzen sein konnte, lief sie Gefahr, im Stich gelassen und verstoßen zu werden. Zwar gab es einige wenige private Wohlfahrtseinrichtungen, die alte Menschen aufnahmen; doch Ende des Jahrhunderts fielen die Alten zunehmend dem Staat zur Last.[89]

In wohlhabenden Kreisen blieben Mütter und Muhmen auch im Alter mächtig. Als Witwen verfügten sie ungehindert über große Vermögen, die sie mit konservativer Umsicht verwalteten.[90] »Matriarchalisch« regierten sie über eine Nachkommenschaft mit alltäglichen Sorgen.

Schriftsteller und Dichter gingen immer noch grausam mit Frauen um, die Jugend und Schönheit verloren hatten. Als »verhutzelte Schattengestalten«, »menschliche Wracks« bezeichnete sie Baudelaire. Aber Sarkasmus vermag nichts gegen eine unumkehrbare Entwicklung. Der Gesundheitszustand der Frauen hob sich, sie lebten länger, alterten später. Andererseits beendeten sie die Phase des Kinderkriegens nun in jüngeren Jahren. Das reife Alter erhielt größere Bedeutung. Im günstigsten Fall eröffnete es Frauen eine neue Aussicht auf Freiheit.

Aus dem Französischen von Günter Seib

15

GEFÄHRLICHE FORMEN DER SEXUALITÄT

Judith R. Walkowitz

N ichts ist natürlich, zwangsläufig oder unveränderlich an der Sexualität. Sexualität ist, wie die Historikerinnen Kathy Peiss und Christina Simmons schreiben, weder »eine unwandelbare biologische Realität noch eine universelle Naturkraft«, sondern »Produkt eines politischen, sozialen, ökonomischen und kulturellen Prozesses«. Sexualität hat eine »Geschichte«.[1] Während bestimmte Verhaltens- und Bedeutungsmuster – zum Beispiel der Transvestismus oder das Bild von der Kupplerin als Mutter – über lange Zeit ihre Geltung behauptet haben, zeigen andere im Zeitverlauf eine beträchtliche Variabilität. Selbst das Inzestverbot, dieses vermeintliche Fundament sozialer Tabus, ist im Laufe der europäischen Geschichte verschiedentlich erweitert oder auch eingeschränkt worden, wodurch jeweils die Grenzen der erlaubten Sexualbeziehungen verschoben wurden.

Die sexuellen Kulturen des 19. Jahrhunderts verdeutlichen die durch und durch soziale Konstruktion von Sexualität. Sexualität war eine Kampfarena, in der Klassen-, Rassen- und Geschlechterkonflikte privat und öffentlich ausgetragen wurden. Die verschiedensten Sozial- und Berufsgruppen bedienten sich moralischer Panikmache, Sexualskandale und gesetzlicher Maßnahmen, um ihren kulturellen und politischen Einfluß auszudehnen. Männer und Frauen beteiligten sich in aller Öffentlichkeit an Kämpfen, die auch zur Neudefinition ihrer privatesten Identität und Subjektivität beitrugen.

Wenn Viktorianer über Sex sprachen, dann vor allem über die Gefahren der Sexualität, über die starke Zunahme sexueller Praktiken außerhalb des sakrosankten Heims und frei von Zeugungsabsichten. Diese Themen hingen eng zusammen mit dem spannungsreichen Wandel der bürgerlichen Ehenormen. Schnell sinkende Geburtenraten machten immer deutlicher, daß nun auch das Ehebett ein Ort für nicht auf Zeugung zielende Sexualität, für größere persönliche Intimität und individuelle Entfaltung geworden war. Da nichtprokreative Sexualität in der Ehe die Normen der Weiblichkeit in Frage stellte, beunruhigte sie die Viktorianer ebensosehr, wie die Zunahme des kommerziellen Sexes und der gleichgeschlechtlichen Sexualbeziehungen außerhalb der heterosexuellen Häuslichkeit. Mit dem Kult der Häuslichkeit war die Lobpreisung der »wahren« bürgerlichen Frau als Mutter und die beharrliche Leugnung einer nichtproduktiven weiblichen Sexualität etabliert worden. Im Laufe des 19. Jahrhunderts wurde dieses bürgerliche Modell weiblicher Asexualität immer stärker somatisiert. Hierzu trugen nicht zuletzt medizinische Autoritäten bei, die ihre kulturelle Autorität auf den Körper der Frauen ausdehnen wollten. Ärzte waren zwar über den Grad weiblicher Passivität uneinig, aber sie stimmten darin überein, ehrbaren Frauen allenfalls eine sekundäre, eine abgeleitete Sexualität zuzugestehen – eine Sexualität, die dem männlichen Vergnügen diente, die ohne eigene Autonomie war und lediglich eine blasse Imitation männlicher erotischer Begierde darstellte.

Weibliche Leidenschaftslosigkeit war das Gegenstück zur aktiven männlichen Sexualität und zu normverletzenden weiblichen Sexualpraktiken, die man als männlich oder »deklassiert« zu codieren pflegte. Im 19. Jahrhundert galten vier weibliche Praktiken – Prostitution, Abtreibung, Transvestismus und romantische Freundschaft – als abweichendes Verhalten, weil sie Aktivität und Wahlfreiheit implizierten. Alle diese Praktiken gab es schon vor dem 19. Jahrhundert; sie erhielten aber in der modernen städtischen Welt einen neuen Stellenwert, weil sie entweder mit einer neuen sozialen Schicht von Frauen verbunden waren oder weil sie als ein Sozial- und Identitätsproblem neues Gewicht und neue Bedeutung erlangten. Diese vier Praktiken wurden zu verschiedenen Zeitpunkten des 19. Jahrhunderts durch offizielle Definitionen codiert zu gesetzwidrigen Handlungen von sexuell abweichenden Frauen. Diese Sexualpraktiken beinhalteten jedoch sehr viel mehr als ordnungswidriges Verhalten: Sie hatten ebensoviel, wenn nicht sogar mehr zu tun mit Arbeit, Lebensstil, Reproduktionsstrategien, Mode, Selbstdarstellung, außerfamiliären Bindungen und nicht auf Zeugung zielender Sexualität von Frauen.

Die Geschichte gefährlich erachteter Sexualität im 19. Jahrhundert verdeutlicht den komplizierten Prozeß kulturellen Aushandelns und kultureller Diskussion, der zur Herausbildung der viktorianischen Sexualität gehörte. Debatten und kulturelle Verständigungen über die gefährliche Sexualität gingen quer durch alle sozialen Schichten und urbanen Räume: Sie fanden statt im Bordell und auf der Straße, im Varieté und in der Klinik, in den finsteren Seitengäßchen der Slums und in den komfortablen Salons des Bürgertums. Zur Deutung sexueller Erfahrungen wurde von Männern und Frauen eine Vielzahl konkurrierender sozialer Sprachen benutzt, von der Sprache des Sexgewerbes und der Sensationspresse bis hin zur autoritativen Sprache des Gesetzes und der Medizin. In diesen Diskussionen waren Überschreitungen der Geschlechter- und der Sexualordnung ständig überlagert, und jede um diese Praktiken konstruierte sexuelle Identität war ihrem Wesen nach instabil und widersprüchlich.

Im 19. Jahrhundert erlangten Frauen des Bürgertums, dank der neudefinierten öffentlichen Sphäre mit ihren verfügbaren Massenmedien und politischen Netzen, auch die Möglichkeit, im öffentlichen Raum über sexuelle Probleme zu sprechen. Das war ein historischer Moment. Selbst innovative Frauen aber blieben in ihrer Vorstellung an ein begrenztes kulturelles Repertoire gebunden und gezwungen, kulturelle Bedeutungen innerhalb bestimmter Parameter umzugestalten. Sie konnten nicht einfach sexuelle Leidenschaft erleben und ganz natürlich Worte finden, um das Erlebte auszudrücken; sie konnten auch nicht einfach sexuelle Bedrohung erleben und ganz selbstverständlich die Worte finden, um sexuelle Bedrohung auszudrücken. Sie mußten für Aussagen über ihre »Wahrheit« kulturell verfügbare Konstrukte verwenden.

PROSTITUTION

Das Ausmaß, die Sichtbarkeit und Formenvielfalt der Prostitution waren kennzeichnende Merkmale der Städte des 19. Jahrhunderts. Beobachter fanden den Anblick der »angemalten Kreaturen«, die in der Stadt in »greller Kleidung« und mit herausforderndem Blick Hauptverkehrs- und Nebenstraßen entlangschlenderten, abstoßend. In den Großstädten gab es Zehntausende von Prostituierten (offizielle Zahlen waren jedoch notorisch unzuverlässig). Die soziale Hierarchie der Prostituierten spiegelte die Klassenstruktur und soziale Verteilung urbaner Zentren wider. In New York reichte die Halbwelt von den eleganten Villen in der Fifth Avenue, wo reiche Männer sich ihre Geliebten hielten, bis zu den Zigarrenläden in der Canal Street, wo Arbeiter und Matrosen bedient wurden. In London umfaßte die Geographie des Lasters die Kurtisanen von St. John's Woods und die elegant gekleideten Straßenhuren, die sich unter ehrbare Damen mischten und das vornehme Einkaufsgebiet der Regent Street durchstreiften ebenso, wie die elenden Winkelhuren, die in den schlecht beleuchteten Gassen und Hinterhöfen der städtischen Slums mit »unzüchtigen Handlungen« das Geld für ihre nächtliche Unterkunft verdienten. In den Vereinigten Staaten strukturierte außerdem die Rassentrennung den Prostitutionsmarkt: In New Orleans standen Bordelle für Weiße und solche für Schwarze Seite an Seite; in den vielgeschossigen »Puffs« von San Francisco belegten europäische und amerikanische Frauen die oberen Stockwerke, während Mexikanerinnen, Japanerinnen und Chinesinnen auf die unteren Stockwerke verwiesen waren. In solchen urbanen Zentren wandelte sich die Geographie der Prostitution zudem ständig mit den Veränderungen in der physischen und sozialen Umwelt. In Berlin, Paris und London gingen arme Straßenhuren häufig ihrem Gewerbe in traditionellen Zentren der Prostitution, gewöhnlich in den alten engen Straßen der belebten Quartiere nach, aber auch neue Vergnügenszentren oder Bahnhöfe übten eine starke Anziehung auf »leichte Mädchen« aus.

Im Gegensatz zur männlichen konnte die weibliche Prostitution ein äußerst sichtbares und kapitalisiertes Geschäft mit ausgedehnter Infrastruktur und Arbeitsorganisation sein. Dieses gilt insbesondere für die am stärksten organisierten Prostituierten, die in Bordellen arbeiteten und dort häufig auch Lohn, Kleidung, Unterkunft und Verpflegung erhielten. Prostitution konnte aber auch eine Form selbständiger Arbeit sein, was vor allem für die große Zahl von Frauen zutrifft, die auf dem Straßenstrich arbeiteten und Tavernen und Theater frequentierten. Im Laufe des 19. Jahrhunderts dehnte sich das Sexgewerbe auf Massagesalons, Bäder, Tanzhallen, *tableaux vivants, cafés chantants* und Varietés aus. Um sich mit den örtlichen Lasterhöhlen vertraut zu machen, konnten männliche Besucher einer Stadt ein Taschenbuch, einen sogenannten »Herrenführer«, kaufen, der über Preis, Ort und gebotene Dienste verschiedener Etablissements informierte.

Ob Prostituierte ihrem Gewerbe an einem festen Ort oder auf der Straße nachgingen, ob sie stark organisiert, gelegentlich oder selbständig arbeiteten, sie waren die »ungelernten Töchter der ungelernten Klassen«.[2] Ihr Leben glich dem Leben der großen Masse der Arbeiterinnen, die fern von ihren Familien lebten und sich mühsam auf dem städtischen Arbeitsmarkt durchschlagen mußten. Die in diversen Orten durchgeführten Sozialerhebungen über Prostitution kennzeichneten diese Frauen durchgehend als kürzlich vom Land in die Stadt gekommene Migrantinnen oder als Töchter städtischer Handwerker, deren Gewerbe sich im Niedergang befand. Die Frauen hatten vorher in Berufen mit Niedrigstlöhnen gearbeitet, z. B. als Mädchen für alles, als Wäscherinnen, Näherinnen oder Fabrikarbeiterinnen. In den letzten Jahrzehnten des 19. Jahrhunderts entwickelte sich ein geringfügig anderes Rekrutierungsmuster: Prostituierte kamen nun aus den Reihen der Verkäuferinnen, Kellnerinnen und Bardamen, also aus den neuen, aber ebenso untergeordneten und unqualifizierten weiblichen Berufen des tertiären Sektors. Das neue Rekrutierungsmuster reflektierte auch die Verlagerung der Prostitution von der Straße hin zu neuen Orten des Sexgewerbes. Der diffuse und nicht institutionalisierte Charakter des Straßenstrichs erlaubte es einer beträchtlichen Zahl von Arbeiterinnen, ihre geringen Löhne durch den Verkauf ihrer sexuellen Dienste auf der Straße aufzubessern. Selbst für Frauen, die ihren Lebensunterhalt hauptsächlich durch Prostitution verdienten, blieb das Leben als »Freudenmädchen« nur eine vorübergehende »Flucht aus schwierigsten Umständen«[3]; junge Frauen gaben das Gewerbe auf, wenn sie Ende Zwanzig waren.

Solange sie der Prostitution nachgingen, nahmen Frauen an einem kollektiven Leben eigener Art teil. Mit dem Eintritt in ein Bordell erhielt eine Frau oft einen neuen Namen, sie erlernte neue Rituale und einen umfangreichen, in diesem Gewerbe üblichen Jargon. Trotz der ökonomischen Ausbeutung der Bordellbewohnerinnen, trotz der eingeschränkten Freiheit und der Spannungen, die sowohl unter den Prostituierten selbst als auch zwischen ihnen und der Puffmutter entstanden, fungierte das Bordell häufig als eine Ersatzfamilie, als ein System der Unterstützung für Frauen. Beobachter aus dem Mittelstand verdammten das Bordelleben als öde, als einengend und, wie wir noch zeigen werden, als pervers. Es ist aber keineswegs sicher, daß Arbeiterinnen diese Kritik teilten (sie hatten andere Klagen). Das Leben im Bordell ließ freie Zeit und erlaubte Freizeitbeschäftigungen wie Klavierspiel, Unterhaltung, Gesang oder die Lektüre leichter Liebesromane – Beschäftigungen, die für Frauen aus der Arbeiterklasse, die ihren Lebensunterhalt sonst als Näherinnen oder Hausangestellte hätten verdienen müssen, ein wirkliches Vergnügen gewesen sein konnten.

Auch Prostituierte, die auf dem Straßenstrich arbeiteten und in eigenen möblierten Zimmern wohnten, gehörten zu einer Subkultur, die sich dem Kodex weiblicher Respektabilität widersetzte und zugleich von der Unsicherheit und den Gefahren dieses »Lebens« bestimmt war. Bürgerliche Kommentatoren klagten immer wieder über das aggressive Verhalten und Aussehen der »bemalten und aufgetakelten Frauen, die die Straßen – in schmutzigen weißen Musselin und schmierige, billige blaue Seide gehüllt – entlangstolzierten«.[4] Diese Frauen stellten sich den Vorübergehenden ohne Hut und Schal und mit »anzüglichen Blicken« zur Schau. Der Kleidungscode der Prostituierten war eine Form der Reklame, um männliche Kunden anzulocken. Manchmal gingen Prostituierte bei der Zurschaustellung ihrer Ware noch weiter: Sie entblößten ihre Knöchel, Beine und Busen oder lutschten demonstra-

tiv am Daumen, um die Art der von ihnen gebotenen Dienste anzudeuten.

Oft waren die Kunden von den gebotenen Diensten enttäuscht. In
den 50-Cent-»Puffs« in San Francisco saßen die Männer auf Holzbän-
ken und warteten auf eine Begegnung, die schließlich so kurz war,
daß sie kaum Zeit genug hatten, ihre Hosen herunterzulassen. Selbst
in teureren Häusern waren ein schneller Orgasmus, emotionale Bezie-
hungslosigkeit und Mangel an Gegenseitigkeit üblich. Ein junger Mann,
der zur sexuellen Initiation von seinem Vater in eine luxuriöse Villa in
New Orleans gebracht worden war, beschrieb später sein Erlebnis als
»mechanisches Verfahren, das (. . .) etwa eine Minute dauerte«.[5] Die
Kunden mögen daher sehr wohl den von großen Bordellen im ausgehenden 19. Jahrhundert gebotenen voyeuristischen Unterhaltungen
wie *tableaux vivants*, Striptease-Vorführungen und lesbischen Darbietungen den Vorzug gegeben haben.

Die Freier fühlten sich besonders dann betrogen, wenn sie sich beim
kommerziellen Sex eine Geschlechtskrankheit holten oder wenn Prostituierte ihr Sexgewerbe mit dem lukrativeren Diebstahl verbanden.
Dirnen arbeiteten auf dem Straßenstrich routinemäßig zu zweit, zum
einen um sich vor brutalen Kunden zu schützen, zum anderen um
betrunkene Freier überwältigen und bestehlen zu können. Die Poli-
zeispalten der Lokalzeitungen waren voll mit Berichten über Schlägereien zwischen Betrunkenen und Prostituierten, die ihre Kunden
bestohlen hatten. Gewalttätiges und räuberisches Verhalten war aber
nicht allein für die Welt der Prostituierten und der Freier charakteristisch. In Arbeitervierteln mit ihren rauhen Sitten war körperliche
Gewalt ein durchaus üblicher Bestandteil heterosexueller Beziehungen.
Sozialforscher, die versuchten, das Wesen der Geschlechterbeziehungen bei den ungelernten Armen in London und Paris zu erfassen,
sahen sich oft einer, wie die Historikerin Ellen Ross es formuliert hat,
»unverständlichen Welt« gegenüber, »in der die Frauen weder damen-
haft noch ehrerbietig waren, in der die Männer darum kämpften, die
Macht über die Frauen zu behalten, und in der der ›Geschlechteranta-
gonismus‹ offen zugegeben wurde«.[6]

In mehrfacher Hinsicht unterschieden sich Prostituierte jedoch vom
Arbeitermilieu, in dem sie lebten. Häufig war ihr Lebensstandard höher.
Trotz der Unsicherheit ihres Einkommens und der Gefahren und professionellen Risiken ihres Gewerbes waren Prostituierte gewöhnlich besser
als andere Frauen ihres Viertels gekleidet, und sie verfügten wie ihre
männlichen Nachbarn über eigenes Geld. Zweitens fielen Prostituierte,
sofern sie in möblierten Zimmern oder im Bordell wohnten, schließlich
auch dadurch auf, daß sie von der Familie – der sozialen und wirtschaftlichen Basisorganisation der Arbeiterquartiere – abgeschnitten waren.

Gleichwohl genossen Prostituierte ein gewisses Maß an sozialer Integration in ein Milieu von Menschen, die ihrerseits von Gelegenheitsarbeit lebten, die harte Zeiten gewöhnt und immer gezwungen waren, mit drückender Not fertigzuwerden. In seiner 1836 erschienenen Untersuchung über Pariser Prostituierte führte Parent-Duchâtelet den Nachweis, daß die Arbeiterklasse den Prostituierten mit Komplizenschaft und Toleranz begegnete: Ungefähr die Hälfte aller verheirateten Prostituierten hatten einen Mann gewählt, mit dem sie in derselben Straße, oft sogar im selben Mietshaus wohnten, und etwa die Hälfte derjenigen »leichten Mädchen«, die von Eltern aus der Prostitution herausgeholt worden waren, lebten in der elterlichen Wohnung.[7] Einige Institutionen des Arbeitermilieus, vor allem die Kneipe und das Varieté, begünstigten die soziale Integration. Beobachter aus dem Mittelstand waren schockiert, hier »Laster und Tugend Arm in Arm« zu finden.[8] Die in den Kneipen herrschende Kameradschaft zeigte sich beim Begräbnis eines der Opfer der Jack the Ripper-Morde im Jahre 1888. Freunde, die »in denselben Lokalen wie die ermordete Frau verkehrten«[9], hatten den Sarg von Marie Jean Kelly mit Kränzen bedeckt.

Außerhalb der Kneipe reagierten keineswegs alle achtbaren Frauen so freundlich. Die Toleranz gegenüber Prostituierten war von Arbeiterviertel zu Arbeiterviertel unterschiedlich. Sie hing ab von der ethnischen und rassischen Zusammensetzung, vom Grad der Ehrbarkeit und der Wohlhabenheit seiner Bewohner; sie richtete sich aber auch danach, wie stark der Druck auf die Armen war, sich strengeren Regeln sexueller Ehrbarkeit zu unterwerfen. Diese Intervention von außen beeinflußte sowohl die Struktur des Prostitutions-Marktes als auch den Charakter der sozialen Beziehungen zwischen den Frauen und der armen Arbeiterbevölkerung eines Viertels.

Die so deutlich sichtbaren ordnungswidrigen Aktivitäten von Prostituierten forderten in der Mitte des 19. Jahrhunderts die bürgerlichen Reformer auf das äußerste heraus. Nach den Revolutionen und den verheerenden Choleraepidemien in den 1830er und 1840er Jahren waren Gesundheitsreformer und Moralstatistiker von der Idee besessen, Unmoral, Verschmutzung der Städte, Ansteckung und soziale Unordnung gehe vom »großen Ungewaschenen« aus. Für sie war die Prostitution – sowohl buchstäblich als auch im übertragenen Sinne – der die ehrbare Gesellschaft bedrohende Infektionskanal: ein »Infektionsherd«, eine Pest, ein Geschwür. Wie an den Slums, denen sie entstammte, so glaubte man, hafte auch an ihr der »schwere Geruch der Massen« mit seinen »beunruhigenden Erinnerungen an das Intimleben«, schreibt Alain Corbin. Sie rief die sinnliche Erinnerung an all die »ergebenen weiblichen Körper« hervor, die in den vornehmen Vierteln den physischen Bedürfnissen der Männer der oberen Gesellschaft dienten:

die Amme, das alte Hausmädchen, die »Unterschichtfrau für die körperlichen Bedürfnisse im Herzen des bürgerlichen Haushalts« – sie, die
auf »Wink und Befehl dem Bürger-Leib zu Diensten ist.«[10]

Die offizielle Beschäftigung mit Prostitution als gefährlicher Form des
Geschlechtsverkehrs, deren Grenzen vom Staat zu kontrollieren und zu
definieren waren, führte Ende der 1860er Jahre in fast allen Ländern
Europas zu einem ganzen Bündel von Reglementierungen. In Anlehnung an das napoleonische Modell wurden Prostituierte nun gezwungen, sich bei der »Sittenpolizei« registrieren und vom Arzt auf Geschlechtskrankheiten hin untersuchen zu lassen. Zum Teil wurde
darüber hinaus von Prostituierten die Unterbringung in registrierten
Bordellen verlangt. Außer in Großbritannien und Belgien erfolgte die
polizeiliche Reglementierung der Prostitution weniger durch gesetzliche
Verfügungen als vielmehr durch Verwaltungsmaßnahmen.

Befürworter der Reglementierung priesen polizeiliche Kontrolle und
medizinische Untersuchung der Prostituierten als Mittel zum Schutz der
öffentlichen Gesundheit, des öffentlichen Anstands und der öffentlichen Ordnung. Sie erachteten Prostitution als ein »notwendiges Übel«
und hielten damit an der Doppelmoral fest, die für Männer den sexuellen Zugang zu einer Klasse gefallener Frauen rechtfertigte. Sie glaubten an die physiologische Notwendigkeit der männlichen Begierde,
waren aber nicht bereit, den Frauen das Gleiche zuzugestehen. Einerseits beschuldigten Anhänger der Reglementierung Prostituierte der
sexuellen Schamlosigkeit: sie seien »vermännlicht«, und sie trügen
»männliche« Lust zur Schau; andererseits beharrten sie darauf, daß
sexuelle Begierde bei Prostituierten keine Rolle spiele. Einem britischen
Parlamentsbericht von 1871 zufolge konnte man »Prostituierte nicht
mit den Männern, die mit ihnen verkehren, vergleichen. Das eine
Geschlecht begeht den Verstoß aus Gewinnsucht; bei dem anderen
handelt es sich um die irreguläre Maßlosigkeit eines natürlichen
Triebes«.[11]

Die Verteidiger der Reglementierung behaupteten, die gesundheitliche Überprüfung der Prostituierten würde der Ausbreitung von
Geschlechtskrankheiten Einhalt gebieten. Als Begründung führten sie
an, die Syphilis, die in bestimmten Bevölkerungsgruppen endemisch
auftrat, werde durch den wahllosen Geschlechtskontakt mit erkrankten
Prostituierten verbreitet, und dank neuer diagnostischer und therapeutischer Verfahren könne man erkrankte Prostituierte wirksam behandeln. Kritiker wiesen darauf hin, daß die »Ansteckung« Männer und
Frauen gleichermaßen betreffe und daß die Untersuchung und Behandlung nur eines Geschlechts genauso sinnlos sei, als würde man nur ein
Geschlecht impfen. Ihnen entgegneten die Befürworter der Reglementierung, daß allein Frauen »Ansteckung hervorriefen«, die. »ein Gewerbe

ausübten« und »die Krankheit so gut verbergen« könnten.[12] Das gesamte Verfahren der Zwangsuntersuchung für Prostituierte war von Klassen- und Geschlechtsvorurteilen geprägt. Ärzte waren überrascht von der feindseligen Ablehnung, mit der registrierte Frauen auf die Spekulumuntersuchung reagierten, die den Spiegel des Arztes als »Penis der Regierung« bezeichneten.[13] Prostituierte deuteten die Spekulumuntersuchung ganz offensichtlich als einen voyeuristischen und demütigenden Akt, der einer leidenden Frau psychischen und physischen Schmerz zufügte.

Ein Sittenpolizeisystem trage, so argumentierten die Befürworter der Reglementierung, auch insofern zum öffentlichen Anstand bei, als dies es ermögliche, der öffentlichen Zurschaustellung des Lasters zu begegnen. In der zweite Hälfte des 19. Jahrhunderts wurde die sittenpolizeiliche Überprüfung zu einer der Hauptaufgaben der Polizei. Diese geriet zunehmend unter Druck, öffentliche Durchgangsstraßen und Theater von Straßenprostitutierten zu säubern, um für anständige Frauen Platz zu machen. In Paris durften Prostituierte erst nach Anzünden der Straßenlaternen in der Öffentlichkeit auf sich aufmerksam machen. Sie mußten außerdem anständig gekleidet sein. In Hamburg schrieb das Gesetz nicht nur die Kleidung für Frauen mit zweifelhaftem Ruf bis in alle Einzelheiten vor, sondern auch die Bezirke, in denen sie ihrem Gewerbe nachgehen durften. Überall wurde das Ziel verfolgt, die Zahl der heimlichen Straßenhuren zu beschränken – dieser nicht registrierten Frauen, die mit »grellen Farben«, »provozierendem Verhalten« und anzüglichen Blicken die Aufmerksamkeit der Vorübergehenden auf sich zu lenken suchten.[14]

Wesentlich für die Aufrechterhaltung der öffentlichen Ordnung war auch die Entfernung der Prostituierten aus den Arbeitervierteln. Zu diesem Zwecke verlangten Befürworter der Reglementierung enthusiastisch nach staatlichen Eingriffen in das Leben der Armen. In Danzig behauptete die Polizei, Bordelle, die nicht überwacht würden, seien Brutstätten für Kriminalität und soziale Unruhen. Zögen Prostituierte von registrierten Bordellen in Privatzimmer um, habe das, so warnte die Polizei, eine allgemeine Demoralisierung armer Familien zur Folge. Sie würden zur Kuppelei oder zu anderen, mit dem Sexgewerbe verbundenen Tätigkeiten geradezu ermutigt. Mit Hilfe von öffentlichen Stigmatisierungsverfahren – wie Hausbesuche der Polizei; Benachrichtigung von Arbeitgebern und Familienmitgliedern, daß eine Frau sich »herumtrieb«; Auflagen, daß Prostituierte ein städtisches Gesundheitsamt zur Untersuchung aufzusuchen hatten – versuchten die für die Reglementierung Verantwortlichen, die Beziehung zwischen denjenigen Armen, die anständige Leute waren, und denen, die es nicht waren, zu klären und vor allem Prostituierte zu zwingen, den beson-

deren Status als öffentliche Dirnen zu akzeptieren, indem man ihre privaten Verbindungen zur armen Bevölkerung der Arbeiterviertel zerstörte.

Die Reglementierung stieß jedoch auf Widerstand – und das nicht
nur bei ihren Opfern. Zuerst kam 1869 in Großbritannien politische
Opposition auf, als eine aus bürgerlichen Sittenreformern, Feministinnen und radikalen Arbeitern bestehende Koalition die Aufhebung der
Contagious Diseases Acts forderte, die in Südengland die Grundlage
lieferten für die systematische polizeiliche und ärztliche Untersuchung
von Prostituierten in Garnisons- und Hafenstädten. Unter der charismatischen Führung von Josephine Butler brachte die Aufhebungskampagne erstmals Tausende von Frauen auf die politische Bühne, indem
sie dazu ermutigte, den männlichen Zentren der Macht – der Polizei,
dem Parlament, den medizinischen und militärischen Einrichtungen,
die alle mit der Anwendung der Gesetze betraut waren – die Stirn zu
bieten. Die rege Beteiligung von Frauen aus dem Mittelstand an dieser Aufhebungskampagne schockierte viele zeitgenössische Beobachter. Sie sahen mit Schrecken, wie überall im Land Damen öffentliche
Tribünen erklommen, um die umstrittenen Gesetze, die die »weiblichen
Freiheiten« der »Sklaverei männlicher Lust« opferten, zu brandmarken
und die gynäkologische Untersuchung bis in alle Einzelheiten als »Vergewaltigung durch Instrumente« zu beschreiben.[15]

Auf der Höhe der viktorianischen Zeit verurteilten Feministinnen die
Reglementierung als körperlichen Eingriff und als Mißachtung der kon-
stitutionellen Rechte von Arbeiterfrauen. Sie interpretierten die Prostitution als sexuelle Sklaverei und zugleich als das Ergebnis künstlicher
Beschränkungen der sozialen und wirtschaftlichen Aktivitäten von
Frauen: Zu geringe Löhne und eingeschränkte Beschäftigungsmöglichkeiten für Frauen in der Industrie seien es, die manche Frauen auf die
Straße und in das »bestbezahlte Gewerbe« – die Prostitution – trieben.
In bestimmten Momenten zeigten diese Feministinnen ein subtiles Verständnis für das Verhältnis zwischen der Prostitution und den Sitten
armer Arbeiter. »Bei den Armen«, erklärte Josephine Butler, hätten sich
»die Grenzen zwischen Tugend und Laster allmählich und unmerklich
verwischt«, so daß es unmöglich geworden sei, »Prostituierte als solche
zu bezeichnen oder sie unzweideutig einer Kategorie der Ausgegrenzten zuzuordnen«.[16] Das Reglementierungssystem und nicht die Prostitution als solche, so argumentierten die Feministinnen, verdamme registrierte Frauen dauerhaft zu einem sündigen Leben, da es sie stigma-
tisiere und daran hindere, eine alternative, ehrbare Beschäftigung zu
finden.

Darüber hinaus verurteilten Feministinnen das Reglementierungssystem, weil es das männliche »Laster« billigte und hygienisch machte. Sie

verlangten statt dessen eine einheitliche, auf das Ideal weiblicher Keuschheit gegründete Sexualmoral. Sie übten nicht nur Kritik an der aggressiven Sexualität der Männer, sondern äußerten auch starke Ambivalenz und Abneigung gegenüber Prostituierten, vor allem denen, die nicht reformiert werden wollten und ihre Sexualität als Ware handhabten. Sie sei »in viele Städte gereist«, behauptete Butler, »und nirgends einer unglücklichen Frau begegnet, ... die nicht ein wenig Anstand bewahrt« habe. Wenn sie aber in Städte gekommen sei, in denen das System der Reglementierung herrschte, sei sie auf reuelose Prostituierte gestoßen, die ihr »nicht offen begegneten. Sie sahen kalt und hart aus« und sagten ihr »gefühllos, sie seien registriert, täten nichts Schlimmes oder Böses, denn sie ließen sich regelmäßig untersuchen«.[17] Doch als antietatistische Anhängerin der Willensfreiheit trat Butler für Selbstbeherrschung und soziale Rettungsarbeit an Stelle von staatlicher Reglementierung oder Unterdrückung ein. Wenn Prostituierte sich dafür entschieden, ihren Körper auf der Straße zu verkaufen, dann hätten sie auch das Recht, dieses ohne Belästigung durch die Polizei zu tun.

Butlers Beispiel inspirierte Frauen in beinahe allen Ländern Europas, das Thema Prostitution aufzugreifen. In den Vereinigten Staaten verhinderte die Opposition amerikanischer Feministinnen die Einführung der Reglementierung. Einzig in St. Louis kam es 1874 zur Reglementierung; aber selbst dort wurde sie angesichts des massiven religiösen und feministischen Widerstands bald wieder aufgehoben. Viele Anhängerinnen Butlers teilten jedoch nicht deren libertinäre Ansichten. Innerhalb und außerhalb Großbritanniens kam sehr bald Kritik an Butlers Führerschaft und an ihrer Politik auf. In Deutschland zum Beispiel verurteilten viele der in »Sittlichkeitsvereinen« zusammengeschlossenen Frauen Prostitution als Verbrechen und beschuldigten die Regierung wegen des Sittenpolizeisystems der Mittäterschaft an diesem Verbrechen; aber auch hier gab es unter den Abolitionistinnen viele Frauen, die eine liberalere Haltung einnahmen und ihre ganze Energie auf die Aufhebung der staatlichen Reglementierung konzentrierten.

Im Namen von öffentlicher Sittlichkeit und eines für beide Geschlechter propagierten sexuellen Keuschheitsgebots halfen viele britische Abolitionistinnen, einen massiven Angriff auf außereheliche, nicht der Zeugung dienende Formen der Sexualität in Gang zu bringen. Nachdem das Reglementierungssystem 1883 aufgehoben worden war, wandten Butler und ihre Anhängerinnen ihre Aufmerksamkeit dem internationalen Frauenhandel und der in London aufkommenden Kinderprostitution zu. Sie überredeten den Journalisten W. T. Stead, einen Sensationsartikel über Kinderprostitution, »Maiden Tribute of Modern Babylon«, zu schreiben, der 1885 in der *Pall Mall Gazette* erschien.

Dieser Artikel hatte eine elektrisierende Wirkung auf die öffentliche Meinung und zwang das britische Parlament im selben Jahr zur Verabschiedung des Criminal Law Amendment Act. Das Gesetz hob das Alter der Ehemündigkeit für Mädchen auf 16 Jahre an und gab der Polizei mehr Macht zur Unterdrückung von Bordellbetreibern und Straßenhuren. Ein Zusatzartikel zu dem Gesetz erklärte auf Einverständnis basierende unzüchtige Handlungen zwischen erwachsenen Männern für illegal. Überall in Großbritannien entstanden Vereinigungen zum Schutz der öffentlichen Sittlichkeit, die die Einhaltung dieses Gesetzes vor Ort überwachten. Schon bald dehnten diese Gruppen ihre Aufmerksamkeit auf obszöne Bücher, Literatur zur Geburtenkontrolle und Werbung für Abtreibungsmittel, Varietéunterhaltung und nackte Plastiken aus. Für diese Kreuzritter war die von ihnen weit gefaßte pornographische Kultur der schmutzige Ausdruck »undifferenzierter männlicher Lust«[18], die letztlich zu Homosexualität und Prostitution führe.

Auf die Organisation der Prostitution hatte diese Mobilisierung einen komplexen Einfluß. Die gesetzliche Unterdrückung veränderte die soziale Geographie des Lasters – vor allem in Großbritannien und den Vereinigten Staaten, wo die Sittlichkeitsvereine die Polizei zum scharfen Vorgehen gegen Straßenstrich und Bordelle gezwungen hatten. Die polizeiliche Repression hatte zur Folge, daß Prostituierte ihre Wohnviertel verlassen und Unterkünfte in anderen Bezirken der Stadt finden mußten. Von den früheren stützenden Beziehungen abgeschnitten, waren sie gezwungen, emotionale Sicherheit und Schutz vor gesetzlichen Autoritäten in stärkerem Maße als bisher bei Zuhältern zu suchen. In dieser und in anderer Hinsicht trieb die verstärkte polizeiliche Repression einen Keil zwischen Prostituierte und Arbeiterschaft. Das hatte wiederum zur Folge, daß sich die Prostitution zerstreute, daß sie heimlicher betrieben und stärker im kriminellen Untergrund verankert wurde. In den Vereinigten Staaten verstärkte die Unterdrückung der Prostitution auch rassistische Vorurteile. Die Schließung der Rotlichtbezirke fiel zeitlich mit der massenweisen Abwanderung der Schwarzen aus den Südstaaten in die Städte des Nordens zusammen. In dem Maße, wie die weiße Prostitution größtenteils aus dem Stadtbild verschwand, konnten schwarze Frauen, die auf dem Straßenstrich arbeiteten, nur um so leichter aufgegriffen und inhaftiert werden.

In Europa ging die Zahl der registrierten Bordelle auch ohne Veränderungen der Polizeirichtlinien allmählich zurück, während der Anteil der »heimlichen« Prostituierten, die durch die Maschen des Polizeinetzes schlüpften, zu wachsen schien. Das gesamte Bordellsystem fiel den veränderten Ansprüchen seiner Benutzer zum Opfer: »Die Öffentlichkeit hat die Lust an offiziell anerkannten Bordellen verloren«, erklärte ein französischer Beobachter, »das Gewerbe verlangt eher nach Häusern, in denen mehr Diskretion gewahrt wird und wo man, mit ein wenig Phantasie, eine Atmosphäre des Abenteuers empfinden kann.«[19] Dem fügte ein Gegner der Reglementierung, Abraham Flexner, hinzu: »Auch die Frauen brennen darauf, ihre eigene Freiheit zu genießen. Sie bevorzugen die sorglose Unabhängigkeit der Straßen, der Cafés und der Theater.«[20] In London und Paris wurde »jede nur denkbare List« angewandt, um »heimlich« der Prostitution nachgehen zu können: in Zeitungen wurden Zimmer angeboten; Fremdsprachenunterricht, Maßschneiderei und Massagen »als Köder für Neugierige ausgelegt«.[21] Gegner der Reglementierung waren der Meinung, daß die verbliebenen großen Bordelle nur überleben konnten, wenn sie »exotische« sexuelle Dienste und außerordentlichen Luxus boten.

Für Frauen wie für Männer besetzte die Prostituierte in der imaginären städtischen Landschaft einen zutiefst symbolischen und zweideutigen Ort. Frauen aus dem Mittelstand konstruierten ihre eigene Identität mit Hilfe der Figur des »gefallenen Mädchens«, einer Phantasiefigur, die sie zur Erforschung ihrer eigenen Subjektivität immer wieder neu formten und manipulierten. Die meisten Frauen akzeptierten die Prostituierte als die in Schande geratene »Andere«, die verderbte Alternative zur häuslichen und mütterlichen Weiblichkeit. Als die zwanzigjährige Margret Boveri ihre Mutter nach der Bedeutung des Wortes Prostitution fragte, erhielt sie zur Antwort, die Prostituierten seien verworfene Mädchen, käufliche, die es um Geld taten – denen es sogar Freude mache.[22] Selbst Reformerinnen, die Verständnis für die traurige Lage der Prostituierten als wirtschaftlich unterdrückte Frauen hatten, verabscheuten deren »Sünde« und hielten am Gegensatz der guten und schlechten Frauen, der Madonnen und Magdalenen fest. Josephine Butler versuchte, diese Trennung zu überwinden, indem sie Prostituierte in magdalenische Mütter und unschuldige weibliche Opfer des männlichen Lasters verwandelte. Bei ihrer Propaganda gegen die Reglementierung bediente sie sich, wenn sie die Geschichte der registrierten Prostituierten erzählte, der literarischen Tradition des weiblichen Melodrams, sie ließ ihre gefallenen Magdalenen zu Wort kommen und die Männer wegen ihrer Lasterhaftigkeit »verfluchen«.

Butlers Identifizierung mit den »leidenden Frauen« war voller Widersprüche und Schwierigkeiten. Während die Reformerinnen für die Sache der gefallenen Frauen und »gefährdeten Mädchen« fochten, stellten sie gleichzeitig eine hierarchische und bevormundende Beziehung zu den »Töchtern« her, die zu schützen sie sich vorgenommen hatten. Ihre melodramatische Rede von der Erniedrigung der Frauen sprach den Prostituierten jegliche Willensfreiheit und komplexe Subjektivität ab: Prostituierte waren für sie nur unschuldige Opfer, heimtückisch zu lasterhaftem Leben verführt, in ihrer eigenen Geschichte also Handelnde wider Willen, ohne sexuelle Leidenschaft, noch nicht ganz unempfindlich für Scham und mit sorgsam gehegten Überresten von weiblicher »Sittsamkeit«.

Die feministische Politik mag einen zweifelhaften Einfluß auf die Prostitution ausgeübt haben; sicher ist jedoch, daß sie den Frauen aus dem Mittelstand Zugang zum öffentlichen Raum und eine neue »Freiheit« verschaffte, öffentlich über sexuelle Fragen zu sprechen. Die feministischen Kampagnen brachten die »dunklen Schatten«, »Schreckgespenster« und »Verfolgungsängste« ans Licht, die den Blick der Frauen auf heterosexuelle Beziehungen trübten. Der Artikel »Maiden Tribute«, erklärte eine Londoner Feministin, habe »neue Möglichkeiten« eröffnet.[23] Steads Enthüllungen, sagte eine andere Frau, hätten »für Frauen eine Mauer zum Einsturz gebracht (. . .) Danach brauchte keine Frau mehr unwissend zu sein.«[24] Aus »Angst« zum »Sprechen« getrieben,[25] überschritten einige progressive »neue« Frauen – insbesondere die Schriftstellerin Olive Schreiner – am Ende des Jahrhunderts schließlich auch die Grenzen der weiblichen Keuschheit und Leidenschaftslosigkeit, um sich öffentlich Gedanken über die heterosexuelle Lust beider Geschlechter zu machen. So bahnbrechend diese Gedanken auch waren, sie blieben weiterhin getrübt vom Gefühl sexueller Verwundbarkeit und von Vorbehalten gegenüber Männern. Die Prostituierte blieb für diese progressiven ebenso wie für die eher konventionellen Frauen ein beunruhigendes und bedrohliches Symbol, ein Beispiel für die sexuelle Unfreiheit von Frauen, weil deren Sexualität mit wirtschaftlichen Bedürfnissen verbunden war.

Auch für Arbeiterfrauen war die Prostituierte eine zentrale Figur in der Vielzahl städtischer Begegnungen und Phantasien. Eine arme Frau lief in der Öffentlichkeit ständig Gefahr, für eine Prostituierte gehalten zu werden; sie war stets gezwungen, mit Kleidung, Gesten und Bewegungen zu demonstrieren, daß sie keine »ordinäre« Frau war. Genau wie ihr Pedant aus dem Bürgertum brachten auch Frauen aus der Arbeiterklasse ihre Ehrbarkeit durch ihre öffentliche Selbstdarstellung und ihre private Identität als Ehefrau und Mutter zum Ausdruck. In Großbritannien und den Vereinigten Staaten petitionierten sie als »hart arbeitende Ehefrauen«, »besorgte Mütter« und »arme Witwen« mit Gesuchen bei den Stadtregierungen, um die Schließung der »schlechten« Häuser, in denen sich ihre Ehemänner und Söhne Geschlechtskrankheiten holten und das bitter benötigte Haushaltsgeld ausgaben oder in denen ihre Töchter, »Mädchen, die zur Sonntagsschule gehen«, ihre »Ehre« verloren.[26] Lokale Matriarchinnen waren vor allem darüber besorgt, daß ihre Kinder sich vom relativen Reichtum der Prostituierten beeindrucken ließen und neidvolle Vergleiche anstellten.

Ehrbare Arbeiterinnen sahen in Prostituierten jedoch auch »Rebellinnen«, die zwar jenseits der Grenzen des Erlaubten handelten, aber
mächtig und gefährlich waren. Es waren Frauen, die für das, was sie
»taten«, bezahlt wurden, äußerte die Frau eines Dockarbeiters, im
Gegensatz zu einer verheirateten Frau wie sie selbst, die sexuelle Dienste »für nichts« leisten mußte. »Sie wird nicht dafür bezahlt.«[27] Auch für
Nachbarinnen waren Prostituierte faszinierende Personen: »wild« und
unabhängig, die man in Ruhe lassen mußte, gelegentlich auch »die
schönste Frau im East End«, die »einer jeden Frau den Mann ausspan-
nen könnte«.[28]

Prostituierte sprachen auch selbst über ihre Situation. Sie lebten keineswegs jenseits der sie betreffenden Kontroversen. Während der Auf-
hebungskampagnen bedienten sich registrierte Prostituierte in Großbritannien der Sprache des Rechts, um ihre körperliche Integrität gegen
die medizinische und politische Überwachung zu verteidigen. Feministische Gegnerinnen der Reglementierung hatten durch ihre Agitation
eine politische Bühne geschaffen, die es Prostituierten ermöglichte,
Widerstand gegen die zudringlichen Reglementierungsgesetze zu leisten – oder mit den Worten einer registrierten Frau – »den Autoritäten
zu zeigen, daß wir einen gewissen Respekt vor unserer eigenen Person haben«.[29]

Wenn Prostituierte vor einem Richter oder vor einem Vertreter wohltätiger Einrichtungen für sich selbst sprachen, bedienten sie sich beim
Erzählen ihrer »Geschichte einer Hure« oft derselben melodramatischen
Konventionen – Verführung der weiblichen Unschuld durch böse
Lebemänner aus der Oberschicht – wie Mittelschichtsfrauen zur Erklärung des Phänomens der Prostitution. Diese rhetorische Strategie lieferten ihnen die populäre Literatur und das populäre Theater: die Liebesgeschichten der Unterhaltungsliteratur, die »minderwertige, seichte,
billige Schundliteratur«,[30] welche bürgerliche Beobachter als ersten
Schritt vieler Mädchen ins »Verderben« verdammten. Andererseits gaben
diese ihrem Leben mit Hilfe der Sprache des sexuellen Tausches auch
Sinn. »Ich ging in diesen Sport, um Geld zu verdienen, nichts weiter«,
erklärte eine Puffmutter aus Denver. »Damals war das für eine Frau
eine Möglichkeit, Geld zu machen, und ich habe Geld damit gemacht.«[31] Zwei Mädchen, die tagsüber in der Konfitürenfabrik Crosse
and Backwell arbeiteten und nachts auf den Straßenstrich gingen,
waren vom Sexgewerbe weniger begeistert: Sie erzählten W. T. Stead,
daß ihnen »die Arbeit in der Fabrik lieber als der Straßenstrich sei.
Doch sei der Unterschied in der Bezahlung sehr groß. Die Zeiten sei-
en schlecht, und Arme dürften nicht wählerisch sein.«[32]

Abtreibung

Trotz ihrer Illegalität wurde Abtreibung während des ganzen 19. Jahrhunderts genau wie Prostitution offen praktiziert; sie war überall in den städtischen Zentren ein »florierendes Geschäft«. Ganz ähnlich wie die Prostitution führte auch die Abtreibung bei der Ärzteschaft zu Protestgeschrei. Das Interesse der Ärzte war, politisch darauf Einfluß zu nehmen, daß Frauen weniger leicht an eine Abtreibung herankämen und daß die Durchführung therapeutischer Abtreibungen in das Ermessen von Ärzten gestellt würde. Und ebenso wie bei der Prostitution waren auch die Definitionen von Abtreibung zahlreich und strittig. Doch das Bild, das man sich von der Frau machte, die abtrieb und damit gesetzeswidrig handelte, war nicht das einer unverheirateten proletarischen, sondern das einer verheirateten Frau aus den oberen Schichten, die sich dem Müßiggang hingab und entschlossen war, sich ihrer Berufung als Mutter zu widersetzen. Dieses Bild von der privilegierten Dame, die abtrieb, verschob auch den sozialen Schauplatz, an dem die Übertretung vorgeblich stattfand. Öffentliche Diskussionen über Abtreibung kreisten oft ebenso sehr um den Mittelstand und die für ihn typischen Ehe- und Familienverhältnisse wie um die berüchtigten finsteren Seitengäßchen, in denen Abtreiber wie Prostituierte ihrem Gewerbe nachgingen.

Abtreibung war zu einer Zeit, als die Geburtenraten im Mittelstand sanken, die verfügbaren Verhütungsmittel aber unzuverlässig und oft unwirksam waren, ein Mittel der allgemeinen Strategie der Geburtenkontrolle. Sinkende Geburtenraten in Westeuropa und den Vereinigten Staaten beweisen, daß bürgerliche und proletarische Ehepaare sich um eine Begrenzung ihrer Kinderzahl bemühten. An der Spitze dieses Trends stand Frankreich mit seinem »frühzeitigen«, bereits im 18. Jahrhundert einsetzenden Rückgang der Geburtenziffern: Schon 1854 wurden hier mehr Todesfälle als Geburten registriert. Zwischen 1800 und 1900 sank in den Vereinigten Staaten die Fruchtbarkeitsziffer der weißen Amerikaner um die Hälfte, während Immigranten aus der Arbeiterklasse weiterhin große Familien hatten. In Deutschland und Großbritannien verzeichneten Beobachter in den 1870er Jahren eine signifikante Abnahme der Fruchtbarkeit; innerhalb von zwei Generationen wird die Geburtenziffer in Deutschland um 60 Prozent sinken und in England die durchschnittliche Zahl der pro Familie geborenen Kinder im zweiten Jahrzehnt des 20. Jahrhunderts von 6,6 Lebendgeborenen auf etwas mehr als zwei fallen.

Die Anwendung empfängnisverhütender Techniken machte, so argumentieren die Historiker, die Praxis der Abtreibung nun auch innerhalb der Ehe »denkbar«. Zunächst einmal zwang der Wille zur Emp-

fängnisverhütung Ehepaare dazu, bewußter mit ihrer Sexualität umzugehen und Geschlechtsverkehr als etwas vom Zeugungsakt Verschiedenes wahrzunehmen. Doch die spezifisch weibliche Praxis der Abtreibung fügte der sexuellen Selbstbewußtwerdung eine weitere Dimension hinzu: Sie machte die Frauen im sexuellen Drama zu besonders
aktiv Handelnden und brachte unmittelbar zum Ausdruck, daß »Frauen,
die abtreiben, sich der Sexualität ohne die Absicht der Fortpflanzung
hingeben und Geschlechtsverkehr um des Geschlechtsverkehrs willen
haben (zur Befriedigung männlicher oder auch eigener Lust)«.[33]

Im 19. Jahrhundert standen Männern und Frauen eine ganze Reihe
empfängnisverhütender Techniken zur Verfügung: Enthaltsamkeit, Coitus interruptus, die Zyklusmethode mit ihrer falschen Annahme einer
»sicheren Zeit«, Spritzen für postkoitale Scheidenspülungen und das
Kondom. Alle diese Verfahren erforderten Zeit, Geld, Platz und Ausdauer, waren oft unzuverlässig und hingen von der Kooperation des
Mannes ab. Versagten diese Vorkehrungen, dann blieb einer Frau die
Abtreibung als letzter Ausweg. Obwohl sie gefährlich und ungesetzlich
war, hatte sie – besonders für Frauen aus der Arbeiterklasse – den Vorteil, daß sie ihnen eine gewisse Kontrolle über ihre eigene Person gab,
vor allem dann, wenn der Partner kontrazeptive Mittel ablehnte. Sie
war billig und erforderte keine Vorausplanung, keine planmäßige
Gestaltung, keine Vorsorge.

Wenn eine Frau abtreiben wollte, griff sie als erstes zur Selbstbe-
handlung, die nicht, wie etwa im Falle der Kindstötung, das einsame
Unternehmen einer Einzelperson war, sondern die Mithilfe anderer
erforderte. Aufgrund der für Frauen aus der Arbeiterklasse charakteristischen gegenseitigen Unterstützung kursierten unter Nachbarinnen
und Arbeitskolleginnen Informationen über Abtreibungsmöglichkeiten.
»Frauen (. . .) machen aus diesen (Abtreibungs-)Praktiken kein Geheimnis«, erklärte die französische Feministin Madeleine Pelletier. »Auf den
Treppenabsätzen der Arbeitermietskasernen, beim Bäcker, Metzger oder
Lebensmittelhändler beraten Hausfrauen Nachbarinnen, denen ihre
ebenso brutalen wie kurzsichtigen Männer unerwünschte Schwangerschaften aufbürden.«[34]

Französinnen empfahlen meist eine Spülung mit einem der traditionellen pflanzlichen Abortiva wie Gartenraute, Sadebaum oder Mutterkorn. Ärzte meinten, daß einige dieser traditionellen Heilmittel als Gift
wirkten oder im Leibesinnern zur Abstoßung des Fötus ausreichende
Irritation hervorriefen. In den Vereinigten Staaten gaben die verschiedenen ethnischen und rassischen Gruppen ihr traditionelles Wissen
über Abortiva weiter: Indianische Heiler und Hebammen verordneten
gewöhnlich Wurzeln und Kräuter, während Mitte des Jahrhunderts
schwarze Frauen in Texas Indigo oder eine Mischung aus Kalomel und

Terpentin anwandten, um den Fötus zu »lösen« oder eine Fehlgeburt herbeizuführen. In den 90er Jahren, nachdem man beobachtet hatte, daß Arbeiterinnen in Bleiweißfabriken häufig Fehlgeburten erlitten, gingen die Arbeiterinnen im Norden Englands dazu über, Bleipillen einzunehmen. Wenn Drogen keine Wirkung zeigten, versuchten Frauen es mit Aderlässen, heißen Bädern oder mit äußerer Gewaltanwendung.

Wenn sie immer noch keinen Erfolg hatten, wandten sie sich an eine Abtreiberin, die mit mechanischen Mitteln eine Fehlgeburt herbeiführte, oder sie antworteten auf kommerzielle Anzeigen für »Frauenheilmittel«, die in denselben Zeitungen und populären Zeitschriften erschienen, die auch Reklame für »Herrenführer« zu den Lasterhöhlen und für »Französischunterricht« machten. Mitte des 19. Jahrhunderts war die kommerzielle Abtreibung zu einem lukrativen Gewerbe für Ärzte, Apotheker, Heilpraktiker, Veterinäre, Masseure, Quacksalber und auch für die pharmazeutische Industrie geworden. Engelmacherinnen wie Madame Restell in New York oder ihre französische Kollegin »La Cacheuse« wurden weltbekannte Figuren. Ein französischer Sachverständiger berichtete, daß am Ende des Jahrhunderts 50 Abtreiberinnen in Pariser Zeitungen ihre Dienste anboten. Engelmacherinnen ließen sich vorzugsweise in der Nähe von Bahnhöfen und *grands magasins* nieder, um Frauen, die vom Land kamen, behandeln zu können. Sie arbeiteten aber auch in armen und verrufenen Stadtbezirken.

Eine Reihe unwirksamer Gesetze half zwar, diesen illegalen Markt einzugrenzen, konnte aber die Abtreibungspraxis selbst nicht unterdrücken. Großbritannien war eines der ersten Länder, das 1803 ein neues Strafgesetz erließ, dieses 1837 novellierte und 1861 weiter verschärfte. In Frankreich und in Belgien stammten die Gesetze aus dem Jahre 1810 und basierten auf dem Code Napoléon. In den verschiedenen Bundesstaaten der USA wurden in den 1820er Jahren neue Gesetze gegen die Abtreibung verabschiedet und zwischen 1860 und 1880 stark erweitert. In der zweiten Hälfte des 19. Jahrhunderts erließen Skandinavien, Deutschland und Italien ähnliche Gesetzesvorschriften. Die meisten dieser Bestimmungen sahen sowohl eine Bestrafung der Frauen als auch der Abtreiberinnen vor; das Strafmaß variierte von fünf bis zehn Jahren Strafarbeit für die Frauen bis zu lebenslanger Haft oder Todesstrafe für diejenigen, die Abtreibungen vornahmen. Gewöhnlich kam es zur strafrechtlichen Verfolgung von Engelmacher/innen allerdings nur, wenn Frauen starben oder schwer erkrankten.

Diese gesetzlichen Bestimmungen wurden aus einer Reihe von – je nach dem Zeitpunkt ihrer Verabschiedung unterschiedlichen – Gründen eingeführt. Insgesamt signalisierten sie die Absicht der gesetzlichen und medizinischen Autoritäten, in die Reproduktionsstrategien von Frauen einzugreifen. Im frühen 19. Jahrhundert rechtfertigten die

Gesetzgeber meistens die neuen Strafrechtsbestimmungen als »Ordnungs«maßnahmen und als Teil der Reformen beim Delikt der Kindstötung. In Großbritannien und den Vereinigten Staaten verboten diese frühen Gesetze eine Abtreibung nur nach dem Zeitpunkt der ersten Bewegung des Kindes, also ungefähr im dritten oder vierten Monat der Schwangerschaft, und sie beriefen sich hauptsächlich auf die von den Abortiva ausgehende gesundheitliche Gefährdung der Mutter. In Großbritannien stellte die gesetzliche Bestimmung von 1803 die ärztliche Lobby nicht zufrieden. Die Ärzte wandten gegen das Kriterium der »Kindesbewegung« ein, es sei ungenau und gründe allein auf dem Wissen der Frau; mit Rücksicht auf die Meinung der Ärzte verbot das Gesetz von 1837 Abtreibung in jeder Phase der Schwangerschaft, der Bezug auf die Bewegung des Fötus wurde gestrichen. Um die Mitte des Jahrhunderts hatten Ärzte in Frankreich und den Vereinigten Staaten ihre ältere Deutung der Abtreibung aufgegeben. Abtreibung galt nun nicht mehr als letzte Zuflucht einer unverheirateten Mutter, sondern als eine von verheirateten Frauen genutzte Methode der Geburtenkontrolle. Eine Folge dieses veränderten Bildes war die Intensivierung der öffentlichen Propaganda und die Ausweitung gesetzlicher Maßnahmen gegen abtreibende Frauen.

In den Vereinigten Staaten führten Abtreibungsgegner in jedem Bundesstaat eine von Ärzten geleitete Kampagne zur Verschärfung der Gesetzgebung. Zwischen 1860 und 1880 kämpfte die American Medical Association heftig für die Unterdrückung der Abtreibung und richtete Appelle an die bundesstaatlichen ärztlichen Vereinigungen, gesetzgebenden Körperschaften, medizinischen Zeitschriften und die Presse. Ihr Ziel war, eine Kriminalisierung der Abtreibung zu jedem Zeitpunkt der Schwangerschaft zu erreichen, es sei denn, eine Abtreibung war notwendig, um das Leben einer Frau zu retten.

Möglicherweise waren amerikanische Ärzte bei ihrem Kampf gegen illegale Abtreibungen aktiver als ihre europäischen Kollegen, doch Ärzte in Frankreich, Großbritannien und Rußland äußerten eine durchaus ähnliche Besorgnis über die berufliche Konkurrenz durch Abtreiber, das Fehlverhalten der Frauen und die Gefahr, welche die Abtreibung für die soziale Ordnung darstellte. Überall signalisierte die ärztliche Kritik an Abtreibung und Empfängnisverhütung, daß »der Arzt an die Stelle des Priesters trat« – das heißt, daß der Arzt die früher von religiösen Autoritäten besetzte Rolle im Bereich von Sexualität und Familie übernahm.

Obwohl Ärzte die ideologischen Hauptakteure waren, kristallisierte sich in diesen Kampagnen zweifellos ein ganzes Bündel von in der Bevölkerung weit verbreiteten klassen-, rassen- und geschlechtsspezifischen Ängsten. Ärzte waren vor allem dadurch alarmiert, daß privile-

gierte Mütter zu dem so »schändlichen« Mittel der Abtreibung griffen.
»Heute gibt es Damen«, entrüstete sich die Medical Society von Buffa-
lo 1859, »jawohl, *gebildete und kultivierte Damen*«,[35] die abtreiben lassen. Das Bild der zügellosen »Dame aus der oberen Gesellschaft«, die
ihre mütterlichen Pflichten »egoistischen und persönlichen Zielen«
opferte, war für die Ärzte der Beweis dafür, daß Frauen von den
marktkonformen Werten des Vergnügens und Konsums und vom Feminismus verführt wurden. Frauen, die sich rebellisch gegen die traditionelle Opferrolle der für Nachkommenschaft sorgenden Weiblichkeit
auflehnten und egoistische persönliche Interessen verfolgten, würden
ihren Ehemännern untreu, indem sie sich »skrupellosen und niederträchtigen« Abtreibern auslieferten. Das American Medical Association's
Committee on Criminal Abortion faßte diese Sicht mit den folgenden
Worten zusammen: »Sie denkt nicht mehr an das ihr von der Vorseh-
nung bestimmte Lebensziel, sie vernachlässigt die ihr im Ehevertrag
übertragenen Pflichten. Sie gibt sich dem Vergnügen hin – schreckt
aber vor den Schmerzen und Verantwortungen der Mutterschaft
zurück; und ohne jeden Takt, bar aller Kultiviertheit liefert sie ihren
Körper und ihre Seele den Händen skrupelloser und niederträchtiger
Männer aus.«[36]

Die Flucht der Frauen vor der Mutterschaft führe, so die Auffassung
französischer, britischer und amerikanischer Ärzte, zum »Selbstmord der
Rasse«. Ärzte ebenso wie Eugeniker übertrugen bestimmte Elemente
der Darwinschen Theorie auf das Bevölkerungsproblem ihrer jeweiligen Nation. Sie waren der Meinung, daß für das Überleben der Tüch-
tigsten im Existenzkampf der Klassen und Nationen eine überlegene
»rassische Herkunft« ausschlaggebend sei. In den Vereinigten Staaten
wurde Alarm geschlagen, daß Frauen von »guter Herkunft« – wohlhabend, weiß und protestantischen Glaubens – nicht genügend Kinder
zur Aufrechterhaltung der politischen und sozialen Dominanz ihrer
Gruppe zur Welt brachten. In Großbritannien beunruhigten sich
Eugeniker darüber, daß Frauen aus den mittleren und höheren Schichten nicht die gleiche Reproduktionsrate wie Frauen aus den unteren
Schichten aufwiesen. Französische Demographen gaben im späten 19.
Jahrhundert der allgemeinen Dekadenz und den selbstsüchtigen, nach
Unabhängigkeit strebenden Frauen die Schuld für das Bevölkerungs-
problem in Frankreich, da diese Frauen sich ihrer bürgerlichen Pflicht,
Kinder für die Verteidigung der Republik bereitzustellen, entzogen.

Schließlich griffen die ärztlichen Gegner der Abtreibung die »irre-
gulären» Ärzte und anderen Heiler an, weil sie illegale Abtreibungen
vornahmen. In allen Ländern mußten allopathische Ärzte gegen ein
ganzes Heer von volksmedizinischen Heilern – einschließlich Chemi-
kern, Kräuterheilkundigen, Hydropathen und Hebammen – um Aner-

kennung und Patienten konkurrieren. Die Besorgnis der »regulären« Ärzte wurde noch größer, als ihre Konkurrenten vor allem nach 1840 begannen, offen Reklame für ihre Abtreibungsdienste zu machen. In den Vereinigten Staaten war die Konkurrenz zwischen »richtigen Ärzten« und »Kurpfuschern« besonders heftig, was teilweise das konzentrierte Bemühen der American Medical Association um die Kriminalisierung der Abtreibung erklärt. Aber auch die europäischen Ärzte äußerten eine ähnliche Besorgnis um ihren beruflichen Status. Obwohl viele ihrer ärztlichen Kollegen Abtreibungen – vor allem für wohlhabende Patientinnen – durchführten, konzentrierten französische und britische Ärzte ihre Kritik auf Hebammen. In den 90er Jahren war allgemein bekannt, daß die *sages femmes* mehr Geld mit Abtreibungen als mit Geburten verdienten.

Im ausgehenden 19. und beginnenden 20. Jahrhundert meldeten sich auch einige wenige Stimmen für eine Reform des Abtreibungsrechtes zu Wort, doch die Bewegung für eine Reform des Abtreibungsgesetzes hinkte um eine Generation hinter der Bewegung für die Liberalisierung der Empfängnisverhütung her. In den 1880er und 1890er Jahren wurden Geburtshelfer von Seiten ihrer Patientinnen einem beträchtlichen Druck ausgesetzt, Bedingungen für eine legale Abtreibung zu definieren. Im Großen und Ganzen ignorierten die Ärztevereinigungen diesen Druck. Einige französische Ärzte begannen, die Abtreibungsgesetze als zu eng, zu klassenspezifisch und als Gefahr für die öffentliche Gesundheit zu kritisieren, weil Frauen dadurch zu gefährlichen illegalen Abtreibungen gezwungen würden. Schweden änderte seine Gesetzgebung 1890 und erlaubte nun einen Abbruch der Schwangerschaft aus rein medizinischen Gründen. 1910 stimmten Gynäkologen auf einem Kongreß in Rußland für die Legalisierung der Abtreibung unter der Bedingung, daß die Abtreibung unter ärztlicher Aufsicht vorgenommen wird. Mit Ausnahme von Frauen wie Madeleine Pelletier verteidigten nur wenige Stimmen das Recht der Frauen, im Bereich der Reproduktion persönliche Entscheidungen ohne ärztliche Kontrolle zu treffen.

Obwohl die Ärzteschaft oft »willensstarken Frauen« und dem Einfluß des Feminismus die Schuld für die Flucht der Frauen vor der Mutterschaft gab, zeigten Führerinnen der Frauenbewegung keinerlei Verständnis für die Abtreibungsentscheidung von Frauen. Ganz im Gegenteil reagierten amerikanische Feministinnen im ausgehenden 19. Jahrhundert positiv auf die von Ärzten geführte Kampagne zum Verbot der Abtreibung. Sie verurteilten Abtreibung als Teil der sexuellen Demütigung und Ausbeutung der Frauen, konzentrierten sich aber der Tendenz nach mehr auf die Gründe – die ausbeuterischen sexuellen Beziehungen, die eine Abtreibung notwendig machten – und weniger auf die Konsequenzen einer Abtreibung.

Der feministische Widerstand gegen Abtreibung und Empfängnisverhütung reflektierte eine komplizierte Haltung zur Sexualität und Reproduktion. Die Kämpfe im Zusammenhang mit der staatlichen Reglementierung der Prostitution hatten Feministinnen Ärzten gegenüber
mißtrauisch gemacht, weil diese sich als illegitime Autoritäten ein Urteil
über die biologische Aufgabe der Frau anmaßten und einer doppelten
Geschlechtsmoral das Wort redeten. Zur selben Zeit gerieten Feministinnen außerdem mit den Ärzten hart aneinander, weil diese prominente Gegner der Frauenrechtsbewegung und Gegner einer höheren
Bildung für Frauen waren. Doch ebenso wie die Ärzte lehnten auch
die Feministinnen die Trennung der weiblichen Sexualität von der
Reproduktion ab. Auch Feministinnen waren der Meinung, daß Empfängnisverhütung und Abtreibung die Frauen »unrein«, den Prostituierten ähnlich machten – von sexueller Begierde besudelt und schutzlos
den sexuellen Forderungen der Männer ausgeliefert. Statt dessen rühmten britische und amerikanische Feministinnen die Mutterschaft als die
höchste Pflicht einer Frau; sie engagierten sich allerdings auch für eine
sexuelle Strategie der »freiwilligen Mutterschaft«, die es den Frauen
ermöglichen sollte, mit Hilfe von Enthaltsamkeit Kontrolle über ihre
Reproduktion auszuüben. Auf diese Weise konnte in Frankreich, Großbritannien und den Vereinigten Staaten die Hochschätzung der Mutterschaft einhergehen mit der Forderung ihrer bewußten Einschränkung, einer Forderung, in der erhebliche klassen- und rassengefärbte
Zwischentöne mitschwangen. Wenn Feministinnen »freiwillige Mutterschaft« mit dem Anliegen verbanden, daß Frauen »die Rasse stärken«
und »weniger und bessere Kinder« gebären sollten,[37] äußerten sie die
gleichen Befürchtungen hinsichtlich Klasse und Rasse, die auch ärztliche Kampagnen gegen die Abtreibung motivierten. Sogar die Minderheit von Feministinnen, die sich um die Jahrhundertwende den Neomalthusianern anschloß und die Geburtenkontrolle propagierte, war in
ihrer Unterscheidung zwischen Empfängnisverhütung und Abtreibung
unerbittlich: erstere war eine kluge und ehrbare Praxis, letztere eine
»risikoreiche« und verachtenswerte Angelegenheit.

Viele Frauen aus dem Mittelstand nahmen jedoch gerade deshalb
Zuflucht zur Abtreibung, weil sie ihre Klassen- und Geschlechterrolle
als bürgerliche Mutter erfüllen wollten. Der »Kult der wahren Weiblichkeit« löste, wie feministische Forscherinnen gezeigt haben, sowohl
antinatale als auch pronatale Strategien aus. Dieser Kult erhob Mutterschaft zur sakralen Berufung, forderte von einer Frau aber gleichzeitig,
daß sie sich an den Werten Sparsamkeit und Vorausplanung orientierte, um den sozialen Status ihrer Familie zu sichern. Zu Beginn des
19. Jahrhunderts waren kleinere Familien zum Zeichen bürgerlicher
Identität geworden. Familienplanung war ein Teil der bürgerlichen

Familienethik, und es gehörte zu den Mutterpflichten der Frauen, »weniger und bessere Kinder« zu gebären. Weit davon entfernt, eine Flucht vor der Mutterschaft zu sein, half die Abtreibung als Mittel der Geburtenkontrolle den Frauen, ihren Pflichten gegenüber ihren Kindern, ihrer Klasse und Rasse nachzukommen.

Frauen aus der Arbeiterklasse billigten sowohl aus ähnlichen als auch aus anderen Gründen die Abtreibung in aller Öffentlichkeit. Französische und britische Ärzte waren über die saloppe Einstellung der Arbeiterfrauen beunruhigt, die in der Abtreibung keinen Mord, sondern eine völlig legitime Methode sahen. Bis zu den ersten spürbaren Bewegungen des Fötus hielten Frauen sich nicht für schwanger, sondern glaubten an eine »Unregelmäßigkeit« ihrer Monatsblutung. Diese Vorstellung griffen kommerzielle Abtreiber in ihrer Werbung auf, indem sie versprachen, die Unregelmäßigkeit zu beheben und die »Menses« herbeizuführen.

Arbeiterfrauen hielten also an der traditionellen Auffassung fest, daß erst mit den spürbaren Fötusbewegungen »ein Baby da war« und vorher nicht. Seit Ende des 19. Jahrhunderts konnten sie auch auf eine »modernere« Verteidigung der Abtreibung zurückgreifen. Ebenso wie die Prostituierten waren auch die Frauen aus der Arbeiterklasse keineswegs immun gegenüber den Kontroversen um die Abtreibung. Auch sie begannen nun, von körperlicher Integrität zu reden und sich an den öffentlichen Debatten über Fruchtbarkeit und »Rassenselbstmord« zu beteiligen. Als die Women's Cooperative Guild in Großbritannien ihre Mitglieder, überwiegend Ehefrauen qualifizierter Arbeiter, aufforderte, ihre Schwangerschaftserfahrungen zu beschreiben, beschworen viele das Konzept der verantwortlichen Mutterschaft mit seinem rationalen Planen und Buchhalten. Wie die Frauen aus der Mittelschicht verteidigten auch sie die mütterliche Pflicht, »weniger und bessere Kinder« zu gebären: »Ich habe nicht so schnell wie andere Frauen Kinder bekommen (. . .), nicht weil ich sie nicht liebte, sondern weil ich unter den gegebenen Umständen, wenn ich mehr gehabt hätte, *meine Pflicht ihnen gegenüber* nicht hätte erfüllen können.«[38] Französinnen gingen sogar bei ihrer Verteidigung der Abtreibung noch weiter; Ärzte zeigten sich schockiert darüber, wie »offen sie ihren Verwandten von ihrem Abenteuer erzählten – ohne die geringste Andeutung von Scham oder Reue –, denn sie sagen, ›die Frau muß frei über ihren Körper entscheiden können‹ . . .«[39] Wie Rosalind Petchesky betont, war das keine positive Freiheit der sexuellen Erfüllung, sondern vielmehr eine negative Freiheit, die wie die Mittelschichtsdoktrin von der »freiwilligen Mutterschaft« von »ungewolltem Sex« und »ungewollter Schwangerschaft« befreite.[40]

GLEICHGESCHLECHTLICHE LIEBE – TRANSVESTISMUS UND ROMANTISCHE FREUNDSCHAFT

Transvestismus und romantische Freundschaften waren im 19. Jahrhundert für Frauen zwei mögliche Wege, um gleichgeschlechtliche Liebesbeziehungen zu erkunden. Zwar war der Transvestismus im allgemeinen ein proletarisches Verhalten, doch er drang auch bis zu bürgerlichen Frauen, die für sich die Vorrechte von Gentlemen beanspruchten und manchmal anderen Frauen gegenüber selbst aggressive sexuelle Annäherungsversuche machten. Romantische Freundschaften zwischen Frauen waren dagegen ein öffentlich gebilligtes Merkmal bürgerlicher Frauenkultur; doch auch hier gibt es historische Belege für ein gewisses Maß an kulturellem Austausch. Vor allem in den Vereinigten Staaten gestanden junge Fabrikarbeiterinnen, die Lesen und Schreiben konnten, ihren Freundinnen in reich verzierten, sentimentalen Briefen ihre unsterbliche Liebe.

Weiblicher Transvestismus mit Übernahme der Kleidung und/oder des Lebensstils, der Arbeit und der Verhaltensweisen des anderen Geschlechts war eine populäre, mindestens 400 Jahre alte, durch Volkslieder, Theater, schriftliche und mündliche Kultur überlieferte Tradition. Einige Historiker sehen vor allem für Holland und England einen Höhepunkt des Transvestismus im 17. und 18. Jahrhundert. Amerikanische Historiker haben jedoch nach 1850 eine Zunahme von Zeitungsberichten über Transvestitinnen festgestellt. In jedem Fall wußten Frauen, die dem Transvestismus anhingen, daß andere Frauen ihnen vorausgegangen waren. Noch im 19. Jahrhundert erreichten alte Geschichten über »weibliche Kerle« und »weibliche Ehemänner« das Lesepublikum. Als Emma Edwards den Schundroman *Fanny Campbell or the Female Pirate Captain* (1815) las, kam ihr die Idee, daß auch sie wie Campbell »die Freiheit und glorreiche Unabhängigkeit der Männlichkeit«[41] erreichen könnte, wenn sie sich einfach ihre Haare abschnitte und Männerkleidung anlegte. Genau das tat sie dann auch, lief von zu Hause weg, heiratete »beinahe« ein hübsches Mädchen aus Neuschottland und trat schließlich im amerikanischen Bürgerkrieg der Armee der Union bei.

Edwards erklärte ihre Entscheidung, Männerkleidung anzulegen, mit dem Wunsch, in den Genuß der Freiheiten und Vorrechte von Männern zu kommen. Diese Privilegien konnten Frauen in Männerkleidung Männerlöhne, Arbeitsgelegenheiten, Mobilität und ein abenteuerliches Leben eröffnen. Das abenteuerliche Leben umfaßte vielleicht den Umgang mit Prostituierten und die Heirat mit einer Frau. Die Konstruktion einer männlichen Identität konnte ebenso die Ausübung einer qualifizierten oder schweren Arbeit einschließen oder dazu führen, daß eine Frau zum tapfersten Matrosen auf einem Schiff wurde. Für Elizia Ogden, den weiblichen Lastenträger von Shoreditch, bedeutete es auch, mit den Kollegen ihres Bruders zu rauchen und zu trinken und »jedem hübschen Frauenzimmer, das ihr über den Weg lief«, den Hof zu machen. Kurz, Ogden war »ein vermeintlicher Lebemann und tatsächlicher Romanschriftsteller«. Auch Mary Chapman erreichte, wie die Londoner *Times* 1835 berichtete, einen höheren Grad von »Männlichkeit«: Sie boxte, fluchte und unterhielt sowohl eine Geliebte als auch eine Ehefrau.[42]

Einige Frauen verkleideten sich nur zu bestimmten Gelegenheiten als Männer oder sie taten es ohne die Absicht, vollständig als Männer durchzugehen: Die Schriftstellerin George Sand und die Künstlerin Rosa Bonheur sind zwei berühmte Beispiele für Frauen aus den mittleren und oberen Gesellschaftsschichten, die sich von den ihrem Geschlecht auferlegten Beschränkungen befreien wollten. Einige Frauen, die tatsächlich für Männer gehalten wurden, konnten einen gewissen Grad sozialer Ehrbarkeit erreichen; andere tauchten in eine sexuelle Unterwelt ein. In den 1850er Jahren verließ Lucy Ann Lobdell ihren Ehemann im Norden des Bundesstaates New York und verkleidete sich als Mann, um ihren Lebensunterhalt selbst zu verdienen. »Ich beschloß, Männerkleidung zu tragen und Arbeit zu suchen«, erklärte sie, »und einen Männerlohn zu verdienen.« Später wurde sie Reverend Joseph Lobdell und lebte mit Maria Perry zusammen.[43] In den 1870er Jahren besuchte die französische Einwanderin Jeanne Bonnet, die von der Polizei verschiedentlich wegen Tragens von Männerkleidung festgenommen wurde, als männlicher Kunde ein Bordell und verliebte sich in die Prostituierte Blanche Bruneau, die sie zur Aufgabe ihres Gewerbes überredete. 1876 erschoß ein aufgebrachter Zuhälter Bonnet, als sie gerade mit Buneau im Bett lag. In beiden Fällen wurden die konventionellen Geschlechterrollen genau eingehalten. Die als Mann verkleidete Frau spielte die dominante männliche, die andere Frau die konventionell passive Rolle der Ehefrau oder Geliebten.

Ganz ähnlich wie im Falle der Abtreibung und der Prostitution erforderte der Transvestismus oft die Beihilfe anderer Personen. Einige Pfarrer waren bereit, weibliche Paare zu trauen; Arbeitskollegen und Familienmitglieder gaben das Geheimnis nicht preis; manchmal taten Freundinnen einfach so, als würden sie glauben, ihre ehemalige Freundin sei ein Mann geworden. Beim Tod ihres Mannes gab eine Londoner Ehefrau vor, überrascht zu sein, als sich herausstellte, daß ihr Lebensgefährte der vergangenen 21 Jahre eine Frau war. Doch eine solche stillschweigende Billigung seitens der Gemeinschaft war vorläufig; wurde eine Frau in Männerkleidung strafrechtlich (z. B. wegen

»arglistiger Täuschung« oder Erregen öffentlichen Ärgernisses) verfolgt, gaben sowohl das Gesetz als auch die lokale Gemeinschaft tendenziell dem »Ehemann« die Schuld und ließen die Ehefrau in Ruhe.

Während des ganzen 19. Jahrhunderts blieb der Transvestismus eine verdächtige Praxis: eine verbotene Form des Überschreitens sexueller Grenzen, die den Beigeschmack von maßloser Sexualität oder Sodomie hatte. Gesetzlich war Transvestismus als ordnungswidriges Verhalten verboten, kulturell blieb er ein häufig benutzter bildlicher Ausdruck für weibliches Fehlverhalten und die Verletzung männlicher Vorrechte durch Frauen. Karikaturen zeigten keifende Ehefrauen und aggressive Frauen als maskuline Virago, die im Kampf um die Hosen den Sieg davontragen wollten. Im Englischen, Französischen, Deutschen und Russischen tauchte der abwertend gebrauchte Ausdruck George Sandismus für Frauen auf, die es wagten, dem skandalösen Leben und Verhalten George Sands nachzueifern. Als Reaktion hierauf traten rebellierende Frauen häufig bewußt in Männerkleidung auf: Die Anhängerinnen des Saint-Simonismus gingen in Hosen, während die Bloomer-Bewegung Mitte des Jahrhunderts den Frauen eine Kleidung empfahl, die in ihrem leicht orientalisierenden Stil türkischen Hosen ähnelte und ihnen damit nicht den Anschein gab, als Männer gelten zu wollen. Statt sie zu schmähen, verherrlichten spätviktorianische Feministinnen George Sand als die Verkörperung weiblicher Genialität und Gefährlichkeit, auch wenn sie selbst nicht so weit gingen, ebenfalls Hosen anzulegen.

Auf der Ebene der Phantasie übte der Transvestismus einen weitaus größeren Einfluß auf die weibliche Vorstellungskraft aus: Sich als Mann zu verkleiden und zur See zu fahren oder in die Armee zu gehen war die beharrlichste aller Phantasien, denen sich junge Engländerinnen im 19. Jahrhundert in ihren Tagebüchern am häufigsten hingaben. Auch im Spiritismus fand die Phantasie des Transvestismus ein starkes Ausdrucksmittel: wenn junge weibliche Medien Geister riefen, um mit den Toten zu sprechen, gaben sich ihre Geistführer häufig als hypermaskuline Matrosen oder Soldaten zu erkennen. Wenn sich im Varieté Imitatorinnen in Schale warfen, um den feinen Herrn in der Stadt zu spielen, machten sie sich oft über den »fetten Hintern« der kleinen Angestellten im Publikum lustig, die selbst gerne »Mordskerle« wären.

Anders als bei der weiblichen Prostitution und männlichen Homosexualität gibt es jedoch für das 19. Jahrhundert kaum Anzeichen für eine transvestitische oder lesbische Subkultur. Einzig Paris ist eine wichtige Ausnahme. Nach Berichten von Beobachtern überzog in den 1890er Jahren ein Netz von Cafés, Restaurants und Treffpunkten für Transvestiten, lesbische Prostituierte und Bohemiens die Stadt. Auch in anderen städtischen Zentren tauchte bisweilen lesbische Prostitution auf. Um die Jahrhundertwende kam im Rotlichtbezirk von Philadelphia die Bezeichnung »bulldyke« (»kesser Vater«) auf für lesbische Freier. In den zwanziger Jahren dieses Jahrhunderts wurden in den Vierteln der Schwarzen und in Stadtteilen mit einem Angebot an möblierten Zimmern auch Räume und Unterhaltungseinrichtungen speziell für Lesbierinnen aus der Arbeiterklasse offeriert. Die Bluessängerin Bessie Jackson verewigte in einem Song den rebellischen Geist der »Bulldagger Woman« – einer Lesbierin, die sich einen männlichen Stil zu eigen machte. In den frühen Jahren des 20. Jahrhunderts entstand auch in Paris und New York eine lesbische Subkultur der Schrifstellerinnen und Künstlerinnen aus dem Mittelstand. Diese in Gedichten, Romanen und Theaterstücken gepriesene Subkultur der Salons, Bars und gemeinsamen Wohnungen brachte die Traditionen des Transvestismus und der romantischen Freundschaften zu einer Synthese.

In der viktorianischen Zeit entwickelten Frauen aus der Mittelschicht eine andere Art der gleichgeschlechtlichen Beziehung in Form romantischer Freundschaften. Teilweise waren diese Freundschaften eine Folge der im Bürgertum üblichen scharfen Geschlechtertrennung. Die weibliche Sozialisation förderte starke Bindungen zwischen Frauen, die häufig in der Schulzeit begannen und sich zu lebenslangen Freundschaften entwickelten. Obwohl die romantischen Freundschaften sozial gebilligt wurden, bestand immer eine gewisse Spannung zwischen diesen intimen weiblichen Bindungen und den Familienpflichten.

Kulturell wurde Frauen das Recht zugestanden, ihre leidenschaftliche Sehnsucht nach emotionaler, spiritueller und körperlicher Liebe in einer gleichgeschlechtlichen Beziehung auszudrücken, weil dieses als völlig verschieden von der heterosexuellen Verbindung von Sexualität und Reproduktion galt. »Ich wünschte so sehr, meine Freundin, die einzige von allen Mädchen der Welt, in die Arme zu schließen und ihr zu sagen (. . .) Ich liebe sie, wie Frauen ihre Männer lieben, wie *Freunde* sich ein Leben lang lieben – und ich glaube an sie wie an meinen Gott.«[44] Briefe dieser Art orientierten sich an den Konventionen der sentimentalen Literatur; sie gehörten zur »sentimentalen Sprache des Errötens, der moralischen Erbauung und des Herzensvergnügens«, welche die viktorianischen Frauen daran gewöhnte, »sexuelle Leidenschaft, Wut, weltlichen Ehrgeiz abzulehnen«.[45]

Eine ganze Reihe von Gruppenritualen begünstigte die für das Mädchenpensionatsleben im 19. Jahrhundert typischen Schwärmereien, »Zusammenbrüche« und Überschwenglichkeiten. Durch Schulschwärmereien für eine ältere, öffentlich erfolgreiche Frau oder eine erfahrenere Mitschülerin lernten die Mädchen, ihre erotischen Wünsche zu kanalisieren und ihren Körper für ein »höheres« Ideal zu verleugnen.

Solche unerfüllten Schwärmereien lehrten die Mädchen auch Selbstbeherrschung und Selbstverleugnung, was die Historikerin Christine Stansell »Scheu vor der Legitimität des eigenen Begehrens« genannt hat.[46]

Während Frauen zu Beginn des Jahrhunderts nicht hoffen konnten, auch nach der Schule noch mit ihrer geliebten Freundin zusammenleben zu können, erlaubten in den letzten Jahrzehnten des Jahrhunderts neue Möglichkeiten eines unabhängigen Lebens außerhalb der heterosexuellen Häuslichkeit zumindest einigen Frauen die Verwirklichung dieses Ziels. Unter den »glorreichen Unverheirateten« und »neuen Frauen« des Fin de siècle wurden Frauenehen oder *Boston marriages* immer üblicher. Neue Beschäftigungen in den »helfenden« Berufen, neue soziale Räume – Universität und Einrichtungen der Wohlfahrtspflege ebenso wie das Angebot an Wohnungen und Damenresidenzen in Großbritannien und den Vereinigten Staaten – ermutigten einige Frauen, sich für die Ehelosigkeit und das Zusammenleben mit einer Lebensgefährtin zu entscheiden. Ein ungewöhnlich hoher Anteil an Amerikanerinnen mit Universitätsabschluß blieb unverheiratet: Zwischen 1889 und 1908 blieben 35 Prozent der Bryn Mawr-Abgängerinnen ledig. Nach einem Bericht von 1909 gingen nur 22 Prozent der 3000 Frauen, die an der Universität von Cambridge studiert hatten, eine Ehe ein. Die höheren Lehranstalten für Frauen waren nach Aussage eines Beobachters »Brutstätten für sentimentale Freundschaften«;[47] in der Fakultät hatten Paarbeziehungen eine etablierte Tradition und Schwärmereien und Amouren waren unter den Studentinnen die Regel.

Im Gegensatz zur verborgenen Welt der weiblichen Paare aus der Arbeiterschaft zeigten sich die »Boston-Ehen« in aller Öffentlichkeit, und sie waren in den Elitekreisen der Gesellschaft anerkannt. Diese Frauen lebten zusammen, hatten gemeinsames Eigentum, gingen gemeinsam auf Reisen, nahmen an Familienfesten teil und schliefen im selben Bett. In ihrer Autobiographie von 1889 pries die Amerikanerin Emma Willard, Vorsitzende einer Liga zur Bekämpfung des Alkoholismus, die Vorzüge einer weiblichen Lebensgemeinschaft. Sie schrieb offen auch über Einzelheiten ihrer »Herzensgeschichten« und hob hervor, daß »die Liebe zwischen Frauen von Tag zu Tag häufiger wird«.[48]

Vor dem Ende des 19. Jahrhunderts brachten nur wenige Kommentare diese körperliche Intimität zwischen angesehenen Frauen mit unerlaubter Sexualität in Verbindung; sie waren völlig davon überzeugt, daß diese Frauen außerhalb der reproduktiven Sexualität keine selbständigen erotischen Wünsche befriedigten. Doch die Ablehnung der Mutterschaft, die sich sowohl in der freiwilligen Ehelosigkeit als auch in den Empfängnisverhütungsstrategien der verheirateten Frauen äußerte, veranlaßte die Ärzte, das sexuelle Verhalten von Frauen und dessen Objekte genauer zu erforschen. Nach 1880 schufen Theoretiker der

Medizin für Transvestiten und romantische Freundinnen die Kategorie der weiblichen Inversion bzw. der Lesbierin.

Die Sexualforschung, d. h. die wissenschaftliche Untersuchung der Sexualität, entstand in Europa als Spezialgebiet der Rechtsmedizin. Einer ihrer Begründer war Richard von Krafft-Ebing, Professor für Psychiatrie an der Universität Wien; zu seinen beruflichen Aufgaben gehörte es, bei Angeklagten, die wegen Sexualdelikten vor Gericht standen, festzustellen, ob bei ihnen Krankhaftigkeit oder Degenerierung vorlag, um so eine gerichtliche Entscheidung darüber zu erlauben, ob die Angeklagten für ihre Handlungen verantwortlich gemacht werden konnten oder nicht. In der *Psychopathia sexualis* (1886), einer gerichtsmedizinischen Studie über Anomalien, veröffentlichte er seine gesammelten Fallgeschichten. Obwohl die anschaulichsten Beschreibungen sexuellen Verhaltens in lateinischer Sprache veröffentlicht wurden, um Lüsternheit abzuwehren, erregte das Buch in der Öffentlichkeit und bei Fachleuten enormes Aufsehen. Krafft-Ebing wurde mit Briefen von Personen überhäuft, die unter sexueller Not litten oder Opfer sexueller Unterdrückung waren. Aus den 45 Fällen und 110 Seiten der Auflage von 1886 waren bis 1903, dem Erscheinungsjahr der 12. Auflage der *Psychopathia sexualis*, 238 Fälle und 437 Seiten geworden. Das Erscheinen der *Psychopathia sexualis*, bemerkt Jeffrey Weeks, markiert das »plötzliche Auftreten des Perversen, des vom Geschlechtstrieb gezeichneten oder auch zerstörten Menschen, mit seiner eigenen Sprache im gedruckten Text«.[49]

In ihre Klassifikationen sexuellen Verhaltens nahmen die Sexualforscher des ausgehenden 19. Jahrhunderts den »widernatürlichen Sexualtrieb« oder die »sexuelle Inversion« auf. Diese Kategorie des sexuell Invertierten (Homosexuellen) hatten sie nicht selbst erfunden: Sie reproduzierten lediglich Kategorien und Vorurteile, die in der Kultur des 19. Jahrhunderts, sowohl beim Proletariat wie bei der gesellschaftlichen Elite, zu finden waren. Wie wir gesehen haben, gab es im Arbeitermilieu ein eigenes Verständnis vom »weiblichen Ehemann«. Die lesbische Prostituierte war für Dichter wie Baudelaire und Gautier, die ihrerseits den Prostitutionsstudien von Parent-Duchâtelet verpflichtet waren, bereits ein literarisches Klischee. Die Sexualforscher gelangten schließlich und endlich auch nicht zu einer kohärenten Deutung der sexuellen Inversion: Um die endlose Zahl der entdeckten Varianten sexueller Erfahrung zu ordnen, bedienten sie sich konfuser, widersprüchlicher und einander überlappender Erklärungen. Immerhin aber schufen sie ein neues Vokabular, das zum einen die Praktiken frauenliebender Frauen problematisierte, zum anderen den Betroffenen eine Sprache zur Verfügung stellte, mit der sie die »Wahrheit« über sich selbst sagen konnten.

In den 1860er Jahren entwickelte Karl Ulrichs als einer der ersten eine angemessene Theorie der männlichen Inversion. Er argumentierte, ein »Urning« (männlicher Homosexueller) sei das Ergebnis einer anormalen Embryoentwicklung, bei dem ein weibliches Bewußtsein in einem männlichen Körper sei. 1869 wandte Dr. Carl Westphal, ein deutscher Psychiater, das Konzept des »Urnings« auf Frauen an. Er veröffentlichte die Fallstudie einer jungen Frau, Fräulein N., die es von Kindheit an vorgezogen hatte, sich wie ein Junge zu kleiden, sich später zu Frauen hingezogen fühlte und sich in »wollüstigen« Träumen als Mann sah. In ihrem Falle, so schlußfolgerte Westphal, handelte es sich um »ein invertiertes sexuelles Temperament«, ein dem des Mannes ähnlicher angeborener Defekt.[50]

Fräulein N. fand schließlich Eingang in Krafft-Ebings Pantheon der sexuell Perversen. Krafft-Ebing konstruierte eine ansteigende Skala sexueller Inversion bei Frauen. Die erste Stufe der Skala umfaßte Frauen, deren Anormalität keinen Ausdruck in der »äußeren Erscheinung« findet, die nächste Stufe Frauen, die eine »starke Vorliebe für männliche Kleidung« zeigen, die folgende Stufe Frauen, die eine männliche Rolle spielen, und die letzte Stufe schließlich die degenerierteste Form der Homosexualität, nämlich Frauen, bei denen lediglich die Geschlechtsorgane weiblich, deren Denken, Fühlen, Handeln und äußere Erscheinung aber männlich sind.

Krafft-Ebing und seine Kollegen in der Sexualforschung konnten sich die lesbische Erotik nur als eine Version männlicher Begierde vorstellen: die männliche Lust einer Frau nach einer anderen Frau. Sie erkannten aber auch an, daß Sexualität mehr war als nur der Geschlechtsakt, daß zu ihr auch Gefühle, Triebe, Emotionen sowie Kleidung, Gang, Gesichtszüge und Lebensstil gehörten. Die frühen Sexualwissenschaftler charakterisierten Frauen mit angeborener Perversion ihrem Denken und Handeln nach als totale Transvestiten und ignorierten dabei den »femininen« Teil des weiblichen Ehepaares. 1883 unterschied beispielsweise Dr. Kiernan aus den Vereinigten Staaten die Frau mit angeborener »sexueller Perversion« von dem »jungen Mädchen, das sie geheiratet hat«.[51]

In seinem Buch *Sexual Inversion* (1897) reduzierte Havelock Ellis Krafft-Ebings vier Kategorien weiblicher Geschlechtsumkehrung auf zwei: angeborene sexuelle Inversion und erworbenes sexuelles Laster. Die im proletarischen weiblichen Transvestiten verkörperte aggressive männliche Frau litt demnach unter angeborener sexueller Inversion. Ellis interessierte sich auch für die Frau, die die passive weibliche Rolle übernahm. Er ging davon aus, daß es sich nur um eine »Nachahmung« der »sexuellen Perversion« handele, wenn »normale« Frauen Frauen mit angeborener Inversion imitieren, und beschrieb dann die soziale Umwelt, die dieses erworbene Verhalten begünstigt, vor allem die Aufenthalts-orte der gebildeten »neuen Frau«. Seine Aufmerksamkeit galt vornehm-lich den »leidenschaftlichen Feundschaften« zwischen Frauen, die, wie er behauptete, »einen mehr oder weniger bewußten sexuellen Charak-ter« hatten. [52] Ellis argumentierte, daß die Homosexualität bei Frauen in Amerika, Frankreich, Deutschland und England infolge der modernen Emanzipationsbewegung ständig zunahm.

Carroll Smith-Rosenberg hat gezeigt, daß Ellis »der neuen Frau den Mantel der Respektabilität vom Leib riß« und damit »vornehme, gebil-dete, ihrer äußeren Erscheinung, ihrem Denken und Verhalten nach außerordentlich feminine Frauen» als potentielle Lesbierinnen darstell-te. [53] Historiker sind sich jedoch über die Auswirkungen dieser wissen-schaftlichen Enthüllung nicht einig, ob sie tatsächlich »die Frauen ihrer schützenden Maske beraubte« oder vielmehr homosexuellen Frauen einen neuen Sexualitätsdiskurs zur Verfügung stellte. Außerdem ist un-klar, wie einflußreich das »medizinische Modell« war. Ein kurzer Über-blick über den weiblichen Diskurs und weibliche Praktiken nach 1890 offenbart in den Ausdrucksformen weiblicher Homoerotik sowohl Kon-tinuitäten als auch Diskontinuitäten.

Einige Frauen ergriffen die von den neuen sexologischen Studien gebotene Gelegenheit und erzählten ihre Geschichte. Eine deutsche Frau schrieb in einem Brief an Magnus Hirschfeld – ein weiterer be-rühmter Sexualforscher, der Homosexuelle als »sexuelle Zwischenstufen« auffaßte –, die Werke von Krafft-Ebing hätten ihr die Augen »geöffnet«. »Ich fühlte mich, nachdem ich diese Werke gelesen hatte, so frei und scharfsichtig.« Sich selbst charakterisierte sie als eine der »Ausnahmen vom gewöhnlichen Modell und vom alten, ewigen Naturgesetz«. Ihre Lebensgeschichte, die sie erzählte, endete mit der Beschreibung einer häuslichen Idylle: »Meine hübsche, zuversichtliche kleine Frau führt und leitet unser glückliches Heim wie eine echte deutsche Hausfrau, und ich arbeite und sorge für uns wie ein energievoller und fröhlicher Mann.« [54] Radcliffe Hall hat das von Sexologen entwickelte Modell der weib-lichen sexuellen Inversion in ihrem bahnbrechenden lesbischen Roman, *The Well of Loneliness* (1928), verewigt, der von einer Lesbierin des »angeborenen« männlichen Typus aus der oberen Gesellschaftsschicht handelt, die eine »normale« Frau liebt.

Andererseits fühlten sich Frauen von der Sexualisierung und Patho-logisierung weiblicher Freundschaften zutiefst bedroht. Einige Frauen nahmen die Warnungen der Sexualforscher zu Herzen: Jeanette Marks (die selbst eine Boston-Ehe führte) schrieb 1908 einen unveröffent-lichten Essay, »Unwise College Friendships«, in dem sie vor dem »anor-malen« und »unerfreulichen Zustand« der romantischen Freundschaften warnte. [55] Im Gegensatz hierzu protestierte Johanna Elberskirchen,

Schriftstellerin und Frauenrechtlerin, heftig gegen die Interpretation, die die Liebe einer Frau zu einer anderen Frau als «männliche Neigung« deutete.[56] In den 1920er Jahren verurteilte eine Lesbierinnengruppe in Salt Lake City im privaten Kreis *The Well of Loneliness*. Das Buch habe ihr Leben öffentlich bekanntgemacht und sie ihrer schützenden Tarnung aus einer früheren, verschwiegeneren Zeit beraubt.[57]

Doch auch die älteren Formen homosexueller Beziehungen gab es noch im 20. Jahrhundert. Wie bereits in Zusammenhang mit den »kessen Vätern« gezeigt, hielten sich bei farbigen Lesbierinnen aus der Arbeiterklasse weiterhin bestimmte Vorstellungen über Frauen in Männerkleidung. Zwischen Frauen aus der Mittelschicht kam es weiterhin zu Boston-Ehen und romantischen Freundschaften. Obwohl lesbische Subkulturen nun zum urbanen Leben gehörten und Bezeichnungen für lesbische Liebe weit verbreitet waren, identifizierten sich diese Frauen nur selten als Lesbierinnen. Nachdem jedoch die Kategorie der Lesbierin erst einmal kulturell zur Verfügung stand, hatte, wie Leila Rupp bemerkt, »die Entscheidung, diese Kennzeichnung abzulehnen, ebenfalls eine eigene Bedeutung«.[58]

Im Laufe des 19. Jahrhunderts betrieben bürgerliche Reformer eine medizinisch-moralische Politik der Stigmatisierung von Prostituierten, von abtreibenden Müttern, von Transvestitinnen und leidenschaftlichen Freundinnen, indem sie deren Verhalten als gesetzeswidrig und gefährlich brandmarkten. Diese Mobilisierung diente nicht allein zur Unterscheidung devianter Frauen von der weiblichen Norm, sondern auch zur Spezifizierung und Stützung dieser Norm sowie zur Beschwichtigung der verbreiteten Sorge, daß die Erotik ihre stabile Identität und feste Verankerung in der reproduktiven Sexualität verloren habe. Trotz aller Bemühungen der Reformer ließen sich die weiblichen Anderen nicht sicher ausgrenzen und von der ehrbaren Gesellschaft trennen. Sie blieben einbezogen in die bürgerliche Weiblichkeit und durchkreuzten diese; sie waren ein Teil der Einkaufsstraßen des Londoner West End, wo Prostituierte sich unter elegant gekleidete Damen mischten; ein Teil der malthusschen Logik abtreibender Mütter; ein Teil der moralischen Überheblichkeit von Reformerinnen, die zur Rettung von Prostituierten auf die Straße gingen; ein Teil der Vorliebe hochgesinnter, unverheirateter Frauen für weibliche Gesellschaft und selbst ein Teil der unterschiedlichen männlichen und weiblichen Identitäten, indem auch Transvestitinnen diese akzeptierten.

Obwohl nicht selten die institutionelle Macht des Gesetzes und der Medizin zur Kontrolle, Definition und Unterdrückung ordnungswidrigen Verhaltens von Frauen mobilisiert wurde, waren Gesetz und Medizin nicht die einzigen aufgebotenen Kräfte. Vor allem im Falle der Prostitution stießen die staatlichen Reglementierungsbemühungen auch auf öffentliche Opposition und weiblichen Widerstand. Mittelschichtsfrauen ergriffen die Gelegenheit, aus der Geschichte der Prostitution eine Geschichte der sexuellen Opfer und der sexuellen Verführung zu machen. Mit Hilfe dieser Geschichte artikulierten sie ihren eigenen Groll gegen Männer und begründeten ihre Autorität über andere Frauen. Die Fähigkeit, über Sex zu sprechen, eröffnete ihnen eine Welt der neuen Möglichkeiten, weniger allerdings den »Töchtern des Volkes«, denen ihre Fürsorge galt. Auch das sexuelle Leben und die Subjektivität der Arbeiterinnen änderte sich. Sie reagierten auf polizeiliche Kontrollen und Reglementierungen, und sie nutzten die in der urbanen Geschäftskultur gebotenen neuen Möglichkeiten zur sexuellen Selbstdarstellung. Räume zum Improvisieren, Anonymität und spezielle Dienstleistungen boten der Transvestitin, der Prostituierten, der abtreibenden Frau und dem lesbischen Paar neue Möglichkeiten, ihre gesetzeswidrigen Handlungen zu verbergen oder sich in einer modernen urbanen Landschaft neue soziale Beziehungsnetze zu schaffen.

Aus dem Englischen von Sylvia M. Schomburg-Scherff

16

DIE ARBEITERIN

Joan W. Scott

Im 19. Jahrhundert erlangte die Arbeiterin ein außergewöhnliches
Maß an öffentlicher Aufmerksamkeit. Selbstverständlich gab es sie
bereits lange vor der Entstehung des Industriekapitalismus. In Europa und Amerika verdiente sie ihren Lebensunterhalt in den Städten und
auf dem Land als Spinnerin, Schneiderin, Goldschmiedin, Bierbrauerin,
Metallschleiferin, Knopfmacherin, Spitzenklöpplerin, Kindermädchen,
Melkerin oder Hausmädchen. Doch im 19. Jahrhundert wurde sie mit
nie zuvor dagewesener Aufmerksamkeit beobachtet, beschrieben und
dokumentiert. Erst jetzt diskutierte man die Schicklichkeit, Moralität, ja
selbst Legalität ihrer Lohnarbeiten. Die Arbeiterin war ein Produkt der
industriellen Revolution, nicht etwa weil die Mechanisierung für sie
früher nicht vorhandene Erwerbsmöglichkeiten geschaffen hätte (obwohl das auf manchen Gebieten sicherlich der Fall war), sondern weil
sie jetzt auf einmal zu einer sichtbaren und problematischen Figur
wurde.

Die Arbeiterin geriet in dem Moment in das Blickfeld der Öffentlichkeit, als man sie als ein neu entstandenes und dringend einer
Lösung bedürfendes Problem wahrzunehmen begann. Dieses Problem
umfaßte sowohl die Bedeutung des Frauseins selbst als auch die Vereinbarkeit von Frausein und Lohnarbeit; man erfaßte und diskutierte
dieses Problem in moralischen und kategorischen Begriffen. Ob nun
das Objekt der Aufmerksamkeit eine Fabrikarbeiterin, eine arme Näherin oder eine emanzipierte Setzerin war; ob sie als junge, alleinstehende Frau oder als Mutter, alternde Witwe, Frau eines arbeitslosen

Arbeiters oder qualifizierten Handwerkers beschrieben wurde; ob man in ihr das extreme Beispiel für die zerstörerischen Auswirkungen des Kapitalismus oder den Beweis für einen möglichen Fortschritt sah, die Fragen, die diskutiert wurden, blieben dieselben: Sollte eine Frau um des Geldverdienens willen arbeiten? Was waren die körperlichen Folgen weiblicher Lohnarbeit, und welchen Einfluß hatte Lohnarbeit auf die mütterliche und familiäre Rolle einer Frau? Welche Arbeit war einer Frau angemessen? Nicht alle teilten die Meinung des französischen Gesetzgebers Jules Simon, der 1860 behauptete, »eine Frau, die Arbeiterin wird, ist keine Frau mehr«; aber die meisten, die an den Debatten über Arbeiterinnen teilnahmen, stellten ihre Argumente in den Kontext eines angenommenen Gegensatzes zwischen Heim und Arbeit, Mütterlichkeit und Lohnarbeit, Weiblichkeit und Produktivität.[1]

Die Debatten des 19. Jahrhunderts beruhten gewöhnlich auf einer impliziten, in den meisten späteren Studien zur Arbeiterin als selbstverständlich übernommenen, interpretierenden »Geschichte« über die industrielle Revolution. (Ich verwende den Ausdruck »Geschichte«, um gegenüber der häufig unterstellten Objektivität die Konstruiertheit von Geschichten über die Vergangenheit hervorzuheben. Es gibt kaum einen Weg, einfach zu erzählen, was geschehen ist; eine jede »Geschichte« bietet eine Interpretation an, indem sie Informationen so anordnet, daß sie einen bestimmten, durchaus begreifbaren Sinn ergeben.) Diese »Geschichte« sah die Ursache des Problems der Frauenarbeit darin, daß während der Industrialisierung eine Verlagerung der Produktion vom Haushalt in die Fabrik stattgefunden haben soll. In vorindustrieller Zeit, so glaubte man, hätten Frauen produktive Arbeit und Kinderaufzucht, Arbeit und Häuslichkeit erfolgreich kombinieren können. Diese Kombination sei dann aufgrund der vermeintlichen Verlagerung der Erwerbsarbeit zumindest schwierig, wenn nicht unmöglich geworden. Deshalb könnten Frauen, so argumentierte man, jetzt nur noch kurze Zeit ihres Lebens gegen Lohn arbeiten. Nach der Heirat – oder spätestens, wenn sie Kinder bekamen – müßten sie ihre bezahlte Tätigkeit aufgeben und dürften allenfalls erneut zur Erwerbsarbeit zurückkehren, wenn ihr Ehemann die Familie nicht allein ernähren konnte. Diese Deutung hatte zur Folge, daß Frauen sich in bestimmte, schlecht bezahlte, unqualifizierte Arbeiten drängten, eine Situation, die dem Vorrang ihrer mütterlichen und häuslichen Verpflichtungen vor einer langfristigen beruflichen Identifizierung geschuldet war. Das »Problem« der Arbeiterin bestand also darin, daß sie als Anomalie galt in einer Welt, in der sowohl die Lohnarbeit als auch die Verantwortung für eine Familie zu räumlich getrennten Ganztagstätigkeiten geworden waren. Die »Ursache« des Problems wurde damit unvermeidlich im Prozeß industriekapitalistischer Entwicklung mit seiner eigenen Logik gesucht.

Ich werde demgegenüber argumentieren, daß die »Geschichte« der Trennung von Heim und Arbeit weniger einen objektiven Prozeß der historischen Entwicklung beschrieb, als vielmehr zu dieser Entwicklung selbst beitrug. Die »Geschichte« lieferte eben jene Legitimierungen und Erklärungen, die das »Problem« der Arbeiterin konstruierten, indem sie von Kontinuitäten zur vorindustriellen Zeit absahen, von der Gleichheit der Erfahrung aller Frauen ausgingen und Unterschiede zwischen Frauen und Männern betonten.

Die von mir kritisierte Interpretation stellte außerdem den qualifizierten Handwerker als den exemplarischen »Arbeiter« dar und blendete dabei die Unterschiede hinsichtlich Ausbildung und Arbeitsplatzsicherheit von Arbeitern ebenso wie die Ähnlichkeiten hinsichtlich Unregelmäßigkeit und Wechsel der Beschäftigungen zwischen Arbeitern und Arbeiterinnen völlig aus. Die Vorstellung, daß Arbeiter ihr Leben lang eine einzige Stellung innehaben, während Arbeiterinnen ihr Berufsleben mehrmals unterbrechen, zwängte eine bei weitem vielgestaltigere Realität (in der einige Frauen durchaus auch langfristigen Beschäftigungen nachgingen und viele Männer ständig den Arbeitsplatz wechselten) in eine einheitliche, höchst spezielle Ordnung. Auf diese Weise wurde dann Geschlecht als einziger Grund dafür genannt, daß es auf dem Arbeitsmarkt Unterschiede zwischen Männern und Frauen gab. Diese Unterschiede aber hätten mit Begriffen des Arbeitsmarktes, mit wirtschaftlichen Fluktuationen und dem sich verändernden Verhältnis von Angebot und Nachfrage ebenso gut erklärt werden können.

Die »Geschichte« der Trennung von Haus und Arbeit wählt Informationen so aus und ordnet sie so an, daß eine bestimmte Wirkung erzielt wird. Funktionale und biologische Unterschiede zwischen Frauen und Männern werden stark hervorgehoben und damit als Grundlage sozialer Ordnung legitimiert und institutionalisiert. Diese Interpretation der Geschichte der Frauenarbeit prägte ihrerseits diejenige medizinische, wissenschaftliche, politische und moralische Auffassung, die als »Ideologie der Häuslichkeit« oder »Doktrin der getrennten Sphären« bezeichnet worden ist. Man sollte diese Interpretation vielleicht besser als einen Diskurs verstehen, der im 19. Jahrhundert das Geschlecht im Sinne einer »natürlichen« Arbeitsteilung zwischen Männern und Frauen konzeptualisierte. In der Tat müßte die Aufmerksamkeit, die man im 19. Jahrhundert dem Geschlecht als Bestimmungsfaktor der Arbeitsteilung widmete, im generellen Kontext der Rhetorik des Industriekapitalismus über Arbeitsteilung gedeutet werden. Arbeitsteilung wurde als die wirksamste, rationalste und produktivste Art der Organisation der Arbeit, des Betriebes und des Soziallebens gepriesen; wann immer es dabei um Geschlecht ging, wurde die Grenze zwischen dem Nützlichen und dem »Natürlichen« fließend.

Mein Interesse gilt diesem Geschlechtsdiskurs, der aus der Arbeiterin ein Objekt der Forschung und ein Subjekt der Geschichte machte.
Ich möchte untersuchen, wie das Dilemma von Heim- und Erwerbsarbeit vorrangig in Form von Forschungen über Arbeiterinnen bearbeitet wurde; wie dieses zusammenhing mit der Definition von weiblicher Arbeitskraft als billig und nur für bestimmte Arten von Arbeit
geeignet. Arbeitsteilung wurde also als eine objektive, in der Natur
gründende soziale Tatsache aufgefaßt. Ich hingegen erkläre ihre Existenz weder mit unvermeidlichen historischen Entwicklungen noch mit
der »Natur«, sondern mit diskursiven Prozessen. Unterschiede zwischen
den Geschlechtern waren im 19. Jahrhundert keineswegs neu; sie wurden aber auf neue Weise und mit neuen sozialen, wirtschaftlichen und
politischen Wirkungen artikuliert.

Industrialisierung und Frauenarbeit: Kontinuitäten

Die verbreitete »Geschichte« über Frauenarbeit, welche die Bedeutung
der Bewegung weg vom Haushalt und hin zum Arbeitsplatz als
Ursache betont, beruht auf einem schematischen Modell von der Verlagerung der Produktion vom Bauernhof und vom Hausgewerbe hin
zur Fabrik, von kleinen Handwerks- und Handelstätigkeiten hin zu
großen kapitalisierten Unternehmen. Viele Historiker haben diese lineare Darstellung ein wenig komplizierter gemacht, indem sie beispielsweise zeigten, daß selbst im Textilgewerbe bis weit ins 20. Jahrhundert
hinein Heimarbeit neben mechanisierter Produktion weiterbestand.
Doch das Bild von kooperativer Heimarbeit in vorindustrieller Zeit –
Vater webt, Mutter und ältere Töchter spinnen, während die kleineren
Kinder das Garn vorbereiten – blieb bestehen. Dieses Bild trägt zur
Konstruktion eines scharfen Gegensatzes bei: zwischen einer vorindustriellen Welt, in der die Arbeit der Frauen informell, oft unbezahlt war
und der Familie immer Priorität zukam, und der industrialisierten Welt
der Fabrik, die ganztägige Lohnarbeit außerhalb des Hauses erforderte. Produktion und Reproduktion werden für die frühe Zeit als komplementäre Tätigkeiten dargestellt, in der späteren Zeit jedoch als strukturell unvereinbar und Ursache unlösbarer Probleme für Frauen, die
einer Erwerbsarbeit nachgehen wollten oder mußten.

Obwohl dieses Haushaltsmodell der Arbeit tatsächlich einen Aspekt
des Arbeitslebens im 17. und 18. Jahrhundert beschreibt, ist es dennoch

allzu einfach. Auch in der Zeit vor der Industrialisierung arbeiteten Frauen bereits regelmäßig außerhalb des Hauses. Verheiratete und alleinstehende Frauen verkauften Waren auf den Märkten, verdienten Geld, indem sie ein wenig Handel trieben und hausieren gingen, sich gelegentlich als Kindermädchen oder Wäscherin verdingten, Töpferwaren, Seide, Bänder, Kleidung, Metallwaren, Haushaltswaren und Webstoffe herstellten sowie in Werkstätten Kattun bedruckten. Wenn diese Arbeiten nicht mit der Kinderaufzucht vereinbar waren, gaben Mütter ihre Babys eher Ammen oder anderen Pflegepersonen, als daß sie ihren Erwerb aufgaben. Um Geld zu verdienen, übten Frauen zahlreiche Tätigkeiten aus, und sie wechselten auch von einer Arbeit zur anderen. Maurice Garden bemerkt in seinem Buch über Lyon, daß »das Ausmaß der Frauenarbeit eines der hervorstechendsten Merkmale der Lyoner Gesellschaft im 18. Jahrhundert war«.[2] Dominique Godineau beschreibt in einer Studie über das revolutionäre Paris »einen ständigen Wechsel der Tätigkeiten«, der durch die wirtschaftliche Krise, die mit der Revolution einherging, zwar beschleunigt, nicht aber verursacht wurde. »Dieselbe Arbeiterin konnte in einer Werkstatt Knöpfe herstellen, ihre Waren in einer der Verkaufsbuden rund um die Zentralmarkthallen anbieten oder zu Hause in ihrem Zimmer über Näharbeiten gebeugt sein.«[3] Zu Beginn des 19. Jahrhunderts ging in Paris schätzungsweise mindestens ein Fünftel der erwachsenen weiblichen Bevölkerung einer Lohnarbeit nach. Selbst wenn die Arbeit in einem Haushalt stattfand, arbeiteten viele Lohnarbeiterinnen – vor allem junge, unverheiratete Frauen – nicht in ihrem eigenen Haus. Hausangestellte, Landarbeiterinnen aller Art, Lehrlinge und Gehilfinnen bildeten eine beträchtliche Gruppe weiblicher Arbeitskräfte, die nicht zu Hause arbeitete. Im englischen Ealing beispielsweise lebten 1599 drei Viertel der Frauen im Alter von 15 bis 19 Jahren, die als Dienstboten arbeiteten, nicht bei ihren Eltern. In den Städten Neuenglands erhielten Mädchen im 17. Jahrhundert ihre Ausbildung, indem sie in die Lehre gingen oder sich als Dienstmädchen verdingten. Junge Mädchen reisten als Kontraktarbeiterinnen allein von England nach Amerika (vor allem in das Tabakanbaugebiet bei Chesapeake), und andere wurden als Sklavinnen von Afrika herübergebracht.

Die meisten Arbeiterinnen der vorindustriellen Zeit waren jung und unverheiratet, und sie arbeiteten typischerweise fern von zu Hause, ganz gleich, welche Art Arbeitsplatz sie hatten. Doch gehörten ebenfalls verheiratete Frauen zu den aktiven Arbeitskräften; auch sie arbeiteten an verschiedenen Orten – auf dem Bauernhof, im Laden, in der Werkstatt, auf der Straße oder zu Hause –, und die Zeit, die sie für die Erledigung häuslicher Aufgaben aufwendeten, hing vom Arbeitsdruck und der wirtschaftlichen Situation des Haushalts ab.

Diese Beschreibung trifft ebenfalls auf die Industrialisierungsperiode des 19. Jahrhunderts zu. Auch zu dieser Zeit waren Arbeiterinnen, wie schon in der Vergangenheit, überwiegend jung und unverheiratet, ob sie nun in dem eher »traditionellen« Bereich der Dienstbotenarbeit oder im schnell wachsenden Textilgewerbe beschäftigt waren. In den meisten westlichen Ländern überwog auch noch während der Industrialisierung die Dienstbotenarbeit die Arbeit in der Textilbranche. In England, der ersten Industrienation, waren 1851 40 Prozent aller Frauen als Dienstmädchen und nur 22 Prozent als Arbeiterinnen in der Textilindustrie beschäftigt; in Frankreich waren die Vergleichszahlen für 1866 22 Prozent Dienstboten und 10 Prozent Textilarbeiterinnen; in Preußen arbeiteten 1882 18 Prozent der erwerbstätigen Frauen im häuslichen Dienst und etwa 12 Prozent als Fabrikarbeiterinnen. Ob es sich nun um Dienstmädchen oder Fabrikarbeiterinnen handelte, immer waren es Mädchen ähnlichen Alters. Tatsächlich kam es in Gegenden, in denen die Industrie junge Frauen in großer Zahl beschäftigte, üblicherweise zu Klagen über Dienstbotenmangel. In der französischen Textilstadt Roubaix waren 82 Prozent der weiblichen Beschäftigten weniger als dreißig Jahre alt; im englischen Stockport war 1841 das Durchschnittsalter von Weberinnen 20 Jahre und 1861 24 Jahre. In den 1830er und 1840er Jahren waren 80 Prozent der in den Fabriken von Lowell, Massachusetts, beschäftigten Arbeiterinnen zwischen 15 und 30 Jahren alt; in den 60er Jahren, als Immigrantinnen einheimische Landarbeiterinnen verdrängten, waren die weiblichen Arbeitskräfte noch jünger, nämlich im Durchschnitt 20 Jahre alt. Selbstverständlich waren auch verheiratete Frauen in Textilfabriken beschäftigt, denn in den Textilstädten war die Nachfrage nach weiblichen Arbeitskräften groß, und die Erwerbsgelegenheiten für Männer waren rar. Verheiratete Frauen gingen, ganz gleich, wo sie wohnten, immer irgendeiner Lohnarbeit nach und das nicht notwendigerweise in ihrem eigenen Haus. Für einen Großteil der weiblichen Erwerbsbevölkerung führte die Bewegung also nicht von der Erwerbsarbeit im Haushalt zur Erwerbsarbeit außerhalb des Haushalts, sondern vielmehr von einem Arbeitsplatz zum nächsten. Waren mit einem solchen Wechsel Probleme verbunden – z. B. eine neuartige Zeitdisziplin, lärmende Maschinen, Löhne, die von Marktbedingungen und wirtschaftlichen Zyklen abhingen, profitorientierte Unternehmer –, so waren diese nicht dadurch verursacht, daß Frauen ihr Heim und ihre Familie verließen. (Fabrikarbeit machte es vielmehr oft überhaupt erst möglich, daß Mädchen, die früher bei ihren Arbeitgebern lebten, nun bei ihren Familien bleiben konnten.)

Der von Zeitgenossen und Historikern in den Mittelpunkt gestellte Einfluß der Textilindustrie auf die Frauenarbeit lenkte enorme Aufmerksamkeit auf diesen Sektor, obwohl er während des 19. Jahrhun-

derts niemals der wichtigste Arbeitgeber für Frauen war. In den »traditionellen« Bereichen der Wirtschaft arbeiteten nach wie vor mehr
Frauen als in Fabriken. Verheiratete und unverheiratete Frauen setzten
im Kleingewerbe, Kleinhandel und Dienstleistungsbereich die alten
Muster der Erwerbsarbeit fort: sie arbeiteten auf den Märkten, in Läden
oder zu Hause, sie verhökerten Lebensmittel, transportierten Waren,
wuschen Wäsche, vermieteten Zimmer, stellten Streichhölzer und
Streichholzschachteln, Papierschachteln, künstliche Blumen, Schmuck
und Kleidungsstücke her. Auch für ein und dieselbe Frau konnte die
Arbeit an verschiedenen Orten stattfinden. Die englische Strohhut-
flechterin Lucy Luck erinnerte sich, daß sie »einen Teil der Zeit in der
Werkstatt, den anderen Teil zu Hause arbeitete«. In der stillen Jahreszeit, wenn die Geschäfte schlecht gingen, besserte sie ihren Lohn auf
durch »Transporte oder Wäsche, und ich habe mich ein paar Mal um
das Haus eines Herrn gekümmert, und ich habe Näharbeiten angenommen«.[4] Im Falle von Lucy Luck wäre es falsch zu behaupten, es
hätte jemals einen radikalen Bruch zwischen Heim und Arbeit gegeben.

Wie schon im 18. Jahrhundert blieb Näharbeit auch im 19. Jahrhundert ein Synonym für Frauenarbeit. Die alle anderen weiblichen Arbeiten überragende Dominanz der Näharbeiten entkräftet das Argument,
daß es zu einer völligen Trennung von Heim und Arbeit und deshalb
zu einer Verringerung akzeptabler Arbeitsgelegenheiten für Frauen
gekommen wäre. Tatsächlich weitete sich der Bereich der Näharbeiten
mit dem Wachstum der Bekleidungs-, Schuh- und Lederbranche aus
und sorgte dafür, daß einige Frauen ständig und andere wenigstens
hin und wieder Beschäftigung fanden. Die Bekleidungsbranche bot
Frauen Beschäftigungen auf unterschiedlichem Qualifikations- und
Lohnniveau, wenngleich die Mehrzahl der Tätigkeiten unregelmäßig
und schlecht bezahlt war. Im Zuge der Entwicklung der Konfektions-
industrie wuchs in den 1830er und 1840er Jahren nicht nur in Frankreich und England für Frauen auch das Angebot an Heimarbeit, in der
eigenen Wohnung oder in einer Werkstatt. Obwohl im Verlauf des
Jahrhunderts, in den 50er Jahren in England, in den 80er Jahren in
Frankreich, eine Bekleidungsindustrie auf der Basis von Fabrikarbeit
entstand, blieb Heimarbeit weiterhin vorherrschend. Die Verabschiedung von Schutzgesetzen für Arbeiterinnen in den 90er Jahren, in
denen Heimarbeit ausgespart blieb, verstärkte das Interesse der Arbeitgeber an dieser billigen, nicht reglementierten Handarbeit. Heimarbeit
erreichte ihren Höhepunkt erst 1901 in Großbritannien und 1906 in
Frankreich, und dieser Höhepunkt war keineswegs der Beginn eines
stetigen Niedergangs. Viele Städte des 20. Jahrhunderts sind selbst heute
noch Zentren der Vergabe von Aufträgen an Zwischenmeister; hier
werden die Frauen wie in der Hauswirtschaft des 18. Jahrhunderts und

im Rahmen der schlechtbezahlten Heimarbeit des 19. Jahrhunderts für ihre Näharbeit nach Stücklohn bezahlt. In der Bekleidungsbranche ist also, was Ort und Struktur der Frauenarbeit betrifft, das hervorstechende Merkmal nicht so sehr Wandel als Kontinuität.

Die Arbeit der Bekleidungsbranche stellt außerdem das idealisierte Bild von der Heimarbeit in Frage, das unterstellt, diese Arbeit sei für Frauen besonders geeignet, weil sie eine Kombination von Häuslichkeit und Lohnarbeit erlaube. Wenn man die Löhne in Betracht zieht, wird das Bild komplexer. Näherinnen wurden gewöhnlich nach Stückzahlen entlohnt, und die Löhne waren oft so gering, daß Frauen kaum von ihren Einkünften leben konnten; das Arbeitstempo war enorm und die vorgegebene Fertigungszeit kurz. Ob eine Näherin alleine in einem gemieteten Zimmer oder inmitten eines geschäftigen Haushalts arbeitete, gewöhnlich hatte sie wenig Zeit für häusliche Pflichten. Eine Londoner Hemdennäherin erzählte Henry Mayhew 1849, daß sie von dem, was sie verdiene, kaum leben könne, obwohl sie oft »im Sommer von vier Uhr früh bis neun oder zehn Uhr abends – so lange ich sehen kann«, arbeitete. »Meine normale Arbeitszeit dauert von fünf Uhr morgens bis neun Uhr abends – Winter wie Sommer.«[5] Daß der Arbeitsplatz zu Hause war, konnte für das Familienleben ebenso schädlich sein, wie wenn eine Mutter tagsüber wegging; das Problem waren aber die unerträglich niedrigen Löhne und nicht die Arbeit selbst. (Selbstverständlich konnte eine Frau, wenn die wirtschaftliche Not nicht so groß war, das Arbeitstempo verringern und Haushaltspflichten mit Lohnarbeit vereinigen. Diese Frauen, eine kleine Minderheit der Näherinnen, dienten womöglich als Bestätigung für den Glauben an eine ideale Vergangenheit, in der Familie und Erwerbsarbeit noch nicht in Konflikt miteinander standen.)

Wie die Bekleidungsbranche, die ein frappierendes Beispiel für Kontinuität zu früheren Praktiken liefert, so haben auch die Bürotätigkeiten bestimmte wesentliche Züge der Frauenarbeit bewahrt. Diese Berufe sind Ende des 19. Jahrhunderts im Zuge des expandierenden Handels- und Dienstleistungssektors entstanden. Sie beinhalteten selbstverständlich neue Aufgaben und erforderten andere Fähigkeiten als die, die man als Dienstmädchen oder Näherin erlernte, sie rekrutierten aber genau die Art von Frauen, die typischerweise schon immer das weibliche Arbeitskräftepotential gebildet hatten: junge, unverheiratete Mädchen. Behörden, Geschäfts- und Versicherungsunternehmen stellten Sekretärinnen, Maschinenschreiberinnen und Registratorinnen ein, Postämter beschäftigten vorzugsweise Frauen zum Verkaufen von Briefmarken; Telefon- und Telegrafengesellschaften bevorzugten weibliche Vermittlungskräfte, Läden und Kaufhäuser rekrutierten Verkäuferinnen, neu organisierte Krankenhäuser stellten weibliches Pflegepersonal ein und staatlich finanzierte Schulsysteme suchten Lehrerinnen. Die Arbeitgeber gaben gewöhnlich eine Altersgrenze für ihre Arbeiterinnen an und machten manchmal Ehelosigkeit zur Einstellungsvoraussetzung, womit sie sich ein ziemlich homogenes Arbeitskräftepotential von unverheirateten Frauen im Alter von bis zu 25 Jahren schufen. Die Art des Arbeitsplatzes mag sich geändert haben, das sollte aber hinsichtlich der Arbeiterin nicht mit einem Wandel der Beziehung zwischen Heim und Arbeit verwechselt werden; für die überwiegende Mehrheit der Betroffenen hatte Lohnarbeit typischerweise schon immer bedeutet, daß sie nicht zu Hause arbeiteten.

Während des 19. Jahrhunderts fand allerdings eine massive Verlagerung von der Tätigkeit im häuslichen Dienst (in Stadt und Land, in Haushalt, Handwerk und Landwirtschaft) hin zu Bürotätigkeiten statt. In den Vereinigten Staaten waren 1870 beispielsweise 50 Prozent der Lohnarbeiterinnen Dienstboten; 1920 waren beinahe 40 Prozent der berufstätigen Frauen Büroangestellte, Lehrerinnen oder Verkäuferinnen. In Frankreich machten 1906 Frauen mehr als 40 Prozent der in Büros beschäftigten Arbeitskräfte aus. Diese Transformation des Dienstleistungssektors schuf ohne Frage neue Beschäftigungen, sorgte aber gleichzeitig für weitere Kontinuität: Die Mehrzahl der berufstätigen Frauen arbeitete nicht in der Produktion, sondern im Dienstleistungsbereich.

Auf Kontinuitäten hinzuweisen bedeutet natürlich nicht, Veränderungen zu leugnen. Zusätzlich zu dem massiven Wechsel von Dienstboten- zu Bürotätigkeiten entstanden neue berufliche Möglichkeiten für Frauen aus dem Mittelstand, dieser neu in die Arbeitswelt eintretenden Gruppe. Es ist durchaus möglich, daß ein Großteil der dem Problem der Frauenarbeit generell gewidmeten Aufmerksamkeit von der wachsenden Sorge herrührte, ob Mädchen aus dem Mittelstand, die Lehrerinnen, Krankenschwestern, Fabrikinspektorinnen, Sozialarbeiterinnen u. ä. wurden, überhaupt noch einen Ehemann finden würden. Diese Frauen hätten in früheren Zeiten auf dem elterlichen Bauernhof oder im elterlichen Betrieb gearbeitet, dabei aber kein eigenes Einkommen erworben. Vielleicht lieferte das Beispiel dieser Minderheit unter den erwerbstätigen Frauen des 19. Jahrhunderts die Grundlage für die Behauptung, daß der Verlust von haushaltsintegrierter Erwerbsarbeit eine Gefahr für die häuslichen Fähigkeiten und reproduktiven Pflichten einer Frau bedeutete. Wenn Reformer über »Arbeiterinnen« als einer einzigen Kategorie sprachen und sich dabei hauptsächlich auf Fabrikarbeit beriefen, haben sie vielleicht ihre Besorgnis über die Stellung der Frau im Bürgertum generalisiert.

Das Argument, daß die Industrialisierung zur Trennung von Heim und Arbeit führte und Frauen zwang, zwischen häuslichem Leben und

Lohnarbeit zu wählen, läßt sich also nicht aufrechterhalten. Ebensowenig läßt sich zeigen, daß diese Trennung die Probleme der Frauen
verursachte, indem sie diese auf marginale, schlechtbezahlte Tätigkeiten beschränkte. Vielmehr scheint – völlig unabhängig vom Ort der
Arbeit – eine ganze Reihe von Annahmen über den Wert der Frauenarbeit die Entscheidungen der Arbeitgeber (sowohl im 18. als auch im
19. Jahrhundert) beeinflußt zu haben. Wo Frauen arbeiteten und was
sie taten, war nicht das Ergebnis eines unerbittlichen Industrialisie-
rungsprozesses, sondern zumindest teilweise das Resultat von Arbeits-
kostenkalkulationen. Ob in der Textil-, Schuh-, Bekleidungs- oder
Druckindustrie, ob in Verbindung mit Mechanisierung, Produktions-
streuung oder Rationalisierung der Arbeitsprozesse – die Einstellung
von Frauen bedeutete stets, daß die Arbeitgeber entschlossen waren,
Arbeitskosten einzusparen. »Je weniger die Handarbeit Geschicklichkeit
und Kraftäußerung erheischt, d. h. je mehr die moderne Industrie sich
entwickelt, desto mehr wird die Arbeit der Männer durch die der Weiber und Kinder verdrängt«, schrieben Marx und Engels 1848 im *Manifest der Kommunistischen Partei.*[6] Londoner Schneider erklärten ihre
prekäre Situation in den 40er Jahren des 19. Jahrhunderts damit, daß
die Meister ihre Konkurrenten unterbieten wollten und deshalb Frauen
und Kinder anstellten. Amerikanische Drucker sahen in den 1860er Jahren in der Einstellung von Setzerinnen eine »letzte Strategie der Kapitalisten«, die Frauen »aus der ihnen angemessenen Sphäre« lockte, um
sie zum »Instrument im Lohnkampf« zu machen »und so beide
Geschlechter auf ein der gegenwärtigen unbezahlten Knechtschaft der
Frauen vergleichbares Lohnniveau zu drücken«.[7] Die Gewerkschaften
verweigerten Frauen die Mitgliedschaft oder forderten, daß sie die gleichen Einkommen wie die Männer erzielen müßten, bevor sie aufgenommen werden könnten. Die zur Londoner Gewerkschaftsversamm-
lung von 1875 entsandten Delegierten zögerten, eine Vertreterin der
Gewerkschaft der Buchbinderinnen zuzulassen, weil »Frauenarbeit billige Arbeit war und viele der Delegierten (...) diese Tatsache nicht
außer acht lassen konnten«.[8]

Frauen waren auf billige Arbeit festgelegt, aber nicht alle Formen
dieser Arbeit galten als angemessene Frauenarbeit. Man hielt Frauen
für geeignet, in der Textil-, Bekleidungs-, Schuh-, Tabak-, Lebensmit-
tel- und Lederindustrie zu arbeiten, es gab aber kaum Arbeiterinnen im
Berg-, Maschinen- oder Schiffsbau, auch wenn dort die Nachfrage nach
sogenannter »unqualifizierter« Arbeit groß war. Ein zur Weltausstellung
von 1867 entsandter französischer Delegierter benannte klar die im
Hinblick auf Geschlecht, Materialien und Techniken gemachten Unterschiede: »Für den Mann Holz und Metalle. Für die Frau Familie und
Gewebe.«[9] Obwohl die Meinungen darüber auseinandergingen, welche

Arbeit für Frauen angemessen sei und welche nicht – und die Meinungen wechselten tatsächlich je nach Zeit und Kontext –, blieb das
Geschlecht jedoch immer ein wichtiges Kriterium. Die Arbeit, für die
man Frauen einstellte, wurde als »Frauenarbeit« definiert, d. h. sie sollte deren körperlichen Fähigkeiten und deren natürlicher Produktivität
besonders gut entsprechen. Dieser Diskurs führte auf dem Arbeitsmarkt
zu einer Arbeitsteilung nach Geschlecht, die bewirkte, daß Frauen auf
einige wenige, auf der untersten Stufe der Beschäftigungshierarchie stehende Tätigkeiten verwiesen wurden, in denen die Löhne nicht den
Lebensunterhalt sicherten. Zum »Problem« wurde die Arbeiterin, als verschiedene Instanzen die sozialen und moralischen Folgen dieser Praktiken sowie ihre wirtschaftliche Rentabilität zu diskutieren begannen.

DIE GESCHLECHTLICHE ARBEITSTEILUNG:
PRODUKT DER GESCHICHTE, FOLGE DES DISKURSES

Wie läßt sich das »Problem« der Arbeiterinnen im 19. Jahrhundert
erklären, wenn es nicht mit der »Geschichte« der objektiven Trennung
von Heim und Arbeit zu erklären ist? Statt nach besonderen technischen oder strukturellen Gründen zu suchen, müssen wir die diskursiven Prozesse erforschen, die die geschlechtsspezifischen Formen der
Arbeitsteilung konstituierten. Das wird zu einer kritischeren und komplexeren Analyse der vorherrschenden historischen Deutungen führen.

Die Identifizierung der Frauenarbeit mit einer bestimmten Art von
Tätigkeiten und mit billiger Arbeit wurde im 19. Jahrhundert auf so
vielfältige Weise formalisiert und institutionalisiert, daß sie dem »gesunden Menschenverstand« als völlig selbstverständlich erschien. Selbst
diejenigen, die den Status der Frauenarbeit verändern wollten, stellten
fest, daß sie gegen scheinbar feste »Tatsachen« argumentieren mußten.
Diese »Tatsachen« waren nicht objektiv existent. Sie wurden vielmehr
über »Geschichten« produziert, die die Folgen der Trennung von Heim
und Arbeit betonten. Das geschah durch die Theorien der Nationalökonomen ebenso wie durch die Einstellungspräferenz der Arbeitgeber,
die ein klar nach Geschlecht segregiertes Arbeitskräftepotential entstehen ließ. Die Politik der meisten Männergewerkschaften »naturalisierte«
sehr wirkungsvoll die »Tatsachen«, indem sie den geringeren Wert der
weiblichen Arbeitskräfte wie selbstverständlich voraussetzte. Dasselbe
taten die Untersuchungen von Reformern, Ärzten, Gesetzgebern und
Statistikern, deren öffentliches Lamentieren schließlich zur Verabschiedung von Arbeiterinnenschutzgesetzen führte. Von den frühen Fabrik-

gesetzen bis hin zur internationalen Bewegung im ausgehenden 19. Jahrhundert setzte diese Gesetzgebung als erwiesen voraus (und bestätigte damit), daß alle Frauen unausweichlich abhängig und daß Lohnarbeiterinnen eine unübliche, verwundbare und notwendigerweise auf bestimmte Berufe beschränkte Gruppe sind. In diesem allgemeinen Konsens hatten es die abweichenden Stimmen einiger weniger Feministinnen, Gewerkschaftsführer und Sozialisten schwer, sich Gehör zu verschaffen.

Nationalökonomie

Einer der Orte, an dem der Diskurs über geschlechtliche Arbeitsteilung entstand, war die Nationalökonomie. Die Nationalökonomen des 19. Jahrhunderts entwickelten und popularisierten die Theorien ihrer Vorgänger aus dem 18. Jahrhundert. Obwohl es wichtige nationale Unterschiede zum Beispiel zwischen britischen, deutschen und französischen Theoretikern und verschiedene Schulen der Nationalökonomie innerhalb eines Landes gab, waren allen Richtungen bestimmte Grundsätze gemeinsam. So etwa die Auffassung, daß die Löhne der Männer nicht allein für deren eigenen Lebensunterhalt, sondern für den Unterhalt einer ganzen Familie zu reichen hätten, sonst würde, wie Adam Smith feststellte, »die Schicht der Arbeiter (. . .) mit der ersten Generation aussterben«. Dabei unterstellte er, daß der Lohn einer Frau »nur für ihren eigenen Unterhalt ausreicht, da sie ja auch die Kinder versorgen muß«.[10]

Andere Nationalökonomen dehnten diese Hypothese über den Lohn von Ehefrauen auf alle Frauen aus und charakterisierten unabhängig vom Familienstand alle Frauen als naturgemäß in ihrem Lebensunterhalt von Männern abhängig. Einige Theoretiker wiesen zwar darauf hin, daß auch die Löhne von Frauen deren Unterhaltskosten decken sollten, doch andere hielten dagegen, daß das nicht möglich sei. Der französische Nationalökonom Jean-Baptiste Say zum Beispiel argumentierte, daß die Löhne von Frauen immer unter dem Subsistenzniveau liegen würden, weil es immer einige Frauen gäbe, die sich auf die Unterstützung durch ihre Familie verlassen könnten (Frauen gleichsam im »Natur«zustand) und deshalb nicht von ihrem Einkommen leben müßten. Dies hatte zur Folge, daß unverheiratete Frauen, die nicht bei ihren Familien lebten, und Frauen, die alleine für den Unterhalt ihrer Familie sorgen mußten, zwangsläufig arm waren. Nach seinem Kalkül mußten die Löhne der Männer für den Unterhalt der Familie ausreichen und deren Reproduktionskosten decken; die Löhne der Frauen dagegen stellten *ein zusätzliches* Einkommen dar, das Engpässe zu überwinden half oder Geld zur Verfügung stellte, das über das zum Überleben Notwendige hinausging.[11]

Die Asymmetrie der Lohnberechnung war auffallend: die Löhne der Männer schlossen Lebens- und Reproduktionskosten ein, die Löhne der Frauen erforderten selbst für den Lebensunterhalt einer einzelnen Frau die Aufbesserung durch die Familie. Darüber hinaus sollte das Einkommen der Männer den Lebensunterhalt der gesamten Familie decken, die Kinder ernähren und ihre Ausbildung finanzieren. Mit anderen Worten, die Männer waren für die Reproduktion verantwortlich. Reproduktion hatte in diesem Diskurs keinerlei biologische Bedeutung. Vielmehr war nach Say Reproduktion gleichbedeutend mit Produktion, und beide bezogen sich auf diejenige Tätigkeit, die den Dingen Wert verlieh, die die natürliche Materie in Produkte mit sozial anerkanntem Wert (und deshalb in Tauschmittel) verwandelte. Geburt und Aufzucht der Kinder, Arbeiten also, die von Frauen geleistet wurden, waren Rohmaterialien. Die Transformation von Kindern in Erwachsene, die schließlich wieder imstande waren, ihren Lebensunterhalt zu verdienen, war das Ergebnis des väterlichen Einkommens; der Vater war es, der seinen Kindern ihren wirtschaftlichen und sozialen Wert gab, indem sein Lohn für ihren Lebensunterhalt sorgte.

Nach dieser Theorie hatte der Lohn des Arbeiters eine doppelte Bedeutung. Er entschädigte ihn für seine Arbeit und gab ihm gleichzeitig in der Familie den Status des Wertschöpfers. Da sich der Wert in Geld bemaß und der Lohn des Vaters die Existenz der Familie sicherte, zählte nur das Einkommen des Vaters. Weder die Hausarbeit noch die Lohnarbeit der Mutter waren sichtbar und relevant. Aus dieser Auffassung folgte, daß Frauen keinen wirklich signifikanten wirtschaftlichen Wert schaffen konnten. Ihre Hausarbeit blieb bei den Diskussionen über die Reproduktion der nächsten Generation unberücksichtigt, und ihre Lohnarbeit wurde immer als selbst für ihr eigenes Auskommen unzureichend beschrieben. Die von der Nationalökonomie beschriebenen Gesetze der Frauenarbeit folgten einer Art zirkulärer Logik, nach der niedrige Löhne sowohl Ursache als auch Beweis für die »Tatsache« waren, daß Frauen weniger produktiv als Männer waren. Einerseits basierten die niedrigen Löhne der Frauen auf der Voraussetzung der geringeren Produktivität von Frauen; andererseits dienten sie als Beweis dafür, daß Frauen nicht so hart wie Männer arbeiten konnten. »Aus der Sicht der Industrie ist die Frau ein unvollkommener Arbeiter«, schrieb Eugène Buret 1840.[12] Und die Arbeiterzeitung *L'Atelier* leitete eine Debatte über die Armut der Frauen mit einem Satz ein, der für sie eine Binsenwahrheit darstellte: »Da die Frauen weniger produktiv sind als die Männer (. . .).«[13] In den 90er Jahren des Jahrhunderts schloß der Fabianer Sidney Webb eine lange Untersuchung über die Unterschiede zwischen den Löhnen der Frauen und denen der Männer mit der Bemerkung: »Frauen verdienen nicht nur deshalb weniger als Männer, weil sie weniger produzieren, sondern auch weil das, was sie produzieren, auf dem Markt gewöhnlich geringer bewertet wird.« Er erläuterte, daß diese Bewertung auf nicht ganz rationale Weise zustande kam: »Dort, wo es eine Inferiorität von Löhnen gibt, gibt es auch beinahe immer eine Inferiorität der Arbeit. Und die allgemeine Inferiorität der Frauenarbeit scheint die Löhne der Frauen auch in Industrien zu beeinflussen, in denen eine solche Inferiorität nicht existiert.«[14]

Die Vorstellung, daß die Arbeit von Männern und Frauen einen unterschiedlichen Wert habe, daß Männer produktiver seien als Frauen, schloß Frauen weder aus dem Arbeitskräftepotential der sich industrialisierenden Länder aus, noch fesselte sie die Frauen an den häuslichen Herd. Wenn sie oder ihre Familien Geld brauchten, verließen Frauen das Haus, um Geld zu verdienen. Doch wieviel und auf welche Weise sie es verdienen konnten, wurde zu einem großen Teil von jenen Theorien bestimmt, die Frauenarbeit billiger als Männerarbeit definierten. Ganz gleich, wie die Lebensumstände der Frauen sein mochten – ob sie unverheiratet oder verheiratet waren, einem Haushalt vorstanden oder für den Unterhalt von abhängigen Eltern oder Geschwistern sorgen mußten –, ihre Löhne wurden so niedrig festgelegt, als ob diese bloß zu dem Einkommen anderer Familienmitglieder beizutragen hätten. Selbst wenn ihre Produktivität durch Mechanisierung anstieg (wie etwa in den 70er Jahren des 19. Jahrhunderts in der Strumpfwirkerei der englischen Stadt Leicester), blieben die Löhne der Frauen auf dem gleichen geringen Niveau (im Verhältnis zu denen der Männer) wie zu Zeiten der Heimarbeit. In den Vereinigten Staaten verdienten Frauen 1900 sowohl als halbqualifizierte wie als unqualifizierte Fabrikarbeiterinnen nur 76 Prozent des Stundenlohns der am niedrigsten entlohnten unqualifizierten Arbeiter.

Die Theorien der Nationalökonomie hatten noch weitere Konsequenzen. Indem Ökonomen zwei verschiedene Lohn»gesetze«, d. h. zwei verschiedene Systeme zur Bewertung der Arbeit formulierten, nahmen sie eine Unterscheidung der Arbeitskraft nach dem Geschlecht vor und erklärten dieses Vorgehen als Ausdruck einer funktionalen geschlechtlichen Arbeitsteilung. Indem sie sich auf zwei verschiedene »Natur«gesetze – das Gesetz des Marktes und das der Biologie – zur Erklärung der unterschiedlichen Situation von Männern und Frauen beriefen, legitimierten sie außerdem herrschende Praktiken. Selbst diejenigen, die den Kapitalismus und die Situation der Arbeiterin kritisierten, akzeptierten meistens die Gesetze der Ökonomie als unvermeidlich und schlugen Reformen vor, die ihnen Rechnung trugen. Obwohl einige Feministen und Feministinnen forderten, daß Frauen Zugang zu allen Berufen haben und die gleichen Löhne wie Männer erhalten sollten, traten die meisten Reformer dafür ein, daß Frauen es eigentlich nicht nötig haben sollten, Erwerbsarbeit zu leisten. In den modernen Industrieländern kam es dementsprechend Ende des 19. Jahrhunderts zur Forderung an die Arbeitgeber, das Ideal eines »Familienlohns« zu erfüllen, also Männern einen Lohn zu zahlen, der den Unterhalt auch von Frau und Kindern deckt. Diesen »Familienlohn« zu fordern hieß, die größere Produktivität und Unabhängigkeit der Männer und die geringere Produktivität und notwendige Abhängigkeit der Frauen von den Männern als unvermeidlich zu akzeptieren. Ende des 19. Jahrhunderts sahen sich Frauen stärker als je zuvor auf Billigarbeit festgelegt. Dieses war zunächst nur eine Prämisse der Nationalökonomie. Durch das Zusammenwirken einer vielgestaltigen Gruppe von Akteuren hatte es sich allmählich zu einem immer deutlicheren sozialen Phänomen entwickelt.

Die Schaffung geschlechtlicher Arbeitsplätze

Die Praktiken der Arbeitgeber trugen ebenfalls ihren Teil dazu bei, den Diskurs über geschlechtliche Arbeitsteilung zu konstituieren. Wenn Unternehmer Arbeitsplätze zu vergeben hatten, spezifizierten sie gewöhnlich nicht nur das erforderliche Alter und Qualifikationsniveau, sondern auch das Geschlecht, und in den Vereinigten Staaten auch Rasse und Ethnizität der Arbeiter. In amerikanischen Städten endeten in den 1850er und 1860er Jahren Stellenanzeigen in Zeitungen oft mit: »Iren nicht erwünscht« Britische Textilfabrikanten suchten »kräftige, gesunde Mädchen« oder »Familien mit Mädchen« für die Fabrikarbeit.[15] In den amerikanischen Südstaaten hatten Mädchen und ihre Familien weiß zu sein. Die hier ansässige Tabakindustrie rekrutierte im Gegensatz dazu fast ausschließlich schwarze Arbeiter. Einige schottische Fabrikbesitzer lehnten es ab, verheiratete Frauen einzustellen; andere waren in ihren Unterscheidungen noch umsichtiger, so zum Beispiel der Direktor der Cowanschen Papierfabrik in Penicnik, der seine Einstellungspolitik 1865 folgendermaßen erklärte: »Um der Vernachlässigung von Kindern zu Hause vorzubeugen, stellen wir keine Mütter von Kleinkindern in unserem Werk ein. Eine Ausnahme gibt es für Witwen oder Frauen, die von ihren Ehemännern verlassen worden sind oder deren Ehemänner nicht imstande sind, den Lebensunterhalt zu verdienen.«[16]

Arbeitgeber beschrieben die von ihnen angebotenen Stellen oft so, als hätten diese geschlechtsspezifische Eigenschaften. Tätigkeiten, die feine, geschickte Finger, Geduld und Ausdauer erforderten, wurden als weiblich bezeichnet, während Muskelkraft, Geschwindigkeit und Qualifikation Männlichkeit signalisierten. Allerdings wurde keine dieser Beschreibungen konsistent auf die ganze Bandbreite der angebotenen Stellen angewandt; tatsächlich waren sie Thema heftiger Kontroversen und Debatten. Das Ergebnis dieser Beschreibungen und Entscheidungen, Frauen nur für bestimmte Tätigkeiten einzustellen und für andere nicht, war die Entstehung der Kategorie »Frauenarbeit«. Auch die Löhne wurden mit einer Vorstellung vom Geschlecht der jeweils betroffenen Arbeitskräfte festgelegt. Mit der Intensivierung der Gewinn-und-Verlust-Kalkulationen und der Suche nach Konkurrenzvorteilen auf dem Arbeitsmarkt wurde die Einsparung von Lohnkosten in der Tat für die Unternehmer immer wichtiger.

Arbeitgeber entwickelten eine Vielzahl von Strategien zur Senkung der Lohnkosten. Sie führten Maschinen ein, zergliederten und vereinfachten die einzelnen Tätigkeiten im Herstellungsprozeß, verringerten die Qualifikations- (und/oder Schul- und Berufsausbildungs-)anforderungen für ihre Arbeitsplätze, beschleunigten das Produktionstempo, und sie reduzierten die Löhne. Das hatte keineswegs immer die bevorzugte Einstellung von Frauen zur Folge, denn es gab viele Arbeitsplätze, die als ungeeignet für Frauen galten, und andere, in denen der Widerstand der Arbeiter die Einstellung von Frauen undenkbar machte. Doch auch wenn die Tendenz zur Reduktion der Arbeitskosten nicht immer auf eine Feminisierung der Arbeitsplätze hinauslief, bedeutete die Einstellung von Frauen gewöhnlich doch, daß Unternehmer Geld zu sparen versuchten.

Der schottische Ökonom Andrew Ure beschrieb die Prinzipien des neuen Fabriksystems 1835 in für Fabrikanten vertrauten Begriffen:

»Tatsächlich ist es das stete Ziel und Bestreben jeder Verbesserung der Maschinerie, menschliche Arbeitskraft entweder ganz abzuschaffen oder ihre Kosten zu reduzieren, indem man die Arbeit der Männer durch die von Frauen und Kindern ersetzt oder die der qualifizierten Handwerker durch die gewöhnlicher Arbeiter.
In den meisten Baumwollspinnereien wird die Arbeit ganz von jungen Mädchen ab dem Alter von 16 Jahren erledigt. Wenn man die gewöhnliche Mule durch eine Selfaktor-Mule ersetzt, kann man den größten Teil der Spinner entlassen und lediglich die Jugendlichen und Kinder behalten. Der Besitzer einer Fabrik in der Nähe von Stockport sagt, (...) daß er durch eine solche Substitution 50 Pfund in der Woche bei den Löhnen einspart.«[17]

In den 70er Jahren des 19. Jahrhunderts experimentierten Schuhfabrikanten in Massachusetts in ihren Betrieben mit zahlreichen Veränderungen auf dem Gebiet der geschlechtlichen Arbeitsteilung. So verwandten sie beim Spannen des Leders über den Leisten beispielsweise Fäden statt Nägel und ließen die Arbeit nun statt von Männern von Frauen ausführen; sie führten auch von Frauen betriebene Schneidemaschinen ein. In beiden Fällen waren die Löhne der Frauen niedriger als die der Männer, die sie ersetzten. Als Mitte des 19. Jahrhunderts in den städtischen Zentren immer mehr Zeitungen verlegt wurden, wurden zur Lohnkostensenkung in der Druckindustrie vornehmlich Frauen eingestellt. Die Verleger versuchten außerdem, die mit dem Erscheinen von Morgen- und Abendausgaben der Tageszeitungen gestiegene Nachfrage nach Setzern durch die Ausbildung und Einstellung von Frauen zu befriedigen. Doch der Widerstand der gewerkschaftlich organisierten Drucker schränkte diese Praktiken auf ein Minimum ein und verhinderte wirkungsvoll die Feminisierung des Druckereigewerbes. Nichtsdestotrotz wurden in vielen Kleinstädten auch weiterhin Frauen (zu niedrigeren Löhnen als Männer) in großer Zahl in der Buchdruckerei und Buchbinderei eingestellt.

In expandierenden Bereichen der Berufe mit Fachausbildung und der Angestelltentätigkeit galten Frauen aus vielen verschiedenen Gründen geeigneter als Männer. Als Lehrerinnen und Krankenschwestern hatten sie es, wie man sagte, mit der Pflege von Menschen zu tun, Schreibmaschineschreiben wurde mit dem Klavierspiel verglichen, und als Büroangestellte sollten sie von ihrer Unterwürfigkeit, von ihrer Liebe zum Detail und ihrem Gleichmut gegenüber repetitiver Arbeit profitieren. Diese Wesenszüge hielt man für ebenso »natürlich« wie die »Tatsache«, daß die Kosten der Frauenarbeit notwendigerweise geringer als die der Männerarbeit waren. Die in den 1830er und 1840er Jahren in den Vereinigten Staaten geführten großen Diskussionen über öffentliche Erziehung umfaßten Fragen der Kosten und des allgemeinen Zugangs zu öffentlich finanzierten Schulen. Föderalisten und Jacksonianer waren sich darin einig, daß solche Schulen, so sie denn errichtet werden sollten, nur minimale Kosten verursachen dürften. Jill Conway erklärt die Beschäftigung von Frauen im Schulwesen und den im Vergleich zu den meisten westeuropäischen Ländern geringeren sozialen Status der Lehrer in den Vereinigten Staaten als Folge des Bestrebens, die Kosten so gering wie möglich zu halten. »Das Ziel der Kostenreduzierung ließ die Rekrutierung von Frauen als völlig logisch erscheinen, weil alle an der Erziehungsdebatte beteiligten Parteien darin übereinstimmten, daß Frauen kein Gewinnstreben kennen und für Minimallöhne arbeiten würden.«[18]

Eine ähnliche Argumentation stand hinter der Entscheidung, Frauen in Behörden und Privatfirmen für Büroarbeiten einzustellen. Nach Samual Cohn wurden in Großbritannien Frauen dann eingestellt, wenn es sich um arbeitsintensive Tätigkeiten handelte und außerdem das Angebot an Jungen für Sekretariatsarbeiten knapp geworden war. Hinter der Einstellung von Frauen stand oft eine veränderte Strategie, nämlich der Wunsch, die wirtschaftliche Effizienz zu erhöhen, die Arbeitskosten zu senken und dabei gleichzeitig besser ausgebildete Arbeiter zu rekrutieren.[19] Der Direktor des britischen Telegrafendienstes bemerkte 1871, daß »Löhne, die männliche Vermittlungskräfte lediglich aus unteren Sozialschichten anzulocken vermögen, weibliche Kräfte aus höheren Schichten anzögen«.[20] Sein französischer Kollege, der die Erfahrung der Briten mit weiblichem Personal sorgfältig studiert hatte, sagte 1882, daß »die Rekrutierung von Frauen meist auf einem höheren Bildungsniveau stattfindet, als dieses für neue männliche Angestellte gefordert wird«.[21] Aus ähnlichen Gründen, aber sehr viel zögernder, begann die deutsche Telegraphenverwaltung in den späten 1880er Jahren, Frauen als »Hilfskräfte« (eine Stellung, die sie – sowohl was ihren Rang als auch was ihr Einkommen betraf – von den Männern unterschied) anzuwerben.

Im französischen Telegrafendienst arbeiteten in den 1880er Jahren Frauen und Männer in verschiedenen Räumen und verschiedenen Schichten, vermutlich um den Kontakt zwischen den Geschlechtern und der damit gegebenen Gefahr unmoralischen Verhaltens vorzubeugen. Außerdem unterstrichen die strikt voneinander getrennten Arbeitsplätze den unterschiedlichen Status der Arbeiter und Arbeiterinnen, eine Statusdifferenz, die sich auch in den unterschiedlichen Löhnen beider Gruppen spiegelte. Die Arbeitsorganisation im Pariser Telegrafendienst war gleichzeitig sichtbare Demonstration und Produktion der geschlechtlichen Arbeitsteilung.

Der französische Postdienst begann in den 1890er Jahren in den städtischen Zentren mit der Einstellung von Frauen, was als große Innovation empfunden wurde, obwohl Frauen seit Jahrzehnten in der Provinz Postämter geleitet hatten. Die Postverwaltung machte ihr Stellenangebot für Frauen zugänglich in einer Zeit, als das Postvolumen und der Druck, den Postdienst wirtschaftlich rentabler zu gestalten, ständig größer wurden und als Männer es ablehnten, sich zu den offerierten Löhnen um eine Anstellung zu bewerben. Schließlich schuf man für Frauen eine besondere Beschäftigungskategorie, die *dames employées* – eine Bürotätigkeit mit festem Lohn und keinerlei Aufstiegsmöglichkeiten. Folge dieser Beschäftigungsbedingungen war eine starke Fluktuation der weiblichen Arbeitskräfte. (Diese Fluktuation war auch das Ergebnis von Alters- und Heiratsbeschränkungen. Für einige Verkaufs- und Bürotätigkeiten war das Alter der Frauen auf 16 bis 25 Jahre begrenzt und der Ledigenstatus Voraussetzung. In England und Deutschland herrschte ein striktes Eheverbot für Angestellte, was die Fluktuation verstärkte und es Frauen unmöglich machte, Ehe und Büroarbeit zu vereinen.) Hieraus ergab sich ein deutlicher Unterschied in den beruflichen Laufbahnen von Männern und Frauen im Postdienst – ein Unterschied, der die Strategie des Managements spiegelte. Mit den Worten eines Personalchefs:

»Heute gibt es eine Kategorie von Beschäftigten, die in gewisser Weise den früheren Hilfskräften ähnlich sind: die *dames employées*. Sie haben die gleichen Aufgaben wie Büroangestellte, können aber nicht in verantwortliche Stellungen auf-
rücken. (. . .) Die Feminisierung ist ein gutes Mittel, um Männern bessere Auf-
stiegschancen zu verschaffen. Männliche Beschäftigte sind weniger zahlreich, und
die Anzahl der verantwortlichen Stellungen steigt der Tendenz nach; es ist deshalb
klar, daß Männer nun leichter die Position des Bürovorstehers erreichen können.«[22]

Die räumliche Organisation der Arbeit, die Hierarchie der Löhne, Auf-
stiegschancen und Status sowie die Konzentration von Frauen in ganz
bestimmten Beschäftigungskategorien und in bestimmten Sektoren des
Arbeitsmarkts schufen ein nach Geschlechtern segregiertes Arbeitskräftepotential. Die Annahmen, auf die sich diese Geschlechtertrennung
gründete – daß nämlich Frauen billiger und weniger produktiv als
Männer seien, überhaupt nur zu bestimmten Zeiten ihres Lebens
(solange sie jung und unverheiratet sind) und nur zu bestimmten Arten
der Arbeit (unqualifizierte, kurzfristige und Dienstleistungstätigkeiten)
geeignet seien –, schienen abgeleitet aus dem System der Frauenarbeit,
welches jedoch seinerseits erst durch diese Annahmen hervorgebracht
worden war. Niedrige Löhne wurden beispielsweise auf das zwangs-
läufige »Zusammendrängen« von Frauen an den für sie passend erachteten Erwerbsplätzen zurückgeführt. Die Realität eines nach Geschlechtern getrennten Arbeitsmarktes galt dann als Beweis für eine bereits
vorher bestehende »natürliche« geschlechtliche Arbeitsteilung. Ich vertrete dagegen die Auffassung, daß es so etwas wie eine »natürliche«
geschlechtliche Arbeitsteilung nicht gibt. Solche Teilungen sind vielmehr das Ergebnis von Praktiken, die die Teilungen dann natürlich
erscheinen lassen. Die Segregierung des Arbeitsmarktes nach Geschlecht ist hierfür ein Beispiel.

Gewerkschaften

Politik und Praktiken der Gewerkschaften liefern ein anderes Beispiel
dafür, wie die geschlechtliche Arbeitsteilung über den Diskurs hergestellt wird. Die Mehrzahl der gewerkschaftlich organisierten Arbeiter
versuchten, ihre Arbeitsplätze und Löhne dadurch zu schützen, daß sie
Frauen aus ihren Berufen und langfristig auch vom Arbeitsmarkt insgesamt ausschlossen. Sie hielten es für unvermeidbar und akzeptierten
es, daß die Löhne der Frauen niedriger als die der Männer waren, und
sahen in den Frauen daher eher eine Gefahr als potentielle Verbündete. Sie rechtfertigten ihre Versuche, Frauen aus ihren Berufen auszuschließen, mit dem Argument, daß Frauen aufgrund ihrer körperlichen Beschaffenheit zur Mutterschaft und zum Hausfrauendasein

prädestiniert seien und daß sie aus diesem Grund weder produktive Arbeiterinnen noch gute Gewerkschafterinnen sein könnten. Die Ende des 19. Jahrhunderts allgemein gebilligte Lösung des Problems bestand darin, die für »natürlich« gehaltene geschlechtliche Arbeitsteilung zu erzwingen. Henry Broadhurst erklärte 1877 auf dem Kongreß der British Trade Unions, daß es die Pflicht der Gewerkschaftsmitglieder »als Männer und Ehemänner« sei, »alle ihre Anstrengungen darauf zu verwenden, die Voraussetzungen zu schaffen, daß ihre Frauen in der ihnen eigenen häuslichen Sphäre verbleiben können, statt in Konkurrenz mit den großen und starken Männern der Welt um den Lebensunterhalt zu kämpfen«.[23] Bis auf wenige Ausnahmen einigten sich die französischen Delegierten 1879 auf dem Arbeiterkongreß in Marseille auf eine Position, die Michelle Perrot als »Lob der Hausfrau« bezeichnet hat: »Wir glauben, daß der eigentliche Ort der Frauen nicht die Werkstatt oder die Fabrik, sondern der Haushalt, das Zentrum der Familie, ist.«[24] Nach Ute Frevert äußerte sich der Gothaer Vereinigungsparteitag der Lassalleaner und Eisenacher Sozialdemokraten 1875 »zugleich rigider und differenzierter, als er alle ›die Gesundheit und Sittlichkeit schädigende Frauenarbeit‹ verboten wissen wollte«.[25]

Wie die Arbeitgeber (aber nicht immer aus den gleichen Gründen) beriefen sich auch die Delegierten auf medizinische und wissenschaftliche Studien, um zu zeigen, daß Frauen körperlich nicht in der Lage seien, »Männerarbeit« zu tun; sie hielten außerdem die Moralität der Frauen für gefährdet. Frauen könnten »sozial geschlechtslos« werden, wenn sie Männerarbeiten ausführten, und sie könnten ihre Ehemänner entmännlichen, wenn sie zuviel Zeit außerhalb des Hauses verbrachten, um den Lebensunterhalt zu verdienen. Amerikanische Drucker widersetzten sich den Argumenten ihrer Arbeitgeber, daß das Setzen eine weibliche Tätigkeit sei, indem sie darauf beharrten, daß die für diese Arbeit benötigte Kombination von Muskelkraft und Verstand durch und durch männlich sei. 1850 warnten sie davor, daß das Eindringen von Frauen in ihren Beruf und in ihre Gewerkschaften Männer in ihrem Kampf gegen den Kapitalismus »impotent« machen werde.[26]

Selbstverständlich gab es sowohl Gewerkschaften, die Frauen als Mitglieder akzeptierten, als auch solche, die von Arbeiterinnen selbst gegründet wurden. Letztere gab es vor allem in der Textil-, Bekleidungs-, Tabak- und Schuhindustrie, in denen Frauen einen großen Teil der Beschäftigten bildeten. In einigen Gegenden engagierten sich Frauen in örtlichen Gewerkschaften und Streiks, auch wenn die nationalen Gewerkschaften ihre Teilnahme nur widerstrebend hinnahmen oder gar verboten. In anderen Gegenden gründeten sie landesweit organisierte Frauengewerkschaften und rekrutierten Arbeiterinnen aus einer

Vielzahl von Berufen. (Die 1889 gebildete British Women's Trade
Union League gründete beispielsweise 1906 die National Federation of
Women Workers und hatte bei Ausbruch des Ersten Weltkrieges 1914
etwa 20000 Mitglieder.) Welche Form dieses gewerkschaftliche Engagement auch immer annahm, die Aktivität der Frauen wurde meist als
spezifische Frauenaktivität definiert; Frauen stellten – ganz gleich, welche Arbeit sie ausführten – eine von den Arbeitern getrennte Kategorie dar und waren gewöhnlich in eigenen Gruppen oder (im Falle der
American Knights of Labor) in »weiblichen Versammlungen« organisiert.
In gemischten Gewerkschaften wurden Frauen zudem ausdrücklich
untergeordnete Rollen zugewiesen. Nicht alle gewerkschaftlichen Organisationen gingen so weit wie die Associations ouvrières du Nord de
la France, die von 1870 bis 1880 von Frauen, die auf Versammlungen
sprechen wollten, eine schriftliche Erlaubnis ihrer Ehemänner oder
Väter forderten. Doch viele definierten es als Rolle der Frau, der männlichen Führung zu folgen. Gelegentlich wurde diese Definition mit
Erfolg in Frage gestellt, und Frauen erlangten dann – z. B. 1878–87 bei
den Knights of Labor – für eine Zeitlang größeren Einfluß. Doch diese Siege brachten keinen Fortschritt, sondern sie änderten nur vorübergehend etwas an der untergeordneten Stellung der Frauen in der
Arbeiterbewegung. Ganz gleich, wie aktiv sie an Streiks teilnahmen
oder wie überzeugend ihr Engagement in der Gewerkschaft war, Arbeiterinnen konnten die landläufige Meinung, daß sie keine volle Arbeitskraft, d. h. keine Menschen waren, die ihr ganzes Leben lang einer
Lohnarbeit nachgingen, nicht entkräften.

Wenn sie sich für eine eigene Vertretung einsetzten, rechtfertigten
Frauen ihre Forderungen mit Hinweisen auf Widersprüche in der
Gewerkschaftsideologie, die einerseits die Gleichheit aller Arbeiter,
andererseits den Schutz des familialen und häuslichen Lebens der
Arbeiterklasse vor den verheerenden Auswirkungen des Kapitalismus
propagierte. Eingebunden in diesen Gegensatz von Arbeit und Familie, Männern und Frauen konnte die Forderung der Frauen nach
Gleichstellung als Arbeiterinnen nur schwer formuliert und ebenso
schwer in die Tat umgesetzt werden. Paradoxerweise wurde alles noch
schwieriger, wenn die Gewerkschaften die Strategie verfolgten, Frauen
im Namen des Prinzips »gleicher Lohn für gleiche Arbeit« auszuschließen. Druckergewerkschaften in England, Frankreich und den Vereinigten Staaten nahmen beispielsweise nur dann Frauen in ihre Reihen auf, wenn sie die gleichen Löhne wie ihre männlichen Kollegen
erhielten. Statt also gleiche Bezahlung für Frauen zum Ziel gewerk-
schaftlicher Arbeit zu machen, wurde gleiche Bezahlung zur Voraussetzung für die Mitgliedschaft. Diese Politik ging nicht nur davon aus,
daß Arbeitgeber Frauen beschäftigten, weil sie ihnen niedrigere Löhne

als Männern zahlen konnten, sondern auch, daß die Arbeit von Frauen weniger wert sei als die Arbeit von Männern und deshalb niemals gleich vergütet werden könne. Implizit wurde damit die nationalökonomische Theorie der Frauenlöhne übernommen und die Vorstellung, daß es eine »natürliche« Erklärung für die Lohnunterschiede zwischen Frauen und Männern gebe, gebilligt. Aufgrund dieser Überzeugung bestand die Lösung der Drucker darin, Frauen von der Lohnarbeit auszuschließen und die Erfüllung des nationalökonomischen Postulats, daß der Lohn eines Mannes der ganzen Familie ein gutes Auskommen sichern solle, in der Praxis zu fordern.

Im 19. Jahrhundert erlangte die Forderung nach einem ausreichenden Familienlohn immer zentralere Bedeutung in der Gewerkschaftspolitik. Obwohl sie nie ganz erfüllt wurde und verheiratete Frauen auch weiterhin Arbeit suchten, wurde die nichtarbeitende Ehefrau in der Arbeiterklasse zum Ideal der Ehrbarkeit. Von Töchtern erwartete man zwar, daß sie zum Einkommen der Familie beitrugen, aber nur vor der Ehe. Ihr Arbeiterinnenstatus galt als kurzfristige Lösung, nicht als dauerhafte Identität, selbst wenn sie, wie es für viele Frauen zutraf, den größten Teil ihres Lebens mit Geldverdienen verbrachten. Die Arbeiterin wurde als definierbar anders geartet als der Arbeiter vorgestellt. Arbeit sollte Männern die Möglichkeit zu Unabhängigkeit und individueller Identität eröffnen, während sie Frauen vor allem als Pflicht gegenüber anderen zugedacht wurde. Wenn sie jung und unverheiratet war, hatte eine Frau, die Geld verdiente, zum Lebensunterhalt der Familie beizutragen; wenn sie verheiratet war und Kinder hatte, galt ihre Lohnarbeit als Zeichen dafür, daß ihr Haushalt in finanziellen Schwierigkeiten steckte. Die Diskussionen darüber, daß eine bezahlte Arbeit für verheiratete Frauen unschicklich sei, stützten sich auf Verallgemeinerungen über weibliche Physiologie und Psychologie, und dabei wurden verheiratete Frauen mit allen Frauen gleichgesetzt. Infolgedessen wurden Mütterlichkeit und Häuslichkeit zum Synonym von Weiblichkeit; die damit angesprochenen Aufgaben faßte man als wichtigste und ausschließliche Identität der Frauen auf, und dies diente wiederum als Erklärung (nicht als deren Folge) für die Möglichkeiten und Löhne von Frauen auf dem Arbeitsmarkt. Die »Arbeiterin« wurde zu einer eigenständigen Kategorie; sie erschien weniger als mögliches Mitglied einer Gruppe, die organisiert werden konnte, denn als Problem, mit dem man konfrontiert war. Man drängte Frauen in sogenannte frauenspezifische Berufe und organisierte sie in besonderen Frauengewerkschaften. Diese Situation diente dann als Beweis für die Notwendigkeit, »natürliche« Unterschiede zwischen den Geschlechtern anzuerkennen und wiederherzustellen. Auf diese Weise wurde durch die Rhetorik, Politik und Praxis der Gewerkschaften

eine Interpretation der geschlechtlichen Arbeitsteilung institutionalisiert, die Produktion und Reproduktion, Männer und Frauen als
Gegensatz deutete.

Gesetze zum Schutz der Frau

Was aus den genannten Gründen in den Gewerkschaften geschah,
geschah aus anderen Gründen auch auf staatlicher Ebene. Beides führte im Ergebnis zu einer ähnlichen Konstruktion der geschlechtlichen
Arbeitsteilung. Die Regierungen griffen in den Vereinigten Staaten und
den westeuropäischen Ländern im Verlauf des 19. Jahrhunderts zunehmend reglementierend in die Beschäftigungspraktiken der Arbeitgeber
ein. Die Gesetzgeber reagierten auf den Druck verschiedener Gruppen,
die aus unterschiedlichen (manchmal einander widersprechenden)
Gründen eine Reform der Arbeitsbedingungen herbeiführen wollten.
Die größte Aufmerksamkeit richtete sich auf Frauen und Kinder.
Obwohl beide Gruppen auch in der Vergangenheit viele Stunden des
Tages gearbeitet hatten, scheint sich die Sorge über deren Ausbeutung
erst mit dem Aufkommen des Fabriksystems entwickelt zu haben.
Reformer zögerten zwar, »die individuelle Freiheit der (männlichen)
Bürger« zu beeinträchtigen, doch bei Frauen und Kindern stellte sich
ihnen dieses Problem nicht.[27] Da sie keine Bürger waren und keinen
direkten Zugang zur politischen Macht hatten, galten sie als verletzlich
und abhängig und deshalb des Schutzes bedürftig.

Die Verletzlichkeit der Frauen wurde ganz unterschiedlich beschrieben: der Körper der Frau war schwächer als der des Mannes, weshalb
eine Frau nicht so viele Stunden wie ein Mann arbeiten sollte; Arbeit
»verdarb« die Reproduktionsorgane und machte Frauen unfähig, gesunde Kinder zu gebären und aufzuziehen; der Erwerb hielt sie von der
Erfüllung häuslicher Aufgaben ab; Nachtarbeit setzte sie sexuellen
Annäherungsversuchen am Arbeitsplatz und auf dem Weg dorthin aus;
Zusammenarbeit mit Männern oder Arbeit unter deren Aufsicht barg
die Möglichkeit moralischer Verführung in sich. Auf den Einwand von
Feministinnen, daß Frauen keinen Schutz durch andere, sondern eigene
kollektive Aktionen brauchten, antworteten sowohl die Gesetzgeber als
auch die Vertreter von Arbeitern und Arbeiterinnen, daß Frauen, da sie
von den Gewerkschaften der Männer ausgeschlossen und zur Gründung eigener Gewerkschaften offenbar unfähig waren, eine starke
Kraft nötig hätten, die sich für sie einsetzte. Auf der internationalen
Konferenz zur Arbeiterschutzgesetzgebung 1890 in Berlin argumentierte Jules Simon, daß Arbeiterinnen »im Namen des evidenten und höheren Interesses der menschlichen Rasse« Mutterschaftsurlaub gewährt

werden müsse. Es handele sich dabei, so sagte er, um einen Schutz, den man Personen schulde, »deren Gesundheit und Sicherheit nur durch den Staat garantiert werden kann«.[28] Diese Rechtfertigungen – ganz gleich, ob sie körperlich, moralisch, praktisch oder politisch begründet wurden – konstruierten Arbeiterinnen als eine besondere Gruppe, deren Lohnarbeit andere als die typischerweise mit (männlicher) Arbeit verknüpften Probleme aufwarf. Von den ersten Fabrikgesetzen in den 1830er und 1840er Jahren in England bis hin zur Organisierung internationaler Konferenzen zur Propagierung und Koordinierung nationaler Gesetze in den 1890er Jahren wurden Schutzgesetze nicht zur allgemeinen Verbesserung industrieller Arbeitsbedingungen, sondern als eine besondere Lösung des Problems der Frauen- (und Kinder-)arbeit erlassen.

Obwohl die Verfechter dieser Arbeiterschutzgesetze über Frauen (und Kinder) generell sprachen, waren die verabschiedeten Gesetze sehr eng gefaßt. Gesetze, die die täglichen Arbeitsstunden der Frauen einschränkten und Nachtarbeit völlig verboten, bezogen sich gewöhnlich nur auf Fabrikarbeit und solche Berufe, in denen überwiegend Männer beschäftigt waren. Viele Arbeitsbereiche blieben davon völlig ausgenommen, z. B. Landwirtschaft, häuslicher Dienst, Einzelhandel, familienbetriebene Läden und Heimarbeit. Dies waren aber gerade die Bereiche, in denen Frauen – zumindest anfangs – hauptsächlich arbeiteten. In Frankreich waren drei Viertel der Arbeiterinnen von dieser Gesetzgebung nicht betroffen. In Deutschland, Frankreich, England, Holland und den Vereinigten Staaten breitete sich nach der Verabschiedung der Schutzgesetze die Heimarbeit für Frauen stark aus. Mary Lynn Stewart faßt die Auswirkungen der Gesetzgebung, deren charakteristischstes Merkmal eine lange Liste mit Ausnahmen von der Reglementierung war, folgendermaßen zusammen:

»Die Ausnahmeregelungen kamen der Industrie entgegen, die auf billige weibliche Arbeitskraft setzte; sie beschleunigten die Verschiebung weiblicher Arbeitskraft in nichtreglementierte Bereiche und verschärften so deren Überangebot in rückständigen Produktionszweigen. Die Anwendung des Gesetzes verstärkte diese Effekte. Inspektoren sorgten in männlichen Berufszweigen peinlich genau für die Einhaltung des Gesetzes, während sie in weiblichen Tätigkeitsbereichen Übertretungen nicht zur Kenntnis nahmen. Kurz, die geschlechtsspezifische Arbeitsschutzgesetzgebung billigte und verstärkte die Festlegung der Frauen auf schlechter bezahlte, zweitrangige Tätigkeiten.«[29]

Selbst im Falle der Industriearbeit intensivierten die Gesetze die Trennung von Arbeitern und Arbeiterinnen, um den Betrieb an die nun notwendig gewordenen verschieden langen Arbeitsschichten oder die Trennung von Tag- und Nachtarbeit anzupassen. Diese Unterscheidungen rechtfertigten wiederum Lohnunterschiede und die für Männer

und Frauen unterschiedliche Zuschreibung von Merkmalen, Qualitäten
und Statuspositionen. Die Schlußfolgerung von Stewart ist zutreffend:
»Insgesamt betrachtet war das auffallendste Ergebnis dieser geschlechtsspezifischen Festlegung der Arbeitsstunden eine Verstärkung der
geschlechtlichen Arbeitsteilung.«[30] Die Voraussetzung für das Gesetz
wurde so zu seiner Folge, und die Kluft zwischen Männer- und Frauenarbeit wurde vergrößert. Nachdem der Staat die Reproduktion zur
wichtigsten Aufgabe der Frau erklärt hatte, setzte er auch die Zweitran-
gigkeit ihrer produktiven Arbeit durch.

Das »Problem« der Arbeiterin

Dank der öffentlichen Debatten über die Beschäftigung von Frauen,
die Politik der Gewerkschaften und die Arbeiterschutzgesetze gibt es
eine Fülle von Informationen über Arbeiterinnen und deren Situation.
Die in Form von Parlamentsberichten, privaten Erhebungen und persönlichen Zeugnissen vorliegenden Quellen können benutzt werden,
um zu zeigen, daß Frauen aus den verschiedensten Gründen arbeiteten, um ihren eigenen Lebensunterhalt oder den ihrer Familie zu verdienen; daß sie eine lange Tradition qualifizierter weiblicher Hand-
werksarbeit (zum Beispiel auf dem Gebiet der Bekleidung oder der
Putzwaren) fortsetzten; daß sie für neue Tätigkeiten rekrutiert wurden.
Dieses Material kann sowohl als Beleg für das Argument herangezogen werden, daß Arbeit die Unterdrückung und Ausbeutung der Frauen
zur Folge hatte, als auch dafür, daß Arbeit den Frauen ein Gefühl von
Autonomie, einen Platz in der Welt gegeben hat. Lohnarbeit kann als
unmögliche Forderung, notwendiges Übel oder positive Erfahrung dargestellt werden, je nachdem, in welchem Zusammenhang und Bezugsrahmen sie analysiert wird. Im 19. Jahrhundert wurde sie tatsächlich mit
all diesen Begriffen geschildert, manchmal von ein und derselben Person zu verschiedenen Zeiten ihres Lebens. Die Französin Jeanne Bouvier (geboren 1856) hatte als Kind nacheinander eine Reihe schrecklicher Arbeitsplätze, zuerst als Dienstmädchen und dann in einer Fabrik.
Später arbeitete sie als Näherin in Paris und wurde schließlich eine
qualifizierte Schneiderin. Danach schlug sie die von ihr als befriedigend beschriebene Laufbahn einer Schriftstellerin und Gewerkschafts-
führerin ein.[31] Ganz ähnlich berichteten in den 1850er und 1860er Jahren geborene Engländerinnen, die für die Women's Cooperative Guild
über ihr Arbeitsleben Memoiren schrieben, von verschiedenen Arbeits-
situationen: Einige waren extrem ermüdend und ohne Lohn, andere
vermittelten ihnen das Gefühl von Zielbewußtheit und Stärke und führten sie zu politischen Bewegungen, die ihnen eine kollektive Identität

gaben.[32] Einige Näherinnen erzählten Henry Mayhew, daß nicht die
Arbeit selbst, sondern die niedrigen Löhne sie in die Prostitution getrieben hatten, andere träumten davon, einen Mann zu heiraten, dessen
Einkommen zum Leben reichte, so daß sie nie wieder arbeiten gehen
müßten. Selbst die entsetztesten Reformer bemerkten oft den Stolz und
die Unabhängigkeit einiger Arbeiterinnen, die sie als unterdrückt und
ausgebeutet beschrieben. Sie argumentierten, daß solche Eigenschaften
die häusliche Stabilität ebenso bedrohten wie die körperliche und wirtschaftliche Ausbeutung der Arbeiterinnen. Wenn Gewerkschafterinnen
gleiche Löhne für Frauen forderten, gingen sie nicht nur davon aus,
daß Frauen auch in Zukunft würden arbeiten gehen müssen, sondern
auch, daß sie das möglicherweise sogar zu tun wünschten. D. h. der
Wunsch nach einer beruflichen Tätigkeit konnte ebenso wie die wirtschaftliche Notwendigkeit eine Erklärung für die Präsenz von Frauen
in der Arbeitswelt sein.

Diese widersprüchlichen Beschreibungen und Interpretationen verschwanden im herrschenden Diskurs der Zeit, der eine Standardfrau
konzeptualisierte und Arbeit als eine Vergewaltigung ihrer Natur ansah.
Das »Problem der Arbeiterin« zu definieren, hieß arbeitende Frauen
nicht als schlecht behandelte Produktionsakteurinnen, sondern als
soziale Pathologie sichtbar zu machen. Denn gewöhnlich ging es bei
dieser Diskussion weder um die Befriedigungen und Schwierigkeiten,
die die Arbeit den einzelnen Frauen bot, noch um die lange und fortdauernde Geschichte der Teilnahme von Frauen an der Arbeitswelt,
auch nicht um die Ungerechtigkeit ihrer viel zu niedrigen Löhne, sondern allein um die Auswirkungen körperlicher Anstrengung auf die
Reproduktionsfähigkeit ihres Körpers und um die Folgen ihrer vermeintlichen Abwesenheit von zu Hause auf Disziplin und Sauberkeit
in ihrem Haushalt. Selbst Vorschläge, die nicht von der Annahme einer
Unvereinbarkeit von Arbeit und Weiblichkeit ausgingen, bedienten sich
dieser Vorstellung, indem sie die Auswirkungen der Ausbeutung auf
das Familienleben oder die Mutterschaft betonten.

Während der in den 1830er und 1840er Jahren in England geführten Debatten über die Factory Acts wies William Gaskell darauf hin,
daß Frauen ihre Kinder nicht stillen konnten, während sie in der
Fabrik arbeiteten. Andere sprachen von der Unvereinbarkeit zwischen
Frau und Maschine wegen des Gegensatzes zwischen Weichem und
Hartem, Natürlichem und Künstlichem, Zukünftigem und Gegenwärti-
gem, Reproduktion der Gattung und Produktion von leblosen Waren.
Wieder andere beschrieben die Unmoral, die aus Situationen erwuchs,
in denen Frauen harte Arbeiten ausführten, in denen sie der groben
Sprache der Männer an gemischten Arbeitsplätzen ausgesetzt waren,
den sexuellen Annäherungsversuchen von Vorarbeitern nachgeben

mußten und die Armut sie zur Prostitution zwang. Selbst wenn von
geringen Löhnen und schlechten Arbeitsbedingungen gesprochen
wurde, neigte man dazu, in der Arbeit selbst, vor allem der »öffentlichen« Arbeit außerhalb des Hauses, die Ursache für das Unglück der
Frauen zu sehen. Paul Lafargue, Abgeordneter der Parti ouvrier
français, schlug 1892 eine neue Regelung des Mutterschaftsurlaubs für
französische Arbeiterinnen vor, die den Frauen vom vierten Schwangerschaftsmonat bis zum Ende des ersten Lebensjahres des Kindes ein
tägliches Einkommen sichern sollte. Er empfahl, zur Förderung von
Geburten, weil allein dies die »soziale Funktion« der Frauen sei, eine
Steuer von den Arbeitgebern zu erheben. Er bot diese Maßnahme als
ein Korrektiv zur ausbeuterischen Zerstörung des Familienlebens
durch den Kapitalismus an, der »Frauen und Kinder der häuslichen
Sphäre entreißt und sie in Produktionsinstrumente verwandelt«.[33] Hier
wurde ein progressives Sozialprogramm mit der Berufung auf ein Ideal
gerechtfertigt, das vom sekundären Status weiblicher produktiver
Arbeit ausging.

Ganz ähnlich nahmen viele Versuche, die Auswirkungen der Lohnarbeit auf eine Mutter und ihre Familie durch die Einrichtung von
Tagesstätten und Schulen für Kinder zu mildern, die Form von Not-
maßnahmen statt von langfristiger Sozialpolitik an. Einige Reformer
suchten Kinderkrippen oder andere, öffentlich finanzierte Institutionen
einzurichten, um Arbeiterinnen von ihrer Doppelbelastung zu befreien,
andere waren über die hohe Säuglingssterblichkeit und »die Zukunft
der Rasse« beunruhigt. Beide Gruppen dramatisierten aber die Notwendigkeit einer Reform mit Berichten über Kindesvernachlässigung
durch Babysitter, Pflegemütter oder Ammen, diesen »unnatürlichen«
Formen des Ersatzes für die ganztätige Betreuung durch eine Mutter.
Selbst die, die in der Frauenarbeit an sich keine Gefahr sahen, schienen implizit von der Forderung auszugehen, daß Hausarbeit eine Vollzeitbeschäftigung sein sollte.

Hausarbeit galt aber nicht als produktive Arbeit. Obwohl die hohe
Wertschätzung des häuslichen Lebens den sozialen Status der Frauen
verbesssert und ein Loblied auf den affektiven und moralischen Einfluß der Frauen inspiriert hat, galt Hausarbeit weiterhin als Arbeit ohne
wirtschaftlichen Wert. Nach Jane Lewis war die Volkszählung von 1881
in Großbritannien die erste, die die Hausarbeit von Frauen aus der
Kategorie der Arbeit ausschloß. »Mit der Klassifizierung von Frauen, die
zu Hause arbeiteten, als ›beschäftigungslos‹, sank die Arbeitsrate der
Frauen um die Hälfte.« In früheren Statistiken erreichten Männer und
Frauen über 20 Jahre das gleiche wirtschaftliche Aktivitätsniveau.[34]
Nach 1881 wurden Haushalt und Produktivität als Gegensatz dargestellt. Diese Neuklassifizierung (die später auch in anderen Ländern

stattfand) reflektierte weniger veränderte Beschäftigungsbedingungen als vielmehr eine soziale Interpretation des zwischen den Geschlechtern bestehenden Unterschieds. Frauen zu Hause waren keine Arbeiterinnen oder sollten keine Arbeiterinnen sein; selbst wenn sie zu Hause durch Nähen oder andere Arbeiten Geld verdienten, betrachteten Volkszähler diese Tätigkeiten nicht als wirkliche Arbeit, da sie weder »den ganzen Tag« beanspruchten, noch außerhalb des Hauses ausgeführt wurden. Das Ergebnis war, daß ein Großteil der weiblichen Lohnarbeit in den offiziellen Regierungsstatistiken nicht auftauchte, und da sie unsichtbar blieb, konnte sie weder zum Gegenstand der Aufmerksamkeit noch der Reform werden.

Im Diskurs über die geschlechtliche Arbeitsteilung führten die unterstellten Gegensätze zwischen Frau und Arbeit, Reproduktion und Produktion, häuslicher Arbeit und Lohnarbeit dazu, daß die Arbeiterin selbst zum Problem wurde. Das hatte seinerseits zur Folge, daß bei den Diskussionen über Lösungen die Ursache für die Not der Arbeiterin nicht in den Bedingungen ihrer Arbeit, ihren niedrigen Löhnen oder dem Mangel an sozialen Einrichtungen der Kinderbetreuung gesehen wurde, sondern daß man diese vielmehr als Symptome der Mißachtung des »natürlichen« Funktionsunterschieds zwischen Männern und Frauen auffaßte. Das führte wiederum dazu, daß nur ein einziges Ziel als erstrebenswert galt: die weitestgehende Entfernung der Frauen aus langfristiger und ganztägiger Lohnarbeit. Obwohl dieses Ziel in der Praxis kaum erreicht wurde, schränkte es doch die Möglichkeit ein, für die schwierige Situation der Arbeiterinnen praktische Lösungen zu formulieren; denn die eingeschlagene Politik setzte als natürliche und unvermeidbare Tatsache voraus, daß Frauen immer zweitrangige Erwerbspersonen bleiben würden, deren Körper, produktive Fähigkeiten und soziale Verantwortungen sie unfähig machten für eine Arbeit, die ihnen wirtschaftliche und soziale Anerkennung als vollwertige Arbeitskräfte verschaffen würde.

Die Aufmerksamkeit, die die Arbeiterin im 19. Jahrhundert auf sich zog, ist daher nicht so sehr auf die steigende Zahl der weiblichen Beschäftigten, auf einen Wandel ihrer Arbeitsplätze, der Qualität und Quantität ihrer Arbeit zurückzuführen. Entscheidend war dafür vielmehr, daß die geschlechtliche Arbeitsteilung ins Zentrum des öffentlichen Interesses rückte. Dieses Interesse wurde weniger von den objektiven Bedingungen der industriellen Entwicklung hervorgerufen; es half vielmehr, diese Bedingungen zu gestalten, indem es den Produktionsverhältnissen eine geschlechtliche Dimension, den Arbeiterinnen einen zweitrangigen Status und schließlich Heim und Arbeit, Reproduktion und Produktion eine gegensätzliche Bedeutung gab.

Wenn wir die Geschichte der Frauenarbeit als die Geschichte der diskursiven Konstruktion einer geschlechtlichen Arbeitsteilung präsentieren, dann nicht, um das, was geschah, zu legitimieren oder als natürlich darzustellen, sondern um es in Frage zu stellen. Wir öffnen damit die Geschichte für viele Erklärungen und Interpretationen. Wir können fragen, was hätte anders verlaufen können, und wir können auf neue Weise darüber nachdenken, wie Frauenarbeit heute anders wahrgenommen und gestaltet werden sollte.

Aus dem Englischen von Sylvia M. Schomburg-Scherff

17
ALLEINSTEHENDE FRAUEN

Cécile Dauphin

»Eine alleinstehende Frau! Hat diese Wortverbindung nicht etwas Klagendes an sich?!« Dieser Seufzer einer englischen Journalistin um die Mitte des 19. Jahrhunderts[1] fiel in den Chor der Stimmen ein, die in unzähligen Artikeln und Büchern das Problem der »überzähligen« Frauen, der sogenannten *redundant women* entdeckten.[2] Die viktorianische Gesellschaft war bestürzt über die »ungeheure und wachsende Zahl alleinstehender Frauen in der Nation, eine Zahl, die in ihrer Disproportion und Anomalie anzeigt, daß die Gesellschaft krank ist. Sie ist zugleich Ergebnis und Vorzeichen von Fehlentwicklungen und großem Elend. Hunderttausende von Frauen – womöglich noch mehr – aus der ganzen Gesellschaft, aber vorwiegend aus der Mittel- und Oberschicht, müssen ihren Lebensunterhalt selbst verdienen, anstatt das von ihren Männern verdiente Einkommen zu verwalten und auszugeben. Diejenigen Frauen, die sich nicht ihrer natürlichen Aufgabe als Gattin und Mutter widmen können, müssen sich einen künstlichen Weg bahnen und mühsam nach einer Erwerbsgelegenheit suchen; anstatt das Leben ihrer Lieben zu bereichern, zu versüßen und zu verschönern, müssen diese Frauen aus eigenen Kräften ein unabhängiges und unerfülltes Leben führen.«[3]

Den Begriff »Alleinstehende« gab es also schon im 19. Jahrhundert. Hinter den vielen Klagen und Zukunftsängsten in den damaligen Schriften tauchen eine Reihe von Fragen auf, die für die Zeitgenossen zum Problem wurden: Wer sind diese Frauen? Warum sind sie allein? Was ist zu tun? Die große Zahl unverheirateter Frauen – seit jeher

Gegenmodell zur idealen Frau – galt als Indikator wirtschaftlicher und gesellschaftlicher Turbulenzen. Deshalb gerieten die Alleinstehenden in das Blickfeld der Öffentlichkeit. Doch was konnten diese mit dem Zerrbild der »alten Jungfer« belegten Frauen dem zeitgenössischen Beobachter von ihrem Leben schon zeigen außer der tragischen Maske einer Frau ohne Mann? In unserer heutigen Gesellschaft ist die Bezeichnung »alleinstehend« alltäglich geworden und dient weitaus weniger zur Etikettierung von Männern als von Frauen ohne Ehemann, von Witwen oder Junggesellinnen, mit oder ohne Kind.

Eine Frauensache

Zunächst einmal ist zu fragen, warum das Problem im 19. Jahrhundert einen solchen Umfang annahm und so neuartig wirkte. »Bei jeder Volkszählung überwog das schwache Geschlecht an Zahl« – diese Bemerkung Levasseurs klingt, als beklage er eine Entgleisung der Natur.[4] Während bei der Geburt schon immer jeweils 106 Knaben auf 100 Mädchen kamen, begann Europa erst im Zeitalter des Siegeszugs der Statistik den Frauenüberschuß zu entdecken und den Männermangel zu beklagen. Die ungleiche Verteilung der Geschlechter ging zum Teil auf historische Ereignisse zurück: Die Kriege und Gewaltakte der Revolution und der napoleonischen Zeit hatten einer großen Zahl junger Männer das Leben gekostet. Es wird geschätzt, daß in Frankreich allein aus diesem Grund 14 Prozent der von 1785 bis 1789 geborenen Frauen dazu verurteilt waren, dauerhaft ledig zu bleiben.[5]

Schriftsteller wie Balzac griffen dieses Argument gern auf, um zu erklären, warum es so viele alleinstehende Frauen gab: »Frankreich hat es erfahren, daß das Resultat des von Napoleon befolgten politischen Systems war, recht viele Witwen zu machen. Unter seiner Herrschaft waren die Erbinnen im Vergleich zu den heiratsfähigen Männern sehr in der Überzahl.«[6]

Diese erhöhte Sterberate bei Männern, die für ganz Europa im 19. Jahrhundert gilt, wurde weder durch die überhöhte Sterblichkeit der Frauen im gebärfähigen Alter, noch durch die überhöhte Sterblichkeit der schlechter als die Jungen versorgten und übermäßig mit Arbeit belasteten Mädchen zahlenmäßig kompensiert.[7] Seit dem Ende des 18. Jahrhunderts kam es zwar durch Hygiene und medizinischen Fortschritt allgemein zu einer Erhöhung der Lebenserwartung. Doch der Zugewinn der Frauen war deutlich höher als der der Männer. Was auch immer die Ursachen der höheren Männersterblichkeit gewesen sein mögen, ob geschichtliche, wirtschaftliche oder biologische, sie hatte in Gestalt von Ehelosigkeit, Witwenschaft und Alleinsein schwerwiegen-

de Auswirkungen auf die Frauen.[8] So wurden in Frankreich 1851 in
der Gruppe der über fünfzig Jahre alten Menschen 27 Prozent ledige
oder verwitwete Männer, aber 46 Prozent alleinstehende Frauen gezählt. Von diesen waren 12 Prozent Ledige und 34 Prozent Witwen.

Ein europäisches Muster

Hekatomben von Opfern haben Kriege nicht nur im 19. Jahrhundert
und nicht nur in Europa gefordert. Doch unterschied sich dieser Erd-
teil von anderen durch ein Sondermerkmal. Die Ehe war keine universelle Institution. Seit Hajnal[9] haben zahlreiche demographische
Untersuchungen das europäische Muster der Ehe herausgearbeitet. In
Europa dienten Spätehe und Ehebeschränkungen als Mechanismen der
Bevölkerungsregulierung, als eine Art Geburtenkontrolle, noch bevor
es diese im eigentlichen Sinne gab. Es mag paradox erscheinen, daß
ledige Frauen in der Geschichte erstmals sichtbar gemacht wurden,
indem sie als Negativvariable in Untersuchungen zur Reproduktion der
Bevölkerung eingingen. Aber diese Berechnungen haben ergeben, daß
die lebenslange Ehelosigkeit von Frauen das Fruchtbarkeitsniveau um
etwa 7 bis 8 Prozent gekappt haben muß.

Auch Anthropologen haben Ausnahmen von der Regel der Universalität der Ehe aufgezeigt. So wurde für Tibet zu Beginn dieses Jahrhunderts ein hoher Anteil eheloser Frauen nachgewiesen; in China und
Indien durften Witwen der oberen Gesellschaftsschichten nicht wieder
heiraten, sie blieben zu einer Art nachehelichem Zölibat verdammt.[10]
Aber in China war um 1930 unter tausend Frauen nur eine niemals
verheiratet gewesen, während es bei den Männern drei von tausend
waren. In Europa dagegen hat der Anteil der lebenslang ehelosen Frau-
en (also derjenigen Frauen, die bei ihrem Tod mindestens fünfzig Jahre alt und noch ledig waren) selten unter 10 Prozent gelegen. Langfristig betrachtet nahm die Ehelosigkeit von Frauen Ende des 18. Jahrhunderts am stärksten zu, um sich dann im 19. nach einer Spitze im
ersten Jahrzehnt zu stabilisieren oder geringfügig zurückzugehen,
während zugleich das Alter bei der Erstheirat sank.[11]

Geographische Unterschiede

Ehelosigkeit ist also ein typisches Phänomen der abendländischen Kultur, das deren gesamte Geschichte durchzieht. Deren Ursachen wären
noch zu ergründen. Hierfür geben die ungleiche Verteilung der Ehelosigkeit zwischen einzelnen Ländern und innerhalb eines Landes je

nach sozialer Schichtung eine Art Lupe an die Hand. Der Anteil lediger Frauen, der im ländlichen Rußland um 1897 unter 5 Prozent, in Preußen oder Dänemark um 1880 bei etwa 8 Prozent lag, erreichte in einigen französischen Departements oder portugiesischen Regierungsbezirken um die Jahrhundertmitte 20 und im Schweizer Kanton Obwalden 1860 sogar 48 Prozent.

Es gibt derzeit keine Gesamtuntersuchung der Ehelosigkeit in Europa, doch aus allen Monographien geht ein krasser Unterschied zwischen einem Nordosteuropa mit dem Vorherrschen der Regelehe und einem Südosteuropa mit signifikantem Anteil alleinstehender Frauen hervor. Auf nationaler Ebene sind die gleichen Unterschiede feststellbar.[12] So blieben etwa in Frankreich die Bretagne, die Halbinsel Cotentin, die Pyrenäen, der Südosten des Zentralmassivs und Ostfrankreich weiterhin Regionen mit hoher Ehelosigkeit und Witwenschaft, während deren Anteile im weiten Pariser Becken deutlich zurückgingen. In Deutschland bestand ein ähnlicher Unterschied zwischen den nordostdeutschen Staaten mit weniger als 10 Prozent und Bayern und Württemberg mit über 15 Prozent Ledigen unter den erwachsenen Frauen. In England gab es die meisten ledigen Frauen in den landwirtschaftlichen Regionen im Norden und in Wales.[13]

Die Kohärenz der Regionalstrukturen verweist über die eigentlich demographischen Parameter (Geschlechterrelation, differentielle Mortalität, Alterspyramide, Altersunterschied zwischen Ehegatten) hinaus darauf, daß das Vorkommen von Ehelosigkeit und Witwenschaft mit einer ungeschriebenen, aber im sozialen Bewußtsein tief verankerten Regel zusammenhing. Aufgrund der von den Volkszählern immer wieder hervorgehobenen Koinzidenz zwischen hoher Ledigenziffer, verbreiteter Spätehe und fehlender Empfängnisverhütung kann als Arbeitshypothese formuliert werden, daß hier ein Malthusianismus per Askese vorliegt. Die Kirchenoberen hätten dann mit ihren Enthaltsamkeits- und Tugendpredigten gegen die Zersplitterung des Familienerbes und zugleich ungewollt für Geburtenbeschränkung agitiert. Es hat deutlich den Anschein, als sei für Gebiete, »in denen Ehelose produziert werden«, auch ein Familientyp charakteristisch, zu dem die Unterwerfung unter den Paterfamilias und das Kontrollieren und Hinausschieben der Eheschließung ebenso gehörte wie die Regelung, daß pro Generation nur der Alleinerbe heiraten durfte, während die übrigen Nachkommen ehelos blieben und ohne Lohn als Gesinde auf dem Hof bleiben oder draußen in der Welt ihr Glück suchen mußten. Im 19. Jahrhundert lösten sich infolge des Verstädterung und Industrialisierung genannten Strukturzerfalls diese Familienverbände auf. Sie setzten damit Arbeitskräfte frei, die nun für die wirtschaftliche Entwicklung dringend gebraucht wurden.

Die Anziehungskraft der Stadt

Vor dem Hintergrund dieser größeren Umwälzungen wurde die Stadt als traditionelles Auffangbecken für den Überschuß der Landbevölkerung zur Zuflucht der Alleinstehenden; sie erzeugte Ledige und zog sie zugleich an. Schon im Jahrhundert der Aufklärung waren zeitgenössische Beobachter verblüfft »über die Legion alleinstehender Frauen, die in den großen Städten leben, der Ehe entfremdet und auf eine unsichere Existenz angewiesen sind«.[14] Die französische Volkszählung von 1866 förderte zutage, daß drei Viertel aller Städte (307 gegenüber 104) vom »Frauenüberschuß« geprägt waren. Manche erreichten dabei Extremwerte: 61,4 Prozent Frauen in Saint-Jean-d'Angély, 60,2 Prozent in Avranches, 59,9 Prozent in Clermont, usw. Ein Vergleich[15] zwischen Preußen, Sachsen, Bayern, Belgien, Dänemark, England, Norwegen, der Schweiz, Weißrußland und Österreich hat für den Zusammenhang von Verstädterung und Ehelosigkeit folgende Regelmäßigkeit nachgewiesen, die ausnahmslos für Frauen gilt: Ehelosigkeit war unter der Stadtbevölkerung stets weiter verbreitet als auf dem Land (in Sachsen, Dänemark und Weißrußland sogar doppelt so hoch), und geheiratet wurde in der Stadt im allgemeinen später.

Erst durch ihren Zuzug in die Stadt ist die alleinstehende Frau sichtbar geworden. Das gilt für die zeitgenössischen Beobachter, die selbst in der Stadt lebten und die Verhältnisse in ihrem unmittelbaren Umfeld zu beschreiben versuchten. Sichtbar wurden alleinstehende Frauen vor allem, weil sie in ein vorhandenes Gesellschaftsgefüge hineindrängten. Sobald sie ihre Familie, wo Töchter, Schwestern oder Tanten seit jeher unbezahlte Arbeitskräfte in Haus und Hof gewesen waren, verließen, waren sie auf den Markt der Lohnarbeit verwiesen und allen seinen Ungewißheiten ausgesetzt. Der fortschreitende Niedergang des ländlichen Gewerbes und die allgemeine Beschäftigungskrise in der Landwirtschaft zerstörten die traditionelle Eingliederung der alleinstehenden Frauen in die bäuerliche Wirtschaft. Sie wurden zu Randexistenzen.

Zur selben Zeit scheinen junge Frauen die früher übliche temporäre Wanderung über kurze Distanz hin zu Land- und Kleinstädten aufgegeben zu haben. Auf der Suche nach Lohnarbeit wanderten sie nun zunehmend endgültig und über größere Entfernungen vom Lande ab. Ihre Abwanderungsziffern lagen schließlich über denen der Männer. Allerdings hatte dabei das Abenteuer der Auswanderung nach Übersee für Frauen weniger Reiz, es sei denn, sie fuhren zusammen mit dem Ehemann hinaus oder als Missionarinnen – diese Ausnahmegestalten, die sich berufen fühlten, weitentfernte Heiden zu bekehren.[16] Frauen blieben im Lande und blieben allein. So bewirkte etwa in Norwegen der Massenaufbruch nach Amerika um die Mitte des Jahrhunderts einen

Männermangel, den Frauen mit dem Status der dauerhaft Ledigen – sie machten in den achtziger Jahren des 19. Jahrhunderts bis zu 21,8 Prozent aus – und Witwen mit einer geringen Aussicht auf Wiederheirat bezahlen mußten.[17]

Mündige und aktive Frauen

Der von der viktorianischen Presse unisono verkündete und in ganz Europa mehr oder minder deutlich empfundene Skandal lag weniger in der großen Zahl alleinstehender Frauen als in deren unbestimmter sozialer Identität. Diese Frauen schienen zufällig oder irrtümlich aus ihrer legitimen Stellung verdrängt worden zu sein und galten als »überzählig«. »What shall we do with our old maids?« fragte sich Frances P. Cobbe in *Fraser's Magazine*.[18] Im Rückblick läßt sich erkennen, wie entscheidend diese zugleich geographische, soziale und kulturelle Verlagerung des gesellschaftlichen Platzes von Frauen für die Geschichte der Frauen und ihren Kampf um ökonomische Selbständigkeit war. Die Maxime lautete weiterhin, ohne Ehe kein Glück. Doch der Code Napoléon, der bei den europäischen Nachbarn Schule machte, ließ ledigen Frauen eine Wahl: Sofern sie unverheiratet war, wurde der Frau die volle Rechtsmündigkeit und damit Geschäftsfähigkeit und Verfügungsberechtigung über ihre eigene Person und ihr Hab und Gut zuerkannt. Anders als die Ehefrau erhielt die *feme sole* gleiche Zivilrechte wie ein Mann, ohne allerdings auch im politischen Sinn Vollbürgerin zu sein. Während verwitwete, getrennt lebende oder geschiedene Frauen im allgemeinen von der Familie oder vom Staat unterstützt wurden, mußten volljährig gewordene Töchter, sofern sie nicht dauerhaft von Zinseinkünften leben konnten, meistens ihre Familie verlassen und für sich selber sorgen.

Als zeitgleiche Entwicklungen markieren das Hineindrängen alleinstehender Frauen in den Arbeitsmarkt, die Zunahme weiblicher Erwerbstätiger und das Wachstum des Dienstleistungssektors einen tiefgreifenden Strukturwandel. Anhand von Volkszählungen läßt sich der Umfang des Phänomens gegen Ende des 19. Jahrhunderts in Frankreich ermessen: »Während in der Landwirtschaft Männer und Frauen verheiratet sind, sind in Gewerbe und Dienstleistungen einzig die Männer zu 80 Prozent verheiratet und die alleinstehenden, ledigen oder verwitweten Männer machen weniger als 20 Prozent aus. Demgegenüber scheinen die außerhalb der Landwirtschaft erfaßten, erwerbstätigen Frauen häufig aus Not zur Arbeit gezwungen zu sein, denn fast die Hälfte von ihnen ist ledig, verwitwet oder geschieden.«[19]

1906 wurden für Frankreich unter den weiblichen Erwerbstätigen im Alter zwischen fünfundzwanzig und vierundvierzig Jahren in der Landwirtschaft 8,5 Prozent Alleinstehende gezählt, dagegen in Gewerbe und Dienstleistung 33 Prozent.

Mit ihrem Eintritt in die Berufswelt setzten sich alleinstehende Frauen den Wechselfällen des Wirtschaftslebens aus. Das Niveau ihrer Ausbildung scheint ausschlaggebend dafür gewesen zu sein, welchen neuen Berufsfeldern sie sich zuwandten. Die Auswahl an Berufen, die ihnen offenstanden, war beschränkt. Doch wo immer Frauen einen Beruf für sich erorberten, veränderten sich durch diese neue Konkurrenz und deren Abwehr die traditionelle Solidargemeinschaft und die Beziehungen zwischen Männern und Frauen. Nur allmählich aber wandelte sich auch die Mentalität der Menschen so, daß in ihrem Bewußtsein schließlich die neue Wirklichkeit mit dem Bild der arbeitenden Frau einen Platz erhielt.

Einsam unter fremdem Dache

Das 19. Jahrhundert hatte das Dienstbotenwesen nicht erfunden. Vormals allein Adelskreisen vorbehalten, wurde es aber nun zum Bedürfnis und unerläßlichen Geltungssymbol des Bürgertums. Mit dieser »Demokratisierung« ging einher, daß der Gesindedienst immer weniger männlich und hierarchisiert war und zunehmend weiblich und entwertet wurde. Alle großen Städte Europas zogen Mädchen vom Lande an, die keine anderen Qualifikationen als körperliche Leistungsfähigkeit und Jugend mitbrachten. Manche Mädchen waren erst vierzehn oder gar erst dreizehn Jahre alt. München, das 1828 70000 Einwohner hatte, zählte damals etwa 10000 Dienstboten, also fast 14 Prozent der Bevölkerung. In London arbeiteten in den 1860er Jahren ein Drittel der Frauen im Alter von fünfzehn bis vierundzwanzig Jahren als Dienstmädchen. Der gleiche Bevölkerungsanteil gilt 1882 für Preußen. Dort waren 96 Prozent aller Dienstmädchen ledig. Ob Berlin, Leipzig, Frankfurt, Paris, Lyon, Prag – es gab keine Stadt in Europa, die nicht einen Großteil zugewanderter, armer, dienstbarer und alleinstehender Frauen beherbergte.

Als Vorbereitung für die Ehe war das Dienstbotendasein ein Durchgangsstadium, um für eine Heirat anzusparen (viele Dienstmädchen vertrauten ihre Rücklagen der Sparkasse an), sich in Hauswirtschaft auszubilden und nicht zuletzt um mit ein wenig städtischer Kultur und Bildung den Weg zum sozialen Aufstieg zu ebnen. Die Löhne der Dienstmädchen waren übrigens höher als die der Textilarbeiterinnen, und etwa ein Drittel stieg am Ende der Dienstzeit durch Heirat auf.[20]

In jedem Falle lag das Alter der Dienstmädchen bei der Hochzeit weit über dem mittleren Heiratsalter. Doch wie bereits die hohe Zahl der fünfzig Jahre alten und älteren alleinstehenden Frauen im häuslichen Dienst zeigt, wurde das Dienen häufig zum Dauerzustand und verurteilte viele Tausende von Frauen zum Zölibat.

Im Laufe des 19. Jahrhunderts bildete sich unter dem Personal eine neue Hierarchie heraus. Höhergestellt als Dienstmädchen waren Hauslehrerinnen und Gouvernanten, »mamzelles« oder »Miss« genannt. Sie stammten häufig aus bescheidenen Verhältnissen, waren Töchter von Pastoren oder kleinen Beamten, Waisen oder Mädchen aus kinderreichen Familien. Es war diese von den Schwestern Brontë in *Jane Eyre* und *Agnes Grey* verewigte Kategorie, die vornehmlich das Augenmerk zeitgenössischer Beobachter auf sich zog. Das Elend der Arbeiterinnen oder der Dienstmädchen wurde als unabänderliches soziales Schicksal hingenommen. Daß aber bürgerliche Frauen zur Arbeit unter schwierigen Verhältnissen gezwungen waren oder nach dem Tod der Eltern mit vierzig oder fünfzig Jahren erstmals einen Erwerb suchen mußten, erschien in der Wahrnehmung der Oberschicht viel auffälliger und mitleiderregender. Gouvernanten waren in Rußland, Deutschland oder Frankreich gleichermaßen verbreitet, erlangten aber größte Bedeutung in England. Dort hatte das viktorianische Modell, das keine andere Alternative als die der Mutter oder Hure anzubieten hatte, die *spinster* zum Muster von Reinheit, Güte, Jungfräulichkeit und Opfermut erhoben.

Neben der Masse von 750000 Dienstmädchen in England im Jahre 1851 wurden zwar nur 25000 Gouvernanten gezählt, doch wurden sie trotz dieser bescheidenen, wirtschaftlich unbedeutenden und politisch unsichtbaren Gesamtzahl Leitfiguren für die Werte, Probleme und Ängste der viktorianischen Mittelschicht. Der Definition nach war die Gouvernante Hauslehrerin oder Gesellschaftsdame und Erzieherin der Kinder einer Familie. In Wirklichkeit aber lebte sie in einem schmerzlichen Widerspruch zwischen den Werten ihrer Erziehung als *gentlewoman* und den Aufgaben, die sie gezwungenermaßen wahrnehmen mußte. Als Symbol der neuen Macht der Mittelschicht (man brüstete sich mit ihr, sie wurde Gästen vorgeführt), auch als Symptom dafür, daß die Frau des Hauses nunmehr für müßigen Zeitvertreib und für ihre Rolle als Zierde des Hauses freigestellt war, wurde die Gouvernante, auch wenn ihr Status als *lady* gewahrt blieb, allein durch das Faktum der Arbeit gegen Lohn auf der sozialen Leiter nach unten gedrückt. Von Schicksalsschlägen getroffen (Tod des Vaters, Bankrott der Familie), war sie als notleidende Bürgerstochter gezwungen, sich mit ihrer Bildung gegen Bezahlung zu »prostituieren«. Im Konfliktdreieck zwischen Eltern und Kindern konnte die Gouvernante nur bei den anderen Dienstboten Trost suchen. Mit Kost, Logis und einem geringen Entgelt konnte sie bei Krankheit, im Alter oder nach einer Kündigung nur noch bei Wohlfahrtseinrichtungen wie der Governesses Benevolent Institution (ab 1841) Hilfe suchen.

»Einsam unter fremdem Dache!« Das war in der Tat die bittere Erfahrung von Dienstmädchen und Gouvernanten. Sie hatten mit vielen Umgang, aber zu niemandem eine enge Beziehung, sie waren verbannt ohne Aussicht auf Heimkehr, sie wirtschafteten in Haushalten, hatten aber keine eigenen vier Wände. Dieses Eingeschlossensein, das die Kontrolle über den Körper und die Negation der eigenen Identität bedeutete, galt auch in weiten Bereichen von Industrie und Gewerbe.

Industrieklöster

Die Arbeiterin, ob hochgelobt oder in Grund und Boden verdammt, war im 19. Jahrhundert das Sinnbild aller arbeitenden Frauen. Die Arbeiterin wird uns meist als Gattin und Mutter vorgestellt. Das Bild ist irreführend. Im Laufe des Jahrhunderts kam es im Zuge von Mechanisierung und Spezialisierung zu einer grundlegenden Umwälzung der Arbeitsorganisation in Fabriken und Werkstätten. Immer neue Arbeitsformen mit noch größerer Vereinzelung wurden ausprobiert. So rekrutierten die Seidenklöster um Lyon,[21] die seit 1830 nach dem Vorbild von Lowell, Massachusetts, gegründet wurden, mit dem Segen der Familien und der Kirche ungelernte und fügsame weibliche Arbeitskräfte. Damit sollte die Moral gehoben werden, denn junge Zuwanderinnen vom Lande, so hieß es, seien Krisen und Versuchungen ausgesetzt und könnten leicht in die Prostitution abgleiten. Reybaud kommentiert:

»Diese jungen Dinger vom Lande, von den Eltern ihrem Schicksal im Trubel der Großstadt überlassen, finden dort immerhin eine Zufluchtsstätte, in der sie etwas lernen können, ungefährdet, ruhig, sicher und geschützt vor einem unsittlichen Lebenswandel, dem sich vordem nur wenige entziehen konnten und in den sie durch Unerfahrenheit, Eitelkeit und oft blanke Not meist unweigerlich hineinrutschten. Hier werden sie vor den Männern wie vor sich selbst behütet.«

So wurden regelrechte »Industrieklöster« im französischen Jujurieux, in Tarare, La Seauve, Bourg-Argental gegründet, aber auch in der Schweiz und in Deutschland, in England und in Irland. In einer Art Rollenverteilung vertraten sie die »gemeinsamen« Interessen von Gewerbe und Kirche und unterwarfen die jungen Frauen solange mit Leib und Seele einem harten Regiment von Fleiß und Moral, bis sie am Ende einen Ehemann fanden. Die Zahl der in der Lyoner Region um 1880 derart »kasernierten« jungen Frauen wird auf 100 000 geschätzt.

Ein hoher Preis

Die Kasernierung, die vor allem jungen Frauen galt und bei der nicht
nur die Arbeit, sondern auch tägliches Verhalten, Umgang und Persönlichkeitsentwicklung überwacht wurden, wurde auch in anderen
Sektoren der sich modernisierenden Wirtschaft eingeführt. Das galt
besonders für die Kaufhäuser. Die meisten der ausschließlich vom Lande rekrutierten Verkäuferinnen in den Pariser Kaufhäusern hatten keine Alternative zum firmeneigenen Wohnheim. In jeder Lebensäußerung
bevormundet, mußten sie ledig sein und bleiben, denn heiraten war
allemal ein Kündigungsgrund. Diese französischen Zustände standen in
Europa durchaus nicht allein da. Auch in Deutschland und Österreich
mußten bis 1919 Lehrerinnen und weibliche Staatsangestellte unverheiratet sein und bleiben. Auch in der Privatwirtschaft hatten Telefonistinnen, Stenotypistinnen, Verkäuferinnen und Kellnerinnen mit der
Heirat ihre Stellung aufzugeben. Zwar hatten die Regierungen verschiedener deutscher Staaten und Österreichs das Recht auf Eheschließung auch generell reglementiert und die Möglichkeit geschaffen,
Mittellosen die Heirat zu verweigern; auch mußten sich manche Gruppen von Beamten in Sachen Heirat einer Quotenregelung unterwerfen
oder die Genehmigung des Vorgesetzten einholen; doch die Erfindung
der Unvereinbarkeit von Arbeit und Ehe gilt im 19. Jahrhundert bezeichnenderweise einzig für Frauen und erinnert an ein säkularisiertes
Priesterinnentum überall dort, wo Frauen in ihrer Berufsausübung
einem humanistischen Ideal nacheiferten (Krankenschwester, Lehrerin,
Sozialarbeiterin). Kurzum, Frauen, die aus eigenem Entschluß oder aus
Not Erwerbsarbeit leisteten, wurden vor die Wahl gestellt, ihre soziale
Identität und ihr Frauenschicksal zu besiegeln: entweder Beruf oder
Familie. Die Barrieren dazwischen waren weniger gesetzlich vorgege-
ben als Ausdruck des gesellschaftlichen Kräftespiels, dessen Behar-
rungsvermögen eigene Gesetze schrieb.

Die Ehelosigkeit der Frau nach abendländischem Muster paßte vorzüglich in die ökonomische Logik des 19. Jahrhunderts, und diese wußte daraus durchaus Vorteile zu ziehen. Der Frau konnte von Berufs
wegen Alleinsein auferlegt werden, »weil dieses der Schmierstoff war,
der den gesamten Wirtschaftsbetrieb reibungsloser laufen ließ«.[22] Weibliche Angestellte, die meist aus kleinbürgerlichen Verhältnissen stammten, Distanz zu den Arbeiterinnen wahren wollten und oft gebildeter
waren als der Durchschnitt der Zeitgenossinnen, strebten nach einem
gehobeneren geistigen und gesellschaftlichen Rang. Doch genau dieses Streben, zusammen mit den Zwängen und psychologischen Investitionen des Arbeitslebens hinderten sie, einen Mann zu finden; als
Alleinstehende bekamen sie dann die Last des Mißtrauens und Miß-

kredits zu spüren. So trieb der berufliche Einsatz einen Großteil der in der zweiten Jahrhunderthälfte immer zahlreicheren Verkäuferinnen und Postfräulein, Lehrerinnen und Sozialarbeiterinnen in eine ausweglose persönliche Situation. Sie bezahlten einen hohen Preis, um ein paar Sprossen der sozialen Leiter zu erklimmen. [23]

Der Staat, der in allen europäischen Ländern der erste Arbeitgeber für Frauen war, war auch der erste Produzent von zeitlebens ledigen Frauen. Das ist besonders für das Fernmeldewesen in Frankreich, England, Deutschland und Norwegen hervorragend nachgewiesen worden. [24] So beschäftigte der französische Staat Anfang des 20. Jahrhunderts 53,7 Prozent alleinstehende Frauen, aber nur 18,9 Prozent alleinstehende Männer. Auffallend ist, daß unter den Frauen (Ledige oder Witwen) in den höheren Gehaltsgruppen mehr Alleinstehende waren, während dies bei den Männern umgekehrt in den unteren Gehaltsgruppen der Fall war. [25] Weibliche Angestellte heirateten später als Arbeiterinnen und hatten nur halb so viele Kinder. Es drängt sich die Hypothese auf, daß Ehelosigkeit mit Bildungsstand korrelierte. Zwischen 1870 und 1900 blieben 75 Prozent der Oberschullehrerinnen in den Vereinigten Staaten ledig. In Frankreich waren in den ersten zwanzig Jahren des mit dem Gesetz Camille Sée im Dezember 1880 eingeführten Oberschulunterrichts für Mädchen die Laufbahnbeamtinnen unter den Lehrkräften und im Verwaltungspersonal zu 62,5 Prozent ledige Frauen. Gleich hoch war deren Anteil im Grundschulwesen, und er stieg für Handarbeits-, Sport- oder Zeichenlehrerinnen auf über 75 Prozent. [26] Mit der allgemeinen Zulassung der Frauen zum Oberschullehrerberuf und zum höheren Verwaltungsdienst im 20. Jahrhundert verstärkte sich dieses Phänomen noch.

Die religiöse Prägung

Der Zugang zur Kultur schien eine stattliche Zahl von Frauen von der Ehe fernzuhalten. Das galt vor allem für diejenigen, die nun ihre intellektuellen Fähigkeiten einsetzten. Deren mögliche Existenz war lange angezweifelt worden, weil Hirn und Gebärmutter sich angeblich nicht gleichwertig entwickeln konnten, wie gewisse »Denker« zu formulieren beliebten. Dagegen zögen die sozialen Berufe alleinstehende Frauen gerade deshalb an, weil dort die ihnen schon immer zugeschriebene Herzensgüte und Hingabe gebraucht wurde.

Jenseits des Hauses sollten alleinstehende Frauen häusliche Tugenden in die Welt hinaustragen und damit die Moral in Fabriken, Krankenhäusern, Schulen und anderen öffentlichen Einrichtungen wieder heben. Man ist versucht, für die Sozialarbeit das in den Vereinigten

Staaten, England und Deutschland übliche protestantische Muster mit seinen Diakonissen, Missionarinnen und Wohltätigkeitsvereinen dem besonders gut für Frankreich und Italien untersuchten katholischen Muster von Gemeindearbeit und wohlhabenden Stifterinnen gegenüberzustellen.[27] Hier aber soll mehr deren Gemeinsamkeit hervorgehoben werden, daß nämlich die »soziale Frage« in Industriegesellschaften im wesentlichen durch die ehrenamtliche Arbeit alleinstehender Frauen bewältigt wurde. Die verschiedenen Strömungen der religiösen Erweckungsbewegung, in Deutschland und in den Niederlanden der Pietismus, in England der Methodismus und in den katholischen Ländern der Marienkult, nahmen sich der »überzähligen« Frauen an. Sie nutzten über Generationen die Energien dieser Randgruppe und boten tatkräftigen Frauen verantwortliche Positionen, in denen sie Initiative zeigen konnten. In diesen Emanzipationsräumen nahmen sich die »Berufenen« der sozio-ökonomischen Fragen und politischen Diskussionen an und entwickelten dabei neue Ambitionen.

Diese Frauengemeinschaften waren praktisch die einzigen »Unternehmen«, die vornehmlich während des Noviziats eine Berufsausbildung, dann verschiedene Berufsmöglichkeiten und nicht zuletzt einen rechtlichen Rahmen boten, um Glauben und Handeln miteinander zu vereinbaren. Kühnheit, Können und Phantasie kamen dabei ebenso zum Einsatz wie Selbstversenkung, Gebet und Spiritualität. Der weibliche Katholizismus bezeugt eine Glaubensgewißheit, die die Introspektion, die höchste Steigerung des Mystizismus und die persönliche Beziehung zu Gott begünstigte.

Der Erfolg dieser Vereinigungen, der die Leistungsfähigkeit organisierter Frauen in Pflege- und Sozialberufen unter Beweis stellte, nährte damit gleichzeitig die hartnäckige Vorstellung, daß es im Bildungswesen und erst recht in den diversen Sektoren des Gesundheitswesens und der Wohlfahrtspflege spezifische Frauenberufe gebe. Welche ungeheure Arbeit damals unentgeltlich geleistet wurde, ist bislang nicht einmal annähernd geschätzt worden. Doch wurde deren geringer Preis bestimmend dafür, daß sich Ehelosigkeit als Voraussetzung für die Ausübung bestimmter Berufe auf Dauer durchsetzte.

Die »neuen Frauenberufe« vom Ende des 19. Jahrhunderts waren doppelt geprägt vom Vorbild der Religion und der Metapher der Mütterlichkeit: Hingabe/Verfügbarkeit, Bescheidenheit/Unterwürfigkeit, Selbstverleugnung/Aufopferung, das waren Leitthemen, die in den päpstlichen Unterweisungen zur Ehrenrettung der alten Jungfern sehr angelegentlich aufgegriffen wurden.[28] Das Ideal religiösen Jungfrauentums läßt sich bis zur Urkirche zurückverfolgen. Doch angesichts des »Frauenüberschusses« und der Geißel des sozialen Elends predigten die Kirchenoberen nun das Bündnis von Martha und Maria. Die Selbstversenkung sollte eine Anteilnahme an der Welt nicht länger ausschließen. So wurde die unfreiwillig ledig gebliebene junge Christin – war ihr Ledigbleiben nicht ein Wink der göttlichen Vorsehung? – aufgerufen, zur »Erzieherin und Führerin ihrer Mitschwestern« zu werden. »Sie möge sich hauptsächlich solchen Aufgaben widmen, die Takt, Feingefühl und Mutterinstinkt weit mehr erfordern als bürokratische Härte.«

Brüche und Widersprüche

Doch daß demographische Probleme von Glaubensgemeinschaften aufgefangen wurden, reichte nicht aus, um die Ehe zu retten. Es scheint, als hätten sowohl die viktorianische Erziehung wie die katholische Moral mit ihren Lehren von Keuschheit und Entsagung einen Keim für das Aufbegehren gegen die Ehe gelegt. Daß die Ehe unglücklich sein konnte, war nicht erst eine Entdeckung des 19. Jahrhunderts. Doch das öffentliche Nachdenken über Mittel und Wege, dem Zerfall der Familie entgegenzuwirken, förderte zutage, wie sehr sich die ehrwürdige Institution gewandelt hatte. Sobald es gesetzlich möglich war, reichten vorwiegend Ehefrauen die Scheidung ein (in 80 Prozent der Verfahren). Sie nahmen die bis dahin stumm erduldeten Mißhandlungen und Gewalttätigkeiten immer seltener hin. Gegen Ende des Jahrhunderts wuchs die Zahl der Scheidungsverfahren in Europa exponentiell. Es hat den Anschein, als sei das Recht auf Scheidung zur Bekräftigung schon lange bestehender Trennungen von Tisch und Bett genutzt worden. Außerdem war es die verprügelte und nicht die betrogene Frau, die den Bruch forderte. Trotz unterschiedlicher Gesetzgebung und einer je nach Land jeweils anderen Scheidungsrate[29] wurde das Recht auf Ehescheidung oder zumindest Trennung für die Frauen zu einem Instrument der Befreiung. Am raschesten breitete sich die Ehescheidung in protestantischen Ländern (allerdings nicht in England, wegen der hohen Kosten), in den Städten und in der Mittelschicht aus. Die Voraussetzungen für eine Scheidung als freiwilliges Alleinbleiben oder erstrittene Freiheit verbesserten sich zudem in dem Maße, wie sich die Mädchenoberschulen verbreiteten und sich allgemein der Wohlstand erhöhte.

Während von der gesetzgeberischen Rhetorik her alle Beschlüsse, die die Scheidung ermöglichten, abschafften oder erneut einführten, zu nichts anderem dienten, als die Familie zu retten oder die Gesellschaft mit der Ehe als Norm wiederherzustellen, kam gleichzeitig die Kritik an der Ehe in Gang.

Trotz der Frauenhasser, die eine »Invasion von Pedantinnen, die ebenso wie die Barbaren unfähig seien, die Welt zu befruchten«,[30] brandmarkten, widmeten sich die Frauen der Schriftstellerei. Ihr Tun wurde zum Protest, zum Aufschrei gegen das häusliche Eingesperrtsein und zugleich zur Bekräftigung der eigenen Identität und zum Mittel der wirtschaftlichen Unabhängigkeit. Ihnen ging es nicht mehr um die Institution Ehe, sondern um das Verhältnis zwischen Mann und Frau. Das Liebesideal schien unerreichbar, solange ein Geschlecht dem anderen nicht gleichgestellt, sondern ihm unterlegen, von ihm abhängig war. Große Schriftstellerinnen machten der Ehe den Prozeß und wagten sogar selbst vorzuleben, was sie schreibend eingefordert hatten. Doch wie viele der heute vergessenen Feuilletonistinnen oder Gelegenheitsschriftstellerinnen klammerten sich weiterhin an die billigen Volksromane wie an einen Rettungsanker, um ihren Lebensunterhalt zu bestreiten. Ledige, Witwen, Geschiedene oder Getrennte, sofern sie nur ein Minimum an Bildung genossen hatten, fanden durch das neugeschaffene Urheberrecht ein bescheidenes Auskommen.

Was Frauen schrieben, wurde nicht immer veröffentlicht. Häufig ist es verborgen, geheim geblieben, wenn es nicht gleich ins Feuer oder in den Müll wanderte. Wer zufällig eines dieser intimen Tagebücher, etwa von Lee V. Chambers-Schiller[31], in die Hand nimmt, entdeckt mögliche Gründe für das absichtliche Ledigbleiben. Häufig waren es die Umstände, aber noch häufiger ein durch den eigenen Bildungsgrad motiviertes Unabhängigkeitsstreben. Zwischen dem amerikanischen Unabhängigkeits- und dem Bürgerkrieg behaupteten viele, allerdings hinsichtlich Wohlstand und Bildung privilegierte Frauen, lieber die Freiheit als die Ehe gewählt zu haben: »Denn die Freiheit ist für die meisten von uns der liebenswertere Gatte.«[32] Lieber ledig bleiben als in der Heiratslotterie die eigene Seele verlieren: Dieses Prinzip paßte haargenau zum Ethos des Individualismus, das die abendländische Kultur im 19. Jahrhundert fortschreitend durchdrang. Es erhielt im wörtlichen Sinn seine Weihen im Bündnis mit dem Protestantismus. Dieses im nachhinein idealisierte und begründete Alleinbleiben wurzelte in der Tat in der protestantischen Auffassung von Vervollkommnung. Der Vorrang des Individuums vor den Institutionen der Menschen und besonders vor der Institution Ehe führt zur Vorstellung vom individuellen Heil »alone with God«. Vor das Jüngste Gericht tritt die Frau allein, ohne Ehemann, ohne Kind, und verantwortet sich selbst. Der Begriff der *single blessedness*[33] zur Bezeichnung des Zölibats kam in amerikanischen Texten zu Beginn des 19. Jahrhunderts auf, und darum rankte sich ein regelrechter Kult. Seine Anhängerinnen weihten sich ihm in Glückseligkeit und Selbstaufgabe durch Sublimierung, wobei Güte, Nützlichkeit und Glück harmonisch miteinander verschmolzen. Daher ist es kaum erstaunlich, daß es bei den Quäkern um 1840 bis zu 40 Prozent ledige Frauen gab.

Ein gefordertes Recht

Alle diese Formen des Aufbegehrens fanden in den sozio-ökonomischen Umwälzungen des 19. Jahrhunderts einen fruchtbaren Boden für eine wahrhaft kulturelle und politische Bewegung zugunsten einer weiblichen Autonomie, die auf Eheverzicht basieren sollte. Nach dem Beispiel vieler Frauenrechtlerinnen wie Pauline Roland, die öffentlich verkündete, sie entsage der Ehe, oder Florence Nightingale, die sich nicht selbst aufgeben und an das Schicksal eines Mannes binden wollte, erklärten Frauen wie Christabel Pankhurst, die Eheverweigerung von Frauen sei eine sexuelle Versklavung.[34] In den letzten Jahrzehnten des 19. Jahrhunderts wurden regelrechte und in England besonders heftige Kampagnen gegen Gewalt in der Ehe und sexuellen Mißbrauch geführt. Als Selbstschutz und um ihren Kampf öffentlich zu machen, kamen damals Frauen zu dem radikalen Entschluß, auf Sexualität endgültig zu verzichten. Christabel Pankhurst war sicherlich nicht die einzige, die diese Entscheidung traf, denn 1919 waren 63 Prozent der Mitglieder der Women's Social and Political Union Junggesellinnen und die meisten übrigen Witwen. Der Zölibat wurde damals als eine Art Ehestreik, als vorläufiger Familienstand und politische Drohgeste betrachtet und als so lange notwendig, wie sich in der Gesellschaft noch kein neues soziales Bewußtsein entwickelt habe.

Seit 1870 setzte sich die Gestalt der lebensfrohen, städtischen, wohlsituierten, reiselustigen, kulturbeflissenen Junggesellin, die den bürgerlichen Frauenrollen demonstrativ den Rücken kehrte, in verschiedenen Bereichen des künstlerischen Schaffens und öffentlichen Lebens durch und stellte so die Möglichkeit ganz anderer Frauenschicksale vor. Dieser selbständige Lebensentwurf entwickelte sich in England und den Vereinigten Staaten, wo die größten Fortschritte im Eigentums-, Scheidungs-, Bildungs- und Wahlrecht gemacht worden waren, und erlangte eine immer stärkere Ausstrahlung. Allmählich entstanden Vorstellungen von wirtschaftlicher Selbständigkeit und freier Liebe und schufen den Mythos der »neuen Frau«.[35]

Doch der Drang, in allen Bereichen Freiheiten auf gleichem Fuße mit den Männern zu erlangen, ähnelt einer symbolischen Ablehnung von deren Hegemonie. Wissenschaftler, Ärzte oder Sexualwissenschaftler warfen eben deshalb das Nein zur Ehe mit der Forderung nach einer Berufslaufbahn und der Ablehnung des geheiligten Vorbilds der Gattin und Mutter in einen Topf und bemühten sich nach dem Vorbild des Wiener Psychiaters Richard von Krafft-Ebing, das Verhalten dieser Vorkämpferinnen mit aller Gewalt ins Lächerliche zu ziehen und sie als Lesbierinnen zu etikettieren.[36] Sie nahmen damit die alte Verurteilung der »Entartung der Gebärmutter« wieder auf, die schon im 18. Jahrhundert erfunden und in allen gelehrten Diskursen des 19. Jahrhunderts weiter bearbeitet worden war.

Das Gewicht der Bilder

Der Kampf zwischen der Verklärung der Ehe und der grotesken Überzeichnung des Altjungferndaseins wurde immer wieder geführt. Von der
Drohung bis zur Beleidigung und ungeachtet aller je besonderen Merkmale und unterschiedlichen Diskussionsniveaus (lexikalischer oder wissenschaftlicher Wortschatz, Spruchweisheit oder Romanfigur) läßt sich
feststellen, daß den Bezeichnungen für eine Frau ohne Mann stets ein
diskriminierendes Frauenbild zugrunde liegt. Als »Hagestolze« werden
dagegen vorwiegend »Genies« und »große Schriftsteller« vorgestellt.[37]

Virago, Lesbierin, Amazone, Hure, Grisette, Blaustrumpf – diese
Schimpfnamen für die alleinstehende Frau hatten keine Begründung in
der Sache und waren doch in der ganzen abendländischen Kultur verbreitet. Das literarische Konstrukt der alten Jungfer und der Alltagsge-
brauch dieses Stereotyps gehören wesentlich zum 19. Jahrhundert.[38] In
keiner anderen Epoche und auch nicht für das männliche Geschlecht
war jemals so viel über Physiognomie oder Physiologie, Charakter oder
gesellschaftliches Dasein der alleinstehenden Frau erfunden worden.
Sobald das Bild der alleinstehenden Frau schärfer geworden war, gab
es so gut wie keine Aussage mehr, die nicht auf die Abweichung vom
weiblichen Ideal Bezug nahm, das durch Rechtsstatus, Liebesauffas-
sung, biologischen Determinismus und Schönheitskatalog fixiert war.

Das ganze spielte sich so ab, als wären die alleinstehenden Frauen
damals zum Kristallisationspunkt aller Ängste vor einer sexuellen,
gesellschaftlichen, wirtschaftlichen und intellektuellen Selbständigkeit
des Weibes geworden. Zunächst mußte gegen Ende des 18. Jahrhunderts die Physiologie entstehen und die »Natur des Weibes« entdeckt
werden,[39] bevor die Werte der Jungfräulichkeit so sehr in ihr Gegenteil verkehrt werden konnten, daß sie zum Hindernis für Weiblichkeit,
ja zu deren Negation wurden; bevor die soziale Rolle unverheirateter
Frauen oder Witwen so weit ignoriert werden konnte, daß sie zum
Symbol der Nutzlosigkeit wurden; und bevor die alleinstehende Frau
verdächtigt werden konnte, das Modell der Familie zu gefährden.

Angesichts dieser regelrechten Verweigerung einer Identität mußten
Frauen ihr Leben als Alleinstehende in einem komplexen Hin und Her
von Ablehnung und Verneinung gegenüber dem allmächtigen Bild der
Mutter und Gattin gestalten. Sie reagierten auf dieses Vorbild mit Konformismus oder Widerstand, mit Erfahrung oder Utopie, mit Resignation oder Sublimierung. Doch ihre Reaktionen konnten sich niemals
auf die Witzfiguren oder Jammergestalten zurückziehen, die damals als
Leitmotive den Diskurs beherrschten.

Am Ende dieses Beitrags scheint es so, als schreibe sich das Auftreten der alleinstehenden Frauen in der Geschichte, dessen Umstände,

Hintergründe, Zufälle und Notwendigkeiten wir hier darzustellen versucht haben, als fein ziseliertes Muster ein in die großen wirtschaftlichen und gesellschaftlichen Umwälzungen, die für das 19. Jahrhundert so charakteristisch waren. Die Lebensverhältnisse der alleinstehenden Frauen entschleiern sozusagen die Grammatik der abendländischen »Moderne«, die geprägt war von der »Formenvielfalt des Individualismus, der ebensoviele Formen der Vergesellschaftung entsprachen«.[40] Als Ausnahme und Bestätigung der Regel entwickelte die alleinlebende Frau eine Form der Neuordnung für die »holistische«[41] Gesellschaft des Ancien Régime. Als anonymes, egoistisches oder sublimierendes, befreites und kritisches, also emanzipiertes Individuum beerbte sie letztendlich die religiösen und puritanischen Erweckungsbewegungen. Nach Art der Wilderei und des Herumtastens war sie immer auch eine verzerrte Antwort auf die großen Prinzipien der Aufklärung und der Französischen Revolution über die Freiheit des Individuums.

Aus dem Französischen von Günter Seib

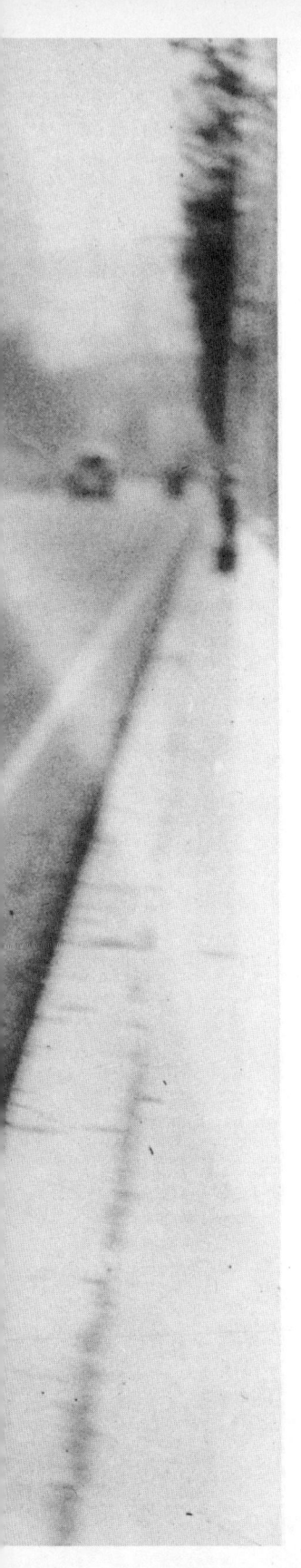

NEUERUNGEN

Mlle Bloch, Schülerin des
Lycée Buffon, erste weib-
liche Kandidatin für die
École polytechnique,
Photographie;
um 1900. *Paris, Samm-
lung Harlingue-Viollet.*

Je suis femme.
Née ici je mourrai. Jamais l'heureux voyage
Ne viendra de son aile ouvrir mon horizon.
Je ne connaîtrai rien du monde de passage
Au-delà de ce mur qui borne ma maison (...)
Je suis femme.
Je resterai dans mon enclos...
Aux âges dont il reste un sillon de mémoire,
Je ne pourrai jamais revivre par l'histoire.
Pas un mot qui parle pour moi.
Je suis femme.[1]

Clémence Robert, Paris silhouette,
Gedichtsammlung, 1839

I m 19. Jahrhundert aber geriet das Gleichgewicht in Bewegung; der Weg in die Moderne erforderte einen Wandel, und die Frauen selbst drangen immer nachhaltiger darauf, die Grenzen zu durchbrechen, die ihrem Geschlecht gezogen waren.

In den folgenden Kapiteln geht es um das vielfältige individuelle und kollektive Bestreben der Frauen, mit Raum und Zeit, mit Gedächtnis und Geschichtlichkeit auf neue Weise umzugehen. Frauen beteiligten sich an den Bewegungen jenseits des ihnen zugewiesenen häuslichen Geheges in Form von Reisen, Wohltätigkeitsaktivitäten, gewerkschaftlichem Handeln und Streik. Sie interessierten sich vor allem für den Feminismus, ohne Zweifel die Neuheit des Jahrhunderts. Anne-Marie Käppeli schreibt über Entstehen, Schlüsselereignisse, Ausdrucksformen (in Vereinen, durch Zeitschriften . . .), Forderungen und Vorkämpferinnen (welche Fülle von Namen und Werken, die ein spezielles Nachschlagewerk erfordern würde) des Feminismus, sie berichtet über seine Bündnisse (vor allem das konfliktbeladene mit der sozialistischen Bewegung, die in Klassen- und nicht in Geschlechterverhältnissen dachte) und die Vielfalt seiner Formen und Debatten. Je mehr sich der Feminismus ausbreitete, um so pluralistischer und widersprüchlicher wurde er. Zwischen dem Feminismus der Gleichheit als Assimilation an die Männer und dem Feminismus der dualistischen Differenz entbrannte schon damals der Streit. Die dualistische Auffassung des Männlichen und des Weiblichen mochte riskant sein, doch sie führte zu tiefen Einsichten über geschlechtsspezifische Unterschiede, die zuweilen Entdeckungen Sigmund Freuds vorwegnahmen. Frauen beteiligten sich auch an anderen Bewegungen, etwa an denen für vegetarische Lebensweise, für Tierschutz und Homöopathie. Viele Frauen traten gegen den Krieg auf, und einige betonten bereits, daß »das Private politisch ist« (Olive Schreiner). All dies verwies auf eine alternative Vision der Welt und der Existenz. Gewiß, dem Versuch, die verstreuten Gedanken und Werke dieser zersplitterten Minderheiten zusammenzutragen, haftet etwas Künstliches an. Doch ganz ohne Frage ist das Durchsetzungsvermögen dieser Gruppen größer als ihr zahlenmäßiger Umfang. Immer entschlossener machten sich einzelne zu Sprecherinnen und redeten von »uns Frauen«. Immer wieder verblüfft, wie rasch sich Ideen des Feminismus über ganz Europa verbreiteten und auf andere Kontinente übersprangen. Damals herrschte so etwas wie ein »goldenes Zeitalter« des abendländischen Feminismus, der teilhatte an der Entwicklung von Demokratie und Individualismus. Der Feminismus beschleunigte das Entstehen der »neuen Frau« um die Jahrhundertwende, und ob die »neue Frau« nun gefeiert oder geschmäht wurde, sie zwang in diesem Fall die Männer zur Selbstbesinnung und Neudefinition.

Es ließe sich unschwer zeigen, wie begrenzt diese Veränderungen blieben und wie stark auf allen Ebenen des Wirtschafts-, Berufs-, Kultur- und vor allem des politischen Lebens die dem Aufstieg der Frauen entgegenstehenden Widerstände waren. Ausführlich könnte man schildern, wie träge die Gesetzgebung reagierte und wie auch weiterhin Männerreservate (Klerus, Armee, Staatsdienst, Wissenschaft) hermetisch verschlossen blieben, wie die Grenzen des Wissens ständig hinausgeschoben wurden und in welcher zufriedenen oder resignierten Passivität die Mehrheit der Frauen verharrte und oft den wenigen wagemutigen Frauen eher feindlich gegenüberstand. Auch ist zu bedenken, daß Meinungsfronten nicht nur zwischen den Geschlechtern, sondern quer durch beide verliefen, was das Ganze noch unübersichtlicher macht. Der allgewaltige Familienvater des Bürgerlichen und des Strafgesetzbuches war zwar angeschlagen, stand aber noch fest auf den Beinen. Der alte Adam bot der neuen Eva die Stirn.

Veränderungen werden dennoch in den Beiträgen dieses Bandes faßbar und sichtbar. Die Forderung der Frauen nach dem Recht auf den eigenen Körper, nach Zugang zum Wissen über Sexualität – den verbotenen Früchten vom Baume des Paradieses – war ein womöglich noch flüchtiges und scheues Vorzeichen ihrer Emanzipation, deren mögliche Auswirkungen im Bewußtsein der Männer bereits Angst und Schrecken auslöste. Von Wien bis London, von Stockholm bis Boston waren Roman und Theater besessen von dieser fixen Idee. An die Stelle der romantischen »Anbetung« der Frau trat nun rabenschwarzer Naturalismus. Muse und Madonna mutierten zum zänkischen Eheweib, zur entmannenden Mutter, zur würgenden Geliebten, zum selbständigen Mannweib, zur fordernden, unbefriedigten Krakenfrau, wie sie die Medusa des Modern Style verkörperte. Der Jugendstil, der die schlangenhafte Geschmeidigkeit des ungreifbaren Frauenleibs mit seinen verschlungenen Formen fassen wollte, scheint eine Art Beschwörung gewesen zu sein.[2]

Die Identitätskrise der Männer wurde in den Fieberträumen einer wuchernden Phantasie zwar überzeichnet, war aber nichtsdestoweniger real. Sie wurde von den in ihrer Allmacht und Selbstgewißheit erschütterten, untereinander und über die Frauen heillos zerstrittenen und am Kreuzweg unentschlossen verharrenden Männern unterschiedlich intensiv erlebt. Die Einübung der Freiheit ist eine harte Schule. Sie erschöpft sich nicht darin, einfach Individuum zu sein.

Die Krise des Rückfalls, die jedesmal aufbricht, wenn die Teilungen zwischen den Geschlechtern neu definiert werden – diese Momente in der Geschichte zu ermitteln, wäre eine lohnende Aufgabe –, erlangte zu Beginn de 20. Jahrhunderts eine besondere Schärfe. Die leidenschaftliche Debatte über das Matriarchat,[3] das Erscheinen von Otto Weiningers *Geschlecht und Charakter* (1903) und sein Selbstmord kurz danach,[4] Marinettis *Futuristisches Manifest* mit seiner Aufforderung zur »Bekämpfung von Moralismus und Feminismus« und zur »Verherrlichung des Krieges als einziger Welthygiene« sind allesamt symptomatisch für diese Krise der Identität.

Der Weltkrieg wurde in gewisser Weise eine Rückkehr zur alten Ordnung der Geschlechterverhältnisse. Das 19. Jahrhundert aber hatte grell beleuchtet, wie sehr diese Verhältnisse geschichtlich waren.

G. F. – M. P.

18
AUSBRÜCHE

Michelle Perrot

» **E**ine Frau darf nicht aus dem engen Kreis ausbrechen, der ihr gezogen ist«, schrieb die saint-simonistische Arbeiterin Marie-Reine Guindorf, die dieser Einkreisung unbedingt entfliehen wollte und sich umbrachte, als sie gescheitert war.[1] Nachdem sich während der Aufklärung und in den Revolutionen, deren Übel so gerne den Franzosen angelastet wurden, die Macht der Frauen kräftig bemerkbar gemacht hatte, waren die Männer Europas im 19. Jahrhundert in der Tat bemüht, diese Macht nun dadurch einzuschränken, daß sie die Frauen ins Haus sperrten und von bestimmten Tätigkeitsbereichen, nämlich vom literarischen und künstlerischen Schaffen, von gewerblicher Produktion und Handel, von Politik und Geschichte ausschlossen. Gleichzeitig wurde versucht, die Energien der Frauen stärker auf die wieder hoch geschätzte Häuslichkeit, d. h. auf das domestizierte Soziale zu lenken. Die Theorie der »Sphären«, als deren Interpret Ruskin hervortrat (*Of Queen's Garden*, 1864), wies einen Weg, die geschlechtsspezifische Aufteilung der Welt zu lenken, sie rational zu einer harmonischen Komplementarität von Rollen, Aufgaben und Räumen zu ordnen und so die »natürliche« Berufung mit dem gesellschaftlichen Nutzen zu versöhnen.

Die Frauen verstanden es, sich der Räume, die ihnen zugebilligt oder anheimgegeben wurden, zu bemächtigen, um von dort aus ihren Einfluß bis in die Vorzimmer der Macht auszuweiten. In diesen Räumen suchten und fanden sie die Vorformen einer Kultur, die Gußform eines »Geschlechtsbewußtseins«.[2] Auch den Ausbruch versuchten sie, um endlich überall Aufenthaltsrecht zu haben. Ausbruch im wörtlichen Sinne hieß, fern von Heim und Herd auf der Straße zu flanieren, an verbotene Orte vorzudringen – ins Café, zur politischen Versammlung – und zu reisen. Im übertragenen Sinne bedeutete Ausbruch, über zugewiesene Rollen hinauszuwachsen, sich eine eigene Meinung zu bilden, sich von Unterwerfung zur Unabhängigkeit aufzuschwingen; all dies konnte sowohl in der Öffentlichkeit wie in der Privatheit geschehen. Nun zu einigen dieser Vorstöße.

IN DER STADT

Wohltätigkeit als ehrwürdige Christinnenpflicht hatte die Frauen schon lange aus dem Haus geführt: Armen-, Gefangenen- und Krankenbesuche in der Stadt waren erlaubte Wege, zu denen jedermann seinen Segen gab. Das Ausmaß der sozialen Probleme im 19. Jahrhundert machte diese herkömmliche Praxis zur Notwendigkeit. In der Wohltätigkeit, diesem privaten Engagement für das Soziale, hatten Frauen einen herausragenden Platz; »the angel in the house« war zugleich »the good woman who rescues the fallen«, und Ruskin betrachtete diese Tätigkeit als Fortsetzung der häuslichen Pflichten. Katholiken und Protestanten – erstere autoritärer, letztere mehr unter Förderung von Selbsttätigkeit[3] – predigten den Frauen von Welt, es sei deren Aufgabe, die Lage der Ärmsten materiell und sittlich zu verbessern.

Immer mehr Zusammenschlüsse und Vereinigungen aller Art – Enthaltsamkeits-, Hygiene- und Moralvereine – boten, bisweilen in Konkurrenz zueinander, ihre Dienste an; und diese waren besonders die Dienste alleinstehender Frauen, von denen befürchtet wurde, sie könnten durch Nichtstun oder Kinderlosigkeit versauern. Schon 1836 bildete der Rheinisch-Westfälische Diakonissenverein die ersten protestantischen Krankenschwestern als unbezahlte Arbeitskräfte für Krankenhäuser, Kinderkrippen, Waisenhäuser usw. aus: Ende des Jahrhunderts gab es in Deutschland mehr als 13000 Diakonissen. Unter dem Schlagwort »Soziale Mutterschaft« kam es in ganz Europa zu einer regelrechten Mobilmachung der Frauen. Diese Basisbewegung wurde angetrieben durch die Seuchen (die Cholera 1832), die Kriege mit ihren Verwundeten, die Wirtschaftskrisen mit ihrer Massenarbeitslosigkeit und ausgeweitet durch die allgegenwärtigen Probleme der Städte, durch Alkoholismus, Tuberkulose und Prostitution.

Von der Wohltätigkeit zur Sozialarbeit

Für solche »Liebeswerke« durften Frauen keinerlei Lohn erwarten; in der Stadt Hausarbeit zu leisten war genauso unbezahlt wie daheim. Männer, die große Wohltäter waren, wurden geehrt, mit Orden und Denkmälern bedacht und sind noch heute bekannt; die meisten Frauen aber, die zumindest im ersten Drittel des Jahrhunderts keine Veranstaltungen abhielten und keine Berichte verfaßten, sind vergessen. Catherine Duprat hatte große Schwierigkeiten, »die stummen Akteurinnen« der Société de charité maternelle in Paris zu identifizieren, obwohl diese in der Restaurationszeit und unter der Julimonarchie äußerst aktiv gewesen waren.[4] Wie Sylvain Maréchal damals schrieb, »soll der Name einer Frau nur im Herzen ihres Vaters, ihres Gatten oder ihrer Kinder eingegraben sein«,[5] oder auch in den Herzen der Armen, ihre angenommenen Kinder. Namenlose Liebeswerke verschlangen ungeheure Frauenenergien; ihre Spuren wurden verwischt, und ihre Auswirkungen auf die Gesellschaft sind heute kaum mehr zu ermessen.

Die karitative Arbeit war für die Frauen selbst allerdings keineswegs eine nebensächliche Erfahrung. Sie veränderte ihre Weltwahrnehmung, ihr Selbstgefühl und bis zu einem gewissen Punkt auch ihren Zugang zum politischen Leben. Sie lernten das Vereinswesen kennen, zunächst in gemischten Gruppen unter männlicher Leitung, dann in reinen Frauengruppen, in denen sie das Heft schließlich selbst in die Hand nahmen. So in den schon 1830 gegründeten Elisabethvereinen der Katholikinnen des Rheinlands, in dem von der Protestantin Amalie Sieveking 1832 in Hamburg gegründeten Weiblichen Verein für Armen- und Krankenpflege[6], in Ellen R. Whites 1859 ins Leben gerufenen London Bible Women and Nurses Mission ebenso wie in Octavia Hills 1869 gegründeter Charity Organization Society[7]. Auf die wohltätigen Damen, die von ihren Beichtvätern oder Ehegatten, deren Namen sie auf diese Weise bekannt machten, mehr oder minder dazu gedrängt wurden, folgten bald selbständigere Frauen, häufig Ledige oder Witwen, die sich über das physische und moralische Elend empörten und von missionarischem Eifer getrieben waren. Octavia Hill, eine aktive Geschäftsfrau und Mitglied zahlreicher Komitees, faßte die Philanthropie als eine Wissenschaft auf, die die Eigenverantwortung fördern sollte; in ihrem von liberaler Ideologie getragenen Werk *Our Common Land* (1877) bekundete sie ihren optimistischen Glauben an die Privatinitiative, der sie gegenüber jeglichem staatlichen Eingriff den Vorzug gab. Ihre Vereinigung, die sich zunächst auf eine aristokratische Elite, also die distinguierteste Gruppe der zum demonstrativen Müßiggang verpflichteten Oberschicht stützte, konnte mit wachsender Größe auch Frauen aus der Mittelschicht an sich binden, die sich vorwiegend der Aufgabe widmeten, über die Wohltätigkeit Hauswirtschaftsanleitungen nach dem Vermächtnis Josephine Butlers (*Women's Work and Woman's Culture*, London 1869) zu popularisieren. Manchmal wurden auch Frauen aus der Unterschicht, die dann geringfügig entlohnt wurden, systematisch einbezogen; die Bible Women der London Mission waren zum Heil Bekehrte, die wegen ihrer Sprache und Vertrautheit – sie wurden mit Vornamen angeredet – sehr beliebt waren.

Methoden und Ziele wandelten sich parallel. Zu Beginn ging es um »Liebeswerke«, später um ein gewaltiges Projekt der sittlichen Hebung und der Hygiene. Das Spendensammeln entwickelte sich aus Almosen, die im Freundeskreis und in der Nachbarschaft erbettelt wurden, zu Millionenkollekten, die bei Wohltätigkeitsauktionen oder -basaren zusammenkamen. In England gab es zwischen 1830 und 1900 jährlich mehr als hundert solcher Veranstaltungen. Diese *ladies' sales* waren Sache der Frauen, die begeistert waren, hier mit unerhörten Summen und sonst nur passiv konsumierten Gütern zu hantieren. Sie arbeiteten sich in die Mechanismen der Geschäftswelt ein und entwickelten dabei einen Schatz kreativer Phantasien. Unter dem äußeren Anschein von Festkomitees kehrten sie die Rollen um und verschafften bisweilen auch einer eher politischen Botschaft Gehör: Es gab Basare gegen den Freihandel zur Zeit der Corn Laws, und in den Städten Nordostamerikas *antislavery bazaars*.

Bei der Verteilung der Mittel zeigt sich ein ähnlicher Wandel. Der Hausbesuch, mit dem »würdige Arme« ermittelt werden sollten, wurde immer strenger. Er verwandelte sich in eine Untersuchung von Lebenslauf und Familie, und die Akten sammelten sich in den Vereinsheimen zu einem regelrechten Archiv der Armut. Die Frauen erlangten ein quasi professionelles Wissen und Können in ihrem sozialen Arbeitsgebiet. Dieses entwickelte sich um so mehr, als der Werdegang der Armen fortan verfolgt und gesteuert werden sollte; dabei ging es darum, schlechte Gewohnheiten als Wurzel allen Übels zu verändern und verwahrloste Familien wieder zu stabilisieren. Mehr als die Hospitäler, das Arbeitsgebiet einer Florence Nightingale (1820–1910), oder die Zuchthäuser, wo sich Elisabeth Fry, Concepción Arenal, Joséphine Mallet oder Madam d'Abbadie d'Arrast engagierten, wurde die Familie als Keimzelle der Gesellschaft und besonders die Beziehung »Mutter–Kind« allmählich zum bevorzugten Arbeitsgebiet.

Vor allem sollten die Frauen kennengelernt, ausgebildet und beschützt werden. Die London Bible Women Mission veranstaltete Teekränzchen oder *mother's meetings*, um Grundbegriffe der Hauswirtschaft und Säuglingspflege zu verbreiten und das Bedürfnis nach einem sauberen und gemütlichen Heim zu wecken: ein frischgewaschenes

Tischtuch auf dem Eßtisch, Vorhänge an den Fenstern. Über die Hausfrauen als Mittlerinnen hoffte man gegen den Alkoholismus der Gatten und die Verwahrlosung der Kinder vorgehen zu können; sie waren Mittel zur Wiederherstellung und Dreh- und Angelpunkt des sozialen Friedens.

Aber das Moralpredigen schloß Mitgefühl oder gar Empörung über die Lebensverhältnisse der in Armut lebenden Frauen keineswegs aus. Es waren vor allem zwei Gestalten, die Protest wachriefen: die Heimarbeiterin und die Prostituierte. Gegen die sozialen Verheerungen der Konfektionsschneiderei, die daheim für Großkaufhäuser betrieben wurde und sich durch die Nähmaschine rasant ausbreitete, gingen die wohltätigen Damen mit Untersuchungen vor und versuchten, auf die Verbraucherinnen einzuwirken. Die Amerikanerinnen organisierten Konsumgenossenschaften, Le Plays Schülerin Henriette Jean Brunhes führte diese in Frankreich ein. Das Ziel der Genossenschaftsgründungen war, das Verantwortungsgefühl der Käuferinnen zu stärken. Wenn die Käuferinnen ihre Anforderungen senkten oder ihre Käufe zeitlich besser planten, könnten sie – so war die Idee – den Arbeiterinnen der Schneiderateliers oder Modesalons lange, anstrengende Nachtarbeitsstunden oder den Heimweg nach Mitternacht ersparen. Die Aktion wurde zwar von dem aktiven protestantischen Genossenschafter Charles Gide begrüßt, doch von liberalen Ökonomen um so heftiger kritisiert. Diesen ging es gegen den Strich, daß Frauen die sakrosankten Gesetze des Marktes beeinflussen wollten und mit dem Verbrauch der Frauen gar die Produktion steuern wollten, den Zuständigkeitsbereich der Männer. In Frankreich gründeten Frauenrechtlerinnen und Gewerkschafterinnen wie Gabrielle Duchêne und Jeanne Bouvier ein gut dokumentiertes Büro für Heimarbeit. Sie initiierten außerdem das Gesetz vom 10. Juli 1915, mit dem erstmalig die Gewerbeaufsicht für Heimarbeit und ein Mindestlohn eingeführt wurden, zwei Regelungen also, die ein neues Sozialrecht einläuteten.[8] Die Wohltätigkeit überschritt ganz eindeutig ihre Grenzen, und auch die Frauen wuchsen über sie hinaus.

Die Prostituierten dagegen weckten bei wohltätigen Damen ebenso wie bei radikalen Frauenrechtlerinnen, von Flora Tristan bis Josephine Butler, einhellig Mitleid und therapeutische Hilfsbemühungen. Das Frauengefängnis und Geschlechtskrankenspital Saint-Lazare war ein Brennpunkt des Handelns, vor allem von Protestantinnen (Émilie de Morsier, Isabelle Bogelot und L'Œuvre des libérées de Saint-Lazare). Während Josephine Butler einen glühenden Kreuzzug führte, um die Reglementierung der Prostitution abzuschaffen, veranstalteten Wohltätigkeitsvereine im Juli 1885 im Londoner Hyde Park die größte »Sittlichkeits«-Konferenz aller Zeiten »gegen das Laster«: 250000 Personen kamen im Namen von *purity* zum Protest gegen die »Behandlung der weißen Sklavinnen« zusammen. Zwar mögen solche Schlagworte zwiespältig klingen, doch wurde mit ihnen die zentrale Frage nach dem Körper der Frau und der Möglichkeit seiner käuflichen Aneignung gestellt.

Bei der Umwandlung von Wohltätigkeit in «Sozialarbeit« spielten die *settlements* eine entscheidende Rolle. Nun ging es nicht mehr um gelegentliche Hausbesuche, sondern um dauerhafte Stützpunkte in den Armenvierteln der Vorstädte, Außenbezirke, Grenzgebiete, also in den *East ends* aller Großstädte. Wiederum von Protestantinnen angestoßen, nahm die Bewegung in England ihren Ausgang vom Barnettschen Haushalt in Toynbee Hall. Octavia Hill gründete das erste *settlement* für Frauen in Southwark (1887); weitere folgten, geleitet von Ledigen, die vor der Eheschließung geflohen waren, bisweilen von Schwesternpaaren oder auch Akademikerinnen (z. B. The Women's University Settlement), die damit ihre Wohngemeinschaften aus der Studienzeit fortsetzten. Martha Vicinus hat die Gastfreundschaft und die Probleme dieser Wohngruppen skizziert, die unter der Labilität der jungen Frauen litten, welche zwischen dem kargen Leben eines ständigen sozialen Engagements und seinem emanzipatorischem Aspekt hin- und hergerissen waren. Freizügig im Umgang und im Erscheinungsbild, verweigerten sich diese Frauen – die im übrigen für die Familie und das traute Heim agitierten – dem traditionellen Eheschicksal und verglichen sich mit ihren Brüdern, die draußen für das Empire fochten. Ihr Afrika und Indien waren die Elendsviertel.[9] In Frankreich wurden ähnliche Volkserziehungsexperimente in den Proletariervierteln von Charonne (Marie Gahérys Union) und im Lumpensammlerbezirk von Levallois-Perret durchgeführt. Hier war die Sozialkritikerin Marie-Jeanne Bassot, die Sillon nahestand, von Jane Addams und dem Vorbild der amerikanischen *settlements* beeinflußt. Sie gehörte der katholischen Sozialbewegung an und wollte ihre Sozialstation zur Keimzelle einer neuen Stadt machen. Diese Bewegung wurde indes wegen der mißtrauischen Gängelung durch die Priester und der Vereinnahmungsversuche durch die politische Rechte nicht so umfangreich. Nach dem Ersten Weltkrieg mobilisierten Gruppierungen wie Le redressement français (Bardoux, Mercier) »Freiwilligenarmeen« besonders von Frauen als »Arbeiterinnen der Wohlfahrt« zum »Kampf gegen die Barbarei«, nämlich den Kommunismus. Der erste Kongreß der *settlements* 1922 bewies deutlich, welchen Anwerbeeffekt eine solche Frauenaktion haben konnte, auch wenn sie dem Anschein nach sehr verhalten blieb.[10]

Die Wohltätigkeit wirkte sich in vielerlei Weise auf das Verhältnis der Geschlechter in den Städten aus. Durch sie entdeckten die Bürgersfrauen eine ganz andere Welt, und für manche von ihnen war das ein Schock. Sie erwarben Kenntnisse über Verwaltungs- und Finanzierungsaufgaben, Kommunikationsmittel und vor allem über die Erhebung von Sozialdaten. Flora Tristan (*Promenades dans Londres*, 1840) und Bettina von Arnim (*Dies Buch gehört dem König*, 1843) waren die ersten Berichterstatterinnen über das Elend.[11] »Widmet Euch ständigen Untersuchungen«, empfahl Henriette Jean Brunhes (1906), weitete damit den Ansatz aus und verallgemeinerte ihn. Die Frauen sammelten so Wissen und praktische Erfahrung, durch die ihnen potentiell eine Expertinnenrolle zuwuchs. Über das bescheidene Personal der London Mission oder der *settlements*, über die vom französischen Jugendgerichtsgesetz von 1912 geschaffenen »Berichterstatter beiderlei Geschlechts«,[12] über die ersten Fraueninspektorinnen (in Frauengefängnissen, Schulen, Werkstätten und Fabriken) wuchsen sie in Amtsfunktionen und in eine immer professionellere Sozialarbeit hinein. Unterrichten, pflegen, helfen: dieser dreifache Auftrag wurde zur Grundlage der »Frauenberufe«, die noch lange Zeit von ideeller Berufung und Liebeswerken geprägt bleiben sollten.[13]

Durch die Tätigkeit auf sozialem Gebiet wurden den Frauen allmählich eine Kompetenz zuerkannt, die ihren Wunsch nach eigenständiger Verwaltung rechtfertigte. »Wir fordern, daß man uns anvertraut, was für diesen besonderen Auftrag notwendig ist«, meinten 1834 die Damen des Mütterwohlfahrtsvereins. »Männer würden Einrichtungen und hohe Summen besser verwalten; doch es gebührt denen, die sich der Sache widmen und die schlimmsten Dinge mitansehen müssen und dabei immer noch Liebe erweisen können, die niederen Klassen zu überzeugen, ein schweres Leben auszuhalten.«[14] Der bescheidene Ton wurde zur radikalen Kritik und bei Octavia Hill oder Florence Nightingale zur entschlossenen Forderung; aufgrund ihrer Erfahrungen im Krimkrieg begann letztere, nicht nur die Spitäler, sondern auch die Armee zu reformieren, »den primären Ort, wo ein erstes Engagement vieler Frauen diesen ermöglicht, Zugang zur Wissenschaft und zum Wissen zu gewinnen«.[15]

Ausgehend von ihrer Fähigkeit zum »sozialen Wirtschaften« setzten die wohltätigen Damen bei den Wohnverhältnissen und in Wohnvierteln an, die sie gut kannten. Sie machten hier den Männern die Zuständigkeit streitig. Die Bürgersfrauen Nordfrankreichs ließen sich auf einen Konflikt mit den Stadträten ein, die ihnen die verlangten Zuschüsse verweigerten.[16] Die englischen Damen – etwa Louise Twining – führten Kampagnen gegen die Verwalter von Arbeitshäusern (*workhouses*), klagten die namenlose Unmenschlichkeit dieses Systems an und machten sich an eine Reform der Armengesetzgebung, der Poor Laws.

Als Fürsorgerinnen der Armen, über die sie gleichzeitig auf zwiespältige und keineswegs klassenneutrale Weise Macht ausübten, empfanden sie sich als Anwältinnen derer, die in ihren Augen weder Stimme noch Stimmrecht hatten. Zwischen Frauen und Proletariern gab es ein symbolisches, wenn nicht organisches Band, worauf die Saint-Simonisten hingewiesen hatten. Eugénie Niboyet schrieb: »Ich agitiere die Massen gern, weil ich bei ihnen meine ganze Kraft spüre. Ich bin Verkünderin.«[17] Im Namen der Ausgestoßenen, der Schwachen, der Kinder und vor allem ihrer Geschlechtsgenossinnen forderten die sozial engagierten Frauen das Recht auf politische Repräsentation auf lokaler und sogar auf nationaler Ebene. Ihr eigentlicher Aktionsraum war die Kommune. Dort funktionierten vor allem während der ersten Hälfte des Jahrhunderts ihre formellen und informellen Netzwerke am effizientesten. In Utica (im Staate New York), einer von heftigen Erweckungsbewegungen erschütterten presbyterianischen Kleinstadt, gab es 1832 vierzig Frauenvereine (Maternal Associations, Daugthers of Temperance usw.), die sich hauptsächlich dem Schutz der von Prostitution und Vergewaltigung bedrohten Mädchen widmeten und wie eine regelrechte Sittenpolizei agierten.[18] Die angelsächsischen Suffragetten forderten gestützt auf solche Macht das Frauenwahlrecht, zunächst auf kommunaler Ebene. In minderem Umfang griffen Frauen als *pressure groups* durch Verbandsarbeit oder Petitionen (zu Scheidungsrecht, Arbeitsschutz usw.) in die Gesetzgebung ein. So wurden sie zu Akteurinnen auf kommunaler und gesamtstaatlicher Ebene.

Damit fanden sie erneut das Interesse der Männer, die bereit waren, sie zu benutzen, aber dabei sorgfältig auf ihre eigenen Vorrechte achteten. Je mehr der Pauperismus zur »sozialen Frage« wurde, desto nachhaltiger schalteten sich die Männer ein. Schutzherrschaft als Vatersache konnte nicht Frauen überlassen bleiben. Schon de Gérando (*Le visiteur du pauvre*, 1820) wünschte sich für die Hausbesuche mehr Männer, die aktiv in der Wirtschaft seien und Arbeit beschaffen könnten. Die großen Gestalten der Wohlfahrtspflege zum Ende des Jahrhunderts waren Männer: Barret, Booth als Gründer der Heilsarmee, Henri Dunand als Gründer des Roten Kreuzes, Max Lazard, der die erste internationale Konferenz zur Arbeitslosigkeit (1910) organisierte, usw. Die Verwaltung der sozialen Frage ging in die Hände von Politikern und Akademikern über: von Ärzten, Juristen, Psychologen. Diese hatten nichts Eiligeres zu tun, als Frauen zu subalternen Hilfskräften wie Krankenschwestern und Sozialhelferinnen zu degradieren. Damit mußte ein neuer Kampf um Berufsausbildung und Anerkennung von Prüfungszeugnissen als Statusgarantien geführt werden. Das Feld der Auseinandersetzung hatte sich verlagert.

Die Wohltätigkeit hatte noch andere Wirkungen. Sie stellte zwischen den Frauen der Mittelschicht Kontakte her und führte dazu, daß von

Neuengland bis Athen zumindest ansatzweise ein »Geschlechtsbewußtsein« entstand, das häufig zum Vorläufer für feministisches Bewußtsein wurde. Nach Carroll Smith-Rosenberg waren die »neuen Frauen«
von 1880–1890 die Töchter der »neuen bürgerlichen Matronen« der
Jahre 1850–1880.[19] Dieser Schmelztiegel der Identität wirkte an den
Grenzen von Politischem und Sozialem, Öffentlichem und Privatem,
Glaubensbekenntnis und Morallehre als Versuchslabor.

Bei den Arbeiterinnen

In der Stadt wurden die Arbeiterinnen doppelt verleugnet: als Frauen,
weil sie angeblich die Antithese von Fraulichkeit waren (»Arbeiterin,
welches unflätige Wort«, schrieb Michelet), und als arbeitende Menschen, weil ihr Lohn, statuarisch unter dem Manneslohn festgelegt, nur
als »Zuverdienst« zum Einkommen der Familie betrachtet wurde, die die
Aufgabe und das Schicksal der Frauen bestimmte. Ganze Branchen
blieben den Arbeiterinnen verschlossen. Überdies basierte die Arbeiter-
identität im 19. Jahrhundert im Alltags- und Privatleben ebenso wie im
öffentlichen und politischen Leben voll und ganz auf dem Modus der
Männlichkeit. Peter Stearns betont, daß sich das Verhältnis zwischen
den Geschlechtern bei englischen Arbeiterehepaaren Ende des Jahrhunderts verschlechterte.[20] Dorothy Thompson zeigt, wie sich die Frau-
en zur Zeit der Chartistenbewegung aus dem aktiven Raum zurückzogen; sie wurden in den Versammlungen immer leiser, ihre bloße
Anwesenheit wurde wenig spater als unpassend empfunden, und
schließlich wurden sie aus den *pubs* und *inns* verbannt, die zu reinen
Männerversammlungsorten wurden.[21] Ungeachtet aller Variationen verlief die Entwicklung letztlich überall gleich. Als Objekt für Gewalttätigkeit im Dschungel der Großstadt sowie häufig auch in der Familie und für sexuelle Belästigung in Werkstatt und Fabrik wurde der
Körper der Arbeiterfrau als Allgemeingut angeeignet.[22] Anerkennung
fand sie nur als Mutter oder Hausfrau. Nur die »Mutter der Kumpel«
oder Mother Jones – eine Irin und Begründerin der Gewerkschaft der
Bergarbeiter in den Vereinigten Staaten – wurden in der Arbeiterbewegung geduldet, die sich bis in ihre Symbole männlich gab: der
Schwerarbeiter mit nacktem Oberkörper, gespanntem Bizeps, Muskel-
paketen – der Mann aus Marmor – ersetzte in der Bilderwelt die Hausfrau mit dem Korb.[23] Bei den immer stärker ritualisierten und geordneten Demonstrationen war die Gewalttätigkeit und Unberechenbarkeit
der Frauen gefürchtet; sie wurden zwar toleriert und mobilisiert, aber
nur an zugewiesenen Plätzen, möglichst als Fahnenträgerinnen,
Schmuckelement oder schützende Tarnung.[24] Selbst aus der Erinnerung

verschwanden sie; in den meist von Männern verfaßten Funktionärs-
biographien war wenig von den Müttern und Ehefrauen, die zudem
häufig als weinerliche Bremserinnen dargestellt wurden, die Rede, aber
viel von den Vätern, die von den Söhnen als Helden vergöttert wurden.

Die Frauen als Gruppe zogen sich von der Straße zurück, als die
Zeit der Hungermärsche – wichtige Protestform der traditionellen
Gesellschaften und zugleich Regulator der moralischen Ökonomie,
deren Barometer sie waren – zu Ende ging. Früher hatten sie vom
Markt her und wegen der Weizensteuer in die lokale und sogar nationale Politik eingegriffen. Am 5. und 6. Oktober 1789 waren es die
Marktweiber, die die königliche Familie von Versailles nach Paris zu-
rückholten und damit den politischen Raum grundlegend veränderten.
Diese Hungerrevolten, die in der ersten Hälfte des 19. Jahrhunderts
noch häufig waren und 1846–1848 alle europäischen Länder überzogen, wurden später mit verbesserter Versorgung seltener. Demonstrationen entwickelten sich immer mehr zur Männersache, wie Fabrik-
arbeiter und bald auch die Gewerkschaftsbewegung dabei die führende Rolle übernahmen. Bei der »Teuerungs«-Krise, die 1910–1911 alle
Industriegebiete Europas erfaßte, kam es gleichwohl erneut zu Zusam-
menrottungen und Plünderungen von mehreren tausend Hausfrauen
(die sich in Frankreich auf ihre Ahninnen vom Oktober 1789 beriefen),
die die Märkte eroberten und die Preise der Produkte im Sinne der
Internationale du beurre à quinze sous festlegten; sie organisierten sich
in »Ligen«, um Spekulanten zu boykottieren, und handelten sich schwere Gefängnisstrafen ein. Unterdessen kritisierten die Gewerkschaften
»diese instinktive, chaotische, blinde Bewegung« und gingen daran, sie
in einen »Aufstand der Männer«[25] umzuwandeln. Dasselbe Drehbuch
1917 in Amsterdam bei der Kartoffelrevolte, einer subtilen Mischung
aus alten und neuen Protestformen: der Führer der holländischen
Sozialdemokraten forderte Hausfrauen, die zwei Lastkähne geplündert
hatten, dazu auf, die Stafette an ihre Ehemänner und Söhne zu übergeben und diese zum Streik aufzuwiegeln.[26] Gewerkschafter und Sozialisten teilten im großen und ganzen die Ansicht der Massenpsycholo-
gen: Sie fürchteten bei Demonstrationen das weibliche Element und
seine Gewaltbereitschaft.[27]

Als demonstrativer Akt von bewußten und organisierten Produzen-
ten galt der Streik als männliche und zunehmend als rationalere Aktion. Gewalt wurde im Regelfall unterbunden oder zielbewußt angewandt, und damit auch der Einsatz von Frauen. Die Frauen von Streikenden hatten zwar weiterhin im Streik ihre Rolle. Ihr Platz war an
den Gulaschkanonen der Volksküchen und der *soupes communistes*,
dieser Urform gegenseitiger Hilfe zu Beginn des 20. Jahrhunderts, bei

»Solidaritätsveranstaltungen mit Gesang«, oder sie hatten bei Demonstrationen die Unternehmer und vor allem die »gelben« Gewerkschaften zu schmähen.[28] Die Bergarbeiterfrauen, die am besten in die Gemeinschaft integriert waren, beherrschten alle Formen der gemeinsamen Aktion, deren Repertoire der faszinierte Zola in epischer Breite geschildert hat (*Germinal*, 1885). Für zeitgenössische Beobachter (etwa Polizeikommissare) war der Frauenanteil bei Versammlungen oder Umzügen Indikator für das Ausmaß der Unzufriedenheit in der demonstrierenden Gruppierung.

Das Verhältnis der Geschlechter in gemischten Streiks würde besondere Aufmerksamkeit verdienen. Leider ist darüber so gut wie nichts bekannt, weil Männer und Frauen in den Quellen meistens in der Pseudoneutralität des Plurals (»die Streikenden«) zusammengefaßt werden. Bei Tarifverhandlungen wurden Frauenforderungen ohne weiteres geopfert und die ungleichen Löhne selten in Frage gestellt.

Es gab auch Frauenstreiks. Diese erhielten das Stigma des Ungehörigen. Sie waren eine unerträgliche Rebellion für den an Fügsamkeit gewöhnten Unternehmer; ein Ärgernis für die Familie, das durch das jugendliche Alter der streikenden Frauen noch verschärft wurde; eine Ungehörigkeit nach Meinung der Öffentlichkeit, die zwischen geduldiger Herablassung – »diese armen Irren« – und sexueller Anzüglichkeit schwankte; eine Störung des gewohnten Anblicks von weiblicher Unterwürfigkeit; also alles in allem ein Skandal. Die Arbeiter hatten etwas gegen die Streiks ihrer Frauen, und erst recht gegen die der Töchter, und drängten sie bisweilen brutal zur Wiederaufnahme der Arbeit. Beim Streik in der Zuckerraffinerie Lebaudy, Paris 1913, schleppte ein wütender Ehemann seine Frau gewaltsam in die Fabrik zurück und verabreichte ihr auf deren Schwelle eine öffentliche Tracht Prügel. Die Gewerkschaften unterstützten Frauen nur halbherzig; in ihren Statuten war die Streikunterstützung für Frauen normalerweise geringer festgelegt als die für Männer, da sie keine Familienväter seien und auf jeden Fall auch weniger zu essen brauchten! Streiks von Frauen waren eine Gefahr für die patriarchalische Gesellschaft, und diese erkannte ihnen daher ein Streikrecht genausowenig zu wie ein Recht auf Arbeit.

Man kann ermessen, wie groß die Macht dieser geballten Abschreckung war. Einen Streik riskieren hieß, sich gegen die öffentliche Meinung stellen, aus der Fabrik auf die Straße gehen und sich wie ein Strichmädchen verhalten. Dazu gehörten Mut, ein lauer Frühlingstag und besondere Umstände: daß wegen einer zusätzlichen Schikane »das Maß voll« war, daß eine »Rädelsführerin«, die dann in der Presse unweigerlich zur Megäre oder Furie stilisiert wurde, die anderen mitriß. Eine solche Anführerin war die dicke Arbeiterin von Bermondsey, die Mary Agnes Hamilton (*Mary Macarthur*, London 1925) beschrieben hat. Man sieht sie geradezu an einem Augustmorgen des Jahres 1911 an der Spitze einer Armee streikender Arbeiterinnen marschieren, eine Frau mit starkem Körpergeruch, voller Ungeziefer und »ausstaffiert mit Federboas und Fuchskragen«.

Mit Ausnahme einzelner Branchen wie der Tabakverarbeitung war die Streikbereitschaft der Frauen gering. In Frankreich stellten sie zwischen 1870 und 1890 nur 4 Prozent der Streikenden bei 30 Prozent der Beschäftigten. Ihre Streiks waren meist Abwehrstreiks. Sie waren spontan, schlecht organisiert und schwach begründet und glichen eher Protestaktionen gegen Überstunden und hetzenden Arbeitstakt, Hygienemängel oder eine zu harte oder willkürliche Arbeitsdisziplin. »Wir leiden schon zu lange«, sagten die Seidenspinnerinnen von Lyon (1869). Diese kurzfristigen Aktionszusammenschlüsse scheiterten häufig.

Nichtsdestoweniger waren sie Ausbrüche, seltene Gelegenheiten, »auf die Straße zu gehen«, und Aktionsformen, an welche sich die Beteiligten später besser erinnerten als an die Arbeiterbewegung. Manche wurden zu Ereignissen: der Streik der Seidenarbeiterinnen in Lyon, den sich die Erste Internationale zu eigen machte und zugleich der Streikführerin Philomène Rosalie Rozan jede Vertretungskompetenz auf dem Baseler Kongreß absprach; der Streik der Zündholzarbeiterinnen in London (1888), wo die Frauen zum ersten Mal streikten, ohne die Erlaubnis der männlich beherrschten Trade Unions einzuholen, sondern sich zwecks Gründung einer eigenen Gewerkschaft und zur Veröffentlichung ihrer Forderungen an Annie Besant wandten und dabei obendrein auch noch Erfolg hatten; der Streik der Typographinnen in Edinburg, die in einer bemerkenswerten Denkschrift – *We Women* – unter Berufung auf ihre Fähigkeiten Gleichbehandlung und damit das Recht, als Druckerinnen zu arbeiten, forderten; der Streik der 20000 Korsettschneiderinnen von New York (1909), der besonders reich an Provokationen war und dank der Zeitungsreportage von Theresa Malkiel allgemein bekannt wurde.[29]

Auf der Straße fürchteten die Arbeiter den ausgelassenen Überschwang der Frauen mit ihren Liedern, Tänzen, Puppenverbrennungen, der ihrer Jugend und ihrer eigenständigen Kultur entsprach. In den Versammlungssälen entdeckten die Frauen den Rausch der freien Rede und der Gemeinsamkeit. Ihre Plakate klebten sie an Hauswände; in der Presse veröffentlichten sie ihre Manifeste und eroberten sich so einen Teil des öffentlichen Raums. Als unerfahrene Kämpferinnen suchten sie anfänglich Unterstützung bei ihren männlichen Kollegen; doch mehr und mehr ärgerten sie sich über deren Bevormundung und wandten sich an Geschlechtsgenossinnen, Sozialistinnen oder seltener an Frauenrechtlerinnen: Annie Besant, Eleanor Marx, Beatrice Webb,

Louise Otto, Clara Zetkin, Paule Mink, Louise Michel, Janet Addams, Emma Goldman usw. beteiligten sich an ihren Kämpfen. Bisweilen und nicht ohne Schwierigkeiten zeichnete sich eine »gemeinsame Front« der Frauen ab, welche die Führer der Arbeiterbewegung erst recht beunruhigte, sobald sie sich dauerhaft in die Gewerkschaftsbewegung einschalten wollte.

Die Gewerkschaftsbewegung war noch kaum eine Angelegenheit von Frauen. Beiträge, Zeitschriftenlektüre, Beteiligung an Abendversammlungen in Cafés schreckten ab. Aber es gab noch mehr Hindernisse: das Doppelproblem des Rechts auf Arbeit und auf politische Vertretung. Wie und in wessen Namen dürfen Frauen ihre Stimme erheben? Für wen? Sind nicht die Männer die naturgegebenen Vertreter der Familiengemeinschaft, zu der angeblich alle gehören?

In Berufen, die Männerdomänen waren, wurden Frauen zunächst nicht in die Gewerkschaft aufgenommen (Schneider, Buchbinder). Das war vor allem in Deutschland so, solange dort Lassallesche Auffassungen vorherrschten, die die Frauenarbeit grundsätzlich ablehnten. Anderswo wurden Frauen in Männergewerkschaften aufgenommen, erst zurückhaltend, dann wohlwollender. Als sich allmählich immer klarer abzeichnete, was auf dem Spiel stand, begannen Gewerkschafter sogar über die Passivität der Frauen zu klagen, zu der sie selbst beigetragen hatten. Denn Gewerkschafter sahen weder gern, daß Frauen das Wort ergriffen – noch um 1880 mußte eine Frau in Nordfrankreich dazu eine schriftliche Wortmeldung vom Ehemann oder Vater einreichen! –, noch daß sie Funktionen übernahmen. Zugelassen wurden allenfalls ein paar schmückende Frauen auf der Tribüne, einige wenige Funktionärinnen und noch weniger Frauen unter den Delegierten auf Kongressen, den Orten der Macht. Sogar in der Tabak- und Streichholzindustrie, in der die Frauen zwei Drittel der Beschäftigten stellten, waren die Funktionäre in der Mehrzahl Männer. Das alles erklärt zur Genüge den geringen Anteil von Frauen unter den Gewerkschaftsmitgliedern. Es waren selten einmal mehr als 3 Prozent.

Der erste Anstoß zur Organisierung kam häufig von Frauen außerhalb der Arbeitswelt. Es waren Frauen, die in der Vereinsbewegung engagiert waren und die den Zusammenschluß zur gegenseitigen Hilfe ebensosehr als Mittel der Selbsterziehung wie der Vertretung von Forderungen propagierten. Louise Otto und ihr Allgemeiner Deutscher Frauenverein (Leipzig 1865), Emma Paterson und die Women's Trade Union League (1874), Janet Addams und die New Women's Trade Union League (Boston, 1903), Marguerite Durand und die von der Fronde unterstützten Gewerkschaften, Marie-Louise Rochebillard, Cécile Poncet und die »freien Gewerkschaften« aus der Gegend um Lyon, diese und zahlreiche andere Frauen erkannten klarsichtig, daß der speziellen Ausbeutung von Arbeiterinnen notwendigerweise nur mit einer reinen Frauenorganisation begegnet werden konnte. Was auch immer ihr »Maternalismus« gewesen sein mag, sie förderten die Heranbildung militanter Arbeiterinnen, die ihre Eigenständigkeit zu wahren wußten.

Das ging nicht ohne Zusammenstöße. Konflikte waren vorprogrammiert, auch mit Frauen. Das »Geschlechtsbewußtsein« zerbrach an Machtrivalitäten und an sozialen Hierarchien. Arbeiterinnen warfen anläßlich der Sozialgesetzgebung den »Bürgerlichen« vor, sie hätten keinerlei Verständnis für ihre Belange. In Frankreich forderten die Sozialistinnen zu Beginn des Jahrhunderts mit allem Nachdruck eine Arbeiterinnenschutzgesetzgebung, die von Feministinnen als diskriminierend in Grund und Boden verdammt wurde.[30] Im Streik der 20000 warfen Aktivistinnen aus dem Bekleidungsgewerbe – Rose Schneiderman, Pauline Newman – den reichen New Yorker Suffragetten – Ava Belmont-Vanderbilt, Anne Morgan – voyeuristischen Elendstourismus und Reklamesucht vor. Die »Nerzbrigade« wurde klipp und klar in ihre Schranken gewiesen. Würde es alles in allem, fragt Emma Goldman rhetorisch, etwas an der Lage der Arbeiterinnen ändern, wenn Anne Morgan Präsidentin der Vereinigten Staaten würde?

Außerdem betrachteten Damen die Frauen der Unterschicht meistens weniger als ihresgleichen denn als potentielle Dienstmädchen. Im Krimkrieg gab es in dem von Florence Nightingale geführten Grüppchen von Pflegekräften dauernd Streit zwischen *ladies* und *nurses*; die Nurses beanspruchten als entlohnte Krankenschwestern gleiche Rechte und weigerten sich, die Ladies zu bedienen, die obendrein noch über ihre Freizeit bestimmen wollten. Das brachte ihnen einen strengen Ordnungsruf von Florence ein: »Sie müssen einfach begreifen, daß Sie genau in derselben Lage sind wie in England, also der Frau Oberintendantin oder ihrer Stellvertreterin gehorchen müssen.«[31] Die Dienstbotenfrage blieb unter Frauen ein ewiger Zankapfel; das zeigte sich nicht zuletzt in Frankreich beim Kongreß von 1907.[32]

Diese sozialen Spannungen wurden durch das Problem der Zugehörigkeit zu unterschiedlichen Rassen und Ethnien noch verstärkt. Gegensätze zwischen weißen angelsächsischen Protestantinnen, Jüdinnen und Italienerinnen führten in der Women's Trade Union League zur Zerreißprobe, auch im Streik der 20000 prallten die kulturellen Gegensätze hart aufeinander.

Das machte es der gewerkschaftlichen und sozialistischen Arbeiterbewegung um so leichter, die Konflikte zwischen Frauen herauszustellen und Frauen generell das Recht abzusprechen, Arbeiterinnen zu vertreten. Die Frauen seien der Stützpfeiler der Kirche, hieß es in Frankreich, und der Feminismus sei dem Wesen nach »bourgeois«. Das

war ein schlagendes Argument, um die stets des Klassenverrats ver-
dächtigte »gemeinsame Front der Geschlechter« abzuwehren. Der heftige Antifeminismus mancher Sozialistinnen – wie Louise Saumoneau
in Frankreich; Clara Zetkin contra Helene Lange und Lily Braun in
Deutschland – sowie deren Rückzug aus der Frauenwahlrechtsbewegung fand in diesen Befürchtungen seine Begründung. Besonders heftig war die Gegnerschaft in Frankreich und in Deutschland.[33] In England, wo die Geselligkeit der Frauen vielleicht weiter entwickelt und
die Wahlrechtsbewegung besonders aktiv war, herrschte eine andere
Situation. Die hochorganisierten Baumwollweberinnen von Lancashire
waren zugleich engagierte Wahlrechtskämpferinnen. Indem sie sich das
Wohltätigkeitssystem der Hausbesuche – eben das der Bible Women –
für ihre Zwecke zunutze machten, führten sie in den Jahren zwischen
1893 und 1900 eine intensive Petitionskampagne durch und sammelten fast 30000 Unterschriften von Arbeiterinnen, die ihre Delegierten
dann dem Parlament überreichten.[34]

DIE ERWEITERUNG DES RAUMES: WANDERUNGEN UND REISEN

»Jede Frau, die sich zeigt, entehrt sich«, schrieb Rousseau an d'Alembert. Um wieviel mehr drohte dieses einer Frau, die reiste! Reisende
und vor allem alleinreisende Frauen setzten sich Verdächtigungen aus.
Flora Tristan, die bei ihrer »Rundreise durch Frankreich« unter diesem
Makel zu leiden hatte – in Südfrankreich nahmen viele Hotels aus
Furcht vor Prostitution keine alleinreisenden Frauen auf –, schrieb ein
Heftchen mit dem Titel *Nécessité de faire un bon accueil aux femmes
étrangères* (1835), in der sie die Gründung eines Beherbergungsvereins
für Frauen empfahl. Eine jede Niederlassung des Vereins müßte mit
einem Lokal und einer Bibliothek, wo man Zeitungen lesen könne,
ausgestattet sein, und das Motto sollte »Tugend, Vorsicht, Offenheit«
lauten; die Mitglieder müßten als Erkennungszeichen ein rotumrande-
tes grünes Bändchen tragen; sie sollten das Recht haben, unerkannt zu
bleiben, da dieses für ihre Privatheit erforderlich sei. Dieses Projekt war
eine Vorwegnahme der Heime, die in der zweiten Hälfte des Jahrhunderts vor allem von protestantischen Vereinigungen und Verbänden gegründet wurden.[35]

Insgesamt hatten Frauen von Anfang an großen Anteil an der Mobilität, die die abendländische Gesellschaft mit der Entwicklung des
Transportwesens vor allem nach 1850 erfaßte. Sie waren unterwegs als

Migrantinnen, weil wirtschaftliche oder politische Erfordernisse und
Zwänge sie dazu veranlaßten; sie waren aber auch unterwegs als Reisende aus Pflicht oder Neigung, und dies blieb für ihre Weltanschauung nicht ohne Folgen.

Die Binnenwanderung

In den Pendelbewegungen, die etwa in Frankreich zunächst für die
Binnenwanderung typisch waren, waren es die Männer, die zu Baustellen oder zur Arbeit im städtischen Kleingewerbe aufbrachen. Die
Frauen blieben im Dorf als Hüterinnen des von ihnen bestellten
Bodens und der Tradition, so daß sie den aus der Stadt Heimkehrenden rückständig erschienen. Im Dorfe des Martin Nadaud verstummte
die alte Fouénouse, wenn die jungen Maurer mit ihrer Hauptstadtarro-
ganz die Abendunterhaltung bestritten.[36] Daneben aber gab es auch die
Landflucht, die zur Abwanderung ganzer Familien führte. Schließlich
veranlaßte der Aufschwung des Dienstbotenwesens, der vor allem mit
der gestiegenen Nachfrage der Mittelschichten, aber auch mit dem aufkommenden Konfektionsgewerbe und dem sich wenig später entwickelnden Dienstleistungssektor zusammenhing, immer mehr junge
Frauen vom Land, in der Stadt in Stellung zu gehen. Dies führte in den
städtischen Zentren wieder zu einem zahlenmäßigen Gleichgewicht
zwischen den Geschlechtern. Allerdings gab es weiterhin je nach Viertel krasse Unterschiede. Es war für die zugewanderten Männer und
Frauen nicht immer leicht, zusammenzukommen; Bälle und daneben
die Prostitution halfen nach.

Zunächst wurden die Zuwanderinnen von ihrem Herkunftsmilieu
und dem Aufnahmesystem noch streng kontrolliert; bald aber befreiten
sie sich zunehmend, was ein Schritt zum Besseren oder zum Schlechteren sein konnte. Verführt und im Stich gelassen, bevölkerten die
Zuwanderinnen die Geburtskliniken, sie nahmen Zuflucht zu »Engelmacherinnen«, vermehrten die weibliche Kleinkriminalität hauptsächlich
durch Ladendiebstähle, bevorzugt in den großen Kaufhäusern und vor
allem bei Kleiderstoffen. Andere aber sparten, arbeiteten für eine Aussteuer zur wohlerwogenen Heirat und akklimatisierten sich in der
Stadt, in der sie sich mit Findigkeit immer neue Verdienstmöglichkeiten erschlossen. Daß man sie brauchte, machte sie anspruchsvoller; die
familienverbundene Hausbesorgerin machte lebenslustigen Kammer-
kätzchen – wie der Juliette von Octave Mirbeau[37] – oder »frechen«
Dienstmädchen Platz, die beim kleinsten Anlaß »die Schürze hinhän-
gen«. Bevor sie sich in die Abhängigkeit ihres Arbeitgebers Munby
begab, wechselte Hannah Cullwick ständig das Quartier, wie sie in

ihrem Tagebuch berichtet; ihr Schicksal war das einer Dienerin, die zwar geehelicht wurde, aber den sexuellen Launen von »Massa« ausgeliefert war und von der Familie des Hausherrn nie anerkannt wurde; der Aufstieg eines Dienstmädchens hatte Grenzen.[38] Jeanne Bouvier, die mit ihrer Mutter 1879 nach Paris »hinaufgefahren« war, zeigte ebenso wie Adelheid Popp in Wien eine verblüffende Mobilität. Frauen, die »aufgestiegen« waren (Jeanne Bouvier gliederte ihre Mémoiren nach ihrem dreifachen »Aufstieg«: Gewerkschafterin, Schriftstellerin, Feministin), hatten, wie schon das Wort sagt, sich tummeln müssen. Der Quartierwechsel als notwendige, gewiß nicht hinreichende Bedingung von Aufstieg oder gar Befreiung erfordert eine Bereitschaft zum Bruch, um der erhofften Zukunftschancen willen.

Die Migrantinnen vom Land, vor allem die Dienstmädchen, waren kulturelle Mittlerinnen für Mode, Konsumgewohnheiten und städtische Gewohnheiten, darunter auch die der Empfängnisverhütung. Ende des 19. Jahrhunderts hatten sie ihre Rollen verändert. Ihre Familien ließen sie nun übrigens ungern weg: Diese Mädchen wurden zu selbständig und gingen für die Landwirtschaft verloren. Auf dem Lande gab es fortan immer mehr Junggesellen, während in den Großstädten zumindest in Frankreich 20 Prozent mehr junge Frauen im Alter von 20 bis 39 Jahren als junge Männer lebten.[39]

Ein weiteres Beispiel für Arbeitsmigrantinnen waren die Gouvernanten – Miss, Fräulein, Mademoiselle. Als Töchter verarmter Eliten oder eines intellektuellen Bürgertums, das die Töchter ebenso wie die Söhne auf Bildungsreisen schicken wollte (die protestantischen Reclus gehörten dazu), hatten sie einen viel größeren Aktionsradius und reisten in ganz Europa umher.[40] Henriette Renan hielt sich mehrere Jahre in Polen auf, um das Studiengeld ihres Bruders zu verdienen. Umgekehrt kamen Russinnen nach Paris, wie Nina Berberowa, die einen Schatz von Beobachtungen für ihr Werk sammelte. Gouvernanten wurden nicht nur wegen ihres Ausländerinnenstatus häufig ausgebeutet, sie hatten auch nicht immer einen guten Ruf. Ihnen wurden Intrigen und Verführung nachgesagt. Aus Liebe zu einer Gouvernante ermordete der Herzog von Choiseul-Praslin seine Frau; dieser Skandal zum Ende der Regierungszeit Louis-Philippes goß Wasser auf die Mühlen der Stereotype.

Die Fernwanderung

In der Fernwanderung entwickelte sich das zahlenmäßige Verhältnis der Geschlechter ähnlich. Zu Beginn überwogen eindeutig die Männer; dann kam die Zeit der Familien, und das Verhältnis glich sich an. Die

Männer gingen als Vorhut voraus, die Frauen kamen, wenn alles gut ging, nach. Der Wilde Westen war ein Land für Krieger und Pioniere, eine Männerwelt, in der Frauen selten waren und ihr Status ebenso wie ihr Bild zwischen der blonden Lady und der eher farbigen Hure schwankte. Der misogyne Western übersetzte diese Situation später auf die Filmleinwand.

Unter diesem Gesichtspunkt waren die Vereinigten Staaten ein umtriebiges Versuchslabor, dem inzwischen die feministische und nichtfeministische Geschichtsschreibung nachzuspüren begonnen hat. Die Auswirkungen der Wanderbewegungen waren widersprüchlich. Bisweilen wurde dadurch die Macht der Familie als Keimzelle der Volkswirtschaft und des ethnischen Zusammenhalts gestärkt und die jeweilige Rolle der Geschlechter stärker betont. Im Neuengland der Jahre 1780–1835 entwickelte die *Women's Sphere* enge *Bonds of Womanhood* (N. Cott), die zur Grundlage eines »Geschlechtsbewußtseins« wurden. Bei den Präriefarmern und in den irischen oder italienischen Arbeitergemeinden war die Mutter die dominante Figur, die *m'mam*, der Steinbeck in *Die Früchte des Zorns* epische Größe verliehen hat. Elinor Lerner hat gezeigt, daß in New York, wo zu Beginn des 20. Jahrhunderts 61 Prozent der Bevölkerung Juden, 13 Prozent Iren und 13 Prozent Italiener waren, die massivste Unterstützung für die feministische Sache und insbesondere für die Frauenwahlrechtsbewegung aus der jüdischen Gemeinde kam, die sowohl Bürgertum wie Arbeiterschaft umfaßte; die heftigste und hartnäckigste Opposition kam dagegen von den Iren; die Italiener waren gespalten, wobei die Süditaliener, bei denen die Frauen aktiver waren, mehr Zustimmung äußerten als die Norditaliener.[41]

Bisweilen aber eröffnete die Großräumigkeit mit ihren Entfernungen und Zwängen einen Spielraum, der die Selbstbehauptung der Frauen förderte. Auf seiner Amerikareise von 1832 war Tocqueville verblüfft über die Freiheit der Amerikanerinnen in Umgang und Haltung, denen in Louisiana schon früh per Gesetz das Briefgeheimnis zugestanden worden war. Als Weltreisende kehrten amerikanische Frauen Ende des 19. Jahrhunderts nach Europa zurück; vernarrt in Italien, konkurrierten sie in der Kunstkritik mit den Männern (z. B. Lee Vernon als Nachahmerin von Berenson in der Toscana, oder Edith Wharton); in Paris ließen sie sich am linken Seineufer nieder: Natalie Clifford Barney, die Amazone aus der Rue Jacob, Gertrude Stein in der Rue de Fleurus verkörperten die »neue Frau«, die intellektuell und sexuell emanzipierte Frau, die um so eher akzeptiert wurde, als sie von außerhalb kam und im Randmilieu der Intellektuellen lebte.[42]

Russische und jüdische Frauen, häufig beides in einer Person, verdienen besondere Aufmerksamkeit. Sie taten sich mehr als alle anderen als Rebellinnen hervor, und ihr Einfluß war beträchtlich, wie Nancy Green in diesem Buch zeigt. »Ich will nicht bloß Arbeit und Geld, ich will Freiheit«, äußerte eine jüdische Einwanderin bei der Ankunft in New York.[43] Die Memoiren Emma Goldmans zeigen exemplarisch, wie das Reisen zum Mittel der Emanzipation wurde.[44]

In die Kolonien[45]

Die Aussiedlung in die Kolonien war zunächst ein Zwangsmittel und hatte deshalb keinen guten Ruf. In Frankreich konnten Frauen, die zur Zwangsarbeit verurteilt waren, nach 1865 statt dessen die Verbannung nach Übersee wählen. Manche äußerten diesen Wunsch; doch insgesamt blieb die Zahl der weiblichen Deportierten gering: nach Neukaledonien gelangten zwischen 1870 und 1885 nur 400 Frauen; 1866 wurden in Cayenne auf 16805 Männer nur 240 Frauen gezählt.[46] Nach 1900 wurde dieses gescheiterte Experiment eingestellt. Die nach der Pariser Kommune deportierte Louise Michel hat über die Kanaken einen einfühlsamen und klugen Bericht geschrieben und davon geträumt, später in Freiheit nach Neukaledonien zurückzukehren, um unter neuen Bedingungen mit den Eingeborenen zu leben.

Frauen, die frei waren, gingen nicht spontan nach Übersee. Die französische Armee schreckte sie ab. Die wenigen Offiziersfrauen, die es vor 1914 riskierten, lebten ziemlich einsam. Die weiblichen Hilfsdienste hatten einen schlechten Ruf; Isabelle Eberhardt sollte diesen Vergessenen einen Roman *(Femmes du Sud)* widmen. Ein paar Versuche, Frauen in Einwanderungskolonien zu ziehen, wurden von philanthropischen Vereinen unternommen. Die Société française d'émigration des femmes aux colonies, 1897 von J.-C. Bert und dem Comte d'Haussonville gegründet und von den Zeitschriften *Revue des Deux Mondes* und *Quinzaine coloniale* unterstützt, veröffentlichte einen entsprechenden Aufruf. Auf diesen Aufruf hin meldeten sich 400 bis 500 Kandidatinnen, kultivierte, aber mittellose Frauen. Deren Briefe belegen, welche Phantasien diese Frauen mit den Kolonien verbanden: eine Mischung von Exotik, Missionseifer und Aufstiegswünschen. Dieser Aufruf fand keine Wiederholung. England engagierte sich viel stärker in der Kolonialbesiedlung. Zwischen 1862 und 1914 verhalfen mehrere Dutzend Gesellschaften mehr als 20000 Frauen zur Ausreise in die Kolonien. Einige dieser Gesellschaften wurden von Feministinnen betrieben, die in der Auswanderung ein Ventil für überzählige Frauen *(redundant women)* sahen, die sich in der Mittelmäßigkeit der britischen Gesellschaft langweilten: Eine solche Gesellschaft war die Female Middle Class Emigration Society (1862–1886), die von Maria S. Rye und Jane Lewin geleitet wurde. Rye wollte hauptsächlich mittellose junge Mädchen als Dienstboten vermitteln, während sich Lewin mehr für die Förderung der Mittelschichten interessierte. Doch dieses feministische Kolonialexperiment, das nur 302 Ausreisen zustande brachte, scheiterte und wurde nach 1881 von der viel effizienteren Colonial Emigration Society geschluckt, die nur ein schlichtes Büro zur Vermittlung von Stellen bei Kolonisten war.

Die Lebensverhältnisse der Europäer in den Kolonien waren so eingerichtet, daß sie die traditionelle Segregierung der Geschlechter nur noch verstärkten. Von dieser Seite war ausnahmslos keine Erweiterung des Horizonts zu erwarten. Die Einwanderung aus den Metropolen hat allenfalls die Geburt von weniger Mischlingen zur Folge gehabt. Die Signaren in Senegal zum Beispiel waren schwarzen Frauen, die vorher mit den ersten weißen Kolonisten zusammengelebt hatten. Einige wenige europäische Frauen entwickelten in der Kolonie einen neuen Blick, wie etwa Hubertine Auclert in Algerien (*Les femmes arabes en Algérie,* 1900) und die Schriftstellerinnen, die Denise Brahimi[47] aufgelistet hat. Einige andere nutzten die Ausweitung der Kolonialreiche, um ihre Sehnsucht nach Afrika oder dem Orient zu stillen.

Frauen auf Reisen

Nicht nur diese Auswanderungen ohne Rückkehr aus häufig dramatischen Beweggründen, auch die mit dem Aufschwung des Tourismus und des Bäderwesens häufiger gewordenen Reisen boten Frauen aus wohlhabenderen Kreisen Gelegenheit, von daheim wegzukommen. Die Ärzte dämpften allerdings das Fernweh der Damen unter Hinweis auf die für den Teint ruinösen Sonnenstrahlen und das chaotische Eisenbahnwesen, das den inneren Organen übel mitspiele. Auch wohlgemeinte Ermahnungen und Besorgnisse – die Last der Koffer, die Angst vor Fahrplänen, vor Übelkeit oder unangenehmen Begegnungen – trugen zur Abschreckung bei. Seebäder und Kurorte verstärkten die Trennung nach Geschlechtern und sozialer Schichtung; Frauen durften nicht schwimmen und auch nicht am Strand liegen, diese Vergnügen blieben den Männern vorbehalten.[48] Dennoch waren kleine Fluchten möglich, bei denen der durch Verbote geschärfte Blick zum bevorzugten Mittel wurde, Beziehungen zu knüpfen und Eroberungen zu machen. Die Zeichnungen, die Skizzen im Reisetagebuch, bald auch der Fotoapparat machten »Momentaufnahmen« möglich. Am Horizont zeigten sich bereits die jungen Radlerinnen am Strand von Baalbek (Proust, *Im Schatten junger Mädchenblüte*).

In der prostestantischen Welt zuerst, verhaltener und später in katholischen Kreisen, gehörte die Reise bald zum Abschluß der Mädchenerziehung. Die Kenntnis von Fremdsprachen eröffnete jungen Frauen die ihnen erlaubte Tätigkeit des Übersetzens. Andere machten sich auf den Weg, die Kunstschätze Italiens oder Flanderns zu bewundern, die für ihr geduldiges Kopieren so viele Modelle anzubieten hatten. Waren Museen nicht nach Baudelaire der einzig passende Ort für eine Frau? Ein junges Mädchen konnte dort immerhin allerhand über die männliche Anatomie erfahren, und deswegen waren den katholischen Erziehern Kirchen lieber. Zu Beginn des 20. Jahrhunderts wird das Äquivalent der von den Söhnen schon lange praktizierten »Rundreise« auch den Töchtern zuteil. Marguerite Yourcenar (1903–1988) hat sehr davon profitiert.[49] Als Reisende, Übersetzerin, Schriftstellerin ist sie aus dieser neuen, zugleich klassischen und europäischen Frauenkultur hervorgegangen und hat sie auf eine schöpferische Ebene gehoben. Das Reisen gehörte jedenfalls von nun an zu den Wunschvorstellungen der Frauen. Es wurde immer aufs neue genährt durch Lichtbildvorträge, Reiseandenken, Illustrationen in Zeitschriften im Stile von *Tour du Monde* oder *Harper's Bazaar* und von Weltausstellungen. Der Mittelmeerraum, Kleinasien und der Ferne Osten, später Afrika, wurden so im geographischen Weltbild der Europäerinnen verankert. Doch zu welchen Brüchen konnte dieses Fernweh eines Tages führen?

Mehr als die Bildungsreise interessiert uns hier die Reise als Aktivität, mit der die Frauen einen regelrechten »Ausbruch« aus ihren Lebensräumen und -rollen versuchten. Für diesen Normbruch waren Fluchtwille, Leiden, Ablehnung einer unerträglichen Zukunftsperspektive, Überzeugung, Entdeckergeist, Bekehrungsabsicht die Voraussetzung. Dies trieb die Saint-Simonistin Suzanne Voilquin nach Ägypten, die Gräfin Belgiojoso aus dem unterdrückten Italien ins befreiende Frankreich, russische Studentinnen zum »Volk«, Frauen mit Forschungsdrang in die Armenviertel der Städte – wobei das Volk, später der Arbeiter, für viele von ihnen die sublime Gestalt des Mitmenschen verkörperte;[50] und nicht zuletzt wohltätige Frauen, Feministinnen und Sozialistinnen zu ihren Kongressen. Die Bedeutung solcher Kongresse für die politische Bildung der Frauen sollte nicht unterschätzt werden. Kongresse waren ein überaus leistungsfähiges Kommunikationssystem, eine Bühne der Repräsentation. Sie eröffneten den Delegierten die Möglichkeit, das Auftreten auf der Rednertribüne, den Umgang mit öffentlicher Meinung und Presse, die internationalen »Beziehungen« zu erlernen. In ihren Memoiren legte Emma Goldman großes Gewicht auf ihre Reisen als Funktionärin: Diese Reisen bestimmten den Rhythmus ihres Lebens; ständig auf Achse, stets auf politischen Versammlungen oder Konferenz»tourneen«, war sie der Prototyp des Reisekaders, dem

Menschen und Reden wichtiger waren als Landschaften, und das ge-
naue Gegenteil des Touristen, den übrigens auch Marx verabscheute.
Jeanne Bouvier, im Oktober 1919 Delegierte auf dem *internationalen*
Arbeiterinnenkongreß in Washington, lieferte einen begeisterten
Bericht von ihrer Reise über den Atlantik, von der herzlichen Aufnahme und der Organisation der National Women's Trade Union League,
die sie auf Frankreich übertragen wollte.[51] Schon immer strebten die
Frauen ans Theater, doch durften sie dort keine Regie führen.[52] Der
Kongreß war eine spektakuläre Revanche, die Gelegenheit zu einer
legitimen Reise. Man sieht nur ihren Ernst, doch die geheime Lust bei
der Sache kann man sich vorstellen.

Zum doppelten Vergnügen wurde das Reisen durch das Schreiben,
für das es die Gelegenheit bot oder dessen Auslöser es war. Die Deut-
sche Sophie von La Roche (1730–1807) wäre eine leidenschaftliche Reisende geworden, wenn sie gekonnt hätte; auf der Durchreise in der
Schweiz bestieg sie den Montblanc und berichtete darüber; ihr Tagebuch *Eine Reise durch die Schweiz* gilt als erste Sportreportage einer
Frau. Die zweimal geschiedene Russin Lydia Alexandra Paschkow,
Korrespondentin von Zeitungen in St. Petersburg und Paris, machte
Reisebeschreibungen zu ihrem Beruf; 1872 reiste sie durch Ägypten,
Palästina, Syrien und begeisterte sich an Palmyra, wo ihr Lady Jane
zuvorgekommen war, und gab in der Zeitschrift *Tour du Monde* einen
genauen Bericht darüber: Dieser erweckte in Isabelle Eberhardt
(1877–1904) die »Sehnsucht nach dem Orient«, die sie noch viel weiter
führen sollte. Zum Islam übergetreten, führte diese uneheliche Tochter einer in der Schweiz exilierten großen russischen Dame Krieg in
Nordafrika unter dem Zeichen Mohammeds, eine junge Aufständische,
die Marschall Lyautey faszinierte; bei ihrem Tode mit 27 Jahren hinterließ sie ein unveröffentlichtes Werk, das den einfachen Menschen des
Maghreb gewidmet war.[53]

Alexandra David-Néel (1868–1969) war eine zum Buddhismus über-
getretene Forscherin und Orientalistin. Sie hinterließ von ihren Reisen
im Fernen Osten ein Tagebuch in Briefen, die sie ihrem Mann bis zu
seinem Tode im Jahre 1941 schrieb. Nach fast dreißigjährigem Aufenthalt in Asien kehrte sie schließlich 1946 mit 78 Jahren zurück. Zu ihrem
Gepäck gehörte eine außergewöhnliche Dokumentation vorwiegend
von Fotografien, die heute in ihrem Haus und Museum im französischen Digne zu bewundern ist. Von einem Lama-Kloster zum nächsten
durchreiste sie von ihren Trägern begleitet das ganze Hochland von
Tibet auf der Suche nach Material für ihr geplantes orientalistisches
Werk und nach ihrem eigenen Seelenfrieden: »Wirklich, wenn man sich
einmal dort oben aufgehalten hat,« schrieb sie ihrem Mann Philippe,
»gibt es nichts – absolut gar nichts – mehr, was man noch tun oder

sich anschauen könnte. Das Leben (ein Leben wie meines, das ein einziger langer Traum vom Reisen war) ist dann zu Ende, hat sein endgültiges Ziel erreicht.«[54]

Jane Dieulafoy (1851–1916), eine im Kloster Maria Himmelfahrt geborene junge Frau aus guter Familie, war dem Anschein nach überhaupt nicht dafür prädisponiert, eine »Frau in Männerkleidern« zu werden, eine der ersten Archäologinnen, die mit ihrem Mann in Persien den berühmten Kriegerfries ausgrub, der heute im Louvre in einem Saal ausgestellt ist und ihren ansonsten vergessenen Namen trägt. Sie heiratete einen Absolventen der École Polytechnique, den Ingenieur Marcel Dieulafoy, weil sie seine Vorliebe für Algerien und den Osten und seine kameradschaftliche Auffassung von der Ehe teilte. Sie sah sich als seinen »Mitarbeiter« und betonte dabei selbst das Maskulinum. Zunächst führte sie als Hilfskraft das Reisetagebuch und übernahm das Fotografieren und Kochen; später widmete sie sich immer mehr den archäologischen Arbeiten, entwickelte ihre Beobachtungen über die iranische Gesellschaft und interessierte sich besonders für die Frauen, zu denen sie vertrauten Zugang gewinnen konnte, und wurde schließlich Schriftstellerin. Nach zwei Expeditionen von Persien nach Frankreich zurückgekehrt, fügte sie sich nur schwer wieder in den Alltag ein, legte trotz des öffentlichen Spotts ihre Männerkleidung nie wieder ab; mit kurzgeschnittenen Haaren und knabenhafter Gestalt ähnelte sie einem jungen Mann, der androgynen Leitfigur der Belle Époque. Feministin mehr in ihrer Lebensart als in ihren Forderungen, trat sie gegen die Scheidung auf, die ihren katholischen Überzeugungen zuwiderlief. Das Reisen reißt nicht alle Grenzen ein; es legt im Gegenteil Widersprüche bloß.[55]

Reisen an sich bewirkt noch nichts. Aber welche Erfahrung! Durch das Reisen lernten die Frauen andere Kulturen kennen. Sie wurden schöpferisch tätig; sie experimentierten mit neuen Techniken, und ihr ausgeprägtes Verhältnis zur Fotografie ist verblüffend. Diese zunächst als nebensächlich erachtete Kunst, die so viele Handgriffe und den Aufenthalt in der Dunkelkammer erfordert, konnte den Frauen überlassen werden; und alsbald zeichneten sich etliche von ihnen in dieser Kunst aus (Julie Margaret Cameron, Margaret Bourke-White, Gisela Freund). Sie drangen in neue Disziplinen vor: Archäologie, Orientalistik, nicht ohne dabei auf Frauenhaß zu stoßen, der sie auf die Amateurrolle beschränken wollte: »Du lebst nicht in solchen Kreisen. Du hast keine Ahnung, wozu gewisse Leute imstande sind; ihr Haß auf den Feminismus gewinnt tagtäglich an Boden«, schrieb Alexandra.[56]

Vor allem haben sie ihre Freiheit als Subjekte durchgesetzt: in der Art, wie sie sich kleiden, in ihrer Lebensweise, ihren Entscheidungen, in religiösen und geistigen Dingen und in der Liebe. Auf die eine oder

andere Art haben sie – bisweilen um einen sehr hohen Preis – geschlossene Kreise durchbrochen und die ihrem Geschlecht gesetzten
Grenzen verschoben.

Die Brüche der Zeit

Durch welche Art von Brüchen wurde im 19. Jahrhundert das Auftreten von Frauen in der Öffentlichkeit und vor allem in der Politik gefördert? Was veränderte in dieser Hinsicht das Verhältnis der Geschlechter zueinander? Es soll hier nicht um die »Lage« der Frauen gehen. Um
diese zu erläutern, wären die Technikgeschichte – Nähmaschine, Staubsauger – oder die Medizingeschichte – Fläschchen, Empfängnisverhütung – zu berücksichtigen, also alles, was man üblicherweise als
»Modernisierung« bezeichnet.[57] Es geht hier vielmehr um die Frauen als
Akteurinnen. Welchen Einfluß hatte auf sie das, was man üblicherweise
Ereignisse nennt? Woraus besteht ein solches Ereignis der Sache nach?
Müßte der Begriff nicht weiter gefaßt oder verändert, auch auf die Kultur oder die Biologie ausgedehnt werden?

Es gibt zum Beispiel Bücher, die ein Ereignis waren, die mit ihrer
Wirkung das Bewußtsein der Leserin veränderten, Gespräche, Kontakte und Austausch bewirkten und regelrecht objektivierten. Dazu gehören *Die Verteidigung der Rechte der Frau* (Mary Wollstonecraft),
Die Unterwerfung der Frauen (J. Stuart Mill), *Die Frau und der Sozialismus* (August Bebel) und später auch *Das andere Geschlecht* (Simone de Beauvoir, 1949); auch Romane wie *Corinne* (Madame de Staël)
oder *Indiana* (George Sand) eröffneten vielen Frauen neue Identitäts-
muster. Durch ihr Leben ebenso wie durch ihr Werk scheint George
Sand über die Landesgrenzen hinweg vor allem auch in Deutschland
als Figur der Befreiung gewirkt zu haben. Die Forschung hat gerade
erst begonnen, solchen Einflüssen nachzugehen.

Wie wirkten sich die Veränderungen des Unterrichtswesens auf den
Zusammenhalt unter Frauen aus? Die angelsächsischen Colleges etwa
waren auch Ort der Geselligkeit und Aktionsbasis. Welche Bedeutung
hatte das Entstehen von Pionierberufen wie dem der Lehrerin, die
bis nach Saloniki als leuchtendes Orientierungsziel wirkte? Die Öffnung und dann das Verbot des Medizinstudiums für Frauen in Rußland um 1880 spielte eine entscheidende Rolle bei der Herausbildung
der in Europa besonders dynamischen Gruppe der Medizinstudentinnen.[58] Mit Sicherheit waren solche Schlüsselereignisse im Bildungswesen häufig Ausdruck und Kristallisationspunkt der politischen Kräfte-
verhältnisse.

Entsprechend der Bedeutung von Körper und Gesundheit muß man auch von biologischen Ereignissen ausgehen. Die Cholera 1831–1832 und in geringerem Maß die von 1859 machte den Einsatz von Frauen erforderlich; indem die Seuchen die Frauen in die Armenviertel zogen, veränderten sie deren Blick und Sprache und vermittelten ihnen Fachkompetenz. Bettina von Arnim und ihre deutschen Freundinnen nahmen angesichts der Wirkungslosigkeit der klassischen Heilmittel Zuflucht zur Homöopathie und hygienischen Prophylaxe. Auch Geißeln der Gesellschaft – Tuberkulose, Alkoholismus, Syphilis – waren Kampffronten, an denen Frauen bewußt in vorderster Linie standen, um für Frauen zu kämpfen, die eher Opfer als Verbreiter dieser Übel waren. Wie Josephine Butler bei ihrer Gesetzesinitiative zum Contagious Disease Act entwickelten sie bisweilen eine radikale Kritik an der »Männerzivilisation« und setzten ihr ein Ideal der »Reinheit« entgegen.

Ganz allgemein waren Fragen der Hygiene, der Krankenpflege, der medizinischen Berufe und vor allem der Gynäkologie und Geburtshilfe Gebiete, auf denen Mann und Frau in allen Ländern vom Ural bis zu den Appalachen hart gegeneinander standen. Bei Geburten waren erfahrene Matronen als Helferinnen inzwischen verdrängt worden. Zwischen den Ärzten und den Hebammen, denen Kaiserschnitt und Zangengeburt verboten waren, herrschte ein erbitterter Kampf. Dieser wurde verstärkt durch den Abtreibungsverdacht, dem die Hebammen immer mehr ausgesetzt waren. Ende des 19. Jahrhunderts führte die Furcht vor dem Geburtenrückgang dazu, daß der Staat die Geburtenkontrolle zu seiner Sache machte. Die juristische Repression von Abtreibung und Neumalthusianismus wurde härter und veranlaßte die Frauen, sich ihres Körpers politisch bewußt zu werden. Dieser Entwicklung ist Judith Walkowitz genauer nachgegangen.

Gegenüber dem Vater: Brüche in den Gesetzen

Da das Wirken des Parlaments sich nur vom Wahlrecht der Männer ableitete, war jedes Gesetz ungeteilter Ausdruck einer patriarchalischen Gewalt. Diese regelte das Verhältnis der Geschlechter auf eine Art, die man keineswegs als »beliebig« bezeichnen kann. Sie gehorchte im Gegenteil einer strengen Logik, die aber bisweilen einer solchen Beliebigkeit durchaus ähnelte. Die Debatten dieser Männerklubs sind im übrigen ein unerschöpfliches Reservoir an Bravourstückchen für eine Anthologie des Frauenhasses. Selten einmal gab es Gesetzesinitiativen zugunsten der Frauen. Im Bürgerlichen Recht und im Strafrecht war doch schon alles geregelt und sollte beibehalten werden. Verändert wurde allenfalls etwas zu ihrem »Schutz«, etwa in der Arbeitswelt, wo

sie zunächst einmal den Kindern gleichgestellt wurden. Das erklärt die
Zurückhaltung von Frauen gegenüber Maßnahmen, die diskriminierend
wirken konnten. Wirklich egalitäre Gesetze waren äußerst selten.
Deren Entstehung wirft die Frage auf, welche Motive der Gesetzgeber
hatte. Nicole Arnaud-Duc hat die Doppelzüngigkeit der französischen
Gesetzgebung von 1907 herausgearbeitet, mit der verheirateten Frauen
freie Verfügung über ihren Lohn eingeräumt wurde, damit sie die
Haushaltskasse einfacher aufbessern konnten. In ähnlicher Weise war
es der Blick auf die Lage der Armen, der die englischen Parlamentarier dazu veranlaßte, das Eigentumsrecht für Frauen zu reformieren. Die
soziale Nützlichkeit hatte stets größeres Gewicht als die Gleichberechtigung der Geschlechter.

Viele Frauen waren sich über die gesetzlichen Hindernisse im Klaren,
über die sie täglich stolperten und die sie unablässig an ihre Minderwertigkeit erinnerten. Prozesse zeigten bisweilen ihre erbärmliche Lage
auf und schärften ihre Meinungsbildung. So löste etwa die Affäre Norton die Reform des Rechts verheirateter Frauen auf Scheidung und
Eigentum aus. Caroline Norton, die sich 1836 von ihrem Mann getrennt
hatte, war eine berühmte Schriftstellerin geworden; da sie aber in
Gütergemeinschaft verheiratet war, gehörte ihr Verdienst ihrem Mann,
der sie vergeblich des Ehebruchs mit dem Premierminister bezichtigt
hatte, um an das Geld zu kommen, und sich dann das Sorgerecht für
ihre drei Kinder hatte zusprechen lassen. Sie protestierte mit einer aufsehenerregenden Streitschrift, die zum Ausgangspunkt des Gesetzes
von 1839 wurde, das getrennt lebenden Müttern erweiterte Rechte auf
ihre Kinder gewährte. 1853–1855 ging sie erneut zum Angriff über
(*English Law for Women in the 19th Century*, 1853; *Letter to the Queen
on Lord Cranworth's Marriage and Divorce Bill*, 1855). Nach ihr nahm
Barbara Leigh Smith (1827–1891), die Tochter eines liberalen Parla-
mentsmitglieds, den Stab wieder auf. Ihr gelang es, sowohl die öffentliche Meinung der Frauen zu mobilisieren, als auch das Interesse der
von Lord Brougham geleiteten Law Amendment Society zu wecken.
Das Scheidungsgesetz (Divorce Act) wurde 1857 beschlossen. Es enthielt bedeutende, aber für das Eigentumsrecht der Frauen ungenügende Regelungen. Weitere Schlachten mußten von Act zu Act (1870, 1882,
1893) geschlagen werden. Der Widerstand kam insbesondere vom
House of Lords. Schließlich aber erhielten nicht nur geschiedene, sondern auch verheiratete Frauen das Recht, ungehindert über ihr eigenes
Hab und Gut zu verfügen. Dieser Erfolg wurde ermöglicht durch die
konzertierte Aktion von Feministinnen und Demokraten (J. S. Mill oder
Russel Gurney) und durch öffentliche Kundgebungen von Frauen, die
ausgelöst wurden durch dramatische Episoden wie das traurige Schicksal der Suzannah Palmer, die ins Elend gestürzt war. Auf dem Höhe-

punkt der Auseinandersetzung um die Gesetzgebung gelangten Petitionen mit Tausenden von Unterschriften ins Parlament, und ein Großindustrieller und Abgeordneter berichtete, er könne seine Fabrik nicht mehr betreten, ohne daß ihm die Arbeiterinnen mit Fragen über den Fortgang der Reform zusetzten.[59]

Ähnlich war es in Frankreich zwischen 1831 und 1834: Der Vorstoß der Liberalen zugunsten des Scheidungsrechts wurde durch eine umfassende Petitionskampagne gestützt, in der die Frauen auf ihre Leidenssituation aufmerksam machten.[60] Daß Reformen so langsam vorankamen, sagten die Feministinnen, beweise die Notwendigkeit, den Frauen das Wahlrecht zu geben, damit sie ihre Sache selbst vertreten könnten. Unter Verknüpfung ziviler Rechte mit politischen Rechten wiesen sie nach, was das Recht auf Scheidung im Grunde war: die Anerkennung der Frauen als Individuen, »der erste Schritt auf dem Weg zur Staatsbürgerschaft für Frauen«.[61] Um so erbitterter war der Widerstand der Traditionalisten. »Rührt nicht an die französische Familie, denn sie ist zusammen mit der Religion die letzte Kraft, die uns bleibt«, verkündete Monsignore Freppel 1882 im Laufe einer Debatte von unerhörter Heftigkeit.[62] Das Bündnis von Republikanern aller Spielarten – Freimaurer, Protestanten und Juden – war erforderlich, damit das Gesetz Naquet 1884 verabschiedet werden konnte.

Weil sie eine so grundlegende Bruchstelle ist, bietet die Scheidung ein gutes Beispiel dafür, was Gesetzgebung bedeutet: ein Kräftespiel, das sich ständig verändert, ein Schlachtfeld, auf dem sich alle beteiligten Gruppen messen, das Ausmaß der Hindernisse, die Natur der Bündnisse, der Wandel der öffentlichen Meinung. Für die Feministinnen als Mittlerinnen zwischen der Politik und der Gesamtheit der Frauen ist der Kampf um diese Gesetzgebung ein entscheidender Moment in einem nicht endenden Ringen, in dem sie die Macht ihrer politischen Präsenz prüfen können. Für den Feminismus des 19. Jahrhunderts ist die juristische Dimension entscheidend, denn die Justiz ist die Vaterfigur.

Gegenüber Gott: Brüche in der Religiosität

Die Intensität der Bande zwischen den Frauen und der Religion gibt religiösen Ereignissen einen besonderen Widerhall. Als komplexe Verbindungen von Disziplin und Pflicht, Geselligkeit und Recht, Praxis und Sprache haben Religionen wie ein Bleimantel auf Frauenschultern gelegen; aber Religionen haben ihnen auch Tröstung und Hilfe geboten. So kann die Feminisierung der Glaubensgemeinschaften im 19. Jahrhundert auch in einem anderen Sinn gelesen werden: als Zusammenschluß und als Einflußnahme,[63] allerdings nicht als Erwerb von Macht: sie blieb wie die Politik in Männerhand.

Dies gilt vor allem für die katholische Kirche, die in der Gegenrevolution und im Dogma der Unfehlbarkeit des Papstes und der Unbefleckten Empfängnis erstarrt war. Dort waren Breschen seltener und Mobilisierungen und Kreuzzüge häufiger. Als die Kirche die Frauen über Frauenbünde, etwa die Ligue patriotique des Françaises,[64] in die Politik drängte, geschah dies, um ein durch und durch konservatives Familienbild zu festigen. Die Frau, die von der Kirche verherrlicht wurde, war immer die Frau im Schein der Lampe oder unter der Lampe. Die katholische Sozialbewegung hat die Fesseln etwas gelockert; aber ihre Auswirkungen auf das Verhältnis zwischen den Geschlechtern waren eher mittelbar als direkt.

Der Protestantismus ist viel reicher an Brüchen. Jean Baubérot hat deren Gründe analysiert. Der deutsche Pietismus förderte schon zu Goethes Zeiten die Audrucksmöglichkeiten der Frauen. Die englischen und amerikanischen Erweckungsbewegungen waren jeweils günstige Gelegenheiten für Frauen, das Wort zu ergreifen. In Neuengland gründeten die Bostonerinnen Esther Burr und Sarah Prince, kultivierte Damen, deren Briefwechsel von Freundschaft und Innigkeit zeugt, sowie Sarah Osborne und Suzanne Anthony als einfache Frauen von Newport Ende des 18. Jahrhunderts Frauengruppen, ja sogar eine Female Society. Diese waren in ihrer religiösen und gesellschaftlichen Praxis äußerst radikal.[65] Im ersten Drittel des 19. Jahrhunderts vervielfachten sich mit dem zweiten »Great Awakening« Sekten, die von Prophetinnen wie Jemima Wilkinson oder Anna Lee, der Begründerin der Shakerbewegung, geführt wurden. In einer Art vorläufiger Gleichberechtigung der Geschlechter unterwanderten diese Frauen, die sich häufig mit Randgruppen verbündeten, gleichzeitig Symbole, Riten und Heilsbotschaften. Sie geißelten die Recht- und Zuchtlosigkeit der neuen städtischen Gesellschaft; die 1834 in New York gegründete Female Moral Reform Society entrüstete sich über die Heuchelei der »Doppelmoral« und versuchte, allerdings ohne großen Erfolg, Prostituierte zu bekehren.[66]

In England führte die vor allem methodistische religiöse Erneuerung, die hinsichtlich der Geschlechterrollen sehr viel konservativer war, die Frauen zum Widerstand. Manche von ihnen bekannten sich zu einem Rationalismus, in dem das Soziale die Stelle des Sakralen einnahm: so etwa Emma Martin (1812–1851), die, allmählich zum Schweigen gebracht und zur »Ausgestoßenen« geworden, am Ende beschloß, Hebamme zu werden, ein Weg, den auch die Saint-Simonistin Suzanne Voilquin einschlug. Andere investierten ihre Energien in einen sozialistischen Erlöserkult, der von dem Glauben durchdrungen war, daß das

Heil von den Frauen kommen müsse. Johanna Southcott (1750–1814), ein Dienstmädchen aus Devonshire, vernahm Stimmen mit der Verkündigung, sie sei »the Woman clothed with the Sun« und bekehrte mit ihren Predigten zahlreiche Gläubige; bei ihrem Tode waren es mehr als 100000, darunter 60 Prozent Frauen. Der Owenismus als Mischung von streng rationaler Sozialwissenschaft und verbalem Erlöserkult verherrlichte gleichfalls den Auftrag der Frau.[67]

Solches tat auch der französische Saint-Simonismus. Er hatte keinen genauen religiösen Bezug, sondern war ein außergewöhnliches Kulturgebräu aus moralischem Feminismus, Bekehrungs- und Freiheitsdrang. Er suchte die Heilsmutter im Morgenland und weckte mit seinen Predigten die Begeisterung der Frauen durch den Aufruf, sie sollten »wie Männer das Wort ergreifen«.[68] Désirée Véret, Jeanne Deroin, Eugénie Niboyet, Claire Démar sprachen und schrieben mit messianischer Überzeugung. Wie groß war dann die Enttäuschung, als der große Vater ganz in klerikaler Manier alle zurückstieß, die er gerufen hatte! Abfall vom Glauben und Selbstmord waren häufig die Antwort. All diese durch eine gemeinsame historische Archäologie, möglicherweise durch das revolutionäre Beben der Welt miteinander verbundenen Sekten waren Versuche, sich zu Wort zu melden und Verantwortung zu übernehmen, und ihr Erbe sollte das ganze Jahrhundert in Unruhe versetzen.

Gegenüber der Mutter Nation: Kriege und Kämpfe um nationale Unabhängigkeit

Als eigentlich männliches Betätigungsgebiet haben Kriege eher die Tendenz, die traditionellen Rollen zu bekräftigen. Mit erhöhter Disziplin, und gestützt auf einen vor allem bei Frauen Schuldgefühle mobilisierenden Diskurs, wurden beide Geschlechter in den Dienst des Vaterlandes gepreßt, die Männer an der Front, die Frauen im Hinterland. Da versammelten sie sich, nähten, zupften Scharpie, kochten und pflegten vor allem Verwundete. Damit beschäftigten sich die Damen der patriotischen Frauenvereine in Deutschland 1813, und erst Rahel Varnhagens aufgeklärter Geist konnte sie dazu bringen, auch feindliche Verwundete zu versorgen. Die nach politischer Betätigung strebende Gräfin Belgiojoso erhielt von Mazzini 1849 die Organisation der Krankenhäuser und Notaufnahmen in Rom anvertraut; sie stellte mutige, aber verwahrloste Frauen der Unterschicht ein, denen sie erst Disziplin beibringen mußte: »Ich hatte ohne mein Wissen einen Harem eingerichtet«, schrieb sie; trotzdem verteidigte sie ihre Frauen gegen harsche Kritik.[69] Als mildtätige Damen professioneller geworden waren und ihre Meinung äußerten, kam es zu Konflikten. Das galt für Florence Nightingale auf der Krim ebenso wie für die russischen Medizinstudentinnen, die im russisch-türkischen Krieg von 1878 eine Anerkennung ihrer Qualifikation forderten, übrigens ohne großen Erfolg.

Viele Frauen hätten gern mit der Waffe gekämpft; sie wollten Clorinde, Jeanne d'Arc oder Krimhild sein, Schießscharten besetzen, das Schwert führen. Doch der Dienst an der Waffe blieb ihnen versagt: »Wäre es passend oder auch nur anständig, wenn junge Mädchen und Frauen auf Wache ziehen und Patrouille gehen würden?« fragte Sylvain Maréchal.[70] Er hätte hinzufügen können: »und die Soldaten verweichlichen«, den es ging immer auch um Sexualität. Das Gesetz vom 30. April 1793 schickte die zu den Waffen geeilten Frauen zurück nach Hause und verbot ihnen jede weitere militärische Betätigung. Trotzdem blieben etliche in Verkleidung bei den Truppen.[71] Fortan haftete ein Makel an allen Frauen, die zu den Fahnen eilten. 1848 überschüttete man die deutschen Frauen und vor allem die Vesuvierinnen von Paris mit Spott. Diese bewaffneten Frauen aus dem Volk hatten sich erkühnt, eine »politische Verfassung für die Frauen«, das Tragen von Männerkleidung und den Zugang zu allen öffentlichen Ämtern zu fordern, »ob zivil, religiös oder militärisch«. Daumier, Flaubert und Daniel Stern (Pseudonym für Marie d'Agoult) zogen sie ins Lächerliche.[72]

Die Mittelmeerländer verhielten sich anders. Die Teilnahme von Frauen am griechischen Befreiungskrieg nicht nur in der Lebensmittelversorgung, sondern auch in der Verteidigung mit Waffen, verblüffte die internationale öffentliche Meinung. Es gab sogar Revolutionskommandantinnen im Stabsrang, dauerhaft ernannt und auf gleichem Fuß mit den Männern, reiche Frauen, Töchter oder Witwen von Insel-Reedern, die ihr Vermögen und ihren Namen in den Dienst der Sache gestellt hatten. Eine berühmte Figur ist Lascarina Bouboulina (1771–1825), die »Große Dame« und Mäzenin der Gesellschaft der Freunde, die die Erhebung vorbereitete. Sie spielte eine wichtige Rolle in der Belagerung von Tripoli, wo es ihr gelang, die Rettung der Frauen aus dem Harem von Hurchit Pascha auszuhandeln. Eine zweite ist Mado Mavrogenous (1797–1838), die die Notabeln ihrer Insel Mykonos zur Teilnahme am Aufstand bewog. Nach dem Massaker von Chios (1822) organisierte sie eine Miliz, die sie mit der Waffe in der Hand befehligte; sie schrieb einen Brief »An die Damen von Paris« und beschwor sie darin, die Sache der griechischen Christen gegen die Bedrohung durch den Islam zu unterstützen: »Ich wünsche mir einen Tag der Schlacht, wie Sie sich nach dem nächsten Ball sehnen«, schreibt sie darin. Von ihrer Familie verstoßen, weil sie deren Erbe in diesem Krieg verbraucht hatte, starb sie einsam und mittellos.[73] Das mit einer aristokratischen und religiösen Weltanschauung vereinbarte Bild der Soldatin wurde zunehmend unerträglich in diesem bürgerlichen Jahrhundert, für das die Gewalttätigkeit von Frauen, ob nun Kriminelle, Kriegerinnen, Terroristinnen, ein Skandal war, den Kriminologen (Lombroso, *Die kriminelle Frau*) als angeborene Veranlagung erklären wollten, um ihn aus der Welt zu schaffen.

Die Unterstützung nationaler Erhebungen durch Frauen mußte andere, erträglichere Formen annehmen. Königin Luise von Preußen, die polnischen Komtessen im Exil, die Gräfin Markievicz in Irland, die Fürstin Christina Belgiojoso stellten ihren Einfluß in den Dienst ihres Landes. Letztere war Journalistin, Historikerin, mit Augustin Thierry und Mignet befreundet und tat alles, um die Unterstützung der französischen Intelligenz und Regierung zu erlangen. Sie verzweifelte oft, untröstlich über ihren Ausschluß: »Was ich brauche, ist Schwerarbeit; und nicht bloß eine Arbeit der Feder, sondern Handeln. Doch wo solches für eine Frau finden?«[74] Die Krankenhäuser und Notaufnahmen wurden ihr anvertraut; dann kam das Zerwürfnis mit Mazzini, der Ruin, das Exil in der Türkei. Denn es herrschte allenthalben Mißtrauen gegen solche Frauen, die eine politische Rolle spielen wollten.

Die kollektive Erfahrung der Irinnen von der Ladies' Land League bietet hierfür ein weiteres Beispiel. Die Führer der Land League (Parnell), die für die Verteidigung der irischen Bauern engagiert kämpften, warben Frauen zur Unterstützung an. Doch auf Anregung von Parnells Schwestern, Ann und Fanny Parnell, organisierten sich die Frauen 1881 nach amerikanischem Vorbild in einer selbständigen Ladies' Land League. Sie wollten sich nicht auf reine Wohltätigkeit beschränken und nahmen den Widerstand gegen Exmittierungen selbst in die Hand, indem sie den Vertriebenen Notunterkünfte, *huts* zur Verfügung stellten. Sie radikalisierten die Bewegung und nahmen den Pachtstreik vorweg, was ihnen die Feindschaft der Großgrundbesitzer und der reichsten Bauern eintrug. Trotz ihrer Kollekten war ihr Budget defizitär und wurde zum Vorwand, ihnen die Verwaltungskompetenz zu bestreiten. Vor allem die veröffentlichte Meinung, mit protestantischen und katholischen Bischöfen an der Spitze, kritisierte ihr öffentliches Auftreten. Diese Frauen, die sich vordem in politischen Versammlungen schüchtern im Hintergrund gehalten hatten, erklommen nun das Podium: das aber ging trotz aller gewahrten Zurückhaltung – Ann Parnell war immer in Schwarz gekleidet und sprach langsam und ruhig – zu weit. Die Familien kritisierten diese Frauen, die spätabends unterwegs waren und angeblich ihre Familien entehrten. Wurden sie etwa nicht immer wieder verhaftet und saßen mit gewöhnlichen Sträflingen in einer Zelle? Mary O'Connor mußte eine Haftstrafe von sechs Monaten zusammen mit Prostituierten absitzen. Im Dezember 1881 wurde die

Ladies' Land League verboten, desgleichen alle Frauenversammlungen; und Frauen wurden gleichzeitig auch aus der Irish National League ausgeschlossen. Fanny Parnell starb mit 33 Jahren; Ann überwarf sich mit ihrem Bruder und zog sich unter einem Pseudonym in eine Künstlerkolonie zurück. 1911 ertrank sie beim Schwimmen in zu hohem Wellengang; über ihre Erfahrungen hat sie einen Bericht hinterlassen: *The Land League Story of a great shame*, der mangels Verleger lange Zeit unveröffentlicht blieb, und in dem sie über sich selbst nichts verlauten läßt.[75]

Vorübergehend als Hilfskräfte oder Stellvertreterinnen zugelassen, mußten Frauen stets erneut unsichtbar werden, sobald wieder Frieden herrschte. Nationale Befreiungskriege änderten nichts am Verhältnis der Geschlechter zueinander. Auch im 20. Jahrhundert ist das noch so. Dennoch fiel es den Frauen, die sich kennengelernt hatten, äußerst schwer, nun einfach an den häuslichen Herd zurückzukehren. Die deutsche Frauengeneration von 1813 hat im privaten Bereich die Verankerung gelockert. Die Amerikanerinnen des Bürgerkrieges setzten die Energie, mit der sie für die Abschaffung der Sklaverei gekämpft hatten, in der Wohltätigkeit und in der Frauenbewegung ein.

Revolution, meine Schwester?

Revolutionen – wir haben es an der großen Französischen Revolution gesehen, die das Jahrhundert und dieses Buch eröffnete – verändern die Balance zwischen den Geschlechtern, weil es in ihnen um die Macht und um den Alltag geht. Sie waren Zäsuren der Frauenbewegung, wie Anne-Marie Käppeli zeigt. Während der Krieg dem individuellen Wollen im Namen der Staatsräson Schweigen gebot, ermöglichte die Revolution zumindest in ihren Anfängen, die Sehnsucht oder das Unbehagen auszudrücken, das sie hervorgebracht hatte. Warum ermöglichte sie es nicht auch den Frauen? Diese »großen Ferien des Lebens« konnten Frauen niemals im selben Maße genießen wie die Männer, da sie damit beschäftigt waren, die Lebensbedürfnisse der Familie zu sichern, was in solchen Zeiten noch schwieriger war als sonst. Doch letztendlich boten diese chaotischen Verhältnisse auch den Frauen zahlreiche Möglichkeiten, herumzukommen und Leuten zu begegnen.

Revolutionen schaffen genausowenig Einheit unter den Frauen wie unter den Männern. Auch das konterrevolutionäre Lager hatte seine Heldinnen und Getreuen; sie unterstützten die Priester, die nicht abschworen, und das wurde dann häufig als Argument gegen das Frauenstimmrecht ins Feld geführt. Aber das ist hier nicht unser Thema.

Uns interessieren die »Rechte«, deren Verkündung an Bedingungen geknüpft wird; das Universelle definierte seine Grenzen und Ausschlüsse. In diesem Raum voller Widersprüche entstand der Feminismus, der zumindest in Frankreich zunächst eher auf das Recht als auf die sozialen Verhältnisse zielte. Wie die Fremden, Bergleute, Leibeigenen und Armen aus dem neuen Recht ausgeschlossen, erlangten die Frauen bisweilen aus dieser Nachbarschaft eine gewisse Vertretungsmacht.

Frauen stehen bei Revolutionen nicht im Vordergrund. Zunächst bleiben sie als die üblichen Hilfstruppen im Schatten. So verhielten sich die Frauen vom 5. und 6. Oktober oder der Fête de la Fédération, deren einigende und mütterliche Rolle Michelet pries. Dann litten sie darunter, daß sie nicht beachtet wurden. Sie suchten Verbündete: in der ersten Revolution Condorcet und eine Handvoll Girondisten; in der Julirevolution 1830 die Saint-Simonisten, 1848 die Arbeiter; danach Freidenker, Freimaurer und Demokraten. Das Bündnis mit dem Sozialismus war, vor allem in der zweiten Hälfte des 19. Jahrhunderts, in allen Ländern das häufigste und zugleich konfliktträchtigste, weil der organisierte Sozialismus vorrangig in Klassenkategorien dachte und ihm jede selbständige Frauenorganisation widerstrebte. Doch die gemeinsame Organisation mit den Männern bedeutete, daß die Frauen von Sprechern, die nicht die ihren waren, zum Schweigen verdammt wurden oder zotige Zwischenrufe in den Versammlungen hinnehmen mußten. Im Juni 1848 erklärte Eugénie Niboyet, die des ewigen »Gelärms« gegen sich überdrüssig war, daß »von nun an kein Mann mehr zugelassen wird, wenn er nicht von seiner Mutter oder Schwester vorgestellt worden ist« (*La Liberté*, 8. Juni 1948), eine ironische Retourkutsche. Wenn die Frauen nicht erstickt werden wollen, brauchen sie Vereine, Clubs, Treffen und Zeitungen nur für sich. Wir wissen, was es damit allenthalben und ständig auf sich hat.

Auf die Revolution folgt immer die Restauration. Ob im Griechenland der Wittelsbacher oder im Deutschland des Biedermeiers, im Frankreich Charles X. oder im viktorianischen England und im Amerika unter Stonewall Jackson, überall sah die Restauration ihre Aufgabe darin, wieder Ordnung in den Sittenverfall zu bringen, der für die politische Anarchie verantwortlich gemacht wurde. Dazu gehörte stets als ein Teilziel die Unterwerfung der Frauen: Nicht von ungefähr brachte Napoleons Code civil eine Verschlechterung gegenüber dem alten Landrecht. Diese Meinung vertreten einige Juristen, aber auch Frauen: »Die Frauen haben weniger Rechte als unter dem Ancien Régime«, war 1838 im *Journal des Femmes* zu lesen. Der Gedanke des Rückschritts wurde von aktiven Frauen analog zur Pauperisierung gegen den fortschrittlichen Optimismus des Jahrhunderts gesetzt. Sie trösteten sich mit der anthropologischen Vision eines ursprünglichen Matriarchats, und der Marxismus versprach, dieses »historische Scheitern« der Frauen zu korrigieren. Im Stich gelassen von den Verbündeten, unterdrückt von der Staatsmacht, breitete sich unter Frauen eine ungeheure Gleichgültigkeit und ein tiefes Gefühl der Enttäuschung aus. Doch aus diesem nährte sich wiederum das »Wir« des Geschlechtsbewußtseins.

So erscheinen die Beziehungen zwischen den Geschlechtern in der Geschichte als ein dynamischer Prozeß, der sich aus Konflikten speist, die ihrerseits aus einer großen Zahl von Brüchen ungleicher Bedeutung und unterschiedlichster Art erwachsen. Eine bruchstückhafte Geschichte also? Das ist das Bild, welches gewöhnlich aufbewahrt und in den gleichgültigen oder herablassenden männlichen Geschichtsdarstellungen nach wie vor in Umlauf gebracht wird. In Wirklichkeit aber sind diese kurzfristigen Erschütterungen wahrscheinlich durch das Gewebe des kollektiven Gedächtnisses unsichtbar miteinander verbunden. Druckerzeugnisse, Erinnerungen, die Weitergabe häufig von Mutter auf Tochter bewerkstelligen eine gewisse Übertragung der Erfahrungen, und durch diese bildet sich ein Muster bewußter Gruppen, die schließlich insgesamt eine allgemeine Meinung begründen. Eine geschlechterbezogene Geschichte der öffentlichen Meinung müßte erst noch geschrieben werden.

Aus dem Französischen von Günter Seib

19

DIE FEMINISTISCHE SZENE

Anne-Marie Käppeli

D er Feminismus hat viele Gesichter, und es wäre vergebens,
ihn auf eine einzige Ursache zurückführen zu wollen. Er
entfaltete sich ebenso im Bereich der Ideen und Diskurse
wie in dem der sozialen Praxis.[1]

Es war eine Minderheit von Frauen, die sich im 19. Jahrhundert
durch eigenes Schreiben und Organisationstalent eine öffentliche Identität schuf. Diese Frauen begaben sich in die Öffentlichkeit, um die
Erklärung der Menschenrechte auch für das weibliche Geschlecht zu
reklamieren und dessen Interessen zu verteidigen. Sie brachten ihr
Wollen in den religiösen Dissidenzbewegungen zum Ausdruck. Ihrem
bürgerlichen Status wurde durch Gesetzesänderungen Rechnung getragen. Als Suffragetten bekundeten sie eine neue politische Identität.
Diese Frauen brachen das Schweigen um Sexualität und forderten eine
neue Moral. Ihr Kampf um den Zugang von Frauen zur Berufswelt
schuf die unverzichtbare Voraussetzung für deren wirtschaftliche Unabhängigkeit. Von der Französischen Revolution bis zum Ersten Weltkrieg
kam es zu immer neuen feministischen Vorstößen. Alle diese feministischen Bewegungen sind mit ihren Publikationen und Vereinen, ihren
Taktiken, Bündnissen und Forderungen und nicht zuletzt mit aller
feindlichen Abwehr, die sie überall in Europa und in den Vereinigten
Staaten provozierten, ein sprechender Beweis dafür, daß die »Frauenfrage« in diesem Jahrhundert zum Gegenstand breiter öffentlicher Diskussionen und zum Streitobjekt heftiger Auseinandersetzungen in zahlreichen gesellschaftlichen und politischen Gruppierungen geworden

war. Während sich die Männer im 19. Jahrhundert auf der Basis der gesellschaftlichen Klassen organisierten, organisierten sich die Frauen auf der Basis des Geschlechts. Damit aber störten sie unablässig die üblichen Konfigurationen des Politischen.

DAS AUFKOMMEN FEMINISTISCHER BEWEGUNGEN

Überall in Europa hat die Philosophie der Aufklärung ein ganzes Arsenal intellektueller Waffen für die feministische Sache bereitgestellt. Dazu gehören die Ideen der fortschreitenden Vernunft und des Naturrechts ebenso wie die Vorstellungen über die Entfaltung der Persönlichkeit, die positive Macht der Erziehung, den sozialen Nutzen der Freiheit, aber auch das Postulat gleicher Rechte. Olympe de Gouges forderte 1791, daß die Erklärung der Menschenrechte auch für das weibliche Geschlecht Geltung haben solle; Mary Wollstonecraft gründete ihre Schrift *Die Verteidigung der Rechte der Frauen* auf die Ideen der Aufklärung und der Französischen Revolution. Auch die sozialen Ideen des Protestantismus gehörten zum Nährboden des Feminismus. Denn ebenso wie der Vernunftindividualismus bezog sich auch der religiöse Individualismus ohne Unterschied auf beide Geschlechter.[2] Doch diese Vorstellungen des aufgeklärten Bürgertums eröffneten dem Feminismus nicht ohne weiteres eine soziale und politische Basis. Der Feminismus stützte sich vor allem auf die Trennung der Lebensbereiche. Er übernahm damit sowohl das Erbe der freikirchlichen Tradition des Evangeliums, derzufolge Frauen über besondere Qualitäten verfügen und im öffentlichen Leben eine spezifische Rolle zu erfüllen haben,[3] als auch das Konzept der bürgerlichen Polarisierung der »Geschlechtscharaktere« von Mann und Frau.[4] Auf diese Weise verstanden es die Frauen, die Macht des Privaten aufzuwerten, gleichzeitig aber auch dessen Grenzen zu überwinden und Probleme aus der sogenannten Privatsphäre auf die politische Bühne zu bringen.

Egalitäre und dualistische Strömungen

Die theoretischen Annahmen, auf die sich die Feminismen des 19. Jahrhunderts stützen konnten, gingen von zwei unterschiedlichen Vorstellungen von der Frau aus. Eine erste, auf Egalität ausgerichtete theoretische Strömung betonte in der Frau den Menschen, eine zweite, auf Dualität ausgerichtete Strömung ging vom Ewig-Weiblichen aus. Das theoretisch wie politisch bis heute folgenreiche Paradoxon liegt darin, daß Frauen die Gleichheit der Geschlechter fordern und dabei gleichzeitig anders sind und anders sein wollen als Männer. Damit geraten Feministinnen zwangsläufig in einen Konflikt zwischen dem Allgemeinen und dem Besonderen. Welche Eigenschaften sollen bei der Definition ihres politischen Status ausschlaggebend sein, die des Gattungswesens Mensch oder die des weiblichen Geschlechts?[5]

Die egalitäre bürgerliche Strömung betrachtete den Gesetzgeber als zentralen Motor der Veränderung: Der Staat soll als Partner Interessenkonflikte regeln. Diese Position fand ihren politischen Niederschlag in der Forderung, Frauen als Staatsbürgerinnen anzuerkennen, und in den immer erneuten hartnäckigen Kampagnen für politische Gleichberechtigung. Unter Berufung auf Locke sprach sich Mary Wollstonecraft entschieden dagegen aus, den Frauen spezifische Tugenden und spezifische Sphären zuzuerkennen. Mitte des 19. Jahrhunderts forderte John Stuart Mill, auch für Frauen das Versprechen der amerikanischen Unabhängigkeitserklärung einzulösen. Sein politischer Essay *Die Unterdrückung der Frauen* wurde umgehend in alle europäischen Sprachen übersetzt und entwickelte sich zur Leittheorie des liberal-egalitären Feminismus.[6] Während des ganzen Jahrhunderts beriefen sich einzelne Feministinnen immer wieder auf den Rationalismus der Aufklärung, gleich ob sie nun für das Frauenwahlrecht oder gegen die sexuelle Doppelmoral kämpften. Solches tat etwa die Italienerin Luisa Tosco, die sich in *La causa delle donne* (1876) auch auf Jenny d'Héricourt und John Stuart Mill stützte.[7]

Demgegenüber stellte die dualistische Strömung, die nach und nach an Boden gewann, die Befähigung der Frau zur Mutterschaft in das Zentrum. Dabei wurden nicht nur die besonderen physischen, sondern auch die psychischen und sozialen Fähigkeiten der Frau hervorgehoben und das Hauptaugenmerk auf den kulturellen Beitrag gelenkt. Ein Zeitgenosse von John Stuart Mill, Ernest Legouvé, brachte in seiner *Histoire morale des femmes*, die 1849 erschien und überall in Europa Verbreitung fand, auf eben diesem Weg die Weiblichkeit wieder zu Ehren; dabei diente ihm Mutterschaft als Argument für Reformen im Bereich der Erziehung und Gesetzgebung. Im Gegensatz zur egalitären war für die dualistische Richtung des Feminismus nicht das Individuum die sozio-politische Grundeinheit, sondern die männlich-weibliche Dualität und die Familie.[8]

Diese unterschiedliche Interpretation der Gleichheit führte zu einer Aufspaltung der Frauen in »Staatsbürgerinnen« und »Ehefrauen und Mütter«. Das feministische Problem erscheint in dem einen Fall als politisch-legislatives und in dem anderen als ethisch-soziales Problem. Die Verteidigung eines abstrakten Rechts auf Gleichheit entfernte sich weit vom Alltagsleben der Frauen und lief deshalb Gefahr, den Feminismus

zu lähmen. Das dualistische Konzept besaß demgegenüber zwar potentiell eine stärkere kulturkritische Sprengkraft, verschleierte jedoch
gleichzeitig die Interessengegensätze zwischen Männern und Frauen in
einer patriarchalischen Gesellschaft.

Momente der feministischen Auflehnung

Während des gesamten 19. Jahrhunderts gab es immer wieder Momente der feministischen Auflehnung. Manchmal durchlebte nur eine einzige Generation einen solchen Aufbruch, manchmal erfaßte er auch
noch die nachfolgende Generation. Erstmals kam es in Europa
während der Französischen Revolution zu Initiativen, Frauen in patriotischen Clubs zu organisieren. Napoleons autoritäre Herrschaft brachte
dann alle Versuche der Frauenbefreiung zunächst einmal zum Erliegen.

Der napoleonische Code civil von 1804 – der die juristische Stellung
der Frau im gesamten besetzten Europa beeinflußte – bekräftigte die
Ansicht, die Frau sei Eigentum des Mannes und ihre vorrangige Aufgabe bestehe im Gebären vom Kindern. Während dieser Welle der
Reaktion wandelte sich der Feminismus von einer intellektuellen zu
einer sozialistischen Bewegung. Die Zirkel utopischer Sozialisten,
deren Blütezeit in Frankreich und England zwischen 1820 und 1840
lag, analysierten die Unterwerfung der Frau vor allem im Zusammenhang mit ihren heftigen Attacken gegen die Institution der Ehe.[9] Ihr
Engagement für die Gleichberechtigung der Geschlechter ging einher
mit dem Glauben an die moralische Überlegenheit der Frauen. Anne
Wheeler machte saint-simonistische Vorstellungen in England bekannt
und schuf so eine Verbindung zwischen den ersten französischen und
englischen Sozialisten. Die beiden Theoretiker der englischen Genos-
senschaftsbewegung, William Thompson und Robert Owen, lieferten
dann den entscheidenden intellektuellen Rahmen für die Ausbildung
des sozialistischen Feminismus. In ihrem *Appeal on Behalf of Women*
(1825) argumentierten Anne Wheeler und William Thompson auf utili-
taristischer Grundlage für eine Umwandlung der ökonomischen Wett-
bewerbsstruktur zugunsten der Frauen. Zehn Jahre später kritisierte
Owen die etablierte Gesellschaftsordnung und verurteilte in seinen
zehn Referaten *On the Marriages of the Priesthood of the Old Immoral
World* die bestehenden sexuellen und familiären Regelungen. Als Reaktion auf Veröffentlichungen und Vorträge von Anhängern Owens, etwa
von Frances Wright und Frances Morrison, bildeten sich kleine *sozialistische Gemeinschaften*. Frauen aus der Chartistenbewegung, die sich
auf nationaler Ebene zusammenschlossen, folgten Owens Beispiel und

hielten öffentliche Vorträge in einer Zeit, in der Frauen aus der Mittelschicht kaum das Recht hatten, sich zu äußern.

In vielen anderen europäischen Ländern traten die ersten Feministinnen in Verbindung mit demokratischen oder nationalen Bewegungen hervor. Was in Frankreich Ende des 18. Jahrhunderts geschehen war – die Teilnahme der Frauen an der Revolution und die Gründung politischer Frauenclubs –, wiederholte sich in geringerem Umfang in Deutschland anläßlich der Revolution von 1848. Die junge Louise Otto drückte ihr patriotisches Engagement in den *Liedern eines deutschen Mädchens* (1847) aus. In Polen sammelte sich ein Kreis von »Enthusiastinnen« um Narcyza Zmichowska. Inspiriert von ihrer gemeinsamen Begeisterung für Freiheit und Gleichheit, engagierten sie sich für eine bessere Volksbildung und die Abschaffung der Leibeigenschaft. Der politische Einfluß der »illustren Frauen« des italienischen Risorgimento verbreitete sich weit über ihre von Patrioten frequentierten Salons hinaus; am berühmtesten war der Mailänder Salon von Clara Maffei. Die Botschafterin der nationalen Einheit Italiens, Christina Trivulzio Belgiojoso, gründete in den Jahren 1842–1846 in der Lombardei fourieristisch inspirierte Einrichtungen für Frauen und engagierte sich 1849 in Rom in der Hilfe für Patrioten. Ebenfalls in der Lombardei war Ester Martini Currica eine der maßgeblichen Organisatorinnen der Freiheitsbewegung von Giuseppe Mazzini.[10] Auch in Prag waren es ab 1860 die Salons der Frauen aus dem Bürgertum, vor allem die der Schriftstellerin Karolina Světlá und von Augusta Braunerová, die zum Zentrum der patriotischen Bewegung wurden. Im literarischen Salon von Anna Lauermannová suchte man nach Wegen, um sich vom Einfluß der deutsch-österreichischen Kultur zu befreien und durch Annäherung an Frankreich eine intellektuelle Emanzipation zu ermöglichen.[11]

Ebenso wie politische Oppositionsbewegungen schlossen sich Frauen auch religiösen Dissidenzbewegungen an: Zu Beginn und in der Mitte des 19. Jahrhunderts waren es die Gebetsversammlungen der Quäker in den USA und in England, und in den Jahren 1830–1840 die philanthropischen Aktivitäten der Erweckungsbewegung in der Schweiz und in den Niederlanden, die den Frauen der Mittelschicht ein Ausbrechen aus ihrer traditionellen Rolle ermöglichten.[12] Ihr ausgeprägtes soziales Bewußtsein bewegte Frauen dazu, öffentlich das Wort zu ergreifen und sich zu organisieren. In den 1840er Jahren stellten in Deutschland die Anhänger der protestantischen Freikirchen und des Deutschkatholizismus das »Los der Frau« radikal in Frage. Der katholische Theoretiker Rupp entwarf in Königsberg eine modellhafte Gemeindeverfassung, die den Frauen das aktive und passive Wahlrecht garantierte.[13] Es ist nicht überraschend, daß Louise Otto im Deutschkatholizismus einen der wichtigsten Faktoren für die Frauenemanzipation sah. Doch die Zeit der Reaktion bremste die feministische Organisation in Deutschland. Mitte der 1860er Jahr nahm sie aber einen neuen Aufschwung. Der Fortschritt der Industrialisierung, die Gründung politischer Parteien und die bürgerliche Vereinskultur übernahmen bis zum Vorabend des Ersten Weltkriegs die Rolle von Katalysatoren bei der Festigung und Diversifizierung des Feminismus.

Während in Europa die feministischen Bewegungen in der ersten Jahrhunderthälfte vom Geist der Revolution und vom religiösen Dissidententum profitierten, war der Feminismus in den USA in erster Linie vom Pioniergeist geprägt. Die »Töchter der Freiheit« der Amerikanischen Revolution, wie etwa Abigail Adams, blieben nicht anders als die feministischen Schriftstellerinnen der Aufklärung, der Französischen Revolution oder des deutschen Vormärz isolierte Theoretikerinnen. Doch in den 1830er Jahren fanden die Frauen der amerikanischen Mittelschicht, die in den religiösen Erweckungsbewegungen nach der Amerikanischen Revolution gelernt hatten, ihre Stimme zu erheben, nun im Kampf gegen die Sklaverei ihre »politische Schule«. Gegen Ende des 19. Jahrhunderts schienen sich die Frauenbewegungen auf beiden Seiten des Atlantiks angenähert zu haben.

Als einschlägiger Beweis für den Aufschwung des Feminismus kann die wachsende Verbreitung der Frauenpresse und die Gründung zahlreicher Frauenorganisationen gewertet werden. Mitte des 19. Jahrhunderts war das den Feministinnen deutlich bewußt. Die Engländerin Frances Power Cobbe faßte dies in die Worte: »Der Aufstieg eines Geschlechts in der zivilisierten Welt ist sicherlich ein einzigartiges Faktum in der Geschichte, das unverzüglich bedeutsame Rückwirkungen haben müßte.«[14]

DIE FEMINISTISCHE PRESSE

Der Kampf entfaltete sich nach einem gängigen Modell. Im allgemeinen ging die Gründung einer feministischen Zeitschrift mit der Gründung eines Vereins einher. Die Zeitschrift diente als Kristallisationspunkt für die verschiedenen Kampagnen und ermöglichte es, die feministischen Positionen auszudifferenzieren.

Die Zeitschriften

Eine der bedeutendsten Publikationen war das 1859 gegründete *Englishwoman's Journal*. Mit dieser Zeitschrift waren die Feministinnen verbunden, die sich am Langham Place, dem späteren Sitz von Organisationen wie der Society for Promoting the Employment of Women, versammelten. Eine der Redakteurinnen, Emily Davies, nutzte die Zeitung als Plattform in ihrem Kampf für eine Verbesserung der Mädchenschulbildung. Susan B. Anthony organisierte von den Redaktionsbüros der Zeitung *The Revolution* (1868–1870) aus die Arbeiterinnen New Yorks. Eine Zeitung war also häufig weit mehr als ein bloßes Mittel zur öffentlichen Meinungsbildung. *La Fronde* (Tageszeitung von 1897 bis 1903, Monatszeitschrift von 1903 bis 1905) war ein Forum der französischen feministischen Kultur und verkörperte für die Pariserinnen eine Art Lebensstil. Die Redakteurin Marguerite Durand schlug eine Bresche zugunsten des professionellen Journalismus von Frauen. Ihre Mitarbeiterin Caroline Rémy, bekannt unter dem Namen Séverine, war die erste Journalistin, die von ihren Artikeln leben konnte.[15] Hélène Sée nahm an der Seite der Männer an sämtlichen Parlamentsdebatten teil und wurde die erste politische Berichterstatterin. *La Fronde* gründete außerdem ein kostenloses Stellenvermittlungsbüro für Frauen. Diese feministisch-republikanische Tageszeitung war eine der führenden französischen Tageszeitungen der damaligen Zeit und behauptete auch innerhalb der europäischen Presse einen hervorragenden Platz.[16]

Zur selben Zeit prägte Clara Zetkin eine Zeitschrift, deren Anliegen die politische Bildung von Arbeiterinnen war. Aus *Die Arbeiterin*, die 1891 in Hamburg herausgegeben wurde, entwickelte Zetkin das Organ der deutschen und internationalen Sozialistinnen, *Die Gleichheit*. Diese Zeitschrift hatte Erfolg. Zu ihren Mitarbeiterinnen zählten führende Frauen der sozialistischen Frauenbewegung wie Angelica Balabanoff, Mathilde Wibaut und Henriette Roland-Holst (Niederlande), Hilja Parssinen (Finnland), Adelheid Popp (Österreich), Ines Armand (Rußland), Laura Lafargue, Käthe Duncker, Luise Zietz und andere. Um die Jahrhundertwende eröffneten Lily Braun und Clara Zetkin in dieser Zeitung die Reformismusdebatte. Lenin schätzte *Die Gleichheit* und übernahm manche Artikel für die russische Parteipresse.[17]

Die Anfänge

Frauen erhoben ihre Stimme je nach Zeitpunkt in der Geschichte des Feminismus auf unterschiedliche Weise. Die ersten uns bekannten feministischen Zeitungen vom Beginn des 19. Jahrhunderts stammen aus den Kreisen der englischen Freidenker und der französischen Saint-Simonisten. Weibliche Mitglieder von Organisationen, die die Reform des britischen Parlaments zum Ziel hatten, stellten die Tyrannei von Kirche und Staat offen in Frage. Die bekannteste unter ihnen ist Elizabeth Sharples. Sie stand Carlyles freidenkerischem Rationalismus nahe, gab eine eigene Zeitschrift, die *Isis*, heraus und äußerte sich über »Aberglauben und Vernunft, Tyrannei und Freiheit, Moral und Politik«. Die Saint-Simonistinnen publizierten im Juli 1832 eine Zeitschrift mit dem Titel *La Femme libre*, dann *La Femme nouvelle* und schließlich *La Tribune des femmes*.[18] Aus ganz Frankreich kamen Spenden, Unterstützung und Glückwünsche. Die Zeitschrift behandelte ökonomische, politische und pädagogische Fragen ebenso wie Probleme der Frauenarbeit und der freien Liebe. Die Mitarbeiterinnen signierten ihre Artikel nur mit ihrem Vornamen, zum einen, um anonym zu bleiben, zum anderen, weil sie die ihnen durch die Heirat aufgezwungenen Familiennamen ablehnten.

Die Revolution von 1848 veranlaßte die Frauen zahlreicher Länder, eigene Zeitschriften zu gründen: in Frankreich *La Voix des femmes* und *L'Opinion des femmes*; in Leipzig von Louise Otto-Peters, *Die Frauen-Zeitung* mit dem Motto »Dem Reich der Freiheit werb' ich Bürgerinnen«. Diese Zeitschriften wurden rasch zu Zielscheiben der politischen Repression. Auch in der Schweiz fallen die Anfänge der feministischen Presse in diese Jahre. Dort gab Joséphine Stadlin, eine Anhängerin Pestalozzis, *Die Erzieherin* (1845–1849) heraus. Dasselbe gilt für die USA. Dort initiierte Amélia Bloomer, bekannt als Verfechterin der Kleiderreform, 1849 die erste feministische Zeitschrift, *The Lily*.

Die dritte Welle der feministischen Veröffentlichungen begann im Jahre 1868. Marie Goegg-Pouchoulin gab zehn Jahre lang die Zeitschrift *La Solidarité* heraus, das erste internationale Forum für Feministinnen. In den USA gründeten Susan B. Anthony und Elizabeth Cady Stanton, nachdem eine Änderung der Verfassung zugunsten von Frauenrechten abgelehnt worden war, *The Revolution* (1868). Im selben Jahr erschien in Italien auf Initiative von Anna Maria Mozzoni *La Donna*, eine kosmopolitische Zeitschrift, die über feministische Aktivitäten im Ausland berichtete.[19] In Frankreich gründete Léon Richer 1869 *Le Droit des femmes*; in England eröffnete die Ladies' National Association ihre Kampagne gegen die regulierte Prostitution mit *The Shield*.

Das Los des Journalismus

Als sich die feministischen Vereine vermehrten und sich differenzierten, entwickelte sich auch eine unabhängige und vielseitige, allerdings meistens nur kurzlebige Presse. Viele Feministinnen träumten davon, Journalistin zu sein. So wünschte etwa Elizabeth Cady Stanton, für die *New York Tribune* zu arbeiten; sie konnte diesen Traum mit ihren sieben Kindern aber nicht verwirklichen. Andere waren erfolgreicher. Genannt sei nur Margaret Fuller. Sie war seit 1845 als erste Frau verantwortlich für das Ressort Literaturkritik in der *New York Tribune*. Es dauerte jedoch noch eine Weile, bis Feministinnen in der offiziellen Presse Einfluß erlangten. Emma Goldman absolvierte ihre journalistischen Lehrjahre bei einer deutschen anarchistischen Zeitung, der *Freibeit*, bevor sie 1906 ihr »Lieblingskind« *Mother Earth* ins Leben rief.

Für den Feminismus ist es von zentraler Bedeutung, daß Frauen lernen, für die Öffentlichkeit zu schreiben. Diese Fähigkeit ist ausschlaggebend für den Kampf gegen das Vergessen und die Vergänglichkeit. Das hat Elizabeth Cady Stanton in ihren Erinnerungen angesprochen. »So mußten wir also unsere Federn hervorkramen und Zeitungsartikel oder Petitionen an die Gesetzgeber verfassen; wir gaben Briefe über dieses oder jenes an unsere Getreuen heraus; wir wandten uns an *The Lily, The Una, The Liberator* oder *The Standard*, um zur Sprache zu bringen, was weder für uns noch für die Sklaven möglich war.«[20]

Das Ausmaß der Frauenemanzipation in einer bestimmten Gesellschaft und der Grad der Toleranz gegenüber dem Feminismus lassen sich an der Entwicklung und der Akzeptanz der feministischen Presse ablesen. Von der langen politischen Bevormundung der schweizer Frauen zeugt, daß die erste Zeitschrift, die sich für die politischen Rechte der Frauen einsetzte, *Le Mouvement féministe*, erst 1912 von Emilie Gourd gewissermaßen als Nachfolgerin der feministischen Kolumne Auguste de Morsiers im *Signal de Genève* gegründet wurde.[21] Ebenso verhinderten die extremen politischen Restriktionen im Polen des 19. Jahrhunderts das Entstehen einer Frauenbewegung; einzige Kristallisationspunkte waren der von John Stuart Mill beeinflußte Positivistische Warschauer Kreis und die von Alexander Swietochowski herausgegebene Zeitschrift *Die Wahrheit*.[22] Mitte des 19. Jahrhunderts wurde die feministische Presse auch in Deutschland und Frankreich Opfer des repressiven Vereinsrechtes. Selbst zu Beginn des 20. Jahrhunderts hatten es Feministinnen nicht unbedingt leichter. Als die Amerikanerin Margaret Sanger ihr Plädoyer für Geburtenplanung 1914 in der ersten Nummer ihrer Zeitschrift *The Woman Rebel* veröffentlichte, wurde sie deswegen verhaftet.[23]

DIE ORGANISATIONEN

Sobald philosophische, literarische und pädagogische Diskussionen erst einmal das Bewußtsein für die Notwendigkeit der Frauenemanzipation geschärft hatten, lag es auf der Hand, daß Frauen und Männer sich in einem zweiten Schritt zu Vereinen zusammenschlossen, um Strategien und Modelle zur Lösung der sozialen Frauenfrage zu entwickeln. Einige suchten die Lösung in autonomen Initiativen, andere erwarteten Hilfe vom Staat.

In der ersten Hälfte des 19. Jahrhunderts kam es in Europa nur zu sporadischen Aktionen zugunsten der Frauenemanzipation. Die Aktivitäten beschränkten sich auf die Zeiten politischer und sozialer Krisen. Das gilt für die Frauenclubs der französischen Revolution ebenso wie für die Bewegung der Saint-Simonistinnen 1830 und die feministischen Clubs in Frankreich sowie die demokratischen Frauenvereine in Deutschland 1848. In den USA dagegen kam es bereits zu dieser Zeit zu Organisationsversuchen auf nationaler Ebene. Im Rahmen der National Female Anti-Slavery Association wurden ab 1837 feministische Forderungen erhoben. Diese Vereinigung diente dann auch den ersten Organisatorinnen der Textilarbeiterinnen als Modell. An diesem Modell orientierte sich insbesondere Sarah Bagley, die 1845 bis 1846 den Kampf in der Female Labor Reform Association anführte. Dann lieferte die Seneca Falls Convention 1848 für mehr als zehn Jahre die Basis für die Equal Rights Association. Die amerikanischen Frauen stellten damit auf neue Weise politischen Scharfblick und ihr im Kampf gegen die Sklaverei erprobtes Organisationstalent unter Beweis.

In der zweiten Hälfte des 19. Jahrhunderts, als die europäischen Staaten ihre Regierungsform herausbildeten, beteiligten sich auch zahlreiche Feministinnen mit ihren Vereinen am Aufbau einer republikanischen und egalitären Gesellschaft. Dies trifft vor allem für Frankreich zu, wo die Schaffung der Dritten Republik im Jahre 1870 die Möglichkeit bot, den Kampf für die Emanzipation der Frau in eine langfristige gemeinsame Perspektive einzuordnen, auch wenn sich die feministische Bewegung in unterschiedlichsten Gruppierungen organisierte.[24]

Liberale und sozialistische Frauenvereine

Im Jahr 1865/1866 wurden in Deutschland zwei Zentren der Frauenbewegung gegründet. Sie repräsentierten zwei konkurrierende Organisationsmodelle, nämlich das Modell der liberalen Vereine und das der autonomen, von den Frauen selbst gegründeten Frauenorganisation.[25] Der Berliner Lette-Verein, getragen von der liberalen protestantischen Bourgeoisie, hatte den Londoner Verein zur Förderung der Frauenarbeit sowie die Pariser Experimente mit der Berufsausbildung höherer Töchter zum Vorbild. Mit einem Aufruf in der Presse wurde 1866 der von Adolf Lette initiierte »Verein zur Förderung der Erwerbsfähigkeit des weiblichen Geschlechts« gegründet, dessen Vorsitzende stets Männer waren und der sich daher an einem sehr eingeschränkten Emanzipationsverständnis orientierte. Das zweite Modell favorisierte

Louise Otto-Peters, die den Arbeiterinnen näherstand. Sie rief in der Industrieregion Sachsen die örtlichen Vereine, die sich mit der Ausbildung und Arbeit von Frauen befaßten, 1865 zu einem Treffen in Leipzig zusammen. Dieses von den Zeitgenossen als »Frauenschlacht von Leipzig« apostrophierte Treffen erregte großes Aufsehen, weil Frauen sich hier das – bisher den Männern vorbehaltene – Recht herausnahmen, öffentlich aufzutreten und sich zu organisieren. Sie gründeten den Allgemeinen Deutschen Frauenverein als eine autonome Selbsthilfeorganisation von Frauen. Von der Entstehung dieser ersten Gruppe bis zum Ersten Weltkrieg entfaltete sich auf lokaler Ebene eine intensive Frauenvereinskultur. Ob diese Verbände karitativ oder berufsbezogen waren und welches spezifische Ziel sie auch immer anstrebten, sei es die Reform der Frauenkleidung, der Kampf gegen Alkoholismus oder das Frauenwahlrecht, sie alle gehörten seit 1894 dem Bund Deutscher Frauenvereine an.[26]

Das dritte europäische Land, in dem sich ab der Jahrhundertmitte die Frauenbewegung schnell ausbreitete, war England. Hier zeigt sich besonders deutlich, wie Vereine als direkte Reaktion auf frauenfeindliche politische Maßnahmen entstanden. Eine große Petition für das Frauenwahlrecht war 1866 von John Stuart Mill vorgelegt und vom englischen Parlament angenommen, aber von Premierminister Gladstone zurückgewiesen worden. Daraufhin organisierte sich unter dem Vorsitz von Lydia Becker die National Society for Women's Suffrage. In Ergänzung dazu und um den Kampf der Suffragetten nicht zu kompromittieren, gründete Josephine Butler einige Jahre später die Ladies' National Association, mit dem Ziel, das bisher tabuisierte Übel der sexuellen Ausbeutung der Frau zu bekämpfen.

In der Schweiz, einem kleinen Land, bildeten die Frauenvereine Ende des 19. Jahrhunderts eine Interessengruppe unter vielen innerhalb einer pluralistischen Gesellschaft. Der Staat, der seinerseits versuchte, etwas gegen einzelne Symptome des sozialen Elends zu unternehmen, unterstützte auch die Selbsthilfeinitiativen von Frauen. Diese Spielart des Feminismus appellierte im wesentlichen an das soziale Bewußtsein der Frauen und verharrte im Vorzimmer der politischen Macht.[27]

Frauenwahlrecht und Widerstand gegen die staatliche Regulierung der Prostitution waren nicht nur für den Kampf der angelsächsischen Feministinnen die zentralen Ziele. Diese Ziele veranlaßten auch über Großbritannien hinaus die Gründung zahlreicher Vereine und Organisationen. Sie mobilisierten Tausende von Frauen in den USA, England, Frankreich und Deutschland, und über diese Schlüsselländer des westlichen Feminismus hinaus in ganz Europa und der übrigen Welt.[28] Das eine Ziel verlangte nach Kampf *für* bestimmte Rechte; das andere den Kampf *gegen* den Mißbrauch von Rechten. Die vom Wahlrecht ausgeschlossenen Frauen schlossen sich in Vereinen zusammen, um sich eine öffentliche Identität zu schaffen. Im Namen ihrer Organisationen bedienten sie sich des gesamten Arsenals demokratischer Meinungs-äußerung: Presse, Petitionen, Vorträge, Versammlungen, Aufmärsche, Bankette, Ausstellungen. Nationale und internationale Kongresse intensivierten den Erfahrungsaustausch und trugen zur Bildung eines trans-europäischen feministischen Netzes bei.

Parallel zu diesen Strukturen der liberalen Frauenbewegung entstand auf der Basis der Klassenzugehörigkeit das Netz der Sozialistinnen. Am ausgeprägtesten war der Klassenantagonismus im Deutschland von 1890. Nach der Aufhebung des Sozialistengesetzes von 1878 schlossen sich die Arbeiterinnen – soweit es die Vereine zuließen – der Sozialdemokratie an. Als die liberalen und konservativen Frauen aus dem Bürgertum 1894 den Bund Deutscher Frauenvereine gründeten, geschah dieses unter Ausschluß der Sozialistinnen. 1896 kam es beim Internationalen Frauenkongreß in Berlin zum offenen Bruch zwischen Sozialistinnen und bürgerlichen Frauen. Die Sozialistinnen organisierten ihren eigenen Kongreß und lehnten es prinzipiell ab, mit der bürgerlichen Frauenbewegung zusammenzuarbeiten. Nicht einmal bei der Forderung nach dem Frauenwahlrecht kam es zu einem Zusammengehen. Innerhalb der sozialistischen Partei behielten die Frauen ihre eigene Organisation und veranstalteten regelmäßig auch eigene Frauenkonferenzen.[29]

Internationale Bemühungen

Der Erfahrungsaustausch über Presse, Besuche und internationale Kongresse führte schließlich dazu, daß Feministinnen sich auf nationaler wie auf internationaler Ebene nach einem föderativen Modell zusammenschlossen.[30] Das feministische Bewußtsein wurde über die nationalen Grenzen hinaus auch durch die Übersetzungen feministischer »Klassiker« gefördert wie *Die Unterwerfung der Frauen* (1869) von John Stuart Mill und *Die Frau und der Sozialismus* von August Bebel (die Erstausgabe erschien 1879 unter dem Titel *Die Frau in der Vergangenheit, Gegenwart und Zukunft*).

Zu ersten Bemühungen um eine internationale Organisation kam es 1868 im Zusammenhang mit dem europäischen demokratischen Pazifismus. Marie Goegg-Pouchoulin veröffentlichte in der Zeitschrift *Les Etats-Unis d'Europe* einen Appell zur Schaffung eines internationalen Frauenverbandes. Drei Jahre später wurde sie Opfer der politischen Repressionen im Anschluß an die Niederschlagung der Pariser Commune.[31]

Josephine Butler hatte in Genf mehr Erfolg. Dank der Unterstützung von Männern aus der protestantischen Aristokratie und des Organisationstalents Aimé Humberts, eines freimaurerischen Politikers, gründete sie 1875 die British Continental and General Federation for the Abolition of the State Regulation of Vice, die heute noch als International Abolitionist Federation weiter arbeitet.[32]

Eine weitere internationale Initiative ging von den Amerikanerinnen aus. Der Europabesuch der beiden Suffragetten Elizabeth Cady Stanton und Susan B. Anthony sowie der Erfolg der World's Woman's Christian Temperance Union regten 1888 in Washington, anläßlich des 40. Jubiläums der Seneca Falls Declaration, zur Gründung eines Internationalen Frauenrats an.[33] Zunächst war dieser eine rein amerikanische Organisation. Andere Länder mußten erst noch ihre eigenen nationalen Frauenräte gründen. 1900 signalisierte die Wahl der Gräfin von Aberdeen in den Vorsitz dieser Organisation sowohl eine wachsende Unabhängigkeit gegenüber den Amerikanerinnen als auch den verstärkten Einfluß des politischen Establishments auf den gemäßigteren Flügel der Frauenbewegung.

Bis zum Ersten Weltkrieg wurde eine Reihe von nationalen Frauenräten gegründet: in Kanada (1893), Deutschland (1894), England (1895), Schweden (1896), Italien und den Niederlanden (1898), Dänemark (1899), der Schweiz (1900), Frankreich (1901), Österreich (1902), Ungarn und Norwegen (1904), Belgien (1905), Bulgarien und Griechenland (1908), Serbien (1911) und Portugal (1914). Auf internationaler Ebene war der einzige gemeinsame Nenner dieser Räte die Legitimierung des politischen Mitspracherechts für Frauen und demzufolge die strikte Einhaltung der parlamentarischen Regeln. Diejenigen Frauen, die sich speziell für das Frauenwahlrecht einsetzen wollten, fühlten sich daher durch den Internationalen Frauenrat eher gebremst. Bereits 1899 wurde die Gründung einer getrennten Organisation erwogen. Auf dem Berliner Kongreß von 1904 kam es dann endgültig zum Bruch. Von nun an vereinte ein internationales Bündnis für das Frauenwahlrecht unter dem Vorsitz der amerikanischen Radikalen Carrie Chapman Catt die Suffragetten-Organisationen verschiedener Länder unter einem Dach. Dieses Bündnis war zwar eine dynamische Bewegung, repräsentierte aber nur eine Minderheit von Frauen.[34]

Beide Organisationen spielten nicht nur eine wichtige Rolle für die Kontakte zwischen den verschiedenen nationalen Frauenbewegungen, sondern regten auch die Gründung verschiedener neuer Zusammenschlüsse von Frauen an. Ob sie nun als internationale Organisationen allgemeine Forderungen aufstellten oder ihre Aufmerksamkeit auf bestimmte Punkte konzentrierten – wie die Woman's Christian Temperance Union (1884) von Frances Willard, Josephine Butlers International

Abolitionist Federation (1875) oder die sozialistische Fraueninternationale Clara Zetkins (1907) –, sie vermittelten in jedem Fall ihren Mitgliedern das Gefühl, einer weltweiten Meinungsströmung anzugehören. Sie stärkten das Selbstvertrauen ihrer Mitglieder und deren Glauben an den mit Sicherheit bevorstehenden Sieg.

Aktuelle internationale Ereignisse verwiesen bereits auf die zukünftigen Themen der Frauenvereinigungen. Die erste internationale Friedensdemonstration der Frauen 1899 in Den Haag war initiiert worden von der Deutschen Margarethe Selenka und der Österreicherin Bertha von Suttner und bekräftigte, daß Frauenfrage und Friedenskampf eng miteinander verbunden seien: »Beide sind ihrem ganzen Wesen nach ein Kampf für die Macht des Gesetzes und gegen das Gesetz der Macht.«[35]

Interkulturelle Dynamik: Reisen und Exil

Die Dynamik, die der Feminismus des 19. Jahrhunderts mit seinem Austausch zwischen den verschiedenen Kulturen auslöste, beschränkte sich keineswegs auf die Institutionalisierung internationaler Verbindungen. Diese Dynamik sollte nicht unterschätzt werden. Auch die Reisen oder die Emigration einzelner Feministinnen förderten die Herausbildung des feministischen Bewußtseins. So besuchte die schwedische Schriftstellerin Frederika Bremer (1801–1865) etwa ab 1849 regelmäßig die Vereinigten Staaten. In ihrem Roman *Herta*, der 1856 erschien, finden sich deutliche Spuren des amerikanischen Feminismus.[36] Das Ansehen und die symbolische Kraft des amerikanischen Feminismus spiegeln sich auch im Norsk Kvinnesaksforening (Feministischer Verein Schwedens) und in dessen 1887 gegründeter Zeitschrift *Nylaende* (Neue Grenzen) wider.

Außer der Emigration trug auch das Exil dazu bei, die internationalen Kontakte zu intensivieren. Mit der Zeitschrift *Su Compagne!*, die Angelica Balabanoff ab 1904 in ihrem Luganer Exil herausgab, warb sie bei den italienischen und schweizerischen Arbeiterinnen für die sozialistische Frauenbewegung. In der Schweiz nahmen russische Medizinstudentinnen Kontakte zu den Züricher Frauenvereinen auf.

Weniger spektakulär, aber bedeutsam im Hinblick auf den interkulturellen Austausch war die Behandlung moslemischer Frauen durch die ersten Ärztinnen. Ein Beispiel hierfür ist die Arbeit von Anna Bayerowa in Bosnien[37] oder die der Ärztinnen in Rußland[38].

DIE FORDERUNGEN

In der feministischen Presse und den Verbänden wurden rege Diskussionen über Emanzipation, Befreiung und Gleichberechtigung geführt – über demokratische Werte also, die im Widerspruch zur Vorstellung von der Frau als einem unmündigen Wesen und zur sexuellen Versklavung der Frauen standen. Die Kämpfe der Feministinnen hatten auf dem Gebiet des Rechts eine fundamentale Änderung der juristischen und politischen Bedingungen zum Ziel.

Rechtsforderungen

Die feministische Rechtskritik galt insbesondere der Abhängigkeit der Frau in der Ehe. Kritisiert wurde das Entscheidungsrecht des Mannes über gemeinsame Ehebelange; das Nutzungs- und Verwaltungsrecht des Mannes über das Eigentum seiner Ehefrau und das ausschließlich dem Manne anerkannte Elternrecht. Gekämpft wurde außerdem gegen das ledigen Müttern und unehelichen Kindern angetane Unrecht, gegen die gesetzliche Regulierung der Prostitution, für die Zulassung zum höheren Ausbildungswesen, für das Frauenstimmrecht und das Recht auf gleichen Lohn für gleiche Arbeit.

Den Rechtsfragen Priorität einzuräumen, hatte eine Radikalisierung der feministischen Politik zur Folge.[39] Anita Augspurg, eine Juristin vom radikalen Flügel der deutschen Frauenbewegung, war überzeugt, daß »die Frauenfrage zu einem großen Teil eine ökonomische Frage ist, aber möglicherweise ist sie mehr noch eine kulturelle Frage (...) Vor allem jedoch ist sie eine Frage des Rechts, denn nur auf der Grundlage verbriefter Rechte (...) können wir für dieses Problem eine sichere Lösung finden.«[40]

Solange die repressiven Gesetze alle politischen Aktivitäten von Frauen und damit auch die Möglichkeiten ihres Widerstands beschränkten, blieb den Frauen bisweilen nur das »Petitionsheldentum«, wie Clara Zetkin es nannte.

Um die Jahrhundertwende wurde das Stimmrecht zum Dreh- und Angelpunkt des feministischen Kampfes. Für die Radikalen ging es dabei nicht allein um das Gleichheitsprinzip, sondern um die Conditio sine qua non für die Verwirklichung gleicher Rechte im privaten und öffentlichen Leben überhaupt. Für die Gemäßigten dagegen war das Stimmrecht ein fernes Ziel. Sie sahen darin eine spätere Krönung ihrer Bemühungen, welche sich die Frauen zunächst einmal durch höhere Bildung und ihren Einsatz für das öffentliche Wohl zu verdienen hätten. Noch aber sei die Schwelle der »Rechtsfähigkeit« nicht erreicht.[41]

Während sich die deutschen und englischen Suffragetten um die Jahrhundertwende radikalisierten, hatte bei den amerikanischen Kombattantinnen der Kampf um das Frauenwahlrecht – entstanden aus der Tradition des Unabhängigkeitskampfes, des utopischen Sozialismus und der Abolitionistenbewegung – gegen Ende des 19. Jahrhunderts sein gesellschaftsveränderndes Potential bereits eingebüßt.[42] Die formale Gleichstellung mit dem Mann reichte allein offenbar nicht aus. Die Rechtsforderungen der Frauen konnten nur dann die gewünschte Wirkung entfalten, wenn es gelang, die Machtverhältnisse insgesamt in Frage zu stellen.

Erziehung und Ausbildung

In den meisten europäischen Ländern stand eine Verbesserung der Bildungschancen im Vordergrund aller feministischen Forderungen. Zahlreiche Diskussionen und Aktionen machten deutlich, daß auch Frauen und Mädchen einen Anspruch auf bessere Ausbildung haben, da Wissen unverzichtbar zum Leben gehört.[43] Frauen hätten nicht nur eine zivilisatorische Aufgabe zu erfüllen und die Verantwortung für die Kindererziehung zu tragen, sie könnten auch ihre ökonomische Unabhängigkeit nur auf der Basis anerkannter professioneller Fähigkeiten erreichen. Seit dem Ende des 18. Jahrhunderts wurde über das Wesen der Frau debattiert; intellektuelle Frauen wie Mary Wollstonecraft und Germaine de Staël kritisierten Rousseaus Ansichten; auch Republikaner wie der Marquis de Condorcet oder Theodor Gottlieb von Hippel beteiligten sich an der Debatte. Während der ersten Hälfte des 19. Jahrhunderts wurden Fragen der Erziehung im Zusammenhang mit der sozialen Rolle der Frau gesehen und von Feministinnen im Zuge revolutionärer Veränderungen jeweils neu definiert. In der zweiten Jahrhunderthälfte ging es zunehmend um die höhere Schulbildung für Mädchen, ihren Zugang zur Universität und ihre Berufsausbildung. Pädagogische Experimente, die sich an Frauen aller Klassen und Schichten richteten, reichten von der bürgerlichen Wegbereiterin Elisabeth Jesse Reid, die 1849 in England das Ladies' Bedford College gründete,[44] bis zur humanitären Sozialistin Sibilla Aleramo und ihrem römischen Frauenverein, der 1904 Abendkurse für analphabetische Bäuerinnen anbot.[45] Frauen verließen sich dabei nicht auf staatliche Hilfe, sondern gründeten auf eigene Initiative private Einrichtungen mit eigenen Bildungsprogrammen. Angeregt durch amerikanische Initiativen setzten sich zu Beginn des 20. Jahrhunderts auch viele europäische Feministinnen für Koedukation und Sexualerziehung ein.[46] Kurzum, eine jede Generation fand neue Antworten auf die Frage nach den Inhalten einer feministischen Bildung und Erziehung.

Die Ausdauer, mit der sich Feministinnen der Bildungsfrage widmeten, gibt zu denken. Fast hat es den Anschein, als wäre für Feministinnen in der bürgerlichen Gesellschaft, die für die Frau weder einen politischen noch einen ökonomischen Status vorsah, kein anderer Bereich als der der Bildung zugänglich gewesen, um sich Genugtuung zu verschaffen. So nutzten sie die Macht, die ihnen »von Natur aus« zugestanden worden war, und machten Bildung und Erziehung zum ersten Frauenberuf. Die ledige Lehrerin, die von ihrer eigenen Arbeit leben konnte, ohne wirtschaftlich von einem Mann abhängig zu sein, wurde eine Art feministische Idealfigur. In der dritten Generation führender Feministinnen, die ganz verschiedene politische Richtungen vertraten, gab es eine große Zahl von Lehrerinnen: die Deutschen Helene Lange (1848–1930), Minna Cauer (1842–1922), Clara Zetkin (1857–1933), Anita Augspurg (1857–1943) und Gertrud Bäumer (1873–1954); die Österreicherin Augusta Fickert (1855–1910), die etwas jüngeren Italienerinnen Maria Giudice (1880–1953), Adelaide Coari (1881–1966) und Linda Malnati (1885–1921), die Schweizerin Emma Graf (1881–1966) und viele andere. Die Lehrerinnenverbände waren die ersten, die »gleichen Lohn für gleiche Arbeit« forderten. Aus ihren Reihen stammten zahlreiche aktive Kämpferinnen für das Frauenwahlrecht. Lehrerinnen spielten insgesamt eine wesentliche Rolle bei der Verbreitung feministischer Ideen über die großen urbanen Zentren Europas hinaus.[47]

Das Recht auf Selbstbestimmung über den eigenen Körper

Es scheint für Feministinnen schwieriger gewesen zu sein, Themen und Probleme, die den Körper betrafen, öffentlich zu diskutieren. Die frühesten Diskussionen entwickelten sich im Zusammenhang mit Forderungen, die das Zivilrecht betrafen, etwa dem Recht auf Ehescheidung.[48] Dann griffen die utopischen Sozialistinnen in den 1830er Jahren[49] und die Anarchistinnen zu Beginn des 20. Jahrhunderts die Institution Ehe weitaus radikaler an. Anfang des 20. Jahrhunderts stellte sich die »neue Frau« als ledige Frau dar, und sie war stolz auf ihre innere Stärke. Alexandra Kollontai rühmte in ihrem Essay *Die Neue Frau* (1913) jene Frauen, die ihr Leben nicht mehr der Liebe und der Leidenschaft opferten. Zu jener Zeit blieben die meisten Feministinnen, gleich welcher Richtung sie sich zurechneten, aus eigenem Entschluß ledig. Manche von ihnen vertraten die Ansicht, die Anrede »Fräulein« werte ihre körperliche und moralische Integrität auf, andere forderten, jedes junge Mädchen solle ab dem achtzehnten Lebensjahr mit »Frau« angesprochen werden.[50]

Bei vielen verheirateten Frauen und Müttern zeichnete sich ein feministischer Konsens hinsichtlich der Geburtenkontrolle ab. Dieser Konsens erwuchs aus einer neuen Auffassung von Sexualität. In den USA wurden in den 1870er Jahren die Moral Education Societies gegründet. Sie propagierten *self-ownership* und einen vernunftgemäßen Umgang mit sexueller Lust. Lucinda Chandler war eine der hartnäckigsten Streiterinnen in dieser Kampagne für Rechtsreform und Aufklärung.

Etwa zur selben Zeit initiierte Josephine Butler in England den Kampf gegen die staatliche Regulierung der Prostitution. Das Thema Sexualität wurde nicht nur als moralisches, sondern auch als wissenschaftliches, politisches und ökonomisches Thema diskutiert.[51] Indem man die Risiken der Sexualität betonte, hoffte man, Männer und Frauen zur sexuellen Enthaltsamkeit und damit zur Überwindung der herrschenden Doppelmoral bewegen zu können. »Soziale Reinheit« war das Schlagwort, das die feministische Szene im letzten Viertel des 19. Jahrhunderts dominierte. Erst zu Beginn des 20. Jahrhunderts wurde es Frauen möglich, eine positivere Haltung zu ihrer eigenen Sexualität zu entwickeln. Dazu trug einerseits die erste Generation von Ärztinnen bei. Auf der Basis wissenschaftlicher Erkenntnisse informierten sie über den weiblichen Körper, um dadurch den Frauen zu einem neuen Körperbewußtsein zu verhelfen und sie von ihrer Angst und Unkenntnis zu befreien. Andererseits förderten die in großer Zahl gegründeten neomalthusianischen Organisationen die Verbreitung von Methoden und Mitteln der Empfängnisverhütung. Doch blieb dies ein gefährliches Terrain. Annie Besant, Mitglied der englischen malthusianischen Liga, wurde im Jahre 1877 verhaftet, da sie ein Buch über Geburtenkontrolle veröffentlicht hatte.[52]

Die Trennung von sexueller Lust und Zeugung löste Angst aus. Arlette Jacobs gründete 1881 zusammen mit ihrem Mann die niederländische neomalthusianische Liga, zog sich bald darauf aber aus dieser Organisation zurück, weil ihr deren Analysen zu einseitig ökonomisch erschienen. Gleichwohl setzte diese feministische Ärztin in einem Amsterdamer Arbeiterviertel ihre kostenlosen Sprechstunden fort. Dort beriet sie ihre Patientinnen über empfängnisverhütende Mittel und ermöglichte ihnen die Benutzung des Pessars, weswegen sie von den meisten ihrer männlichen Kollegen scharf verurteilt wurde.[53]

Dreißig Jahre später als in England organisierte sich auf Initiative von Paul Robin der Neomalthusianismus auch in Frankreich, was in dem auf Bevölkerungswachstum ausgerichteten politischen Klima sofort heftigen Widerstand provozierte. Ab 1902 setzten sich Nelly Roussel, Madeleine Pelletier, Gabrielle Petit und Claire Galichen für Robins malthusianische Ideen ein. Allerdings forderte nur die Ärztin Pelletier konsequenterweise auch das Recht auf Abtreibung.[54] Um dieselbe Zeit förderte eine neomalthusianische Gruppe in Genf die Verbreitung der dreisprachigen Zeitschrift *La Vie intime* (1908–1914) und vertrat darin offen das Konzept der geplanten Mutterschaft. Die einzigen feministischen Zeitschriften in der Schweiz, die zu Beginn des Jahrhunderts zu den Themen Empfängnisverhütung und Abtreibung Stellung bezogen, waren *L'Exploitée* (1907–1908) und ihr deutschsprachiges Pendant *Die Vorkämpferin* (1906–1920). Beide Zeitschriften wurden von Margarete Faas-Hardegger, der Sekretärin des Schweizer Gewerkschaftsverbands,[55] herausgegeben.

In den USA riskierten Margaret Sanger und Emma Goldman bewußt die Übertretung geltender Gesetze, um für Geburtenkontrolle zu werben. Sie gehörten vor dem Ersten Weltkrieg zu den wenigen Feministinnen, die dem Problem der Empfängnisverhütung bereits Priorität einräumten.[56] Englische Feministinnen wie Stella Browne und Marie Stopes, die engagiert an den Kampagnen für Geburtenkontrolle und Abtreibung mitwirkten, schlossen sich der Bewegung für Sexualreform an. In diesem eher wissenschaftlichen Umfeld wagten sie es auch, die weibliche Homosexualität offen anzusprechen.[57] In Deutschland machten zwar vereinzelte feministische Aktivistinnen auf die Stigmatisierung der Homosexualität aufmerksam, aber im konservativen Klima von evangelischem und »Mütterlichkeits«-Feminismus war vor dem Ersten Weltkrieg eine politische Organisation der Lesbierinnen nicht möglich.[58]

Leichter war es dagegen, gegen die Tyrannei der Mode und des Korsetts zu opponieren. Dieser Kampf für die Freiheit des Körpers gehörte zum Spektrum einer feministischen Kultur, das auch den Vegetarismus und den Tierschutz umfaßte. In den USA wurde 1878 die Free Dress League aus der Taufe gehoben. Die Idee verbreitete sich in der Folgezeit in Europa. Inspiriert von den deutschen Frauen, wurde in den Niederlanden eine Vereenigung voor Verbetering van Vrouwenkleeding (Organisation für die Verbesserung der Frauenkleidung) gegründet.[59] Der Wunsch, den weiblichen Körper von beengenden Kleidungsstücken zu befreien, verband sich im allgemeinen mit dem Vorhaben, auch bei Frauen eine sportliche Betätigung zu fördern.

Die Moral

Für die Feministinnen des 19. Jahrhunderts zählten Mut und Tugend mehr als der Körper. Die geistige und soziale Mutterschaft, die von Pädagogen propagiert wurde, das humanitäre Engagement der ersten Krankenschwestern oder auch die philanthropische Einstellung als Ausgangspunkt für professionelle Sozialarbeit – all das appellierte an das weibliche Herz und die weibliche Tugend, und dies wiederum beflügelte die soziale Mission. Unzufriedenheit und Auflehnung artikulierten Frauen stets im Zusammenhang der Erfahrungen ungerechter Behandlung und Leid. Florence Nightingale (1820–1910) drückte ihre Hilflosigkeit in *Suggestions for Thought to Searchers after Religious Truth* (1859) mit folgenden Worten aus: »Warum zeigen die Frauen Leidenschaft, Verstand, moralische Tüchtigkeit (. . .) und warum haben sie einen Platz in der Gesellschaft, wo weder das eine noch das andere zum Tragen kommen kann? (. . .) Ich muß ein besseres Leben für die Frauen anstreben.«[60]

Ihre Erlebnisse als Krankenschwester während des Krimkriegs veranlaßten sie, Schwesternschulen zu gründen. Die tief in der evangelischen Tradition verankerte Berufung, »die Welt zu retten«, nahm für manche Feministinnen die Form eines zivilisatorischen Werks an. Die protestantische Feministin Emilie de Morsier, die 1889 in Paris den Internationalen Kongreß weiblicher Hilfswerke und Institutionen einberief und so ein Gegengewicht zum politischen Feminismus schuf, definierte das feministische Aktionsfeld in Abgrenzung zu dem der Männer neu: »Niemals werden wir (. . .) euch auch nur ein Fetzchen Ruhm streitig machen, wenn wir uns an eure Seite stellen, um am sozialen Werk zu arbeiten (. . .), denn wir Frauen haben unser Vaterland überall dort, wo gelitten wird.«[61]

Die Professionalisierung der Sozialarbeit stellte das philanthropische Engagement schließlich in einen historischen Zusammenhang mit dem Prozeß der Emanzipation der Frauen. Am Ende des Jahrhunderts entstanden Verbindungen zwischen einigen philanthropisch engagierten Gruppen und den Suffragettenvereinen.[62]

Stärker noch als der philanthropisch geprägte angelsächsische Feminismus erwies sich das deutsche Konzept der »geistigen Mütterlichkeit«, als ein wirkungsvoller Weg, um den Interessenkonflikt zwischen Feminismus und bürgerlicher Gesellschaft zu neutralisieren. Ohne den offenen Konflikt zu provozieren, ließ sich mit diesem Konzept der Geschlechterdualismus geschickt an die Stelle des Egalitätskonzeptes setzen. Henriette Goldschmidt wehrte 1882 die feministische Kritik einfach damit ab, daß sie die Frauenbewegung in den Dienst der politischen Stabilisierung stellte: »Die Vergeistigung des Naturberufs der Frau führt nicht nur zu bewußter Erfassung der Pflichten in dem Familienleben, sondern zu der Erkenntnis, daß es der Kulturberuf der Frau sei, das ›Mutterherz‹ für unsere Volkszustände zu erwecken und auch hier das instinktive passive Tun zu einem bewußten und zu gleicher Bedeutung wie das männliche zu erheben.«[63]

Die mütterlichen Tugenden einer Frau verschmolzen so mit den Tugenden, die sie als Bürgerin einbringen konnte. Fünfzehn Jahre später entwickelte Helene Lange ein Konzept der kulturellen Emanzipation der Frau, das sich von den Forderungen nach Menschenrechten weit entfernt hatte. Unter Berufung auf Georg Simmel will sie die »geistige Mutterschaft« als Ideal der weiblichen Bildung und als Kritik an der kulturellen Entfremdung mit Leben erfüllen.[64] Mit ihrer konservativen Tendenz zur Mythisierung der Mutterschaft ist diese Form des kulturellen Widerstands symptomatisch für die anhaltende Ausgrenzung des Weiblichen aus der Gesellschaft.[65]

Die Moral war für Feministinnen immer dann von großer Bedeutung, wenn es um eheliche und außereheliche Sexualbeziehungen ging. Generell scheint der Beginn eines Jahrhunderts die Formulierung einer neuen Ethik besonders herausgefordert zu haben. Zu Beginn des 19. Jahrhunderts entwarf Fourier mit seiner Psychologie der menschlichen Leidenschaften eine neue Moral, die Freiräume ließ für verschiedenartige Liebesbeziehungen.[66] Zu Beginn des 20. Jahrhunderts forderten radikale deutsche und österreichische Feministinnen eine neue Sexualethik, die die ledige Mutterschaft rehabilitieren sollte. Unterdessen wurden moralische Tugenden vor allem von jenen Frauen hochgehalten, die gegen eine Reglementierung der Prostitution kämpften. Sie zogen dabei vehement gegen die sexuelle Doppelmoral zu Felde und forderten von den Männern, sich die tugendhafte Enthaltsamkeit der Frauen zum Vorbild zu nehmen. Die »ethischen« Feministinnen waren überzeugt, daß auf der Basis des Zusammenwirkens von Männern und Frauen eine Gesellschaft mit höherem moralischen Niveau erreicht werden könne. Die französischen Mitstreiterinnen von Josephine Butler erklärten beispielsweise: »Nicht das Recht ist das einzig Rechte; das einzig Rechte ist die Moral«; mit ihren Artikeln in der *Revue de Morale progressive* (1887–1892) und der *Revue de Morale sociale* (1899–1903) trugen sie ihre Ansichten in die öffentliche Diskussion.[67]

Die Wienerin Rosa Mayreder (1858–1938) und die Berlinerin Helene Stöcker (1869–1943) wandten sich ebenfalls gegen die herrschende Doppelmoral. Aber anders als die Abolitionistinnen versuchten sie, die weibliche Erotik und Sexualität wieder aufzuwerten.[68] Mayreder entwarf im Rahmen der 1894 gegründeten *Wiener Ethischen Gesellschaft* eine »profane Ethik«. Helene Stöcker nutzte ab 1905 den »Bund für Mutterschutz und Sexualreform« und die Zeitschrift *Die Neue Generation* als Propagandaplattform. Mit besonderem Nachdruck forderte sie eine Verbesserung des Status lediger Mütter und unehelicher Kinder sowie die rechtliche und soziale Anerkennung außerehelicher sexueller Beziehungen. Der Bund Deutscher Frauenvereine weigerte sich im Jahre 1910, den Bund für Mutterschutz als Mitglied aufzunehmen. Selbst Radikale, die bisher die Strömung der »neuen Ethik« unterstützt hatten, rückten von Helene Stöcker wegen ihrer Haltung zur freien Liebe ab. Noch erstickte die Sublimierung der Sexualität, die als Zeichen moralischer Tugendhaftigkeit galt, eine jede Utopie, die eine Ethik der freien sexuellen Entfaltung zum Ziel hatte.

Wirtschaftliche Unabhängigkeit

Der feministische Kampf um wirtschaftliche Autonomie verlief in mehreren Etappen. Die Frauen aus dem Bürgertum kämpften mit Hilfe von Juristen und Politikern um das Recht, als verheiratete Frau ihren Besitz selbst verwalten zu dürfen. 1848 wurde in diesem Sinne in den USA, 1882 in England der Married Women's Property Act verabschiedet. Der Schweizer Jurist Louis Bridel behandelte das Problem der *Puissance maritale* 1879 in seiner rechtsphilosophischen Doktorarbeit. Noch 1907 nahm der Convegno femminile nazionale in Italien diese Forderung in sein feministisches Minimalprogramm auf.

Ging es um das Recht auf Arbeit, mußte die ledige bürgerliche Frau in erster Linie gegen bestehende Vorurteile kämpfen. In manchen Ländern erhob die bürgerliche Frauenbewegung noch vor den Arbeiterinnen die Forderung nach Emanzipation. 1865 verknüpfte der Allgemeine Deutsche Frauenverein die Forderung nach Gleichberechtigung mit der nach einer angemessenen Berufsausbildung. In Frankreich ging es bei den ersten öffentlichen Versammlungen der Frauenrechtlerinnen in Vaux-Hall (1868) um die Frauenarbeit. In der Schweiz wurde dagegen das Recht der Frauen auf Arbeit erst um die Jahrhundertwende von liberalen protestantischen Kreisen angemahnt. Erst auf dem »Zweiten Nationalen Kongreß für Fraueninteressen« im Jahre 1924 sprachen sich auch die Schweizer Feministinnen für die Prinzipien »Recht auf Arbeit« und »gleicher Lohn für gleiche Arbeit« aus.[69]

In den USA wurden zur Legitimierung der Wahlrechtsforderung nun fast ausschließlich ökonomische Argumente ins Feld geführt. Die Argumentation auf der Basis des Naturrechts oder des Geschlechterdualismus (Charlotte Perkins Gilman, *Women and Economics*, 1898) trat völlig in den Hintergrund. Umfangreiche Ausstellungen sollten das Ansehen der Frauenarbeit heben. Sie waren Ausdruck des je nach nationalem Kontext unterschiedlich entwickelten vorherrschenden feministischen Anliegens. Der Lette-Verein in Berlin zeigte bereits 1868 eine erste Gewerbeausstellung von Frauen, der in Deutschland weitere folgten; in Den Haag wurde 1898 die Nationale Tentoonstelling van Vrouwenarbeid eröffnet;[70] in Paris fand 1902 eine internationale Ausstellung über Frauenhandwerk und -berufe statt; in der Schweiz hingegen kam es erstmals 1928 zu einer Ausstellung über Frauenarbeit (SAFFA). Gegen Ende des 19. Jahrhunderts begannen darüber hinaus diverse Berufsverbände von Frauen deren jeweils spezifische Berufsinteressen zu vertreten.

Insgesamt wurde der Erwerbsarbeit eine große emanzipatorische Wirkung zugeschrieben: »Die gesamte Entwicklung der Frauenarbeit (...) zeigt allen, die nicht blind sind oder nicht so tun, als seien sie es, daß keine andere Erscheinung in der modernen Welt ähnlich revolutionäre Wirkungen gezeigt hat.«[71]

Für die Arbeiterinnen ging es allerdings nicht um das Recht auf Arbeit, sondern um das Ausmaß der Ausbeutung ihrer Arbeitskraft; gefordert wurden das Verbot von Nachtarbeit, die Einführung des Achtstundentags, die Einstellung von Fabrikinspektorinnen, das Verbot der Kinderarbeit, bessere Arbeitsbedingungen für Hausangestellte und die Bekämpfung der Ursachen der Prostitution.

Die Hausarbeit fand nur wenig Aufmerksamkeit. Einzig die frühen sozialistischen Feministinnen hatten unter Berufung auf Fourier Hausarbeit als produktive Arbeit betrachtet. Hubertine Auclert stellte 1879 auf dem Arbeiterkongreß in Marseille die isolierte Forderung nach Entlohnung für Hausarbeit auf. Überlegungen von August Bebel weiterführend, schlug die deutsche Sozialistin Lily Braun 1901 in ihrem Buch *Frauenarbeit und Hauswirtschaft* vor, die Hausarbeit zu rationalisieren. Es war ein Mann, der anregte, das Problem Hausarbeit zum Ausgangspunkt der tschechischen Frauenbewegung zu machen. Der Gründer des Prager Industriemuseums, Vojta Fingerhut-Naprstek, begann eine große Werbekampagne für die Einführung von arbeitssparenden Haushaltsgeräten. Er pries den amerikanischen Haushalt als Vorbild und rief 1862 die Ingenieure dazu auf, »ihre Fähigkeiten und ihr Genie nicht nur für die Bedürfnisse der großen Industrie einzusetzen, sondern auch für die Bedürfnisse des Haushalts«.[72] Zu Beginn des 20. Jahrhunderts, als das Dienstbotenwesen in die Krise geriet, wurde die Hausarbeit generell Teil des feministischen Programms. Die Schwedin Ellen Key brachte die Idee der Entlohnung von Hausarbeit in die Debatte.

Der Kampf um den eigenen Unterhalt und die wirtschaftliche Autonomie hält bis heute an. Nachdem Frauen einen Platz in der Arbeitswelt für sich erobert hatten, befanden sie sich in der Falle der Doppelbelastung, ohne eine angemessen flankierende Sozialpolitik. Aus dem Kampf um das Recht auf Arbeit wurde daher zu Beginn des 20. Jahrhunderts der Kampf gegen sexuelle Diskriminierung.

Strategien und Bündnisse

Die Strategien und Bündnisse bewegten sich zwischen Reformismus und Radikalismus.

Mitte des 19. Jahrhunderts war der Feminismus in den USA Teil einer bürgerlichen Reformstrategie, die darauf zielte, die amerikanischen Institutionen nach rationalistischen und egalitären Prinzipien umzugestalten.[73] Die für diese Reformen zentralen Probleme waren generelle Probleme der bürgerlichen Gesellschaft. Die Feministinnen suchten und erhielten eine gewisse Macht im Bereich des Privatlebens. Am Ende des 19. und zu Beginn des 20. Jahrhunderts zeichnete sich in den USA eine separatistische feministische Strategie ab. Sie beharrte auf dem Unterschied der Geschlechter und war in der mittelständischen Frauenkultur verwurzelt. Frauenklubs regten bürgerliche Reformprogramme an und ermutigten Frauen, sich als Staatsbürgerinnen und nicht mehr länger nur als Ehefrauen und Mütter zu begreifen. Den Erfolg dieser Strategie halten manche Historikerinnen für so bedeutend, daß sie den nach Einführung des Frauenwahlrechts einsetzenden Niedergang des amerikanischen Feminismus in den 1920er Jahren auf die allgemeine Abwertung dieser weiblichen Kultur zurückführen.[74] Heute orientiert sich der lesbische Feminismus an dieser Geschichte des separatistischen Feminismus.

In Europa oszillierten die politischen Strategien der Feminismen zwischen liberalem Reformismus und sozialprotestantischem Moralismus. Offensiver wurden diese Strategien mit dem Aufkommen der sozialistischen Bewegung, deren Taktiken und Propagandamethoden auch die Feministinnen beeinflußten.[75] Sie bevorzugten als Ausdrucksform für ihr militantes Engagement Propaganda, zivilen Ungehorsam, aktive Gewaltlosigkeit und physische Gewalt. Zu Beginn des 20. Jahrhunderts übernahmen die Feministinnen des radikalen Flügels die von den Sozialisten erprobten Taktiken – Demonstrationen, Transparente, Parolen, Farben, Angriffe auf Gegner. Das Wissen über die modernen Techniken der Propaganda wurde von Mund zu Mund weiterverbreitet und erreichte u.a. Ungarn, wo Rosika Schwimmer und ihre Anhängerinnen sich ihrer im Kampf für das Frauenwahlrecht bedienten. Ziviler Ungehorsam wurde nur von einer Minderheit praktiziert, so in England von der Women's Freedom League und der Vote for Women Fellowship, sowie von einzelnen Feministinnen wie Anita Augspurg und Lida Gustava Heymann in Deutschland oder Hubertine Auclert und Madeleine Pelletier in Frankreich, die sich weigerten, Steuern zu bezahlen, solange Frauen nicht in der Legislative vertreten waren.

Der militante Kampf konnte auch die aktive Form einer gewaltlosen Herausforderung der Regierung annehmen. Dazu gehörte die Befragung von Politikern, die Unterbrechung von Parlamentssitzungen, die Weigerung, Geldbußen zu bezahlen, oder der Hungerstreik im Gefängnis. Ebenso wie in England inszenierten Feministinnen auch in Frankreich außerordentlich einfallsreiche politische Provokationen.[76] Als in Frankreich im April 1901 eine Briefmarke in Umlauf kam, die der Menschenrechte (besser: Männerrechte) gedacht, entwarf Jeanne Oddo-Deflou eine umgekehrte Version dieser Marke; ein Mann hält die Tafeln der Frauenrechte empor. Ihre Marke wurde ein großer Erfolg. Zum hundertjährigen Jubiläum des Code Napoléon im Jahre 1904 zerriß Hubertine Auclert auf einer feministischen Demonstration in aller Öffentlichkeit ein Exemplar dieses gefeierten Gesetzbuchs. Während eines Banketts aus Anlaß desselben Jubiläums ließ Caroline Kauffman, Sekretärin der Solidarité des Femmes, riesige Ballons mit der Aufschrift: »Der Code erdrückt die Frauen, er entehrt die Republik!« steigen.

Manche englischen Suffragetten setzten auch physische Gewalt, Brandstiftung und andere Arten militanten Widerstands ein, extreme Kampfformen, die nach den Worten ihrer Führerin Emily Pankhurst durch die irische Nationalbewegung inspiriert waren.[77]

Demokratische Bündnisse

Bündnisse wurden geschlossen, wo politische und religiöse Bewegungen zusammentrafen, und je nach den Erfahrungen einer Gruppe oder auch einer einzelnen Feministin modifiziert. In ganz Europa kam es zu Bündnissen mit den Demokraten. In Deutschland knüpften Mitglieder der Freikirchen Verbindungen zu den Demokraten und zur Arbeiterbewegung. Die Frauenbewegung verdankte in den 1860er Jahren den religiösen Dissidentinnen ihre Verbindungen zum Internationalismus und zum republikanisch-demokratischen Pazifismus. Es gab ganz offensichtlich politische Entsprechungen zwischen der demokratisch-laizistischen Opposition, den freikirchlichen Gemeinden und den Frauen um Louise Otto.[78]

In Frankreich waren Feministinnen und Republikaner Verbündete im Kampf um mehr Demokratie. Zwischen 1870 und 1890 wurde der französische Feminismus von dem Freimaurer Léon Richer (1824–1911) und der Freidenkerin Maria Deraismes (1828–1894) geprägt. Zu ihrem radikalen Programm gehörten die Forderungen nach Vaterschaftsermittlung und das Recht auf Scheidung. Beide setzten sich allerdings nicht für die sofortige Einführung des Frauenwahlrechts ein, da sie fürchteten, allein die katholische Kirche würde davon profitieren. Zu einer ähnlichen Zusammenarbeit zwischen Freidenkern und Feministinnen kam es in den Niederlanden insbesondere im literarischen und

Theatermilieu, vor allem im Zirkel De Dageraad (Morgenrot).[79] Das französische Bündnis zwischen Feministinnen, Freidenkern und Freimaurern zeitigte insgesamt wenige greifbare Erfolge. Seine Wirkung beschränkte sich im wesentlichen auf die symbolische Ebene der Fürsprache für die Gleichstellung und politische Gleichberechtigung von Frauen. Solcher Prinzipienerklärungen müde, zogen sich die französischen Feministinnen schließlich von ihren wenig effektiven Bündnispartnern zurück und entwickelten in der Folgezeit die Strategie einer eigenständigeren Organisation.[80]

Liberale Bündnisse gab es in ganz Europa von England bis Rußland. Seit den Anfängen des Liberalismus gab es ein festes Band zwischen dem Utilitarismus John Stuart Mills und dem Feminismus.[81] Die Vorsitzende der National Society for Women's Suffrage, Lydia Becker, war eine Liberale aus Manchester; unterstützt wurde sie von den liberalen Verfechtern des Freihandels aus Lancashire. Im englischen Parlament kam es bis zum Beginn des 20. Jahrhunderts regelmäßig zu persönlichen Interventionen von Linksliberalen zugunsten des Frauenwahlrechts. In Schweden, aber auch in Dänemark, zogen die Suffragetten der Jahrhundertwende große Vorteile aus ihrem Bündnis mit der liberalen Partei.[82] In Österreich und Deutschland regten Liberale die Gründung von Vereinen zur Förderung der Frauenarbeit an. Der »Wiener Frauenerwerbsverein« (1866) wurde zum Vorbild für ähnliche Verbände in Prag und Brünn.[83] In den Niederlanden finanzierten wohlhabende Linksliberale Hélène Merciers Initiativen im Bereich der Wohlfahrt.[84] Und selbst in Rußland gewannen die Frauen während der Jahre des feministischen Aufschwungs 1905–1907 die Unterstützung der liberalen Kadettenpartei.[85] In den romanischen Ländern dagegen scheiterte die Bildung einer Allianz zwischen Feministinnen und Liberalen. Die italienischen Feministinnen machten ähnliche Erfahrungen wie die französischen. Anna Mozzoni arbeitete in den 1880er Jahren eng mit den italienischen Freimaurern, Republikanern und Liberalen zusammen, die eine Art unabhängige Linke bildeten. Doch enttäuscht vom wirtschaftlichen Scheitern und der demokratischen Indifferenz der republikanischen und antiklerikalen Linken, wandte sich Mozzoni dem Sozialismus zu, ohne jedoch jemals der Partei beizutreten.[86]

Sozialistische Bündnisse

Bereits seit Beginn des 19. Jahrhunderts gab es enge Verbindungen zwischen Sozialismus und Feminismus. Die Veröffentlichung von Engels' *Der Ursprung der Familie, des Privateigentums und des Staats* (1884) und Bebels *Die Frau und der Sozialismus* (1879) verhalfen dieser Verbindung zu einer soliden theoretischen Basis. Doch als die sozialistischen Feministinnen ihre männlichen Genossen dazu drängen wollten, ihre Versprechungen auch in die Praxis umzusetzen, kam es zu Ambivalenzen und Konflikten. Zuweilen wagten es die Sozialistinnen nicht einmal, ihre feministischen Ziele öffentlich zu verkünden, weil sie befürchteten, damit der proletarischen Sache zu schaden. In den 1890er Jahren kam es zu großen organisatorischen Anstrengungen. In der ersten sozialistischen Partei Europas, der holländischen Sozialdemokratischen Union, stimmten die Feministinnen für Autonomie. Nach sieben Jahren gemeinsamer Erfahrung verließen sie die Partei und gründeten 1889 die Vrije Vrouwen Vereeniging, um so der Frauenfrage endlich das angemessene Gewicht verleihen zu können. Als 1894 eine neue sozialdemokratische Arbeiterpartei gegründet wurde, sahen sich die Frauen zur Integration in die Parteistruktur gezwungen. Aber sie behielten ihre eigene Organisation. Mathilde Wibaut-Berdenis beispielsweise versammelte 1902 vor allem die Arbeiterinnen aus dem Südwesten in der Gruppe Samen Sterk (Zusammen stark); später gründete sie in Amsterdam weibliche Propagandaclubs, als sie sah, daß die allgemeine Parteipropaganda die Frauen nicht erreichte. Die Partei erzwang die Integration dieser Clubs in die Partei, weigerte sich aber, die Frauenzeitung *Proletarische Vrouw* zu finanzieren.[87]

In Italien waren Sozialismus und Feminismus zu Beginn ein und dieselbe Sache, wie die eklektische Sozialistin Anna Kuliscioff (1854–1925) in der Rivista internazionale del Socialismo (1880) programmatisch verkündete. In der Folgezeit jedoch gewannen die Interessen der sozialistischen Partei die Oberhand. Das Gesetz über die Frauen- und Kinderarbeit, das Kuliscioff 1902 zur erfolgreichen Abstimmung brachte, war in ihren Augen bedeutungsvoller für die Errungenschaften des Sozialismus als für die des Feminismus. Auch die Agitation für das Frauenwahlrecht betrachtete sie als »unumgängliche und zweckbetonte Notwendigkeit« im Interesse der Partei.[88] Letztlich dürfte allerdings Anna Kuliscioff mehr für die italienischen Frauen erreicht haben als die feministisch genannten Gruppen des Landes.[89]

Während der beiden Jahrzehnte vor dem Ersten Weltkrieg war die Haltung der Sozialistinnen zu Partei und Gewerkschaften getragen von der Überzeugung, daß die formale Gleichheit, wie sie die Frauen aus dem Bürgertum forderten, die sozialen Ungleichheiten fortbestehen lassen würde. Der Internationale Arbeiterkongreß stimmte 1893 in Zürich für das Prinzip besonderer Gesetze zum Schutz von Arbeiterinnen. Damit wurde eine Koalition zwischen Sozialistinnen und bürgerlichen Frauen unmöglich.[90] In den verschiedenen Ländern machte sich dieser Bruch mehr oder weniger deutlich bemerkbar. In Österreich waren die Beziehungen zur bürgerlichen Frauenbewegung entspannter als in

Deutschland. Therese Schlesinger etwa gehörte der Arbeiterbewegung an und arbeitete gleichzeitig bei der unabhängigen feministischen Frauenzeitung *Dokumente der Frauen* (1899) mit, die von den Suffragetten Augusta Fickert, Rosa Mayreder und Marie Lang herausgegeben wurde. Doch die Loyalität der österreichischen Sozialistinnen gegenüber ihrer Partei war absolut; so verzichteten sie 1905 aus taktischen Gründen auf die Forderung nach dem Frauenwahlrecht, um zuerst das allgemeine Wahlrecht für Männer zu erkämpfen.[91]

Die englischen Textilarbeiterinnen machten Ende des 19. Jahrhunderts dieselben Erfahrungen wie die Chartistinnen fünfzig Jahre zuvor. Als sie das Wahlrecht forderten und ihre Hoffnungen dabei auf die neue Labour Party setzten, bat man sie um Geduld. Anders als die Österreicherinnen kehrten die britischen Frauen daraufhin der Partei den Rücken. Emily Pankhurst, enttäuscht von den Liberalen unter Gladstone, versuchte innerhalb der Independent Labour Party von Manchester für das Frauenwahlrecht zu kämpfen. Nach dem Tode ihres Mannes verließ sie auch diese Partei und konzentrierte ihre Energien auf die Gründung der Women's Social and Political Union, die sie 1903 zusammen mit ihren beiden Töchtern bewerkstelligte und die sich im Laufe des Kampfes um das Wahlrecht rasch radikalisierte.[92]

Auch in den USA gab es zwei unterschiedliche Phasen des sozialistisch-feministischen Bündnisses. Frances Wright, die aus der Tradition des utopischen Sozialismus kam, arbeitete in den 1830er Jahren zusammen mit Robert Owen in der New Yorker Arbeiterbewegung an dem Vorhaben, eine Gesellschaft ohne Unterdrückung und frei von Klassen, Rassen- oder Geschlechterdiskriminierung zu errichten. Aber ihr nationaler Erziehungsplan fand kein Echo, denn die außerfamiliäre Erziehung machte den Arbeiterfamilien angst. Charlotte Perkins Gilman entwickelte Ende des 19. Jahrhunderts unter dem Einfluß der amerikanischen Soziologie, die eine Angleichung der Klassen anstrebte, einen höchst persönlichen sozialistischen Feminismus.[93] Die California Federation of Trades verlieh ihr eine Auszeichnung und entsandte sie 1896 als Delegierte zum Kongreß der II. Internationale nach London. Ihr Buch *Women and Economics* (1898) fand 1899 auf dem Kongreß des Internationalen Frauenrats in London große Resonanz. Sie grenzte sich darin wie folgt von den Suffragetten ab: »Die politische Gleichheit, die von den Suffragetten gefordert wird, ist nicht ausreichend für die wahre Freiheit. Die Frauen, die in der Arbeit Dienstbotinnen sind oder aber überhaupt nicht arbeiten, von Männern ernährt und gekleidet werden und von ihnen ihr Taschengeld bekommen, erlangen durch den Gebrauch des Wahlrechts weder Freiheit noch Gleichheit.«[94] Sozialismus bedeutete für Charlotte Perkins Gilman in erster Linie die Sozialisierung der Produktion. Die Verwirklichung des Sozialismus war

ihr wichtiger als die Zugehörigkeit zu einer Partei. Auch hielt sie bestimmte Kreise des aufgeklärten Bürgertums für fortschrittlicher als die
Arbeiterklasse.

Anarchistische Bündnisse

Während sich die Beziehungen zwischen Sozialismus und Feminismus
konfliktreich gestalteten, kam es zwischen Anarchismus und Feminismus gar nicht erst zu einer Verbindung.[95] Eine anarchistisch-feministi-
sche Bewegung hat es nie gegeben. Doch der Gedanke der Autonomie des Individuums, der auch die Autonomie der Frau einschloß,
wurde in libertären Kreisen begrüßt. Einzelne Anarchistinnen waren für
diese Idee empfänglich. Das gilt besonders für Frankreich, wo Anna
Mahé, die Gründerin der Zeitschrift *L'Anarchie,* in ihren Prinzipien
einer anarchistischen Pädagogik zugleich der spezifischen Rolle der
Mutter und dem Ideal der Autonomie Rechnung trug. Ihre Artikelserie
wurde 1908 in der Broschüre *L'Hérédité et l'Education* zusammengefaßt. Den Kampf um das Frauenwahlrecht und eine Reform des Code
civil lehnten die Anarchistinnen ab. Dennoch ergaben sich dank des
Engagements von Feministinnen wie Nelly Roussel, Madeleine Pelletier
und Madeleine Vernet Felder der Zusammenarbeit mit den Neo-Mal-
thusianerinnen. Emma Goldman hielt zahlreiche Vorträge in den USA
über Abtreibung, Empfängnisverhütung und Sterilisation des Mannes.[96]

In der Schweiz stellte Margarethe Faas-Hardegger 1905 bis 1909 in
ihrem gewerkschaftlichen Kampf sowohl die sozialen und politischen
Rechte der Frauen als auch Empfängnisverhütung und Abtreibung in
den Vordergrund.[97] Sie ließ sich von der französischen revolutionären
Gewerkschaftsbewegung anregen und griff deren Methoden der direkten Aktion, des Streiks, des Boykotts und der Gründung von Genos-
senschaften auf. Wegen ihrer antimilitaristischen Haltung verlor sie
1909 ihren Posten als Gewerkschaftssekretärin.

Im allgemeinen erwiesen sich die verschiedenen Bündnisse nur so
lange als stabil, wie die Frauen mit den liberalen, sozialistischen oder
anarchistischen Zielen der jeweiligen Bündnispartner konform gingen.
Jede Partei hatte ihr eigenes Steckenpferd: bei den Liberalen waren es
Frauenarbeit und Frauenwahlrecht; bei den Sozialisten Arbeiterschutz
und -bildung; bei den Anarchisten die Geburtenkontrolle.

DER ANTIFEMINISMUS

Antifeministische Reaktionen kristallisierten sich um zwei Hauptthemen. Die französische Arbeiterbewegung war von Pierre-Joseph Proudhon geprägt, dessen Vorstellungen denen Fouriers entgegengesetzt waren. Die Feministinnen wehrten sich gegen die Proudhonsche Einteilung der Frauen in Hausfrauen oder Huren, die bei Sozialisten und Gewerkschaftern gleichermaßen Anklang fand; so etwa prominente Kritikerinnen wie Juliette Lambert mit ihren *Idées anti-proudhoniennes sur lamour, la femme et le mariage* (1858) und Jenny d'Héricourt mit *La femme affranchie* (1860).

Als besonders frappierendes Beispiel für gewerkschaftlichen Antifeminismus sei die Affäre Couriau, die 1913 in Lyon für Furore sorgte, erwähnt. Als die Schriftsetzerin Emma Couriau der Gewerkschaft beitreten wollte, wurde nicht nur ihr Antrag abgelehnt, sondern auch noch ihr Ehemann aus der Gewerkschaft ausgeschlossen, weil er seiner Frau nicht verboten hatte, den Beruf der Schriftsetzerin auszuüben. Dieser Skandal fand heftigen Widerhall sowohl in der gewerkschaftlichen als auch der feministischen Presse.[98] In Deutschland wollten die Anhänger Ferdinand Lassalles, des ersten Vorsitzenden des Allgemeinen Deutschen Arbeitervereins (1863), zwar Heimarbeit von Frauen, nicht aber deren Fabrikarbeit akzeptieren. Der proletarische Antifeminismus versuchte, die Frauen auf die häusliche Sphäre zu beschränken.[99]

Im Bereich der Universitäten herrschte insbesondere in der Medizin und der Rechtswissenschaft ein vehementer Antifeminismus. Als zum Beispiel in Wien die Frauen in den 1890er Jahren die Zulassung zum Medizinstudium forderten, wandte sich der Chirurg Professor Albert in einer berühmt-berüchtigten Broschüre gegen sie. Dies hatte lange Kontroversen zur Folge und provozierte Marianne Hainisch zu ihrer Replik: *Seherinnen, Hexen und die Wahnvorstellungen über das Weib im 19. Jahrhundert* (1896).[100]

Die erste Frau Europas, die ein Jurastudium aufnahm, war die Schweizerin Emilie Kempin-Spyri, die sich 1883 an der Züricher Universität einschrieb. Zuerst wurde ihr der akademische Abschluß, dann die Möglichkeit der Bewerbung für eine Professur in Römischem Recht verweigert. Unter dem Zwang der Verhältnisse emigrierte sie nach New York und gründete dort das erste rechtswissenschaftliche Frauencollege. Wieder zurück in Zürich, scheiterte sie 1891 ein zweites Mal an der juristischen Fakultät. Daraufhin versuchte sie, sich als Expertin für internationales Privatrecht in Berlin ihren Lebensunterhalt zu verdienen, hatte damit aber kaum Erfolg. Am Ende ihrer Kräfte, nahm sie 1899 in einer Baseler psychiatrischen Klinik eine Beschäftigung als Hausangestellte auf![101]

In Schweden entwickelte sich um August Strindberg und die Feministin Ellen Key eine interessante Debatte über den «feministischen
Antifeminismus».[102] Strindberg warf dem schwedischen Feminismus vor,
er sei provinziell und verbünde sich zu eng mit den pietistischen Moralisten. Im Vorwort zu *Giftas* (Heiraten, 1884) kritisierte er Ibsen und
griff Ehe und Familie an, aber auch die neuen Reformen, die in seinen Augen gleichermaßen zu Unterdrückung führten. Ebenso wie
Strindberg fand auch die innovative Pädagogin Ellen Key die von den
Feministinnen des Frederike-Bremer-Vereins propagierte sexuelle Enthaltsamkeit inakzeptabel. Doch vor allem kritisierte sie den Egalitarismus der Mittelschichtfrauen, da er dieselben Ambitionen wie die Männer verfolge. In *Missbrukad kvinnokraft* (Schlechter Gebrauch der
Macht durch Frauen, 1896) und *Kvinnopsykologi och kvinnliglogik* (Psychologie der Frau und weibliche Logik, 1896) versuchte sie, die spezifischen Eigenschaften der Frau herauszuarbeiten. Ihre Verteidigung der
Mutterschaft ging Hand in Hand mit der Verteidigung von Individualismus und Freiheit.

Auf der anderen Seite des Spektrums gab es den »Antifeminismus der
emanzipierten Frau«, die jegliche feministische Forderung strikt ablehnte. Diese paradoxe Position wählte etwa die viktorianische Schriftstellerin Eliza Lynn Linton (1822–1898). Sie verleugnete ihr eigenes
Geschlecht, um sich gegen das Weiblichkeitskonzept des viktorianischen Patriarchats aufzulehnen.[103]

HISTORISCHE GESTALTEN

Die Feministinnen des 19. Jahrhunderts, ob Einzelgängerinnen oder
Mitglieder von Gruppen, hatten etwas Heroisches an sich. Ihre außergewöhnlichen Leistungen lassen uns teilhaben an einem Moment der
Provokation. Sie offenbaren uns etwas Wesentliches, vermitteln uns
ihren »Stolz, eine Frau zu sein«. An einige wenige dieser herausragenden Frauengestalten, die oftmals ihrer Zeit, ihrer Klasse oder ihrem
Land weit voraus waren, sei hier erinnert. Die viktorianische Feministin Harriet Martineau (1802–1876) lehnte die Ehe ab und verdiente
sich ihren Lebensunterhalt als Schriftstellerin. Lange bevor die Sozialwissenschaften institutionalisiert wurden, entwickelte sie eine Technik
soziologischer und politischer Beobachtung. Äußerst scharfsinnig analysierte sie die Rolle und den politischen Status der Frauen in Europa
und den USA. Bereits mit dreißig Jahren war sie berühmt wegen ihrer
Veröffentlichungen zur politischen Ökonomie. Ihre Schriften führten
zur Gründung mehrerer fortschrittlicher Bewegungen in England, die

sich vor allem für verbesserte Bildungschancen, für die Abschaffung der staatlichen Regulierung der Prostitution und für das Frauenwahlrecht einsetzen.[104]

Die Schweizer Aristokratin Meta von Salis-Marschlins (1855–1929) trat im Gegensatz zu den liberalen Politikern ihrer Zeit nicht für die Demokratisierung der Welt ein, sondern für deren Aristokratisierung im Sinne Nietzsches. In ihrer Schrift *Die Zukunft der Frau* (1886) entwarf sie die Utopie eines »Frauenmenschenthums«. Männer und Frauen werden in einer Seelengemeinschaft zusammenleben und Frauen von den Zwängen ihrer Existenz als »Haushaltsmaschine« befreit sein.[105] Zu einer Zeit, als der Schweizer Feminismus noch in philanthropischen Aktivitäten befangen blieb, widmete sie sich philosophischen und rechtlichen Studien und begab sich auf Vortragsreisen, um für die Gleichberechtigung der Frau zu plädieren.

Eine andere Aristokratin, die Österreicherin Bertha von Suttner (1843–1914), lebte für die Idee des Friedens in Europa und auf der ganzen Welt. Es war keine Kleinigkeit, im kolonialistischen Kaiserreich Wilhelms II. oder in der Habsburgermonarchie mit ihrer expansionistischen Balkanpolitik für den Frieden zu kämpfen. Man verspottete sie als »Megäre des Friedens« oder »hysterischen Blaustrumpf«. Dennoch wurde ihr Roman *Die Waffen nieder!* (1889) in zwölf Sprachen übersetzt. Sie organisierte zahllose pazifistische Treffen und versuchte, Politiker und Diplomaten für ihre Ziele zu gewinnen, zu einer Zeit, in der Frauen keinerlei politische Rechte hatten, noch nicht einmal das Recht, einer politischen Gruppierung anzugehören. Ihr außerordentliches Engagement und empanzipiertes Auftreten erstaunen um so mehr, als Suttner einem Milieu entstammte, in dem politische Themen für junge Damen ein Tabu waren.[106]

Die holländische Sängerin und Schauspielerin Mina Kruseman (1839–1922) wollte Emanzipation nicht nur predigen, sondern auch leben. Ihre erste Novelle *Een huwelijk in Indië* erzählt die Geschichte einer jungen Frau, die zur Heirat gezwungen wird. Mit dieser realistischen Geschichte über die Unterwerfung der Frau setzte sie sich deutlich von der niederländischen Erzähltradition ab. Mina Kruseman unterrichtete junge Mädchen im literarischen Schreiben und im Theaterspiel, lehrte sie Arbeitsdisziplin, aber auch das Verhandeln mit Verlegern, damit sie sich als Künstlerin Respekt verschaffen könnten. Eine emanzipierte Frau war für Mina Kruseman unverheiratet und aktiv.[107]

Die Engländerin Olive Schreiner (1855–1920) war eine einzigartige Feministin. Geboren in Südafrika, befreundet mit Eleanor Marx, war sie für einige Jahre die zentrale Gestalt im Leben Havelock Ellis', einem der ersten britischen Sexualtheoretiker. Zu einer Zeit, in der weder Feministinnen noch Sozialisten die Kolonialpolitik Großbritanniens gegenüber Südafrika in Frage stellten, schrieb sie eine äußerst scharfsinnige Analyse der Rassenfrage, die erst 1923 in der Artikelsammlung *Thoughts on South Africa* veröffentlicht wurde. Bei ihr verschmolzen Leben, Politik und Schreiben zu einer nahtlosen Einheit, die mit dem uns heute vertrauten Diktum «Das Private ist politisch« beschrieben werden kann.[108]

Die Berlinerin Hedwig Dohm (1833–1919) war eine leidenschaftliche feministische Theoretikerin. Ihre Situation als Jüdin mag ihr besonderen Scharfblick verliehen haben. Ihren Kampf führte sie mit der Feder; dabei deckte sie ein außergewöhnlich breites Spektrum feministischer Themen ab. Ihr erstes Pamphlet richtete sich gegen den Klerus: *Was die Pastoren von Frauen denken* (1872). Ihm folgte eine Analyse der Unterdrückung der Frau innerhalb der Familie: *Der Jesuitismus im Hausstande* (1873). Zu einer Zeit, als es in Deutschland selbst im Rahmen der Frauenbewegung noch zu früh war, die Forderung nach dem Stimmrecht zu erheben, veröffentlichte sie bereits *Der Frauen Natur und Recht, Eigenschaften und Stimmrecht der Frau* (1876). In *Die Wissenschaftliche Emanzipation der Frau* (1874) wies sie die neuen anatomischen, physiologischen und medizinischen Theorien über die Minderwertigkeit der Frau zurück. Diese Kritik vertiefte sie später in *Die Antifeministen* (1902), zu denen sie Nietzsche und Moebius zählte. Ihr ganzes Leben lang opponierte sie gegen die sexuelle, materielle und psychologische Unterdrückung der Frau.[109]

Diese einzelnen feministischen Persönlichkeiten beeindrucken uns durch ihre einzigartige Stärke. Andere schöpften ihre Kraft aus lebenslangen Freundschaften. Die Amerikanerinnen Elizabeth Cady Stanton (1815–1902) und Susan B. Anthony (1820–1906), die eine Mutter, die andere Junggesellin aus politischer Überzeugung, waren unzertrennlich in ihrem Kampf gegen die Sklaverei und für das Frauenwahlrecht – auch wenn Susan Anthony im Alter konservativer und Elizabeth Cady Stanton vor allem in Fragen der Religion und Sexualität radikaler wurde. Anthony überredete Stanton dazu, aus ihren eigenen vier Wänden herauszutreten und eine Rolle im öffentlichen Leben zu übernehmen. Ihre Beziehung war als emotionale Stütze und intellektuelle Herausforderung für beide gleichermaßen wichtig und betonte andererseits die Exzentrizität einer jeden. Sie begaben sich auf zahlreiche Vortragsreisen, gründeten viele Vereine, organisierten Kongresse und gaben nicht zuletzt die sechsbändige *The History of Woman Suffrage* (1881) heraus.[110]

Die Deutschen Helene Lange (1848–1930) und Gertrud Bäumer (1873–1954) bildeten ein ähnliches »Paar«. Die Ältere war die Gründerin des Allgemeinen Deutschen Lehrerinnenvereins und beeinflußte die intellektuelle und politische Entwicklung der Jüngeren, die ebenfalls

Lehrerin war. Ein Resultat ihrer gemeinsamen Arbeit und Ausdruck ihrer kulturellen Mission ist das fünfbändige *Handbuch der Frauenbewegung* (1901–1905).[111] Zwei Schweizer Feministinnen, Helene von Mülinen (1850–1924) und Emma Pieczynska-Reichenbach (1854–1927), lebten seit 1890 zusammen. Die dreißig Jahre ihres Zusammenlebens, denen der Bruch einer Verlobung bzw. Ehe vorausging, setzten bei ihnen gewaltige Energien frei. Sie gründeten den Bund Schweizer Frauenklubs, und ihr Haus in Bern wurde zu einer Art Wallfahrtsort für Feministinnen aus der ganzen Welt. Sie hatten entscheidenden Anteil am Kampf Josephine Butlers gegen die staatliche Regulierung der Prostitution und beteiligten sich auch an der Gründung von Wohlfahrtseinrichtungen für Frauen in der Schweiz.[112]

Zuweilen gab es auch feministische Familien, die aktiv waren. Zu den bemerkenswertesten unter ihnen zählen die Pankhursts in England und die de Morsiers in der Schweiz. Emily Pankhurst (1858–1928) gründete gemeinsam mit ihren beiden Töchtern Christabel (1880–1948) und Sylvia (1882–1960) die Woman's Social and Political Union. Alle drei kämpften zusammen für das Frauenwahlrecht.[113]

Auf der Grundlage des sozialen Protestantismus engagierten sich Emilie de Morsier (1843–1896), ihr Sohn Auguste de Morsier (1864 bis 1923), ihre Enkelinnen Valérie Chevenard-de Morsier (1891–1977) und Emilie Droin-de Morsier (1898 geboren) sowie deren Ehegatten über drei Generationen in der Internationalen Abolitionistischen Föderation.[114]

Alle hier erwähnten Frauen haben auf die eine oder andere Weise – sei es durch die Brillanz ihrer Persönlichkeit oder durch unbeirrbare Beharrlichkeit; sei es, daß sie vorübergehend berühmt oder berüchtigt waren oder sich mit langem Atem jenseits des Rampenlichts einer Aufgabe widmeten – das Bewußtsein ihrer Zeit mitgeprägt.

DIE HISTORIKERINNEN DER FRAUENBEWEGUNG

Einige Feministinnen wollten ihre Erfahrungen weitervermitteln. Sie machten es sich deshalb zur Aufgabe, die Geschichte der Feministinnen des 19. Jahrhunderts niederzuschreiben. Zwei Standardwerke aus dem 19. Jahrhundert belegen eindrucksvoll die Unterschiedlichkeit der Ansätze. Das eine ist ein amerikanisches Werk und befaßt sich mit einer Einzelforderung. Es handelt sich um das sechsbändige Werk *The History of Woman Suffrage*, das Elizabeth Cady Stanton, Susan B. Anthony und Matilda Joselyn Gage zwischen 1881 und 1887 gemeinsam herausgegeben haben. Das andere Standardwerk ist das Resultat einer Zusammenarbeit europäischer und amerikanischer Feministinnen und beschäftigt sich mit den Organisationen und Kämpfen der Frauenbewegung. Dieses *Handbuch der Frauenbewegung* wurde im Jahre 1901 von Helene Lange und Gertrud Bäumer herausgegeben.

Käthe Schirmacher (1865–1930) schöpfte aus ihren Reiseerfahrungen das nötige Material für ihr Buch *Féminisme aux Etats-Unis, en France, dans la Grande-Bretagne, en Suède et en Russie,* das 1898 in Paris erschien. Auch sie entschied sich für die Form eines Handbuchs, um diese fünf unterschiedlichen Typen des Feminismus vorzustellen.

1909 veröffentlichte die Schwedin Ellen Key (1849–1926) *Kvinnorörelsen* (Frauenbewegung). Sie analysierte darin den Einfluß des Feminismus auf Frauen und Männer verschiedener Altersstufen und gesellschaftlicher Herkunft. Auch nach dem Ersten Weltkrieg bestand weiterhin Interesse an der feministischen Tradition des 19. Jahrhunderts. Ray Strachey (1887–1940) veröffentlichte 1928 *The Cause*; gestützt auf umfangreiches Material, vor allem auch auf persönliche Erinnerungen, schilderte sie darin ausführlich die Kämpfe der englischen Feministinnen in ihrer ganzen Vielfalt. Johanne Naber (1859–1941), Vorsitzende des Nationalrats der niederländischen Frauen, gab 1937 in ihrer *Chronologisch Overzicht* einen Überblick über die Leistungen der Frauenbewegung in ihrem Land.

Die dritte Generation von Feministinnen beschäftigte sich zu Beginn des 20. Jahrhunderts mit der Frage nach ihren Vorläuferinnen, ähnlich wie es die heutigen Feministinnen tun, die versuchen, eine Geschichte der Frauenbewegung zu schreiben. Zwischen Vergessen und Erinnerung, zwischen Identifizierung und Distanz läßt sich die feministische Szene des 19. Jahrhunderts nachzeichnen. Sie war geprägt von Revolte, Unterdrückung und Reformen, die ihrerseits die vielfältigen Diskurse und Handlungen strukturierten. Die Kämpfe endeten ohne glorreiche Siege. Es scheint, als müsse eine jede Generation von Feministinnen den Kampf um einen noch niemals erreichten Fortschritt erneut aufnehmen.

Aus dem Französischen von Gabriele Krüger-Wirrer

20

DIE NEUE EVA
UND DER ALTE ADAM

GESCHLECHTERIDENTITÄT IN DER KRISE

Annelise Maugue

E s ist müßig, auch noch in der Literatur nach Belegen dafür zu suchen, daß sich die gesellschaftliche Situation grundlegend gewandelt hat: Solche Belege finden sich anderweitig reichlich genug. Doch läßt sich anhand der Literatur nachvollziehen, wie die Zeitgenossen diese Umwälzung wahrnahmen, und wie diese Wahrnehmung wieder auf die Frauenbewegung zurückwirkte und Einfluß auf deren Richtung und Rhythmus nahm.

Schriftsteller haben sich für die Frauenfrage vielfach interessiert; ja mehr noch, sie standen regelrecht in ihrem Bann. Das Thema regte eine Unzahl von Werken an und durchdrang auch solche, die ihm eigentlich gar nicht gewidmet waren. Kurz, folgt man der Literatur, dann waren sich die Zeitgenossen über die Tragweite des Prozesses völlig im klaren. Als es noch keineswegs Mode war, beobachteten Schriftsteller bereits aufmerksam, in welcher Situation sich das andere Geschlecht befand, wie Frauen an den Traumata der Hochzeitsnacht litten und sich mit unerfüllbaren Diplomsehnsüchten herumschlugen. Schriftsteller entdeckten in solchen Themen mindestens ebensooft wie ihre schreibenden Zunftkolleginnen eine fast unerschöpfliche Quelle der Inspiration.

Sie nahmen sich dieser Themen an, allerdings ohne übertriebene Begeisterung, und das kann nicht verwundern. Denn immerhin ging es um Rechte: Aus welchem Blickwinkel man die Situation der Frauen im 19. Jahrhundert auch betrachtetete, ob von der Arbeitswelt, von der Moral, von der Erziehung oder der Ehe her, und gleich, ob dies im

Essay oder im Roman geschah, unweigerlich stieß man auf die Rechte der Frauen und damit auf die Frage, ob den Frauen diese Rechte zu verweigern oder zu gewähren seien. Nun gehorchen Schriftsteller als gute Intellektuelle meistens dem von Sartre betonten Prinzip der Zwitterstellung und stellen ihre Feder in den Dienst der Entrechteten, Verdammten und des Anderen: des Proletariers, des Schwarzen oder des Juden. Gilt das aber auch für die Frau als die Andere? In allen Sprachen kann man die Jünger John Stuart Mills unter den Schriftstellern an den Fingern einer Hand abzählen: Sie machten viele Worte, blieben aber bedenklich, unschlüssig oder glattweg feindselig. Sogar ein überzeugter Demokrat wie Anatole France schrieb 1899: »Die heutige Emanzipation der Frau ist ausreichend.«[1]

Es gab eine Blockierung, die so wirksam war, daß sie selbst Autoren zu krasser Inkonsequenz verleitete, die von Verstand und humanistischer Logik her zu allen Zugeständnissen bereit gewesen wären. Eben noch hatte Émile Zola eine ideale Gesellschaft geschildert, in der »die Frau unverheiratet bleiben, wie ein Mann leben, in allem und überall die Männerrolle ausfüllen kann«, und schon drängte es ihn hinzuzufügen:

»Aber wozu sich verstümmeln, das Verlangen leugnen, sich vom Leben absondern? (. . .) Bald war die natürliche Ordnung von allein wiederhergestellt, auch hier zwischen den versöhnten Geschlechtern wieder Friede eingekehrt, und beide fanden ihr Glück in stiller Häuslichkeit.«[2]

Auch Zola kann sich die freie Frau in der Gesellschaft, die ihre Rechte tatsächlich in Anspruch nimmt (denn wozu Rechte, wenn sie nicht eingefordert werden können), nur ledig, keusch, geschlechtslos, »verstümmelt« vorstellen: frei, aber nimmermehr Frau. . . In dieselbe Richtung weist, daß das Schlagwort von der »neuen Eva« Furore machte und in einem Text um den andern auftaucht, auch als Titel bei D. H. Lawrence und Jules Bois: Die Zeitgenossen verkannten keineswegs die Tragweite des Prozesses, denn sie spürten genau, daß sie Zeugen nicht bloß einer Evolution, sondern einer Mutation waren, einer Mutation im wahrsten Sinne des Wortes.

Eva scheidet dahin, Eva ist tot: An ihre Stelle tritt ein neues, ein ganz anderes, ein unbekanntes Wesen. Was könnte beängstigender wirken? Sobald man diese Reichweite der Frauenbewegung wahrnimmt, versteht man besser, warum sie so viel Aufmerksamkeit und solche Ängste auf sich gezogen hat. Doch schon meldet sich wieder das Staunen: Wie seltsam, daß so schlichten Dingen wie der Erlangung eines Diploms oder einer Ehescheidung, dem Radfahren oder dem Zugang zu einer Wahlkabine derart radikale Wirkungen zugeschrieben wurden!

Verhaltene Kühnheiten

Frauen, in denen sich die neue Eva besonders spektakulär verkörperte, zeigten gleichzeitig immer wieder auch beruhigende Merkmale der Kontinuität. Zahlreiche berühmte Frauenrechtlerinnen wie Emily Pankhurst in England oder die Ärztin Edwards-Pilliet in Frankreich waren pflichteifrige Ehefrauen und Familienmütter. Die Saint-Simonistin Pauline Roland und die Feministin Regina Terruzzi waren zwar beide ledige Mütter, doch sie überließen ihren Nachwuchs nicht nach dem Vorbild Rousseaus der staatlichen Wohlfahrt. George Sand kämpfte nicht nur um das Sorgerecht für ihre Kinder, sondern kochte auch Plumpudding für Jules Sandeau, pflegte den tuberkulosekranken Chopin und stickte einem Ehemann Pantoffeln, von dem sie längst getrennt lebte. Wie hätte es auch anders sein können? War doch eine jede Frau, gleichviel, welche Ausbrüche sie sich auch später leisten mochte, in jungen Jahren in ihrem familialen, gesellschaftlichen und kulturellen Umfeld des 19. Jahrhunderts nach traditionellen Mustern geformt worden und so – in Simone de Beauvoirs Worten – »Frau geworden«. Es fehlte also nicht an Gesten, um Ängste zu beschwichtigen, und beschwichtigend war selbst der feministische Diskurs. Man lese nur einmal in der feministischen Wochenschrift *La Française* von 1906, Nr. 3, das Interview mit der Mutter von Thérèse Robert, die sich auf das Examen (*agrégation*) in den Naturwissenschaften vorbereitete: »Glauben Sie aber bloß nicht, daß ihre Wissenschaft sie weltfremd macht. Sie ist sich nicht zu schade, mir im Haushalt zu helfen, und jeden Morgen können Sie sie im Viertel einholen sehen. Und immer so freundlich!«[3] Und *La Française* Nr. 4 über Marie Curie: »Schlicht und freundlich bringt sie ihre kleine Tochter Irène Tag für Tag an der Hand in die Schule.«[4] *La Française* Nr. 5 über die bemerkenswerten Fortschritte der Sache der Frauen in Schweden: »Man sollte aber nicht glauben, daß die Schwedinnen deswegen keine Lust zu Familienleben und Mutterpflichten mehr hätten.«[5]

Vielleicht noch besser als die Literatur leuchten solche Zitate den Hintergrund aus, weil die neue Eva in ihnen so definiert wird, wie sie von ihren inbrünstigsten Apologetinnen damals gesehen wurde. Ganz offensichtlich kehrt hier von Ausgabe zu Ausgabe ein Leitmotiv wieder, auf das *La Française* durchaus kein Monopol hatte. Marie d'Agoult versicherte, »Mutterpflichten sind mit großen Gedanken vereinbar«,[6] und die Journalistin Séverine ließ in ihre Schilderung des Frauenrechtskongresses von 1900 einfließen: »Mehr als einer der feingliedrigen Zeigefinger hätte unter dem Handschuh durch kaum sichtbare Stichnarben bezeugen können, daß er zuerst mit der Nadel und erst dann mit der Feder gekämpft hat.«[7]

Diese auffallende Beteuerung von Kontinuität darf schon deswegen nicht als reine Taktik angesehen werden, nach deren Fehlern zu fragen heute ohnehin recht müßig wäre, weil sie mit einer nicht minder auffallenden Auslassung einhergeht. Wie erfolgreich Thérèse Robert auch immer »männliche« (Intellektualität) und »weibliche« Eigenschaften (Hausfrauenkompetenz) unter einen Hut zu bringen versuchte, ihren Kommilitonen männlichen Geschlechts gereichte sie keineswegs zum Vorbild als Muster für den Menschen der Zukunft, der alle Möglichkeiten der Gattung Mensch harmonisch in sich vereinte. Die Frauenrechtlerinnen konnten Kinderkrippen oder ein »Müttergehalt« fordern, waren aber bis auf wenige Ausnahmen außerstande, sich eine gleichmäßige Aufteilung der Haushaltsarbeiten zwischen den Ehegatten vorstellen zu können. Die avantgardistischen Diskurse waren von den konkreten und unmittelbaren Widersprüchen, mit denen sich eine jede Frau damals auseinandersetzen mußte, viel zu abgehoben, viel zu sehr auf das Allgemeine und die Zukunft fixiert, um nicht auch die neue Eva schließlich und endlich wieder dem Geschlecht als Schicksal auszuliefern.

»Schicksal« klingt vielleicht zu vollmundig und unangebracht für die tagtägliche und prosaische Praxis von Kinderversorgung und Haushalt, zumal die Frau inzwischen bewiesen hat, daß sie sich um das alles auch noch zu kümmern vermag, wenn sie gleichzeitig auf anderen gesellschaftlichen Feldern aktiv ist. Wenn man sich indes die Mühe macht, genauer hinzusehen (ist es reiner Zufall, daß dieses jahrhundertelang niemand getan hat?), sind diese Alltagsarbeiten äußerst vielfältig und je nach sozialer Schicht höchst unterschiedlich in der praktischen Ausführung. Schon deren technische Bewältigung erfordert zahlreiche und differenzierte Fähigkeiten. Um die Alltagspraxis bewältigen zu können, bedarf es aber einer Fähigkeit ganz anderer Art. Auf diese spielt Thérèse Roberts Mutter naiv an, als sie den hausfraulichen Eifer ihrer Tochter in einem Atemzug mit deren »Freundlichkeit« nennt: Unverzichtbare Grundlage ist die Bereitschaft, für einen anderen Menschen zu sorgen. Selbst die wohlhabende Großbürgerin muß sich der Fürsorglichkeit befleißigen, wenn sie Empfänge organisiert, um die Karriere des Ehemanns zu fördern.

Anders als die auf einen Moment konzentrierte und Aufsehen erregende, heroische Aufopferung, in der das Selbst zum höheren Ruhm vernichtet wird, erfordert das Ableisten bedeutungsloser und zugleich ewig gleicher Haushaltspflichten eine anhaltende Hingabe, in der das Selbst aufgeht, untergeht, Verzicht leistet, ohne Dank zu erwarten. Männer aber wurden nicht aufgefordert, sich fortan an dieser Spielart des Altruismus zu beteiligen. Der Altruismus blieb weiterhin eine weibliche Tugend und keineswegs nur eine Tugend unter vielen. Die neue

Eva muß zeigen, daß sie doch noch Frau geblieben ist, indem sie dieser Tugend weiter huldigt; letztendlich definiert sich nach wie vor genau an dieser Tugend und weit über den »kleinen Unterschied« hinaus das Weibliche, das seit jeher als Ergänzung und Pendant zum Männlichen wahrgenommen wird.

Solange Selbstverleugnung und Verzicht als weibliche Kardinaltugenden galten, war ein Bruch unmöglich. Die amerikanische Frauenrechtlerin Elizabeth Cady Stanton hielt diese Tugenden sogar wider Willen auch dann noch hoch, als sie sie zu verwerfen meinte und einen Redakteur anwies, in ihrem Artikel die Aussage »Persönlichkeitsentwicklung ist eine heiligere Pflicht als Selbstaufopferung« »in Großbuchstaben« setzen zu lassen.[8] Wieso nannte sie Persönlichkeitsentwicklung nicht schlicht ein Menschenrecht? Warum ordnete sie Selbstentfaltung nicht eher unter Glück und Lust ein? Vorrang hatte bei ihr weiterhin die Pflicht; die Pflicht aber verweist unausweichlich auf das Wohl des Nächsten. Die ererbte Geschlechtsidentität ist nicht allein ein Hemmnis für die Behauptung eines weiblichen Ich, sie schließt diese sogar aus und macht sie zum Tabu, weil die Geschlechtsidentität auf Selbstvergessenheit und Fürsorge für den Anderen gegründet ist. Offenbar haben selbst die Frauenrechtlerinnen größte Schwierigkeiten, sich von dieser nachhaltigen Erziehung zur Selbstbescheidung freizumachen. Folgerichtig kämpfen sie letztlich paradoxerweise für das Recht der Frauen, Doppelarbeit leisten und die Doppelbelastung schultern zu dürfen.

Seltsame Widersprüche

Es blieb auch den Schriftstellerinnen nicht verborgen, daß es nicht so ohne weiteres möglich war, nur für begrenzte Zeit ein eigenständiges Individuum zu sein. Sie durchlebten ständig die Schwierigkeiten und Widersprüche dieses Vorhabens: »Beim Unterrichten oder Nähen möchte ich manchmal lieber lesen oder schreiben dürfen«,[9] bekannte Charlotte Brontë. Doch das war nicht nur eine Zeitfrage. Diese tausend kleinen Handreichungen, nach denen andere mit ihren Bedürfnissen verlangen, »diese dauernde Hausarbeit, die mir meine ganze Zeit und mein ganzes Ich stiehlt«,[10] wie Eugénie de Guérin klagte, verzettelten und verplemperten ein Ich, das im Schaffensdrang besonders intensiv nach Sammlung strebte, um seine Besonderheit entfalten zu können. Sobald sie schreiben, veröffentlichen, bekannt werden wollten, stießen Frauen gegen Hindernisse, die den Männern fremd waren. Gleichwohl hat weder diese tägliche Erfahrung, noch der mit den Männern geteilte Status der Intellektuellen zur Folge gehabt, daß sich die Schriftstel-

lerinnen samt und sonders dem Feminismus zugewandt hätten. Eher
das Gegenteil war der Fall. Dieses Phänomen hilft, den Inhalt ihrer
Werke zu erklären: Kurioserweise überdauerten in ihren Werken
genau die Tabus, die sie selbst als schreibende Frauen bereits weithin
sichtbar überwanden.

George Sand schreibt in ihrer *Geschichte meines Lebens* ihre Entwicklung einem Schicksalsschlag, einem ungewöhnlichen Zufall zu, der
sie als junges Mädchen ein ganzes Jahr lang vor jedem »äußeren Einfluß« bewahrt habe: »Hätte mein Schicksal gewollt, daß ich sogleich aus
der Oberherrschaft meiner Großmama unter die eines Gatten oder des
Klosters gekommen wäre, so würde ich möglicherweise niemals ich
selbst geworden sein.«[11]

Damit hebt sie zugleich hervor, wie zerstörerisch für das Ich die traditionelle weibliche Erziehung wirkte, und wie schwer es war, sich dieser zu entziehen. Kein Wunder, daß sie selbst so sanfte, bescheidene
und hingebungsvolle Frauenfiguren gestaltete: Realismus verpflichtet.
Andererseits verblüfft es, daß sie sich nicht mehr mit der Darstellung
der weiblichen Selbstverleugnung begnügte, sondern häufig genug zu
deren Verherrlichung überging. Mit Lélia und Consuelo schuf sie zwar
Rebellinnen, aber auch das Mariechen in *La mare au diable* und die
kleine Fadette, die sogar im Titel vorkommt *(La petite Fadette)*. Um
was geht es in den beiden Romanen? Schon die Namen sprechen für
sich. Da haben wir Marie, sie ist so durchgängig zur Mutter stilisiert,
wie schon der Vorname vermuten läßt, und obendrein wird sie »petite
Marie« (Mariechen) genannt, so daß schon der Name von völliger
Machtlosigkeit kündet; auch die kleine, von drei Seiten geschundene
Fadette ist gleichermaßen fad und zum ewigen Diminutiv verdammt.
Aber George Sand zeichnet beide als Lichtgestalten und Frauenideale.
Buhlte sie damit um die Gunst des Publikums? Warum sollte sie, hatte sie doch mit Lélia und Consuelo Erfolg und Ruhm geerntet! Welches dumpfe Schuldgefühl veranlaßte George Sand, Gestalten zu Vor-
bildern zu erheben, die wie eine Verleugnung der eigenen Persönlichkeit wirken?

Das Verhältnis der englischen Schriftstellerin George Eliot zu ihren
Romanheldinnen ist womöglich noch eigenartiger. Weder Maggie Tulliver in *Die Mühle am Floss* noch Dorothea Brooke in *Middlemarch*
ähneln der kleinen Fadette auch nur von weitem. »Bei Frauen erwartete man nicht gerade feste Überzeugungen«,[12] notiert die Verfasserin
zu Beginn von *Middlemarch*: Ihre Heldin ist ausreichend nach diesem
Bild gestaltet, um das vorzuführen. Das Ideal, dem Dorothea nachlebt
und das für sie eine Mischung aus Christenglauben, Altruismus und
Mystizismus ist, veranlaßt sie mit Billigung ihrer Schöpferin, den
ganzen Roman hindurch ständig mit dem traditionellen Modell der Frau

zu brechen. Sie kann sich weder für Schmuck noch für Mode begeistern, sie gibt einem jungen und liebenswerten Verehrer einen Korb,
sie enthält sich angesichts der neugeborenen Tochter ihrer Schwester
der üblichen Verzückung usw. Gleichzeitig aber macht sie seltsamen
Gebrauch von ihrer geistigen und moralischen Autonomie. Nachdem
sie den ungeliebten Pfarrer Casaubon geheiratet hat, weil sie seine
erhabenen Ansichten bewunderte, muß sie feststellen, daß sein wissenschaftliches Lebenswerk wertlos ist. Als er spürt, daß sein Leben zu
Ende geht und von ihr verlangt, ihr Witwendasein der Vollendung seines Werkes zu widmen, wird Dorothea nur durch sein plötzliches Hinscheiden davon abgehalten, ihm dieses zu versprechen und »damit
ihrer eigenen Verurteilung« zuzustimmen.[13] Als sie später erneut heiratet, diesmal aus Liebe, steht auch diese Ehe unter dem Zeichen des
Verzichts. Sie verzichtet auf das eigene Vermögen, um den mittellosen
Bräutigam nicht in seinem Stolz zu kränken, und sie verzichtet darüber hinaus auch auf ihr Selbst, damit diese Ehe völlig der Norm genüge: »Viele, die sie kannten, bedauerten es, daß ein so selbständiges
und seltenes Geschöpf ganz im Leben eines anderen aufging und nur
einem bestimmten Kreis als Frau und Mutter bekannt war (...).«[14]
Dorothea, erläuterte George Eliot, sei »eine heilige Therese (...) eine
Begründerin von gar nichts«,[15] denn der Materialismus der modernen
Gesellschaft verweigere ihr Erfüllung. War es die Gesellschaft oder war
es George Eliot, die Dorothea daran hinderte, ihren Altruismus in
sozialer Arbeit zu entfalten, für die sie sich zu Beginn des Romans sehr
interessierte? In der realen Welt gelang es Frauen durchaus, sich dort
zu betätigen. War es die Gesellschaft oder war es George Eliot, die sie
daran hinderte zu schreiben, um anderen ihre Überzeugung mitzuteilen, wie dies die Schriftstellerin selbst tat? In einem eigenartigen Paradoxon opfert Dorothea ihre Freiheit, um sich Zwang anzutun, sie
opfert ihre Besonderheit, um sich aus eigener Wahl der Herde zuzugesellen. Ihre Selbstverleugnung geschieht aus freiem Willen, wo andere Frauen sich nur unbewußt oder ungewollt selbst verleugnen, und
eben damit beweist sie als »Schwan« unter lauter »häßlichen Entlein«,[16]
wie überlegen sie ist. Doch George Eliot in eigener Person läßt sich
mitnichten auf so ein schleichendes Martyrium vorsätzlicher Selbstvernichtung ein: Casaudon ist siebenundzwanzig Jahre älter als Dorothea,
aber die Romanschriftstellerin selbst heiratete mit sechzig einen zwanzig Jahre jüngeren Mann. Vorher hatte sie fast dreißig Jahre in freier
Liebe mit dem verheirateten Familienvater George Lewes gelebt. Wem
fällt da nicht das so ganz andere Schicksal ihrer Maggie Tulliver ein,
die sich ebenso opferwillig wie Dorothea weigert, einen Mann zu heiraten, den sie liebt und der sie wiederliebt, und das nur aus dem einen
Grund, weil er früher einmal nicht etwa der Gatte oder Bräutigam, son-

dern nur andeutungsweise der Verehrer einer Freundin gewesen ist. George Eliot scheint sich unablässig dafür zu entschuldigen, daß sie sich herausnahm, in der Liebe und als Schriftstellerin sie selbst zu sein, indem sie Romanheldinnen zeichnete, die alle ihre Energie darauf richten, selbst nichts zu sein.

Dasselbe tat Colette; die Gleichartigkeit verblüfft um so mehr, als sich die heidnische Sinnenwelt der französischen Romanautorin radikal von der George Eliots unterscheidet. Colette wurde berühmt mit den Claudine-Romanen, die sie unter dem Pseudonym ihres Ehemanns Willy schrieb und deren lebensfrohe, kühne und nonkonformistische Heldin ihr selbst ziemlich ähnlich sieht. Als sie mit Willy brach, machte sie logischerweise auch der Romangestalt ein Ende. Der letzte Roman der Reihe trägt den Titel *Claudine s'en va*: Claudine geht fort. Auch Colette ging fort, nämlich zu anderen Büchern und zu anderen Männern. Doch das Romangeschöpf erweist sich auch hier weniger mutig als seine Schöpferin. Claudine zieht sich aufs Land zurück, um sich – was könnte erbaulicher sein? – ganz ihrem vergreisenden Gatten zu widmen. Der Roman schildert indes auch, wie sich eine andere Frau, Annie, befreit. Sie, die sich von einem autoritären Ehemann lange Zeit hat erdrücken lassen, verläßt ihn am Ende. Doch ganz, als sei es zwingend erforderlich, diese Darstellung einer Emanzipation zu versüßen, wird die vordem freiheitsliebende Claudine plötzlich zur Krankenpflegerin!

Ein weiterer Beleg für den Hang von Schriftstellerinnen, sich von der eigenen Kühnheit freizukaufen, indem sie ihre Romanheldinnen zur Selbstverleugnung verdammen, ganz wie die Feministinnen mit dem Hinweis auf den von der Nadel zerstochenen Finger Absolution für das Streben nach Diplomen suchten. Dieser rote Faden der Frauenliteratur wird noch sichtbarer durch den Kontrast zu *Ein Puppenheim*, das von einem Mann geschrieben wurde. Ibsens Drama von 1879 wurde überall in Europa auch noch lange nach der Jahrhundertwende übersetzt, gelesen, gespielt, rezensiert und verschiedentlich plagiiert. Der Erfolg dieses Stückes ist um so überraschender, als sein Schluß höchst unwahrscheinlich ist. Nora verläßt einen Ehemann, der alles andere als ein Despot ist. Sie wird von keinem Geliebten erwartet und läßt drei geliebte Kinder zurück; um ihren Unterhalt zu fristen, wird sie sich Arbeit suchen müssen, ganz ohne Beruf oder Ausbildung. Das materielle Risiko, die emotionale Zerreißprobe: Wie viele Frauen könnten sich in der Realität dazu und auf einen Schlag entschließen? Doch das Abstrakte an Ibsens Drama ist alles andere als Schwäche; es kann dessen große Wirkung sogar erklären. Indem Ibsen kühn auf das Konkrete verzichtet, legt er eine zentrale Problematik bloß, die sonst in den tausenderlei Kleinigkeiten des Alltags nur widergespiegelt und zugleich verschleiert wird. Seine Nora geht ohne »vernünftigen« Grund, außer dem, nicht mehr Spielzeug, Objekt, Geschöpf eines andern sein zu wollen, und dieser andere war vom Vater bis zum Gatten stets der Mann. »Hier war ich deine Puppenfrau, wie ich zu Hause Papas Puppenkind gewesen bin.«[17]

Unmöglich, meint Nora, meint Ibsen, sich eine authentische Identität zu schaffen, ohne die angelernte zu zerbrechen, die Identität des Geschlechts, in der das Ich der Frau nur im Verhältnis zum Anderen, zu seinen Bedürfnissen und Wünschen definiert ist, ohne für sich selbst ein für allemal Schluß zu machen mit der vorrangigen Fürsorge für den Anderen. Noras Schritt zum eigenen Handeln, ihr unwahrscheinlicher Abgang symbolisiert dieses notwendige Sichlosreißen. Doch das ist genau der Schritt, den die Frauen in der Wirklichkeit weder tun noch sich vorstellen können.

Seltsame Forderungen

Diesen Schritt aber hatten die Frauen, wenn man den Männern glauben wollte, längst getan. Weder mit Unterlassungen noch mit Worten konnten Frauen die Ängste der Männer beschwichtigen. Der Dialog zwischen den Geschlechtern hatte sich bis 1914 zu einem Dialog zwischen Tauben entwickelt.

Die Literatur schildert nur noch die bedauernswerten Opfer grausamer Frauen, die Nora nacheifern: Familien werden zerrüttet, Gatten begehen Ehebruch oder ergeben sich dem Alkohol, Kinder werden von Schwindsucht oder Unfällen dahingerafft. Diese abstrusen Zerrbilder, die von den Fakten tagtäglich, aber vergebens widerlegt werden, verdienen nähere Betrachtung. Diese systematische Überzeichnung läßt zunächst einmal ermessen, wie sehr die Frauenbewegung die Männer in Angst und Schrecken versetzt hat. Sie verweist aber auch auf exzessive Vorstellungen über weibliche Pflichtvergessenheit. Ehefrauen können in solchen Romanen ihre Familie verlassen, ohne fortzugehen: Außer Heldinnen, die nach Noras Beispiel das Haus verlassen, lösen auch andere, die auf dem Posten bleiben, genau die gleichen Katastrophen aus, weil sie einen Beruf (egal welchen) ausüben, weil sie ein Diplom (egal welches) besitzen, weil sie häufig ausgehen oder weil sie schlicht Bücher lesen. Die Kinder verwahrlosen, die Familie verarmt, am Ende begeht der Gatte Selbstmord, und alles hat damit angefangen, daß »Madame sich in ihr Zimmer einschließt, um den neuesten Maeterlinck oder Ibsen zu verschlingen«.[18] Zur Gefahr und zur Schuldigen wurde eine jede Frau, die ein paar Bruchteile ihrer Zeit und ihrer Person für sich abzweigte, die sich nicht preisgab mit Haut und Haaren. Zwar waren die Ehemänner in der Realität zweifellos nicht ganz so mimosenhaft und eitel, aber daß sie selbst nur ungern kleine Zugeständnisse machten, wird durch die Literatur eindeutig belegt. Die Literatur war der Ort, an dem alle von Trauer und Ängsten beherrschten Wahnvorstellungen ihren Ausdruck fanden.

Die an die Frauen gerichtete Erwartung schrankenloser Hingabe ging ganz logisch einher mit dem Wunsch nach absoluter Dominanz, der sich unter anderem auch in einer seltsamen pädagogischen Obsession äußerte. Die Theoretiker der Ehe scheinen es für selbstverständlich gehalten zu haben, daß jedweder Gatte ausersehen sei, seiner Gattin kunterbunt durcheinander Kochen, Moral, Hauswirtschaft und Metaphysik beizubringen: »Vergiß niemals, daß, indem du sie dir zur Gehilfin wählst, du dich zugleich verpflichtest, ihr Gatte, Freund und Priester zu sein.«[19]

Priester: an dieser größten und merkwürdigsten Überhöhung des idealen Gatten wird erkennbar, wie paradox die Ansprüche der Männer waren. Nicht nur Leib und Seele, auch der Verstand sollte unter Kontrolle gebracht werden: Die Frau sei «eine kleine Schiefertafel«,[20] erläutert der schwedische Dramatiker August Strindberg in *Die Gläubiger*, auf der der Ehegatte nach seinem Gusto den Griffel führen könne, »denn das Weib ist des Mannes Kind«.[21] Eine singuläre Gestalt kehrt in der Literatur regelmäßig wieder, die kleine Schwester, etwa Sœurette (Schwesterchen) in Zolas *Travail*, eine weitere Gefangene des Diminutivs. Infolge des frühen Todes der Eltern ist der ältere Bruder mit der Erziehung der Schwester betraut, und er nimmt diese Aufgabe mit erdrückender Selbstgefälligkeit wahr. Er bildet sie zu seiner, allerdings inferioren Doppelgängerin heran, die ihm gegenüber zu keiner kritischen Distanz fähig ist und ihn schrankenlos bewundern soll. Gerade deswegen kann sie einer Gattin oder Braut als Beispiel vorgehalten werden: »Ach! Wenn man eine Frau so liebt wie ich diese, muß man sie als Kind gekannt haben, von klein auf, und sie Jahr für Jahr wie eine Schwester großgezogen haben!«[22] Zu diesem Typus der jüngeren Schwestern gehören sowohl Henry James' Verena in *Die Damen aus Boston*, mit der interessanten Eigenschaft eines Mediums, die sich dem Einfluß ihres künftigen Gatten Basil Ranson besonders aufgeschlossen zeigen muß, als auch Villiers de l'Isle-Adams »künftige Eva«, die androide Hadaly, und ebenso Eliza Doolittle in Bernard Shaws *Pygmalion*, die als ein gesellschaftliches Nichts dem Bekehrungseifer des Professor Higgins restlos ausgeliefert ist. Eine Frau zur Verfügung zu haben, die man wie Wachs ganz und gar für sich formen kann, genau dieser Traum spukte in vielen zeitgenössischen Männerhirnen. In dieser Situation mußten selbst die schüchternsten Kühnheiten von Frauen den Männern, die solchen Hirngespinsten anhingen, ungeheuerlich dünken.

Doch warum konnten derlei Schimären ausgerechnet in einer Zeit gedeihen, die a priori für absolutistische Träumereien nicht gerade günstig erscheint?

Das Unglück des Adam

Was für eine Zeit war das! Eine Zeit, die als genauso neu erlebt und wahrgenommen wurde wie die neue Eva, eine Zeit, die radikal anders war als frühere Jahrhunderte und uralte Bezugssysteme erbarmungslos wegfegte. Dies geschah so energisch, daß allerorten Hymnen auf Fortschritt und Demokratie erschallten, aber als Kontrapunkt dazu eine Klage ertönte, die immer schriller und verzweifelter klang, je weiter man in das neue Jahrhundert kam: die Klage der »Entwurzelten«,[23] der jungen, letztendlich zum Scheitern verurteilten Genies von Barrès, und des »Mannes ohne Eigenschaften« von Musil. Um Robert Musil zu zitieren: »Was ist denn verlorengegangen?«[24] An Eigenschaften mangelt es Musils Romanheld Ulrich nicht, der sich erst beim Militär, dann als Ingenieur versucht, bevor er sich erfolgreich der Mathematik widmet. Aber auch dieses dritte Unterfangen bleibt von kurzer Dauer: »Ein geniales Rennpferd reift die Erkenntnis, ein Mann ohne Eigenschaften zu sein.«[25] Denn Ulrich hofierte die Mathematik weniger um ihrer selbst willen als zu dem Zweck, dank ihrer seine Überlegenheit anerkannt zu sehen. Sobald aber »der Geist der Gemeinschaft«[26] einen Journalisten veranlaßt, einem Pferd Genie zuzusprechen, verliert alles seinen Sinn: »(. . .) und als er sich nun nach wechselvollen Anstrengungen der Höhe seiner Bestrebungen vielleicht hätte nahefühlen können, begrüßte ihn von dort das Pferd, das ihm zuvorgekommen war.«[27] Ulrichs Resignation veranschaulicht, welche Kluft zwischen einem machtstrebenden Geist und der neuen Zeit mit ihrer Anonymität und Nivellierung aufgerissen ist. Die ökonomischen Umwälzungen haben denen, die früher Bauern oder Handwerker gewesen waren, die Verfügung über den Arbeitsprozeß genommen; sie müssen jetzt entfremdet in großen Fabriken schuften, an ihrer Seite die Angestellten des rasch wachsenden Dienstleistungssektors. Sogar die leitenden Angestellten wurden in Mitleidenschaft gezogen. Die Ingenieure, die Ulrich in seiner Phantasie »in herrlichen Reitstiefeln zwischen Kapstadt und Kanada unterwegs« sieht, erweisen sich ihm bald als »Männer, die mit ihren Reißbrettern fest verbunden waren«.[28] Der Prozeß machte auch vor den Unternehmern nicht halt: Im Laufe des Jahrhunderts wurden die Industriekapitäne, die Helden des Kapitals, die der Welt ihren eigenen Stempel aufgedrückt hatten, fortschreitend durch Aktiengesellschaften verdrängt. Gleichzeitig aber erlangte in der Politik »der unbedarfteste hergelaufene Scharlatan«[29]

kraft des Stimmrechts soviel Geltung wie der begabteste Erfinder oder Dichter, der in dieser Gesellschaft des Konsums und der Zerstreuung obendrein erleben mußte, wie Rennpferde und Halbweltdamen ihm Ruhm und Ansehen streitig machten. Schon 1857 setzte Flaubert in *Madame Bovary* in der Figur des Apothekers Homais, dieses lächerlichen Fortschrittsapostels, den Hang zum Neuen mit Mittelmäßigkeit gleich. Das europäische Fin de siècle, von Paris über Wien bis Stockholm, sollte ihm auf unheimliche Weise recht geben. Selbst Zola, der sich anders als Flaubert für die Wunder der Technik begeisterte, schuf am Ende schließlich doch in *Fécondité* und *Travail* seine utopischen Helden.

Das alles macht zweifellos deutlich, wie die Intellektuellen im Laufe der Jahrhunderte auf Abstand gingen zur bürgerlichen Gesellschaft, dieser Gesellschaft der Nützlichkeit, des Geschäfts und der Entfremdung. Es zeigt aber noch mehr. Denn die Krise des Individuums in der modernen Welt wird uns häufiger und klarer als erwartet als Krise des männlichen Geschlechts vorgeführt. Ulrichs Streben, ein bedeutender Mann zu werden, schreibt Musil, leite sich aus seinem alten »männlichen Geist« her, der inzwischen zum »ideologischen Gespenst« geworden sei.[30] Nichts hält sich hartnäckiger als ein Gespenst, und ein ideologisches Gespenst noch hartnäckiger als andere. Biologen, Dichter, Historiker, Grammatiker, Philosophen oder Romanschriftsteller hielten noch immer daran fest, das Männliche als positiven Drang nach Konkurrenz, Eroberung und Herrschaft wahrzunehmen und zu definieren, es mit »streitsüchtigen und kriegerischen Instinkten, mit Beherrschtheit, Entschlossenheit und Persönlichkeit«[31] gleichzusetzen, wie Proudhon das Männliche leidenschaftlich verherrlichte, während er übrigens zugleich die Vorzüge der Gleichheit feierte. Dieses Bild war gewichtig durch die Last der Jahrhunderte, und es war vor allem ein so leuchtendes, ein so ergiebiges und Wert vermittelndes Vorbild, daß selbst diejenigen, die von ihrer Unfähigkeit, ihm jemals nahezukommen, gefoltert wurden, niemals auf den Gedanken kamen, dieses Bild selbst in Frage zu stellen.

Nein, unzulänglich konnte nicht das Bild sein, unzulänglich mußte die Epoche sein. Eine Epoche der Bequemlichkeit, des Komforts, der Sicherheit, des Beamtentums, eine weiche und entmannende Epoche: eine »hermaphroditische Welt«,[32] wie Barbey d'Aurevilly schrieb, bevölkert von »Halbmännchen«,[33] wie Barrès seufzte, eine Welt, deren »Manneskraft nachläßt«,[34] wie Zola klagte. D. H. Lawrence' Novelle *New Eve and Old Adam* konzentriert sich zwar auf die eheliche Beziehung, doch zeigt sich das Unbehagen des Gatten Peter Moest nicht nur in Liebesdingen. Auch die Umwelt mit ihren Nebensächlichkeiten spielt eine Rolle: »Diese Zentralheizung erwärmte das ganze Wohnhaus und erlegte ihm eine Einheitlichkeit auf, in der die Zimmer wie zu Brutöfen wurden: konnte es etwas Widerlicheres geben?«[35] »Was ist verloren-gegangen?« Die Kontrolle, die Beherrschung, die Verfügungsgewalt, sogar über die Heizung. Es gibt keine Möglichkeit mehr, individuelle Besonderheit zur Geltung zu bringen; was geschieht ist die Rückkehr in eine namenlose, passive, geschlechtslose Frühkindlichkeit. Und daß es Adams Klage ist, die hier ertönt, daran läßt Lawrence anschließend keinen Zweifel: »Er fühlte sich erfaßt von einer elementaren männlichen Kraft, erstickt durch unvermutete Instinkte. Sich so im Innern dieses riesigen überheizten Gebäudes wiederzufinden, erschien ihm unerträglich.«[36] Peter/Adam aber findet nirgends den Raum, der ihm zusagt: Kaum aus Frankreich zurück, wird er London wieder verlassen, um nach Italien zu fahren, wo er ebenfalls nicht zur Ruhe kommen kann. Lawrence erklärt diesen Mangel an Stabilität nicht gesellschaftlich: Was Peter arbeitet, wird nur sehr verschwommen angedeutet. Doch genau auf diese vermeintliche Lücke kommt es an: Gleichviel, wie seine Arbeit aussehen mag, der Held findet darin offenbar nicht die Möglichkeit, seine »elementare Manneskraft« befriedigend zu entfalten. Außerdem hat er sich der Frau wieder zugewandt: »Er hatte seine ganze Existenz auf diese Ehe gegründet.«[37]

Ein erstaunlicher Satz, wenn man bedenkt, daß er sich auf eine männliche Figur bezieht. War die Hierarchie der männlichen Werte etwa so umgewälzt worden, daß Liebe hinfort auch für Männer wichtiger sein sollte als beruflicher Ehrgeiz? Ja ... und nein, denn als Kompensation wird Liebe nun mehr denn je im Modus der Macht dekliniert, und Peter träumt davon, »daß es eine Frau auf der Welt gibt, deren Berufung – und nicht Deruf   es ist, sich um ihn zu kümmern«.[38]

Wenn sich die Welt schon Adams Verfügungsgewalt entzieht, soll ihm zumindest das traute Heim zur Zuflucht (ein »Hafen des Friedens«,[39] ein »Schutzraum«[40]) und zum letzten Reich werden, in dem ihm die Gattin in ein und derselben Person die mütterliche Vergötterung und die kindliche Formbarkeit bietet. Der pädagogische Überschwang und die »anachronistischen« Fantasmen der absoluten Inbesitznahme gehen auf den Wunsch, ja das Bedürfnis zurück, diesen Durst nach Verfügungsgewalt, der sonst nirgendwo mehr gestillt werden kann, bei der Frau zu löschen. Meist aber sträubt sich die neue Eva leider und antwortet wie Paula Moest: »«In deinen Augen müßte eine Frau eine Verlängerung deiner selbst, oder schlimmer noch deiner Adamsrippe sein, ohne die kleinste Selbständigkeit. Du kannst einfach nicht verstehen, daß ich ein anderes Wesen bin als du.«[41] Doch die Suche geht weiter. Lawrence hing einige Zeit einer interessanten Spielart des Feminismus an, die aus dem Aufbegehren der Männer gegen die moderne Welt entstanden war und sich um Otto Groß in München, Heidelberg

und Wien entwickelt hatte. Da der unheilvolle Fortschritt mit dem Patriarchat gleichgesetzt wurde, entstand ein positives Frauenbild. Als Trägerin besonderer Werte, ja Georg Simmel zufolge einer Gegenkultur,
habe sie es besser als der Mann verstanden, der Natur und einem frei-
en und unbeschwerten ursprünglichen Leben nahe zu bleiben; die Frau
könne daher den Weg weisen. Ganz ohne Frage beflügelte diesen Feminismus der Differenz die ewige Wiederkehr der ewigen Eva, die mit der
nährenden und liebenden Mutter Erde gleichgesetzt wurde. Diese Idealfrau glaubten sowohl Otto Groß als auch D. H. Lawrence in Frieda von
Richthofen erkannt zu haben. Doch in den Briefen, die sie an sie richteten, erscheint wieder das unvermeidliche Leitmotiv der Selbstaufgabe
der Frau: »Du bist gesegnet mit der Kunst, Glück zu verschenken (. . .)
ein so unvergleichlich reiches, leidenschaftliches und verschwenderi-
sches Geben Deiner selbst und soviel Vornehmheit und Majestät.«[42]

Veränderungen des Geschlechts

Die Frau blieb erstarrt im Anderssein, im Guten wie im Schlechten
bezogen auf den Mann und stets als Geschlechtswesen definiert. Selbst
wenn die neue Eva einmal nicht nur als ungeheuerlich, als unsägliche
Neuheit vorgestellt wird, kommt immer noch kein eigenständiges Individuum, kein Menschenwesen weiblichen Geschlechts zum Vorschein.
Oft wird ihr einzig und allein die gleiche Rolle zugeschrieben wie dem
Rennpferd, dessen »Genialität« aus Ulrichs Sicht den Begriff des Genies
selbst wertlos macht. Die Erfolge einer Frau beweisen nicht ihr Können, sondern nur, wie eine Welt zuschanden wird, die sich in ihrem
Nivellierungseifer zur Komplizin dieses Wesens ohne Identität macht:
»Die überwältigende Mehrheit der Zivilberufe sind Routinen, die die
mittelmäßigsten weiblichen Hirne in ein paar Jahren lernen können.«[43]
Doch gelegentlich wird dem Erfolg einer Frau auch eine erhebliche
Bedeutung beigemessen. In ihren eigenen Denkmustern und Erfahrungen befangen, können sich Männer Selbstbestätigung offenbar nicht
ohne Herrschaft über andere vorstellen. Eine Frau, die sich der Män-
nermacht nicht mehr fügen will, strebt demnach notwendigerweise
danach, selber Macht auszuüben. Als Tekla in Strindbergs *Gläubigern*
nicht mehr nur devot den Grammatiklektionen ihres Gatten lauscht,
sondern sie praktisch anwendet, um ihr Schreiben zu verbessern und
ihr Talent als Romanschriftstellerin zu erweitern, vergißt der Gatte in
Strindbergs naiver Darstellung seine ganze Grammatik: Das Wissen zu
teilen ist unmöglich, denn die Macht, die sich daraus ableitet, darf nicht
geteilt werden. Und was geschieht, wenn die neue Eva ihren »Kannibalismus«[44] ganz in ihrem Sinne vorantreibt und tatsächlich – über wel-

chen Bereich auch immer – Herrschaft auszuüben beginnt? Sie verwandelt sich in einen Mann, antworten unsere männlichen Autoren unisono und bestätigen damit in schöner Offenheit, daß sich das Wesen der Männlichkeit aus Macht ableitet.

George Sand etwa gilt als Mann, weil sie geistige Macht ausübt. Die unglaubliche Wirkung ihrer Werke in ganz Europa und bis in die Vereinigten Staaten läßt sich heute schwer ermessen. Châteaubriand verglich sie mit Byron, Henry James mit Goethe: Solche Komplimente machten die Metamorphose unausweichlich. Alsbald wurde sie mit Männern nicht mehr nur verglichen, sondern mit ihnen gleichgesetzt, und diese Mutation vollzog sich nicht nur aus der Distanz über lobende Rezensionen. Für die Männer wurde Sand so sehr zum Mann, daß sie in ihr den Freund sahen: »Ich habe mit einem Kameraden geplaudert«,[45] versicherte Balzac nach einem längeren Besuch bei ihr, während Flaubert für sie in seinem ganzen Briefwechsel die Anrede »cher maître« benutzte. Nach George Sands Tod schrieb Flaubert: »Man muß sie so gut gekannt haben wie ich, um zu wissen, wieviel Weibliches in diesem großen Mann war.«[46]

Eine ergreifende Umkehrung der Perspektive, die von Henry James noch unterstrichen wird, wenn er George Sands Größe nicht darin sieht, wie sie »die weibliche Natur erweitert hat«, sondern in ihrer »Bereicherung der männlichen Natur«.[47] Sand als Zwitter? Vielleicht; aber weil sie genial war, mußte sie in erster Linie und dem Wesen nach Mann sein.

Aber Macht läßt sich auch durch Liebe gewinnen. Dann findet sofort die gleiche Metamorphose statt. Als Barbey d'Aurevilly seine Heldin Hauteclaire und den Comte de Savigny als leidenschaftliches Paar beschreibt, macht er sie zum »Mann in der Liebesbeziehung«.[48] Kaum ein romantisches Klischee war damals beliebter als dieses. Fast die gleiche Formulierung findet sich bei Flaubert über das Liebesverhältnis zwischen Emma Bovary und Léon, bei Zola in *La Curée* und bei zeitgenössischen Erfolgsautoren wie Paul Bourget, Marcel Prévost oder Maurice Donnay. Es liegt nahe, in diesem Verweis auf das Männliche eine simple und automatische Metapher für Macht zu sehen; denn die geschilderten Frauen können letztlich ihre Weiblichkeit nur dadurch garantieren, daß sie sich verführen lassen. Das aber wäre falsch. Sobald eine Frau Macht ausübt, erfährt die Frau eine Vermännlichung, die alles andere als rhetorisch war. Der Rauch einer Zigarette, kurze Haare, Sportlichkeit, ein Detail der Kleidung, die Weste oder Krawatte, dies alles waren Symptome, die unter der falschen Maske einer Frau die beunruhigende Präsenz eines Mannes verraten. Alles wird zum Zeichen, selbst die Anatomie. Erkennungsmerkmal ist auch das Fehlen aller üppigen Rundungen, in denen das weibliche Anderssein augenfällig wird; die schlanke Frau als *garçonne*, Gamin oder schöner Ephebe.

Als am Ende des Jahrhunderts in Einklang mit der größeren Mobilität die Schlankheit der Frauen zur Mode wurde, schienen plötzlich Legionen von Zwittern die Straßen und Städte zu bevölkern.

Auch daran zeigt sich, wie sehr die Frau den Mann immer nur spiegeln sollte. Die verblüffende Selbstverständlichkeit, mit der von den Evastöchtern erwartet wurde, daß sie den immerhin riskanten Wechsel ihres Geschlechts bewerkstelligten, zeigt vor allem das Ausmaß der Krise der Männer. Der moderne Mann wurde seines Vorbilds unwürdig; er konnte dessen krasse Anforderungen nicht mehr erfüllen und sah sich plötzlich seiner Identität beraubt. Ein Bild, das die Frauen nicht beim Namen zu nennen wagten, das Bild des Hausmannes, des »männlichen Aschenputtels«,[49] wie es George Orwell später formulieren sollte, des verweiblichten Mannes, geisterte zusammen mit dem des Zwitters durch die Männerphantasien. Würde George Sand in die Académie française aufgenommen, barmte Barbey d'Aurevilly, »müssen wir Männer Marmelade kochen und Essiggürkchen einlegen«.[50]

Männlichkeit war zu haben, und wer wollte schon darauf vertrauen, daß die Frauen die Gelegenheit auslassen würden, sich ihrer zu bemächtigen. Die Unfähigkeit, sich vorzustellen, daß die Frau ihre Befreiung ganz anders bewerkstelligen und leben könnte, bezeugt zugleich, daß das alte Modell unverändert Bestand hatte. Das Ich schien sich stets im Modus der Macht konjugieren zu müssen, und zwar der Macht im männlichen Sinne. Man war Manns genug oder man war es nicht.

Doppelungen

Auf der Gegenseite, bei den Frauen, fällt es nicht leicht, die Dinge anders zu sehen. Über welche Bezugspunkte verfügten sie, um jenen Teil ihrer selbst, der in der Geschlechtsidentität nicht mehr aufgehen und versinken wollte, Festigkeit und Inhalt zu geben? Nach dem Vorbild Noras brechen sie auf ins Unbekannte, als Reisende ohne Gepäck und ohne einen bereits gebahnten Weg. Es fehlte ihnen auch an einem Vorbild, dem sie hätten folgen können, es sei denn, sie akzeptierten das einzig verfügbare Subjekt-Modell, nämlich das männliche. Zumindest hatten sie den Vorteil, dieses Modell von außen zu betrachten. Damit erhielten sie a priori bessere Möglichkeiten, das Verhältnis der Männer zur Welt zu analysieren, ein Verhältnis, dessen Folgen sie nicht zuletzt selbst zu tragen hatten. Sie konnten nach dessen Ursprüngen forschen und dieses Verhältnis richtig in die Menschheitsgeschichte einordnen, statt es als etwas unveränderlich Gegebenes hinzunehmen. Die Frauen haben sich in der Tat daran gemacht, diesen Mann, den ihnen gegenübergestellten Anderen, kritisch zu betrachten. Wie George Sand in ihren *Dialogues imaginaires avec le docteur Piffoël* gönnten auch andere Frauen ihm kaum Schonung. »Hingabe verachtet er völlig, weil er glaubt, sie gebühre ihm allein schon deswegen selbstverständlich, weil er aus dem Bauch von Madame seiner Mutter gekrochen ist ... Beherrschen, besitzen, vereinnahmen heißen die Bedingungen, die er stellt, um sich wie ein Gott anbeten zu lassen.«[51] Diese Bemerkung stellt zwar eine interessante Verbindung zwischen dem Verhältnis zur Mutter und der männlichen Identität her. Aber obwohl Sand zur gleichen Zeit davon träumt, »der Spartakus der Frauensklaverei«[52] zu werden, ergänzt sie ihre Beobachtung nicht durch eine theoretische Erörterung. Das tat sie nicht, und das taten ganz allgemein auch die Frauen des 19. Jahrhunderts nicht. Sie schilderten aus eigenem Erleben die Neigung des anderen Geschlechts zur Tyrannei und dessen Machtgier, aber sie begnügten sich meist mit dieser Feststellung. Sie machten das Männliche nicht selbst zum zentralen und systematischen Gegenstand der Theorie. Dem Patriarchat erwuchs kein weiblicher Bachofen. Diese Asymmetrie ist bemerkenswert. Den Blicken dargeboten wurde in diesem viktorianischen Jahrhundert zwar der Leib der Frau in Prostitution, Literatur (die das Thema Prostitution weidlich abhandelte), Malerei, Bildhauerei und auf den Anatomietafeln im Larousse, die Michelet gebannt betrachtete. Vorgeführt wurde der »Geist des Weibes« in Charcots Inszenierungen von Hysterieanfällen, zu denen er ausschließlich Frauen als Darstellerinnen heranzog, und in Bergen von Texten, die den Frauenkörper betasteten, herausschälten, bloßlegten. Doch der Gegenzug fand nicht statt. Marie Laurencin malte keine männlichen Akte, stellte die Männlichkeit nicht bloß, und ebensowenig taten dies die Theoretikerinnen des Feminismus. Bescheidenheit verlernt sich nicht so leicht, und objektive Distanz kompensiert nicht alle Denkverbote, die durch die jahrtausendealte Gleichsetzung von Mensch mit Mann geschaffen worden sind. Auch aus der Sicht der Frauen selbst waren es zunächst einmal die Frauen, die soweit wie möglich fortschreiten und sich erheben sollten zur einzig bekannten Möglichkeit, ein erkennbares und anerkanntes Individuum zu werden.

Auch spielten Frauen durchaus bereitwillig den Zwitter. Der Mann, den ihre Freunde in ihr sahen, wollte George Sand bis zu einem gewissen Punkt durchaus auch sein: Jedenfalls richtete sie ihr äußeres Erscheinungsbild darauf ein mit ihrem Pseudonym, ihren Hosen, ihren Zigaretten und der provozierenden Freizügigkeit ihres Liebeslebens; sie selbst glaubte sogar so weit daran, daß sie bisweilen von sich selbst wie von einem Mann sprach. Warum legten sich andere Schriftstellerinnen wie Marie d'Agoult (Daniel Stern), Delphine Gay (le Vicomte de Launay), Mary-Ann Evans (George Eliot), Jeanne Lapauze (Daniel Lesueur) männliche Pseudonyme zu? Diese Mode läßt sich in erster Linie durch den Wunsch erklären, dem sexistischen Vorurteil zu entgehen und ihr Werk vor dem herablassenden Augenzwinkern zu bewahren, mit welchem »Bücher von Frauen« bedacht wurden. Doch war das Geheimnis erst einmal gelüftet – und das geschah über kurz oder lang immer –, warum behielten sie dann noch die Verkleidung bei? Handelt es sich überhaupt um eine Verkleidung? Marie d'Agoult erklärte in ihren *Lettres républicaines* entschieden: »Dem männlichen Genius gebührt es, wissenschaftliche Probleme zu lösen, Freiheit und soziale Gleichheit zu erkämpfen, dem weiblichen Genius gebührt dagegen die göttliche Arbeit an der Seele, die Versöhnung der vermählten Klassen.«[53] Und womit beschäftigt sie sich in ihren *Lettres républicaines*? Oder in ihrem *Essai sur la liberté*? Ihren *Esquisses morales et politiques?* Sie behandelt darin, wie es die Titel zur Genüge sagen, genau die Themen, die sie für den männlichen Genius reserviert hatte. Nein, »Daniel Stern« war beileibe nicht nur eine schlichte Signatur, um andere zu täuschen. Daniel Stern existierte, Marie d'Agoult war Daniel Stern und mußte es auch sein, um ihre theoretischen Ambitionen vor sich selbst rechtfertigen zu können. Befreiender Umweg? Wollte es Marie d'Agoult, die so kühn war, sich in den Bereich der politischen Reflexion vorzuwagen, und zu schüchtern, um diese Höhen anders als in Männergestalt zu erklimmen, von vergleichbaren Prämissen aus riskieren, die konzeptionellen Kühnheiten ihres Doppels, von dem sie genau wußte, daß er kein echter Mann ist, auf die Spitze zu treiben? Oder wollte sie umgekehrt die »männlichen« Themen Daniel Sterns mit weiblicher Erfahrung anreichern? Die Männer sahen im Zwittertum der Frauen nur wilde Eroberungsgelüste. Doch scheint das Zwittertum dort, wo sich Frauen von sich aus dafür entschieden, eher den Widerspruch zu spiegeln, mit dem sie selbst zu kämpfen hatten, so jenen »Riß im Zentrum«,[54] von dem Virginia Woolf später im Hinblick auf das Verhältnis der Frauen zum Schreiben sprechen wird. Hinter diesem Bedürfnis nach Doppelung steht ebenso wie hinter der Verherrlichung der weiblichen Opferrolle in Romanen, von der sie allein schon durch das Schreiben Abstand nahmen, immer noch die Bescheidenheit, die stumm macht, das hartnäckige und schmerzhafte Gefühl des von Grund auf Unzulässigen: Hat man wirklich eine Daseinsberechtigung, wenn man kein Mann ist?

Solange Männer wie Frauen an der Gleichsetzung von Mensch mit Mann festhielten und damit das Männliche jeder kritischen Prüfung entzogen, nährte eine Krise die nächste. Aus lauter Angst vor der noch ungewohnten eigenen Courage zügelten die Frauen ihren eigenen Schwung, um sich vor Verletzungen durch Spott, Pressionen, Drohungen oder Ablehnung zu schützen. Trotzdem überschritten sie immer noch so viele Grenzen, lösten sie sich von so vielen Verankerungen, daß sie die Ängste, die ihnen die neue Zeit ohnehin schon machte, noch zusätzlich aufrührten. Sie verstärkten damit bei den Männern die nagende Furcht, als Individuen den grandiosen Anforderungen, denen sie sich aufgrund ihrer Geschlechtszugehörigkeit zu stellen hatten, nicht mehr gerecht werden zu können. Das mag erklären, warum Männer auf die bescheidenen Kühnheiten der anderen Hälfte der Menschheit mit einer so fahrigen und fiebrigen Aggressivität reagierten.

Es ist müßig, im nachhinein zu fragen, ob die Krise nicht eines Tages zum Licht geführt hätte. Der Krieg ist über diese Krise hinweggegangen und hat die Karten neu verteilt. Frauen waren nun als Sanitäterinnen oder Granatendreherinnen gefragt; Frauen fanden bei ihrer Berufsarbeit endlich Anerkennung; Frauen wurden auf sich gestellt und mit Gewalt selbständig gemacht, und überlebten. Ihnen gegenüber sehen wir die Männer im Stahlhelm, als Soldaten, Hingemordete, Sterbende; deren Tod aber läßt den Krieger auferstehen. Welches dieser so gegensätzlichen Bilder wird nach dem Krieg das Übergewicht erhalten?

Aus dem Französischen von Günter Seib

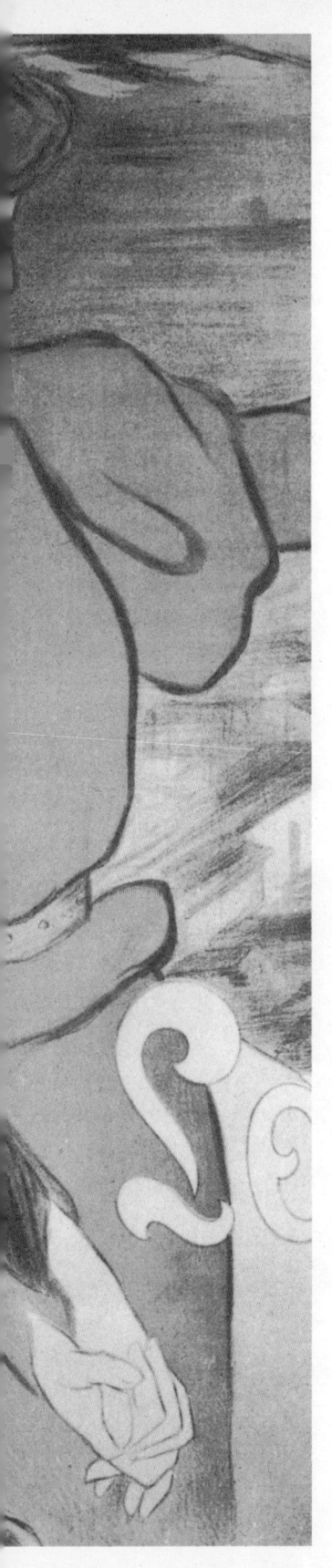

STIMMEN DER FRAUEN

Reklame für *La Fronde*,
feministische Tageszeitung,
die von 1897 bis 1903
erschien, Lithographie,
D. H. Dufau. *Paris,
Sammlung Viollet.*

Porträt von Germaine de Staël als Corinne, Zeichnung, Louise Elisabeth Vigée-Lebrun. *Privatsammlung.*

DEN FRAUEN DAS WORT

GERMAINE DE STAËL UND LOU ANDREAS-SALOMÉ

D iese beiden großen Frauenpersönlichkeiten sind nicht die Heldinnen und Vorzeigefiguren, wie sie in einer bestimmten Geschichte der Frauen gern dargestellt werden; berühmt sind sie allerdings, sogar sehr berühmt. Ausnahmeerscheinungen waren sie in mehr als einer Hinsicht. Es war ihnen vergönnt, ohne materielle Sorgen zu leben. Diese Unabhängigkeit wußten sie zu nutzen, um Reisen quer durch Europa zu unternehmen, durch Deutschland, die Schweiz, England, Italien; um Vorurteile zu widerlegen, die letztlich alle darauf hinausliefen, daß eine Frau auf keinen Fall zeigen dürfe, wie selbständig sie ist; um nicht vor Schreck zu erstarren, wenn sie sich gleichsam selbstverständlich als Gesprächspartnerinnen großer Männer wiederfanden. Sie lebten und verkörperten ihre Zeit.

GERMAINE DE STAËL

»Frauen, die die Kultur des Briefschreibens pflegten«

Madame de Staël wuchs auf unter dem Ancien Régime, wo es einigen Frauen gelang, sich mit ihrem Salon ein eigenes »Reich« zu schaffen und dort bisweilen mit persönlicher Größe einen Ausnahmestatus zu genießen. Doch als sie voll im Leben stand, wurde sie als selbständige Frau sowohl in der Ersten Republik als auch im napoleonischen Kaiserreich mit Mißtrauen betrachtet. Es ist also mehr als verständlich, daß sie sich nach dem Zeitalter der Aufklärung zurücksehnte und diese künftig allen Menschen zugänglich machen wollte. Germaine de Staël klagte, wie sehr sie leide und wie schwer ihr der Übergang von der einen in die andere Welt, von der Monarchie in die Republik falle; doch sie wußte auch, daß »geistige Genüsse dazu da sind, vor den Stürmen der Seele Ruhe zu bieten«. In dem nachstehend abgedruckten Text zeigt sie sich so klarsichtig, daß man ihrem Vergleich zwischen den zwei historischen Welten, die ihr beide gleichermaßen keinen angemessenen Platz zugestanden haben, willig folgt. In ihren Reflexionen scheint zudem das auf, was jenseits ihrer Amouren das Wesentliche in ihrem Leben als Frau war, nämlich ihre Leidenschaft für die Übung des Geistes und das intellektuelle Leben ihrer Zeit sowie die Gewißheit, daß das öffentliche Leben generell und auch für eine Frau wichtig sei. Madame de Staël kam ihrer Zeit nicht gelegen, doch sie entschied sich dennoch, mit dem vollen Einsatz ihres Seins darin mitzuspielen. So streng sie auch immer über ihre Zeitgenossinnen urteilte, fiel sie ihnen doch nie in den Rücken: Im klaren Bewußtsein ihrer eigenen Vorzugsstellung gab sie nie den Gedanken auf, daß Frauen ein besseres Los beschieden sein müsse und daß deren Mangel an Solidarität nur der Unwissenheit und dem Vorurteil geschuldet sei.

»Das Leben der Frauen in der Gesellschaft ist in vielerlei Hinsicht noch ungewiß. Der Wunsch zu gefallen beschäftigt ihren Geist; die Vernunft rät ihnen, im Verborgenen zu bleiben; und ob sie erfolgreich sind oder scheitern, hängt rein vom Zufall ab.

Ich glaube, es wird eine Zeit kommen, wo weise Gesetzgeber sich ernsthaft der Frage widmen werden, welche Erziehung Frauen zuteil werden, welche bürgerlichen Rechte Frauen schützen, wieviel Pflicht ihnen abverlangt und wieviel Lebensglück ihnen zugesichert werden sollen; doch beim heutigen Stand der Dinge haben sie in ihrer Mehrheit weder in der natürlichen Ordnung noch in der Gesellschaftsordnung einen Platz. Was den einen zum Vorteil ausschlägt, stürzt andere ins Verderben; mal gereichen ihnen ihre Vorzüge zum Schaden, mal ihre Mängel zum Nutzen; mal sind sie alles, mal sind sie nichts. Ihr Schicksal ähnelt in mancher Hinsicht dem der Freigelassenen im alten Rom: streben sie nach Höherem, hält man ihnen die vom Gesetz nicht zugestandene Macht als Verbrechen vor; bleiben sie Sklavinnen, ist Unterdrückung ihr Los.

Gewiß ist es im allgemeinen durchaus besser, wenn sich die Frauen ausschließlich den häuslichen Tugenden widmen; doch das Merkwürdige am Urteil der Männer über sie ist, daß den Frauen Pflichtversäumnisse eher vergeben werden, als wenn sie durch herausragende Begabungen Aufsehen erregen; seelische Verkümmerung der Frauen zur Kleingeisterei wird gern hingenommen, während wahre Geistesgröße auch vor den Augen der ehrlichsten Männer kaum Gnade finden würde.

Ich werde die diversen Ursachen dieser Ausnahmestellung darlegen. Ich beginne zunächst mit der Untersuchung, welches Los literarisch tätige Frauen in den Monarchien, und welches sie in den Republiken zu erwarten haben. Sodann werde ich charakterisieren, worin sich das Los der Frauen, die nach literarischem Ruhm streben, unter diesen beiden Staatsformen hauptsächlich unterscheidet. Abschließend betrachte ich allgemein, welches Glück denjenigen Frauen verheißen wird, die nach Ruhm streben.

In den Monarchien müssen sie fürchten, der Lächerlichkeit, in den Republiken, dem Haß preisgegeben zu werden. (...)

Seit der Revolution meinen die Männer, es sei politisch und moralisch von Nutzen, Frauen auf das absurdeste Mittelmaß zu beschränken; seither reden die Männer nur noch in einer elenden Sprache ohne Anstand und Geist zu den Frauen und die Frauen haben keinen Antrieb mehr, den eigenen Verstand zu entwickeln; die Sitten sind darob nicht besser geworden. Die Weite der Ideen zu beschränken, war kein Weg, um die Einfalt der ersten Lebensjahre zurückzuholen; die Folge war allein, daß der weniger entfaltete Geist zu minderem Anstand, zu geringerer Achtung vor dem Urteil der Öffentlichkeit, zu weniger Möglichkeiten, die Einsamkeit zu ertragen, geführt hat. Es ist zu dem gekommen, was für die heutige Geistesverfassung kennzeichnend ist: man glaubt allenthalben, die Aufklärung selbst sei schädlich gewesen und möchte den Schaden beheben, indem man die Vernunft zum Rückzug zwingt. Doch der durch die Aufklärung verursachte Schaden kann einzig durch noch mehr Aufklärung geheilt werden. Entweder ist Moral völlig falsch, oder es trifft zu, daß sie um so höher wird, je aufgeklärter man ist. (...)

Niemals können die Männer in Frankreich in solchem Maße republikanisch werden, daß sie völlig ohne die Unabhängigkeit und den Stolz, die den Frauen von Natur aus gegeben sind, auszukommen vermöchten. Im Ancien Régime hatten Frauen zweifellos zu großen Einfluß auf Staatsangelegenheiten; doch Frauen sind keineswegs minder gefährlich, wenn sie der Aufklärung und folglich der Vernunft entbehren; ihr Einfluß richtet sich dann auf maßlose Zufallsgelüste, auf Entscheidungen ohne Unterscheidungsvermögen, auf Empfehlungen ohne Anstand; sie ziehen dann jene herab, die sie lieben, anstatt sie emporzuheben. Und was gewönne der Staat dabei? Selten besteht Gefahr, einer Frau zu begegnen, deren Vortrefflichkeit im Mißverhältnis zur wahren Bestimmung ihres Geschlechtes steht: muß die Republik ob dieser geringen Gefahr des Ruhmes entraten, den Frankreich durch seine Gefälligkeit und Lebensart in Europas Gesellschaft genoß? Ohne Frauen kann die Gesellschaft weder angenehm noch reizvoll sein; aber Frauen ohne Geist oder ohne jene anmutige Gesprächsfähigkeit, die eine erlesenste Erziehung voraussetzt, verderben die Gesellschaft, anstatt sie zu zieren; sie bringen eine gewisse Nichtigkeit in die Konversation und eine Plattheit in den Umgang, eine gemeine Spottlust, die am Ende alle wahrhaft vortrefflichen Männer abschrecken müßte und die glanzvollen Abende von Paris zur Begegnung junger Männer, die nichts zu tun haben, mit jungen Damen, die nichts zu sagen haben, herabsinken ließe.

Man kann in allem Menschlichen Mißliches entdecken. Man findet es mit Sicherheit in der Vortrefflichkeit von Frauen, sogar in der von Männern, in der Selbstverliebtheit geistvoller Menschen, in der Ruhmsucht von Helden, in der Naivität großer Seelen, in der Reizbarkeit unabhängiger Denker, im Tatendrang Mutiger, et cetera. Aber müssen deswegen natürliche Vorzüge aus Leibeskräften bekämpft und alle Einrichtungen darauf ausgerichtet werden, die Fähigkeiten herabzuwürdigen? Daß eine solche Herabwürdigung die Autorität der Familie oder der Regierung stärken könnte, ist kaum zu vermuten. Frauen ohne Sinn für Gespräch oder Literatur sind gewöhnlich geschickter darin, sich ihren Pflichten zu entziehen; und Nationen ohne Aufklärung können nicht frei sein, sondern wechseln nur öfter den Herrn.

Frauen wie Männer, Nationen wie Einzelmenschen aufzuklären, zu bilden und vollkommener zu machen, das ist immer noch das beste Geheimrezept für alle Zwecke der Vernunft, für alle gesellschaftlichen und politischen Verhältnisse, denen ein dauerhaftes Fundament gegeben werden soll.

Daß Frauen Geist haben, könnte nur aus wohlmeinender Sorge um ihren Seelenfrieden Anlaß zur Befürchtung sein. Sobald ihr Verstand geweckt wird, werden sie nämlich möglicherweise auch darüber aufgeklärt, wie unglücklich ihr Los ist. Die gleiche Logik gilt jedoch allgemein für jede Aufklärung über das Glück der Menschen, und diese Frage scheint mir geklärt.

Wenn die Lage der Frauen nach dem bürgerlichen Recht noch sehr zu wünschen übrig läßt, muß daran gearbeitet werden, ihr Los zu verbessern, anstatt ihr geistiges Niveau zu senken. Es ist für die Aufklärung und das Glück der Gesellschaft nur von Nutzen, wenn auch die Frauen ihren Geist und Verstand sorgfältig pflegen. Nur ein einziges wirklich unseliges Mißgeschick könnte sich aus einer erlesenen Erziehung, wie sie den Frauen gewährt werden muß, ergeben: daß nämlich die eine oder andere Frau ihre herausragenden Fähigkeiten entfaltet und dabei ein Bedürfnis nach Ruhm entwickelt. Doch auch ein solcher Zufall würde der Gesellschaft keinerlei Eintrag tun und geriete nur jener sehr kleinen Anzahl von Frauen zum Schaden, die von der Natur für die Leiden einer beschwerlichen Vortrefflichkeit ausersehen sind.

Wenn es eine Frau gäbe, die vom geistigen Ruhm in Bann geschlagen und nach solchem streben würde, wie einfach wäre es doch, sie rechtzeitig davon abzubringen! Man würde ihr vorführen, zu welchem schrecklichen Los sie sich selbst zu verdammen bereit sei. Sehen Sie sich nur die Gesellschaftsordnung an, würde man ihr sagen, und Sie werden gleich merken, daß sie ganz und gar gewappnet ist gegen eine Frau, die sich auf die Höhen des Ansehens der Männer aufschwingen will. (...)

Ruhm kann einer Frau sogar zum Vorwurf gemacht werden, denn er steht im Gegensatz zu ihrer natürlichen Bestimmung. Die strenge Tugend verurteilt sogar das an sich Gute und deswegen Gerühmte, weil es die Vervollkommnung der Bescheidenheit irgendwie mindert. Männer von Geist staunen, wenn ihnen in Frauen Rivalinnen erwachsen, und sie können weder mit dem Großmut des Gegners noch mit der Nachsicht des Beschützers über sie urteilen, sie achten in diesem neuen Kampfe weder die Regeln der Ehre noch die des Herzenstakts.

Würde eine Frau, um ihr Unglück vollkommen zu machen, inmitten politischen Zwistes zu großer Berühmtheit gelangen, so würde man ihren Einfluß sogar dann für schrankenlos halten, wenn sie überhaupt keinen hätte; man würde ihr an allem, was ihre Freunde tun, die Schuld geben; man würde sie für alles hassen, was sie liebt, und man würde sie als Wehrlose zuerst angreifen, bevor man sich jene vornähme, die man vorerst vielleicht noch fürchtet. (...)

Das ist noch nicht alles. Die Öffentlichkeit scheint die Männer von allen Pflichten gegenüber einer Frau zu entbinden, der ein vortrefflicher Geist zuerkannt wird: man darf sie undankbar, gemein, bösartig behandeln, ohne daß die Öffentlichkeit auf den Gedanken käme, Genugtuung für die so verletzte Frau zu fordern. *Ist sie etwa keine außergewöhnliche Frau?* Damit ist alles gesagt; sie bleibt sich selbst überlassen, sie muß allein mit ihrem Schmerz fertigwerden. Oft fehlt es ihr sowohl an der Zuwendung, die eine Frau auf sich zieht, als auch an der Macht, die das Mannsein garantiert; sie muß die Besonderheit ihres Daseins leben wie ein indischer Paria, zwischen allen Klassen der Gesellschaft, denen sie nicht angehören kann und die sie stets als eine Frau betrachten, die ganz auf sich selbst gestellt existieren muß: als Gegenstand der Neugier, vielleicht des Neides, als eine Frau, die in Wirklichkeit nur Mitleid verdient.«

Aus *De la littérature* (1802)

Lou Andreas-Salomé, anonyme Photographie; vor 1900. *London, The Freud Museum.*

LOU ANDREAS-SALOMÉ

»Die Humanität der Frau«

Am Ende des 19. Jahrhunderts stand Lou Andreas-Salomé in voller Reife. Sie war sich ihrer Chancen, ein freies Leben zu führen und ihre Fähigkeiten voll auszuschöpfen, weitaus gewisser als Madame de Staël. Staunend sieht man, wie sie das ihr Mögliche auslotete, wie sie die traditionelle Muse des Mannes und gleichzeitig die schöpferische Frau, die neue Intellektuelle wurde. Ihre Gesprächspartner Nietzsche, Rilke oder Freud erkannten das sehr wohl und suchten den Dialog mit ihr. Sie sang das Hohelied der Entfaltung der Frau zu ihrer spezifischen Fraulichkeit und in ihrer Verschiedenheit zum Mann. Für sie gab es zweierlei Welten, für jedes Geschlecht eine, und aus ihrer Sicht war es keineswegs sicher, daß es sich in der Welt der Frau schlechter lebte. Sie definierte den weiblichen Tätigkeitsbereich vom Geschlecht der Frau, also vom weiblichen Körper her neu. Bei der Frau gebe es keine Trennung von Körper und Geist. Daraus folge die Gewißheit, daß sich die Frau im Gegensatz zum Manne nie von sich selbst abspalte. Schwieriger ist es allerdings, ihre Folgerungen aus diesem Denken der sexuellen Differenz zu akzeptieren. Die Frauenemanzipation erschien ihr als triste Imitation des Weges der Männer, als Falle des Drangs zur Nachahmung. Und obwohl sie durchaus erkannte, warum die Frau versucht war, den häuslichen Kreis zu verlassen, glaubte sie dennoch, daß ebendort deren wahre Berufung liege. Ihre eigene Berufung sah sie ganz offensichtlich nicht dort. Deswegen berührt ihr Text so merkwürdig: Wer spricht in dem Text, oder vielmehr was für eine Frau spricht dort?

»In dieser ihrer geistigen Eigenart ist, wie in ihrem übrigen Wesen, das Weib ebenfalls viel stärker durch ihre Physis bedingt und gebunden, als der Mann. Über diesen Punkt wird meistens möglichst konventionell hinweggesehen, und gerade von Frauen, weil sie es gern so darstellen, als ob überhaupt nur kränkelnde weibliche Wesen von den wechselnden Dispositionen ihres körperlichen Organismus etwas bemerkten. Und doch ist das, was selbst dem gesundesten, blühendsten Weibe unweigerlich als bestimmendes Gesetz seiner ganzen Physis im Unterschiede vom Mann inne wohnt, nichts, wodurch sie sich hinter den Mann zurückgestellt vorkommen dürfte, vielmehr wodurch sie sich in der weiblichen Besonderheit ihrer Kraft neben ihm behauptet; es handelt sich dabei ja um etwas außerordentlich Wichtiges und Wirksames, nämlich um den natürlichen Rhythmus ihres physischen wie seelischen Lebens. Des Weibes Leben folgt darin einem verborgenen Takt, einem rhythmischen Auf und Nieder, das sie ganz von selbst in

einen, immer neu anhebenden, immer neu mündenden Kreislauf hin-
einhebt, in dem sich all ihr Sein mit allen seinen Äußerungen harmonisch wiegt. So ist auch körperlich, gerade wie geistig, nicht die vor-
wärtsstrebende, sich immer feiner und weiter zerspaltende Linie des
Weibes Art, sondern es ist, als beschriebe sie Kreis um Kreis schon mit
der bloßen Tatsache ihres Lebens. Seltsam ist es, diesen Lebensrhythmus immer nur entweder totzuschweigen oder als etwas ganz Gleich-
gültiges hinzustellen, während er vielmehr – gerade für den völlig
gesunden, seines Körpers völlig sichern – Menschen eher den Gedanken an Feier und Sammlung, an eingestreute Sonntage, an Stunden tiefen, heitern Friedens weckt, von denen sich der Alltag immer neu
überschauen, klären und ordnen ließe, und an denen Blumen auf den
Tisch und ins Gemüt gehören: weil sich in ihm noch einmal, im engsten physischesten Sinne, wiederholt, was das innere Wesen des Weibes auch im Großen und Ganzen ausmacht. Obgleich die Zeiten wohl
allmählich vorübergehen, in denen die Frauen gemeint, dem Manne in
jeglichem, worin sie sich als tüchtig ausweisen wollten, nachahmen zu
müssen, und in denen sie (nicht nur als Schriftstellerin!) unter männlichem Pseudonym arbeiteten, – so sind sie doch noch immer zu weit
davon entfernt, auf alles was des Weibes ist, mit ehrfürchtigem Auge
zu sehen. Ehe sie das nicht tun und sich in ihrer *Verschiedenheit* vom
Manne, *und zunächst ganz ausschließlich in dieser*, so hingebend und
tief wie möglich zu begreifen suchen, – alle leisesten physischen wie
psychischen Winke dafür treu benutzend, – so lange werden sie auch
gar nicht wissen, wie breit und mächtig sie sich im Bau ihres eigenen
Wesens auseinander falten können, und wie weit die Grenzen ihrer
Welt in Wahrheit sind. Das Weib ist noch immer nicht genügend bei
sich selbst und eben insofern noch nicht genügend Weib geworden, –
wenigstens nicht so, wie es in der Sehnsucht der besten Männer ihrer
Zeit und in ihrer eigenen Sehnsucht lebt. Ehemals fehlte es ihr dazu,
wie den ehemaligen Menschen überhaupt, an geübter Selbsterkenntnis
und an Freiheit von eingebürgerten Gewohnheitsvorurteilen, sie kannte nicht alle ihr zugehörenden Schätze und Gemächer, und getraute
sich nur in den allernächstliegenden zu wohnen und sie mit dem
allernächstliegenden zu schmücken. Später aber folgte sie, kopfscheu
gemacht, mit wunderlicher Stupidität dem Lockruf aus ihrem eigenen
Hause heraus, hinaus auf die Landstraße. Leider ist er ja auch vielen,
die ihm gar nicht folgen möchten, nicht als Lockung sondern als Drohung, zu gleichem Schicksalsruf geworden, einfach weil die Einsicht in
eine soziale Notwendigkeit, mag dieselbe immerhin ein soziales Übel
sein, sie hinauszwingt in einen Kampf, bei dem sie die Ellenbogen
brauchen müssen und rastlos, ruhelos, in zersplitternder Einzelbetäti-
gung um sich hauen wie der Mann. Auf diese Tatsache selbst, die sich

mit Worten nicht aus der Welt schaffen läßt, ist hier nicht der Raum einzugehen. Nur soviel ist gewiß: daß es gerade für einen solchen Existenzkampf am wünschenswertesten wäre, wenn das Weib seinen guten
Magen bekunden und auch die härtesten Bissen verdauen könnte, ohne
an seiner eigenen Schönheit einzubüßen, – daß sie ihren weiblichen
Stempel auf die Dinge drückte, anstatt sich in ihnen aufzugeben, und daß
sie, selbst unter gewisser Einbuße an tadelloser Konkurrenzfähigkeit, ein
klein wenig Weibesseele, Heimat und Harmonie dorthin brächte, wo keine sind, wo sie aber vielleicht leise wirken könnten. Wer sich als stärker
erweisen wird: das Weib, oder aber das, was es sich Unweibhaftes zumu-
tet, – das muß die Zeit lehren.

Außer diesem Umstande treibt jedoch heutzutage noch ein anderer
das Weib in Scharen aus der Enge des bloßen Familienkreises fort, und
das ist der nicht zu leugnende selbständige innere Hunger nach kräf-
tigerer und mannigfaltigerer Nahrung, als sie daheim ohne weiteres
vorfindet. Diese beiden Sachlagen dürfen nicht miteinander verwechselt werden: es kann nämlich mit einem scheinbar recht emanzipatorischen Ziel vor den sehnsüchtigen Augen ein junges Wesen doch nur
sich selbst und seine eigene Entwicklung suchen. Vielleicht greift es
sogar nach einem bestimmten äußern Beruf, der ihm gar nicht zusagt,
während es mit alldem doch nur nach den verschiedenen Wegen her-
umtastet, die es in sich selbst gehen will, um sich selbst einmal ganz
zu umfassen, ganz zu besitzen, und daher ganz geben zu können.
Manches Mädchen, dem zum Entsetzen der Ihrigen die kleinen häuslichen Pflichten momentan zuwider sind, trägt unbewußt kein anderes
Verlangen, als sich zu einer reichen, köstlichen Frauenseele auszu-
wachsen, in deren Bereich einen jeden heimatlicher Friede umfängt, –
und verwehrt man ihr die Versuche dazu, und verschrumpfen ihre
stärksten Fähigkeiten, so bleibt sie zu ewiger Unharmonie verdammt,
eckig und unproportioniert, und zählt in ihrem Alter mit galliger Bitterkeit ihre unausgegebenen Goldstücke. In dieser Beziehung kann
man daher nur Freiheit und immer wieder Freiheit predigen, und muß
man jede künstliche Schranke und Enge zerbrechen, weil man mehr
Grund hat, den Sehnsuchtsstimmen im Menschen selbst zu trauen,
selbst wenn sie sich falsch ausdrücken, als vorgefaßten und zurecht-
gemachten Theorien. Wo überhaupt eine Entwicklung Glanz und Freu-
digkeit über ein Wesen bringt, da ist sie, so wunderliche Krümmun-
gen sie auch machen mag, doch auf richtiger Fährte und schließlich
dazu da im Weibe das Weib selbst, nämlich dessen innerste Lebens-
fähigkeit zur Reife zu bringen.«

Der Mensch als Weib. Ein Bild im Umriß, in: *Neue Deutsche Rundschau*, Jg. X, 1899[1]

NACHWORT

Karin Hausen

Ein Nachwort stört die wohldurchdachte Komposition eines·
inhaltsreichen Buches. Das will bedacht sein. Aus gutem
Grund kommen als Abschluß der in diesem Band vorgestellten historischen Suchbewegungen zwei der Frauen, um deren
Geschichte es geht, selbst zu Wort. Was Germaine de Staël 1802 und
Lou Andreas-Salomé 1899 aufgeschrieben haben, lenkt die Aufmerksamkeit zurück auf die existentielle und zugleich durch und durch
historische Frage, wie es möglich werden kann, daß das weibliche Ich
sich in Leben und kreativem Schaffen lustvoll zum Ausdruck bringt,
ohne dabei der Imitation oder dem Verdikt des männlichen Ich zu
erliegen.

Darum geht es, seitdem das aufklärerische Programm der freien Entfaltung der Persönlichkeit einerseits den gesellschaftlichen Platz eines
jeden Menschen nicht länger als gottgewollt von Geburt an festgelegt erachtete und das Faktum der sozialen Ungleichheit mit Visionen
möglicher Gleichheit kommentierte, andererseits aber gleichzeitig im
Widerspruch zu aufklärerischen Prinzipien daran festhielt, Ungleichheit
und Hierarchie als Stützpfeiler der eng mit der Ordnung der Ehe- und
Familienverhältnisse verwobenen gesellschaftlichen Ordnung der Geschlechterverhältnisse zu erhalten. Das Vorhaben, diese Ordnung unbeschadet in die bürgerliche Gesellschaft hinüberzuretten, wurde seit
dem letzten Drittel des 18. Jahrhunderts ebenso vielfältig wie anhaltend
bearbeitet. Nicht minder nachhaltig drängte allerdings parallel dazu im
19. Jahrhundert die Dynamik des modernen Denkens und des allge-

meinen sozialen Wandels auf Veränderung eben dieser Ordnungen. Die Folge waren anhaltende Spannungen, Widersprüche und Konflikte bei der kulturellen Verständigung darüber, welche Normen das Frausein und das Mannsein in der Gesellschaft regeln sollten, wie diese Normen von einzelnen Frauen und Männern gelebt werden konnten und tatsächlich gelebt wurden.

Das wünschenswerte oder auch erträgliche Maß an Differenz bzw. Gleichheit der Geschlechter, der Geschlechterpositionen und der Lebensweisen von Frauen und Männern war dementsprechend während des gesamten 19. Jahrhunderts Anlaß vielfältiger diskursiver, politischer und alltäglicher Auseinandersetzungen. Dabei artikulierte sich in der Ausdauer und Vehemenz, mit der die Geschlechterordnung bearbeitet wurde, nicht zuletzt das Bedürfnis nach einer verläßlichen Ordnung der Geschlechterbeziehungen. Der beobachtbare Wandel der Ordnung signalisierte Instabilität und wurde kollektiv überwiegend als Verunsicherung, wenn nicht gar als Bedrohung und Krise bearbeitet. Das wiederum machte es für einzelne Frauen und Männer schwieriger, den Wandel primär als Chance zu deuten und zu nutzen, um die vorgegebene Ordnung mit ihren Einschränkungen zu verlassen und frei experimentierend je individuell das eigene Leben zu gestalten. Nicht im Einklang mit den wirkungsmächtigen kulturellen Bildern und Zuschreibungen leben zu wollen oder leben zu müssen, erforderte ein hohes Maß an Einsatz und Belastbarkeit. Während des gesamten 19. Jahrhunderts wurde diese Kostenseite des Aufbruchs im Hinblick auf Frauen sehr viel nachhaltiger öffentlich herausgestellt als für Männer, und in der Tat gestaltete sich für Frauen der Aufbruch schwieriger, da die gesellschaftlichen Handlungsspielräume und Wahlmöglichkeiten für das weibliche Geschlecht weitaus enger als für das männliche abgesteckt waren.

In diesem Bezugsrahmen die »Geschichte der Frauen« einschreiben zu wollen in unser Wissen über das 19. Jahrhundert ist – zumal wenn dieses Vorhaben in die lange Perspektive von der Antike bis zur Gegenwart eingeordnet wird – in mehrfacher Hinsicht eine Herausforderung besonderer Art. Die produktive Auseinandersetzung mit dieser Herausforderung durchzieht und prägt das in seinen Einzelbeiträgen und als Gesamtwerk faszinierende Buch. Davon ist allerdings auf den ersten Blick kaum etwas zu erkennen. Die so selbstverständlich erscheinende Leichtigkeit der sorgfältigen Komposition und ausgefeilten Darstellung des Buches überspielt gekonnt das Gewicht der tatsächlich aufgewendeten methodischen und theoretischen Vorüberlegungen. Das ist ein Vorzug. Im Nachwort aber mag es dennoch erlaubt und interessant sein, zumindest in einigen Punkten auf die besondere Art der Herausforderung aufmerksam zu machen.

Herausgeforderte Wissenschaftskritik

In ihrer allgemeinsten Form resultiert die behauptete Herausforderung daraus, daß das Vorhaben, die Geschichte der Frauen im 19. Jahrhundert zu erforschen und darzustellen, zur grundsätzlichen Auseinandersetzung mit der Entwicklung der modernen Wissenschaften zwingt. Im 19. Jahrhundert entfalteten die zunehmend institutionalisierten und ausdifferenzierten Wissenschaften erstmals innerhalb der Gesellschaft eine beträchtliche Definitions- und Gestaltungsmacht. Das ist bekannt. Weniger geläufig, aber gleichwohl bedeutsam ist, daß der Gestaltungswille dieser exklusiv Männern überantworteten Wissenschaften in hohem Maße auch die Ordnung der Geschlechterverhältnisse im Auge hatte.

Besonders nachhaltig beeinflußten die seit der Spätaufklärung forcierten Bemühungen, eine Anthropologie als neuartige Wissenschaft vom Menschen zu entwickeln, die Geschichte der Frauen im 19. Jahrhundert. Geschichte ist dabei durchaus im doppelten Sinne als historische Entwicklung und als deren geschichtswissenschaftliche Erforschung zu verstehen. Es gehörte zu den Konstitutionsbedingungen dieser im frühen 19. Jahrhundert allmählich in Teildisziplinen zerfallenden Anthropologie, daß die mit weitreichenden Bedeutungen bedachte Geschlechterdifferenz als natürliche, schließlich auch anatomisch an der Ungleichheit der Körper wissenschaftlich nachgewiesene Tatsache ausgearbeitet wurde. Mit dieser Deutung gelang es, die im späten 18. Jahrhundert vorübergehend höchst virulente Frage nach der Historizität der Geschlechterordnung innerhalb der Wissenschaften in erstaunlichem Maße stillzulegen.

Claudia Honegger[1] hat in einer wissenschaftsgeschichtlichen Rekonstruktion herausgearbeitet, daß und wie sich seit 1775 das diskursive Bemühen verstärkte, mittels Wissenschaft die Geschlechterdifferenz als kulturelles Deutungsmuster neu zu fundieren. Dabei richtete sich die Aufmerksamkeit in wachsendem Maße darauf, die Anthropologie als allgemeine Wissenschaft vom Menschen um eine aus der Naturbestimmung abgeleitete Sonderanthropologie des Weibes zu ergänzen. Die Willkür und Kühnheit, mit der zu diesem Zweck einzelne Beobachtungen gedeutet und verallgemeinert wurden, provozierte anfangs heftige Abwehr. Nach 1800 aber verschwanden ganz offensichtlich angesichts der nun vermehrt von der Anatomie bereitgestellten »wissenschaftlichen« Körperbeweise sowohl das Bedürfnis als auch die Möglichkeit, dem polarisierenden Ausdeuten der Geschlechterdifferenz, welches sich auf alle Lebensbereiche erstreckte, weiterhin öffentlich entgegenzutreten. Die Aufmerksamkeit auf das abgrenzbare Besondere des weiblichen Geschlechts zu konzentrieren, bewährte sich als die

Bedingung der Möglichkeit, das Allgemeine des Menschengeschlechts ausschließlich am Menschsein des männlichen Geschlechts abzulesen. Im 19. Jahrhundert zeitigte nicht nur diese deutlich hierarchisierende wissenschaftliche Klassifikation zwischen dem Allgemeinen und dem Besonderen weitreichende Wirkungen. Im Zuge desselben wissenschaftlichen Diskurses hat sich seit dem Ende des 18. Jahrhunderts mit Rekurs auf die Natur darüber hinaus auch die Vorstellung verfestigt, daß in den Geschlechtskörper des männlichen Geschlechts der öffentliche Bereich mit der nur diesem Bereich zugesprochenen Geschichtsmächtigkeit und in den des weiblichen Geschlechts der familiale Bereich mit der ihm als eigentümlich erachteten Naturhaftigkeit eingeschrieben sei. Dementsprechend war es dann nur folgerichtig, die wissenschaftliche Zuständigkeit für das Besondere des weiblichen Geschlechts schließlich vollständig der von Medizinern verwalteten neuen Fachdisziplin der Gynäkologie zu überantworten. »Während um 1850 der Kosmos der Großen Anthropologie als integrierter Wissenschaft vom Menschen zerfällt, der ›Mensch als Mann‹ von den unterschiedlichsten kognitiven Bemühungen erfaßt und in diversen akademischen Disziplinen verhandelt wird,« – so kommentiert Claudia Honegger die Entwicklung – »verschwindet der ›Mensch als Weib‹ (Lou Andreas-Salomé) aus dem Thematisierungskanon der Human- und Geisteswissenschaften, um ganz von der neuen psycho-physiologischen Frauenkunde umschlungen zu werden.«

Diese Beobachtungen sind nicht nur wissenschaftsgeschichtlich interessant. Sie sind auch für die Geschichte der Frauen im 19. Jahrhundert relevant. Zunächst einmal gibt es eine zeitliche Parallele und einen engen inhaltlichen Zusammenhang zwischen der Erarbeitung einer allgemeinen Anthropologie nebst weiblicher Sonderanthropologie einerseits und andererseits dem Bestreben, die ältere Tradition der Geschichtsschreibung allmählich zu überwinden, Geschichtsschreibung im modernen Sinne als Wissenschaft zu betreiben und die bislang an den Universitäten bearbeitete Herrscher- und Herrschaftsgeschichte zu ersetzen oder wenigstens zu ergänzen durch eine prinzipiell alle Bereiche des Lebens umfassende Menschheits- und Universalgeschichte.[2] Damit erhöhte sich auch für die Historiographie die Dringlichkeit, wohlbegründet und methodisch kontrolliert unterscheiden zu können zwischen demjenigen, was des historischen Erinnerns für wert erachtet wird, und demjenigen, was dem historischen Vergessen anheimgegeben bleiben kann. Vom Ansatz der allumfassenden Menschheitsgeschichte her war es überaus schwierig, zwischen dem historisch relevanten Allgemeinen und dem historisch irrelevanten Besonderen vertretbare Grenzen zu ziehen. Um so näher lag es, zumindest eine bestimmte Gruppe von Menschen in der historischen Zielperspektive des Fortschritts der Zivilisation zu privilegieren. Dazu boten sich schon den Aufklärern die Menschen weißer Rasse, abendländischer Zivilisation und männlichen Geschlechts wie selbstverständlich an. Doch erst als sich die für die wissenschaftlich betriebene Historiographie zugelassenen leitenden Gesichtspunkte auf die Staatengeschichte verengten, was am konsequentesten seit dem frühen 19. Jahrhundert in Deutschland geschah, entledigte sich die Geschichtswissenschaft damit für lange Zeit der Aufgabe, die prinzipielle Möglichkeit einer allgemeinen Geschichte der Frauen auch nur zu erwägen.

Am Ende des 18. Jahrhunderts war allerdings noch keineswegs entschieden, daß dem weiblichen Geschlecht von Natur aus die Zugehörigkeit zur akademisch verwalteten Geschichte verweigert sei. In dieser Hinsicht ist die singuläre und eher kuriose vierbändige *Geschichte des weiblichen Geschlechts*, die der Göttinger Gelehrte Christoph Meiners zwischen 1788 und 1800 publizierte, bemerkenswert. Meiners schrieb sein Werk als Lehrstück für seine Gegenwart.[3] Er versammelte darin eine Fülle unterschiedlichster Mitteilungen aus der ganzen Welt und allen Zeiten und verfolgte damit, unangefochten vom Chaos der angeführten disparaten Wissensbestände, das Ziel, dem weiblichen Geschlecht seinen historisch-natürlichen Platz in der Menschheitsgeschichte zuzuweisen.

Warum ist dieser tastende Versuch später nicht weiterentwickelt worden? Die im 19. Jahrhundert als Universitätsdisziplin etablierte Geschichtswissenschaft beschnitt einem ähnlichen Erkenntnisinteresse, wie es Meiners verfolgt hatte, jegliche Entfaltungsmöglichkeiten. Bei dem, was im 19. Jahrhundert in den Nationalstaaten als Geschichte zunehmend an Rang und Ansehen gewann, kamen Frauen weder als Gegenstand des historischen Interesses noch als Geschichtsschreiberinnen nennenswert zu Worte. Diese historiographische Weichenstellung hatte, gerade weil das 19. Jahrhundert auf die aktive Gestaltung des Fortschritts eingeschworen war, wissenschaftliche und politische Relevanz. Die wissenschaftlich fundierten Geschichtsvorstellungen spiegelten und bestätigten immer erneut die anthropologische Grundannahme, daß das weibliche Geschlecht mehr der auf unwandelbare Dauer angelegten Natur denn der dem historischen Wandel zugewandten Kultur angehöre. Das Interesse für die Geschichte der Frauen und der Geschlechterbeziehungen brach zwar nicht völlig ab; es kam seit der Mitte des 19. Jahrhunderts sogar wieder verstärkt zum Ausdruck in der Kultur- und Sittengeschichte und den Evolutionstheorien. Aber zwischen der sogenannten Allgemeinen Geschichte und solchen außerhalb der Geschichtswissenschaft versuchten Annäherungen an eine Geschichte der Frauen blieb eine tiefe Kluft, die sicherstellte, daß für derartige Versuche weder das Kriterium der Wissenschaftlichkeit

noch das der Relevanz gleichberechtigt zur Geltung gebracht werden
konnte. Noch heute ist das Vorhaben, eine Geschichte der Frauen zu
schreiben, ein brisantes Unterfangen. Denn diese Geschichte muß, will
sie ihrem Gegenstand gerecht werden, auf dem ureigenen Terrain der
Geschichtswissenschaft mit historiographischen Traditionen brechen
und sich gleichzeitig weit über das disziplinär eingeschränkte Terrain
der Geschichtswissenschaft hinauswagen. Gelingt ihr dieses nicht, läuft
sie Gefahr, mit ihren historischen Annäherungen an die Geschichte der
Frauen im 19. Jahrhundert wider besseres Wollen steckenzubleiben in
der mit alltäglichen Bildern und Vorurteilen überreich ausgestatteten
Sackgasse der Klischees.

Trügerische Sprache, trügerische Bilder

In diesem Band gehört nicht allein die Auseinandersetzung mit den
Wissenschaftstraditionen zur historischen Arbeit an einer Geschichte
der Frauen des 19. Jahrhunderts, sondern auch das Herstellen einer
kritischen Distanz zu den gebräuchlichen Denk-, Sprach- und Bildtra-
ditionen, die für die Kommunikation in Alltag und Wissenschaft z. T.
bis heute Verwendung finden. Wieviel Umsicht eine solche kritische
Distanzierung erfordert, läßt sich am Beispiel eines hingetupften Kommentars erläutern. Ein bestens mit der deutschen Historiographiegeschichte des 18. und 19. Jahrhunderts vertrauter Historiker, Horst Walter Blanke, merkte 1991 an[4], Christoph Meiners *Geschichte des weiblichen Geschlechts* sei – »obwohl seine Interpretation durchaus konservative Züge trägt« – ein Beleg für das emanzipatorische Potential der
Aufklärungshistoriographie. Denn Meiners habe sich mit seinem Werk
»einer gesellschaftlichen Gruppe von underdogs« angenommen. Diese
Anmerkung ist in sich höchst widersprüchlich und verfehlt Meiners
Anliegen, welches eng mit der Ausarbeitung einer weiblichen Sonderanthropologie korrespondierte. Das liegt auf der Hand. Um so interessanter ist dann die Frage, warum sich ein Fachmann auf seinem Gebiet
mit einer derart unzulänglichen Formulierung zufrieden gibt. Warum ist
ihm nicht aufgefallen, daß es unsinnig ist, die Gesamtheit des weiblichen Geschlechts als »underdogs« zu qualifizieren? Die einzige plausible Antwort auf diese Frage scheint mir zu sein, daß Blanke, der sich
im übrigen sehr reflektiert mit der Geschichte der Historiographie auseinandersetzt, hier distanzlos der im 19. Jahrhundert eingeschliffenen
wissenschaftlichen Perspektive auf das weibliche Geschlecht folgt, seine Aussage dann allerdings mit einer Formulierung des 20. Jahrhunderts auf den Begriff bringt.

Damit ist die Gefahr eingekreist. Wo immer es um Menschen weiblichen Geschlechts geht, gehört beträchtliche Aufmerksamkeit dazu, den vom »gesunden Menschenverstand« wohlfeil angebotenen Trugschlüssen nicht aufzusitzen. Wer der Geschichte der Frauen im 19. Jahrhundert auf die Spur kommen will, wird dafür eine Vielzahl unterschiedlichster Quellen ausfindig machen können. Mit der Quellensuche aber ist es nicht getan. Die Analyse und Interpretation der aufgefundenen Quellen kann an schwer zu überwindenden Klippen scheitern. Die Geschichte der Geschlechterverhältnisse zwingt dazu, die Methoden der Quellenkritik weit über das sonst in der Geschichtswissenschaft übliche Maß hinaus zu radikalisieren. Die verfügbaren Text- und Bildquellen geben nur dann taugliche Auskünfte über die Geschichte von Frauen und Männern, wenn sie als Teilstücke der über Sprache, Bilder und Zeichen vermittelten kommunikativen Konstruktion von Wirklichkeit entschlüsselt und »dekonstruiert« werden.

Um zu verdeutlichen, was damit gemeint ist, sei etwas weiter ausgeholt. Die kulturelle Ordnung der Geschlechterverhältnisse bedarf, da sie dem historischen Wandel unterliegt und gleichwohl in ihren Grundregeln erhalten bleiben soll, unablässig der kollektiven Vergewisserung. Sie wird daher als Norm und praxisleitende Verhaltens- und Handlungsanweisung ständig bearbeitet. Dabei kommen einprägsame Handlungen, Zeichen, Bilder, Vorstellungen, Redewendungen, Sichtweisen ins Spiel. Im 19. Jahrhundert verstärkte sich auch in diesem Bereich der kulturellen Verständigung die allgemein beobachtbare Tendenz, gesellschaftlich favorisierte Vorstellungs- und Sprechweisen sozial und überregional zu vereinheitlichen und zu verallgemeinern. Neben den Kirchen gewannen in diesem Prozeß Kunst und Wissenschaft, die nun als nationale Institutionen gefördert wurden, deutlich an Einfluß. Bei mehr oder weniger direkter Teilhabe an wissenschaftlicher Kommunikation und Hochkultur verständigten sich allen voran die bürgerlichen Eliten über neuartige Wahrnehmungs-, Denk- und Sprechweisen, Ordnungs- und Bewertungsverfahren und Formen der Problemdefinition. Die Bildungseliten verbesserten gleichzeitig die Chancen, ihre deutlich gestiegene Definitionsmacht bei der Ausgestaltung der gesellschaftlichen Verhältnisse zur Geltung zu bringen und dafür Anerkennung einzuwerben.

Wie immer es tatsächlich um die materielle Gestaltungsmacht der zunächst und vor allem diskursiven Bestrebungen bestellt gewesen sein mag, bleibende Auswirkungen hatten diese mit Sicherheit auf die Alltagskommunikation, die ihrerseits die wissenschaftliche Kommunikation stark beeinflußte. Gewiß, wir müssen davon ausgehen, daß in den überlieferten Quellen die hochkulturellen Konstruktionen von Wirklichkeit im Verhältnis zu denen der Alltagskultur überproportional stark vertreten sind. Gleichwohl spricht im Hinblick auf die normative Ordnung und die gelebten Beziehungen der Geschlechterverhältnisse viel für die Annahme, daß hier im 19. Jahrhundert das Wechselspiel zwischen den Formen und Inhalten der alltäglichen, der wissenschaftlichen und der künstlerischen Bilder und Ausdrucksweisen besonders intensiv wurde. Die durch Wissenschaft bekräftigten Zuschreibungen durchdrangen auch schon im 19. Jahrhundert die von den Zeitgenossen nicht eigens reflektierten, da gebräuchlich gewordenen Denk- und Sprechweisen. Da ist in den Quellen die Rede vom männlich besetzten weiten Raum des Politischen, des Öffentlichen, des Allgemeinen und dem weiblich besetzten engen Raum des Privaten, des Besonderen, des Unpolitischen. Die sozial erwünschte strukturelle Stärke des männlichen und strukturelle Schwäche des weiblichen Geschlechts findet in einer kaum zu überschauenden Vielfalt von Bildern und Redeweisen ihren beredten Ausdruck bis hinein in die Mitteilungen über Einzelheiten des Alltagsgeschehens. Die in der kollektiven Verständigung geschlechtsspezifisch zuerkannten Fähigkeiten und Zuständigkeiten durchdringen selbst in den individuell formulierten Wünschen und Erwartungen die wechselseitigen Wahrnehmungen der Geschlechter. Die zu Bildern verfestigten Vorstellungen über die Geschlechter sind auch in nichtbürgerlichen Milieus geläufig.

In den Quellen wird historische Wirklichkeit als Ausschnitt einer kommunikativen Verständigung und Konstruktion überliefert. Dieses in der geschichtswissenschaftlichen Forschung zu beachten, ist schwierig genug. Das methodische Problem tritt noch schärfer zutage, sobald wir uns eingestehen, daß schon für die Zeitgenossen das gebräuchliche Raster der Wahrnehmung und Verständigung fester Bestandteil der erfahrenen Wirklichkeit war. Für die Geschichte der Frauen kommt als weitere Schwierigkeit hinzu, daß die gesellschaftliche Dominanz des männlichen Geschlechts auch in den Ausdrucksmöglichkeiten der Sprache und Bilder, ja in allen allgemein anerkannten Mitteln der Kommunikation ihren Niederschlag gefunden hat. Dementsprechend ist bei der historischen Analyse der Quellen stets, und zwar selbst dann, wenn die Quellen von Frauen verfaßt worden sind, mit einer über Bild und Sprache transportierten Benachteiligung der weiblichen Seite in der überlieferten Wirklichkeit zu rechnen.

Es gehört zum Vorzug der vorliegenden Geschichte der Frauen, daß alles dieses in viele Richtungen reflektiert und so weit es geht offengelegt wird. Das Ziel ist nicht, eine in den Quellen hinter Bildern und Sprechweisen verborgene historische Wirklichkeit aufzudecken, sondern die überlieferten Sprechweisen, angebotenen Bilder und Denkzusammenhänge selbst als Wirklichkeit zu begreifen. Es geht um eine Dekonstruktion der historisch je spezifischen Inhalte und Formen der gesellschaftlichen Bearbeitung der Geschlechterverhältnisse, um dadurch Zug um Zug historische Einsichten in die als Prozeß und Beziehung gelebten, gestalteten und gedeuteten Geschlechterverhältnisse zu gewinnen. Gefragt wird, wie und mit welchem Ziel die zur Sprache verdichteten Worte, Bilder und Zeichen Wirklichkeit stifteten. Gefahndet wird nach der suggestiven Kraft von derart verallgemeinerten Vorstellungen, nach deren offenen oder verdeckten Brüchen, und deren Vermögen, von Widersprüchen abzulenken, sie zu überspielen oder zu harmonisieren. Die Verbreitung, Akzeptanz oder Ablehnung bestimmter Wahrnehmungs- und Ausdrucksweisen zu erkunden kann ebenso aufschlußreich sein wie die Beobachtung, daß es Männern und/oder Frauen an Ausdrucksmöglichkeiten fehlte, und diese deshalb neue Ausdrucksweisen in Umlauf brachten.

In dieser Weise die Quellen des 19. Jahrhunderts zu analysieren ist nicht leicht, da die in jener Zeit aufgekommenen sprachlichen Ordnungen und Wahrnehmungsmuster zu einem großen Teil bis heute geläufig geblieben sind. Anders als bei Texten und Bildern früherer Jahrhunderte, deren Fremdartigkeit beim heutigen Lesen sofort ins Auge fällt und zur Analyse und Kritik herausfordert, bereitet für Quellen des 19. Jahrhunderts häufig allein schon das Identifizieren wirkungsmächtiger Konstruktionen erhebliche Schwierigkeiten, da es an Distanz zu den bis heute fortwirkenden Ausdrucksgewohnheiten fehlt. Wenn im 19. Jahrhundert die Rede davon ist, daß Frauen Hilfsarbeiten leisten, daß sie eines besonderen gesetzlichen Schutzes bedürfen, daß sie gefühlsbetont handeln, daß sie unpolitisch und unorganisierbar sind, dann sind diese nicht nur von Männern, sondern auch von Frauen überlieferten Aussagen mitnichten schlichte Belege für historische Fakten. Vielmehr vereinheitlichen solche Aussagen häufig höchst divergierende Phänomene und gestalten sie diskursiv um zu der einen erwünschten Wirklichkeit.

Frauen als Akteurinnen der Geschichte

Frauen in die Geschichte des langen 19. Jahrhunderts von 1776/1789 bis 1914 einschreiben zu wollen, schließt die Herausforderung ein, wohlüberlegt anzuschreiben gegen die besonders intensiv und vielseitig im 19. Jahrhundert mit dem Diskurs über das Wesen des weiblichen Geschlechts bearbeitete Vorstellung von der Geschichtsferne der Frauen. In diesem Band geschieht dieses auf zwei Ebenen.

Auf der einen Ebene wird der Diskurs über die Spezifika des weiblichen Geschlechts selbst als Bereich der kollektiven Gestaltung des 19. Jahrhunderts zum Gegenstand der historischen Analyse gemacht.

Welche Künste, welche Wissenschaften waren beteiligt, lösten einander im Laufe der Jahrzehnte ab, veränderten die Intentionen, Inhalte und Legitimationen der dem weiblichen Geschlecht als physisch-psychischer Gesamtheit zugedachten Geschlechtseigentümlichkeiten? Wie entwickelte sich im Laufe des 19. Jahrhunderts das Zusammenspiel zwischen Alltags- und Wissenschaftskommunikation mit dem Ergebnis, daß die unendlich vielen verschiedenen Frauen weniger als Einzelpersönlichkeiten, denn als typische Verkörperungen des weiblichen Geschlechts, kurz: als *die* Frau wahrgenommen wurden; daß sich die Vorstellungen von der spezifischen Naturhaftigkeit der Frau in ihrem »natürlichen Beruf der Hausfrau, Gattin und Mutter«, von der geschlechtstypischen Schwäche, Hilflosigkeit, Gefährdung und Schutzbedürftigkeit der Frau, von der besonderen Anpassungs- und Leidensfähigkeit der Frau durch immer erneutes Bearbeiten als allgemeines Wissen verfestigten? Wie und in welchem Maße konnten Männer, in welchem Maße konnten Frauen ihre Vorstellungen und Wünsche differenziert und nachhaltig vortragen, wenn um die Aufgaben, Ausbildung, Rechtsverhältnisse, Körperlichkeit, Schönheit, Erwerbsarbeit, Kreativität der Frau gestritten wurde? Wie gelang es Frauen, wie gelang es Männern, die Logik dieser nicht enden wollenden Diskurse um das Frausein für eigene Zwecke und Vorstellungen zu nutzen?

Die breit akzeptierte Maxime, es sei der natürliche Beruf der Frau, als Erzieherin ihrer Kinder zu wirken, ließ sich einsetzen, um die Forderung nach besserer Mädchenbildung zu begründen oder Argumente für die Besserstellung der Frau im öffentlichen und im Privatrecht zu entwickeln. Die der Frau als Naturkraft zugewiesene »Mütterlichkeit« diente der ersten Frauenbewegung als Ausgangspunkt für ihr politisches Programm der »gesellschaftlichen Mütterlichkeit«, mit welchem sie den Anspruch der Frauen auf öffentliche Einflußnahme und Zulassung zu bürgerlichen Berufen untermauerte. Das weibliche Geschlecht war schon lange als Verkörperung edler Sittlichkeit herausgestellt worden, bevor es am Ende des 19. Jahrhunderts mit der Sittlichkeitsbewegung gelang, dieses Programm sehr erfolgreich politisch zu wenden. Kurzum, die diskursiven Zu- und Festschreibungen des weiblichen Geschlechts, die im 19. Jahrhundert besonders vielstimmig und anhaltend auf Frauen und Männer eintönten, entfalteten sich keineswegs nur als Bollwerke gegen historische Veränderungen. Das den Diskursen eigene Medium der Bilder, Denk- und Sprechweisen eröffnete in erstaunlichem Maße immer auch Entfaltungsmöglichkeiten für die List der Vernunft.

Die Geschichte der im 19. Jahrhundert angestrengt betriebenen Weiblichkeitszuschreibungen offenbart bei einer so aufmerksamen historisch-analytischen Lektüre, wie sie im vorliegenden Buch vorgeführt wird, zwar nur bedingt Zuverlässiges über die Frauen selbst, dafür aber um so interessantere Einblicke in die Tiefenschichten der bürgerlichen Gesellschaft. Das im 19. Jahrhundert wuchernde und trotz seiner Redundanz gleichbleibend beliebte Räsonnieren über das Wesen und die Verhältnisse des weiblichen Geschlechts bot eine immer wieder dankbar genutzte Möglichkeit, sich der unsicher gewordenen Ordnung der Geschlechterverhältnisse kollektiv und individuell zu vergewissern. Die allgemeine Besorgnis und Verunsicherung ob der bis zur »Keimzelle« Familie reichenden Veränderungen des Gesellschaftsgefüges ließ sich hier beredt zum Ausdruck bringen, ohne gleich das Credo des bürgerlichen Fortschritts insgesamt in Zweifel ziehen zu müssen. Das Nachsinnen über das Wesen und die Verhältnisse der Frau bewährte sich offensichtlich auch als Projektionsfläche, um zumindest indirekt – und damit für die heldisch konzipierte männliche Identität weniger gefährlich – über männliche Unsicherheiten und Ängste zu sprechen, die durch die Zumutung, ein ganzer Mann sein zu müssen, ausgelöst wurden.

Gegen das Klischee der Geschichtslosigkeit von Frauen wird noch auf einer zweiten Ebene angeschrieben. Frauen werden durchgehend vorgestellt als aktiv handelnde, denkende und schöpferisch tätige Personen, die selbst die gesamtgesellschaftlichen Umwälzungen von der ständisch-feudalen Agrargesellschaft hin zur weltweit verbundenen, aber in Nationalstaaten organisierten bürgerlich-kapitalistischen Marktgesellschaft erlebten und gestalteten. Die historische Stilisierung der Frauen zu Opfern wird abgewehrt. Es wird tunlichst vermieden, mit einer Geste des Mitleids Frauen in die Opfer-Falle einzusperren. Auf lebhafte Schilderungen vom Elend der ausgebeuteten Lohnarbeiterin, der ledigen Mutter, der Prostituierten, der verhärmten bürgerlichen Witwe, der alten Jungfrau, die allzu häufig unversehens das Bild von der den widrigen Verhältnissen hilflos ausgelieferten weiblichen Kreatur reproduzieren, wird bewußt verzichtet.

Das Interesse konzentriert sich statt dessen darauf, Situationen, in denen Frauen handelnd in Erscheinung treten, historisch möglichst genau zu definieren und auszuleuchten. Dabei wird keineswegs unterschlagen, daß Menschen weiblichen Geschlechts während des gesamten 19. Jahrhunderts in der Tat schlechtere Chancen hatten, Interessen kollektiv durchzusetzen und öffentlich gehört zu werden. Mit den Revolutionen wurde nicht allein klargestellt, daß künftig mehr Menschen als je zuvor Einfluß nehmen würden auf die Gestaltung der nationalen Politik, Wirtschaft und Kultur, sondern gleichzeitig auch festgeschrieben, daß die politische und rechtliche Privilegierung des männlichen Geschlechts ein unverzichtbares Prinzip sein soll. Dieses war kein zufälliges Ergebnis des natürlichen Laufs der Dinge, sondern das Ergebnis politischer Kämpfe, an denen sich insbesondere in Frankreich Frauen mit Worten und Taten nachhaltig, aber erfolglos beteiligt hatten. Mit den Revolutionen wurde entschieden, daß die Menschen weiblichen Geschlechts den Weg in die Moderne unter prinzipiell anderen Vorzeichen und mit schlechteren Chancen der gesellschaftlichen Emanzipation und Partizipation zurücklegen sollten als die Menschen männlichen Geschlechts. Das Prinzip der Rechtsgleichheit wurde um der hierarchisch gedeuteten Geschlechterdifferenz willen von Anfang an eingeschränkt.

Diese für die Entwicklung der Geschlechterverhältnisse folgenreiche Weichenstellung ist der Auftakt zur Geschichte der Frauen des 19. Jahrhunderts. Diese Geschichte entfaltete sich im Zeichen jahrzehntelanger Auseinandersetzungen um die von den einen geforderte noch festere Verankerung und die von den anderen betriebene überfällige Lockerung und Überwindung eben dieser Weichenstellung. Frauen kämpften trotz wiederholter Niederlagen hartnäckig weiter um die Verbesserung ihrer Rechte, Lebenschancen und Handlungsmöglichkeiten. Sie wurden zu Feministinnen, suchten nach Bundesgenossen und schlossen sich in Organisationen zusammen. Sie steigerten ihr öffentliches Durchsetzungsvermögen, indem sie eigene wirkungsvolle Formen der politischen Artikulation erprobten, um den Ausschluß aus den allein Männern vorbehaltenen, im Laufe des 19. Jahrhunderts allmählich eingeübten Spiel- und Organisationsformen der politischen Öffentlichkeit wettzumachen. Sie erschlossen sich innerhalb der für sie leichter zugänglichen Räume des religiösen und kirchlichen Lebens, aber auch in städtischen Kommunen, in nationalen und internationalen Zusammenkünften und Organisationen mit einer Vielzahl von Aktivitäten neue Handlungsräume für ihr öffentliches Engagement.

Wo immer Frauen dafür kämpften, die rechtliche und soziale Situation des weiblichen Geschlechts in der Gesellschaft zu verbessern, wußten sie gute Argumente ins Feld zu führen, daß das angestrebte Ziel eine allgemeine Verbesserung der gesellschaftlichen Verhältnisse zur Folge haben würde. Sie hatten es schwer, damit bei den Zeitgenossen Gehör und bei späteren Historiographen Beachtung zu finden. Denn was immer sie taten, sie bewegten sich jenseits der akzeptierten gesellschaftlichen Konstruktion des Politischen, sobald sie als Frauen für Frauen sprachen und für die Belange des weiblichen Geschlechts eine politische Vertretung reklamierten.

Im Zentrum der hier dargestellten Geschichte des 19. Jahrhunderts stehen Frauen, die aktiven Anteil nahmen an der diesem Jahrhundert eigenen Bewegung und Dynamik des Aufbruchs: sei es auf der Suche nach Erwerbsmöglichkeiten, bei der Nutzung des städtischen Raumes, als Reisende und Auswanderinnen, sei es im Streben nach Bildung, im eigenen künstlerischen Tun, im religiösen, politischen oder sozialem Engagement oder als Gestalterinnen des häuslichen Lebensraumes und des Familienlebens. Es wäre sicherlich wünschenswert gewesen, nachdrücklicher auch noch die Frauen auf dem Lande und die Frauen bei ihren alltäglichen häuslichen Arbeiten vom Stigma des Beharrens in Traditionalität zu befreien. Der mit der Darstellung intendierte Nachweis, daß und wie Frauen ihre eigene Lebensgeschichte und die allgemeine Geschichte aktiv gestaltet haben, wäre damit allerdings nur weiter ausdifferenziert, in der Substanz aber nicht verändert worden.

Viele Geschichten oder eine Geschichte der Frauen

Der Titel »Geschichte der Frauen« läßt in der Schwebe, ob es möglich und erstrebenswert ist, wenigstens für Europa und die Vereinigten Staaten die zahlreichen denkbaren Parallelgeschichten der Frauen vergleichend zu einer einzigen Geschichte der Frauen zu integrieren, oder ob es von der Sache her nicht sogar sinnvoller ist, es bei einer wohldurchdachten Auswahl verschiedener Geschichten zu belassen. Auch die unter dem Titel dargestellte Geschichte verzichtet in dieser Frage auf eine klare Entscheidung.

Die Darstellung hebt allein schon durch ihre Form hervor, daß es sich bei der hier erzählten und interpretierten Geschichte um mögliche Lesarten der Vergangenheit handelt. Die Autorinnen gehören verschiedenen Fachdisziplinen an. Sie haben für jeweils bestimmte thematische Ausschnitte aus dieser Geschichte bzw. unter einem bestimmten Blickwinkel einen Überblick für das gesamte Jahrhundert erarbeitet und ihren speziellen Beitrag mit ihren je individuell formulierten Erkenntnisinteressen und Stilmitteln ausgestaltet. Diese Arbeitsteilung hat für die Gesamtdarstellung notwendigerweise inhaltliche Wiederholungen und Überschneidungen zur Folge. Das wiederum erhöht beim Lesen die Wahrscheinlichkeit der überraschenden Wiederentdeckung eines schon bekannten, nun in einen neuen Zusammenhang gerückten Sachverhalts. Solche Wiederentdeckungen fordern dann ihrerseits dazu heraus, die Mosaiksteine der verschiedenen Geschichten in Bewegung zu bringen und zu neuen Geschichten zusammenzusetzen. Die Konzeption des Buches verweist damit einerseits auf ein Programm der Parallelgeschichten, welches durch weitere, ebenfalls interessante Geschichten ergänzt werden könnte.

Gleichzeitig aber ist andererseits unübersehbar, daß die vielen faszinierenden Geschichten in diesem Buch nicht zufällig nebeneinander stehen, sondern nach einem durchdachten Plan zusammengestellt worden sind. Ein Programm der Einheit bändigt die Gefahr der Beliebigkeit. Die Auswahl der bearbeiteten Themen, der durchgespielten Fragen und versuchten Deutungen folgt einer sehr genauen Vorstellung von dem, was für die Geschichte der Frauen im 19. Jahrhundert und für deren heutige Vergegenwärtigung historische Relevanz hat. Die Geschichte der Frauen wird dargestellt als eine durch und durch politische Geschichte der Geschlechterordnung, die alle Gesellschaftsbereiche durchdringt und in alle gesellschaftlichen Entwicklungen einbezogen ist.

Um so provozierender ist, daß sich diese Geschichte der Frauen kommentarlos hinwegsetzt über den Nationalstaat, der als politisches Ordnungsprinzip gerade im 19. Jahrhundert höchste Bedeutung erlangte. Europa und die Vereinigten Staaten werden als Einheit betrachtet. Das Interesse gilt nicht den Grenzziehungen, den nationalen Rivalitäten und Unterschieden, sondern dem ebenfalls charakteristischen Funktionieren der über nationale und kulturelle Unterschiede hinweg erstaunlich miteinander kommunizierenden und einander wechselseitig beeinflussenden Einheiten eines größeren Ganzen. Dieses absichtsvolle Zusammenrücken der westlichen Welt macht überraschend deutlich, wie gleichartig und allgemein verbreitet die für die Geschichte der Frauen im 19. Jahrhundert relevanten Problemdefinitionen und auf Veränderung drängenden Bestrebungen waren und wie entscheidend die geographische Ausweitung, Intensivierung und Beschleunigung der Kommunikation auch den Frauen zugute kam. Der Ertrag dieser Gesamtschau hat die intellektuelle Anstrengung gelohnt. Die erarbeitete Geschichte fordert nun allerdings um so nachhaltiger dazu heraus, im Horizont der Gesamtschau erneut die Prozesse der nationalen Konstruktionen von Wirklichkeit mit ihren spezifischen Bedingungen, Zielen und Entwicklungen genauer herauszuarbeiten, sie in ihrer Bedeutung für die Geschichte der Frauen und Männern in den einzelnen Nationen näher zu bestimmen, um sie dann wiederum im historischen Verlauf der Zeit miteinander zu vergleichen.[5]

Das letzte Wort sei zurückgegeben an eine der Frauen selbst. Emilie von Berlepsch, die von ihrer Geburt 1757 bis zu ihrem Tod 1831 die turbulente Wende der Zeiten selbst durchlebte, als Vierzehnjährige heiratete, sich mit gut vierzig Jahren scheiden ließ, um wenig später ein zweites Mal zu heiraten, formulierte 1791 in einem Aufsatz, was als Idee auch Feministinnen des 19. Jahrhunderts inspirierte:[6]

»Nur ein Schild ist da, das die Seele decken und ihre zarten' Empfindungskräfte vor Verletzung schützen kann; und dieses Schild heißt – Selbständigkeit. (. . .) Wir müssen allein stehen lernen! Wir müssen unsere Denkart, unsern Character in unsern eignen Augen so ehrwürdig machen, daß uns das Urtheil andrer in unserem geprüften und

gerechten Urtheil über uns selbst nicht irre machen kann. (. . .) Warum sollten wir denn nicht auch (. . .) bey unserm Thun und Denken, bey der Ausbildung unsres Geistes, der Verfeinerung unsres Gefühls, der Anwendung unsrer Talente, auf ein großes Ganze sehen? Und welche wichtige erhabene Zwecke sind es nicht, worauf uns Beruf und Bestimmung blicken heißt? – Beförderung des allgemeinen und einzelnen Wohls, sittliche Schönheit und Grazie, erhöhte Anmut des geselligen Lebens, der große Vorzug eine Pflanzschule edler Menschheit unter unsrer Pflege aufschießen zu sehen, und dadurch Wohltäterinnen künftiger Zeiten zu werden!«

Lloyd Bremen

du Norddeutsch

J. Hugo d'Ales

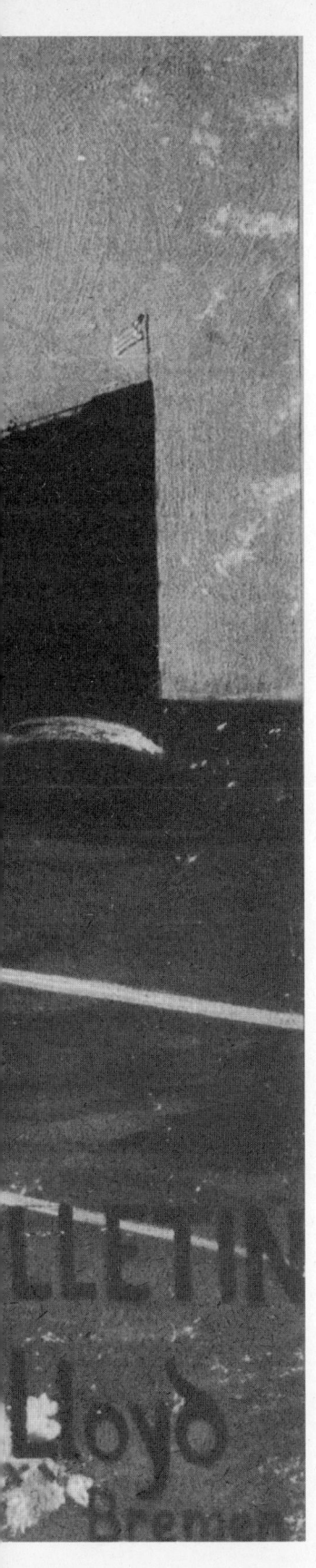

ANHANG

ANMERKUNGEN, LITERATUR, REGISTER

An Bord der *Lloyd Bremen*.
*Bulletin du Norddeutscher
Lloyd*, Bremen. Werbeplakat
von J. Hugo d'Alési;
um 1900. *Paris, Bibliothèque
des Arts décoratifs*.

ANMERKUNGEN

Einleitung

1 Siehe Fraisse 1989; Joan B. Landes, *Women and the Public Sphere in the Age of the French Revolution*, Ithaca 1988.

Töchter der Freiheit und revolutionäre Bürgerinnen

1 Arlette Farge, Évidente émeutière, in: *Histoire des femmes*, vol. 3, Paris 1991 (dt.: Frauen im Aufstand, in: *Geschichte der Frauen*, Bd. 3: *Frühe Neuzeit*, Frankfurt a. M./New York 1994, S. 507–524).
2 Godineau 1988a.
3 R. Dekker, L. Van de Pol und W. Tebrake, Women and Political Culture in the Dutch Revolutions, in: Applewhite/Levy 1990.
4 Kerber 1980.
5 Ebd.
6 Hannah Adams, *Women Invited to War*, Boston 1790.
7 Marcel Gauchet, *La révolution des droits de l'homme*, Paris 1989.

Die Französische Revolution als Wendepunkt

1 Louis de Bonald, *Théorie du pouvoir politique et religieux*, Bd. 2, Paris 1796.
2 Edmund Burke, *First Letter on the Regicide Peace*, 1796.

3 *Déclaration des droits de l'homme et du citoyen*, Art. 2.
4 *Septième lettre bougrement patriotique de la Mère Duchêne*, 22. März 1791.
5 Joachim Heinrich Campe, *Briefe aus Paris zur Zeit der Revolution geschrieben* (1790), Hildesheim 1977, S. 48f.
6 Rede an die Commune de Paris, *Révolutions de Paris*, 27. Brumaire im Jahr II (17. Nov. 1793).
7 Talleyrand, *Rapport sur l'Instruction publique*, Verfassunggebende Versammlung, 10., 11. und 19. Sept. 1791.

Von der sozialen Bestimmung zum individuellen Schicksal

1 Texte der Philosophen (in der Reihenfolge, in der sie zitiert werden).

Johann Gottlieb Fichte, *Grundlage des Naturrechts nach Principien der Wissenschaftslehre*, 1796/97, in: *Johann Gottlieb Fichtes sämtliche Werke*, hg. von J. H. Fichte, Berlin 1845, Bd. 3.
Immanuel Kant, *Metaphysik der Sitten*, 1796, in: *Werkausgabe*, hg. von Wilhelm Weischedel, Frankfurt a. M. 1993, Bd. 8; *Anthropologie in pragmatischer Hinsicht*, 1798.
G. W. F. Hegel, *Die Phänomenologie des Geistes*, 1807; *Enzyklopädie der philosophischen Wissenschaften*, 1817; *Grundlinien der Philosophie des Rechts*, 1821.
Friedrich Schlegel, *Lucinde*, 1799; *Über die Philosophie. An Dorothea*, 1799.

Friedrich Schleiermacher, *Vertraute Briefe über Friedrich Schlegels Lucinde*, 1800.

Charles Fourier, *Œuvres complètes*, insbesondere *Théorie des quatre mouvements et des destinées générales*, 1808 (dt.: *Theorie der vier Bewegungen und der allgemeinen Bestimmungen*); *Théorie de l'unité universelle*, 1822.

P. J. G. Cabanis, *Rapports du physique et du moral de l'homme*, 1802 (dt.: *Über die Verbindung des Physischen und Moralischen in dem Menschen*).

Jeremy Bentham, *Constitutional Code*, 1830.

James Mill, *On Governement*, 1820; *Encyclopedia Britannica*, 1824.

W. Thompson, *Appeal of One Half of the Human Race, Women, against the Pretensions of the Other Half, Men*, 1825.

Arthur Schopenhauer, *Metaphysik der Geschlechtsliebe*, in: *Die Welt als Wille und Vorstellung* II/2 (1819); *Über die Weiber*, in: *Parerga und Paralipomena* I/2 (1850), zit. nach: *Züricher Ausgabe. Werke in zehn Bänden*, hg. von Arthur Hübschler, Zürich 1977.

Sören Kierkegaard, *Samlede vaerker* (dt.: *Gesammelte Werke*), insbesondere *Enten – eller*, 1843 (dt.: *Entweder – oder*).

Ludwig Feuerbach, *Das Wesen des Christentums* (1841), in: *Werke in sechs Bänden*, hg. von Erich Thies, Frankfurt a. M. 1976.

Auguste Comte, *Œuvres complètes*, insbesondere *Système de politique positive*, 1851–1854; *Catéchisme positiviste*, 1909.

Pierre Leroux, *De l'égalité*, 1848.

Max Stirner, *Der Einzige und sein Eigentum*, 1844.

Karl Marx, *Ökonomisch-philosophische Manuskripte* (1844); *Die deutsche Ideologie*, 1845–46; *Das Kapital*, Erstes Buch, 1867.

P.-J. Proudhon, *Système des contradictions économiques, ou Philosophie de la misère*, 1846 (dt.: *Philosophie der Staatsökonomie oder Nothwendigkeit des Elends*); *De la Justice dans la Révolution et dans l'Église*, 1858; *La pornocratie ou les femmes dans les temps modernes*, 1875 (dt.: *Von der Anarchie zur Pornokratie*).

John Stuart Mill, *Letters to Auguste Comte*, 1899; *Enfranchisement of Women*, in: *The Westminster Review*, 1851 (in Zusammenarbeit mit Harriet Taylor); *Subjection of Women*, 1869 (dt.: *Die Unterdrückung der Frauen*).

Charles Secrétan, *Le droit de la femme*, 1886.

J. J. Bachofen, *Das Mutterrecht*, Basel 1861.

Friedrich Engels, *Der Ursprung der Familie, des Privateigenthums und des Staats*, 1884, in: MEW, hg. vom Institut für Marxismus-Leninismus beim ZK der SED, Berlin 1962, Bd. 21.

Herbert Spencer, *The Principles of Sociology*, 1869; *The Principles of Ethics*, 1891.

Charles Darwin, *The Descent of Man and the Sexual Selection*, 1871 (dt.: *Die Abstammung des Menschen und die geschlechtliche Zuchtwahl*).

Friedrich Nietzsche, *Menschliches, Allzumenschliches*, 1878; *Die fröhliche Wissenschaft*, 1882; *Jenseits von Gut und Böse*, 1886, zit. nach: *Werke in drei Bänden*, hg. von Karl Schlechta, Frankfurt a. M./Berlin/Wien 1972.

Émile Durkheim, *Textes*, Band 2 und 3, 1975.

Sigmund Freud, *Gesammelte Werke*, insbesondere *Drei Abhandlungen zur Sexualtheorie*, 1905.

Otto Weininger, *Geschlecht und Charakter*, Wien/Leipzig 1903.

Die Widersprüche des Gesetzes

Zur Erläuterung der Abkürzungen im Fußnotentext ein Beispiel: S. 1898.143, *Cass*, 18. Juli 1898, bedeutet: Urteil des Französischen Kassationshofs, Zivilkammer (Strafrechtskammer = *cass. crim.*), zit. in *Recueil général des lois et des arrêts*, gegründet von J.-B. Sirey. Die Angaben stehen in der Reihenfolge: Jahr des Bandes, Teil, Seite, Art des Gerichts, Datum des Erlasses. D.1898.1.43, *Cass*, 18. Juli 1898: Urteil mitgeteilt im *Recueil Dalloz*; D.P. bedeutet *Dalloz périodique*. S.1898.2.56, Paris, 13. Mai 1898 = Urteil des Pariser Berufungsgerichts. S.1898.3.C.É., 1. März 1898 = Urteil des französischen Staatsrats.

1 *Moniteur universel, Journal officiel de la République*, 22. November 1851, Nr. 326, S. 2917f.

2 Dalloz 1885.1.105, *Cass*, 16. März 1885; Sirey 1891.1.384, C.É., 20. Januar 1910.

3 Sirey 1910.1.600, *Cass. crim.*, 17. Februar 1910.

4 Sirey 1879.1.433, *Cass. crim.*, 11. Juli 1879.

5 Maurice Hauriou, *note* sous Sirey 1913.3.89, C.É., 26. Januar 1912.

6 *Le Figaro* vom 27. Oktober 1884, zit. von G. Breuillac, *De la condition civile et politique de la femme*, Aix-en-Provence 1886, S. 98.

7 Vgl. Chamballand-Liebault 1989.

8 Sirey 1910.3.54, C.É., 24. Januar 1908.

9 Sirey 1890.4.25, Brüssel, 11. November 1889.

10 Sirey, *Lois annotées*, 1901, S. 1.

11 Sirey 1885.1.487, *Cass.*, 8. Juli 1884.

12 Zit. von Alain Corbin, *Les filles de noce*, Paris 1978, S. 343, Anm. 88.

13 Sirey 1885.1.487, *Cass.*, 8. Juli 1884.

14 Vgl. Bordeaux/Hazo/Lorvellec 1990, v. a. S. 1–61. Zur weiblichen »Psychologie« bei Vergewaltigung vgl. z. B. den *Traité de médecine légale*, 10. Aufl., 1909, zit. von A. W. Bouché, *Etude sur l'adultère au point de vue pénal*, Paris 1893, S. 208.

15 Vgl. F. Ronsin, *La grève des ventres*, Paris 1979.

16 Vgl. A. Mac Laren, *Sexuality and Social Order*, New York 1983.

17 Portalis, Discours préliminaire, in: Fenet, *Recueil des travaux préparatoires du Code civil*, Paris 1836, Bd. 1, S. 522, und in: *Naissance du Code*

civil, Paris 1989, S. 35f. Siehe auch J. Bart, La famille bourgeoise héritière de la Révolution?, in: M.-F. Lévy (Hg.), *L'enfant, la famille et la Révolution française*, Paris 1989, S. 357–372.

18 C. B. M. Toullier, *Le droit civil français suivant l'ordre du Code*, 3. Aufl., Paris 1821, Bd. 1, S. 15.

19 Sirey 1868.2.65, Paris, 3. Januar 1868.

20 J. de Maleville, *Analyse raisonnée de la discussion du Code civil au Conseil d'Etat*, 2. Aufl., Paris 1807, Bd. 1, S. 235.

21 Zit. nach Marcadé, *Explication théorique et pratique du Code Napoléon*, Paris 1807, Bd. 1, Nr. 726, S. 581f.

22 Toullier, *Le droit civil*, Bd. 1, S.96.

23 Sirey 1897.1.304, *Cass. crim.*, 2. April 1897.

24 F. Basch, La femme en Angleterre de l'avènement de Victoria (1837) à la Première Guerre mondiale, in: Grimal 1966, Bd. 4, S. 199.

25 Sirey 1877.2.161, Brüssel, 28. April 1875.

26 Sirey 1881.2.54, Nîmes, 6. Januar 1880; Sirey 1879.2.80, Rouen, 13. November 1878.

27 Sirey 1877.2.161, Brüssel, 28. April 1875, Anm. Erlaß des Gerichts von Louisville (Kentucky), zit. in *Le droit* vom 28. 12. 1867.

28 Sirey 1830.1.99, *Cass.*, 20. Januar 1830.

29 Sirey 1827.1.88, *Cass.*, 9. August 1826. Siehe auch: Sirey 1808.2.196, Paris, 29. Mai 1808; Sirey 1812.2.414, Turin, 17. Juli 1810; Sirey 1840.2.291, Dijon, 25. Juli 1840.

30 Sirey 1834.1.578, *Cass. crim.*, 18. Mai 1834.

31 Sirey 1839.1.817, *Cass. crim.*, 21. November 1839.

32 Sirey 1896.2.142, Nîmes, 5. Juni 1894.

33 Sirey 1900.2.143, Caen, 26. Dezember 1899.

34 Sirey 1910.1.7, *Cass.*, 19. Juli 1909.

35 Sirey 1829.1.205, *Cass. crim.*, 17. Januar 1829.

36 Dennoch wurden 1902 noch zwei Wochen Gefängnisstrafe verhängt: Sirey 1904.2.81, Algier, 18. Juli 1902.

37 Sirey 1888.1.421, *Cass. crim.*, 28. Februar 1868.

38 Sirey 1848.1.731.

39 *Dictionnaire Dalloz*, 1790–1835, Stichwort »Ehebruch«, Nr. 48.

40 Vgl. Michèle Bordeaux, Le Maître et l'infidèle. Des relations personnelles entre mari et femme de l'ancien droit au Code civil, in: Théry/Biet 1989, S. 432–446.

41 Sirey 1827.2.17, Paris, 13. März 1826. Vgl. J. Mulliez, ›*Pater is est . . .*, la source juridique de la puissance paternelle du droit révolutionnaire au Code civil‹, in Théry/Biet 1989, S. 412–431.

42 Sirey 1868.2.65, Paris, 3. Januar 1868.

43 Sirey 1851.1.103, *Cass.*, 10. Februar 1851.

44 Vgl. Nicole Arnaud-Duc, Le droit et les comportements, la genèse du titre V du Livre III du Code civil: les régimes matrimoniaux, in: Théry/Biet 1989, S. 183–195.

45 Vgl. die Rechtsdiskussion in Sirey, *Lois annotées*, 1891–95, S. 473 (Gesetz vom 6. Februar 1893).

46 Vgl. Michelle Perrot, La femme populaire rebelle, in: Werner 1979, S. 131f.

47 Sirey, *Lois annotées*, 1906–1910, S. 597.

Idolatrie

1 Mary Wollstonecraft, *Verteidigung der Rechte der Frauen* (1792), 2 Bde., Zürich 1975, S. 39.

2 Charles Baudelaire, *Mein entblößtes Herz*. Aus dem Franz. von Friedhelm Kemp, München 1946, S. 38.

3 William Blake, *Die Stimme des Sängers* (1793). Aus dem Engl. von Walter Wilhelm, Berlin 1958, S. 268/69.

4 Bonnefoy 1988.

5 Charles Baudelaire, *Die künstlichen Paradiese* (1861). Aus dem Franz. von Max Bruns, München 1946, zit. bei André Breton und Paul Eluard in *Le Dictionnaire abrégé du surréalisme* (1938).

6 Baudelaire, *Mein entblößtes Herz*, S. 40.

7 Lou Andreas-Salomé, *Lebensrückblick* (1933–34), hg. von Ernst Pfeiffer, Frankfurt a. M. 1968, S. 78.

8 Dies., Zum Typus Weib, in: *Imago*, III, 1, 1914, S. 7.

9 Brief an Hendrik Gillot vom 29. März 1882 in Lou Andreas-Salomé, *Lebensrückblick* (1933–34), hg. von Ernst Pfeiffer, Frankfurt a. M. 1968, S. 78.

10 Vgl. das Vorwort von Nicole Savy in dem Ausstellungskatalog *Les petites filles modernes*, Paris 1989.

Lesen und Schreiben in Deutschland

1 Louise Ackermann, *Ma vie* (1885), zit. in: Planté 1989.

2 Vgl. für Frankreich Furet/Ozouf 1977, Bd. 1, S. 172–173. Für eine vergleichende Untersuchung der Alphabetisierung in Frankreich und Deutschland, vgl. François 1989.

3 Vergleiche den Streit zwischen der »deutschen Schule«, vertreten durch Rolf Engelsing, Ernst Hinrichs, Wilhelm Norden und Rudolf Schenda und den Arbeiten von Louis Maggiolo, François Furet und Jacques Ozouf, vgl. Furet/Ozouf, S. 4

4 Furet/Ozouf 1977, Bd. 1, S. 44.

5 Vergleiche die Untersuchung Wilhelm Nordens, Die Alphabetisierung in der oldenburgischen Küstenmarsch im 17. und 18. Jahrhundert, in: Ernst Hinrichs und Wilhelm Norden, *Regionalgeschichte. Probleme und Beispiele*, Hildesheim 1980.

6 Engelsing 1973a.

7 Bettina von Arnim, *Dies Buch gehört dem König* (1843), in: dies., *Werke und Briefe*, hg. von G. Konrad, Köln 1963, B. III/IV.

8 Fanny Lewald, *Für und wider die Frauen*, Berlin 1870, S. 68.
9 Eine dieser autodidaktischen Schriftstellerinnen ist Christiane Sophie Ludwig, deren Romane kurz nach der Jahrhundertwende Themen wie die Lage der Schwarzen oder der Juden behandeln.
10 Wilhelm von Kügelgen, *Jugenderinnerungen eines alten Mannes*, München 1867, S. 32.
11 Christa Wolf, *Lesen und Schreiben*, Darmstadt 1980, S. 281.
12 Johann Wolfgang von Goethe, *Wilhelm Meisters Lehrjahre* (1796), hg. von Erich Schmidt, Frankfurt 1982, S. 393. Das Bild erinnert an manche Gedanken bei Virginia Woolf.
13 Karl Ferdinand von Klöden, *Jugenderinnerungen*, Leipzig 1874, S. 19.
14 Elisa von der Recke, *Briefe und Tagebücher*, hg. von C. Träger 1984, S. 86.
15 Wilhelm Fleischer, *Plan und Einrichtung eines neuen Lese-Instituts in Frankfurt am Main*, 1796.
16 Hoock-Demarle 1990, 2. Teil, Kap. 1 und 2.
17 Caroline Schlegel-Schelling, Brief an ihre Schwester Lotte Michaelis, 22. März 1786, in: *Caroline Schlegel-Schelling in ihren Briefen*, hg. von Sigrid Damm, Darmstadt 1980, S. 90.
18 Ebd., S. 152–153.
19 Zum Ursprung dieses Ausdrucks vgl. Planté 1989, S. 28.
20 Catharina Elisabeth Goethe, Brief an ihren Sohn vom 15. Februar 1798, in: dies., *Briefe an ihren Sohn*, Stuttgart 1971, S. 131.
21 J. J. Ersch, *Allgemeines Repertorium der Literatur für die Jahre 1785–90, 1791–95, 1796–1800.*
22 Die Begriffe »intensive Lektüre« und »extensive Lektüre« werden von R. Engelsing (1973a und b, 1974) verwendet.
23 Prüsener 1973.
24 Prüsener (1973) zitiert den Fall eines Arztes aus der Gegend von Hamburg, der der Nachbarschaft seine »Leihbibliothek« von 13 Büchern zur Verfügung stellte, von denen 9 unmittelbar die Französische Revolution behandelten.
25 Henriette Herz, *Erinnerungen*, hg. von R. Schmitz, Frankfurt 1984, S. 50.
26 Johanna Schopenhauer, *Jugendleben und Wanderbilder* (1839), Nachdruck München 1958, S. 267.
27 Adolf von Knigge, *Über den Umgang mit Menschen*, 1790, II. Teil, Kap. V.
28 Begriffe, die 1853 vom Begründer der *Gartenlaube* geprägt wurden, zit. in: Möhrmann 1977, S. 167.
29 A. von Knigge, *Über den Umgang mit Menschen*, II. Teil, Kap. V, S. 10.
30 P.-J. Proudhon, zit. in: Planté 1989, S. 216. Vgl. auch die biologischen Theorien von Paul Moebius, dessen Werk *Vom physiologischen Schwachsinn des Weibes* im Jahr 1900 Furore machte.
31 Clemens Brentano an *Emilie von Niendorf*, München 1844.
32 *Literaturblatt*, 15. März 1839.
33 *Allgemeine deutsche Biographie*, Artikel Therese Forster-Huber, Auszüge aus ihren Erinnerungen (1803).
34 Sophie Mereau übersetzt 1797 die Briefe von Ninon de Lenclos, Therese Huber die von Madame Roland.
35 Die 1867 geschriebene Tragödie *Marie Roland* von Marie von Ebner-Eschenbach erlebte nur eine Liebhaberaufführung in Weimar.
36 Aussagen des Mitglieds der französischen Akademie Auger, zit. in: Jean Lamac, *Histoire de la Littérature féminine en France*, 1929.
37 Marie-Claire Hoock-Demarle, »Bettina Brentano-von Arnim ou la mise en œuvre d'une vie«, Diss., 1985.
38 Aus den vielen Lebensbeschreibungen von Frauen, die zwischen 1830 und 1850 erschienen, zitieren wir Henriette Herz (1823 geschrieben und 1850 erschienen), Elisa von der Recke (1804 und 1830), Johanna Schopenhauer (1839 von ihrer Tochter veröffentlicht) oder die überarbeiteten Briefwechsel von Rahel Varnhagen (von ihrem Mann 1833 veröffentlicht) oder von Bettina (die sich in ihren Schriften von 1843 auf 1807 bezieht).
39 Louise Aston, *Meine Emanzipation, Verweisung und Rechtfertigung*, Brüssel 1846, zit. in: Möhrmann 1977, S. 146.
40 Zwischen 1840 und 1848.
41 Fanny Lewald, *Meine Lebensgeschichte*, in: dies., *Freiheit des Herzens*, hg. von Günter de Bruyn und Gerhard Wolf, Frankfurt a. M./Berlin 1992, S. 202f.
42 Zum Lebensweg dieser Pionierinnen vgl. Walle 1989.
43 Adelheid Popp, *Jugend einer Arbeiterin* (1909). Vorwort von August Bebel, hg. und eingel. von Hans J. Schütz, Berlin/Bonn 1977.
44 *Neue Bahnen* ist der Titel, den Louise Otto-Peters der von ihr 1875 gegründeten Zeitschrift gibt.
45 Hedwig Dohm, *Die wissenschaftliche Emancipation der Frau*, Berlin 1893, S. 45 und 185.

Das katholische Modell

1 Anna Maria Mozzoni, *Un passo avanti nella cultura femminile: tesi e progetto*, Mailand 1866, S. 27f.
2 R. P. G. Ventura, *La donna cattolica*, Bd. 3, Mailand/Genua 1855, S. 249–259.
3 Fraisse 1989.
4 Gabriele d'Azambuja, *Ciò che per la Donna ha fatto il Cristianesimo*, Rom 1912 (ital. Übers. der 6. frz. Ausgabe).
5 Deniel 1965, S. 125.

6 Marcel Bernos, De l'influence salutaire ou pernicieuse de la femme dans la famille et la société, in: Revue d'Histoire moderne et contemporaine, Juli/Sept. 1982.

7 Giacomo Leopardi, Dei costumi italiani, hg. von A. Placanica, Venedig 1989, S. 132.

8 Sergio Bertelli und Giulia Calvi, Rituale, cerimoniale, etichetta nelle corti italiane, in: Sergio Bertelli und Ginliano Grifò (Hg.), Rituale, Cerimoniale, Etichetta, Mailand 1985, S. 11f.

9 Ilaria Porciani, Il Plutarco femminile, in: Soldani 1989.

10 Anna Scattigno, Lettere devote, in: Ilaria Porciani (Hg.), Le donne a scuola. L'educazione femminile nell'Italia dell'Ottocento, Mostra documentaria e iconografica, Siena 1987.

11 Lebrun 1980, S. 321–330.

12 Edith Saurer, Donne e preti. Colloqui in confessionale agli inizi dell'ottocento, in: Ferrante/Palazzi/Pomata 1988, S. 253–281 (dt.: Frauen und Priester. Beichtgespräche im frühen 19. Jahrhundert, in: Richard van Dülmen [Hg.], Arbeitsfrömmigkeit und Eigensinn, Frankfurt a. M. 1990).

13 La Civiltà Cattolica, Serie 1, Bd. 10, 1852, S. 381.

14 Diese rare quantitative Angabe zum religiösen Verhalten in Italien im 19. Jahrhundert verdanke ich der Freundlichkeit von Philippe Boutry.

15 Philippe Boutry, Prêtres et paroisses au pays du curé d'Ars, Paris 1986, S. 19. Ein »italienisches« (in Wirklichkeit habsburgisches) Beispiel: Luigi Pesce (Hg.), Thesaurus Ecclesiarum Italiae Recentoris Aevi, III. 9, La visita pastorale di Sebastiano Soldati nella Diocesi di Treviso (1832–1838), Rom 1979.

16 Gabriele d'Azambuja, La giovane e l'evoluzione moderna, Rom 1911 (ital. Übers. der 2. frz. Ausgabe von 1880).

17 Ders., Ciò che per la donna.

18 Abbate (sic) Baunard (Hg.), Historia della madre Barat fondatrice dell'Istituto del Sacro Cuore di Gesù, Rom 1877, I, S. 510.

19 Louise Colet, L'Italie des Italiens, Paris 1862, S. 142.

20 Johann Wolfgang von Goethe, Italienische Reise, München 1988, S. 325f.

21 Massimo d'Azeglio, I miei ricordi, Mailand 1932, S. 20.

22 Nicoló Tommaseo, La donna, scritti vari (1833), Mailand 1872, S. 237.

23 Abbé J. Gaume, Histoire de la société domestique, Paris 1844, S. 472.

24 Maria Luisa Trebiliani, Modello Mariano e immagine della donna nell'esperienza educativa di don Bosco, in: Francesco Traniello (Hg.), Don Bosco nella storia della cultura popolare, Turin 1987, S. 187–207.

25 Leo XIII. (Gioacchino Pecci), Arcanum, in: Il problema femminile, Rom 1962, S. 13.

26 Einige Beispiele: Emilia Nevers, L'età del marito, Turin 1891: Guidi Tommasina, L'amore dei quarant'anni, Mailand/Palermo 1902.

27 Lucette Scareffia, La Santa degli Impossibili. Vicende e significati della devozione a S. Rita, Turin 1990, S. 55f.

28 Jaqueline Vincent, Le livre de l'amour, Paris 1960 (dt.: Die offenen Hände, hg. von Bruno de Jesus-Maria, Kaldenkirchen 1961).

29 Langlois 1987, S. 307–323.

30 Silvia Franchini, Gli educandati nell'Italia postunitaria, in: Soldani 1989, S. 57–86.

31 Scipio Sighele, Eva moderna, Mailand 1910, S. 182.

32 Giancarlo Rocca, Le nuove fondazioni religiose femminili in Italia dal 1800 al 1860, in: AA.VV. 1985, S. 107–192.

33 Caracciolo 1986.

34 Massimo Petrocchi, Storia della spiritualità italiana, Bd. 3, Rom 1979.

35 Angelo Gambasin, Religiosa magnificenza e plebi in Sicilia nel XIX secolo, Rom 1979, S. 163–221.

26 Sant'Alfonso de Liguori, La vera sposa di Gesù Cristo, cioè La monaca Santa, Turin, 1862, S. 120.

37 Arnold 1984.

38 Susan O'Brien, Terra Incognita: The Nun in Nineteenth-Century England, in: Past and Present 121, 1988.

39 B. Welter, The Feminization of American Religion, 1800–1860, in: Hartman/Banner 1974.

40 Claude Langlois, »Je suis Jeanne Jugan«. Dépendance sociale, condition féminine et fondation religieuse, in: Archives de Sciences Sociales des Religions 52, 1981, S. 21–35.

41 Michela De Giorgio, Les demoiselles catholiques italiennes, in: Cohen 1987, S. 101–126.

42 Julian Pitt-Rivers, The Fate of Sechem, or The Politics of Sex. Essay in the Anthropology of the Mediterranean, Cambridge 1977.

43 Laura Guidi, La »Passione governata dalla virtù«: benefattrici nella Napoli ottocentesca, in: Ferrante/Palazzi/Pomata 1988, S. 148–165.

44 Gérard Cholvy und Yves-Marie Hilaire, Histoire Religieuse de la France Contemporaine 1880–1930, Paris 1986, S. 363.

45 De Giorgio/Di Cori 1980.

46 A. S. J. Pavissich, Donna antica e Donna nuova. Scene di domani, Rom 1909.

47 Cecilia Dau Novelli, Alle origini dell'esperienza cattolica femminile: rapporti con la Chiesa e gli altri movimenti femminili (1908–1912), in: Storia Contemporanea 3, 1980.

48 Goethe, Italienische Reise, S. 423f.

49 Paolo Macry, La Napoli dei dotti. Lettori, libri e biblioteche di una ex-capitale (1870–1900), in: Meridiana 4, 1988.

50 Ezio Raimondi, Il romanzo senza idillio, Turin 1974, S. 129f.

51 Mathilde Berengo, *Intellettuali e librai nella Milano della Restaurazione*, Turin 1980.

52 Madame Bourdon (Mathilde Froment), *Souvenirs d'une institutrice*, Paris ⁸1869, S. 22f.

53 Daniela Maldini Chiarito, Lettrici ed editori a Milano tra Otto e Novecento, in: *Storia in Lombardia* 2, 1988.

54 Jean-Louis Desbordes, Les écrits de Mgr. Dupanloup sur la haute éducation des femmes, in: Mayeur/Gadille 1980.

55 M.-J. Rouet de Journel, S. J., *Une russe catholique. Madame Swetchine*, Paris 1929, S. 16f.

56 R. Ricci, *Memorie della Baronessa Olimpia Savio*, Mailand 1911, S. 4f.

57 Maria Luisa Trebiliani, Santità femminile e società a Lucca nell'Ottocento, in: Boesch Gajano/Sebastiani 1984, S. 959–995.

58 P. Ramon Ruiz Amado, *La educación femenina*, Barcelona 1912, S. 115.

59 Guy Thuillier, *L'imaginaire quotidien au XIXᵉ siècle*, Paris 1985, S. 42.

60 Anne-Marie Thiesse, *Le Roman du quotidien*, Paris 1984, S. 125–127.

61 La biblioteca di una sposa, in: *Fiamma Viva*, April 1927, S. 251–253.

62 Savart 1985.

63 Piergiorgio Camaiani, La donna, la morte e il giovane Vittorio Emanuele, in: Francesco Traniello (Hg.), *Dai Quaccheri a Gandhi. Studi di storia religiosa in onore di Ettore Passerin d'Entrèves*, Bologna 1987, S. 169.

64 Lévy 1984.

65 Philippe Boutry und Michel Cinquin, *Deux pèlerinages au XIXᵉ siècle: Ars et Paray*, Paris 1980, S. 22.

66 Thuillier, *L'imaginaire quotidien*, S. 44f.

67 Brame 1985.

68 Eva Regina Jolanda, *Consigli e norme di vita femminile contemporanea*, Florenz 1907, S. 7.

69 Paolo Macry, *Ottocento. Famiglia, élites e patrimoni a Napoli*, Turin 1988, S. 70.

70 Marie Bashkirtseff, *Journal*, Paris 1985, S. 45 (dt.: *Tagebuch*, hg. von Gottfried M. Daiber. Aus dem Franz. von Lothar Schmidt, Berlin 1983).

71 Accati 1990.

72 Martine Segalen und Josselyne Chamarat, La Rosière et la »Miss«: les »reines« des fêtes populaires, in: *L'Histoire* 53, 1983.

73 Antonio Marro, *La pubertà studiata nell'uomo e nella donna (in rapporto all'Antropologia, alla Psichiatria ed alla Sociologia)*, Turin 1897.

74 Guidi 1991.

75 Rodolfo Bettazzi, *La giovine e la moralità*, Turin 1915, S. 19.

76 Monica Turi, La costruzione di un nuovo modello di comportamento femminile. Maria Goretti tra cronaca nera e agiografia, in: *Movimento operaio e socialista* 3, 1987.

77 Buttafuoco 1985.

78 *Bolletino Unione Donne Cattoliche d'Italia*, Mai 1911.

79 Bĭenedikt XV. (Giacomo Della Chiesa), *Allocuzione alle donne italiane* 21, Okt. 1919.

80 La virtù mal vestita, in: *Fiamma Viva*, Okt. 1922, S. 579.

81 John Carl Flugel, *The Phychology of Clothes*, London 1930.

82 Thuillier, *L'imaginaire quotidien*.

83 Natalia Ginzburg, *La famiglia Manzoni*, Turin 1983 (dt.: *Die Familie Manzoni*. Aus dem Ital. von Maja Pflug, Düsseldorf 1988, S. 47).

84 Madame Bourdon (Mathilde Froment) *Giornata Cristiana della Giovinetta* (1867), Turin 1888, S. 85.

85 Smith 1981, S. 14ff.

86 Philippe Perrot, Pour une généalogie de l'austérité des apparences, in: *Communications* 46, 1987, S. 157–179.

87 Ginzburg, La famiglia Manzoni S. 132 (dt.: *Die Familie Manzoni*, S. 170).

88 *Historia della Madre Barat*, S. 517.

89 Philippe Ariès, *L'homme devant la mort*, Paris 1977 (dt.: *Geschichte des Todes*. Aus dem Franz. von Hans-Horst Henschen und Una Pfau, München 1980).

90 Madame Craven La Ferronnays, Augustus, *Récit d'une sœur, souvenirs de famille*, Paris ⁵²1911, S. 199.

91 Ernest Legouvé, *Padri e figli nel secolo che muore*, Florenz 1899, S. 19–25.

92 Melchiorre Gioja, *Il primo e il nuovo galateo*, S. 258.

93 Trebiliani, Modello Mariano, in: Traniello (Hg.), Don Bosco nella storia della cultura popolare.

94 Deniel 1965, S. 194.

95 Giacomo Leopardi, *Zibaldone* I, § 353–356 (dt.: *Das Gedankenbuch*, Auswahl und Übers. Hanno Helbing, München 1985).

96 Daniela Maldini Chiarito, Trasmissione di valori e educazione famigliare: le lettere al figlio di Costanza d'Azeglio, in: *Passato e Presente*, Jan./April 1987, S. 35–62.

97 Jacques Maître, Idéologie religieuse, conversion mystique et symbiose mère-enfant; Le cas de Thérèse Martin (1873–1897), in: *Archives de Sciences Sociales des Religions* 51, 1981, S. 65–99.

98 Milan 1983.

99 Jules Michelet, *La Femme*, Paris 1860, S. 118.

100 Gina Lombroso, *L'anima della donna*, Florenz 1918; dies., *L'anima della donna*, Bd. 2: *Qualità e difetti*, Florenz 1918.

Die jüdische Frau:
Variationen und Transformationen

1 Lilly Scherr, zit. nach Friedlander 1984, S. 21.
2 Biale 1984, S. 6–7; s. a. Meiselman 1978.
3 Myerhoff 1980, S. 234–235.
4 Arendt 1990, S. 62; Hertz 1988 (dt.: 1991).
5 Katz 1984, Kap. 4 (dt.: 1988).
6 Arendt 1990, S. 63; Kaplan 1979 (dt.: 1981, S. 28).
7 Arendt 1990, S. 20, 75.
8 Dawidowicz 1967, S. 31; Stanislawski 1983.
9 Zipperstein 1985.
10 Bristow 1983, S. 51, Anm. 6.
11 Weinberg 1988, S. 76 und 276, Anm. 33.
12 Hasanovitz 1918, S. 6–9.
13 Green 1981, S. 56–58.
14 Bristow 1983, S. 51; Kaplan 1981, S. 69, 181ff.; Adler 1953 (dt.: 1966).
15 Baum/Hyman/Michel 1975, S. 87.
16 Hyman 1983, S. 157–168.
17 Weinberg 1988, S. 76 und 276, Anm. 33.
18 Ebd., S. 281, Anm. 55.
19 Antin 1969, S. 223.
20 Weinberg 1988, S. 174; s. a. Berrol 1976, S. 263; Gorelick 1981, S. 121–123.
21 Berrol 1976; Gorelick 1981, S. 113, 124f.
22 Brumberg 1984, S. 99; Weinberg 1988, S. 117.
23 Marcus 1981, S. 137.
24 Gorelick 1981, S. 31.
25 Hasanovitz 1918, S. 81.
26 Schiff 1980, S. 112.
27 Malkiel 1980; Kessler-Harris 1977.
28 Hyman 1980; Ewen 1985, S. 126–127, 176–183.
29 Ewen 1985, S. 245.
30 Weinberg 1988, S. 152.
31 Baum/Hyman/Michel 1975, S. 184; s. a. Berrol 1985, S. 21–32.
32 Kaplan 1981, S. 113.

Mädchenerziehung:
das laizistische Modell

1 Sonnet 1987.
2 David Wardle, *English Popular Education, 1780–1970*, Cambridge 1970; Neuauflage 1976, S. 118.
3 Jean Dulck, *L'enseignement en Grande-Bretagne*, Paris 1968.
4 Élie Halévy, *Histoire du peuple anglais au XIXᵉ siècle*, 2 Bde., Paris 1926–1932; Neuauflage 1975.
5 Nach A. Couvreur, einem Laizisten, zit. in: Mendes da Costa/Morelli 1989.
6 Lory 1979.
7 Mendes da Costa/Morelli 1989, S. 18.
8 J. Bartier, *Église et Enseignement*, Brüssel 1977.

Zwischen Erwerbsfleiß
und Bildungsreligion

1 Anna Schmidt, *Zur Orientierung über die private deutsche Mädchenschule*. Im Auftrage des Vorstandes verfaßt von der Vorsitzenden des Bundes privater deutscher Mädchenschulen, Düsseldorf 1912, S. 11.
2 Vgl. Schmid 1989.
3 Vgl. die Kapitel 5 bis 13 in diesem Band.
4 Vgl. Kapitel 19 in diesem Band.
5 Bryant 1979.
6 Vgl. Küppers 1987, S. 180–191.
7 Zit. nach Bäumer 1902, S. 79.
8 *Allgemeine deutsche Real-Enzyklopädie für die gebildeten Stände. Conversationslexikon*, 8. Aufl., Leipzig 1834, Bd. 4, S. 362 und 9. Auflage, Leipzig 1844, Bd. 5, S. 557. Vgl. auch Meyer-Renschhausen 1989, S. 44–56.
9 Prelinger 1985, S. 268–285; dies. 1984a, S. 118–132; Palatschek 1990.
10 Vgl. Lange 1921, S. 114ff.
11 Rudolph 1978.
12 Zit. nach Bussemer 1985, S. 106.
13 Vgl. Carol Dyhouse, *Social Darwinistic Ideas and the Development of Women's Education in England, 1880–1920*, in: *History of Education* 5, Nr. 1, 1976, S. 41–58; Gerda Tornieporth, *Studien zur Frauenbildung. Ein Beitrag zur historischen Analyse lebensweltorientierter Bildungskonzeptionen*, Weinheim/Basel 1977; Obschernitzki 1987.
14 Schlüter 1987; Gabriele Neghabian, *Frauenschule und Frauenberufe. Ein Beitrag zur Bildungs- und Sozialgeschichte Preußens (1908–1945) und Nordrhein-Westfalens (1946–1974)*, Köln/Weimar/Wien 1993.
15 Vgl. Allen 1991.
16 Baumann 1992, S. 73f.
17 Vgl. Kleinau 1991, S. 22–35.
18 Vgl. Jacobi 1994.
19 Vgl. Albisetti 1988, S. 238–273.

Bilder – Schein und Erscheinung,
Muße und Subsistenz

1 Yeldham 1984.
2 Solomon-Godeau 1986, S. 96.
3 Ebd. S. 93.
4 Anna Jameson, *Legends of the Madonna, as Represented in the Fine Arts, Forming the Third Series of Sacred and Legendary Art*, London ²1857, S. 58.

Die bürgerliche, die öffentliche und die private Frau

1 Anne-Marie Sohn, Les Attentats à la pudeur sur les fillettes en France (1870–1939) et la sexualité quotidienne, in: *Mentalités* 3, 1989; in derselben Nummer die Studien von Amy Gilman Srebnick, L'assassinat et le mystère de Mary Rogers, und von Judith Walkowitz, Jack l'éventreur et les mythes de la violence masculine (auch in *Feminist Studies* 8, Nr. 3 erschienen).
2 Anne-Louise Shapiro, Love Stories: Female Crimes of Passion in Fin de Siècle Paris, 1991.

Leib und Seele

1 Paola Di Cori, Rosso e bianco. La devozione al Sacro Cuore di Gesù nel primo dopoguerra, in: *Memoria* 5, Nov. 1982, *Sacro e profano*, S. 82–107.
2 Yannick Ripa, L'histoire du corps, un puzzle en construction, in: *Histoire de l'éducation* Nr. 37, Jan. 1988, S. 47–54.
3 Odile Arnold, *Le corps et l'âme: la vie des religieuses au XIXᵉ siècle*, Paris 1984, Kap. 3.
4 Knibiehler u. a. 1989, S. 97–99.
5 *Les Petites Filles Modernes* (Katalog), hg. von Nicole Savy, Les Dossiers du Musée d'Orsay Nr. 33, Paris 1989.
6 Agnès Fine, A propos du trousseau: une culture féminine?, in: Perrot 1984, S. 155–188 (dt.: 1989, S. 161–198).
7 Émile Zola, *Fécondité*, Paris 1989, S. 50 (dt.: *Fruchtbarkeit*, Aus dem Franz. von Leopold Rosenzweig, Berlin 1930, S. 50).
8 *Dictionnaire des Sciences médicales*, 60 Bde., Paris 1812–1822, Stichwort *Grossesse*.
9 Shorter 1982 (dt.: 1987).
10 Carl Degler, *At Odds. Women and the Family in America from the Revolution to the Present*, New York 1980.
11 Jean-Paul-Bardet, K.-A. Lynch, G.-P. Mineau, M. Hainsworth, M. Skolnick, La mortalité maternelle autrefois, une étude comparée (de la France de l'Ouest à l'Utah), in: *Annales de démographie historique*, 1981, *Démographie historique et condition féminine*, Paris/Den Haag/New York 1981, S. 31–48.
12 Françoise Leguay und Claude Barbizet, *Blanche Edwards-Pilliet, femme et médecin 1858–1914*, Le Mans 1988.
13 Louis Henry, Mortalité des hommes et des femmes dans le passé, in: *Annales de démographie historique*, 1981, S. 87–118; Arthur Imhof, La surmortalité des femmes mariées en âge de procréation: un indice de la condition féminine au XIXᵉ siècle, in: *Annales de démographie historique*, 1981, S. 81–87.

14 *Dictionnaire des Sciences médicales*, 1812–1822, Stichwort *Fille*.
15 Michel Poulain und Dominique Tabutin, La surmortalité des petites filles en Belgique au XIXᵉ et début du XXᵉ siècle, in: *Annales de démographie historique*, 1981, S. 105–139.
16 *Dictionnaire encyclopédique des sciences médicales*, hg. von Amédée Dechambre, 100 Bde., Paris 1864–1889, Stichwort *Syphilis*.
17 Laura Kreyder, *L'enfance des saints et les autres. Essai sur la Comtesse de Ségur*, Shena-Nizet Biblioteca della Ricerca 1987 (Kap. 4).
18 Smith 1981, S. 48.
19 Edmondo De Amicis, *Amore e ginnastica*, franz. Übers., *Amour et gymnastique*, Paris 1988.
20 Jacques Thibault, Les origines du sport féminin, in: Arnaud 1987, S. 331–341.
21 So der Titel des berühmten Werkes von Dr. Georges Cabanis, erschienen in Paris 1803.
22 *Hygiène et physiologie du mariage* (1848), im Bestand der Verf. in Paris, 4. Aufl. 1853.
23 *The Functions and Disorders of the Reproductive Organs in Youth, in Adult Age, and in Advanced Life. Considered in their Physiological, Social and Psychological Relations*, Philadelphia 1865.
24 Ariès/Duby 1987, S. 543 (dt.: 1992, S. 556f.).
25 Zit. nach Degler, *At Odds*, S. 267
26 Havelock Ellis, *Studies in the Psychology of Sex*, 4 Bde., New York 1936, Bd. 1, S. 464 (dt.: *Sexualpsychologische Studien*, Würzburg 1910/11).
27 Madeleine Pelletier, La femme vierge, Paris 1933, zit. in: *L'education féministe des filles*, Vorwort und Anmerkungen von Claude Maignen, Paris 1978, S. 9.
28 Knibiehler u. a. 1989, S. 147.
29 Flandrin 1975, S. 114f.
30 Weeks 1981, S. 60.
31 Marie Dugard, *La société américaine*, Paris 1895, S. 170f.
32 Degler, *At Odds*, S. 20f.
33 *Récit de vie, Denise S., bourgeoise d'Anvers*, Propos recueillis par Édith R., Brüssel 1988, S. 46.
34 Louise Weiss, *Mémoires d'une Européenne*, Paris 1979, Bd. I, S. 58.
35 Ariès/Duby 1987, S. 546 (dt.: 1992, S. 560f.).
36 Thierry Eggerickx und Michel Poulain, Le contexte et les connaissances démographiques de l'émigration des Brabançons vers les États-Unis au milieu du XIXᵉ siècle, in: *Annales de démographie historique*, 1987.
37 *Annales de démographie historique*, 1981 und 1984.
38 Louis Bergeret, *Des fraudes dans l'accomplissement des fonctions génératrices*, Paris 1868, engl. Übers. von P. de Marmon, *The Preventive Obstacle, or Conjugal Onanism*, New York 1870.

39 Jean-Pierre-Bardet und Hervé Le Bras, La chute de la fécondité, in: Dupâquier 1988, Kap. 7, S. 361.

40 Degler, *At Odds*, S. 273; Weeks 1981, S. 71; Caroll Smith-Rosenberg, *Disorderly Conduct, Visions of Gender in Victorian America*, New York/Oxford 1985, S. 219.

41 Shorter 1982 (dt.: 1987).

42 Guillais 1986.

43 Degler, *At Odds*, Kap. 12 »Organizing to Control Sexuality«, S. 279–297.

44 Jules Michelet, *L'amour*, Paris o. J., S. 246 (dt.: *Die Liebe*. Aus dem Franz. von Friedrich Spielhagen, Leipzig 1859, S. 182).

45 Docteur Pierre Garnier, *Le mariage dans ses devoirs, ses rapports et ses effets conjugaux*, Paris 1879, S. 540.

46 Zit. von Fay-Sallois 1980, S. 237.

47 Fildes 1988, S. 221–241.

48 Rollet-Échalier 1990.

49 Bigot 1988, S. 138f.

50 Agnès Fine, Enfant et normes familiales, in: Dupâquier 1988, Bd. 3, S. 437.

51 Weeks 1981, S. 61f.

52 Ariès/Duby 1987, S. 139 (dt.: 1992, S. 145f), vgl. auch Michèle Bordeaux, Bernard Hazo, Soizic Lorvellec, *Qualifié viol*, Paris 1990.

53 Brian Juan O'Neill, *Social Inequality in a Portuguese Hamlet: Land, Late Marriage, and Bastardy (1870–1978)*, Cambridge 1987, S. 334.

54 Gianna Pomata, Madri illegitime tra ottocento et novecento: storie cliniche e storie di vita, in: *Quaderni Storici* Nr. 44, Aug. 1980, *Parto e maternità, momenti della biografia femminile*, S. 506–507.

55 Ariès/Duby 1987, S. 455–460 (dt.: 1992, S. 464–469).

56 Vgl. Bashkirtseff 1887 (dt.: 1983); Eugénie de Guérin, *Journal et Fragments*, Paris 1884; Alphonse de Lamartine, *Le manuscript de ma mère*, Paris 1924.

57 Olafson Hellestein u. a. 1989.

58 Adrienne Necker de Saussure, *Éducation progressive ou étude du cours de la vie*, 6. Aufl., Paris o. Jahr, Bd. 2, S. 478 (Erstauflage 1828).

59 Caroline Brame, *Journal intime*, Unters. von Michelle Perrot und Georges Ribeill, Paris 1985.

60 Olafson Hellestein u. a. 1989, S. 144.

61 Zit. nach Geneviève Fraisse, *Clémence Royer, philosophe et femme de sciences*, Paris 1985.

62 Ginette Raimbaut und Caroline Eliacheff, *Les indomptables, figures de l'anorexie*, Paris 1989; Brumberg 1988 (dt.: 1994).

63 Steve M. Stowe, »The thing not its Vision«: a woman's Courtship and her Sphere in the Southern Planter class; in: *Feminist Studies*, Bd. 9, Nr. 1, Frühj. 1983, S. 113–130. Vgl. auch Olafson Hellestein u. a. 1989, S. 88.

64 Smith Rosenberg, *Disorderly Conduct*, S. 52–76.

65 Arnold, *Le corps et l'âme*.

66 Jacques Leonard, Femmes, religion et médecine. Les religieuses qui soignent en France au XIXᵉ siècle, in: *Annales Économie. Société. Civilisation*, Sept.-Okt. 1977, S. 887–907.

67 Flaviana Zanolla, Suocere, nuore et cognate nel primo '900 a P. nel Friuli, in: *Quaderni Storici* Nr. 44, Aug. 1980, *Parto e maternita, momenti della biografia femminile*, S. 429–450.

68 Smith 1981.

69 Ebd., Kap. 3 »The productive life of women«.

70 Ariès/Duby 1987, S. 128 (dt.: 1992, S. 134).

71 Weiss, *Mémoires d'une Européenne*, Bd. 1, S. 93f.

72 Évelyne Berriot-Salvadore, »L'effet 89« dans le journal intime d'une jeune fille de la Belle Époque; in: *Actes du colloque Les femmes et la Révolution française*, Toulouse, Bd. 1, 1989; Bd. 2, 1990; Bd. 3 in Druck.

73 Ariès/Duby 1987, S. 516f. (dt.: 1992, S. 529f.); Degler, *At Odds*, S. 107f.; Knibiehler u. a. 1989, S. 102.

74 Robert Musil, *Der Mann ohne Eigenschaften*, in: *Gesammelte Werke in neun Bänden*, hg. von Adolf Frisé, Reinbek 1978, Bd. 1–5.

75 Jacques Poumarède, L'inceste et le droit bourgeois, in: *Droit, histoire et sexualité*. Textes réunis et présentés par Jacques Poumarède et Jean-Pierre Royer, Publications de l'espace juridique, Paris 1987, S. 213–228.

76 Weeks 1981, S. 31.

77 Knibiehler/Fouquet 1982, S. 186–193.

78 Willy Aeschimann, *La pensée d'Edgar Quinet. Étude sur la formation de ses idées avec essais de jeunesse et documents inédits*, Paris/Genf 1986.

79 H.-A. Diederiks, Le choix du conjoint à Amsterdam au début du XIXᵉ siècle, in: *Annales de démographie historique*, 1986, S. 183–194.

80 Paul Lachance, L'effet du déséquilibre des sexes sur le comportement matrimonial: comparison entre la Nouvelle France, Saint-Domingue et La Nouvelle Orléans, in: *Revue d'histoire de l'Amérique française*, Bd. 39, Nr. 2, Herbst 1985.

81 Julie Dunfey, »Living the principle« of plural marriage: Mormon women, utopia and female sexuality in the 19th century, in: *Feminist Studies*, Bd. 10, Nr. 3, Herbst 1984, S. 523–536.

82 Stowe, »The thing not its vision«, S. 113–130.

83 Yvonne Knibiehler, Fanny Reybaud, in: *Provence historique*, Okt. 1991.

84 Degler, *At Odds*, S. 31f.

85 Bernard Schnapper, La séparation de corps de 1837 à 1914. Essai de sociologie juridique, in: *Revue historique*, April-Juni 1978, Paris.

86 Michelet, *L'amour*, S. 358f.

87 Jean Estebe, *Les ministres de la République, 1871–1914*, Vorwort von Maurice Agulhon, Paris 1982, S. 91.

88 Smith-Rosenberg, *Disorderly Conduct*, S. 190–195.

89 Olafson Hellestein u. a. 1989, Teil IV, S. 453–508.
90 Éliane Richard, Des veuves riches au XIXᵉ siècle, in: Actes du colloque *Les femmes et l'argent*, Aix-en-Provence 1985, S. 21–35.

Gefährliche Formen der Sexualität

1 Preiss/Simmons 1989, S. 3.
2 Abraham Flexner, *Prostitution in Europe*, New York 1920, S. 64.
3 *Downward Paths: An Inquiry into the Causes which Contribute to the Making of the Prostitute, with a forward by A. Maude Royden*, London 1913, S. 48.
4 Zit. nach Ronald Pearsall, *The Worm in the Bud: The World of Victorian Sexuality*, Toronto 1969, S. 283.
5 Zit. nach D'Emilio/ Freedman 1988, S. 182.
6 Ellen Ross, Fierce Questions and Taunts: Married Life in Working-Class London 1870–1914, in: *Feminist Studies* 8/3, 1982, S. 575f.
7 Zit. nach Harsin 1980, S. 22.
8 William Acton, *Prostitution* (1870), hg. von Peter Fryer, gekürzte Neuaufl. 1968, S. 23.
9 *Daily Chronicle*, London, 10. Nov. 1888.
10 Alain Corbin, Commercial Sexuality in Nineteenth-Century France: A System of Images and Regulations, in: *Representations* 14, 1986, S. 212f.
11 Report of the Royal Commission on the Administration and Operation of the Contagious Diseases Acts 1866–69 (1871), in: *Parliamentary Papers* 1871, C. 408.
12 Zit. nach Walkowitz 1980, S. 177.
13 Corbin 1978, S. 134.
14 Zit. nach Henry Mayhew und Bracebridge Hemyng, The Prostitute Class Generally, in: Henry Mayhew (Hg.), *London Labour and the London Poor*, 4 Bde., London 1861, Neuauflage New York 1968, IV, S. 205.
15 Zit. nach Walkowitz 1980, S. 170.
16 Zit. nach Judith R. Walkowitz, Male Vice and Female Virtue: Feminism and the Politics of Prostitution in Nineteenth-Century Britain, in: Snitow 1983, S. 423.
17 Zit. nach Walkowitz, Male Vice and Female Virtue, in: ebd., S. 186.
18 Weeks 1977, S. 18.
19 Zit. nach Flexner, *Prostitution in Europe*, S. 190.
20 Ebd., S. 197.
21 Ebd., S. 197.
22 Zit. nach Frevert 1986, S. 131.
23 Elizabeth Cobb an Karl Pearson, 17. Juli 1885, Pearson Papers, 663/1, University College, London.
24 Maria Sharpe, Autobiographical Notes, S. 1, Pearson Papers, 10/1.

25 Emma Brooke, Notes on an Man's View of the Woman Question, Pearson Papers, 10/2.
26 Rachel Bernstein, Boarding-Housekeepers and Brothel Keepers in New York City, 1880–1910 (unveröffentlichte Doktorarbeit, Rutgers University) 1984, S. 144f.
27 Mrs. G., Interview, Dame Colet House, East London, Juli 1983.
28 Mrs. M., Interview, Toynbee Hall, East London, Juli 1983.
29 Zit. nach Josephine Butler, The Garrison Towns of Kent, in: *The Shield*, London, 35. April 1870.
30 Bracebridge Hemyng, Prostitution in London, in: Mayhew, *London Labour*, IV, S. 250.
31 Zit. nach D'Emilio/Freedman 1988, S. 137.
32 Zit. nach W. T. Stead, Diary Entries, 3. März 1886, Stead Papers. Ich danke Professor J. O. Baylen für die mir gewährte Einsicht in diese Papiere.
33 Petchesky 1984, S. 78.
34 Zit. nach Angus McLaren, Abortion in France: Women and the Regulation of Family Size, 1800–1914, in: *French Historical Studies* 10/3, 1978, S. 476.
35 Zit. nach Peter Gay, *The Bourgeois Experience: Victoria to Freud. Volume 1. Education of the Senses*, Oxford 1984, S. 254 (dt.: *Erziehung der Sinne: Sexualität im bürgerlichen Zeitalter*. Aus dem Engl. von Holger Fliessbach, Frankfurt a. M. 1989).
36 Zit. nach Carroll Smith-Rosenberg, *Disorderly Conduct: Visions of Gender in Victorian America*, New York, Oxford 1984, S. 254.
37 Petchesky 1984, S. 45.
38 Zit. nach ebd., S. 55.
39 Zit. nach McLaren 1978, S. 476.
40 Petchesky 1984, S. 54.
41 Zit. nach Margaret Hunt, Girls will be Boys, in: *The Women's Review of Books* 6/12, 1989, S. 11.
42 Zit. nach Anna Clark, Cross-dressing, unveröffentlichter Artikel, 10. April 1986, S. 9.
43 Zit. nach D'Emilio/Freedman 1988, S. 124f.
44 Zit. nach Smith-Rosenberg, *Disorderly Conduct*, S. 58.
45 Christine Stansell, Revisiting the Angel in the House: Revisions of Victorian Womanhood, in: *New England Quarterly* 60, 1987, S. 474.
46 Stansell, Revisiting the Angel, S. 482.
47 Jeannette Marks, zit. nach Faderman 1981, S. 229 (dt. 1990, S. 248).
48 Emma Willard, Companionships, neuaufgelegt in Jonathan Katz, *Gay/Lesbian Almanac: A New Documentary*, New York 1983, S. 216–218.
49 Weeks 1985, S. 67.
50 Zit. nach Katz, *Gay/Lesbian Almanac*, S. 189.
51 Zit. nach ebd., S. 144.
52 Zit. nach ebd., S. 270.
53 Carroll Smith-Rosenberg, Discourses of Sexuality and Subjectivity: The New Woman, 1870–1936,

in: Martin Bauml Duberman, Martha Vicinus und George Chauncey, Jr. (Hg.), *Hidden from History: Reclaiming the Gay and Lesbian Past*, New York 1989, S. 270.

54 ›The Truth about Myself‹: Autobiography of a Lesbian (Germany, 1901), in: Eleanor Riemer und John C. Fout (Hg.), *European Women: A Documentary History 1789–1945*, New York 1980, S. 235f.

55 Zit. nach Faderman 1981, S. 229 (dt. 1990, S. 249).

56 Zit. nach Gudrun Schwarz, »Mannweiber« in Männertheorien, in: Karin Hausen (Hg.), *Frauen suchen ihre Geschichte. Historische Studien zum 19. und 20. Jahrhundert*, 2. durchges. Aufl. München 1987, S. 64–82.

57 Zit. nach Katz, *Gay/Lesbian Almanac*, S. 137.

58 Leila J. Rupp, ›Imagine My Surprise‹: Women's Relationships in Mid-Twentieth Century America, in: Duberman/Vicinus/Chauncey, Jr. (Hg.), *Hidden from History*, S. 410.

Die Arbeiterin

1 Jules Simon, *L'ouvrière*, Paris ²1861, s. v.

2 Maurice Garden, *Lyon et les Lyonnais au XVIIIᵉ siècle*, Paris 1975, S. 139.

3 Dominique Godineau, *Citoyennes Tricoteuses: les femmes du peuple à Paris pendant la Révolution française*, Paris 1988, S. 67.

4 John Burnett (Hg.), *Annals of Labour; Autobiographies of British Working-Class People, 1820–1920*, Bloomington 1974, S. 285.

5 Eileen Yeo und E. P. Thompson (Hg.), *The Unknown Mayhew*, New York 1972, S. 122f.

6 Karl Marx und Friedrich Engels, *Manifest der Kommunistischen Partei*, Werke Bd. 4, Berlin 1980, S. 469. Das Argument lautet weiter: »Alters- und Geschlechtsunterschiede haben für die Arbeiterklasse keinerlei soziale Bedeutung mehr. Alle sind jetzt bloße Arbeitsinstrumente, deren Preis je nach Alter und Geschlecht variiert.«

7 Zit. nach Ava Baron, Questions of Gender: Deskilling and Demasculinization in the U.S. Printing Industry, 1830–1915, in: *Gender and History* 1/2, 1989, S. 164.

8 Ramsay MacDonald (Hg.), *Women in the Printing Trades: A Sociological Study*, London 1904, S. 36.

9 Zit. nach Michelle Perrot, Le Syndicalisme français et les femmes: histoire d'un malentendu, in: *Aujourd'hui* 66, 1984, S. 44.

10 Adam Smith, *The Wealth of Nations*, Bd. 1, Oxford ²1880, S. 71 (dt.: *Der Wohlstand der Nationen*, Bd. 1: *Entstehung und Verteilung des Sozialprodukts*. Aus dem Engl. von Horst Claus Recktenwald, München 1974, S. 59).

11 Jean-Baptiste Say, *Traité de l'économie politique*, 2 Bde., Paris ⁶1841, S. 324.

12 Eugène Buret, *De la misère des classes laborieuses en France et en Angleterre*, 2 Bde., Paris 1840, Bd. 1, S. 287, zit. nach Thérèse Moreau, *Le sang de l'histoire: Michelet, l'histoire, et l'idée de la femme au XIXᵉ siècle*, Paris 1982, S. 74.

13 *L'Atelier*, 30. Dez. 1842, S. 31.

14 Sidney Webb, The Alleged Difference in the Wages Paid to Men and Women for Similar Work, in: *Economic Journal* 1, 1891, S. 657ff.

15 Pinchbeck 1930, S. 185.

16 Zit. nach John C. Holley, The Two Family Economies of Industrialism: Factory Workers in Victorian Scotland, in: *Journal of Family History* 6, 1981, S. 64.

17 Zit. nach Louise A. Tilly und Joan W. Scott, *Women, Work and Family*, New York 1978; Neuauflage 1987, S. 79.

18 Jill K. Conway, Politics, Pedagogy, and Gender, in: Jill K. Conway, Susan C. Bourque und Joan W. Scott (Hg.), *Learning About Women: Gender, Politics, and Power*, Ann Arbor 1987, S. 140.

19 Samual Cohn, *The Process of Occupational Sex-Typing: The Feminization of Clerical Labor in Great Britain*, Philadelphia 1985.

20 Zit. nach Susan Bachrach, Dames Employées: The Feminization of Postal Work in Nineteenth-Century France, in: *Women and History* 8, 1983, S. 33.

21 Ebd., S. 35.

22 Ebd., S. 42.

23 Zit. nach Lewis 1984, S. 175.

24 Michelle Perrot, L'éloge de la ménagère dans le discours des ouvriers français au XIXᵉ siècle, in: *Romantisme*, S. 10.

25 Ute Frevert, *Frauen-Geschichte. Zwischen bürgerlicher Verbesserung und Neuer Weiblichkeit*, Frankfurt a. M. 1986, S. 97.

26 Baron, Questions of Gender, S. 164.

27 Zit. nach Mary Lynn Stewart, *Women, Work and the French State: Labour Protection and Social Patriarchy, 1879–1919*, Montreal 1989, S. 51.

28 Ebd., S. 175.

29 Ebd., S. 14.

30 Ebd., S. 119.

31 Bouvier 1936.

32 Margaret Llewelyn Davies (Hg.), *Life As We Have Known It By Cooperative Working Women*, New York 1975.

33 Zit. nach Stewart, *Women, Work and the French State*, S. 177.

34 Lewis 1984, S. 146.

Alleinstehende Frauen

1 Dora Greenwell, Our single women, in: *North British Review* XXXVI, Feb. 1862, S. 63.

2 Vgl. Bibliographie in Vicinus 1985; und in der Sondernummer »Spinsters«, *Journal of Family History*, Winter 1984, hg. von Susan Cotts Watkins. Zwischen 1840 und 1847 stellt der Maler Richard Redgrave in der Royal Academy eine Reihe von Gemälden zum Thema der *redundant woman* aus, einem
Modesujet, das auch von George Frederic Watts gemalt wurde.

3 W. R. Greg, »Why are women redundant?« in: *National Review* 14, April 1862, S. 436.

4 Émile Levasseur, *La population française: histoire de la population avant 1789 et démographie de la France comparée à celle des autres nations au XIXe siècle*, Paris 1889–1892, 3 Bde., Bd. 1, S. 333.

5 Jacques Dupâquier, *La population française aux XVIIe et XVIIIe siècles*, Paris 1979, S. 84.

6 Honoré de Balzac, *La vieille Fille* (1837), Paris 1955, S. 65 (dt.: *Die alte Jungfer*. Aus dem Franz. von Hedwig Lachmann, Leipzig/Weimar 1986, S. 63).

7 *Annales de démographie historique*, 1981, Teil A: »La mortalité différentielle des femmes«, S. 23–140.

8 Patrice Bourdelais, Le poids démographique des femmes seules en France, in: ebd., S. 215–227.

9 John Hajnal, European Marriage Patterns in Perspective, in: D.-V. Glass und D. E. C. Eversley (Hg.), *Population in History*, London 1965, S. 101–143.

10 Jack Goody, *The Development of the Family and Marriage in Europe*, Cambridge 1983 (dt.: *Die Entwicklung von Ehe und Familie in Europa*. Aus dem Engl. von Eva Horn, Berlin 1986; Frankfurt a. M. 1989).

11 Louis Henry und Jacques Houdaille, Célibat et âge au mariage aux XVIIIe et XIXe siècles en France. I – Célibat définitif. II – Age au premier mariage, in: *Population* 1979, Nr. 1 und 2.

12 Patrice Bourdelais, Femmes isolées en France, XVIIe–XIXe siècles in: Farge/Klapisch-Zuber 1984, S. 66f.

13 M. Anderson, Marriage Patterns in Victorian Britain: an Analysis Based on Registration District Data for England and Wales 1861, in: *Journal of Family History 2*, 1976, S. 55–78; John Knodel und Mary Jo Maynes, Urban and Rural Marriage Patterns in Imperial Germany, in: ebd., S. 129–168.

14 Léon Abensour, *La femme et le féminisme avant la Révolution* (1923), Reprint Genf 1977, S. 206.

15 Knodel und Maynes, Urban and Rural Marriage Patterns.

16 In Nordafrika, in Amerika und bis nach Ozeanien, in Wallis und Futuna: vgl. Y. Turin, *Femmes et Religieuses au XIXe siècle. Le féminisme »en religion«*, Paris 1989.

17 S. Dyrvik, Remarriage in Norway in the Nineteenth Century, in: J. Dupâquier, E. Hélin, P. Laslett, M. Livi-Bacci und S. Sogner (Hg.), *Marriage and Remarriage in Populations of the Past*, San Diego 1981, S. 305.

18 1862, 66, S. 594–610.

19 Maurice Garden, L'évolution de la population active, in: Jacques Dupâquier (Hg.), *Histoire de la population française*, Paris 1988, Bd. 3, S. 267.

20 Theresa McBride, Social Mobility for the Lower Classes: Domestic Servants in France, in: *Journal of Social History*, Herbst 1974, S. 63–78.

21 Abel Chatelain, Les usines internats et les migrations féminines dans la région lyonnaise, in: *Revue d'Histoire économique et sociale* 3, 1970, S. 373–394; Louis Reybaud, *Études sur le régime des manufactures, condition matérielle et morale des ouvriers en soie*, Paris 1859.

22 Françoise Parent, La vendeuse de grand magasin, in: Farge/Klapisch-Zuber 1984, S. 97.

23 Pierrette Pézerat et Danièle Poublan, Femmes sans maris, les employées des postes, in: ebd., S. 117–162; Maurizio Gribaudi, *Procès de mobilité et d'intégration. Le monde ouvrier turinois dans le premier demi-siècle*, Diss. Paris 1986.

24 Gro Hagemann, Class and gender during Industrialization, in: *The Sexual Division of Labour, 19th and 20th centuries*, Uppsala Papers in Economic History, Nr. 7, 1989, S. 1–29; Ursula D. Nienhaus, Technological Change, the Welfare State, Gender and Real Women. Female Clerical Workers in the Postal Services in Germany, France and England 1860 to 1945, in: ebd., S. 57–72.

25 *Statistique des familles*, Statistique générale de la France, 1906.

26 Marlène Cacouault, Diplôme et célibat, les femmes professeurs de lycée entre les deux guerres, in: Farge/Klapisch-Zuber 1984, S. 177; Françoise Mayeur, *L'enseignement secondaire des jeunes filles sous la 3e République*, Paris 1977, S. 256.

27 Claude Langlois, *Le Catholicisme au féminin. Les congrégations françaises à supérieure générale au XIXe siècle*, Paris 1984; Vicinus 1985; Lucia Ferrante, Maura Pallazzi und Gianna Pomata (Hg.), *Patronage e reti di relazione nelle storia delle donne*, Turin 1988.

28 *Les enseignements pontificaux. Le problème féminin*, Einführung und Zusammenstellung von den Mönchen von Solesmes, 1953.

29 Jacques Bertillon, *Etude démographique du divorce et la séparation de corps dans les différents pays de l'Europe*, Paris 1883.

30 Barbey d'Aurevilly, *Les Bas-Bleus*, Paris 1878.

31 *Liberty, a Better Husband. Single Women in America: the Generation of 1780–1840*, New Haven, Conn. 1984.

32 Ebd., S. 10 zitiert 1868 Mary Alcott: »Der Verlust von Freiheit, Glück und Würde wird gewöhnlich durch die nutzlose Ehre ›Madame‹ anstatt ›Mademoiselle‹ genannt zu werden ausgeglichen (. . .).

Die alten Mädchen wären gewissermaßen eine übergeordnete Klasse Frauen (. . .), ebenso treu und glücklich mit ihrer Wahl wie die verheirateten Frauen mit ihren Ehemännern und Haushalten.«

33 Der Ausdruck wurde von Shakespeare »erfunden«, um Frauen, die nicht heiraten wollten, der Lächerlichkeit preiszugeben, vgl. *A Midsummer Night's Dream*, I. i 67 (dt.: *Ein Sommernachtstraum*, hg. von Dietrich Klose. Aus dem Engl. von August Wilhelm Schlegel, Stuttgart 1992).

34 Édith Thomas, *Pauline Roland. Socialisme et féminisme au XIXe siècle*, Paris 1956; für Nightingale und Pankhurst vgl. Jeffreys 1985.

35 Carroll Smith-Rosenberg und Esther Newton, Le mythe de la lesbienne et la Femme nouvelle, in: *Stratégies des femmes*, Paris 1984, S. 274–311.

36 Gudrun Schwarz, L'invention de la lesbienne par les psychiatres allemands, in: ebd., S. 312–328.

37 Jean Borie, *Le célibataire français*, Paris 1976.

38 Cécile Dauphin, La vieille fille, histoire d'un stéréotype, in: Farge/Klapisch-Zuber 1984, S. 207–231.

39 Yvonne Knibiehler, Les médicins et la nature féminine au temps du Code civil, in: *Annales E.S.C.* 4, 1976, S. 824–845; Arlette Farge, Les temps fragiles de la solitude des femmes à travers le discours médical du XVIIIe siècle, in: Farge/Klapisch-Zuber 1984, S. 251–263.

40 Serge Moscovici, L'individu et ses représentations, in: *Magazine littéraire*, Nr. 264, April 1989, S. 28–31.

41 Nach der Definition des Anthropologen Louis Dumont bezeichnet der Holismus Gesellschaften, die der Gesamtheit der Gruppe den Vorzug vor ihren Teilen oder vor einzelnen Mitgliedern geben.

Neuerungen

1 »Ich bin eine Frau.
Wo ich geboren, werde ich sterben. Nie wird mir unbeschwertes Reisen wie auf
Flügeln den Horizont weiten.
Nie werde ich von der Welt wissen
Die jenseits meiner Hauswand vorübereilt (. . .)
Ich bin eine Frau.
Bleiben muß ich in meinem gehege . . .
Nie wird mich die Geschichte aufleben lassen.
Kein Wort spricht für mich.
Ich bin eine Frau.«

2 Claude Quiguer, *Femmes et Machines de 1900. Lecture d'une obsession Modern Style*, Paris 1979.

3 Vgl. Stella Georgoudi, Bachofen, le matriacat et le monde antique. Réflexions sur la création d'un mythe, in: *Histoire des femmes*, Bd. 1 (dt.: Bachofen, das Mutterrecht und die Alte Welt, in: *Geschichte der Frauen*, Bd. 1).

4 Jacques Le Rider, *Le Cas Otto Weininger. Racines de l'antiféminisme et de l'antisémitisme*, Paris 1982.

Ausbrüche

1 *La Tribune des Femmes*, 2. Jg., zit. v. Michèle Riot-Sarcey, *Parcours de femmes à l'époque de l'apprentissage de la démocratie*, Diss. Paris 1990.

2 Nancy F. Cott, *The Bonds of Womanhood. »Woman's Sphere« in New England, 1780–1835*, New Haven/London 1977; Eleni Varikas, La révolte des dames. Genèse d'une conscience féministe dans la Grèce du XIXe siècle, Diss. Paris 1988, erscheint bei Klincksieck in Paris.

3 Bridenthal/Koonz 1977; ²1987.

4 Duprat 1991.

5 Zit. von Fraisse 1989, S. 36.

6 Frevert 1986.

7 Prochaska 1980; Barret-Ducrocq 1987; Smith-Rosenberg 1971.

8 Williams 1982.

9 Martha Vicinus, *Independent Women. Work and Community for Single Women, 1850–1920*, London 1985.

10 Sylvie Fayet-Scribe, *Les associations féminines d'éducation populaire et d'action sociale. De Rerum Novarum (1891) au Front Populaire*, Diss. Paris 1988.

11 Marie-Claire Hoock-Demarle, *Bettina Brentano von Arnim ou la mise en œuvre d'une vie*, Diss. 1985; M. Perrot, Flora Tristan enquêtrice, in: Stéphane Michaud (Hg.), *Flora Tristan: un fabuleux destin*, Dijon 1985.

12 Marie-Antoinette Perret, *Enquête sur l'enfance »en danger moral«*, Mag. arb. Paris 1989.

13 Yvonne Knibiehler, *Nous les assistantes sociales*, Paris 1981; dies u. a., *Cornettes et blouses blanches*, Paris 1984.

14 Zitiert von Duprat 1991.

15 Bonnie G. Smith, *Changing Lives. Women in European History Since 1700*, Lexington/Toronto, D.C. 1989, S. 218; Anne Summers, Pride and Prejudice: Ladies and Nurses in the Crimean War, in: *History Workshop Journal* 16, Herbst 1983, S. 33–57; Martha Vicinus und Bea Nergaard (Hg.), *Ever Yours, Florence Nightingale. Selected Letters*, London 1990.

16 Smith 1981.

17 Zit. v. Riot-Sarcey, *Parcours de femmes* (Orig. von 1831).

18 Mary P. Ryan, The Power of Women's Networks, in: Newton u. a. ²1985, S. 167–186 (dt.: Mief und Stärke. Ein frühes Lehrstück über die Ambivalenzen weiblicher Moralisierungskampagnen, in: Claudia Honegger und Bettina Heintz [Hg.], *Listen der Ohnmacht. Zur Sozialgeschichte weiblicher Widerstandsformen*, Frankfurt a. M., S. 393–415).

19 Carroll Smith-Rosenberg, *Disorderly Conduct. Visions of Gender in Victorian America*, Oxford 1985, S. 176f.

20 Peter Stearns, Working-class Women in Britain, 1890–1914, in: Vicinus, Bloomington 1972, S. 100–120 (dt.: Abstumpfung und Apathie. Arbeiterfrauen in England, 1890–1914, in: Honegger und Heintz [Hg.], *Listen der Ohnmacht*, S. 188–216).

21 Thompson 1976 (dt.: 1981).

22 Nancy Tomes, A Torrent of Abuse: Crimes of Violence Between Working-class Men and Women in London (1840–1875), in: *The Journal of Social History* 11/3, Frühjahr 1978, S. 328–345.

23 Eric Hobsbawm, Sexe, vêtements et politique, in: *Actes de la recherche en sciences sociales* 23, 1978.

24 Ludwig-Uhland-Institut für empirische Kulturwissenschaft der Universität Tübingen, *Als die Deutschen demonstrieren lernten. Das Kulturmuster ›friedliche Straßendemonstration‹ im preußischen Wahlrechtskampf 1908–1910.* Begleitband zur Ausstellung im Haspelturm des Tübinger Schlosses vom 24. Jan.– 9. Mai 1986, Leitung Bernd Jürgen Warneken, Tübingen 1986 (s. ›Die Frauen‹, S. 105–126).

25 Jean-Marie Flonneau, Crise de vie chère et mouvement syndical (1910–1914), in: *Le mouvement social*, Juli–Sept. 1970.

26 Rudolf M. Dekker, Women in Revolt. Popular Protest and Its Social Basis in Holland in the Seventeenth and Eighteenth Centuries, in: *Theory and Society* 16, 1987, S. 337–362; Malcolm I. Thomis und Jennifer Grimmett, *Women in Protest 1800–1850*, London 1982; Louise A. Tilly, Paths of Proletarianization: Organization of Production, Sexual Division of Labor, and Women's Collective Action, in: *Signs* 7, 1981, S. 401–417; Temma Kaplan, Female Consciousness and Collective Action: The Case of Barcelona, 1910–1918, in: *Signs* 7, Frühjahr 1982, S. 564.

27 Suzannah Barrows, *Distorting Mirrors: Visions of the Crowd in Late Nineteenth-Century France*, New Haven 1981.

28 M. Perrot, *Les ouvriers en grève (1871–1890)*, Bd. 1, Paris 1974.

29 Claire Auzias und Annick Houel, *La grève des ovalistes. Lyon, juin-juillet 1869*, Paris 1982; Sian F. Reynolds, *Britannica's Typesetters. Women Compositors in Edinburgh*, Edinburgh 1989; Basch 1980.

30 Nathalie Chambelland-Liebault, *La durée et l'aménagement du temps de travail des femmes de 1892 à l'aube des conventions collectives*, Diss. Nantes 1989.

31 Lettre (XII 1855), zit. von Summers, Pride and Prejudice, S. 48.

32 Geneviève Fraisse, *Femmes toutes mains. Essai sur le service domestique*, Paris 1979, S. 3ff.

33 Charles Sowerwine, *Les femmes et le socialisme*, Paris 1978; Marianne Walle, *Contribution à l'histoire des femmes allemandes entre 1848 et 1920, à travers les itinéraires de Louise Otto, Helene Lange, Clara Zetkin et Lily Braun*, Diss. Paris 1989.

34 Jill Liddington, Women Cotton Workers and the Suffrage Campaign. The Radical Suffragists in Lancashire 1893–1914, in: Burman 1979, S. 98–112.

35 Neuausg. d. Textes von Denys Cuche und Stéphane Michaud, Paris 1988.

36 Martin Nadaud, *Mémoires de Léonard ancien garçon maçon*, hg. von Maurice Agulhon, Paris 1976.

37 Octave Mirbeau, *Le Journal d'une femme de chambre*, Paris 1900.

38 Leonore Davidoff, Class and Gender in Victorian England, in: Newton u. a. ²1985, S. 17–71 (dt.: Family-Fortunes neu betrachtet – Geschlecht und Klasse im frühen 19. Jahrhundert, in: Logie Barrow, Dorothea Schmidt und Jutta Schwarzkopf [Hg.], *Nichts als Unterdrückung*, Münster 1991, S. 225–247); L. Stanley (Hg.), *The Diaries of Hannah Cullwick*, New Brunswick 1984.

39 J. Dupâquier, *Histoire de la population française*, Paris 1989, Bd. 3, S. 133 und 184.

40 M. Jeanne Peterson, The Victorian Governess: Status Incongruence in Family and Society, in: Vicinus, Bloomington 1972.

41 Elinor Lerner, Structures familiales, typologie des emplois et soutien aux causes féministes à New York (1915–1917), in: Friedlander 1984, S. 424–443.

42 Carroll Smith-Rosenberg und Esther Newton, Le mythe de la lesbienne et la Femme nouvelle, in: Friedlander 1984, S. 274–312; Benstock, Paris 1987.

43 Zit. von Lerner, Structures familiales, S. 429.

44 Emma Goldman, *Living my Life*, New York 1932 (dt.: *Gelebtes Leben*, 3 Bde. Aus dem Engl. von Renate Orywa und Marlen Breitinger, Berlin 1978–80).

45 Knibiehler/Goutalier 1985; A.-J. Hammerton, Feminism and Female Emigration, 1861–1886, in: Vicinus 1977, S. 52–72.

46 Odile Krakovitch, *Les femmes bagnardes*, Paris 1990.

47 Denise Brahimi, *Femmes arabes et sœurs musulmanes*, Paris 1984.

48 Alain Corbin, *Le territoire du vide. L'Occident et le désir du rivage, 1750–1840*, Paris 1988 (dt.: *Meereslust. Das Abendland und die Entdeckung der Küste, 1750–1840*. Aus dem Franz. von Grete Osterwald, Berlin 1990).

49 Marguerite Yourcenar, *Quoi? L'Éternité*, Paris 1988, S. 96ff. (dt.: *Liebesläufe. Eine Familiengeschichte*. Aus dem Franz. von Rolf und Hedda Soellner, München 1989; Frankfurt 1991).

50 Jacques Rancière, *Courts voyages au pays du Peuple*, Paris 1990: für Schriftsteller verkörpern häufig Frauen das Volk.

51 Jeanne Bouvier, *Mes mémoires. Une syndicaliste féministe (1876–1935)*, hg. von Daniel Armogathe und Maïté Albistur, Paris 1983, S. 123–136.

52 Marie-Claire Pasquier, »Mon nom est Persona«. Les femmes et le théâtre, in: Friedlander 1984, S. 259–273.
53 Edmonde Charles-Roux, *Un désir d'Orient. La jeunesse d'Isabelle Eberhardt*, Paris 1988.
54 Alexandra David-Néel, *Journal de voyage (11 août 1904–26 décembre 1917)*, Paris 1975, Brief vom 8. Aug. 1917 (dt.: *Wanderer mit dem Wind. Reisetagebücher in Briefen 1904–1917*. Aus dem Franz. von Christoph Rodiek, Wiesbaden 1979, S. 252).
55 Eve und Jean Gran-Aymeric, *Jane Dieulafoy, une vie d'homme*, Paris 1990.
56 David-Néel, *Journal de voyage*, S. 101, Brief vom 11. Febr. 1912 (dt.: *Wanderer mit dem Wind*, S. 60).
57 Wie bei Edward Shorter, *A History of Women's Bodies*, New York 1982 (dt.: *Der weibliche Körper als Schicksal. Zur Sozialgeschichte der Frau*. Aus dem Engl. von Heiner Kober, München/Zürich 1987).
58 Fauré 1979; Nancy Green, L'émigration comme émancipation: les femmes juives d'Europe de l'Est à Paris, 1881–1914, in: *Pluriel* 27, 1981, S. 51–59.
59 Lee Holcombe, Victorian Wives and Property. Reform on the Married Women's Property Law, 1857–1882, in: Vicinus 1977, S. 3–28.
60 Francis Ronsin, *Le contrat sentimental. Débat sur le mariage, l'amour, le divorce, de l'Ancien Régime à la Restauration*, Paris 1990; v. a. Riot-Sarcey, *Parcours de femmes*.
61 Fraisse 1989, S. 107.
62 Francis Ronsin, *Du divorce et de la séparation de corps en France au XIXᵉ siècle*, Diss. Paris 1988.
63 Barbara Welter, The feminization of American religion, 1800–1860, in: Mary Heitman und Lois W. Banner (Hg.), *Clio's Consciousness Raised. New Perspectives on the History of Women*, New York/London 1974, S. 137–158.
64 Anne-Marie Sohn, Les femmes catholiques et la vie publique en France (1900–1930), in: Friedlander 1984, S. 97–121.
65 Lucia Bergamasco, *Condition féminine et vie spirituelle en Nouvelle-Angleterre au XVIIIᵉ siècle*, Diss. Paris 1987; Cott, *The Bonds of Womanhood*.
66 Carroll Smith-Rosenberg, The Cross and the Pedestal: Women, anti-ritualism, and the emergence of the American Bourgeoisie, in: dies., *Disorderly Conduct*, S. 129–165.
67 Barbara Taylor, *Eve and the New Jerusalem. Socialism and Feminism in the Nineteenth Century*, London 1983.
68 Rancière, *Courts voyages au pays du Peuple; La nuit des Prolétaires*, Paris 1981; Claire Démar, *Ma loi d'avenir* (1831), Reprint Paris 1981, Vorwort von Valentin Pelosse.
69 Brombert 1977.
70 Zit. in Fraisse 1989, S. 31.
71 Rudolf M. Dekker et Lotte C. Van de Pol, »Republican heroines: cross-dressing women in the french revolutionary armies«, in: *History of European Ideas*, 1989, Bd. 10, Nr. 3, S. 353–363.
72 Lucette Czyba, *La femme dans les romans de Flaubert*, Lyon 1983, S. 193 und 366.
73 Für diese Information danke ich Eleni Varikas.
74 Zit. in Brombert 1977, S. 174.
75 Ward 1983.

Die feministische Szene

1 Geneviève Fraisse, Droit naturel et question de l'origine dans la pensée féministe au XIXᵉ siècle, in: Friedlander 1984, S. 375–390.
2 Evans 1979.
3 Cott 1977
4 Karin Hausen, Die Polarisierung der »Geschlechtscharaktere«, in: Werner Conze (Hg.), *Sozialgeschichte der Familie in der Neuzeit Europas*, Stuttgart 1976, S. 363–393.
5 Clemens 1988, S. 71.
6 Diana H. Coole, J. S. Mill: Political Utilitarian and Feminist, in: Diana H. Coole (Hg.), *Women in Political Thought*, Sussex 1988, S. 133–153.
7 Giovanna Biadne, Primato della ragione e doppia morale, »La causa delle donne« di Luisa Tosco, in: *Memoria* 1, 1981, S. 87–93.
8 Karen Offen, Ernest Legouvé and the Doctrine of »Equality in Difference« for Women, in: *Journal of Modern History* 58, 1986, S. 452–484.
9 Kleinau 1987.
10 Rachele Farina und Maria Teresa Sillano, Tessitrici dell'Unità escluse dal Risorgimento, in: Farina u. a. 1983.
11 Helena Volet-Jeanneret, *La femme bourgeoise à Prague: 1860–1895: De la philanthropie à l'émancipation*, Diss. Lausanne 1987, S. 92.
12 Tineke de Bie und Wantje Fritschy, De »wereld« van Reveilvrouwen, hun liefdadige activiteiten en het outstaan van het feminisme in Nederland, in: *De eerste feministische golf*, 1985, S. 30–58.
13 Bussemer 1985, S. 81.
14 Frances Power Cobbe (1869), in: *The History of Women Suffrage II*, zit. bei Schnetzler 1971, S. 113.
15 Adler 1979; dies., Les femmes et la presse, France XVIIIᵉ–XXᵉ siècles, in: *Pénélope* 1, 1979; *Séverine, Choix de papiers*, kommentiert von Evelyne Le Garrec, Paris 1982; Irène Jami, *La Fronde*, quotidien féministe et son rôle dans la défense des femmes salariées, Mag. arb. Paris 1981.
16 Simone Schürch, *Les périodiques féministes. Essai historique et bibliographique*, Dipl. arb. Genf 1942, S. 23.
17 Fritz Staude, Die Rolle der »Gleichheit« im Kampf Clara Zetkins für die Emanzipation der Frau, in: *Beiträge zur Geschichte der Arbeiterbewegung* 16, 1974, S. 427.

18 Michelle Perrot, Naissance du féminisme en France, in: Le Féminisme et ses enjeux, Paris 1988, S. 41.

19 France Alloatti and Mirella Mingardo, »L'Italia Femminile«. Il fiorire della stampe delle donne tra Ottocento e Novecento, in: Farina u. a. 1983, S. 153–158; Maria Pia Bigaran, Mutamenti dell'emancipazionismo alla vigilia della grande guerra – I periodici femministi italiani del primo novecento, in: Memoria 4, 1982, S. 125–132.

20 E.-C. Stanton, Eighty Years and More, S. 165f., zit. in: Elinor Flexner, Century of Struggle. The Woman's Rights Movement in the United States, Cambridge 1959, S. 89.

21 Käppeli 1987, S. 281.

22 J. Moszczenska, Die Geschichte der Frauenbewegung in Polen, in: Helene Lange und Gertrud Bäumer (Hg.), Handbuch der Frauenbewegung, Teil 1, Berlin 1901, S. 350–360.

23 Forster 1984, S. 255.

24 Laurence Klejman und Florence Rochefort, Les associations féministes en France de 1871 à 1914, in: Pénélope 11, 1984, S. 147–153.

25 Bussemer 1985, S. 94.

26 Frevert 1986, S. 110.

27 Beatrix Mesmer, Ausgeklammert – Eingeklammert. Frauen und Frauenorganisationen in der Schweiz des 19. Jhdts., Basel 1988, S. 150.

28 Evans 1979.

29 Herrad Schenk, Die feministische Herausforderung. 150 Jahre Frauenbewegung in Deutschland, München 1988, S. 52.

30 Richard J. Evans, Appendix: International Feminist Movements, in: ders. 1979, S. 52.

31 Bortolotti 1985, S. 39.

32 Käppeli 1987.

33 Marie-Hélène Lefaucheux, Women in a Changing World, London 1966.

34 Evans 1979, S. 252.

35 Gisela Brinker-Gabler (Hg.), Frauen gegen den Krieg, Frankfurt a. M. 1980, S. 19f.

36 Janet E. Rasmussen, Sisters across the Sea: Early Norwegian Feminists and their American connections, in: Women's Studies International Forum 5/6, 1982, S. 647–654.

37 Volet-Jeanneret, La femme bourgeoise à Prague, S. 244.

38 M. Bessmertny, Die Geschichte der Frauenbewegung in Rußland, in: Lange/Bäumer (Hg.), Handbuch der Frauenbewegung, S. 345.

39 Ute Gerhard, Bis an die Wurzeln des Übels, in: Feministische Studien 3/1, 1984, S. 77.

40 Anita Augspurg, Gebt acht, solange noch Zeit ist!, in: Die Frauenbewegung, Revue für die Interessen der Frau, 1895, S. 4.

41 Maria Pia Bigaran, Progetti e dibattiti parlamentari sul suffragio femminile: da Peruzzia Giolitti, in: Rivista di Storia Contemporanea 1, 1985, S. 50–82.

42 Ellen Carol Dubois (Hg.), Elizabeth Cady Stanton, Susan B. Anthony, correspondance. Writings, Speeches, New York 1981, S. 193.

43 Ilse Brehmer u. a. 1983.

44 Philippa Levine, Education: the first step, in: dies. 1987, S. 26–56.

45 Sibilla Aleramo, La Donna e il femminismo. Scritti 1897–1910, hg. von Bruna Conti, Rom 1978, S. 26.

46 Madeleine Pelletier, L'éducation féministe des filles et autres textes, Paris 1978.

47 Laurence Klejman and Florence Rochefort, La province à l'heure du féminisme, in: dies. 1989, S. 175–182.

48 Susan Groag Bell and Karen M. Offen, Women, the Family, and Freedom, Bd. 1 u. 2, Stanford 1983.

49 Kleinau 1987.

50 Klejman/Rochefort 1989, S. 314.

51 Judith R. Walkowitz, Prostitution and Victorian Society, Women, Class and the State, New York 1980.

52 Sheila Rowbotham, Hidden from history, London 1973.

53 De Brie/Fritschy, »wereld« van Reveilvrouwen, S. 132f.

54 Klejman/Rochefort 1989, S. 327.

55 Ursula Gaillard and Annik Mahaim, Retards de règles, Lausanne 1983.

56 Forster 1984, S. 241.

57 Sheila Jeffreys, The Spinster and her Enemies. Feminism and Sexuality 1880–1930, London 1985, S. 102.

58 Kokula 1981, S. 42.

59 Carin Schnitger, Ijdelheid hoeft geen ondeugd te zijn. De Vereeniging voor Verbetering van Vrouwenkleeding, in: De eerste feministische golf, S. 163–185.

60 Florence Nightingale, Suggestions for Thought to Searchers after Religious Truth, zit. bei Ray Strache, The Cause, London 1979, S. 27; Martha Vicinus and Bea Nergaard, Ever Yours, Florence Nightingale, Selected Letters, London 1989.

61 Käppeli 1987, S. 225.

62 Françoise Ducrocq, Les associations philanthropiques en Grande-Bretagne au XIXᵉ siècle: un facteur d'émancipation pour les femmes de la bourgeoisie?, in: Pénélope 11, 1984, S. 71–77.

63 Zit. nach Bussemer 1985, S. 246.

64 Barbara Brick, Die Mütter der Nation – Zu Helene Langes Begründung einer »weiblichen Kultur«, in: Brehmer u. a. 1983, S. 99–132; Marianne Ulmi, Frauenfragen – Männergedanken. Zu Georg Simmels Philosophie und Soziologie der Geschlechter, Zürich 1989; Suzanne Vromen, Georg Simmel et le dilemme culturel des femmes, in: Les Cahiers du GRIF, »Georg Simmel«, Nr. 40, 1989, S. 7–25.

65 Ulrike Haas, Zum Verhältnis von Konservatismus, Mütterlichkeit und dem Modell der neuen Frau, in: Barbara Schaeffer-Hegel und Barbara Wartmann (Hg.), Mythos Frau, Berlin 1984, S. 81–87.

66 Kleinau 1987, S. 50.
67 Käppeli 1987, S. 289.
68 Ann Tylor Allen, Mothers of the New Generation: Adele Schreiber, Helene Stöcker, and the Evolution of a German Idea of Motherhood, 1900–1914, in: *Signs* 3/10, 1985, S. 418–438; Mayreder 1982.
69 Joris/Witzig 1986, S. 189f.
70 Mirjam Elias, *Drie Cent in het urt,* Amsterdam 1984.
71 Lily Braun, *Die Frauenfrage. Ihre geschichtliche Entwicklung und ihre wirtschaftliche Seite,* Leipzig 1901, S. 278.
72 Volet-Jeanneret, *La femme bourgeoise à Prague,* S. 167.
73 Leach 1980, S. 9.
74 Estelle Freedman, Separation as Strategy: Female Institution building and American Feminism 1870–1930, in: *Feminist Studies* 5/1, 1979, S. 524.
75 Evans 1979, S. 194.
76 Klejman/Rochefort 1989, S. 256.
77 Evans 1979, S. 194.
78 Bussemer 1985, S. 87.
79 Wantje Fritschy, Floor van Gelder und Ger Harmsen, Niederlande, in: Ernest Bornemann (Hg.), *Arbeiterbewegung und Feminismus. Berichte aus vierzehn Ländern,* Frankfurt a. M. 1981, S. 129.
80 Klejman/Rochefort 1989, S. 61.
81 Coole, *Women in Political Thought,* S. 149.
82 Evans 1979, S. 73 und 79.
83 Marianne Hainisch, Die Geschichte der Frauenbewegung in Österreich, in: Lange/Bäumer (Hg.), *Handbuch der Frauenbewegung,* S. 170f.
84 Inge de Wilde, The importance of Hélène Mercier for the women's movement, in: De Bie/Fritschy, De ·wereld· van Reveilvrouwen, S. 204.
85 Stites 1977, S. 198.
86 Meyer 1987, S. 124.
87 De Bie/Fritschy, De ·wereld· van Reveilvrouwen, S. 132.
88 Boxer/Quateret 1978, S. 159.
89 Ebd., S. 175.
90 Quateret 1979.
91 Herta Firnberg, Österreich, in: Bornemann (Hg.), *Arbeiterbewegung und Feminismus,* S. 83.
92 Ray Stratchey, *The Cause,* 1979, S. 288.
93 Sigbert Kluwe, *Weibliche Radikalität,* Frankfurt a. M. 1979, S. 41.
94 *The Living of Charlotte Perkins Gilman: An Autobiography* (1935), New York 1975, S. 41.
95 Marie-Jo Dhavernas, Anarchisme et féminisme à la Belle Epoque, in: *La Revue d'en face* 13, 1983, S. 74.
96 Claire Auzias-Gelineau u. a. (Hg.), Vorwort zu Emma Goldman, *La Tragédie de l'émancipation féminine,* Paris 1978, S. 31.
97 Monica Studer, Schweiz, in: Bornemann (Hg.), *Arbeiterbewegung und Feminismus,* S. 62.

98 Klejman/Rochefort 1989, S. 245.
99 Walter Thönessen, *Frauenemanzipation. Politik und Literatur der deutschen Sozialdemokratie zur Frauenbewegung 1863–1933,* Frankfurt a. M. 1969.
100 Evans 1979, S. 175f.
101 Woodtli 1977, S. 53.
102 Meyer 1987, S. 176.
103 Nancy Fix Anderson, *Women Against Women in Victorian England: A Life of Eliza Lynn Linton,* Bloomington 1986.
104 Gaby Weiner, Harriet Martineau: A Reassessment, in: Spender 1983, S. 60–74.
105 Meta von Salis, The Position of Women in Europe, in: *The Postgraduate and Wooster Quarterly* 2/1, 1887, S. 39; Doris Stump, *Sie töten uns – nicht unsere Ideen. Meta von Salis-Marschlins,* Thalwil 1986.
106 Gisela Brinker-Gabler, *Bertha von Suttner,* Frankfurt a. M. 1981, S. 11f.
107 Fia Dieteren, Mina Kruseman and her circle, a network of Dutch Women Artists in the Nineteenth Century, in: *Language. Culture and Female Future Workshop,* 1986, S. 11–18.
108 Liz Stanley, Olive Schreiner: New Women, Free Women, All Women (1855–1920), in: Spender 1983 S. 198.
109 Renate Duelli, Hedwig Dohm: Passionate Theorist, in: ebd., S. 165–183.
110 Spender 1983, S. 198.
111 Marie Luise Bach, *Gertrud Bäumer,* Weinheim 1988.
112 Woodtli 1977, S. 76ff.
113 Spender 1983, S. 397–408.
114 Käppeli 1987, S. 184–248 und 350–359.

Die neue Eva und der alte Adam

1 Anatole France, in: *L'Estafette,* 24 Juli 1899.
2 Émile Zola, *Travail* (1901), Paris 1906, Bd. 2, S. 487.
3 *La Française,* – revue de progrès féminin –, Nr. 3, Nov. 1906.
4 *La Française,* Nr. 4, Nov. 1906.
5 *La Française,* Nr. 5, Nov. 1906.
6 Zit. in Barbey d'Aurevilly, in: *Les Bas-Bleus,* Brüssel 1878, S. 70.
7 Séverine, in: *La Chevauchée,* Nr. 2, 15. Okt. 1900.
8 Zit. in Carol Gilligan, *In a Different Voice,* Cambridge, Mass. 1982 (dt.: *Die andere Stimme. Lebenskonflikte und Moral der Frau.* Aus dem Engl. von Brigitte Stein, München 1982).
9 Zit. in Mrs. Gaskell, Brief vom 16. März 1837.
10 Eugénie de Guérin, *Journal,* 22. März 1836, S. 113f.
11 George Sand, *Histoire de ma vie,* in: *Œuvres autobiographiques,* Paris 1970–1971, Bd. 1 (dt.:

Geschichte meines Lebens. Aus dem Franz. von Claire Blümer. Auswahl aus ihrem autobiographischen Werk., hg. von Renate Wiggershaus, Frankfurt a. M. 1978, S. 104).

12 George Eliot, *Middlemarch* 1871–1872, frz. Ausgabe 1981, S. 9 (dt.: *Middlemarch. Eine Studie über das Leben in der Provinz.* Aus dem Franz. von Rainer Zerbst, Stuttgart 1985, S. 12)

13 Ebd., S. 484 (dt.: ebd., S. 648).

14 Ebd., S. 837 (dt.: ebd., S. 1133).

15 Ebd., S. 4 (dt.: ebd., S. 6).

16 Ebd. (dt.: ebd.).

17 Henrik Ibsen, *Ein Puppenheim*, hg. und übers. von Angelika Gundlach, Frankfurt a. M. 1978, S. 101.

18 Théodore Joran, *Le mensonge du féminisme*, Paris 1905, S. 184.

19 Alexandre Dumas fils, *L'Homme-Femme*, Paris 1872, S. 174 (dt.: *Mann und Weib.* Autorisierte Ausgabe, Wien/Leipzig 1872, S. 157).

20 August Strindberg, *Die Gläubiger*, in: *August Strindbergs Schriften.* Deutsche Gesamtausgabe, hg. und übers. von Emil Schering, Leipzig 1902, 1. Abt., 4. Bd., S. 90.

21 Ebd.

22 Marcel Prévost, *Les Demi-Vierges*, Paris 1894, S. 87.

23 Maurice Barrès, *Les déracinés*, 1905.

24 Robert Musil, *Der Mann ohne Eigenschaften*, in: *Gesammelte Werke in neun Bänden*, hg. von Adolf Frisé, Reinbek 1978, Bd. 1–5.

25 Ebd., Bd. 1, S. 44.

26 Ebd.

27 Ebd.

28 Ebd., S. 37f.

29 Émile Faguet, *Le féminisme*, Paris 1906, S. 16.

30 Musil, *Der Mann ohne Eigenschaften*, S. 45.

31 P.-J. Proudhon, *La pornocratie*, Paris 1875, S. 29.

32 D'Aurevilly, *Les Bas-Bleus*, Vorwort.

33 Barrès, *Les déracinés*, S. 86.

34 Émile Zola, *Fécondité* (1899), Paris 1906, S. 39 (dt.: *Fruchtbarkeit.* Aus dem Franz. von Leopold Rosenzweig, Berlin 1930, S. 55).

35 D. H. Lawrence, *New Eve and Old Adam* (1911), frz. Ausgabe 1984, S. 39.

36 Ebd., S. 40.

37 Ebd., S. 49.

38 Ebd.

39 Ebd.

40 Ebd., S. 56.

41 Ebd., S. 55.

42 Otto Gross, Brief an Frieda, zit. in: Green 1974, S. 62 (dt.: 1976, S. 66f.).

43 Faguet, *Le féminisme*, S. 11.

44 Strindberg, *Die Gläubiger*, S. 45.

45 Honoré de Balzac, Brief an Mme Hanska, *Correspondance*, Paris 1967–1970, Bd. 1, S. 584.

46 Gustave Flaubert, *Correspondance*, Bd. 15, S. 181f.

47 Henry James, *Notes on Novelists*, New York 1914, S. 220f.

48 Barbey d'Aurevilly, *Les Diaboliques* (1874), in: *Œuvres complètes*, Reprint 1979, Bd. 2, S. 176.

49 George Orwell, *Collected Essays. Journalism and Letters*, 1970, Bd. 1, S. 222.

50 D'Aurevilly, *Les Bas-Bleus*, S. 82.

51 Sand, *Œuvres autobiographiques*, Bd. 2, S. 987f. (13. Juni 1837).

52 George Sand, *Correspondance*, Bd. 3, S. 18f.

53 Daniel Stern, *Lettres républicaines* (1848), zit. von B. Slama in: *Misérable et glorieuse, La femme du XIXe siècle*, Paris 1980, S. 239.

54 Virginia Woolf, *A Room of One's Own* (1929) (dt.: *Ein Zimmer für sich allein.* Aus dem Engl. von Renate Gerhardt, Frankfurt 1981, S. 84).

Stimmen der Frauen

1 Wiederabdruck in Lou Andreas-Salomé, *Die Erotik. Vier Aufsätze*, neu hg. mit einem Nachwort von Ernst Pfeiffer, München 1979; Frankfurt a. M./Berlin/Wien 1985, S. 26–30.

Nachwort

1 Claudia Honegger, *Die Ordnung der Geschlechter. Die Wissenschaften vom Menschen und das Weib*, Frankfurt a. M./New York 1991, später zit. S. 211.

2 Horst Walter Blanke, *Historiographiegeschichte als Historik*, Stuttgart 1991; Heide Wunder, »Gewirkte Geschichte«: Gedenken und »Handarbeit«. Überlegungen zum Tradieren von Geschichte im Mittelalter und zu seinem Wandel am Beginn der Neuzeit, in: Joachim Heinzle (Hg.), *Modernes Mittelalter. Neue Bilder einer populären Epoche*, Frankfurt a. M. 1994, S. 324–354.

3 Christoph Meiners, *Geschichte des weiblichen Geschlechts*, 4 Bde., Hannover 1788–1800; vgl. dazu Elisabeth Zeidler-Johnson, Die Aufteilung der Menschheitsgeschichte. Christoph Meiners und die Geschichte des anderen Geschlechts als Gegenstand der Geschichtsschreibung in der Spätaufklärung, in: Ursula A. J. Becher und Jörn Rüsen (Hg.), *Weiblichkeit in geschichtlicher Perspektive. Fallstudien und Reflexionen zu Grundproblemen der historischen Frauenforschung*, Frankfurt a. M. 1988, S. 189–216.

4 Blanke, *Historiographiegeschichte als Historik*, S. 121.

5 Vgl. für Deutschland die Auswahlbibliographie im Anhang.

6 E. v. B. (Emilie von Berlepsch), Über einige zum Glück der Ehe nothwendige Eigenschaften und Grundsätze, in: *Neuer Teutscher Merkur*, 5. und 6. Stück 1791, S. 63–102, 113–134, zit. nach Honegger, *Die Ordnung der Geschlechter*, S. 17.

LITERATUR

Der Abschnitt *Allgemeine Literatur* dieser Auswahlbibliographie enthält Überblicksdarstellungen und diejenigen Werke, die in mehreren Kapiteln dieses Bandes zitiert werden. Die Spezialbibliographien zu den einzelnen Kapiteln ergänzen die in den Anmerkungen der jeweiligen Kapitel zitierten Werke.

Allgemeine Literatur

ABEL, ELIZABETH (Hg.), *Writing and Sexual Difference*, Chicago 1982

ADDIS SABA, MARINI u. a., *Storia delle Donne, una Scienza Possibile*, Rom 1986

Aimer en France, 1760–1860. Actes du colloque de Clermont-Ferrand, 2 Bde., hg. von Paul Villaneix und Jean Ehrard, Clermont-Ferrand 1980

ARIÈS, PHILIPPE und GEORGES DUBY (Hg.), *Histoire de la vie privée*, Bd. 4: *De la Révolution à la Grande Guerre*, hg. von Michelle Perrot, Paris 1987 (dt.: *Geschichte des privaten Lebens*, Bd. 4: *Von der Revolution zum Großen Krieg*, hg. von Michelle Perrot, Frankfurt a. M. 1992)

Atti del Primer Coloqui di Historia de la Dona, 1986, Barcelona 1990

BADINTER, ELISABETH, *L'amour en plus. Histoire de l'amour maternel XVIIe–XXe siècles*, Paris 1980 (dt.: *Die Mutterliebe. Die Geschichte eines Gefühls vom 17. Jahrhundert bis heute*. Aus dem Franz. von Friedrich Griese, München/Zürich 1981)

BELL, SUSAN und KAREN M. OFFEN (Hg.), *Women, the Family and Freedom*, 2 Bde., Stanford 1983

BOVENSCHEN, SYLVIA, *Die imgaginierte Weiblichkeit. Exemplarische Untersuchungen zu kulturgeschichtlichen und literarischen Präsentationsformen des Weiblichen*, Frankfurt a. M. 1979

BRANCA, PATRICIA, *Silent Sisterhood. Middle Class Women in the Victorian Home*, London 1975

BRIDENTHAL, RENATE und CLAUDIA KOONZ (Hg.), *Becoming Visible. Women in European History*, Boston 1977, 2. Aufl. 1987

BURGUIÈRE, ANDRÉ, CHRISTIANE KLAPISCH-ZUBER, MARTINE SEGALEN, FRANÇOISE ZONABEND (Hg.), *Histoire de la famille*, Bd. 2: *Le choc des modernités*, Paris 1986

COHEN, YOLANDE, *Femmes et contre-pouvoirs*, Montreal 1987

COTT, NANCY F., *The Bonds of Womanhood. »Woman's Sphere« in New England (1780–1835)*, New Haven/London 1977

COTT, NANCY F., *The Grounding of Modern Feminism*, New Haven/London 1987

DAUPHIN, CÉCILE u. a., Culture et pouvoir des femmes. Essai d'historiographie, in: *Annales E.S.C.* 41, 1986

DAVIDOFF, LEONORE und CATHERINE HALL, *Family Fortunes. Men and Women of the English Middle Class (1780–1850)*, London 1987

DAVIN, ANNA, Imperialism and Motherhood, in: *History Workshop* 5, 1978

DEGLER, CARL, *At Odds. Women and the Family in America from the Revolution to the Present*, New York 1980

DUPÂQUIER, JACQUES (Hg.), *Histoire de la population française*, Bd. 3: *De 1789 à 1914*, Paris 1988

ELSHTAIN, JEAN BETHKE, *Public Man, Private Woman. Women in Social and Political Thought*, Princeton 1981

EVANS, SARA, *Personal Politics. The Roots of Women's Liberation in the Civil Rights Movement and the New Left*, New York 1980

(La) femme, Recueils de la Société Jean Bodin pour l'histoire comparative des institutions, Bd. 12, 2, Brüssel 1962

FOUCAULT, MICHEL, *La volonté de savoir*, Bd. 1 der *Histoire de la sexualité*, Paris 1976 (dt.: *Der Wille zum Wissen*, Bd. 1 von *Sexualität und Wahrheit*. Aus dem Franz. von ULRICH RAULFF und WALTER SEITTER, Frankfurt a. M. 1983)

FOUT, JOHN C. (Hg.), *German Women in the Nineteenth Century. A Social History*, London/New York 1984

FOX-GENOVESE, ELIZABETH, *Within the Plantation Household. Black and White Women of the Old South*, Chapel Hill 1988

FRAISSE, GENEVIÈVE, *Muse de la raison. La démocratie exclusive et la différence des sexes*, Aix-en-Provence 1989

FREVERT, UTE, *Frauen-Geschichte. Zwischen Bürgerlicher Verbesserung und Neuer Weiblichkeit*, Frankfurt a. M. 1986

FREY, L., M. FREY und J. SCHNEIDER, *Women in Western European History. A Select Chronological Geographical and Topical Bibliography*, Brighton 1982

FRIEDLANDER, JUDITH (Hg.), *Stratégies des femmes*, Paris 1984; engl. Ausgabe: *Women in Culture and Politics. A Century of Change*, Bloomington 1986

GIDDINGS, PAULA, *When and Where I Enter. The Impact of Black Women on Race and Sex in America*, New York 1984

GILBERT, SANDRA M. und SUSAN GUBAR, *The Madwoman in the Attic. The Woman Writer and the Nineteenth-Century Literary Imagination*, New Haven 1979

GORDON, LINDA, *Woman's Body, Woman's Right. A Social History of Birth Control in America*, New York 1976; Neudruck 1977

GRIMAL, PIERRE (Hg.), *Histoire mondiale de la femme*, Bd. 4, Paris 1966

HALL, JACQUELYN DOWD (Hg.), *Like a Family. The Making of a Southern Cotton Mill World*, Chapel Hill 1987

HARTMANN, MARY und LOIS W. BANNER (Hg.), *Clio's Consciousness Raised. New Perspectives on the History of Women*, New York 1974

HOLLIS, PAT (Hg.), *Women in Public. The Women's Movement (1850–1910), Documents*, Boston/London 1979

HONNEGGER, CLAUDIA, *Die Ordnung der Geschlechter. Die Wissenschaft vom Menschen und das Weib*, Frankfurt a. M./New York 1991

HOOCK-DEMARLE, MARIE-CLAIRE, *La femme au temps de Goethe*, Paris 1987 (dt.: *Die Frauen der Goethezeit*. Aus dem Franz. von Renate Hörisch-Helligrath, München 1990)

JALLAND, PAT, *Women, Marriage and Politics, 1860–1914*, Oxford 1988

JARDINE, ALICE, *Gynesis*, Ithaca 1985 (frz. Übers. Paris 1991)

JOHNSON, BARBARA, *A World of Difference*, Baltimore 1987

JONES, JACQUELINE, *Labor of Love, Labor of Sorrow. Black Women, Work and the Family from Slavery to the Pesent*, New York 1985

KARLSEN, CAROL F., *»Devil in the Shape of a Woman«. Witchcraft in Colonial New England*, New York 1987

KELLY, JOAN, *Women, History, and Theory*, Chicago/London 1984

KNIBIEHLER, YVONNE und CATHERINE FOUQUET, *Histoire des mères. Du Moyen Age à nos jours*, Paris 1980; Neudruck 1987

LABALME, PATRICIA (Hg.), *Beyond Their Sex. Learned Women of the European Past*, New York/London 1980

LAQUEUR, THOMAS, *Making Sex. Body and Gender from the Greeks to Freud*, Cambridge 1990 (dt.: *Auf den Leib geschrieben. Die Inszenierung der Geschlechter von der Antike bis Freud*. Aus dem Engl. von H. JOCHEN BUSSMANN, Frankfurt a. M./New York 1992)

LEBSOCK, SUZANNE, *The Free Women of Petersburg. Status and Culture in a Southern Town (1784–1860)*, New York/London 1984

LEWIS, JANE (Hg.), *Labour and Love. Women's Experience of Home and Family*, 1850–1940, Oxford 1986

LEWIS, JANE, *Women in England, 1870–1950. Sexual Divisions and Social Change*, Sussex 1984

LILEY, DENISE, *War in the Nursery. Theories of the Child and Mother*, London 1983

LUKER, KRISTIN, *Abortion and the Politics of Motherhood*, Berkeley 1984

MAQUEIRA, VIRGINIA und CRISTINA Y SÁNCHEZ (Hg.), *Violencia y Sociedad Patriarcal*, Madrid 1990

MITCHELL, JULIET und ANN OAKLEY (Hg.), *The Rights and Wrongs of Women*, New York 1976

NEWTON, JUDITH L., MARY P. RYAN und JUDITH R. WALKOWITZ (Hg.), *Sex and Class in Women's History. Essays from Feminist Studies*, London 1983

NORTON, MARY BETH, *Major Problems in American Women's History. Documents and Essays*, Lexington, Mass. 1989

OFFEN, KAREN M. (Hg.), *Women in European Culture and Society.* Sondernummer der *History of European Ideas* 4/5, Bd. 8, 1987

OFFEN, KAREN M, RUTH R. PIERSON und JANE RANDALL (Hg.), *Writing Women's History. International Perspectives.* Veröffentlicht bei The International Federation for Research in Women's History, Bloomington 1991 (im Erscheinen)

OLAFSON HELLERSTEIN, ERNA, LESLIE PARKER-HUME und KAREN M. OFFEN (Hg.), *Victorian Women. A Documentary Account of Women's Lives in Nineteenth-Century England, France and the United States*, Stanford 1981

ORTNER, S. und H. WHITEHEAD (Hg.), *Sexual Meanings. The Cultural Construction of Gender and Sexuality*, Cambridge 1981

PERROT, MICHELLE (Hg.), *Une histoire des femmes est-elle possible?*, Marseille/Paris 1984 (dt.: *Geschlecht und Geschichte. Ist eine weibliche Geschichtsschreibung möglich?* Aus dem Franz. von Wolfgang Kaiser, Frankfurt a. M. 1989)

RENDALL, JANE, *Equal or Different. Women's Politics 1800–1914*, Oxford 1987

RENDALL, JANE, *The Origins of Modern Feminism. Women in Britain, France and the United States, 1780–1860*, London 1985

RILEY, DENISE, *Am I that Name? Feminism and the Category of »Women« in History*, London 1988

ROSENBERG, ROSALIND, *Beyond Separate Spheres. Intellectual Roots of Modern Feminism*, New Haven 1982

ROWBOTHAM, SHEILA, *Hidden from History*, London 1973 (dt.: *Im Dunkel der Geschichte. Frauenbewegung in England vom 17. bis 20. Jahrhundert*. Aus dem Engl. von Solveig Ockenfuß, Frankfurt a. M./New York 1980)

ROWBOTHAM, SHEILA, *Women, Resistence and Revolution*, London 1972; New York 1972

RYAN, MARY P., *Cradle of the Middle Class. The Family in Oneida County, New York (1790–1865)*, New York 1981

SCHULLER, MARIANNE, *Im Unterschied: Lesen/Korrespondieren/Adressieren*, Frankfurt a. M. 1990

SCOTT, JOAN W., *Gender and the Politics of History*, New York 1988

SMITH, BONNIE G., *Changing Lives. Women in European History since 1700*, Lexington, Mass./Toronto, D.C. 1989

SMITH, BONNIE G., *Ladies of the Leisure Class. The Bourgeoises of Northern France in the Nineteenth Century*, Princeton 1981

SMITH-ROSENBERG, CARROLL, *Disorderly Conduct. Visions of Gender in Victorian America*, New York 1986

STANSELL, CHRISTINE, *City of Women. Sex and Class in New York (1789–1860)*, New York 1986

SULEIMAN, SUSAN RUBIN (Hg.), *The Female Body in Western Culture. Contemporary Perspectives*, Cambridge, Mass./London 1986

THÉRY, IRÈNE und CHRISTIAN BIET (Hg.), *La famille, la loi, l'État. De la Révolution au Code civil*, Paris 1989

VARIKAS, ELENI, »La révolte des dames. Genèse d'une conscience féministe dans la Grèce du XIX° siècle«, Diss. Paris VII 1988

VICINUS, MARTHA (Hg.), *A Widening Sphere. Changing Roles of Victorian Women*, Bloomington/London 1977

VICINUS, MARTHA (Hg.), *Suffer and Be Still. Women in the Victorian Age*, Bloomington/London 1972

WERNER, PASCALE (Hg.), *L'histoire sans qualités*, Paris 1979

WHITELEGG, ELIZABETH (Hg.), *The Changing Experience of Women*, Oxford 1982

Töchter der Freiheit und revolutionäre Bürgerinnen / Dominique Godineau; Die Französische Revolution als Wendepunkt / Élisabeth G. Sledziewski

APPLEWHITE, HARRIET B. und DARLINE G. LEVY (Hg.), *Women and Politics in the Age of the Democratic Revolution*, Ann Arbor 1990

BADINTER, ÉLISABETH (Hg.), *Paroles d'hommes, 1790–1793*, Paris 1989

BLANC, OLIVIER, *Olympe de Gouges*, Paris 1989

BRIVE, MARIE-FRANCE (Hg.), *Les femmes et la Révolution française*. Actes du Colloque de Toulouse, 12–14 avril 1989, 3 Bde., Toulouse 1989–92

DEKKER, RUDOLF, Republican Heroines: Cross-Dressing Women in the French Revolutions Armies, in: *History of European Ideas*, Bd. 10, Nr. 3, 1989, S. 353–363

DEKKER, RUDOLF, Women and Political Culture in the Dutch Revolutions, in: Applewhite/Levy 1990, S. 109–146

DEKKER, RUDOLF, Women in Revolt. Collective Protest and its Social Basis in Holland, 1600–1795, in: *Theory and Society* 16, 1987

DESSERTINE, DOMINIQUE, *Divorcer à Lyon sous la Révolution et l'Empire*, Lyon 1981

DUHET, PAULE-MARIE, *Les femmes et la Révolution, 1789–1794*, Paris 1971

FRAISSE, GENEVIÈVE (Hg.), *Opinions de femmes. De la veille au lendemain de la Révolution française*, Paris 1989

GODINEAU, DOMINIQUE, *Citoyennes tricoteuses. Les femmes du peuple à Paris pendant la Révolution française*, Aix-en-Provence 1988a

GODINEAU, DOMINIQUE, Autour du mot citoyenne, in: *Mots* 16, 1988b

GODINEAU, DOMINIQUE, La tricoteuse: formation d'un mythe contre-révolutionnaire, in: Michelle Vovelle (Hg.), *L'image de la Révolution française*, 3 Bde., Oxford 1990

GODINEAU, DOMINIQUE, Qu'y a-t-il de commun entre vous et nous? Enjeux et discours sur la différence des sexes pendant la Révolution (1789–1793), in: *La famille, la loi, l'État*, Paris 1989

HUFTON, OLWEN, Women in the French Revolution, in: *Past and Present* 53, 1971 (dt.: Weiblicher Alltag. Die Schattenseiten der Französischen Revolution, in: CLAUDIA HONEGGER und BETTINA HEINTZ (Hg.), *Listen der Ohnmacht. Zur Sozialgeschichte weiblicher Widerstandsformen*, Frankfurt a. M. 1981, S. 138–159)

HUNT, LYNN, L'axe masculin/féminin dans le discours révolutionnaire, in: *La Révolution française et les processus de socialisation de l'homme moderne*. Actes du colloque de Rouen, 13–15 octobre 1988, Paris 1989

KERBER, LINDA K., *Women of the Republic. Intellect and Ideology in Revolutionary America*, Chapel Hill 1980

LANDES, JOAN, *Women and the Public Sphere in the Age of the French Revolution*, Ithaca/London 1988

NORTON, MARY BETH, *Liberty's Daughters. The Revolutionary Experience of American Women, 1750–1800*, Boston/Toronto 1980

OUTRAM, DORINDA, *The Body and the French Revolution. Sex, Class and Political Culture*, New Haven 1989

PELLEGRIN, NICOLE, *Les vêtements de la Liberté*, Aix-en-Provence 1989

ROSA, ANNETTE, *Citoyennes: les femmes et la Révolution française*, Paris 1988

ROUDINESXO, ELISABETH, *Thérigne de Méricourt. Une femme mélancholique sous la Révolution*, Paris 1988

SLEDZIEWSKI, ELISABETH G., *Révolutions du sujet*, Paris 1989

TOMALIN, CLAIRE, *The Life and Death of Mary Wollstonecraft*, New York 1974

Von der sozialen Bestimmung zum individuellen Schicksal / Geneviève Fraisse

AMOROS, CELIA, *Hacia una crítica de la razón patriarcal*, Madrid 1985

BENNENT, HEIDEMARIE, *Galanterie und Verachtung. Eine philosophiegeschichtliche Untersuchung zur Stellung der Frau in Gesellschaft und Kultur*, Frankfurt a. M./New York 1985

COOLE, DIANA H., *Women in Political Theory. From Ancient Misogyny to Contemporary Feminism*, Brighton 1988

DERRIDA, JACQUES, *Éperons, les styles de Nietzsche*, Paris 1974

FRAISSE, GENEVIÈVE, *Clémence Royer, philosophe et femmes de sciences*, Paris 1985

IRIGARAY, LUCE, *Spéculum de l'autre femme*, Paris 1974 (dt.: *Speculum. Spiegel des anderen Geschlechts*. Aus dem Franz. von Xenia Rajewsky, Frankfurt a. M. 1980)

JAUCH, URSULA PIA, *Immanuel Kant zur Geschlechterdifferenz. Aufklärerische Vorurteilskritik und bürgerliche Geschlechtsvormundschaft*, Wien 1988

KENNEDY, E. und S. MENDUS, *Women in Western Political Philosophy. Kant to Nietzsche*, Brighton 1987

KLINGER, CORNELIA, Das Bild der Frau in der patriarchalen Philosophiegeschichte. Biblio-graphie, in: Herta Nagl (Hg.), *Feminismus und Philosophie*, München/Wien/Olden-bourg 1990

KOFMAN, SARAH, *Le respect des femmes*, Paris 1984

LLOYD, GENEVIÈVE, *The Man of Reason. »Male« and »Female« in Western Philosophy*, Lon-don 1984

MARCIL-LACOSTE, LOUISE, *La raison en procès. Essais sur la philosophie et le sexisme*, La Sal-le/Québec 1986; Paris 1986

MOLLER OKIN, SUSAN, *Women in Western Political Thought*, Princeton 1979

PATEMAN, CAROLE, *The sexual Contract*, London 1988

SCHRÖDER, HANNELORE, *Die Rechtlosigkeit der Frau im Rechtsstaat*, Frankfurt a. M./New York 1979

SCHULLER, MARIANNE, *Freud und Leid, bei Tragik und Tod*, Frankfurt 1991

WAITHE, MARY ELLEN (Hg.), *A History of Women Philosophers*, Bd. 3 und 4, Dordrecht 1987

Die Widersprüche des Gesetzes / Nicole Arnaud-Duc

Quellen

BALDASSARI, ALDO, *La capacità patrimoniale della donna maritata nel diritto civile dei principali Stati d'Europa, e i conflitti di leggi*, Rom 1910

BESOMBES, AMÉDÉE, *Condition juridique de la femme mariée espagnole*, Diss. Toulouse 1927

BRIDEL, LOUIS, *La femme et le droit*, Lausanne 1884

BRIDEL, LOUIS, *Los Derechos de la Mujer y el Matrimonio*, Madrid 1894

CASSIN, RENÉ, *L'inégalité entre l'homme et la femme dans la législation civile*, Marseille 1919

CHAUVIN, JEANNE, *Des professions accessibles aux femmes en droit romain et en droit français. Évolutions historiques de la position économique de la femme dans la société*, Diss. Paris 1882, Paris 1892

DAMISZ, ALBERT, *Le libre salaire de la femme mariée et le mouvement féministe*, Paris 1905

FRANK, LOUIS, *La loi sur l'enseignement supérieur et l'admission des femmes dans les facul-tés belges*, Brüssel 1889

FRANK, LOUIS, *Essai sur la condition politique de la femme. Étude de sociologie et de légis-lation*, Paris 1892

GAILLARD, HENRY, *La condition des femmes dans la législation des États-Unis*, Diss. Paris 1899

GIDE, PAUL, *Étude sur la condition privée de la femme*, Paris ²1885

KRUG, CHARLES, *Le féminisme et le droit civil français*, Paris 1899

LAFONT DE SENTENAC, D., *Des droits du mari sur la correspondance de sa femme*, cour d'appel de Toulouse, audience solennelle de rentrée du 16 octobre 1897, Toulouse 1897

LESPINE, LOUIS, *La femme en Espagne. Étude juridique, sociale, économique, et de législa-tion comparée*, Diss. Toulouse 1919

LYON-CAEN, LÉON, *La femme mariée allemande. Ses droits, ses intérêts pécuniaires, Étude de droit civil et de droit international privé allemand*, Diss. Paris 1903

Studien

ARNAUD-DUC, NICOLE, *Droits, mentalités et changement social en Provence occidentale. Une étude des stratégies et de la pratique notariale en matière de régime matrimonial*, Aix-en-Provence 1985

BALLESTRERO, MARIA VITTORIA, Sorelle di fatiche e di dolori; Madri di pioneri e di soldati, in: GIOVANNI TARELLO (Hg.), *Studi materiali per una Storia della Cultura Giuridica*, Bd. 7, Bologna 1977

BASCH, NORMA, *In the Eyes of the Law: Women, Marriage and Property in Nineteenth-Century New York*, New York 1982

BORDEAUX, MICHÈLE, Droit et femmes seules. Les pièges de la discrimination, in: Arlette Farge und Christiane Klapisch-Zuber, *Madame ou mademoiselle? Itinéraires de la solitude féminine, XVIIIᵉ–XXᵉ siècles*, Paris 1984

BORDEAUX, MICHÈLE, BERNARD HAZO und SOIZIC LORVELLEC, *Qualifié viol*, Paris 1990

CHAMBELLAND-LIEBAULT, NOËLLE, *La durée et l'aménagement du temps de travail des femmes en France de 1892 à l'aube des conventions collectives*, Diss. Nantes 1989

DHAVERNAS, ODILE, *Droits des femmes. Pouvoir des hommes*, Paris 1978

FLEXNER, ELEANOR, *Century of Struggle (the Woman's Rights Movement in the United States)*, Cambridge, Mass. 1973 (dt.: *Hundert Jahre Kampf. Die Geschichte der Frauenrechtsbewegung in den Vereinigten Staaten*. Aus dem Engl. von Gisela Bock unter Mitwirkung von Pieke Biermann und Anna Kamp. Mit einer Einleitung hg. von Gisela Bock, Frankfurt a. M. 1978)

FRANCHEO, MARIANNE, *La femme allemande au XIXᵉ siècle: statut juridique et condition sociale*, Diss. Paris IV 1986–87

GALOPPINI, ANNA MARIA, *Il lungo viaggio verso la parità. I diritti civili e politici delle donne dall'unità a oggi*, Bologna 1980

GERHARD, UTE, *Verhältnisse und Verhinderungen. Frauenarbeit, Familie und Rechte der Frauen im 19. Jahrhundert*, Frankfurt a. M. 1978

GRIMAL, PIERRE (Hg.), *Histoire mondiale de la femme*, Bd. 4, Paris 1966

HARSIN, JILL, *Policing Prostitution in Nineteenth-Century Paris*, Princeton 1985

HOLCOMBE, LEE, *Wives and Property. Reform of the Married Women's Property Law in Nineteenth-Century England*, Toronto 1983

HUARD, RAYMOND, *Le suffrage universel en France (1848–1946)*, Paris 1991

KRAKOVITCH, ODILE, *Les femmes bagnardes*, Paris 1990

SCHNAPPER, BERNARD, La séparation de corps de 1837 à 1914. Essai de sociologie juridique, in: *Revue Historique* 536, 1978, S. 453–466

SHANLEY, MARY LONDON, *Feminism, Marriage and the Law in Victorian England, 1850–1895*, Princeton 1989; London 1990

THÉRY, IRÈNE und CHRISTIAN BIET (Hg.), *La famille, la loi, l'État. De la Révolution au Code civil*, Paris 1989

WERNER, PASCALE (Hg.), *L'histoire sans qualités*, Paris 1979

Idolatrie / Stéphane Michaud

Allgemein

MICHAUD, STÉPHANE, *Muse et Madone*, Paris 1985

Revue des Sciences humaines Nr. 168, Écriture, féminité, féminisme 4, 1977

Romantisme Nr. 13–14, Mythes et représentations de la femme, 1976; Nr. 31, Sangs, 1981; Nr. 42, Décadence, 1983; Nr. 58, Figures et Modèles, 1987; Nr. 62, L'amour, 1988; Nr. 63, Femmes écrites, 1989

England

BASCH, FRANÇOISE, *Les femmes victoriennes, roman et société,* Paris 1979 (engl. Ausgabe: *Relatives Creatures,* London 1974)

Critique, »Victorian Station« 405–406, 1981

FRASER, HARRISON, *The Dark Angel. Aspects of Victorian Sexuality,* Glasgow ²1979

HOUGHTON, WALTER E., *The Victorian Frame of Mind 1830–1870,* New Haven/London ⁷1978

LOWDER NEWTON, JUDITH, *Women, Power and Subversion. Social Strategies in British Fiction, 1778–1860,* New York/London 1985

MIRABEL, CECIL, *Heroines on Love 1750–1914,* London 1974

Romantisme anglais et Éros, Faculté des Lettres de l'Université de Clermont-Ferrant II, 1982

WOOLF, VIRGINIA, *The Common Reader; The Second Common Reader; The Death of the Moth; The Captain's Death Bed; The Movement; Granite and Rainbow,* London

Deutschland

BRINKER-GABLER, GISELA (Hg.), *Deutsche Literatur von Frauen. 19. und 20. Jahrhundert,* 2 Bde., München 1988

JANZ, MARLIES, Hölderlins Flamme – Zur Bildwerdung der Frau in »Hyperion«, in: *Hölderlin-Jahrbuch,* 1980–81, S. 122–142

SCHORSKE, CARL E., *Vienne fin de siècle,* Paris 1983 (dt.: *Wien. Geist und Gesellschaft im Fin de siècle.* Aus dem Franz. von Horst Günther, Frankfurt a. M. 1982)

STEPHAN, INGE und SIGRID WEIGEL, *Die verborgene Frau,* Argument-Sonderband, Berlin/Hamburg ³1983

TAEGER, ANNEMARIE, *Die Kunst, Medusa zu töten,* Bielefeld 1987

WELSCH, URSULA und MICHAELA WIESNER, *Lou Andreas-Salomé,* München/Wien 1988

Frankreich

BILLETER, ERIKA und JOSÉ PIERRE (Hg.), *La femme et le surréalisme.* Katalog zur Austellung im Musée cantonal des Beaux-Arts, Lausanne, 21 novembre 1987–28 février 1988, Lausanne 1987

BONNEFOY, YVES, *La vérité de la parole,* Paris 1988

CITRON, PIERRE, *Dans Balzac,* Paris 1986

MOREAU, THÉRÈSE, *Le sang de l'histoire. Michelet, l'histoire et l'idée de la femme au XIXᵉ siècle,* Paris 1982

PALACIO, JEAN DE, »*La curée*: histoire naturelle et sociale, ou agglomérat de mythes«, Société des Études romantiques, in: *La curée de Zola,* Paris 1987

STAROBINSKI, JEAN, *Le remède dans le mal,* Paris 1989

THUMEREL, THÉRÈSE, Maupassant ou le double saturnien de Nerval, in: *Romantisme* (erscheint demnächst)

Lesen und Schreiben in Deutschland / Marie-Claire Hoock-Demarle

BERDING, HELMUT, ÉTIENNE FRANÇOIS und HANS PETER ULLMANN, *Deutschland und Frankreich im Zeitalter der Französischen Revolution,* Frankfurt a. M. 1989

BRINKER-GABLER, GISELA (Hg.), *Deutsche Literatur von Frauen,* 2 Bde., München 1988

ENGELSING, ROLF, *Analphabetentum und Lektüre. Zur Sozialgeschichte des Lesens in Deutschland,* Stuttgart 1973a

ENGELSING, ROLF, *Zur Sozialgeschichte deutscher Mittel- und Unterschichten*, Göttingen 1973b

ENGELSING, ROLF, *Der Bürger als Leser*, Stuttgart 1974

FRANÇOIS, ÉTIENNE, Alphabetisierung und Lesefähigkeit in Frankreich und Deutschland um 1800, in: Berding/François/Ullmann 1989

FURET, FRANÇOIS und JACQUES OZOUF, *Lire et écrire. L'alphabétisation des Français de Calvin à Jules Ferry*, 2 Bde., Paris 1990

HAHN, BARBARA, »*Antworten Sie mir.*« *Rahel Levin Varnhagens Briefwechsel*, Basel/Frankfurt a. M. 1990

HAHN, BARBARA, »*Unter falschem Namen.*« *Von der schwierigen Autorschaft der Frauen*, Frankfurt a. M. 1991

HOOCK-DEMARLE, MARIE-CLAIRE, *La rage d'écrire. Les femmes allemandes face à la Révolution française (1790–1815)*, Aix-en-Provence 1990

KITTLER, FRIEDRICH, *Aufschreibsysteme 1800–1900*, München 1985

LUNDGREEN, PETER, *Sozialgeschichte der deutschen Schule im Überblick*, Bd. 1: *1770–1918*, Göttingen 1980

MÖHRMANN, RENATE, *Die andere Frau. Emanzipationsansätze deutscher Schriftstellerinnen im Vorfeld der Achtundvierziger Revolution*, Stuttgart 1977

PLANTÉ, CHRISTINE, *La petite sœur de Balzac, Essai sur la femme auteur*, Paris 1989

PRÜSENER, MARLIES, Lesegesellschaften im 18. Jahrhundert. Ein Beitrag zur Lesergeschichte, in: *Archiv für die Geschichte des Buchwesens* 13, 1973

SCHENDA, RUDOLF, *Volk ohne Buch. Studien zur Sozialgeschichte der populären Lesestoffe, 1770–1910*, Frankfurt a. M. 1970

SUSMAN, MAGARETE, *Frauen der Romantik* (1929), Köln 1960

TWELLMANN, MARGIT, *Die deutsche Frauenbewegung im Spiegel repräsentativer Frauenzeitschriften*, Meisenheim an der Glan 1972

WALLE, MARIANNE, Contribution à l'histoire des femmes allemandes entre 1848 et 1920 (Louise Otto, Helene Lange, Clara Zetkin, Lily Braun), Diss. Paris VII 1989

WALTER, EVA, *Schrieb oft, von Mägde Arbeit müde. Lebenszusammenhänge deutscher Schriftstellerinnen um 1800. Schritte zur bürgerlichen Weiblichkeit*, Düsseldorf 1985

WEBER-KELLERMANN, INGEBORG, *Die deutsche Familie. Versuch einer Sozialgeschichte*, Frankfurt a. M. 1974

Das katholische Modell / Michela De Giorgio

AA.VV. *Problemi di storia della Chiesa dalla Restaurazione all'Unità d'Italia*, Neapel 1985

ACCATI, LUISA, La politica dei sentimenti. L'Immacolata Concezione fra 600 e 700, in: *Atti del Primer Coloqui di Historia de la Dona*, 1986, Barcelona 1990

ARNOLD, ODILE, *Le corps et l'âme. La vie des religieuses au XIXe siècle*, Paris 1984

BOESCH, GAJANO, Sofia und Lucia Sebastiani, *Culto dei Santi, istituzioni e classi sociali in età preindustriale*, L'Aquila-Rom, 1984

BRAME, CAROLINE, *Journal intime*, hg. von Michelle Perrot und Georges Ribeill, Paris 1985

BREMOND, HENRI, *Histoire littéraire du sentiment religieux en France*, Paris 1929

BUTTAFUOCO, ANNARITA, Le Mariuccine. Storia di un'istituzione laica. *L'Asilo Mariuccia*, Mailand 1985

CAFFIERO, MARINA, Un santo per le donne. Benedetto Giuseppe Labre e la femminilizzazione del cattolicesimo tra 700 e 900, in: *Memoria. Rivista di storia delle donne* 30, 1990

CARACCIOLO, ENRICHETTA, *Misteri del chiostro napoletano* (1864), Florenz 1986

COHEN, YOLANDE, *Femmes et contre-Pouvoirs*, Montreal 1987

DE GIORGIO, MICHELA und PAOLA DICORI, Politica e sentimenti: le organizzazioni femmini-li catholiche dall' età giolittiana al fascismo, in: *Rivista di storia contemporanea* 3, 1980

DE LIGUORI, S. ALFONSO, *La vera Sposa di Gesù Cristo, cioè la Monaca Santa per mezzo delle virtù proprie d'una religiosa* (1760), Turin 1862

DENIEL, RAYMOND, *Une image da la famille et de la société sous la Restauration*, Paris 1965

DI CORI, PAOLA, Rosso e bianco. La devozione al Sacro Cuore di Gesù nel primo dopo-guerra, in: *Memoria. Rivista die storia delle donne* 5, 1982

D'OUINCE, RENÉ, *Femme. Dictionnaire de spiritualité*, Bd. 5, Paris 1964, S. 132–152

DUMONT-JOHNSON, MICHELINE und NADIA FAHMY EID, *Les couventines. L'éducation des filles au Québec dans les congrégations religieuses enseignantes (1840–1960)*, Québec 1986

Les enseignements pontificaux, le problème féminin, Paris 1955

FERRANTE, LUCIA, MAURA PALAZZI und GIANNA POMATA, *Ragnatele di rapporti. Patronage e reti di relazione nella storia delle donne*, Turin 1988

FRAISSE, GENEVIÈVE, *Muse de la raison. La démocratie exclusive et la différence des sexes*, Aix-en-Provence 1989

GROUPE DE LA BUSSIÈRE, *Pratiques de la confession. Des Pères du désert au Vatican II*, Paris 1983

GUIDI, LAURA, *L'onore in pericolo. Carità e reclusione femminile nell'Ottocento napoleta-no*, Neapel 1991

HARTMAN, MARY und LOIS W. BANNER (Hg.), *Clio's Consciousness Raised. New Perspectives on the History of Women*, New York 1974

HILAIRE, YVES MARIE, *Une chrétienté au XIXe siècle. La vie religieuse des populations du diocèce d'Arras de 1840 à 1914*, 2 Bde., Lille 1977

LANGLOIS, CLAUDE und PAUL WAGRET, *Structure religieuse et célibat féminin au XIXe siècle*, Lyon 1972

LÉGER, CHRISTINE, Le journal des demoiselles, Diss. Paris VII 1989

LEBRUN, FRANÇOIS (Hg.), *Histoire des catholiques en France*, Toulouse 1980

LÉVY, MARIE-FRANÇOISE, *De mères en filles. L'éducation des Françaises (1850–1880)*, Paris 1984

MAYEUR, FRANÇOISE und JACQUES GADILLE, *Éducation et images de la femme chrétienne en France au début du XXe siècle*, Lyon 1980

MAYER, FRANÇOISE und JACQUES GADILLE, *L'Éducation des filles en France au XIXe siècle*, Paris 1979

MAYEUR, JEAN-MARIE (Hg.), *L'Histoire religieuse de la France, XIXe–XXe siècle. Problèmes et méthodes*, Paris 1975

MILAN, MARIA, *Donna, famiglia, società. Aspetti della stampa femminile cattolica in Italia tra 800 e 900*, Genua 1983

METRAL, MARIE-ODILE, *Le mariage. Les hésitations de l'Occident*, Paris 1977

Les Religieuses enseignantes, XVF–XXe siècles, Angers 1980

La Società religiosa nell'età moderna, Atti del Convegno di Studi di Storia sociale e reli-giosa, Neapel 1973

SAVART, CLAUDE, *Les catholiques en France au XIXe siècle: le témoignage du livre religieux*, Paris 1985

SMITH, BONNIE G., *Changing Lives. Women in European History since 1700*, Lexington, Mass./Toronto, D.C. 1989

SOLDANI, SIMONETTA (Hg.), *L'educazione delle donne. Scuole e modelli di vita femminile nell'Italia dell'Ottocento*, Mailand 1989

STICCO, MARIA, *Una donna fra due secoli. Armida Barelli*, Mailand 1967

TURIN, YVONNE, *Femmes et religieuses au XIXe siècle. Le féminisme ·en religion·*, Paris 1989

WANROOI, BRUNO P. F., *Storia del pudore. La questione sessuale in Italia, 1860–1940*, Venedig 1990

WARNER, MARINA, *Alone of All her Sex. The Myth and the Cult of the Virgin Mary*, London 1976 (dt.: *Maria. Geburt, Triumph, Niedergang – Rückkehr eines Mythos?* Aus dem Engl. von Gabriele Spielvogel u. a., München 1982)

ZARRI, GABRIELLA, Monasteri femminili e città (secoli XV–XVIII) in: *Storia d'Italia*. Annali, Bd. 9, *La Chiesa e il potere politico dal Medioevo all'età contemporanea*, hg. von Giorgio Chittolini e Giovanni Miccoli, Turin 1986, S. 359–429

Die protestantische Frau / Jean Baubérot

BAUBÉROT, JEAN, *Un christianisme profane?*, Paris 1978

BAUBÉROT, JEAN, *Le retour des huguenots. La vitalité protestante XIXe–XXe siècle*, Paris/Genf 1985

BOYD, L. A. und R. D. BRACKENRIDGE, *Presbyterian Women in America*, Westport, Conn. 1983

GARRISSON-ESTEBE, J., *L'homme protestant*, Paris 1980

GLASSMAN HERSH, B., *The Slavery of Sex. Feminist-Abolitionists in America*, Urbana 1978

GREAVES, R. L. (Hg.), *Triumph over Silence. Women in Protestant History*, London 1985

KÄPPELI, ANNE-MARIE, *Sublime Croisade. Éthique et politique du féminisme protestant (1875–1928)*, Vorwort von Mireille Cifali, Genf 1990

ROWE, K. E. (Hg.), *Methodist Women*, Lake Junaluska, N.C. 1980

THOMAS, H. F. und R. SKINNER KELLER, *Women in New Worlds*, 2 Bde., Nashville 1981–82

VOELTZEL, R., *Service du Seigneur*, Strasbourg 1983

WEMYSS, A., *Histoire du Réveil*, Paris 1977

Die jüdische Frau / Nancy Green

ADLER, POLLY, *A House is not a Home*, New York 1953 (dt.: *Madame P. und ihre Mädchen* [gekürzte Ausg.], München 1966)

ANTIN, MARY, *The Promised Land*, Princeton [2]1969

ARENDT, HANNAH, *Rahel Varnhagen: Lebensgeschichte einer deutschen Jüdin aus der Romantik*, München [8]1990

BAUM, CHARLOTTE, PAULA HYMAN und SONYA MICHEL, *The Jewish Woman in America*, New York 1977

BERROL, SELMA, Class or Ethnicity: The Americanized German Jewish Woman and her Middle Class Sisters in 1895, in: *Jewish Social Studies* 47/1, 1985, S. 21–32

BERROL, SELMA, Education and Economic Mobility: The Jewish Experience in New York City, 1880–1920, in: *American Jewish Historical Quarterly* 65/3, 1976, S. 257–271

BERROL, SELMA, *Immigrants at School, New York City, 1898–1914*, New York 1978

BIALE, RACHEL, *Women and Jewish Law: An Exploration of Women's Issues in Halakhic Sources*, New York 1984

BRISTOW, EDWARD J., *Prostitution and Prejudice: The Jewish Fight Against White Slavery. 1870–1939*, New York 1983

BRUMBERG, STEPHEN E., Going to America, Going to School: The Jewish Immigrant Public School Encounter in Turn-of-the-Century New York City, in: *American Jewish Archives* 36/2, 1984, S. 86–135; s. a. sein Buch gleichen Titels, New York 1986

CANTOR, AVIVA, *The Jewish Woman. 1900–1985. A Bibliography,* Fresh Meadows, N.Y. 1987

DAWIDOWICZ, LUCY, *The Golden Tradition: Jewish Life and Thought in Eastern Europe,* Boston 1968

ERTÉL, RACHEL, *Le Shtetl: la bourgade juive de Pologne,* Paris 1982

EWEN, ELIZABETH, *Immigrant women in the Land of Dollars: Life and Culture on the Lower East Side, 1890–1925,* New York 1985

FRIEDLANDER, JUDITH, The jewish Feminist Question, in: *Dialectical Anthropology* 8/1–2, 1983, S. 113–120

GDALJA, JANINE und ANNIE GOLDMANN, *Le Judaisme au féminin,* Paris 1989

GOLDMANN, EMMA, *Living my Life,* 2 Bde., New York 1976 (dt.: *Gelebtes Leben,* 3 Bde. Aus dem Engl. von Renate Orywa und Marlen Breitinger, Berlin 1978–80)

GORELICK, SHERRY, *City College and the Jewish Poor: Education in New York, 1880–1924,* New Brunswick 1981

GOREN, ARHUR, *New York Jews and the Quest for Community: The Kebillah Experiment, 1908–1922,* New York 1970

GREEN, NANCY, L'émigration comme émancipation: les femmes juives d'Europe de l'Est à Paris, 1881–1914, in: *Pluriel,* Nr. 27, 1981, S.51–59

HASANOVITZ, ELIZABETH, *One of Them,* New York 1918

HERTZ, DEBORAH, *Jewish High Society in Old Regime Berlin,* New Haven 1988 (dt.: *Die jüdischen Salons im alten Berlin.* Aus dem Engl. von Gabriele Neumann-Kloth, Frankfurt a. M. 1991)

HYMAN, PAULA, Culture and Gender: Women in the Immigrant Jewish Community, in: David Berger (Hg.), *The Legacy of Jewish Immigration,* New York 1983, S. 157–168

HYMAN, PAULA, Immigrant Women and Consumer Protest: The New York City Kosher Meat Boycott of 1902, in: *American Jewish History* 60/1, 1980, S. 91–105

JOSELIT, JENNA, The Special Sphere of the Middle Class American Jewish Woman: The Synagogue Sisterhood, 1890–1940, in: J. Wertheimer (Hg.), *The American Synagogue: A Sanctuary Transformed,* New York 1987, S. 206–230

KAPLAN, MARION A., *The Jewish Feminist Movement in Germany: The Campaigns of the Jüdischer Frauenbund, 1904–1938,* Westport 1979 (dt.: *Die jüdische Frauenbewegung in Deutschland. Organisation und Ziel des Jüdischen Frauenbundes 1904–1938.* Aus dem Engl. von Hainer Kober unter Mitw. d. Autorin und des Inst. f. d. Geschichte d. dt. Juden, Hamburg 1981)

KATZ, JACOB, *Out of the Ghetto: The Social Background of Jewish Emancipation, 1770–1870.* New York 1978 (dt.: *Aus dem Ghetto in die bürgerliche Gesellschaft: jüdische Emanzipation 1770–1870.* Aus dem Engl. von Wolfgang Lotz, Frankfurt a. M. 1988)

KESSLER-HARRIS, ALICE, Organizing the Unorganizable: Three Jewish Women and their Union, in: M. Cantor und B. Laurie (Hg.), *Class, Sex, and the Woman Worker,* Westport 1977, S. 144–163

LERNER, ELINOR, Jewish Involvement in the New York City Woman Suffrage Movement, in: *American Jewish History* 70/4, 1981, S. 442–461

MARCUS, JACOB R. (Hg.), *The American Jewish Woman: A Documentary History,* New York, Cincinnati 1981

MEISELMAN, MOSCHE, *Jewish Woman in Jewish Law,* New York 1978

MYERHOFF, BARBARA, *Number Our Days,* New York 1980

SCHIFF, ELLEN, What Kind of Way is That for Nice Jewish Girls to Act?: Images of Jewish Women in Modern American Drama, in: *American Jewish History* 70/1, 1980, S. 106–118

SELLER, MAXIME, The Education of the Immigrant Woman, 1900–1935, in: *Journal of Urban History* 4/3, 1978, S. 307–330

SINGER, ISAAC, Yentl the Yeshiva Boy, in: *Short Friday and Other Stories*, New York 1964

SOCHEN, JUNE, *Consecrate Every Day: The Public Lives of Jewish American Women, 1880–1980*, Albany 1981

STANISLAWSKI, MICHAEL, *Tsar Nicholas I and the Jews: The Transformation of Jewish Society in Russia: 1825–1855*, Philadelphia 1983

Tseenah Ureenah, Kommentar zur Tora, J. Achkenazi. Aus dem Jiddischen von J. Baumgarten, Paris 1987

WEINBERG, SYDNEY S., *The World of Our Mothers: The Lives of Jewish Immigrant Woman*, Chapel Hill 1988

YEZIERSKA, ANZIA, *The Bread Givers*, New York 1975

ZIPPERSTEIN, STEVEN J., *The Jews of Odessa: A Cultural History, 1794–1881*, Stanford 1985

Mädchenbildung: das laizistische Modell / Françoise Mayeur

Association internationale pour l'histoire de l'Éducation, Paris, *L'offre d'école. The Supply of Schooling*, Paris 1983

BOURGADE, GERMAINE, *Contribution à l'étude d'une histoire de l'éducation féminine à Toulouse de 1830 à 1914*, Toulouse 1980

(Les) cahiers aubois d'histoire de l'éducation, ·Jules Ferry et son époque·, Troyes 1984

CLARK, LINDA L., *Schooling the Daughters of Marianne: Text-Books and the Socialization of Girls in Modern French Primary Schools*, Albany 1984

CONDORCET, *Ecrits sur l'instruction publique*, Bd. 1: *Cinq mémoires sur l'instruction publique*, hg. von Charles Coutel und Catherine Kintzler, Paris 1989; Bd. 2: *Rapport sur l'instruction publique*, hg. von Charles Coutel, Paris 1989

L'éducation des jeunes filles il y a cent ans, Ausstellungskatalog, Rouen 1983

FRANCHINI, SYLVIA, L'istruzione femminile in Italia dopo l'Unità: percossi di una ricerca sugli educandati pubblici de elite, in: *Passato e Presente* 10, 1986, S. 53–94

GERSTER, FRANZISKA und URSI BLOSSER, *Töchter der guten Gesellschaft. Frauenrolle und Mädchenerziehung im schweizerischen Großbürgertum um 1900*, Zürich 1985

GREARD, OCTAVE, *Éducation et instruction. Enseignement secondaire*, Bd. 1, Paris 1987

HUNT, FELICITY (Hg.), *Lessons for Life. The Schooling of Girls and Women, 1850–1950*, Oxford 1987

LORY, JACQUES, *Libéralisme et instruction primaire 1842–1879. Introduction à l'étude de la lutte scolaire en Belgique*, Louvain 1979

LUNDBERGH, BEATE, *Kom ihag att du är underlägen: pedagogik für borgarflickor i 1880 talets Sverige*, Lund 1986

MARGADANT, JO B., *Madame le Professeur. Women Educators in the Third Republic*, Princeton 1990

Max-Planck-Institut für menschliche Entwicklung und Erziehung, *Das Bildungswesen in der Bundesrepublik Deutschland*, Reinbek 1979

MAYEUR, FRANÇOISE, *L'enseignement secondaire des jeunes filles sous la Troisième République*, Paris 1977

MAYEUR, FRANÇOISE, *L'éducation des filles en France au XIXᵉ siècle*, Paris 1979

MENDES DA COSTA, YOLANDA und ANNE MORELLI, *Femmes, libertés, laïcité*, Brüssel 1989

PREAUX, JEAN (Hg.), *Église et enseignement*, Brüssel 1977

SONNET, MARTINE, *L'éducation des filles au temps des Lumières*, Paris 1987

Les Temps modernes, Sondernummer »Petites filles en éducation«, Mai 1976

VIALA, ROBERT, *L'enseignement secondaire des jeunes filles 1880–1940, par ceux qui l'ont créé et celles qui l'ont fait vivre*, Sèvres 1987

Zwischen Erwerbsfleiß und Bildungsreligion / Juliane Jacobi

ALBISETTI, JAMES C., *Schooling German Girls and Women. Secondary and Higher Education in the Nineteenth Century*, Princeton, N. J. 1988

ALLEN, ANN TAYLOR, *Feminism and Motherhood in Germany, 1800–1914*, New Brunswick, N. J. 1991

BAUMANN, URSULA, *Protestantismus und Frauenemanzipation in Deutschland 1850–1920*, Frankfurt a. M./New York 1992

BÄUMER, GERTRUD, Geschichte und Stand der Frauenbildung in Deutschland, in: *Handbuch der Frauenbewegung*, hg. von Helene Lange und Gertrud Bäumer, Teil III: *Der Stand der Frauenbildung in den Kulturländern*, Berlin 1902

BRYANT, MARGARET, *The Unexpected Revolution. A Study in the History of the Education of Women and Girls in Nineteenth Century*, London 1979

BUSSEMER, HERRAD-ULRIKE, *Frauenemanzipation und Bildungsbürgertum. Sozialgeschichte der Frauenbewegung in der Reichsgründungszeit*, Weinheim/Basel 1985

DYHOUSE, CAROL, *Girls Growing up in Late Victorian and Edwardian England*, London 1981

HOPFNER, JOHANNA, *Mädchenerziehung und weibliche Bildung um 1800. Im Spiegel der populär-pädagogischen Schriften der Zeit*, Bad Heilbrunn 1990

JACOBI, JULIANE, *Frauen zwischen Familie und Schule. Professionalisierungsstrategien bürgerlicher Frauen im internationalen Vergleich*, Köln/Weimar/Wien 1994

KLEINAU, ELKE, Von der Armenschule zur »sozialen Hilfstätigkeit«. Zur Geschichte der Schule des Paulsenstifts 1866–1937, in: *Festschrift zum 125jährigen Jubiläum des Charlotte-Paulsen-Gymnasiums*, Hamburg 1991

KÜPPERS, ERIKA, Die höheren Mädchenschulen, in: *Handbuch der deutschen Bildungsgeschichte*, Bd. 3: *1800–1870*, hg. von Karl-Ernst Jeismann und Peter Lundgreen, München 1987

LANGE, HELENE, *Lebenserinnerungen*, Berlin 1921

MEYER-RENSCHHAUSEN, ELISABETH, *Weibliche Kultur und soziale Arbeit. Eine Geschichte der Frauenbewegung am Beispiel Bremens, 1810–1927*, Köln 1989

OBSCHERNITZKI, DORIS, *»Der Frau ihre Arbeit!«. Lette-Verein. Zur Geschichte einer Berliner Institution 1866–1986*, Berlin 1987

PALATSCHECK, SILVIA, *Frauen und Dissens. Frauen im Deutschkatholizismus und in den freien Gemeinden 1841–1852*, Göttingen 1990

PRELINGER, CATHERINE M., Prelude to Consciousness. Amalie Sieveking and the Female Assoiation for the Care of Poor and the Sick, in: John C. Fout (Hg.), *German Women in Nineteenth Century*, New York 1984a

PRELINGER, CATHERINE M., *Charity, Challenge, and Chance. Religious Dimensions of the Mid-Nineteenth-Century Women's Movement in Germany*, New York 1984b

PRELINGER, CATHERINE M., Die Frauendiakonie im 19. Jahrhundert: Die Anziehungskraft des Familienmodells, in: *Frauen in der Geschichte* V., hg. von Ruth-Ellen Boetcher Joeres und Anette Kuhn, Düsseldorf 1985

RUDOLPH, MARIA, *Die Frauenbildung in Frankfurt am Main. Geschichte der privaten, der kirchlich-konfessionellen, der jüdischen und der städtischen Mädchenschulen*, 2 Bde., Frankfurt a. M./Bern/Las Vegas 1978

SCHLÜTER, ANNE, *Neue Hüte – alte Hüte? Gewerbliche Berufsausbildung für Mädchen zu Beginn des 20. Jahrhunderts. Zur Geschichte ihrer Institutionalisierung*, Düsseldorf 1987

SCHMID, PIA, Das Allgemeine, die Bildung und das Weib. Zur verborgenen Konzipierung von Allgemeinbildung als allgemeiner Bildung für Männer, in: Heinz-Elmar Tenorth (Hg.), *Allgemeine Bildung. Analysen zu ihrer Wirklichkeit. Versuche über ihre Zukunft*, Weinheim/München 1989

Bilder / Anne Higonnet

AGULHON, MAURICE, *Marianne au combat. L'imagerie et la symbolique républicaine de 1789 à 1880*, Paris 1979

AGULHON, MAURICE, *Marianne au pouvoir. L'imagerie et la symbolique républicaine de 1880 à 1914*, Paris 1989

ASHER, CAROL, LOUISE DE SALVO und SARA RUDDICK, *Between Women. Biographers, Novelists, Critics, Teachers and Artists Write About Their Work on Women*, Boston 1984

BERKELEY, ELLEN PERRY (Hg.), *Architecture. A Place For Women*, Washington/London 1989

BROUDE, NORMA und MARY D. GARRARD (Hg.), *The Expanding Discourse, Feminism and Art History*, New York 1992

FERRERO, PAT, ELAINE HEDGES und JULIE SILBER, *Hearts and Hands. The Influence of Women and Quilts on American Society*, San Francisco 1987

GOLDBERG, VICKY, Katalog zur »Retrospective Margaret Bourke-White«, Palais de Tokyo, Paris Juni–Sept. 1989

HIGONNET, ANNE, *Berthe Morisot's Images of Women*, Cambridge 1992

NEAD, LYNDA, *Myths of Sexuality. Representations of Women in Victorian Britain*, London 1988

PARKER ROSZIKA und GRISELDA POLLOCK, *Old Mistresses. Women, Art and Ideology*, London 1986

SOLOMON-GODEAU, ABIGAIL, The legs of the Countess, *Oktober* 39, 1986, S. 65–108

TICKNER, LISA, *The Spectacle of Women. Imagery of the Suffrage Campaign 1907–1914.* London 1987

WEAVER, MIKE, *Julia Margaret Cameron (1815–1879)*, Katalog der von der John Hansard Gallery University organisierten Ausstellung, Southhampton 1984

WHITE, CYNTHIA, *Women's Magazines 1693–1968*, London 1970

YELDHAM, CHARLOTTE, *Women Artists in Nineteenth-Century France and England*, 2 Bde., New York/London 1984

Leib und Seele / Yvonne Knibiehler

ADLER, LAURE, *Secrets d'alcôve. Histoire du couple de 1830 à 1930*, Paris 1983

Annales de démographie historique, Paris/La Haye/New York; 1981 *Démographie historique et condition féminine;* 1983, *Mères et nourrissons*

ARNAUD, PIERRE (Hg.), *Les athlètes de la République. Gymnastique, sport et idéologie républicaine, 1870–1914*, Toulouse 1987

ADOUX, MARGUERITE, *Marie-Claire*, Paris 1910

ADOUX, MARGUERITE, *L'atelier de Marie-Claire*, Paris 1920

BARRET-DUCROCQ, FRANÇOISE, *L'amour sous Victoria*, Paris 1989

BASHKIRTSEFF, MARIE, *Journal* (1887), Paris 1985 (dt.: *Tagebuch*, hg. von Gottfried M. Daiber. Aus dem Franz. von Lothar Schmidt, Berlin 1983)

BERTIN, CÉLIA, *La femme à Vienne au temps de Freud*, Paris 1989

BIGOT, FRANÇOIS, *Les enjeux de l'assistance à l'enfance*, Diss. Tour 1988

BLOM, IDA, »Real excellent men do not grow on trees . . .« Bread winning and structures of authority in bourgeois marriage around the turn of the century, in: *Deutsch-Norwegisches Historikertreffen, 28.–31. Mai 1987*

BLOM, IDA, *Den haarde Dyst. Birth and birth help in Norway since 1800*, Oslo 1988

BOIS, JEAN-PIERRE, *Les vieux, de Montaigne aux premiers retraités*, Paris 1989

BONNET, MARIE-JO, *Un choix sans équivoque. Recherches historiques sur les relations amoureuses entre les femmes, XVIe–XXe siècles*, Paris 1981

BRUMBERG, JOAN J., *Fasting Girls. The Emergence of Anorexia Nervosa as a Modern Disease*, Cambridge, Mass./London 1988 (dt.: *Todeshunger. Die Geschichte der Anorexia nervosa vom Mittelalter bis heute*. Aus dem Engl. von Karin Dufner und Katharina Förs, Frankfurt a. M./New York 1994)

CAPIA, R., *Les poupées françaises*, Paris 1979

CHARLOT, MONICA, *Victoria. Le pouvoir partagé*, Paris 1989

CLAVERIE, ELISABETH und PIERRE LAMAISON, *L'impossible Mariage. Violence et parenté en Gévaudan, 17e, 18e et 19e siècles*, Paris 1982

DALL'AVA-SANTUCCI, JOSETTE, *Des sorcières aux mandarines. Histoire des femmes médicins*, Paris 1989

DAUDET, MME ALPHONSE, *L'enfance d'une parisienne. Enfants et mères*, Paris 1892

DAUMARD, ADELINE, *La Bourgeoisie parisienne de 1815 à 1848*, Paris 1963

DESAIVE, J.-P., Le nu hurluberlu, in: *Ethnologie française* 3–4, 1976

DORAY, MARIE-FRANCE, *Une étrange paroissienne, la Comtesse de Ségur*, Marseille 1990

DOUX DE LABRO, YVONNE, *Journal d'une jeune fille à la Belle Époque*, hg. von Evelyne Berriot Salvadore, Paris 1991

DREES, ANNETTE, *Die Ärzte auf dem Weg zu Prestige und Wohlstand. Sozialgeschichte der württembergischen Ärzte im 19. Jahrhundert*, München 1988

DUPÂQUIER, JACQUES (Hg.), *Histoire de la population française*, Bd. 3: *De 1789 à 1914*, Paris 1988

EYQUEM, MARIE-THÉRÈSE, *La femme et le sport*, Paris 1944

FAY-SALLOIS, FANNY, *Les nourrices à Paris au XIXe siècle*, Paris 1980

Feminist Studies, Bd. 9, Nr. 1, 2 und 3, 1983; Bd. 10, Nr. 3, 1984

FILDES, VALÉRIE, *Wet Nursing. A History from Antiquity to the Present*, Oxford/New York 1988

FREMINVILLE, BERNARD DE (Hg.), *Émilie 1802–1872*, Paris 1985

FREMINVILLE, BERNARD DE (Hg.), *Marthe 1892–1902*, Paris 1985

FLANDRIN, JEAN-LOUIS, *Les amours paysannes (XVIe–XIXe siècles)*, Paris 1975

FREVERT, UTE, *Krankheit als politisches Problem 1770–1880. Soziale Unterschichten in Preußen zwischen medizinischer Polizei und staatlicher Sozialversicherung*, Göttingen 1984

GAUTIER, ARLETTE, *Les sœurs de solitude. La condition féminine dans l'esclavage aux Antilles du XVIIe au XIXe siècle*, Paris 1985

GEORGEL, P., *Léopoldine Hugo. Une jeune fille romantique*, Paris 1967

GERBOD, PAUL, Les métiers de la coiffure dans la première moitié du XXe siècle, in: *Ethnologie française*, Jan.–März 1983

GRAFTEAUX, S., *Mémé Santerre. Une vie*, Paris 1978

GRELLET, I. und C. KRUSE, *Histoire de la tuberculose. Les fièvres de l'âme, 1800–1940*, Paris 1983

GUERMONT, MARIE-F., *La »Grande Fille«. L'hygiène de la jeune fille d'après les ouvrages médicaux (fin XIXe début XXe)*, Tours 1981

GUILLAIS, JOËLLE, *La chair de l'autre. Le crime passionnel au dix-neuvième siècle*, Paris 1986

HIMMELFARB, GERTRUDE, *Marriage and Morals Among the Victorians*, Bristol/London 1986

HELLER, GENEVIÈVE, *»Propre en ordre«. Habitation et vie domestique 1850–1930: l'exemple vaudois*, Lausanne 1979

IMHOF, ARTHUR E. (Hg.), *Der Mensch und sein Körper von der Antike bis heute*, München 1983

KNIBIEHLER, YVONNE, *Nous les assistantes sociales*, Paris 1980

KNIBIEHLER, YVONNE und CATHERINE FOUQUET, *Histoire des mères. Du Moyen Age à nos jours*, Paris 1980; Neudruck 1987

KNIBIEHLER, YVONNE und CATHERINE FOUQUET, *La femme et les médecins*, Paris 1983

KNIBIEHLER, YVONNE und CATHERINE FOUQUET, (Hg.), *Cornettes et Blouses blanches. Les infirmières dans la société française, 1880–1980*, Paris 1984

KNIBIEHLER, YVONNE, CATHERINE FOUQUET, MARCEL BERNOS, ELIANE RICHARD, ELISABETH RAVOUX-RALLO, *De la pucelle à la minette. Les jeunes filles de l'âge classique à nos jours*, Paris ²1989

LERNER, GERDA, *Black Women in White America. A Documentary History*, New York 1972

MCCRONE, KATHLEEN E., *Sports and the Physical Emancipation of English Women, 1870–1914*, London 1988

MAIRE, CATHERINE-LAURENCE, *Les possédées de Morzine, 1857–1873*, Lyon 1981

MARTIN-FUGIER, ANNE, *La place des bonnes. La domesticité féminine à Paris en 1900*, Paris 1979

MARTIN-FUGIER, ANNE, *La Bourgeoise. La femme au temps de Paul Bourget*, Paris 1983

Memoria. Rivista di storia delle donne, Nr. 3, März 1982, *I corfi possibili*; Nr. 5, Nov. 1982, *Sacro e profano*; Nr. 7, Sept. 1983, *Madri e non madri*

OLAFSON HELLERSTEIN, ERNA, LESLIE PARKER-HUME und KAREN M. OFFEN (Hg.), *Victorian Women. A Documentary Account of Women's Lives in Nineteenth-Century England, France and the United States*, Stanford 1981

PELLEGRIN, NICOLE, Les chiffons de la naissance (XVIe–XXe siècles), in: *Actes du colloque l'aventure de naître*, Poitiers 1989, S. 55–75

PELLEGRIN, NICOLE, Chemises et chiffons. Le vieux et le neuf en Poitou et Limousin, XVIIIe–XIXe siècles, in: *Ethnologie française*, Nr. 3–4, 1986, S. 283–298

Pénélope. Pour l'histoire des femmes, Nr. 5, Herbst 1981, »La femme soignante«; Nr. 13, Herbst 1985, »Vieillesses des femmes«

PERROT, MICHELLE, *Les filles de Karl Marx. Lettres inédites*, Paris 1979

PERROT, MICHELLE (Hg.), *Une histoire des femmes est-elle possible?* Marseille/Paris 1984 (dt.: *Geschlecht und Geschichte. Ist eine weibliche Geschichtsschreibung möglich?* Aus dem Franz. von Wolfgang Kaiser, Frankfurt a. M. 1989)

PERROT, PHILIPPE, *Les dessus et les dessous de la bourgeoisie*, Paris 1981

PERROT, PHILIPPE, *Le travail des apparences ou les transformations du corps féminin XVIIIe–XIXe siècles*, Paris 1984

Quaderni Storici, Nr. 44, Aug. 1980, *Parto e maternità, momenti della biografia femminile*

Revue d'histoire de l'Amérique française, Sondernummer: *Histoire de la famille*, Bd. 39, Nr. 2, Herbst 1985

RIPA, YANNICK, *La ronde des folles. Femme, folie et enfermement au XIXe siècle*, Paris 1986

ROLLET-ECHALIER, CATHERINE, *La politique à l'égard de la petite enfance sous la Troisième République*, Paris 1990

ROTHMAN, SHEILA M., *Woman's Proper Place. A History of Changing Ideals and Practices 1870 to the Present*, New York 1978

SEGALEN, MARTINE, *Mari et femme dans la société paysanne*, Paris 1980

SHORTER, EDWARD, *The Making of the Modern Family*, New York 1975 (dt.: *Die Geburt der modernen Familie*. Aus dem Engl. von Gustav Killper, Reinbek 1977)

SHORTER, EDWARD, *A History of Women's Bodies*, New York 1982 (dt.: *Der weibliche Körper als Schicksal. Zur Sozialgeschichte der Frau*. Aus dem Engl. von Hainer Kober, München/Zürich 1987)

SMITH, BONNIE G., *Ladies of the Leisure Class. The Bourgeoises of Northern France in the Nineteenth Century*, Princeton 1981

SOHN, ANNE-MARIE, Les rôles féminins dans la vie privée: approche méthodologique et bilan de recherches, in: *Revue d'histoire moderne et contemporaine*, Bd. 28, Okt.–Dez. 1981, S. 597–623

SWAIN, GLADYS, L'âme, la femme, le sexe et le corps. Les métamorphoses de l'hystérie au XIXe siècle, in: *Le débat*, März 1983

VIDAL, CHRISTIANE, Une surmortalité féminine prolongée en Europe: le cas français des Alpes du Sud, in: *Population* 35, 1980, S. 698–708

VERDIER, YVONNE, *Façons de dire, façons de faire. La laveuse, la couturière, la cuisinière*, Paris 1979 (dt.: *Drei Frauen. Das Leben auf dem Dorf*. Aus dem Franz. von Thomas Kleinspehn, Stuttgart 1982)

VOLET-JEANNERET, HELENA, *La femme bourgeoise à Prague 1860–1895. De la philanthropie à l'émancipation*, Diss. Lausanne 1988

WEEKS, JEFFREY, *Sex, Politics and Society. The Regulation of Sexuality since 1800*, London/New York 1981

Gefährliche Formen der Sexualität / Judith Walkowitz

ADLER, LAURE, *La vie quotidienne dans les maisons closes, 1830–1930*, Paris 1990

CORBIN, ALAIN, *Les filles de Noce: misère sexuelle et prostitution (19e–20e siècle)*, Paris 1978

COTT, NANCY F., Passionlessness: An Interpretation of Victorian Sexual Ideology, 1790–1850, in: Nancy F. Cott und Elizabeth H. Pleck (Hg.), *A Heritage of Her Own*, New York 1979, S. 162–181

D'EMILIO, JOHN und ESTELLE FREEDMAN, *Inmate Matters: A History of Sexuality in America*, New York 1988

DUBERMAN, MARTIN BAUML, MARTHA VICINUS und GEORGE CHAUNCEY, Jr. (Hg.), *Hidden from History: Reclaiming the Gay and Lesbian Past*, New York 1989

EVANS, RICHARD, Prostitution, State and Society in Imperial Germany, in: *Past and Present* 70, 1976, S. 106–129

FADERMAN, LILLIAN, *Surpassing the Love of Men: Romantic Friendship and Love Between Women from the Renaissance to the Present*, New York 1981 (dt.: *Köstlicher als die Liebe der Männer: Romantische Freundschaft und Liebe zwischen Frauen von der Renaissance bis heute*. Aus dem Engl. von Fiona Dürler und Anneliese Tenisch, Zürich 1990)

FREVERT, UTE, *Frauen-Geschichte: zwischen bürgerlicher Verbesserung und neuer Weiblichkeit*, Frankfurt 1986

GIBSON, MARY, *Prostitution and the State in Italy 1860–1915*, Princeton 1985

HARSIN, JILL, *Policing Prostitution in Nineteenth-Century Paris*, Princeton 1985

KATZ, JONATHAN, *Gay/Lesbian Almanac: A New Documentary History*, New York 1983

McLAREN, ANGUS, *Reproductive Rituals: The Perceptions of Fertility in England from the Sixteenth Century to the Nineteenth Century*, New York 1984

McLAREN, ANGUS, *Sexuality and the Social Order: The Debate over the Fertility of Women and Workers in France. 1770–1920*, New York 1983

NEUMAN, R.-P., Working Class Birth Control in Wilhelmine Germany, in: *Comparative Studies in History and Society*, 20, 1978, S. 408–428

PEISS, KATHY, CHRISTINA SIMMONS und ROBERT A. PADGUG (Hg.), *Passion and Power: Sexuality in History*, Philadelphia 1989

PETCHESKY, ROSALIND POLLAK, *Abortion and Women's Choice: The State, Sexuality and Reproductive Freedom*, Boston 1984

SNITOW, ANN u. a., *Powers of Desire: the Politics of Sexuality in America*, New York 1984 (dt.: *Die Politik des Begehrens: Sexualität, Pornographie und neuer Puritanismus in den USA* [Teilausgabe]. Aus dem Engl. von Pieke Biermann, Berlin 1985)

VANCE, CAROLE S., *Pleasure and Danger: Exploring Female Sexuality*, New York 1984

WALKOWITZ, JUDITH, *Prostitution and Victorian Society: Women, Class and the State*, New York 1980

WEEKS, JEFFREY, *Coming Out. Homosexual Politics in Britain, from the Nineteenth Century to the Present*, London 1977

WEEKS, JEFFREY, *Sexuality and its Discontents: Meanings, Myths, Modern Sexualities*, London 1985

WHEELWRIGHT, JULIE, *Amazons and Military Maids: Women Who Dressed as Men in Pursuit of Life, Liberty and Happiness*, London 1989

Die Arbeiterin / Joan W. Scott

AMSDEN, ALICE H. (Hg.), *The Economics of Women and Work*, New York 1980

ANDERSON, GREGORY (Hg.), *The White-Blouse Revolution. Female Office Workers Since 1870*, New York 1988

ANDERSON, MICHAEL. *Family Structure in Nineteenth Century Lancashire*, Cambridge/New York 1971

BARON, AVA, Women and the Making of the American Working Class: A Study of the Proletarianization of Printers, in: *The Review of Radical Political Economics* 14, 1982, S. 23–42

BARRETT, MICHÈLE und MARY MCINTOSH, The Family Wage: Some Problems for Socialists and Feminists, in. *Capital and Class* 11, 1980, S. 51–72

BERG, MAXIME, Women's Work, Mechanization and the Early Phase of Industrialization in England, in: Patrick Joyce (Hg.), *The Historical Meanings of Work*. Cambridge, New York 1987, S. 64–98

BLACK, CLEMENTINA (Hg.), *Married Women's Work*, London 1915

BLACKBURN, HELEN und NORA VYNNE, *Women Under the Factory Act*, London 1903

BLEWETT, MARY H., *Men, Women, and Work: Class, Gender, and Protest in the New England Shoe Industry, 1780–1910*, Urbana, Chicago 1988

BLUNDEN, KATHERINE, *Le travail et la vertu. Femmes au foyer: une mystification de la Révolution industrielle*, Paris 1982

BOUVIER, JEANNE, *Histoires des dames employées dan les postes, télégraphes et téléphones de 1714 à 1929*, Paris 1930

CHAFE, WILLIAM H., *The American Woman: Her Changing Social, Economic and Political Roles, 1920–1970*, New York 1972

CLARK, ALICE, *The Working Life of Women in the Seventeenth Century*, London 1919; Neuauflage 1968

COLLET, CLARA E., Women's Work, in: Charles Booth (Hg.), *Life and Labour of the People in Londres*, Erste Reihe, Bd. 4, London 1902

DARIC, JEAN, *L'Activité professionelle des femmes en France. Étude statistique: évolution-comparaisons internationales*, I.N.E.D., Cahier Nr. 5, Paris 1947

DUBLIN, THOMAS, *Women at Work: The Transformation of Work and Community in Lowell, Massachusetts, 1826– 1860,* New York 1979

EVANS, SARA M., *Born for Liberty: A History of Women in America,* New York 1989

FRAISSE, GENEVIÈVE, *Femmes toutes mains: Essai sur le service domestique,* Paris 1979

GRONEMAN, CAROL und MARY BETH NORTON, *To Toil the Livelong Day: America's Women at Work, 1870– 1980,* Ithaca 1987

GUILBERT, MADELEINE, *Les Fonctions des femmes dans l'industrie,* Paris 1966

GUILBERT, MADELEINE, NICOLE LOWIT und MARIE-HÉLÈNE ZYLBERBERG-HOCQUARD, *Travail et Condition féminine (bibliographie commentée),* Paris 1977

HEWITT, MARGARET, *Wives and Mothers in Victorian Industry,* London 1958

HILDEN, PATRICIA JANE, *Working Women and Socialist Politics in France (1800– 1914),* Oxford/New York 1986

HOLCOMBE, LEE, *Victorian Ladies at Work,* Hamden, Conn. 1973

JOHN, ANGELA V. (Hg.), *Unequal Opportunities. Women's Employment in England 180– 1918,* Oxford 1986

KATZMAN, DAVID M., *Seven Days a Week: Women and Domestic Service in Industrializing America,* Urbana/Chicago/London 1981

LEWIS, JANE, *Women in England, 1870– 1950: Sexual Divisions and Social Change,* Bloomington 1984

MATTHAEI, JULIE A., *An Economic History of Women in America: Women's Work, the Sexual Division of Labor, and the Development of Capitalism,* New York 1982

PINCHBECK, IVY, *Women Workers and the Industrial Revolution, 1750– 1850,* New York 1969

SCOTT, JOAN W. und LOUISE TILLY, *Women, Work and Family,* New York 1978

SCOTT, JOAN W. ·L'Ouvrière! Mot impie, sordide …·: Women Workers in the Discourse of French Political Economy, 1840– 1860, in: Patrick Joyce (Hg.), *The Historical Meanings,* Cambridge/New York 1987, S. 119–142

SECCOMBE, WALLY, ·Patriarchy Stabilized: The Construction of the Male Breadwinner Wage Norm in Nineteenth-Century Britain·, in: *Social History* 2, 1986, S. 53–76

RIOT-SARCEY, MICHÈLE und MARIE-HÉLÈNE ZYLBERBERG-HOCQUARD, *Travaux de femmes au XIXe siècle,* Paris 1987

Travaux de femmes dans la France du XIXe siècle; in: *Le Mouvement social* 105, 1978; Métiers de femmes, in: *Le Movement social* 140, 1987

Uppsala Papers in Economic History, *The Sexual Division of Labour, 19th and 20th Centuries,* Uppsala 1989

Alleinstehende Frauen / Cécile Dauphin

Annales de démographie historique, 1981, Teil C, ·La femme seule·, S. 207–317

BASCH, FRANÇOISE, *Les femmes victoriennes: roman et société, 1837– 1867,* Paris 1979

CHAMBERS-SCHILLER, LEE V., *Liberty, a Better Husband. Single Women in America: the Generations of 1780– 1840,* New Haven, Conn. 1984

FARGE, ARLETTE und CHRISTIANE KLAPISCH-ZUBER (Hg.), *Madame ou Mademoiselle? Itinéraires de la solitude féminine, XVIIIe– XXe siècles,* Paris 1984

JEFFREYS, SHEILA, *The Spinster and her Enemies. Feminism and Sexuality, 1880– 1930,* London/New York 1985

Journal of Family History, Winter 1976, Bd. 1, Nr. 2

Journal of Family History, Sondernummer: ·Spinsters·, hg. von Susan Cotts Watkins, Winter 1984

VICINUS, MARTHA, *Independent Women. Work and Community for Single Women, 1850–1920,* Chicago/London 1985

VICINUS, MARTHA (Hg.), *Suffer and be Still. Woman in the Victorian Age,* Bloomington/London 1972

Ausbrüche / Michelle Perrot

ARDENER, SHIRLEY (Hg.), *Women and Space,* London 1981

BARRET-DUCROCQ, FRANÇOISE, *Modalités de reproduction sociale et code de morale sexuelle des classes laborieuses à Londres dans la période victorienne,* Diss. Paris 1987; teilweise veröffentlicht unter dem Titel *Pauvreté, charité et morale à Londres au XIXe siècle. Une sainte violence,* Paris 1991

BASCH, FRANC´OISE (Hg.), *Theresa Malkiel. Journal d'une gréviste,* Paris 1980

BAXANDALL, ROSELYN, Women in American Trade Unions: an Historical Analysis, in: Mitchell/Oakley 1976, S. 256–270

BENSTOCK, SHARI, *Femmes de la Rive gauche, Paris 1900–1914,* Paris 1987

BIRKETT, DEA, *Spinsters Abroad: Victorian Lady Explorers,* Oxford 1989

BOSTON, SARAH, *Women Workers and the Trade Unions,* London 1987

BOWLBY, RACHEL, *Just Looking: Consumer Culture in Dreiser, Gissing, Zola,* New York/London/Methuen 1985

BRIDENTHAL, RENATE und CLAUDIA KOONZ (Hg.), *Becoming Visible. Women in European History,* Boston 1977; ²1987

BROMBERT, BETH A., *Cristina. Portraits of a Princess,* New York 1977

BUHLE, MARI JO, *Women and American Socialism, 1870–1920,* Urbana 1981

BURMAN, SANDRA (Hg.), *Fit Work for Women,* London 1979

CAPLAN, JANE, Woman, The Workplace and Unions in International Perspective, in: *International Labor and Working Class History* 35, 1989

CHEW, DORIS NIELD, *Life and Writings of Ada Nield Chew,* London 1982

CHARLES-ROUX, Edmonde, *Un désir d'Orient. Jeunesse d'Isabelle Eberhardt,* Paris 1988

DRAKE, BARBARA, *Women in Trades Unions,* London 1920

DUPRAT, CATHERINE, *Charite et Philanthropie à Paris dans la première moité du XIXe siècle,* Diss. Paris 1991

EWEN, ELISABETH, *Immigrant Women in the Land of Dollars. Life and Culture on the Lower East Side, 1890–1925,* New York 1985

FAURÉ, CHRISTINE, *Terre, Terreur, Liberté,* Paris 1979

FAYET-SCRIBE, SYLVIE, *Associations féminines et catholicisme. De la charité à l'action sociale (XIXe–XXe siècles),* Paris 1990

FRAISSE, GENEVIÈVE, *Muse de la raison. La démocratie exclusive et la différence des sexes,* Aix-en-Provence 1989

FRAISSE, GENEVIÈVE, La rupture révolutionnaire et l'histoire des femmes, in: *Actes du Colloque »Femmes et Pouvoirs«,* Paris 1989; Marseilles 1991

FREVERT, UTE, *Frauen-Geschichte. Zwischen Bürgerlicher Verbesserung und Neuer Weiblichkeit,* Frankfurt a. M. 1986

FRIEDLANDER, JUDITH (Hg.), *Stratégies des femmes,* Paris 1984 (engl. Ausgabe: *Women in Culture and Politics. A Century of Change,* Bloomington 1986)

GARRISON, DEA, The Tender Technicians. The Feminization of Public Librarianship, 1876–1905, in: *Mary Hartman und Lois W. Banner (Hg.), Clio's Consciousness Raised,* New York 1974, S. 158–178

GLUCKMAN, ROSE L., *Russian Factory Women. Workplace and Society 1880–1914,* Berkeley 1984

GORDON, ELEANOR, *Women and the Labour Movement in Scotland*, Oxford 1991

GRAN-AYMERIC, EVE und JEAN, *Jane Dieulafoy. Une vie d'homme*, Paris 1991

GRIMMETT, JENNIFER und MALCOLM I. THOMIS, *Women in Protest, 1800– 1850*, London 1982

JANIEWSKI, DOLORES E., *Sisterhood Denied. Race, Gender and Class in a New South Community*, Philadelphia 1985

JEFFREY, JULIE ROY, *Frontier Women: the Trans-Mississipi West: 1840– 1880*, New York 1979

KESSNER, T. und B. B. CAROLI, New Immigrant Women at Work: Italians and Jews in New York City, 1880–1905, in: *Journal of Ethnic Studies*, Winter 1978

KNIBIEHLER, YVONNE und RÉGINE GOUTALIER, *La femme au temps des Colonies*, Paris 1985

LAMPHERE, LOUISE, *From Working Daughters to Working Mothers: Immigrant Women in a New England Industrial Community*, Ithaca/New York/London 1987

LIDDINGTON, JILL und JILL NORRIS, One Hand tied Behind Us, London 1978

MITCHELL, JULIET und ANN OAKLEY (Hg.), *The Rights and Wrongs of Women*, New York 1976

NEWTON, JUDITH L., MARY P. RYAN und JUDITH R. WALKOWITZ (Hg.), *Sex and Class in Women's History. ¨ssays from Feminist Studies*, London/Melbourne/Boston 1985

OWEN, ALEX, *The Darkened Room: Women Power and Spiritualism in Late Nineteenth Century England*, London 1989

POLASKY, JANET L., Women in Revolutionary Belgium. From stone throwers to hearth tenders, in: *History Workshop Journal*, Frühjahr 1986, Nr. 21, S. 87–104

POPP, ADELHEID, *Jugend einer Arbeiterin* (1909), hg. und eingel. von Hans J. Schütz, Berlin/Bonn 1977

PROCHASKA, F. K., *Women and Philanthropy in 19th Century England*, London/Oxford 1980

RILEY, GLENDA, *Frontierswomen: The Iowa Experience*, Ames 1981

ROSS, ELLEN, Survival network. Women's Neighbourhood sharing in London before World War I, in: *History Workshop Journal*, Frühjahr 1983, Nr. 15, S. 4–27

SAISSELIN, RÉMY G., *The Bourgeois and the Bibelot*, New Brunswick, NJ 1984

SMITH, BONNIE G., *Ladies of the Leisure Class. The Bourgeoises of Northern France in the Nineteenth Century*, Princeton 1981

SMITH-ROSENBERG, CARROLL, *Religion and the Rise of American City*, Ithaca/New York 1971

STRATTON JOANNA L., *Pioneer Women: Voices from the Kansas Frontier*, New York 1981

STUDER, MONICA, *L'organisation syndicale et les femmes. L'action de Margarete Faas-Hardegger à l'Union syndicale suisse (1905– 1909)*, Genf 1975

THOMPSON, DOROTHY, Women and Nineteenth-Century Radical Politics: A Lost Dimension, in: Mitchell/Oakley 1976, S. 112–139 (dt.: Spurensicherung. Frauen in der frühen englischen Arbeiterbewegung, in: Claudia Honegger und Bettina Heintz [Hg.], *Listen der Ohnmacht. Zur Sozialgeschichte weiblicher Widerstandsformen*, Frankfurt a. M. 1981, S. 160–187)

TAX, MEREDITH, *The Rising of the Women Feminist Solidarity and Class Conflict, 1880– 1917*, New York/London 1980

VICINUS, MARTHA (Hg.), *Suffer and Be Still. Women in the Victorian Age*, Bloomington/London 1972

VICINUS, MARTHA (Hg.), *A Widening Sphere. Changing Roles of Victorian Women*, Bloomington 1977

WARD, MARGARET, *Unmanageable Revolutionaries. Women and Irish Nationalism*, London 1983

WILKMAN, RUTH, *Women, Work and Protest. A Century of American Women's Labor History*, London/New York 1985

WILLIAMS, ROSALIND H., *Dream Worlds: Mass Consumption in Late Nineteenth-Century France, Berkeley/Los Angeles, London 1982*

Die feministische Szene / Anne-Marie Käppeli

ADLER, LAURE, *A l'aube du féminisme. Les premières journalistes (1830–1850)*, Paris 1979

ALBISTUR, MAÏTÉ und DANIEL ARMOGATHE, *Histoire du féminisme français*, Paris 1977

ALLEN, ANN T., Spiritual Motherhood. German Feminists and the Kindergarten Movement, 1848–1911, in: *History of Education Quarterly*, Bd. 22/3, Herbst 1982

ASCOLI, GIULIETTA u. a. (Hg.), *La questione femminile in Italia dal 900 ad oggi*, Mailand 1977

BANKS, OLIVE, *Becoming a Feminist. The Social Origins of »First Wave« Feminism*, Brighton 1986

BASCH, FRANÇOISE, *Rebelles américaines au XIXᵉ siècle*, Paris 1990

BAUER, KARIN, *Clara Zetkin und die Proletarische Frauenbewegung*, Berlin 1978

BIDELMAN, PATRICK KAY, *Pariahs Stand up! The Founding of the Liberal Feminist Movement in France (1858–1889)*, Westport 1982

BORNEMANN, ERNEST (Hg.), *Arbeiterbewegung und Feminismus. Berichte aus vierzehn Ländern*, Frankfurt a. M. 1982

BORTOLOTTI, FRANCA P., *Alle origini del movimento femminile in Italia 1848–1892*, Rom 1963

BORTOLOTTI, FRANCA P., *La donna, la pace, l'Europa. L'associazione internazionale delle donne dalle origini alla prima guerra mondiale*, Mailand 1985

BOXER, MARILYN J. and JEAN H. QUATAERT (Hg.), *Socialist Women. European Socialist Feminism in the 19th and Early 20th Centuries*, New York 1978

BREHMER, ILSE u. a. (Hg.), *Frauen in der Geschichte IV*, »Wissen heißt leben«, Düsseldorf 1983

BUSSEMER, HERRAD-ULRIKE, *Frauenemanizpation und Bildungsbürgertum. Sozialgeschichte der Frauenbewegung in der Reichsgründungszeit*, Weinheim 1985

CLEMENS, BÄRBEL, *»Menschenrechte haben kein Geschlecht«: Zum Politikverständnis der bürgerlichen Frauenbewegung*, Pfaffenweiler 1988

CONTI, ODORISIO G., *Storia dell'idea femminista in Italia*, Turin 1980

DUBOIS, ELLEN C., *Feminism and Suffrage. The Emergence of an Independant Women's Movement in America, 1848–1869*, Ithaca 1978

ESCHER, NORA, *Entwicklungstendenzen der Frauenbewegung in der deutschen Schweiz, 1850–1918/19*, Zürich 1985

Essays on Sex Equality. John Stuart Mill, Harriet Taylor-Mill, Einleitung von Alice S. Rossi, Chicago 1970

EVANS, RICHARD J., *The Feminist Movements in Germany 1894–1944*, London 1976

EVANS, RICHARD J., *The Feminists. Women's Emancipation Movement in Europe, America and Australasia 1840–1920*, New York 1977

Evans, Richard J., *Sozialdemokratie und Frauenemanzipation im deutschen Kaiserreich*, Berlin 1979

EVANS, RICHARD J., *Comrades and Sisters. Feminism, Socialism, and Pacifism in Europe, 1870–1945*, New York 1987

FARINA, RACHELE u. a. (Hg.), *Esistere come donna*, Mailand 1983

Feministische Studien, »Die Radikalen in der alten Frauenbewegung", 3. Jg., Nr. 1, Mai 1984

FLEXNER, ELEANOR, *Hundert Jahre Kampf*, Frankfurt a. M. 1978

MICHAUD, STÉPHANE (Hg.), *Flora Tristan, un fabuleux destin*, Dijon 1985

FOLGUERA, PILAR (Hg.), *El Feminismo en España. Dos siglos de Historia*, Madrid 1988

FORSTER, MARGARET, *Significant Sisters. The Grassroots of Active Feminism 1839–1939*, New York 1984

FRAISSE, GENEVIÈVE, Du bon usage de l'individu féministe, in: *Vingtième siècle* 14, 1987

FRAISSE, GENEVIÈVE, La constitution du sujet dans l'histoire de la pensée féministe, in: *Penser le sujet aujourd'hui*, Paris 1988

FREI, ANNETTE, *Rote Patriarchen, Arbeiterbewegung und Frauenemanzipation in der Schweiz um 1900*, Zürich 1987

FREVERT, UTE, *Frauen-Geschichte. Zwischen Bürgerlicher Verbesserung und Neuer Weiblichkeit*, Frankfurt a. M. 1986

FREVERT, UTE (Hg.), *Bürgerinnen und Bürger – Geschlechterverhältnisse im 19. Jahrhundert*, Göttingen 1988

GERHARD, UTE, *Verhältnisse und Verhinderungen. Frauenarbeit, Familie und Rechte der Frauen im 19. Jahrhundert*, Frankfurt a. M. 1978

GREVEN-ASCHOFF, BARBARA, *Die bürgerliche Frauenbewegung in Deutschland 1894–1933*, Göttingen 1981

GRUBITZSCH, HELGA u. a. (Hg.), *Grenzgängerinnen. Revolutionäre Frauen im 18. und 19. Jahrhundert. Weibliche Wirklichkeit und männliche Phantasien*, Düsseldorf 1985

HAMER, T. L., *Beyond Feminism. The Women's Movement in Austrian Social Democracy 1890–1920*, Diss. Ohio State University 1973

HAUSE, STEVEN, *Women's Suffrage and Social Politics in the French Third Republic*, Princeton 1984

HAUSE, STEVEN, *Hubertine Auclert. The French Suffragette*, New Haven/London 1987

HAUSEN, KARIN (Hg.), *Frauen suchen ihre Geschichte*, München 1983

HERVÉ, FLORENCE (Hg.), *Frauenbewegung und revolutionäre Arbeiterbewegung. Texte zur Frauenemanzipation in Deutschland und in der BRD von 1848–1980*, Frankfurt a. M. 1981

HERVÉ, FLORENCE, *Geschichte der deutschen Frauenbewegung*, Köln 1982

JORIS, ELISABETH und HEIDI WITZIG (Hg.), *Frauengeschichte(n)*, Zürich 1986

KÄPPELI, ANNE-MARIE, *Le féminisme protestant de la Suisse romande à la fin du XIXe siècle et au début du XXe siècle*, Diss. Paris 1987

KLEINAU, ELKE, *Die freie Frau. Soziale Utopien des frühen 19. Jahrhunderts*, Düsseldorf 1987

KLEJMAN, LAURENCE und FLORENCE ROCHEFORT, *L'égalité en marche. Le féminisme sous la Troisième République*, Paris 1989

KOKULA, ILSE, *Weibliche Homosexualität um 1900 in zeitgenössischen Dokumenten*, München 1981

LEACH, WILLIAM, *True Love and Perfect Union. The Feminist Reform of Sex and Society*, New York 1980

LEVINE, PHILIPPA, *Victorian Feminism 1850–1900*, London 1987

LEWIS, JANE (Hg.), *Before the Vote was Won. Arguments for and against Women's Suffrage*, London 1987

MAYREDER, ROSA, *Zur Kritik der Weiblichkeit*, Einleitung von H. Schnedl, München 1982

MEYER, DONALD, *Sex and Power. The Rise of Women in America, Russia, Sweden and Italy*, Middletown 1987

MOSES, CLAIRE, *French Feminism in the 19th Century*, Albany 1984

NIGGEMANN, HEINZ, *Emanzipation zwischen Sozialismus und Feminismus*, Wuppertal 1981

POSTHUMUS-VAN DER GROOT, W.-H. und ANNA DE WAAL u. a. (Hg.), *Van Moeder op Dochter. De maatschappelijke positie van de vrouw in Nederland vanaf de franse tijd*, Nijmegen 1977

PUSCH, LUISE F. (Hg.), *Feminismus. Inspektion der Herrenkultur*, Frankfurt a. M. 1983

QUATAERT, JEAN H., *Reluctant Feminists in German Social Democracy, 1885–1917*, Princeton 1979

RAVERA, CAMILLA, *Breve storia del movimento femminile in Italia*, Rom 1978

REYS, JESKE u. a. (Hg.), *De eerst feministische golf, 6 de Jaarboek voor Vrouwengeschiedenis*, Nijmegen 1985

RICHEBÄCHER, SABINE, *Uns fehlt nur eine Kleinigkeit. Deutsche proletarische Frauenbewegung 1890–1914*, Frankfurt a. M. 1982

SACHSSE, CHRISTOPH, *Mütterlichkeit als Beruf. Sozialarbeit, Sozialreform und Frauenbewegung 1871–1929*, Frankfurt a. M. 1986

SCHNETZLER, BARBARA V., *Die frühe amerikanische Frauenbewegung und ihre Kontakte mit Europa (1836–1869)*, Bern 1971

SOWERWINE, CHARLES, *Les femmes et le socialisme*, Paris 1978

SPENDER, DALE, *Women of Ideas*, London 1982

SPENDER, DALE, *Feminist Theorists*, London 1983

STITES, RICHARD, *The Women's Liberation Movement in Russia. Feminism, Nihilism and Bolshevism 1860–1930*, Princeton 1978

SULLEROT, EVELYNE, *Histoire de la presse féminine en France des origines à 1848*, Paris 1966

SZAPOR, JUDITH, Les associations féministes en Hongrie XIXe–XXe siècles, in: *Penelope* 11, 1984, S. 169–173

TAYLOR, BARBARA, *Eve and the New Jerusalem. Socialism and Feminism in the Nineteenth Century*, London 1983

WEICKART, EVA, Zur Entwicklung der polnischen Frauenbewegung in der ersten Hälfte des 19. Jahrhunderts, in: Jutta Dalhoff, Uschi Frey und Ingrid Schöll (Hg.), *Frauenmacht in der Geschichte*, Düsseldorf 1986

WEILAND, DANIELA, *Geschichte der Frauenemanzipation in Deutschland und Österreich*, Düsseldorf 1983

WOODTLI, SUSANNA, *Du féminisme à l'égalité politique. Un siècle de luttes en Suisse 1868–1971*, Lausanne 1977

ZYLBERBERG-HOCQUARD, MARIE-HÉLÈNE, *Féminisme et Syndicalisme en France*, Paris 1978

Die neue Eva und der alte Adam / Annelise Maugue

BARRY, JOSEPH, *Infamous Woman. The Life of George Sand*, Garden City/New York 1977

BORIE, JEAN, *Le tyran timide. Le naturalisme de la femme au XIXe siècle*, Paris 1973

BORIE, JEAN, *Un siècle démodé*, Paris 1989

Collectif, *La femme dans la pensée espagnole*, Paris 1984

FERANDO, LLOYD, George Eliot, Feminism and Dorothea Brooke, in: *Review of English Literature*, Januar 1963

GREEN, MARTIN, *The Von Richthofen Sisters*, New York 1974 (dt.: *Else und Frieda, die Richthofen-Schwestern*, München 1976)

HIGONNET, MARGARET R., JANE JENSON, SONYA MICHEL, MARGARET G. WEITZ, *Behind the Lines. Gender and the Two World War*, New Haven/London 1987

LE RIDER, JACQUES, *Le cas Otto Weininger. Racines de l'antiféminisme et de l'antisémitisme*, Paris 1982

LE RIDER, JACQUES, *Modernité viennoise et crises de l'identité*, Paris 1990

MAUGUE, ANNELISE, *L'identité masculine en crise au tournant du siècle*, Paris/Marseille 1987

QUIGUER, CLAUDE, *Femmes et Machines de 1900. Lecture d'une obsession Modern Style*, Paris 1979

ROTH, MARIE-LOUISE und ROBERTO OLMI, Musil, *Cahiers de l'Herne*, 1982

THALMANN, RITA (Hg.), *Femmes et Fascismes*, Paris 1986

WILLEMSEN, ROGER, *Robert Musil. Vom intellektuellen Eros*, München 1985

Nachwort / Karin Hausen

ALLEN, ANN TAYLOR, *Feminism and Motherhood in Germany 1800–1914*, New Brunswick 1991

BAUMANN, URSULA, *Protestantismus und Frauenemanzipation in Deutschland 1850 bis 1920*, Frankfurt a. M./New York 1992

BEIER, ROSMARIE, *Frauenarbeit und Frauenalltag im Deutschen Kaierreich. Heimarbeiterinnen in der Berliner Bekleidungsindustrie 1880–1914*, Frankfurt a. M./New York 1983

BERGER, RENATE, *Künstlerinnen auf dem Weg ins 20. Jahrhundert. Kunstgeschichte als Sozialgeschichte*, Köln 1986

BERGMANN, ANNA, *Die verhütete Sexualität. Die Anfänge der modernen Geburtenkontrolle*, Hamburg 1992

BISCHOFF, CLAUDIA, *Frauen in der Krankenpflege: zur Entwicklung von Frauenrolle und Frauenberufstätigkeit im 19. und 20. Jahrhundert*, Frankfurt a. M./New York 1992

BLASIUS, DIRK, *Ehescheidung in Deutschland im 19. und 20. Jahrhundert*, Frankfurt a. M. 1992

BRAUN, KATHRIN, *Gewerbeordnung und Geschlechtertrennung: Klasse, Geschlecht und Staat in der frühen Arbeitsschutzgesetzgebung*, Baden-Baden 1993

BUDDE, GUNILLA, *Auf dem Weg ins Bürgerleben. Kindheit und Erziehung in deutschen und englischen Bürgerfamilien 1840–1914*, Göttingen 1994

BUSSEMER, HERRAD-ULRIKE, *Frauenemanzipation und Bildungsbürgertum. Sozialgeschichte der Frauenbewegung in der Reichsgründungszeit*, Weinheim 1985

ELLERKAMP, MARLENE, *Industriearbeit, Krankheit und Geschlecht. Zu den sozialen Kosten der Industrialisierung. Bremer Textilarbeiterinnen 1870–1914*, Göttingen 1991

FASSMANN, MAJA, *Jüdinnen in der deutschen Frauenbewegung 1865–1919*, Hildesheim 1993

FOUT, JOHN, C., *German Women in the Nineteenth Century. A Social History*, New York 1984

FRANZOI, BARBARA, *At the Very Least she Pays the Rent: Women and German Industrialization 1871–1914*, Westport 1985

FREVERT, UTE (Hg.), *Bürgerinnen und Bürger. Geschlechterverhältnisse im 19. Jahrhundert*, Göttingen 1988

GERHARD, UTE, *Unerhört. Die Geschichte der deutschen Frauenbewegung*, Reinbek 1990

GERHARD, UTE, *Gleichheit ohne Angleichung. Frauen im Recht*, München 1990

HARDACH-PINKE, IRENE, *Die Gouvernante. Geschichte eines Frauenberufs*, Frankfurt a. M./New York 1993

HAUSEN, KARIN (Hg.), *Geschlechterhierarchie und Arbeitsteilung. Zur Geschichte ungleicher Erwerbschancen von Männern und Frauen*, Göttingen 1993

JOERES, RUTH-ELLEN B. und MARY JO MAYNES (Hg.), *German Women in the Eighteenth and Nineteenth Centuries. A Social and Literary History*, Bloomington, Indiana 1986

JORIS, ELISABETH und HEIDI WITZIG, *Brave Frauen, Aufmüpfige Weiber. Wie sich die Industrialisierung auf Alltag und Lebenszusammenhang von Frauen auswirkte. 1820–1940*, Zürich 1992

KAPLAN, MARION, *The Making of the Jewish Middle Class. Women, Family, and Identity in Imperial Germany*, New York 1991

KERCHER, BRIGITTE, *Beruf und Geschlecht: Frauenberufsverbände in Deutschland 1848–1908*, Göttingen 1992

LIPP, CAROLA (Hg.), *Schimpfende Weiber und patriotische Jungfrauen*, Bühl-Moos 1986

LÜDTKE, HELGA (Hg.), *Leidenschaft und Bildung. Zur Geschichte der Frauenarbeit in Bibliotheken*, Berlin 1992

MEYER-RENSCHHAUSEN, ELISABETH, *Weibliche Kultur und soziale Arbeit. Eine Geschichte der Frauenbewegung am Beispiel Bremens 1810–1927*, Köln 1989

NIENHAUS, URSULA, *Berufsstand weiblich. Die ersten weiblichen Angestellten*, Berlin 1982

ORLAND, BARBARA, *Wäsche waschen. Technik- und Sozialgeschichte der häuslichen Wäschepflege*, Reinbek 1991

PALETSCHEK, SYLVIA, *Frauen und Dissens. Frauen im Deutschkatholizismus und in den freien Gemeinden 1841–1852*, Göttingen 1990

SCHISSLER, HANNA (Hg.), *Geschlechterverhältnisse im historischen Wandel*, Frankfurt a. M./ New York 1993

SCHMIDT-LINSENHOFF, VIKTORIA (Hg.), *Sklavin oder Bürgerin? Französische Revolution und Neue Weiblichkeit 1760–1830*, Frankfurt a. M. 1989

SCHMITT, SABINE, *Der Arbeiterinnenschutz im Kaiserreich. Zur Konstruktion der geschützten Arbeiterin*, Stuttgart 1995

SCHULTE, REGINA, *Das Dorf im Verhör. Brandstifter, Kindsmörderinnen und Wilderer vor den Schranken des bürgerlichen Gerichts. Oberbayern 1848–1910*, Reinbek 1989

WIERLING, DOROTHEE, *Mädchen für Alles. Arbeitsalltag und Lebensgeschichte städtischer Dienstmädchen um die Jahrhundertwende*, Berlin 1987

WEIGEL, SIGRID, *Topographien der Geschlechter. Kulturgeschichtliche Studien zur Literatur*, Hamburg 1990

WOBBE, THERESA, *Gleichheit und Differenz. Politische Strategien von Frauenrechtlerinnen um die Jahrhundertwende*, Frankfurt a. M./New York 1989

SACHREGISTER

Abitur 279f.
Abolitionistinnen 112, 232ff., 426–430, 559 (s. auch Sittlichkeitsbewegung)
Abtreibung 114, 393f., 432–439, 556f.
Abtreibungsgesetze 435f.
Adoleszenz 209–212
Aktdarstellungen *295*, 302f., 357, *358f.* (s. auch Pornographie)
Alimente 118f.
Alphabetisierung 165–170
Alter 415
Ammen 395–398
Ämter, öffentliche 67, 105f.
Anarchismus 567
Andachtsbücher 202
Angestellte 490f. (s. auch Dienstleistung)
Antifeminismus 84, 94f., 519, 568f. (s. auch Misogynie)
Anwältinnen s. Juristinnen
Arbeit 106–110, 303, 345–348, *349–354*, 370f., 451–479, 485–491, 509, 560f., 578, 585, 587
  Hausarbeit 345–348, *345ff.*, 463, 477f., 561, 578
  Heimarbeit *348*, 454, 457f., 509
  Lohnarbeit 106–110, 451–479, 485–491, 560f.
Arbeiter/innen 108ff., 185, 249, 273f., *348, 352ff.*, 414,

420–423, 425f. 430f., 434, 439, 451–479, 489, 513–519, 561
Arbeiterbewegung 460f., 469–473, 513–519, 566, 568
Arbeitsschutzgesetze 107–110, 461f., 473ff., 561
Arbeitsteilung, geschlechtliche 16, 451–479
Arbeitszeit 108f.
Ärzte 380–387, 393f., 397f., 401f., 418, 425, 432, 435–438
Ärztinnen 556
Askese s. Enthaltsamkeit, sexuelle
Aufklärung 540f., 598ff.
Aufstände 26–29
Aussteuer 379
Autobiographien 185
Autorinnen s. Schriftstellerinnen

Benimmbücher 202, 214f.
Berufsausbildung 273f.
Berufstätigkeit der Ehefrau 124
Bibel 173f., 230f.
Bildung 106f., 137f., 165–180, 204ff., 221f., 225, 231, 240–244, 246ff., 251f., 253–265, 267–281, 528, 554f., 600f. (s. auch Mädchenerziehung; Schulen)
Biologie 76f., 85, 162
Bisexualität 94f.
Bordelle 421, 428f.
Briefe 34, 156f., 183

Bücher s. Lesen, Roman
Bürgerin 35–38, 40–43, 48–51, 57–61 (s. auch Staatsbürgerschaft)
Bürgerliche Frauen 39f., 98, 267–281, 287, 292, *293*, 313, *314*, 316, *321f.*, 323, *324*, 369, 406f., 418f., 438f., 459, 488f., 507–513, 555, 560, 562
Bürgerliche Gesellschaft 555, 558, 562, 586
Bürgerliches Gesetzbuch s. Rechtsstellung der Frau; Zivilrecht
Bürgerrechte 13, 31, 34–43, 47, 49–61, 67, 70f., 104ff. (s. auch Bürgerin; Staatsbürgerschaft; Wahlrecht)
Bürgertum *321f.*, 323, *324*, 459, 487, 540f., 543
Büroarbeit s. Dienstleistung; Angestellte

Citoyennes s. Bürgerin; Staatsbürgerschaft
Clubs, politische 30, 37, 41ff.
Code civil s. Zivilrecht
Coitus interruptus 392f.

Demokratie, Frau in der 12f., 16, 21f., 28–31, 36–43, 50–61, 99f.
Demonstrationen 26f., 514f.
Diakonissen 226ff., 271, 506

Dichtung 151f.
Dienstboten 456, 487ff., 520f.
Dienstleistung 458f., 467ff., 490f.
Dotalsystem 126 (s. auch Eigentum, eheliches)

Ehe 49, 65–70, 74–78, 83ff., 88f., 93, 115–132, 194, 323, *324*, *327*, 330, 395, 410–414, 418, 493–496, 553, 581–584
Ehebruch 120ff., 129, 413
Ehre, weibliche 211f.
Eigentum, eheliches 125ff., 130f., 530
Einzelehe s. Monogamie
Emanzipation s. Gleichberechtigung
Enthaltsamkeit, sexuelle 75f., 484
Erweckungsbewegung 222ff., 271, 532
Erzieherin, Frau als 170f., 188, 255, 264
Erziehung s. Mädchenerziehung
Erziehung, religiöse 207ff., 238–243, 248, 252
Eugenik 436 (s. auch Evolutionismus; Sozialdarwinismus)
Evolutionismus 89f. (s. auch Eugenik; Sozialdarwinismus)

Fabrikarbeiterinnen s. Arbeiterinnen
Familie 39, 67f., 81ff., 87ff., 93f., *322*, 323, 403–410, 463, 477
und Gesellschaft 81ff.
Ursprung der 87ff., 93
Feminismus 11–17, 102ff., 160, 187, 200, 212, 230–234, 325ff., 330, 426f., 429f., 437f., 495, 501ff., 518f., 530f., 539–573, 577–580, 587f. (s. auch Frauenbewegung)
Fortpflanzung 73, 75f., 89f.
Frau, verheiratete s. Ehe
Frau, unverheiratete 128ff., 196–200, 481–497, 555
Frauenarbeitsschutz s. Arbeitsschutzgesetze
Frauenbewegung 100–105, 179, 229–234, 267–281, 426f., 429f., 437f., 517ff., 545 548–553, 558ff., 563, 569–573, 575f. (s. auch Abolitionistinnen; Feminismus; Frauenstimmrechtsbewegung)
Frauenclubs, politische 30, 41ff.
Frauengeschichte 9f., 12, 15

Frauenhandel 112f.
Frauenräte 551
Frauenstimmrecht s. Wahlrecht
Frauenstimmrechtsbewegung 100–105, *364*, 519, 549, 551
Frauenvereine 229f., 270–273, 277–281, 507–510, 512, 517, 548–552 (s. auch Frauenbewegung)
Freidenker 563f.
Freier 422
Freiheit 69f., 85f., *285*, *316*, 317
Freimaurer 563f.
Freundschaft 404f., 440, 443ff., 447f.
Frigidität 387f.
Fröbelbewegung s. Kindergartenbewegung
Frömmigkeit 190, 206–210, 214f., 407f.
Fürsorge s. Wohltätigkeit

Gattenmord 121f.
Gebet 206f., 209, 213f.
Gebetsgruppen von Frauen 33
Geburt 380ff., 529
Geburtenkontrolle 432, 438f., 556f., 567
Geburtenrückgang 391, 432
Geburtshilfe 380ff.
Gehorsamspflicht der Ehefrau 116–119
Gerechtigkeit 78ff., 83f.
Geschichte 9f., 12, 538
Geschichtsschreibung 153f.
Geschlechterbeziehungen 14, 71–78, 83, 145ff., 158f., 194f., 238f., 252, 327, 330, 583f., 587ff.
Geschlechterdifferenz 15f., 63–95, 181, 288, 290, 540f., 588, 602ff.
Geschlechterkampf 56f., 156, 159
Geschlechterverhältnis 15ff., 25–29, 36- 43, 45–61, 87–95, 238f., 503, 505f., 512f., 538, 598–600
Geschlechtskrankheiten 384, 424f.
Geschlechtsverkehr 387–395, 433
Geschwister 409
Geselligkeit 212
weibliche 30–34
Gesetzgebung s. Recht
Gesundheit, öffentliche s. Gesundheitsreform
Gesundheitsreform 423ff.
Gewalt 413f., 422, 513f.
in der Ehe 117–122, 493, 495

Gewerkschaft 460f, 469–473, 514–517
Glaube s. Frömmigkeit; Religiosität
Gleichberechtigung der Frau 13, 36ff., 48f., 53–61, 78–86
Gleichheit der Geschlechter 68–71, 79f., 85f., 89f., 94f. (s. auch Geschlechterdifferenz)
Gouvernanten 486f., 521
Gütergemeinschaft 125ff. (s. auch Eigentum, eheliches)
Gynäkologie 380–383

Häuslichkeit *322*, 323, *324*
Hauswirtschaftsunterricht 273f.
Hebammen 380ff., 529
Heiligenbilder 332
Heiligsprechung 195
Hygiene 381f., 385f.
Hysterie 93, 351, 353, *355*, 385

Ikonographie 207f.
Impressionismus 340–344
Individuum 79ff., 87, 94f.
Industrialisierung 451–479
Industrielle Revolution 12f.
Inzest 409

Journalistinnen 545f.
Jüdische Frauen 237–252, 522f.
Jungfräulichkeit 209ff., *286*, 303f., 332, 388, 492f. (s. auch Marienkult)
Juristinnen 110, 568

Kapitalismus 81f.
Katholizismus 187–220, 303f., 492, 510, 532, 543
Kinder 122ff.
uneheliche 123f.
Kindergärten 262, 274ff.
Kindergartenbewegung 274ff.
Kindersterblichkeit 218f.
Kindesaussetzung 399f.
Kindsmord 114f., 399
Kleidung 213, *291*, 296, 306, 325, *326*, *334f.*, 335ff., 374–379
Klimakterium 415
Kloster 197, 405
Koedukation 257
Kokardenkrieg 37f.
Kommunismus 81f.
Kongregationen 196–200, 215f., 271
Körper 197f., *295*, 302f., *315*, 316, 369, 374–402, 415, 529. 555ff., 591, 602f.

Korsett 374
Krankheit 383ff.
Krieg 533–536
Kriminalität 110–115
Küche *345f.*
Kunst, Bildende 153, 164,
  283–311, 313–365
Kunstgewerbe 290–299, 337–341,
  338- 341
Künstlerinnen 139, 164, 287–290,
  288–301, *289, 307,* 308, *309,*
  310f., 323, 337–344, *338,*
  342f., 357, 360, 362, 364f.
Künstlermodelle *289,* 302f.
Kunstschulen 298ff.

Lehrerinnen 259, 274, 277–280,
  491, 555
Lesbische Frauen 440–449, 557
Lesegesellschaften 177f.
Lesen 165–180, 201–206
Lexikon 175f.
Liberalismus 564
Liebe 64–67, 71–80, 83f., 91,
  144ff., 158f., 162, 219f., 412,
  559, 581f., 587, 589
Literatur 142, 144ff., 148–164,
  180–186, 575–593
Löhne 458, 460–469, 471f.

Macht 588ff.
Mädchen 388ff., 402ff., 408
Mädchenerziehung 137f.,
  165–173, 179, 204–212, 231,
  253–265
Mädchenschulen 137f., 168ff.,
  253–265, 267–281 (s. auch
  Schulen)
  Höhere 267–281
  katholische 196f.
  private 270ff., 281
Madonna s. Marienkult
Malerei s. Kunst, Bildende
Männlichkeit 317, 322, 325, 513,
  585- 592
Marienkult 141, 143, 209f., 218,
  303f., 332 (s. auch Jungfräu-
  lichkeit)
Masturbation 388
Matriarchat 87ff.
Medizin 380–387, 529, 556
Menschenrechte 57–61, 540f., 563
Methodismus s. Erweckungsbewe-
  gung
Migräne 384f.
Migration 246–251, 485f.,
  520–524

Misogynie 73, 78, 84, 181 (s.
  auch Antifeminismus)
Mitgift 411
Mode s. Kleidung
Moderne 11f.
  Kritik an der 585–588
Monogamie 88f.
Mormonen 411f.
Mutter 39f., 313, *314,* 316, 591
  ledige 398–401
Mutter-Kind-Beziehung 217ff.,
  314, 316, 343
Mutter-Sohn-Beziehung 409f.
Mutter-Tochter-Beziehung 403f.
Mütterlichkeit, geistige 275, 492,
  558f.
Mutterrecht s. Matriarchat
Mutterschaft 14, 58f., 217ff.,
  401f., 438f., 541
Mutterschaftsurlaub s. Mutter-
  schutz
Mutterschutz 109, 473f., 477 (s.
  auch Arbeitschutzgesetze)

Nächstenliebe 226f.
Nacktheit *295,* 302f.
Nadelarbeiten *293,* 296, 298
Nähen 345–348, *347f.,* *350*
Näherinnen 296, 298, 457f.
Narzißmus 163
Nationalökonomie 462–465
Natur 65, 72, 77, 82
Naturphilosophie 68
Naturrecht 65
Naturwissenschaft 76f.
Neomalthusianismus s. Geburten-
  kontrolle
Nonnen s. Religiöse Frauen

Oper 146f.
Orden s. Kongregationen
Ordensfrauen s. Religiöse Frauen

Paar 75–79, 83f.
Pädagogik 137, 231, 267–281
Pastorenamt 234ff.
Patriarchat 87ff.
Pazifismus 550, 563, 570
Pensionat 404
Petitionen 35ff.
Pfarrfrauen 224ff., 235f.
Philantropie s. Wohltätigkeit
Philosophie 22f., 54ff., 63–95
Photographie 303–308, *305,*
  336f., 348, 350ff., 354ff.,
  351–356
Pietismus 172f., 226

Politik, Frauen in der 25–43,
  46ff., 51ff., 56ff., 99–106
Politische Versammlungen 30f.
Polygamie 411f.
Pornographie *295,* 302f., 353,
  356
Positivismus 76ff.
Predigerinnen 235
Priestertum 221f.
Prostituierte s. Prostitution
Prostitution 111ff., 232ff., 245,
  370, 419–431, 509f.
Protestantismus 221–236, 494,
  509, 532f., 543, 558
Psychoanalyse 87, 90, 93f., 162f.
Puppen 389

Quilts 296, 298, 338f., *340f.*

Rechnen 168
Recht 22, 36ff., 48ff., 65–71, 85f.,
  97–132, 434f., 529ff., 553f.,
  560, 564ff. (s. auch Strafrecht;
  Wahlrecht; Zivilrecht)
Rechtsstellung der Frau 22, 48ff.,
  65ff., 70f., 98, 115–132
Reformbewegung, jüdische 240ff.
Reisen 519, 524–528
Religion 75f., 190f., 271f., 406f.,
  414, 491ff. (s. auch Katholizis-
  mus; Protestantismus; Religiosität)
Religionsunterricht 257–260
Religiöse Frauen 196–200, 405
Religiosität 33, 187–200, 206–210,
  213–216, 221–228, 235f.,
  238ff., 531ff. (s. auch Katholizismus; Protestantismus)
Reproduktion 462f.
Revolution 21f., 25–43, 45–61,
  99f., 255–258, *285, 316ff.,* 316,
  322, 536f.
  Amerikanische 21, 25f., 32ff.,
  38ff., 42
  Französische 21f.,26–32,
  34–38, 40- 43, 45–61, 99f.,
  255–258, *316ff.,* 316, 322
Revolutionärinnen 25–43, 245
Roman 152f., 157–160, 174ff.,
  180–183, 201ff., 205

Saint-Simonismus s. Utopischer
  Sozialismus
Salons 32, 177, 240ff.
Sansculotten 29f., 37f.
Säugling 395–398, 401f.

Scheidung 49, 128ff., 413, 493, 530f.
Schönheit 374–379
Schreiben 156f., 165f., 180–186 (s. auch Briefe)
Schriftstellerinnen 152, 156ff., 165f., 170, 180–186, 195, 202f., 494, 579–582, 591f.
Schulen 106f., 167–170, 204f., 243f., 247, 253–265, 267–281 (s. auch Mädchenschulen)
Schulpflicht 167–170
Schwangerschaft 380
Schwiegermutter 405f.
Schwindsucht s. Tuberkulose
Seele, weibliche 188
Sentimentalität 213f.
Sexualität 14, 65–69, 71–78, 91, 93ff., 119f., 209f., 238f., 295, 302f., 315, 316, 356f., 358f., 369f., 387–395, 417–449, 495, 556f., 559f.
Sexualreform 559f.
Sexualwissenschaft 445ff.
Sexuelle Aufklärung 388f.
Sittenpolizei 425, 428
Sittlichkeitsbewegung 232ff., 427f. (s. auch Abolitionistinnen)
Sittlichkeitsdelikte 113f.
Sklaverei 228ff., 339, 340f.
Sorgerecht 123
Sozialarbeit 510–513, 557f. (s. auch Wohltätigkeit)
Sozialdarwinismus 438f. (s. auch Eugenik; Evolutionismus)
Sozialismus 564–567 (s. auch Utopischer Sozialismus)

Soziologie 92f.
Sport 386
Staatsbürgerschaft 12f., 28f., 34–43, 46, 50–55, 58f., 67, 70f., 85f., 99, 104ff., 531, 541 (s. auch Bürgerin)
Stadt 485ff., 506–519, 520f.
Stillen 396ff., 401
Straffällige Frauen 110f.
Strafrecht 110–115, 121f., 434f.
Streiks 514ff.
Studentinnen 363, 444
Studium 568
Subjekt, Frau als 64ff.
Suffragetten s. Frauenstimmrechtsbewegung
Sünde 197f.
Syphilis s. Geschlechtskrankheiten

Tagebuch 402f.
Talmud 239, 242
Textilindustrie 456f., 489
Theater 303
Tod 215–219
Trachten 377
Tränen 213f.
Transvestismus 440–443, 445f.
Tuberkulose 383
Turnen s. Sport

Übersetzerinnen 182
Unabhängigkeitskrieg, Amerikanischer 38ff.
Universität 278, 362ff., 363, 568
Unterhalt s. Alimente
Unternehmer 465f.

Unterwäsche 377f.
Untreue 119–122
Unzucht 113f.
Utopischer Sozialismus 69f., 79f., 533, 542, 545f.

Vater 407ff.
Vaterschaft 122ff.
Vaterschaftsklage 123f.
Vater-Tochter-Beziehung 407ff.
Vergewaltigung 113f.
Verhütung 390–394, 432f., 438, 556f.
Vernunft 65ff.
Vormundschaft 122ff.

Wahlrecht 36ff., 70f., 85f., 99–106, 531, 553f., 560, 564ff.
Wallfahrt 191
Wanderprediger 224
Weiblichkeit 39f., 63ff., 67ff., 72–77, 79f., 83f., 91f., 95, 144, 162f., 181, 150ff., 154, 188f., 192, 213f., 220, 268f., 293–311, 317, 322, 330, 332–336, 345, 418, 472, 476, 577–582, 589–593, 598f., 602ff.
Werbung 305, 306, 308
Witwen 130
Wohltätigkeit 199f., 226ff., 269ff., 274, 491ff., 506–513 (s. auch Sozialarbeit)

Zeitschriften 178, 306, 544–547
Zivilrecht 22, 116–120, 122–132

PERSONENREGISTER

Abbadie d'Arrast, Mme d' 508
Aberdeen, Gräfin von 551
Ackermann, Louise 165
Acton, William 387
Adams, John (Kongreßabgeordneter) 34
Adams, Abigail 34, 544
Addams, Jane 510, 517
Adler, Polly 245
Agoult, Marie Gräfin d' (Daniel Stern) *328f.*, 330, 386, 404, 408, 534, 577, 591f.
Aischylos 88
Albert, Professor 568
Alembert, Jean Le Rond d' 519
Aleramo, Sibilla 554
Alexander II. (Zar von Rußland) 243f.
Alfons von Liguori 207, 215
Amado, Ramon Ruiz 205
Amar (Konventsabgeordneter) 30f.
Amicis, Edmondo de 386
Andreas 162
Andreas-Salomé, Lou 161–164, 602ff., 607, 610
Angoulême, Marie Thérèse Charlotte Herzogin d' 187
Anthony, Susan B. 545f., 551, 571f.
Anthony, Suzanne 532
Antigone 67
Antin, Mary 247
Antonia, Mme 404

Arenal, Concepción 508
Aristoteles 84, 97
Armand, Ines 545
Arnaud, Fanny s. Reybaud
Arnim, Bettina von (geb. Brentano) 157, 169, 171f., 183f., 511, 529
Aston, Louise 184
Auclert, Hubertine 101, 524, 561f., 563
Augspurg, Anita 553, 555, 562
Augustine 304, 306
Austen, Cassandra 292
Austen, Jane 156, 292
Azambuya, Gabriel d' 192
Azeglio, Cristina d' 215
Azeglio, Melania d' 219

Bachofen, Johann Jakob 87f., 591
Bagley, Sarah 548
Balabanoff, Angelica 545, 552
Balzac, Honoré de 143, 152, 158, 288, 378, 402, 482, 589
Bandini, Cristina Giustiniani 200
Barat, Sophie 192, 201, 216
Barbey d' Aurevilly, Jules-Amédée 175, 586, 589f.
Bardoux, Jaques 510
Barelli, Armida 198f.
Barney, Natalie Clifford 522
Barrès, Maurice 585f.
Barret 512
Barrett, Elisabeth 408

Bartholdi, Frédéric-Auguste 284f.
Bashkirtseff, Marie 208f., 310, 403
Bassot, Marie-Jeanne 510
Baudelaire, Charles 144f., 149ff., 153, 410, 415, 445, 525
Bäumer, Gertrud 270, 555, 571ff.
Bayerowa, Anna 552
Beauvoir, Simone de 528, 577
Bebel, August 89, 179, 528, 550, 561, 564
Beccaria, Giulia Manzoni 214, 217
Becker, Lydia 549, 564
Belgiojoso-Este, Christina Trivulzio Barbiano, Gräfin de 384, 525, 533, 535, 543
Belmont-Vanderbilt, Ava 518
Benedikt XV. (Papst) 213
Bentham, Jeremy 70f.
Berberowa, Nina 521
Berenson, Bernhard 522
Berg, Alban 153
Bergamo, Filippo da 190
Berger, John 308
Bergeret, Dr. L. 393
Berlepsch, Emilie von 620
Berlioz, Hector *328f.*
Bernhardt, Sarah *301*, 303
Berry, Marie-Caroline de 185
Bert, Jean-Charles 523
Bertraux, Hélène (geb. Pilate) 300
Besant, Annie 516, 556
Best, Mary Ellen 322f., 343

Bethléem, Abbé 205
Bethune, Jennie Louise (geb. Blanchard) 298
Bettazzi, Rodolfo 211
Bischoffsheim (Senator) 260
Blackwell, Elisabeth 388
Blake, William 145
Blanchard, Jennie Louise s. Bethune
Bloch, Mlle *498f.*
Blondel, Enrichetta s. Manzoni
Bloomer, Amélia 546
Boccaccio, Giovanni 190
Bogelot, Isabelle 509
Bois, Jules 576
Bonald, Louis de 47, 185
Bonheur, Rosa 288, 310, 337ff., 441
Bonnet, Jeanne 441
Booth, Charles 512
Bosco, Giovannio (Hl.) 218
Bottaro, Felicita 219
Bouboulina, Lascarina 534
Bouguereau, William 286
Bourdon, Mathilde 203, 215
Bourget, Paul 589
Bourke-White, Margaret 527
Bouvier, Jeanne 475, 509, 521, 526
Boveri, Margret 429
Brame, Caroline 403
Braun, Lily 185, 519, 545, 561
Braunerová, Augusta 543
Bremer, Frederika 552
Brentano, Clemens 157, 181
Brentano, Bettina s. von Arnim
Breton, André 150
Bridel, Louis 233, 560
Broadhurst, Henry 470
Brontë, Anne 156, 383, 488
Brontë, Charlotte 156, 203, 383, 488, 579
Brontë, Emily 156, 383, 409, 488
Brougham and Vaux, Henry Peter Baron von 530
Brown, C. 39
Browne, Stella 557
Browning, Robert 408
Bruneau, Blanche 441
Brunhes, Henriette Jean 509, 511
Buret, Eugène 463
Burke, Edmund 47ff.
Burlamaqui, Jean-Jaques 115
Burr, Esther 532
Butler, Lady Elizabeth 310
Butler, Josephine 112, 232, 426f., 429, 508f., 529, 549, 551f., 556, 559, 572
Byron, George Gordon, Lord 589

Cabanis, Pierre-Jean-Georges 70
Cambacérès, Jean-Jaques Régis de 49
Cameron, Julia Margaret 304, 310, 364f., 527
Campe, Joachim 51
Caracciolo, Enrichetta 197
Carlyle, Richard 391, 545
Caro, Joseph 238
Carroll, Lewis 164, 377
Cascia, Rita da 195
Cassatt, Mary 288, 310, 313f., 316, 340–343, *342*
Castiglione, Virginia Verasis Gräfin de 304, 306, *336*, 337, 374
Catt, Carrie Chapman 551
Cauer, Minna 555
Cavell, Édith 263
Chandler, Lucinda 556
Chaplin, Charles 300
Chapman, Maria Weston 229
Chapman, Mary 441
Charcot, Jean-Martin 306, 351, 353, 591
Charly, M. de 350
Charpentier, Constance-Marie 289
Châteaubriand, François-René de 589
Chaumette, Pierre-Gaspard 52
Chevenard-de Morsier, Valérie 572
Chézy, Helmina von 178
Child, Lydia Maria 229
Choiseul-Praslin, Herzog von 521
Chopin, Frédéric 577
Chopin, Kate 288
Chrimes, Gebr. 394
Clarin 159
Claudel, Camille 139, 164, *309*, 310f., 357, 359
Claudel, Paul 164
Coari, Adelaide 555
Cobbe, Frances Power 486, 544
Codman, Ogden 310
Coleridge, Samuel Taylor 142
Colet, Louise 192
Colette 582
Colin, Laure s. Noël
Colin, Anais s. Toudouze
Colin, Héloïse s. Leloir
Comte, Auguste 71f., 75–78, 84f., 154
Condorcet, Marie-Jean-François-Nicolas Caritat, marquis de 54–57, 60, 85f., 253, 257, 554
Condorcet, Sophie de Grouchy, marquise de 132

Conway, Jill 467
Coubertin, Pierre de 386
Courbet, Gustave 295
Couriau, Emma 568
Courths-Maler, Hedwig 179
Couvray, Louvet de 182
Crain, Lucie 272
Craven, Paolina 199
Cullwick, Hannah 304, 306, 520f.
Curie, Marie 577
Currica, Ester Martina 543

Danhauser, Joseph 328ff.
Darwin, Charles 89f.
Daudet, Julia 414
Daumier, Honoré 327, 330, 534
David, Jaques-Louis 289, 317ff., 322
David-Néel, Alexandra 526f.
David-Nillet, Albertine s. Duhamel
Davies, Emily 278, 545
Debay, Dr. 387
Degas, Edgar 340–343, 386
Delacroix, Eugène 313, 316f.
Démar, Claire 533
Depré, A. 312
Deraismes, Maria 563
Deroin, Jeanne 84, 533
Devéria, Achille 331f.
Dewey, Bessie (geb. Lacy) 412f.
Dewey, Thomas W. 412f.
Dickens, Charles 152
Dieulafoy, Jane 527
Dieulafoy, Marcel 527
Dilthey, Wilhelm 279
Dohm, Hedwig 185f., 571
Donnay, Maurice 589
Douglas, Sarah Mapps 229
Droin-de Morsier, Emilie 572
Drölling, Martin 345
Droste-Hülshoff, Annette von 172
Dubois, Mlle 35, 408
Duchêne, Gabrielle 509
Duchêne, Rose Philippine 49
Duckworth, Stella 364f., *365*
Dufau, D. H. 594f.
Dufêtre, Monsignor 207
Dugard, Maire 390
Duhamel, Albertine (geb. David-Nillet) 200
Dumas, Alexandre (der Jüngere) 146, *328f.*, 372
Dunand, Henri 512
Duncan, Isadora 379
Duncker, Käthe 545
Dupanloup, Monsignor (Bischof von Orléans) 203f., 206, 213

Dupont, Sophie 292
Durand, Marguerite 517, 545
Durkheim, Émile 90, 92f.

Eberhardt, Isabelle 523, 526
Ebner-Eschenbach, Marie von 182
Edwards, Emma 440
Edwards-Pilliet, Mme 577
Eglantine, Fabre d' (Konventsab-
   geordneter) 37
Eiffel, Gustave 285
Elberskirchen, Johanna 447f.
Eliot, George (Mary-Ann Evans)
   156, 186, 580ff., 591
Ellis, Havelock 446f., 570
Ellis, Sarah 156
Engels, Friedrich 82, 87ff., 93,
   460, 564
Eugénie (Kaiserin von Frankreich)
   381
Evans, Mary-Ann s. George Eliot

Faas-Hardegger, Margarethe 557,
   567
Fallot, Tommy 233
Ferry, Jules 261ff.
Feuerbach, Ludwig 75f., 80f.
Fichte, Johann Gottlieb 64–68
Fickert, Augusta 555, 566
Fingerhut-Naprstek, Vojta 561
Flaubert, Gustave 144f., 534, 586,
   589
Flavigny, Graf de 408
Flavigny, Marie de s. d'Agoult
Flexner, Abraham 429
Fliedner, Theodor 226f., 274
Fliess, Wilhelm 95
Flugel, John Carl 213
Fodéré, Dr. 401
Fonssagrives, Dr. 401
Fontane, Theodor 148
Foote, Mary Hallock 404
Forten, Harriet 229
Forten, Margaretta 229
Forten, Sarah 229
Fouénouse, Mme 520
Fourier, Charles 69f., 79, 81f., 85,
   214, 559, 561
France, Anatole 576
Franz von Sales (Hl.) 215f.
Freppel, Monsignore 531
Freud, Sigmund 63, 85, 90, 94,
   142, 155, 162f., 385, 409f., 502,
   602
Freund, Gisela 527
Friedländer, David 241
Friedrich (Kronprinz) 275

Fröbel, Friedrich 262, 274f.
Froment, Mathilde s. Bourdon
Fry, Elisabeth 232, 508
Fuller, Margaret 546
Fullerton, Lady Georgiana 198f.

Gage, Matilda Joselyn 572
Galdós, Pérez 159
Galichen, Claire 556
Galitzin, Elisabeth 172, 192
Gamond, Zoé de 262
Gamond, Isabelle Gatti de 262
Gardner, Isabella Stewart 310,
   360ff.
Garnier, Dr. 396
Garretson, Catherine Livingston 224
Garrett, Elizabeth 278
Garrison, William Lloyd 228
Garrison, M.-W. 401
Gartner, C. 191
Gaskell, William 476
Gasparin, Mme de 227, 232
Gaulle, Joséphine de 389
Gaume, Abbé 193
Gautier, Théophile 445
Gay, Delphine s. Vicomte de Lau-
   nay
Genlis, Mme de 202
Gérando, de 512
Gide, Charles 509
Gilder, Helena Dekay 404
Gillot, Hendrik 161
Gilman, Charlotte Perkins 560,
   566f.
Giudice, Maria 555
Gladstone, William 549, 566
Gleim, Betty 171, 272
Gneist, Rudolf von 279
Gobineau, Caroline 409
Godey 306
Goegg-Pouchoulin, Marie 546, 550
Goethe, Catarina Elisabeth 176
Goethe, Johann Wolfgang von
   142, 149, 154f., 172, 185, 193,
   201, 589
Goldman, Emma 245, 517f., 523,
   525f., 547, 557, 567
Goldoni, Carlo 193
Goldschmidt, Henriette 558
Goldtschmidt, Johanna 276f.
Goncourt, Gebr. 152f.
Goretti, Maria 212
Gouges, Olympe de 35, 53f.,
   56–60, 143, 176, 540
Gounod, Charles-François 146
Gourd, Emilie 547
Gourmont, Remy de 210

Graf, Emma 555
Gratz, Rebecca 248
Greenaway, Kate 310
Grimke, Angelina 229f.
Grimke, Sarah 229f.
Grisi, Carlotta 303, 308, 330
Groß, Otto 587f.
Guérin, Eugénie de 403, 409, 579
Guérin, Zélie s. Therese von
   Lisieux
Guerra, Elena 204
Guindorf, Marie-Reine 505
Günderode, Karoline von 157
Gurney, Russel 530
Guyomar (Konventsabgeordneter)
   41, 59ff.

Haerter, François 226
Hahnemann, Dr. 384
Hainisch, Marianne 568
Hajnal, John 483
Hale, Sarah Josepha 306
Hall, Radcliffe 447f.
Hamilton, Mary Agnes 516
Hardy, Thomas 148, 159f.
Harlowe 201
Harnack, Adolf von 279
Hasanovitz, Elizabeth 244
Hauptmann, Gerhart 153
Haussonville, comte d'
Hawthorne, Nathaniel 288
Heck, Barbara Ruckle 224
Hegel, Georg Wilhelm Friedrich
   65–68, 75, 82, 151
Heine, Heinrich 153
Henschke, Ulrike 273
Héricourt, Jenny d' 84, 541, 568
Herz, Henriette 177, 245
Heyl, Hedwig 273, 275
Heymann, Lida Gustava 562
Hick, George Elgar 323f.
Hill, Octavia 507, 510f.
Hippel, Theodor Gottlieb von
   180, 554
Hirsch, Jenny 273
Hirsch, Samson Raphael 241
Hirschfeld, Magnus 447
Hofmannsthal, Hugo von 153
Hölderlin, Friedrich 151
Homberg, Tinette 272
Huber, Therese 181f.
Hugo, Victor 164, 292, 402, 408
Hugo, Adèle 292
Humbert, Aimé 551
Huntington, Lady 224
Hurchit Pascha 534
Huysmans, Joris-Karl 153

Ibsen, Henrik 155, 162, 569, 582f.
Imbonati, Carlo 217

Jack the Ripper 423
Jackson, Bessie 443
Jacobs, Arlette 556
Jais, Aegidius 191
James, Alice 164
James, Henry 103, 148, 155, 160f., 164, 584, 589
Jameson, Anna 304, 310
Jaquemart, Nelie 360
Javouhey, Mutter 405
Jekyll, Gertrude 287, 310, 357, 360
Jessen, Otto 277
Jugan, Jeanne 198
Julien, Stéphanie 403

Kaiser, Ewald 307
Kant, Immanuel 63, 65ff., 78, 94
Karsch, Anna Luise 170
Katharina von Siena (Hl.) 190
Katz, Jacob 240
Kauffmann, Caroline 563
Keckley, Elizabeth 296, 298
Kelly, Marie Jean 423
Kempin-Spyri, Emilie 568
Key, Ellen 561, 569, 573
Kierkegaard, Sören 69, 71f., 74ff.
Kiernan, Dr. 446
Klettenberg, Fräulein von 172
Klimt, Gustav 153, 313, 315f.
Knigge, Adolf von 178f., 181
Knowlton, Charles 391
Kollontai, Alexandra 555
Krafft-Ebing, Richard von 445ff., 495
Kruseman, Mina 570
Kubin, Alfred 153
Kügelgen, Wilhelm von 171
Kuliscioff, Anna 565

La Cacheuse 434
La Ferronnays, Eugénie 216
La Ferronnays, Pauline Craven 216
La Malibran 303
La Roche, Sophie von 172, 175, 526
Lacy, Bessie s. Dewey
Laennec, René 383
Lafargue, Laura 545
Lafargue, Paul 477
Lafayette, Mme de 189
Lamartine, Alix de 403

Lambert, Juliette 84, 568
Lamennais, Félicité de 187, 192
Lammers, Mathilde 273
Lang, Marie 566
Lange, Helene 172, 272, 278f., 281, 519, 555, 559, 571ff.
Lapauze, Jeanne s. Daniel Lesueur
Lasègue, Dr. 404
Lassalle, Ferdinand 568
Lauermannová, Anna 543
Launay, Vicomte de (Delphine Gay) 591
Laurencin, Marie 591
Lawrence, D. H. 576, 586ff.
Lazard, Max 512
Le Fort, Gertrud von 220
Le Play, Frédéric 414, 509
Leclerc, Marthe 337, 338
Lee, Anna 532
Lee, Jarena 224
Leenhoff, Suzanne 292
Legouvé, Ernest 541
Legrand-Priestley, Mme 233
Leloir, Héloise (geb. Colin) 298, 310
Lemonnier, Élisa 260
Lenclos, Ninon de 182
Lenin, Wladimir Iljitsch Uljanow 545
Leo XIII. (Papst) 194
Léon, Pauline 36
Leopardi, Adelaide Antici 219
Leopardi, Giacomo 190, 218
Leopardi, Paolina 201
Lepeletier de Saint-Fargeau 257
Leroux, Pierre 78ff., 83, 100
Leroy 376
Leroy-Beaulieu, Paul 411
Lesueur, Daniel (Jeanne Lapauze) 591
Lette, Adolf 548
Levasseur, Emile 482
Lewald, Fanny 169, 184
Lewes, George 581
Lewin, Jane 523f.
Lichtwark, Alfred 277
Lincoln, Abraham 298
Lincoln, Mary Todd 298
Linton, Eliza Lynn 569
Lipscomb, Jessie 309
Liszt, Franz 328f., 330
Lobdell, Joseph s. Lucy Ann Lobdell
Lobdell, Lucy Ann (Joseph Lobdell) 441
Locke, John 541

Lombroso, Cesare 535
Lombroso, Gina 220
Lorentz, Alcide 325f., 330
Lowndes, Mary 363
Luck, Lucy 457
Luise, Königin von Preußen 535
Luther, Martin 222, 228
Lutyens, Edwin 357
Luxemburg, Rosa 245
Lyautey, Hubert 526

Maeterlinck, Maurice 583
Maffei, Clara 543
Mahé, Anna 567
Mahler, Alma 414
Maistre, Joseph de 14, 189, 218
Maleuvre 325, 330
Malkiel, Theresa 516
Mallet, Joséphine 508
Malnati, Linda 555
Malthus, Thomas Robert 391
Manet, Édouard 158, 292, 297, 308, 341, 343f.
Mann, Thomas 147
Mantegazza, Paolo 192, 208
Manzoni, Giulietta 215
Manzoni, Enrichetta (geb. Blondel) 215, 217
Manzoni, Cristina 216
Manzoni, Giulia d'Azeglio 217
Marbouty, Mme 378
Marc, Dr. 380
Marchef-Girard, Mlle 260
Maréchal, Sylvain 507, 534
Marenholtz-Bülow, Bertha von 275
Marie-Antoinette 187
Marinetti, Filippo Tommaso 503
Markievicz, Gräfin 535
Marks, Jeanette 447
Marlitt, Eugenia 179
Marro, Antonio 210
Martin, Emma 532
Martineau, Harriett 569
Marx, Eleanor 516, 570
Marx, Karl 56, 78f., 81f., 83, 85, 89, 408, 460, 526
Mathilde von Canossa (Hl.) 190
Maupassant, Guy de 153, 159
Mavrogenous, Mado 534
Maxwell, Lady 224
Mayhew, Henry 458, 476
Mayreder, Rosa 559, 566
Mazzini, Giuseppe 543
Meiners Christoph, 611f.
Mendelssohn, Moses 241
Mercier, Hélène 564
Mercier, Pierre Alexandre 189, 510

Michel, Louise 517, 523
Michelet, Jules 110, 153f., 190, 192, 219, 375, 383, 387, 396, 414, 513, 591
Mignet, François Auguste Marie 535
Mill, James 71
Mill, John Stuart 71, 77f., 84ff, 90,101f., 528, 530, 541, 547, 549f., 564, 576
Millet, Jean-François 303, 351
Mink, Paule 517
Mirabeau, Gabriel Honoré de Riqueti 256f.
Mirbeau, Octave 520
Moebius, Paul 95, 571
Molière (Jean-Baptiste Poquelin) 78
Monod, Sarah 231
Moreau, Gustave 153
Morgan, Anne 518
Morisot, Berthe 139, 308, 310, 341, 343f.
Morris, May 308
Morris, William 308
Morrison, Frances 542
Morsier, Auguste de 547, 572
Morsier, Émilie de 509, 558, 572
Mosher, Clelia 395
Mother Jones 513
Mott, Lucretia Coffin 229
Mozzoni, Anna Maria 187, 546, 564
Mühlbach, Luise 184
Mülinen, Helene von 572
Munby, Arthur 306, 346, 352, 520
Munch, Edvard 153
Murray, Judith Sargent 34, 38f.
Musil, Robert 409, 585f., 588
Mussel, Kaat 28f.

Naber, Johanne 573
Nadar 301
Nadaud, Martin 520
Napoleon I. 50, 92, 542
Necker, Jaques 408
Necker de Saussures, Mme 231
Nerval, Gérard de 151
Newman, Pauline 518
Niboyet, Eugénie 230, 512, 533
Nietzsche, Friedrich 90ff., 147, 161f., 570f., 602
Nightingale, Florence 232, 382, 495, 508, 511, 518, 534, 558
Nikolaus I. (Zar von Rußland) 243
Noël, Laure (geb. Colin) 298, 310, 334

Norton, Caroline 530
Novalis (Friedrich Leopold von Hardenberg) 142

Oberlin, Mme 225
O'Connor, Mary 535
Oddo-Deflou, Jeanne 563
Offenbach, Jaques 142
Ogden, Elizia 441
Oliphant, Margaret 296
Orwell, George 590
Osborne, Sarah 532
Otto-Peters, Louise 185, 278, 517, 543, 546, 548f., 563
Owen, Robert 71, 542, 566

Paganini 328f.
Paine, Thomas 58
Pallavicino, Teresa 198f.
Palm d'Aelders, Etta 30
Palmer, Suzannah 530
Pankhurst, Christabel 495, 566, 572
Pankhurst, Emily 102, 563, 566, 572, 577
Pankhurst, Sylvia 566, 572
Pappenheim, Bertha 245, 251
Parent-Duchâtelet, Alexandre 423, 445
Parnell, Ann 535f.
Parnell, Fanny 535f.
Parssinen, Hilja 545
Paschkow, Lydia Alexandra 526
Pasteur, Louis 382, 385, 401
Paterson, Emma 517
Patrizi, Maddalena 206
Paulsen, Charlotte 271
Paulsen, Friedrich 279
Paulus (Apostel) 222
Pauper, Marcelline 123
Payot 214
Pelletier, Madeleine 388f., 433, 437, 556, 562, 567
Pellico, Silvio 192, 202
Penelope 38f.
Perrot, Jules 308
Perry, Maria 441
Personalchef 468f.
Pestalozzi, Johann 268f., 272, 279, 546
Petit, Gabrielle 556
Pfleider, Otto 279
Pichenot, Abbé 207
Pieczynska-Reichenbach, Emma 233, 572
Pilate, Hélène s. Bertraux
Pimentel, Eleonora Fonseca 190

Pius IX. (Papst) 141, 143, 187, 206, 304
Pius X. (Papst) 200
Pius XI. (Papst) 200, 206
Pius XII. (Papst) 220
Place, Francis 391
Poiret 379
Poncet, Cécile 517
Poncet, Paul 353
Popp, Adelheid 185, 521, 545
Portalis, Jean Etienne Marie 50f.
Potter, Beatrix 287, 310, 337ff.
Powers, Harriet 339ff.
Prévost, Marcel 210, 589
Prince, Sarah 532
Proudhon, Pierre-Joseph 78f., 83f., 183f., 262, 568, 586
Proust, Marcel 410, 524
Puchet, Mme 414
Puchet, Dr. 414

Queirós, Eça de 159
Quinet, Edgar 410

Rabinowitch, Dr. Sarah 245
Raffael 143
Ravaschieri, Teresa 199
Récamier, Juliette 374
Recke, Elisa von der 175
Rée, Paul 161f.
Rée, Anton 277
Reeves, Hannah Pearce 224
Reid, Elisabeth Jesse 554
Rémy, Caroline (Séverine) 545, 577
Renan, Ernest 154
Renan, Henriette 521
Renard, Jules 409f.
Restell, Mme 434
Reybaud, Charles 412f.
Reybaud, Fanny (geb. Arnaud) 412f.
Reybaud, Louis 489
Richardson, Samuel 175
Richer, Léon 546, 563
Richthofen, Frieda von 588
Riis, Jacob 303, 351, 354
Rilke, Rainer Maria 162f., 602
Rimbaud, Arthur 410
Robert, Clémence 501
Robert, Thérèse 577f.
Robert-Fleury, Tony 300
Robespierre, Maximilien-François-Isidor 32
Robin, Paul 556
Rochebillard, Marie-Louise 517
Rodin, Auguste 310, 164, 357f.

Roland, Manon 32, 58
Roland, Pauline 495, 577
Roland-Holst, Henriette 545
Rops, Félicien 153
Rosalie, Schwester 405
Rossini, Gioacchino *329f.*
Rousseau, Jean-Jaques 115, 149f., 268, 396, 519, 554, 577
Roussel, Nelly 220, 556, 567
Roussel, Pierre 188
Royer, Clémence 404
Rozan, Philomène Rosalie 516
Ruskin, John 505f.
Rye, Maria S. 523f.

Sabatier, Mme 151
Saint-Simon, Claude de 78f.
Salis-Marschlins, Meta von 570
Sand, George 139, 156f., 171, 181, 186, 290, 325–330, *326*, 328f., 337, 378, 441f., 528, 577, 580, 589ff.
Sandeau, Jules 577
Sanfelice, Luisa 190
Sanger, Margaret 547, 557
Santerre 52
Sartre, Jean-Paul 576
Saumoneau, Louise 519
Sauvestre, Charles 260
Sauvestre, Clarisse 260
Savio, Olimpia 204
Savoyen, Maria Adelaide 206f.
Say, Jean-Baptiste 462f.
Schelling, Friedrich Wilhelm Joseph 68
Scheppler, Louise 225
Schiller, Lee V. Chambers 494
Schirmacher, Käthe 573
Schlegel, Dorothea von 68, 240
Schlegel, Friedrich von 68f., 74, 175, 177, 240
Schlegel-Schelling, Caroline 174f.
Schleiermacher, Friedrich Daniel Ernst 69, 279
Schlesinger, Therese 566
Schmidt, Anna 268, 281
Schmidt, Auguste 278, 281
Schmoller, Gustav 279
Schneiderman, Rose 518
Schnitzler, Arthur 155
Schopenhauer, Arthur 71ff., 78, 92
Schopenhauer, Johanna 178
Schrader, Karl 275
Schrader-Breymann, Henriette 275f.
Schreiner, Olive 430, 502, 570f.
Schumann, Clara *307*, 308

Schumann, Robert *307*, 308
Schwimmer, Rosika 562
Scott, Walter 183
Secrétan, Charles 86
Sée, Hélène 545
Ségur, Gräfin de 164, 377, 385
Selenka, Margarethe 552
Semmelweiss, Ignaz 381
Séverine s. Caroline Rémy
Sévigné, Mme de 189
Sharples, Elizabeth 545
Shaw, George Bernard 584
Shaw, Anna Howard 235
Siemens, Hertha von 279
Sieveking, Amalie 226, 271, 507
Sillon 510
Simmel, Georg 93, 559
Simon, Jules 452, 473f.
Smiley, Sarah 235
Smith, Adam 462
Smith, Barbara Leigh 530
Snyder, Janet 411
Soubirous, Bernadette 213
Southcott, Johanna 533
Spencer, Herbert 89f.
Sperling, Diana 321f., 323
Stadlin, Joséphine 546
Staël, Germaine de 14, 144, 155ff., 171, 177, 203, 290, 408, 528, 554, 597–602, 607
Staffe, Baronin (Blanche Angèle Augustine Soyer) 202
Stahl, Georges 188
Stanley, Lady Henrietta 393
Stanley, Lord Edward 393
Stanton, Elizabeth Cady 104, 230, 546f., 551, 571f., 579
Stead, W. T. 427, 430f.
Stein, Gertrude 522
Steinbeck, John 522
Stendhal, Marie Henri Beyle 192
Stern, Daniel s. Marie d'Agoult
Stevens, Alfred 366f.
Stewart, Rebecca Gould 224
Stirner, Max 80f., 86
Stöcker, Helene 559f.
Stopes, Marie 557
Stowe, Harriett Beecher
Strachey, Ray 573
Strauss, Richard 147
Strindberg, August 159, 569, 588
Sumper, Helene 273
Suttner, Bertha von 552, 570
Süvern, von 170
Svetlá, Karolina 543
Swetchine, Mme 203
Swietochowski, Alexander 547

Taglioni, Marie 303, 330ff., *331*
Taine, Hippolyte 192
Talleyrand, Charle Maurice de 52f., 58, 253, 256f.
Tarnier, Dr. 381f.
Taylor, Fanny 198
Taylor, Harriet 85
Terruzzi, Regina 577
Therese von Lisieux 219, 389
Thierry, Augustin 535
Thompson, William 71, 542
Tiburtius, Franziska 278
Tiburtius, Henriette 278
Tocqueville, Alexis de 371, 390, 413, 522
Tomaseo, Niccolò 192f.
Tosco, Luisa 541
Tosi, Pater 214
Toudouze, Anaïs (geb. Colin) 298, 310
Trayer, Jules 293
Tristan, Flora 53, 143, 158, 184, 371, 509, 511, 519
Trivulzio, Christina s. Belgiojoso
Twining, Louise 511

Ulrichs, Karl 446
Ure, Andrew 466
Uwarow (russ. Erziehungsminister) 243

Val d'Ognes, Charlotte du *289*
Valadon, Suzanne 357
Valera, Juan 159
Vallès, Jules 371, 410
Varnhagen, Rahel 154, 157, 177, 183, 240, 245, 533
Vaux, Clotilde de 72, 77
Veblen, Thorstein 369
Ventura, Gioacchino 187f.
Verdi, Giuseppe 146
Véret, Désirée 533
Vermeil, Antoine 226
Vernet, Madeleine 567
Vernon, Lee 522
Vianney, Jean-Baptiste-Marie 207
Vicinus, Martha 510
Victoria (Königin von England) 292, 381, 391
Viktoria (Kronprinzessin) 275, 278
Villiers de l'Isle-Adam, Philippe-Auguste-Mathias, Graf de 142, 584
Vincent, Jaqueline 195
Virey, Dr. 383
Vittorio Emanuele II. (König von Italien) 206f.

Voilquin, Suzanne 384, 525, 532
Vrau-Aubineau, Mme 385

Waddington, Mary 414
Wagner, Richard 147, 154
Wald, Lillian 250
Warburg, Max 277
Warren, Mercy Otis 34, 39
Webb, Beatrice 516
Webb, Sidney 463f.
Weber, Mathilde 273
Wedekind, Frank 153
Weininger, Otto 91f., 94f., 503
Weiss, Louise 390, 404, 408
Wesley, John 222
Wessely, Naphtali H. 241

Westphal, Carl 446
Wharton, Edith 310, 522
Wheatley, Philis 34
Wheeler, Anne 542
White, Ellen R. 507
Wibaut-Berdenis, Mathilde 545, 565
Wilde, Oscar 142, 147
Wilhelm II. 570
Wilkinson, Jemima 532
Willard, Emma 444
Willard, Frances 235, 551
Witt-Schlumberger, Mme 235
Wohlwill, Anna 277
Wollstonecraft, Mary 53f., 58ff.,
    143, 171, 176, 528, 540f., 554
Woolf, Virginia 365, 592

Worth, Charles-Frederick 376
Wright, Frances 542, 566
Wüstenfeld, Emilie 275

Yourcenar, Marguerite 525
Yves, Gräfin d' 32

Zetkin, Clara 517, 519, 545, 552f.,
    555
Zietz, Luise 545
Zimmer, Friedrich 276
Zmichowska, Narcyza 543
Zola, Émile 153f., 158f., 379, 515,
    576, 584, 586, 589

Autorinnen und Autoren

Nicole Arnaud-Duc ist promovierte Juristin, forscht am Centre National de Recherche Scientifique in Paris nach Notariats- und Gerichtsakten über Prozeßverhalten, Randgruppen und Geschlechterbeziehungen. Wichtigste Veröffentlichung zu Frauenfragen: *Droit, Mentalitées et Changement social en Provence occidentale. Stratégies et pratique notariale en matière de régime matrimonial* (1985).

Jean Baubérot Directeur d'Études an der École pratique des Hautes Études und Dekan der Sektion Religionswissenschaften. Spezialgebiet: Geschichte und Soziologie des Protestantismus, des Laizismus und generell Glaubens- und Morallehren. Zahlreiche Artikel und Monographien, darunter: *Histoire du protestantisme* (1987; 1990), *Le Protestantisme doit-il mourir?* (1988), *La Laicité: quel héritage de 1789 à nos jours?* (1990) und *Vers un nouveau pacte laique?* (1990).

Cécile Dauphin Ingénieur d'études am Centre National de Recherche Scientifique in Paris. Beteiligt an zahlreichen Forschungen im Rahmen des Centre de recherches historiques der École des Hautes Études en Sciences Sociales, Paris. Mitherausgeberin der *Cahiers Pénélope. Pour l'Histoire des Femmes* (1979–1984, 11 Ausgaben). Veröffentlichungen: La Vielle Fille. Histoire d'un stéréotype, in: *Madame ou Mademoiselle? Itinéraires de la solitude féminine au XIXᵉ siècle,* hg. von A. Farge und Ch. Klapisch-Zuber (1984), L'enquète postale de 1847 und Les manuels épistolaires au XIXᵉ siècle, in: *La Correspondance. Les usages de la lettre au XIXᵉ siècle,* hg. von Roger Chartier (1991).

Michela De Giorgio ist Historikerin und lebt in Rom. Sie promovierte an der Universität Neapel mit einer Arbeit zur Geschichte der Frauen im modernen Italien und war eine der Gründerinnen der von ihr mitherausgegebenen Zeitschrift *Memoria. Rivista di storia delle donne.* Sie verfaßte u. a. die erste Geschichte der Italienerinnen, *Le italiane dall' unità ad oggi* (1992) und zahlreiche Beiträge in Zeitschriften und Sammelbänden.

Geneviève Fraisse forscht am CNRS im Bereich Philosophie. Pionierpublikationen zur Geschichte des französischen Feminismus, Gründung der Zeitschrift *Les Révoltes ligiques* (1975) und Beteiligung an zahlreichen Sammelwerken. Arbeiten über Vorstellungen zu geschlechtsspezifischen Unterschieden und verwandte philosophische Fragestellungen: *Femmes toutes mains, essai sur le service domestique* (1979), *Clémence Royer, philosophe et femme de sciences* (1985). Wichtigste Veröffentlichung: *Muse de la raison. La démocratie exclusive et la différence des sexes* (1988).

Dominique Godineau ist promovierte Historikerin. Spezialgebiet: Französische Revolution. Mitautorin zahlreicher Sammelwerke und Leiterin der Sektion »Frau und Familie« in *The French Revolution Research Collection.* Wichtigste Veröffentlichung: *Citoyennes Tricoteuses. Les femmes du peuple à Paris pendant la Révolution française* (1988).

Nancy Green Promotion an der Universität von Chicago und *Maître de conférences* an der École des Hautes Études en Sciences Sociales. Spezialgebiet: vergleichende Geschichte der Wanderungsbewegungen in Frankreich und in den USA. Wichtigste Veröffentlichung: *Les travailleurs immigrés juifs à la Belle Époque* (1985). Derzeit in Vorbereitung: »Immigrés et industrie du vêtement à Paris et New York (1880–1980)«.

Karin Hausen war bis 1994 Professorin für Wirtschafts- und Sozialgeschichte und ist jetzt Professorin für Interdisziplinäre Frauenforschung an der Technischen Universität Berlin.

Anne Higonnet Assistant Professor am Wellesley College, Department of Art. Spezialgebiet: Kunst des 19. Jahrhunderts mit Schwerpunkt Sozialgeschichte und Geschichte der Frauen. Veröffentlichungen u. a.: *Berthe Morisot's Images of Women* (1992).

Marie-Claire Hoock-Demarle Agrégée in Deutsch, Promotion über *Bettina Brentano von Arnim ou la mise en œuvre d'une vie 1785–1859* (1985), Professorin an der Universität von Paris VII-Jussieu. Veröffentlichungen u. a.: *La femme au temps de Goethe* (1987), *La rage d'écrire. Femmes-, écrivains en Allemagne de 1790 à 1815* (1990). Derzeitige Forschungen über »L'Europe des lettres. Le rôle des correspondances dans la prise de conscience de l'Europe au XIXe siècle«.

Juliane Jacobi Professorin für Allgemeine Pädagogik an der Universität Bielefeld. Ihr Forschungsschwerpunkt ist die Geschichte der Frauen- und Mädchenbildung. Veröffentlichungen zur Geschichte der Erziehung, besonders zur Geschichte der weiblichen Bildung, zuletzt: *Frauen zwischen Familie und Schule. Professionalisierungsstrategien bürgerlicher Fauen im internationalen Vergleich* (1994).

Anne-Marie Käppeli ist promovierte Historikerin, Mitarbeiterin beim Schweizer Nationalfonds für wissenschaftliche Forschung. Arbeiten zur Geschichte der Frauen in der Schweiz, insbesondere über Feministinnen und protestantische Pädagoginnen. Wichtigste Veröffentlichung: *Sublime Croisade. Éthique et politique du féminisme protestant (1875– 1928)* (1990), im Druck: *Emancipation féminine et pédagogie (1845– 1972)* und *Les pionnières suisses de la formation des mères et de l'éducation des filles.*

Yvonne Knibiehler ist emeritierte Professorin der Université de Provence. Spezialgebiet: Geistesgeschichte (Habil.: *Mignet et l'histoire philosophique du XIXe siècle,* 1973) und Geschichte der Frauen. Wichtigste Veröffentlichungen: *Histoire des mères* (zus. mit Catherine Fouquet, 1980), *Nous les assistantes sociales. Naissance d'une profession* (1980), *La femme et les médecins* (zus. mit Catherine Fouquet, 1983), *Cornettes et blouses blanches. Les infirmières dans la société française, 1880– 1980* (1984), *La femme au temps des Colonies* (zus. mit Régine Goutalier, 1985) und *Les pères aussi ont une histoire,* Paris (1987).

Annelise Maugue Professeur agrégée am Lycée Rabelais in Paris, Promotion. Forschungen über die sexuelle Identität und ihren Ausdruck in der Literatur. Wichtigste Veröffentlichung: *La crise de l'identité masculine au tournant du siècle* (1987).

Françoise Mayeur Agrégée in Geschichte, Promotion, Professorin an der Universität von Paris IV-Sorbonne. Spezialgebiet: Bildungsgeschichte, besonders für Mädchen: Veröffentlichungen dazu: *L'enseignement secondaire des jeunes filles sous la troisième République* (1977), *L'éducation des filles au XIXe siècle* (1979), *Éducation et images de la femme chrétienne en France au début du XIXe siècle* (1980). Verfasserin von

Bd. 3 der *Histoire de l'enseignement et de l'éducation en France,* hg. von M. Parias (1981).

Stéphane Michaud Agrégé, Promotion, Professor für vergleichende Literatur an der Université Jean Monnet von Saint-Étienne, Mitherausgeber der Zeitschrift *Romantisme.* Spezialgebiet: Geschichte der Frauen und Frauenbilder in der französischen und deutschen Literatur des 19. Jahrhunderts. Mehrere Arbeiten über Flora Tristan: *Flora Tristan* (1985), *Flora Tristan (1803–1844)* (1984) usw. Wichtigste Veröffentlichung: *Muse et Madone. Visages de la femme de la Révolution française aux apparitions de Lourdes* (1985).

Michelle Perrot Professorin für vergleichende Geschichte an der Universität von Paris VII-Jussieu. Nach ersten Forschungen über die Arbeitswelt im 19. Jahrhundert (*Les ouviers en grève,* 1974) Orientierung auf Untersuchungen von Delinquenz und Strafjustiz. (*L'impossible prison,* 1980; *Écrits pénitentiaires* von Alexis de Toqueville, Bd. IV, 2 Bde. der *Œuvres complètes,* 1984, hg. von M. P.); *Geschichte des privaten Lebens,* Bd. 4 – 19. Jahrhundert – der von Ph. Ariès und G. Duby herausgegebenen Reihe (1992, frz. Orig. 1987); *Journal intime de Caroline B.* (zus. mit Georges Ribeill, 1985) und *Geschlecht und Geschichte. Ist eine weibliche Geschichtsschreibung möglich?* (1989, frz. Orig. 1984).

Joan Wallach Scott Lehrtätigkeit an verschiedenen amerikanischen Universitäten, derzeit Leiterin der Frauenforschung an der Brown University und Professorin für Sozialwissenschaften am Institute for Advanced Study in Princeton. Spezialgebiet: Sozialgeschichte Frankreichs (Habil. 1982 in Frankreich veröffentlicht: *Les Verriers de Carmaux*). Orientierung auf die Geschichte der Frauen und die Gender-Theorie. Wichtigste Veröffentlichungen: *Les femmes, le travail et la famille* (mit Louis Tilly, 1987) und *Gender and the Politics of History* (1988).

Élisabeth G. Sledziewski Agrégée in Philosophie. Promotion. Maître de conférences am Institut d'Études politiques in Straßburg *(Université Robert Schuman),* assoziierte Professorin der Universität Erlangen–Nürnberg. Arbeiten über Formen der politischen Kultur in Osteuropa, Verhältnis der Frauen zur Politik, sowohl in der Französischen Revolution wie im Europa der Gegenwart. Wichtigste Veröffentlichungen: *Voies idéologiques de la Révolution française,* Paris (1986), *Révolutions du sujet* (1989) und zus. mit J. L. Vieillard-Baron *Penser le sujet aujourd'hui* (1988).

Judith Walkowitz Professorin für Geschichte und Director of Women's Studies an der Johns Hopkins University (Baltimore, USA). Spezialgebiet: Geschichte des Feminismus, der Sexualität, der Medizin in ihrem jeweiligen Verhältnis zu Gesellschaft und Kultur. Wichtigste Veröffentlichungen: *Prostitution and Victorian Society. Women Class and the State* (1980). Im Druck: *City of Dreadful Delight: Narratives of Sexual Danger in Late-Victorian London.*

GESCHICHTE DER FRAUEN

GEORGES DUBY · MICHELLE PERROT

5

20. JAHRHUNDERT

Die *Geschichte der Frauen* ist mit ihrem fünften und letzten Band in unserem Jahrhundert angekommen. Kaum ein Jahrhundert hat das Leben der Frauen so nachhaltig und schnell verändert. Frauen waren in der Geschichte nie nur passive Zuschauerinnen, stets waren sie auch Handelnde. Doch im 20. Jahrhundert rücken sie in allen gesellschaftlichen Bereichen mehr und mehr in den Vordergrund. War ihnen zu Beginn des Jahrhunderts der Zugang zu Wahlurnen und Universitäten – um nur zwei Beispiele zu nennen – noch versperrt, so ist das allgemeine Wahlrecht und der freie Hochschulzugang heute eine Selbstverständlichkeit. Auch das Verhältnis der Geschlechter wandelte sich rasch und in vielen Bereichen: in Familie, Sexualität, Kultur, Recht und Wirtschaft. An die Stelle des älteren Leitbilds vom Beruf der »Hausfrau, Gattin und Mutter« trat allmählich das Leitbild der »modernen Frau« und des »Doppelberufs« der Frauen in Familie und in der Erwerbsarbeit. Im nationalsozialistisch besetzten Europa eskalierte die Rassenpolitik zum Massenmord, vor allem an Millionen jüdischer Frauen und Männer. Doch vorher wie nachher, unter dem Druck der alten wie auch der neuen Frauenbewegung, begünstigt durch technischen Fortschritt, verstärkt durch die wachsende Teilnahme der Frauen am politischen Leben, haben sich die Möglichkeiten weiblicher Selbstbestimmung weiterentwickelt.

Welche sehr unterschiedlichen Lebensformen die Frauen in diesem Jahrhundert in Europa für sich erschlossen haben und in welchen, nicht selten zermürbenden Auseinandersetzungen sie erkämpft wurden, wie sie sich aber oft aufgrund innerer Widersprüche und äußerer Widerstände auch wieder wandelten, das zeigt dieser abschließende Band der *Geschichte der Frauen*.

GESCHICHTE DER FRAUEN

GEORGES DUBY · MICHELLE PERROT

Editorische Betreuung
der deutschen Gesamtausgabe
Heide Wunder

1

ANTIKE

Herausgegeben von Pauline Schmitt Pantel
Editorische Betreuung der deutschen Ausgabe Beate Wagner-Hasel

2

MITTELALTER

Herausgegeben von Christiane Klapisch-Zuber
Editorische Betreuung der deutschen Ausgabe Claudia Opitz

3

FRÜHE NEUZEIT

Herausgegeben von Arlette Farge und Natalie Zemon Davis
Editorische Betreuung der deutschen Ausgabe Heide Wunder und Rebekka Habermas

4

19. JAHRHUNDERT

Herausgegeben von Geneviève Fraisse und Michelle Perrot
Editorische Betreuung der deutschen Ausgabe Karin Hausen

5

20. JAHRHUNDERT

Herausgegeben von Françoise Thébaud
Editorische Betreuung der deutschen Ausgabe Gisela Bock

20. Jahrhundert

Herausgegeben von
Françoise Thébaud

Die Originalausgabe
STORIA DELLE DONNE IN OCCIDENTE,
VOL. 5 IL NOVECENTO erschien 1992 bei Editori Laterza, Rom.
Copyright © Gius. Laterza & Figli Spa, Roma-Bari, 1992.

Dieses Buch erschien erstmals im Rahmen
eines 1985 getroffenen Abkommens zwischen der Wirtschaftsstiftung
Maison des Sciences de l'Homme und dem Campus Verlag.
Das Abkommen beinhaltet die Übersetzung und gemeinsame Publikation
deutscher und französischer geistes- und sozialwissenschaftlicher Werke,
die in enger Zusammenarbeit mit Forschungseinrichtungen beider Länder
ausgewählt werden.

Lizenzausgabe mit freundlicher Genehmigung
von EULAMA Srl, Rom, www.eulama.com.
Für die Übersetzung: Campus Verlag GmbH, Frankfurt/Main
für Haffmans & Tolkemitt Verlag, Alexanderstraße 7 D - 10178 Berlin
www.haffmans-tolkemitt.de
© 2012 Haffmans & Tolkemitt für die Rechte an dieser Ausgabe

Umschlagmotiv: Ernst Ludwig Kirchner, Blaue Artisten, 1914, Privatsammlung.
Copyright by Dr. Wolfgang & Ingeborg Henze-Ketterer, Wichtrach/Bern.
Produktion: Urs Jakob, Werkstatt im Grünen Winkel, CH-8400 Winterthur.
Druck und Bindung: Ebner und Spiegel in Ulm.
Printed in Germany.

ISBN: 978-3-942989-10-7

Sonderausgabe ISBN: 978-3-86800-508-0

INHALT

Vorwort
Eine Geschichte der Frauen schreiben
Georges Duby und Michelle Perrot 9

Einleitung
Françoise Thébaud 11

DIE NATIONALISIERUNG DER FRAUEN

Kapitel 1
Der Erste Weltkrieg. Triumph der Geschlechtertrennung
Françoise Thébaud 33

Kapitel 2
Die moderne Frau. Der amerikanische Stil der zwanziger Jahre
Nancy F. Cott 93

Kapitel 3
Zwischen den beiden Weltkriegen. Weibliche Rollen in Frankreich
und England
Anne-Marie Sohn 111

Kapitel 4
Die italienischen Frauen unter Mussolini
Victoria de Grazia 141

Kapitel 5
Nationalsozialistische Geschlechterpolitik und die Geschichte
der Frauen
Gisela Bock 173

Kapitel 6
Spanische Frauen. Von der Republik zum Franco-Regime
Danièle Bussy Genevois 205

Kapitel 7
Die Französinnen unter dem Vichy-Regime.
Frauen in der Katastrophe – Bürgerinnen dank der Katastrophe?
Hélène Eck 223

Kapitel 8
Das sowjetische Modell
Françoise Navailh 257

FRAUEN, SCHÖPFUNG UND VORSTELLUNG

Kapitel 9
Differenz und Widerstreit: Die Frauenfrage in der Philosophie
Françoise Collin 291

Kapitel 10
Die Stellung der Frau im Bereich der Kultur.
Das Beispiel Frankreich
Marcelle Marini 327

Kapitel 11
Frauen, Massenkonsum und Massenkultur
Luisa Passerini 355

Kapitel 12
Frauen, Bilder, Darstellungen
Anne Higonnet 375

DIE GROSSEN VERWANDLUNGEN DES JAHRHUNDERTS

Kapitel 13
Weibliche Armut, Mutterschaft und Rechte von Müttern
in der Entstehung des Wohlfahrtsstaats, 1890–1950
Gisela Bock 427

Kapitel 14
Mutterschaft, Familie und Staat
Nadine Lefaucheur 463

Kapitel 15
Eine Emanzipation unter Vormundschaft.
Frauenbildung und Frauenarbeit im 20. Jahrhundert
Rose-Marie Lagrave 485

THEMEN UND THESEN

Kapitel 16
Recht und Demokratie
Mariette Sineau 529

Kapitel 17
Der Feminismus der siebziger Jahre
Yasmine Ergas 559

Kapitel 18
Von der Weiblichkeit zum Feminismus. Das Beispiel Québec
Yolande Cohen 581

Kapitel 19
Fortpflanzung und Bioethik
Jacqueline Costa-Lascoux 601

STIMMEN DER FRAUEN

Den Frauen das Wort
Christa Wolf 627
Nelly Kaplan 631

NACHWORT

Gisela Bock 635

ANHANG

Anmerkungen 647
Literatur 679
Sach- und Personenregister 705
Autorinnen und Autoren 715

VORWORT
EINE GESCHICHTE
DER FRAUEN SCHREIBEN

Georges Duby und Michelle Perrot

D ie Frauen sind lange im Schatten der Geschichte gelassen worden. Der Aufstieg der Anthropologie und die zunehmende Bedeutung, die der Familie beigemessen wurde, haben ebenso wie die Geschichte der »Mentalitäten«, die dem täglichen Leben, dem Privaten und dem Individuellen eine größere Aufmerksamkeit schenkte, dazu beigetragen, sie aus dem Schatten herauszuholen. Am meisten hat dazu aber die Frauenbewegung beigetragen mit den vielen Fragen, die sie aufgeworfen hat. »Woher kommen wir? Wohin gehen wir?« fragten sich die Frauen, und sie stellten innerhalb und außerhalb der Universitäten Nachforschungen an, um die Spuren ihrer historischen Vorläuferinnen zu finden, vor allem aber, um die Ursprünge ihrer Unterdrückung und die Entwicklung der Beziehungen zwischen den Geschlechtern zu verstehen.

Denn genau darum geht es. Der Titel »Geschichte der Frauen« ist kurz und bündig. Aber wir möchten damit nicht die Vorstellung verbinden, Frauen für sich seien ein Gegenstand der Geschichte. Wir wollen vielmehr ihre Lebenswelten, ihre Rollen und ihre Macht, ihre Handlungsweisen, ihr Schweigen und ihr Sprechen erforschen; wir wollen die unterschiedlichen Bilder von der Frau – Göttin, Madonna, Hexe . . . – in ihrer Beständigkeit und in ihrem Wandel erfassen. Deshalb verstehen wir die Geschichte als sozialen Wandel grundlegender Beziehungen; deshalb ist unsere Geschichte der Frauen auch ebenso die der Männer.

Es ist eine Geschichte der *langen Dauer*: Von der Antike bis heute greifen fünf Bände die chronologischen Zäsuren auf, die die Geschichte

des Abendlandes unterteilen. Denn nur um sie geht es. Das Mittelmeer und der Atlantik sind unsere Ufer. Wir wünschen uns gewiß auch eine Geschichte der Frauen des Orients oder Afrikas. Doch es bleibt den Frauen und Männern dieser Länder vorbehalten, sie eines Tages zu schreiben.

Diese Geschichte ist insofern »feministisch« orientiert, als sie von einer grundsätzlichen Gleichheit ausgeht; sie versteht sich aber als offen für verschiedene Deutungen: Wir wollen Fragen aufwerfen, ohne sofort mit formelhaften Antworten bei der Hand zu sein; wir öffnen uns in dieser Geschichte grundsätzlich der Vielfalt, der Vielfalt der Gestalten und Interpretationen.

Unter der Gesamtregie von Georges Duby und Michelle Perrot wurde jeder Band von ein oder zwei Herausgeberinnen eigenverantwortlich betreut. Sie haben die Themen des jeweiligen Bandes zusammengestellt und die Autorinnen und Autoren ausgesucht – eine wohl repräsentative Auswahl unter all jenen, die auf diesem Gebiet in Europa und den Vereinigten Staaten arbeiten.

Mag dieses Werk als vorläufige Bilanz, als Arbeitsmittel, als Ort des Gedächtnisses oder einfach aus Interesse an der Geschichte gelesen werden, diese Geschichte der Frauen im Abendland sollte an der Schwelle des werdenden Europa ihren geistigen Ort haben.

Wir widmen sie unseren Verlegern, deren Unternehmergeist, Aufgeschlossenheit und Großzügigkeit wir dankbar anerkennen.

Aus dem Französischen von Heide Musahl

EINLEITUNG

Françoise Thébaud

Hören wir heute – Privileg der Zeitgeschichte – über das
Leben von Frauen, die unser Jahrhundert erlebt haben,
erschüttern uns Tragik und Größe ihrer Existenz: Heimgesucht von Kriegen, Revolutionen, Diktaturen, haben sie zugleich eine
einschneidende Umwälzung zwischen den Geschlechtern miterlebt und
mitgestaltet.

Das soll nicht heißen, daß das 20. Jahrhundert, letzte Station eines
kontinuierlichen und unaufhaltsamen Emanzipationsprozesses, die
Geschichte der Frauen irgendwie zum Abschluß gebracht hätte. Wenn
auch die geopolitische Ordnung des 20. Jahrhunderts, wie sie sich in
den Stürmen des Ersten Weltkrieges und der Russischen Revolution
herausgebildet hatte, heute nicht mehr existiert, so hat doch die Rede
vom »Ende der Geschichte«, die üblich wurde, um den Triumph des
Liberalismus nach dem Zusammenbruch des Ostblocks zu bezeichnen,
den Ereignissen in Europa und der übrigen Welt nicht lange standge-
halten. Und was sollte sie auch für die Geschichte der Frauen bedeuten? Den Niedergang der Männerherrschaft und die Morgendämmerung
einer neuen Gesellschaft, die anders wäre als die der Männer? Die Welt
einer Verschwisterung der Geschlechter, eine Welt, in der »eines das
andere«[1] wäre? Oder die Konstitution eines Raumes, den Männer und
Frauen wahrhaft gemeinsam bewohnten – eines Raumes, wo die Differenz der Identitäten durch die Gleichheit der Rechte und der Chancen bewahrt würde? Die zeitgenössischen Frauenbewegungen – orientiert an der Konstituierung der Frau als Subjekt, gespalten in das

Bedürfnis, eine weibliche Identität zu stiften, und das Bedürfnis, die Kategorie »Frau« zu destruieren – debattieren noch über jene Möglichkeiten, wobei der Weg der Geschlechtermischung sich mehr und mehr als die wünschenswerte Synthese in einer zu bauenden Zukunft erweist. Was will eine Frau? Was wollen die Frauen? Leserinnen und Leser – als Angehörige eines Geschlechts jeweils selbst Akteure eines historischen Prozesses – werden hier Stoff für ihr Nachdenken finden, aber nicht die Antwort auf diese Frage, die nicht dem Reich des Wissens angehört und nicht den Leitfaden abgeben kann für eine Geschichte der Frauen.

Vielleicht noch mehr wird sie verwundern, in diesem Buch nicht chronologisch die Emanzipation der Frauen nacherzählt zu finden, wenngleich nicht zu bestreiten ist, daß das Leben der Töchter wenig Ähnlichkeit hat mit dem Leben der Mütter, und wenngleich die Errungenschaften unbestreitbar und kumulativ erscheinen (Wahlrecht, gefahrlose Mutterschaft, Empfängnisverhütung, berufliche Chancen . . .), bis hin zu der signifikanten Überlegenheit der Frau in puncto Lebenserwartung. Aber was bedeutet »Errungenschaft« als Produkt einer sozialen Konstruktion, die es doch zu destruieren gilt? Nach dem Wesen dieser »Errungenschaften« müssen wir fragen, danach, wie sie erreicht wurden, nach ihren Gegnern und ihren Befürwortern, nach ihren Folgen und ihren Risiken, den symbolischen ebenso wie den realen. Und wir müssen auch bedenken, daß vielleicht nichts endgültig erreicht ist – daran gemahnt die Militanz der aktuellen Anti-Abtreibungs-Bewegung und die Ausbreitung von AIDS. Wollten wir an der Idee festhalten – sie entstammt der Herkunft der Frauengeschichtsschreibung aus der Frauenbewegung –, daß die Geschichte der Frauen in erster Linie eine Geschichte des Fortschritts sei, so würde dies jedoch unsere Erkenntnis behindern: Denn die historischen Phänomene sind weitaus komplexer.

Die positive Wahrnehmung des 20. Jahrhunderts beschwört, ungeachtet der düsteren Zeiten und der Massenmorde, ein Jahrhundert der Errungenschaften, das dem viktorianischen 19. Jahrhundert diametral entgegengesetzt und durch eine Reihe von Bildern geprägt ist: das »Mädchen mit dem Bubikopf« als Produkt des Ersten Weltkriegs und der verrückten zwanziger Jahre; die »befreite« Frau als Produkt der Pille; oder auch die »Superfrau« der achtziger Jahre als Produkt des Feminismus und der Konsumgesellschaft, die imstande ist, Beruf, Kinder und Liebschaften glücklich zu verbinden. Aber die ersten beiden dieser Bilder waren – jedenfalls in ihrem historischen Kontext – negativ gemeint: Sie sollten eher das Überschreiten der Grenzen zwischen den Geschlechtern oder der Doppelmoral brandmarken als weiblichen Errungenschaften Beifall zollen. Und das Ideal der »Superfrau«, von

Betty Friedan in *Der zweite Schritt*² gegeißelt, erscheint zumindest als zweideutig – es stellt ein Vorbild auf, das für die meisten Frauen nicht erreichbar ist und die Spannungen ausblendet, die sich aus gegensätzlichen Beanspruchungen ergeben. Für Rose-Marie Lagrave besteht die gesellschaftliche Funktion dieses Ideals darin, die zunehmenden Ungleichheiten zwischen Männern und Frauen zu kaschieren.

Gleichwohl haben diese Frauenbilder den Vorzug, daß sie, ebenso wie die Rede von den »Errungenschaften«, die Frage aufwerfen, welche Ereignisse für die Frauen wirklich bedeutungsvoll waren, und daß sie die von Männern gemachte Chronologie der allgemeinen Geschichte gegen den Strich bürsten. Vor allem unterstreichen sie aber, daß die Geschichte der Frauen nicht zu denken ist ohne eine Geschichte der Vorstellungen und eine Entzifferung der Bilder und Diskurse, in denen sich der Wandel der männlichen Bilderwelt und der gesellschaftlichen Norm ausdrückt. In diesem Punkt liefert das 20. Jahrhundert – das Jahrhundert der Psychologie und des bildhaften Ausdrucks – vor allem die Bestätigung, daß die westliche Kultur nur wenige Formen entwickelt hat, Frauen auf positive Weise darzustellen. Obwohl die Freudsche Psychoanalyse die Definition der Geschlechter und der Geschlechtsidentität komplexer erscheinen ließ, reproduzierten die Philosophie und die neu entstandenen Sozialwissenschaften lange nur den ganz gewöhnlichen Sexismus des Gesellschaftlichen, indem sie die weibliche Besonderheit als Dienst am Ehemann und an der Familie definierten. Das Muster der nicht berufstätigen Mutter und Gattin – modern verbrämt, wissenschaftlich abgesegnet und durch die neuen Medien (Film, Zeitschriften, Werbung) verbreitet – siegt durch seine Demokratisierung. Die (nicht auf die Diktaturen beschränkte) bevölkerungspolitische Besorgnis der Staaten, der medizinische Diskurs über die richtigen Methoden der Kinderaufzucht, der sich im Prozeß der Medikalisierung verbreitete, und der psychologische Diskurs über die Mutter-Kind-Beziehungen, sie alle verstärken die Tendenz, die Frau wieder ins Haus zu verbannen. Die Neubewertung der Sexualität und die Anerkennung der weiblichen Lust gehen Hand in Hand mit dem normativen Druck zur Ehe und den Vorbildern von Stars und Mannequins für die äußere Erscheinung, geprägt durch Schönheitswettbewerbe und den Alptraum der Schlankheit. Gleichzeitig setzt sich jedoch, in den bildhaften Normen für die moderne Weiblichkeit, das Bild einer professionellen Hausfrau durch: Königin in ihrem Heim und umworbene Konsumentin. Die Werbung verkauft ihr Dinge, aber auch Bilder von ihr selbst, deren Flitter den älteren Vorbildern gleicht. Überdies macht sie aus der Frau ein Sexualobjekt, das in Besitz genommen werden will – ein Bild, das eine grassierende Pornographie, durch Zeitschriften und neuerdings durch Videofilme transportiert, brutal bekräftigt.

Gleichwohl ist das 20. Jahrhundert auch das Jahrhundert, in dem die Frauen, immer mehr Frauen, selbst das Wort ergreifen und die Kontrolle über ihre in Bildern ausgedrückte Identität ausüben. Sie wissen um die politische Brisanz der Repräsentation und versuchen, Stereotype zu durchbrechen und zu zeigen, daß viele Wege zum Gelingen führen. Das Bild von der Frau ist komplexer geworden und hat sich nie so schnell verändert wie heute – ein erstes Anzeichen für einen Wandel, den zu ermessen, zu verstehen und zeitlich einzuordnen die Absicht dieses Bandes ist.

Wenn dieser Band nicht, oder nicht nur, ein Bericht über die Emanzipation oder eine Geschichte von Bildern und Wahrnehmungen ist, dann darum, weil er, wie die vorangegangenen vier Bände, in einem größeren Problemzusammenhang steht, der sich einer zwanzigjährigen Forschung über die Geschichte der Frauen verdankt. Ich kann an dieser Stelle nicht auf die fruchtbaren nationalen und internationalen Diskussionen eingehen, die diese Geschichtsschreibung in Gang gesetzt haben und die eine eigene Darstellung verdienten.[3] Ich will nur – zwangsläufig sehr schematisch – in Erinnerung rufen, worin, bei aller Verschiedenheit der Standpunkte und Themen, das Verbindende aller Autorinnen besteht, das eine neue Lesart des 20. Jahrhunderts begründet.

Geschichte war lange Zeit nur die Geschichte von Männern, verstanden als Repräsentanten der Menschheit. Zahllose Arbeiten – für das 20. Jahrhundert gehen sie in die Tausende – haben jedoch nachgewiesen, daß auch die Frauen eine Geschichte haben und selber Akteurinnen der Geschichte sind. Es geht aber nicht mehr darum (diese theoretische Sackgasse würde in einen historischen Widersinn führen), die Frauen isoliert, gleichsam wie in einem Vakuum, zu studieren, sondern vielmehr um ein geschlechterbewußtes Herangehen an die Geschichte: Es geht darum, in die allgemeine Geschichte die Dimension der Beziehung zwischen den Geschlechtern einzuführen – das, was die Amerikanerinnen »gender« nennen und was im Deutschen mit »Geschlecht«, im Französischen mit »genre« und im Italienischen mit »genere« bezeichnet wird. Diese Herangehensweise beruht auf der Überzeugung, daß das Verhältnis zwischen den Geschlechtern keine Naturtatsache, sondern ein gesellschaftlich konstruiertes und ständig neukonstruiertes Verhältnis, daß es gleichzeitig Wirkung und Motor der gesellschaftlichen Dynamik ist. Deshalb ist »Geschlecht« eine nützliche analytische Kategorie, ebenso wie die den Historikern vertrauten Beziehungen zwischen den Klassen, den Rassen bzw. ethnischen Gruppen, ja zwischen den Nationen und den Generationen. Die Kategorie »Geschlecht« vermittelt Einsichten, ebenso wie jeder neue Blick auf die Vergangenheit; sie ist geeignet, Wege zu einem Neuschreiben der

Geschichte zu eröffnen, wodurch, bis in ihre Interaktionen mit anderen Faktoren hinein, die Gesamtheit menschlicher Beziehungen in den Blick kommt. So hat der nationalsozialistische Rassismus, in seiner geschlechtergeschichtlichen Dimension gesehen, unter anderem dazu geführt, daß die Politik Hitlers gegenüber den Frauen nicht etwa von Pronatalismus und Mutterkult geprägt war, sondern von einer Kombination aus Antinatalismus, Männlichkeitskult und dem Massenmord auch an Frauen. Wo die Frage sich stellte, wird in den Beiträgen versucht, das Verhältnis von Geschlecht und Klasse, Geschlecht und Nationalität, Geschlecht und Alter, Geschlecht und Religion zu bestimmen – Differenzierungsmerkmale von Gruppen, die nur zu oft als homogen betrachtet werden.

In dieser Perspektive sollten die Leserinnen und Leser nicht nach den Errungenschaften der Frauen fragen, sondern nach dem Wandel der Ordnung der Geschlechter. Darunter verstehen wir die Gesamtheit der geschlechtsbedingten gesellschaftlichen Rollen und gleichzeitig das System der Bilder und Symbole, das die Konzepte »männlich« und »weiblich« kulturell definiert und die geschlechtliche Identität prägt. Vor allem muß die Entwicklung der Lage der Frauen auf die der Männer bezogen werden: Wenn auch beispielsweise in der Arbeitswelt die Feminisierung bestimmter Berufe nichts an der Kluft zwischen der Stellung von Männern und Frauen ändert, so befreien doch die Möglichkeiten der modernen Empfängnisverhütungsmethoden die Frauen nicht nur von unerwünschten Schwangerschaften; sie überlassen ihnen auch, zum Nachteil der Männer, die Beherrschung ihrer Fruchtbarkeit und müssen zusammen mit den Änderungen des bürgerlichen Rechts gesehen werden, die etwa zur gleichen Zeit der Unterordnung der Frau im privaten Bereich ein Ende setzen. Die Leserinnen und Leser müssen ferner alles in Betracht ziehen, was den Tätigkeiten und dem Status von Männern bzw. von Frauen Sinn verleiht, und zum Beispiel die Funktion und Tendenz geschlechtsspezifischer Symbolik in ihren mannigfachen Formen prüfen, wo immer wir ihr begegnen – im staatlichen Bereich, bei Individuen oder bei Gruppen. Diese Symbolik, die meistens der Hierarchisierung und Signalisierung von Machtverhältnissen dient, verzögert eher den Wandel, als daß sie ihn beschleunigt. Der Krieg, dessen psychologische und gesellschaftliche Auswirkungen sich bis weit in die Nachkriegszeit hinein bemerkbar machen, wurde lange Zeit als ein Motor der Frauenemanzipation verstanden, doch erscheint er, und zumal der Erste Weltkrieg, in dem Maße als zutiefst konservativ, wie er, weit entfernt von egalitären Bestrebungen und der Infragestellung überkommener Identitäten, gerade in den Geschlechterbeziehungen ein dichotomisches Denken begünstigt, und zwar bis in die Frauenbewegung hinein. Auch die Politik scheint – ungeachtet der Ver-

allgemeinerung des Wahlrechts, das zu Unrecht schon ›allgemein‹ genannt worden war, als es nur für männliche Erwachsene galt – noch
das Allerheiligste des Mannes zu sein: eine Handvoll männlicher Abgeordneter für eine Mehrheit von weiblichen Wählern, festgelegte Bereiche, in denen die alte Trennung zwischen der Politik als Männersache
und dem Sozialen als Frauensache neu belebt wird, Verantwortungs-
trägerinnen, die ihren männlichen Kollegen als Eindringlinge und
zuweilen sich selbst als Außenseiterinnen vorkommen. Nennen wir sie
gerade deshalb beim Namen, die berühmten Gesundheitsministerinnen,
die zu ihrer Zeit die Abtreibung legalisiert haben: die russische Revolutionärin Alexandra Kollontaj, die spanische Anarchistin Federica
Montseny und, in jüngerer Zeit, die Französin Simone Veil.

Das heißt, daß diese Geschichte der Frauen gleichzeitig, jedenfalls
in ihrer Feinstruktur, die Geschichte der Männer als Geschlechtswesen
ist, die Geschichte der Männlichkeit in diesem an virilen Bildern so
reichen Jahrhundert. Was die Frauengeschichte der allgemeinen Geschichte zuträgt, der Sozialgeschichte zumal, aber auch der Kulturgeschichte, deren Periodisierungen und Gehalte sie wieder zur Debatte
stellt, und – vielleicht am frappantesten – der politischen Geschichte,
die einer der dominanten Bereiche historischen Fragens bleibt: Das
wird den aufmerksamen Leserinnen und Lesern nicht entgehen. So erweitert die Frauengeschichte das Bild von der Kriegspolitik, insofern diese dem Feind weibliche Attribute zuschreibt und einen Staat hervorbringt, der – gleichsam eine Vaterfigur – zugleich Zuchtmeister und
Beschützer der Frauen ist. Die Frauengeschichte erweitert das Nachdenken über das Wesen des Faschismus und des Nationalsozialismus,
die beide auch neuartige geschlechterbestimmte Ausbeutungssysteme
sind und die Stabilität der Geschlechterbeziehungen garantieren; sie
enthüllt das Spezifische des Vichy-Regimes und des »national-katholischen« Franco-Regimes; sie untersucht die Entstehung und Funktionsweise der Sozialstaaten, die die Forderungen der ersten Frauenbewegungen zu Beginn des Jahrhunderts nach öffentlicher Anerkennung der
Mutterschaft als gesellschaftlicher Aufgabe auf ihre Weise transformiert
haben, nämlich zugunsten des Familienoberhaupts als des Anspruchsberechtigten. Begreiflich zu machen vermag sie die Originalität Québecs,
dessen Geschichte hier am Leitfaden des Begriffspaares Nationalismus/
Feminismus gelesen wird, ebenso wie den Bankrott des sowjetischen
Modells, dessen Kennzeichen, auf dem Gebiet der Geschlechterbeziehungen wie auch sonst, Ökonomismus und juristischer Voluntarismus
gewesen sind: Alexandra Kollontaj, die nicht an den spontanen Verfall
der bürgerlichen Familie glaubte und von einer neuen, proletarischen
Moral träumte, wurde ob ihres »Georgesandismus« kritisiert, und sie war
wohl ihrer Zeit voraus in einem armen, agrarischen, belagerten Land,

in dem die Zivilgesellschaft und besonders die Frauen ständig von der zentralisierten Macht und Rechtsprechung bedrängt wurden.

Wohlgemerkt – und es braucht kaum mehr eigens hervorgehoben zu werden –, die Geschichte des Feminismus und der Frauenbewegungen ist integraler Bestandteil der politischen Geschichte der westlichen Welt. Eine unvollendete Geschichte – der Zeitraum von 1920 bis 1960, lange als »die Zeit zwischen zwei Frauenbewegungen« begriffen, wird heute völlig neu erschlossen –, und doch unentbehrlich für das Verständnis unseres Jahrhunderts: Wie hat die Frauenrechtsbewegung, Produkt der Vernunftgläubigkeit und des Liberalismus des 19. Jahrhunderts, die vierfache Herausforderung des 20. Jahrhunderts – Massengesellschaft, Kommunismus, Nationalismus und Freudianismus – beantwortet? Welche Verbindungen bestehen zu den neuen Frauenbefreiungsbewegungen, die seit den sechziger Jahren aus der radikalen Linken hervorgehen, zum Antikolonialismus und der sexuellen Revolution? Die Geschichtsschreibung hierüber ist dabei, die abgenutzten Kategorien zu überwinden, zuerst das negativ besetzte Konzept der bürgerlichen Frauenbewegung und neuerdings die starre Entgegensetzung von egalitärem Feminismus und Feminismus der Differenz.[4] Ebenso wie die Geschlechterproblematik das politische Denken durch den Nachweis erneuert, daß Gleichheit die Anerkennung und Berücksichtigung der Unterschiede erfordert, kann die Frauengeschichte die allgemeine Geschichte bereichern, indem sie sich und die Geschichte überhaupt als einen kognitiven Prozeß versteht und eine neue Quellen- und Methodenkritik durch eine Analyse der geschlechterbezogenen Kategorien betreibt, die unser kulturelles Verständnis der Geschlechterdifferenz vorstrukturieren. In diesem Sinne ist der »Diskurs über den Diskurs«, welcher der Frauengeschichte oft zum Vorwurf gemacht wird, weder eine feministische Marotte noch eine Verlegenheitslösung, sondern eine Notwendigkeit.

Im selben Geist haben auch andere Disziplinen zu diesem Buch beigetragen: Philosophie, Rechtswissenschaft, Soziologie, Politikwissenschaft, Literaturkritik – alle geprägt, wie die Geschichtswissenschaft, von den Auswirkungen des heutigen Feminismus.[5] Die Berücksichtigung der Geschlechterdimension verbietet es, das Allgemeine mit der Realität eines einzigen Geschlechtes gleichzusetzen oder einen einseitigen Standpunkt für universell auszugeben. Sie problematisiert die ideologischen Voraussetzungen, die sich auch in wissenschaftlichen Untersuchungen oder statistischen Erhebungen verbergen können. Das gilt besonders für Analysen der Arbeit, die sich auf Statistiken stützen, in denen Kinder stets den Müttern zugeschlagen werden und die Hausarbeit nicht als Arbeit verrechnen; die von dem Gedanken ausgehen, daß Arbeit für Männer ein Naturrecht, für Frauen eine Anomalie ist;

und die, wie die politische Ökonomie des letzten Jahrhunderts,[6] die geschlechtliche Arbeitsteilung als Naturtatsache legitimieren.

Wie können wir also dieses 20. Jahrhundert benennen, zugleich das blutigste der Menschheitsgeschichte und dasjenige, in dem die Frauen der westlichen Welt, lange nach den Männern, Zugang zur Moderne gefunden haben? Das Jahrhundert des totalen Krieges, dessen zivile und militärische Opfer Dutzende von Millionen zählen. Das Jahrhundert des Genozids, das kein besonderes Erbarmen mit dem weiblichen Geschlecht kennt, sondern im Gegenteil gerade Jüdinnen und Frauen der Sinti und Roma als potentielle Mütter künftiger Generationen ausrottet. Das Jahrhundert, in dem die Frauen nicht nur für ihr eigenes Engagement büßen müssen – unmenschlich immer, ist die Repression mitunter geschlechtsspezifisch (Vergewaltigung, Abschneiden der Haare), um die Frauen in ihrem Frausein zu treffen –, sondern auch unter der furchtbaren Politik der Sippenhaft zu leiden haben, die die meisten totalitären Regimes verfolgen. Den Namen all der militanten Frauen, die in diesem Buch erwähnt werden, wollen wir die Namen zweier außergewöhnlicher Frauen hinzufügen, die sich in Ravensbrück kennenlernten: die tschechische Journalistin Milena Jesenská, die Freundin und Übersetzerin Kafkas, geschworene Feindin jeder Unterdrückung, und die deutsche Kommunistin Margarete Buber-Neumann, die Zeugnis von den Lagern Stalins und Hitlers abgelegt und die Erinnerung an ihre 1944 gestorbene Freundin bewahrt hat.[7]

Die Technologie des 20. Jahrhunderts beschert Männern wie Frauen eine bessere Gesundheit und gesteigerte Lebenserwartung (man denke nur an den erfolgreichen Kampf gegen die Säuglingssterblichkeit), ein höheres Bildungsniveau und neue, durch Urbanisierung und Massenkonsum von Gütern und Dienstleistungen bestimmte Lebensweisen. Insgesamt vielleicht, ungeachtet der Nachteile und Ungleichheiten von Konsumgesellschaften, ein besseres Leben mit weniger Arbeit und weniger Mühsal. Für die Frauen bedeutet dies zunächst eine Erleichterung der Hausarbeit und der Mutterschaft, eine Verringerung des hierfür notwendigen Zeitaufwands und damit die Möglichkeit einer stärkeren Teilhabe am gesellschaftlichen Leben. Für jene aber, die lange Zeit in dem Netz der natürlichen Gemeinschaft gefangen waren, das da »Familie« heißt, außerhalb der Dynamik der individuellen Rechte, die die Französische Revolution in Gang gesetzt hatte – für sie bedeutet die Moderne mehr noch die Eroberung der individuellen und der staatsbürgerlichen Subjektwerdung, die Eroberung der wirtschaftlichen, juristischen und symbolischen Autonomie im Verhältnis zu Vätern und Ehegatten. Es lockert sich die Klammer der Zwänge, deren vielfältige Gewalt alle monographischen Studien über das frühe 20. Jahrhundert zeigen.[8]

Wo sie ansetzen, wie sie erklären, diese Revolution der Geschlechterbeziehungen, die heute – an mancherlei Zeichen kenntlich, aber schwer dingfest zu machen – eine Identitätskrise des Mannes heraufzubeschwören scheint? Der klassische Einschnitt des Jahres 1945, der im Westen eine dauerhafte Zeit der Demokratie und des wirtschaftlichen Wachstums einleitete, ist nicht allein maßgebend, trotz der Verallgemeinerung des Frauenwahlrechts. Wie nach dem Ersten Weltkrieg wird die Umstellung auf Erfordernisse der Nachkriegszeit zur Stunde der Wahrheit: Die Frauen werden im Namen ihrer staatsbürgerlichen Pflicht und ihrer Andersheit in den Privatbereich zurückbeordert, zentriert um das Kind und hochstilisiert zur Schlüsselfigur für den nationalen Wiederaufbau. In der Tat ist diese Generation, die den Krieg mitgemacht hat, in vielen Ländern die beruflich und politisch am wenigsten aktive, die kinderreichste des Jahrhunderts: Die fünfziger Jahre erleben die Blütezeit der »Hausfrau und Mutter«, deren ideologische Konditionierung durch die Medien – und die Psychoanalytiker – 1963 von Betty Friedan in *Der Weiblichkeitswahn oder die Mystifizierung der Frau* angeprangert wird, dem weltweit meistverkauften Buch über Frauen und einem der Grundlagentexte des Feminismus nach Virginia Woolfs *Ein Zimmer für sich allein* (1929) und Simone de Beauvoirs *Das andere Geschlecht* (1949). Und wenn das Vichy-Regime für das republikanische Frankreich einen Bruch bedeutet, reiht es sich doch in die Tradition einer Familienpolitik ein, die von den zwanziger bis zu den sechziger Jahren die Frauen auf Mutterschaft und die Männer auf Erwerbsarbeit festlegt. Nur sehr wenige Verfechter von Demokratie oder Laizismus haben den Willen zur Kontrolle über den weiblichen Körper als potentiell totalitär oder als religiös-moralisch befrachtet angeprangert.

Einen noch größeren Platz hätte dieses Buch den in der Minderheit befindlichen Vertretern und Vertreterinnen eines Neomalthusianismus – der Amerikanerin Margaret Sanger, der Französin Madeleine Pelletier, den Franzosen Jeanne und Eugène Humbert[9] – einräumen müssen, ebenso wie allen Vorkämpferinnen der freien Mutterschaft, die oft, vor allem in der Zwischenkriegszeit, mit der internationalen Sexualreformbewegung zusammenhingen, über die noch so wenig bekannt ist. Es hätte auch – die Frage ist zentral, aber der Gegenstand schwer zu erforschen – versuchen müssen, den Ort der Kirchen und der Religionen im Leben der Frauen dieses Jahrhunderts zu bestimmen. Wenn, gestützt auf den Begriff der Differenz, die katholische Kirche mehr als andere in Fragen der Geschlechterbeziehungen besonders konservativ erscheint – Verweigerung jeglicher Empfängnisverhütung, Ablehnung der Priesterehe und der Frauenordination –, so kommen aus ihrer Mitte auch Generationen von Mitarbeiterinnen der Azione Cattolica und

von Gewerkschafterinnen, Frauen der Erneuerung, die zur Weiterentwicklung des Katholizismus und zur Verbesserung der Lage der Frau
beitragen, ohne jedoch den Niedergang der praktischen Kirchenfröm-
migkeit aufhalten zu können.[10]

Erst Mitte der sechziger Jahre, gut ein halbes Jahrhundert nach den
Verheißungen der Belle Époque, beginnt sich in den meisten Ländern
des Westens tatsächlich eine neue Gleichheit der Geschlechter abzuzeichnen, deren Komponenten und Faktoren nicht leicht zu ordnen
sind: Dazu gehören der Friede, der Wohlstand und wissenschaftliche
Entdeckungen – nennen wir an dieser Stelle Gregory Pinkus, den Erfinder der kontrazeptiven Pille[11] –, aber auch die Ereignisse von 1968, die
mit einem geschlechtergeschichtlichen Ansatz erst noch zu untersuchen
sind, und mehr noch die Frauenbewegungen, die mit Vehemenz das
»Patriarchat«, seine Gesetze und seine Bilder denunziert haben. Am
meisten entwickelt hat sich scheinbar die Privatsphäre, zum einen
durch einen reformerischen Geist, der im Privatrecht der Länder des
Code Napoléon, nach jenen des Common Law, dem Gedanken der
Gleichheit von Mann und Frau Eingang verschafft und den Begriff des
Familienoberhaupts getilgt hat; das bürgerliche Recht verliert seine
normative Kraft und muß eine Vielzahl von Familienmodellen und
Frauenrollen zulassen. Zum anderen erlaubt die Liberalisierung der
Empfängnisverhütung und der Abtreibung den Frauen die Selbstkontrolle über ihren Körper und ihre Sexualität, ermöglicht ihnen die
Steuerung ihres generativen Verhaltens und verbietet dem Staat gewaltsame Eingriffe zur Manipulation der Familie. Müssen wir nicht in der
feministischen Parole »Kinder oder keine, entscheiden wir alleine« den
Wunsch nach einer Privatisierung der Reproduktionsfunktion sehen,
die das ganze Jahrhundert über eine öffentliche Angelegenheit gewesen ist, ja im Grunde den Wunsch nach einer anderen Definition
des Zusammenhangs von Weiblichem und Mütterlichem als die einer
Festlegung auf eine Funktion? In diesem umstrittenen Punkt sind nur
wenige zeitgenössische Feministinnen ihren Vorgängerinnen gefolgt, so
viel leichter scheint es ihnen heute, die »Befreiung« der Frauen durch
ihren Zugang zur Erwerbsarbeit und den privaten Druck auf die
Männer zur Beteiligung an der Kindererziehung zu erreichen als durch
eine maternalistische Vision vom weiblichen Geschlecht und die öffentliche Anerkennung der Mutterschaft als soziale Funktion.

Aber das Ausmaß der Veränderung ist weniger am Gegensatz von
Öffentlichem und Privatem als an ihrer Interaktion ablesbar, weniger
an einem isolierten Bereich oder einem einzelnen Faktor als an deren
Aufeinandereinwirken. Die zunehmende Präsenz von Frauen auf dem
Arbeitsmarkt wie im Kulturbereich und in der Politik hat sowohl die
Veränderung rechtlicher Rahmenbedingungen als auch die Aufhebun-

gen starrer Rollen im Haushalt zur Folge, wodurch ihrerseits die Voraussetzungen für das Wirken von Frauen in der Öffentlichkeit verbessert wurden. Wenn das Sozialrecht, wie übrigens auch das Steuerrecht, zahlreiche Spuren der Ungleichheit der Geschlechter in der Ehe aufweist und die Berufstätigkeit der Ehefrauen nicht begünstigt, so haben die Wohlfahrtsstaaten die Autonomie ihrer Bürgerinnen im Zusammenhang mit der Institution Ehe erweitert: durch die Einrichtung von Arbeitsplätzen, durch eine garantierte soziale Absicherung, durch die Erleichterung der Arbeit für den Lebensunterhalt und die Versorgung der Familienangehörigen. Wenn der massive Zustrom der Frauen zu Bildung und Erwerbsarbeit die geschlechtsspezifische Ungleichheit der schulischen Chancen und Trennung der Berufe nicht aufhebt, so hat er doch beachtliche Auswirkungen; z. B. die Abschaffung der rechtlichen Rolle des Mannes als Familienoberhaupt und das Verschwinden der traditionellen Rolle der Hausfrau; aber auch ein verändertes, nach links tendierendes Wahlverhalten der Frauen, das ihrem angeblichen politischen Konservatismus widerspricht und zu einer statistischen Überrepräsentiertheit junger Frauen bei den Linksparteien führt; und vielleicht, aber das ist schwerer abzuschätzen, die Heraufkunft einer im Alltag bewährten Familiendemokratie, die Erfindung neuer Liebesbeziehungen oder die Modifikation des Bildes, das Männer und Frauen von sich selbst und vom anderen Geschlecht haben. Bei allen diesen Prozessen und besonders beim Kampf um politische und symbolische Selbstbestimmung – z. B. in der Rede von »wir Frauen« – hat der Feminismus oder haben vielmehr die Feminismen der sechziger und siebziger Jahre eine wesentliche Rolle gespielt, indem sie Weiblichkeit als grundlegende Kategorie politischer Identität postuliert und sich einen autonomen Raum organisiert haben, in dem die Dekonstruktion und Rekonstruktion von Weiblichkeit betrieben werden konnte. Doch lassen wir uns nicht täuschen: Der Blick auf die Geschichte dieses Jahrhunderts zeigt uns mehr die Schnelligkeit und Radikalität der Veränderungen, als daß er die Vollendung eines Prozesses, den Sieg der Frauen oder die Rückkehr zu »normaleren« Beziehungen zwischen den Geschlechtern nach den »Auswüchsen« der feministischen Ära anzeigte. Es steckt in dem scheinbaren Niedergang des Feminismus – manche sprechen bereits von Postfeminismus – ebensoviel Übergang wie Untergang, und die Geschichte geht weiter, zu unablässig neuer Gestaltung, die ebenso unvorhersehbar ist, wie sie ganz aus der Vergangenheit kommt.

In diesem Sinne präjudiziert auch der Gebrauch der Pluralform »die Frauen« in keiner Weise eine Einheitlichkeit des »anderen Geschlechts«. Der Preis für die Pluralität der weiblichen Subjekte – der Feminismus hat es entdeckt – ist vielleicht die Zwietracht zwischen Frauenkollektiven, der Widerspruch zwischen schwarzen und weißen Aktivistinnen in den USA, mehr noch die Konfrontation mit den Frauen der Dritten Welt, welche bei den fünfjährigen Konferenzen des Jahrzehnts der Frauen (1975–1985) die Westlerinnen des Imperialismus bezichtigten. Auch im Westen selbst haben aufgrund ihrer sozialen Lage, ihres beruflichen Status oder ihrer Nationalität nicht alle Frauen dieselben Chancen, eine wirkliche individuelle Autonomie zu erreichen und ihre eigenen Vorstellungen von ihrem Leben zu verwirklichen. Die Risiken, die heute mit dem Alleinerziehen verbunden sind, wie gestern mit der Einsamkeit der Frau, sind hierfür ein anschauliches Beispiel. Es gibt noch andere Beispiele in diesem Band, in dem es uns um das Vergleichen und Nuancieren geht, weshalb vielleicht das sozial, politisch und kulturell Marginale zu sehr in den Hintergrund gerät.

Dieser Band, dessen Beiträge sich immer wieder auf ähnliche und ergänzende Unternehmungen beziehen, versteht sich weder als eine Weltgeschichte der Frauen noch als eine für die westliche Welt erschöpfende Geschichte. Es handelt sich lediglich um eine westliche Geschichte westlicher Frauen, eigentlich eine Geschichte weißer, im Westen geborener Frauen. Es wird nichts über die unter diesem Blickwinkel noch wenig erforschte Dimension der Beziehungen zwischen der Welt und dem Westen, über das Ausmaß der Dominanz des Nordens über den Süden, der nach dem Ende der Kolonialzeit nun einen neuen Wirtschafts- oder Kulturimperialismus und wahre Völkerwanderungen erlebt, ausgesagt. Besonders bedaure ich das Fehlen eines Beitrags über den Massenkonsum, der, neben der Revolution des häuslichen Bereichs, vor allem die durch ihn bedingten, weltweiten sozialen Ungleichheiten und die Dominanzbeziehungen berücksichtigt hätte. Aber auch andere Fragen stellen sich, die das Verhältnis von Geschlecht und Ethnizität betreffen und eine doppelte Antwort fordern: durch uns, die betroffenen Frauen und Männer. Welche Bedeutung hatte die Begegnung zwischen kolonisierenden und kolonisierten Frauen?[12] Welche Beziehungen stellen sich zwischen den Frauen, welche zwischen den Geschlechtern her, wenn verschiedene Kulturen aufeinandertreffen? Welche Funktion fällt bei dieser Konfrontation dem Imaginären und den sexuellen Phantasmen zu? Welche Rolle spielen die Migrantinnen und ihre Töchter bei der Bewahrung der nationalen Identität oder – umgekehrt – beim Willen zur Integration?

Wie im 19. Jahrhundert wird die Ambition des Westens berechtigt und zugleich maßlos erscheinen. Die geographische und kulturelle Einheit des Westens – das heißt: Europas und Nordamerikas – gewinnt im 20. Jahrhundert durch eine ökonomische Definition – reiche und entwickelte Länder – und eine politische Definition noch eine besondere Färbung. Aber das sowjetische Experiment, das beabsichtigt hatte, von Anfang an ein Universum neuer Beziehungen zwischen den Geschlechtern (und den Klassen) zu stiften, konnte nicht übergangen werden – der jahrzehntelange Traum von Kommunisten in aller Welt, der Grund für zahllose Debatten über die Kluft zwischen Utopie und Realität. Unser Herangehen an das 20. Jahrhundert ist also gleichzeitig ein chronologisches und ein themenzentriertes, um die nationalen Verschiedenheiten in der ersten Jahrhunderthälfte zu unterstreichen, als Europa den Willen bekundet, die Frauen zu »nationalisieren« und, mit eigenen Modellen von Weiblichkeit, dem Kommunismus ebenso zu widerstehen wie der Amerikanisierung. Danach, oft genug unter der Ägide eben dieses Amerika, die Internationalisierung, um nicht zu sagen die Uniformisierung der Welt. In diesem Sinne haben die USA in unserem Buch nicht den Platz einnehmen können, der ihnen gebührt. Allgemeiner gesagt: Das Bemühen um Vergleiche hat mehr zu einer Modellbildung als zu einer – komplexen – Analyse der Interaktionen zwischen Modellen geführt, die Massenkultur, individuelle und kollektive Migrationen oder internationale Begegnungen erleben.[13]

So breitet sich vor den Leserinnen und Lesern eine differenzierte Landkarte der Geschlechterbeziehungen und ihres Wandels aus. Länder der Innovation: die USA – jenseits ihrer periodischen Anfälle von Puritanismus –, von der »modernen Frau« bis zu »Women's Lib«, oder Nordeuropa, für das das sozialdemokratische Schweden das beste Beispiel bietet. Historische und kulturelle Unterschiede trennen das angelsächsische Europa vom romanischen Europa, für das der napoleonische Code civil prägend war, und mehr noch vom mediterranen Europa, wo sich noch lange ein konfessionell bestimmtes Recht und diktatorische Regimes erhalten haben. Die jüngste Entwicklung der Mittelmeerländer ist um so bemerkenswerter, als sie – wie der Westen insgesamt – gekennzeichnet ist durch einen Rückgang der Geburten und der Zahl der Eheschließungen, durch die vermehrte Berufstätigkeit der Frauen sowie die Demokratisierung der Paarbeziehung und der politischen Institutionen. Diese Entwicklung begünstigt den Beginn einer Geschichte der Frauen, die in Spanien stolz darauf ist, die abgeschnittenen Fäden des kühnen republikanischen Experiments wieder aufzunehmen und die franquistische Geschichtsschreibung zu überwinden. Eine Einladung vielleicht an die Länder Osteuropas, sich uns auf diesem Gebiet, wie auf anderen, anzuschließen.

Noch eine letzte Präzisierung ist nötig, um jedes Mißverständnis zu vermeiden. Das Fehlen von Beiträgen männlicher Autoren ist das Ergebnis nicht einer bewußten Ausschließung, sondern einer historiographischen Realität: Weil es unsere Geschichte ist, die Geschichte unserer Mütter und unserer Großmütter, und weil sie wissenschaftlich

oft minder hoch geschätzt wird, darum ist die Erforschung der Frauengeschichte im 20. Jahrhundert, mehr noch als die früherer Jahrhunderte, die Leistung von Frauen. Doch für uns impliziert das Geschlecht
des Autors keinen epistemologischen Bruch. Die Einheit, ja die Originalität dieses Bandes liegt in der Art der Fragestellung, in der Weise
des Herangehens an die Vergangenheit und die Gegenwart. Am Ende
des Unternehmens werden Leserinnen und Leser, ob Historiker oder
nicht, entscheiden müssen, ob dieser Ansatz ihnen fruchtbar erscheint.

Die Geschichte der Frauen ist nicht der Gesichtspunkt aller
Gesichtspunkte, der vorgibt, volle Sicht zu gewähren.[14] Aber in dem
Augenblick, wo die Geschichtsschreibung, von der Aktualität bedrängt,
ihre eigene Identität als Disziplin und ihre prinzipiellen Vorstellungen
über die Erkennbarkeit des Wirklichen problematisiert[15], kann die histo-
rische Frauenforschung eines der Mittel zur Bereicherung historischer
Modelle sein, als dem einzigen Weg, die Komplexität gesellschaftlicher
Prozesse zu erfassen.

Aus dem Französischen von Holger Fliessbach

Spanien: Wahlplakat von Dolores Ibárruri, genannt »la Pasionaria«, Juni 1936

DIE NATIONALISIERUNG DER FRAUEN

Guernica (Ausschnitt), Gemälde von Picasso, 1937.
Madrid, Museo del Prado.

Deutschland, 1933: Die ersten Anhänger des Nationalsozialismus. Fotografie von Gisèle Freund.

V om Ersten bis zum Zweiten Weltkrieg entlädt sich das 20. Jahrhundert in Massenmorden, Krisen und Diktaturen. Acht Beiträge lesen diese Zeiten neu, unter dem Gesichtspunkt der Geschlechterbeziehungen, und fragen nach Gleichheit und Differenz, nach Widerstand und Zustimmung, nach Emanzipation und Unterdrückung.

Der technologische Vorsprung Nordamerikas und vorangegangene feministische Kämpfe führen dort in den 20er Jahren zu einem Bild der modernen Frau, das zwar unsere Sicht des Wandels der Geschlechterrollen im 20. Jahrhundert beeinflußt, aber durch seinen Konformismus an emanzipatorischer Kraft einbüßt. Im Osten entsteht in der jungen Sowjetunion eine arbeitsame Menschheit aus zwei verschwisterten Geschlechtern, wobei die Frauen die ersten Opfer eines Familienrechts werden, das zuerst, kampflos errungen, sehr liberal war, aber dann auf Geheiß einer willkürlichen Zentralgewalt modifiziert wurde. Mitteleuropa, erschüttert vom »Großen Krieg« und bedrängt von amerikanischer Kultur, verteidigt seine nationalen Partikularismen. Konfrontiert mit der doppelten Herausforderung der Demokratisierung und der »Bevölkerungsfrage« – im Sinne eines Geburtenrückgangs, aber auch einer neuen Teilung zwischen den Geschlechtern –, heben die meisten europäischen Staaten die alten liberalen Unterscheidungen zwischen Privatem und Öffentlichem, Familie und Staat, Individuum und Staat auf. Vom sozialdemokratischen Schweden, das die Bestrebungen von Frauen respektiert, über die faschistische und die nationalsozialistische Diktatur bis hin zum republikanischen Frankreich, dann zum Vichy-Regime versuchen alle diese Staaten mehr oder minder autoritär, ihre Staatsbürgerinnen zu »nationalisieren«, indem sie Mutterschaft in den Bereich des Öffentlichen einbeziehen und die Anfänge des Wohlfahrtsstaats sichtbar werden lassen, die Frauen für den Dienst am Vaterland im Krieg mobilisieren oder sie in Organisationen einreihen, die der nationalen Größe huldigen.

Im nationalsozialistischen Deutschland – einen Vergleich mit anderen totalitären Regimes verbietet, ungeachtet aller revisionistischen Bemühungen, der Völkermord an Juden, Sinti und Roma[1] – zerstört die Nationalisierung der Frauen die traditionellen Werte der Familie und stellt die Frauen, ob als Mütter, Funktionärinnen oder Arbeiterinnen, in den Dienst der deutschen Volksgemeinschaft. Der Revision zu bedürfen scheint hingegen die in marxistischen oder feministischen Überlegungen zur emanzipatorischen Arbeit zum Ausdruck kommende Meinung, daß autoritäre Regimes die Frauen auf die Mutterschaft verpflichtet hätten: Nicht nur haben es Faschismus, Nationalsozialismus und Vichy verstanden, ihre pronatalisti- sche Ideologie – die in Deutschland durch einen rassistischen Antinatalismus stark modifiziert wurde – den wirtschaftlichen Gegebenheiten anzupassen; sondern überhaupt macht diese Ideologie im Europa der Zwischenkriegszeit nicht das spezifisch Kennzeichnende dieser Systeme aus.

Von der Nationalisierung der Frauen zur »nationalistischen Versuchung«[2], von der nationalistischen Versuchung zur widerspruchsvollen Rolle der Frauen im Nationalsozialismus führt ein weiter Weg und eine schwierige historische Diskussion, die für diesen ersten Teil entscheidend ist. Sie durchzieht den Feminismus, der auf der Suche nach einer Kontinuität der patriarchalischen Unterdrückung dazu tendierte, »die [deutschen] Frauen als Opfer – oft einzig als Opfer, mitunter als die einzigen Opfer« des Nationalsozialismus anzusehen.[3]

Wir haben, soweit möglich, versucht, die nationalen Kapitel Historikerinnen aus den betreffenden Ländern anzuvertrauen. Insbesondere die Zeit des Nationalsozialismus ist eine schwierige Herausforderung des Erinnerns. Gisela Bocks Herausarbeitung des nationalsozialistischen Sexismus und Rassismus stellt ein Echo oder einen Kontrapunkt zu anderen Arbeiten wie denen der Französin Rita Thalmann oder der Amerikanerin Claudia Koonz dar.[4] Diese Arbeiten erlauben eine bessere Kenntnis der Ideologien und Bewegungen – konfessioneller wie laizistischer, von Männern wie von Frauen getragener, modernistischer wie traditionalistischer –, die im Deutschland der zwanziger Jahre die Weimarer Republik zerschlugen und die Wiedergeburt des deutschen Volkes bejubelten. Sie machen auch, jenseits der Untaten eines männerzentrierten und rassistischen Systems, die Verführungskraft verständlich, die das Dritte Reich für viele Frauen haben konnte, die eine Erneuerung der Moral und der Familie und einen weiblichen »Lebensraum« erstrebten.

Nicht vorschnell entscheidbar ist die aktuelle Diskussion über Ursprung und Ausmaß der Verantwortung deutscher Frauen und/oder ihrer Organisationen für die nationalsozialistischen Verbrechen. Kann man diese Verbrechen prinzipiell und generell den Frauen anlasten, weil sie in ihrer Eigenschaft als Mutter und Gattin dem Nationalsozialismus verhaftet waren und die Bluttaten der Männer ermöglichten, indem sie die Henker zur Ruhe betteten und dem Regime die Maske der Menschlichkeit aufsetzten? Kann man in diesem Regime die Konsequenz und endgültige Form der Spaltung zwischen männlicher und weiblicher Sphäre sehen? Ich glaube nicht. Aber die Frage nach der Zustimmung von Frauen wie von Männern zum Nationalsozialismus – der Widerstand beider Geschlechter ist zum Teil noch unerforscht, scheint aber wenig verbreitet gewesen zu sein – führt zum Nachdenken über die Gefahren dieser Spaltung und vor allem über die Risiken einer feigen Anpassung an Totalitarismus und Rassismus.

Dieser umfangreiche historische Teil lädt auch zu einer Reflexion über den Ort des Krieges in unserem Jahrhundert ein und – bescheidener – über die Sexualisierung der Kriegspolitik. Gleichwohl war es schwierig, eine Synthese über den Zweiten Weltkrieg vorzulegen, der in den einzelnen Ländern ein so verschiedenes Aussehen hatte.

Der Krieg, traditionellerweise das Geschäft des Mannes und mit Virilität gleichgesetzt, erfordert im 20. Jahrhundert die Mobilisierung des Hinterlandes und macht beide Geschlechter zu Opfern und zu Beteiligten. Langfristig aber, in einer Geschichte der Beziehungen zwischen Männern und Frauen, scheint er durch seine symbolischen und materiellen Folgen eher eine konservative, ja reaktionäre als eine verändernde Kraft zu sein. Weder der Spanische Bürgerkrieg, in dem sich so viele Milizionärinnen ausgezeichnet haben, noch die französische Résistance, die so viele Frauen in Deportation und Tod geführt hat, scheinen, bei aller Verbundenheit im Kampf, eine Gleichheit der Verantwortung oder das Recht auf gleiche Anerkennung bei gleichem Verdienst begründet zu haben. Sobald das Handeln im Widerstand militärisch wird, sobald eine reguläre Armee aufgestellt wird, verweigert man den Frauen Aufgaben in vorderster Front; und jede Nachkriegszeit feiert die spezifischen Aufgaben der Frauen. Von dieser Regel sind auch nationale Befreiungskriege nicht ausgenommen, die zwar mitunter das Verhalten der Ex-Kombattantinnen verändert haben – so hatten zum Beispiel die algerischen Mudschahidat oft weniger Kinder als ihre Schwestern aus der gleichen Generation –,[5] aber nur selten die Geschlechterbeziehungen. Und von den Bewegungen des bewaffneten Kampfes in der Dritten Welt oder der Stadtguerilla in westlichen Ländern war vielleicht die Rote-Armee-Fraktion (auch Baader-Meinhof-Gruppe genannt), als Erbin einer terroristischen Tradition, die einzige, in der Frauen nicht in untergeordnete Positionen abgeschoben wurden.[6] So kann man auch über die derzeitige Feminisierung westlicher Armeen streiten, die übrigens für die deutsche Bundeswehr abgelehnt worden ist.[7]

F. T.

Der Erste Weltkrieg: Britisches Plakat mit einem Aufruf des Roten Kreuzes an die Frauen.

1

DER ERSTE WELTKRIEG

TRIUMPH DER GESCHLECHTERTRENNUNG

Françoise Thébaud

»Für die Frauen dieser Welt ist dies die wichtigste Stunde ihrer Geschichte. Das Zeitalter der Frau hat begonnen!« begeisterte sich 1917 die amerikanische Gewerkschafterin Raymond Robins auf dem Kongreß der National Women's Trade Union League (WTUL).[1] Gleichsam als transatlantisches Echo begrüßten der französische Essayist Gaston Rageot oder der feministisch orientierte Historiker Léon Abensour »die Morgendämmerung einer neuen Zivilisation«, »den Eintritt der Frau in das Leben der Nation«.[2]

Die Meinung, der Erste Weltkrieg habe die Beziehungen zwischen den Geschlechtern von Grund auf umgewälzt und den Frauen zur Emanzipation verholfen, und zwar viel weitreichender, als die Kämpfe vergangener Jahre und Jahrhunderte es je vermocht hatten, war während und nach dem Krieg weit verbreitet. In der Literatur und im politischen Diskurs war es üblich, diesen Bruch mit der Vergangenheit entweder zu begrüßen oder zu beklagen, ihn mit strengsten Maßstäben zu messen oder kritiklos hochzujubeln. Aber in späteren Kriegserinnerungen, die in der Absicht niedergeschrieben wurden, das unvergängliche Andenken der ehemaligen Waffenbrüder festzuhalten, sind nur die Namen der männlichen Kriegshelden und der Kriegsschauplätze festgehalten. Symbolisch weisen die Kriegerdenkmäler in ganz Europa – allein in Frankreich sind es rund 30000 – zwar jedem Geschlecht seinen eigenen Platz zu. Die Frauen jedoch treten nur als Allegorie in Erscheinung: als Siegesgöttin, als trauernde Witwe, allenfalls als Mutter, die den Krieg verflucht.[3] Bliebe nur der Schwefelgeruch der *garçonne* zu erwähnen, jener neuen Frau mit männlichen Verhaltensweisen und Allüren, die bis heute noch ziemlich unbehelligt durch die Geschichts- und die Schulbücher geistert. Victor Margueritte hat diese Frau 1922 beschrieben, in dem Roman *La Garçonne,* den er für eine »erbauliche Geschichte« hielt. In der konformistischen Atmosphäre der Friedenszeiten der zwanziger Jahre mit ihrer konservativen Regierung trug ihm das Buch einen skandalumwitterten Erfolg – eine Million verkaufter Exemplare – und die Aberkennung des Ordens der Ehrenlegion ein. Es wurde in zwölf Sprachen übersetzt, schon 1922 auch ins Deutsche, und machte in ganz Europa Furore.[4]

Nachdem die Waffen schwiegen, bemühte man sich in einer Flut von Büchern, dieses ungeheuerliche Ereignis zu begreifen, das um den Preis unsäglichen Leidens und Millionen Toter ganz Europa erschüttert und die Welt des 20. Jahrhunderts nachhaltig verändert hatte. Frauen kommen in diesen Büchern so gut wie nicht vor, allenfalls in Form von Anekdoten aus der Etappe: Für ernsthafte Sachfragen spielten sie keine Rolle. Angefangen bei der Schriftenreihe der Carnegie-Stiftung[5] bis hin zu Georges-Henri Soutous meisterhafter Arbeit *L'Or et le sang*[6] wurde die Analyse des Konflikts von wirtschaftlichen und politischen Fragestellungen beherrscht: Man untersuchte Ziele, Ursachen und Kosten des Krieges sowie Probleme der militärischen Strategie und Taktik. Erst die neuere Sozialgeschichte, die für die Erschütterungen im Hinterland sensibler war und viele neue Wege gewiesen hat,[7] konnte die Frauen, zumal die Kriegsarbeiterinnen, nicht übergehen. Den entscheidenden Impuls brachte indessen erst die Frauenbewegung der sechziger und siebziger Jahre mit ihren neuen Fragestellungen. Was taten die Frauen der kriegführenden Staaten, was wurde aus ihnen? Hatte der Krieg nicht etwa unterschiedliche Auswirkungen auf die Geschlechter? Für die Männer war er ein einziges Trauma gewesen; aber für die Frauen? Hatte er ihnen wirklich nichts anderes als Trauer, Leid und die Bürde der Mutterschaft beschert? Hatte er nicht auch neue Horizonte eröffnet, die sich durch den Zusammenbruch einer erstarrten Ordnung in Familie und Gesellschaft, durch neue Handlungsmöglichkeiten auftaten? Derartige Überlegungen mündeten in die grundsätzliche Frage, welche Bedeutung der Krieg für die lange Geschichte der Frauensemanzipation gehabt hatte – und es fehlte nicht an positiven Antworten auf diese Frage; man denke nur an die Studien David Mitchells oder Arthur Marwicks über die britischen Frauen im Krieg.[8]

Diese Umkehrung herrschender Denkmuster war etwas Unglaubliches. Es zeigte sich, daß der Krieg nicht nur eine Männersache gewesen war. Man entdeckte die Frauen in verantwortlichen Positionen und in neuen Berufen: als Familienoberhaupt, als Munitionsarbeiterin, als Straßenbahnschaffnerin, ja als Hilfskraft in der Armee. Zusehends gewann sie im Krieg an Mobilität und Selbstvertrauen. Es existieren Dokumente, welche die Tätigkeiten und das Verhalten von Frauen im Krieg kommentieren, beurteilen und photographieren. Nach dem großen Konflikt wurde dem Kriegseinsatz der Frauen auf Betreiben von Frauenorganisationen – in Frankreich etwa der Verein L'Effort féminin français – ein oft geradezu hagiographisches Denkmal gesetzt: in Großbritannien seitens der Regierung durch das Imperial War Museum (IWM) mit seinem Women's War Work Subcommittee, in Frankreich und Deutschland immerhin durch öffentliche Organisation. Als die *oral history* in den siebziger Jahren die betreffenden Frauen selbst zu Wort kommen ließ, bestätigten fast alle, den Krieg als persönliche Befreiung erlebt zu haben, und zeigten sich noch immer stolz auf ihre damaligen Leistungen. *Out of the Cage*, »heraus aus dem Käfig«: Das ist der Tenor der Aussagen von Frauen, die vom IWM und vom Museum von Southampton befragt wurden.[9] »Jawohl, das haben wir geleistet, und nachher war nichts mehr so wie zuvor«, sagen noch heute alte Frauen in Frankreich, die den Ersten Weltkrieg miterlebt haben.[10]

Demgegenüber hob James F. MacMillan schon 1977 die stark konservative Einstellung der Franzosen in Fragen der geschlechtlichen Rollenverteilung hervor, wobei in seinen Augen der Erste Weltkrieg das weibliche Modell der Mutter und Hausfrau eher noch verfestigt hat.[11] Auch die seit den achtziger Jahren forschenden jüngeren Historiker und Historikerinnen – dieses Generationsphänomen ist besonders deutlich in Großbritannien, an den Arbeiten Gail Braybons oder Deborah Thoms, zu beobachten[12] – bestreiten die These von der emanzipatorischen Wirkung des Ersten Weltkrieges und weisen anhand einer kritischen Lektüre der Quellen nach, daß die feststellbaren Veränderungen nur vorübergehender oder vordergründiger Art waren. Für diese Historikerinnen und Historiker war der Krieg nur ein kurzer Moment des Innehaltens vor der Rückkehr zur Normalität, ein Schattentheater, in welchem die Frauen im Hinterland nur scheinbar die Hauptrollen spielten. Vielmehr blockierte der Krieg ihrer Meinung nach die Emanzipationsbewegungen, die seit Beginn des 20. Jahrhunderts in ganz Europa zu beobachten waren und ihre Verkörperung in der wirtschaftlich und sexuell unabhängigen »modernen Frau« und einer mächtigen, von Gleichheit und Phantasie bestimmten Frauenbewegung gefunden hatten.[13] Der Krieg, so heißt es, habe lediglich die in der Vorkriegszeit in eine Krise geratene männliche Identität gestärkt und die Frauen wieder auf ihren angestammten Platz verwiesen: als Mutter vieler Kinder, als Hausfrau, für die eine moderne Hauswirtschaft Befreiung genug war, als unterwürfige, zu ihrem Mann bewundernd aufblickende Gattin.

Heute lehnt man mehr und mehr jenes Verständnis von Emanzipation ab, das lange Zeit gängig war und in manchen historischen Schulen noch immer vorherrscht, nämlich die isolierte Betrachtung der Frauen und ihrer Geschichte, ohne die übrige Menschheit mit einzubeziehen. Ute Daniel, die in Deutschland eines der ersten Bücher zu diesem Thema geschrieben hat,[14] rät dazu, Emanzipation nicht an unseren gegenwärtigen Vorstellungen zu messen, sondern systematisch Wahrnehmungs- und Erlebnisweisen der damals handelnden Personen zu rekonstruieren, die sich mit den Vorstellungen der Behörden und Institutionen oft in keiner Weise deckten. Amerikanerinnen haben ihrerseits mit dem Konzept des *gender system* neue Perspektiven eröffnet: Es geht nicht mehr darum, herauszufinden, ob und wie der Krieg die Geschlechter unterschiedlich betroffen, sondern wie er auf realer und symbolischer Ebene die Beziehung zwischen Männern und Frauen neu bestimmt hat. So erklärt sich – wie das Kolloquium »Women and War« im Januar 1984[15] gezeigt hat – die Bedeutung, die der Analyse von offiziellen Diskursen und Verlautbarungen beigemessen wird: Es gilt, deren geschlechterbezogene Rhetorik aufzudecken und die dadurch bewirkte Verhinderung von Veränderungen zu analysieren – was übrigens für alle Formen kulturellen Ausdrucks zutrifft, an denen sich Reaktionen auf die vom Krieg hervorgerufene Umwälzung des Geschlechterverhältnisses ablesen lassen. Diese Herangehensweise führt schließlich dazu, die Geschichte der Frauen aus ihrer Marginalität zu lösen und die Geschichte des Krieges aus einer Geschlechterperspektive umzuschreiben. Am weitesten geht in dieser Hinsicht wohl Joan W. Scott[16] mit ihrem Projekt, die Geschichte der Frauen mit der politischen Geschichte zu konfrontieren, um in Erfahrung zu bringen, was eine derartige Konfrontation über das Politische des Krieges ans Licht bringt. *Gender,* das sozial konstituierte Geschlecht, erscheint hier als ein Organisationsprinzip, ja als kriegswichtige Waffe, und die Konstruktion und Dekonstruktion von Geschlecht als eine Kampffront von Staaten, Gruppen und Individuen.

Mobilisierung der Männer, Mobilisierung der Frauen

Die Geschichte der Frauen im Ersten Weltkrieg hat schon eine lange Geschichte. Die folgenden Überlegungen verstehen sich als eine notwendigerweise knappe Bestandsaufnahme dieser intellektuellen Auseinandersetzung mit dem Thema und zielen vor allem darauf, über das Übereinstimmende hinaus nationale Besonderheiten und die Bandbreite weiblicher Erfahrung im Krieg herauszuarbeiten.

1914 – Jahr der Frauen, Jahr des Krieges

Juli 1914: Schön war dieser Sommer, und niemand ahnte das bevorstehende Verhängnis. Nur ganz am Rande erwähnte die französische Presse die Ermordung des österreichischen Erzherzogs und Thronfolgers Franz Ferdinand in Sarajewo am 28. Juni; man interessierte sich weit weniger für den fernen Balkan als für den Sensationsprozeß gegen Henriette Caillaux: Die Frau des französischen Finanzministers hatte den Direktor des rechtsradikalen *Figaro* erschossen. Es sollte der letzte politische Skandal sein, der die Belle Époque erschütterte. Die Feministinnen fuhren in Urlaub, nachdem sie am 5. Juli eine große Wahlrechtsdemonstration zu Ehren von Condorcet abgehalten hatten – die Apotheose einer Bewegung, die bei aller Buntheit gerade ein wahrhaft Goldenes Zeitalter durchlebte und sich, nachdem sie bereits andere Zugeständnisse erzwungen hatte, Hoffnung auf die politische Gleichberechtigung machte. Die Union française pour le suffrage des femmes (UFSF) mit ihren 9000 Mitgliedern wollte Überzeugungsarbeit leisten und setzte auf schrittweise Verbesserungen; sie lancierte im Sommer eine landesweite Petition zugunsten des Gesetzentwurfes Dussaussoy-Buisson, der den französischen Frauen die Beteiligung an den Kommunalwahlen von 1916 gestatten wollte. Die Gewerkschaft bereitete ihren Herbstkongreß vor; nach der großen Debatte, welche die Affäre Emma Couriau, in der es um das faktische Berufsverbot für Frauen im Verlagsgewerbe ging, ausgelöst hatte, sollte die Frage der Frauenerwerbstätigkeit auf der Tagesordnung stehen.[17]

In Großbritannien hatte sich die Stellung der Frau auf Druck einer radikaleren Frauenbewegung verändert, die der viktorianischen Ideologie mit ihrer Trennung der Lebenssphären von Mann und Weib und ihrer sexuellen Doppelmoral den Kampf ansagte. In den bewegten Vorkriegsjahren stand die Frauenfrage in der öffentlichen Diskussion an oberster Stelle – noch vor dem Problem Irland und der Agitation der Sozialisten. Die Women's Social and Political Union (WSPU), 1903 in Lancashire gegründet, hatte die Strategie und die Propagandamethoden der Sozialisten übernommen und es geschafft, das Wahlrecht in England zu einer Frage von höchster Dringlichkeit zu machen, vermochte aber weder dem staatlichen Wechselbad von Gewalt und Repression noch dem autoritären Führungsstil der Pankhursts standzuhalten und war zerbrochen. Im Sommer 1914 hatte Christabel Pankhurst in Frankreich Zuflucht gesucht, um ihrer Verhaftung zu entgehen, doch der Wahlrechtsverband von Millicent Fawcett, die National Union of Women's Suffrage Societies (NUWSS), die von zahlreichen Liberalen und Mitgliedern der Labour Party unterstützt wurde, demonstrierte die Stärke ihrer 480 Vereine und 53000 Mitglieder mit einem machtvollen Demonstrationszug durch die Straßen Londons. 1914 hätte das Jahr der Frauen werden können, aber es wurde das Jahr des Krieges, der beide Geschlechter auf ihren je eigenen Platz zurückverwies.

Binnen weniger Wochen, zwischen dem 28. Juni und dem 4. August, stand ganz Europa in Flammen. Überall wichen das Staunen und die Bestürzung der Menschen sehr schnell entweder tiefer Resignation oder – in der Stadt mehr als auf dem Land, bei den Männern eher als bei den Frauen – lärmender Kriegsbegeisterung. Denn die Gemüter waren reif für diesen Krieg. In Frankreich hatten die Schulen die Erinnerung an die verlorenen Gebiete wachgehalten und die Überzeugung gepredigt, daß die Republik ein friedliebender Rechtsstaat sei und niemals einen ungerechten Krieg beginnen könne. Die Deutschen, stolz auf ihre wirtschaftlichen Erfolge und zutiefst durchdrungen von der Überlegenheit der deutschen Kultur, rüsteten zum Sturmangriff auf russische Barbarei und ein »verweichlichtes« Frankreich.[18] Fast alle Soldaten glaubten an einen kurzen und ritterlichen Krieg, in dem hohe sittliche Werte ihren Ausdruck finden würden und ein wahrhafter Männerbund gedeihen konnte: eine anachronistische Vorstellung, die durch Uniform und Ritual noch unterstrichen wurde – was die rote Hose in Frankreich war, war in Deutschland die Trommel.[19] Und überall spielten sich beim Auszug der Soldaten Szenen des kollektiven Patriotismus ab, der jeden gesellschaftlichen Unterschied vergessen ließ und den Frauen ein tapferes Wort der Ermunterung weit lieber dankte als ihre Tränen.

Dieser seltsame Sommer 1914, der die Geschlechter radikal trennte und, nach ihren Kämpfen der Vorkriegszeit, wieder eine gewisse Harmonie zwischen ihnen erzeugte! Die Mobilmachung der Männer festigte ihre Bindungen an die Familie und ließ den Mythos vom Mann, der das »mütterliche Vaterland« und die Seinen beschützt, wieder auferstehen; die ersten Briefe der Soldaten aus dem Felde sprechen von der Sohnestreue, von der Liebe zur Frau und mitunter von der Sehnsucht nach den Kindern.[20] In der Geschichtsschreibung wird immer wieder der vom Krieg gestiftete »Burgfrieden« der politischen Parteien und sozialen Klassen beschworen, aber nur selten derjenige der Geschlechter. Und doch begrüßten die Zeitgenossen in Frankreich die Vision einer geläuterten Frau, deren wahre Bestimmung nun für sie selbst und für andere offenbar wurde, die sich fortan ihrer tieferen Natur und ihrer ewigen Pflichten, universelle Liebe zu spenden und die Klassenschranken zu überwinden, bewußt war; es war die Inkarnation des bürgerlichen Frauenideals des 19. Jahrhunderts.[21]

Dienen wurde für die Französinnen das Gebot der Stunde; sie verpflegten die Soldaten in den Bahnhofskantinen, versorgten Verwundete in den Notkrankenhäusern des Roten Kreuzes und kümmerten sich um alle Arten von Bedürftigen: um Flüchtlinge, die den Rückzug der alliierten Armeen begleiteten, um arbeitslose Frauen aller Berufsgruppen, die ein Opfer der völligen Auflösung des Landes geworden waren, um Familien, deren Väter im Feld standen. In Frankreich, aber auch in Deutschland und in Großbritannien, wo die führende Gewerkschafterin Mary Macarthur mit Königin Mary im Queen's Work for Women Fund zusammenarbeitete, war das Symbol solcher Wohltätigkeit die Nähstube: Hier wurden bedürftige Frauen gegen eine warme Mahlzeit und zuweilen eine bescheidene Geldsumme mit Näharbeiten beschäftigt, dem Inbegriff weiblicher Betätigung.

Die Feministinnen ließen sich von dieser Begeisterung für das Dienen anstecken und stellten fürs erste ihre Forderungen zurück, um sich in der Pflichterfüllung als Frau von niemandem übertreffen zu lassen und damit ihre Vollwertigkeit zu beweisen. Marguerite Durand, die in der zweiten Augusthälfte 1914 ihre berühmte Zeitschrift *La Fronde* wieder erscheinen ließ, schreibt dasselbe, was Millicent Fawcett am 14. August in *Common Cause* geschrieben hatte: »Frauen, euer Land braucht euch! Erweist euch als würdig, seine Bürgerinnen zu sein, mag man uns unser Ziel [das Wahlrecht] auch verwehren.« Und Jane Misme, Herausgeberin der Zeitschrift *La Française,* des Hauptorgans des gemäßigten Feminismus, schrieb in dessen erster Kriegsnummer: »Solange die Prüfung andauert, die unserem Volk auferlegt ist, darf niemand auf seine Rechte pochen; wir haben nur noch unsere Pflicht zu erfüllen.«[22] Die Pankhursts, mittlerweile begnadigt, verwandelten sich in wortgewaltige Rekrutierungsoffiziere, die mit ihrer kriegerischen, an die Mannesehre appellierenden Rhetorik – für eine edle Sache kämpfen, die Pflicht gegen das Vaterland erfüllen, um der Frau ins Auge sehen zu können – den offiziellen Werbeplakaten des Heeres in nichts nachstanden. Auf diesen war zu lesen: »Women of Britain say ›go!‹«, und sie zeigen Frauen, die stoisch, aber entschlossen aus dem Fenster ihres *home* blickten.[23]

Die kriegführenden Staaten, die mit einem kurzen Krieg rechneten, erwarteten von den Frauen gottergebenes Abwarten und waren hocherfreut, daß sich auch die Frauenrechtlerinnen um die nationale Sache scharten. Doch sie lehnten alle über karitative Werke hinausgehenden Bestrebungen der Frauen ab, sich im Krieg nützlich zu machen, ja womöglich sich rekrutieren zu lassen. Die deutschen Frauen im Bund Deutscher Frauenvereine (BDF) hatten auf ihrem Kongreß von 1912 ein soziales Jahr für Mädchen empfohlen; am 3. August 1914 gründeten sie mit Beteiligung der SPD-Frauen den Nationalen Frauendienst (NFD), eine staatlich anerkannte Organisation, die den Behörden als Hilfstruppe in der Fürsorge und beim Nachschub diente.[24] In Großbritannien duldete man lediglich die Mobilisierung einiger wohlhabender Frauen auf dem Land oder im örtlichen Polizeidienst. Elsie Inglis, die im War Office mit ihrem Projekt der Errichtung von Krankenhäusern auf dem Festland vorstellig wurde – den später berühmten Scottish Women's Hospitals in Frankreich und Serbien –, bekam zu hören: »Go home and keep quiet.«[25] Beispielhaft für eine solche Geschlechterpolitik war Frankreich: Am 5. August wurde für die Ehefrauen eingezogener Männer eine staatliche Unterstützung eingeführt – jedoch nicht, um den Erhalt ihrer Familie zu sichern, sondern um die Moral des Frontsoldaten zu heben. Am 7. August richtete Premierminister Viviani einen Aufruf an alle französischen Frauen, genauer gesagt an die Bäuerinnen, von denen er wohl annahm, daß sie auf ihren von den Männern verlassenen Feldern als einzige dringend der Unterstützung bedürften; männlich-markig sprach er ihnen von Mobilmachung und Ruhm:

»Auf denn, französische Frauen und Mädchen, Töchter und Söhne des Vaterlandes! Ersetzt auf dem Feld der Arbeit den Mann, der auf dem Feld der Ehre steht! Rüstet euch, auf daß ihr ihm morgen das wohl bebaute Land, die eingefahrene Ernte, das frisch gesäte Feld vorweisen könnt! In dieser schweren Stunde ist keine Arbeit zu gering. Alles ist groß, was dem Land dient. Auf denn! Zur Tat! Ans Werk! Was ihr heute tut, wird morgen der Ruhm der Welt sein.«[26]

Aber wie Marguerite Durand, die sich einen militärischen Hilfsdienst für Frauen wünschte, wurde auch die Schriftstellerin Jack de Bussy abgewiesen, die seit dem 30. Juli begonnen hatte, in ihrer Ligue des enrôlées auf eigene Faust Frauen zu rekrutieren.

Mit Rücksicht auf die Rechte der Soldaten und die nationale Einheit führten alle kriegführenden Staaten mit Ausnahme der USA das ein, was die Briten *separation allowances* (Trennungsentschädigungen) und die Deutschen »Familienunterstützung« nannten. Diese Zuwendungen kamen in den meisten Ländern nicht nur den angetrauten Ehefrauen zugute, sondern auch der unverheirateten Partnerin des Soldaten und waren bemerkenswerterweise von der Anzahl der Kinder abhängig. Während Großbritannien allen betroffenen Personen den ganzen Krieg hindurch eine relativ hohe Unterstützung zukommen ließ (sie lag etwas über dem Durchschnittslohn einer alleinstehenden Frau), hielten Frankreich und Deutschland an der Logik der Armenfürsorge fest: Die Unterstützung war niedrig, durfte nicht zusätzlich zur Arbeitslosenunterstützung bezogen werden, blieb grundsätzlich nur wirklich Bedürftigen vorbehalten und entfiel, sobald die Frau wieder ausreichend verdiente. Diese Beihilfen ließen jedoch überall lange auf sich warten. So verschärfte sich zu Beginn des Krieges in den Unterschichten die seelische Not noch durch die wirtschaftliche Not. Der glühendste Patriotismus konnte nicht das materielle Elend vergessen machen, das die Frauen zwang, sich an Wohltätigkeitseinrichtungen zu wenden und die Stellenanzeigen in den Zeitungen zu studieren. In den typischen Frauenberufen der Textil-, Bekleidungs- oder Luxusgüterindustrie war denn auch die Arbeitslosigkeit hoch, und sie dauerte lange: Im August 1914 erreichte in Frankreich die Frauenarbeit in Handel und Industrie nur 40 Prozent des Vorkriegsstandes; noch im Juli 1915 waren es kaum 80 Prozent. Aufgrund seiner Industriestruktur und der Nähe der Front war Paris besonders betroffen. Mit Ausnahme der Krankenschwestern, die sofort in den verschiedenen Hilfsorganisationen für Kriegsversehrte gebraucht wurden, und der Bäuerinnen und Ladenbesitzerinnen, die die Arbeit ihrer Männer übernehmen konnten, wurde das weibliche Arbeitskräftepotential überall nur zögernd und erst relativ spät mobilisiert. Hierzu bedurfte es zuvor einer anderen Einstellung zum Krieg, der Überwindung diverser Vorbehalte gegen die Frauenarbeit sowie der Einsicht, daß andere Arbeitsreserven nur in quantitativ und qualitativ unzulänglicher Form zu mobilisieren waren.

Die Mobilisierung von Frauen

Der Krieg verlief nicht so, wie man erwartet hatte. Im Herbst 1914 gab es weder Sieger noch Besiegte, und im Westen kam die Front auf einer Länge von mehr als 800 Kilometern, von Flandern bis zur Schweizer Grenze, zum Stehen. Nachdem die Illusion eines schnellen Sieges zerronnen war, konnten sich die kriegführenden Staaten nicht mehr länger auf ihre industriellen Reserven stützen und mußten wieder an die Arbeit gehen. Der »Große Krieg« – ein langer Krieg, ein Krieg, der Menschen und Material verschlang – brauchte die Unterstützung aus dem Hinterland, brauchte die Hilfe der Frauen. In einem Zeitraum von viereinhalb Jahren wurden in Frankreich 8 Millionen Männer – über 60 Prozent der männlichen Erwerbstätigen – eingezogen, in Deutschland 13 Millionen, in Großbritannien dagegen, wo erst seit Mai 1916 die allgemeine Wehrpflicht herrschte, nachdem das Land zwei Jahre lang mit einem Freiwilligenheer ausgekommen war, nur 5,7 Millionen. Die mörderischen Kämpfe kosteten Menschen und Munition und brachten neue Waffen zum Einsatz. Jedes Land, das über eine entsprechende politische Struktur verfügte, baute auf der Basis seiner nationalen Waffenarsenale und auf Rüstung umgestellter Privatbetriebe eine eigene Kriegsindustrie auf, die die Anzahl der Beschäftigten und die Waffenproduktion vervielfachte.[27] Der Krieg wurde zu einem modernen Krieg, der alle Gemüter bewegte und sich an zwei Fronten abspielte: der *battlefront* und der *homefront*, das heißt der eigentlichen Front und der Heimatfront. War jene praktisch ausschließlich eine Domäne der Männer, so war diese vornehmlich die Domäne der Frauen, in der auch die Feministinnen mehr oder minder erfolgreich versuchten, sich zur Geltung zu bringen. Aber damit enden die Analogien auch schon: Modalitäten und Maßnahmen zur Mobilisierung der Frauen waren überall verschieden und müssen daher von Land zu Land gesondert untersucht werden.

In Frankreich, wo die Frauenarbeit vor 1914 einen hohen Stand erreicht hatte (7,7 Millionen erwerbstätige Frauen, davon 3,5 Millionen in der Landwirtschaft), wurde die Mobilisierung der Frauen am wenigsten systematisch betrieben. Das entsprach einem auch durch den Krieg schwer zu erschütternden Verständnis von Liberalismus, dem sogar Männer wie der Handelsminister Étienne Clémentel oder der sozialistische Rüstungsminister Albert Thomas kaum entgegenzuwirken vermochten. Lieber lasen die Frauen die Stellenanzeigen, lieber hörten sie auf den Rat einer Nachbarin oder sprachen bei Privatbetrieben vor, als daß sie sich in ihrem jeweiligen Département bei den 1915 vom Arbeitsministerium eingerichteten Stellenvermittlungsbüros meldeten. Wenn die Frau, die Tochter oder die Schwester eines eingerückten Soldaten eine Stelle annahm, so geschah es nicht selten im Interesse der Familie; es war eine gute Tat, durch die man nicht nach dem Krieg den heimkehrenden Männern Konkurrenz machen, sondern durch die man die Moral der Soldaten heben wollte. Solchen Frauen begegnete man in der Industrie weniger häufig als etwa in Kaufhäusern, Banken, Verkehrsunternehmen und bestimmten Behörden. Frankreich hatte seine weiblichen Bankiers, seine Eisenbahnerinnen, denen die Reinigung der Waggons, die Fahrkartenkontrolle und die Gepäckabfertigung oblag, seine Kartenknipserinnen in der Métro, seine Briefträgerinnen, seine Schaffnerinnen, ja sogar seine Straßenbahnfahrerinnen. Aber in den Rüstungsfabriken nutzte man das weibliche Arbeitskräftepotential nur als letzte Lösung – zuvor hatte man Zivilisten verpflichtet, dann aufgrund des Dalbiez-Gesetzes 500 000 bereits zum Wehrdienst eingezogene Arbeiter zurückbeordert und schließlich sogar Fremdarbeiter aus dem Ausland oder den Kolonien ins Land geholt.

Im Herbst 1915 ergingen die ersten ministeriellen Erlasse, die die Unternehmer verpflichteten, Frauen zu beschäftigen, wo immer es möglich war; in Paris wie in der Provinz häuften sich die offiziellen Werbeplakate und die Stellenvermittlungsbüros. Zwar waren die Frauenvereine unter dem Einfluß führender Feministinnen bestrebt, die Rekrutierung weiblicher Arbeitskräfte in geordnete Bahnen zu lenken, aber die Arbeiterinnen in den Rüstungsfabriken kamen aus allen Kreisen, angezogen von den hohen Löhnen oder einfach auf der Suche nach einer wie auch immer gearteten Tätigkeit. Hier wie in der gesamten Industrie erfüllten sie die verschiedensten Aufgaben. Anfang 1918 belief sich ihre Zahl auf 400 000; das entsprach einem Viertel aller Erwerbstätigen (im Raum Paris sogar einem Drittel). Unübersehbar symbolisierten sie damit die Mobilisierung der Frauen und ihr Eindringen in Bereiche, die bisher den Männern vorbehalten waren.

Gleichwohl blieb die Mobilisierung der französischen Frauen begrenzt, und der Arbeitsmarkt war keineswegs von weiblichen Arbeitskräften überschwemmt. Nach den Statistiken des Arbeitsministeriums hatte der Anteil der weiblichen Beschäftigten in Handel und Industrie 1916 den Vorkriegsstand erreicht und ihn erst Ende 1917 um 20 Prozent übertroffen, was zugleich den Höhepunkt der Beschäftigung von Frauen darstellte: 40 Prozent der Erwerbstätigen insgesamt, gegenüber 32 Prozent vor dem Krieg. Immerhin mußte kein Erwerbszweig stillgelegt werden, während es in Deutschland nicht gelungen zu sein scheint, den Arbeitskräftemangel durch eine Mobilisierung der Frauen zu kompensieren. Das ist jedenfalls die These von Ute Daniel.[28] Sie wendet sich gegen die herkömmliche Vorstellung, daß es während des Ersten Weltkrieges in Deutschland zu einer massiven Zunahme der weiblichen Erwerbstätigkeit gekommen sei, und bestreitet auch die Aussagekraft jener Quelle, die in diesem Zusammenhang immer wieder bemüht wird: die Unterlagen der deutschen Krankenkassen. Gewiß hat eine Mobilisierung der deutschen Frauen für die Kriegsindustrie stattgefunden. Zunächst erfolgte sie, trotz der Bemühungen des NFD, in geringerem Umfang und auf freiwilliger Basis; später, in der zweiten Kriegshälfte, als die Wirtschaft auf militärische Belange umgestellt wurde und die Beschäftigung von Frauen für den Sieg des Vaterlandes als unerläßlich galt, wurde sie straff organisiert und mit Nachdruck betrieben. Das Hindenburg-Programm vom November 1916, das den obersten Militärs diktatorische Vollmachten über die deutsche Innenpolitik gewährte, betraute das Kriegsamt unter General Groener mit der wirtschaftlichen Mobilmachung, räumte der Rüstungsindustrie absolute Priorität ein und sicherte deren Arbeitskräftebedarf durch die Einführung eines obligatorischen Hilfsdienstes für alle Männer zwischen 17 und 60 Jahren (Gesetz vom 5. Dezember 1916). Die Zwangsverpflichtung von Frauen war von den zivilen Behörden abgelehnt und auch von den Feministinnen des BDF verworfen worden; diese schlugen statt dessen eine Mobilisierung von Frauen durch Frauen und eine frauenspezifische Sozialpolitik vor. Innerhalb des Kriegsamtes und in allen seinen Unterabteilungen wurden zwei von Frauen geleitete Organe geschaffen: ein Frauenreferat, dem die Rekrutierung von Arbeiterinnen oblag, und eine Frauenarbeitszentrale (FAZ), die sich um das Wohl der Arbeiterinnen zu kümmern hatte. Anfang 1918 arbeiteten in diesen Dienststellen rund tausend Frauen unter Leitung von Marie-Elisabeth Lüders vom BDF.

Zweifellos führte diese Mobilisierung zu einem absoluten und relativen Anstieg des weiblichen Beschäftigungsanteils in der Schwerindustrie, der Elektroindustrie und der chemischen Industrie – ein Anstieg, der in den großen Unternehmen besonders spürbar war: Einige deutsche Historiker sprechen von einer mehr als fünfzigprozentigen Zunahme des Frauenanteils in Unternehmen mit mehr als zehn Beschäftigten; ein Extremfall war die Firma Krupp, in der bei Kriegsende 30 000 von 110 000 Arbeitnehmern Frauen waren.[29] Aber dieser Anstieg der industriellen Frauenarbeit ging hier noch mehr als in Frankreich auf Kosten jener weiblichen Tätigkeitsbereiche, die man in Deutschland infolge der Blockade notgedrungen hatte opfern müssen; auch scheint dieser Anstieg weniger bedeutsam gewesen zu sein als die aus manchen lokalen Schätzungen hervorgehende Zunahme der Heimarbeit, die ganz auf die Kriegsproduktion umgestellt wurde. Die Näherinnen im Schwarzwald stellten Munition her, die Korsettmacherinnen Zeltplanen und Zwiebackdosen. Andere, von denen nicht wenige zum ersten Mal arbeiteten, fabrizierten Taschen, Gasmasken, Schuhe oder sogar ganze Uniformen.

Welchen Grund hätten die Frauen haben sollen, die vorwurfsvollen Aufrufe der Behörden oder die patriotischen Versammlungen von Gertrud Bäumer, der Vorsitzenden des BDF, zu beachten? Diese Aktivitäten kaschierten doch nur unzureichend die inneren Zwistigkeiten der deutschen Bürokratie sowie die Vorbehalte der Gewerkschaften und der Arbeitgeber, die mitunter die Frauen schon bei der Einstellung zwangen, ihre spätere Kündigung zu unterschreiben. Die Arbeit in der Kriegsindustrie erforderte zudem häufig eine geographische Mobilität, die mit den familiären Pflichten der Frau unvereinbar war. Die Mangelwirtschaft, die seit 1915 in Deutschland herrschte und die wichtigste Erfahrung der Frauen in diesem Lande war, hatte eine Zunahme an energieverschlingender häuslicher Arbeit zur Folge und minderte die Attraktivität bezahlter Erwerbstätigkeit. Dies um so mehr, als der Staat oder die örtlichen Behörden vielen Familien ausreichend Mittel zur Verfügung stellten, um kaufen zu können, was es in den Läden zu kaufen gab, sei es in Form einer Unterstützung für arbeitslose Textilarbeiterinnen oder in Form von Zuwendungen an sogenannte »Kriegerfamilien«. Der Sozialpolitik des Krieges, die dem Soldaten die Garantie gab, daß der Staat für seine Familie sorgte, gelang es nicht, den Arbeitsmarkt zu organisieren, ja sie wirkte den Bemühungen um die Mobilisierung der Frauen sogar entgegen.

»Die Lage ist ernst. Die Frauen müssen helfen, sie zu bessern«, las man auf den Transparenten einer eindrucksvollen Demonstration unter dem Motto »Right to serve«, die am 17. Juli 1915 stattfand, organisiert von Sylvia Pankhurst mit Hilfe des neuen Rüstungsministeriums. Dieser Marsch markierte dreierlei: die völlige Kehrtwendung der Suffragetten der WSPU, die sich nun ganz hinter die nationale Sache stellten; die Antwort der Koalition Asquiths auf die durch den Waffenmangel hervorgerufene innenpolitische Krise; und die erste Wende in der Mobilisierung der britischen Frauen. Sie wurde zunächst durch die Arbeitsverpflichtung von Frauen und dann durch die dirigistischen Maßnahmen der seit Dezember 1916 amtierenden Regierung Lloyd George unterstrichen und zeichnete sich weniger durch flankierende soziale Maßnahmen als durch einen umfassenden, dreiseitigen Sozialpakt zwischen Regierung, Gewerkschaften und Unternehmern aus, der für einen enormen Anstieg der Frauenarbeit verantwortlich war.

Die Jahre nach 1910, vor allem nach Kriegsausbruch, waren die großen Jahre der britischen Gewerkschaftsbewegung; die Zahl ihrer Mitglieder schnellte in die Höhe, und sie fand bei der Regierung verständnisvolle Gesprächspartner, die einer konzertierten Aktion und sozialen Reformen wohlwollend gegenüberstanden.[30] In den ersten Monaten des Jahres 1917 durften die Gewerkschaften sogar über die Erteilung einer Arbeitserlaubnis entscheiden, was gleichbedeutend mit der Befreiung vom Kriegsdienst war. Dafür akzeptierten sie das Prinzip der *dilution* (eingezogene Facharbeiter werden durch angelernte oder ungelernte Arbeiter ersetzt) und das Prinzip der *substitution;* beides eröffnete Frauen die Möglichkeit, in Berufe einzudringen, die bis dahin eifersüchtig als *men's jobs*, als Domäne der Männer gehütet worden waren. In den meisten Branchen wurden Verträge *(dilution agreements)* hart und immer ohne Beteiligung von Frauenverbänden ausgehandelt, die festlegten, welche Aufgaben vorübergehend von Arbeiterinnen übernommen werden konnten. Gleichzeitig enthielten sie die Verpflichtung, daß diese bei Kriegsende ihren Arbeitsplatz wieder zu räumen hatten, und gaben den bereits vorhandenen Arbeitskräften Garantien über die Erhaltung des Status quo oder stellten Verbesserungen in Aussicht.

Zunächst eroberten sich die Frauen die Geschäfte und Büros, wo der gewerkschaftliche Einfluß schwach war und die Arbeit als ehrbar galt, doch in der Folge wuchs der Zustrom von Frauen in allen Bereichen, der monatlich vom Board of Trade for Labour Supply registriert wurde. Für dieses Land, das der Frauenarbeit ablehnender gegenüberstand als Frankreich, ergibt sich aus den Statistiken – die allerdings weder Hausangestellte noch Heimarbeiterinnen oder Arbeiterinnen in kleinen Werkstätten erfassen – für die Zeit zwischen Juli 1914 (mit einer zugegebenermaßen hohen Arbeitslosigkeit) und November 1918 eine Zunahme der weiblichen Erwerbstätigen um 50 Prozent (von 3,3 auf 4,9 Millionen) und eine sehr beachtliche Steigerung des Frauenanteils an der Arbeiterschaft von 24 auf 38 Prozent.[31] Diese Entwicklung wurde ermöglicht durch Mehrarbeit der jungen Mädchen, den Zustrom von Arbeitskräften aus dem Kreis der Hausangestellten und der traditionellen Frauenberufe sowie durch den (Wieder-)Eintritt ins Berufsleben von verheirateten Frauen oder Müttern. Bestimmte Bereiche, praktisch dieselben wie in Frankreich, waren besonders betroffen: die Munitionsindustrie, wo die Anzahl der beschäftigten Frauen 1918 eine Million erreichte – zum Teil konzentriert in den riesigen Waffenarsenalen wie Gretna oder Woolwich –, und – in geringerem Umfang – das Verkehrswesen, der Zivildienst und das Bankwesen. Die Attraktivität einer gut bezahlten Arbeit scheint dabei nicht weniger eine Rolle gespielt zu haben als der Wunsch, dem eigenen Land zu dienen; von den Arbeitskräften der Kriegsfabriken kamen neun Prozent der Frauen aus der *middle* und der *upper class*.

Noch eine britische Besonderheit: Im Frühjahr 1917 wurde das Prinzip der *dilution* ausgeweitet und ein weibliches Hilfskorps (Women's Army Auxiliary Corps, WAAC) aufgestellt. Im November 1918 umfaßte es 40000 Frauen, davon 8500 im Ausland. Die äußerst verworrene Geschichte dieses Korps verdeutlicht, wie schwer es der Armee und den Zeitgenossen, Männern wie Frauen, fiel, sich einen weiblichen Soldaten vorzustellen. Serbien hatte seine Kämpferinnen in Männeruniform, Rußland sein berüchtigtes weibliches Todesbataillon, während Frankreich seine Kasernen und die Arbeitsplätze im Kriegsministerium nur widerwillig erst Ende 1916 für Frauen öffnete, die überdies zu anderen Zeiten als die Männer kommen und gehen mußten und durch ein Spezialkorps von Inspektorinnen beaufsichtigt wurden. Die Ansichtskarte – die einen blühenden Industriezweig und eine nationale Sammelwut hervorgebracht hatte – wandte das Thema ins Schlüpfrige und zeigte »Frontkämpferinnen«, die mit großzügigem Dekolleté, kurzen Höschen und Stiefeletten einherkamen, und die Zeitungen für die Schützengräben malten ihren Lesern genüßlich »das Schäferstündchen des Kriegers« aus.

Das WAAC entsprang der Absicht von führenden Persönlichkeiten wie Katherine Furse, die Hilfsaktivitäten der einzelnen Freiwilligenverbände im staatlichen Bereich zu koordinieren. Das Projekt einer militarisierten Frauenorganisation wurde zwar realisiert, traf aber auf den erbitterten Widerstand Violet Markhams, die in Aufbau und Tätigkeit einer solchen Organisation jede Analogie zu einer Frauenarmee vermeiden wollte. Mit ihren relativ gemäßigten Vorstellungen blieb sie weit zurück hinter der Marquise von Londonderry, die im Juni 1915 die Women's Legion gegründet hatte. Das War Office stellte nach mancherlei Vorbehalten ein offizielles Frauenkorps – mit Dienstgraden, Reglements und Uniformen – unter Führung von Mrs. Chalmers Watson auf; man erhoffte sich von diesem Schritt eine bessere Kontrolle, ja womöglich die völlige Absorption aller Frauenorganisationen in das Heer. Das War Office machte Kämpfer für die Front frei, indem es

seine ersten Rekrutinnen als Köchinnen, Schreibkräfte oder Mechani-
kerinnen nach Frankreich schickte, betrieb dann die Rekrutierung von
Frauen in Großbritannien in großem Stil und richtete schließlich auch
in der Marine und bei der Luftwaffe Einheiten für Frauen ein. Es gelang
jedoch nicht, die kritischen Stimmen gegen diese Frauen zum Schweigen zu bringen. Man warf ihnen vor, die von Soldatenblut getränkte
Uniform des Königs zu entehren, ihr Geschlecht zu verleugnen und
die Männer in einer geschmacklosen Posse »nachzuäffen«; zudem ver-
dächtigte man sie unverhohlen des unsittlichen Lebenswandels, ja der
Homosexualität. Ein entwürdigender Untersuchungsausschuß, 1918 eingesetzt, konnte dem schlechten Ruf der WAAC-Frauen nicht aufhelfen:
Ihre Existenz störte die psychosexuelle Ökonomie des Krieges – den
Kampf des Mannes zum Schutz von Weib und Kind – und verwischte
die Geschlechtsidentität von Mann und Frau.[32] Mehr als alle anderen
Kriegsarbeiterinnen verkörperten sie die für jene Epoche so charakteristische Angst vor der »Vermännlichung« der Frau.

Die »Vermännlichung« der Frau

Esther Newton und Caroll Smith Rosenberg haben gezeigt, wie Männer des 19. Jahrhunderts aus Angst und zur Einschüchterung ihrer
Gefährtinnen eine Diskussion auf die sexuelle Ebene verschoben, die
sich ursprünglich um die politische und soziale Macht der modernen
Frau gedreht hatte. Diese »moderne Frau« beschuldigte man zunächst
der »uterinen Devianz«; dann sah man in ihr, vor allem seit den Arbeiten des deutschen Psychiaters Krafft-Ebing, eine männliche Lesbierin,
ein gefährliches, schamloses Mannweib, das aufgrund einer angeborenen Devianz männliches Gebaren und Seelenleben aufwies.[33] 1912 gab
der berühmte deutsche Mediziner Albert Moll in einem Lehrbuch der
Sexualwissenschaft der Emanzipation der Frau die Schuld an ihrer »Vermännlichung«, die die Degeneration ihrer Fruchtbarkeit und die Perversion ihrer Sexualität zur Folge habe.[34] Diese Denkweise wurde
durch den Krieg, der doch eine Umkehrung der Geschlechterrollen
bewirkte und an bestehenden Begriffen von Weiblichkeit rüttelte, paradoxerweise eher noch verfestigt als in Frage gestellt.

Auf die Mobilisierung der Frauen reagierte man zuweilen mit
bewunderndem Erstaunen, oft mit unverhohlener Feindseligkeit, wobei
man sich auf den notorischen »physiologischen Schwachsinn des Weibes« berief (wieviel Literatur gab es nicht allein über die Gefahr, eine
Straßenbahn von einer Frau lenken zu lassen!), am häufigsten aber mit
Angst. Im März 1917 ereiferte sich ein Vertreter des deutschen Innen-
ministeriums vor dem Reichstagsausschuß für Handel und Industrie,

der bereits die Demobilmachung vorbereitete, über die Degeneration des weiblichen Organismus und der weiblichen Mentalität: »Wenn man sich heute die Frauen ansieht, die die schwersten Arbeiten tun, dann muß man manchmal genau hinsehen, um zu wissen, ob man eine Frau oder einen Mann vor sich hat.«[35]

Ein französischer Arzt, Dr. Huot, reklamierte in einem ehrgeizigen Beitrag im *Mercure de France* die prachtvolle Wortschöpfung »masculinisation« für sich; er räumte zwar ein, sich bezüglich der »sensitiv-emotiven« Beschaffenheit des Weibes geirrt zu haben, warnte aber zugleich vor der Gefahr einer »moralischen Anarchie«, die die Vermischung der Geschlechter zur Folge haben könnte.[36]

Muß man es da nicht verstehen, daß die Zeitgenossen in allen Nationen geradezu zwanghaft Metaphern häuften – Frauen fädelten Granaten »wie Perlen« auf, sie übten Tätigkeiten in der Metallindustrie wie »Strickarbeit« aus – und auch an Frauen in männlichen Positionen oder in Männerkleidung weibliche Eigenschaften wie Anmut, Hingabe und Gründlichkeit hervorhoben, nur um sich selber zu bestätigen, daß die Welt nicht aus den Fugen war, daß die Grenze zwischen den Geschlechtern unverrückbar feststand und überhaupt die ganze Situation nur eine vorübergehende Erscheinung war? In Frankreich lieferte die Zeitschrift *J'ai vu* wahre Lehrstücke für die Gattung der Schmeichelrede. Das Heft vom 16. Juni 1917 dieses Wochenblattes zeigt die »Arbeiterin des Sieges« lächelnd, mit einer riesigen Granate in der linken und einem Gewehr in der rechten Hand; darunter steht folgender Text:

»Den Ruf des Vaterlandes in der Not haben die Frauen des Großen Krieges mit dem Einsatz aller ihrer Kräfte beantwortet. In der Latzhose des Arbeiters sieht man sie in den Fabriken Granaten drehen, Stahl zu Kanonen schmelzen, Sprengstoff herstellen. Und doch haben sie es, in dieser Atmosphäre des Todes, bei härtester Männerarbeit, die ihren zarten Armen so heftig zusetzt, verstanden, Frau zu bleiben und sich ihre ganze Anmut zu erhalten.«

Schon die Prägung »munitionette« (Rüstungsarbeiterin) selber hat mit ihrem charmanten Diminutiv eine sehr weibliche Konnotation. Man hat bis heute häufiger den patriotischen Überschwang der offiziellen Kriegspropaganda beschrieben, als daß man die ambivalenten Auswirkungen dieser Propaganda auf die öffentliche Wahrnehmung der Geschlechterrollen untersucht hätte. In Frankreich appellierte das Rüstungsministerium in seinen öffentlichen Aufrufen ganz bewußt an den Familiensinn der Frau und forderte sie auf, in die Fabrik zu gehen, um ihren an der Front stehenden Mann zu retten; in dem offiziellen Mitteilungsorgan dieses Ministeriums hingegen, *Le Bulletin des usines de guerre,* war nur von Technik, Maschinen und den Fähigkeiten der Frau die Rede. Die britische Regierung erinnerte die Frauen an ihre Pflicht, vorübergehend einzuspringen – »Tragen auch Sie Ihren Teil bei, ersetzen Sie einen Mann, der an die Front geht« –, doch die auf Veranlassung des War Office entstandenen Photographien von Frauen bei der Arbeit, die man im ganzen Land zirkulieren ließ, um die Unternehmer zu überzeugen, betonten lediglich das Neuartige und Außergewöhnliche der Kriegsarbeiterin: Sie zeigten stolze, lächelnde Gesichter und grazile Körper, die imstande waren, Maschinen zu bedienen.[37] Diesseits und jenseits des Ärmelkanals kaschierte die Beschwörung von Opferbereitschaft und Hingabe der Frau nur unzureichend die Forderung nach fachlicher Kompetenz. Doch generell erinnerten Presse und Literatur immer wieder an die typischen Rollen der Frau im Krieg, wenn sie das Bild der Krankenschwester, der wohltätigen Dame oder der Briefpartnerin beschworen und in diesen Tätigkeiten die eigentlichen Aufgaben der Frau sahen. In den Karikaturen der fünf größten französischen Tageszeitungen kam dieses von christlicher Nächstenliebe geprägte Frauenbild so gut wie gar nicht vor; hier dominierten die französische Marianne oder die normale Ehefrau.

Symbolisch belebte der Krieg eher den Mythos von der Frau als Retterin und Trösterin, statt ihre konkreten, praktischen Fähigkeiten aufzuzeigen. Nur die Frauenrechtlerinnen aller Länder hoben konsequent die Effizienz der Frauenarbeit hervor und versuchten mehr oder weniger beharrlich, durch Verwendung eines betont militaristischen Vokabulars die Mobilisierung der Frauen mit der der Männer gleichzusetzen. 1916 brachten Friedrich Naumann und Gertrud Bäumer ihre Zeitschrift unter dem doppelten Symbol des Schwerts und der Ähre heraus: Die in der *Hilfe* veröffentlichte »Kriegschronik« und die in der Monatsschrift *Die Frau* erscheinende »Heimatchronik« berichteten gefühlvoll vom »Dienst der Frauen am Vaterland«. Als »Kämpferinnen der Etappe« waren sie dem »Ruf des Vaterlands« gefolgt und hielten »die zweite Front«. So zerbrachen sie, wie Jane Misme am 6. März 1915 in *La Française* schrieb, »einen weiteren Stab jenes Käfigs, in dem der Betätigungsdrang der Frau jahrhundertelang eingeschlossen war«. Bedeutungsvoll zeigte die Zeitschrift *La Vie féminine* am 15. April 1917 auf der Titelseite eine kleine *midinette* (Modistin), Symbol der Frauenarbeit vor dem Krieg, und neben ihr eine große, starke *munitionette* vor rauchenden Fabrikschloten. Mehr noch als die deutschen Frauen im BDF, die eine Integration unter Berücksichtigung spezifisch weiblicher Eigenschaften anstrebten, wollten die französischen Feministinnen aus der Erfahrung des Krieges ein Sprungbrett zur völligen beruflichen Gleichstellung machen, zumindest was den Zugang zu allen Berufen und die fachliche Qualifikation der Arbeiterinnen betraf. Sie forderten Berufsausbildung für Frauen, eröffneten oder unterstützten Schulen und ebneten durch umfangreiche Erhebungen und Untersuchungen über den Bildungsweg von Mädchen und die Lebenschancen von Frauen künftigen Entwicklungen den Weg.

Gleichwohl war die Mobilisierung der Frauen von anderer Art als die der Männer: Für jede arbeitende Frau konnte ein weiterer Mann an die Front geschickt werden. Den Erinnerungen Teresa Noces zufolge empörten sich politisierte Turiner Proletarierfamilien über die Frauen, die bei Fiat arbeiteten.[38] In Arbeiterkreisen resultierte die wütende Ablehnung der Frauenarbeit von jeher aus der Furcht vor Konkurrenz und aus der Fixierung auf überkommene Rollenmuster, die in der Frau nur die Hausfrau und Mutter gelten lassen wollten. Hierzu gesellte sich im Krieg eine tödliche, mitunter in Haß ausartende Angst vor der Frau als der eigentlichen Kriegsgewinnerin, als der, wie man in Deutschland sagte, »Totengräberin«. Vielleicht aus Trotz warfen die in der CGT und der SFIO nur minderheitlich vertretenen französischen Anarchisten und Pazifisten wie Raymond Péricat von der Baugewerkschaft oder Alphonse Merrheim von der Metallgewerkschaft den Frauen sogar erbittert vor, sie stünden noch unter den Tieren, weil sie 1914 die Soldaten nicht am Einrücken gehindert hatten, wo doch jede Wölfin ihre Jungen beschützt; ja, man beschuldigte sie, ihre Männer für 25 Sous verkauft zu haben (das war die Höhe der Trennungsentschädigung) oder sich gar ein lustiges Leben zu machen, während die Männer auf dem Schlachtfeld verbluteten.

Die Stunde der Frauen?

Waren die Kriegsjahre für die Frauen eine positive Erfahrung, ja sogar – die provokante Frage sei erlaubt – eine glückliche Zeit? Die unterschiedlichsten Quellen wollen uns dies in verschiedener Weise suggerieren. Die *oral history* in Frankreich und Großbritannien, die Photographien im Imperial War Museum wurden schon erwähnt. Im Museum von Southampton befinden sich die Negative von Photographien eines örtlichen Betriebes, in dem Rüstungsarbeiterinnen, vor allem das Personal des Transportwesens, sich voller Stolz auf ihre Arbeit und vielleicht auch auf ihre Uniformen ablichten ließen.[39] Die Zeitgenossen haben denn auch – zumindest in Frankreich – nicht versäumt, die »phantastischen« Löhne und die »irrsinnige« Verschwendungssucht dieser Rüstungsarbeiterinnen zu geißeln: Was der einen ihre Stiefeletten oder seidenen Strümpfe waren, das seien der anderen ihre Orangen und Hühnchen! Die Losung, die allen feministischen Schriften gemeinsam war – die Frauen sind gewillt, dem Vaterland zu dienen, sich zu bewähren und die Emanzipation der Frau voranzutreiben –, bereicherten die Engländerinnen und Amerikanerinnen noch mit der Freude über eine weiblich orientierte Welt. Harriet Stanton Blatch beschrieb

England 1918 als »a world of women«, in der die alte unscheinbare Jungfer der »capable woman, bright-eyed, happy« Platz gemacht habe. Oder man beschwor noch nachträglich die »good time« oder »fine time« des Krieges.[40] Das Glücksgefühl, Frau zu sein und weibliche Wünsche und Sehnsüchte frei bekennen zu dürfen, wird im Spiegel weiblichen Schreibens sichtbar: von Kriegsgedichten und Kriegsromanen bis zu Memoiren und Nachkriegsveröffentlichungen, von der englischen Propagandistin Jessie Pope bis zur amerikanischen Romanschriftstellerin Willa Cather; immer wieder wird die Umkehrung der Geschlechterrollen bejubelt – »All the world is topsy-turvy«.[41] Lesbierinnen wie Amy Lowell oder Gertrude Stein schrieben ihre erotischsten Werke während des Krieges (zum Beispiel *Lifting Belly*), und Charlotte Perkins Gilman veröffentlichte 1915 *Herland*, die Utopie einer Welt ohne Männer.

Apotheose der Frau? Sie klingt in den Werken englischer Romanschriftsteller und Dichter an, bei D. H. Lawrence, T. S. Eliot, Wilfred Owen oder Siegfried Sassoon, und natürlich auch bei dem Amerikaner Ernest Hemingway. Diese Autoren beschreiben den Krieg als apokalyptischen Wendepunkt im Krieg der Geschlechter, als Opfer, das die jungen Männer für ihre Väter und für die Frauen bringen, mitunter auch, wie Sandra Gilbert es ausdrückt, als »a festival of female misrule«, den Triumph weiblicher Mißwirtschaft. Das Thema der – wirklichen oder fiktiven – Kastration geistert durch diese Literatur. Die modernen Antihelden sind gelähmt, zeugungsunfähig, verstümmelt; es offenbart sich eine veritable Krise der Männlichkeit. Anhand von Selbstaussagen und literarischen Texten haben Paul Fussel und Eric Leed diese Krise untersucht und damit die psychologischen Folgen des Krieges für die Frontkämpfer demonstriert.[42]

Der Erste Weltkrieg – diese Massenschlächterei, dieses Zerrbild eines mannhaften, triumphalen Kampfes, diese Absage an alle Werte der abendländischen Kultur – hatte ganz unbestreitbar eine langjährige Traumatisierung der Männer zur Folge. Die Frontkämpfer, im Stellungskrieg zur Untätigkeit verurteilt, durch Schlamm und Blut der Schützengräben watend, ohnmächtig den mörderischen Durchbruch oder das Trommelfeuer der feindlichen Geschütze erwartend, mitunter gar Opfer von typisch weiblichen Krankheiten wie der Hysterie – von englischen Ärzten *shell shock* genannt, in Deutschland als »Kriegsneurose« bezeichnet[43] –, hatten das Gefühl, in einen primitiven Urzustand zurückgeworfen zu sein, und erlebten den Krieg als öffentliche und private Ohnmacht. Früher, als es noch gegolten hatte, die Stellung des Feindes im Sturm zu nehmen, hatten ihre Frauen sich in frommer Ergebung geübt. Nun aber, da die Frauen in Abwesenheit ihrer Männer öffentliche Präsenz und Verantwortung übernahmen, um die Kriegsmaschinerie am Laufen zu halten, befürchteten die Männer, enteignet oder betrogen zu werden.

Welche Gründe es auch haben mag, die französische Kriegsliteratur erscheint weniger aggressiv und weniger frauenfeindlich als die anderer Länder: War hier die Frauenfrage im Krieg weniger akut, oder war der Antifeminismus schon vor 1914 ausgeprägter? War die Mobilisierung der Frauen weniger umfassend, oder war sie nur weniger sichtbar? War die »Verteidigung der Heimaterde« wirklich das Anliegen beider Geschlechter, oder war sie nur ein literarischer Topos? Trotzdem artikuliert diese Literatur das Ressentiment der Frontkämpfer gegen das Hinterland sowie den Versuch, die »männliche Tapferkeit« zu verklären. »Es gibt zwei Reiche. Wir teilen uns ganz einfach in zwei fremde Reiche: das Reich da vorn, das ist die Front, wo es zu vielen dreckig geht, und das Reich hier, das ist das Hinterland, wo es zu vielen gut geht«, läßt Henri Barbusse einen Helden in *Feu* sagen, seinem berühmten Roman von 1916. Auch die von Stéphane Audoin-Rouzeau analysierte Frontpresse[44] zeugte von der zwiespältigen Einstellung der Männer zu den Frauen im Hinterland. Symbol des Lebens und der Freiheit, war die Frau, als seine Lebensgefährtin und Mutter seiner Kinder, für den Soldaten »das Gegenbild des Krieges«, der Erzengel, der ihn auf eine Zukunft jenseits des Grauens und der gegenwärtigen Wirrnis hoffen ließ, sie war die Geliebte, von der er seinen Kameraden unermüdlich vorschwärmte, und das Bild seiner Träume. Wie alle nahen Verwandten, wie die Madelon in dem berühmten Lied, stellte sie eine Ausnahmeerscheinung dar, umgeben von einer Zivilbevölkerung, die die Not der Frontkämpfer nicht begriff und den »Lügen« der Massenpresse Glauben schenkte. Aber sie war vielleicht auch das Wesen, das im Mann Verlassenheitsängste auslöste und ständig den Verdacht der Treulosigkeit nährte; sie war die Frau, die man nicht mehr wiedererkannte, wenn man auf Heimaturlaub kam, weil fern der Front das Leben weitergegangen war. Manchmal führte dieses Nicht-mehr-verstehen-können zu schmerzlichen Trennungen. Während der Schriftsteller Roland Dorgelès zwischen Leichen umhertappte, tanzte sich seine Geliebte die Schuhe durch . . .

Erfahrung von Freiheit

Ohne Zweifel bescherte der Krieg den Frauen ein nie gekanntes Gefühl der Freiheit und der Verantwortung, und zwar in erster Linie durch die Aufwertung der Frauenarbeit im Dienste des Vaterlands und durch die Eröffnung neuer beruflicher Perspektiven, wobei sie – oft zu ihrer großen Genugtuung – den Umgang mit Werkzeugen und bisher unbekannten Techniken für sich entdeckten. Der Krieg riß zwangsläufig die Barrieren ein, die zwischen Männer- und Frauenarbeit bestanden und den Frauen bisher den Zutritt zu zahlreichen, qualifizierten Berufen verwehrt hatten. Frankreich, wo es 1914 erst einige Hundert Ärztinnen und ein paar Dutzend Rechtsanwältinnen gegeben hatte, ermöglichte es Maria Vérone und Jeanne Chauvin, vor dem Kriegsgericht als Verteidigerinnen aufzutreten, und öffnete jungen Mädchen die meisten Ingenieurs- oder Wirtschaftsschulen (Grandes Écoles) (so 1918 die berühmte Centrale). Die Volksschullehrerinnen wurden in den Knabenschulen mit Lob überschüttet und mit offenen Armen aufgenommen. Ihre berufliche Lage verbesserte sich, der Berufsstand wurde »weiblicher«, und zwar zum großen Mißfallen der männlichen Volksschullehrer, die befürchteten, verdrängt zu werden. Die Lehrerinnen waren jetzt die Seele ländlicher Gemeinden und vertraten häufig die Stelle des abwesenden Bürgermeisters. Überall stürmten Mädchen die Bastionen der akademischen Bildung, wie die Sorbonne oder die Universtität Oxford. Überall waren Frauen durch ihre Tätigkeit im Dienstleistungsgewerbe (Cafés, Hotels, Läden, Banken, Verwaltung) für die Öffentlichkeit sichtbar und wurde, von einigen Anfeindungen abgesehen, wegen ihrer Ehrlichkeit und Bescheidenheit geschätzt.

Die meisten Arbeiterinnen wurden sich ihrer Fähigkeiten bewußt und lernten ihre neue finanzielle Unabhängigkeit schätzen, um so mehr, als die Kriegsarbeit, besonders in den Rüstungsbetrieben, gut bezahlt wude: Hier waren die Löhne doppelt so hoch oder höher als die traditionellen Billiglöhne in den typisch weiblichen Erwerbszweigen. In Frankreich wie in Großbritannien bot sich den Hausangestellten unverhofft die Möglichkeit, der dürftigen Bezahlung und dem tyrannischen Hausherrn zu entkommen; in beiden Ländern löste die Rückkehr der deutschen Hausmädchen in ihre Heimat eine »Dienstmädchenkrise« aus, die bereits vor dem Krieg beklagt wurde. In einigen Gegenden waren die Unternehmer im Textilgewerbe aus Konkurrenzgründen gezwungen, ihre Tarife anzuheben, und mit dem unpopulären *leaving certificate* versuchte man, das »Springen« der Frauen von einer Rüstungsfabrik in die nächste, zu immer besser bezahlten Stellen, einzuschränken. Die Löhne waren keineswegs mehr das, was man im Englischen *pin money*, im Deutschen »Zuverdienst« nannte; eine Facharbeiterin in den Rüstungswerken von Woolwich konnte mehrere Pfund Sterling wöchentlich nach Hause bringen (eine Schweißerin bis zu sechs Pfund Sterling), eine Fahrerin beim Hilfsdienst der Armee fünf Pfund Sterling, was bereits einer gehobenen Lohnklasse entsprach.

Für die Frauen und Mädchen der mittleren und begüterten Schichten, die traditionsgemäß im karitativen Bereich tätig waren, war der
Krieg eine Zeit intensiver Geschäftigkeit, die ihre soziale Abschottung
ebenso durchbrach wie die rigiden Zwänge der Mode und der bürgerlichen Geselligkeit. In Frankreich geriet der von alters her praktizierte und streng geregelte Brauch des *jour de réception* allmählich in
Vergessenheit; die Damen »empfingen« nicht mehr, weil sie durch den
Krieg ohnehin genötigt waren, täglich einige Stunden in der einen oder
anderen sozialen Einrichtung zu verbringen oder Wohltätigkeitsveranstaltungen zu besuchen. Die Abschaffung des Korsetts, das Kürzen der
Röcke, die Vereinfachung des Kostüms (Gabrielle Chanel entwarf das
Jerseykostüm) schenkten dem Körper der Frau eine ganz neue Bewegungsfreiheit. Die Mädchen verloren ihre Anstandsdame und waren
ebenso erschrocken wie fasziniert von der neuen Freiheit, wie die
junge Clara Goldschmidt (die spätere Clara Malraux), die sich beherzt
die Verteidigung ihrer Familie gegen den Fremdenhaß zur Aufgabe
machte.[45]

Die älteren Frauen engagierten sich, wie ihre Mütter, in den Rot-
Kreuz-Verbänden oder in anderen Hilfsorganisationen. Als Kranken-
schwestern oder im sanitären Hilfsdienst erlebten sie eine schonungslose Initiation in die Wirklichkeit des Lebens und kamen in hautnahe
Berührung mit dem männlichen Geschlecht, mit dem Fleisch, mit den
unteren Volksschichten, ja sogar mit Menschen anderer Hautfarbe. Der
Snobismus der Uniformträgerinnen, der in den ersten Kriegswochen
noch Anlaß zur Klage gegeben hatte, verging schnell bei der harten
Arbeit im Lazarett und der täglichen Berührung mit dem Leiden. Die
Sanitätsdienste des Militärs, durch den Zustrom von Verwundeten völlig überlastet, stellten Tausende von ehrenamtlichen Helferinnen ein (in
Frankreich waren es über 70000, bei 30000 weiblichen Erwerbstätigen), übertrugen ihnen die Leitung von Hilfskrankenhäusern oder
Ambulanzen (Frankreich war in dieser Hinsicht zögerlicher als Großbritannien) und schickten sie sogar an die Front. Dort, in Flandern, in
Saloniki, in Serbien, stand die Opferbereitschaft der Frauen ihrem Mut
nicht nach, wie das Heer der Opfer und der mit Ehrenmedaillen ausgezeichneten, zum Teil legendär gewordenen Frauen beweist.
Während Marie Curie, unterstützt von ihrer Tochter, der Kriegschirur-
gie ihr neu entwickeltes Röntgenverfahren aufzwang und für den Einsatz von Röntgenwagen sorgte, feierte die britische Presse die Schot-
tinnen Mairi Chisholm (die 1914 erst achtzehn Jahre alt war) und Mrs.
Knocker (die spätere Baronesse de T'Serclaes) als »Heldinnen von Per-
vyse«, die allen Gefahren getrotzt und den weiblichen Eigenschaften
den Kampf angesagt hatten. Als motorisierte Angehörige einer fliegenden Ambulanztruppe in Belgien richteten diese beiden Frauen, ganz

auf sich gestellt, in einem zerstörten Dorf unweit der Schützengräben einen Verbandsplatz ein und hielten dort, unter ständigem Granatenbeschuß, bis 1918 die Stellung; dann erlitten beide eine schwere Gasvergiftung. Die französische Presse ereiferte sich auch über die Bemerkung des Präfekten von Constanza, der über die im November 1917 in Serbien umgekommene Elsie Inglis gesagt hatte: »Kein Wunder, daß England ein großes Land ist – bei solchen Frauen!«[46]

Die Krankenschwester – Symbol der Selbstaufopferung, Engel und Mutter – war die gepriesenste Frauengestalt des Krieges und das bevorzugte Sujet von Künstlern, die versuchten, sich in die Welt der Kriegsblinden zu versetzen. »The Greatest Mother in the World« steht auf einem amerikanischen Rot-Kreuz-Plakat[47], dessen Bildmotiv – eine überdimensionale Krankenschwester, die einen winzigen, bewegungsunfähig auf einer Bahre liegenden Mann in den Armen wiegt – das neuartige Verhältnis zwischen den Geschlechtern unterstreicht. Zwar wußten die – häufig aus den unteren Volksschichten stammenden – Soldaten den Frieden des Lazaretts zu schätzen, fühlten sich aber von diesen unnahbaren Frauen gedemütigt, die sie in ihrer Schwäche sahen und sie wie kleine Kinder pflegten, nur um sie danach wieder an die Front zu schicken. Und die Zeitgenossen, dem Stereotyp der mütterlichen Frau verhaftet, beschworen die Macht der Krankenschwester noch, indem sie auf deren sexuellem Begehren insistierten.

Einer nach dem Ersten Weltkrieg verbreiteten Ideologie zufolge waren alle Frontkämpfer enthaltsam und alle Soldatenfrauen bzw. Kriegerwitwen treu. In Wirklichkeit wissen wir wenig über die intimere Seite des Krieges. Wir können sie nur erschließen, zum Beispiel aus Erinnerungen und Briefen oder aus indirekten Hinweisen wie etwa der im Krieg steigenden Zahl unehelicher Kinder oder der steil in die Höhe schnellenden Scheidungsrate nach der Heimkehr der Soldaten. Die Angst vor dem Tod belastete die Beziehung zu einem geliebten Menschen, sie weckte den Wunsch nach schnell gestillter Liebessehnsucht und nahm der Liebe zugleich ihren Ernst; sie verkürzte die früher übliche lange Verlobungszeit und war damit vielleicht, wie Michelle Perrot vermutet, »Wegbereiter für das moderne Ehepaar, das auf seine Selbstverwirklichung pochte und nicht mehr an der Pflege von Tradition und Erbe interessiert war«.[48] Auch war im Schatten von Trennungen und zahllosen »überkreuzten Liebschaften« (der Begriff stammt von dem Schriftsteller und Kriegsteilnehmer Jean Norton Cru) eine Zunahme des Begehrens zu verzeichnen, die in der neuen Erotik der Ansichtskarten, Zeitschriften oder Revuen ihren Ausdruck fand und den Seitensprung und andere Arten der Liebe gesellschaftsfähig machte. Mußte man deshalb den »Teufel im Leib« haben, wie Raymond Radiguet behauptete, ein junger, provozierender Dichter von einundzwanzig Jahren, der 1923 in seinem Roman *Le diable au corps* von der »Erziehung des Herzens« eines jungen Mannes und vom Seitensprung einer Soldatenfrau erzählte? Wie *La Garçonne*, erlebte auch dieser Roman einen Skandalerfolg und nährte wieder Argwohn und Groll gegen »das Weib«, so wie schon im Krieg die alleinstehende Frau den Männern angst gemacht hatte. Denn das war das wesentlich Neue für die Frau: allein zu leben, allein auszugehen, allein familiäre Pflichten zu übernehmen – alles Dinge, die früher unmöglich oder gefährlich erschienen wären. Und sich manchmal auch im Schreiben zu versuchen, Gelegenheitsdichterin zu werden, patriotische Metaphern auszuspinnen oder ein Kriegstagebuch zu führen, das über die eigenen Mühen und Nöte berichtete. Wie viele verschollene Aufzeichnungen mögen auf die wenigen veröffentlichten kommen,[49] wie viele, die es verdienten, aufbewahrt und publiziert zu werden, mögen noch ungelesen auf Speichern liegen! In Trient gibt es hierfür ein eigenes Institut, das Archiv für Popularschrifttum, das sich dieser Aufgabe widmet.

In Italien wurde der Krieg, in den das Land im April 1915 an der Seite der Alliierten eintrat, für die Frauen zu einer geradezu revolutionären Erfahrung, denn er erschütterte die traditionellen Fundamente ihrer weiblichen Identität – Privatheit, häusliche Sphäre, Fortpflanzung –, und zwar in einem Land, das noch stark vom Ehrenkodex der Mittelmeerländer, von katholischer Moral und Erziehung und von der Schule Lombrosos beeinflußt war, die mit physiologischen Argumenten die Frau in das Haus verbannte. Paola Di Cori liest diese Veränderungen an Photographien ab, die zum ersten Mal italienische Frauen in der Öffentlichkeit zeigen, zunächst bei Hilfstätigkeiten, dann immer öfter im Bereich der Produktion: Frauen mit festem Blick, kräftigen Händen und in stolzer, männlicher Haltung. Doch bedienten sich die italienischen Reporter noch immer der veralteten Technik, einzelne Photographien nebeneinanderzustellen, so daß die Frauen doch wie früher in ihrer Singularität eingeschlossen erschienen und nicht für die Menschheit als ganze stehen konnten. Im Gegensatz zu ihren englischen Kollegen, die, zum Beispiel in den *Illustrated War News*, nicht davor zurückscheuten, Soldaten bei der Hausarbeit oder ironisch in Frauenkleidung zu zeigen, photographierten italienische Reporter die Männer nur bei männlichen Verrichtungen. Und die Kommentare zu den Bildern sprachen weniger von der bestehenden oder zukünftigen Möglichkeit einer Gleichberechtigung der Geschlechter als vielmehr von dem pathologischen Charakter der Rollenumkehrung,[50] wobei eine erwerbstätige Frau zuweilen sogar mit einer Prostituierten gleichgesetzt wurde.

Die Last der Tradition
und die Mehrdeutigkeit der Moderne

Im Keim erstickte Revolution? Freiheit unter Vorbehalt? Ich möchte zeigen, daß das Ausmaß der kriegsbedingten Veränderungen objektiv und subjektiv begrenzt war, weil die traditionellen Geschlechterrollen beibehalten, ja verfestigt wurden und weil man auf symbolischer Ebene der Front und den Frontkämpfern uneingeschränkt die ökonomische, soziale und kulturelle Priorität einräumte. Auch hingen die Veränderungen von zahlreichen Parametern wie sozialer Gruppenzugehörigkeit, Alter, familiärer Situation, Nationalität und natürlich der besonderen Geschichte jeder einzelnen Frau ab. Die Einigkeit aller Frauen, welche sich im gemeinsamen Leiden und im Dienst fürs Vaterland miteinander verbunden wußten, war, vielleicht mit Ausnahme der ersten Kriegsmonate, in allen Ländern eher ein patriotischer Mythos als Wirklichkeit; hinter generalisierenden Begriffen wie »Mobilisierung der Frau« und »Kriegsarbeit der Frau« verbarg sich eine enorme Bandbreite von Einzelerfahrungen, die der ungeteilten Solidarität aller Frauen entgegenwirkte. Es waren vor allem die jungen Mädchen, die den frischen Wind der Freiheit spürten. Junge Arbeiterinnen, der väterlichen Aufsicht entronnen, leisteten es sich, ihren Phantasien nachzugeben: Sie gingen mit ihren Kameradinnen aus oder entdeckten das Gruppenleben in Quartieren unweit der großen Rüstungsbetriebe. Mehr noch galt diese neue Freiheit für junge Mädchen aus gutbürgerlichem Haus, die durch dieses intellektuelle oder soziale Abenteuer wahrhaft verwandelt wurden. Sie waren es auch, die, bei aller Mühsal der Erinnerungsarbeit, die reichlich spät kommende *oral history* auf ihren optimistischen Grundton stimmten. Im Gegensatz dazu mußten Familienmütter aus dem einfachen Volk mit gravierenden Schwierigkeiten kämpfen, besonders in den Mittelmächten Deutschland und Österreich-Ungarn, wo bald das nackte Elend grassierte.

Auf die Vereinigten Staaten von Amerika muß man aufgrund ihres späten Eintritts in den Krieg (April 1917) und der Heterogenität ihrer Bevölkerung gesondert eingehen. In diesem Land, wo das Prinzip der *dilution* dank neuer Produktionsmethoden bereits Fuß gefaßt hatte, löste der europäische Krieg, der den Zustrom von Einwanderern abrupt verebben und die Exporte ansteigen ließ, einen Mangel an Arbeitskräften aus, der sich günstig auf die Beschäftigung von Frauen auswirkte, und zwar schon vor der Erfassung der Wehrpflichtigen, durch die schließlich sukzessive zwei Millionen Männer mobilisiert wurden. Doch gab es, anders als im Zweiten Weltkrieg, keine signifikante Zunahme der weiblichen Erwerbstätigkeit, sondern höchstens eine Verlagerung der Arbeitsplätze unter Berücksichtigung der geschlechtlichen und ethnischen Hierarchie. Begleitet wurde dieser Prozeß von einer geographischen Mobilität von Süden nach Norden und von der Kleinstadt in die Großstadt. Weiße Frauen übernahmen in der Schwerindustrie, in den Büros und im Transportwesen die Arbeitsplätze weißer Männer, während schwarze Frauen, die bis dahin als Landarbeiterinnen oder Hausangestellte gearbeitet hatten, nun an die Stelle weißer Frauen oder schwarzer Männer traten und schlecht bezahlte Frauenberufe oder die undankbarsten Arbeiten übernahmen.[51] Im Süden, wo Unruhen das ganze Ausmaß der Rassendiskriminierung deutlich gemacht hatten, organisierten sich die schwarzen Frauen auf Betreiben des Staates und ergriffen die Gelegenheit, ihren Patriotismus zu zeigen und gleichzeitig soziale Reformen voranzutreiben. Doch endete der Krieg für die USA zu früh, als daß er einen signifikanten sozialen Wandel hätte einleiten können; mit ihm endeten zugleich, in einer Atmosphäre der Intoleranz und des zunehmenden Konservativismus, so manche Fortschrittsträume, die sich in Präsident Wilson verkörpert fanden.[52]

War das Women's Committee, das am 21. April 1916 gegründet wurde, um die Hilfsbereitschaft der Frauenverbände anzuerkennen, mehr als ein schlechter Scherz, eine Notlösung, um die Frauen des Mittelstandes auf harmlose Nebenkriegsschauplätze wie den Kampf gegen die Lebensmittelverschwendung oder die Propagierung von *liberty bonds* abzudrängen? Diesen Vorwurf erhob 1925 die Feministin Ida Clarke[53], ganz im Gegensatz zu der Kriegsbegeisterung, die sie noch wenige Jahre zuvor an den Tag gelegt hatte – eine Begeisterung, die in den Jahren 1917/18 von vielen geteilt wurde, als der europäische Kriegsschauplatz weit entfernt und die Ausbildungszeit der amerikanischen Rekruten notorisch lang war. Trotz der Autorität seiner Vorsitzenden Anna Howard Shaw verfügte das Committee über wenig Macht und wenig Geld und blieb auch von der Truppenbetreuung ausgeschlossen, auf die das Rote Kreuz und die Young Men's Christian Association (YMCA) ihren monopolistischen Anspruch erhoben. Die Amerikanerinnen, die in Europa, vor allem in Frankreich, philanthropische Einrichtungen organisierten, wie etwa Anne Morgan, die zusammen mit Mrs. Murray Dike das amerikanische Komitee für kriegsverwüstete Gebiete gründete (noch heute trägt eine medizinisch-soziale Einrichtung des Soissonnais ihren Namen),[54] traten als moderne Frauen mit Bubikopf und einem fanatischen Gesundheitstick auf; in den USA selbst blieb die Mobilisierung der Frauen jedoch begrenzt und hatte mit ständigen Schwierigkeiten zu kämpfen. Das mit militärischen Orden reich dekorierte Personal der von der Frauenwahlrechtsbewegung finanzierten American Women's Hospitals war nach Europa gegangen – aus Gründen der Solidarität, aber auch deshalb, weil die Ärztinnen in der amerikanischen Armee nicht zugelassen wurden.

Erst 1918 wurden in den USA auf Druck feministischer Organisatio-
nen Bundesbehörden eingerichtet, denen die Vermittlung weiblicher
Arbeitskräfte in die Industrie oblag. Geleitet von Reformerinnen wie
Mary van Kleeck oder der Gewerkschafterin Mary Anderson, die den
Frauen eine geeignete Arbeit zuweisen und sie gleichzeitig vor Aus-
beutung schützen wollten, waren diese Behörden bestrebt, eine neue
Politik einzuleiten, die dem Taylorismus ebenso gerecht wurde wie
dem Gedanken der sozialen Absicherung. Sie stießen dabei jedoch auf
Arbeitgeber, die sich weigerten, die Arbeitsbedingungen zu verbessern
oder weiblichen Arbeitnehmern dieselben Löhne zu zahlen wie ihren
männlichen Kollegen. Im April 1918 wurde zur Schlichtung von
Arbeitskonflikten in kriegswichtigen Betrieben der National War Labor
Board (NWLB) gegründet, in dem Gewerkschaften, Regierung und
Unternehmer zu gleichen Teilen vertreten waren. Das Gremium tat
einen revolutionären Schritt, indem es sich für zwei tarifpolitische
Grundsätze stark machte, nämlich gleichen Lohn für gleiche Arbeit und
einen menschenwürdigen Mindestlohn, der es Frauen wie Männern
ermöglichen sollte, nicht in gesundheitsschädlichen und unzumutbaren
Verhältnissen, sondern in *health and reasonable comfort* zu leben.
Aber das Gremium kam nicht gegen die doppelte Erblast der Rechtslage und der Tradition an, die beide einer Gleichbehandlung der
Geschlechter am Arbeitsplatz entgegenstanden. Offenkundig wurde
dies zum einen an den Beschlüssen, vor allem an jenen, die anläßlich
der berühmten Zwischenfälle mit den Straßenbahnern von Cleveland
und Detroit einen Tag nach dem Waffenstillstand gefaßt wurden; zum
anderen an der Weigerung des Gremiums selbst, in den eigenen Reihen Frauen als Vertreterinnen der beteiligten Parteien zu dulden.[55]
Erstaunlich bleibt die Vehemenz, mit der man sich in Europa wie in
den USA jeder Veränderung der etablierten Geschlechterrollen widersetzte, die Entschlossenheit, mit der man die Frauen auf ihre Funktion
als Lückenbüßerinnen – *only for the duration*, wie die Briten sagten –
und als Aushilfskräfte festlegte, die nur nach Maßgabe ihrer unveränderlichen »Natur« eingesetzt werden konnten. Der Begriff »Frauenberuf«
kam wieder ins Gespräch, was mit dem Abstecken reiner Männerreservate einherging: Nur ein Mann konnte Notar, Lokführer oder wissenschaftlich qualifizierter Arzt sein. »Überlaßt die Wunde dem Arzt,
den Verwundeten der Schwester«, meinte ein französischer Arzt. In
Frankreich wie in Deutschland brachte der Krieg eine Aufwertung des
Berufs der Krankenschwester mit sich, der immerhin durch ein Diplom
staatlich anerkannt und ein achtbarer Beruf für Mädchen des Mittelstandes war; aber er blieb der Ärzteschaft untergeordnet und verpflichtete die Bewerberinnen zu Opferbereitschaft und Verschwiegenheit. Das englische Modell, das Hanna Hamilton so energisch vertei-

digte, sah weder eine Verbesserung der rechtlichen Stellung der Krankenschwester noch eine zentrale Funktion der Krankenpflege vor.[56] So
blieben den ganzen Krieg über die Nähstube und die Wohltätigkeits-
einrichtung der Hauptort weiblicher Betätigung, wo Strickwaren und
Verbandsmull hergestellt und Feldpakete gepackt wurden.

In manchen ländlichen Gegenden Frankreichs und Italiens, die unter
der Kriegsnot besonders litten, mußten die Landfrauen nicht nur die
eingezogenen Männer, sondern auch die requirierten Tiere ersetzen.
Die Situation dieser Frauen, über die noch nicht viel bekannt ist, war
widersprüchlich, regional verschieden und von der Größe des landwirtschaftlichen Betriebes abhängig. Die herkömmliche Arbeits- und
Aufgabenteilung zwischen den Geschlechtern zerfiel: Die Frauen arbeiteten auf dem Feld, sie säten, mähten die Wiesen und spritzten die
Rebstöcke mit Kupferkalkbrühe; sie entdeckten die Solidarität mit den
Nachbarinnen, schlugen sich mit den Behörden herum und versteckten zuweilen sogar – so im Piemont – junge Fahnenflüchtige. Alles freilich um den Preis täglicher Strapazen, denen Frauen jeden Alters ausgesetzt waren und die die Träume derjenigen zunichte machten, die
eigentlich aus der Enge des Landlebens hatten ausbrechen wollen. Die
Fronterfahrungen der Soldaten und ein reger Geldverkehr trugen die
Errungenschaften des modernen Lebens auch in entlegene ländliche
Gebiete, was es den Frauen dort ermöglichte, sich bescheidene Wünsche zu erfüllen; aber die Ideologen des Landlebens sahen in diesen
Frauen nach wie vor Hüterinnen der Moral und der Heimaterde, und
die Dorfgemeinschaft wachte sorgfältig über das Wohlverhalten jeder
einzelnen von ihnen. Auf dem Lande mehr als in der Stadt waren es
gerade die älteren Frauen, die mit den jüngeren streng ins Gericht gingen, und ihre Brüder traten herrisch und autoritär auf. In den meisten
Fällen übernahmen Eltern, Schwiegereltern oder nahe Verwandte die
Funktion des Familienoberhauptes bei der Leitung des landwirtschaftlichen Betriebes. Und wenn es Möglichkeiten der Fortbildung gab,
kamen sie eher den jungen Männern als den jungen Frauen zugute.[57]

In der Fabrik sahen sich die mehr oder weniger zwangsrekrutierten
Arbeiterinnen dem Mißtrauen ihrer männlichen Kollegen und der
Unternehmer ausgesetzt, was der Ausbildung ihres Selbstbewußtseins
nicht eben förderlich war. In Großbritannien stellte man sich während
des Krieges immer wieder die Frage, ob Frauenarbeit überhaupt loh-
nend sei, und die Solidarität der Männer untereinander war zuweilen
ausgeprägter als die Klassensolidarität. In Deutschland wurde seit 1915
die Demobilisierung vorbereitet, und vom Reichstag bis zum BDF verteidigte man im Interesse der Frontkämpfer und der Bevölkerung die
Rückkehr zum Status quo ante. Berufsausbildung war hier noch seltener als in Frankreich oder England, wo Regierung und Großunterneh-

men einige Ausbildungsgänge ins Leben riefen. Man versuchte, diese Berufsanfängerinnen in den Arbeitsprozeß einzugliedern, indem man sie durch methodische Arbeitsorganisation, Automatisierung der Maschinen und Rationalisierung der Fertigungsabläufe an ihren Arbeitsplatz band, und zwar unter Aufsicht von Vorarbeitern, die sich mitunter wie Don Juans gerierten – eine nicht mehr rückgängig zu machende Entwicklung, die einen Streitpunkt mehr zwischen Facharbeitern und Frauen schuf. Überall »entdeckten« die Industriellen weibliche Eigenschaften wie Gewissenhaftigkeit, Genauigkeit und Eignung für monotone Arbeit und setzten die Arbeiterinnen in der mechanischen Fließbandproduktion (beispielsweise in Granatenfabriken), bei Feinarbeiten oder bei der Endkontrolle ein, kurzum dort, wo ihr Nutzen am größten war.

Die phantastischen Kriegslöhne wurden nicht überall bezahlt; es gab auch Gegenbeispiele. Überall blieben die traditionellen Frauenberufe unterbezahlt, zumal in der Heimarbeit, wo nicht einmal die – in Großbritannien 1909 und in Frankreich 1915 gesetzlich garantierten – Mindestlöhne eingehalten wurden, trotz des Engagements von Frauen wie Jeanne Bouvier oder Sylvia Pankhurst.[58] In Deutschland verringerte sich zwar allmählich der Lohnabstand zwischen Männern und Frauen, doch war auf dem Schwarzmarkt mit dem Reallohn nichts auszurichten. Der Schwarzmarkt weitete sich in Großbritannien in der zweiten Hälfte des Krieges aus und bestand in Frankreich trotz der Inflation fort. Aber die Arbeitsteilung zwang zu Akkordlöhnen und machte die Anwendung des Prinzips »gleicher Lohn für gleiche Arbeit« zur Farce. Wenn die Briten dieses Prinzip im Frühjahr 1915 übernahmen, dann nur, um die Gewerkschaften für die *dilution* zu gewinnen; die Industriellen erklärten sich häufiger nur zu einem Mindestlohn von einem Pfund pro Woche bereit, mit dem Argument, die Arbeit habe sich verändert und außerdem verfügten die Frauen noch über andere Einnahmequellen. Von Ausnahmen und erbitterten Tarifkämpfen abgesehen, blieb der Lohn der Arbeiterinnen an ihr Geschlecht gebunden und lag weit (im Durchschnitt um 50 Prozent) unter dem Lohn ihrer männlichen Kollegen. Die meisten Männergewerkschaften unterstützten die Forderung nach *equal pay* nur, um dadurch leichter die Entlassung von Frauen zu erreichen, und verweigerten Frauen die Mitgliedschaft. Die Frauen organisierten sich scharenweise in der National Federation of Women Workers (der bei Kriegsende ein Viertel der gesamten englischen Arbeitnehmerschaft angehörte), sie lernten, mit den Waffen der Industrie zu kämpfen, aber ihr Verband mußte sich für die Entlassung der *dilutees* aussprechen; das war der Preis, um in die englische Gewerkschaftsbewegung aufgenommen zu werden.

In Frankreich scheint die Frauenerwerbstätigkeit am ehesten akzeptiert worden und der Lohnabstand zwischen den Geschlechtern am geringsten gewesen zu sein, und zwar dank der von Albert Thomas seit Januar 1917 eingeführten Tarife.[59] Aber selbst hier kann Jean-Louis Robert[60] von festgefahrenen Verhandlungen zwischen den Frauen und der Arbeiterbewegung sprechen, trotz einer vorübergehenden Klimaverbesserung im Frühjahr 1917, als, nach den Streiks der *midinettes* und der *munitionettes*, das Bild der kämpferischen, gewerkschaftlich organisierten Arbeiterin in höchstem Ansehen stand. Weit davon entfernt, die 1914 geschlagenen Breschen zu erweitern, brachte der Krieg eine Verhärtung der traditionell ablehnenden Haltung zur Frauenerwerbstätigkeit mit sich; man verachtete die fleißige und lernwillige Arbeiterin und sah die Frau am liebsten am häuslichen Herd der Arbeiterwohnung. Mehr noch als die Jungen, von denen man eine gewisse Dynamik erwartete, und nicht anders als die der Ausländerfeindlichkeit ausgesetzten Einwanderer, wurden Frauen in der Arbeiterklasse, die sich nur schwer mit ihrer ethnischen und geschlechtsbezogenen Öffnung abfand, an den Rand gedrängt. Die Arbeiterklasse verharrte in ihrer Abwehrhaltung (ein vielschichtiges Problem, über das sich die offiziellen Darstellungen der Gewerkschaftsgeschichte ausschweigen); was sie zusammenschweißte, waren ihre Militanz und ihr Berufsethos, und so sah sie nicht, daß die Gegenwart von Frauen in den Fabriken den sozialen Beziehungen eine ganz neue Richtung geben und die Sozialgesetzgebung insgesamt positiv beeinflussen konnte. Im Gegenteil, die Arbeiterklasse rief nach speziellen Schutzmaßnahmen, selbst auf die – bewußt oder unbewußt in Kauf genommene – Gefahr hin, Frauen aus manchen Männerberufen ganz zu verbannen.

Wie Deborah Thom hervorhebt, hatte der Krieg die Tendenz, soziale Denkmuster, die schon vor dem Krieg geherrscht hatten, eher noch zu verstärken: Fast einhellig betrachtete man Arbeiterinnen als ipso facto schwache Geschöpfe, Frauen als die »mothers of the race«. Es ist auch gar nicht zu bestreiten, daß der Krieg alle sozialen Gesetze außer Kraft setzte, daß er die Arbeits- und Lebensbedingungen verschlechterte (zum Beispiel durch übervölkerte Vorstädte oder ein defektes Verkehrswesen) und daß er die Arbeiterinnen, zumal in den Rüstungsbetrieben, einer anstrengenden und gefährlichen Arbeit aussetzte. Zahlreiche zeitgenössische Aussagen[61] belegen, daß die Frauen ihre Stellen bei guter Gesundheit antraten, sich dann in elf- oder zwölfstündigen Tages- und Nachtschichten aufrieben und ihre Gesundheit oder sogar ihr Leben einbüßten. Spezielle Ausschüsse[62], die 1915 in Großbritannien und später auch in Frankreich und Deutschland gegründet wurden und sich aus Beamten, Industriellen, Gewerkschaftern, Ärzten und Feministinnen zusammensetzten, forderten eine eigens auf die Arbeiterinnen in den Rüstungsbetrieben zugeschnittene Sozialpolitik: Arbeitszeitregelungen, die Einrichtung von Kantinen, Ruheräumen und

Kinderkrippen. Doch wurde diese Politik oft nur halbherzig verfolgt – sogar in England, das in der Sorge für das Wohl der Arbeiterin als Musterland galt (allein 1917 wurden 108 Kinderkrippen eingerichtet) –, sie hatte kaum Auswirkungen auf Kleinbetriebe, bot oft keine Lösung für das entscheidende Problem der Kinderbetreuung und ließ die zahlreichen Berufskrankheiten, an ihrer Spitze die TNT-Vergiftung, völlig außer acht.

In Deutschland, wo die Produktionssteigerung oberste Priorität genoß, zeitigte diese Sozialpolitik nur begrenzte Resultate, obwohl Kaiserin Auguste Viktoria sich persönlich für sie einsetzte. Als Erfolg zu werten war vornehmlich die Einstellung von sogenannten »Fabrikpflegerinnen« in den Großunternehmen; sie entsprachen den *Lady welfare supervisors* in Großbritannien und rekrutierten sich ausnahmslos aus dem Mittelstand und aus Frauenorganisationen. Ihnen oblag die Sorge für das Wohl der Arbeiterinnen innerhalb und außerhalb der Fabrik. Dieser Hilfsdienst von Frau zu Frau, Auftakt eines geschlechtsdifferenzierten Personalmanagements und Vorstufe zu einem neuen Beruf im Sozialbereich, entsprang dem Traum von sozialer Eintracht und Geschlechtersolidarität und stellte den Versuch dar, bürgerliche Verhaltensmuster in eine proletarische Umgebung zu tragen. In Großbritannien blieb dieses Konzept ungeachtet seiner wohltätigen Folgen unpopulär. In Frankreich wurde die Position der Fabrikpflegerin erst viel später und gegen etliche Widerstände eingeführt, konnte sich dann aber behaupten und war geprägt von pronatalistischen Tendenzen.[63] In diesem Land, wo man beides haben wollte: Granaten und Kinder, versuchte man zunächst, Berufstätigkeit der Frau und Mutterschaft zu vereinbaren, insbesondere durch das Engerand-Gesetz vom August 1917 über die Einrichtung von »Stillräumen«. Ein Jahr später propagierte man die Aufgabe der Frau, für einen reichen Nachwuchs zu sorgen.

Der harte Kern: die Familie

Mehr denn je zuvor war die weibliche Sexualität eingespannt zwischen zwei Alternativen: Mutterschaft oder Prostitution. Die Familie galt als Kernzelle der Gesellschaft. Während man in den USA der »Gefahr« der Sexualität übertriebene Aufmerksamkeit schenkte, hatte in Europa die sexuelle Doppelmoral, die von den Feministinnen so heftig gegeißelt wurde (allerdings eher im Namen eines Reinheitsideals als einer befreiten Sexualität), patriotische Züge. Auf der einen Seite verurteilte man die »Sittenlosigkeit des Weibes«, stilisierte sie gar zum Verrat und ging mit entsprechenden Zwangsmaßnahmen gegen sie vor; auf der anderen Seite organisierte man die Prostitution als notwendige, ja legitime

Einrichtung zur Entspannung des Frontkämpfers. In Deutschland wurden »unpatriotische Frauen«, die ihre Männer betrogen, zumal die vielen Frauen auf dem Lande, die Beziehungen zu Kriegsgefangenen unterhielten, in den Zeitungen angeprangert und hatten mit Geldstrafen oder Haft zu rechnen. In Frankreich traf die ganze Härte des Gesetzes die ehebrecherische Frau, während der Soldat, der sie in flagranti ertappt und umgebracht hatte, mit Nachsicht rechnen konnte. Die Britinnen wurden wie die Kinder überwacht; ihnen drohte im Falle der »Unwürdigkeit« die Streichung der Sozialleistungen. In manchen Städten in der Nähe von militärischen Ausbildungslagern war es ihnen sogar untersagt, *pubs* zu besuchen oder abends auszugehen.

Ausgerechnet in Großbritannien, dem Land der Sozialreformerin Josephine Butler, die gegen die staatliche Reglementierung der Prostitution eingetreten war, regten die Militärbehörden, allerdings vergeblich, die Wiedereinführung des berüchtigten Contagious Diseases Act und damit eine drakonische Kontrolle der Prostituierten an. In den anderen Staaten machte der Krieg dem Freigang der Prostituierten ein Ende – Alain Corbin hat dies für Frankreich beschrieben –, brachte die Rückkehr zu Freudenhäusern und Militärbordellen – in Italien *casini del soldato* genannt – und gab den Anhängern einer Reglementierung der Prostitution erneuten Auftrieb.[64] Die Prostituierten wurden registriert, sie standen unter ständiger medizinischer Kontrolle und wurden gegebenenfalls zwangsweise ins Krankenhaus eingeliefert. Die illegal arbeitende Prostituierte wurde gerichtlich verfolgt und zuweilen der Spionage oder gar der »bakteriologischen Kriegführung« verdächtigt! Mehr noch als die Tuberkulose fürchtete man die Geschlechtskrankheiten, die nach allgemeiner Meinung die Wehrkraft des Volkes zersetzten und die Gesundheit der Rasse ruinierten; das führte zur Einrichtung von Beratungsstellen für Geschlechtskrankheiten, in denen die Soldaten über Vorbeugungsmaßnahmen aufgeklärt und immer systematischer überwacht wurden. Und dennoch – wie viele Ehemänner mochte es geben, die während des Heimaturlaubs ihre Frau ansteckten . . .

Soll man der Schriftstellerin Colette Glauben schenken, die bei den Frontsoldaten ein »Verwaisungssyndrom« diagnostizierte, das sie in der Ehefrau mehr die Mutter als die Geliebte suchen ließ? Die historische Forschung formuliert erst ansatzweise die gegenseitigen Erwartungen der Geschlechter, könnte aber vielleicht in der abwertenden Art, wie damals über Sexualität gesprochen wurde (und die uns in Zeitungen und Theaterstücken ebenso begegnet wie in Briefen) auch einen Hinweis auf die Abwertung des Frauenbildes finden.[65]

Die Geschichte der Familie spiegelt den dialektischen und widersprüchlichen Charakter des Konfliktes sicherlich am besten wider.

Durch die militärische und industrielle Mobilisierung griff der Krieg störend ins Familienleben ein; gleichzeitig setzte er aber politische und soziale Kräfte frei, die der Familie ihre alte Gestalt zurückzugeben vermochten. In Abwesenheit der Männer trat »Vater Staat« – wie es im Deutschen bezeichnenderweise heißt – als Repressionsinstanz und Ernährer zugleich auf und garantierte somit die Vorrechte des Familienoberhauptes. In Frankreich etwa, wo die verheiratete Frau juristisch als unmündig galt, bescheinigte ihr das Gesetz vom 3. Juli 1915 das Elternrecht und die Geschäftsfähigkeit auch ohne Genehmigung ihres Gatten, sofern die Dringlichkeit der Sache von der Justiz bestätigt wurde und der eingezogene Ehegatte verhindert war, seinen Aufgaben nachzukommen. Andererseits erhielten bislang marginale Bewegungen (zur Geburten-, Familien- und Gesundheitsförderung) durch das Sterben der Männer im Feld und die sinkende Geburtenrate Auftrieb. Sie unterstützten die Einleitung einer mit Repressionen und Anreizen arbeitenden Bevölkerungspolitik und die Entwicklung einer Gesundheits- und Sozialpolitik speziell für Mütter und Kinder. Diese Entwicklungen wiesen, wenn auch zeitlich versetzt und unterschiedlich nuanciert, in allen Staaten eine erstaunliche Ähnlichkeit auf.[66]

In Frankreich, wo der Malthusianismus Tradition hatte und die Sozialgesetzgebung noch sehr im argen lag, war die Kriegspostkarte mit ihren endlosen Variationen über das Thema Liebe, Kinder und Familie Ausdruck einer kindzentrierten nationalen Kultur und bewies die zunehmende Popularität einer pronatalistischen Ideologie. Doch wurden einschlägige geburtenfördernde Maßnahmen – während des Krieges noch kontrovers diskutiert – erst später ergriffen. Den Anfang machten die berühmten Gesetze von 1920 und 1923, die die Propagierung von Methoden der Empfängnisverhütung untersagten und das Abtreibungsgesetz modifizierten. In Großbritannien zeitigte die im vorangehenden Jahrzehnt begonnene und sich rapide ausweitende Kampagne zum Schutz von Mutter und Kind erste Früchte: Die Anzahl der Zentren zum Schutz von Mutter und Kind verdoppelte sich, 1918 wurde der Maternal and Welfare Act verabschiedet, 1919 ein eigenes Gesundheitsministerium geschaffen. Indes waren diese Entwicklungen mit immer heftigeren Ausfällen gegen die Frauenerwerbstätigkeit und mit Vorwürfen gegen erwerbstätige Mütter verbunden (etwa in den National Baby Weeks Campaigns von 1917/18), die auf Zwangsvorstellungen über die zahlenmäßige Diskrepanz zwischen den Geschlechtern beruhten: Es galt, die Männer zu retten. In Deutschland, wo der Krieg und ein neuerdings verändertes generatives Verhalten zu einem drastischen Geburtenrückgang führten, reagierte der Staat, von gegensätzlichen Strömungen beeinflußt, mit einem grandiosen, aber kaum in die Tat umgesetzten Programm zur Förderung der öffentlichen

Gesundheit und der prinzipiellen Bereitschaft, strenger gegen Empfängnisverhütung und Abtreibung vorzugehen. Diese Politik stand im Zeichen einer organizistischen Ideologie der »Volksgemeinschaft«: Die Familie war die Keimzelle des Volkes, Geburtenbeschränkung eine Entartungserscheinung und Mutterschaft eine lebenswichtige Funktion, die man nicht in das Belieben der einzelnen Frau stellen konnte. Die Sozialdemokraten wie die Feministinnen des BDF waren zwar über dieses Eingreifen des Staates in das Privatleben empört, doch auch sie bezeichneten die Mutterschaft als natürliche Pflicht oder als höchste Erfüllung der Frau, ja als aktiven Dienst der Frauen am Vaterland. Auch Mutterschaft, sagten die radikalsten Franzosen, müsse als echter »Blutzoll« gelten, der hienieden eine elementare Gerechtigkeit zwischen den Geschlechtern herstelle.

Fürs erste gelang es den Propagandisten der Geburtenförderung nicht, das Fortpflanzungsverhalten der Menschen zu verändern. Die Geschlechtspartner verstanden es, die Zahl der Geburten durch Coitus interruptus oder durch Abtreibung zu verhindern – eine verbreitete Praxis, die durch die Verpönung aller empfängnisverhütenden Maßnahmen nur noch gefördert wurde. Die Frauen als Hauptbetroffene hatten oft nicht den Mut oder die Kraft, angesichts der Kriegsumstände Kinder in die Welt zu setzen.

BLUTZOLL

Ist es verfehlt, vom Leiden der Frauen zu sprechen, so lange der Tod keine Rolle spielte? In ihrem Gedicht »Non-Combatant« artikuliert die Engländerin Cicely Hamilton die Not des »müßigen Mundes« *(idle mouth)*; andere formulieren das Schuldgefühl der Frau angesichts des Opfers der Männer, die Schande, zu leben, während die Männer sterben.[67]

Tod der Männer, Leid der Frauen

Selbst wenn man den Bürgerkrieg und den Interventionskrieg in Rußland nicht mitrechnet, waren die Verluste an Menschenleben im Ersten Weltkrieg enorm: Sie beliefen sich auf fast neun Millionen. Der frisch und froh begonnene Krieg war schnell zu einem grausamen Schlachten geworden. Ein kleines Land wie Serbien verlor ein Viertel aller eingezogenen Soldaten, Frankreich 1,3 Millionen Männer, das heißt zehn Prozent der männlichen Erwerbsbevölkerung bzw. über drei Prozent der Gesamtbevölkerung, Deutschland mit 1,8 Millionen Männern knapp drei Prozent, Italien und Großbritannien jeweils rund 750 000 Soldaten. Die meisten Gefallenen waren junge Männer.

Während die militärischen Operationen die Anzahl der Frontsoldaten dezimierten, verschonten sie die Zivilbevölkerung – zumindest im Westen, wo die Front bald zum Stehen kam. In der Etappe machte sich der Krieg »nur« durch gelegentliche Bombardements bemerkbar, welche kaum mehr Todesopfer forderten als die Explosionen in den Munitionsfabriken, die man vor der Bevölkerung sorgfältig geheimhielt: In Großbritannien kamen auf diese Weise 1500 Menschen um, in Paris 600, vor allem 1918, als der Beschuß durch die berühmte »Dicke Bertha« den Gothas zuvorkam. Erneut flohen die erschrockenen Pariser, wie schon 1914, vor den anrückenden deutschen Truppen scharenweise aus der Stadt.

Hinter diesen nüchternen Zahlen muß man sich unzählige herzzerreißende Abschiedsszenen, seelische und sexuelle Vereinsamung, materielle Not, das bange Warten auf Feldpost und den Schock der Unglücksnachricht denken: der Ehemann, der Geliebte verwundet, gefangen, verschollen oder »auf dem Felde der Ehre gefallen«. Die Schar dunkel gekleideter Frauen mit langem Trauerschleier verlieh allen öffentlichen Orten eine düstere Note. Jedes Land hatte seine eigenen historischen oder literarischen, zuweilen auch religiösen Quellen, die den Frauen vermittelten, sie seien dazu da, Mut zu spenden, und müßten, ohne zu klagen, den Sohn oder den Ehemann hingeben und stoisch deren Tod akzeptieren. Aber die Einstellung der Frauen selbst, die Briefen, Polizeiberichten und vorwurfsvollen Äußerungen von Patrioten zu entnehmen ist, entsprach diesen Forderungen nicht immer, und zwar um so weniger, je länger der Krieg dauerte und den Tod immer alltäglicher und unerträglicher machte. Mochte die öffentliche Meinung den Müttern auch gerne vorwerfen, die Autorität des Mannes nicht ersetzen zu können und die kleinen Jungen falsch zu erziehen – den Schmerz der Mutter um ihren toten Sohn wagte niemand anzutasten. Hingegen sahen sich die Kriegerwitwen (in Frankreich und Deutschland jeweils rund 600 000, in Großbritannien über 200 000) dem Verdacht ausgesetzt, eher »lustige Witwen« zu sein als in ewiger Treue nur mehr dem Gedenken an den teuren Verstorbenen zu leben. Um diesem christlich-patriotischen Frauenideal zusätzlich aufzuhelfen, schlug der Schriftsteller Maurice Barrès ein »Wahlrecht der Toten« vor, das heißt die Übertragung der Stimme des Gefallenen auf seine Witwe. In Deutschland, wo es den Frauenrechtlerinnen nicht gelungen war, eine Entlohnung für Mütter durchzusetzen, erfolgte deren materielle Unterstützung im Namen der »Heldenkinder«, galt also als Ehrenpflicht des Vaterlandes gegen seine Soldaten und ging mit einer strengen Kontrolle des Privatlebens der

Frauen einher. Die Gesetze von 1919 (in Frankreich) und 1920 (in Deutschland) verbesserten zwar, spät genug, die häufig katastrophale Lage der Kriegerwitwen; dennoch wurden diese Opfer des Krieges, wie Karin Hausen hervorhebt, mehr als vernachlässigt.[68]

Immerhin setzte sich die Gruppe der Opfer sehr ungleich zusammen. Zu der Ungleichheit des Witwenschicksals trat die soziale Ungleichheit; die Frauen von Bergarbeitern, Lokomotivführern oder Facharbeitern besaßen das unerhörte Privileg, einen Mann zu haben, der nicht an der Front stand, ja der sogar nach wie vor an ihrer Seite leben durfte. In Frankreich waren die am meisten betroffenen Bevölkerungsgruppen einerseits die Bauern, die den größten Teil der Infanterie stellten, und andererseits Hochschüler, Studenten und junge Freiberufler, aus denen sich die Offizierskorps rekrutierten. In Großbritannien äußerte sich die Eugenics Education Society, deren Präsident der jüngste Sohn Darwins war, besorgt über den Verlust gerade der wertvollsten zeugungsfähigen Männer (aus dem Mittelstand und der Oberschicht) und versuchte, die Öffentlichkeit davon zu überzeugen, daß kriegsbedingte Verletzungen nicht erblich seien.[69] Bedauernswert waren junge Frauen, deren Verlobte verstümmelt aus dem Krieg heimkehrten oder die durch das zahlenmäßige Übergewicht der Frauen nach dem Krieg zur Ehelosigkeit verurteilt waren. Solche »weißen Witwen« suchte man für die Zukunft mit einer Art Ersatzmutterschaft zu trösten: Sie sollten hingebungsvolle Tanten werden oder sich in sozialen Einrichtungen für Mütter und Kinder engagieren.

Diese Einschnitte in das persönliche Leben waren verhältnismäßig harmlos, auch wenn sich hinter jedem von ihnen ein Einzelschicksal verbarg. Ganz anders war das Los derer, die vom Tod betroffen waren: beim Einmarsch der feindlichen Truppen und während der Besatzungszeit, über die wir, was die Gebiete im Osten betrifft, noch so wenig wissen, oder durch die Hungersnöte, von denen Rußland und die Mittelmächte so grausam heimgesucht worden waren.

Geprüfte Frauen

In Frankreich haben die schweren Jahre der nationalsozialistischen Besatzung die Erinnerung an die Besetzung Nordostfrankreichs während des Ersten Weltkrieges verdrängt. Dort war der Einmarsch der Deutschen mit einer Unzahl von Greueltaten einhergegangen (Niederbrennen ganzer Ortschaften wie Orchies oder Gerbéviller, Vergewaltigung von Frauen, Exekution von Geiseln) und hatte einen riesigen Flüchtlingsstrom ausgelöst. Insgesamt mußten im Zuge der jeweiligen Frontverlagerungen drei Millionen Menschen Haus und Hof verlassen,

nicht eingerechnet die 500000 Umsiedler, die die Deutschen ziehen
ließen, ohne sich um ihre Versorgung zu kümmern – hauptsächlich
Frauen, Kinder und alte Leute. In Reims, der »Märtyrer-Stadt«, die das
Pech hatte, zu nahe an der Front zu liegen, hausten die fast 20000 Einwohner in ihren Champagnerkellern, bis sie Ostern 1917 unter einem
neuen schweren Bombenhagel zwangsevakuiert wurden. Während das
besetzte Belgien einem Generalgouverneur unterstellt wurde, lag in
Frankreich alle Gewalt bei der Besatzungsarmee, die eine administrative Schreckensherrschaft mit Plünderungen und Zwangsarbeit für
Frauen wie für Männer errichtete. Die ausgehungerte Bevölkerung der
Städte überlebte nur dank der amerikanischen Lebensmittelversorgung
und litt schwer unter Krankheiten und erhöhter Sterblichkeit. Auf etwas
mehr als zwei Millionen Menschen kamen während der vier Kriegsjahre nur 19000 Eheschließungen; 93000 Geburten standen 190000
Todesfälle gegenüber. Im Sommer 1915 war die holländisch-belgische
Grenze unter Strom gesetzt worden, und die Deutschen zerstörten die
von glühenden Patriotinnen aufgebauten illegalen Fluchtkanäle und
Untergrundorganisationen. Edith Cavell, eine britische Krankenschwester, die in Brüssel eine Pflegestation leitete, wurde am 11. Oktober
hingerichtet; andere Widerstandskämpferinnen wurden in der Festung
Siegburg eingekerkert, wo 1918 Louise de Bettignies starb, eine junge
Frau aus Lille, die für den Intelligence Service gearbeitet hatte. Die
Massendeportationen von 1916 (aus den Städten in abgelegene Dörfer), von der französischen wie der internationalen Öffentlichkeit heftig angeprangert, hörten zwar bald auf, blieben aber das deutsche
Kriegsverbrechen par excellence, besonders in den Augen der Frauenverbände, die ihre Schwesterorganisationen in den alliierten Staaten
aufriefen, die Friedenskonferenz zu alarmieren und sich für die Bestrafung aller Akte der Barbarei und der Übergriffe gegen Würde und Ehre
der Frauen einzusetzen – in der Hoffnung, dieses böse Vorbild ein für
allemal aus der Welt zu schaffen ...

Jay Winter macht auf ein merkwürdiges Paradoxon dieses Krieges
aufmerksam, das anhand demographischer Vergleiche ersichtlich wird:
den unerwarteten Anstieg der Lebenserwartung in der britischen Bevölkerung. Dieser für den Sieg notwendige Erfolg war freilich weniger der
englischen Gesundheitspolitik als dem – besonders in der Arbeiterklasse deutlichen – hohen Lebensstandard zu verdanken und erklärte
sich ebenso aus der Effizienz des britischen Verwaltungssystems wie
aus den finanziellen Mitteln, die dem Land die Herrschaft über die
Meere sicherten. Die von Lloyd George verfolgte Interventionspolitik,
die 1918 in der Einführung einer umfassenden Rationierung gipfelte,
ersparte den Briten schwere Hungersnöte.[70] Mehr noch als die französische Zivilbevölkerung, die in den harten Kriegswintern unter der

Kohleknappheit zu leiden hatte, vermochten die Engländer auszuharren, wenn auch unter mancherlei Unannehmlichkeiten, die diesseits und jenseits des Ärmelkanals gleich waren: Man mußte Schlange stehen, Graubrot essen und ohne Fleisch, Alkohol und Tabak auskommen. Auch wurden die englischen Hausfrauen, freilich mehr aus patriotischen als aus ernährungswissenschaftlichen Gründen, aufgefordert, sich einzuschränken, die Eßgewohnheiten ihrer Familie zu ändern und zwecks Energieeinsparung die Hausarbeit zu rationalisieren. Trotz des allgegenwärtigen Mangels und der unbestreitbaren Überlastung der arbeitenden Mütter, die sich in Frankreich in einem Anstieg der Kindersterblichkeit niederschlug, war der Krieg doch zuweilen so weit vom Alltag entfernt, daß man ihn vergessen und in die Vergnügungen und zum Rhythmus des Friedens zurückfinden konnte. In Paris wich die patriotische Nüchternheit der ersten Kriegsmonate schon bald einem regen Unterhaltungsleben, in dem die Variétés mit ihren Revuen und die amerikanischen Fortsetzungsfilme, die das französische Kino vom Sockel stürzten, sich größter Beliebtheit erfreuten.

In Ermangelung einer effizienten Kontrolle der Ernährungspolitik und des gesamten Wirtschaftslebens gelang es den durch die Blockade arg bedrängten Mittelmächten allerdings nicht, einen Modus zu finden, der gleichzeitig die Versorgung der Armee und der Zivilbevölkerung sichergestellt hätte. Letztere hatte die schlimmen Folgen zu tragen; Ute Daniel schätzt, daß in Deutschland 700000 Menschen an Fehlernährung starben. Am schlimmsten betroffen waren städtische Familien mit einem fixen Einkommen sowie kinderreiche Familien; zwischen 1913 und 1918 hat sich die Sterblichkeit bei Schulkindern – die weniger gut versorgt wurden als Kleinkinder – und bei jungen Frauen zwischen fünfzehn und dreißig Jahren fast verdreifacht. Die Rationierung wurde im Januar 1915 eingeführt und erfaßte im darauffolgenden Jahr praktisch alles, bis hin zu Eicheln und Kastanien; sie ließ den Fleischverbrauch auf das Niveau von 1800 zurückfallen und erreichte ihren Höhepunkt im Jahr 1917 mit dem berüchtigten »Kohlrübenwinter«, in dem dieses Gemüse viele andere Lebensmittel, sogar die Kartoffeln, ersetzen mußte. Der Kohlrübenwinter erzwang von den entkräfteten Hausfrauen ein ewiges Schlangestehen (im Volksmund »Polonaise« genannt) und die Rückkehr zu den Formen einer in der Stadt anachronistischen Subsistenzwirtschaft, die in krassem Widerspruch zu den modernen Aspekten der Kriegswirtschaft stand; und er brachte die Frauen – im Westen zum letzten Mal – dazu, an die subversive Tradition der aufsässigen Frau aus dem Volk anzuknüpfen. In der Zivilbevölkerung, deren Geisteshaltung der Staat argwöhnisch verfolgte, waren die Frauen aus der Unterschicht in der Tat die ersten, die den Krieg und alle, die von ihm profitierten, kritisierten und Überlebensstrategien entwickelten, die sich mit der Zeit fatal auf die Versorgungspolitik auswirkten: Sie trieben einen schwunghaften Handel mit Lebensmittelkarten, stahlen Eßbares aus Geschäften und von den Feldern und versorgten sich illegal auf dem Schwarzmarkt oder durch Tauschgeschäfte mit Bauern. Wie alle »Sonntagshamsterer« oder die Banden ausgehungerter Jungen, zogen diese Frauen von Hof zu Hof, um etwas Eßbares zu ergattern. Ihre Zahl wuchs, und während sie sich immer weniger um Gesetze und Kontrollen kümmerten, gebärdeten sie sich immer wilder: Seit 1916 organisierten sie Hungerrevolten, die in deutschen Städten zu bürgerkriegsähnlichen Zuständen führten, während die Männer in wohlgeordneten Reihen demonstrierten und die Führer der Arbeiterbewegung diese »triebhaft-spontanen« Übergriffe verurteilten: Mit solchen Exzessen, so hieß es, brachen die Frauen den »Burgfrieden« im Lande, untergruben Autorität und Legitimität des kaiserlichen Staates und betrieben seinen Untergang.[71]

Zu allem Überfluß brach über diese ohnehin geschwächte Bevölkerung, wie über den Rest der Welt, gegen Kriegsende eine Katastrophe herein, gegen die man machtlos war: die sogenannte spanische Grippe. In drei aufeinanderfolgenden, mörderischen Wellen raffte die Epidemie zwischen Frühjahr 1918 und Frühjahr 1919 vor allem junge Männer und Frauen dahin und überschattete den Waffenstillstand. Ende Oktober 1918 wußte man in Paris nicht mehr, wo man die Särge und Leichenwagen für die 300 Toten täglich hernehmen sollte.

So schuf der Krieg zwei ungleiche Lager, erhob so ungleichen Tribut, daß in Deutschland die klassische abendländische Unterscheidung zwischen Kämpfenden und Nichtkämpfenden gegenstandslos wurde und an ihre Stelle die soziale Unterscheidung zwischen Frauen und Familien der Unterschicht einerseits und Kriegsgewinnlern andererseits trat. Doch müßte man die Perspektive verändern, um die wahre Beschaffenheit des Kriegslebens genau in den Blick zu bekommen. Die »große« Geschichte setzt sich aus lauter kleinen Geschichten von Familien und Individuen zusammen, deren Lebensberichte einander zuweilen ähneln. Unter diesen Berichten zeichnet sich das Werk von Vera Brittain (1893–1970) insofern als ein außergewöhnliches Dokument aus, als es den zerstörerischen Charakter des Krieges und parallel dazu die Entwicklung einer Frau zur Feministin und Pazifistin beschreibt. Während ihre Schriften der Kriegszeit (ihre Briefe und ein Tagebuch) noch ein Gefühl des Hin- und Hergerissenseins zwischen einem idealistischen Patriotismus und den Schrecken des Krieges, mit denen sie im Krankenhaus konfrontiert wurde, bezeugen, war ihre spätere Autobiographie ein wahrhaftes Manifest gegen den Krieg und verkündete ihre Hinwendung zu einem christlichen Pazifismus, der vom Glauben an das zutiefst pazifistische Wesen der Frau getragen war.[72]

KRIEG DER MÄNNER, FRIEDE DER FRAUEN?

Im Frühjahr 1915 appellierte Romain Rolland, geschmähter Verfasser einer Sammlung von pazifistischen und versöhnlichen Essays unter dem Titel *Au-dessus de la mêlée,* an die Frauen Europas, sie sollten »der lebendige Friede inmitten des Krieges, die ewige Antigone [sein], die sich dem Haß verweigert und, wenn sie leiden, zwischen ihren feindlichen Brüdern nicht mehr zu unterscheiden weiß«.[73]

Ist die Frau von Natur aus pazifistisch? Pazifistisch, weil sie Mutter ist? Gibt es eine spezifisch weibliche Moral? Sind Feminismus und Pazifismus nicht voneinander zu trennen? Diese Fragen wurden 1914 gestellt, und sie werden auch heute noch gestellt. Sie provozieren militante Antworten, die oft mit bestimmten Konzeptionen des Feminismus verbunden sind.[74] Es ist nicht immer leicht, bei der Interpretation vergangener Ereignisse von diesen Konzeptionen abzusehen. Man muß aber festhalten, daß im Ersten Weltkrieg der Nationalismus bei Frauen wie bei Männern ausgeprägter war als der Pazifismus und daß die Opposition gegen diesen Krieg überall gescheitert ist. Wenn es mangels einschlägiger historischer Forschungen auch schwer ist, die pazifistische Frauenbewegung in die Gesamtbewegung des Pazifismus einzuordnen, so ist es doch möglich, ihr Scheitern zu verstehen.

1914 erschien der Feminismus als internationale Bewegung, die durch eine gemeinsame Forderung (das Wahlrecht), durch das wachsende Interesse an Fragen der Mutterschaft und durch zahlreiche Kontakte der Feministinnen untereinander zusammengehalten wurde. Schon seit langem war der Feminismus für Frieden eingetreten – 1899 und 1907 hatten große Demonstrationen stattgefunden – und suggerierte, mit der Einführung des Frauenstimmrechts werde es keine Kriege mehr geben; er blieb jedoch die Antwort auf die Frage schuldig, welche Haltung die Frauen einnehmen würden oder sollten, falls es dennoch zu einem bewaffneten Konflikt kam. 1888 wurde auf Anregung amerikanischer Frauen der Internationale Frauenrat (International Council of Women, ICW) gegründet, an dessen Spitze die Engländerin Lady Aberdeen stand; er zählte 15 Millionen Anhängerinnen und war in 25 Nationen vertreten. Die radikalere Internationale Vereinigung für das Frauenwahlrecht (International Woman Suffrage Association, IWSA, gegründet 1904 in Berlin) bereitete für Herbst 1914 einen Kongreß unter Leitung der Amerikanerin Chapman Catt vor. In diesen internationalen Kreisen wurde der BDF wegen seiner traditionalistischen Haltung kritisiert, die sich seit der Eingliederung des Evangelischen Frauenbunds und der 1910 erfolgten Ablösung Marie Stritts durch Gertrud Bäumer noch verstärkt hatte. In der internationalen Bewegung der sozialistischen Frauen, deren erstes Ziel die Solidarität der Arbeiterklassen war und die alle »bürgerlichen Frauen« verachtete, dominierten hingegen deutsche Frauen (175000 von ihnen waren in der SPD, dagegen nur 1500 französische Frauen in der SFIO) sowie die starke Persönlichkeit Clara Zetkins.[75]

Aber der Krieg zerschlug die feministischen Internationalen, so wie er die Internationale der Arbeiterbewegung zerschlug. »Solange der Krieg dauert, sind auch die Frauen des Feindes unser Feind«, schrieb Jane Misme in *La Française* vom 19. November 1914. So wie die Feministinnen der kriegführenden Staaten ihre Forderungen im Namen eines Burgfriedens hintanstellten, sagten sie sich von ihren internationalen Verbänden los und huldigten einem »National-Feminismus«, der einerseits die Frauen dazu aufrief, dem Vaterland zu dienen, und andererseits die neutralen Staaten zu bewegen suchte, sich auf der »richtigen« Seite zu engagieren, und der sich allen Bestrebungen widersetzte, den Konflikt unblutig beizulegen oder das auf allen Seiten verfolgte Kriegsziel des Sieg-Friedens fallenzulassen. Als Speerspitze des weiblichen Patriotismus wollten diese Frauen den Frontkämpfern Mut spenden und zugleich aktiv den Kampf um »die nationale Sache« propagieren. Wütend bekämpften sie ihre früheren Weggefährtinnen, die dem Ideal des Pazifismus treu geblieben waren, und warfen ihnen Verblendung, ja sogar verbrecherischen Defaitismus vor. Während des ganzen Krieges blieben sie unerbittlich; weder das Bröckeln des Burgfriedens noch die Erschöpfung der Etappe und der Frontkämpfer vermochten sie zu rühren.

Das Scheitern des weiblichen Pazifismus

In den pazifistischen Initiativen, die den Krieg vor allem in den ersten Jahren begleiteten, konnte der Feminismus seinen Platz behaupten. Diese Initiativen wurden getragen von einer radikalen und bedrängten Minderheit in den kriegführenden Staaten und von größeren Gruppen in neutralen Staaten wie den Niederlanden, den skandinavischen Ländern und natürlich den USA, wo eine progressiv eingestellte Bewegung jeden Krieg dank des zivilisatorischen Fortschritts der Menschheit für unmöglich hielt. Die Anfänge der Women's Peace Party (WPP) waren vielversprechend. Diese erste pazifistische Frauenorganisation wurde im Januar 1915 in Washington gegründet, und zwar im Rahmen einer Frauenkonferenz für den Frieden, die von der berühmten Reformerin Jane Addams einberufen worden war, nachdem zwei pazifistisch eingestellte europäische Frauenrechtlerinnen eine Vortragsreise durch das Land veranstaltet hatten. Ein Jahr später zählte die WPP bereits 25000 Anhängerinnen aus allen Kreisen der Gesellschaft. Sie versuchte, ein

Bündnis aller amerikanischen Pazifisten zu erreichen, kämpfte gegen die wachsende Kriegsbegeisterung und trat für eine Vermittlung zwischen den kriegführenden Parteien durch neutrale Staaten ein. Die WPP verteidigte vor allem den Gedanken einer Gemeinschaft aller Frauen gegen den Krieg und beteiligte sich am Kongreß in Den Haag.

Der internationale Kongreß für den künftigen Frieden wurde von einigen radikalen Frauen (Jane Addams, der holländischen Ärztin Aletta Jacobs u. a.) in Den Haag organisiert, nachdem Frankreich und Großbritannien eine neuerliche Einladung des niederländischen Frauenwahlrechtsverbands durch die IWSA verhindert hatten. Vom 28. April bis zum 1. Mai 1915 protestierten 800 Niederländerinnen, 28 Deutsche aus der Gruppe um Anita Augspurg, 47 Amerikanerinnen, sechzehn Schwedinnen, zwölf Norwegerinnen, zwei Kanadierinnen, eine Italienerin, drei Belgierinnen und drei Engländerinnen gegen den Krieg und erörterten – lange vor den berühmten 14 Punkten Präsident Wilsons – die Voraussetzungen für einen künftigen dauerhaften Frieden: Zwangsschlichtung von Konflikten, Achtung der nationalen Selbstbestimmung, Erziehung der Kinder zum Frieden, aber auch das Frauenwahlrecht. Aus dem Kongreß ging das »Internationale Frauenkomitee für dauerhaften Frieden« hervor, das sich 1919 in »Internationaler Frauenbund für Frieden und Freiheit« umbenannte. Das Komitee beauftragte die Delegierten, die verabschiedeten Resolutionen überall auf der Welt bekannt zu machen, den Kontakt zu Frauenorganisationen zu halten und die neutralen Staaten aufzufordern, die kriegführenden Parteien zur Bekanntgabe ihrer Friedensbedingungen zu veranlassen. Eine französische Sektion, das sogenannte Comité de la rue Fondary, bildete sich um Gabrielle Duchêne, die jedoch sehr schnell als »Feministin im Dienst Kaiser Wilhelms« aus dem Conseil National des Femmes Françaises (CNFF) ausgeschlossen wurde.[76]

Der Historiker Richard Evans hebt den direkten Zusammenhang hervor, den die Pazifistinnen von Den Haag zwischen der Unterjochung der Frau und dem Triumph des Militarismus herstellten; sie spitzten das Argument vom zivilisatorischen Wert des weiblichen Wahlrechts radikal zu und prangerten den Krieg als typisches Männerwerk an. Muß man ihnen also – wie Barbara Steinson der WPP – vorwerfen, daß sie sich durch ihr Festhalten an der Vorstellung von der »friedfertigen Mütterlichkeit« als unfähig erwiesen, die Stereotype der Weiblichkeit hinter sich zu lassen, und hat man hierin einen Grund für ihren Mißerfolg zu sehen? Oder muß man ihren Pazifismus als Humanismus betrachten, der von einer »androgynen« Gesellschaft träumte, welche durch die Gleichstellung der Geschlechter die sittlichen Werte der Frau in sich aufgenommen hätte – Werte wie Achtung vor dem Leben, Förderung des Lebens und Ablehnung von Gewalt als Mittel der Konfliktlösung, die für viele Aktivistinnen mehr mit der sozialen Stellung ihres Geschlechts als mit ihrer Funktion als Gebärerin zu tun hatten?[77]

Wie dem auch sei, an Gründen für den Mißerfolg des weiblichen Pazifismus fehlt es nicht. Eine Konferenz von neutralen Staaten, die im Januar 1916 in Stockholm eröffnet wurde, scheiterte nach kurzer Zeit; ein weiterer pazifistischer Kongreß konnte im Krieg nicht mehr abgehalten werden. Die europäischen Aktivistinnen – mißtrauisch gegenüber den anderen pazifistischen Minderheiten, die im allgemeinen den vom Feminismus postulierten Zusammenhang zwischen Krieg und Männlichkeit bestritten, in ihren eigenen Ländern von Staats wegen kritisiert und verurteilt (in diesem Punkt zeigten sich die Briten am tolerantesten) und von den großen Frauenverbänden abgelehnt – vermochten die weiblichen Massen nicht zu mobilisieren, die sich passiv in ihr Schicksal ergaben oder für das Vaterland begeisterten. Frauen traten nicht nur in Wohltätigkeitseinrichtungen und an patriotischen Ehrentagen in Erscheinung; es gab darüber hinaus letztlich viele »Frontkämpferinnen im Hinterland«, die bereit waren, jeden Drückeberger zu entlarven (in Großbritannien durch eine weiße Feder), Kriegsanleihen zu zeichnen oder zeichnen zu lassen und die Spur des Feindes bis in die Sprache hinein zu verfolgen, die, wie das Französische, vor dem Krieg ganz unbefangen vom »deutschen Schäferhund« gesprochen hatte, von »Wiener Brot« (eine Art Weißbrot) und »Kölnisch Wasser«. Manche Patriotinnen schreckten vor den verrücktesten Einfällen nicht zurück, so Helen Taft, die Nichte von Wilsons Vorgänger im Amt des amerikanischen Präsidenten, die bei jeder Zeichnung von *liberty bonds* auf einer Feuerwehrleiter eine Stufe höher kletterte und für 5000 Dollar bereit war, sich in ein Netz zu stürzen.

In den USA traten ab 1915 immer mehr Frauen Vereinigungen bei, die sich für den Eintritt Amerikas in den Krieg aussprachen *(preparedness movements)*. Besonderer Beliebtheit erfreute sich die *Women's Section of Navy League,* die 1916 100000 Anhängerinnen zählte und Ausbildungslager für Frauen eröffnete, deren Lehrplan allerdings eher hauswirtschaftlicher als militärischer Art war. Auch sie beschworen die Aufgabe der Mütter, ihre Kinder zu beschützen, und hielten der Sentimentalität der Pazifistinnen ihren Realismus entgegen, der sie bewog, sich einer männlichen Einrichtung wie dem Flottenverband anzuschließen. Im Grunde waren der Abbruch der diplomatischen Beziehungen und dann die Kriegserklärung an Deutschland (am 6. April 1917) – gegen die Stimme Jeannette Rankins, der ersten in den Kongreß gewählten Frau – der entscheidende Schlag gegen den Pazifismus. Er hatte die Zersplitterung der WPP zur Folge, deren Mehrheit – um Jane Addams – einen Mittelweg einschlug: Man wollte zivile Hilfsleistungen für die Nation nicht verweigern, gleichzeitig aber den Internationalismus nach dem Krieg vorbereiten. Die meisten anderen Frauenvereinigungen unterstützten Präsident Wilson, aber nur die wenigsten verfielen in übertriebenen Chauvinismus oder ergaben sich der Hexenjagd. Letztlich spielten sie, wie William O'Neill hervorhebt, in der internationalen Frauenbewegung eine beschwichtigende Rolle.

Auch den sozialistischen Frauen war in ihrem Widerstand gegen den Krieg kein Erfolg beschieden, weil die große Mehrheit von ihnen sich hinter ihre Partei stellte und die Politik des Burgfriedens mittrug, weil die Minderheiten mit enormen Schwierigkeiten zu kämpfen hatten und die allgemeine Unzufriedenheit im Volk, die sich in Streiks oder Hungerrevolten Luft machte, nicht zu kanalisieren vermochte. Nachdem Clara Zetkin versucht hatte, die deutsche SPD-Linke zu mobilisieren, richtete sie einen Aufruf an alle sozialistischen Frauen und berief für den 26. bis 28. März 1915 – sechs Monate vor dem Sozialistentreffen in Zimmerwald – eine internationale Frauenkonferenz nach Bern ein, zu der siebzig Frauen aus acht europäischen Ländern kamen. Die dort verabschiedete Resolution war weder feministisch noch defaitistisch, sondern verurteilte den kapitalistischen Krieg und forderte die Frauen des Proletariats – Mütter und Leidensgefährtinnen in Trauer und Not – auf, an Stelle ihrer zum Schweigen verurteilten Männer zu Retterinnen der Menschheit zu werden. Doch war Clara Zetkin, vom 23. Juli bis zum 12. Oktober 1915 inhaftiert und überdies herzkrank, fortan nicht mehr in der Lage, eine aktive Rolle im pazifistischen Kampf zu übernehmen. Die einzige Frau, die sie ersetzen konnte, war Luise Zietz, in deren Händen die nationale Organisation der SPD-Frauen in Deutschland lag; sie schwankte lange zwischen dem von ihrer Partei verordneten Burgfrieden und ihrer persönlichen Ablehnung des Krieges. 1916 wurde ihr verboten, öffentlich Reden zu halten (sie hatte zuviel vom Hunger gesprochen); dann wurde sie aus der SPD ausgeschlossen und trat, wie Clara Zetkin und 20000 weitere Aktivistinnen, der USPD bei, die seit April 1917 die Gegner der SPD-Mehrheitslinie um sich scharte. Dieser Bruch wirkte sich ungünstig auf die sozialistische Frauenbewegung aus, die nun zahlreiche Anhängerinnen und die letzten Reste ihrer Autonomie verlor.

In Frankreich, wo es nur eine Handvoll aktiver Sozialistinnen gab, verschmolz deren Geschichte sehr rasch mit der komplexen Geschichte der französischen sozialistischen Partei und der des Comité pour la reprise des relations internationales (Komitee für die Wiederaufnahme der internationalen Beziehungen). Hier begegneten sich zwei äußerst verschiedene Symbolfiguren: Hélène Brion, Volksschullehrerin und Gewerkschafterin, vor allem aber Feministin, und Louise Saumoneau, die Schneiderin, die ihr eigenes Geschlecht und jedes Klassenbündnis ablehnte. Hélène Brion, die immer dafür eingetreten war, daß Arbeiterorganisationen die Sache der Frauen zu der ihren machten, verwandelte den Prozeß, der ihr wegen Defaitismus gemacht wurde, in ein Plädoyer für den Feminismus und erklärte am 29. März 1918 vor dem Kriegsgericht: »Ich bin eine Feindin des Krieges, weil ich Feministin bin; der Krieg ist der Sieg der brutalen Gewalt, der Feminismus aber kann nicht anders siegen als durch sittliche Gewalt und geistige Größe.«

Diese Erklärung stand der Ideologie von Den Haag näher als dem Sektierertum einer Louise Saumoneau, die Richard Evans scherzhaft einen »General ohne Armee« nennt. Zu Beginn des Krieges in der Groupe des femmes socialistes isoliert, gründete sie zusammen mit zwei russischen Studentinnen das Comité d'action féminine socialiste pour la paix contre le chauvinisme (Aktionskomitee sozialistischer Frauen für Frieden und gegen Chauvinismus), begab sich nach Bern und brachte im Sommer 1915 einige Nummern ihrer Zeitschrift *La Femme socialiste* unter die Leute, dazu lange, unbeholfen formulierte Flugblätter, wahre Schmähschriften gegen die Frauen des Proletariats, die sie als dümmliche Nachäfferinnen bürgerlicher Untugenden und willenlose Geschöpfe mit vernebeltem Gehirn hinstellte. In Wirklichkeit ließen die französischen Arbeiterinnen den Krieg natürlich nicht passiv über sich ergehen; bis zum Herbst 1917 machten sie die Mehrheit der Streikenden auch in den Rüstungsbetrieben aus. Allerdings ging es den streikenden Frauen – auch im Mai und Juni 1917 – in erster Linie um Lohnerhöhungen, was mit den hohen Preisen zusammenhing. Jean-Louis Robert verwahrt sich gegen den Mythos von der pazifistischen Bewegung, die die Pariser Näherinnen ausgelöst hätten, und unterscheidet zweierlei Streiks: den Streik der »midinettes« im Mai, bei dem ausschließlich Lohnforderungen gestellt wurden und der im großen und ganzen erfolgreich verlief, und den umfassenderen der »munitionettes«, der parallel zu den Meutereien an der Front stattfand und ein unbestimmtes Verlangen zwar nicht in erster Linie nach Frieden, doch zumindest nach der Rückkehr der Frontsoldaten ausdrückte.[78]

Feminismus, Nationalismus, Wahlrecht

Ganz unbestreitbar konnten Feminismus und Sozialismus angesichts des Krieges ihre Versprechungen nicht einhalten. Aber analog zu neueren Arbeiten[79], die dazu mahnen, den militanten Diskurs über den »Verrat« der II. Internationale zu beenden und statt dessen den Umfang der sozialen und ideologischen Einbindung der Arbeiterklasse in ihre jeweilige Nation zu analysieren, erscheint es mir notwendig, sich jeg-

lichen Werturteils über das angeblich »falsche Bewußtsein« dieser Frau-
en, die einen verkehrten Kampf gekämpft hätten, oder über die mangelnde Authentizität ihres Feminismus zu enthalten. Richard Evans
erinnert auf überzeugende Weise an den historischen Zusammenhang
zwischen europäischem Feminismus und nationaler Ideologie und an
die mächtigen Zwänge, die zu Beginn des 20. Jahrhunderts aus der
Zugehörigkeit zu einer Klasse oder Nation erwuchsen. Vielleicht kann
man den feministischen Patriotismus auch als Ausdruck eines hoff-
nungsvollen Willens zur Integration verstehen, was den Zielen der
Bewegung entsprach und deutlich wird, sobald man deren Sprache
entschlüsselt. Nehmen wir zum Beispiel die in der Frauengeschichtsschreibung wenig beliebten Pankhursts mit ihren verbalen Entgleisun-
gen und ihrer Radikalisierung, die aus politischen Aktivistinnen ver-
bissene Superpatriotinnen im heroischen Kampf gegen »Hunnen« und
»Bolschewiken« werden ließ: Sandra Gilbert liest aus dem neuen
Namen und der Widmung ihrer Zeitschrift *Britannia* (früher *The Suffragette*) nicht Chauvinismus heraus, sondern die Ahnung, daß der
Krieg die Emanzipation der Frauen in einem feminisierten Staat herbeiführen konnte.[80] Die geschlechtsbezogene Rhetorik, mit der der
patriotische Diskurs der Feministinnen gespickt war – in Frankreich (»*le
cœur*« und »*la* conscience«) nicht anders als in Deutschland (*die* Seele
der Frau, *der* Körper des Mannes) –, hatte zweifellos dieselbe Bedeutung und war von der Hoffnung getragen, die Schlacht des Jahrzehnts
zu gewinnen: die Schlacht um das Frauenwahlrecht.

Das Wahlrecht der Frauen, bereits vor 1914 gefordert, um die
Gleichheit aller Menschen voranzutreiben und gleichzeitig den gesell-
schaftlichen Einfluß der Mütter auf den Kampf gegen soziale Mißstände zu vergrößern, wurde im Krieg zunächst mit dem pazifistischen
Kampf verbunden und dann erneut von patriotischen Feministinnen
auf die Tagesordnung gesetzt, die glaubten, sich hinreichend bewährt
zu haben. »Wahlrecht für die Heldinnen wir für die Helden«, lautete im
November 1915, nach dem Untergang des Lazarettschiffs Anglia, die
Schlagzeile einer englischen Frauenrechtszeitschrift. Muß man das
Wahlrecht – auf die Gefahr hin, den langen Kampf darum zu bagatel-
lisieren – als eine Belohnung betrachten, die den Frauen zum Dank
für ihre Haltung im Krieg gewährt wurde? Das ist jedenfalls die These Arthur Marwicks. Oder muß man mit Richard Evans die politischen,
strukturellen oder kriegsbedingten Faktoren in den Vordergrund stellen, insbesondere die nach Ende des Krieges in vielen Ländern so verbreitete Angst vor einem Umsichgreifen der Revolution? Welche
Bedeutung kam schließlich den radikalen Bewegungen zu, den *mili-
tant women* von der WSPU in England oder der National Women's
Party (NWP) in den USA? Und welche Bedeutung den Organisationen,

die in Zielsetzung und Strategie gemäßigter waren: der National American Woman Suffrage Association (NAWSA) in den USA, der NUWSS in Großbritannien oder der UFSF in Frankreich? Das Phänomen scheint ansteckend gewesen zu sein und nach neutralen und nordischen Ländern wie Dänemark, Island und den Niederlanden, die mit einiger Verspätung den Weg Finnlands einschlugen, auch die kriegführenden Staaten erfaßt zu haben.[81]

In den USA hatte der späte Kriegseintritt für die letzten Kämpfe um das Frauenwahlrecht keine große Bedeutung mehr, auch wenn dessen Befürworter damit argumentierten, dieses Wahlrecht sei für die Kriegsanstrengungen in Europa und für das Gelingen der Demokratie im eigenen Land unentbehrlich. Während daraufhin die Wahlrechtsgegner von Kuhhandel, der Gefahr einer sozialen Revolution und von Verlust der geschlechtlichen Identität sprachen, übte sich die NAWSA, die durch ihre Vorsitzende Carrie Chapman Catt entscheidende Impulse erhielt, in den einzelnen Bundesstaaten und bei Regierungsinstanzen in der hohen Kunst des *lobbying*. Die junge NWP, eine kleine, aber entschlossen agierende Splittergruppe, die das Frauenwahlrecht durch einen Zusatz zur Verfassung erreichen wollte, wandte die englische Strategie an: Bestrafung der Regierungspartei. Nach dem Scheitern der NWP bei den Wahlen von 1916, wo sie in den zwölf Bundesstaaten, in denen Frauen bereits wählen durften, gegen die Demokraten zu Felde gezogen war, hielten NWP-Demonstrantinnen monatelang vor dem Weißen Haus Mahnwachen ab, ketteten sich an Zäune oder legten sich auf die Straße. Die NWP vermied zwar jede Stellungnahme zum Krieg, nutzte aber die deutschlandfeindliche Stimmung im Lande aus und zögerte nicht, den Präsidenten als »Kaiser Wilson« zu titulieren. Der Repressionsapparat, hinter dem auch die NAWSA stand, machte aus den Anhängerinnen der NWP die ersten Opfer des Krieges, aber auch Märtyrerinnen für die Sache der Frau – eine Auseinandersetzung, deren Entscheidung noch drei Jahre auf sich warten ließ: Am 9. Januar 1918 verpflichtete sich Wilson nach jahrelangem Widerstand, dem 19. Verfassungszusatz zuzustimmen, der am folgenden Tag vom Repräsentantenhaus und im Juni 1919 vom Senat verabschiedet und bis August des folgenden Jahres von 36 Bundesstaaten ratifiziert wurde. Indessen fiel der Sieg der Wahlrechtlerinnen in eine politisch reaktionäre Zeit und erfolgte gleichzeitig mit der Einführung der Prohibition. War er also nur eine Abwehrreaktion des weißen und puritanischen Amerika, nur der Versuch des weiß-angelsächsisch-protestantischen Mittelstandes, die Schwarzen, die Einwanderer, die Stadtbewohner zu kontrollieren? Mit einer solchen Behauptung würde man unterstellen, daß der Feminismus im wesentlichen zu einem Konservativismus geworden war, und die Unterstützung verkennen, die der

Wahlrechtsbewegung durch ausländische Gemeinden, wie etwa die jüdische Gemeinde in New York, zuteil wurde.[82]

Dagegen mochte die Einführung des Frauenwahlrechts in den mitteleuropäischen Ländern und in Rußland 1917 durchaus als ein von Liberalen und Reformsozialisten eingesetztes Instrument zur Verhinderung der proletarischen Revolution und zur Stabilisierung der Demokratie nach dem Zusammenbruch der Kaiserreiche erscheinen. Das traf eindeutig für Deutschland zu, wo den Frauen am 30. November 1918 durch Verordnung des Rats der Volksbeauftragten das Wahlrecht zugebilligt wurde, während der Graben zwischen der SPD und den Spartakisten, die die Wahl einer verfassunggebenden Versammlung ablehnten, immer tiefer wurde. Gewiß hatte man im Krieg den deutschen Frauen für ihre Arbeit gedankt, aber nur durch den Frauensonntag im Juni 1915 oder ein Glückwunschtelegramm Hindenburgs an Gertrud Bäumer zum 17. September 1917. In seiner Osterbotschaft von 1917 hatte der Kaiser seinen Untertanen eine stärkere politische Beteiligung versprochen, aber der Reichstag wiederholte gleich zweimal, daß der Platz der Frauen am häuslichen Herd sei.

Auch in Großbritannien hatte der Krieg, ungeachtet der spektakulären Kursänderung von Premierminister Asquith, nur indirekt, durch seine Auswirkungen auf die allgemeine politische Lage, Folgen für das Frauenwahlrecht. Er ließ vor allem Forderungen nach einer Reform des bisher sehr undemokratischen Wahlrechts laut werden, das sich nicht nur am Geschlecht des Wahlberechtigten, sondern auch an seinem Wohnsitz und seinen Vermögensverhältnissen orientierte. Aber das Wesentliche war die defensive Haltung der Wahlrechtlerinnen, die, entgegen ihren Beteuerungen vor dem Krieg, die ungleichen Bedingungen des Gesetzes vom 6. Februar 1918 akzeptierten: Einführung des Wahlrechts für alle Männer und des Wahlrechts für Frauen über dreißig. Das Gesetz war, je nach Betrachtungsweise, ein halber Sieg oder eine halbe Niederlage; es schloß fünf der zwölf Millionen erwachsener Frauen von den Wahlen aus, um bei der Zahl der Wahlberechtigten dem kriegsbedingten Massensterben der Männer ebenso wie dem traditionellen Ungleichgewicht zwischen den Geschlechtern »gerecht zu werden«. In Frankreich wurde die Altersgrenze von dreißig Jahren auch von der Wahlrechtskommission gutgeheißen, die dem Abgeordnetenhaus im Mai 1919 nach vielen Winkelzügen Dussaussoys Entwurf für das aktive und passive Wahlrecht in den Städten vorlegte. Andere Vorschläge, wie das Wahlrecht ganzer Familien oder das Wahlrecht für tote Soldaten, ausgeübt durch deren Witwen oder Mütter, wurden fallengelassen, weil sie zu sehr im Widerspruch zu den Rechtstraditionen Frankreichs standen. Doch der optimistische Aktivismus der Feministinnen konnte über Schwierigkeiten nicht hinwegtäuschen; der große Elan von 1914 war an der Spaltung und der Aufsplitterung der Frauenbewegung zerbrochen, die mit der kriegsbedingten Militarisierung aller Seiten, mit der russischen Revolution und mit persönlichen Problemen der Führungsspitze zusammenhingen; angesichts der zahllosen aktuellen Probleme war für viele Politiker die Frauenfrage nicht vordringlich und hatte eher mit dem besorgniserregenden Bevölkerungsrückgang als mit den Rechten der Frau zu tun. Hatte auch die Abgeordnetenkammer mit großer Mehrheit den Gesetzesänderungsantrag von Andrieux über die politische Gleichstellung der Geschlechter – einen veritablen Gegenentwurf – angenommen, so lehnte der Senat es ab, ihn auf die Tagesordnung zu setzen, und verwarf ihn im November 1922 mit den konventionellsten geschlechtsbezogenen Argumenten; dies bedeutete in Frankreich, dem Land, in dem Männer seit langem wahlberechtigt waren, daß die Rechten, die generell die Frauen aus der Politik verbannt sehen wollten, mit den Linken (zumal den Linksradikalen), die Angst vor einem konservativen Wahlverhalten der Frauen hatten, sich in dieser Frage einig waren. Das bereits erwähnte Gesetz von 1920, das von einer überwältigenden Mehrheit begrüßt und nur von wenigen Feministinnen verurteilt wurde, war zwar auf die französischen Frauen zugeschnitten, aber nur, um ihren Bauch zu kontrollieren, nicht, um sie zu gleichberechtigten Staatsbürgerinnen zu machen. Das in dieser Hinsicht oppressivste Gesetz in ganz Europa war Ausdruck einer geradezu zwanghaften Geburtenförderung, einer Zurücknahme weiblicher Rechte und des Willens, jedes Geschlecht wieder an seinen Platz zu verweisen.[83]

DIE BEZIEHUNGEN ZWISCHEN DEN GESCHLECHTERN UND DER KRIEG

Hat der Krieg letzten Endes die Beziehungen zwischen Männern und Frauen, ihren wirklichen und ihren symbolischen Platz in der Gesellschaft verändert? Eine Bilanz ist angesichts des allgemeinen Umschwungs und der Erschütterungen in der unmittelbaren Nachkriegszeit nicht einfach – um so weniger, als überall nationale Besonderheiten eine Rolle spielten, die in anderen Beiträgen dieses Bandes zur Sprache kommen.

Der Umschwung der Nachkriegszeit

Als am 11. November 1918 die Glocken den Waffenstillstand einläuteten, hinterließ der Krieg ein ausgeblutetes Europa neben einem trium-

phierenden Amerika, er hinterließ besiegte und bald auch zerschlagene
Länder wie die großen Kaiserreiche Österreich-Ungarn und Deutschland und siegreiche, aber traumatisierte Staaten wie Frankreich, Großbritannien und Italien. Wie viele Kriegsopfer es unter der Zivilbevölkerung insgesamt gab, ist unbekannt, gewiß waren es aber in Mittel-
und Osteuropa mehr als anderswo. Neun Millionen Männer waren tot,
weitere Millionen mußten demobilisiert werden und ins bürgerliche
Leben zurückfinden. Für die Frauen, denen die Sonntagsredner und die
Parteigänger der Frauenemanzipation mit hohlen Phrasen eine strahlende Zukunft oder zumindest ihre Unentbehrlichkeit bei den Anstrengungen des Wiederaufbaus prophezeit hatten, war die Stunde gekommen, den Platz zu räumen. Man beschimpfte sie als die eigentlichen
Kriegsgewinnlerinnen, oft auch als unfähig zu wirklicher Arbeit, und
forderte sie im Namen des Vorrechts der alten Kämpfer, im Namen des
nationalen Aufschwungs und der Verteidigung der Rasse auf, an den
häuslichen Herd und in die angestammten weiblichen Berufe zurückzukehren. Die einen wehrten sich, die anderen fanden sich ab – müde
geworden durch die Jahre der Arbeit und der Einsamkeit, oder einfach
nur glücklich über die Heimkehr des Mannes, des Sohnes, des Bruders. Bei Kriegsende taten sich so viele Paare wie nie zuvor zusammen; es herrschte geradezu ein »Drang ins Private«, zentriert um die
Familie und um das Kind, in dem die einst so rebellische Französin
Marcelle Capy »den Messias, die große Hoffnung« erblickte.[84]

Aus der Erwägung heraus, daß eine Epoche zu Ende gegangen war
und es des Opfers der Frauen nun nicht mehr bedurfte, vollzog sich
die Demobilisierung der Frauen überall rasch und brutal. Das galt vor
allem für die Rüstungsarbeiterinnen, die als erste entlassen wurden.
Frankreich war das am wenigsten großzügige, aber pragmatischste
Land: Zwar herrschte breite Übereinstimmung darin, daß die Frau an
den Herd gehöre; aber es ließen sich auch nicht wenige Stimmen vernehmen, die die Unentbehrlichkeit der Frauenarbeit, sogar in der Industrie, betonten. In Deutschland und in Großbritannien dagegen zielte
die Politik der Demobilmachung darauf ab, in möglichst kurzer Zeit
wieder einen nach Geschlechtern differenzierten Arbeitsmarkt aufzubauen und zur traditionellen Familie, mit dem Vater als Ernährer und
der Mutter als Hausfrau, zurückzukehren. In Deutschland bekamen
Frauen, deren Erwerbstätigkeit rein kriegsbedingt gewesen war, keine
Arbeitslosenunterstützung. In Großbritannien bekamen sie zwar eine
gestaffelte Unterstützung, aber die Zeitungen zogen über alle Frauen
her, die ihre Männer »verrieten« und auf Staatskosten lebten. Beliebte
Methoden waren in beiden Ländern auch die Rückkehr zu einem Für-
sorgerecht für Erwerbslose und die Streichung des Arbeitslosengeldes
für Frauen, die einen ihnen angebotenen Arbeitsplatz in der Haus-

wirtschaft oder einen anderen Frauenberuf ablehnten. Selbst Arbeitsplätze, die von Männern ungern übernommen wurden, mußten den
Kriegsversehrten vorbehalten bleiben.[85] In dieser Atmosphäre des Geschlechterkrieges entsandten die deutschen Frauen immerhin 37 Vertreterinnen in die Verfassunggebende Versammlung nach Weimar,
während in Großbritannien bei der Wahl vom Dezember 1918 keine
der fünfzehn englischen Kandidatinnen ins Unterhaus gewählt wurde;
die einzige, die gewählt wurde, war Countess Constanze Markiewicz,
eine irische Rebellin, die wegen Teilnahme am Osteraufstand 1916 eine
Haftstrafe verbüßte (als Frau war sie nicht zum Tode verurteilt worden) – eine Feministin, für die Feminismus und die nationale Frage
immer zusammengehört hatten.[86]

Diese Rücksichtslosigkeit gegen die Frauen – der Preis für die rasche
soziale Wiedereingliederung der Veteranen in Familie und Beruf –
scheint ebensosehr eine psychologische wie eine ökonomische Funktion gehabt zu haben: Es galt, zum einen das männliche Selbstwertgefühl zu stärken, das in vier Jahren anonymen Kämpfens argen Schaden gelitten hatte, und zum anderen den Krieg möglichst schnell vergessen zu machen und, in einer Zeit der sozialen Unruhen und des
Erstarkens der politischen Reaktion, dem sehnlichen Wunsch der Frontsoldaten nach Wiederherstellung ihrer alten Welt Rechnung zu tragen.
Die englische Gewerkschafterin Mary Macarthur irrte sich 1918, wenn
sie glaubte, der Mann sehe jetzt, nach dem Krieg, die Frau mit anderen Augen als früher; das war kaum oder gar nicht der Fall. Die Männer mußten sich an etwas Unveränderliches klammern können, sie
brauchtes das Gefühl, daß im Grunde Gerechtigkeit waltete, sie wollten ihre Frauen so wiederfinden, wie sie sie verlassen hatten, und dort,
wo sie sie verlassen hatten. Die bereits erwähnten französischen Zeitungen für die Schützengräben artikulierten die Angst der Frontsoldaten, nach ihrer Rückkehr in die Heimat verdrängt zu werden, ihre Fehleinschätzung der Strapazen im Hinterland und ihre Entschlossenheit,
sich zu Herren und Meistern des Landes zu machen und vor allem die
Frauen auf die rechte Bahn zurückzubringen – und das alles vermischt
mit einem ungeheuren Geltungsbedürfnis. Die unmittelbar nach dem
Krieg oder etwas später erscheinende Literatur männlicher Autoren formulierte auf noch tragischere Weise das Gefühl eines Komplotts der
Frauen gegen die Macht der Männer und die verzweifelte Suche nach
einer neuen Männlichkeit, die sich auf die Herrschaft über Frau und
Kind stützte. »Beim Wiedersehen mit meiner Frau habe ich ihre Augen
nicht mehr erkannt«, läßt der Erzähler Paul Géraldy einen hochdeko-
rierten Kommandanten sagen.[87] Aber die Wirklichkeit der intimen
Beziehungen ist noch schwerer zu erfassen, und die Zeugnisse sind
widersprüchlich. »Ich habe ihnen ein Schaf gegeben, und sie haben mir

einen Löwen zurückgegeben«, habe ich eine Frau *sagen hören*.[88] Vielleicht müßte man in Polizei- und Gerichtsakten nach Anhaltspunkten
für eine häusliche Gewalt suchen, auf die manches hindeutet.

Bei den Besiegten führte die Unmöglichkeit einer Wiederherstellung
der alten Zustände zu einem heftigen Groll gegen die Zivilbevölkerung, die für die Niederlage verantwortlich gemacht wurde; dieser
Groll nährte gewalttätige sexuelle Phantasien und förderte den Rückzug der Männer in den »Männerbund«, der mit Führerkult und Gleichschaltung der Frauen die nationale Erneuerung bringen sollte. Schon
bevor dieses Ideal von den nationalsozialistischen Organisationen und
Herrschaftsstrukturen übernommen wurde, hatte es die Freikorps
beseelt, die die junge Weimarer Republik terrorisierten.[89] In Österreich
verstärkten die Realität des Krieges und die Aufteilung der alten
Donaumonarchie die Identitätskrise, die das geistige Wien schon zu
Beginn des Jahrhunderts geprägt hatte. Das Drama *Die letzten Tage der
Menschheit* von Karl Kraus (1918/19), eine Satire auf die Frau im Krieg
und eine Anklage des kapitalistischen Krieges, kündete noch deutlicher
den Verfall einer Gegenwart, die von der Verirrung und Verwirrung
der Geschlechter gezeichnet war.[90]

Fürs erste wurde die Demobilisierung der Frauen von einer heftigen
Kritik an der emanzipierten Frau und am Feminismus begleitet, diesem
»Traum des Feindes«, wie ihn manche nannten. Die französische
Romanschriftstellerin Colette Yver wiederholte in ihrem Buch *Les Jardins du féminisme* (1920) eine These, die sie schon früher in *Les Cer-
velines* (1903) und in *Princesses de science* (1907) aufgestellt hatte: die
These, daß die Frau nicht ohne nachteilige Folgen für sich selbst wie
für die Gesellschaft »ein autonomes Wesen« sein könne. Auch führte
die Demobilmachung dazu, daß man – in Europa allerdings weniger
laut als in den USA – wieder das Loblied der Hausfrau sang, die zur
Königin in ihrem kleinen, erotisierten und konsumorientierten häuslichen Reich emporstilisiert wurde; vor allem aber feierte man die Mutter, zu deren Ruhm die Amerikaner, bald gefolgt von den Kanadiern
und den Briten, seit 1912 einen »Muttertag« eingeführt hatten. Seit 1918
griff man in Frankreich diesen Gedanken aus Gründen der Geburtenförderung auf und versuchte, öffentliche Feiern zu Ehren kinderreicher
Mütter einzuführen – zunächst nur von Fall zu Fall, dann, unter der
Vichy-Regierung, ganz offiziell. Müttern von fünf, acht oder zehn Kindern konnte die Familienmedaille verliehen werden, die wie die
Geburtenprämie Anfang 1920 eingeführt worden war, während die
Väter mit einem der zahlreichen Preise ausgezeichnet werden konnten,
die diesen »großen Abenteurern der modernen Welt« winkten. Hier
appellierte der Diskurs über die Mutterschaft mehr an die Pflichten als
an die Rechte der Frau.[91] Anderswo stellten neue Gesetze zum Schutz

von Mutter und Kind – der Maternal and Child Welfare Act in Großbritannien (1918) oder der Sheppard-Towner Act in den USA (1921) –
unbestreitbar Fortschritte dar, trugen aber den spezifischen Problemen
von berufstätigen Müttern nicht ausreichend Rechnung.

War also der Krieg für die Frauen gleichsam ein Ausnahmezustand?
Das Bild von der (männlichen und weiblichen) Doppelhelix, das Margaret und Patrice Higonnet für die Problematik der Geschlechterbeziehung gebrauchen, entspricht besser dem zugleich provisorischen wie
oberflächlichen Charakter der Veränderungen (die Helix dreht sich erst
in die eine, dann in die andere Richtung) mit ihrer anhaltenden (realen oder sprachlich vermittelten) Unterordnung der weiblichen unter
die männliche Rolle.[92]

Krieg und Geschlechterdifferenz

Kurzfristig unbestreitbar zutreffend, bedarf diese erste Schlußfolgerung
doch langfristig der Relativierung. Denn betrachtet man die Lage der
Frau und ihre Entwicklung, so scheint der Erste Weltkrieg die in der
Belle Époque sich abzeichnenden Entwicklungen bald abgeblockt, bald
beschleunigt und Breschen in die herkömmliche Aufgaben- und Macht-
verteilung zwischen den Geschlechtern geschlagen zu haben. Diese
Breschen fielen je nach Land, Altersgruppe oder sozialer Schicht unterschiedlich groß aus, hinterließen jedoch erkennbare Spuren.

Das gilt zunächst einmal für den Bereich der Erwerbstätigkeit.
Gewiß, der Krieg hat die geschlechtliche Arbeitsteilung kaum gemildert, er hat die Vorbehalte gegenüber der Frauenerwerbstätigkeit verstärkt, die bei sinkender Konjunktur sofort wieder in Frage gestellt
wird. In Frankreich gab es 1921 eine überproportional hohe Erwerbstätigkeit von Männern und einen Anstieg der weiblichen Erwerbstätigkeit – in der Landwirtschaft. Doch alle folgenden statistischen Erhebungen deuteten – außer für 1946 – bis 1968 auf einen Rückgang der
weiblichen Berufstätigkeit und der Feminisierung der Arbeit hin: Was
die langfristige Entwicklung der Frauenerwerbstätigkeit betrifft, scheint
also der Krieg die im 19. Jahrhundert zu beobachtende Tendenz zu
einem Anstieg beider Indikatoren umgekehrt zu haben.[93] Aber trotz dieses allgemeinen Rückgangs gab es doch nicht wenige Veränderungen,
sowohl in Frankreich als auch bei seinen europäischen Nachbarn.
Immer mehr Dienstmädchen kündigten, weil diese Art von Arbeit nun
als unterwürfig, sklavisch angesehen wurde; in Großbritannien wurde
die Entwicklung zwar durch die anhaltende Arbeitslosigkeit in der Zwischenkriegszeit aufgehalten, aber die Arbeitsbedingungen der Hausangestellten verbesserten sich. Das Aussterben der Schneiderberufe und

der Heimarbeit ging, wie neuere Untersuchungen gezeigt haben, im Kielwasser des Taylorismus mit einer Zunahme von Frauen in großen modernen Industriezweigen einher (Metall- und Elektroindustrie). In Frankreich wie in Großbritannien führten die neuen Strategien der Massenfertigung ungeachtet der Proteste der Gewerkschaften zur vermehrten Beschäftigung von Frauen in den Fabriken – im Rahmen einer neuen geschlechtlichen Arbeitsteilung, die den Frauen als Erbe des Krieges monotone, unqualifizierte Arbeiten zuwies. Im Guten wie im Schlechten – das Thema wäre weiterer Untersuchungen wert – erscheinen die Frauen als Repräsentantinnen der Modernität, die den Innovationen des Jahrhunderts aufgeschlossener gegenüberstanden als ihre gealterten oder traumatisierten Gefährten.[94]

Eine dritte bemerkenswerte Veränderung war die sich abzeichnende Entwicklung der Berufe des Dienstleistungssektors zu wahren Hochburgen der Frauenarbeit: im Handel, im Bankwesen, im öffentlichen Dienst und sogar in den freien Berufen, zu denen die Frauen nun verstärkt Zugang hatten; in Großbritannien dank des Sex Disqualification Removal Act (1919), den Virginia Woolf in dem Essayband *Drei Guineen* als den Beginn einer neuen Welt für »die Töchter gebildeter Männer« begrüßte; in Frankreich durch den gerechteren Zugang zu Gymnasien und Hochschulen, der von den Feministinnen schon seit langem gefordert worden war. Seit dem Krieg öffneten sich die Wirtschafts- und Ingenieursschulen auch für Frauen, 1919 wurde ein *baccalauréat* für Frauen eingeführt, das den Besuch der Universität erlaubte; 1924 erfolgte die Angleichung der Gymnasialausbildung von Jungen und Mädchen. Vor dem Hintergrund drohender Ehelosigkeit und der verschlechterten Vermögensverhältnisse der Mittelschicht erlaubte es diese Feminisierung des tertiären Sektors jungen Mädchen aus dem Bürgertum, einen Beruf auszuüben und ein bedingtes Recht auf Erwerb zu erlangen. In diesem Punkt konnte man sie als die Hauptnutznießerinnen des Krieges bezeichnen, und sie waren sich häufig wohl bewußt, anders als ihre Mütter zu leben. Ihre Vorbilder waren aktive und unabhängige Frauen, in Frankreich beispielsweise Suzanne Lenglen, Marie Curie, Colette oder, bescheidener, Frauen aus dem Kreis der Laien oder der Katholiken, die mit Sachkunde und Engagement im sozialen Bereich tätig waren. Yvonne Knibiehler und Sylvie Fayet-Scribe haben die von diesen dynamischen Frauen erreichten Neuerungen stets höher bewertet als ihre Zugeständnisse an den Zeitgeist.[95]

Was die Rechte der Frauen betraf, so fiel die Bilanz von Land zu Land noch unterschiedlicher aus. Frankreich, wo man Gesetze gegen die Geburtenkontrolle einführte, den Frauen das Wahlrecht verweigerte und erst 1938 die Geschäftsunfähigkeit der verheirateten Frau aufhob, nahm sich rückständig aus neben Ländern wir Großbritannien oder auch Deutschland, wo die Weimarer Verfassung den Grundsatz der Gleichheit der Geschlechter proklamierte, ohne ihn freilich im Bürgerlichen Gesetzbuch oder im Strafgesetzbuch zu konkretisieren. Aber es zeichnete sich doch eine Angleichung der Verhaltensweisen der Geschlechter ab, etwa bei der Geburtenplanung oder, in geringerem Maße, in der mehr kameradschaftlichen Beziehung der Ehepartner zueinander. Darüber hinaus bedeutete die Ausübung des Wahlrechts nicht automatisch eine stärkere Beteiligung der Frauen am politischen Leben und an der Macht, auch wenn aus den Wahlrechtsbewegungen Vereine zur politischen Bildung geworden waren: die NAWSA avancierte zur National League of Women Voters, die NUWSS zur National Union of Societies for Equal Citizenship (NUSEC), der Allgemeine Deutsche Frauenverein zum Deutschen Staatsbürgerinnenverband. Schließlich hatte der Krieg durch die Einführung einer Familienunterstützung für Soldatenfrauen und später durch die Renten für Kriegerwitwen ein Recht auf soziale Absicherung der Familien gefördert, die sich am Status des Berechtigten orientierte und mithin den Frauen nur eine durch das Familienoberhaupt vermittelte soziale Staatsbürgerschaft gewährte, wodurch in den späteren Wohlfahrtsstaaten einem geschlechtsbezogenen System der sozialen Sicherheit Vorschub geleistet wurde.[96]

Die offenkundigste und am weitesten verbreitete Errungenschaft, die der Krieg für die Frauen mit sich gebracht hatte, war die neue Freiheit in der Art, sich zu geben und zu bewegen, die sie in den Jahren des Alleinseins und durch die Übernahme von Verantwortung errungen hatten. Befreit von unbequemen Korsetts, von langen, engen Kleidern, sperrigen Hüten und sogar vom Haarknoten, an dessen Stelle der Bubikopf trat, konnte der weibliche Körper sich nun ungehindert bewegen. Man vergleiche Photographien aus der Zeit der Belle Époque mit denen des Franzosen Jacques-Henri Lartigue oder solchen aus den »tollen« zwanziger Jahren. Oder man lese Clara Malraux oder andere Schriftstellerinnen: Sie haben diese Revolution des Alltags beschrieben, die eine andere Beziehung der Frau zu ihrem Körper und ihrem Ich mit sich brachte: Frauen trieben Sport, sie tanzten nach Rhythmen, die aus Amerika kamen, sie erforschten die eigene Sexualität und entschieden manchmal selbst über ihr Leben.[97] Die junge Generation kam als erste in den Genuß dieser neuen Freiheit; die gemeinsame Freizeitbeschäftigung von Jungen und Mädchen setzte sich früher durch als gemischte Schulen. Wie die Männer, so wußten auch die Frauen, daß das Glück zerbrechlich war, daß es besser war, sich von einer Moral der Enthaltsamkeit und der Zurückhaltung zu verabschieden und in den Tag hinein zu leben. Die unleugbare Lockerung der Sitten hörte jedoch bei der weiblichen Homosexualität auf, die von nun an – weit entfernt von dem emanzipatorischen Sapphismus des Jahrhundertbeginns – dazu verurteilt war, sich im Verborgenen auszuleben, in dem schuldhaften Gefühl, die Hegemonie des Mannes herauszufordern. Hiervon handelt *The Well of Loneliness*, jener englische Roman von Radcliffe Hall, der, 1928 als obszön verboten, für ganze Generationen der Lesbierinnen-Roman schlechthin wurde.[98]

Um das zu verstehen, muß man über die einfache Aufzählung der – im übrigen begrenzten – Errungenschaften hinausgehen, die der Krieg den Frauen gebracht hat, und die Auswirkungen des Krieges auf die Psychologie des Mannes und der Frau und mehr noch auf die gesellschaftliche Wahrnehmung des Geschlechts berücksichtigen. Der Krieg, der die Geschlechter radikal voneinander trennte und den Graben zwischen Front und Hinterland so sehr vertiefte, daß gegenseitiges Unverständnis, ja Haß das Klima vergifteten, trug dazu bei, im Bewußtsein der Zeitgenossen das zu erzeugen, was Paul Fussel *the modern versus habit* genannt hat: eine antithetische Denkweise, die zwei Dinge einander unversöhnlich, ohne die Hoffnung auf eine Synthese, gegenüberstellt.[99] Dieses Denkmuster zog lange Zeit eine unverrückbare Scheidelinie zwischen dem Männlichen und dem Weiblichen und ließ uralte Männermythen wiederaufleben: Der Mann ist dazu da, um zu kämpfen und zu erobern, die Frau, um Kinder zu gebären und sie aufzuziehen. In einer nach allgemeiner Wahrnehmung aus den Fugen geratenen Welt schien diese Komplementarität der Geschlechter notwendig zu sein, damit die Menschen wieder ihren Frieden fanden und das Gefühl der Sicherheit bekamen. Weit entfernt von den auf Gleichberechtigung abzielenden Bestrebungen und den nach weiblicher und männlicher Identität fragenden Problemstellungen der Belle Époque, setzte sich nach dem Ersten Weltkrieg im sozialen und politischen Denken die Theorie von der Dichotomie der Geschlechter durch. Das bewiesen unter anderem die weit über Italien hinaus erfolgreichen Thesen Gina Lombrosos über die »Fremd-Zentriertheit« der Frau – die Frau kann ihr Glück nur in der Selbstaufgabe finden – und die diversen Familien- und Gebärideologien. Mehr noch als vor 1914 sah die Kultur der Arbeiterklasse – mit der bemerkenswerten Ausnahme des Kommunismus der zwanziger Jahre – das Aufgabenfeld der Frau am heimischen Herd, das des Mannes im Berufsleben. Reinhard Sieder zum Beispiel sieht im »Wiener System« der medizinischen und sozialen Fürsorge, das die Sozialdemokraten als neue Vaterfiguren der aufgelösten Donaumonarchie eingeführt hatten, die Wiederherstellung der patriarchalischen Familienordnung, die mit der Marginalisierung von politisch aktiven Frauen einherging – ein Befund, den andere Untersuchungen bestätigen.[100] Die Entstehung einer von der katholischen

Soziallehre getragenen christlichen Gewerkschaftsbewegung bestärkte die Arbeiter in ihrer Familienzentriertheit.[101] Bei den Revolutionären aller Couleur, denen das Jahrhundert gehören sollte, nahm der militante Weltentwurf eine kriegerische Dimension an, die die Lösung der Frauenfrage auf bessere Tage verschob. Der Kult um die toten Kameraden vermochte die Frau wieder auf den Platz der Nicht-Kombattantin zu verweisen und die Identität des Mannes zu stärken. Die Kameradschaften der Veteranen und Kriegsversehrten, in Frankreich eher pazifistisch gesinnt, bei den Besiegten eher bellizistisch, waren Stätten einer rein männlichen Geselligkeit, die in der Zwischenkriegszeit die Gesellschaft überall zutiefst prägten; in Frankreich hatten sie Ende der zwanziger Jahre drei Millionen Mitglieder, die zwar politisch unterschiedliche Positionen vertraten, sich aber vereint wußten in der gemeinsamen Erinnerung an den Krieg und in ihrem Anspruch auf eine moralische Führungsrolle.[102]

Die Frage, inwieweit die Frauen selber der erwähnten Rollenverteilung innerlich zustimmten, ist heikel, aber zentral. Die Erfahrungen des Krieges waren aus dem Bewußtsein der Frauen nicht zu tilgen, aber sie waren weder gleichartig noch eindeutig ausgefallen, sondern hatten – je nach Nation, Altersgruppe und sozialer Klasse – Unabhängigkeit, Leid und Überlastung in unterschiedlichem Verhältnis gemischt. Wenn auch die Solidarität innerhalb der Klassen kaum ausgeprägter war als die Solidarität innerhalb der Geschlechter, hielt man in den noch stark hierarchisch geordneten Gesellschaften doch primär an der sozialen Kategorie der Klasse fest; was Deutschland betrifft, wo die Härte der Kriegszeit mehrere Jahre nachwirkte, beklagt Christiane Eifert, daß die Frauen der proletarischen Schichten von den auf Integration bedachten bürgerlichen Frauenverbänden schlichtweg geopfert worden seien.[103] Wenn Frauen – die einen mehr, die anderen weniger – ihre Persönlichkeit betonten und sich ihrer Stärke bewußt wurden, so sehnten sie sich doch auch nach Ruhe und Frieden in der Familie, und zwar um so mehr, als die Atmosphäre der Demobilmachung Schuldgefühle in ihnen weckte und jeden Emanzipationswillen brach. Durch die Permissivität der Sitten begünstigt und durch das quantitative Ungleichgewicht zwischen den Geschlechtern und die geänderte Vermögenslage breiter Kreise geradezu erzwungen, waren unabhängige Verhaltensweisen von Frauen in der Zwischenkriegszeit zwar nicht selten anzutreffen, aber sie verschmolzen keineswegs zu einer Gesamtdynamik, sondern gingen in dem praktisch einhelligen Diskurs über die Frau als Mutter unter. Sogar der damalige Feminismus schien auf der Stelle zu treten oder sich zumindest mehrheitlich an einem Feminismus der Differenz zu orientieren. »Das Jahr 1920 markiert das Ende der Ära des Feminismus«, behauptete Richard Evans 1977, der im

Frauenwahlrecht zugleich ein Symptom und eine Ursache für den Niedergang jener Bewegung sah. Diese zeitliche Bestimmung ist vielleicht etwas zu kategorisch und müßte durch die gegenwärtigen Forschungen über »l'entre-deux-féminismes«, die Zeit zwischen den beiden Frauenbewegungen (1920 bis 1960), korrigiert werden. Dies hat zum Beispiel Nancy Cott geleistet, für die die Jahre von 1920 bis 1930 in den USA, unabhängig vom Krieg, nicht einen Niedergang des Feminismus darstellen, sondern eine kritische Übergangsphase zwischen der Frauenbewegung des 19. Jahrhunderts, für die die Rechte der Frau schlechthin im Vordergrund standen, und dem modernen Feminismus, der der Mannigfaltigkeit Rechnung trägt und Gleichheit wie Differenz, individuelle Freiheit wie Gruppensolidarität zu artikulieren sucht.[104] Im übrigen verdiente es das internationale Leben des Feminismus, bekannter zu sein – seine pazifistischen Bewegungen ebenso wie die Bewegungen, deren Ziel die Förderung der Frau war.

Der Feminismus vor 1914 hatte, offensiv und im Vertrauen auf seine Mannigfaltigkeit, seine Forderungen im Namen der Gleichheit aller Menschen *und* der Besonderheit jedes Geschlechts gestellt; der Feminismus der Zwischenkriegszeit wirkte dagegen einförmiger und akzeptierte die geläufigen Vorstellungen, die Männlichkeit und Weiblichkeit als Elemente der menschlichen Natur definierten. Daher rührte der Bruch mit radikalen Minderheiten, die für sexuelle Freiheit und berufliche Gleichstellung kämpften, wie die französischen Neomalthusianerinnen (Madeleine Pelletier, Jeanne Humbert) und ihre amerikanischen Kolleginnen, die Gruppe um die Zeitschrift *Die Frau im Staat*, die die Positionen des Open Door Council vertrat, oder die amerikanische NWP, die für das Equal Rights Amendment kämpfte.[105] Mehrheitlich beschwor der Feminismus die Differenz wie die Komplementarität der Geschlechter, indem er, nicht ohne moralisierenden Unterton, die Mutterschaft pries, mit den Bedürfnissen der Mütter und nicht mit den Rechten der Frauen argumentierte und einen besonderen Schutz für Arbeiterinnen forderte. Das galt besonders für Deutschland, wo das 1919 verabschiedete neue Programm des BDF den Wirkungskreis der Frau und ihre Pflichten im Dienste an der Volksgemeinschaft absteckte. Das galt aber auch für Großbritannien, wo eine Minderheit von *equalitarians* aus der NUSEC austrat, weil hier über einen an der Mutterschaft orientierten, unter der Gewalt der Männer leidenden *new feminism* spekuliert wurde.[106] Immerhin muß man betonen, daß die in Frankreich so gehaltvolle Diskussion um die Mutterschaft als einer »gesellschaftlichen Funktion« auch einen die Frau aufwertenden, mobilisierenden Aspekt hatte.[107]

Abschließend möchte ich weder von einer widersprüchlichen Bilanz sprechen noch die (emanzipatorischen) zwanziger Jahre gegen die (reaktionären) dreißiger Jahre ausspielen, sondern die wesentliche Rolle hervorheben, die im System des Ersten Weltkriegs dem Geschlecht zukam, und darüber hinaus den zutiefst konservativen Charakter des Krieges in der Frage des Geschlechterverhältnisses unterstreichen. Bei dieser Betrachtungsweise wird besser verständlich, warum unser 20. Jahrhundert mit seinen langen Kriegszeiten, Nachkriegszeiten und Zwischenkriegszeiten erst so spät, nämlich nicht vor den sechziger Jahren, eine wirkliche Umwälzung im Verhältnis zwischen Mann und Frau erfahren hat.

Aus dem Französischen von Holger Fliessbach

2

Die moderne Frau

Der amerikanische Stil der zwanziger Jahre

Nancy F. Cott

Die Führungsrolle, die den USA Anfang des 20. Jahrhunderts zufiel, war nicht nur dem Eingreifen Amerikas in den »Großen Krieg« zu verdanken, sondern auch dem unaufhaltsamen Siegeszug amerikanischer Technologien, Produkte und visueller Medien in Übersee im Laufe der folgenden Jahrzehnte. Auch die Herausforderung alter patriarchalischer oder neuer kollektivistischer Lebensformen durch das Modell der modernen amerikanischen Frau hing nicht so sehr mit der Anziehungskraft des Sternenbanners zusammen, sondern ging von Gütern, vom Lebensstil, von den Nachrichtensendungen und vom Kino aus. Auf unterschiedliche Weisen gingen die modernen Frauen aus dem früheren Ringen um politische, ökonomische und sexuelle Emanzipation hervor. Für die amerikanische Frauenbewegung wie für die sozialistische und die Gewerkschaftsbewegung waren die Jahre von 1890 bis 1910 die erfolgreichsten überhaupt gewesen. Nach 1910 waren Frauen so zahlreich in den freien Berufen oder als Angestellte tätig, daß man bereits Anfang des 20. Jahrhunderts vom »emanzipierten Frauentum« sprach. Wer um 1920 dem Zeitgeist der Moderne Genüge tun wollte, tat gut daran, die Wünsche der Frauen nach Freiheit und Individualität und die Symbole dieser neuen Werte zu berücksichtigen.

Die kulturell sehr heterogene Bevölkerung Amerikas sah sich in den zwanziger Jahren einem beispiellosen kulturellen Uniformitätsdruck ausgesetzt, der auch im Ausland das Bild der USA bestimmte. Schon immer waren die Gegensätze und Disparitäten innerhalb der amerika-

nischen Bevölkerung ausgeprägt, und sie hatten sich infolge der Ein-
wanderungswellen zwischen 1880 und 1920 noch weiter zugespitzt.
Trotzdem gelang es, im 20. Jahrhundert einen einzigartigen »American
way of life« nicht nur zu fordern, sondern durch Rundfunk und Werbung auch zu lancieren. Eine amerikanische Massenkultur wurde in
dem Maße möglich, in dem sich moderne Massenproduktion und Ver-
marktungstechnik mit den neuen Medien des Films und des Radios
verbanden, die die bereits allgegenwärtige Presse ergänzten. 40 Prozent aller Haushalte legten sich in den zwanziger Jahren ein Radiogerät
zu, während die Anzahl der wöchentlichen Kinobesuche sich verdoppelte, bis sie Ende der zwanziger Jahre bei 100 bis 115 Millionen lag.
Umfragen zeigten, daß Filmstars in der Gunst der Jugendlichen deutlich vor führenden Politikern, Unternehmern oder Künstlern rangierten.
Neue Formen der Kommunikation stabilisierten standardisierte Informationen und Werte.

Massenproduktion und Massenkonsum

1920 lebte erstmals über die Hälfte der amerikanischen Bevölkerung in
»urbanen Zentren« von mehr als 2 500 Einwohnern (nach den Kriterien
der US-Zensusbehörde). Eine städtische Industriewirtschaft mit Massenproduktion, individueller Erwerbsarbeit und Konsum aufgrund von
Barzahlung wurde zur Norm. Die Expansion der amerikanischen
Bevölkerung in den zwanziger Jahren vollzog sich zu 75 Prozent in
den Städten und vor allem in den ausgedehnten Ballungsgebieten der
Metropolen. An dieser Entwicklung war das Auto nicht schuldlos, da
es den Städtern ermöglichte, in die Vororte zu ziehen. 1910 kam in
den USA ein Automobil auf 265 Personen, 1928 schon auf sechs Personen. Moderne Produktionsmethoden und ein modernes Konsum-
und Freizeitverhalten beseitigten nach und nach die überkommenen
Unterschiede zwischen Nord- und Südstaaten wie zwischen Stadt und
Land. Nicht nur die Fabrik und der Ford, sondern auch neue landesweite Laden-»Ketten«, die Einführung nationaler Markenbezeichnungen
sowie Versandhauskataloge, die Produkte aus Massenfertigung ver-
markteten, deuteten darauf hin, daß die allgemeine Standardisierung
und Uniformisierung des Lebens eine neue Qualität erreicht hatte.[1]
Das Banner dieser »Neuen Ära«, wie republikanische Präsidenten sie
gerne nannten, war das Wirtschaftswachstum. Ablesbar an Indikatoren
wie der industriellen Produktivität, dem Pro-Kopf-Einkommen und dem
Verhältnis zwischen Konsumausgaben und Nettoinlandsprodukt, waren
das Wirtschaftswachstum und seine materiellen Segnungen allerdings
sehr ungleich verteilt. Schwarze Tabakarbeiterinnen in Durham (North

Carolina) mußten noch in den zwanziger und dreißiger Jahren die Familienwäsche im Zuber auf dem Hof waschen, Latrinenhäuschen im Freien benutzen und auf Holz- oder Ölöfen kochen, als die Hochglanzmagazine bereits Hausfrauen zeigten, die durch ihre »elektrischen Küchenhilfen« von jeder stumpfsinnigen Plackerei befreit waren. (Wohnort und Kaufkraft spielten dabei eine wesentliche Rolle: Während die meisten städtischen Haushalte schon an das Stromnetz, die Kanalisation und die örtliche Gasversorgung angeschlossen waren, kam die Elektrifizierung ländlicher Gebiete in sehr ungleichem Tempo voran.) Unternehmer, die der Überzeugung waren, daß der industrielle Fortschritt von der Kauflust des Konsumenten abhing, begannen, mit Hilfe von Marktforschung, Reklame und neuen Verkaufstechniken die Nachfrage anzukurbeln. Die Produktion von Konsumgütern wie Konfektionskleidung oder Lebensmitteln in Konservendosen oder Pappbehältern florierte. Durch Bestellung bei Versandhäusern steigerten städtische wie ländliche Haushalte nachhaltig und erheblich den Verkauf von Bügeleisen, Herden, Staubsaugern, Waschmaschinen und Kühlschränken.

Ein besonderer und wichtiger Faktor des amerikanischen Wirtschaftswachstums in den zwanziger Jahren, und zugleich ein Symbol für die neue Wertschätzung des Konsums, war ein neuartiges Finanzierungsmodell: die Ratenzahlung. Sie verführte die Menschen dazu, mehr zu konsumieren, als sie sich leisten konnten, und ließ an die Stelle des Willens zum Sparen die Lust am Ausgeben treten. 1925 wurden in den USA fast 70 Prozent aller verkauften Haushaltsmöbel und Gasherde und wenigstens 75 Prozent aller verkauften Personenwagen, Klaviere, Waschmaschinen, Nähmaschinen, mechanischen Kühlschränke, Phonographen, Staubsauger und Rundfunkgeräte auf Kredit angeschafft. Hersteller und Reklame münzten diesen Kauf auf Raten in eine verlockende Hebung des familiären »Lebensstandards« um.[2]

Haushalt und Familie

Mit der Urbanisierung und dem massengefertigten materiellen Glanz der »Neuen Ära« wurde die »neue Amerikanerin« verkauft. Um die moderne Frau im amerikanischen Stil zu beschreiben, beginnen wir mit der Größe ihrer Familie. Die Haushalte wurden im Durchschnitt kleiner, weil die durchschnittliche Kinderzahl sank und es in den Familien immer seltener Untermieter, Pensionsgäste oder im Haus wohnende Hausangestellte gab. Die Tendenz zu weniger Kindern hatte sich seit langem abgezeichnet: Seit über hundert Jahren war die Geburtenrate in Amerika ständig zurückgegangen. Zwischen 1800 und 1900 verringerte sich die durchschnittliche Anzahl der Kinder einer weißen Frau um die Hälfte von 7 auf 3,5. Enthaltsamkeit, Coitus interruptus, Abtreibung, spermizide Vaginalduschen sowie – später – das Kondom oder die Knaus-Ogino-Methode, dazu die entsprechende Motivation: Das waren die üblichen Mittel. Mit Ausnahme der sexuellen Enthaltsamkeit war keines von ihnen zuverlässig genug, die »Planung« der Familiengröße zu ermöglichen.

Der Gedanke einer Einschränkung der ehelichen Fruchtbarkeit wurde Anfang des 20. Jahrhunderts prinzipiell akzeptiert, doch waren die Methoden der Empfängnisverhütung noch stark umstritten. Um 1910 propagierte Margaret Sanger eine Methode, die von der Frau selbst kontrolliert werden konnte, das Scheidenpessar, das einen bedeutenden Fortschritt in der Verhütungstechnik brachte. Die von Margaret Sanger und einigen gleichgesinnten Kolleginnen errichteten Kliniken für Geburtenkontrolle bewegten sich jedoch in einem engen rechtlichen Rahmen. Es gab sie nur in wenigen Bundesstaaten, und sie unterstanden ärztlicher Aufsicht; so konnten sie nur einen Bruchteil der Nachfrage befriedigen. Erst 1936 entschied der Oberste Gerichtshof der USA, daß das Bundesgesetz zur Bekämpfung der Obszönität sich nicht auf Mittel der Empfängnisverhütung erstreckte. Die American Medical Association zögerte bis zum folgenden Jahr, bevor sie Ärzten erlaubte, solche Mittel abzugeben. In den zwanziger und dreißiger Jahren wurde das Scheidenpessar hauptsächlich von wohlhabenden verheirateten Frauen mit guter Schulbildung benutzt, denen ihr Arzt privat Rezepte ausstellte und Instruktionen erteilte. Doch der Wunsch nach Empfängnisverhütung beschränkte sich natürlich nicht auf diese relativ kleine Gruppe von Frauen. Anfang der zwanziger Jahre erhielt Margaret Sanger innerhalb von fünf Jahren eine Million Briefe von Müttern, die sich nach Methoden der Geburtenkontrolle erkundigten. Aufgrund der bewußten Entscheidung der Ehepartner für traditionelle oder neue Verhütungsmethoden ging die Geburtenrate in den zwanziger und dreißiger Jahren schnell zurück; das lag aber auch an der sinkenden Fruchtbarkeit der im Ausland geborenen Frauen (die später und weniger häufig heirateten als frühere Einwanderinnen) und der Frauen auf dem Land, wahrscheinlich infolge der Krise in der Landwirtschaft.[3]

Sexualideologie und Sexualverhalten

Im Zusammenhang mit der sinkenden Geburtenrate gewann die eheliche Sexualität an Bedeutung, die nicht an der Fortpflanzung orientiert war, ja, die Sexualität überhaupt zog wachsendes Interesse auf sich. Die Generation, die in den zwanziger Jahren volljährig wurde, erntete im Hinblick auf Sexualideologie und sexuelle Praktiken die Früchte, die schon vor der Jahrhundertwende gesät worden waren. Wie später die Untersuchungen des Sexualwissenschaftlers Alfred Kinsey ergaben, stieg bei den Frauen mit Beginn des 20. Jahrhunderts die Häufigkeit des »Petting«, des vorehelichen und außerehelichen Geschlechtsverkehrs und des Orgasmus beim ehelichen Geschlechtsverkehr; die deutlichste Zunahme in dieser Hinsicht war bei den zwischen 1890 und 1910 geborenen Frauen zu beobachten, insbesondere bei Frauen mit höherer Schulbildung. Letztere hatten, soweit sie vor 1900 geboren waren, Kinsey zufolge weniger voreheliche Sexualerfahrungen als gleichaltrige Frauen mit einfacher Schulbildung, wenn sie nach 1900 geboren waren, eher mehr.[4]

Für die Jugend der zwanziger Jahre war der ungenierte Umgang mit der weiblichen Sexualität weniger ein Akt des Aufbegehrens als ein Schwimmen mit dem Strom. Publikumsautoren, Intellektuelle und Sozialwissenschaftler hatten für die in ihren Augen repressive und heuchlerische »viktorianische« Sexualmoral nur Hohn und Spott übrig. Filme, Groschenhefte und die Werbung machten den »Kitzel« der Sexualität zum alltäglichen Thema. Wer Mitte der zwanziger Jahre in einer typischen Kleinstadt des Mittleren Westens ins Kino ging, hatte in der einen Woche die Wahl zwischen »The Daring Years«, »Sinners in Silk«, »Women Who Give« und »The Price She Paid«, in der nächsten zwischen »Name the Man«, »Rouged Lips« und »The Queen of Sin«. Das Programmheft für »Flaming Youth« verhieß »Necking und Petting, weiße Küsse und rote Küsse, vergnügungssüchtige Töchter und sensationsgierige Mütter, von einem Autor, der nicht wagt, seinen Namen zu nennen«. Ein ganz neuer Zweig der Kulturindustrie gründete sich auf die Offenbarung, daß das Ausleben der Sexualität von Vitalität und Persönlichkeit zeugte (und nicht an den physischen Kräften zehrte, wie die Moralisten des 19. Jahrhunderts befürchtet hatten) und daß das Sexualbegehren der Frau dazu da war, aktiviert und befriedigt zu werden.[5]

Kameradschaftsehe

Indessen wurde die Entfaltung von Sexualität durch ein neues Modell der Ehe domestiziert. Eine wachsende Schar von Sozialwissenschaftlern, Sozialarbeitern, Journalisten und Juristen propagierte die Kleinfamilie mit der Begründung, das Familienleben biete eine besonders geeignete Möglichkeit emotionaler Befriedigung sowie der persönlichen und sexuellen Entfaltung. Die Konservativen tobten, als Sozialwissenschaftler unterschiedlicher Provenienz übereinstimmend ein neues Eheideal propagierten, die »Kameradschaftsehe«. *Companionate marriage*, das war der Titel eines Buches von Ben Lindsay, einem Richter aus Colorado, der aufgrund seiner Arbeit mit Jugendlichen zu der Ansicht gelangt war, daß junge Menschen zunächst einmal als Freunde und vielleicht als Liebespaar zusammenleben sollten, bevor sie sich auf das ernste Geschäft der Ehe einließen. Die berufsmäßigen Eheberater der zwanziger und dreißiger Jahre betrachteten rückblickend die viktorianische Ehe als hierarchisch strukturiert und emotional unfruchtbar. An die Stelle dieser auf dem Prinzip von Herrschaft und Unterwerfung aufgebauten Ehe suchten sie das Ideal einer innigen sexuellen Partnerschaft zu setzen, in der auch die Sexualität der Frau zu ihrem Recht kam; den Wert der Ehe sahen sie darin, daß sie die Individualität jedes einzelnen Partners ebenso ermöglichte wie die Verbindung der beiden. Die Ratgeberliteratur machte nun die Sexualität zum wesentlichen Teil der Ehe; die sexuelle Anpassung und Befriedigung beider Partner wurde nicht nur zum Hauptmaßstab der ehelichen Harmonie, sie diente auch dem sozialen Gleichgewicht.[6]

Gerade als Frauen durch eigene Erwerbsarbeit ökonomisch weniger auf die Ehe angewiesen waren, ließ die Betonung der heterosexuellen Wünsche der Frau die Ehe als eine sexuelle Notwendigkeit im Sinne einer »normalen« Befriedigung erscheinen. Im wissenschaftlichen Schrifttum wie in der Unterhaltungsliteratur wurde die Frau, die keinen Mann fand, als soziale Gefahr dargestellt, als irrational, ungesund, männlich oder frigide. Da nun das Modell der Kameradschaftsehe die Ehe als symmetrisch hinstellte, waren Frauen, die die Ehe vermeiden wollten, praktisch alle Argumente genommen; der Einwand früherer Feministinnen, die Ehe sei ein Herrschaftssystem, war damit obsolet. Nachdem das sexuelle Verlangen der Frau einmal anerkannt war, kam es zwangsläufig zu einer Neubewertung von homosexuellen Beziehungen zwischen Frauen. Die ideologische Vorstellung des 19. Jahrhunderts vom sittlichen Einfluß der Frau und der ruhmreichen Mutterrolle war blind für die weibliche Erotik und hatte Intimitäten zwischen Frauen daher als harmlos erscheinen lassen. Aber dasselbe Interesse, aus dem heraus Ärzte, Sexualreformer und Moralisten die viktorianische Zurückhaltung in puncto Sexualität beseitigt hatten, bewog sie nun, das Spektrum menschlicher Verhaltensmöglichkeiten zwischen Heterosexualität und Homosexualität neu und als »normal« oder »abweichend« zu bewerten. Wenn sich in den zwanziger und dreißiger Jahren Mediziner und Sozialwissenschaftler, aber auch Massenmedien, die in Vulgärpsychologie dilettierten, mit der erotischen Natur der Frau befaßten, verbanden sie damit stets eine Neubewertung, d. h. Verurteilung der weiblichen Homosexualität.

Ein Gespenst ging um in der sozialwissenschaftlichen Literatur: das Gespenst der Frau, die sich nicht durch einen Mann, sondern mit und

von einer anderen Frau befriedigt fand. Sensationell aufgemachte
Berichte über die Leistungen alleinstehender Frauen in Kunst, Sport,
Unterhaltungsbranche und freien Berufen, aber auch in Bürger- und
Wahlrechtsorganisationen schürten die kulturelle Angst vor der Möglichkeit eines Ausbrechens der Frau aus der Kontrolle durch den Mann.
Erotische Triebe, das bestritt niemand mehr, waren für die weibliche
Natur ebenso wichtig wie für die männliche, sie hatten unabhängig von
der Fortpflanzungsfunktion einen eigenen Wert, und so wirkten Beziehungen zwischen Frauen als Konkurrenz zur heterosexuellen Paar-
bindung, ja sie wurden als Bedrohung der bestehenden sexuellen und
gesellschaftlichen Ordnung beargwöhnt. Das besorgte Interesse an dieser Form weiblicher Sexualität wurde schließlich so groß, daß Idee und
Praxis der unabhängigen Frau einen Rückschlag erlitten.

Ob lesbisches Sexualverhalten aufgrund der veränderten Sexualnor-
men eher verheimlicht oder eher gezeigt wurde, dürfte unmöglich zu
entscheiden sein. Kinseys Untersuchungen ergaben keine Zunahme
des homosexuellen Verhaltens, im Gegensatz zur Zunahme aller Arten
von heterosexuellem Verhalten. Trotzdem dürfen wir annehmen, daß
Frauen auf die Anerkennung der Legitimität ihrer Sexualität sehr unterschiedlich reagierten. Lesbierinnen mochten, wie heterosexuelle Frau-
en, den größer gewordenen Spielraum für ihre sexuelle Selbstverwirklichung ausnutzen, den die moderne Zeit ihnen bot. Eine kleine
Gruppe von Schriftstellerinnen und bildenden Künstlerinnen stand in
den zwanziger Jahren offener denn je zuvor zu ihrer homosexuellen
Neigung, und in der Lebensgeschichte einiger bedeutender und erfolgreicher Frauen der Generation der zwanziger Jahre finden sich dauerhafte sexuelle Beziehungen zu Männern wie zu Frauen. Medizinische
und sozialwissenschaftliche Untersuchungen bestätigten, daß manche
Frauen ihre sexuelle und emotionale Befriedigung bei einer anderen
Frau fanden, auch dann, wenn sie diese Alternative als Verirrung hin-
stellten.[7]

Inwieweit es den Befürwortern der Kameradschaftsehe zu verdanken war, ist unbekannt, aber in der Zeit zwischen den Kriegen war
die Ehe so populär wie nie zuvor. Von der Generation der zwischen
1865 und 1885 Geborenen blieben fast zehn Prozent unverheiratet;
bei den Männern und Frauen, die zwischen 1895 und 1915 geboren
wurden, sank der Prozentsatz auf knapp sechs Prozent. Das Durchschnittsalter bei der ersten Eheschließung lag in der Generation, die
Ende des 19. Jahrhunderts geboren wurde, bei den Männern bei
26 Jahren und bei den Frauen bei knapp 24 Jahren; diese Werte
sanken in der Generation, die in den zwanziger und dreißiger Jahren
erwachsen wurde, auf etwa 25 Jahre bei Männern und 22,5 Jahre bei
Frauen.[8] Besonders ausgeprägt war der Trend zur Ehe bei den College-

absolventen, das heißt bei jungen Leuten mit höherer Schulbildung. Im 19. Jahrhundert waren Frauen mit höherer Schulbildung häufiger als ihre weniger qualifizierten Altersgenossinnen ledig geblieben oder hatten erst spät geheiratet. In dem Maße aber, wie sich der Anteil der 18- bis 22jährigen amerikanischen Collegestudentinnen zwischen 1890 und 1930 mehr als vervierfachte, heirateten die Collegeabsolventinnen immer häufiger und immer früher. Je üblicher der Collegebesuch wurde, desto mehr glich sich das Heiratsmuster der Studentinnen der Mittelschichtsnorm an.[9]

Die berufstätige Frau

Dieselben Frauen, die jetzt jünger und gezielter heirateten, drängten auch in die weiterführenden Schulen, in die Universitäten und auf den Arbeitsmarkt. Durch die Einführung der allgemeinen Schulpflicht und den Anreiz, sich für Angestelltenberufe zu qualifizieren, nahm die Anzahl der Oberschüler in den zwanziger und dreißiger Jahren sprunghaft zu und lag schließlich bei fünfzig bis sechzig Prozent aller Jugendlichen unter zwanzig, wobei die Mädchen überproportional vertreten waren. Selbst in den Colleges und Universitäten, von denen Frauen bis Ende des 19. Jahrhunderts weitgehend ausgeschlossen gewesen waren, stellten sie in den zwanziger Jahren fast die Hälfte aller Studenten. Der Anteil der Frauen an den Erwerbstätigen lag von 1910 bis 1940 bei etwa 25 Prozent, doch sie hatten ein höheres Durchschnittsalter als zuvor (weil die Jüngeren noch zur Schule gingen) und waren vor allem als Schreibkräfte, in Betrieben, im Verkauf und in freien Berufen tätig, wo sie öffentlich sichtbarer waren als die Frauen, die früher in traditionell weiblichen Bereichen wie Haushalt, Landwirtschaft und Industrie tätig gewesen waren. Zwar fehlte es nicht an warnenden Stimmen, die der geldverdienenden Frau schlechte Heiratsaussichten prophezeiten, doch scheint das Gegenteil der Fall gewesen zu sein; denn nun konnten von zwei Verlobten beide Partner für den künftigen Hausstand sparen. Der Prozentsatz der berufstätigen Frauen, die verheiratet waren, stieg sechsmal schneller als der Prozentsatz derer, die ledig waren.[10]

Durch den unbestreitbar großen Anteil der Frauen an den Erwerbstätigen, das sinkende Heiratsalter und die gegenüber früheren Generationen weitere Verbreitung der Ehe waren für die Frauen Berufstätigkeit und Ehe zwei Fragen, die zwangsläufig zusammenhingen. Frauen, die aufs College gingen, bezeichneten dies häufig als »ihr«, als das »moderne« Problem. In einem Leitartikel der vom Smith College herausgegebenen Zeitschrift *Weekly* hieß es Ende 1919: »Wir können nicht glauben, daß es in der Natur der Dinge begründet sein soll, daß die Frau zwischen Familie und Beruf wählen muß, wo doch der Mann beides haben kann. Es muß einen Ausweg geben, und es ist Aufgabe unserer Generation, diesen Ausweg zu finden.« Die Frage wurde in Dutzenden von Artikeln und Untersuchungen aufgegriffen, die Titel trugen wie »Kann eine Frau Haushalt und Beruf verbinden?«, »Die verheiratete Frau, ihr Haushalt und ihr Beruf«, »Verheiratete Studentinnen, die Geld verdienen«, »Zwischen Büro und Kinderwagen«, »Warum wollen verheiratete Frauen arbeiten?«, »Die Haushalt-plus-Beruf-Frau«, »Baby und Beruf«, »Die Frau mit zwei Berufen«.[11]

Die Erwerbstätigkeit der Frau im Angestelltensektor war deshalb bemerkenswert, weil sie hier schneller zunahm als in jedem anderen Berufszweig. Trotzdem verrichteten 1930 – nach einem Jahrzehnt, in dem ihr Anteil sich verdoppelt hatte – in den USA weniger als zwölf Prozent aller verheirateten Frauen bezahlte Arbeit außerhalb ihrer Wohnung, wie die US-Zensusbehörde ermittelte. Von den erwerbstätigen Frauen war jedoch fast die Hälfte verheiratet, geschieden, verwitwet oder getrennt lebend und hatte daher neben ihrer Lohnarbeit meist für einen Haushalt und für Kinder zu sorgen. Die meisten von ihnen verrichteten untergeordnete Tätigkeiten im Haushalt, in der Landwirtschaft und in der Industrie. Man konnte bestenfalls von knapp vier Prozent der verheirateten Frauen im Lande sagen, daß sie »Ehe und Karriere« miteinander verbanden.[12]

Der Auftritt der Sozialwissenschaften

Wenn der Wunsch der Frau, Liebe und Arbeit in Einklang zu bringen, das Interesse der Öffentlichkeit weiterhin so stark beschäftigte, dann nicht nur, weil die Frauenbewegung schon seit der Jahrhundertwende auf beidem bestanden hatte, sondern auch, weil sich die Sozialwissenschaften auf dieses »Problem« geradezu einschossen. Sie taten Volksweisheiten und religiöse Überzeugungen gleichermaßen als unwissenschaftlich ab, wußten über die Rolle der Frau mehr zu sagen als je zuvor und traten dementsprechend in den zwanziger Jahren mit einer neuen Autorität auf. Der Anspruch der Sozialwissenschaften, Wesen und Quellen des menschlichen Verhaltens durch objektive empirische Beobachtung und streng methodische Analyse erklären zu können, faszinierte das breite Publikum nicht weniger als die akademische Fachwelt. Nach fünfzigjähriger Entwicklung waren die einzelnen sozialwissenschaftlichen Disziplinen – Soziologie, Nationalökonomie, politische Wissenschaft, Psychologie, Anthropologie – institutionell etabliert und erfreuten sich der großzügigen Unterstützung unternehmerischer

Philanthropie. Tausende von Sozialwissenschaftlern waren forschend und lehrend an Hunderten amerikanischer Colleges und Universitäten tätig. Ihre Forschungsergebnisse wurden in Druckschriften sowie durch audiovisuelle Medien popularisiert. Sozialwissenschaftliche Befunde und Interpretationen hatten Rückwirkungen auf Personalabteilungen und Marketingstrategien in Wirtschaft und Industrie, auf Untersuchungen und Verfahrensweisen der Regierung, auf den Journalismus und – im Hinblick auf den öffentlichen Konsum vielleicht mit dem größten Erfolg – auf die Werbung.[13]

Die Sozialwissenschaft war keineswegs monolithisch, aber in den zwanziger Jahren trat sie insofern als geschlossene Front auf, als ihrer Ansicht nach sozialwissenschaftliches Fachwissen für den Aufbau einer modernen, realistischen, effizienten und demokratischen Gesellschaftsordnung unentbehrlich war. Speziell die Psychologie galt als ein Instrument, das die Prognose und Kontrolle des »Faktors Mensch« ermöglichte, ja vielleicht sogar jene vagen Vorstellungen von »Sozialtechnologie« *(social engineering)*, die in den vorangegangenen zehn Jahren erörtert worden waren, in die Realität umzusetzen vermochte. Nach Überzeugung der einflußreichsten (männlichen) Psychologen jener Zeit wie John B. Watson oder Floyd Allport lag die verheißungsvollste Funktion der Psychologie darin, daß sie die psychologische »Anpassung« des einzelnen an heilsame soziale Normen bewirken konnte. Von Freudschen Ideen hatten »fortschrittliche« Denker zwar schon seit Anfang des Jahrhunderts läuten hören, und einige Freudsche Termini benutzte man mit oberflächlicher Geläufigkeit, aber dominierend war in den zwanziger Jahren nicht die Psychoanalyse, sondern die Psychohygiene und der Behaviorismus. Gemeinsam waren allen diesen Richtungen die Betonung der irrationalen Quellen des menschlichen Verhaltens, die Annahme, daß dem öffentlichen Handeln eines Menschen tief verborgene sexuelle Triebkräfte zugrunde lägen, und die Enthüllung, daß sich die Motivation eines Menschen aus innerseelischen Quellen speiste, die ihm selbst nicht bewußt waren. Eine typische Neigung zur Vulgärpsychologie ließ etwa eine Journalistin erkennen, die hinter dem Wunsch einer Collegeabsolventin nach beruflicher Karriere »die Sublimierung anderer Wünsche« witterte und sich zu der These verstieg: »Die Hauptursache für das Scheitern eines Menschen ist seine psychische Fehlanpassung: Konflikte, Hemmungen, Ängste, Befürchtungen und sonstige emotionale Störungen, die für ein verbogenes und verkorkstes Leben verantwortlich sind.«[14]

Die Sozialwissenschaften vermittelten den Eindruck, sie könnten die Probleme der modernen Frau nicht nur erklären, sondern auch maßgeblich lösen helfen – vor allem das Problem, ihren Wunsch nach Liebe mit ihrem Wunsch nach Berufstätigkeit und nach persönlicher Individualität in Einklang zu bringen. Nachdem ikonoklastische Sozialwissenschaftlerinnen um 1890 die viktorianischen Vorstellungen von den Unterschieden der Geschlechter in bezug auf ihre mentalen Funktionen durch empirische Forschungen aus den Angeln gehoben hatten, fanden die Psychologen der zwanziger Jahre eine neue Konzeption für diese Unterschiede: Ihnen zufolge lagen die Geschlechtsunterschiede nicht im engen Bereich der Kognition, sondern auf dem Gebiet des Temperaments. Lewis Terman und seine Mitarbeiter führten als erste Wissenschaftler quantifizierbare Messungen von »Männlichkeit« und »Weiblichkeit« durch, zwei ihrer Ansicht nach reale und wissenschaftlich verifizierbare Eigenschaften, die auf einem vom Normalen bis zum Devianten reichenden Spektrum identifizierbar waren. Ihr Modell von seelischer Gesundheit koppelte das biologische Geschlecht eines Menschen mit psychologischen Korrelaten; indessen basierten die angeblich empirischen Daten über die Kategorien Männlichkeit und Weiblichkeit auf rein sozialen Konventionen.[15] Die psychologische Neuerfindung der Weiblichkeit drang über die Grenzen des Faches hinaus und beeinflußte auch die Soziologie und ihre Urteile über das Für und Wider weiblicher Karrieren. Der Bereich bezahlter Arbeit war konventionellerweise »männlich«; die Fähigkeit des Mannes, Frau und Kinder finanziell versorgen zu können, war ein wichtiger Aspekt der »Männlichkeit« im konventionellen Verständnis. Selbst männliche Soziologen, die mit feministischen Bestrebungen scheinbar sympathisierten, warnten davor, daß eine im Berufsleben »abgebrühte oder hartgesottene« Frau »die Männer abstößt«.[16]

Solche Kommentare verrieten, wie sehr selbst eine Sozialwissenschaft, die sich ihres Empirismus rühmte, dem alten Vorurteil aufsaß, die »Anpassung« der Frau habe darin zu bestehen, den Bedürfnissen und der Lust des Mannes zu dienen. Damalige Sozialwissenschaftler gingen oft von der Voraussetzung aus, die empirische Arbeit selbst werde zutreffende Werte erbringen, wobei sie übersahen, wie sehr vorherrschende Wertvorstellungen bereits in die wissenschaftlichen Vorgaben ihrer Untersuchungen eingegangen waren. Der demonstrative Verzicht auf jeden metaphysischen oder philosophischen Anspruch und die bewußte Beschränkung auf experimentelle und empirische Befunde ließen keinen Raum für einen reflektierten kritischen Standpunkt. Insofern sich die Sozialwissenschaft auf das Beobachtbare stützte – und sie erhob den Anspruch, sich ausschließlich auf das Beobachtbare zu stützen –, hatte sie die Tendenz, sich auf die gegebene Ordnung der Geschlechter zu beschränken, diese zu bekräftigen und alternative Visionen zu verhindern. Der Anteil der Frauen, die in den expandierenden Sozialwissenschaften Karriere machten, war viel höher als ihr Anteil in der Medizin, den Naturwissenschaften oder anderen vergleichbaren Gebieten; aber die feministische Stimme, die versuchte, in der Sprache der modernen Sozialwissenschaft zu sprechen, war per definitionem gedämpft.

Die neue Haushaltsführung

Der Haushalt war für die Sozialwissenschaft der zwanziger Jahre ein ebenso beliebtes Thema wie die sexuellen und ehelichen Beziehungen. Die wissenschaftliche Hauswirtschaftslehre machte es sich zur Aufgabe, den Status der Hausarbeit zu heben und ihre Bedingungen zu verbessern. Unter dem Einfluß wissenschaftlicher Managementmethoden begann man, vergleichende Untersuchungen über die Zeit anzustellen, die eine Frau mit Hausarbeit verbrachte, und stellte fest, daß für die Hausfrau in der Stadt nicht weniger als für die auf dem Lande der Haushalt Ganztagsarbeit war. Nur zehn Prozent der Hausfrauen in der Stadt brauchten, trotz moderner Hilfsmittel, weniger als 35 Stunden pro Woche für ihre Arbeit; die überwiegende Mehrzahl von ihnen hatte, wie die Frauen auf dem Lande, Arbeitswochen von über 50 Stunden. Die Engländerin Vera Brittain kam anläßlich eines Amerikabesuchs 1926 etwas übereilt zu dem Schluß, es sei der Amerikanerin »gelungen, die hehre Immunität des Mannes gegen jede Form der Hausarbeit zu brechen«. Die Amerikanerinnen selber beurteilten die Lage weit weniger rosig. Das galt sogar oder gerade für jene, die versuchten, einer Erwerbstätigkeit außerhalb der Wohnung nachzugehen, und feststellen mußten, daß ihr Mann trotzdem von ihnen erwartete, daß sie die ganze Hausarbeit allein machten.[17]

Die Hauswirtschaftslehre stellte fest, daß ein Hauptresultat des technischen Fortschritts im Haushalt der gepflegtere Zustand der Wohnung war. »Arbeitssparende« Haushaltsgeräte hatten eher den Effekt, den Anspruch an Sauberkeit und Ordnung in der Wohnung zu erhöhen – und die Hausfrau auf diesen höheren Standard zu verpflichten –, als daß sie die Anzahl der mit Hausarbeit verbrachten Stunden verringert hätten. Gasherd, elektrisches Licht und elektrisches Bügeleisen – die in den zwanziger Jahren verbreitetsten Errungenschaften – erhöhten zweifellos Komfort und Effizienz der häuslichen Arbeit, machten sie aber darum nicht weniger zu einem Ganztagsjob. Die Zeit, die eine Hausfrau wirklich durch Haushaltsgeräte oder abgepackte Produkte einsparte, investierte sie wieder in ihre Kinder, in Einkäufe oder in besonders reinliche Haushaltsführung, um das Umfeld der häuslichen Arbeit oder deren Resultat zu verbessern. Gegenüber früheren Generationen waren die Erwartungen, die in materieller Hinsicht an Gesundheit und Wohlbefinden gestellt wurden, viel höher geschraubt.

Die Hausfrauen nahmen gewissenhaft die Gelegenheit wahr, die Gesundheit und Sicherheit ihrer Familien zu verbessern, nachdem überall im Land die Hauswirtschaftslehrer und die Werbestrategen ihnen predigten, daß eine Frau, die sich richtig um den Haushalt kümmerte, für Wohlbehagen, **Ausgeglichenheit** und Leistungsfähigkeit ihrer Lieben sorgen konnte. Darüber hinaus verlagerte die von den Herstellern betriebene aggressive Vermarktung bestimmter Haushaltsgeräte – das beste Beispiel waren Waschmaschinen – in den zwanziger Jahren manche Arbeiten in die Wohnung zurück, die noch eine Generation zuvor städtische Familien gegen Bezahlung außer Haus hatten erledigen lassen.[18]

Die neue Kindererziehung

Wie die Aufgaben der Frau bei der Haushaltsführung, so sind auch ihre Pflichten bei der Kinderaufzucht niemals so differenziert definiert worden wie in den zwanziger Jahren. Ganze Arsenale von neuem Expertenwissen lieferten eine Fülle von Ressourcen und Ratschlägen für hilfesuchende Eltern. Gesundheitsbehörden und Sozialämter, Schulen, Frauenvereine, Kanzelredner, Zeitungen und nicht zuletzt die Bundesregierung deckten die Mütter mit wissenschaftlich orientierten Direktiven ein. Nach einer Schätzung des amerikanischen Children's Bureau wurden bei der Hälfte aller 1929 geborenen Säuglinge die amtlichen Ratschläge zur Kinderaufzucht befolgt. Eine Studie kam zu dem Ergebnis, daß noch viele andere Einrichtungen entstanden waren, die der Mutter helfen wollten, »ihrer Verantwortung für das Gedeihen des Kindes gerecht zu werden«, die aber gleichzeitig »der Mutter die Arbeit etwas schwerer machten, indem sie höhere Anforderungen an sie stellten«.[19]

Wenn man freiwillig Kinder großzog und sie geplant in die Welt setzte – was zumindest Frauen der Mittelschicht in zunehmendem Maße von sich behaupteten –, wog die mit der Kinderaufzucht verbundene Verantwortung offenbar schwerer, wurde aber auch bereitwilliger übernommen. Jetzt bot die Wissenschaft neue Erkenntnisse über Ernährung, Hygiene und Erziehung von Säuglingen und Kindern an und setzte damit zugleich neue Maßstäbe für Erfolg oder Scheitern der elterlichen Bemühungen. Die Psychohygiene bestärkte zu Beginn des Jahrhunderts die Sozialwissenschaften in ihrem Konsens, daß oberste Pflicht der Familie in der modernen Industriegesellschaft nicht mehr die ökonomische Produktion sei, sondern den Kindern eine angemessene Umgebung für ein gesundes und normales Gedeihen zu schaffen. Die Psychohygieniker gewöhnten die Öffentlichkeit an den Begriff einer »Normalität«, die durch standardisierte Tests meßbar sein sollte. Den Eltern wurde eingeschärft, bei ihren heranwachsenden Kindern auf »infantiles« oder »neurotisches« Verhalten zu achten.[20]

Werbung in der Konsumgesellschaft

Die komplizierten Erwartungen, die an die »moderne Frau« gerichtet wurden, boten ein reiches Feld für psychologische Kämpfe zwischen ihren Freunden und Feinden. Hier sprang die Werbung in die Bresche, um die durch die neuen Maßstäbe hervorgerufenen Ängste zu zerstreuen. Das Rüstzeug ihrer wissenschaftlichen Glaubwürdigkeit holten sich die Werbestrategen aus den Arsenalen der Sozialwissenschaften. Durch die Werbung erklärten die Hersteller und Vertreiber von haushalts- und kindbezogenen Produkten, was unter »moderner Weiblichkeit« zu verstehen war. Das Bindeglied zwischen der einzelnen Hausfrau und der »modernen Hauswirtschaft«, zwischen der einzelnen Mutter und der »wissenschaftlichen Kinderaufzucht« war ein Produkt und dessen Kauf. In den zwanziger Jahren entwickelte sich die moderne Werbeindustrie, wie wir sie heute kennen. Die Werbung des 20. Jahrhunderts sah in der Wissenschaft den Maßstab für den Fortschritt der Industrie und für den Nutzen des Konsumenten. Die Werbung wählte sich die Wissenschaft zur modernen Autorität, von der sie ihre eigene fachliche Kompetenz herleitete. Um die Jahrhundertwende kamen die ersten spezialisierten Werbeagenturen auf, und die bildliche Darstellung des Produkts wurde üblich. Aus den sozialwissenschaftlichen Normen der Effizienz und »Anpassung« wurden Verkaufsargumente; den Verbrauchern präsentierten sich die Werbefachleute als Erzieher, ihren Kunden aus Industrie und Handel als besonders versierte Manipulatoren menschlichen Verhaltens. Großunternehmen, die die nationale Marktführerschaft anpeilten, erkannten, daß es besser war, sich nicht auf den lokalen Einzelhandel zu verlassen, und gingen dazu über, den Konsumenten direkt anzusprechen, und zwar durch »Markenartikel«, für die landesweit Werbung gemacht wurde. In den zwanziger Jahren stand für die Werbebranche außer Frage, daß sie über das Stadium der bloßen Produktinformation hinaus war und sich auf die Kunst verstand, »Bedürfnisse« zu erzeugen. (Einer der ersten landesweit beworbenen Markenartikel hieß bezeichnenderweise »Uneeda [= you need a] Biscuit«.) In zunehmendem Maße machte sich die Werbetechnik auch psychologische Erkenntnisse über die irrationalen Antriebe des Menschen hinter seinem zivilisierten Verhalten zunutze und bediente sich bildlicher Symbole und mentaler Assoziationen, um den Konsumenten emotional auf den Kauf einzustimmen.[21]

Für die Werbe- und Marketingstrategen war der Konsument von jeher eine Konsumentin. Zahllose Publikationen der zwanziger Jahre zitierten eine Statistik, derzufolge 80 Prozent der Verbraucherkäufe von Frauen getätigt wurden. Die Hauswirtschaftslehre begrüßte diesen Zusammenhang und erklärte den Konsum zur vornehmsten aller hausfraulichen Pflichten. »Die wichtigste Aufgabe der Frau«, so hieß es etwa, »ist die des ›Ministers‹ für Familienkontakte und Familienkonsum.« Zwar entziehen sich die mannigfaltigen Auswirkungen der Werbung auf die Wahrnehmung und das Verhalten des Menschen einer exakten Messung, aber es ist unleugbar, daß sich die meisten Anzeigen an Frauen richteten, die vermutlich eine größere Dosis davon absorbierten als Männer. Eine Auswertung von knapp 15000 Verbraucherreaktionen auf Werbung ergab in den dreißiger Jahren, daß Hausfrauen (über ein Drittel aller Befragten) die unkritischste von allen Berufsgruppen waren. Nur 31 Prozent der Hausfrauen standen der Werbung ablehnend gegenüber. Dagegen waren 85 Prozent der von Studenten abgegebenen Kommentare negativ. Erwerbstätigkeit scheint die Toleranz der Frauen gegen die Werbung herabgesetzt zu haben – ganz besonders, wenn ihr Arbeitsplatz sehr weit von ihrer Wohnung entfernt lag –, denn 45 Prozent der Heimarbeiterinnen, aber 66 Prozent der Sekretärinnen klagten über die Werbung.[22]

Die Werbebranche setzte alles daran, so schnell wie möglich Individualität und Modernität für die Frau als Ware zu verpacken. Neue graphische und photographische Techniken machten aus der Werbung ein visuelles Medium von ungeahntem unterschwelligen Einfluß, das der Frau ganz bewußt nicht nur Verkaufsschlager, sondern auch ein Bild von sich selbst verkaufte. Die ökonomische Potenz hinter dieser Art der Vermarktung des Bildes der modernen Frau war um vieles größer als die Finanzmacht hinter irgendeinem anderen konkurrierenden Modell. Erfolgreich verstand es die Werbung, den traditionellen Prioritäten der Frau moderne Sinnbilder überzustülpen. Das moderne Ideal war nicht mehr das unterwürfige und schüchterne Weibchen, sondern – den Werbeaussagen zufolge – die energische und gesellige Frau, die Spaß haben wollte, die Männer mochte und für sie attraktiv war. Sex-Appeal war das große Geschäft. 1929 lag der Werbeaufwand in der Kosmetikindustrie ebenso hoch wie in der siebzehnmal größeren Lebensmittelindustrie. Die moderne Frau war nicht bloß attraktiv; sie war wissenschaftlich geschult darin, ihren Mann, ihre Kinder und ihr Heim optimal zu versorgen, und kompetent verantwortlich für deren Wohlergehen.[23]

Der traditionelle Status der Frau als Hausfrau und ihre heterosexuelle Dienstleistung wurden nun im Namen weiblicher Freiheit, Rationalität und Entscheidungsmöglichkeit verteidigt, ja sogar aggressiv vermarktet. Die Werbung wurde nicht müde zu betonen, daß bei jedem

Kauf die Möglichkeit der Wahlfreiheit und Kontrolle bestehe, so daß die Frau dabei ihre Rationalität beweisen und ihre Wertvorstellungen verwirklichen könne. Diese Behauptung wurde auch von der Hauswirtschaftslehre vertreten, allerdings aus anderen Gründen. Die moderne Verkaufspolitik übernahm die feministische Forderung, die Frau solle selbstbestimmt leben, und übersetzte sie in einen konsumorientierten Begriff von Wahlfreiheit. Die Firma General Electric verglich das Frauenwahlrecht mit einem elektrischen Schalter. In einer Anzeige für Haushaltserzeugnisse hieß es 1930 in der *Chicago Tribune*: »Die Frau von heute bekommt alles, was sie will. Das Stimmrecht. Glatte Seidenstoffe anstelle voluminöser Petticoats. Glasgeschirr in Saphirblau oder mit Bernsteinschimmer. Das Recht auf eine Karriere. Seife, die farblich zu ihrem Badezimmer paßt.«[24]

Vereinzelt erhoben sich empörte Stimmen, die sich dagegen verwahrten, daß den Frauen nichts anderes verkauft wurde als eine stromlinienförmige Hochglanzversion ihrer traditionellen Geschlechterrolle; aber die in den Massenmedien und der Werbung propagierten Modelle weiblicher Erfüllung behielten die Oberhand. Feministische Interessen und Forderungen wurden nicht ignoriert, sondern vereinnahmt. Die Werbung reduzierte die feministische Betonung weiblicher Kompetenz und Freiheit auf die individuelle Konsumhaltung; die sozialpsychologischen Berufe beschränkten den feministischen Anspruch auf sexuelle Selbstverwirklichung auf das Gebiet der Ehe. Der feministische Widerstand gegen die geschlechtliche Arbeitsteilung wurde unter den Teppich gekehrt; Hollywood-Filme transportierten die alternative Zelluloidbotschaft, die mehr wert war als tausend Worte: daß private Intimität mit Freiheit identisch und der Plüsch eines teuren Automobils der Inbegriff des guten Lebens sei.[25] Diese Adaptationen entschärften die Forderungen des Feminismus, indem sie vorgaben, sie zu erfüllen. So wenig der Feminismus auf dem Höhepunkt der internationalen Frauenbewegung vor dem Ersten Weltkrieg die nationalen Grenzen respektiert hatte, so wenig respektierten die Mächte des Marktes und der Medien diese Grenzen. Vor allem die amerikanische Filmindustrie, die in den zwanziger Jahren die europäischen Kinos mit ihren Erzeugnissen überschwemmte, verbreitete im Ausland die speziell amerikanische Variante von der Emanzipation der modernen Frau und forderte die europäischen Nationen heraus, diesem Bild ihr eigenes Modell von Weiblichkeit entgegenzustellen.[26] Die europäischen Konsumenten nahmen das idealisierte Bild von der modernen amerikanischen Frau unkritischer auf als die Amerikaner selbst, weil ihnen die Vergleichsmöglichkeit mit der amerikanischen Realität fehlte, um den Leinwandzauber oder die Fotos in der Massenpresse zu relativieren.

Die Kultur der Modernität und Urbanität absorbierte die Botschaften des Feminismus, um sie dann in Gestalt der modernen amerikanischen Frau zu präsentieren. Die amerikanische Werbewirtschaft verstand es auf geniale Weise, ganze Jahrzehnte von drastischen Veränderungen hinsichtlich der staatsbürgerlichen und beruflichen Chancen der Frau, der Freiheit ihres Sozialverhaltens, des Ideals und der Praxis der Ehe nicht als Konsequenz des zielstrebigen Kampfes um Veränderung der Geschlechterhierarchie, sondern als zwangsläufiges Ergebnis des technischen Fortschritts und der wirtschaftlichen Expansion hinzustellen. Selbstverständlich besteht zwischen einem dominanten kulturellen Modell von Weiblichkeit einerseits und den tatsächlichen, unterschiedlichen und divergierenden Erfahrungen der Frauen an einem konkreten Ort zu einer konkreten Zeit andererseits kein direkter Zusammenhang, sondern ein dynamisches Wechselverhältnis: Was aus dem amerikanischen Modell von moderner Weiblichkeit gemacht wurde, hing davon ab, von wem, wo und wie es gesehen und gehört wurde. Die Wirtschaftskrise, mit der die zwanziger Jahre zu Ende gingen, brachte auch ans Licht, daß die sogenannten modernen Muster in Wirklichkeit in altbekannten Erwartungen an die Unterordnung und Häuslichkeit der Frau verwurzelt waren. Falls das Frauenmodell der zwanziger Jahre überhaupt einen emanzipatorischen Impetus hatte, basierte er auf einer kontinuierlichen Expansion der Wirtschaft durch anhaltende Verbrauchernachfrage. Während der Weltwirtschaftskrise bewies der reaktionäre Ruf nach Rückkehr der Frau an den häuslichen Herd – und vor allem nach dem Ausscheiden verheirateter Frauen aus dem Berufsleben –, wie dünn die neue Aura von Freiheit und Individualität war, die die altbekannte Rolle der modernen Frau umhüllte.

Aus dem Englischen von Holger Fliessbach

Antifeministische Demonstration in Paris, um 1930.

3
ZWISCHEN DEN BEIDEN WELTKRIEGEN

WEIBLICHE ROLLEN IN FRANKREICH UND ENGLAND

Anne-Marie Sohn

Die Geschichte der Zwischenkriegszeit hat deutlich weniger wissenschaftliche Untersuchungen angeregt als die Zeit des viktorianischen Englands oder des Höhepunkts der Dritten Republik in Frankreich. Dabei hat die Frauengeschichtsschreibung, die sich ohnehin spät entwickelte, diesen Zeitraum noch stärker vernachlässigt, nicht zuletzt weil diese beiden Jahrzehnte – umklammert von der patriarchalischen Gesellschaft des 19. Jahrhunderts und dem Zeitalter der Pille und der »sexuellen Revolution« der sechziger Jahre unseres Jahrhunderts – nur ein verschwommenes Profil aufweisen. Was geschah zwischen der schwierigen Eingliederung der Frauen ins junge Industrieproletariat und dem Entstehen der Konsumgesellschaft mit all ihren Vergnügungen und der relativen Sicherheit, die der Sozialstaat mit sich brachte? Zwar gibt es in den zwanziger Jahren Anzeichen für eine Emanzipation der Frau: kurze Haare, den Typus der *garçonne* und für die Engländerinnen das Wahlrecht, doch das tägliche Leben der Frauen veränderte sich kaum. Das Ideal der Hausfrau und die damit verbundene Rollenteilung herrschen unumstößlicher denn je.

Die demokratische Verfassung hat den Frauen in Frankreich genauso wie in England die Bevormundung durch ein totalitäres System erspart. Trotz des ähnlichen Entwicklungsstandes beider Länder bleiben die jeweiligen gesellschaftlichen Besonderheiten, die die soziale Stellung der Frau prägen, jedoch bestehen. So differieren Katholizismus und Protestantismus grundlegend in der Frage der Empfängnisverhütung. Zudem gab es in England kaum noch Bäuerinnen, während sie

in Frankreich noch 40 Prozent der erwerbstätigen weiblichen Bevölkerung ausmachten und somit den für ein ländliches Umfeld typischen
Zwängen unterworfen waren. Daher wird im folgenden die Betonung
oft stärker auf der »Spezifik« der nationalen Modelle liegen als auf dem
gemeinsamen Los der Frauen zu beiden Seiten des Ärmelkanals.

Zwischen Mutter und Garçonne

Bubikopf, kurzer Rock und das Porträt der modernen Frau in Victor
Marguerittes Roman *La Garçonne* galten oft als Symbole für ein neues
weibliches Verhalten und das Auftreten emanzipierter Frauen. Doch
jenseits des äußeren Scheins halten sich hartnäckig die traditionellen
Normen.

Garçonne und flapper: Klischees der wilden Jahre

Seit dem 19. Jahrhundert vertraten französische Republikaner wie Jules
Ferry oder Camille Sée den Standpunkt, die Ehe müsse sich auf eine
intellektuelle Gemeinschaft zwischen den Ehegatten gründen, und hofften, durch die Erziehung den »seelischen Graben«, eine der Quellen
ehelicher Zwietracht, zu überwinden. Doch sie dachten nicht daran,
die geschlechtsspezifische Rollenteilung, worin die Ehefrau sich ausschließlich der Familie widmen muß, in Frage zu stellen. Auch die
Romanschriftsteller zeichneten das Bild der Ehefrau und Geliebten, das,
indem es die Erotik in die eheliche Gemeinschaft einführte, zwar der
Doppelmoral und dem Ehebruch des Mannes ein Ende setzte, die Frau-
en aber gleichzeitig darauf verpflichtete, stets verführerisch zu sein und
die sexuellen Bedürfnisse des Ehemannes jederzeit zu erfüllen. Englische Schriftsteller wie Bernard Shaw oder George Wells gingen noch
weiter, indem sie, häufig ausgehend von gelebten Beispielen, sexuell
und gesellschaftlich befreite Frauen schilderten; so kämpften sie
zugleich für die Gleichberechtigung der Geschlechter wie gegen eine
erstickende Moral. Die »neue Frau« versuchte ihre Identität und ihre
Autonomie gegen alle Konventionen zu erobern. Die freie Liebe oder
die Ehe auf Probe aber, Vorstellungen also, die von sozialistischen und
anarchistischen Idealen und von der Ablehnung des viktorianischen
Puritanismus geprägt waren, wurden nur von wenigen Außenseitern
wie etwa Léon Blum propagiert.[1]
    Nach dem Krieg gewann das Thema an Aktualität. In England wur-
de die *flapper* zum Inbegriff der emanzipierten jungen Frau, die Tanz-

lokale und kurze Röcke liebt. In Frankreich verstand es Victor Margueritte, diese Neigungen in einem fiktiven, aber sehr lebendigen Archetypus zu kristallisieren: der *garçonne*.[2] In diesen wilden Jahren, einer Zeit, in der sich die nach dem Trauma der Schützengräben wiedergefundene Lebensfreude mit der Faszination für die russische Revolution, die jede erträumte Emanzipation mit sich zu bringen schien, traf, setzte sich das Bild der ledigen *garçonne* durch. Sie will mit einer »Karriere« ihre finanzielle Unabhängigkeit sichern und treibt die moralische und sexuelle Freiheit bis zur Bisexualität, bevor sie mit ihrem »Gefährten«[3] eine feste und egalitäre Verbindung eingeht. Ihr männliches Betragen (»sie denkt und handelt wie ein Mann«), die männlichen Eigenschaften wie Begabung und Logik, die sie entwickelt, ihr souveräner Umgang mit Geld und das Bewußtsein ihrer unbeugsamen Individualität (»ich gehöre nur mir«) fließen in einem physischen Attribut voller Symbolik zusammen, dem kurzgeschnittenen Haar. Eine so emanzipierte Frau war nicht länger eine Frau, sondern eine *garçonne*. Die durchschlagende Wirkung des Romans – eine Auflage von einer Million; gelesen von 12 bis 25 Prozent aller Franzosen; in zwölf Sprachen übersetzt – zeugt von der Bedeutung des Skandals, der dem Autor den Ausschluß aus der Ehrenlegion einbrachte. 1923 versuchten die englischen Behörden, die Verbreitung des Werkes zu unterbinden, indem sie die mit der Post versandten Exemplare beschlagnahmten; sie wagten jedoch nicht, dies öffentlich zu machen oder den Roman zu verbieten, weil sie befürchteten, für den Autor kostenlos Werbung zu betreiben. Eine öffentliche Debatte entwickelte sich, vor allem in der Presse, und selbst im Kreise der Familien wurde lebhaft diskutiert. Journalisten, Politiker und Romanschriftsteller verurteilten, manchmal mit extrem scharfen Worten, die »Frau, die ihr eigenes Leben lebt«, das »Luder«. Die meisten Feministinnen waren schockiert über den »pornographischen« Charakter des Romans. Die gespaltene Linke verteidigte die Meinungsfreiheit, zeigte sich aber reserviert gegenüber dem Inhalt. Die Kommunisten, nach deren Meinung die Frauenemanzipation erst in der Zeit nach der Revolution aktuell wurde, äußerten ihre Verachtung für diese »Pseudoforderungen« eines »republikanischen Bourgeois«. Lediglich die revolutionären Feministinnen, insbesondere Lehrerinnen, die in der Gewerkschaft CGTU organisiert waren, unterstützten das Modell im Namen der Gleichheit der Geschlechter. So ermöglicht die Diskussion über diesen Roman, die Meinung offizieller Sprecher verschiedener Richtungen, die damals mehrheitlich ein traditionelles Frauenbild, nämlich das der Hausfrau, vertraten, in einer Momentaufnahme festzuhalten.

Die Hausfrau oder die wahre Berufung der Frau

Das Stereotyp der Frau als der »Priesterin des heimischen Herds« oder als »Engel des Hauses« verfestigte sich seit der zweiten Hälfte des 19. Jahrhunderts sowohl in Literatur und Kunst als auch in wissenschaftlichen Werken. Die Verherrlichung der weiblichen »Natur« und der »geheiligten Weiblichkeit« diente dazu, einen untergeordneten Status zu definieren. Mehr und mehr wurde die körperliche Schwäche der Frau betont, die es erfordere, sie vor Belastungen zu schützen und ihr übermäßige Anstrengungen zu ersparen. Man beharrte auf der biologischen Prädestination, die aus der Mutterschaft eine Pflicht machte. So entwarfen die tonangebenden Eliten ein moralisches Bild der Frau, das ihre Empfindsamkeit stärker betonte als ihre Intelligenz; ihre Hingabe und Unterwerfung höher schätzte als Ehrgeiz oder intellektuelle Spekulationen, die ihre Kräfte übersteigen und ihre Weiblichkeit bedrohen würden. Dem Mann war die Sphäre der Öffentlichkeit vorbehalten, der Frau das »traute Heim«. In den vermögenden Schichten Großbritanniens wurden die wie zarte Blumen wirkenden Frauengestalten der präraffaelitischen Maler zum Vorbild, dem es nachzueifern galt.

Parallel dazu verstärkte der neue medizinische Diskurs über das Aufziehen von Kindern den Druck auf die Frauen, sich auf das Haus zu beschränken. Diese im 19. Jahrhundert beginnende Debatte sollte – im Namen des unbedingt notwendigen Kampfes gegen die Kindersterblichkeit – bei den Müttern Schuldgefühle wecken, um sie dann weiterbilden und zu Gehilfinnen des Arztes machen zu können. Die durch die Entdeckungen Pasteurs ausgelöste Revolution verstärkte dieses Phänomen noch, da sie eine besonders strenge antibakterielle Prophylaxe für Säuglinge durchsetzte. Von nun an war es die Pflicht der Mutter, diese Vorsorge zum Wohl von »Rasse« und Nation in die Tat umzusetzen. Besonders in Frankreich, wo die Geburtenrate früher zu sinken begann als anderswo, lenkte das dadurch heraufbeschworene Gespenst der Entvölkerung die Aufmerksamkeit verstärkt auf den Kreuzzug für mehr Hygiene, von dem man sich eine geburtenfördernde Wirkung versprach. In England wurde erst 1937 im Unterhaus auf die Bedrohung durch den Geburtenrückgang und seine Auswirkungen auf den Wohlstand und »den Fortbestand des britischen Empires« hingewiesen. Die für die dreißiger Jahre kennzeichnende Bewegung, die Frauen »zurück an den Herd« zu schicken, wurde dadurch noch verstärkt. Die Säuglingspflege und die medizinische Kontrolle während der Kindheit setzten sich erst nach dem Krieg durch, obwohl man die ersten Mütterberatungsstellen bereits zwischen 1890 und 1900 eingerichtet hatte. 1918 wurden per Gesetz die Maternity and Infant Centres gegründet, während in Frankreich die Zahl der Mütterberatungsstellen zwischen

den beiden Weltkriegen von 400 auf 5000 stieg. Die Betreuung der
Mütter wurde noch gefördert durch eine zunehmende Zahl von Sozialarbeiterinnen nach amerikanischem Vorbild, die ins Haus kamen und
ihr pädagogisches Evangelium predigten. Die neuen Verantwortlichkeiten, mit denen die Ärzte die Frauen nun betrauten, setzten voraus,
daß diese jeden Augenblick verfügbar waren, so daß eine Arbeit außer
Haus schwierig wurde. Der Schutz des Kindes führte so zunächst indirekt, dann auch direkt zum Verbot der Frauenarbeit, vor allem in
Frankreich, wo verheiratete Frauen häufig berufstätig waren. Denn nur
eine Rabenmutter würde es fertigbringen, ihr Kind der Obhut einer
bezahlten Amme zu überlassen oder zum Fläschchen zu verdammen,
das womöglich seinen Tod bedeutete, weil es nicht steril war. Das Stillen und die daraus resultierende Abhängigkeit zwangen die Mutter, zu
Hause zu bleiben. Zeitungen und Romane genauso wie Politiker propagierten unisono die Aufgabe einer Mutter als edelsten aller Berufe.
In Frankreich rühmte die Hausfrauengewerkschaft, die 1935 gegründet
wurde, um einen Lohn für Hausarbeit zu fordern, diese »soziale Aufgabe als Garanten für die Stabilität der Familien, die Gesundheit der
Kinder, das Glück der Individuen und somit den Wohlstand der
Nation«.[4] «Glücklich der Mann, dessen Frau stolz auf ihren Haushalt
ist . . ., die ihre Sachen gerne in Ordnung hält, damit er stolz auf sie
und seine Kinder ist«, schrieb im selben Sinne die Zeitschrift *Housewife*,
die bezeichnenderweise 1939 auf den Markt kam. Zu dieser Zeit wandelte sich in Frankreich das Leitbild der guten »Hauswirtschafterin«, die
Haus und Betrieb geschickt im Griff hatte, oder der »Finanzministerin«
in Arbeiterhaushalten[5] zum Ideal der Mutter, die sich ausschließlich ihren
Kindern widmet, oder sogar zu dem der übertrieben besitzergreifenden
Mutter, wie sie von François Mauriac in *Génitrix* beschrieben wurde.
Die Propaganda zugunsten der Hausfrau war so allgegenwärtig und
erdrückend, daß viele Männer und Frauen dieses Bild verinnerlichten.
Seit 1900 war es in England nahezu unbestritten, während es in Frank-
reich immerhin noch Bedauern und Fragen auslöste.

MUTTER, EHEFRAU UND ARBEITERIN

Die jahrhundertealte Lehre der Kirche, die Aufwertung der Weiblichkeit seit dem 19. Jahrhundert und die Pflichten, die den Frauen in einer
immer stärker medizinisch geprägten Gesellschaft auferlegt wurden,
haben in der Zeit zwischen den beiden Weltkriegen dazu geführt, daß
das Bild der Frau als Mutter und Ehefrau »ohne Beruf« sich durchsetzen konnte. Diese Frau, durch ihre häuslichen Aufgaben sich selbst

entfremdet und verbannt in ihre Wohnung, war das krasse Gegenteil der *garçonne*, die seit den dreißiger Jahren in Vergessenheit geraten war. Aber zwischen diesem Modell, das vor allem von Männern propagiert wurde, und seiner Aneigung durch die Frauen gab es einen großen Spielraum.

Das Festhalten an der Frauenerwerbstätigkeit

Zwar stellte die öffentliche Meinung Frauen als nicht berufstätig dar, doch entsprach dies nicht der Realität, vor allem nicht in Frankreich. Von 1906 bis 1946 stellten die Französinnen 36,6 bis 37,9 Prozent der erwerbstätigen Bevölkerung, die Britinnen 28,5 Prozent. In beiden Ländern wurde es begrüßt, daß junge Mädchen aus einfachen Verhältnissen vor der Ehe arbeiteten; doch die Erwerbsarbeit verheirateter Frauen blieb in England die Ausnahme (nur 14 bis 16 Prozent der erwerbstätigen Bevölkerung), während sie in Frankreich üblich war. Dort war 1920 jede zweite Lohnempfängerin verheiratet, 1936 waren es sogar 55 Prozent. Dazu kommen noch die Witwen mit Kindern, die 13,5 bis 14,5 Prozent der weiblichen Beschäftigten ausmachten. Zwischen den beiden Weltkriegen hatten in Frankreich zwei Drittel der berufstätigen Frauen eine Familie zu versorgen. Weitgehend unbeeindruckt von der familialistischen Propaganda, die damals ihren Höhepunkt erreichte, richteten die Frauen – abgesehen vom mittleren und gehobenen Bürgertum – ihr privates und berufliches Leben ihren eigenen Ansprüchen gemäß ein.

Häufig wird betont, daß wie in England die Frauenerwerbstätigkeit nach dem Krieg auch in Frankreich zurückgegangen sei, doch dies trifft nicht zu: In Frankreich zählte man 1906 eine Million Fabrikarbeiterinnen, 1921 waren es 1 220 000 und 1926 1 470 000. Die Diskrepanz zwischen den Aussagen der Historiker, selbst den statistischen Darstellungen, und der Realität ist frappierend. Die Spezifik der französischen Erwerbsstruktur resultiert aus dem hohen Anteil von Frauen, die in der Landwirtschaft arbeiteten: 46 Prozent der berufstätigen Frauen im Jahre 1921 und noch 40 Prozent im Jahre 1936, während es in Großbritannien nur 1 bis 2 Prozent waren. Die oft übersehene Rolle der Frauen in der Landwirtschaft wurde zwischen den beiden Weltkriegen noch bedeutsamer, da die Spezialisierung in der agrarischen Produktion zunahm und Arbeitskräfte infolge der Landflucht knapp waren: »Wegen des Arbeitskräftemangels ersetzt die Frau zumeist einen Landarbeiter«, stellte eine Erhebung von 1929 fest.[6] In Regionen mit Viehzucht, wo es traditionell Aufgabe der Frauen war, das Vieh zu versorgen, wurde die Arbeit der Frauen ebenfalls noch wichtiger, da die

Bauern zunehmend auf Produktionszuwachs durch größeren Viehbe-
stand setzten: In der Normandie zum Beispiel stellte der Gewinn aus
Milchprodukten zwei Drittel des Familieneinkommens dar. Ähnliche
Relationen gab es in den Wein- oder Gartenbauregionen. Allgemein
kann man sagen, daß die Frau auf dem Lande sich schon immer als
vielseitig einsetzbare Arbeiterin auf klimatisch und jahreszeitlich
bedingte Wechselfälle einstellen mußte. »Die Frau muß alles machen«,
sagte man im burgundischen Minot.[7] Im übrigen konnte es sein, daß
die Frauen sich lieber um die Feldarbeit kümmerten als um ihre Küche,
wie eine Winzerin aus dem Département Aude, die nostalgisch ausrief:
»Im Weinberg, da hab' ich mich wohlgefühlt!«[8] Auf jeden Fall aber
konnten sich Bäuerinnen, im Unterschied zu Arbeiterinnen, bei ihrer
Arbeit (außer in dringlichen Fällen) nach den familiären und häuslichen Erfordernissen richten. Mütter von kleinen Kindern konnten eine
Weile mit der Arbeit aussetzen, als Teilzeitbeschäftigte arbeiten oder
freiwillige Hilfe bei Nachbarinnen und Großmüttern finden. Dennoch
war die Doppelbelastung durch Haushalt und außerhäusliche Arbeit in
der Landwirtschaft sehr schwer zu bewältigen.

In der Stadt waren zwei Drittel der Mütter gezwungen, berufstätig
zu sein, weil die Löhne ihrer Ehemänner zu niedrig waren, um die
Familie versorgen zu können.[9] Zudem erleichterten die große Zahl kleiner Betriebe und der durch den Geburtenrückgang entstandene
Arbeitskräftemangel, der nur zum Teil von einer starken Einwande-
rungswelle ausgeglichen wurde, schon seit langem die Eingliederung
der Frauen ins Berufsleben. Diese Situation, die bereits im 19. Jahrhundert entstanden war, trug dazu bei, daß Frauenerwerbstätigkeit
selbstverständlich wurde, und wirkte der Hausfrauenideologie entgegen.
Die von Annie Fourcaut zusammengestellten Berichte von Betriebsfürsorgerinnen zeigen deutlich, daß die Frauen nicht nur aus materiellen Gründen an ihrem Beruf hingen. Mit zwei Löhnen konnte man zu
einem bescheidenen Wohlstand gelangen; aber auch die Geselligkeit
im Beruf – »das Fabrikleben mit seinem Klatsch, seinen Zwischenfällen
und seiner Kameradschaft war unterhaltsam für sie« – und die damit
verbundene Freiheit – »ihre Arbeit verlieh ihnen dem Ehemann gegenüber eine gewisse Unabhängigkeit«[10] –, spielten eine Rolle. Die Arbeiterinnen im Norden, einer Region, wo Mütter wie Töchter in den Textilfabriken beschäftigt waren, weigerten sich, ihre Arbeit nach der Heirat
aufzugeben: »Ihre Arbeit ist ihnen lieber.«[11]

Dort, wo die Art der Industrialisierung die Zahl der Frauenarbeits-
plätze begrenzte, etwa in Gebieten mit Bergbau oder Eisen- und Stahl-
industrie, eröffneten die Frauen Lokale, vermieteten an Pensionsgäste
oder arbeiteten als Wäscherinnen. Solche Tätigkeiten wurden oft von
den Betroffenen selbst »vergessen«, so etwa von einer Posamentiererin

aus Saint-Étienne, die auf die Frage, ob ihre Mutter nach der Heirat gearbeitet habe, antwortete: »Nein, nie. Sie war immer zu Hause, aber sie hat für andere Leute geflickt. Sie war nie ohne Arbeit.«[12] Unter diesen Bedingungen führte die Geburt von Kindern immer seltener zur Aufgabe des Berufslebens: In Paris pausierte die Hälfte der Arbeitnehmerinnen nach einer Geburt für einige Zeit, aber nur zehn Prozent, meist Frauen mit vielen Kindern oder mit einem unattraktiven Beruf, gaben ihre Erwerbsarbeit endgültig auf.

Dagegen wurden Beschäftigungsmöglichkeiten für Frauen in Großbritannien durch die ständige und manchmal dramatisch ansteigende Arbeitslosigkeit immer mehr eingeschränkt, so daß zwischen 1921 und 1931 200000 Arbeiterinnen Hausangestellte werden mußten, da ihnen sonst keine Stellen offenstanden. Zudem schnitt das rasche Wachstum der Vorstädte, die von potentiellen Arbeitsplätzen weit entfernt waren, die Frauen von vielen Beschäftigungsmöglichkeiten ab. Schließlich spielte auch die Vorstellung der Frauen selbst von ihrem Platz in der Gesellschaft eine Rolle. Eine Erhebung von 1913 zeigt, daß Frauen aus der Arbeiterklasse faktisch keine eigene Berufskultur mehr hatten, was zur Folge hatte, daß die Rollen von Mann und Frau scharf gegeneinander abgegrenzt waren. Die Frauen begannen es als Unglück zu betrachten, wenn sie zur Erwerbsarbeit gezwungen waren, und der Begriff »working mothers« bezeichnete nun Hausfrauen. Diese negative Reaktion auf die Erwerbsarbeit verfestigte sich in der Zwischenkriegszeit weiter. In der Erhebung, die Margery Spring Rice 1939 über die Frauen der Arbeiterklasse veröffentlichte, wird die Frage nach einer eventuellen Lohnarbeit gar nicht erst gestellt, und nur sehr wenige der befragten Frauen sprachen dieses Thema an.

Die Situation in Großbritannien und Frankreich war also sehr unterschiedlich, wenn man die Zusammensetzung der erwerbstätigen Bevölkerung, die Traditionen weiblicher Berufstätigkeit und die vorherrschende Ideologie betrachtet.

Dagegen waren die Art der Arbeitsplätze und die Qualifikationen, die von den Frauen verlangt wurden, in Frankreich und Großbritannien ähnlich. In beiden Ländern war die Fabrikation und Bearbeitung von Textilien die Branche, in der die größte Zahl von Arbeiterinnen – ein Drittel der Gesamtzahl – beschäftigt waren. Doch aufgrund der Industrialisierung vieler Arbeiten, womit etwa die Schneiderei durch die industrielle Konfektion überflüssig gemacht wurde, nahm die Zahl von Frauen in diesen Berufen in den zwanziger und dreißiger Jahren stark ab. Bestimmte Tätigkeiten (Putzmacherei, Spitzenklöppeln, Stickerei) wurden immer seltener, und zahlreiche Berufe wie die der Flickerin oder Näherin, die tageweise ins Haus kamen, verschwanden ganz, da sie eng verknüpft waren mit einem Lebensstil, den der Krieg zerstört hatte. In Frankreich, wo die Zahl der Textil- und Bekleidungsarbeiterinnen von 1471000 im Jahre 1906 auf 887500 im Jahre 1931 sank, betraf dieser Rückgang am stärksten die Frauen, die selbständig in diesem Bereich gearbeitet hatten (ihre Zahl sank von 907500 auf 429500). Dagegen kann man feststellen, daß Arbeiterinnen in Sektoren eindrangen, die bis dahin als männlich gegolten hatten, etwa in den Maschinenbau, in die chemische oder die Nahrungsmittelindustrie. In Großbritannien stieg der Anteil von Frauen in der Metallindustrie von 8,8 Prozent auf 16,4 Prozent, und in den Midlands oder im Südosten, den Zentren der neuen Maschinenbauindustrie, wurden während der gesamten Zeitspanne kontinuierlich mehr Frauen angestellt, da das Arbeitsplatzangebot größer wurde und von seiten der Frauen auch eine Nachfrage bestand. In diesen expandierenden Industriezweigen waren die Frauen keineswegs nur »Ersatz« für den Mann. Häufig behielten sie in wirtschaftlichen Krisenzeiten ihre Arbeitsplätze, während Männer entlassen wurden; ein Indiz dafür, daß ihre Beschäftigung betrieblichen Überlegungen entsprang. Tatsächlich bevorzugte man seit der Einführung des Fließbands und der Ersetzung von Körperkraft durch Maschinen Frauen als Arbeitskräfte. Sie nahmen von nun an wenig qualifizierte Arbeitsplätze ein, die schlechter bezahlt wurden als die Tätigkeiten ihrer männlichen Kollegen. An diesen Arbeitsplätzen waren die traditionellen weiblichen Fähigkeiten, wenn auch nicht anerkannt, so doch von großem Wert.

Immer häufiger waren daher die angelernten Arbeiter an den Fließbändern Frauen, von den Unternehmen eingesetzt, um die Personalkosten zu senken. Ebenso begünstigte die wirtschaftliche Entwicklung, die eine größere Zahl untergeordneter Stellen im tertiären Sektor mit sich brachte, die »weibliche Angestellte«. In England stieg der Anteil der weiblichen Büroangestellten an der Gesamtheit der berufstätigen Frauen zwischen 1911 und 1931 von 2 auf 10 Prozent. In Frankreich kam 1902 eine Angestellte auf drei Arbeiterinnen, doch 1931 stieg das Verhältnis schon auf eins zu zwei; der Anteil der Angestellten an den erwerbstätigen Frauen verdoppelte sich zwischen 1906 und 1921, und 1931 machte er bereits 22,6 Prozent aus (in absoluten Zahlen: eine Million). Auch im Handel und bei der Post setzten sich Frauen durch. Weitere Felder eröffneten neu entstehende Berufe wie die der Fürsorgerin oder der Krankenschwester. Vor allem verheiratete Frauen profitierten von diesen neuen Möglichkeiten. Der Dienstleistungsbereich nutzte dabei die Fähigkeiten, die sich Frauen nun durch längeren Schulbesuch und zusätzliche Kurse erwerben konnten. Männliche und weibliche Angestellte wurden jedoch nicht gleich behandelt; so wurden Frauen nur sehr selten befördert.

Da es sowohl in Frankreich als auch in Großbritannien immer weniger reiche Privatiers gab, verringerten sich die Dienstbotenstellen und veränderten gleichzeitig ihr Profil. Weniger gravierend war dieser Rückgang in England, wo immer noch jede dritte Frau als Hausangestellte arbeitete. In Frankreich, wo noch 15 bis 18 Prozent der berufstätigen Frauen in diesem Sektor tätig waren, wurde das Dienstmädchen, das in der Wohnung lebte, zunehmend durch die Zugehfrau verdrängt, die in ihrem Privatleben freier und in vielen Fällen auch verheiratet war.

Es war den Frauen in den beiden großen Industrieländern Frankreich und Großbritannien also gelungen, Zugang zu besser bezahlten und prestigeträchtigeren Berufen zu finden, als sie das Dienstmädchenwesen oder das Ausbeutungssystem der Fabriken im 19. Jahrhundert geboten hatten. Als Resultat stieg in Frankreich die Erwerbstätigkeit der Frauen, und vor allem die der verheirateten, deutlich an. Aber die Kehrseite der individuellen Befriedigung und des Gefühls der Modernität, das die Erwerbstätigkeit ermöglichte, war deren Unterwerfung unter eine geschlechtsspezifische Personalpolitik, die ohne eigene Kosten die gewachsenen Kenntnisse der Frauen zu nutzen wußte.

»Working mother« oder Hausfrau

Die Hausarbeit entwickelte sich nur langsam weiter, und das amerikanische Modell des tayloristischen Haushalts blieb größtenteils eine Fata Morgana. Der Umfang der Hausarbeit war immer noch abhängig von der Umgebung, vom Wohnungstyp, vom Einkommen und von der allgemeinen Infrastruktur. Die Qualität der Wohnungen und ihre Ausstattung mit fließendem Wasser, Gas und Elektrizität bestimmten in hohem Maße, was die Hausfrau zu tun hatte und wie lange sie dafür brauchte. In beiden Ländern blieb diese Ausstattung lange Zeit mittelmäßig. In England waren der Abriß von einer Million Elendsbehausungen und der Bau hygienischer, wenn auch monotoner Vorstädte zwar ein Fortschritt, reichten aber nicht aus. Die neuen *council houses* (gemeindeeigene Wohnhäuser mit niedrigen Mieten) waren vor allem für Angestellte bestimmt. Der Standard der Arbeiterwohnungen war immer noch bestenfalls mittelmäßig und zumeist einfach schlecht. In London hatten 50 Prozent der Haushalte kein fließendes Wasser, und die Überbelegung der Wohnungen war, wie zum Beispiel in Bethnal Green mit durchschnittlich fünf Personen pro Zimmer, immer noch dramatisch. Eine Untersuchung des Women's Health Enquiry Committee bei 1250 Frauen aus der Arbeiterklasse kam zu dem Ergebnis, daß 6,9 Prozent der Familien über eine hygienische und geräumige Wohnung mit kaltem und warmem Wasser verfügten, die aber häufig weit vom Stadtzentrum entfernt lag; 61,4 Prozent lebten in übervölkerten Häusern für Arme und 31 Prozent in Wohnungen, »die eine zivilisierte Gesellschaft nicht dulden dürfte«[13]: in baufälligen Cottages auf dem Land oder in Blocks mit engen Hinterhöfen. Auch in Frankreich verschlimmerte der Wohnungsmangel, noch verschärft durch ein kriegsbedingtes Einfrieren der Mieten, die Enge; wie auch in England waren einfache Familien meist in ein oder zwei Zimmern zusammengepfercht. Allerdings widerstrebte es den Franzosen bis in die dreißiger Jahre, viel Geld für die Wohnung auszugeben: »Man hat an der Miete gespart.«[14] Noch 1954 hatten 42 Prozent der französischen Haushalte kein fließendes Wasser.

Dagegen hatten sich die Wohnverhältnisse auf dem Land seit dem 19. Jahrhundert deutlich verbessert. Viele Bauern hatten Fliesen- oder Steinböden, im oberen Stockwerk befanden sich Schlafzimmer, und die »gute Stube« war geweißelt. Im Osten Frankreichs wurden viele im Krieg zerstörte Bauernhäuser durch moderne Neubauten ersetzt, von denen manche sogar Zentralheizung hatten. Gebirgsgegenden und die Bretagne blieben jedoch zurück. Im Département Haute-Loire, im Champsaur, im Queyras und im Briançonnais teilten sich die Bauern, zumindest tagsüber und meist auch während des ganzen Winters, einen Raum mit ihrem Vieh. Die Umgebung der Bauernhäuser war vernachlässigt, die Höfe schlammig; in Lothringen waren Misthaufen nur selten fest umgrenzt; im Oisans waren die Dorfstraßen »voller Mist und Unrat«.[15] Unter diesen Bedingungen, bei all dem Schlamm und Mist, war es fast unmöglich, das Haus sauberzuhalten. Erst die Verbesserung der Umgebung und die Sanierung der Höfe konnte bei den Frauen Lust an der Hausarbeit aufkommen lassen.

In der Stadt wirkten die überfüllten Wohnräume und der Mangel an fließendem Wasser ebenso demotivierend. Wie die bereits genannte Untersuchung von Margery Spring Rice feststellt, »können die Wohnungen der Armen nur um den Preis extrem harter Arbeit ordentlich gehalten werden«, und in den Elendshütten »wird die Mutter leicht entmutigt; und da selbst unermüdliche Arbeit mit solchen Bedingungen nicht fertig wird, gibt sie alle Hoffnung auf und wird oft selbst unsauber und verkommen«.[16] Die Frau eines invaliden Seemanns, die mit neun weiteren Personen in einem Zimmer in Croydon hauste, schrieb: »In dem Zimmer stehen so viele Betten, daß ich es nur schwer putzen kann, aber ich tue es trotzdem, und die Wäsche trocknet in dem einzigen Zimmer, das ich habe.«[17]

Für die Mehrheit der Frauen hatten sich die Hausarbeiten ebensowenig verändert wie die äußere Umgebung. Immerhin erübrigte sich für diejenigen, die über fließendes Wasser verfügten, eine Belastung, die sonst einen Zeitaufwand von etwa einer Dreiviertelstunde pro Tag erfordert hatte. Auch das elektrische Licht, das 1938 in 65 Prozent der britischen und in fast ebensovielen französischen Haushalten vorhanden war, verringerte die Hausarbeit wöchentlich um zweieinhalb Stunden, da keine Petroleumlampen mehr geputzt und vorbereitet werden mußten. Gasheizung oder elektrische Heizung ersparten der Hausfrau wöchentlich mehr als neun Stunden, aber nur 20 Prozent der Engländerinnen kamen in den Genuß dieser Erleichterung; den übrigen blieb die beschwerliche Arbeit, sich um den Ofen oder den Kamin kümmern zu müssen. In beiden Ländern waren die Frauen noch längst nicht mit den praktischen Haushaltsgeräten der Konsumgesellschaft versorgt. Das stärker urbanisierte England war vergleichsweise besser ausgestattet, weil die Haushalte leichter an das Stromnetz angeschlossen werden konnten.

Das Domestic Science Movement, das vor 1914 in den USA entstanden war, führte eine Kampagne zur Förderung der Haushaltshygiene, wobei die Frauen zwar auf den Haushalt beschränkt wurden, zugleich aber die Hausarbeit als wirkliche Arbeit anerkannt wurde, die man einem strengen »Management« unterwerfen, rationalisieren und mechanisieren konnte. In Frankreich verbreitete der Ingenieur Henry Le Chatelier, der Taylors Werk *The Principles of Scientific Management* übersetzt hatte, als erster diese Ideen. Paulette Bernège, die Gründerin des Institut d'organisation ménagère, machte sie mit Hilfe von Haushaltsausstellungen, die ab 1923 in Paris stattfanden, populär. In England spielte die Electrical Association for Women, die sich für die Entwicklung und Anwendung elektrischer Haushaltsgeräte einsetzte, die ihrer Meinung nach die Hausarbeit um bis zu fünfzehn Stunden wöchentlich verringern sollten, eine ähnliche Rolle. Doch diese neuen Geräte waren mit einem Durchschnittsverdienst kaum erschwinglich. 1929 kostete eine Waschmaschine 700 Francs, was zwei Dritteln des Monatslohns eines Pariser Arbeiters entsprach; ein Kühlschrank kostete 7000 Francs, während ein Dienstmädchen nur 4500 Francs jährlich verdiente. 1948 besaßen nur 4 Prozent der britischen Haushalte eine Waschmaschine und 2 Prozent einen Kühlschrank. In Frankreich hatten Neuerungen wie das elektrische Bügeleisen oder die halbautomatische Waschmaschine nur den Norden und Osten erobert, Regionen, die den Ruf genossen, besonders reinlich zu sein. Man darf nicht vergessen, daß die einfache *lessiveuse,* ein Wäschekochtopf, erst in der Zwischenkriegszeit allgemeine Verbreitung fand. Nach und nach hielt in Großbritannien die moderne Zeit Einzug: 1948 besaßen 86 Prozent der Haushalte ein elektrisches Bügeleisen, 40 Prozent einen Staubsauger und drei Viertel einen Gas- oder Elektroherd. Doch bis 1939 wuschen, kochten und putzten die Frauen in beiden Ländern häufig noch ebenso wie im Jahrhundert zuvor, obwohl sinkende Preise den Kauf neuer Produkte, die die Hausarbeit erleichterten, möglich machten.

In der Küche und beim Kochen, der traditionellen Frauendomäne, zeigen sich widersprüchliche Entwicklungen. In Frankreich wurde sogar auf dem Land nur noch sehr selten das Brot selbst gebacken, so daß die Frauen einen halben oder einen ganzen Tag pro Woche gewannen. In England erleichterte der weitverbreitete Gebrauch von Konserven und Büchsenmilch die Zubereitung der Mahlzeiten, die sehr einfach blieben; in bescheidenen Haushalten gab es selten ein warmes Abendessen, und alles war rasch zubereitet: Butterbrot und Schokolade am Abend, Ragout und Pudding, etwas Salat, Gemüse oder Fisch. In Frankreich mußten die Frauen zwei reichhaltige Mahlzeiten kochen, es sei denn, der Mann aß in der Kantine, was immer häufiger der Fall war. Auf dem Land kamen, vor allem während der Erntezeit, noch eine kräftige Brotzeit und ein Nachmittagsimbiß dazu. Das kulinarische Vorbild des Bürgertums – Vorspeise, Fleisch und Gemüse, Salat und Dessert – verbreitete sich auch in anderen Schichten, so daß die Hausfrau sich umstellen mußte. Die traditionelle bäuerliche Küche blieb daneben ebenfalls erhalten, aber sie erforderte oft viel Zeit und Sorgfalt. Um etwa den *milbas,* einen für den Südwesten typischen Maisbrei, zuzubereiten, mußten mehrere Frauen zusammenarbeiten. In Frankreich hatte der gestiegene Lebensstandard zur Folge, daß man sich besser ernährte und bei den Mahlzeiten mehr Gänge servierte, so daß die Frauen nicht mehr nur nahrhafte Eintöpfe, sondern raffiniertere, aber auch zeitaufwendigere Gerichte kochten.

Schließlich reduzierte der Kauf von Konfektionskleidung vor allem für die Frauen aus der Unterschicht die Zeit, die sie zur Herstellung der Familiengarderobe aufwenden mußten. Sicher stopften die Hausfrauen weiterhin Socken, aber in England weigerten sich Arbeiterfrauen nun zu nähen. In Frankreich blieben zahlreiche Frauen ihren Handarbeiten treu, die ihnen nicht nur Geld sparen halfen, sondern sie vor allem in ihrer Freizeit beschäftigten und nach wie vor das Ideal der Weiblichkeit symbolisierten. Die vom Bürgertum des 19. Jahrhunderts geförderten dekorativen Beschäftigungen wie etwa Sticken oder andere Nadelarbeiten wurden nun von den unteren Schichten übernommen.

Da verläßliche Daten fehlen, ist es schwierig zu beurteilen, wieviel Zeit die Frauen für ihre Hausarbeit aufwandten. Die Electrical Association for Women schätzte sie 1934 auf 49 Stunden wöchentlich, ging dabei aber vom Besitz der modernsten elektrischen Haushaltsgeräte aus. 1950 wurde in Frankreich eine Zahl von 82 Stunden genannt, was sehr hoch erscheint, vor allem, da das Zeitbudget von der Erwerbstätigkeit der Frau und der Zahl der Kinder abhing. Eine andere Schätzung von 1947 besagt, daß Frauen, die einen Beruf ausübten, inklusive Haushalt nur 9 Stunden pro Woche mehr arbeiteten als Hausfrauen: Berufstätige Frauen widmeten ihrem Haushalt einfach 20 Stunden weniger. Viele verheiratete Frauen, die erwerbstätig blieben, erklärten auch, daß sie zu Hause wenig zu tun hätten.[18] Die berufstätigen Frauen reduzierten also die Hausarbeit und profitierten am stärksten von den Arbeitserleichterungen, die technische Neuerungen wie Waschkessel, Konserven und Elektrizität mit sich brachten. Der Kreuzzug zur Förderung der Hygiene und die neuen kulinarischen Anforderungen führten jedoch dazu, daß die französischen Hausfrauen mehr Zeit für ihren Haushalt aufwandten, allerdings ohne sich dessen bewußt zu sein, denn sie waren froh, daß ihnen die anstrengendsten Arbeiten – abgesehen von der Wäsche – nun erspart blieben. Außerdem wurde ein Teil der so gewonnenen Zeit den Kindern gewidmet, denen immer mehr Aufmerksamkeit zuteil wurde.

Schließlich wurden die Familienmütter auch durch ältere Töchter und Großmütter unterstützt. In englischen Arbeiterfamilien versorgte die Großmutter oft den Haushalt, wenn die Mutter krank war oder ein Kind gebar; sie machte ihren Enkeln nach der Schule das Essen und kümmerte sich auch sonst um sie. Auch die Nachbarinnen leisteten wertvolle Hilfe, allerdings unter der Bedingung, daß man sich an die oft konservativen Moralvorstellungen des Wohnviertels anpaßte, so wie Rosemary Crook es für Rhondda nachgewiesen hat.[19] Französische Arbeiter hatten auch nichts dagegen, im Haushalt selbst mit Hand anzulegen, wie etwa jener Pariser, der eine Weile arbeitslos war und von dem seine Frau berichtete: »Wenn ich nach Hause gekommen bin, war alles fertig, der Haushalt, das Essen, ich brauchte nur noch die Füße unter den Tisch zu strecken.«[20] Dasselbe galt für die Männer der Arbeiterinnen im Autowerk Panhard in Paris: »Wir hatten ein kameradschaftliches Verhältnis zueinander und haben uns die Hausarbeit geteilt; wer zuerst heimgekommen ist, hat das Essen gemacht und das Geschirr abgewaschen.«[21] Dagegen akzeptierten weder englische Ehemänner noch französische Bauern eine solche Aufgabenteilung.

Triumph der Mütter?

Das weibliche Idealbild war nicht nur die Hausfrau, sondern in erster Linie die Mutter. Die Erziehung von Kindern wurde mehr und mehr als Privileg der Frauen dargestellt. Im Diskurs über Kindheit erschien der Vater sogar als zweitrangig. In der Realität lagen die Dinge jedoch komplizierter. Zunächst einmal muß man unterscheiden zwischen »Aufzucht« und »Erziehung«. Das Aufziehen von Babys und Kleinkindern war schon immer Aufgabe der Mutter, da durch das Stillen eine physische Abhängigkeit entstand, die den Vater von der Sorge um das körperliche Wohl des Kindes ausschloß. In Frankreich wie in England stieß ein Vater, der sein Kind hätschelte, auf Befremden: »Das tut man nicht.«[22] In der Zwischenkriegszeit veranlaßten Experten für Säuglings-

pflege die meisten Mütter, eine Reihe traditioneller Praktiken aufzugeben, die von den Gesundheitsbehörden als gefährlich erachtet wurden.
Diese Hygienekampagne war so erfolgreich, daß manche Historikerinnen, wie etwa Yvonne Knibiehler oder Françoise Thébaud, von einer
regelrechten »Mütterschulung« sprechen konnten. Unbestreitbar setzten
sich die Normen moderner Kinderpflege innerhalb von zwei Jahrzehnten in allen Schichten durch. Die meisten Frauen verwandten
mehr Zeit auf die Körperpflege der Kinder als zuvor. Die Kinder waren
sauberer, oder zumindest waren es die sichtbaren Körperteile (Gesicht
und Hände), und sei es nur, um nicht das Mißfallen des Lehrers zu
erregen, der in Frankreich die äußere Erscheinung der Kinder kontrollierte und sie nach Hause schicken konnte, wenn sie zu schmutzig
waren. Dennoch wurden Babys nicht täglich gebadet, und ältere Kinder
badeten nur einmal pro Woche. Der Bestand der Kinderkleidung wurde
immer größer, gleichzeitig modischer und besser in Ordnung gehalten;
ein Kind, das ein Kleidungsstück schmutzig machte oder zerriß, wurde
von den Eltern streng bestraft. Auch die Ernährung der Kinder verbesserte sich. Zwar gelang es den Ärzten in Frankreich nicht, alle
Frauen von den Vorteilen des Stillens zu überzeugen – in der Zwischenkriegszeit wurde sogar weniger gestillt –, aber ihre Kampagne für
unverdorbene Milch und saubere Fläschchen hatte, ebenso wie in England, Erfolg. Sterilisierte und kondensierte Milch und Milchpulver, Produkte, die ab 1925 in den Handel kamen, erleichterten die rasche
Zubereitung von bakteriologisch einwandfreier Babynahrung. Der häufig tödliche Durchfall von Kindern ging zurück, da Säuglinge später
abgestillt und mit babygerechten Fertigprodukten (etwa dem berühmten »Blédine« von Nestlé) gefüttert wurden und die vor allem auf dem
Lande verbreitete schädliche Praxis, Kinder zu überfüttern, nach und
nach verschwand. Obwohl die von Ärzten empfohlene Säuglingspflege
zeitraubend war, wurde sie von den Müttern übernommen, da der
Geburtenrückgang die Bereitschaft förderte, bei geringerer Kinderzahl
dem einzelnen mehr Zeit zu widmen. Das Kind einer Amme zu übergeben, was in Frankreich vor 1914 trotz der Verurteilung durch die
Ärzte in allen Schichten gängige Praxis war, wurde nach 1918 immer
seltener, einerseits, weil Ammen rar und somit teuer waren, aber auch,
weil die Mütter ihr Kind jeden Tag sehen wollten, selbst wenn sie es
während der Arbeitszeit Nachbarinnen oder Verwandten anvertrauten.

In England konnten die Frauen bei der Versorgung ihrer kleinen
Kinder nur auf die – übrigens sehr großzügig geleistete – Hilfe von
Verwandten zurückgreifen. Die Verantwortung für die Erziehung lag
auch über das Säuglingsalter hinaus allein bei der Mutter, während es
in französischen Städten zahlreiche Kindergärten gab, die insgesamt
etwa 400000 Kinder aufnahmen und berufstätigen Müttern kostenlos

eine kompetente und wertvolle Aufsicht über ihre Kinder boten. In England sah die Lex Fischer von 1918 die Einrichtung solcher Kindergärten oder Vorschulen vor, die von den Gemeinden unterhalten werden sollten, doch der Maternity and Child Welfare Act (1918) unterstellte sie dem Gesundheitsministerium, dessen Interesse daran so gering war, daß 1932 nur 52 und 1938 nur 112 *nursery schools* existierten. Während der Mangel an Krippen, Vorschulen und Kindergärten sowie an bezahltem Hauspersonal die britischen Frauen dazu zwang, nach der Geburt des ersten Kindes jede Tätigkeit außer Haus aufzugeben, konnten verheiratete Frauen in Frankreich weiterarbeiten.

Blieb die Erziehung im eigentlichen Sinne, von der Kontrolle der schulischen Leistungen bis hin zur moralischen und religiösen Erziehung, in England allein den Müttern überlassen, so kam in Frankreich dem Vater eine wichtige Funktion zu. Wie zentral die Rolle der Mutter in englischen Arbeiterfamilien war, haben Roberts und Hoggart für die dreißiger und vierziger Jahre, Young und Wilmott für die fünfziger Jahre nachgewiesen. Auf Roberts' Frage, ob ihre Eltern streng gewesen seien, betonten die meisten Frauen die Vorrangstellung der Mütter bei der Erziehung oder sogar in der Partnerschaft: »Meine Mutter ja. Sie hatte bei uns die Hosen an. Sie führte nicht einfach den Haushalt, sie beherrschte ihn. Sie war die dominierende Persönlichkeit in der Familie.«[23] Die Mutter hielt die Familie zusammen, wenn die Kinder erwachsen waren. Sie half den Töchtern, die oft ihren Rat suchten, bei der Kindererziehung. In Bethnal Green kamen verheiratete Frauen durchschnittlich viermal pro Woche mit ihrer Mutter zusammen. Häufig erklärten Frauen auch, sich eher Töchter als Söhne zu wünschen, weil Töchter sie später eher vor Einsamkeit bewahrten. In Frankreich standen Töchter ihrer Mutter zwar in mancher Hinsicht ebenfalls näher – sie halfen im Haushalt und vertrauten ihr eher intime Geheimnisse an –, aber sie bildeten selten eine so enge Gemeinschaft mit ihr wie in Armentières, wo Töchter besonderen Wert auf die Beziehung zur Mutter legten. Der Vater interessierte sich ebenso wie die Mutter für die schulische und berufliche Zukunft seiner Kinder, ob Töchter oder Söhne. Er machte sich Gedanken über ihren sozialen Aufstieg, hatte ein Auge darauf, wie oft sie ausgingen und mit wem sie Umgang hatten, er bestrafte und belohnte sie. Vater und Mutter konkurrierten in ihrer Liebe zu den Kindern, und ein autoritärer und hartherziger Vater wurde von der öffentlichen Meinung verurteilt. Natürlich waren die Zeitgenossen der Ansicht, daß die Mutter in besonderem Maße über die moralische Erziehung und den Lebenswandel der Töchter wachen müsse, und forderten von ihr, vor allem in sexueller Hinsicht, ein mustergültiges Betragen: Die Wiederverheiratung einer geschiedenen Frau konnte als Grund angeführt werden, ihr das Sorgerecht über ihre

Kinder zu entziehen. Im wesentlichen wurden die Kinder jedoch von beiden Elternteilen gemeinsam erzogen.

Die Verhaltensweisen unterschieden sich in den beiden Ländern, selbst in ähnlichen sozialen Milieus, also deutlich. Aber es ist schwierig, diese Unterschiede, die Fragen aufwerfen wie die nach der Erwerbstätigkeit verheirateter Frauen, der Delegierung elterlicher Autorität, der Wertschätzung von Familie und Individualität, zu interpretieren. Dasselbe gilt für die Rolle der Frauen in der Ehe.

Ehe und Freiheit der Frau

Sowohl für junge Männer als auch für junge Frauen wurde die freie Partnerwahl in der Zwischenkriegszeit selbstverständlich. Nur selten wagten es Eltern noch, eine arrangierte Eheschließung durchzusetzen, nicht einmal in den ländlichen Regionen Frankreichs, wo Erbschaftsfragen eine wesentliche Rolle spielten. Man fragte die Eltern jedoch nach ihrer Meinung, da die Kinder im allgemeinen nicht den Wunsch hatten, eine Ehe einzugehen, die von der Familie mißbilligt wurde. Die jungen Leute suchten nicht mehr nur einen Ehegatten, sondern einen gleichgesinnten Partner. Dazu bedurfte es aber eines Ortes, wo die Geschlechter einander begegnen und näherkommen konnten. In Frankreich und England erleichterte die explosive Verbreitung von Tanzlokalen die Kontaktaufnahme. Junge Männer machten nicht mehr der Schäferin auf der Weide den Hof, wie es noch 1900 in den Gebirgsregionen Frankreichs üblich gewesen war; jetzt fuhren sie mit ihr mit dem Fahrrad zur Tanzveranstaltung in die nächste größere Ortschaft und versuchten, sie mit ihrem gewandten Auftreten und ihren Tanzkünsten zu beeindrucken. So entstanden neue Umgangsrituale, ein Wettkampf, aus dem erfahrenere junge Männer aus der Stadt siegreicher hervorgingen als die Bauernburschen; die Städter machten Eindruck auf die jungen Mädchen, die von der Stadt mit ihren Freizeitvergnügungen fasziniert waren, wie Pierre Bourdieu für das Béarn gezeigt hat.[24] Die Bauernmädchen wußten aus dieser Konkurrenz ihren Vorteil zu ziehen. Die Emanzipation junger Frauen, die aus einer Schwächung der väterlichen Autorität resultierte, hatte jedoch zur Folge, daß junge Männer vom Lande häufig keine Heiratsaussichten hatten. In England war es durch den Krieg und die zunehmende Erwerbstätigkeit für die jungen Mädchen leichter geworden, ohne Anstandsdame auszugehen. Sie nützten ihre neue Unabhängigkeit, um eine gewisse sexuelle Freiheit zu erlangen. So zeigt eine Umfrage, daß nur 7 Prozent der vor 1904 geborenen Frauen vor der Eheschließung Flirts und 19 Prozent sexuelle Beziehungen gehabt hatten, während es bei der zwischen 1904 und 1914 geborenen Generation bereits 22 bzw. 36 Prozent waren. Das Bild des Ehegatten blieb jedoch traditionell. In Arbeiterfamilien herrschte überwiegend eine strenge Rollenteilung: Der Mann verdiente den Lebensunterhalt der Familie, die Ehefrau war »Managerin« des Haushalts. Die ökonomische Rolle des Mannes spiegelte sich in der Sprache wider. Eine der Frauen nannte ihren Mann »Herrn X«, den »Meister«, und versicherte: »Er ist der Herr im Haus«; er wiederum sagte häufig zu seiner Frau, sie solle den Mund halten, und zögerte auch nicht, sie zu schlagen, was sie zwar beklagte, dabei aber zugleich erklärte: »Er ist eben ein richtiger Mann.«[25]

In Frankreich hatten Männer und Frauen ähnliche Vorstellungen von einem guten Ehepartner.[26] Arbeitsam und treu sollte er sein, ein guter Vater oder eine gute Mutter, weder frigide noch hysterisch, attraktiv – für beide Geschlechter spielte das Aussehen eine zunehmende Rolle – und schließlich weder alkoholsüchtig noch sonstwie abweichend in seinem Verhalten. Die alten Stereotype wie die weibliche Frau, die sanft und anmutig war, oder der beherrschende und männliche Mann wurden selten erwähnt, auch wenn ein »schwacher« oder »zu guter« Mann als Heiratspartner auf Ablehnung stieß. Zudem fand man in Frankreich nur äußerst selten jemanden, der es entschuldigte, wenn ein Mann seine Frau schlecht behandelte. In Frankreich und England scheinen sich die Vorstellungen von der Familie erheblich unterschieden zu haben.

Offensichtlich kompensierten Frauen in Arbeiterkreisen ihre untergeordnete Stellung in der Partnerschaft teilweise durch eine beträchtliche Entscheidungsbefugnis in Geldfragen. Im 19. Jahrhundert lieferten Arbeiter ihren Lohn zumeist bei ihrer Frau ab. Dieser Brauch bestand in England auch noch nach dem Ersten Weltkrieg fort; die Hälfte der Arbeiter gab der Ehefrau ihren gesamten Lohn, manchmal sogar, ohne die Lohntüte zu öffnen; die übrigen übergaben ihr einen Teil des Geldes. Im Gegenzug bekamen sie von ihrer Frau ein Taschengeld, selbst wenn sie gerade arbeitslos waren. Auch alle Behördengänge wurden von den Frauen erledigt.

In Frankreich forderten die Frauen mindestens, daß der Mann ihnen Haushaltsgeld gab, aber manchmal bekamen sie auch das gesamte Geld. Andere Paare wiederum hatten eine »gemeinsame Kasse«, aus der sich jeder nahm, was er brauchte. Schließlich gab es auch Haushalte, in denen der Mann, häufig ein Alkoholiker, sein Geld in Cafés vertrank und die Frau so gezwungen war, außer Haus zu arbeiten, um ihren Unterhalt oder den ihrer Kinder zu sichern. Ziemlich verbreitet war es, daß der Mann das Budget verwaltete, wie etwa der lothringische Arbeiter, dessen Frau klagte: »Ich hatte nie Geld, weil L. die Haushaltskasse geführt hat.«[27] Doch wenn die Ehefrau nicht die Finanzen verwaltete, war sie zumindest der Meinung, ein anteiliges Recht auf das gemeinsame Eigentum zu haben, und wenn sie ihren Mann verließ, nahm sie häufig Möbel oder andere Dinge mit, die ihrem Beitrag zum Besitz der Familie entsprachen. Die Kontrolle über die Finanzen war so eine Quelle der Macht, die man freundschaftlich teilen konnte, die aber auch manchen Anlaß zum Ehestreit bot.

Im Bürgertum gab es weiterhin zahlreiche Frauen, die von Finanzdingen nichts verstanden, aber viele Paare trafen gewichtige Entscheidungen – den Kauf, Verkauf oder die Vermietung von Besitz – gemeinsam. Ebenso verhielt es sich bei den französischen Bauern. Lange Zeit stellten die Volkskundler den Mann als denjenigen dar, der entschied, was angebaut wurde, der kaufte und verkaufte, das Geld anlegte und den Notar aufsuchte. Doch zwischen den beiden Weltkriegen verschwand diese patriarchalische Besitzverwaltung, unter anderem deswegen, weil das Ehepaar aufgrund des Geburtenrückgangs und der Landflucht häufig auf sich allein gestellt war und bei den täglichen Aufgaben zusammenarbeiten mußte. Sicher verkauften die Bauern immer noch das Getreide und das Großvieh, während ihre Frauen die Erzeugnisse aus Garten und Stall, die oft sehr einträglich waren, auf den Markt brachten – aber Investitionen und notarielle Verhandlungen waren die Sache beider. Zudem war die Frau häufig tatsächlich finanziell unabhängig, wenn sie den Ertrag ihrer Produkte behielt und nach ihrem Gutdünken ausgab, zumeist für sich und ihre Kinder. Der Einfluß einer Frau hing auch ab von dem Landbesitz, den sie in die Ehe eingebracht hatte und der ihr weiterhin gehörte. Wenn im Béarn eine »Erbin« den jüngeren Sohn einer Familie heiratete, war er ihr als dem »Haushaltsvorstand« unterworfen. Die veränderten Sitten lassen sich auch an einigen Symbolen ablesen: So weigerten sich nach dem Ersten Weltkrieg die Frauen in der Sologne und im Limousin, ihren Männern das Essen aufzutragen, wenn sie nicht am selben Tisch sitzen durften; zuvor war es hier noch Brauch gewesen, daß die Frau stand, während die Familie aß.

Schwieriger ist es, die Geheimnisse des ehelichen Schlafzimmers zu ergründen. Weibliche Passivität oder gar Frigidität, Ergebnisse einer Erziehung, die jegliche körperliche Lust verwarf, werden gelegentlich in einer der seltenen Umfragen erwähnt oder tauchen auf, wenn eine schwere Ehekrise das normalerweise private Sexualleben des Paares an die Öffentlichkeit brachte. Man kann daher kaum messen, bis zu welchem Grad die Bedürfnisse der Frauen befriedigt wurden. Ebensowenig weiß man, wer die Zahl der Kinder bestimmte und über empfängnisverhütende Mittel entschied. Die britische und die französische Bevölkerungspolitik unterschieden sich übrigens radikal. Während in Frankreich, wo der Geburtenrückgang schon seit einiger Zeit eingesetzt hatte, Maßnahmen ergriffen wurden, um empfängnisverhütende Praktiken einzudämmen, vollzog sich im geburtenstarken England die demographische Revolution innerhalb von zwanzig Jahren, ohne daß die Regierung eingriff. Die Geburtenrate, die 1896 noch 30 pro Tausend erreichte, fiel 1921 auf 20 pro Tausend und 1933 auf 15 pro Tausend, denselben Stand wie in Frankreich. Innerhalb einer Generation sank die Kinderzahl pro Frau von fünf oder sechs auf zwei oder drei. Diese abrupte Umkehrung des Trends erfolgte parallel zu einer eindringlichen Kampagne für die Geburtenkontrolle, der es zumindest gelang, den Ehepaaren, die sie praktizierten, die Schuldgefühle zu nehmen.

Vor 1918 propagierten die Malthusian League und die British Society for the Study of Sex Psychology, die von Feministinnen und Sozialisten wie Stella Browne oder Georges Ives gegründet und von Intellektuellen wie George Bernard Shaw oder Bertrand Russell unterstützt wurden, aus politischen und ökonomischen Gründen eine Begrenzung der Geburtenzahl. 1921 gründete die Ärztin Mary Stopes mit Hilfe von Neomalthusianern, zu denen ebenfalls Stella Browne gehörte, die Society for Constructive Birth-Control and Racial Progress – ein aufschlußreicher Name. Stopes orientierte sich an den Prinzipien der amerikanischen Krankenschwester Margaret Sanger: die Bevölkerungszahl zu stabilisieren, Abtreibungen vorzubeugen und die traditionelle Harmonie in der Ehe zu fördern. Diese Avantgarde führte eine mächtige Bewegung zugunsten der Empfängnisverhütung an, die mit Vorträgen, mit Büchern wie *Married Love* (1918) von Mary Stopes und mit der Einrichtung von Kliniken – die erste wurde in Halloway eröffnet, ebenfalls von Mary Stopes – für ihre Ziele warb. 1939 gab es in England über hundert Informationszentren über Empfängnisverhütung. Die »neuen Feministinnen« unterstützten die Bewegung ebenso wie die Frauen der Labour Party und die Women's Cooperated Guild, in der die Frauen der Genossenschaftsmitglieder organisiert waren. Eine Reihe von Stadträten forderte, daß diese Kliniken von den Gemeinden übernommen werden sollten, so daß 1939 bereits zwei Drittel mit öffentlichen Mitteln unterstützt wurden. 1930 hob das von der Labour Party besetzte Gesundheitsministerium das Verbot auf, das den Maternity and Child Welfare Centers bisher untersagt hatte, über Empfängnisverhütung zu informieren. Im selben Jahr stimmten die British Medical Association und die Lambeth Conference der Anglikanischen Kirche der Geburtenkontrolle für den Fall zu, daß die Gesundheit der Mutter davon abhing. Sobald die Geburtenbegrenzung einmal juristisch und moralisch legitimiert war, wurde sie zur allgemeinen Regel, wie verschiedene Untersuchungen bestätigen. Während im Jahre 1900 nur 18 Prozent der Arbeiterehepaare Kontrazeptiva benutzten, stieg diese Zahl zwischen 1935 und 1939 auf 68 Prozent an; bei ungelernten Arbeitern stieg der Anteil von 5 auf 54 Prozent, bei Angestellten von 26 auf 73 Prozent. Die Frauen trugen in großem Maße zu dieser Entwicklung bei, die ein tiefes, aber uneingestandenes Bedürfnis verriet, das Dora Russel bei der Labour Women's Conference von 1923 verblüfft zur Kenntnis nahm: »Ich und die anderen Teilnehmerinnen waren sprachlos angesichts der gehässigen Schimpfworte, die der Gedanke an Schwangerschaft auslöste ... Was man uns als die edelste Aufgabe der Frau dargestellt hatte, wurde von diesen Frauen heftig angegriffen.«[28]

Diana Gittins hat gezeigt, daß es innerhalb der Arbeiterklasse die »emanzipiertesten« Frauen waren – berufstätige Frauen oder Frauen, die eine gleichberechtigte Partnerschaft führten –, die als erste Geburtenkontrolle praktizierten und am besten darüber informiert waren. Dennoch blieben die Frauen abhängig von Methoden, die weitgehend der Verantwortung ihrer Männer überlassen waren, denn Koitus interruptus und Präservativ blieben weiter verbreitet als etwa das Pessar.

Kaum war der Kampf um die Geburtenkontrolle gewonnen, setzte die Kampagne für die Straffreiheit der Abtreibung ein. Der Offence Against the Person Act von 1861 und der Infant Preservation Act von 1929 verboten sie offiziell, außer wenn Gefahr für die Gesundheit der Mutter bestand. 1936 wurde mit Unterstützung von Aktivistinnen für die Geburtenkontrolle wie Stella Browne die Abortion Law Reform Association gegründet. 1938 wurde ein bedeutender juristischer Fortschritt erzielt, als die Gerichte die Abtreibung in Fällen von »physischer und psychischer Not« legalisierten. Innerhalb von zwei Jahrzehnten hatten die Engländerinnen fast die Freiheit errungen, selbst zu entscheiden, ob sie Kinder bekommen wollten oder nicht.

Zur selben Zeit wurde in Frankreich mit dem Gesetz vom 3. Juli 1920 jegliche Propaganda für Empfängnisverhütung verboten. Die Abtreibung galt als Verbrechen, das vor ein Schwurgericht kam, aber nachsichtige Geschworene hatten 80 Prozent der beschuldigten Frauen freigesprochen. Mit dem Gesetz vom 23. März 1923 wurde sie nur noch als Vergehen geahndet, über das nur ein Richter entschied; der Gesetzgeber rechnete damit, daß berufsmäßige Richter strenger urteilen würden als Geschworene aus dem Volk. Tatsächlich endeten zwischen 1925 und 1935 nur noch 19 Prozent der verhandelten Fälle mit einem Freispruch. Doch die Zahl der Strafverfolgungen blieb gering: Zwischen 1920 und 1930 wurden 978 Fälle nach dem Anti-Propaganda-Gesetz von 1920 verhandelt, und durchschnittlich 400 bis 500 Abtreibungen pro Jahr kamen zwischen 1925 und 1932 vor Gericht. Als 1927 die Lehrerin Henriette Alquier, die für die Groupes féministes de l'enseignement laïque (die feministischen Gruppen des konfessionslosen Unterrichts) einen Bericht über »bewußte Mutterschaft« geschrieben hatte, vor Gericht gestellt wurde, war die öffentliche Empörung so groß, daß sie freigesprochen wurde. Im Vergleich zur tatsächlichen

Zahl der Abtreibungen, die kaum unter 100000 pro Jahr lag, kam es nur selten zu strafrechtlicher Verfolgung. Zudem bremste das repressive, moralisierende Klima zugunsten des Bevölkerungswachstums keineswegs den Rückgang der Geburtenrate, die in den dreißiger Jahren ihr niedrigstes Niveau erreichte, so daß sie in manchen Jahren sogar unter der Sterberate lag. Diese Daten überraschen kaum, da die verbreitetsten Methoden der Empfängnisverhütung – Koitus interruptus, Präservative (die erlaubt waren, um Geschlechtskrankheiten vorzubeugen) oder die »natürliche« Knaus-Ogino-Methode – legal waren; verboten war nur das Diaphragma. Abtreibungen, die nur in aller Heimlichkeit vorgenommen werden konnten, scheinen sogar noch häufiger und mit der zumeist angewandten Methode der Intrauterin-Injektion effektiver geworden zu sein. Der Konservatismus des Bloc National, der hinter den »ruchlosen Gesetzen« (d. h. den Gesetzen gegen Empfängnisverhütung und Abtreibung) stand, und der Einfluß der katholischen Kirche in einem Land, das zwar offiziell die Trennung zwischen Kirche und Staat vollzogen hatte, beeinflußten Politiker möglicherweise so sehr, daß die Radikalen und Sozialisten es trotz ihrer häufig beteuerten Gegnerschaft zu diesen Gesetzen nicht wagten, sie in den Jahren der Volksfront-Regierung aufzuheben. Aber auch die faktische Einmütigkeit von offizieller Seite konnte nichts daran ändern, daß sich die Einstellung von Männern und Frauen hin zu einer partnerschaftlichen Empfängnisverhütung entwickelte, wenn auch die Abtreibung Frauensache blieb: Frauen tauschten untereinander Informationen über sogenannte »Engelmacherinnen« aus, oft ohne Wissen des Mannes. Angus MacLaren hat diese Praxis sogar als »Feminismus im Alltagsleben« interpretiert. Diese Schlußfolgerung geht wohl zu weit; festhalten läßt sich aber, daß die Frauen sich, ebenso wie bei der Frage der Erwerbstätigkeit, dem politischen, medizinischen und gesellschaftlichen Druck widersetzten und selbst entschieden. Die Kluft zwischen offiziellem Diskurs und privaten Überzeugungen, zwischen Rechtsprechung und gängiger Praxis ist hier offenkundig. Trotz aller Unterschiede in der Politik beider Länder kann man sowohl für Frankreich als auch für England in der Zwischenkriegsperiode eine wachsende – wenn auch noch stumme und nicht offen geäußerte – Überzeugung feststellen, daß die Frau das Recht habe, selbst über ihren Körper zu bestimmen.

Auch die Scheidung eröffnete den Frauen neue Freiräume, allerdings mit einer zeitlichen Verschiebung zwischen den beiden Ländern. In Frankreich brachte das Gesetz von 1884, obwohl es Männer und Frauen ungleich behandelte (ein Mann konnte nur dann wegen Ehebruch verurteilt werden, wenn er eine Konkubine in der ehelichen Wohnung aushielt), vor allem den Frauen Vorteile. In mehr als der Hälfte aller Fälle waren es die Frauen, die die Scheidung einreichten.[29] Auch die

Zahl der Verfahren stieg immer mehr an: 8000 zwischen 1880 und 1890, 15000 im Jahre 1914, 25000 im Jahre 1935. Scheidungsprozesse wurden vor allem von Arbeiterinnen oder weiblichen Angestellten angestrengt; meist waren es Städterinnen, die in Regionen mit besonders stark gesunkenem religiösem Einfluß lebten. Diese Frauen wußten auch über Geburtenkontrolle Bescheid: Die Hälfte von ihnen war kinderlos, die Durchschnittskinderzahl lag bei 0,84. In England wurde der Wunsch der Frauen nach einer Ehescheidung durch Gesetze eingeschränkt, die genau festlegten, welche Gründe für eine Trennung vorliegen mußten, und die ein teures Verfahren notwendig machten, das zudem nur vor dem Divorce Court in London verhandelt werden konnte. So wurden zu Beginn des Jahrhunderts auch nur 200 Scheidungen ausgesprochen. Doch von 1923 an konnten Scheidungsprozesse auch außerhalb Londons stattfinden, und der Ehebruch des Mannes wurde endlich als Scheidungsgrund anerkannt. Obwohl es kein Armenrecht gab, so daß nur Wohlhabende eine Scheidung einreichen konnten, stieg die Zahl der Scheidungen zwischen 1920 und 1930 auf 4000 pro Jahr und lag 1940 bei 7500. Der Matrimonial Causes Act von 1937 erweiterte die Gründe für eine Trennung oder Nichtigkeitserklärung, doch seine Wirkung wurde erst später spürbar. Zudem wurden Scheidungen von der Öffentlichkeit nach wie vor mißbilligt; die Hochzeit Edwards VII. mit einer geschiedenen Frau ist nur das berühmteste Beispiel. In Frankreich war eine Scheidung am Vorabend des Zweiten Weltkriegs sicherlich noch keine alltägliche Angelegenheit, aber die emanzipiertesten Frauen zogen sie nun einem unerträglichen Eheleben vor.

So entwickelte sich die Ehe langsam und allmählich hin zu einer stärker gleichberechtigten Partnerschaft. Obwohl heimliche Abtreibungen immer noch ihre Opfer forderten, konnten sich die meisten Frauen nun von der Angst vor einer ungewollten Schwangerschaft befreien. Doch eine kleine Minderheit aus dem »Subproletariat« oder der sogenannten »Vierten Welt« blieb aufgrund mangelnder Bildung, instabiler Familienverhältnisse oder zu geringer Löhne den biologischen Zwängen unterworfen. Andere gehorchten noch immer der christlichen Moral nach dem Motto »Seid fruchtbar und mehret euch«, doch ihre Zahl nahm ständig ab. Schließlich gab es auch noch die unverheirateten Frauen, vor allem nach dem Massensterben der Männer im Krieg, die eine Zeitlang als ledige *garçonnes* Stoff für Schlagzeilen boten, dann aber rasch wieder in Vergessenheit gerieten. Für diese Frauen war es lebenswichtig, eine Arbeit zu finden, es sei denn, sie konnten von einer Rente leben, was durch die Inflation jedoch zunehmend schwieriger wurde. Daher strömten viele Frauen, vor allem aus dem Bürgertum, in die neuen und »besseren« Berufe im Dienstleistungsbereich; über ihr einsames Leben oder die Auswege, die sie in flüchtigen

Beziehungen suchten, ist allerdings wenig bekannt. Auch wenn manche von ihnen politisch aktiv wurden und im öffentlichen Leben eine Rolle spielten, steht ihre Geschichte doch im Schatten der Geschichte von Müttern und Ehefrauen.

Das Ende der ewigen Unmündigkeit?

Kommentatoren des französischen Code civil haben immer wieder auf seinen sexistischen Charakter hingewiesen: Verheiratete Frauen hatten den Status von Minderjährigen; generell wurden Frauen nur in Abhängigkeit von einem männlichen Vormund, entweder dem Vater oder dem Ehemann, definiert. Obwohl bereits vor 1914 Versuche unternommen wurden, das Gesetz zu reformieren, lag die Entwicklung in Frankreich hinter der in England zurück. So konnten französische Frauen erst ab 1907 frei über ihren Lohn verfügen, während jenseits des Ärmelkanals schon 1870 entsprechende Gesetze erlassen worden waren. In der Zwischenkriegsperiode änderte sich der zivilrechtliche Status der Frauen in beiden Ländern in ähnlicher Weise; damit wurde eine Emanzipation, die sich im Alltag bereits durchgesetzt hatte, nachträglich rechtlich abgesegnet.

Eine geringere rechtliche Diskriminierung

1920 erhielten Frauen in Frankreich das Recht, ohne Erlaubnis des Ehegatten einer Gewerkschaft beizutreten; ab 1927 konnten sie im Fall einer Eheschließung mit einem Ausländer ihre Nationalität beibehalten. Das Erbrecht von Witwen wurde gegenüber der Familie des Ehemannes gestärkt, ein Zeichen für die wachsende Bedeutung des Paares zu Lasten der männlichen Abstammungslinie. Aber vor allem beseitigte das Gesetz vom 18. Februar 1938 die zivilrechtliche Unmündigkeit der verheirateten Frau und schaffte so faktisch den Artikel 215 des Code civil und die eheliche Gewalt des Mannes ab. Frauen konnten von nun an vor Gericht auftreten, Verträge abschließen, ein Konto eröffnen, studieren und Examina ablegen und einen Paß beantragen, ohne die Erlaubnis des Ehemannes einzuholen. Letzterer blieb jedoch immer noch das Familienoberhaupt, sein Wohnsitz war auch der gesetzliche Wohnsitz des Ehepaars, und er konnte seiner Frau verbieten, einen Beruf auszuüben. Die Frau konnte nun aber gegen die Entscheidung ihres Mannes vor Gericht klagen. Zudem übte der Mann allein die elterliche Autorität aus, wenn diese auch im Falle einer Verletzung der

Unterhaltspflicht nach einer Scheidung (seit 1924 strafbar) aberkannt werden konnte. Diese bedeutenden rechtlichen Änderungen hatten konkrete Auswirkungen vor allem für Frauen des gehobenen und mittleren Bürgertums, da die einfachen Leute über die Einzelheiten des Code civil ohnehin kaum informiert waren.

In Großbritannien vollzog sich ein ähnlicher Wandel. Seit 1882 verfügten verheiratete Frauen allein über ihren Lohn und ihren Besitz. Der Sex Disqualification Removal Act vom 23. Dezember 1919 eröffnete Frauen den Zugang zu Berufen, vor allem im juristischen Bereich, die zuvor den Männern vorbehalten waren. Der Law of Property Act von 1922 bestimmte die Frau zur Erbin, wenn ihr Mann starb, und machte Mann und Frau gleichermaßen zu Erben, wenn ein Kind ohne Testament starb. Der Matrimonial Causes Act von 1923 stellte die Gleichheit der Ehegatten im Falle von Ehebruch oder Scheidung her. Der Guardianship Act von 1925 übertrug das Sorgerecht für die Kinder im Falle einer Trennung der Frau, während man ihr die Kinder zuvor hatte wegnehmen können. Der Criminal Justice Act von 1925 schließlich schaffte die juristische Fiktion ab, wonach eine Frau, die in Gegenwart ihres Mannes ein Verbrechen begehe, unter Zwang handele, und beendete die rechtliche Unverantwortlichkeit der Ehefrauen. Dennoch mußten die Frauen weiter auf der Hut bleiben, denn heimlich und leise wurde versucht, neue Ungleichheiten einzuführen. So verlangte man ab 1935 von verheirateten Frauen, daß sie besondere Bedingungen erfüllten, wenn sie in den Genuß von Arbeitslosenunterstützung kommen wollten; diese Bedingungen wichen insofern vom gemeinen Recht ab, als man den Frauen die Unterstützung vorenthalten konnte, obwohl sie regelmäßig ihre Beiträge zur Arbeitslosenversicherung entrichtet hatten.

Aktive oder passive Bürgerinnen

Der deutlichste Unterschied zwischen den französischen und den englischen Frauen betraf das Wahlrecht. Der gewichtige Einfluß des englischen Feminismus vor 1914, die Demonstrationen der *Women's Social and Political Union* von Emmeline Pankhurst, der es gelungen war, sowohl einen Teil der wohlhabenden Frauen wie auch der Arbeiterinnen zu überzeugen, spielten keine unerhebliche Rolle, als am 6. Februar 1918, noch bevor der Konflikt ganz ausgestanden war, die *People Bill* angenommen wurde, die den Engländerinnen das Wahlrecht verlieh. Sicher handelte es sich um eine unvollständige Reform, da nur Frauen ab dreißig Jahren wählen durften. Erst 1928 war die staatsbürgerliche Gleichstellung erreicht; aber man muß dabei berücksichtigen, daß bis zum Jahr 1918 auch einem Drittel der Männer das Wahlrecht

vorenthalten worden war (Besitzlosen, Dienstboten etc.). Das allgemeine Wahlrecht wurde in England in Etappen eingeführt. Der Parliament Qualification of Powers Act vom 6. November 1918 erlaubte den
Frauen, für das Unterhaus zu kandidieren. 1924 wurde die Labour-Poli-
tikerin Margaret Bondfield in der Regierung McDonald die erste Ministerin in der Geschichte Englands.

In Frankreich kamen nach dem Ende des Ersten Weltkriegs verschiedene Gesetzesvorlagen im Parlament zur Diskussion, die zumindest einem Teil der Frauen das Wahlrecht bringen sollten, um sie für
ihren Beitrag zum Sieg, den sie im Hinterland geleistet hatten, zu belohnen. Am 8. Mai 1919 folgte die Abgeordnetenkammer in einer Aufwallung von Großzügigkeit dem Appell Aristide Briands und stimmte für
das uneingeschränkte Frauenwahlrecht. Doch um Gesetzeskraft zu
erlangen, mußte der Vorschlag auch vom Senat angenommen werden,
wo die Diskussion versandete, bis sie am 7. November 1922 schließlich
mit einer Ablehnung endete. Viele Politiker befürchteten, das Frauenwahlrecht würde der Kirche einen heimlichen politischen Einfluß verleihen, indem sie Druck auf die Frauen ausübte, die in den Pfarreien
zahlenmäßig stärker vertreten waren als die Männer. Dazu kamen der
tiefe Konservatismus der Senatoren und ihre latente Frauenfeindlichkeit.
Schließlich war die Situation so festgefahren, daß der Senat auch 1925,
1932 und 1935 Gesetzesvorschläge der Kammer ablehnte. Die Feministinnen, die alle für das Frauenwahlrecht eintraten, waren nicht zahlreich genug, um als Interessengruppe wirksam Druck auszuüben, trotz
der Unterstützung durch die Katholikinnen der Union nationale pour le
vote des femmes ab 1925 und trotz der spektakulären Aktionen von
Louise Weiss, Gründerin von La femme nouvelle (1934), die 1935 bei
den Stadtratswahlen in Montrouge kandidierte. Zur großen Enttäuschung von Louise Weiss zeigten die meisten Frauen nur ein begrenztes Interesse an dieser Reform: »Die Bäuerinnen sperrten Mund und
Augen auf, wenn ich vor ihnen über das Wahlrecht sprach. Die Arbeiterinnen lachten, die Geschäftsfrauen zuckten die Schultern, und Damen
aus dem Bürgertum wandten sich voll Abscheu ab.«[30]

Doch auch diejenigen Frauen, denen das Wahlrecht gewährt worden war und die am öffentlichen Leben teilnehmen wollten, stießen
noch auf große Schwierigkeiten. In Großbritannien gab es 1918 nur
eine gewählte Vertreterin, 1923 gab es acht, und 1929 waren es 14.
Bei den Liberalen und den Tories spielten Frauen nur eine sehr geringe Rolle. In der Labour Party, wo die Frauen ihre eigene Woman's section hatten, war ihr Einfluß etwas größer, aber ihre Kämpfe waren eher
frauenspezifisch als sozialistisch oder feministisch, so daß man ihr
sogar den Spitznamen »Ehefrauensektion« gab. Die Frauen der Labour
Party kämpften für einen Rückgang der Kindersterblichkeit, indem sie

Schulkantinen und kostenlose Schulmilch forderten. Mit ihrem Einsatz für eine Verlängerung der Schulzeit bis zum Alter von sechzehn Jahren verfochten sie stärker die Rechte ihrer Kinder als ihre eigenen; schließlich engagierten sie sich dafür, daß bedürftige Familien Kindergeld erhielten, obwohl die Labour Party in solchen Unterstützungen einen Vorwand sah, um die Löhne der Männer niedrig zu halten. Da die Zahl der aktiven weiblichen Mitglieder in der Labour Party gering blieb, hatten sie es schwer, ihre Vorstellungen durchzusetzen. In Frankreich standen die Frauen in der neukonstituierten Sozialistischen Partei (SFIO) vor einer ähnlichen Situation. Nur etwa drei Prozent der Mitglieder waren Frauen. Die sozialistische Frauengruppe, im Mai 1922 erneut gegründet, hatte zu Beginn der dreißiger Jahre kaum mehr als tausend Mitglieder, d. h. nicht mehr als 1914, im Vergleich zu insgesamt 125000 Mitgliedern der SFIO! Diese Frauengruppe war ein vollkommener Fehlschlag, da die von ihr geführten Diskussionen und Auseinandersetzungen innerhalb der übrigen Partei auf keinerlei Unterstützung stießen. So erstaunt es kaum, daß die Sozialistinnen nicht einmal die Volksfront-Regierung dazu bewegen konnten, das Frauenwahlrecht einzuführen. Léon Blum beschränkte sich auf die symbolische Geste, drei Frauen zu Unterstaatssekretärinnen zu ernennen. Das Los der Frauen in der Kommunistischen Partei – hier kam eine Frau auf etwa zehn Männer – war kaum beneidenswerter. Die Partei setzte sich in erster Linie für die Frauen als Arbeiterinnen ein, die als Frauen und Proletarierinnen doppelt ausgebeutet würden, und erwartete erst von der künftigen Revolution, daß sie die Ungleichheit zwischen den Geschlechtern beseitigen würde, die eher als Resultat des Kapitalismus als des männlichen Chauvinismus von Arbeitern und Unternehmern angesehen wurde. Trotzdem stellten sich die Kommunisten auf die Seite der Frauen und forderten das Recht auf Geburtenkontrolle und die Abschaffung der »ruchlosen Gesetze«. Doch bald fehlte den Frauen auch diese Unterstützung, da die Kommunisten im Gefolge der neuen sowjetischen Familienpolitik ab 1934 das Loblied der Mutterschaft und Familie sangen, den Malthusianismus geißelten und die Abtreibung verurteilten. Auch in den Parteien also, die der Gleichberechtigung theoretisch besonders aufgeschlossen gegenüberstanden, fanden die Frauen weder Gehör noch Unterstützung. Zum Teil war jedoch, ebenso wie bei den Gewerkschaften, auch die geringe weibliche Mitgliederzahl daran schuld.

In den Gewerkschaften waren die Frauen etwas zahlreicher vertreten als in den Parteien; in der Zwischenkriegszeit organisierten sich sogar beträchtlich mehr Frauen als zuvor. In Frankreich stieg ihre Zahl von 39000 Mitgliedern im Jahre 1900 auf 239000 im Jahre 1920, was etwa einem Siebtel der Mitgliederzahl entsprach. In Großbritannien zählten die großen und mächtigen Gewerkschaften 1921 eine Million weiblicher Mitglieder, d. h. ein Sechstel der gesamten Mitgliederzahl; beinahe jede fünfte Arbeiterin war organisiert. In den dreißiger Jahren ging die Zahl der organisierten Frauen jedoch auf 750000 zurück. Beim Zusammenschluß der vor 1914 noch getrennten Männer- und Frauengewerkschaften innerhalb derselben Branche setzten sich die Männer stärker durch. Die Frauen erhielten zwei Sitze im Hauptvorstand des Trade Unions Congress (TUC), dessen Vorsitzende sogar zeitweilig eine Frau war, Margaret Bondfield. Damit wurden ihre spezifischen Forderungen neutralisiert und die ungewöhnlichen Aktionsformen der Frauengewerkschaften – z. B. spontane oder trotz einer existierenden Einigung mit der Unternehmensleitung durchgeführte Streiks – der Norm angepaßt.

Auch in Frankreich hatten die Frauen Mühe, ihrem Standpunkt Gehör zu verschaffen und sich in den Führungsgremien durchzusetzen. In der Fédération unitaire de l'enseignement, einer linken Lehrergewerkschaft, in der Männer bereit waren, an feministischen Gruppentreffen teilzunehmen, und die bereits vor 1914 durchgesetzt hatte, daß Männer und Frauen dasselbe Gehalt bekamen, stellten die Lehrerinnen nur ein Drittel der Mitglieder und waren in den örtlichen Gewerkschaftsbüros unterrepräsentiert.[31] Zudem wurden sie häufig beschränkt auf Verwaltungsposten wie etwa das Amt der Kassiererin und gelangten nicht in leitende Funktionen wie das Gewerkschaftssekretariat: Nur 7 bis 18 Prozent der Sekretäre waren Frauen. Eine sorgfältige Untersuchung hat jedoch gezeigt, daß die Gewerkschafterinnen sich häufig selbst ausschlossen, indem sie bei Versammlungen stumm blieben. Ihre Zurückhaltung spiegelt den Einfluß einer Erziehung wider, die weibliche Schüchternheit so weit verinnerlichen ließ, daß sie nicht nur schicklich, sondern »natürlich« schien. Wenn Frauen die Möglichkeit hatten, sich im kleinen Kreis von Jugend- oder Frauengruppen rhetorische Fähigkeiten anzueignen, überwanden sie dieses Handicap und hatten größere Chancen, daß ihre Eignung für verantwortungsvolle Posten anerkannt wurde. Hatten die Frauen diese Schwelle einmal überschritten, wurden sie auch akzeptiert – eine von ihnen, Marie Guillot, wurde sogar Generalsekretärin. Zudem hielten familiäre Pflichten viele Frauen vom Besuch der Gewerkschaftsversammlungen ab. Die führenden Aktivistinnen waren daher entweder ledig oder mit einem Gewerkschafter verheiratet, der zu einer Arbeitsteilung in Haushalt und Familie bereit war. Die Hindernisse, die Frauen überwinden mußten, waren sowohl in der Erziehung als auch in der Familie verwurzelt, so daß es schwierig ist, zwischen privatem und öffentlichem Leben zu unterscheiden.

Zwischen den beiden Weltkriegen befand sich der Feminismus zudem in der Defensive. In England verlor die Bewegung für das Frauenwahlrecht ihre Existenzberechtigung und brach politisch auseinander: Manche Aktivistinnen, wie etwa Emmeline Pankhurst, unterstützten die Konservativen, andere die Liberalen. Die Fortschrittlichsten wollten ihre Kritik auf die Gesamtheit des gesellschaftlichen Lebens ausdehnen, doch sie blieben in der Minderheit. Ein Teil der Feministinnen wandte sich konkreteren Aufgaben zu, so wie Stella Browne, treibende Kraft der Bewegung für Geburtenkontrolle und Liberalisierung des Abtreibungsrechts und außerdem Mitglied der Labour Party, nachdem sie eine Zeitlang der Kommunistischen Partei angehört hatte. In Frankreich hatte der Sieg der russischen Revolution unmittelbar nach dem Krieg zu einem Aufblühen feministischer Zeitungen und Gruppen geführt, doch der Bewegung ging rasch der Atem aus. *La Voix des femmes* mußte ihr Erscheinen einstellen. Die feministischen Gruppen der Fédération unitaire de l'enseignement lösten sich auf, als die Lehrerinnen in der Stunde der Gefahr entschieden, der antifaschistische Kampf sei wichtiger als der Kampf für die Gleichheit der Geschlechter. Gemäßigte Feministinnen wie die Ligue française pour le droit des femmes, die eine Strategie der »kleinen Schritte« verfolgte, konzentrierten sich auf das Wahlrecht und die Forderung nach gleichem Lohn für gleiche Arbeit. Noch konservativer eingestellte Frauen unterstützten das moralisierende Frauenideal mancher Politiker, das die Geburtenrate fördern sollte, und trugen so mit dazu bei, daß die Frauen in traditionellen Rollen gefangen blieben und von der Regierung keinerlei Konzessionen erhielten.

So blieb die Teilnahme der Frauen am öffentlichen Leben weiterhin gering. Das Recht auf Arbeit war trotz der anhaltenden Lohndiskriminierung weniger umstritten als das Recht, sich politisch zu äußern. Fortschritte erreichten die Frauen auch in der Frage, frei über ihren Körper und ihren Besitz bestimmen zu dürfen, aber die Familienrollen blieben geschlechterspezifisch, vor allem im Bürgertum und in der englischen Arbeiterklasse. Manche Ehemänner blieben die Herren im Haus, manche Frauen schienen gefügige und ergebene Gattinnen zu sein, zumeist aber lag die Realität irgendwo zwischen dem klassischen Stereotyp und der skandalösen Neuerung. Die Frauen der Zwischenkriegszeit waren weder Ophelia noch *garçonne*, weder Heimchen am Herd noch Blaustrumpf. Sie hatten begonnen, das Joch der Natur abzuschütteln und eroberten sich Rechte in der Ehe, während sie sich zugleich sich selbst entfremdeten, ob als Mutter oder im Namen der Modernität. Diese Zeitspanne war somit geprägt von widersprüchlichen Tendenzen, eine komplexe Periode des Übergangs, die von den Zeitgenossen oft fehlinterpretiert wurde.

Aus dem Französischen von Gabriele Krüger-Wirrer

Rom, um 1935: Faschistische Lehrerinnen bringen Mussolini ein Ständchen.

4

Die italienischen Frauen unter Mussolini

Victoria de Grazia

U m die Lage der italienischen Frauen unter Mussolinis Diktatur erklären zu können, muß man zwei Fragen berücksichtigen. Erstens: Was war das spezifisch Faschistische an
der Unterdrückung der italienischen Frauen zwischen den beiden Weltkriegen? Und zweitens: Was sagt das Verhalten des Mussolini-Regimes
gegenüber Frauen generell über das Wesen faschistischer Herrschaft
aus? Meine Argumentation wird, kurz gesagt, folgende sein: Mussolinis Diktatur war ein besonderer, eigener Abschnitt in der Geschichte
patriarchaler Herrschaft. Das faschistische Patriarchat ging von dem
Axiom aus, daß Männer und Frauen von Natur aus verschieden seien.
Dieser Geschlechtsunterschied wurde dann in eine Politik zum Vorteil
der italienischen Männer umgesetzt, und es wurde ein beispielloses,
umfassendes und besonders repressives System konstruiert, das sowohl
die Definition von weiblichem Staatsbürgertum als auch die Lenkung
weiblicher Sexualität, Lohnarbeit und Beteiligung an der Gesellschaft
zum Ziel hatte. Am Ende war dieses System ein ebenso integraler
Bestandteil der staatspolitischen Strategien der Diktatur wie ihre korporativistische Regulierung der Arbeit, ihre auf Autarkie abzielende
Wirtschaftspolitik und ihre Kriegshetze. Der Antifeminismus gehörte
daher ebensosehr zum faschistischen Denken wie sein virulenter Antiliberalismus, Rassismus und Militarismus.

Aus diesem Grunde war ich bemüht, das faschistische System der
Geschlechterbeziehungen von dem des »liberalen Patriarchats« zu unterscheiden, wie man die im 19. Jahrhundert in westlichen Gesellschaf-

ten herrschende, auf Ungleichheit beruhende Ordnung gelegentlich
genannt hat. Ebenso muß man es vom sogenannten »sozialen Patriarchat« unterscheiden: Dieser Begriff bringt den Status der Frau als Staatsbürger zweiter Klasse zum Ausdruck, wie er in den kapitalistischen Sozialstaaten nach dem Zweiten Weltkrieg üblich ist, deren Urbild im
wesentlichen die schwedische Sozialdemokratie der dreißiger Jahre war.[1]
Jedoch haben die faschistischen Praktiken gegenüber Frauen wiederum
so viel Ähnlichkeit mit denen der nationalsozialistischen Diktatur, daß es
gerechtfertigt ist, beide in demselben Licht zu sehen und zu untersuchen. Obgleich es ohne Zweifel sinnvoll ist, die Lage der Frauen innerhalb eines bestimmten nationalen Kontextes und zu einem ganz
bestimmten historischen Zeitpunkt zu erkunden, geht der Systemansatz,
den ich hier verfolge, von der Voraussetzung aus, daß gewisse Veränderungen in den Geschlechterbeziehungen – solche zum Besseren, wie
der leichtere Zugang von Frauen zu Bildungsmöglichkeiten oder die
Duldung nichtehelicher Lebensgemeinschaften, und solche zum Schlechteren, wie die Benachteiligung der Frauen am Arbeitsplatz, familistische
Einstellungen und die staatliche Regulierung der Sexualität – nicht nur
konkreten politischen Initiativen und Handlungen eines Regimes zugeschrieben werden dürfen; denn in Wirklichkeit sind die Prozesse der
Veränderung, die hier wirken, viel komplizierter, weiträumiger und langfristiger. Wenn man demnach die faschistische Geschlechterpolitik nur
aus dem zu erklären versuchte, was die Diktatur als ihre eigene Leistung
beanspruchte, bliebe unverständlich, wie der Faschismus für die Familie
eintreten und gleichzeitig gegen sie gerichtet sein konnte, wie er die Rolle der Frauen modernisieren und zugleich behaupten konnte, die Frau
wieder für »Heim und Herd« zu gewinnen, oder wie er die Geburtenraten fördern, parallel dazu aber auch beschränken konnte. Bettet man
jedoch eine Untersuchung über die Stellung der Frauen unter Mussolinis Herrschaft in den größeren Zusammenhang der veränderten staatspolitischen Strategien angesichts der allgemeinen Krise der europäischen
Staatskunst zwischen den Weltkriegen ein, gelingt es eher, die Paradoxe eines neuen, auf der Geschlechtszugehörigkeit basierenden Systems
der Ausbeutung ebenso zu erklären wie die widersprüchlichen Reaktionen, die es bei den italienischen Frauen hervorrief.[2]

Die Umstrukturierung der Geschlechterbeziehungen

Die faschistische Sexualpolitik war in mancher Hinsicht die spezifisch
italienische Reaktion auf den Zusammenbruch der Ordnung im Ersten
Weltkrieg und dessen Nachwirkungen in dem von dem britischen

Nationalökonomen John Maynard Keynes 1919 so genannten »viktorianischen Modell kapitalistischer Akkumulation«.[3] Der europäische Liberalismus, gestützt auf eine Politik der Minimierung des Konsums sowie der restriktiven Auslegung staatsbürgerlicher Rechte und gestärkt durch eine Ideologie der Knappheit, hatte sich bewährt, weil er von den Wirtschaftssubjekten strenge soziale Disziplin und puritanisches Verhalten verlangte. Die große emanzipatorische Bewegung unter den europäischen Frauen (in der Wahlrechtsbewegung vor dem Ersten Weltkrieg bereits sichtbar geworden) mit ihrer tiefen Verwurzelung in der demographischen Revolution und der Ausbreitung liberalen Gedankenguts Mitte des 19. Jahrhunderts wurde irreversibel, sobald einmal Millionen von Frauen in den nationalen Kriegswirtschaften mobilisiert worden waren. In der Nachkriegszeit wanderten viele Arbeiterinnen in Angestelltenberufe ab, und die meisten Städterinnen teilten die offenkundig freieren sexuellen und sozialen Gewohnheiten, die mit der Massenkultur einhergingen. Und während die Staaten mit diesen emanzipatorischen Tendenzen zu kämpfen hatten, sahen sie sich zudem noch mit den komplizierten Fragen konfrontiert, die von Politikern unter dem Stichwort »Bevölkerungsproblem« zusammengefaßt wurden.[4] Sie reichten von Fertilitätsrückgang und dem, was Sozialarbeiter heute »Problemfamilien« nennen, bis zur Konkurrenz der Geschlechter auf dem Arbeitsmarkt und dem nicht vorhersagbaren Verhalten der Verbraucher. Praktisch alle diese Fragen hatten Auswirkungen auf die mannigfachen und manchmal nicht zu vereinbarenden Rollen der Frau in der modernen Gesellschaft – als Mutter, Ehefrau, Staatsbürgerin, Erwerbstätige, Verbraucherin und Empfängerin staatlicher Sozialleistungen. Die vorgeschlagenen Lösungen stellten die Politiker zwangsläufig vor ein Rätsel, für das die schwedische Soziologin und Sozialreformerin Alva Myrdal die prägnante Formulierung fand: *»Ein Geschlecht ist ein soziales Problem.«*[5] In den Jahrzehnten zwischen den beiden Kriegen standen alle europäischen Staaten vor einer doppelten Herausforderung: der Demokratisierung auf der einen und der »Bevölkerungsfrage« auf der anderen Seite. Sie reagierten auf diese Herausforderung zunächst mit der Zustimmung zum Frauenwahlrecht und im folgenden mit der Entwicklung neuer öffentlicher Diskurse über Frauen, der rechtlichen Regelung ihres Platzes auf dem Arbeitsmarkt und einer Neukonzipierung der Familienpolitik. So ging eine Umstrukturierung der Geschlechterbeziehungen Hand in Hand mit dem von Charles Maier so genannten »Umbau« von Wirtschaft und Politik, der der Sicherung konservativer Interessen angesichts der wirtschaftlichen Ungewißheit und der Demokratisierung des öffentlichen Lebens diente.[6] Inwieweit diese Umstrukturierung autoritär oder demokratisch ausfiel, die Arbeiterschaft unterdrückte oder sie miteinbezog, den Frauen

Fortschritte erlaubte oder eindeutig antifeministisch war, hing vom Charakter der an der Macht befindlichen Klassenkoalition und von deren Standpunkt in Fragen der sozialen Wohlfahrt und wirtschaftlichen Umverteilung ab. Das Resultat der Umstrukturierung prägte entscheidend die ersten Erfahrungen der Frauen mit dem staatsinterventionistischen Kapitalismus, wie er in den dreißiger Jahren aufkam.

Im faschistischen Italien zielte der Staat darauf, die beiden Probleme der Emanzipation der Frau und der Bevölkerungspolitik durch Rückgriffe auf alte Traditionen des Merkantilismus zu lösen. Diese Traditionen waren seit den 1870er Jahren wieder lebendig, als die europäischen Eliten auf den verschärften internationalen Wettbewerb und zunehmende Klassenkonflikte mit dem Versuch reagierten, die heimischen Märkte vor ausländischen Waren zu schützen und Exportkapazitäten aufzubauen. Wie ihre Vordenker aus dem 18. Jahrhundert, die die Notwendigkeit einer »großen Zahl von fleißigen Armen« zu begründen suchten, lehrten die Neomerkantilisten eine optimale Größe der Bevölkerung, um billige Arbeitskräfte zu bekommen, militärischen Notwendigkeiten zu genügen und die heimische Nachfrage auf einem hohen Stand zu halten.[7] Um die Jahrhundertwende wurde die Verwirklichung dieser Anliegen erschwert durch den Rückgang der Fertilitätsraten, durch ethnische Minderheiten, deren rassische Besonderheiten und nationalistische Bestrebungen angeblich die nationale bzw. staatliche Identität unterminierten, und durch interne Fertilitätsunterschiede, die befürchten ließen, daß die sogenannten »Untauglichsten« sich vermehrten, während die Eliten ausstarben. Am Vorabend des Ersten Weltkriegs zeichnete sich eine neue biologistische Politik im Zusammenhang mit der Bevölkerungsfrage ab. Politiker mit sozialdarwinistischen Vorstellungen vom Leben als einem tödlichen Kampf ums Dasein schlugen vor, eugenische und Wohlfahrtsprogramme auf zwei wichtige Ziele der Staatspolitik anzuwenden: Festigung der schwindenden Macht auf internationaler Ebene und Sicherung der Kontrolle über die einheimische Bevölkerung. In dem Maße, wie ethnische Vielfalt und die Emanzipation der Frauen als hinderlich für diese Ziele angesehen wurden, gingen Antisemitismus und Antifeminismus in die biologistische Politik ein.

Die Positionen des italienischen Faschismus in der Bevölkerungsfrage, die im wesentlichen als autoritär und antifeministisch zu charakterisieren sind, werden deutlicher durch einen Vergleich mit der schwedischen Bevölkerungspolitik der dreißiger Jahre, die den Zeitgenossen als das völlige Gegenteil der italienischen erschien. Diese Politik wurde 1937 formuliert, nachdem die Sozialdemokraten 1932 die Wahlen gewonnen, 1935 die Königliche Kommission zum schwedischen Bevölkerungsproblem einberufen und 1936 ihre Mehrheit in beiden Kammern des Parlaments so ausgebaut hatten, daß der Weg für den Gesetzgeber im folgenden Jahr frei war, sich mit »Müttern und Babies« zu befassen. Der Bedeutung der Bevölkerungsgröße für die Erhaltung der Staatsmacht war sich die schwedische Sozialdemokratie genauso, vielleicht sogar stärker bewußt als die faschistische Elite, zählte Schweden 1933 doch nur 6,2 Millionen Einwohner. Wenn es darum ging, die durch den Rückgang der Fertilitätsraten verursachte »Krise« zu überwinden, zögerte der schwedische Staat ebensowenig wie Italien, jene alten Unterscheidungen zwischen öffentlicher und privater Macht, familiärer und staatlicher Autorität, individuellen und staatlichen Interessen fallenzulassen, von denen sich noch im 19. Jahrhundert liberale Konzeptionen zur Politik und zu den Geschlechterbeziehungen hatten leiten lassen.

Ansonsten war die Ähnlichkeit natürlich gering. Die schwedischen Sozialdemokraten, gestützt auf eine breite Koalition, die die Interessen der Bauern ebenso vertrat wie die der Feministinnen und der Arbeiterschaft, knüpften an das Ziel der »Bevölkerungstauglichkeit« ein umfassendes Programm wirtschaftlicher und sozialer Reformen. Oberstes Ziel der schwedischen Bevölkerungspolitik war, nach der Charakterisierung ihrer Chefarchitekten Gunnar und Alva Myrdal, eine angemessen starke, stabile Bevölkerung. Das bedeutete, zwangfreie Methoden zu entwickeln, »um ein Volk davon abzuhalten, sich nicht fortzupflanzen«.[8] Die Politik appellierte an eine »milde Form des Nationalismus«, die mit der Offenheit Schwedens für die Weltwirtschaft im Einklang stand. Doch blieben Reformen die wichtigste Methode, um die Schweden davon zu überzeugen, daß ihre privaten Interessen nicht unter den Tisch fielen, wenn das Wohl des Staates in Betracht gezogen wurde. In demselben Geist gerechter Umverteilung, der höhere Löhne und den Schutz der Bauern bewirkt hatte, sozialisierte der Staat bestimmte Teilbereiche des Konsums, um die Belastungen durch die Aufzucht von Kindern auszugleichen. Die wichtigsten Maßnahmen waren Dienstleistungen in Naturalien, angefangen bei billigen Wohnungen bis hin zur kostenlosen Schulspeisung. Der Staat zeigte sich auch daran interessiert, an die Stelle patriarchaler Familienstrukturen rationalere, effizientere und gerechtere Formen treten zu lassen, die den Frauen ihre schweren und manchmal unvereinbaren Belastungen als Ehefrau, Mutter, Erwerbstätige und Staatsbürgerin erleichtern sollten. Die Sozialpolitik setzte demnach als selbstverständlich voraus, daß die Frauen nach wie vor die Hauptlast des Kindergebärens und -aufziehens trugen; es kam nur darauf an, den Wunsch nach Kindern weniger willkürlich und das Aufziehen der Kinder weniger beschwerlich zu machen. Daher ermutigte man die Frauen, Kinder zu haben und trotzdem berufstätig zu sein, die Abtreibung wurde legalisiert und

bewußt Geburtenkontrolle und Sexualkundeunterricht mit der Begründung propagiert, Geburten dürften weder »unerwünscht« noch »nicht
wünschenswert« sein.[9]

Das faschistische Italien hingegen formulierte die Bevölkerungsfrage
in neomerkantilistischen Begriffen, und die Diktatur begründete ihre
pronatalistischen »Schlachten« in Begriffen der nationalen Errettung.
Diese Sichtweise hatte unmittelbare Folgen für die Frauen. Der Staat
erklärte sich zum alleinigen Richter über die (sozialdarwinistische)
»Tauglichkeit«. Im Prinzip hatten die Frauen kein Mitspracherecht bei
Entscheidungen, die das Kindergebären betrafen. Ja, die Frauen wurden sogar als Antagonistinnen des Staates betrachtet: Gleichgültig, ob
sie die Entscheidung zur Begrenzung der Familiengröße selbst trafen
oder nicht, ihnen allein schob der Staat in jedem Fall die Verantwortung dafür zu, daß das Interesse der Familie gewahrt wurde. Eine Wirtschaftspolitik, die darauf abzielte, den Verbrauch zu beschränken, um
den Import zu drosseln und den Export zu fördern, verschlimmerte
nicht nur die bestehenden sozialen Ungleichheiten, sondern hat vermutlich sogar die wirtschaftlichen Gründe gegen das Kinderhaben verstärkt und die Fertilitätsunterschiede zwischen Stadt und Land vergrößert. Der Faschismus lehnte jedoch wirtschaftspolitische Reformen
zur Behebung dieser kontraproduktiven Auswirkungen ab und versuchte statt dessen, mit dem Verbot der Abtreibung, des Verkaufs empfängnisverhütender Mittel und des Sexualkundeunterrichts die Fortpflanzung zu erzwingen. Gleichzeitig bevorzugte der faschistische Staat
Männer gegenüber Frauen in der Familienstruktur, auf dem Arbeitsmarkt, im politischen System und in der Gesellschaft insgesamt. Hierzu bediente er sich der riesigen Bandbreite politischer und sozialer
Kontrolle, die es überhaupt erst ermöglichte, die Hauptlast des wirtschaftlichen Wachstums auf die benachteiligten Mitglieder der Gesellschaft abzuwälzen.

Das Vermächtnis des liberalen Patriarchats

Waren die fortschrittlichen Positionen der schwedischen Sozialdemokratie an starke Traditionen eines liberalen Feminismus, einen gut integrierten landwirtschaftlichen Sektor sowie eine relativ homogene zivile Kultur und sexuelle Orientierung gebunden, so lagen die Wurzeln
des faschistischen Patriarchats in der Schwäche des Liberalismus eines
erst jüngst geeinten Italien und in der widerspruchsvollen öffentlichen
Meinung einer sich verspätet und sehr ungleichmäßig industrialisierenden Gesellschaft. Die italienische Frauenbewegung entstand um die

Jahrhundertwende, blieb aber klein und in sich gespalten; ihre bürgerlichen und katholischen Anteile mieden die Öffentlichkeit der Piazza und widmeten sich der Wohltätigkeit zugunsten armer Frauen und Kinder. Gleichwohl stand die »Frauenfrage« unübersehbar im Raume. Zum Teil lag das daran, daß die liberalen Eliten nach der überhasteten Einigung Italiens 1859 die Integration der italienischen Männer in eine nationale Gesellschaft nur halbherzig betrieben hatten. Um die Jahrhundertwende waren die sozialen, regionalen und zivilkulturellen Unterschiede eher noch größer als fünfzig Jahre vorher; verschärfend wirkten dabei nicht nur die schleppende Entwicklung des italienischen Südens, sondern auch die offenkundige Ungleichheit des Steuerwesens, ein darniederliegendes öffentliches Bildungswesen und die Hinauszögerung jeder wirklichen Wahlrechtsreform bis 1912. Darüber hinaus wurde die »Frauenfrage« kompliziert durch ihre Überschneidung mit der »sozialen Frage«; der italienische Sozialismus, eine militante Massenorganisation, hatte eine mächtige Anhängerschaft bei Arbeiterinnen und frustrierten bürgerlichen Reformerinnen. Auch der italienische Katholizismus lehnte bis 1904 das liberale System konsequent ab; mit seiner antimodernistischen Kultur, die generell keine individualistischen Philosophien duldete, stand er den Emanzipationsbestrebungen der Frauen feindlich gegenüber. Gleichwohl ließ die Kirche den Frauen ihren paternalistischen Schutz angedeihen und verstand sich als oberste Hüterin der Familienwerte.

Im einzelnen zeigte die Haltung des liberalen Staates gegenüber Frauen gewisse Besonderheiten, die sich das faschistische Regime zunutze machen sollte. Der liberale Staat war in ungewöhnlichem Maße Laissez-faire-orientiert, was Mussolinis Propagandisten später ausschlachteten, um den Anspruch des Faschismus zu erhärten, eine politische Reformkraft zu sein. Das Pisanelli-Gesetz von 1865 war im Vergleich zum geltenden Familienrecht im österreichischen Italien ein Rückschritt. Wie andere von napoleonischem Gedankengut beeinflußte Familiencodizes bekräftigte es das Interesse des Staates an der Familie, indem es die Autorität des männlichen Haushaltsvorstandes stärkte. Die meisten geschäftlichen und rechtlichen Transaktionen waren Frauen ohne die Einwilligung ihres Mannes verboten, sie durften nicht als Vormund von Kindern fungieren, und sie waren sogar von den »Familienräten« ausgeschlossen, die bis 1942 rechtlich befugt waren, über gemeinsame Familiengüter, Erbschaften und Mitgiftregelungen zu entscheiden, falls der Familienvater tot oder nicht handlungsfähig war. Andere Familiengesetze verrieten die politische Widersprüchlichkeit des italienischen Liberalismus. Im Interesse der Unversehrtheit des Familieneigentums schloß der Staat die aus ehebrecherischen oder inzestuösen Verbindungen hervorgegangenen Kinder von der Erbschaftsregelung aus, bestrafte nur den Ehebruch der Frau und schaffte alle Arten von Vaterschaftsklagen ab. Gleichzeitig erkannte das liberale Italien nur die standesamtliche Trauung an, obwohl jedes Jahr Tausende von Ehen kirchlich getraut oder ganz ohne offiziellen Segen geschlossen wurden, so daß deren Nachwuchs in den Augen des Staates illegitim war.[10]

Um 1900 wurden auch andere Staaten paternalistischer; sie führten Reformen zum Schutz von Frauen und Kindern ein, wenn möglicherweise auch nur, um die Löhne der Männer und die rassische »Tauglichkeit« zu sichern. In Italien waren damals nicht weniger als 30 Prozent der Industriearbeiter Frauen. Aber kein Fabrikgesetz thematisierte die Frage der Frauenarbeit, bis 1902 das Carcano-Gesetz verabschiedet wurde, das die maximale tägliche Arbeitszeit für Frauen und Minderjährige auf zwölf Stunden festsetzte und es Frauen untersagte, vor Ablauf von vier Wochen nach einer Entbindung an ihren Arbeitsplatz zurückzukehren. Wie nicht anders zu erwarten, ließ dieses Gesetz eine Fülle von Ausnahmeregelungen zu, und seine Anwendung war in der Praxis schwer zu überwachen.

Angesichts dieser Tradition der Mißachtung entwickelten die junge italienische Frauenbewegung und vielleicht die italienischen Frauen im allgemeinen eine ambivalente, ja antagonistische Einstellung zur liberalen Ideologie und zu liberalen Institutionen. Manche Gruppen, und zwar gerade die ältesten, vom Gleichheitsstreben der Radikaldemokratin Anna Maria Mozzoni beeinflußten, sympathisierten mit der entstehenden sozialistischen Bewegung und suchten den Kontakt zu Frauen der Arbeiterklasse. Nach ihrer Vorstellung war eine Emanzipation der Frauen nur in Verbindung mit der völligen politischen und wirtschaftlichen Demokratisierung der Gesellschaft denkbar. Andere Gruppen, die sich nach 1908 fester zusammenschlossen, standen der katholischen Kirche nahe; neben dem Recht der Frauen, ihre öffentliche Präsenz zu organisieren, verteidigten sie die Familie und andere konservative Werte. Eine wachsende Zahl bürgerlicher Frauen bekannte sich nach 1900 zum sogenannten »praktischen Feminismus«.[11] Ihr wichtigster organisatorischer Sammelpunkt wurde der Nationale Frauenrat (Consiglio Nazionale delle Donne Italiane), der 1903 gegründet worden war. Im Unterschied zu den anglo-amerikanischen Feministinnen, die nachdrücklich an der Gleichberechtigung festhielten, setzten die bürgerlichen Feministinnen Italiens in ihrem Kampf um Emanzipation wenig Vertrauen in die Kräfte des Marktes oder das Wahlrecht. Entsagungsvoll und mit dem für das italienische Bürgertum typischen Familialismus und Patriotismus glaubten sie, sich ihren Anspruch auf staatsbürgerliche Rechte durch Selbstaufopferung in philanthropischen Diensten verdienen zu müssen. Mißtrauisch gegen jede Massenpolitik, strebten sie nach der sozialen und staatlichen Anerkennung der besonderen mütterlichen Aufgabe der Frau in der modernen Gesellschaft. So ließen sich zwangsläufig viele von ihnen von den vollmundigen Behauptungen Mussolinis verführen, mit der faschistischen Epoche sei diese Anerkennung verwirklicht.

Daß diese kleine, in sich gespaltene und kaum militante feministische Bewegung dennoch auf breiten Widerstand stieß, wäre unerklärlich, zöge man nicht auch die Schwäche der nationalen bürgerlichen Kultur im liberalen Italien in Betracht. Emanzipierte weibliche Verhaltensweisen waren ungemein auffällig in dieser halb industrialisierten, halb ländlichen Gesellschaft, in der, ungeachtet moderner Industrie- und Handelszentren wie Mailand oder Turin, noch immer mehr als 50 Prozent der Bevölkerung von der Landwirtschaft lebten. Die liberalen Eliten selbst verstärkten antifeministische Haltungen – nicht zuletzt dadurch, daß sie den Frauen das Wahlrecht versagten. Überdies zeigten sie sich kaum erkenntlich für die sozialen Dienste der Frauen, die aufgrund der Überzeugung, die politische Ordnung bedürfe zu ihrer Mäßigung und Vervollständigung der »mütterlichen Sensibilität«, soziale Mißstände zu lindern und die Unruhe in der Arbeiterklasse zu beschwichtigen suchten. Die liberalen Eliten blieben in diesem Bereich nicht nur untätig, sondern versäumten auch die Gelegenheit, das freiwillige Wirken der Frauen anzuerkennen. Sie hatten keine Vision, die die proletarische Solidarität und katholische Nächstenliebe einer zentralen staatlichen Autorität unterstellte. Die Faschisten hingegen ließen sich gerade diese Gelegenheit nicht entgehen. Im Namen ihres »nationalen Wiederaufbaus« geißelten sie liberale »Nachlässigkeit«, zwangen örtliche Frauenverbände unter ihre »Disziplin« und mobilisierten Zehntausende von bürgerlichen weiblichen Freiwilligen zum Eintritt in faschistische Verbände.

Es gelang dem Faschismus auch, die angeschlagene Männlichkeit der italienischen Männer wieder aufzubauen. Man könnte eine ganze Abhandlung über die sozialpsychologischen Ursachen für die demonstrative Virilität der italienischen Intellektuellen nach der Jahrhundertwende schreiben, von der erotisch-sinnlichen Décadence Gabriele D'Annunzios über die antifeministische Metaphorik der einflußreichen Florentiner Literaturzeitschrift *La Voce* bis zu dem futuristischen Dichter Filippo Marinetti und der von ihm gepredigten »Verachtung der Frau« *(disprezzo per la donna)*. Zwei Hauptfaktoren waren es vermutlich, die in Italien einem primitiven »latin-lover«-Sexismus Vorschub leisteten: die Frustration vieler Männer darüber, daß sie nicht zu dem relativ engen Kreis der liberalen »Gerontokratie« zugelassen wurden, und die Blamage des bescheidenen internationalen Status Italiens zu einer Zeit, da die Ehre des Mannes vom Ausgang imperialistischer

Raubzüge abhing. Eine Rolle spielte auch die Furcht vor einer demographischen Erschöpfung des Landes, obwohl Italien mit dreißig
Lebendgeburten auf tausend Einwohner die dritthöchste Fertilitätsrate
in Europa, nach Spanien und Rumänien, hatte. Noch andere Faktoren
verstärkten die grassierende Angst vor sexueller Zügellosigkeit und
rassischem Niedergang: der Aderlaß der männlichen Bevölkerung
durch Auswanderung (500 000 Menschen verließen jährlich Italien am
Vorabend des Ersten Weltkriegs); die Wichtigkeit, die unter kapital-
knappen ökonomischen Verhältnissen der bloßen Anzahl der mithel-
fenden Familienangehörigen zukam; die beunruhigende Vielfalt sexueller Verhaltensweisen in einer sich so ungleichmäßig entwickelnden
Gesellschaft; und schließlich der zunehmende Einfluß positivistisch-
wissenschaftlicher Hypothesen und katholischer Lehren auf die Frage
der Fruchtbarkeit.[12]

Am Vorabend des Ersten Weltkrieges war in Italien eine »neopater-
nalistische« Politik auf dem Vormarsch. Seit etwa 1910 unternahmen
selbsternannte Sittenwächter einen Feldzug gegen den Verfall des
Familienlebens und machten gemeinsam mit katholischen Verbänden
die zunehmende Verstädterung, die Emanzipation der Frauen und die
radikale Umsetzung neomalthusianischer Praktiken für den Rückgang
der Geburtenraten verantwortlich. Die liberalen Eliten, die bisher nicht
bereit waren, in die Sozialpolitik einzugreifen, waren nunmehr geneigt,
sich dem zu verschreiben, was der ahnungsvolle liberale Sozialtheore-
tiker Vilfredo Pareto abschätzig den »virtuistischen« Mythos der Sitten-
reformer nannte, und verzichteten im Interesse einer rechtlichen Fixierung sexueller Normen auf ihre alten Grundsätze des Laissez-faire und
des Antiklerikalismus.[13] Auch in Marinettis Futuristischem Manifest von
1909 erkannte sich eine modernistische Kultur wieder: »Niederreißen
wollen wir Museen und Bibliotheken, bekämpfen wollen wir Moralismus, Feminismus und jede opportunistische und utilitaristische Form
der Feigheit.«[14]

Diese neopaternalistischen Bestrebungen ergaben jedoch in ihrer
Gesamtheit kein neues Programm zur Unterjochung der Frauen. Sie
bezogen auch keinen klaren Standpunkt in der Bevölkerungsfrage, die
erst seit Mitte der zwanziger Jahre den intellektuellen und politischen
Rahmen für die Konzeption und Realisierung eines antifeministischen
Programms abgab. Was hier Beachtung verdient, ist vielmehr das Vermächtnis an Perspektiven und Institutionen im Zusammenhang mit der
»Frauenfrage«, welches das faschistische Regime antreten konnte. Manche Positionen, etwa die der Kirche, lagen ohne weiteres auf der Linie
des Regimes und konkurrierten sogar mit ihm. Andere, wie etwa
demographische Techniken und rassische Einstellungen, verwendete
der Faschismus bedenkenlos für seine eigenen staatspolitischen Ziele.

Vor allem aber konnte das faschistische Regime dem Liberalismus seinen »Agnostizismus« in bezug auf Familie, Mutterschaft und Kinder vorwerfen, um den eigenen Führungsanspruch auf diesem Gebiet zu festigen.

DIE ANTRIEBSKRÄFTE FASCHISTISCHER SEXUALPOLITIK

Die These, daß die Diktatur Mussolinis ein eigenes System zur Unterjochung der Frauen entwickelt habe, bedeutet nicht, daß es beim Marsch des Duce auf Rom 1922 bereits irgendein fertiges Programm gegeben hätte. Der italienische Faschismus war insofern chamäleonartig, als er sich seine Farben von den potentiellen Verbündeten und den veränderten politischen Bedingungen der ersten Nachkriegsjahre vorgeben ließ. 1919 hatte die junge Bewegung noch die Positionen der futuristischen Intellektuellen vertreten; sie war bereit gewesen, sich über die konventionelle Moral hinwegzusetzen und für Ehescheidung und die Abschaffung der bürgerlichen Familie einzutreten. In demselben Jahr machte sie sich aus opportunistisch-populistischen Gründen auch für das Wahlrecht der Frauen stark. Diese Positionen wurden jedoch bald fallengelassen: Der Faschismus nahm Rücksicht auf den Widerstand der Veteranenbewegung, auf die Aversion der eigenen syndikalistischen Truppen gegen die Berufstätigkeit von Frauen und auf den rigiden katholisch-ländlichen Antifeminismus der Grundbesitzer, die 1920/21 die Überfälle der Schwarzhemd-*squadristi* auf die sozialistischen Verbände und Kooperativen unterstützt hatten. Verstärkt wurde die Frauenfeindlichkeit des Faschismus nach 1923 noch durch den verbissenen totalen Autoritätsanspruch von Mussolinis Bundesgenossen in der Nationalistischen Partei. Sie waren es, die an alle Angelegenheiten die Meßlatte des Staatsinteresses legten, und um ihre Ideologie des starken und tüchtigen Staates versammelten sich Kriminalanthropologen, Sozialhygieniker, Ärzte, Kinderschützer und sonstige Reformer, denen die Untätigkeit des Liberalismus schon lange ein Dorn im Auge gewesen war und die nun hofften, ihren Projekten zur Stärkung der italienischen »Rasse« *(stirpe)* Leben einzuhauchen. Nach dem 1929 mit dem Vatikan abgeschlossenen Konkordat traten sowohl kirchliche Einrichtungen als auch katholische Traditionen und Funktionsträger in den Dienst des faschistischen Antifeminismus.

Es gelang der Diktatur Mussolinis, eine kohärente Frauenpolitik in einer Gesellschaft zu entwickeln, die gerade wegen des dogmatischen Eklektizismus des Faschismus so ungleichmäßig entwickelt war. Der Duce persönlich äußerte – nicht ohne Verlegenheit – einen Gemeinplatz, als er betonte, er wolle nicht darüber streiten, »ob die Frau [dem Mann] überlegen oder unterlegen ist; wir stellen fest, daß sie anders ist«; mit Vernünftelei könne man praktisch jeden Standpunkt vertreten, in diesem Fall also ebenso gut für das Wahlrecht der Frauen wie dagegen plädieren.[15] Das Frauenbild des Faschismus war demgemäß konfus: Es reichte von Mussolinis bäuerlicher Frauenfeindlichkeit (Frauen waren entweder Engel oder Teufel, »dazu geboren, den Haushalt zu führen, Kinder zu gebären und dem Mann Hörner aufzusetzen«)[16] bis zu Gentiles neohegelianischer Lehre von den einander ergänzenden Wesenheiten (die Frauen, unbedeutenden Details verbunden – was ihre »unendliche Natur«, ihr »Urprinzip« ausmachte –, waren unfähig zur Transzendenz).[17] Eine rüde positivistische Polemik prangerte die biologische Minderwertigkeit der Frauen an, während einige wenige Pragmatiker wie der führende faschistische Technokrat Giuseppe Bottai vorsichtig für die Gleichheit der Frauen eintraten mit dem Argument, eine neue faschistische Elite benötige würdige Gefährtinnen und Mütter für ihre Kinder.[18] So gab es einen eklatanten Unterschied etwa zwischen dem katholischen Eiferer Amadeo Balzari, der 1927 einen landesweiten Feldzug gegen die empörend schamlose Frauenmode führte, und dem Ex-Futuristen Umberto Notari, einem bekannten Mailänder Journalisten und Verleger, der mit anregenden Geschichten wie *La donna tipo tre* 1928) – weder »Kurtisane« noch »Gattin und Mutter« – Italiens »neue Frau« parodierte und gleichzeitig propagierte.[19] Auch selbsternannte »lateinische Feministinnen« wie die brillante Teresa Labriola – die ideologische Kapriolen schlug, um Faschismus und Feminismus unter einen Hut zu bringen – hatten nichts mit den antifeministischen Funktionären gemein, deren sarkastische Bemerkungen in römischen Salons die Runde machten. Allen gemeinsam war jedoch die Überzeugung, daß der Staat entschlossen seine Machtmittel einsetzen müsse, um nicht nur politische und ökonomische, sondern auch private und ethische Fragen zu lösen. Im Interesse einer Politik der nationalen Größe sah man über unterschiedliche Einschätzungen der Differenz der Frauen und die aus ihr folgenden Implikationen für die Politik hinweg.

Letzten Endes waren es jedoch gerade die Maßnahmen, die das faschistische Regime zur Konsolidierung seiner eigenen Macht ergriff, die die Grundzüge für die Behandlung der Frauen in der italienischen Gesellschaft zwischen den beiden Weltkriegen vorgaben. Politisch entwickelte sich der Faschismus von einer Oppositionsbewegung Mitte der zwanziger Jahre zu einer Einparteienherrschaft, und in den dreißiger Jahren von einem autoritären Regime mit lockerer Verwurzelung in der zivilen Gesellschaft zu einem Staat mit Massenbasis. In der Wirtschaftspolitik wechselte die Diktatur in der zweiten Hälfte der zwanziger Jahre vom Laissez-faire-Prinzip zu protektionistischen Strategien. Als Folge der Wirtschaftskrise und des Abessinienkrieges 1936 propagierte sie dann völlige Autarkie. Voraussetzung und Begleiterscheinung dieser Entwicklung war die Bekräftigung der gesellschaftlichen Allianz zwischen dem Regime und dem konservativen Italien, das heißt der Großwirtschaft und den Großgrundbesitzern, der Monarchie, dem Militär und der katholischen Kirche. Dafür unterstellte das Regime die faschistische Partei (PNF) der staatlichen Bürokratie, die die PNF sogleich als Mittel für das Ziel einspannte, gesellschaftliche Gruppen wie Arbeiter, Bauern und kleine Grundbesitzer für sich zu gewinnen. Deren wirtschaftliche Interessen waren entweder ignoriert oder systematisch geschädigt worden, und sie sollten in einen breiten, wenngleich oberflächlichen politischen Konsens eingebunden werden.[20]

Um dieses konservative Bündnis zu sichern, übte die Diktatur permanenten Druck auf die Löhne und den Konsum aus. Mit fortschreitender Entwicklung in den dreißiger Jahren trat der dualistische Charakter Italiens immer stärker hervor. Auf der einen Seite gab es eine ineffiziente Landwirtschaft und breite Schicht kleiner Unternehmer, über deren schlechte Lage die offizielle bauernfreundliche Propaganda hinwegzutäuschen versuchte; auf der anderen Seite gab es einen stark konzentrierten industriellen Sektor, dem der Staat unter die Arme griff und der durch die Aufrüstung Italiens nach 1933 einen Aufschwung erlebte. Mitte der dreißiger Jahre wurden knapp über 10 Prozent des nationalen Einkommens und nicht weniger als ein Drittel des staatlichen Einkommens für die Streitkräfte ausgegeben. Unterdessen ging der Anteil der Lohnarbeit am nationalen Einkommen kontinuierlich zurück. Ein Indiz für die »Niedriglohn«-Wirtschaft des Faschismus war, daß 1938 das reale Einkommen von Industriearbeitern immer noch 3 Prozent unter dem Niveau von 1929 lag und 26 Prozent niedriger als das Nachkriegsmaximum von 1921 war. Noch 1938 mußte die Durchschnittsfamilie mehr als die Hälfte ihres Einkommens für Essen und Trinken ausgeben (gegenüber 25 Prozent in den USA). Alles in allem war Italien die einzige Industrienation, in der die Löhne seit Anfang der zwanziger Jahre bis nach dem Ausbruch des Zweiten Weltkriegs stetig sanken. In puncto Lebensstandard – Aufwand für Nahrungsmittel, Anschaffung langlebiger Konsumgüter, Verfügbarkeit öffentlicher Dienstleistungen – lag Italien weit hinter anderen Industrienationen zurück.

Diese Politik hatte zwangsläufig weitreichende Folgen für die italienischen Frauen, vor allem für die proletarische und bäuerliche Mehrheit unter ihnen. Im Interesse seiner Bevölkerungspolitik suchte der Faschismus den weiblichen Körper, besonders seine reproduktiven Funktionen, unter schärfere Kontrolle zu nehmen. Gleichzeitig war er bestrebt, ältere patriarchalische Vorstellungen von Familie und *väterli-cher* Autorität am Leben zu erhalten. Um weiterhin Druck auf das Lohnniveau und den Verbrauch ausüben zu können, beutete die Diktatur die ökonomischen Ressourcen der Haushalte gezielt und in einem ungewöhnlichen Maße für ein Land aus, das auf dem Weg zur Industrialisierung so weit fortgeschritten war. Infolgedessen nötigte das Regime die Frauen, überlegt zu konsumieren, sparsam zu wirtschaften und mit List und Tücke alle Leistungen eines knauserigen Wohlfahrtssystems in Anspruch zu nehmen, daneben aber noch einer Teilzeitarbeit oder Schwarzarbeit nachzugehen, um das Haushaltsgeld aufzubessern. Das Regime versuchte, den Einsatz billiger weiblicher Arbeitskräfte angesichts hoher Arbeitslosigkeit der Männer zu beschränken und gleichzeitig der italienischen Industrie ihre Reservearmee an billigen Arbeitskräften zu erhalten, und umgab die Ausbeutung der weiblichen Arbeit mit einem engmaschigen Netz von Schutzmaßnahmen und Verboten. Um schließlich die Frauen für die komplexer werdenden Forderungen einzunehmen, die an sie gestellt wurden, sowie ihre Sehnsucht nach Identifikation mit der nationalen Gemeinschaft durch den Dienst an dieser auszubeuten, bewegte sich das Regime auf dem schmalen Grat zwischen Modernität und Emanzipation. Bis Mitte der dreißiger Jahre hatte es Massenorganisationen aufgebaut, die dem Bedürfnis zumal bürgerlicher und junger Frauen nach sozialer Teilhabe entgegenkamen. Dafür unterdrückte es Solidarität, individualistische Werte und Autonomiebewußtsein der Frauen, die durch die emanzipatorischen Vernetzungen der liberalen Ära gefördert worden waren.

Die Politik der Reproduktion

Der Kampf des Faschismus gegen reproduktive Freiheiten ist wohl der bekannteste Aspekt faschistischer Sexualpolitik. In seiner berüchtigten Rede zum Himmelfahrtstag am 26. Mai 1927 rückte Mussolini die »Verteidigung der Rasse« ins Zentrum der innenpolitischen Ziele des Faschismus; Italien solle um die Jahrhundertmitte eine Bevölkerung von 60 Millionen haben – ein ehrgeiziges Ziel angesichts der Tatsache, daß es damals 40 Millionen zählte. Zur Begründung entfaltete Mussolini zwei Argumentationslinien. Die erste war merkantilistisch geprägt, indem sie auf die Notwendigkeit der bestimmten, bloßen Quantität von Menschen als billigen Arbeitskräften abhob. Die andere Argumentationslogik war typischer für eine Nation, die sich auf imperialistische Expansion eingelassen hatte; der Rückgang des Bevölkerungswachstums in Italien – ein Trend, der sich seit den zwanziger Jahren beschleunigt hatte und in dem Maße sichtbarer wurde, wie sich die demographischen Erhebungstechniken des Staates verbesserten – drohte die expansionistischen Ambitionen der faschistischen Elite zu vereiteln. Wenn Italien nicht zur Weltmacht aufstieg, wiederholte der Duce unermüdlich, würde es zur Kolonie werden. Schließlich läßt sich aus der Rede noch eine dritte Argumentationslinie erschließen, die mindestens ebenso wichtig war, nämlich die Wiederherstellung oder »Normalisierung« der Unterschiede zwischen Mann und Frau, die durch den Krieg auf den Kopf gestellt worden waren.

Auf der Suche nach »Geburten, immer mehr Geburten« schwankte die Diktatur zwischen Reform und Repression, Appellen an die individuelle Initiative und konkreten staatlichen Anreizen. Das beste Beispiel für den reformerischen Aspekt war das nationale Hilfswerk für Mütter und Kinder, ONMI. Es wurde am 10. Dezember 1925 unter dem lebhaften Beifall der Katholiken, Nationalisten und Liberalen gegründet und diente vor allem Frauen und Kindern, die nicht in die normale Familienstruktur hineinpaßten. Andere Reformmaßnahmen waren Steuerbefreiungen für Väter kinderreicher Familien, der staatlich finanzierte Mutterschaftsurlaub und die Mutterschaftsversicherung, Geburten- und Ehedarlehen und Familienbeihilfen für Lohn- und Gehaltsempfänger. Zu den repressiven Maßnahmen gehörten die Einstufung der Abtreibung als Verbrechen gegen den Staat, das Verbot der Geburtenkontrolle, die Zensur der Sexualaufklärung und eine Sondersteuer für Unverheiratete. Repressiv war aber auch die berufliche Förderung von Vätern kinderreicher Familien – angesichts hoher Arbeitslosenzahlen eine Strafmaßnahme gegen die Frauen wie gegen den »morbiden Egoismus« von Junggesellen und verheirateten Männern ohne Kinder.

Anders als das nationalsozialistische Deutschland[21] enthielt sich das faschistische Italien negativer eugenischer Maßnahmen. Das heißt nicht, daß seine Ideologie nicht eugenizistisch gewesen wäre. Aber die faschistische Bevölkerungspolitik ging von einer ganz anderen Rassenkonzeption aus und vertrat einen anderen Mechanismus der rassischen Selektion. Im Unterschied zu Deutschland hatte Italien nie ein nennenswertes Minderheitenproblem, oder jedenfalls erst dann, als der Duce mit der Eroberung Abessiniens 1936 Italiens afrikanisches »Impero« gründete (bald darauf traten die ersten Gesetze gegen rassische Vermischung in Kraft).

Italienische Rassentheoretiker fürchteten auch nicht einen allzu reichen Nachwuchs der unteren Stände; ganz im Gegenteil. Sie befürworteten eine »differenzierte Fertilität« und blieben gegenüber den pseudowissenschaftlichen biologischen Selektionsmaßnahmen der Anglo-Amerikaner und später der Nationalsozialisten skeptisch. Die faschistische »Revolution der Jugend«, deren Theoretiker Corrado Gini, der der

führende Bevölkerungsstatistiker Italiens war, versprach, »den einzigen
Hort unserer Lebenskraft« zu erschließen, nämlich das flache Land mit
»seinen fruchtbaren unteren Klassen, von deren wechselnder innerer
Zusammensetzung und Vermischung die Revitalisierung der Nation
abhing«.[22] Verstärkt wurden solche Positionen durch die strengen Warnungen der katholischen Kirche vor einer »Anwendung von Zootech-
niken auf das Menschengeschlecht«.[23] Die Haltung des Regimes in dieser Frage war gespalten – zum einen kennzeichnete sie ein malthu-
sianischer Laissez-faire-Pessimismus (die Bevölkerung wird die Ressourcen überbeanspruchen), zum anderen ein darwinistischer Optimismus (die »Tauglichsten« werden überleben). Vor den unverkennba-
ren Korrelationen, die eifrige Demographen zwischen sogenannten
»zahlreichen« Familien und Armut, Übervölkerung, Unterernährung und
Analphabetentum feststellten, verschloß es meistens die Augen – oder
aber begrüßte sie öffentlich.

Die Feststellung, daß die faschistische Politik weniger physisch
aggressiv war als die nationalsozialistische Eugenik, bedeutet jedoch
nicht, daß sie die Frauen, zumal die armen Frauen, weniger schwer
belastet hätte. Die faschistische Bevölkerungspolitik gewann mit der
Zeit ein Janusgesicht. Auf der einen Seite war sie stark normativ. Fachleute fanden Frauen für ihre Aufgabe als Mutter »schlecht vorbereitet«,
in ihrem »Geschlechtsapparat schwach und unvollkommen« und damit
anfällig für das Hervorbringen eines »abnormalen« Nachwuchses.[24] Die
Hauptsorge der staatlichen Politik galt daher der Verbreitung moderni-
sierter Modelle von Mutterschaft und Säuglingspflege. Gleichzeitig
rechtfertigte die faschistische Eugenik eine Politik des Wegsehens,
zumindest angesichts der ärmsten Staatsbürgerinnen. Immerhin waren
Reformen nicht nur kostspielig, sondern womöglich sogar kontrapro-
duktiv, wenn das Ziel die Steigerung der Geburtenzahlen war. Denn
ein höherer Lebensstandard mochte zwar eine Angestelltenfamilie veranlassen, sich ein zweites Kind zuzulegen – eine Erwägung, die die
fürsorgliche Behandlung bürgerlicher Lohn- und Gehaltsempfänger
durch die Diktatur veranlaßte. Aber in bäuerlichen Familien würden
dieselben Verbesserungen bloß Begehrlichkeiten wecken und ebenfalls
zu jener berechnenden Einstellung verleiten, die städtische Familien
bewog, die Zahl ihrer Kinder zu beschränken.

Die Konsequenzen dieser ambivalenten Politik waren erschreckend
hart. Italienische Frauen, zumal die Proletarierinnen in den Städten,
wollten weniger Kinder. »*Ein* Kind, Herr Professor, *ein* Kind – mehr
wollen wir nicht«, wie zahlreiche Frauen in Turin dem führenden Kin-
derarzt Dr. Maccone anvertrauten.[25] Zu diesem Zweck praktizierten sie
Familienplanung, so gut sie es verstanden, im wesentlichen durch
Abtreibungen. Trotz drakonischer Verbote war die Abtreibung Ende

der dreißiger Jahre die verbreitetste Form der Familienplanung.[26] Da
alle Abtreibungen illegal erfolgten, ob sie nun von einem Arzt oder
einer *comare* (»Patin«) aus der Nachbarschaft vorgenommen wurden,
riskierten die Frauen schwere Infektionen, bleibende körperliche Schä-
digungen und sogar den Tod. Darüber hinaus kam das Verbot der
Geburtenkontrolle zu einem Zeitpunkt, wo, nach mehreren Jahrhunderten gegenreformatorischer Zensur, die einschlägigen Informationen
wieder freier flossen, so daß die antimalthusianistischen Kampagnen
des Faschismus als doppelter Zwang empfunden wurden. In ländlichen
Gegenden verstärkten sie die – kirchlich sanktionierte – fatalistische
Einstellung gegenüber der Kontrolle von Fortpflanzungsprozessen.
Aber sogar proletarische Mädchen aus dem Norden Italiens erinnerten
sich »fast mit Bitterkeit« *(quasi con rancore)*, daß man sie in sexuellen
Dingen unaufgeklärt »wie die Tiere« *(come le bestie)* gelassen habe. Der
neue Staat, die Ärzteschaft und die Angebote des Marktes bewirkten,
daß an Mutterschaft und Kinderaufzucht höhere soziale Anforderungen
gestellt wurden, die zur Stigmatisierung oder sogar zur völligen Unterdrückung herkömmlicher Praktiken des Kindergebärens und der Kinderaufzucht führten. Doch ließ man es an der nötigen sozialen und
ökonomischen Unterstützung fehlen, die allein es den Frauen ermöglicht hätte, den neuen Anforderungen zu genügen, ohne dabei erhebliche persönliche Opfer zu bringen. Zwar ging die Säuglingssterblichkeit um 20 Prozent zurück, von 128 Todesfällen bei tausend
Lebendgeburten 1922 auf 102 im Jahr 1940; aber erstens entsprach das
den Fortschritten der vorangegangenen zwei Jahrzehnte, und zweitens
lag damit die Säuglingssterblichkeit in Italien immer noch um 25 Prozent höher als in Frankreich oder Deutschland.[27] Alles in allem war
Mutterschaft unter dem Faschismus besonders mühselig. Nicht zufällig
ziehen sich die Worte »Opfer« und »Entbehrung« wie ein Leitmotiv
durch die Erinnerungen von Frauen an die Zeit ihrer Mutterschaft in
den dreißiger Jahren.

DIE FAMILIE ALS FESTUNG DES STAATES

Ein weiteres wesentliches Merkmal der faschistischen Familienpolitik
waren die harten Anforderungen, die die Diktatur an die Ressourcen
jedes einzelnen Haushalts stellte. Ideologen beklagten die Krise der italienischen Familie, ihre schrumpfende Größe, den vermeintlichen Auto-
ritätsverlust des Vaters, die Misere der Hausfrau und die Aufsässigkeit
der Kinder. In Wirklichkeit war die italienische Familie noch immer
groß, auch wenn sie zwischen dem Zensus von 1921 und dem von

1936 durchschnittlich von 4,7 auf 4,3 Angehörige zurückging; *eine* besondere Schätzung für das Jahr 1928 ergab, daß es in mindestens zwei Millionen der insgesamt 9,3 Millionen italienischer Familien sieben oder mehr lebende Kinder gab. Fast die Hälfte aller Familien lebten noch immer in Kleinstädten unter 10000 Einwohnern, und 38 Prozent erwarben ihren Lebensunterhalt hauptsächlich in der Landwirtschaft. Der Eigenverbrauch, das heißt die Gesamtsumme aller Güter und Dienstleistungen, die in Familienbetrieben erzeugt wurden und nicht auf den Markt kamen, lag schätzungsweise bei 30 Prozent.[28] Auf jeden Fall schien die Diktatur darauf zu vertrauen, daß die Familienbande in Italien stark genug waren, um die Belastungen zu verkraften, die daraus entstanden, daß der Staat die Löhne kürzte, auch die kleinen Sparer für Industrieinvestitionen und Kolonialabenteuer zur Kasse bat und mit Ausgaben für öffentliche Dienstleistungen, Wohnungsbau und Wohlfahrt knauserte. Dieser Druck verstärkte sich noch, als die Diktatur in den dreißiger Jahren die wirtschaftliche Autarkie Italiens propagierte. Vor allem in zwei Bereichen machte sich diese planmäßige Ausbeutung der privaten Haushaltsressourcen bemerkbar: in einer Politik der Ruralisierung und in der Niedriglohnpolitik. Die Aufwertung der Landwirtschaft diente vor allem den Bestrebungen des Regimes, die Abhängigkeit Italiens vom Import ausländischer Nahrungsmittel, vor allem Getreide, zu verringern, und den Zustrom von Landbewohnern in die Städte zu verhindern, wo sie nur die Zahl der Arbeitslosen und der Sozialhilfeempfänger erhöhten und die soziale Unruhe verschärften. Die Anti-Stadt-Kampagne, die Mussolini zum ersten Mal in seiner Rede zum Himmelfahrtstag erwähnte, in der er vom sterilisierenden Einfluß der Stadt und von der Notwendigkeit der Rückkehr zu einer ländlichen Lebensweise sprach, zielte darauf, die Ressourcen der bäuerlichen Haushalte zu strecken. Ab 1928 wurden Schritte eingeleitet, die Arbeitslosen wieder an ihren ursprünglichen Wohnort zurückzuführen und die internen Migrationsströme zu verkleinern; hinzu kamen staatliche Finanzhilfen für Halbpachtverträge und für Projekte zur Förderung der Ansiedlung in Gebieten, die durch Trockenlegung von Sümpfen urbar gemacht worden waren. Die unmittelbare Folge dieser Maßnahmen war die Abdrängung von Familien in konsumschwache Gegenden, wo sie von der Sozialgesetzgebung nicht erfaßt wurden und oft auch keine Hilfestellung durch die Gemeinde oder die Pfarrei vorhanden war.

Die Ruralisierung instrumentalisierte also das Sicherheitsnetz der Familiensolidarität. Sie setzte dieses Gefühl der familiären Zusammengehörigkeit voraus und verstärkte es; das Familienoberhaupt, mit allen Vollmachten ausgestattet, beutete die unbezahlte Arbeit von Frauen und Kindern im Haushalt, auf dem Feld oder in lokalen Kleinbetrieben aus. Anders als im nationalsozialistischen Deutschland gab es keine Ansätze zur Wiedereinführung von Fideikommissen *(fideicommessi)* und keinen Anreiz, den Grundbesitz durch Vererben auf den ältesten Sohn in der Familie zu halten; eine solche Maßnahme hätte den Faschismus wahrscheinlich in Konflikt mit den finanziellen Interessen der Landwirte gebracht. Statt dessen erneuerte das Regime eine uralte Form des Landbesitzes, nämlich die Halbpacht oder *mezzadria.* Der *vergaro* oder *capoccia* war ein wahrhafter Patriarch. Um in einer Zeit sinkender Preise für Agrarerzeugnisse mit den Grundbesitzern verhandeln zu können, übte er ein strenges Regiment über die Arbeit seiner Frau und seiner Kinder aus. Die Familien von Teilpächtern gehörten zu den größten überhaupt; sie hatten durchschnittlich 7,35 Mitglieder, und die Arbeit der Ehefrau *(massaia)* war in der Regel sogar der des Familienoberhauptes überlegen, obwohl sie selbst in den günstigsten Arbeitsverträgen nur auf zwei Drittel der männlichen Arbeit festgelegt wurde. Nach einer Erhebung des staatlichen Landwirtschaftsinstituts leisteten auf toskanischen Gütern Anfang der dreißiger Jahre Giuseppe, Egisto und Faustino 2926, 2834 bzw. 2487 Stunden harte Arbeit jährlich, während ihre Frauen Lucia, Virginia bzw. Maria es auf 3290, 3001 bzw. 3655 Stunden brachten.[29]

Ähnlich ausbeuterisch zeigte sich die Diktatur gegenüber dem »Existenz«- oder »Familien«-Lohn der Arbeiterfamilie. Ein Mann mußte seine Frau und seine Familie mit seiner Hände Arbeit ernähren können: Dieses Prinzip galt in Italien wie auch anderswo als unabdingbar für die Stabilität einer Arbeiterfamilie, und das war auch die Meinung bürgerlicher Reformer vor Mussolinis Marsch auf Rom gewesen. Die Katholiken blieben bei dieser Position; die Enzyklika Pius' XI. *Quadragesimo Anno* von 1931 bekräftigte den Standpunkt Leos XIII. in *De Rerum Novarum* (1891), wonach es die soziale Gerechtigkeit erfordere, daß der Lohn eines arbeitenden Mannes ausreichen müsse, sich und seine Familie zu unterhalten.[30] Als der Faschistische Großrat im März 1937 beschloß, die Bevölkerungspolitik des Duce zu übernehmen, zeigten die Ergebnisse des Zensus ganz eindeutig, an welchem Punkt Wirtschaftsreformen ansetzen mußten, um dieses Ziel zu erreichen: Noch 1931 waren 45 Prozent beziehungsweise 4 280 000 der 9,3 Millionen italienischer Familien auf zwei oder mehr Verdiener angewiesen.

Es zeigte sich jedoch, daß die Kinderbeihilfen, die dazu dienen sollten, die Familieneinkünfte aufzubessern, in den seltensten Fällen wirklich ins Gewicht fielen. Sie waren ursprünglich 1934 eingeführt worden, um den Arbeitern mit Familie zu helfen, die zur Vermeidung von Massenentlassungen von Kurzarbeit betroffen waren. Von drei Seiten finanziert (dem Staat, den Unternehmern und den Arbeitern selbst), standen sie dem Familienoberhaupt in Abhängigkeit von der Größe seiner Familie zu. Ab Mitte Juli 1937 wurden diese Beihilfen auf alle Lohnempfänger ausgedehnt – im privaten wie im öffentlichen Sektor, in der Landwirtschaft wie im Handel und in der Industrie. In anderen Ländern wurden derartige Maßnahmen von den Gewerkschaften vehement bekämpft und waren im allgemeinen auf industrielle Problembereiche wie die Textilindustrie oder den Bergbau beschränkt. Daß das faschistische Italien sie landesweit durchsetzen konnte, beweist die Schwäche der organisierten Arbeiterschaft. Das faschistische System der Familienbeihilfe behinderte die Bemühungen der faschistischen Gewerkschaften um die Erhöhung der Löhne und begünstigte die Arbeiter mit Familie zu Lasten solcher ohne Familie. In den Familien selbst kam es nur den männlichen Familienoberhäuptern zugute; die mitarbeitenden Ehefrauen sowie die unverheirateten Söhne und Töchter, die noch bei ihren Eltern lebten, hatten keinen Anspruch auf diese finanzielle Beihilfe. Das Schlimmste war jedoch, daß dieses System das Hauptproblem überhaupt nicht beseitigte: die Notwendigkeit der Mithilfe mehrerer Familienangehörigen, häufig auch der Mutter, zur Sicherung des Existenzminimums der Familie. Im Gegensatz zur faschistischen Ideologie nahm der Anteil der erwerbstätigen verheirateten Frauen im Laufe der Jahre zu; er stieg zwischen 1931 und 1936 von 12 auf 20,7 Prozent. 1930 waren in Italien im Vergleich zu anderen europäischen Ländern mehr verheiratete Frauen erwerbstätig (rund 40 Prozent aller verheirateten Frauen) als in jedem anderen Land mit Ausnahme des sozialdemokratischen Schweden, wo jedoch die Frauen von einer breiten Palette sozialer Dienstleistungen und Schutzmaßnahmen profitierten.[31]

Die Erweiterung des Systems der Sozialversicherung und des Familienschutzes hätte theoretisch das Gefühl der Unsicherheit lindern müssen, das die zunehmende Urbanisierung und der Übergang zur Massenfertigung hervorgerufen hatten; denn beide beeinträchtigten die innerfamiliäre Solidarität, die in Stadt und Land aus dem gemeinschaftlich ausgeübten Beruf hervorgegangen war. Wenn eine Mutter sich über ihr Kind neige, behauptete die Propaganda der Mussolini-Zeit, dann neige sich die ganze Nation mit ihr. Ende der dreißiger Jahre war für Familien in Not ein wahrhafter Buchstabensalat an staatlichen oder parteigebundenen Organisationen vorhanden: INFPS, IPAP, INA, CRI, INFAIL, OND und GIL – um nur diese zu nennen und von dem schon erwähnten ONMI ganz zu schweigen. Aber dieser Byzantinismus der faschistischen Wohlfahrtsbürokratie machte die Lage oft nur noch schlimmer. Denn das ganze System war auf politischem Opportunismus errichtet und einer jahrhundertealten Tradition privater und halbprivater Wohltätigkeitswerke der katholischen Kirche und der

Gemeinden aufgepropft worden. Familien, die in den Genuß von Unterstützungen kommen wollten, mußten sich in ein Wohltätigkeitssystem einfügen, das auf Familienstrukturen basierte. Infolgedessen hielten die nächsten Verwandten zusammen wie Pech und Schwefel, und die von ihnen entwickelten Überlebensstrategien verstärkten das, was die Propagandisten des Regimes gelegentlich als den »sacro egoismo« der »famigliuola« anprangerten. Die faschistische Diktatur machte die Familie zu einer öffentlichen Institution, aber sie verstärkte, ohne es zu wollen, genau damit die privaten, »familistischen« Verhaltensweisen, die für die bürgerliche Kultur Italiens so kennzeichnend sind.

Eben diese Politik drängte auch die Frauen in neue Rollen innerhalb der italienischen Gesellschaft. Theoretisch war es der Anspruch des Faschismus, die Frauen wieder an das Haus zu binden, wo sie als Mütter und Ehefrauen zur gedeihlichen Entfaltung der Privatsphäre beitrugen. Aber in dem Maße, wie die faschistische Diktatur der Familie größere Bedeutung beilegte und neue Modelle der Familienführung propagierte, wurden die Frauen gezwungen, sich ihrer öffentlichen Verantwortung bewußt zu werden. Vor allem mußten sie ihre Kinder auf die außerschulischen Programme des Faschismus, auf den Aufenthalt in den Ferienkolonien der Partei oder der Gemeinde vorbereiten; wenn sie arm waren, verwandelten sie sich in *specialisti della assistenza,* die es verstanden, öffentliche Hilfsleistungen locker zu machen.

Darüber hinaus war die faschistische Sozialfürsorge bei der Umsetzung ihrer Programme in großem Maße auf die freiwillige Mitarbeit der Frauen angewiesen. So fiel den Frauen der Oberschicht eine führende Rolle bei der Definition neuer Normen der Haushaltsführung zu; ebenso waren sie den Frauen der Unterschicht behilflich, sich an diese neuen Normen anzupassen. Die hausfraulichen Praktiken, die sie kleinbürgerlichen und proletarischen Frauen und sogar ländlichen *massaie* durch Kurse in Hauswirtschaft und Kindererziehung und in zwanglosen Gruppen unter Leitung faschistischer Frauen nahebrachten, waren geprägt von konventionellen bürgerlichen Vorstellungen von Ehrbarkeit und »rationaler« Haushaltsführung. Diese Ziele erreichte man nur durch eisernes Sparen, weniger Kinder und das sorgfältig ausgetüftelte Anzapfen sämtlicher im Interesse der Familie in Frage kommender Geldquellen in Schulen, politischen Organisationen und staatlichen Fürsorgeeinrichtungen. Die Folge war ein geschärftes Bewußtsein für die Abhängigkeit der Familien von staatlichen Leistungen. Das förderte einerseits zweifellos ein gewisses Gefühl der Dankbarkeit gegenüber dem Regime; die staatliche Propaganda feierte den Duce als Urheber zahlloser gesetzgeberischer »Neuerungen«. Aber andererseits sensibilisierte diese Abhängigkeit die Bevölkerung auch für den Interessenkonflikt zwischen familiärem Nutzen und patriotischer Pflicht. »Finden

Sie das gerecht, finden Sie das menschlich, Herr Professor«, sagte
eine Arbeiterin aus Turin, die gegen die bevölkerungspolitischen
Kampagnen der Regierung protestierte, zu Luigi Maccone, »daß wir
Frauen aus dem Volk möglichst viele Kinder haben sollen, nur damit
sie in den Krieg geschickt werden, wenn sie erwachsen sind? Das geht
doch nicht! Wir lieben unsere Kinder, wir ziehen sie groß, so gut es
mit unseren bescheidenen Mitteln geht, aber doch um unseretwillen
und weil sie es einmal besser haben sollen, und nicht für das Vaterland!«[32]

Die berufstätige Frau

Im Gegensatz zur schwedischen Sozialdemokratie, die im Interesse
ihrer Bevölkerungspolitik versuchte, das Bedürfnis der Frauen nach
Berufstätigkeit mit ihren Belastungen als Mütter zu vereinbaren, vertrat
der Faschismus theoretisch wie gesagt eine strenge Arbeitsteilung: Die
Männer produzierten und waren die Versorger der Familie; die Frau-
en reproduzierten und führten den Haushalt. Allerdings waren die
faschistischen Machthaber realistisch genug, um zu erkennen, daß auch
Frauen erwerbstätig waren; nach den Ergebnissen des Zensus von 1936
waren 27 Prozent der erwerbstätigen Bevölkerung Frauen, und 25 Prozent aller Frauen im arbeitsfähigen Alter waren berufstätig. Darüber
hinaus begünstigte die Geschlechtstypisierung die Feminisierung der
Angestelltenberufe. Als Folge des Sacchi-Gesetzes von 1919 standen die
meisten staatlichen Stellen auch Frauen offen; die einzigen wesentlichen Ausnahmen bildeten die Streitkräfte, das Rechtswesen und der
diplomatische Dienst. Deshalb modifizierte die Diktatur ihre bisherige
Gesetzgebung, um die Frauen daran zu hindern, mit den Männern im
Berufsleben zu konkurrieren, und um berufstätige Mütter besser zu
schützen. Diese Maßnahme hatte noch einen Hintergedanken: Die
Frauen sollten davon abgehalten werden, aufgrund bezahlter Arbeit
den ersten Schritt auf dem Weg zur Emanzipation zu gehen. Während
für die Ausbildung einer starken männlichen Identität Arbeit unentbehrlich war, verhielt es sich laut Mussolini mit der Berufstätigkeit der
Frauen anders: »Sie lenkt von der Pflicht zur Fortpflanzung ab, wo sie
diese nicht gar verhindert, und reizt zur Unabhängigkeit und den damit
einhergehenden gebärfeindlichen körperlichen und moralischen Verhaltensweisen.«[33] Dieses Zusammenwirken von traditionellen Zwängen
und staatlichen Eingriffen, in einer wirtschaftlichen Situation der chronischen Arbeitslosigkeit, in der man sich als letzte Zuflucht auf den
Staat als Arbeitgeber verließ, schuf schließlich ein Klima, in dem ins-

gesamt die Berufstätigkeit der Frauen geduldet wurde, nur freilich unter schlechteren Bedingungen als in allen anderen Industrienationen.

Mitte der dreißiger Jahre gab es eine Fülle diskriminierender Maßnahmen im faschistischen Italien. Die erste, die gewöhnlich übersehen wird, hing unmittelbar mit der Reorganisation der Arbeit in korporativistischen Einrichtungen zusammen. Das faschistische Arbeitsrecht, das keine Streiks kannte und die Tarifauseinandersetzungen zentralisierte, lief den Interessen der Arbeiter im allgemeinen und denen der Frauen im besonderen zuwider. Es drückte die Löhne der Männer auf ein Niveau, wo sie mit den Löhnen von Frauen und Minderjährigen konkurrieren konnten; es zwang die Gewerkschaften – die nicht befugt waren, die Höhe der Löhne oder die Arbeitsbedingungen im Betrieb zu kontrollieren –, ihre Arbeit auf die Aushandlung von nicht-monetären Konzessionen wie etwa die Einschränkung der Frauenarbeit zu reduzieren, und begünstigte die bestsituierten Arbeiter (die qualifizierten, die ältesten und die in strategisch wichtigen Sektoren beschäftigten), die zum größten Teil Männer waren. Trotz der Bemühungen von Regina Terruzzi, Ester Lombardo, Adele Pertici Pontecorvo und anderen hochrangigen und loyalen Faschistinnen waren Frauen in der korporativistischen Hierarchie nicht vertreten. Es gab nicht mehr als ein halbes Dutzend Beraterinnen, und zwar einfach deswegen, weil kaum vierzig Italienerinnen den erforderlichen rechts- oder politikwissenschaftlichen Universitätsabschluß besaßen, um in der Bürokratie des Ministeriums der Korporationen mitarbeiten zu können.

Man könnte einwenden, daß sich den Frauen in den faschistischen Parteiinstitutionen eine Alternative zu den Arbeitskorporationen geboten habe. Die 1934 für Bäuerinnen gegründeten *massaie rurali* und die 1938 errichtete Parteisektion für Fabrik- und Heimarbeiterinnen (Sezione Operaie e Lavoratrici a Domicilio, SOLD) boten den Frauen gewisse Leistungen, die die faschistischen Gewerkschaften den Männern boten, zum Beispiel berufliche Fortbildungskurse oder Ratschläge bei der Inanspruchnahme sozialer Vergünstigungen. Mit diesen Hilfestellungen war jedoch die klare Botschaft verbunden, daß faschistische »Solidarität« für Männer und Frauen etwas Unterschiedliches bedeutete. Männliche Arbeiter gehörten in Gewerkschaftsgruppen und engagierten sich in kollektiven Tarifverhandlungen, während die Frauen Nutznießerinnen von faschistischen Parteigruppen waren und Zugang zu staatlichen Vergünstigungen hatten. Männer waren ein Wählerpotential, Vertragssubjekte, die durch Vertrauensleute im Betrieb *(fiduciari)* vertreten wurden; Frauen waren Klientinnen, Objekte der Sozialfürsorge, deren Hauptansprechpartnerinnen von der Partei geschulte Sozialarbeiterinnen *(visitatrici fasciste)* waren.

Die bedeutenden Neuerungen der Diktatur im Bereich der protektionistischen Gesetzgebung waren ein weiterer Bereich der Diskriminierung. Ab 1938 hatten Lohnarbeiterinnen Anspruch auf einen obligatorischen achtwöchigen Mutterschaftsurlaub, der durch eine Kinderprämie im Wert von zwei durchschnittlichen Monatslöhnen abgedeckt war, auf einen maximal siebenmonatigen unbezahlten Urlaub bei voller Arbeitsplatzgarantie sowie auf zwei Stillzeiten täglich, solange das Kind noch kein Jahr alt war. Die Diktatur verschärfte auch die Bestimmungen zu einem generellen Verbot der Nachtarbeit für Frauen sowie dem Verbot gefährlicher und gesundheitsschädigender Arbeit für weibliche Minderjährige zwischen 15 und 20 und männliche Minderjährige unter 15 Jahren. Kinder unter zwölf durften überhaupt nicht erwerbstätig sein.

Diese Maßnahmen überschnitten sich mit der berüchtigtsten, wenn auch nicht wirksamsten diskriminierenden Regelung, und zwar den Ausschlußbestimmungen. Nachdem seit Anfang der zwanziger Jahre die USA als Hauptauswanderungsziel weggefallen waren, hatte sich die Langzeitarbeitslosigkeit bei den Männern dramatisch verschlimmert. Die Wirtschaftskrise verschärfte die Situation noch. Anstatt nun in staatliche Arbeitsbeschaffungsmaßnahmen zu investieren, wie andere Nationen dies in jenen Jahren taten, führte der Staat 1934 in bestimmten Gewerben vertragliche Begrenzungen der Frauenarbeit ein, vielleicht aus der Sorge heraus, der durch die Aufrüstung geweckte erneute Bedarf der Industrie an Arbeitskräften könne die Frauen begünstigen. Die drakonischste Maßnahme war das Dekret vom 5. September 1938, das den Anteil der weiblichen Beschäftigten in staatlichen und privaten Büros auf 10 Prozent festlegte. Es stieß auf den lebhaften Protest des weiblichen Büropersonals und war im Frühjahr 1940 kaum eingeführt worden, als die Situation sich änderte und mit Rücksicht auf die kriegsbedingte Mobilisierung die meisten Restriktionen in bezug auf die Einstellung von Frauen fallengelassen wurden.

Zusammenfassend läßt sich feststellen, daß die faschistische Beschäftigungspolitik aus einer Reihe von Widersprüchen bestand. Das Regime suchte den Bedarf der Industrie an billigen Arbeitskräften zu befriedigen (der ebensogut durch Frauen wie durch Männer gedeckt werden konnte). Gleichzeitig wollte es jedoch den Arbeitsmarkt für männliche Haushaltsvorsteher sichern. Andernfalls war die Selbstachtung der stellenlosen Männer in Gefahr – von den Belangen der rassischen »Tauglichkeit« und des Bevölkerungswachstums gar nicht zu reden. Die faschistischen Parlamentarier behaupteten, die Frauen aus dem Heer der Erwerbstätigen herausnehmen zu wollen. Da sie jedoch wußten, daß das nicht gelingen würde, versuchten sie wenigstens, diejenigen Frauen zu schützen, die im Interesse der Rasse tätig waren. Die Diktatur konnte sich auf alte geschlechtsbedingte Vorurteile auf dem

Arbeitsmarkt und auf die Gleichstellung der Geschlechter, die aufkam, als die italienischen Arbeiter dem *inquadramento,* der Einteilung in korporativistische Kader, unterworfen wurden, berufen, als sie Gesetze zum Schutz der Frau erließ, diskriminierende Einstellungen propagierte und Ausschlußbestimmungen erließ. Die Wechselwirkungen dieser mit Arbeitsmarkttendenzen verliehen dem Heer der italienischen Erwerbstätigen ein ganz spezifisches Geschlechtsprofil. Die unmittelbare Folge war, daß prestigeträchtige, zunehmend besser bezahlte Positionen in der Verwaltung allein Männern vorbehalten waren, was, zumindest in zentralen staatlichen Behörden, eine Umkehrung der allgemeinen Tendenz zur Feminisierung der Büroarbeit bedeutete. Die staatliche Politik gab auch den faschistischen Gewerkschaften die Gewißheit, daß die Regierung etwas gegen die Arbeitslosigkeit der Männer unternahm, obwohl es kaum Anhaltspunkte dafür gibt, daß ceteris paribus eher Männer als Frauen eingestellt wurden, außer vielleicht in dem politisch sensiblen und extrem ungesunden Industriezweig der synthetischen Textilien. Darüber hinaus begünstigte die staatliche Politik die Entstehung eines weiblichen Arbeitsmarktes, auf dem Teilzeit-, Gelegenheits- und Schwarzarbeit blühten. Ein sicheres Indiz hierfür ist der signifikante Anstieg der Zahl der Hausangestellten: In Italien stieg sie in der Zwischenkriegszeit von 445 631 im Jahre 1921 auf 660 725 im Jahre 1936, während sie sonst überall in Europa zurückging. Sogar kleinbürgerliche Familien griffen auf diese Art der Haushaltshilfe zurück.

Da es ihnen nicht gelang, ihr Recht auf Arbeit mit dem Argument der Gleichheit der Geschlechter zu verteidigen, korrigierten die Arbeiterinnen ihre Bestrebungen und Forderungen und führten nunmehr »familiäre Zwänge« an, um die Notwendigkeit ihrer Erwerbstätigkeit zu begründen. Oder sie behaupteten, daß ihre Berufstätigkeit nur ein vorübergehender Notbehelf sei, oder die Jobs, die sie übernähmen, seien ohnehin zu minderwertig oder zu typisch weiblich, um für Männer in Frage zu kommen. Freiberuflich tätige Frauen, die ihre Interessen schon einmal mit denen der werktätigen Frauen verbündet hatten und nunmehr in eigenen faschistischen Einrichtungen wie dem nationalen Verband der Künstlerinnen und Akademikerinnen (ANFAL) zusammengeschlossen waren, bekräftigten diese Argumente. Sie kämpften für das Recht der Ausnahmefrau auf eine eigene Karriere – vorausgesetzt, diese kam nicht ihren Pflichten gegenüber der Familie ins Gehege –, und sie befürworteten die Ausbildung von Frauen in Sozial-, Pflege- und Lehrberufen – Karrieren, die nicht nur der weiblichen Begabung besonders angemessen seien, sondern auch am besten geeignet, den Fortschritt der Nation zu fördern. Wenn sie überhaupt von beruflicher Diskriminierung sprachen, gaben sie den eifersüchtigen Männern die Schuld, nicht dem faschistischen System.[34]

DIE POLITISCHE ORGANISATION DER FRAUEN

Die von der Diktatur vorgenommene Eingliederung der Frauen in ein breites Spektrum von Parteiorganisationen scheint auf den ersten Blick dem Bemühen des Regimes zu widersprechen, die Frauen aus der Sphäre des Öffentlichen auszuschließen. Aber im Gegensatz zu konservativen Regimes hatte der Faschismus begriffen, daß eine Politik der sozialen und geschlechtlichen Differenzierung in komplexen Gesellschaften nicht ohne die Zustimmung aller Männer und Frauen der Nation durchzusetzen war. In dem Maße, wie die Diktatur selbst die ohnehin schon bestehenden sozialen und geschlechtlichen Unterschiede in der italienischen Gesellschaft verschärfte, oblag es dem PNF, die verschiedensten Organisationen für Frauen zu propagieren. Ende der dreißiger Jahre besaß die Partei ein ganzes Sortiment davon. So gab es die *fasci femminili,* die hauptsächlich für Frauen aus dem städtischen Bürgertum gedacht und im Kern schon 1920 gegründet worden waren; die schon erwähnten *massaie rurali* für Bäuerinnen (1934) und die SOLD für die Arbeiterklasse (1938). Daneben existierten die *piccole italiane,* die Mädchensektionen der Hochschülerinnengruppen (GUF) und die *giovane fasciste.* Am Vorabend des Zweiten Weltkrieges waren rund 3180000 Mädchen und Frauen eingetragene Mitglieder in der einen oder anderen Parteiorganisation.

Dabei war die faschistische Partei anfangs so mißtrauisch gegen weibliche Emanzipationsbewegungen gewesen, daß sie lange gezögert hatte, bevor sie Parteiorganisationen für Frauen zuließ. Den Hilfegesuchen seiner ersten Anhängerinnen hatte der PNF offen ablehnend gegenübergestanden. Die emanzipatorischen Hoffnungen von Faschistinnen der ersten Stunde wurden rüde zunichte gemacht, die Gründerinnen – zumeist gutbürgerliche, gebildete Frauen aus dem italienischen Norden – brüskiert, übergangen und in einigen Fällen sogar aus der Partei ausgeschlossen.[35] Bis Anfang der dreißiger Jahre hatten katholische Frauengruppen mehr Mitglieder als die *fasci femminili* und bis 1931, als die Akademie in Orvieto gegründet wurde, gab es im PNF keinerlei Pläne zur Ausbildung weiblicher Kader; erst nach 1936 gab es hierzu nennenswerte Ansätze. Erst Ende 1937 bestellte der PNF einige Fiat 1100 für die Vertrauensleute der Frauensektionen in den Provinzgliederungen. Bis dahin hatten die faschistischen Organisatorinnen die öffentlichen Verkehrsmittel benutzen müssen – oder hatten sich, wohlhabend wie viele von ihnen waren, von ihrem Familienchauffeur fahren lassen.

Die Massenmobilisierung von Frauen begann erst Anfang der dreißiger Jahre. Der erste Aufruf zum massenhaften Eintritt in die *fasci femminili* erfolgte bei Ausbruch der Wirtschaftskrise; Freiwillige aus den

Oberschichten sollten »das Volk erreichen«, indem sie Dienst in Suppenküchen und Sozialstellen der Partei leisteten, wo die Notleidenden gespeist und anderweitig unterstützt wurden. Der nächste Aufruf kam zur Zeit des Abessinienkrieges und ermahnte »die Frauen Italiens«, daß »jede Familie eine Festung des Widerstandes« gegen die vom Völkerbund verhängten Sanktionen werden müsse.[36] Zwischen 1935 und 1937 stiegen die Mitgliederzahlen in den faschistischen Frauengruppen sprunghaft an. Der dritte Aufruf verlangte von den Frauen, aus ihrem *amore di patria* eine noch glühendere und militantere *sensibilità nazionale* zu machen; dies sollte die Frauen auf den totalen Krieg vorbereiten und beseitigte endgültig jede Unterscheidung zwischen privater Pflicht und öffentlichem Dienst, zwischen persönlicher Selbstverleugnung, Familieninteresse und sozialem Opfer.

Trotzdem blieb die Mobilisierung der Frauen durch den Faschismus eher schwach, verglichen mit der im Nationalsozialismus. In Italien gab es keine »[Reichsfrauen-]Führerin über alles« wie bei den Nationalsozialisten Gertrud Scholtz-Klink, die ihren Einfluß auf die NS-Frauenschaft geltend machte, in der Nazi-Hierarchie zumindest aufgeführt war und sich ihrer regelmäßigen Besprechungen mit Hitler rühmte. Die *fasci femminili* wurden von Ausschüssen unter der Kontrolle des PNF-Sekretariats geleitet. Im Gegensatz zu den Männerorganisationen, die sich einfach kraft ihrer Zahl und durch die Bündelung der bürokratischen Gewalt in Rom ein gewisses Gehör verschaffen konnten, waren die Frauengruppen bei ihrem Einsatz für Frauenfragen machtlos. Wenn ihre vornehmen Führerinnen überhaupt eine Stimme hatten, dann nur, weil sie vermögende Frauen der gehobenen Gesellschaft waren oder einflußreiche Männer hatten.

Das Regime tendierte sogar dazu, den Frauengruppen die sozialen Aufgaben wieder wegzunehmen, die ursprünglich doch gerade an sie delegiert worden waren. Die Theoretiker des totalitären Staates betrachteten das Austeilen staatlicher Hilfe lediglich als Übergangsphase auf dem Weg zur Verwirklichung eines umfassenden Wohlfahrtsstaates. Ihr leitender Gedanke war, daß hierbei die exakten Wissenschaften, nicht Gefühle ausschlaggebend sein und Männer, nicht Frauen an der Spitze stehen würden. Letzten Endes konnten aber die führenden Sozialarbeiterinnen, von denen viele einst Anhängerinnen des »praktischen Feminismus« gewesen waren, ihr Recht behaupten, diese enorm wichtige öffentliche Aufgabe zu übernehmen. Nur Frauen besäßen die Sensibilität, »die Seelengeheimnisse anderer zu erforschen und ihre wahren Gefühle zu begreifen«. Auch hätten Frauen die Pflicht gegenüber der Gesellschaft, sich außerhalb der »engen Grenzen des Familienkreises« zu betätigen. Und endlich könnten nur sie »auf die unvermeidlichen Lücken im staatlichen Handeln« hinweisen.[37]

Letztlich krankte das ganze faschistische System der Organisation italienischer Frauen an einem inneren Widerspruch. Oberste Pflicht der Frauen war die Mutterschaft. Als *custodi del focolare* (»Hüterinnen des Herdes«) war ihre Berufung, Leben zu spenden, Kinder großzuziehen und Familienfunktionen im besten Interesse des Staates auszuüben. Aber sie konnten diese Pflichten nicht erfüllen, wenn sie nicht wußten, welche Erwartungen die Gesellschaft an sie stellte. Sie konnten unmöglich individuelle Interessen mit denen der Gemeinschaft verbinden, wenn sie sich nicht außerhalb ihrer vier Wände öffentlich engagierten. Unter dem Duce führte aber der Weg aus dem Haus prinzipiell nicht zur Emanzipation, sondern nur zu neuen Pflichten gegenüber Familie und Staat; nicht zur Autonomie, sondern nur zum Gehorsam gegen neue Herren. So war es zwangsläufig schwierig zu erklären, warum die Teilhabe der Frauen am politischen Leben so wichtig sein sollte. Faschistische Führerinnen forderten ihre jungen Schutzbefohlenen auf, die »vornehmsten Traditionen« mit der »modernen Zeit« zu verbinden; sie seien »Wesen von männlichem Wagemut und zugleich von edelster Weiblichkeit«.[38]

Abschließend kann man feststellen, daß die faschistische Herrschaft über Frauen das Produkt einer Epoche war, in der Bevölkerungspolitik praktisch gleichbedeutend mit nationaler Macht war. Der Faschismus sah das Problem aus der Perspektive einer konservativen gesellschaftlichen Koalition und im Zusammenhang mit wirtschaftlichen Strategien, die die Ressourcen der Arbeiter und der Privathaushalte schwer belasteten. Mit seiner Arbeitsmarktpolitik und den Herrschaftshierarchien im Familienverband wälzte das Regime den größten Teil dieser Last auf die Frauen ab. Gleichzeitig war Mussolinis Diktatur eine Antwort auf die Laissez-faire-Politik ihrer liberalen Vorgänger. Wie in der Politik im engeren Sinne, bediente sich die Diktatur auch auf dem Gebiet der Sexualpolitik einer staatlichen Notstandsgesetzgebung, um der zügellosen Geschlechterpolitik der liberalen Ära eine neue »moralische« Ordnung entgegenzustellen. Sie erkannte das Staatsbürgertum der Frauen an, versagte ihm aber jegliche emanzipatorische Bedeutung. Der faschistische Staat beutete die Besorgnis vieler Frauen – und auch Männer – aus, die sich durch die unreglementierten Kräfte des Marktes, die rapide sich wandelnden Fruchtbarkeits- und Familienmuster und den Wegfall der vom liberalen Staat gewährten sozialen Hilfestellungen verunsichert fühlten, und gab vor, die Interessen der Familie zu schützen und sie zugleich mit einer allgegenwärtigen nationalen Identität zu versöhnen.

Kennzeichnend für die faschistische Herrschaft über Frauen war somit eine komplizierte Mischung aus paternalistischem Protektionismus und wohlwollendem Desinteresse, aus positiven Anreizen und ge-

meinen Zwängen. So war es kein Zufall, daß die totalitärste familien-
politische Vision des faschistischen Italien – entwickelt von dem jungen Ferdinando Loffredo, einem eingebildeten, aber gescheiten Sozialwissenschaftler katholischen Glaubens – das Regime aufforderte,
reformfreudiger *und* repressiver zugleich zu sein. In seiner vielzitierten *Politica della famiglia* (1938) entwarf Loffredo als sein Idealbild
das, was man die neopatriarchalische Familie nennen könnte. Beherrscht vom Vater und zentriert um die Mutter, gelte die Loyalität
dieser Familie keinem bestimmten Regime, sondern der Rasse. Zur Förderung der Rasse hätte der italienische Faschismus auf Fürsorge-
leistungen, Kinderprämien und bevölkerungspolitische Anreize »à la
Manchester« zu verzichten, die alle von einer individualistischen Logik
ausgingen. Unterlassen sollte er ferner politische Initiativen, die die
Familiensolidarität untergruben, wie etwa die von der Partei geförderten *dopolavoro*-Zentren zur Freizeitgestaltung, die Jugendgruppen oder
die kollektiven Kinderfeiern der faschistischen Epiphanie. Wirkliche
Reform bedeutete für Loffredo: Investitionen in den Familienlohn, Be-
steuerung nach Maßgabe der familiären Belastungen und Bereitstellung
von familienorientierten Leistungen in Naturalien – ganz wie es im zeitgenössischen Schweden diskutiert wurde. Trotzdem würden diese
Reformen das von den Frauen verursachte »soziale Problem« nicht nur
nicht lösen, sondern es sogar verschärfen. Denn eben jene Politik, die
die Bedeutung der Frauen als Mittelpunkt des Lebens der Familie und
die zentrale Rolle der Familie für das Überleben von Rasse und Volk
deutlich machte, lief Gefahr, von den Frauen unterlaufen zu werden.
Die Frauen seien von Natur aus am empfänglichsten für individualistische Philosophien und am ehesten geneigt, diese mit familistischen
Ideologien zu verbinden. Und daher müsse der Staat neben seinen
Reformen eine totale Macht ausüben – zunächst einmal, um dem verderblichen Hereinströmen individualistischer Ideologien aus dem Ausland Einhalt zu gebieten und so die »geistige Autarkie der Nation«
sicherzustellen, und schließlich, um die öffentliche Meinung von der
Notwendigkeit zu überzeugen, die Frauen vom Arbeitsmarkt und aus
der Öffentlichkeit zu verbannen. Um wirksam zu sein, schloß daher
Loffredo, mußten Reform und Repression Hand in Hand gehen: »Die
Frauen müssen sich wieder unter die absolute Herrschaft des Mannes
– Vater oder Gatte – unterordnen und sich damit in ihre geistige, kulturelle und ökonomische Minderwertigkeit fügen.«[39]

Die innere Widersprüchlichkeit des faschistischen Patriarchats öffnete natürlich dem Dissens Tür und Tor. Nach dem Dekret vom 5. September 1938 verlangten Büroangestellte in einer Petition an Mussolini,
der Faschismus dürfe den »italienischen Frauen« nicht den Rücken kehren, die mit solchem »Eifer« seinem Aufruf zur Opferbereitschaft im

Abessinienkrieg gefolgt seien.[40] Juristinnen feierten zwar den 10. Jahrestag der faschistischen Revolution, aber ihre Bemerkungen zur faschistischen Familiengesetzgebung ließen erkennen, daß sich die Wirklichkeit sehr viel schneller entwickelt hatte, als die neuen Gesetze wahrhaben wollten.[41] Schriftstellerinnen, die über die frauenfeindliche Wende entsetzt waren, welche die italienische Gesellschaft nach 1925 genommen hatte, bevölkerten ihre Romane mit unterwürfigen Heldinnen; mit masochistischer Inbrunst rächten sie sich an der Welt, während sie sich scheinbar fatalistisch in ihr Schicksal ergaben.[42] Arbeiterinnen traten in »Gebärstreiks« – eine offensichtliche Verletzung des vom Regime befohlenen Fortpflanzungszwanges. Ende der dreißiger Jahre begannen immer mehr Studentinnen, die sich wie die jungen Männer aus der »Generation des *Littorio*« durch das verbrauchte Regime um die Erfüllung ihrer legitimen Karrierehoffnungen betrogen sahen, sich dem Marxismus oder dem Sozialkatholizismus zuzuwenden.

Was alle diese so unterschiedlichen Anliegen verband, war nicht so sehr eine gemeinsame weibliche Gesinnung als vielmehr der Umstand, daß sie alle eine Reaktion auf dasselbe, alle Frauen verbindende Herrschaftssystem waren. Zwanzig Jahre lang hatte die Diktatur neue Vorstellungen von weiblichem Staatsbürgertum artikuliert, um immer wieder ihre Verwirklichung zu vereiteln. Von Anfang an war der Faschismus entschlossen, die Frauen als eine eigene Gruppe zu behandeln und deren gemeinsame biologische Bestimmung als »Mütter der Rasse« für die Belange nationalstaatlicher Macht zu instrumentalisieren. Aber weil der faschistische Staat Unterschiede des Reichtums und der Privilegien verschärfte, spaltete er auch die Frauen nach sozialer Schicht und Funktion. Gesetze, Sozialleistungen und Propaganda betonten die überragende Bedeutung der Mutterschaft; aber Armut, ein miserables Wohlfahrtssystem und schließlich der Eintritt in den Krieg machten die Mutterschaft zu einer extrem harten Aufgabe. Der Faschismus sprach von der Familie als einer Säule des Staates, aber die Strategien im Überlebenskampf der Familien ließen die antistaatlichen Tendenzen der italienischen Gesellschaft deutlich hervortreten. Eine Politik der Masse schrieb vor, daß auch Frauen am politischen Leben teilnahmen. Aber familiäre Anforderungen, soziale Gewohnheiten und die eigene Ambivalenz der faschistischen Führer in bezug auf die Einbindung der Frauen in die Sphäre des Öffentlichen verhinderte die Integration der meisten Frauen in die ritualisierte Massenbegeisterung für die faschistische Politik.

Gleichwohl prägte das faschistische System zutiefst die Art und Weise, wie Frauen selbst – und Männer – ihre Bestimmung sahen, ihre Beschwerden artikulierten und die Folgen ihres Protests einschätzten. Im Widerstand waren die italienischen Frauen erstaunlich aktiv. Die

Widerstandsbewegung ging von Neapel aus und erfaßte im Spätsommer 1943 den Norden, nachdem der Großrat mit Unterstützung Viktor Emmanuels III. am 25. Juli Mussolini in einer Palastrevolte abgesetzt hatte. Sie verbreitete sich dann in den zentralen Regionen Norditaliens, als Marschall Badoglios feiges Statthalterregiment, nach der Unterzeichnung eines Waffenstillstands mit den Alliierten, am 9. September floh und das Land der Besetzung durch die Deutschen überließ. Anfang 1945 zählte der Widerstand an die 250000 Aktivistinnen, wovon 70000 den Frauenverteidigungsgruppen angehörten und 35000 Frauen mit der Waffe im Feld dienten. Zehntausende von Frauen versteckten und versorgten Widerstandskämpfer, deckten versprengte italienische und ausländische Soldaten, halfen Juden, die auf der Flucht vor der nazi-faschistischen Polizei waren, und bewahrten italienische Männer vor Deportation und Zwangsarbeit in Deutschland. 4600 Frauen wurden verhaftet, gefoltert und verurteilt, 2750 in deutsche Konzentrationslager verschleppt, 623 wurden hingerichtet oder fielen im Kampf.[43] Die meisten waren Proletarierinnen oder Bäuerinnen, die dem kommunistischen Widerstand nahestanden, so daß ihre feste soziale Einbettung und alte politische Orientierungen der Familie ihre oppositionellen Vernetzungen verstärkten. Es gab aber auch bürgerlich-katholische Frauen im italienischen Widerstand, ebenso wie ein oder zwei Dutzend prominenter Frauen aus dem Hochadel, zum Beispiel die Schwiegertochter Viktor Emmanuels III., die aus Belgien stammende, dem Sozialismus zugeneigte Maria José.

Die Krieg selbst, seit 1943 verbunden mit der brutalen deutschen Besatzung, war für Frauen zweifellos ein wesentliches Motiv, sich dem Widerstand anzuschließen. Er führte ihnen vor Augen, daß auch sie unfähig zur Quadratur des Kreises waren. Sie konnten nicht einerseits ihre patriotische Pflicht erfüllen, indem sie ihre Ehegatten und Söhne mit stoischem Gleichmut einer offenkundig unzulänglichen faschistischen Kriegsanstrengung auslieferten, und andererseits das tägliche Brot auf den Tisch bringen. Nach 1943 verband sich das »weibliche Bewußtsein«, wie Temma Kaplan es nennt – das den Frauen gemeinsame Gefühl kollektiver Verpflichtungen, die aus der Akzeptanz der geschlechtsbedingten sozialen Arbeitsteilung erwuchsen –, mit dem »Gemeinschafts-Bewußtsein«, das Männer und Frauen im Kampf um die Befreiung Italiens vom Nazi-Faschismus einte.[44] Spezifisch feministische Motivationen hinter der Beteiligung der Frauen am Widerstand auszumachen, fällt schwerer. Als eine politische und gesellschaftliche Bewegung für Freiheit und soziale Gerechtigkeit und angeführt von Parteien, denen es in erster Linie darum ging, sich günstige Ausgangspositionen für den politischen Wiederaufbau Italiens nach dem Kriege zu sichern, war der Widerstand keine günstige Gelegenheit, feministische

Kritik an der Herrschaft des Mannes zu ermutigen. Er fragte auch nicht nach den komplizierten Problemen der eigenen Identität und der notwendigen Rekonstruktion der Geschlechterrollen nach zwei Jahrzehnten heimtückischer Konditionierung der Menschen durch eine die nationale Entwicklung prägende faschistische Herrschaft. Als die Zeit nahte, die Siege des Widerstands zu feiern, wurde der Beitrag der Frauen im großen und ganzen totgeschwiegen. Die neue Republik brachte zwar die formelle Gleichberechtigung auf dem Arbeitsmarkt und gewährte den Frauen das Wahlrecht, aber sie behielt die aus der Ära des Faschismus stammenden Strafgesetze und das Familienrecht ebenso bei wie zahllose soziale Sitten und kulturelle Verhaltensweisen.

Aus dem Englischen von Holger Fliessbach

5

NATIONALSOZIALISTISCHE GESCHLECHTERPOLITIK UND DIE GESCHICHTE DER FRAUEN

Gisela Bock

M it der Ernennung Hitlers zum Reichskanzler im Januar 1933 übernahmen die Nationalsozialisten die Macht, nachdem sie bei der Reichstagswahl im November 1932 genau ein Drittel der Stimmen hatten gewinnen können (vier Prozentpunkte weniger als bei der Wahl im Juli 1932). Die »Hitlerbewegung«, so die Bezeichnung auf den Stimmzetteln, hatte sich als eine Bewegung präsentiert, welche die deutsche Nation von den demütigenden Folgen des Ersten Weltkriegs, insbesondere vom Versailler Vertrag, befreien und aus der schweren Wirtschaftskrise der frühen dreißiger Jahre herausführen würde. Beide Ziele sollten durch die Beseitigung des republikanischen Weimarer »Systems« und die Errichtung einer wahrhaften »Volksgemeinschaft« erreicht werden. »Volksgemeinschaft« bedeutete vor allem zweierlei: einerseits die Abschaffung des Klassenkampfs und der ihn tragenden Parteien, andererseits die nationale »Wiedergeburt« und Einheit, Erneuerung des nationalen Selbstbewußtseins und nationaler Macht durch den Ausschluß von allem, was sie zu bedrohen schien. Die beiden Ziele wurden nicht nur in der Sprache des traditionellen Nationalismus und klassenübergreifender Appelle formuliert, sondern auch in rassistischer Terminologie: als Polemik gegen »rassische Entartung«, die besonders durch die Juden verursacht sei – sie wurden ebenso als Kapitalisten wie als Marxisten und Bolschewisten denunziert –, aber auch durch Zigeuner, Slawen, Schwarze und andere unerwünschte, »rassisch minderwertige« ethnische Minderheiten, die den »Volkskörper«, seine Kraft, Gesundheit und Überlegenheit zu gefährden schienen.

In dieser Bilderwelt spielten die Geschlechterbeziehungen eine bedeutende Rolle. Die nationalsozialistische Bewegung war, wie beispielsweise Goebbels betonte, in erster Linie eine »männliche Bewegung«. Sie polemisierte gegen die Frauenbewegung und Frauenemanzipation und prangerte sie als Ergebnis jüdischen Einflusses an. (Wenngleich das so nicht zutraf, hatten doch jüdische Frauen tatsächlich eine wichtige Rolle in der deutschen Frauenbewegung gespielt und die Erweiterung der Tätigkeiten von Frauen gefordert, vor allem im Bereich der »geistigen« und »sozialen Mutterschaft«.) Jüdische Männer wurden in der Sprache und den Bildern des Nationalsozialismus häufig als Kuppler und Vergewaltiger präsentiert. Insgesamt waren der wirtschaftliche und der politische Antisemitismus eng verbunden mit einem »Sexual-Antisemitismus«.[1] Die Frauen auf der »wertvollen« Seite der rassisch begründeten Grenzlinie wurden als »Mütter des Volkes« gesehen, diejenigen auf der Seite der »Fremden« als »entartet« und »minderwertig«. Die einen sollten als Mütter zur nationalen Wiedergeburt und zu einer Steigerung der Geburtenrate nach jahrzehntelangem Sinken beitragen; die anderen galten als unerwünscht, insbesondere als Mütter. Im Jahr 1930, sechs Jahre nachdem Hitler in *Mein Kampf* gegen jüdische Frauen polemisiert und die Sterilisation von Millionen »minderwertiger« Menschen propagiert hatte, unterteilte einer seiner »Blut-und-Boden«-Ideologen das weibliche Geschlecht in vier Kategorien: Frauen, deren Fortpflanzung gefördert werden sollte; solche, deren Kinder akzeptabel waren; Frauen, die besser kinderlos bleiben sollten, und solche, die keinesfalls Kinder bekommen sollten, was in erster Linie durch Sterilisation zu erreichen wäre. Vor 1933 standen die Nationalsozialisten mit solchen eugenischen bzw. rassenhygienischen Unterscheidungen nicht allein. Ein einflußreicher Sozialdemokrat beispielsweise stufte ein Drittel der deutschen Bevölkerung als »minderwertig« ein und ihre Kinder als unerwünscht; auch einige Frauen traten für solche Forderungen – bis hin zu der nach Zwangssterilisation – ein, darunter auch Anhängerinnen der Frauenbewegung.[2] Doch einzig der Nationalsozialismus setzte solche Vorstellungen in eine ebenso kohärente und systematische wie komplexe rassenpolitische Praxis um, die schließlich, innerhalb von nur wenigen Jahren, zu einem bislang undenkbaren Massenmord an »minderwertigen« Frauen und Männern führte.

Auch wenn in den späten Jahren der Weimarer Republik und zu Beginn des nationalsozialistischen Regimes viele Menschen, auch NSDAP-Wähler, das offenbar nicht wahrhaben wollten, stand der Rassismus im Zentrum der nationalsozialistischen Politik – vor allem der antijüdische Rassismus. Deshalb stand der Rassismus auch im Zentrum der nationalsozialistischen Geschlechterpolitik. Da die Forschungen über die Geschichte von Frauen im Nationalsozialismus die

Rassenpolitik meist nicht einbeziehen – jedenfalls bis vor kurzem – und die Forschungen über den nationalsozialistischen Rassismus meist die *Frauen* ausklammern, muß betont werden, daß weder der nationalsozialistische Rassismus geschlechterneutral noch die nationalsozialistische Geschlechterpolitik rassen- bzw. rassismusneutral waren. Gilt schon im allgemeinen, daß nicht alle Frauen dieselbe Geschichte haben, so sind die Unterschiede in der Frauengeschichte während des Nationalsozialismus so dramatisch wie die zwischen Leben und Tod. Gewiß waren dem Nationalsozialismus neben dem Rassismus auch viele andere Merkmale eigen. Gleichwohl muß der Rassismus als sein Kern gelten: Denn während das Regime versuchte, alle Bereiche der Gesellschaft mit rassenpolitischen Prinzipien zu durchdringen, war es bezüglich sonstiger Fragen durchaus flexibel und anpassungsfähig. In vielerlei Hinsicht zögerte es nicht, auch scheinbar grundlegende Prinzipien zu revidieren, wenn das opportun erschien – auch in der Politik gegenüber »wertvollen« Frauen. Doch seine rassistischen Grundsätze modifizierte es nicht – auch nicht hinsichtlich ihrer Geschlechterdimensionen bzw. des Umgangs mit »minderwertigen« Frauen. Daher werden im folgenden zuerst einige Geschlechterdimensionen der nationalsozialistischen Rassenpolitik behandelt, anschließend drei andere Bereiche der Geschlechterpolitik und des Lebens von Frauen in jener Zeit; auch diese überschnitten sich in mancherlei Weise mit der Rassenpolitik.

Vom Antinatalismus zum Genozid: Geschlechterdimensionen der nationalsozialistischen Rassenpolitik

Etwa die Hälfte der Opfer des nationalsozialistischen Rassismus waren Frauen. Die ersten antijüdischen Gesetze vom 7. April (»Wiederherstellung des Berufsbeamtentums«) und 25. April 1933 (gegen die »Überfüllung der deutschen Schulen und Hochschulen«) verdrängten, neben politischen Gegnern, jüdische Männer und Frauen aus der Beamtenschaft – darunter viele jüdische Lehrerinnen, und nichtjüdische Beamte konnten ausgeschlossen werden, wenn sie mit einer Jüdin verheiratet waren – und von den Universitäten, wo der Anteil der jüdischen Studierenden größer war als der Anteil der Juden an der Bevölkerung und die Studierquote der jüdischen Frauen weitaus höher lag als diejenige der nichtjüdischen Frauen. Jüdische Frauen waren ebenso wie jüdische Männer von den weiteren antijüdischen Maßnahmen betroffen: räumliche Segregation und Ausschluß vom politischen, beruflichen, wirtschaftlichen und kulturellen Leben; dem setzten die Juden eigene, großenteils neugeschaffene kulturelle und soziale Aktivitäten entgegen, in denen Frauen – auch aus der jüdischen Frauenbewegung – eine wichtige Rolle spielten. Juden beiderlei Geschlechts blieben auch dann gleichermaßen Opfer der Rassenpolitik, als diese von den noch teilweise traditionellen Formen der Diskriminierung zum systematischen Eingriff in Leib und Leben überging. Deutlich wurde dies zum Beispiel schon im Jahr 1938, als fast die Hälfte der etwa neunzig Juden, die im Novemberpogrom durch Mord oder Freitod umkamen, Frauen waren.[3] Dasselbe galt für die Politik der staatlichen Geburtenkontrolle, den Antinatalismus, der die zwangsweise Sterilisation »rassisch minderwertiger« Menschen zum Zweck der »rassischen Aufartung« betrieb.

Im Juni 1933 hielt der Reichsinnenminister eine programmatische Rede über »Bevölkerungs- und Rassenpolitik«. Er beschwor den »kulturellen und völkischen Niedergang« und sah ihn in der »Zuwanderung von Fremdstämmigen«, besonders von Juden, in der »Rassenmischung«, in über einer Million Menschen mit »körperlichen oder geistigen Erbleiden«, in Menschen, von denen »Nachwuchs nicht mehr erwünscht sei«, besonders dann nicht, wenn sie eine »überdurchschnittlich große Fortpflanzung« aufwiesen. Er schätzte, daß einerseits 20 Prozent der Bevölkerung in Deutschland, also rund zwölf Millionen, als Väter und Mütter unerwünscht seien und daß andererseits die Geburtenrate der »gesunden Deutschen« um 30 Prozent steigen müsse, also etwa um 300000 pro Jahr. Seine Schlußfolgerung: »Zur Erhöhung der Zahl erbgesunder Nachkommen haben wir zunächst die Pflicht, (...) die Fortpflanzung der schwer erblich belasteten Personen zu verhindern.«[4] Zwei Wochen später wurde der antinatalistische Teil dieses Programms im ersten bevölkerungspolitischen Gesetz des Nationalsozialismus verankert; es gebot die Sterilisation auf eugenischer Grundlage, wenn nötig zwangsweise und durch Polizeieinsatz. Seitens der Regierung wurde betont, daß »das biologisch minderwertige Erbgut auszuschalten« sei, besonders im Fall der »unzähligen Minderwertigen«, die sich »hemmungslos fortpflanzen«. Die Sterilisationspolitik sollte »eine allmähliche Reinigung des Volkskörpers und die Ausmerzung von krankhaften Erbanlagen bewirken«; zu diesem Zweck sollten rund eineinhalb Millionen Menschen sterilisiert werden, davon 400000 möglichst bald. Die letztere war dann auch die Gesamtzahl der Sterilisationsopfer während des folgenden Jahrzehnts (hinzu kommt eine unbekannte Zahl von solchen, die außerhalb des Gesetzes sterilisiert wurden). Es waren je zur Hälfte Frauen und Männer, und sie machten ein Prozent der Bevölkerung im gebär- und zeugungsfähigen Alter aus. Eigens für die Sterilisationspolitik wurden rund 250 besondere Gerichte geschaffen, die den Amts- und Oberlandesgerichten angeschlossen waren; zu Gericht saßen nicht nur Juristen, sondern auch – ein absolutes Novum – Psychiater, Ärzte, Humangenetiker und Anthropologen, um über die Fortpflanzung derjenigen zu entscheiden, deren Sterilisation beantragt worden war. Gesundheitsbehörden wurden teils neu geschaffen, teils modifiziert, um das Aufspüren von Sterilisationskandidaten in der Bevölkerung zu ermöglichen. Eine breite Propagandakampagne suchte die Deutschen von der Notwendigkeit und dem Nutzen des Antinatalismus zu überzeugen. Nie zuvor in der Geschichte hatte es einen Staat gegeben, der in Theorie, Propaganda und institutioneller Praxis eine solche antinatalistische Politik verfolgte, die überdies zu einer »Vorstufe des Massenmords«[5] wurde. Bis vor kurzem hat die Frauengeschichtsschreibung dies übersehen, da sie irrigerweise annahm, die nationalsozialistische Frauenpolitik sei nichts anderes als ein »Mutterkult« gewesen, und deshalb nur selten diejenigen Frauen studierte, die zu Opfern der Rassenpolitik wurden.

Die meisten Sterilisationen wurden aufgrund von – wirklicher oder angeblicher – psychischer oder geistiger Behinderung verfügt, insbesondere Schwachsinn, Schizophrenie, Epilepsie und manisch-depressivem Irresein. Das Sterilisationsgesetz galt somit nicht etwa ausschließlich für Juden, Roma, Schwarze oder andere »fremde« Rassen, obgleich diese natürlich mitbetroffen waren (allerdings hatte Hitler eine Zeitlang gemeint, »fremde« Rassen verdienten nicht die Wohltaten der »rassischen Aufartung« durch Sterilisation, doch diese Meinung setzte sich nicht durch). Die Sterilisationspolitik war, wie die führenden Nationalsozialisten oft und unmißverständlich betonten, ein integraler Bestandteil der nationalsozialistischen Rassenpolitik, der »Erb- und Rassenpflege«. Denn der nationalsozialistische Rassismus bedeutete sowohl die Diskriminierung »fremder« Rassen oder Völker als auch die »Aufartung« der eigenen ethnischen Gruppe durch Diskriminierung der »Minderwertigen« im eigenen Volk. Eine solche »Aufartung« schien erforderlich, um eine »Herrenrasse« zu schaffen: Das deutsche Volk, so wie es war, entsprach (noch) nicht diesem Bild.[6] Darüber hinaus wurden besondere Maßnahmen zur Sterilisation von Roma (meist wegen »Schwachsinns«) und Schwarzen innerhalb und außerhalb des Gesetzes getroffen. Deutsche Juden galten als anfälliger für Schizophrenie als andere Deutsche, osteuropäische Juden als anfälliger für Schwachsinn. Der Fall einer deutschen Jüdin aus Berlin ist dafür ein Beispiel. 1941 wurde sie wegen Schizophrenie sterilisiert, nachgewiesen durch ihre »Depression« und einen Selbstmordversuch. Es war genau die Zeit, als die Juden, die schon in bitterem Elend lebten, gezwungen wurden, den »gelben Stern« zu tragen, die jüdische Selbsttötungsrate dramatisch gestiegen war und die Deportationen in die Todeslager begannen. Kein Zufall war es, daß im März 1942, kurz nach der Wannseekonferenz, *die Juden* von der gesetzlichen Sterilisation ausgeschlossen wurden: Jetzt sollte nicht mehr nur ihre Fortpflanzung verhindert werden, sondern ihr Leben wurde ausgelöscht. Aber in einigen Lagern, vor allem Auschwitz und Ravensbrück, wurden auf Befehl Himmlers neue Methoden der Massensterilisation erprobt, hauptsächlich an Jüdinnen und Roma-Frauen (die für die geplanten Ziele wichtigste Methode war dabei die Injektion in die Gebärmutter). Nach dem erhofften »Endsieg« sollte das Resultat dieser Experimente zur Sterilisation zahlreicher Gruppen von ethnisch oder eugenisch unerwünschten Frauen in ganz Europa eingesetzt werden.[7]

Wenngleich das Sterilisationsgesetz Frauen nicht gesondert nannte, waren sie natürlich eingeschlossen (noch 1933 hatten allerdings einige Experten die Sterilisation auf Männer zu beschränken gewünscht, weil die Sterilisation von Frauen, anders als die von Männern, einer regelrechten Operation bedurfte und mit dem entsprechenden Risiko verbunden war, weshalb man Widerstand befürchtete). Doch war die Sterilisationspolitik keineswegs geschlechterneutral. Während Frauen die Hälfte der Sterilisationsopfer ausmachten, stellten sie etwa neun Zehntel derjenigen, die während oder in der Folge des Eingriffs starben – oft weil sie sich bis auf den Operationstisch gegen die Sterilisation wehrten. Zuweilen wurden diese Todesfälle mit dem Opfer von Soldaten im Krieg für das Vaterland verglichen und gerechtfertigt. Insgesamt und offiziell definierte man die Sterilisationspolitik als »Primat des Staates auf dem Gebiet des Lebens, der Ehe und der Familie« und als einen Bereich, wo das scheinbar »Unpolitische« nun als »politisch« zu gelten habe.[8] Dieser Bereich war von besonderer Bedeutung für Frauen, wie alle Fragen, die mit Zeugung, Gebären und Aufziehen von Kindern zu tun haben. Manche der zur Sterilisation verurteilten Frauen, besonders die jüngeren, versuchten, noch vor der Operation schwanger zu werden, und dieser Widerstand war immerhin so beträchtlich, daß die zuständigen Behörden dem Phänomen einen Namen gaben: »Trotzschwangerschaften«. Ihnen suchte man im Jahr 1935 damit beizukommen, daß dem Sterilisationsgesetz ein Abtreibungsparagraph hinzugefügt wurde: Jetzt konnte aus eugenischen Gründen auch abgetrieben werden, bis zum sechsten Schwangerschaftsmonat, und außerdem wurde dabei zwangsweise sterilisiert.

Als quantitativ und strategisch wichtigste Gruppe galten die »Schwachsinnigen«. Sie stellten fast zwei Drittel aller Sterilisierten, und fast zwei Drittel von ihnen waren Frauen. Zwei Gründe waren dafür maßgeblich. Viele dieser Frauen (aber auch manche mit anderen Diagnosen) wurden mit der Begründung sterilisiert, daß auch dann, wenn sie keinen Geschlechtsverkehr mit Männern praktizierten, doch mit unfreiwilliger Schwangerschaft durch Vergewaltigung zu rechnen sei. Zweitens wurde weibliche »Minderwertigkeit« mit Kriterien gemessen, die deutlich geschlechtsbestimmt waren: Geprüft wurden irregulärer, hauptsächlich außerehelicher Geschlechtsverkehr (bei Männern spielte dies keine entscheidende Rolle), die Fähigkeit und Bereitschaft zu regelmäßiger Erwerbsarbeit, zur Führung eines »geordneten« Haushalts und zur Kinderversorgung und -erziehung, letzteres oft auch bei Frauen ohne Kinder (bei Männern wurde »Schwachsinn« meist nur an ihrem Erwerbsverhalten gemessen). So wurde beispielsweise eine Frau zur Sterilisation verurteilt, weil »ihr Wissen (. . .) sich auf mechanisch angeeignete Kenntnisse« beschränke, »sie kann angeben, wie man verschiedene Speisen bereitet, z. B. Pudding, Brotsuppe, Reissuppe, aber nur wie es zu Hause üblich ist.« Ein jüdisches Mädchen aus Galizien, das in einem Berliner jüdischen Krankenhaus als Dienstmädchen arbeitete, wurde wegen »Schwachsinns« zur Sterilisation verurteilt, da ihre Tätigkeit nur eine »mechanische Arbeit« sei.[9]

Die nationalsozialistische Propaganda für Sterilisation und für die Rassenpolitik insgesamt richtete sich nicht selten unmittelbar und besonders an Frauen, da angenommen wurde, daß sie gegenüber dieser Politik besonders zurückhaltend seien (die Annahme wurde gelegentlich bestätigt, z. B. in Berichten der Gestapo). Diese geschlechtsspezifische Propaganda zeigt unter anderem, daß das nationalsozialistische Frauenbild dem der früheren Frauenbewegung diametral entgegengesetzt war. Den Frauen wurde eingeschärft, daß nicht das Kinderkriegen, sondern die »Aufartung zum Ziele des Staates geworden« sei. »Mütterlichkeit« als Eigenschaft des weiblichen Geschlechts wurde zum Objekt rassistischer Polemik und galt, zusammen mit christlicher Caritas und Marxismus, als »Gefühlsduselei«. Man beschwor die »Gefahr«, die »der Frau gerade aus ihrer Mütterlichkeit erwächst«, da eine »starke Mütterlichkeit«, der weibliche »eingeborene Trieb zur Pflege alles Hilfsbedürftigen« und der »natürliche Altruismus« von Frauen »wie jeder Egoismus rassefeindlich« wirkten. Es gebe, so hieß es, »kaum eine schlimmere Sünde gegen die Natur« als den Umstand, daß »die Frau durch ihre körperliche und seelische Eigenart allem Lebendigen besonders nahe steht und zu allem Lebendigen eine besondere Hinneigung« habe. Der *Völkische Beobachter* betonte 1934, das Sterilisationsgesetz bedeute gerade auch für Frauen »den Beginn eines neuen Zeitalters«. Schulbücher für Mädchen priesen auf drei Seiten die Mutterschaft; zwölf Seiten waren der eventuellen Notwendigkeit reserviert, das »eigene geliebte Kind« zur Sterilisation anzuzeigen, wenn ihm etwas fehle, sowie dem Verbot, Juden, Zigeuner und andere Menschen »minderwertiger« Herkunft zu heiraten. 1935 wurde die bisherige antinatalistische Politik durch Eheverbote ergänzt: Einer ihrer Hauptzwecke war, unerwünschten Nachwuchs zu verhindern. Im September *verboten* die Nürnberger Gesetze die Eheschließung und den Sexualverkehr zwischen Juden, Zigeunern und Schwarzen einerseits und (ethnisch) Deutschen andererseits; sowohl jüdische Frauen als auch jüdische Männer hatten bei einer Übertretung – oft auch nur unter dem Vorwand einer solchen – harte Bestrafung und die Einlieferung in ein Konzentrationslager zu gewärtigen.[10] Ein weiteres Gesetz vom Oktober 1935 verbot schließlich die Eheschließung zwischen sterilisierten und nichtsterilisierten Deutschen.

Die nationalsozialistische Sterilisationspolitik, auch »Verhütung unwerten Lebens« genannt, war ein Schritt auf dem Weg zur »Vernichtung lebensunwerten Lebens« (»Euthanasie-Aktion« oder »Aktion T 4«). Diese begann im Jahr 1939, und in der Folge wurden rund 200000 kranke, behinderte und alte Menschen getötet: die Bewohner psychiatrischer Anstalten, Frauen wie Männer, wenn sie als »unheilbar« eingestuft worden waren, außerdem sämtliche Juden und Jüdinnen in diesen Anstalten, auch ohne eine solche Einstufung. Somit war die Euthanasie-Aktion gleichzeitig die erste Phase des systematischen Massenmords an Juden und Jüdinnen, und hier wurde erstmals mit Gas und in Gaskammern gemordet. Daß der nationalsozialistische Antinatalismus eine Vorstufe dieser Mordpolitik werden konnte, hatte mehrere Gründe. Beiden lag die »Erb- und Rassenpflege« zugrunde, und diese entstammte einer Einstellung, welche die Sterilisation nicht als private, individuelle und freie Entscheidung verstand, sondern – wie oft betont wurde – als »humane« Alternative zum Töten im Interesse des »Volkskörpers«, als politischen Ersatz für eine »Natur«, die »natürlicherweise« (d. h. ohne moderne Fürsorge und Medizin) die »Minderwertigen« ohnehin sterben lassen würde, als »Ausrottung ohne Massenmord«.[11] Zweitens senkte die Sterilisationspolitik die Hemmschwelle gegenüber Eingriffen in Leib und Leben (insbesondere in bezug auf die weiblichen Sterilisationsopfer). Drittens waren die frühesten Opfer des Krankenmords rund 5000 behinderte Kinder bis zu drei Jahren, also solche, deren Mütter (und Väter) zuvor nicht mit Hilfe der Abtreibungs- und Sterilisationspolitik erfaßt worden waren. Schließlich hatten so gut wie alle Aktivisten der »Euthanasie-Aktion« – hauptsächlich Ärzte und anderes medizinisches Personal – und diejenigen Ärzte, die am Judenmord beteiligt waren, zuvor auch die Sterilisationspolitik befürwortet und waren meist aktiv an ihr beteiligt.

Ende 1941 wurden die »T 4«-Gaskammern mit dem männlichen Teil ihres Personals von Deutschland in die neuerrichteten Todeslager im besetzten Polen verlegt und zum systematischen und industriellen Massenmord an Juden und Zigeunern, Frauen und Männern gleicher-

maßen, eingesetzt. Es handelte sich dabei nicht nur um einen Tech-
nologietransfer, sondern auch um einen mentalitätsgeschichtlichen Prozeß mit bedeutsamen Geschlechterdimensionen, die bisher noch kaum
bekannt sind. Hunderttausende Juden waren schon vor dem Einsatz
von Gas getötet worden, meist durch Massenerschießungen. Oft hatten die SS-Männer, die diese Massentötungen besorgten, beträchtliche
Hemmungen zu überwinden, insbesondere bei der Erschießung von
Frauen und Kindern, wie beispielsweise der Kommandant von Auschwitz berichtete; bei der Besichtigung solcher Massenerschießungen
wurde es selbst Himmler und Eichmann übel. Die Gastechnologie
wurde nicht nur zur Beschleunigung der Ermordung von Juden und
Jüdinnen eingeführt, sondern auch als Ergebnis der »Suche nach einer
›passenden‹ Methode«, die offenes Blutvergießen vermeiden und die SS-
Männer von ihren teilweise geschlechterspezifischen Skrupeln befreien
sollte.[12] Die ersten Gaswagen wurden großenteils, manchmal ausschließlich, für die Tötung von Frauen und Kindern eingesetzt. »Männer, Frauen und Kinder« – so werden in den Quellen die Opfer immer
wieder beschrieben. Bei der Ermordung der jüdischen Ghettobevölke-
rung wurde in vielen Fällen mit den Frauen, Kindern und Greisen
begonnen.[13] Als Ende 1941 in Auschwitz die Gaskammern in Betrieb
genommen wurden, waren es hauptsächlich jüdische Frauen und vor
allem Mütter mit ihren Kindern, die von der Rampe unmittelbar in die
Gaskammern geschickt wurden – »jedes jüdische Kind brachte automatisch seiner Mutter den Tod«, berichtete eine jüdische Ärztin –,
während für jüdische Männer eher die »Vernichtung durch Arbeit«
bestimmt war. Fast zwei Drittel der deutschen Juden, die deportiert
und getötet wurden, waren Frauen, und auch unter den Roma, die in
Auschwitz ins Gas getrieben wurden, machten Frauen mehr als die
Hälfte aus.[14] Der genaue Anteil von Frauen an den Millionen Opfern
wird wohl unbekannt bleiben. Eine neuere Studie über die mörderische Tätigkeit der nationalsozialistischen Ärzte in den Todeslagern
zeigt, daß sie ihrer Skrupel auch auf andere Weise Herr wurden: durch
männliche Kameraderie, Korpsgeist, Alkoholkonsum und die Anpassung an ein »umfassendes nationalsozialistisches Männlichkeitsideal«.[15]

Die führenden Experten des Massenmords übersahen seine Geschlechterdimensionen keineswegs, und 1943 ermahnte Himmler seine
Zuhörer in einer Rede, die frühere Überlegungen zusammenfaßte: »Es
trat an uns die Frage heran: Wie ist es mit den Frauen und Kindern?
Ich habe mich entschlossen, auch hier eine klare Lösung zu finden.
Ich hielt mich nämlich nicht für berechtigt, die Männer auszurotten –
sprich also, umzubringen oder umbringen zu lassen – und die Rächer
in Gestalt der Kinder groß werden zu lassen.« Jüdische Frauen wurden
also als Frauen, als Gebärerinnen und Mütter der nächsten Generation

ihres Volkes ermordet. Aber Himmler ging darüber noch hinaus und stellte die weiblichen Opfer ins Zentrum seiner eigenen Definition des Genozids: »Wenn ich irgendwo gezwungen war, in einem Dorfe gegen Partisanen und gegen jüdische Kommissare vorgehen zu lassen (. . .), so habe ich grundsätzlich den Befehl gegeben, auch die Weiber und Kinder dieser Partisanen und Kommissare umbringen zu lassen (. . .) Glauben Sie mir: Dieser Befehl ist nicht so leicht gegeben und wird nicht so einfach durchgeführt, wie er konsequent richtig gedacht und in der Aula ausgesprochen ist. Aber wir müssen immer mehr erkennen, in welch einem primitiven, ursprünglichen, natürlichen Rassenkampf wir uns befinden.«[16] Hier wurde der nationalsozialistische »Rassenkampf« in seiner extremsten Form als ein mörderischer Kampf von Männern besonders gegen Frauen und Kinder bestimmt. Die Bedeutung dieser frauenzentrierten Definition von »Rassenkampf« ist von manchen Historikern als ein Merkmal der Einzigartigkeit des Judenmords erkannt worden.[17]

Auch Frauen waren an der nationalsozialistischen Rassenpolitik beteiligt; ihre diesbezüglichen Aktivitäten sind bisher kaum erforscht. Unter den Akteuren der Rassenpolitik stellten sie eine Minderheit, und gemessen an den Frauen insgesamt waren sie eine relativ kleine Minderheit – wenngleich eine bemerkenswert brutale und wirksame. Die aktivsten unter ihnen hatten gewöhnlich keine Kinder, waren unverheiratet, stammten aus allen sozialen Schichten mit Ausnahme der obersten, und ihre Beteiligung war meist, wie auch bei vergleichbaren Männern, eine Funktion ihres Berufs. Während die Sterilisationspolitik gänzlich von Männern bestimmt wurde, halfen viele Sozialarbeiterinnen und Ärztinnen bei der Identifizierung von Sterilisationskandidaten. »Pflegerinnen« unterstützten die Ärzte bei der Auswahl und Tötung der Kranken in den sechs Tötungszentren der »Euthanasie-Aktion«. Einige Wissenschaftlerinnen kooperierten mit ihren männlichen Vorgesetzten in der »Zigeunerforschung« und legten so den Grund für die Selektion und Vernichtung der Roma; sie nutzten dafür auch ihren leichteren Zugang, als Frauen, zu den Roma und ihrer Kultur.[18] Aufseherinnen in den Frauenkonzentrationslagern – sie stellten etwa zehn Prozent der KZ-Bewachungstruppen – kamen oft aus der Unterschicht und hatten sich in der Regel freiwillig für diese Arbeit gemeldet, in der Hoffnung auf einen beruflichen Aufstieg; einer Überlebenden zufolge gab es zwischen weiblichen und männlichen Bewachern »keinen Unterschied«.[19] Unter allen nationalsozialistischen Aktivistinnen waren sie es, die am deutlichsten im Zentrum der Verbrechen standen und zu ihrer Verwirklichung beitrugen. Irrig ist deshalb die Annahme, daß sie »das Funktionieren des nationalsozialistischen Staats nicht beeinflußt« hätten.[20] Außerdem arbeiteten viele Frauen neben den Männern in der

komplexen Genozid-Bürokratie, z. B. als Sekretärinnen, die in Staats-
und Parteiämtern genau die Vorgänge der Bestimmung, Ausgrenzung
und Enteignung und Deportation der Juden registrierten. Die nationalsozialistische Rassenpolitik wurde somit nicht nur auf staatlicher
Ebene institutionalisiert, sondern auch in den entsprechenden Berufen.

Gelegentlich wurde argumentiert, die Schuld und Verantwortung der
Frauen für die nationalsozialistischen Verbrechen sei darin zu sehen,
daß sie ihre Rolle als Mütter und Ehefrauen akzeptierten und sich
damit dem Nationalsozialismus angepaßt hätten.[21] Aber weder stand
das Bild von Frauen als Mütter und Ehefrauen im Zentrum der
Geschlechterpolitik des Nationalsozialismus, noch war es spezifisch für
ihn. Seit seinen Anfängen hat der Nationalsozialismus in vielerlei Hinsicht mit diesem traditionellen Bild gebrochen, hauptsächlich in seiner
Rassenpolitik; in der Rassenpolitik lag sein Kern, seine Novität und Einmaligkeit. Die Frauen, die sich an ihr beteiligten und für sie mitverantwortlich waren, waren nur selten Mütter und Ehefrauen und handelten nicht als solche; vielmehr übernahmen sie die männlich dominierten Berufsstrategien und Karrieren, mittels derer die Rassenpolitik
in die Tat umgesetzt wurde.

FRAUENERWERBSARBEIT

Das nationalsozialistische Regime schloß Frauen nicht von der Erwerbsarbeit aus. Wenngleich dieser Sachverhalt seit den 1930er Jahren schon
oft dargelegt wurde, ist doch der Mythos von Dauer, im »Dritten Reich«
seien Frauen massenhaft, zwangsweise und aufgrund politischer Intervention entlassen worden, insbesondere um sie zur Mutterschaft zu
bewegen. Tatsächlich stieg jedoch die Anzahl der als erwerbstätig registrierten Frauen von 11,5 Millionen im Jahr 1933, als sie 36 Prozent
aller Erwerbstätigen und 48 Prozent aller Frauen zwischen 15 und
60 Jahren ausmachten, auf 12,8 Millionen im Jahr 1939 (innerhalb der
deutschen Grenzen von 1937, bei Berücksichtigung der meisten annek-
tierten Gebiete, liegt die Zahl bei 14,6 Millionen) und dementsprechend
auf 37 Prozent der Erwerbstätigen und 50 Prozent der erwachsenen
Frauen. Im Jahr 1944 waren 14,9 Millionen deutsche Frauen erwerbstätig (Österreich eingeschlossen) und stellten damit 53 Prozent der
deutschen Erwerbstätigen und weit über die Hälfte der deutschen
Frauen zwischen 15 und 60 Jahren.[22] Parallel zu der Entwicklung von
der Arbeitslosigkeit zur Vollbeschäftigung und zu einer Situation des
Arbeitskräftemangels, die in erster Linie durch die Expansion der
Rüstungsindustrie bewirkt wurde, stieg die Zahl der Industriearbeite-

rinnen von 1933 (1,2 Millionen) bis 1936 (1,55 Millionen) um 28,5 Prozent und um weitere 19,2 Prozent in den folgenden zwei Jahren. Nicht nur erhöhte sich die Anzahl der unverheirateten erwerbstätigen Frauen, sondern auch die der verheirateten und der Mütter unter ihnen. Von der Zeit der Weimarer Republik bis 1939 stieg die Zahl der verheirateten erwerbstätigen Frauen und ihr Anteil an allen weiblichen Erwerbstätigen dramatisch an und verdoppelte sich nahezu bei den verheirateten Industriearbeiterinnen (verheiratete Industriearbeiterinnen 1925: 21,4 Prozent, 1933: 28,2 Prozent und 1939: 41,3 Prozent; verheiratete erwerbstätige Frauen 1925: 31 Prozent, 1933: 37 Prozent und 1939: 46 Prozent). Im Jahr 1939 hatten mehr als 24 Prozent aller erwerbstätigen Frauen Kinder, und die verheirateten unter ihnen machten 51 Prozent aller verheirateten erwerbstätigen Frauen aus. Wie üblich, muß im Fall von Frauen eine unbekannte, aber erhebliche Anzahl von erwerbstätigen Frauen außerhalb der offiziellen Zahlen vermutet werden.

Während des Zweiten Weltkriegs wurden insgesamt etwa 2,5 Millionen ausländische Frauen, neben vielen ausländischen Männern, in der deutschen Industrie und Landwirtschaft eingesetzt; die meisten von ihnen kamen als Zwangsarbeiter aus Osteuropa. Je niedriger ihr »rassischer Wert« – der niedrigste wurde den Russen zugeschrieben, gefolgt von den Polen –, desto höher war der Anteil der Frauen unter ihnen, besonders beim Einsatz zur Schwerarbeit in der Rüstungsindustrie. Als 1944 fast zwei Millionen ausländische Frauen in Deutschland arbeiteten, waren 51 Prozent der russischen Zivilarbeiter – die Kriegsgefangenen also nicht mitgerechnet – Frauen; ein noch höherer Anteil an russischen Frauen arbeitete in der Rüstungsindustrie. Unter den polnischen Zivilarbeitern machten Frauen 34 Prozent aus; zusammen stellten die Russinnen und Polinnen 95 Prozent der ausländischen Arbeiterinnen. Zu dieser Zeit stammten 23 Prozent aller Frauen, die in der Industrie arbeiteten, aus dem Ausland; die übrigen Ausländerinnen arbeiteten in der Landwirtschaft und als Dienstmädchen in Haushalten.

Der Anstieg der Frauenerwerbstätigkeit seit dem späten 19. Jahrhundert, vor allem in der Industrie, wurde im »Dritten Reich« nicht unterbrochen, und insgesamt änderte sich die Differenz der Löhne zwischen Männern und Frauen nicht signifikant, obwohl in einigen wichtigen Sektoren die Löhne der Frauen sich denen der Männer annäherten. Ein beträchtlicher Anteil der Frauen arbeitete in »nichtmodernen« Sektoren (1939 waren 35 Prozent der erwerbstätigen Frauen in der Landwirtschaft beschäftigt und 10 Prozent im häuslichen Dienst), aber die Zahlen demonstrieren insgesamt einen hohen Anteil weiblicher Erwerbsarbeit, vor allem im Vergleich mit anderen Ländern. Sogar die Politik des Ausschlusses von Frauen aus den Universitäten und akademischen Berufen, die von 1933 bis 1935 vorherrschte, wurde schon bald revidiert und prägte die akademischen Möglichkeiten von Frauen weit weniger als die Wirtschaftskrise und die Arbeitsmarktentwicklung; tatsächlichen und anhaltenden Einfluß hatte jene Politik indessen auf jüdische Frauen, die, wie auch die jüdischen Männer, vom akademischen und beruflichen Leben ausgeschlossen blieben.[23] Diese Entwicklungen bedürfen offensichtlich einer Erklärung, jedenfalls vor dem Hintergrund der zählebigen – wenngleich problematischen – Annahme, daß der Nationalsozialismus und besonders Hitler den Frauen lediglich die Sphäre von Mutterschaft und Familie zugewiesen hätten; aber auch vor dem Hintergrund der nationalsozialistischen Polemik gegen »Doppelverdiener« (als solche zählten Männer, die zusätzlich zu ihrem Haupterwerb Geld verdienten, Familien mit mehr als einem Einkommen und besonders Frauen, für die der Haupt-»Ernährer« der Ehemann war oder hätte sein können), die in den Jahren der großen Arbeitslosigkeit, also von 1930 bis 1934, lautstark vorgetragen wurde.

Eine der vorgeschlagenen Erklärungen verweist auf den langfristigen Prozeß der wirtschaftlichen »Modernisierung«, die eine Zunahme der Frauenerwerbstätigkeit mit sich brachte; das Regime konnte oder wollte ihn nicht anhalten oder gar umkehren, und der Nationalsozialismus habe sich ihm angepaßt und, was die Frauen betrifft, auf eine bessere Zukunft gehofft, in der Frauenerwerbstätigkeit überflüssig werden würde. Diese Erklärung impliziert, und das mit Recht, daß die Beschränkung von Frauen auf Mutterschaft und Familie im Rahmen der nationalsozialistischen Politik keineswegs Vorrang hatte. Eine weitere Erklärung wurde in einem andauernden Prozeß von »Frauenemanzipation« durch Erwerbsarbeit gesucht, besonders während des Zweiten Weltkriegs, als sich den deutschen Frauen neue Beschäftigungsmöglichkeiten eröffneten. Diese Annahme unterstellt, daß die Frauen damals in der Erwerbsarbeit ein wichtiges eigenes Ziel sahen. Aber viele Quellen zeigen, daß vor und erst recht während des Krieges die Mehrzahl der erwerbstätigen Frauen ausschließlich aus Gründen wirtschaftlicher Notwendigkeit einer außerhäuslichen Arbeit nachging. In erster Linie waren dies die Arbeiterinnen, die während des Krieges vehement gegen die bürgerlichen »Damen« protestierten, die es sich leisten konnten, eine Tätigkeit in der Rüstungs- und der übrigen kriegswichtigen Industrie abzulehnen, und das trotz der offiziellen Propaganda für Frauenerwerbsarbeit seit 1939 und der Melde- und Arbeitspflicht für Frauen seit 1943.[24] Tatsächlich suchten viele Frauen der Unterschicht, vor allem die verheirateten, wo immer möglich – wegen des Kündigungsverbots war es allerdings schwierig – ihre Erwerbsarbeit aufzugeben, besonders im Krieg, und sie konnten sich das eher als im Ersten Weltkrieg erlauben, da der Familienunterhalt für die Sol-

datenfamilien reichlicher bemessen war als damals.[25] Überdies *gab es*
seit etwa 1936, als Vollbeschäftigung erreicht war, und während des
Krieges kaum Frauen, deren Suche nach einer Erwerbstätigkeit vergeblich blieb. Eine dritte Erklärung geht von einem Widerspruch zwischen
einem »Mutterkult« in der Ideologie und den Erfordernissen der Ökonomie aus; zwar habe der »Mutterkult« ideologisch im Vordergrund
gestanden, doch habe sich das Verhältnis zwischen beiden allmählich
zugunsten der wirtschaftlichen Erfordernisse verschoben: entweder
schon kurz nach der Machtergreifung oder seit Erreichung der Vollbeschäftigung oder mit dem Krieg. Die Verifizierung dieser Hypothese
würde indessen eine gründliche Rekonstruktion des spezifisch nationalsozialistischen Bilds von Frauen und dem Verhältnis der Geschlechter, einschließlich seines Wandels im Verlauf des zwölfjährigen Reichs
und seines Einflusses auf die soziale Realität von Frauen, erfordern; sie
ist vor allem deshalb bisher nicht – oder nur in Bruchstücken – geleistet worden, weil dieses Bild – zu Unrecht – als gegeben und selbstverständlich erschien. Einige Andeutungen müssen hier genügen.

Erst während der Wahlkämpfe von 1932 begannen die Nationalsozialisten, sich für die Stimmen der weiblichen Wähler zu interessieren;
sie bemühten sich nun besonders, die Behauptung ihrer Gegner zu
entkräften, daß der Nationalsozialismus, falls er aus den Wahlen siegreich hervorginge, Frauen aus der Erwerbsarbeit verdrängen würde.
Dies fiel nicht besonders schwer, da die nationalsozialistische Propa-
gandastrategie ohnehin vorsah, den Wählern die Erfüllung ihrer Hoffnungen zu versprechen – auch dann, wenn sie einander widersprachen. Unter anderem kündigten sie an, die Frauenerwerbstätigkeit
zu erhalten, vor allem im Fall alleinstehender und anderweitig »un-
versorgter« Frauen, und Müttern sollte es ermöglicht werden, sich
der Familie zu widmen – durch Schaffung von Arbeitsplätzen für
Männer –, wenn lediglich finanzielle Not sie zu zusätzlicher außerhäuslicher Arbeit zwang.[26] Genau in diesen Wahlen scheint die
NSDAP beträchtliche Stimmengewinne unter den Frauen gemacht zu
haben, und die frühere Geschlechterdifferenz im Wahlverhalten –
Frauen hatten zuvor weitaus seltener als Männer für die radikale Rechte
oder Linke gestimmt – verringerte sich offenbar drastisch (allerdings
liegen geschlechterspezifische Zahlen nur für einen kleinen und kaum
repräsentativen Bruchteil der Wähler vor).[27] Die spezifischen Motive,
derentwegen 1932 ein höherer Anteil der weiblichen Wahlberechtigten
als zuvor – und, mit Ausnahme der katholischen Regionen, prozentual fast ebenso viele Frauen wie Männer – die »Hitlerbewegung« wählten, sind nicht bekannt (im Unterschied zu den besser bekannten
Gründen, die vor der Machtergreifung 56386 Frauen dazu bewogen,
der NSDAP beizutreten). Ihre Motive können dieselben wie diejenigen

der männlichen NSDAP-Wähler gewesen sein oder auch nicht, sie
können geschlechtsneutral gewesen sein, sie können sich auf einen
vermeintlichen Mutterkult bezogen haben – daß die NSDAP einen
solchen in extremer Weise vertrete, wurde vor allem von vielen ihrer
Gegner betont und angeprangert – oder aber auf die Versicherung der
Nationalsozialisten, Frauenerwerbsarbeit auch weiterhin zu ermöglichen. Die wirtschaftliche Entwicklung ab 1933 bestätigte jedenfalls
weitgehend die letztgenannte Alternative; Mütter allerdings – und
besonders diejenigen der Arbeiterklasse – mußten weiterhin aus finanzieller Notwendigkeit arbeiten gehen.

Die nationalsozialistischen Stimmen zur Frauenerwerbsarbeit waren
nicht einheitlich, und die Polemik gegen sie war nur eine unter diesen Stimmen. Ebensowenig war der Anti-»Doppelverdiener«-Diskurs
spezifisch für den Nationalsozialismus; er wurde von Nationalsozialisten und Nichtnationalsozialisten, von Frauen und Männern getragen,
und er existierte in allen von der Weltwirtschaftskrise betroffenen Ländern, vor allem auch in den Vereinigten Staaten. Dort flaute er, wie
auch in Deutschland, parallel zum Rückgang der Arbeitslosigkeit ab,
und beide Länder hatten in der Folge sogar eine Zunahme der zuvor
so lautstark verurteilten Müttererwerbstätigkeit zu verzeichnen. Für den
amerikanischen Fall ist gezeigt worden, was wohl auch für den deutschen zutrifft: Die Kampagne gegen die Erwerbstätigkeit derjenigen,
die von einem Familienmitglied – insbesondere dem Ehemann – »versorgt« werden konnten oder sollten, insbesondere verheiratete Frauen,
gründete auf einer weitverbreiteten Moral: Das individualistische »Recht
auf Arbeit« wurde, zumal angesichts drastisch reduzierter Erwerbschancen, als ein Ausdruck derselben entfesselten kapitalistischen Markt-
gesetze verstanden, die auch zum Zusammenbruch der Wirtschaft
geführt hatten. Die knappen Arbeitsplätze sollten nicht aufgrund eines
abstrakten individuellen »Rechts« verteilt werden, sondern entsprechend
den »Bedürfnissen«, die auch die Familienbindungen zu berücksichtigen
hätten.[28]

Insgesamt sah der Nationalsozialismus davon ab, Mutterschaft und
Familie als ausschließliche Aufgabe aller Frauen zu bestimmen. Deutlich ist dies angesichts der genannten breiten antinatalistischen Propaganda und Aktivität. Mutterschaft wurde auch keineswegs als Hindernis für die Erwerbstätigkeit gesehen, jedenfalls nicht mehr als vor 1933
und als in den meisten anderen Ländern Europas. Die einzige Studie,
die systematisch das nationalsozialistische Frauenbild vor und während
des Krieges untersucht, und zwar im Vergleich mit dem öffentlich vorherrschenden Frauenbild in den Vereinigten Staaten vor und nach
Kriegsbeginn, zeigt, daß die nationalsozialistische Vision nicht etwa
simpel und kohärent war, sondern eine komplexe und widersprüch-

liche Mischung höchst unterschiedlicher Komponenten. Sie war alles andere als ein altmodischer viktorianischer »Kult wahren Frauentums«, beschränkte sich nicht auf die »biologische Rolle« der Frauen, und wenngleich nationalsozialistische Ideologen den Platz der Frauen in der Familie sahen, so erkannten sie doch von Anfang an, daß dies allenfalls eine unrealistische Vision sei. Denn in nationalsozialistischer Sicht hatte die ideale Frau in erster Linie die Pflicht, dem Nationalsozialismus zu dienen – sei es in der Familie oder am außerhäuslichen Arbeitsplatz, im Frieden oder im Krieg. Die ältere Metapher von der »geistigen Mütterlichkeit« – also die außerhäusliche Tätigkeit in »weiblichen« und »wesensgemäßen« Berufen – wurde nun auf jegliche »unweibliche« Schwerarbeit ausgedehnt, einschließlich der Arbeit in Fabriken und auf dem Land, solange sie der »Volksgemeinschaft« diente. Hingegen war das öffentliche Frauenbild in den Vereinigten Staaten während der dreißiger Jahre weitaus eindeutiger auf das Stereotyp »Beruf: Hausfrau« beschränkt als im damaligen Deutschland. Deshalb mußte die amerikanische Propaganda, als sie seit 1941 die Frauen zur Arbeit für den Krieg zu mobilisieren suchte, auch weitaus drastischer mit dem traditionellen Frauenbild brechen, als dies in Deutschland der Fall war. Hier dagegen bezog sich der Grundsatz »Die Frau gehört ins Haus« nicht nur auf den privaten Haushalt und die Familie, sondern auf ein »Haus«, das Deutschland als Ganzes meinte, einschließlich seiner Kriege.[29]

Eine bemerkenswerte Zahl von Initiativen zielte im »Dritten Reich« darauf, Frauen die Verbindung der Familienarbeit mit der außerhäuslichen und der Kriegsarbeit zu ermöglichen. Während Kindergärten in den Vereinigten Staaten und anderswo immer noch weitgehend abgelehnt wurden, wurden sie in Deutschland häufig befürwortet und in beträchtlicher Zahl vor und während des Krieges eingerichtet, um die Doppelbelastung der Frauen zu mindern. Vor dem Krieg gingen solche Initiativen von Unternehmen und Partei-Unterorganisationen aus und blieben regional beschränkt. Wenngleich im »Dritten Reich« kein Gesetz zugunsten von Müttern als solchen erlassen wurde, wurde doch im Mai 1942 das Mutterschutzgesetz von 1927, das erwerbstätige Schwangere und junge Mütter betraf, erheblich verbessert, damit Frauen in dieser Phase ihres Lebens die Mutterschaft leichter mit einer Erwerbstätigkeit verbinden konnten. Das Gesetz von 1942 kodifizierte erstmals die Verpflichtung des Staats, Kindertagesstätten einzurichten. Das »Beschäftigungsverbot« von sechs Wochen vor und sechs nach der Entbindung blieb im wesentlichen wie zuvor (1927 war es allerdings noch als »Recht« auf »Aussetzung der Arbeit« formuliert gewesen), das Wochengeld wurde auf den vollen Lohnausgleich angehoben, und die Frauen waren während der Schwangerschaft und vier Monate nach der

Entbindung gegen Entlassung geschützt (1927 waren es sechs Wochen vor und sechs nach der Niederkunft gewesen). Unverändert blieb jedoch die Beschränkung des Wochengelds auf erwerbstätige Frauen. Als Robert Ley, Chef der nationalsozialistischen Ersatzgewerkschaft Deutsche Arbeitsfront, anläßlich der Vorarbeiten zu dem neuen Mutterschutzgesetz vorschlug, die Wochenhilfe auch auf nichterwerbstätige auszudehnen, besonders auf die hart arbeitenden »Nur-Hausfrauen« der Arbeiterschaft, lehnte Hitler den Vorschlag ab; seine Begründung war, daß das staatliche Budget für die »schwierigsten Aufgaben« der nächsten Jahre gebraucht würde: die Kosten der militärischen und nichtmilitärischen Massenmorde.[30]

Eine Verordnung zum Mutterschutzgesetz schloß von diesem die deutsch-jüdischen Frauen aus, die Zwangsarbeit verrichteten, sowie diejenigen ausländischen Arbeiterinnen, die »rassisch minderwertigen« Völkern angehörten, vor allem die in Deutschland arbeitenden Russinnen und Polinnen. Es gibt keine Zahlen darüber, wie viele von ihnen schwanger oder Mütter waren. In den frühen Kriegsjahren wurden polnische Schwangere nach Polen zurückgeschickt, und viele von ihnen scheinen diese Methode, der Zwangsarbeit zu entgehen, sehr bewußt praktiziert zu haben. Aber seit 1941 – mit dem Krieg gegen die Sowjetunion – mußten polnische und russische Frauen trotz Schwangerschaft bleiben und arbeiten. Sie wurden zur Abtreibung gedrängt oder gezwungen, und oft wurden ihnen ihre Kinder weggenommen, in einem komplexen Zusammenspiel zwischen Himmlers Rassenexperten, den Arbeitsämtern, den Arbeitgebern und den Ärzten. Besonders russische Frauen wurden absichtlich an Arbeitsplätzen eingesetzt, die Fehlgeburten förderten. Arbeit wurde so zu einem Mittel antinatalistischer Politik. Die Pläne für die eroberten Gebiete (vor allem der »Generalplan Ost«, an dem auch die Sterilisationsexperten mitgearbeitet hatten) sahen eine große Zahl genau beschriebener, freiwilliger und unfreiwilliger Methoden zur Senkung der Geburtenzahl vor; sie betrafen ausschließlich Mütter und potentielle Mütter. Während zu Beginn des Naziregimes die Zielgruppe des Antinatalismus noch eine Minderheit der Bevölkerung war, wäre sie nach dem erhofften »Endsieg« und der erhofften Herrschaft über Europa eine Mehrheit geworden. Die Opfer der spezifisch nationalsozialistischen Wirtschafts- und Arbeitsmarktstrategien waren nicht die Deutschen – weder die deutsche Arbeiterschaft als ganze noch die deutschen Frauen im allgemeinen –, sondern diejenigen Frauen und Männer, die im umfassenderen Kontext der nationalsozialistischen Rassenpolitik diskriminiert wurden.[31]

Familienpolitik, Sozialpolitik
und der nationalsozialistische »Wohlfahrts«-Staat

Von Anfang an und besonders in den Wahlkämpfen der frühen dreißiger Jahre hatte der Nationalsozialismus die Erneuerung und Stabilisierung der Familie propagiert, Vollbeschäftigung – vor allem für die männlichen »Ernährer« – und sozialpolitische Reformen, insbesondere vor dem Hintergrund der Wirtschaftskrise, der allgemeinen Verarmung, der Krise der Familie[32] und einer extrem hohen Zahl von Abtreibungen und Fehlgeburten, die meist durch Armut und Krankheit verursacht waren. Die wirtschaftlichen und sozialen Verheißungen wurden im Vokabular der nationalen und rassischen Erneuerung formuliert und schlossen auch die Propaganda für eine höhere Geburtenrate bei »erbgesunden Deutschen« ein. Die Propaganda und die ihr folgende politische Praxis verbanden Aspekte von Sozialpolitik, Familienpolitik, pronatalistischer Politik und Geschlechterpolitik. Ihre Verwirklichung erfolgte mit unterschiedlicher Intensität und Effizienz, mit unterschiedlichen Investitionen und Ergebnissen.

Die nationalsozialistischen Appelle zur Erneuerung der Familie richteten sich an Männer wie an Frauen. Goebbels inszenierte von 1933 bis 1934 eine großangelegte »bevölkerungspolitische Propagandakampagne«, die einerseits von der Notwendigkeit der Sterilisationspolitik überzeugen sollte und andererseits davon, daß »unsere Geburtenzahl (. . .) hoch ansteigen« müsse, und: »In der Familie, wie im öffentlichen Leben wird wieder nach altdeutscher Art und Sitte den gebührenden Ehrenplatz einnehmen: die Mutter!« Der Reichsinnenminister griff in der schon genannten Rede die freiwillige Abtreibung an und betonte: »Die Einstellung dem keimenden Leben gegenüber ist von der Weltanschauung nicht nur der deutschen Frau und Mutter, sondern auch des Mannes abhängig«, und man müsse »den Mann zur Pflicht der Familiengründung erziehen«. Freiwillige Abtreibung sollte verhindert werden, und man machte sich auf der Ebene der Ministerien an die Ausarbeitung eines drastischen Anti-Abtreibungsgesetzes (»Gesetz gegen Mißstände im Gesundheitswesen«), das über den alten Paragraphen 218 des Strafgesetzbuchs hinausgehen und Abtreibung als »Volksverrat« einstufen sollte. Doch an die Stelle dieser Pläne und Grundsätze sollten wichtigere treten. Die ministeriellen Überlegungen seit 1933 führten zu keinem derartigen Gesetz; statt dessen wurde 1935 erstmals die medizinische – und, wie schon erwähnt, die eugenische – Indikation für den Schwangerschaftsabbruch per Gesetz eingeführt – als Zusatz zum Sterilisationsgesetz. Rund 30000 eugenische Abtreibungen wurden während des »Dritten Reiches« vorgenommen, einige davon zwangsweise und alle gekoppelt mit einer Zwangssterilisation. Die Anzahl der ungesetzlichen bzw. freiwilligen Abtreibungen, für diverse Behörden immer wieder ein Grund zur Sorge, ging ihren Schätzungen zufolge gegenüber der Weimarer Zeit nur wenig zurück. Die Verurteilungen aufgrund von illegaler Abtreibung nahmen im Vergleich zur Zeit vor 1933 nicht zu, sondern ab: Ihre Anzahl in den Jahren von 1933 bis 1942 (39902, davon 70 Prozent Frauen) lag um ein Sechstel niedriger als die entsprechende Zahl für die Jahre zwischen 1923 und 1932. Bis in die vierziger Jahre unterschied sich also die nationalsozialistische Gesetzgebung und Politik gegenüber den illegalen bzw. freiwilligen Abtreibungen kaum von derjenigen vor 1933 und nach 1945 – allerdings nur in bezug auf die Mehrheit der »deutschen erbgesunden« Frauen. Hingegen wurde die Abtreibung an »minderwertigen« Frauen gefördert, sowohl bei den schon genannten Polinnen und Russinnen als auch bei Jüdinnen. Auch hier gilt, daß die spezifisch nationalsozialistischen Innovationen im Kontext der »Rassen- und Erbpflege« standen und nur sekundär die Frauenpolitik als solche beeinflußten. Schließlich wurde 1943 die Todesstrafe für »aktive« Abtreibung eingeführt (für die »passive« Schwangere war Zuchthaus vorgesehen), wenn sie »die Lebenskraft des deutschen Volkes fortgesetzt beeinträchtigt«; aber auch hier setzte sich die rassenpolitische Komponente gegenüber der frauenpolitischen durch: Offenbar wurde die Verordnung vor allem auf polnische Ärzte und Ärztinnen in Polen angewandt, wenn sie Abtreibungen an deutschen Frauen vornahmen.[33]

Unter den repressiven Maßnahmen zur Stabilisierung der Familie ist auch eine heftige Kampagne gegen Straßenprostituierte zu nennen, die in den Anfangsjahren des Regimes geführt wurde. Prostituierte waren schon in Hitlers *Mein Kampf* ein Ziel seiner Polemik gewesen, als Symbole der »Verjudung unseres Seelenlebens« und der »Mammonisierung unseres Paarungstriebes«. Auf der Grundlage der »Verordnung zum Schutz von Volk und Staat« vom 28. Februar 1933 (die gesetzliche Grundlage für die Diktatur) verhaftete die Polizei Zehntausende von Prostituierten. Seit 1939 wurde jedoch die Prostitution gefördert: nicht in ihrer freien Form, sondern in Bordellen für das Militär, in Konzentrationslagern für einige privilegierte Gruppen der männlichen Arbeitshäftlinge (meist mit Frauen aus anderen Konzentrationslagern) und in Arbeitslagern für ausländische Zwangsarbeiter, meist mit Frauen ihrer eigenen Nationalität.[34]

Die Förderung von Geburten wurde nicht nur mit repressiven Maßnahmen betrieben, sondern auch durch die Stabilisierung der Familie mittels neuer wohlfahrtsstaatlicher Reformen; sie sollten diejenigen unterstützen, die ohnehin Kinder wünschten. Diese Politik beruhte auf der Annahme oder Hoffnung von Politikern – sie wurde damals auch in anderen Ländern weithin geteilt –, daß sozialstaatliche Unterstützung die Entscheidung von Männern und Frauen zugunsten von Kindern beeinflussen würde. Dieses Ziel suchte man hauptsächlich durch drei Reformen zu erreichen. 1933 wurden Ehestandsdarlehen für die Ehemänner eingeführt; Vorbedingung war, daß ihre Ehefrau erwerbstätig gewesen war und ihren Beruf nach der Heirat aufgab, doch wurde diese Bedingung ab 1936, als Arbeitskräftemangel zu herrschen begann, aufgegeben. Das Darlehen war mit geringem Zinssatz zurückzuzahlen, doch die Rückzahlung wurde bei der Geburt eines Kindes zu einem Viertel erlassen und sollte somit bis zu vier Geburten fördern. Ein weiteres wichtiges Ziel des Darlehens war es – Hitler hatte diese Hoffnung schon in *Mein Kampf* formuliert –, das Heiratsalter von Männern zu senken und damit ihren Rekurs auf Prostituierte. Zweitens wurden 1934 dem Haushaltsvorstand Freibeträge bei der Einkommens- und Erbschaftssteuer für Ehefrau und Kinder gewährt – gleichzeitig wurde die Steuer für Kinderlose erhöht –, und die Freibeträge wurden 1939 nochmals angehoben. Drittens führte man 1936 eine staatliche Kinderbeihilfe von zehn Reichsmark pro Monat ein, anfänglich ab dem fünften, zwei Jahre später ab dem dritten Kind. Im Vergleich mit anderen Ländern[35] waren diese Reformen nicht originell: Ehestandsdarlehen wurden in Italien, Schweden, Frankreich und Spanien in den dreißiger Jahren eingeführt, ähnliche Steuerreformen und staatliche Kinderbeihilfen in den meisten europäischen Staaten in den dreißiger und vierziger Jahren.

Trotzdem waren die deutschen Reformen in mehrerlei und entscheidender Hinsicht einzigartig. Zwar reichten sie in allen Ländern nicht aus, um die Ausgaben für die Kinder zu decken (in Deutschland wurde betont, das Kinderkriegen dürfe nicht etwa »ein rentables Geschäft« werden); aber in den meisten anderen Ländern gab es Kinderbeihilfen schon beim ersten oder zweiten Kind. Im nationalsozialistischen Deutschland wurde die Geburt von Kindern als öffentliche Angelegenheit verstanden, aber die damit verbundenen Kosten blieben weiterhin größtenteils Privatsache (im Gegensatz zu den beträchtlichen Staatsausgaben für die Geburtenverhinderung). Noch charakteristischer für das nationalsozialistische Deutschland war es jedoch, daß sämtliche Familienhilfen nicht etwa an die Ehefrauen und Mütter gingen, sondern an die Ehemänner und Väter; ein Reichsminister betonte den »aus der Ewigkeit der naturgesetzlichen Vorgänge herkommenden Begriffsbereich des Vatertums« und: »Der Begriff Vater ist eindeutig und muß in den Mittelpunkt der steuerlichen Maßnahmen gestellt werden.« Das Ziel war nicht eine Hebung des Status der Frauen im Verhältnis zu den Männern, sondern, wie der Staatssekretär im Finanzministerium unterstrich, die Hebung des Status der Väter im Verhältnis zu den Jungge-

sellen. Vaterschaft galt als »Natur«, und die mit ihr verbundenen finanziellen Belastungen sollten deshalb sozial kompensiert werden. Insbesondere die Steuerreform brachte – anders als die übrigen Reformen –
beträchtliche Vorteile, und im Fall von unverheirateten Müttern wurden Kinderbeihilfen nur dann gewährt, wenn der Kindsvater den
Behörden bekannt und akzeptabel war. Das wichtigste Charakteristikum indessen war, daß keine der Maßnahmen als für alle geltend konzipiert war: »Minderwertige« Menschen blieben ausgeschlossen – Eltern
oder Kinder, die eugenisch oder ethnisch als unerwünscht galten.[36]
Einer der Gründe, die Kinderbeihilfen erst drei Jahre nach der Machtergreifung einzuführen, war, daß zuvor die Gesetze verabschiedet
werden sollten, welche diejenigen Menschen definierten, deren Kinder
unerwünscht waren: das Sterilisationsgesetz von 1933, die Nürnberger
Gesetze von 1935 und das zweite Heiratsverbotsgesetz von 1935. Die
Bürokratie der Ehestandsdarlehen wurde zu einer wichtigen Instanz zur
Identifizierung von Sterilisationskandidaten.[37] Im umfassenderen Kontext der nationalsozialistischen Rassenpolitik stellten die staatlichen
Maßnahmen zur Beförderung des Familienwohls nicht nur eine Politik
zur Unterstützung der Familie dar, sondern waren Teil einer »Bevölkerungspolitik« im damaligen strengen Sinn des Begriffs: keine Wohlfahrt
für Unerwünschte, Wohlfahrt nur für die »erbgesunde deutsche Familie«.

Während der nationalsozialistische Staat die Unterstützung von
Vätern förderte, bot die nationalsozialistische Partei auch einige Hilfen
für Mütter, aber beide schlossen die »Minderwertigen« beiderlei
Geschlechts aus. Die Deutsche Arbeitsfront, Teil der NSDAP, und ein-
zelne Unternehmer gewährten erwerbstätigen Müttern eine gewisse
Unterstützung. Die Nationalsozialistische Volkswohlfahrt (NSV, die
Wohlfahrtsorganisation der Partei) hatte eine Abteilung »Mutter und
Kind«, geleitet von Erich Hilgenfeldt; in seiner Sicht versorgte eine gute
Mutter ihre Kinder aus Liebe und ohne jegliches »Lohnmotiv«, denn »in
dem Augenblick, wo sie eine Gegenrechnung aufmachen würde, wäre
sie keine gute Mutter mehr«. Das wichtigste Ziel der NSV war die
Armenfürsorge für »Wertvolle«: Mütter vieler Kinder und Schwangere,
verwitwete, geschiedene und unverheiratete Mütter; sie unterstützte sie
bei der Suche nach einem Arbeitsplatz, richtete Kindergärten ein, organisierte Urlaub von der häuslichen Arbeit und übernahm die Kosten
für Entbindungen. Die NSV wurde nicht durch Steuern finanziert, sondern durch Mitgliederbeiträge (dies war angesichts der 15 Millionen
Mitglieder möglich, denn viele Deutsche zogen es vor, der NSV anzugehören statt der NSDAP) und durch Sammlungen und Spenden.[38]
Während die Aktivitäten der NSV die Armen unter den »Wertvollen«
betrafen, errichtete Himmler 1935/36 eine weitere Organisation für

Schwangere und Mütter, die seine Visionen »rassischer Auslese« verwirklichen sollte: den Lebensborn. Er zielte auf solche Frauen, deren
Kindsvater zur rassischen Elite gerechnet wurde und dementsprechend
meist der SS angehörte; der Lebensborn sollte Schwangere, vor allem
unverheiratete, von einer Abtreibung abhalten und für die Niederkunft
die besten Bedingungen bieten, oft in ländlicher Umgebung. Der
Lebensborn war weder eine Züchtungsanstalt noch ein SS-Bordell; vielmehr betrieb er gut ausgestattete Entbindungsanstalten, später auch
Kinderheime und Wohnstätten für Mütter, die tagsüber arbeiten gingen. In Deutschland gab es in den Grenzen von 1937 zehn Heime
(acht zur Entbindung und zwei Kinderheime), in den 40er Jahren zwei
in Österreich, acht in Norwegen, eines in Belgien, eines in den
Niederlanden und eines in Frankreich. In Deutschland und den eroberten Ländern (mit Ausnahme von Norwegen) entbanden seit 1936
7000–8000 Frauen in einem solchen Heim, hinzu kamen seit 1940
6000 Lebensborn-Geburten im besetzten Norwegen: Kinder norwegi-
scher Frauen und deutscher Männer. Die Mütter, die in den deutschen
Heimen entbanden, waren zu 50–60 Prozent unverheiratet (der »Erfolg«
des ursprünglichen Zwecks des Lebensborn betraf also etwa
4000–4500 Geburten). In das Heim wurden sie nach einer sorgfältigen
Auswahl aufgenommen; dieser lagen ethnische und eugenische Kriterien zugrunde, an denen die Väter wie die Mütter gemessen wurden.
Seit 1939 allerdings wurden in den Heimen im »Altreich« die »wertvollen« Kinder aus dem besetzten Osteuropa zur »Eindeutschung« untergebracht, deren Eltern getötet oder verschleppt worden waren.[39]

Für die große Mehrheit der Mütter gab es keine kostspielige Unterstützung, sondern Ehre und Propaganda. Der Reichsbund der Kinderreichen, der ursprünglich im Kontext der Revolution von 1918/19
gegründet worden war und sich für die Unterstützung großer und
armer Familien eingesetzt hatte, wurde 1935 dem Rassenpolitischen
Amt der NSDAP angeschlossen; hier (und schon zuvor) hatte er die
Aufgabe, die nationalsozialistische Rassenpolitik zu propagieren, verfügte jedoch über keine Mittel zur Unterstützung armer Familien. Er
galt als eine Eliteorganisation der »arischen, erbgesunden und ordentlichen Familien«, und dementsprechend betonte der Leiter des Rassenpolitischen Amts: »Hier wird mit der Anbetung der bloßen Zahl gebrochen, wird streng geschieden zwischen der Familie, deren zahlreiche
Kinder für sie selbst und das Volk wirklichen Reichtum darstellen, und
jenen anderen Gebilden, die als asoziale Großfamilie das Leben der
Nation belasten.«[40] Im Jahr 1937 erhielten 200 Mitglieder des Bunds,
vorwiegend Männer, ein »Ehrenbuch«, das ihnen einen Anspruch auf
besondere Familienzulagen sicherte. 1939 wurde für Mütter mit vier
oder mehr Kindern eine Ehrung ohne Unterstützungsleistung einge-

führt: das Mutterkreuz, das dem französischen Vorbild von 1920 folgte. Wie bei allen familienpolitischen Maßnahmen blieben ethnisch und
eugenisch »Minderwertige« ausgeschlossen. Doch waren im Fall des
Mutterkreuzes die Ausschlußkriterien etwas lockerer als sonst, so daß
bis 1944 rund fünf Millionen Frauen das Kreuz erhielten.

Die erhoffte Wirkung der pronatalistischen Propaganda und Sozialreformen war vermutlich bescheiden; allerdings ist sie nicht meßbar,
da die Motive der Eltern, Kinder zu haben, allenfalls in Einzelfällen
bekannt sind. Die Geburtenrate, die 1933 niedriger lag als in anderen
Ländern (mit Ausnahme von Österreich), stieg bis 1936 um ungefähr
ein Drittel (von 14,7 auf 19 pro Tausend, die Nettoreproduktionsrate
von 0,7 auf 0,9), womit das Niveau der späten zwanziger Jahre wieder erreicht worden war; danach begann sie zu stagnieren und fiel im
Zweiten Weltkrieg wieder ab. Der größte Teil des Anstiegs war offensichtlich auf Paare zurückzuführen, die wegen der Wirtschaftskrise
nicht hatten heiraten und Kinder bekommen können und dies nach-
holten, als ihre wirtschaftliche Situation es zuließ. Nur etwa ein Viertel der heiratswilligen Paare beantragte ein Ehestandsdarlehen, und es
scheinen vor allem zwei Gruppen gewesen zu sein: zum einen solche,
die ohnehin Kinder haben wollten und bei denen die Frau, wie bislang meist üblich, ihre Erwerbsarbeit bei der Eheschließung aufzugeben gedachte, und zum anderen solche, die nicht befürchten mußten,
daß bei der ärztlichen Untersuchung, die eine Vorbedingung für das
Darlehen war, etwas diagnostiziert würde, was eher zu einer Zwangssterilisation als zu einem Darlehen geführt hätte. Die übergroße Mehrzahl der Darlehensempfänger zog es vor, nur beim ersten Kind die
Schuldentilgung durch »Abkindern« in Anspruch zu nehmen, und zahlte den Rest in bar zurück. Auch die Kinderbeihilfen führten nicht zu
einem Anstieg der Geburtenziffern. Der Anteil der verheirateten Frauen
mit vier oder mehr Kindern (dies hatten die Bevölkerungspolitiker als
»Gebärsoll« von »wertvollen« Frauen aufgestellt) ging von 25 Prozent
aller verheirateten Frauen im Jahr 1933 auf 21 Prozent im Jahr 1939
zurück. Von den Ehepaaren, die 1933 geheiratet hatten, waren 1938
noch 31 Prozent kinderlos.[41] Diejenigen, die nach 1933 heirateten und
Kinder bekamen, beschränkten deren Zahl auf ein, zwei oder drei und
setzten so den demographischen Trend fort, der in Deutschland und
anderen Industriestaaten üblich war.

Das Verhalten zweier besonderer Gruppen illustriert die Grenzen,
aber auch das Spezifikum der nationalsozialistischen Variante des Pronatalismus. Das generative Verhalten der Parteifunktionäre, also derjenigen »erbgesunden Deutschen«, die der Pronatalismus besonders
ansprechen sollte und die dem Nationalsozialismus am nächsten standen, zeigt, daß sie an den Pronatalismus mehr für andere als für sich

selbst glaubten. Zeitgenössische Demographen fanden, daß von den Funktionären, die zwischen 1933 und 1937 geheiratet hatten, 1939 immer noch 18 Prozent kinderlos waren, 42 Prozent ein Kind hatten und 29 Prozent zwei Kinder. Von den SS-Mitgliedern waren 1942 noch 61 Prozent unverheiratet, und die Verheirateten unter ihnen hatten durchschnittlich ein Kind. Eine ähnliche Kinderzahl hatten männliche Ärzte, die Berufsgruppe mit dem höchsten Mitgliederanteil in der Partei und SS. Offensichtlich gab es innerhalb dieser Eliten eine negative Korrelation zwischen der Nähe zum Nationalsozialismus und der Kinderzahl. Auf der anderen Seite stand eine statistische Gruppe, die eine überdurchschnittliche Zahl an Kindern aufwies: diejenigen, deren Bewerbung um Ehestandsdarlehen und Kinderbeihilfen aufgrund ihres »unordentlichen« Verhaltens und ihrer Einstufung als »kinderreiche Asoziale« abgelehnt wurde. Oft beklagten nationalsozialistische Bevölkerungspolitiker, daß unter den Familien mit einer überdurchschnittlichen Kinderzahl etwa die Hälfte »asozial« sei und deshalb unerwünscht.[42]

Im Verlauf des Zweiten Weltkrieges, als sich die Durchschnittsziffern verringerten, gab es zwei kleine, aber auffällige Baby-Booms, die von Zeitgenossen oft bemerkt und erklärt wurden. 1939 untersagte man erwerbstätigen Frauen, besonders denen der Arbeiterschaft, zu kündigen, da sie dringend für die Kriegswirtschaft benötigt wurden – es sei denn, sie waren schwanger. Auch waren Schwangere und junge Mütter von der Melde- und Arbeitspflicht, die 1943 eingeführt worden war, befreit. In beiden Fällen zogen viele deutsche Frauen vor, ein Kind zu kriegen, anstatt für den Krieg zu arbeiten (zwischen 1939 und 1941 ging die Zahl der erwerbstätigen Frauen um 500000 zurück, stieg dann aber bis 1944 wieder um 800000). Offensichtlich war ihre persönliche Strategie – Kinderkriegen gegen Kriegsarbeit – das Gegenteil der oben genannten politischen Strategie, die für »minderwertige« Frauen aus Osteuropa erdacht worden war: Kriegsarbeit gegen Kinderkriegen.

Die nationalsozialistische Propaganda zur Aufwertung der Familie und für »den Platz der Mütter im öffentlichen Leben und der Familie« hatte viele Deutsche getäuscht, wohl auch einen bedeutenden Anteil der Frauen, die 1932 die NSDAP gewählt hatten; möglicherweise hatten sie – wie viele Frauen in anderen Ländern auch – auf den Pronatalismus vertraut als einen Weg, den Status von Müttern und Frauen im allgemeinen zu heben. Sie täuschte auch die Männer und Frauen, welche die anderen und gleichermaßen expliziten Ziele des Nationalsozialismus nicht ernst nahmen, vor allem seine Rassenpolitik. In Propaganda und faktischer Politik erhielt der Antinatalismus den Vorrang vor dem Pronatalismus, und die wohlfahrtsstaatlichen Maßnahmen zielten auf die Förderung der Vaterschaft; die Unterstützung ausgewählter Gruppen von Müttern blieb weitgehend Sache der NSDAP-Armenfürsorge und der Förderung von Eliten. Bei keiner der Reformen zugunsten von Familie oder Kindern wurde darauf verzichtet, die unterschiedlichen Gruppen von ethnisch oder eugenisch »Minderwertigen« auszuschließen. Insgesamt lagen der Kern und das Spezifikum der nationalsozialistischen Bevölkerungspropaganda und -politik, die allen sonstigen oder entgegengesetzten Maßnahmen ihre Grenzen setzten, nicht in einem »Pronatalismus und Mutterkult«, sondern im Antinatalismus und einem Vaterschafts- und Männlichkeitskult.

Wenn auch die nationalsozialistische Familienpolitik nicht zu einer einschneidenden Zunahme der Geburten bei den »Wertvollen« führte, bewirkte sie doch gewiß, jedenfalls vor dem Krieg, ein wachsendes Vertrauen auf die Fähigkeit des Regimes, die Wirtschaftskrise zu überwinden. Während die Politiker hofften, daß die staatlichen Hilfen für Familie und Kinder deren Zahl steigern würde, wurden sie von den Empfängern und denjenigen, die sich erfolglos um sie bemühten, schlicht als eine Sozialreform wahrgenommen, als ein Ausgleich für ihr geringes Einkommen, der ihnen und den Kindern, die sie haben wollten, das Überleben erleichterte. Obwohl die antinatalistische Sterilisationspolitik keineswegs populär war, kümmerten sich nur wenige Menschen aktiv um ihre Opfer und um diejenigen, die von der Unterstützung für die »erbgesunde deutsche Familie« ausgeschlossen blieben. Die sozialreformerische Familienpolitik als solche war nicht spezifisch nationalsozialistisch und war nicht an sich integraler Bestandteil der Rassenpolitik; vielmehr war sie, wie die ähnlichen Reformen in anderen Ländern zeigen, ein Aspekt der Entwicklung zum modernen europäischen Wohlfahrtsstaat. Der Nationalsozialismus jedoch pervertierte diese Entwicklung insofern, als er sie mit der Rassenpolitik verkoppelte und die »rassisch Minderwertigen« von den Sozialreformen ausschloß. Insgesamt war somit die nationalsozialistische Politik nicht die eines modernen Wohlfahrtsstaats[43], nicht eine Politik der Familienwohlfahrt und Aufwertung der Mutterschaft, sondern zielte vornehmlich auf die Zerstörung traditioneller familienbezogener Einstellungen und Werte.

Auch andere Aspekte der nationalsozialistischen Bevölkerungspolitik richteten sich gegen die traditionelle Familie. So wurde mit dem Gesetz von 1938 die Scheidung im Falle von »Erbkrankheit«, Sterilisation und Unfruchtbarkeit des Partners erlaubt, mit drastischen Konsequenzen für Ehefrauen, besonders für die älteren unter ihnen; viele Frauen protestierten gegen das Gesetz und prozessierten gegen seine Anwendung: »Die Frauenwelt sei geschlossen gegen das Gesetz«, wurde damals berichtet.[44] Zeitgenossen sahen in den nationalsozialistischen Bemühungen, die deutsche Bevölkerung von der Kindheit bis ins Alter in gleichgeschlechtlichen Organisationen zu organisieren, einen weite-

ren Anschlag auf die Familie. Darauf bezog sich ein verbreiteter Flüsterwitz: »Mein Vater ist SA-Mann, mein ältester Bruder in der SS, mein
kleiner Bruder in der HJ, die Mutter in der NS-Frauenschaft, und ich
bin im BdM.« »Ja, seht ihr euch denn bei dem vielen Dienst auch einmal?« »O ja, wir treffen uns jedes Jahr auf dem Parteitag in Nürnberg.«[45]

Politik, Macht
und die nationalsozialistischen Frauenorganisationen

In den frühen Jahren der »Hitler-Bewegung« stellten Frauen einen geringeren Anteil an NSDAP-Mitgliedern als bei den anderen Parteien; der
Frauenanteil der NSDAP lag 1934 bei 5,5 Prozent. 1935 betrachtete die
Partei 40 Prozent ihrer männlichen und 70 Prozent ihrer weiblichen
Mitglieder als »inaktiv«. Weitaus mehr Frauen traten der Nationalsozialistischen Frauenschaft (NSF) bei und engagierten sich dort. Sie war
1931 aus einer verwirrenden Fusion lokaler und oft eigenständiger
Frauengruppen entstanden, die allgemein nationalistisch gewesen
waren oder speziell den Nationalsozialismus befürwortet hatten; 1935
wurde sie zu einer »Gliederung« der Partei und expandierte von 100 000
Mitgliedern (Ende 1932) auf fast zwei Millionen (1935). Seit 1934 von
der »Reichsfrauenführerin« Gertrud Scholtz-Klink geleitet, war sie eine
weibliche Eliteorganisation, weshalb ab 1936 weitere Beitritte kaum
mehr zugelassen wurden. Ziel der NSF war es, deutsche Frauen
getrennt von Männern zu organisieren und sie für ihre nationalen und
politischen Aufgaben zu erziehen. Die große Mehrzahl der deutschen
Frauen (24 Millionen waren über zwanzig Jahre alt, nach den Eroberungen von 1938 waren es 30 Millionen) sollte jedoch im Deutschen
Frauenwerk (DFW) organisiert werden, das ebenfalls von Scholtz-Klink
geleitet wurde, offiziell aber nicht der Partei angeschlossen war.
Ursprünglich wurde das DFW nicht durch Beitritte aufgrund persönlicher Entscheidung konstituiert, sondern durch den korporativen
Anschluß derjenigen Frauenorganisationen der Weimarer Zeit, die nicht
aufgelöst, sondern »gleichgeschaltet« wurden (die »Gleichschaltung«
bedeutete in erster Linie den Ausschluß jüdischer Frauen), darunter
auch einige Organisationen des 1933 aufgelösten Bunds Deutscher
Frauenvereine (allerdings nicht des Jüdischen Frauenbunds, der bis
1938 existierte) und sonstige soziale oder Freizeitorganisationen von
Frauen, die nach 1933 gegründet wurden. Um 1938 stammten etwa vier
Millionen Mitglieder des DFW aus solchen korporativen Anschlüssen
und – trotz vieler Bemühungen um eine Erhöhung dieser Zahl – nur

zwei Millionen aus individuellen Beitritten (darunter fast die Hälfte im besetzten Österreich und »Protektorat Böhmen und Mähren«).[46]

Nur wenige NSF-Mitglieder (10 Prozent im Jahr 1935) und noch weniger DFW-Mitglieder traten der männerdominierten NSDAP bei, hingegen rund ein Drittel der Funktionärinnen beider Organisationen. 1938 stellten etwa 320000 Frauen den harten Kern der Führung. Die Historikerin der nationalsozialistischen Frauenorganisationen, Jill Stephenson, sieht in diesen Zahlen einen Indikator für ein relativ niedriges Engagement von Frauen für den Nationalsozialismus, besonders im Vergleich mit Männern und gemessen an Scholtz-Klinks Behauptung von 1934, sie habe »alle deutschen Frauen unter einer Führung« organisiert. Stephenson unterstreicht den Mangel dieser Organisationen an politischer Macht, die Passivität und Zurückhaltung der meisten Frauen innerhalb und außerhalb der Organisationen und ihre relativ geringe Beteiligung an den nationalsozialistischen Verbrechen.[47] Trotzdem verdienen die Zahlen und ihr Kontext Beachtung im Zusammenhang der Frauen- und Geschlechtergeschichte dieser Zeit.

Wie die Männer der Bewegung auch, vertraten die frühen Anhängerinnen des Nationalsozialismus oft radikalere Ansichten als die Frauenelite der Jahre nach 1934. »Alte Kämpferinnen« hatten den Korpsgeist und die Männerkameraderie der Bewegung kritisiert und die Zulassung von Frauen zu wichtigen Positionen im neuen Staat verlangt, zu Erwerbstätigkeit, gehobenen Berufen und zur Politik. Andererseits attackierten sie die »alte« Frauenbewegung, weil sie bloß die Rechte einer Minderheit älterer Damen des Bürgertums vertrete, und beriefen sich auf den National-»Sozialismus«, wenn sie forderten, daß der soziale Beitrag von Frauen aller Schichten, insbesondere die Mutterschaft, Anerkennung finden müsse. Einige wenige wünschten auch Kinderzulagen für Mütter, beklagten die Tatsache, daß der »Mutterkult« der männlichen Bewegung lediglich ein »Lippenkult« sei, und bemängelten die aufkommenden Pläne einer Familienbeihilfe, da sie nur für Väter bestimmt sei.[48] Seit 1934 waren solche Stimmen nicht mehr zu hören. Scholtz-Klinks DFW, vor allem seine zwei großen Abteilungen »Volkswirtschaft/Hauswirtschaft« und »Reichsmütterdienst« (RMD), betrieben die Ausbildung für die Arbeit von Hausfrauen und Müttern; ab 1937 bemühte die Organisation sich auch, anfangs recht zögernd, um die Förderung von Frauen in akademischen Berufen und suchte die Studentinnen auf einen »sozialistischen Einsatz« zu verpflichten, nämlich die Unterstützung von Arbeiterfrauen und ihren Familien.[49]

Trotz ihrer sonstigen Differenzen stand in den nationalsozialistischen Frauenorganisationen sowohl in der frühen als auch der späteren Phase die nationale und ethnische Frage im Vordergrund, und oft wurde sie in antijüdischer Polemik artikuliert. Vor allem Scholtz-Klink bestand

darauf, daß die »Frauenfrage« an zweiter Stelle rangiere, *hinter dem*
Kampf gegen »rassische Entartung« und dem Opfer für »unser Volk«,
und auf dieser Ebene hätten Männer und Frauen gemeinsam zu agieren. Ihr zufolge war es ein Fehler der Frauenbewegung gewesen, »die
Frau als etwas Besonderes im Volk herauszustellen«, denn die Kooperation der Geschlechter sei wichtiger als die Frauenprobleme. Zwar
sollten die Frauen den Männern die Politik überlassen, aber gleichwohl
sollten sie »politisch denken« lernen, und zwar nach dem Grundsatz:
»Fragt nie zuerst, was bringt der Nationalsozialismus uns, sondern fragt
zuerst immer und immer wieder: Was sind wir bereit, dem Nationalsozialismus zu bringen?« Sie sollten zuallererst Deutsche sein und
danach erst Frauen. Sie griff die ältere Betonung der Geschlechterdifferenz auf, doch verstand sie diese nicht als eine Differenz der Zielsetzung, der Identität oder der Interessen – weder im allgemeinen noch
bezüglich der nationalsozialistischen Bewegung –, sondern lediglich als
eine Arbeitsteilung zugunsten desselben Ziels; dieses formulierte sie,
ein damals gängiges Schlagwort aufgreifend, dahingehend, daß Frauen
wie Männer »rechtwinklig an Leib und Seele« werden sollten. Sie und
andere Funktionärinnen betonten mit Nachdruck den angeblichen
Unterschied zwischen »deutscher« und »undeutscher«, nationalsozialistischer und nichtnationalsozialistischer Wissenschaft, Bildung und Geschichte, hielten aber nichts von einer geschlechterbezogenen Differenz auf diesem Gebiet: Hier habe die Wissenschaft vielmehr »universalen Charakter«, »es gibt keine geschlechtsgebundene Wissenschaft«,
und »einen spezifisch ›weiblichen‹ Erkenntnisdrang gibt es nicht, ebensowenig wie eine spezifisch ›weibliche‹ Methode«. Ehe und Mutterschaft, der gemeinsame Nenner von Frauen aller Schichten, hatten sich
den neuen Rassen- und Sterilisationsgesetzen anzupassen, die das
»Volk« erneuern sollten.[50]

Die NSF und das DFW suchten besonders die nichterwerbstätigen
Hausfrauen und Mütter zu organisieren und zu schulen, die nur schwer
für den Nationalsozialismus zu gewinnen waren, vor allem weil sie sich
oft mit der Kirche identifizierten.[51] Man erreichte sie in großer Zahl,
weit über die der Mitglieder hinaus, vor allem durch die Mütterschulung im RMD. Der Unterricht betraf Gesundheitspflege und Hauswirtschaft (vornehmlich die Zubereitung deutschen Essens, auch im Hinblick auf die Politik der Wirtschaftsautarkie), Nähen, Säuglingspflege
und »Heimgestaltung, Volks- und Brauchtum«. Das Personal bestand
aus Teilzeit- und Vollzeitkräften, die gegen Entgelt oder auch unbezahlt arbeiteten (entlohnt wurden rund 3500 Frauen, teilweise von der
Regierung, aber meist durch Spenden). Während des Krieges organisierte das DFW Nachbarschaftshilfe unter Frauen. Von 1934, als der
RMD gegründet wurde, bis 1944 nahmen fünf Millionen Frauen an

Mütterschulungen teil, gewöhnlich mit etwa 20 Teilnehmerinnen pro Kurs und 24 Unterrichtsstunden, verteilt auf 10 Tage. Während früher ähnliche Kurse, wo es sie überhaupt gab, nur städtische Frauen erreicht hatten, schickte der RMD seine Kräfte auch in ländliche Gebiete. Die Kursteilnehmerinnen waren zu fast gleichen Teilen verheiratet und unverheiratet. Unter den erwerbstätigen Teilnehmerinnen dieser Kurse machten im Jahr 1937 Arbeiterinnen 37 Prozent und die Angestellten 45 Prozent aus; unter den verheirateten Teilnehmerinnen waren 34 Prozent mit einem Arbeiter und 17 Prozent mit einem Angestellten verheiratet. Die Kurse zum Volks- und Brauchtum waren weniger gut besucht, und mehr als die Hälfte aller Teilnehmerinnen wählte Kurse zur Familien- und Säuglingspflege (es folgten Haushaltsführung mit 34 Prozent und Erziehung mit 12 Prozent). Möglicherweise ist der bemerkenswerte Rückgang der Kindersterblichkeit in dieser Zeit auch auf diese Kurse zurückzuführen.[52]

Die Gesundheitskurse schulten aber auch in »Rassen- und Bevölkerungspolitik«, und somit standen sie im Kontext des nationalsozialistischen Rassismus. Die Rassenpolitik, von der Sterilisationspolitik bis hin zu den späteren Massenmorden, lag großenteils in den Händen der »Gesundheits«-Behörden und der Heilberufe, von Ärzten, Psychiatern und Humangenetikern. Scholtz-Klink ließ keinen Zweifel an der Priorität der Rassen- und Bevölkerungspolitik für die »weltanschauliche Erziehung« ihrer Klientel. Gelegentlich beklagte sie, daß die Frauen der Sterilisationspolitik nur wenig Verständnis entgegenbrachten, und drang darauf, daß vor allem katholische Arbeiterinnen und Arbeiterfrauen ihre diesbezügliche Einstellung revidieren müßten (katholische Frauen waren diejenige Gruppe, die am entschiedensten das Sterilisieren ablehnte und damit auch den RMD; deshalb wurden auf Betreiben des Rassenpolitischen Amts die katholischen Müttervereine seit 1935 in Einzelfällen und 1939 insgesamt verboten). »Erbpflege« war von Anfang an ein Bestandteil des Programms der Mütterschulung. 1935 wurde Scholtz-Klink Mitglied des »Sachverständigenbeirats für Bevölkerungs- und Rassenpolitik« im Reichsinnenministerium, dem führenden Beratergremium auf diesem Gebiet, und 1936 gründete sie eine Abteilung für »Rassenpolitik« im DFW. Seit 1935 schulten Experten, meist Männer wie z. B. der Leiter des Rassenpolitischen Amts der NSDAP, die NSF-Funktionärinnen auf diesem Gebiet, in speziellen Kursen an der Berliner Hochschule für Politik. Jüdische, »unheilbar kranke«, geistig oder psychisch behinderte Frauen konnten der NSF und dem DFW nicht beitreten; um 1938 wurden Maßnahmen gegen Austritte aus der NSF und dem DFW ergriffen.[53]

Innerhalb der Eliteorganisation NSF waren diese gut organisierten, zentralen wie regionalen Schulungskurse für Funktionärinnen am effektivsten. Bis 1938 wurden hier etwa 380 000 Frauen geschult, und sie propagierten die nationalsozialistischen Lehren unter den DFW-Mitgliedern und wohl auch unter anderen Frauen und Männern. Aber die Millionen Frauen, die Säuglingspflegekurse auf lokaler Ebene besuchten, scheinen nur selten erkannt zu haben, daß ihr Kern die »Erb- und Rassenpflege« sein sollte. Selbst auf den höheren Ebenen der Schulung von NSF-Führerinnen war das Interesse an Rasse, Vererbung und Eugenik durchaus begrenzt. Weniger als ein Zehntel der NSF-Führerinnen wählte die speziell »rassenpolitischen« Schulungskurse, und die übrigen zogen solche für Hauswirtschaft, Kinderpflege, Sozialfürsorge, Armenpflege und Nachbarschaftshilfe vor; ähnlich verhielt es sich auf der lokalen Ebene. Das breitgefächerte gedruckte Propagandamaterial der NSF und des DFW enthielt zahlreiche Hinweise auf die »Rassen- und Bevölkerungspolitik« im allgemeinen, doch wurden Sterilisationspolitik und Antisemitismus selten offen erwähnt und erklärt; hierin unterschied sich diese Literatur beispielsweise von den staatlichen Schulbüchern für Mädchen (allerdings wissen wir nicht, was in den DFW-Kursen besprochen wurde). Die pornographische Variante der antijüdischen Propaganda, wie sie z. B. aus der Streicher-Presse bekannt ist, fand in das Schulungsmaterial für Frauen kaum Eingang.[54] Das bedeutet allerdings nicht, daß die NSF- und DFW-Funktionärinnen weniger an die nationalsozialistische Rassenpolitik glaubten als die männlichen Funktionäre; wohl aber scheinen sie sich den eher pragmatischen – und menschlicheren – Bedürfnissen ihrer weiblichen Klientel angepaßt zu haben. Die Mehrzahl der fanatischen Rassenhygienikerinnen zog es vor, außerhalb der NSF und des DFW zu publizieren und zu agieren, an der Seite von Männern.

Innerhalb des nationalsozialistischen Regimes verfügten die NSF und der DFW kaum über wirkliche Macht, auch nicht über Frauen. Ihre Führerinnen behaupteten zuweilen, zwölf Millionen oder auch »alle deutschen Frauen« eigenständig organisiert zu haben, auf der Grundlage der weiblichen Aufgaben und unter weiblicher Führung. Dies trifft nicht zu. Die meisten Frauen, die nationalsozialistischen Organisationen angehörten – in manchen Fällen zwangsweise –, unterstanden männlicher Führung und das oft zum Ärger der NSF- und DFW-Führerinnen. Diesen war es untersagt, Mädchen im Alter von zehn bis zwanzig Jahren zu organisieren. Es blieben ihnen nur die Mädchen unter zehn und die »weibliche Jugend« zwischen 21 und 30 Jahren, und somit waren sie mit einem ähnlichen Generationsproblem konfrontiert, wie sie es an der späten Weimarer Frauenbewegung kritisiert hatten. Der Bund Deutscher Mädel – seit 1936 war die Mitgliedschaft obligatorisch – war Bestandteil der Hitlerjugend und stand unter männlicher Führung, wenngleich in diesem Rahmen die Organisationen der Mädchen und Jungen getrennt waren. Die meisten der zwölf Millionen Frauen, die Scholtz-Klink zu »führen« beanspruchte, waren ihr nur nominell unterstellt; faktisch waren sie Mitglieder von gemischten und von Männern geleiteten Organisationen. Die Hausfrauen auf dem Land – und im übrigen sämtliche landwirtschaftlichen Arbeitskräfte, darunter rund acht Millionen Frauen – gehörten dem »Reichsnährstand« an, und zwar durch korporative Zwangsmitgliedschaft. Vier Millionen Arbeiterinnen waren Mitglied in Robert Leys Deutscher Arbeitsfront, und diese war es, nicht die NSF oder das DFW, die gelegentlich und mit einer gewissen Effizienz für höhere Frauenlöhne und den Schutz erwerbstätiger Mütter eintrat. Lehrerinnen, Studentinnen, Ärztinnen und Mädchen im Arbeitsdienst gehörten alle den entsprechenden Organisationen an. Und in der Praxis waren die regionalen NSF-Aktivistinnen weniger der zentralen weiblichen Führung verantwortlich als den männlichen Parteifunktionären auf regionaler Ebene.[55] NSF und DFW konnten nicht einmal die dringlich nötige materielle Unterstützung für Mütter bieten; abgesehen von der Gründung zahlreicher Kindergärten sorgten sie nur für die »weltanschauliche Erziehung«. Ihre Funktionärinnen bemühten sich nicht um einen Einfluß auf die Gesetzgebung von 1935/36 zur väterzentrierten Kinderbeihilfe (auch wenn sie auf das Gesetz von 1942 zum Schutz erwerbstätiger Mütter stolz waren). Materielle Hilfe erhielten Mütter weder vom Staat noch von den Frauenorganisationen, sondern, soweit überhaupt, von den männerdominierten Parteiorganisationen, die unter anderem bedürftige Mütter unterstützten und Kindergärten für erwerbstätige Mütter bereitstellten. Im Nationalsozialismus unterstanden selbst Mutterschaft und Sozialfürsorge, welche die frühere Frauenbewegung als »weibliche Sphäre« unter weiblicher Führung beansprucht hatte, männlicher Führung.

Während des Zweiten Weltkriegs spielte das DFW als Organisation keine Rolle bei den Massenmorden und beim Genozid, wohl aber die NSF und der BDM bei der Verwaltung und Plünderung der besetzten Gebiete. Eine ihrer wesentlichen Aufgaben war nun nicht nur, deutschen Frauen zu helfen – oft recht erfolgreich –, unter schwierigen Umständen bei Luftangriffen und Evakuierung zu überleben, sondern auch, deutschen Frauen beizubringen, sich nicht mit den Millionen osteuropäischer Arbeiter und Arbeiterinnen einzulassen und vor allem Geschlechtsverkehr mit den Männern unter ihnen zu vermeiden. Insbesondere NSF-Führerinnen pflegten Frauen zu denunzieren, welche die diesbezüglichen strengen Verbote übertraten. Diese Bemühungen erwiesen sich großenteils als nutzlos. Bis zum Kriegsende führten die Behörden von Staat und Partei bewegte Klage über den Mangel an »rassischem Bewußtsein« auf diesem Gebiet bei den Frauen und suchten es mittels zahlreicher und strenger Strafen zu befördern.[56] Dennoch hat die Indoktrination durch die NSF wohl wesentlich dazu beigetragen, daß die meisten deutschen Frauen dem Nationalsozialismus und seiner Rassenpolitik keinen aktiven Widerstand entgegensetzten. Daß sie in ihrer Mehrzahl den traditionellen Werten und Handlungsspielräumen von Mutterschaft, Privatsphäre und Familie anhingen, bewog sie nur selten dazu, für diejenigen Frauen und Männer einzutreten, denen diese Werte und Handlungsspielräume verwehrt und die zu Opfern der nationalsozialistischen Rassenpolitik wurden. Der Widerstand deutscher Frauen – einer kleinen Minderheit unter allen deutschen Frauen – ist noch weitgehend unerforscht. Innerhalb der männlich dominierten Widerstandsorganisationen scheinen sie eine wichtige und unterschätzte Rolle gespielt zu haben. Einzelne Fälle weiblichen Widerstands legen nahe, daß er sich oft von dem der Männer unterschied, weniger sichtbar und organisiert war und daß er Aktivitäten einschloß – zum Beispiel Unterstützung von Opfern der Verfolgung –, die gerade dann, wenn sie wirksam waren, den Kontroll- und Verfolgungsbehörden unbekannt blieben und somit seltener schriftliche Zeugnisse hinterließen als im Fall der männlich dominierten Widerstandsorganisationen.[57] Ungeachtet weiterer Forschungen auf diesem Gebiet kann jedoch als gesichert gelten, daß Widerstand unter Frauen nicht verbreiteter war als unter Männern.

Aus dem Englischen von Birgit Barrelmeyer

6

Spanische Frauen

Von der Republik zum Franco-Regime

Danièle Bussy Genevois

Bei den Gemeindewahlen am 12. April 1931 errang die Koalition aus Republikanern und Sozialisten eine so klare Mehrheit, daß König Alfons XIII. das Scheitern seines Regimes anerkennen mußte und außer Landes ging. Am 14. April wurde unter dem Jubel der Bevölkerung die Republik ausgerufen, ein Ereignis, das enorme Auswirkungen auf die Geschichte der spanischen Frauen haben sollte. Für diese hatte die Monarchie der Bourbonen die Unterordnung bedeutet; die Verfassung von 1876 hatte das Bündnis von Thron und Altar wiederhergestellt und den Katholizismus wieder zur Staatsreligion erklärt, die Vorrang vor dem Zivilrecht – Erbe des Code Napoléon – und dem besonders repressiven Strafrecht hatte. So wurden die Frauen durch die Religion und das Recht in doppelter Abhängigkeit gehalten. Politische Rechte für Frauen gab es nicht, und auch in kultureller Hinsicht hatte sich ihre Situation kaum verbessert: 1930 konnten noch 44,4 Prozent der Frauen weder lesen noch schreiben (1900 waren es rund 60 Prozent gewesen). Die Diktatur des Generals Miguel Primo de Rivera, die 1923, nach einem diskret vom König unterstützten Staatsstreich, zur Macht gelangt war, hatte zwei Neuerungen eingeführt: Zum einen hatte ein Dekret von 1924 ausschließlich denjenigen Frauen, die Oberhaupt ihrer Familie waren, das kommunale Wahlrecht nach dem Vorbild des mussolinischen Italien verliehen; zum anderen hatte der Diktator einige Frauen in seine beratende Versammlung gewählt. Sein Sturz im Januar 1930 hatte jedoch die Rückkehr zum Status quo ante bewirkt.

Die spanische Republik bescherte den Frauen Reformen, die das Land in die vorderste Front der parlamentarischen Demokratien einreihten. Bereits 1931 erhielten die Frauen das symbolische Recht par excellence, das Wahlrecht – gerade sie, deren Land 1914 bis 1918 neutral geblieben war, während die Französinnen gegen die Weigerung des Senats protestiert hatten, die von der Abgeordnetenkammer gefaßten Beschlüsse zu Ehren der Kombattantinnen zu bestätigen! Nach derartigen Fortschritten bedeutete der Staatsstreich der Generäle gegen die legal errichtete Republik 1936 die Rückkehr der Frauen in »das Kinderzimmer, den einzigen Platz für die Frau« (Charta der Arbeit von 1938).

Es waren verführerische und irreführende Frauenbilder, die Europa mit Spanien verband – die fatale Carmen im 19. Jahrhundert – oder von dort empfing – die »Regentin« des gleichnamigen Romans von Clarín, hin- und hergerissen zwischen Liebe und Religion. Es gab reale Frauen, die aus ideologischen Gründen mythisch verklärt wurden – eine Dolores Ibárruri, die kommunistische »Pasionaria«, eine Federica Montseny, die anarchistische Gesundheitsministerin. Grund genug, den gewöhnlichen spanischen Frauen auf den zuerst spannenden und dann schrecklichen Wegen zu folgen, die sie von der Befreiung in die Nationalisierung geführt haben.

REPUBLIKANISCHE FORTSCHRITTE

Die Gründung der Republik erfolgte durch die Machtergreifung einer intellektuellen Elite – im weitesten Sinne des Wortes: Schriftsteller, Ärzte, Hochschullehrer, Juristen – und der sozialistischen Partei, deren Popularität nach einer langen Zeit in der Opposition durch die Überwindung der Diktatur und dann die Abschaffung der Monarchie (nach dem Scheitern einer revolutionären Bewegung im Dezember 1930) nur noch gestiegen war. Nach dem Pakt von San Sebastián vom 18. August 1930 hatten diese Lager ein Regierungsprogramm entworfen, das auf ihrem gemeinsamen Willen basierte, Spanien strukturell zu reformieren und die Privilegien des Ancien régime und der Kirche abzuschaffen.

Die Forderungen der Frauen

Das demokratische Denken in Spanien hatte immer eine Reihe von frauenfreundlichen Forderungen enthalten. Einmütig verurteilt wurde die eheliche und sexuelle Situation der Frau: In immer neuen Anläufen protestierte man gegen die zwischen den Ehegatten herrschende kulturelle und rechtliche Ungleichheit, die unvertretbar hohe Geburtenzahl, welche die höchste Säuglingssterblichkeit Europas zur Folge *hatte*, gegen die Toleranz gegenüber dem Ehebruch des Mannes, den hohen Prozentsatz an unehelichen Kindern, die verbreitete Prostitution und die Häufigkeit von Geschlechtskrankheiten. Antimonarchistische Ärzte und Juristen forderten Gesetzesreformen und medizinische Verbesserungen (Mutterschutz, Ehetauglichkeitszeugnis). Allgemein galt die Ehescheidung als vernünftige Forderung, auch wenn viele progressive Männer die Befürchtung hegten, daß angesichts der spanischen Bräuche aus der Scheidung eine Art orientalischer Verstoßung werden könnte. Für die sozialistische Partei, Kern der Arbeiterbewegung, waren arbeitsrechtliche Maßnahmen, Ehescheidung und Abschaffung der Prostitution vorrangig. Die Anarchisten repräsentierten zwar eine überaus wichtige Strömung in Spanien, aber aufgrund ihrer Ablehnung des Staates an sich hatten sie nur eine marginale Bedeutung in jener Bewegung, die die Republik vorbereitete; sie verfochten die Anerkennung der freien Liebe und die Entwicklung von Verhütungsmethoden und führten einen unermüdlichen syndikalistischen Kampf.

Hatten die Frauen selbst zur Durchsetzung ihrer Forderungen beigetragen? In der alltäglichen Arbeitswelt waren sie präsent, oft auch gewerkschaftlich aktiv, aber nur wenige ragten als Persönlichkeiten heraus. Eine höchst vernichtende Untersuchung über die Situation erwerbstätiger Frauen legte 1919 Margarita Nelken vor. Sie monierte Entbindungen in der Fabrik, die Sklaverei der Heimarbeiterinnen und die Mißachtung des geltenden Rechts – seit 1920 auch der Beschlüsse der Internationalen Arbeitsorganisation.[1] Aber die Frauen, die den prorepublikanischen Essayisten am nächsten standen, waren Beamtinnen, vor allem Lehrerinnen – ein Dekret von 1918 ermöglichte den Zugang von Frauen zu bestimmten Berufen – und die wenigen Journalistinnen, die es gab.

Von individuell vertretenen Positionen abgesehen, kam es erst ab etwa 1910 zu einer Neugruppierung der Frauen: Verbindungen, die seit 1915 zur Women's League for Peace and Freedom angeknüpft wurden, die Gründung des Verbandes spanischer Frauen (ANME) im Jahre 1918 und weiterer feministischer Gruppierungen machten aus der Nachkriegszeit eine Epoche der Forderungen, die sich in einer eigenen Presse niederschlugen. Für diese Verbände waren das Wahlrecht, die Abschaffung der Prostitution, die Weiterentwicklung der Kultur und die Rechtsreform vorrangig. Die Arbeiterbewegung verhielt sich reserviert gegenüber dem Wahlrecht, das sie für eine bourgeoise Forderung hielt, während Feministinnen und einige männliche Kommentatoren die Ehescheidung zu fürchten schienen.

Reformangebote an die Frauen

Die neue Regierung begann unter anderem, eine Strukturreform des Staates durch Autonomiezugeständnisse an die Regionen durchzuführen, die Trennung von Kirche und Staat zu vollziehen und eine Agrarreform sowie den Umbau der Armee einzuleiten. In diesem Kontext standen auch ihre Maßnahmen in bezug auf die Frauen und die Familie. Für den heutigen Beobachter sind drei Punkte überraschend: die Eile und Dringlichkeit der ersten Maßnahmen, die Gewährung des Wahlrechts und die Beschlüsse zum Familienrecht.

Der Wille, die Ungerechtigkeiten der Monarchie zu beseitigen, führte zu einer Reihe von Dekreten (vom 8. bis 26. Mai 1931), in denen die provisorische Regierung »sich dem Los der Frauen zuwandte«, wie übrigens auch dem der Bauern.[2] Nun erhielten die Frauen das passive Wahlrecht – eine ungefährliche Entscheidung, da man nur geeignete, das heißt Ausnahme-Frauen wählen konnte. Dann kamen die Arbeiterinnen in den Genuß der Mutterschaftsversicherung, welche die Sozialisten schon seit langem vorbereitet hatten. April und Mai 1931 waren die Monate des republikanischen Festes, der Jakobinermützen, der Umzüge mit der Trikolore, der Revuen in den Music-Halls, der Wahl der »Miss Republik«. Etwas von diesem Jubel ging in die Großzügigkeit der ersten Dekrete ein.

Die Frauen erinnerten auf Konferenzen und überschwenglichen Versammlungen daran, daß auch das Wahlrecht ein Gebot der Stunde war. Trotzdem mußten sie bis zum 1. Oktober und zur Abstimmung über Artikel 34 der Verfassung darauf warten; schwierige Diskussionen gingen voran. Sollten nämlich die Spanierinnen zur Wahlurne gehen, repräsentierten sie mehr als die Hälfte der Wählerschaft, und der Generosität folgte die Nervosität auf dem Fuße: Für die Radikalen waren »die Frauen den Pfaffen untertan«, und viele Sozialisten dachten ebenso. Im übrigen verrieten so manche Republikaner frauenfeindliche Einstellungen. Die Frau ist von Natur aus hysterisch, sagte der eine; eine Frau kann erst nach der Menopause vernünftig wählen, weil der Menstruationszyklus sie beeinträchtigt, pflichtete der andere bei. Zum historischen Ereignis wurde das parlamentarische Aufeinandertreffen der beiden Frauen, die nun zu Abgeordneten gewählt wurden (die Sozialistin Margarita Nelken, nachträglich gewählt, war gegen das Wahlrecht der Frauen gewesen): der radikal-sozialistischen Rechtsanwältin Victoria Kent und der radikalen Rechtsanwältin Clara Campoamor. Sie waren die ersten Frauen, die von der Madrider Anwaltskammer zugelassen worden waren. Victoria Kent war eine Berühmtheit, seit sie vor dem Kriegsgericht die Verteidigung von Republikanern übernommen hatte, die an der Revolution vom Dezember 1930 beteiligt gewesen waren; Clara Campoamor vertrat Spanien im Völkerbund. Ernst und temperamentvoll maßen sie ihre Kräfte. Victoria Kent warnte davor, die Verwirklichung des »Ideals« zu überstürzen; Clara Campoamor forderte leidenschaftlich Gleichheit jetzt. Sie trug den Sieg davon, was ihr die Stimmen der Sozialisten bescherte und die Feministinnen mit Freude erfüllte.

In dem Wunsch, Spanien zu »europäisieren«, strebte das auf Modernität bedachte junge spanische Parlament durch eine Reform der Familie die »Erlösung« der Frau an (selbst die spanischen Linken bedienten sich des religiösen Vokabulars). Die Zivilehe wurde anerkannt, die Ehescheidung nach heftigen Diskussionen eingeführt (Artikel 41 der Verfassung vom Dezember 1931, Gesetz vom 2. März 1932). Die spanischen Juristen suchten sich ihre Vorbilder gerne im Ausland: Während sie jedoch das von manchen befürwortete sowjetische Modell verwarfen und die anarchistischen Vorschläge ignorierten, die aus dem eigenen Lande kamen – es war die Zeit, da die junge Hildegart[3] spektakulär für freie Liebe und Neomalthusianismus warb –, ließen sie sich von der Weimarer Verfassung inspirieren, indem sie die Familie auf die Ehe gründeten und die Gleichheit der Geschlechter proklamierten; in puncto Ehescheidung übernahmen sie im wesentlichen französisches Recht. In einzelnen Punkten zeigten sich die spanischen Juristen schöpferisch: Nichtehelichen Kindern wurden dieselben Rechte zugestanden wie ehelichen; die Ehescheidung in beiderseitigem Einvernehmen wurde anerkannt; die gemeinsame Autorität der Eltern hatte Vorrang vor der alleinigen des Vaters. In einem Land, in dem das Patriarchat regierte, war das sehr kühn.

Das Echo auf die Veränderungen

Für den Außenstehenden war der Gesetzgeber mit widersprüchlichen Tendenzen konfrontiert: Der Sozialist Jiménez de Asúa, der von Primo de Rivera in die Verbannung geschickt worden war, weil er Vorträge über Geburtenkontrolle angekündigt hatte, befand, daß sich das Abtreibungsproblem »in Spanien nicht stellt«; der Präsident der Republik, Alcalá Zamora, ein praktizierender Katholik, fand an der Ehescheidung nichts auszusetzen. Es war aber auch erkennbar, daß das Ausbleiben einer genauen Analyse der wirklichen Situation der spanischen Frauen zu Unklarheiten und Ambivalenzen führte: Der Sozialist Largo Caballero mußte zu seiner bitteren Enttäuschung erleben, daß viele Arbeiterinnen die Mutterschaftsversicherung ablehnten – entweder, weil sie den Beitrag nicht zahlen wollten, oder, weil sie, da unverheiratet, die Versicherung als unnötig, in einzelnen Fällen sogar als Zumutung und

Kränkung ihrer »Ehre« empfanden. Der Minister, dem die Forderungen »westlicher« Arbeiterinnen im Kopf herumgingen, mochte den Unterschied nicht zugeben und offenbarte nur seine eigene Verständnislosigkeit: »Die spanische Frau will demnach weiterhin Sklavin sein.«[4] Demungeachtet wurde die Mutterschaftsversicherung nach und nach in die Tat umgesetzt.

Die Ehescheidung war mittlerweile zum Gegenstand genauer statistischer Untersuchungen geworden, und es hatte sich gezeigt, daß sie damals weit weniger verbreitet war, als man hätte vermuten können: Sie war ein Phänomen der Großstadt, beschränkte sich auf Regionen mit linker Wählerschaft und betraf selbst dort nur acht Ehen von tausend (Madrid).[5] Aber ihr negativer Effekt auf die politischen Rechte war weit gravierender als ihr reales Gewicht. Der Gründer der Falange, José Antonio Primo de Rivera – der Sohn des Diktators –, verurteilte denn auch die Herrschaft der »Sinnlichkeit«; ihm zufolge machte es gerade die Größe der Ehe aus, daß sie keinen anderen Ausgang kannte als »Glück oder Tragödie«: »Wer nicht fähig ist, die Schiffe zu verbrennen, wenn er gelandet ist, der ist auch nicht fähig, Weltreiche zu errichten.«[6]

Aber der eigentliche Einfluß der Reformgesetze wurde anderswo spürbar: in dem Echo, das sie in Zeitungen und Autobiographien fanden, und in der Leidenschaft, mit der die Menschen sie in die Tat umzusetzen oder zu verhindern suchten: der monarchistische Vater, der bereit war, ein Vermögen für die kirchliche Annullierung der Ehe seiner Tochter hinzublättern, nur damit sie sich nicht scheiden ließ; der Standesbeamte, der mitten in der Trauung weglief, um nicht zwei Geschiedene vereinen zu müssen; die Anzeigen anläßlich standesamtlicher Trauungen (»herzliche Glückwünsche den Kameraden, die dem Joch der Kirche entronnen sind«), aber auch die nichtkirchlichen Begräbnisse und sogar die weltliche Taufe von Kindern auf revolutionäre Namen wie Libertad [Freiheit], Vida [Leben], Germinal oder Floreal … Auch in diesen komplizierten Widersprüchen, nicht weniger als in dem Geist der Erneuerung, der Freude und der Würde, kann man nachempfinden, wie die Spanier ihre neue Situation erlebten.

Zuspitzung der Gegensätze

Die beiden Jahre der Reformen können nicht vergessen machen, daß die junge Republik nicht mehr viel Zeit hatte: Kaum war die neue Regierung ausgerufen, begannen die Rechten, Komplotte zu schmieden, und zwar ungeachtet aller ihrer internen Streitigkeiten (Monarchisten, die zu Alfons XIII. hielten, und Karlisten; Konservative, die das republikanische Regime tolerierten; Faschisten und andere). Die spanische Kirche reagierte auf die Reformen mit einer Flut von Hirtenbriefen, während der Vatikan offiziell zur Besonnenheit mahnte und insgeheim die Verschwörung unterstützte, wie die mittlerweile zugänglich gewordenen vatikanischen Archive beweisen.[7] Der erste nennenswerte Versuch eines Staatsstreichs, am 10. August 1932, sah sie alle vereint: Armee, Kirche, Monarchisten, Konservative und Großgrundbesitzer. Zu ihrem Anführer machten sie General Sanjurjo, den ehemaligen Chef der Guardia Civil.

Die Frauen des rechten Spektrums

Zwar scheiterte diese Erhebung, und die Anführer wurden schleunigst verbannt oder inhaftiert. Aber sie lenkte die Aufmerksamkeit auf die Rolle, die die Rechten den Frauen zu geben gedachten. Die Zeitschriften, die auf deren Betreiben zwischen Januar und Mai 1932 gegründet wurden, sollten, vordergründig betrachtet, Bande der Solidarität stiften und die Frauen dazu bewegen, sich um die Gefangenen und ihre Familien zu kümmern. Doch die Aufgabe dieser Zeitschriften bestand eben nicht nur darin, Geschenksendungen zu erbitten und zu vermitteln, wie sie denn auch aus ganz Spanien im Überfluß eintrafen. Die Frauenzeitschriften, die sich zugleich »Kulturzeitschriften« nannten, dienten auch als Ersatzforum für die von der Regierung verbotenen Publikationsorgane; die Botschaften schienen verschlüsselt, die Sendungen reichlich suspekt.

In Wirklichkeit wurde von den Frauen nicht Trost und Zuspruch erwartet, sondern eine ausgesprochen politische Betätigung, und zwar vor allem auf zwei Gebieten: im Kampf gegen die Säkularisierung des Staates und der Schule und daneben im Wahlkampf.

Noch heute ist es unklar, ob die Instrumentalisierung der Frauen des rechten Spektrums ein Beleg für ihre Unterwerfung unter männliche Anführer war oder ob die Initiative zum Handeln von den Frauen selbst ausging. Das Beispiel der Gewährung des Wahlrechts zeigt, daß der Gedanke, daraus politisch Kapital zu schlagen, auf die männliche Führung zurückgeht. Ursprünglich hatten die Monarchisten das Frauenwahlrecht ebenso unerträglich gefunden wie das allgemeine Wahlrecht – »ein Ball der Tolpatsche, auf dem alle Welt verpflichtet wird zu tanzen«[8] –; jetzt schlossen sie sich den Thesen J. M. Gil Robles' an, des künftigen Chefs der Confederación Española de Derechas Autónomas (CEDA), die eine Zeitlang mit dem Nationalsozialismus liebäugelte. Es galt, »die Stimmabgabe zu organisieren«, dieses unverhoffte »Geschenk des Staates«. Zu diesem Zweck hauchte man Organisationen wie der

Azione Cattolica neues Leben ein, die an der Republik verzweifelt waren, aber aus der Epoche der Diktatur ihre Lehren gezogen hatten. Wenn nämlich General Primo de Rivera zuletzt seinen eigenen Parteigängern auf die Nerven gefallen war und damit selbst zum Scheitern seiner im wesentlichen faschistischen Unión Patriótica beigetragen hatte, so konnte er doch 1929 zu seiner Freude erleben, daß Frauen für ihn auf die Straße gingen und daß Zeitschriften gegründet wurden, die seine Sache unterstützen sollten, wie *Mujeres españolas*. Aber 1932 ging es nicht mehr darum, Beifallsbekundungen oder Blumensträuße an einen alten Militär zu schicken, der es liebte, sich mit Frauen zu umgeben. Es ging darum, die Frauen so schnell wie möglich in erneuerten oder neugegründeten Verbänden zu sammeln: 38000 Anhängerinnen hatte die Azione Cattolica in Spanien, 5000 der Verein Aspiraciones in Madrid – eine Gründung der gleichnamigen Zeitschrift –, 12000 Teilnehmerinnen waren auf einer Frauenversammlung in Galicien, 4000 auf einer anderen in Salamanca ... Genug der Details. Jedenfalls wurden die spanischen Frauen binnen weniger Monate von einer regierungsfeindlichen Bewegung mitgerissen; sie reisten kreuz und quer durchs Land (die Monarchistin Rosa Urraca Pastor absolvierte 50 Veranstaltungen in vier Monaten), belehrten Arbeiterinnen in den Werkstätten der Azione Cattolica oder in ihrer Wohnung, lernten, geheime Listen von Sympathisanten anzulegen, und waren sich – in Madrid – nicht einmal zu schade, 230886 Wahlberechtigten ihren Stimmzettel zu überbringen. Ein Klatschkolumnist machte bei seinem Friseur Wahlpropaganda; man riet den Frauen, »thés bleus« oder »Wohltätigkeitstees« zu veranstalten.

Wenn die Initiative von den »Chefs« ausgegangen war, so waren die Frauen beflissen, sich auch über die erteilten Ratschläge hinaus zu engagieren. Sie verarbeiteten das Emblem des Monarchismus, Kreuz und Lilie, zu Schmuckstücken, und wenn sie sich weigerten, die 500 Pesetas Geldstrafe zu zahlen, die auf derartige Handlungen standen, dann gingen sie als Märtyrerinnen ins Gefängnis. Die Leute drängten sich, sie dort zu besuchen und ihnen den Aufenthalt zu versüßen, der freilich kurz genug war; in Valencia besuchte der Bischof persönlich eine inhaftierte junge Aristokratin im Kerker und überbrachte ihr als Geschenk ein Kruzifix aus Silber und Ebenholz, in das sein Name eingraviert war. Das war nämlich der andere Kampf, in dem die Frauen sich auszeichneten und am häufigsten von sich aus aktiv wurden: der Kampf gegen jene Verfassungsartikel und späteren Gesetze, durch die der säkulare Staat hergestellt, Ordenspersonen die Lehrbefugnis entzogen und der Jesuitenorden aufgelöst worden war. Hiergegen gab es mannigfachen Protest: Frauen schwangen Kruzifixe und schickten ihre Kinder mit schweren Kreuzen beladen in die Schule, sie nahmen

Ordensleute bei sich auf, unterschrieben Petitionen, halfen mit, Geld zu sammeln und Privatschulen einzurichten, boykottierten republikanische Geschäfte. Hier fand die Frauenpresse zu ihrer eigentlichen Rolle, wie die jüngst wiederentdeckte Zeitschrift *Aspiraciones* beweist, die treibende Kraft hinter einem wüsten religiös-antikommunistisch-antisemitischen Kampf. Das Herz-Jesu-Fest der Jahre 1932 und 1933 wurde zu einer offenen Kampfansage an die Republik – vorgetragen von Frauen, die demonstrativ Trauer trugen.

Muß man demzufolge bestätigen, was immer wieder behauptet worden ist: daß es die rechten Frauen waren, die im November 1933 in Spanien den Meinungsumschwung der politischen Mehrheit herbeigeführt haben? Die seit einigen Jahren durchgeführten Analysen der damaligen Wahlergebnisse rechtfertigen diesen Schluß kaum.[9] Ohne die Organisation des rechten Spektrums zu leugnen, sind doch noch andere Faktoren zu berücksichtigen. Das Unbehagen der gemäßigten Republikaner über die antiklerikalen Maßnahmen, der Auszug der Sozialisten aus der Regierung, die Wahlenthaltung der Anarchisten, deren revolutionäre Bestrebungen vehement unterdrückt worden waren, und schließlich ein Wahlrecht, das auf eine stabile parlamentarische Mehrheit abzielte (die Partei mit den meisten Stimmen erhielt 80 Prozent der Sitze): dies alles sind zusätzliche Erklärungen, die es zu bedenken gilt.

Im übrigen sollten den Frauen des rechten Lagers ihre Mühe schlecht gelohnt werden: Aus ihren Reihen wurde als einzige die Volksschullehrerin Francisca Bohigas 1933 ins Parlament gewählt – sie, die in den zwanziger Jahren die Hoffnung einer ganzen republikanischen Elite gewesen war.

Entwicklungen bei den Republikanerinnen

Ob konservativ oder demokratisch, auf den Frauen hatte die Last der Wahlkampfhoffnungen geruht: »Möge dein Gewissen nicht daran zu tragen haben, Frau, wenn die Rechten scheitern sollten«, sagte die Opposition. Die Sozialisten hatten im ganzen Land Wahlveranstaltungen abgehalten; denn nachdem Frauen wie Männern das Wahlrecht gewährt worden war, hatten sie Angst vor der politischen Unreife des Landes bekommen, und ihre Presse hatte das auch zum Ausdruck gebracht. Schon am 2. Oktober 1931 hieß es in *El Socialista*: »Wir haben verloren, indem wir gewonnen haben. Das ist die Realität (. . .). Geben wir zu, daß es uns an politischem Sinn gefehlt hat, selbst wenn wir im Einklang mit einer Forderung unserer Partei gehandelt haben.« Auch der sozialistische Wahlkampf grenzte an Erpressung: »Mütter! Mögen Eure

Söhne, einst zu Männern geworden, niemals denken müssen, daß sie nicht frei sind, weil ihre Mütter sie nicht zu befreien wußten!«

Eine Analyse der Entwicklungen von 1933 bis zum Bürgerkrieg ist daher von besonderem Interesse. Das erste Jahr ließ Tendenzen zutage treten, die sich durch die Revolution im Oktober 1934 radikalisieren sollten. Feministinnen und gemäßigte Republikanerinnen hatten sich geweigert, Wahlinstruktionen zu geben; das Wahlrecht wurde als Sieg an sich empfunden. Sie interessierten sich weniger für die Innenpolitik, sondern wollten langfristige Aufgaben in Angriff nehmen: Gesundheitswesen, Bildungswesen, den internationalen Frieden. Diese Frauen waren die ersten, die den Nationalsozialismus und die Konzentrationslager verurteilten.[10] Die Feministinnen der ANME wurden nach einem Wechsel der Mehrheit von Tag zu Tag konservativer und versuchten, Anfang 1934 eine feministische Gruppierung zu bilden, deren Gründungsurkunde sich vor allem durch die strikte Ablehnung jeder Parteipolitik auszeichnete. Die Gruppierung nannte sich im übrigen »unabhängige politische Frauenaktion«.[11]

1933 machten sich aber auch gewisse revolutionäre Tendenzen bemerkbar: Die spanischen Linken waren von Hitlers Machtergreifung erschüttert. Die Komintern reorganisierte außerdem 1933 die bis dahin recht kümmerliche spanische Kommunistische Partei, deren Leitung José Díaz übernahm, und brachte die starke Persönlichkeit der Dolores Ibárruri ins politische Spiel; spanische Kommunistinnen beteiligten sich im August am antifaschistischen Kongreß in Paris und organisierten im September ihre ersten Kundgebungen in Spanien.

Entscheidend waren aber die Ereignisse im Sommer und Herbst 1934: Ein von Anarchisten und Sozialisten ausgerufener Streik erschütterte die ländlichen Gebiete; Frauen in Andalusien und im Baskenland organisierten eigene Kundgebungen und entdeckten die symbolische Geste der Lebensmittelunruhen wieder; denn die Krise war schlimm. Als Anfang Oktober der Präsident der Republik nach mehreren Regierungskrisen den fatalen Fehler beging, drei rechte Mitglieder der CEDA in sein Kabinett zu berufen, rief die Linke gegen diesen Schritt, den sie mit Hindenburgs Verrat verglichen, den Generalstreik aus. In weiten Teilen des Landes scheiterte er, hielt sich aber mehrere Tage in Katalonien und über drei Wochen in Asturien, wo er zu einer wahrhaften, je nach Örtlichkeit sozialistischen oder anarchistischen Revolution anwuchs. Es wurden Ausschüsse zur Organisation des täglichen Lebens und des Widerstandes gegen die Armee gebildet. Schließlich wurde die asturische »Kommune« durch Angriffe zu Lande, zu Wasser und aus der Luft zerschlagen.

Die Asturierinnen – Frauen und Töchter von Bergleuten oder selbst Arbeiterinnen – beteiligten sich an diesem Kampf, entweder in den

Ausschüssen oder mit der Waffe. Die bewaffneten Frauen waren zunächst noch Einzelfälle und wurden bald zum Mythos stilisiert, so die junge Kommunistin Aida Lafuente, die mit dem Maschinengewehr in der Hand den Tod gefunden hatte. Insgesamt offenbarte die Revolution ganz unterschiedliche Einstellungen. Die Republikanerinnen schienen sich zu spalten. Alle linken Strömungen verurteilten einmütig die Repression und die offizielle Darstellung, die von ihr gegeben wurde – der erste Fall einer bewußten Vergiftung der öffentlichen Meinung. Margarita Nelken organisierte in der französischen Verbannung Versammlungen; Victoria Kent, Clara Campoamor, Dolores Ibárruri und andere riefen zur Rettung der asturischen Kinder die Organisation Pro infancia obrera ins Leben. Doch bei den Feministinnen waren seltsame Ansichten zu beobachten: Forderten sie in ihrer Zeitschrift nicht allen Ernstes die Wiedereinführung der Todesstrafe für die Revolutionärinnen? Beklagten sie nicht, es hätten zu viele »wildgewordene Weibsbilder« gekämpft und die Bergarbeiterfrauen hätten »ihre Männer nicht zurückgehalten«?[12]

Auf Parteiebene führten die repressiven Maßnahmen zur Geschlossenheit; ein Volksfront-Programm wurde von allen, auch dissidenten Anarchisten unterzeichnet. Die republikanische Regierung, die nach den Wahlen vom Februar 1936 eingesetzt worden war, wurde von der gesamten Linken unterstützt. In der Wahlpropaganda hatte das Elend der asturischen Frauen eine große symbolische Rolle gespielt, und die Pasionaria – selber Baskin und Bergarbeiterfrau – hatte in ihren Auftritten begonnen, aus marxistischer Sicht eine ungebrochene Kette von Revolutionen zu konstruieren: von der Pariser Kommune über den Oktober 1917 zum Oktober 1934.

Der 1. Mai 1936 wurde zu einer machtvollen Demonstration der Geschlossenheit unter Mitwirkung zahlreicher Frauen. Es entstand eine neue marxistische Informations- und Propagandazeitschrift namens *Mujeres*. Herausgegeben von der Pasionaria, wurde sie von Frauen aus ganz Spanien gemacht, die in dem Blatt jenes freundliche Bild vom sowjetischen Paradies verbreiteten, das Margarita Nelken zeichnete, die in der UdSSR Zuflucht gefunden hatte. Einige Wochen vorher hatten anarchistische Ärztinnen die *Mujeres libres* gegründet, um den Ort der Frauen in der Befreiungsbewegung zu reflektieren, nachdem schon zu viele Männer ihre revolutionären Ideale vergessen hatten und wieder nach Hause gegangen waren. Für die Rechte war dieser 1. Mai ein Schock. José Antonio Primo de Rivera nahm ihn zum Anlaß für seinen »Brief an die Militärs« vom 4. Mai; obwohl inhaftiert, rief er sie darin zur Gegenwehr auf. Empfanden sie nicht die »Schande«, die »Schmach«, wenn sie ihre Frauen Parolen rufen hörten wie »Kinder – ja! Männer – nein!«?[13]

Der Bürgerkrieg

Der Aufruf an die Militärs war überflüssig: Schon am 17. Februar hatte General Franco dem Interims-Ministerpräsidenten die Übernahme der Macht vorgeschlagen, und von da an wurde die Verschwörung ununterbrochen weiterbetrieben; trotz der – freilich ungenügenden – Wachsamkeit der Regierung brach im Juli 1936 schlagartig der Aufstand aus. Es ist jedoch klar, daß, mit Ausnahme Navarras, das spanische Volk gegen die Rebellion war; ohne die Unterstützung Hitlers und Mussolinis und ohne die zweideutige Haltung des Nichteinmischungs-Komitees wäre die Sache nicht mehr gewesen als ein kräftiges militärisches *pronunciamiento*.

Auseinandergerissene Familien, die ersten Bombenabwürfe auf die Zivilbevölkerung: Die Photographien und Proteste von Zeugen aus aller Welt bewahren die Erinnerung an schwarz gekleidete Frauen, an rennende oder am Boden hingestreckte Kinder im Bombenhagel auf Madrid oder Guernica. Abgesehen vom täglichen Elend aller Menschen: Wie verhielt es sich mit den Frauen, die in diesem Bürgerkrieg aktiv waren, der ein Krieg gegen den Faschismus war und zugleich eine (anarchistische, trotzkistische, kulturelle) Revolution?

Auf republikanischer Seite zeichnete sich der Krieg in Spanien paradoxerweise durch weitere kulturelle und legislative Fortschritte für Frauen aus, die durch den Notstand begünstigt wurden: berufliche Bildung und Kurse zum Lesen und Schreiben (1936); Legalisierung freier Verbände der Frauen und sogar Witwen von Milizionären; Eingliederung von Frauen in die Kriegsindustrie (1937); Ausbildung als Pilotinnen (1938). Bemerkenswert war auch, daß die Gesundheitsministerin Federica Montseny, eine Anarchistin, ab Oktober 1936 die Abtreibung legalisierte und damit nachholte, was in Friedenszeiten vergessen worden war. Die derzeit laufende Analyse von Krankenhausakten verspricht aufschlußreich zu werden.[14]

Wie sollte es da nicht verständlich sein, daß der Krieg bei vielen jungen Frauen eine tiefgreifende Veränderung ihrer Mentalität bewirkt hat? Die historische Soziologie bestätigt dies ebenso wie die Archive, die nach und nach geöffnet werden und damit Tatsachen ans Licht bringen, die durch die franquistische Geschichtsrekonstruktion verdeckt worden sind.[15]

Wie könnte man ungerührt bleiben von der Teilnahme der Frauen am Kampf und am Widerstand? So versucht die Forschung zur Geschichte der Milizionärinnen, deren wahre Bedeutung und Zahl genau zu erfassen; die Biographien haben sie abwechselnd heroisiert oder auf den Rang von Köchinnen und Prostituierten verwiesen. Bald wird man mehr von ihnen wissen als nur die Vornamen jener Arbeiterinnen, die im Kampf gefallen sind, oder als die bemerkenswerten Taten vieler, manchmal Anführerinnen von Kolonnen, wie Mika Etchebère beim POUM oder Lina Odena beim PCE. Sie haben mit der Waffe in der Hand gekämpft; in jenen Gegenden, die vom ersten Tag an Franco unterstanden, fiel ihnen – wie man es jetzt in Navarra entdeckt hat – die Aufgabe zu, Widerstandsnetze zu organisieren.[16]

Tatsächlich brach zwischen Parteien und Gewerkschaften eine Polemik darüber aus, ob den Frauen zweckmäßiger eine Rolle in vorderster Front oder im Hinterland zuzuweisen wäre. Dabei waren zwei Faktoren zu bedenken: die Chronologie des Krieges und gewiß auch die politische Zugehörigkeit. Im Sommer 1936 begünstigte die allgemeine Desorganisation den Aufbau von Milizen und die spontane Rekrutierung von Frauen wie von Männern; seit dem Herbst hatten hingegen die Organisation einer regulären Armee und der zunehmende Einfluß des Stalinismus auf die folgenden Regierungen zur Folge, daß zunächst die trotzkistische und dann die anarchistische Revolution zerschlagen wurde und die Frauen wieder in den Hintergrund traten. Entsprechend grundsätzlich verschieden waren die Organisationen: die Unión de Muchachas arbeitete in dem drei Jahre lang belagerten Madrid für die Verteidigung der Stadt und die Emanzipation der Frauen; in Katalonien organisierten die anarchistischen Mujeres libres das Hinterland und bekämpften die Prostitution; und die Asociación de las Mujeres Antifascistas (AMA) unter Führung der Pasionaria organisierte Kommunistinnen und Nichtkommunistinnen in den Fabriken und rief zu internationaler Hilfe auf: »Die Männer in den Kampf, die Frauen an die Arbeit.« Doch begriffen die Frauen überall, daß Öffentliches und Privates nicht voneinander zu trennen waren, und überwanden bis zur Niederschlagung der Revolutionen immer wieder ihre politischen Meinungsverschiedenheiten, um zusammenzuarbeiten. So sammelten sich in der AMA weibliche Abgeordnete aus der Zweiten Republik; und nicht nur die Kommunisten feierten den Mut und die Würde einer Dolores Ibárruri.

DIE ERRICHTUNG DES FRANCO-REGIMES

Aus der Perspektive einer Geschichte der Frauen muß man, wie wir gesehen haben, den Beginn des Franquismus lange vor dem Staatsstreich vom 18. Juli 1936 ansetzen. Für das Jahr 1934 waren, mehr noch als der durch die Oktoberrevolution erzeugte Schrecken und Haß, zwei Entwicklungen kennzeichnend: der Aufbau der Frauen-Falange im Dezember und die Rückkehr zur alten Sittenordnung auf Drängen der führenden Kirchenfürsten. Die Übernahme gewisser Publikationen und Veranstaltungen unter kirchliche Regie verlief weniger spektakulär, war aber dennoch ein Signal: Der Kampf gegen den Sport, die »Nacktheit« am Strand und die »Frivolität« der Frauen begann nicht erst 1939, sondern schon 1934.

Der Kampf für den »Kreuzzug«

Der Gründung der Frauen-Falange und den Bemühungen um die Restauration kirchlicher Autorität war eines gemeinsam: sie sollten die Frauen der Rechten an ihren untergeordneten Platz zurückweisen. An Stelle der mannigfachen Eigeninitiativen von Frauen zu Beginn der Republik sollten ihre Aktivitäten künftig unter der Aufsicht politischer und kirchlicher Autoritäten stehen. Der Falange ging es darum, daß die Frauen durch die Übernahme von Propaganda- und Organisationsaufgaben beim »Aufbau eines großen und imperialen Spanien« mithalfen. Der 5. Artikel der Statuten der Frauen-Falange verkündete: »Frau, es ist nicht mehr an dir, zu handeln, überlaß das Handeln dem Mann.« Erst während des Krieges gewann die Bewegung an Stärke. Historikerinnen beschäftigen sich derzeit mit dem Paradoxon der Frauen-Falange: Durch den Tod der alten Chefs (José Antonio Primo de Rivera, O. Redondo) wurden Frauen – die Schwester des ersteren, Pilar Primo de Rivera, und die Witwe des letzteren, Mercedes Sanz Bachiller – zu Organisatorinnen einer Bewegung, die unter neuen Chefs (Franco, die Kirche) nach und nach modifiziert wurde. Für die Falange waren die Trennung von Kirche und Staat, der Kampf gegen den Großgrundbesitz und eine faschistische Konzeption der Gesellschaft und des Imperiums vorrangig. Mit dem Franquismus setzte sich seit der Zeit des Bürgerkriegs genau das Gegenteil durch; die allzu ausgeprägt faschistischen Tendenzen verschwanden während des Zweiten Weltkriegs, nach dem Tod Mussolinis und dem sich abzeichnenden Sieg der Alliierten. Eine falangistische Verschwörung gegen Franco war 1937 vereitelt worden. Danach konnte die Asche José Antonio Primo de Riveras in den Escorial überführt werden; betrieben wurde nicht mehr eine faschistische, sondern eine »national-katholische«[17] Indoktrination der Massen.

Der Bürgerkrieg erlaubte es Franco, die Frauen in einem sogenannten »Winterwerk« (in Analogie zu der deutschen Winterhilfe) einzusetzen, das später in »Sozialhilfe« (*Auxilio social*) umbenannt wurde. 1937 wurde diese – »[von Gott gewollte] Blüte von Azur und Zartheit« – von Franco mit der Frauen-Falange vereinigt. Den Frauen fielen jetzt wieder Aufgaben wie Nahrungsmittelversorgung, Herstellung von Uniformen, Betreuung an der Front und im Hinterland zu, aber auch die Propaganda im Rundfunk und viele pädagogische Missionen im ganzen, nunmehr »national« genannten Spanien; nach den Unterlagen der Organisation selbst sind von ihren 580000 Mitgliedern 58 Frauen getötet worden, was Rückschlüsse auf die ihnen obliegenden Aufgaben zuläßt. In der Frauen- und der Jugendpresse feierte die neue Falange Isabella die Katholische und die hl. Theresia von Avila, nicht ohne deren Biographien umzudeuten.

Korrekturen an der Gesetzgebung

Der von Krieg und Franquismus geprägte Geist konnte nur historische Heldinnen dulden, die sich dem göttlichen Willen unterworfen, nur Frauen, die sich der Mutterschaft verschrieben hatten. Pilar Primo de Rivera wandte sich im Mai 1939 vor 10000 Mitgliedern der Frauen-Falange an den Caudillo, um »den Sieg zu feiern«; denn »die einzige Mission, die das Vaterland den Frauen gegeben hat, ist das Heim«.[18] Kardinal Gomá hatte diesem Thema schon im Sommer 1934 diverse Leitartikel in Frauenzeitschriften gewidmet. 1937 demonstrierte sein Brief an alle Bischöfe der Welt, daß die Kirche die franquistische Erhebung unterstützte; 1939 versicherten sich der Caudillo und der Kardinalprimas in einem Briefwechsel ihrer gegenseitigen Unterstützung und ihrer gemeinsamen Interessen.

Schon im September 1936 sorgte ein Dekret für die »Moralisierung der Sitten«, indem es in den Schulen wieder die Geschlechtertrennung einführte. Im März 1938 wurde »die verheiratete Frau aus der Werkstatt und von der Arbeit befreit«, eine »Befreiung«, die mit Mutterschaftsprämien und dem Verbot der Ausübung freier Berufe einherging. 1938 wurden das Gesetz über die Zivilehe und rückwirkend auch das Gesetz über die Ehescheidung aufgehoben; zwischen 1941 und 1946 erfolgten viele Ergänzungen im Strafgesetzbuch zur Strafbarkeit der Abtreibung, des Ehebruchs und des Konkubinats (worauf für die beteiligte Frau lange Haft- und schwere Geldstrafen standen; der Mann, der die ehebrecherische Frau und deren Geliebten tötete, wurde verbannt; er wurde freigesprochen, sofern die Verletzungen nicht tödlich waren). Die Prostitution blieb hingegen legal.

Die Kirche nahm wieder das Bildungswesen in die Hand; die reorganisierte Falange und ihre obligatorische Einheitsgewerkschaft besorgten das Geschäft der Unternehmer. Die Lehrpläne waren für beide Geschlechter verschieden und durften nur Gegenstände umfassen, die »dem katholischen Dogma und der katholischen Sittenlehre« entsprachen.[19] Im bürgerlichen Recht wurde die Volljährigkeit auf 25 Jahre hinaufgesetzt, und die Frau mußte im elterlichen Haus wohnen bleiben, bis sie heiratete (oder ins Kloster ging).

Die Frauen – zum Schweigen verurteilt

Der Haß gegen die republikanischen Frauen war ein mächtiger Motor gewesen; aber kann er erklären, warum gerade die aktivsten Frauen der Rechten – Abgeordnete, Ingenieurinnen, Volksschullehrerinnen – ausnahmslos seit 1939 das Wirken für Heim und Herd als den einzigen Beruf priesen, der »einer Frau würdig« sei? Tatsache ist, daß vor allem seit Januar 1938, als der Sieg Francos sich abzuzeichnen begann, die Schelte gegen »Mannweiber«, »Schlampen«, »Monstren« und »Blutsauger«, anders gesagt: gegen die Frauen der Linken, zu einem beherrschenden Thema in den franquistischen Zeitschriften wurde. Sie waren für die Katastrophe verantwortlich, weil sie das christliche Heim und die Scham der spanischen Frauen vernichtet hatten – eine Version, die mitunter die Wirklichkeit der franquistischen Erhebung verdeckte. Die Frauen-Falange wirkte an der Erschaffung eines Idealbildes mit; sie trug zur Umerziehung der »Roten« und ihrer Kinder bei und rief den »Sozialdienst« ins Leben: Er war das Pendant zur Wehrpflicht der Männer; im Fall der Verweigerung wurde der Reisepaß der Frau konfisziert.

Die Geschichte der Unterdrückung der Frauen weicht nur partiell von der Geschichte der Männer ab; Verbannung, Hinrichtungen, Gefängnis, Denunziation, Berufsverbote, Bücherverbrennungen betrafen die Republikaner beiderlei Geschlechts. Aber die Frauen erlebten zusätzlich die Vergewaltigungen, das Rhizinusöl, das Abschneiden der Haare, die Umerziehung ihrer Kinder, die Klosterhaft, ohne daß ihnen Hinrichtungen erspart geblieben wären (wieviele mögen im ganzen Land getötet worden sein, wenn – nach den Angaben von Mussolinis Botschafter Ciano – allein in Madrid 1939 Monat für Monat 6000 Personen hingerichtet wurden?). Und sie erlebten die nur ihnen vorbehaltene Erniedrigung: schuldig zu sein, weil sie die Frau, die Witwe, die Mutter eines »Besiegten« waren.

Im Zeitraum von zehn Jahren scheinen die spanischen Frauen den Weg mehrerer Generationen zurückgelegt und sozusagen Schlag auf Schlag die widersprüchlichen Erfahrungen gemacht zu haben, die die anderen Europäerinnen entweder nur separat oder über eine viel längere Zeitspanne verteilt erlebt haben. Sie profitierten von der fortschrittlichsten Gesetzgebung, zu der eine parlamentarische Demokratie fähig war; manche machten die Revolution mit; alle erlebten den Krieg und die Last des national-katholischen Regimes, und manche wurden zum Exil verurteilt.

Die extreme zeitliche Verdichtung der Ereignisse ist unbestreitbar; sie erschwert die Beurteilung der tatsächlichen Rolle der Frauen ebenso wie der Auswirkung der Rechtsreformen, durch die die ersten republikanischen Regierungen die Mentalitäten in der spanischen Gesellschaft verändern wollten. Die Geschichte der spanischen Frauen ist gekennzeichnet – aber ist das nicht eigentlich immer der Fall? – durch die leidenschaftlich eigensinnige Wiederentdeckung der verschiedensten Elemente, die immer umfassendere Synthesen ermöglichen: die Frauengeschichte des Anarchismus, des Sozialismus, des Franquismus bzw. der jeweiligen Opposition. Neuerdings sind vermehrt Ehescheidung und Mutterschaft, Bildungswesen, Presse und Krieg untersucht worden; doch gibt es trotzdem noch ungenügend erforschte Themen (zum Beispiel die Frau auf dem Land, die Frauenarbeit, die Frauenverbände, die Verbindung zu den anderen Europäerinnen), über die es nur fragmentarische Kenntnisse und Denkansätze gibt.

Die Schwierigkeiten der Forschung werden zweifellos durch administrative Nachlässigkeiten und die Verheimlichung oder Vernichtung von Dokumenten, für die das Franco-Regime bekannt ist, und die franquistische Rekonstruktion der Geschichte noch vermehrt. Aber weder wissenschaftliche Unklarheiten noch politische Leidenschaften werden die Eigenart und den Stolz der jüngsten Geschichte der spanischen Frauen brechen können.

Die »politische Mündigkeit« – der ständig gebrauchte Ausdruck zur Bezeichnung des Wahlrechts – hat den Frauen das Staatsbürgertum beschert, aber auch das Bewußtsein ihrer Würde, die Anerkennung ihrer selbst als Personen über den Kreis der kulturellen und politischen Eliten hinaus. Diese Lehre hat auch nach 1936 gewirkt: Während des Krieges waren der Kampf um ihre Rechte und für ihren Körper ständig wiederkehrende Themen in Zeitschriften, Briefwechseln und republikanischen Zeugnissen von Frauen.

Ohne eine unannehmbare politische Konfusion stiften zu wollen, kann man auch unterstreichen, daß die Republik den Frauen von links und von rechts einen Punkt der Gemeinsamkeit beschert hat, den ihre Publikationen sichtbar machen: Sie melden sich zu Wort. So war es kein Zufall, daß rechte Frauenzeitschriften zwischen 1935 und 1937 zu verschwinden schienen, um später als Organe unter der Leitung von Männern wiederzuerstehen.

Die langlebige Herrschaft Francos ist keine monolithische gewesen; das Leben der Frauen ebensowenig. Nach dem Schweigen, der Heimlichkeit, dem »Abschwören« und Abrücken mancher Frauen von ihren früheren »Irrtümern« und dem Einfluß eines Bildungswesens, das eine ganze Generation unterwürfiger junger Mädchen herangezogen hatte,[20] sollten verschiedene Faktoren zusammenwirken, um in vielen Frauen wieder das Bewußtsein ihrer sozialen und politischen Unterdrückung zu wecken: der beharrliche, mannigfache Widerstand gegen den Franquismus, die Streikwelle am Ende der fünfziger Jahre, die Wirtschaftskrise, die die Frauen zur Wiederaufnahme ihrer Berufstätigkeit oder zur Auswanderung zwang (1960–1964), und nicht zuletzt der Tourismus, der seit etwa 1960 für die Verbreitung anderer Denkweisen und Lebensanschauungen sorgte. Das feministische Erwachen erfolgte zunächst durch die Krise des sozialen Gewissens; auch hier machten sich die verschiedensten Einflüsse geltend, die unmöglich alle aufgezählt werden können: Studentenverbände, Nachbarschaftsgruppen, das heimliche Wirken der Kommunistischen Partei oder einer Kirche, die sich der sozialen Frage öffnete, boten Möglichkeiten genug. Und die Feministinnen meldeten sich 1975 und 1976 bei den zahllosen Versammlungen der politischen Parteien zu Wort.[21]

Zwischen 1975 und 1978, dem Jahr, in dem die Verfassung in Kraft trat, haben Historiker, Politiker und Feministinnen die Fäden der Erfahrung dort wieder aufgenommen, wo sie vierzig Jahre zuvor fallengelassen worden waren. Wenn auch die Kämpfe für die Demokratie und die Rechte der Frauen noch nicht völlig ausgestanden sind, so hat doch das heutige Spanien einen großen Teil des Weges schon zurückgelegt.

Aus dem Französischen von Holger Fliessbach

7

DIE FRANZÖSINNEN UNTER DEM VICHY-REGIME

FRAUEN IN DER KATASTROPHE – BÜRGERINNEN DANK DER KATASTROPHE?

Hélène Eck

D ie historischen Untersuchungen der letzten zwanzig Jahre über das Vichy-Regime haben unbestritten nachgewiesen, daß seine Politik der Kollaboration mit dem nationalsozialistischen Deutschland früh begann und dauerhaft war. Sie haben gezeigt, welche Aspekte des Regimes in eine sehr französische ideologische Tradition gehören, obwohl sie in der Geschichte eines offenbar der Demokratie in ihrer republikanischen und laizistischen Form verpflichteten Landes, in welchem die Linke einen breiten Raum einnahm, befremdlich waren. Diese Arbeiten haben dazu beigetragen, die Natur des Vichy-Regimes zu präzisieren. Es ist klar, daß Vichy kein totalitäres Regime war; zweifellos war es jedoch ein autoritäres und repressives Regime, das Frankreich und das Vaterland durch rechtliche, später physische Ausgrenzung der »Unerwünschten« definierte: Es ist bekannt, in welchem Ausmaß die französische Regierung für die Durchführung der Endlösung verantwortlich war. Aber die Mannigfaltigkeit der ideologischen und politischen Komponenten dieses Regimes samt der ihnen entgegenwirkenden Machtkämpfe und die Entwicklung des Regimes selbst, die es binnen vier Jahren vom Antiliberalismus bis an die »Grenzen des Totalitarismus« führte, erlauben es nicht, Vichy ohne weitere Nuancierung der Kategorie reaktionärer Regime zuzuordnen, die ausschließlich von einem rückwärtsgewandten Konservativismus inspiriert werden. Es gab im Vichy-Regime den Willen, den Gang der Dinge besser zu organisieren, eine Innovationsfähigkeit, die sich namentlich über seinen Wirtschaftsdirigismus manifestierte und nicht immer den konservativen Idealen entsprach.[1]

Als »pluralistische Diktatur« hat Vichy mit den ihm eigenen Widersprüchen den Versuch der sozialen Reorganisation eines Landes unternommen, das selbst schwer zu verstehen ist: ein Land der Landwirte und Kleinbetriebe, dem doch Großindustrie und Arbeitermassen nicht fremd sind; ein Land freiheitsverbundener Bürger, das durch die Niederlage und den Einmarsch der Deutschen im Mai/Juni 1940 gespalten war; eine Nation, entlastet durch den Waffenstillstand, aber der Besatzungsmacht sehr rasch feindlich gesinnt. Die reale Auswirkung des Regimes auf eine solche Gesellschaft festzustellen, seinen »effektiven Einfluß« und seine Fähigkeit zur Weiterentwicklung der sozialen Realitäten und der von der Republik ererbten politischen Ansichten zu ermessen, erfordert neue Bilanzierungen und neue Forschungen, um die tatsächliche materielle Situation kennenzulernen und um besser zu verstehen, wie die französische Gesellschaft diese Zeit überstanden hat – mit dem Vichy-Staat und bisweilen gegen ihn.[2] In der Gesamtheit dieser Fragestellungen werden zwar auch die Seite der Frauen und ihre Stellung untersucht,[3] allerdings in so unzureichendem Maße, daß man nicht von einer Fülle gewonnener Einsichten sprechen kann. Das erscheint paradox, wenn man den Umfang der Arbeiten über diese Zeit bedenkt; es überrascht nicht, wenn man sich vergegenwärtigt, daß man einer geschlechtsbezogenen Geschichte als Faktor und Indikator der charakteristischen Merkmale einer Gesellschaft offenbar kaum Aufmerksamkeit schenkte, sobald man die politische Komplexität Vichys und das Räderwerk seines Funktionierens betrachtete, das auf höherer Ebene nur von Männern geführt wurde. Miranda Pollard[4] analysiert in ihren Arbeiten über die politische Geschichte die Geisteshaltung des Vichy-Regimes, wonach Frauen ein konstituierendes Element der diesem Regime eigenen Ideologie waren.

Das Ziel der Nationalen Revolution sah für die Frauen ein symbolisches und ideales Universum der Mutterschaft, der Familie und des Heims vor, während der von Vichy verkörperte »État français« in seiner realen Funktion ganz andere kollektive und konkrete Situationen regulierte und lenkte: Not, Unterstützung, Arbeitskräfte für Deutschland. Die Umsetzung der Nationalen Revolution mit ihren ungewissen Folgen, die aber nicht alle Fehlschläge waren, schloß die Frauen nicht von vornherein aus der Sphäre der Öffentlichkeit aus; sie waren präsent, wenn die Politik des Regimes sich in ihre Erwartungen mischte und an die Werte rührte, denen sie anhingen. Nicht »die Frauen«, sondern bestimmte Gruppen von Frauen, die man tatsächlich agieren sah.

Die Anwendung der Vichy-Parole »Travail, Famille, Patrie [Arbeit, Familie, Vaterland]« enthüllt auch die Widersprüche dieses Regimes, das umständehalber oft genug zu einer provisorischen Behandlung seiner Projekte verurteilt war; aber nicht nur die Umstände und die unzureichenden Mittel können die Kluft zwischen den Träumen des Vichy-Staates und der Realität der Besatzung erklären. Man muß auch den Widerstand der sozialen Strukturen gegen neue staatliche Zwänge nennen, die verschiedenen Stufen der Gehorsamsverweigerung auf seiten der Haushalte, selbst wenn die Ursachen dieser Einstellung nicht streng politisch waren und nichts mit der aktiven Résistance zu tun hatten. Es ist augenscheinlich, daß Platz und Rolle der Frauen auf dieser Ebene wesentlich waren: Allein oder in ihren Familien, in ihren Beziehungen zum Gatten oder zur Umwelt, wirkten sie daran mit, Überlebensstrategien anzuwenden – im Namen von Gefühlen und Werten, die manchmal weit von den Geboten des Vichy-Staates entfernt waren. Diese Tatsache ist nicht neu, aber sie war besonders deutlich in dieser Zeit, die die Werte der Familie auf die Probe stellte und die Erledigung der täglichen Aufgaben extrem schwierig gestaltete. Interferenzen, Divergenzen, Widerstände gegen den Staat: Situation und Verhalten der Frauen als solcher sind sehr wohl eine Komponente der sozialen und politischen Geschichte Frankreichs in jener Zeit.

Jene Jahre sind in eine Geschichte der Frauen eingeschrieben, die weit über ihre Grenzen hinausgeht und deren Chronologien sich nach dem jeweils zu ihrer Untersuchung eingenommenen Standpunkt richten. Die Familie, die Art, wie sie dargestellt wird, und ihr Funktionieren haben eine Geschichte, deren Rhythmus sich nicht den Ereignissen anpaßt. Inwieweit haben die Lebensbedingungen unter der Besatzung zu einer dauerhaften Aufwertung des Familienlebens und der seelischen Bindungen beigetragen, wie sie sich im Laufe der Vorkriegszeit abgezeichnet hatte? Hinsichtlich der Eingliederung der Frauen in das Wirtschaftsleben können wir den Stellenwert der Vichy-Zeit in der langen Baisse der Berufstätigkeit von Frauen zwischen den zwanziger und den sechziger Jahren erst schwer ermessen. Schließlich sind die Französinnen durch die Katastrophe Staatsbürgerinnen geworden, im juristischen Sinn durch die Bewilligung des Wahlrechts, aber hat nicht die für die Bewußtseinsbildung und persönliche Initiative so fruchtbare Zeit zwischen 1940 und 1944 eine »Politisierung« der Frauen beschleunigt, das heißt ein geschärftes Bewußtsein von der Wichtigkeit des Politischen und seiner Folgen für das tägliche Leben? Man darf nicht vergessen, daß Kollaboration und Okkupation nicht in eine der Zeit von 1914 bis 1918 vergleichbare Kriegsperiode mit ihrer so klaren Trennung zwischen Front und Etappe, Zivilisten und Kombattanten, Heimat und Feind fielen. Zwischen 1940 und 1944 war der »Krieg« überall und nirgends, mit allen Ambiguitäten, die diese Ausnahmesituation erzeugte.

DIE FAMILIE ZUERST

Der État français ist aus der schnellen und brutalen Niederlage von Mai/Juni 1940 hervorgegangen. Über das unmittelbare Problem des Waffenstillstandes und des Verhältnisses zur Besatzungsmacht hinaus erhob dieses autoritäre und reaktionäre Regime den Anspruch, eine umfassende Antwort auf die militärische, politische und moralische Krise zu geben, welche Frankreich soeben durchgemacht hatte. In dem Durcheinander und der extremen Verworrenheit des Sommers 1940 hatten die vom neuen Regime angebotenen Erklärungen und Lösungen den Vorzug, einfach zu sein: Mit der Niederlage büßten die Franzosen für ihre »Genußsucht«, die seit 1918 vorherrschend gewesen war und eine für das Vaterland tödliche moralische Dekadenz erzeugt hatte. Diese kollektive Schuld konnte nur durch den Beitrag eines jeden Franzosen zum Werk des nationalen Wiederaufbaus gesühnt werden, dessen Devise – »Arbeit, Familie, Vaterland« – Prinzipien und Ziele zusammenfaßte. Die Nationale Revolution vollzog sich unter der Führung eines Chefs, Marschall Pétain, der sich den Franzosen als echter Vater präsentierte: hellsichtig genug, um das Fehlverhalten seiner Kinder zu rügen, und dabei gütig genug, um ihr Unglück lindern zu wollen. Diesen unverantwortlichen Kindern entzog man das Wahlrecht und ersetzte die Republik durch einen ungeschriebenen politischen Vertrag nach Art einer Familie: Der Schutz des Vaters wurde nur im Austausch gegen das Versprechen absoluter Treue und absoluten Gehorsams wirksam.

Der Organizismus Vichys verurteilte den Individualismus und seine Folgen, die Selbstbestätigung und das Streben nach Freiheit. Er verherrlichte die natürlichen Gruppierungen und diejenigen sozialen Institutionen, welche die Eingliederung und Erfassung des Individuums garantierten. Er verwarf den Intellektualismus mit seinen Abstraktionen – Chimären, die mit den gelebten Traditionen nichts zu tun hatten. Er predigte eine Moral des Dienens und Sich-Mühens, die Pflicht zur Solidarität, die konkreten Taten zum Nutzen aller: Nach Beendigung der Nationalen Revolution durfte Frankreich, gesäubert von allen Fremden und allen antinationalen Elementen, nur eine einzige, große, hierarchisch geordnete, solidarische Familie sein.

Das Vichy-Regime definierte Platz und Rolle eines jeden in der Gesellschaft als Funktion der Kategorie, in die er gehörte; indem sie die Franzosen des freien Gebrauchs ihrer Rechte und ihrer Fähigkeiten beraubte, verurteilte die Ideologie des Regimes die Gesellschaft zur Unbeweglichkeit und die Individuen zu einem gewissermaßen ererbten Schicksal.

Unterschied und Komplementarität der Geschlechter

Vichy definierte die Rolle der Frau in der Gesellschaft unter Bezugnahme auf den Unterschied und die Komplementarität der Geschlechter in der Familie. Aus der Bekräftigung jenes Unterschiedes erwuchsen die Pflichten der Frauen, die »durch Natur und Berufung« der Mutterschaft geweiht waren; jener Unterschied begründete die für junge Mädchen angebotenen Verhaltensmuster und Lernstoffe; er grenzte auch die Aktivitäten und die Orte des täglichen Lebens ein, die der Frau geziemten. Es wäre übertrieben zu behaupten, Vichy habe aus Frauenfeindschaft die Frauen in ihrem Heim einschließen und von jeder Form der Beteiligung am gesellschaftlichen Leben ausschließen wollen. Was das Regime in größerem Umfang unternahm, war die Stärkung der Familie, die als organische Einheit im sozialen Zusammenwirken angesehen wurde. Ihr Nutzen hatte Vorrang vor den Rechten ihrer Angehörigen; ihr gutes Funktionieren verlangte eine strikte Zuteilung der materiellen Aufgaben, der Rollen und der psychologischen Einstellungen: dem Vater den Chef, die Arbeit und die Autorität; der Mutter das Heim und die Liebe. Gerade weil sie verschieden und komplementär waren, konnten die Ehegatten die Stabilität der Familie garantieren, unter der Voraussetzung allerdings, daß jeder die Rolle respektierte und die Kräfte einsetzte, die seinem Geschlecht zukamen. Die Verschränkung und Zuspitzung der Begriffe von Unterschied und Pflichten begründete eine ideale Familie, mittels derer das Regime die Mutterschaft als einzig mögliche Bestimmung der Frauen glorifizierte. Alles, was die Frauen materiell und psychologisch von dieser Bestimmung entfernte, war widernatürlich, unmoralisch und für das Vaterland tödlich. Es gab keine schlechten Mütter, es gab nur schlechte Frauen, die sich weigerten, Mütter zu sein. Diese Verweigerung der Mutterschaft wurde übrigens nicht als persönliche Entscheidung betrachtet; sie war das Ergebnis einer verhängnisvollen sozialen Entwicklung, die die Weiblichkeit ihrem Daseinsgrund entfremdet hatte, indem sie ihr nur ein falsches Bild ihrer selbst vorgaukelte und sie in zwei Extreme lockte, die beide gleichermaßen verderblich und bisweilen miteinander verbunden waren: die durch das Streben nach Gleichheit mit dem männlichen Geschlecht geleugnete Weiblichkeit (daher der Ehrgeiz, der Hochmut, der Intellektualismus gewisser Frauen) und die durch den Verführungswahn irregeleitete Weiblichkeit (daher die Oberflächlichkeit, die übertriebene Koketterie, die Untreue).

Vichy bot den Frauen an, in der Erfüllung ihrer Bestimmung als Mütter die Tugenden der wahren Weiblichkeit wiederzufinden, die allein imstande war, persönliches Glück und sozialen Nutzen miteinander zu versöhnen, und die allein den Werten der Nationalen Revolution und

dem von ihr unternommenen Werk der Erneuerung gemäß war. Als
Mutter ging die Frau in Vichys Pantheon der sozialen Vorbilder ein,
wie der Bauer und der Handwerker; wie diese wahrte sie eine Tradition der Selbstverleugnung, der Geduld, der Liebe zur gut gemachten
Arbeit. Dafür schuldeten ihr die Familie und die Gesellschaft Respekt
und Anerkennung: Der »Muttertag« *(Journée des mères)*, seit 1926 [in
offizieller Form] gefeiert, wurde unter dem Vichy-Regime zu einem kollektiven und privaten Festtag.

Kontinuität und Abwandlung des Rechts

»Bedacht auf die Wiederherstellung der Familie in ihrer ganzen Kraft
und Festigkeit« (Gesetz vom 23. Juli 1942), stärkte das Vichy-Regime
die Institution Familie als solche viel energischer, als es die zu Ende
gehende Dritte Republik getan hatte. Man muß indessen unterscheiden
zwischen dem, was sich an dieser Politik als übernommenes und wei-
tergegebenes staatliches Erbe darstellt, und dem, was eigentümlich für
dieses Regime der moralischen Ordnung war, das auf die Reglementierung aller individuellen Verhaltensweisen aus war.[5] Im Zusammenhang mit dem Geburtenrückgang in der Zeit zwischen den beiden
Weltkriegen wurde die Intervention des Staates zugunsten der Familie,
die zunächst auf streng repressive geburtenfördernde Maßnahmen
beschränkt war, nach und nach immer umfassender, bis sie endlich,
wiewohl spät und nur ansatzweise, die Politik der Geburtenförderung
und die Sozialpolitik zusammenführte. Vichy übernahm von der Regierung Daladier den im Juli 1939 verabschiedeten Code de la famille und
erweiterte dessen Geltungsbereich. Der korporatistische Geist seiner
Gesetze, wie zum Beispiel die Vertretung der Familienverbände in der
Regierung (die sogenannte Lex Gounot vom 29. Dezember 1942),
konnte den Fortbestand gewisser Bestimmungen bis zur Befreiung
nicht verhindern. So erhielt eine Weise der staatlichen Intervention
Nachdruck, die aus der Familie ein soziales Phänomen von öffentlichem Interesse machte.

Innerhalb der Familie hatte die verheiratete Frau seit 1938 mehr
Rechte und Mittel erworben, auf eigene Faust zu agieren. Als Verteidiger des höheren Interesses der Familie, ihrer Einheit und ihres Fortbestandes – dazu gehörte, daß die Mutter den Vater im Falle seines
Versagens oder seiner Abwesenheit ersetzen konnte – hatte Vichy keinen Grund, diese Befugnisse zu beschneiden, solange die Trennung
zahlreicher Haushalte infolge von Gefangenschaft und Zwangsarbeit in
Deutschland das Regime nötigte, an der zivilen Rechtsfähigkeit dieser
Frauen festzuhalten. Diese zaghafte Weiterentwicklung des Rechts in

Richtung Gleichheit der Ehegatten innerhalb der Ehe hatte indessen Grenzen, die bis weit über 1945 hinaus fortbestanden.

Das Gesetz von 1938 behielt nach wie vor dem Ehemann die Verantwortung für alle Entscheidungen vor, die das häusliche Leben wesentlich beeinflußten; diese Vormachtstellung in der Ehe übte der Ehegatte in seiner Eigenschaft als »Oberhaupt der Familie« aus (Gesetz vom 22. September 1942). Obwohl 1945 die wiederhergestellte Republik einen Neuanfang setzen wollte, gaben die Juristen der Ansicht statt, daß das Einspruchsrecht des Gatten gegen eine Berufstätigkeit der Frau mit einer vom »Interesse der Familie im allgemeinen«[6] geleiteten »Regel öffentlicher Art« gleichzusetzen sei, und man hielt bis 1965 an ihm fest; was die Eigenschaft des »Oberhaupts der Familie« anbetraf, so verschwand sie erst 1970. Das Vichy-Regime verriet seinen autoritären und reaktionären Charakter noch mehr durch Gesetze, die sehr strikt die Handlungsfreiheit der Ehegatten beschränkten und die Mutterschaft zur nationalen Pflicht erklärten.

Bekanntlich hat der französische Staat von 1920 bis 1975 die Abtreibung verboten und unterdrückt. Vichy hat die Natur dieses Delikts unbestreitbar dadurch abgeändert, daß es die Täterinnen als »gefährliche Individuen« einstufte und verwerflicher »Handlungen« beschuldigte, die geeignet seien, »dem französischen Volk zu schaden«. Abtreibung wurde mit behördlicher Internierung bestraft und unterlag der Zuständigkeit des Staatsgerichts. Das Gesetz (vom 15. Februar 1942) schonte in der Theorie die Frauen, die eine Abtreibung vornehmen ließen; es verfolgte aber mit voller Härte diejenigen, die ihnen dabei halfen: Zwischen 1942 und 1944 gab es aus diesem Grunde fast 4000 Verurteilungen pro Jahr. Im Juli 1943 wurde eine Frau, die abgetrieben hatte, sogar mit dem Fallbeil hingerichtet; Um ein Exempel zu statuieren, brach Vichy mit einer ungeschriebenen Tradition des französischen Staats, an Frauen kein Todesurteil zu vollziehen.

Das Gesetz vom 2. April 1941 machte das Scheidungsverfahren extrem schwierig und langwierig, nachdem die Praxis der dreißiger Jahre es bereits erleichtert hatte. Im Namen der »moralischen Verpflichtung« (nicht nur der Unterhaltspflicht) wurde das Verlassen der Familie nunmehr als »Desertion« betrachtet und per Gesetz vom 23. Juli 1942 zu einem strafwürdigen Delikt gemacht. Was nicht bedeutet, daß das Vichy-Regime zwischen den Ehegatten die Gleichheit der Pflichten hergestellt hätte: Diese lagen weiter mehr bei der Frau, namentlich die Pflicht zur Treue. Hinsichtlich der Trennung von Ehepartnern führte der Staat Maßnahmen ein, die jeder Schwächung der Ehefrauen vorbeugen sollten: Das Gesetz vom 23. Dezember 1942, »in dem Bestreben, die Würde des Heims zu schützen«, bestrafte speziell den Ehebruch mit der Ehefrau eines Kriegsgefangenen; wie Michèle

Bordeaux schreibt, galt dieser Ehebruch nicht mehr als ein Delikt im Privatbereich, sondern als »Delikt gegen die Gesellschaftsordnung, das von Amts wegen im Namen des Gemeinwohls verfolgt wird«.[7] Dieser Schutz des Heims abwesender Männer erfolgte mit um so größerer Wachsamkeit, als die Richter den Wortlaut des Gesetzes, das nur die »offenkundige wilde Ehe« kannte, großzügig auszulegen pflegten.

Dieses Gesetz stand im Mittelpunkt einer allgemeineren und schwierigeren Frage: Inwiefern waren Maßnahmen zulässig, die der Staat zugunsten der Familien, aber auch im Namen der Familie einführte, was auf eine Vermengung von privater Moral und gesellschaftlicher Ordnung hinauslief, und inwieweit wurden diese Maßnahmen von den Franzosen gebilligt? Das Vichy-Regime hatte es mit einer Gesellschaft zu tun, deren Werte und Vorstellungen in bezug auf das eheliche Glück, die Rolle der Geschlechter und die Frauenerwerbstätigkeit weder homogen noch immer klar erkennbar waren. Trotzdem hat es den Anschein, als habe sich seit den dreißiger Jahren ein Modell von Familienglück behauptet, das die Liebesheirat, das häusliche Leben und die Sorge um die Kinder aufwertete, während sich gleichzeitig das Streben nach einem Privatleben in der Familie manifestierte, das weniger einseitig der Erwerbstätigkeit und der umgebenden Gemeinschaft untergeordnet sein sollte.[8] Seit den dreißiger Jahren gab es in christlichen Bewegungen ein Nachdenken über das Paar und die Natur der ehelichen Beziehung, das im Krieg aufgekommen war und danach weiter entfaltet wurde. Auch die Leserinnen der neuen, auflagenstarken Frauenpresse der unmittelbaren Vorkriegszeit (*Marie-Claire*, 1937; *Confidences*, 1938) stellten sich die Frage nach den Voraussetzungen einer glücklichen Verbindung. Die Zeitschriften boten ihnen das Ideal eines »konstruierten Glücks«, welches in der Ehe Liebe und Annehmlichkeit, schwärmerische Hoffnung und Alltagsrealitäten miteinander versöhnte.[9] Dieser Familialismus wurde gewiß nicht allgemein geteilt und noch weniger gelebt: In vielen Gegenden gehorchte die Ehe nach wie vor Regeln, die dazu führten, daß die Familie weiterhin und in gesteigertem Maße ausgebeutet wurde; außerdem deckte er sich nicht zwangsläufig mit der reaktionären und autoritären Ideologie der Nationalen Revolution. Während Vichy nichts anderes predigte als Verpflichtung, Gehorsam und Hierarchie, war ein anderes Modell darum bemüht, Glück und Pflichten, Moral und Freiheit in der Liebe und im gegenseitigen Respekt der Ehegatten miteinander in Einklang zu bringen. Es basierte bezeichnenderweise auf dem Recht der Familie, sich in autonomer Weise selbst zu bestimmen und jeglicher Einmischung des Staates in die privaten Angelegenheiten zu widerstehen.

Mußte eine Frau berufstätig sein? Françoise Thébaud zeigt, wie verbreitet das Ideal der Mutter-Gattin-Hausfrau war, auch bei den Linken.

Die in den dreißiger Jahren verfolgte Politik der Gesundheitsvorsorge und der Sozialhygiene sowie der Verbesserung der Kinderpflege erweiterten die Rolle und die Verantwortung der Mutter und unterstrichen die positive Wirkung ihrer ständigen Anwesenheit zu Hause.[10] Die Krise und die sehr reale Bedrohung der Arbeitslosigkeit mögen die Hoffnung der Arbeiterinnen genährt haben, daß sie zu Hause besser daran seien, verglichen mit den schweren und kräfteraubenden Tätigkeiten, welche die minder qualifizierten Arbeitnehmerinnen in häufig unsicheren Stellungen verrichten mußten. Berthie Albrecht schreibt über ein Praktikum, das sie im Rahmen ihrer Ausbildung zur Betriebsfürsorgerin 1937 bei den Lagerverwalterinnen der Galerie Lafayette absolvierte: »Sie beneiden die reichen Frauen weder um ihre Kleidung noch um ihren Luxus; sie beneiden sie um die wundervolle Möglichkeit, zu Hause zu bleiben!« Denselben Wunsch gab es bei den Frauen der christlichen Landjugend (JAC), die für die Landbewohnerinnen »das Recht auf das Heim« und ihre Befreiung von den anstrengendsten Arbeiten auf dem Feld forderten.[11] So könnten die Rückbesinnung auf die Werte der Familie und die Erwartung einer staatlichen Politik der Familienunterstützung eine Erklärung dafür bieten, daß ein Teil der öffentlichen Meinung und der Frauen selbst die Familienpolitik des Vichy-Regimes billigten und an ihrer Umsetzung mitwirkten.

DIE PARTIZIPATION DER FRAUEN AM GEMEINWESEN

Die tugendhaften Frauen, welche die Nationale Revolution feierte, waren demungeachtet moderne, intelligente, tüchtige, in ihrer Häuslichkeit glückliche Frauen, die dennoch, schon im Interesse der ihren, nicht von der Außenwelt abgeschnitten lebten; denn um das Glück der Familie zu begründen, genügte es nicht, eine treffliche Hausfrau und Kinderpflegerin zu sein.

Frauenbildung und Frauenkultur: Die Rolle der Christen

Die Teilnahme der Frauen am öffentlichen Leben durch soziales Handeln und vor allem militant-christliche Vereine wurde seit langem als Erweiterung und Vertiefung ihrer häuslichen Aufgabe anerkannt und akzeptiert. Sie entwickelte und veränderte sich in der Zeit zwischen den beiden Weltkriegen mit dem Entstehen von »Bildungsbewegungen, die in ihrer großen Mehrheit von Frauen und nur für Frauen waren (...), und ebensosehr auf ihr volksaufklärerisches Wirken wie auf ihre

weibliche Besonderheit pochten«.[12] Ihr Ehrgeiz war es, Frauen und
Mädchen eine staatsbürgerliche und soziale Erziehung zu ermöglichen,
Eliten zu bilden, die weibliche Jugendbewegungen, die milieuspezi-
fisch und von den männlichen Parallelorganisationen unabhängig
waren, ins Leben rufen sollten.

Seit dem Ersten Weltkrieg wußte man in bürgerlichen Kreisen, daß
junge Mädchen einen Beruf ausüben und notfalls ein Leben in der Ehelosigkeit führen können mußten, wenn auch die Ehe das Ideal des
Lebens blieb. Durch Pfadfinderausflüge, Tanzveranstaltungen, Kinobesuche, aber auch die Geschlechtermischung im Büro, wuchs in den
dreißiger Jahren eine Generation Mädchen heran, die man sich immer
in Blüte wünschte, die aber weder unwissend noch ängstlich waren.
In der unmittelbaren Vorkriegszeit sah man sie, in Shorts, den Ruck-
sack auf dem Rücken, von Herberge zu Herberge radeln oder wandern, verbunden mit der Natur und ihren Segnungen. Zwar blieben
gewisse Prälaten überzeugt, daß »Leibesübungen sich für eine Frau
nicht schicken«, aber Ausbilderinnen und Führerinnen billigten diese
übertriebene altmodische Prüderie nicht. Im Gegenteil, man förderte
körperliche Betätigung im Namen ihrer hygienischen und moralischen
Vorzüge. Das Ideal der Frau war jetzt das eines gesunden, robusten
und doch schlanken Körpers und eines natürlichen, offenen Gesichts,
als treuer Spiegel einer rechtschaffenen Seele und eines beherzten Charakters. Mode und Frauenzeitschriften trugen das ihre bei, dieses Bild
von der Frau zu verbreiten, und verurteilten im Namen des Natürlichen
und Einfachen »die manierierte, aufgedonnerte Schönheit« früherer Jahre.[13] Jene moderne Haltung, die eine stärkere Beachtung der Frau als
Person forderte und ihr durch Erziehung zur Eigeninitiative und zum
Handeln konkret beibrachte, mehr Verantwortung zu übernehmen, war
ohne Zweifel nicht das Vorrecht christlicher Bewegungen allein. Aber
sie obsiegte in der Zeit der Nationalen Revolution aufgrund der bis
1943 beherrschenden Rolle militanter Katholiken im Generalsekretariat
der Jugend (darunter Jeanne Aubert, Gründerin der Christlichen Arbei-
terjugend Frankreichs [JOCF, 1928]).

Der Einsatz dieser Verantwortlichen zugunsten junger Mädchen –
weniger bekannt als der für die Jungen – zeugte von dem Willen, »der
Rolle der Frau im Gemeinwesen« Anerkennung zu verschaffen. Das
bestätigte schon im Oktober 1940 die Errichtung der École nationale
des cadres féminins in Écully, einer Beamtenschule für Frauen, die die
Aufgabe hatte, »verantwortungsbewußte Vorgesetzte« heranzubilden.
Die hier zugelassenen Mädchen rekrutierten sich »zu einem großen Teil
aus den Jugendbewegungen und den Reihen der Sozialpflegerinnen«
und erhielten eine theoretische und praktische Ausbildung, die sie auf
eine dringende Aufgabe vorbereitete: die Leitung von Zentren für jun-

ge Arbeiterinnen, die im September 1940 eröffnet worden waren, um erwerbslose Mädchen und Frauen zwischen 14 und 21 aufzufangen, und sich an bereits existierende öffentliche oder private Ausbildungsstellen angliederten. 1944 besuchten rund 20000 junge Mädchen 345 berufsvorbereitende und Ausbildungs-Zentren.[14]

So verschafften Frauen ihrer Kompetenz und Tüchtigkeit im Bereich der Jugend Anerkennung. Aber die Konzeption und die Unterrichtsmethoden, derer sie sich dabei bedienten, waren von Anti-Intellektualismus und Anti-Individualismus gekennzeichnet und wirkten besonders zweideutig in einer Zeit, in der man den Schulunterricht der Mädchen, ein Erbe der laizistischen Republik, neu überdachte. In der Zwischenkriegszeit war der Sekundarstufenunterricht der Mädchen durch eine Reihe von Reformen am Lehrplan für Jungen ausgerichtet worden, was auf heftige Kritik einer beträchtlichen Zahl von Eltern und Erziehern gestoßen war, darunter auch der Association des parents de l'école libre; im Namen der weiblichen »Persönlichkeit«, ihrer Berufung und der diesem Geschlecht eigenen »Kultur« denunzierte man einen Egalitarismus, der wenig Achtung vor Unterschieden zeigte, und verlangte, daß nach anderen Methoden und Wegen gesucht würde, um den Mädchen »anderes und dies auf andere Weise« beizubringen als den Jungen.[15]

Das Vichy-Regime hat jedoch das Prinzip eines gleichen Schulunterrichts für beide Geschlechter nicht grundsätzlich in Frage gestellt, abgesehen von der Einführung des Faches »Hauswirtschaft« (Gesetz vom 18. März 1942), das für alle Mädchen auf allen Stufen obligatorisch war, in der Praxis aber selten unterrichtet wurde – aufgrund der ungenügenden materiellen Voraussetzungen, aber vielleicht auch infolge des zähen Widerstands des weiblichen Lehrpersonals gegen die Parolen des Regimes. Konnte Vichy, ohne heftige Reaktionen auszulösen, ein Erbe und ein Recht, die unumkehrbar geworden waren, wieder in Frage stellen? Und genügte die 1941 dekretierte Reform der Sekundarstufe, welche die Selektion verstärkte, um den Zugang junger Mädchen zur Sekundarstufe einzudämmen? (1938 waren es in den staatlichen Gymnasien und Collèges 55000 gewesen, in den höheren Klassen der Primarstufe 50000.)

Dienen: Die Ambivalenz des Sozialen

Not, Elend, Einsamkeit als Folgen des Krieges rechtfertigten die Appelle des Regimes an die Solidarität und Hilfsbereitschaft der Menschen. Um den dringendsten Bedürfnissen gerecht zu werden, entstand, unter unmittelbarer Aufsicht des État français oder in seinem Einflußbereich, ein bedeutendes soziales Netz, das Familien beistehen und plötzlich alleinstehende Frauen unterstützen und leiten sollte. Die Vichy-Zeit brachte eine deutliche Stärkung der zentralisierenden Rolle des Staates auf dem Gebiet des Gesundheitswesens und der sozialen Dienstleistungen und eine zunehmende Professionalisierung der hierfür zuständigen Berufe (dieser Arbeitsbereiche) unter Aufsicht des Sekretariats (später Kommissariats) für Familie und Gesundheit. Vor diesem Hintergrund strengerer staatlicher Beaufsichtigung und gefährdeter Unabhängigkeit agierten Vereine wie der 1941 aus der Ligue ouvrière chrétienne hervorgegangene Mouvement populaire des familles (MPF), wobei Konflikte mit den staatlichen Sozialdiensten und der mit der Koordination privater Wohltätigkeitswerke betrauten Nationalen Fürsorge (Secours Nationale) nicht vermieden werden konnten.

Der Krieg war eine günstige Zeit für die Umsetzung des Mottos »Sehen, Urteilen, Handeln«, das Geist und Methode des MPF auf einen Nenner bringt; er beschleunigte die Ausbildung und Beförderung aktiver Frauen. Der MPF motivierte die Frauen von Kriegsgefangenen, »ihre Probleme selbst in die Hand zu nehmen« und sich in kollektiven Aktionen auf einer praktischen Ebene zu engagieren. In demselben Geist selbstbestimmten und verantwortlichen Handelns suchte die Fédération des associations de femmes de prisonniers, die den Frauen von Kriegsgefangenen drohende Isolierung zu durchbrechen und gleichzeitig ihre Abhängigkeit von den offiziellen Institutionen zu mindern, die sie mit einer erdrückend-moralisierenden Fürsorge umgaben (»Famille du prisonnier«, »Maison du prisonnier«).[16]

Bezeichnete der Krieg also den Höhepunkt des »Sozialen« als eines apolitischen, eigenständigen und gleichsam exklusiven Betätigungsfeldes der Frau im öffentlichen Leben? Jedenfalls zeigte er sehr deutlich dessen Grenzen und Ambiguitäten auf. Denn diese Betätigung war nicht immer politisch unschuldig: Das »Soziale« herrschte auch in den Propagandakampagnen vor, die man inszenierte, um dem Abmarsch nach Deutschland Akzeptanz zu verschaffen. 1943 brachte Radio Paris bis zum Überdruß die beruhigenden Aussagen von Sozialpflegerinnen, die aus Deutschland zurückgekehrt waren. In entgegengesetzter Richtung profitierte die Widerstandsbewegung Combat in der französischen Nordzone von der Unterstützung durch die Absolventinnen der École des surintendantes d'usine (Betriebsfürsorgerinnen-Schule).

Rückblickend fragten sich die Aktivistinnen des MPF nach dem Sinn ihres Handelns und ihrer Politik der Präsenz neben dem Staat in einer solchen Zeit: Hatte nicht die drängende soziale Not, so real und gravierend sie gewesen war, ein kollektives (wo nicht gar individuelles) politisches Engagement kompromittiert, das entscheidender hätte wirken können als nur in der Organisation von Hilfeleistungen? So kam

es 1945 zu der »sehr bitteren Feststellung«, daß man bei den Kämpfen
der Résistance gefehlt hatte. Dieselbe Ambiguität brachte die Sozialpflegerinnen in eine heikle Lage zur Zeit der Befreiung.[17]

So suchten Idee und Wirklichkeit der wohltätigen Rolle der Frauen
im Gemeinwesen ihren Platz zwischen totaler Emanzipation und absoluter Unterwerfung unter ein autoritäres Patriarchat. Vom Regime wurde das nicht verurteilt, sondern sogar gebilligt: Frauen konnten in der
Gemeindeverwaltung mitwirken; die betrieblichen Sozialausschüsse, im
Oktober 1941 durch die Charta der Arbeit für Unternehmen mit mehr
als hundert Arbeitnehmern eingeführt, schlossen Frauen nicht aus,
auch wenn nur die wenigsten von ihnen darin mitwirkten. 1942 saßen
drei Frauen im Sozialausschuß der Firma Berliet. Schließlich zog der
Nationalrat von Vichy in seinen Verfassungsentwürfen in Betracht,
Frauen das Wahlrecht zu gewähren.[18] Diese Anerkennung ihrer Rolle
konnte, zumindest theoretisch, dazu beitragen, Mädchen und Frauen
auf die Werte und das Projekt der Nationalen Revolution zu verpflichten, ohne sie doch, nach Art totalitärer Regime, durch kollektive und
obligatorische Indienstnahme der direkten Kontrolle des Staates zu
unterstellen: Vichy hat weder eine Einheitsjugend noch eine staatliche
Frauenorganisation geschaffen. Aber der 1943 einsetzende Übergang
des Regimes zu immer faschistoideren Polizeimethoden hat auf seiten
der christlichen Verantwortlichen und Aktivisten eine Haltung des
Mißtrauens gegenüber einem Diskurs erzeugt, der jetzt immer weniger
von der Familie und immer mehr vom Beitrag zum Endsieg Deutschlands redete.

Und welchen Wert hatte die Lobpreisung der Familie und gar des
Gemeinwesens für Millionen von Frauen, deren Alltag sich in Not und
unter tausend Schwierigkeiten abspielte? Welche Zustimmung, welche
Unterstützung konnte das Regime von den Frauen erhoffen, als die
Realität der Okkupation seinem Traum von einer wohlgeordneten und
friedlichen ländlichen Gesellschaft, getragen von der unermüdlichen
Opferbereitschaft bewundernswerter Mütter, sehr schnell völlig zuwi-
derlief?

Die Werte der Familie in der Bewährungsprobe des Krieges

Im Jahr 1940 nahmen die Deutschen 1 600 000 Männer gefangen. Mehr
als die Hälfte der Gefangenen waren verheiratet, ein Viertel von ihnen
waren Familienväter. Fast eine Million Männer lebten fünf Jahre in
Gefangenschaft. Für jene Frauen, die das Glück hatten, den Gatten,

den Verlobten oder den demobilisierten Bruder schon 1940 heimkeh-
ren zu sehen, währte die Ruhe nur kurz: Zwischen 1942 und 1944
zogen, vermittelt durch den Service du travail obligatoire (STO),
600000 bis 700000 Männer zur Zwangsarbeit nach Deutschland. Frau-
en und Familien durchlebten eine Trennung, die anders war als jene
von 1914/18. Die Abwesenheit der Männer und die Erwartung ihrer
Heimkehr waren nicht von der gleichen Art wie damals. Schonte die
Gefangenschaft auch das Leben der Soldaten, trennte sie die Paare
doch radikal; sie untersagte jedes noch so kurze Wiedersehen, das der
Heimaturlaub zugelassen hatte. Die durch den STO requirierten
Zwangsarbeiter waren in derselben Situation, da die Deutschen sehr
bald den ihnen theoretisch zustehenden Urlaub suspendierten. Bei
einer so langen Trennung reduzierte sich die Verbindung auf Briefe
und reglementierte Pakete. Die Frauen übernahmen wie 1914/18 die
Rolle des Familienoberhaupts und entdeckten, daß sie sich »ganz gut
allein durchschlagen« konnten, aber ihr Einsatz, die Energie, die sie
aufwenden mußten, waren ebenso empfindlich wie notwendig, durch
die Umstände erzwungen und provisorisch. Die Untersuchungen Sarah
Fishmans zeigen, daß die Abwesenheit des Mannes nicht genügte, die
mit der jeweiligen Rolle der Gatten in der Ehe verbundenen Ideen und
Werte in Frage zu stellen. Die Frauen betrachteten sich als Familienoberhaupt kraft Übertragung und auf Zeit: »Résistance«, erinnert sich
die Frau eines Kriegsgefangenen, »hieß vor allem, die Wohnung in
Schuß halten, die Hoffnung nicht aufgeben, alles für die Heimkehr vorbereiten.«[19]

Ein anderes Zeichen dieser Zeit, die die Jugend glorifizierte: Die
Erwachsenen fürchteten die unheilvollen Auswirkungen der Abwesenheit des Vaters auf das Gemüt und die Moral der Kinder; auf die
Jugendlichen, die versucht sein mochten, ihrer Mutter den Gehorsam
zu verweigern, aber auch auf die Kleinen, die einen Lebensrahmen
und das Vorbild einer »normalen« Familie brauchten. Die Verantwortlichen der offiziellen Institutionen gaben reichlich Ratschläge an die
Mütter, das Bild des Abwesenden zu pflegen und seine Rolle zu schützen.

Diese Einstellung und diese Mentalität der »Hüterinnen« entsprach
der Erwartung und der Angst der Männer, die, ganz wie 1914–1918,
von der Vorstellung des Verlassenwerdens oder des Fehlverhaltens
ihrer Frauen gepeinigt wurden; eine um so lebhaftere Vorstellung, als
viele Kriegsgefangene jung waren und nur ein kurzes Eheglück erlebt
hatten, in den Arbeitslagern Gerüchte über die hohe Zahl der Scheidungsbegehren kursierten und, im Unterschied zu 1914–1918, eine
Besatzungsarmee im Land war. Der Staat trug diesen Ängsten durch
das bereits erwähnte Gesetz vom Dezember 1942 »zum Schutz der

Würde der Familie« Rechnung. Er konnte auch auf die kollektive Überwachung des Verhaltens im Dorf, im Betrieb oder in Familien zählen, die Frauen von Kriegsgefangenen aufgenommen hatten. Angehörige der Fédération des femmes de prisonniers erinnern sich, daß sie viel unter den Vorurteilen ihrer Umgebung und ihrer Nachbarschaft hinsichtlich der Schwäche alleinstehender Frauen zu leiden hatten. Manche ertrugen nur schwer eine Bevormundung, die sie für anormal hielten. Laure, die junge Mutter von zwei kleinen Töchtern, lebte bei ihren Schwiegereltern. Ihrem Tagebuch vertraute sie ihre Hoffnung auf das Leben in einer autonomen Zweierbeziehung an, in der gemeinsam Verantwortung getragen wurde: »Das ist es, weshalb *ich* dich brauche. Eine Familie, das ist ein Papa, eine Mama und die Kinder. Es ist nicht eine Korona von Großeltern mit drei Kindern, von denen ich das älteste bin.« Sie gestand, daß auch sie eifersüchtig war: Es war Tatsache, daß die Gefangenen trotz wiederholter Verbote und Sanktionen durch das deutsche Oberkommando während ihrer Gefangenschaft Kontakt und regelmäßigen Umgang mit Fremdarbeiterinnen und sogar mit deutschen Frauen hatten.[20] Nach dem Ende des Krieges erfolgte die Rückkehr des Vaters in die Familie nicht immer reibungslos; bisweilen hatte die Gefangenschaft die Paarbeziehung definitiv zerrüttet. Die Scheidungsfreudigkeit der Männer zwischen 1945 und 1947 dürfte mit der Heimkehr der Kriegsgefangenen zusammengehangen haben, auch wenn man das klassische Nachholen von Scheidungen berücksichtigen muß, die aufgrund des Krieges und des besonders restriktiven Ehescheidungsrechts des Vichy-Regimes verschoben worden waren.[21]

Die Besatzung hat auch den Bruch alter Bindungen, die Lockerung sozialer Zwänge und die Artikulation bisher unterdrückter Gefühle begünstigt; die Denunziation des Ehegatten war in dieser Zeit keine Ausnahmeerscheinung. Der moralische Schock der Niederlage, die Härte des Alltags und die Versuchung, durch krumme Geschäfte schnelle Gewinne zu machen, die für junge Leute bestehende Notwendigkeit, die Familie zu verlassen, ob sie sich gegen den obligatorischen Arbeitsdienst auflehnten oder nicht – dies alles trug nicht dazu bei, den Respekt vor den Eltern und vor den etablierten Werten zu stärken. Bei der Befreiung äußerten politisch Verantwortliche, Moralisten und Psychologen ihre Sorge über die Zukunft der »J 3«, dieser von den Versorgungsstellen so bezeichneten Kategorie von Jugendlichen, die sie als gefährdet, demoralisiert und zur Delinquenz neigend einschätzten. Einige junge Mädchen haben mehr Handlungs- und Bewegungsfreiheit gewonnen; Brigitte Friang, Studentin aus streng katholischem Pariser Milieu, erinnert sich: »Die Zeit war so verrückt, daß sie meine Eltern dazu brachte, alles zu schlucken.« Mit Verblüffung konstatiert sie, daß die Eltern ihr mit Rücksicht auf Verdunkelung und ungerechtfertigte

Reisekosten ohne Diskussion erlaubten, die ganze Nacht bis zum Morgengrauen auszubleiben, und sie erklärt das so: »Der Krieg war ihr kollektiver Bankrott; (...) das stellte eine ganze Reihe ihrer schönen Grundsätze in Frage. Sie konnten sich selbst nicht mehr zum absoluten Bezugspunkt machen.«[22]

Neben diesen Verhaltensweisen gab es auch eheliche und familiäre Solidarität, verstärkt durch widriges Geschick und die Notwendigkeit, gegen die vom Staat aufgestellten Regeln das tägliche Überleben zu sichern. Es gab die Komplizenschaft des Landwirts- oder Kaufmannsehepaares, das Waren der obligatorischen Ablieferung entzog und durch den unrechtmäßigen Verkauf von Lebensmitteln geringfügige oder große Gewinne erzielte. Es gab Komplizenschaft und Solidarität auch dort, wo die Familie sich zusammentat, um den Weggang eines Angehörigen nach Deutschland zu verhindern. Und schließlich muß man den Mut, ja die Kühnheit zur Sprache bringen, welche die Angehörigen von Verbannten bewiesen, um ihre verfolgten Familien zu retten. Die Familie wurde wieder stark: Schon 1943 setzte ein überraschender Aufschwung der Fruchtbarkeit legitimer Paare ein, Vorbote des nachhaltigen Baby-Booms der Nachkriegszeit (die Geburtenziffer lag bei 15,8 auf 1000, gegenüber 14,7 auf 1000 im Jahre 1937), und man zögert bei der Erklärung eines derartigen Phänomens. War es nur die Familienpolitik des Staates? War es nicht auch die Rache des privaten Lebens in einem bedrohlichen Universum?

ARBEIT UND LEBENSUNTERHALT

Wie im Ersten Weltkrieg waren Frauen, allein wegen der Abwesenheit der Männer, für die Aufsicht über die Familie und ihr Überleben verantwortlich; sie wurden aber nicht dazu aufgerufen, durch Erwerbstätigkeit zum Sieg beizutragen. Sie hatten die Folgen einer Wirtschaft zu tragen, die der Staat lenkte, ohne sie zu beherrschen, weil sie zunächst im Dienst der Besatzungsmacht stand.

Vichy und die Frauenarbeit

Im Oktober 1940 ergriff die Regierung sehr restriktive Maßnahmen gegen die Einstellung und Beschäftigung von verheirateten Frauen auf Arbeitsplätzen in der Verwaltung und im Öffentlichen Dienst. Diese Entscheidungen fielen in eine Zeit zunehmender Arbeitslosigkeit, die ihren Grund in der Desorganisation der Unternehmen und der schnellen Heimkehr der Mobilisierten hatte, deren Masse jetzt zu der der Frauen hinzukam, die während des sogenannten *drôle de guerre* (Sitzkrieg) eingestellt worden waren. Auf Privatunternehmen wurde das Gesetz nicht rigoros angewendet. Trotzdem muß es enorm unpopulär gewesen sein, da die Regierung der Öffentlichkeit erklären mußte, daß diese Maßnahmen nur provisorisch seien und dazu dienen sollten, die vorhandene Arbeit gerechter zu verteilen. Im Rundfunk hob der Staatssekretär für Arbeit, René Guerdan, hervor: »Die Regierung hat niemals die Absicht gehabt, die verheiratete Frau grundsätzlich wieder an den Herd zu verbannen, wie gewisse schlecht unterrichtete Leute haben glauben wollen.« Im Grunde machte es für die Frauen jedoch keinen Unterschied, ob diese Maßnahme das Ergebnis von grundsätzlichen oder konjunkturellen Erwägungen oder gar von beidem war. Die Fortdauer der Kriegsgefangenschaft, die Einbußen an männlichen Arbeitskräften durch die Zwangsarbeit in Deutschland seit 1942/43, die geringen Einkünfte von nicht getrennten Haushalten führten schnell zu einem Wiederaufleben der Frauenarbeit in ihrer ökonomischen und sozialen, zugleich kollektiven und privaten Realität, dort, wo der Bedarf an Arbeitskräften und die Überlebensstrategie jeder einzelnen Familie zusammenfielen. Im September 1942 wurde das Gesetz von 1940 vorläufig außer Kraft gesetzt, während der Staat gleichzeitig schon zahlreiche weibliche Aushilfskräfte für Schule, Post (PTT) und Bahn (SNCF) rekrutierte.

Noch weiter entfernte sich das Vichy-Regime von den Grundsätzen der Nationalen Revolution, als es auf deutschen Druck hin dekretierte, daß alle Frauen zwischen 15 und 45 Jahren (das waren rund 9 Millionen) dienstverpflichtet werden konnten. Indessen machte sich das Regime nicht zum Lieferanten weiblicher Arbeitskräfte nach Deutschland, wie das bei den Männern der Fall war. Die Bestimmungen der Gesetze »über Nutzung und Lenkung von Arbeitskräften« (4. September 1942, 26. August 1943, 1. Februar 1944) betrafen zunächst nur unverheiratete Frauen zwischen 21 und 35; dann galten sie für Frauen – auch verheiratete – zwischen 18 und 45, aber niemals für Mütter, und es wurde klargestellt, daß die Arbeit in Frankreich selbst verrichtet würde.

In diesem letzten Punkt scheint es, wollte die Regierung die Forderungen der Besatzungsmacht beschränken, die aus ihren Quoten Frauen nicht von vornherein ausgeschlossen hatte. Schon 1941 wandte sich die deutsche Propaganda, die zum freiwilligen Arbeitseinsatz in Deutschland aufforderte, an Frauen wie an Männer, und in der Tat kamen auch Frauen. Die zweite Aktion in bezug auf Arbeitskräfte, Anfang 1943 durch den für Fremdarbeiter im Deutschen Reich zuständigen Fritz Sauckel ausgehandelt, sah die Rekrutierung von 100 000 männlichen und weiblichen Arbeitskräften vor, zusätzlich zu 150 000

Fachkräften für Metallverarbeitung. Im April 1943 veranlaßte die jetzt ernstlich drohende Entsendung von unverheirateten Frauen nach Deutschland christliche Organisationen zu einer Intervention bei Marschall Pétain. Pastor Boegner begab sich eigens nach Vichy, um vom Staatschef das formelle Versprechen zu erwirken, daß Frauen von der Dienstverpflichtung nach Deutschland verschont würden.[23] Noch im Januar 1944 erstreckten sich die deutschen Forderungen auch auf die weibliche Bevölkerung, doch stellte Sauckel in einem für Hitler bestimmten Bericht über die geführten Verhandlungen klar, daß Pétain der Beschäftigung weiblicher Arbeitskräfte nicht im Deutschen Reich, sondern ausschließlich in Frankreich selbst zugestimmt habe.[24] Die Öffentlichkeit begehrte auf: Die Versammlung der Kardinäle und Erzbischöfe veröffentlichte im Februar 1944 eine Protesterklärung, der MPF in Saint-Étienne klärte den Präfekten über die Erregung auf, die das Gesetz vom 1. Februar verursacht hatte. Die Résistance verteilte Flugblätter: »Nicht eine Französin für das Reich!« Die restriktiven Klauseln der oben genannten Gesetze hinderten die Besatzungsmacht nicht, örtlich sehr starken Druck auszuüben und sogar schlicht und einfach zu Deportationen zu schreiten. Im Juni 1944 arbeiteten 44835 französische Frauen in Deutschland, das entsprach rund 2 Prozent sämtlicher ausländischer Arbeiterinnen, unter denen die sowjetischen und polnischen Frauen allein schon 85 Prozent ausmachten.[25] Aber wenn die Französinnen nicht massiv zum Arbeiten nach Deutschland gegangen sind – haben sie nicht in den französischen Fabriken für das Reich gearbeitet, wie es die Besatzungsmacht verlangte?

1940–1944: Eine Zunahme der Frauenbeschäftigung?

In dem Jahrzehnt zwischen 1936 und 1946 stieg die Erwerbsquote der Frauen nach damals durchgeführten Erhebungen um 3,4 Prozent, bei Berichtigung der Rohdaten um 1 bis 1,5 Prozent.[26] Die Zunahme der weiblichen Erwerbsquote betraf alle Altersgruppen mit Ausnahme der 25- bis 34jährigen; besonders stark war sie bei jungen Frauen zwischen 15 und 24. Der Anstieg bremste fürs erste den kontinuierlichen Rückgang der Erwerbstätigkeit von Frauen in der Zwischenkriegszeit, vor allem im industriellen Sektor, wo 1921 noch 53 Prozent der nicht in der Landwirtschaft tätigen Frauen beschäftigt waren, 1936 aber nurmehr 44 Prozent, und das trotz einer Umverteilung der Beschäftigung in den einzelnen Erwerbszweigen, die die Arbeiterinnen »von der Nähmaschine an die Presse« führte.[27] Indessen verdeckt dieser Anstieg im Gesamtzeitraum der zehn Jahre zu sehr die konjunkturellen Schwankungen zwischen den beiden Eckdaten: die Arbeitslosigkeit und instabile Beschäftigungslage von 1936 bis 1938, das vergrößerte Stellenangebot während des Sitzkrieges, schließlich die Ungewißheit der Zeit von 1940 bis 1944, für welche die vorhandenen allgemeinen Untersuchungen den Anteil der weiblichen Erwerbstätigkeit als solchen nicht erkennen lassen.[28] Es wäre also gewagt, zu behaupten, Frauen hätten die Zahl der männlichen Industriearbeiter ersetzt oder verstärkt, ohne genau anzugeben, zu welchem Zeitpunkt, in welchen Industriezweigen, in welchem prozentualen Anteil und in welchen Arten der Beschäftigung. Unter diesen Vorbehalten kann man den Kontext in Erinnerung rufen, der die Bedingungen für die Beschäftigung von Frauen schuf. Die gesamte französische Industrieproduktion litt an Erstickungserscheinungen: »Der Rückgang ist in den meisten Branchen älter als ein Jahrhundert«, wie Alfred Sauvy berechnet hat.[29] Konnten die Frauen in einer so unbeständigen Konjunktur ihre angestammten Arbeitsplätze halten? Diese Möglichkeit variierte je nach Gegend, Status des Unternehmens und Einstellung des Arbeitgebers.

Schon 1941 erstreckte sich die Zahl der französischen Arbeiter, die in Frankreich für Deutschland produzierten, nach und nach »auf die unterschiedlichsten Tätigkeiten und das gesamte Staatsgebiet«.[30] Systematisiert wurde diese Situation aber erst seit 1943, im Rahmen der zwischen Speer und Minister Bichelonne geschlossenen Vereinbarungen, die die für das Reich arbeitenden Unternehmen in bevorzugte Kategorien einstuften, was die Rekrutierung von Arbeitskräften und die Zuteilung von Rohstoffen betraf. Es war die Zeit, in der die Besatzungsmacht alle verfügbaren menschlichen Ressourcen zählte: In La Vienne stellten die Frauen 15 Prozent der verlangten Arbeitskräfte. Die Anordnungen der Besatzungsmacht privilegierten die für die deutsche Kriegführung nützlichsten Sektoren, beispielsweise die Bergbauindustrie, viel weniger jedoch die Erzeugung von Zwischenprodukten und Konsumgütern: Die Entwicklung von Kunstfasern vermochte das Verschwinden von Wolle und Baumwolle nicht auszugleichen, und die Zahl der Beschäftigten in der Textilindustrie, einem bereits im Niedergang begriffenen Sektor der Frauenarbeit, ging weiter zurück, namentlich im Norden. Dafür versuchten die Unternehmen der Schwerindustrie in Saint-Étienne, die vom massiven Abzug von Facharbeitern stark betroffen waren, weibliches Personal anzuwerben. Der Zeitraum von 1940 bis 1944 bestätigte die sich seit der Vorkriegszeit abzeichnende Tendenz zur Stabilisierung der Beschäftigung, zumindest bei den weniger qualifizierten Pariser Arbeiterinnen in der Schwerindustrie und der Elektroindustrie. In Marseille führte die Krise in der Lebensmittelindustrie und im Handel zu einem spürbaren Anstieg der Arbeitslosigkeit bei den Frauen, der 1943 seinen Höhepunkt erreichte, während andere Sektoren (Chemie, Schwerindustrie) sich behaupteten.

Als entscheidend erwies sich in einer solchen Konjunktur die Einstellung des Unternehmers. Trotz des Mangels an Rohstoffen hielten Arbeitgeber an ihren Arbeiterinnen fest: Das war in der Pariser Haute Couture ebenso der Fall wie bei kleinen Textilunternehmern im Westen Frankreichs. In Saint-Étienne, bei Casino, bewährte sich der für die Art der Unternehmensführung kennzeichnende Familialismus in dieser Zeit ganz besonders: Die Schwankungen in der Beschäftigung weiblicher Arbeitskräfte, entsprechend den Unberechenbarkeiten der Produktion, wurden durch eine unternehmerische Politik des Schutzes und Beistandes kompensiert, die die beschäftigten Frauen vor gänzlicher Arbeitslosigkeit und Not bewahrte.[31] Für diejenigen Frauen, die keine Anstellung in der Fabrik fanden, bot die spürbare Zunahme von – schlecht bezahlten und von den Männern aufgegebenen – öffentlichen Stellen eine Arbeitsmöglichkeit: 1944 waren mehr als 25000 Beamtenstellen bei den PTT durch Aushilfskräfte besetzt, zum großen Teil durch Frauen und sogar sehr junge Mädchen, zwischen Dezember 1941 und Dezember 1943 rekrutierte die SNCF 20000 von ihnen.[32] Was ist aus diesen Stellen geworden, nachdem die Ausschüsse 1946/47 beauftragt wurden, in der Verwaltung und im Öffentlichen Dienst das Budget zu kürzen und Arbeitsplätze abzubauen?

Aus den bereits angesprochenen Gründen wäre es unbedacht, kategorisch zu behaupten, daß die Frauen zwischen 1940 und 1944 mehr ins Büro als in die Fabrik gegangen seien; doch in den zehn Jahren zwischen 1936 und 1946, die den Anteil der nichtindustriellen Arbeitsplätze an der Frauenerwerbstätigkeit stärkten, bildeten die Jahre 1940–1944 unbestreitbar den Höhepunkt. Bald nach dem Krieg schätzte man, daß der Anteil der Frauen, die in freien Berufen und im Öffentlichen Dienst beschäftigt waren, an der nichtlandwirtschaftlichen Frauenerwerbstätigkeit seit 1936 stark gestiegen war, und zwar von 13,8 Prozent auf 21,3 oder 23 Prozent.[33] Daß die Frauenarbeit paradoxerweise unter einem Regime aufrechterhalten werden konnte und vielleicht sogar zugenommen hatte, das mit dem Anspruch angetreten war, sie zu reduzieren, hat nichts Verwunderliches: Sie war ein wesentlicher Bestandteil im täglichen Kampf um den Lebensunterhalt, der so schwer auf den Frauen lastete.

Die Last des Alltags

Wie lebt man, wenn der Gatte abwesend ist und sogar, wenn er da ist, sobald die – eingefrorenen – Löhne nicht mit den Preissteigerungen Schritt halten? Die offiziellen Preise stiegen, die Schwarzmarktpreise explodierten und fraßen die vor allem 1941 bewilligten Lohnerhöhungen wieder auf. Der Durchschnittslohn in Paris betrug 2500 Francs, aber die minder qualifizierten Stellen brachten nur 1200 bis 1800 Francs ein, und bisweilen nicht einmal das. Die nach Regionen und Beschäftigungsklassen aufgestellten Tarifordnungen lassen die Unterschiede hervortreten. Im Februar 1944 nahm ein vom nationalen Rundfunk ausgestrahlter Bericht der »Stimme der Arbeit« Bezug auf die Situation der Textilarbeiterinnen in der Normandie: Sie wurden nach Leistung entlohnt und brachten es, da sie mangelhafte Rohstoffe zu verarbeiten hatten, auf nicht einmal 1000 Francs pro Monat. In demselben Jahr kostete ein Pfund Butter (sofern es Butter gab) im Schleichhandel 200 bis 300 Francs. Im August 1943 erhielt die Frau eines Kriegsgefangenen vom Staat 140 Francs pro Woche – etwas mehr als der Preis einer Bluse.

Der Staat blieb in dieser Lage nicht gleichgültig. Durch Beihilfen vermehrte er die verfügbaren Einkünfte: 1943 durch eine Erhöhung der 1941 eingeführten Kinderbeihilfe für Familien mit nur einem Lohnempfänger, und fortan wurde sie auch unverheirateten Müttern gewährt; im Dezember 1943 durch spezielle Entschädigungen oder Sonderverdoppelung der Kinderbeihilfen. Dies ersetzte jedoch nicht einen zweiten, in Angestellten- und Arbeiterhaushalten unentbehrlichen Lohn, um die Kosten für die Ernährung zu bestreiten, die zwei Drittel der Einkünfte verschlangen. Aufgrund der immer gravierenderen Lebensmittelknappheit gingen die offiziellen Rationierungen, die im Oktober 1940 eingeführt worden waren und seit 1941 fast alle Arten von Lebensmitteln umfaßten, stetig zurück: Im September 1940 gab es 360 g Fleisch pro Woche, im April 1943 waren es 120 g; im August 1941 noch 650 g Fett, im August 1944 nurmehr 150 g. Aus diesem Grund konnte eine Zeitschrift wie *L'Unité, bulletin des ouvriers de la Révolution nationale* 1943 justament im Namen der Ideologie des Regimes, das die soziale Gerechtigkeit predigte, um den Klassenkampf zu beseitigen, vehement »diese allzu naive Darstellung« denunzieren, »die systematisch die glückliche Frau im Kreise ihrer bezaubernden Kleinen zeigt, die ihr das Leben versüßen«, und ihr »das traurige Bild weiblicher Plackerei« entgegenhalten und »Gerechtigkeit für die Arbeiterinnen« fordern.

Die Nationale Revolution schien weit entfernt. Für die Frauen war es nicht das vom Regime propagierte Vorbild der Opferbereitschaft, sondern die Realität des Alltags, was dem Schutz der Familie und der Führung des Haushalts fast zwangsläufig oberste Priorität gab. Der Krieg wurde notwendig zum Lehrmeister für jenes Know-how und jene häusliche Sparsamkeit, die man den Mädchen hatte beibringen wollen; Presse, Rundfunk, Reklame gaben unzählige Tips und Ratschläge zum Sparen und Aufheben, zur Verwendung und Wiederverwertung der kleinsten Dinge. Es war auch die Apotheose der sogenannten »weiblichen« Aufopferung und praktischen Veranlagung: Die Frauen standen endlos Schlange, zuerst vor dem Rathaus, um die Bezugsscheine abzuholen, ohne die man weder Lebensmittel noch Textilien bekam; dann harrten sie geduldig vor den Läden aus, mit ungewissem Erfolg, denn die Versorgung schwankte in nicht vorherzusehender Weise. Verzögerungen beim Wareneingang oder umgekehrt plötzliche Lebensmittelfreigaben zwangen die Frauen zu ständiger Wachsamkeit. Die Haushalte bauten allmählich, je nach Mitteln und Beziehungen, eine ergänzende Versorgung auf, die den Tauschhandel ebenso kannte wie den Rückgriff auf den Schwarzmarkt und den Appell an Freunde und Verwandte auf dem Lande, das in dieser Hinsicht begünstigter war als die Stadt.

Pakete von Verwandten, Initiativen von Unternehmen oder Verbänden, die Lebensmittel verteilten oder zu Preisermäßigungen beim Verkauf übergingen, die für die Kinder Vespermahlzeiten und Aufenthalte auf dem Land organisierten oder »Arbeitergärten« anlegten, erlaubten die Aufbesserung der Alltagskost, die in den meisten Haushalten sehr bescheiden ausfiel.[34] Die Gesundheit der Kinder wurde zur kollektiven Sorge und höchsten Priorität; Sozialpflegerinnen beobachteten in den Schulen das Auftreten von Krätze und Grind, die unterernährte Kinder befielen. Die Kenntnis der Kinderpflege verbreitete sich durch die Fülle der Ratschläge für junge Mütter, wie sie die Folgen einer unzureichenden Ernährung und der schlecht beheizten Wohnungen vorübergehend lindern konnten.

Diese Erfahrung von Not, erzwungener Sparsamkeit und ständiger Wachsamkeit endete erst 1949, mit dem Ende der Rationierung, denn die Befreiung hatte nicht jenen Überfluß beschert, den viele Familien sich ohne Zweifel erhofft hatten. Mütter und Töchter, die dieses Jahrzehnt erlebt hatten, wurden zweifellos in ihren Einstellungen und Verhaltensweisen dauerhaft geprägt. Sie hatten ein hauswirtschaftliches Know-how gewonnen, das für die Städterinnen der fünfziger und frühen sechziger Jahre unentbehrlich war, in der Stunde des Baby-Booms, der engen Wohnungen ohne Komfort, vor dem Aufkommen der elektrischen Haushaltsgeräte.

Ein derart schwer zu bewältigender Alltag hatte tiefgreifende politische und soziale Konsequenzen; er bedingte die Bildung der öffentlichen Meinung in bezug auf das Regime, Verhaltensweisen des Egoismus oder, umgekehrt, der Solidarität, die politische Bedeutsamkeit hatten oder haben konnten. Alles veranlaßte in dieser Zeit den strategischen Rückzug nach Hause, in eine Haltung des »vorsichtigen Abwartens« und des »Selbstschutzes«.[35] Die Franzosen konnten wohl beschließen, sich aus dem Konflikt herauszuhalten, der sich militärisch außerhalb des Landes abspielte, aber sie konnten nicht der Politisierung ihres Alltags ausweichen, welche die Maßnahmen des État francais und die nach November 1942 auf das ganze Land ausgedehnte Präsenz der Besatzungsmacht zur Folge hatten. Sie mußten sich nicht zwischen Achse und Alliierten entscheiden, aber sie konnten nicht die aus beiden Lagern kommenden Appelle ignorieren, die sie zur Entscheidung aufforderten. Die Frauen waren als solche nicht von dieser Schlacht ausgeschlossen; sie waren wie die Männer Spielball und Zielscheibe der Propaganda, weil es die öffentliche Meinung in ihrer Gesamtheit war, die jedes Lager für seine Ideologie und Strategie zu gewinnen suchte. Die Frauen waren voll und ganz im Krieg, weil sich dieser Weltkrieg im besetzten Frankreich ohne Front und ohne Kombattanten abspielte.

VATERLAND

Cunégonde, bekannte Figur in den Rundfunksendungen des »France Libre« in London, verstand die verworrene politische Lage in Frankreich schlecht oder kaum. Gleichwohl war diese neue Bécassine voll guten Willens und hatte den Wunsch, im Interesse ihres Landes zu wirken. Anhand von Begebenheiten aus ihrem Alltagsleben erklärte man ihr, wie man »weniger blauäugig« war, und bleute ihr immer wieder ein: »Unser Feind ist der Deutsche.« Die Pädagogik aus London bestand darin, allen Franzosen, Männern wie Frauen, einzuhämmern, daß niemand hoffen konnte, in diesem Krieg sein individuelles Schicksal zu bewahren: Die Besatzung ist eine kollektive Knechtschaft, die die Bevölkerung als ganze zur Geisel Deutschlands macht, unter Komplizenschaft Vichys, dieses »Anti-Frankreich«, das nicht, wie die Franzosen glauben mögen, ihr Schild und ihre Zuflucht ist, sondern sich im Gegenteil zum Erfüllungsgehilfen des Hitler-Regimes macht.

»Jeder Franzose, jede Französin kann etwas tun«

»Zählt nicht darauf, daß Vichy euch verteidigt«: In der ersten Zeit forderte London die Bevölkerung zum moralischen Widerstand auf, gekennzeichnet durch eine geschlossen ablehnende Haltung gegenüber der Niederlage, der Unterwerfung unter Vichy und dem Rückzug auf die eigenen Interessen. Unmittelbar betroffen waren die Frauen von dieser Strategie, die aus der Überlegung heraus entwickelt war: »Jeder Franzose, jede Französin kann etwas tun.« Noch mehr waren sie es, als London seit Frühjahr 1942 und dank der Intervention der aus Frankreich kommenden Widerstandskämpfer mehr auf die alltäglichen Sorgen der Franzosen einging, namentlich auf die Ernährungs- und Gesundheitsprobleme. Jetzt verlas man am Mikrophon die empörten Briefe jener anonymen Französinnen, »hartnäckig, unbeugsam«, die trotz der Not »durchhalten«.[36] Die Appelle waren um so dringender, als die öffentliche Meinung mehrheitlich ihren Haß gegen die Besatzungsmacht nicht sogleich mit der Ablehnung des herrschenden Regimes in Zusammenhang brachte. Im wesentlichen entdeckte sie erst Ende 1942 »das Band, das beide politischen Richtungen eint«. Aber selbst als der französische Staat, zum Miliz- und Polizeistaat geworden, ohne jede Zweideutigkeit erkennen ließ, daß er dem Hitler-Regime diente, »war im nationalen Maßstab nicht der kollektive Ausdruck eines wirklichen Widerstands- und Kampfgeistes zu erkennen«.[37] In dieser Hinsicht scheint es keinerlei Unterschiede zwischen den Geschlechtern gegeben zu haben. Die Ausübung der Staatsbürgerschaft, in der Dritten Republik den Männern vorbehalten, machte diese weder wacher noch entschlossener, Freiheit und Vaterland zu verteidigen. Was nicht bedeutet, daß Männer oder Frauen völlig und anhaltend passiv bis zur feigsten Selbstverleugnung geblieben wären. Resignation, der quälende Gedanke an den Alltag, Müdigkeit, Angst konnten durchaus mit Gesten der Solidarität gegenüber verfolgten Juden oder gejagten Widerstandskämpfern einhergehen, ohne daß sie deshalb zu einer kollektiven Mobilisierung geführt hätten.

Zwischen punktueller, zufälliger Hilfe einerseits und rückhaltlosem Engagement im Kampf andererseits konnten auch die Frauen wählen und entsprechend handeln. Sie taten es auf eigene Faust, ohne Anweisung und ohne bestimmte politische Überzeugung, aus Feindschaft gegen die Besatzungsmacht, um einem Verwandten einen Dienst zu erweisen, Leuten vom Land oder aus der Nachbarschaft, die sie jeden Tag trafen, aus Solidarität mit Kollegen: Eine Krankenschwester bescheinigte ungerechtfertigterweise Arbeitsunterbrechungen; eine Angestellte im Rathaus beschaffte ohne Befugnis Lebensmittelkarten oder standesamtliche Papiere. Exemplarisch war in dieser Hinsicht die Handlungsweise von Postbeamtinnen, Telefonistinnen und Briefträgerinnen: Sie erscheinen heute als »eines der wichtigen Räderwerke im PTT-Widerstand«. Dieser Widerstand [von Männern und Frauen], anonym, verschwommen, diffus, ist schwer zu quantifizieren, aber er bildete, im Angesicht von Denunziation und Isolierung, eine »Infrastruktur des Schweigens«, eine »Akkumulation von Gesten«, deren die organisierte Résistance bedurfte.[38] Er hat sich unbestreitbar auch zugunsten verfolgter Juden geäußert, die seit Sommer 1942 systematisch gejagt wurden.

Spätes Erwachen einer Nation, die gleichgültig zugesehen hatte, wie Vichy seit 1940 die bekannte diskriminierende Gesetzgebung einführte und den Deutschen ein Viertel der jüdischen Gemeinschaft Frankreichs auslieferte. Gleichwohl ein Erwachen, das Männer und Frauen zum Ungehorsam gegen den État français brachte, als seine – autoritären – Maßnahmen wirklich unmenschlich erschienen, weil das Regime, das die Familie verherrlichte, der Besatzungsmacht kleine Kinder auslieferte. François Bédarida erinnert daran, daß es »eine Fülle von individuellen und kollektiven, spontanen und organisierten Kanälen gab, die es erlaubten, die von den herrschenden Nazis befohlene und betriebene ›Endlösung‹ in ziemlich großem Umfang scheitern zu lassen«.[39] Die Rettung jüdischer Kinder war für Madeleine Barot und die Führung der protestantischen Hilfsorganisation CIMADE das Motiv, in den Untergrund abzutauchen. In diesem Augenblick konnten die sozialen Einrichtungen des Vichy-Regimes als Tarnung benutzt werden: In Rouanne verfrachteten die beiden verantwortlichen Frauen der Corporation paysanne regelmäßig jüdische Kinder aufs Land.[40]

In eine ganz andere Richtung, kollektiv und spezifisch weiblich diesmal, zielten Protest- und Kundgebungsbewegungen von Hausfrauen, häufig auf Betreiben von Aktivistinnen der Kommunistischen Partei, namentlich Danielle Casanova, bis 1939 Generalsekretärin der Union des jeunes filles de France. Entsprechend der Gesamtstrategie der Partei zielte diese Form der Aktion darauf ab, die weitverbreitete Unzufriedenheit des Volks gegen den État français zu mobilisieren. Yvonne Dumont, eine der Verantwortlichen für die Frauenaktion in der Nordzone: »Durch ihre Zahl und ihre Sorgen stellten sie (die Frauen) auf Zeit ein Aktions- oder wenigstens Unterstützungspotential für die Résistance dar (. . .). Man mußte nur beginnen, sie zum Protestieren und Handeln zu bewegen.«[41]

Dieses Ziel wurde durch die Einrichtung von Frauen-Volksausschüssen umgesetzt, die die Hausfrauen aufriefen, vor Rathäusern und Präfekturen zu demonstrieren, um die Freigabe von Lebensmittelvorräten zu erreichen und Kohlegutscheine oder eine Kartoffelzuteilung zu erhalten. In einer an Frauen gerichteten lokalen und regionalen Untergrundpresse wurden diese Aktionen angekündigt, geschildert und erklärt. Im Frühjahr 1942 nahm die Zahl der Demonstrationen zu. Der Rundfunk des Freien Frankreichs griff das Thema auf. In Paris waren die Demonstrationen auf den Märkten in der Rue de Buci und der Rue de la Daguerre von Reden unter dem Schutz der Franc-tireurs partisans (FTP) begleitet. Auf den Kundgebungen wurden die traditionellen Parolen gerufen: »Die Blutsauger weg! Wir wollen Brot!«, aber auch »Nieder mit den Deutschen [à bas les Boches]!« und, in Marseille 1944: »Weg mit der Miliz!« Anhand rein materieller Forderungen suchten die Aktivistinnen das heimliche Einverständnis zwischen Regime und Besatzungsmacht aufzuzeigen.

Indessen bleiben die effektive Wirkung dieser Ausschüsse und ihre
Bedeutung für die Meinungsbildung der Frauen schwer einzuschätzen.
Für die Aktivistinnen der Kommunistischen Partei war ihre Beteiligung
an der Résistance die normale Fortsetzung, die logische Folge ihres
Vorkriegs-Engagements, genauso wie für jene, die antifaschistischen
Bewegungen angehört hatten, wie zum Beispiel Madeleine Braun, Vor-
standsmitglied des Mouvement Amsterdam-Pleyel, die 1941 am Aufbau
der Nationalen Front arbeitete und später der Kommunistischen Partei
beitrat. Auch die Opfertat einer Suzanne Buisson, Sekretärin des
Comité national des femmes socialistes und im Sommer 1943 deportiert und vermißt, stützte sich auf politische Überzeugungen und Aktivitäten, die in die Vorkriegszeit zurückreichten; für viele andere war
es nicht so – sie engagierten sich ohne Erfahrung.

Die Résistance: Brüderlichkeit und Gleichheit der Geschlechter?

Der Eintritt in die aktive Résistance entsprang häufig einer individuellen Entwicklung, an deren Beginn die Ablehnung des Regimes oder
des Waffenstillstandes oder beides stand. Sie wurde gefördert durch
den Freundeskreis, das Netz der Verwandten.[42] Die Résistance war
naturgemäß geheim, verschwiegen, abgeschottet. Sie versteckte sich
hinter der Maske eines gewöhnlichen Alltagslebens, einer normalen
Berufstätigkeit, eines biederen Familienlebens. Oft entstand die Résistance in häuslicher Umgebung. Sie hatte vielfältige Aspekte: In ihren
Anfängen erfand sie in ungeordneter Weise Aktionsformen und Aufgaben, die nicht von vornherein weiblich oder männlich waren. Manche von ihnen war sogar zwangsläufig Gemeinschaftssache, weil sie
die Benutzung der Wohnung implizierten; Beherbergen, Führen, Ver-
pflegen, Verstecken, Unterrichten, Transportieren, alle diese Tätigkeiten
waren als solche weder rein weiblich noch untergeordnet. Sie waren
auch gefährlich; denn die Besonderheit der deutschen Okkupation
bestand darin, ein Regime der kollektiven Repression zu errichten, das
die Familie als ganze unter Verdacht stellte, unabhängig von der
tatsächlichen Handlung jedes einzelnen und ohne Rücksicht auf den
Rechtsgrundsatz, daß die Strafe der Schwere des Delikts entsprechen
muß: Im November 1943 wurde Jeanne Kahn, Mutter von zwei Kindern, in Lyon im Gefängnis Montluc inhaftiert und später deportiert,
aus dem einzigen Grund, weil ihr Mann als Widerstandskämpfer verhaftet worden war.[43]
    In Zeiten des klassischen Krieges bestand der einzigartige Mut der
Kriegsheldinnen darin, ihr Leben dort einzusetzen, wo es im Prinzip

allein die Männer tun durften. Das Handeln der Résistance, im Untergrund und von Repression bedroht, gebot Männern wie Frauen, noch
anderer Gefühle Herr zu werden als nur der Furcht vor dem Tode: der
Unruhe, niemals und nirgends wirklich sicher zu sein, der Angst vor
der physischen und psychologischen Folter, der quälenden Sorge über
die Gefahren, denen man nahestehende Menschen, namentlich Kinder
und Kameraden, aussetzte. Die Résistance zwang jeden zu derselben
Vorsicht, demselben Mut, derselben Kaltblütigkeit, gleichgültig, welchen Rang und welche Funktion er oder sie in der Gruppe bekleidete; denn der Feind wußte häufig nicht, mit wem er es zu tun hatte,
und stellte Verhöre an, um es zu erfahren.

Trotzdem scheint diese Gleichheit bezüglich der Risiken und Repressalien weder eine Gleichheit der Verantwortlichkeiten noch das Recht
auf Anerkennung eines gleichen Verdienstes gestiftet zu haben. Das
kollektive Gedächtnis der Résistance ehrt einige große Frauengestalten,
Opfer der Repression, deren Name bleibt – um daran zu erinnern, daß
auch Frauen den Preis der Freiheit gezahlt haben: Berthie Albrecht, mit
Henri Frenay verantwortlich für die Bewegung Combat, zweimal verhaftet und nach ihrer zweiten Internierung in Fresnes verschollen;
Danielle Casanova, 1942 verhaftet und bei der Deportation nach
Auschwitz gestorben; Simone Michel-Lévy, posthum mit dem Ehrentitel
»compagnon de la Libération« ausgezeichnet (was nur sechs Frauen
widerfahren ist), Organisatorin einer Widerstandsgruppe bei den
PTT, gefoltert, nach Ravensbrück deportiert, dann wegen Sabotage gehängt ... um nur diese zu nennen, für viele andere, die Geschichte
und Geschichtsschreibung vergessen haben. Nicht wenige aus der
Generation von Widerstandskämpfern und -kämpferinnen haben erlebt, wie ihr Engagement nach dem Krieg von politischen Bewegungen, namentlich der gaullistischen und der kommunistischen, vereinnahmt wurde, ohne daß sie selbst sich im politischen Leben engagiert
hätten. »Die Armee der Schatten ist stumm«,[44] ganz besonders jene, die
ihr patriotisches Engagement nicht gleichgesetzt hat mit einer politischen Festlegung in Abhängigkeit von einer Partei oder zugunsten
eines schon vor dem Krieg erprobten Aktivismus.

Die Frauen, von der Sphäre der Macht und der politischen Institutionen noch weiter als die Männer entfernt, haben die gewonnene
Erfahrung nicht geltend gemacht. Wollten sie es überhaupt? Bei der
Befreiung haben viele von der Bewegung Franc-tireur keinen Gebrauch von ihrem Recht gemacht, sich den Titel »freiwilliger Kämpfer
für die Résistance« zuerkennen zu lassen.[45] Der häusliche Aspekt des
von Frauen Geleisteten rückte das eingegangene Risiko ins Dunkel
oder ins Vergessen: Die »guten Gastgeberinnen«, die, in Komplizenschaft mit ihren Männern, beherbergt und verköstigt haben, sagten oft:

»Das war normal.« Die Rolle der Frauen ist wahrscheinlich darum vernachlässigt worden, weil sie weniger zahlreich als die Männer in organisierten Bewegungen waren und weil es nur sehr wenige gab, die an
die Spitze einer Untergrundorganisation gelangten, wie zum Beispiel
Marie-Louise Dissart vom Netz Françoise, das dem War Office untergeordnet war, Marie-Madeleine Méric-Fourcade, die für die 3000 Personen starke, dem Intelligence Service angegliederte Nachrichtengruppe
Alliance verantwortlich war, oder Claude Gérard, die mit dem Aufbau
der Geheimarmee der Bewegung Combat in der Dordogne betraut war
und für die Widerstandsbewegung in sieben Départements des französischen Südwestens verantwortlich wurde.

Die Geschichtsschreibung der Résistance hat in ihren Anfängen die
Untersuchung der Organisation der Widerstandsbewegungen und der
Aktionen militärischer Art der Résistance-Armee, etwa ihrer Sabotage-
akte oder ihres Untergrundkampfes, bevorzugt. Frauen kamen in den
großen Dienststellen der Organogramme der Bewegungen nicht vor.
Ebenso selten waren sie im bewaffneten Kampf. Sie waren anderswo: Sekretärinnen, Verbindungsagentinnen, Nachrichtenagentinnen (ein
Viertel aller Agenten der Alliance waren Frauen). Sie sicherten die
Organisation und die Schaltstellen der Fluchtwege: Im Herbst 1941 flog
die britische Gruppe Garrow auf, die im Norden organisiert worden
war. Über 50 Personen, unter ihnen viele Frauen im Alter von 30 bis
50 Jahren, wurden verhaftet, hingerichtet oder deportiert. Ist es möglich, eine »Frauen«-Résistance oder wenigstens eine weibliche Eigenart
in der Résistance auszumachen? Unbestreitbar hat die Résistance die
Weiblichkeit und ihre mutmaßliche Unschuld, Fragilität und Unwissenheit, die sie vom »starken Geschlecht« unterscheiden, als Tarnung
benutzt, und eben weil die Besatzungsmacht dieselben kulturellen und
sozialen Vorstellungen von weiblichem Verhalten hatte, konnte diese
Tarnung funktionieren. Jeanie Rousseau war noch keine zwanzig Jahre alt. Sie war Dolmetscherin in einer Wirtschaftsorganisation, die mit
deutschen Dienststellen zu tun hatte; sie war auch Amniatrix in der
Gruppe Alliance: »Ich konnte ohne großes Risiko agieren. Ich saß da,
unter lauter Deutschen, mit einem Zopf an der Seite und der Miene
des braven Mädchens.«[46] Durch Bestechung eines deutschen Offiziers,
dem sie aber auch die Komödie des verführten und verlassenen jungen Mädchens aus gutem Hause vorspielte, bekam Lucie Aubrac, die
tatsächlich schwanger war, die Erlaubnis zu einem Gespräch mit ihrem
»Enthehrer«, in Wirklichkeit ihrem von der Gestapo in Lyon festgehaltenen Ehemann Raymond Aubrac, bevor sie seine Flucht organisierte.

Die Erzählungen von Widerstandskämpferinnen erwähnen häufig die
Zweckentfremdung weiblicher Gegenstände oder Gesten: Das Zu-
rechtrücken eines Strumpfbandes, das Erneuern des Make-ups in der

Ecke eines Hauseinganges erlaubte es, einen Moment stehenzubleiben und die Umgebung zu prüfen. Eine wirkliche oder vorgetäuschte Schwangerschaft erklärte die – sehr praktische – Weite der Kleidung. In dem verdeckten Kinderwagen eines Säuglings und in den Windeln konnte man Flugblätter verstecken. Der Einkaufskorb, unentbehrlichstes Utensil in diesen Zeiten der Not, diente jeder Art von Transport. In ihm verbarg Olga Banciv, die einzige Frau in der Gruppe Manouchian der FTP-MOI, die Waffen für die Attentate. Muß man darum zu dem Schluß kommen, die Résistance habe die Weiblichkeit nicht anders denn als Tarnung eingesetzt und die Frauen selbst als Hilfskräfte betrachtet, gewiß als effiziente und exponierte, aber eben doch als Hilfskräfte? Viele Widerstandskämpferinnen betonen, daß sie ihr Engagement in Gleichheit und Brüderlichkeit erlebt haben, in der Solidarität des Kampfes und des gemeinsamen Risikos, die das Dogma von der Überlegenheit des Mannes milderten, ja beseitigten. Verantwortlich hierfür war nach Brigitte Friang »das Klima eines nichtkonventionellen Krieges, der alle Äußerlichkeiten wegfegte (...). Wir hatten für eine gewisse Zeit eine neue Gesellschaft gestaltet, in der jeder über seine volle menschliche Würde verfügte und dem anderen gleich war. Der Arbeiter dem Großbürger, sicher, aber vor allem die Frau dem Mann.«[47]

Es ist auch wahrscheinlich, daß die Einstellung der Frauen die ihnen entgegengebrachte Einschätzung und Achtung gefördert hat: Manche der »kleinen Sekretärinnen« an der Beamtenschule von Uriage, die von den Dozenten, die sie ignorierten, auf Distanz gehalten worden waren, erwiesen sich in der Stunde des Untergrundes als sehr effiziente Mitarbeiterinnen. Aber diese Gleichheit stieß an ihre Grenzen, sobald die Widerstandsaktion militärisch wurde; das zeigt Paula Schwartz in einer Studie über kommunistische Partisaninnen, die in Gruppen der Stadtguerilla (Madeleine Riffaud in Paris, Madeleine Baudoin in Marseille), in Sabotageakten und im Untergrundkampf engagiert waren. Diese Partisaninnen waren nicht sehr zahlreich, jung und zum größten Teil unverheiratet. Sie konnten eine Aktion vorbereiten und leiten, Waffen geleiten und zurückholen, aber nur die wenigsten konnten sich ihrer auf die reguläre Weise bedienen: Das Abdrücken und Feuern blieb die Ausnahme, was in anderen Ländern nicht der Fall war, wo die Teilnahme von Frauen am bewaffneten Widerstand gang und gäbe war, zum Beispiel in Jugoslawien. Im übrigen wurde die Rolle jener Frauen in dem Maße immer enger definiert, wie die Résistance sich »normalisierte«. Bei der Befreiung wurden sie, trotz einigen Protestes, aus den Kampfverbänden der innerfranzösischen Streitkräfte (Forces françaises de l'intérieur, FFI) ausgeschlossen. Das war auch der Fall bei Jeanne Bohec, einer dem zentralen Nachrichten- und Aktionsbüro (Bureau central de renseignement et d'action, BRA) des Freien Frankreichs in London zugeteilten Sprengstoffexpertin und Instrukteurin für Sabotage, der man die Teilnahme an den Kämpfen des Sommers 1944 verwehrte.[48] Die Überschreitung der Grenzen, die der Rolle und den Aufgaben jedes Geschlechts gezogen waren und die Untergrund und Illegalität ungewöhnlich begünstigt hatten, war nicht mehr tolerierbar, als der Krieg sein normales Aussehen zurückgewann: das einer staatlichen Armee, bestehend aus »richtigen« Soldaten, die den Feind offen bekämpften.

Nach dem Sturm

Am 16. Dezember 1943 erklärte Maurice Schumann am Mikrofon des Senders France Libre: »Wenn die Frau, wie im letzten Krieg, der Freiheit Hunderte von Heldinnen geschenkt hat, so hat sie ihr in diesem Kriege, zum ersten Mal, Tausende von Kämpferinnen geschenkt.«

France Libre ließ es nicht beim Lobpreis bewenden, es legte sich auch durch das Versprechen fest, »politische, wirtschaftliche und soziale Gleichheit zwischen Yveline und ihrem Gatten, zwischen Arlette und ihrem künftigen Gatten zu schaffen«. Man kann auf die Ambiguitäten der Reden von France Libre verweisen, die Recht und Verdienst, Gleichheit und Unterschied immerzu vermengten; denn was die Frauen zur Erneuerung beitragen werden, sind ihre eigentlichen Werte, jene, die mit der weiblichen Natur und ihrer Mutterfunktion zusammenhängen, »dem Sinn für die wahren Probleme und die Verklärung der Liebe«. Gleichviel: Es gab eine reale Hoffnung und ein völlig eindeutiges Versprechen, beides bekräftigt durch die Ernennung von Lucie Aubrac als Delegierte zur beratenden Versammlung in Algier. »Die Befreiung des Vaterlandes wird die Emanzipation der Französin nach sich ziehen.«[49] Durch General de Gaulle im Juni 1942 verkündet und durch die beratende Versammlung in Algier am 23. März 1944 beschlossen, blieb das Wahlrecht der Französinnen der hervorragendste Maßstab für diesen Erneuerungswillen, der mit den Vertröstungen und Zögerlichkeiten der Politiker der Dritten Republik aufräumte. Dieser Erneuerungswille überschattete den in der Zwischenkriegszeit eingetretenen Stimmungsumschwung zugunsten des Frauenwahlrechts und die engagierten Kämpfe der Frauen selbst auf diesem Gebiet, und er machte tabula rasa mit den bisweilen schwierigen Beziehungen, die der Feminismus zur Linken unterhalten hatte.

Aber der »Blutzoll« genügte nicht, um Gleichheit zu stiften. Obgleich ein erneuertes politisches Personal an die Macht gelangte, jünger und aus der Résistance hervorgegangen, kollidierte die Anerkennung der Rechte und Fähigkeiten der Frauen mit den Werten und Vorstellungen,

die auch fünf stürmische Jahre nicht hatten beseitigen können: Im Juni
1945 war die Abgeordnete Marianne Verger genötigt, ans Rednerpult zu
gehen und ihren männlichen Kollegen zu erklären, die für den Eintritt
von Frauen in die École Nationale d'Administration vorgesehene »Son-
derregelung« sei »überholt und ungerecht«, und auch da wieder war es
nicht die Idee der Minderwertigkeit, sondern des Unterschiedes, die den
Gesetzgeber inspiriert hatte, eines Unterschiedes, den die Abgeordnete
akzeptierte, zur Genugtuung ihrer Kollegen, um ihren Abänderungsan-
trag zu begründen: »Wir fordern nicht Rechte, sondern einfach das
Recht auf unsere Pflichten.«[50] Gemessen an der Zeitspanne, die von den
dreißiger zu den sechziger Jahren reicht, mögen die sichtbaren und
unmittelbaren Folgen der Besatzungsjahre begrenzt erscheinen: Die jungen Frauen und die Mädchen, die den Krieg überlebten, haben weder
entscheidende juristische Reformen noch die wirksame Anerkennung
ihres Rechtes auf Selbstbestimmung oder auf Gleichbehandlung durchgesetzt. Diese neuen Staatsbürgerinnen mochten sich unter den Einfluß
der großen katholischen oder kommunistischen Verbände begeben, sie
wahrten aber eine Haltung des Mißtrauens gegenüber der Beteiligung
von Frauen an den klassischen Formen der politischen Debatte.[51]

1942 erschien im Untergrund *Le silence de la mer* von Vercors, das
in symbolischen Begriffen die mustergültige Würde und Zurückhaltung
beschwor, welche die tägliche Koexistenz mit dem Feind erzwang. Die
Befreiung offenbarte, bis zu welchem Grad die Umstände der Okkupation die Grenzen des privaten und öffentlichen Lebens verwischt hatten. All jene Männer und Frauen, die, aus persönlichen Motiven,
geglaubt hatten, Nutzen aus der Präsenz der Deutschen ziehen zu können, mußten vor der Justiz, vor den Säuberungsausschüssen *(commissions d'épuration),* Rechenschaft über ihre Entscheidungen und ihre
Einstellungen ablegen, selbst wenn diese nicht durch eine politische
Überzeugung oder etablierte Ideologie motiviert gewesen waren.
Gerade weil die Okkupation den Alltag politisiert hatte, waren es die
Frauen, die sich in nicht unerheblicher Zahl vor den Gerichtshöfen
wiederfanden, und zwar aus ganz unterschiedlichen Motiven. Sie stell-
ten »knapp 40 Prozent der Beschuldigten«, die 1944/45 vor dem Ge-
richtshof in Orléans abgeurteilt wurden,[52] wegen Denunziation, Arbeit
für die Besatzungsmacht, Betätigung ihres Ehemanns oder eigene
Betätigung in den Kollaborationsbewegungen. Manche Frauen hatten
schon im Augenblick der Befreiung durch öffentliche und körperliche
Demütigung (Scheren der Haare, nackte Zurschaustellung) für intime
Beziehungen bezahlt, die sie mit Deutschen unterhalten hatten; dieses
Motiv der Beschuldigung ließ den Prozentsatz der bestraften Frauen in
denjenigen Départements ansteigen, wo die Besatzungstruppen sich
konzentriert hatten.[53]

Im Frühjahr 1945 kehrten die Überlebenden der Lager zurück, entronnen »einer infernalischen, wahnsinnigen, monströsen und durchaus anderen Welt, der Anderen Welt«.[54] Es dürfte sehr schwer, wo nicht vergeblich sein, in wenigen Zeilen das Besondere oder Nichtbesondere des Martyriums der Frauen erfassen zu wollen. Wenn die Menschheit sich aus Männern und Frauen zusammensetzt: Kennt die Unmenschlichkeit noch diese Unterscheidung? In seiner Funktionsweise erlegte das nazistische Internierungssystem Männern wie Frauen dasselbe Reglement von Strenge und Willkür auf, dieselben Elendsbedingungen, die Zwangsarbeit, die Schläge und die Foltern, die Demütigungen aller Art. Es organisierte, ohne besonderes Erbarmen mit den Frauen, die systematische Eliminierung der Alten, Schwachen, Wahnsinnigen, Kranken.[55] Umgekehrt unterschied die nazistische Unmenschlichkeit in ihren Prinzipien und Zielsetzungen streng zwischen »Untermenschen« und anderen Menschen, und dort waren es nicht mehr Individuen, die man ausbeutete und zu Tode mißhandelte, sondern ganze Familien, Männer, Frauen und Kinder zusammen, welche man jagte, um sie, im Namen der Rasse, auszurotten, durch eine Vernichtung, die total sein wollte, auf daß diese Leute keine Nachkommen hätten und niemals mehr das Recht haben könnten, sich Menschen zu nennen.

Im Frauenlager Ravensbrück waren, von Mai 1939 bis April 1945, 110000 bis 123000 Frauen registriert; die Gesamtzahl der Toten kann nicht unter 90000 gelegen haben. »Aber, wird man sagen, alle diese Todesqualen ähneln einander. Es genügt, einige von ihnen zu erzählen. Zum Beispiel zehn besonders charakteristische. Und sie im Geist mit zehntausend zu multiplizieren. Und das ist falsch. (. . .) Wir wissen, daß jede Todesqual eine individuelle gewesen ist, daß sie persönlich das bittere Los einer einzelnen Frau gewesen ist. Hunderttausendmal.«[56] Es war dieses »wir wissen«, was die Wiederanpassung an die normale Welt so schwer machte, nach einer Rückkehr, die ein Wunder war. Zunächst war es die quälende, immer gegenwärtige Erinnerung an das Lager und, vor allem, an die toten Frauen: »Wir sind am Leben; um so schlimmer für uns«, schrieb 1947 Germaine Tillion. Manche Frauen empfanden zutiefst die Veränderung, die in ihrer Persönlichkeit vor sich gegangen war: »Offiziell bin ich zurückgekehrt, gewiß; aber wer ist sie in Wirklichkeit, die da zurückgekehrt ist?« fragt sich Micheline Maurel.[57] Andere, doppelt geprüfte, die bei ihrer Rückkehr erfuhren, daß ihre Angehörigen verschwunden waren, oder entdeckten, daß man sie verlassen hatte, sprachen von »affektivem Tod«. Hinter diesen persönlichen Aspekten der Schicksale gab es bei allen eine Reaktion der Betäubung, des Überdrusses, des Aufbegehrens gegen diese »normale« Welt, die nicht verstand, nicht verstehen konnte und nicht verstehen wollte: »Wie können sie, jeder einzelne, so weiterleben wie früher, ganz einfach leben, wir mehr noch als die anderen? Vielleicht ist es das, was uns aus dem Gleichgewicht bringt. Vielleicht auch eine völlig veränderte Werteskala.«[58] Die vergehende Zeit brachte kein Vergessen, im Gegenteil. 1988 veröffentlichte Germaine Tillion ihre dritte Studie über Ravensbrück, worin sie sich immer noch fragt, was normale Menschen, »scheinbar gesichert durch alle Schutzvorrichtungen unserer Zivilisation«, dazu gebracht hat, zu foltern, zu morden oder morden zu lassen, »vor ihren Augen, millionenfach, kaltblütig, das ganze Jahr lang«. Sie tut es ohne Haß gegen ein bestimmtes Volk, denn sie sagt: »Zwischen 1939 und 1945 habe ich wie viele der Versuchung nachgegeben, Unterschiede zu formulieren, Sonderungen vorzunehmen: ›Sie‹ haben dies und jenes getan, ›wir‹ haben es nicht getan. Heute denke ich nicht mehr in diesen Begriffen, und ich bin im Gegenteil überzeugt, daß es kein Volk gibt, das gegen einen kollektiven moralischen Bankrott gefeit wäre.«[59]

Aus dem Französischen von Holger Fliessbach

Bei Stalingrad, 1947. Fotografie von Capa.

8
Das sowjetische Modell

Françoise Navailh

»Kein Staat, keine demokratische Gesetzgebung hat für die Frau auch nur halb soviel getan wie die Sowjetmacht seit den ersten Monaten ihres Bestehens«, hat Lenin gesagt.[1] Die UdSSR war zwischen 1917 und 1944 ein riesiges Laboratorium für soziale Experimente, und der Fall der sowjetischen Frau ist exemplarisch. Keine Reflexion zum Thema Frau kann dieses Experiment ignorieren, will sie nicht alte Irrtümer wiederholen, oder Fehleinschätzungen aufsitzen.

Die UdSSR erstreckte sich über Europa und Asien und umfaßte über hundert Völker der unterschiedlichsten Kulturen und Religionen. Aus diesem Grund beschränken wir uns hier auf Rußland. Moskau, die Machtzentrale, hat das russische Modell mit Gewalt durchgesetzt und alle Partikularismen rücksichtslos zerstört. Man predigte ein Einheitsideal, dem schließlich auch die Peripherie gehuldigt hat.

Das russische Imperium war eine Autokratie. In einem Land, wo bis 1861 Leibeigenschaft herrschte und die ersten Wahlen erst 1906 stattfanden, kam es früh zur Radikalisierung der Opposition; die Frauenfrage fügte sich dabei sogleich in einen größeren Zusammenhang ein. Schon bald beteiligten sich die Frauen weit zahlreicher als zuvor an der revolutionären Bewegung und stellten bis zu 15 oder 20 Prozent der Mitglieder aller Parteien.[2] Es gab in den Städten auch eine unabhängige Frauenbewegung, die besonders zwischen 1905 und 1908 aktiv war und zuletzt ihre Bemühungen auf die Erlangung des Wahlrechts konzentrierte – vergeblich... Am Vorabend des Ersten Weltkriegs gab es in Rußland eine ausgeprägte gesellschaftliche Hierarchie: ganz oben eine dünne Schicht westlich orientierter Gebildeter, darunter ein rudimentäres Bürgertum, ganz unten die riesige Masse rückständiger Bauern (80 Prozent der Bevölkerung). Diese Welten berührten sich kaum und mieden einander, ohne sich zu kennen, was als schwere Hypothek auf der Zukunft lasten sollte.

Am 1. August 1914 brach der Krieg aus. Zwischen 1914 und 1917 wurden über zehn Millionen Männer eingezogen, vor allem unter den Bauern. Die katastrophale Lage auf dem Land verschlechterte sich weiter. Immer mehr Frauen wurden als Landarbeiterin tätig, bis sie schließlich fast 72 Prozent der ländlichen Arbeitskräfte stellten.[3] Auch in der Industrie ersetzten sie die Männer: Ihr Anteil an der Arbeiterschaft stieg von 33 Prozent im Jahr 1914 auf fast 50 Prozent 1917.[4] Seit 1915 öffneten sich den Frauen weitere Erwerbszweige und sie strömten massiv in die Verwaltung. Aber ihre Löhne waren niedriger als die der Männer, während die Preise explodierten. Ab 1916 brach die Versorgung der Städte und der Front zusammen. Der Krieg, beim Volk verhaßt, geriet ins Stocken. Schon seit 1915 waren, aktiv von Frauen organisiert, Hungeraufstände und Streiks ausgebrochen. Die Spannung wuchs; das Regime zerfiel. Es waren Frauen, welche den Anstoß zum Ausbruch der Revolution gaben. Am 23. Februar 1917 nach dem Julianischen Kalender, also am 8. März, demonstrierten in den Straßen Petrograds Arbeiterinnen mit ihren Kindern: Während die Sozialisten sich über ihre Parolen und Aktionen nicht einigen konnten, improvisierten die Frauen und forderten Frieden und Brot. Am nächsten Tag schlossen die Männer sich an, und die Bewegung weitete sich in kürzester Zeit aus; am 2. März dankte der Zar ab. Es bildete sich eine provisorische Regierung, die am 20. Juli das aktive und passive Wahlrecht für Frauen beschloß – früher noch als in England (1918) und in den Vereinigten Staaten (1920). Die Frauenrechtlerinnen hatten gesiegt und sie traten als eigenständige Kraft nicht mehr auf. Aber die Ereignisse überschlugen sich ohne Beteiligung von Frauen, auch wenn ein Bataillon aus intellektuellen, bürgerlichen, adligen und Arbeiterfrauen noch das Winterpalais, den Sitz der Regierung, verteidigte, der in der Nacht vom 25. zum 26. Oktober gestürmt wurde. Die Revolution entartete zum blutigen Bürgerkrieg mit ungewissem Ausgang.

Das Jahrzehnt der Widersprüche

Eingekesselt von Weißen, Alliierten und Nationalisten, eroberten die Bolschewisten von ihrer Basis Moskau aus fast das gesamte Imperium zurück und erließen unverzüglich neue Gesetze.

Das Dekret vom 19. Dezember erlaubte im Fall des wechselseitigen Einvernehmens automatisch die Scheidung vor einem Gericht oder dem Standesamt und schaffte das Schuldprinzip sowie die Veröffentlichung des Urteils ab. Rußland war das erste Land der Welt, das die Scheidung so weitgehend liberalisierte. Mit dem Dekret vom 20. Dezember 1917 wurde die kirchliche Trauung abgeschafft sowie das Verfahren der Eheschließung vereinheitlicht und extrem vereinfacht. Alle Kinder, eheliche wie nichteheliche, haben dieselben Rechte. Beide Maßnahmen bestätigte und ergänzte das Familiengesetzbuch vom 16. Dezember 1918, das mit seiner Präambel ebenfalls einzigartig in Europa dastand. Für Eheangelegenheiten war nun ausschließlich das Standesamt zuständig. Die eheliche Gewalt des Mannes wurde abgeschafft, d. h. der Mann konnte fortan seiner Frau weder den Namen noch den Wohnsitz noch die Nationalität aufzwingen. Zwischen den Ehegatten und gegenüber ihren Kindern herrschte Rechtsgleichheit. Mutterschaftsurlaub und Schutz des Arbeitsplatzes wurden garantiert. Praktisch definierte das Gesetz eine Kleinfamilie, die nur aus den direkten Verwandten der Ehegatten – in auf- und absteigender Linie – sowie ihren Brüdern und Schwestern bestand. Der Ehegatte wurde den Verwandten und Seitenverwandten gleichgestellt und genoß keine Vorrechte. Im April 1918 wurden Erbschaften verboten (1923 aber teilweise wieder zugelassen), am 20. November 1920 wurden Abtreibungen ohne Einschränkung erlaubt. Der Preis dieser Regelungen war eine geringere Stabilität der Familien und eine Lockerung der Familienbeziehungen.

1926 wurden diese Bestimmungen erweitert: Die standesamtlich geschlossene Ehe wurde auf eine Ebene mit der »faktischen« Verbindung, dem Konkubinat gestellt. Für die Scheidung genügte nun ein formloses, einseitiges Scheidungsbegehren: die Scheidung »per Postkarte«. Die Liebe wurde weniger reglementiert, doch die Beziehungen beider Partner wurden durch gegenseitige Unterhaltsverpflichtungen bindender.[5] Diese Gesetze sollten die Frau, den Mann und das Kind von überholten Strukturen befreien. Die Erinnerung an die Vergangenheit sollte ausgelöscht werden. Im März 1918 ermutigte man die Menschen, ihren Nachnamen zu ändern, 1924 auch den Vornamen: empfohlen werden Marlen (Marxismus-Leninismus), Engelsine, Oktobrine ... Doch die Gesetze waren nicht nur ein Instrument der Freiheit, sondern auch des Zwangs, das gegen die konservativsten Teile der Gesellschaft, den Bauernstand und die moslemischen Regionen, eingesetzt wurde. In der Praxis ignorierte die Kommunistische Partei – eine Handvoll städtischer Intellektueller – bewußt die Mehrheit jenes Landes, das sie in eine strahlende Zukunft führen wollte. Den Zarismus vernichten, den Sozialismus aufbauen: Aus diesem doppelten Gebot gingen alle Inkonsequenzen der Gesetzgebung hervor.

Die Marxisten, die Frau und die Familie

Das Wesentliche der marxistischen Position zum Thema Frau und Familie war im Kommunistischen Manifest von 1848 formuliert worden; später hat Engels diese Thesen in seinem Buch *Der Ursprung der Familie, des Privateigentums und des Staats* (1884) weiterentwickelt. Für die Marxisten ist die Familie, und damit die Stellung der Frau in der Familie, durch die ökonomische Struktur und die Natur des Staates bedingt. Die bürgerliche Familie, auf dem Profitprinzip basierend, habe nur eine (re)produktive Funktion. Der Kapitalismus beute das Proletariat aus und zerstöre dessen Familien; die Bourgeoisie praktiziere Gemeinbesitz an den Frauen: mittels Ehebruch an den verheirateten Frauen und mittels Prostitution an den Arbeiterinnen. Dieser Analyse zufolge sind Kapitalismus und Bourgeoisie zwangsläufig verbunden mit der Unsittlichkeit. Wird die ökonomische Struktur abgeschafft, verschwindet die bürgerliche Familie ebenso wie die Prostitution von selbst. Die Frau erhält die völlige Gleichberechtigung, und die Teilung der Hausarbeit mit dem Partner sowie die Übernahme der Kinderaufzucht und -erziehung durch den Staat ermöglichen ihr Berufstätigkeit und wirtschaftliche Unabhängigkeit. Wie wird also die Familie aussehen? »Da nun die Monogamie aus ökonomischen Ursachen entstanden, wird sie verschwinden, wenn diese Ursachen verschwinden? Man könnte nicht mit Unrecht antworten: Sie wird so wenig verschwinden, daß sie vielmehr erst vollauf verwirklicht werden wird.«[6] Denn künftig gründet sich die Ehe allein auf natürliche Zuneigung, ohne jeden materiellen Zwang. Logischerweise ist die Verbindung beendet, wenn die Gefühle enden; trotzdem geben die Gründerväter, eher implizit als ausdrücklich, zu erkennen, daß die Scheidung die Ausnahme bleiben soll.

Das marxistische Hauptwerk August Bebels, *Die Frau und der Sozialismus* (1879), analysiert die ökonomische und sexuelle Lage der Arbeiterin im Licht des Marxschen *Kapitals*. Bebel räumt ein, daß die Ungleichheit der Geschlechter auch den Männern, nicht nur dem bürgerlichen System geschuldet sein könnte. Doch unterstreicht er, daß allein die Durchsetzung von Frauenrechten das generelle Problem der Entfremdung der Frau nicht löse, und daß nur die Abschaffung der ökonomischen Abhängigkeit sie aus der Vormundschaft des Mannes befreien könne. Auch muß die Frau Seite an Seite mit dem Proletariat für die Revolution kämpfen. Über die Ehe sagt Bebel nur, daß man sie ernst nehmen, die mit ihr verbundenen Pflichten nicht versäumen und nach ihrem Fortbestand trachten solle.

Marx, Engels und Bebel, die die Funktionsweise des Kapitalismus so präzise beschreiben, weichen aus, sobald es um das Thema Zukunft geht. Durch die Revolution, so meinen sie, entstünden zwangsläufig

neuartige Beziehungen zwischen den Geschlechtern – ökonomische
und daher soziale und menschliche. Dieses »daher« ist der springende
Punkt. Die alte Familie, so glaubten sie, werde verschwinden und sich
erneuern. Für Marxisten und Revolutionäre generell war der rein femi-
nistische Kampf eine bürgerliche Ablenkung, die die Geschlossenheit
verhinderte und die Revolution verzögerte. Daher gab es innerhalb der
Linken auch keine wirkliche Diskussion über die Frauenfrage. Die
Blockade der Marxisten in diesem Punkt veranschaulicht der folgende
Vorfall. Die Bolschewistin Inès Armand, beseelt davon, Sittlichkeit,
Geschlecht und Kommunismus miteinander zu versöhnen, wollte 1915
eine Streitschrift mit ihren Ansichten über die Paarbeziehung schreiben.
Lenin jedoch riet ihr von dem Vorhaben ab, indem er ihre Vorstellun-
gen als linksextrem bezeichnete, und Inès Armand beugte sich seinem
Verdikt[7] – ein gutes Beispiel für das, was Kollontaj den Konflikt zwi-
schen dem »Drachen« und dem »weißen Vogel« nannte: die Weigerung
des Mannes angesichts des schöpferischen Elans der Frau.

Kollontaj: Feministin wider Willen

Im ersten Jahrzehnt der Sowjetmacht wurde die Diskussion über Frau
und Familie von Alexandra Kollontaj (1872–1952) beherrscht, die mit
ihrer Person diese ganze widersprüchliche Periode verkörperte. Ihre
Biographie ist typisch für diese Generation. Von adliger Herkunft,
erlebte sie eine unbeschwerte, verträumte Kindheit. Mit neunzehn Jahren heiratete sie, um ihrem Milieu zu entkommen. Mit sechsundzwan-
zig verließ sie ihren Mann, um in Zürich, dem damaligen Mekka der
russischen Intellektuellen, zu studieren. Sie ist engagiert, wird aktiv,
radikalisiert sich und wird Berufsrevolutionärin. Als solche wirkte sie
bald in herausragenden Positionen: 1917 wurde sie als erste Frau ins
Zentralkomitee gewählt und votierte dort für den Oktoberaufstand. Im
Amt des Volkskommissars für Gesundheit war sie die erste Frau in der
Regierung und 1918 aktiv an der Ausarbeitung der Familiengesetzgebung beteiligt. Als aktives Mitglied der Arbeiteropposition von 1920/21
wollte sie die Allmacht der Partei begrenzen. 1922 wurde sie als erste
Frau der Welt Botschafterin. Von da an entfernte ihre diplomatische
Laufbahn im Ausland sie bis 1945 von Moskau. Aber ihr Name ist
untrennbar verbunden mit den Kontroversen der zwanziger Jahre; sie
wirkte als Katalysator der Leidenschaften in einem Spiel, das sich ihr
entzieht. Ihre Ideen, vielfach kritisiert, karikiert und entstellt, schrieb
sie nieder in Artikeln, Pamphleten und Broschüren, vor allem aber in
theoretisch-dokumentarischen Werken (*Die gesellschaftlichen Grundlagen der Frauenfrage*, 1909; *Die Familie und der kommunistische Staat,*

1918; *Die neue Moral und die Arbeiterklasse,* 1918) sowie in sechs Büchern mit Erzählungen, die 1923 erschienen. Auch wenn gewisse Aspekte ihres Werkes überholt sind, bleibt es doch in seiner Gesamtheit modern.

Kollontaj vertrat eine Synthese aus Marxismus und uneingestandenem Feminismus (sie hat den Feminismus stets bekämpft), worin jener diesen erst möglich macht, und auch ein utopisches Moment à la Fourier nicht fehlt. Sie greift Marx und Engels auf: Zerfall der bürgerlichen Familie und Erneuerung der Familie nach der Revolution. Vieles entlehnt sie bei Bebel, insbesondere die Annahme, daß die Unterdrückung aller Frauen eine Gemeinsamkeit unter ihnen herstelle. Aber sie versucht, über diese Allgemeinheiten hinauszukommen. In dem Bewußtsein, daß die Revolution nur der Ausgangspunkt ist, glaubt sie, daß man auch die Mentalitäten und Sitten verändern muß, um die Paarbeziehung mit neuem Inhalt zu füllen. Hierin liegt ihre Originalität. So stellt sie besonders den verdinglichenden Willen der Männer und die Entfremdung der Frauen heraus, die jede beliebige Ehe dem Alleinsein vorziehen und alles der Liebe unterordnen.[8] Damit entwickelt Kollontaj eine Pädagogik des Herzens: Die Praxis der »Liebe als Spiel«, einer zarten erotischen Freundschaft, die auf gegenseitiger Achtung basiert, soll Eifersucht und Besitzinstinkt zum Verschwinden bringen.[9] Die neue Frau (für sie ein unerschöpfliches Thema) definiert sie über deren Energie und Selbstbejahung: Ihre Merkmale sind eine anspruchsvolle Haltung den Männern gegenüber, die Verweigerung materieller und emotionaler Abhängigkeiten, die Auflehnung gegen die sozioökonomischen Hemmnisse, die heuchlerische Moral und die »Gefangenschaft in der Liebe«. Autonom und aktiv, lebt die Frau dann in »sukzessiver Monogamie«.[10] In *Ein Weg dem geflügelten Eros,* einem Artikel von 1923, analysiert sie die Liebe und ihre vielfältigen Facetten: Freundschaft, Leidenschaft, mütterliche Zärtlichkeit, geistige Affinität, Gewohnheit usw. »Eros ohne Flügel«, die rein physische Attraktion, muß dem »geflügelten Eros« weichen, der die körperliche Beziehung der Partner mit einem Pflichtgefühl gegenüber der Gemeinschaft verbindet – einem Pflichtgefühl, das in der Übergangsphase des Aufbaus des Sozialismus unentbehrlich war. In der entwickelten sozialistischen Gesellschaft wird endlich der »verklärte Eros« walten, bei dem die Verbindung der Partner auf der freien, natürlichen und gesunden sexuellen Anziehungskraft gründen wird.[11] Um dem Paar zur Entfaltung zu verhelfen, muß man »Küche und Haushalt trennen«[12] und die Zahl der Kantinen, der Kinderkrippen und der Ambulatorien vervielfachen. Schließlich wird auch die Mutterschaft aufgewertet: sie ist »keine Privatangelegenheit, sondern soziale Pflicht«.[13] Im Namen der Gemeinschaft soll die Frau Kinder haben. Die Abtreibung sieht Kollontaj als vorübergehendes

Übel an und erwartet, daß das Gewissen der Arbeiterinnen ihm ein Ende setzen wird. Die Verweigerung der Mutterschaft verurteilt sie als kleinbürgerlichen Egoismus. Doch sie plädiert nicht für eine Kollektivierung der Kindererziehung; die Eltern sollen die Wahl haben, wo ihre Kinder erzogen werden sollen: in der Kinderkrippe oder zu Hause.

Gleichwohl haben bei Kollontaj die Liebe und die Sexualität, als geistige Werke, den Vorrang vor dem Mutterinstinkt. »Der Arbeiterstaat bedarf einer neuen Form der Beziehungen zwischen den Geschlechtern. Die enge und ausschließliche Liebe der Mutter zu ihrem Kind muß sich erweitern und alle Kinder der großen proletarischen Familie umfassen. An die Stelle der unauflöslichen Ehe, gegründet auf die Knechtschaft der Frau, wird die freie Verbindung treten, die stark ist durch die gegenseitige Liebe und Achtung der beiden Bewohner der Stadt der Arbeit, die in ihren Rechten und ihren Pflichten gleich sind. Anstelle der individuellen und egoistischen Familie wird sich die große, universelle Arbeiterfamilie erheben, in der alle Arbeiter, Männer wie Frauen, in erster Linie Brüder und Genossen sein werden.«[14] Kollontaj ruft die Frauen auf, die Idee ihres eigenen Wertes zu verteidigen, zur Geltung zu bringen und zu verinnerlichen.

Gewiß bewegt sich die Argumentation Kollontajs im Rahmen eines klassischen Marxismus mit dem Primat der Ökonomie; doch fordert sie auch gehaltvolle, zuvorkommende und spielerische Beziehungen. Die Ethik ist ihr ebenso wichtig wie die Politik. Sie ist eine der ersten, die, noch vor Wilhelm Reich, einen Zusammenhang zwischen Sexualität und Klassenkampf herstellen. »Woher rührt denn unsere unverzeihliche Gleichgültigkeit gegen eine der wichtigsten Aufgaben des Klassenkampfes? Wie ist es zu erklären, daß das sexuelle Problem heuchlerisch unter der Rubrik ›Familienangelegenheiten‹ abgelegt wird, die keines kollektiven Einsatzes bedürfen? Als ob die Beziehungen zwischen den Geschlechtern und die Ausarbeitung eines Moralkodex für sie nicht im gesamten Verlauf der Geschichte einer der unveränderlichen Faktoren des sozialen Kampfes gewesen wären!«[15]

In der Sowjetunion der zwanziger Jahre fand Kollontaj wenig Anhänger. Für die Genossen waren ihre Ideen frivol und inopportun; denn Kollontajs Vision setzt eine soziale und ökonomische Infrastruktur voraus, die zwar versprochen, aber noch nicht verwirklicht war. 1923 wurde sie in einem Artikel der Bolschewikin P. Vinogradskaja, die mit ihr 1920 im *Jenotdel* zusammengearbeitet hatte, heftig angegriffen. Sie warf ihr vor, ihre Prioritäten falsch zu setzen, den Klassenkampf zu vernachlässigen und die sexuelle Anarchie in unverantwortlicher Weise zu fördern, da ein ungeordnetes Privatleben konterrevolutionäre Agitation erzeuge. Vielmehr komme es darauf an, zunächst an die Gegen-

wart zu denken, die Ehefrauen und die Kinder zu schützen und die
Frauen zu fördern, statt die Männer zu attackieren. Alles, was über dieses Problem zu sagen sei, finde sich schon bei Marx und Engels; es
sei sinnlos, einen »George-Sandismus« zu betreiben.

Für Lenin beruhte alles auf der Ökonomie; er plädierte für die
monogame, gleichberechtigte und ernsthafte Ehe, die der großen Sache
verschrieben ist. Man denke an sein friedliches Zusammenleben mit
Nadeschda Krupskaja. Gegen Inès Armand, die in der freien Liebe
etwas Poetisches sah, wandte er ein, daß dies schlichte bürgerliche
Unmoral sei. Sein Ideal verdankte Lenin dem sittenstrengen Roman
Tschernyschewskis *Was tun?* (1862), von dem er sagte, er habe ihn
»von vorne bis hinten durchgeackert«. [16] Er übernahm diesen Titel sogar
1902 für ein eigenes theoretisches Buch. Seine Gespräche mit Clara
Zetkin, 1920 geführt, aber erst 1925, nach seinem Tod, veröffentlicht,
offenbaren sehr deutlich seine Abneigung gegen ungeordnete Liebe
und Sexualität; er sah darin ein Zeichen der Dekadenz und eine
gesundheitliche Gefährdung der Jugend, mithin eine Gefahr für die
Revolution. Er wehrte sich gegen die – seiner Meinung nach »antimar-
xistische« – Theorie, wonach es »in der kommunistischen Gesellschaft
genauso einfach ist, das Bedürfnis nach Sexualität und Liebe zu befriedigen wie ein Glas Wasser zu trinken«. Lenin dachte dabei an
niemanden speziell und erwähnte auch Kollontaj nicht (die Polemik
folgte erst 1923), aber der Gedanke an Kollontaj und ihre Ideen liegt
nicht fern, wenn Lenin sich entrüstet: »Natürlich muß man seinen Durst
stillen! Aber welcher normale Mann legt sich normalerweise dazu auf
die Straße und trinkt aus einer dreckigen Pfütze? Oder auch nur aus
einem Glas, aus dem schon -zig andere getrunken haben?« Wir haben
es hier mit einer extremen Reinheitsvorstellung zu tun; dahinter steht
der Gedanke, daß es eo ipso unmoralisch sei, eine Vielzahl von Partnern zu haben. Lenins Credo bleibt ein negatives: »Weder Mönch noch
Don Juan, noch deutscher Philister als Mittelding.« [17] Zwar verurteilt
Lenin die Sklavenarbeit am Herd: »Die Frau wird erstickt, stranguliert,
abgestumpft und erniedrigt durch alle die Nichtigkeiten des häuslichen
Lebens, die sie an die Küche und ans Kinderzimmer ketten und ihre
Kräfte in einer äußerst unproduktiven, mühseligen, ermüdenden Arbeit
aufreiben.« [18] Aber über die neue Familie sagte er nichts. Für die orthodoxen Marxisten waren die Kinder aus dem Gefüge der Ehe herauszunehmen. Um sie sollten sich – das war zunächst noch unklar –
entweder einige eigens dafür bestimmte Frauen oder aber die Frauen
insgesamt kümmern. Zu keinem Zeitpunkt waren die Väter von einer
Neuverteilung der Rollen betroffen oder in sie einbezogen. Die
Gemeinschaft trägt, umgibt, durchdringt und transzendiert das auf zwei
streng gleichberechtigte Glieder reduzierte Paar. Die Frau ist in erster

Linie Arbeiterin; die traditionelle Weiblichkeit wurde abgewertet, weil sie an das alte bürgerliche System erinnerte. Gleichheit bedeutete praktisch die Identität der Geschlechter. Mann und Frau sind Zwillingsgeschöpfe, aus denen die neue, arbeitsame Menschheit besteht. »Ökonomisch und politisch, und das heißt auch physisch, muß die Frau im modernen Proletariat sich dem Manne annähern und nähert sich ihm mehr und mehr an«, schrieb der marxistische Psychoneurologe Aaron Zalkind 1924.[19] Für diese undifferenzierten Individuen zählen die sexuellen Beziehungen nicht. Das kann zweierlei bedeuten: entweder rasch wechselnde Partner zur Befriedigung eines einfachen physischen Bedürfnisses – das ist die Einstellung der jungen Génia in Kollontajs Roman *Wege der Liebe* – oder die asketische Variante à la Lenin. Wichtig ist nur, sich nicht von der Liebe überwältigen zu lassen. Indessen war all dies bloße Spekulation. In den zwanziger Jahren blieb die Privatsphäre unangetastet. Unterschiedliche Normen existierten nebeneinander.

Ein neues Rußland

In dem Bestreben, das Gesetz durchzusetzen, die ökonomische Gleichheit der Geschlechter zu verwirklichen, ein so disparates Land wie die Sowjetunion zu vereinheitlichen und die Integration der Frauen voranzutreiben, richtete man im September 1919 das *Jenotdel* ein, die Frauensektion im Zentralkomitee, die Entsprechungen auf allen Ebenen der Parteihierarchie hatte. Fünf Frauen übernahmen in ihr nacheinander die Führung, unter ihnen Inès Armand (1919/20) und Alexandra Kollontaj (1920/22). Das *Jenotdel* beriet, half, regelte berufliche und häusliche Konflikte (Unterhaltszahlungen), regte Gesetzesinitiativen an, schlug Modifikationen bestehender Dekrete oder deren Ergänzung vor, unterstützte Kampagnen zur Alphabetisierung oder den Kampf gegen die Prostitution, koordinierte die Tätigkeit der verschiedenen Verwaltungen, wachte über die Einhaltung der Quotenregelung am Arbeitsplatz und in den Sowjets, befaßte sich mit Problemen der Versorgung, der Wohnung und der Gesundheitsvorsorge, inspizierte Schulen und Waisenhäuser ... Das *Jenotdel* wurde durch das System der »Delegierten« ergänzt: Arbeiterinnen und Landfrauen, von ihren Kolleginnen gewählt, besuchten ein Jahr lang Schulungs- und Informationskurse. Danach wurden sie für zwei Monate zur Mitarbeit in den Sowjets oder an den Gerichten abgestellt, bevor sie ihre Arbeit wieder aufnahmen. Hier wurden Frauen also geschult, »sowjetische Staatsbürgerinnen« zu werden. Durch diese Schule sind bis Ende der zwanziger Jahre fast zehn Millionen Frauen gegangen. Datscha, die Heldin von

Fjodor Gladkovs Roman *Zement* (1925), war der Extremfall einer emanzipierten Frau. Als militante Delegierte hatte sie sich von alten Bindungen so befreit, daß sie Ehe und Heim aufgab, ja sogar ihre kleine
Tochter opferte, die verlassen in einem Waisenhaus starb. Der Einfluß
des *Jenotdel* und der Delegierten war unbestreitbar, seine Rolle für die
Bewußtwerdung der Frauen bestimmend. Dennoch blieb er eine
sekundäre politische Kraft und diente nur allzu oft als bloßer Trans-
missionsriemen der Macht. Seit 1923 warf man ihm feministisches
Abweichlertum vor – ein Vergehen, das nach Korrektur verlangte.

Das neue Rußland geriet ins Stocken. Die Realität, von der Utopie
ignoriert, fügte sich nicht dem kommunistischen Entwurf, der seinerseits entweder flexibel oder hart reagierte und damit neue Rückwirkungen provozierte. Dieses Hin und Her sollte bis Mitte der dreißiger
Jahre dauern.

Zunächst kam der Bürgerkrieg, in dem Frauen auf allen Ebenen (der
medizinischen, militärischen und politischen) eine sehr aktive Rolle
spielten und der zu einer beeindruckenden sozialen und ökonomischen Mobilität führte. Aber die Bilanz war niederschmetternd: schon
1921 fünf Millionen Tote, Beginn eines bald chronischen Männerman-
gels und eines schrecklichen Elends. Die gesellschaftlichen Kreisläufe
waren unterbrochen. Handel und Tauschverkehr waren verboten; die
Regierung wollte die direkte Verteilung der Produkte einführen. Die
Arbeiter wurden mit Warengutscheinen entlohnt, aber die Gutscheine
konnten nicht eingelöst werden. Die Industrie erzeugte nur mehr
15 Prozent der Vorkriegsproduktion, die Landwirtschaft ungefähr
60 Prozent. Die Rationierungen wurden immer strenger. In den Städten fiel die Brotration bisweilen auf 25 Gramm pro Tag. Es fehlte an
Fleisch, Schuhen, Kleidung, Kohle und Holz. Die Revolten der Landbevölkerung gegen die Beschlagnahmungen, die Typhus- und die Cho-
leraepidemie sowie der furchtbare Hungerwinter von 1920/21, in dem
es zu Fällen von Kannibalismus kam und der über 2 Millionen Opfer
forderte, mündeten in einer politischen, ökonomischen und menschlichen Katastrophe. Der Kälte und dem Hunger ausgesetzt, überlebten
die Menschen nur mit großer Mühe. Als Folge des völligen Zerfalls der
Gesellschaft machten Kinderbanden – *besprizorniki* – das ganze Land
unsicher, besetzten leerstehende Gebäude, bettelten, stahlen, mordeten
und gingen der Prostitution nach. 1921 waren es ungefähr 7 Millionen.
Dieses zyklische Phänomen begleitete jede Veränderung in Rußland;
bis Anfang der fünfziger Jahre blieben zerlumpte Kinder ein vertrauter
Anblick. Um diese Rechtsbrecher zu sozialisieren, führte man 1923 die
Adoption wieder ein, die 1918 abgeschafft worden war.

Im Februar 1921 stellte der Aufstand der Kronstädter Matrosen die
Legitimität der Macht selbst in Frage. Angesichts dieser schweren Kri-

se ließ Lenin im März 1921 vom Parteikongreß die Neue Ökonomische Politik (NEP) billigen. Um die Wirtschaft schneller anzukurbeln und das Regime zu retten, führte man den privaten Kleinhandel und das private Handwerk wieder ein und sanierte durch drastische Maßnahmen 1922 und 1924 die Währung. Die grundlegenden Sektoren aber blieben verstaatlicht: Schwerindustrie, Transportwesen, Außenhandel, Teile des Binnenhandels, Bildungswesen, Presse, Medizin. Die Versorgung der Städte verbesserte sich zwar rapide, blieb aber insgesamt problematisch und wenig abwechslungsreich. Dafür waren die Konsumgüter, auch die am dringendsten benötigten, knapp, teuer und qualitativ minderwertig. Die Inflation war hoch: 1923 betrug sie 60 Prozent bei den Einzelhandelspreisen. Der Lebensstandard stieg nur sehr langsam wieder an; er erreichte erst 1927 das Niveau von 1913. Es gab wieder Löhne, und zwar abgestuft nach Qualifikation und Beschäftigungsart. Das war eine Abkehr von dem totalen Egalitarismus von 1917, und für gewisse Maximalisten kam die NEP denn auch einem Verrat gleich. Aber sie gewährte der Gesellschaft eine Atempause und die Möglichkeit, sich neu zu organisieren. Im übrigen gab es schon in dieser Zeit für die Mitglieder der Partei die Parallelsysteme in der Lebensmittelversorgung (spezielle Geschäfte, Kantinen) und in der Warenversorgung (Wohnungen, Villen, »Umschläge« mit Bargeld); durch diese Privilegien wurde den Begünstigten das bescheidene Einkommen heimlich verbessert. Nach und nach vertiefte sich die Kluft zwischen den Massen und den Herrschenden, und die menschlichen Beziehungen wurden wieder von materiellen Interessen bestimmt.[20]

Das Nebeneinander zweier ungleicher Wirtschaftssektoren – privater Kleinhandel, ansonsten Verstaatlichung – verrät den prinzipiellen Zwiespalt in der Sowjetmacht: Sie wollte einerseits die Bedürfnisse und Wünsche der Gesellschaft erfüllen, andererseits die Gesellschaft ohne Rücksicht auf deren Bedürfnisse und Wünsche nach einem vorgefaßten Plan umformen. Die voluntaristische Gesetzgebung und die Künste schlugen sich auf die Seite der Utopie. Künstler aller Gattungen begeisterten sich für die Revolution und traten der Partei bei; sie ersannen Parolen oder arbeiteten für die Wochenschau wie der Dichter Majakowski. Im Film wurde das Heldenepos der Revolution besungen. Schriftsteller versuchten, das neue Leben einzufangen, und manche Architekten imaginierten bereits die strahlende Stadt der Zukunft, mit ihren Kommunen nach dem Vorbild von Fouriers Phalanstère und mit ihren Arbeiterclubs.

Doch die prosaische Wirklichkeit der NEP hatte mit diesen grandiosen Träumen wenig gemein. So betrug die offizielle Normgröße einer Wohnung 9 m² pro Person. Bisweilen sank sie auf 6 m² pro Person, ja pro Familie. Aufgrund der Zerstörungen und der Wirtschaftsflaute

waren viele Menschen in Massenunterkünften untergebracht oder lebten auf engstem Raum in Wohnungen, die unzulänglich und schlecht
ausgestattet waren. In einer beschlagnahmten Wohnung wurde jeder
Familie bzw. Alleinstehenden ein einziges Zimmer zugewiesen; Badezimmer und Küche waren Gemeinschaftsräume. Die Enge erzeugte
Konflikte um Nichtigkeiten, die den Alltag vergifteten. Menschen-
schlangen wurden fortan zu einem vertrauten Bild. Lebensart und Eleganz waren nur noch auf der Leinwand und in der kleinen Clique der
Herrschenden zu finden.

Die Einflußmöglichkeiten und die Verankerung der Partei war von
Region zu Region sehr verschieden. Neben spektakulären Erfolgen stehen offenkundige Fehlschläge, die den Aufbau des Sozialismus nicht
gelingen ließen. Aufgrund ihrer geringeren Qualifikation und der Rückkehr der Männer aus dem Krieg stellten die Frauen 1928 nur 24 Prozent
aller Arbeiter und Angestellten[21] gegenüber fast 40 Prozent im Jahre 1914.
Die Eingliederung der Frauen in die Arbeitswelt ging schleppend voran,
ihr Interesse am politischen Leben war schwach. Gingen 1926 in den
Städten 42,9 Prozent der Frauen zur Wahl, so waren es auf dem Lande
nur 28 Prozent. Erst 1934 wurden 89,7 bzw. 80,3 Prozent erreicht.[22] Die
weiblichen Delegierten in den Dörfern waren eher Betriebsleiterinnen
oder Krankenschwestern, die aus der Stadt gekommen waren, als Bäuerinnen. Letztere hielten sich von der Macht fern. 1926 gab es 18,2 Prozent Frauen in den städtischen Sowjets gegenüber 9,9 Prozent in den
ländlichen.[23]

Freiheit und Orientierungslosigkeit

Die Gesellschaft war noch nicht stabilisiert. Durch die Kriege und Hungersnöte erfaßten große Migrationsbewegungen die Bevölkerung. In
der Hoffnung auf eine bessere Versorgung strömten die Menschen in
die Stadt, oder sie strömten zurück aufs Land. Diese »Nomaden« lebten
am Rande der Legalität.

Überdies wurden die Kinderkrippen, Heime, Kantinen, Wäschereien
und andere Ambulatorien einer gründlichen Revision unterzogen, denn
der Staat entschied sich, angesichts seiner zahlreichen und widersprüchlichen Prioritäten, für den wirtschaftlichen Wiederaufbau. Die
Ideologie beherrschte alles: In dem Willen, mit dem bürgerlichen Verhaltenskodex zu brechen, wurde eine plebejische Attitude angenommen, wobei Rücksichtslosigkeit zur Tugend, der Grobianismus in Sprache und Sitten zur Norm wurde. Pantelejmon Romanovs Erzählung
Ohne Weißdorn (1926) schildert das erste Rendezvous einer Studentin;
der Mann, den sie auf dem schmutzigen Boden eines Schlafsaals

liebt, verletzt sie für immer durch sein ungeduldiges und brutales Vorgehen.

Prostitution und Geschlechtskrankheiten waren wieder auf dem Vormarsch. Viele Prostituierte waren sozial deklassierte oder entwurzelte Frauen vom Land, die man umzuerziehen versucht hatte. Sind es asoziale Elemente, oder sind es Opfer? Die Staatsmacht ist sich unschlüssig.

In gewisser Weise war den Frauen alles auf Anhieb, ohne Kampf, in den Schoß gefallen. Zu tun blieb das Schwierigste: die Einübung der erworbenen Rechte und die Schaffung einer neuen Lebensweise. Doch durch den sozio-historischen Kontext sowie die Vorgaben und Versäumnisse der Gesetzeswerke von 1918 und 1926 entartete die Freiheit und zeitigte perverse Folgen.

Die Instabilität der Ehe und die verbreitete Ablehnung von Kindern waren zwei charakteristische Zeichen der Zeit. Die Zahl der Abtreibungen vervielfachte sich, die Geburtenrate sank dramatisch, das Aussetzen Neugeborener wurde gängige Praxis. Die Waisenhäuser, die ständig überbelegt waren, wurden zu regelrechten Sterbehäusern. Kindermorde und die Ermordung von Ehefrauen nahmen zu. Im Endeffekt waren Kinder und Frauen die ersten Opfer der neuen Ordnung. Die Verschlechterung der Lage der Frauen (vor allem in den Städten) ist mit Händen zu greifen. Die Väter versagen oder fliehen aus der Wohnung und lassen oft die Frau mittellos zurück. Das vereinfachte Verfahren der Ehescheidung durch einseitige Willenserklärung begünstigte die zynischsten Verhaltensweisen. Mit der Anerkennung der Ehe ohne Trauschein, die der standesamtlich geschlossenen Ehe gleichgestellt war, hatte man das Ziel verfolgt, die Frau vor flüchtigen Liebeleien zu schützen und den Mann zu verpflichten, für ihre und die Bedürfnisse eventueller Kinder aufzukommen. Damit lud man dem Mann eine Verpflichtung auf, die der Staat nicht übernehmen konnte. Doch mußte der Beweis für eine solche Liaison erbracht werden, aber die Texte präzisierten die Beurteilungskriterien nicht. Die Rechtsprechung tappte im dunkeln. So kam es zu den langwierigen und häufig fruchtlosen Vaterschaftsnachforschungen, die die Beziehungen zwischen den Geschlechtern vergifteten und ein literarisches Lieblingsthema der Zeit waren. Die Unterhaltsregelung war ganz und gar zufällig: Da das Gesetz nichts über ihre Höhe sagte, wurde sie von den Gerichten jeweils ad hoc bestimmt. Häufig wurde sie auf ein Drittel des Monatslohns festgesetzt. Das zog manche unerträgliche Belastungen nach sich: Wie soll man überleben, wenn von einem 40-Rubel-Lohn 10 Rubel einbehalten werden? Wie ein außerehelich geborenes Kind unterhalten, wenn man bereits vier »legitime« Kinder zu versorgen hat? Der Mann hatte selten die Mittel, diesen Unterhalt zu zahlen, oder er verweigerte ihn. Dabei blieben die Urteile in fast der Hälfte aller Fälle folgenlos.

Praktische Probleme kamen hinzu. Da die Wohnungszuteilung ein Monopol des Staates war und die Wartelisten immer länger wurden, waren manche geschiedene Paare gezwungen, noch lange zusammenzubleiben und konnten nur schwer ihr Leben neu gestalten. Abram Rooms Film *Drei in einem Souterrain* (1927) veranschaulicht die Sitten zur Zeit der NEP. Seine Neuauflage des ewigen Dreiecks zeigt den Druck des erzwungenen Zusammenwohnens – Mann, Frau und Liebhaber teilen dasselbe Schlafzimmer –, aber auch des ewig Männlichen, wenn, nach dem Spiel der Verführung, die Masken fallen und im Bündnis der beiden Männer das Macho-Verhalten gegenüber der Frau – Gattin und/oder Geliebte – obsiegt.

Sowohl materielle Gründe (Wohnverhältnisse, niedriger Lohn, Not) als auch moralische (das Alleinsein) bewogen viele Frauen zur Abtreibung, obwohl sie sich ein Kind wünschten. Nach einer 1927 in Moskau vorgenommenen Umfrage führten 71 Prozent der Frauen, die sich um eine Abtreibung bemühten, ihre Lebensbedingungen, 22 Prozent ihre »instabile Beziehung« als Begründung an. Nur 6 Prozent lehnten die Mutterschaft prinzipiell ab.[24]

Wenn auch urbane Kreise, besonders die intellektuellen und paraintellektuellen, dem nonkonformistischen Modell, wie es das Privatleben des Dichters Majakowski zeigt, anhängen, so leisten doch gewisse Teile der Bevölkerung dagegen Widerstand. 1928 stellten Bauern noch 77,8 Prozent der Bevölkerung, 17,6 Prozent waren Arbeiter und Angestellte.[25] Eine große Kontroverse entzündete sich am Gesetzbuch von 1926, und sie demonstriert das Gewicht der Bauernschaft. Trotz aller Artikel, Broschüren und Versammlungen floß die Information nur spärlich. So glaubten zum Beispiel die Bauern, durch unkontrollierbare Gerüchte verunsichert, man wolle den obligatorischen Gemeinbesitz an den Frauen einführen. Der umstrittenste Punkt des Gesetzbuches betraf die darin festgeschriebene völlige Gleichstellung der standesamtlichen mit der »faktischen« Ehe. Das Agrargesetzbuch von 1922 hatte die Gemeinschaftsorganisation des Dorfes, den *mir*, bekräftigt und die Unteilbarkeit des Familienbesitzes, den *dvor*, unterstrichen. Die Scheidung eines *dvor*-Angehörigen sowie die Zahlung von Alimenten zwangen zu einer Aufteilung des *dvor*, die schwer zu bewerkstelligen und für die Rentabilität des Betriebes tödlich war. Durch die ununterbrochenen Kämpfe zwischen 1914 und 1921 geschwächt, zog die Bauernschaft sich auf sich selbst und ihre Werte zurück und fürchtete alles Neue.

Aus all den Artikeln, Broschüren, Streitschriften, Umfragen, Abhandlungen, Romanen und Filmen jener Zeit tritt uns ein ambivalentes Bild der Frau entgegen: hier die fortschrittliche Arbeiterin mit rotem Halstuch, schlecht gekleidet und von gestrengem Wesen, dort die rückschrittliche Bäuerin, das weiße Kopftuch in die Stirn gedrückt; hier die emanzipierte, militante und herausfordernde Genossin aus dem *Komsomol* (der kommunistischen Jugendorganisation), dort die frivole Stenotypistin, kokett und aufreizend. Die Frau verkörperte gleichzeitig die Vorhut und die Nachhut der Gesellschaft. An Gewißheit und Desorientierung schieden sich die Geister. Ende der zwanziger Jahre wimmelten die Romane von eigensinnigen, verstörten und unglücklichen Heldinnen. Die Zügellosigkeit der Stadt und der Konservatismus auf dem Land beschäftigten Herrschende wie Beherrschte. Die Frauen wollten Stabilität, die Männer drückten sich vor ihrer Verantwortung, und die Partei suchte an ihrem Weltentwurf festzuhalten. Seit 1926 war klar, daß die Familie trotz allem überleben wird. Im Namen des wirtschaftlichen Fortschritts opferte man einige Bereiche der Leichtindustrie. Haushalt und Kinder kehrten zurück in die Privatsphäre und blieben Frauensache. Man war der Ansicht, die Frauenfrage sei definitiv gelöst: 1929 wurde das *Jenotdel* abgeschafft.

»Frau des Orients, leg' den Schleier ab!«

In Mittelasien wurde das *Jenotdel* trotzdem bis Mitte der fünfziger Jahre beibehalten. Man muß sagen, daß die Sowjetmacht Mühe hatte, sich hier durchzusetzen. Wirklich befriedet wurde die Region erst 1936. Lange Zeit waren die ländlichen Gebiete unsicher, die von den Banden der *Basmatschi* (Rebellen und Banditen) beherrscht wurden. In diesem Kontext diente die »Befreiung der Frau« auch dazu, die bestehende ökonomische und soziale Struktur zu zerschlagen. Die Entislamisierung der Frau war ein politisches Instrument.

Die Lage der Moslems war vor der Revolution sehr unterschiedlich. Bei den Tataren in Kasan waren die Reformen dem Sozialismus vorausgeeilt, so daß 1900 auf 12 tatarische Frauen eine Schülerin kam; bei den russischen Frauen betrug das Verhältnis 55 zu 1. Die 1000 Delegierten – darunter 200 Frauen – des Ersten Allrussischen Muslimenkongresses, der am 1. Mai 1917 in Moskau eröffnet wurde, proklamierten die Gleichberechtigung der moslemischen Frauen mit den moslemischen Männern und setzten damit ein Zeichen für die ganze Welt.[26] Doch trotz dieses Vorstoßes war die Situation insgesamt negativ. Am 19. Januar 1918 wurde das Zentralkommissariat für muslimische Angelegenheiten errichtet. Die Polygamie, die Verheiratung noch nicht geschlechtsreifer Mädchen, die Leviratsehe (ein Brauch, demzufolge ein Mann unter bestimmten Umständen verpflichtet war, die Witwe seines Bruders zu heiraten) und der Brautkauf (Kalym) wurden abgeschafft, die Schulpflicht eingeführt und der freie Zugang zu allen Berufen gewährt. Die spektakulärste und symbolträchtigste Maßnahme war die Abschaffung des Schleiers *(parandscha)*, die seit 1926 systematisch betrieben wurde. Das brachte Gefahren mit sich: Die unverschleierten Vorkämpferinnen sahen sich der Vergewaltigung und Ermordung durch Ehegatten oder empörte Brüder ausgeliefert. 1928 starben über 300 Frauen. 1930 wurden diese Verbrechen als konterrevolutionär eingestuft. Aber die Sitten änderten sich nur sehr schleppend. Noch in den fünfziger Jahren traf man auf verschleierte Frauen, arrangierte Frühehen und die Polygamie – bis hinein in die herrschenden Kreise. Der Kalym war immer noch Brauch. Die Förderung der Frau war deutlich im Rückstand, was sich durch die Beseitigung des Analphabetentums belegen läßt: Während um 1925 über 95 Prozent der Frauen Mittelasiens weder lesen noch schreiben können, lag der nationale Mittelwert bei 60 Prozent. 1959 standen 1000 eingeschulten Jungen 921 russische und 613 muslimische Mädchen gegenüber.[27] Auch der Einzug der Frauen in die Erwerbstätigkeit stieß auf einen gewissen Widerstand. Die Mehrheit von ihnen war in der Landwirtschaft beschäftigt, nur eine kleine Minderheit in der Industrie und im Büro. Noch heute sind in den fünf mittelasiatischen Republiken nur 25,6 Prozent der Frauen berufstätig gegenüber 43,6 Prozent in den slawischen Republiken.[28] Ebenso liegt ihre politische Beteiligung unter dem Durchschnitt.

Gewiß steht die Emanzipation der Frauen Mittelasiens nicht nur auf dem Papier. Zwischen 1933 und 1979 ist ihre Zahl im höheren Schulbereich um das 33fache gestiegen. Sie sind aus ihrer Abgeschiedenheit hervorgetreten, haben Unterricht und Qualifikation erhalten. Aber die muslimischen Gesellschaften sind stark endogam. Tradition und Religion artikulieren oft den nationalen Gedanken; die Frau hat grundsätzlich ihren Platz dort, wo nationale Identität aufgebaut wird. Die Förderung der Frau im sowjetischen Sinne ablehnen und bremsen heißt auch, die Russifizierung bekämpfen. Die Ausrichtung Mittelasiens nach Europa erfolgte nicht ohne Reibungen und Rückschläge und blieb oberflächlich.

Die konservative Revolution

Der NEP ist es nicht gelungen, einen dauerhaften Aufschwung zu sichern; die Wirtschaft blieb anfällig und schwankend. Die Zahl der Arbeitslosen stieg von 700000 im Jahre 1924 auf rund 2 Millionen 1927. Um die Industrie in Schwung zu bringen, schaffte die Staatsgewalt den privaten Sektor ab und verabschiedete im Frühjahr 1928 den ersten Fünfjahresplan, der ein gleichbleibendes Tempo der Industrialisierung und daher eine ununterbrochene Folge guter Ernten sowie einen stabilen Außenhandel vorsah. Im März 1928 gefährdete die Krise der Getreideernte die Versorgung der Städte. Die Rationierung wurde erneut eingeführt. Wieder fehlte es an Brot, Zucker, Milch, Seife und Stoffen. Es kam zu der – 1921 noch vermiedenen – Machtprobe zwischen den Bauern und der Zentralgewalt, die einen entscheidenden Wendepunkt markiert. Die Kollektivierung der Landwirtschaft, die überstürzt beschlossen wurde, sollte regelmäßige Getreideerträge für den heimischen Bedarf und den Export sicherstellen. Den passiven oder offenen Widerstand der Bauern beantwortete die Regierung mit immer neuen Verhaftungen und Konfiskationen. Manche Bäuerinnen scheuten daraufhin nicht vor Gewalttätigkeiten zurück: Sie behinderten die Beschlagnahmungen, beschimpften und belästigten die Vertreter der Staatsgewalt. Aber diese Revolten blieben, mit Ausnahme Mittelasiens, wo man dem Bürgerkrieg nahe war, chaotisch und punktuell.[29]

Der Normalisierungsprozeß dauerte bis 1935. Die furchtbare Hungersnot 1932/33 forderte rund 6 Millionen Tote, zu denen man noch die 2,5 Millionen Opfer der Unterdrückung zählen muß.[30] Der Lebensstandard sackte erneut ab; die Löhne stagnierten oder sanken. Bis auf kurze Unterbrechungen dauerte die Inflation bis 1945 an.[31] Die gängigen Produkte verschwanden; die unzureichende Organisation der Verteilung von Konsumgütern und die Pauperisierung weiter Teile der Bevölkerung hielten an. Die Bauern hatten fortan – von 1932 bis 1976 – einen Sonderstatus, der sie wie Menschen zweiter Klasse an die Kolchose fesselte. Die Lage der Arbeiter verschlechterte sich. Akkordarbeit (1932), Arbeitsbuch (1938), verstärkte Disziplinierung und eingeschränkte Freizügigkeit begünstigten einen »Kasernensozialismus«, der sich durch Zentralismus, strenge Hierarchie und rapiden Wechsel der Belegschaft durch Ausscheiden bzw. Beförderung auszeichnete.

Industrialisierung und Moral: Die Rückkehr der Familie

Die Krise von 1929 veranlaßte die Sowjetunion, sich für die Autarkie zu entscheiden – sie nahm erst 1960 ihren Platz im Welthandel wieder ein. Der Sektor A (Schwerindustrie) hatte Priorität vor dem Sektor B (Leichtindustrie). Wieder einmal wurde die Gegenwart der Zukunft geopfert. Das Volk wurde mobilisiert, um gigantische Bauvorhaben (Staudämme, riesige Fabriken, Kanäle) oder Prestigeobjekte (die Moskauer Untergrundbahn) zu verwirklichen. Während die Klasse, die angeblich die alleinige Macht ausübte, unterernährt im Elend der Baracken lebte,[32] gedieh die Mystik des Großen Planes. Der Dichter

Mandelstam rief aus: »Es ist vielleicht erniedrigend, doch begreift es gut: Es gibt eine Unzucht der Arbeit – die haben wir im Blut.«[33]

Seine Kräfte für Liebe und Sexualität vergeuden hieß, die Revolution bestehlen. Die Freiheit der Sitten und das sexuelle Abenteurertum wurden zugunsten einer »revolutionären Sublimierung« verurteilt, die Aaron Zalkind schon 1924 in seinen »zwölf Geboten« formuliert hatte und die nun zum Dogma erhoben wurde.[34] Die Gesellschaft wollte »normal« sein: 1934 wurde die Homosexualität kriminalisiert, und die Prostituierten wurden wieder als Kriminelle eingestuft.

Die bohèmehafte Atmosphäre der zwanziger Jahre war verflogen, die pädagogischen, sozialen und künstlerischen Experimente waren vorbei. Der Kult der stählernen Maschinen, der funkelnden Traktoren und tapferen Stachanowarbeiter füllte Zeitungen und Filme. Von 1934 an bemächtigte sich eine Massenhypnose der Geister, und die Intellektuellen traten der Partei bei, so die Schriftsteller Valentin Katajew und Lydia Sejfullina oder der Filmemacher Eisenstein. Sie paßten sich der Schablone des »sozialistischen Realismus« an, der auf realistische Weise eine ebenso ruhmreiche wie unrealistische Wirklichkeit beschreibt, die entweder gar nicht oder nur auf unsicherem Boden existiert. Überall rührten die Sänger des Fünfjahresplans die Trommel.

Der Anteil der Frauen an der Arbeiterschaft stieg von 28,8 Prozent im Jahre 1928 auf 43 Prozent im Jahre 1940.[35] Die Frauen drangen in neue Bereiche vor: Bergbau, Metallurgie, chemische Industrie. Manche Berufe waren ihnen als zu anstrengend oder gesundheitsschädlich verschlossen. Zwar schützte das Gesetz schwangere Frauen, doch führten die Industrialisierung und schließlich der Krieg dazu, daß die Vorschriften nicht eingehalten wurden und der Mutterschaftsurlaub gekürzt wurde. Die Heranziehung von Frauen zur Zwangsarbeit war ein zwiespältiges Phänomen: Sie bewies auch, daß ihnen alle Berufe offenstanden. Im allgemeinen arbeiteten die Frauen als ungelernte oder angelernte Kräfte.

Aber der Aufbau des Sozialismus verlangte eine stabile Gesellschaft mit einer festen und einheitlichen Kernzelle, der Familie. Es galt auch, die Verluste durch Kriege und Repression auszugleichen. Die wirtschaftlichen und ideologischen Imperative wirkten zusammen, um ein neues Modell zu schaffen, in dem die Familie rehabilitiert wurde. Sie herabzusetzen galt nun als bürgerlich und linksextremistisch. Das exaltierte Mannweib trat von der Bühne ab. Von jetzt an pries man die *mater familias* mit den breiten Hüften. Die *Prawda* erwies der »Meistermelkerin« die Ehre: Mit ihren geschickten Fingern brachte sie Ströme von Milch zum Fließen – Symbol der Fruchtbarkeit. Im August 1935 erklärte die *Iswestija*: »Unsere Frauen, Bürgerinnen ganz eigener Art im freiesten Land der Welt, haben von der Natur die Gabe empfangen,

Mütter zu sein. Mögen sie diese Gabe sorgsam hüten, um der Welt Sowjetsoldaten zu schenken!« Stalin schrieb im April 1936 in der Zeitschrift *Trud*: »Die Abtreibung, die Leben vernichtet, ist in unserem Lande nicht erlaubt. Die sowjetische Frau hat dieselben Rechte wie der Mann, aber das entbindet sie nicht von der großen und edlen Pflicht, die die Natur ihr auferlegt hat: Sie ist Mutter, sie schenkt Leben.«

1935 entwickelte sich eine heftige Pressekampagne um zwei Probleme: die Abtreibung und die Scheidung. 1928 hatte es anderthalbmal so viele Abtreibungen wie Geburten gegeben, 1934 kamen in Moskau drei Abtreibungen auf eine Geburt.[36] Im Mai 1935 lag die Scheidungsrate in den Städten bei 44,3 Prozent.[37] So wurde die Abtreibung im Juni 1936 verboten – gegen den deutlichen Widerstand der Frauen, der sich in einer Flut von Leserbriefen bekundete. Statt dessen führte man ein System der Familienbeihilfe ein und erhöhte die Unterhaltszahlungen. Außerdem wurde das Scheidungsverfahren erschwert: Präsenzpflicht der Ehegatten bei der Verhandlung, Eintrag in die Personalpapiere, Veröffentlichung des Urteils, Anhebung der Kosten. Allerdings wurde die »faktische« Ehe beibehalten.

Durch diese Reformen stellte man eine feste Verbindung zwischen Mutterschaft, dauerhafter Ehe und stabiler Individualfamilie her. 1934 wurde sogar die väterliche Gewalt wieder eingeführt. Die Auswirkungen waren zunächst spektakulär. Innerhalb eines Jahres sank die Scheidungsrate um 61,3 Prozent. In Moskau verringerte sich zwischen Oktober 1935 und Oktober 1936 die Anzahl der Abtreibungen um das 15fache, während die Anzahl der Geburten leicht zunahm. Trotzdem ging die Geburtenziffer unerbittlich zurück: 1925 entfielen auf tausend Einwohner 44,7 Geburten, 1930 waren es 39,2 und 1940 31.[38] Da die objektiven Zustände unverändert gegeben waren, trieben die Frauen nach wie vor ab. Sie machten es heimlich – mit allen Risiken, die damit verbunden waren.

Stalin setzte, um die gesamte Gesellschaft in der Hand zu haben und sich einen ihm ergebenen Apparat zu schaffen, auf Terror. 1935 konnte über Kinder ab dem 12. Lebensjahr die Todesstrafe verhängt werden; 1937 wurde die Folter legalisiert; willkürliche Festnahmen, Massenverhaftungen und spektakuläre Schauprozesse in Moskau beherrschten den Rhythmus der Tage und Nächte. Zwischen Januar 1937 und Dezember 1938 wurden 7 Millionen Menschen verhaftet, 3 Millionen wurden erschossen oder kamen in den Lagern um.[39] 12 bis 14 Prozent der verhafteten Kommunisten waren Frauen.[40] Die Anklagen lauteten für alle gleich: Sabotage, Trotzkismus, Spionage. Doch dazu kam seit August 1934 der Begriff des »Verwandten eines Verräters«, der vor allem auf Ehefrauen und Schwestern angewendet wurde: Es drohten zwei bis fünf Jahre Lager für Nichtdenunziation eines Gatten oder

Bruders – eines »Volksfeindes« –, fünf Jahre Verbannung für Unkenntnis.[41] Die Kinder wurden in Waisenhäuser gesteckt. Die Denunziation,
die offiziell ermutigt wurde, sprengte Familien und menschliche Beziehungen, während von den Plakaten fröhliche Gesichter lachten.

Demnach gab es einige, die von dem Regime profitierten. Nach den
Säuberungen, am Vorabend des Krieges, bildete sich ein regelrechtes
Kleinbürgertum heraus – sehr konformistisch, den offiziellen Ritualen,
Symbolen und Normen verhaftet – und verschanzte sich hinter seinen
weißen Vorhängen und seinen Geranien, den literarischen Versatz-
stücken der Epoche. Die Revolution verbürgerlichte: Man trug wieder
Hut und Krawatte. In der Tat traf die stalinistische Reaktion trotz allem
auf eine Art Konsens, weil sie echte Möglichkeiten des sozialen Aufstiegs bot. Der Lobpreis der Mutter, die mit der lebenspendenden Heimat verglichen wurde, gemahnte an das traditionelle Bild der robusten
Bäuerin. Denn die Verbäuerlichung der sowjetischen Werte war unverkennbar. Die Industrialisierung hatte den Exodus der Landbevölkerung
beschleunigt: Zwischen 1928 und 1940 verdoppelte sich die Stadtbevölkerung.[42] Dörfliche Vorlieben und Vorurteile hinterließen tiefe Spuren in der urbanen Mentalität, auch wenn der Bauer seinen Status als
Oberhaupt der Familie und des Betriebes, als »Meister« *(chosiajn)*, verloren hatte. Manchmal waren die Vorteile für die Kolchosfrau größer
als für den Mann: Sie erlangte wirtschaftliche Unabhängigkeit. Der
Mann empfand seinen Statusverlust als Deklassierung und verlor Selbstachtung und Ansehen. Ein Film veranschaulicht den neuen – realen
oder idealisierten – Ort der Frau sehr deutlich: *Mitglied der Regierung*
(1939) von Heifiz und Zarkhi schildert den Weg einer des Lesens und
Schreibens unkundigen, vom Leben geschundenen Bäuerin. Von der
Partei unterstützt, bringt sie es zur Leiterin einer Kolchose und später
zur Deputierten im Obersten Sowjet. Ihr Mann, der sich durch ihren
Aufstieg gedemütigt fühlt, verläßt sie, kehrt aber zu ihr zurück. Die
Botschaft ist klar: Die Frau gewinnt auf allen Ebenen – Wissen, Familie, Macht –, wenn sie ihre Pflichten als Staatsbürgerin beherzigt; das
Glück kommt dann als Dreingabe. Darüber hinaus spielt der Film mit
der Rivalität der Geschlechter, wobei die Partei als Schiedsstelle fungiert. Der Abstand zu 1926 ist, was Recht und Moral betrifft, unübersehbar: Die Heldin ist schon verheiratet und läßt sich, auch nachdem
der Mann fort ist, auf kein Abenteuer ein.

Trotzdem bleibt die Sowjetunion, verglichen mit dem Ausland, in der
Gesetzgebung ein fortschrittliches Land: gemischte Schulen, Zivilehe,
Volljährigkeit mit achtzehn Jahren, passives und aktives Wahlrecht,
politische Karriere, ein breites Spektrum an Berufen. Die Sowjetfrau ist
im Prinzip wirtschaftlich emanzipiert: gleicher Lohn für gleiche Arbeit.
Aber der Akkordlohn benachteiligt sie, da ihre Leistungsfähigkeit gerin-

ger ist. Dazu kommt, daß die Frau außer Haus arbeitet und daneben noch den Haushalt führt. Der doppelte Arbeitstag ist für sie die Regel. In einem Roman von 1937 zählt die Heldin auf, was man von ihr erwartet: »»Eine Ehefrau soll auch eine glückliche Mutter sein und ein gemütliches Heim schaffen, aber deswegen ihren Beruf nicht vernachlässigen, zum Wohle der Gemeinschaft. Sie soll das alles unter einen Hut bringen können und am Arbeitsplatz dann noch mit der Leistung ihres Mannes mithalten.‹ – ›Genau‹, sagte Stalin.«[43] Dieses Ziel war um so schwieriger zu erreichen, als die Regierung ihre Versprechen nicht hielt. Die Verfügungen von 1936 über Kinderkrippen und Vorschulen blieben ein frommer Wunsch. 1951 war das Netz weniger dicht als 1934[44], und auf dem Land ist es gänzlich unzureichend. Das Leben war hart, aber die Hoffnung auf eine bessere Zukunft, die Einsicht in die Notwendigkeit von Opfern hielt die Menschen aufrecht.

Einen Schritt vor, zwei Schritte zurück

1940 arbeiteten 16 Millionen Männer in der Landwirtschaft. Als am 22. Juni 1941 der Krieg ausbrach, wurden 13 Millionen eingezogen oder gingen in die Rüstungsindustrie. Sehr bald waren über 70 Prozent der landwirtschaftlichen Arbeitskräfte Frauen.[45] Wie 1914, so sprangen sie auch jetzt ein. 1945 stellten sie 56 Prozent aller Arbeiter und Angestellten – der höchste Prozentsatz in der Geschichte der Sowjetfrauen. Das Spektrum der Tätigkeiten reichte von Handlangerdiensten bis zu Posten mit hoher Verantwortung. Der Krieg trieb die Förderung der Frau voran, verbesserte Qualifikationen, beschleunigte die Beseitigung von Archaismen in Mittelasien und im Kaukasus.

Die Nachkriegszeit brachte die Ernüchterung: Die zurückgekehrten Veteranen bekamen ihre alten Stellen wieder. 1950 waren nur noch 47 Prozent der Arbeitsplätze mit Frauen besetzt. In bestimmten Berufsgruppen war der Rückgang besonders drastisch, etwa bei den Leiterinnen von Kolchosen und Sowchosen: 1940 waren es 2,6 Prozent, 1943 14,2 Prozent, 1961 2 Prozent und 1975 1,5 Prozent.[46] Manchen Frauen fiel es schwer, wieder in den Hintergrund zurückzutreten. Die Nöte und Konflikte, die die Heimkehr der Männer heraufbeschwor, waren ein beliebtes Thema der Literatur nach 1945. Anderen fiel das Alleinsein schwer; denn der Krieg hatte Millionen von Menschen dahingerafft und das Ungleichgewicht zwischen den Geschlechtern verstärkt: 1959 gab es 20 Millionen mehr Frauen als Männer. Fast 30 Prozent der Haushalte wurden von alleinstehenden Frauen geleitet.[47] Die Erwerbstätigkeit war jetzt eine Notwendigkeit und keine Alternative. Diese Situation verzerrte die Beziehungen zwischen Mann und Frau, Mutter und Kind. Dank ihrer »Knappheit« wurden die Jungen verhätschelt und die Männer aufgewertet.

In der Zwischenzeit wurde die Gesetzgebung geändert. Als der Sieg sich 1943 abzeichnete, bereitete Stalin die Nachkriegszeit vor. Die »Internationale« war nicht länger Nationalhymne, die gemischten Schulen wurden abgeschafft. Am 8. Juli 1944 wurde per Dekret – ohne vorherige, auch nur fiktive Diskussion – die »faktische« Ehe abgeschafft, die Familienbeihilfe angehoben, der Titel »Heldenhafte Mutter« (mehr als 10 Kinder) und der Mutterschafts-Ehrenorden (7 bis 9 Kinder) eingeführt. Unverheiratete und Ehepaare ohne Kind wurden besteuert. Die unverheiratete Mutter hatte nicht mehr das Recht, eine Klage zur Feststellung der Vaterschaft anzustrengen oder Unterhalt zu beziehen. Uneheliche Kinder fielen auf den Status von vor 1917 zurück. Der Mann wurde von jeder Verantwortung und Verpflichtung befreit. Schließlich wurde die Scheidung so gut wie unmöglich gemacht: Das Verfahren vor den Gerichten ist langwierig, es sind Scheidungsgrund und Zeugen vorzubringen, die Kosten sind enorm. Mann und Frau sind aneinander gekettet, der Ehebruch hat keine Folgen mehr.

Der Kalte Krieg und der schleppende Wiederaufbau des verwüsteten Landes verschärften die Schwierigkeiten und Spannungen. Der Terror kam wieder; die Sowjetunion kapselte sich ab. Ein Dekret vom Februar 1947 verbot die Ehe mit einem Ausländer bzw. einer Ausländerin.

Stalins Tod im März 1953 unterbrach einen neuen Zyklus der Gewalt. Mit dem Tauwetter besann sich die Staatsmacht wieder auf die Bedürfnisse des Volkes. Am 23. November 1955 wurde die Abtreibung neuerlich uneingeschränkt legalisiert. Nach einer langen Pressekampagne wurde durch ein Dekret von 1965 die Scheidung vereinfacht und verbilligt. Seit dem Familiengesetzbuch von 1968 ist die einvernehmliche Scheidung vor dem Standesbeamten möglich, sofern keine Kinder vorhanden sind. Andernfalls ist das Gericht zuständig, aber die Formalitäten sind minimal. Tatsächlich löschte das Tauwetter die Ära Stalin aus und versuchte eine Synthese der Vergangenheit. Das Gesetzbuch von 1968 vermied sowohl die libertären Auswüchse von 1926 als auch den Rigorismus von 1936.

Ein klarer Fehlschlag

Welche Bilanz kann man nach all diesen Erschütterungen aus über siebzig Jahren Sowjetmacht ziehen? Halten wir zunächst fest, daß diskriminierende Bilder von der Frau bis in die jüngste Zeit hinein fehlen, da die Pornographie kaum um sich greifen konnte. Da die Frau zur Teilnahme am wirtschaftlichen und sozialen Leben ermutigt und zum Bewußtsein ihrer völligen Gleichheit erzogen wurde, ist es ganz selbstverständlich für sie, erwerbstätig zu sein. Verglichen mit den Europäerinnen und den Amerikanerinnen ist die Sowjetfrau aktiver. Sie fühlt sich als nützliches Glied der Gesellschaft und gründet darauf ihren Stolz.

Doch die Lebensbedingungen machen viele Errungenschaften zunichte. Das Schlangestehen, die Knappheit oder Minderwertigkeit der Waren, das Fehlen von Einrichtungsgegenständen und elektrischen Haushaltsgeräten, die winzigen Wohnungen erschweren den Alltag und erzeugen Mißmut, körperliche Nachlässigkeit und Müdigkeit. Diese Schwierigkeiten, verbunden mit Unwissenheit und Vorurteilen, führen zu frustrierenden sexuellen Beziehungen. Ohne die Möglichkeit einer Familienplanung oder Empfängnisverhütung wird die Abtreibung zur Regel; eine dreißigjährige Frau kann schon fünf bis sieben Abtreibungen hinter sich haben.

Eine Mehrheit in der Minderheit

Der private Bereich ist also enttäuschend. Bietet der öffentliche Bereich einen Ausgleich? Wenn die Emanzipation über die Schule und die Arbeit bestimmt wird, dann muß die sowjetische Frau als emanzipiert gelten. 1989 studierten oder arbeiteten rund 92 Prozent aller Frauen zwischen achtzehn und fünfundfünfzig. Konnten 1897 noch 86,3 Prozent der Frauen nicht lesen und schreiben (gegenüber 60,9 Prozent der Männer), so haben die Kampagnen zur Bekämpfung des Analphabetentums (likbez), die seit 1920 lanciert und nach 1930 systematisiert wurden, spektakuläre Resultate gezeigt, wie die folgende Tabelle zeigt:[48]

Des Lesens und Schreibens

unkundige	1926	1939	1956
Männer	28,5%	4,9%	0,7%
Frauen	57,3%	16,6%	2,2%

Der Anteil der Frauen an den Studierenden ist von 31 Prozent im Jahre 1926 auf 43 Prozent 1937 und 55,5 Prozent 1989 gestiegen.[49] In demselben Jahr sind 50,6 Prozent aller Arbeiter Frauen gegenüber 38,9 Prozent 1940.[50] Zwar sind sie in bestimmten Berufszweigen überrepräsentiert – 1989 66 Prozent aller Ärzte, 74 Prozent aller Lehrer, 78 Prozent aller Verkäufer –[51], doch konzentrieren sich Frauen häufig in schlecht bezahlten Sektoren oder unqualifizierten Berufen, die ohne großen Verlust aufgegeben werden können, um Kinder aufzuziehen.

Als Erblast des Krieges und eines Managements, das menschliche Ressourcen zu verschleudern gewohnt war, zog man es vor, mühsame Arbeiten Frauen zu übertragen, anstatt solche Arbeiten zu mechanisieren. 1976 stellten Frauen 70 bis 80 Prozent der beiden am wenigsten qualifizierten Berufskategorien und 5 bis 10 Prozent der beiden höchsten Kategorien.[52] Sie besetzten nur 6 Prozent der leitenden Stellungen in den Betrieben.[53] Die Frau führt aus, aber sie leitet kaum und entscheidet noch weniger. Die Sozialisierung der Kindererziehung, die den Eintritt der Frau ins Erwerbsleben begünstigen sollte, ist unzureichend. Dieser Bereich fiel den historischen Bedingungen – dem Chaos der zwanziger Jahre, der Härte der dreißiger Jahre, dem Wiederaufbau nach 1945 – und voluntaristischen Entscheidungen zum Opfer. 1980 registrierten die kostenpflichtigen Vorschulen nur 45 Prozent aller Kinder, wohingegen die kostenlosen Vorschulen in Frankreich 75 Prozent aufnehmen konnten;[54] auch 1988 waren es in der Sowjetunion erst 60 Prozent der Kinder.[55]

Der Mann wurde in der Debatte um häusliche Arbeit und von der Mitwirkung an dieser Arbeit ausgeschlossen. Die Emanzipation, verheißen und begonnen, wurde nach und nach zurückgenommen. Die Frau wurde in die Fabrik geschickt und wieder in die Küche verbannt, während ihr politischer Einfluß stagnierte.

Zwar ist der Prozentsatz der Frauen in der Partei gestiegen, aber nur schleppend: 1920 sind es 7,4 Prozent, 1946 18,7 Prozent, 1985 27 Prozent[56], während sie 53,1 Prozent der Bevölkerung stellen. Dazu kommt, daß die Frauen auf den Machtebenen ungleich stark vertreten sind. Sie haben sich vor allem die unteren Ränge der Hierarchie erobert, die Ortssowjets (1926 14 Prozent, 1934 29,5 Prozent, 1987 49 Prozent)[57], während Frauen an der Spitze kaum vertreten sind. Zwischen 1924 und 1939 findet man lediglich vier Frauen im Zentralkomitee. Während das ZK sich enorm erweitert (1917 9 Mitglieder, 1923 57, 1925 106), sinkt der Anteil der Frauen in ihm von 9,7 Prozent 1917 auf 3,3 Prozent 1976.[58] Freilich ist dieses aufgeblähte Zentralkomitee nur ein Vollzugsorgan; ebensowenig spielt der Oberste Sowjet, wo der Anteil der Frauen von 33 Prozent 1984 auf 18,4 Prozent nach den Wahlen vom März 1989 zurückgeht[59], irgendeine maßgebliche Rolle. Die wirkliche Macht gehört dem Politbüro und dem Sekretariat.

Die erste und für lange Zeit einzige Frau schaffte 1956 den Sprung ins Politbüro; sie blieb dort drei Jahre. Erst seit 1988 gehört ihm wieder eine Frau an. Das Sekretariat dagegen blieb weiterhin ein verbotener Club. Was die Regierungsebene betrifft, so muß man seit dem Ausscheiden Kollontajs aus ihrem Amt 1918 bis 1954 warten, bevor sich wieder eine Ministerin findet. Seither vertreten sie Ressorts wie Kultur, Gesundheit, Bildung – traditionelle Posten also.

Das sowjetische Modell: bestreitbar und umstritten

Praktisch war das Spiel schon 1923 entschieden. Wenn sich die Basis bewegte, sperrte sich die Spitze. Die Massen wurden integriert, aber die Elite, gebildet, kompetent und kämpferisch, wurde zugunsten farbloser Vollzugsorgane beseitigt. Starke Persönlichkeiten wie Kollontaj wurden abgeschoben oder kaltgestellt.

Langfristig bewahrheiteten sich Kollontajs Befürchtungen. Ohne neue Rollendefinition ist die ökonomische Emanzipation ein Köder, weil sie ein männliches Modell propagiert, ohne die Bürde der Frau zu beseitigen. Vielleicht handelt es sich um Zwänge, die allen sich entwickelnden Industriegesellschaften gemeinsam sind. Hier aber waren hundert Jahre europäischer Entwicklung in zwei Jahrzehnte zusammengepreßt: Die sexuelle Revolution der zwanziger Jahre hat die alte Kernfamilie beseitigt, die stalinistische Reaktion der dreißiger Jahre hat sie wiederhergestellt, um eine rückständige bäuerliche Gesellschaft besser an die erzwungene Industrialisierung anzupassen. Aber zwischen den humanistischen Parolen und dem Alltag hat sich ein Abgrund aufgetan.

Trotzdem ist nicht allein der Einparteienstaat für diese Entwicklung verantwortlich. Wie überall sonst ist die Rolle der Frau zweideutig. Sie hat – sei es aufgrund des Instinkts, sich und ihren Kindern das Überleben zu sichern, sei es aus Entfremdung – die Regeln des sowjetischen Spiels stärker akzeptiert und verinnerlicht als der Mann, was diesen erbittert. Nüchtern, ausdauernd, gewissenhaft, diszipliniert ist die Frau eine Säule des Regimes: Wäsche, Kurse, Küche, Kinder, Fabrik, Kolchose, Büro – sie nimmt alles auf sich. Aber will sie es noch? Die Gleichberechtigung hat für sie ein Mehr an Mühe gebracht. Das zweifache Erbe der tollen zwanziger Jahre und der entbehrungsreichen dreißiger und vierziger Jahre schaffte ein widersprüchliches Ideal: Draußen soll die Frau aktiv und dynamisch sein, zu Hause lieb, sanft und »weiblich«. Ihr Wunsch wäre ein starker Partner; den *homo sovieticus* hingegen, der sich, politisch ohnmächtig, in die Trunksucht flüchtet, verträgt sie schlecht. Aufgrund persönlicher Entscheidung oder weil der Mann sie verlassen hat, erzieht sie die Kinder allein im Rückgriff auf tradierte Schemata; Männer und Frauen leben in verschiedenen Welten, wie es die Stücke von L. Petrutschewskaja zeigen.

Das Recht ist seit 1917 der Gesellschaft vorausgeeilt oder hat sie mißachtet, zumindest ignoriert. Denn das Recht in der UdSSR wurde instrumentalisiert als Werkzeug des Staates; es ist nicht der Reflex einer Weiterentwicklung der Sitten und Mentalitäten. Die extreme Freiheit der Sitten während der NEP – mehr verordnet als begehrt – hat die Menschen vor allem ratlos gemacht. Die ideologische Entscheidung für eine auserwählte Klasse, die im Besitz aller Werte und Tugenden und frei von jedem Makel ist – das Proletariat –, hat den Blick für die Tatsache verstellt, das das Problem der Beziehungen zwischen den Geschlechtern klassenübergreifend ist.

Die Revolution von 1917 ist in einem unterentwickelten, vorwiegend agrarischen Land ausgebrochen und hat die Veränderungen überstürzt. Man wird die UdSSR daher als Modell für die Dritte oder Vierte Welt einsetzen können, wo die Befreiung der Frau von einer totalen Umgestaltung der Gesellschaft abhängt. Anderswo muß ihr Einfluß problematischer betrachtet werden, wie das Beispiel Frankreich zeigt.

Die kommunistische Presse Frankreichs, in ihren Anfängen noch sehr aufgeschlossen, berief sich gern auf Kollontaj. Doch 1924 zwang der V. Kongreß der Kommunistischen Internationale allen kommunistischen Parteien die Bolschewisierung auf. Seither »gibt es, kommunistisch gesehen, keine spezifische Frauenfrage«, liest man am 25. September 1924 in der Zeitschrift *L'Ouvrière*. Die aus dem Osten kommende Prüderie deckte sich mit dem Wunsch der KPF, eine reputierliche Partei zu werden und die Wählerschichten der Mitte anzusprechen. Setzten die Kommunisten sich stets für die klassischen Rechte ein – Wahlrecht der Frauen, Gleichheit der Löhne, Aufhebung des Gesetzes von 1920 –, so schließen sie sich doch 1935 den Verfechtern von Familie und Geburtenreichtum an, und die erste und einzige Frau im Politbüro hielt dort erst 1950 ihren Einzug. 1955 wetterte die KPF gegen »birth control«, das sie mit dem verpönten Malthusianismus vergleicht: »Seit wann forderten die Arbeiterfrauen das Recht auf freien Zugang zu den Lastern der Bourgeoisie? Niemals!« ereiferte sich Jeannette Vermeersch (Mitglied des Politbüros).[60] Im Mai 1956 befürwortete die Partei die Abtreibung, lehnte die Empfängnisverhütung jedoch ab. War diese Entscheidung am Vorbild Moskaus orientiert, wo die Abtreibung wieder eingeführt worden war? Das gewiß; aber eine solche Polemik erlaubt es auch, sich um die Frage der Entstalinisierung zu drücken. »Wenn sie über ihre Regel diskutieren, denken sie wenigstens nicht an das Referat, das Chruschtschow gehalten haben soll!«[61] Indessen folgen die kommunistischen Wähler nicht der Parteiführung, die sich schließlich gezwungen sieht, 1967 dem Neuwirth-Gesetz von 1967 und den Veil-Gesetzen von 1974 und 1979 zuzustimmen, um nicht den Kontakt zur Basis zu verlieren.

Seit 1920 bietet die KPF den Französinnen die Möglichkeit zu politischer Betätigung; sie ermutigt die Frauen zur Arbeit und erkennt sie an. Aber die Partei, die durch und durch stalinistisch organisiert und sogar stolz darauf ist, hat ein erstarrtes Muster übernommen, das den französischen Realitäten nicht angemessen ist. Einst avantgardistisch, ist sie konservativ geworden und hat eine historische Chance verpaßt.

Eine Zukunft, die noch erfunden werden muß

In den Jahren, die zum Zusammenbruch der Sowjetunion führten, waren die Beziehungen zwischen den Geschlechtern äußerst gespannt, und dies inmitten einer schweren politischen und ökonomischen Krise. 1979 und 1980 haben intellektuelle Dissidentinnen in Leningrad zwei vehement männerfeindliche Schriften herausgebracht. Diese »feministische« Bewegung, die keine Rechte mehr zu erobern brauchte, ging von der totalen Ablehnung der Männer aus, die als einzige Ursache für die Misere der Frauen angesehen wurden, und forderte in den Beziehungen zwischen den Geschlechtern einen neuen Ansatz, der auf gegenseitigem Respekt und Liebe basieren soll. Diese Neofeministinnen plädierten für eine Rückkehr zur stabilen Paarbeziehung mit einem verläßlichen Partner. Bei einigen der Autorinnen hatte dieses Plädoyer auch religiöse Züge. Die Staatsmacht befürchtete, sie könnten ihre Kritik auf die Politik übertragen, und so wurden die Wortführerinnen verhaftet und zu schweren Strafen verurteilt oder aus der Sowjetunion ausgewiesen.

Welche Zukunft erwartet die einstigen Sowjetfrauen im 21. Jahrhundert? Kann Rußland günstige Bedingungen für den Feminismus bieten? Die Zeit der sogenannten »Stagnation« unter Breschnew, in der ökonomischer und geistiger Stillstand sowie Korruption um sich griffen, hat den Zerfall der Gesellschaft beschleunigt. 1985 kam Gorbatschow an die Macht. Man erwartete viel von *perestroika* (Umbau) und *glasnost* (Transparenz). Aber der Aufstieg der Nationalisten und die wirtschaftliche Katastrophe – 1989 wurden wieder Rationierungsmarken für Zucker, Seife, Fleisch usw. eingeführt –, ferner die Verschlechterung aller sozialen Dienstleistungen, vor allem im medizinischen Bereich, führen das Land in den Bürgerkrieg und den Bankrott. Die Frauen scheinen im Stich gelassen.[62]

Die derzeitige Lage ist so explosiv, die Spannungen und Widersprüche sind so heftig, daß in dem zerfallenen Imperium die stalinistische Versuchung stark ist. Setzen die Verfechter der Ordnung sich durch, sind die Frauen zum Status quo verdammt. Wird dagegen die ökonomische und soziale Struktur von Grund auf verändert, besteht die Gefahr, daß, wie 1917, die Probleme der Frauen in die ferne Zukunft verschoben oder in einem Gesamtreformprojekt an den Rand gedrängt werden.

Rußland hat eine Revolution vollbracht und befindet sich heute, *mutatis mutandis,* wieder am Ausgangspunkt: Die Frauenfrage, die den Revolutionären im letzten Jahrhundert keine Ruhe ließ, ist aktueller denn je.   (Mai 1990)

Aus dem Französischen von Holger Fliessbach

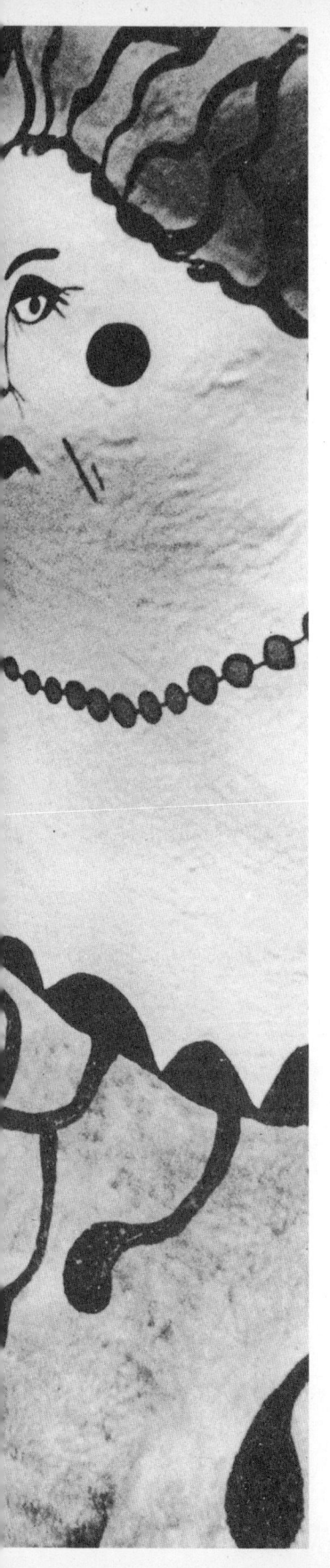

FRAUEN, SCHÖPFUNG UND VORSTELLUNG

Niki de Saint-Phalle in ihrem Atelier, 1971.
Fotografie von Doisneau.

Es hat etwas Künstliches, in einem eigenen Teil zusammenzutragen, was der Ordnung des Symbolischen angehört und was in Beziehung zur Kultur als dem Ort steht, an dem die soziale Imagination sich entfaltet. Besonders künstlich mag dies in einem Werk erscheinen, das mit dem Anspruch angetreten ist, durchgängig sowohl die soziale als auch die symbolische Realität zu erfassen. Dies aber war notwendig, um gewisse zentrale Fragen stellen zu können: nach der modernen Entwicklung des Denkens über Geschlechterunterschiede, das die abendländische Kultur seit den Griechen umgetrieben hat; oder nach dem Ineinandergreifen von kulturellen Modellen oder Imaginationen über Frauen und die Konsumgesellschaft; oder auch nach dem Ort der Frauen auf kulturellem Gebiet. Aber diese Kapitel, die durch die Frauenbewegung angeregt sind, sprechen auch von Veränderungen und Wagnissen.

Sie beginnen mit einer langen Reise in die Philosophie des 20. Jahrhunderts, von Georg Simmel über Freud und die Schüler von Marx bis zu Simone de Beauvoir. Die Philosophie, bis zum Auftreten eines feministischen Denkens Domäne des Mannes, rückt den Unterschied der Geschlechter selten ins Zentrum ihrer Reflexion. Sie wagt es mit fortschreitendem Jahrhundert nicht mehr, die »sexistischen« Thesen einer Metaphysik der Geschlechter zu wiederholen, die im Rahmen eines essentialistischen Geschlechterdualismus die Überlegenheit des männlichen Pols behauptete. Statt dessen orientiert sie sich in unterschiedlichster Weise an einer Aufwertung des Weiblichen, die die in der marxistischen Klassentheorie betonte Machtfrage zum Verschwinden bringt. Als innovativer Erbe mancher früheren Strömungen stellt der Feminismus die Frage nach der Geschlechterdifferenz in politischen und paradigmatischen Begriffen, ohne darum doch auf eindeutige Weise zu sprechen.

Insbesondere beschreibt der Feminismus die symbolische Gewalt als eine ebenso fundamentale wie die ökonomische und denunziert sowohl die öffentliche Verbannung, der die Frauen und ihr Schaffen seit Jahrhunderten verfallen sind, als auch den männlichen Anspruch, kulturelle Produktion im Namen einer vorgeblichen Universalität zu betreiben und zu kontrollieren. Gewiß, die kulturellen Praktiken haben sich gewandelt, und die Frauen verfügen heute – z. B. in Frankreich – über einen größeren Raum zum Ausdruck ihrer Kreativität; aber man kann weder von einer Feminisierung der Literatur sprechen noch von einer wirklichen Anerkennung der Schriftstellerinnen, die häufig mit Verweis auf die Besonderheit ihres Geschlechts an den Rand gedrängt werden. In diesem Zusammenhang gestaltet sich der Gegensatz zwischen dem egalitaristischen Feminismus und dem Feminismus der Differenz – ein Moment der Geschichte der Frauen und des zeitgenössischen Feminismus, das auch in anderen Beiträgen beschrieben wird – als Streit um das weibliche Schreiben; ein Streit, der nicht über die Vermehrung und Vielfalt der Werke von Frauen und über ihre Rolle bei der Konstruktion einer endlich aufgewerteten weiblichen Identität hinwegtäuschen darf.

Die mit dem Entstehen der Konsumgesellschaften verbundene Vermassung der Kultur, ein weiteres Phänomen des 20. Jahrhunderts, verschiebt die Grenze zwischen dem Privaten und dem Öffentlichen, von der die Frauen unmittelbar betroffen sind. Man ist heute weit entfernt von einem völlig negativen Ansatz, der die Massenkultur als einen Prozeß allgemeiner Uniformisierung und der Entfremdung unterdrückter Gruppen betrachtete. Sie erscheint weniger eindeutig; sie hat bisweilen den Frauen den Weg zur Emanzipation geöffnet, nicht allein durch die Verhaltensänderungen, die sie mit sich bringt, sondern auch durch die Modifikation des kulturellen Gegensatzes zwischen »Männlichem« und »Weiblichem«. In ihren historischen Kontext gerückt, sind in dieser Hinsicht die Frauenpresse oder das Hollywoodkino, die von Frauen in großem Maße konsumiert wurden, ebenso aufschlußreich wie die Werbung.

Als Ikonographin präsentiert uns Anne Higonnet diese Bilder; sie analysiert die Umstände ihrer Entstehung, ihre Funktionen und die im Werk umgesetzten visuellen Strategien: eine visuelle Definition der modernen Weiblichkeit zu geben und eine Identität von Frauen als Konsumentinnen zu schaffen. Besonders trägt ihr Aufsatz jedoch dazu bei, den Ort der Frauen auf künstlerischem Gebiet zu bestimmen, gleichzeitig ihren Status als weibliche Künstler und ihre Produkte zu beschreiben. Anne Higonnet zeigt die Anstrengungen, die Frauen unternommen haben, um aus Stereotypen herauszutreten und die politische Tragweite der bildlichen Vorstellung zu unterstreichen; sie beleuchtet die Entstehung einer zeitgenössischen feministischen Kunst, welche die Kategorien der Kunstgeschichte in Frage stellt und neue Frauenbilder anregt.

Endlich, und hierauf ist zu insistieren, besiegelt das 20. Jahrhundert mit der sich durchsetzenden schulischen Ausbildung der Mädchen den Zugang der Frauen zum theoretischen, literarischen und künstlerischen Wort, und diese Aneignung der Kultur hat ihre endgültigen Wirkungen noch nicht gezeitigt. Indessen kann man sich die Frage nach der Zukunft und nach den Möglichkeiten der Weitergabe des kulturellen und theoretischen Schaffens von Frauen an künftige Generationen stellen und die Chance betonen, die heute das Auftreten einer wirklich gemischten Kultur darstellt, welche das Spiel einer doppelten Sicht und Symbolisierung der Welt erlaubt.

F. T.

9

DIFFERENZ UND WIDERSTREIT

DIE FRAUENFRAGE IN DER PHILOSOPHIE

Françoise Collin

Wie stellten und wie veränderten sich in den philosophischen Entwürfen des 20. Jahrhunderts die Frauenfrage und die Frage nach dem Unterschied der Geschlechter? Sollte man den Verlauf der Entwicklung schematisch skizzieren, so könnte man mit allem Vorbehalt sagen, daß an die Stelle einer Metaphysik der Geschlechter, welche die Minderwertigkeit der Frau begründete und die noch zu Beginn unseres Jahrhunderts Geltung hatte, zunehmend eine Apologie des Weiblichen getreten ist; diese wirkt sich seither auf das eine wie das andere Geschlecht aus. Wir werden hier nur auf einige der Werke eingehen, die den Geschlechterunterschied behandeln – übrigens oft nur zufällig oder beiläufig. Denn für keines von ihnen ist diese Frage wirklich zentral. Dieser kurze Überblick erlaubt es natürlich nicht, die allgemeine Struktur jedes einzelnen dieser Werke ins Gedächtnis zu rufen oder gar im Detail zu untersuchen, auf welche Art und Weise die uns hier beschäftigende Frage sich in ihnen darstellt. Wir tun nicht mehr, als auf einige bedeutsame Ansätze zu verweisen, die ihre Spuren in der seit den siebziger Jahren sich entwickelnden feministischen Reflexion hinterlassen haben. Für letztere wird die Frage nach der Geschlechterdifferenz zu einem Paradigma. Daß die Frage als Paradigma angegangen und daß die Antwort in politischen Begriffen gesucht wird, charakterisiert die feministische Reflexion, und zwar mehr als die Einhelligkeit der Antworten, die sie liefert.

Wenn auch die Reflexion auf den Geschlechtsunterschied, und zwar bezogen auf die Frage der Zeugung, gleichzeitig mit der Geburt der

Philosophie im alten Griechenland aufkam und auch weiterhin eine wichtige Rolle spielte, so trat sie im Lauf des 20. Jahrhunderts immer mehr in den Hintergrund. Diese Entwicklung wird vielleicht durch die Veränderungen verständlich, die Ende des 19. Jahrhunderts im Reich des Wissens eintraten. Denn so, wie sich zu Beginn der Moderne die exakten Wissenschaften von der Philosophie gelöst hatten, entstanden nun die Humanwissenschaften – Geschichte, Soziologie, Ethnologie, außerdem die Psychoanalyse, auf die wir kurz eingehen werden – und konstituierten sich als eigenständige Disziplinen. Jede von ihnen widmet sich einer bestimmten Schicht der Realität, womit die Philosophie in gewisser Weise von der Analyse des empirisch Gegebenen abgeschnitten wird. Die Phänomenologie, die den Phänomenen selbst nachspürt, zielt auf deren »Wesen« ab. Vielleicht ist es aber auch die verbesserte Situation der Frauen, deren zunehmende Präsenz in akademischen Institutionen und im Denken, wodurch die Konstruktion einer »Metaphysik der Geschlechter«, die den gewöhnlichen Sexismus der Gesellschaft widerspiegelt, erschwert wird. Daran hat sich eine gewisse Leere angeschlossen. Was die politische Philosophie betrifft, die sich auf die marxistische Klassen- oder sogar auf die Rassenfrage konzentriert, so geht sie der Geschlechterfrage aus dem Wege.

Es mag verwundern, daß hier fast ausschließlich Werke von Männern herangezogen werden. Das liegt daran, daß die Philosophie länger als die anderen Disziplinen eine Domäne der Männer geblieben ist, was seinen Grund ohne Zweifel in dem mehr oder minder heiligen Charakter desjenigen hat, der in Kontakt zur Wahrheit steht. Die wenigen weiblichen Philosophen, die es im 20. Jahrhundert vor dem Feminismus gegeben hat – Jeanne Hersch, Suzanne Langer, Gisèle Brelet, Jeanne Delhomme, Simone Weil, Edith Stein –, haben sich mit dem Geschlechterproblem nicht befaßt; bei Hannah Arendt ist das politische Denken, durch das sich die Frage nach der jüdischen Differenz zieht, für unseren Gegenstand erhellend. Den Beitrag dieser Frauen zum Denken sichtbar zu machen, wäre eine andere Aufgabe, die hier nicht unser Ziel ist.

Die Metaphysik der Geschlechter

Die Metaphysik der Geschlechter, die man auch als Essentialismus bezeichnen kann, postuliert einen wesensmäßigen, ja naturgegebenen Unterschied zwischen Frauen und Männern und definiert *ihre jeweiligen* Besonderheiten. Genauer gesagt: Sie definiert das Besondere der Frauen, während sie das der Männer implizit oder explizit dem Allgemeinen gleichstellt. Es ist eine Konzeption, die sich in verschiedenen Formen durch die gesamte Geschichte des Denkens zieht. Sie besteht noch bis zum Beginn des 20. Jahrhunderts fort, um sich danach zu verlieren oder wenigstens nicht mehr als solche zu behaupten.

Die Überlegungen zum Geschlechterunterschied, die zu Beginn des Jahrhunderts der Soziologe und Philosoph Georg Simmel anstellt, sind durch die Debatten der wichtigen deutschen Frauenbewegung seiner Zeit, vermittelt vor allem durch Marianne Weber, angeregt worden. Simmel ist sensibel für den asymmetrischen und hierarchischen Charakter der Geschlechterbeziehungen und untersucht ihn gelegentlich auch in Begriffen von Macht. Das männliche Geschlecht versteht sich als allgemein-menschlich, schreibt er einmal, und in demselben Aufsatz: »Daß das männliche Geschlecht nicht einfach dem weiblichen relativ überlegen ist, sondern zum Allgemein-Menschlichen wird, das die Erscheinungen des einzelnen Männlichen und des einzelnen Weiblichen gleichmäßig normiert – dies wird, in mannigfachen Vermittlungen, von der *Machtstellung* der Männer getragen.«[1] Das ist offenkundig eine Ungerechtigkeit, aber sie geht, wie Simmel glaubt, trotzdem in die Art und Weise ein, wie Männliches und Weibliches sich unabhängig von ihren historischen Bedingungen definieren. Die Beziehung der Geschlechter hat einen »tragischen« Charakter, der beinahe das spätere, berühmte Diktum Lacans voraussahnen läßt: »Es gibt keine sexuelle Beziehung.«

Die Frau (»das Weib«) ist ganz in ihre Weiblichkeit eingelassen. Ihre Beziehung zu ihrem Geschlecht ist zentripetal und ruht in sich: Sie hängt nicht von ihrer Beziehung zum Mann ab. Die Männlichkeit hingegen ist zentrifugal, das heißt, der Mann definiert sich nur dadurch, daß er aus sich heraustritt, sich objektiviert, und er setzt sich als Geschlechtswesen nur in seiner Beziehung zur Frau. Die Frau ist Frau an sich; der Mann ist Mann nur in seiner sexuellen Beziehung zur Frau. So gibt es bei der Frau keinen Unterschied zwischen ihrer Individualität und ihrer Weiblichkeit, während beim Mann die Männlichkeit deutlich von der Individualität unterschieden ist. Daher rührt das Mißverständnis in den Liebesbeziehungen: Die Frau sucht in ihnen einen einzelnen Menschen, während der Mann die Weiblichkeit – das Geschlecht – sucht, das seine Männlichkeit bestätigt. Somit wird die sexuelle Beziehung selbst zum Problem, das die Männer in Form der Prostitution, bei der sie gewisse Frauen zu ihrem Nutzen instrumentalisieren, zu lösen versucht haben. Simmel analysiert die möglichen Auswege aus dieser bedauerlichen Situation und sieht keinen anderen brauchbaren als den Frauen sexuelle Freiheit zuzugestehen – die übrigens schon zu Simmels Zeiten von einer feministischen Strömung gefordert wurde –, auch wenn er sich bewußt ist, daß diese sexuelle

Freiheit nicht notwendigerweise mit den Imperativen der Weiblichkeit harmoniert. So hat es den Anschein, als ob die Frau auch in ihrer »Befreiung« den Ansprüchen der Männlichkeit verpflichtet bleibt.

Bei allen Betrachtungen, die Simmel anstellt und die neben konventionellen Elementen auch kritische Einwände gegen die Lage der Frauen enthalten, bleibt der Eindruck, es gäbe für ihn nicht nur einen Unterschied der Geschlechter, sondern zwei heterogene geschlechtliche Register, zwei Weisen des Verhältnisses zur Welt und zur geschlechtlichen Differenzierung, die miteinander zu vereinbaren zumindest schwer, wo nicht unmöglich ist, sofern nicht die eine sich in der anderen verliert.

Vor diesem Hintergrund stellt Simmel sich die Frage, ob es nicht, wenigstens tendenziell, sogar zwei Kulturen gibt. Wenn aber die herrschende Kultur eine ganz und gar männliche ist: Werden die Frauen, nachdem sie sich befreit haben, eine andere ins Leben rufen können, oder werden sie sich in diese ihnen »fremde« Kultur integrieren müssen?

Simmel zweifelt durchaus nicht an der Fähigkeit der Frauen, an der bestehenden Welt teilzunehmen und darin eine Rolle zu spielen. Er meint sogar, ihre Gegenwart könne gewisse Aspekte dieser Welt auf eine wohltuende Weise verändern, wobei die Veränderung im wesentlichen aus der Betonung der subjektiven Elemente bestehe. Aber er leugnet die Möglichkeit einer spezifisch weiblichen Kultur, die mit der männlichen koexistieren oder sie ersetzen könne. Die Frauen haben wohl eine besondere Seinsweise, aber diese Besonderheit besteht eben in der Immanenz, in der Beziehung auf sich selbst, und nicht in der Entäußerung, in der Selbstverwirklichung im Objekt, wie sie der Männlichkeit eigen ist. Wenn es also auch zwei geschlechterspezifische Weisen des In-der-Welt-Seins gibt, so gibt es doch nur eine Weise, der Welt seinen Stempel aufzudrücken, und nur eine Sprache. Obgleich Simmel sich nicht auf den fast gleichaltrigen Freud beruft, kann man die Positionen beider Männer in dem Maße als benachbart ansehen, wie sie die Dualität der Geschlechter in die Einmaligkeit eines Symbolisierungsprozesses zwingen, der immer männlich ist. Das heißt, daß das Besondere der Männer verallgemeinerbar ist, während das der Frauen nur ein Besonderes bleibt. Es gibt wohl zwei Geschlechter, aber es gibt nur eine Kultur: die Kultur des einen der beiden Geschlechter, an welcher das andere partizipiert.

Der spanische Philosoph Ortega y Gasset machte Simmel schon in den zwanziger Jahren in Spanien bekannt, indem er Simmels Abhandlung über das Relative und das Absolute im Geschlechterproblem übersetzte und in der von ihm herausgegebenen *Revista de Occidente* veröffentlichte. »Ich glaube, daß die Unterschiede in der Psychologie des Mannes und des Weibes bis heute keine so scharfsinnige und eindringliche Deutung erfahren haben wie in diesem Versuch des Philosophen Simmel, der so sehr den ewigen Konflikt zwischen dem Männlichen und dem Weiblichen beleuchtet«, schrieb er. Es scheint indessen, als habe Ortega die aufschlußreichen Spannungen, die der Reflexion Simmels innewohnen, simplifiziert und reduziert. Denn in den zahlreichen Aufsätzen des spanischen Philosophen zu einem Thema, das ihn inspirierte, meldet sich ein eher alltäglicher Sexismus zu Wort.

Für Ortega ist die Frau mit einer »konstitutiven Minderwertigkeit« im Vergleich mit dem Mann ausgestattet: »In Gegenwart einer Frau spüren wir Männer sogleich das Geschöpf, das auf der Menschheitsebene einen deutlich niedrigeren Rang einnimmt als wir. Es gibt kein zweites Wesen, das in diesem doppelten Verhältnis steht: Mensch zu sein und weniger als der Mann zu sein.« Die Frau ist nicht anders, sondern weniger, und all ihr Trachten nach Gleichheit ist nicht nur eitel, sondern unrealistisch. Nur indem sie sich mit ihrer Lage abfindet, erfüllt sie ihre eigentliche Aufgabe, die immer bezogen bleibt auf den Mann: »Es ist das Schicksal der Frau, im Hinblick auf den Mann zu sein.«[2]

Nachdem diese Rangzuweisung erfolgt ist, werden die der Frau eigenen Qualitäten unterstrichen – Qualitäten übrigens, die immer etwas Zweideutiges behalten: Konfusion und ewiges Zaudern eines Wesens, das ganz Kurve ist, »Sinnenfreude«, Geschick für das private Leben, Fähigkeit, zu lieben, »das heißt im anderen zu verschwinden«, Schönheit. Alles Eigenschaften, die die Frau zur »Ergänzung des Mannes« machen und die in gewissen privilegierten Frauentypen kulminieren, wie dem der Kreolin, die Ortega y Gasset schwärmerisch beschreibt.

Trotzdem ist paradoxerweise die Geschlechterdifferenz letztlich nicht in der Biologie begründet. Ortega erinnert daran, daß »uns die Biologie über die ursprüngliche geschlechtliche Undifferenziertheit des Embryos belehrt, der sich auf zweierlei oder ambivalente Weise entwickeln kann«, was erklärt, daß es vermännlichte Frauen und effeminierte Männer gibt. Jener Unterschied geht vielmehr auf eine kulturelle Prägung zurück, die jedoch in jedem Menschen so tief verankert ist, daß es gefährlich wäre, sie umstürzen zu wollen, wie dies der Feminismus erstrebt. Die Freiheit der Frauen muß sich an dieser Situation, nicht gegen sie bewähren. Diese Situation ist übrigens nicht allein durch den Willen des Mannes bewirkt: Sie konnte nur über die Komplizenschaft der Frauen geschaffen und perpetuiert werden, insofern sie darin eine Möglichkeit finden, sich zu definieren. Im übrigen würden die Welt und die Männer viel verlieren, wenn sie den Unterschied der Geschlechter zugunsten einer nivellierenden Gleichheit beseitigt sähen.

Vorgeblich vom Denken Simmels inspiriert, ist das Denken Ortegas tatsächlich ein Rückschritt gegenüber jenem. Der Unterschied der

Geschlechter wird bei Ortega häufig in Begriffen des Mehr und des Weniger, nicht in denen der Andersheit beschrieben, und sein Denken ist ganz auf den Mann zugeschnitten, hinsichtlich dessen die Frau ihre Funktion des Ergänzens und Umsorgens findet. Zu keinem Zeitpunkt erinnert Ortega an die Machtstruktur, die das Verhältnis der Geschlechter beherrscht, und an die Ungerechtigkeit, der das eine von ihnen unterworfen ist.

Die Position Ortega y Gassets (der sich faktisch sehr für die Förderung der Frauen eingesetzt hat, unter anderem in seiner Zeitschrift) ist eine Mischung aus Verleumdung und Lobpreisung der Frau als »das konkrete Ideal, die Verzauberung, die Illusion des Mannes«. Der Beitrag der Frauen ist gewiß beträchtlich, aber immer nur als Labsal und Schmuck für das Leben und die Schöpfung der Männer.[3]

Was wir hier als Essentialismus bezeichnet haben, geistert auch durch zahlreiche andere Werke, wenngleich nicht immer in der krassen Form wie bei Ortega y Gasset. So findet man zum Beispiel bei Max Scheler eine Konzeption des Geschlechterunterschieds, die er in seiner Abhandlung »Über Scham und Schamgefühl« auf die ebenso klare wie banale Formel bringt, daß »das Weib überhaupt das eigentliche Genie des Lebens« ist, »während der Mann als das Genie des Geistes« erscheint.[4]

In *Wesen und Formen der Sympathie* hält er an dieser Unterscheidung fest, gibt ihr jedoch eine andere Färbung. Bei der Untersuchung der jeweiligen Rollen, die Männer und Frauen, genauer gesagt das Männliche und das Weibliche, in der Zivilisation spielen, hebt Scheler hervor, daß die Frauen durch ihre besondere Erlebensweise die Zivilisation, die durch das Abenteuer der technischen Beherrschung in Gefahr zu geraten drohe und bereits geraten sei, um eine wesentliche Dimension bereichern und sie verteidigen. Denn das Weibliche sei Träger dessen, was Scheler verteidigt: der »Sympathie«, aus der sich das Verhältnis der Menschen zueinander und zur Welt speist, und zwar durch die verschiedenartigen Formen der Liebe, Sexualität und Zeugung, die aus dem drakonischen Register von Mitteln und Zwecken herausfallen, welches das Produktionssystem beherrscht. Diese Formen bedürfen keines Zwecks und keines Grunds: Sie sind da, und sie entfalten sich.

Das ist es, was Scheler die »kosmisch-vitale Verschmelzung« nennt und was es – man vernimmt hier Akzente, die Marcuse ankündigen – unter jenen zerstörerischen Leistungszwängen wiederzuentdecken gelte, die das Wesensmerkmal des kapitalistischen Regimes seien, dem jede affektive Verschmelzung fremd sei. Scheler zufolge sind es gerade die Frauen und die Kinder, die am meisten hierunter zu leiden haben und sich am stärksten dagegen auflehnen. Es gibt bei den Frauen eine affektive Macht, die über den bloßen Mutterinstinkt weit hinausgeht und in das Gebiet dessen hinüberreicht, was man heute Ökologie nennen würde. Der Schutz der Tiere, der Pflanzen, die Erhaltung von Wald und Feld, des Physischen und Psychischen der Völker und Rassen, all dies müsse absoluten Vorrang vor allen Maßnahmen haben, die nur der Mehrung von Wohlstand und Wohlergehen dienen.

Man sieht also, daß sich bei Scheler eine Transposition des Problems des Geschlechterunterschieds von der bloß psychologischen Ebene in die kulturelle Ebene vollzieht. Das von den Frauen verkörperte Weibliche wird dabei zu einem unentbehrlichen Bestandteil der gemeinsamen Welt, indem es Widerstand gegen eine instrumentelle Modernität leistet.

In den wenigen Überlegungen, die Vladimir Jankélévitch dem Problem widmet, bezieht er sich auf Scheler; aber bedarf es einer solchen Bezugnahme, um einen Gemeinplatz zu verkünden? Nach Jankélévitch unterscheidet sich »das Männliche vom Weiblichen wie das Genie des Geistes vom eigentlichen Genie des Lebens, dem Schutzengel des biologisch Seienden«. Das Genie des Geistes wagt, unternimmt, baut auf – und zerstört, um aufbauen zu können; das Genie des Lebens beschützt, erhält, gibt Dauer. Der Philosoph gibt sich erstaunt: »Warum muß ihr, deren ganzes Amt es ist, zu beschützen und zu bewahren, so oft die Kraft zum Erbauen fehlen? (. . .) Gewiß, es ist ohne Zweifel das Gesetz der Alternative, welches die komplementären Berufungen unter die Geschlechter aufgeteilt hat.«[5]

Dieses Register der Komplementarität spielt der Autor in seinem Traité des vertus gut zwanzig Seiten lang aus, gleich nach dem Kapitel über die Treue. Die »Form ohne Kraft« – das Weibliche – bedarf der »Kraft ohne Form« – des Männlichen – und umgekehrt. Gewiß, es wird auch ein Loblied auf die besonderen Eigenschaften der Frau gesungen, auf ihren Sinn für Kontinuität, auf ihre Sorge um Rechtlichkeit, die immer eher eine Sorge um Legalität als um Legitimität sei, auf ihren Sinn für Treue eben oder auf den Umstand, daß die Frau, mag sie auch unfähig sein, Schönheit zu erschaffen, sie doch in sich selbst verkörpert. Aber dieses Loblied ist zumindest ambivalent, und man spürt wohl, daß die Sympathien des Autors bei jenen männlichen Eigenschaften liegen, über die er abschließend sagt: »Wir brauchen die Unsicherheit, die drohende Gefahr, das pochende Herz; den Wein des Frühlings, der nach Krieg schmeckt und nach Abenteuer, die Trommeln des Frühlings, die dem Mann in der Brust schlagen.«

Jankélévitch analysiert den Unterschied oder gar den Gegensatz zwischen Männern und Frauen so lange, bis er am Ende jene Komplementarität wieder in Frage stellt, von der es doch geheißen hatte, sie beherrsche die Beziehungen zwischen den Geschlechtern. Am Ende erklärt er sie eher als ein »Mißverständnis«: Die Polarität der beiden

Geschlechter beruhe nicht auf einer Beziehung der dialektischen Korrelation oder gar der Komplementarität, sondern auf einer »der kontradiktorischen Spannung und der Ambivalenz«. Muß man hierin, wie bei Simmel, die zaghafte Erkenntnis eines Andersseins der Frauen oder des Weiblichen sehen, welche sich dem Verständnis, ja dem Verständnisvermögen der Männer und des Männlichen entzieht? Vielleicht. Auf jeden Fall aber wird dieses Anderssein eng definiert und in die traditionellsten Begriffe von Dualismus und Überlegenheit des einen Geschlechts über das andere eingeschlossen.

FRAUEN UND WEIBLICHKEIT: DIE PSYCHOANALYSE

Ist die von Freud zu Beginn des Jahrhunderts begründete Psychoanalyse eine weitere Erscheinungsform jener »Metaphysik der Geschlechter«, die sich am Horizont der gesamten Geschichte des Denkens zeigt, oder ist sie deren Subversion? Man hat beide Lesarten vertreten, beide lassen sich aus der Fülle der von Freud selbst und von seinen Nachfolgern vorgelegten Schriften begründen.

Die Psychoanalyse jedenfalls gibt sich nicht als eine neue Spekulation zu verstehen, sondern als eine neue Wissenschaft, die Wissenschaft vom Unbewußten, die sich auf bisher unerforschte Tatsachen stützt. Selbst wenn der Wissenschaftsbegriff Freuds von dem positivistischen Szientismus seiner Zeit geprägt ist, von welchem später Lacan sich abgrenzen wird, so teilen jene Tatsachen doch den Status aller Tatsachen: Sie sind Konstrukte, Bestandteil einer Theorie, die Verschiebungen und Neuformulierungen erfährt. Insofern ist die Psychoanalyse, auch nach Freuds eigener Ansicht, nicht völlig frei von Spekulation. Auf jeden Fall entwickelt sich, ausgehend von der Entdeckung dieser neuen Schicht des Wirklichen, ein immenses Textkorpus, das sich speist aus der Interpretation der Schriften des Begründers der Psychoanalyse und gleichzeitig aus der analytischen Praxis auf der Couch – ein Textkorpus, das durch bedeutsame Kontroversen gekennzeichnet ist. Wir stellen hier nur einige Elemente heraus, die für unsere Problematik von Interesse sind, wobei wir im übrigen daran erinnern, daß die Psychoanalyse nicht den Anspruch erhebt, die menschliche Erfahrung oder auch nur die Sexualität und die geschlechtliche Differenzierung vollständig zu erhellen.

Die ödipale Struktur des Unbewußten bildet den Mutterboden der psychoanalytischen Theorie. Diese bestimmt die Positionen des Vaters, der Mutter, der Tochter und des Sohnes und beschreibt im einzelnen die lange Reise, durch die sie ihre geschlechterbedingte Wirklichkeit finden, oder vielmehr sich in sie einfinden, sofern es sich um die Tochter handelt. Das Gesetz des Vaters, das den Besitz der Mutter als des ersten Objekts einer Begierde verbietet, so daß die Begierde des Sohnes sich künftig auf eine andere Frau, die der Tochter auf das andere Geschlecht richten muß, eröffnet durch das Unglück der Kastration hindurch den Zugang zu Reife und Symbolisierungsfähigkeit.

Die Position jedes Geschlechts kommt in seiner morphologischen Gestalt zum Ausdruck. Das Mädchen ist anders als der Junge, insofern sie, in Ermangelung des Penis, der ihr fehlt, auf den sie »neidisch« ist und für den sie nur einen schalen Ersatz in ihrer Klitoris findet, weniger ist als er. Das weibliche Geschlecht wird negativ, durch Bezug auf das männliche Geschlecht definiert. Eine Frau werden heißt sich damit abfinden, daß man kein Mann ist, über einen mühsamen Weg, dessen Peripetien wir hier nicht nachzeichnen werden.

Fraglos trägt eine gewisse Bisexualität dazu bei, diese Ordnung der Dinge zu korrigieren. Aber der Zugang zu phallischen Vergünstigungen und genauer: zur Sublimierung kommt ein Mädchen sehr teuer zu stehen, das immer mehr oder minder gedrängt wird, sich zwischen Lust oder Arbeit zu entscheiden, während der Junge beides in Einklang bringen kann. Wie Freud sagt: Ein Mädchen, das vom Lehrer jedes Mal umarmt wird, wenn sie gute Arbeit geleistet hat, vermag auf Dauer nicht mehr die kleinste Aufgabe zu bewältigen.

Freud verkennt nicht die Rolle, welche die Kultur bei der Bestimmung des Ortes der Frauen spielt, aber diese Überlegung stellt als solche nicht die ödipale Struktur in Frage, die als kulturübergreifend betrachtet wird. Im übrigen registriert er mit Wehmut eine Entwicklung, die zum Verschwinden des Kostbarsten zu führen drohe, das die Welt zu bieten habe: des Ideals von Weiblichkeit. Und er kritisiert unter diesem Gesichtspunkt John Stuart Mill, der die Gleichheit der Geschlechter fordert.

In seiner Grundstruktur, losgelöst von einem ansonsten komplexen und in ständiger Weiterentwicklung begriffenen Werk, unterstreicht das Freudsche Denken den Dimorphismus, ja die Asymmetrie der Geschlechter, wobei er jedoch ausgeht von einem phallischen Monismus: es gibt nur die männliche Libido. Dabei scheint das, was das Unbewußte offenbart, eine erstaunliche Nähe zum Gesellschaftlichen aufzuweisen. Man findet im Unbewußtsein sogar eine genitale und heterosexuelle Normativität, die der Form der traditionellen Familie entspricht. Auch haben zahlreiche Kommentare die Todesangst hervorgehoben, mit der bei Freud (wie übrigens auch bei vielen seiner Nachfolger, darunter Lacan) die Evokation des Mütterlichen einhergeht und die in bezug auf die Weiblichkeit eine tiefreichende Ambivalenz einführt (Kofman, Schneider, Marini u. a.).

Man kann gewiß die Frage stellen, ob die Tatsache, daß der Begründer der Psychoanalyse ein Mann war, der eine ganz eigene Lebensgeschichte hatte, der in einer Selbstanalyse seine Grundbegriffe erprobte und der darüber hinaus in den sexistischen Vorurteilen seiner Zeit befangen war, wovon auf nachgerade komische Weise seine Brautbriefe zeugen – man kann sich also fragen, ob alle diese Umstände bei der Begründung der neuen »Wissenschaft« vom Unbewußten völlig außer Kraft gesetzt waren: Ist die Wissenschaft vom Begehren nicht geprägt von dem (männlichen) Begehren, das ihre Erarbeitung geleitet hat? Die Weiterentwicklung der analytischen Erkenntnis und Praxis bestand jedenfalls darin, die zentralen Elemente der Freudschen Lehre von ihren partikularen Verformungen zu befreien. Zu dieser Arbeit haben, noch zu Lebzeiten Freuds und danach, Frauen wie Männer beigetragen. Allein schon die Tatsache, daß viele Frauen, darunter viele Feministinnen, sich bis auf den heutigen Tag von der Psychoanalyse angezogen gefühlt haben – als Analysandinnen, als Analytikerinnen oder als Theoretikerinnen –, scheint darauf hinzudeuten, daß sie in der Psychoanalyse so etwas wie eine Wahrheit gefunden haben, die auch ihre Wahrheit sein kann. Der Prozeß, den manche Frauen Freud und seinen Erben machen wollen, kommt aus dem Binnenraum der Psychoanalyse selbst und gebraucht deren Mittel.

Es verdient ausdrücklich hervorgehoben zu werden, daß Freud, am Ende seines Lebens und nach einem langen Schweigen in dieser Frage, bei einem kritischen Rückblick auf seinen Weg nicht zögerte zu betonen, daß ihm zuletzt doch immer noch etwas an der Weiblichkeit, diesem »schwarzen Kontinent«, verborgen blieb. Und er stellte Marie Bonaparte die berühmt gewordene Frage: »Was will das Weib?«, auf die er keine Antwort bekam. Nach Paul-Laurent Hassoun[6] steht die Psychoanalyse, mag sie auch das Begehren der Frauen erklärt haben, ohnmächtig vor ihrem Wollen, das mit dem Begehren nicht zusammenfällt. Das, was verstanden worden ist, ist darum nicht hinfällig, aber es bleibt für eine Erklärung von Weiblichkeit unzureichend.

Liegt es an ihrer übergroßen Kompliziertheit, wenn die Weiblichkeit die vorgegebenen Strukturen sprengt, oder liegt es daran, daß diese Strukturen ausgehend und abhängig von der Männlichkeit entwickelt wurden, sei es auch in engem Kontakt zu weiblichen Patienten? Bei der Beurteilung der Stellung der Geschlechter zueinander geht »man« vom Mann aus, schreibt Lacan.

Am Ende seines Werkes, indem er nicht müde wurde, Männlichkeit und Weiblichkeit zu erforschen und sie als Begriffe zu verwenden, vermeidet Freud es jedenfalls, sie zu definieren. So kommt er zu dem Schluß, das, »was die Männlichkeit oder die Weiblichkeit ausmache, sei ein unbekannter Charakter, den die Anatomie nicht erfassen kann.

(...) Sie können den Begriffen männlich und weiblich *keinen* neuen Inhalt geben.«[7]

Späte Skrupel, Abrücken von den früheren Positionen oder im Gegenteil ein Fingerzeig, der es erlaubt, das ganze Œuvre neu zu lesen? Freud, der ein neues Feld abgesteckt hat, überläßt dessen Bearbeitung seinen Schülern, den orthodoxen wie den heterodoxen.

Eine Gruppe seiner Nachfolger, die man unter dem Namen »englische Schule« zusammenfaßt, bringt bedeutsame Korrekturen an seinem Werk an, ohne jedoch die ödipale Konstellation in Frage zu stellen.[8] Diese Korrekturen betreffen im wesentlichen den Status der Weiblichkeit, die hier nicht mehr eine sekundäre Bildung ist, die auf indirektem Wege erworben wird, sondern vom Lebensbeginn an eine Eigentümlichkeit aufweist: Es gibt von der prägenitalen Phase an eine weibliche Libido, die im vaginalen Lusterlebnis verankert ist. Daher ist der Penisneid für diese Autoren keineswegs der Wunsch, ein männliches Geschlechtsorgan zu besitzen – verbunden mit dem Groll darüber, keines zu haben –, sondern vielmehr der alloerotische Wunsch nach dem Penis oder nach seiner Verkörperung in Gestalt eines Kindes. Karen Horney insistiert nachdrücklich auf dem sozio-kulturellen Charakter der geschlechtlichen Entwicklung und fügt hinzu, daß dieser »Neid« einfach den Wunsch verrät, an jenen Vorteilen und Verantwortlichkeiten teilzuhaben, welche die Männer in der Gesellschaft besitzen und von denen das Mädchen systematisch ausgeschlossen wird, so daß es sich nur in das Gefühl zurückziehen kann.

Diese Schule tendiert also zu einem ursprünglichen Dualismus der Geschlechter und spricht damit dem Weiblichen einen eigenen Reichtum zu, parallel zu dem des Männlichen. Frau sein bedeutet nicht mehr, ein unvollkommener Mann zu sein. In diesem Zusammenhang, und vor allem bei Melanie Klein, erhält der Bezug zur Mutter wieder eine konstitutive Dimension in der Ausbildung der Identität des Mädchens.

Diese Richtung der Psychoanalyse, in der sich Frauen in großer Zahl auszeichneten, wurde noch von Freud selbst und danach von einigen seiner Nachfolger bekämpft. Sie rührt nämlich an einen zentralen Punkt der Lehre: die konstitutive Bedeutung der Vaterfigur, die nicht nur Inhaber des Penis ist, sondern auch Repräsentant des Phallus (wie es später Lacan entwickeln wird). Hier wird der Vater wieder auf seinen Platz als Objekt der Begierde zurückverwiesen, analog dem Platz, den die Mutter einnimmt. Die Werte der einen und der anderen geschlechtlichen Figur sind symmetrisch. Trotzdem bleibt diese Neugewichtung, die im Streit zwischen klitoraler und vaginaler Lust zum Ausdruck kommt, in den morphologischen Metaphern des Freudschen Denkens gefangen. Immerhin hat sie eine Konzeption des Geschlechterunterschiedes zu inspirieren vermocht, die eben durch ihren Dualismus eine Hierarchisierung vermeidet.

Der französische Psychoanalytiker Jacques Lacan vollzog eine Rückkehr zu Freud, als dessen wahrer Interpret er sich sah. Aber er löste die Begriffe stärker aus ihrem anatomischen Bezug: Referenzpunkt ist bei ihm nicht mehr der Penis als Organ, sondern der Phallus, als gemeinsamer Signifikant für beide Geschlechter, welche gleichermaßen, aber auf je eigene Weise vom Unglück der Kastration betroffen sind. So blieben der monistische Signifikant und der Dimorphismus der Geschlechter gewahrt, während die Privilegierung, die im Freudschen Gedankengebäude das männliche Geschlecht in bezug auf das weibliche erfahren hatte, gemildert wurde.

Lacan trieb diese Verschiebung noch weiter, als er – spät, in dem Seminar «Encore» – noch einmal sein Begriffsgebäude modifizierte, und zwar ausgehend von der Frage nach der Weiblichkeit, genauer gesagt nach der weiblichen Lust, die als »supplementäres Genießen« zum phallischen Genuß bezeichnet wird. Dieser »jouissance supplémentaire« ist die Natur des Phallischen nicht fremd, aber sie geht darüber hinaus: »Es ist nicht, weil sie nicht-alle ist in der phallischen Funktion, daß sie überhaupt nicht dran ist. Sie ist *nicht* überhaupt nicht dran. Sie ist voll dran. Aber es gibt etwas mehr.«[9]

Die Weiblichkeit wird hier in eine Position des Mehr, nicht des Weniger gegenüber dem Phallischen gerückt. Die Logik des Ganzen wird ihr nicht völlig gerecht. Lacan wird später auch betonen: »*Die* Frau gibt es nicht« – eine Formel, die viele Frauen als Verneinung ihrer Existenz aufgefaßt haben, die aber bedeutet, daß es keine allgemeine Definition gibt, keine Quintessenz, die erklärt, was es heißt, Frau zu sein. »Frau« gehört nicht der Ordnung des Definierbaren an und wird von Lacan mit einem durchgestrichenen »die« geschrieben. In diesem Sinne wählt eine Feministin wie Luce Irigaray die Schreibweise »die/eine Frau«.

Man wird fragen dürfen, welche Bedeutung dieser Stellung der Weiblichkeit in der Psychoanalyse zukommt. Wenn für Freud die Weiblichkeit die elaborierte analytische Erkenntnis überschritt und diese zuletzt wieder in Frage stellte, so scheint es, daß sie für Lacan das Erkennen als solches überschreitet. Müssen wir erwarten, daß das weibliche »Mehr« sich nur in der Lust findet, sich in der stummen Ermattung, der fleischlichen Aufwallung erschöpft, oder sollen wir annehmen, daß es einem anderen Weltbezug Raum gibt, einem anderen Sprechen und einem anderen »Wissen«, dem das »Totalisieren« fremd ist und das Lacan zunächst der Mystik an die Seite stellte, in gewisser Weise aber auf die gesamte Praxis des Erkennens selbst ausdehnte? Jedenfalls gibt es Männer, die an diesem »Mehr« der Weiblichkeit teilhaben: Hier wie

auch sonst nahm Lacan also eine Lockerung der Kategorien Weiblichkeit und Männlichkeit in bezug auf die Wirklichkeit der Männer und
der Frauen vor.

Das Denken des Geschlechterunterschieds kreiste also um etwas, das
auf eine noch mehrdeutige Weise eine Neubewertung des Weiblichen
ankündigte, welche die Männer sogleich für sich in Anspruch nahmen:
Der Psychoanalytiker hielt es mit dem »nicht ganz«, der Philosoph mit
dem »Unterschied«. Wir erkennen hier ein gewisses »Frau-Werden« des
Denkens, das indessen das Werden der Frauen nicht berührte.

Diese Verlagerung vollzieht sich in der zweiten Hälfte des 20. Jahrhunderts in sehr unterschiedlichen Bereichen des Denkens wie der
Philosophie, der politischen und Gesellschaftstheorie, der Logik und
dem Feminismus. Es entwickelt sich nämlich fast überall eine kritische
Perspektive auf die Totalität, das Geschlossene, den Logozentrismus,
die Beherrschung, zugunsten des »nicht ganz«, des Unendlichen, des
Offenen, der Dezentrierung, des Unbegrenzten. Unter diesem Gesichts-
punkt zeichnet sich eine gewisse Verwandtschaft zwischen den Bezie-
hungen des »nicht ganz« zum »Ganzen« bei Lacan und der Kritik der
Metaphysik bei Heidegger ab. Diese Nähe kommt nicht von ungefähr:
Lacan verlagerte etwa in der Mitte seines Werkes die Reflexion von der
Hegelschen Dialektik auf die Heideggersche Differenz.

Freilich handelt es sich dabei nur um Anklänge, wenn sie auch
bedeutsam sind. Aber ohne zwei Denkansätze ungebührlich gleichset-
zen zu wollen, die je ihrer eigenen Fragestellung nachgehen, kann man
in ihnen doch verwandte Kategorien am Werk sehen. Die Ordnung des
Ganzen ist unumgänglich – phallische Ordnung, metaphysische Ordnung –, aber sie ist »nicht ganz«. Wir erleben so den Verlust des
Anspruchs der »Modernität« als Herrschaft des Subjekts mit, was sich
mit einem Verlust des Anspruchs der »Virilität« vergleichen läßt. Eine
der Strömungen des Feminismus, besonders des amerikanischen Feminismus, wird die so geschlagene Bresche zu nutzen wissen, wobei sie
sich von dem durch Jacques Derrida ebenso wie durch Luce Irigaray
und Hélène Cixous vertretenen »französischen Denken« inspirieren lassen wird.

Politische Revolution und libidinöse Revolution

Der Beitrag des Marxismus zum Problem des Unterschieds der
Geschlechter hat darin bestanden, es in historisch-politische Begriffe zu
fassen, wobei das Politische bekanntlich als im Ökonomischen wur-
zelnd gesehen wird. Der Status der Frauen ist das Ergebnis eines auf

Ausbeutung beruhenden Unterwerfungsprozesses, der überwunden werden muß und kann. Der Kampf der Geschlechter ist aus dieser Sicht eng mit dem Klassenkampf verbunden und ist sogar dessen Grundform: »Der erste Klassengegensatz, der in der Geschichte auftritt, fällt zusammen mit der Entwicklung des Antagonismus von Mann und Weib in der Einzelehe, und die erste Klassenunterdrückung mit der des weiblichen Geschlechts durch das männliche«,[10] schreibt Engels. Es geht darum, gleichzeitig den Kapitalismus und die Familie zu stürzen, die als die beiden Bastionen bürgerlicher Macht angesehen werden (und alle Macht ist bürgerlich).

Diese Angleichung von Klasse und Geschlecht wirft indessen mancherlei Schwierigkeiten auf. Während man nämlich von einer historischen Herausbildung der Herrschaft des Kapitals über die Arbeit sprechen kann, ist es problematischer, von einer historischen Herausbildung der Herrschaft des Mannes über die Frau zu sprechen, weil diese sich bis in die entferntesten Zeiten und Orte zu erstrecken scheint. Die von Bachofen vorgetragene wirkungsmächtige Hypothese eines matriarchalischen Urzustandes erlaubte zumindest, auch wenn sie später auf Widerspruch gestoßen ist, dem Patriarchat einen Anfang zuzuweisen und daher auch sein Ende in Betracht zu ziehen. Dieses Ende soll jedoch nicht in der Rückkehr zum Matriarchat bestehen, sondern in der Auflösung der Kernfamilie und ganz allgemein jeder privaten Organisation, die dem kollektivistischen Ideal im Wege ist.

Der Kommunismus wird also den Kapitalismus zugleich mit dem Patriarchat überwinden, in einer Gesellschaft, die von jedem Klassen- und Geschlechtsunterschied befreit und vollkommen egalitär ist. Nach Bebel hat die Frau ebenso wie der Mann das Recht auf Entwicklung und freien Gebrauch ihrer Kräfte; denn sie ist ebenso ein Mensch wie der Mann und muß daher wie dieser die Freiheit haben, über sich selbst zu verfügen. Daran kann der Zufall, als Frau geboren zu sein, nichts ändern.[11] Diese Befreiung erlaubt der Frau zunächst, ihre Kräfte der Produktion zu widmen. Hierzu muß sie von häuslichen Aufgaben entbunden sein. Bebel stellt sich indessen nicht vor, daß diese von den Männern mit übernommen werden könnten. Er setzt vielmehr auf den technischen Fortschritt (Mechanisierung) und auf die Kollektivierung: Inbegriff aller Hoffnungen ist die »kommunistische Küche«. Wenn die Zerschlagung der Familie zunächst eine stärkere Beteiligung der Frauen am gesellschaftlichen und beruflichen Leben zur Folge hat, so tritt als Nebeneffekt die sexuelle Freiheit hinzu, die bisher das Vorrecht der Männer war. Die freie Liebe, der freie Partnertausch, die freie Verfügung über den eigenen Körper sind Werte, die hartnäckig von Alexandra Kollontaj[12] eingefordert wurden – in einer gewissen Verkennung der Realität zu einer Zeit, als es eine Empfängnisverhütung in Rußland noch kaum gab. So wurden die verschiedenen Register verbunden, die für die Freiheit der Frauen, der Familie, der Arbeit und der Libido tonangebend waren. In der weiteren Entwicklung des marxistischen Denkes und vor allem der kommunistischen Praxis wurde das Ziel der Abschaffung der Familie und der sexuellen Befreiung sehr schnell fallengelassen, und man konzentrierte sich ausschließlich auf die Umgestaltung der Produktionsverhältnisse.

Diese Unterordnung der Befreiung unter die Produktionsverhältnisse, selbst wenn es nicht mehr kapitalistische sind, wurde zum Gegenstand der Kritik durch die Erben Marx', die auch die Erben Freuds waren. Zu nennen wären, nach Wilhelm Reich, Herbert Marcuse sowie – zumindest in einem bestimmten Augenblick ihres Œuvres – Gilles Deleuze, Felix Guattari und François Lyotard, die näher mit den französischen Ereignissen des Mai 1968 in Verbindung stehen. Sie weigerten sich, die Revolution einer »Repression« untergeordnet zu sehen, sei es durch eine produktivistische Gesellschaftsordnung, sei es durch die sogenannte »Ödipalisierung«.

Erst nach Beseitigung der Repression, die die ganze Libido in die Arbeit und die Reproduktion lenkt, würde sich eine wirkliche Revolution vollziehen können. Die Beseitigung der ökonomischen Machtverhältnisse forderte die Beseitigung der sexuellen Verbote, um das reine, positive Ausleben der Libido zu erlauben. Diese Beseitigung war für die Frauen noch dringender als für die Männer, insofern ihre Sexualität bisher durch die ihnen zugewiesene Mutterrolle unterdrückt worden war, die ihrer weiblichen Rolle entgegenwirkte, wie Wilhelm Reich sagte. In unterschiedlichen Formulierungen ist die Libidinisierung für alle diese Denker nicht nur die Conditio sine qua non der Freiheit, sondern die Freiheit selbst: Eros als Erzeuger einer neuen Zivilisation, wie Marcuse sich ausdrückte.

Was hier vom psychoanalytischen Erbe beibehalten wurde, war der Primat des Begehrens, das die Menschen und die Gesellschaft bewegt. Was verworfen wurde, war die Reduktion der Libido auf ihre ödipale Codierung, verstanden als gesellschaftlicher Imperativ. Denn die ganze befreiende Wirkung der Freudschen Entdeckung hatte sich in der psychoanalytischen Lehre und Praxis reduziert auf die effektive Anpassung an ein Reales, das nicht als historisch, sondern als strukturell und unangreifbar verstanden wurde. Es herrschte in der Theorie wie auch in der Praxis ein gewisser Widerspruch zwischen der Behauptung des polymorphen Charakters der Libido und deren Reduktion auf eine ganz bestimmte Weise des Funktionierens. Diesem Nachweis galten zwei Werke, die 1972 bzw. 1974 in Frankreich erschienen und exemplarisch den Geist der siebziger Jahre bezeugen, in die der Aufstieg der Frauenbewegung fällt: *Anti-Ödipus* von Deleuze und *L'Économie libidinale* von Lyotard.[13]

Für diese Autoren gibt es nicht »Subjekte«, begehrende Identitäten, sondern »Wunschmaschinen«, eine »libidinöse Oberfläche«, Lust, die unablässig das Gegebene zerstört und untergräbt, die alle Errungenschaften, alle Hierarchien, alle Werte vernichtet und sich in den unerwartetsten Winkeln einnistet, sogar in der Knechtschaft und im Leiden: Das Begehren ist in seiner Unbestimmbarkeit und Unbeherrschbarkeit die Subversion schlechthin und: »Die politische Ökonomie ist in erster Linie Libido-Ökonomie.« Die eigentliche revolutionäre Instanz ist also diese Libido hinter und in den Zielen und Strategien der politischen Aktivismen, die ihrerseits doch immer nur das sind, was sie umzustürzen behaupten: Kontrolle, Codierung und Repression der Libido in vorgeprägten Formen.

Aber diese Libido-Instanz ist nicht auf die »sexuelle Befreiung« zu reduzieren, so wie der »Sozius« sie allein auf die Genitalität oder gar die Heterosexualität reduziert hatte. In einer »polymorph-perversen« Bewegung entspringt sie überall und strömt überall hin, über alle Oberflächen, in unendlichen Spaltungen *(schizes)*: daher ihre radikale Nichtreduzierbarkeit auf jegliche gesellschaftliche Ordnung, ob reaktionär oder revolutionär, weil sie immer aus dem nicht Einzuordnenden und Unerwarteten hervorgeht und mit keiner Norm zu versöhnen ist.

Eine solche unidentifizierbare Lust ist weder Mann noch Frau, weder männlich noch weiblich; sie steht quer zum sakrosankten »Unterschied der Geschlechter«. »Was will das Weib?« hatte Freud gefragt, und Lyotard antwortet: Sie will, daß der Mann weder Mann noch Frau werde, daß er aufhöre, etwas zu wollen; sie will, daß sie und er, als verschiedene, doch bis in die verrückteste Vernetzung aller ihrer Fasern hinein identisch seien.[14] Damit gibt Lyotard zu verstehen, daß diese Entsexualisierung der Libido ihrem Wesen nach weiblich ist bzw. dem Anspruch des Weiblichen als Übersteigung jedes Dualismus entspricht. Noch weiter geht Deleuze:

»Mit Recht erklären die Bewegungen zur Befreiung der Frau: wir sind nicht kastriert, ihr stinkt uns. (. . .) Da es unmöglich ist, sich dem mittels jener erbärmlichen männlichen Antwort zu entledigen, daß ihre Reaktion gerade beweise, daß sie es sind – oder auch dadurch, sie scheinheilig trösten zu wollen, indem man sagt, auch den Männern ergehe es so, nur mit dem freudigen Hintergedanken, daß es sich doch um verschiedene, nicht übertragbare Formen handelt –, muß demnach anerkannt werden, daß die Frauenbefreiungsbewegungen in mehr oder weniger zweideutigem Zustand das tragen, was einer jeden Forderung nach Befreiung unabdingbar ist: die Kraft des Unbewußten selbst, die Besetzung des gesellschaftlichen Feldes durch den Wunsch, den Abzug der Besetzung von repressiven Strukturen.«[15]

Der Beitrag des Weiblichen und der es unterstützenden Frauenbewegung ist dieser Sichtweise zufolge also nicht die Konstruktion einer weiblichen Wesenheit im Gegensatz zur männlich-phallischen Wesenheit, sondern die Subversion der phallischen Instanz selbst und der von ihr verfügten Distribution zwischen Vater und Mutter, Mann und Frau. Denn »das Unbewußte hat keine Eltern«, wie Deleuze sagt, und sein ganzes Buch besteht, wie schon der Titel (Anti-Ödipus) andeutet, in einer Kritik der von der Psychoanalyse vorgenommenen Einebnung der Libido auf ihre ödipale Funktion, so als ließe sie sich auf eine »Papa-Mama«-Geschichte reduzieren.

In der hier entwickelten Perspektive löst sich die Frage nach den Frauen und ihrem besonderen Wesen in einer geschlechtlichen Unterschiedslosigkeit auf, ohne daß dabei jemals die tatsächliche, untergeordnete Stellung der Frauen im gesellschaftlichen und politischen Leben angesprochen würde: Diese wird nur als unglückliches Überbleibsel der »Ödipalisierung« betrachtet und würde mit dieser verschwinden. Ebensowenig wird die Frage nach dem Antagonismus oder der möglichen Nichtübereinstimmung verschiedener Arten der Libido gestellt, die, mögen sie auch sexuell nicht identifizierbar sein, doch jedenfalls vielfältig sind und daher inkompatibel sein könnten: Man setzt ihre prästabilierte Harmonie in der Anonymität und Neutralisierung der »Libido-Energie« voraus, die als ein Fließen gedacht wird, das zwar polyvalent und polymorph ist, aber keine inneren Widersprüche aufweist. So wird die Frage der Machtverhältnisse zum Verschwinden gebracht: »Das« Begehren verschmilzt die Begierden in einer Positivität, aus der jede konflikträchtige oder tragische Dimension verbannt ist.

Zwei Denker haben ihre Vorbehalte gegen diese Strömung angemeldet und völlig andere, ja diametral entgegengesetzte Überlegungen angestellt, die den Machtbegriff in den Entwurf der Sexualität wiedereinführen. In *Von der Verführung* übt Baudrillard heftige Kritik an dieser Übersetzung des weiblichen Aufbruchs und seiner gesellschaftsverändernden Folgen ins Libidinöse. Vielmehr bestätige die allgemeine Erotisierung die Imperative der Produktions- und Konsumgesellschaft, insofern sie die Lust zu einem Gut unter anderen macht, auf das jeder Mann und jede Frau Anspruch haben. Seither gäbe es ein Recht auf Lust wie auf den Besitz einer Waschmaschine oder eines Fernsehgeräts. Indem man unterschiedslos Männer und Frauen daran teilhaben läßt, bestätigt man nur die männliche Definition der Gesellschaft. Denn das Weibliche ist für Baudrillard das, was durch das Phänomen der Verführung stets die geschlechtliche Identitätsstiftung verweigert hat, die ihrem Wesen nach eine männliche ist.

Die Weiblichkeit ist das Prinzip der Ungewißheit, das die sexuellen Pole aus ihrer Ruhelage bringt. »Sie ist nicht der dem Männlichen gegenüberliegende Pol, sie setzt die distinktiven Oppositionen und damit die Sexualität selbst außer Kraft, so wie sie sich geschichtlich betrachtet in der männlichen Phallokratie verkörpert hat, so wie sie sich morgen in der weiblichen Phallokratie verkörpern kann.« Und: »Die Verführung ist immer einzigartiger und sublimer als der Sex, und ihr räumen wir den größeren Stellenwert ein.«[16] Für Baudrillard gibt es daher keine andere Sexualität als eine objektivierende, phallische, und die allgemeine Erotisierung ist nur die Annexion der Frauen für den phallischen Entwurf der Geschlechter und des Geschlechts. »Das Weibliche nicht eigentlich als Geschlecht betrachtet, sondern als transversale Form jeglichen Geschlechts und jeglicher Macht, als heimliche und virulente Form der Nichtsexualität«, welche das Männliche traditionellerweise einzuschränken trachte, schreibt Baudrillard.

Das Bewußtsein, daß die »sexuelle Befreiung« nur eine Annexion der Frauen für den männlichen Primat der Sexualität sein kann, veranlaßt Baudrillard, den Forderungen der Frauen mit Argwohn zu begegnen. Die reale Gefahr, daß sexuelle Befreiung mit Freiheit verwechselt wird, führt ihn zu einer Aufwertung der traditionellen Stellung der Frauen, deren scheinbare Ohnmacht ihm zufolge die Kehrseite einer außerordentlichen Macht ist, welche die Frauen sich erhielten, wenn sie bei der Figur der Verführung blieben.

Baudrillard reduziert die gesellschaftliche Macht der Männer auf die Form einer künstlichen Rache für die »ursprüngliche« Macht der Frauen (und speziell für die Macht der Fruchtbarkeit, die ihnen zueigen ist, wie es Bettelheim in *Symbolische Wunden* beschrieben hat) und transportiert damit über neuartige Aperçus eine recht traditionelle männliche These: Da die Frauen nun einmal eine immense Macht besitzen, die niederzuschlagen die gesellschaftliche Macht der Männer vergeblich versucht, warum sollten sie danach trachten, diese Macht gegen eine gesellschaftliche Macht zu vertauschen, die nur phallisch sein kann? Sie würden dabei verlieren, und sich verlieren. Baudrillard scheint die Tatsache nicht in Rechnung zu stellen, daß die Frauen, wenn es eine phallische gesellschaftliche Macht gibt, dieser trotz angeblicher ursprünglicher Übermacht unterworfen sind – auch in der Verführung.

Man kann durchaus mit Baudrillard der Meinung sein, daß die allgemeine Erotisierung, oder die Politik der Libido, eher eine Ausweitung als eine Zurückweisung der phallozentrischen Kultur und des allgemeinen Konsumprozesses bedeutet. Aber seine Kritik wendet sich eher an bestimmte Theoretiker der siebziger Jahre – mehr oder weniger die Erben Wilhelm Reichs – als an den Feminismus. Obgleich Baudrillard die phallische Kultur gründlich in Frage stellt, macht er keinen Vorschlag zu ihrer Veränderung. Indem er den Frauen die Aufgabe zuweist, im Sinne Hegels »die ewige Ironie der Gemeinschaft« zu sein, gesteht er ihnen eine säkulare Subversion zu, hinsichtlich derer ihre »Revolution« ein Rückschritt wäre.

Diese Zuweisung einer »ironischen« Stellung an die Frauen erlaubt es in der Tat dem phallischen System, weiterhin zu funktionieren, ohne sich verändern zu müssen, weil seine Subversion durch das Weibliche ja unter der Bedingung erfolgt, daß dieses in seiner traditionellen Stellung verbleibt. So steht in der besten aller Welten alles zum Besten. Der potentielle Wandel wird in Begriffen des Verlustes, nicht des Gewinns konzipiert, und keine positive politische Perspektive trübt die Rückständigkeit von Baudrillards Position: Es geht darum, mit dem Bestehenden zu spielen, anstatt das Bestehende zu verändern. Jeder frontale Kampf der Frauen würde ihre phallische Konversion bedeuten.

In einem späteren Gespräch hat Baudrillard seinen Standpunkt präzisiert, indem er sich von Michel Foucault distanzierte. Anstatt wie Foucault zu bekräftigen, daß es überall Macht gibt, insistiert er im Gegenteil darauf, »daß Macht nicht existiert (. . .), daß Männlichkeit nicht existiert, daß das die Geschichte einer ungeheuren Heuchelei ist« und daß die wahre Macht auf seiten der Verführung liegt, die »mit dem Geschlechtsunterschied spielt«.[17]

So wäre die den Männern zugeschriebene Macht nur eine Attrappe, ein Popanz, der in sich zusammenfällt, sobald man aufhört, ihn ernst zu nehmen. Der König ist nackt. Es reicht, ihn auszulachen. Die Verführung greift ihn nicht frontal an, sondern schließt ihn kurz, ersetzt ihn durch andere Spielregeln, welche die Grenzen zwischen den Geschlechtern verwischen. Das Reich der Verführung, das traditionellerweise die Frauen beherrschen, ist eine Gegenmacht, die die Macht sicherer vernichtet als jede vorgebliche politische Revolution.

»Realistischer«, analytischer und auch deskriptiver ist der Standpunkt Foucaults, wie er ihn unter anderem in *Sexualität und Wahrheit* vertritt. *Die* Sexualität im Reinzustand gibt es für Foucault nicht: Sie ist immer in historische »Entwürfe« eingebunden, die sie nach unterschiedlichen Modalitäten und bis auf den heutigen Tag nach Maßgabe von »Bündnis-Entwürfen« in Form der Familie organisieren. Foucault geht es darum, die historischen und kulturellen Modalitäten dieser Entwürfe herauszuarbeiten, auch jenes Entwurfs, der die Sexualität selbst als wünschenswert konstituiert hat. In offenkundig kritischer Absicht gegen die freudianisch-marxistische Strömung der libidinösen Revolution spricht er von der »Ironie« dieses Entwurfs, der uns glauben machen wolle, daß es um unsere Befreiung gehe.[18] Die Sexualität ist immer in den Diskurs gestellt, theoretisch wie praktisch. Auf einen Diskurs kann ein anderer folgen: So gesehen, wäre der Feminismus nicht die Abschaffung jeden Diskurses, sondern die Ersetzung eines Diskurses durch einen anderen, des herrschenden Diskurses durch einen neuen Diskurs: keine natürliche Folge, sondern eine historisch-politische Folge, neben anderen Folgen mit ihren eigenen Modalitäten, die zu untersuchen wären.

Foucault ersetzt die Kausalerklärung, die die Domäne des Marxismus war, durch den strukturalistischen Ansatz und unterscheidet vielfältige Machtverhältnisse anstelle des einen ökonomischen Ausbeutungsmechanismus; damit hat er der Untersuchung jener Formen von Ausgrenzung neuen Auftrieb gegeben, welche in gewisser Weise zu allen Zeiten Anteil am Funktionieren der Gesellschaft hatte. Foucault hat sich hauptsächlich mit Geisteskranken und Gefangenen befaßt. Was die Beziehungen zwischen Männern und Frauen betrifft, so hält sein Denken in jedem Fall jede Analyse für reduktionistisch und wirkt der Illusion von dem idealen Entwurf entgegen, der die Wahrheit jener Beziehungen erfassen zu können glaubt. Es gibt kein »Wesen« der Sexualität oder der zwischengeschlechtlichen Beziehung: Es gibt nur Modalitäten. Es gibt keine Gesellschaft ohne Macht: Es gibt nur Verlagerungen der Macht. Foucaults Philosophie impliziert keineswegs eine »Philosophie der Befreiung«, und es darf nicht verwundern, daß sie in eine Meditation über »die Ethik des Selbst« mündet. Trotzdem beleuchtet Foucault mit der Einführung des Begriffs der »Bio-Macht« einen Herrschaftsprozeß, der nicht auf den von Marx herauspräparierten, bloß ökonomischen Herrschaftsprozeß reduzierbar ist und der zum Teil die Kontrolle des Körpers der Frauen in der Sexualität und der Reproduktion erhellt: Die feministische Kritik wird hierauf zurückgreifen.[19]

KRITIK DES PHALLOGOZENTRISMUS

Die Kritik der Moderne, deren letzter Ausläufer die postmoderne Strömung ist, trat seit der Mitte des 20. Jahrhunderts die Nachfolge des rationalistischen und szientistischen Fortschrittsglaubens an, der sich von Descartes über die Philosophie der Aufklärung und den Positivismus bis zu Marx entwickelt hatte. Die Beherrschung der Natur durch ein allmächtiges Subjekt, welches jene zum höheren Glück der Menschheit als Objekt gesetzt hatte, stieß nun auf Skepsis. Der Glaube an die Allmacht der berechnenden Vernunft wurde erschüttert. Wir erleben einen Wertewandel: Der Vernunft als dem Totalanspruch auf Herrschaft über das Eine, das Licht, die Ordnung wurde der Prozeß gemacht – nicht zugunsten des Irrationalen, sondern zugunsten einer anderen Vernunft, die ihrerseits Teil am Dunklen, am Nicht-Einen, an der Unruhe hatte. Diese Alternative eröffnete einen Raum des Denkens und des Weltbezugs, der wie die Alternative des »Weiblichen« zum

»Männlichen« erscheinen konnte, oder als der Widerhall des Weiblichen im Männlichen, den später wenigstens ein Teil der feministischen Strömung aufgreifen sollte.

Heidegger zeigt, wie die Geschichte der Technik und die Geschichte der Metaphysik Hand in Hand gehen, da beide auf der Ordnung der Beherrschung beruhen, und diese Geschichte reicht, ihm zufolge, weit über die Moderne zurück bis in das klassische Griechenland. Indessen gibt es für ihn wie für Derrida, der ihn zumindest in diesem Punkt beerbt hat, kein Nach und kein Jenseits der Metaphysik und der Technik; es geht nicht um Überwindung – was ein unmögliches Unterfangen wäre –, sondern um Dekonstruktion.[20]

Es war Derrida, der diese Spannung in geschlechtliche Begriffe übersetzen sollte. Die Heideggersche Kritik des abendländischen »Logozentrismus« wird unter seiner Feder zu einer Kritik des »Phallogozentrismus«, eines Kondensats aus Logozentrismus und Phallozentrismus. Phallogozentrismus des Erkennens und des Tuns, der unumgänglich ist, der aber unablässig dezentriert, gequält ist von dem Anderen, das nicht sein Anderes ist und das den Signifikanten disseminiert.

Kommt Derrida auf die Frage des Männlichen und des Weiblichen direkt zu sprechen oder diskutiert er gar mit Feministinnen, die in seinem Werk Anregung für ihr Denken finden, so vermeidet er, die Frage in antagonistischen oder auch nur dualen Begriffen zu formulieren. Wenn die Frauen als gesellschaftliche Gruppe sich in ihren Kämpfen dazu bewogen gesehen haben, die Geschlechter in Form eines Gegensatzes zu definieren, so kann diese Praxis nur eine Strategie sein, die ihre eigene Überwindung zum Ziel haben muß. Sie geht paradoxerweise aus der phallischen Logik als einer dualistischen Logik hervor. Das Differente in der sexuellen Differenz ist nicht objektivierbar. Der Geschlechterunterschied gehört nicht der Ordnung des Sichtbaren, Definierbaren an, sondern der Ordnung des Lesbaren, das heißt der Interpretation. Gewiß gibt es zwischen den Geschlechtern einen Riß, aber »es ist ein Riß, der sie nicht separiert, oder wenn er separiert, dann repariert er gleichzeitig« (um eine Wendung aufzugreifen, die er kürzlich im Gespräch mit Hélène Cixous anläßlich eines Kolloquiums in Paris gebrauchte). Darum spricht er auch von der Geschlechtlichkeit als Neutrum, als etwas, das weder das eine noch das andere Geschlecht ist und das sich nicht in ein »Entweder-Oder« übersetzen läßt. Unter diesem Gesichtspunkt interpretiert er in einem Aufsatz mit dem Titel »Geschlecht. Sexuelle Differenz, ontologische Differenz« Heideggers Begriff des Daseins, wobei er sich auf zwei kurze Texte stützt: einen aus *Sein und Zeit* und einen aus den Marburger Vorlesungen.[21]

Statt vom Menschen zu sprechen, spricht Heidegger vom Dasein; das ist jenes Seiende, das wir selbst sind und das unter anderem in seinem

Sein über die Macht verfügt, uns in Frage zu stellen. Diese von Heidegger bevorzugte Wortwahl deutet Derrida als Willen zur »Neutralität«. Aber Neutralität in bezug worauf? In bezug auf jegliche anthropologische Charakterisierung und vorzüglich in bezug auf die sexuelle Charakterisierung: »Diese Neutralität bedeutet *auch*, daß das *Dasein* keines von beiden Geschlechtern ist.«

Gleichwohl ist diese »Neutralisierung« keine Leugnung der Geschlechtlichkeit, sondern vielmehr eine Distanzierung gegenüber der binären Opposition, in welcher die Geschlechtlichkeit formuliert zu werden pflegt: »Wenn als solches das *Dasein* keinem der beiden Geschlechter angehört, so bedeutet das nicht, daß das Seiende, welches es ist, des Geschlechtes beraubt/geschlechtslos (*privé de sexe*) sei. Im Gegenteil, man kann hier an eine prä-differentielle oder, mehr noch, eine prä-duale Sexualität denken, was nicht notwendig eine einheitliche, homogene und undifferenzierte Sexualität bedeuten muß, wie wir später werden feststellen können«, schreibt Derrida. In dieser Interpretation ist die Neutralität des Daseins nicht gleichwertig mit der Neutralität des Menschen. Letztere ist Negation und Verschleierung der Frage nach dem Geschlecht in der »Universalität«; erstere ist die Hereinnahme der vordualistischen Geschlechtlichkeit in eine ursprüngliche Differenz: »Es gibt eine Art der Neutralisierung, die das phallozentrische Privileg wiederherstellen kann. Aber es gibt auch eine andere Art von Neutralisierung, die einfach den sexuellen Gegensatz, nicht die sexuelle Differenz, neutralisieren kann und so das Feld der Sexualität für eine ganz andere Sexualität frei machen kann«, schreibt Derrida weiter in seiner Antwort an amerikanische Feministinnen.[22] So entginge das Dasein dem Vorwurf, daß man immer schon »Mann« *(homme)* sagt, wenn man scheinbar geschlechtslos »Mensch« *(homme)* sagt, so daß die Universalität nur das Feigenblatt des Phallozentrismus wäre.

Diese Bekräftigung einer vordualen Geschlechtlichkeit (die jeder noch im Dualismus befangenen Theorie der »Bisexualität« ganz fremd ist) ist der eigentliche Ausdruck von Differenz *(difference),* die Derrida »differance« schreibt, um die Nichtreduzierbarkeit des Differierens auf jede Substantialisierung der differierenden Elemente hervorzuheben. Die Kritik des Phallogozentrismus führt also nicht dazu, ihm die *differance* als das Weibliche oder das Andere entgegenzusetzen. Wenn es Weibliches gibt, dann eher als Dekonstruktion denn als Destruktion des Phallogozentrismus, als Instanz einer nicht auf die duale Logik zu reduzierenden Dissemination und Unentscheidbarkeit. Gleichwohl bleibt in einer solchen Behauptung eben jene Frage dunkel und ungelöst, die sie aufwirft: »Wie gelangt die Differenz in die Zwei hinein?« Denn der Behauptung der ontologischen Differenz steht die betrüblich empirische Realität einer allgemeinen Dualisierung der sozialen Rollen entgegen.

Welcher Zufall oder welcher Umschwung vermag diesen Übergang von der »Neutralität« der Geschlechtlichkeit, der Differenz, die immer *differance* im Derridaschen Sinne ist, zur Dualität und, schlimmer noch, zur Hierarchie zu rechtfertigen oder zu erklären?

Derrida geht auf diesen politischen Aspekt der Frage nicht ein, das heißt auf die Beziehung der ontologischen Differenz zur Dualisierung und zur Herrschaft des einen der beiden Elemente über das andere. Aber die Dekonstruktion und die Dissemination können als die eigentliche Dimension eines weiblichen In-der-Welt-Seins erscheinen, das sich der Ordnung der Beherrschung entzieht.

ANDERSHEIT UND DIALOG

Wir bezeichnen hier mit dem allgemeinen Begriff »Philosophien der Andersheit« diejenigen, die seit der Mitte des 20. Jahrhunderts und in der Nachfolge der Husserlschen Phänomenologie ins Zentrum ihres Denkens die Tatsache rücken, daß das Subjekt nicht nur stets auf die Welt bezogen ist (»jedes Bewußtsein ist Bewußtsein von etwas«), sondern daß es sich immer schon auf den Anderen bezieht, daß es teilnehmendes Subjekt, »Intersubjektivität«, ist. Dieser Problematik widmen sich unter verschiedenen Bezeichnungen die Werke von Sartre, Merleau-Ponty und Levinas sowie, neuerdings und ausgehend von der englischen Sprachphilosophie, von Francis Jacques.

Man könnte annehmen, daß die Einbeziehung von Andersheit zu einer neuartigen Reflexion über den Geschlechterunterschied beiträgt. Aber es gibt zwei manchmal miteinander verbundene Vorgehensweisen, die das meist verhindert haben: einerseits die Tilgung des Geschlechterunterschieds bei der Beschreibung und Analyse der Andersheit, andererseits die Voraussetzung des transzendentalen und daher »geschlechtslosen« Charakters des denkenden Subjekts, der dennoch Lügen gestraft wird durch den Standpunkt, den das Subjekt vertritt und der sich verrät, sobald es eine Beschreibung unternimmt. Beide Vorgehensweisen sind in der Philosophie nichts Außergewöhnliches, überraschen aber zunächst bei Denkern, die die Andersheit zum eigentlichen Gegenstand ihres Nachdenkens machen.

Sartre kritisiert an Heidegger und an den Existenzphilosophen, daß sie die Sexualität nicht in Betracht zögen, so daß das von ihnen beschriebene Dasein uns als geschlechtslos erscheine. Worauf Sartre seine Aufmerksamkeit richtete, war jedoch nicht der Unterschied zwischen Männern und Frauen, sondern die (Männern wie Frauen gemeinsame) Sexualität als solche. Wenn auch das Begehren und seine Kehrseite, die sexuelle Angst, Grundstrukturen des Seins für den Anderen sind, und wenn auch das Sexualleben nicht nur als ein Überschüssiges zur Situation des Menschen hinzutritt, so muß man zugestehen, daß der Geschlechtsunterschied dem Bereich der »Faktizität« und damit der Kontingenz angehört. Für die menschliche Realität ist es eine Kontingenz, daß sie sich in männlich oder weiblich sondert; fraglos kann man sagen, daß das Problem der sexuellen Differenzierung nichts mit der Existenz zu tun hat, da ja der Mann wie die Frau »existiert«. Das Subjekt transzendiert den Ort seiner Geschlechtlichkeit auch in der sexuellen Beziehung.

Wo sie auf diese zu sprechen kommt, geht jedoch die Philosophie Sartres – ebenso wie die Merleau-Pontys – in dieser Frage nur sparsam auf den Unterschied der Geschlechter ein. Sartre rechtfertigte diese »neutralisierte« Stellung des geschlechtlichen Begehrens, indem er dessen organische Komponenten minimierte: Das Begehren ist für ihn eine fundamentale Weise des Bezugs zum Anderen – es ist in diesem Sinne ontologisch; es geht der bloßen organischen Manifestation des Sexuellen voran und überschreitet sie.[23] Das Sein, das begehrt, ist das sich verkörpernde Bewußtsein, und: Das Bewußtsein wählt sich als begehrendes.

Wenn aber der Geschlechtsunterschied nicht organisch ist, ja wenn er nicht einmal bestimmend für das Funktionieren des Begehrens ist, wäre dann seine Basis historisch-politisch? Sartre stellte diese Frage in der eigentlichen Ausarbeitung seiner Lehre nicht und bezog sich bei der Analyse des Phänomens der Unterdrückung und der Ausgrenzung auf das Beispiel der Klasse und der Rasse, aber niemals des Geschlechts – auch wenn er die Auseinandersetzung mit diesem Thema Simone de Beauvoir überlassen zu haben scheint.

Dieses Ausweichen ist um so erstaunlicher, als Sartre, in den siebziger Jahren auf diese Frage angesprochen, behauptete, sie als zentral anzusehen. Er ging sogar so weit (freilich im Licht der damaligen Frauenbewegung), im Kampf der Geschlechter den Hauptwiderspruch zu sehen, im Klassenkampf den Nebenwiderspruch. Er bekräftigte ausdrücklich, daß ersterer nicht einfach ein Derivat des letzteren, sondern etwas absolut Eigenes sei. Ebensowenig wie Simone de Beauvoir glaubte er an die Realität einer »weiblichen Natur«, und er war noch zurückhaltender als sie in der Frage, ob ihre Geschichte als Unterdrückte ihr nicht etwas spezifisch Vorläufiges verliehen habe. Sartre betonte zwar, daß er Simone de Beauvoir immer als ihm gleich betrachtet habe, doch räumte er, vielleicht nicht ohne Selbstgefälligkeit, »einen gewissen Machismo« bei sich ein, der übrigens, ohne ihm bewußt zu sein, auch in seinem Werk durch Wortwahl, Bilder und Beispiele durchscheint.[24]

Merleau-Ponty war ein Zeitgenosse Sartres, der jedoch zu früh starb, um den Feminismus noch kennenzulernen. In den zahlreichen wichtigen Schriften, die er im Rahmen einer Philosophie der Leiblichkeit, die weniger als die Sartresche an einem voluntaristischen Rationalismus krankt, dem Anderen, dem Leib, der Sexualität, der Wahrnehmung widmete, nahm er ohne nähere Begründung eine völlige Neutralisierung des Unterschieds der Geschlechter vor. Genausowenig befaßte er sich mit dieser Frage in seinen politischen Schriften oder in seiner Polemik gegen den Marxismus. Nicht einmal in seinem Vorwort zu einem Buch des Psychiaters Jean Hesnard findet sich eine Andeutung. Zumindest aber erinnern sich frühere Studenten an Vorlesungen Merleau-Pontys an der Sorbonne über die »Psychologie der Frauen«, die wohl hauptsächlich von den Werken Helene Deutschs inspiriert waren.

So wie in den meisten Texten Sartres, werden auch bei Merleau-Ponty der Eine und der Andere immer als Maskulinum dekliniert – dieses Maskulinum, das das Allgemeine sein will! –, selbst im Rahmen der Liebe und der Sexualität (es heißt nie anders als »der Liebende« oder »der Geliebte«), wie in der gleichgeschlechtlichen Welt der griechischen Polis. Oder wie in der gleichgeschlechtlichen Welt der Philosophie?

Übrigens ist es genau dies, was Gilles Deleuze in einem Aufsatz aus seiner Jugend mit dem Titel »Description de la femme. Pour une philosophie d'autrui sexué« an diesen Philosophen kritisiert. Als Beispiel nennt er Sartres Ausführungen über Sexualität und Liebe und hebt hervor: »Geschlechtlich ist derjenige, der den Liebesakt ausführt, der Liebende also und keineswegs der Geliebte (. . .) als ob gewöhnliche Liebe und Päderastie sich nicht wesentlich voneinander unterschieden.« Und er setzt hinzu: »Auch ist die Welt Sartres noch trostloser als die andere: Es ist objektiv eine Welt von Geschlechtslosen, mit denen man aber nichts anderes im Sinn hat als den Liebesakt – eine ganz und gar monströse Welt.«

Trotzdem scheinen die Versuche, aus der »Neutralität« oder dem Schweigen in bezug auf den Unterschied der Geschlechter auszubrechen, meistens auf einen Essentialismus hinauszulaufen, der aus männlichen Schablonen besteht. In dem Wunsch, endlich »eine Philosophie des anderen Geschlechts« und eine »Beschreibung der Frau« vorzulegen, verfällt auch Gilles Deleuze in diese Haltung, wenn er treuherzig versichert, daß man sich, um die Frau zu beschreiben, »an das naive Bild von ihr halten muß: die geschminkte Frau, die den wortkargen, zärtlichen, frauenfeindlichen Jüngling um den Verstand bringt«. Die Frau hat keine Welt, sie macht keinen Unterschied zwischen Innen und Außen, sie ist eine Mischung aus Materiellem und Immateriellem, aus Schwere und Leichtigkeit, unnützes Gewissen, Luxusobjekt usw. Auch ist sie dem (männlichen) Anderen radikal fremd, und »nie wird man eine Frau zu seiner Freundin machen«, denn »Freundschaft ist die Realisierung der möglichen Außenwelt, die uns der (männliche) Andere bietet«, und zwar er allein. Dabei ist es utopisch, ja schmerzhaft, der Frau den Willen zuzuschreiben, »eine Außenwelt auszudrücken«.

Die Andersheit ist nicht bloß ein wichtiges Motiv im Werk von Emmanuel Levinas, sie ist dessen innerster Ausdruck. Levinas ersetzt die Ontologie praktisch durch die Ethik, das heißt durch den Anruf des Anderen, der jedes »Ich« aus sich herausruft. Und der Andere ist immer schon das Andere, das »ganz Andere«, das selbst im Begreifen nicht angeeignet werden kann. Die Erscheinung seines Antlitzes eröffnet einen asymmetrischen Raum von ihm zu mir. Wenn es aber das ganz Andere ist, wenn es sich mir entzieht, dann nicht aufgrund besonderer Merkmale, individueller oder kultureller Unterschiede, sondern durch seine Existenz selbst, die auf keinen »gemeinsamen Nenner« zu reduzieren ist. Der Widerstand, den es der Vereinnahmung entgegensetzt, ist die eigentliche Offenbarung der Unendlichkeit. Levinas grenzt sich damit explizit gegen Philosophien der »Intersubjektivität« ab, die – wie Scheler oder Buber – stets eine »Reziprozität« voraussetzen und in gewisser Weise die Andersheit in einem bestimmten Selbst zähmen.

Im Zentrum dieses ethischen Denkens der Andersheit entwickelt Levinas speziellere Überlegungen zu dem, was er »das Weibliche« nennt, welches bald die eigentliche Matrix der Andersheit ist, bald deren leicht verzerrte Form: Der Andere als Frau ist und ist nicht völlig das Andere.

Das Weibliche sieht sich übrigens bei Levinas durch alle seine traditionellen Bestimmungen qualifiziert: Jugend, Schwäche, reines, ein wenig tierisches Leben, Fürsorglichkeit, koketter Sinn, Animalität; dabei ist es, allerdings unter anderen Umständen, auch Gesprächspartner, Mitarbeiter, Meister von überlegener Intelligenz, das die Männer in der männlichen Zivilisation, in die es eingetreten ist, oft dominiert.[25]

Es besteht also ein Widerspruch zwischen einer Definition des Anderen als des nicht bestimmbaren »ganz Anderen« und der Vielzahl von Bestimmungen, die das weibliche Andere zu beschreiben versuchen. Wäre die Frau also kein »ganz Anderes«, nicht das wahrhafte Andere? Wäre sie nur das Andere des Mannes, bestimmbar und qualifizierbar? Diese Position erhält weiteres Gewicht, wenn Levinas die familiäre Herkunft oder »Fruchtbarkeit« nur aus der Perspektive von Vater und Sohn analysiert. Auf diesen – übrigens sehr schönen – Seiten, auf denen er die Herkunft als Andersheit beschreibt, wird die Mutterschaft nur beiläufig angesprochen.[26]

Als Levinas später zu seiner Position befragt wurde, verteidigte er sich damit, daß sein Begriff von der Frau keineswegs verkürzt sei. Gleichwohl verrät sein Werk, wie andere auch, nur sichtbarer, zumindest zeitweilig die geschlechtliche Position dessen, der philosophiert, und dessen Diskurs trotzdem den Anspruch erhebt, die individuelle Erfahrung zu transzendieren.

Indessen findet sich der Geschlechterunterschied implizit überall in der Philosophie Levinas' wieder, minder sichtbar, aber vielleicht noch tiefgreifender. Durchgängig nämlich konnotiert der Begriff »Virilität« den Anspruch des Subjekts, sich in seiner Identität dadurch zu behaupten, daß es sich dem Betroffenen durch das »ganz Andere« entzieht. Parallel hierzu sind es weibliche Attribute – und zwar exemplarisch die der »Verletzlichkeit«, der »Passivität«, der »Herzensklage« oder auch der »Geisel« –, die die ethische Position charakterisieren, in welcher das Ich, jedes »Eigenen« und jeder Eigen-Art entkleidet, ganz und gar durch den Anderen in Anspruch genommen wird. Die Virilität und das Weibliche werden zu Kategorien seines Denkens; was dabei denunziert wird, ist die Männlichkeit, während das Weibliche als Träger der Verwandlung, die zum Aufscheinen des Antlitzes des Anderen führt, gesehen wird.

In diesem Sinne kann man sagen, daß die Ethik ein »Frau-Werden« bedeutet und daß die Levinassche Philosophie eine Philosophie des Weiblichen ist. So kann man sie also neben jene Philosophien stellen, welche die auf die Geschlechtlichkeit gestützten Werte umkehren, ohne deswegen die tatsächliche Stellung der Männer und der Frauen in Frage zu stellen.

Francis Jacques hält es keineswegs für einen Zufall, daß Levinas' Denken dort, wo es sich am besonderen Beispiel der Liebesbeziehung zwischen Mann und Frau konkretisiert, damit endet, die Frau zu objektivieren. Er stellt in diesem Zusammenhang fest: »Die radikale Heterogenität des anderen, sein absolutes Getrenntsein von mir zu behaupten, ist philosophisch kühn; trotzdem macht diese These ganz unerwarteterweise gemeinsame Sache mit dem Primat des Ich.«[2]

Den anderen in eine derartige Erhabenheit zu entrücken, führt schließlich dazu, daß die Art, wie er mich berührt, mehr von mir (von meinem Gefühl der Verantwortung für ihn) abhängt als von ihm. Für Francis Jacques, der unter anderem durch die Kommunikationstheorien beeinflußt ist, ist jeder zwischenmenschliche Bezug auf den Modus des Dialogismus gegründet, der jeder Botschaft zwei Aussageinstanzen zuordnet, die in »aktueller Beziehung« zueinander stehen: In der Konstitution des Bezugs gibt es eine Reziprozität von Ich und Du. Nur nach dem Modell der Reziprozität kann der Mann-Frau-Bezug gedacht werden, wenn er sich seiner traditionellen Definition entziehen will, in der die Frau immer als das Andere jenes Selbst gesetzt wird, das identisch ist mit dem männlichen Subjekt. Unter diesen Umständen »ist das weibliche Sein letzten Endes immer nur das Verdrängte des Mannes«. Wenn man das Andere, vor allem das weibliche Andere, ernst nehmen will, muß man, um einen Unterschied zu setzen, der nicht »auf eine

Unterordnung, eine Hierarchisierung, eine Annexion« reduziert wäre, anerkennen, daß das Andere weder ein anderes Ich ist, das ich durch Identifikation und Assimilation erkennen und begreifen könnte, noch ein anderes Ich, das es in seiner eigenen Einsamkeit, seiner Erhabenheit und seiner Transzendenz zu respektieren gälte. Es geht vielmehr darum, in Beziehung zu ihm zu treten, das heißt, sich durch es anrufen zu lassen, wie ich es anrufe, es zum Ko-Subjekt der Beziehung zu machen.

Der Autor kommt beiläufig auf die Frauenbewegung zu sprechen. Dabei erkennt er voll und ganz die Gültigkeit der Protesthaltung an, durch welche die Frauen sich Gehör verschaffen, »ihr Geschlecht, das Imaginäre ihres Begehrens und ihrer Sprache« wiederfinden wollen, und sieht darin zwei Möglichkeiten. Die eine wäre die Konstitution eines weiblichen Selbst, das sich in seine Abgeschlossenheit zurückzöge. Die andere Möglichkeit, die seiner Ansicht nach zu einer Befreiung sowohl des Mannes als auch der Frau führen würde, läge darin, »den Beziehungen zwischen den Geschlechtern fortan eine dialogische Struktur zu geben«,[28] die nicht nur die Unterschiede respektierte, sondern vor allem die Unterschiede durch eine ständige Bewegung der Differenzierung *in* der Beziehung *selbst*, nicht auf sie hin oder außerhalb ihrer, ins Spiel brächte.

Ohne speziell auf die Frage des Geschlechterunterschieds einzugehen, trägt Jean-François Lyotard in seinem Buch *Der Widerstreit* zu der Frage des Dialogs und der Andersheit eine wichtige Klärung bei. Jeder Dialog, jede Andersheit ist das Austragen eines Widerstreits insofern, als er immer die Konfrontation zweier Idiome ist. Das Gespräch setzt voraus, daß man gleichzeitig die Position des Sprechers und des Empfängers bezieht. Die Matrix dieser Konstellation ist ihre Irreziprozität. Es gibt keinen Unterschied ohne diesen Widerstreit. Der Dialog, als Raum der Heterogenität, bietet nicht die Lösung in irgendeiner gemeinsamen Sprache, welche die Andersheit reduziert.

In diesem Schema ist der Widerstreit zwischen den Geschlechtern kein Hindernis ihres Bezugs mehr, sondern im Gegenteil dessen Stütze. Trotzdem sind die Orte der Äußerungen nicht isomorph. Der »Fortschritt« der Kommunikation wird von nun an darin bestehen, für neue Idiome Raum zu schaffen, die bisher unerhört waren oder nur als Variante oder Echo des herrschenden Idioms vernommen wurden: Raum für das Idiom der Frauen?[29]

Die unterschiedlichen Formen der Philosophie des Dialogs in ihren Formulierungen durch Mikhail Bakhtine, Hannah Arendt, Jürgen Habermas bis hin zu Francis Jacques und Jean-François Lyotard erlauben es, die Frage der Geschlechterdifferenz nicht mehr in Begriffen der Substanz zu stellen, sondern in Begriffen des immer performativen

Sich-Äußerns oder Handelns. Sprechen, Handeln in der Vielheit heißt, in alle Setzungen ihre Ver-Setzung einzutragen. Es bedeutet, den Unterschied (der Geschlechter) anzuerkennen, ohne die differierenden Elemente einzufrieren. Hannah Arendt zufolge ist diese Offenbarung des Wer im Gegensatz zu dem Was implizit in allem enthalten, was wir tun und was wir sagen. Dabei ist es die Aufgabe des Wer, dieses Was zu bewegen. Das »Gegebene«, in diesem Fall das Gegebensein des Geschlechtlichen, ist unumgänglich, aber es ist nicht identifizierbar.

DAS FEMINISTISCHE DENKEN

Dieser Rundblick über unterschiedliche Strömungen des Denkens im 20. Jahrhundert erlaubt den Schluß, daß, ungeachtet des Fortbestandes traditioneller Reflexe, die Frage des Geschlechterunterschieds und der Frauen neue Formen annimmt. Man erlebt im Lauf des Jahrhunderts, wie die Idee einer in der Natur oder in der Vernunft gründenden »Metaphysik der Geschlechter«, die es erlaubt, den Mann und die Frau zu definieren und die Überlegenheit des ersteren über letztere zu begründen, zunehmend verblaßt. Es fehlt nicht an Sexismus in diesen Äußerungen, aber er scheint indirekt auf, an sprachlichen Ticks, an Beispielen, und zeichnet sich häufiger durch ein Zuwenig als ein Zuviel aus – ein Zuwenig an Berücksichtigung der Frage oder der geschlechtlichen Stellung des Subjekts.

Wie wir gesehen haben, wohnen wir sogar einer gewissen Umkehrung der Werte bei, die darin besteht, das, was traditionellerweise mit der Virilität verbunden wird – das Phallische, die Beherrschung –, zugunsten dessen zu denunzieren, was derselben Tradition gemäß mit dem Weiblichen verbunden wird – das Undefinierbare, das Verletzliche –, ohne daß diese Umkehrung freilich die tatsächliche Stellung der Männer und der Frauen berührte.

Das feministische Denken, das sich seit den siebziger Jahren entwickelt hat, partizipiert in vieler Hinsicht an den Strömungen, die wir hier angesprochen haben: Marxismus, Psychoanalyse, Kritik der Metaphysik, Strukturalismus, Postmoderne usw. Aber das besondere Merkmal dieses Denkens liegt in der politischen Art der Fragestellung. Sie geht von der Feststellung aus, daß die Struktur der Beziehungen zwischen Männern und Frauen eine Machtstruktur ist, die jenen die Herrschaft über diese sichert. Von diesem gemeinsamen Ausgangspunkt aus verzweigt sich das feministische Denken vielfältig, wenn es der Frage nachgeht, wie und im Blick worauf diese Struktur abgeschafft werden soll und wie es um die sexuelle Differenz steht, wenn sie sich einer gesellschaftlichen und historischen Bestimmung entzieht.

Das andere Geschlecht von Simone de Beauvoir ist ein unumgänglicher Referenzpunkt der Geschichte des feministischen Denkens, auch wenn dieses Werk eine Zeit der Latenz zwischen dem Augenblick seines Erscheinens im Jahre 1949 und dem Aufkommen der neofeministischen Bewegung der siebziger Jahre erlebt hat, die es für die Lektüre wiederentdeckte. Wenn es auch durch sein gehaltvolles Material und in vielfältigen Problemstellungen einen Meilenstein darstellt, enthält es doch bei weitem nicht alle Aspekte, die die feministische Bewegung inspiriert haben. Aus ihm speist sich die egalitaristische, nicht die differenzialistische Strömung des Feminismus.

»Man wird nicht als Frau geboren, man wird es«: Diese emblematisch gewordene Formel erinnert daran, daß die Rolle und der Platz, welche die Frauen in der Gesellschaft einnehmen sollen, ihnen durch die »patriarchalische« Macht über ein komplexes System von erzieherischen, legislativen, sozialen und ökonomischen Zwängen auferlegt worden sind. So ist die Frau immer »das Andere« des männlichen Subjekts. Trotzdem widmet Simone de Beauvoir einen wichtigen Teil ihres Buches einer Beschreibung der Erscheinungsformen der weiblichen Physiologie in jenem veritablen Kampf mit dem Körper von der ersten Menstruation über das Stadium der Mutterschaft bis hin zur Menopause. Diese minuziöse Beschreibung verstärkt die traditionelle Wahrnehmung des weiblichen Körpers als Hindernis.

Folglich kann der Mensch, in diesem Fall die Frau, eher durch Überwindung dieser Gegebenheit als durch Anpassung an sie zum Subjekt werden. Im existentialistischen Vokabular jener Zeit distanziert sich das »für sich« des Bewußtseins vom »an sich« des Gegebenen, und triumphierend reißt die »Transzendenz« sich von der »Immanenz« los. Die Freiheit behauptet sich im Ausgang von einer Situation, der sie sich entzieht. So ist das Man-selbst-Werden ein Entwurf, nicht die Erfüllung einer Natur.

Bei aller Betonung der bedrückenden körperlichen Kontingenz der Frauen bekräftigt Simone de Beauvoir doch ihre Fähigkeit, sich von dieser Kontingenz zu lösen, um ganz Mensch zu werden. Diese Bewegung ist ihr zufolge zunächst ein individueller Akt, den jede Frau für sich leistet. Mit der feministischen Bewegung der siebziger Jahre konfrontiert, betonte Simone de Beauvoir dann stärker den kollektiven Charakter der Befreiung. Jetzt entdeckte sie die Notwendigkeit eines gemeinsamen Kampfes der Frauen, der vor anderen revolutionären Kämpfen an erster Stelle stehen mußte und von welthistorischer Bedeutung sein sollte.[30]

Die unmittelbaren Erbinnen Simone de Beauvoirs werden ihre Position radikalisieren: Sie bestreiten nicht nur die Gültigkeit der »gesellschaftlichen Konstruktion von Geschlecht« (*genre,* nach dem von amerikanischen Feministinnen eingeführten Terminus *gender*), sondern die Realität von Geschlecht überhaupt. Die Frauen bilden eine »Klasse« analog zur Arbeiterklasse, der es wie dieser bestimmt ist, in demselben Augenblick zu verschwinden wie die Herrschaftsverhältnisse. Außerhalb dieser Verhältnisse ist Geschlechtlichkeit ohne Belang. Nicht nur ist Anatomie nicht Schicksal; Anatomie ist nicht einmal mehr jener Zustand, von dem ausgehend sich die Freiheit bewährt.

Das tiefe Mißtrauen, das diese sogenannte egalitäre Strömung gegen die Natur entwickelt, rechtfertigt sich aus der Tatsache, daß die Natur immer als Vorwand für Ausgrenzungen dienen mußte: Natur ist naturgemäß weiblich: *Nature-elle-ment*.[31] Daher die Tendenz, zur Negation der gesamten natürlichen Realität, die mit vollem Recht als ununterscheidbar von ihrer kulturellen Umsetzung angesehen wird. Geschichte und Natur werden gleichermaßen überwunden zugunsten eines reinen Subjekts, das weder jener noch dieser mehr etwas verdankt, sondern sich in der souveränen Neutralität seiner entleiblichten Selbstbestimmung behauptet.

Die egalitaristische Strömung des Feminismus tritt das Erbe des Denkens der Aufklärung an, die vom Marxismus inspiriert ist. Sie setzt Differenz und Herrschaft gleich, um nur noch abstrakte und gleichwertige Individuen zu kennen. Parallel dazu entwickelte sich seit den siebziger Jahren eine andere Strömung, die in Teilen von der Psychoanalyse ausgeht.

Für diese rührt die Entmündigung der Frauen daher, daß ihre wahre Natur verleugnet worden ist. Es geht also darum, die positive – und nicht nur relative – spezifische Realität der Frauen zu bekräftigen und ihren eigenen Raum im Reich der Lust wie im Reich der Kultur abzustecken. Wenn es einer Dekonstruktion der von Männern oktroyierten Definition der Frauen bedarf, dann im Namen eines authentischen weiblichen »Wesens«, das seinen Ausdruck in der Morphologie findet und einen ursprünglichen Weltbezug stiftet. Es gibt zwei nicht aufeinander reduzierbare Geschlechter, deren Gegensatz einer »Ethik der sexuellen Differenz« weichen können müßte. Die Behauptung dieser Dualität wird übrigens häufig von einem Imaginären inspiriert, das um die Überlegenheit des Weiblichen über das Männliche kreist, selbst wenn diese Überlegenheit nicht in Begriffen von Herrschaft, sondern – in den meisten Fällen – von friedlicher Koexistenz formuliert wird.

Definiert das Männliche sich durch das Phallische, das Eine, die Totalisierung, die Instrumentalisierung, so bestimmt das Weibliche sich durch das Offene, das Nicht-Eine, das Unendliche, das Undefinierte, die Grenzenlosigkeit. Die dergestalt erweiterten Metaphern werden übrigens explizit auf die Morphologie des einen und des anderen Geschlechts bezogen. Die Haupttheoretikerinnen dieser Strömung

bestreiten indessen die Existenz einer Definition »der« Frau und sprechen von »Frauen« (Antoinette Fouque) oder von der/einer Frau (Luce
Irigaray), worin Lacans »*Die* Frau gibt es nicht« nachklingt.

Wenn nämlich für Lacan die »Nichtganze« über das Ganze hinausgeht, ist sie für die Feministinnen dieser Strömung eher dessen Entgegengesetztes. Der polemische Kontext, in welchem sich das feministische Denken entwickelt hat, hat zu einer Dualisierung von Männern
und Frauen, Weiblichem und Männlichem, und damit zu einer Radikalisierung der psychoanalytischen Positionen der »englischen Schule«
geführt. Es ist jedoch ebenso problematisch, an dem reinen Undefinierbaren der Frauen festzuhalten, wenn deren Bereich derartig streng
abgegrenzt wird, wie es problematisch ist, ihnen eine nichtduale Logik
zuzuschreiben, wenn man damit beginnt, eine Dualisierung der
Geschlechter vorzunehmen.

Ist für einige Theoretikerinnen das Weibliche unauflösbar mit der
Wirklichkeit der Frauen verknüpft, wie die Morphologie sie offenlegt,
so ist für andere das Weibliche eine von dieser Wirklichkeit mehr oder
minder ablösbare Kategorie. Diese Behandlung des Weiblichen, bisweilen des Mütterlichen, ist vor allem bei jenen Theoretikerinnen anzutreffen, die sich der Sprach- oder Textanalyse widmen, wie etwa
Hélène Cixous, deren Denkweg sich so mit dem Derridas kreuzt: Selbst
wenn im Gesellschaftlichen ein Mann ein Mann ist, kann er sich in seinem Text, und das ist beim Schriftsteller der Fall, vom Weiblichen öffnen lassen – sofern nicht ohnehin jeder Text, jede Schrift weiblich ist.
Weibliches ist nicht Männlichem entgegengesetzt, sondern bezeichnet
vielmehr die Unentscheidbarkeit dieser Kategorien.

Die Darstellung der Positionen, die wir hier angesprochen haben,
bleibt zwangsläufig begrenzt und schematisch. Das feministische Denken, auch das der genannten Autorinnen, geht darin nicht auf. Als
Denken in Bewegung schließt es häufig diese Positionen kurz, indem
es quer zu ihnen zirkuliert.

Es ist ebenso problematisch zu akzeptieren, daß der Geschlechterunterschied ein reines Produkt der Unterdrückung ist, das keinen Rest
zurücklassen würde, wenn diese verschwände, wie es problematisch
ist sich vorzustellen, daß es einen irgendwie authentischen weiblichen
Bereich gibt, der frei von jeder phallischen Interferenz wäre. Derartige
Behauptungen haben eher programmatischen als phänomenologischen
Wert. Sie verraten mehr einen Entwurf, ja einen Wunsch, als daß sie
Rechenschaft ablegen von dem, was ist.

Die sexuelle Differenz ist unumgänglich, und man kann sie nicht
ganz auf eine »Konstruktion« reduzieren; die differierenden Elemente
aber dadurch zu definieren, daß man auf duale Weise das »Eine« der
Männer dem »Nicht-Einen« der Frauen gegenüberstellt, führt notwendig

zu einem Rückfall in eine gewisse Geschlechtermetaphysik. Andererseits nur an den Kategorien des Weiblichen und Männlichen in ihrer Unentscheidbarkeit zu arbeiten heißt, die gesellschaftliche und politische Realität von Männern und Frauen zu eskamotieren. Der Teufelskreis einer Reflexion über den Unterschied der Geschlechter liegt im ständigen Rückverweis der einen Position auf die andere.

Jede Aussage darüber, was ein Mann und was eine Frau ist, stellt einen sprachlichen Akt dar, einen performativen oder dialogischen Akt, der die Position derer, die sprechen, ebenso verändert wie die Position derer, über die gesprochen wird. In jeder sprachlichen Äußerung findet sich das, was Mann oder Frau sagen wollen – in der Heftigkeit der Konfrontation wie in der Sänftigung des Einvernehmens –, aufgehoben und neu ins Spiel gebracht: Der Geschlechterunterschied ist zugleich ein politischer, ethischer und symbolischer Akt.

Das oberste Ziel des Feminismus war und bleibt die Schaffung eines Männern wie Frauen wirklich gemeinsamen Raumes, und zu diesem Zweck waren die Theorien der Gleichheit unerläßlich. Aber diese Gleichheit ist als Gleichberechtigung zu verstehen und nicht als Egalisierung der Identitäten, die sich an der existierenden männlichen Identität orientierte. Sie hat dem Spiel der individuellen oder kollektiven Unterschiede Raum zu geben, ohne sie deswegen schon zu definieren. Der demokratische Raum ist heterogen und schöpferisch. Das 20. Jahrhundert hat damit die Konzeption von Gleichheit modifiziert, die vom 18. Jahrhundert entwickelt worden war und die auf einer Konzeption von Staatsbürgern als abstrakten Individuen beruht. Die Problematik der Geschlechter zwingt, wie die der Rassen, der Kulturen und sogar der Religionen zu einer Neudefinition von Demokratie und Staatsbürgerschaft.

Ob die sexuelle Differenz letztlich aufgehoben wird oder ob sie sich neu und anders konfiguriert, ist Sache einer Zukunft, die sich weder aus der Vergangenheit noch aus einer vom Himmel verhängten Bestimmung rechtfertigt. »Was will das Weib?« ist eine Frage, die wahrscheinlich nie zuvor gestellt worden war und die ihre Antwort nicht in einer Repräsentation findet. Jedes individuelle oder kollektive Handeln, jedes Wort bringt sie neu ins Spiel. Die Antwort auf diese Frage ist nicht eine Sache des Wissens. Sie impliziert, daß eine Frau, jede Frau, fortan in der Lage sei, das Wort nicht nur zu empfangen, sondern auch zu bestimmen und damit Akteurin bei der Bestimmung des Geschlechterunterschiedes zu sein.[32]

Im Bereich der intellektuellen Produktion haben Frauen begonnen, selbst über ihre Fragen zu bestimmen. Die Besonderheit des Feminismus im 20. Jahrhundert liegt darin, daß er neben politischen und gesellschaftlichen Folgen auch solche auf dem Gebiet der Erkenntnis hat – Folgen, die unter dem Begriff »feministische Studien« (oder auch Frauenstudien, Studien über die Frauen, *gender studies*) mitgeteilt oder institutionalisiert werden.

Die jahrhundertelange Ausgrenzung und Abwertung der Frauen haben sich auch auf die Sphäre des Wissens ausgewirkt, und zwar nach der Seite seines Subjektes ebenso wie nach der des Objekts. Wenn das Subjekt des Wissens die Frage nach seiner eigenen geschlechtlichen Stellung ausblendet, kann es einen Standpunkt als »geschlechtsneutral« oder universal ausgeben, obwohl er von Einseitigkeit geprägt ist. Ebenso kann es bezüglich des untersuchten Objekts die Wirklichkeit eines einzigen Geschlechts als allgemeingültige Wirklichkeit ausgeben. Diese beiden Verzerrungen gehen übrigens Hand in Hand und sind nicht voneinander zu trennen. Sie können nur dadurch reduziert werden, daß man ihnen eine Analyse der Wirkungen, die der Geschlechterunterschied auf den Prozeß des Wissens hat, entgegenstellt. Den Feministinnen geht es darum, die Lücken und eventuellen Fälschungen in einem Wissen, das Männlichkeit mit Allgemeinheit gleichsetzt, aufzudecken; uneins sind sie jedoch bezüglich der Methoden der Abhilfe. Wir können sie hier nur summarisch umreißen.

Diejenigen, welche einen dualen »Essentialismus« der Geschlechter vertreten, das heißt eine radikale Besonderheit der Frauen auch hinsichtlich ihres Intellekts, meinen, daß Frauen ein weibliches Wissen entwickeln müssen, das sich vom herrschenden Wissen unterscheide, und zwar sowohl inhaltlich als auch methodisch und in der Art seiner Weitergabe; die Rede ist hier von einem »epistemologischen Bruch«. Indem Frauen eine eigene Welt schaffen, parallel zu derjenigen der Männer, werde eine neue und originäre Wissenschaft entstehen; sie würde – so heißt es – nicht nur die Humanwissenschaften betreffen, sondern auch – wenngleich es hierfür keinerlei Belege gibt – die exakten bzw. Naturwissenschaften.

Ohne diesen Standpunkt unbedingt zu teilen, haben feministische Theoretikerinnen zumindest und zunächst dafür gesorgt, Lücken im herrschenden Wissen dadurch zu schließen, daß sie ihre – soziologischen, historischen, ethnologischen, literarischen – Forschungen auf das konzentrierten, was »vergessen« oder verdunkelt worden war. »Feministische Studien« in diesem Sinn lassen sich also als Studien über Frauen bestimmen, als »Frauenstudien» oder »Frauenforschung«.

Manche betonen jedoch, daß durch eine solche Herauslösung des Objekts Frau aus der Gesamtheit der Untersuchungsobjekte einer Disziplin und gerade bei dem Versuch, Frauen sichtbar zu machen, die Gefahr entstehe, die Partikularität der Frauen überzubetonen. Sinnvoller sei es, die Beziehungen der Geschlechter zu studieren, mit dem Ergebnis, daß dann auch der herkömmliche Blick auf die Männer sich verändern wird. In dieser Perspektive wird dem Begriff «Frauenstudien« der Begriff »Geschlechterstudien« oder »Geschlechterforschung« vorgezogen. Schließlich erweiterte sich die Perspektive so weit, daß sie sich nicht nur auf die Geschlechterbeziehungen erstreckt, sondern auf den gesamten Bereich des Wissens. Ihr Charakteristikum ist, daß sie auf allen denkbaren Gebieten den Geschlechterunterschied als Parameter oder Interpretationsraster einführt, ohne indessen die Ergebnisse und Bedeutungen zu präjudizieren, die sich hieraus ergeben können.[33] Allerdings wird angenommen, daß die Ergebnisse dieser Vorgehensweise außerordentlich weitreichend sein werden, nicht weniger als bei der dualistisch-»essentialistischen« Herangehensweise. Der Unterschied bleibt aber deutlich: Der essentialistische Ansatz behauptet, das neue Wissen entstehe durch die Einführung eines weiblichen Subjekts als sein Produzent und Träger; der andere Ansatz beansprucht, daß die neuen Erkenntnisse sich aus der Einführung eines neuartigen Parameters ergeben (auch wenn dieser faktisch meist von Frauen ausgearbeitet und angewendet wird).

Welches auch ihre Voraussetzungen sein mögen und selbst wenn sie nicht immer klar definiert sind, haben feministische Studien schon jetzt wichtige Ergebnisse hervorgebracht. Sie bilden jedoch noch ein relativ abgeschlossenes Feld, das nur geringen Einfluß auf die Gesamtheit der wissenschaftlichen Produktion hat, es sei denn als Provokation. Diese Situation, die man für bedauerlich halten kann, ist auf mehrere Faktoren zurückzuführen. Zum einen haben der Feminismus und oft auch die feministischen Studien bisher eine Strategie der autonomen Entwicklung verfolgt, die eine nur geringe Neigung zum Austausch mit dem »Außen« zeigt. Zum anderen ist auch der Widerstand des »herrschenden Wissens« gegen die Anerkennung des neuartigen Beitrags von Außenseitern nicht zu unterschätzen. Diese beiden Faktoren werden noch durch andere verstärkt. Trotzdem gibt es heute zumindest in Europa eine Tendenz, die feministischen Studien oder Geschlechterstudien nicht mehr als eine bloße und eigene Spezialisierung aufzufassen, sondern sie in die sonstige Forschungspraxis von Individuen und von Disziplinen einzubeziehen: Der Parameter »Geschlecht« bzw. »Geschlechterunterschied« ist unumgänglich, auch wenn die Reichweite seiner Geltung je nach den untersuchten Gegenständen variiert.

Aus dem Französischen von Holger Fliessbach

10

DIE STELLUNG DER FRAU IM BEREICH DER KULTUR

DAS BEISPIEL FRANKREICH

Marcelle Marini

Im 20. Jahrhundert konnte die Frau in der westlichen Welt in einem bislang nicht gekannten Maß am kulturellen Leben teilhaben. Zu dieser Entwicklung trugen trotz einiger Hindernisse drei Umstände bei. Zum einen haben die feministischen Kämpfe um Gleichberechtigung in Schule und Hochschule ab Ende des 19. Jahrhunderts deutliche Erfolge gezeigt. Zum anderen führten seit den fünfziger Jahren weiterentwickelte technische Verfahren, ein wachsendes Laienpublikum und eine ständig zunehmende Freizeit zur massenhaften Verbreitung von Kunstwerken. Schließlich ermöglichte ein neustrukturierter Kulturbetrieb, insbesondere die damit verbundenen zahlreichen neuen Arbeitsplätze, den Frauen eine größere Autonomie und Präsenz. So wurden sie in geistigen und künstlerischen Berufen immer zahlreicher, wobei der Anstieg in der zweiten Jahrhunderthälfte besonders deutlich ist.

Am Ende der sechziger Jahre – in einer Zeit des Wirtschaftswachstums und der Integration der Frau – entstand nun plötzlich eine neue, starke Frauenbewegung. Auf den ersten Blick mag es paradox erscheinen, daß der Protest zunächst von privilegierten Frauen ausging (Studentinnen, Künstlerinnen, Intellektuellen): Hatten sie sich denn nicht den Traum ihrer Großmütter, den gleichberechtigten Zugang zur Kultur, erfüllt? Waren sie nicht bereits in Berufen tätig, von denen eine Frau einst kaum zu träumen wagte? Ein unsinniger Protest, so schien es, so kurz vor dem Ziel. Kein Bereich der Kunst und des Denkens würde ihnen künftig verschlossen bleiben: Sie müßten sich nur noch darin bewähren. Doch sie, gerade sie waren dabei, die traurige Wahrheit zu entdecken: daß man sie mit der verkündeten Gleichheit nur köderte, und sie weiterhin, ungeachtet ihres Könnens und ihrer Talente, in ihrer Eigenschaft als Frauen degradiert werden.

Soviel steht fest: Wenn sich auch im Bildungswesen die Gleichberechtigung *(mixité)* allmählich durchsetzte, im gesellschaftlichen und kulturellen Leben verhielt es sich anders. Das Prinzip der Gleichberechtigung beruht auf der Annahme, daß beide Geschlechter über dieselben natürlichen Anlagen verfügen; im Laufe des Jahrhunderts hob es die Beschränkungen auf, die den Mädchen immer wieder aufgezwungen worden waren, damit die Unterordnung der Frau bestehen blieb; und der Erfolg der Mädchen hatte die Richtigkeit jenes Prinzips hinlänglich bewiesen. Eine völlig gleiche Ausbildung führte dennoch nicht zur gerechten Verteilung von Chancen und Macht, ebensowenig wie zu berechtiger Anerkennung auf künstlerischem Gebiet. Seit den fünfziger Jahren stießen immer mehr Frauen auf das Vorurteil von der Unterlegenheit ihres Geschlechts, das sie aufgrund ihrer Ausbildung überwunden glaubten. Nicht sie waren paradox, ihre Situation war es. Sollte die Diskriminierung lediglich den Ort gewechselt haben?

Man wird mir entgegenhalten, daß die Orientierung der Mädchen noch eine falsche ist: Zu viele wählen geisteswissenschaftliche und zu wenige naturwissenschaftliche Fächer, um nur ein Beispiel zu nennen. Dieses Argument ist zutreffend, wenn man für Gleichberechtigung auf allen gesellschaftlichen Gebieten eintritt; es erklärt jedoch nicht, warum und wie man von einem Anteil von 75 Prozent Mädchen bei sprach- und literaturwissenschaftlichen Fächern auf nur 25 Prozent Schriftstellerinnen und eine verschwindend geringe Zahl von Frauen an maßgeblicher Stelle im Kulturbetrieb kommt. Und wie sieht es im Bereich der Musik, des Theaters, des Kinos und der Malerei aus, wo der Zugang der Frauen zum künstlerischen Schaffen von jeher strenger beschränkt war? Die Stellung der Frau auf künstlerischem Gebiet scheint mir besonders geeignet, die zugleich egalitären und diskriminierenden Diskurse und Praktiken der Gesellschaft zu beleuchten. Man entdeckt dabei ein merkwürdiges Gesetz: Frauen werden in der ökonomischen und in der symbolischen Sphäre abgewertet – einmal, weil sie in der Minderheit, ein andermal, weil sie in der Mehrheit sind; Männer werden im Gegensatz dazu ökonomisch und symbolisch überbewertet, sowohl als Mehrheit wie auch als Minderheit. Jede rein quantitative Erklärung nach der vielzitierten Formel »Feminisierung = Abwertung« muß infolgedessen verworfen werden. Vielmehr gilt es zu erkennen, daß sich dahinter ein fundamentaler Sexismus verbirgt, der um so schwerer zu fassen ist, als er ganz selbstverständlich zu sein scheint.

Literatur und Kunst gelten oft als weibliche Domänen. Bei genauerer Betrachtung zeigt sich hingegen, wie wir im weiteren feststellen werden, daß sie keinesfalls wirklich von weiblicher Sicht beeinflußt und erst recht nicht in der Hand der Frauen sind. In *Le Pouvoir intellectuel en France* betont Régis Debray: »Wenn das grammatikalische Geschlecht der Kultur auch weiblich ist und sie zusehends weibliche Elemente aufnimmt, so sind insbesondere ihre höheren Sphären eindeutig männlich bestimmt«, und er unterscheidet zwischen der »überwiegend männlichen führenden Intelligentsia« und »der einfachen Intelligentsia (. . .), die in der Mehrzahl aus Frauen besteht«.[1] Die Kultur erscheint somit als ein für das Gemeinschaftsleben noch immer zentraler Kampfplatz, auf dem Männer um etwas Grundlegendes streiten: die gegenwärtige oder zukünftige imaginäre Ordnung der Gesellschaft. Debray greift also auf die feministischen Analysen der »Geschlechterpyramide« zurück, verfälscht sie aber, wenn er sich an die Feststellung der Ungleichheit hält; die Analysen decken jedoch auf, daß die Männer sich unbehelligt Produktion und Kontrolle der Kultur aneignen. Obwohl sie durch die sozioökonomischen und soziokulturellen Veränderungen gezwungen sind, immer mehr Frauen auf diesem Territorium zu dulden, betrachten sie es doch weiterhin als ihre Domäne. Konsumentinnen und Hilfskräfte sind willkommen, aber keine schöpferisch tätigen Frauen – oder nur ausnahmsweise, in genau vorgeschriebenen Grenzen, was nichts an den sogenannten allgemeinen Werten ändert, für die allein der Mann von Natur aus und/oder durch historisches Erbe verantwortlich ist. Die Konzentration von Frauen in den als untergeordnet angesehenen Bereichen wäre nur die aktuelle Erscheinungsform jener Ächtung, welcher sie und ihre Werke seit Jahrhunderten unterliegen.

Die Trennung und Entgegensetzung von Gesamtkultur und weiblicher Subkultur gehört zu den auffälligsten Entwicklungen, die sich im 19. Jahrhundert verfestigt haben. Diese Teilung, die der gesellschaftlichen Theorie von den »zwei Sphären« entspricht, bildet den geistigen Horizont des 20. Jahrhunderts. Die Künstlerinnen werden in einer gesonderten Kategorie mit speziellen Merkmalen zusammengefaßt. Nur wenigen gelingt es, sich dem kollektiven Gedächtnis einzuprägen: Als Repräsentantinnen oder Abtrünnige ihres Geschlechts, könnten sie es allenfalls bis zu Hintergrundfiguren auf den kulturellen Großfresken bringen.

Doch wie läßt sich diese von den Individuen beiderlei Geschlechts derart verinnerlichte Struktur mit der konkreten Integration der Frauen vereinbaren, welche man offenbar innerhalb dieses Systems, als Assimilation an das (überlegene) Männlich-Allgemeine und Ablehnung des (unterlegenen) Weiblich-Besonderen aufgefaßt hat? So lange man von

»Ausnahmefrauen« sprechen konnte, blieb – im Hinblick auf die bloße Masse ihrer Gefährtinnen – die kulturelle Geschlechtertrennung praktisch unverändert bestehen. Doch wenn die Akkulturation eine gesamte Generation betrifft, ist der Status der »Ausnahmefrau« dann noch sinnvoll? Können Frauen von ihm als einem ihnen zugefallenen individuellen Kompromiß träumen, ohne sich über die Grenzen dieses Aufstiegs oder den Preis, den sie dafür zahlen, Gedanken zu machen? Die Krise der siebziger Jahre war ein Beweis dafür, daß es ihnen nicht möglich war. Von nun an wollten sich Frauen, die wie Männer mit ästhetischen Praktiken und Theorien vertraut waren, uneingeschränkt als Handelnde – als Subjekte – bei der Erarbeitung der gemeinsamen Kultur beweisen, ohne dabei ihre Geschlechtszugehörigkeit verleugnen zu müssen.

1970–1990. Es ist ein Wagnis, über Ereignisse der Zeitgeschichte zu schreiben: Zunächst, weil wir selbst zu sehr in sie verstrickt sind, vor allem aber, weil sich das Blatt noch lange nicht gewendet hat: Es wird immer noch um die Stellung der Frau im kulturellen Bereich gestritten – mit ungewissem Ausgang. Immerhin ist die Bilanz jener Jahre so aussagekräftig, daß wir zwei Hypothesen wagen dürfen. Erstens: Dieser Zeitraum bildet einen Wendepunkt in der Kulturgeschichte der Frauen in der westlichen Welt. Zweitens: Er läßt eine neue Kultur erkennen, eine wirklich gleichgewichtige *(mixte)* Kultur. In dieser Hinsicht können wir von einer entscheidenden Periode sprechen.

1970–1990: EINE ENTSCHEIDENDE PERIODE

Zum ersten Mal nahm die Frauenbewegung in der Gesellschaft tatsächlich eine kulturelle Dimension an; ihre kulturellen Ansprüche wurden zu einer gesellschaftlichen Größe.

Alles begann mit einer schöpferischen Explosion, die untrennbar mit den Kämpfen um Gleichheit und Freiheit verbunden war. Die Kultur ging alle Frauen etwas an. Die Kultur war auf der Straße. Es kam zu einer Flut von Flugblättern, Zeitschriften, Zeichnungen und Graffiti, Chansons, Videofilmen, in denen individuelle und kollektive Selbstbestätigung einander verstärkten. Jede Frau war zugleich Zuschauerin und Künstlerin. Quer zu allen sozialen Klassifizierungen, quer zu allen Grenzen. Oft unter dem bloßen Vornamen, einem Pseudonym oder dem Namen einer Gruppe. Die Konstruktion einer endlich ernst genommenen Identität entstand als kulturelle Erfindung, während die soziale Bewegung zahlreiche neue Kunstwerke hervorbrachte.[2]

Ein besonders aufschlußreiches Beispiel: 1972, unter der Diktatur, erschienen in Portugal die *Neuen portugiesischen Briefe* der drei

Marias.[3] Dieses dreistimmige Buch, eine Zusammenstellung aus Gedichten, Analysen und Erzählungen, wagte das, was die herrschende Kultur in ein tödliches Schweigen verdrängte. Es folgten eine Anzeige gegen den Drucker; Zensur und ein Prozeß wegen Verstoßes gegen die öffentliche Moral und die guten Sitten; daraufhin Mobilisierung feministischer Bewegungen und Publikation in verschiedenen Ländern; Freispruch und öffentliche Ehrung nach der »Nelkenrevolution«; Gründung feministischer Gruppen in Portugal. Zugleich reichte dieser Text durch seine innovative Kraft weit über seinen gesellschaftlichen und politischen Kontext hinaus.

Es kommt öfter vor, daß allgemeine Tendenzen und Kunstwerke sich treffen: Beide lassen tiefgreifende geistige Veränderungen erkennen, aber bislang meinte man damit nur Ereignisse in der Welt der Männer, die mit dem Allgemeinen gleichgesetzt wurden. Der gesellschaftliche Anspruch einer weiblichen Kultur in den siebziger Jahren mußte also irritieren, um so mehr, als er gleich doppelt unangemessen schien: Er paßte nicht in das (männliche) Generationenschema, mit dem in der Kunstgeschichte die Abfolge symbolischer Ordnungen gedeutet wird; andererseits waren es bekanntlich nicht die Frauen gewesen, die sich als eigene Kategorie hatten konstituieren wollen. Diese Stellung war ihnen stets aufgezwungen worden und hatte sie genötigt, zwischen Resignation und Revolte hin- und herzupendeln. Wenn man jenen Anspruch verstehen will, ohne ihn vorschnell als regressiv, absurd oder selbstzerstörerisch einzustufen, muß man ihn daher in engem Zusammenhang mit der radikalsten Forderung der Frauenbewegung MLF (Mouvement de libération des femmes) sehen: der Proklamation der Autonomie oder besser gesagt, der Entscheidung für ein reines Unter-Frauen-Sein, das bis zu einem lesbischen Separatismus gehen kann und in dem persönliches Leben, politisches Handeln und ästhetische Praxis untrennbar miteinander verbunden sind. Somit hatte die Bewußtwerdung der Frauen aus einer gering geachteten Gruppe, zersplittert in einer nach männlichen Normen homogenisierten Kultur, eine Minderheit gemacht, die entschlossen war, in der Öffentlichkeit die Autonomie ihrer Werte und Bezugssysteme durchzusetzen und zu verteidigen. Dieser Wandel findet seinen Ausdruck in den *Neuen portugiesischen Briefen*: Sie setzen einen Briefwechsel zwischen Frauen an die Stelle der im 17. Jahrhundert unter männlichem Pseudonym erschienen leidenschaftlichen Klage einer (fiktiven) von Einsamkeit zermürbten Nonne an den Geliebten, der sie verführt und verlassen hat.

Die Frauenbefreiungsbewegung war genau an der Schnittstelle zweier historischer Entwicklungen entstanden: der Protestbewegungen von 1968 als ihrem unmittelbaren gesellschaftlichen und politischen Umfeld und der im Verlauf des Jahrhunderts sich langsam vollziehenden Wandlung der Rolle der Frau im gesellschaftlichen und kulturellen Leben. Es war, als ob alle Frauen sich plötzlich gleichzeitig sowohl ihrer Entfremdung als auch ihrer Kraft bewußt würden.

Der Aufstand der Jugend hat sicher entscheidend zur Formierung des MLF beigetragen, doch war dieser keineswegs bloß ein spätes Echo der Kämpfe junger Männer. Seine Entstehung hat im Gegenteil das Scheitern des demokratischen Anspruchs in den Protestgruppen bestätigt, in denen es viele junge Frauen gab: Diese mußten sich so sehr den herrschenden männlichen Regeln anpassen, daß die Einbeziehung der Frauen sich – wie sie feststellten – als ein Trugbild, ja sogar als eine Verleugnung ihrer selbst erwies. Daraufhin spalteten sie sich ab.

Fast vergessen ist schon die Enttäuschung jener Frauen, die in ihrer Begeisterung über die libertären Proklamationen (»alle Macht der Phantasie«, »freie Rede für jeden«, »alle sind kreativ«) glaubten, problemlos bei der Gestaltung einer »alternativen« Gesellschaft mitwirken zu können, in der nicht nur die wirtschaftlichen und sozialen Strukturen andere wären, sondern das Leben insgesamt anders aussehen würde: die Familie, die Sexualität, die Phantasie, die Kunst, die Sprache. Aber dann mußten sie erleben, wie ihre Meinung aufgrund ihres Geschlechts disqualifiziert wurde. Und diese Disqualifikation wurde von ihren eigenen Mitstreitern im Kampf gegen jegliche Unterdrückung praktiziert: Anstelle eines gleichberechtigten Dialogs stand am Ende die Zurückweisung.

In einer gemischtgeschlechtlichen Gruppe überhaupt mitzureden, war bereits eine Leistung. Derselbe Beitrag hatte nicht dasselbe Gewicht, wenn er von einer Frau oder von einem Mann kam. Hatten wir zunächst einmal den Mut, ein Plakat, einen Film, einen Text wegen sexistischer Tendenz zu kritisieren? Da forderten auch jene Männer ihre eigene freie Meinungsäußerung, die bei jedem Werk, das sich auch nur der geringsten Spur von Rassismus verdächtig machte, sofort nach Verbot riefen.[4] Würden wir eine abweichende, unerwartete Analyse riskieren? Zunächst war da ein Unbehagen, dann erlebten wir anstelle einer Diskussion ablehnende Haltungen, die von Gleichgültigkeit bis zu Verhöhnung reichten. Man hielt uns wieder vor, was wir schon von klein auf zu hören bekommen hatten und was Simone de Beauvoir auf folgende Formel der Abweisung gebracht hat: »Sie denken das nur, weil Sie eine Frau sind.«[5]

Wir versuchten durchaus, im Sinne von Beauvoir zu sagen: »Ich vertrete diese Auffassung, weil sie richtig ist«, »unter Ausklammerung (unserer) Subjektivität«; doch wie konnten wir damit überzeugen? In jenem System wurde nicht das Individuum, es wurde die Frau als subjektiv diskreditiert, im Vergleich mit einem Individuum, das in seinem Status als objektives Subjekt festverwurzelt, da männlichen Geschlechts war: »Keinesfalls hätte ich entgegnen dürfen: ›Und Sie denken das Gegenteil, weil Sie ein Mann sind‹«, heißt es weiter bei Beauvoir, »denn es steht fest, daß ein Mann zu sein keine Besonderheit darstellt. Ein Mann ist im Recht, weil er ein Mann ist, die Frau dagegen ist im Unrecht.« Doch der Umstand, daß die Disqualifikation im Kollektiv erfahren wurde, was erlaubte, das Willkürliche und Gewalttätige daran besser zu beurteilen, hat jene ikonoklastische Antwort provoziert. Die Erfahrung der Diskriminierung hat Frauen geeint, die so vieles trennte: soziale Verhältnisse, Beruf, politische oder ästhetische Anschauungen, Lebensweise, sogar die Vorstellung vom Frausein und der Rolle der Geschlechter. Durch die öffentliche Propagierung der geschlechterspezifischen Subjektivität hat die Frauenbefreiungsbewegung die Männer an ihre eigene geschlechtsspezifische Subjektivität erinnert und somit an die Relativität ihrer Meinungen und ihrer Werke.

Dennoch waren diese beiden Subjektivitäten nicht gleichwertig, und die schmerzlichste Entdeckung jener Jahre war die unserer eigenen Schwäche. Trotz unserer laut verkündeten Ansprüche war unser Selbstvertrauen künstlich, weil wir unfähig waren, auf die Vorhaltungen zu antworten, die wir bereits verinnerlicht hatten: Wer waren wir, daß wir es wagen durften, unsere Herren zu kritisieren? Auf was konnten wir uns berufen, um unsere Ansprüche zu legitimieren? Welche weiblichen »Genies« konnten wir vorweisen? Konnten wir auch nur einen einzigen wesentlichen Beitrag einer Frau zur Zivilisation anführen? Wir schafften es gerade, einige Namen daherzustammeln, und sie wurden sogleich verworfen, ohne daß wir gewußt hätten, wie wir sie verteidigen sollten. Die privilegierten Frauen, die in den Genuß einer »höheren Bildung« gekommen waren, trafen sich mit jenen, die sich spontan zusammengeschlossen hatten, auf einer Ebene. Wir waren alle gleichermaßen nackt, ohne Geschichte und ohne Erbe: ohne Mutter (oder sonstige weibliche Abstammung); uneheliche Kinder hochstehender Väter und inexistenter oder verleugneter Mütter; »Frauen der Stunde Null«[6] der Kultur, dazu verurteilt, sich als »Sprachdiebinnen«[7] zu betrachten, die sogar die Bilder oder Töne stahlen und anderen die Arbeit wegnahmen, vor allem aber den Rang oder die Macht.

Der MLF war gewiß diejenige soziale Bewegung, die am deutlichsten zeigte, daß symbolische Gewalt von ebenso grundlegender Bedeutung ist wie ökonomische Gewalt: Sie ist weder ein bloßer Reflex gesellschaftlicher Gewalt noch deren nachträgliche Rechtfertigung, sondern sie ist ein integraler Bestandteil von ihr. Die Frauen kämpften nicht mehr nur – wie zu Beginn des Jahrhunderts – um Zugang zu Berufen, Parteien, Gewerkschaften und Berufsverbänden; auf dieser Ebene hatten sie genügend Siege errungen, die für sie nicht mehr in Frage standen; künftig ging es eindeutig um die Macht der Rede, der

Entscheidung, der Repräsentation – die Macht, etwas Neues zu schaffen. Diese Macht gründete sich auf Freiheit: die Freiheit, nicht unentwegt sich anpassen zu müssen, um akzeptiert zu werden; die Freiheit, Vorbilder in Frage zu stellen; und die wohl wichtigste Freiheit, für sich selbst das Risiko des Irrtums, der Parteinahme, der Dummheit, der Maßlosigkeit oder des Scheiterns einzugehen, ohne alsbald auf sein Geschlecht verwiesen und der Kollektivverantwortung der übrigen Frauen übergeben zu werden. Männer gestehen sich diese Freiheit problemlos zu. Die Frage nach der Gleichheit wurde also aufs neue gestellt, aber in einer radikaleren Form: In einer Art Gewaltstreich erklärte der MLF die Frauen als *von Natur aus kulturstiftend*, ebenso wie die Männer. Die Männer sind keine berufeneren Lehrer des Wahren, Guten und Schönen als die Frauen. Sie haben mit den Frauen die Fähigkeit, Symbole zu schaffen, gemeinsam, in der man das Wesensmerkmal des Menschen sieht:[8] Er erfindet sich selbst mittels seiner kulturellen Hervorbringungen. Wenn man im Fall des MLF von einem Neofeminismus sprechen kann, dann deshalb, weil sich die Kämpfe in unseren Gesellschaften, die in der Frauenfrage als liberal gelten, in Richtung einer Teilung der sozio-symbolischen Macht verschoben haben. Damit wurde die stillschweigende Übereinkunft aufgehoben, die aus der Kultur im anthropologische Sinne eine Männergemeinschaft macht, in der die Frauen nur wie (schlecht) aufgesetzte Flicken wirken.

Diese kollektive Revolution der Identität ist die Triebkraft, die auch im gegenwärtigen Feminismus weiterwirkt, insbesondere aber in den innovativen Versuchen, den immer wieder marginalisierten oder ausgeschlossenen Beitrag der Frauen hervorzuheben und zu integrieren in die Welt der Bilder, der Darstellungen und des symbolischen Kapitals der gesamten Gesellschaft. Doch Künstlerinnen waren sich immer mehr oder weniger bewußt, ein kulturelles Tabu zu verletzen: Ihre Tagebücher, Notizen, Autobiographien und Briefe offenbaren einen tiefen Zwiespalt zwischen dem Verlangen, Kunst zu schaffen, weil sie im Innersten (wenn auch nicht unerschütterlich) davon überzeugt sind, es zu können, und der aus der Erfahrung des Unverständnisses oder der Verachtung resultierenden Angst. Wieviele Wege mußten allein gegangen werden, bevor es durch die Initiative des MLF zu einer weiterreichenden Analyse oder gesellschaftspolitischen Aktion kam! Umgekehrt erhielt die Bewegung durch die Mitwirkung von Künstlerinnen und Kritikerinnen eine neue Dimension: Individuelle und kollektive Äußerungen, wie zum Beispiel die damals sich häufenden Berichte und Interviews in ihrer oft großen Bandbreite der Meinungen, zeigten, wie wichtig die Beziehungen zwischen Feminismus und künstlerischem Schaffen sind. Der MLF als plurale Gemeinschaft von engagierten

Frauen war – auch für diejenigen Frauen, die feministischen Gruppen nicht nahestanden – der Ort, wo über Literatur und Kunst neu nachgedacht und eine neue kulturelle Praxis erprobt wurde, dazu ein Freiraum, wo Anerkennung möglich war, und sogar eine alternative Instanz, welche die Erfindungskraft der Frauen legitimierte und damit weit über eine materielle und gesellschaftliche Solidarität hinaus unterstützte. Der Status der Künstlerinnen hatte sich dadurch verändert: Ob sie wollten oder nicht, sie fanden sich in einem anderen Bezugshorizont als dem Kanon der zeitgenössischen Kultur wieder.[9]

Zudem war es notwendig, daß Orte der Freiheit entstehen konnten, die vor sozio-symbolischer Gewalt sicher waren und gleichzeitig Zugang zum öffentlichen, das heißt gemischtgeschlechtlichen Raum der Anerkennung boten. Es wurden nicht nur solche Orte geschaffen, sondern auch regelrechte Netzwerke, die den gesamten Bereich der Kunst überziehen, von der Schaffung eines Werks bis hin zu seiner Rezeption und Vermittlung. Die Frauen bewiesen somit, daß sie kollektiv in der Lage waren, die gesamte Vergesellschaftung ihrer kulturellen Hervorbringungen in die Hand zu nehmen. Überall zeigten sich ungeahnte Fähigkeiten, vor allem in jenen Berufen, die als Mittler zwischen Künstler/innen und Laien fungieren: Verlagswesen, Buchhandel, Theater- und Filmproduktion, Organisation von Ausstellungen, Festspielen und Konzerten, Zeitschriften, Kritik, Bildung und Forschung usw. Diese Netzwerke bildeten sich auf zwei eng miteinander verbundenen Ebenen heraus: Zum einen wurden autonome, ausschließlich von Frauen verwaltete Strukturen geschaffen, andererseits eroberte man sich einen Raum innerhalb bestehender Institutionen (spezielle Buchreihen, Sondernummern von Zeitschriften, eigene Sendungen in Rundfunk und Fernsehen, Sonderprogramme bei Retrospektiven, Konferenzen, Kursen usw.). Ein dritter Aspekt ist dabei von grundlegender Bedeutung: Der MLF konnte sich auf einen internationalen Austausch stützen. Ein komplexes Beziehungsgeflecht zwischen offiziellen und militanteren oder geschlosseneren Kreisen hat eine Randkultur begünstigt, die sich allmählich quer zu den nationalen Kulturen etablierte.

Jedesmal ging die Initiative von Frauen aus, die den Mut hatten, unterschiedlichste Strategien zu wagen. Und doch blieb das Publikum der wichtigste Antrieb: zunächst ein weibliches gut informiertes Publikum, auf das die überkommenen Vorstellungen eines Konsums »leichtverdaulicher«, ja rein kommerzieller Kunst nicht mehr zutrafen; dann ein männliches Publikum – eine klare, aber wachsende Gruppe –, das gern aus einer monogeschlechtlichen Kultur ausbrechen wollte. Das internationale Frauenfilmfestival in Sceaux (1978), später eines in Créteil, war sicherlich einer der größten Erfolge jenes ebenso offenen wie anspruchsvollen künstlerischen Feminismus.[10]

Trotz der beschränkten Mittel hat dieses unterirdische Kapillarsystem es vermocht, die Werte der etablierten Kunst zu unterminieren. Das war nur möglich, weil die Frauen ihre eigene Kraft entdeckt haben – und diese Kraft verdankten sie den zähen Kämpfen ihrer Vorläuferinnen, besonders im Bereich der Bildung, durch die sich ihr Verhältnis zur sogenannten allgemeinen Kultur grundlegend änderte: Sie waren nun nicht nur besser ausgebildet, sondern auch selbstbewußter und kritischer; sie konnten sich leichter über Konventionen hinwegsetzen.

Der bekannte Slogan *Woman is beautiful* bringt die unterschiedlichen Aspekte des Neofeminismus auf einen Nenner. Man hat ihm sogleich Übertreibung oder Simplifizierung vorgehalten; aber sollte man nicht eher anerkennen, wie zentral diese Herausforderung war, die auf kunstvolle Weise Schluß machte mit der fatalen Scham? Der Slogan bedeutete einen Bruch mit der Selbstentfremdung durch männliche Vorbilder und den männlichen Blick, um einem letztlich positiven Narzißmus Platz zu machen. Denn man muß sich selbst lieben, um Vertrauen zu sich zu haben, und man muß Vertrauen zu sich haben, um Freiheit und (Selbst-)Erfindung wagen zu können, was einem nicht ohne Vermittlung durch seinesgleichen gelingt. Die Aufwertung des Weiblichen oder des Frauseins, untrennbar verbunden mit der Rehabilitierung der Frauen, vollzog sich mittels einer Idealgemeinschaft, an der sich jede einzelne Identitätssuchende orientieren konnte. *The Dinner Party* (1974–1979) der Amerikanerin Judy Chicago, eine Abendmahls-ähnliche Installation mit 39 Plätzen und den Namen von 999 berühmten Frauen aus allen Zeiten und den verschiedensten Kulturen,[11] ist Ausdruck dieses Verlangens, eine geistige Weiblichkeit mit anderen zu teilen.

Die Proklamation einer Frauenkunst ist eine der Versionen von *Woman is beautiful*: Sie läßt sich einem besonderen Stadium in der Geschichte der Frauen zuordnen, wie der Streit über das »weibliche Schreiben« demonstriert, der in den siebziger Jahren zu Auseinandersetzungen zwischen einzelnen Frauen, feministischen Gruppen und kulturellen Milieus führte.

Dieser Begriff scheint seither einer komplexeren Sicht des Verhältnisses zwischen Geschlechtsidentität und künstlerischem Schaffen gewichen zu sein, und dennoch taucht er immer wieder auf, in seltsamerweise kaum veränderter Form. Deshalb wollte ich ihn, den ich in einem weiteren Teil dieser Studie behandeln werde, schon hier in seinen gesellschaftlichen, politischen und kulturellen Kontext stellen. Ich hoffe damit zu zeigen, worum es wirklich ging. Festgehalten werden muß auch, daß – wie wichtig Beauvoirs *Das andere Geschlecht* auch war – die Grundlagentexte für viele Künstlerinnen und Kritikerinnen von Virginia Woolf stammen, die in *Ein Zimmer für sich allein*

(1929), *Drei Guineen* (1938) und in ihren Betrachtungen zum Roman mit außergewöhnlicher Klarheit die Unfähigkeit der Kultur beleuchtet hatte, eine duale Sicht der Welt und eine duale Symbolisierung zuzulassen.

Zwanzig Jahre feministische Forschung haben ihre Früchte gezeitigt. Wir haben die Phase der dringend notwendigen Bestandsaufnahme überwunden, wie neuere Darstellungen beweisen, so zum Beispiel *Le XXe Siècle des femmes* von Florence Montreynaud.[12] Die Reflexion hat sich vertieft: Wir können nun besser die entscheidenden Unterschiede erfassen, die sich zwischen den Bereichen der Kunst, den Kulturen, den individuellen Lebenswegen oder den historischen Situationen auftun. Die Vorstellung von der kulturellen Identität der Frauen ist nicht mehr so monolithisch wie zu Anfang. Und schließlich – da die Geschichte der Kunst ebensosehr die Geschichte von Wertvorstellungen wie die von Fakten ist – hat die feministische Kritik die Kriterien der Analyse und der Bewertung überprüft – auch in ihren eigenen Reihen. Unterschiedlichste Methoden und Theorien stehen sich dabei gegenüber oder prallen aufeinander ...

Bei einer derartigen Fülle mußte ich meine Studie eingrenzen und werde mich deshalb der literarischen Entwicklung in Frankreich widmen. Ich wähle die Literatur, weil sie traditionellerweise den für Frauen offensten (oder am wenigsten verschlossenen) Bereich darstellt und weil sich in erster Linie hier neue Vorstellungen der sexuellen Differenz herausbilden. Die Beschränkung auf Frankreich ist deshalb interessant, weil es in diesem Land eine besonders zentralisierte Kultur gibt und der vieldiskutierte Begriff einer »weiblichen Schrift« sicher nicht zufällig gerade hier geprägt wurde.

Frauen und Literatur

Seit der Mitte des 19. Jahrhunderts gibt es in Frankreich immer wieder erstaunte Stimmen über die ständig wachsende Zahl von Schriftstellerinnen, entweder, um sich darüber zu beklagen, oder um sich dazu zu beglückwünschen. »Alle Frauen schreiben (...) man kann nicht einmal mehr eine Putzfrau finden«, wetterte Paul Léautaud zu Beginn des 20. Jahrhunderts: eben in jenem »goldenen Zeitalter« des Feminismus, in dem bekannte Schriftstellerinnen (Anna de Noailles, Rachilde, Séverine u. a.) auf die ausschließlich aus Männern bestehende Jury des Prix Goncourt (1903) mit der Gründung des Prix Fémina (1904) reagierten. Sie waren entschlossen, allen Sarkasmen zum Trotz die gesamte literarische Produktion zu beurteilen. Heute hätten wir Frauen schließlich doch gewonnen, wenn man dem konservativen *Figaro littéraire* glauben darf, der 1989 mit der Schlagzeile aufwartete: »Die 80 Frauen, die die Literatur beherrschen.«[13] Dort heißt es unter anderem: »Erfolgreiche Romanautorinnen, Biographinnen, Historikerinnen, Akademikerinnen, aber auch Verlegerinnen – die Frauen haben sich in der Welt der Literatur auf beachtliche Weise gerächt.« Der Leitartikler Jean-Marie Rouart grenzte sich gegen den »Nörgler« Léautaud durch eine schöne Lobrede ab: »Die Frauen haben auf eklatante Art bewiesen, daß das literarische Genie kein Geschlecht kennt, ebensowenig wie eine Rasse oder Nationalität.« Überdies »erkennen, wie immer mit einiger Verspätung, die Institutionen diesen Tatbestand an«, und fortan haben die Frauen »ihren Platz inne«. Diese paradiesische Sicht der Literatur ist so verbreitet, daß sie sogar von vielen Frauen geteilt wird.

Doch sobald man einen Katalog, ein Literaturmagazin oder wöchentlich die Auswahllisten für die großen Preise durchsieht, sobald man eine Literaturgeschichte des 20. Jahrhunderts aufschlägt oder eine Avantgardezeitschrift, die eifrigst darauf bedacht ist, das zu drucken, was morgen die neue Richtung sein wird, oder auch Berichte über wichtige oder vielversprechende Autoren, dann wird man darin jene vom *Figaro* proklamierte Präsenz von Frauen vergeblich suchen. Wie verhält es sich nun wirklich?

Um das herauszufinden, kann man sich nicht darauf beschränken, die Situation der Schriftstellerinnen zu analysieren; denn das hieße, lediglich ihre Geschlechtsspezifität als Maßstab zu nehmen und folglich nur nach individuellen Erfolgen oder »Neuerungen« (die doch ständig wechseln) zu urteilen. Untersucht man statt dessen die allgemeinen sozialgeschichtlichen Veränderungen in der Welt der Literatur und berücksichtigt dabei insbesondere die Variable des Geschlechts, so kommt man zu anderen Ergebnissen. Alsbald relativiert zum Beispiel die beträchtliche Zunahme männlicher Autoren im Verlauf des Jahrhunderts, die auf eine sich stets vergrößernde und einen regelrechten Markt bildende Leserschaft zurückzuführen ist, die wachsende Zahl weiblicher Autoren. Ebenso besagt die im Grunde völlig willkürliche Zahl von »80 Frauen« des *Figaro* überhaupt nichts, solange man dabei verschweigt, wieviele Männer zur selben Zeit »die Literatur beherrschen«. Um eine genaue Vorstellung vom Geschlechterverhältnis in der Literatur zu bekommen, sind zuverlässige Statistiken unerläßlich. Aber ist es nur ein Zufall: Während es über die Leserschaft zahlreiche systematische Studien gibt, fehlen ähnliche Erhebungen für die Bereiche des Schreibens, Verlegens und der Kritik.

Michèle Vessilier-Ressi *(Le Métier d'auteur*[14]*)*, Pierrette Dionne und Chantal Théry (»Le monde du livre: des femmes entre parenthèses«[15]) schätzen nach sorgfältiger Zusammenführung einzelner Daten und Näherungswerte die Geschlechterverteilung bei den Autoren auf 70 bis

75 Prozent Männer und 25 bis 30 Prozent Frauen. Unsere Forschungs-
gruppe an der Universität Paris VII ermittelte nach systematischer
Durchsicht der gesamten Produktion im Bereich der »allgemeinen
Literatur« in den Jahren 1950–1955 (ohne jedes Wertungskriterium)
ein Verhältnis von 75 zu 25 Prozent.[16] Also dreimal mehr Männer als
Frauen. Und diese Zahlen sind seit ungefähr vierzig Jahren stabil, ungeachtet der Impulse der Frauenbewegung – eine Stabilität, die durch die
Studien aus Québec bestätigt wird. Jeder Diskurs über eine »Feminisierung« der Literatur – wenn man darunter ein Ungleichgewicht zugunsten
der Frauen oder zumindest ein annäherndes Gleichgewicht versteht –
erübrigt sich also von selbst. Ebenso die Vorstellung, die Literatur sei in
die Hände der Frauen geraten, da die Männer sich aus ihr zurückgezogen hätten.[17] Genau das Gegenteil ist der Fall: Es steht fest, daß die Literatur nach wie vor in starkem Maße von Männern dominiert wird.

Noch größere Divergenzen zwischen den Geschlechtern zeigen sich,
wenn man die Selektion in der literarischen Anerkennung betrachtet:
Es gibt gerade einmal 8 Prozent Frauen im *Who's Who* der Literatur.
Damit erreichen wir in etwa den Anteil der Jahre 1950–1955, wobei
wir jedoch feststellen müssen, daß die Mehrzahl der damals sehr
bekannten Schriftstellerinnen mittlerweile dem Vergessen anheimgefallen sind. Man muß also nach dem künftigen Schicksal jener Frauen
fragen, denen heute der Status von »herausragenden Schriftstellerinnen«
zuerkannt wird. Dem Optimismus des *Figaro* kann man den Pessimismus eines so seriösen Werkes wie *Notre siècle* des bekannten Historikers René Rémond[18] entgegenhalten: Zu Kunst, Literatur und Philosophie sind im Register gerade 8 Namen von Frauen aufgeführt, unter
rund 180 Namen von Männern! Doch damit nicht genug – Simone Weil
und Simone de Beauvoir werden nur aufgrund ihrer Beteiligung an
einer politischen Aktion erwähnt, Gyp um ihres Sohnes willen und
Marcelle Auclair im Zusammenhang mit der Zeitschrift *Marie-Claire*.
Weder die Colette ist aufgeführt noch Marguerite Yourcenar, obwohl
diese als erste Frau in die Académie française aufgenommen wurde.
Es bleiben bei Rémond drei »wichtige« Schriftstellerinnen übrig: Nathalie Sarraute mit der Schule des Nouveau Roman, Marguerite Duras mit
ihren ersten »traditionellen« Romanen und Françoise Sagan als Vertreterin einer »Frivolität«. Ein extremes Beispiel, wird man mir erwidern;
doch daß dies alles dem wissenschaftlichen Ruf des Werkes nicht
geschadet hat, sagt viel darüber aus, in welchem Ausmaß heutzutage
Mißachtung und Ausgrenzung von Frauen toleriert werden. All diese
Feststellungen unterhöhlen den Glauben an eine kulturelle Gleichheit,
sie lassen Zweifel an der Zukunft aufkommen und regen an, darüber
nachzudenken, wie die Literatur als sozio-symbolische Institution wirklich funktioniert.

Vesselier-Ressi entwirft das Porträt eines Autors, der alle Chancen hat, erfolgreich zu werden: Er ist ein Mann, stammt aus guter Familie, hat eine Hochschulausbildung, veröffentlicht in Paris und verfügt über ein ausgedehntes Netz wichtiger Freundschaften und beruflicher Beziehungen. Doch aus dem Umstand, daß ein Schriftsteller, der einen Zweitberuf als Broterwerb ausüben muß, ebensoviele Probleme mit der Kreativität hat wie eine von ihren familiären Aufgaben in Anspruch genommene Schriftstellerin, schließt Vesselier-Ressi vorschnell auf eine Äquivalenz der Situationen. Denn sie übersieht, daß auch die Mehrzahl der Autorinnen oft einen Zweitberuf als Broterwerb ausüben, und läßt vor allem die sozio-symbolischen Faktoren unberücksichtigt: die Tatsache, daß es eine Frau im privaten und beruflichen Leben schwerer hat, sich als Schriftstellerin durchzusetzen, das heißt als ein Mensch, der sich für das Schreiben entschieden hat; und daß sie, vor allem zu Beginn, kaum eine Möglichkeit hat, in jene für so wichtig erachteten verborgenen Netzwerke der Solidarität und des Einflusses einbezogen zu werden. Dionne und Théry liefern durch eine Art statistischer Ablichtung des gesamten institutionellen Schachbretts (Verlage, Zeitschriften, Jurys von Preisen, ministerielle Ausschüsse usw.) den Beweis für den androkratischen Charakter des Systems: Weltweit entscheiden Männer über Drucklegung und Erfolg. Hinzu kommt noch, wie wir bereits festgestellt haben, ihre Herrschaft über die Vermittlung, einschließlich der kulturellen Vorbilder.

Dennoch bedürfen diese soziologischen Analysen einer historischen Relativierung, denn die Feststellung einer gegenwärtigen Ungleichheit muß nicht zwangsläufig der Annahme widersprechen, daß in der literarischen Welt die Frauen heute stärker vertreten sind als früher. In der Tat war die Literatur am Anfang des Jahrhunderts das einzig mögliche Betätigungsfeld für arme und unverheiratete Frauen, die etwas Bildung aufzuweisen hatten. Colette trat die Nachfolge George Sands an, indem sie zu einer Berufsschriftstellerin wurde, die sich ihre wirtschaftliche und persönliche Unabhängigkeit selbst erarbeitete und deren Talent sich beim Publikum und bei den Institutionen durchsetzen konnte: Sie war die zweite Frau in der Jury für den Prix Goncourt (nach Judith Gautier, der Tochter des berühmten Dichters) und sogar ihre Vorsitzende. Die Literatur war gleichzeitig auch diejenige Kunstform, die bei Frauen aus dem Bürgertum am ehesten toleriert wurde, vorausgesetzt, sie bewahrte einen dilettierenden Charakter. In beiden Fällen scheint jede Annäherung an jenes märchenhafte Bild des Genies ausgeschlossen, das, von seinem Vermögen oder von undankbaren Pflichten lebend, sich ganz dem Schreiben widmet. Wenn also die Frauen in jener Zeit bereit waren, an ihrem Platz zu bleiben, dann deshalb, weil die Literatur ihnen einen Notsitz bot. Dafür hielt man sie von den

Orten fern, die Prestige und Macht versprachen (Universitäten, Hochschulen, Institute und sogar Gymnasien), wo die neuen Diskurse des
Wissens entstanden, aus denen die heutigen Geisteswissenschaften, die
Literaturkritik und die Literaturtheorie hervorgehen sollten.[19] Von einigen wenigen Ausnahmen abgesehen, blieben ihnen auch das Verlagswesen und die großen Zeitungen verschlossen.

Heute gibt es in allen Berufen und Institutionen mehr Frauen als
früher. In diesem Punkt stimmt der Artikel von Dionne und Théry mit
dem *Figaro* überein. Gleichzeitig verschaffte sich eine beträchtliche
Anzahl von Frauen Zugang zu den Geisteswissenschaften und zu
künstlerischen Bereichen wie der Theater- und der Filmregie. Fortschritte sind nicht zu bestreiten, auch wenn überall die Ungleichheit
nicht zu übersehen ist. Den seit 1945 gleichgebliebenen Prozentsatz
von Schriftstellerinnen kann man also auch anders interpretieren: als
Resultat der immer vielfältigeren Wahlmöglichkeiten, die sich dem
Wunsch der Frauen nach soziokultureller Betätigung bieten. Außerdem
haben es die Frauen seither nicht mehr mit einer reinen Männerwelt
zu tun. Obwohl die Hegemonie männlicher Leitbilder mit den damit
verbundenen Zwängen fortbesteht, kann nicht bestritten werden, daß
sich Situation, Status und Selbstbewußtsein der Schriftstellerinnen im
Verlauf des Jahrhunderts auf positive Weise verändern konnten.

Muß man daraus schließen, daß wir eine gemischtgeschlechtliche
Literatur entstehen sehen und daß diese ohne Konflikte und ohne jene
»Anstrengungen« kommen wird, zu denen uns Woolf in *Ein Zimmer für
sich allein* ermutigte? Es gibt noch immer einen großen Schatten im Bild:
die bereits erwähnte Kluft zwischen den 25 bis 30 Prozent Schriftstellerinnen und den 8 Prozent, die allgemein anerkannt sind – ein Anteil,
der im Urteil der Nachwelt noch kleiner zu werden droht. Die übliche
Erklärung dafür ist, daß nur sehr wenigen Schriftstellerinnen ein Werk
gelingt, das die Zeiten überdauert und von universeller Tragweite ist.
Man ist sich lediglich über die Gründe und die Prognosen uneins: Frau-
en haben weniger Genie, und diesem Übel kann man nicht abhelfen;
sie sind noch nicht so routiniert wie die Männer und leben weiterhin
in einer Situation der Entfremdung, aber eines Tages werden sie Werke schaffen »wie die Männer«. Wir verlassen daher das Gebiet des Quantitativen, um die heikle Problematik des Qualitativen zu betrachten.

Zwischen Allgemeinem und Besonderem

Ein 1986 erschienener Artikel der Kritikerin Anne Sauvy, »La Littérature et les femmes«, zieht gelassen eine erschreckende Bilanz.[20] Sauvy
erstellt eine Liste berühmter Schriftstellerinnen von 1900 bis 1950 –

Renée Vivien, Marguerite Audoux, Colette, Gyp, Rachilde, Anna de
Noailles, Jeanne Galzy, Marie Noël und andere –, aber nur, um
sogleich an ihrer Nützlichkeit zu zweifeln. Keine der Genannten kann
vor dem Vergessen bewahrt werden, außer Colette und allenfalls Noailles, die als einzige auch in den Handbüchern für den Schulgebrauch
zu finden sind. Das gesamte literarische Schaffen von Frauen ist nach
Meinung Sauvys ein Kapitel der Verlags-, nicht der Literaturgeschichte.

Doch Sauvy geht noch weiter; was die zweite Hälfte unseres Jahrhunderts betrifft, steht für sie bereits fest: »Große Veränderungen
scheint man nicht erwarten zu müssen«, denn kein Werk einer Frau
»hinterläßt einen so starken Eindruck« wie zeitgenössische Werke von
Männern. Welche Frau erreicht heute den Rang einer Sand und Colette? Uns fallen zahlreiche Namen ein: Sarraute, Duras, Wittig, Cixous,
Yourcenar, Christiane Rochefort, Susini, Beauvoir, Hyvrard, Leduc, Elsa
Triolet, Cardinal, Chawaf, Sagan, die Schwestern Groult –, von den
Autorinnen der jüngsten Generation ganz zu schweigen. Es erscheint
undenkbar, daß all diese Werke, die mehr oder weniger zu unseren
geistigen Erfahrungen gehören, verschwinden sollten, als ob es sie nie
gegeben hätte. Aber gesetzt den Fall: Was wäre denn die Erklärung
für einen derartigen Untergang?

»Der Geist weht, wo er will. Unsere Kultur kann ihn nicht hervor-
zwingen«, heißt es. Und: »Das Genie entwickelt sich außerhalb von
Schulen.« Umgekehrt soll seine Entfaltung auch durch keinerlei äußere Umstände behindert werden können. Wenn sich das Genie also in
Frankreich nur in ein, zwei Frauen pro Jahrhundert niederlassen will,
so kann man dies nicht ändern. Genau dies läßt Sauvy als Wahrheit
passieren, und zwar dank jenes objektiven Tons neutraler Beobachtung, der für die akademische Tradition so typisch ist.

Wenn man untersucht, wie die Vermittlung von Literatur vonstatten
geht, kann man, was die männlichen Autoren anbelangt, ein dreistufi-
ges System ausmachen: Genies, Talente und Gescheiterte. Und die
Zuordnung jedes einzelnen Schriftstellers zu einer dieser drei Kategorien ist Gegenstand von Kontroversen und Umwertungen, was ein
unaufhörliches Nachdenken darüber voraussetzt, was man von Schriftstellern erwartet. Für die Frauen hingegen würde es nur zwei mögliche Klassen geben: den Ausnahmefall des Genies oder das Nichts der
unterschiedslosen Masse. Das heißt, sie sind ausgeschlossen aus der
umfangreichen Kategorie des Talents, also der Kunstausübung, die eine
Sache des Lernens, der Arbeit, der günstigen Gelegenheiten und vor-
teilhaften Begegnungen ist – eine Sache der »Schulen« eben. Und damit
von allem, was in der Geschichte die repräsentative Literatur einer
Gesellschaft mitgestaltet. Wem ist noch nicht aufgefallen, mit welch
gleichgültiger Herablassung im allgemeinen die großen Schriftstellerin-

nen der Geschichte, namentlich Sand und Colette, behandelt werden? Die geheuchelte Anerkennung einiger Werke erlaubte, ihr gesamtes Schaffen zur Kurzlebigkeit zu verurteilen: Man würde es bald nicht mehr lesen können.

Im Gegensatz dazu erklärt die sozialgeschichtliche These den schwachen Stand der Frauenliteratur damit, daß sie diese zu einem Produkt – oder einer Widerspiegelung? – der Entfremdung der Frauen macht. Eines Tages also, wenn die Frauen gänzlich emanzipiert sein würden, würden sie auch den Männern ebenbürtige Werke schaffen. Doch diese Ebenbürtigkeit ist nur vorstellbar als ein Identisch-Werden, im Namen des Neutrums und des Allgemeinen. Beauvoir hat diesen Standpunkt ihr Leben lang mit aller Schärfe vertreten. So erklärte sie noch in den siebziger Jahren: »Ich glaube, daß die befreite Frau ebenso schöpferisch sein wird wie der Mann. Aber sie wird keine neuen Werte einbringen. Das Gegenteil anzunehmen, hieße anzunehmen, daß eine weibliche Natur existierte, was ich immer bestritten habe«[21]; oder: »Es ist fraglich, ob ihre [der Frau] Ideenwelten andere sind als die der Männer, da sie sich nur durch Assimilation befreien kann.«[22] Ungeachtet der Schlußausführungen in *Das andere Geschlecht*, in denen Beauvoir neue Beziehungen zwischen den Geschlechtern entwirft, die auf Austausch eines doppelten Andersseins beruhen, hielt sie an der Radikalität ihrer Position fest: Der Zugang zum Neutralen und zum Allgemeinen kann sich nur über die »Assimilation« an das männliche Modell vollziehen, das der absolute Bezugspunkt des Menschlichen ist, das heißt nur über die Abschaffung der Weiblichkeit, die ausschließlich als Produkt eine Unterdrückung aufgefaßt wird.

Im Lichte dieser Theorie beurteilt Beauvoir die gesamte literarische Produktion der Frauen. Keine kann für sie dem Fluch der Besonderheit entgehen, die ihr Werk ins Reich der Bedeutungslosigkeit verweist, während jeder Mann, und sei er noch so mittelmäßig, in sich das vollendete Modell des Menschseins trägt. Beauvoir billigt also den Begriff »weibliche Literatur«. Sie machte daraus zwar eine Literatur von Unterdrückten, aber es ist für sie keine unterdrückte Literatur im Konflikt mit einer herrschenden Literatur. Es ist eine minderwertige Literatur, dazu verurteilt, nach der Emanzipation der Frauen zu verschwinden.

Sie las Werke von Schriftstellerinnen – wie ihre Autobiographie belegt –, doch ging sie nicht auf Entdeckungen aus. Sie kam nicht auf den Gedanken; denn sie erwartete sich davon nichts, was ihre Weltsicht oder ihr Verhältnis zu den herrschenden Diskursen und zur Sprache verändert hätte.

In ihren Augen behandeln die Werke von Frauen eine eng umgrenzte und sich oft wiederholende Thematik und lehnen sich in Komposition und Stil mehr oder weniger an Innovationen ihrer männlichen

Kollegen an, wenn sie sich nicht glücklos an eigenen Experimenten versuchen.

Paradoxerweise werden die verschiedenartigsten Tendenzen und Schriften zuerst und vor allem auf »die« Frau reduziert, die *nicht imstande* sei, im Akt des Schreibens »die ganze Wirklichkeit und nicht nur sich selbst darzustellen«. Ist es unter diesen Umständen verwunderlich, daß sie Woolf falsch bewertet hat? Daß Sartre die Bedeutung der *Tropisme* von Sarraute erkannte und ein langes Vorwort zum *Portrait d'un inconnu* schrieb, während sich Beauvoir nur abfällig über diese Werke äußerte? Dazu paßt, daß sie viele Schriftstellerinnen ihrer Zeit schlicht ignorierte: zum Beispiel Ingeborg Bachmann, Marina Zwetajewa, Anna Achmatova, Elsa Morante, Marguerite Duras, Doris Lessing, Dacia Maraini.

Tatsächlich kannte Beauvoir nur eine normative Lektüre, verbunden mit einer normative Konzeption von Schriftstellerei: Es gibt nur eine richtige Art zu lesen und zu schreiben, die man aus der großen Literatur erlernt, eine Art Pantheon unsterblicher Meisterwerke, die für alle Menschen, überall und zu allen Zeiten, Gültigkeit haben. Sie hat dieses Pantheon nie in Frage gestellt, das jenseits aller Zufälle der Geschichte und kulturellen Unterschiede die Muster eines vollendeten Menschseins versammelt – jene großen Gestalten, die ihr Sein zu transzendieren wußten, um dank der künstlerischen Schöpfung das Reich der reinen Freiheit zu betreten. Daher blendet sie bei ihren Gedankengängen die Möglichkeit aus, die Kriterien der Bewertung und Auswahl von Kunstwerken durch sozialgeschichtliche, intra- und interkulturelle Analysen ihrer Rezeption und Vermittlung zu relativieren. Auch wir haben seit unserer Kindheit durch den Herrschaftsdiskurs der Schule, der sich an der offiziellen Kunstkritik orientierte, nicht anders denken gelernt. Unser gesamtes Lesen- und Schreibenlernen – unser Eintritt in das symbolische Universum – hat der Stimme eines »man« gehorchen müssen, eines Wahrheits- und Wertehüters, der von überall und von nirgendwo zu sprechen schien und den ausgerechnet Beauvoir nun für uns kenntlich macht. Keine Theoretikerin hat zugleich derart radikal das Allgemeine als am Männlichen ausgerichtet analysiert und ebenso radikal zuungunsten der Frauen, in diesem Falle der Schriftstellerinnen und Leserinnen, entschieden. Somit zeigt sie, ausgehend von ihrer Erfahrung, die drakonischen Bedingungen für die Akkulturation der Frauen im Frankreich des 20. Jahrhunderts auf: der Begriff »Assimilation« ist das Schlüsselwort dafür.

Tatsächlich wurde die gleichberechtigte Erziehung der Geschlechter in einem starren Rahmen erreicht, in der laizistischen Schule, die alle Bürger auf eine Stufe stellen und die Elite auswählen sollte, und zwar durch eine identische Bildung: dieselbe Sprache, dieselben Werke auf

dem Lehrplan, dieselben Lehrbücher, die denselben kritischen Diskurs
verbreiteten, das Ganze gekrönt von landesweit einheitlichen Schulabschlüssen auf der Basis derselben Prüfungsgegenstände. Doch wie die
Staatsbürgerschaft ist auch die Kultur der Nation ausschließlich männlich geprägt. Ein grundlegendes Merkmal ist dabei die Geschlechtertrennung, wogegen die Feministinnen vor allem durch eine Abwandlung des republikanischen Ideals anzukämpfen suchten: Um die Jahrhundertwende ersetzten sie die Devise »Freiheit, Gleichheit, *Brüderlichkeit*« durch »Freiheit, Gleichheit, *Koedukation*«. Hauptsächlich um
die Koedukation sollte es fortan gehen.

Sie erforderte für beide Geschlechter eine einheitliche Bildung. So
erwirkten die Frauen ab den zwanziger Jahren die Zulassung zum Abitur *(baccalauréat)* bei gleichen Lehrplänen, einer einheitlichen Prüfung
und einer gemischtgeschlechtlichen Prüfungskommission. Und damit
die Zulassung zur nunmehr gemischtgeschlechtlichen Universität und
zu den *concours* (Staatsprüfungen), wodurch sich ihnen vor allem die
begehrten Stellen im öffentlichen Dienst auftaten. Die Kämpfe um die
Gleichheit sollten lang und schwierig sein, doch die Bildungsgleichheit
ist für die Mädchen ein Hauptfaktor der gesellschaftlichen Emanzipation und des sozialen Aufstiegs gewesen. Gleichzeitig hat ihnen der
einheitliche Charakter der Bildung ermöglicht, das Ghetto des Besonderen zu verlassen, um den weiträumigen Bereich der Kultur und des
Wissens zu betreten, eine bislang dem anderen Geschlecht vorbehaltene Welt. Woolfs Traum – eine gemeinsame Kultur, welche endlich
Schluß macht mit den unterschiedlichen Voraussetzungen für künstlerische Kreativität – schien sich erfüllt zu haben. Und doch war die Kultur weiterhin dem männlichen Allgemeinen verhaftet.

Die Vereinheitlichung der Bildungsgänge von Jungen und Mädchen
vollzog sich in den zwanziger Jahren nicht als wechselseitiger Austausch, sondern als eine komplette Angleichung des Lehrplans der
Mädchen an den der Jungen. So hat man den Mädchen die Altphilo-
logie zugänglich gemacht, die ihnen versperrt gewesen war, während
die neuen Sprachen und Literaturen, die eine Innovation in der
Mädchenerziehung bildeten, nicht weiter für Jungen geöffnet wurden.[23]
Auf die Gefahr hin, daß die literarische Bildung, die bereits Regional-
kulturen oder andere französischsprachige Länder ausschloß, noch weiter verarmte. Das im Literaturunterricht vermittelte Allgemeine verwies
nicht allein auf die männliche Hegemonie, sondern auch auf die Hegemonie Frankreichs. Aus den Lehrplänen wurden selbst die Texte der
berühmtesten Schriftstellerinnen verbannt, die nur noch Namen in der
Literaturgeschichte waren. Diese Texte wurden nicht gelesen, nicht
kommentiert, ihnen galten keine schriftlichen Aufgaben. Sie tauchten
nie oder nur durch einen glücklichen Zufall als Gegenstand von the-

matischen Untersuchungen oder Literaturtheorien auf. Man ließ sogar die vereinzelten Lesestücke von Autorinnen in den Lehrbüchern außer acht, weil man ganz genau wußte, daß sie »für die Prüfung irrelevant« waren. Da hatte Marot den Vorrang vor Margarete von Navarra oder Louise Labé. Madame de La Fayette? Der Roman galt als ein zweitrangiges Genre, überdies mußte man in ihrem »kleinen Meisterwerk« den Einfluß, wenn nicht gar die Federführung La Rochefoucaulds feststellen. Die Preziösen kannte man nur in ihrer Karikatur durch Molière. Sand und Colette waren nur für die unteren Klassen bestimmt usw. Die einzige, die einen Anspruch auf eingehendere Lektüre hatte, war Madame de Sévigné; denn da sie Briefe geschrieben hatte, bewegte sie sich nur am Rande der Literatur. Das ist die Bilanz einer Erziehung in den fünfziger Jahren. Man kann sagen, daß die Schülerinnen nicht mit Werken von Frauen bekannt gemacht wurden, die seither von einer gebildeten weiblichen Leserschaft abgeschnitten sind: einfach ignoriert oder dem Bereich rein privaten Lesens überlassen, wie bei Beauvoir zu sehen ist.

Seit die Zeit der Mythen der Vergangenheit angehört, sind es die literarischen Texte, worin sich eine Persönlichkeit konstruiert. Man lernt in der Literatur, seine Erlebnisse, Gefühle, Leidenschaften, Freuden, Ängste und Sehnsüchte in eine symbolische Form zu überführen. In der Literatur entziffert man die Welt, die Gesellschaft, das Leben und den Tod, entdeckt die verborgenen Seiten der anderen. So ist die Literatur der bevorzugte Ort, wo sich Subjektwerdung und Sozialisation zugleich vollziehen. Die Interaktionen zwischen Realität, Imagination und Sprache erlauben, sich von sozialen und individuellen Identitätsmustern, insbesondere von den Mustern einer Geschlechteridentität und sexuellen Differenz, zu lösen. Dabei gibt es eine Vielzahl an Identifikationsmöglichkeiten, man schlüpft von der einen in die andere, man kann sie herbeiträumen oder ebenso heftig ablehnen, und dies sowohl auf der Ebene der erzählten Geschichte als auch auf der Ebene der Erzählperspektiven, der Metaphern, der Sätze, das heißt, auf der Ebene des Ausdrucks selbst. Durch die Literatur gelangt man zu einer freieren Handhabung der Sprache, die es ermöglicht, sich als sprechendes Subjekt zu erproben.

Es fällt daher schwer ins Gewicht, daß sich Subjektwerdung und Sozialisation der beiden Geschlechter in einer eingeschlechtlichen, schlimmer noch, in einer Literatur vollziehen, die durch einen monologischen und dogmatischen kritischen Diskurs neutralisiert bzw. desinfiziert wird, der seine eigenen Stereotypen sogar gegen die Widersprüche und Fragen in entsprechenden Texten von Männern durchsetzt. Dies ist, obgleich in asymmetrischer Weise, ebenso folgenreich für die Jungen wie für die Mädchen, weil beide um eine identifikato-

rische Erfahrung mittels der von Autorinnen gefundenen Symbole und
Ausdrucksweisen gebracht werden. Beiden fehlt auch das gesamte von
Frauen geprägte symbolische Erbe. Beide lernen die sexuelle Differenz
kennen als einen Gegensatz zwischen dem unentwegt kritischen und
sich verändernden pluralen männlichen Subjekt und dem »Ewigweiblichen«, von dem sich die Männer in der Geschichte unterschiedliche Vorstellungen gemacht haben. Die Asymmetrie des Eintritts in den sozio-
symbolischen Bereich führt zu ganz unterschiedlichen Entfremdungs-
erfahrungen: Den Männern fehlt der Umweg – die Vermittlung – über
das Imaginäre und die Sprache des anderen Geschlechts; aber der
Reichtum des eigenen Erbes verstellt ihnen den Blick für den monolithischen Charakter ihrer Identität. Die Frauen wiederum wissen, was
ihnen die Identifikation mit der imaginären Ordnung und der Sprache
des anderen Geschlechts bringen kann; aber dieses Wissen, abgetrennt
von jeder Reziprozität und von jeglicher Identifikation mit der Imagination und der Sprache von Autorinnen, die allgemein anerkannt sind,
ist auch beklemmend.

Die Schule fördert noch in anderer Hinsicht die Ungleichheit der
Beziehungen zwischen den Geschlechtern: Sie bestätigt die Jungen in
ihrer Rolle als die einzig legitimen Erben und künftigen Wahrer der
kulturellen Kreativität; den Mädchen dagegen entzieht sie jede Legitimität des eigenen Ausdrucks. In einem kulturellen System, wo die Legitimität über Männer tradiert wird, besteht ihre Rolle lediglich darin, zur
Reproduktion des Systems beizutragen. Man sieht sie lieber als Lekto-
rinnen, Pädagoginnen oder Pressereferentinnen denn als Schriftstellerinnen, Wissenschaftlerinnen oder Verlegerinnen. Und selbst wenn sie
versuchen, »sich anzupassen«, wenn sie mit den Söhnen wetteifern,
sind sie – so Marguerite Duras – zum »Plagiat« verurteilt. Sie gewöhnen sich an, über alles, auch über sich selbst, mit Hilfe des herrschenden Diskurses zu sprechen, den sie als den ihren erlernten. Dies
trifft besonders für Lehrende und Wissenschaftlerinnen zu, die, um
akzeptiert zu werden, zu Vestalinnen der großen Autoren werden mußten, im Rahmen von bereits verfestigten Theorien. Bei der geringsten
Abweichung laufen sie Gefahr, auf ihre Besonderheit verwiesen zu
werden.

Man kann also von einer schizophrenen Situation der Frauen sprechen, die einem doppelten und widersprüchlichen Imperativ unterworfen sind: akademisch gebildet (als Lehrende, Schriftsteller, Intellektuelle) und zugleich Frau zu sein. Dieser Imperativ offenbart die
symbolische Gewalt, mit der sich der Eintritt der Frauen in den soziokulturellen Bereich vollzieht. Und diese Gewalt tritt dann am deutlichsten hervor, wenn Frauen selbst die Legitimität der etablierten Kultur
verteidigen. Historisch war (und ist) dies der Preis für wichtige Errun-

genschaften; aber man versteht jetzt besser, warum so viele Gleich-
heiten zusammen genommen noch keineswegs die Gleichheit ergeben.
Der harte Satz Simone de Beauvoirs: »Solange sie [die Frau] noch darum
kämpfen muß, ein Mensch zu werden, ist sie außerstande, eine Schöpferin zu sein«,[24] entspricht genau dem schwer zu ertragenden Bild, das
wir in den fünfziger Jahren von uns hatten. Aber diese Feststellung ist
so wenig zutreffend wie Sartres Aussagen über den Arbeiter. Der/die
Unterdrückte ist unzweifelhaft ein Mensch, und als solcher ist er/sie
schöpferisch tätig, auch wenn sich dies nicht entsprechend der Norm
vollzieht. Zum Glück ist weder die Humanität noch die Kunst ein Vorrecht der Unterdrücker, wie sie uns gern glauben machen würden. Die
Schriftstellerinnen sind da, um Zeugnis dafür abzulegen, daß Frauen
Menschen sind und daß sie trotz so vieler Hindernisse Kunstwerke hervorbringen.

Interessant wäre es zu untersuchen, wie seit den *Claudine*-Büchern
der Colette bis hin zu *Enfance* von Sarraute die Bildung von Frauen
in ihr Werk und ihr Werk in ihre Bildung eingeflossen ist. Wir würden dabei die Geschichte und die Verschiedenartigkeit unserer Lehrjahre entdecken und erkennen, wie oft und erfindungsreich wir Zwänge instrumentalisiert und umgangen haben, um uns einen Freiraum zu
schaffen. *Opoponax* von Monique Wittig (1964) – der Roman einer
ganzen Generation, nicht eines Individuums – hat sich am weitesten
vorgewagt: Die Suche nach der Identität und nach der Wahrheit des
Begehrens dringt hier in jene Zonen, Lebensabschnitte und Erfahrungen vor, die sich jeglicher geschlechtlichen Determination entziehen,
um sich dann über die von der Kultur aufgezwungene Spaltung zwischen dem Menschwerden und dem Frauenwerden hinwegzusetzen.[25]

Man könnte auch untersuchen, wie die Frauen sich nicht mehr damit
zufriedengaben, sich schreibend auszudrücken, sondern wirklich in die
Literatur eintraten, wie Wittig es ausgedrückt hat. Ihre Strategien waren
ganz verschieden. Duras gelang es durch die Provokation: »Man
schreibt nicht an demselben Ort wie die Männer«, sagt sie, aber sie
erkennt sich auch nicht in einer »weiblichen Literatur« wieder; sie will
die gemeinsame Kultur verändern, andere Fiktionsmöglichkeiten und
andere Arten zu schreiben aufzeigen, die über die Dichotomie der
Geschlechter hinausgehen. Sarraute wiederum macht sich am Ende von
L'Ère du soupçon (1956) zur Vorkämpferin des Nouveau Roman gegen
jene Gruppe, die alles akzeptierte und zugleich marginalisierte, die geistige Anleihen bei ihr machte, ohne dies einzugestehen oder die Radikalität ihrer Schreibweise zu erfassen. Sarraute war in die allgemeine
Literatur eingetreten, ohne »darin aufzugehen«; in einer Art Gewaltstreich wollte sie alles, was sie entdeckte, für allgemeingültig erklären,
indem sie ihre eigenen Erfahrungen durchleuchtete und indem sie die

anderen, Männer wie Frauen, beobachtete und belauschte. Ihre Ablehnung der konventionellen geschlechtlichen Kodierung zugunsten einer
Sondierung der Beziehung zwischen Körper und Sprache im unbestimmten Raum einer Zwischengeschlechtlichkeit ist genaugenommen
unlesbar für den, der nicht bereit ist, seine Lesegewohnheiten zu
ändern. In der Literaturgeschichte von Lagarde und Michard finden sich
bei der Darstellung des *Nouveau Roman* alle literarischen und theoretischen Schriften Sarrautes ausgeblendet, die vor den maßgeblichen
Werken der Männer dieser Schule entstanden waren – so abwegig
schien die Vorstellung, eine Frau könne in der Literatur innovatorisch
tätig sein.[26]

Gibt es für eine Künstlerin einen akzeptablen Platz in einer Gruppe
männlicher Kollegen? In dem legendären Kolloquium von Cerizy
erwähnte Sarraute, daß sie sich unter den anwesenden Schriftsteller-
kollegen und Kritikern sehr einsam fühle. Duras hatte abgelehnt zu
kommen. Man mag an den schönen Brief von Léonor Fini denken, in
dem sie erklärt, warum sie sich in der surrealistischen Bewegung nicht
wiedererkennen kann.[27] Doch welche Künstlerin kennt nicht jene verzweifelte Einsamkeit, die so ganz anders ist als die Einsamkeit, unter
der die schöpferisch tätigen Männer leiden: Sie dürfen darauf hoffen,
daß die Nachwelt die Botschaft der ins Meer geworfenen Flasche wird
lesen können; die Frauen nicht. Es wäre besser, nicht von Einsamkeit
zu sprechen, sondern von radikaler Isolation, die vorausdeutet auf das
Verschwinden ihrer Werke. Und die Frauen, welche die Kraft haben,
sich gegen alles zur Wehr zu setzen: Auf was haben sie alles verzichten müssen, wieviele gescheiterte Anläufe und unabgeschlossene Werke haben sie hinter sich, weil die Orientierung fehlte, wieviele »unvollendete Schlüsse«, wie Duras sagen würde. Um auf den geringen Prozentsatz von Schriftstellerinnen in Frankreich zurückzukommen: Man
sieht nun, daß er komplexe Ursachen hat, welche die gesellschaftliche
Gleichheit allein nicht beseitigen würde.

WEIBLICHE SCHRIFT UND LITERARISCHE KRITIK

Heute kann man mit größerer »theoretischer Gelassenheit«, wie Geneviève Fraisse sich ausgedrückt hat, die heftige Debatte betrachten, welche die französische Frauenbewegung seit 1975/76 gespalten hat. Am
Ende der *Muse de la raison* betont Fraisse, daß der Begriff Gleichheit
im politischen Bereich beheimatet ist, während das Wissen um die
Geschlechterdifferenz der psychoanalytischen und literarischen Sphäre
angehört, die beide von der Liebe und von menschlichen Leiden-

schaften sprechen. Und sie schlägt vor, endlich eine Entscheidung zu treffen: » (. . .) entweder zu bejahen, daß in Zukunft allmählich die Geschlechterdifferenz zugunsten einer Annäherung der Identitäten aufhoben wird oder aber die weibliche Differenz als kritikanfällige, aber utopieträchtige Ressource anzusehen.«[28] Damit hat sie das Feld der Debatte abgesteckt.

In der Einleitung zu *French Feminist Criticism*, einer nützlichen kommentierten Bibliographie, auf die ich mich bei diesem Kapitel gestützt habe[29], werden die beiden Lager näher bestimmt: auf der einen Seite die radikalen Feministinnen, die sich auf den marxistischen Materialismus berufen und die Thesen Beauvoirs übernehmen; auf der anderen Seite die Verteidigerinnen des »Weiblichen«, die sich strikt gegen eine symbolische Ordnung wenden, welche die Gesellschaften auf die Aneignung und den Ausschluß des Mütterlichen und Weiblichen gründet. Diese Spaltung findet sich überdies auch im Bereich der Forschung: Soziologinnen und Historikerinnen rivalisieren mit Psychoanalytikerinnen, Linguistinnen, Künstlerinnen und Literaturkritikerinnen. Dieser Konflikt steht im Zusammenhang mit dem Streit, der in den sechziger Jahren die Anhängerinnen des Marxismus und des Strukturalismus entzweit hatte; da jedoch alle Frauen daran arbeiteten, die herrschenden Theorien zu verändern, indem sie die Frauenfrage und die weiblichen Perspektiven darin einbrachten, durfte man hoffen, daß man über den Dialog aus dem Entweder-Oder herausfand. Doch alle redeten aneinander vorbei. Das führte die Debatte schnell in das politische Abseits: Die Gruppe Psychoanalyse et Politique attackierte den Kampf um Gleichheit als Symptom einer völligen Verfallenheit an die patriarchalische Gesellschaft und als einen Verrat jener weiblichen Werte, die sie selber propagierte, um die Revolution voranzubringen. Sie ging sogar so weit, den »anderen« juristisch das Recht zu bestreiten, sich auf den MLF zu berufen. Cixous vertrat diesen Standpunkt, während Kristeva meinte, der Feminismus habe keine Daseinsberechtigung mehr, da die Frauen die Gleichheit schon erreicht hätten.[30] Die »Politikerinnen« gingen sofort zum Gegenangriff über: Sie beschworen die Gefahr von Theorien des Weiblichen, welche die Frauen vom konkreten Kampf abbringen und in die alten Schemata des Patriarchats zurückfallen lassen würden. Für sie war jede Frage nach Geschlechterunterschieden außerhalb des Begriffspaars Ungleichheit/Gleichheit verdächtig. Die Spaltung war sogar in der Wahl der Verlage erkennbar: Die Gruppe Psychoanalyse et Politique (»Psy et Po«) publizierte bei *des femmes*, die Gruppe »feministe« bei Tierce. Sie wurden an den Rand gedrängt. Gab es noch einen Platz für Frauen, welche die Frage nach der Geschlechterdifferenz innerhalb der Kämpfe um Gleichberechtigung ansiedeln wollten?

Doch kehren wir zurück zu der Zeit vor dem Streit, zu den anarchistischen Zeiten von 1968 und den Anfängen des MLF, erinnern wir uns an die »Selbsterfahrungsgruppen«, wo die Frauen sich in einer freieren Sprache versuchten, und lesen wir noch einmal *Le Torchon brûle*, ein Zeugnis jener Zeit: Man wird sogleich das starke Verlangen erkennen, »sich zur Frau/als Frau zu schreiben«, das jene Neulinge in der Literatur beseelte. *Parole de femme* von Annie Leclerc steht in Frankreich am Beginn dieser Bewegung; es gab sie auch in anderen französischsprachigen Ländern, sie war europäisch, international durch Dialoge, Austausch und Übersetzungen. Einige Namen genügen, um gleichzeitig die Verschiedenartigkeit der Werke und die Gemeinsamkeit der Bestrebungen zu zeigen, aus denen dann eine literarische Bewegung wurde: Brossard, Leclerc, Cixous, Cardinal, Gagnon, Groult, Santos, Hyvrard, Lejeune, Chawaf, Huston, Sebbar, Condé und viele andere. Ihnen gemeinsam war der Wunsch, ihren Körper, ihre Phantasie, ihr Unbewußtes, ihre Erfahrungen zu entdecken – all das, worum sie sich durch die Sanktionen der herrschenden Kultur gebracht sahen; sie erkannten die Notwendigkeit, die Sprache aufzubrechen, um diesem neuen Sprechen Raum zu schaffen, und darum die Notwendigkeit, von ihrem Körper, ihrer Phantasie, ihrem Unbewußtsein, ihren Erfahrungen auszugehen, die als unerforschtes Land – wilde Reservate, Reservate von Wilden – im angeblich gemeinsamen soziokulturellen Raum verborgen waren.

Beauvoir nahm in ihre Nummer von *L'Arc* das Manifest »Le Rire de la méduse« (1975) von Cixous auf. Man schrieb zusammen *La Venue à l'écriture* (Cixous, Gagnon, Leclerc) oder *Les Mots pour le dire* (Cardinal, Leclerc). Man las die Schriften der anderen, man zitierte einander, man suchte Vorläuferinnen, indem man Woolf neu herausgab oder das Gespräch mit Duras suchte (Gautier, *Les Parleuses*). Es erschienen Zeitschriften wie *Sorcières* und Sonderhefte, die dem künstlerischen Schaffen oder der Sprache gewidmet waren, wie *Les Cahiers du Grif.*[31] Der Wille, den herrschenden Diskurs zu verändern, um aus ihm auch für die Frauen einen Ort der Subjektwerdung und Sozialisation zu machen, ließ jene Frauen wie Schriftsteller/Schriftstellerinnen vorgehen. Der berühmte Satz von Cixous: »Es ist notwendig, daß die Frau sich schreibt; daß die Frau über die Frau schreibt und die Frauen zum Schreiben kommen läßt, von dem sie genauso gewaltsam ferngehalten worden sind wie von ihrem Körper«[32], offenbart gleichwohl alle Ambiguitäten der Formel vom »weiblichen Schreiben« bzw. der »weiblichen Schrift«. *La Quinzaine littéraire* machte sie zum Gegenstand einer öffentlichen Diskussion, unter der Überschrift: »Hat Schreiben ein Geschlecht?«

1977 wurde Luce Irigaray, deren Bücher *Speculum. Spiegel des anderen Geschlechts* (1974) und *Das Geschlecht, das nicht eins ist* (1979) die fundiertesten und neuartigsten theoretischen Arbeiten des Denkens der Differenz darstellen, von Monique Plaza in *Questions féministes*, der Zeitschrift der radikalen Feministinnen, heftig kritisiert. Kritisiert wurden eine Rückkehr zu weiblicher Eigenart, eine Reduktion der Frau auf den Körper und der Rückfall in eine essentialistische Position, weil die Frage nach der Beziehung zwischen Sexualität und Gesellschaft nicht artikuliert werde.[33] Die Vorwürfe trafen zu, wie die folgenden Werke Irigarays beweisen werden. Dennoch war Irigaray die einzige, welche die Dekonstruktion des psychoanalytischen und philosophischen Diskurses derart weit trieb – bis zu den strukturalistischen Theorien Lévy-Strauss' und Lacans, die uns im Namen einer die Gesellschaften transzendierenden symbolischen Ordnung zu bloßen Objekten des gesellschaftlichen Austauschs und Opfern einer »Sackgasse des Subjektes« (Lacan) machen wollten. Irigaray leitete mit Derrida, Kristeva und Cixous den Poststrukturalismus ein.[34] Ich für meinen Teil bin Ihnen wie Beauvoir zu Dank verpflichtet. Aber was ist es, das der Poststrukturalismus nicht gedacht hat?

Ein Teil der Antwort liegt in dem Begriff »weibliche Schrift«, der im Poststrukturalismus in einem besonderen Sinn verwendet wird. Es geht um die Gegenüberstellung von Diskurs – organisiert, rational, ganz auf seiten der Ordnung, der Geschichte, des Sinns und der Macht auf der Welt (der »Logophallozentrismus«) – und »Schrift«, entstanden aus impulsiven Zeichen, Verwirrung, ins Unbewußte spielenden elementaren und schwankenden Repräsentationen, ihrer Bedeutung entkleideten Lauten usw. Eine pluralische, sich immer verändernde Schrift, die sich den Kategorien der Zeit entzieht. Die zeitgenössische Literatur wie die Psychoanalyse bewegen sich in einem ständigen Wechselspiel zwischen Diskurs und Schrift. Aber warum das eine zum Väterlich-Männlichen machen und das andere zum Mütterlich-Weiblichen, als ob es von der Natur so vorgegeben wäre? Wenn man das Mütterliche mit den Phantasien der frühen Kindheit verwechselt und dann das Weibliche mit dem Mütterlichen, bringt man die Frauen um das Recht und die Möglichkeit, im Bereich des Symbolischen zu intervenieren; und man bezeichnet all das als »weiblich«, was bei den Männern an das Archaische, den Körper, die Passivität, den Un-Sinn usw. rührt. Warum nicht einfach von »impulsiver Schrift« sprechen, die den institutionalisierten Diskursen der Literatur entgegenwirkt? Das würde erlauben, die Frage nach dem Geschlechterunterschied an die sprechenden Subjekte zurückzugeben. Die Variable Geschlecht verliert dabei nicht an Bedeutung; wohl aber wird sie von anderen Variablen (historischen, gesellschaftlichen, kulturellen, individuellen) durchdrungen, wie sie ihrerseits diese durchdringt.

Paradoxerweise gehen die politischen Feministinnen und die Feministinnen der Differenz von derselben These aus: daß die Frauen vergangener Epochen radikal entfremdet gewesen seien. Für Beauvoir – und auch Kristeva – hatten sie »wie eine Frau geschrieben«; für Irigaray und Cixous hatten sie »wie ein Mann« geschrieben. Die Suchbewegungen erstarren in einem neuen kategorischen Imperativ: wie eine Frau schreiben, wobei die »weibliche Schrift« definiert und kodifiziert wird. Ein Dogmatismus macht sich breit, der die Frauen daran hindert, an den literarischen Diskursen teilzuhaben, um sie zu verändern: dazu verurteilt, »direkt zu schreiben«, imitieren sie schließlich nur eine prätendierte Weiblichkeit. Dieses Schreiben dient als bloßes Ventil; es führt nicht voran.

Wenn jeder Streit unproduktiv erscheint, dann deshalb, weil er in der Zeit unserer Unwissenheit aufgekommen ist. Uns fehlte ein Platz in der Geschichte und unsere Orientierungspunkte. Heute bildet sich eine Vermittlung heraus, die es erlaubt, jene Alternative zu überwinden. Bereits 1981 hatten Béatrice Slama und Béatrice Didier die Chancen und die Risiken der »weiblichen Schrift« umrissen und gezeigt, daß es unmöglich ist, die Werke von Frauen auf einen Nenner zu bringen.[35] Denn die Literaturkritikerinnen, die sich seit langem allein mit den Texten beschäftigt hatten, zogen oft vor zu sagen: »die Frauen und die Praktiken der Schrift«. In einem kürzlich erschienenen Buch[36] entschärft Christine Planté den Streit, indem sie zeigt, daß es diese Alternative früher in unterschiedlichen soziokulturellen Kontexten bei jedem Eintritt einer Frau in die Literatur gegeben hat und daß sie die Geschichte der Schriftstellerinnen durchzieht, die darauf mit verschiedenartigen Strategien reagiert und oft Halt bei jenen Frauen gesucht haben, die ihnen wiederum vorausgegangen waren. Die Bewegung des »sich als Frau Schreibens« muß also auch als Teil dieser Geschichte angesehen werden. Ihr Dogmatismus ist nicht größer als jener der Surrealisten, und die Werke selbst sind glücklicherweise weitaus ergiebiger als die Theorien.

Die Problematik hat sich also verschoben: Wird es uns gelingen, aus der Kultur einen Raum zu machen, wo Identifikationen über die Geschlechtergrenzen hinaus möglich sind, eines Wechselspiels zwischen Nichtdifferenzierung und Differenzierung – eine Kultur des Teilens und der Teilhabe, also einen Raum wirklicher Mischung?

Aus dem Französischen von Holger Fliessbach

11

FRAUEN, MASSENKONSUM UND MASSENKULTUR

Luisa Passerini

In vielen Analysen der Massenkultur wurde immer wieder hervorgehoben, welche besondere Rolle darin das Weibliche in seiner in der Geschichte der westlichen Welt definierten Form spielt. Diese Beobachtung, 1962 von Edgar Morin vorgetragen, bestimmte auf sehr unterschiedliche Weise die Beurteilung der Massenkultur, und ihr wurde erst auf einer Konferenz im Jahre 1984 widersprochen. Die Massenkultur wird seitdem wieder kritischer gesehen als in den zwanzig Jahren davor.[1] Doch die Verbindung von Weiblichkeit und Massenkultur, so zweifelhaft sie in vieler Hinsicht ist, sollte nicht einfach außer Betracht gelassen werden, ist sie doch aufschlußreich für bestimmte Aspekte der Massenkultur.

Die Feminisierung der Gesellschaften, die einen gewissen Wohlstand erlangt haben, basierte – nach Morin – in erster Linie auf einer Art Austausch der Werte. Die Emanzipation der Frau eröffnete ihr den Zugang zu männlichen Karrieren im Berufsleben wie in der Politik; und auch im privaten Bereich ergriffen die Frauen immer häufiger die Initiative (Symbol dafür war die Szene aus dem Film »Haben oder nicht Haben«, in der Lauren Bacall den ersten Schritt zu einer Liebesaffäre macht, indem sie Humphrey Bogart um Feuer bittet). Zur gleichen Zeit wurde der Mann gefühlvoller, weicher, schwächer. Der Massenkultur kam bei diesem Wandel eine Schlüsselfunktion zu, sowohl als Ort der Bestätigung eindeutig weiblich definierter Werte wie Individualität, Wohlstand, Liebe und Glück, als auch durch die Verbreitung von Darstellungen verführerischer Frauen, vom Cover-Girl bis hin zu jener

Gilda, die – verkörpert durch Rita Hayworth – die Vereinigung zweier traditionellerweise unversöhnlicher Typen darstellte: Vamp und Jungfrau.

MÄNNLICHE UND WEIBLICHE MASSENKULTUR

Doch in dem Maße, in dem die Massenkultur sich das Frauenbild aneignet, enthüllt sie gleichzeitig dessen Ambivalenz in der westlichen Kultur, eine Ambivalenz, die durch die Forderungen nach Emanzipation eher gewachsen als geschrumpft ist. Die Dominanz des weiblichen Gesichts in der Werbung, auf Titelseiten und Plakaten verweist in der Tat auf das Zwiespältige des Bildes der Frau – als Subjekt wie als mögliches Objekt. Es besteht jedoch die Gefahr, zwei unterschiedliche Dinge zu vermengen: auf der einen Seite die Situation einer realen Zwiespältigkeit, in die die Frauen im Laufe der Geschichte, insbesondere durch die soziale und politische Emanzipation während der letzten 150 Jahre geraten sind, und auf der anderen Seite die Festlegung auf historisch definierte Werte (die den Männern zugewiesene Kraft und Aggressivität und die seit jeher den Frauen zugeschriebene Sanftmut und Weichheit), die durch die Massenkultur zu Rollen erstarren und durch Reproduktion in großem Maßstab »demokratisiert« werden. Hinzu kommt, daß die in der Massenkultur vorherrschende Form der Erotik im Alltag die Hauptrolle – auch hier sehr ambivalent – der Frau zuweist, die ja im Westen mit Sexualität schlechthin gleichgesetzt wird.

Morins Analyse der Feminisierung hat also auf theoretischer und historischer Ebene erhebliche Mängel. Im übrigen sind – was die historische Ebene angeht – in den letzten 30 Jahren in der Werbung und im Film immer mehr Bilder vom Mann erschienen.[2] Neuere Versuche – zwanzig Jahre nach Morin –, ein besonders ausgeprägtes Verhältnis zwischen Massenkultur und weiblichem Geschlecht herauszustellen, bemühen sich um größere Feinheiten und präzisere Unterscheidungen, unter anderem um die fundamentale Unterscheidung zwischen historischem Frauenbild und den wirklichen Frauen. Sie arbeiten den sexistischen Charakter der politischen, psychologischen und ästhetischen Diskussion um die Jahrhundertwende heraus, in der die Massenkultur und die Massen selbst als weiblich bezeichnet wurden (man denke nur an die von Le Bon im Jahre 1895 vorgenommene Gleichsetzung von hysterischen und »weiblichen« Massen), während die Hochkultur die bevorzugte männliche Domäne blieb.[3] Die beständige Entwertung des Weiblichen traf somit gerade in einer Zeit, in der sich die Frauen mit neuen Vorstellungen über weibliche Verhaltensmuster und das Bild der Frau durchsetzten, auf die ebenso traditionelle Abwertung der »niederen« im Vergleich zu den »höheren« Formen der Kultur.

Mit der Verschärfung zweier Phänomene – auf der einen Seite das zunehmende Vordringen der Frauen in die Öffentlichkeit, auf der anderen Seite die Ausbreitung der Massenkultur – sollte es zu weiteren Formen einer vermeintlichen Feminisierung kommen. Nach dem Zweiten Weltkrieg schien zum Beispiel die Massenkultur in den USA von einem Niedergang männlicher Autorität geprägt zu sein. Comics zeigten den durchschnittlichen Ehemann kleiner und schwächer als seine mit dem Nudelholz bewaffnete Frau, während im Fernsehen ein dressierter Papa vorgeführt wurde, der lächerlich wirkte, wenn er versuchte, männlich und unternehmungsfreudig zu sein.[4] Diese Tendenz war eine Fortsetzung des »Mom«-Kultes, der von Philip Wylie in seinem Roman *Generation of Vipers* aus dem Jahre 1942 beschrieben und von Erik Erikson in *Childhood and Society* (1950) analysiert wurde. In unserem Zusammenhang interessiert diese Tendenz nicht so sehr um ihrer selbst willen – zumal es auf der faktischen Ebene auch Gegentendenzen gab –, sondern vielmehr als ein Versuch, den Frauen die Verantwortung für die großen Veränderungen anzulasten, die der patriarchalen Familienstruktur Macht entzogen. Der Massenkultur soll keineswegs die Fähigkeit zu diabolischen Komplotten zugeschrieben werden – aber man muß dennoch ihre Tendenz erkennen, die realen Probleme zu verschleiern und auf den Kopf zu stellen. Barbara Ehrenreich und Deivdre English führen ein Beispiel an, das in die gleiche Richtung geht. Sie behaupten, in den sechziger Jahren könne die Forderung an die weiblichen Angestellten im Dienstleistungssektor, *sexy* auszusehen, notwendig gewesen sein, um das wachsende Vordringen der Frauen auf dem Arbeitsmarkt mit einer Fassade von Weiblichkeit zu vertuschen.

Neben der These über die Gleichsetzung von Massenkultur und Weiblichkeit hat sich eine Kritik an den Massenmedien entwickelt, denen vorgeworfen wird, in sexistischer Weise das männliche Geschlecht und die Männer in vielerlei Hinsicht zu bevorzugen.[5] Zahlreiche Analysen gehen in diese Richtung, und einige von ihnen werden uns im folgenden beschäftigen. Auch der Sexismus-Vorwurf ist zum Teil berechtigt, wenn er im sinnvollen Zusammenhang mit der obengenannten Gleichsetzung steht, die ihrerseits auf der Grundlage einer Kritik der überlieferten Werte neuformuliert wurde. Fest steht, daß die Massenkultur die Idee einer scharfen Trennung zwischen Männern/Arbeit/Gesellschaft auf der einen Seite und Frauen/Freizeit/Natur auf der anderen Seite verstärkt, wie es ein großer Teil der Werbung zum Ausdruck bringt.[6] Doch darf man nicht an diesem Punkt stehen bleiben. Zahlreiche Arbeiten von Historikerinnen und Anthropologinnen haben gezeigt, daß sich die Rolle der Frauen in vielen Gesellschaften und in unterschiedlichen Epochen nicht nur auf die Privatsphäre oder die Sphäre eines Lebens begrenzte, welches einer geschichtslosen Natur zugeordnet wurde.[7] Frauen fungierten vielmehr als Gelenkstelle zwischen Öffentlichem und Privatem; so wirkten sie z. B. als Vermittlerinnen zwischen der eigenen Familie und den Institutionen der Gesellschaft.

Abschließend ist festzuhalten, daß diejenigen Interpretationen am überzeugendsten sind, denen es gelingt, das widersprüchliche Verhältnis zwischen Frauen und weiblichem Geschlecht einerseits und Massenkultur andererseits herauszuarbeiten. Diese Studien zeigen die realen Verbindungspunkte zwischen der Entwicklung der Massenkultur und den verschiedenen Formen der Frauenemanzipation und dem hartnäckigen Bestehen tradierter Weiblichkeitsmuster. Zum emanzipatorischen Aspekt gehört die Fähigkeit der Kommunikationsmittel, feministisch inspirierte Argumentationen aufzugreifen und zu verbreiten – das gilt zum Beispiel für die Werbung für »befreiende Büstenhalter« gegen Ende der sechziger Jahre oder beim Ferienmotto der »Freien Wahl« in den achtziger Jahren.[8] Zum stereotypen Frauenbild hingegen paßt jegliche Identifizierung der Weiblichkeit mit dem Natürlichen und dem Biologischen. Deren Verkörperung in unserer Welt ist das »Exotische«, das Andere, das auf der Ebene des Tourismus und der Mode leicht zu integrieren ist. Doch die Produkte der Massenkultur müssen immer in ihrer Wechselbeziehung zur Öffentlichkeit bewertet werden. Die fruchtbarsten Analysen betrachten diese Produkte nicht isoliert. Die Produkte der Massenkultur können beispielsweise in Relation zur Ausdehnung und Kommerzialisierung der Freizeit stehen, deren Vorreiterinnen in den USA seit dem Ende des vorigen Jahrhunderts bis in die 1920er Jahre die Frauen waren,[9] oder auch mit einer Geschichte des Films verbunden sein, die den Zuschauern und Zuschauerinnen erlaubt, sich abwechselnd mit den weiblichen und mit den männlichen Rollen zu identifizieren.[10] Die Ergebnisse einer solchen Herangehensweise sind auch auf methodischer Ebene interessant. Der Massenkultur wird nicht mehr die stillschweigende Bevorzugung eines Geschlechts vorgeworfen, sondern es wird vielmehr herausgearbeitet, auf welche Weise sie die Unterordnung der Frauen erneut reproduziert, nicht zuletzt durch neue Verhaltens- und Denkweisen. Gleichzeitig wird den Kommunikationsmedien eine positive Funktion attestiert, insofern sie in der Lage sind, das Publikum mit einem breiten Spektrum von möglichen Positionen bekanntzumachen. Das Geschlecht ist in diesem Fall nicht mechanistisch festgelegt, sondern wird durch kulturelle Haltungen realer Personen definiert, so daß bei einem Film

Frauen durchaus eine männliche Position oder Männer eine weibliche wählen können. Wichtig ist, daß auf diese Weise den sozialen Akteuren eine gewisse Art der Selbstbestimmung zurückgegeben wird, wenn auch nur unter bestimmten Bedingungen und Restriktionen. Bedeutsam ist auch, daß die Massenkultur nicht a priori und unterschiedslos beurteilt wird. Daraus ergibt sich die Frage, in welchem Maß Antworten und Reaktionen der Öffentlichkeit von der Geschlechtszugehörigkeit abhängen, anstatt von sozialen, ethnischen oder generationsspezifischen Kriterien geprägt zu sein. Auch hier muß ein differenziertes Urteil abgegeben werden: Zu bestimmten Zeiten und Orten überwiegt das Bewußtsein der Geschlechtszugehörigkeit, das seinerseits durch ein archaisches Erbe beeinflußt wird. Im übrigen müssen die bereits erwähnten Umkehrungen berücksichtigt werden, die typisch für die Massenkultur sind. Es wurde zum Beispiel die These vertreten, daß die Angriffe der Frauenbewegung auf die männliche Interpretation der weiblichen Sexualität – Angriffe, die seit dreißig Jahren wieder stärker geworden sind – die Produktion und den Konsum neuer, weitverbreiteter Romanfiguren ermöglicht haben, die als »Pornographie für Frauen« definiert werden.[11] Ferner wurde beobachtet, daß sich hinter dem »befreiten« Bild einer Werbung, die sich in unserer Gesellschaft nahezu ausschließlich an die Frauen wendet, nämlich der Werbung für Hygiene-Binden, eine Rückkehr zu folkloristischen Bräuchen und ihren Tabus verbirgt. Hier werden in subtiler Weise und im Gegensatz zu dem, was sie glauben machen will, Schuldgefühle gestärkt.[12] Die Massenkultur, die Adorno mit der Königin aus dem Märchen Schneewittchen verglichen hat, wird vom Zauberspiegel des Narzißmus dauerhaft bestätigt, stimuliert und zugleich als Bezugspunkt benutzt. Die historische Forschung nimmt ihr diese Illusion, indem sie nach und nach die stillschweigende Übereinkunft mit den herrschenden Vorstellungen von Männlichkeit und Weiblichkeit, aber auch ihre Beeinflußbarkeit durch neue Ideen zu diesem Thema enthüllt. Letztlich hängt das Schicksal der Massenkultur von den Entscheidungen der Frauen und Männer ab, die das Verhältnis von Weiblichem und Männlichem, welches sich in jedem Individuum widerspiegelt, neu definieren.

KULTURELLE MODELLE FÜR DEN MASSENKONSUM

In einem Industriesystem, das Serienprodukte für einen potentiell unbegrenzten Markt ausstößt, werden die Frauen vor allem seit dem Ende des 19. Jahrhunderts in die Prozesse der Massenproduktion und -verteilung miteinbezogen, auch wenn die Wurzeln für die Massenproduktion bereits im vorangegangenen Jahrhundert liegen. Diese Prozesse nehmen in der Zeit zwischen den beiden Weltkriegen an Intensität und Geschwindigkeit zu. Das gilt zumindest für Europa und Nordamerika, allerdings mit beträchtlichen Unterschieden im Niveau und im zeitlichen Ablauf nicht nur zwischen den einzelnen Ländern, sondern auch zwischen den Regionen und den sozialen Schichten innerhalb eines Landes.

Was bedeutet die Umwandlung der Frauen zur »Masse«? Von den vielen Aspekten dieser Entwicklung werden wir einige herausgreifen. Nur zum Teil gleicht dieser Wandel dem Arbeitsprozeß der Männer, deren Fabriken und Büros zu Kasernen geworden sind. Parallel zum beruflichen Aspekt muß die im privaten und häuslichen Bereich vorangetriebene Vermassung berücksichtigt werden. Die seit Beginn des 20. Jahrhunderts in Ländern wie den USA entwickelten Modelle betonen besonders die Modifizierung und Vereinheitlichung entscheidender Aspekte des traditionellen Frauenbildes und schließen dabei Haushalt und Körperpflege mit ein.

Die moderne Hausfrau mit ihrer Fähigkeit, die Hausarbeit rationell und effizient zu gestalten, entwickelt sich komplementär zum Mann in der außerhäuslichen Produktion, wo die gleichen Standardisierungs- und Arbeitsteilungsprozesse stattfinden.[13] Die Abwicklung des Haushalts muß der Organisation der Gesellschaft angeglichen und in sie integriert werden. Mit dem Aufkommen von elektrischen Haushaltsgeräten und neuen Ausrüstungen kommt es in den zwanziger Jahren sogar zu dem Vorschlag, die Hausarbeit regelrecht zu »taylorisieren«. Das gilt nicht nur für die USA, sondern zum Beispiel auch für Frankreich (zumindest auf der Ebene von Prototypen), wie der Salon des Arts Ménagers beweist, der 1923 gegründet wurde und seit 1926 vollständig eingerichtet ist.[14] Wir wissen, daß derartige »Modernisierungen« immer an der Realität gemessen werden müssen; man darf jedoch nicht unterschätzen, daß sie durchaus Modelle und Ideologien verändern können, auch wenn sie nicht unmittelbar in die Praxis umgesetzt werden.

Die Hausfrau muß nunmehr sowohl Verbraucherin als auch Verwalterin des Hauses sein. Ihr wird also die Aufgabe übertragen, den Konsum zu kontrollieren, der seinerseits sorgfältig organisiert und auch im Hinblick auf Ratenkäufe und langfristige Projekte geplant werden muß. Unter diesem Blickwinkel ist die tatsächliche und imaginäre Macht verständlich, die die großen Warenhäuser in den USA vor allem in ihrer Blütezeit (1890–1940) haben. Diese bieten den amerikanischen Frauen eine neue Art von öffentlichem Raum, einen Ort nicht nur für den Konsum, sondern auch für Zeitvertreib und gesellschaftliches Leben, der ihnen einige einflußreiche Rollen als Käuferinnen oder

Abteilungsleiterinnen anbietet. In einem derartigen Umfeld vereinen sich Managerkultur, städtische bürgerliche Kultur (von Kunden und Direktoren), die Kultur der arbeitenden Klassen (Verkäuferinnen) und schließlich jene Kultur der Frauen, die durch die beschriebenen Prozesse nicht zerstört, sondern verwandelt worden ist. Und gemeinsam bilden sie eine neue Massenkultur.[15] Obwohl diese Kultur noch nicht die Gesamtheit der Frauen, sondern vor allem die mittleren und oberen Schichten umfaßt, kann sie aufgrund der ihr innewohnenden Tendenz, sich unter dem Druck des Marktes auf alle Frauen auszuweiten, als Massenkultur bezeichnet werden.

Die Neudefinition des weiblichen Ideals verlangt von der modernen amerikanischen Frau ein besonders gepflegtes Äußeres. Entscheidenden Anteil an dieser Entwicklung haben dabei die kosmetische Industrie[16] und die Industrie für die unterschiedlichen Hygiene-Produkte (die erste Damenbinde »Kotex« taucht 1921 auf dem amerikanischen Markt auf). Auch hier wird der Massencharakter durch eine Variante des Prinzips der Chancengleichheit und der Demokratisierung verkündet: Schönheit ist für alle Frauen erreichbar, wenn sie sich nur ausreichend Mühe geben. Die Uniformierung des weiblichen Aussehens (und der Idee von Weiblichkeit schlechthin, da die angepriesene Verwandlung sowohl äußerlich als auch innerlich ist: sich schminken bedeutet auch »sich selbst finden«) wird auf die schwarzen Frauen ausgedehnt, deren persönlicher Erfolg von geglättetem Haar und aufgehellter Haut abhängig gemacht wird. Man muß jedoch festhalten, daß die unterschiedlichen Schichten und Altersstufen durchaus differenziert gesehen werden, zumal die Herstellerfirmen sich sehr umsichtig auf verschiedene Zielgruppen einstellen.

Diese Prozesse werden weitgehend von den Massenmedien wie Zeitschriften, Werbung und Film getragen, und insbesondere der Film verbreitet die »Kultur der Schönheit«. In den 20er und 30er Jahren wird in den Studios von Hollywood ein Frauentyp mit charismatischer Ausstrahlung entworfen, der von Schauspielerinnen dargestellt wird, die als Vorläuferinnen der für die Unabhängigkeit streitenden Frauenbewegung bezeichnet worden sind.[17] Auch hier ist es interessant festzustellen, daß einige der vollkommensten Frauengestalten als Produkt eines – für die Massenproduktion typischen – Zusammenspiels von unterschiedlichsten Phänomenen entstanden sind: aus der Technologie von Hollywood, den Werbestrategien des *studio-system* und einer sexistischen Weltanschauung, die jedoch den Wunsch vieler Frauen nach Bestätigung einzubeziehen wußte. Der Star-Kult war auch das entscheidende Mittel bei der Übertragung der amerikanischen Modelle auf das Europa der Zwischenkriegszeit. Die Filme gaben praktische Tips zum Thema Mode, Schminken und Benehmen in einer Zeit, in der alles

Innovative und Moderne mit den Vereinigten Staaten identifiziert wurde.[18] Manche Autoren und Autorinnen gehen davon aus, daß die Entwicklung zur modernen, in der Welt des Konsums lebenden Frau zumindest bis zum Zweiten Weltkrieg einen emanzipatorischen Einfluß gehabt habe, da hierdurch – im Vergleich zu früher – freiere Verhaltensweisen und gesellschaftliche Beziehungen der Frauen gefördert worden seien.[19] Etwas allgemeiner behauptet Edgar Morin, daß der Einfluß der Stars sowohl zur Selbstbehauptung als auch zum narzißtischen Rückzug führen könne.[20]

In Europa waren die Veränderungen der Hausarbeit und des Frauenbilds als eigenständiger Prozeß in Gang gekommen, der durch die großen Umwälzungen in Wirtschaft und Konsum als Folge des Ersten Weltkriegs ausgelöst wurde. Wenn wir als Beispiel Frankreich herausgreifen, das damals ein durchschnittlich entwickeltes Land war, so finden wir dort Tendenzen wie die Forderung nach außerhäuslicher Arbeit auch für die Frauen des Bürgertums.[21] Die Notwendigkeit, die Hausarbeit zu vereinfachen, entsteht mit der Einführung der Elektrizität und der allgemeinen Gasversorgung und fördert einen Lebensstil, der sich zwischen 1927 und 1932 trotz Wirtschaftskrise von den traditionellen Werten unterscheidet. Im darauffolgenden Jahrzehnt kommt – vor allem in Paris – eine neue Lebensart auf, die die Sorge um die Hygiene im Haus in ungewohnter Weise forcierte, einen Wandel in den Eßgewohnheiten herbeiführte (von langwierigem und kompliziertem Kochen hin zu Käse und Rohkost) und die Zahl der Hausangestellten verringerte. 1939 beschränkt sich der technische Fortschritt im Haus noch auf kleine Geräte. Aber das Bild der Hausarbeit und der Frau hat sich gewandelt; von ihr erwartet man nun abends strahlendes Auftreten und attraktive Kleidung. Es haben sich also wesentliche kulturelle Elemente geändert, wenn auch nur im Rahmen einer ideologischen Sicht der Frauenrolle. Es ist somit kein Zufall, daß sich auch in Frankreich in den 30er Jahren die kosmetische Industrie etabliert hat.

Die weibliche Presse spiegelt diese Veränderungen wider und fördert sie gleichzeitig. 1937 wird durch die neue Zeitschrift *Marie-Claire* (die mit einer Auflage von 800000 erscheint) die Schönheitspflege auch für Französinnen aus ärmeren Verhältnissen erschwinglich.[22] Der niedrige Preis macht sie zu einer »Vogue du pauvre« und »demokratisiert« auch in diesem Fall etwas, das vorher nur den Frauen der wohlhabenderen Gesellschaftsschichten möglich war. Ideale wie Energie, Heiterkeit, Sauberkeit und auch graziöse Koketterie und eine gewisse Unabhängigkeit folgen nicht dem amerikanischen Beispiel von Bette Davis und Katharine Hepburn, sondern sind eine Interpretation der neuen Bedürfnisse, die die französische Tradition des Charmes und der Freiheit der Frauen aufgreift. Es ist interessant, daß trotz der Vorherrschaft des amerikanischen Modells in der Massenkultur in gewisser Weise ständig auf ein unerreichbares »anderes« Modell Bezug genommen wird. In der Zeit zwischen den beiden Kriegen ist dieses Vorbild für die amerikanische Werbung zweifellos das Bild der französischen Frau, denn viele Produkte werden in den USA bewußt als Kopien französischer Originale präsentiert. Am Ende der 30er Jahre setzen sich in Frankreich Formen durch, die typisch sind für Massenmedien, die sich an Frauen wenden: Ab 1938 breitet sich allgemein die Rubrik der Briefkastenecke aus. Im gleichen Jahr entwickelt *Confidences* eine neue Formel. Die Zeitschrift erkennt die Einsamkeit der Frauen und öffnet sich vertraulichen Mitteilungen, die zwar anonym bleiben, aber das Zirkulieren von autobiographischen Beiträgen ermöglichen, in denen das Leiden der Frauen während der erwähnten großen Umwälzungen zum Ausdruck kommt. 1939 hat die Auflage von *Confidences* eine Million Exemplare weit überschritten.[23] Alle beschriebenen Prozesse stagnieren während des Krieges, werden jedoch in der zweiten Hälfte der 40er Jahre und im darauffolgenden Jahrzehnt wieder aufgenommen und vorangetrieben.

Es ist bemerkenswert, was in dieser Zeit zwischen den beiden Kriegen in einem Land wie Italien passiert, das sich von den beiden bislang behandelten Ländern erheblich unterscheidet. Unterscheidungsmerkmale sind die verzögerte ökonomische Entwicklung, die im Fall Italiens auf eine besondere Kombination aus großer Rückständigkeit und fortgeschrittener Industrialisierung zurückzuführen ist, sowie ein autoritäres Regime und eine schwache demokratische Tradition. In Italien entwickeln sich die Anregungen zur Erneuerung der Frauenrolle auf eine widersprüchliche und dennoch für die bestehende Ordnung funktionale, wenn auch nicht konfliktfreie Weise. Die Angebote des faschistischen Regimes bewegten sich zwischen der Uniformierung der Frauen in seinen Massenorganisationen (wegen des Uniformzwanges ist das durchaus wörtlich zu verstehen) und dem Bild einer Hausfrau als »vorbildliche Ehefrau und Mutter«[24], die fähig war, auf ihren Schultern die ganze Last einer imperialistischen Bevölkerungspolitik zu tragen. Die Frau sollte moderner werden, aber auch viele Kinder produzieren und für die Ernährung und Kleidung der ganzen Familie mit den von der Autarkie-Wirtschaft zur Verfügung gestellten Mitteln sorgen: Pflanzenfasern aus Ginster und Brennesseln statt Baumwolle, Lanitalfaser[25] statt Wolle, Braunkohle statt Steinkohle. Zu diesen Widersprüchen kamen die Ambivalenzen eines Landes mit starker katholischer Tradition hinzu. So verfolgte die römische Kirche – trotz der Unterstützung des Regimes durch die Kirchenhierarchie – voller Argwohn die Eingliederung von Jugendlichen und Frauen in die faschistischen Organisationen und kritisierte mit aller Härte den Frauensport, der mit Vergnügen, Sittenlosigkeit und »Frivolitäten« verglichen wurde, die die Frau aus dem Hause lockten.[26]

In der Praxis unterstützten diese Widersprüche das faschistische Regime – besonders die Diskrepanz zwischen den Erfordernissen des kapitalistischen Modernisierungsprozesses und die Gegensätzlichkeiten, die sich in direkter Weise aus den verschiedenen Anforderungen des autoritären Regimes ergaben. Es ist klar, daß die italienische Frau als Konsumentin und Verwalterin nicht über die gleichen Ressourcen verfügen konnte wie die Amerikanerinnen und Französinnen (wenn wir einmal von den sozialen und regionalen Unterschieden innerhalb der einzelnen Länder absehen). Es vollzog sich also vielmehr eine Art repressiver Modernisierung, deren Kosten weitgehend von den Frauen getragen wurden, und zwar sowohl von den Frauen der Arbeiterklasse (durch Lohnsenkungen und strenge Arbeitsdisziplin) als auch der Mittelschicht (aufgrund der wachsenden Leistungen, die der Hausfrau abverlangt wurden). Durch das Zusammenwirken der einzelnen Veränderungen, zu denen z. B. die in der zweiten Hälfte der 30er Jahre verbesserte Sozialfürsorge sowie mehr Freizeit auch für die Arbeiterschaft gehörten, die aber im institutionellen Rahmen der Diktatur stattfanden, ergaben sich tiefgreifende Veränderungen in der Beziehung zwischen öffentlichem und privatem Bereich. Das Eindringen der öffentlichen Macht in die Privatsphäre implizierte für die Frauen nicht nur die Lockerung der familiären Bindungen oder zumindest den Konflikt mit ihnen (die moderne Italienerin, die an politischen und sportlichen Veranstaltungen teilnahm, fand nicht immer die Billigung der Väter und Brüder, und auch nicht der Mutter, wenn sie eine fromme Katholikin war). Es bedeutete auch, daß die eigene Reproduktionskraft dem Staat zur Verfügung gestellt wurde, der mehr denn je die öffentliche Funktion der Mütter hervorhob – wenn auch in verzerrter Weise und gegen die Widerstände der Frauen.[27] So wurde der Privatbereich manipuliert; der öffentliche Bereich dagegen verlor seine Eigenschaften als Sphäre für den freien Meinungsaustausch und wurde zunehmend von Verwaltung und staatlichen Körperschaften beeinflußt. Gleichzeitig verlagerte sich die Grenze zwischen beiden Sphären unter dem Gewicht einer politischen und kommerziellen Werbung, die versuchte, die individuellen Entscheidungen zu konditionieren. Diese Phänomene ähnelten – selbst in ihrer spezifischen Form – den Modernisierungsprozessen in demokratischen Systemen und antizipierten die großen Veränderungen im Verhältnis zwischen Öffentlichem und Privatem, die sich nach dem Zweiten Weltkrieg auch in Italien vollzogen.

Was im Verlauf dieser Vermassungsprozesse mit dem Individuum Frau geschah, kann aus einem Roman erschlossen werden, der einen Sonderfall in der italienischen Kulturlandschaft jener Zeit darstellt: *Die*

Geburt der Hausfrau und ihr Tod von Paola Masino. Das Buch wurde in den Jahren 1938 und 1939 geschrieben und von der faschistischen Zensur verboten, die den Roman als »defaitistisch und zynisch« verurteilte. Er erzählt eine Frauengeschichte, an deren Beginn der Konflikt mit der Mutter während der Kindheit und Jugnd steht. Die Tochter, »staubig und schläfrig«, in eine besessene Wißbegier vertieft – »Alles hat einen Grund, und ich muß ihn entdecken« –, wird von der Mutter behindert und verachtet, so daß die Kleine sich jahrelang in einen Schrankkoffer zurückzieht. Schließlich gibt sie nach und ist der Mutter zuliebe bereit, es mit einem »normalen Weg zu probieren«, statt »in *ihrer* Wahrheit« fortzufahren. Überglücklich schildert ihr die Mutter sogleich ihre Initiation in das neue Schicksal: »Ich werde dir ein schönes Kleid machen, ich werde dich zum Friseur bringen, wir werden dich waschen, wir werden dich anmalen.« Die Tochter heiratet und wird das, was von ihr erwartet wird, indem sie sich wie besessen mit dem Haushalt und den gesellschaftlichen wie politischen Verpflichtungen beschäftigt, bis sie das »Diplom einer hochverdienten Bürgerin« erhält und zum »nationalen Vorbild« ernannt wird. Die Erzählung benutzt groteske und manchmal surreale Töne, die die ironische Darstellung der gesellschaftlichen Wirklichkeit unterstreichen. Das Unbehagen der Hausfrau und ihr Protest, einschließlich der Übertreibung, mit der sie all dies vorantreibt, wird überall ersichtlich. Es mag genügen, ein einziges Beispiel zu zitieren, bei dem die Hausfrau ihre neuerworbene Besessenheit hinsichtlich der Hygiene austobt, ausgerechnet sie, die einst – »ungepflegt« – die Reinlichkeit vernachlässigte. In einem Anfall, der an die Werbung für die neue Hausfrau erinnert, bewegt sie sich »sachte auf dem spiegelblank gebohnerten Parkett dahingleitend, (. . .) die schönen weißen Röcke wie Segel um sich gebreitet«. Weiter geht es mit der Beschreibung ihrer Versuche, mit den Fingerkuppen zu kontrollieren, ob auf den Fußböden noch Spuren von Staub zu finden sind, bis schließlich die Hausfrau sich im Interesse einer sorgfältigen Kontrolle nicht scheut,

»sich auf die Knie zu werfen und sorgfältig zwei, drei Mal den Boden zu lecken. Die Zunge glitt auf dem polierten Marmor hin und her und ein prickelnder Geruch, fast wie von Most, stieg aus den Fugen der Platten auf; ein eisiges Gären, eine mineralische Todesausdünstung, wimmelnde Sternenkeime, Zeichen einbalsamierter Weltenräume. Ihre Zungenspitze war, zu Eis geworden, an den Boden geschweißt, aber die Frau blieb so, mit dem Gesicht auf der Erde, um den Atem des Steins zu beriechen und einzuatmen.«[28]

Zu den Veränderungen in der Beziehung zwischen dem Öffentlichen und dem Privaten gehören auch die Phänomene der Massenkultur im engeren Sinne. In den dreißiger Jahren wächst auch in Italien das

Radiopublikum erheblich (von 27 000 Hörern im Jahre 1926 auf 800 000 im Jahre 1937). Gleichzeitig verbreiten sich die an die Masse gerichteten Publikationen, und zwar nicht nur die Zeitschriften der faschistischen Organisationen, die Hunderttausender-Auflagen erreichten. In der Zeit von 1930 bis 1938 entstehen fünf der wichtigsten Frauenzeitschriften, die auch nach dem Krieg weitergeführt werden und zum Teil heute noch existieren *(Rakam, Annabella, Eva, Gioia* und *Grazia)*. In diesen Zeitschriften findet man reaktionäre und fortschrittliche Elemente der faschistischen Frauen-Politik. Im Vergleich zu den zwanziger Jahren wird die Werbung nun intensiviert und zusammen mit der Propaganda für inländische Produkte aufgewertet. Den Massenfrauenzeitschriften gelingt es jedoch nicht, die Klassenschranken zu überwinden. Die auf die unteren Gesellschaftsschichten zielenden Zeitschriften benutzen eine einfache und leichter zugängliche Sprache. Wir dürfen nicht vergessen, daß in der Zeit zwischen den beiden Kriegen die große Mehrheit der Italienerinnen aus »Fast-Analphabeten«[29] besteht; im Jahre 1921 beläuft sich der weibliche Analphabetismus auf 30,4 Prozent gegenüber 24,4 Prozent bei den Männern.[30] Alle Zeitschriften enthalten Rubriken zum Thema Liebe, Hausarbeit, Familie, Religion, Küche, Astrologie und Träume. Einige – wie *Cinema illustrazione* – bringen auch Klatschgeschichten über die römische Filmstadt Cinecità; neben den Stars treten (zum Beispiel in *Eva*) Persönlichkeiten des Königshauses sowie der Duce und seine Familie auf. Die Literatur präsentiert Gestalten wie die heroische Mutter, die nicht weint, wenn der Sohn im Krieg stirbt, sondern ihn im Gegenteil mit Entschlossenheit zur Verteidigung der Heimat mahnt. Aber auch Schneiderinnen, Angestellte und Sportlerinnen, die sich in faschistischen Aktivitäten engagieren, sind Thema der Belletristik. Sie erhalten zuweilen heroische Hauptrollen, wie bei den Romanen über den neuen italienischen Kolonialismus. Es sind im Vergleich zur Rolle des stillen Opfers immerhin aktivere, wenn auch recht ambivalente Figuren.

Wie in Frankreich, so unterbricht auch in Italien der Zweite Weltkrieg Prozesse, die dann in den fünfziger Jahren um so intensiver wiederaufgenommen werden. Dies betrifft besonders die Verflechtung von kulturellen Modellen und Konsum. Erst in den fünfziger Jahren wird in Italien das Modell des Massenkonsums voll verwirklicht, als Güter wie Fernseher, elektrische Haushaltsgeräte und Autos für einen wachsenden Verbraucherkreis erschwinglich werden. Die Frauen hatten beim neuen Massenkonsum, der nun auch den Bereich der Kosmetikprodukte und Hygieneartikel, der Haushaltswaren und der Bekleidung in breitem Umfang umfaßte, eine führende Funktion. Nach wie vor berühmt ist die Analyse des Soziologen Alberoni, der schildert, was es für die jungen Frauen aus Süditalien bedeutete, wenn sie die neuen

Nachthemden aus synthetischem und durchsichtigem Material der traditionellen Ausstattung vorzogen:

»Welche Bedeutung haben für ein junges Mädchen die neuen Nachthemden, die es
in einem Film gesehen hat? Das zu akzeptieren oder auch nur zu verstehen, gleicht
einer Auflehnung. Die Aussteuer ist in der statischen Gesellschaft starr und unveränderlich (. . .), sie ist mit ihrer weißen Farbe und der Strenge ihrer Intimwäsche
Ausdruck der mit der Ehe verbundenen strengen Pflichten und Gemeinschaftswer-
te. Der Entschluß, solch ein Nachthemd zu kaufen, es den anderen vorzuziehen,
ist eine Rebellion; es bedeutet, der traditionellen Aussteuer auf einen Schlag all
ihren patrimonialen Bezug zu nehmen und damit sogar die Institution der Mitgift
zu verändern. (. . .); im weiblichen Konsumverhalten hat sich die Erringung einer
Gleichwertigkeit mit dem Mann ausgedrückt. Mehr als der Mann empfindet die Frau
das Bedürfnis, sich als eine Bürgerin mit neuen Rechten in der neuen Gesellschaft
zu fühlen.«[31]

Es mag fragwürdig sein, dem Konsumverhalten diese Kraft zur Eingliederung in eine moderne und weltoffene Gemeinschaft zuzuschreiben, eine Kraft, die gleichzeitig zum Zusammenbruch der lokalen und
traditionellen Gesellschaft führte. Heute – fast dreißig Jahre später –
wird der euphorische Ton dieser Analyse gedämpft, wenn wir uns die
Grenzen einer derartigen Emanzipation klarmachen. Dennoch ist die
Analyse in ihren groben Zügen und in der Grundbedeutung durchaus
hilfreich, da sie uns die Notwendigkeit vor Augen führt, den historischen und geographischen Kontext der kulturellen Veränderungen zu
berücksichtigen, um diese angemessen zu beurteilen.

APOKALYPSE UND INTEGRATION

In der wissenschaftlichen Diskussion um die Massenkultur geht seit
einiger Zeit das Gegensatzpaar »Apokalyptiker und Integrierte« um, das
Umberto Eco 1964 prägte. Er wies jedoch sogleich darauf hin, daß die
Formel nicht aporetisch zu verstehen sei, sondern zwei komplementäre Eigenschaften verbinde, die auf die Kritiker selbst und erst recht auf
die Massenkultur anwendbar seien. Denn auch die Apokalyptiker, die
die Massenkultur als eine Katastrophe für die kulturellen Werte ansehen, wittern schon im Hintergrund eine Schar von Supermännern. Dies
ist jedoch bereits im kritisierten Objekt angelegt. Eco hält es für ein
typisches Merkmal der Massenkultur, daß sie von den Verbrauchern
einerseits ein diszipliniertes »Mittelmaß« verlangt und gleichzeitig den
Traum vom Supermann in ihnen weckt, der eines Tages in jedem von
uns entstehen könne, gerade aufgrund der bestehenden Verhältnisse.[32]
   Der wichtigste Teil dieser Analyse bestätigt etwas, auf das wir im
vorigen Abschnitt mehrfach gestoßen sind: den Doppelcharakter der

kulturellen Produktion, die einerseits große Hoffnungen auf *Erneue-rung* nährt, sich letztlich aber nur in Phrasen zur bestehenden Ordnung äußert. Dieser Widerspruch erklärt sich durch die historischen Bedingungen, unter denen sich der Aufstieg der unteren Klassen bis hin zur Beteiligung am öffentlichen Leben vollzogen hat. Diese sind zu Protagonisten geworden, ohne jedoch über die Art ihres Zeitvertreibs, Denkens und ihrer Phantasie entscheiden zu dürfen, was ihnen von den Massenmedien abgenommen wird. All dies tritt noch deutlicher hervor, wenn wir uns ansehen, an welchen Punkten die Geschichte der Frauen auf ähnliche Fragen stößt. Zur Verdeutlichung greife ich den Sonderbereich der Frauenpresse heraus, zum einen, weil dies vor allem in den bislang behandelten Ländern einer der am besten dokumentierten Bereiche ist. Zum anderen ist die Presse Teil einer langen und für die Frauen sehr bedeutungsvollen Geschichte. Man muß sich nämlich vor Augen halten, daß die europäische Kultur seit dem 17. Jahrhundert den Frauen zwar den Zugang zur Öffentlichkeit auf der Ebene von Literatur und Theater (Roman, Bühnenstücke) durchaus gewährte, weniger jedoch auf politischer Ebene. Die weibliche Presse hat also kontinuierlicher als andere Medien, wie z. B. der Film, auf historischer und theoretischer Ebene eine Bedeutung, die durch ihre zahlreichen Ambiguitäten nicht gemindert wird. Bevor wir diesen Exkurs über die weibliche Massenpresse beginnen, erscheint es sinnvoll, sie ganz kurz in einen breiteren Kontext einzuordnen und hervorzuheben, daß dieses Phänomen die europäischen und nordamerikanischen Gesellschaften betrifft. Die Daten zum weltweiten Analphabetismus der Frauen in dem hier behandelten Zeitraum sind erschütternd: ca. 40 Prozent gegenüber 28 Prozent bei den Männern im Jahre 1970, mit Maximalwerten von 83 Prozent (bzw. 63 Prozent) in Afrika, 57 Prozent (37 Prozent) in Asien und 85 Prozent (60 Prozent) in den arabischen Staaten. Für all diese Frauen – die mehr als ein Drittel der weiblichen Weltbevölkerung ausmachen – hat die Presse allerdings wenig Bedeutung. Weniger als ein Drittel sieht fern; das zahlreichste weibliche Publikum sind – weltweit – die Rundfunkhörerinnen. Doch dieser Aspekt wurde von der Geschichte der Frauen bislang wesentlich weniger beachtet als die Presse.

Die soeben angestellten Betrachtungen helfen, den Begriff »Massen« zu relativieren. Wir haben darauf hingewiesen, daß dieser Begriff eine potentielle Gültigkeit hat. Wir müßten hinzufügen, daß er sich im gängigen Gebrauch nicht nur auf quantitative, sondern auch auf qualitative Aspekte bezieht. Damit ist gemeint, daß Massenkultur nicht von Intellektuellen produziert wird und sich an eine soziale Masse wendet, das heißt an ein scheinbar nicht nach Klassen und Regionen differenziertes Agglomerat. Neben den klassischen, jeweils in einem bestimmten Volk verwurzelten Kulturen bildet sich diese neue kulturelle Form vielmehr als Abkömmling der Massenmedien heraus, ohne erkennbare lokale Wurzeln.[33]

Wenden wir uns wieder der Frauenpresse zu. Ihre Anfänge gehen zurück auf das Ende des 17. Jahrhunderts (in England erscheint 1693 der *Lady's Mercury*). Der Massencharakter jedoch manifestiert sich erst gegen Ende des 19. Jahrhunderts. Er wird zum ersten Mal 1886 explizit angesprochen, als Laura Jean Libbey einer amerikanischen Zeitschrift »junge, reine, intelligente Liebesgeschichten (. . .), Geschichten für die Massen« anbietet.[34] In der Zwischenkriegszeit expandiert die weibliche Presse, bis sie schließlich nach dem Zweiten Weltkrieg ein »riesiger« Sektor wird, der Zehntausende von Leserinnen hat.[35] Eben diese ungeheure Verbreitung alarmiert sehr schnell die »Apokalyptiker«, in deren Augen dadurch das typische Nebeneinander von Archaischem und Grandiosem zum Ausdruck kommt, welches bereits in den dreißiger Jahren die Kritiker der Vermassung von Ortega y Gasset bis Horkheimer festgestellt hatten.

Als Gabriella Parca 1959 *Le italiane si confessano* veröffentlichte, eine Anthologie von 8000 Briefen, die in den vergangenen drei Jahren in der Briefkastenecke von zwei Comic-Wochenheften eingegangen waren, brachte der *Osservatore romano* (Tageszeitung des Vatikans) seine große Besorgnis darüber zum Ausdruck, daß so viele Frauen mittlerweile die Briefkastentanten der Frauenzeitschriften dem Beichtvater vorzogen. Das Buch offenbarte die Unsicherheiten, Ängste, Obsessionen und Unzufriedenheiten der italienischen Frauen und gleichzeitig deren Schwierigkeiten, etwas zu ändern, und zwar nicht als realistischer Spiegel des gesellschaftlichen Lebens – wenn es so etwas überhaupt gibt –, sondern innerhalb einer besonderen imaginären Welt, nämlich der Comics. Die Sprache der Briefe ähnelte diesem Genre und wurde vor allem benutzt, um ein Merkmal des Nationalcharakters frauenspezifisch auszudrücken: die Sex-Besessenheit, oft begleitet von der Unkenntnis des eigenen Körpers, noch bevor es zu einer Begegnung mit einem anderen Körper gekommen ist. Das Gesamtbild zeigte eine Verflechtung von Altem und Neuem, in der die Italienerinnen mühsam, aber voller Energie lebten. Die dritte Ausgabe des Buches erschien 1966 mit einem Vorwort von Pier Paolo Pasolini, dem nicht entgangen war, daß jeder Brief eine Anregung »für eine Erzählung oder einen Film« enthielt, für jene Welt also, die den neuen Bekenntnissen die Sprache zur Verfügung stellte. Doch auch er ließ sich zu einer apokalyptischen Frauenfeindlichkeit hinreißen, indem er die redaktionellen Überarbeitungen als Ausdruck einer durch die Massenkultur verursachten sprachlichen Nivellierung ansah. Diese interpretierte er einfach als eine »oberflächliche Verkrustung der Modernität«, unter der »man sofort auf niedere

Zivilisationsschichten stößt«, in denen »die konservativen Tendenzen der Frauen« ruhen.[36]

Die Haltungen zur Frauenpresse, vor allem zu auflagenstarken Zeitschriften, spiegeln das Unbehagen fortschrittlicher WissenschaftlerInnen wider, die sich mit der Analyse der Medien befassen. Doch in den letzten Jahrzehnten hat eine Entwicklung stattgefunden. Zu Beginn der sechziger Jahre rückt man immer mehr von der Geringschätzung der Massenkultur ab und betrachtet sie mit wachsendem Interesse. Es bleiben jedoch Elemente einer sehr kritischen Haltung bestehen. Selbst Evelyne Sullerot, die den positiven Aspekten der weiblichen Presse immerhin große Aufmerksamkeit widmet, spricht von »Uniformität in der Fadheit und Mittelmäßigkeit«.[37] Gleich darauf überträgt sie die Verantwortung dafür den Intellektuellen, ihrem Snobismus und ihren Vorbehalten gegenüber Massenprodukten. Sullerot räumt ein, daß das Frauenpublikum am konservativsten sei, weist aber auch darauf hin, daß die Frauen, besonders im einfachen Volk, mehr lesen als die Männer. Die etablierte Moral, die die Massenpresse mit einigen wenigen Abstrichen respektiert, scheint als einzige den Frauen etwas Sicherheit zu garantieren. Zehn Jahre später wirft eine Vertreterin der »apokalyptischen« Sichtweise, Anne-Marie Dardigna, der Frauenpresse übermäßige »Integration« vor und kritisiert scharf ihren mystifizierenden Charakter.[38] Die ideale Frau werde als passiv dargestellt und sei verfügbar, korrupt und darauf bedacht, die ausschließlich als Ehegatten gesehenen Männer zu manipulieren. Klassenspezifische Festlegungen sind laut Dardigna eindeutig: Den Frauen der unteren Gesellschaftsschichten bieten die Frauenzeitschriften eine kompromißlose normative Ideologie; die Frauen aus wohlhabenderen Schichten lassen diese Medien an den realen Revolten teilhaben, um sie als Leserinnen geschickt zurückzuerobern. Die Frauenzeitschriften reden ihren Leserinnen stets ein, die Befreiung der Frauen sei bereits in vollem Gange, ja sogar nahezu vollendet. Nach Dardigna ist der unterdrückende Einfluß der weiblichen Presse von unschätzbarem Wert für die bestehende Macht, da diese eine Sichtweise bestärkt, in der sich die *Worte* von der Realität entfernt haben: Die Formulierung des weiblichen »Elends« und der radikalen Auflehnung, die daraus folgen kann, erscheint nie als wirklich möglich.

Diese apokalyptischen Töne, die ein Echo der 68er Bewegung und des Feminismus der frühen siebziger Jahre sind, sind jedoch nicht völlig zu ignorieren. Ihre Hauptschwäche ist das Fehlen einer historischen Perspektive. Und dennoch finden diese Ansätze einen gewissen Widerhall in der Frauenforschung. Mitte der siebziger Jahre wurde auch in Italien ein Weg eingeschlagen, der eine historische Herangehensweise mit der Kritik der patriarchalen Ordnung verbindet. Es werden – wie es im übrigen Sullerot bereits begonnen hatte – die ökonomischen

Interessen der Medien herausgearbeitet: In Italien ist die Frauenpresse der solideste und blühendste Zweig der Massenkulturindustrie. Das zeigt sich schon daran, daß in vielen Zeitschriften die Werbung mehr als die Hälfte des Gesamtvolumens einnimmt (von 1953 bis 1963 hat sich der Werbeanteil verdoppelt, in einigen Fällen verdreifacht). Die Werbung kostet in Frauenzeitschriften fast anderthalbmal so viel wie in Publikationen mit gemischter Leserschaft.[39] Auch die Frauenpresse hat eine gemischte Leserschaft; Schätzungen zufolge beläuft sie sich auf ca. 20 Millionen, davon sind 30 Prozent Männer. Dieses große Marktsegment wird von einem Oligopol kontrolliert: Vier Verlagsgruppen besitzen mehr als drei Viertel aller Zeitschriften.[40] Auf der anderen Seite wächst das Bewußtsein von der Rolle der Frauen in der Kulturpoduktion. Auch wird der Tatsache, daß die in Sektoren wie dem der Information beschäftigten Frauen immer zahlreicher, entschlossener und solidarischer untereinander werden, eine größere Bedeutung zugemessen.[41] Besonders schwierig ist die Auseinandersetzung mit der populärsten Produktion auf diesem Gebiet, dem Fotoroman, der nach dem Zweiten Weltkrieg ein Phänomen von großer Tragweite, aber auch ein Beispiel für hartnäckiges Überleben einer Ideologie ist. Dieser stellt im Grunde eine Mischform dar: Er kombiniert nämlich die Techniken des Films und der Fotografie mit denen der Comics und überträgt sie auf die Tradition der Unterhaltungsliteratur. Der Fotoroman ist in der Frauenpresse des romanischen Sprachraums (einschließlich Lateinamerika) sehr verbreitet. In Italien taucht er 1946 zunächst mit gezeichneten Bildern *(Grand Hotel)* und 1947 dann mit Fotos *(Bolero film, Sogno)* auf. Es scheint, daß der Fotoroman zu Beginn seiner Geschichte gemeinschaftlich konsumiert wurde (wie es im übrigen dann später auch beim Fernsehen geschah): In den abgelegensten Dörfern las jemand sonntags die Sprechblasen laut vor, während diejenigen, die nicht oder schlecht lesen konnten (zum Beispiel die älteren Frauen) der Geschichte anhand der Bilder folgten.[42] Später überwog dann die individuelle Lektüre und die – wenn auch nie vollständige – Feminisierung des Publikums. Von 1946 bis zum Ende der siebziger Jahre wurden in Italien mindestens zehntausend Fotoromane produziert, die insbesondere unter den Jugendlichen Verbreitung fanden: Unter den Titeln befanden sich auch Kurzfassungen großer Romane wie *I promessi sposi* (Manzoni) und *Tess dei d'Uberville*. Da das Lesen dieser Trivialliteratur eine Abwendung von der Wirklichkeit zugunsten evasiver Tendenzen fördert, finden wir in diesem Bereich nur recht wenig Werbung. Bevorzugte Themen sind weiterhin das versteckte Unglück berühmter Persönlichkeiten, mit Mutterschaft und Kindheit verbundene traurige Schicksalsschläge sowie das strahlende Glück der einfachen Leute.[43]

Die »apokalyptische« Abwertung solcher Publikationen ist der Erkenntnis gewichen, daß diese »einem tiefen Bedürfnis« entsprechen und
fähig sind, als spielerisches Moment »eine Funktion in der psychischen
Ökonomie« zu erfüllen.[44] Die Fotoromane werden nicht mehr nur als
Mittel zur Flucht, sondern auch zur Sensibilisierung betrachtet.[45] Diese
veränderte Sichtweite fügt sich in eine gewandelte historisch-politische
Perspektive ein, die sich zum Beispiel in der scheidungsfreundlichen
Tendenz einiger wichtiger Frauenzeitschriften (wie *Grand Hotel, Cos-
mopolitan, Amica, Annabella*) zeigte, als im Jahre 1974 mit 59 Prozent
der Stimmen das Referendum zur Scheidung abgelehnt wurde. Einige
schreiben diese scheidungsfreundliche Tendenz marktorientierten Überlegungen zu; es trat also in neuer Form wiederum die problematische
Verbindung zwischen Markt und Konsum einerseits und Emanzipation
andererseits zutage.

Die interessantesten Versuche, die apokalyptische Kritik und die
historisierende Perspektive der Integration miteinander in Einklang zu
bringen, stammen insbesondere in den achtziger Jahren aus den Analysen zur Massenproduktion von Fantasy-Literatur für Frauen in den
Vereinigten Staaten. Diese nehmen eine historische Ableitung vor, die
eine Verbindung herstellt zwischen der Massenproduktion von Liebesromanen (in der Art der *Harlequin*, die 1958 in Toronto begannen und
1977 eine Auflagenhöhe von hundert Millionen erreicht hatten) und
dem sentimentalen Roman des 18. und 19. Jahrhunderts, mit *Pamela*
von Richardson und den Werken der Schwestern Brontë und von Jane
Austen.[46] Auch die psychologischen Mechanismen wurden erforscht,
um die Vorliebe vieler Frauen für diese Art Literatur zu erklären. Tania
Modleski hat gewisse Umkehrungen herausgearbeitet und zum Beispiel
den Wunsch, mit Gewalt genommen zu werden, als einen manifesten
Inhalt gedeutet, hinter dem sich Ängste vor Vergewaltigung und der
Wunsch nach Macht und Rache (latenter Inhalt) verstecken. Ihre Interpretation machte sich die feministischen Erfahrungen zunutze. Unter
diesem Blickwinkel bedeutet die »Flucht« der Frauen bei der Lektüre
von Trivialliteratur, daß sie in Wirklichkeit wünschen, auf eine neue
Weise gesehen zu werden. Janice Radway hat darauf beharrt, wie
wichtig es ist, daß diese Deutung die Leserinnen nicht zu Passivität und
Impotenz verurteilt. Radway erkennt den Doppelcharakter von Handlungen an, die sowohl die momentane Ablehnung der sozialen Ent-
sagungsrolle als auch die Kompensation beinhalten, die es ermöglicht,
sich einen Freiraum zu schaffen, ohne diese Rolle zu bekämpfen. Sie
unterstreicht dennoch, daß letztlich die Texte von Personen ausgewählt, gekauft, konstruiert und benutzt werden, die in diese Handlungen ihre eigenen Bedürfnisse, Wünsche und Interpretationsstrategien
projizieren. Die Gemeinschaft der Leserinnen – und Autorinnen –, die

sich auf diese Weise herausbildet, ist dennoch den Vermittlungen der kapitalistischen Organisation unterworfen, die die gegenseitigen Unterschiede und die Differenz zwischen Veränderungswünschen und Akzeptanzbedürfnis hervorruft.

Diese Analysen der Frauenpresse – so unterschiedlich sie auch sind – gehen in eine Richtung, die auch auf die anderen Bereiche der Massenkultur übertragbar ist. Modleski hat ihre Methode auf die »Seifenopern« angewandt und den Schluß gezogen, daß die Phantasien von einer Großfamilie nicht im Widerspruch zur feministischen Argumentation stehen, sondern im Gegenteil durch diese aufgefangen und weiterverarbeitet werden können als ein Wunsch nach Gemeinschaft, der die Auseinandersetzung mit den traditionellen Werten sucht, auch wenn er sie zu bestätigen scheint. Einem vorurteilslosen Blick kann die Massenkultur noch einige angenehme Überraschungen bereiten. So erging es Milly Buonanno bei einer Analyse der italienischen Fernsehprogramme zu Beginn der achtziger Jahre. Die Untersuchung ergab, daß auf die Informations- und Kulturprogramme die gleiche Kritik zutraf, wie sie in ähnlichen Studien dem amerikanischen Fernsehen gegenüber erhoben wurde: die Herabsetzung und verzerrte Darstellung der Frauengestalten im Vergleich zu den Männern. Für die *Fiction*-Programme jedoch schien es – beinahe zum Erstaunen der Forscherin – daß die Beziehung Mann/Frau nicht als Herrschaftsverhältnis dargestellt wird und daß darüber hinaus eine Vielzahl unterschiedlicher weiblicher Identifikationsmodelle existiert. Die fiktionalen Programme fördern Differenzierungsprozesse bei den Frauenschicksalen, indem sie unterschiedliche und legitime Arten des Frau-Seins anbieten und im Gegensatz zu den alten Stereotypen und Rollen Raum für Veränderungen lassen.[47]

An diesen Exkurs können wir resümierend einen sehr kurzen Gedankengang anschließen. Heute scheint sich mehr denn je einer wachsenden Zahl von Frauen die Möglichkeit zu eröffnen, in vollem Sinne Subjekte zu sein, sei es individuell oder in der Gemeinschaft. Der Prozeß scheint lang und komplex zu sein, sowohl was die volle Realisierung der Hoffnungen auf Emanzipation und Selbstentdeckung in den nördlichen Ländern der Welt angeht, als auch für die Entwicklung und Verbreitung von angemessenen Befreiungsprozessen für die Mehrheit der Frauen unseres Planeten. Es ist nicht notwendig, aber paradoxerweise ist es geschehen und geschieht immer noch, daß die Prozesse der Selbstbestätigung durch Vermassung und Uniformierung hindurch verlaufen. Eine – keineswegs ungewöhnliche – Ironie der Geschichte ist es, daß solche Prozesse auch umgekehrt verlaufen können.

Aus dem Italienischen von Gesa Schröder

Mademoiselle Chanel, 1937. Fotografie von Schall.

12

FRAUEN, BILDER, DARSTELLUNGEN

Anne Higonnet

Zu Beginn des 20. Jahrhunderts boten sich den Frauen neue kulturelle Möglichkeiten, die zu ergreifen sie endlich bereit zu sein schienen. An den Institutionen der hohen Kunst zugelassen, von den Massenmedien umworben, stand es ihnen offenbar frei, sich gemäß ihren eigenen Vorstellungen zu imaginieren. In den folgenden Jahrzehnten sicherten sich demzufolge auch viele Frauen die Kontrolle über ihre visuelle Identität, deren einstige Grenzen sie in bisher ungekanntem Maß erweiterten. Noch größer war der Anteil der Frauen, die passiv an kulturellen Formen partizipierten, mittels deren sie gleichzeitig glorifiziert und abgewertet wurden. Aber je mehr sie begannen, sich selbst darzustellen oder von Männern dargestellt wurden, desto problematischer gestaltete sich das Bild von ihnen. In den letzten Jahrzehnten dieses Jahrhunderts haben Frauen damit angefangen, sich gegen die Widersprüche und Dilemmata in der Weise, wie sie gesehen werden und wie sie sich selbst sehen, zu wehren.

Die Jahre unmittelbar vor dem Ersten Weltkrieg waren von der Zuversicht in die Möglichkeiten eines Wandels gekennzeichnet. Frauen bedienten sich bestimmter Bilder, um sich mit ihrer körperlichen Gegenwart und mit ihren Forderungen in der Öffentlichkeit bemerkbar zu machen. Anders als die allegorischen Figuren der Vergangenheit stellt die Frauengestalt auf einem Plakat zum Frauen-Tag im Jahre 1914 ihre Kraft in den Dienst der eigenen politischen Sache (Abb. 1). Eine barfüßige Frau aus dem Volk hebt sich als Silhouette gegen die gewaltige rote Fahne ab, die sie schwingt – eine graphische Darstel-

Abb. 1 Plakat zum
Frauen-Tag im
Rahmen der »Roten
Woche« vom 8. bis
14. März 1914.
*Berlin, Archiv für
Kunst und
Geschichte.*

lung, die immerhin skandalös genug erschien, um das Plakat in Berlin
zu verbieten.

Frauen begannen, ihren Körper neu zu entdecken und zu zeigen.
Tänzerinnen wie Isadora Duncan oder Ruth St. Denis befreiten sich von
den Fesseln und Stilisierungen des klassischen Balletts zugunsten eines

Abb. 2 Edward Steichen (Amerikaner, 1879–1973), *Wind and Fire*. Fotografie von Theresa, 1921. *New York, Museum of Modern Art*.

Abb. 3 Paula
Modersohn-Becker
(Deutsche,
1876–1907), *Selbst-
bildnis mit Bern-
steinkette*, 1906.
Ölgemälde.
*Bremen, Lars
Lohrisch.*

freien, lyrischen Ausdruckstanzes. Edward Steichen evozierte Duncans
choreographische Philosophie mit einer Fotografie ihrer Schülerin Theresa (Abb. 2). Über der Akropolis schwebend, bewegt sie sich im
Einklang mit den Elementen Stein, Wind und Feuer. Paula Modersohn-
Becker wagte es, Aktbildnisse von sich zu malen. Anders als viele
männliche Avantgarde-Künstler, die formale Neuerungen nutzten, um
eine konventionelle Behandlung weiblicher Sujets zu verschleiern oder
zu rechtfertigen, machte sich Modersohn-Becker den Radikalismus
eines avantgardistischen Standpunkts zu eigen, um Geschlechterrollen-
tabus zu brechen. Auf Bildern wie dem *Selbstbildnis mit Bernsteinkette*

(Abb. 3) gibt sie ihre Sinnlichkeit als solide und natürliche Tatsache wieder. Den festen Umfang ihrer Figur kontrastiert sie mit Blattwerk und Blumen.

Dann brach der Erste Weltkrieg aus; militärische und nationalistische Interessen belebten weibliche Archetypen neu. Gleichzeitig erzeugten sie aber auch neue Vorstellungen von Frauen als einem Teil der Arbeiterschaft. Plakate wie *For Every Fighter A Woman Worker* (Für jeden Frontkämpfer eine Arbeiterin) (Abb. 4) stellten nicht nur die Kriegsan-

Abb. 4 Ernest Hamlin Baker, *For Every Fighter a Woman Worker*. Amerikanisches Rekrutierungsplakat aus dem Ersten Weltkrieg, 1918. *Ekstrom Library, University of Louisville, Kentucky.*

EMPRUNT NATIONAL 1918

SOCIÉTÉ
GÉNÉRALE

Pour nous rendre
entière
LA
DOUCE TERRE DE FRANCE

Abb. 5 Französisches Plakat aus dem Ersten Weltkrieg zur Zeichnung von Kriegsanleihen, 1918. *Ekstrom Library, University of Louisville, Kentucky.*

strengungen der Frauen auf eine Ebene mit denen der Männer, sie verliehen auch der Berufstätigkeit von Frauen ein kollektives Ansehen. Andere Plakate zeigten Frauen, um zu versinnbildlichen, wofür die Männer kämpften. Eine junge Bäuerin verkörpert »la douce terre de la France«, die süße Erde Frankreichs, für die Kriegsanleihen gezeichnet werden sollten (Abb. 5). Auf der anderen Seite der Front steht ein imposanter klassischer Frauenkopf für den österreichischen Nationalstaat (Abb. 6). Manche Plakate beschworen auch die Heldinnen der Vergangenheit, um Frauen an das in ihnen schlummernde Potential zu erinnern: »Joan of Arc Saved France. Women of Britain, Save Your Country. Buy War Savins Certificates« (»Die Jungfrau von Orléans rettete Frankreich. Frauen Britanniens, rettet euer Land, kauft Kriegsschuldverschreibungen«, Abb. 7).

Von den Weltereignissen elektrisiert, stellten zahlreiche Künstlerinnen in den ersten Jahrzehnten des Jahrhunderts ihre Talente für politische Zwecke zur Verfügung. Vor allem in Deutschland und in Rußland revidierten Frauen existierende künstlerische Hierarchien, indem sie den sogenannten minderen Künsten zur Blüte verhalfen. So schuf Käthe Kollwitz Bilder des Leidens, der Armut, des Todes und des Aufruhrs, die allgemeingültiger und kraftvoller waren, als man es im Medi-

Abb. 6 Österreichisches Plakat aus dem Ersten Weltkrieg. *Ekstrom Library, University of Louisville, Kentucky.*

Abb. 7 Britisches Plakat aus dem Ersten Weltkrieg zur Zeichnung von Kriegsschuldverschreibungen. *Ekstrom Library, University of Louisville, Kentucky.*

um des Holzschnitts bis dahin für möglich gehalten hatte (Abb. 8). Im Zuge der Oktoberrevolution verzichteten viele russische Künstler und Künstlerinnen demonstrativ auf die intellektuellen Prätentionen von Malerei und Bildhauerei und wandten sich Kunstformen zu, deren Bedeutung formal, politisch und funktional zugleich sein konnte. Sie entwarfen Kleider und Stoffe, Haushaltsgegenstände, Plakate, Zeitschriften und Bühnenbilder (Abb. 9). So avancierten gerade jene Künste, die man in der Vergangenheit den Frauen zugeschoben hatte und die deren kreative Energien marginalisiert hatten, unverhofft zu Vehikeln für die drängendsten Zeitprobleme.

Wie die russischen Konstruktivisten, so hofften auch Designer im Westen, das Leben

Abb. 8 Käthe
Kollwitz (Deutsche,
1867–1945), *Die
Überlebenden*,
1923. Lithographie
für ein Plakat des
Internationalen
Arbeiterbundes.
*Washington (D. C.),
National Gallery of
Art.*

der Menschen zu ändern, indem sie deren Umwelt veränderten. Ihr
Ziel hieß zwar Modernisierung, nicht Revolution, aber die von jeher
akzeptierte besondere Kompetenz der Frauen erhielt auch hier ein neues Betätigungsfeld. Frauen bevölkerten natürlich weiterhin alle Bereiche der Bekleidungs- und Möbelindustrie sowie der textilen, graphischen und innenarchitektonischen Gestaltung. Oft machten sie glänzende und innovative Karrieren auf Gebieten, die schon immer zu den
traditionell weiblichen Domänen zählten. Manche von ihnen wurden
jahrzehntelang vergessen, Opfer kunsthistorischer Kategorien und sexistischer Vorurteile. So paßten beispielsweise die Möbel- und Häuser-
entwürfe einer Eileen Gray nicht in die architektonische Hagiographie
des Modernismus, und Stühle, die Charlotte Perriand gemeinsam mit
Le Corbusier entworfen hatte, wurden oft nur diesem allein zugeschrieben. Und doch waren es gerade Modeschöpferinnen – von Sonia
Delaunay, die vom Kubismus herkam, bis zu Coco Chanel in der Haute couture –, die Frauen für das Zeitalter der Maschinen rüsteten

Abb. 9 Ljubow Popowa (Russin, 1889–1924), Büh-nenentwurf für *Der gewaltige Hahnrei* von Mejerchold (Meyerhold). Goua-che auf Papier, 1922. *Moskau, Tret-jakow-Galerie.*

Abb. 10 Sonia Delaunay (Franko-Russin, 1885–1979), Modeentwürfe mit Citroën 5CV, 1925. *Paris, Bibliothèque Nationale.*

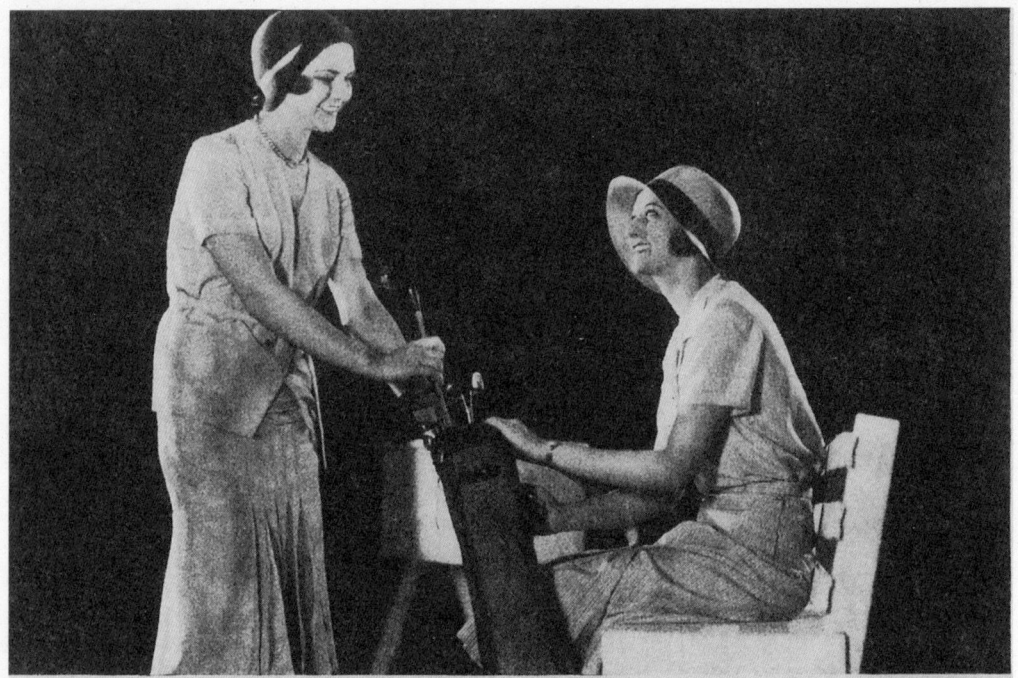

Perfect freedom every day
with this lighter, cooler sanitary protection

Costumes from Kaskel & Kaskel Dunlap

Kotex stays light, cool and delicate for hours . . . it deodorizes . . . and
has rounded corners for perfect fit—thus giving unique summer comfort.

MODERN living demands so much of us! Freedom
and perfect poise . . . every day of every month
. . for sports or business or some other interest.

This constant activity would be very difficult, par-
ticularly in summer, without the wonderful comfort
provided by Kotex. Kotex . . with its light, cool
construction . . . its careful shaping . . . its safe deodor-
izing . . . its easy disposability . . . has ended forever
so many disquieting mental and physical handicaps.

Used in hospitals

Many of the unusual comforts of Kotex are due to its
unique filler of Cellucotton (not cotton) absorbent wad-
ding. This material is used by 85% of America's leading
hospitals because of its comfort, absorbency and hygienic safety.

Cellucotton absorbs *five times* as much as an equal
weight of cotton, or any cotton material. This means

your Kotex pad can be five times lighter than ordinary
pads, yet have the same absorbency.

And Cellucotton absorbs away from the surface. It is
made in sheet layers, laid lengthwise. These layers
permit free circulation of air, and they carry moisture
quickly away from the surface. Thus the surface is left
soft and delicate . . . completely comfortable . . . and so
much more hygienic.

Always inconspicuous

Kotex deodorizes . . . so doubly important in summer.
And it is never conspicuous. The corners are rounded
and tapered to eliminate awkward lines and bulging
corners.

You dispose of Kotex just as you would a piece of
tissue . . . no laundering, no embarrassment. All drug,
dry goods and department stores sell Kotex. Just ask for
"a package of Kotex." Kotex Company, Chicago, Ill.

IN HOSPITALS

1 85% of our leading hospitals use the very
same absorbent of which Kotex is made.

2 *Kotex is soft* . . . Not a deceptive softness, that soon packs into chafing hard-
ness. But a delicate, fleecy softness that
lasts for hours.

3 *Safe, secure* . . . keeps your mind at ease.

4 *Deodorizes* . . . safely, thoroughly, by a
special process.

5 *Disposable*, instantly, completely.

Regular Kotex—45c for 12
Kotex Super-Size—65c for 12
Also regular size singly in vending cabinets through
West Disinfecting Co.

Ask to see the KOTEX BELT and
KOTEX SANITARY APRON at any
drug, dry goods or department store.

KOTEX
The New Sanitary Pad which deodorizes

Abb. 11 Anzeige für Damenbinden aus *Ladies Home Journal*, September 1930.

Silks that transform as does the very breath of life

WEXBAR SILKS

(Abb. 10). Dynamik, Mobilität, Leistungsfähigkeit waren Werte, nach denen nun auch Frauen strebten. Zwar schienen Modeschöpferinnen sich nur mit den oberflächlichen oder symbolischen Aspekten weiblicher Identität zu befassen, aber mit unendlich vielen Kleinigkeiten trugen auch sie zu einer Vereinfachung von Kleidung und Hausarbeit bei, die das Alltagsleben der Frauen dramatisch verändern sollte.

Abb. 12 Anzeige in *Vanity Fair*, August 1920.

Westliche Designerinnen bedienten eine expandierende Konsum-
wirtschaft. In der Werbung wurden Bilder benutzt, die die zuträglichen
Folgen der angepriesenen Waren illustrieren sollten – Folgen, die nicht
immer in einem evidenten Zusammenhang mit dem Produkt selbst
standen, jedoch hartnäckig mit neuen Idealen von Weiblichkeit in
Zusammenhang gebracht wurden. So vermittelte eine Anzeige der Firma Kotex für Damenbinden (Abb. 11) sowohl medizinische als auch
statistische Autorität – »verwendet von 85 Prozent der führenden Krankenhäuser Amerikas« –, um das Bild von zwei unbeschwerten Frauen

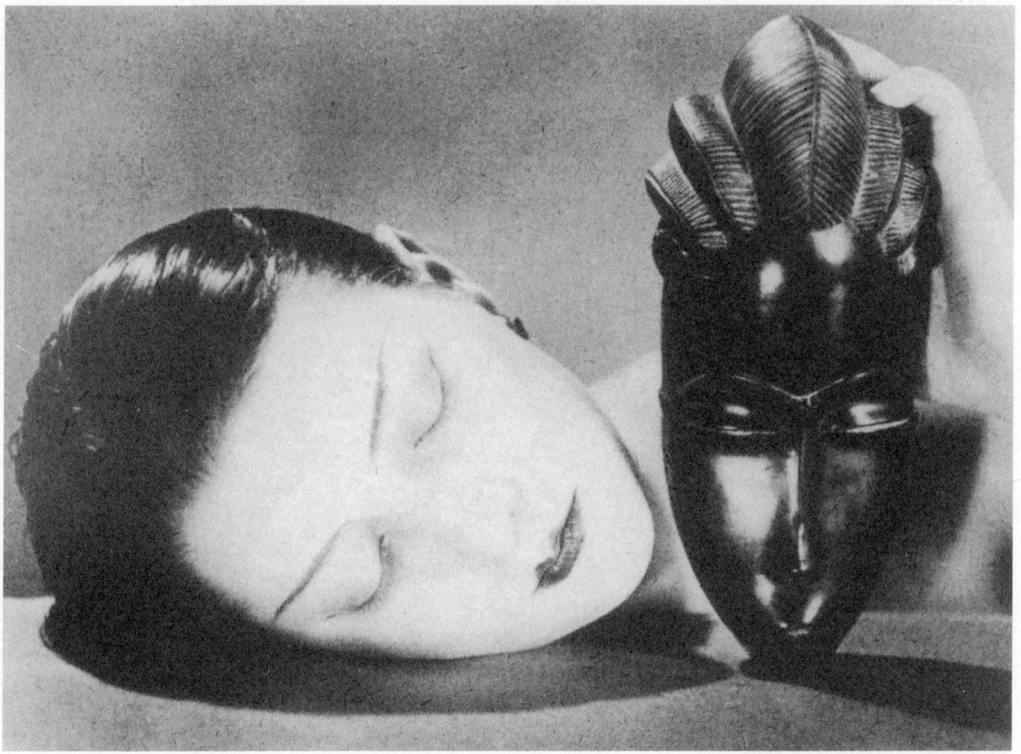

Abb. 13 Man Ray
(Amerikaner,
1890–1977), *Black
and White*, 1926.
Fotografie. *Paris,
Musée National
d'Art Moderne,
Centre Pompidou.*

zu kommentieren, die Golf spielen können, wann immer sie wollen;
eine Visualisierung des Anzeigentextes »Tag für Tag vollkommen frei«.
Anzeigen sollten zu Anschaffungen für Freizeit und Vergnügen ani-
mieren. Sie banden die von ihnen bedienten kosmetischen und psychologischen weiblichen Eigenschaften an eine Verbraucherinnen-
Identität. Wenn man der Reklame Glauben schenken wollte, waren
Frauen restlos von Produkten des Handels abhängig, um ihre Hausarbeit zu bewältigen, die Aufmerksamkeit der Männer auf sich zu lenken, Kinder zu erziehen und soziale Anerkennung zu finden. Eine

Anzeige der Firma Wexbar für Seidenwaren stattete das eigene Produkt mit schöpferischen Kräften aus: »Silks that transform as does the very breath of life« (»Seidenwaren, die verwandeln wie der Atem des Lebens«) (Abb. 12). Durch die Gleichsetzung von Weiblichkeit mit Objekten wurden Frauen durch die Werbung ermutigt, sich selbst mit Objekten gleichzusetzen. Die Schönheit der in Wexbar-Seide gekleideten Frau ist die Schönheit einer leblosen Statue.

Klassen-, Rassen- und Geschlechterfaktoren standen in gegenseitiger Wechselwirkung. Hochkultur und Massenkultur wirkten zusammen, um allgemeingültige weibliche Werte zu etablieren, aber auch, um Frauen voneinander zu unterscheiden. Mit visuellen Taktiken wie denen in der Wexbar-Seidenwerbung reduzierte beispielsweise Man Ray alle Frauen auf gleichwertige Objekte ästhetischen Genusses, räumte allerdings weißen Frauen die Herrschaft über farbige ein (Abb. 13). Mit ihrem stilisierten Make-up und der Frisur ist die weiße Frau fast ebensosehr Maske wie die afrikanische Skulptur, die sie hält – aber eben nicht ganz; sie ist es, die das afrikanische Objekt hält, eine »primitive« Kunstform, die einen Kontrast zur komplexen europäischen Kultur bilden soll. Formalismus dient der Kaschierung des Hegemonieanspruchs des weißen Mittelstands ebenso wie des männlichen Begehrens und Warenfetischismus.

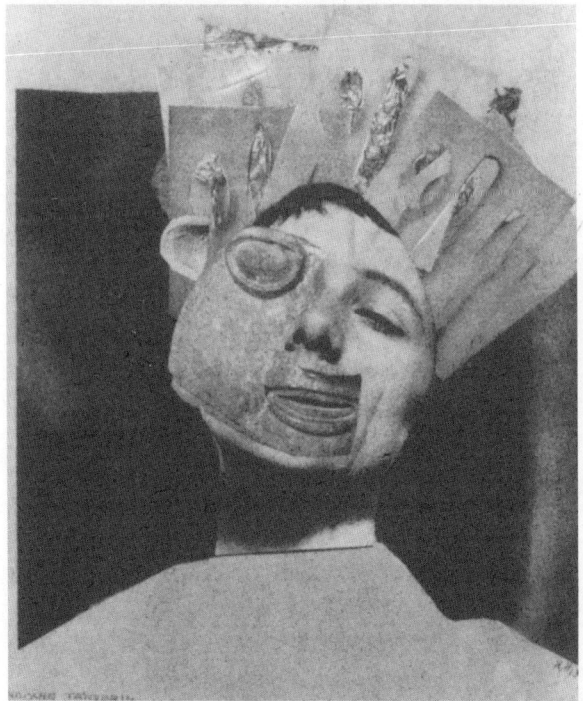

Abb. 14 Hannah Höch (Deutsche, 1899–1978), *Indische Tänzerin*, 1930. Fotomontage. *New York, Museum of Modern Art.*

Es war schwer, alternative Darstellungsformen zu ersinnen. Weil ihre industrielle Reproduzierbarkeit den Bildern moderner Weiblichkeit eine solche Geltung verschaffte, weil die institutionalisierte Kunst sich eines enormen kulturellen Ansehens erfreute und weil zu visuellen Definitionen von Weiblichkeit auch Definitionen von Schönheit und Lust gehörten, konnte sich niemand gänzlich den Geschlechterkonventionen entziehen. Immerhin gewannen einige Frauen kritische Distanz zu ihrer Lage, indem sie deren Widersprüchlichkeit aufzeigten. Hannah Höch schnitt visuelle Stereotypen buchstäblich auseinander und setzte sie in schonungslos witzigen Photomontagen neu zusammen. In ihrer Serie *Aus einem Völkerkundemuseum* demontiert sie die Integrität des westlichen Ethnozentrismus ebenso wie die des Kunstgegenstandes und fordert vermöge einer Kombination von Elementen unterschiedlicher Größe, Herkunft und Bedeutung unsere Wahrnehmung heraus (Abb. 14). Wie Höch, die den Dadaismus für ihre eigenen Zwecke

Abb. 15 Meret Oppenheimer (Amerikanerin, 1913–1985), *Breakfast in Fur*, 1936. Tasse, Untertasse und Löffel mit Pelzbesatz. *New York, Museum of Modern Art.*

umfunktionierte, fanden Frauen wie Remedios Varo, Dorothea Tanning und Frida Kahlo ihren Platz im Surrealismus. Der Surrealismus erlaubte es Frauen, die Dinge so wie sie waren oder zu sein schienen abzulehnen und eine andere Realität auszudrücken, die ihren eigenen Erfahrungen oder Phantasien entsprach. Meret Oppenheimer verwirrte das Publikum mit ihrem *Breakfast in Fur*, mit dem Pelzbesatz auf Tasse, Untertasse und Löffel (Abb. 15). Wie viele andere surrealistische Werke von Frauen wird im *Breakfast in Fur* das, was eher verführerisch oder vertraut anmuten mochte, neu gedacht und dadurch abstoßend und vieldeutig gemacht.

Das Verhältnis der Künstlerinnen zu ihren männlichen Kollegen beeinflußte zwar nach wie vor ihr Selbstverständnis und ihre künstle-

Abb. 16 Edward Weston (Amerikaner, 1886–1958), *Nude*, 1926. Fotografie von Tina Modotti. *Tucson, Center for Creative Photography.*

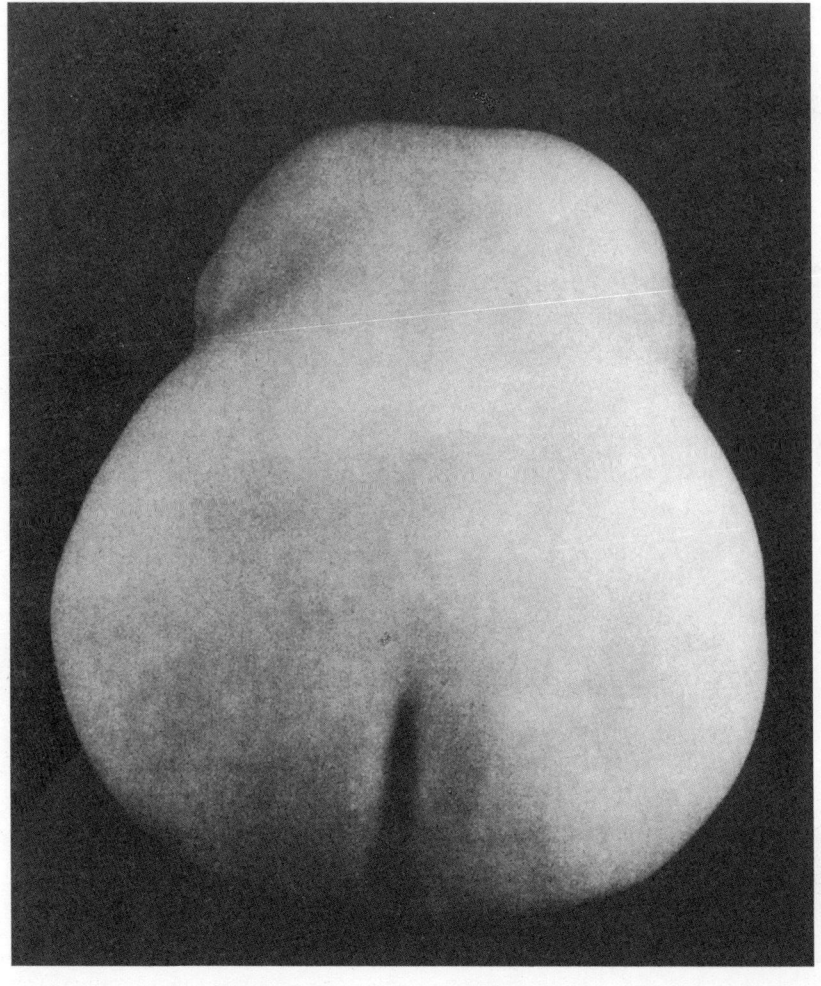

rische Produktion, aber dennoch konnten sich weibliche Karrieremu-
ster herausbilden. Frauen bedurften wohl weiterhin der künstlerischen
und menschlichen Wertschätzung durch erfolgreiche Männer, aber sie
kreuzten doch gleichsam nur deren Umlaufbahn auf dem Weg zu ihren
eigenen Zielen. Ein Paradebeispiel hierfür ist Tina Modotti. Sie trat
zunächst als Filmschauspielerin in Erscheinung, bevor sie das Modell
und die Lebensgefährtin des Fotografen Edward Weston wurde.

Auf seinen Bildern wird sie als abstrakt-sinnliche Form behandelt
(Abb. 16). Nachdem er sie zur Fotografin ausgebildet hatte, richtete sie
die Kamera auf ihn und machte ihn zu ihrem Modell (Abb. 17): Sie bildete ihn neben seinem Instrument ab, Blick und Linse gleichermaßen
in die Ferne gerichtet. Als sie begann, eigene Arbeiten zu schaffen,
stellte auch sie oft Frauen dar, jedoch nicht als passive Objekte, sondern als handelnde Subjekte. Ihre Fotografie einer Mutter mit Kind
konzentriert sich auf deren kräftigen Arm, der das Kind stützt und
trägt; dessen robuste körperliche Präsenz ebenso wie der gerundete

Abb. 17 Tina
Modotti (Italienerin,
1886–1956),
*Edward Weston,
mit einer Graflex,*
ca. 1924/26. Foto-
grafie. *Triest, Comi-
tato Tina Modotti.*

Bauch der Frau bescheinigen ganz ohne Sentimentalität ihre Fruchtbarkeit (Abb. 18). Auch die Malerinnen Georgia O'Keeffe, Lee Krasner und Helen Frankenthaler wuchsen aus Beziehungen zu berühmten Künstlern heraus, um sich ihre eigene Karriere aufzubauen.

Abb. 18 Tina Modotti, *Mutter mit Kind*, o. J. *Triest, Comitato Tina Modotti.*

In dem Maße, wie es die Frauen selbst waren, die die Bilder machten, anstatt lediglich für sie zu posieren, verliehen sie traditionellen

Abb. 19 Frida
Kahlo (Mexikane-
rin, 1910–1954), *La
columna rota*,
1944. Öl auf Lein-
wand. *Mexico City,
Instituto Nacional
de Bellas Artes.*

Themen ihre eigene Deutung. Als etwa Frida Kahlo oder Dorothea Lange das Leiden darstellten, entschlossen sie sich, Frauen nicht als mit-
leidheischende Opfer zu zeigen, sondern als Stoikerinnen, gezeichnet
von den tiefen Spuren, die Schmerz oder Kummer ihrem Körper oder
Geist eingegraben haben (Abb. 19, 20). Während die Kunst sich bevorzugt der Erforschung der weiblichen Imagination zuwandte, ermutigte
die Dokumentarfotografie – ob als staatliche Auftragsarbeit oder für die
neu entstandenen Fotomagazine – Männer wie Frauen dazu, verborgene Aspekte des materiellen Lebens von Frauen aufzuspüren und

Abb. 20 Dorothea Lange (Amerikanerin, 1895–1965), *Woman of the High Plains, Texas Panhandle*, 1938. Fotografie für die U. S. Works Program Administration. *Washington (D. C.), Library of Congress.*

Abb. 21 Norman Rockwell (Amerikaner, 1894–1978), *Freedom from Want*, 1943. Plakat aus der Serie »Die vier Freiheiten«, die von der amerikanischen Regierung im Zweiten Weltkrieg in Auftrag gegeben wurde. *Stockbridge (Massachusetts), Norman Rockwell Museum.*

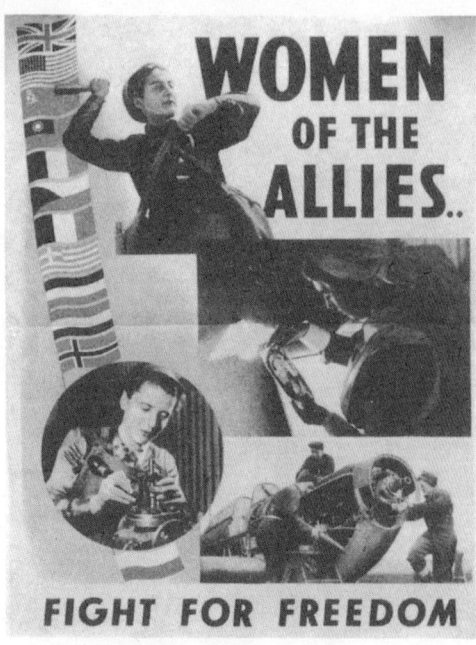

Abb. 22 Amerikanisches Plakat aus dem Zweiten Weltkrieg, das zum Kauf von Kriegsanleihen aufrief. *Ekstrom Library, University of Louisville, Kentucky.*

Abb. 23 Britisches Rekrutierungsplakat aus dem Zweiten Weltkrieg. *Ekstrom Library, University of Louisville, Kentucky.*

publik zu machen. So wurden Armut, Alter, Krankheit und ethnische Vielfalt allmählich zu anerkannten Sujets.

Der Zweite Weltkrieg griff in vielem auf bildliche Thematiken des Ersten Weltkriegs zurück. Wiederum wurden Archetypen für Propagandazwecke reaktiviert. Norman Rockwell zeigte auf einem von der US-Regierung in Auftrag gegebenen Plakat die »Freiheit von Not« in Gestalt einer amerikanischen Familie, die zum Thanksgiving-Mahl versammelt ist, das von einer rundlichen, gütigen Großmutter aufgetragen wird (Abb. 21). Und wieder gab es neben Bildern von Frauen als Verkörperung jener Werte von Heim und Nation, für die dieser Krieg geschlagen wurde, Bilder von Frauen als neu integriertem Bestandteil der Industriearbeiterschaft. Ein Plakat konnte eine Kriegerwitwe mit zwei kleinen Kindern zeigen, die an den Betrachter appellierte: »Ich habe einen Mann gegeben!« (Abb. 22), während ein anderes die Frauen dazu aufrief, »für die Freiheit zu kämpfen«, und sie beim Hantieren mit Werkzeugen und beim Reparieren von Flugzeugen zeigte (Abb. 23).

ПРАЗДНИК СИЛЫ И МУЖЕСТВА

Abb. 24 M. Kala-
schnikow und
S. Kortschunow,
*Die Feier von
Stärke und Mut,*
1935. Fotomontage
aus *Projektor* 7
(1935).

Die wirtschaftliche und kulturelle Bedrängnis während des Krieges
sowie der Aufschwung der Nachkriegsperiode formten auf ganz unterschiedliche Weise die Vorstellungen von Weiblichkeit um. Das eine
Extrem verkörperte die Sowjetunion; ihr Modell kreiste um staatsbürgerliche Pflicht, um Produktivität, kollektive Verantwortung sowie
öffentliche Sichtbarkeit. Kalaschnikows und Kortschunows Fotomontage *Die Feier von Stärke und Mut* veranschaulicht dieses Modell. Dargestellt wird die Beteiligung von Frauen an einem vom Staat lancierten Ereignis: Anonyme Frauen sind dynamische Teilnehmerinnen an
sportlichen Freiluftveranstaltungen und Festzügen (Abb. 24). Ganz im
Gegensatz dazu das amerikanische Modell: häuslich, mütterlich, individualistisch, konsumorientiert. Die Reklame förderte dieses Frauenbild
mit viel Geschick. So zeigt eine Botschaft der Firma General Electric
eine Mutter mit ihrer Tochter in der Werbung; das Glück der beiden
wird auf ein angebotenes Produkt zurückgeführt: »Sie hat Vertrauen zu
den elektrischen Wäschetrocknern von GE« (Abb. 25). Man sieht die
Frau mit der Familienwäsche beschäftigt, während ihr unsichtbarer Gatte – wie der Mann, an den sich der handschriftliche Appell richtet –
die Familie finanziell und materiell versorgt.

Im 20. Jahrhundert wurde die visuelle Kultur um den Film berei-

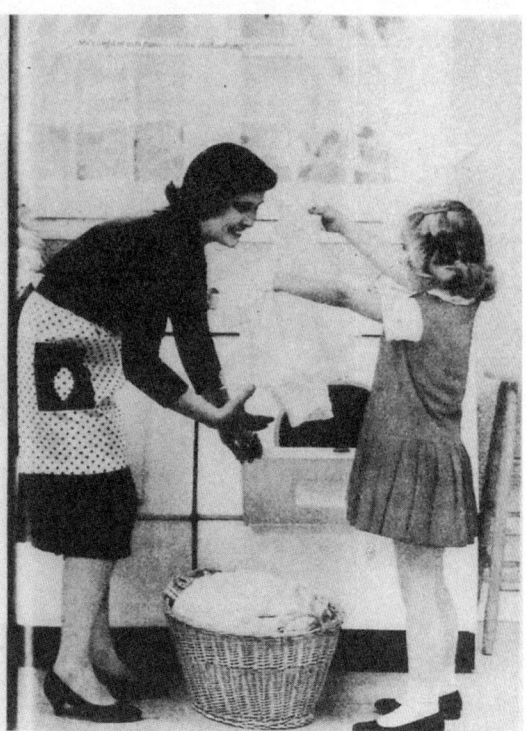

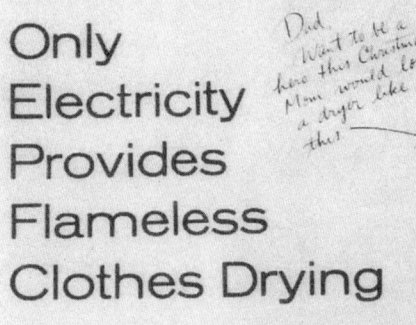

Only Electricity Provides Flameless Clothes Drying

One thing most women seem to have in common is a feeling of *confidence* in the ability of flameless electric clothes dryers to handle even the most delicate fabrics safely. They know how clean and modern flameless electric clothes drying is. And may we remind you that no fumes cling to clothing dried with electricity. We truly believe that once you install a flameless electric clothes dryer in your home you'll feel both proud and practical. So see your electric appliance dealer today.

YOU LIVE BETTER ELECTRICALLY

chert. Das Kino wurde zu einem ungeheuer populären Medium und spielt seitdem eine maßgebliche Rolle bei der Definition von Geschlechterrollen innerhalb der Massenkultur. Das klassische Kino stellt Frauen als visuell ansprechende Objekte des männlichen Blickes dar. Schauspielerinnen wie Marilyn Monroe sind zu Ikonen der Sexualität geworden – zu statischen Bildern, deren Faszination in den auf sie projizierten Phantasien besteht (Abb. 26). Sie fungieren als Chiffren, vermöge derer Männer die Szenarien ihrer Suche nach Identität und Befriedigung erproben. Filme wie »Vom Winde verweht« (Abb. 27) prägen unser Verständnis von Sexualität als einem alles vereinnahmenden heterosexuellen Abenteuer, das nach der linearen Logik einer spannenden Erzählung abläuft. Das Happy-End à la Hollywood liefert Frauen zuletzt dorthin aus, wohin sie innerhalb der patriarchalischen Ordnung gehören: dem Helden, einem edlen, selbstaufopfernden Tod oder, sofern sie gegen weibliche Normen verstoßen, einer gerechten Bestrafung.

Von den zwanziger bis zu den sechziger, vor allem aber in den dreißiger und vierziger Jahren produzierte Hollywood sogenannte »Frauenfilme«, die speziell auf ein weibliches Publikum zugeschnitten waren.

Abb. 25 Anzeige der Firma General Electrics für einen elektrischen Wäschetrockner aus *Life*, 14. November 1960.

Abb. 26 Philipp
Halsman (Amerika-
ner, 1906–1979),
Marilyn Monroe,
1962. Fotografie.
Titelbild von *Life,*
April 1962.

Alle diese Filme – Komödien wie »Adams' Rib« (1949), Ärztedramen wie
»Dark Victory« (1939), Horrorgeschichten wie »Rebecca« (1940), Liebes-
romanzen wie »Brief einer Unbekannten« (1948, Abb. 28) und mütterliche Melodramen wie »Stella Dallas« (1925 und 1937) – drehen sich
um einen weiblichen Protagonisten und behandeln Themen und
Gefühle, die als typisch weiblich gelten. Aber obgleich diese Filme
Frauen als Heldinnen darstellen und weibliche Belange artikulieren,
rücken sie ihre Subjekte doch immer wieder in den Bereich des Passiven bzw. Anrührenden und suchen das einfühlende Mitleiden der
Zuschauerinnen zu erregen.

Mehr als jede andere Art des Kinos verdeutlicht der Frauenfilm das Problem des weiblichen Betrachters. Identifizierte sie sich mit dem, was sie sah, weil es ihrem – imaginären oder wirklichen – Erleben entsprach, oder weil sie die Rolle verinnerlichen mußte, die ihr von der Gesellschaft zugeschrieben wurde? Der Frauenfilm läßt vermuten, daß beide Optionen nicht voneinander zu trennen sind. Die Faszination der Zuschauerinnen an der filmischen Darstellung von Frauen oszillierte zwischen der Unterwerfung unter disziplinierende ideologische Vorgaben und der Lust an vorübergehender Macht, Erfüllung und Andersheit. Die im Frauenfilm durchgehaltene Spannung zwischen Selbstauf-

Abb. 27 »Vom Winde verweht«. Filmwerbung, mit Vivien Leigh als Scarlett O'Hara und Clark Gable als Rhett Butler, Metro-Goldwyn-Mayer, 1939. *New York, Museum of Modern Art.*

Abb. 28 »Brief einer
Unbekannten«. Von
Max Ophüls. Film-
werbung, mit Joan
Fontaine als Lisa
und Louis Jourdain
als Stefan, 1948.
*New York, Museum
of Modern Art.*

Abb. 29 Fotografie in einem Beitrag aus *Photoplay* 59, 6 (Juni 1961).

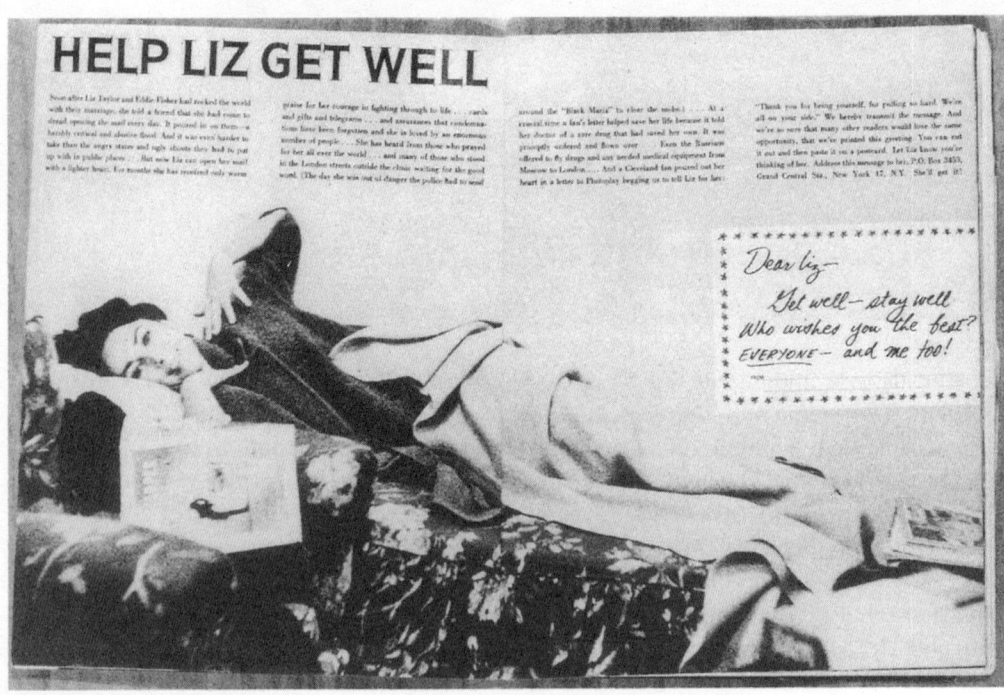

gabe und Selbstbehauptung verrät die Widersprüche, mit denen Frauen zu leben haben.

Manche seiner Strategien und Funktionen vererbte der Frauenfilm an
die »Seifenopern« der Fernsehsender. 1976 ergaben Schätzungen, daß
20 Millionen Menschen in den USA, davon 80 Prozent Frauen, die
Tagesprogramme im Fernsehen verfolgten und daß die Lieblingssendungen der Zuschauerinnen zwischen 18 und 50 Jahren Seifenopern
waren.[1] Shows wie »As the World Turns«, »Days of Our Lives« und »The
Guiding Light« erhielten ihren Spitznamen wegen der Haushaltsartikelhersteller, die viel Geld in sie investierten und 25 Prozent ihrer Programmzeit zur Werbung für Artikel wie Seife verwandten.[2] Die Seifenopern, endlose Sagas von Romanzen, Gefühlsstürmen und Familienkümmernissen, handeln von eben den häuslichen und nachbarschaftlichen Situationen, in denen viele Frauen leben, und bieten, indem sie
diese Situationen ins Melodramatische überhöhen, gleichzeitig ein Ventil
für die Phantasie. In kurzen Folgen an Wochentagen ausgestrahlt, fügen
sie sich in den täglichen Arbeitsplan der Hausfrau und spiegeln gleichzeitig den Rhythmus des immergleichen weiblichen Alltags wider, der
lediglich von gelegentlichen persönlichen Krisen unterbrochen wird.

Kino und Fernsehen sprechen die Zuschauerinnen nicht nur in ihrer
eigentlichen Form, d. h. als bewegte Bilder an, sondern auch durch
Plakate und vor allem durch Zeitschriften. 1917 gegründet, wurde *Photoplay* zum Vorbild aller späteren »Fan«-Zeitschriften, die Frauen die
Illusion zu vermitteln suchen, sie stünden in persönlichem Kontakt mit
den »Stars« – für gewöhnlich Größen der Unterhaltungsbranche, aber
auch glamouröse Gestalten des politischen Lebens, wie beispielsweise
die Prinzessinnen des englischen Königshauses. Schnappschußfotografien, in Verbindung mit journalistischem Klatsch und Tratsch, erlauben
den Leserinnen einen Einblick in das Privatleben der oberen Zehntausend. So verschaffen Fan-Magazine ihrer Leserschaft das Gefühl, am
Außerordentlichen teilzuhaben.

Zeitschriften oder Shows, die sich an ein weibliches Publikum wenden, sprechen ihre Leserinnen konsequent als Individuen an und werben um deren persönliche Teilnahme. »Ich« oder »Wir« schreiben häufig an »Sie« (bzw. an »Dich«), um den Anschein von Reziprozität zu
erwecken. Genau das versucht zum Beispiel der Filmillustriertenbeitrag
»Helfen Sie Liz, gesund zu werden« (Abb. 29). Auf einem scheinbar beiläufig entstandenen Foto sieht die Schauspielerin Elizabeth Taylor die
Leserin direkt an, sucht den Blickkontakt zu ihr. Nach einer Schilderung ihrer persönlichen Probleme und ihrer Enttäuschung über die
feindselige Haltung des Publikums werden die Leserinnen aufgefordert,
an »Liz« zu schreiben; sogar Formulierungshilfe wird geleistet: »Liebe
Liz, werde gesund und bleibe gesund.« Die Zeitschrift verspricht, zwi

schen der Leserin und dem Star zu vermitteln: »Wir geben hiermit die Botschaft weiter.«

Frauenzeitschriften machen den Frauen Mut, sich selbst zu helfen. Diese Publikationen, die sich seit den dreißiger Jahren des vergangenen Jahrhunderts ständig wachsender Beliebtheit erfreuen, erreichen eine riesige weibliche Leserschaft. Im Nachkriegs-England lasen fünf von sechs Frauen regelmäßig eine Frauenzeitschrift.[3] Allein die Zeitschrift *Good Housekeeping* hat heute in den USA 24 Millionen Leserinnen.[4] Manche dieser Publikationen konzentrieren sich mehr auf Mode, andere mehr auf Hauswirtschaft oder Freizeitgestaltung; ihnen allen aber ist gemeinsam, daß sie die Schranken traditioneller Weiblichkeit

Abb. 30 *Seagram's V. O.* Whiskeyanzeige aus *Newsweek*, 25. September 1972.

wahren. Vorteilhafte Kosmetik, Heterosexualität und die Kernfamilie: das sind Werte, die sie in Wort und Bild verbreiten. Innerhalb des sicheren Hafens etablierter Schranken predigt die Frauenzeitschrift auch Leistung und Veränderung. Die Leserinnen werden ermahnt, ihre äußere Erscheinung zu verbessern, ihrer Individualität Ausdruck zu verleihen, ihren Haushalt effizienter, sparsamer und streßfreier zu führen und so über alle Widrigkeiten zu triumphieren. Die Leserin von Frauenzeitschriften wird ermutigt, ihre Situation zu bewältigen – nicht aber, diese in Frage zu stellen.

In praktisch allen Zeitschriften und Fernsehsendungen wechseln sich redaktionelle Beiträge mit Werbung ab. Der Anteil der Werbung in den Massenmedien hat ständig zugenommen. 1939 räumte die amerikanische Frauenzeitschrift *Ladies Home Journal* redaktionellen Beiträgen noch 55,6 Prozent ihrer Seiten ein, Anzeigen 44,4 Prozent. Bis 1989 war der Anteil der Seiten mit Werbung auf 58,2 Prozent gestiegen. Vorgeblich ist die Werbung lediglich das finanzielle Standbein der Medien. In Wirklichkeit ist sie jedoch einer ihrer wesentlichen Bestandteile; sie transportiert weit mehr als nur Informationen über bestimmte Produkte, so unter anderem gleichbleibende Interpretationen von Geschlechterrollen.

Mit Bildern von Weiblichkeit läßt sich fast alles verkaufen. In den achtziger Jahren wandten Kosmetikfirmen bis zu 80 Prozent ihres Gesamtetats für Werbung auf[5] – eine Summe, die von einer Autorin in den USA für das Jahr 1985 allein auf 900 Millionen Dollar veranschlagt wird.[6] Aber die zwingende Assoziation weiblicher Schönheit zu bestimmten Waren ist nicht auf ein weibliches Publikum und nicht auf Schönheitsartikel beschränkt, wo dies am naheliegendsten erschiene. Vielmehr durchdringt sie den Bildgehalt nahezu aller Werbebereiche. Der Spirituosenproduzent Seagram zeigt beispielsweise einen Mann, der dem Betrachter selbstsicher sein Glas Whiskey entgegenhält (Abb. 30). Eine Frau klammert sich an seine Seite. Sie ist transparent gehalten, so daß durch sie hindurch ein anderer Luxusgegenstand sichtbar wird, eine Segelyacht. Der dazugehörige Text teilt uns mit, daß der, der diesen Whiskey trinkt, zu den Leuten gehört, »die alles richtig machen«.

Auf diesen Bildern das weibliche Modell zu sein, bedeutet, das glorreichste Objekt unter den Konsumgütern zu sein. Objekte der Verherrlichung und der kommerziellen Ausbeutung zugleich, setzen Fotomodelle Schönheitsstandards, während sie sich diesen gleichzeitig unterordnen. Gelassen, selbstsicher, von keinem emotionalen oder geistigen Erleben gezeichnet, erhält das professionelle Fotomodell die Herrschaft »der« Mode aufrecht. Eine Mode folgt der anderen, aber jede verkündet ihre zwingende Aktualität. Als die Generation des *baby boom* erwachsen wurde, erlangte das Idealbild kindlichen Aussehens

Abb. 31 *Twiggy.*
Aus *Life* 62
(14. April 1967).

eine Popularität, die es bis heute nicht verloren hat. Am vollkommensten verkörperte dieses Ideal die treffend auf diesen Spitznamen getaufte »Twiggy« (Abb. 31). 17jährig, zerbrechlich und verloren wirkend, wurde Twiggy 1967, mit ihrem Freund als Manager und Promoter, über Nacht zu einer Sensation. Für die meisten erwachsenen Frauen war eine solche Figur nur durch äußerste Selbstdisziplin in der Ernährung zu erreichen. Trotzdem ist das Abnehmen zum Ziel fast jeder modernen Frau geworden. Ein schlanker Körper gilt bei Frauen der gesamten westlichen Welt als Voraussetzung für Erfolg. »Eine Frau

Abb. 32 Werner Bischof (Deutscher, 1916–1954), *Hungersnot in Indien: Frau aus der Provinz Bihar*, 1951. Fotografie. Magnum Photos.

Abb. 33 Grace Robertson (Engländerin, *1930), *Mother's Day Off*, 1954. Aus einem
Foto-Essay in *Picture Post*.

kann nie reich und dünn genug sein«, soll die Herzogin von Windsor einmal geäußert haben.

Die westliche Kultur hat sehr wenige Möglichkeiten entwickelt, Frauen positiv darzustellen. Wie Twiggy, die gerade darum ästhetisch und sexuell anziehend wirkte, weil sie so verletzlich schien, muß jede Frau, die ihre Anziehungskraft spielen lassen will, ihre eigene Energie, Stärke und Kompetenz verleugnen. Sexuell verfügbar, mütterlich oder mitleidheischend – welche anderen Optionen gibt es noch? Der Marginalität ist nicht so leicht etwas entgegenzusetzen. Wie kann man farbige Frauen, arme, alte oder behinderte Frauen abbilden, ohne in negative Stereotype zu verfallen bzw. – noch schwieriger – ohne den Vorurteilen der Betrachter in die Hände zu spielen? Nicht um Abscheu oder Furcht, sondern Sympathie zu wecken, zeigt Werner Bischof eine arme Inderin als bettelnde Mutter (Abb. 32). Das Foto, von unten aufgenommen, verleiht ihr eine eindringliche Präsenz; dennoch läßt sie sich immer noch mit einer europäischen Sentimentalität wahrnehmen, die den Eindruck ihrer Andersheit aufhebt.

Abb. 34 Diane Arbus (Amerikanerin, 1923–1971), *Ohne Titel 5,* 1970/71. Fotografie. *Paris, Musée National d'Art Moderne, Centre Pompidou.*

Stereotype haben die Tendenz, sich selbst zu perpetuieren. *Künstle-rinnen* bewegten sich bei ihrer Arbeit oft auf vertraut weiblichem Territorium und wurden wenig oder gar nicht dazu ermutigt, andere Sujets oder Einstellungen zu erproben. Architektinnen wurden während ihres Studiums zumeist auf innenarchitektonische Aufgaben gelenkt und erhielten später eher Aufträge dieser Art, während Fotojournalistinnen mit »human-interest«-Geschichten betraut wurden, d. h. mit Porträts, Heim und Garten, Familien- und emotionalen Angelegenheiten. So sollte die englische Fotojournalistin Grace Robertson das Thema »Geburt« behandeln, und als sie dies als Prozeß von Wehen und der Entbindung einer Frau darstellte, zensierte ihr Auftraggeber, die *Picture Post*, das Bild einer Frau mit schmerzverzerrtem Gesicht, weil dies angeblich die Leserinnen schockieren könnte.

Immerhin gelang es Frauen manchmal, ihren Auftrag vorsichtig umzudefinieren. In einer anderen Fotoserie, *Mother's Day Off* (Mutters freier Tag), konnte Robertson Bilder von alten Frauen veröffentlichen, die mit außerordentlichem Respekt dargestellt waren. Sie entschied sich, deren Humor, Kameradschaft und Warmherzigkeit zu zeigen. Auf einem Foto (Abb. 33) inszeniert Robertson Frauen als diejenigen, die den Betrachter spielen. Drei Frauen unterhalten sich miteinander, wobei eine von ihnen Blicke mit uns wechselt; ein kleines Mädchen wiederum beobachtet sie durch eine Fensterscheibe. Zwischen diesen visuellen Registern, die von den Frauen und dem Mädchen besetzt sind, sehen wir in Spiegelschrift und auf Milchglas das Wort »Spirits« [Spirituosen]. Dieses evokative Nebeneinander unterschiedlicher Transparenzen und Blicke entfernt die Frauen sehr weit davon, bloße Objekte des Sehens zu sein.

Die einflußreiche Fotografin Diane Arbus hat sich ihr Leben lang sowohl mit den Außenseitern als auch mit den Repräsentanten der Gesellschaft auseinandergesetzt. Transvestiten, Zwerge, alte Frauen oder am Down-Syndrom Erkrankte (Abb. 34): Sie alle wurden von Arbus mit einer Würde ausgestattet, die die Einsicht in ihre Lage nicht ausschloß. Die Großaufnahme, die Frontalansicht und die Situierung ihrer Objekte in deren eigener Umgebung verliehen ihnen eine seltene Zuversicht und bildliche Bedeutsamkeit. Wir mögen uns diesen Bildern zunächst als herablassende Voyeure nähern, aber was wir in ihnen finden, sind Menschen wie wir.

Von der Selbstdarstellung waren bisher, bis auf wenige privilegierte Ausnahmen, die meisten Frauen ausgeschlossen. Heute beginnen Frauen nicht nur, Bilder von sich selbst zu machen, sondern auch, die Bilder in Frage zu stellen, die von ihnen gemacht wurden. Für farbige Frauen verdichtet sich das Problem; denn sie müssen sich nicht nur mit der Art auseinandersetzen, wie sie in der Vergangenheit als Frau-

Abb. 35 Faith Ringgold (Amerikanerin, *1930), *Who's Afraid of Aunt Jemima?* Quilt aus gefärbten und bemalten Stoffteilen. *New York, Frederick N. Collins Collection.* Foto: Steinbaum Gallery.

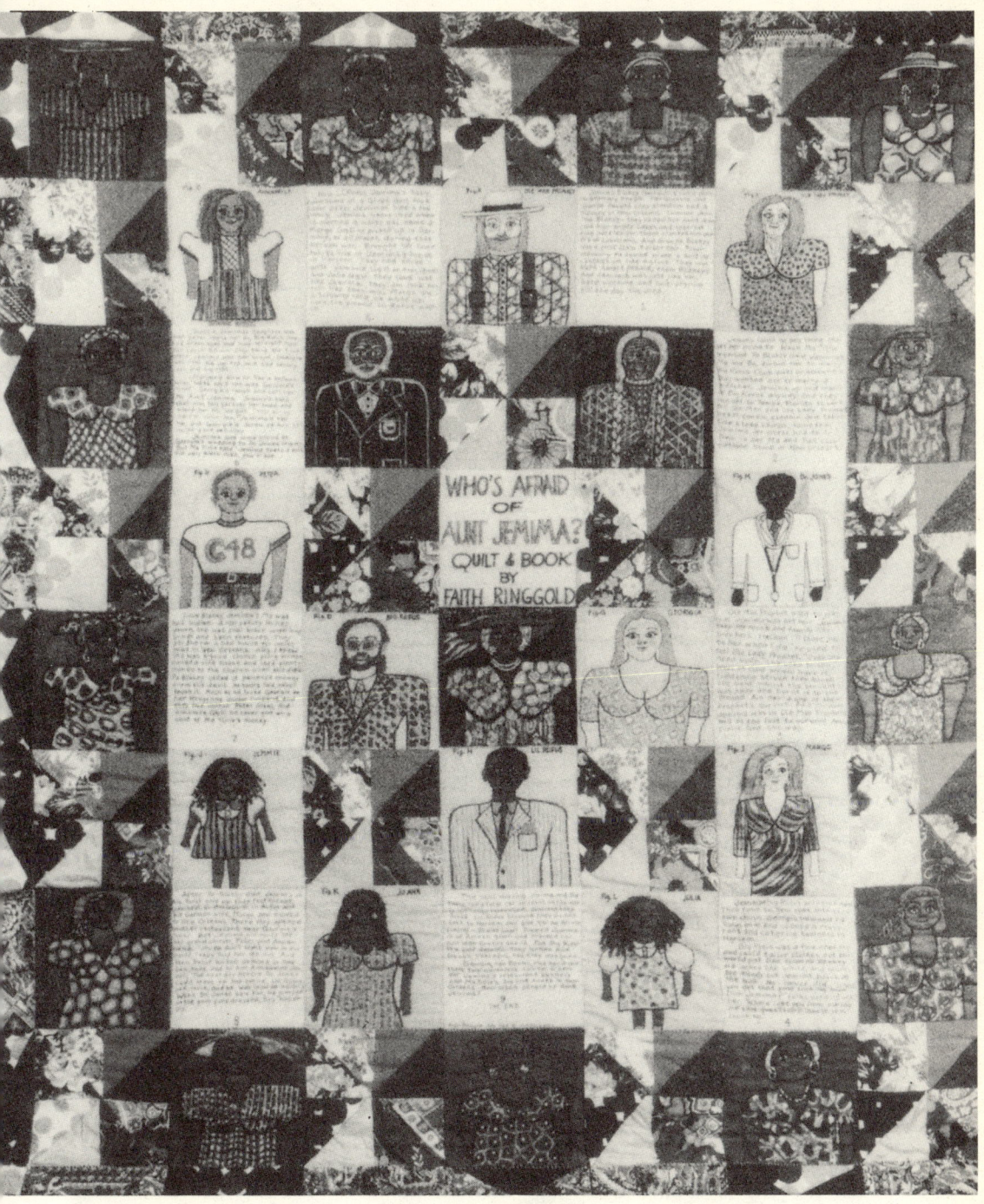

en dargestellt worden sind, sondern auch mit den Bildern, die den Weißen zur Herabsetzung, Ignorierung oder Unterdrückung aller anderen Rassen gedient haben. Trotzdem gibt es in jüngster Zeit in England wie in den USA eine wachsende Zahl organisierter und selbstbewußter farbiger Künstlerinnen. Unter farbigen Frauen hat es immer schon Künstlerinnen gegeben; aber heute dringen ihre Arbeiten in Kunstinstitutionen ein und wenden sich explizit der Rassenproblematik zu. In den USA ist es neben anderen Faith Ringgold, die Rassen-Stereotype in ihrer »Aunt Jemima« (Abb. 35) aufgreift – eine witzige Anspielung auf den rassisch pejorativen (und unter dem Druck der öffentlichen Meinung mittlerweile zurückgezogenen) Markennamen eines populären Lebensmittelproduktes. Gleichzeitig reinterpretiert sie das Medium Quilt, das lange Zeit zu den einzigen künstlerischen Betätigungsmöglichkeiten von Sklavenfrauen gehörte. Ihre Serie *Painted Story Quilts* demonstriert, wie unsere Vorstellungen von Rasse und Werten durch Bilder geprägt worden sind. Ein Werk wie das Ringgoldsche zeigt, wie hoch der Anteil des Politischen an bildlichen Repräsentationen seit jeher gewesen ist.

Abb. 36 Ana Mendieta, *Ohne Titel.* Serie *Volcán,* 2, 1979. Farbfotografie der Künstlerin. *New York, Carlo Lamagna Gallery.*

Das vielleicht hartnäckigste Problem weiblicher Selbstdarstellung bleibt der Körper. Hin- und hergerissen zwischen dem Wunsch, die Schönheit des Körpers zum Ausdruck zu bringen, und der Furcht davor, Individuen als Sexualobjekte abzubilden, suchen Künstlerinnen seit den siebziger Jahren nach neuen Wegen, dieses mit kulturellen Konnotationen so befrachtete Sujet zu bearbeiten. Eine Lösung besteht darin, die direkte Abbildung des Körpers zu umgehen und statt dessen die von ihm ausgehenden Energien mit den Elementen in Verbindung zu bringen. Ana Mendieta entlockte dem Feuer, der Erde und dem Wasser Abdrücke oder Zeichen von weiblichen Körpern, die sie in fließenden Installationen orchestrierte und fotografisch einfing (Abb. 36).

Während Künstlerinnen wie die Kubanerin Mendieta Frauen jenseits kultureller Definitionen stellten, riefen andere, wie die Amerikanerin Judy Chicago, die vernachlässigten zivilisatorischen Beiträge von Frauen in Erinnerung. Ihre zwischen 1974 und 1979 entstandene Monumentalarbeit *The Dinner Party* feierte die Leistungen von Frauen in Politik, Kunst und Religion (Abb. 37). Das Werk warf Fragen auf, die unter Feministinnen heftig umstritten waren. Sollten Frauen den männlichen Kult individueller Heroen übernehmen? War es erniedrigend oder zeugte es im Gegenteil von subversivem Mut, eine Frau wie Virginia Woolf durch vaginale Symbolik darzustellen? Warum signierte Chicago das Objekt mit ihrem eigenen Namen, wenn Dutzende von Frauen und Männern an seiner Realisierung mitgewirkt hatten?

Wieder eine andere Herangehensweise besteht darin, eine erotische Symbolik, wie sie üblicherweise Frauenbildnissen vorbehalten ist, auf die Darstellung von Männern anzuwenden. Erotik allerdings erweist sich als asymmetrisch; ein männlicher Akt kann nicht dieselben kunstgeschichtlichen oder sexuellen Bedeutungen transportieren wie der weibliche Akt; Rollentausch erinnert an den Unterschied zwischen den Geschlechtern, kann ihn aber nicht aufheben. Die britische Bildhauerin Nancy Grossman verpackt eine männliche Figur in Leder, Reißverschlüsse, Riemen und Schnallen (Abb. 38). Dieser Akt wirkt abstoßend und faszinierend zugleich, weil er uns bewußt macht, wie sehr unsere Wahrnehmung von Sexualität im Zusammenhang mit Symbolen von – ausgeübter und erlittener – Macht steht.

Sämtliche Versuche, die Darstellung des weiblichen Körpers zu reformieren, haben mit tief verwurzelten visuellen Gewohnheiten und mit dem Wissen zu kämpfen, daß Erotik in Pornographie abgleiten kann. Es gibt wohl kein anderes Thema in diesem Kontext, das Frauen so zornig macht, wie der schwunghafte Handel mit pornographischen Bildern von Frauen (Abb. 39); aber es gibt auch kein Thema, bei dem so wenig Einigkeit über die geeignete Art der Entgegnung oder Strafverfolgung bestünde. Die gesamte Porno-Industrie hat Anfang der acht-

Abb. 37 Judy Chicago (Amerikanerin, *1939), *The Dinner Party*, 1974–1979. 39 Keramikgedecke auf bestickten Tischläufern an den drei jeweils 1,60 m langen Seiten eines gleichseitigen Tisches auf Keramikständer mit den Namen von 999 Frauen. *San Francisco, Museum of Modern Art.*

ziger Jahre schätzungsweise mehr als 7 Milliarden Dollar jährlich umgesetzt, verglichen mit einer halben Milliarde Dollar Ende der sechziger Jahre.[7] Der Löwenanteil des Gewinns dürfte auf visuelles Material zurückgehen. Der US-amerikanischen Telefongesellschaft Pacific Bell hat der »Dial-a-Porn«-Service nach eigenen Schätzungen zwischen Oktober 1984 und Oktober 1985 12 Millionen Dollar eingebracht,[8] aber eine führende, sexuell freizügige Zeitschrift verkaufte 1984 nicht weniger als 10617482 Exemplare monatlich,[9] während die 20 Produktionsgesellschaften, die jährlich rund 100 pornographische Streifen von Spielfilmlänge herstellen, an den Kinokassen rund eine halbe Milliarde Dollar pro Jahr einspielen. Der Porno-»Klassiker« von 1972, *Deep Throat* mit Linda Lovelace, soll »der profitabelste Spielfilm aller Zeiten« gewesen sein.[10] Eine zwischen 1968 und 1970 durchgeführte Untersuchung der Johnson Commission ergab, daß 90 Prozent der Besucher »nichtjugendfreier« Filme Männer waren.[11]

In der Frage der Zensur sind sich auch engagierte Feministinnen nicht einig. Ebensowenig einig sind sie sich darüber, ob man gegen Pornographie auf der Ebene ihrer spezifischen Manifestation vorgehen kann oder ob sie ein so intrinsischer Bestandteil der patriarchalischen Kultur ist, daß sich nur eine grundlegende Gesellschaftskritik als wirksam erweisen würde. Im Zentrum der Pornographiedebatte steht das hartnäckige und komplexe Verhältnis zwischen gelebter Erfahrung und Darstellungen. Nur wenige Leute behaupten, daß Bilder direkt zu Gewalt führen oder dazu, Frauen zum Objekt zu erniedrigen, aber auch die wenigsten würden leugnen, daß die Bildersymbolik der ungleichen Identität, die unsere Kultur Frauen und Männern zuschreibt, entspringt, von ihr zehrt und sie perpetuiert.

Seit den siebziger Jahren haben sich feministische Künstlerinnen, Kritikerinnen und Historikerinnen mit der Frage der gesellschaftlichen Konstruktion von Identität beschäftigt. Unter dem Einfluß des Marxismus, der Sozialgeschichte, Sprachphilosophie und Psychoanalyse haben sie nach und nach die beliebtesten Annahmen und Kategorien der Kunstgeschichte in Frage gestellt. Sie vertreten die These, daß Begriffe wie Urheberschaft, Originalität, Meisterwerk nicht die Grundlagen der Kreativität, sondern vielmehr Konsequenzen jener kulturellen Prozesse sind, durch die Weiblichkeit und Männlichkeit sichergestellt werden.

Die Frage, wie eine Geschichte der visuellen Kultur ohne Rückgriff auf traditionelle begriffliche Strukturen neu gedacht werden könnte, bleibt ebenso klärungsbedürftig wie die weitere Frage, welche Arten visueller Produktion sich dieser Begrifflichkeit vielleicht zu entziehen vermöchten. Immerhin haben die meisten Kritikerinnen und Historikerinnen zwei Positionen benannt, die sie vermeiden wollen: auf der einen Seite einen essentialistischen Standpunkt, der eine allen Frauen ohne Rücksicht auf Klasse und Rasse gemeinsame Sensibilität oder Ästhetik postuliert; und auf der anderen Seite eine dekonstruktivistische Strategie, die so relativistisch auftritt, daß sie jede politische Wirksamkeit ausschließt. Für feministische Kritikerinnen und Historikerinnen, aber auch für Künstlerinnen müssen Theorie und Praxis gemeinsam auf Veränderungen von solcher Art hinwirken, daß sowohl das Verstehen der Geschichte als auch eine Sinngebung der Gegenwart ermöglicht wird.

Seit dem 19. Jahrhundert haben die Künste Frauen einen relativ akzeptablen Weg geboten, gesellschaftliche Prominenz, eine kulturelle Führungsrolle, wirtschaftliche Unabhängigkeit

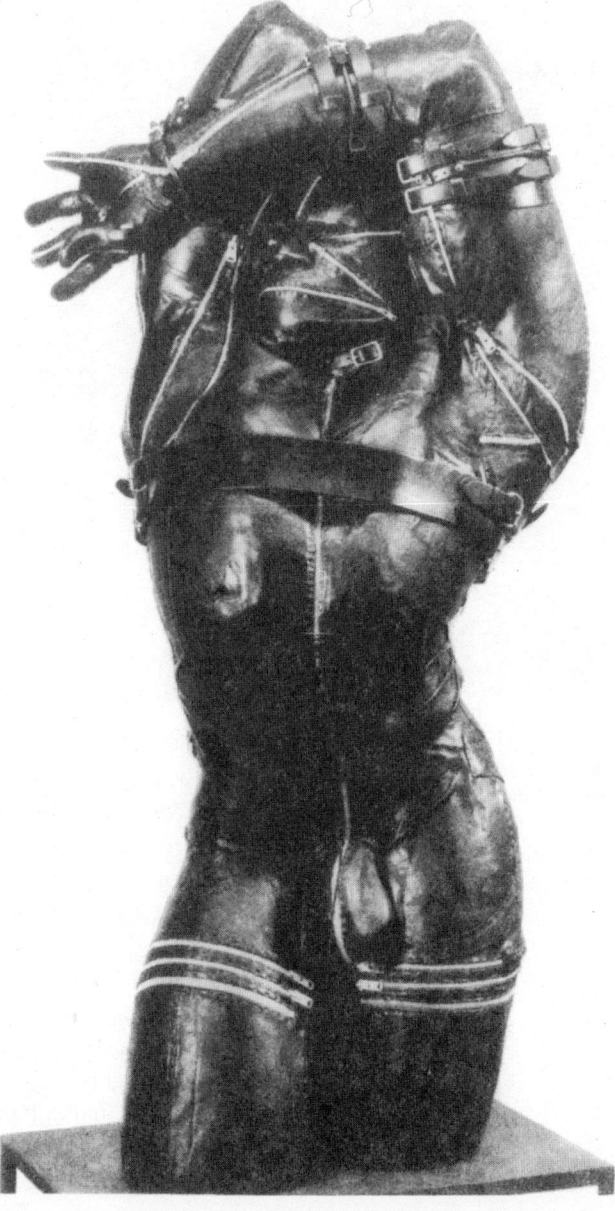

Abb. 38 Nancy Grossman (Engländerin, *1940), *Male Figure Sculpture*, 1971. Leder auf Holz und Reißverschlüsse. *Jerusalem, Israel Museum.*

und politischen Einfluß anzustreben oder zu behaupten. Frauen bilden noch immer eine kleine Minderheit unter den Professoren für Kunstgeschichte, den eingetragenen Architekten und ausgestellten Künstlern; im New Yorker Museum of Modern Art waren zwischen 1981 und 1987 nur 12 Prozent der ausgestellten Künstler Frauen. Aber die Zahl freiberuflicher Künstlerinnen nimmt stetig zu, und ihre Gegenwart ist sichtbarer geworden. 1975 hatten Frauen 4,3 Prozent der amerikanischen Architekturposten inne; 1985 waren es bereits 11,3 Prozent.[12]

Das gesellige Leben unter Frauen ist oft in irgendeiner Weise an die Beschäftigung mit Kunst gebunden. In den USA sind die Museen auf freiwillige Helfer angewiesen, und es sind fast ausnahmslos Frauen, die diesen Bedarf decken; für sie hat das Museum die Funktion eines Clubs. Für wohlhabende oder gesellschaftlich ambitionierte Frauen sind die Künste ein beliebtes Objekt der karitativen Zuwendung

Abb. 39 *Busty Belle*. Aus *Club* 15, 4 (Mai 1989).

– Nutznießer ihrer finanziellen Generosität, aber auch Forum für verschwenderische Parties sowie Gelegenheit zur persönlichen Selbstdarstellung. Im Jahre 1981 gründete Wilhelmina Holladay ein National Museum for Women in the Arts – eine umstrittene Einrichtung, in der die einen die Ghettoisierung von Künstlerinnen witterten, während andere darin den Neuaufguß patriarchalischer Definitionen von Kreativität sahen, die jedoch das Interesse und das finanzielle Engagement von 83 000 Mitgliedern im ganzen Land auf sich gelenkt hat. In dem Maße, wie von Frauen gemachte Kunst später beachtet, ausgestellt und gelehrt wird, wird die Kunst, mit der Frauen sich identifizieren, wenigstens teilweise zu ihrer eigenen.

Aus der heutigen, überaus vielfältigen und eindrucksvollen feministischen künstlerischen Praxis kristallisieren sich bestimmte allgemeine Tendenzen heraus. Die eine ist die respektlose Aneignung kanonischer

Bildgehalte, in der Absicht, deren Bedeutung zu kritisieren oder damit neue Bedeutungen zu generieren. Eine weitere ist die Suche nach unverbrauchten oder vergessenen Medien, Formaten, Ausstellungsräumen und Öffentlichkeiten, die nicht vom künstlerischen Establishment anerkannt bzw. kontrolliert werden. Beide Tendenzen verbinden sich in Suzanne Lacys *Travels with Mona* (Abb. 40). Lacy bereiste kunsthistorische Pilgerstätten in der ganzen Welt und malte dabei ihre Version von Leonardo da Vincis ikonischer *Mona Lisa*. Sie sammelte Fotografien von diesem Projekt einer Wander-Performance, Arlene Raven steuerte einen Text bei, und dieser dauerhafte, aber reproduzierbare Teil des Projekts, präsentiert als Parodie auf die Ansichtskarten-Leporellos für Touristen, wurde für wenige Dollar das Stück verkauft.

So wie Lacy gleichzeitig ein Meisterwerk der Kunst und die beliebte Ansichtskarte zu etwas Neuem verarbeitete, überschreiten viele feministische Künstlerinnen künstlerische Grenzen und wenden sich Mainstream-Themen und -Märkten zu. So stellt Barbara Kruger vorgefundene Bildersymboliken neben verbale Interpellationen (Abb. 41), und daher fügt sich ihr Werk in keine gängige Klassifikation der Kunst. Darüber hinaus arbeitet sie mit anderen Feministinnen an kritischen und theoretischen Verlagsprojekten und produziert gelegentlich auch Arbeiten für politische Themen wie die reproduktiven Rechte der Frauen.

Abb. 40 Suzanne Lacy (Amerikanerin, *1945), *Travels with Mona*. »Im Louvre mit der echten Bildpostkarte ... Die Bildpostkarte von einem Kunstwerk in einem Bildpostkarten-Kunstwerk.« Ansichtskarten-Leporello. Text von Arlen Raven; Fotos von D. E. Steward und Sylvie Hencocque.

Abb. 41 Barbara
Kruger (Amerikane-
rin, *1945), *I Shop
Therefore I Am.*
Fotografie. *New
York, Mary Boone
Gallery.*

Dennoch wird ihr Werk in großen Museen gezeigt und von einem durch und durch kommerziellen Kunsthändler vermarktet.

Nach mehreren Jahrhunderten der Spaltung zwischen den visuellen und verbalen Künsten und nach einigen Jahrzehnten streng abstrakter Kunst gehörten feministische Künstlerinnen zu den aktivsten Vorkämpferinnen der Vermischung verschiedener Medien und Bedeutungen. Performance-Künstlerinnen wie Lacy kommunizieren mit den Betrachtern auf unterschiedliche Weise über die Zeit hinweg, wobei sie die Öffentlichkeit häufig in ihr Projekt mit einbeziehen. Künstlerinnen wie Kruger, die autonome Objekte produzieren, spielen mit dem Maßstab und der Vertrautheit von Bildern, vor allem aber mit Worten, um die Rezipienten zu genauer Lektüre anstelle distanzierter Kontemplation zu provozieren. Andere wie Mary Kelly benutzen ihre Arbeit, um zu zeigen, wie Sprache und Bilder Bedeutungen produzieren, die unsere Identität strukturieren. In ihrem *Post-Partum Document* von 1976 untersucht Kelly das uralte Thema der Mutterschaft vom Standpunkt der Mutter aus, die die körperliche Bindung zu ihrem Kind lösen muß, sobald es in das Erwachsenenreich der Sprache eintritt (Abb. 42). Fetischobjekte wie Schieferstücke werden mit Zeichen oder Wörtern beschriftet, die den Prozeß der beklagenswerten Trennung protokollieren. In *Post-Partum Document* werden Frauen durch das Zusammenspiel von sinnlicher Lust und intellektueller Strenge befähigt, die

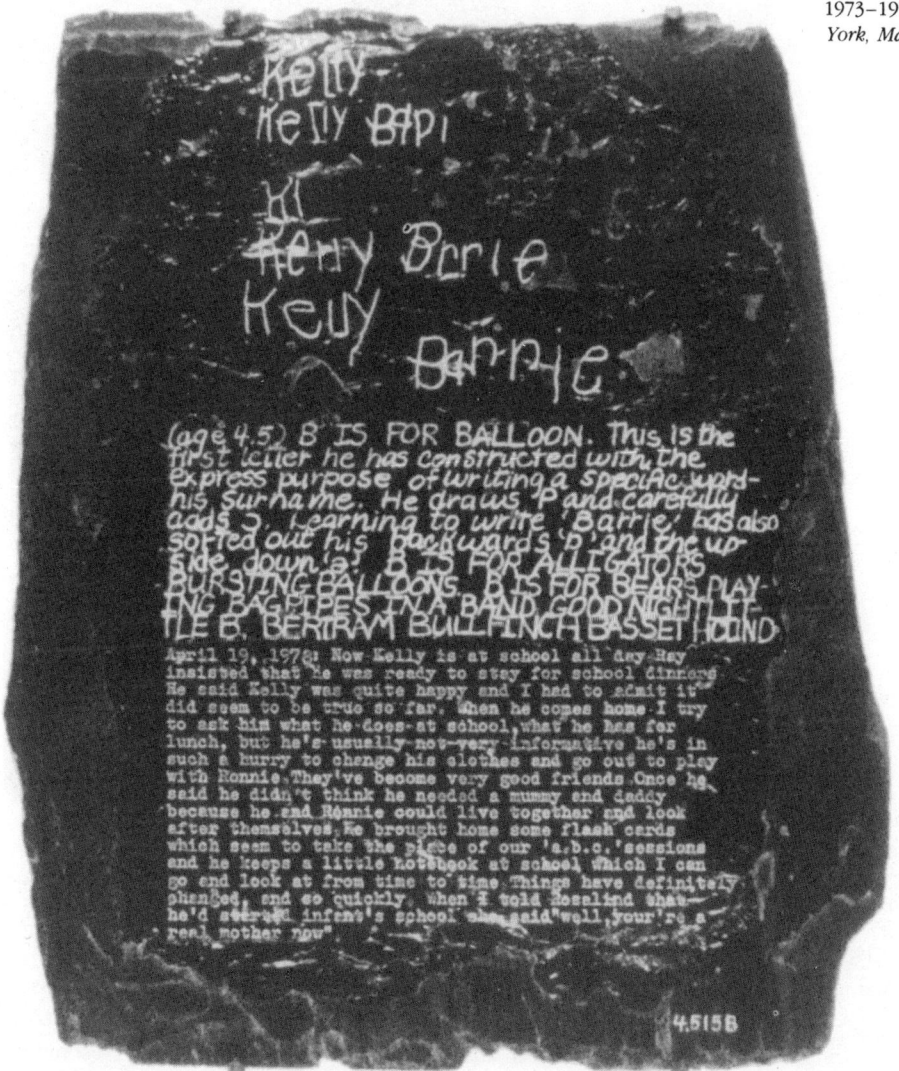

Abb. 42 Mary Kelly (Amerikanerin, *1941), *Post-Partum Document*. Objekte des Übergangs, Tagebuch, Diagramm. Dokumentation IV. Eine von 135 Einheiten, zusammengefaßt zu 6 Abschnitten; verschiedene Medien, 1973–1979. *New York, Mary Kelly*.

JULY 25, 1988 $2.25

Sports Illustrated

U.S. OLYMPIC TRIALS

FASTEST WOMAN IN THE WORLD

FLORENCE GRIFFITH JOYNER
SMASHES THE
100-METER RECORD

Abb. 43 Florence
Griffith Joyner,
Titelbild von *Sports
Illustrated*, 25. Juli
1988.

emotionale Reaktion auf die ersten gekritzelten Worte des kleinen Kindes – »Ich hab dich lieb, Mammi« – nachzuempfinden, aber auch besser zu verstehen, was das Ausschlaggebende an der weiblichen Identität ist, das diese Reaktion so stark werden läßt.

Damit Frauen neue Bilder von sich selbst schaffen können, müssen sie neue Einstellungen zu sich selbst, ihrem Körper und ihrem Platz in der Gesellschaft gewinnen und kultivieren. Nie zuvor in der Geschichte haben sich Frauenbilder und Bilder von Frauen so radikal und so schnell verändert wie heute. Erfahrung und deren Darstellung treiben

einander voran. Einige der eindrucksvollsten Frauenbilder der letzten Jahre bewegen uns, weil es Bilder über gelebte Gesten und gleichzeitig über den Übergang dieser Gesten in das Darstellungsinventar unserer visuellen Einbildungskraft sind. Florence Griffith Joyner erscheint auf dem Titelblatt der Zeitschrift *Sports Illustrated*, nachdem sie 1988 den Weltrekord im 100-Meter-Lauf gebrochen hat, die Arme zu einer glücklichen Siegesgebärde hochgeworfen (Abb. 43). Die Fotografin Raissa Page läßt die Frauen von Greenham Common über den amerikanischen Raketenstützpunkt tanzen, gegen den sie zu demonstrieren gekommen sind; einander bei den Händen fassend bilden sie einen Ring (Abb. 44).

Abb. 44 Raissa Page, *Greenham Common Women, January 1983.* Fotografie. *London, Raissa Page / Format.*

Aus dem Englischen von Holger Fliessbach

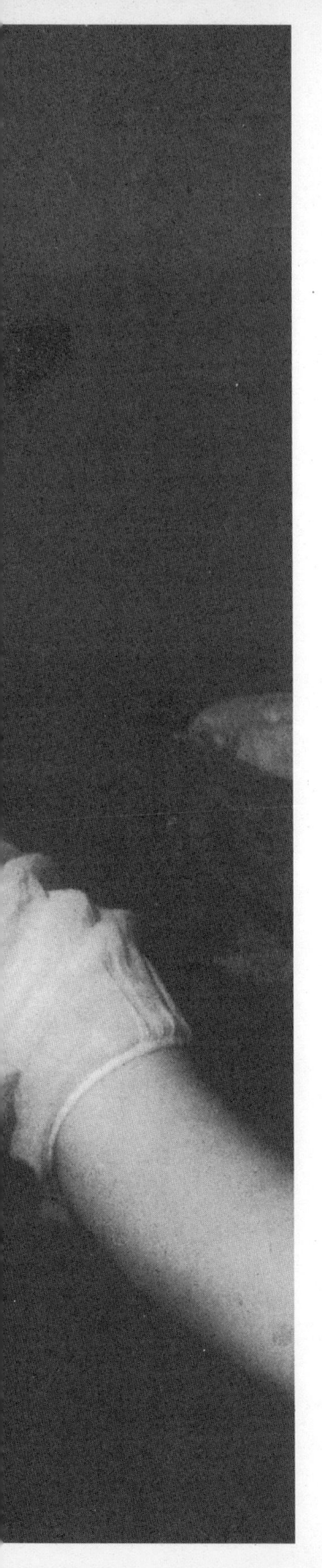

DIE GROSSEN VERWANDLUNGEN DES JAHRHUNDERTS

Zwei unbekannte Frauen, aufgenommen in der Bretagne 1948.
Fotografie von Boubat.

I n einem Brief an Jean-Paul Sartre vom 18. Dezember 1940 übt Simone de Beauvoir schonungslose Kritik an der Verantwortungslosigkeit eines befreundeten Philosophen, der, »weil er nichts von der ›Turnübung‹ hielt, die die Männer vornehmen, wenn sie keine Kinder wollen, das ganze Risiko auf seine Gefährtin abwälzte (. . .) und daher meinte, sie sei selber schuld, wenn dabei etwas schief ginge«.[1] Stimmt es, was Edgar Morin behauptet, daß die Befreiung der Sexualität (oder, genauer gesagt, sexuelle Befreiung in ihren verschiedenen Formen), die vor Ausbruch von Aids ein Zeitalter der Sexualität ohne Fortpflanzung und gesellschaftliche Normen eingeläutet zu haben schien, »die einzige wahre frohe Botschaft der modernen Zeit« war?[2]

Im folgenden Teil haben wir es absichtlich unterlassen, die Geschichte der Mütter, der Familie oder des privaten Lebens neu zu schreiben.[3] Außerdem wollten wir das wohlbekannte Genre der »Alltagsgeschichte« meiden, obgleich die Entwicklung hin zu einer Erleichterung der Hausarbeit unverkennbar ist, durch die sowohl Freizeit als auch Bewegungsfreiheit der Frauen – und Männer – erheblich zunahmen. Zugleich aber verschwanden Orte traditioneller weiblicher Geselligkeit, während sexuelle Tabus auch weiterhin in bestimmten öffentlichen Kontexten Gültigkeit behielten. Statt dessen laden wir zu einem historischen und thematischen Exkurs ein, in dem zwei Vorstellungen hinterfragt werden sollen: zum einen die – kaum umstrittene –, daß der Zugang zu Wissen und Arbeit die Frauen emanzipiert habe, zum anderen die – umstrittenere –, daß die Frauen durch die Anforderungen der Mutterschaft zunehmend eingeschränkt worden seien. Die Suche nach Kontinuitäten und Brüchen sowie der Versuch, Bilanz zu ziehen, manifestieren sich auf unterschiedliche Weise in den folgenden drei Beiträgen zu solch charakteristischen Aspekten des 20. Jahrhunderts wie Mutterschaft und Wohlfahrtsstaat, Bildung und Beruf.

Der erste Beitrag fördert einen kaum – und lange Zeit gar nicht – bekannten Aspekt des Feminismus des frühen 20. Jahrhunderts zutage. Dieser heute als »maternalistisch« bezeichnete Feminismus, der seit Ende der 20er Jahre allmählich an Bedeutung verlor, forderte für die Frauen gleiche wirtschaftliche und politische Rechte und die gesellschaftliche Anerkennung der Mutterschaft, deren Wert als ebenso hoch (wenn nicht höher) veranschlagt wurde als der zahlreicher männlicher Beschäftigungen. Frühe Feministinnen gehörten zu den Befürwortern des Sozialstaats; jedoch bewegten sich die europäischen Sozialstaaten sehr bald auf ein Modell der Familienbeihilfe zu, mit dem die europäischen Diktaturen die Vaterschaft aufwerteten. In den USA dagegen wurde die Mutterschaft als eine reine Privatsache betrachtet.

Dafür haben seit rund dreißig Jahren – und dies ist der Gegenstand des zweiten Beitrags – demographische, technologische und wirtschaftliche Entwicklungen die traditionellen Grundlagen der Familie sowie der Beziehungen zwischen den Geschlechtern ins Wanken gebracht und das Aufkommen eines veränderten Systems der Reproduktion von Bevölkerungen und ihrer Arbeitskraft begünstigt. Gekennzeichnet ist dieses zum einen durch die Anwendung von Verhütungsmitteln, die Verbesserung des medizinischen und sozialen Schutzes von Müttern, und zum anderen durch eine Intellektualisierung und Vergesellschaftung der Reproduktionsarbeit. Frauen erfreuen sich somit größerer Freiheiten in bezug auf die Kontrolle über ihr biologisches Schicksal und auf eheliche Bindungen. Mit dem damit einhergehenden Erwerb bürgerlicher Rechte – Thema des dritten Beitrags – haben Frauen die Anerkennung als eigenständige Individuen errungen, was wiederum – gewiß in manchen Ländern deutlicher als in anderen – die soziale Gleichstellung der Geschlechter vorangetrieben hat.

Der dritte Beitrag ist entschieden pessimistischer im Ton. Er unterstreicht, trotz der Entwicklung innerhalb der wirtschaftlichen Strukturen, die fortdauernden Ungleichheiten auf dem Arbeitsmarkt und in der Ausbildung. Mit jeder zahlenmäßigen Zunahme der Frauen in einem Bildungszweig, einem beruflichen Sektor, einer Erwerbstätigkeit denkt sich die von Männern beherrschte Gesellschaft unter dem Deckmantel ökonomischer oder symbolischer Zwänge neue Methoden (jüngsten Datums: die widerrufliche oder Teilzeitanstellung) aus, um die Geschlechtertrennung in der Wissenschaft und der Erwerbstätigkeit aufrechtzuerhalten. Nur einer Minderheit von schulisch und sozial besser gestellten Frauen gelingt es, die Regeln zu durchbrechen und ein Recht auf Berufstätigkeit geltend zu machen.

Dieser ausführliche Beitrag sucht zu zeigen, wie sich der gemeinsame Einfluß von Ausbildung und Beschäftigung auf die Diversifizierung des Arbeitsmarktes auswirkt, und konnte daher nicht näher auf die Gesetzgebung oder etwa das Verhältnis zwischen Frauen und Gewerkschaftsbewegung eingehen. Die Gewerkschaften selbst können aber als Mitverantwortliche für die geschlechtliche Arbeitsteilung angesehen werden; man denke nur an die Befürwortung einer Gesetzgebung zum besonderen Schutz berufstätiger Frauen sowie an die geschlechterspezifischen Arbeitskonzepte der Gewerkschaften. In einer langen und sehr komplexen Entwicklung haben politisch aktive Gewerkschaftsfrauen (in Frankreich in den sechziger und siebziger Jahren beispielsweise Jeannette Laot in der CFDT oder Madeleine Colin in der CGT)[4] versucht, der Sache der Frauen in den Arbeiterorganisationen Gehör zu verschaffen, manchmal in der revolutionären Hoffnung, der massive Zustrom von Frauen auf den Arbeitsmarkt werde die Arbeit aller Menschen und damit die gesamte Gesellschaft verändern. Diese Utopie der siebziger Jahre hat zwar der Wirklichkeit weichen müssen, doch nicht ohne beträchtliche politische, materielle und symbolische Erfolge zu hinterlassen. Mitunter gesetzlich festgeschrieben, aber kaum verwirklicht, bleibt die berufliche Gleichstellung demnach ein grundlegendes Thema in den Beziehungen zwischen Frauen und Männern heute.

F. T.

13

WEIBLICHE ARMUT, MUTTERSCHAFT UND RECHTE VON MÜTTERN IN DER ENTSTEHUNG DES WOHLFAHRTSSTAATS 1890–1950[1]

Gisela Bock

Die modernen Wohlfahrts- oder Sozialstaaten zeigen, obwohl sie zu verschiedenen Zeiten und auf verschiedene Weise entstanden, ein bemerkenswertes Maß an Übereinstimmung. Die Reformen, durch die sie konstituiert wurden, waren vielfältig, doch in ihrem Zentrum stand die staatliche Unterstützung für solche Menschen, deren Armut ihrer Unfähigkeit entstammte, durch Erwerbsarbeit für sich selbst zu sorgen, und zwar speziell wegen Arbeitsunfällen, Krankheit, Alter und Arbeitslosigkeit. Im entstehenden Wohlfahrtsstaat waren solche Menschen nicht mehr wie zuvor Objekte der Armenfürsorge; sie waren somit auch nicht mehr diskriminierenden Bedürftigkeitsprüfungen oder dem Entzug der Staatsbürgerschaft unterworfen. Vielmehr wurde ihnen ein soziales Recht auf Unterstützung zugestanden, und die Unterstützung wurde als Aufgabe des Staates anerkannt. Dieses soziale Recht war in den zivilen und politischen Rechten der (Staats-)Bürger und in ihrer früheren Erwerbsarbeit als Beitrag zur Gesellschaft begründet (als in den 1940er Jahren in England der Begriff »welfare state« geprägt wurde, hafteten dem Begriff »welfare« längst nicht mehr die Konnotationen von Almosen, Barmherzigkeit und Armenpflege an). Bis zum Ersten Weltkrieg jedoch galten nur Männer als Staatsbürger, und vor wie nach dem Ersten Weltkrieg waren für Frauen die Sozialversicherungssysteme nur wenig hilfreich, da sie auf dem Arbeitsmarkt unterrepräsentiert und ihre Löhne und Gehälter niedriger waren als die der Männer. Die meisten Sozialreformen »zielten auf den männlichen Arbeiter, nicht auf Frauen und Kin-

der, welche die hauptsächlichen Nutznießer der früheren Armenfürsorge gewesen waren«.[2] Diese Asymmetrie kommt auch in der breiten
Forschung über die Entstehung der Wohlfahrtsstaaten zum Ausdruck,
denn diese konzentriert sich auf diejenigen Reformen, die in der Regel
Männer und männliche Armut betrafen; Frauen und weibliche Armut
erscheinen allenfalls als Anhängsel. Ähnliches gilt für die Erforschung
der gesellschaftlichen und politischen Kräfte, die sozialstaatliche Reformen forderten, behinderten, beeinflußten oder einführten. Untersucht
werden z. B. Gewerkschaften, konfessionelle und laizistische Gruppierungen, progressive, linke, liberale oder konservative politische Parteien.
Die älteren Frauenbewegungen spielen hingegen so gut wie keine
Rolle, obgleich sie entscheidend beteiligt waren an den Vorschlägen,
Initiativen und Debatten über diejenigen sozialstaatlichen Reformen,
die im folgenden behandelt werden: solche, die Mütter und Mutterschaft betreffen.

Seit dem späten 19. Jahrhundert waren die Kämpfe von Frauen um
bürgerliche, politische und soziale Rechte, um Staatsbürgerschaft und
Wohlfahrt eng miteinander verbunden, und die Frauenbewegung konzentrierte sich mehr als zuvor auf die Bedürfnisse und Interessen von
Frauen der Unterschichten und auf weibliche Armut. Viele Frauen
kämpften für das Wahlrecht, den Zugang zu Ämtern und die volle
Staatsbürgerschaft nicht nur mit dem Ziel, formale Gleichheit mit den
Männern zu erreichen (ein Ziel, das in Ländern, wo noch nicht einmal
alle erwachsenen Männer wählen durften, kaum überzeugend war),
sondern vor allem, um die Sozialpolitik zugunsten von Frauen zu
beeinflussen. In vielen Ländern begannen bürgerliche Angehörige der
Frauenbewegung, weibliche Armut zu untersuchen; gleichzeitig begannen auch arme Frauen, sich öffentlich zu äußern und über sich selbst
in vorher unbekannter Weise zu sprechen, besonders in Briefen und
Autobiographien. Diese Dokumente, die eine Historikerin geradezu als
einen Dialog zwischen bürgerlichen Frauen und Unterschichtsfrauen
analysiert hat,[3] illustrieren, wie die weibliche Armut und ihre vielfältigen Bezüge zur Mutterschaft zunehmend in das Bewußtsein rückten
und konzeptionalisiert wurden. Ungeachtet ihrer Forderungen nach
dem Recht auf ein selbsterworbenes Einkommen vertraten bürgerliche
Frauen weithin die Ansicht, Lohnarbeit könne und solle mit Mutterschaft – zumindest in deren früher Phase – nicht vereinbart werden.
Dagegen mußten viele Frauen der unteren Klassen diese beiden Anforderungen miteinander in Einklang bringen, nicht weil sie sich freiwillig danach gedrängt hätten, sondern aus wirtschaftlicher Notwendigkeit
(im späten 19. und frühen 20. Jahrhundert lag in Europa – mit Ausnahme der Niederlande und Spaniens – der Anteil der Frauen an der
erwerbstätigen Bevölkerung wesentlich höher als in den Vereinigten

Staaten und Kanada). Weibliche Armut wurde durch spezifisch weibliche Lebensrisiken verschärft: Mutterschaft, besonders im Fall von Müttern mit vielen Kindern, und das Fehlen oder der zeitweilige oder dauerhafte Verlust eines ehemännlichen Einkommens.[4] Deshalb waren unverheiratete Mütter, erwerbstätige und nichterwerbstätige Ehefrauen von Arbeitern, Fabrikarbeiterinnen, Witwen und »eheverlassene« Frauen die wichtigsten Zielgruppen der mutterschaftsbezogenen Bemühungen der Frauenbewegung. Darüber hinaus zielten die feministischen Forderungen auf die Mutterschaft als solche, ungeachtet der faktischen Armut von Frauen, ihres Berufs- oder Zivilstands. Argumentiert wurde, daß die Situation jener speziellen Gruppen von Müttern lediglich eine extreme Ausprägung einer allgemeinen Situation von Frauen darstelle, denn mit nur wenigen Ausnahmen seien sie tatsächliche oder potentielle Mütter, abhängig von einem Mann (mit oder ohne »Familienlohn«), der für ihren Unterhalt und den der Kinder zuständig war. Mutterschaft sei nicht nur ein »Spezialproblem« oder eine isolierte Frage, sondern ein alle Angehörigen des weiblichen Geschlechts verbindendes Element. Diese feministische Ausrichtung auf das Wohlergehen von Müttern, die als »feministischer Maternalismus« oder »maternalistischer Feminismus« bezeichnet werden kann, stellte sowohl die weibliche Armut als auch den männlichen Familienlohn in Frage und führte von der Forderung nach Rechten der in Armut lebenden Mütter zu einer nach den Rechten aller Mütter.

Die Frauenbewegung kämpfte somit um eine Art von Wohlfahrtsstaat und eine Art von Staatsbürgerschaft, die Rechte und Bedürfnisse nicht nur auf die Lebensrisiken von männlichen Lohnabhängigen beziehen sollte, sondern auch auf diejenigen von Müttern, ob erwerbstätig oder nicht. Sie initiierte und prägte wichtige Sozialgesetze, wenngleich ihre weitgespannten Hoffnungen und Forderungen nie ganz erfüllt wurden. In manchen Ländern agierte sie ohne das Frauenwahlrecht, wie im Fall der italienischen Mutterschaftsversicherung *(cassa di maternità)* von 1910, eine der ersten wohlfahrtsstaatlichen Maßnahmen in Italien, in anderen Ländern mit Hilfe des Frauenwahlrechts. In den Vereinigten Staaten beispielsweise war die Verabschiedung des Sheppard-Towner Maternity and Infancy Act (1921), des ersten wohlfahrtsstaatlichen Gesetzes mit bundesweiter Geltung, das erste Ziel und der früheste politische Erfolg der nun wahlberechtigten Frauen. In anderen Ländern schloß der Kampf der Frauen um politische Gleichheit die Forderung nach bezahltem Mutterschaftsurlaub für erwerbstätige Frauen vor und nach der Entbindung ein, darüber hinaus auch den Anspruch auf eine allgemeine und staatlich subventionierte Mutterschaftsversicherung, gedacht als Umverteilung des Einkommens von Männern auf Frauen. Unter dem Druck der diversen sozialen und politischen, männlichen und weiblichen Interessengruppen entstand daraus später der Vorschlag von »Kinderbeihilfen«, verstanden als Umverteilung des Einkommens von Kinderlosen auf diejenigen, die Kinder hatten. Als in den demokratischen Ländern solche Kinderbeihilfen schließlich durch Gesetz eingeführt wurden – in Frankreich in den 1930er Jahren, in England, Norwegen und Schweden kurz nach dem Zweiten Weltkrieg –, war es großenteils dem Druck von Frauen zuzuschreiben, daß sie direkt an die Mütter bezahlt wurden; doch bei ihrer Einführung in den Diktaturen der Zwischenkriegszeit, wo Frauen (wie auch Männer) ihre politischen Rechte verloren hatten, waren sie für die Väter bestimmt. Im Hinblick auf die demokratischen Staaten erscheint es wichtig, die Worte der englischen Feministin Vera Brittain in Erinnerung zu rufen (auch wenn heute nur wenige Feministinnen mit ihr übereinstimmen würden); im Jahr 1953 betonte sie, daß die »Frauenfrage« zum Kern des Wohlfahrtsstaats geworden sei: »In ihm sind die Frauen selbst zum Zweck geworden und nicht ein bloßes Mittel zum Zweck geblieben (...) Der Wohlfahrtsstaat war sowohl die Ursache als auch die Folge des zweiten großen Wandels, durch den die Frauen sich innerhalb von dreißig Jahren von der bloßen Konkurrenz mit Männern zu einer neuartigen Anerkennung ihres eigenen und eigentümlichen Wertes als Frauen fortbewegt haben.«[5] Der »eigene und eigentümliche Wert« bezog sich großenteils auf ihre Leistungen als Mütter. In dem langen Kampf um die Würde der Mutterschaft, die Rechte und das Wohlergehen der Mütter ist die Kontinuität vieler Ideen in Zeit und Raum ebenso eindrucksvoll wie ihre Veränderung.

In der Entstehung der Wohlfahrtsstaaten und in den Auseinandersetzungen über die Forderungen von Frauen und anderen Interessengruppen wurden mutterschaftsbezogene Sozialreformen oft mehr als (paternalistischer) Schutz denn als (maternalistisches) Recht verstanden. Nur selten wurde die Forderung nach einer umfassenden und systematischen Anerkennung der ökonomischen, gesellschaftlichen und politischen Würde der Mutterschaft von führenden männlichen Politikern akzeptiert. Einerseits wurde sie mit einer stückweisen Gesetzgebung für »besondere Problemgruppen« beantwortet und in unterschiedlichste Gesetzeszusammenhänge inkorporiert (Gewerbeordnung, Krankenversicherung, Armenfürsorge, Familienrecht, Einkommenssteuergesetz usw.). Andererseits wurde sie mit Reformen beantwortet, in denen die Bedürfnisse von Müttern und Frauen unsichtbar blieben und hinter einer scheinbar geschlechtsneutralen Gesetzessprache verschwanden, die sich auf Kinder und Familien, oft auch auf Väter als »Familienoberhaupt«, richtete. Der erste der folgenden drei Abschnitte behandelt die Themen, Argumente und Forderungen, welche die Frauenbewegungen in verschiedenen Ländern Europas und Nordamerikas aufwarfen und die das Verhältnis von weiblicher Armut, Mutterschaft und Staat betrafen – ein Aspekt dessen, was die Amerikanerin Katherine Anthony im Jahr 1915 die »dollars for women movement« nannte, neben der Bewegung für »votes for women«.[6] Im zweiten Abschnitt wird die frühe Phase der auf die Wohlfahrt von Müttern gerichteten Gesetzgebung vornehmlich bis zum Ersten Weltkrieg umrissen. Der dritte gilt den Stimmen von Frauen zu diesem Thema sowie der Gesetzgebung der Zwischenkriegszeit und unmittelbar nach dem Zweiten Weltkrieg.

FRAUENBEWEGUNGEN, MATERNALISTISCHER FEMINISMUS UND DIE RECHTE VON MÜTTERN 1890–1920

Ein zentrales Thema der feministischen Debatte war die Tätigkeit von Frauen, die sie als Mütter verrichteten. Viele Feministinnen behaupteten, sie sei eine Arbeit, wenn auch eine ganz besondere, und gehöre nicht etwa dem Bereich der »Natur« an. Im Jahr 1904 griff die deutsche Feministin Käthe Schirmacher, prominentes Mitglied des Verbands Fortschrittlicher Frauenvereine, scharf die Wissenschaft und Praxis der Nationalökonomie an, weil sie eben diese Arbeit mißachte. Auf einer öffentlichen Veranstaltung erklärte sie, daß die Hausarbeit der Frauen »wirkliche ›Arbeit‹« sei, »produktive Arbeit«, die »Werte produziert«, erhält und verteilt, auch wenn »sie nach nichts aussieht«; vor allem gebe es keine »›produktivere Arbeit‹ als die der Mutter (...), die ganz allein den Wert aller Werte, den denkenden und handelnden Wert aufbaut, den man ein Menschenwesen nennt«. Ausführlich beschrieb sie die harte Arbeit der Frauen im Haushalt und verwies darauf, daß dieselbe Arbeit bezahlt werde, sobald sie auf dem Arbeitsmarkt stattfinde. »Die häusliche Frauenarbeit ist die Conditio sine qua non der außerhäuslichen Berufsarbeit des Mannes«; er und sein Arbeitgeber hingen von ihr ab, so daß es scheine, »daß der Mann für zwei arbeitet, während er doch nur für zwei einstreicht«. »Ich muß gegen diese Ausbeutung der Hausfrau und Mutter protestieren«, wandte sie ein und argumentierte, daß es für Frauen nicht notwendig sein sollte, um der Emanzipation willen dieser Ausbeutung eine zweite hinzuzufügen, nämlich eine schlecht bezahlte Erwerbstätigkeit, sondern daß die Gesellschaft den Frauen eine soziale, politische und wirtschaftliche Anerkennung ihrer Hausarbeit schulde.[7]

Käthe Schirmacher stand mit dieser Meinung nicht allein, wenngleich ihre Folgerung – daß nämlich der Wert der häuslichen Arbeit anerkannt und sie sogar bezahlt werden sollte – von einigen Mitgliedern des Verbands als übermäßig »individualistisch« kritisiert wurde. Schirmacher hatte in Frankreich gelebt, wo sie in den 1890er Jahren ähnlichen Ansichten begegnet war, und sie hatte ihre Ideen zuerst in französischer Sprache veröffentlicht. In Frankreich war die Arbeit von Müttern, ihre Armut, ihre zivilrechtliche und ökonomische Abhängigkeit vom Ehemann und ihre noch schwierigere Situation, wenn sie keinen Ehemann hatten, zu einem verbreiteten und dauerhaften Thema der Feministinnen geworden. Auf dem Internationalen Kongreß für Frauenrechte in Paris wurde 1878 gefordert, die Gemeinden sollten arme Frauen nach der Entbindung für einen Zeitraum von achtzehn Monaten unterstützen. 1892 betonte die erste Frauenkonferenz, die sich selbst als »feministisch« bezeichnete, die Dringlichkeit einer *protection sociale à toutes les mères*. Im Jahr 1885 kandidierte Hubertine Auclert, unermüdliche Kämpferin für das Frauenwahlrecht und die erste Frau, die den Begriff *féministe* auf sich selbst bezog, außergesetzlich für die Parlamentswahl. Ihr Wahlprogramm sah vor, daß an die Stelle des gegenwärtigen »Minotaurus-Staats« *(État Minotaure)* ein »Mütterstaat« *(État Mère)* treten sollte, zu dessen Aufgaben die Versorgung der Kinder zählen müsse. 1899 trat sie für ein Mutterschaftsgeld ein, das durch eine von den Männern zu zahlende Vaterschaftssteuer finanziert werden sollte, und einige Jahre später für die Bezahlung von Müttern aufgrund ihrer »für den Staat unerläßlichen Dienste«. Als sie sich 1910 erneut als Parlamentskandidatin präsentierte, griff sie zusammen mit anderen Frauen die Forderung wieder auf. Auf dem Internationalen Feministischen Kongreß in Paris verkündete 1896 Léonie Rouzade, eine sozialistische Feministin: »Mutterschaft ist die grundlegende gesellschaftliche Funktion und verdient es, durch den Staat unterstützt zu werden«, und verlangte, daß der Kongreß in dieser Sache eine Petition an das Parlament richte.[8]

Erneut tauchte die Frage auf dem Internationalen Kongreß zur Lage und zu den Rechten der Frauen im Jahr 1900 auf. Debattiert wurde über das Recht unverheirateter Mütter auf Erhebung einer Vaterschaftsklage, um den Vater zur Unterhaltszahlung für das Kind zu zwingen – die *recherche de la paternité,* die durch Napoleons Code civil 1804 verboten worden war. Maria Pognon argumentierte, daß der Vater, der nicht für sein Kind zahlen wolle, nicht dazu gezwungen werden sollte; statt dessen solle die Regierung einen Fonds zur Unterstützung von Kindern schaffen, der für alle Frauen, ob verheiratet oder nicht, zugänglich sein müsse und der sie von den Vätern ihrer Kinder unabhängig machen würde. Die Konferenz beschloß die Empfehlung, in allen zivilisierten Ländern eine *caisse publique de la maternité* zu schaffen. Blanche Edwards-Pilliet berichtete über die doppelte Arbeitsbelastung von Fabrikarbeiterinnen innerhalb und außerhalb des Haushalts;

wegen der »enormen Bürde der Mutterschaft« müsse die Gesellschaft ihre Bedürfnisse finanziell abdecken. Es wurde beschlossen, daß erwerbstätige Frauen ein Recht auf bezahlten Mutterschaftsurlaub hätten. Diese Frage und, allgemeiner, die Anerkennung der Mutterschaft als gesellschaftliche Aufgabe blieben auch weiterhin auf der Tagesordnung des Conseil National des Femmes Françaises (gegründet 1901) und der Union Française pour le Suffrage des Femmes (gegründet 1909). Marguerite Durand, Begründerin und Herausgeberin der feministischen Tageszeitung *La Fronde*, setzte sich für die Bezahlung der Hausarbeit und für eine Mutterschaftsversicherung ein, zusätzlich zu der Notwendigkeit gleicher Bezahlung für gleiche Arbeit außerhalb des Haushalts. Die radikalere Nelly Roussel, die öffentlich die Empfängnisverhütung verteidigte und im Jahre 1904 einen »Gebärstreik« proklamierte, beschwor die Schmerzen der Geburt und unterstrich, »unter allen sozialen Aufgaben ist die fundamentalste, erhabenste, mühsamste und notwendigste die einzige, für die nie ein Lohn gewährt wurde«. Roussel postulierte das »Recht auf Mutterschaft« und forderte deren Anerkennung als wahrhafte Arbeit sowie einen »gerechten Lohn für die ehrenvolle Arbeit der Mutter«. Ein *salaire de la maternité* sollte es den Frauen, die dies wünschten, erlauben, sich ganz ihren Kindern zu widmen.[9]

Ähnliche Ideen und Vorschläge tauchten in allen westlichen Frauenbewegungen um die Jahrhundertwende auf. Die französische Version scheint jedoch als erste aufgekommen zu sein, war am prononciertesten formuliert und hatte zahlreiche Varianten. In allen Ländern kamen solche Vorschläge aus den Reihen der radikalen, gemäßigten sowie sozialistischen Frauen (wenn auch nicht alle Frauen dieser Gruppierungen sie befürworteten); viele von ihnen kannten einander persönlich. In Norwegen war Katti Anker Møller eine ihrer bekanntesten radikalen Verfechterinnen. Sie propagierte einen »Gebärstreik« von Frauen und die freiwillige Mutterschaft, und ihr aktives Engagement in der Politik begann 1900 mit der Forderung nach staatlichen Beihilfen für ledige Mütter. Schon bald weitete sie diese Forderung aus und schloß sämtliche Mütter ein, und um 1918 hatte sie eine Theorie entwickelt, derzufolge Mutterschaft als Arbeit anerkannt werden, einen »Lohn« erhalten und zu der am besten bezahlten Arbeit von Frauen werden sollte. Die schwedische Feministin Ellen Key, die in ihrem Heimatland weniger einflußreich war als auf internationaler Ebene, sah Mutterschaft als die vornehmste Berufung von Frauen, die vom Staat durch Bezahlung zu unterstützen sei.[10] In Italien war die Aufwertung der Mutterschaft als ein wichtiger Beitrag der Frauen zur Gesellschaft und zur erst kürzlich geeinten Nation eine zentrale Frage in der Frauenbewegung, und seit etwa 1890 kämpften viele feministische Gruppierungen – meist solche mit sozialistisch-feministischen Tendenzen – für eine *cassa di maternità,* eine Mutterschaftsversicherung für Fabrikarbeiterinnen. Sie sollte durch die Beiträge weiblicher und männlicher Arbeiter eigenfinanziert (ähnlich wie die früheren Arbeiterkooperativen) oder durch Beiträge von Arbeitereltern (für ihre Töchter), der Arbeitgeber, der Regierung oder aller zusammen finanziert werden. Das erste konkrete Projekt legte 1894 Paolina Schiff im Auftrag der Mailänder Lega per la Tutela degli Interessi Femminili (Nationaler Verband zum Schutz der Fraueninteressen) vor, und bald wurde die Forderung nach einem nationalen Mutterschaftsfonds von der Unione Femminile Nazionale aufgegriffen. Auf deren erstem Nationalen Kongreß für praktische Frauenaktivitäten im Jahre 1908 schlugen Nina Sierra und Bianca Arbib eine Versicherung vor, die es Frauen, insbesondere der Arbeiterklasse, ermöglichen sollte, sich während der Jahre der »aktiven Mutterschaft« ihrer Familie zu widmen und dafür bezahlt zu werden.[11]

Auch in Deutschland wurde das Modell der obligatorischen Mutterschaftsversicherung diskutiert. Doch hier war das Problem nicht der Mutterschaftsurlaub als solcher, da schon 1878 (ein Jahr nach dem ersten derartigen Gesetz in Europa, das in der Schweiz erging) die Gewerbeordnung eine (obligatorische) Mutterschutzfrist von drei Wochen nach der Entbindung für Fabrikarbeiterinnen vorsah und das Bismarcksche Krankenversicherungsgesetz von 1883 ein bescheidenes Wochengeld für selbstversicherte Arbeiterinnen einschloß (ein ähnliches Gesetz folgte in Österreich 1888). Frauen forderten vielmehr eine Verlängerung der Beurlaubung, die Einbeziehung von Erwerbstätigen außerhalb der Industrie und vor allem die Anhebung des Wochengelds auf – mindestens – die volle Lohnhöhe. Einige Feministinnen setzten sich für eine eigenständige Mutterschaftsversicherung ein, die nicht, wie die Krankenversicherung, Schwangerschaft und Mutterschaft als Krankheit einstufen würde. 1897 und 1901 vertrat Lily Braun, Feministin und Sozialistin, als erste öffentlich eine eigenständige Mutterschaftsversicherung; sie verstand sie als ein Mittel zur Befreiung der Frauen von Armut und wenigstens zeitweise von der Fabrikarbeit. Aus Steuern finanziert, sollte diese Versicherung die Bedürfnisse der Frauen vier Wochen vor und acht Wochen nach der Entbindung decken. Wie auch andere Feministinnen in Deutschland und anderswo begründete sie ihre Forderung mit dem Konzept: »Mutterschaft ist eine gesellschaftliche Funktion.«[12] Ihr Vorschlag war ein Kompromiß zwischen ihrem utopischen Ideal – Muttergeld für einen Zeitraum von eineinhalb Jahren – und der Notwendigkeit, den außerhäuslichen Arbeitsplatz zu erhalten. In der Folgezeit verlangten einige radikale, gemäßigte und sozialistische Frauen eine Mutterschaftsversicherung, so z. B. die jüdischen Feministinnen Alice Salomon und Henriette Fürth. Der Jüdische

Frauenbund stellte die Würde und die Aufwertung der Mutterschaft ins Zentrum seiner Theorien und Aktivitäten. Im Jahr 1905 hielt der Allgemeine Deutsche Frauenverein in seinem Programm fest, »die Arbeit der Frau in der Erfüllung dieses Berufs ist wirtschaftlich und rechtlich als vollgültige Kulturleistung zu bewerten«. Helene Lange erklärte jedoch, es scheine ihr »heute als verfrüht«, ihren Wert in präzisen Zahlen zu messen, da eine solche Auffassung »noch kein Bestandteil des allgemeinen sittlichen Bewußtseins« sei. In Deutschland gingen nur wenige Feministinnen so weit, eine staatliche Unterstützung für alle Mütter zu fordern. Anita Augspurg war eine von ihnen, und 1902 war Helene Stöcker, Mitgründerin des Bunds für Mutterschutz, fasziniert von der Idee einer »pekuniären Unabhängigkeit« von Hausfrauen und Müttern. 1909 wandte sich Schirmacher gegen die Differenz zwischen den Einkommen von Männern und Frauen; der zusätzliche Verdienst von Männern, der gewöhnlich mit ihrer Rolle als Ernährer gerechtfertigt wurde, stelle einen »Geschlechtszuschlag« – sie hatte den Begriff von Max Weber übernommen – oder »Familienzuschlag« dar, der eigentlich den Ehefrauen zustehe und an diese ausbezahlt werden müsse. Besonders beanstandete sie, daß die »Geschlechtsprämie« auch an ledige Männer gezahlt wurde: »*Seinem* Erwerb wird der Verdienst der legitimen Frau zugerechnet, und *seine* Entlohnung steigt, damit er sich die illegitime Frau kaufen kann; der ›Familienzuschlag‹ *beruht auf einem doppelten Raub an der Frau.*«[13]

In England plädierte Alys Russell schon 1896 für eine »Bezahlung der Mutterschaft«, als sie August Bebels Annahme in Frage stellte, nur der Sozialismus werde die Frauen emanzipieren. Sie kritisierte ihn, weil er Frauen eher als Industriearbeiterinnen denn als Mütter sah und die »Frauenfrage« nur als ein Anhängsel der Arbeiterfrage; aus ihrer Sicht waren höhere Löhne, die ökonomische Anerkennung der Mutterschaft und die gesetzliche Gleichstellung von Männern und Frauen sehr wohl möglich in einer »individualistisch« orientierten Gesellschaft, nicht nur in einer kollektivistischen.[14] Zur gleichen Zeit entstand in England eine eindrucksvolle Mütterbewegung. Bevor das Problem umfassender diskutiert wurde, verging jedoch ein weiteres Jahrzehnt. Unter den ersten Gruppen, die es erneut in Angriff nahmen, war die Women's Labour League (die Frauengruppe der Labour Party); 1907 verlangte sie eine finanzielle Unterstützung für bedürftige Mütter, »damit sie ihre Kinder versorgen können, ohne zusätzlich einer Lohnarbeit nachgehen zu müssen«. Zwei Jahre später diskutierte sie ein staatliches *endowment of motherhood* – dieser Begriff, der bald die Debatte beherrschen sollte, war um 1904 aufgekommen – und die Frage, ob es nur eine Unterstützung bei der Entbindung oder eher ein permanentes Einkommen für Mütter sein sollte. Andere Frauenorganisationen wandten sich gegen »die beklagenswerte Tendenz, der Arbeit einer Ehefrau und Mutter in ihrem Haushalt jeglichen Geldwert abzusprechen«.[15] Mutterschaftsgeld oder Mütterrenten (der letztere Begriff wurde meist für Zahlungen an verwitwete und andere besonders bedürftige Mütter gebraucht) wurden, vor allem von der Fabian Women's Group und der Women's Cooperative Guild, deren Mitglieder größtenteils der Arbeiterklasse angehörten, propagiert. Sie galten als Mittel zur Förderung der wirtschaftlichen Unabhängigkeit von Frauen und zur Anerkennung des sozialen Wertes der Kindererziehung. Im Jahr 1914 argumentierte Mabel Atkinson, daß Frauen der Arbeiterklasse – anders als Frauen der Mittelschichten – sich keineswegs von der Arbeit ausgeschlossen fühlten und daß sie nicht »das Recht auf Arbeit verlangten, sondern Schutz gegen die Bürde der endlosen Plackerei«. Sie sah das Problem als ein eminent politisches: Das »staatliche Mutterschaftsgeld wird immer deutlicher als das elementarste Ideal der feministischen Bewegung erkannt«, da »keine staatsbürgerliche Handlung grundlegender« sei als die Tätigkeit des Gebärens und Erziehens; es solle für den Zeitraum gezahlt werden, in dem die Frauen sich dieser Tätigkeit widmeten. Während und kurz nach dem Ersten Weltkrieg entwickelten Beatrice Webb und besonders Eleanor Rathbone eine ökonomische Theorie des Mutterschaftsgelds, die auf einer radikalen feministischen Kritik am männlichen Familienlohn und an der traditionellen Einkommensdifferenz zwischen Männern und Frauen basierte. »Gleicher Lohn für gleiche Arbeit« außerhalb des Hauses sollte durch Mutterschaftsgeld ergänzt werden, gänzlich unabhängig vom traditionellen Lohnsystem. Es war einerseits als eine »Entlohnung der Dienste von Frauen« gedacht, andererseits als ein Mittel gegen die negativen Wirkungen der Politik »gleicher Lohn für gleiche Arbeit«: Denn mit der Berufung auf diese Politik hatten die Gewerkschaften zuweilen verhindert, daß Frauen – mit ihrem geringeren Lohn – männliche Arbeitsplätze übernahmen, und sie hatten dazu beigetragen, Frauen auf »ungleiche« Arbeit festzulegen.[16]

Zwei Jahre vor dem Kriegseintritt der Vereinigten Staaten präsentierte die Amerikanerin Katherine Anthony die hier umrissenen europäischen Perspektiven den amerikanischen Feministinnen. Sie beurteilte »die ökonomische Wertung der Mutterschaft« und »das Prinzip staatlich subventionierter Mutterschaft« als »eines der bedeutendsten Kapitel in der Geschichte des sich wandelnden Status der Frauen«. Auch wenn die Zahlungen anfangs nur minimal seien, seien sie doch entscheidend, weil sie einen »bezahlten Urlaub« von der Erwerbsarbeit sicherten, »nicht vom Ehemann, sondern aus einer anderen Quelle« stammten, den Weg zur Unabhängigkeit von Müttern und somit zu fundamentalen Veränderungen der Geschlechterbeziehungen ebneten. In dieser Perspektive untersuchte sie die Armut amerikanischer Mütter der Arbeiterklasse, die gezwungen waren, zusätzlich zu ihren Familienpflichten eine Stelle anzunehmen, und schrieb eine Einleitung zur amerikanischen Ausgabe des Berichts, den das englische Family Endowment Committee, von Eleanor Rathbone gegründet, im Jahr 1917 vorgelegt hatte.[17] Obwohl nur wenige Vertreterinnen des amerikanischen Feminismus Anthonys Forderung nach Anerkennung und Bezahlung der Arbeit von Müttern explizit aufgriffen, stand sie doch nicht allein. Schon die ältere und eher konservative Frauenklub-Bewegung und beispielsweise der mitgliederstarke Christliche Mäßigkeitsverband der Frauen (Women's Christian Temperance Union) hatten die häuslichen Pflichten von Frauen zum Mittelpunkt ihrer Aktivitäten gemacht, auf ihrer öffentlichen Bedeutung bestanden und gelegentlich auch gefordert, daß jene Pflichten »zu den bezahlten Industrien der zivilisierten Nationen gehören« sollten. Einige radikale Feministinnen des 20. Jahrhunderts – z. B. Crystal Eastman, die auch öffentlich für Geburtenkontrolle eintrat – vertraten die Meinung, daß Kindererziehung »von der Welt als Arbeit anerkannt werden muß und eine präzise wirtschaftliche Kompensation verdient – und nicht nur das ›Recht‹ der Erzieherin, von einem Ehemann abhängig zu sein«. Neben diesen konservativen und radikalen Stimmen verfochten drei weitere feministische Gruppierungen ähnliche Ansprüche: Sozialreformerinnen der »Progressiven Ära« wie Jane Addams und Sophonisba Breckinridge; die Feministinnen, die das Kinderamt (Children's Bureau) im Bundesarbeitsministerium gründeten (1912) und leiteten, vor allem Lillian Wald, Florence Kelley, Julia Lathrop und Grace Abbott; schließlich die Mütterbewegung seit den 1890er Jahren, die unter dem Namen Nationaler Mütterkongress (National Congress of Mothers) organisiert war. Hauptsächlich dem letzteren war die Entstehung einer breiten Bewegung zu verdanken, die »Renten« für bedürftige Mütter forderte (mothers' pensions). Einige ihrer Befürworterinnen verteidigten die Mütterrenten mit der Begründung – und ihre Gegner und Gegnerinnen attackierten sie mit eben diesem Argument –, daß sie nicht eine karitative Liebesgabe seien, sondern eine Entlohnung für geleistete Arbeit, und somit als Einfallstor für ein allgemeines Mutterschaftsgeld wirken würden. Noch wichtiger war jedoch, daß Frauen begannen, die Renten als ihr Recht anzusehen.[18]

Es braucht kaum eigens betont zu werden, daß – obgleich viele Frauen in vielen Ländern für die Würde der Mutterschaft, ihre Anerkennung als Arbeit und ihre allgemeine Entlohnung oder teilweise Unterstützung durch den Staat eintraten – bei weitem nicht alle Feministinnen mit der zugrundeliegenden Gesellschaftsanalyse und der damit einhergehenden Vision einer künftigen Gesellschaft und Strategie für die Befreiung der Frauen übereinstimmten. Aber auch viele Frauen, die sich in diesen grundlegenden Fragen einig waren, waren

doch bezüglich der praktischen Umsetzung und mancher spezieller
Aspekte oft uneins. Und nicht alle Feministinnen, die einige oder alle
jener Ansichten teilten, taten dies ihr Leben lang: Für einige waren sie
ein Ausgangspunkt, für andere ein Durchgangsstadium, für wiederum
andere ihr Hauptengagement. In allen genannten Ländern brachten
Frauen ähnliche Einwände gegen die genannten Forderungen vor.

Ein verbreiteter Einwand war, die Forderung nach Mutterschaftsgeld
sei »individualistisch« und egoistisch. Katherin Glasier von der British
Independent Labour Party verurteilte sie als ein »krass individualisti-
sches Rebellen-Stadium unseres Frauenkampfes für die Freiheit«, und
die Amerikanerin Charlotte Perkins Gilman argumentierte gegen Ellen
Key, daß Frauen »nicht für sich selbst« nach Macht streben sollten, »sondern zum Wohl der Gemeinschaft«. Zweitens sah man in Zahlungen an
Mütter einen Ausdruck unangemessenen Mißtrauens gegenüber den
Ehemännern und deren Verwendung des Familieneinkommens; solches Mißtrauen würde die Familienbande zerstören.[19] Den dritten und
bald am weitesten verbreiteten Einwand formulierten z. B. in England
die Sozialarbeiterin Anna Martin und in Deutschland Marianne Weber:
Mutterschaftsgeld und »Lohn für Hausarbeit« enthöben die Ehemänner
ihrer Verantwortung für Frau und Kinder, unterhöhlten damit den
Arbeitsanreiz für Männer und beförderten nicht die Frauenemanzipation, sondern die »Emanzipation« der Männer. Beide Feministinnen
plädierten statt dessen für eine gleichmäßige Aufteilung – nicht der
Hausarbeit, wohl aber des Einkommens des Mannes – zwischen dem
Ehepaar. Weber forderte außerdem eine gesetzliche Regelung, die der
Frau ein Recht auf Haushaltsgeld und eine gewisse Summe als
Taschengeld zusichere. Doch waren sich beide sehr wohl bewußt, daß
eine solche Aufteilung gerade für die Frauen, deren häusliche Arbeit
am härtesten war, utopisch oder nutzlos wäre: nämlich für diejenigen,
deren Ehemänner wenig oder kein Geld nach Hause brachten. Viele
waren – viertens – der Ansicht, die Gesellschaft könne die ihr zugewiesenen Aufgaben nicht übernehmen, denn die staatlichen Ressourcen reichten für derartige Zahlungen nicht aus. Noch problematischer
erschien manchen – fünftens – die Umwandlung der »Arbeit aus Liebe« von einem Gebrauchswert in einen Tauschwert, was manche Frau-
en für »unmoralisch«, »unnatürlich« und »monströs« hielten.[20] In Deutschland, aber auch in den Vereinigten Staaten, war ein sechstes Argument
zu hören: Maria Lischnewska hielt die außerhäusliche Arbeit für produktiver als die häusliche, und sie bestand darauf, daß die nichterwerbstätige Hausfrau »nur konsumiert«, »versorgt« werde und für die
Volkswirtschaft keinen Wert darstelle; dem stellte sie als »Typus der
Neuen Frau« die verheiratete Fabrikarbeiterin gegenüber, die häusliche
Arbeit und Erwerbsarbeit miteinander in Einklang bringe. Wurde die

Mütterwohlfahrt im Hinblick auf Arbeiterinnen und im Kontext der Fabrikgesetzgebung diskutiert, argumentierten die Gegnerinnen von Mutterschaftsurlaub und -geld gegen besondere Gesetze für Frauen, weil sie die weibliche Wettbewerbsfähigkeit auf dem Arbeitsmarkt beeinträchtigen und das Vorurteil von der weiblichen Schwäche verstärken würden; dies war das Thema der berühmten Debatte zwischen Anna Maria Mozzoni und Anna Kuliscioff in Italien. Wieder andere schließlich lehnten ein Muttergeld speziell für unverheiratete Mütter ab, da es die sexuelle Promiskuität und unerwünschte Nachkommenschaft befördern würde.[21]

Trotz der Einwände griffen die meisten Feministinnen, einschließlich derjenigen, die ein Mutterschaftsgeld ablehnten, die Mutterschaftsideologie für ihre eigenen Visionen der Frauenbefreiung auf. Sie taten es zum Beispiel, um die Dringlichkeit des Frauenwahlrechts zu begründen (wie in England und in den Vereinigten Staaten) und um die Forderung nach Zugang zu gehobenen und gut bezahlten Berufen durchzusetzen (wie beispielsweise im deutschen feministischen Konzept der »geistigen« oder »organisierten Mütterlichkeit«). Auf der anderen Seite stimmten diejenigen, die Mutterschaftsgeld favorisierten, nicht unbedingt auch in anderen Fragen überein, z. B. bezüglich der Geburtenkontrolle, der Bedeutung der Ehe, der Organisation der Hausarbeit, der Fabrikgesetzgebung für Frauen. Nur selten wurde die Ablehnung des Mutterschaftsgeldes damit begründet, daß es Frauen gegen ihren Willen dazu bewegen würde, mütterliche Pflichten zu erfüllen; so argumentierte Charlotte Perkins Gilman, die die Kindererziehung sozialisiert und professionalisiert sehen wollte. Im übrigen teilten in diesem Zeitraum bei weitem die meisten Frauen – ungeachtet ihrer politischen Richtung, unterschiedlicher Klassenzugehörigkeit und der von ihnen vertretenen Variante von Feminismus – die Annahme, daß Hausarbeit und Kindererziehung ohnehin eine Aufgabe von Frauen war, wenn auch nicht die Aufgabe *aller* Frauen.[22]

Feministinnen, die darauf bestanden, daß »Mutterschaft eine gesellschaftliche Funktion« sei und nicht nur eine physiologische, private oder individuelle, griffen die überkommene kulturelle Dichotomie zwischen privater/persönlicher und öffentlicher/politischer Sphäre an und kämpften für eine neue Interpretation ihres Verhältnisses, und zwar nicht nur im Hinblick auf die außerhäusliche Gesellschaft[23], sondern auch auf Haushalt und Mutterschaft. Somit brachen sie radikal mit dem, was später eine »biologische« Sicht der Geschlechter genannt werden sollte (der Begriff »biologisch« war zu Beginn unseres Zeitraums noch nicht gängig). In der Begründung von Frauenrechten und -pflichten bezogen sie sich oft auf eine »Natur der Frau«, womit sie einerseits den Aufklärungsdiskurs von »Naturrecht« und »natürlichen Menschenrechten«

aufgriffen und ihn andererseits insofern in Frage stellten, als er Frauen von diesen Rechten aufgrund einer »Natur« ausschloß, die für Männer und Frauen unterschiedlich zu sein schien. Sie klagten nun soziale und politische Bürgerrechte für Mütter und andere Frauen ein, indem sie auf die ihnen eigentümliche »Natur« verwiesen, verstanden als ihr eigenständiger und einzigartiger Beitrag zur Gesellschaft. Indem sie Rechte, Verantwortung und Schutz für etwas forderten, was bis dahin als private und individuelle Pflicht bzw. Verantwortung angesehen wurde, kritisierten sie nicht so sehr die Aufteilung der Arbeit zwischen Männern und Frauen; vielmehr stellten sie die geschlechterbezogene Aufteilung von bezahlter und unbezahlter Arbeit in Frage (beide sollten nach ihrem Wert bezahlt werden) und somit auch die geschlechterbezogene Aufteilung von Machtlosigkeit und Macht (als Macht galt beispielsweise den Frauen der Women's Cooperative Guild auch die »basket power«, die Macht des Einkaufskorbs der Hausfrau). Die radikaleren Feministinnen stellten die Ordnung der Gesellschaft in Frage; diese sollte künftig auf den Aktivitäten und Verdiensten von Frauen aufbauen, nicht (oder nicht nur) auf denjenigen der Männer. Viele von ihnen waren der Meinung, daß ein adäquater Mutterschutz nicht nur den Frauen diene, sondern der Gesellschaft insgesamt und daß deshalb – in den Worten der Italienerin Ersilia Majno – »feministische Forderungen, einst lächerlich gemacht, als das erkannt werden müssen, was sie wirklich sind: soziale Forderungen für das Wohl der Gesellschaft«.[24]

Wer in staatlichen Beihilfen oder gar in der Bezahlung der Mütterarbeit einen Weg zur Frauenbefreiung sah, betonte gewöhnlich sowohl die Würde als auch die Ausbeutung von Mutterschaft – in Helene Stöckers Formulierung: »In der Mutterschaft liegen die tiefsten Wurzeln seiner [des weiblichen Geschlechts] Sklaverei und seiner Freiheit.«[25] Solche Feministinnen pflegten männerorientierte soziale Werte, die »Doktrin vom Primat und der Vorherrschaft des männlichen Prinzips« scharf zu kritisieren. Andererseits teilten sie das traditionelle aufklärerische und neuere feministische Ziel der »Gleichheit« sowohl in wirtschaftlicher als auch in politischer Hinsicht: Nelly Roussel beispielsweise definierte den Feminismus als »Theorie von der natürlichen Gleichwertigkeit und der sozialen Gleichheit der Geschlechter«.[26] Sie und andere forderten Gleichberechtigung mit Männern auf der Grundlage, daß die Aktivitäten der Mütter als Arbeit anerkannt würden, wenn auch mit dem wichtigen – und voll Stolz betonten – Unterschied, daß sie eine edlere – gar die edelste – und jedenfalls die notwendigste Arbeit sei. Staatliches Wochengeld und Mutterschaftsgeld sollten diese Art von Gleichheit insofern befördern, als sie ein Weg zur Unabhängigkeit (von Arbeitgebern und Ehemännern) waren und ein Ausdruck der Forderung nach »gleicher Bezahlung für gleichwertige Arbeit«. Frauen sollten nicht, um ihrer »Gleichheit« willen, die herrschenden männerzentrierten Wertsetzungen akzeptieren müssen; vielmehr hoffte man, diese zu untergraben, zu ersetzen oder wenigstens zu ergänzen. Jene Feministinnen waren nicht der Meinung, daß »Gleichbehandlung« die Frauen auch dann befreie, wenn sie zu ungleichen Ergebnissen führte oder bloß Gleichheit im Elend brächte; ebensowenig, daß ökonomische, soziale und politische Gleichheit von Frauen und Männern die Erfüllung identischer Aufgaben heiße, und schließlich auch nicht, daß Frauen und Männer »essentiell« identisch seien. Sie spielten die Geschlechterdifferenz nicht herunter, sondern bestanden auf dem Recht der Frauen, anders zu sein, und sahen dies nicht als einen Ausdruck von Ohnmacht und Resignation, sondern von weiblichem Stolz, weiblicher Macht und Selbstbehauptung. Französische Feministinnen formulierten diese Perspektive als »Gleichheit in der Differenz«. Schirmacher formulierte sie in ihrem Vortrag von 1904: »Wir leben in einer ›Männerwelt‹, vom Mann in erster Linie für sich, nach *seinem* Bilde, für *sein* Behagen geschaffen. In dieser Welt hat der Mann sich als Maßstab aller Dinge und Wesen betrachtet, auch als Maßstab der Frau. Wer *seines Gleichen* sein sollte, mußte *ihm gleich* sein, tun was er tat, um seine Achtung zu erwerben. Für ihn lag die *Gleichwertigkeit* einzig in der *Gleichartigkeit,* nur *Similität* galt ihm als *Parität*.« Sie wies die Annahme zurück, daß die Aktivitäten von Frauen »minderwertig« seien im Vergleich zu denen von Männern, und verband die Forderung nach dem Recht auf Gleichheit mit dem Recht auf Anders-Sein.[27] Im Italien der Jahrhundertwende wurde diese Sichtweise »femminismo sociale« oder »femminismo pratico« genannt. Auch heute ist sie wieder Gegenstand von Analysen und Debatten darüber, wie diese Form von Feminismus zu verstehen ist und wie sie sich zu anderen Formen von Feminismus verhält; unterschieden wird beispielsweise zwischen »Gleichheitsfeminismus« und »sozialem Feminismus«, zwischen »individualistischem« und »Beziehungs-Feminismus«, zwischen »liberalem« und »Wohlfahrts-Feminismus«, zwischen »politischem« und »häuslichem Feminismus«[28], wobei der hier zur Diskussion stehende maternalistische Feminismus gewöhnlich dem zweiten Begriff des jeweiligen Begriffspaars zugeordnet wird. Doch diese sich scheinbar gegenseitig ausschließenden Konzepte überschneiden sich in der historischen Wirklichkeit nur allzu oft, wie z. B. der erwähnte Individualismus-Vorwurf an die Adresse des maternalistischen Feminismus deutlich macht. Dessen ungeachtet eröffnen die heutigen Debatten neue Perspektiven auf die alten und verweisen auf die wichtige Rolle, die das Phänomen Mutterschaft in den Theorien, Forderungen und Hoffnungen der älteren Frauenbewegung spielte.

Mutterschaft und Sozialpolitik
bis zum Ersten Weltkrieg

Der Höhepunkt des maternalistischen Feminismus fiel mit einer neuen
Gesetzgebung zur Förderung von Müttern und Kindern zusammen, die
teils finanzielle Leistungen – sie sind der Gegenstand dieses Abschnitts –,
teils Dienst- oder Sachleistungen vorsah. In der Vorkriegszeit und
während des Ersten Weltkriegs wurden in den meisten industrialisierten oder in der Industrialisierung begriffenen Ländern solche Gesetze
verabschiedet. Die Reformen blieben allerdings weit hinter den feministischen Forderungen zurück, sowohl in bezug auf die Höhe der Leistungen als auch auf die Zahl und Art der Empfängerinnen. Diese
waren entweder erwerbstätige Frauen – genauer: einige wenige Gruppen von ihnen, anfänglich nur die Fabrikarbeiterinnen – oder bedürftige Mütter, hauptsächlich solche ohne Ehemann oder deren Ehemann
nicht (genug) verdiente. Selbst im Fall dieser besonderen Gruppen
blieb die Wirkung der Reformen bescheiden, vor allem wegen der
bürokratischen Prozeduren, der Bedürftigkeitsprüfungen, Moralkontrol-
len und der niedrigen ausbezahlten Summen. Aber wenn auch die
Gesetzgebung in dieser Hinsicht großenteils als Tradition der Armenfürsorge oder Gewerbeordnung verhaftet blieb, bedeutete sie dennoch
einen Bruch mit der Vergangenheit. Der Bruch wurde besonders deutlich sichtbar an dem vehementen Widerstand, auf den die Reformen
in allen Ländern stießen. Sie legten den Grund für weiterreichende und
allgemeine soziale Rechte in den zukünftigen Wohlfahrtsstaaten. Zwar
hatten in diesem Zeitraum nur wenige Frauen das Recht zu wählen
und gewählt zu werden (vor Ende des Kriegs wurde das Frauenwahlrecht in Neuseeland, Australien, Finnland, Norwegen, Dänemark, Rußland und den Niederlanden eingeführt, 1918 in Schweden, Großbritannien, Deutschland, Österreich und 1920 in den Vereinigten Staaten
und Kanada). Trotzdem kämpften Frauen und die Frauenbewegung um
Einfluß auf die Sozialpolitik, mit unterschiedlichem Erfolg.

In Italien war es hauptsächlich dem Druck der Frauenorganisationen
zu verdanken, daß 1910 die *cassa di maternità* eingeführt wurde. Sie
basierte auf dem Versicherungsmodell, und die obligatorischen Beiträge waren von den weiblichen Arbeitern zu zahlen (nicht aber von den
männlichen, was im internationalen Vergleich einzigartig war), außerdem von den Arbeitgebern; Zuschüsse kamen in Form wohltätiger
Spenden und in geringem Maß vom Staat. Das Wochengeld sollte an
Fabrikarbeiterinnen während ihres obligatorischen Mutterschaftsurlaubs
gezahlt werden, aber die Beträge waren zu niedrig und die Beiträge
für die meisten Frauen zu hoch; deshalb konnten sie die Freistellung

von der Erwerbstätigkeit tatsächlich kaum wahrnehmen (und rekur-
rierten deshalb häufig auf Schwarzarbeit). In den Vereinigten Staaten
wurde das erste Gesetz zur Einführung von *mothers' pensions* im Jahr
1911 in Illinois erlassen, und bis 1919 führten 39 Staaten diese Form
der Mütterbeihilfe ein. Ihre Gewährung war an zwei Bedingungen geknüpft: zum einen wirtschaftliche Bedürftigkeit, zum anderen der Verlust bzw. das Fehlen einer Versorgung durch den Ehemann. Es wurde
also insbesondere Witwen zugesprochen, in einigen Staaten auch unverheirateten, verlassenen oder geschiedenen Müttern. In Frankreich[29]
wurde 1912 – endlich! – die *recherche de la paternité* zugelassen. Nun
konnten die Väter von unehelichen Kindern verpflichtet werden, diese
zu unterstützen – zumindest in der Theorie, wenn auch längst nicht
immer in der Praxis. Das Engerand-Gesetz von 1909 brachte eine
Garantie des Arbeitsplatzes für Frauen, die ihm bis zu acht Wochen
vor und nach der Geburt fernblieben; aber weder war dieser Mutterschaftsurlaub obligatorisch, noch gab es Beihilfen für diese Zeit (mit
Ausnahme von Lehrerinnen an öffentlichen Schulen, die seit 1910
Ersatzzahlungen in Höhe ihres vollen Gehalts erhielten). Weitere vier
Jahre der Agitation und engen Zusammenarbeit zwischen Feministinnen und einigen sympathisierenden Abgeordneten waren notwendig,
bevor mit dem Strauss-Gesetz von 1913 und einem zusätzlichen
Finanzgesetz grundlegende Änderungen eintraten. Die beiden Gesetze
verpflichteten die Arbeitgeber zur Gewährung von Mutterschaftsurlaub
und – wichtiger noch – gewährten Beihilfen für bestimmte Kategorien
von Arbeiterinnen (getragen von Gemeinden, Départements und Regierung). Noch im selben Jahr wurden bedürftigen Familien mit vier und
mehr Kindern Beihilfen zuerkannt, im Dezember außerdem besondere Kinderbeihilfen für Beamte eingeführt. In beiden Fällen – und
anders als beim Strauss-Gesetz – ging die Zahlung an die Väter: Kein
Wunder, daß sich Feministinnen wie Nelly Roussel entschieden dagegen aussprachen. Zusammengenommen legten die drei Gesetze das
Fundament für den französischen Wohlfahrtsstaat, insbesondere für
seine späteren allgemeinen Kinderbeihilfen.

In Deutschland gingen den Änderungen der Gewerbeordnung und
der Reichsversicherungsordnung von 1903, 1908 und 1911 engagierte
Debatten in der Frauenbewegung voraus, vermutlich mit bescheidenem
Einfluß auf den Gesetzgeber. Die Reformen erweiterten den Mutterschaftsurlaub auf acht Wochen, erhöhten das Wochengeld und schlossen eine obligatorische Krankenversicherung für Hausangestellte ein.
Doch die – zahlreicheren – Ehefrauen versicherter Lohnarbeiter blieben ausgeschlossen, wenngleich sie sich freiwillig versichern konnten
(was nur wenigen möglich war). In England erging 1911 das erste
nationale Krankenversicherungsgesetz (National Insurance Act). Wäh-

rend es noch ausgearbeitet wurde, gelang es der Women's Cooperative
Guild, dem Gesetzestext ein Wochengeld *(maternity benefit)* einzu-
fügen, und zwar nicht nur für selbstversicherte Frauen, sondern auch
für die nichterwerbstätigen Angehörigen versicherter Ehemänner. Das
Gesetz von 1911 sah vor, daß die letztgenannten Leistungen an die
Ehemänner gehen sollten. Nun war es wiederum die Guild, die gegen
diese Vorschrift zu Felde zog, und sie tat es mit Erfolg: Seit 1913
hatten die Mütter selbst das Recht auf die Zahlung (von 30 Shilling).
Das Gesetz zum Schutz von Müttern und Kindern (Maternity and Child
Welfare Act, 1918) sah die Einrichtung von »Wohlfahrtskliniken« und
andere Dienstleistungen für bedürftige Mütter vor und erfüllte somit
einige der Forderungen der Frauenbewegung. In den Niederlanden
brachte ein Gesetz zur obligatorischen Krankenversicherung aus dem
Jahr 1913 auch ein Wochengeld, und in Dänemark wurde 1915 das
Wochengeld in ein Modell freiwilliger Versicherung einbezogen. Norwegen führte 1909 und 1915 Mutterschaftsbeihilfen für erwerbstätige
Frauen ein, und das Kinderwohlfahrtsgesetz von 1915 gewährte Beihilfen für alleinerziehende (unverheiratete, verwitwete, geschiedene
und getrennt lebende) Mütter, die zu arm waren, ihre Kinder allein
großzuziehen; sie wurden aus Steuern finanziert. Die Beihilfen wurden
gegen den heftigen Widerstand der Konservativen durchgesetzt, und
zwar dank des Engagements von Johan Castberg, ehemaliger Justizminister und Schwager von Katti Anker Møller, von der er einige Ideen
übernommen hatte. Doch sie waren niedrig und reichten nicht aus, die
Lebenshaltungskosten zu decken; von den Müttern wurde vielmehr
erwartet, zusätzlich zur Kinderversorgung eine außerhäusliche Erwerbsarbeit zu übernehmen. Außerdem waren die Leistungen mit einer
Beaufsichtigung ihrer Lebensführung verbunden: »Schlechte Mütter«
blieben ausgeschlossen, oder ihre Kinder wurden ihnen weggenommen. In Schweden verpflichtete ein Gesetz von 1900 die Arbeitgeber,
einen Mutterschaftsurlaub von vier (später sechs) Wochen nach der
Geburt zu gewähren, allerdings ohne eine finanzielle Unterstützung. Es
bedurfte zwölf weiterer Jahre, bis ein Entwurf für eine Mutterschaftsversicherung vorgelegt wurde. Er wurde mit der Begründung abgelehnt, daß solche Zahlungen nur im Rahmen einer obligatorischen
Krankenversicherung verankert werden könnten, die es aber noch
nicht gab. Erst in den zwanziger Jahren, als schwedische Frauen ins
Parlament eingezogen waren, wurde die Frage erneut aufgeworfen.
Aber das Kinderwohlfahrtsgesetz von 1924 enttäuschte ihre Hoffnungen, denn es sah eine staatliche Intervention nur im Fall von Kindes-
mißhandlung vor und lediglich in wenigen Fällen eine finanzielle
Unterstützung von Müttern. Erst 1931 kam es zu einer staatlich unterstützten Krankenversicherung, die auch Frauen im Mutterschaftsurlaub

(und auch freiwillig versicherte, nichterwerbstätige Frauen) berechtigte, Mutterschaftsbeihilfe zu beantragen. Gleichzeitig wurde eine Mutterschaftsbeihilfe auch für nichtversicherte Frauen eingeführt, die also für eine weitaus größere Zahl von Frauen galt und aus Steuermitteln finanziert wurde.[30]

Im Jahr 1917 legte Julia Lathrop, Vorsitzende des Children's Bureau im Bundesarbeitsministerium der Vereinigten Staaten, einen beeindruckenden internationalen Überblick über staatlich finanzierte oder unterstützte Wochengelder bzw. Mutterschaftsbeihilfen vor; sie tat es »in der Hoffnung, daß diese Information von Nutzen sein werde für das Volk eines der wenigen großen Länder, die immer noch keine gesamtstaatliche Unterstützung der Mutterschaft eingeführt haben – die Vereinigten Staaten«.[31] Ihr Bericht umfaßte fünfzehn meist europäische Länder. In Europa gingen die Beihilfen gewöhnlich nur an erwerbstätige Mütter, und mit lediglich zwei Ausnahmen – Italien und Frankreich – waren sie Teil der nationalen Krankenversicherung, setzten also Schwangerschaft, Geburt und Mutterschaft mit Krankheit gleich. Singulär war das australische Gesetz von 1912: Die Mutterschaftsbeihilfe wurde den *citizens* gewährt (die Staatsbürgerschaft australischer Frauen war voll anerkannt), ungeachtet von Familienstand und Berufsstand. Trotz der Unterschiede zwischen den Gesetzen im einzelnen und – wichtiger noch – in ihrer Implementierung zeigen sie einen internationalen Trend hin zu einer wohlfahrtsstaatlichen Unterstützung von Müttern oder, genauer, für bestimmte Gruppen unter ihnen. Ihre transnationalen Ähnlichkeiten sind nicht nur im Hinblick auf die politischen, sozialen und ökonomischen Unterschiede zwischen den einzelnen Ländern bemerkenswert, sondern auch bezüglich der unterschiedlichen Spezialprobleme, welche die einzelnen Länder damit zu lösen suchten. In Italien und Frankreich war die neue Politik in bezug auf Mütter und Mutterschaft teilweise eine Antwort auf die frühere, aber immer noch verbreitete Praxis der Kindsaussetzung und des Ammenwesens: Besonders arme erwerbstätige Mütter – unverheiratet oder auch verheiratet – pflegten ihre Kinder in staatlich finanzierte Institutionen abzugeben, wenn sie nicht in der Lage waren, sie selbst zu versorgen. In beiden Ländern hofften die Frauen, die den Wert der Mutterschaft hervorhoben, diese Institutionen abzuschaffen. In den Vereinigten Staaten waren die *mothers' pensions* auch deshalb eingeführt worden, um der verbreiteten Praxis entgegenzuwirken, Kinder, deren Mütter außer Haus arbeiteten und trotzdem arm waren oder deren Väter die Familie nicht zu unterhalten vermochten, in Waisenheimen unterzubringen, die von privaten Wohltätigkeitsvereinen finanziert wurden und als kalt und unmenschlich galten. In England war das *baby-farming* Gegenstand einer ähnlichen Kritik geworden.[32] In diesen Ländern sollte eine sozialisierte, professionalisierte und institutionalisierte Kinderaufzucht durch private, aber dennoch öffentlich unterstützte Mutterschaft ersetzt werden.

Trotz der Mängel der mutterschaftsbezogenen Gesetzgebung der Vorkriegs- und Kriegszeit, die von Feministinnen vielfach kritisiert wurden, brachte sie gewiß manche Verbesserungen für Mütter. Ihre langfristige Wirkung war noch grundsätzlicher: Der Staat übernahm, wenn auch zögernd und nur teilweise, die Aufgabe der Unterstützung von Müttern. Viele Feministinnen sahen das als einen Meilenstein auf dem Weg zur Anerkennung der »gesellschaftlichen Funktion« von Mutterschaft und der vollen Staatsbürgerschaft von Frauen als Frauen – nicht trotz, sondern wegen ihrer Geschlechtszugehörigkeit. Gleichwohl war jene Gesetzgebung nicht nur eine Antwort auf feministische Forderungen oder auf die Not der Mütter, auch wenn eine solche Rhetorik aufgebracht werden mußte, um den starken Widerstand der Traditionalisten zu überwinden. Unter den weiteren Motiven der Gesetzgeber stand an erster Stelle das wachsende öffentliche Bewußtsein von dem gleichzeitigen Geburtenrückgang, zusammen mit dem steigenden Interesse an der Bevölkerungszahl als einem wichtigen Faktor für nationalen Stolz und nationale Macht. Dieses Phänomen trat am frühesten in Frankreich in den Vordergrund der öffentlichen Debatte, da hier die Geburtenrate am frühesten gesunken war und die Niederlage im Krieg gegen das bevölkerungsreiche Deutschland im Jahr 1871 das Thema mit dem Problem nationaler Größe und europäischer Hegemonie aufgeladen hatte. Seit der Jahrhundertwende fühlten sich zahlreiche Menschen in vielen Ländern von der abnehmenden Fertilität bedroht; Experten und Möchtegern-Experten suchten nach Mitteln, den Trend zu stoppen oder gar umzukehren. Die beiden Punkte, an denen man zuerst ansetzte, waren der Kampf gegen die Säuglings- und Kindersterblichkeit, der zu Kampagnen und Maßnahmen zur Säuglingsfürsorge führte, und der Kampf gegen die Müttersterblichkeit, der dazu beitrug, die Frage des Mutterschutzes auf die Tagesordnung zu setzen. Selbstverständlich waren beide eng miteinander verbunden.

Sobald man gewahr wurde, daß der Geburtenrückgang, der in den Ober- und Mittelschichten begonnen hatte, auch die Arbeiterschaft erreichte – in England und Deutschland um 1900, in Italien wesentlich später –, rückten arme Mütter, unverheiratete Mütter und Fabrikarbeiterinnen ins öffentliche Interesse, vor allem in Ländern mit einem erheblichen weiblichen Anteil an der erwerbstätigen Bevölkerung, wie Frankreich, England und Deutschland. Oft wurde der »Gebärstreik« dem Feminismus, die Kindersterblichkeit der »Ignoranz« der Mütter und schließlich die Kinder- wie Müttersterblichkeit der Frauenfabrikarbeit zugeschrieben; angesichts der miserablen Löhne und Arbeitsbedingungen von Frauen zu Beginn des 20. Jahrhunderts hat die letztere Hypothese einiges für sich.[33] Dennoch, und trotz vielfältiger öffentlicher Anklage, gab es kein Land, das Gesetze zur Entlassung von Fabrikarbeiterinnen bzw. zum Verbot der Frauenfabrikarbeit erließ, und die Frauen der Unterschicht konnten es sich gewöhnlich nicht leisten, ausschließlich für den Haushalt und die Kinder zu arbeiten, da das Überleben der Familie von ihrem Lohn abhing. Insoweit als die Einführung von Mutterschaftsurlaub und Wochengeld für Fabrikarbeiterinnen auch von der Hoffnung auf einen Stopp des Geburtenrückgangs getragen wurde, zielte sie nicht etwa darauf, Mütter vom Arbeitsmarkt zu entfernen, sondern darauf, sie bei ihrer Kombination von Familienarbeit und Erwerbsarbeit zu unterstützen, wenn auch nur in der schwierigen Zeit der Schwangerschaft, Niederkunft und kurz danach. Insgesamt gesehen zielte jedoch die mutterschaftsbezogene Sozialpolitik nicht nur auf eine höhere Überlebensrate der Säuglinge und Mütter, sondern auch auf eine Steigerung der Geburtenzahl. Es entstand innerhalb dieses Zeitraums – neben dem Trend zu einer genuinen Sozialreform auch zugunsten von Müttern bzw. Frauen insgesamt – eine pronatalistische Rhetorik und Politik, der die staatliche Förderung der Mütterwohlfahrt als ein Mittel galt, diejenigen zum Kinderkriegen zu bewegen, die Kinder zwar haben wollten, sie sich aber wegen Armut und Arbeitsüberlastung nicht leisten konnten. Diese Rhetorik und Politik entwickelte sich in den zwanziger Jahren weiter und blieb – in unterschiedlichem Maß in verschiedenen Ländern – bis in die dreißiger Jahre hinein einflußreich.

Obwohl die pronatalistische Politik in anderen und zuweilen widersprüchlichen Motiven wurzelte, traf sie sich teilweise mit den feministischen Forderungen nach Sozialreform und Rechten für Mütter. Während maternalistische Feministinnen die Anerkennung von Müttern als Bürgerinnen und von Mutterschaft als Bestandteil von Staatsbürgerschaft anstrebten – Staatsbürgerschaft also nicht trotz, sondern wegen Mutterschaft –, sahen Pronatalisten die Mutterschaft als nationale Ressource. Deshalb konnte der »Gebärstreik«, gleichsam im ökonomischen und traditionellen Sinn von »Streik«, wie er von der Arbeiterschaft praktiziert wurde, funktionieren: Es ging nicht darum, die »Gebärarbeit« gänzlich einzustellen, sondern sie zum Zweck der Verbesserung von Einkommen und Arbeitsbedingungen zurückzuhalten. Wohl nirgendwo anders war dies so deutlich wie in Frankreich. Französische Feministinnen wiesen nur höchst selten die pronatalistische Rhetorik zurück und erst recht nicht die pronatalistische Politik; vielmehr nutzten sie sie recht konsequent für ihre eigenen Ziele, manchmal in vollem Ernst, manchmal eher in taktischer Weise. »Wenn ihr Kinder wollt, lernt zuerst, die Mütter zu ehren«, appellierte beispiels-

weise Maria Martin, Herausgeberin des *Journal des Femmes,* im Jahr 1896
in einem Artikel über die verbreitete Furcht vor »Entvölkerung« *(dépopulation)* und »Geburtenschwund« *(dénatalité).* Cécile Brunschvicg
betonte 1931, daß »die französischen und die ausländischen Feministinnen gleichermaßen den Wunsch haben, die Kinder zu retten, den
Müttern zu helfen, zur Mutterschaft zu ermutigen«. Als schließlich
während des Ersten Weltkriegs – angesichts der Millionen im Feld stehender und gefallener Männer und der Notwendigkeit von Frauenarbeit in kriegswichtigen Industrien – die Wochenhilfe vielerorts angehoben wurde, um den Frauen die Verbindung von Erwerbsarbeit und
Mutterschaft zu ermöglichen, und männliche Bevölkerungsexperten
alle möglichen Arten von Gebäranreizen vorschlugen, wandten sich
einige Frauen dagegen. In Deutschland kritisierte die gemäßigte Feministin Gertrud Bäumer (von 1910 bis 1919 Vorsitzende, später stell-
vertretende Vorsitzende des Bundes Deutscher Frauenvereine) solche
Vorschläge, denn sie behandelten »die Frage der Geburtenzahl ausschließlich unter dem Gesichtspunkt der Wehrkraft«, als ein »Wettrüsten
der Mütter«, und man versuche, »ein ganzes Bestechungssystem von Versicherungen, Anerkennungen und Entschädigungen« einzuführen, »um
Leben hervorzulocken«. Gleichwohl konnte für Feministinnen in Deutschland und anderswo die Fürsorge für Kinder und Mütter nicht weit genug gehen, und der Bund Deutscher Frauenvereine forderte weiterhin
Reformen, »die den Müttern die Möglichkeit eines seelischen Mütter-
erlebnisses erst sichern können«.[34]

Die französischen Feministinnen hatten einen weiteren Grund, die
Mutterschaft als Grundlage für Frauenrechte und weibliche Verantwortung zu preisen. Nicht nur, aber besonders in Frankreich hofften männliche Bevölkerungspolitiker, ihr Ziel nicht durch den Schutz der Mutterschaft, sondern den Schutz der Vaterschaft zu erreichen, denn sie sahen
im Geburtenrückgang nicht das Ergebnis einer Krise der Weiblichkeit,
sondern der Männlichkeit. Die lautstärksten unter ihnen schlossen sich
zur »Nationalen Allianz für die Vermehrung der französischen Bevölkerung« zusammen – ausgerechnet im Jahr 1896, kurz nach dem feministischen Kongreß, auf dem Léonie Rouzade staatliche Subventionen für
alle Mütter gefordert hatte. Die Anhänger der »Allianz« riefen die Männer
dazu auf, viele Kinder zu zeugen, und forderten finanzielle Anreize für
Väter, vor allem Freibeträge in der Einkommens- und Erbschaftssteuer.
Seitdem wurden Steuerfreibeträge zum wichtigsten Vorschlag derjenigen
Pronatalisten, welche die Aufwertung der Vaterschaft betrieben. Aus der
Sicht der »Allianz« sollten Mütter hingegen einen Orden erhalten – ein
Vorschlag, der Feministinnen wie Maria Martin und Hubertine Auclert
1903 dazu bewog, noch schärfer als zuvor – und gewürzt mit sarkasti-
scher Kritik – auf staatlichem Mutterschaftsgeld zu beharren.[35]

Der Erste Weltkrieg brachte eine wichtige Neuerung, und wieder war es Julia Lathrops Children's Bureau, das sie gründlich untersuchte. Alle kriegführenden Länder, wieder mit Ausnahme der Vereinigten Staaten, hatten Trennungsbeihilfen (*separation allowances,* in Deutschland »Familienunterhalt«) eingeführt: Leistungen, die direkt an die Witwe oder an die Frau des abwesenden Soldaten gezahlt wurden, für sie selbst und ihre Kinder. Die Höhe des Familienunterhalts hing mancherorts von der Größe der Familie ab, anderswo vom sonstigen Einkommen der Frau, und meist wurde er nicht nur Ehefrauen gewährt, sondern auch Frauen, die mit dem Soldaten auch ohne Heirat zusammengelebt hatten. Untersuchungen über England und Deutschland haben gezeigt, daß die Soldatenfrauen – obwohl sie die Leistungen erhielten, weil sie als »Abhängige« galten – das Geld als ihr eigenes Recht und als eine Gegenleistung für ihre häusliche Arbeit verstanden; außerdem verbesserten sich durch die Zahlungen nachweislich die Lebensbedingungen der Kinder. Lathrop und ihre Mitarbeiter im Kinderamt schrieben dieser Neuerung, die in ihren Augen auf den »fortschrittlichsten und liberalsten Ideen« beruhte, größte Bedeutung für die künftige Politik in den Vereinigten Staaten zu.[36]

MUTTERSCHAFT, VATERSCHAFT UND STAATSBÜRGERSCHAFT 1920–1950

Die Erfahrungen mit der Mutterschaftspolitik während des Ersten Weltkriegs blieben auch nach seinem Ende wichtig, sowohl für die Frauenbewegungen als auch für die Entstehung der modernen Wohlfahrtsstaaten. In den Ländern, wo Frauen wahlberechtigte und wählbare Staatsbürgerinnen wurden, nutzten viele von ihnen ihre Stimme und parlamentarische Repräsentation, um die Situation der Mütter zu verbessern. Im Vergleich zur Vorkriegszeit wandelte sich ihre Vorgehensweise: Utopische Erwartungen verblaßten hinter pragmatischeren Ansätzen, die Koalitionen mit anderen politischen Kräften erforderten. Die frühere Neigung, die Ausbeutung der Mütter anzuklagen und gleichzeitig die Mutterschaft zu glorifizieren, klang in den meisten Ländern allmählich ab, großenteils auch bei den Feministinnen selbst und mehr noch bei männlichen Politikern und Interessengruppen. Am deutlichsten war das in den Vereinigten Staaten. Die Frauenbewegung hatte 1921 mit dem Sheppard-Towner-Mutterschaftsgesetz einen beeindruckenden Sieg davongetragen, und das Gesetz, das Bundesmittel für die Gesundheitsvorsorge für Mütter und Kinder bereitstellte, wurde

eben deshalb von seinen Gegnern – unter anderem von den Ärzte-
verbänden, die Konkurrenz befürchteten – mit dem Argument angegriffen, es führe in den Vereinigten Staaten »Kommunismus« und »Kollektivierung« ein. Doch im Lauf der zwanziger Jahre wandte sich eine
Minderheit der Frauenbewegung von der Konzentration auf Mütter und
von der Mutterschaftsideologie ab, trat für eine strikte gesetzliche
Gleichstellung von Männern und Frauen ein und engagierte sich für
Probleme, bei denen gleiche Gesetze als wünschenswert und realistisch erschienen, darüber hinaus für einen Gleichberechtigungs-Zusatz
zur Verfassung. Zur selben Zeit triumphierten die parlamentarischen
Gegner auf dem Feld der Mutterschaftspolitik: Die Gewährung von
Bundesmitteln für das Mutterschaftsgesetz wurde abgebrochen, und
1928 wurde es schließlich aufgehoben. Damit wurde der Grundsatz
verfestigt, daß Mutterschaft eine rein individuelle oder familiäre Aufgabe und Verantwortung sei und nicht etwa eine gesellschaftliche. Erst
im Rahmen des Bundesgesetzes über soziale Sicherheit (Social Security
Act) von 1935 und dank der beharrlichen Lobby des Children's Bureau
wurden erneut Bundesmittel gewährt – für entsprechende Initiativen
der Einzelstaaten –, nun aber nicht mehr als explizite Unterstützung für
Mütter, sondern in geschlechtsneutralen Termini: als »Fürsorge für minderjährige Kinder« *(aid to dependent children)*. Das Budget wurde nicht
mehr von den Frauen des Children's Bureau verwaltet, sondern von
der Bürokratie der Social Security. Seither wurde in den Vereinigten
Staaten kein Bundesgesetz für die Mütterwohlfahrt mehr erlassen. Erst
in den sechziger und siebziger Jahren trat das Problem der »Fürsorge
für minderjährige Kinder« erneut als eine Frauenfrage in das Licht der
Öffentlichkeit – vorwiegend als Problem unehelicher und schwarzer
Mütter, den *welfare mothers* – und spielte später eine wichtige Rolle
in der Formulierung der Hypothese von der »Feminisierung der
Armut«.[37]

Großenteils aufgrund der unermüdlichen Lobby von Frauen verabschiedete das Internationale Arbeitsamt im Jahr 1919 die Konvention
von Washington; sie empfahl den im IAA vertretenen Staaten, gesetzliche Regelungen für einen sechswöchigen Mutterschaftsurlaub vor und
nach der Entbindung, vollen Lohnersatz für diese Zeit und kostenlose
medizinische Versorgung zu erlassen. Im Deutschland der Weimarer
Republik, wo sowohl die Gleichberechtigung von Frauen und Männern
als auch der Mutterschutz in der Verfassung verankert worden waren
(Art. 109 und 119), kooperierten die weiblichen Abgeordneten aller
Parteien (mit Ausnahme der Nationalsozialisten, die keine hatten) mit
beträchtlichem Erfolg, um das Wochengeld und die Stillprämien für
krankenversicherte Frauen und Angehörige versicherter Männer zu
erhalten oder sogar zu erhöhen; sie knüpften hierbei an die im Krieg

eingeführten Verbesserungen an. Ein mutterschaftsbezogenes Gesetz von 1919 kann als das erste gelten, in dem der neue Status der Frauen als Staatsbürgerinnen zum Ausdruck kam. Mit dem Mutterschutzgesetz von 1927, einem der wichtigsten Wohlfahrtsgesetze der Weimarer Republik, war Deutschland der erste große Industriestaat, der die Konvention von Washington einlöste. Die parlamentarische Arbeit zugunsten von Müttern, besonders denen der Arbeiterschaft, wurde von sozialistischen, liberalen und gemäßigten Feministinnen getragen. Letztere setzten sich auch weiterhin für den Zugang von Frauen zu gehobenen Berufen ein, besonders zu solchen, die als Ausdruck »geistiger« oder »sozialer Mutterschaft« angesehen wurden (z. B. Sozialarbeit, der Lehr- und der Arztberuf). Aber trotz der fortdauernden Rhetorik über Mutterschaft und ihre Aufwertung als »Beruf« setzten sich deutsche Feministinnen nun nicht mehr für ein allgemeines Mutterschaftsgeld, unabhängig vom Erwerbsstatus, ein; statt dessen richteten sich die entsprechenden Debatten vornehmlich darauf, die Effizienz von Hausarbeit zu steigern und somit die für sie aufgewandte Zeit zu reduzieren.

Anders war die Situation in England. Die kriegsbedingten Trennungsbeihilfen, an deren Verwaltung Eleanor Rathbone mitgewirkt hatte, inspirierten sie auch weiterhin in ihrem lebenslangen Einsatz für eine allgemeine Mutterschaftsbeihilfe. Nachdem sie 1919 zur Vorsitzenden der National Union of Women's Suffrage Societies gewählt (bald umbenannt in National Union of Societies for Equal Citizenship) und seit 1929 unabhängige Parlamentsabgeordnete war, stellte sie ihre Forderungen in den Zusammenhang einer Theorie der Geschlechterbeziehungen und einer feministischen Strategie, die sie »neuen Feminismus« und »wirkliche Gleichheit für Frauen« nannte. Damit beabsichtigte sie, »das zu fordern, was wir für die Frauen wollen, und zwar nicht weil es das ist, was die Männer haben, sondern weil es das ist, was Frauen brauchen, um das Potential ihrer eigenen Natur zu entfalten und den Umständen ihres eigenen Lebens gerecht zu werden«; dies bedeute auch, daß »die gesamte gesellschaftliche Struktur und Dynamik gleichermaßen die Erfahrungen, Bedürfnisse und Bestrebungen der Frauen berücksichtigen muß«.[38] Verglichen mit dem Vorkriegsfeminismus war diese Sicht weniger neu als sie beanspruchte, doch in der Zwischenkriegszeit stellte ihre umfangreiche Schrift *The Disinherited Family* (1924) die wichtigste ökonomische Analyse dar, welche die Notwendigkeit unabhängiger finanzieller Zuwendungen an Mütter begründete: als feministische Alternative zu einer Gesellschaftsordnung, die auf dem Lohn des männlichen »Ernährers« basierte. Auch sprach Rathbone sich entschieden gegen den wachsenden Einfluß der Eugenik aus (später auch gegen den Antisemitismus in Deutschland). Dem eugenischen Argument, daß Beihilfen für die Mütter der Unterschichten, die ohnehin zu viele Kinder hätten, sie (und ihre Ehemänner) dazu bringen würden, noch mehr Kinder in die Welt zu setzen, hielt sie entgegen, daß der höhere Lebensstandard, den Frauen durch solche Beihilfen erreichten, sie viel eher dazu veranlassen würde, selbst Geburtenkontrolle zu praktizieren.[39] Obwohl ihre grundsätzliche Analyse dieselbe blieb, änderten sich wichtige Details ihrer praktischen Vorschläge. Utopische Visionen traten zurück, und in den Vordergrund trat die Suche nach pragmatischen Lösungen, nicht zuletzt auch als Reaktion auf die jahrelange Kritik anderer Frauen, derzufolge Mütter keinesfalls Beihilfe für sich selbst, sondern nur für die Bedürfnisse ihrer Kinder erhalten sollten und weitergehende Zuwendungen die Frauen vom Arbeitsmarkt vertreiben würden.[40] Während Rathbone zuvor Beihilfen sowohl für die Mütter als auch für die Kinder vorgeschlagen hatte, ging es nun nurmehr um »Kindergeld« oder »Familienbeihilfen« *(child allowances, family allowances)*. Wie in den USA und anderen Ländern bewegte sich der Diskurs allmählich weg von der einstigen Zentralität von Frauen und ihrer »Differenz«, hin zu einer geschlechtsneutralen Terminologie. Doch ungeachtet der Terminologie bestanden die zahlreichen Feministinnen, die sich für »Familienbeihilfen« einsetzten, auch weiterhin darauf, daß diese an die Mütter gezahlt werden und eine Kompensation für ihre häusliche Arbeit darstellen sollten. Und die Gegner der Familienbeihilfen verstanden sehr wohl die gleichbleibende Bedeutung dieser Forderung.

In England wandten sich sowohl die Konservativen als auch die Gewerkschaften gegen diese Vorstellungen. Erstere suchten die Staatsausgaben zu begrenzen, letztere kämpften weiterhin für einen männlichen »Familienlohn« (also höhere Löhne für Männer als für Frauen) und hatten Grund zu glauben, daß ihr Kampf durch ein Mutterschaftsgeld, auch in eingeschränkter Form, gefährdet würde: Ihr Hauptargument war, eine staatliche Familienzulage senke die Löhne der Männer. Zuweilen bestätigten Exponenten der Arbeiterbewegung Rathbones vielzitiertes Diktum von einem männlichen »Paschakomplex«, wenn auch selten so offen wie Ramsay MacDonald von der Labour Party, der die Forderung nach Mutterschaftsgeld einen »Ausbruch von wahnsinnigem Individualismus« nannte und verkündete, daß »im Sozialismus das Recht von Müttern und Kindern auf Versorgung nicht vom Staat, sondern von der Familie anerkannt werden wird«.[41] Während seit 1920 viele Frauenorganisationen (z. B. die National Union und die Frauen der Labour Party) die Forderung nach Familienbeihilfen in ihr Programm aufnahmen – manchmal neben der Forderung nach freiem Zugang zu Mitteln der Empfängnisverhütung –, sprach sich eine andere Gruppe von Feministinnen gegen eine Mutterschaftspolitik aus und propagierte identische Gesetze und strikte Gleichheit für Männer und Frauen; ähnlich wie in den Vereinigten Staaten führte das zu einer tiefen Spaltung in der Frauenbewegung. Seit den dreißiger Jahren löste sich die Debatte um Familienbeihilfen von der »Frauenfrage« und griff andere Probleme auf (besonders die mögliche Auswirkung der Beihilfen auf Löhne und Inflation); vor allem der Widerstand von Konservativen und Gewerkschaften verhinderte die Einführung der Beihilfen bis zum Ende des Zweiten Weltkriegs.[42] Als schließlich 1945 ein Gesetzentwurf für eine allgemeine staatliche Familienbeihilfe, unabhängig vom Ehe- und Berufsstand, dem Parlament vorgelegt wurde, sah er fünf Schilling pro Woche vor (statt der acht Schilling, die der Beveridge-Plan von 1942 empfohlen hatte). Abweichend von den Plänen der Frauen, die das erste Kind mit eingeschlossen hatten, sollte die Beihilfe erst vom zweiten Kind ab gewährt und im übrigen nicht an die Mutter gezahlt werden, sondern an den »Haushaltsvorstand«. Rathbone, viele Frauen und Frauenorganisationen protestierten innerhalb und außerhalb des Parlaments: Der Entwurf werde »den Status der Mutterschaft nicht anheben, sondern erniedrigen«, denn er behandle die Ehefrau »als bloßes Anhängsel« ihres Mannes.[43] Dem weiblichen Proteststurm gelang es dann doch, die Zahlung direkt an die Mütter zu erwirken. Gemessen an den ursprünglichen Zielen des maternalistischen Feminismus – Anerkennung der »Mutterschaft als gesellschaftliche Funktion« und Ablösung des männlichen »Ernährer«-Lohns durch eine Umverteilung des Einkommens von Männern auf Frauen – war der Family Allowance Act eine Niederlage. Trotzdem war er auch ein Sieg, denn er erkannte das Recht von Müttern auf ein eigenes Einkommen außerhalb der herkömmlichen Lohnstruktur an. Bemerkenswert ist das besonders im Vergleich mit den europäischen Diktaturen jener Zeit, unter denen die Familienbeihilfen tatsächlich »den Status der Mütter nicht anhoben, sondern erniedrigten«.

Die 1941 in Australien und 1944 in Kanada eingeführten »Kinder«- bzw. »Familienbeihilfen« glichen denjenigen in England und waren Folge ähnlicher Debatten innerhalb und außerhalb der Frauenbewegung. Das Beispiel Norwegens zeigt, wie die Mutterschaftsideologie und die Forderung nach einem Mütterlohn, die noch in den zwanziger Jahren sehr virulent waren, allmählich in den Hintergrund gedrängt wurden. In den dreißiger und vierziger Jahren wurden geschlechtsneutrale Kinderbeihilfen *(barnetrygd)* diskutiert; sie waren nicht mehr mütter-, sondern kinder- und familienzentriert. Grundsätzlich war es in der Debatte darum gegangen, ob das Wohlergehen der Kinder durch Lohnzuschüsse, Staatsbeihilfe oder Dienst- und Naturalleistungen gefördert werden solle. Die Arbeiterbewegung lehnte Kinderbeihilfen als solche nicht ab, wandte sich jedoch gegen ihre Form als Lohnzulagen und trat seit den zwanziger Jahren für die Übernahme durch den Staat und die Finanzierung durch Steuern ein. Sozialistische und nichtsozialistische Feministinnen befürworteten auch weiterhin die ausschließliche Zahlung an Mütter. Als die allgemeine Kinderbeihilfe schließlich 1946 vom Parlament beschlossen wurde, war sie für die Mütter bestimmt, aber zu niedrig, um als »Mütterlohn« im ursprünglich propagierten Sinn zu gelten. Sie war somit keine eigenständige Einkommensquelle, sondern lediglich ein Zuschuß. Arme Mütter waren bis 1957 und 1964, als Witwen und alleinversorgenden Müttern ein rechtlicher Anspruch auf Geldleistungen gewährt wurde, auf die kommunale Armenfürsorge angewiesen. In Schweden wurde 1937 ein staatliches Müttergeld gewährt, auf das über 90 Prozent aller Mütter ein Anrecht hatten, außerdem zusätzliche Leistungen für bedürftige Mütter. Diese Reformen waren großenteils das Ergebnis der vorausgegangenen Vorschläge und Aktivitäten der Frauenbewegung, aber auch einer neuen sozialdemokratischen Familienpolitik, die pronatalistische Bestrebungen mit Sozialreformen verband, wie sie von Alva Myrdal und Gunnar Myrdal entworfen worden waren. Allgemeine Kinderbeihilfen wurden 1947 gesetzlich eingeführt; ähnlich wie in anderen demokratischen Ländern gingen sie an die Mütter. Sowohl in Schweden als auch in Norwegen wurden diese Sozialreformen durch pronatalistische Bestrebungen gefördert, auch wenn sie hier wohl weniger prononciert waren als in manchen anderen Ländern. Es wurde kürzlich überzeugend dargelegt, daß der Pronatalismus in diesem Kontext als ein Mittel der Frauenemanzipation funktionierte, indem er dazu beitrug, Frauen mit einem gewissen unabhängigen Einkommen auszustatten.[44]

Von den europäischen Ländern war Frankreich dasjenige, wo der Pronatalismus am ausgeprägtesten war – unter Politikern, organisierten männlichen Bevölkerungsexperten ebenso wie in der Volkskultur und Folklore. Er dauerte auch in der Zwischenkriegszeit unvermindert an, als nach einem kurzen Babyboom in den frühen zwanziger Jahren die Geburtenrate weiterhin sank und in den späten dreißiger Jahren einen Tiefstand erreichte. Im Jahr 1920 wurden der Muttertag und ein Orden für Mütter mit fünf oder mehr Kindern eingeführt. Ebenfalls 1920 wurde alle antinatalistische Propaganda – besonders seitens der neomalthusianischen Verbände – verboten, und ein Gesetz von 1923 sorgte einerseits für eine striktere Durchsetzung der Bestrafung von Abtreibungen, während es andererseits die Abtreibung, zuvor als Verbrechen geahndet, nun als ein Vergehen einstufte, also mit geringerer Strafe belegte. Das Sozialversicherungsgesetz von 1928, das sich teilweise an dem deutschen Modell orientierte, integrierte die Mutterschaftsgesetze von 1913 in ein Krankenversicherungsmodell (und wiederum wandten sich die Feministinnen gegen die Gleichsetzung von Schwangerschaft und Geburt mit Krankheit). Es betraf versicherte, also erwerbstätige

Frauen und die Ehefrauen versicherter Männer, gewährte kostenlose medizinische Versorgung im Kindbett, verlängerte die Zeit des Mutterschaftsurlaubs und erhöhte das Wochengeld.[45]

Französische Feministinnen und Frauenorganisationen lehnten den familienfreundlichen und pronatalistischen Konsens keineswegs ab, und es war einigermaßen schwierig geworden, die pronatalistischen Ziele (mit Ausnahme der väterzentrierten) von den feministischen Zielen des Mutter- und Kinderschutzes zu unterscheiden. Allerdings vermochten die Pronatalisten, so das Ergebnis einer Studie, »die Eltern zwar davon zu überzeugen, daß Frankreich dringend eine pronatalistische Gesetzgebung brauche, nicht aber von der Dringlichkeit, daß sie als Eltern mehr Kinder haben müßten«.[46] In den dreißiger Jahren dauerte die feministische Debatte über die Mutterschaft als »soziale Funktion« oder »Familienfunktion« an, wobei die Befürworterinnen der (privaten) »Familienfunktion« eine staatliche Bezahlung ablehnten und die Befürworterinnen der (öffentlichen) »sozialen Funktion« sie favorisierten. Cécile Brunschvicg sprach sich für einen Kompromiß aus: Die »Mutterschaft als soziale Funktion« beschränke sich auf Frauen ohne Ehemann und auf solche, deren Ehemann sie nicht ernähren konnte; hier stehe der Staat in der Pflicht. Dagegen bestand die »Frauenvereinigung für bürgerliche und soziale Rechte« (Union Féminine Civique et Sociale), die im Unterschied zu der vorwiegend protestantischen Führung der säkularen Frauenbewegung vom Sozialkatholizismus beeinflußt war, auch weiterhin auf der »sozialen Funktion« der Mutterschaft. Sie befürwortete, über den in der päpstlichen Enzyklika *Quadragesimo Anno* (1931) empfohlenen Familienlohn für Väter hinausgehend, eine Mütterbeihilfe für nichterwerbstätige Frauen *(allocation de la mère au foyer)* und plädierte für das Recht von Müttern, sich ganz ihren Kindern zu widmen; auch der Französische Frauenwahlrechtsverband (Union Française pour le Suffrage des Femmes) unterstützte 1933 dieses Ziel.[47] Die Position der Union Féminine ähnelte früheren feministischen Vorschlägen; sie unterschied sich von ihnen aber darin, daß sie den männlichen Familienlohn und ein Müttergeld gleichzeitig favorisierte, also die beiden nicht als Alternative sah und damit vermied, den Papst und auch die Arbeiterorganisationen gegen sich aufzubringen, die (wie in England) im Müttergeld eine Gefahr für die Männerlöhne sahen.

Französische Feministinnen unterstützten außerdem allgemeine und staatlich finanzierte Familienbeihilfen. In Frankreich entstanden sie aus einer Reihe von Vorläufern, von denen einige auch in anderen Ländern existierten: die Gesetze von 1913 (Kinderbeihilfe für arme Familien und Beamte) und die von den Arbeitgebern finanzierten Kinderbeihilfen *(allocations familiales),* die in den zwanziger Jahren weit verbreitet, aber auf bestimmte Regionen und Branchen beschränkt waren. Die *allocations* waren meist aus der Lohn- und Arbeitsmarktpolitik der Unternehmer entstanden. Sie wurden durch Ausgleichskassen finanziert, in die mehrere Arbeitgeber einzahlten; obwohl die Gewerkschaften sie ablehnten, brachten sie vielen Arbeitern und ihren Familien Nutzen. Da Frauen einen hohen Anteil an der Arbeiterschaft stellten, wurden die Beihilfen oft, wenn auch nicht durchgängig, direkt an die Mütter gezahlt. Das Familienbeihilfegesetz von 1932 – das erste seiner Art – verpflichtete alle Arbeitgeber, sich innerhalb einer bestimmten Frist diesen Ausgleichskassen anzuschließen und einzuzahlen; wenngleich das Gesetz nur allmählich verwirklicht wurde und große Gruppen von Arbeitern noch jahrelang ausgeschlossen blieben, machte es doch aus einer Lohnpolitik der Industrie eine nationale Familienpolitik, der das Prinzip einer familienzentrierten distributiven Gerechtigkeit zugrunde lag. Es wurde 1938 und dann nochmals mit dem umfangreichen Code de la famille von 1939 erweitert und systematisiert. Die Höhe der Kinderbeihilfen hing vom Durchschnittslohn der jeweiligen Region ab. Sie bestanden aus einer einmaligen Prämie für das erste Kind, wenn es bis zu zwei Jahren nach der Heirat geboren wurde, einer Lohnzulage von zehn Prozent für das zweite Kind und einer von zwanzig Prozent für jedes weitere Kind; darüber hinaus gab es eine *allocation de la mère au foyer,* Geld für nichterwerbstätige Mütter, das nochmals zehn Prozent ausmachte. Bezeichnenderweise gab es unter dem Vichy-Regime – wie unter allen autoritären Regimen dieser Zeit – nicht mehr die eigenständige Zahlung an nichterwerbstätige Mütter; das Müttergeld wurde in den »Einheitslohn« *(salaire unique)* des (männlichen oder weiblichen) Familienernährers integriert. Im Jahre 1946 erhöhte die Vierte Republik die Kinderbeihilfen (jetzt *prestations familiales*), zusätzlich gab es ein staatliches Müttergeld. In den fünfziger Jahren wurde es auch den Ehefrauen von Selbständigen gewährt, besonders in der Landwirtschaft, wo zuvor kein Anrecht darauf bestanden hatte. Im Nachkriegs-Frankreich wurde mittels der Familien- und Mütterbeihilfen – mehr als in anderen europäischen Ländern – ein erheblicher Teil des nationalen Einkommens umverteilt.[48]

Ging in der Zwischenkriegszeit der feministische Maternalismus international zurück, so wurde er in den aufkommenden Diktaturen gänzlich verdrängt, wenngleich auf unterschiedliche Weise. Im Spanien Francos und im faschistischen Italien herrschte eine ausgesprochen aggressive pronatalistische Rhetorik vor und in beiden Ländern wurde sie von einem männlich dominierten Katholizismus unterstützt; doch hatte sie keinen nachweislichen Einfluß auf die Geburtenrate – diese sank weiterhin. In Italien initiierte Mussolini, fünf Jahre nach seiner Machtergreifung, eine pronatalistische Politik mittels einer umfassenden

Propaganda in der Tagespresse; die Politik entsprach seinem Ausruf von 1927: »Wer nicht Vater ist, ist kein Mann.«[49] Steuerfreibeträge für Ehefrau und Kind auf das Einkommen des Familienvaters wurden in den späten zwanziger Jahren eingeführt (sie trugen allerdings wenig zum Familieneinkommen bei, da die meisten italienischen Männer nicht die Einkommensgrenze erreichten, oberhalb derer Steuern zu entrichten waren). Seit 1936 wurden erwerbstätigen Vätern staatlich finanzierte Beihilfen für Frau und Kinder gewährt (assegni familiari). 1939 gestand man den Vätern sogar Gebärprämien zu; dafür wurde die alte, feministisch inspirierte cassa di maternità abgeschafft. Alle Maßnahmen waren auf Vaterschaft und Männlichkeit ausgerichtet, und im Zentrum des Bildes – möglicherweise auch der Realität – der Familie stand eine neuartige väterliche Dominanz, die sich kraß vom Familienbild des früheren maternalistischen Feminismus unterschied. Nur eine Ausnahme gab es: das staatlich finanzierte nationale Amt für Mütter- und Kinderwohlfahrt (Opera Nazionale per la Maternità ed Infanzia), das sich um Gesundheitserziehung und Unterstützung für arme und alleinversorgende Mütter, auch in den rückständigen ländlichen Regionen, bemühte. Da es vom Staat betrieben und finanziert wurde, implizierte es eine gewisse bürgerliche Anerkennung des Status von Müttern (im Faschismus konnten allerdings weder Männer noch Frauen wählen). Auch in Spanien, wo die Frauenbewegung vielfach die Aufwertung der Mutterschaft angestrebt hatte, begünstigten die Reformen die Väter, werteten die Vaterschaft auf und bestärkten die Figur des jefe de familia. Staatliche Familienbeihilfe (subsidio familiar) wurde 1938 eingeführt und Familienprämien (plus de cargas familiares) für breitere Schichten der Bevölkerung im Jahr 1945; beide gingen an die Väter.[50]

Auch der Nationalsozialismus betrieb einen Vaterschafts- und Männlichkeitskult; Pronatalismus und staatliche Sozialpolitik begünstigten Väter, besonders bei der Vergabe der Ehestandsdarlehen (1933), bei den Freibeträgen in der Einkommenssteuer (1934, 1939) und den Kinderbeihilfen (1935/36); im Fall von unverheirateten Müttern gab es Kinderbeihilfe nur dann, wenn der Kindsvater den Behörden bekannt und in ihrem Sinne einwandfrei war. Von dieser Orientierung an der Vaterschaft gab es drei partielle Ausnahmen: erstens die Organisation »Mutter und Kind«, die »wertvollen« bedürftigen Müttern Unterstützung gewährte, aber nicht – wie in Italien – eine staatliche Anerkennung der mütterlichen Arbeit einschloß, denn sie war Teil der Partei und wurde über Spenden finanziert; zweitens das »Ehrenkreuz« für Mütter mit fünf oder mehr Kindern, das 1939 nach dem französischen Modell eingeführt wurde, und drittens das Mutterschutzgesetz von 1942, mit dem das Weimarer Gesetz von 1927 modifiziert wurde und das die Verbindung von Mutterschaft und Erwerbstätigkeit erleichtern sollte. Aber der

Nationalsozialismus verfolgte seine Ziele mit weitaus einschneidenderen Mitteln als dem vorherrschenden Vaterkult. Er realisierte eine extreme Form des »Minotaurus-Staats« (der Minotaurus war ein Ungeheuer, das Frauen und Männer gleichermaßen tötete und verschlang), dem Hubertine Auclert einst den »Mütterstaat« entgegengesetzt hatte. Staatliche Wohlfahrt hatte ihre Grenze im staatlichen Rassismus, der im Zentrum des Nationalsozialismus stand und Gruppen diskriminierte und verfolgte, die als ethnisch und eugenisch »minderwertig« galten. Der nationalsozialistische Pronatalismus war nie ausschließlich und umfassend wie in Frankreich, Italien und Spanien. Vielmehr ging eine breite antinatalistische Propaganda, die auch frühere und nichtnationalsozialistische eugenische Strömungen einbezog, der nationalsozialistischen Machtergreifung voraus und folgte ihr. Das erste bevölkerungspolitische Gesetz, aus dem Jahr 1933, war nicht pronatalistisch, sondern antinatalistisch und gebot die Zwangssterilisation von »biologisch minderwertigen« Menschen.[51] Die väterzentrierten Familienbeihilfen galten nie für alle, waren nicht als allgemeine konzipiert: Die ethnisch und eugenisch »Minderwertigen« blieben ausgeschlossen, denn sie sollten keine Kinder haben. Kein anderes Land verfolgte eine antinatalistische Politik von ähnlichen Ausmaßen. Die nationalsozialistische Entwertung von Mutterschaft und menschlichem Leben, Antinatalismus und Männlichkeitskult waren Stufen auf dem Weg zum Massenmord an denjenigen, die im Nationalsozialismus als die »Minderwertigsten« galten: etwa 300000 Frauen und Männer der Roma und rund sechs Millionen jüdische Frauen und Männer.

Eugenischer und ethnischer Rassismus existierten nicht nur im Nationalsozialismus oder in Deutschland, sondern auch in anderen politischen Gruppierungen und Ländern, allerdings mit grundlegenden Unterschieden vor allem in der Praxis. Der Begriff »Rasse« wurde in der Umgangssprache und der Sprache der Bevölkerungspolitik in allen hier genannten Ländern verwandt. Doch der Gebrauch des Begriffs war nicht immer ein Indikator für Rassismus, d. h. für die Diskriminierung von »minderem«, ethnisch oder eugenisch motiviertem »Wert«; oft bedeutete er nichts anderes als »Gesellschaft«, »Gemeinschaft« oder »Nation«, vor allem im Hinblick auf das jeweilige Bevölkerungs- und Fortpflanzungspotential, auf Herkommen und Nachkommen. Das war gewöhnlich der Fall, wo der Begriff in der mutterschaftsorientierten Sprache der Frauenbewegung auftauchte. Trotzdem schlossen sich auch einige der radikalen feministischen Befürworterinnen von Geburtenverhütung der Eugenik an, die auch von manchen Sozialisten unterstützt wurde und vielfach als »progressiv« galt, und rieten zu antinatalistischen Eingriffen, zuweilen auch – im Fall von »Minderwertigen« und Armen – zur Zwangssterilisation. Hier wurde das ältere feministische

Ziel – Mutterschutz als Kampf gegen weibliche Armut – in sein Gegenteil verkehrt: in den Ausschluß von Unterprivilegierten vom Mutterschutz. In den Vereinigten Staaten waren es z. B. Margaret Sanger und ihre Mitarbeiter, die zwar einerseits die Mutterschaft glorifizierten (allerdings ihre Bezahlung ablehnten), andererseits den Antinatalismus als eine Lösung für alle denkbaren Frauen- und Gesellschafts-Probleme sahen, besonders für das »Problem« der unerwünschten Fortpflanzung der Armen und Einwanderer. In Deutschland gingen in den zwanziger Jahren einige Feministinnen so weit, die Zwangssterilisation von »Minderwertigen« zu befürworten. Zum Teil sahen sie den eugenischen Diskurs als einen Weg, die öffentliche Anerkennung von Abtreibung, Sterilisation und sonstiger Geburtenverhütung zu gewinnen, so wie – umgekehrt – der Pronatalismus dazu diente, die Gesellschaft zur Anerkennung der Rechte und Verantwortung von Müttern zu bewegen.[52]

In Frankreich, Spanien und Italien schloß der Begriff »Rasse« (*stirpe, razza*) die gesamte nationale Bevölkerung ein, keine Gruppe wurde von der Fortpflanzung ausgeschlossen. Die Vereinigten Staaten, Norwegen, Schweden und England hatten dagegen eugenische Bewegungen, die einige unerwünschte Teile der Bevölkerung auszuschließen strebten.[53] Während in England ein Gesetzentwurf zur eugenischen Sterilisation 1934 abgelehnt wurde, erließen Dänemark (1928), Schweden und Norwegen (1934) ein solches Gesetz; in der Praxis wurde aber nur in wenigen Fällen sterilisiert, und seltener noch gegen den Willen der Betroffenen. In den Vereinigten Staaten hatten um 1930 zwei Drittel aller Staaten eugenische Sterilisationsgesetze – sie waren eng verbunden mit einer Politik der Einwanderungsbeschränkung und mit sonstiger rassistischer Politik –, davon zwei Drittel mit Zwangsklauseln. Aber in Deutschland war die Zahl der »legalen« Sterilisationen von 1934 bis 1945 etwa zehnmal so hoch wie in den Vereinigten Staaten von 1907 bis 1945 (deren Bevölkerungszahl doppelt so hoch war wie in Deutschland). Wichtiger noch: In keinem anderen Land als in Deutschland war die Sterilisationspolitik eine Vorstufe zum Massenmord.

Als deutsche Frauen und Männer von dem mörderischen Regime befreit wurden, wurden sie auch vom staatlichen Antinatalismus befreit. In der DDR, die dem Vorbild der Sowjetunion folgte, wurde die in der Verfassung verankerte Gleichberechtigung auch als Pflicht der Frauen, einer außerhäuslichen Arbeit nachzugehen, verstanden; Hausarbeit wurde geringgeschätzt (entsprechend den bekannten verächtlichen Bemerkungen Lenins über die weibliche Hausarbeit). Die offizielle Propaganda drängte die Frauen zur Erwerbsarbeit, um auf diese Weise dem »Wir«, der Gemeinschaft, Vorrang zu geben vor dem »Ich«.[54] Als Teil dieser Politik, die auch wegen der allgemein niedrigen Löhne forciert wurde, wurde 1950 ein Mutterschaftsurlaub mit vollem Lohnausgleich für erwerbstätige Mütter eingeführt. Bedürftige Mütter und Witwen erhielten nur dann Unterstützung, wenn sie arbeitsunfähig waren. Während alle Mütter bei der Geburt des dritten Kindes und weiterer Kinder eine einmalige Prämie erhielten, gab es eine allgemeine monatliche Beihilfe erst vom vierten Kind an. Erst spät, in Reaktion auf einen dramatischen Geburtenrückgang in den siebziger Jahren, wurde eine andere Politik anvisiert, durch welche »die mit der Geburt, Erziehung und Betreuung der Kinder in der Familie verbundenen Leistungen anerkannt und gewürdigt werden«.[55] Sie konkretisierte sich in einem Frauenarbeitsgesetz (Vierzigstundenwoche für Mütter, die zwei oder mehr Kinder versorgten), zeitweiser Unterstützung von alleinerziehenden Müttern, die ihren Beruf aufgeben wollten, und einem bezahlten »Babyjahr« ab der zweiten Geburt. Auch von der frühen Bundesrepublik, die ebenfalls die Gleichberechtigung von Männern und Frauen in die Verfassung aufnahm, wurde die Mütterarbeit als solche nicht anerkannt; nur bestimmte Gruppen von Müttern, nämlich die erwerbstätigen, erhielten mit dem Wochengeld einen Lohnersatz. Als 1954 ein Kindergeld eingeführt wurde, folgte es dem älteren französischen Modell der von Unternehmern finanzierten Ausgleichsfonds und wurde de facto an die erwerbstätigen Väter von dritten oder weiteren Kindern gezahlt. Erst im Jahr 1964 übernahm die Bundesregierung die Verantwortung, erhöhte allmählich den Betrag und erweiterte den Kreis der anspruchsberechtigten Kinder bzw. ihrer Eltern. Obwohl das Gesetz die Zahlung an den Vater oder die Mutter freistellte, war es in der Regel der Vater, der sie erhielt. Aber bis 1975 blieb die quantitativ wichtigste Maßnahme der Steuerfreibetrag des »Ernährers« für seine Frau und Kinder.[56] Im Jahre 1979 führte die SPD-FDP-Regierung einen (bescheiden) bezahlten Mutterschaftsurlaub von einem halben Jahr für erwerbstätige Frauen ein, und 1987 setzte die CDU-FDP-Koalition an seine Stelle ein allgemeines – also vom Erwerbsstatus unabhängiges – »Erziehungsgeld« von maximal 600 Mark pro Monat für einen Zeitraum von anfänglich zehn Monaten, der dann sukzessive verlängert wurde. Von Lily Brauns Ideal, das sie 80 Jahre früher formuliert hatte, unterschied es sich in zwei grundsätzlichen Punkten: Es deckte nicht die Kosten des Unterhalts, und es konnte wahlweise an die Mutter oder den Vater gezahlt werden, je nachdem, wer die Kindererziehung statt der Erwerbsarbeit wählte.

Die modernen Wohlfahrtsstaaten sähen grundlegend anders aus, wäre ihre Entstehung und Entwicklung nicht von derjenigen der Frauenbewegung und der Anerkennung der Staatsbürgerrechte von Frauen begleitet und beeinflußt gewesen. Hinsichtlich des Einflusses der Frauen und ihrer Rechte und der Formen der staatlichen Wohlfahrt gab es jedoch erhebliche Unterschiede zwischen den Ländern, und zwar am

augenfälligsten zwischen den Demokratien und den Diktaturen. Die
Entstehung der Wohlfahrtsstaaten nützte den Frauen der verschiedenen
Länder nicht überall und auf gleiche Weise. Nur wenige Feministinnen
der neuen Frauenbewegung übernahmen das Erbe des älteren Feminismus, und kaum eine kannte es. Daß die Mehrheit der heutigen Frauenbewegung andere Schwerpunkte setzt, hat seinen Grund hauptsächlich in den gesellschaftlichen Veränderungen seit dem frühen 20. Jahrhundert. Das außerhäuslich erworbene Einkommen und die außerhäuslichen Arbeitsbedingungen haben sich sichtlich verbessert – sogar
für Frauen und vor allem aufgrund ihres Drucks; umgekehrt haben
ihnen die staatlichen Transferleistungen außerhalb der traditionellen
Lohnstruktur nur bescheidenen Nutzen gebracht – jedenfalls in vielen
Ländern –, und die Mutterschaft ist zu einer kurzfristigen Erfahrung für
Frauen, und für weniger Frauen, geworden. Vor diesem Hintergrund
scheinen Befreiung, Gerechtigkeit und Gleichheit für Frauen leichter
durchzusetzen, wenn sie durch Gleichstellung mit Männern, insbesondere durch Frauenförderung in außerhäuslichen Berufen (»affirmative
action«, »positive Diskriminierung«), und durch privaten Druck auf Männer, die Vaterschaft hochzuschätzen bzw. die Elternschaft zu teilen,
angestrebt werden. Dies sind heute die vorherrschenden Strategien;
aus der Sicht der Mehrheit der Frauenbewegung und erst recht der
dominierenden Sozialstaatspolitik gehören die maternalistische Vision
vom weiblichen Geschlecht und der Kampf um die öffentliche Anerkennung von »Mutterschaft als gesellschaftlicher Funktion« offenbar der
Vergangenheit an.

Aus dem Englischen von Birgit Barrelmeyer

14
Mutterschaft, Familie und Staat

Nadine Lefaucheur

Die Familie ist nicht nur der Ort, an dem sich herkömmlicherweise die biologische Reproduktion der Menschheit vollzieht, sondern auch Brennpunkt der gesellschaftlichen Reproduktion. Hier überschneiden sich soziale Beziehungen, die auf Geschlechterdifferenz, Verwandtschaft, Ehe und Zusammenleben basieren. Seit den sechziger Jahren ist die Familie in den Industrieländern von allen Seiten in Bedrängnis geraten – vermutlich erstes Anzeichen eines grundlegenden Wandels in der demographischen, technologischen und ökonomischen Entwicklung. In dessen Folge bildete sich in der Reproduktion von Bevölkerungen und deren Arbeitskraft ein neues System heraus, das die materielle und gesellschaftliche Grundlage der Geschlechterbeziehungen erschüttert und die Institution Familie entwertet hat.

Die Familie in der Krise

Das erste Warnzeichen war ein Rückgang der Geburten. In allen westlichen Ländern war die Geburtenrate, die seit Ende des 19. Jahrhunderts stetig gesunken war, in den Jahren vor dem Zweiten Weltkrieg und noch stärker in den unmittelbaren Nachkriegsjahren angestiegen. Doch in den siebziger Jahren mußte man den Tatsachen ins Auge sehen: Der Babyboom war vorbei. Ob man dies aus Solidarität mit der

Dritten Welt und mit Blick auf den Kampf gegen die Überbevölkerung begrüßte oder es als Anzeichen für den Niedergang des Abendlandes beklagte – auf jeden Fall setzte bei den verschiedenen Indikatoren für Geburtenzahl und Fruchtbarkeit Mitte der sechziger Jahre eine bald schon schwindelerregende Talfahrt ein, die innerhalb von zehn bis fünfzehn Jahren in den meisten entwickelten Ländern dazu führte, daß die Geburtenrate unter dem für eine Bevölkerungserneuerung nötigen Niveau blieb.

Aufregung über Indikatoren

Angesichts der Mortalität in den heutigen Industrieländern müßte die Reproduktionsziffer bei 2,1 (Kindern pro Frau) liegen, um ohne Einwanderung eine Bestandserhaltung der Bevölkerung zu garantieren. Doch diese Ziffer fiel in den USA von 3,7 im Jahre 1957 auf 1,8 im Jahr 1975, in Australien von 3,9 im Jahre 1960 auf 1,9 im Jahre 1980, in Kanada im selben Zeitraum von 3,9 auf 1,7 (in Quebec sogar von 4 im Jahr 1957 auf 1,4 im Jahr 1985). In Japan ging die Ziffer von 4,5 im Jahr 1947 auf 1,7 in den achtziger Jahren zurück.

In Nord- und Westeuropa lag die Reproduktionsziffer im Jahr 1964 über 2,5 und in manchen Ländern sogar bei 3; 1975 war sie überall auf unter 2 gesunken, und 1988 betrug sie in der Bundesrepublik Deutschland nur noch 1,4, in Österreich 1,5, in Belgien, Luxemburg, Finnland, Dänemark und der Schweiz 1,6. In Südeuropa setzte der Rückgang später ein, beschleunigte sich dafür aber um so rascher. In Italien und Spanien war die Geburtenrate noch 1975 hoch genug, um eine gleichmäßige Bevölkerungszahl zu garantieren, aber bereits fünfzehn Jahre später teilten sich die beiden Länder mit Hongkong den Weltrekord der niedrigsten Reproduktionsziffer: 1,3.

Zwar hatte sich dieser Indikator gegen Ende der achtziger Jahre in Großbritannien, den Benelux-Staaten und Skandinavien (vor allem in Schweden, wo er von 1,6 im Jahr 1983 auf 2 im Jahr 1989 stieg) wieder etwas erholt, doch manifestierte sich darin eher ein Anstieg des Durchschnittsalters der Mütter als der „endgültigen" Kinderzahl. Außer in Japan ging dieser Rückgang der Fruchtbarkeit überall mit einer oft deutlichen Zunahme der nichtehelichen Geburten einher.

Diejenigen europäischen Länder, in denen die Rate nichtehelicher Geburten zu Beginn der sechziger Jahre sehr niedrig gewesen war (um die 2 Prozent), verzeichneten in der Folgezeit einen Zuwachs. In den Mittelmeerländern, aber auch in Belgien machte sich dieser Zuwachs spät und moderat bemerkbar. In Irland (wo Scheidungen verboten waren), Luxemburg und den Niederlanden dagegen schnellte die Zahl nach oben, und die Zahl der nichtehelichen Geburten wuchs im Lauf von fünfundzwanzig Jahren um das Fünf- bis Sechsfache.

Die führenden westlichen Industriestaaten – Kanada, Frankreich, Großbritannien, die Bundesrepublik Deutschland, die Vereinigten Staaten – hatten zu Beginn der sechziger Jahre eine gemäßigte Anzahl außereheliche Geburten: etwa 6 bis 8 Prozent sämtlicher Geburten. Mit Ausnahme der Bundesrepublik Deutschland, wo der Anteil unter 10 Prozent blieb, war bis zur Mitte der achtziger Jahre in all diesen Ländern ein steiler Anstieg dieser Zahl auf 15 bis 20 Prozent zu verzeichnen. 1990 hatte in Frankreich jeder vierte Säugling unverheiratete Eltern.

So hoch diese Zahlen auch sein mögen, bleiben sie doch deutlich unter denen der skandinavischen Länder, wo bereits zu Beginn der sechziger Jahre jedes zehnte Kind und Ende der achtziger Jahre sogar jedes zweite Kind unverheiratete Eltern hatte. Allein schon der zwar ungleiche, aber allgemein verbreitete Anstieg nichtehelicher Geburten deutet darauf hin, daß die Institution der Ehe unter vergleichbaren Erschütterungen zu leiden hatte wie die Fertilitätsrate.

Während sich die meisten westlichen Länder zu Beginn der siebziger Jahre zu einem »Heiratsboom« beglückwünschten, der zu einem großen Teil daraus resultierte, daß die »Babyboom-Generation« ins heiratsfähige Alter kam, begannen die Heiratsziffern in vielen Ländern bereits zu sinken. Zu Beginn der sechziger Jahre lag der Heiratsindex (eine Zahl, die die Wahrscheinlichkeit angibt, mit der eine Person unter fünfzig Jahren eine Ehe schließt, sofern sich die Rahmenbedingungen nicht verändern) sowohl für Männer als auch für Frauen bei über neunzig Prozent. Seit Mitte der sechziger Jahre begannen diese Zahlen in Skandinavien zu sinken, einige Jahre später auch in den meisten Demokratien Mitteleuropas (Bundesrepublik Deutschland, Österreich, Schweiz), und schließlich im Westen (Großbritannien und Frankreich). Mitte der achtziger Jahre lag der Heiratsindex in all diesen Ländern zwischen 48 und 66 Prozent, was bedeutet, daß bei unverändert bleibenden Bedingungen jede zweite oder dritte Person unverheiratet bleiben würde. In den Mittelmeerländern jedoch begannen sowohl der Heiratsindex als auch die Geburtenziffern erst gegen Mitte der siebziger Jahre zu sinken. Seitdem schnellten der Prozentsatz der unverheirateten Paare und vor allem die Scheidungsraten und der Anteil alleinerziehender Eltern in den meisten westlichen Ländern nach oben.

Im Jahre 1980 waren 1 Prozent der italienischen, 3 bis 4 Prozent der britischen, amerikanischen oder schweizerischen, 6 bis 8 Prozent der französischen, westdeutschen oder Quebecer Paare und 15 Prozent der schwedischen Paare unverheiratet. In den Ländern, in denen die Zahl der Paare ohne Trauschein stieg, waren nicht nur junge, sondern auch ältere Paare von dieser Entwicklung betroffen, am deutlichsten jedoch die unter Dreißigjährigen. 1985 gab es in Schweden in dieser Altersgruppe mehr unverheiratete als verheiratete Paare. 1983 lebten in den USA von den unverheirateten Frauen unter 35 Jahren, die nicht bei den Eltern wohnten, 20 Prozent in einer freien Partnerbeziehung, während es bei den 35- bis 55jährigen nur knapp zehn Prozent waren. In Frankreich war Ende der achtziger Jahre fast die Hälfte der Frauen unter dreißig, die in einer Beziehung lebten, unverheiratet.

Noch bevor der Heiratsindex sank, war in den meisten westlichen Ländern die Scheidungsrate nach oben geklettert. 1960 lag – mit Ausnahme Dänemarks, wo die Rate bereits auf sechs angestiegen war – die jährliche Zahl der Scheidungen pro tausend verheirateter Paare in den Ländern, wo Scheidung erlaubt war, bei ungefähr zwei. Zwanzig Jahre später lag sie in den Niederlanden, in Großbritannien und Dänemark bei rund zehn und lediglich in den südeuropäischen Ländern unter fünf.

Noch bezeichnender ist der Scheidungsindex, der (in Prozent) die Wahrscheinlichkeit mißt, mit der ein verheiratetes Paar sich scheiden läßt, wenn die bestehenden Bedingungen sich nicht ändern. Mitte der sechziger Jahre betrug dieser Index in Westeuropa (natürlich mit Ausnahme der Länder, in denen Scheidung verboten war, wie Italien, Spanien und Irland) zwischen sechs Prozent in Schottland und 18 Prozent in Schweden und Dänemark. 1975 war er in Schweden auf 50 Prozent und in Großbritannien und Dänemark auf 40 Prozent gestiegen, in den meisten anderen Ländern lag er zu diesem Zeitpunkt bei etwa 25 Prozent; in den folgenden Jahren kletterte er noch einmal um fünf bis zehn Prozentpunkte. In den USA begann der Scheidungsindex, der bereits 1950 bei 25 Prozent gelegen hatte, im Jahre 1960 zu steigen und erreichte 1970 40 Prozent.

Ehepaare ließen sich nicht nur häufiger, sondern auch frühzeitiger scheiden. So dauerte es 1959 in Großbritannien noch durchschnittlich 20 Jahre, bis sich 14 Prozent der Paare, die in einem bestimmten Jahr geheiratet hatten, scheiden ließen; bis 1969 war diese Zahl auf zehn Jahre und 1979 auf lediglich sechs Jahre gesunken.[1]

Ergebnis dieser Veränderungen war, daß der Anteil der Familien mit nur einem Elternteil in den entwickelten Ländern wuchs. Früher oder später und mehr oder weniger abrupt vollzog sich in den meisten Ländern ein Wandel: Während früher alleinerziehende Eltern in der Mehrheit verwitwet oder von ihrem Ehegatten oder Sexualpartner verlassen worden waren, boten nun Scheidung bzw. freiwillige Trennung die Hauptgründe dafür, daß Kinder hauptsächlich bei nur einem Elternteil lebten.

Ende der achtziger Jahre herrschte in manchen EG-Ländern noch das »alte System« vor; Haushalte mit nur einem Elternteil machten weniger als zehn Prozent aller Haushalte mit Kindern aus, und der Anteil der Geschiedenen bei den alleinerziehenden Eltern betrug nicht einmal 25 Prozent. Das traf auf Belgien und Luxemburg zu, vor allem aber auf Staaten, in denen Scheidung noch verboten oder erst seit kurzem zugelassen war: Irland und die Mittelmeerländer. In anderen Ländern wie Dänemark, der Bundesrepublik Deutschland, Frankreich, Großbritannien und den USA hatte bereits das »neue System« Einzug gehalten. Mehr als zehn Prozent aller Haushalte mit Kindern waren Familien mit nur einem Elternteil (in Dänemark fast 20 Prozent und in den USA 25 Prozent), und von diesen Alleinerziehenden waren weniger als 25 Prozent verwitwet, aber über 40 Prozent geschieden (in Dänemark fast 70 Prozent). Ebenso wie die Veränderungen der Fruchtbarkeitsziffer und des Heiratsindexes wird die Herausbildung dieses neuen Typus alleinerziehender Eltern häufig als Folge – und Symptom – einer Krise des Konzepts der Kernfamilie mit ihren deutlich nach Geschlecht differenzierten Ehepartner- und Elternrollen gewertet.

Krise der Kernfamilie oder Sturm im Wasserglas?

Wenn man in den fünfziger Jahren über die Familie diskutierte, so feierte oder beklagte man den Triumph der »Kernfamilie«, bestehend aus Vater, Mutter und Kindern, über die patriarchalische »Großfamilie«, die angeblich einst mehrere Generationen und Familienzweige unter einem Dach vereint hatte. In Wirklichkeit war das Zusammenleben von Eltern mit erwachsenen Kindern und deren Kindern in vielen Regionen schon seit dem Ende des Mittelalters nicht mehr die Regel. Der Babyboom hatte im Verein mit der Wohnungsknappheit nach dem Krieg eher bewirkt, daß die Zahl der Personen pro Haushalt zunahm: In den fünfziger Jahren bildeten Haushalte mit mindestens drei Personen in allen Industriestaaten die Mehrheit.

Dreißig Jahre später lagen die Dinge anders: Mehr als die Hälfte aller Haushalte in den skandinavischen Ländern, in Österreich, der Schweiz, Belgien, den Niederlanden, der Bundesrepublik Deutschland, Frankreich und Großbritannien bestanden nur aus ein oder zwei Personen. Da sich der Prozentsatz der Zweipersonenhaushalte in diesen Ländern kaum verändert hatte, waren es die Einpersonenhaushalte, deren Zahl drastisch zugenommen hatte. Unmittelbar nach dem Zweiten Weltkrieg machten die Einpersonenhaushalte zwischen 6 Prozent (Kanada) und 19 Prozent (Frankreich) aller Haushalte aus; zu Beginn der achtziger Jahre bestand ein Fünftel bis zu einem Drittel aller Haushalte in den westlichen Ländern aus alleinlebenden Männern oder Frauen. Der steigende Anteil von Einpersonenhaushalten ist zu einem großen Teil auf die allgemein gestiegene Lebenserwartung und die höhere Lebensdauer von Frauen (ältere Frauen stellen die größte Gruppe der Alleinlebenden) zurückzuführen. Oft aber hat man darin ein Anzeichen für eine zunehmende Eheverdrossenheit vermutet: Nachdem die Jungen aufgehört hätten zu heiraten, wollten sie nun auch nicht mehr in einer Paarbeziehung leben. Diese Interpretation geht zu weit, wenngleich neuere Untersuchungen gezeigt haben, daß es immer mehr getrennt lebende Paare gibt. In Frankreich etwa gaben 1985 ein Viertel der Männer und ein Drittel der Frauen, die allein lebten, an, eine feste Liebesbeziehung zu haben.[2]

Die Erwerbsquote verheirateter Frauen hat seit Beginn des Jahrhunderts in den verschiedenen Industrieländern einen unterschiedlichen Verlauf genommen. In manchen Ländern, wie etwa Großbritannien, blieb sie stabil, während sie in Belgien oder Frankreich sank; in Nordamerika und der Bundesrepublik Deutschland war sie dagegen seit dem Zweiten Weltkrieg stetig gewachsen. Mitte der sechziger Jahre stieg der Prozentsatz erwerbstätiger Ehefrauen in den meisten Ländern erheblich an.

Ende der siebziger Jahre lag die Erwerbsquote von Frauen innerhalb der OECD-Länder in den skandinavischen und englischsprachigen Ländern am höchsten. Mehr als 45 Prozent der Frauen über fünfzehn waren berufstätig (45 Prozent in Großbritannien und Australien, 49 Prozent in den USA und in Kanada, 57 Prozent in Dänemark und Schweden), viele davon als Teilzeitkräfte (auf zehn berufstätige Frauen kamen in Skandinavien vier, die teilzeitbeschäftigt waren, in den USA dagegen nur zwei). In fünf der zehn EG-Staaten (Bundesrepublik Deutschland, Belgien, Großbritannien, Frankreich und Dänemark) waren 1985 über 55 Prozent der verheirateten Frauen unter fünfzig erwerbstätig (in Dänemark sogar 87 Prozent). In drei dieser fünf Staaten – Dänemark, Belgien und Frankreich –, aber auch in anderen Ländern, etwa Italien, ging über ein Drittel der Frauen mit zumindest einem Kind unter vier Jahren einer Vollzeitbeschäftigung nach.

Keines dieser Phänomene (außer der hohen Zahl der Paare, die sich trennen) ist wirklich neu. Die hohe Sterblichkeitsziffer vergangener Jahrhunderte ließ häufig ein Elternteil allein mit unmündigen Kindern zurück, und in vielen Regionen verließen die Kinder den elterlichen Haushalt, wenn sie heirateten, oder sogar früher, um anderswo Arbeit zu suchen. Hohe Geburtenziffern, niedrige Lebenserwartung sowie der Auszug von Kindern sorgten somit für eine beträchtliche Fluktuation in der Größe der Haushalte. Seit der industriellen Revolution war die Zahl der unehelichen Kinder und der Ehen ohne Trauschein gestiegen, und die Geburtenziffer war in Europa bereits Ende des 19. Jahrhunderts gesunken – in Frankreich sogar noch früher. Und ganz gewiß arbeiten die Frauen nicht erst seit heute ...

Sollten deshalb die tiefgreifenden Veränderungen, von denen die demographischen Indizes seit Mitte der sechziger Jahre beeinflußt sind, als »Sturm im Wasserglas« abgetan werden? Sicher läßt sich einwenden, die dargestellten Veränderungen seien in hohem Maße »konjunkturbedingt« und stützten sich auf Mutmaßungen.[3] Zudem sind eine Reihe von Soziologen und Demographen der Ansicht, daß die Familie entgegen allen alarmierenden Meldungen auch weiterhin »funktioniere«. So weisen sie darauf hin, daß westdeutsche Frauen heiraten, wenn sie Kinder haben wollen, und zu Hause bleiben, solange diese klein sind; daß Amerikanerinnen selten ohne Trauschein mit einem Partner zusammenleben, sich häufig scheiden lassen, sich aber ebenso häufig wiederverheiraten; oder daß Mitte der achtziger Jahre in Frankreich – trotz steigender Scheidungsraten, nichtehelicher Paarbeziehungen und Geburten – 83 Prozent der unter Zwanzigjährigen von verheirateten Eltern geboren worden waren und bei ihnen lebten, während ein ebenso hoher Prozentsatz der Frauen und Männer zwischen dreißig und fünfzig Jahren verheiratet war und sich nie hatte scheiden lassen.

Feministische Untersuchungen über diese letzten Jahrzehnte haben außerdem zu zeigen gesucht, daß bei den meisten Frauen, trotz gestiegener Erwerbstätigkeit, die Kindererziehung, die Pflege körperlich abhängiger Personen, familiäre Verpflichtungen sowie die Haushaltsführung und hauswirtschaftliche Produktion immer noch an erster Stelle stehen. Untermauert werden diese Analysen durch die Ergebnisse von Untersuchungen über den Tagesablauf von Männern und Frauen, die den Schluß nahelegen, daß sich in der geschlechterspezifischen Aufteilung der Hausarbeit nur wenig verändert hat.

Doch die ausschließliche Konzentration auf Faktoren, die den Fortbestand der Institution Familie und der »Geschlechterordnung« bestätigen, unterschätzt allzu leicht das Ausmaß der Veränderungen, denen die Reproduktion der Bevölkerung und ihrer Arbeitskraft seit einem Jahrhundert, vor allem aber seit dem Ende des Zweiten Weltkriegs unterworfen ist.

EIN NEUES MODELL DER MUTTERSCHAFT

Seit dem letzten Drittel des 19. Jahrhunderts erschütterten eine Reihe von Entdeckungen sowie wissenschaftliche und technologische Fortschritte, die die Sterblichkeitsziffer sinken ließen und die im Leben einer Frau die für Schwangerschaften und Stillen aufgewandte Zeit beträchtlich reduzierten, die traditionellen Grundfesten der geschlechterspezifischen Aufteilung von Arbeit und Macht.

Die mit der Fortpflanzung verbundenen Krankheits- und Sterberisiken von Mutter und Kind haben sich im Laufe des vergangenen Jahrhunderts durch die Entwicklungen in verschiedenen Bereichen der Hygiene, Medizin und Ernährung außerordentlich verringert. 1930 lag die Kindersterblichkeitsrate (die Prozentzahl von Kindern, die sterben, bevor sie ein Jahr alt sind) nirgendwo unter 3,5 Prozent und überstieg in den Mittelmeerländern, in Mitteleuropa und Japan sogar 10 Prozent. 1955 war sie in sämtlichen westlichen Ländern auf unter 5 Prozent und 1965 auf unter 2,5 Prozent gesunken, mit Ausnahme der Mittelmeerländer. 1989 lag die Kindersterblichkeitsrate in Kanada und den meisten Ländern Nord- und Westeuropas unter 0,8 Prozent; noch niedriger war sie in Schweden und Finnland mit 0,6 Prozent und in Japan mit 0,5 Prozent.

Die Lebenserwartung ist mittlerweile stark gestiegen. Eine Frau, die Mitte des 18. Jahrhunderts in Frankreich geboren wurde, hatte im Durchschnitt weniger als dreißig Lebensjahre vor sich; hundert Jahre später konnte sie mit vierzig Jahren rechnen. Eine 1930 geborene Frau hatte eine Lebenserwartung von sechzig Jahren, eine 1987 geborene kann hoffen, ein Alter von achtzig zu erreichen.

Für Frauen hat sich die Lebenserwartung stärker erhöht als für Männer. 1950 überstieg die Lebenserwartung einer dreißigjährigen Frau in den entwickelten Ländern die eines Mannes bereits durchschnittlich um drei Jahre: In diesem Alter konnte eine Schwedin mit weiteren sechsundvierzig Jahren rechnen, ein Schwede nur mit dreiundvierzig. Statt sich aufgrund der ähnlicher werdenden Lebensweise von Frauen und Männern zu verringern, wie man erwartet hatte, vergrößerte sich diese Differenz zwischen den Geschlechtern noch, vor allem durch Verbesserung der gynäkologischen Früherkennung und den Behandlungsmöglichkeiten. 1970 war die Lebenserwartung der dreißigjährigen Männer gar nicht oder kaum gestiegen, während die gleichaltrigen Frauen im Durchschnitt noch drei Jahre dazugewonnen hatten; mit dreißig Jahren hatte eine Schwedin noch neunundvierzig Jahre vor sich, ein Schwede hingegen nur vierundvierzig; in Frankreich lagen die vergleichbaren Zahlen bei achtundvierzig und einundvierzig. Von der Geburt an gemessen, war der Unterschied zwischen den Geschlechtern zugunsten der Frauen noch höher: Mitte der achtziger Jahre betrug er in Schweden und den meisten entwickelten Ländern sechs bis sieben Jahre, in den USA über sieben, in Frankreich und Finnland sogar acht Jahre.

Dieser beträchtliche Rückgang der Mortalität war die Triebkraft einer Entwicklung, die man als »demographischen Übergang« bezeichnet. Da

Paare in den Industrieländern nicht mehr gezwungen waren, fünf oder sechs Kinder zu bekommen, um eine Chance zu haben, daß zwei davon das Erwachsenenalter erreichten, wollten sie nicht nur die Zahl der Geburten beschränken, sondern waren dazu auch in der Lage. In der Folge entstand ein »neues demographisches System«, das durch eine niedrige Sterblichkeitsziffer und eine niedrige Geburtenrate gekennzeichnet ist.

Der Übergang der entwickelten Länder zur Geburtenkontrolle begann in Frankreich bereits Ende des 18. Jahrhunderts und in den meisten anderen westlichen Ländern Ende des 19. Jahrhunderts. Allerdings wurden erst Ende der fünfziger Jahre die »definitiven Waffen« mit der Entwicklung und Verbreitung oraler Kontrazeptiva und von Intrauterinpessaren verfügbar gemacht.[4] Diese Verhütungsmittel setzten sich nicht ohne Widerstände durch, aber Ende der achtziger Jahre nahmen 48 Prozent der Französinnen im gebärfähigen Alter, die nicht schwanger werden wollten, orale Kontrazeptiva und 26 Prozent hatten sich eine Spirale einsetzen lassen; lediglich 3 Prozent wandten keinerlei Verhütungsmethode an. In der Bundesrepublik Deutschland und in Belgien bevorzugten die Frauen ebenfalls die Pille, während sie in Nordeuropa vorwiegend für intrauterine Verhütungsmittel plädierten. In den Niederlanden, in Großbritannien und vor allem in den USA und Kanada war die Sterilisation verbreitet: Mitte der achtziger Jahre hatte sich fast die Hälfte aller verheirateten Frauen aus Québec sterilisieren lassen oder war mit einem sterilisierten Partner verheiratet.

Wenn sich die »modernen« Methoden der Empfängnisverhütung auch nicht ganz als die »definitive Waffe« erwiesen, als die man sie zunächst angekündigt hatte, so bargen sie doch das Potential eines grundlegenden Wandels in den sexuellen Beziehungen in sich. Und dies nicht nur im Hinblick darauf, wer die Kontrolle über die Empfängnisverhütung, sondern über das gesamte Sexualleben übernahm. Pille und Spirale stellen eine wesentlich geringere Beeinträchtigung der sexuellen Beziehungen dar und sind weit sicherer als die zuvor angewandten Methoden. Die Fehlerquote der alternativ angewandten Techniken – Coitus interruptus, Kondom, Scheidenspülung, Pessar oder Diaphragma und die Knaus-Ogino-Methode –, die zwischen 1935 und 1958 bei verschiedenen Untersuchungen gemessen wurde, lag zwischen 6 und 38 Prozent.

Aber vor allem bieten Pille und Spirale Verhütungsmethoden, deren sich eine Frau »planmäßig« und im voraus bedienen kann. Frauen konnten nun selbst bestimmen, ob, wie oft und wann sie schwanger werden wollten. Wenn Frauen sich für diese Methoden entschieden, konnten die Männer sie zum ersten Mal in der Geschichte nicht mehr gegen ihren Willen dem Risiko einer Schwangerschaft aussetzen; ein

Mann, der ein Kind haben wollte, war auf die Zustimmung seiner Partnerin angewiesen. Zudem machten es die Fortschritte in der Genetik schwieriger für Männer, ihren Partnerinnen die Schuld an der Kinderlosigkeit (bzw. dafür, daß kein Sohn geboren wurde) zuzuschieben oder aber eine Vaterschaft abzuleugnen, für die sie keine Verantwortung übernehmen wollten.

Der Rückgang der Säuglingssterblichkeit sowie die »Revolution in der Empfängnisverhütung« haben die Zeiträume, die die Durchschnittsfrau in den westlichen Gesellschaften schwanger zubrachte, erheblich verkürzt. Unter dem früheren demographischen System (das noch heute in zahlreichen Ländern der Dritten Welt gilt), füllten Schwangerschaften gewöhnlich mindestens viereinhalb Jahre im Leben einer Frau aus. Bei der Geburt ihres letzten Kindes war sie etwa vierzig und hatte nur noch eine Lebenserwartung von ungefähr dreiundzwanzig Jahren. Unter dem neuen demographischen System ist eine Frau achtzehn Monate ihres Lebens schwanger, ist bei der Geburt ihres letzten Kindes erst dreißig und hat Chancen, noch annähernd ein halbes Jahrhundert zu leben.[5]

Die neuen Technologien in der Säuglingsernährung, die seit Ende des 19. Jahrhunderts entwickelt und nach dem Zweiten Weltkrieg weltweit auf den Markt kamen, haben zudem nicht nur die Säuglingssterblichkeit reduziert, sondern auch die Verbindung zwischen Schwangerschaft und frühkindlicher Ernährung getrennt: Die Stilldauer nahm ab und der Kreis der Personen, die die leibliche Mutter bei der Ernährung des Säuglings ersetzen können, wurde erweitert. In der Vergangenheit konnte nur eine andere, ebenfalls gerade stillende Mutter (oder, mit weit größerem Risiko für den Säugling, ein Säugetier) an die Stelle der Mutter, die ihr Kind nicht stillen wollte oder konnte, treten. Erst die Einführung von sterilisierter Tiermilch, von Fläschchen und Saugern, sowie die Entwicklung von industriell hergestellter Babynahrung führte dazu, daß eine andere Person, egal welchen Geschlechts – und damit auch erstmalig der Vater – sich um das Wohlergehen des Neugeborenen kümmern konnte. Hinzu kommt, daß eine Amme regelmäßig eingesetzt werden mußte, während das Fläschchen bei Abwesenheit der Mutter auch sporadisch verabreicht werden kann. Für das Überleben des Säuglings ist es dabei rein technisch nicht mehr nötig, daß seine Mutter bzw. eine andere stillende Frau ihn betreut. Somit wurde bei der Säuglingsbetreuung eine Arbeitsteilung sowohl der Eltern untereinander als auch zwischen Eltern und anderen Personen bzw. Institutionen (Verwandte, Nachbarn, Freunde, Angestellte, Kindermädchen, Kindertagesstätten) ermöglicht.

Weil es früher notwendig gewesen war, daß sich die stillende Mutter stets bei ihrem Kind aufhielt, hatte man daraus den Schluß gezogen, es sei natur- und vernunftgemäß, daß Frauen sich um die Kinderpflege kümmerten. Die Entwicklungen bei der Säuglingsernährung jedoch untergruben diese Ansicht und »befreiten« die Frauen körperlich und ideologisch für den Arbeitsmarkt.

Zu dieser Befreiung trugen außerdem die Veränderungen in der Hausarbeit und, allgemeiner gesagt, im gesamten Umfang der »Reproduktionsarbeit« bei, die sich in den Industrieländern vollzogen.

SOZIALSTAAT UND REPRODUKTIONSARBEIT

Die Periode des starken Wirtschaftswachstums in den entwickelten kapitalistischen Ländern während der drei Jahrzehnte nach dem Zweiten Weltkrieg bedeutete auch einen zwar ungleichen, aber allgemein verbreiteten sozialen Fortschritt – sowohl im Sinne des »Wohlfahrtsstaats« als auch im Sinne des »Wohlergehens« aufgrund von steigendem Komfort und Wohlstand. Dieses System der sozialen Absicherung ist daher nicht nur ein Symbol des modernen Staates, sondern auch eine Triebkraft der Massenproduktion und des Massenkonsums und hat so die traditionell von Frauen geleistete Arbeit im Haushalt und in der Pflege von Menschen tiefgreifend verändert.

Die »Befreiung« der Hausfrau

Innerhalb der dreißig Jahre nach dem zweiten Weltkrieg haben sich die Familienwelt und die Bedingungen der Hausarbeit enorm gewandelt.[6] In sämtlichen westlichen Ländern, auch in denen, die unter Kriegsschäden und der daraus resultierenden Wohnungsnot litten, wuchs der Bestand an Wohnungen rapide an und die durchschnittliche Wohnfläche pro Person verdoppelte sich. In Frankreich, wo in der Zwischenkriegszeit zwei Millionen Wohnungen gebaut und über eine Million während des Krieges zerstört oder unbewohnbar gemacht worden waren, wurden zwischen 1945 und 1971 fast sieben Millionen neue gebaut, davon mehr als fünf Millionen mit Hilfe des Staates. In den Jahren zwischen 1950 und 1963 wurden innerhalb der EG-Länder jährlich pro tausend Einwohner mehr als sieben neue Wohneinheiten fertiggestellt; 1963 waren es in Schweden über zehn, in der Schweiz, der Bundesrepublik Deutschland und Finnland neun, in Italien und den USA acht. Ob es sich dabei um Einzelhäuser handelte, wie es in den USA, in Belgien, Großbritannien oder Dänemark zumeist der Fall war, oder um Wohnungen wie in Schweden, Frankreich oder der

Schweiz: die meisten dieser Wohneinheiten bestanden in der Regel aus mindestens vier Zimmern, waren nach dem Standard modernen Wohnkomforts gebaut und an alle Energieversorgungsnetze angeschlossen.

Der Charakter der häuslichen Umgebung und die dafür notwendigen Hausarbeiten veränderten sich durch den Zuwachs an verfügbarem Raum sowie die Anbindung der einzelnen Zimmer an spezifische Zwecke: Zu einer »modernen« Standardwohnung gehörten Küche, Badezimmer, WC, Schlafzimmer und Wohnzimmer. Fließendes Wasser und Anschluß an die Kanalisation wurden ebenso selbstverständlich wie Gas bzw. Elektrizität für die Heizung und zum Kochen (nicht mehr nur für die Beleuchtung). Die »Wärme des heimischen Herds« mußte man nun nicht mehr nur in der Küche suchen.

Der Anschluß der Wohnungen an die öffentlichen Wasser- und Energienetze machte einige der beschwerlichsten Hausarbeiten überflüssig; es war nicht mehr nötig, Tag für Tag Wasser, Kohle oder Holz herbeizuschleppen, das Feuer anzumachen und in Gang zu halten oder Asche, Schmutzwasser und Exkremente hinauszutragen. Zudem konnten viele Aufgaben durch Haushaltsgeräte zumindest teilweise mechanisiert werden.

Gas- und Elektroherde, Kühlschränke, elektrische Kaffeemühlen, Staubsauger, Nähmaschinen, Waschmaschinen und elektrische Bügeleisen veränderten Hausarbeiten wie Kochen, Putzen, Waschen, Bügeln oder Flicken. In den meisten westlichen Ländern waren jedoch erst in den siebziger Jahren mehr als die Hälfte der Haushalte mit der sogenannten »ersten Welle« dieser technischen Geräte, einschließlich Auto und Fernseher, ausgestattet. Proteste gegen die »Konsumgesellschaft« wurden beispielsweise in Frankreich und Italien laut, noch bevor fünfzig Prozent der Haushalte dieser Länder über fließend heißes Wasser, moderne Badezimmer, Telefon, Waschmaschine, Staubsauger und Fernsehgeräte verfügten.

Ebensosehr wandelte sich die Hausarbeit durch die Entwicklung und Verwendung »moderner« Konsumgüter – Konserven, Gefrier- oder Fertiggerichte, Wasch- und Putzmittel, Papiertaschentücher und Toilettenpapier, neue synthetische Materialien usw. Zudem wurden nun viele Arbeiten, die früher die Hausfrau erledigt hatte, etwa das Nähen oder die Zubereitung von Mahlzeiten, von professionellen Betrieben übernommen.

Da Frauen nun nicht mehr ihre ganze Zeit dem Haushalt widmen mußten, wurde ein großes Reservoir an weiblichen Arbeitskräften freigesetzt, das für die außerhäusliche Arbeit in der Produktion oder im Dienstleistungssektor zur Verfügung stand. Zugleich wurde diese außerhäusliche Erwerbstätigkeit notwendig, da viele Familien ein doppeltes Einkommen benötigten, um die neuen Produkte, Geräte und

Dienstleistungen finanzieren zu können, die ganz oder teilweise an die Stelle der traditionellen Hausarbeit getreten waren.

So beträchtlich die industrielle Produktivität während der »Wirtschaftswunderjahre« auch gestiegen war, konnte sie dennoch der Nachfrage der Haushalte, die noch angeheizt wurde durch eine Politik, die darauf ausgerichtet war, die Kaufkraft zu fördern, nicht genügen. Weibliche Arbeitskräfte waren daher in Industriezweigen und Dienstleistungsbereichen, die den Haushaltsbedarf bedienten, zunehmend gefragt. Zwischen 1954 und 1980 stieg die Zahl der Frauen in der Nahrungsmittelindustrie, im Lebensmitel- und Konfektionshandel um 80 Prozent, der Anteil der Frauen, die in Restaurants und Cafés arbeiteten, um 150 Prozent und der der weiblichen Beschäftigten in der Haushaltsgeräteindustrie gar um 250 Prozent.

Während immer mehr Komfort in den Haushalten Einzug hielt, wurden die Hausfrauen nach »draußen«, in die Berufe, gedrängt. Die industrielle Logik, wonach Männer in erster Linie bezahlte Arbeit verrichteten, die Muskelkraft erforderte, während Frauen im Haushalt tätig waren, wurde durch Veränderungen auf dem »postindustriellen« Arbeitsmarkt, bedingt durch den Aufschwung des Dienstleistungssektors sowie die wachsende Rolle von Automatisierung und Computerisierung, ausgehöhlt.

In der frühen Phase der Industrialisierung war »Muskelkapital« gefragt gewesen, das jeden Tag wiederhergestellt werden mußte. Diese Wiederherstellung konnte weitgehend an andere delegiert werden, vor allem zu Hause. Anders verhielt es sich mit dem nun erforderlichen »geistigen Kapital«, das man im wesentlichen erwerben mußte, bevor man sich auf dem Arbeitsmarkt bewarb, und dessen Erhaltung weitgehend davon abhing, wie man selbst die verfügbaren staatlichen Möglichkeiten des Bildungswesens und der beruflichen Fortbildung nützte. Zumeist werden die notwendigen Fähigkeiten in der Schule erworben, aber der Erfolg dieser Wissensvermittlung korreliert stark mit dem Bildungsgrad der Familie – insbesondere dem der Mutter – der den Sozialisierungsprozeß durchlaufenden Person.

Diese Veränderungen in der Art und Weise, wie die Arbeitskräfte ausgebildet und erhalten werden, sind zum großen Teil verantwortlich für den Umschwung, der bei den verschiedenen demographischen Indikatoren im Zusammenhang mit der Ehe zu verzeichnen ist. Früher erfüllten die Ehe und die Familie, die man mit einer Eheschließung gründete, eine wichtige Funktion bei der Wiederherstellung von Muskelkraft; für die Bildung und Erhaltung des »geistigen Kapitals« sind sie jedoch unwesentlich.

Dagegen hat der Stellenwert der »Sozialisationsfamilie« (die Familie, in der man aufwächst) und deren »Bildungskapital« beträchtlich zugenommen; Investitionen in Erziehung und Bildung gewannen zunehmend an Bedeutung für die Reproduktion der Arbeitskraft. So schreibt Daniela de Boca: »Der technologische Wandel im Haushalt hat die Produktivität von Tätigkeiten, die mit dessen *Wartung* zusammenhängen, gesteigert. Dasselbe läßt sich allerdings nicht von Tätigkeiten der *Investition* behaupten.«[7]

Diese Investitionstätigkeiten, insbesondere die Aufrechterhaltung von Kontakten zu Schulbehörden und anderen Einrichtungen des Sozialstaates, haben an Umfang zugenommen, je weiter das System der sozialen Sicherheit ausgebaut wurde und die Pflege alter oder kranker Menschen sowie bestimmte Aspekte der Reproduktionsarbeit entweder von Privatinstitutionen oder vom Staat abgedeckt wurden.[8]

Die »Vergesellschaftung« der Reproduktionsarbeit

Mitte der achtziger Jahre wurden Kinder in den EG-Ländern im Alter von fünf bis sieben Jahren schulpflichtig; in Frankreich, Belgien und Italien besuchten Kinder ab drei Jahren bereits eine Vorschule. Mehr als die Hälfte der deutschen, niederländischen, luxemburgischen, irischen, spanischen und griechischen Kinder im Alter zwischen drei und fünf Jahren gingen in eine Vorschule, einen Kindergarten oder eine Spielgruppe (überwiegend allerdings weniger als sechs Stunden pro Tag). Dagegen schenkten die meisten europäischen Staaten der Sozialisation von Kindern unter drei Jahren eine nur geringe Beachtung und taten kaum etwas, um die Arbeitskraft ihrer Mütter freizusetzen. Lediglich in Frankreich, Belgien und Dänemark wurden mehr als fünf Prozent der Kinder in diesem Alter in staatlichen Einrichtungen betreut. In Frankreich und Belgien besuchte fast ein Viertel der Kinder unter drei Jahren eine kommunale oder private Krippe bzw. Kindertagesstätte; in Dänemark nahmen staatlich oder von den Kommunen finanzierte Krippen 45 Prozent der Kinder unter drei Jahren auf, und fast 90 Prozent der Kinder zwischen drei und sieben Jahren (die noch nicht unter die Schulpflicht fielen) besuchten öffentlich finanzierte oder subventionierte Einrichtungen.[9]

Wenn ältere Leute bei ihren erwachsenen Kindern leben, bedeutet das nicht zwangsläufig, daß sie von ihnen abhängig sind. Oftmals gleicht sich die gegenseitige Hilfe aus, oder ältere Leute leisten mehr Hilfe, als ihnen selbst zuteil wird. Dennoch läßt sich sagen, daß diese Art des Zusammenlebens seit Ende des Zweiten Weltkriegs seltener geworden ist, was bedeutet, daß Frauen in den westlichen Ländern trotz der gestiegenen Lebenserwartung weniger zur Pflege der älteren Generationen beitragen als zuvor. Pensionen und Renten sind allge-

mein üblich und großzügiger als früher. Außerdem haben sich zahlreiche Senioreneinrichtungen herausgebildet. Pflege- und Sozialdienste
versuchen es älteren Menschen zu ermöglichen, in ihren eigenen vier
Wänden zu bleiben, was durch den allgemein verbesserten Gesundheitszustand der Bevölkerung und den wachsenden Bestand an speziell ausgestatteten Wohnungen erleichtert wird. So stieg etwa in Frankreich die Zahl der über fünfundsiebzigjährigen Frauen zwischen 1962
und 1982 um 71 Prozent, die Zahl der Frauen in diesem Alter, die bei
einem ihrer Kinder lebten, im selben Zeitraum dagegen nur um 22 Prozent. In Dänemark fiel der Anteil der verwitweten Achtzigjährigen, die
bei einem ihrer Kinder lebten, bei den Männern von 41 auf 22 Prozent, bei den Frauen von 27 auf 11 Prozent.

Die Erziehung und Beaufsichtigung der Kinder sowie die Pflege der
Alten, früher in erster Linie Pflicht der Frauen, ist heute wesentlich
leichter und fällt zum Teil der Allgemeinheit zu. In der Vergangenheit
hatten diese Pflichten zumindest während bestimmter Phasen im Fami-
lienzyklus bedeutet, daß Frauen für den Arbeitsmarkt nicht verfügbar
waren, während sie nun relativ kontinuierlich erwerbstätig bleiben
können, so daß ihnen neue Berufe und Karrieremöglichkeiten offenstehen. In Frankreich hat sich die Zahl der Frauen, die im Erziehungs-
und Gesundheitswesen tätig sind, zwischen 1962 und 1982 vervierfacht
und in der Kleinkinderbetreuung (Tagesmütter und Kindergarten) sogar
verachtzehnfacht.

Zusammengenommen machen die Berufe im sozialen und Reproduktionsbereich (Erziehungs- und Schulwesen, Gesundheitswesen, Sozialdienste usw.) heute in Österreich, der Bundesrepublik Deutschland
und Italien ein Zehntel, in Frankreich, Großbritannien, den USA und
Kanada ein Sechstel und in den skandinavischen Ländern sogar ein
Viertel aller Arbeitsplätze aus. Überall ist der Anteil erwerbstätiger Frauen
in diesem Sektor am massivsten gestiegen.

»VERHEIRATET« MIT DEM SOZIALSTAAT?

Der enge Zusammenhang zwischen gestiegener weiblicher Erwerbstätigkeit und dem Anwachsen des öffentlichen und privaten Repro-
duktionssektors hat manche Autoren zu der Bemerkung veranlaßt,
Frauen seien »mit dem Sozialstaat verheiratet«, ja, sie »seien« der Sozialstaat, da sie zugleich soziale Leistungen erbrächten und sozialstaatliche Absicherung empfingen.[10]

So führt auch Helga Maria Hernes die »zunehmende Professionalisierung und Politisierung der traditionellen Frauenarbeit« an und argu-

mentiert weiter: »Im Zuge dieser Entwicklung verwandelte sich die individuelle ökonomische Abhängigkeit (von Vätern und Ehemännern)
in eine institutionelle Abhängigkeit (vom Staat), sowohl bei Empfängerinnen von Wohlfahrtsleistungen als auch bei Angestellten im öffentlichen Dienst, die ja zum größten Teil reproduktive Aufgaben erfüllen.«[11]

Wenn dieses Bild der »mit dem Sozialstaat verheirateten Frau« und
ihrer Abhängigkeit vom »Ehemann Staat« auch übertrieben ist, so zeigt
es doch die funktionale Abwertung von Ehe und Familie als Lebensziel.[12] Veränderungen in der Struktur der Ehe, etwa die wachsende Zahl
von Partnerschaften ohne Trauschein oder von Scheidungen, spiegeln
möglicherweise die Herausbildung eines »postindustriellen« Reproduk-
tionsmodells wider, das gekennzeichnet ist durch die Intellektualisierung und Vergesellschaftung der Reproduktionsarbeit. In einem solchen
Modell findet die Ehe, die ihre Funktionsgrundlage weitgehend eingebüßt hat, ihre Legitimation zunehmend in gegenseitiger Zuneigung und
sexueller Anziehung und wird daher zu einer persönlichen und weniger dauerhaften Angelegenheit.

Der Sozialstaat ermöglicht es den Frauen, erwerbstätig zu sein,
indem er sie von einem Teil der Belastung durch Haushalt, Kinder-,
Kranken- und Altenpflege entbindet und ihnen vielfältigen sozialen
Schutz gewährt. Frauen sind somit weniger abhängig von der Institution der Ehe geworden, sie haben die Wahl, gar nicht zu heiraten oder
aber eine Ehe zu beenden, wenn sie der Meinung sind, daß der Nutzen, den sie von ihr haben, die Kosten nicht ausgleicht. Zudem versucht der Sozialstaat, indem er sich um die Probleme von »Schei-
dungskindern« kümmert und Alleinerziehende unterstützt, die Risiken,
die aus der größeren Unabhängigkeit von Frauen erwachsen, zu minimieren und teilweise zu vergesellschaften, vor allem, wenn es um die
Sozialisation der Kinder geht. Dennoch genießen nicht alle Bürgerinnen der verschiedenen Sozialstaaten dieselbe Autonomie hinsichtlich
der Ehe, und sie bezahlen auch nicht denselben Preis für ihre Unabhängigkeit.

Berufe im Sozialstaat und Unabhängigkeit von der Ehe

Berufe im Reproduktionsbereich, vor allem im öffentlichen Dienst, erfordern häufiger als andere Tätigkeiten einen höheren Schul- bzw.
Hochschulabschluß. Im Laufe der letzten Jahre haben zahlreiche Frauen
diesen Berufszweig eingeschlagen, wobei ihnen nicht nur das »weibliche« Kapital zugute kam, das sie durch eine Sozialisation, die alle für
die Reproduktionsarbeit nötigen Eigenschaften (Opferbereitschaft, geschickter Umgang mit Menschen, erzieherische Fähigkeiten usw.) för-

derte, erworben hatten, sondern auch das »Bildungskapital«, das ihnen ihre Eltern als Versicherung gegen die Wechselfälle einer Ehe verschafft hatten.

Indem sie ihr weibliches und durch Bildung erworbenes »Kapital« sowohl auf dem Arbeits- wie auf dem Heiratsmarkt investierten, scheinen die im sozialen Bereich tätigen Frauen, vor allem wenn sie im öffentlichen Dienst sind, in doppelter Hinsicht gewonnen zu haben. In Frankreich etwa, wo drei Viertel aller Arbeitsplätze im Reproduktionsbereich in öffentlicher Hand sind, haben Frauen, die diese Karriere gewählt haben, sowohl im Hinblick auf ihre Verdienst- wie auf ihre Aufstiegsmöglichkeiten den höchsten Gewinn aus ihren Diplomen gezogen.[13] Da viele dieser Stellen durch das Beamtenrecht gesichert sind, war es für mit dem Sozialstaat »verheiratete« Frauen oft leichter als für andere, Familie und Beruf zu vereinbaren.

Während Frauen im Einzelhandel oder in privaten Dienstleistungsbetrieben (Hotels, Restaurants, Reinigungsfirmen) häufig gegen ihren Willen Teilzeitarbeit leisten müssen, haben sich viele Frauen im staatlichen Dienstleistungsbereich freiwillig für eine Teilzeitstelle entschieden, um mehr Zeit für die Kinder oder den Haushalt zu haben. Die Ganztagsstellen in diesem Sektor erweisen sich zudem oft als weniger aufreibend als anderswo und lassen eine gewisse Flexibilität bei der Gestaltung der Arbeitszeit zu.

In Frankreich arbeiten 12 Prozent der Frauen, die als Verwaltungs- oder Handelsangestellte bei einer Firma tätig sind, weniger als 35 Stunden pro Woche, verglichen mit über 50 Prozent der diplomierten weiblichen Angestellten im staatlichen Dienstleistungsbereich. Zudem werden von jenen 12 Prozent wiederum 85 Prozent als Teilzeitkräfte bezahlt, wahrend es bei den letzteren weniger als die Hälfte ist. Geht man von einer vergleichbaren Qualifikation aus, arbeiten französische Frauen im öffentlichen oder sozialen Dienst durchschnittlich mehrere Stunden pro Woche weniger als in anderen Bereichen (einschließlich der Fahrzeiten von und zur Arbeit sowie der Zeit für Arbeit zu Hause) und verwenden einige Stunden pro Woche mehr auf Hausarbeit. Außerdem beteiligen sich ihre Ehemänner häufiger als andere an der Hausarbeit. Allerdings haben Frauen, die im öffentlichen Dienst arbeiten (vor allem Lehrerinnen), eher mehr Kinder als andere berufstätige Französinnen. Sie hören jedoch für gewöhnlich auch seltener auf zu arbeiten, wenn sie kleine Kinder haben, und scheinen deshalb leichter als andere erwerbstätige Frauen Mutterschaft, Hausarbeit und Beruf miteinander vereinbaren zu können. Zudem leben sie häufiger in einer Partnerschaft und lassen sich seltener scheiden als andere Frauen mit Hochschulabschluß. Aber ihr Bildungskapital und die Sicherheit des Arbeitsplatzes, von der sie zumeist profitieren, ermöglichen es ihnen, wenn nötig, die Initiative zur Beendigung einer Ehe zu ergreifen oder lassen sie leichter mit den finanziellen Konsequenzen fertig werden, wenn der Partner stirbt oder sie verläßt.

Der Sozialstaat bietet Frauen also ein hohes Maß an Unabhängigkeit von der Ehe und an Schutz gegen die Risiken der Armut, die mit der Rolle als Alleinerziehende verbunden sind. Diese sozialen Leistungen jedoch sind von Land zu Land verschieden und hängen in erster Linie vom Umfang des Dienstleistungssektors, dem Beschäftigungsgrad der Frauen, der Art der Vergesellschaftung der Reproduktionsarbeit (staatlich oder über den Markt) und der geschichtlich determinierten Art des jeweiligen Sozialstaates ab. Die Situation ist jeweils dadurch bestimmt, ob der Sozialstaat, nach den von Gosta Esping-Andersen entwickelten Kategorien, »etatistisch-korporatistisch« ist wie in der Bundesrepublik Deutschland, »sozialdemokratisch« wie in Schweden oder »liberal« wie in den USA.[14]

In der Bundesrepublik Deutschland, wo der Dienstleistungssektor kleiner ist als in den übrigen westlichen Ländern und wo weniger als die Hälfte der verheirateten Frauen berufstätig ist, verlief die Vergesellschaftung der Reproduktionsarbeit, die weitgehend in den Händen des Staates blieb, zögernd und in begrenztem Umfang. Der Frauenanteil innerhalb des öffentlichen Dienstes ist seit Beginn der sechziger Jahre nicht mehr gestiegen, wohl aber der Anteil des öffentlichen Dienstes an der Gesamtwirtschaft und damit auch die Anzahl der in diesem Sektor beschäftigten Frauen: Von den erwerbstätigen westdeutschen Frauen hatte 1961 nur jede fünfzehnte eine Stelle im öffentlichen Dienst, während es 1983 bereits jede fünfte war.

In Schweden, wo die Beschäftigungsrate von Frauen sehr hoch ist (ebenso wie der Anteil von Frauen mit Teilzeitarbeit), ist die Reproduktionsarbeit in hohem Maße vergesellschaftet worden (jeder vierte Arbeitsplatz gehört zum sozialen Dienstleistungsbereich, und fast alle davon sind in staatlicher Hand). Mehr als die Hälfte aller erwerbstätigen Schwedinnen arbeitet heute im öffentlichen Dienst, und mehr als zwei Drittel der Stellen in diesem Sektor, wie auch im sozialen Dienstleistungsbereich insgesamt, sind von Frauen besetzt.

In den USA, wo der Tertiärsektor überwiegt, wurde die Reproduktionsarbeit überwiegend auf marktwirtschaftliche Weise vergesellschaftet, der Anteil des öffentlichen Dienstes an der Gesamtstellenzahl ist seit Beginn der sechziger Jahre sogar gesunken. Allerdings hat eine deutliche «Feminisierung» sowohl innerhalb des öffentlichen Dienstes als auch des Dienstleistungsbereichs stattgefunden. 1940 gab es im Reproduktionsbereich 3 Millionen Stellen, wovon 59 Prozent von Frauen besetzt waren; vierzig Jahre später waren es 17 Millionen, die zu 70 Prozent Frauen innehatten. Jede dritte Frau (aber nur jeder zehnte Mann) arbeitete 1980 im Reproduktionsbereich.[15]

Deutsche Frauen, die den Sozialstaat »heirateten«, erhielten demnach als Hochzeitsgeschenk weniger Stellen im Dienstleistungsbereich und somit weniger Unabhängigkeit von der Ehe als ihre schwedischen oder amerikanischen Schwestern. Amerikanerinnen haben weniger Arbeitsplatzsicherheit und tragen daher ein größeres Risiko als deutsche oder vor allem schwedische Frauen, wenn ihre Ehe scheitert. Am besten haben es die Schwedinnen getroffen: Sie genießen zugleich größere Unabhängigkeit und größere Sicherheit als die Deutschen oder Amerikanerinnen.

Soziale Sicherheit und Schutz im Scheidungsfall

Der Grad des Schutzes, den die verschiedenen Sozialstaaten im Falle einer Scheidung nicht nur ihren weiblichen Angestellten, sondern allen Bürgerinnen bieten, läßt sich am jeweiligen Anteil von Alleinerziehenden und von Paaren mit Kindern ablesen, die sich unterhalb einer bestimmten Armutsschwelle befinden, deren Einkommen also zum Beispiel unter der Hälfte des Medianwerts liegt (der Median bezeichnet den Wert, der in der Mitte aller nach ihrer Größe geordneten Einkommen liegt).[16]

Nach diesem Maßstab lassen sich diverse Gruppen von westlichen Ländern unterscheiden. Die erste Gruppe mit hohem Armutsrisiko für alleinerziehende Eltern und nur geringem Schutz gegen dieses Risiko umfaßt Sozialstaaten des »liberalen« Typs wie die USA, Kanada und, in geringerem Maße, Großbritannien, wo es nur eine sehr schwache Umverteilung der Einkommen zwischen den Haushalten gibt. Der Anteil der »armen« Haushalte (deren Einkommen nicht 50 Prozent des Medianwerts erreicht) liegt hier hoch und wird kaum verringert durch soziale Transferzahlungen (Nettoleistungen, d. h. Sozialleistungen nach Abzug der Steuern): Nach diesen Transferzahlungen gibt es fast ebensoviele (und manchmal sogar mehr!) »arme« Haushalte wie zuvor, gleichgültig, um welche Kategorie von Haushalten es sich handelt. Die Haushalte mit nur einem Elternteil – 13 Prozent der Haushalte mit Kindern in Großbritannien, 23 Prozent in den USA – sind dem größten Risiko ausgesetzt. Der Prozentsatz von »armen« Haushalten liegt anfangs (d. h. vor den Ausgleichszahlungen) bei mehr als 50 Prozent und ist somit drei- bis viermal höher als bei Paaren mit Kindern. Bei jungen Leuten liegt dieses Risiko noch darüber: 60 bis 80 Prozent der alleinerziehenden Eltern unter dreißig Jahren sind arm, und für die meisten ändern soziale Transferleistungen nichts an ihrer Situation. Die jüngste Entwicklung hat in diesen Ländern das Armutsrisiko für Alleinerziehende noch gesteigert; der Anteil armer Familien mit nur einem Elternteil (ob vor oder nach sozialen Ausgleichszahlungen) ist im Laufe der achtziger Jahre in den USA und Kanada gewachsen, unabhängig vom Alter der Alleinerziehenden.

In anderen Ländern, wie der Bundesrepublik Deutschland und Frankreich (wo der Anteil von Familien mit nur einem Elternteil ebenfalls recht hoch ist: 11 bis 14 Prozent aller Haushalte mit Kindern), ist das Armutsrisiko für Alleinerziehende geringer – 25 bis 40 Prozent der Haushalte von Alleinerziehenden sind arm, der Schutz allerdings, der durch soziale Ausgleichszahlungen geleistet wird, ist beträchtlich, denn etwa die Hälfte der alleinerziehenden Eltern fällt so aus der Kategorie »arm« heraus. In der Bundesrepublik Deutschland scheint dieser Schutz jedoch nur alleinerziehenden Müttern über dreißig zugute zu kommen; bei den jüngeren ist der Anteil der Haushalte, die auch nach den sozialen Ausgleichszahlungen als arm gelten, dreimal höher; zudem hat er sich im Laufe der achtziger Jahre mehr als verdoppelt. »Etatistisch-korporatistische« Sozialstaaten bieten Haushalten mit nur einem Elternteil zwar mehr soziale Unterstützung als anderen, aber dennoch verbleiben diese Haushalte zwei- bis viermal häufiger als andere Haushalte in der Kategorie »arm«.

Die »sozialdemokratischen« Sozialstaaten, in denen das Volkseinkommen in hohem Umfang umverteilt wird (und wo soziale Transferleistungen den Anteil armer Haushalte immerhin um mindestens die Hälfte senken), reduzieren das Risiko für Alleinerziehende beträchtlich. Der Anteil von Familien mit nur einem Elternteil an den armen Haushalten entspricht annähernd demjenigen der übrigen Haushalte mit Kindern oder liegt sogar etwas darunter. Das gilt für Länder mit niedrigem Armutsrisiko wie Schweden gleichermaßen wie für Länder mit hohem, etwa die Niederlande. In Schweden ist der Prozentsatz armer Haushalte vor sozialen Ausgleichszahlungen bei den Familien mit nur einem Elternteil doppelt so hoch wie ihr Anteil an der Gesamtbevölkerung; in den Niederlanden ist er viermal so hoch, und es gibt nur wenige alleinerziehende Mütter, vor allem, wenn sie jung sind, die ein Einkommen haben, das ausreicht, um sie vor Armut zu bewahren. Aber der Schutz, der durch die sozialen Ausgleichszahlungen wirksam wird, ist in beiden Ländern so groß, daß der Anteil der armen Familien mit nur einem Elternteil auf ein Drittel oder noch weniger gesenkt wird. In Schweden wurde diese Unterstützung während der achtziger Jahre sogar noch ausgebaut; der Prozentsatz armer Familien mit nur einem Elternteil wurde nach sozialen Ausgleichszahlungen fast halbiert und liegt sogar unter dem der Gesamtzahl der Haushalte.

Angesichts dieser Zahlen ist es nicht verwunderlich, daß in Schweden das Stichwort vom »Staatsfeminismus« aufgekommen ist, in den USA dagegen das von der »Feminisierung der Armut«.

Der Gewinn, den der Sozialstaat Frauen bietet – als Angestellte im öffentlichen Dienst oder als Nutznießerinnen staatlicher Leistungen – ist bei weitem nicht überall gleich: je besser die sozialen Leistungen, desto höher die Mitgift, könnte man sagen, wenn man im Bild der »Heirat mit dem Sozialstaat« bleiben will. Ich habe aufgezeigt, daß sich in den Industriestaaten die technologische und ökonomische Basis der Geschlechterbeziehungen seit den fünfziger Jahren durch die Herausbildung eines neuen Systems für die Reproduktion der Bevölkerung und der Arbeitskraft grundlegend gewandelt hat. In jedem dieser Länder hat die Geschichte – die sich verschiebenden Beziehungen zwischen den sozialen Gruppen sowie die daraus resultierende Sozialgesetzgebung – die Art und Weise bestimmt, wie sich dieser Wandel im Leben von Männern und Frauen sowie der unterschiedlichen sozialen Klassen abzeichnet.

Aus dem Französischen von Gabriele Krüger-Wirrer

15
EINE EMANZIPATION
UNTER VORMUNDSCHAFT

FRAUENBILDUNG UND FRAUENARBEIT
IM 20. JAHRHUNDERT

Rose-Marie Lagrave

»Das 20. Jahrhundert wird das Jahrhundert der Rivalität zwischen Männern und Frauen sein.« Mit diesen Worten schloß der Direktor des Mädchen-Collèges von Périgueux am 23. Juli 1908 seine Ansprache anläßlich der jährlichen Preisverleihung. An der Schwelle zum 21. Jahrhundert stellen wir fest, daß sich diese Prognose nicht erfüllt hat. Um in eine Rivalität zu treten, muß man zumindest eine gewisse Chance haben, gewinnen zu können, und es muß Waffengleichheit herrschen. Aber trotz des zunehmenden Einflusses der Frauen in der Gesellschaft bleibt das Spiel zwischen Frauen und Männern zu ungleich, als daß echter Wettbewerb entstehen könnte. Bezeichnend für das 20. Jahrhundert war vielmehr die langwierige und langsame Legitimation der Grundsätze der Aufteilung der sozialen Welt nach Geschlechtern, durch das Fortbestehen alter oder die Erfindung neuer Formen der Trennung im Bildungswesen und in der Arbeitswelt. Die Gesellschaftsordnung funktioniert wie eine Art Verschiebebahnhof, auf welchem Männer und Frauen pünktlich, wenngleich nicht immer fehlerfrei auf getrennte Bildungs- und Arbeitswelten verteilt werden: Ihre wichtigste Aufgabe ist es, die Konkurrenz zwischen den Geschlechtern zu verhindern und die Gewalt der Männerherrschaft zu beschönigen.[1] Und trotzdem hat dieses Jahrhundert unablässig die Gleichheit der Geschlechter proklamiert, sie mit goldenen Lettern in die Gesetzestexte geschrieben, so daß nicht wenige Beobachter geneigt waren, diese Gesetze für befreiend zu erklären. Die Analysen stimmen denn auch darin überein, den stetig wachsenden Einfluß der Frauen im Getriebe der Gesellschaft hervorzuheben. Wenn man der optischen Täuschung erliegt, die darin besteht, die Gleichheit der Geschlechter der Verbesserung der Situation der Frauen zuzuschreiben, und dabei vergißt, daß gleichzeitig auch die Situation der Männer sich verbessert hat, dann kann man in der Tat diesem ausgehenden Jahrhundert seinen Dank abstatten. Wenn man jedoch den Aufstieg der Frauen konsequent zu dem Fortschritt der Männer in Beziehung setzt, kommt die fortdauernde Kluft zwischen der Situation der Männer und der der Frauen in Bildung und Arbeit zum Vorschein.

Es genügt jedoch nicht, diese Fortdauer der Ungleichheiten zwischen den Geschlechtern aufzuzeigen, weil die Ungleichheiten unter den Frauen selbst ebenso eine Rolle spielen. Wenn die Frauen des 20. Jahrhunderts unter gewissen Gesichtspunkten Gemeinsamkeiten aufweisen, die von Denkern aller Richtungen hervorgehoben werden, so sind ihre Chancen, den Männern gleich zu sein, untereinander doch ungleich verteilt. Zwischen der Absolventin der École normale supérieure in Sèvres, die mit dem Studenten von der rue d'Ulm im Staatsexamen in Konkurrenz tritt, und den Arbeiterinnen, die – geleitet von jener Art Klasseninstinkt, welcher Vorrang vor dem Geschlechterinstinkt hat – Seite an Seite mit den Arbeitern kämpfen, liegt die ganze Distanz der Klassenunterschiede. Die Existenz dieses Systems der Ungleichheiten vermag jedoch nicht den irreversiblen, unwandelbaren Charakter jener Macht zu ermessen, die in der Chance liegt, auf der richtigen Seite der sozialen Ungleichheit zu stehen, nämlich ein Mann zu sein. Denn in der Welt der Bildung und der Arbeit hat das Gesetz des Alternierens keine Geltung: Die beherrschenden Positionen sind stets mit Männern besetzt, die untergeordneten Positionen mit Frauen. So wird ein typischer Frauenberuf nie mehr ein Männerberuf werden, und die »Allée des demoiselles« an der Sorbonne, wie sie 1919 getauft wurde, ist bis heute nicht zur Allee der Herren geworden. Wenn die Frauen sich einen Beruf oder ein Fach erobern, flüchten die Männer oder sind schon geflüchtet: Es gibt keine Situation der Rivalität, nicht einmal des fairen Wettbewerbs, es gibt nur diese stillschweigende Minderwertigkeit. Diese Flucht nach vorn perpetuiert die strukturelle Kluft der Positionen zwischen Männern und Frauen gerade durch die garantierte Veränderung der Strukturen und die Anpassung an die Konjunktur. Man kann jedoch die Fortdauer dieser Kluft nicht vollständig begreifen, wenn man nicht im Auge behält, daß jeder Vergleich, selbst ein statistischer, zwischen Männern und Frauen an sich schon voreingenommen ist. Das gilt übrigens nicht für alle Beispiele. Dieses Übrigens heißt Familie, die nicht mit demselben ideologischen und praktischen Gewicht auf beiden Geschlechtern lastet. Man ermahnt die Männer zur Arbeit, um das Auskommen der Familie zu bestreiten, während man in den Frauen Schuldgefühle erzeugt, wenn sie dieselbe Familie für einen Zweitverdienst im Stich lassen. Die Männer »treten ins Berufsleben ein«; die Frauen verraten das Heim. »Durch die Feminisierung der Berufe treten wir schon die Wiegen mit Füßen«, schrieb Pierre Hamp 1919. Mit revidierten und korrigierten, den Umständen angepaßten Argumenten ist dies das Leitmotiv des 20. Jahrhunderts: Bildung und Arbeit für die Frauen – ja, aber unter guter Aufsicht und unter der Bedingung, daß die Familie nicht darunter leidet, mit dem Vorbehalt, es bei dem zu belassen, was zu jeder Zeit für die Frauen denkbar war; mit dem Vorbehalt, daß sie nicht die raren und angesehenen Posten und Titel der Männer antasten. Infolgedessen wird den Jungen wie den Mädchen schon im Kindergarten und in der Familie die Existenz zweier Systeme unterschiedlicher Dispositionen eingeschärft, die sich nach und nach in zwei Systemen getrennter Positionen in der Arbeitswelt niederschlagen werden. Das 20. Jahrhundert hat zwar einen massiven Zustrom der Frauen zu Bildung und Erwerbstätigkeit verzeichnet, jedoch verbunden mit einer Ungleichheit der schulischen Chancen und der Nichtgemischtheit in den Berufen. Und es setzt die Geschichte der üblichen Aufteilung mit ihren Varianten, aber auch Invarianten fort.

ARBEIT ODER FAMILIE –
WAS IST DER FRAUEN VATERLAND? (1918–1945)

Nachdem der Sturm des Ersten Weltkrieges überstanden war und man darangehen konnte, die Ausbildung und Berufstätigkeiten der Frauen zahlenmäßig zu erfassen, zog man in jener Zeit gerne das Fazit: »Der Krieg von 1914 war das 1789 der Frauen.« Denn der Krieg kam den Frauen gut zustatten: Die Männer hatten den Platz geräumt und waren an der Front; die Frauen hielten im Hinterland stand. Während des Dramas veränderte sich das Spiel: Der Wettstreit um die Aufteilung der Arbeit zwischen Männern und Frauen war mangels Teilnehmern gegenstandslos geworden. Seit 1917 rechnete man mit dem Ende der Feindseligkeiten und begann, nach Lösungen zu suchen. Es war keine einfache Zeit. Es trat eine Periode ein, die, von einem Krieg zum nächsten, alle Anzeichen der Kinderkrankheiten des Kapitalismus aufwies: Depression, Krisen, Börsenkrach, strukturelle Arbeitslosigkeit offenbarten der ganzen verdutzten Welt das Fehlen eines internationalen Instrumentariums zur Regulierung einer Wirtschaftskrise. In diesem globalen Kontext konjunktureller und struktureller Turbulenzen verzeichneten die Industrieländer beachtliche Fortschritte in Frauenbildung und Frauenarbeit. Man staunte darüber, man bedauerte es, aber man fand, daß anderes dringlicher sei. Wenn nach so vielen Toten die Frauen nicht von sich aus ihre Pflicht wahrnahmen, mußte man sie daran erinnern.

Vom Geist zum Buchstaben

Der nationale Wiederaufbau war überall auch das Unternehmen einer Wiederbevölkerung der Nationen. Der Geburtenrückgang, der Anstieg der Frauenerwerbstätigkeit, die Rückkehr der Männer in die Fabriken und auf die Felder lösten erneut eine ideologische Offensive großen Maßstabs aus, deren Ziel die Rückkehr der Frauen an den häuslichen Herd war.

Im Vertrauen auf die Schützenhilfe der Kirche erwählte sich die Familienpolitik die Frauenarbeit, vor allem die Berufstätigkeit verheirateter Frauen zur bevorzugten Zielscheibe. Von ihr rührte alles Übel her: Man schob ihr den Geburtenrückgang, die Kindersterblichkeit, den Zerfall der Familie, den Sittenverfall und den Rückzug der Eltern von der Aufgabe der Kindererziehung in die Schuhe. Es ging darum, risikolos und auf zwei Registern zugleich zu spielen – das eine radikal und repressiv: durch schlichtes Verbot; das andere erzieherisch und positiv: durch Aufwertung der Hausarbeit. Eine Operation dieser Art beginnt man nicht, ohne sich zunächst der Nachhut versichert zu haben. Gestützt auf die katholischen Frauenverbände und die Unternehmer, wurden in regelmäßigen Abständen internationale Umfragen[2] veranstaltet, um die Erfolgschancen des Projekts einer »Repatriierung« der Frauen am häuslichen Herd zu überprüfen. Die Antworten waren klar, aber peinlich. Wie sollte man katholische Ethik und ökonomisches Interesse miteinander versöhnen? Die Unternehmer antworteten, gewiß gebiete es das allgemeine Interesse, verheirateten Frauen die Arbeit zu untersagen, aber müsse man ihm darum gleich das Hauptinteresse, den Gewinn des Unternehmens, opfern? Die österreichischen Unternehmer schützten die Erhöhung der Preise für ihre Waren vor: Statt der Frauen mußte man Männer einstellen; in Österreich erhielten aber die Arbeiterinnen nur 50 Prozent des Lohns der Arbeiter. Frankreich, Italien, Spanien wiesen darauf hin, daß Familienmütter bei der Arbeit gewissenhafter zu Werke gingen als junge Mädchen. Belgien, Italien, Österreich schlugen vor, die Arbeit verheirateter Frauen von Rechts wegen zu verbieten, während Frankreich antwortete, damit müsse man vorsichtig sein, weil eine derartige Maßnahme nur die wilde Ehe fördern würde. Ein nichtiges Argument wiederum für Österreich, das geltend machte, daß nicht vornehmlich Arbeiterinnen in wilder Ehe lebten, sondern Frauen, deren Unterhalt durch den Mann gesichert sei. Man wog das Für und das Wider gegeneinander ab: Einerseits würde die Industrie vom Mutterschaftsgeld entlastet, andererseits müßte sie die höheren Löhne für die Männer bezahlen. Die radikalen Maßnahmen waren kaum zu rechtfertigen. So beschränkte man sich auf einen Minimalkonsens: Alle katholischen Unternehmer mußten fortan darauf verzichten, Familienmütter zu »beschäftigen«.

Dieser Offensive gebrach es ein wenig an Feingefühl; besser war es, die Frauen selbst ihre eigene Eliminierung aus der Arbeitswelt besorgen zu lassen. Es handelte sich darum, dem passiven Rückzug aus der Arbeitswelt die aktive, begeisterte und aufgewertete Rückkehr an den häuslichen Herd entgegenzustellen. An Instrumenten für diese neue Familienpolitik fehlte es nicht; man erfand die erziehende Mutter, die rationelle und taylorisierte Hausfrau als Galionsfigur der neuen Hauswirtschaft. Man eröffnete neue Schulen und neue Kurse zur Intensivierung der Hauswirtschaftslehre, die sich abwechselnd bürgerlich oder populistisch gab, um den unterschiedlichen Klassenerwartungen gerecht zu werden. Für die werktätigen Klassen mußte sie ein Mittel zur Bekämpfung der Verschwendung und eine Methode sein, wie man »mit dem, was man hat«, das heißt einem bescheidenen Lohn, Wunder wirkte. Wenn auf der einen Seite die Arbeiter für einen anständigen Lohn kämpften, mußten auf der anderen Seite ihre Frauen lernen, mit diesem Lohn auszukommen, indem sie mit dem Familienbudget optimal haushalteten. In Frankreich riß die Eröffnung des ersten »Salons der Haushaltskünste« (Salon des arts ménagers) 1923 die Frauen des Bürgertums aus ihrer Lethargie: Es galt, die Küche zu mechanisieren, die neue Kunst zu erlernen, mit dem Mehrwert des Sozialkapitals des Gatten umzugehen, indem man weniger konsumierte, aber besser damit auskam. In Deutschland förderte man die hauswirtschaftliche Ausbildung junger Mädchen durch Wettbewerbe von Meisterhausfrauen, und das Jahr 1934 wurde zum »Jahr der Hausfrau« erklärt. Trotz dieses großangelegten Projekts waren diese familienpolitischen Maßnahmen kein Rezept mehr; sie traten zu sehr in Widerspruch mit den Interessen der Arbeitswelt und mit den Bestrebungen nach sozialem Aufstieg, den die strukturellen Veränderungen seither ermöglichten. Dieses verwegene Unternehmen hinderte die Frauen nicht daran, in der Arbeitswelt ihren Platz zu behaupten.

Gewiß bekamen die Frauen mehr als die Männer die Erschütterung der Wirtschaftskrise zu spüren, und sie vor allem mußten für die Kosten der Anpassung des Arbeitsmarktes aufkommen; doch sie hielten stand, zwar ohne nennenswerten Fortschritt, aber auch ohne bemerkenswerten Rückschritt. Für Europa ergibt eine Analyse des Internationalen Statistischen Jahrbuchs des Völkerbundes, daß seit Jahrhundertbeginn der prozentuale Anteil der weiblichen Erwerbstätigen an der weiblichen Gesamtbevölkerung von bemerkenswerter Stabilität war. Statistisch zerfiel Europa in zwei Teile. Die nördlichen Länder, namentlich Dänemark, Schweden, Norwegen, England und Finnland, seit Mitte des 19. Jahrhunderts industrialisiert, erlebten eine Zunahme der erwerbstätigen Frauen zwischen 1900 und 1910, während ihre Zahl bis 1930, 1931 stagnierte, ja sogar zurückging, um dann bis 1945 wieder anzusteigen. Die südlichen Länder versuchten, den Rückstand wettzumachen. Griechenland, Italien, Spanien, die von einer sehr niedrigen Zahl ausgegangen waren und auch später nur ein äußerst bescheidenes Niveau erreichten, »hoben« um 1915, 1920 »ab«. So stieg zum Beispiel in Griechenland der Anteil der erwerbstätigen Frauen zwischen 1921 und 1928 von 13,6 auf 24 Prozent. Frankreich befand sich an der Spitze dieser Gruppe: 1926 waren hier 36 Prozent der Frauen erwerbstätig, gegenüber 23 Prozent in Italien. Trotzdem blieb die Arbeit in Europa großenteils Männersache; die Zahl der erwerbstätigen Männer war doppelt bis dreimal so hoch wie die der Frauen. Noch aufschlußreicher war die Zunahme der Erwerbstätigkeit unter den verheirateten Frauen: Eine große Zahl von Frauen zwischen 25 und 34 Jahren, also im heirats- und gebärfähigen Alter, waren berufstätig. Besonders ausgeprägt war dieses Phänomen in Frankreich: Während hier die Zahl der erwerbstätigen Frauen insgesamt zwischen 1921 und 1936 zurückging, nahm die Zahl der erwerbstätigen verheirateten Frauen ständig zu und stieg von 35,2 Prozent auf 41,4 Prozent. Das Verdikt der Zahlen ist klar: Verheiratete Frauen wehrten sich dagegen, zu Hause eingesperrt zu werden.[3] Die familienpolitischen Maßnahmen zeigten ihre Grenzen, ohne darum an Einfluß zu verlieren, weil sie nicht die beabsichtigten Auswirkungen hatten. Sie verzerrten die Struktur der Frauenbeschäftigung, indem sie diese, trotz des Vordringens von Frauen in die Bastionen der Männerberufe, auf bürokratische und soziale Varianten von Hausarbeit, auf geschlechtstypische Beschäftigungen verschoben.

Männerpläne – Frauenschicksal

In Europa wichen die vorkapitalistischen Arbeitsformen, wie Heimarbeit und Familienarbeit, der abhängigen Beschäftigung im Betrieb. Ein dreifacher Prozeß spielte sich ab: die industrielle Umverteilung der weiblichen Arbeitskräfte, die Vermehrung von Frauenberufen auf dem Dienstleistungssektor und das Vordringen von Frauen in intellektuelle und freiberufliche Tätigkeiten. Diese strukturelle Umgestaltung stand in engem Zusammenhang mit den wirtschaftlichen Veränderungen, aber auch mit den auf soziale Beweglichkeit zielenden Strategien der werk-

tätigen Klassen und den Reproduktionsstrategien der bürgerlichen
Familien, die ihren Töchtern eine gute Bildung mitgeben wollten, um
das Fehlen einer Aussteuer auszugleichen oder um diese aufzuwerten.
Vehikel dieser Ziele war für alle die Schule, auch wenn diese den
Bedürfnissen des Arbeitsmarktes noch wenig angepaßt war. Der unterschiedliche Gebrauch, den die gesellschaftlichen Klassen von ihr machten, und ihr gleichzeitig demokratischer und selektiver Charakter eröffneten für manche neue Perspektiven, während sie für andere, namentlich für Frauen, verstellt blieben. Dies galt mehr noch für Arbeiterinnen als für Arbeiter.

In allen Ländern veränderte sich die Arbeiterklasse nach dem Ersten
Weltkrieg. Sie blieb jedoch gekennzeichnet durch berufliche Homogenität, gewerkschaftliche Traditionen und eine wenig positive Einstellung gegenüber der Frauenarbeit.

Technische Berufsausbildung und allgemeine Ausbildung hoben das
Qualifikationsniveau der Arbeiter an, während sie auf das der Arbeiterinnen wenig Auswirkung hatten. Doch das Niveau der Grundschul-
bildung berührte alle Schichten.

In Frankreich war die schulische Gleichstellung von Mädchen und
Jungen in der Grundschule seit 1901 verwirklicht. Die Mängel der technischen Ausbildung und einer erbenlos gewordenen Lehre im handwerklichen Bereich wurden wettgemacht durch technische Kenntnisse,
die an Ort und Stelle oder im Schnellverfahren erworben wurden.
Kaum oder gar nicht qualifiziert, wurden die Frauen für die neue Logik
der Rationalisierung benutzt, die durch Einführung des Taylorismus die
Industrie veränderte und mehr und mehr die qualifizierten von den
nichtqualifizierten Arbeitsplätzen unterschied. Es ging darum, sich die
»natürlichen« weiblichen Eigenschaften zunutze zu machen:

»Die Frauen unterscheiden sich durch ihren Mut und ihre Geschicklichkeit bei
Arbeiten, die große motorische Sensibilität und schnelle und präzise Bewegungen
erfordern. Andererseits ist die Frau von Natur aus sparsam, vorausschauend, ja
sogar gewinnsüchtig; ein geringer zusätzlicher Gewinn genügt manchmal, um sie
über ihre Kräfte hinaus arbeiten zu lassen.«[4]

Da diese technischen Verrichtungen »spontane« waren, bedurfte es
weder einer Lehrzeit noch qualifizierter Berufe. Die Frauen besetzten
denn auch nichtqualifizierte Arbeitsplätze, blieben aber auf dem industriellen Sektor beschäftigt. Wenn auch in Frankreich die Zahl der
erwerbstätigen Frauen in der Industrie zwischen 1918 und 1945 stagnierte, so kann man doch noch nicht von einem wirklichen Rückgang
sprechen. Dafür vollzog sich ein allmählicher Übergang von den traditionell weiblichen Sektoren – Textil- und Bekleidungsindustrie – zu
neuen Sektoren wie der chemischen, der Metall- und der Lebensmit-

telindustrie. Der Anteil der Arbeiterinnen in der Textilverarbeitung fiel von 62 Prozent im Jahre 1931 auf 55 Prozent im Jahre 1954, während sich die Anzahl der Arbeiterinnen in der Metallindustrie in demselben Zeitraum versechsfachte. Die industriellen Umstrukturierungen verengten den Abstand zwischen Männerlöhnen und Frauenlöhnen erheblich. 1920 betrug er 31,3 Prozent; anschließend blieb er bis 1928 nahezu konstant, um 1930 auf 19 Prozent zu fallen, 1936 wieder auf 30 Prozent zu steigen und sich 1945 erneut auf 15 Prozent zu verringern. Die Lohnvereinbarungen von Matignon 1936 hatten die bevorzugte Einstellung von Frauen zur unmittelbaren Folge, um die Kosten des Lohnaufkommens zu senken. Während der ganzen Phase des Wiederaufbaus ist die Industriearbeit stark gewachsen, und viele Unternehmen mußten bei der Rekrutierung von Arbeitskräften auf Heimarbeiterinnen, Familienangehörige und ehemalige Landwirtinnen, zuletzt auf Immigranten zurückgreifen.

Zwischen 1913 und 1931 sank die Zahl der Heimarbeiterinnen um die Hälfte, weil sie ohne weiteres in den Fabriken unterkamen, während die Fremdarbeiter 1921 3,95 Prozent der französischen Erwerbstätigen ausmachten, 1931 6,59 Prozent, und 1936 auf 5,34 Prozent zurückfiel. Arbeiterinnen und Immigranten bildeten das Reservoir an Arbeitskräften, aus dem die Unternehmer schöpften, um die Geschmeidigkeit des Arbeitsmarktes sicherzustellen und die Löhne gering zu halten. Wenn Frauen wie Immigranten sich auch gleichermaßen in nichtqualifizierten industriellen Tätigkeiten wiederfanden und beide als erste entlassen wurden, so arbeiteten sie doch nicht auf denselben Sektoren. Italiener und Polen arbeiteten im Baugewerbe, in Kohlebergwerken und bei städtischen Bauarbeiten, während die Arbeiterinnen in der Textil-, der Metall- und der Lebensmittelindustrie beschäftigt waren. Die Wirtschaft verteilte sie je nach Bedarf, entsprechend der Logik der Einteilung der Arbeitskräfte und der geschlechtsspezifischen Arbeitsteilung, nach der Logik der »natürlichen« Gegebenheiten.

Es ging darum, zu teilen, um besser herrschen zu können, durch Ausübung von unterschiedlichem Druck auf die Arbeiterinnen und die Arbeiter, aber gleichermaßen auf jene »Männer ohne Eigenschaften«, als welche die Immigranten im Vergleich zu den qualifizierten und klassenbewußten Arbeitern erschienen. Die Härte ihrer Arbeitsbedingungen veranlaßte die Familien der werktätigen Klassen, nach Wegen zu suchen, die es ihren Kindern ermöglichen sollten, dem Los des Arbeiters zu entrinnen. Spielte bei den Söhnen die Weitergabe des Berufs noch eine Rolle, so wünschte man sich für seine Töchter sehnlichst, daß sie sich nicht die Hände schmutzig machen müßten und einen der »white-collar«-Berufe im Dienstleistungssektor ergriffen.

Die werktätigen Klassen waren nicht die einzigen, die sich für ihre Töchter einen Frauenberuf wünschten. Ihre Ambitionen trafen sich mit denen des kleinen und mittleren Bürgertums, das, um seine Stellung zu behaupten oder zu verbessern, seine Töchter auf weiterführende Schulen schickte und fand, daß eine berufliche Mitgift als Brautgeschenk von Nutzen sein könnte. In ganz Europa schickte man seine Töchter fortan zur Schule, doch der Verlauf dieser Entwicklung war von Land zu Land verschieden. Während Dänemark, Schweden, Norwegen und Finnland bereits 1900 oder 1913 einen raschen Anstieg der Anzahl von Mädchen in der Ausbildung erlebten, begann diese Entwicklung in Italien, Spanien, Griechenland und Portugal erst 1928. In England, den Niederlanden, Belgien und Frankreich war ein kontinuierlicher Anstieg zu verzeichnen.

In Frankreich brachten es die Mädchen im Sekundarschulbereich zwischen 1911 und 1945 im Durchschnitt auf ein Viertel der Anzahl der Jungen; ihr Anteil stieg von 23 Prozent im Jahre 1911 auf 28,3 Prozent im Jahre 1945. Die Trennung zwischen Privatschulen und öffentlichen Schulen deckte sich im Sekundarschulbereich fast völlig mit der Geschlechtertrennung. 1911 wurden in privaten Mittelschulen dreimal mehr Mädchen als Jungen unterrichtet (42 Prozent gegenüber 15 Prozent), während dieser Anteil 1950 zurückging und nunmehr doppelt so hoch war wie der der Jungen. Mit der Verordnung vom 25. März 1924 über die »Gleichheit« *(identification)* der Lehrpläne für Mädchen und Jungen wurde in Frankreich der Sekundarschulbereich für Mädchen weniger sexistisch und laizistischer, ohne ihnen darum dieselben Chancen wie den Jungen zu geben. Das ganze Schulsystem trug dazu bei, daß die Mädchen ihre geistigen Ambitionen auf den Erwerb des Volks- oder Mittelschulabschlusses beschränkten. Gleichzeitig wurde ihnen ein Selbstverständnis vermittelt, das sie dazu bewegte, eher einen der Frauenberufe im Dienste anderer zu ergreifen. Ab 1930 übertraf die Zahl der Mädchen in den Schulen für Volksschullehrerinnen die der Studenten an den Pädagogischen Hochschulen, und die Krankenschwesternschule der Salpêtrière mußte Wartelisten für ihre Bewerberinnen anlegen.

Diese schulische Ausrichtung paßte zu den Stellenangeboten auf dem Arbeitsmarkt, wo der Dienstleistungssektor sich sehr rasch ausbreitete. Die zunehmende Komplexität der Wirtschaft verlangte eine leistungsfähige Verwaltung und ein umfangreiches Bankwesen. Zwei aufstrebende Sektoren spielten bei der Zunahme der Frauenerwerbstätigkeit eine treibende Rolle: Banken und Versicherungen, die für 50 Prozent der neu geschaffenen Arbeitsplätze verantwortlich waren, und der öffentliche Dienst, wo sich der Anteil der Frauen zwischen 1906 und 1936 verdoppelte. Die Männer wurden aufgefordert, bestimmte Berufe aufzugeben, im Sinne einer neuen Unterscheidung, die in Kraft trat: Die männlichen Energien sollten in die aktiven Berufe gelenkt werden, die sitzenden Berufe den Frauen vorbehalten bleiben. Die Vorstellung von reinen Frauenbeschäftigungen breitete sich allmählich aus. In einem Plädoyer in Buchform schärfte André Bonnefoy den Männern ein, die Büros zu räumen und zum Beispiel den Beruf des Bibliothekars den Frauen zu überlassen.

»Der Mann ist hier fehl am Platze: Die Bibliothekskunde ist eine Wissenschaft, die die Dienerin der anderen Wissenschaften ist. Diese untergeordnete Rolle paßt schlecht zu dem natürlichen Stolz des Mannes. Die Frau würde sich nicht gedemütigt fühlen, zu dienen, in der Bibliothek die Rolle zu spielen, die sie in ihrem Haushalt spielt.«[5]

Dieser Standpunkt fand die Zustimmung vieler Frauen. Im Namen von geistigen und moralischen Qualitäten, die allein der Frau zukämen, forderte Suzanne Françoise Cordelier in einem 1935 erschienenen Buch mit dem Titel *Femmes au travail* die Frauen auf, alle Bereiche zu meiden, in denen sie der Konkurrenz des Mannes begegnen könnten. Noch weiter war Gina Lombroso 1929 in ihrem Buch *La Femme dans la société actuelle* gegangen: Sie fragte sich, ob die moderne Gesellschaft nicht verrückt geworden sei, die Frauen auf diese Weise in männliche Berufe zu drängen; denn: »Ungleichheit ist keine Ungerechtigkeit.«[6] Es begann der lange Marsch der Frauen in die Büros; er sollte sich das ganze Jahrhundert hindurch fortsetzen. Gleichwohl wagten es einige Frauen, die über eine bessere Ausbildung verfügten, den Weg ihrer älteren Geschlechtsgenossinnen zu gehen und männliche Berufe zu ergreifen.

Auch der Hochschulunterricht vermochte sich der Logik der Geschlechterdifferenz nicht zu entziehen. Auch wenn in den meisten Ländern eine gleichmäßigere Verteilung der Frauen auf alle Fakultäten, einschließlich der Rechts- und Naturwissenschaften, zu verzeichnen war, waren doch die Studentinnen der Sprach- und Literaturwissenschaften die bei weitem zahlreichsten. Die Frauen mit Hochschulabschluß wurden kaum Professorinnen, sondern waren Assistentinnen: 1930 unterrichtete in Spanien und in Portugal noch keine einzige Frau an der Universität. Dafür gab es in Italien viele Hochschuldozentinnen, womit eine in das 18. Jahrhundert zurückreichende Tradition fortgesetzt wurde. Ein Teil der Universitätsabsolventinnen wählte einen freien Beruf, wie Ärztin oder Rechtsanwältin.

In Deutschland, Österreich und Holland nahm die Zahl der weiblichen Ärzte sehr schnell zu. Zögernd öffnete sich in mehreren Ländern der Anwaltsstand. Der Sex Disqualification Removal Act vom Dezember 1919 ermöglichte englischen Frauen den Beruf des *sollicitor* und des *barrister*, während Gesetze vom 25. Mai 1918 bzw. vom 11. Juli 1922 in Portugal bzw. Deutschland Frauen als Rechtsanwältinnen zuließ. Nach dem letztinstanzlichen Urteil des Appellationsgerichts Turin vom 14. November 1883, das die Aufnahme Lydia Poëts in die Anwaltskammer verbot, und dank der Virulenz der feministischen Bewegung in Italien öffnete sich hier der Berufsstand endlich 1919 auch für Frauen. Teresa Labriola, eine feministische Aktivistin, war die erste Italienerin, die den Eid ablegte. Dafür konnten in vielen Ländern, so in Frankreich, Anwältinnen nicht Richterinnen werden: Man hielt ihnen die zivile Rechtsunfähigkeit der Frauen entgegen.

Der Fortschritt von Technik und Industrie während des Krieges beschleunigte die Gründung neuer Ingenieursschulen und ihre Öffnung für Frauen. Trotzdem gab es 1930 in keinem Land außer Holland mehr als 150 weibliche Ingenieure. In Frankreich verrichteten sie Tätigkeiten, für die sie im Grunde kein Diplom benötigten. Sie arbeiteten in der Dokumentation, als Ausbilderinnen, Chemikerinnen und in Untersuchungsanstalten, aber nur selten entwarfen sie Maschinen. Man konnte auch die besten Diplome haben und dennoch niemals einen Beruf ausüben. Zu jener Zeit kam das nicht selten vor; denn eine »Studierte« war etwas Befremdendes, dem man mit großem Mißtrauen begegnete. Wenigstens begünstigten Studium und Hochschulabschluß die berufliche Homogamie, und in vielen Ländern, vor allem in England und in den Niederlanden, gaben die Frauen nach der Heirat ihren Beruf auf.

So wurde die Geschlechterordnung im Dienstleistungssektor spürbar, indem sie zu einer Zweiteilung der Stellen führte; in den intellektuellen Berufen wurde sie nicht im Beruf selbst spürbar, sondern in den jeweiligen berufsinternen Hierarchien. Noch mehr spielte sie bei der beruflichen Selbstbeschränkung der Frauen eine Rolle. Nachdem diese alle Hindernisse des Ausbildungssystems überwunden hatten, wagten es manche Frauen nicht, sich in die Schlacht des Berufslebens zu stürzen. Die herrschende Ideologie bewog sie, einen Kompromiß zwischen »studierter« Frau und häuslicher Frau zu suchen, und sie gaben ihren Anspruch auf, um dem bürgerlichen Ideal der Zeit zu genügen, demzufolge »die Frau es soweit gebracht hat, leiblich und geistig zu gebären«, wie Maurice Naef, Berater des eidgenössischen Ständerates, beim Internationalen Akademikerinnenkongreß in Genf 1929 sich ausdrückte. Gleichwohl wurde über das – sehr bedingte – Vordringen der Frauen in Universität und intellektuelle Berufe viel Tinte vergossen. Wie man es schon zu Beginn des Jahrhunderts in bezug auf die Industriearbeit der Frau getan hatte, sprach man von einer »aufbrandenden Welle«, und in Frankreich, in den *Nouvelles littéraires* vom 4. Januar 1930, schrieb Professor Gustave Cohen von der philosophischen Fakultät der Universität Paris:

»Wenn man mich fragte, welches die größte Revolution ist, die wir seit dem Krieg erlebt haben, dann ist es der Vormarsch der Frauen an den Universitäten. Waren sie in meiner Jugend, vor dreißig Jahren, dort noch äußerst selten gewesen, so stellten sie später zuerst ein Drittel, dann die Hälfte, endlich zwei Drittel der Studierenden, und man fragt sich mit Besorgnis, ob sie, die einst unsere Geliebten waren, in Zukunft nicht unsere Herren werden.«

»Vormarsch, Besorgnis, unsere Herrscher« – drei Worte, die die Mentalität einer Epoche ausdrücken, in der Männer wie Frauen selten erkannten, daß Fortschritt und Segregation zusammenwirken konnten, um jede Gefahr einer Konkurrenz zwischen den Geschlechtern fernzuhalten. Doch in der Zeit der Arbeitslosigkeit agierte die Familienpolitik mit ganz besonderer Heftigkeit gegen die Frauen.

Arbeitslosigkeit – die Stunde der Wahrheit

Die Arbeitslosigkeit der Männer war nicht die der Frauen. In allen europäischen Ländern tangierte, 1931 und 1932 ebenso wie 1936, die krisenbedingte Arbeitslosigkeit zahlenmäßig mehr Männer als Frauen, und zwar aufgrund der ungleichen Verteilung der Geschlechter auf dem Arbeitsmarkt. Ebenfalls in allen Ländern gab man der Ausbreitung der Frauenarbeit die Schuld am Anstieg der Arbeitslosigkeit der Männer, ohne wahrzunehmen, daß die ökonomische Logik mit der Frauenarbeit spielte wie mit Schachfiguren, die in kritischen Augenblicken willkürlich hin- und hergeschoben werden.

Ohne Frage, die Männer waren von der Arbeitslosigkeit stärker betroffen als die Frauen. In Italien gab es 1931 das ganze Jahr hindurch dreimal so viele arbeitslose Männer wie Frauen, während in England der Abstand von drei Prozentpunkten zwischen dem Arbeitslosenanteil von Männern und von Frauen (23,7 Prozent und 20,4 Prozent) auf eine annähernde Gleichheit der Geschlechter vor der Arbeitslosigkeit hindeutet. Die Frauenarbeitslosigkeit erklärte sich aus der Natur ihrer Arbeitsplätze. Die aufeinanderfolgenden Krisen berührten nämlich den Dienstleistungssektor und noch mehr die industriellen Arbeitsplätze, wo die Frauenarbeit sich konzentrierte. Bei den Männern hingegen war die Arbeitslosigkeit überwiegend industriell bedingt. Hier kam es nicht selten vor, daß man Facharbeiter entließ, um sie durch ungelernte und unterbezahlte Arbeiterinnen zu ersetzen. In Deutschland hatte die Notverordnung vom 5. September 1932 zum Ziel, die Wiedereinstellung zu beleben; durch Gewährung einer Prämie bei Wiedereinstellung entlassener Arbeitskräfte erlaubte sie den Arbeitgebern eine Senkung der Löhne um 50 Prozent. Die Industrie wandte sich massiv an Frauen ohne Arbeit:

»Ein großes Unternehmen der Metallindustrie, das 16 Männer und 83 Frauen einstellte, konnte sich, durch den kumulierten Effekt der genehmigten Senkung der
gesamten Löhne und Einstreichen der Prämie für 99 Einstellungen, 4752 Arbeitsstunden pro Woche mit einer Zahlungsersparnis von 94 Mark beschaffen.«[7]

1936 griff man auf Heimarbeit durch Frauen oder gleich auf Schwarzarbeit zurück – in demselben Augenblick, wo man zahlreiche Arbeiter entlassen hatte. Diese unwürdige Konkurrenz, die von den Unternehmern weidlich ausgenutzt wurde, bewog eine Reihe von Ländern
zu Maßnahmen, durch welche die Einstellung von Frauen schlicht und
einfach verboten wurde. In Portugal wurde sie 1935 in allen Bereichen verboten, wo auch nur ein Mann arbeitslos gemeldet war.
Spanien untersagte zu demselben Zeitpunkt die Heranziehung von
Frauen zu anderen als landwirtschaftlichen Arbeiten. Ebenfalls in demselben Jahre schaffte Österreich die Witwenrente für Witwen ab, die
arbeiteten. In Irland wurde 1936 eine Frauenquote festgesetzt, die in
keinem Industriezweig überschritten werden durfte. In Belgien wurde
1934, in Griechenland 1936 Frauen der Zugang zur öffentlichen Verwaltung verwehrt. In dem Moment, wo man die Frauenarbeit für die
Arbeitslosigkeit der Männer verantwortlich machte, war es logisch, sie
nach Möglichkeit zu begrenzen. Freilich tangierten die Wirtschaftskrisen alle Arbeitsplätze, und folglich war die Arbeit der Frauen nicht
die Ursache für die Arbeitslosigkeit der Männer. Den Beweis lieferte
Deutschland, das 1931 und 1932 sämtliche europäische Rekorde in
puncto Arbeitslosigkeit brach, obwohl die Männerarbeit in den vorangegangenen zehn Jahren stärker angestiegen war als die Frauenarbeit.

Wenn die Männer stärker von der Arbeitslosigkeit betroffen waren
als die Frauen, so waren sie doch besser abgesichert als diese. In
Österreich erhielten 1932 83,4 Prozent der arbeitslosen Männer, aber
nur 72,5 Prozent der arbeitslosen Frauen eine Unterstützung –
ein Abstand, der in demselben Jahr in Frankreich noch größer war
(81,9 gegenüber 68,5 Prozent). 1931 und 1932 ebenso wie 1936 sahen
in vielen Ländern die Bestimmungen über die Arbeitslosenunterstützung niedrigere Zahlungen für arbeitslose Frauen als für arbeitslose
Männer vor, und sie schlossen aus ihrem Geltungsbereich eine fast ausschließlich von Frauen ausgeübte Beschäftigung aus: die der Hausangestellten. In der Stunde der Wahrheit, als welche die Arbeitslosigkeit
sich darstellte, wurde die Hausangestellte nicht als Beruf anerkannt.
Ihn zu verlieren stellte also keinen Schaden dar. Aber damit nicht
genug. Krisenzeiten eignen sich dazu, alte Dämonen wieder zum
Leben zu erwecken, und die Leidtragenden sind immer dieselben:
zuerst bekanntlich die verheirateten Frauen, und neuerdings die Immigranten.

Die Immigranten, wie die Frauen, nützten und schadeten der Wirtschaft. Rekrutiert, wenn Bedarf an Arbeitskräften bestand, wurden sie entlassen, sobald der nationale Arbeitsmarkt schrumpfte. In Frankreich waren es seit 1931 die Polen in den nordfranzösischen Bergwerken und die Italiener in den lothringischen Bergwerken, die entweder nach Hause geschickt wurden oder von der Arbeitslosigkeit mehr als französische Bergleute betroffen waren. Wenn die Entlassungen auch mehr die unverheirateten als die verheirateten Männer betrafen, so waren letztere doch ebenfalls bedroht. Die Frau eines polnischen Bergarbeiters aus Nordfrankreich erinnert sich an das Jahr 1929:

»Die schweren Zeiten fangen mit der Wirtschaftskrise an. Die Löhne sind gesunken, und es gibt immer mehr Tage ohne Arbeit. Überall hört man, daß sie uns zurückschicken werden. So ist es eben. Einige haben schon ihre Fahrkarte zurück nach Polen bekommen. Die Franzosen sagen, daß wir ihnen die Arbeit wegnehmen. Überall hört man: ›Hau ab nach Polen.‹ Was sollen wir tun?«[8]

Von verheirateten Frauen sagte man nicht, daß sie »die Arbeit wegnehmen«: Nach der Logik der Familienpolitik hätten sie gar nicht erst arbeiten dürfen. In Zeiten der Arbeitslosigkeit waren sie daher doppelt schuldig. So war auch das Verbot, mit dem sie in allen Ländern belegt wurden, weniger eine Sanktion als ein Aufruf zur Ordnung. In Deutschland wurde jungen Mädchen, die verlobt waren und aus dem Berufsleben ausschieden, durch das Gesetz vom 24. Januar 1935 ein Ehedarlehen bewilligt, und 1937 wurde verheirateten Frauen jede Tätigkeit in der Verwaltung untersagt. In den Niederlanden rief man verheiratete Volksschullehrerinnen auf, den Schuldienst zu quittieren. In Frankreich, Deutschland, England und den Niederlanden strich man verheirateten Frauen ohne Arbeit die Arbeitslosenunterstützung. Offen eingestandene Begründung: Für ihren Unterhalt standen die Ressourcen des Ehemannes zur Verfügung. In Großbritannien wurde verheirateten Frauen durch das Gesetz über »Unregelmäßigkeiten« vom 3. Oktober 1929 die Arbeitslosenunterstützung gestrichen, sofern ihr Mann nicht selbst arbeitslos oder invalide war. In Deutschland wurden seit 1937 junge Mädchen zum Arbeitsdienst herangezogen und mußten in der Großstadt wie auf dem Lande Familienmüttern zur Hand gehen.[9] In Zeiten des Nationalismus und der Wirtschaftskrise, noch bevor die Formel Furore machte, hatte die Parole für Männer gelautet: »Arbeit, Familie, Vaterland«; bei den Frauen verkürzte sie sich auf die alleinige Arbeit für das Vaterland, die diesen Namen verdiente: die Familie. Auch die »Mutterländer des Dritten Reiches«[10] haben, ungeachtet der »Frauen, die nein gesagt haben«, gewissenhaft die Maschen des Entsetzens geknüpft – Komplizen eines Systems, das die Mütter auf den Sockel erhob, um die Frauen besser verachten zu können. Man braucht nicht bis zum Abgrund des Todes zu gehen, welcher die Verdammten dieser Erde nach Geschlechtern trennte: Schon bei der Ankunft in den Konzentrationslagern waren sie nach getrennten Geschlechtern in den Tod geschickt worden: »Frauen links, Männer rechts.«

In dieser Epoche zeichnete sich der Idealtyp der Frau deutlich ab. Man kann ihn in drei Porträts fassen: Das junge Mädchen von proletarischer oder bäuerlicher Herkunft entfloh seinem Milieu und wurde Krankenschwester, Sekretärin oder Angestellte im Dienstleistungswesen. Verheiratete Frauen entdeckten ihre Kinder und fanden neuen Geschmack an der Häuslichkeit. Junge Mädchen aus dem Bürgertum, die Intellektuelle geworden waren, schlugen auf dem Heiratsmarkt Kapital aus ihren Diplomen. Und endlich das Gegenbild: die Arbeiterin. Diese drei Porträts sollten sich in der folgenden Zeit zugunsten der Angestellten weiterentwickeln.

Entzauberung der »glorreichen dreissig Jahre« (1945–1975)

Die Zeichen standen auf Optimismus. Die Euphorie kannte keine Grenzen, alle Hoffnungen, so schien es, waren erlaubt. Man kam aus dem Krieg, um sich in die ökonomische Schlacht zu stürzen, welche der Sache der Frauen dienen sollte. Der Glaube an den Fortschritt war ungeheuer, in einer Zeit, in der es in vielen Bereichen bergauf ging. In Europa lag das durchschnittliche Wirtschaftswachstum zwischen 1960 und 1973, gemessen am Bruttoinlandsprodukt, bei 3,9 Prozent pro Jahr. Das förderte die Vollbeschäftigung – Balsam für das Herz nach einer langen Zeit der Arbeitslosigkeit. In England, in Deutschland und in Schweden definierten Dreierkommissionen – Staat, Gewerkschaften, Arbeitgeber – die Bedingungen für eine Vollbeschäftigung. Für alle wurde nun der Staat ein »Schutzengel«. Er hatte denn auch mehrere Trümpfe in der Hand: die niedrigen Preise für Energie, die Erhöhung der Produktivität sowie die Aufwertung von Schul- und Ausbildung, die man in den Rang von produktiven Investitionen erhob; lauter Faktoren, um die Wirtschaft anzukurbeln. Es war der Beginn von närrischen Jahren des Konsums, der treibenden Kraft des Arbeitskräftebedarfs. Die Frauen drängten in diese Schlaraffenländer; fortan sagte man sogar, daß sie teilhätten am Wohlstand der Völker. Gewiß, sie hatten teil an ihm, aber sie waren weit davon entfernt, den erwarteten Nutzen daraus zu ziehen. Mehr und mehr in das Bildungssystem und in die Arbeitswelt integriert, wurden sie darin zugleich auf immer mehr feminisierte, will sagen abgewertete Stellen beziehungsweise auf untere Ebenen der Hierarchie abgeschoben. In diesem Zeitraum ereignete sich vor unseren Augen die Naturalisierung der geschlechtsspezifischen Arbeitsteilung, ein Prozeß, der bereits in der zurückliegenden Epoche erkennbar gewesen war, der sich jedoch nunmehr, dank neuer wirtschaftlicher Gegebenheiten, verstärkte.

Das Europa der Lohnarbeiterinnen

Zwei auffallende Phänomene kennzeichnen diese Zeit: die Rückkehr vieler Frauen mit selbständiger Tätigkeit zur Lohnarbeit und die Zunahme der Frauenerwerbstätigkeit insgesamt durch den Anstieg der Lohnempfängerinnen. In ganz Europa nahmen die berufstätigen Frauen zu, doch in den Ländern Nordeuropas spielte die Lohnarbeit dabei eine größere Rolle als in Südeuropa. In den Ländern Nordeuropas übten 1970 bereits 85 Prozent der Frauen eine lohnabhängige Beschäftigung aus, gegenüber 65 Prozent in Südeuropa. Indessen verringerten Italien, Griechenland, Spanien und namentlich Portugal diesen Abstand durch einen raschen Anstieg der Lohnempfängerinnen zwischen 1960 und 1970. Um sich weiterentwickeln zu können, rekrutierten sich die lohnabhängigen Arbeitnehmer aus den Reihen der Selbständigen und aus dem handwerklichen und landwirtschaftlichen Bereich. 1946 waren 41 Prozent der französischen Frauen in Handwerk und Landwirtschaft tätig; 1975 waren es nurmehr 8,6 Prozent. Umgekehrt stieg der Anteil der Lohnempfängerinnen an der erwerbstätigen weiblichen Bevölkerung von 59 Prozent 1954 auf 84,1 Prozent 1975. In diesem Jahr (1975) überstieg in Frankreich der prozentuale Anteil lohnabhängiger Frauen zum ersten Mal den der Männer (81,9 Prozent). Diese Zunahme der Lohnarbeit erklärt sich durch den Aderlaß in der selbständigen Tätigkeit, doch gleichermaßen auch durch den in ganz Europa – mit Ausnahme der Niederlande und Belgiens – zu beobachtenden Rückgang der Anzahl jener Mütter, die nur zu Hause arbeiteten. So trat Europa 1975 in eine Epoche ein, deren Kennzeichen die fast völlige Eliminierung der selbständigen Arbeit in ihrer traditionellen Form sowie die schwindende Vorbildfunktion der in ihrer Häuslichkeit aufgehenden Frau waren. Die Frauen waren nun in den Handelssektor integriert, in welchem der Dienstleistungssektor, zu jener Zeit als »tertiärer Sektor« bezeichnet, einen überragenden Platz behauptete.

Der tertiäre Sektor war denn auch eine treibende Kraft bei der Ausbreitung der Lohnarbeit der Frauen. Je stärker er sich entwickelte, desto mehr nahm die Lohnarbeit der Frauen zu. Das war in den skandinavischen Ländern und im Vereinigten Königreich der Fall, wo der

Beschäftigtentransfer vom primären und sekundären Sektor zum tertiären schon in der zurückliegenden Zeit eingesetzt hatte und sich nun
verstärkte. So sorgte in Frankreich zwischen 1968 und 1973 der tertiäre Sektor allein für 83 Prozent der neugeschaffenen Stellen im Bereich
der Lohnarbeit, die zu 60 Prozent von Frauen besetzt wurden. Die »Verbürokratisierung« war damit ein zugleich europäisches und frauenspezifisches Phänomen, mit der Ausnahme von Italien, wo die Lohnarbeiterinnen sich nahezu gleichmäßig auf alle großen Berufsgruppen
verteilten. Die italienischen Lohnarbeiterinnen gingen vorwiegend in
die freien und verwandte Berufe (48 Prozent), sodann in die Dienstleistungsberufe (41 Prozent) und ins Büro (30 Prozent), während die
englischen Lohnarbeiterinnen umgekehrt zu 74 Prozent im Dienstleistungsbereich und zu 67 Prozent im Büro beschäftigt waren.[11]

Die Landkarte der europäischen Lohnarbeit kannte einen männlichen
und einen weiblichen Kontinent, deren Umrisse sich jedoch nicht an
geographische Grenzen hielten, sondern durch eine hierarchische
Grenze bestimmt wurden. Das Europa der männlichen Lohnarbeit
setzte sich aus Arbeitern und höheren Führungskräften zusammen; das
Europa der weiblichen Lohnarbeit war ein einziger Irrgang von Büros.
Zwischen diesen beiden Polen zeichnete sich das Europa einer Parität
von männlichen und weiblichen Beschäftigten ab: bei Händlern, Handwerkern, Technikern und verwandten Berufen, in freien und in Lehrberufen. Die Expansion der Lohnarbeit schöpfte aus den Reserven der
Unterbeschäftigung. Jetzt rief man die Arbeitskräfte zu Hilfe, die man
in den vorangegangenen Jahren zurück an den Herd geschickt hatte:
die verheirateten Frauen.

In allen Ländern Europas, mit Ausnahme der Niederlande und Belgiens, stieg die Zahl der erwerbstätigen verheirateten Frauen an, und
gleichzeitig verlängerte sich die Zeit ihrer Berufstätigkeit. In Norwegen
verdoppelte sich zwischen 1950 und 1960 die Zahl der erwerbstätigen
verheirateten Frauen, in Schweden stieg sie um 20 Prozent, in der
Schweiz um 10 und in Frankreich, wo 1962 der Anteil der verheirateten Frauen an der erwerbstätigen weiblichen Bevölkerung 53,2 Prozent
betrug, um 5 Prozent. Indessen ergaben zwischen 1967 und 1972 die
Kurven der Erwerbstätigkeit von Frauen mit Rücksicht auf ihr Alter und
die Anzahl ihrer Kinder von Land zu Land ein unterschiedliches Bild.
In Spanien, Irland, Portugal und den Niederlanden beendeten die Frauen ihre Berufstätigkeit entweder nach der Heirat oder nach der Geburt
ihres ersten Kindes. In Deutschland, Frankreich, England und in geringerem Maße auch in Italien nahmen sie nach der Kindererziehung ihre
Berufstätigkeit wieder auf. In Schweden und in Finnland verwiesen
»sattelförmige« Kurven auf das Verweilen von verheirateten Frauen und
von Müttern auf dem Arbeitsmarkt. So stand 1975 die Ehe einer Berufs-

tätigkeit kaum mehr im Wege, während eine Mutterschaft weiterhin hinderlich wirkte. Je mehr Kinder die Frauen hatten, desto weniger waren sie berufstätig; in den Ländern Südeuropas, aber auch in Irland und den Niederlanden blieben sie, sobald sie Mutter wurden, zu Hause. Diese unterschiedlichen Entwicklungen zeigen, daß es müßig wäre, eine einheitliche Erklärung für das Vordringen verheirateter Frauen auf den Arbeitsmarkt suchen zu wollen, indem man die Ursache dafür entweder in der freien Entscheidung der Frauen, oder im Bedarf an Arbeitskräften vermutet. Mannigfaltige Faktoren wirken zusammen: »der Wegfall der gesellschaftlichen Grundlagen des Familialismus«,[12] die kollektive Sozialisation der Kinder, das Vorhandensein oder Fehlen von Kinderkrippen oder Kindergärten, der Grad der Mechanisierung der Hausarbeit, das schulische Kapital der Mütter und der Beruf der Ehemänner – um nur einige der objektiven Faktoren zu nennen, welche die Unterschiede von Land zu Land erklären.

Aber auch in den Statistiken schlägt sich ganz elementar die »Selbstverständlichkeit« der Aufgabenverteilung nieder. Will man, wie es sich gehört, das Verhalten der Väter mit jenem der Mütter vergleichen, erlebt man eine Enttäuschung. Wie selbstverständlich werden die Kinder den Frauen zugeteilt, dergestalt, daß die Auswirkung der Anzahl seiner Kinder auf die berufliche Laufbahn des Mannes statistisch nicht erfaßbar ist. Indessen beweisen viele Untersuchungen, daß das Vorhandensein von Kindern das berufliche Fortkommen der Männer positiv beeinflußt, während es auf das der Frauen den gegenteiligen Effekt hat. Darüber hinaus impliziert die Analyse der wachsenden Zahl erwerbstätiger verheirateter Frauen, daß zu der Tätigkeit dieser Frauen ihre häusliche Arbeit noch hinzugeschlagen wurde. 1975 leisteten die erwerbstätigen Frauen dreimal mehr Hausarbeit als die Männer. Auch vereinigten die Frauen zwei Arten von Arbeit auf sich: eine gewerbliche Arbeit und eine nichtgewerbliche Arbeit, während die meisten Männer auf die Berufsarbeit spezialisiert waren. Man braucht nicht bis zum wissenschaftlichen Diskurs der Epoche zu gehen, der nur die Arbeit der Frauen zu erklären suchte und bestrebt war, um jeden Preis zu beweisen, daß diese eine ökonomische Notwendigkeit sei. Eine entsprechende Untersuchung für die Männer gab es nicht: Für sie war Arbeit ein Naturrecht, hingegen eine erklärungsbedürftige Anomalie für Frauen, die aufgefordert wurden, sich vor Ethnologen und Soziologen zu rechtfertigen. Das heißt, daß der wissenschaftliche Diskurs ebenso wie Statistiken dazu dienen kann, die existierende geschlechtsspezifische Aufteilung zu verfestigen, anstatt sie zu hinterfragen. Darüber hinaus wurde der Triumph der Lohnarbeit über die Hausfrauentätigkeit oder über die selbständige Beschäftigung von Frauen während dieser Periode sowohl in der Forschung als auch im gesellschaftlichen Leben als ein Schritt auf dem Weg zur »Befreiung« gefeiert. So war das Paradoxon zu beobachten, daß für die damals tonangebende marxistische Analyse die Lohnarbeit eine entfremdete war, während die feministische Bewegung oder die Untersuchungen über Frauen dieselbe Lohnarbeit als befreiende bestimmten. Indessen wurden durch die Integration der Frauen in die Lohnarbeit die Grenzen verschleiert, welche die Gesellschaftsordnung, in der Schule ebenso wie in der Arbeit, den Frauen setzte. Diese Grenzen waren um so verdeckter, als die Schule immer mehr Mädchen die Illusion der Chancengleichheit mit den Jungen vermittelte.

Schulische Explosion und soziale Desillusion

Die Frauen gingen jetzt zur Schule, um später arbeiten zu können, ermutigt durch mancherlei Anreize und Planungen, die darauf abzielten, die Schulabschlüsse dem Stellenangebot anzupassen. Konnte man in allen europäischen Ländern eine eindeutige Korrelation zwischen der besseren Schulbildung der Frauen und der Zunahme ihres Anteils an den Erwerbstätigen beobachteten, so war dies doch keineswegs eine automatische Konsequenz. Das Beispiel der Niederlande, wo die Mädchen eine gute Schulbildung erhielten, aber nur wenige Frauen berufstätig waren, verbietet jede kausale Interpretation. Umgekehrt erlaubt der Vergleich zwischen den von Frauen erreichten Schulabschlüssen und den von ihnen eingenommenen Stellen, den beruflichen Nutzen ihrer Ausbildung einzuschätzen und ihre Chancen oder Handicaps beim Zugang zur Arbeitswelt kennenzulernen.

Die Schule gab sich emanzipatorisch und war doch konservativ, als sie neue Ausbildungszweige einführte, die, unter dem Deckmantel einer Diversifikation des Wissens, »Optionen« anboten, welche den Abstand zwischen Jungen und Mädchen in Wirklichkeit aufrechterhielten. Trotzdem kann man von einer schulischen Explosion sprechen, weil in allen europäischen Ländern die Zahl der beschulten Mädchen sehr rasch anstieg, zumal in den Jahren zwischen 1970 und 1975. 1970 war in Norwegen und Frankreich der Anteil der Mädchen, welche die Sekundarstufe besuchten, gleich hoch wie der der Jungen (in Norwegen: 58,7 Prozent der Jungen und 58,2 Prozent der Mädchen; in Frankreich: 42,1 Prozent der Jungen und 49 Prozent der Mädchen). Zwischen 1970 und 1975 stieg in Dänemark, Spanien, Schweden und Portugal die Gesamtzahl der Mädchen rascher an als die der Jungen, während in Frankreich und Deutschland in demselben Zeitraum die Zahl der Jungen schneller zunahm als die der Mädchen. Trotzdem war der Anteil der Studentinnen an den Hochschulen im Vergleich zu der

Zahl der Mädchen mit Sekundarschulabschluß sehr gering. Alle Länder bis auf Luxemburg verzeichnen für das Jahr 1964/65 eine Differenz von 30 Prozentpunkten zwischen der Zahl der Studenten und der der Studentinnen; in den Niederlanden gab es sogar doppelt so viele Studenten wie Studentinnen. In den Ländern Südeuropas war der zahlenmäßige Anstieg bei Studentinnen stärker als bei Studenten, mit Ausnahme Portugals (zwischen 1970 und 1975 6,1 Prozent bei Studenten, 4,3 Prozent bei Studentinnen), während in Deutschland, Österreich und Belgien der Anstieg von Studenten und Studentinnen identisch war, wodurch der frühere Abstand gewahrt blieb.

Gegenüber dieser »Demokratisierung der Geschlechter« nahm die Schule eine gesellschaftsspezifische Einteilung vor, indem sie die Mädchen im Hinblick auf ihren wahrscheinlichen, das heißt weiblichen Berufsweg zurechtstutzte. Sie kopierte die Aufteilung der Arbeitswelt und übersetzte sie in eine schulische Aufteilung, indem sie – unlautere – »Königswege« schuf, zu denen die Mädchen drängten. In Frankreich hatte die Einrichtung zahlreicher zum Baccalauréat führender Zweige zur Folge, daß die Mädchen in die Zweige F und G (medizinisch-soziale Wissenschaften und Verwaltungstechniken, Sekretärinnenberufe), die Jungen in die Zweige C und M (Mathematik und physikalische Wissenschaften und Mathematik und Technik) kanalisiert wurden. 1975 gab es unter allen Examenskandidaten der Zweige C und M 33,8 Prozent bzw. 4,2 Prozent Mädchen. Ebenso dominierten an allen europäischen Universitäten die Frauen in der Sprach- und Literaturwissenschaft, der Pädagogik und der Psychologie, während die Naturwissenschaften und die Mathematik das Erbteil der Männer blieben. Zu den schulischen Differenzierungen zwischen Mädchen und Jungen im Hinblick auf die Art der Studienfächer trat noch die Differenz des Bildungsniveaus hinzu. Sowohl im technischen Unterricht als auch im allgemeinen Unterricht erreichten weniger Mädchen als Jungen die höheren Abschlüsse. Eine 1967 durchgeführte Untersuchung der UNESCO ergab, daß in Deutschland, Finnland, Frankreich, Italien, den Niederlanden, Norwegen und Schweden der Hauptgrund für die Aufgabe des Studiums die Ehe blieb, auch wenn noch andere Faktoren die Ausbildung der Mädchen begrenzten.

Während 1975 das Gleichgewicht zwischen Mädchen und Jungen in der Sekundarstufe in vielen Ländern erreicht war und darüber hinaus ebensoviele Mädchen wie Jungen den Schulabschluß schafften, so markierte doch das Abschlußzeugnis der Sekundarstufe bei den Mädchen häufig das Ende ihres schulischen Weges überhaupt, während es für die Jungen das Sprungbrett zum Hochschulstudium bildete. Überdies hatten die Schuldiplome jetzt nicht mehr denselben Wert wie in der Zeit davor. So lag in Frankreich die Zahl der Mädchen mit Baccalauréat

1964 zum ersten Male über der der Jungen, aber dafür bot das
Baccalauréat auch kaum noch die Chance, dieselben Positionen wie
zuvor damit zu erhalten. Es hatten also mehr Mädchen als früher Schulabschlüsse, aber diese Abschlüsse waren weniger wert, sofern sie den
aktuellen Anforderungen überhaupt noch entsprachen. So lernten 1956
in Frankreich 46 Prozent der Auszubildenden in Lehrwerkstätten noch
zu einem Zeitpunkt das Modeschneidern, als die Textil- und Bekleidungsindustrie bereits stark rückläufig waren. Gewiß, zahlreicher waren
die »Erbinnen«, die sich an »Erben« heranmachten,[13] aber kennzeichnend
für die großen europäischen Trends waren der für Mädchen auf die
Sekundarstufe begrenzte schulische Horizont und eine Abwertung der
weiblichen Berufszweige. Die Schule hat daher bei der Reproduktion der
gesellschaftlichen Unterscheidungen zwischen den Geschlechtern eine
Rolle gespielt. Die schulische Geschlechtertrennung, verstärkt durch das
Vermächtnis der Familienerziehung, prägte die Mentalität der Mädchen,
so daß sie typisch weibliche Laufbahnen »wählten«. Der subtilste und
gewaltigste Effekt der Männerherrschaft im Schulsystem war der, den
Mittellosesten selbst die Entscheidungen zu überlassen, die ihrer eigenen
Abwertung vorangingen. Noch schwerere Prüfungen erwarteten die
Mädchen nach dem Abgang von der Schule, sobald sie ihre Schulab-
schlüsse auf dem Arbeitsmarkt zu Geld machen mußten.

Im Hinblick auf die Schulabschlüsse ahnt man bereits die Natur
der von Frauen besetzten Stellen. Tatsächlich waren die Frauen in beruflichen Positionen wiederzufinden, die den von der Schule vermittelten Dispositionen entsprachen. Das schulische Niveau hatte drei
wesentliche Auswirkungen auf die Eingliederung der Frauen in die
Arbeitswelt: Es förderte die Aufnahme oder Wiederaufnahme einer
Berufstätigkeit; es erlaubte Mädchen mit einem besonders guten Hochschulabschluß den Zugang zu Männerberufen, und es eröffnete ver-
schiedenartigste Berufswege durch ein und denselben Abschluß. In
vielen Ländern stieg der Prozentsatz berufstätiger Frauen mit der Verbesserung ihres schulischen Niveaus. Mit der steigenden Zahl der Akademikerinnen erhöht sich auch die Zahl der berufstätigen Frauen,
während der Anteil der berufstätigen Männer unabhängig von ihrem
schulischen Niveau ist. 1971 war das Verhältnis von berufstätigen Frauen
mit Volksschulabschluß zu den berufstätigen Frauen mit Hochschulabschluß in Österreich 48,3 Prozent zu 74,9 Prozent, in Schweden
58,6 Prozent zu 86,7 Prozent und in Frankreich 28,6 Prozent zu
69,3 Prozent. Umgekehrt waren in Österreich 97,3 Prozent der Männer
mit Volksschulabschluß berufstätig, gegenüber 94,5 Prozent der Männer mit Universitätsabschluß. Für Frauen bedeutet das Überschreiten
eines Ausbildungsniveaus die Befreiung von den Lasten des Haushalts,
um einen Beruf auszuüben.

Wenn die Ausbildung die Berufstätigkeit von Frauen fördert, so übt sie doch gleichzeitig eine Zensur aus, indem sie die Beschäftigungsmöglichkeiten auf typisch weibliche Berufszweige beschränkt, womit sich der Frauenanteil in diesen Berufen noch erhöht. In ganz Europa sind Frauen auf dem tertiären Sektor, namentlich im Handel, bei den Banken und bei den Dienstleistungen (für Organisationen wie für Individuen) überrepräsentiert, während sie in der Großindustrie, im Bergbau, in der Industrie der Steine und Erden, im Baugewerbe, im Straßenbau und im Transportgewerbe stark in der Minderzahl bleiben. 1968 lockte in Frankreich der ohnehin schon zu 80 Prozent mit Frauen besetzte Bereich der medizinischen und sozialen Dienstleistungen immer mehr Frauen an. Die Konzentration von Frauen in den Büros war in Schweden und Frankreich gleichermaßen ausgeprägt, während in Deutschland die im Handel beschäftigten Frauen zahlreicher waren. Für jene Frauen, die einen männlichen Beruf ausübten, verlief die Spaltung nicht zwischen den Berufen, sondern innerhalb der beruflichen Hierarchien, nach der Unterscheidung zwischen Führungspositionen und ausführenden Positionen.

Auch wenn die Zahl von Frauen in mittleren und höheren Führungspositionen und in Ingenieursberufen in ganz Europa, namentlich in Nordeuropa, aber gleichermaßen auch in Spanien anstieg, blieb sie im Vergleich zu der der männlichen Führungskräfte äußerst gering. Die zahlenmäßig schwache Vertretung von Frauen in mittleren Führungspositionen erklärt hinreichend ihr fast völliges Fehlen auf höherer Ebene, da sie nicht befördert werden können. Diejenigen indessen, die doch befördert werden, tragen nicht dieselben Verantwortungen wie ihre männlichen Kollegen. Eine 1964 durchgeführte Untersuchung in acht englischen Unternehmen und eine in Frankreich 1970 in vier Regionen durchgeführte Untersuchung zeigten übereinstimmend die Vorbehalte und Widerstände der Unternehmer gegen die Beförderung von Frauen auf Führungspositionen. Keiner konnte sich auch nur vorstellen, daß eine Frau eine Abteilung von Männern leiten könne. In derselben Weise stagnieren Frauen im öffentlichen Dienst, der die meisten qualifizierten Frauen beschäftigt, auf der mittleren Ebene. 1974 waren in Frankreich 65 Prozent der Beschäftigten der Gehaltsgruppe C und 58 Prozent der Gehaltsgruppe B Frauen, die kaum in den Genuß von Beförderungen in eine höhere Gehaltsgruppe und noch weniger in den Genuß von Beförderungen in die Gehaltsgruppe A kamen. Zwar wurden in allen Ländern Europas seit 1965 immer mehr Frauen Lehrerinnen in der Primar- und der Sekundarstufe, doch handelte es sich hier wiederum um eine Entwicklung in den unteren Hierarchiestufen. 1975 markiert der Anteil von 55 Prozent weiblichen Lehrpersonen an französischen Gymnasien zwar die Zunahme der Frauen im

Schulwesen, verdeckt aber gleichzeitig die Tatsache, daß männliche Lehrpersonen viel häufiger als die weiblichen den Sekundarbereich zugunsten der höheren Schule verlassen. Die Anhebung des Gesamtausbildungsniveaus bei Männern wie bei Frauen ließ Frauen ohne Abschluß noch aussichtsloser als in der Vergangenheit zurück, weil in der Zeit zwischen 1963 und 1973 vor allem diejenigen Berufszweige expandierten, die die umfassendste Ausbildung erforderten. So entstand zwischen qualifizierten Frauen und Frauen ohne Ausbildung ein immer größerer Abstand. In Frankreich wuchs zwischen 1954 und 1974 der Prozentsatz der Frauen, die nichtqualifizierte Tätigkeiten ausübten, stärker als der entsprechende Prozentsatz der Männer: 1968 waren 78 Prozent der Frauen, aber nur 52 Prozent der Männer in der Industrie ungelernte Arbeiter/innen.

Die Arbeitswelt verstärkt also die bereits von der Schule bewirkten gesellschaftsspezifischen Unterscheidungen, so daß die Geschlechtsunterschiede, die sich in den Strukturen und in den Mentalitäten niederschlagen, um so natürlicher erscheinen, als man ihre unaufhörliche gesellschaftliche Konstruktion kaum bemerkt. Freilich ist der Rhythmus der Segregation nicht immer rasch genug. Dann bewirken diskriminierende Gewaltstreiche eine Wiederbelebung der Dynamik, so daß ein Wettbewerb mit gleichen Waffen weiter unmöglich bleibt.

Abtreibung der Konkurrenz

Das Problem, das es zu lösen gilt, besteht darin, die Frauen in die Arbeitswelt zu integrieren und sie gleichzeitig beruflich von den Männern zu trennen. Die Existenz bestimmter Studiengänge und Frauenberufe schien dieses Problem gelöst zu haben. Man sollte aber nicht dabei stehenbleiben und glauben, die Arbeitsteilung nach Geschlechtern sei nichts anderes als eine simple Teilung der geschlechtsspezifischen Arbeit. Die Arbeitsteilung nach Geschlechtern beinhaltet grundsätzlich eine symbolische Gewalt, deren Auswirkungen sich um so mehr bemerkbar machen müssen, je mehr eine Konkurrenz zwischen Männern und Frauen tatsächlich existiert. Die Logik dieser Gewalt ist einfach: Es gilt, um jeden Preis dort einen Unterschied zu markieren, wo es keinen gibt.

Zwische 1945 und 1975 erlebte man in allen Ländern eine Inflation von Gesetzen, Regelungen, nationalen und internationalen Bestimmungen, die das Recht auf gleichen Lohn bei gleicher Arbeit proklamierten.[14] Trotzdem blieb der Abstand zwischen Männer- und Frauenlöhnen bestehen, auch wenn er sich ab 1968 verringerte und 1975 je nach Land 25 bis 35 Prozent betrug. Dieser Abstand ergab sich folgerichtig aus den Positionen, die von den Frauen eingenommen wurden. Die Konzentration von Frauen in typischen Frauenberufen, *die meist* weniger gut bezahlt waren, ihr seltenerer Zugang zu höheren Hierarchiestufen sowie ihre weniger gute Qualifikation erklären hinreichend die Beibehaltung des Einkommensunterschiedes. Eines erklärte das andere: Die Ungleichheiten der Löhne waren Resultat und Widerspiegelung des Unterschiedes der beruflichen Positionen.

Wie läßt sich nun aber ungleicher Lohn für gleiche Qualifikation und gleiche Arbeit erklären? Man stellt nämlich fest, daß der Einkommensunterschied mit zunehmendem Alter und zunehmender Qualifikation größer wird. Betrachten wir zum Beispiel Frankreich im Jahre 1970. Zwischen einem Mann und einer Frau, beide mit einem Abschluß im technischen Zweig der Sekundarstufe, beide 45 Jahre alt, besteht ein Einkommensabstand von 46 Prozent; wenn sie 60 sind, wird dieser Abstand auf 56 Prozent gestiegen sein. Mit 45 Jahren erhält eine Frau mit Hochschulabschluß 43 Prozent weniger Geld als ihr männlicher Kollege und 53 Prozent weniger, wenn beide das Alter von 60 Jahren erreicht haben. In einem Alter, in dem die Berufserfahrung großenteils gesammelt war, zahlte sich diese bei Frauen nicht aus, während sie bei Männern honoriert wurde. Man könnte einwenden, daß diese Unterschiede auf die ausgeübten Tätigkeiten zurückzuführen seien. Prüft man freilich die Disparitäten der Löhne in Banken, in Versicherungen, im Handel, und zwar in gleicher Qualifikation und Position, so sieht man den Abstand der Entlohnungen zwischen Männern und Frauen sogar größer werden. Dazu kommt, daß der Abstand sich desto mehr verringerte, je mehr man eine wenig qualifizierte Tätigkeit am unteren Ende der Hierarchie ausübte, und umgekehrt: Am größten war die Kluft unter denjenigen, die die höchsten Qualifikationen besaßen und die höchsten Positionen innehatten. Für wenig qualifizierte männliche Beschäftigte lag das Lohnniveau in Banken bei 103,9 Prozent (Frauenlohn = 100 Prozent), im Handel bei 112,7, während es bei den höheren Führungskräften auf 137,5 in Banken und 142 Prozent im Handel anstieg. Je mehr eine Frau eine Berufslaufbahn mit männlichem Profil einschlug, desto mehr wurde sie auf der Ebene des Lohns dafür bestraft.

Von diesem Beispiel ausgehend, könnte man glauben, daß sich zumindest am unteren Ende der Hierarchie Gleichheit einstellte. Die Analyse von Entlohnungen von Arbeiterinnen beweist indessen, daß auch in diesem Falle eine Täuschung vorliegt. In der Industriearbeit erhalten Arbeiterinnen in rein weiblichen Betrieben die niedrigsten Löhne. Umgekehrt haben in rein männlichen Betrieben die Männer die höchsten Löhne. In gemischten Betrieben verdienen die Arbeiterinnen mehr als die Arbeiterinnen der ersten Gruppe, und die Arbeiter weni-

ger als die Arbeiter der zweiten Gruppe. Die Feminisierung eines Berufes wirkt sich ungünstig auf den Lohn aus, während seine Maskuli-
nisierung ihm einen Mehrwert verleiht. Unterdessen bedeutet in gemischten Betrieben bei gleicher Arbeit und Qualifikation der Modus
der Entlohnung je nachdem Gratifikation oder Deklassierung. Mit dem
Argument, für Frauen sei der Leistungslohn attraktiver als für Männer,
bezahlen die Unternehmer Männer nach Zeit und Frauen nach Leistung. Wie ein Arbeitgeber meint: »Die Frauen an den Pressen verrichten dieselbe Arbeit wie die Männer, aber man kann sie nicht nach
demselben Satz bezahlen, weil sie dann unter dem Strich viel mehr
verdienen würden.«[15] In einem anderen Unternehmen, in dem die Aufgaben absolut identisch sind, teilt der Werkmeister den Männern die
Handhabung der schweren Stücke zu und den Frauen Arbeiten, die
größere Schnelligkeit erfordern, um die unterschiedliche Entlohnung
begründen zu können: »Man muß doch eine Möglichkeit finden, den
Männern mehr zu zahlen als den Frauen.«[16] Man sieht in diesem Fall,
daß Körperkraft zu den Qualifikationskriterien gehört, während Schnelligkeit nicht dazu gehört. Durch alle diese Praktiken werden Unterscheidungen dort eingeführt, wo in Wahrheit Gleichheit herrscht.

Wo am Arbeitsplatz ein Gleichgewicht der Geschlechter herrscht,
greift eine diskriminierende soziale Logik ein, um jeden Ansatz zur
Parität zwischen Männern und Frauen zu unterbinden. Ein gutes Beispiel hierfür ist die Teilzeitarbeit. Sie bietet den Vorteil, den Abstand
zwischen den Löhnen rechtfertigen zu können, ermöglicht Frauen,
gleichzeitig Mutter, Hausfrau und erwerbstätig zu sein, senkt die Zahl
der Arbeitnehmer in den Betrieben und schafft Spielraum zwischen
Angebot und Nachfrage bei den Arbeitsplätzen. Wenn 1975 auch noch
nicht das Goldene Zeitalter der Teilzeit war, so betraf diese seinerzeit
doch schon 10 Prozent der europäischen Arbeitsplätze und erhöhte
sich zwischen 1973 und 1975 spürbar. In allen Ländern bis auf Italien
ist Teilzeitarbeit denn auch Frauenarbeit. Das Vereinigte Königreich,
Deutschland und Dänemark wiesen gleichzeitig den höchsten Anteil an
Teilzeitarbeit und den höchsten Prozentsatz von Frauen mit Teilzeitarbeit auf. 1973 waren in Deutschland 10,1 Prozent und in England 16
Prozent der Arbeitsplätze Teilzeitarbeitsplätze, der Anteil der Frauen
daran betrug 89 Prozent bzw. 90,9 Prozent. Man erkennt deutlich eine
Korrelation zwischen der Ausweitung des tertiären Sektors und der Entwicklung der Teilzeitarbeit, namentlich in Dienstleistungsberufen wie
Reinigung, Gastronomie und Raumpflege. In Frankreich nahm zwischen 1971 und 1975 die Halbtagsarbeit bei Männern wie bei Frauen
zu, aber die Zahl der weiblichen Teilzeitkräfte betrug ein Fünffaches
der männlichen Teilzeitkräfte (1971: 1,7 Prozent der Männer und 13,1 Prozent der Frauen; 1975: 2,9 Prozent der Männer und 16,3 Prozent der

Frauen). So versteht man die Gründe für den Anstieg der Frauenerwerbstätigkeit: In Frankreich ging dieser zwischen 1968 und 1975 vor
allem auf die Teilzeitarbeit zurück, die letzte legale Blüte der beruflichen Abwertung der Frauen. Als verkürzte Arbeit ohne Aufstiegschan-
cen nahm die Teilzeitarbeit gewiß auf beide Tätigkeitsfelder der Frau-
en, Familie und Beruf, Rücksicht, erlaubte aber nicht die Ausübung
einer karriereorientierten Beschäftigung. Wieder führte man die Familie gegen die Erwerbstätigkeit an, indem man die traditionelle geschlechtsspezifische Arbeitsteilung durch geschlechtsspezifische Arbeits-
zeitteilung ersetzte: Ganztagsarbeit den Männern, Halbtagsarbeit den
Frauen. Diese auf optischer Täuschung basierende Aufteilung vermied
jegliche Konkurrenz.

Frauenberufe, Teilzeit und seltene Beförderung führen häufig zu dem
Schluß, es existierten zwei getrennte Arbeitsmärkte: der eine männlich,
leistungsfähig und qualifiziert; der andere weiblich, unterqualifiziert,
unterbezahlt, entwertet. Doch die dualistische Theorie des Arbeitsmarktes, die einen primären und einen sekundären Markt unterscheidet, legitimiert die geschlechtsspezifische Arbeitsteilung dadurch, daß sie sie
ökonomisch festschreibt. Wenn sie einen empirischen und morphologischen Befund postuliert, vergißt sie, daß diese Dualität Ergebnis einer
gesellschaftlichen und politischen Konstruktion ist, die ständig neue
Unterscheidungspraktiken erfindet. Trotzdem handelt es sich sehr wohl
um ein und denselben Arbeitsmarkt, auf dem durch neue wirtschaftliche
Gegebenheiten subtil Asymmetrien organisiert werden. Auf die Theorie
eines dualistischen Marktes rekurrieren heißt zum einen, nicht sehen
(und interpretieren) zu wollen, daß das Eindringen der Frauen auf den
»primären« männlichen Markt eine verstärkte Diskriminierung zur unmittelbaren Folge hat, und heißt zum anderen, die Augen zu verschließen
vor der gesellschaftlichen Funktion, die der Effekt solcher theoretisch
legitimierten Teilung erfüllt: die beharrliche Reaktualisierung der geschlechtsspezifischen Arbeitsteilung. Doch mit der Erfindung der Teilzeitarbeit – ökonomisches Werkzeug und Werkzeug der Geschlechtertrennung in einem – trug man wirkungsvoll Sorge für die Zukunft.

Die Kunst, aus der Geschlechterteilung
Kapital zu schlagen (1975–1990)

Es kam eine Zeit der Umwälzungen. Alles geriet durcheinander. Auf
die schöne Verordnung des wirtschaftlichen Aufstiegs folgte eine Konjunktur, die durch ein verlangsamtes Wachstum zwischen 1975 und
1980 und bis 1986 durch eine Periode der Regression gekennzeichnet

war. Die Wirtschaft krankte an ihrer eigenen Expansion. Arbeit war, bezogen auf ihre Produktivität, zu teuer, der Dienstleistungssektor hatte sich aufgebläht und war übersättigt; die Staatseinkünfte sanken; die Investitionen gingen zurück und blieben anfällig; Inflation und Arbeitslosigkeit waren auf dem Vormarsch. Überall verfolgte man eine Politik des Sparens und der Inflationsbekämpfung. Es handelte sich darum, gleichzeitig Remedur zu schaffen und unbelehrbaren Geistern die richtige Lektüre der Verordnung einzuschärfen. Beschränkung der Arbeitsplätze, Anpassung der Nachfrage an das Angebot, *job sharing*, so lauteten die Rezepte. Mobilität, Flexibilität, Umschulung, Wiederverwertung, das war eine geeignete Semantik, um ein neues Raster zu schaffen. Es galt, die Starrheit des Arbeitsmarktes und die verknöcherten Gewohnheiten aufzuweichen und den Begriff der Arbeit selbst zu verändern: Sie änderte ihre Natur, sie änderte ihren Namen und nannte sich fortan lieber »Beschäftigung«. Zuvor hatte die Arbeit begonnen, sich zu zersplittern, jetzt zerbrach sie in tausend Stücke: Man nannte das Segmentierung und Fragmentierung des Arbeitsmarktes. Zum Zwecke der Segmentierung und Fragmentierung gab es nichts Wirkungsvolleres als den Rückgriff auf die geschlechtsspezifische Arbeitsteilung. Es war nämlich an der Zeit, ihre ganze Tragweite auszuspielen, sie in den Rang des tätigen Vermögens zu erheben, aus ihr alles Kapital zu schlagen, das für eine rationelle Verwertung der Arbeitskräfte erwartet wurde. Die Geschlechterteilung wurde zu einem der Schalthebel für die Flexibilität der Arbeit, zu einem der konstituierenden Elemente der ökonomischen Effizienz, zur treibenden Kraft hinter der Atomisierung der Arbeitsplätze. Nutzen aus der geschlechtsspezifischen Arbeitsteilung zu ziehen heißt zunächst einmal, die Ungleichheit der schulischen Chancen festzuschreiben.

Die schulische Konstruktion der Unterschiede

Nachdem das Jahr 1975 zum internationalen Jahr der Frauen ausgerufen worden war, gab es eine Unzahl von nationalen und internationalen Erklärungen, Berichten, Gesetzen, Stellungnahmen zugunsten der schulischen Chancengleichheit, verbunden mit einer neuen Bestimmung: den gleichberechtigten Zugang zu gleichwertigen Bildungsgängen. Diese einvernehmlichen Gesetze und Empfehlungen ließen jedoch die Ungleichheiten im Verborgenen fortwirken. Das Problem war zunächst weniger, wie in früheren Zeiten, das Ausbildungsniveau der Mädchen als vielmehr die Reproduktion der schulischen Unterschiede und die Unangepaßtheit der Qualifikation und Schulabschlüsse an die Erfordernisse des Beschäftigungsmarktes.

Die ansteigende Zahl von Mädchen in der Sekundarstufe und im höheren Bildungsbereich und die wachsende Zahl von Studentinnen in den angeblich männlichen Fächern oder Studiengängen erzeugten »verständlicherweise« die Illusion einer Chancengleichheit. Die Zahlen allein dementieren keineswegs die Hoffnung auf Verringerung der Kluft. In dem Maße, wie das Ausbildungsniveau ansteigt, wächst auch die Anzahl der Studentinnen. Die jungen Generationen orientieren sich wie die früheren an Studiengängen, in denen Frauen in der Mehrzahl sind. In den Universitäten aller Länder bleiben die Literaturwissenschaft, Sprachen, Pharmazie und in minderem Ausmaß Medizin die Studiengänge der Wahl. 1966 fanden sich 66 Prozent der norwegischen Studentinnen, die das Atrium vorbereiteten, in den sprachlichen Zweigen, 1980 waren es 84,5 Prozent. In der Schweiz wandten sich 1975 53,9 Prozent der Studentinnen literarischen Fächern zu; 1982 waren es 60 Prozent. In Frankreich waren sie in Literaturwissenschaft, Pharmazie, Wirtschafts- und Sozialverwaltung überrepräsentiert und nahmen vor allem in der Medizin zu (43,8 Prozent im Jahre 1985). Die Anziehungskraft dieser Studiengänge auf die Mädchen war um so größer, als die Institution Schule die angenommenen Neigungen der Mädchen noch begünstigte, und sie bewährte sich in der Fortdauer der Unterschiede zwischen angesehenen und weniger angesehenen Studiengängen. Auch die Zunahme von Frauen in den technischen und wissenschaftlichen Fächern brachte die Unterscheidung zwischen den Studiengängen nicht grundsätzlich ins Wanken. Die Frauen, die Ingenieurswissenschaften studierten, blieben eine Minderheit: in Belgien 1982 7,3 Prozent, in Deutschland 1981 10 Prozent, in der Schweiz 1983 10,3 Prozent und im Vereinigten Königreich 5,5 Prozent. In Frankreich spiegelten die akademischen Institute die schulische Geschlechterverteilung wider: 1975 konzentrierten sich 77,2 Prozent der Studentinnen auf Informations- und soziale Berufe, während nur 3,5 Prozent der Mädchen Maschinenbau oder Bauingenieurwissenschaften belegten. Gleichermaßen zog die Bibliothekarsausbildung vor allem Mädchen an (72,3 Prozent), während die technischen Hochschulen nur 1,2 Prozent weibliche Studenten hatten. Die Gemischtheit der Gymnasien, Universitäten und Schulabschlüsse sowie die Zunahme der Mädchen in der Sekundarstufe und im Hochschulbereich führten also nicht zu einer gleichwertigen Bildung, sondern zur Perpetuierung unterschiedlicher Fächerwahl. Die Schule war weit davon entfernt, sich der Geschlechtertrennung zu widersetzen; vielmehr ebnete sie dieser den Weg durch die unterschiedlichen Schulzweige – schulische Umsetzungen der Stereotypen der Gesellschaft.

Man sollte sich davor hüten, vorschnell die Abwertung eines Schulzweiges der schlichten Tatsache zuzuschreiben, daß er vornehmlich von Mädchen gewählt wurde; denn die Schule verändert ihre Kriterien zur Bestimmung angesehener Fächer. Früher waren die humanistischen Fächer prestigeträchtig, während gegenwärtig Mathematik und exakte Wissenschaften die Scheidung in Auserwählte und Verstoßene bewirken. Diese Umverteilung der Geschlechter auf verschiedene Schulzweige und nicht mehr auf unterschiedliche Bildungseinrichtungen kommt zur Abwertung der Schulabschlüsse hinzu. Diese berührt Jungen wie Mädchen, aber bei gleichen Abschlüssen haben weniger Mädchen als Jungen Zugang zu höheren Berufen. In Frankreich wurden von allen männlichen Hochschulabgängern 1977 62 Prozent und 1985 77 Prozent Führungskräfte, während in denselben Jahren der Prozentsatz weiblicher Führungskräfte unverändert (46 Prozent) blieb. Desgleichen fanden sich 1985 40 Prozent der weiblichen gegenüber 20 Prozent der männlichen Hochschulabgänger in mittleren Berufen wieder. So haben beim Abgang von der Schule Mädchen und Jungen selten den gleichen Abschluß in der Tasche; falls doch, hat er auf dem Stellenmarkt nicht den gleichen Wert. Es geht also nicht mehr, wie in früheren Zeiten, darum, einen Abschluß zu erreichen, sondern darum, die Natur des Abschlusses und seine Rentabilität auf dem Stellenmarkt zu kennen. Die selbstzufriedenen Diskurse über die zahlenmäßige Zunahme von diplomierten Frauen verschleiern somit die Entwertung der von Frauen gemachten Abschlüsse und deren beruflichen Anschluß. Das ist vor allem bei Mädchen und Frauen aus einfachen Verhältnissen ohne Qualifikation oder mit einem nicht berufsbezogenen Abschluß der Fall. Für sie wie für verheiratete Frauen, die nach der Kindererziehung wieder arbeiten wollen, gibt es Fortbildungs- oder Umschulungseinrichtungen, die dazu dienen, die früher erworbenen Kompetenzen und Kenntnisse der strukturellen und technischen Entwicklung der Arbeitsplätze anzupassen.

Man begann daran zu zweifeln, daß die Schule imstande sei, qualifizierte Arbeitskräfte auszubilden. Jedes Land machte eine Bestandsaufnahme und stellte fest, daß es an spezialisierten Arbeitskräften fehlte. Die Staaten trafen Vereinbarungen mit den Unternehmern, um Programme einer ständigen Weiterbildung, die vertragliche Zusicherung des Arbeitsplatzes nach der Ausbildung sowie Programme beruflicher Wiedereingliederung einzuführen. Das war die Stunde der Weiterbildung, die einem neuen Beruf zu Ansehen verhalf: dem Ausbilder. Man erlebte eine Aufsplitterung der Lehrgänge und Schulungen à la carte, bei der jeder auf seine Kosten kommen sollte. Für Frauen richtete man umfassende Wiedereingliederungs- und Umschulungskurse mit variablen Stundenplänen ein. 1982 eröffnete in Großbritannien ein technisches Institut, das Open Tech – ein beispielhaftes Angebot unterschiedlichster Ausbildungsformen mit Ganztags- und Halbtagsunterricht. 1985 brachte Belgien ein Projekt für die Ausbildung von Frauen zu Führungskräften in kleinen und mittleren Unternehmen auf den Weg. Durch die kontinuierliche Weiterbildung sollten ungleiche Startvoraussetzungen ausgeglichen werden, doch die Ergebnisse zeigen, daß die Lehrgänge vor allem denjenigen zugute kommen, die bereits eine Vorbildung haben. Da die Fortbildungszeit nur selten vollständig vom Arbeitgeber vergütet wird, erreichen in diesen Kursen nur wenige Frauen einen Abschluß, der ihnen tatsächlich die Chance zu einem beruflichen Aufstieg gibt. Die Fortbildung bewirkt jedoch vor allem eine gewisse Vielseitigkeit hinsichtlich sozialer und technischer Kompetenzen, und sie bereitet die Körper und die Köpfe auf fragmentierte Arbeit vor, schärft ihnen eine andere Vision von Arbeit ein, derzufolge das Alternieren zwischen Beschäftigung und Weiterbildung, Weiterbildung und Arbeitslosigkeit an die Stelle der Reihenfolge »erst Ausbildung, dann Beschäftigung« tritt. Der Aufsplitterung der Ausbildungen entspricht die Fragmentierung der Arbeitsplätze.

Eine neue Beschäftigungsform

In Zeiten der Rezession und der Arbeitslosigkeit suchten viele Länder Europas ihre Wettbewerbsfähigkeit dadurch zu verbessern, daß sie die Löhne einfroren. Die vorhandenen Arbeitskräfte galten als ungeeignet, zu teuer, unflexibel, was zu einer Erstarrung des Beschäftigungsmarktes führe, die durch eine verknöcherte Gewerkschaftspolitik noch gefördert werde. Es galt, neue Beschäftigungsformen zu erfinden und sie unter den Arbeitskräftekategorien zu verteilen, ungenutzte Reserven anzuzapfen; kurz, es galt, das Zeitalter der Flexibilität der Arbeit einzuleiten. Um Geschmeidigkeit dort zu erzielen, wo Erstarrung herrschte, rekurrierte man unter anderem auf die Frauen.

Der unterschiedlichen Behandlung der Arbeitskräfte durch die Unternehmen lag die geschlechtsspezifische Arbeitsteilung zugrunde. Man hatte die statistische Wirklichkeit und den Willen der Frauen, arbeiten zu gehen, zur Kenntnis genommen; jetzt handelte es sich darum, diese geschlechtsspezifische Arbeitsteilung effizient in den Dienst der angestrebten Flexibilität zu stellen. Der Plan war kühn, zumal der Anteil der erwerbstätigen Frauen zwischen 1975 und 1983 in ganz Europa von 45,7 Prozent auf 48,7 Prozent anstieg, während er bei den Männern um fünf Prozentpunkte zurückging. Trotz Rezession und Arbeitslosigkeit behaupteten sich die Frauen auf dem Arbeitsmarkt. Zur Erklärung dieser Beständigkeit führte man eine Vielzahl von Gründen an, die zweifellos eine Rolle spielten: die Anhebung des Ausbildungsniveaus, die Vermehrung der Arbeitsplätze im öffentlichen Dienst, neue

Einstellungen zu Ehe und Ehescheidung, die frühere Einschulung der Kinder, die Verbreitung eines positiven Bilds der berufstätigen Frau. Letzten Endes hatte es jedoch den Anschein, als ginge die Zunahme der berufstätigen Frauen auf die Zunahme der unsicheren Beschäftigungsverhältnisse zurück, mochten sie nun Teilzeitarbeit, Schwarzarbeit, Heimarbeit, Zeitarbeit oder Fortbildung am Arbeitsplatz heißen.

Seit 1973 und vor allem seit 1981 verfolgten die Unternehmen bewußt eine Politik der Teilzeitbeschäftigung, um die Lohnkosten zu senken. Zwischen 1973 und 1986 stieg der Anteil der Teilzeit an der Frauenbeschäftigung in allen Ländern Europas mit Ausnahme Griechenlands, Italiens, Finnlands und Irlands an. 1986 waren in den skandinavischen Ländern und in Großbritannien 40 bis 45 Prozent, in Belgien und Frankreich 25 Prozent und in Deutschland 30 Prozent der berufstätigen Frauen teilzeitbeschäftigt. In demselben Jahr wurde die Teilzeitarbeit in Belgien, Großbritannien und Deutschland zu 90 Prozent von Frauen ausgeübt; der Anteil der Frauen an der Teilzeitarbeit erreichte in Dänemark, Norwegen, Schweden, Frankreich und Luxemburg 80 bis 90 Prozent. In Frankreich hat zwischen 1982 und 1986 nur die Zunahme der Teilzeit die Zunahme der Frauenbeschäftigung ermöglicht. Der Anstieg der Zahl berufstätiger Frauen in Europa verdankte sich also Teilzeitbeschäftigungen. Aber gegenüber früher hat die Teilzeitarbeit ihr Gesicht nicht verändert, sie bleibt gefährdet und disqualifizierend. Sie bietet keinen Zugang zur Weiterbildung am Arbeitsplatz; sie begrenzt erheblich den beruflichen Horizont, weil es selten Beförderungen gibt; sie ist sozial weniger abgesichert, weil in manchen Ländern Teilzeit nicht unter die Rentenregelungen fällt; sie ist weniger gut bezahlt; sie bietet keine Sicherheit des Arbeitsplatzes, weil die ersten Frauen, die entlassen werden, oft die Frauen mit Teilzeitarbeit sind. Wenn man das Alter von Männern und von Frauen mit Teilzeitarbeit vergleicht, sieht man, daß die Männer älter und die Frauen in der Zeit ihrer besten Leistungsfähigkeit sind. Teilzeit ist für Männer ein kaschierter Vorruhestand, während sie für die Frauen eine halbe Arbeit ist. Das Heranziehen von Frauen für Teilzeitarbeit unterstreicht darüber hinaus die geschlechtsspezifische Beschäftigungsteilung, da sie die Frauen auf eine immer begrenztere Auswahl von Berufen im tertiären Sektor konzentriert, welcher dank der Teilzeit zunimmt. Als Frauenarbeit, die eigens für die Frauen erfunden wurde, wird Teilzeitarbeit häufig als Alternative hingestellt, während sie in Wahrheit Zwang ist. Eine Reihe von Umfragen zeigen nämlich, daß nur ein Drittel der Frauen Teilzeitarbeit wünschen, während die übrigen angeben, ihre Entscheidung aus der Not getroffen zu haben.[17] Sie ist also eigentlich eine Form der Unterbeschäftigung. Unter dem Deckmantel eines Beitrags zur Förderung der Frauenbeschäftigung verstärkt die Teilzeitarbeit Aufteilung der Arbeitsbereiche unter den Geschlechtern und legitimiert die berufsfremde Beschäftigung.

Teilzeitarbeit ist nicht die einzige Beschäftigungsform, die das Recht der Frauen auf einen vollen Beruf untergräbt; andere Arten gefährdeter Arbeitsplätze haben dieselbe Auswirkung. So ändert beispielsweise auch die Heimarbeit ihren Charakter. In ihrer traditionellen Form war sie niemals ganz verschwunden, aber zur Stunde kehrt sie in verschiedenen modernen Formen wieder. Wie Ende des 19. Jahrhunderts die Nähmaschine die Heimarbeit begünstigt hatte, erleichtert heute die Telematik das Arbeiten zu Hause: Es ist die Erfindung der Tele-Arbeit. In der Absicht, die Lohnkosten zu senken, lagern die Unternehmen bestimmte Beschäftigungen aus, die zu Hause verrichtet werden können: Schreibarbeiten, Adressenpflege, Manuskriptkorrekturen werden in Heimarbeit erledigt. Mehr und mehr gehen Banken, Versicherungen und Kaufhäuser dazu über, bei ihren Angestellten Terminals zu installieren, um die Möglichkeiten der Informationsvernetzung zeitlich optimal auszunutzen und um gleichzeitig die Bürokosten zu senken. Heimarbeit betrifft nicht in allen Ländern dieselben Sektoren: In Italien bleibt sie überwiegend im Manufakturbereich, wo Frauen Strickwaren, Schuhwerk, Kraftfahrzeuggetriebe herstellen, während in den skandinavischen Ländern und in England die Arbeit mit Textverarbeitung und Datenbanken den Hauptanteil der Heimarbeit ausmacht. Die in Heimarbeit arbeitenden Frauen sind unterqualifiziert, während die Männer überqualifiziert sind. Nach einer Erhebung des INSEE (Institut National de la Statistique et des Études Économiques) für 1986 verdienten Männer in Heimarbeit in Frankreich 5285 Francs pro Monat, die Frauen 2952 Francs.

Aber diese beiden Formen der Arbeit reichen nicht aus, um die Flexibilität der Arbeitskräfte zu garantieren. Seit den achtziger Jahren werden Zeitarbeit, befristete Arbeitsverträge sowie Aushilfsjobs als Strategien zur Vermeidung von Arbeitslosigkeit und gleichzeitig zur Sicherstellung eines peripheren Zugangs zum Arbeitsmarkt eingesetzt. In Frankreich sind 47 Prozent der Inhaber befristeter Arbeitsverträge Frauen, Angestellte oder Führungskräfte, während die Männer mit Vertrag Arbeiter sind. In allen zeitlich befristeten Beschäftigungen überwiegen verheiratete Frauen, und in Italien arbeiten sehr viele von ihnen schwarz. Wie man sieht, hebt der graue Arbeitsmarkt die geschlechtsspezifische Beschäftigungsteilung nicht auf. Offizieller und inoffizieller Arbeitsmarkt, Vollzeit- oder Teilzeitarbeit, all diese Formen ergeben ein differenziertes System ungleicher Niveaus, die Frauen zwar verschiedene Strategien des Zugangs zum Arbeitsmarkt erlauben, aber nur dadurch, daß sie sie abwerten. Die Flexibilität wird von Land zu Land mit unterschiedlichen Mitteln angestrebt: So hat in Deutschland

die Flexibilität innerhalb der Unternehmen durch Anpassung der Ausbildung an die Arbeitsplätze flexible Einsatzfähigkeit der Arbeitskräfte
Priorität, während England die Flexibilität durch Rückgriff auf Entlassungen, Auslagerung bestimmter Beschäftigungen und Teilzeitarbeit zu
erwirken sucht. Die »italienische Flexibilität« setzt alle Hebel in Bewegung, um die Arbeitslosigkeit der Frauen zu bekämpfen und ihre
Beschäftigungsperspektiven zu verbessern. Da die Familie dort die
Rolle eines Sicherheitsventils spielt, strebt man danach, daß ein oder
zwei Familienmitglieder über stabile, offizielle Arbeitsplätze verfügen,
die es den übrigen erlauben, sich flexiblen Beschäftigungen zuzuwenden oder sich auf Schwarzarbeit zu verlegen. Es gibt noch andere Mittel, um den Beschäftigungsmarkt flexibel zu gestalten: Entlassungen
und Arbeitslosigkeit, die zur Zeit strukturell und zugleich »friktionell«
bedingt sind.

In diesen Zeiten des Teilens von Arbeit rekurriert man weniger als
früher auf ideologische Diskurse über die Rückkehr der Frauen an den
häuslichen Herd: Gegenwärtig organisiert man ihren Rückzug vom
Arbeitsmarkt auf legalem Weg, zunächst durch Teilzeitarbeit, danach
durch Arbeitslosigkeit. Die Europäische Gemeinschaft zählte 1988
16 Millionen Arbeitslose, das entsprach 11 Prozent der gesamten er-
werbsfähigen Bevölkerung. Überall, mit Ausnahme Englands, ist die
Frauenarbeitslosigkeit höher als die Männerarbeitslosigkeit, vor allem in
Frankreich und in Italien. Für das Jahr 1987 errechnete man in Deutschland 5,3 Prozent Männer und 8 Prozent Frauen ohne Arbeit, in Italien
7,4 Prozent bzw. 17,3 Prozent. Mit 21,4 Prozent arbeitslosen Frauen
schlug Spanien 1983 alle europäischen Rekorde, gefolgt von Belgien,
Italien und Portugal, wohingegen die Schweiz, Schweden und Norwegen im Durchschnitt eine Frauenarbeitslosigkeit von 3 Prozent hatten. Trotz des Rückgriffs auf vorübergehende Beschäftigungen und auf
unsichere Beschäftigungsverhältnisse oder Schwarzarbeit waren mehr
Frauen als Männer arbeitslos, auch wenn letztere länger arbeitslos
waren. Die Langzeitarbeitslosigkeit der Frauen hatte ihre Ursache zum
Teil in ihrer Eingliederung in den tertiären Sektor, in ihrer mangelnden
Qualifikation und in der Teilzeitarbeit, das heißt in Randbereichen des
Arbeitsmarktes, die vom Stellenabbau besonders bedroht sind. In Frankreich war die Gefahr, arbeitslos zu werden, bei den Frauen größer als
bei den Männern, und diese Gefahr ist zwischen 1968 und 1987 noch
gewachsen. Auch ist die Chance arbeitsloser Frauen, einen neuen
Arbeitsplatz zu finden, geringer. 1981 fanden 55 Prozent der entlassenen
Männer nach fünfzehn Monaten Arbeitslosigkeit einen neuen festen
Arbeitsplatz, gegenüber 43 Prozent der Frauen. Bekanntlich sind Entlassungen von Frauen in ohnehin unsicheren Beschäftigungsverhältnissen
der Hauptgrund für die Frauenarbeitslosigkeit.

Der beste Schutz gegen Arbeitslosigkeit ist bei Männern wie bei Frauen der Besitz eines Hochschulabschlusses: Selbst wenn auch hier der Anteil der Arbeitslosigkeit bei Frauen höher ist (1987 2,1 Prozent und 0,2 Prozent bei den Männern), verringert der Besitz eines Hochschulabschlusses die Gefahr der Arbeitslosigkeit erheblich. So kehrt die Arbeitslosigkeit in die Spirale von Flexibilität und Unsicherheit zurück. Die Arbeitgeber spielen mit verschiedenen Formen unsicherer Beschäftigungsverhältnisse und mit Zeiten der Arbeitslosigkeit, um das Angebot ihrem Bedarf anzupassen. Sobald die Frauen sich auf den Teufelskreis der unsicheren Beschäftigung einzulassen beginnen, gehen sie arbeitslos aus ihm hervor.

Wir erleben fortan, ab 1975, eine neue Beschäftigungsstruktur, eine neue Form der Arbeit und der geschlechtsspezifischen Arbeitsteilung. Dem Modell »Ausbildung – fester Arbeitsplatz mit Aufstieg innerhalb des Betriebs – Pensionierung« folgten eine Ausbildung und eine Arbeit à la carte, die Aufsplitterung der Ausbildungen, feste Beschäftigung oder Teilzeitbeschäftigung, Arbeitslosigkeit, Werkvertrag, Zeitarbeit. An die Stelle des linearen Verlaufs des Berufswegs von einst traten aufgesplitterte Berufswege, wo Arbeitslosigkeit und Festanstellung nur zwei Gesichter der Flexibilität und der Fragmentierung des Arbeitsmarktes sind. Bei dieser Veränderung ist die geschlechtsspezifische Arbeitsteilung nicht mehr nur eine Folge der Aufteilung in Branchen oder Sektoren der Erwerbstätigkeit, sie ist das organisierende Prinzip der Ungleichheit der Geschlechter gegenüber der Beschäftigung: Die »wahre« Arbeit liegt in den Händen der Männer, die »Nebenarbeit« wird den Frauen zugeschoben. Von daher ist es kein Wunder, wenn die Ungleichheiten zwischen Männern und Frauen überall zunehmen.

Eine ausgeklügelte Segregation

Im Verlauf dieses Kapitels war zu bemerken, daß jeder zahlenmäßigen Zunahme von Frauen im Bildungswesen und auf dem Arbeitsmarkt eine neue Erfindung folgte, um die Unterscheidung zwischen den Geschlechtern aufrechtzuerhalten. Nun läßt sich also Bilanz ziehen. Viele Fachleute tun das, indem sie auf immer ausgeklügeltere Weise das Ausmaß an Diskriminierung und beruflicher Segregation zwischen Männern und Frauen ermitteln.[18] Sie unterscheiden direkte Diskriminierung – das heißt die Tendenz, einer Frau, die dieselbe Ausbildung mitbringt und dieselbe Arbeit verrichtet wie ein Mann, eine schlechtere Position oder ein geringeres Gehalt zu geben – und indirekte Diskriminierung – das heißt alle Maßnahmen, die, bei gleicher Beschäftigung und gleichem Lohn, die Männer begünstigen. Diese beiden Arten der

Diskriminierung reproduzieren dauerhaft nicht nur »unterschiedliche Bedingungen, sondern auch die Unterscheidung der Bedingungen«.[19]

Das Ausmaß und die Fortdauer dieser Unterscheidung der Bedingungen tangiert alle Länder. Nach welcher Methode man sie auch ermittelt – nach dem Ungleichheitsindex, dem Koeffizienten der Repräsentation der Frauen, der vertikalen oder horizontalen Segregation[20] –, die beruflichen Ungleichheiten bleiben in den Strukturen, den Einstellungspraktiken und der Entlohnung verankert. Dem naiven Optimismus in bezug auf den unvermeidlichen Fortschritt der Frauen erteilen die ermittelten Tendenzen eine klare Absage. Die neuesten strukturellen Veränderungen verringern nämlich die Segregation nicht, sondern erhalten sie aufrecht, ja verstärken sie noch. »Die Länder, die die höchsten Erwerbstätigkeitsraten verzeichnen, kennen auch das größte Ausmaß an beruflicher Segregation«;[21] das gilt vor allem für die skandinavischen Länder. Darüber hinaus schwindet in allen Ländern die Segregation in den rückläufigen Erwerbszweigen, namentlich auf dem Manufaktursektor, während sie in den expandierenden Erwerbszweigen zunimmt. So hat zum Beispiel in Schweden das beachtliche Vordringen von Frauen auf Direktorenposten und in höhere Führungstätigkeiten in der Verwaltung eine verstärkte Segregation zur Folge gehabt. Darüber hinaus führt das Vordringen der jungen Generationen auf den Arbeitsmarkt nicht zu einem geringeren Ungleichheitsindex. Im Vereinigten Königreich und in Deutschland erleben junge Mädchen eine stärkere Segregation als ältere Frauen. Unter den vielfältigen Ursachen für die Fortdauer dieser Segregation – Konzentration der Frauen in Dienstleistungsberufen und einer begrenzten Palette von Berufen, schwierigerer Zugang zu besseren Qualifikationsmöglichkeiten und höheren Positionen als Männer – ist in allen Ländern die Teilzeitarbeit der wesentliche Grund für die rapide Zunahme der Ungleichheiten. Diese neue Waffe im Kampf gegen die berufliche Gleichheit ist von erschreckender Effizienz gewesen.

Zu der traditionellen geschlechtsspezifischen Arbeitsteilung tritt eine soziale Struktur der Arbeitsplätze, die darauf abzielt, mehr das eine Geschlecht als das andere anzusprechen und den Abstand zwischen beiden Geschlechtern aufrechtzuerhalten. Das ist kein Wunder, da ja auch die Unterschiede bei den Löhnen fortbestehen; sie sind nur die monetäre Übersetzung der Asymmetrie der Positionen, des Wertes, den die Gesellschaft der Frauenarbeit zumißt, des letztendlichen Rekurses auf reine Diskriminierung bei gleicher Qualifikation und gleicher Arbeit. 1982 verdienten die Frauen in Europa im Durchschnitt 20 bis 40 Prozent weniger als die Männer, obgleich der Abstand der Löhne in allen Ländern zurückging: Österreich erlebte den stärksten, Frankreich hielt den Rekord für den schwächsten Rückgang. 1989 lag in Frankreich der durchschnittliche Frauenlohn 31 Prozent unter dem Männerlohn; der geringste Abstand fand sich in Italien, der größte in Irland. Wie schon früher zu beobachten war, wird der Abstand in der Entlohnung größer, je weiter man in der Beschäftigungshierarchie aufsteigt. In Frankreich verringerte die Einführung eines garantierten Mindestlohns die Abstände am unteren Ende der sozialen Stufenleiter: Ungelernte Arbeiterinnen verdienen 15 Prozent weniger als Arbeiter; sobald sie angelernt sind, erhöht sich der Lohnabstand zu den Männern auf 18 Prozent. Man erkennt die geringe Wirkung der Gesetze über die Gleichheit der Entlohnungen.[22] Ihr Einflußbereich ist freilich beschränkt; sie betreffen nur vergleichbare Beschäftigungen, und die Analyse der Verteilung der Arbeitsplätze unter den Geschlechtern zeigt, daß sie nur selten vergleichbar sind. Zu derselben Zeit, da Konventionen und Gesetze über gleichwertige Arbeit erlassen werden, werden strukturell ungleiche Arbeit und fragmentierte Beschäftigungen geschaffen. Indem sie auf das Endergebnis der geschlechtsspezifischen Arbeitsteilung, den Abstand der Löhne, einwirken, verkennen diese pharisäerhaften Gesetze, oder wollen verkennen, daß alles sich weiter stromaufwärts abspielt: schon in der Schule, bei der Festlegung der Mädchen auf traditionell weibliche Fächer, in der Sozialisation der Berufsentscheidungen und der Ausbildung der »Vorlieben«, im Augenblick der Einstellung. Indem sie der Gesellschaft im wahrsten Sinne des Wortes das gute Gewissen schaffen, tragen diese Gesetze zur Reproduktion der Ungleichheiten bei.

Wie soll man nämlich den Widerspruch erklären, daß die Ungleichheiten zwar fortdauern, trotzdem aber immer weniger »sichtbar« sind? Einige Elemente einer Antwort wurden bereits erwähnt: Wenn man nur die quantitative Zunahme von berufstätigen Frauen betrachtet, übersieht man, daß sie zum großen Teil untergeordnete Stellen bekleiden; denn auch statistisch ist es das Kleinvieh, das den Mist macht. Aber es ist noch mehr. Man beobachtet nämlich eine Art Korrelation zwischen Inflation der Diskriminierungen und Inflation der wissenschaftlichen Diskurse über Segregation. Je mehr man die Ungleichheiten durch Analysen und Berechnungen aufdeckt und anprangert, desto stärker quellen sie im gesellschaftlichen Bereich hervor. Auch wenn das Wissen über die Ungleichheiten diese nicht zu reduzieren vermag, so kontrapunktiert es zumindest die von den Medien bewirkte Verdummung: Die selektive Verbreitung von Äußerungen und Porträts sogenannter Superfrauen führt den Gemeinverstand dazu, die Gleichheit der Geschlechter zu proklamieren und in diesen letzten Jahren die Bestätigung einer gewaltigen Frauenoffensive zu sehen. Das durch die Medien verbreitete Bild von der leistungsfähigen Frau und Unternehmerin hat die gesellschaftliche Funktion, vor lauter Bäumen den Wald übersehen

zu lassen. Der Erfolg der einen ist die Kehrseite der Medaille der anderen. Die Männerherrschaft äußert sich nicht mehr, wie zu Beginn des
Jahrhunderts, in der Aufforderung an die Frau, an den heimischen
Herd zurückzukehren. Gegenwärtig versteckt sie sich hinter egalitären
Gesetzen, hinter jener Minderheit von Frauen, die »reüssiert« haben,
hinter rationalen Erklärungen – lauter Methoden, um das Bewußtsein
von der Chancenungleichheit in Bildung und Beruf zu betäuben. Nur
selten sind Kämpfe die Reaktion auf diese Gewalt. Die von Frauen und
der feministischen Bewegung vorgenommene Delegation von Macht
an Rechtsinstanzen, Minister für Frauenfragen, internationale Kommissionen, Gesetze zur Chancengleichheit und Gleichberechtigung der
Geschlechter hat dazu beigetragen, daß die Kämpfe zugunsten hin-
fälliger Vereinbarungen eingestellt wurden. Beim Kampf für den politisierten Körper haben die feministischen Bewegungen allzu oft vergessen, daß dieser Körper ein arbeitender ist, und die Frauen bei der
Konfrontation mit der Realität der täglichen Diskriminierungen noch
mittelloser zurückgelassen. Die Unterrepräsentiertheit der Frauen in
betrieblichen und gewerkschaftlichen Instanzen und das Verkümmern
des kollektiven Bewußtseins der Frauen lassen der Reproduktion alter
und der Erfindung neuer Ungleichheiten freie Bahn. Gelehrte Diskurse
über die Mechanismen der Segregation allein können soziale Kämpfe
nicht ersetzen. Trotzdem kommt ihnen das Verdienst zu, die Punkte
aufzudecken, wo alles sich abspielt und wo der Kampf um Chancengleichheit ausgetragen werden muß: die unterschiedliche Sozialisation
der Geschlechter in der Familie, der Einfluß der Schule bei der Ausrichtung der Mädchen auf traditionell weibliche und abgewertete
Fächer, die Modalitäten der Einstellung, kurzum alle alten und neuen
Methoden, um Frauen zu einer Ausnahme von der Regel zu machen.
Aber diese Augenblicke, in denen alles umkippt, in denen die Diskriminierungen greifen, sind mehr und mehr verfängliche Augenblicke.
Gegenwärtig haben die Frauen alle Gesetze auf ihrer Seite, alle Schulen
stehen ihnen offen, überall sind sie integriert. Von ihrem eigenen Sieg
verführt, kämpfen sie kaum gegen die verdeckten Formen der Ungleichheit und gegen den grassierenden Sexismus, der sich um so
uneingeschränkter ausbreiten kann, als er sich hinter Diskursen versteckt, die die Gleichheit zwischen den Geschlechtern proklamieren.

Am Ende dieser Untersuchung wird eine doppelte Herrschaft deutlich: die ökonomische und von dieser untrennbar die sexuelle, oder
vielmehr eine wechselseitige Kausalität zwischen beiden, in der die
Ökonomie die Geschlechterordnung kaschiert. Sobald die freie berufliche Konkurrenz zwischen Männern und Frauen zur Wirkung kommt,
mischt sich unerbittlich die Geschlechterordnung ein, um die Distanz
aufrechtzuerhalten, die das ökonomische Spiel allein nicht zu regulie-

ren vermag. Die Wissens- und Arbeitsteilung zwischen den Geschlechtern ist ein Spiel, bei dem die Frauen bereitwillig immer mehr Einsatz bringen – Opfer der Illusion, mit den Männern gleichziehen zu können. Aber die Würfel sind präpariert, weil die Frauen in Wirklichkeit mit einem Handicap beginnen und die Männer bei diesem Wettrennen ihren Vorsprung immer halten können. Je näher die Frauen dem Ziel kommen, desto mehr Strafpunkte drohen ihnen. Wenn die Männer darauf verfielen, bei den häuslichen Spielen der Frauen mitzuspielen, wären sie, wie diese, Verlierer in ihrer Karriere. Aber die Gesellschaftsordnung hat ein für allemal festgelegt, welches das legitime Spiel ist; seine Regeln zu verletzen ist nur das Vorrecht einer Minderheit von Frauen, die schulisch und sozial besser ausgestattet sind als die anderen. Die Metapher des Spiels hat den Vorteil, Handicaps und Trümpfe dort ausfindig zu machen, wo die Allgemeinheit nur mehr und mehr gleiche Chancen sehen würde. Damit wirkt diese Analyse ernüchternd, weil sie zeigt, daß die Trennung der Geschlechter im Grunde Doppel-Sicht, *division*, ist. Von daher stellt sich dieser Ansatz einer Geschichte der Frauen entgegen, die sich allein auf deren gesellschaftlichen Aufstieg im 20. Jahrhundert konzentriert. Wenn »die Geschichte der Frauen möglich ist«, dann darum, weil es die Geschichte einer ungleichen Beziehung ist, die Geschichte der gesellschaftlichen Konstruktion von Ungleichheit zwischen den Geschlechtern, das heißt die Geschichte der Männerherrschaft, gedacht als eine der »Triebkräfte« der Geschichte. Würde man diese Herrschaft außer acht lassen, dann liefe man in der Tat Gefahr, eine positive Geschichte der Frauen zu schreiben, während sie sich vor allem als Geschichte eines gestürzten Geschlechts erweist, als Kehrseite der souveränen Geschichte, nämlich der der Männer. Auch ist man gezwungen, die Rückkopplung als rhetorische Figur zur akzeptieren, die im Moment des Benennens eines Fortschritts diesen auch schon widerrufen müßte. Man ermißt von daher das »Scheitern des Denkens«, das aus der Geschichte der Frauen eine Geschichte an und für sich zu machen sucht. Die Geschichte ist eine und unteilbar, sie wird von Männern und von Frauen gemacht, und innerhalb dieser Geschichte kann man die Frauen sprechen lassen, durch die Orte, die sie besetzen, Orte, die häufig von Männern entworfen sind, Orte ohne Gedächtnis, die diese kollektive Schrift aus dem Schatten treten lassen will.

Aus dem Französischen von Holger Fliessbach

Schreibkraft in einem Büro, 1922.

THEMEN
UND
THESEN

Computergrafik, 1980.

»Kann heute schon die Geschichte des zeitgenössischen Feminismus geschrieben werden?« Diese Frage ist uns oft gestellt worden. Dem Verlangen, auch diese Seite der Geschichte der Frauen im 20. Jahrhundert skizziert zu sehen, stand die Sorge entgegen, ein allzu verkürzendes, karikierendes Bild zu geben. Denn der Feminismus ist pluralistisch, gekennzeichnet durch terminologische Debatten und innere Konflikte und trotz seines universalen Anspruchs eingebunden in nationale politische Kontexte. So wird man hier weder eine detaillierte Beschreibung individueller Lebensläufe noch einen Bericht über den täglichen feministischen Aktivismus finden, die doch für diese Generation so prägend sind, sondern lediglich den Versuch, diese Bewegung, in deren Mittelpunkt die Konstitution der Frau als Subjekt steht, in eine theoretische und politische Perspektive zu rücken. Der Feminismus ist fähig, seine Autonomie des Denkens und Handelns zu behaupten, spezifische Probleme und Themen von Frauen zu benennen und sichtbar zu machen und die Gesellschaft für bestimmte Ziele wie die Liberalisierung der Abtreibungsgesetze sowie der Empfängnisverhütung oder im Kampf gegen sexuelle Gewalt zu mobilisieren. So hat der Feminismus sowohl die Existenzbedingungen der Frauen als auch die politische Landschaft grundlegend verändert.

Québec ist dafür ein gutes Beispiel. Hier hat einer der dynamischsten Feminismen der westlichen Welt an der Modernisierung des Québecer Nationalismus mitgewirkt und den Übergang von einer traditionell-katholischen Lebensweise zu einer modernen laizistischen, konsumorientierten Gesellschaft beschleunigen geholfen.

Dennoch bleibt in den meisten westlichen Demokratien die Beteiligung der Frauen als Staatsbürgerinnen an der politischen Macht ungeachtet wesentlicher Breschen, die in diese männliche Domäne geschlagen worden sind, ein Thema der Gegenwart. Ob diese politische Beteiligung dem freien Ermessen der Wähler bzw. Wählerinnen, der politischen Führungsspitze bzw. Aktivistinnen überlassen bleibt oder durch die Praxis der Quotenregelungen begünstigt wird, sie erfordert auf jeden Fall Veränderungen im Rahmen der Machtsymbolik und möglicherweise in der Art der Machtausübung. Liegt die Zukunft der Politik in den Händen der Frauen? In diesem Punkt sind der Phantasie noch keine Grenzen gesetzt ... Aber wenn nirgendwo außer auf Island die Versuche zur Etablierung einer feministischen Partei dazu geführt haben, die bestehenden politischen Verhältnisse zu erschüttern, muß dies wohl daran liegen, daß politische Differenzen nicht nur zwischen den beiden Geschlechtern existieren, sondern diese in sich selbst gespalten sind.

Als historische Bewegung für gesellschaftliche Veränderungen ist der Feminismus heute kaum mehr in Mode; er fiel in unseren sogenannten postmodernen Gesellschaften der Krise der Fortschrittsideologien und dem Aufkommen verschiedenster Formen des Individualismus zum Opfer. Doch bleibt er in der Öffentlichkeit präsent – nicht nur als institutionalisierter Feminismus, sondern besonders in fortgesetzten Debatten, etwa über den Unterschied zwischen Gleichheit und Identität oder über die Gefahren einer zu starken Bindung des Persönlichen ans Politische.[1] Frauen haben sich jedoch auch mit neuen Themen auseinandergesetzt, beispielsweise mit der sexuellen Belästigung am Arbeitsplatz. Von der Dauerhaftigkeit des Feminismus zeugt übrigens auch der hartnäckig sich behauptende Antifeminismus, der sich auf verschiedene Weise manifestiert – von der Verbreitung erniedrigender Frauenbilder bis hin zur subtileren Überbewertung weiblicher bzw. mütterlicher Tugenden oder der Exaltation einer »Ethik des Mutterleibs«. Die politischen Aspekte der Geschlechterbeziehungen werden dabei außer acht gelassen.[2]

Sind die neuen Fortpflanzungstechnologien nur ein weiterer Ausdruck der Gleichsetzung Frau=Körper=Objekt, oder verkörpern sie statt dessen ein neues *Recht* auf Mutterschaft (das die überlieferte *Pflicht* zur Mutterschaft ablösen würde)? Zeichnet sich in ihnen gar die Möglichkeit einer Neudefinition von Partnerschaft ab, mit dem Kind als wesentlichem Bindeglied? Diese neuen Techniken, die eine Dissoziation der Sexualität von der Fortpflanzung, der Empfängnis von der Abstammung, der biologischen Abstammung von den gefühlsmäßigen und erzieherischen Bindungen bewirken, bieten erneut Anlaß, über Eugenik sowie die Grundrechte des Menschen nachzudenken. Der letzte Beitrag dieses Buches vergleicht Praktiken, ideologische Diskussionen und die zur Anwendung kommenden Lösungen der verschiedenen Länder im Hinblick auf die Reproduktionstechnik, zeigt auf, welche Themen auf dem Spiel stehen, und benennt die Werte, um die gestritten wird: beispielsweise die eines Neokonservativismus – Blutsbande, die Verteidigung der Familie und die Rechte des ungeborenen Lebens –, der bestimmte feministische Errungenschaften bedroht.

Über den Körper von Frauen ist das letzte Wort noch nicht gesprochen, ebensowenig wie über die Geschichte der Geschlechterbeziehungen.

F. T.

16
RECHT UND DEMOKRATIE

Mariette Sineau

D as Prinzip der Rechtsgleichheit von Mann und Frau ist für die westlichen Gesellschaften gegen Ende des 20. Jahrhunderts nicht mehr neu. Wie man weiß, gab es die ersten Forderungen nach gleichen Rechten und die ersten legislativen Bemühungen in dieser Richtung schon während der Französischen Revolution. Im Namen des Naturrechts wurde die völlige Gleichberechtigung von Mann und Frau im öffentlichen wie im privaten Recht verlangt. Élisabeth Sledziewski hat eine dezidierte Analyse darüber geliefert, wie einschneidend die Festschreibung des Status der Frau als Bürgerin durch das Revolutionsgesetz war (durch die Definition der Ehe als bürgerrechtlichen Vertrag und durch die Institution der Ehescheidung, die die Frau »zur rechtmäßigen Partnerin macht, deren ganze Vernunft und deren ganzer Wille zum beiderseitigen Einvernehmen erforderlich ist«).[1] Allerdings besiegelte die Revolution für lange Zeit den Ausschluß der Frauen aus der politischen Sphäre: Mit der Demokratie wurde ihre politische Entrechtung sogar zum absoluten Grundsatz erhoben, was nicht einmal zu Zeiten des Ancien Régime so gewesen war. Doch mit der Bindung politischer Rechte an das Individuum statt an den Grundbesitz bereitete sie, zumindest auf dem Papier, den Weg für das Frauenwahlrecht.

Somit ist das Konzept der Rechtsgleichheit zwischen Individuen unterschiedlichen Geschlechts ein altes, seine konsequente juristische Umsetzung jedoch ließ fast bis zum Anbruch des dritten Jahrtausends auf sich warten. Die Vorstellung, die Gleichheit der Frauen gesetzlich festzuschreiben, stieß auf massive Widerstände. Einer davon war der Code civil français von 1804, dieses sowohl in Europa als auch in Übersee (Québec) bewunderte und weitverbreitete Rechtsmodell. Kaum waren die Frauen durch die Revolution befreit worden, wurden sie durch den Code Napoléon abermals unterworfen. Indem er die »Individualität dem pater familias vorbehielt«,[2] legitimierte er für lange Zeit die Rechtlosigkeit verheirateter Frauen unter dem bürgerlichen Gesetz. Und damit indirekt auch die Verweigerung politischer Rechte gegenüber Frauen allgemein. Die Frau, eine der Autorität des Ehemannes unterstellte und aller politischen Rechte beraubte Unmündige: Diese Vorgabe napoleonischer Prägung war zählebig. Noch 1945, nach Ende des Zweiten Weltkrieges, war sie aus der Gesetzgebung zahlreicher europäischer Länder noch ganz eindeutig herauszulesen. Erst in jüngster Zeit hat die liberale Reformierung des Privatrechts die letzten Zeichen und Symbole der ehemaligen Unterordnung der Frau unter ihren Bürger-Ehemann getilgt.

Selbst nach Erlangung der juristischen Gleichstellung mußten sich die Frauen die Mittel zur Ausübung ihrer Rechte in ihrer neuen Stellung als Bürgerinnen verschaffen: nicht nur aktives Wahlrecht, sondern vor allem das Recht, sich um politische Ämter zu bewerben. Ein kurzer Blick auf den heutigen Stand der Geschlechterrepräsentation in den politischen Institutionen Europas und Nordamerikas zeigt, daß die Frauen immer noch eine sehr begrenzte Rolle im öffentlichen Leben spielen. Sollten sie ihren Status als formal von der Demokratie Ausgeschlossene nur aufgegeben haben, um letztlich einer neuen Ausgrenzungsstrategie zum Opfer zu fallen? Nachdem sie sich die formale Gleichheit erkämpft haben, versuchen Feministinnen nun, und dies bisweilen mit Erfolg, die faire Aufteilung der Macht zwischen den Geschlechtern voranzutreiben. Ist der Aufstieg von Frauen in Führungspositionen noch aufzuhalten, oder zeichnet sich ein Ende der männlichen Vorherrschaft ab? Die politische Teilhabe von Frauen ist eines der wichtigsten Themen der kommenden Jahrzehnte.

DER ZUGANG ZU STAATSBÜRGERLICHEN RECHTEN

Die neuere Geschichte der zivilen und politischen Rechte der Frauen dreht sich um zwei zentrale Themen. Das erste ist die enorme Rechtsdisparität im Jahr 1945: Nordamerikanerinnen, Frauen aus Québec, Engländerinnen, Französinnen oder Portugiesinnen; Frauen waren damals, je nachdem, woher sie kamen, im Besitz unterschiedlicher bürgerlicher und politischer Rechte. Die Palette reichte von der vollen

Gleichstellung bis zur absoluten Rechtlosigkeit und schloß dabei alle möglichen Zwischentöne ein: In manchen Ländern waren Frauen im zivilen Bereich vollberechtigt, jedoch nicht im politischen, in anderen stellte sich die Situation umgekehrt dar.

Zweitens wurde Europa in den sechziger Jahren vom Wind der Reformen erfaßt, einer wahren Revolution, wie manche Juristen meinten, die darin bestand, den Gedanken der Gleichheit von Ehemann und Ehefrau in das Privatrecht einzubringen. Durch diese umfassenden, demokratisierenden Veränderungen der Ehe wie der politischen Gesellschaft sollte der Rechtsstatus der Frauen innerhalb der westlichen Gesellschaften ein ähnliches Erscheinungsbild bekommen, indem bestimmte, als »atavistisch« zu bezeichnende nationale Besonderheiten eliminiert wurden.

Das Klima der Nachkriegszeit mit der Erfahrung des Sieges der demokratischen Kräfte über den Totalitarismus begünstigte die Entfaltung der Rechte des Individuums. Die Frauen – denn auch sie hatten ihren Beitrag im Krieg gegen den Faschismus geleistet – sollten davon teilweise profitieren. Die Allgemeine Erklärung der Menschenrechte (1948) vergaß nicht, die Gleichstellung von Mann und Frau sowie der Partner in der Ehe aufzuführen. Bei der Erstellung neuer Verfassungen mehrerer westlicher Länder (darunter Frankreich im Jahr 1946, Italien 1947, die Bundesrepublik Deutschland 1949) wurde dieses Prinzip der Gleichstellung bewußt in die Grundrechte aufgenommen. Doch nur die führende, wenn nicht sogar die feministischste Demokratie der Welt, die USA, hat es damals und auch heute abgelehnt, das Equal Rights Amendment (ERA) und die darin vorgesehene Gleichberechtigung von Mann und Frau in allen rechtlichen Bereichen in die Verfassung zu integrieren.

In Europa mußten die Regierungen nach dem Zusammenbruch des Faschismus nachgeben und den Frauen uneingeschränkte politische Staatsbürgerrechte zuerkennen. Das Privatrecht hingegen konnte dem demokratischen Druck länger widerstehen. 1945 war »die Ungleichbehandlung die Regel, die Gleichbehandlung die Ausnahme«.[3] Die Heirat sollte Frauen noch für lange Zeit entscheidender persönlicher und patrimonialer Rechte berauben (der Ausübung bürgerlicher Rechte, des Rechts, außerhalb des Hauses zu arbeiten, des Rechts, Vermögen zu erwerben, zu verwalten, zu veräußern, des Rechts der elterlichen Vormundschaft usw.). Ein Blick auf die nachfolgende Tabelle wird die Disparität der für die Frauen in Europa bzw. in Nordamerika bestehenden Rechtslage im 20. Jahrhundert veranschaulichen. Die Unterschiede sind keineswegs zufällig. Deutlich wird eine Kluft zwischen den Ländern im Einflußbereich des Code Napoléon, in denen noch nach dem Zweiten Weltkrieg ungleiche Bedingungen herrschten, und den Ländern des Common Law bzw. des germanischen Rechts, in denen sich bereits viel früher eine liberale Entwicklung abzeichnete. Ganz offensichtlich wird dies beim Vergleich von Frankokanada, das den Frauen die politischen und bürgerlichen Staatsbürgerrechte erst 1945 bzw. 1964 zubilligte, mit Anglokanada, das ihnen unverzüglich beides gewährte.

Anteil der Frauen im Parlament (untere Kammer) und Zeitpunkt der Anerkennung der vollen politischen und bürgerlichen Rechte in den wichtigsten westlichen Ländern

LAND	Frauen im Parlament		Politische Rechte	Bürgerliche Rechte (verheiratete Frauen)
	Wahljahr	Anteil Frauen in Prozent		
Finnland	1991	38,5	1906	1919
Norwegen	1989	35,7	1913	1888
Schweden	1991	33,8	1921	1920
Dänemark	1990	33	1015	1925
Niederlande	1989	25,3	1919	1956
Island	1991	23,8	1915	1923
Österreich	1990	21,8	1918	1811
BRD*	1987	15,3	1919	1896
Spanien	1989	14,6	1931	1975
Schweiz	1987	14	1971	1912
Luxemburg	1989	13,3	1919	1972
Kanada	1988	13,2	1920	um 1900
Italien	1987	12,8	1945	1919
Belgien	1991	9,4	1948	1958
Irland	1989	7,8	1918	1957
Portugal	1987	7,6	1976	1976
USA	1990	6,4	1920	um 1900
Großbritannien	1987	6,3	1928	1882
Frankreich	1988	5,7	1944	1938
Griechenland	1990	5,3	1952	keine Ungleichheit

Entnommen aus: Union Interparlementaire, 1991.
* Wiedervereinigtes Deutschland (Dez. 1990): 20,5 Prozent Abgeordnete im Bundestag

Das angelsächsische und skandinavische Modell

Bei Kriegsende war das angelsächsische und skandinavische Modell das Modell der im zivilen wie im politischen Bereich schon längst emanzipierten Frauen. 1945 lag ihre »Revolution« bereits einige Jahrzehnte zurück, und ebenso lange genossen sie den Status von Staatsbürgerinnen. Vermutlich hatten auch die religiösen Traditionen dieser Länder etwas mit deren rechtlicher Freizügigkeit zu tun. Die protestantische Ethik, eifersüchtige Hüterin der Rechte des Individuums, fand sich verhältnismäßig leicht mit einer feministischen Strömung zurecht, die sich sehr schnell als Massenbewegung organisieren und wirksam für eine Emanzipation an zwei Fronten kämpfen konnte. In den Jahren von 1860 bis 1880 sollen die englischen Suffragetten etwa 3 Millionen »Reklamantinnen« für das Frauenwahlrecht geworben haben. Sicherlich nicht so zahlreich, aber ebenso unnachgiebig in ihren Forderungen, konnten sich ihre deutschen Bündnispartnerinnen bald auf die aktive Unterstützung durch die Sozialdemokratische Partei berufen, die in ihrem Erfurter Programm (1892) das allgemeine Wahlrecht für jeden Bürger unabhängig von seinem Geschlecht zu ihrer Hauptforderung machte.

Es lassen sich auch Gründe für die frühe Entstehung des Feminismus anführen, die mit der rechtlichen Basis selbst zusammenhängen: In den Ländern des Common Law »sind die gesetzlichen Bestimmungen nicht als Direktiven für den Alltag, sondern zur Lösung von Konflikten vorgesehen«.[4] Da es also eher für die Schlichtung von Streitigkeiten als für normative Setzungen zuständig ist, mischt sich das Recht kaum in Fragen des Privatlebens und der persönlichen Moral ein. (In England zum Beispiel interessiert der Ehebruch das Strafrecht nur, wenn er in einer für die Gesellschaft anstößigen Weise in aller Öffentlichkeit begangen wird.) Insgesamt also hatte sich nicht die gleiche Unterordnung des Zivilen unter das Öffentliche, des Privaten unter das Politische vollzogen wie in den römisch-katholischen Ländern, was wahrscheinlich zur Folge hatte, daß die Frauen sich den Männern in geringerem Maße unterordneten.

In England hat fraglos noch eine andere historische Gegebenheit die gesetzliche Befreiung der Frau beschleunigt: die frühe Industrialisierung des Landes. Sie erforderte ein riesiges Heer an Arbeitskräften und somit notwendigerweise in gewissem Umfang die Freisetzung der Frauen. Ganz im Gegensatz dazu stand das eher agrarisch geprägte Frankreich, das sich hinsichtlich der Frauenemanzipation lange mit einem einzigen schüchternen Zusatz zum Code civil begnügen durfte (dem Gesetz von 1907 über die freie Verfügung der verheirateten Frau über ihre Einkünfte).

In den skandinavischen und angelsächsischen Ländern war die Bewilligung des Wahlrechts für Frauen unmittelbar auf die Einführung des »allgemeinen« Wahlrechts (für Männer) gefolgt – die bisweilen spät erfolgte: In England etwa beruhte dieses Recht noch am Vorabend des Ersten Weltkrieges auf der *franchise*, das heißt, auf bestimmten Besitzvoraussetzungen. In den USA waren die Feministinnen jedoch nach dem Bürgerkrieg »von ihren abolitionistischen Freunden versetzt worden«[5] und mußten ein Dreivierteljahrhundert erbittert darum kämpfen, daß endlich der Verfassungszusatz von Susan B. Anthony, der aus dem Frauenwahlrecht ein Verfassungsrecht machte, verabschiedet und 1920 bestätigt wurde.

Die Tatsache, daß die Suffragetten (außer in den USA) auf der Welle mitschwammen, die zur Demokratisierung der Institutionen drängte, erklärt auch ihren frühen Erfolg. Die Skandinavierinnen waren die ersten, die uneingeschränkte politische Staatsbürgerrechte erwarben, zumeist vor oder während des Ersten Weltkrieges. Das skandinavische Vorbild fand sofort nach Unterzeichnung des Friedensvertrages in beinahe allen nichtromanischen Ländern Nachahmung. So hatten Ende der zwanziger Jahre im gesamten Nordeuropa (mit Ausnahme Belgiens) wie auch in Nordamerika (ausgenommen Québec) die Frauen ihre formale politische Gleichstellung erreicht. Nach Ende des Zweiten Weltkriegs hatten sie schon beträchtliche Erfahrungen als Staatsbürgerrinnen und Abgeordnete gesammelt; die Finninnen seit neununddreißig, die Engländerinnen seit siebzehn Jahren. An manchen Orten reichten diese Erfahrungen noch weiter zurück, wenn man bedenkt, daß Frauen das Wahlrecht auf lokaler Ebene bereits früher ausgeübt hatten. Innerhalb der amerikanischen Föderation konnten die Frauen im Staat Wyoming seit 1869 wählen, in Colorado seit 1893. In einzelnen Ländern wählten sie auf Gemeindeebene, seit 1901 in Norwegen, seit 1908 in Dänemark und seit 1909 in Island.

Für die bürgerliche Gleichstellung waren die Länder des Common Law Wegbereiter gewesen. In einem großen Teil der USA und vor allem in England – dessen Einfluß auf die europäischen Länder stärker war – ging der Bewilligung der politischen Rechte für verheiratete Frauen die Bewilligung der Bürgerrechte voraus. In der Mitte des 20. Jahrhunderts behaupteten Ehefrauen in England schon länger als sechzig Jahre ihre Unabhängigkeit gegenüber ihrem Ehemann, sowohl hinsichtlich ihres Vermögens als auch ihrer Person. Mit der Vorschrift über die Gütertrennung erkannte der Married Women's Property Act von 1882 dabei der Frau das uneingeschränkte Recht zu, über ihren Besitz zu verfügen und selbständig Verträge abzuschließen. Das englische Gesetz schlug in den Ländern des Code civil wie eine Bombe ein: Sogar die liberalsten Juristen sprachen von Anarchie im ehelichen Schlafzimmer, während die Feministinnen es als eine Art Leuchtfeuer sahen, das ihnen den Weg in die Freiheit wies.

Die Gleichstellung von Vater und Mutter gegenüber ihren Kindern, die von den allgemeinen Regelungen des Common Law ursprünglich nicht vorgesehen war, wurde sehr schnell durch nachträgliche Rechtsvorschriften (in England die Gesetze von 1886 und 1925) eingeführt.

In der Zeit nach dem Zweiten Weltkrieg war diese Entwicklung weitgehend abgeschlossen: Die meisten Provinzen Kanadas und der USA erkannten eindeutig die Gleichstellung der Ehegatten gegenüber ihren Kindern an.

1945 standen die Skandinavierinnen den Angelsächsinnen im Hinblick auf ihre bürgerlichen Rechte in nichts nach, die verheirateten Frauen hatten ihre Rechtsgleichheit in den zwanziger Jahren erreicht (in Norwegen sogar noch früher), und sie teilten sich mit dem Ehemann ganz oder teilweise die elterliche Gewalt. Den deutschen Frauen wiederum, deren Rechte noch durch das Bürgerliche Gesetzbuch (BGB) von 1896 beschnitten wurden, sollte die Gleichheit erst 1949 durch das Grundgesetz zugebilligt werden. Unter der Vorgabe, daß »Männer und Frauen gleichberechtigt sind«, setzte Artikel 117 fest, daß die mit diesem Gleichheitsgrundsatz unvereinbaren Gesetze zum 31. März 1953 außer Kraft treten würden. Von diesem Datum an (später noch unterstützt durch die Verabschiedung neuer Gesetze, darunter das von 1957 über die Gleichberechtigung von Mann und Frau) wurden den deutschen Frauen Rechte zugestanden, die ihnen das Bürgerliche Gesetzbuch verwehrt hatte (insbesondere, was die elterliche Gewalt anbelangte).

Ein Vergleich zwischen Deutschland und Frankreich fördert einige verblüffende Unterschiede zutage. In Frankreich hatte der formale Grundsatz der Gleichberechtigung von Mann und Frau – in der Verfassungspräambel von 1946 proklamiert und in die Verfassung von 1958 aufgenommen – neben einem Code civil existieren können, der die Ungleichheit von verheirateten Frauen institutionalisierte. In Italien verhielt es sich in etwa genauso. Andere Länder, andere juristische Sitten.

Das römisch-katholische Modell und seine Nachahmer

1945 besagte der juristische Kanon der romanischen Länder und/oder der Länder, die ein bürgerliches Gesetzbuch französischer Prägung besaßen, das genaue Gegenteil vom soeben Beschriebenen: Frauen, Neubürgerinnen, blieben, wenngleich ihnen der Zugang zum politischen Leben nicht immer versagt war, in ihrem Privatleben der Macht eines Ehemannes untertan, dem sie beständigen Gehorsam schuldeten. Ist die relative Rückständigkeit jener Länder auf einen zu schwachen Feminismus zurückzuführen, der zu Beginn des Jahrhunderts nicht als Massenbewegung einer politischen Lobby auftreten konnte? Das trifft teilweise zu, besonders für die katholischen Länder, die kein entkonfessionalisiertes Recht haben: In Italien, Spanien und auch Portugal erscheint schon die bloße Vorstellung einer Gleichberechtigung der Frau als gänzlich unvereinbar mit dem katholischen Glauben und der katholischen Tradition, die das Gesetz zum Gesetz des *Mannes* machte. In Frankreich war die Sachlage etwas anders. So stark, wie sich der Feminismus der Jahrhundertwende erwiesen hatte, war er in der Zeit zwischen den beiden Weltkriegen keinesfalls mehr: Die in interne Streitigkeiten verstrickten Suffragettengruppen fanden immer weniger Anklang, während die Parteien extrem frauenfeindlich eingestellt waren. 1936 stand das Wahlrecht für Frauen nicht einmal auf dem Programm des Wahlbündnisses, das den Sozialisten Léon Blum an die Regierungsspitze brachte.

Aber es muß auch daran erinnert werden, daß in Frankreich und seinen Nachbarländern zwei entscheidende Ereignisse die Debatte über die Gleichstellung von Mann und Frau lange geprägt haben. Zuerst hatte die Französische Revolution mit dem grundsätzlichen Ausschluß der Frauen aus der Politik diesen Ausschluß in den Augen nachfolgender Generationen von Republikanern für lange Zeit legitimiert. Zweitens hatte der Code civil von 1804, die Inkarnation der modernen Rechtsprechung, für anderthalb Jahrhunderte die privatrechtliche Unterordnung der Frau besiegelt. Obwohl seine Auswirkungen auf Frauen reaktionär waren – sowohl im Vergleich zum Revolutionsrecht als auch zum Ancien Régime –, tat jedermann so, als sei der Code civil ein in allen Punkten vollkommenes Monument und demzufolge unantastbar. Die ersten Angriffe kamen tatsächlich von seiten der Feministinnen (so bemächtigten sie sich 1904 in Paris der pompösen Zentenarfeier, um zum Ausdruck zu bringen, daß sie diese Knebelungs-Gesetze ablehnten).

Bei der Einführung des allgemeinen Wahlrechts blieben die Frauen in den meisten romanischen Ländern, im Gegensatz zu denen in angelsächsischen Ländern, nur Zuschauerinnen. Im Jahre 1848 führte Frankreich als erste unter den europäischen Nationen das allgemeine Wahlrecht für Männer ein, 1944 erkannte es als eine der letzten den Frauen das aktive und passive Wahlrecht zu. Zwischen diesen beiden Daten – der Ausweitung und, so könnte man sagen, der wirklichen Verallgemeinerung des Wahlrechts – verging beinahe ein ganzes Jahrhundert. Oder mehr als anderthalb Jahrhunderte, wenn man 1789 als Bezugsdatum für die politische Gleichheit nimmt. »Einhundertfünfzig Jahre dauert diese Ächtung nun schon«,[6] entrüsteten sich 1939 in Versailles die Feministinnen anläßlich der 150-Jahrfeier der Revolution.

Doch Frankreich war nicht die einzige westliche Nation, in der noch bis zur Mitte dieses Jahrhunderts ausschließlich Angehörigen des männlichen Geschlechts politische Rechte gewährt wurden. Auch andere waren wie Frankreich auf dem Vorkriegsstand stehengeblieben: Italien und Belgien. Wiederum anderen war es sogar gelungen, den Frauen ihre politischen Rechte bis in die siebziger (Schweiz und Portugal) bzw. die achtziger Jahre (Liechtenstein) hinein zu verwehren!

Nach antiker Manier, wie in der Athenischen und auch der Römischen Republik, schienen die Mittelmeerländer – mit Ausnahme Spaniens – lange Zeit dem Glauben anzuhängen, daß die Teilnahme am politischen Leben einzig den Waffenträgern vorbehalten sei. Zweifellos haben hin und wieder taktische Erwägungen Frauen von der politischen Szene ferngehalten. Frankreich bietet hierfür ein gutes Beispiel: Das Frauenwahlrecht, ein vermeintliches Anliegen der Kirchenseite, war einer der strittigsten Punkte zwischen antiklerikalen Republikanern und der konservativen und sogar royalistischen Rechten. Frauen, so hieß es, seien für den politischen Einfluß der kirchlichen Würdenträger besonders empfänglich. Doch diente das klerikale Schreckgespenst nicht dazu, vom Eigentlichen abzulenken? Wäre es den radikal-sozialistischen Senatoren gelungen, die Frauen derart lange um ihre politischen Staatsbürgerrechte zu bringen, wenn sie sich nicht im Namen der hehren Prinzipien der Revolution ideologisch dazu berufen gefühlt hätten, den männlichen Charakter der Politik zu bewahren?

»Unser Code civil, der lange Zeit als Beispiel und Modell gedient hat, ist heute hinsichtlich der Rechte der Frauen ausgesprochen rückständig«.[7] Diese kritische Bilanz eines französischen Juristen aus dem Jahre 1899 traf auch ein halbes Jahrhundert später noch uneingeschränkt zu und galt für den gesamten Teil Europas, der unter dem Einfluß des Code Napoléon stand.

De facto wirkte die bürgerliche Unmündigkeit der (verheirateten) Frauen in jenen Ländern besonders folgenschwer nach, die das französische System nur mehr übernommen hatten (Belgien, Luxemburg, Niederlande). Dort, wo der Code Napoléon etwas freier ausgelegt worden war, wurde die Ungleichbehandlung der Ehegatten etwas abgemildert. In Italien zum Beispiel besaßen Ehefrauen seit 1918 gewisse staatsbürgerliche Rechte. Doch im Zusammenhang mit der konfessionellen Prägung des Rechts (Italien, Spanien, Portugal) bestanden Zwänge, die besonders die persönlichen Freiheiten der Frauen in anderen Bereichen beeinträchtigen sollten (Ehescheidungs- und Abtreibungsverbot). Schließlich gelang es in Spanien und Portual den lange bestehenden faschistischen Diktaturen, die Frauen bis Mitte der siebziger Jahre juristisch mundtot zu machen.

Traditionell vollzog sich in den Ländern des Code civil die Unterordnung über zwei probate Wege: die Gewalt des Ehemannes über seine Frau einerseits und die staatsbürgerliche Entmündigung der Ehefrauen andererseits. 1945 fanden sich beide Formen der Bevormundung, schon seit langem fest verankert, noch immer in zahlreichen Gesetzgebungen, ja sie hatten zu jenem Zeitpunkt noch etliche einflußreiche Jahre vor sich.

Einen Mann zu heiraten, bedeutete im Jahr 1945 immer noch für viele Europäerinnen und sogar einige Nordamerikanerinnen (in Québec) den Verlust ihrer rechtlichen Vollmachten. Zu diesem Zeitpunkt verweigerten noch sieben westliche Staaten verheirateten Frauen die Ausübung ihrer rechtlichen Vollmachten. Gesetzlich waren sie Unmündige, die nur vom Belieben des Ehemannes abhängige Rechte besaßen. Ohne seine Zustimmung war es ihnen beispielsweise untersagt, eine Zeugenaussage zu machen oder Verträge abzuschließen! Dieses Relikt aus dem 19. Jahrhundert – die Weigerung, den Ehefrauen staatsbürgerliche Autonomie zuzugestehen – hielt sich bis 1956 in den Niederlanden, bis 1957 in Irland, bis 1958 in Belgien, bis 1964 in Québec, bis 1972 in Luxemburg, bis 1975 in Spanien und bis 1976 in Portugal. In Frankreich wurden den Frauen die zivilen Staatsbürgerrechte während des Krieges eingeräumt (Gesetze von 1938 und 1942): Da die Männer im Feld standen oder in Gefangenschaft waren, sah man sich gezwungen, dem anderen Geschlecht Handlungsfreiheit zu gewähren (die übrigens in beträchtlichem Maße bei der Verwaltung des ehelichen Güterstandes eingeschränkt war).

Noch zwei Jahrzehnte nach 1945 war die Ehe in den Ländern des Code civil weiterhin eine Verbindung von zwei Individuen mit unterschiedlichen Rechten und Pflichten. Das französische Recht veranschaulicht sehr gut die damals in diesem Rechtssystem vorherrschende patriarchalische Auffassung von der Familie. Als »Familienoberhaupt« besaß der Ehemann weitreichende Befugnisse, was die Person und das Vermögen sowohl seiner Ehefrau als auch seiner Kinder anbelangte. Im Rahmen der gesetzlich geregelten Gütergemeinschaft stand ihm das Recht zu, den gemeinsamen Wohnsitz zu bestimmen, seiner Frau die Berufsausübung zu verbieten, allein das gemeinsame Vermögen zu verwalten, ebenso wie das seiner Frau (außer dem sogenannten Vorbehaltsgut, insbesondere dem durch ihre berufliche Tätigkeit erworbenen). Obwohl Frauen faktisch die Verantwortung für die Kindererziehung übernahmen, übertrug die Gesetzgebung dem Mann alle Entscheidungsvollmachten in diesem Bereich (einschließlich der Anmeldung in der Schule oder für ein Ferienlager). Nicht weniger augenfällig ist die ungleiche Behandlung in bezug auf Ehebruch. Wenn auch die Treuepflicht für beide Seiten galt, wurde entsprechendes Fehlverhalten bei der Frau sehr viel strenger geahndet. Eine Ehescheidung war zu jener Zeit in den Ländern des entkonfessionalisierten Rechts noch schwer durchzusetzen und in den Ländern des konfessionellen Rechts ganz unmöglich.

Immer wieder wird gern darauf hingewiesen, daß die Frauen in den romanischen Ländern ihre politische Machtlosigkeit durch weitreichende häusliche Befugnisse vielleicht mehr als kompensierten. Es muß wohl kaum darauf aufmerksam gemacht werden, daß diese Kontrolle der Privatsphäre bestenfalls eine De-facto-Wirklichkeit ohne jegliche rechtliche Konsequenz darstellte. Im romanischen Sprachraum herrscht eine tiefe Übereinstimmung zwischen Gesetz und Tradition, die, wie Odile Dhavernas bemerkt, »die Frau auf die Seite der Natur und den Mann auf die der Kultur stellt«.[8]

Unterschiedliche Frauenbilder zeichneten sich in den Rechtssystemen verschiedener Länder im Jahr 1945 und noch bis zur Mitte der sechziger Jahre ab. Während die einen schon lange den Willen der Frauen zur Unabhängigkeit und Freiheit akzeptiert hatten, schlossen andere sie aus der durch die Französische Revolution ausgelösten Dynamik der Individualrechte aus, so daß sie im Netz des Familienverbandes dem Familienoberhaupt unmittelbar unterstellt blieben.

So gegensätzlich diese Systeme und Traditionen auch gewesen sein mochten, in einigen Punkten wiesen sie gewisse Ähnlichkeiten auf. Zu den wichtigsten zählte sicherlich folgende: das Gesetz bzw. die Rechtslehre reflektierte damals fast überall noch die traditionelle Rollenteilung in der Ehe. Dem Mann fiel die Erwerbstätigkeit zu, der Frau die Haus- und Erziehungsarbeit. So war es nicht nur in Frankreich und den Ländern des Code Napoléon, sondern auch in Deutschland: Nach den Bestimmungen des Gesetzes von 1957 über die Gleichberechtigung von Mann und Frau blieb die Haushaltsführung eine der natürlichsten Pflichten der Frau, während ihr das Recht auf die Ausübung eines Berufs nur in begrenztem Umfang zugestanden wurde. In Großbritannien kritisierte sogar die Königliche Heirats- und Scheidungskommission in den Nachkriegsjahren das viktorianische System der Gütertrennung, und zwar aus folgenden Gründen:

»Die Ehe sollte als eine Partnerschaft angesehen werden, in der Mann und Frau gemeinsam nach Maßgabe der Gleichberechtigung arbeiten und in der der Beitrag der Frau zur Gemeinschaft durch die Führung des Haushalts und die Erziehung der Kinder den gleichen Wert hat wie derjenige des Mannes, der den Haushalt versorgt und für den Lebensunterhalt der Familie aufkommt.«[9]

Nur das skandinavische Recht machte eine Ausnahme, weil es sich von jeder traditionellen Auffassung der Geschlechtsrollen freimachte.

Im Aufwind der Reformen: 1960–1980

Nach beinahe einem Jahrhundert der Stagnation haben die vergangenen dreißig Jahre Umwälzungen im Familienrecht und in den Frauenrechten erbracht. Nahezu sämtliche Länder waren ungeachtet ihrer Tradition gezwungen, ihre gesetzlichen Bestimmungen mehr oder weniger der veränderten gesellschaftlichen Praxis anzupassen: einer neuen Auffassung von der Ehe (egalitärer, hedonistischer, aber auch labiler), der Zunahme eheähnlicher Lebensgemeinschaften und der wachsen-

den Zahl unehelicher Kinder, schließlich dem immer dringlicher geäußerten Wunsch berufstätiger Frauen nach mehr Unabhängigkeit. »Der
Mann, dessen Frau einen Beruf ausübt, weiß, daß er abdanken muß«,
vermerkte ganz realistisch Georges Ripert bereits im Jahre 1948.[10] In
manchen Ländern, darunter auch in Frankreich, wo die Rechtslehre
zutiefst konservativ war und wo radikale Feministinnen für Rechtsreformen bloß Verachtung übrig hatten, muß man sich berechtigterweise fragen, ob die Abschaffung der gesetzlichen Autokratie des Ehemannes nicht den Millionen von berufstätigen Frauen zu verdanken ist.

Diese allgemeine Überarbeitung des Rechts unter Berücksichtigung
der Gleichberechtigung von Mann und Frau hatte zur Folge, daß sich
die verschiedenen Gesetzgebungen einander annäherten. Es war zum
einen eine inhaltliche Annäherung: Die hierarchische Struktur der Ehe
war überall einer diadischen gewichen. Mit einer Vielzahl von Part-
nerschaftsmodellen hat das Zivilrecht bestimmte normative Aspekte
abgestreift und steht somit eher im Einklang mit dem traditionell fle-
xibleren Common Law. Zum anderen war es eine formale Annäherung
als Resultat einer gegenseitigen Durchdringung der Vorschriften der
ehelichen Gütergemeinschaft und der der ehelichen Gütertrennung.
Und wieder einmal hatten sich die skandinavischen Länder bereits in
den zwanziger Jahren mit der Erarbeitung von gemischten Güter-
standsmodellen als Wegbereiter erwiesen – den sogenannten aufge-
schobenen Gütergemeinschaften, deren Vorteil es war, keine weibliche
Lebensform zu bevorzugen, weder die der berufstätigen Frau noch die
der Hausfrau, sondern beide gleichberechtigt zu berücksichtigen.

In den romanischen oder vom Code Napoléon geprägten Staaten gab
es die tiefgreifendsten Veränderungen, denn dort hatte die Rechtsprechung wahre Wunder zu vollbringen, »um alte und inadäquate Texte
angemessen anzupassen«.[11] Eine regelrechte »Entkolonialisierung« der
Frau vollzog sich dort; eine Entkolonialisierung, die Schluß machte mit
der rechtlichen Entmündigung der Frau, aber auch mit dem alten Ideal
der *patria potestas*, das dem Ehemann über seine Frau und dem Vater
über seine Kinder die Vollmachten eines »Oberhaupts« einräumte. Die
Reformen nahmen das Konzept von Gleichheit und Unabhängigkeit beider Ehepartner in die Gesetzgebung auf. In Frankreich fand die große
Reform, die Frauen von der Vormundschaft des Ehemannes befreite,
1965 statt, aber erst mit den Gesetzen von 1970 (das die Bezeichnung
»Familienoberhaupt« mit all ihren Konnotationen strich und die elterliche
Gewalt einführte), von 1975 (es legalisierte die Ehescheidung in beiderseitigem Einvernehmen und entkriminalisierte den Ehebruch) und
von 1985 (Festsetzung der vollständigen Gleichheit der Ehegatten bei
der Verwaltung des Familienvermögens) wurde das Gleichheitsprinzip
im Personen- wie im Vermögensrecht konsequent umgesetzt.

Die südeuropäischen Länder, die aus religiösen und auch politischen Gründen erst später von der Frauenrechtsbewegung erfaßt worden waren, brauchten länger, um die autoritäre Familientradition durch einen egalitären Ansatz abzulösen. Erst seit etwa 1975 folgten Reformen hinsichtlich grundlegender Frauenrechte in kürzeren Abständen aufeinander, gleichzeitig mit dem Fall der letzten Diktaturen. Die kirchliche Trauung verlor ihre Rechtsgültigkeit und die Zivilehe wurde eingeführt: 1970 in Italien (durch das Referendum von 1974 bestätigt), 1975 in Portugal, 1981 in Spanien und 1982 in Griechenland. Außerdem wurde das Prinzip der gemeinsamen Vermögensverwaltung und der gemeinsamen Verantwortung gegenüber den Kindern gesetzlich festgeschrieben (1975 in Italien, 1978 in Portugal, 1981 in Spanien, 1983 in Griechenland).

Von diesem Reformfieber blieben auch solche Länder nicht verschont, die ihre Gesetzgebung bereits viel früher liberalisiert hatten. Die letzten Überreste männlicher Privilegien auf bestimmten Gebieten (Ehescheidung, elterliche Gewalt, ehelicher Güterstand, Namensrecht) wurden beseitigt. In Deutschland war die Reform des Eherechts (1976) exemplarisch, spiegelte sie doch tatsächlich den Willen wider, das Gesetz vom vorherrschenden Bild der Frau als Hausfrau zu reinigen und jegliche Vorstellungen von festen Rollenmustern innerhalb der Ehe auszublenden. Nach dem ebenfalls 1976 verabschiedeten Gesetz über die Namenswahl (die Partner können künftig den Namen des Ehemannes oder den der Ehefrau als Ehe- und Familiennamen annehmen) sowie nach dem Gesetz von 1979 über die elterliche Haftpflicht (in dem jeder Verweis auf eine elterliche »Gewalt« über das Kind gestrichen wurde) hatte die Bundesrepublik Deutschland den ins Grundgesetz von 1949 aufgenommenen Gleichheitsgedanken vollständig in ihrem Recht verankert.

In den frühen achtziger Jahren war das »Vaterrecht« somit ein Relikt der Vergangenheit. Dennoch war die Rechtsprechung ständig damit befaßt, die rasch sich vollziehenden Veränderungen einzuholen. Durch den Boom der außerehelich geborenen Kinder (jedes zweite in Skandinavien, jedes vierte in Frankreich) war eine Gleichstellung notwendig geworden – in diesem Fall hinsichtlich der Verantwortung des Vaters in einer »biologischen« Familie, die immer mehr zur Normalität wurde. Die europäischen Länder, die diesem Tatbestand noch nicht Rechnung getragen hatten, nahmen eine Neuüberarbeitung ihrer Gesetzgebung in Angriff. Eines der egalitärer gesinnten Länder waren die Niederlande, während das Malhuret-Gesetz von 1987 in Frankreich den Müttern die Priorität über die Väter im Falle unehelicher Kinder einräumte. In Ermangelung neuer Gesetze sicherten sich die Männer jetzt über Gerichtsentscheide ihre Rechte, jedoch nicht immer, um dann die entsprechende Verantwortung zu übernehmen.

In einigen Ländern waren die Veränderungen in der Gesetzgebung den Lebensgewohnheiten einen Schritt voraus, und die Juristen hatten dazu beigetragen, die Zukunft der Frauen zu gestalten. In anderen wiederum hinkte ein zurückgebliebenes Recht den avancierten Praktiken hinterher. In den Ländern des Code Napoléon, dort, wo vorgeschlagenen Rechtsänderungen stets dogmatische Trägheit entgegenschlug, wirkten Rechtsgelehrte nur selten auf Reformen hin. Selbst nachdem diese rechtskräftig geworden waren, reagierten viele von ihnen auf die moderne Gesetzgebung, die den Code von 1804 als »das veraltete Gesetz einer vergangenen Gesellschaft«[12] bezeichnete, negativ. In Frankreich fiel es den liberalsten unter ihnen bisweilen schwer, eine sexistische Ideologie aufzugeben, die der Frau eine wesentliche Andersheit bescheinigte (»ein unterschiedliches Rechtsempfinden, ein geringeres Rechtsbedürfnis, was zweifellos von großer Überlegenheit zeugt«[13]), welche eine grundlegende Berufung suggerierte (zur Mutterschaft beispielsweise anstatt zur autonomen Kreativität außerhalb der häuslichen Umgebung).

Haben bei der Erkämpfung neuer Rechte die emanzipatorischen Feministinnen die Rolle von Juristen übernommen? Die Antwort auf diese einfache, aber wichtige Frage fällt von Land zu Land verschieden aus. In Frankreich glaubten die sogenannten reformistischen Feministinnen der fünfziger Jahre – wie vor ihnen die Suffragetten auch –, daß Gleichheit vor dem Gesetz genügte, um Veränderungen zu bewirken. Nach Aussage des Doyen der Juristen, Jean Carbonnier – Hauptverfasser der neuen Titel des Code civil –, waren die Feministinnen »eingeschritten, um die nur schleppend vorankommenden Reformvorhaben zum ehelichen Güterstand tatkräftig anzuschieben (1965)«.[14] Im Gegensatz dazu war der größte Teil der nebulösen Frauenbefreiungsbewegung – außer einigen Gruppen, darunter der MLAC (Bewegung für die Liberalisierung von Abtreibung und Empfängnisverhütung) und Choisir – einer außergesetzlichen wie außerparlamentarischen Tradition verpflichtet. In Namen eines Radikalismus, der mit dem System insgesamt brechen, »die Revolution in der Revolution machen« wollte, bezeichneten die Neofeministinnen die Rechtsreformen als Scheinreformen. Ihre Forderungen reichten weit über das Gesetz hinaus und standen für »eine neue Art zu sein, zu lieben, zu leben«.[15] Dies hatte zur Folge, daß in den siebziger Jahren im Parlament »gegen die Gleichgültigkeit, ja sogar Unkenntnis der Feministinnen«[16] die Gesetzesserie erarbeitet und später auch verabschiedet wurde, die die verheiratete Frau zur staatsbürgerlich ebenbürtigen Partnerin ihres Mannes machte. Zusammenbrechen sollte die antilegalistische Front erst später mit der Beantragung neuer Gesetze in ganz neuen Bereichen (Vergewaltigung, Gewalt gegen Frauen, sexuelle Belästigung, Antrag auf ein Antisexismusgesetz nach dem Modell des Antirassismusgesetzes). Und auch dann erst konnte sich Anne Zelensky mit folgenden Worten Gehör verschaffen: »Wir als Außenseiterinnen und per definitionem Gesetzlose, da außerhalb des Gesetzes des Bestehenden, werden eben durch ein Gesetz von der überlieferten Knechtschaft befreit und nicht unterdrückt.«[17]

Die Entwicklung des amerikanischen Feminismus verlief im Vergleich zum französischen genau entgegengesetzt. In den zwei Jahrzehnten von 1970 bis heute wurde ein reformistischer Ansatz – nur einige Radikale widersetzten sich dem – von der Mehrheit der Feministinnen getragen. An der Spitze dieser Bewegung stand die National Organization for Women. Ihrer Meinung nach führte der Weg in die Gleichheit über uneingeschränkte Rechte für Frauen in allen Bereichen. Der lange Kampf seit 1920 für das Equal Rights Amendment (ERA) beweist, welchen Stellenwert das Recht in der Ideologie amerikanischer Neofeministinnen hat. Dennoch sollten sich auch in den Reihen der Reformerinnen, die sich ihrer Sache so sicher wähnten, Zweifel bemerkbar machen; der Begriff der Rechtsgleichheit sollte in der angelsächsischen Theorie seine Krise durchleben. Die Enttäuschung über die kümmerlichen Ergebnisse der formalen Gleichheit sowie über bestimmte, unbeabsichtigte Nebenwirkungen hat so manche feministische Juristin dazu bewogen, schützende oder frauenspezifische Forderungen einzuklagen (Priorität der Mutter bei der elterlichen Gewalt oder Vergütung von Hausarbeit), selbst auf die Gefahr hin, die überlieferte Arbeitsteilung weiterhin beizubehalten. Andere gingen soweit, zu bestreiten, daß die Rechtsgleichheit im Kampf gegen den Sexismus ein notwendiger (wenn auch nicht ausreichender) Schritt war. Mag sein, daß das endgültige Scheitern des ERA (1982) und die gegenwärtige Gefährdung des Rechts auf Abtreibung eine heilsame Wirkung auf die Frauenbewegung gehabt haben. Denn erst diese Widerstände haben den amerikanischen Feminismus wiederbelebt und den Glauben an rechtsspezifische Instanzen – trotz deren Unzulänglichkeiten – gefestigt.

Die Südeuropäerinnen wiederum begrüßten die Reformen nahezu vorbehaltlos: Da sie weitaus stärker und länger durch die Gesetzgebung unterdrückt worden waren, konnten Reformen nur als befreiend und »zukunftsgestaltend« aufgefaßt werden. In Italien, Spanien und in geringerem Umfang auch in Portugal überarbeiteten die Regierungen unter dem lautstarken Druck der Feministinnen das Familienrecht. In Rom und Madrid gingen Tausende von Frauen auf die Straße, um für die Ehescheidung oder gegen die gesetzlich vorgesehene Strafe für Ehebrecherinnen mit Slogans wie »wir sind alle Ehebrecherinnen« zu demonstrieren.

Der Kampf um Gleichberechtigung der Frauen wird seit zweihundert Jahren geführt, zweimal einhundert Jahre für die Einsetzung des rechtlichen Universalitätsprinzips und für den Sieg des Individualismus über die letzten Spuren des Patriarchats, »kaum sichtbare Spuren, die, durch eine für das Recht des 19. Jahrhunderts typische Alchimie, in persönliche Attribute des männlichen Erwachsenen umgewandelt wurden«.[18]

Man kann sagen, daß heute die Forderung nach Gleichberechtigung erfüllt ist, jedoch mit zwei wesentlichen Vorbehalten. Einerseits gelten die genannten Erfolge nur für die westliche Welt. Der Kampf für staatsbürgerliche Rechte wird in den muslimischen Ländern fortgesetzt, dort, wo das Recht religiös geblieben ist (die Demonstrationen der algerischen Frauen gegen eine als rückschrittlich angesehene Familiengesetzgebung sind ein Beweis dafür). Andererseits sind im Westen lediglich die Forderungen nach bürgerlichen und politischen Rechten eingeklagt. Im Bereich der sozialen Rechte bleibt noch viel zu tun. Selbst als formal Gleichberechtigte sind Frauen in der Realität noch mit Ungleichbehandlung konfrontiert. In dieser Hinsicht erfreuen sich die Französinnen, die Italienerinnen und mehr noch die Skandinavierinnen im Vergleich zu den Amerikanerinnen beträchtlicher Vorteile. Europäerinnen profitieren seit langem von einer Gesetzgebung, die ihnen als berufstätigen Müttern Schutz gewährt und hilft, während den meisten Amerikanerinnen Mutterschaftsurlaub und staatlich subventionierte Krippen- und Kindergartenplätze nahezu unerreichbar scheinen.

TEILHABEN AN DER POLITISCHEN MACHT

Nachdem die rechtliche Gleichheit gesichert war, stand das Schwierigste noch bevor: die Änderung der Praxis, um auch wirklich von den hart erkämpften Vollmachten und Freiheiten Gebrauch zu machen. Hatten die Fortschritte im Zivilrecht auch im Privatbereich zu einem gleichberechtigten Miteinander beider Ehepartner geführt? Das kann derzeit wohl schwerlich behauptet werden. Letztlich wird darüber von denjenigen eine Auskunft zu erwarten sein, die im Bereich der Rechtsprechung tätig sind. Sie werden beurteilen können, ob verheiratete Frauen die ihnen vom Gesetz zugestandenen Vollmachten in vollem Umfang nutzen, vor allem im Hinblick auf die gemeinsame Verwaltung des Familienvermögens. Eines jedoch steht fest: In einigen Ländern, darunter auch Frankreich, geht die Initiative bei einer Ehescheidung überwiegend von den Frauen aus.

Auf politischer Ebene haben die meisten Frauen in den westlichen Gesellschaften im Laufe der Zeit ein – dem der Männer in nichts nachstehendes – staatsbürgerliches Bewußtsein, wenn nicht gar politisches Interesse entwickelt. In einigen Ländern, den USA oder Schweden zum

Beispiel, gehen sogar anteilmäßig mehr Frauen als Männer zur Wahl. Ihre politischen Optionen sind nicht weniger bezeichnend: ein wachsendes Bewußtsein für die Ungleichbehandlung, unter der sie litten, ließ sie konservative Parteien zugunsten derjenigen politischen Kräfte abwählen, die ein Umdenken in den Geschlechterbeziehungen propagierten. Ein Zeichen der Zeit: In Japan – dort, wo die Unterordnung der Frau als Tradition angesehen wird – mußten die (konservativen) Liberaldemokraten Anfang der neunziger Jahre fürchten, daß die ihnen feindlich gesonnenen Wählerinnen bald eine Machtübernahme der sozialistischen Partei herbeiführen würden, die zwei Jahre lang, von 1989 bis 1991, eine Frau, Dakako Doi, an der Spitze hatte.

Angesichts des politischen Erwachens der Frauen ist die allgemeine Trägheit der Institutionen um so auffälliger. Eine mehrheitlich aus Männern bestehende Führungselite wird als untrügliches Zeichen der gesellschaftlichen Überholtheit gewertet. Die Politik als letzter Zufluchtsort der Virilität? Der offenbar weltweite Widerstand der Männer gegen eine Beteiligung von Frauen an der Macht legt eine solche Interpretation unweigerlich nahe.

Wählerinnen in der absoluten Mehrheit

Störungen im Spiel der Politik durch das Frauenwahlrecht werden seit langem schon befürchtet, da Frauen überall mehr als 50 Prozent des Wählerpotentials ausmachen und ihnen somit die Rolle zufällt, über den Ausgang einer Wahl zu entscheiden. Ihr steigendes Interesse am Politikgeschäft hat somit das männliche Selbstverständnis gleich in zweifacher Hinsicht getroffen: Zur Bedrohung des männlichen Machtmonopols kam, daß Frauen zahlenmäßig überlegen waren.

Wie auch schon vordem im Jahr 1918 war 1945 die mäßigende, um nicht zu sagen konservative Rolle der Wählerinnen Gegenstand zahlreicher Spekulationen. So wie der politische Kontext, änderten sich auch die Befürchtungen bzw. Erwartungen hinsichtlich des Frauenwahlrechts: Was früher die Bedrohung der republikanischen Institutionen war, wurde nun zum Schutzwall gegen eine mögliche kommunistische Eskalation. Politikwissenschaftler bestätigen, daß derartige Hintergedanken die Gaullisten und andere rechte Parteigänger während der Nachkriegsperiode beschäftigten. Georges Bidault, Führer des (christdemokratischen) Mouvement Républicain Populaire, soll 1945 im Vertrauen zu Charles d'Aragon gesagt haben: »Mit den Frauen, den Bischöfen und dem Heiligen Geist bekommen wir hundert Abgeordnete.«[19]

Wie votierten die Frauen bei den ersten freien Nachkriegswahlen? Ergebnisse von Stichproben oder mancherorts die tatsächliche Auszählung von nach Geschlechtern getrennten Wahlurnen ermöglichten eine Analyse. 1955 wurden unter der Schirmherrschaft der UNESCO die von Maurice Duverger erstellten umfangreichen Untersuchungsergebnisse über die Beteiligung der Frauen am politischen Leben in Europa veröffentlicht. Daraus war zweierlei zu entnehmen: Frauen waren eher geneigt, der Wahl fernzubleiben, als Männer und zeigten insgesamt auch weniger Interesse an der Politik; diejenigen, die wählten, gaben bevorzugt gemäßigten konservativen Kräften (jedoch nicht der extremen Rechten) ihre Stimme. In Großbritannien und den skandinavischen Ländern entschieden sich die meisten von ihnen für die konservativen Parteien; in Deutschland, Österreich und Italien für die in den Nachkriegsjahren erstarkten Christdemokraten; in Frankreich für den MRP und nach dessen Auflösung für die Gaullisten. Der Anteil der Frauen bei den Wählern dieser Parteien schwankte zwischen 53 und 60 Prozent. Die Wählerinnen wurden sehr umworben: Besonders auf katholischem Boden übte die Kirche über christliche Frauenvereine, die damals ziemlich aktiv waren, beträchtlichen Einfluß aus. In Italien und auch in Frankreich gaben diese Vereine beispielsweise Wahlempfehlungen, suchten Politiker für sich zu gewinnen, wirkten auf das Parlament ein, veröffentlichten zahllose Schriften, in der Hoffnung, die weibliche Wählerschaft zu überzeugen.

Umgekehrt mieden die Wählerinnen die sozialistischen Parteien (die Labour Party in Großbritannien, die Sozialdemokraten in Skandinavien oder Deutschland), aber mehr noch die im Aufschwung begriffenen kommunistischen Parteien (in Italien und Frankreich lag der Anteil der Frauen an den Wählern dieser Parteien immer unter 40 Prozent!). Die fehlende Anziehungskraft auf Frauen blieb übrigens auch den kommunistischen Führern nicht verborgen: »Ein Grund für unseren Mißerfolg«, bemerkte Palmiro Togliatti, der Generalsekretär der Kommunistischen Partei Italiens (PCI), nach den Wahlen von 1945, »ist sicherlich, daß wir bei den Frauen nicht aktiv genug waren (...) Sehen wir uns doch einmal diese gewaltige Zahl von 8 Millionen Stimmen für die Christdemokraten genauer an (...) Und sicherlich wäre es nicht falsch, zu behaupten, daß das in der Mehrzahl Frauenstimmen waren (...) Das Problem ist nicht nur, daß es uns gelingen muß, dieser Partei die Arbeiter und die Bauern abspenstig zu machen, die für sie gestimmt haben, sondern vor allem muß es uns gelingen, ihr diese Unmengen von Frauen abspenstig zu machen.«[20]

Als Konsequenz aus der Wahlniederlage gaben sich die Kommunisten in Italien wie in Frankreich alle Mühe, den weiblichen Wählerkreis in seiner Zusammensetzung als Zielgruppe so genau wie nur möglich zu sondieren (sie waren die einzige Partei, die das derart offensiv tat): Aktionen bei den gewerkschaftlich organisierten Arbeiterinnen, Propaganda für Hausfrauen, Schaffung von parteigebundenen Frauenorganisationen (Italienische Frauenunion, Französische Frauenunion usw.). Katholische Propaganda konnte daher immer mit kommunistischer Gegenpropaganda rechnen. Im Umfeld des Kalten Krieges blieben auch die Frauen nicht vom ideologischen Kampf zwischen der marxistischen Linken und der katholischen Rechten verschont; sie wurden von beiden Seiten für deren jeweilige Propagandazwecke eingesetzt.

Ende der sechziger Jahre hielt Maurice Duverger an seinem Fazit, zu dem er Mitte der fünfziger Jahre gekommen war, fest: Wenn auch das Frauenwahlrecht nicht zu einer Umverteilung der politischen Kräfte in der Nachkriegszeit geführt hatte, so hatte es dennoch hier und da ausgereicht, um die Farbe der Mehrheit zu bestimmen: »Wenn bei manchen deutschen Wahlen die Frauen wie die Männer gestimmt hätten, dann wären die Sozialdemokraten und nicht die Christdemokraten an der Macht. Zu manchen Zeiten hat das Frauenwahlrecht in Großbritannien der konservativen Partei zur Macht verholfen. Bei den französischen Präsidentschaftswahlen von 1965 haben anteilmäßig weitaus mehr Frauen für Präsident de Gaulle gestimmt als Männer.«[21]

Die Politikwissenschaft schien also allgemeine Vermutungen zu bestätigen: Europäerinnen neigten generell zum Konservatismus und liebäugelten in katholischen Ländern gar mit der kirchlichen Reaktion. Auch die Nordamerikanerinnen machten dabei keine Ausnahme: In Kanada wie in den USA bestätigen Untersuchungsergebnisse die konservative Tendenz der Wählerinnen.

Obwohl die Gründe für diese konservative Neigung nicht greifbar waren, vermuteten manche Beobachter, daß sie dauerhaft seien. Bald schon sollte sich dies jedoch als Trugschluß erweisen. Die Veränderung vollzog sich in zwei Phasen. In den frühen siebziger Jahren begannen Meinungsforscher festzustellen, daß Frauen politisch motivierter schienen, eher bereit, auf die komplizierten Befragungen zu antworten. Immer mehr Frauen entschieden sich bei Wahlen für links. Im Laufe der Zeit, einer gewissen Lehrzeit sozusagen, näherte sich die Stimmabgabe der weiblichen Wählerschaft der der männlichen immer mehr an. Zahlreiche Beobachter gingen davon aus, daß die Entwicklung in dem Augenblick abgeschlossen sein würde, wo es kein unterschiedliches Wahlverhalten mehr zwischen Männern und Frauen gab, wo diese sich also politisch den Männern angepaßt hatten.

In den achtziger Jahren bildete sich dann das heraus, was im Englischen mit dem Begriff *gender gap* bezeichnet wird. Ein Prozeß der Linksorientierung beim Wahlverhalten der Frauen: Von ehemals natürlichen Verbündeten der konservativen oder christlichen Parteien wandelten sie sich zu den führenden Anhängerinnen der nichtkommunistischen Linken. Das Phänomen trat zuerst 1980 in den USA in Form eines dezidierten »Antireaganismus« auf und provozierte eine Vielzahl politischer Analysen und feministischer Kommentare. 1984, anläßlich der Präsidentschaftswahlen, widmete das von Gloria Steinem geleitete Magazin *MS* diesem Thema seine März-Ausgabe. Diese Tendenz wurde bald auch in Kanada und in Nordeuropa beobachtet: in Dänemark, Norwegen, Schweden und den Niederlanden. 1988 erfaßte sie, was noch erstaunlicher war, sogar das katholische Frankreich: Im ersten Wahlgang der Präsidentschaftswahl hatten, laut einer Bull-BVA-Umfrage, 37 Prozent der Frauen für François Mitterrand gestimmt, verglichen mit 31 Prozent der Männer.

In den europäischen Ländern, in denen zugleich ökologische Parteien und extreme Rechte vorrückten, läßt sich feststellen, daß die Wählerinnen ersteren willig ihre Stimme geben, hingegen die neofaschistischen Rechten meiden. Das war sowohl 1988 bei den französischen Präsidentschaftswahlen als auch 1989 bei den Wahlen zum europäischen Parlament der Fall. In der Vergangenheit hatte sich die Abneigung der Frauen, aus Protest für die extreme Rechte zu stimmen, bereits in Deutschland gezeigt: »In allen getrennten Auszählungen bis 1933 haben sie weniger Stimmen für die NSDAP abgegeben als die Männer.«[22]

Hinter diesen neuen Divergenzen im politischen Selbstverständnis sind unterschiedliche Meinungen in so wesentlichen Bereichen wie der Verteidigungspolitik, der Diplomatie, den internationalen Beziehungen erkennbar. Sowohl in den USA als auch in Skandinavien oder in Frankreich unterstützten Frauen öfter als Männer pazifistische Positionen, verhielten sich ablehnender gegenüber dem Prinzip der atomaren Abschreckung, zurückhaltender gegenüber Militäreinsätzen, eher bereit, den Rüstungshaushalt zugunsten des Sozialhaushalts zu kürzen und aufgeschlossener für den Schutz der Umwelt. Außerdem sind sie feministischer. Umfragen zum »Popularitätsgrad« politischer Persönlichkeiten offenbarten erstmals 1986 die für ein Land wie Frankreich beispiellose Tatsache, daß »Frauen Frauen bevorzugten«, zumindest, wenn sie Simone Veil oder Michèle Barzach heißen. Die Ernennung von Edith Cresson zum ersten weiblichen Premierminister im Mai 1991 festigte den Feminismus der Französinnen noch: Zu jenem Zeitpunkt waren annähernd 86 Prozent von ihnen (aber nur 77 Prozent der Männer) mit einer Frau an der Spitze der Regierung einverstanden.[23] In Skandinavien manifestierte sich der Feminismus der Wählerinnen offen in ihrer Stimmabgabe. Nach einer Gallup-Umfrage zu den Parlamentswahlen 1975 optierten 40 Prozent der Frauen und 7 Prozent der Männer für eine Kandidatin.[24]

Diese politische Spaltung zwischen Männern und Frauen läßt den Eindruck entstehen, daß die Wählerinnen von der Politik nie im selben Maße wie die Männer als Zielgruppe wahrgenommen oder als wichtiger Markt erorbert worden sind. In den USA werben Gouverneure um Frauenstimmen, indem sie versprechen, Frauen in führende Positionen zu berufen. Tatsächlich verdankten 1982 sechs von ihnen ihren Wahlsieg der Unterstützung, die sie von Frauen erhielten. Die Nominierung von Geraldine Ferraro als demokratische Vizepräsidentschaftskandidatin im Jahr 1984 wurde von einigen Beobachtern als Versuch interpretiert, die feministische Wählerschaft zu gewinnen.

Wie sind diese Veränderungen im Wahlverhalten der Frauen zu deuten? Von den Feministinnen gab es in der Vergangenheit häufig Kritik an der Arbeit (männlicher) Politologen, die beschuldigt wurden, sexistisch, ja sogar »phallozentristisch« zu sein. Scharf gekontert wurde insbesondere die These von der politischen Entfremdung der Frauen. Auf Maurice Duvergers Behauptung, daß die Frauen zur Politik noch die Einstellung Minderjähriger hätten, hatte Andrée Michel folgende Antwort parat: »Da sie von den Parteien (den linken wie den rechten) wie Minderjährige behandelt werden, fühlen sich viele erwachsene Frauen (. . .) gezwungen, den Paternalismus der Parteien abzulehnen«,[25] indem sie sich weigern für sie zu stimmen.

Gegenwärtig werden Stimmen laut – und nicht zu Unrecht –, die der These eines spezifisch weiblichen Wahlverhaltens, eines *gender bloc*, entgegentreten. Früher verkündeten in Frankreich die reißerischen Schlagzeilen der großen Presse: »De Gaulle (oder Giscard d'Estaing) von Frauen gewählt«; heute heißt es kaum weniger irreführend: »François Mitterrand verdankt sein zweites Mandat den Frauenstimmen.« In den USA wird der *gender gap* zuweilen als Aufspaltung des Landes in zwei feindliche Lager – Frauen und Männer – dargestellt. Manche Frauen fürchten daher schon, daß der Begriff der geschlechtsspezifischen Wahl in Wirklichkeit die letzte Inkarnation des Ewigweiblichen ist.

Gründliche Untersuchungen ergeben, daß es keine stichhaltigen Beweise für ein homogenes weibliches oder männliches Wahlverhalten gibt und außerdem, daß die Umorientierung im Wahlverhalten der Frauen von Dauer zu sein scheint, weil sie mit strukturellen Veränderungen zusammenhängt, die das demographische Profil der Wählerinnen radikal verändert haben.

In den vergangenen vierzig Jahren hat eine leise Revolution das Leben der Frauen verändert und sich in ihrem Wahlverhalten widergespiegelt. Überall in der Welt, wenngleich in unterschiedlichem Maße, standen die Frauen im Mittelpunkt gesellschaftlicher Umwälzungen: dazu gehören die Demokratisierung der Ausbildung an Gymnasien und Hochschulen, die Ausweitung des Dienstleistungssektors sowie der Erwerbstätigkeit. In Frankreich zum Beispiel konnte der starke Zuwachs berufstätiger Frauen in der Wählerschaft nicht ohne Folgen für das

Wahlverhalten bleiben. Der unmittelbare Zusammenhang zwischen der Teilnahme der Frauen am Wirtschaftsleben und ihrer Stimmabgabe für die Linken wurde zuerst 1978 bei den Parlamentswahlen festgestellt und bestätigte sich 1988 bei den Präsidentschaftswahlen. Im ersten Wahlgang der Präsidentschaftswahlen warb François Mitterrand den Großteil seiner weiblichen Anhänger aus dem Lager der Berufstätigen – der Arbeiterinnen, Angestellten und mittleren Führungskräfte.

Die religiösen und sozialen Veränderungen der Nachkriegszeit brachten auch umfassende politische Veränderungen mit sich. In den katholischen Ländern waren politischer Konservatismus und eine starke religiöse Bindung immer schon miteinander einhergegangen. Die Mehrzahl der praktizierenden Gläubigen waren Frauen, insbesondere ältere Frauen: Dies erklärt ihre deutliche Bevorzugung rechter Parteien und die damit verbundene Ablehnung des Marxismus. Da der Prozentsatz praktizierender Christen allgemein abnahm (und gleichzeitig die Kommunisten immer weniger Anklang fanden), verlor der Kampf zwischen katholischer Rechten und marxistischer Linken, in den sich Frauen seit langem hatten hineinziehen lassen, an Bedeutung.

Wenn sich heute ältere Frauen vom Katholizismus und dem damit in Zusammenhang stehenden politischen und kulturellen Konservatismus mehr und mehr abwenden, so sind junge Frauen rebellischer als je zuvor. Überall scheinen junge Frauen eher geneigt, linke Parteien zu wählen, als die Männer ihrer Generation. In Frankreich repräsentieren die jungen »beurs« – arabische Einwanderinnen der zweiten Generation – einerseits und die Studentinnen andererseits progressive politische Tendenzen: Während der Studentendemonstrationen des Winters 1986 waren die jungen Frauen tonangebend. Dieses linke Engagement von jungen Frauen deutet eine diffuse oder verzögerte Wirkung des Feminismus an, der die junge Generation gelehrt hat, eine bestimmte patriarchalische Ordnung abzulehnen und gegen eine ungleiche Aufgaben- bzw. Rollenverteilung zu protestieren.

In Frankreich wurde der enge Zusammenhang zwischen linkem Wahlverhalten und feministischer Einstellung lange von der Wählerschaft selbst bestätigt, selbst in Ermangelung von Wahlempfehlungen durch die Frauenbefreiungsbewegung. Entstanden aus der Neuen Linken, hat sich die französische feministische Bewegung in ihren radikalsten Gruppierungen lange den parlamentarischen Wahlen und deren Trennung zwischen Links und Rechts widersetzt (»Wahlen, ich weiß nicht genau, was das ist«, erklärte Simone de Beauvoir 1978)[26]. Obwohl das Wahlrecht einmal die Hauptforderung der Feministinnen gewesen war, verachteten die französischen Feministinnen der zweiten Generation dieses Recht. Erst 1981 rief die Bewegung Psychoanalyse et Politique dazu auf, François Mitterrand zu wählen, auch zahlreiche andere Frauengruppierungen billigten mehr oder weniger stillschweigend die sozialistische Regierung.

In Skandinavien wie auch in Nordamerika machten sich die Feministinnen eine realistische und politische Einstellung zueigen: Anstatt den Einfluß, den sie durch ihre Stimmabgabe ausüben konnten, zu verschenken, entschieden sie sich für aktives, zielgerichtetes *lobbying*. Diese Strategie sollte sich, wie wir noch sehen werden, im Rahmen der politischen Interessenvertretung der Frauen besser bezahlt machen.

Für eine Handvoll Parlamentarierinnen

In zahlreichen westlichen Ländern muß die Gleichheit von Mann und Frau in der konkreten Ausübung politischer Rechte erst noch erreicht, wenn nicht sogar erkämpft werden. Die zahlenmäßige Überlegenheit der Männer ist noch in sämtlichen beschlußfassenden politischen Instanzen, in berufenen wie gewählten, die Regel, die von den wenigen Ausnahmen nur bestätigt wird: so die Regierungen von Gro Harlem Brundtland (Führerin der Norwegischen Arbeiterpartei), die sich 1985 wie 1991 je zur Hälfte aus Männern und Frauen zusammensetzten. Tatsache ist, daß in keinem Parlament im letzten Viertel dieses 20. Jahrhunderts Frauen in der gleichen Anzahl wie Männer vertreten waren.

Wenn Frauen überall in der Minderheit sind – spielen sie deswegen auch zwangsläufig in der Politik nur eine geringe Rolle? Die Antwort darauf ist nicht leicht, denn vollkommen unterschiedlich ist die Mitwirkung in entscheidungsfindenden Gremien, die nicht nur räumlich und zeitlich, sondern auch abhängig von der jeweiligen Regierungshierarchie variiert.

Am günstigsten sieht es für Frauen in Nordeuropa aus: In den fünf skandinavischen Ländern und den Niederlanden haben sie zwischen 20 und 40 Prozent der Sitze in den nationalen und lokalen Vertretungen inne (Übersicht auf Seite 532). Dieser Vorhut stehen die südeuropäischen Länder gegenüber: Portugal, Griechenland, die Türkei und Frankreich (mit Ausnahme Italiens und Spaniens), in denen die Männer mehr als 92 Prozent der Abgeordnetenmandate besitzen. Die Wiege der liberalen Demokratie und der Suffragettenbewegung in England indessen, mit nur 6 Prozent Frauen im Unterhaus, weicht bis zum Jahre 1992 deutlich von der Nord-Süd-Trennungslinie ab und landet somit auf einem der letzten Plätze in Europa mit Blick auf die Repräsentation von Frauen im Parlament. Erst nach den Wahlen 1992 betrug der Anteil der Frauen im Unterhaus zum ersten Mal mehr als 10 Prozent. In den USA existiert eine einflußreiche feministische Bewegung zusammen mit einem Kongreß, in dem die weiblichen Abgeordneten 1990 nur etwa 6 Prozent der Gesamtmitglieder ausmachten. Dennoch, der gegenwärtige Vorstoß der Frauen in die gesetzgebenden Körperschaften der Bundesstaaten – ihr Anteil hat sich zwischen 1971 und 1983 verdreifacht – und in die Rathäuser der Großstädte ist vielleicht Zeichen einer beginnenden Umorientierung.

1945 befanden sich die Frauen der westlichen Länder in etwa der gleichen Lage: Nur eine kleine Minderheit vermochte sich Zugang zur Führungselite zu verschaffen. Kein Land konnte sich damals rühmen, mehr als eine Alibi-Frau in die Regierung berufen oder weniger als 90 Prozent Männer ins Parlament gewählt zu haben. Auf lokaler Ebene bot sich ein ähnlich trostloser Anblick. Skandinavien erweckte nicht gerade den Anschein, führend in der politischen Frauenförderung zu sein, und ein damaliger Beobachter machte sogar folgende Feststellung: »Die angelsächsischen und nordischen protestantischen Länder haben einen Prozentsatz an weiblichen Abgeordneten, der unter dem des römisch-katholischen Frankreichs liegt, wo die Frauenrechte doch erst vor kurzem eingeführt worden sind.«[27]

Die Gegensätze, die heute die Aneignung des politischen Raums durch Frauen kennzeichnen, sind also neu, da sie aus unterschiedlichen Entwicklungen hervorgehen. Einerseits scheint der Anteil der Parlamentarierinnen seit vierzig Jahren beinahe konstant (Großbritannien, USA, Türkei), wenn nicht sogar zurückgegangen zu sein (Frankreich). Andererseits, etwa in Skandinavien und den Niederlanden, haben die siebziger Jahre eine Wende hinsichtlich der Vertretung der Frauen in den Parlamenten markiert. Während der zehn Jahre zwischen 1975 und 1985 hat sich der Anteil der weiblichen Abgeordneten in den Niederlanden und in Norwegen mehr als verdoppelt, in Finnland um ein Viertel und in Schweden um ein Drittel erhöht. Anderswo ist die Wahl von Frauen in die politischen Vertretungen ein noch neues Phänomen: In Italien, Deutschland und in Kanada überschritten weibliche Abgeordnete bei den letzten Wahlen zur Ersten Kammer gerade einmal die 10-Prozent-Grenze.

In der Zahl der weiblichen Abgeordneten lagen in der Vergangenheit meistens die Linksparteien an der Spitze (Kommunisten und Sozialisten), gefolgt von den Christdemokraten. So waren 1946 in Frankreich annähernd drei Viertel der weiblichen Abgeordneten (29 von 40) kommunistisch, während 9 den Christdemokraten angehörten; im deutschen Bundestag von 1953 waren 46 Prozent der Frauen Sozialdemokratinnen und 42 Prozent Christdemokratinnen. In Norwegen gab es in den fünfziger Jahren fast ausschließlich Vertreterinnen der sozialistischen Partei im Parlament.

Heute wiederum hat die Linke in vielen Ländern ihre feministische Monopolstellung eingebüßt. In Skandinavien mußten die konservativen

Parteien, unter dem Druck der Women's Lib und angesichts drohender Wahleinbußen, hinsichtlich ihrer Attraktivität für Frauen nachziehen. Der Konkurrenzkampf der Parteien um Stimmanteile war mittlerweile zum wirkungsvollsten Mittel für das politische Vorankommen von Frauen geworden. In Frankreich verlief die Entwicklung anders: Dort kam die Forderung nach Gleichstellung von unten. Die Wahlniederlage der Kommunistischen Partei hatte sie gezwungen, ihre führende Stellung auf diesem Gebiet aufzugeben, die Sozialisten wiederum erwiesen sich in den Jahren zwischen 1981 und 1989 als untauglich, die Fackel des Feminismus weiterzutragen. In der im Juni 1988 gewählten Nationalversammlung lag der Frauenanteil der sozialistischen Fraktion mit 6,2 Prozent niedriger als der des rechten Rassemblement pour la République (RPR) mit 7,5 Prozent – einer Partei, die, wie übrigens die gaullistische Bewegung insgesamt, nicht gerade dafür bekannt ist, den Feminismus zu unterstützen.

Unter den großen Parteien der europäischen Linken muß die Kommunistische Partei Italiens definitiv als eine Ausnahme angesehen werden, da sie Frauen beträchtlichen Raum in den Reihen ihrer Parlamentarier zugesteht: 1987 waren 60 Prozent der italienischen weiblichen Abgeordneten Kommunistinnen. Der frühere Vorsitzende der KPI, Enrico Berlinguer, verstand es, sich zu einem prinzipiellen Verfechter des Feminismus und seine Partei zur Anwältin der Sache der Frauen zu machen.

Die ökologischen Parteien haben im allgemeinen aus ihren mit Frauen besetzten Parteivorständen Wahlvorteile ziehen können. In Deutschland schafften es die Grünen – die zahlreiche Frauenthemen aufgegriffen hatten –, der SPD ihren Rang einer Frauenpartei streitig zu machen. Dem Beitrag der Grünen verdanken die Frauen 1987 ihre beträchtlichen Erfolge im Bundestag: Von den 42 grünen Abgeordneten waren 25 Frauen. Die ersten Wahlen nach der Wiedervereinigung allerdings, im Dezember 1990, bescherten den Grünen eine erhebliche Wahlschlappe: Unter den nur 8 gewählten grünen Abgeordneten waren drei Frauen. Die französischen Grünen folgten 1989 bei den Europawahlen dem deutschen Beispiel und mischten ihre Liste zu gleichen Teilen: mit einem bislang unerreichten Erfolg (annähernd 11 Prozent der abgegebenen Stimmen) kamen sie auf 9 Abgeordnete, wovon 4 Frauen waren. In Italien setzte auch die alternative (kleine) Radikale Partei auf den Feminismus; sie kam vor allem wegen ihrer Kandidatin, der skandalträchtigen Cicciolina, in die Schlagzeilen, die als erste »nicht jugendfreie« Abgeordnete ins italienische Parlament einzog.[28] Über diese Partei wurden bei den Wahlen 1987 3 Frauen ins Parlament gewählt.

Überall scheiterten die Versuche zur Schaffung einer feministischen Partei an der Trägheit des bestehenden Parteiensystems. Die ein-

zige erfolgreiche feministische Partei gibt es in Island, die einzige
auf der Welt, die 10 Prozent der abgegebenen Stimmen errang und
6 Abgeordnete stellte, die eine entscheidende Rolle im Parlament
spielen.

Die zuweilen hohe Beteiligung von Frauen am Rande der Parteistruktur nimmt in der Regel ab, je weiter man sich dem Machtzentrum
nähert. Zeichen dieser vertikalen Machtaufteilung zwischen Männern
und Frauen finden sich überall. In Frankreich geht der Anteil der Frau-
en von 16,5 Prozent in den Gemeindevorständen über 10 Prozent in
den Regionalräten bis auf 5,4 Prozent im Parlament (Senat und Nationalversammlung zusammengenommen) zurück. Den Einfluß von Frau-
en auf kommunaler Ebene näher zu beleuchten, ist äußerst aufschlußreich. Obwohl viele von ihnen einen Sitz als einfache Ratsmit-
glieder haben, findet sich nur eine Handvoll (weniger als 6 Prozent)
unter den Bürgermeistern. Die meisten Bürgermeisterinnen stehen an
der Spitze kleiner Landgemeinden, nur wenige haben ihr Amt in einer
Großstadt inne. Als die Sozialistin Catherine Trautmann 1989 Bürger-
meisterin von Straßburg wurde, schrieb sie ein Stück Geschichte: sie
war die erste Frau, die eine Stadt mit mehr als 100000 Einwohnern
regierte. Die Feminisierung des Europäischen Parlaments ist in den
Augen vieler Beobachter nicht weniger bedeutsam. Seit 1979 (dem Jahr
der Einführung des allgemeinen Wahlrechts) sandte mit Ausnahme Belgiens jedes europäische Land mehr als 10 Prozent Frauen dorthin (in
vier Fällen mehr als 20 Prozent). Jedoch ist das teilweise dem Umstand
zu verdanken, daß dieses Gremium als zweitrangig betrachtet wurde,
ohne wirkliches politisches Gewicht.

Die noch äußerst zaghafte Beteiligung von Frauen an staatlichen
Spitzenpositionen ist vielleicht der ernstzunehmendste Beweis für ihre
Marginalisierung in der zeitgenössischen Politikszene. In dem Augenblick, wo der Einfluß der Parlamente zugunsten der technokratischen
Struktur schwindet, ist es besorgniserregend, wenn Frauen zwar
gewählt werden, aber nicht bis in die politischen Führungsämter vordringen. Genau diese Perspektive zeichnet sich nun aber in Skandinavien ab. Frankreich scheint in gewisser Weise ein Gegenbeispiel zu
sein, da sich Frauen dort eine bessere Position im Kabinett erobert
haben (annähernd 23 Prozent unter der sozialistischen Regierung von
Michel Rocard) als im Parlament. Da ihnen der Weg ins Parlament über
Wahlen weitgehend versperrt blieb, waren die Französinnen gezwungen, mit Hilfe von Diplomen und besonderen Fähigkeiten vorwärtszu-
kommen (insbesondere über die École Nationale d'Administration
[ENA], wo sie zu mehr als 20 Prozent vertreten sind), um auf Regie-
rungsposten berufen zu werden – eine Karrieremöglichkeit, die jedoch
stets von der Willkür der »regierenden Fürsten« abhing.

In ihrer untergeordneten Funktion waren Frauen dazu verdammt, sich wohltätigen Zwecken zur Verfügung zu stellen. Gerade die Ausweitung des Sozialstaates hatte wieder auf der politischen Ebene zur alten Arbeitsteilung zwischen der politischen/männlichen und der weiblichen/fürsorglichen Domäne geführt. Den paar Frauen, die ihren Platz auf der politischen Bühne suchten, fielen selbstverständlich die Aufgaben zu, die von ihnen bislang in der Familie bewältigt worden waren. Die Männer betätigten sich im Auswärtigen Amt, im Verteidigungsministerium, im Innenministerium, in der Justiz, im Wirtschafts- und Finanzministerium, kurzum, auf allen Gebieten, die die Autorität des Staates verkörperten. Die Frauen hingegen bekamen das Soziale, Familiäre, Kulturelle zugeteilt. Diese horizontale Rolleneinteilung, insbesondere auf Regierungsebene sichtbar, findet sich heute auf allen Stufen der Macht und in allen Ländern, mit Ausnahme der skandinavischen. Sie ist eine Art, den Frauen den Zugang in die eigentliche politische Sphäre zu verwehren und die Spuren ihres unbefugten Eindringens zu verwischen.

Frauen in der Politik: eine Chance für die Demokratie?

Zahl und Zustand der heute von Frauen besetzten politischen Stellen geben, was ihre Einflußnahme im Rahmen der Demokratie anbelangt, eher Anlaß zu Pessimismus. Die einzige Möglichkeit, um mitreden zu können, bei Entscheidungsfindungen mitzuwirken, keine als Geisel genommene Minderheit zu sein, ist ein resolutes Auftreten auf der politischen Bühne. Jedoch bleiben beträchtliche Hindernisse auf dem Weg zur Gleichberechtigung in den politischen Institutionen zu überwinden. Die relativ unbedeutende Rolle, die Frauen in der Politik spielen, spiegelt ihren immer noch untergeordneten Sozialstatus wider. Der beste Beweis dafür ist, daß sich die Feminisierung der Elite zuerst dort vollzieht, wo das Gleichheitsideal von Mann und Frau in die Wirklichkeit umgesetzt wird: in den urbanen Gebieten, wo Frauen profiliert genug sind, um für politische Ämter zu kandidieren (gebildet, mit Berufserfahrung und hohen Qualifikationen).

Es sollte nicht vergessen werden, daß selbst in einem vergleichsweise homogenen Raum wie Westeuropa die Ungleichheit zwischen Mann und Frau unterschiedliche Ausprägung findet. In Portugal schlägt sich die jahrhundertelange Unterdrückung der Frauen heute in einer erschreckenden Bilanz nieder: 1970 konnten 28 Prozent der Frauen über 20 nicht lesen und schreiben, nur 7 Prozent erreichten die Sekundarstufe. In Frankreich wiederum hat die ungleiche Chancenverteilung nicht verhindern können, daß gegenwärtig jeder zweite Hochschulstudent eine Frau ist. Die männlich dominierte Elite in Portugal ist eine Folge der soziokulturellen Rückständigkeit. In Frankreich allerdings muß nach einer anderen Erklärung dafür gesucht werden, warum die Demokratie Frauen keine politische Macht gebracht hat.

Die Vorherrschaft der Männer in den Machtzentralen hat auch interne politische Gründe. Darunter in erster Linie die oligarchische Struktur der Parteienorganisationen. Diesen fällt es leicht, Frauen eine geringe Partizipation vorzuwerfen, um sie dann aus den Führungsgremien auszuschließen oder sich auf die Frauenfeindlichkeit der Wählerschaft zu berufen, um sie erst gar nicht als Kandidaten aufzustellen. Als theoretisch offene Foren für die Kandidatenauswahl und politische Meinungsbildung funktionieren die Parteien praktisch immer noch als Cliquen, zu denen insbesondere Frauen und junge Leute nicht zugelassen sind. Die Französinnen sehen ihre politischen Parteien als das, was sie sind: »Strukturen, ersonnen von Männern für Männer, die sich in ihnen nie dessen bewußt sind, daß sie die Frauen ausschließen, sondern meinen, zum Wohle der ganzen Menschheit (Frauen inbegriffen) zu wirken.«[29]

Bestimmte Wahlregeln verstärken noch die Tendenz, dieselben Leute an der Macht zu halten. Das Mehrheitswahlrecht mit einem Wahlgang (wie in Großbritannien) oder mit zwei Wahlgängen (wie in Frankreich) hat sich – im Gegensatz zu den Systemen mit Verhältniswahl – als äußerst ungünstig für Außenseiter erwiesen. Vor allem in kleinen Wahlbezirken hat es zur Folge, daß der persönliche Charakter der Wahl betont wird. Der Amtsinhaber hat dort deutlich Vorsprung; in manchen Ländern vervielfacht sich dieser Vorsprung durch eine Gesetzgebung, die Mandatshäufungen erlaubt. Das indirekte Wahlrecht in Großbritannien beispielsweise erleichtert keinesfalls die Wahl von Frauen ins Oberhaus, weil die entscheidenden Stimmen im allgemeinen von einflußreichen Politikern auf dem Lande abgegeben werden, die eher geneigt sind, für ihresgleichen zu votieren als für Frauen.

»Wahre Demokratie«, sagte Léon Gambetta. »besteht nicht darin, Menschen als gleichberechtigt anzuerkennen, sondern darin, sie zu Gleichberechtigten zu machen.« Wenn man dieser Sicht zustimmt, dann muß die Demokratie erst noch geboren werden. Dennoch stehen bei näherer Betrachtung die Chancen für Frauen, bis zum Ende des Jahrhunderts auch in bedeutendem Umfang politische Macht auszuüben, gar nicht so schlecht.

Der Feminismus, der als Massenbewegung an Triebkraft eingebüßt hat, hat in jüngster Vergangenheit die Institutionen erreicht. Parteien, Regierungen, internationale Organisationen, sie alle warben mehr oder weniger offen mit feministischen Zielen. Einige Länder setzten Ministerien zur Gleichstellung ein, andere hatten schon prominente Frauen in Schlüsselpositionen befördert. 1989 feierte Großbritannien das zehn-jährige Amtsjubiläum von Margaret Thatcher, und Deutschland wählte Rita Süssmuth zur Bundestagspräsidentin. 1990 wurde Mary Robinson Präsidentin von Irland, und 1991 ernannte François Mitterrand die Sozialistin Edith Cresson zur Regierungschefin, die seiner Politik neu-en Schwung geben sollte. Diese Ernennung, die in Frankreich Signal-wirkung hatte, wurde von der Presse einstimmig als historisches Ereig-nis begrüßt und stieß in der Bevölkerung auf breite Zustimmung. UNO und EG haben das politische Mitspracherecht der Frauen auf die inter-nationale Tagesordnung gesetzt. Der Europarat betraute Catherine La-lumière mit dem Amt des Generalsekretärs. »Während meiner Amtszeit«, so erklärte sie, »wird es zu meinen Hauptanliegen gehören, den Inter-essen der Frauen förderlich zu sein.« Außerdem haben die demokrati-schen Parteien versprochen, ihre Führungsspitze mit Frauen zu beset-zen. Mehrere große europäische Parteien haben eine Quotenregelung für Spitzenpositionen und bei der Kandidatenaufstellung eingeführt. Am konsequentesten – nach den skandinavischen Parteien – haben das die deutschen Sozialdemokraten getan, die eine Quote von 40 Prozent in allen Verantwortungsbereichen festgelegt haben.

Die zunehmende Zahl weiblicher Kandidaten und Abgeordneten ent-wickelt sich – und das ist fast schon eine kleine Revolution – gerade-zu zum Wahlschlager. Wie wir gesehen haben, finden sie nicht nur bei Frauen, sondern auch in der gesamten Wählerschaft Unterstützung. Auf die 1987 an Bürger der Europäischen Gemeinschaft gestellte Frage: »Wäre mit mehr Frauen im Parlament alles besser oder schlechter?«, waren 28 Prozent der Meinung »besser« (49 Prozent antworteten »genau-so«, 11 Prozent »schlechter« und 12 Prozent hatte keine Meinung).

In allgemeinen Krisenzeiten, die die Familie, die Wirtschaft, aber auch das politische System erfassen, sind Frauen zu diffusen Hoffnungs-trägern für all diejenigen geworden, die einen Wandel herbeisehnen. Da sie durch ihre Geschichte und ihr Leben der alltäglichen menschli-chen Wirklichkeit näherstehen, verkörpern sie unter Umständen die Alternative zur bürokratischen Macht männlicher Berufspolitiker.

Politikerinnen betonen oft selbst diese Möglichkeit: Sie kritisieren nicht nur bestimmte überholte Praktiken des Politikgewerbes, sondern fordern auch, daß Schwerpunkte und Programme grundlegenden Änderungen unterzogen werden. Sind Frauen die Zukunft der Politik? Manche Frauen sind in der Tat dieser Meinung. Der Feminismus der früheren Kongreßabgeordneten Bella Abzug ist fest verankert im Glau-ben an eine bessere, von Frauen regierte Welt.

»Hätte ein Kongreß, in dem Frauen adäquat vertreten wären, dem Land erlaubt, bis in die siebziger Jahre ohne nationales Gesundheitswesen zu bleiben? Hätte ein sol-cher Kongreß zugelassen, daß dieses Land unter den Industrienationen den 14.

Platz einnimmt, was die Kindersterblichkeit betrifft? Hätte er die Metzelei der von Laien vorgenommenen Abtreibungen genehmigt? Können Sie sich vorstellen, daß ein Kongreß mit einer starken Frauenvertretung einen derart langen Vietnamkrieg zugelassen hätte, in dem unsere Kinder und das Volk Indochinas massakriert wurden?«[30]

Kann man, ebenso wie diese amerikanische Politikerin, davon ausgehen, daß die Frauen den Charakter von Macht verändern werden? Oder muß nicht im Gegenteil die Schlußfolgerung gezogen werden, daß wir es hier mit einem Wiederaufleben des alten Mythos von der Frau als Erlöserin zu tun haben? Eine von mir in Frankreich durchgeführte Befragung politisch Verantwortlicher tendiert eher in Richtung der zweiten Vermutung. Die politische Wirklichkeit Frankreichs steckt voller Tücken, was dazu führen könnte, daß wieder eine spezifische Identität gesucht wird, eine genuin weibliche Kultur, mit ihren Werten oder eher noch mit ihren Antiwerten. Da sie von ihren Kollegen als andersartig, ja sogar anmaßend betrachtet werden, sind die wenigen Frauen, die die politische Bühne betreten, wirklich der Meinung, Außenseiterinnen – von der Norm Abweichende – zu sein. Sie werfen zwar einen kritischen Blick auf männliche Gepflogenheiten. Aber das Bewußtsein ihrer Andersheit ist nicht vorhanden: Es zeigt sich nicht in der Schaffung irgendeines solidarischen Zusammenschlusses von Frauen, führt zu keinem alternativen politischen Projekt. Ihre Praktiken lassen eher auf Mißerfolg oder Überkompensation schließen (Minderwertigkeitskomplexe, schlechtes Gewissen als Ehefrauen und Mutter, Konformität mit der Rolle, die die Männer ihrer Parteien ihnen zuweisen), als daß sie beispielgebenden Modellcharakter hätten. Aber Frankreich ist weder Amerika noch Skandinavien, wo das feministische Bewußtsein der Politikerinnen als ausgeprägter und zukunftsträchtiger beschrieben wird.

Aus dem Französischen von Holger Fliessbach

17

DER FEMINISMUS DER SIEBZIGER JAHRE

Yasmine Ergas

Gebeten, die letzten Jahrzehnte unseres Jahrhunderts zu kommentieren, würden aufmerksame Beobachter westlicher Gesellschaften nicht zuletzt den Umbruch erwähnen, der die Welt der Frauen erschüttert hat. Entscheidende Entwicklungen – von der zunehmenden Erwerbstätigkeit bis hin zu der wachsenden Zahl der Ehescheidungen und alleinerziehenden Mütter – haben die Lebensbedingungen der Frauen grundlegend verändert. Aber noch ehe diese Veränderungen weithin zur Kenntnis genommen wurden, hatte der »Feminismus« die Aufmerksamkeit der Öffentlichkeit erregt und war zum Inbegriff für die erneute – und weitgehend unerwartete – Selbstbehauptung der Frau geworden.[1]

DIE ZEICHEN DES WIEDERAUFLEBENS

Die Renaissance des Feminismus macht sich in einer ganzen Reihe von Phänomenen bemerkbar. Am provozierendsten waren die aufsehenerregenden Aktionen, die die Medien zu Vorboten wiederaufkommender Unordnung hochstilisierten: 1968 inszenierten amerikanische Frauen mit einem Fackelzug auf dem Nationalfriedhof Arlington das »Begräbnis traditioneller Weiblichkeit«, sie krönten ein Schaf zur Miss Amerika und warfen Büstenhalter, Hüftgürtel und falsche Augenwimpern in einen »Freiheits-Abfalleimer«. Zwei Jahre später legten französische

Frauen am Arc de Triomphe in Paris einen Kranz nieder, der »der
unbekannten Frau des unbekannten Soldaten« gewidmet war, und
ließen einen weiteren Kranz mit der hintersinnig-belehrenden demographischen Feststellung folgen: »Un homme sur deux est une femme.«

Im Blick auf die politischen Ereignisse der vergangenen Jahrzehnte
würden die Beobachter oder Beobachterinnen vor allem die massiven
Demonstrationen erwähnen, durch die sich politische Systeme – meist
widerstrebend – veranlaßt sahen, rechtliche Veränderungen auf die
Tagesordnung zu setzen, wie z. B. bei den Kampagnen zur Liberalisierung der Abtreibung in Italien. Sie könnten auch auf die Flut von
Frauen betreffenden Gesetzesreformen verweisen, die in den siebziger
und achtziger Jahren in zahlreichen Ländern verwirklicht wurden. So
folgten in Großbritannien dem Equal Pay Act von 1970 der Sex Discrimination Act (1975) und wenig später die Einsetzung der Equal Opportunities Commission. Der Employment Protection Act (1975) schrieb
gesetzlichen Kündigungsschutz während der Schwangerschaft und
bezahlten Mutterschaftsurlaub vor, der Domestic Violence and Matrimonial Proceedings Act (1976) bekräftigte die Rechte von Ehefrauen
gegenüber gewalttätigen Ehemännern, und der Sexual Offenses
(Amendment) Act verbesserte den Schutz der Privatsphäre von Vergewaltigungsopfern bei Gerichtsverhandlungen.[2] In den Vereinigten Staaten ratifizierte der Kongreß in den siebziger Jahren 71 Gesetze bzw.
40 Prozent der gesamten Gesetzgebung, die in diesem Jahrhundert im
Zusammenhang mit den Rechten der Frauen verabschiedet worden ist.[3]
Auch viele andere Länder führten vergleichbare rechtliche Neuerungen
ein, die auf eine Erweiterung der Rechte von Frauen abzielten. Der
politische Einfluß des Feminismus reichte über Staatsgrenzen hinweg.
Internationale Organisationen setzten die »Rechte der Frauen« auf die
Tagesordnung: So begingen die Vereinten Nationen das »Jahrzehnt der
Frauen« (1975–1985) mit Konferenzen in Mexico City, Kopenhagen und
Nairobi. Diese Zusammenkünfte warfen ein Schlaglicht auf die Breite
der Frauenbewegungen und ihren Einfluß in den »Entwicklungs«- wie
in den »entwickelten« Ländern. Während der Konferenzen wurden aber
auch auf verschiedenen Ebenen Differenzen sichtbar, etwa zwischen
westlichen und nichtwestlichen militanten Feministinnen über die Definition von Feminismus und zwischen offiziellen Vertreterinnen der teilnehmenden Regierungen und Frauen aus der feministischen Bewegung
– beide bestritten einander die Legitimität. Nichtsdestoweniger unterstrichen das »Jahrzehnt der Frauen« an sich sowie seine vielen Konferenzen die öffentliche Sichtbarkeit von Frauenfragen, das Entstehen
fester Netzwerke zwischen den Aktivistinnen und die Annahme von
UNO-Resolutionen, die die Aufmerksamkeit weiterhin auf weibliche
Belange lenken sollten.

Darüber hinaus kam es durch das Auftreten des Feminismus als politischer Kraft zu bedeutsamen Neudefinitionen der herkömmlichen politischen Grenzziehungen und institutionellen Arrangements. In der Wahlforschung wurde der Begriff »gender gap« geprägt, um die Abwanderung weiblicher Wähler zu liberalen bzw. linksgerichteten politischen Kräften zu bezeichnen. In den USA lehnten prozentual mehr Frauen als Männer Reagans Präsidentschaft ab; in Großbritannien waren 1983 die Frauen weniger geneigt als die Männer, ihre Stimme den Konservativen zu geben; in der Bundesrepublik Deutschland stimmten bei den Bundestagswahlen von 1980 und 1983 mehr Frauen als Männer für die Sozialdemokraten. Ähnliches war auch in Kanada, Schweden und Australien zu beobachten.[4] Und in zahlreichen Ländern ging die Veränderung im Wahlverhalten und der Parteiorientierung der Frauen einher mit ihrer größeren Beteiligung an der Politik und der Schaffung offizieller Institutionen zur Förderung der Interessen von Frauen. So war etwa in der Bundesrepublik Deutschland in den Jahren 1971 bis 1981 eine annähernde Verdoppelung der Mitgliedschaft von Frauen in den Parteien zu beobachten (wenn sie auch hinter der Zahl der Männer deutlich zurückblieb); 1986 wurde auf Bundesebene ein Frauenministerium als Teil des Ministeriums für Jugend, Familie, Frauen und Gesundheit eingerichtet (eine Behörde für Frauenangelegenheiten war schon 1979 geschaffen worden); und Ende der achtziger Jahre hatte jedes deutsche Bundesland seine Gleichstellungsstelle.[5] (Bezeichnenderweise wurden im Zuge der deutschen Wiedervereinigung zusammen mit den Regierungen der neuen Bundesländer spezielle Behörden für Frauenfragen ins Leben gerufen.) Vergleichbare Entwicklungen zur Schaffung solcher Institutionen finden wir auch in anderen Ländern.

Aufmerksame Beobachter würden auch die Fälle vermerken, in denen Opposition gegen die Frauenbewegung und Konflikte um bestimmte Rechte der Frauen die entscheidende Bedeutung des Feminismus erst eigentlich ins rechte Licht gerückt hatten. So wurde in Deutschland das Recht auf Abtreibung zu einem wesentlichen Streitpunkt bei den Verhandlungen über die Vereinigung.[6] Auch in anderen europäischen Ländern stieß die Liberalisierung des Abtreibungsrechts oft auf erbitterten, wenngleich erfolglosen Widerstand, der seinerseits eine feministische Gegenwehr mobilisierte. In England beispielsweise brachte die National Abortion Campaign von 1975 einen Gesetzesantrag zu Fall, der die durch den Abortion Act von 1967 gewährten Rechte beschnitten hätte. In den USA wirkten die Aktionen von Feministinnen als Katalysator für »moralische Mehrheiten« und deren Aufstieg zu nationaler Prominenz, und selbst Niederlagen des Feminismus (etwa das Scheitern des Equal Rights Amendment) unterstrichen dessen wichtige Rolle für die Politisierung von »Frauenfragen«.[7]

Öffentlichen Ereignissen auf gesellschaftlicher Ebene entsprachen diffuse Prozesse persönlichen Engagements auf individueller Ebene. Ende der siebziger Jahre sah es danach aus, als solle Feminismus ein Alltagsbegriff, ja ein Alltagsphänomen in den industrialisierten Ländern des Westens werden. Die deutsche feministische Zeitschrift *Emma* brachte es auf über 300000 Leserinnen, das Magazin *Ms* in den USA auf mindestens 400000. In etwa einem Viertel aller niederländischen Städte waren Frauengruppen entstanden. In Großbritannien leiteten Feministinnen über 200 Frauenhäuser.[8]

Viele feministische Initiativen – die Gründung feministischer Verlage, Seminare über Frauenstudien, die Einrichtung von Frauenhäusern oder Kampagnen zur sexuellen Selbstbestimmung – erfuhren breite Unterstützung. In der niederländischen Stadt Gouda brachte über die Hälfte der 1981/82 von einem Forschungsteam interviewten Frauen ihre positive Einstellung zur Frauenbewegung zum Ausdruck und vertrat die Meinung, die Lage der Frauen lasse sich nur verbessern, wenn diese sich zusammenschlössen.[9] Umfragen in Kanada und den USA ergaben 1986, daß 47 bzw. 56 Prozent der befragten Frauen sich als Feministin bezeichneten.[10] In den USA waren zudem 71 Prozent der Meinung, die Frauenbewegung habe zur Verbesserung ihrer eigenen Lebensumstände beigetragen.[11] 1983 in Europa durchgeführte Untersuchungen ergaben, daß die Frauen in Belgien, Dänemark, Deutschland, Frankreich, Irland, Italien, Luxemburg und Griechenland sowie eine relativ große Minderheit von Frauen in den Niederlanden und England eine überwiegend positive Einstellung zu Frauenbefreiungsbewegungen hatten.[12] Allerdings schnitten die feministischen Bewegungen nicht alle gleich gut ab. Viele Frauen zogen es vor, eine neutraler klingende »Frauenbewegung« als eine »feministische Bewegung« zu unterstützen. Andere sagten: »Ich bin ja keine Feministin, aber . . .«. Indes bestätigte eben die Art und Weise, wie sie sich distanzierten, die Zentralität des Feminismus als Parameter weiblicher Politik.

Mitte der achtziger Jahre schien es jedoch, als hätten sich manche der einst führenden feministischen Bewegungen überlebt. Wie Journalisten ihren Lesern in den USA und andernorts geflissentlich mitteilten, stand die jüngere Generation der Frauen den Kämpfen und Bestrebungen ihrer Vorgängerinnen völlig gleichgültig gegenüber. »Postfeminismus« wurde zur Bezeichnung der neuen Welle – ein Begriff, der paradoxerweise den politischen Primat einer Bewegung bestätigte, deren Dahinschwinden er signalisieren sollte.

Freilich war der Rückgang oder das Erlöschen feministischer Aktivitäten oft keineswegs so endgültig, wie es die Untergangspropheten verkündet hatten. So begleiteten 1989 in den USA wahre Massenkundgebungen die Entscheidungen des Supreme Court und die Gesetzesdebatten in den Einzelstaaten, die das Recht auf Abtreibung zu beschneiden drohten. Auch wenn es generell weniger Demonstrationen gab, die Frauenkollektive sich aufgelöst hatten und die Zeit medienwirksamer großer Gesten und Massenversammlungen vorbei war, so folgten ihnen oft neue politische Organisationsformen, eine erhöhte Sichtbarkeit von Frauen und Frauenfragen in der Öffentlichkeit sowie lebhafte Diskussionen der Feministinnen untereinander und mit außenstehenden Gesprächspartnern. Der äußerliche Rückgang des Feminismus als einer organisierten gesellschaftlichen Bewegung implizierte also weder das Abtreten der Feministinnen von der politischen Bühne noch das Verschwinden des Feminismus als eines sich entwickelnden (und umstrittenen) Systems diskursiver Praktiken. Interessengruppen-Politik, Mobilisierung für neue Ziele (die oft eher universalistisch als »frauenzentriert« formuliert wurden: Friede oder Umweltschutz statt Abtreibung oder sexuelle Gewalt) und die erneute Diskussion älterer Themen traten an die Stelle der früheren Frauenkollektive und Demonstrationen, erweiterten den Wirkungsbereich der Protagonistinnen des Feminismus und bahnten allmählich einen gewissen Generationswechsel an. In dem Maße, wie sich ein Vierteljahrhundert nach der deutlich sichtbaren Wiederkehr des Feminismus die äußeren Verhältnisse verändert und sich die feministischen Belange und Ressourcen fortentwickelt hatten, änderten sich auch die Schwerpunkte und der Charakter feministischer Aktivität.

Die feministische Bewegungen der sechziger und siebziger Jahre spiegelten die jeweilige politische Situation wider, in der sie erstarkt waren. In vielen Fällen kennzeichneten diese Situation ein hohes Maß an politischer Mobilisierung und die Entstehung vielfältigster Bewegungen, die einen radikalen gesellschaftlichen Wandel forderten. Insbesondere trug die Ideologie der Studentenbewegung, die sich bisweilen mit den Interessen von Gewerkschaften und Arbeiterparteien verband, zur Formierung einer »Neuen Linken« bei. Die Feministinnen wurden zu einem wesentlichen – und kritischen – Element so mancher Neuen Linken. Neben diesen und den mit ihnen verbündeten radikalen sozialen Bewegungen spielten bei der Entstehung der neuen feministischen Bewegungen aber auch konventionellere politische Formierungen und Institutionen eine Rolle.

Die neuen feministischen Bewegungen erreichten im allgemeinen eine relative Unabhängigkeit von dem jeweiligen Kontext, aus dem sie hervorgegangen waren. Auf eigene Faust griffen sie Themen auf, entwickelten ihr Vokabular, benannten Schlüsselprobleme und bewiesen ihre Fähigkeit, selbständig Mitstreiterinnen zu rekrutieren und für bestimmte Zwecke zu mobilisieren. In der Tat gelang es den feministischen Bewegungen, die sich in der Neuen Linken Europas entwickelten, nicht nur, erfolgreich ihre Legitimität zu behaupten, sondern auch ihre eigenen Themen auf die Tagesordnung der verschiedenen Organisationen der Neuen Linken zu setzen und diese schließlich zu überleben.

Dennoch blieben feministische Bewegungen ungeachtet ihrer Autonomie zwangsläufig durch die politischen Umstände verwundbar, die im Kontext ihres Heranreifens geherrscht hatten. Zwischen der beginnenden Renaissance des Feminismus in den sechziger Jahren und seinem vielbeschworenen – wenn auch nur selten wirklich eingetretenen – Stillstand zwei Jahrzehnte später bewirkte die Transformation dieses Kontextes einen Wandel feministischer Zielsetzungen und Aktionsformen. Während in manchen Ländern, wie etwa in den USA, feministische Bewegungen in einem dichten Netzwerk von unabhängigen Interessengruppen und Organisationen feministischer Lobby aufgingen, hatten anderswo – so in Schweden oder Norwegen – Feministinnen verantwortungsvolle Ämter in Parteien oder staatlichen Institutionen inne. In wieder anderen Ländern vermochten die Feministinnen nur spärliche Kontakte zu formellen politischen Institutionen zu knüpfen und konzentrierten sich entweder auf Graswurzel-Organisationen (wie in Großbritannien) oder auf die Entwicklung kultureller Projekte.[13] In vielen Fällen gelang es »unauffälligen Mobilisierungen« in scheinbar entfernteren Bereichen, etwa in religiösen Einrichtungen oder bei den Streitkräften, Fraueninteressen – zuweilen im Namen des Feminismus – zu fördern.[14] Der scheinbare Niedergang des zeitgenössischen Feminismus war also ebensosehr Wende wie Ende.

WAS IST FEMINISMUS?

Wie definiert man den Feminismus, der vor kurzem im Westen florierte und sich vielerorts noch immer lebhaft behauptet, und wie ist sein Verhältnis zu einzelnen feministischen Bewegungen zu bestimmen? Die Antworten auf diese Fragen variieren, da »Feminismus« in der heutigen Welt in unterschiedlichen Zusammenhängen Unterschiedliches bedeutet. Der *Webster* begreift Feminismus diskursiv als »die Theorie der politischen, wirtschaftlichen und gesellschaftlichen Gleichstellung der Geschlechter«, der *Duden* definiert organisatorisch und spricht von einer »Richtung der Frauenbewegung, die, von den Bedürfnissen der Frau ausgehend, eine grundlegende Veränderung der gesellschaftlichen Normen (z. B. der traditionellen Rollenverteilung) und der patriarchalischen Kultur anstrebt«.[15] Es gibt keine alleingültige Definition, die wie ein roter Faden durch das komplizierte Gelände zeitgenössischer feministischer Politik führen würde. Feminismus ist in der Tat kein klar umrissener Begriff, dessen Inhalt sich ein für allemal festlegen ließe; aber wenn es einen gemeinsamen Kern aller Bedeutungsebenen gibt, ist er vielleicht so zu definieren: »Feminismus« bezeichnet historisch variierende Systeme von Theorien und Praktiken, die sich auf die Konstitution und die Ermächtigung der Frau als Subjekt beziehen.[16] So gesehen ist das, was Feminismus ist oder war, eher eine Sache der Geschichte als der Definition. Um seine Entwicklung zu verfolgen, muß man sich durch das Gestrüpp der Konflikte vergangener Jahrzehnte schlagen, in denen die einen Interpreten des Feminismus die Behauptungen der jeweils anderen in Zweifel zogen; denn über die Frage der Abgrenzung des Feminismus ist innerhalb der feministischen Bewegungen selbst hartnäckig gestritten worden. Dabei ist eine verkürzte Darstellung komplexer Identifizierungs- und Zuschreibungsprobleme unvermeidlich.

Eindrucksvolle persönliche Schilderungen belegen schon den Streit um das Eigentumsrecht an dem Etikett »Feminismus«. So berichtet eine kanadische Autorin von einem Frauenbewegungstreffen, bei der die Feministinnen unter den Anwesenden aufgefordert wurden, sich zu melden. Sie hob die Hand zusammen mit anderen, etwas älteren Teilnehmerinnen, die den »traditionellen« Frauenorganisationen näherstanden als dem neueren Feminismus, und wurde daraufhin vom Rest des Publikums feindselig beäugt.[17] In diesem Streit um die höhere Glaubwürdigkeit errang die siegreiche Fraktion die Macht, Feminismus zu definieren.

In feministischen Kontroversen um die Definition von Feminismus hat keine der beteiligten Seiten eine ihrer politischen Überzeugung entsprechende starre Identität entwickelt. Vielmehr offenbart der wechselnde Charakter feministischer Definitionen Verschiebungen im Rahmen feministischer Identifikationen. So übten in Italien die ersten feministischen Kollektive der sechziger und siebziger Jahre ausdrücklich Kritik am Netzwerk der existierenden Frauenorganisationen. Die Kritik galt den Unzulänglichkeiten einer »emanzipatorischen Kultur«, da sich der italienische im Gegensatz zum westlichen Feminismus nicht über die zentrale Vorstellung definierte, daß der uneingeschränkte Zugang der Frauen zu existierenden Rechten ihre Gleichstellung zu gewährleisten vermöge.[18] Im Gegensatz zu den traditionellen Frauenorganisationen befaßte sich der italienische Feminismus nicht mit Reformen, sozialen Dienstleistungen oder der Mobilisierung der Frauen zum Schutz ihrer Rechte als Mütter, Ehefrauen und Arbeiterinnen. In eine italienische Liste von Exponenten des Feminismus hätte in den siebziger Jahren beispielsweise die National Organization of Women (NOW), offenkundig eine treibende Kraft bei der feministischen Renaissance in den USA, keine Aufnahme gefunden.

Umgekehrt hätte das italienische Pendant zur NOW, die Unione Donne Italiane (UDI), kaum den Wunsch gehabt, zu den feministischen

Organisationen gezählt zu werden.[19] Den wichtigsten Linksparteien verbunden, wanderte die UDI auf dem schmalen Grat zwischen den Frauenverbänden der Kommunistischen und der Sozialistischen Partei einerseits
– die ihr nur allzu oft ihre Positionen zu oktroyieren suchten – und der
eigenen, zumindest formell unabhängigen Anhängerschaft andererseits.
Anfang der siebziger Jahre sahen die Parteien der etablierten Linken,
namentlich die KPI, im Feminismus eine typische Erscheinungsform des
Extremismus der Neuen Linken, in der die feministische Bewegung Italiens tief verwurzelt war.[20] Breite Teile der Anhängerschaft der UDI wiederum mißtrauten dem Etikett »Feminismus«.

Ende der siebziger Jahre hatte die UDI allerdings ihr bürokratisches
Gerüst aufgegeben und sich für »Strukturlosigkeit« entschieden, oder
zumindest für eine losere Struktur, um auf diese Weise ihre Identifikation mit jener Art von Feminismus zu bekunden, die sie früher
bekämpft hatte. Zu diesem Zeitpunkt begannen die Konturen der feministischen Bewegung bereits, sich zu verwischen. So war es bezeichnend für die im vorausgegangenen Jahrzehnt eingetretenen Transformationen, daß seit Mitte der achtziger Jahre eine Feministin, die in den
siebziger Jahren eine führende Rolle gespielt hatte, als verantwortliche
Herausgeberin der Zeitschrift der UDI fungierte: Die Grenzen zwischen
der alten Organisation und der feministischen Bewegung der früheren
Jahre waren gefallen. Und die Linksparteien begannen, in ihren offiziellen Verlautbarungen den Feminismus häufiger zu erwähnen. Insofern
es Ende der achtziger Jahre in Italien eine feministische Front gab,
zählten zu ihr nicht nur zahlreiche Frauen, die in den großen Linksparteien aktiv waren, sondern auch die UDI.

Hat die Position der traditionellen Frauenverbände den Feminismus
zuweilen nach der einen Seite abgegrenzt, so haben radikale Perspektiven seine Konturen nach der anderen Seite geschärft. Anfang der
siebziger Jahre trat die Gruppe Psychoanalyse et Politique in Frankreich besonders vehement für die Verquickung psychoanalytischer mit
gesellschaftskritischen Ansätzen ein. Aus der Arbeit dieser Gruppe gingen Analysen hervor, die das wesensmäßige Anderssein der Frauen
betonten und international starken Widerhall fanden. Die Gruppe, von
vielen als zentral für den französischen Feminismus betrachtet, lehnte
selbst die Bezeichnung »feministisch« ab. Psychoanalyse et Politique
behauptete, der Feminismus sei von Haus aus reformistisch und anpas-
serisch und käme letztlich nicht umhin, die durch männliche Vorherrschaft geschaffenen Verhältnisse zu akzeptieren. Die Gruppe Psychoanalyse et Politique beanspruchte für sich, einzige wahre Repräsentantin der Frauenbefreiungsbewegung (Mouvement de libération des
femmes) zu sein, und ging so weit, diesen Anspruch gegen andere
(feministische) Gruppen gerichtlich durchzusetzen.[21]

In ähnlicher Weise bot Anfang der siebziger Jahre das Etikett »Frauenbefreiung« englischen Aktivistinnen die Möglichkeit, sich von ihren feministischen Gesprächspartnerinnen zu distanzieren. Juliet Mitchell und Ann Oakley, zwei führende Persönlichkeiten jener Zeit, die mit ihren Untersuchungen über die Lebensbedingungen von Frauen die Entwicklung feministischer Bewegungen in vielen Ländern maßgeblich beeinflußt haben, erinnern sich: »Am Anfang dieser Phase des Feminismus, in den sechziger Jahren, gab es radikale Feministinnen und Vertreterinnen der Frauenbefreiung.«[22] Die ersten radikalen Feministinnen teilten die Ansicht von Autorinnen wie Shulamith Firestone, die in *Frauenbefreiung und sexuelle Revolution* die Meinung vertritt, Weiblichkeit sei ein essentiell biologischer Zustand, der von Natur aus für die Einheit der Frauen sorge. Feminismus sei infolgedessen das Bündnis von Frauen mit Frauen für Frauen auf der Grundlage ihrer Zugehörigkeit zu einem bestimmten Geschlecht. Die Vertreterinnen der Frauenbefreiung hingegen lehnten, wie Mitchell selbst es in zwei grundlegenden Arbeiten *(Frauen – die längste Revolution* und *Women's Estate)* getan hatte, die biologisch orientierten Thesen der radikalen Feministinnen ab. Statt dessen versuchten sie, die Lage der Frauen grundsätzlich in bezug auf gesellschaftliche Zusammenhänge zu erklären, und sahen in der Solidarität der Frauen untereinander keine biologische Mitgift, sondern ein historisches Konstrukt. Schließlich begannen sich jedoch auch die Anhängerinnen der Frauenbefreiungsbewegung als Feministinnen zu bezeichnen und wurden als solche betrachtet.

Noch während die Definitionen von Feminismus im Fluß waren, versuchten außenstehende Beobachter – aber auch viele Feministinnen –, innerhalb des Feminismus eine radikale, eine sozialistische und eine liberale Position zu unterscheiden, tendenziell in der Absicht, den Feminismus und die feministischen Bewegungen den großen politischen Ideologien zu- und teilweise sogar unterzuordnen. So gesehen spiegeln innerfeministische Konflikte lediglich äußere, politische Streitigkeiten wider, da die verschiedenen feministischen Strömungen sich mit der konventionellen politischen Terminologie voneinander unterscheiden lassen. In diesem Sinne sagt man von radikalen Feministinnen, sie sprächen über weibliche Autonomie im Stil antikolonialistischer nationaler Befreiungsbewegungen; die Analysen sozialistischer Feministinnen drehen sich um Klassenkampf und den Widerspruch in der Gesellschaft; und während sowohl die radikalen als auch die sozialistischen Feministinnen offenbar einen Umsturz der Gesellschaftsordnung erstreben, betonen liberale Feministinnen die Bedeutung der Gleichberechtigung der Frau im Rahmen eines politischen und gesellschaftlichen Pluralismus.

Eine derartige Unterscheidung zwischen einer radikalen, einer sozialistischen und einer liberalen Spielart des Feminismus birgt zwar die

Gefahr in sich, den Feminismus insgesamt bloß als Derivat oder Anhängsel der großen tagespolitischen Konflikte erscheinen zu lassen. Gleichwohl ist sie als Klassifikationsschema nützlich, weil sie deutlich macht, inwieweit feministische Bewegungen in enger Verbindung mit anderen politischen Formationen entstanden sind, mit denen sie ins Gespräch zu kommen suchten. Hin- und hergerissen zwischen dem Wunsch, sich von äußeren Vorgaben zugunsten interner Fragestellungen frei zu machen, und dem Wunsch, sich die Handlungsfähigkeit in der Welt zu erhalten, haben die Feministinnen ihren Standort in der Tat sowohl innerhalb als auch außerhalb herrschender politischer Traditionen gesucht. Feministische Aktivitäten und Diskurse haben einerseits die relative Wichtigkeit der nichtfeministischen Gesprächspartner widergespiegelt und andererseits zur weiteren Differenzierung des politischen Diskurses beigetragen.[23]

Die Berücksichtigung von Frauenrechten in den Forderungskatalogen verschiedenster politischer Organisationen, die Beachtung, die nunmehr zumindest formell der Repräsentanz von Frauen geschenkt wird, und eine gewisse Institutionalisierung der Förderung von Fraueninteressen sind sichtbare Zeichen für die politischen Erfolge des Feminismus. Hingegen ist schwer zu ermessen, welche Auswirkung der zentrale – und umstrittenste – Diskussionspunkt der gegenwärtigen feministischen Debatte hat: die Konstitution und Ermächtigung der Frau(en) als Subjekt.

Rekonstruktion und Dekonstruktion der Frau

»Doch zunächst einmal: was ist eine Frau?« schreibt Simone de Beauvoir in der Einleitung ihrer klassischen Studie über *Das andere Geschlecht*.[24] Die heutigen Feministinnen unterscheiden sich wesentlich nicht nur in ihren Antworten auf diese Frage, sondern auch schon im Umgang mit ihr.[25] Jedoch kommen sie immer wieder auf sie zurück. Indem die Feministinnen einerseits den Primat des Frauseins als Kategorie politischer Identifikation behaupteten und andererseits zugleich das Wesen dieser Kategorie selbst in Frage stellten, suchten sie die Idee des Frauseins sowohl zu konstruieren als auch zu dekonstruieren. Denn der zeitgenössische westliche Feminismus birgt im Innersten eine fortwährende Spannung in sich, die das feministische Denken und Handeln unaufhörlich spaltet und sich ausdrückt in »der Notwendigkeit, die Identität ›Frau‹ zu setzen und sie mit konkreter politischer Bedeutung zu erfüllen, und der Notwendigkeit, eben diese Kategorie ›Frau‹ abzuschaffen und ihrer allzu konkreten Geschichte zu entkleiden«.[26] So kreisen die zeitgenössischen feministischen Bewegungen um zwei diametral entgegengesetzte Pole: um die Bejahung des Unterschiedes der Geschlechter als eines existentiellen – und daher politischen – Prinzips und um die Verneinung der Relevanz dieses Unterschiedes als legitimer Basis sozialer (und existentieller) Unterscheidung.

Oft wird behauptet, die zeitgenössischen feministischen Bewegungen im Westen seien als Reaktion auf die Macht der Geschlechtszugehörigkeit als einer die soziale Erfahrung prägenden Kategorie entstanden. In einem liberalen und egalitären Geist erzogen und konfrontiert mit den Ungerechtigkeiten, die jenen Gesellschaften innewohnen, in denen das biologische Geschlecht signifikant über Lebenschancen entscheidet, fanden sich in den sechziger und siebziger Jahren junge Frauen in der jüngsten Renaissance des Feminismus zusammen.[27] Sie wandten sich gegen gängige Vorstellungen, die die Frauen auf »ihren Platz« verwiesen, und suchten sie von den Zwängen der Geschlechtszugehörigkeit zu befreien. Der heutige Feminismus erhebt daher den Anspruch, gleiche Rechte für Frauen durchzusetzen; sein besonderes Ziel ist eine geschlechtsneutrale Welt.

Diese Interpretation berücksichtigt jedoch nur eine Richtung der zeitgenössischen feministischen Theorie. Sie schließt den »Feminismus der Differenz« aus, der das »Anderssein« der Frau erforscht und die Unterschiedenheit der Frauen von den Männern zu seinem zentralen Anliegen gemacht hat. Diese Position wendet sich ausdrücklich gegen die Abwertung des Weiblichen und die in heutigen Gesellschaftsordnungen angelegte Assimilation der Frauen an männliche Existenzweisen. Wie die Mitglieder eines italienischen feministischen Kollektivs 1967 schrieben, hatte eine Frau zwei Möglichkeiten. Sie konnte sich für die »Vermännlichung« entscheiden (was ihre neu errungenen gesellschaftlichen Rechte nahezulegen schienen). Oder sie konnte in eine Rolle zurückfallen, die inzwischen eindeutig »entleert und anachronistisch« war. Das »Weibliche« schien seiner gesellschaftlichen Wertschätzung und Bedeutung zunehmend beraubt, während »Vermännlichung« lediglich Entfremdung verhieß.[28] In dieser Sichtweise leiden die Frauen unter einem Identitätsverlust, auf den der Feminismus mit der Neubelebung der Kategorie des Weiblichen reagiert. Die Kritik des Feminismus richtet sich also nicht gegen die Geschlechterdifferenzierungen, sondern dagegen, daß deren Ausprägung mittlerweile obsolet ist.

Diese beiden Sichtweisen – Geschlechtergleichheit oder Geschlechterdifferenz – werden in der Diskussion um Ursachen und Kennzeichen feministischer Bewegungen häufig als konträre Standpunkte dargestellt. Jedes der beiden Lager in diesem Streit – der sich nicht auf die Ätiologie des Feminismus beschränkt – hat seine eigene Auffassung vom Wesen des Feminismus. Für die Vertreterinnen des »Egalitarismus«

transzendiert der Feminismus die Kategorie Geschlecht, obschon er
durch ihre erdrückende Allgegenwart bedingt ist. Für die »Verteidigerinnen der Differenz« tendiert der Feminismus zu einer Aufwertung der
Kategorie Geschlecht, und sie sehen seinen Ursprung darin, daß den
Frauen ihre Identität schmerzhaft verweigert wird. In Wahrheit ist diese Entgegensetzung von Gleichheit und Differenz logisch unzulässig.
Wie Joan Scott darlegt, ist das Antonym (der Gegenbegriff) zu Gleichheit »Ungleichheit«, nicht »Differenz«, und das Antonym zu Differenz ist
»Identität«, nicht »Gleichheit«.[29] In früheren wie in neueren Zeiten haben
die Feministinnen sowohl gleiche Rechte als auch Sonderrechte für die
Frauen gefordert – unter Berufung entweder auf ihre Gleichheit mit
den Männern oder auf ihre Verschiedenheit von ihnen.

Die Symmetrie, die zwischen Differenz und Ungleichheit einerseits
und Identität und Gleichheit andererseits postuliert wird, ist fragwürdig. Die Frauen, die im 19. und frühen 20. Jahrhundert in England und
den USA das Wahlrecht forderten, beriefen sich häufig auf weibliche
Tugenden, um ihren politischen Forderungen Nachdruck zu verleihen,
und beschworen die Differenz der Geschlechter, um politische Gleichheit zu erreichen. In den siebziger und achtziger Jahren bekräftigten
amerikanische Feministinnen hingegen die grundsätzliche Gleichartigkeit von Männern und Frauen, als sie den Kampf für das Equal Rights
Amendment führten – einen Kampf, in dem sie letztlich unterlagen.[30]
Seit dem 19. Jahrhundert berufen sich diejenigen, die besondere Rechte
wie Mutterschaftsurlaub und Schutzgesetze für erwerbstätige Frauen
fordern, auf die Gebärfähigkeit der Frau, um darüber bestimmte Ausnahmeregelungen von den »normalen« Härten des Erwerbslebens zu
beanspruchen.[31] Schließlich haben diejenigen, die »affirmatives Handeln«, das heißt eine kompensatorische Förderung von Frauen im Bildungswesen oder auf dem Arbeitsmarkt verlangen, die Prämisse der
Gleichartigkeit von Frauen und Männern mit Argumenten für eine
besondere Berücksichtigung der Frauen ergänzt.

Dem Eintreten für Frauenrechte im allgemeinen gehen nicht notwendigerweise dieselben Überlegungen voraus. Ob Geschlecht eine
Art physisches Substrat darstellt, auf das sich jede soziale Geschlechtsidentität aufpfropfen läßt, oder ob umgekehrt das Geschlecht unausweichlich in der Physiologie wurzelt – ob in der Tat der geschlechtliche Körper etwas Gegebenes ist oder ob physische Eigenschaften
ihrerseits das Resultat von Prozessen der sozialen Konstruktion von
Geschlecht sein können –, das sind Fragen, die der zeitgenössische
Feminismus zu großer Relevanz erhoben hat.[32] Indem die Feministinnen das körperliche von dem sozialen Geschlecht unterschieden und
das so entstandene Spannungsfeld politisierten, haben sie einerseits
Weiblichkeit zu einer fundamentalen politischen Identität erhoben und

andererseits Feminismus als geschützten politischen Raum definiert, in dem die Dekonstruktion und Rekonstruktion von Weiblichkeit expliziert werden konnte. Vor allem in den Anfangsphasen der heutigen feministischen Bewegungen führte dieses Oszillieren zwischen der Affirmation einer Gewißheit (Primat des körperlichen Geschlechts als Kriterium für politische Identifikation) und dem andauernden Zweifel (ständiges Infragestellen der geschlechtsbezogenen Differenzierung) zu der Suche nach einem Koordinatensystem zur Beschreibung der »Lage der Frauen«. Später gewannen Fragen hinsichtlich der Unterschiede und Uneinigkeiten zwischen Frauen selbst an Bedeutung. Aber in den Anfangsstadien der Bewegung war das Hauptproblem für Frauen in den Kollektiven die Unterdrückung der Frauen in ihrer – wie eine Theoretikerin und prominente Zeitgenossin es formuliert – »endlosen Vielfalt und monotonen Gleichförmigkeit«.[33]

EINE PRAXIS DER SEPARIERUNG UND UNTERSCHEIDUNG

Aber wie ließen sich »Vielfalt« und »Gleichförmigkeit« der Unterdrückung verbinden? In welchem Sinne konnten Frauen als einheitliche Gruppe oder gar kohärentes Subjekt betrachtet werden? Einige Frauen übernahmen damals das Vokabular der Linken und sprachen von Klassen. »Frauen sind eine unterdrückte Klasse. Unsere Unterdrückung ist total und erfaßt jeden Bereich unseres Lebens«, schrieben die American Redstockings in ihrem Manifest.[34] Andere machten Anleihen beim antikolonialistischen und antirassistischen Kampf und vertraten die These, Frauen bildeten eine eigene Kaste oder Gruppe, deren Situation sich von Generation zu Generation unverändert vererbe und daher fest in ein Herrschaftssystem eingebunden sei. Wieder andere versuchten, spezifische »Terminologien« zu prägen – wobei sie etwa vom »Anderssein« der Frauen sprachen oder sich auf die Geschlechterdifferenz oder die Relevanz des sozialen Geschlechts konzentrierten –, um die gemeinsamen Merkmale des Frauseins zu erklären. »Jetzt kehren die Frauen heim aus dem Irgend, aus dem Jeher: aus dem ›Draußen‹, von der Heide, wo Hexen sich am Leben erhalten; aus dem Unten, aus dem Jenseits von ›Kultur‹«, wie Hélène Cixous sich ausdrückt.[35] Die Gruppe Rivolta Femminile erklärte in ihrer ersten großen Verlautbarung: »Differenz ist ein existentielles Prinzip; es betrifft die Möglichkeiten des Menschseins, die Besonderheit der eigenen Erfahrungen, der eigenen Ziele, des eigenen Bewußtseins, in einer konkreten Situation zu existieren, wie auch in der Situation, die man sich selbst schaffen möchte. Die Differenz zwischen Mann und Frau ist die Grunddifferenz der Menschheit.«[36]

So bemühten sich die Feministinnen von den verschiedensten Ansatzpunkten aus, die Gemeinsamkeiten der Frauen herauszuarbeiten, und setzten sich dabei systematisch und bewußt über die *traditionel-len* Unterscheidungen hinweg, die den Bereich des »Persönlichen« oder »Privaten« von dem Bereich des »Politischen« oder »Öffentlichen« trenn-ten. Der bekannte Slogan »das Private ist politisch« gab zu verstehen, daß die Feministinnen nicht bereit waren, Themen wie die Vorrechte des Mannes in der Ehe oder sexuelle Gewalt im stillen Kämmerlein der individuell-privaten Ethik zu belassen und dem Bereich der politischen, und damit öffentlichen Diskussion zu entziehen. Aber die Parole »das Private ist politisch« war auch bezeichnend für die Bedeutung, welche die Rekonstruktion des weiblichen Selbst für die Feministinnen hatte. Das Persönliche war mit anderen Worten für sie ein politisches Projekt und gleichzeitig ein politischer Raum.

Diese intensive Beschäftigung mit der Eigenart und der Rekonstitu-tion des weiblichen Subjekts gab es – mit auffallenden Ähnlichkeiten – in den feministischen Bewegungen vieler Länder. Die Praxis der Sepa-rierung und Unterscheidung, deren Elemente in verschiedener Form in jeder neuen feministischen Bewegung auftauchten, schuf eine Welt, in der die Frauen im Widerstreit mit ihrer Umgebung lebten und weib-liche Subjektivität zu rekonstituieren, weibliche Ermächtigung zu för-dern trachteten.

Separatismus und Autonomie[37]

Nicht alle Feministinnen unterstützten den Separatismus. Es kam im Gegenteil zu erbitterten Auseinandersetzungen gerade über die Frage, inwieweit Feminismus als reine Frauen-Bewegung zu definieren sei. Ungeachtet abweichender Meinungen entwickelte sich jedoch der Aus-schluß der Männer von den meisten Aktivitäten häufig zu einem orga-nisatorischen Grundprinzip, nicht zuletzt aufgrund der Notwendigkeit, weibliche Autonomie zu etablieren und zu verteidigen.[38]

Es wurde oft gesagt, daß die Feministinnen mit ihrem Insistieren auf Autonomie als dem Ziel und Separatismus als dem Mittel dazu dem Beispiel des schwarzamerikanischen und Dritte-Welt-Nationalismus folgten.[39] Dieser Vergleich veranschaulicht die Bedeutung, die die heu-tigen Feministinnen ebenso wie ihre Vorgängerinnen Methoden der Polarisierung beimaßen, die eine scharfe Abgrenzung des kollektiven weiblichen Selbst von der übrigen Welt ermöglichten. Diese Polarisie-rung war ein entscheidender Schritt in dem Bemühen, die Frauen als eigene Subjekte zu konstituieren.

Selbsterfahrung

Ähnlich wie der Separatismus löste auch die Frage der »Selbsterfahrung« Dissens unter den Feministinnen aus. Gleichwohl entwickelte sich Selbsterfahrung zu einer grundlegenden Technik, die das Rückgrat der feministischen Bewegungen bildet.[40] Charakteristisch für die erstmals um 1966/67 in den Vereinigten Staaten entwickelte Form der Selbsterfahrung (*consciousness-raising*) waren die Praktiken der »bitch sessions' cell group«, wie eine Aktivistin sich ausdrückte. Die Arbeit einer solchen Selbsterfahrungsgruppe beinhaltete eine »stetige Bewußtseinserweiterung«, auch das »persönliche Bekenntnis und Zeugnis«, sogar das »Kreuzverhör«, ferner die »Verknüpfung und Verallgemeinerung individueller Erfahrungen« sowie die Analyse »klassischer Formen des Widerstands gegen das Bewußtsein« (oder »Wie man es vermeidet, sich der schrecklichen Wahrheit zu stellen«). Was die Teilnehmerinnen einer solchen Selbsterfahrungsgruppe ferner lernten, war, zu »beginnen, aufzuhören: Überwindung von Verdrängungen und Selbsttäuschungen«, zum Beispiel durch die Analyse der eigenen Ängste und die »Aneignung einer radikalen feministischen Theorie«. Sie erhielten schließlich ein spezifisches »Training für Bewußtseinsbildnerinnen (Organisatorinnen)«, so daß jede an einer solchen »bitch session« beteiligte Frau ihrerseits neue Selbsterfahrungsgruppen organisieren konnte.[41]

Nicht jede feministische Bewegung bzw. nicht jedes einzelne Frauenkollektiv bediente sich des Vokabulars der »bitch sessions« für ihre Bewußtseinsbildung. Darüber hinaus erwies sich Bewußtseinsbildung oft nur als die erste in einer ganzen Reihe von Methoden, die meist psychoanalytischen Verfahren und Begriffen stark verpflichtet waren und dazu dienen sollten, die individuelle Selbstwahrnehmung zu fördern und das eigene alltägliche Verhalten zu überwachen. Sie basierten auf der Überzeugung, daß die Frauen ihres »wirklichen Selbst« irgendwie beraubt worden waren. Jedes positive Bild von sich selbst, die Fähigkeit, ihren eigenen Wert zu erkennen, und das Talent, die eigenen Interessen zu verfolgen, waren den Frauen vorenthalten worden. Jetzt endlich konnten sie daran gehen, ihre Situation einer elementaren »Kolonisierung« bzw. »Negierung« zu bereinigen und durch kollektive Bemühungen um Selbstverständigung und Selbstrekonstruktion eine echte Form von Subjektivität zumindest näherungsweise zu erreichen.

Politische Symbolik und Sprache

Die Feministinnen entwickelten bestimmte Codes, die ein gewisses Maß an internationaler Verbreitung fanden. So wurde zum Beispiel in ganz Westeuropa und Nordamerika das herkömmliche Symbol für das Weibliche dem ausschließlichen Zugriff der Biologen entzogen und ist zu einem Zeichen für Frauensolidarität und Frauenmacht geworden. In Europa ersetzten demonstrierende Feministinnen die geballte Faust linker Aktivisten durch die mit den Händen geformte Vulva, um auch auf diese Weise die Eigenständigkeit der Frauen gegenüber männlicher Politik zu signalisieren und ihre eigene Stärke zu betonen.[42]

Mit den Jahren bildete sich, auch im spielerischen Umgang mit feministischen Analysen zur Situation der Frauen, eine Phraseologie mit deutlich politischen Untertönen heraus. »Schwesternschaft« diente als Hinweis auf die Stärke (und die quasi-genetischen Wurzeln) feministischer Solidarität. Andere Schlüsselbegriffe wie »Patriarchat« standen für jene Allgegenwart männlicher Herrschaft und weiblicher Unterdrükkung, welche die Rebellion der Frauen rechtfertigte. Diese Sprache festigte die Bande der einzelnen Bewegungen. Feministische Codes dienten aber nicht nur der Stärkung des Zusammenhalts nach innen und der Differenzierung nach außen; sie machten auch bestimmte Aussagen, die systematisch die Gemeinsamkeit aller Frauen und ihre Besonderheit gegenüber den Männern unterstrichen.

Solidarität und Selbsthilfe

»Das Auffallende«, schrieb eine niederländische Feministin, »ist die *soziale* Seite des Feminismus.«[43] Durch die Einrichtung von Gesundheitskliniken, Zentren für Vergewaltigungsopfer und Beratungsstellen oder ganz allgemein durch die Schaffung öffentlicher Begegnungsräume für Frauen – Cafés, Buchläden, Seminare, Studiengruppen – und die Förderung einer frauenspezifischen Geselligkeit – Parties, Einladungen, Urlaubsreisen, Wohngemeinschaften – schienen die Feministinnen auf dem besten Wege, das große Ziel weiblicher Solidarität zu verwirklichen.

Für große Teile der feministischen Bewegungen in den verschiedenen Ländern implizierte der Primat der Beziehungen zwischen Frauen mit der Zeit auch frauenzentrierte Sexualbeziehungen und bevorzugte Sozialkontakte. »Die Lesbierin«, schrieb eine amerikanische Feministin 1969, »hat sich in puncto Liebe, Sex und Geld aus der Abhängigkeit vom Mann befreit.«[44] Ein Jahrzehnt später wiederholte Monique Wittig etwas deutlicher einen damals häufig vertretenen Standpunkt: »Lesbische Gesellschaften beruhen nicht auf der Unterdrückung von Frauen. Ferner ist unser Ziel nicht das Verschwinden der lesbischen Liebe, der einzigen sozialen Form, in der wir leben können, sondern der Untergang der Heterosexualität – das auf der Unterdrückung der Frauen basierende politische System.«[45]

Aber auch außerhalb des Lesbianismus als einer politischen Strategie ging es den Feministinnen um die Unabhängigkeit der Frauen von der männlichen Gesellschaft. So lernten Frauen in Selbsthilfegruppen nicht nur, gynäkologische Routineuntersuchungen durchzuführen, sondern auch Abtreibungen vorzunehmen; andere Gruppen richteten Anlaufstellen für mißhandelte Frauen ein. Diese systematisch verstärkte Vernetzung organisierter Hilfe für Frauen ließ die Erneuerung weiblicher Gemeinschaft und damit die Rekonstitution eines weiblichen sozialen Subjekts erahnen.

Feministische Forschung und Frauenstudien

Der Feminismus löste eine wahre Explosion an Forschungen aus, die nahezu alle Disziplinen betraf und sich, von den etablierten akademischen Institutionen mehr oder weniger unterstützt, praktisch in allen westlichen Ländern vollzog. Ein Kritiker bemerkte: »Das Eindringen, Vordringen, Sich-Ausbreiten, Sich-Einbringen, Sich-Einschleichen (. . .) feministischen Gedankenguts in so ziemlich jeden Bereich des kulturellen Lebens der Gegenwart hat sich nachgerade verallgemeinert.«[46] Im Laufe der Zeit hat die feministische Forschung eine Fülle von Themen aufgegriffen, die unmöglich systematisch zusammenzufassen sind. Immerhin fallen in den Anfangsjahren der neuen feministischen Bewegungen drei Aspekte ihrer Arbeit besonders auf: das Interesse an der Rekonstruktion der Geschichte von Frauen; die Bemühungen um ein einheitliches Koordinatensystem, das die Lage der Frauen in den verschiedensten Kontexten erfaßt; und die Intensität der Debatte um Ursprünge und Implikationen der Differenzierung der Geschlechterrollen und Geschlechteridentitäten.[47]

Die Feministinnen kämpften zunächst um ein »Sichtbarmachen« der weiblichen Erfahrungen, die »im Dunkel der Geschichte« verblieben waren – so die Titel bekannter feministischer Geschichtswerke. Dann versuchten sie, über die partiellen Darstellungen einer »herstory« hinaus auch allgemeine Analysen zu formulieren.[48] Auf diese Weise vermochten feministische Historikerinnen die Erfahrungen von Frauen im Alltag und in Frauenbewegungen aufzudecken und festzuhalten: In einer Auseinandersetzung, die als Kampf um das Eigentum an der Vergangenheit bezeichnet wurde, trug die Suche nach Vorläuferinnen zur Entdeckung einer feministischen Tradition bei.[49]

Die »Entdeckung« der Frauengeschichte verband sich mit Analysen über die Lebenszusammenhänge der Frauen und über die Bedeutung der Geschlechterdifferenz für die Definition und Legitimation des weiblichen Subjekts. Man stellte die Gemeinsamkeiten fest, auf deren Basis

Frauen sich miteinander identifizieren konnten, man konstruierte eine geschlechterspezifische Erinnerung und schuf – zum Beispiel in Geschichten über Amazonen und matriarchalische Gesellschaften – Elemente von »Gründungsmythen«, die sich als Wegweiser in der Gegenwart und in der Zukunft als dienlich erweisen mochten.[50]

DIE KAMPAGNEN FÜR DIE SELBSTBESTIMMUNG
DER FRAUEN

Wenn das, was wir die »Praxis der Separierung und Unterscheidung« nannten, dazu diente, die Zentralität – zumal in den ersten Jahren – der wiederauflebenden feministischen Bemühungen hervorzuheben, das soziale Subjekt Frau zu (re)konstituieren und zu ermächtigen, so war diese Thematik nirgends offenkundiger als in den in mehreren Ländern gleichzeitig stattfindenden großen Kampagnen für die reproduktiven Rechte der Frauen und gegen sexuelle Gewalt. Die einzelnen feministischen Bewegungen waren mit zahlreichen dringenden Problemen befaßt: von der »Doppelbelastung« der Frauen durch Hausarbeit und Erwerbsarbeit bis hin zur Frage der Kindererziehung; von ungerechten Ehegesetzen bis hin zu fehlenden beruflichen Kenntnissen sowie mangelnder Ausbildung und Beschäftigung von Frauen.[51] Aber das Thema, das in der feministischen Programmatik am häufigsten auftauchte, war die »Körperpolitik« als Ausgangspunkt für die Definition einer Vielzahl von Problemen, unter ihnen, als die wichtigsten, Abtreibung und sexuelle Gewalt.[52] Das Boston Women's Health Book Collective gab seinem vielgelesenen Handbuch den Titel *Our Bodies, Ourselves* (dt.: *Unser Körper, unser Leben*) und postulierte damit das Vorhandensein eines unauflöslichen Zusammenhanges zwischen dem Bereich des Körperlichen und der Subjektivität.[53] Seines Körpers enteignet zu werden bedeutete ganz einfach, seines Selbst enteignet zu werden. Sich selbst wieder anzueignen, erforderte notwendigerweise, den eigenen Körper wieder in Besitz zu nehmen.

In diesem Zusammenhang wurde Sexualität zum entscheidenden Schauplatz des Kampfes um die Wiederaneignung des Selbst. Mit Blick auf die Werke von Jean Genet schrieb Kate Millet: »Sex ist der Kern all unserer Sorgen, und alle Befreiungsversuche werden uns immer wieder in demselben uranfänglichen Dilemma landen lassen, wenn wir das schädlichste aller Unterdrückungssysteme nicht aus dem Weg schaffen und nicht geradezu ins Zentrum der Sexualpolitik und des krankhaften Deliriums von Macht und Gewalt verstoßen.«[54] Mit geringen Abweichungen brachten feministische Texte immer aufs neue den-

selben grundsätzlichen Standpunkt zum Ausdruck: Indem das Patriarchat die weibliche Sexualität in ihren Fortpflanzungsfunktionen verankerte und die Kontrolle des Mannes über die Fruchtbarkeit der Frau
sicherstellte, hatte es die Frauen um die Möglichkeit betrogen, ihre
eigene Lust kennenzulernen. Es hatte ihnen – um den Titel einer
berühmten Schrift zu zitieren – den »Mythos des vaginalen Orgasmus«
oktroyiert.[55] 1967 riefen italienische Feministinnen die Frauen auf, »sich
aus der sexuellen Sklaverei, in der der Mann sie gehalten hat, zu
befreien«. 1970 erschien Germaine Greers Abrechnung *Der weibliche
Eunuch*.[56] *Unser Körper, unser Leben* enthielt aufklärerische Kapitel zu
Themen wie der sexuellen Autonomie: »In unseren Augen ist Frigidität
keine ehrenhafte Alternative mehr«, erklärte ein Frauenkollektiv.[57]
Anfang der siebziger Jahre urteilte eine niederländische Feministin: »Wir
sind verrückt gewesen. Total verrückt«, und berichtete, eine Umfrage
bei einer Frauentagung habe ergeben, daß »*drei Viertel* der Frauen
schon einmal so getan haben, als hätten sie einen Orgasmus«.[58]

Die weibliche Sexualität von männlicher Beherrschung zu befreien,
war für viele Feministinnen unter anderem gleichbedeutend mit dem
Kampf um die Liberalisierung der Empfängnisverhütung und Abtreibung. »Wir bestimmen über unsern Bauch«, proklamierten die Frauen
der niederländischen Feministinnengruppe Dolle Mine, die sich 1970
Zugang zu einem Gynäkologenkongreß verschafften und ihre Blusen
lüpften, um diese auf den nackten Bauch gemalte Parole vorzuführen.[59]
Eine italienische Feministin erklärte: »Von Abtreibung zu sprechen
heißt, unsere Sexualität, wie wir sie bisher gelebt haben, die Familie
und die Rolle der ausgebeuteten Mutter und Ehefrau in Frage zu stellen.«[60] Heftige Einwände gegen derartige Ansichten wurden nicht nur
von konservativen Frauen, sondern auch von Feministinnen erhoben,
die befürchteten, die Abtreibung (und ihre Liberalisierung) würde die
männlichen Privilegien nur noch verfestigen: »Die Frau fragt sich: Zu
wessen Lust wurde ich schwanger? Zu wessen Lust treibe ich ab? Diese Frage birgt die Wurzel unserer Befreiung: Indem die Frauen sie formulieren, sagen sie sich von ihrer Identifizierung mit den Männern los
und finden die Kraft, ein komplizenhaftes Schweigen zu brechen, das
die Krönung unserer Kolonisation ist.«[61] Ungeachtet dieser Widerstände
machten die Feministinnen in ganz Westeuropa und Nordamerika
mobil, um eine Liberalisierung des Abtreibungsrechts zu erreichen und
zu verteidigen. In Frankreich, Italien, Deutschland, den Niederlanden,
den USA, in Großbritannien und in Spanien, überall kam es zu eindrucksvollen Kampagnen.[62] Diese Kampagnen brachten trotzige Bekenntnisse prominenter Frauen und namhafter Ärzte, die abgetrieben
hatten, ferner Selbstanzeigen und Musterprozesse mit sich, sowie die
Entwicklung einer »Graswurzel-Illegalität« in Selbsthilfegruppen, die den

Zugang zu Abtreibungen ermöglichten und erleichterten. Die Kampagnen bewirkten auch ein gewisses Maß an internationaler Kooperation unter den Feministinnen, die sich darum kümmerten, die von den diversen nationalen Bewegungen entwickelten Abtreibungsmöglichkeiten praktisch nutzbar zu machen.

In einem von der Zeitschrift *Stern* im Jahre 1971 veröffentlichten Artikel erklärten 375 vorwiegend prominente westdeutsche Frauen, bereits eine oder mehrere Schwangerschaften vorsätzlich abgebrochen zu haben. Ihre Erklärung löste eine umfangreiche Kampagne aus; sie gipfelte in einer Petition, in der die Abschaffung der geltenden restriktiven Gesetze gefordert wurde, einer von 86 500 Personen unterzeichneten Solidaritätserklärung und 3000 an den Bundesjustizminister gerichteten Selbstanzeigen.[63] Diese Kampagne führte schließlich zu einer 1974 verabschiedeten Revision des Abtreibungsrechts, die eine straffreie Abtreibung während der ersten drei Schwangerschaftsmonate vorsah. Ein Jahr später erklärte jedoch das Bundesverfassungsgericht das neue Recht für unvereinbar mit dem Schutz ungeborenen Lebens und zwang den Bundestag, ein restriktiveres Gesetz zu verabschieden, das die Bedingungen für eine legale Abtreibung einschränkte.[64] In demselben Jahr, in dem deutsche Frauen ihre »Schuld« bekannten, unterschrieben 343 französische Frauen ein Manifest, in dem sie zugaben, daß sie ebenfalls Abtreibungen hatten vornehmen lassen.[65] (Der Erklärung schlossen sich zwei Jahre später 345 Ärzte an, die einräumten, Abtreibungen durchzuführen.) 1972 geriet der Prozeß gegen die sechzehnjährige Michèle Chevalier (die von einem Klassenkameraden vergewaltigt und dann von ihm wegen illegaler Abtreibung angezeigt worden war) zu einer *cause célèbre*. Ihre Verteidigerin Gisèle Halimi, die als Anwältin die Organisation Choisir zur Verteidigung der 343 Unterzeichnerinnen des Abtreibungsmanifests gegründet hatte, erreichte schließlich, daß das junge Mädchen freigesprochen wurde. Unterdessen gewann die Kampagne für die Abtreibung immer mehr an Umfang. Der Mouvement pour la Libéralisation de l'Avortement et de la Contraception (MLAC) eröffnete mehrere illegale Abtreibungskliniken. 1975 wurde die Abtreibung in Frankreich legalisiert; fortan konnte eine Frau, ärztliches Einverständnis vorausgesetzt, bis zur zehnten Schwangerschaftswoche abtreiben lassen.[66]

Die Kampagnen für Abtreibung waren oft begleitet oder gefolgt von solchen gegen sexuelle Gewalt, wobei entweder an mißhandelte Ehefrauen oder an Vergewaltigungsopfer oder an beide gedacht war.[67] 1972 richtete Erin Pizzey das erste britische Frauenhaus für geschlagene Frauen ein.[68] Bis zum Jahre 1980 hatten 99 britische Gruppen 200 Frauenhäuser eröffnet und sich zu einer landesweiten Organisation, der Women's Aid Federation, zusammengeschlossen. Neben Frauenhäusern richteten die britischen Feministinnen auch Krisenzentren für Vergewaltigungsopfer ein; das erste wurde 1976 in London eröffnet; in den darauffolgenden fünf Jahren wurden sechzehn weitere solcher Zentren sowie mehrere Notruf-Telefone für Vergewaltigungsopfer eingerichtet.[69]

Die von den britischen Gruppen ergriffenen Maßnahmen fanden ein lebhaftes Echo in ganz Westeuropa und Nordamerika. Aus Anlaß des Internationalen Frauentages trat am 8. März 1976 das internationale Tribunal der Verbrechen gegen Frauen in Brüssel zusammen.[70] Über zweitausend Frauen aus vierzig Ländern äußerten sich freimütig zu zahlreichen Problemen im Zusammenhang mit sexuellem Mißbrauch, von der Klitorisektomie bis zum Inzest. Im Vordergrund stand jedoch das Problem der Vergewaltigung. Die Organisatorinnen der Konferenz machten auf die politischen Implikationen der Vergewaltigung aufmerksam. Sie kamen zu dem Schluß: »Vergewaltigung zeigt sich klar als terroristischer Akt einzelner Männer, dient aber dazu, die Macht aller Männer über die Frauen zu sichern.«[71] Vergewaltigung war, mit anderen Worten, politisch als Inbegriff der Unterjochung der Frauen zu verstehen. Indem sie sich gegen Vergewaltigung und gegen die in vielen einschlägigen Gesetzen und Strafprozeßordnungen enthaltenen Demütigungen von Vergewaltigungsopfern organisierten, machten die Frauen für die Wiederaneignung ihres Körpers, das heißt ihrer selbst, mobil.

Das Subjekt Frau, dessen Rekonstruktion und Wiederaneignung die Feministinnen in den Kampagnen für die Selbstbestimmung der Frauen betrieben, offenbarte rasch seine Zerbrechlichkeit. »Frau« als einheitliches Subjekt wurde systematisch dadurch untergraben, daß ausgerechnet die Feministinnen darauf bestanden, unentwegt das Wesen dieses Subjekts in Frage zu stellen, daß sie ständig zwischen »Anatomie« und »Schicksal« unterschieden und beharrlich nicht nur die Differenzen zwischen Männern und Frauen, sondern auch die Ähnlichkeiten, ja sogar ihre Gleichartigkeit hervorhoben.[72] Die Unteilbarkeit des Frauseins wurde radikal in Frage gestellt, sobald die Feministinnen ihre Aufmerksamkeit von den gemeinsamen Elementen, die alle Frauen miteinander verbinden, ab- und den sie trennenden Differenzen zuwandten. Mitte der siebziger Jahre brachten italienische Feministinnen eine Zeitschrift mit dem Titel »Differenze« heraus, die sich speziell der Erkundung der Unterscheidungen und Meinungsverschiedenheiten zwischen den diversen Frauenkollektiven widmete.[73] Das Problem der Vielfalt der weiblichen Subjekte (ebenso wie das der Pluralität der feministischen Richtungen) verschärfte sich besonders, als die Frauen der Dritten Welt ihre weißen westlichen Schwestern imperialistischer und kolonialistischer Tendenzen beschuldigten.

Der (implizite) Imperialismus des westlichen Feminismus in seinem Anspruch, für die Frauen der Dritten Welt sprechen zu können (als

stellten diese ihrerseits eine einheitliche Kategorie dar), führte anläßlich der von der UNO im Jahrzehnt der Frau organisierten, im Abstand
von fünf Jahren abgehaltenen Konferenzen zu einer heftigen Auseinandersetzung. Allerdings hatte er bereits zuvor tiefgreifende Spaltungen unter den amerikanischen Feministinnen hervorgerufen, als die
schwarzen Frauen sich den weißen Frauen und dem von diesen vertretenen Feminismus zutiefst entfremdet fühlten. Eine schwarze Feministin beschrieb die unter schwarzen Frauen übliche Reaktion auf den
Feminismus mit folgenden Worten: »Viele schwarze Frauen würden
sagen, (. . .) der Feminismus gehört den weißen Frauen, sie haben ihn
als eine Form der Analyse ins Leben gerufen, und es ist eine Form der
Analyse, die nur ihre Erfahrungen berücksichtigt. Daher sollten wir
nichts damit zu tun haben.«[74]

Wie Chandra Mohanty dargelegt hat, beruht der dem westlichen
feministischen Diskurs inhärente Kolonialismus auf der Annahme, daß
Frauen immer eine homogene Gruppe konstituieren. »Eine Konzeption
von ›Geschlechterdifferenz‹ im Sinne eines kulturübergreifenden, singulären, monolithischen Begriffs von Patriarchat oder männlicher
Dominanz führt zur Konstruktion eines ähnlich reduktiven und homogenen Begriffs von dem, was ich ›Dritte-Welt-Differenz‹ nenne – ein
stabiles, ahistorisches Etwas, das scheinbar die meisten, wenn nicht alle
Frauen in diesen Ländern unterdrückt. (. . .) Gerade durch diese diskursive Homogenisierung und Systematisierung der Unterdrückung der
Frauen in der Dritten Welt wird im Diskurs des westlichen Feminismus
vielfach Macht ausgeübt, und diese Macht muß definiert und beim
Namen genannt werden.«[75] Aber der zeitgenössische Feminismus hat
gerade den illusorischen Charakter einer Gemeinsamkeit aller Frauen,
einer festen kollektiven Identität betont, während er sich gleichzeitig
darum bemühte, die Spaltungen und die Fragmentierungen des weiblichen Subjekts zu überwinden. Dieses Erbe der Ambivalenz besteht
bis auf den heutigen Tag, da Feministinnen sich mit ungewissem Ausgang, aber beharrlich dem Problem der Pluralität des weiblichen Selbst
zuwenden.

Aus dem Englischen von Holger Fliessbach

18

VON DER WEIBLICHKEIT ZUM FEMINISMUS

DAS BEISPIEL QUÉBEC

Yolande Cohen

Die Frage nach den Formen der Darstellung von marginalisierten oder aus dem Raum des Politischen ausgegrenzten Gruppen wurde in den siebziger und achtziger Jahren zu einem zentralen Problem des Feminismus. Quer durch alle Disziplinen zielte diese politische Reflexion ebenso sehr darauf ab, das Nachdenken über die Demokratie zu erneuern, wie darauf, gewisse Praktiken des Zusammenschlusses, die bis dahin kaum wahrgenommen oder völlig ignoriert worden waren, in den Vordergrund zu stellen. In den siebziger Jahren war das Hauptmuster dieser Reflexion die Umkehrung des Paradigmas vom privaten Nutzen und den öffentlichen Lasten, während man nun alle Möglichkeiten erforscht, die sich durch die Überschneidung von Privatem und Öffentlichem, Gesellschaftlichem und Politischem, ziviler Gesellschaft und Staat ergeben.

Aus dieser Sicht erwies sich die Untersuchung der Beziehungen, die nationalistische Frauengruppen an die Kirche und den Staat banden, als besonders aufschlußreich für Praktiken, die in der westlichen Welt seit Beginn des 20. Jahrhunderts weit verbreitet waren. Die vielen freiwilligen Zusammenschlüsse, die von Frauen mit Hilfe politischer und religiöser Instanzen geschaffen wurden, zeugten unübersehbar von dem Willen, die Privatsphäre des Weiblichen zu erweitern und auf unterschiedlichste Bereiche des Gesellschaftlichen und Politischen auszudehnen. Noch deutlicher ließ das Aufkommen von rein weiblichen Karrieren und Berufen, das durch die entstehenden Berufsverbände begünstigt wurde, die Auswirkung dieses Anspruchs erahnen. Weil sie

dem spezifischen Beitrag von Frauen in Frauenberufen Anerkennung
verschaffen wollten, schlugen sie Breschen in den Arbeitsmarkt und
schufen Berufe, die ausschließlich Frauen vorbehalten waren. Das
bekannteste Beispiel ist das der Krankenschwester.[1] Die Anerkennung
dieser weiblichen Enklave gab jedoch zu gegensätzlichen Interpretationen Anlaß: Häufig wurden diese Berufe als Ghettotätigkeiten
betrachtet, die aufgrund ihres rein weiblichen Charakters unterbezahlt
und unterbewertet waren. Aus welchem Grund sollte man ausgerechnet diese Enklave als »Erweiterung« der den Frauen zugefallenen privaten Rolle ansehen?

Die Fragen als solche verwiesen auf eine ideologische Annahme: die
Annahme von der patriarchalischen Unterdrückung der Frau dadurch,
daß ihr ein bestimmtes Modell von Weiblichkeit und eine begrenzte
Einflußsphäre zugewiesen wurden. Wenn auch das Stereotyp von
Weiblichkeit, auf das diese Rolle zurückging, ein theoretisches Konstrukt des 19. Jahrhunderts war,[2] so sollten seine Verallgemeinerung
und seine konkrete Anwendung dem 20. Jahrhundert vorbehalten bleiben.[3] Der Prozeß, der dazu führte, daß bestimmte Frauengruppen sich
diesem Modell verschrieben, war freilich kein zwangsläufiger: Nicht
alle Politiker wollten es anwenden, und die Widerstände von feministischer Seite waren beachtlich. Wir müssen daher untersuchen, aus
welchen historischen Gründen viele Frauenbewegungen im 20. Jahrhundert mit dieser Darstellung ihrer selbst einverstanden waren, ohne
vorgefaßte Meinung darüber, welche Umstände zu ihrer Entfremdung
oder zu ihrer Emanzipation hätten dienen können. Unter diesem
Gesichtspunkt kommt dem Frauenberuf große gesellschaftliche Bedeutung zu; er wird zum Ort der Konstruktion der gesellschaftlichen und
politischen Identität der Frauen. Hauptschaltstellen waren dabei der
Berufsverband und bald darauf die Berufsgenossenschaft. In Québec
wie in vielen westlichen Ländern wurden die Auseinandersetzungen
der Frauenbewegungen mit Verfechtern eines aggressiven Nationalismus zu Marksteinen auf dem Weg zu einer erst punktuell sichtbaren
Geschichte der Frauen, die unter anderem auch ein neues Verständnis
der nationalen Geschichte eröffnete.

Der frankokanadische Nationalismus, Synonym für einen Wandel in
Ehrfurcht vor den Traditionen, stellte sich um die Jahrhundertwende
als das Projekt der Integration der Frauen in das große Ganze, das er
bilden wollte, dar. Die Ideologen des Nationalismus wie Henri Bourassa, der Domherr Groulx und die Fédération Nationale Saint-Jean-
Baptiste (FNSJB) richteten wiederholt den Aufruf an die Frauen, sich
ihnen anzuschließen.[4] Kraft ihrer Rolle als Hüterinnen des Glaubens
und der Sprache hatten die Frauen die Pflicht, das nationale Erbe, das
durch die Modernisierung bedroht war, zu wahren und zu fördern. Die

Frauengruppen ihrerseits sahen in den Fortschritten des frankokanadischen Nationalismus die Gelegenheit, ihrer eigenen Rolle breitere Anerkennung zu verschaffen. In wechselseitiger Anregung steckten Nationalismus und Feminismus einen neuen Raum des Öffentlichen ab, in dem die Definition einer frankokanadischen Identität nicht mehr allein an die katholische Kirche gebunden war. Damit trugen sie zur Entkonfessionalisierung Québecs bei, lange bevor diese durch die »stille Revolution« Anfang der sechziger Jahre besiegelt wurde. In diesem Werk der Konstitution der Nation haben die Frauen eine entscheidende Rolle gespielt – nicht nur als Hüterinnen der Werte, sondern auch als Trägerinnen eines Laizismus, der die Heraufkunft der Moderne begünstigte. Viele Indizien sowie die umfassende Untersuchung der Cercles de fermières – nach der Zahl der Mitglieder noch heute die wichtigste und zugleich eine der ältesten der namhaften Frauenorganisationen – stützen diese Interpretation. Diese Gruppierung zeugt durch ihre Geschichte von den großen Transformationen, die die Gesellschaft Québecs erlebt hat.

Einige Zahlen mögen die seither unaufhaltsame Ausweitung der Lohnarbeit der Frauen sowie den drastischen Geburtenrückgang belegen. Mit einer allgemeinen Geburtenrate, die nicht weit von der im 18. Jahrhundert registrierten entfernt war, unterschied sich Québec deutlich von seinen Nachbarn in Ontario und Amerika. Die katholischen Landfrauen der Jahrgänge vor 1897, die im Mittel bis zu 8,3 Kindern zur Welt brachten, waren bekannt dafür, daß ihnen die Familie praktisch über alles ging. Diese Tendenz schwächte sich zwar in den folgenden Jahrzehnten ab – die um 1915 geborenen Frauen haben durchschnittlich nur noch 4,3 Kinder –, doch blieb die Fruchtbarkeit dieser Population weiterhin besonders hoch. Erst in den siebziger Jahren kam es zu einem eklatanten Rückgang, der Québec zu einem der Länder mit der sehr niedrigen Reproduktionsziffer 1,45 machte (im Vergleich: Frankreich 1,81, die USA 1,75, Ontario 1,58).

Dieser drastische Geburtenrückgang war mit der Frauenemanzipation allein kaum zu erklären. In ihm drückte sich die Zunahme der Berufstätigkeit verheirateter Frauen sowie das Angebot an aussichtsreicheren Karrieren und besser bezahlten Stellen für Frauen ebenso aus wie ein grundsätzlicher Wertewandel der Gesellschaft. In puncto Arbeit geben die Statistiken globale Hinweise: War Berufstätigkeit zu Beginn des Jahrhunderts im wesentlichen noch die Sache alleinstehender Frauen, so wurde sie nach dem Zweiten Weltkrieg zu einer weiter verbreiteten Erscheinung, die auch die städtischen und gebildeten Schichten der Gesellschaft erfaßte. Während zu Beginn der Industrialisierung weibliche Arbeitskräfte vor allem in der Textil-, Bekleidungs- und Kautschukindustrie und als Hausangestellte beschäftigt waren (1881 übten in Montréal fast 6000 Frauen den Beruf der Hausangestellten aus, das entsprach 7,9 Prozent der weiblichen Bevölkerung der Stadt), deckten sie in den sechziger Jahren das gesamte Spektrum der Lohnarbeit ab. Innerhalb von zwanzig Jahren hat sich die Erwerbsquote der Frauen nahezu verdoppelt; sie stieg von 26,5 Prozent im Jahre 1960 auf 48 Prozent im Jahre 1983, bei zunehmender Stellenvielfalt.

Diese Zahlen bringen kaum die Irritationen in einer Gesellschaft zum Ausdruck, deren frankophone und katholische Mehrheit sich von der anglokanadischen Minderheit bedroht, ja verfolgt fühlte. Die Urbanisierung und die Industrialisierung Québecs durch die »stille Revolution« wurden als Aufholen eines »historischen Rückstandes« betrachtet. Aber diese Erklärungen lassen weite Bereiche der Geschichte unberücksichtigt. So ist es schwierig zu erklären, wie die nationalistische Ideologie von rechts nach links abdriften konnte und auf welcher Basis diese »Wende« sich vollzog; der Nationalismus wurde zum Credo der sogenannten progressiven Kräfte, so daß sogar der ihn verkörpernde Parti Québécois sozialdemokratisch angehaucht war. Ebensowenig vermögen die über die Geschichte der Frauen erhobenen Daten den Aufschwung einer der dynamischsten feministischen Bewegungen der westlichen Welt zu begründen.

Solche Beobachtungen fordern zu einer Überlegung heraus: Wie hat diese Gesellschaft in so kurzer Zeit den Übergang von einer traditionellen katholischen zu einer modernen, laizistischen und konsumorientierten Lebensweise vollziehen können? Viele Forschungen leisten einen Beitrag zu dieser Überlegung, gerade weil sie diese Fragen nicht unter dem Gesichtspunkt des Fortschritts, gemessen an einer absoluten Entwicklung, angehen.[5] Unter dieser Perspektive waren die Wege von der Weiblichkeit zum Feminismus kennzeichnend auch für weitere Veränderungen.

DIE TRADITIONELLE FRAU UND DAS ÜBERLEBEN DER NATION

Untersucht man den Diskurs der beiden Zeitschriften der Cercles de fermières,[6] erkennt man deutlich die Kontinuität zwischen dem egalitären Anspruch der jüngsten Zeit und der Forderung nach Aufwertung der Rolle der Frauen, die diese Zeitschriften seit 1915 vertreten haben. Beide Positionen gehen von einem gemeinsamen Punkt aus: der Mitwirkung der Frauen am nationalen Aufbau. Diese Vision hat, gestützt auf die Komplementarität der Rollen von Männern und Frauen,[7] einer egalitären und modernen Ideologie den Weg gebahnt.

Das Erscheinen der Zeitschrift *La Bonne Fermière* im Jahre 1919 leitete eine wahre Flut vielfältigster Printmedien ein, die sich ausschließlich an Hausfrauen wandten.[8] Das Frauenbild dieser Zeitschrift stellt die Frau grundsätzlich als Spenderin des Guten dar: »Sie sieht es als ihre Aufgabe an, niemals den natürlichen Wirkungskreis zu verlassen, der für die Schicht der Landfrauen der einzig belangvolle ist.«[9] »Grundlage ihres Tuns ist die Erfüllung besonderer, natürlicher und normaler Pflichten, welche der Frau als Mutter, Erzieherin ihrer Kinder, Gattin und Gehilfin ihres Mannes zufallen.«[10]

Dieser Wirkungskreis der Frauen hatte seinen privilegierten Ort in der wirtschaftlichen und gesellschaftlichen Organisation der Kernfamilie und der Gemeinschaft. Selbstverständlich waren alleinstehende, vor allem unverheiratete Frauen, dennoch nicht von den Rollen entbunden, die allen Frauen zugewiesen waren. In diesem Sinn war die Familie als größere Gemeinschaft, mehr noch als die Pfarrgemeinde, zu verstehen, in der sich die Gesamtheit aller dieser Beziehungen abspielte.

Stark von christlichem Eifer erfüllt, wies dieser Diskurs alle Anzeichen einer Predigt auf, deren Hauptgedanken verinnerlicht werden und die so normativen Charakter gewinnt. Wie viele andere Frauenpublikationen aus derselben Zeit,[11] unterschieden sich die Zeitschriften der Landfrauen hinsichtlich ihres Frauenbildes wenig voneinander. Die Harmonie zwischen den Geschlechtern wurde als Idealbild entworfen und bekräftigt. Die Festschreibung weiblicher Qualitäten fand ihren Sinn in dem Ziel der Zeitschrift, den Frauen einen bestimmten Beruf nahezubringen. Sein Ort war die Familie, das Mittel zu seiner Ausübung die (haus- und landwirtschaftliche) Ausbildung, seine Belohnung das Wirken in den Landfrauenzirkeln. Durch die Konstruktion des Berufs der Landfrau wertete die Zeitschrift die Arbeit ihrer Leserinnen und der Mitglieder der Zirkel auf; durch die Betonung der Verbundenheit der Bäuerin mit Scholle und Familie stellte man die Landfrau in einen wirtschaftlichen und moralischen Zusammenhang mit der Zukunft der Nation. Zwar verfehlte die Zeitschrift nicht, den traditionellen naturalistischen Diskurs wieder aufzugreifen, der den Frauen ihre eigene Sphäre zuwies; aber sie verband mit ihr eine neue und nicht zu vernachlässigende Dimension: die des Erwerbs besonderer Qualifikationen, die bestimmte Frauen (eine Elite?) zu Frauenberufen tauglich machten.

Zu wahrer Mystik steigerten sich die Artikel, sobald es um die Frage der Landwirtschaft als Lebensform ging. Das Leben auf dem Lande, der Urmythos der Ahnensagen, die die frankokanadische Nation sich erzählte, wurde stets als Jungbrunnen verstanden. Die Arbeit in der Landwirtschaft – fernab von den verwahrlosten Städten mit ihrem Religions- und Völkergemisch – war vor allem eine Berufung, durch die der Mann seinem Schöpfer, die Frau der Natur näher kam. Diese Definition der historischen Zukunft des französischen Kanada, die in dem unablässigen Neubeginn der Kolonisierung liegen sollte, machte aus den Landfrauen Handwerkerinnen par excellence, die das *patriotische* Werk vollbringen sollten. In einer Zeit des Exodus der Landbevölkerung und der Umgestaltung der Landwirtschaft hatten sie die Pflicht, aktiv an der Modernisierung der landwirtschaftlichen Nutzung und am Schutz der Nation mitzuwirken.

Der Vergleich mit den Stadtfrauen, deren Tätigkeit aufgrund der in der Stadt verfügbaren Erleichterungen als lächerlich erschien, wurde durch eine wenig schmeichelhafte Kritik an deren neuen Werten verschärft: »An den Pranger also mit ihnen, den Parteigängerinnen der Frauenemanzipation, die nur darauf aus sind, das Glück der Familien zu zerstören, die die Seele ihrem Heim entfremden, die Gattin ihrem Gatten, die Mütter ihren Kindern! Sie rütteln am Fundament eben der Gesellschaft, die sie zu verbessern behaupten.«[12] Und überhaupt: Warum Gleichheit mit den Männern, »diesen Schutzengeln«, fordern, »wenn wir derselben Meinung sind wie diese Herren«?[13] Die fortschrittlichen Feministinnen waren eine besondere Gefahr für die Familie und das Landleben. Gestützt auf die Kraft der Tradition und auf zwei Jahrtausende Christentum, machte sich die Zeitschrift über die Feministinnen lustig, »die davon träumen, das Glück auf Erden durch eine Revision der Verfassung zu schaffen«.[14] Die Kampagne einiger Frauenverbände in Montréal für die Ausweitung des Wahlrechts auf Frauen lief den von der Zeitschrift propagierten Werten zuwider und traf einen empfindlichen Nerv. Die katholisch inspirierte Argumentation der Redakteurinnen schöpfte aus anderen Quellen.

La Bonne Fermière stellte den »Königinnen des Hauses« die anderen, von der Fata Morgana der gesellschaftlichen und politischen Teilhabe verblendeten Frauen gegenüber und gab sich essentialistisch: »Man emanzipiert die Frau gewiß nicht dadurch, daß man ihr die ganze Fülle der politischen Rechte gewährt. Im Gegenteil, die Frau, die es zur Wählerin, zur Abgeordneten oder gar zur stellvertretenden Gouverneurin bringt, wird die Pflicht haben, einen Teil der Freiheit aufzugeben, die sie heute als Königin des Hauses genießt.« Die politische Freiheit erschien als Einschränkung des Wirkungskreises der Frauen als Familienmütter und widersprach einer sozialen Berufung, die die Zeitschrift als Aufgabe der Frauen ausgab. Soziales Wirken erhöhte die Frauen, weil es sie nicht aus der ihnen gemäßen Sphäre entließ, während politisches Handeln erniedrigte: »Und als trügerischen Ausgleich wird sie das Recht haben, zur Sklavin politischer Leidenschaften, zum Spielball politischer Wechselfälle, zum Opfer politischer Demütigungen zu werden. Wie denkt ihr vernünftigen Frauen über eine derartige Emanzipation?«[15] Im Klartext hegte die Zeitschrift also starke Zweifel daran, daß das Wahlrecht den Frauen wirklich die verheißene Emanzipation bescheren werde.

Dieser Standpunkt hat der Zeitschrift in einer feministischen Geschichtsschreibung, die darauf bedacht ist, den Kampf um das Wahlrecht zum wegweisenden Auftakt einer neuen Ära zu stilisieren, den Ruf einer Verfechterin traditioneller und konservativer Positionen eingetragen. Eine solche feministische Geschichtsschreibung verkennt dabei das Element der Kritik an der formalen Demokratie, die gewiß besonders in katholischen Kreisen, aber auch bei der marxistischen Linken verbreitet war, und reduziert die Problematik auf einen einzigen Aspekt: Derartige Positionen zogen dem öffentlichen Handeln der Frauen wirksame Grenzen. Indem die Zeitschrift den Frauen bestenfalls einen Platz im Familiären und Sozialen zuwies, ihnen aber keine Stimme in bezug auf politische Entscheidungen zugestand, konsolidierte sie die »Naturalisierung« der Frauen. Verglichen mit minderheitlichen und aufgeklärten Frauenbewegungen, die um ihre Rechte kämpften, mußten die Landfrauen als Reaktionärinnen erscheinen. Als die wahren Heldinnen wurden demgegenüber die großen Damen und Aktivistinnen der sehr engagierten und nationalistischen Fédération Nationale Saint-Jean-Baptiste – Marie Gérin Lajoie, Caroline Beique und Thérèse Casgrain – dargestellt, weil sie für das Frauenwahlrecht kämpften. Sie galten als Trägerinnen des Fortschritts in einer durch und durch traditionalistischen Gesellschaft.

Dabei stellten diese Feministinnen der ersten Stunde das Prinzip der Komplementarität der Geschlechterrollen nicht in Frage; sie vertraten es ebenso wie die Landfrauenzirkel[16] und eine ganze Reihe weiterer Frauenorganisationen. Einige Historikerinnen bedauern die Inkonsequenz dieses Standpunkts und wollen statt dessen die Bedeutung einer – beklagenswert isolierten – feministischen Avantgarde hervorheben.[17] Tatsächlich ist dies nichts anderes als die Rückprojektion sehr zeitgenössischer Problemstellungen in die Vergangenheit. Das politische Leben beschäftigte damals nur eine kleine Elite, auf seiten der Männer ebenso wie auf seiten der Frauen. Gewiß fiel das politische Engagement der frankokanadischen Männer mehr ins Gewicht als das der Frauen, aber die große Mehrheit auch der Männer widmete sich lieber dem sozialen und dem Gemeindeleben. Diese Eigenart hat lange Zeit zur Charakterisierung dessen gedient, was man als die generelle Rückständigkeit der Québecer Gesellschaft im Vergleich zum englischen Kanada und zum übrigen nordamerikanischen Kontinent ansah.

In diesem Sinne unterschied sich *La Bonne Fermière* wenig von der herrschenden agrarisch betonten Ideologie. Indem sie sich antikapitalistisch und antimodernistisch gab, stimmte sie in den ständestaatlichen

Diskurs ein, der für so manche nationalistische Bewegung der dreißiger Jahre typisch war. Gleichzeitig sprach sie sich für das Zusammenrücken der sozialen Klassen und den Ausbau landwirtschaftlicher Kooperativen aus, die »zur gesellschaftlichen und wirtschaftlichen Hebung der agrarischen Klasse« beitragen sollten.[18] Die Positionen, die die Zeitschrift bezog, zielten im wesentlichen darauf ab, der Arbeit, ja dem Beruf der Hausfrau Anerkennung zu verschaffen. *La Bonne Fermière* dachte jedoch nicht daran, zur Untermauerung dieses Standpunkts die sakrosankten Prinzipien aufzugeben, die dieses labile Gleichgewicht beherrschten. Auf keinen Fall wollte sie die ideologische Konstruktion antasten, die dem Konzept der komplementären Geschlechterrollen innewohnte; in diesem Punkt war die Zeitschrift sehr konsequent. Sie verteidigte zäh das ländliche Erbe des französischen Kanada; aber sie wollte, daß darin auch die Frauen ihren anerkannten Platz fänden.

Doch war diese Position nicht lange durchzuhalten, und wir werden sehen, daß es von nun an mancher List bedurfte, um sie den Umständen anzupassen. Die Monatsschrift *Terre et Foyer* (Heimat und Haushalt)[19], die *La Bonne Fermière* ablöste, trug zwar nach außen hin stets dasselbe Mißtrauen gegenüber dem Politischen zur Schau wie diese (»du sollst nicht das Opfer politischer Leidenschaften werden«), aber sie tat einen weiteren Schritt auf dem Weg zur Feminisierung des Öffentlichen.

Heimat und Haushalt: Kooperation und nationale Gemeinschaft

Die Wirksamkeit der Landfrauenzirkel konnte sich vor allem in der zunehmenden Säkularisierung der Gesellschaft entfalten. Während man die vielen Versuche von feministischer Seite kennt, das Wahlrecht, die höhere Bildung der Frauen und einen gewissen Laizismus zu verwirklichen, ist weniger bekannt, daß auch die Landfrauen ihre Konflikte mit der Geistlichkeit hatten. Gegen den Willen der Bischöfe, die 1944 einen konkurrierenden Landfrauenverband, die Union Catholique des Femmes, gründeten, hielten die Landfrauen an ihrer Organisationsform fest und verstärkten damit einen Säkularisierungsprozeß, den sie kaum mehr kontrollieren konnten. Sie hoben zwar unverändert die Überlegenheit des die Frau aufwertenden christlichen Frauenbildes hervor, sahen sich aber trotzdem durch die Betonung ihrer Unabhängigkeit in einer schiefen Stellung zur Kirche. Dazu paßte, daß sie ihr häufiges

Sich-Einmischen in die Arbeitswelt mit ihrer Liebe zur Nation begründeten.

Kooperation und Solidarität wurden vor allem als altruistische Tugenden der Frau betrachtet. Es waren Eigenschaften, die als »Quelle der sozialen Bildung« in der Familie ebenso notwendig waren wie »als Quelle der sittlichen Bildung und der christlichen Nächstenliebe in allen Geschäften und als Quelle des Fortschritts im Wirtschaftsleben (Kooperativen, Volksbanken usw.)«.[20] Kooperation mochte in der Familie beginnen, aber sie blieb nicht auf diese Sphäre beschränkt. Sie stand im Gegensatz zu den Prinzipien des Profits, die in kapitalistischen Unternehmen herrschten. »Das kooperative Unternehmen sucht hingegen den Dienst zu leisten, den seine Gründer und Nutzer von ihm erwarten.«[21] Die wirtschaftliche und sittliche Autarkie der ländlichen Welt, in der zu leben die Frauen ermutigt werden, erscheint hier als Musterbeispiel des reibungslosen gesellschaftlichen Funktionierens.

Die Vision der Gesellschaft als eines Kontinuums familiärer Beziehungen unterwirft den einzelnen wie die Gruppe denselben Normen. Ethik vermischt sich mit Politik, Wirtschaftliches mit Gesellschaftlichem. Dieser Synkretismus, der das Individuum ignoriert, speist sich zunächst aus der christlichen Ideologie; angereichert mit ländlich-humanistischen Traditionen, wird er zum Ideal eines kooperatistischen Kommunitarismus. Selbstverständlich ist diese Art von Kooperation nicht egalitär, sondern sie basiert auf der Unterordnung partikularer Interessen unter das Kollektiv: »Gewöhnen wir unseren Kindern an, nicht an sich selbst zu denken, sondern der Familiengemeinschaft zu dienen.«[22]

So erwuchs der Zusammenhalt des Ganzen aus der Allmacht einer gewiß patriarchalischen, aber auch kommunitarischen Familie. Die beiden Aufgaben der Familie – Aufrechterhaltung einer strengen Hierarchie unter den Familienmitgliedern und Entfaltung der Familie im Interesse des Überlebens des Volkes – hingen aufs engste miteinander zusammen. Sie setzten den Konsens über die Komplementarität der Geschlechter- und Generationenrollen voraus, die sie zugleich konstruierten. Zweifellos konnte diese Konzeption den herrschenden Diskurs nicht zuletzt dadurch perpetuieren, daß sie ihm eine weibliche Prägung gab. Indem die Zeitschrift die moderne Trennung zwischen dem Öffentlichen und dem Privaten ignorierte, integrierte sie auch die Frauen, gerade die Landfrauen, in jene zivile Kultur, die Almond und Verba[23] als Mutterboden der Demokratie und zugleich als das ambivalente und unwahrscheinliche Ergebnis einer Verschmelzung von Tradition und Moderne definiert haben. In dieser Kultur verbinden sich die traditionellen Erinnerungen an die ewige Rolle der Frauen mit arbeitsmarktpolitisch formulierten Mahnungen, die die Bedeutung der von ihnen geleisteten Berufstätigkeit und Arbeit hervorheben. Aber die-

se Ambivalenzen grenzten ans Kontradiktorische: Man fragte sich denn
auch, ob die Frau dem widerstehen und ihre Werte aufrechterhalten
könne.

Welche Frauen, welcher Haushalt?

»Von Natur aus« fügten Frau und Heim sich zusammen; indessen »muß
man heutzutage nur die Augen aufmachen, um zu sehen, daß das
moderne Leben dieses Heim von fast allen Seiten bedroht: Das familiäre *home* ist dabei, zu verschwinden.« Die Frau aber war gleichzeitig
Opfer dieses Zusammenbruchs und für ihn verantwortlich. Als »unentbehrliche Säule des Heims« mußte sie begreifen, daß es »die außerhäusliche Berufstätigkeit, der Club, das Auto, das Kino, das Restaurant
sind, die langsam aber sicher das Gemeinschaftsleben unterminieren«.[24]
Die Frau hatte die Pflicht, diesen Versuchungen zu widerstehen, weil
ihr deren schädliche Folgen für das Gleichgewicht der Familie und der
Nation bewußt waren. »Der Haushalt ist Sache der Frau, wie die Fabrik
Sache des Mannes ist. Mögen Krieg und Nachkriegszeit auch beträchtliche Konfusion über die Rollen und Eigenschaften der Geschlechter
gestiftet haben, die Wahrheit bleibt doch die Wahrheit: Bis auf wenige Ausnahmen entfaltet sich die Frau nur zu Hause, in ihrer Eigenschaft als Gattin und Mutter.«[25] Die Argumentation ist hier auf die
Behauptung einfacher Wahrheiten verkürzt, die den Anspruch auf Allgemeingültigkeit erheben; faktisch aber war die Verwirrung groß. So
fragte sich die Zeitschrift, ob das Trachten nach dem Gemeinwohl für
die Frauen ein hinreichender Grund sein werde, an den wahren Werten festzuhalten.

Doch all diese Ermahnungen zum Wohlverhalten sollten keine Illusionen aufkommen lassen: Der Diskurs über das Verschwinden der traditionellen Werte war nur eine Art Litanei, die hergebetet wurde, um
ein bestimmtes Frauenideal zu beschwören, nicht um es wirklich vorzuschreiben. Daneben und dazwischen gab es die Diskurse der Fachleute, die den anstehenden Fragen – Geburtenentwicklung, Bildung,
wirtschaftliche und politische Teilhabe der Frauen – eine Wendung ins
Wissenschaftliche zu geben suchten. Sie gingen einher mit moralisierenden Tiraden wie dem folgenden Appell aus dem Kreis von Psychologen, die angesichts der »Geißel des Geburtenrückgangs« in den
klagenden Chor einstimmten: »Unterdrückt den Kinderwunsch, und ihr
bekommt ein Volk, das dem Verfall und dem Untergang geweiht ist.«[26]
Die Frau aus *Terre et Foyer* dagegen wurde nicht müde, ihre Mutterpflichten zu erfüllen – auch um den Preis ihres eigenen und des
Lebens ihrer Kinder und mit dem Segen der Psychologen der Zeit-

schrift: »Ich habe meine Pflicht getan, oh Herr. Ich habe 11 Kinder geboren, von denen 8 am Leben geblieben sind und 3 in frühestem Alter
starben, vielleicht, weil ich schon zu verbraucht gewesen bin.«[27] Wo
die Selbstaufopferung wenig verlockend, um nicht zu sagen überholt
erschien, griff man zu psychologischen Argumenten, um die Mutterschaft wohlbegründet herauszustellen: »Die kanadische Frau wird
weder rückständig noch minderwertig sein, wenn sie fortfährt, dem
Anruf der Mutterschaft mit ihrem ganzen Geist und ihrem ganzen Leib
Folge zu leisten. Leibliche oder geistige Mutterschaft, aber auf jeden
Fall Mutterschaft: die Frau muß ›zur Welt bringen‹; davon hängt zum
großen Teil ihr seelisches Gleichgewicht ab. Und bis zu einem gewissen Punkt auch der Friede der Welt.«[28]

Die deutliche Verlagerung von einem traditionellen natalistischen
Diskurs zur Betonung der sozialen Mutterrolle läßt eine gewisse Entwicklung erkennen. Man durfte wohl annehmen, daß die Frauen fortfahren würden, die Kinder in die Welt zu setzen, die das Québec von
morgen bauten; aber es gab keine moralische Instanz mehr; die sie
bewog, wiederholte Mutterschaften über sich ergehen zu lassen. Das
Individuum Frau erfuhr seine Anerkennung durch die ihm zugebillig-
te Alternative, »leiblich oder geistig« zu gebären. Letztlich aber zählten
die mütterlichen Fähigkeiten, das heißt die Begabung zur Kindererziehung und zur Weitergabe gesunder Werte. Das Wesentliche war, wie
diese Verschiebung der Prioritäten beweist, die grundsätzliche Aufrechterhaltung der Rolle.

Kontinuität im Wandel

So kam es in der Konstruktion eines vermeintlich traditionellen Frauenbildes zu verschiedenen, manchmal kaum wahrnehmbaren Veränderungen, die in zwei Etappen verliefen. Anfangs, zwischen 1920 und
1944, sah man den zögernden Entwurf des Idealbildes der Landfrau.
Dieser Diskurs war eher normativ als deskriptiv; er stellte auf radikal
neue Weise die hauptberufliche Landfrau in den Mittelpunkt ihres familiären Universums, vor allem aber, mit den Landfrauenzirkeln, in den
Mittelpunkt eines neuen Raums der Öffentlichkeit. Während diese
Zirkel jede Einmischung in die Politik ablehnten, begünstigten sie die
Begegnung von Frauen untereinander zur Verwirklichung gemeinsamer
Ziele. Das Entstehen solcher Vernetzungen, die nicht mehr nur im
Dienst von Familienbündnissen standen, erzeugte eine neuartige Solidarität und erlaubte das Auftreten von eigenwilligen Frauen. In ihrem
engeren Umkreis bestens bekannt, erlangten einige dieser Frauen auch
nationale Berühmtheit, sei es als offizielle Ausbilderinnen – Mademoi-

selle Champoux war in der ganzen Provinz bekannt für ihr handwerkli-
ches Geschick, das ihr zahlreiche Preise und Auszeichnungen eintrug –,
sei es als aktive, wenngleich nicht unbedingt führende Mitglieder von
Landfrauenzirkeln. Gewiß waren die in das Büro der Verbände gewählten Frauen am sichtbarsten; aber sie waren nicht zwangsläufig auch
am bekanntesten. In nicht wenigen Fällen ging bemerkenswerterweise
die Leitung von Zirkeln und Verbänden von der Mutter auf die Tochter über. So war es zum Beispiel bei Yolande Calvé, die lange Jahre
Schatzmeisterin der Landfrauenzirkel ·auf Provinzebene gewesen war:
Ihre Mutter und ihre Großmutter mütterlicherseits waren Gründungsmitglieder ihrer Zirkel gewesen. Genauso war es bei Louisette Raymond Caron, Antoinette Pelletier und der Ex-Präsidentin auf Provinzebene, Noella Huot.

In der zweiten Etappe vollzog sich die allmähliche organisatorische
Umgestaltung der Zirkel und die mehr kulturelle Ausrichtung der Zeitschrift *Terre et Foyer*. Diese Wendung fiel mit dem massiven Beitrag
der Frauen zur Kriegsanstrengung – in Wohltätigkeitsorganisationen
oder in ihren Berufen – zusammen und brachte dem Wirken der Frauen
öffentliche Anerkennung. *Terre et Foyer* hatte ein Gespür für diese Veränderungen und trug künftig den unterschiedlichen Interessen ihrer
Leserinnen stärker Rechnung. Der Diskurs von ehedem ging nicht
unter, aber er wurde angesichts des Exodus der Landbevölkerung in
die Stadt und der Lohnarbeit der Frauen leiser – Entwicklungen, auf
welche *Terre et Foyer* mit der Forderung reagierte, den Einflußbereich
der Frauen, ausgehend von ihren Wirkungsstätten, zu erweitern. Und
selbst wenn man (männlichen) Fachleuten die Aufgabe zuwies, die
Frauen bei ihren Unternehmungen zu leiten, dann geschah dies fast
immer nach Maßgabe von Prinzipien, die die Frauen sich ohnehin
schon zueigen gemacht hatten. Den Zeitschriften kam in dieser Hinsicht eine wichtige Mittlerfunktion zu.

Mehr noch: Sie formulierten einen besonderen Standpunkt bezüglich
der Art von Nation, zu der die Frauen gehören wollten. Der frankokanadische Nationalismus wollte den Wandel im vollen Respekt vor
den Traditionen und zog die Frauen an, weil er sie in sein Projekt einbezog. Sie waren mehr oder weniger darauf vorbereitet, sich ihm rückhaltlos zu verschreiben, doch machte dieser Appell sie nicht blind. Die
städtische Elite erkannte als erste den Vorteil, den sie aus einer Position ziehen konnte, welche die Frauen als Mütter der entstehenden
modernen Nation begriff, während die Frauen auf dem Lande ihren
Einfluß auf die Familie ausbauten, indem sie ihn auf Bereiche mit
sozialen Belangen ausdehnten. Es ging also darum, daß alle beteiligten Parteien den Grundsatz der Komplementarität der Geschlechter
anerkannten. Die Frauenzeitschriften wiesen alle Gleichheitsforderun-

gen zurück, die nach Revolution und Auflösung der Ordnung klangen, verlangten jedoch die Beibehaltung des Prinzips des Gleichgewichts, das sie gleichzeitig ein wenig veränderten, um es den Erfordernissen der weiblichen Lohnarbeit anzupassen. Immer wieder machten sie klar, daß Komplementarität nicht die Unterwerfung der Frauen unter die Männer bedeutet, sondern die gerechte Aufteilung zweier Wirkungs- und Einflußsphären. Wenn die strikte Trennung beider Bereiche die Professionalisierung der Mutter- und der Hausfrauenrolle nach sich zog, was bis zu der Forderung nach Entlohnung dieser Tätigkeiten ging, so stützte sie sich zumindest in der ersten Hälfte des 20. Jahrhunderts auf die Abneigung beider Geschlechter, in die Sphäre des anderen einzugreifen. Daher die Ablehnung des Frauenwahlrechts, die apolitische Haltung von *La Bonne Fermière* und ihr verbissener Kampf um die Aufwertung der professionellen Rolle der Frauen. Doch unter dem Eindruck der Erfordernisse der Zeit, vor allem der Zunahme der Lohnarbeit bei Frauen aller Schichten, modifizierten die Zeitschriften ihren Standpunkt und berücksichtigten Familienmütter genauso wie werktätige Frauen.

Merkwürdigerweise verband sich mit dieser Öffnung die Leugnung des professionellen Status, der den Frauen bisher zuerkannt worden war, und die Betonung ihrer Rolle als Konsumentinnen von Haushalts- oder von Kulturgütern. Die Zeitschriften der Landfrauen hielten nach wie vor an der produktiven und reproduktiven Rolle fest, die sie den Frauen zuschrieben, und empfahlen ihnen weiterhin, sich allen nützlichen und produktiven Tätigkeiten zu widmen, wobei es dem Staat zukomme, für ihre Ausbildung und ihre Beschäftigung zu sorgen. Trotzdem nahmen nunmehr die Öffnung des Marktes für Konsumgüter, Haushaltsgüter, Kleidung usw. und die besondere Berücksichtigung der Frauen auf diesem Gebiet in der Zeitschrift einen bedeutenden Platz ein. Anreize zum Konsum dieses oder jenes Produktes hatte es, in Form von Reklame oder von praktischen Ratschlägen, in der Zeitschrift schon früher gegeben; doch jetzt untermauerte man sie mit einer Philosophie der Hauswirtschaft, ja des Sparens. In den fünfziger und sechziger Jahren wuchs dagegen die Lust am Konsum von Fertigprodukten, mit denen man zwar Zeit und Mühe, nicht aber Geld sparte. Die neue Frau war Konsumentin – gewiß eine erfahrene und kundige, aber auch eine vollständig in die Marktwirtschaft integrierte Konsumentin.

So verstärkten die beiden hier untersuchten Zeitschriften auf unterschiedliche Weise das Frauenbild, das sie gleichzeitig selbst entwarfen und das der Tradition seine Substanz und der Moderne seine wichtigsten Attribute verdankte. Mehr noch als der Inhalt der Zeitschriften hat uns der besondere Akzent beschäftigt, den sie auf den Ort der Frauen in der Gesellschaft legten; denn damit ermöglichten sie den Frauen eine Identifikation und Mobilisierung rund um ihre gemeinen Belange. Diese Aufwertung des Berufes »Frau« nahm in vieler Hinsicht bereits den feministischen Anspruch der siebziger Jahre vorweg; doch tat sich zwischen beiden Konzeptionen trotzdem die Kluft einer ganzen Generation auf – auch sie geprägt von unterschiedlichen Vorstellungen, aus denen radikale Opposition wurde. Die entschlossen »progressive« Ausrichtung des Québecer Nationalismus seit der »stillen Revolution« zog in seinem Kielwasser einen Teil des Feminismus mit sich, der seinerseits Beweise für seinen Bruch mit der Vergangenheit zu erbringen suchte. Die von diesen verschiedenen Strömungen vertretene Position führte schließlich dazu, daß sie sich auf der Plattform der Gleichheit und Unabhängigkeit wiederfanden.

GESTÖRTER KONSENS

Anfang der sechziger Jahre regte sich in Québec der Wunsch, mit der konservativen Vergangenheit zu brechen und durch die stille Revolution die »historische Rückständigkeit« zu begraben. In den siebziger Jahren verwarf die feministische Bewegung alle ihr vorangegangenen Strömungen (mit Ausnahme der Suffragetten) aus dem Lager eines von klerikaler Tradition geprägten Konservatismus. Warum eine derartige Verleugnung? Was war an dieser Vergangenheit so peinlich, daß es ausgemerzt werden mußte?

Bedrohte Identität

Wie wir sahen, hing der Konservatismus der Zeitschriften wesentlich mit dem Klerikalismus der ländlichen Welt zusammen. Da das Werk der Modernisierung jedoch Urbanisierung und die Preisgabe familiärer Werte implizierte, wurden die Zeitschriften, die hiergegen opponierten, dem traditionalistischen Lager zugerechnet. Bei näherer Prüfung erscheint es jedoch als gewagt, in dem Eintreten der katholischen Kirche für das Land der Frankokanadier, in dem Einsatz der Landwirte für die Erhaltung und Bereicherung der Nation oder auch dem Engagement der Zeitschriften für die traditionelle Rolle der Frauen samt und sonders Beweise für den Konservatismus dieses Milieus zu sehen. Verschiedene Untersuchungen mahnen dazu, sich vor derartigen Simplifizierungen zu hüten; sie zeigen uns vielmehr bäuerliche Gewerkschaften im Kampf mit der Regierung[29] oder weisen darauf hin, daß der Aufschwung der Kooperativen-Bewegung in Québec im wesentlichen auf das bahnbrechende Wirken landwirtschaftlicher Kooperativen zurückging.[30] Alle Untersuchungen sind sich jedoch darin einig, daß die sittlichen Werte im Zusammenhang mit dem landwirtschaftlichen Diskurs von besonderer Prägnanz waren. Viele neuere Forscher verteidigen die gesellschaftliche Rolle der Kirche bei der Ausbildung dieser bedrohten Identität.[31]

Die Grundlage für die gesellschaftliche Rolle der Frauen war die Rolle der Familie. Alle Beobachter stimmen darin überein, daß Familie und Sprache die wesentlichen Pole der Identitätsstiftung im Rahmen des nationalen Unternehmens waren, in neuerer Zeit verbunden mit dem Bezug auf das Territorium. Von den Zeitschriften der Landfrauen wurde nun die Frau, als Gebärerin und Hüterin der Werte, in dieses Unternehmen zur Rettung von Nation und Identität einbezogen. Daher verlangten diese Zeitschriften, daß die Landfrauen als Gründungsmitglieder der frankokanadischen Nation anerkannt würden. Der Nationalismus lebte von der Betonung der Komplementarität der Geschlechter und speiste eine feministische Strömung, wie sie im Buche stand. Kann man das wirklich als konservativ bezeichnen (abgesehen davon, daß der Diskurs generell steif und ein wenig stereotyp war)? Die Bemühungen um Anpassung an die Veränderungen – die sehr schnell als fundamentale erkannt wurden – und die Einbeziehung der Belange der Frauen in dieses große Ganze verraten doch eher eine besondere Sensibilität für die neuen gesellschaftlichen und sogar politischen Gegebenheiten.

Mit einem Wort, die Zeitschriften der Landfrauen haben wichtige Umorientierungen vorgenommen: Sie wollten die volle Anerkennung der Frauen, und zwar auch im Bereich der Arbeit, die sie als Anrecht der Frauen aufgrund ihrer weiblichen Eigenschaften rechtfertigten. Die Verbindung des Weiblichen mit dem Nationalismus gibt Anlaß zu eher politischen Überlegungen. In dem uns hier beschäftigenden Fall – und man sieht dasselbe auch in Deutschland vor 1933 und in Italien –[32] bestimmt das Amalgam aus Frauen plus Nationalismus einen neuartigen öffentlichen Raum in einer Gesellschaft, die ihre nationalen Ambitionen neu definiert. Die Verknüpfung der Frauen mit dem Nationalismus erwies sich für beide Seiten als vorteilhaft, was uns zu der Feststellung nötigt, daß die Einbeziehung der weiblichen Dimension in die nationale Ideologie, und mehr noch in den Aufbau des Nationalstaates, entscheidend für das Erstarken einer konsequenten Frauenbewegung zu sein scheint. Das Beispiel Québec ist in dieser Hinsicht aufschlußreich: Es offenbart unter anderem, welchen Einfluß diese Frauen auf die verschiedenen Gestalten des Nationalismus gehabt haben.

Die nationale Festigung Québecs

Bis in die sechziger Jahre hinein gedieh die »traditionelle« Version des Feminismus; mit der Entfaltung des Québecer Nationalismus gewann sie noch an Gewicht. Gruppen wie die Landfrauenzirkel, die Frauenvereinigung für Bildung und Sozialarbeit (Association des Femmes pour l'Éducation et l'Action sociale, AFEAS), welche 1966 aus der Fusion der Hauswirtschaftszirkel (Cercles d'Économie Domestique) mit der Katholischen Frauen-Union (Union Catholique des Femmes) hervorgegangen war, oder der Anfang der siebziger Jahre gegründete Frauenbund Québec (Fédération des Femmes du Québec) speisten die nationale Ideologie und zehrten ihrerseits von dieser. Sie gaben ihr eine allgemeingültige Dimension – die der Komplementarität der Geschlechter – und bauten gleichzeitig ihre eigene, gemeinsame Basis in der zivilen Gesellschaft aus. Die feministische Explosion der siebziger Jahre sollte diesem Bündnis ein Ende machen und die ihm angeschlossenen Organisationen sprengen. Sie offenbarte tiefreichende ideologische und soziale Brüche und stellte neue Gleichungen auf: Der Nationalismus war künftig nicht mehr ein einheitliches, dem Konservatismus nahestehendes Credo, und der Feminismus war nicht allein die Frucht der Moderne.

Die Errungenschaften der Frauenbefreiungsbewegung berührten sämtliche Aspekte der Gesellschaft. Eine Unzahl von Gruppierungen trat auf, die die Autonomie der Frau im Bereich der Selbsterfahrung und der Gesundheit predigten; Zeitschriften mit emanzipatorischem Anspruch erschienen (von den *Têtes de pioches* bis zu *La Vie en rose*, die in den achtziger Jahren eine Auflage von 100 000 erzielte); eine ganze Welt der Frauen tat sich auf und meldete sich vehement zu Wort. Von kostenlos gewährten Rechtsberatungen bis zu Hilfseinrichtungen für mißhandelte Frauen entstanden überall jene Frauenkollektive, deren Existenz zwar kurzlebig, deren Wirkung jedoch nachhaltig war. Der Kampf um den freien Zugang zur Abtreibung war oft der Ausgangspunkt und manchmal das Ziel der Aktivitäten vieler Gruppen; hinzu kamen der Wunsch der Frauen, nicht mehr nur brave Konsumentinnen von Medikamenten zu sein, und das Verlangen, sich dem Zugriff einer noch patriarchalisch funktionierenden Ärzteschaft zu entziehen. Wie überall sonst in der westlichen Welt wollten die Frauen von Québec ihr Schicksal selbst in die Hand nehmen. Die durch diese Bewegungen hervorgerufenen Veränderungen waren beträchtlich. Überall entstanden Programme, wie der Zugang zur Gleichheit und die Feminisierung von Positionen und Funktionen zu erreichen seien; überall wurden Ausschüsse gegründet, die sich mit der Situation der Frau befaßten, wobei Gewerkschaften und Parteien miteinander darum wetteiferten, als erste solche Gremien vorweisen zu können.

Das Frappierende an diesem feministischen Gären war die Schnelligkeit, womit sich alle diese zunächst mehr oder weniger improvisierten Praktiken zu Ansatzpunkten für Reformen entwickelten, die ihrerseits unverzüglich von den Institutionen aufgegriffen und umgesetzt wurden. Ein einschlägiger Fall waren das Frauenministerium und die ihm angeschlossenen Behörden. Aus einer zunächst beratenden Stelle wie dem Conseil du Statut de la Femme wurde sehr schnell eine Forschungs- und Aktionsorganisation für Frauengruppen, die Informationen und Subventionen bereitstellte, bevor sie ihrerseits ein Rädchen im Getriebe des Staatsapparats zur Überwachung der neuen, nichtdiskriminierenden Regeln wurde. Dies alles vollzog sich im Zeitraum von zehn Jahren. Die beachtlichen politischen Umschichtungen, die Québec seither erlebt hat, erklären sich zum Teil aus der Schnelligkeit, mit der die Forderungen der Frauen in die Tat umgesetzt worden sind. Der Einfluß der feministischen Bewegung machte sich auf Provinzebene als ein neuer Vorstoß in Richtung auf den Nationalismus bemerkbar; es ging um die Themen Souveränität und Gleichheit.

Gleichheit für Unabhängigkeit

Gestützt auf diese Befreiungsbewegung, nahm eine andere nationale Konstellation Gestalt an, die man Anfang der sechziger Jahre auftreten sah. Sie machte die Modernität, fortan begriffen als Gleichheit aller Staatsbürger, zur obersten Priorität des nationalen Projekts. Der Sieg der progressiven Nationalisten, die von einigen feministischen Gruppen unterstützt wurden, zeugte von diesem Durchbruch; Nationalisten und Feministinnen stellten die Regierung des Parti Québécois, die 1976 von René Lévesque gebildet wurde. Lévesque versuchte, die Unabhängigkeit Québecs von der kanadischen Konföderation durchzusetzen, stieß jedoch dabei auf zahlreiche Widerstände, darunter unerwarteterweise auch den der »Yvettes«. Nachdem die Frauenministerin Lise Payette im Rahmen einer Volksbefragung Hausfrauen in den Rang passiver Frauen verwiesen hatte, wehrten sich diese Frauen, die sich bewußt zu ihrem Hausfrauenstatus bekannten, dagegen, daß die Ministerin ihren Beitrag zum Aufbau der Nation nicht anerkannte. Sie brachten der Politikerin, die von den Frauen verlangt hatte, bei der 1980 von ihrer Regierung anberaumten Volksbefragung über die Unabhängigkeit Québecs mit »Ja« zu stimmen, eine eklatante Niederlage bei, indem sie zu Tausenden mit »Nein« stimmten. So rächten sich die von der Ministerin diffamierend als »Yvettes« bezeichneten Hausfrauen an ihr. Auf einer Kundgebung mit über 10000 Teilnehmerinnen bekräftigten sie ihre Verbundenheit mit dem Frauenbild und -stereotyp der

»Yvette« und verwarfen en bloc die Vision einer Emanzipation der Frauen und Québecs.

Der latente Konflikt zwischen jenen Frauen, die von den Verfechtern eines traditionellen weiblichen Nationalismus unterstützt wurden, und denjenigen Frauen und Männern, die die nationale und sexuelle Emanzipation nur durch Gleichheit und Unabhängigkeit verwirklicht sehen konnten, trat überdeutlich zutage. Unbeschadet aller parteilichen Interpretationen, die geflissentlich auf das Zusammengehen der Konservativen, in diesem Fall der Liberalen Partei Québecs, mit den »Yvettes« und auf die mögliche Manipulation dieser durch jene verwiesen haben, bezeugte diese Episode den unglaublichen Durchbruch der Frauen auf der politischen Bühne. Durch den Druck der Öffentlichkeit und durch geschickte Nutzung der Medien verschafften sich die »Yvettes« Gehör. Vor allem mit dem Hinweis auf ihre Bedeutung für das nationale Überleben Québecs rührten sie an einen empfindlichen Punkt im politischen Gebäude und trugen dazu bei, daß die Parteien ihre Karten neu mischten. Die »Yvettes« bildeten den Sprengstoff, der dazu führte, daß das als Volksbefragung von dem herrschenden Parti Québécois vorgelegte Souveränitätsprojekt scheiterte.

Nach diesem »Ausrutscher«, der der Sache der Souveränität teuer zu stehen kam, betrachtet man die Frauenfrage heute unter einem weniger sektiererischen Blickwinkel. Hat man das Scheitern der Volksbefragung zunächst mit der traditionellen Abneigung sowohl der Frauen als auch der sogenannten »allophonen« oder nichtfrankokanadischen Gruppen gegen Veränderungen erklären wollen, so hat man später diese These differenziert. War die Frage, über die das Volk seine Meinung sagen sollte, falsch gestellt? Hatten die Verfechter eines offenen Nationalismus die Bedeutung der Veränderungen unterschätzt, die gerade diejenigen Männer und Frauen bewirkt hatten, denen sie Traditionalismus vorhielten? Hatten sie vorschnell Gleichheit mit Unabhängigkeit gleichgesetzt, ohne Anerkennung der Rolle, welche die Mütter und ihre vielen Verbände bei der Weitergabe der nationalen Identität gespielt, und der Mittel, deren sie sich zu diesem Zweck bedient hatten? Jedenfalls sind die politischen Parteien seither zu größerer Umsicht in der Frauenfrage gehalten.

So ist es den Frauenverbänden in wenigen Jahren und mit eigenen Formeln gelungen, das parteipolitische Spiel in der Weise zu verändern, daß nunmehr ihre Existenz in Rechnung gestellt wird und die politische Bühne sich für Repräsentanten aus der zivilen Gesellschaft öffnet. Im Verein mit anderen sozialen Bewegungen haben sie ihre Perspektive zur Anerkennung gebracht und an Einfluß dazugewonnen.

Verbunden mit der Erweiterung des öffentlichen Raumes für die Frauen seit Beginn des Jahrhunderts hat eine Vereinigung wie die

Landfrauenzirkel an der Modernisierung bestimmter Teilbereiche des ländlichen Lebens, vor allem aber des häuslichen Bereichs, partizipiert. Der Prozeß, durch den diese Vereinigungen dem sozialen Beitrag der Frauen als Landfrauen und Hausfrauen Anerkennung zu verschaffen wußten, war ebensosehr mit einem Zugewinn an Autonomie wie mit einer korporatistischen Reglementierung des Frauenberufs verbunden. Aus diesem Grund ist es schwierig, ihr Wirken in Kategorien zu fassen, und gleichzeitig so verlockend, dieses Wirken ohne weiteres als eine nationalistische Unternehmung des Staates zu vereinnahmen, nachdem es vorher eine der Kirche war.

Eng verbunden mit der Entwicklung des Wohlfahrtsstaates, der in Québec wie in Frankreich sehr bald die Funktion der Kirche ersetzte, kündigt sich in dieser stillen Bewegung von Frauen, die sich in freiwilliger und korporatistischer Laisierung neu gruppiert haben, die Intervention des modernen Staates an, auch wenn sie von ihm nicht abhängt. Zwar haben die Mitglieder dieser Vereinigungen auf der Ebene des praktischen Handelns eine gewisse Emanzipation und Aufwertung erfahren; auf der ideologischen und politischen Ebene aber sind die Folgen komplizierter. Der Diskurs, der sehr schnell als einziges Modell der Frau die Retterin der Menschheit durch Selbsthingabe postulierte, entnahm seine Akzentuierungen unverkennbar der christlichen Lehre. Gleichzeitig wurde ein grundsätzliches Einverständnis mit allen Verfechtern eines siegreichen und bewußt traditionalistischen frankokanadischen Nationalismus erzielt; dieser Nationalismus, der die wohltätigen Wirkungen der Familie für die Bewahrung der Nation und der Sprache verteidigte, erkannte öffentlich die Rolle der Frauen an, die in seinem Sinne wirkten.

Was dem zeitgenössischen Feminismus den Weg bereitet hat, waren speziell diese Vereinigungen. Trotz eines gewissen Wettstreits untereinander um die Würdigkeit, »feministisch« zu heißen, und trotz einer gewissen Intoleranz standen sie am Ursprung einer großen Veränderung, die bewirkte, daß die Sache der Frauen in Québec gehört wurde. Sie haben zahlreiche Verdienste, so daß die Sichtbarkeit von Frauen auf allen Ebenen der Gesellschaft heute bereits zum kulturellen Erbe gehört.

Auf der politischen Ebene hat man ebenfalls gezeigt, daß die konservativen Tendenzen nicht länger von diesen Bewegungen profitiert haben, weder von den Landfrauenzirkeln noch von der Bewegung der »Yvettes«. Die Geschichte der Frauen Québecs im 20. Jahrhundert zeugt von einer anderen Wirklichkeit, die viel stärker in einer kommunitarischen Tradition verankert ist; diese garantiert das Überleben der Familien, aber auch eine lebhafte weibliche Geselligkeit. Ob in ländlichen oder städtischen Gruppierungen, in privaten, beruflichen oder politischen Zusammenschlüssen: Diese Frauen entwickeln eine Vision von der Gesellschaft, die an ihre Vision von der Familie anschließt: kommunitarisch und beschützend. In diesem Sinne sind sie eher nationalistisch als konservativ. Mit den avanciertesten Positionen in einer Grundsatzdebatte haben sie dazu beigetragen, die Gesellschaft Québecs in eine Modernität einschwenken zu lassen, deren Folgen heute noch kaum abzusehen sind.

Durch seine aktive Mitwirkung an der Modernisierung des Québecer Nationalismus kann der Feminismus sich als eine nicht zu vernachlässigende politische Größe betrachten. Während das politische Gebäude in der Krise steckt, findet es im Feminismus eine Stütze, die ihm eine Atempause verschafft. Als kleine Gesellschaft mit großen Idealen kündet Québec von dem Erfolg der Frauen ebenso wie von dem Erfolg einer ganzen Gesellschaft. Ein solches Gelingen wird zur Eintrittskarte in den Club der sogenannten fortgeschrittenen Gesellschaften.

Aus dem Französischen von Holger Fliessbach

19

FORTPFLANZUNG UND BIOETHIK

Jacqueline Costa-Lascoux

W enn die Wissenschaft sich des Menschen bemächtigt, seines Körpers, des Geheimnisses seiner Abstammung oder seiner Nachkommenschaft, wird jede ethische Maxime kritisch hinterfragt. Der Sehnsucht und dem Wunsch nach einem Kind bieten sich verschiedene Möglichkeiten; Diskussionen entzweien Individuen, Paare, Denkrichtungen und Kirchen; die Rechtsstreitigkeiten häufen sich. Die einen verurteilen die Mediziner als »Programmierer der Menschenproduktion«, die sich bemächtigen, »ihresgleichen miteinander zu paaren, um fortpflanzungsfähige Paare zu erhalten«, und prangern sie als Komplizen bei der »Kommerzialisierung des Körpers« an; die anderen betrachten den Aufschwung der Naturwissenschaften als Verheißung des Sieges über Unfruchtbarkeit und Erbkrankheiten. Alle wissen, daß die Biotechnologien zur Reflexion über die Grundrechte des Menschen und über die Eugenik anregen.

Die neuen Techniken der Fortpflanzung – die man allgemein »medizinisch gestützte Fortpflanzung« nennt – profitieren von den erheblichen naturwissenschaftlichen Fortschritten der letzten zwanzig Jahre.[1] Sie verleiten unfruchtbare Paare zu großen, mitunter illusorischen Hoffnungen. Die rasante Entwicklung der Forschung läßt uns künftig mit neuen, spektakulären medizinischen und biologischen Eingriffen in die Weitergabe des Lebens rechnen, wobei sich für genetische Manipulationen gewaltige Möglichkeiten eröffnen. Neben Hoffnung ist also auch Besorgnis am Platze.

Die Reproduktionsmedizin wirft Werte, Glaubensüberzeugungen und Vorstellungen über den Haufen, die manche für unantastbar gehalten hatten. Sie bewirkt die Trennung der Sexualität von der Fortpflanzung, der Zeugung von der Abstammung, der biologischen Abstammung von den gefühlsmäßigen und erzieherischen Bindungen, der biologischen Mutter von der austragenden Mutter und der erziehenden Mutter. Welches Bild bietet sich heute von der Frau, die »medizinisch unterstützt« worden ist, von dem Kind als Produkt der Naturwissenschaft, von dem sozialen Vater, der nicht gleichzeitig der biologische Vater ist? Wohin entwickeln sich die Bande der Abstammung, die Beziehungen zwischen den Generationen, der doppelte elterliche Bezug? Die Herausforderungen der bio-medizinischen Ethik[2] wirken sich auf die Begriffe der Person und der Freiheit aus und verändern die Vorstellung von Mann und Frau.[3]

Die künstliche Insemination, das Spenden von Oozyten, die Befruchtung in vitro und der Embryonentransfer, die Ersatz- oder Leihmutterschaft, das Einfrieren von Embryonen, welches zeitlich verzögerte Inseminationen – sogar solche post mortem – erlaubt, die Selektion oder Manipulation von Embryonen[4] können nicht mehr allein dem Gewissen des einzelnen oder der medizinischen Deontologie überlassen bleiben. Die in der Praxis beobachteten Exzesse, die »Kommerzialisierung der menschlichen Fortpflanzung«, bei der es um riesige Summen geht und die auf die verschiedensten Voraussetzungen trifft, sowie die seelischen Dramen infolge des Fehlens ethischer Maßstäbe haben eine allgemeine Bewußtseinsschärfung bezüglich der sogenannten künstlichen Fortpflanzung bewirkt. Manche fordern das Eingreifen des Gesetzgebers oder des Richters. Recht und Bioethik brechen in das Leben von Paaren und von einzelnen ein, die ihrem Wunsch nach einem Kind, ja ihrem Recht auf ein Kind Ausdruck geben. Aber was verbirgt sich hinter diesem Kinderwunsch? In pluralistischen Gesellschaften, die durch die starke Zuwanderung aus traditionellen Gesellschaften geprägt sind, brechen Konflikte zwischen den Kulturen auf: Das Drama der Unfruchtbarkeit und der Rückgriff auf die Reproduktionsmedizin offenbaren – manchmal – ganz kraß geschlechtsspezifische Diskriminierungen und den Wunsch nach männlichen Nachkommen.

Eine vergleichende Untersuchung der Praktiken, ideologischen Debatten und zur Wahl stehenden Lösungen in verschiedenen Ländern scheint ein gewagtes Unternehmen zu sein. Es gibt eine Unmenge von Literatur, widersprüchliche Meinungen, sehr disparate Gesetzgebungen und Rechtsprechungen. Trotzdem ist eine Synthese möglich, die unter Berücksichtigung der nationalen, religiösen oder politischen Besonderheiten die allgemeinen Tendenzen nachzeichnet, sofern sie nicht die grundsätzlichen Optionen und die wesentlichen Trennungslinien aus dem Auge verliert.[5]

Auf Konferenzen, in öffentlichen Diskussionen, in Gesetzesanträgen und in den Medien kommen die unterschiedlichen Meinungen in ihrer ganzen Vielfalt, Gegensätzlichkeit oder Einhelligkeit zu Wort. Umfragen in der Öffentlichkeit oder unter Fachleuten vervollständigen im übrigen dieses ohnehin schon sehr kontrastreiche Bild, dessen hervorstechendsten Züge die Infragestellung der Institution Familie zugunsten einer frei bestimmten Elternschaft und die Koppelung der Fortpflanzung an das Interesse des Kindes sind. Unbeschadet einer mancherorts befürchteten abwertenden Vision von dem »medizinisch unterstützten Körper der Frau«, dem Verschwinden des Vaters, der Auflösung der rechtmäßigen Familie gibt es vielleicht ein neues Zusammenfinden des Paares um das Kind – ein Kind, das ganz »eigenständige Persönlichkeit« und im Begriffe ist, sich auf der Basis einer anderen Bedeutung und einer anderen Rollenverteilung zu entwickeln.

EINE ALTE GESCHICHTE

Die Angst vor der Unfruchtbarkeit ist uralt. Sie hat in den antiken Stadtstaaten und den archaischen Gesellschaften zu zahlreichen juristischen Entwürfen geführt, die den Zweck hatten, jeden Mann an der Weitergabe des Lebens teilhaben zu lassen. Sie hat die Wissenschaftler veranlaßt, nach Heilmitteln und Abhilfen zu forschen. Sie hat auch Scharlatane und – neuerdings – Personen auf den Plan gerufen, die aus dem Leid der Unfruchtbarkeit und dem Wunsch nach einem Kind ein lukratives Geschäft machen wollen.

1791 nahm der Engländer Hunter die erste Human-Insemination zwischen zwei Ehepartnern vor, einem Tuchhändler und seiner Frau. In Frankreich mußte man auf einen vergleichbaren Eingriff bis 1804 warten, dem Jahr des Code Napoléon. Als der Gedanke an die künstliche Insemination mit Spendersamen aufkam, erhoben sich heftige Widerstände, und der Vatikan verurteilte diese Praxis. In den USA wurde für die erste künstliche Insemination mit fremdem Samen ein Gymnasiast herangezogen, der durch seine schulischen Leistungen aufgefallen war: Pancost wählte für die Weitergabe von Leben den »Klassenprimus«. Aber erst seit 1940, dank Parker und der Möglichkeit des Einfrierens von Sperma, wurde die künstliche Insemination zu einem leichten, ja alltäglichen Eingriff. Im Jahre 1984 feierten in Frankreich die CECOS (Centres d'Étude et de Conservation de l'Œuf et du Sperme) ihr zehnjähriges Bestehen und ihre zehntausendste Schwangerschaft. Seither hat sich diese Zahl mehr als verdoppelt. Bei der heterologen Insemination ist es nicht mehr die Technik, die Probleme aufwirft; es ist der Dritte, der Eindringling in die Abstammungsbeziehung.

Eine zweite Etappe bezeichnet die In-vitro-Befruchtung nebst Embryonentransfer – das sogenannte »Retortenbaby«. 1978 wurde, zum höheren Ruhme eines Dr. Edwards, in der Nähe von Manchester Louise Brown geboren, das erste Retortenbaby der Welt. Drei Jahre später fand in Frankreich unter der Aufsicht René Frydmans und Jacques Testarts die Geburt der kleinen Armandine statt. Seither sind in Frankreich mehrere tausend Retortenbabies zur Welt gekommen. Indessen verspricht diese Fortpflanzungstechnik nur bei 15 Prozent der antragstellenden Paare Erfolg. Die auf diese Weise gezeugten Kinder posieren auf den Familienfotos, mit denen die Ärzte, die ihnen ihren Ruf verdanken, ihre Praxen schmücken: Der Gynäkologe, umringt von dankbaren Müttern, während die Väter sich im Hintergrund dieses »Familienkreises« halten. Eine Ikonographie der Darstellungen medizinisch assistierter Fortpflanzungen bleibt noch zu schreiben; sie würde das Verdrängte in unseren Gesellschaften sowie deren Bild von der Frau und von der Mutterschaft schonungslos zum Vorschein bringen.

1984 kam in Melbourne mit Dr. Carl Woods Hilfe Zoé zur Welt – das erste Kind, das sich aus einem tiefgefrorenen Embryo entwickelt hatte. Es folgten die Niederlande, England und, und, und. Die rasanten Fortschritte in Medizin und Biologie waren beachtlich; die ethische Diskussion darüber wurde unvermeidlich. Nicht nur die Möglichkeit sich fortzupflanzen wurde erleichtert, sondern auch die Wahl des geeignetsten Augenblicks für die Fortpflanzung, der nun auf mehrere Jahre im voraus programmierbar wurde: »Man speichert Lebenskapital.«

Mit der zeitlich programmierten Fortpflanzung ging die Möglichkeit einher, die Anzahl der Implantationen zu wählen. Die gleichzeitige Implantation von mehreren Embryonen erlaubte 1986 erstmals die Geburt von Zwillingen – Audrey und Loïc. Danach wurden in Australien Vierlinge geboren und später in Melbourne »zeitlich verschobene« Zwillinge, Rebecca und Emma. Sie wurden beide an demselben Tag gezeugt, aber im Abstand von 16 Monaten geboren. Die Wurzel Jesse, Feldzeichen der Kinder aus medizinisch gestützter Fortpflanzung, trieb neue Verzweigungen hervor – erschreckende oder anarchische, wie manche fanden. Seitdem hat die Technik eine neue Polemik über Mehrling-Schwangerschaften und ihre mitunter dramatischen Folgen für das Familienleben entfacht. Alles scheint möglich zu werden, bis hin zur Manipulation von Embryonen und zur Weiterverwendung überzähliger Embryonen als unersetzliches Material für Experimente in vitro: Das Band der Abstammung dehnt sich so weit, bis es eine gewisse Personalisierung jenes Lebens oder jenes Dinges vermittelt, das man »potentielle Person« nennt. Das Problem verschiebt sich also von der

Abstammung des Menschen auf den Augenblick seiner Entstehung und Individualisierung, auf den Status des Embryos. Manche sehen hier die Gelegenheit, gegen das Recht auf Schwangerschaftsabbruch zu Felde zu ziehen.

Gleichzeitig vergrößert sich der Kreis der intervenierenden Personen. Ein wahrer Menschenauflauf begleitet die Entstehung des Kindes: der Gynäkologe, der Biologe, der Psychologe, der Dritte – sofern der Spender bekannt ist –, sie alle beugen sich über die Wiege. Die Medien haben sich diese Inszenierung der Fortpflanzung nicht entgehen lassen. Die Geheimnisse des Alkovens werden mit Fachärzten und Experten geteilt: Die Medikalisierung begünstigt die Sozialisierung der Fortpflanzung.

Das beste Beispiel für die Herausforderung der Reproduktionsmedizin ist die Ersatzmutterschaft. Sie ist der vollkommene Ausdruck aller Phantasmen, die sich in den letzten Jahren um das Phänomen der Retortenzeugung gerankt haben. Alles vermischt sich hier: der ununterdrückbare Wunsch nach einem Kind; eine Ideologie der Fortpflanzung um jeden Preis; Geschäftstüchtigkeit; echte Solidarität, wie bei jener Schottin, die John austrug, ohne einen Pfennig dafür zu nehmen; die nicht zu unterschätzende Rolle von Organisationen wie (in Frankreich) »Ste Sarah«, »Les Cigognes« oder »Alma Mater«, die Anlaß zu einer Reihe aufsehenerregender Prozesse gaben, sich aber auf internationaler Ebene neu konstituierten. Das Hochstilisieren dieser Themen durch die Medien zu regelrechten Modeerscheinungen sollte jedoch nicht über die Komplexität der einzelnen Situationen und die Vielfalt der beteiligten Interessen hinwegtäuschen. Eltern verbünden oder überwerfen sich mit einer bestimmten Zeitschrift und bewirken die Verwirrung der sachlichen Argumentation durch die Heftigkeit ihrer Ängste und Emotionen.

Auf dem Gebiet der Fortpflanzung gehen die verschiedensten Argumentationen durcheinander, angefangen beim theologischen Diskurs bis hin zu den undurchsichtigsten Interessen. Am häufigsten verwechselt man im Hinblick auf die zentrale Persönlichkeit des zu gebärenden Kindes Ethik und Moral, Recht und medizinische oder wissenschaftliche Deontologie miteinander.[6] So hat man die Ersatzmutterschaft als Beispiel für die Reproduktionsmedizin herangezogen, obwohl sie strenggenommen keine besonderen medizinischen Techniken erfordert. Sie erinnert übrigens an Gebräuche, die in vielen traditionellen Gesellschaften verbreitet sind, und weist auch Parallelen zu der vertraglich geregelten Tätigkeit der Nähramme auf. Schon die Parlamentsdebatten des 19. Jahrhunderts über die Nährammen beschäftigten sich mit Überlegungen, die auch auf die Problematik der Leihmütter zutreffen. Das Problem war damals nicht der Fortschritt der Wissenschaft, sondern die Stellung der Nähramme in bezug auf die Eltern und ihre Rolle bei der Erziehung des Kindes. Heute gehen die Argumente durcheinander, was die Analyse der ganz unterschiedlichen Situationen erschwert, mit denen man es zu tun haben kann.

Mit jeder neuen Etappe auf dem Weg des biologischen und medizinischen Fortschritts pflegen sich die Probleme zu präzisieren und zu differenzieren. So zwingen die Fortschritte in der pränatalen Diagnostik dazu, die Frage der Eugenik von der Frage der Abstammung zu unterscheiden und nicht ständig das, was in den Bereich der Wissenschaftsethik gehört, auf den Bereich des Persönlichkeitsrechts zu beziehen. Die Fülle der normativen Diskurse über die Fortschritte der Wissenschaft und über das Eingreifen von Fachleuten, deren Rolle man nicht mehr zu bestimmen weiß, trägt zur allgemeinen Verwirrung bei.

Die Argumentation wirft das Problem der Quellen sowie ihrer Hierarchie und ihrer Legitimität auf. Die Texte, die dabei am häufigsten herangezogen werden, sind: der Nürnberger Kodex von 1947, die Deklarationen von Helsinki (1964) und von Manila (1981), der internationale Pakt in bezug auf die bürgerlichen und politischen Rechte; die theologischen Quellen, Enzykliken zu bischöflichen Hirtenbriefen oder zu Texten ohne kirchenrechtlichen Status; die Empfehlung Nr. 1046 des Europarates; die Empfehlung Nr. 874 des Europaparlaments; die Rechtsprechung des Europäischen Gerichtshofes; die Berichte von Expertenkommissionen, handelt es sich nun um die Warnock-Kommission von 1984, den Bericht des ad-hoc-Expertenkomitees von Cahbi in Belgien, die französischen Berichte des Staatsrats an den Ministerpräsidenten über künstliche Fortpflanzung (1986), über die Wissenschaften vom Leben (1988) oder neuerdings (1991) den Bericht Noëlle Lenoirs über Bioethik – und selbstverständlich das Zivil- oder Strafrecht, die Rechtsprechung durch Verwaltung und Gerichte; endlich die vielen Meinungsbekundungen von Instanzen wie den Ethikkommissionen und die Regeln der medizinischen Deontologie. Lehrmeinungen gibt es mehr als genug; die Entscheidungen der Gerichte werden immer zahlreicher. Der Gesetzgeber hingegen zögert, Maßnahmen zu ergreifen. Auf der Ebene des internationalen Rechts ist die Debatte noch nicht abgeschlossen: Durch die Konfrontation von unterschiedlichen Erfahrungen und den Rekurs auf Prinzipien, die nach Möglichkeit über nationale kulturelle oder institutionelle Traditionen hinausgehen, ergeben sich ethische Alternativen.

Die Frage der Abstammung erweitert sich in dem Moment zur Diskussion über die Weitergabe von Leben, wenn von seiten einzelner oder des Paares der Anspruch auf ein privates Recht vorgebracht wird: Der Anspruch auf ein individuelles Recht *auf* das Kind entsteht, während die Rechte *des* Kindes bekräftigt werden. Die neuen Fort-

pflanzungstechniken haben die Abstammung aufgrund von Blutsbanden getrennt von der Abstammung aufgrund einer Willensentscheidung, welche die Adoption legitimiert; ein Dritter ist gekommen und
hat sich eingemischt – ein Dritter, der meistens anonym bleibt. Die
Symbolik des Blutes steht der Symbolik des Willens, welcher das Band
elterlicher Verbundenheit erschafft, im Streit um die Abstammung
ebenso entgegen wie in der Polemik um die Staatsangehörigkeit als
Band der Verbundenheit mit dem Staat. Die Reformen des Staatsan-
gehörigkeitsrechts in verschiedenen Ländern vollziehen sich mit einer
bezeichnenden Heftigkeit, die an die Vorgänge im Zusammenhang mit
dem Gesetz über die Bioethik erinnert. Die Definition der Person und
ihrer Identität – nach Herkunft oder nach Zugehörigkeiten – verläuft
quer zu jeder Reflexion über die Einheit des Rechtssubjekts.

Bei einer Schwangerschaft, die sich ganz in vitro abspielen würde,
steht der Mensch vor seiner eigenen Schöpfung, vor den Möglichkeiten genetischer Manipulationen, vor der Eugenik und seiner Ontoge-
nese. Wird der menschliche Körper am Ende selbst zu einem ver-
dinglichten Gefäß? *Le Désir de naissance* von René Frydman, *L'Œuf
transparent* von Jacques Testart, *Produire l'Homme* von Jean-Louis
Baudouin und Catherine Labrusse-Riou, alle diese Werke haben die
Diskussion über die auf das Thema der Abstammung beschränkte
Bioethik maßgeblich erweitert. Seitdem wuchern die Vorhersagen.
Manche prophezeien die Schwangerschaft des Mannes, die Transplantation in den Uterus eines Tieres, das Austragen durch eine Leihmutter oder das Mieten eines Uterus aus reiner Bequemlichkeit. Welche
Hierarchie soll man zwischen diesen Möglichkeiten aufstellen? Man
kann nicht alles auf dieselbe Stufe stellen. Der Vermischung der ver-
schiedenen Ebenen entspricht die Verwirrung des Sprechens über die
Fortpflanzungsmedizin.

Die Manipulation des Zeitpunkts für die Weitergabe des Lebens läßt
erkennen, in welchem Ausmaß der menschliche Körper bereits instru-
mentalisierbar ist. Wenn die Geschichte von der »schwangeren
Großmutter« so viel Aufsehen erregt hat, obwohl dieser Fall alles andere als repräsentativ war, dann darum, weil der Wunsch nach einem
Kind noch nie zuvor so eng mit der Frage nach der Herkunft des Menschen verbunden war. Die Abstammung liefert dem Menschen ein
Gesamtgefüge: durch ihre normative Kohärenz und die Summe ihrer
juristischen Regeln, durch ihre Voraussetzungen de jure. Es entsteht ein
wahrer »Tropismus des Rechts«, während »der Mensch in den Strudel
seiner eigenen Entdeckung gerissen wird«.[7]

DIE ABSTAMMUNG DES KINDES VON DER NATURWISSENSCHAFT

Das »ganz eigene« Kind, das »wahre« Kind, das »gewünschte, *gewollte*« Kind »von eigenem Fleisch und Blut«, im Gegensatz zum adoptierten Kind, zum »Gelegenheits«-Kind, wie das schreckliche Wort in verschiedenen Umfragen lautete:[8] lauter Ausdrücke, die den Wert des biologischen Bandes bekräftigen. Es ist jedoch paradox, daß dort, wo die Kommentatoren vor allem die Künstlichkeit des naturwissenschaftlichen Eingriffs gesehen haben und manche sogar von dem durch die medizinische Technik »fabrizierten« Kind sprechen, die Paare selbst sich im wesentlichen an das Biologische klammern, an die kleinste biologische Spur, in der sich die Kette der Vererbung abzeichnen könnte, die genetische Weitergabe wenigstens eines Elternteils. Die Wahl eines Spenders, der phänotypische Merkmale aufweist, die denen der Eltern vergleichbar sind, kommt in der Anfrage nach heterologer Insemination häufig zum Ausdruck. Manchmal kam es sogar soweit, daß ein durch heterologe Insemination geborenes Kind nach der Geburt abgelehnt wurde, weil es der Ursprungsfamilie nicht ähnlich genug sah – was dazu führte, daß Samenbanken wie die CECOS in Frankreich neuerdings allzu detaillierte »Bestellungen« in bezug auf die physischen Merkmale des Spenders ablehnen.

In allen Gesellschaften findet man den Wunsch, die Unfruchtbarkeit zu »kaschieren«, vor allem die Unfruchtbarkeit des Mannes, die am schwersten zu ertragen ist, wie die Psychoanalytiker behaupten. Zwei Dinge sind hier vor allem von Bedeutung: einerseits das Überwiegen des Biologischen über die Elternschaft, zu dem später die der Wissenschaft zugeschriebene Tugend hinzukam, die Übertragung eines »von Erbkrankheiten gereinigten« Lebens zu ermöglichen; zum anderen die Geheimhaltung der Unfruchtbarkeit, die in der privaten Beziehung des Paares verschwiegen werden kann, indem die Fiktion einer natürlichen Abstammung aufrechterhalten wird.

Die Geheimhaltung des Leidenden und die ärztliche Schweigepflicht sind aufs engste miteinander verbunden: Es ist ein Stillschweigen über die Ursache der Unfruchtbarkeit wie über die Art ihrer Behandlung. Erst wenn die Wissenschaft über die Natur triumphiert und die Geburt des Kindes ermöglicht hat, wird das so schmerzlich gehütete Geheimnis gelüftet. Paare, die von den Fortpflanzungstechniken profitiert haben, legen oft nachträglich eine Art Triumphgefühl an den Tag und suchen neue Anhänger für die medizinische Wissenschaft zu werben. Der wissenschaftliche Diskurs gefällt sich in der Aufwertung durch das Erreichte, verschweigt aber geflissentlich, daß die Zahl der erfolgreichen Paare nach wie vor minimal bleibt. Umgekehrt erlaubt die Diskretion bezüglich der – psychologischen wie ökonomischen – Kosten[9] gewisser Eingriffe Rückschlüsse auf den Kampf gegen ein Leiden, das man nicht hinnehmen will. Während die Ärzte die Tendenz haben, den Wünschen der Paare entgegenzukommen und auch wiederholt medizinische Eingriffe vorzunehmen, versuchen Psychologen und Psychiater, die »Trauerarbeit« über die Unfruchtbarkeit zu unterstützen, was mitunter eine Adoption als die bessere Alternative erscheinen läßt.

Die Geheimhaltung der Unfruchtbarkeit ist leichter zu wahren, wenn zu homologen Techniken gegriffen wird, sei es zur einfachen Insemination oder zum Embryonentransfer. Auch in diesem Fall zeichnet sich jedoch ein anderes Bild vom Körper ab. Mit der Entwicklung der medizinischen und biologischen Techniken wird der Körper zu einem Behältnis. Vor dem Akt der Fortpflanzung, vor der Sexualität steht das Einverständnis der Eheleute. Zwar ist die Retorte nichts weiter als ein Instrument, aber ihre Vermittlung ist unentbehrlich. Mit homologen Techniken leistet der Arzt Hilfe und Beistand und begünstigt damit die Konkretisierung des elterlichen Wunsches. Er spielt voll und ganz die Rolle des Therapeuten; der Wille des Paares gibt der Technik ihren Sinn und wäscht in gewisser Weise die Sünde des Fleisches rein, wie ein Psychoanalytiker sagen würde. Das erklärt, warum die künstliche Insemination ohne fremden Samenspender weitestgehend akzeptiert ist und warum gegenteilige Weisungen der Kirche von unfruchtbaren Paaren häufig nicht befolgt werden. Eine fundamentale Frage bleibt jedoch im Raume stehen: Kann der Wunsch nach einem Kind so weit gehen, daß er über den Tod hinausreicht?

Das Kind nach dem Tod

Die Insemination post mortem hat in Frankreich seit der Affäre Parpalaix, die am 1. August 1984 vor dem Landgericht Créteil zur Entscheidung gelangte, eine lebhafte Polemik unter den Juristen ausgelöst. Dem Kommentar Catherine Labrusse-Rious zu dem Urteil von Créteil erwiderte Dekan Cornu: »Die Illegalität eines Kindes, das 300 Tage nach dem Tode des Gatten geboren wird, und auch die enormen erbrechtlichen Schwierigkeiten wiegen gering gegenüber dem Prinzip: In Verwandtschaftsverhältnisse darf nicht eingegriffen werden. (...) Die Stiftung einer posthumen unilinearen Familie scheint uns unzulässig zu sein.« Zwei Professoren der Rechtswissenschaft von der Universität Paris-II, Michelle Gobert und François Terré, hielten eine solche Insemination hingegen für zulässig, allerdings nur, insofern bestimmte Voraussetzungen gegeben waren: Analog zur posthumen Eheschließung müßten »schwerwiegende Gründe« vorliegen, und es müßte genau festgelegt sein, in welcher Form und zu welchem Zeitpunkt der Gatte vor seinem Tod den Kinderwunsch geäußert habe. Diese Argumentation unterstrich die wachsende Macht des Willens; denn die Wissenschaft ermöglicht unter bestimmten Umständen die Aktualisierung des Willens lange nach dem Zeitpunkt seiner Äußerung. Sie bekräftigte die zeitliche Nähe zwischen Äußerung und Ausführung der Absicht. Dekan Jean Carbonnier kam zu dem Schluß: »Es wäre sicherlich möglich, für diese Art der Abstammung einen rechtlichen Rahmen zu finden und ein solches Kind sogar in die Erbfolge aufzunehmen. Es fragt sich nur, ob wir damit nicht dem trügerischen Glauben Vorschub leisten, daß es dem Menschen eines Tages gelingen könne, den Tod zu besiegen und sich aus seiner Sterblichkeit zu befreien. (...) Die symbolische Wirkung eines solchen Gesetzes wäre selber sterblich.«[10]

Tatsächlich stellt die Insemination post mortem einen relativ seltenen Extremfall dar, den man der gewissenhaften Beurteilung des Richters überlassen kann, der genau seine Bedingungen festlegen und die Interessen des zu gebärenden Kindes, dieses »vom Vater gewollten Waisenkindes«, vertreten muß. Aber die Diskussion ist neuerdings durch Inseminationen post mortem wiederaufgeflammt, bei denen einer der Elternteile an Aids gestorben war. Neue Fälle sind vor die Justiz gekommen, in denen sowohl der überlebende Partner als auch der HIV-positive Partner ihren Willen unmißverständlich geäußert hatten.

Aus Vorsicht hatten sowohl die britische Warnock-Kommission als auch die Empfehlung des belgischen Cahbi entschieden von der Insemination post mortem abgeraten. Der britische Gesetzestext *Human Fertilisation and Embryology*, der durch das Ministerium für Gesundheit und Soziales vorgelegt wurde, war nuancierter: »Die Eltern haben ihre Wünsche in bezug auf den von ihren Embryonen und Gameten zu machenden Gebrauch für den Fall des Todes eines Elternteils in dem Augenblick zu äußern, wo diese deponiert werden sollen« (Paragraph 60 des Gesetzesentwurfs). Der Wille, die Entscheidung der Ehegatten soll also berücksichtigt werden. Demgegenüber untersagt der italienische Gesetzentwurf ausdrücklich die Insemination post mortem, und der Vorentwurf Braibant der Arbeitsgruppe beim französischen Staatsrat fordert: »Das Kind soll zwei Elternteile und keinen weniger haben.« Diese Rechnungsweise, die prinzipiell durch die internationale Konvention über die Rechte des Kindes bestätigt wird, an die sie sich anlehnt, vermischt verschiedene Argumente bezüglich der biologischen Elternschaft und der erzieherischen Elternschaft miteinander. Die Insemination post mortem unterstreicht nämlich ebensosehr den Vorrang des biologischen Bandes wie die Bedeutung des Willens der Eltern. In der Tat liegen der Argumentation denn auch Überlegungen zugrunde, die auf dem traditionellen Bild der – doppelköpfigen – Familie beruhen und sich aus den Interessen des Kindes herleiten. Ist das nicht nur eine andere Art und Weise, die monoparentale Familie zu verurteilen? Das von manchen geforderte Verbot der Insemination post mortem verträgt sich nicht ohne weiteres mit der Akzeptanz der heterologen Insemination. In der Tat wird die Abstammungsfrage komplizierter und sind die Rechte des Kindes schwerer zu bestimmen, wenn es mittels eines außenstehenden Spenders gezeugt wird. Trotzdem ist diese Technik der Fortpflanzung mittlerweile weit verbreitet. Offensichtlich hat die Stärkung des elterlichen Bandes größeren Symbolwert als die biologische Realität.

Das Kind eines Dritten

Die heterologen Techniken werfen eine doppelte Fragestellung auf: die Frage nach ihrer Legitimität und die Frage nach der Bestimmung der Abstammung. Die Warnock-Kommission hatte vorgeschlagen, das Kind als rechtmäßig anzuerkennen, wenn beide Ehegatten der Behandlung sowie der Registrierung des Kindes unter dem Namen des Ehemannes zugestimmt hatten. Dieser Auffassung schloß sich der Family Law Reform Act von 1987 an. Im belgischen, schweizerischen, holländischen und portugiesischen, aber auch im Québecer Recht untersagt eine Zusatzklausel die nachträgliche Anfechtung, wenn die Ehegatten dem Akt der Fortpflanzung zugestimmt haben. In den meisten europäischen Ländern wird der Gatte als der Vater des Kindes angenommen, wobei die Möglichkeit besteht, durch Gegenbeweis die Vaterschaft anzufechten.

In Frankreich gilt die Vaterschaftsvermutung nach Artikel 312 Abs. 1 des Code civil; entsprechend gilt, daß die Mutterschaft der Frau durch ihre Niederkunft bewiesen ist. Die gerichtliche Anfechtung der Vaterschaft ist möglich, wenn der Ehemann durch geeignete Tatsachen nachweist, daß er nicht der Vater sein kann. 1985 ist es durch zwei Entscheidungen des Kassationshofes für zulässig erklärt worden, daß jede beteiligte Partei, das heißt der Ehemann, die Ehefrau, das Kind oder die Erben, die Vaterschaft des Gatten innerhalb eines Zeitraums von 30 Jahren anfechten kann (im Falle des Kindes aufgrund der Aussetzung der Verjährungsfrist bei minderjährigen Kindern sogar innerhalb von 48 Jahren). Handelt es sich um die Anfechtung der Vaterschaft durch den Ehegatten oder Lebensgefährten im Namen der biologischen Wahrheit, so haben die Gerichte sie auch in den Fällen für statthaft erklärt, in denen die Frau mit dem Samen eines Spenders inseminiert worden war und der Ehegatte (oder Lebensgefährte) zuvor trotzdem seine Einwilligung erklärt hatte. Seit der Entscheidung des Gerichtes in Nizza vom 30. Juni 1976 sind mehrere Urteile in diesem Sinne ergangen. Die einzige Art der Nachkommenschaft, die im Namen der biologischen Wahrheit nicht widerrufen werden kann, ist die Adoption. Es fehlt jedoch nicht an Stimmen, die die Möglichkeit der Vaterschaftsanfechtung kritisieren, weil sie der ganzen Familienplanung und dem Familienzusammenhalt Schaden zufügen kann. Franck *Serusclat* und die Sozialisten im französischen Senat haben einen Gesetzentwurf eingebracht, wonach die Einverständniserklärung beider Ehegatten vor dem zuständigen Richter vorgeschrieben werden soll, um die Vaterschaftsvermutung zu bekräftigen. Der Gesetzentwurf Braibant begründet die Vermutung *pater is est* mit dem Willen, »dem Kind im Interesse seiner bestmöglichen Entwicklung eine klassische Familie zu geben«, und bestimmt: »Der Spender kann weder eine Abstammung zwischen sich und dem Kind herstellen (. . .) noch [staatliche] Zuwendungen für sich in Anspruch nehmen.«

Die heterologen Fortpflanzungstechniken, gleichgültig, ob es sich um eine künstliche Insemination oder um eine Befruchtung in vitro handelt, werfen nicht nur das Problem einer möglichen Vaterschaftsanfechtung, sondern auch das der Anonymität des Spenders auf. Auch hier sind die Regelungen von Land zu Land verschieden und die theoretischen Kontroversen zahlreich.

Die Praxis der Samenbanken, beispielsweise der CECOS in Frankreich, beruht im allgemeinen auf der Anonymität des Spenders. In Schweden hingegen gilt von Gesetzes wegen genau das Gegenteil: Das Kind soll das Recht haben, seine Herkunft und seine Abstammung zu kennen. In Wirklichkeit ist es so, daß dies sogar in jenen Ländern, in denen streng auf die Anonymität des Spenders geachtet wird, vor allem in den Samenbankzentren, gewährleistet ist. Auch wenn der Spender nicht namentlich genannt wird, werden typologische Karteien geführt, um beispielsweise zu große Unterschiede der Hautfarbe oder der äußeren Erscheinung zu vermeiden. Es mag verwundern, daß diese phänotypischen Klassifizierungen kaum Gegenstand der Kritik geworden sind. Die Rückkehr der »biologischen Fiktion« in der Fortpflanzung verstärkt in gewissem Maße ethnizistische, um nicht zu sagen rassistische Tendenzen, die den Fortschritten im Kampf gegen rassische Diskriminierung unmittelbar entgegenwirken.

Die ganze Verlogenheit der moralischen Diskussion zeigt sich an diesem Punkt – wie an vielen anderen Punkten –, sobald es um eine medizinisch gestützte Fortpflanzung geht. Wenn das Interesse des Kindes sowohl die Anonymität des Spenders als auch das Gegenteil begründen kann, erhält ein zusätzliches Argument besonderes Gewicht: die Befürchtung nämlich, daß die Aufhebung der Anonymität zu einer Verringerung der Zahl der potentiellen Spender führen könnte, die sich nicht der Gefahr aussetzen wollen, von dem Kind, das sie zu zeugen geholfen haben, auf Unterhalt verklagt zu werden. Die merkantilen

Aspekte und das Prestige der öffentlich anerkannten Samenbanken sind, in dem Maße, wie die Technik der heterologen Insemination sich weiterentwickelt hat, ebenso deutlich zutage getreten wie die ethischen Erwägungen in bezug auf das zu gebärende Kind.

Die Zuverlässigkeit der modernen biologischen Tests erleichtert die Bestimmung der biologischen Wahrheit, und die Gerichte greifen mehr und mehr auf genetische Expertisen als Beweismittel zurück. Doch wenn es sich um Familienbande handelt, die mit Hilfe einer medizinischen Technik entstanden sind, welche die Beteiligung des genetischen Erbes wenigstens einer dritten Person impliziert, weicht die biologische Wahrheit einer Fiktion: In diesem Fall gründet sich das Verwandtschaftsverhältnis auf die durch die Einwilligung der Ehepartner untermauerte Vaterschaftsvermutung. Indessen haben Wille und Fiktion ihre Grenzen; sie werden nicht bei jedem beliebigen Typ von Familienleben anerkannt. Weder homosexuelle Paare noch monoparentale Familien können auf heterologe Fortpflanzungstechniken zurückgreifen.

Im Zusammenhang mit Unverheirateten, namentlich mit alleinstehenden Frauen, hat es eine Diskussion um die Frage der Adoption gegeben. Mußte man nicht einem Recht des Kindes auf seine beiden Eltern, wie es dem obersten Ziel der Adoption, nämlich der Wiederherstellung einer »normalen« Familie, entsprach, das Recht des adoptierenden Unverheirateten gegenüberstellen? Mit den medizinisch gestützten Fortpflanzungen trat das Problem in besonderer Zuspitzung auf, weil es sich nicht mehr nur darum handelte, von einer bereits existierenden Situation auszugehen, sondern darum, bewußt, mittels einer Insemination, eine unilaterale Abstammung zu erzeugen. In diesem Zusammenhang ist häufig ein sogenanntes »Recht auf das Kind« beschworen worden.

Analog hierzu wurden in der Frage der Homosexuellen diametral entgegengesetzte dogmatische Positionen vertreten. Die Verbände zum Schutz der Rechte von Homosexuellen haben Vorschläge dazu vorgelegt, aber bisher scheint keine einschlägige gesetzgeberische Initiative diskutiert worden zu sein. Der Rückgriff von Homosexuellen auf die Reproduktionsmedizin stößt auf besondere Ablehnung, da man sich dabei vom traditionellen Modell der Familie weit entfernt. Umgekehrt scheint das Argument vieler homosexueller Paare, die zu ihren Gunsten die Stabilität ihres affektiven Bandes vorgebracht haben, nicht jeder Triftigkeit zu entbehren, wenn man an die vielen Ehescheidungen beziehungsweise Trennungen heterosexueller Lebensgemeinschaften gerade in den ersten Monaten nach einer heterologen Insemination denkt. So dreht sich das Nachdenken über die Reproduktionsmedizin im Grunde doch um den Status des Kindes und um eine bestimmte Vorstellung von der Familienstruktur.

Recht auf das Kind oder Rechte des Kindes?

Der Wunsch schafft noch kein Recht. Bestärkt durch die naturwissen-schaftlichen Fortschritte, laufen unfruchtbare Paare von einem Arzt zum anderen »und fordern ein Kind«.[11] Der Wunsch nach einem Kind wird so zu einer Forderung, ja zu einem Rechtsanspruch auf das Kind. Diese Über-höhung der rechtmäßigen Elternschaft führt zu Illusionen über »das Kind um jeden Preis«; wenn alle Versuche fehlschlagen, ist die Enttäuschung nur um so bitterer. Jacques Testart hat schon in *L'Œuf transparent* dieses Zurückgreifen auf die Wissenschaft verurteilt, was dazu führt, daß zu viel Gebrauch von künstlichen Techniken gemacht wird, auch wo sie nicht zwingend geboten sind: Hypofertile Paare werden ebenso behandelt wie unfruchtbare Paare, die Befruchtung in vitro wird auch dann praktiziert, wenn sie unter den für sie geltenden Gesichtspunkten strenggenommen nicht indiziert ist. Dort, wo sonst die Zeit ihr wundenheilendes Werk getan hätte, wo das Verschmerzen der Unfruchtbarkeit und eine Adoption das Leben harmonischer gestaltet hätten, lockt die Medikalisierung der Fort-pflanzung mit den Verheißungen einer effizienten Wissenschaft. Was bedeutet aber dieses Bedürfnis nach dem »eigenen« Kind?

Die Komplexität des Kinderwunsches hängt zusammen mit der Vor-stellung, die man sich von seiner Identität macht, mit dem elterlichen Lebensentwurf und mit der Familienstruktur. Die Konstruktion des Kindes als affektiver Pol, gesellschaftlicher Wert, Beweis der Fähigkeit zur Wei-tergabe des Lebens und zur Kindererziehung, Erweiterung oder Bereiche-rung der Paarbeziehung oder des Individuums – sie zeigt sich im 20. Jahr-hundert ebenso sehr in einer ausufernden Ikonographie und Literatur wie in dem ganzen Arsenal an institutionellen Maßnahmen. Eine semantische Analyse dieser Hervorbringungen offenbart zwei, je nach den normativen Optionen zusammenwirkende, einander ergänzende oder einander aus-schließende Einstellungen: die Forderung nach Selbstbestimmung der Fortpflanzung und den Anspruch auf die elterliche Familienplanung im Interesse des Kindes. Die Diskussion über die Empfängnisverhütung und über das Recht auf Schwangerschaftsabbruch hatten ganz eindeutig die erstgenannte Einstellung postuliert; die Reproduktionsmedizin unterstreicht die Implikationen der zweitgenannten. Rechtfertigt aber allein die Ent-scheidung der Eltern alle Arten des Eingriffs in den Körper?

Ein Kind mit welchem Recht?

Selbstbestimmung der Fortpflanzung bedeutet weit mehr als den Umstand, Leben zur Welt zu bringen. Sie ist ein Entwurf in eine per-sönliche Zeit und einen sozialen Raum hinein, bei dem die Verkörperung des Kinderwunsches als Beweis für die Grenzenlosigkeit der elterlichen Verpflichtung dient. Die Qualität der Beziehung zum Kind scheint also von einer durch die Wissenschaft bewirkten Überbewertung der Fortpflanzung abzuhängen. Dagegen wird die Verantwortung des Adoptierenden von Paaren, die sich um eine medizinisch gestützte Fortpflanzung bemühen, häufig mehr als »zweckgebunden«, als um die erzieherische Aufgabe zentriert wahrgenommen – mit begrenztem Erfolg, »weil der Ausgang des Kampfes zwischen Angeborenem und Erworbenem ungewiß ist«.[12] Die Adoption eines ausgesetzten, unglücklichen oder mißhandelten Kindes wird zwar als lobenswert anerkannt, aber doch eher als Kompensation und nicht als Sieg über die Unfruchtbarkeit empfunden. Für viele unfruchtbare Paare haben die Fortschritte der Biotechnologien die Hoffnung auf »Zeugung der eigenen Nachkommenschaft«, auf die Fortsetzung der Abstammungslinie erneuert. Die Äußerungen über die Samenspende durch einen Dritten verbinden sich mit dem »Als ob« des durch Insemination, Transfer oder Transplantation erzeugten Kindes. Alle diese Begriffe bekommen hier eine symbolische Kraft, welche die Kritiker der Kommerzialisierung der medizinisch gestützten Fortpflanzung zu unterschätzen pflegen.

Das Recht, von den Fortschritten der Wissenschaft zu profitieren, um ein Kind zu bekommen, verwandelt sich für manche Paare in eine Art Pflicht, die sie der öffentlichen Gewalt auferlegen wollen. Das dieserart ersehnte, um nicht zu sagen phantasierte Abstammungsverhältnis führt dazu, Fortpflanzung nicht nur als Recht im Sinne einer Freiheit, sondern als Recht im Sinne eines Anspruchs einzufordern, den die Wissenschaftler und das Gesundheitswesen zu garantieren haben. Diese Bedeutungsverschiebung hat unmittelbare praktische Folgen. Sie geht einher mit diversen Forderungen nach Unentgeltlichkeit der Samen- oder Eispende, Verringerung der Kosten der Reproduktionstechniken im Vergleich mit anderen Gesundheitsaufwendungen und Kostenerstattung durch die Krankenkassen. Die Übernahme der Kosten einer medizinisch gestützten Fortpflanzung, die Institutionalisierung des Ortes, an dem diese vorgenommen wird, und dessen amtliche Bestätigung werden als Schutz und als Legitimation empfunden: »Das Geld des Staates legitimiert den Vorgang.«[13] Viele Staaten kennen zwar keine direkten gesetzlichen Regelungen der Reproduktionsmedizin, ob es sich nun um Fragen der Abstammung oder des Personenrechts handelt, haben jedoch einschlägige Verwaltungsvorschriften erlassen und Beratungsstellen sowie Aufsichtsämter eingerichtet – eher bescheidene und bürokratische Antworten auf grundlegende ethische Fragen.

In Frankreich regeln zwei Dekrete vom 8. April 1988 (88-327 und 88-328) die Maßnahmen der Fortpflanzungsmedizin, der Konservierung des menschlichen Samens und der pränatalen Diagnostik. So ist eine

nationale Kommission für die Medizin und Biologie der Reproduktion
(CNMBR) geschaffen worden, die die Aufgabe hat, dem Gesundheits-
minister einschlägige Stellungnahmen zu liefern und jährlich über die
Entwicklung der Situation im Lande Bericht zu erstatten. In bezug auf
die pränatale Diagnostik bestand das Ziel darin, Strukturen zu *schaffen*, die einer gewissen Kontrolle unterworfen sind. So sind 74 Einrichtungen zur Vornahme medizinisch gestützter Fortpflanzungen autorisiert worden, darunter 36 private Einrichtungen, deren Namen im
Journal officiel vom 14. Dezember 1988 bekanntgegeben worden sind.
Die Entscheidungen über die – öffentlichen oder privaten – biologischen Institute fielen dagegen erst später: Erst im Februar 1990 wurde
einigen Dutzend medizinischer Labors die Genehmigung zur Ausführung der biologischen Maßnahmen der medizinisch gestützten Fortpflanzungen erteilt, ohne daß dies öffentlich bekannt gemacht worden
wäre. Gleichzeitig setzte ein Nachdenken über die Nomenklatur der
biologischen Maßnahmen der medizinisch gestützten Fortpflanzung
ein, die bis dahin von den Krankenkassen ignoriert worden waren. Die
Bezeichnung dieser Maßnahmen wurde im *Journal officiel* vom Februar 1990 veröffentlicht.

Das französische Beispiel war ein Musterfall:

»Seit Ende 1988 wurden die 74 klinischen Einrichtungen, die zur Vornahme medizinisch gestützter Fortpflanzungen autorisiert worden waren, von den Medien, unter
stillschweigender Duldung durch die klinischen Mediziner, als die ›offiziellen Retor-
ten-Zentren‹ ausgegeben. Diese Simplifizierung, die belanglos scheinen könnte, verrät den Willen der Mediziner, der Erosion der medizinischen Prärogativen durch die
neuen Techniken entgegenzuwirken.«[14]

Als die ministeriellen Entscheidungen bekannt wurden, fochten viele
Einrichtungen, die nicht zur Ausführung medizinisch gestützter Fortpflanzungen autorisiert worden waren, diese Entscheidung an und
zogen entweder vor das Verwaltungsgericht oder legten Beschwerde
beim Ministerium ein:

»Es scheint, daß etwa die Hälfte der Kläger Erfolg vor den Verwaltungsgerichten
hatten, die ihnen das Recht zusprachen, ihre Arbeit fortzusetzen. Bei den übrigen
steht theoretisch das Ende ihrer Tätigkeit bevor, vor allem dort, wo die Kranken-
kasse eine Erstattung ihrer medizinischen Leistungen verweigert.«[15]

Die Verbindung, ja die Fortsetzung, die sich zwischen »elterlicher Familienplanung« und wissenschaftlicher Forschung durch die Zwischenschal-
tung von öffentlich kontrollierten Institutionen ergibt, geht indessen
über eine einfache soziale Regulierung hinaus. Bernard Edelmanns vergleichende Untersuchung des deutschen Gesetzentwurfes über die
»durch künstliche Befruchtung des Menschen aufgeworfenen Probleme«

und über »den Schutz der Embryonen« mit dem von einer Sektion des französischen Staatsrats vorgelegten Gesetzentwurf über »die Wissenschaften vom Leben und die Menschenrechte« unterstreicht die philosophischen Optionen, die dem Eingreifen des Gesetzgebers offenstehen: »In dem deutschen Entwurf ist der grundlegende Begriff nicht der der elterlichen Familienplanung, sondern der der Identität des Embryos angesichts der Gefahren einer getrennten Mutterschaft.«[16] Dieser Entwurf untersagt das Verkaufen und das Spenden von Samen oder Ei, wobei die künstliche Befruchtung nur innerhalb einer »dauerhaften Paarbeziehung« stattfinden kann, während der französische Entwurf den Nachdruck auf die »elterliche Familienplanung« legt und sich herzlich wenig um die Identität des zu gebärenden Kindes sorgt, so daß die heterologe Insemination zulässig ist:

»Im ersteren Falle ist die Freiheit der Eltern begrenzt durch die Freiheit des zu gebärenden Kindes; im anderen Fall scheint die Freiheit dieses Kindes nicht einmal andeutungsweise auf: Es ist ein Entwurf der Freiheit allein der Eltern beziehungsweise, wenn man so will, das Objekt ihrer Freiheit. (. . .) Frappierend beim Vergleich beider Entwürfe ist der Unterschied im Verhältnis zur Natur. Offenkundig ahmt der deutsche Entwurf die Natur insofern nach, als er die Techniken der Fortpflanzung von ihrer Künstlichkeit zu reinigen sucht. Der französische Entwurf ist demgegenüber weniger eindeutig. Zwar untersagt er Ersatzmütter und das Herstellen von Embryonen eigens für die Wissenschaft, aber dafür untersagt er nicht ausdrücklich die freie Wahl des Geschlechts, und was noch schlimmer ist: Er erlaubt das Überlassen überzähliger Embryonen an Dritte und an die wissenschaftliche Forschung. Das einzige, worin er durchweg hart bleibt – wobei er Ausnahmen für die Produkte des menschlichen Körpers zuläßt –, ist das zwingend vorgeschriebene Prinzip der Unentgeltlichkeit.«[17]

Die philosophischen Divergenzen scheinen sich zu verringern, wenn die Fortpflanzung sich dort, wo die Natur unfruchtbar ist, nicht mehr der Vermittlung der Wissenschaft bedient, sondern menschliche Körper als Substitut benutzt, wie dies bei den sogenannten Leihmüttern der Fall ist. Dieser von den Medien lancierte Begriff, aus dem eine verdinglichte Vorstellung von Schwangerschaft spricht, bringt schlagartig die irrationalsten Bilder zum Ausdruck, die zumal in den romanischen Ländern über das Verleihen oder Verpachten des Uterus kursieren.

Ersatzmutterschaft

Die ideologische, moralische oder religiöse Verurteilung der Ersatzmutterschaft, zumal in den kontinentaleuropäischen Ländern, bekundet sich mit einer Heftigkeit, die mit der Ablehnung der Eugenik zu vergleichen ist. Auf der einen Seite erscheint die Substitution einer Person als ein Verstoß gegen die Natur, auch ohne daß die Wissenschaft viel eingreifen muß, es sei denn durch eine einfache Insemination; auf der anderen Seite soll es gerade die Wissenschaft sein, die das »Teufelswerk« hervorbringt. Bald verstößt die Macht des Menschen gegen die Regeln der Identität und Unveräußerlichkeit des Körpers, bald gegen die geheiligten Regeln der Qualität des uns gegebenen Lebens. Die »Schwangerschaft auf Kosten eines anderen«, die doch in bestimmten traditionellen Gesellschaften nicht verworfen wird und in einer eher altruistischen und erhabenen Form an biblische Gestalten wie Sarah oder Maria gemahnt, zieht heute Kritik von vielen Seiten auf sich: Von Ausbeutung der gegen Entgelt austragenden Frauen ist die Rede, von der Wichtigkeit der vom Fötus entwickelten affektiven und physiologischen Bande zur Mutter, von der verwerflichen Anstiftung der Mutter, sich nach der Geburt von ihrem Kind zu trennen, und von einem Verstoß gegen die Regeln der Adoption. Was schließlich am häufigsten bestritten wird, ist die Darstellung der Ersatzmutterschaft als einer therapeutischen Methode gegen die Unfruchtbarkeit, während sie in Wirklichkeit nur eine Substitutionspraxis ist, die aus dem Körper der Frau eine Art Brutkasten macht.

Alle Argumente gegen die Leihmütter, wie sie bis heute in den meisten westlichen Ländern, mit Ausnahme bestimmter amerikanischer Staaten, zu hören sind,[18] haben nicht verhindern können, daß mittlerweile bereits Tausende von Kindern auf diese Weise zur Welt gekommen und entsprechende Interessenverbände gegründet worden sind. Unterdessen werden bei der überwiegend negativen Einstellung gegenüber der Ersatzmutterschaft oft sehr unterschiedliche Überlegungen und nicht vergleichbare Rechtsregeln miteinander vermengt. Wer kann denn behaupten, daß der ausnahmsweise Rekurs auf eine Leihmutter beispielsweise für eine Frau ohne Uterus schlimmer ist als der Handel mit Kindern, den häufig internationale Adoptionsgesellschaften betreiben? Wenn Geld den Charakter verdirbt, dann heute eher auf anderen Gebieten: von der Bluttransfusion über Organtransplantationen bis hin zu den enormen Kosten, die für die Pflege unheilbar Kranker aufgewendet werden. Das kann von der Ersatzmutterschaft nicht behauptet werden. Und ist die Sozialisierung der Kinder im frühesten Alter durch beauftragte Nährammen, in der Kinderkrippe und dann in der Schule, wo sie den größten Teil des Tages verbringen, schädlicher oder unschädlicher als die im Verlauf des fötalen Lebens erworbene? Die Mutter-Kind-Beziehungen und die Ursachen des Leidens oder des Aufblühens des Kindes sind so komplex, daß es gewagt wäre, vorschnell Gesetze zu machen oder Gewißheiten zu formulieren. Es ist verständlich, daß die Rechtsprechung, anstatt Stellung gegen das Prinzip der Ersatzmutterschaft zu beziehen, in den meisten Fällen Organisationen für unzulässig erklärt, deren Statuten im Widerspruch zu den Bestimmungen über die Adoption zu stehen scheinen.

Leichter ist ein Konsens bei der Ablehnung von Zwischenhändlern zu erzielen, bei denen der Verdacht auf Kommerzialisierung der Leihmutterschaft besteht. Hier werden oft Strafen angedroht und die Verträge zwischen dem »Spenderpaar« und der Ersatzmutter oder den verschiedenen Zwischenpersonen für ungültig erklärt. Unter dem Druck der Tatsachen und der öffentlichen Meinung sind inzwischen jedoch gewisse Entwicklungen zu verzeichnen.[19] Auf der einen Seite variieren die Ansichten je nach den beiden Typen von Leihmüttern: jenen, die nach einer Insemination ein Kind empfangen und austragen, das ihnen gehört, und jenen, die einfach eine Schwangerschaft für eine andere Frau austragen. Andererseits gehen die Ansichten über die Begründung auseinander, wonach die strafrechtliche Unzulässigkeit eines Vertrages und des Handels gegen Geld oder sogar das Prinzip der »Unveräußerlichkeit des menschlichen Körpers« angestrebt wird, wie die Entscheidung des französischen Kassationshofes vom 31. Mai 1991 es vorgesehen hat.[20]

Abgesehen von den Problemen der Abstammung zwingt die Leihmutterschaft dazu, die Bedeutung dieses »Tausches« zu klären. Der als individuelle Freiheit ausgegebene Kinderwunsch löst sich mehr und mehr in eine Art von biologischer »Gastfreundschaft« auf, wobei der austragende Körper eine untergeordnete Rolle erhält. Während die Reproduktionsmedizin, bei der die Medizin lediglich die Konkretisierung eines Lebensentwurfs der Eltern erlaubte, durch eine ausgesprochen individualistische Philosophie geprägt ist, organisieren sich hier zunehmend bestimmte Interessengruppen: die Ärzteschaft, die Biologen, in Verbänden organisierte Paare, *pressure groups* oder die Verfechter bestimmter Denkströmungen. Wo bleibt dabei das Interesse des Kindes, und wer wird dessen Fürsprecher und Garant sein?

Unter der gebündelten Gewalt der einschlägigen Interessen wird immer deutlicher, daß die Fortpflanzung keine rein private Angelegenheit ist. Das Geheimnis, das das Leid der Unfruchtbarkeit umgab, wird zu einem geteilten Geheimnis. Es kommt zu einer Neugestaltung der Elternrollen und des familiären Umfelds. Indessen ist es weniger das Artifizielle, was das Kind zu beeinträchtigen droht – das Familienrecht stützt sich seit Jahrhunderten auf Fiktionen –, als vielmehr die Verkomplizierung der Zugehörigkeiten und der Wahlmöglichkeiten, die die traditionelle Zuweisung der Abstammung verschleiert. Wieviele Entschlüsse zu einer medizinisch gestützten Fortpflanzung sind nachträglich nicht bereut worden, wenn der Wunsch nach dem idealen Kind an der alltäglichen Wirklichkeit zerschellte? Wieviele Kinder werden nicht zeitlebens auf die affektive und ärztliche Unterstützung, die ihre Geburt erst ermöglichte, verwiesen, wie jener kleine Junge, der sich aus einem tiefgekühlten Embryo entwickelte und den seine Eltern Frosty nannten?

Die Fortpflanzung knüpft nicht nur biologische und affektive Bande
zwischen einem Individuum, einem Paar und einem Kind. Das Netz
der beteiligten Personen umfaßt auch den familiären Umkreis, den
außenstehenden Spender und seine Familie sowie die bei dem Eingriff
mitwirkenden Ärzte und Wissenschaftler. Außerdem erfüllt sie eine
soziale Funktion und eine symbolische Funktion, die genealogische
Markierungen und ethische Richtlinien beinhalten. Keine Kultur kann
die Abstammung auf die Zeugung reduzieren, die Mutterschaft auf die
Schwangerschaft, das Interesse des Kindes auf den Lebensplan der
Eltern. Dann muß man aber auch den Mut haben, die Werte zu definieren, die man bekräftigen will. Die Gefahren eines Neokonservativismus, der sich an diese oder jene Art von Familienstruktur, an diese
oder jene Vision von Mutterschaft oder Weiblichkeit heftet, sind ebenso gegenwärtig wie die Gefahren eines naiven marktwirtschaftlichen
Laissez-faire bezüglich des menschlichen Körpers. Von der Reproduktionsmedizin dehnt sich die Diskussion in konfusen ethischen Diskursen auf die Eugenik und auf die Macht der Wissenschaftler über das
Erbe der Menschheit aus. »Der Mensch ist noch nicht aus der Verpflichtung entlassen, zur Kenntnis zu nehmen, daß die Empfängnis
ihres Traumgewands entkleidet sein könnte.«[21]
Nach dem Vorbild der britischen Gesetzgebung betrat der französische Gesetzgeber 1990 seinerseits den Weg der Reformen mit einem
Text, der die Grundprinzipien in der biomedizinischen Ethik festlegen
sollte. Die Juristen und die öffentliche Meinung oder die politische
Klasse behielten unterdessen ihre unterschiedlichen Ansichten bezüglich der Unterscheidung zwischen Zulässigem und Unzulässigem, aber
auch über die Zweckmäßigkeit einer einschlägigen gesetzgeberischen
Regelung. Die offiziellen Berichte widersprechen einander; die Tatsachen bezeugen die extreme Kompliziertheit der Situation; die Fragen
haben sich verlagert. Mehrfach-Abstammungen, Trennung von Schwangerschaft und Mutterschaft – die Wahlmöglichkeiten erweitern sich lau-
fend mit den Fähigkeiten des Menschen, seine ursprüngliche Bestimmung zu verändern. Wir haben eine von Phantasmen und Ängsten
beunruhigte Zeit hinter uns und stehen vor ethischen Alternativen, in
denen das Universelle wird mehr sein müssen als das Totalitäre, der
gemeinsame Aufbau etwas anderes als ein generelles Einheitsgesetz.
Indem sie die Diskussion über die Fortpflanzung und die Rolle der
Frau bei der Weitergabe des Lebens aufgeworfen hat, hat die Vielfalt
des Möglichen die patriarchalische Ordnung durchbrochen und eine
Renaissance der Frage nach den Werten eingeleitet.[22]

Aus dem Französischen von Holger Fliessbach

STIMMEN DER FRAUEN

Simone de Beauvoir im Café des Deux Magots, 1945.
Fotografie von Doisneau.

Zeichnung der Illustratorin Sorayama, 1990.

Den Frauen das Wort

Christa Wolf und Nelly Kaplan

D as 21. Jahrhundert, gleichzeitig unvorhersehbar
und Erbe unserer Zeit, wird sein, was die Frauen
und die Männer von heute, was die künftigen
Generationen aus ihm machen werden – in einer Alchemie,
welche die Geschlechterbeziehungen nicht von anderen
menschlichen Verhältnissen isolieren kann.

Vielleicht ist es uns gelungen, mit dem vorliegenden
Band und mit dieser Geschichte der Frauen dem Wunsch
zu entsprechen, den Virginia Woolf am Ende von *Ein Zimmer für sich allein* zum Ausdruck bringt: Wir haben an der
Wiedergeburt der Schwester Shakespeares gearbeitet, der
toten Dichterin, die niemals auch nur ein Wort geschrieben
hat. Erteilen wir zum Schluß zwei Frauen unseres Jahrhunderts das Wort – ausgewählt unter anderen, unter vielen anderen.

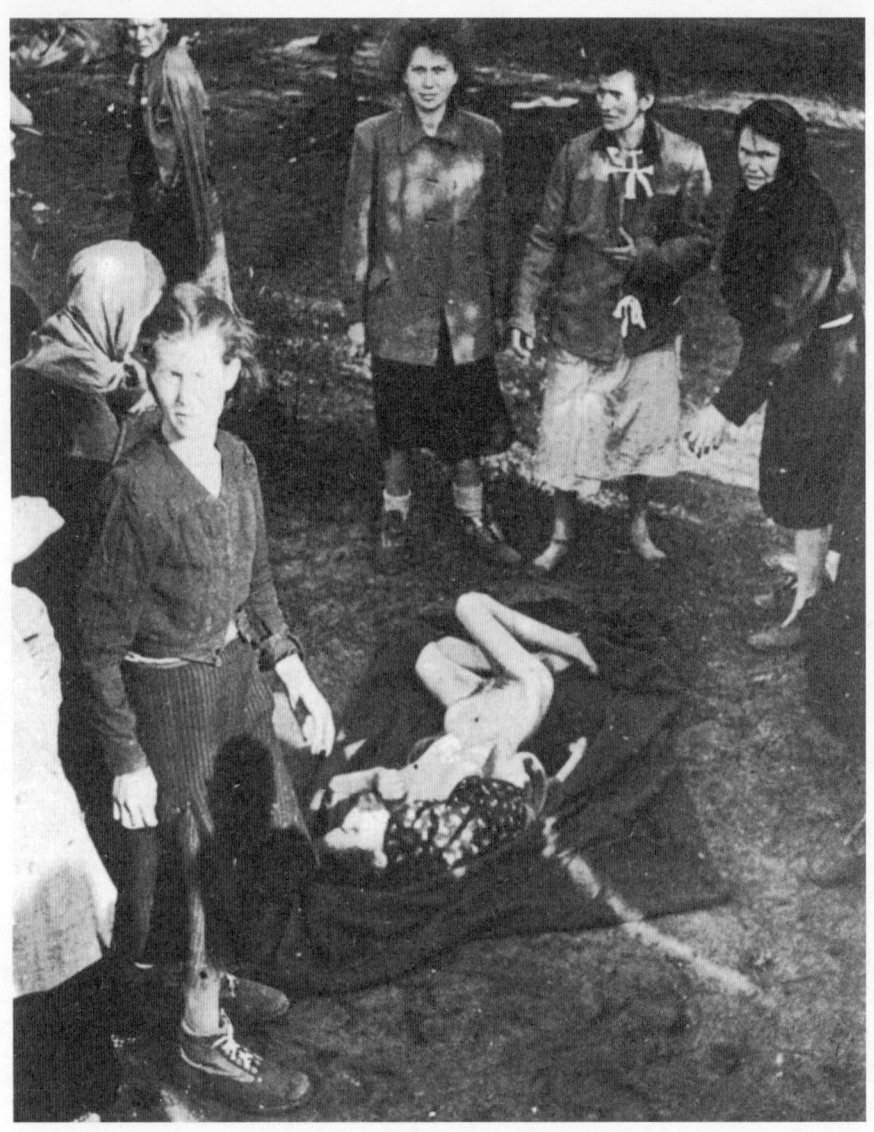

Bergung einer im Konzentrationslager Bergen-Belsen verhungerten Frau, 1945.

Christa Wolf

»Die Endlösung«

Geboren 1919 im Osten Deutschlands, in der Stadt Landsberg, aus der sie 1945 mit ihren Eltern vor den heranrückenden sowjetischen Truppen flüchtete, wurde Christa Wolf Bürgerin der Deutschen Demokratischen Republik, seit den sechziger Jahren Wortführerin der Schriftsteller der jungen Generation, die ihre Entscheidung in ihren Schriften, aber auch in ihren Anfragen angesichts des politischen Regimes und des Eisernen Vorhangs bekräftigten. Mit rund fünfzehn Werken, die mit großer Originalität aus unterschiedlichen literarischen Gattungen schöpfen, ist Christa Wolf die im Ausland bekannteste Schriftstellerin der DDR geworden.

Das Buch *Kindheitsmuster*, 1976 in der Bundesrepublik Deutschland erschienen, ist kein Erinnerungsbuch, sondern vielmehr, nach den Worten Christa Wolfs, die Beschwörung, die Anrufung ihrer eigenen Vergangenheit, die über eine antifaschistisch inspirierte Literatur hinaus versucht, den Nazismus des Alltags ans Licht zu bringen und gegen das Vergessen anzukämpfen. Ein Buch der Fragen, welche die Verfasserin sich stellt, und welche sie mutig stellt, vermengt *Kindheitsmuster* in einer komplexen Struktur zwei verschiedene Personen (du, die Erzählerin, und sie, das Kind Nelly) und drei Erzählzeiten, die Zeit von 1919 bis 1945, die Reise im Frühling 1971 mit ihrem Bruder, ihrem Lebensgefährten und ihrer Tochter Lenka in ihre heute polnische Geburtsstadt L. und schließlich die aktuelle Zeit der Niederschrift.

In dem folgenden Auszug aus dem Buch über die »Endlösung« fragt Christa Wolf zunächst nach der Verantwortung der Deutschen, ihrer eigenen und der ihrer Familie, für dieses Verbrechen, das mit der Gleichgültigkeit der normalen Bürger oder mit der Verführbarkeit der besten Köpfe durch den nationalsozialistischen Diskurs begann.[1] »Wo habt ihr denn gelebt?« antwortet 1945 ein kommunistischer Überlebender der Konzentrationslager auf die entsprechende Frage von Nellys Mutter, die fassungslos über sein Schicksal ist. Christa Wolf fragt auch nach der Weitergabe – von der Mutter auf die Tochter, von einer Generation zur nächsten, von einer Nation zur anderen – der Erfahrungen aus der Vergangenheit und namentlich dieser einen, einzigartigen Erfahrung, die für alle Zeiten diejenigen, die gelitten haben, von denjenigen trennen wird, die verschont blieben.

Gegen den offiziellen Optimismus, der von einer »überwundenen Vergangenheit« faselte, forderte Christa Wolf ihre Mitbürger und uns alle zur Selbstbesinnung auf – auch wenn es, wie sie schrieb, letztlich unerträglich sei, bei dem Wort »Auschwitz« gleichzeitig dieses kleine Wörtchen »ich« mitdenken zu müssen – im Konjunktiv der Vergangenheit: ich hätte – ich hätte gekonnt, ich hätte gemußt, habe getan, habe gehorcht. Heute, nach der Wiedervereinigung Deutschlands, in diesen Zeiten, wo überall Ausgrenzung und Fremdenhaß ihre vielgestaltige Fratze erheben, tut es vielleicht not, dieses Werk neu zu lesen und zu bedenken.

»Es ist nicht mehr festzustellen, wann du dieses Wort zum erstenmal gehört hast. Wann du, als du es hörtest, ihm den Sinn gabst, der ihm zukommt; Jahre nach dem Krieg wird es gewesen sein. Noch später aber – bis heute – hast du bei jedem stark qualmenden hohen Schornstein ›Auschwitz‹ denken müssen. Der Schatten, den dieses Wort warf, wuchs und wuchs. Sich ohne Rücksicht in diesen Schatten stellen, gelingt bis heute nicht; denn die Vorstellungskraft, sonst nicht faul, schreckt vor dem Ansinnen zurück, die Rolle der Opfer zu übernehmen.

Für immer sind die Betroffenen von den Nichtbetroffenen durch eine unüberschreitbare Grenze getrennt.

Am 31. Juli des Jahres 41 – einem Ferientag, heiß wahrscheinlich – mag Nelly, wie sie es liebte, in ihrer Kartoffelfurche im Garten gelegen haben, unter den Schattenmorellen, lesend, während eine Eidechse sich auf ihrem Bauch sonnte. Vielleicht sprang sie dann auf, als aus dem Radio, das sommers in der Veranda stand, nach der Fanfare für die Sondermeldungen vom weiteren Vormarsch der deutschen Truppen in Rußland die Rede war. Ihr Vater war nicht mehr dabei. Sein Jahrgang wurde nach dem Polenfeldzug demobilisiert, er selber, ›garnisonsdienstverwendungsfähig Heimat‹, als Unteroffizier in der Schreibstube des Wehrbezirkskommandos in L. eingesetzt.

So oder weniger anders verging ihr der Tag, an dem der Reichs-
marschall Hermann Göring den Chef der Sicherheitspolizei und Leiter
des Sicherheitsdienstes (SD) Reinhard Heydrich im Auftrag des Führers
mit der ›Endlösung der Judenfrage im deutschen Einflußgebiet in Europa‹ betraute: denselben Heydrich, an den am 24. Januar 1939 – Nelly
ist keine zehn Jahre alt – der Befehl zur Vollstreckung der Endlösung
im deutschen Reichsgebiet ergangen war.

Beide Daten – das eine jährte sich dieses Jahr, 1974, zum fünfund-
dreißigstenmal – hätten, eher als manche andere, ihren Gedenktag verdient. (. . .)

Auf Seite 207 in Lenkas Schulbuch im Format 14 × 9 eine ›Karte der
faschistischen Konzentrationslager in Europa während des zweiten
Weltkrieges‹. Auf dieser Karte gibt es keine Städte. Bezeichnet sind
Nord- und Ostsee und die großen Flüsse, namentlich benannt sind die
sechzehn durch größere schwarze Punkte als Hauptlager kenntlich
gemachten KZs. Fünf von ihnen sind durch Unterstreichung als Ver-
nichtungslager gekennzeichnet. Die Karte ist gesprenkelt von kleinen
Punkten (›Nebenlager‹) und Kreuzchen (›Ghettos‹). Du spürtest körperlich, wie Lenka zum erstenmal begreift, in welcher Landschaft ihre Mutter ihre Kindheit verbracht hat. Die geographische Lage der Vernich-
tungslager Chelmno, Treblinka, vielleicht auch Majdanek, macht die
Annahme wahrscheinlich, daß Transporte mit Menschen, die für diese
Lager bestimmt waren, auch über L. geleitet wurden, das ja an der Ost-
bahnstrecke lag. Die für Auschwitz und Belzec bestimmten Züge werden die südlichere Streckenführung benutzt haben. Niemals hat Nelly
von einem ihrer Landsleute hierüber ein Wort gehört, während des
Krieges nicht und auch nicht danach. Aus ihrer Familie arbeitete niemand mehr bei der Deutschen Reichsbahn.

Soviel sie wisse, sagt Lenka, hatten die allermeisten aus ihrer Klasse – letzten Endes auch sie selbst – diese Karte nicht allzu gründlich,
jedenfalls ohne tiefe Anteilnahme betrachtet. Es sei, sagt sie, nicht das
Gefühl in ihnen aufgekommen (oder erweckt worden, denkst du), diese
Karte ginge sie mehr an als andere Dokumente in diesem Buch. Dein
heftiges, mit Mißfallen gemischtes Erstaunen fällt in sich selbst zurück,
als ihm in dir die Frage begegnet, ob es denn eigentlich zu tadeln, ob
es nicht vielmehr zu wünschen sei, daß diesen Kindern kein Schuldgefühl mehr aufkommt, welches sie zwingen könnte, die Karte genauer
anzusehen. – Bis ins dritte und vierte Glied – die grausige Formel des
Rachegottes. Aber darum geht es nicht.

Du hast sie, wie sie scharenweise über den früheren Appellplatz auf
dem Ettersberg zogen, ungerührt ihre Frühstücksbrote und Äpfel essen
sehen – ein Anblick, der nicht Empörung, sondern Staunen und Ban-
gigkeit in dir weckte. Es hat dir auch jemand zu erklären versucht, daß

es zweckmäßig, material- und kostensparend gewesen sei, die ehemaligen SS-Kasernen beim Lager Buchenwald in eine Art von Touristenhotel umzubauen. Er sprach nicht direkt von Gastfreundschaft, aber darauf lief doch hinaus, was er sagte, und die Frage, ob er wirklich glaube, jemand – ein ausländischer Tourist zum Beispiel – könne bei Nacht in diesem ein Auge zutun, verstand er nicht. Ehrlich, sagte er, das versteh ich nicht. Deinen Vorschlag, heutige Besucher des ehemaligen Konzentrationslagers sollten gehalten sein, für die wenigen Stunden ihres Aufenthaltes auf Essen und Trinken, Gesang und Kofferradiomusik zu verzichten, fand er lebensfremd. Ehrlich, sagte er, das geht an der Wirklichkeit vorbei. Man muß die Menschen nehmen, wie sie sind.«

Christa Wolf, *Kindheitsmuster,*
Berlin/Weimar 1976, S. 217–220.

Nelly Kaplan

»Gegrüsset seid ihr, Gatten«

Geboren 1934, von argentinischer Herkunft, ist die Cinéastin Nelly Kaplan bekannter als Belen, ihre poetische Maske. Trotzdem hat sie, im Zuge der surrealistischen Bewegung, immer beide Tätigkeiten nebeneinander betrieben. Als Filmemacherin hat sie zunächst mit Abel Gance zusammengearbeitet, dann mehrere kürzere und längere Filme geschrieben und gedreht, darunter *La Fiancée du pirate* (1969), für den sie zum zweiten Mal bei den Filmfestspielen in Venedig ausgezeichnet wurde und der, mit Bernadette Lafont in der Titelrolle, ein filmisches Ereignis war. Vorher hatte sie drei provozierende und freche Broschüren über die Kunst des Liebens und Lebens geschrieben: *La Géometrie dans les spasmes, La Reine des sabbats* und ... *Et délivrez-nous du Mâle*, die 1966 zu *Le Réservoir des sens* zusammengefaßt wurden.

Das Buch ist eine feministische Phantasie, die das Fremde und die Erotik zu einer völligen Umkehrung der Geschlechterrollen und der den beiden Geschlechtern zugeschriebenen Eigenschaften vermengt, ein frecher Nasenstüber für die Männer, die Ende der fünfziger Jahre noch weithin die Welt beherrschten, ein lustiger Stein, der unter die aufgeregten Streiter jener Zeit um Pawlowsche Psychologie oder die Existenz eines Ur-Matriarchats geworfen wird. Man findet dies alles in »Gegrüßet seid ihr, Gatten«. Ich empfehle den Genuß dieses Textes ohne jeden bösen Hintergedanken.

»Schon seit Jahrtausenden leben wir wieder unter der Herrschaft des Matriarchats.

Die Frauen haben das Spiel gewonnen. Und sie haben überzeugend gewonnen. Für ihre alte Knechtschaft müssen wir teuer bezahlen. Wir, die Männer. Und das schon seit Jahrtausenden.

Trotzdem habe ich manchmal noch Hoffnung auf einen Wandel. In der Geschichte dieser Welt folgen die Tage einander und gleichen sich nicht. Auch suche ich in den Geschichtsbüchern einen Grund zur Hoffnung. Ich gehöre nämlich zu den ganz wenigen Menschen, die noch das Lesen lieben. Während der langen Tage, die ich in der Abgeschlossenheit der Wohnung verbringe, die man mir zugewiesen hat, lese ich die Werke der Alten. Ich verstehe sie sogar. Es scheint, daß meine Intelligenz, ungeachtet meiner Lage, überdurchschnittlich ist. Das ist ohne Zweifel auch der Grund, warum die Frauen mich mit ganz besonderer Hartnäckigkeit überwachen. Das hindert mich jedoch nicht daran, die Werke zu lesen, die mir blitzartig erhellen, wie die Welt in ferner Vorzeit ausgesehen hat, lange vor dem Matriarchat. Das macht mich träumen. Vergebens. Weil wir niemals aus unserer Lage herauskommen werden. Die Hoffnung kann in Wahrheit nur eine Illusion sein. Wir können den Frauen nicht entkommen. Sie sind bewundernswert gerüstet, uns das Wesentliche zu gewähren: ein Dach über dem Kopf, ein Lager, sogar Komfort. Kurzum, eine Art Anästhesie, eine geistige Gelenksteife, die uns zuverlässiger festhält, als es Gefängnisgitter könnten. Wir haben nicht einmal mehr den Gedanken an einen Fluchtversuch. Und wenn ich manchmal versuche, zur Revolte anzustacheln, sehen meine Gefährten mich ratlos an und rücken mißtrauisch von mir ab; sie verstehen mich nicht. Vielleicht denunzieren sie mich. Das ist das Ewig-Männliche mit seinen Schwachheiten und seinen Gaunereien. Auf das schwache Geschlecht ist kaum zu bauen.

In diesem Haus des Luxus und der Üppigkeit läßt man es, wie man sieht, unseren Launen an nichts fehlen. Die Tage verrinnen in der Süße des Nichtstuns, die Nächte in der Lust. Es stimmt, wir werden gut behandelt, und niemals – jedenfalls fast niemals – werden wir geschlagen.

Ich aber, ich bin nicht glücklich.

Die Frauen wissen es. Ich glaube sie noch zu hören:

›Ihr werdet niemals glücklich sein‹, sagen sie mir. ›Ihr denkt zu viel. Wozu? Es wäre viel einfacher für Euch, wenn Ihr Euch in Euer Schicksal fügtet. Die Beschaffenheit des Menschen könnt Ihr nun einmal nicht verändern, auf keine Weise.‹

›An einer feststehenden Tatsache kann man nicht rütteln. Wie erklärt Ihr Euch, daß die großen schöpferischen Geister immer Frauen sind?‹ fügen sie sanft hinzu, mit einem gereizten Unterton.

Sie haben recht, ich weiß es. Die Männer erfinden niemals irgend etwas. Sie erschaffen niemals irgend etwas die Seele Erschütterndes. Die Frauen haben immer recht. Sogar wenn sie sich betrübt zeigen über unsere heillose Blödheit. Aber wie dagegen ankämpfen? Jahrtausende des Atavismus vernichten uns.

Und die Tage, die Monate verrinnen in diesem Haus, dessen Insasse ich bin. Seit meiner frühesten Kindheit bin ich eingeweiht in alle Feinheiten der Riten, die die Frauen hier begangen haben, um die Mühen des Tages zu vergessen, der beladen war mit Arbeit und Verantwortung.

Ich hatte kaum das ISW (Institut für das Studium der Wollust) beendet, als ich hier eintrat. Ich bin, so scheint es mir, von Natur aus ungewöhnlich begabt, auf Wunsch einfühlsam, mitunter zärtlich, und immer leistungsfähig. Und wie auch nicht, wo die Frauen an alles gedacht haben? Wir sind darauf gedrillt, ihnen zu Diensten zu sein, auch wenn sie abstoßend sind. Es ist stärker als unser Wille. Ach Gott, das Fleisch ist schwach, und sie haben alle Bücher gelesen. Und so haben die wissenschaftlichen Experimente eines Gelehrten aus dem 20. Jahrhundert sie auf die erträumte Lösung gebracht – eine Lösung, die mit Erfolg in die Tat umgesetzt wurde. Im ISW ertönte die drei langen Studienjahre hindurch jedes Mal, wenn sie uns in Euphorie versetzt hatten – und darauf verstanden sie sich vortrefflich! –, ein Glöckchen in den Sälen für die praktischen Übungen. Dadurch hat sich bei uns, nach unzähligen Euphorie-Sitzungen, ein bedingter Reflex eingestellt, der beim leisesten Klingeln eines Glöckchens anspricht . . . Kurzum, wenn eine Frau, und sei sie noch so wenig reizvoll, uns besuchen kommt, macht ein ausgeklügeltes Glockenspiel, das in den Schlafzimmern ausgelöst wird, uns zu einem – fast – unerschöpflichen, bestaunten Opfer.

Vielleicht wird sich eines Tages noch einmal alles verändern. Mein Gefühl sagt mir, daß die Befreiung von jenen fremdartigen Mutanten ausgehen wird, die nach der Ersten Großen Destruktion aufgetreten sind – beunruhigende Zwitterwesen, die Augen mit goldenen Wimpern gesäumt. Im Augenblick stehen sie noch in unseren Diensten. Aber ihr seltsames Lächeln und die Erweiterung ihrer Vollmachten können mich nicht täuschen. Wir, die Männer, und die Frauen, die uns heute noch beherrschen, wir alle werden in den kommenden Jahrhunderten verschwinden. Und ich denke, das wird nur gerecht sein.

Aber das ist noch Zukunftsmusik. In eben diesem Augenblick vernehme ich, resignierter Insasse, der ich bin, Schritte, die auf mein Schlafzimmer zukommen. Die Tür geht auf. Ich bin zu faul, mich umzudrehen, und bleibe liegen, träge, die Augen geschlossen.

Noch eine Frau . . .

Sie kommt näher und begrüßt mich, mit einer Stimme, die rauh ist vom zu vielen Marslikör. Dann beginnt sie, mich auszuziehen. Ist sie schön oder häßlich? Ich denke, es ist Zeit, die Augen aufzumachen und nachzusehen. Aber schon löst der süße Schwindel des Glockenspiels meine sämtlichen Reaktionen aus, und ich ziehe es vor, die Augen nicht zu öffnen, mich forttragen zu lassen, resigniert und beglückt.

Eine Revolte ist nicht möglich. Es ist aufs neue das Matriarchat.«

Belen (Nelly Kaplan), *Le Reservoir des sens*, Paris 1966.

NACHWORT

Gisela Bock

D ieser fünfte Band der *Geschichte der Frauen* konzentriert
sich, wie auch die früheren Bände, auf Europa bzw. auf
den »Okzident«: So wird der Titel des Werks in der
ursprünglichen Fassung, die 1990–1992 gleichzeitig auf italienisch und
französisch erschienen ist, präzisiert und ebenso in der spanischen Fassung (1991–1993); *A History of Women in the West* heißt er dagegen
in der amerikanischen Fassung (1992–1994). Nur in der holländischen
und der deutschen Ausgabe wurde die geographische Präzisierung
fallengelassen. Der Titel, sein Verhältnis zum Text und seine Übersetzungen haben mancherlei Erörterungen über die geographische Reichweite dieser *Geschichte der Frauen* hervorgerufen, und hinter der
Geographie verbergen sich unvermeidlich größere und politische
Fragen. Rezipienten und Rezensenten – besonders in den Vereinigten
Staaten – haben bemängelt, daß hier, und vor allem im fünften Band,
die Bezeichnung »the West« weder der Bedeutung der USA gerecht
werde noch – beispielsweise – Australien, Neuseeland oder die Länder
Südamerikas gebührlich berücksichtige; auch über Kanada ist nur
wenig zu lesen und wenn, dann fast ausschließlich und – die Kritiker
meinen: unverhältnismäßig – ausführlich über Québec. Letzteres ist
natürlich der Tatsache zuzuschreiben, daß die *Geschichte der Frauen*
in Frankreich und von französischen Historikerinnen und Historikern
konzipiert wurde und daß Québec in der frankophonen Welt einen
bedeutenderen Stellenwert innehat als in der anglophonen und
deutschsprachigen. Diese Kritik soll hier nicht wiederholt werden, im

Gegenteil: Es ist nützlich, daß nun auch auf deutsch ein Essay – meines Wissens der einzige – über die Geschichte der *québecquoises* vorliegt.

Daß die deutsche (und holländische) Fassung den ursprünglichen Titel verkürzt bringt, hat einige gute Gründe, wenngleich die *Geschichte der Frauen* damit globale Erwartungen weckt, denen, wie die Herausgeberinnen unterstreichen, die fünf Bände nicht genügen können und wollen.[1] Im Deutschen und Holländischen ist der Begriff »Okzident« unüblich geworden, und in seiner traditionellen Bedeutung macht er nur Sinn als Gegenpart zum »Orient«. Die Grenze zwischen »Sonnenaufgang« und »Sonnenuntergang«, »Morgenland« und »Abendland«, »Ost« und »West« hat sich im Lauf der Zeiten, von denen die Bände handeln, teils verschoben, teils wurde sie unterschiedlich interpretiert. Aber im großen und ganzen ist damit das lateinisch-christlich geprägte Europa gemeint, das sich seit der Teilung des Römischen Reichs von Byzanz abgrenzte und bekanntlich seinen Einfluß auch außerhalb seiner geographischen Grenzen geltend machte. Diesem »Abendland« gehört beispielsweise Rußland nicht an (und erst recht nicht die Sowjetunion); gleichwohl wird es hier in einem der Beiträge behandelt, und zwar im wesentlichen hinsichtlich seiner »westlichen« Aspekte. Die Übertragung von »Okzident« mit »Westen« oder »westliche Welt« in der amerikanischen Ausgabe, die allerdings nicht von den beiden französischen Herausgebern zu verantworten ist, mußte notwendigerweise überzogene Erwartungen und Mißverständnisse hervorrufen, zumal aus amerikanischer Sicht ein solcher »Westen« selbstverständlich die Frauengeschichte der Vereinigten Staaten in voller Breite einschließen müßte; der eine in diesen Band aufgenommene Beitrag vermag ihre Dimensionen allenfalls anzudeuten. Im übrigen ist jedoch »westlich« längst nicht mehr nur ein geographischer, sondern ein – im weitesten Sinn – kultureller Begriff geworden. So gehört z. B. Israel – in die *Geschichte der Frauen* nicht aufgenommen – zwar zu einer geographischen Region, die dem »Orient« zugerechnet wird, ist aber weitgehend bestimmt von »westlicher« Kultur und einer »westlichen« Demokratie. Angesichts dieser terminologischen und Übertragungsprobleme ist es gewiß sinnvoll, in der deutschen Fassung der *Geschichte der Frauen* die geographische Reichweite im Titel offen zu lassen.

Die Beiträge zum fünften Band behandeln, mit wenigen Ausnahmen, die europäische Frauengeschichte. Nicht alle europäischen Länder sind aufgenommen – so fehlt zum Beispiel Nordeuropa –, doch werden die meisten wenigstens andeutungsweise in die transnationalen Beiträge des dritten und vierten Teils einbezogen. In drei Ausgaben – der holländischen, spanischen und portugiesischen – wurden weitere Kapitel hinzugefügt, die aber keineswegs nur das jeweils eigene Land behandeln. Der fünfte Band enthält in seiner holländischen Fassung je einen Aufsatz über die Frauengeschichte der Niederlande (Marjan Schwegman und Jolande Withuis: »Mutterschaft – vom Sprungbrett zum Hindernis: Frauen, Nation und Staatsbürgerschaft in den Niederlanden«) und Belgiens (Machteld De Metsenaere und Micheline Scheys: »Bewaffnet mit dem Gewicht der Vergangenheit – Ergebnisse der Frauengeschichte in Belgien«). Unter allen Ausgaben ist es die spanische, die am weitesten über die Originalfassung hinausgeht (die portugiesische von 1995 orientiert sich an der spanischen), und gerade ihre Modifikationen verdeutlichen, in welcher Hinsicht das Werk über Europa hinausgreift. Jedem der fünf spanischen Bände ist unter dem Titel »Una mirada española« eine Reihe von Aufsätzen beigegeben, hauptsächlich verfaßt von spanischen Historikerinnen und Historikern (sieben in Band I, III und V, vier in Band II, acht in Band IV). Im fünften Band behandeln die Zusatzbeiträge zu Spanien die Themen »Mutterschaft und eugenische Reform« (Mary Nash), Frauen in den sozialen Bewegungen Spaniens von 1900 bis 1930 (Maria Dolores Ramos), Arbeit und Volksopposition unter der Franco-Diktatur (Maria Carmen Garciá-Nieto París) und die spanische Frauenbewegung seit 1965 (Elena Grau). Entsprechend dem Konzept der »hispanidad« beziehungsweise der ehemaligen iberischen Reiche, aber auch entsprechend der Tatsache, daß in der Sicht des einstigen spanischen Imperiums der »Occidente« die überseeischen Regionen einschließt, folgen Überblicksdarstellungen über die Frauengeschichte Mexikos von 1915 bis 1940 (Gabriela Cano), die Frauen in Argentinien zur Zeit des Peronismus 1945–1955 (Susana Bianchi) und über Arbeit und Widerstand der Frauen Brasiliens von 1890 bis 1920 (Eni de Mesquita Samara und Maria Izilda Santos de Matos). Der Ausgriff der letztgenannten Beiträge auf außereuropäische Länder basiert also auf der gleichen Grundlage wie die Einbeziehung Québecs (als einstige französische Kolonie) und der Vereinigten Staaten (als einstige englische Kolonie): Es handelt sich um die Siedlungskolonien der alten europäischen Reiche. Die Beiträge verdeutlichen, daß die europäische Geschichte von der außereuropäischen kaum zu trennen ist und daß zwischen den einstigen Mutterländern und ihren ehemaligen Kolonien bis heute, oder heute wieder, enge Kooperationsverhältnisse bestehen. Und die Modifikationen in den verschiedenen Fassungen der *Geschichte der Frauen* verweisen nicht nur auf die Kritik, die in einzelnen Ländern an der Originalfassung geübt wurde, sondern auch darauf, daß aus dem ambitionierten Projekt des italienischen Verlegers Giuseppe Laterza, der Michelle Perrot und Georges Duby einst mit der Realisierung einer *Storia delle donne* beauftragt hatte, nicht nur Übersetzungen entstanden sind, sondern mancherlei Neukonzeptionen[2] und ein Fortschreiben des mit der *Storia delle donne* Begonnenen.[3]

Die Geschichte und die Geschichtsschreibung, um die es in diesem fünften Band (und in den ersten vier) geht, ist längst hinausgewachsen über eine »Suche nach Vorläuferinnen«, die Demonstration *von Gemeinsamkeiten* unter Frauen zum Zweck der Identitätsfindung und der Schaffung von »Schwesterlichkeit« und über die Konstruktion von »Gründungsmythen« – Intentionen, die Yasmine Ergas in diesem Band als Merkmale der neueren Frauengeschichtsschreibung im Kontext der Frauenbewegung der 1970er Jahre benennt. Längst (und auch schon innerhalb dieser Bewegung) ist die Problematik und Partialität einer bloßen »Vorläuferinnengeschichte« erkannt worden, ebenso wie die Unangemessenheit und der Anachronismus des Verfahrens, heutige feministische Werte – bewußt oder unbewußt – in die Vergangenheit zu projizieren. Vielfach interessiert das »Fremde« und Wechselvolle an den Frauen der Vergangenheit mehr als die Entdeckung des Eigenen und Beständigen. Längst ist auch anerkannt – zumal aufgrund vieler methodischer Debatten seit den 1980er Jahren –, daß zwar in der Regel Frauen eine andere Geschichte haben als Männer, daß aber keineswegs alle Frauen die gleiche Geschichte haben. Angesichts der Komplexität der Frauen- und Geschlechtergeschichte ist auch klar geworden, daß es keineswegs »eine einzige analytische Achse« gibt, entlang derer beispielsweise die Frauengeschichte des 20. Jahrhunderts geschrieben werden könnte, geschweige denn sämtliche fünf Bände von der Antike bis heute:[4] Denn die Geschichte der Frauen ist nicht weniger komplex als diejenige der Männer, und ebenso wie die der Männer ist sie von einer Vielzahl von Achsen, Perspektiven und Kontexten bestimmt. Zahlreiche – wenn auch bei weitem nicht alle denkbaren – Aspekte der Geschichte der Frauen und der Geschlechterbeziehungen sind hier aufgenommen. Aber trotz aller Heterogenität der Bände, die teilweise pragmatischen Erwägungen zuzuschreiben ist, teilweise dem konzeptionell begründeten Insistieren auf der Vielfalt der historischen Existenz von Frauen, ist die Frage angemessen: Was kennzeichnet den fünften Band, insbesondere vor dem Hintergrund der früheren Bände?

In erster Linie geht es hier – wie in allen Bänden – um die Frage nach der Kontinuität, der Diskontinuität bzw. dem Wandel und ihrem wechselseitigen Verhältnis in der historischen Zeit, also um eine genuin und spezifisch historische Frage, die hier mit dem Blick auf Frauen und Geschlechterbeziehungen gestellt wird. Was den fünften Band betrifft, so liegt der Schwerpunkt auf dem historischen Wandel, wenngleich mancherlei Faktoren auch bedeutende Kontinuitäten aufweisen: insbesondere solche, welche die immer noch fortdauernde Diskriminierung von Frauen in bestimmten Bereichen betreffen oder auch eine fortdauernde geschlechterspezifische Arbeitsteilung (die nicht immer,

oder nicht in der Sicht aller Autorinnen, identisch ist mit Diskriminierung und Hierarchie); auch stimmen nicht sämtliche Autorinnen überein in ihrer Beurteilung des Verhältnisses zwischen Kontinuität, Wandel und Brüchen. Das ausgebreitete Material erlaubt aber sehr wohl,
sich in diesem – sichtlich umstrittenen – Punkt eine eigene Meinung
zu bilden.

Mit dieser Frage geht eine andere einher: Brachte der vielfältige
Wandel im 20. Jahrhundert tatsächlich Fortschritte für die Frauen, oder
doch für manche von ihnen, oder nicht? So wurde zum Beispiel das
allgemeine Frauenwahlrecht errungen, aber es änderte mittelfristig
wenig an der politischen Marginalität von Frauen, und in den europäischen Diktaturen verlor es seine Bedeutung sowohl für Frauen als auch
für Männer. Viele rechtliche, vor allem privatrechtliche Innovationen
verbesserten, wie etwa in dem Beitrag über »Recht und Demokratie«
gezeigt wird, die Stellung der Frauen – aber dennoch kam es seit den
60er Jahren zu einer Frauenbewegung, die sich gegen alte wie neue
Diskriminierung wandte. Die Präsenz von Frauen in der höheren Bildung und ihren Institutionen hat sich vervielfacht (allerdings weitaus
mehr unter den Studierenden als unter den Lehrenden), und ohne diesen einschneidenden Wandel[5] wäre auch die *Geschichte der Frauen*
nicht zustande gekommen; gleichwohl sind die Institutionen der höheren Bildung zu einem wichtigen Schauplatz für die Neuverhandlung
der Geschlechterbeziehungen und der Rolle der Frauen als Subjekt und
Objekt der Forschung geworden. Handelt es sich also im 20. Jahrhundert um eine drastische Verringerung der sekundären Stellung des
»anderen« Geschlechts oder eher um einen (bloßen) Formwandel der
geschlechtlichen – also wirtschaftlichen, politischen, rechtlichen und
kulturellen – Asymmetrie, die in der Regel auf Kosten des weiblichen
Geschlechts ging? Die Frage, mit vergleichendem Blick auf das 19. Jahrhundert gestellt, ist dieselbe, wie sie größtenteils auch den vierten
Band prägt, der das 19. Jahrhundert behandelt und sie wiederum mit
vergleichendem Blick auf das 18. Jahrhundert bzw. die Frühe Neuzeit
stellt. Dem fünften Band wurde in dieser Hinsicht vorgeworfen, sein
Ton sei allzu pessimistisch, er betone übermäßig die konservativen und
konservierenden Elemente, zumindest für die erste Hälfte des Jahrhunderts, aber großenteils auch für die zweite, und er hätte stärker
die Leistungen und Errungenschaften der Frauen und der Frauenbewegungen hervorheben können, ebenso wie die Tatsache, daß es
Frauen im 20. Jahrhundert besser ging als je zuvor, sowohl im Vergleich mit den Männern als auch mit der Frauensituation früherer Jahrhunderte.

Diese Überlegung ist gewiß legitim. Bedacht werden muß allerdings,
und zwar an zentraler Stelle, daß die europäische Frauengeschichte des

20. Jahrhunderts mitgeprägt war von Geschehnissen, die ihre Wurzeln und tieferen Gründe nicht in den Geschlechterbeziehungen selbst hatten, die aber auch auf die Frauen entscheidenden Einfluß ausgeübt haben: die beiden Weltkriege, deren katastrophale Wucht sich – trotz ihrer globalen Dimensionen – in erster Linie in Europa entlud (ein Beispiel für die besetzten Länder ist der Beitrag über die Frauen in Vichy-Frankreich), und der Holocaust, der jüdische Frauen und Männer in ganz Europa traf, außerdem vor allem Angehörige der Roma und der slawischen Völker. Angesichts dieses millionenfachen Mords – darunter sechs Millionen Jüdinnen und Juden –, angesichts der sechzig Millionen Toten der beiden Kriege, vorwiegend Soldaten, aber auch vieler Frauen der Zivilbevölkerung aller kriegführenden Länder, und von Millionen männlicher und weiblicher Zwangsarbeiter, angesichts der drängenden und alles andere als ausgestandenen Fragen von Schuld und Verantwortung, Konsens und Kollaboration – von Männern wie Frauen –, angesichts des Schattens, den die Kriege und der Holocaust nicht nur auf die Zeit ihres Geschehens, sondern auch auf das gesamte 20. Jahrhundert werfen, mag die Frage nach Fortschritten in der *condition féminine* eher bedrückend erscheinen.[6] Auf jeden Fall demonstrieren diese Geschehnisse eines: Die Erkenntnis, daß keineswegs alle Frauen die gleiche Geschichte haben, spitzt sich gerade für das 20. Jahrhundert dahingehend zu, daß die Unterschiede in der Geschichte von Frauen so dramatisch sein können wie diejenigen zwischen Leben und Tod. Das 20. Jahrhundert erweist sich auch für die Geschichte der Frauen als ein Zeitalter, für das die Frage nach Kontinuität, Wandel und Brüchen, nach Innovation und Tradition nicht auf einfache Weise beantwortet werden kann. Vielmehr ist es ein Jahrhundert dramatischer Widersprüche: zwischen Tradition und Innovation, zwischen zukunftsträchtigen Innovationen (z. B. dem »welfare state« beziehungsweise Sozialstaat) und der Novität bisher ungekannter Katastrophen, zwischen Krieg und Frieden, Diktatur und Demokratie, zwischen Selbstbestimmung, Morden und Ermordet-Werden. Diese Widersprüche betreffen Frauen und Männer teils in gleicher, teils in unterschiedlicher Weise.

So gut wie alle Beiträge zu diesem Band handeln sowohl über das, was mit Frauen gemacht und was über sie gesagt wurde, als auch über das eigene Handeln von Frauen und das, was sie selbst über sich und die Geschlechterbeziehungen äußerten. Wie auch in anderen Jahrhunderten sind es beide Dimensionen, welche die Bedeutung von »Geschlecht« konstituieren und die Geschlechterbeziehungen konstruieren. In manchen der Beiträge wird die Konstruktion der kulturellen Kategorie »Geschlecht« und ihr Wandel korreliert mit der kulturellen Kategorie »Klasse«, wenngleich dies nicht das Hauptthema des Bandes ist.

Das, was vielfach die Konzeptionalisierung der Frauen- und Geschlechtergeschichte in den USA prägt – wenngleich bei weitem nicht immer die faktische Geschichtsschreibung –, das, was von Kritikern der »political correctness« gelegentlich eine »Litanei« genannt wird, nämlich das Trio von »gender, class, and race« oder auch das Quartett »gender, class, race, and sexual orientation«, ist für die in Europa betriebene oder jedenfalls die in den fünf Bänden vorgelegte Frauengeschichtsschreibung nicht in gleicher Weise konzeptionell zentral geworden. Man mag dies bedauern (wie z. B. mehrere der Kommentare aus den USA), gerade auch – wie Lawrence Stone mit einigem Recht betont[7] – bezüglich des Fehlens der Geschichte lesbischer Frauen. Aber in der *Geschichte der Frauen* steht offensichtlich die Frage nach den Geschlechtern im Zentrum. Sie verschränkt sich nicht nur mit zwei oder drei, sondern auch mit vielen anderen historischen Bestimmungen, darunter vor allem Religion beziehungsweise Konfession – dies ist ein wichtiger Gesichtspunkt im vierten Band, leider nicht im fünften – und Nationalität beziehungsweise nationale Zugehörigkeit. Religiöse und nationale Zugehörigkeit vermischen sich auf mancherlei Weise, und beide überschneiden sich wiederum vielfach – wie zum Beispiel an der Geschichte der Juden zu sehen – mit der historischen Bestimmung Ethnizität (ethnische oder Volkszugehörigkeit). Hier liegt der Schwerpunkt des fünften Bands.

Der fünfte Band der *Geschichte der Frauen* ist hauptsächlich – nämlich mit den acht Kapiteln des I. Teils, dem eigentlich auch das Kapitel über Québec hätte zugeschlagen werden müssen, zusammen über die Hälfte des Bands – einem Thema gewidmet, das die angedeutete Widersprüchlichkeit des 20. Jahrhunderts konkretisiert und zwar gerade für Europa mit seiner spezifischen Kombination von transnationaler Gemeinsamkeit und nationaler Vielfalt: Es sind die Themen Nation, Nationalstaat, Nationalität, Nationalismus, Gemeinsamkeiten und Unterschiede zwischen den Frauen verschiedener Nationen und, wie der Titel des I. Teils erläutert, die »Nationalisierung der Frauen«. Zu Recht ist kritisch angemerkt worden, daß der vorhergehende Band dem Nationalstaat, der im Lauf des 19. Jahrhunderts in einigen Ländern entstand, in anderen eine größere Bedeutung als zuvor erlangte, keinen Raum widmet. In der Tat ist die Bedeutung von Nation, Nationalität und Nationalismus für die Frauengeschichte – und der Frauengeschichte für den Nationalstaat – groß, aber noch unzureichend erforscht; die breite Nationalismusforschung hat dieses Thema bisher übersehen. Möglicherweise hat dies damit zu tun, daß Frauengeschichte bisher vorwiegend als Sozialgeschichte und weniger als politische und kulturelle Geschichte gesehen wurde. Noch größer ist das Forschungsdefizit hinsichtlich der Behandlung dieser Frage in einer europäischen

beziehungsweise international vergleichenden Perspektive: Denn so
sehr im Rahmen von Nationalismus und Nationalstaat in den Ländern
Europas der Blick auf die jeweils eigene Nation konzentriert oder gar
verengt wurde, so sehr ist – paradoxerweise – genau dieses Phänomen
ein internationales. Beispielsweise war die Entstehung und Entfaltung
der Frauenbewegung im 19. und frühen 20. Jahrhundert in vielen Ländern mit der jeweiligen nationalen Bewegung oder nationalen Befreiungsbewegung verknüpft.

Die Abwesenheit dieses Themas im vierten Band wird durch seine
Zentralität im fünften gleichsam kompensiert. Die »Nationalisierung der
Frauen« bezeichnet hier die stärkere oder vollendete Einbeziehung und
Einbindung auch des weiblichen Geschlechts in den Nationalstaat, der
in vielerlei Hinsicht zuvor ausschließlich »Männersache« gewesen war.
Mit dem ersten Beitrag des fünften Bands, der die Bedeutung des
Ersten Weltkriegs für die Geschlechterbeziehungen in europäisch-ver-
gleichender Perspektive betrachtet, wird deutlich, wie und in welchem
Ausmaß gerade in dieser Situation – dem ersten »totalen« Krieg von bisher unbekannten Dimensionen – Frauen in die Zuspitzung nationaler
Identitätsbildung und gegenseitiger Abgrenzung einbezogen wurden.
Der Beitrag zeigt auch die Vielschichtigkeit dieses Phänomens und
wirft Fragen auf, die in manchen der folgenden Kapitel wieder aufgegriffen werden. Bezüglich der »Nationalisierung der Frauen« geht es –
zum einen – um die allgemeinere Frage nach dem Verhältnis von Kontinuität und Diskontinuität in der Situation von Frauen und der Geschlechterbeziehungen. Zum anderen zeigt sich – auch in bezug auf
die Frauengeschichte und sogar noch im Moment der extremsten Verhärtung der Nationalismen – das Doppelgesicht von Nationalbewegung, Nationalstaat und Nationalismus: einerseits das Moment der Partizipation, das Streben nach politischer und sozialer Teilhabe und
ihrer Ausdehnung auf weitere Teile der Nation, andererseits das Moment der Aggression und der Abgrenzung gegen andere Nationen und
Nationalitäten beziehungsweise ethnische Gruppen. Zu Recht ist betont
worden, daß das je konkrete Verhältnis zwischen Partizipation und
Aggression in der Geschichte des Nationalismus nicht etwa das eines
einfachen zeitlichen Übergangs von einer frühen »guten« zu einer späten »bösen« Variante sei, sondern daß beide Momente immer koexistieren, wenn auch in jeweils unterschiedlicher Dosierung.[8] Auch die
»Nationalisierung der Frauen« enthält beide Momente. Die Forderung
und Praxis stärkerer Partizipation zeigt sich beispielsweise in der weiblichen Sozialreform und -arbeit vor dem und im Krieg[9] und in der politischen Einbeziehung der Frauen in den Nationalstaat durch das Frauenwahlrecht in fast allen europäischen Ländern (und den USA) unmittelbar nach Kriegsende (auch das früheste Frauenwahlrecht in Europa,

das 1905 in Finnland gewährt wurde, stand im Kontext einer Nationalbewegung).[10] Damit wurden – endlich – die Frauen als Staatsbürgerinnen und somit auch das wirklich allgemeine Wahlrecht anerkannt,
und trotz der Heftigkeit der vorangegangenen Auseinandersetzungen
wurde das allgemeine Wahlrecht in der Folge nicht mehr ernsthaft
angefochten – außer in den Diktaturen, die es aber für Männer ebenso wie für Frauen außer Kraft setzten. Andererseits zeigt das erste Kapitel dieses Bands auch das Ausmaß, in dem Frauen das aggressive Element des Nationalismus akzeptierten, artikulierten und praktizierten
(allerdings mit wichtigen Verschiebungen im Verlauf des Krieges).

Die zentrale Stellung dieser doppelgesichtigen »Nationalisierung der
Frauen« im fünften Band steht gleichsam symbolisch für die
Widersprüchlichkeit, die das 20. Jahrhundert in Europa kennzeichnet.
Mitbedacht werden sollte allerdings – insbesondere im Blick auf
die deutsche Geschichte und ihren Vergleich mit derjenigen anderer
Länder –, daß der klassische Nationalismus und Nationalstaat nicht
etwa identisch sind mit Expansion, Rassismus und Rassenpolitik, wie
sie Deutschland dann in den 30er und 40er Jahren charakterisierten.
So hat zum Beispiel Hannah Arendt auf wichtige Unterschiede zwischen den beiden Phänomenen hingewiesen.[11] Daß sich die nationalsozialistische Rassenpolitik auch des Nationalismus bediente, belegt
nicht, sondern widerlegt die Identität beider, und die Geschichte von
Nationalismus und Nationalstaat ist, trotz aller Überschneidungen, nicht
identisch mit der Geschichte von Rassismus und Rassenpolitik. Hier
wie auch in anderen Bereichen – der Geschichte von Männern ebenso wie von Frauen – sind monolineare und erst recht monokausale
Konstruktionen von historischer Kontinuität problematisch, denn sie
werden nur allzu leicht zu deterministischen Konstruktionen und
schieben damit die Frage nach Schuld und Verantwortung, Tätern und
Opfern beiseite.

Die Konzentration von Teil I auf die Frauen im Kontext »ihrer« Nationalstaaten bringt es mit sich, daß transnationale Phänomene und Entwicklungen – so z. B. bedeutende internationale Frauenorganisationen[12], ihr Einfluß auf die Friedensbemühungen der 20er Jahre, gegenseitige Einflüsse der Frauenbewegungen oder die Flucht, Vertreibun-
gen und Migrationen des 20. Jahrhunderts – in den Hintergrund treten;
auch hat die Aufgabe, die Geschichte »der« Frauen zu schreiben, dazu
geführt, daß dem Leben und Werk einzelner Frauen nur wenig Raum
gewidmet wird.[13] Daß die inzwischen enorm gestiegene Anzahl von
wichtigen Untersuchungen zur Frauen- und Geschlechtergeschichte der
einbezogenen Länder nicht im einzelnen dokumentiert werden konnte, ist einleuchtend; für Deutschland können hier jedoch neueste
Überblicke weiterhelfen.[14]

Die Teile II, III und IV des Bandes orientieren sich im großen und ganzen nicht mehr an der Besonderheit einzelner Länder; sie behandeln frauen- und geschlechtergeschichtliche Fragen, die sich in der modernen – oder postmodernen – Gesellschaft und in der Sozialpolitik vieler Länder ähnlich stellen, und es geht außerdem auch um geschlechterspezifische Dimensionen des kulturellen Schaffens. Die *Geschichte der Frauen* bleibt nicht bei der Vergangenheit stehen, sondern führt in die Gegenwart. Darüber hinaus verweist sie auf die offene Frage, ob und wie der Wandel, den die Frauenbewegungen schon in Gang gesetzt haben – in der Arbeitswelt und in der Familie, in Politik und Kultur –, zu einer weiteren Verringerung oder gar Abschaffung der Geschlechterhierarchie führen kann.

ANHANG

ANMERKUNGEN, LITERATUR, REGISTER

ANMERKUNGEN

Einleitung

1 Das ist der Titel eines Buches von Élisabeth Badinter, *L'Un est l'autre. Des relations entre hommes et femmes*, Paris 1986 (dt.: *Ich bin du. Die neue Beziehung zwischen Mann und Frau oder die androgyne Revolution*. Aus dem Franz. von Friedrich Griese, München/Zürich 1987).

2 Das engl. Orig. *The Second Stage* erschien 1981 (dt.: 1982).

3 An dieser Diskussion haben sich u. a. die meisten Autorinnen dieses Bandes und dieser Buchreihe beteiligt, namentlich Michelle Perrot, Joan Scott und Gisela Bock. Vgl. Bibliographie, Allgemeine Literatur. Hingewiesen sei auf eine Neuerscheinung: Karen Offen, Ruth R. Pierson und Jane Rendall (Hg.), *Writing Women's History: International Perspectives*, 2 Bde., London/Bloomington 1991, mit dem Beitrag Challenging Dichotomies: Perspectives on Women's History von Gisela Bock.

4 Françoise Picq, Le féminisme bourgeois: une théorie élaborée par les femmes socialistes avant la guerre de 14, in: *Stratégies des femmes*, Paris 1984; Nancy F. Cott, *The Grounding of Modern Feminism*, New Haven/London 1987; Gisela Bock, Challenging Dichotomies; Joan Scott, Deconstructing Equality-Versus-Difference: or, The Uses of Poststructuralist Theory of Feminism, in: *Feminist Studies* 14/1, 1988; Karen Offen, Defining Feminism: A Comparative Historical Approach, in: *Signs* 14, 1988, S. 119–157 (dt.: Feminismus in den Vereinigten Staaten und in Europa. Ein historischer Vergleich, in: Hanna Schiss-

ler [Hg.], *Geschlechterverhältnisse im historischen Wandel*, Frankfurt/New York 1993, S. 97–138).

5 *Savoir et différence des sexes*, Sonderheft von *Les Cahiers du Grif*, Nr. 45, Herbst 1990.

6 Vgl. den Beitrag von Joan Scott in *Geschichte der Frauen*, Bd. 4.

7 Margarete Buber-Neumann, *Milena. Kafkas Freundin*, München 1977, und *Als Gefangene bei Stalin und Hitler*, Stuttgart 1985.

8 Zum Beispiel die unveröffentlichte Dissertation von Mathilde Dubesset und Michelle Zancarini-Fourmel, *Parcours de femmes: réalités et représentations, Saint-Étienne 1850–1950*, Universität Lyon-II 1988 (betreut von Yves Lequin).

9 Roger-Henri Guerrand und Francis Ronsin, *Le Sexe apprivoisé: Jeanne Humbert et la lutte pour le contrôle des naissances*, Paris 1990; Felicia Gordon, *The Integral Feminist: Madeleine Pelletier 1874–1939*, London 1990.

10 Hierzu in Frankreich zahlreiche Arbeiten, besonders die Synthese von Gérard Cholvy und Yves-Marie Hilaire, *Histoire religieuse de la France contemporaine*, Bd. 2 (1880–1930) und 3 (1930–1988), Toulouse 1986 bzw. 1988, und das Buch von Sylvie Fayet-Scribe, *Associations féminines et catholicisme, XIXe–XXe siècle*, Paris 1990. René Rémond (Hg.), *Société sécularisée et renouveau religieux, XXe siècle*, als Bd. 4 der *Histoire de la France religieuse*, hg. von Jacques Le Goff und René Rémond.

11 Étienne-Émile Beaulieu, *Génération pilule*, Paris 1990.

12 Vgl. Yvonne Knibiehler und Régine Goutalier, *La Femme au temps des colonies*, Paris 1985.

13 S. zum Beispiel die in Anm. 26 des Beitrags von Nancy Cott zitierten Arbeiten von Victoria de Grazia; s. ferner Shari Benstock, *Femmes de la rive gauche, Paris 1900–1940,* Paris 1987.

14 Françoise Collin, Ces études qui sont »pas tout«. Fécondité et limites des études féministes, in: *Savoir et différence des sexes,* 1990.

15 S. zum Beispiel Histoire et sciences sociales: un tournant critique, in: *Annales E. S. C.,* 44. Jg., Nr. 6, Nov./Dez. 1989.

Die Nationalisierung der Frauen

1 Pierre Vidal-Naquet, *Les Assassins de la mémoire,* Paris 1987, und, zum Thema »Historikerstreit«, *Devant l'histoire: la controverse sur la singularité de l'extermination des Juifs par le régime nazi,* Paris 1988.

2 Vgl. Rita Thalmann (Hg.), *La Tentation nationaliste, 1914–1945,* Paris 1990.

3 Liliane Kandel, Féminisme et nazisme, in: *Les Temps modernes,* März 1990, S. 17–53, Zit. S. 41.

4 Rita Thalmann, *Protestantisme et nationalisme en Allemagne de 1900 à 1945,* Paris 1976; dies., *Être femme sous le IIIe Reich,* Paris 1982; dies. (Hg.), *Femmes et fascismes,* Paris 1986. Claudia Koonz, *Mothers in the Fatherland: Women, the Family, and Nazi Politics,* New York 1986 (dt.: *Mütter im Vaterland. Frauen im Dritten Reich.* Aus dem Engl. von Cornelia Holfelder von der Tann, Freiburg 1991).

5 Djamila Amrane, *Les Femmes algériennes dans la guerre,* Paris 1991.

6 Anne Steiner und Loïc Debray, *La Fraction Armée rouge: Guérilla urbaine en Europe occidentale,* Paris 1988.

7 Emmanuel Reynaud, *Les Femmes, la violence et l'armée,* Paris 1988.

Der Erste Weltkrieg

Ich bedanke mich bei allen ausländischen Kolleginnen und Freundinnen, die mir bibliographische Hinweise gegeben oder Artikel und Bücher zur Verfügung gestellt haben: Ute Daniel, Christiane Eifert und Karin Hausen über Deutschland, Syan Reynold und Deborah Thom zu Großbritannien, Michela De Giorgio über Italien sowie Margaret R. Higonnet, Nancy R. Jaicks und Joan W. Scott zu den USA.

1 Zit. nach J. Stanley Lemons, *The Woman Citizen: Social Feminism in the 1920s,* Urbana/Chicago/London 1973, S. 20.

2 Thébaud 1986, S. 16

3 Antoine Prost, *Les Anciens Combattants et la société française,* Paris 1977, und Les monuments aux morts. Culte républicain? Culte civique? Culte patriotique?, in: Pierre Nora (Hg.), *Les Lieux demémoire,* Paris 1990, S. 195–225; Renato Monteleone und Pino Sarasini, I monumenti italiani ai caduti della Grande Guerra, in: Diego Leoni und Camillo Zadra (Hg.), *La Grande Guerra: esperienza, memoria, immagini,* Bologna 1986, S. 631–662.

4 Anne-Marie Sohn, La Garçonne face à l'opinion publique, in: *Le Mouvement,* Nr. 80, 1972. Vgl. auch ihren Beitrag in diesem Band.

5 Seit den zwanziger Jahren veröffentlichte die Carnegie Endowment for International Peace sowohl in den USA (Yale University Press) als auch in einzelnen vom Krieg betroffenen Ländern zahlreiche Monographien einer umfassenden *Wirtschafts- und Sozialgeschichte des Weltkrieges.*

6 Georges-Henri Soutou, *L'Or et le sang: les buts de guerre économiques de la Première Guerre mondiale,* Paris 1989.

7 An Arbeiten über Frankreich seien genannt: Jean-Jacques Becker, *1914, comment les Français sont entrés dans la guerre,* Paris 1977, und *Les Français dans la Grande Guerre,* Paris 1980; Antoine Prost, *Les Anciens Combattants;* Jean-Louis Robert, *Ouvriers et mouvement ouvrier parisiens pendant la Grande Guerre et l'immédiat après-guerre: histoire et anthropologie,* Diss. Paris 1989. Über die Bundesrepublik Deutschland und Großbritannien: G. D. Feldman, *Armee, Industrie und Arbeiterschaft in Deutschland 1914 bis 1918,* Berlin/Bonn 1985; Jürgen Kocka, *Klassengesellschaft im Krieg: Deutsche Sozialgeschichte 1914–1918,* Göttingen 1978; Marwick 1965; Jay Winter, *The Great War and the British People,* London 1985; Wall/Winter 1988.

8 David Mitchell, *Women on the Warpath: The Story of the Women of the First World War,* London 1966; Marwick 1977; Marwick 1979.

9 Braybon/Summerfield 1987.

10 Interviews der Autorin sowie Aussagen von Frauen in der Fernsehsendung »Dossier de l'ecran«, Antenne 2, 1. Mai 1984.

11 MacMillan 1981.

12 Braybon 1981; Braybon/Summerfield 1987; Deborah Thom, Women and Work in Wartime Britain, in: Wall/Winter 1988, S. 297–325.

13 Michelle Perrot, The New Eve and the Old Adam: French Women's Condition at the Turn of the Century, in: Higonnet u. a. 1987; Michelle Perrot, Ausbrüche, Band 4 der *Geschichte der Frauen;* Laurence Klejman und Florence Rochefort, *L'Égalité en marche: le féminisme sous la Troisième République,* Paris 1989; Anne-Marie Käppeli, Die feministische Szene, Band 4 der *Geschichte der Frauen.*

14 Daniel 1989.

15 Das Kolloquium wurde vom Center for European Studies in Harvard veranstaltet; die meisten Beiträ-

ge sind in dem von Higonnet u. a. 1987 herausgegebenen Sammelband *Behind the Lines* enthalten. Einen Rechenschaftsbericht aus französischer Sicht bietet Michelle Perrot, Sur le front des sexes: un combat douteux, in: *Vingtième siècle*, Nr. 3, Juli 1984, *La Guerre en son siècle*.

16 Joan W. Scott, Rewriting History, in: Higonnet u.a. 1987, S. 21–30.

17 Françoise Thébaud, Le féminisme à l'épreuve de la guerre, in: Rita Thalmann (Hg.), *La Tentation nationaliste, 1914–1915*, Paris 1990; Marie-Hélène Zylberberg-Hocquard, *Féminisme et syndicalisme en France*, Paris 1978.

18 Becker, *1914, comment les Français;* Jürgen Reulecke, Männerbund versus the Family: Middle-Class Youth Movements and the Family in Germany in the Period of the First World War, in: Wall/Winter 1988, S. 439–451.

19 Leed 1979, Kap. 2.

20 Annette Tapfert (Hg.), *Despatches from the Heart: An Anthology of Letters from the Front during the First and Second World Wars*, London 1984, zit. in Bonnie Smith, *Changing Lives: Women in European History Since 1700*, Lexington 1989, S. 368; André Kahn, *Journal de guerre d'un Juif patriote, 1914–1918*, Paris 1978.

21 Annelise Maugue, *L'Identité masculine en crise au tournant du siècle*, Marseille 1987; Thébaud 1986, S. 36–39 (»L'ère des louanges«).

22 Zitate in Marwick 1977, S. 27, und in Françoise Thébaud, Le féminisme, in: Thalmann (Hg.), *La Tentation nationaliste*, S. 21.

23 Eine Abbildung dieses Plakats befindet sich in Higonnet u. a. 1987, S. 210.

24 Marianne Walle, *Contribution à l'histoire des femmes allemandes entre 1848 et 1920 à travers les itinéraires de Louise Otto, Hélène Lang, Clara Zetkin et Lilly Braun*, Diss. Paris 1989; Marianne Walle, Féminisme et nationalisme dans *Die Frau*, in: Thalmann (Hg.), *La Tentation nationaliste*.

25 Zit. in Marwick 1977, S. 107.

26 Zit. in Thébaud 1986, S. 25.

27 Patrick Fridenson (Hg.), *1914–1918: L'autre front*, Paris 1977 (Cahier du Mouvement Social, Nr. 2).

28 Daniel 1989; Ute Daniel, Fiktionen, Friktionen und Fakten – Frauenlohnarbeit im Ersten Weltkrieg, in: Günter Mai (Hg.), *Arbeiterschaft 1914–1918 in Deutschland*, Düsseldorf 1985, und Women's Work in Industry and Family: Germany, 1914–1918, in: Wall/Winter 1988, S. 267–296.

29 Richard Bessel, Keine allzu große Beunruhigung des Arbeitsmarktes. Frauenarbeit und Demobilmachung in Deutschland nach dem Ersten Weltkrieg, in: *Geschichte und Gesellschaft*, Nr. 9, 1983, S. 211–229.

30 Alastair Reid, The Impact of the First World War on British Workers, in: Wall/Winter 1988, S. 221–233.

31 Deborah Thom, Women and Work, in: ebd., S. 297–325; Richard Wall, English and German Families and the First World War, 1914–1918, in: Wall/Winter 1988, S. 43–105.

32 Marwick 1977, S. 83–114: »Women in Uniform«; Jenny Gould, Women's Military Services in First World War Britain, in: Higonnet u. a. 1987, S. 114–125.

33 Esther Newton und Carroll Smith-Rosenberg, Le mythe de la lesbienne et la femme nouvelle: pouvoir, sexualité et légitimité, 1870–1930, in: *Stratégie des femmes*, Paris 1984, S. 274–311; Gudrun Schwarz, »Mannweiber« in Männertheorien, in: Karin Hausen (Hg.), *Frauen suchen ihre Geschichte. Historische Studien zum 19. und 20. Jahrhundert*, 2. durchges. Aufl., München 1987, S. 64–82. Siehe auch Judith Walkowitz, Gefährliche Formen der Sexualität, Band 4 der *Geschichte der Frauen*.

34 Zit. in Cornelie Usborne, Pregnancy is the Woman's Active Service. Pronatalism in Germany during the First World War, in: Wall/Winter 1988, S. 389–415.

35 Zit. in Daniel, Fiktionen, in: Mai (Hg.), *Arbeiterschaft*, S. 308.

36 Zit. in Thébaud 1986, S. 38 und 182.

37 Deborah Thom, Women at Work, in: Wall/Winter 1988; Condell/Liddiard 1988.

38 Zit. in Simonetta Ortaggi Cammarosano, Testimonianze proletarie e socialiste sulla guerra, in: Leoni und Zadra (Hg.), *La Grande Guerra*, S. 577–604.

39 Reproduktionen dieser Photographien finden sich in Braybon/Summerfield 1987.

40 Harriet Stanton Blatch, *Mobilizing Woman-Power*, New York 1918, S. 54 und 55; den Ausdruck »good time«, den die englische Feministin C. Gasquoine Hartley in *Women's Wild Oats*, New York 1920, S. 38, benutzt, zitiert William L. O'Neill in *Feminism in America: a history*, New Brunswick/Oxford 1989, S. 189; Lorine Pruettes Wendung von der »fine time« zitiert Stanley Lemons in *The Woman Citizen*, S. 15.

41 Sandra M. Gilbert, Soldiers' Heart: Literary Men, Literary Women, and the Great War, in: Higonnet u. a. 1987, S. 197–226; »All the world ist topsy-turvy« ist eine Gedichtzeile von Nina Macdonald, zit. in Catherine Reilly (Hg.), *Scars upon My Heart: Women's Poetry and Verse of the First World War*, London 1981; gewisse Zweifel an der optimistischen Einschätzung Sandra Gilberts finden sich in Cooper/Munich/Squier 1989 (namentlich über May Sinclair).

42 Fussel 1975; Leed 1979.

43 Elaine Showalter, *The Female Malady: Women, Madness, and English Culture*, New York 1985, und Rivers and Sassoon: The Inscription of Male Gender Anxieties, in: Higonnet u. a. 1987, S. 61–69.

44 Stéphane Audoin-Rouzeau, *14–18: les combattants des tranchées*, Paris 1986.

45 Clara Malraux, *Le Bruit de nos pas: apprendre à vivre*, Paris 1963.

46 Zit. in Marwick 1977, S. 107; zu Marie und Irène Curie siehe Robert Reid, *Marie Curie, derrière la légende*, Paris 1979; Françoise Giroud, *Une femme honorable*, Paris 1981; Noëlle Loriot, *Irène Joliot-Curie*, Paris 1991.

47 Vgl. Abbildung auf S. 32 des vorliegenden Bandes; Quelle: Imperial War Museum.

48 Perrot, Sur le front . . ., in: *Vingtième siècle;* siehe auch Philippe Ariès und Georges Duby (Hg.), *Histoire de la vie privée*, Bände 4 und 5, Paris 1987 (dt.: *Geschichte des privaten Lebens*, Bd. 4 und 5. Aus dem Franz. von Holger Fliessbach und Gabriele Krüger-Wirrer, Frankfurt a. M. 1992 bzw. 1993).

49 In Frankreich beispielsweise Louise Deletang, *Journal d'une ouvrière parisienne pendant la guerre*, Paris 1935, oder Marguerite Lesage, *Journal de guerre d'une Française*, Paris 1938.

50 Paola Di Cori, Il doppio sguardo. Visibilità dei generi sessuali nella rappresentazione fotografica (1908–1918), in: Leoni/Zadra 1986, S. 765–800; vgl. auch in demselben Band den Beitrag von Michela De Giorgio, Dalla ›Donna Nuova‹ alla donna della ›nuova‹ Italia, S. 307–329.

51 Greenwald 1980.

52 William J. Breen, Black Women and the Great War: Mobilization and Reform in the South, in: *The Journal of Southern History*, Bd. XLIV, August 1978; David M. Kennedy, *Over Here: The First World War and American Society*, New York 1980.

53 Ida Clyde Clarke, *Uncle Sam Needs a Wife*, Chicago 1925, S. 5, zit. in O'Neill, *Feminism in America*, S. 193.

54 Evelyne Diebolt und Jean-Pierre Laurent, *Anne Morgan: une Américaine en Soissonnais (1917–1952)*, hg. im Auftrag der Association Médico-sociale Anne Morgan (AMSAM), 1990.

55 Valerie J. Corner, ›The Mothers of the Race‹ in World War I. The National War Labor Board and Women in Industry, in: *Labor History* 21, Winter 1980.

56 Der erwähnte Ausspruch stammt von A. Mignon, Chefarzt der 3. Armee, und wird zitiert in Thébaud 1986, S. 93; zum Thema Krankenschwester vgl. auch Yvonne Knibiehler (Hg.), *Cornettes et blouses blanches: les infirmières dans la société française 1880–1980*, Paris 1984; Evelyne Diebolt, *La Maison de santé protestante de Bordeaux, 1863–1934*, Toulouse 1990; Marie-Françoise Collière, *Promouvoir la vie*, Paris 1982.

57 Thébaud 1986, S. 147–158; Anna Bravo, Per una storia delle donne: donne contadine e prima guerra mondiale, in: *Società estoria* Nr. 10, 1980.

58 Jeanne Bouvier, *Mes mémoires*, Paris 1983, Einleitung von Daniel Armogathe; Sylvia Pankhurst, *The Home Front*, London 1932.

59 Vgl. folgende Beiträge in Fridenson 1977: Gerd Hardach, La mobilisation industrielle en 1914–1918: production, planification et idéologie; Alain Hennebicque, Albert Thomas et le régime des usines de guerre, 1915–1917; Mathilde Dubesset, Françoise Thébaud und Catherine Vincent, Les munitionettes de la Seine.

60 Robert, *Ouvriers et mouvement ouvrier*, Kap. 11 und 12.

61 Zum Beispiel Monica Cosens, *Lloyd George's Munition Girls*, London 1916 (zit. in Braybon/Summerfield 1987), oder Marcelle Capy, La femme à l'usine, erschienen in *La Voix des femmes*, Nov. und Dez. 1917, Jan. 1918.

62 In Großbritannien The Women's Employment Committee und The Health of Munitions Workers Committee, in Frankreich das Comité du travail féminin, in Deutschland die Frauenarbeitszentrale.

63 Vgl. Braybon 1981 und Daniel 1989; Laura Lee Downs, *Women in Industry, 1914–1939: The Employer's Perspective. A Comparative Study of the French and British Metals Industry*, Columbia University 1987 (unveröffentlicht), und Annie Fourcaut, *Femmes à l'usine en France dans l'entre-deux-guerres*, Paris 1982.

64 Alain Corbin, *Filles de noce: misère sexuelle et prostitution aus XIXe siècle*, Paris 1978; Emilio Franzina, Il tempo libero dalla guerra: Case del soldato e postriboli militari, in: Leoni/Zadra 1986, S. 161– 230.

65 Colette, La chambre éclairée, in: *Les Heures longues*, Paris 1917.

66 Vgl. Wall/Winter 1988: Einleitung von Richard Wall und Jay Winter sowie Teil IV, ›Social Policy and Family Ideology‹ (Beiträge von Marie-Monique Huss, Richard Soloway, Cornelie Usborne, Paul Weindling, Jürgen Reulecke).

67 Cicely Hamilton, Non-Combatant, in: Reilly 1981.

68 Karin Hausen, The German Nation's Obligations to the Heroes' Widows of World War I, in: Higonnet u. a. 1987, S. 126–140.

69 Richard Soloway, Eugenics and Pronatalism in Wartime Britain, in: Wall/Winter 1988, S. 369–388.

70 Jay Winter, Some Paradoxes of the First World War; Peter Dewey, Nutrition and Living Standards in Wartime Britain, in: Wall/Winter 1988, S. 9–42 bzw. 197–220.

71 Ute Daniel, The Politics of Rationing Versus the Politics of Subsistence: Working-Class Women in Germany, 1914–1918, in: Roger Fletcher (Hg.), *Bernstein to Brandt: A Short History of German Social Democracy*, London 1987; Michelle Perrot, La femme populaire rebelle, in: *L'Histoire sans qualités (Gemeinschaftsarbeit)*, Paris 1979, und Ausbrüche, in: Band 4 der *Geschichte der Frauen*.

72 Lynne Layton, Vera Brittain's Testament(s), in: Higonnet u. a. 1987, S. 70–83.

73 Der Aufruf Romain Rollands war in der Zeitschrift der *International Woman Suffrage Alliance* und in der von Henri Guilbeaux herausgegebenen Zeitschrift *Demain* zu lesen.

74 Vgl. Odette Thibault (Hg.), *Féminisme et pacifisme: même combat*, Paris 1985.

75 Vgl. Anm. 13 und 24; ferner natürlich die drei maßgeblichen Bücher von Richard J. Evans: *The Feminist Movement in Germany, 1894–1933*, London/Beverly Hills 1976; *The Feminists: Women's Emancipation Movements in Europe, America and Australasia 1840–1920*, London 1977; *Comrades and Sisters: Feminism, Socialism and Pacifism in Europe 1870–1945*, Sussex 1987. Vgl. neuerdings auch: Ursula Baumann, *Protestantismus und Frauenemanzipation in Deutschland 1850–1920*, Frankfurt/New York 1992.

76 Wiltsher 1985; O'Neill, *Feminism in America*, S. 169–185.

77 Barbara J. Steinson, The Mother Half of Humanity: American Women in the Peace and Preparedness Movements in World War I, in: C. Berkin und C. Lovett (Hg.), *Women, War and Revolution*, New York 1980, S. 259–285; Linda Schott, The Woman's Peace Party and the Moral Basis for Women's Pacifism, in: *Frontiers*, Bd. 3, Nr. 2, 1985.

78 Hélène Brion, *La Voie féministe* (Vorwort und Anmerkungen von Huguette Bouchardeau), Paris 1978; Charles Sowerwine, *Les Femmes et le socialisme*, Paris 1978; Robert, *Ouvriers et mouvement ouvrier*.

79 Beispielsweise La désunion des prolétaires 1889–1919, in: *Mouvement social*, Nr. 147, April–Juni 1989.

80 Gilbert, Soldiers' Heart, in: Higonnet u. a. 1987, S. 223.

81 Neben den bereits genannten Werken über den Feminismus s. a. Steven C. Hause, *Hubertine Auclert: The French Suffragette*, New Haven/London 1987; S.-C. Hause, More Minerva than Mars: The French Women's Rights Campaign and the First World War, in: Higonnet u. a. 1987, S. 99–113.

82 Elinor Lerner, Structures familiales, typologie des emplois et soutien aux causes féministes à New York (1915–1917), in: *Stratégie des femmes*, S. 424–442.

83 Roger-Henri Guerrand und Francis Ronsin, *Le Sexe apprivoisé: Jeanne Humbert et la lutte pour le contrôle des naissances*, Paris 1990; Angus Maclaren, *Sexuality and Social Order*, New York 1983.

84 Der Ausdruck »Drang ins Private« findet sich bei Albert Hirschman, *Bonheur privé, action publique*, Paris 1983; M. Capy wird zitiert in Thébaud, *La Femme au temps de la guerre*, S. 283.

85 Braybon/Summerfield 1987, S. 115–132 (»Démobilisation 1918–1920«); Bessel, Keine allzugroße Beunruhigung ..., in: *Geschichte und Gesellschaft*; Susanne Rouette, Die Erwerbslosenfürsorge für Frauen in Berlin nach 1918, in: *IWK* 21, 1985, S. 295–308, und »Gleichberechtigung« ohne »Recht auf Arbeit«: Demobilmachung der Frauenarbeit nach dem Ersten Weltkrieg, in: Christiane Eifert und Susanne Rouette (Hg.), *Unter allen Umständen: Frauengeschichte(n) in Berlin*, Berlin 1986.

86 Margaret Ward, *Unmanageable Revolutionaries: Women and Irish Nationalism*, London 1983.

87 Paul Géraldy, Femmes, in: *La Guerre, Madame*, 1916 (zit. nach der Ausgabe von 1936).

88 Ich bedanke mich bei Evelyne Diebolt, die dieses Interview veranstaltet hatte.

89 Klaus Theweleit, *Männerphantasien*, 2 Bde., Frankfurt a. M. 1977/78; Reulecke, Männerbund Versus the Family, in: Wall/Winter 1988, S. 439–451.

90 Jacques Le Rider, *Modernité viennoise et crises de l'identité*, Paris 1990, und Karl Kraus, satiriste de la femme en guerre, in: Thalmann (Hg.), *La Tentation nationaliste*, S. 63–75.

91 Fraçoise Thébaud, *Quand nos grands-mères donnaient la vie: la maternité en France dans l'entre-deux-guerres*, Lyon 1986; der Ausdruck »Abenteurer der modernen Welt« stammt von Charles Péguy und wurde von dem Schriftsteller Henry Bordeaux in seinen Lobliedern auf die Familie aufgegriffen.

92 Margaret R. Higonnet und Patrice L.-R. Higonnet, The Double Helix, in: Higonnet u. a. 1987, S. 31–47.

93 Thébaud, *La femme*, S. 291; J.-L. Robert, Women and Work in France during the First World War, in: Wall/Winter 1988, S. 251–266.

94 Sylvie Zemer, *Travail domestique et forme de travail. Ouvrières et employées entre la Première Guerre mondiale et la grande crise*, Diss. Paris X-Nanterre 1985; Lee Downs, *Women in Industry*.

95 Yvonne Knibiehler, *Nous les assistantes sociales*, Paris 1981; dies. (Hg.), *Cornettes et blouses blanches*; dies., Le docteur Simone Sédan et la protection de l'enfance à Marseille, in: Jean Antoine Gili und Ralph Schor (Hg.), *Hommes. Idées. Journaux. Mélanges en l'honneur de Pierre Guiral*, Paris 1988; Sylvie Fayet-Scribe, *Associations féminines et catholicisme: de la charité à l'action sociale*, Paris 1990, und *La Résidence sociale de Levallois-Perret (1896–1936): la naissance des centres sociaux en France*, Toulouse 1990.

96 Susan Pedersen, Gender, Welfare and Citizenship in Britain during the Great War, in: *The American Historical Review*, Bd. 95, Nr. 4, Oktober 1990.

97 Dominique Desanti, *La Femme au temps des années folles*, Paris 1984.

98 Lilian Faderman, *Surpassing the Love of Men: Romantic Friendship and Love Between Women*

from the Renaissance to the Present, London 1980; Newton und Smith-Rosenberg, Le mythe de la lesbienne, in: *Stratégie des femmes*.

99 Fussel 1975, S. 79.

100 Reinhard Sieder, Behind the Lines: Working-Class Family Life in Wartime Vienna, in: Wall/Winter 1988, S. 109–138; Paul Pasteur, *Femmes dans le mouvement ouvrier autrichien (1918–1934)*, Diss. Rouen 1986.

101 Michel Launay, *La CFTC, origines et développement, 1919–1940*, Paris 1987; Christine Bard, L'apôtre sociale et l'ange du foyer: les femmes et la CFTC dans l'entre-deux-guerres, in: *Mouvement social* (erscheint demnächst).

102 Prost, *Les Anciens Combattants et la société française*; ders., *Les Anciens Combattants: 1914–1939*, Paris 1977.

103 Christiane Eifert, Frauenarbeit im Krieg: Die Berliner ·Heimatfront· 1914 bis 1918, in: *IWK* 21, 1985.

104 Nancy F. Cott, *The Grounding of Modern Feminism*, New Haven/London 1987; vgl. auch Christine Bards in der Entstehung begriffene Dissertation *Le Mouvement féministe en France, 1914–1939*.

105 Guerrand und Ronsin, *Le Sexe apprivoisé*; Nicole Gabriel, ·Des femmes appelèrent mais on ne les entendit pas·: Anita Augspurg et Lida Gustava Heyman, in: Thalmann (Hg.), *La Tentation nationaliste*; Cott, *The Grounding*.

106 Susan Kingsley Kent, The Politics of Sexual Difference: World War I and the Demise of British Feminism, in: *Journal of British Studies* 27, Juli 1988, S. 232–253.

107 Anne Cova, Cécile Brunschvicg (1877–1946) et la protection de la maternité, in: Association pour l'étude de l'histoire de la Sécurité sociale (Hg.), *Actes du 113ᵉ congrès national des sociétés savantes*, Paris 1989, S. 75–104, und ihre in der Entstehung begriffene Dissertation *Droits des femmes et protection de la maternité en France, 1892–1939*. Vgl. auch Gisela Bocks zweiten Beitrag im vorliegenden Buch.

Die moderne Frau

1 In Cott 1987, Kap. 5, werden die hier skizzierten Entwicklungen ausführlicher dokumentiert.

2 Hartmann 1974. Zum Gegenbeispiel Durham vgl. Dolores Janiewski, *Sisterhood Denied: Race, Gender and Class in a New South Community*, Philadelphia 1985, bes. S. 32.

3 Vgl. Carl N. Degler, *At Odds: Women and the Family in America from the Revolution to the Present*, New York 1980, S. 178–248; Richard A. Easterlin, *The American Baby Boom in Historical Perspective*, New York 1962, S. 6–12, 15–21.

4 Alfred Kinsey u. a., *Sexual Behavior in the Human Female*, Philadelphia 1953 (dt.: *Das sexuelle Verhalten der Frau*. Aus dem Engl. von M. Baacke u. a., Frankfurt a. M. 1968).

5 Robert S. Lynd und Helen Merrell Lynd, *Middletown: A Study in Modern American Culture*, New York 1929, S. 266. Vgl. Linda Gordon, *Woman's Body, Woman's Right*, New York 1976, S 186–206; Estelle Freedman und John D'Emillo, *Intimate Matters*, New York 1988, S. 222–274.

6 Simmons 1979, S. 54–59.

7 Vern Bullough und Bonnie Bullough, Lesbianism in the 1920s and 1930s: A Newfound Study, in: *Signs* 2, 1977, S. 895–904; Rupp 1980; Blanche Wiesen Cook, ·Women Alone Stir My Imagination·: Lesbianism and the Cultural Tradition, in: *Signs* 4/4, Sommer 1978, S. 718–739.

8 John Modell u. a., The Timing of Marriage in the Transition to Adulthood, in: John Demos und Saranne Boocock (Hg.), *Turning Points: Historical and Sociological Essays on the Family*, Chicago 1978, S. 12.

9 Solomon 1985, S. 119–122; Fass 1977, S. 124 und 407f., Anm. 4.

10 Scharf 1980, S. 15f., 41f.

11 *Smith College Weekly* X, 3. Dez. 1919, S. 2, zit. nach Filene 1974, S. 128.

12 Cott 1987, S. 183.

13 Edward A. Purcell, Jr., *The Crisis of Democratic Theory: Scientific Naturalism and the Problem of Value*, Lexington 1973, S. 16–23.

14 Bessie Bunzel, The Woman Goes to College: After Which, Must She Choose Between Marriage and a Career? in: *The Century Monthly Magazine* 117, Nov. 1920, S. 26–32, vor allem S. 26 und 31; John C. Burnham, The New Psychology: From Narcissism to Social Control, in: Braeman u. a. 1968, S. 351–398.

15 Jill Morawski, The Measurement of Masculinity and Femininity: Engendering Categorical Realities, in: *Journal of Personality* 53/2, Juni 1985, S. 196–223. Zur früheren Generation weiblicher Sozialwissenschaftler vgl. Rosalind Rosenberg, *Beyond Separate Spheres*, New Haven 1982.

16 Ernest Groves, The Personality Results of the Wage Employment of Women Outside the Home and Their Social Consequences, in: *Annals* 143, Mai 1929, S. 339–348.

17 Vera Brittain, Home-Making Husbands, in: *Equal Rights* 13, 29. Jan. 1927, S. 403.

18 Siehe Hartmann 1974.

19 Gwendolyn Hughes Berry, Mothers in Industry, in: *Annals* 143, Mai 1929, S. 315.

20 Vgl. Burnham, The New Psychology, in: Braeman u. a. 1968, S. 360–366, 378f., 381–384; Fass 1977, S. 96–101.

21 McMahon 1972, v. a. S. 3–8 und 15; Marchand 1985, S. 5ff.
22 Chase Going Woodhouse, The New Profession of Homemaking, in: *Survey* 57, Dez. 1926, S. 339; siehe auch Marchand 1985, S. 34, 66–69, 162f., 342–345; Neil H. Borden, *The Economic Effects of Advertising*, Chicago 1942, Kap. 26, S. 744f., 763ff., 768–797.
23 Über das Volumen der Werbewirtschaft vgl. Robert Lynd, The People as Consumers, in: The President's Commission on Social Trends 1933, Bd. 2.
24 *Chicago Tribune*, 1930, zit. nach Marchand 1985, S. 186; Wright 1981, S. 208ff.
25 Siehe May 1980.
26 Vgl. Atina Grossman, The New Woman and the Rationalization of Sexuality in Weimar Germany, in: Christine Stansell u. a. (Hg.), *Powers of Desire: The Politics of Sexuality*, New York 1983, S. 153–171, und dies., *Girlkultur* or Thoroughly Rationalized Female: A New Woman in Weimar Germany? in: Judith Friedlander u. a. (Hg.), *Women in Culture and Politics: A Century of Change*, Bloomington 1986, S. 62–80. Eine scharfsinnige und erhellende Erörterung über die Auswirkungen des amerikanischen Films – und die nationalen Reaktionen in Europa auf ihn – bietet Victoria de Grazia, Mass Culture and Sovereignty: The American Challenge to European Cinemas, 1920–1960, in: *Journal of Modern History* 61, März 1989, S. 53–87; vgl. dies., »Women's Last-Best Hope«? Americanization and New Models of Modern Womanhood in Interwar Europe, Beitrag zu der Rockefeller-Tagung »Women in Dark Times«, Bellagio (Italien), 11.–14. Aug. 1987.

Zwischen den beiden Weltkriegen

1 Léon Blum, *Du mariage*, 1908.
2 Es ist bezeichnend, daß zwei Erfolgsromane, *Les Don-Juanes* von M. Prévost (mit einer Auflage von 300000 Exemplaren) und *La Garçonne*, beide in den Jahren 1921/1922 erschienen, zur gleichen Zeit dieses Thema aufgreifen. Die Begriffe *garçonne* und *flapper* bezeichnen Frauen, die sich in Verhalten und Kleidung über die Konventionen hinwegsetzten (A. d. Ü.).
3 *Le compagnon* ist der Titel des zweiten Romans der Trilogie *La Femme en chemin* von Victor Marguerit-te, deren erster Band *La Garçonne* ist.
4 Rundschreiben der Gewerkschaft, Bibliothek M. Durand, Paris, Dossier 396 FEM.
5 Sehr gut beschrieben von Michelle Perrot, L'éloge de la ménagère dans le discours ouvrier français au XIXe siècle, in: *Romantisme*, H. 13–14, 1976.
6 Les populations de Puy-de-Dôme. Monographies rédigées à l'occasion de l'enquête agricole de 1929, Clermont-Ferrand 1932, S. 110.
7 F. Zonabend, *La mémoire longue. Temps et histoire au village*, Paris 1980.
8 Amiel, Charuty, Fabre-Vassas, 1981, S. 134.
9 Nach einer Erhebung der *Union féminine civique et sociale* wurde die Situation durch Arbeitslosigkeit oder Krankheit des Mannes noch verschärft.
10 Fourcaut 1982, S. 103 und 119.
11 *Le Travail industriel de la mère et le foyer ouvrier*, UFCS 1934, S. 252.
12 Vgl. J.-P. Burdy, M. Dubesset und M. Zancarini-Fournel, Rôles, travaux et métiers féminins dans une ville industrielle: Saint-Etienne, 1900–1950, in: *Mouvement social*, Juli–Sept. 1987.
13 Spring Rice 1981, S. 135 und 141.
14 *La Vie quotidienne à Saint-Etienne entre les deux guerres*, Saint-Etienne, Centre d'études forézien-nes, 1985, S. 7.
15 André Allix, *Un pays de haute montagne: l'Oisans. Etude géographique*, 1929, Neuauflage Marseille 1975.
16 Spring Rice, 1981, S. 135 und 141.
17 Ebd., S. 142.
18 Fourcaut 1982, S. 191.
19 Rosemary Crook, »Tiddy Women«: Women in the Rhondda between the Wars, in: *Oral History*, Heft 10, 1982.
20 C. Germain and C. de Panafieu, *La mémoire des femmes. Témoignages des femmes nées avec le siècle*, Paris 1970, S. 191.
21 Fourcaut 1982, S. 103.
22 Hoggart 1970, S. 97.
23 Roberts 1984, S. 113.
24 Pierre Bourdieu, Célibat et condition paysanne, in: *Etudes rurales*, 1962.
25 Hoggart 1970, S. 92f.
26 Vgl. Anne-Marie Sohn, Qualità e difetti. Stereotipi e realtà conjugali nelle Francia dell' Ottocento, in: *Memoria, Il bel matrimonio*, Heft 2, 1988.
27 Brief an den Justizminister vom 23. Oktober 1917, Archives nationales, BB18 2527 (1), Dossier 2328.
28 Zit. von Jeffrey Weeks, *Sex, Politics, and Society. The Regulation of sexuality since 1800*, London 1981, S. 189.
29 Außer zu Beginn der zwanziger Jahre, als von der Front zurückgekehrte Ehemänner die Scheidung einreichten, da ihre Frauen während ihrer Abwesenheit untreu waren.
30 Louise Weiss, *Ce que femme veut*, Paris 1946, S. 14.
31 Anne-Marie Sohn, *Féminisme et syndicalisme. Les institutrices de la Fédération unitaire de l'enseignement de 1919 à 1935*, Diss. Paris X – Nanterre, 1973.

Die italienischen Frauen unter Mussolini

1 Zum Begriff »liberales Patriarchat« vgl. Linda J. Nicholson, *Gender and History: The Limits of Social Theory in the Age of the Family*, New York 1986; siehe auch Carole Pateman, *The Sexual Contract*, Stanford 1988. Zum Begriff »soziales Patriarchat« vgl. Harriet Holter (Hg.), *Patriarchy in a Welfare Society*, Oslo 1984, ferner Carole Pateman, *The Patriarchal Welfare State*, Cambridge 1987.

2 De Grazia 1992. Die besten Beispiele für diesen nationalen Ansatz sind Franca Pieroni Bortolotti, *Femminismo e partiti politici in Italia, 1919–1926*, Rom 1978; Macciocchi 1976; Piero Meldini, *Sposa e madre esemplare*, Rom/Florenz 1975; Mondello 1987.

3 John Maynard Keynes, *The Economic Consequences of the Peace*, New York 1971 (1920), S. 9–26.

4 Gunnar Myrdal, *Population: A Problem for Democracy*, Cambridge, Mass. 1940; ferner Alva Myrdal und Gunnar Myrdal, *Crisis in the Population Question*, Stockholm 1935. Ähnlich weiträumige Vergleiche stellt D. V. Glass in *Population Policies and Movements in Europe*, Oxford 1940, an. Einen kurzen Überblick über die Problematik bietet C. F. McCleary, Pre-War European Population Policies, in: *The Milbank Memorial Fund Quarterly* 19/2, April 1941, S. 105–120.

5 Alva Myrdal, *Nation and Family. The Swedish Experiment in Democratic Family and Population Policy*, New York 1941, S. 398 ff.

6 Charles Maier, *Recasting Bourgeois Europe*, Princeton 1975.

7 Eli F. Heckscher, *Mercantilism*, London 1935, Bd. 2, S. 145 ff. und 273 ff.

8 Myrdal, *Population: A Problem for Democracy*, S. 20. Die beste Gesamtdarstellung ist Ann Sofie Kälvemarks *More Children of Better Quality? Aspects on Swedish Population Policy in the 1930s*, Uppsala 1980.

9 Ebd., S. 80, 190 f.

10 Paolo Ungari, *Storia del diritto di famiglia in Italia, 1796–1942*, Bologna 1974, S. 123 ff.; Maria Vittoria Ballestrero, *Dalla tutela alla parità: La legislazione italiana sul lavoro delle donne*, Bologna 1979, S. 11–56.

11 Annarita Buttafuoco, La filantropia come politica. Esperienza dell'emancipazionismo italiano nel Novecento, in: Lucia Ferrante, Maura Palazzi und Gianna Pomata (Hg.), *Ragnatele di rapporti*, Turin 1988, S. 167 ff.; siehe auch Buttafuoco 1981, S. 154–185 sowie Franca Pieroni Bortolotti, *Alle origini del movimento femminile in Italia, 1892–1922*, Mailand 1974. Vgl. Paola Gaiotti de Biase, *Le origini del movimento cattolico femminile*, Brescia 1963, und Dau Novelli 1988.

12 Bruno P. S. Wanrooij, *Pudore e licenza: Una storia della questione sessuale in Italia*, Venedig 1990; George Mosse, *Nationalism und Sexuality*, New York 1985.

13 Vilfredo Pareto, Il mito virtuista (1914), in: G. Busino (Hg.), *Vilfredo Pareto: Scritti sociologici*, Turin 1966, bes. S. 425 ff., 484, 602.

14 Zit. in Luciano De Maria (Hg.), *Teoria e invenzione futurista*, Mailand 1983, S. 11.

15 Benito Mussolini, La donna e il voto, in: E. und D. Susmel, *Benito Mussolini: Opera Omnia*, 44 Bde., Florenz 1951–1980, Bd. XXI, S. 303: »Non divaghiamo a discutere se la donna sia superiore o inferiore; costatiamo che è diversa.«

16 Zit. in Antonio Spinosa, *I figli di Mussolini*, Mailand 1983, S. 18.

17 Giovanni Gentile, La donna e il fanciullo, zit. in Simonetta Uliveri, La donna nella scuola dall'unità d'Italia oggi: leggi, pregiudizi, lotte e prospettive, in: *Nuova DWF* 2, Jan.–März 1977, S. 116 ff.

18 Zum Beispiel Argo (Giuseppe Bottai), Compiti della donna, in: *Critica fascista* 14, 1933, S. 267 ff.; ferner *Carta della Scuola illustrata nelle singole dichiarazioni da presidi e professori dell'Associazione fascista della Scuola*, Rom 1939, S. 17.

19 Umberto Notari, *La donna tipo tre*, Mailand 1928.

20 Renzo De Felice, *Mussolini il Duce: Gli anni del consenso, 1929–1935*, Turin 1974; Victoria de Grazia, *The Culture of Consent: Mass Organization of Leisure in Fascist Italy*, Cambridge/New York 1981; Passerini 1984.

21 Gisela Bock, *Zwangssterilisation im Nationalsozialismus*, Opladen 1986.

22 Claudio Pogliani, Scienza e stirpe: eugenica in Italia, 1912–1939 in: *Passato e presente* 5, 1984, S. 79.

23 Ebd., S. 80 f.

24 Nicola Pende, Nuovi orientamenti per la protezione e l'assistenza della madre e del fanciullo, in: *Medicina Infantile* 7/8, Aug. 1936, S. 233.

25 Luigi Maccone, *Ricordi di un medico pediatra*, Turin 1936, S. 62.

26 Passerini, *Torino operaia e fascismo*, S. 213–219; Denise Detragiache, Un aspect de la politique démographique de l'Italie fasciste: la répression de l'avortement, in: *Mélanges de l'École Française de Rome* 92/2, 1980, S. 691–735.

27 Giorgio Gattei, Per una storia del comportamento amoroso dei bolognesi. Le nascite dall'unità al fascismo, in: *Società e storia* 9, 1980, S. 627 ff. Stefano Somogyi, *La mortalità nei primi cinque anni di età in Italia, 1863–1963*, Palermo 1967, S. 42, Schaubild 7.

28 Vgl. generell Melograni 1988. Marzio Barbagli, *Sotto lo stesso tetto: Mutamenti della famiglia in Italia dal XV al XX secolo*, Bologna 1984. Vera Zamagni, Dinamica e problemi della distribuzione commerciale e al minuto tra il 1880 et la II Guerra mon-

diale, in: *Mercati e consumi: Organizzazione e qualificazione del commercio in Italia dal XVII al XX secolo*, Bologna 1986, S. 598.

29 INEA, *Monografie di famiglie agricole*. Studi e monografie, Nr. 14, Rom 1929, vor allem *Mezzadri di Val di Pesa e del Chianti*, 1931, bes. S. 46, 74, 94. Zur Ruralisierung generell siehe Domenico Preti, *La modernizzazione corporativa: 1922–1940*, Mailand 1987, S. 53–100.

30 Zit. in Igino Giordani (Hg.), *Le encicliche sociali dei papi*, 4. Aufl., Rom 1956, S. 200.

31 Bettio 1989, S. 117. Chiara Saraceno, La famiglia operaia sotto il fascismo, *La classe operaia durante il fascismo*, in: *Annali Fondazione Giangiacomo Feltrinelli* 20, 1979/80; siehe auch dies., Percorsi di vita femminile nella classe operaia: tra famiglia e lavoro durante il fascismo, in: *Memoria* 2, Okt. 1981, S. 64–75.

32 Maccone, *Ricordi*, S. 67.

33 Mussolini, Macchina e donna (31. Aug. 1934), in: *Opera Omnia*, Bd. XXVI, S. 311.

34 Naria Castellani, *Donne italiane di ieri e di oggi*, Florenz 1937, S. 102ff.

35 Denise Detragiache, Il fascismo femminile de San Sepolcro all'affare Matteotti, 1919–1924, in: *Storia Contemporanea* 2, April 1983, S. 211–251; Stefania Bartoloni, Il fascismo femminile e la sua stampa: *La Rassegna femminile italiana* (1925–1930), in: Nuova DWF 21, 1982, S. 143–169.

36 Mussolini, Elogio alle donne d'Italia, in: *Opera Omnia*, Bd. XXVII, S. 266.

37 Giulia Boni, *Il lavoro sociale delle donne: le grandi organizzazioni in Italia e all'estero (Corso per visitatrici fasciste)*, Pisa 1936, S. 4, 9. Vgl. auch Olga Modigliani, *Lavoro sociale delle donne*, Rom 1935, S. 22.

38 Archivio Nazionale dello Stato, Segretaria particolare del Duce, Carteggio ordinario, 509.504/3, Faszikel Angiola Moretti – Ansprache am 14. Mai 1940 vor frisch diplomierten *visitatrici fasciste*.

39 Ferdinando Loffredo, *Politica della famiglia*, Mailand 1938, S. 230f., 376, 412, 464.

40 Archivio Centrale dello Stato, Presidenza Consiglio dei Ministri, 1937–1939, Faszikel 1/3-1, f.954.4 Petition: Rom, 6. Okt. 1938 – Duce.

41 *La donna e la famiglia nella legislazione fascista*, Neapel 1933.

42 Maria Maggi, Rassegna letteraria: scrittrici d'Italia, in: *Almanacco della donna italiana, 1930*, S. 182. Als Beispiele vgl. Ester Lombardo, *La donna senza cuore*, Mailand 1929, und Lina Pietravalle, *Le Catene*, Mailand 1930.

43 Annamaria Bruzzone und Rachele Farina, *La resistenza taciuta*, Florenz 1976; Alloisio/Beltrami 1981; Bianca Guidetti Serra, *Campagne: testimonianze di partecipazione politica femminile*, 2 Bde., Turin 1977.

44 Female Consciousness and Collective Action: The Case of Barcelona, 1910–1918, in: *Signs* 7, Frühjahr 1982, S. 545–566; Nancy F. Cott, What's in a Name? The Limits of ›Social Feminism‹, or Expanding the Vocabulary of Women's History, in: *Journal of American History* 76/3, Dez. 1989, S. 827.

Nationalsozialistische Geschlechterpolitik und die Geschichte der Frauen

1 Comité des Délégations Juives 1983, S. 468. Vgl. Kaplan 1981, bes. Kap. 3 und S. 121–127. Goebbels, zit. in: Walther Gehl (Hg.), *Der nationalsozialistische Staat*, H. 2, Breslau 1934, S. 155.

2 Richard Walther Darré, *Neuadel aus Blut und Boden*, München 1930, S. 169–171; Alfred Grotjahn, *Geburten-Rückgang und Geburten-Regelung im Lichte der individuellen und sozialen Hygiene*, Berlin 1914, S. 144f. Ann Taylor Allen, German Radical Feminism and Eugenics, 1900–1918, in: *German Studies Review* 11, 1989, bes. S. 45f. (dt. in: *Feministische Studien* 9/1, 1991, S. 46–68).

3 Marion Kaplan, Jewish Women in Nazi Germany: Daily Life, Daily Struggles, 1933–1939, in: Rittner/Roth 1993, S. 187–212; Rita R. Thalmann, Jüdische Frauen nach dem Pogrom von 1938, in: Arnold Paucker (Hg.), *Die Juden im nationalsozialistischen Deutschland/The Jews in Nazi Germany 1933–1945*, Tübingen 1986, S. 295–302; Claudia Huerkamp, Jüdische Akademikerinnen in Deutschland 1900–1938, in: *Geschichte und Gesellschaft* 19, 1993, S. 311–331; Hilberg 1982; ders., *Täter, Opfer, Zuschauer. Die Vernichtung der Juden 1933–1945*, Frankfurt a. M. 1992, S. 145–149 (»Männer und Frauen«). Es kann also nicht davon die Rede sein, daß »bei den Verfolgten und Eingekerkerten ... die meisten eben Männer« gewesen seien: Reinhard Kühnl, Der deutsche Faschismus in der neueren Forschung, in: *Neue Politische Literatur* 28, 1983, S. 71.

4 Wilhelm Frick, *Bevölkerungs- und Rassenpolitik*, Langensalza 1933, S. 3–8.

5 Lifton 1988, S. 29. Die vorhergehenden Zitate: Arthur Gütt, Ernst Rüdin und Falk Ruttke, *Gesetz zur Verhütung erbkranken Nachwuchses vom 14. Juli 1933*, München 1934, S. 60; Alfons Labisch und Florian Tennstedt, Gesundheitsamt oder Amt für Volksgesundheit? Zur Entwicklung des öffentlichen Gesundheitsdienstes seit 1933, in: Norbert Frei (Hg.), *Medizin und Gesundheitspolitik in der NS-Zeit*, München 1991, S. 35–66.

6 Vgl. dazu Hannah Arendt, *Elemente und Ursprünge totaler Herrschaft*, München 1986, S. 637f.

7 Bock 1986, S. 351–362, 453–456; Theresia Seible, »Aber ich wollte vorher noch ein Kind«, in: *Courage* 6, Mai 1981, S. 21–24; Hilberg 1982, S. 637–639.

8 Gütt, Rüdin und Ruttke, *Gesetz zur Verhütung,* S. 5, 176.

9 Zit. in Bock 1986, S. 357, 412.

10 Lothar Gruchmann, »Blutschutzgesetz« und Justiz, in: *Vierteljahrshefte für Zeitgeschichte* 31, 1983, S. 418–442; die Zitate stammen aus Frauenzeitschriften, Broschüren und Schulbüchern (s. Bock 1986, S. 129–133); vgl. Barbara Greven-Aschoff, *Die bürgerliche Frauenbewegung in Deutschland 1894–1933,* Göttingen 1981, bes. Kap. 2 und 3.

11 Hans-Walter Schmuhl, *Rassenhygiene, Nationalsozialismus, Euthanasie,* Göttingen 1987, S. 40.

12 Lifton 1988, S. 187ff.; Martin Broszat (Hg.), *Kommandant in Auschwitz. Autobiographische Aufzeichnungen des Rudolf Höss,* München 1963, S. 127; Hilberg 1982, S. 237f. Zu den Massenerschießungen vgl. auch Gisela Bock, Gleichheit und Differenz in der nationalsozialistischen Rassenpolitik, in: *Geschichte und Gesellschaft* 19, 1993, bes. S. 300f.

13 Hilberg 1982, S. 590; ders., *Täter, Opfer, Zuschauer,* S. 145–149; Joan Ringelheim, Verschleppung, Tod und Überleben: Nationalsozialistische Ghetto-Politik gegen jüdische Frauen und Männer im besetzten Polen, in: Wobbe 1992, S. 135–160; vgl. dies., Women and the Holocaust, in: Rittner/Roth 1993, S. 373–418; Eugen Kogon u. a. (Hg.), *Nationalsozialistische Massentötungen durch Giftgas,* Frankfurt a. M. 1986, z. B. S. 88, 91, 93–97, 105–108, 122, 131, 134, 158, 210–215.

14 Lucie Adelsberger, *Auschwitz. Ein Tatsachenbericht,* Berlin 1953, S. 126–128 (Zitat); Jercy Ficowski, Die Vernichtung, in: Tilman Zülch (Hg.), *In Auschwitz vergast, bis heute verfolgt: Zur Situation der Roma (Zigeuner) in Deutschland und Europa,* Reinbek 1979, S. 135f.

15 Robert Jay Lifton, *The Nazi Doctors: Medical Killing and the Psychology of Genocide,* New York 1986, S. 462; vgl. S. 491 (vgl. die modifizierte deutsche Fassung ders. 1988, S. 555, 597). Zum Alkohol ebd., z. B. S. 187, 228ff.

16 Bradley F. Smith und Agnes F. Peterson (Hg.), *Heinrich Himmler: Geheimreden 1933–1945 und andere Ansprachen,* Frankfurt a. M. 1974, S. 201, 169.

17 Eberhard Jäckel, Die elende Praxis der Untersteller, in: *»Historikerstreit«. Die Dokumentation der Kontroverse um die Einzigartigkeit der nationalsozialistischen Judenvernichtung,* München 1987, S. 118. Im »Historikerstreit« wurde diese Erkenntnis häufig aufgegriffen. Ernst Nolte hingegen argumentierte, daß Frauen in diesem Zusammenhang nicht eigens genannt zu werden bräuchten, da sich ihre Rolle als Opfer des »Rassenmords« von selbst verstehe (ebd., S. 229f.).

18 Reimar Gilsenbach, Wie Lolitschai zur Doktorwürde kam, in: Wolfgang Ayaß u. a., *Feindererklärung und Prävention,* Berlin 1988, S. 101–134.

19 Zit. in Gudrun Schwarz, Verdrängte Täterinnen: Frauen im Apparat der SS (1935–1945), in: Wobbe 1992, S. 197–227, 201; Henry Friedlander, in: Katz/Ringelheim 1983, S. 115f.

20 Koonz 1987, S. 405 (vgl. dies., *Mütter im Vaterland,* Freiburg 1993, S. 440f.: die KZ-Aufseherinnen seien »statistisch unbedeutend« gewesen).

21 Vgl. Koonz 1987, bes. Kap. 1 und 11 (in der deutschen Übersetzung *Mütter im Vaterland* wurde Kap. 1 nicht aufgenommen, Kap. 11 um die entsprechenden Passagen gekürzt).

22 Für diese und die folgenden Ziffern vgl. Rüdiger Hachtmann, Industriearbeiterinnen in der deutschen Kriegswirtschaft, 1936–1945, in: *Geschichte und Gesellschaft* 19, 1993, S. 332–366; Herbert 1985; Kirkpatrick 1939, Kap. 7; Schupetta 1983, S. 63ff.; Winkler 1977, bes. Kap. 2 und 3, S. 198; Bajohr 1979, Kap. 2.

23 Huerkamp, Jüdische Akademikerinnen; Jacques Pauwels, *Women, Nazis, and Universities. Female University Students in the Third Reich, 1933–1945,* Westport 1984; Jill McIntyre, Women and the Professions in Germany, 1930–1940, in: Anthony Nicholls und Erich Matthias (Hg.), *German Democracy and the Triumph of Hitler,* London 1971.

24 Leila J. Rupp, »I don't call that Volksgemeinschaft«: Women, Class and War in Nazi Germany, in: Carol R. Berkin und Clara M. Lovett (Hg.), *Women, War and Revolution,* New York 1980, S. 37–53; Winkler 1977, S. 110–114.

25 Birthe Kundrus, »*Kriegerfrauen«: Sozialpolitik und Geschlechterverhältnisse im Ersten und Zweiten Weltkrieg in Deutschland,* Diss. Bielefeld 1993.

26 Beispielsweise ergingen 1932 Anweisungen zur Wahlpropaganda, mit denen – in »persönlichen Briefen« – folgende Kategorien von Frauen entsprechend ihren vermuteten Bedürfnissen angesprochen wurden: »Kriegerwitwen« (für »Rechte«, »Renten« und »Erziehungsbeihilfen«), »die geistig hochstehende Frau« (»jede Berufsmöglichkeit«, »Staatsbürgerrecht«, »Hüterin der Rassenreinheit«), »die Frau des bürgerlichen Mittelstandes«, und schließlich »an die Frauen« (für »Gleichwertigkeit« und »Gleichberechtigung«, »Staatsbürgerrecht«, für Unverheiratete »Recht auf einen Beruf«). Ein »Pflichtplakat« richtete sich gegen die »Lüge«: »Adolf Hitler soll die Frauen aus Beruf und Stellung jagen« (Staatsarchiv Hannover).

27 Hierzu und zum folgenden: Falter u. a. 1986, S. 81–85; Helen L. Boak, »Our Last Hope«: Women's Votes for Hitler – A Reappraisal, in: *German Studies Review* 12, 1989, S. 289–310; Stephenson 1981, S. 72; Childers 1983, S. 239–243; Phayer 1990, bes. Kap. 2 und 3.

28 Alice Kessler-Harris, Gender Ideology in Historical Reconstruction: A Case Study from the 1930s, in: *Gender and History* 1, 1989, S. 31–49; Rupp 1978, S. 39f.

29 Rupp 1978, bes. S. 14, 42–48, 51, 71, 126f., 132–136.

30 Dokument in Bock 1986, S. 174f.

31 Herbert 1985, Kap. 6–9; ders., Arbeiterschaft im »Dritten Reich«, in: *Geschichte und Gesellschaft* 15/3, 1989, S. 320–360; Bock 1986, S. 440–451.

32 Zu dieser Krise vgl. die anschauliche Studie von Marie Jahoda u. a., *Die Arbeitslosen von Marienthal* (Leipzig 1933), Frankfurt a. M. 1975.

33 Goebbels und Frick zit. in Bock 1986, S. 120, 153; zu den Ziffern (aus dem *Statistischen Jahrbuch für das Deutsche Reich* 1926–1942) und sonstigen Angaben vgl. ebd., S. 160–163, 388. Gabriele Czarnowski hat inzwischen auch Fälle von Todesstrafe für Deutsche ausgemacht, deren Publikation bevorsteht; vgl. den Hinweis in dies., Frauen als »Mütter der Rasse«: Abtreibungsverfolgung und Zwangseingriff im Nationalsozialismus, in: *Unter anderen Umständen. Zur Geschichte der Abtreibung*, Berlin 1993, S. 68; Rupp 1978, S. 32f.

34 Gisela Bock, »Keine Arbeitskräfte in diesem Sinne«: Prostituierte im Nazi-Staat, in: Pieke Biermann (Hg.), *Wir sind Frauen wie andere auch*, Reinbek 1980, S. 70–106.

35 Vgl. David Victor Glass, *Population Policies and Movements in Europe* (1940), ND London 1967, und Kap. 13 dieses Bandes (»Weibliche Armut, Mutterschaft und Rechte von Müttern in der Entstehung des Wohlfahrtsstaats«).

36 Vgl. Bock 1986, S. 169–177 (Zitat S. 170).

37 Ebd., S. 146–149; Czarnowsky 1991.

38 Stephenson 1981, S. 156 172; Hilgenfeldt zit. in Bock 1986, S. 174.

39 Lilienthal 1993, bes. S. 57f., 71, 112f., 104ff., 168–179, 207–225, 229f., 260f.

40 Walter Groß, Unsere Arbeit gilt der deutschen Familie, in: *Nationalsozialistische Monatshefte* 9, 1939, S. 103f.

41 Die demographischen Angaben: Bock 1986, S. 143f., 151f., 156f., 168.

42 Wolfgang Knorr, Praktische Rassenpolitik, in: *Volk und Rasse* 13, 1938, S. 69–73; Friedrich Burgdörfer, *Geburtenschwund*, Heidelberg 1942, S. 157, 184.

43 Anderer Ansicht sind Christoph Sachße und Florian Tennstedt, *Der Wohlfahrtsstaat im Nationalsozialismus*, Stuttgart 1992, S. 277f.: Der Nationalsozialismus, einschließlich seiner Rassenpolitik, unterscheide sich von den demokratischen Wohlfahrtsstaaten nicht grundsätzlich, sondern nur graduell.

44 Dirk Blasius, *Ehescheidung in Deutschland 1794–1945*, Göttingen 1987, S. 214.

45 Hans-Jochen Gamm, *Der Flüsterwitz im Dritten Reich*, München 1979, S. 23; vgl. Rupp 1978, S. 38f.

46 Stephenson 1981, S. 139–157; Michael H. Kater, Frauen in der NS-Bewegung, in: *Vierteljahrshefte für Zeitgeschichte* 31, 1983, S. 202–239.

47 Stephenson 1981, S. 18, 154f., 178–181, 206f.; Gertrud Scholtz-Klink, Rede an die deutsche Frau (1934), ND in: dies., *Die Frau im Dritten Reich. Eine Dokumentation,* Tübingen 1978, S. 498.

48 Irmgard Reichenau (Hg.), *Deutsche Frauen an Adolf Hitler*, Leipzig 1933, S. 7, 15, 37; Charlotte Heinrichs, Besoldung der Mutterschaftsleistung, in: *Die Frau* 41, 1934, S. 343–348.

49 Scholtz-Klink, *Die Frau im Dritten Reich*, S. 369f.

50 Ebd. S. 526, 497, 486–496, 505, 131, 364, 379, 402. »Rechtwinklig an Leib und Seele« z. B. auch in: *Die Sonne. Monatsschrift für Nordische Weltanschauung und Lebensgestaltung* 10/2, 1933, S. 111.

51 Stephenson 1981, S. 17f., 168, 170f.; dies traf allerdings mehr auf katholische als auf evangelische Frauen zu: vgl. Phayer 1990.

52 Stephenson 1981, bes. S. 154, 164f., 170f.; Scholtz-Klink, *Die Frau im Dritten Reich*, S. 157, 173, 177, 180.

53 Ebd., S. 93, 95, 69, 107–109, 159, 211; dies. (1936), zit. in Bock 1986, S. 208; vgl. ebd., S. 298; Stephenson 1981, S. 152; Phayer 1990, S. 174.

54 Stephenson 1981, S. 154–161; Rupp 1978, S. 36f.; Scholtz-Klink, *Die Frau im Dritten Reich*, S. 500f.

55 Stephenson 1981, S. 83f., 117, 132, 140–147, 157–162; Scholtz-Klink, *Die Frau im Dritten Reich*, S. 76.

56 Rupp 1978, S. 124f.; Herbert 1985, S. 79–81, 122–124; Bock 1986, S. 438–440.

57 Gitte Schefer, Wo Unterdrückung ist, da ist auch Widerstand, in: Frauengruppe Faschismusforschung 1981, S. 273–291; Laska 1983; dies., Women in the Resistance and in the Holocaust, in: Rittner/Roth 1993, S. 250–269. Zum Frauenwiderstand in besetzten Ländern vgl. z. B. Ania Francos, *Il était des femmes dans la Résistance*, Paris 1988; Anna Maria Bruzzone und Rachele Farina (Hg.), *La Resistenza taciuta. Dodici vite di partigiane piemontesi*, Mailand 1976.

Spanische Frauen

1 Margarita Nelken, *La condición social de la mujer en España*, Madrid 1919, Neuausgabe Madrid 1975.

2 *Gaceta de Madrid*, 15. April 1931.

3 Zu Hildegart (Carmen Rodríguez Carballeira) und ihren Ideen s. Nash 1981, S. 165ff.

4 *El Socialista*, 29. Dez. 1931, S. 1: »Interessantes declaraciones de nuestro camarada Largo Caballero . . .«.

5 Inés Alberdi, *Historia y sociología del divorcio en España*, Madrid 1979.
6 Felipe Ximénez de Sandoval, *José Antonio. Biografía apasionada*, Madrid 1972 (zuerst 1941), S. 112.
7 Manuel Tuñón de Lara, *Tres claves de la Segunda República*, Madrid 1985, S. 234ff.
8 José María Pemán, Votos e ideas, in: *Ellas* Nr. 1, 29. Mai 1932.
9 Zum Beispiel Javier Tusell Gómez, *La Segunda República en Madrid: elecciones y partidos políticos*, Madrid 1970, S. 107f.
10 S. die Zeitschrift *Cultura integral y femenina* (1933–1936).
11 Ihre Zeitschrift war *Mundo femenino* (1921–1936); das Gründungsmanifest war vom 1. Jan. 1934.
12 Ebd., Nr. 102 (1935), S. 2, Halma Angélico: »¡Mujeres en pie!«
13 José Antonio Primo de Rivera, *Textos de Doctrina política*, 1971, Nationale Delegation der Frauensektion der Bewegung, S. 926.
14 Mary Nash, El estudio del control de natalidad en España: ejemplos de metodologías diferentes, in: *La Mujer en la Historia de España (Siglos XVI–XX)*, Autonome Universität Madrid 1984, S. 241–262.
15 Zum Beispiel Mari-Carmen García Nieto, Unión de Muchachas, un modelo metodológico, in: ebd., S. 313–331.
16 *Las mujeres y la guerra civil española* (III Jornadas des Estudios monográficos, Salamanca, Oktober 1989), Madrid 1991.
17 Diese Bezeichnung verwendet Max Gallo, *Histoire de l'Espagne franquiste*, Verviers 1969.
18 Ansprache von Pilar Primo de Rivera in Medina del Campo am 30. Mai 1939, zit. nach Gallego Méndez 1983, S. 89.
19 Gesetz über die spanische Universität vom 29. Juli 1943.
20 M. Campo Alange, *Habla la mujer* (erste soziologische Enquête), Ergebnis einer Stichprobenbefragung der heutigen Jugend, Madrid 1966.
21 Amparo Moreno, *El movimiento feminista en España*, Barcelona 1977.

Die Französinnen unter dem Vichy-Regime

1 Jean-Pierre Azéma, Éléments pour une historiographie de la France de Vichy, Beitrag zum Kolloquium *Le Régime de Vichy et les Français*, Institut d'histoire du temps présent (IHTP) – Centre national de la recherche scientifique (CNRS), Paris, 11.–13. Juni 1990, Paris 1992.
2 Henry Rousso, »L'impact du régime sur la société: ses dimensions et ses limites«, in: *Le Régime de Vichy*. Zwei vom IHTP koordinierte Untersuchungen sind derzeit im Gange: »Le temps des restrictions« (1939–1949) und »Les ouvriers en France pendant la Seconde Guerre mondiale«.
3 Die von uns verwendeten Arbeiten werden in den Anmerkungen zitiert. An dieser Stelle sei Dominique Veillon vom IHTP für ihre unermüdliche und warmherzige Hilfe gedankt.
4 Miranda Pollard, Women and the National Revolution, in: Harry Roderick Kedward und Roger Austin (Hg.), *Vichy France and the Résistance. Culture and Ideology*, London/Sydney 1985, S. 36–47; Vichy et les Françaises: la politique du travail, Beitrag zum Kolloquium *Le Régime de Vichy*; *Vichy and the Politics of Gender (1940–1944)*, unveröffentlichte Dissertation, Department of Modern History, Trinity College, Dublin, unter Anleitung von H. R. Kedward 1990, eine Arbeit, die uns nicht vorgelegen hat, deren Publikation aber vorgesehen ist.
5 Aline Coutrot, La politique familiale, in: Rémond/Bourdin 1972, S. 245–265; Pollard, Women and the National Revolution.
6 Zit. nach Guy Thuillier, *Les Femmes dans l'administration depuis 1900*, Paris 1988, S. 77f.
7 Michèle Bordeaux, Femmes hors d'État français (1940–1944), in: Rita Thalmann (Hg.), *Femmes et fascismes*, Paris 1987, S. 135–155; Zit. S. 150.
8 S. Bibliographie, Allgemeine Literatur Ariès/Duby 1987 (dt.: 1993) und Burguière/Klapisch-Zuber/Segalen/Zonabend 1986.
9 Marie-Geneviève Chevignard und Nicole Faure, Système de valeurs et de références dans la presse féminine, in: René Rémond und Janine Bourdin (Hg.), *La France et les Français en 1938–1939*, Paris 1978, S. 43–57.
10 Françoise Thébaud, *Quand nos grand-mères donnaient la vie: La maternité en France dans l'entre-deux-guerres*, Lyon 1986.
11 Zit. nach Annie Fourcaut, *Femmes à l'usine dans l'entre-deux-guerres*, Paris 1982, S. 239; Martyne Perrot, La jaciste: une figure emblématique, in: Rose-Marie Lagrave (Hg.), *Celles de la terre. Agricultrice, l'invention politique d'un métier*, Paris 1987, S. 35–50.
12 Sylvie Fayet-Scribe, *Associations féminines et catholicisme; de la charité à l'action sociale, XIXᵉ–XXᵉ siècles*, Paris 1990, S. 111; Yvonne Knibiehler u. a., *De la pucelle à la minette, les jeunes filles de l'âge classique à nos jours*, Paris 1983, S. 224–234.
13 Veillon 1990, vor allem Kap. 8.
14 *Nouvelle jeunesse, bulletin de formation et d'information des cadres féminins de la jeunesse française*, Nr. 1, März 1941; Zahlenangaben zit. nach Vincent Troger, *Les Centres de formation professionnelle (1940–1945), naissance des lycées professionnels*, Colombes 1987, S. 41 und 49.

15 Association des parents d'élèves de l'enseignement libre (APEL), *L'Éducation des filles. Quelques
principes directeurs. Esquisse d'un plan général
d'études*, Limoges 1941.

16 »Les mouvements familiaux populaires et ruraux,
naissance, développement, mutations (1939–1955)«,
in: *Cahiers du GRMF* (Groupement pour la recherche sur les mouvements familiaux) Nr. 1, 1983,
vervielfältigte Sammlung; L'action familiale ouvrière
et la politique de Vichy, in: *Cahiers du GRMF*, Nr.
3, 1985; Sarah Fishman, *The Wives of French Pri-
soners of War (1940–1945)*, Diss. Cambridge,
Mass. 1987.

17 Aussage von Magdeleine Lescheira in Les mouvements familiaux, S. 98; Yvonne Knibiehler, *Nous,
les assistantes sociales. Naissance d'une profession*,
Paris 1980, vor allem Kap. 5; Robert Vandenbus-
sche, Un mouvement familial: la Ligue ouvrière
chrétienne sous l'Occupation, und Églises et
chrétiens dans le Nord-Pas-de-Calais pendant la
Seconde Guerre mondiale, in: *Revue du Nord*, Bd.
LX, Nr. 238, Juli–Sept. 1978, S. 663–673.

18 Michèle Cointet, *Le Conseil national de Vichy. Vie
politique et réforme de l'État en régime autoritaire
(1940–1944)*, Habil. Paris X-Nanterre 1983, 3
Bde., S. 374–379.

19 Fishman, *Wives*, 2. Teil; Yves Durand, *La Capti-
vité. Histoire des prisonniers de guerre français
1939–1945*, Fédération nationale des combattants
prisonniers de guerre 1981, S. 228.

20 Le Journal de Laure, in: *Celles qui attendaient
témoignent aujourd'hui*, Briefe, Zeugnisse, Aussagen, gesammelt von Jacqueline Deroy, Association
nationale pour les rassemblements et pèlerinages
des anciens prisonniers de guerre, 1985, S. 49–61.

21 Christophe Lewin, Le retour des prisonniers de
guerre français 1945, in: *Guerres mondiales et conflits contemporains*, Nr. 147, Juli 1987, S. 49–79.

22 Brigitte Friang, *Regarde-toi qui meurs (1943–
1945)*, Paris 1989, S. 24.

23 Wilfred D. Halls spricht in seinem Buch *Les Jeunes
et la politique de Vichy*, Paris 1988, auf S. 377 diese Intervention an, die demnach dem Gesetz vom
August 1943 gefolgt wäre; Pastor Boegner gibt
jedoch in seiner Zeugenaussage (*Le Procès du
Maréchal Pétain, compte rendu sténographique*,
Paris 1945, Bd. 1, S. 369) an, schon im Frühjahr
1943 bei Pétain gewesen zu sein.

24 Bericht Sauckels an Hitler, 25. Januar 1944, *Procès
des grands criminels de guerre devant le Tribunal
militaire international de Nuremberg*, Nürnberg
1947, Bd. XXVI, S. 160.

25 Zahlenangaben zit. nach *Commission consultative
des dommages et des réparations. Dommages sub-
is par la France et l'Union française du fait de la
guerre et de l'Occupation ennemie (1939–1945)*,
Bd. IX, Monographie DP 1: Exploitation de la
main-d'œuvre française par l'Allemagne, Anhang
II, Imprimerie nationale 1948.

26 Jean Fourastié, La population active française pendant la Seconde Guerre mondiale, in: *Aspects de
l'économie française, Revue d'histoire de la Deuxième Guerre mondiale*, Jan. 1965, Nr. 57, S. 5–18;
Berichtigung der Daten durch Jean-Jacques Carré,
Paul Dubois, Edmond Malinvaud, *La Croissance
française. Un essai d'analyse économique causale
de l'après-guerre*, Paris 1972, S. 69–76.

27 Sylvie Zerner, De la couture aux presses: l'emploi
féminin entre les deux guerres, in: *Métiers de femmes*, Sondernummer, hg. von Michelle Perrot, *Le
Mouvement social*, Nr. 140, Juli–Sept. 1987,
S. 9–27; Jean-Paul Scot, La crise sociale des
années 1930 en France. Tendances et contre-ten-
dances dans les rapports sociaux, in: *Le Mouvement social*, Nr. 142, Jan.–März 1988, S. 75–101.

28 So lassen die von der Commission consultative
genannten Beschäftigungszahlen, berichtigt durch
Jean-Marie d'Hoop in La main-d'œuvre française
au service de l'Allemagne, in: *Revue d'histoire de
la Deuxième Guerre mondiale*, Nr. 1, Jan. 1971, S.
73–88, den Anteil der Frauenarbeit nicht erkennen. Die Monographien über Unternehmen und
regionale Wirtschaftsräume, die auf dem vom Centre international d'études pédagogiques am 25./26.
Nov. 1986 in Sèvres abgehaltenen Kolloquium »Les
entreprises françaises pendant la Deuxième Guerre mondiale« (unveröffentlicht, Bibliothèque des
IHTP) vorgelegt wurden, geben zwar Aufschluß
über die unterschiedlichen regionalen Produktionsbedingungen, weisen aber nicht präzise die
Probleme der Frauenbeschäftigung aus.

29 Alfred Sauvy, *La Vie économique des Français de
1939 à 1945*, Paris 1978, S. 156

30 D'Hoop, La main-d'œuvre française au service de
l'Allemagne, S. 76.

31 Die Beispiele stammen aus: Monique Luirard, *La
Région stéphanoise dans la guerre et dans la paix
(1936–1951)*, Centre d'études foréziennes 1980;
Catherine Omnès, *Les Trajectoires professionnelles
des ouvrières parisiennes au XXe siècle*, unveröffentlichte Studie für die Délégation à la condition
féminine, 1988, liebenswürdigerweise mitgeteilt
von der Autorin; J. B. Beauquier, L'activité économique dans la région marseillaise, in: *Revue
d'histoire de la Deuxième Guerre mondiale*, Nr. 95,
Juli 1976, S. 25–52; Veillon 1990; Michelle Zancarini-Fournel, La famille Casino. Saint-Étienne
1920–1960, in: Yves Lequin und Sylvie Vandeca-
steele (Hg.), *L'Usine et le bureau. Itinéraires
sociaux et professionnels dans l'entreprise*, XIXe et
XXe siècles, Lyon 1990, S. 53–73.

32 Zahlenangaben zit. nach Pierre Delvincourt, Problèmes relatifs à l'emploi dans les PTT pendant la
Deuxième Guerre mondiale, in: *Aspects de l'éco-*

nomie française. Revue d'histoire de la Deuxième Guerre mondiale, Jan. 1965, Nr. 57, S. 41–52; Paul Durand, La politique de l'emploi à la SNCF pendant la Deuxième Guerre mondiale, in: ebd., S. 19–40.

33 Schätzungen in Jean Daric, *L'Activité professionnelle des femmes en France. Étude statistique, évolution, comparaisons internationales*, Institut national d'études démographiques (INED), *Travaux et Documents*, Nr. 5, 1947, S. 85.

34 Beispielsweise der Einsatz der Sozialausschüsse der Unternehmen der Loire in Monique Luirard, Les Ouvriers de la Loire et la Charte du Travail, in: *Revue d'histoire de la Deuxième Guerre mondiale*, Nr. 102, April 1976, S. 57–82.

35 Laborie 1990, S. 237.

36 Die Texte der Rundfunksendungen von France Libre liegen gesammelt vor in Jean-Louis Crémieux-Brilhac (Hg.), *Les Voix de la liberté (1940–1945)*, 5 Bde., Paris 1975.

37 Laborie 1990, S. 333.

38 Beiträge von Rolande Trempé und Pierre Laborie, in: Comité d'histoire de la poste et des télécommunications et IHTP, *L'Œil et l'Oreille de la Résistance. Action et rôle des agents des PTT dans la clandestinité au cours de la Deuxième Guerre mondiale*, Akten des Pariser Kolloquiums, 21.–23. Nov. 1984, Toulouse 1986, S. 460f.

39 François Bédarida, *Le Nazisme et le Génozide, histoire et enjeux*, Paris 1969, S. 33.

40 Madeleine Barôt, La Cimade et les camps d'internement de la zone sud 1940–1944, in: Xavier de Montclos, Monique Luirard, François Delpech, Pierre Bolle, *Églises et chrétiens dans la Deuxième Guerre mondiale (La France)*, Akten des Kolloquiums in Lyon 1978, Lyon 1982, S. 293–303; Monique Lewi, Le destin des Juifs et la solidarité chrétienne à Rouanne entre 1940 et 1944, in: *Églises et chrétiens dans la Deuxième Guerre mondiale (La région Rhône-Alpes)*, Akten des Kolloquiums in Grenoble 1976, Lyon 1978, S. 191.

41 Zit. nach Coudert 1985, S. 59f.

42 Harry Roderick Kedward, *Naissance de la Résistance dans la France de Vichy. Idées et motivations 1940–1942*, Seyssel 1990.

43 Annette Kahn, *Robert et Jeanne. A Lyon sous l'Occupation*, Paris 1990.

44 Olivier Wiewiorka, La génération de la Résistance, in: *Vingtième siècle, revue d'histoire*, Nr. 22, April-Juni 1989, S. 111–116, Zit. S. 115.

45 Dominique Veillon, Elles étaient dans la Résistance, in: *Repères, bulletin de l'AFI (Agence femmes information)*, Nr. 59, 30. Mai–5. Juni 1983, S. 9–12.

46 Aussage zit. nach Guidez 1989, S. 200; über die von »Amniatrix« weitergegebenen Informationen: Marie-Madeleine Fourcade, *L'Arche de Noé, réseau Alliance (1940–1945)*, Paris 1989, S. 406f.

47 Friang, *Regarde-toi qui meurs*, S. 47f.

48 Paula Schwartz, Partisanes and Gender Politics in Vichy France, in: *French Historical Studies*, Bd. 16, Nr. 1, Frühjahr 1989, S. 126–151; Aussage Jeanne Bohecs in: *Les Femmes dans la Résistance*, Akten des von der »Union des femmes françaises« am 22./23. Nov. 1975 an der Sorbonne in Paris veranstalteten Kolloquiums, Paris 1977, S. 38.

49 Maurice Schumann, Sendung »Honeur et Patrie«, 16. Dezember 1943, in: Crémieux-Brilhac (Hg.), *Les Voix de la liberté*, Bd. 4, S. 131f.; Sendung vom 24.März 1944 ebd., S. 219.

50 Zit. nach Thuillier, *Les Femmes dans l'administration*, S. 80f.; über die Ambiguitäten des egalitären Diskurses Marie-France Brive, L'image des femmes à la Libération, in: *La Libération dans le Midi de la France*, Arbeiten der Universität Toulouse-Le-Mirail, Reihe A, Bd. 35, Toulouse 1986, S. 387–402.

51 Mattei Dogan und Jacques Narbonne, *Les Françaises face à la politique. Comportement politique et condition sociale*, Cahiers de la FNSP, Nr. 72, Paris 1955.

52 Jean Goueffon, La Cour de justice d'Orléans 1944–1945, in: *Revue d'histoire de la Deuxième Guerre mondiale et des conflits contemporains*, Nr. 130, April 1983, S. 51–64.

53 Marcel Baudot, L'épuration, bilan chiffré, in: *Bulletin de l'IHTP*, Nr. 25, Sept. 1986, S. 37–52 (Berechnungen für 28 Départements).

54 Aussage von Marinette Dambuyant in *Les Françaises à Ravensbrück* 1987, S. 38.

55 Vgl. Anise Postel-Vinay, Les exterminations par gaz à Ravensbrück, in: Tillion 1988, S. 305–330.

56 *Les Françaises à Ravensbrück*, S. 293.

57 Micheline Maurel, *Un camp très ordinaire*, Paris 1985, S. 185.

58 *Les Françaises à Ravensbrück*, S. 305.

59 Tillion 1988, S. 104.

Das sowjetische Modell

1 Zit. in André Pierre, *Les Femmes en Union soviétique*, Paris 1960, S. 15.

2 Gail Warshofsky Lapidus, *Women in Soviet Society: Equality, Development, and Social Change*, Berkeley 1978, S. 37.

3 Nicolas Werth, *La Vie quotidienne des paysans russes de la Révolution à la collectivisation (1917–1939)*, Paris 1984.

4 Lapidus, *Women in Soviet Society*, S. 164.

5 Ivan Kourganov, *Semia v SSSR 1917–1967*, New York 1967.

6 Friedrich Engels, *Der Ursprung der Familie, des Privateigentums und des Staats*, in: Karl Marx – Friedrich Engels, *Ausgewählte Schriften in zwei Bänden*, Berlin 1968, Band 2, S. 214.

7 Richard Stites, *The Women's Liberation Movement in Russia: Feminism, Nihilism and Bolshevism, 1860–1930*, Princeton 1978, S. 260f.

8 Les bases sociales de la question féminine, in: Judith Stora-Sandor, *Marxisme et révolution sexuelle*, Paris 1973, S. 52–96.

9 La nouvelle morale et la classe ouvrière, in: ebd., S. 156–182.

10 Ebd., S. 100–134.

11 Place à Eros ailé, in: ebd., S. 183–205 (dt.: Ein Weg dem geflügelten Eros (1923), in: C. Bauermeister u. a. [Hg.], *Der weite Weg. Erzählungen, Kommentare*, Frankfurt a. M. 1979).

12 Révolution dans la vie quotidienne (1921), in: ebd., S. 216.

13 Ebd., S. 223.

14 La famille et l'État communiste, in: ebd., S. 212.

15 La nouvelle morale et la classe ouvrière, in: ebd., S. 171f.

16 Nicolas Valentinov, *Mes rencontres avec Lénine*, Paris 1964, S. 110.

17 Jean Freville, *La Femme et le Communisme. Anthologie des textes*, Paris 1951, S. 220–222.

18 Pierre, *Les Femmes en Union soviétique*, S. 15.

19 Zit. in Wladimir Berelowitch, Modèles familiaux dans la Russie des années 20; in: *L'Évolution des modèles familiaux, Cultures et Sociétés de l'Est*, Nr. 9, Paris, IMSECO 1988, S. 35.

20 Yves Trotignon, *Naissance et Croissance de l'URSS*, Paris 1970, S. 64–86.

21 Lapidus, *Women in Soviet Society*, S. 165.

22 Ebd., S. 204.

23 Pierre, *Les Femmes en Union soviétique*, S. 16f.

24 Nicolas Werth, L'URSS: de l'amour libre à l'ordre moral, in: *L'Histoire* Nr. 72, Nov. 1974, S. 74–79, S. 76.

25 Trotignon, *Naissance et Croissance*, S. 82.

26 Vincent Monteil, *Les Musulmans soviétiques*, Paris 1982, S. 125–135.

27 Lapidus, *Women in Soviet Society*, S. 142.

28 Daten von 1987, in: *Jenschtschiny v SSSR-1989*, Moskau, Finantsy i statistikas, Kompilation der Seiten 10 und 16.

29 Lynne Viola, Babi bunty and Peasant Women's Protest during Collectivisation, in: *The Russian Revue* Bd. 45, Nr. 1, 1986, S. 23–42.

30 Ivan Kurganov, La catastrophe démographique, in: *Est-Ouest*, Nr. 598, 16. Juli 1977, S. 14–20, S. 18.

31 Basile Nerblay, *La Société soviétique contemporaine*, Paris 1977, S. 174.

32 André Gide, *Retour de l'URSS*, Paris 1978, S. 51.

33 Ossip Mandelstam, *Tristia et autres poèmes*, Paris 1975, S. 228.

34 Werth, L'URSS: de l'amour libre à l'ordre moral, S. 77.

35 Moshe Lewin, *La Formation du systeme soviétique*, Paris 1987, S. 359.

36 Ivan Kurganov, *Jenschtschina i kommunism*, Frankfurt a. M. 1968, S. 188.

37 Pierre, *Les Femmes en Union soviétique*, S. 26.

38 Ebd., S. 30f.

39 Robert Conquest, *The Great Terror: Stalin's Purge of the Thirties*, New York 1968.

40 Kurganov, *Jenschtschina i kommunism*, S. 86f.

41 Michel Heller, *La Machine et les rouages*, Paris 1985, S. 218.

42 Trotignon, *Naissance et Croissance*, S. 225.

43 Fjodor Panferov, Bruski, zit. in Xenia Gasiorowska, *Women in Soviet Fiction*, Madison 1968, S. 53.

44 Louise E.Luke, Marxian Woman: Soviet Variants, in: Ernest J. Simmons, *Through the Glass of Soviet Literature*, New York 1967, S. 27–109.

45 Basile Kerblay, *La Civilisation paysanne russe 1861–1964*, Vorlesung an der Universität Paris IV, 1972/73.

46 Lapidus, *Women in Soviet Society*, S. 179.

47 Ebd., S. 169.

48 *Malaja Sovjetskaja Entsiklopedija*, Moskau 1960, Bd. 8, S. 915.

49 *Les Femmes en URSS – Chiffres et faits*, Moskau 1985, S. 11, und *Jenschtschiny v SSSR-1989*, S. 24.

50 *Jenschtschiny v SSSR-1989*, S. 15.

51 Ebd., S. 30.

52 Lapidus, *Women in Soviet Society*, S. 182.

53 Kurganov, *Jenschtschina i kommunism*, S. 44f.

54 Basile Kerblay und Marie Lavigne, *Les Soviétiques des années 80*, Paris 1985, S. 132.

55 *Jenschtschiny v SSSR-1989*, S. 7.

56 *Les Femmes en URSS*, S. 19; Lapidus, *Women in Soviet Society*, S. 210.

57 Lapidus, *Women in Soviet Society*, S. 204; *Jenschtschiny v SSSR-1989*, S. 13.

58 Lapidus, *Women in Soviet Society*, S. 219.

59 *Jenschtschiny v SSSR-1989*, S. 13; Actualités soviétiques, in: Bulletin der APN, Nr. 9, 7. Febr. 1990.

60 In *L'Humanité* vom 7. Mai 1956.

61 J. Vermeersch zu Dominique Desanti, zit. in Renée Rousseau, *Les Femmes rouges*, Paris 1983, S. 242.

62 In Mittelasien kam es vereinzelt zu Selbstverbrennungen verzweifelter Frauen (*Prawda*, 21. April 1989).

Differenz und Widerstreit

1 Georg Simmel, Das Relative und das Absolute im Geschlechter-Problem, in: Heinz-Jürgen Dahme und Klaus Christian Köhnke (Hg.), *Georg Simmel. Schriften zur Philosophie und Soziologie der Geschlechter*, Frankfurt a. M. 1985, S. 201. Analysen der Positionen Simmels zur Geschlechterdifferenz in: *Georg Simmel*, Sondernummer von *Les Cahiers du Grif*, Nr. 40, 1989.

2 Ortega y Gasset, *El Hombre y la gente*, in: *Werke* Bd. 7, Kap. 4: »Mas sobre los otros y yo. Breve excursión hacia ella.«

3 Vgl. den Kommentar von Alain Guys, La femme selon Ortega y Gasset, in: Autorenkollektiv, *La Femme dans la pensée espagnole*, 1984.

4 Max Scheler, Über Scham und Schamgefühl, in: Maria Scheler (Hg.), *Max Scheler. Schriften aus dem Nachlaß*, Bd. 1: *Zur Ethik und Erkenntnislehre*, Bern 1957, S. 147.

5 Vladimir Jankélévitch, Le masculin et le féminin, in: *Traité des vertus*, Paris 1970, Bd. 2, Kap. 6, S. 425–449.

6 Paul-Laurent Hassoun, *Freud et la femme*, Paris 1983, S. 14–19.

7 Alexander Mitscherlich, Angela Richards, James Strachey (Hg.), *Sigmund Freud. Studienausgabe*, Bd. 1: *Vorlesungen zur Einführung in die Psychoanalyse. Und Neue Folge*, Frankfurt a. M. 1969, S. 546 (= *Neue Folge der Vorlesungen zur Einführung in die Psychoanalyse*, Kap. »Die Weiblichkeit«). Lacan wird später sagen: »Was die Frage betrifft zu definieren, was ein Mann und was eine Frau ist, so ist das, was die Psychoanalyse uns darüber zu sagen hat, sehr genau dies, daß es unmöglich ist«, in: *Le Savoir de l'analyste*, Gespräche in Sainte-Anne 1971/72, Sitzung vom 4. November 1971 (unveröffentlicht).

8 Zu dieser Debatte vgl. Roudinesco 1986. Die Autorin irrt jedoch, wenn sie Simone de Beauvoir dem dualistischen Denken der englischen Schule zuordnet. Für de Beauvoir ist das »andere Geschlecht« vielmehr eine gesellschaftliche Konstruktion.

9 Jacques Lacan, Encore, in: *Séminaire XX*, Paris 1972/73 (dt.: *Encore. Das Seminar. Buch XX* (1972–73). Aus dem Franz. von Norbert Haas, Vreni Haas und Hans-Joachim Metzger, Weinheim, Berlin 1986, S. 80).

10 Friedrich Engels, »Der Ursprung der Familie, des Privateigentums und des Staats«, in: Karl Marx – Friedrich Engels, *Ausgewählte Schriften in zwei Bänden*, Berlin 1968, Bd. 2, S. 205 [Abschnitt 4: »Die monogame Familie«].

11 August Bebel, *Die Frau und der Sozialismus*, 1879

12 Judith Stora-Sandor, Vorwort und Einführung zu: Alexandra Kollontaj, *Marxisme et révolution sexuelle*, Paris o. J. (eine Anthologie mit einschlägigen Auszügen aus den Werken A. Kollontajs).

13 Beide erschienen bei Édition de Minuit, Paris 1972 bzw. 1974.

14 Jean-François Lyotard, *L'Économie libidinale*, Paris 1974 (dt.: *Ökonomie des Wunsches*, Bremen 1984).

15 Gilles Deleuze, *L'Anti-Œdipe*, Paris 1972, S. 71f. (dt.: Gilles Deleuze und Félix Guattari, *Anti-Ödipus. Kapitalismus und Schizophrenie I*. Aus dem Franz. von Bernd Schwibs, Frankfurt a. M. 1974, S. 77).

16 Jean Baudrillard, *De la séduction*, Paris 1980 (dt.: *Von der Verführung*. Aus dem Franz. von Michaela Meßner, München 1992, S. 22f.).

17 Jean Baudrillard, Gespräch mit Diane Hunter, in: *Works and Days*, II/12, Bd. 6, Nr. 1 und 2, 1988.

18 Michel Foucault, *Histoire de la sexualité*, Paris o. J. (dt.: *Sexualität und Wahrheit*, Bd. 1: *Der Wille zum Wissen*, Bd. 2: *Der Gebrauch der Lüste*, Bd. 3: *Die Sorge um sich*. Aus dem Franz. von Ulrich Raulff und Walter Seitter, Frankfurt a. M. 1986).

19 Vgl. Rosi Braidotti, Bio-éthique ou nouvelle normativité?, in: *Les Cahiers du Grif*, Nr. 33, 1985; Hannah Arendt, in: ebd. S. 149–155; Les Organes sans corps, in: ebd. Nr. 36; *De la parenté à l'eugénisme*, 1987, S. 7–22.

20 Diese Thematik ist im Werk Derridas seit *L'Écriture et la Différence*, Paris 1967 (dt.: *Die Schrift und die Differenz*. Aus dem Franz. von Rodolphe Gasché, Frankfurt a. M. 1972), gegenwärtig.

21 Jacques Derrida, Geschlecht, différence sexuelle, différence ontologique, in: *Psyché*, Paris 1967 (dt.: Geschlecht. Sexuelle Differenz, ontologische Differenz, in: ders., *Geschlecht* [Heidegger], Wien 1988, S. 11–43). Dieser Text war zunächst erschienen in: Heidegger, *Cahiers de l'Herne*, 1983.

22 Women in the Beehive: a Seminar with Jacques Derrida, in: Alice Jardine und Paul Smith (Hg.), *Men in Feminism*, New York/London 1987.

23 Jean-Paul Sartre, *L'Être et le Néant*, Kap. 3: »Les relations concrètes avec autrui«, Paris 1943 (dt.: Traugott König [Hg.], *Jean-Paul Sartre. Das Sein und das Nichts*. Aus dem Franz. von Hans Schöneberg und Traugott König, Teil III, 3. Kapitel: »Die konkreten Beziehungen zu Anderen«, Reinbek bei Hamburg 1993).

24 Simone de Beauvoir interroge Jean-Paul Sartre, in: *L'Arc*, Nr. 61, 1975, S. 4.

25 Emmanuel Levinas, *Totalité et Infini*, Den Haag 1961, S. 127 f. (dt.: *Totalität und Unendlichkeit*. Aus dem Franz. von Wolfgang Nikolaus Krewani, Freiburg/München 1987, S. 220ff.).

26 Ebd., S. 244ff. (dt.: ebd., S. 390ff.).

27 Francis Jacques, *Différence et subjectivité*, Paris 1982, S. 164ff.

28 Ebd., S. 295ff.

29 Jean-François Lyotard, *Le Différend*, Paris 1983 (dt.: *Der Widerstreit*. Aus dem Franz. von Joseph Vogel, München 1986).

30 Simone de Beauvoir et la lutte des femmes, in: *L'Arc*, Nr. 61, 1975, S. 11f.

31 Titel von Nr. 3 der Zeitschrift *Questions féministes*, 1978. Vgl. u. a. Colette Guillaumin, Pratique du pouvoir et idée de nature.

32 Vgl. Françoise Collin, L'irreprésantable de la difference des sexes, in: *Catégorisation de sexe et constructions scientifiques*, Universität Aix-en-Provence 1989, S. 39f.

33 Zur Frage der feministischen Studien vgl. neben vielen anderen Publikationen: Savoir et différence des sexes, in: *Cahiers du Grif*, Nr. 45, 1990; Femmes, féminisme et recherches, in: *Actes du colloque de Toulouse*, 1982.

Die Stellung der Frau im Bereich der Kultur

1 Debray 1979, S. 247.
2 Dies bezeugen die Zeitschriften, Video- und Kinofilme der Zeit, die in feministischen Dokumentationszentren gezeigt werden.
3 Franz. Übers.: Maria Isabel Barreno, Maria Teresa Horta, Maria Velho da Costa, *Les Nouvelles Lettres portugaises*, Paris 1974; engl. Übers.: dies., *The Three Marias*, New York 1975.
4 Sartres Feststellung, der Antisemitismus gehöre nicht zu jenen Gedanken, die das Recht auf Meinungsfreiheit schützt (*Réflexions sur la question juive*, 1954), galt zwar für den Rassismus, nicht aber für den Sexismus: Dieser Begriff stieß auf beträchtlichen Widerstand.
5 Simone de Beauvoir, *Le Deuxième sexe*, Paris 1949, Bd. 1, S. 14 (dt.: *Das andere Geschlecht*. Aus dem Franz. von Uli Aumüller und Grete Osterwald, Reinbek 1992, S. 11f.).
6 *Libération des femmes années zéro*, Sondernummer der Zeitschrift *Partisans*, Paris, Juli–Okt. 1970.
7 Hermann 1976.
8 Zum Begriff »symbolische Funktion« vgl. Jean-Joseph Goux, *Freud, Marx. Économie et symbolique*, Paris 1973. Luce Irigaray war die erste, die diesen Begriff einer systematischen Kritik unterzog (Irigaray 1974).
9 Jardine/Menke 1991.
10 1979 von Jackie Buet und Elisabeth Trehard gegründet, hat dieses Festival die Begegnung von Filmemacherinnen aus der ganzen Welt ermöglicht.
11 Diese Installation, ein Kollektivwerk, wurde in Nordamerika, England und Deutschland gezeigt.
12 Florence Montreynaud, *Le XXe Siècle des femmes*, Vorwort von Élisabeth Badinter, Paris 1989.
13 *Le Figaro littéraire*, Sondernummer zum »Salon du livre«, 19. Mai 1989.
14 Vessilier-Ressi 1982.
15 Pierrette Dionne und Chantal Théry, Le monde du livre: des femmes entre parenthèses, in: *Recherches féministes*, Bd. 2, Nr. 2, Universität Laval, Québec 1989.
16 »La production littéraire en France depuis 1945. Analyse differentielle«, durchgeführt 1984 von Marcelle Marini und Nicole Mozet. Die Erfassung der Datei auf EDV hat Colette Julien-Bertolus programmiert und realisiert.

17 Claude Habib, La femme plumée, in: *Cahiers de recherches de S. T. D. (Textuel)*, Universität Paris-VII, Nr. 13, *Femmes et institution littéraires*, 1984.
18 René Rémond (Hg.), *Notre siècle*, Paris 1988. Die Kapitel zu dem Thema Kultur stammen von Jean-François Sirinelli.
19 Gérard Delfau und Anne Roche, *Histoire/Littérature*, Paris 1977.
20 Anne Sauvy, La Littérature et les femmes, in: Chartier 1986.
21 Interview 1972, in: Francis/Gontier 1979.
22 Françoise Collin, Le sujet et l'auteur ou lire »l'autre femme«, in: *Cahiers du Cedref*, Universität Paris-VII, Nr. 2, *Femmes sujets des discours*, Paris 1990.
23 Françoise Mayeur-Castellani, *L'Enseignement secondaire des jeunes filles sous la IIIe République*, Paris 1977.
24 Beauvoir, *Le Deuxième sexe*, Bd. 2, 1949 (dt.: *Das andere Geschlecht*).
25 Marcelle Marini, Enfance en archipels: *L'Opoponax* de Monique Wittig, in: *Revue des Sciences humaines*, Nr. 222, Lille 1991/92.
26 Marcelle Marini, L'élaboration de la différence sexuelle dans la pratique littéraire de la langue (Sarraute, Hyvrard), in: *Cahiers du Grad*, Nr. 1, *Femmes, écriture, philosophie*, Université Laval, Québec 1987.
27 Léonor Fini, Lettre à Roger Borderie, in: *Obliques*, Nr. 14–15, *La Femme surréaliste*, Paris 1977, S. 115.
28 Fraisse 1989, S. 301.
29 Gelfand und Thorndike Hules 1985.
30 Françoise Van Rossum-Guyon im Gespräch mit Hélène Cixous und Julia Kristeva, *Revue des sciences humaines*, Nr. 168, *Écriture, Féminité, féminisme*, Lille 1977-4.
31 *Les Cahiers du Grif*, Brüssel, Nr. 7, 1975; Nr. 12 und 13, 1976.
32 Hélène Cixous, Le rire de la méduse, in: *L'Arc*, Nr. 61, Paris 1975.
33 Monique Plaza, »Pouvoir phallomorphique« et psychologie de »la femme«, in: *Questions féminines*, Nr. 1, Paris, Nov. 1977.
34 Alice Jardine, *Gynesis*, 1985; frz.: Paris 1991.
35 Béatrice Slama, »De la ›littérature féminine‹ à ›l'écrire femme‹«, in: *Littérature*, Nr. 44, Paris, Dez. 1981; Didier 1981.
36 Planté 1989.

Frauen, Massenkonsum und Massenkultur

1 Modleski 1986; Morin 1962.
2 Haskell 1987; Treneman 1988.
3 Huyssen 1986.
4 Ehrenreich/English 1979.
5 Davies/Dickey/Stratford 1987.

6 Williamson 1986.
7 Pomata 1984.
8 Gamman/Marshment 1988.
9 Peiss 1986.
10 Stacey 1988.
11 Lewallen 1988.
12 Treneman 1988.
13 Turnaturi 1979.
14 Werner 1984.
15 Porter Benson 1986; Leach 1984.
16 Peiss 1988.
17 Haskell 1987.
18 De Grazia 1989.
19 Dies. 1987.
20 Morin 1957.
21 Werner 1984.
22 Sullerot 1963.
23 Ebd.
24 Meldini 1975.
25 Synthetische Wolle, die während des Faschismus verwendet wurde. (A. d. Ü.)
26 Mondello 1987.
27 Passerini 1984.
28 Masino 1982, S. 183.
29 Lilli 1976.
30 Mondello 1987.
31 Alberoni 1964, S. 38–43.
32 Eco 1964.
33 Morin 1962.
34 Sullerot 1963, S. 129.
35 Buonanno 1975.
36 Parca 1966.
37 Sullerot 1963.
38 Dardigna 1974.
39 Lilli 1976.
40 Buonanno 1975.
41 Dies. 1978.
42 Anelli u. a. 1979.
43 Buonanno 1975.
44 Anelli u. a. 1979.
45 Buonanno 1975.
46 Modleski 1982.
47 Buonanno 1983.

Frauen, Bilder, Darstellungen

1 Madeleine Edmondson und David Rounds, *Mary Noble to Mary Hartman: The Complete Soap Opera Book*, New York 1976, S. 187.
2 Ebd., S. 197.
3 White 1970, S. 216.
4 Umschlag des Oktoberhefts 1989 von *Good Housekeeping*.
5 Lois Banner, *American Beauty*, New York 1983, S. 273.
6 Elaine Brumberg, *Save Your Money, Save Your Face*, New York 1986, S. 95.

7 Richard Randall, *Freedom and Taboo: Pornography and the Politics of a Self Divided*, Berkeley 1989, S. 200.
8 Gordon Hawkins und Franklin E. Zimring, *Pornography in a Free Society*, Cambridge 1988, S. 42.
9 Ebd., S. 36.
10 Randall, *Freedom and Taboo*, S. 200.
11 Hawkins und Zimring, *Pornography*, S. 54.
12 Berkeley 1989, S. XV.

Die großen Verwandlungen des Jahrhunderts

1 Simone de Beauvoir, *Lettres à Sartre, 1940–1963*, Paris 1990, S. 211.
2 Edgar Morin, Amour et érotisme dans la culture de masse, in: *Arguments*, 1. Trimester 1961, S. 52, zit. in: Janine Mossuz-Lavau, Politique des libérations sexuelles, in: Pascal Ory (Hg.), *Nouvelle histoire des idées politiques*, Paris 1987, S. 682–694.
3 Vgl. Bibliographie: Allgemeine Literatur.
4 Jeannette Laot, *Stratégie pour les femmes*, Paris 1977; Madeleine Colin, *Ce n'est pas d'aujourd'hui* (Femmes, syndicats, lutte de classe), Paris 1975; dies., *Traces d'une vie: dans la mouvance du siècle*, Paris 1989 und 1991.

Weibliche Armut, Mutterschaft und Rechte von Müttern

1 Der Essay ist ein Ergebnis des Forschungsprojekts »Women's rights and women's welfare«, das 1986–1989 am Europäischen Hochschulinstitut (Florenz) bearbeitet wurde; ich danke dem Institut für die großzügige Förderung. Vor allem danke ich den Mitarbeiterinnen und Mitarbeitern Ida Blom, Annarita Buttafuoco, Anne Cova, Elisabeth Elgan, Jan Gröndahl, Hilde Ibsen, Jane Lewis, Mary Nash, Karen Offen, Ann-Sofie Ohlander, Frank Prochaska, Valeria Russo, Chiara Saraceno, Anne-Lise Seip, Bonnie G. Smith, Irene Stoehr, Angela Taeger, Pat Thane und Elisabetta Vezzosi. Die meisten ihrer Beiträge sind erschienen in: Gisela Bock und Pat Thane (Hg.), *Maternity and Gender Policies: Women and the Rise of the European Welfare States, 1880s–1950s*, London 1991. Für die Unterstützung bei der Überarbeitung danke ich Victoria de Grazia, Wiebke Kolbe, Kristina Schulz und Anette Weber.
2 Flora/Heidenheimer 1981, S. 27. Vgl. Thomas H. Marshall, Staatsbürgerrechte und soziale Klassen (1949), in: ders. 1992; Gerhard A. Ritter, *Der Sozialstaat: Entstehung und Entwicklung im internationalen Vergleich*, München 1989.
3 Bonnie G. Smith, On Writing Women's Work, Working Paper HEC 91/7 des Europäischen Hochschul-

instituts, Florenz 1991. Vgl. Margaret Lewelyn Davies (Hg.), *Maternity: Letters from Working Women* (1915), London 1989; dies. (Hg.), *Life as We Have Known It, by Cooperative Working Women* (1931), New York 1975; Arbeiterinnensekretariat des Deutschen Textilarbeiterverbands (Hg.), *Mein Arbeitstag – Mein Wochenende: 150 Berichte von Textilarbeiterinnen* (1930), ND hg. von Alf Lüdtke, Frankfurt a. M. 1990; Molly Ladd-Taylor (Hg.), *Raising a Baby the Government Way: Mothers' Letters to the Children's Bureau, 1915–1932*, New Brunswick 1986; Ida Blom, *Barnebegrensning – synd eller sund fornuft?*, Bergen 1980, S. 64–154; Annarita Buttafuoco, *Le Mariuccine*, Mailand 1985.

4 Wolfram Fischer, *Armut in der Geschichte*, Göttingen 1982; Hartmut Kaelble, *Auf dem Weg zu einer europäischen Gesellschaft. Eine Sozialgeschichte Westeuropas 1880–1980*, München 1987, S. 29.

5 Vera Brittain, *Lady Into Woman*, London 1953, S. 224.

6 Katherine Anthony, *Feminism in Germany and Scandinavia*, New York 1915, S. 53.

7 Käthe Schirmacher, *Die Frauenarbeit im Hause, ihre ökonomische, rechtliche und soziale Wertung* (1905), Leipzig 1912, S. 3–8 (teilweise in: Gisela Brinker-Gabler [Hg.], *Frauenarbeit und Beruf*, Frankfurt a. M. 1979); Bericht in: *Die Frauenbewegung* XI/20 (15. Okt. 1905), S. 153–155.

8 Auclert, zit. in Anne Cova, French Feminism and Maternity: Theories and Politics, 1890–1918, in: Bock/Thane 1991; Rouzade zit. in Wynona H. Wilkins, The Paris International Feminist Congress of 1896 and its French Antecedents, in: *North Dakota Quarterly* 1975, S. 13. Vgl. Karen Offen, Sur l'origine des mots ›féminisme‹ et ›féministe‹, in: *Revue d'histoire moderne et contemporaine* 36, 1987, S. 492–496; dies. 1984, S. 648–676; Claire G. Moses, *French Feminism in the 19th Century*, Albany 1984, S. 207f.; Klejman/Rochefort 1989, S. 260.

9 Nelly Roussel, *L'Eternelle sacrifiée* (1906), hg. von Daniel Armogathe und Maité Albistur, Paris 1979, S. 55; die übrigen Zitate aus Cova, French Feminism, und dies., Féminisme et Natalité: Nelly Roussel (1878–1922), in: *History of European Ideas* 15, 1992, S. 663–672; Offen 1984, S. 673.

10 Ida Blom, Voluntary Motherhood 1900–1930: Theories and Politics of a Norwegian Feminist in an International Perspective, in: Bock/Thane 1991; Cheri Register, Motherhood at Center: Ellen Key's Social Vision, in: *Women's Studies International Forum* 5, 1982, S. 599–610.

11 Annarita Buttafuoco, Motherhood as a Political Strategy: The Role of the Italian Women's Movement in the Creation of the Cassa Nazionale di Maternità, in: Bock/Thane 1991.

12 Lily Braun, *Die Frauenfrage*, Leipzig 1901, S. 547; dies., *Die Mutterschaftsversicherung*, Berlin 1906. Vgl. Irene Stoehr, Housework and Motherhood: Debates and Policies in the Women's Movement in Imperial Germany and the Weimar Republic, in: Bock/Thane 1991; Alfred G. Meyer, *The Feminism and Socialism of Lily Braun*, Bloomington 1986, bes. S. 125, 137.

13 Käthe Schirmacher, *Wie und in welchem Maße läßt sich die Wertung der Frauenarbeit steigern?*, Leipzig 1909, S. 10 (auch in Brinker-Gabler, *Frauenarbeit und Beruf*); die übrigen Zitate aus Stoehr, Housework. Vgl. Marion Kaplan, *Die jüdische Frauenbewegung in Deutschland: Organisation und Ziele des Jüdischen Frauenbundes 1904–1938*, Hamburg 1981, bes. Kap. 3. Vgl. Max Weber, Zur Psycho-Physik der industriellen Arbeit, in: *Archiv für Sozialwissenschaft und Sozialpolitik* 28, 1909, S. 268, 722.

14 Zit. in Dyhouse 1989, S. 191f.

15 Women's Industrial Council (1911), zit. in Jane Lewis, Models of Equality for Women: The Case of State Support for Children in 20th-Century Britain, in: Bock/Thane 1991. Die vorigen Zitate aus Pat Thane, Visions of Gender in the Making of the British Welfare State: The Case of Women in the British Labour Party and Social Policy, 1906–1945, in: Bock/Thane 1991. Vgl. Frank Prochaska, A Mother's Country: Mothers' Meetings and Family Welfare in Britain, 1850–1950, in: *History* 74, 1989, S. 379–399.

16 Atkinson zit. in Dyhouse 1989, S. 65f., 93; vgl. S. 96–104; Rathbone 1986; Mary Stocks, *The Case for Family Endowment*, London 1927, Kap. 3; Lewis, Models of Equality.

17 Anthony, *Feminism*, S. 117, 127 (Zitate); dies., *Mothers Who Must Earn*, New York 1914; dies., Einleitung zu: *The Endowment of Motherhood*, New York 1920.

18 Karen J. Blair, *The Clubwoman as Feminist: True Womanhood Redefined, 1868–1914*, New York 1980, S. 30 (Zitat), 42; Crystal Eastman, Now we can begin, ND in Blanche Wiesen Cook (Hg.), *Crystal Eastman: On Women and Revolution*, New York 1978, S. 54–57; Mary Madeleine Ladd-Taylor, Mother-Work: Ideology, Public Policy, and the Mothers' Movement, 1890–1930, Diss. Yale University 1986, bes. Kap. 2–4 (= dies. 1993); Lela B. Costin, *Two Sisters for Social Justice. A Biography of Grace and Edith Abbott*, Urbana 1983.

19 Zitate aus Dyhouse 1989, S. 91, und aus Ladd-Taylor, Mother-Work, S. 148; vgl. auch die Kommentare zu Schirmacher, diejenigen von Russell (s. oben) und Anm. 40.

20 Zitate aus Dyhouse 1989, S. 90, 92, und aus Cova, French Feminism; zu Anna Martin vgl. Lewis, Models of Equality; Marianne Weber, Zur Frage

der Bewertung der Hausfrauenarbeit (1912), in: dies., *Frauenfragen und Frauengedanken*, Tübingen 1919, S. 80–94; Anthony, *Feminism*, S. 118f.

21 Lischnewska zit. in Stoehr, Housework and Motherhood; Franca Pieroni Bortolotti, La Kuliscioff e la questione femminile, in: *Anna Kuliscioff e l'età del reformismo. Atti del Convegno di Milano 1976*, Rom 1978, S. 104–138; Rathbone 1986, S. 369f.

22 Aileen S. Kraditor, *The Ideas of the Woman Suffrage Movement, 1890–1920*, New York 1971, bes. S. 91; Jane Lewis (Hg.), *Before the Vote was Won: Arguments for and against Women's Suffrage 1864–1896*, New York 1987, z. B. S. 418–424; Irene Stoehr, »Organisierte Mütterlichkeit«: Zur Politik der deutschen Frauenbewegung um 1900, in: Karin Hausen (Hg.), *Frauen suchen ihre Geschichte*, München 1983, S. 225–253; Allen 1991; Ladd-Taylor, Mother-Work, S. 256; Ellen Ross, »Fierce Questions and Taunts«: Married Life in Working Class London 1870–1914, in: *Feminist Studies* 8, 1982, S. 575–602.

23 Vgl. z. B. Paula Baker, The Domestication of Politics: Women and American Political Society, 1780–1920, in: *American Historical Review* 89, 1984, S. 620–647.

24 Ersilia Majno Bronzini, Vie pratiche del femminismo (1902), zit. in Buttafuoco, Motherhood as a Political Strategy; Jean Gaffin und David Thoms, *Caring & Sharing: The Centenary History of the Cooperative Women's Guild*, Manchester 1983, S. 43. Zu dem der Aufklärung eigenen Konzept männlicher Natur und männlicher Bürgerrechte vgl. Pateman 1988; dies., Equality, difference, subordination: The politics of motherhood and women's citizenship, in: Gisela Bock und Susan James (Hg.), *Beyond Equality and Difference: Citizenship, Feminist Politics and Female Subjectivity*, London 1992, S. 17–31.

25 Helene Stöcker, Der Kampf gegen den Geburtenrückgang, in: *Die neue Generation* 8, Nr. 11, 1912, S. 602.

26 Nelly Roussel, Qu'est-ce que le »Féminisme«? in: *La Femme affranchie* 2, Sept. 1904, zit. in Cova, Féminisme et Natalité.

27 Schirmacher, *Frauenarbeit*, S. 12

28 Buttafuoco, Motherhood as a Political Strategy; Black 1989; Lemons 1973; Karen Offen, Feminismus in den Vereinigten Staaten und in Europa. Ein historischer Vergleich, in: Hanna Schissler (Hg.), *Geschlechterverhältnisse im historischen Wandel*, Frankfurt/New York 1993, S. 97–138; Dale/ Foster 1986, S. 5–8; Daniel Scott Smith, Family Limitation, Sexual Control, and Domestic Feminism in Victorian America, in: Lois Banner (Hg.), *Clio's Consciousness Raised*, New York 1974, S. 119–136.

29 Für Italien vgl. Buttafuoco, Motherhood as a Political Strategy. Für die USA: Anthony R. Travis, The Origins of Mothers' Pensions in Illinois, in: *Journal of the Illinois State Historical Society* 67, 1975, S. 421–428; Ada J. Davis, The Evolution of the Institution of Mothers' Pensions in the United States, in: *American Journal of Sociology* 35, 1930, S. 573–587; Ladd-Taylor, Mother-Work, Kap. 4. Die wichtige Studie von Skocpol 1992 war leider erst nach Fertigstellung dieses Essays zugänglich. Zu Frankreich: Cova, French Feminism; Stewart 1989, bes. Kap. 8; Robert Talmy, *Histoire du mouvement familial en France (1897–1939)*, Paris 1962, Bd. 1, S. 159–163.

30 Vgl. Anne-Lise Seip und Hilde Ibsen, Norway's road to child allowances, und Ann-Sofie Olander, The struggle for a Social Democratic family policy in Sweden, 1900–1960s, in: Bock/Thane 1991; vgl. Anm. 31; Wiebke Kolbe, Mutterschafts-, Vaterschafts- und Elternschaftspolitik in Schweden und der Bundesrepublik, Mag. Arb. Bielefeld 1991.

31 Julia Lathrop, Einl. zu Henry J. Harris, *Maternity Benefit Systems in Certain Foreign Countries* (hg. vom U. S. Department of Labor, Children's Bureau), Washington 1917.

32 Volker Hunecke, *Die Findelkinder von Mailand*, Stuttgart 1987; Rachel G. Fuchs, Legislation, Poverty, and Child-Abandonment in 19th-Century Paris, in: *Journal of Interdisciplinary History* 18, 1987, S. 55–80; Angela Taeger, L'État, les enfants trouvés et les allocations familiales en France, XIXᵉ et XXᵉ siècles, in: *Francia* 16, 1989, S. 15–33; Pat Thane, Infant Welfare in Britain, 1870s–1930s, in: Michael B. Katz und Christoph Sachße (Hg.), *The Mixed Economy of Social Welfare: England, Germany and the United States from the 1870s to the 1930s* (in Vorbereitung); Linda Gordon, Single Mothers and Child Neglect, 1880–1920, in: *American Quarterly* 37, 1985, S. 173–192; Ann Vandepol, Dependent Children, Child Custody, and the Mothers' Pensions: The Transformation of State-Family Relations in the Early 20th Century, in: *Social Problems* 29, 1982, S. 221–235.

33 Carol Dyhouse, Working-Class Mothers and Infant Mortality in England, 1895–1914, in: *Journal of Social History* 12, 1978, S. 248–267; Rachel G. Fuchs, *Abandoned Children: Foundlings and Child Welfare in 19th-Century France*, Albany 1984.

34 Maria Martin, Dépopulation, in: *Le Journal des Femmes*, Juni 1896; Cécile Brunschvicg, Féminisme et natalité, in: *La Française*, 10. Jan. 1931; Gertrud Bäumer, Der seelische Hintergrund der Bevölkerungsfrage, in: *Die Frau* 23/3, 1915, S. 129–134.

35 Offen 1984, S. 659f., 668–670; Françoise Thébaud, Le mouvement nataliste dans la France de l'entre-deux-guerres: L'Alliance Nationale pour l'Accrois-

sement de la Population Française, in: *Revue d'histoire moderne et contemporaine* 32, 1985, S. 276–301; Yvonne Knibiehler und Catherine Fouquet, *Histoire des mères du moyen-âge à nos jours*, Paris 1980.

36 Herbert Wolfe, *Governmental Provisions in the United States and Foreign Countries for Members of the Military Forces and their Dependents*, hg. von Julia Lathrop, U. S. Department of Labor, Children's Bureau, Washington 1917, S. 13; Ute Daniel, *Arbeiterfrauen in der Kriegsgesellschaft: Beruf, Familie und Politik im Ersten Weltkrieg*, Göttingen 1989, S. 169–183; Birthe Kundrus, *»Kriegerfrauen«: Sozialpolitik und Geschlechterverhältnisse im Ersten und Zweiten Weltkrieg in Deutschland*, Diss. Bielefeld 1993; Susan Pedersen, *Social Policy and the Reconstruction of the Family in Britain and France, 1900–1945*, Diss. Harvard University 1989, S. 115–130 (= dies. 1993).

37 Ladd-Taylor, Mother-Work, bes. Kap. 5; Lemons *The Woman Citizen*, Kap. 6; Joseph Benedict Chepaitis, The First Federal Social Welfare Measure: The Sheppard-Towner Maternity and Infancy Act, 1918–1932, Diss. Georgetown University 1968; Hilda Scott, *Working Your Way to the Bottom: The Feminization of Poverty*, London 1984; Barbara Ehrenreich, Frances Fox Piven, The Feminization of Poverty: When the »Family-Wage« System Breaks Down, in: *Dissent* 31, 1984, S. 162–170.

38 Zit. in Lewis 1980, S. 169, und in dies., Models of Equality.

39 Rathbone 1986, bes. S. 316–324.

40 Dyhouse 1989, S. 95, 102.

41 Ramsay MacDonald (Vorsitzender der Labour Party) zit. in Lewis, Models of Equality.

42 Thane, Visions of Gender; Macnicol 1980.

43 Zit. in Suzy Fleming, Einleitung zu Rathbone 1986, S. 90.

44 Anne-Lise Seip und Hilde Ibsen, Norway's Road to Child Allowances, in: Bock/Thane 1991; Ann-Sofie Ohlander, The Struggle for a Social Democratic Family Policy in Sweden since 1900, in: Bock/Thane 1991; Helga Maria Hernes, Die zweigeteilte Sozialpolitik, in: Karin Hausen und Helga Nowotny (Hg.), *Wie männlich ist die Wissenschaft?*, Frankfurt a. M. 1986, S. 163–178; Bettina Cass, Rewards for Women's Work, in: Jacqueline Goodnow und Carole Pateman (Hg.), *Women, Social Science and Public Policy*, Sydney 1985, S. 67–94; Rob Watts, Family Allowances in Canada and Australia 1940–1945: A comparative critical case study, in: *Journal of Social Policy* 16, 1987, S. 19–48; Ann Curthoys, Equal pay, a Family Wage or Both: Women Workers, Feminists and Unionists in Australia since 1945, in: Barbara Caine u. a. (Hg.), *Crossing Boundaries: Feminisms and*

the *Critique of Knowledges*, Sydney 1988, S. 129–140.

45 Henri Hatzfeld, *Du paupérisme à la sécurité sociale. Essai sur les origines de la sécurité sociale en France, 1850–1940*, Paris 1971; Karen Offen, Body Politics: Women, Work, and the Politics of Motherhood in France, 1920–1950, in: Bock/Thane 1991.

46 Marie-Monique Huss, Pronatalism in the Inter-war Period in France, in: *Journal of Contemporary History* 25, 1990, S. 64.

47 Cécile Brunschvicg, La Maternité, fonction familiale ou sociale? in: *La Française* 3. Mai 1930; Naomi Black, Social Feminism in France: A Case Study, in: dies. und Ann Baker Cottrell (Hg.), *Women and World Change: Equity Issues in Development*, Beverly Hills 1981, S. 271–238; Pedersen, Social Policy, Kap. III. 7.

48 Offen, Body Politics; Alain Barjot, *L'allocation de salaire unique et l'allocation de la mère au foyer en France*, Saint-André-Bruges 1967; Flora/Heidenheimer 1981, S. 341.

49 Benito Mussolini, Vorwort zu Richard Korherr, *Regresso delle nascite, morte dei popoli*, Rom 1928, S. 23; vgl. Chiara Saraceno, Redefining maternity and paternity: Gender, pronatalism and social policies in fascist Italy, in: Bock/Thane 1991; Victoria de Grazia, *How Fascism Ruled Women: Italy, 1922–1945*, Berkeley 1992, und ihr Beitrag zu diesem Band.

50 Mary Nash, Pronatalism and Motherhood in Franco's Spain, in: Bock/Thane 1991.

51 Vgl. Kapitel 5 dieses Bandes, meinen Beitrag (Antinatalism, maternity and paternity in National Socialist Racism) in Bock/Thane 1991 und Gisela Bock, *Zwangssterilisation im Nationalsozialismus: Studien zur Rassenpolitik und Frauenpolitik*, Opladen 1986.

52 Ann Taylor Allen, German Radical Feminism and Eugenics, 1900–1918, in: *German Studies Review* 11, 1989, S. 31–56 (dt. Fassung in: *Feministische Studien* 9, H. 1, 1991, S. 46–68); Linda Gordon, *Woman's Body, Woman's Rights. A Social History of Birth Control in America*, Harmondsworth 1977, S. 281–290, 330f.

53 Nash, Pronatalism; Michele A. Cortelazzo, Il lessico del razzismo fascista (1938), in: *Movimento operaio e socialista* 7, 1984, S. 57–66; Claudio Pogliano, Scienza e stirpe: Eugenica in Italia (1912–1939), in: *Passato e presente* 5, 1984, S. 61–97.

54 Das »Wir« steht vor dem »Ich«, in: *Frau von heute* 39, 1959, S. 2, zit. in Gesine Obertreis, *Familienpolitik in der DDR 1945–1980*, Opladen 1985, S. 146; vgl. S. 51–73, 119, 136–138, 155, 292f. Für die Sowjetunion vgl. Janet Evans, The Communist Party of the Soviet Union and the Women's Ques-

tion: The Case of the 1936 Decree »In Defence of Mother and Child«, in: *Journal of Contemporary History* 16, 1981, S. 757–775; Bernice Q. Madison, *Social Welfare in the Soviet Union*, Stanford 1968, Kap. 3.

55 Erich Honecker, Neue Maßnahmen zur Verwirklichung des sozialpolitischen Programms des VIII. Parteitages, Berlin 1972, zit. in Obertreis, *Familienpolitik*, S. 292; vgl. S. 315–318.

56 Vera Slupik, »Kinder kosten aber auch Geld«. Die Diskriminierung von Frauen im Kindergeldrecht, in: Ute Gerhard u. a. (Hg.), *Auf Kosten der Frauen. Frauenrechte im Sozialstaat*, Weinheim 1988, S. 195; Flora 1986–87, Bd. 4, S. 278–281.

Mutterschaft, Familie und Staat

1 Kathleen E. Kiernan, The British Family: Contemporary Trends and Issues, in: *Journal of Family Issues*, Bd. 9, Heft 3, Sept. 1988, S. 306.

2 Henri Léridon und Catherine Villeneuve-Gokalp, Les nouveaux couples: nombre, caractéristiques et attitudes, in: *Population*, Heft 2, 1988, S. 331–374.

3 So kann etwa ein Land wie England zu Beginn der achtziger Jahre einen Scheidungsindex von 40 Prozent angeben, während jedoch nur 18 Prozent der Paare aus den am meisten betroffenen Generationen bereits getrennt sind und der endgültige Prozentsatz der geschiedenen Paare selbst in diesen Generationen faktisch wahrscheinlich die 30 Prozent nicht übersteigen wird. Siehe Patrick Festy, Quelques difficultés pour apprécier les conséquences des changements familiaux, in: AIDELF 1986, S. 551–557.

4 Roger Géraud, *La Limitation des naissances*, Paris 1963, S. 104.

5 Massimo Levi-Bacci, Le changement démographique et le cycle de vie des femmes, in: Evelyne Sullerot (Hg.), *Le Fait féminin*, Paris 1978, S. 467–478.

6 Dieser Abschnitt verdankt vieles der Arbeit von Claudette Sèze, *Evolution des activités des femmes induite par la consommation des substituts sociaux au travail domestique, 1950–1980: effets économiques et socio-culturels*, Viry-Châtillon, Centre de recherche sur l'innovation industrielle et sociale, Bericht für die Caisse nationale d'allocations familiales (Familienausgleichskasse), Paris 1988.

7 Daniela del Boca, Women in a Changing Workplace: the Case of Italy, in: Jenson/Hagen/Reddy 1988, S. 129.

8 Hernes 1989, S. 47ff.

9 Angela Phillips und Peter Moss, *Qui prend soin des enfants de l'Europe? Compte rendu du réseau des modes de garde d'enfants*, Commission des Communautés européennes, V/1219/1/1988.

10 Harold Brackman, Steven P. Erie und Martin Rein, Wedded to the Welfare State, in: Jenson/Hagen/Reddy 1988, S. 49f.

11 Hernes 1989, S. 49f.

12 Anne Gauthier, État-mari, État-papa, les politiques sociales et le travail domestique, in: Vandelac 1988, S. 257–311.

13 François de Singly und Claude Thélot, *Gens du privé, gens du public: la grande différence*, Paris 1988.

14 Die meisten Angaben stützen sich auf Esping-Andersen 1990 oder Barrère-Maurisson/Marchand 1990. Die Daten für Deutschland beziehen sich auf die Bundesrepublik Deutschland vor der Wiedervereinigung.

15 Brackman, Erie und Rein, Wedded to the Welfare State, in: Jenson/Hagen/Reddy 1988, S. 217f.

16 Die meisten der folgenden Angaben stammen aus T. Smeeding, L. Rainwater und S. Danziger, Cross National Trends in Income, Poverty, and Dependency: The Evidence for Young Adults in the Eighties, Referat vor der Konferenz über *Poverty and Social Marginality*, Washington, 20.–21. Sept. 1991.

Eine Emanzipation unter Vormundschaft

1 Wir verweisen hier auf den Weberschen Begriff der legitimen Ordnung und der sozialen Ordnung. Vgl. Max Weber, *Wirtschaft und Gesellschaft*, Studienausgabe, Tübingen 1972, S. 16. Die Herrschaft des Mannes ist Kern der sozialen Ordnung; sie bewährt sich namentlich durch die Tendenz zur symbolischen Gewalt als einer Dimension jeder Herrschaft und der Quintessenz männlicher Herrschaft. Vgl. Pierre Bourdieu, La domination masculine, in: *Actes de la recherche en sciences sociales*, Nr. 84, Sept. 1990, S. 8.

2 Umfragen in 22 Nationen, vorgelegt beim Kongreß der sozialen Katholiken, in: Union féminine civique et sociale (Hg.), *Le Travail industriel de la mère et le foyer ouvrier. Extraits du Congrès international de juin 1933*, Paris. Vgl. auch die Ergebnisse eines vom Weltbund katholischer Frauenverbände verteilten Fragebogens, in: Françoise Van Goethem, Enquête internationale sur le travail salarié de la femme mariée, in: Union internationale d'études sociales (Hg.), *Chronique sociale de France*, Lyon 1932.

3 Vgl. die Aussagen der Betriebsfürsorgerinnen in Fourcaut 1982.

4 Maurice Frois, *La Santé et le travail des femmes pendant la guerre*, Paris 1926, S. 63.

5 André Bonnefoy, *Place aux femmes. Les carrières féminines administratives et libérales*, Paris 1914, S. 69.

6 Gina Lombroso, *La Femme dans la société actuelle*, Paris 1929, S. 12.

7 Marguerite Thibert, Crise économique et travail féminin, in: *Revue internationale du travail*, April 1933, Bd. XXVII, Nr. 4, S. 31.
8 Janine Ponty, Des Polonaises parlent, in: *Revue du Nord*, Vierteljahresschrift für Geschichte, Nr. 250, Juli–Sept. 1981, Bd. LXIII, S. 730.
9 Vgl. die Kapitel über die Arbeitsbedingungen in *L'Année sociale*, Zeitschrift des Internationalen Arbeitsamtes in Genf.
10 Claudia Koonz, *Mothers in the Fatherland: Women, the Family, and Nazi Politics*, New York 1986 (dt.: *Mütter im Vaterland. Frauen im Dritten Reich*. Aus dem Engl von Cornelia Holfelder von der Tann, Freiburg 1991).
11 Prozentsatz der Lohnarbeiterinnen in jeder Berufsgruppe. Zum Beispiel gab es unter den höheren Führungskräften Italiens 48 Prozent Frauen; s. Françoise Lantier, Le Travail et la formation des femmes en Europe, in: *La Documentation française*, Bd. 4, Paris, Okt. 1972, S. 47.
12 Rémy Lenoir, L'Éffondrement des bases du familialisme, in: *Actes de la recherche en sciences sociales*, Nr. 57/58, Juni 1985, S. 69–88.
13 Pierre Bourdieu, *Les Héritiers: les étudiants et leurs études*, Paris 1964.
14 Vgl. beispielsweise die Verkündung des *Equal Pay Act* im Vereinigten Königreich im Jahre 1970, das gleichen Lohn für jede als gleichwertig eingestufte Arbeit vorschrieb. Vgl. für Griechenland das Gesetz Nr. 1414/84 von 1984 über die Anwendung des Gleichheitsgrundsatzes im Erwerbsleben; oder für Frankreich das 1983 verabschiedete Gesetz über die berufliche Gleichheit von Männern und Frauen.
15 Guilbert 1966, S. 148.
16 Ebd., S. 144.
17 Vgl. zum Beispiel Brigitte Belloc, Le travail à temps partiel, in: *Données sociales*, Paris 1987, S. 112–123.
18 Vgl. Ségrégation professionnelle selon le sexe, in: *L'Intégration des femmes dans l'économie*, Paris 1985, S. 40–74.
19 Pierre Bourdieu, Classement, déclassement, reclassement, in: *Actes de la recherche en sciences sociales*, Nr. 24, Nov. 1978, S. 22.
20 Der Grad der Segregation wird durch das Verhältnis zwischen dem Anteil der Frauen in dem jeweiligen Beruf und dem Anteil der Frauen an der gesamten Erwerbsbevölkerung gemessen. Das Verhältnis zwischen beiden Anteilen ist der Koeffizient der Repräsentation der Frauen (*coefficient de représentation féminine*, CRF). Den Ungleichheitsindex erhält man aus dem Verhältnis des Anteils der Frauen in jeder Beschäftigungskategorie zu dem dort vorfindlichen Anteil der Männer. Der Ungleichheitsindex ist 0, wenn es keine Segregation gibt, und 1 im Falle totaler Segregation. Die

Formel für den Ungleichheitsindex lautet:

$$\frac{1}{2} \sum_{i=1}^{K} \left[\frac{Nfi}{Nf} - \frac{Nmi}{Nm} \right] \times 100\%$$

Vgl. *L'Intégration des femmes dans l'économie*, S. 44 und 73. Diese mathematische Zahlenspielerei, die zur »wissenschaftlichen Mythologie« gehört, hat die Beschönigung der sozialen Ungleichheiten zur Folge, da sie sie in einer sozial akzeptablen, weil nicht verifizierbaren Zahlen-Formel ausdrückt. Vgl. Pierre Bourdieu, Le Nord et le Midi. Contribution à une analyse de l'effet Montesquieu, in: *Actes de la recherche en sciences sociales*, Nr. 35, Nov. 1980, S. 22–25.
21 *L'Intégration des femmes dans l'économie* S. 46.
22 Die Gesetze und Vorschriften über die Gleichheit der Behandlung und die Gleichheit der Entlohnung stellen zwar einen bedeutenden juristischen und politischen Sieg dar, haben jedoch wenig Auswirkungen auf den Abstand der Gehälter. Darin liegt der ganze Unterschied zwischen rechtlicher Gleichheit und faktischer Ungleichheit. Vgl. Sabourin 1984.
Wir danken Juliette Caniou und Tatiana Michel für ihre Mitwirkung an der Dokumentation.

Themen und Thesen

1 S. beispielsweise in Frankreich *Crises de la société, féminisme et changement*, Groupe d'Études Féministes, Universität Paris-VII, 1991, oder Particularisme et universalisme, in: *Nouvelles Questions féministes* Nr. 16-17-18 (1991).
2 Kolloquium über die neuen Formen des zeitgenössischen Antifeminismus, veranstaltet von Élisabeth de Fontenay und Roger Rotmann am 28. und 29. November 1991 im Centre Georges Pompidou, Paris.

Recht und Demokratie

1 Élisabeth G. Sledziewski, Naissance de la femme civile. La Révolution, la femme, le droit, in: *La Pensée*, Nr. 238, März–April 1984, S. 45.
2 Jean Carbonnier, *Droit civil*, Paris 1983, Bd. 1, S. 74.
3 Vereinte Nationen, *Condition juridique de la femme mariée*, Département des affaires économiques et sociales, Genf 1958, S. 3.
4 Rachel Trost, *La Condition juridique de la femme mariée en France et en Angleterre*, Doktorarbeit, Universität Nancy 1971, S. 7.
5 Ginette Castro, *Radioscopie du féminisme américaine*, Paris 1984, S. 10.
6 Le 150ᵉ anniversaire de la Révolution, in: *Le Droit des femmes*, Juni 1938, S. 12.

7 Charles Krug, *Le Féminisme et le droit civil français*, Paris 1899, S. 17.

8 Odile Dhavernas, L'inscription des femmes dans le droit: enjeux et perspectives, in: *Le Féminisme et ses enjeux*, Paris 1988, S. 321.

9 Neville-L. Brown, Angleterre, in: Patarin/Zajtay 1974, S. 125f.

10 Georges Ripert, *Le Régime démocratique et le droit civil moderne*, Paris 1948, S. 109.

11 Jacqueline Rubellin-Devichi, *L'Évolution du statut civil de la famille depuis 1945*, Paris 1983, S. 20.

12 Ripert, *Le Régime démocratique et le droit civil moderne*, S. 23.

13 Carbonnier, *Droit civil*, Bd. 2, S. 536.

14 Jean Carbonnier, *Flexible Droit*, Paris 1979, S. 172.

15 Odile Dhavernas, *Droits des femmes, pouvoir des hommes*, Paris 1978, S. 381.

16 Brigitte Jolivet, Editorial, in: *Actes* Nr. 57–58, Winter 1986/87, S. 59.

17 La ligue du droit des femmes. Gespräch mit zwei ihrer Gründerinnen: Annie Sugier und Anne Zelensky, in: *ebd.*, S. 59.

18 F. Rigaux, *Évolution des structures juridiques de la famille en Belgique*, in: Nerson 1980, S. 88.

19 Zit. in Yves Lequin, *Histoire des Français*, XIXe–XXe siècles. Les citoyens et la démocratie, Paris 1984, S. 311.

20 Palmiro Togliatti, Discorsi alle Donne, publiziert von der Frauensektion der KPI, 1946, S. 48f., zit. in Dogan 1955, S. 170.

21 Maurice Duverger, Des conservatrices, in: *NEF* Nr. 26, Okt.–Dez. 1969, S. 22ff.

22 Maurice Duverger, *La Participation des femmes à la vie politique*, Paris 1955, S. 72.

23 Meinungsumfrage des IFOP, in: *Journal du dimanche*, 19. Mai 1991.

24 Torild Skard, Elina Haavio-Mannila, Women in Parliament, in: Haavio-Mannila 1985, S. 58.

25 Andrée Michel, Les Françaises et la politique, in: *Les Temps modernes*, Nr. 20, Juli 1965, S. 63.

26 Gespräch mit Pierre Viansson-Ponté, in: *Le Monde* vom 11. Januar 1978.

27 Duverger, *La participation des femmes à la vie politique*, S. 151.

28 *Paris-Match* vom 3. Juli 1987.

29 Sineau 1988, S. 68.

30 Bella Abzug, *Bella! Ms Abzug goes to Washington*, New York 1972, S. 30f.

Der Feminismus der siebziger Jahre

1 In den siebziger und achtziger Jahren kamen auch außerhalb Westeuropas und Nordamerikas wichtige feministische Bewegungen auf. Der vorliegende Essay versucht jedoch nur, auf die feministischen Strömungen einzugehen, die sich in Westeuropa und Nordamerika entwickelt haben. Und selbst in diesem beschränkten Bereich wird kein systematischer Überblick über die vielen Frauenbewegungen angestrebt, die die westlichen Gesellschaften so nachhaltig geprägt haben.

2 Siehe Joyce Gelb, *Feminism and Politics: A Comparative Perspective*, Berkeley 1989, S. 12f. Zur Wechselwirkung zwischen Frauenbewegungen und politischem System siehe unter anderem Mary Fainsod Katzenstein und Carol McClurg Mueller (Hg.), *The Women's Movements of the United States and Western Europe: Consciousness, Political Opportunity, and Public Policy*, Philadelphia 1987; und Joni Lovenduski, *Women and European Politics: Contemporary Feminism and Public Policy*, Brighton 1986.

3 Siehe Ethel Klein, *Gender Politics: From Consciousness to Mass Politics*, Cambridge, Mass. 1984, S. 22.

4 Über diesen *gender gap* existiert eine umfangreiche Literatur. Siehe David De Vaus und Ian McAllistair, The Changing Politics of Women: Gender and Political Alignment in 11 Nations, in: *European Journal of Political Research* 17, 1989, S. 241–262. Die Angaben über Deutschland stammen aus Teresa Kulawik, Identity versus Strategy: The Politics of the Women's Movement in West Germany, vervielfältigter Text, o. J., S. 28f.

5 Christiane Lemke, Women and Politics: The New Federal Republic of Germany, zur Veröffentlichung vorgesehen in Barbara Nelson und Najma Chowdhury (Hg.), *Women and Politics World Wide*, 1991.

6 Ebd.

7 Der Abortion Act von 1967 erlaubte in Großbritannien die Abtreibung in den ersten 28 Schwangerschaftswochen, wenn zwei Ärzte übereinstimmend bestätigten, daß das Leben der Mutter oder anderer Kinder in Gefahr sei oder daß das Kind voraussichtlich mit einer gesundheitlichen Schädigung zur Welt kommen werde. Es ist überhaupt von Interesse, auf die vielen Zusammenhänge zu verweisen, in denen das Recht auf Abtreibung politische Orientierungen maßgeblich bestimmt hat. Die Diskussionen um derartige Rechte beherrschen heute ein verschiedenen Reformstaaten Osteuropas die politische Tagesordnung (so in Ungarn und Polen); auch bei den Berufungen an den amerikanischen Supreme Court spielen sie eine entscheidende Rolle. Zu der amerikanischen Equal-Rights-Amendment-Kampagne und deren wechselvoller Geschichte siehe Jane Mansbridge, *Why We Lost the ERA*, Chicago 1986.

8 Zahlenangaben nach Mary Fainsod Katzenstein, Comparing the Feminist Movements of the United States and Western Europe: An Overview, in: Fainsod Katzenstein und McClurg Mueller (Hg.), *The Women's Movements of the United States and Western Europe*, S. 4.

9 Martin Briet, Bert Klandermans und Frederike Kroon, How Women Became Involved in the Women's Movement of the Netherlands, in: ebd., S. 55.

10 Siehe Naomi Black, *Social Feminism*, Ithaca 1989, S. 10.

11 Mary Fainsod Katzenstein, Comparing the Feminist Movements of the United States and Western Europe, in: Fainsod Katzenstein und McClurg Mueller (Hg.), *The Women's Movements of the United States and Western Europe*, S. 9.

12 Ethel Klein, The Diffusion of Consciousness in the United States and Western Europe, in: ebd., S. 39.

13 Zu einem Vergleich der Geschichte feministischer Mobilisierung siehe besonders Joyce Gelbs Ausführungen über Großbritannien, die USA und Schweden in ihrem *Feminism and Politics*. Weitere vergleichende Untersuchungen und Fallstudien zum Weg feministischer Mobilisierung finden sich in Joni Lovenduski, *Women and European Politics*; Fainsod Katzenstein und McClurg Mueller (Hg.), *The Women's Movements of the United States and Western Europe*; Dahlerup 1986; und Mary Fainsod Katzenstein und Hege Skjeie (Hg.), *Going Public: National Histories of Women's Enfranchisement and Women's Participation within State Institutions*, Oslo 1990.

14 Zu der »unauffälligen Mobilisierung« der Feministinnen in den USA siehe Mary Fainsod Katzenstein, Unobtrusive Mobilization and the Feminist Movement in the U.S., vervielfältigter Text, 1988, und Organizing on the Terrain of Mainstream Institutions: Feminism in the United States Military, in: Fainsod Katzenstein und Skjeie (Hg.), *Going Public*, S. 173–203.

15 *Websters New Twentieth Century Dictionary of the English Language*, ungekürzte 2. Aufl., New York 1965; *Duden. Deutsches Universalwörterbuch*, 2., völlig neubearb. und stark erw. Aufl., Mannheim/Wien/Zürich 1989.

16 Teresa de Lauretis formuliert es so: »Feministische Theorie ist (...) eine sich fortentwickelnde Theorie des weiblichen oder weiblich verkörperten gesellschaftlichen Subjekts das heißt, sie basiert auf dessen spezifischer, unabgeschlossener und konfliktgeladener Geschichte.« Teresa de Lauretis, Upping the Anti (sic) in Feminist Theory, in: Marianne Hirsch und Evelyn Fox Keller (Hg.), *Conflicts in Feminism*, New York 1990, S. 267. Anders Karen Offen, Defining Feminism: A Comparative Historical Approach, in: *Signs* 14, 1988, S. 118–157 (dt.: Feminismus in den Vereinigten Staaten und in Europa. Ein historischer Vergleich, in: Hanna Schissler [Hg.], *Geschlechterverhältnisse im historischen Wandel*, Frankfurt/New York 1993, S. 97–138).

17 Black, *Social Feminism*.

18 Zum zeitgenössischen italienischen Feminismus siehe Biancamaria Frabotta (Hg.), *La politica del femminismo (1973–76)*, Rom 1976; Rosalba Spagnoletti (Hg.), *I movimenti femministi in Italia*, Rom 1978; Paola Bono und Sandra Kemp (Hg.), *Italian Feminist Thought: A Reader*, Oxford 1991; und Libreria delle Donne di Milano, *Non creder di avere dei diritti: la generazione della libertà femminile nell'idea e nelle vicende di un gruppo di donne*, Mailand 1987.

19 Eine eingehende Erörterung über das komplizierte Verhältnis der UDI zur neuen feministischen Bewegung Italiens in unterschiedlichen Zusammenhängen bietet Judith Adler Hellman, *Journeys Among Women: Feminism in Five Italian Cities*, New York 1987. Allgemeiner zur UDI siehe Giulietta Ascoli, L'UDI tra emancipazione e liberazione (1943–64), in: Giulietta Ascoli u. a., *La questione femminile in Italia dal '900 ad oggi*, Mailand 1979; Giglia Tedesco, Tra emancipazione e liberazione: L'UDI negli anni sessanta, in: Anna Maria Crispino (Hg.), *Esperienza storica femminile nell'età moderna e contemporanea*, Rom 1989; und Maria Michetti, Margherita Repetto und Luciana Viviani (Hg.), *UDI: laboratorio di politica delle donne*, Rom 1984.

20 Siehe Adriana Seroni, Ragioni e torti del femminismo, in: Frabotta (Hg.), *La politica del femminismo (1973–76)*, S. 218–228. Siehe auch Carla Ravaioli, *La questione femminile: Intervista col PCI*, Mailand 1977.

21 Eine Gesamtschau der einschlägigen Ereignisse bietet Jane Jenson, Le Feminisme en France depuis mai 68, in: *Vingtième Siècle: Revue d'Histoire*, Okt.–Dez. 1989, S. 56f.

22 Juliet Mitchell und Ann Oakley (Hg.), *What Is Feminism? A Re-examination*, New York 1986, S. 1.

23 Die Bedeutung der Öffnung des politischen Diskurses für die Artikulation der Forderungen der Frauen erörtert ausführlich vor allem Jane Jenson in Liberation and New Rights for French Women, vervielfältigter Text, 1984.

24 Simone de Beauvoir, *Le Deuxième Sexe*, Paris 1949 (dt.: *Das andere Geschlecht. Sitte und Sexus der Frau*. Aus dem Franz. von Uli Aumüller und Grete Osterwald, Reinbek 1992, S. 9).

25 In mancher Hinsicht ist dieser innerfeministische Konflikt praktisch die Definition von Feminismus selbst. Denise Riley schreibt dazu: »(...) daß ›Frauen‹ eine instabile Kategorie ist, daß diese Instabilität historisch begründet ist und daß der Feminismus der Ort des systematischen Austragens dieser Instabilität ist (...), braucht uns hier nicht zu bekümmern.« Denise Riley, *Am I That Name? Feminism and the Category of »Women« in History*, Minneapolis 1988, S. 5.

26 Ann Snitow, A Gender Diary, in: Hirsch und Fox Keller (Hg.), *Conflicts in Feminism*, S. 9. Snitow hebt weiter hervor, daß die Kluft zwischen denen, die die Geschlechtszugehörigkeit als starke Form der Identifikation betrachten, und denen, die ihre prägende Kraft abschwächen wollen, nicht bloß die zwischen konkurrierenden politischen Anschauungen ist, sondern einen tiefgreifenden und diffus existentiellen Riß darstellt. Snitow sagt dazu: »Feministinnen – und überhaupt die meisten Frauen – haben ein kompliziertes Verhältnis zu dieser zentral feministischen Alternative. In jedem Augenblick führen wir subtile psychologische und soziale Verhandlungen darüber, wie geschlechtszugehörig wir uns jeweils fühlen wollen« (S. 9). Ähnliche Perspektiven auf die Frage des Frauseins bieten u. a. Riley, *Am I That Name?*; und Yasmine Ergas, *Nelle maglie della politica. Femminismo, istituzioni e politiche sociali nell'Italia degli anni settanta*, Mailand 1986. Zu diesem Thema auch Giovanna Zincone, *Fuga dall'essenzialismo: Un bilancio degli studi su donne e politica*, Turin 1990.

27 Siehe beispielsweise Carden 1974.

28 Gruppo Demistificazione Autoritarismo, Il maschile come valore dominante, in: Spagnoletti (Hg.), *I movimenti femministi in Italia*, S. 56. Diese Argumentationsweise wurde für die Entwicklung des zeitgenössischen italienischen Feminismus zentral. Zu einer neueren Deutung weiblicher Differenz und des Bankrotts weiblicher Emanzipation siehe Libreria delle Donne di Milano, *Non creder di avere dei diritti*.

29 Joan W. Scott, Deconstructing Equality-Versus-Difference: On the Uses of Poststructuralist Theory for Feminism, in: *Feminist Studies* 14, 1988, S. 33–50, nachgedruckt in Hirsch und Fox Keller (Hg.), *Conflicts in Feminism*, S. 134–148.

30 Mansbridge, *Why We Lost the ERA*.

31 Es herrscht mitunter die Meinung, durch das Vertreten egalitärer Ideologien hätten die Feministinnen den Anspruch auf besondere Rechte für die Frauen preisgegeben. Daß dem nicht so ist, bekundet die Heftigkeit des innerfeministischen Streits in vielen Ländern um eben solche Fragen wie Mutterschaftsurlaub. Wie eine italienische Feministin schreibt, würde gerade das Eintreten für eine Stärkung des Mutterschaftsurlaubs gegenüber dem Vaterschaftsurlaub den Eindruck vermitteln, daß aus formal egalitärer Sicht Mutterschaft und Vaterschaft ein und dieselbe menschliche Erfahrung sind, daß sie »analoge Mühen und austauschbare existentielle Dimensionen« beinhalten. Siehe Franca Bimbi, Differenza/parità, in: Laura Balbo (Hg.), *Tempi di vita. Studi e proposte per cambiarli*, Mailand 1991, S. 54. Zur Erörterung der einschlägigen Probleme in den USA siehe beispielsweise Martha Albertson Fineman, *The Illusion of Equality: The Rhetoric and Reality of Divorce Reform*, Chicago 1991; und Martha Minow, Adjudicating Differences: Conflicts Among Feminist Lawyers, in: Hirsch und Fox Keller (Hg.), *Conflicts in Feminism*, S. 149–163.

32 Die feministischen Debatten haben sich bisher meistens auf den Zusammenhang zwischen »Geschlechterdifferenz«, sozialem Geschlecht und physischem Geschlecht konzentriert. In jüngster Zeit sind jedoch auch die gesellschaftliche Natur und kulturelle Konstruktion von körperlichen Erfahrungen zur Sprache gekommen. Siehe Susan Rubin Suleiman, *Subversive Intent: Gender Politics and the Avant-Garde*, Cambridge, Mass. 1990; und Judith Butler, *Gender Trouble: Feminism and the Subversion of Identity*, New York 1990 (dt.: *Das Unbehagen der Geschlechter*. Aus dem Engl. von Kathrina Menke, Frankfurt a. M. 1991); siehe dazu auch Catharine Gallagher und Thomas Laqueur, *The Making of the Western Body: Sexuality and Society in the Nineteenth Century*, Berkeley 1987.

33 Gayle Rubin, The Traffic in Women, in: R. Reiter (Hg.), *Toward an Anthropology of Women*, New York 1975, S. 160.

34 Robin Morgan (Hg.), *Sisterhood Is Powerful: An Anthology of Writings from the Women's Liberation Movement*, New York 1970, S. 533.

35 Hélène Cixous, The Laugh of the Medusa, in: *Signs*, 1976, S. 877.

36 Das Manifest der *Rivolta Femminile* wurde 1970 veröffentlicht. Es ist abgedruckt in Spagnoletti (Hg.), *I movimenti femministi in Italia*, S. 102–106. Zur *Rivolta Femminile* siehe Maria Luisa Boccia, Per una teoria dell'autenticità. Lettura di Carla Lonzi, in: *Memoria. Rivista di storia delle donne* 19–20, 1987, S. 85–108.

37 Einige der hier und im folgenden erörterten Fragen über die Praxis der Separierung und Unterscheidung werden auch in Ergas, *Nelle maglie della politica*, untersucht.

38 Für zahlreiche feministische Bewegungen, zumal der frühen siebziger Jahre, war Autonomie ein wesentliches Thema, als darum gerungen wurde, das Verhältnis zu den Gesprächspartnern der Linken zu definieren. Siehe die Erörterung über die Zentralität der Autonomiefrage in der feministischen Bewegung Deutschlands in Kulawik, Identity versus Strategy, o. J.

39 Das ist eine Parallele, die die Feministinnen selbst häufig gezogen haben, und nicht nur in den USA. »Donna è bella«: so paraphrasierte eine der ersten feministischen Publikationen Italiens die berühmte Parole »Black is beautiful« der Schwarzamerikaner; ein gleichzeitig entstandenes Dokument eines Frauenkollektivs an der Universität Trient trug den Titel »Frauen und Schwarze – Geschlecht und Far-

be«. Zu der engen Verflechtung und dem gespannten Gespräch zwischen amerikanischen Feministinnen und der Bürgerrechtsbewegung siehe vor allem Sara Evans, *Personal Politics: The Roots of Women's Liberation in the Civil Rights Movement and the New Left*, New York 1980.

40 Zur Zentralität der Selbsterfahrung (consciousness-raising) im zeitgenössischen Feminismus siehe Catharine A. MacKinnon, Feminism, Marxism, Method, and the State, in: *Signs*, 1982, S. 515–544; und Dahlerup 1986.

41 Diese pädagogische Handreichung zur Bewußtseinsbildung wurde von Kathie Sarachild erarbeitet und später in Morgan (Hg.), *Sisterhood Is Powerful*, S. XXIII f., nachgedruckt.

42 Die Vulva wurde gebildet, »indem man die gestreckten Finger aneinanderlegte und beide Handflächen, bei gesenktem Daumen, nach außen kehrte«. Bonnie S. Anderson und Judith P. Zinsser, *A History of Their Own*, New York 1988, 2. Bd., S. 413 (dt.: *Eine eigene Geschichte. Frauen in Europa*. Aus dem Engl. von Pia Holenstein-Weidmann, Zürich 1993, 2. Bd., S. 498).

43 Petra de Vries, zit. in: ebd., S. 412 (dt.: ebd., S. 497).

44 Martha Shelly, Notes of a Radical Lesbian, in: Morgan (Hg.), *Sisterhood Is Powerful*, S. 307.

45 »The Second Sex – Thirty Years Later.« Vortrag im New Yorker Institute for the Humanities, 1979, S. 74f., zit. in: Anderson und Zinsser, *A History of Their Own*, S. 425 (dt.: *Eine eigene Geschichte*, S. 513). Mit anderen Worten: der Lesbianismus war als sexuelle Vorliebe von unmittelbar politischer Bedeutung. Vgl. Adrienne Rich, Compulsory Heterosexuality and Lesbian Experience, in: *Signs* 5/4, 1980, S. 631–660; und Manuela Fraire, Ordine e disordine. Ovvero delle sorti dell'amore tra donne, in: *Memoria. Rivista di storia delle donne* 19–20, 1987, S. 109–117.

46 Clifford Geertz, A Lab of One's Own, in: *New York Review of Books*, 8. Nov. 1990, S. 19.

47 Bezeichnenderweise war ein Streit um die Frauengeschichte Veranlassung für den ersten großen Kongreß des britischen Feminismus. Eine Gruppe von Frauen protestierte dagegen, daß in einer Geschichtswerkstatt des Ruskin College in Oxford die Frauengeschichte nicht auf dem Programm stand, und beschloß, einen »Frauenbefreiungskongreß« zu veranstalten. Er fand 1970 im Ruskin College statt und führte 600 Teilnehmerinnen zusammen. Siehe Joni Lovenduski, *Women and European Politics*, S. 75.

48 Siehe z. B. Sheila Rowbotham, *Women, Resistance and Revolution: A History of Women in the Modern World*, New York 1972, und *Hidden from History: Rediscovering Women in History from the Seventeenth Century to the Present*, New York 1974

(dt.: *Im Dunkel der Geschichte. Frauenbewegung in England vom 17.–20. Jahrhundert*. Aus dem Engl. von Solveig Ockenfuß, Frankfurt/New York 1980); Renate Bridenthal und Claudia Koonz (Hg.), *Becoming Visible: Women in European History*, Boston 1977; Michelle Perrot, *Une histoire des femmes est-elle possible?* Paris 1984 (dt.: *Geschlecht und Geschichte. Ist eine weibliche Geschichtsschreibung möglich?* Aus dem Franz. von Wolfgang Kaiser, Frankfurt a. M. 1989); Joan W. Scott, *Gender and the Politics of History*, New York 1988.

49 Die Bedeutung einer »feministischen Tradition« wurde schon in den ersten politischen Manifesten des Feminismus erkannt. So ermahnte die italienische Gruppe *Rivolta Femminile* alle Frauen, »die historischen Situationen und Episoden feministischer Erfahrung« zusammenzuführen. Zit. in: Spagnoletti (Hg.), *I movimenti femministi in Italia*, S. 104.

50 Zum Verhältnis von Erinnerung und Geschichte in bezug auf Frauen siehe Mémoires de femmes, in: *Penelope* 12, Frühjahr 1985; Margaret A. Lourie und Donna C. Stanton (Hg.), Women and Memory, in: *Michigan Quarterly Review* 26/1, Winter 1987.

51 Diese Probleme haben die skandinavischen Feministinnen um eine dritte Dimension des politischen Engagements ergänzt. Siehe Hernes 1987.

52 In anderen Ländern wurde Körperpolitik im Zusammenhang mit anderen Problemkomplexen wie der Klitorisektomie in vielen afrikanischen Ländern oder der Witwenverbrennung in Indien thematisiert.

53 The Boston Women's Health Book Collective, *Our Bodies, Ourselves*, New York 1976 (dt.: *Unser Körper, unser Leben. Ein Handbuch von Frauen für Frauen*, 2 Bde., Reinbek 1980).

54 Kate Millett, *Sexual Politics*, New York 1970, S. 58 (dt.: *Sexus und Herrschaft. Die Tyrannei des Mannes in unserer Gesellschaft*. Aus dem Engl. von Ernestine Schlant, Reinbek 1985, S. 36).

55 Anne Koedt, The Myth of the Vaginal Orgasm, in: A. Koedt, E. Levine und A. Rapone (Hg.), *Radical Feminism*, Chicago 1973 (dt.: Der Mythos vom vaginalen Orgasmus, in: Mathilde Vaerting, *Frauenstaat und Männerstaat* [1921], Berlin 1980).

56 Germaine Greer, *The Female Eunuch*, New York 1970 (dt.: *Der weibliche Eunuch. Aufruf zur Befreiung der Frau*. Aus dem Engl. von Marianne Dommermuth, Frankfurt a. M. 1971).

57 The Boston Women's Health Book Collective, *Our Bodies, Ourselves* (dt.: *Unser Körper, unser Leben*; Manifesto di Rivolta Femminile, in: Spagnoletti (Hg.), *I Movimenti femministi in Italia*, S. 102.

58 Zit. in Anderson und Zinsser, *A History of Their Own*, S. 420 (dt.: *Eine eigene Geschichte*, S. 506).

59 Ebd., S. 413 (dt.: ebd., S. 498).

60 Anna, vom Movimento Femminista Romano, auf dem 9. Kongreß der Unione Donne Italiane (1.–3. Nov. 1973), zit. in: Silvia Tozzi, Molecolare, creativa, materiale: la vicenda dei gruppi per la salute, in: *Memoria. Rivista di storia delle donne* 19–20, 1987, S. 161.

61 Aus einem Dokument der *Rivolta Femminile* vom Juli 1971, zit. in: Libreria delle Donne di Milano, *Non credere di avere dei diritti*, S. 62f.

62 Vgl. Lovenduski, *Women and European Politics*.

63 Kulawik, Identity versus Strategy, S. 16.

64 Ebd.

65 Eine Zusammenfassung der wichtigsten Ereignisse, die für die vorliegende Rekonstruktion sehr hilfreich war, bieten Anderson und Zinsser, *A History of Their Own*, S. 418 (dt.: *Eine eigene Geschichte*, S. 504f.).

66 Eine analoge Kampagne gab es in Italien; auch hier verband sich die öffentliche Auflehnung gegen ein Gesetz mit umfassender – und letzten Endes erfolgreicher – Mobilisierung zum Zweck seiner Abschaffung.

67 Ähnliche Kampagnen gab es in Großbritannien, in Italien, den USA, den Niederlanden und den skandinavischen Ländern. Siehe Lovenduski, *Women and European Politics*.

68 Die folgende Rekonstruktion stützt sich auf Lovenduski, ebd., S. 78f. Eine Analyse dieses Aspekts der britischen feministischen Bewegung bietet auch Hilary Rose, In Practice Supported, in Theory Denied: An Account of an Invisible Urban Movement, in: *Journal of Urban and Regional Research* 3, 1978, S. 521–537.

69 Lovenduski, *Women and European Politics*, S. 79.

70 Anderson und Zinsser, *A History of Their Own*, S. 422 (dt.: *Eine eigene Geschichte*, S. 509).

71 Zit. in: ebd. (dt.: ebd., S. 509f.).

72 Siehe hierzu Zincone, *Fuga dall'essenzialismo*, und Riley, *Am I That Name?* Eine typische Untersuchung, die dazu tendiert, die Gültigkeit von Geschlechterunterschieden zu negieren, bietet Cynthia Fuchs Epstein, *Deceptive Distinctions: Theory and Research on Sex, Gender, and the Social Order*, New Haven 1988.

73 Eine feministische Zeitschrift gleichen Namens erscheint gegenwärtig in den USA.

74 Bell Hooks, in Mary Childers und Bell Hooks, A Conversation about Race and Class, in: Hirsch and Fox Keller (Hg.), *Conflicts in Feminism*, S. 66.

75 Chandra Talpade Mohanty, Under Western Eyes: Feminist Scholarship and Colonial Discourses, in: Chandra Talpade Mohanty, Ann Russo, Lourdes Torres (Hg.), *Third World Women and the Politics of Feminism*, Bloomington 1991, S. 53f.

Von der Weiblichkeit zum Feminismus

1 Barbara Melosh, *The Physician Hand Work. Culture and Conflict in American Nursing*, Philadelphia 1982; Susan Reverby, *Ordered to Care. The Dilemma of American Nursing, 1850–1945*, Cambridge University Press 1987; Yolande Cohen und Michèle Degenais, Le métier d'infirmière: savoirs féminins et reconnaissance professionnelle, in: *Revue d'histoire de l'Amérique française*, Bd. 41/2, Herbst 1987, S. 155–177.

2 Martha Vicinus, *Independent Women*, University of Chicago Press 1984.

3 Margaret Allen, The Domestic Ideal and the Mobilisation of Woman Power, in: *Women's Studies International Forum* 6 1983, S. 401–412. S. a. den Artikel von Michele Perrot in: Higonnet u. a. (Hg.), *Behind the Lines: Gender and the Two World Wars*, New Haven 1987.

4 Auf den ersten Blick scheint es, als liege Québec um hundert Jahre gegenüber seinen Nachbarn in den Neu-England-Staaten zurück, die sich die Frauenfrage schon 1820 gestellt hatten, um sie durch das zu lösen, was man »the empire of motherhood« oder »das Reich des Häuslichen« nannte. Die Zuschreibung männlicher und weiblicher Eigenschaften bei der Regierung des Gemeinwesens führte in dieser amerikanischen Demokratie zu einer strikten Rollentrennung. Dagegen mußte Québec auf die Entstehung einer laizistisch-nationalistischen Ideologie warten, bevor dieses Phänomen der Rollenverteilung in Erscheinung trat.

5 Marcel Fournier, *L'Éntrée dans la modernité. Science, culture et société au Québec*, Montréal 1986.

6 Ganz bewußt werden an dieser Stelle angesehene Zeitschriften des traditionalistisch-konservativen Lagers analysiert. Die beiden Zeitschriften sind ein gutes Beispiel für die Ideen, die bei Frauen verbreitet sind und zu deren Verbreitung sie ihrerseits beitragen. Vgl. Cohen 1990. Zu diesen Landfrauenzirkeln gibt es auch Entsprechungen in Europa, zum Beispiel in Frankreich die Christliche Landjugend (JAC) und die ihr angeschlossenen Organisationen; s. Martyne Perrot, La jaciste, une figure emblématique, in: Rose-Marie Lagrave (Hg.), *Celles de la terre*, Paris 1987; ferner in Belgien und in Italien. Noch heute gehören dem Weltverband der Landfrauen rund dreißig Verbände in aller Welt an, die sich alle zwei Jahre zu einem Kongreß treffen.

7 Zum besseren Verständnis dessen, was hier unter komplementärer Ergänzung der Geschlechter verstanden wird, verweisen wir auf die Definition, die Karen Offen (E. Legouvé and the Doctrine of ›Equality in Difference‹ for Women – a Case Study of Male Feminism in 19th Century French Thought, in: *Journal of Modern History*, Juni 1986, S. 453–484) in Auseinandersetzung mit dem Begriff der »Gleichheit

in der Verschiedenheit* entwickelt, der von Legouvé in seinem *Cours d'histoire morale des femmes* (Paris 1848) geprägt und Ende des 19. Jahrhunderts von vielen militanten französischen Feministinnen, wie etwa Paule Mink, wieder aufgegriffen worden war. Letztere predigte eine strenge Komplementarität der Geschlechter, bei der den Frauen wie den Männern je eigene Betätigungsfelder zugewiesen waren. Auf dieser Grundlage nahm Paule Mink eine Neudefinition der Arbeitsteilung vor und übertrug den Frauen den gesamten tertiären Sektor und den

Handel, wo die Frauen besser als die Männer ihre Gründlichkeit und Sachkunde zur Geltung bringen könnten.

8 Das Beispiel gaben im englischen Kanada die Homemakers, die seit Beginn des Jahrhunderts auch in Québec Fuß gefaßt hatten, und vielleicht auch die belgischen Landfrauen, die sehr unternehmungslustig und große Proselytenmacherinnen waren. Die Französinnen imitierten nur, zum Beispiel in einigen Feuilletons von *La Bonne Parole*, den Stil, die praktischen Moderatschläge und Kochrezepte der Frauenzeitschriften, aber kaum mehr; denn die erste Nummer von *La Jeunesse agricole féminine*, mit der diese Gattung in Frankreich eingeführt wurde, erschien erst 1935 (Perrot, La jaciste).

9 *B. F.* I, 1, Jan. 1920, S. 3.

10 *B. F.* I, 4, Okt. 1920, S. 99.

11 Vgl. den Beitrag, den F. Dumont (La Parole des femmes: les revues féminines 1938–1968, in: F. Dumont, J. Hamelin und J.-P. Montmigny [Hg.], *Idéologies au Canada-français, 1940–1976*, Bd. II, S. 5–45) über die Frauenpresse in Québec geschrieben hat, aber auch die jüngst erschienenen Analysen über die Ideologie der Landfrauen in den USA (Joan Jensen, *Loosening the Bonds. Mid Atlantic Farm Women*, Yale University Press 1986) und in Frankreich (Lagrave [Hg.], *Celles de la terre*).

12 *B. F.* II, 2, April 1921, S. 38.

13 *B. F.* V, 1, Jan. 1924, S. 10.

14 *B. F.* IX, 1, Jan. 1928, S. 30.

15 *B. F.* XI, 2, April 1930, S. 56.

16 Die Fédération Nationale Saint-Jean-Baptiste war 1907 von Frauen gegründet worden, die sich in der sozialen Reformbewegung Québecs engagieren wollten, und galt als die erste nationalistische Gruppierung Kanadas. Sie wurde dem Feminismus zugerechnet – jenem sozialen und christlichen Feminismus, der die mütterliche Rolle der Frauen nicht in Frage stellte. M. Lavigne, Y. Pinard und J. Stoddart, La fédération nationale Saint-Jean-Baptiste et les revendications féministes au début du 20ᵉ siècle, in: M. Lavigne und Y. Pinard (Hg.),

Travailleuses et Féministes, Montréal 1983, S. 199–216.

17 Diese Autorinnen sehen in der frauenrechtlerischen Ausrichtung der FNSJB und in der bürgerlichen Herkunft ihrer Mitglieder den Grund für den späteren Niedergang und Wiederaufstieg dieser Gruppierung (ebd., S. 215).

18 *B. F.* III, 2, April 1922, S. 46.

19 Mit der Gründung der *Union Catholique des Femmes* im Jahre 1944 änderte die Zeitschrift ihre Linie. Sie verschrieb sich nun einer Erneuerung des Dreigestirns Frau-Familie-Staat in seiner ursprünglichen Dynamik: Die Frau als Säule der Familie sicherte das Überleben der Nation durch ihre Aufopferung für Familie und Staat.

20 *T. F.* X, 1, Jan. 1953, S. 18.

21 *T. F.* X, 7, Sept. 1953, S. 24.

22 *T. F.* XIV, 5, Mai–Juni 1957, S. 19.

23 *The Civic Culture*, Boston 1963.

24 *T. F.* II, 5–6, Mai–Juni 1946, S. 4.

25 *T. F.* XV, 1, Jan. 1958, S. 1.

26 *T. F.* II, 5–6, Mai–Juni 1946, S. 2.

27 *T. F.* X, 7, Sept. 1953, S. 24.

28 *T. F.* XIV, 7, Sept. 1957, S. 2.

29 Jean Bruno, *Agriculture et développement dans l'est du Québec*, Presses de l'Université du Québec 1985, und M.-A. Ledoux, *L'UCC comme groupe de pression sous l'administration Duplessis*, politikwissenschaftliche Magisterarbeit, Universität Montréal 1971. Der Verfasser untersucht in dieser Arbeit den Gang der Verhandlungen, die 1956 dazu führten, daß die Regierung das Gesetz über die landwirtschaftlichen Märkte annahm. Er zeigt, daß sich auch die UCC der Bedürfnisse der von ihr vertretenen Kleinbauern bewußt war, ohne deshalb die konservative Ideologie in Frage zu stellen.

30 Beauchamp ist der Ansicht, daß die Landwirte von der herrschenden Ideologie des agrarischen Kooperatismus und Syndikalismus nur das übernahmen, was ihnen materiell zum Vorteil gereichen konnte. Vgl. Les débuts de la coopération et du syndicalisme agricoles, 1900–1930; quelques éléments de la pratique, in: *Recherches sociographiques* XX, 3, Sept.–Dez. 1979, S. 380ff.

31 Le monde rural, in: Yolande Cohen und Gary Caldwell (Hg.), *Recherches sociographiques*, Sonderheft, Presses de l'Université Laval 1989.

32 Claudia Koonz, *Mothers in the Fatherland: Women, the Family, and Nazi Politics*, New York 1987 (dt.: *Mütter im Vaterland. Frauen im Dritten Reich*. Aus dem Engl. von Cornelia Holfelder von der Tann, Freiburg 1991), und Michela De Giorgio, Les demoiselles catholiques italiennes, in: Y. Cohen (Hg.), *Femmes et contre-pouvoirs*, Montréal 1987, S. 101–126.

Fortpflanzung und Bioethik

1 Die wichtigsten Techniken der Fortpflanzungsmedizin sind: die intraperitoneale Befruchtung, die In-vitro-Befruchtung, die In-vitro-Befruchtung mit Embryonentransfer, der intrafallopische Gametentransfer (Einbringung von Oozyten und Spermatozyten direkt in die Tuba uterina Fallopii, in der normalerweise die natürliche Befruchtung stattfindet), die künstliche Insemination mit dem Samen des Ehegatten und die künstliche Insemination mit Spendersamen.

2 Wir ziehen den Ausdruck »bio-medizinische Ethik« gegenüber der geläufigeren Bezeichnung »medizinische Bioethik« vor, weil der zentrale Begriff die Ethik ist, von welcher die bio-medizinische Technologie nur einer von vielen Gegenstandsbereichen ist. Eine gründliche Untersuchung über das Verhältnis von bio-medizinischen Wissenschaften und Ethik bietet Anne Fagot-Largeault, *L'Homme bioéthique, pour une déontologie de la recherche sur le vivant*, Paris 1985.

3 Zwei Sonderhefte von französischen Zeitschriften haben sich speziell mit der Frage nach dem Bild und der Rolle von Mann und Frau in der Fortpflanzungsmedizin befaßt: die Nr. 21 von *Naître* (»Corps écrit«) und die Nr. 87 von *Dialogue* (»Bioéthique et désir d'enfant«); s. Bibliographie.

4 Unter Embryo versteht man das Produkt der Befruchtung bis zum Beginn des Fötalstadiums, dessen zeitliche Bestimmung jedoch umstritten ist: Für die französische Ethikkommission ist es die 8. Woche, für andere die 12. Woche. Die Insemination post mortem ist die künstliche Insemination einer Frau mit dem Samen ihres verstorbenen Gatten.

5 Es ist nicht möglich, auf wenigen Seiten ein erschöpfendes Bild der Gesetzgebungen und Lehrmeinungen auf dem ausgedehnten Gebiet der Reproduktionsmedizin zu zeichnen. Für genauere Einzelheiten verweisen wir auf die Bibliographie im Anhang.

6 Vgl. Baudouin und Labrusse-Riou, *Produire l'Homme*, Paris 1987, sowie die Sonderhefte der in der Bibliographie aufgeführten Zeitschriften. Verwiesen sei auch auf die beiden Artikel von Pierre-André Taguieff, die jüngst zu erneutem Nachdenken angeregt haben: L'eugénisme, objet e phobie idéologique, in: *Esprit. La Bio-éthique en panne?* Nr. 11, Nov. 1989, und Sur l'eugénisme: du fantasme au débat, in: *Pouvoirs* Nr. 56, 1991. Den gegenteiligen, oder zumindest einen kritischen Standpunkt gegenüber der »biokratischen Versuchung« vertritt die Zeitschrift *Éthique. La Vie en question* Nr. 1, 1991.

7 Jacques Testart war einer der ersten Biologen, die die Aufmerksamkeit auf das Durcheinander lenkten, welches die rapiden biotechnologischen Entwicklungen mit sich brachten; s. *L'Œuf transparent*, Paris 1986.

8 Umfragen des Instituts für Rechtssoziologie der Universität Paris-II und des Zentrums für Familienrecht der Jean-Moulin-Universität in Lyon. Vgl. den Bericht für das Commissariat général au Plan, hg. von François Terré und Jacqueline Rubellin-Devichi unter Mitarbeit von Jacqueline Costa-Lascoux, François Giraud, Pierre Murat, *Les Nouvelles Techniques de procréation artificielle dans les pays occidentaux*, Bd. 1 und 2, 1988.

9 Françoise Cahen, La double illusion ou qu'est-ce qui fait courir les couples infertiles?; und Geneviève Delaisi de Parseval, Couples stériles, médecine féconde? A propos de IAD, in: *Dialogues* Nr. 87, 1985.

10 In *Génétique, procréation et droit*, Paris 1985; vgl. auch die Beiträge der Juristen Jean Carbonnier, Michelle Gobert, Catherine Labrusse-Riou, Jean Rivero, Jacques Robert, Jacqueline Rubellin-Devichi.

11 Vgl. Bioéthique et désir d'enfant, in: *Dialogues* Nr. 87, und Geneviève Delaisi de Parseval, Le désir d'enfant saisi par la médecine et la loi.

12 Umfrage des Instituts für Rechtssoziologie (s. Anm. 8).

13 Ebd.

14 Jacques Testart, Procréations assistées: quelle réglementation? in: *Éthique* Nr. 1, 1991, S. 88f.

15 Ebd.

16 Bernard Edelmann, D'un projet l'autre: France et République Fédérale d'Allemagne, in: *Éthique* Nr. 1, 1991, S. 36f.; Michelle Gobert, La maternité de substitution: réflexions à propos d'une décision rassurante, in: *Les Petites Affiches* Nr. 127, 1991; Jacqueline Rubellin-Devichi, Mères porteuses, premier et deuxième type, in: *Bioéthique*, 1992.

17 Ebd.

18 Vgl. François Giraud, *Les Mères porteuses*, Paris 1987.

19 Vgl. den oben zitierten Artikel von Jacqueline Rubellin-Devichi, Mères porteuses, mit umfassender vergleichender Untersuchung der einschlägigen Alternativen.

20 Siehe Dalloz 1991, S. 417; Bericht von Y. Chartier und D. Thouvenin.

21 Vgl. den Artikel Michelle Goberts in *Naître*.

22 Zum Stand der Diskussion vgl. namentlich Jean Carbonnier, *Droit civil, la famille*, Bd. 2, 14. Aufl., Paris 1991; Gérard Cornu, *La Famille*, 2. Aufl. 1991; Jacqueline Rubellin-Devichi, *J. C. P.* Nr. 21, 22. Mai 1991, »Doctrine, 3505«, S. 181–187; Catherine Labrusse-Riou, L'homme à vif: droit et biotechnologies, in: *Esprit. La Bio-éthique en panne?*, Nov. 1989.

Stimmen der Frauen

1 Es stellt sich die Frage, wann der Genozid begonnen hat und »wer was gewußt hat« (so der Titel des Buches von Stéphane Courtois und Adam Rayski,

Qui savait quoi? L'extermination des Juifs 1941–1945, Paris 1987). Christa Wolf beruft sich auf die Rede Hitlers vom Januar 1939, in der er die »Ausrottung der Juden« »prophezeite«, und auf Görings Befehl vom Juli 1941, der den Auftakt zu dem in großem Stil verübten Massaker an den Juden in den sowjetisch besetzten Gebieten in der zweiten Jahreshälfte 1941 bildete. Die Wannseekonferenz vom 20. Januar 1942 endete dann mit der Beschlußfassung über die »Endlösung der Judenfrage« und mit der Planung der dafür erforderlichen Mittel, und zwar unter größter Geheimhaltung; aber Informationen über dieses Vorhaben sickerten schon im Laufe des Jahres 1942 durch.

Nachwort

1 Ein seltener Versuch, eine wirklich globale Geschichte der Frauen zu schreiben, ist das dreibändige, leider nur auf norwegisch vorliegende Werk von Ida Blom (Hg.), *Kvinnehistorie,* Oslo 1992–1993. Zu Fragestellungen und Methoden der internationalen Frauengeschichtsschreibung vgl. Karen Offen, Ruth R. Pierson und Jane Rendall (Hg.), *Writing Women's History: International Perspectives,* Bloomington 1991.

2 So sind z. B. die Autorinnen der Originalausgabe von Bd. 1 skeptisch gegenüber der historischen Existenz eines Matriarchats, während sie in der spanischen Ausgabe und für Spanien betont wird.

3 Hier ist auch die Kritik italienischer Historikerinnen daran zu erwähnen, daß trotz des italienischen Ursprungs des Projekts und der hohen Qualität der italienischen Frauenforschung kaum italienische Historikerinnen beteiligt wurden (drei im Mittelalter-Band, zwei für das 20. Jahrhundert). In der Folge fand sich Laterza bereit, auch eine »Geschichte der Frauen in Italien« in Angriff zu nehmen, die von italienischen Historikerinnen und Historikern geschrieben wird. – Im übrigen haben auch amerikanische Europahistorikerinnen und -historiker Klage darüber geführt, daß sie unterrepräsentiert seien; so z. B. der Historiker der Frühen Neuzeit Lawrence Stone (Princeton) in einer provokativen, wenngleich nicht immer zutreffenden Kritik: The Use and Abuse of Herstory, in: *The New Republic,* 2. Mai 1994, S. 31–37. Er kommt auf »bloße 17 Prozent Amerikanerinnen«, und neben den dominierenden Französinnen stünden – hier irrt er – »mostly Italians«.

4 Daß keine »single analytical axis« die fünf Bände bestimmt, haben die Betreuerinnen der amerikanischen Ausgabe, Natalie Z. Davis und Joan W. Scott, im Vorwort zum (amerikanischen) 1. Band problematisiert; Lawrence Stone übernimmt und verschärft diese Kritik (Use and Abuse, S. 31). Sie vermuten, daß die *History of Women in the West,* wäre sie von amerikanischen Historikerinnen geschrieben worden, ein derartig einheitliches Konzept

gehabt hätte. Dies mag allerdings bezweifelt werden, zumal angesichts der Komplexität der europäischen Geschichte und der differenzierten methodischen Reflexionen gerade auch der amerikanischen Historikerinnen.

5 Vgl. dazu die umfassenden und methodisch innovativen Untersuchungen von Mineke Bosch, *Het geslacht van de wetenschap. Vrouwen en hoger onderwijs in Nederland,* 1878–1948 (Das Geschlecht der Wissenschaft: Frauen und höhere Bildung in den Niederlanden), Amsterdam 1994; und Claudia Huerkamp, *Bildungsbürgerinnen: Frauen an den Universitäten und in akademischen Berufen, 1900–1945,* Habilitationsschrift, Universität Bielefeld 1994 (erscheint Göttingen 1995).

6 Bedrückend z. B. angesichts der Empfehlung von Lawrence Stone, der Band über das 20. Jahrhundert hätte ausschließlich der »liberation of women« und ihrem »freedom to work« gewidmet werden sollen (Use and Abuse, S. 36).

7 Stone, Use and Abuse, S. 32.

8 Vgl. Dieter Langewiesche, *Nationalismus im 19. und 20. Jahrhundert: Zwischen Partizipation und Aggression* (Heft 6 der Reihe »Gesprächskreis Geschichte«, Friedrich-Ebert-Stiftung), Bonn 1994.

9 Vgl. Iris Schröder, Soziale Frauenarbeit als bürgerliches Projekt: Differenz, Gleichheit und weiblicher Bürgersinn in der Frauenbewegung um 1900, in: Klaus Tenfelde und Hans-Ulrich Wehler (Hg.), *Wege zur Geschichte des Bürgertums,* Göttingen 1994, S. 209–230; dies., Wohlfahrt und Geschlechterpolitik: Konzeptionen der Frauenbewegung zur kommunalen Sozialpolitik im Kaiserreich, in: *Geschichte und Gesellschaft* 21, Heft 3, 1995.

10 Vgl. Caroline Dayley und Melanie Nolan (Hg.), *Suffrage and Beyond. International Feminist Perspectives,* Auckland 1994.

11 Hannah Arendt, *Elemente und Ursprünge totaler Herrschaft,* München 1986, bes. S. 218ff., 277ff., 422ff.

12 Leila J. Rupp, Constructing Internationalism: The Case of Transnational Women's Organzations, 1888–1945, in: *American Historical Review* 99, 1994, S. 1571–1600.

13 Zu biographischen Ansätzen und zur Exilforschung vgl. Irmela von der Lühe, *Erika Mann. Eine Biographie,* Frankfurt a. M./New York 1993; Barbara Hahn (Hg.), *Frauen in den Kulturwissenschaften. Von Lou Andreas-Salomé bis Hannah Arendt,* München 1994.

14 Sylvia Paletschek, Das Dilemma von Gleichheit und Differenz: Eine Auswahl neuerer Forschungen zur Frauengeschichte zwischen Aufklärung und Weimarer Republik, in: *Archiv für Sozialgeschichte* 33, 1993, S. 548–69; Helene Albers, Frauen-Geschichte zwischen Weimar und Bonn, in: *Westfälische Forschungen* 43, 1993, S. 762–94.

LITERATUR

Der Abschnitt *Allgemeine Literatur* dieser Auswahlbibliographie enthält Überblicksdarstellungen und diejenigen Werke, die in mehreren Kapiteln dieses Bandes zitiert werden. Die Spezialbibliographien zu den einzelnen Kapiteln ergänzen die in den Anmerkungen der jeweiligen Kapitel zitierten Werke.

Allgemeine Literatur

ABEL, ELIZABETH, *Writing and Sexual Difference*, Chicago 1982

ADDIS SABA, MARINI u. a., *Storia delle Donne, una Scienza Possibile*, Rom 1986

ARIÈS, PHILIPPE und GEORGES DUBY (Hg.), *Histoire da la vie privée*, Bd. 5: Antoine Prost und Gérard Vincent (Hg.), *De la Première Guerre mondiale à nos jours*, Paris 1987 (dt.: *Geschichte des privaten Lebens*, Bd. 5: *Vom Ersten Weltkrieg zur Gegenwart*. Aus dem Franz. von Holger Fliessbach, Frankfurt a. M. 1993)

Atti del Primer Coloqui di Historia de la Dona (1986), Barcelona 1990

BADINTER, ÉLISABETH, *L'Amour en plus. Histoire de l'amour maternel XVIIe-XXe siècles*, Paris 1980 (dt.: *Die Mutterliebe: Geschichte eines Gefühls vom 17. Jahrhundert bis heute*. Aus dem Franz. von Friedrich Griese, München/Zürich 1991)

BADINTER, ÉLISABETH, *L'Un est l'autre. Des relations entre hommes et femmes*, Paris 1986 (dt.: *Ich bin du. Die neue Beziehung zwischen Mann und Frau oder die androgyne Revolution*. Aus dem Franz. von Friedrich Griese, München/Zürich 1987)

BANNER, LOIS W. und MARY HARTMAN (Hg.), *Clio's Consciousness Raised. New Perspectives on the History of Women*, New York/San Francisco/London 1974

BELL, SUSAN und KAREN M. OFFEN (Hg.), *Women, the Family and Freedom*, 2 Bde., Stanford 1983

BERKIN, CAROL L. und CLARA M. LOVETT (Hg.), *Women, War and Revolution*, New York/London 1980

BIET, CHRISTIAN und IRÈNE THÉRY (Hg.), *La Famille, la Loi, l'État, de la Révolution au Code Civil*, Paris 1989

BOUCHARDEAU, HUGETTE, *Pas d'histoire, les femmes . . .*, Paris 1977

BRIDENTHAL, RENATE und CLAUDIA KOONZ (Hg.), *Becoming Visible. Women in European History*, Boston 1977, überarb. Auflage 1987

BURGUIÈRE, ANDRÉ, CHRISTIANE KLAPISCH-ZUBER, MARTINE SEGALEN und FRANÇOISE ZONABEND (Hg.), *Histoire de la Famille*, Bd. 2: *Le Choc des modernités*, Paris 1986

COTT, NANCY F., *The Grounding of Modern Feminism*, New Haven 1987

DAUPHIN, CÉCILE u. a., Culture et Pouvoir des femmes. Essai d'historiographie, in: *Annales ESC*, XLI, 1986

DEGLER, CARL, *At Odds. Women and the Family in America from the Revolution to the Present*, New York/Oxford 1980

DELUMEAU, JEAN und DANIEL ROCHE (Hg.), *Histoire des pères et de la paternité*, Paris 1990

DUPÂQUIER, JACQUES (Hg.), *Histoire de la population française*, Bd. 4: *De 1914 à nos jours*, Paris 1988

ELSHTAIN, JEAN BETHKE, *Public Man, Private Woman. Women in Social and Political Thought*, Princeton 1981

ELSHTAIN, JEAN BETHKE, *Women and War*, New York 1987

EVANS, SARA, *Personal Politics: the Roots of Women's Liberation in the Civil Rights Movement and the New Left*, New York 1980

EVANS, SARA, *Born for Liberty. A History of Women in America*, New York 1989

FARGE, ARLETTE und CHRISTIANE KLAPISCH-ZUBER (Hg.), *Madame ou Mademoiselle? Itinéraires de la solitude féminine 18e–20e siècle*, Paris 1984

La Femme, Recueil de la Société Jean Bodin pour l'histoire comparative des institutions, XII, Brüssel 1962

FOUCAULT, MICHEL, *La volonté de savoir*, Bd. 1: *Histoire de la sexualité*, Paris 1976 (dt.: *Der Wille zum Wissen*, Bd. 1 von *Sexualität und Wahrheit*. Aus dem Franz. von Ulrich Raulff und Walter Seitter, Frankfurt a. M. 1977)

FRAISSE, GENEVIÈVE, *Muse de la Raison. La démocratie exclusive et la différence des sexes*, Aix-en-Provence 1989

FREVERT, UTE, *Frauen-Geschichte. Zwischen bürgerlicher Verbesserung und neuer Weiblichkeit*, Frankfurt a. M. 1986

FREY, L., M. FREY und J. SCHNEIDER, *Women in Western European History: a Select Chronological, Geopraphical, and Topical Bibliography*, Brighton 1982

GIDDINGS, PAULA, *When and Where I Enter: the Impact of Black Women on Race and Sex in America*, New York 1984

GORDON, LINDA, *Woman's Body, Woman's Right. A Social History of Birth Control in America*, New York 1976

GRIMAL, PIERRE (Hg.), *Histoire mondiale de la Femme*, Bd. 4, Paris 1966

HONEGGER, CLAUDIA, *Die Ordnung der Geschlechter. Die Wissenschaft vom Menschen und das Weib*, Frankfurt/New York 1991

JARDINE, ALICE, *Gynesis*, Ithaca 1985

JOHNSON, BARBARA, *A World of Difference*, Baltimore 1987

JONES, JACQUELINE, *Labor of Love. Labor of Sorrow: Black Women, Work and the Family from Slavery to the Present*, New York 1985

KELLY, JOAN, *Women, History and Theory*, Chicago/London 1984

KNIBIEHLER, YVONNE und CATHERINE FOUQUET, *Histoire des mères. Du Moyen Age à nos jours*, Paris 1980

KNIBIEHLER, YVONNE, *La Femme et les médecins*, Paris 1983

KNIBIEHLER, YVONNE, *Les Pères aussi ont une histoire*, Paris 1987

LAQUEUR, THOMAS, *Making Sex. Body and Gender from the Greeks to Freud*, Cambridge (Mass.) 1990 (dt.: *Auf den Leib geschrieben. Die Inszenierung der Geschlechter von der Antike bis Freud*. Aus dem Engl. von H. Jochen Bußmann, Frankfurt/New York 1992)

LEWIS, JANE (Hg.), *Labour and Love. Women's Experience of Home and Family, 1850–1940*, Oxford 1986

LEWIS, JANE, *Women in England, 1870–1950. Sexual Divisions and Social Change*, Sussex 1984

LUKER, KRISTIN, *Abortion and the Politics of Motherhood*, Berkeley 1984

MAQUIEIRA, VIRGINIA und CRISTINA SÁNCHEZ (Hg.), *Violencia y Sociedad Patriarcal*, Madrid 1990

MITCHELL, JULIET und ANN OAKLEY (Hg.), *The Rights and Wrongs of Women*, New York 1976

MONTREYNAUD, FLORENCE, *Le XXᵉ siècle des femmes*, Paris 1989

NEWTON, JUDITH L., MARY P. RYAN und JUDITH R. WALKOWITZ (Hg.), *Sex and Class in Women's History. Essays from Feminist Studies*, London/Melbourne/Boston 1983, 1985

NORTON, MARY BETH, *Major Problems in American Women's History. Documents and Essays*, Lexington (Mass.) 1989

OFFEN, KAREN M. (Hg.), Women in European Culture and Society, in: *History of European Ideas*, Sondernummer, H. 4/5, Bd. 8, 1987

OFFEN, KAREN M., RUTH R. PIERSON und JANE RENDALL (Hg.), *Writing Women's History: International Perspectives*, 2 Bde., London/Bloomington 1991

ORTNER, S. und H. WHITEHEAD (Hg.), *Sexual Meanings: the Cultural Construction of Gender and Sexuality*, Cambridge 1981

PERROT, MICHELLE (Hg.), *Une histoire des femmes est-elle possible?* Marseille/Paris 1984 (dt.: *Geschlecht und Geschichte. Ist eine weibliche Geschichtsschreibung möglich?* Aus dem Franz. von Wolfgang Kaiser, Frankfurt a. M. 1989)

RILEY, DENISE, *Am I that Name? Feminism and the Category of »Women« in History*, London 1988

RILEY, DENISE, *War in the Nursery. Theories of the Child and Mother*, London 1983

ROSENBERG, ROSALIND, *Beyond Separate Spheres. Intellectual Roots of Modern feminism*, New Haven 1982

ROWBOTHAM, SHEILA, *Women, Resistance and Revolution*, London 1972

ROWBOTHAM, SHEILA, *Hidden from History: Rediscovering Women in History from the 17th Century to the Present*, London 1973 (dt.: *Im Dunkel der Geschichte. Frauenbewegung in England vom 17.–20. Jahrhundert*. Aus dem Engl. von Solveig Ockenfuß, Frankfurt/New York 1980)

SCOTT, JOAN W., *Gender and the Politics of History*, New York 1988

SMITH, BONNIE G., *Changing Lives. Women in European History since 1700*, Lexington (Mass.)/Toronto 1989

Stratégie des femmes, Paris 1984 (engl. Ausgabe: *Women in culture and Politics A Century of Change*, hg. von Judith Friedlander, Bloomington 1986)

Zeitschriften

Zahlreiche Aufsätze und Überblicksdarstellungen findet man in den Zeitschriften *Signs, Feminist Studies, Les Cahiers du GRIF, Pénélope (Cahiers pour l'Histoire des Femmes*, 12 Bde., 1979–1984), *Questions féministes, Nouvelles Questions féministes, Memoria, DWF (Donnawomanfemme)* sowie in den neueren Zeitschriften *Journal of Women's History, Gender and History* und *Gender and Society (Recherches féministes)*.

Die Zeitschriften *History Workshop Journal, Le Mouvement social* und *Les Révoltes logiques* publizierten häufig Aufsätze, aber auch Sondernummern über die Geschichte der Frauen oder die Geschlechterbeziehung.

Ferner: Mythes et Représentations de la Femme, in: *Romantisme*, 1976, H. 13/14; Savoir et différence des sexes, in: *Les Cahiers du Grif*, Nr. 45, 1990; Le Genre de l'Histoire, in: *Les Cahiers du Grif*, Nr. 37/38, 1988; Silence, émancipation des femmes entre public et privé, in: *Cahiers du CEDREF* (Paris VII), 1989, H. 1; Masculin/Féminin, in: *Actes de la recherche en science sociales*, 1990, H. 84; d'Amelia, Marina (Hg.), Solidarieta, Amicizia, Amore, in: *Donnawomanfemme*, 1979, H. 10/11.

Hingewiesen sei auch auf GRACE, die europäische Datenbank über feministische Studien, die im Auftrag der EG-Kommission von GRIF erstellt wurde (GRIF, 29 rue Blanche, B-1050 Brüssel)

Der Erste Weltkrieg / Françoise Thébaud

BRAYBON, GAIL, *Women Workers in the First World War*, London 1981

BRAYBON, GAIL und PENNY SUMMERFIELD, *Out of the Cage: Women's Experiences in Two World Wars*, London/New York 1987

CONDELL, DIANA und JEAN LIDDIARD, *Working for Victory? Images of Women in the First World War, 1914–1918*, New York 1988

COOPER, HELEN M., ADRIENNE AUSLANDER MUNICH und SUSAN MERRILL Squier (Hg.), *Arms and the Woman: War, Gender, and Literary Representation*, Chapel Hill/London 1989

DANIEL, UTE, *Arbeiterfrauen in der Kriegsgesellschaft. Beruf, Familie und Politik im Ersten Weltkrieg*, Göttingen 1989

EVANS, RICHARD J., *Feminism, Socialism and Pacifism in Europe 1870–1945*, Sussex/New York 1987

FRIDENSON, PATRICK (Hg.), 1914–1918: l'autre front, in: *Mouvement social*, H. 2, Paris 1977

FUSSELL, PAUL, *The Great War and Modern Memory*, London/Oxford/New York 1975

GERSDORFF, URSULA VON, *Frauen im Kriegsdienst 1914–1945*, Stuttgart 1969

GREENWALD, MAURICE WEINER, *Women, War and Work: The Impact of World War I on Women Workers in the United States*, Westport/London 1980

HIGONNET, MARGARET RANDOLPH, JANE JENSON, SONYA MICHEL und MARGARET COLLINS WEITZ (Hg.), *Behind the Lines: Gender and the Two World Wars*, New Haven/London 1987

KENNEDY, DAVID M., *Over Here: The First World War and American Society*, New York 1980

KENT, SUSAN KINGSLEY, The Politics of Sexual Difference: World War I and the Demise of British Feminism, in: *Journal of British Studies* 27, Juli 1988, S. 232–253

KOCKA, JÜRGEN, *Klassengesellschaft im Krieg. Deutsche Sozialgeschichte 1914–1918*, Göttingen 1978

LEED, ERIC J., *No Man's Land: Combat and Identity in World War I*, Cambridge 1979

LEONI, DIEGO und CAMILLO ZADRA, *La Grande Guerra: Esperienza, memoria, immagini*, Bologna 1986

MARWICK, ARTHUR, *The Deluge: British Society and the First World War*, London 1965

MARWICK, ARTHUR, *Women at War 1914–1918*, London 1977

MARWICK, ARTHUR, *War and Social Change in the Twentieth Century: A Comparative Study of Britain, France, Germany, Russia and the United States*, London 1979

MCMILLAN, JAMES F., *Housewife or Harlot: The Place of Women in French Society 1870–1940*, Brighton 1981

PAILLARD, RÉMY, *Affiches 14–18*, Reims 1986

PERREUX, GABRIEL, *La vie quotidienne des civils en France pendant la Grande Guerre*, Paris 1966

REILLY, CATHERINE (Hg.), *Scars upon My Heart: Women's Poetry and Verse of the First World War*, London 1981

THÉBAUD, FRANÇOISE, *La Femme au temps de la guerre de 14*, Paris 1986

WALL, RICHARD und JAY WINTER (Hg.), *The Upheaval of War: Familiy, Work and Welfare in Europe, 1914–1918*, Cambridge/New York/Melbourne 1988

WILTSHER, ANNE, *Most Dangerous Women: Feminist Peace Campaigners of the Great War*, London 1985

Die moderne Frau / Nancy F. Cott

BRAEMAN, J., u. a., *Change and Continuity in 20th-Century America: the 1920s*, Columbus 1968

COTT, N. F., *The Grounding of Modern Feminism*, New Haven 1987

COWAN, R., The Industrial Revolution in the Home: Household Technology and Social Change in the Twentieth Century, in: *Technology and Culture* 17, 1976, S. 1–23

DE GRAZIA, V., Mass Culture and Sovereignty: The American Challenge to European Cinemas, 1920–1960, in: *Journal of Modern History* 61, März 1989, S. 53–87

ERENBERG, L., *Steppin' Out*, Westport 1981

EWEN, E., City Lights: Immigrant Women and the Rise of the Movies, in: *Signs* 5, Frühjahr 1980, S. 45–66

EWEN, S., *Captains of Consciousness*, New York 1976, S. 54–56

FASS, P., *The Damned and the Beautiful: American Youth in the 1920s*, New York/Oxford 1977

FILENE, P., *Him / Her / Self*, New York 1974

HARTMANN, H. I., *Capitalism and Women's Work in the Home, 1900–1940*, unveröffentlicht, Yale University 1974

LYND, R. S. und H. M. LYND, *Middletown: A Study in Modern American Culture*, New York 1929

MARCHAND, R., *Advertising the American Dream*, Berkeley 1985

MAY, L. *Screening Out the Past*, New York/Oxford 1980

MCGOVERN, J. P., The American Woman's Pre-World War I Freedom in Manners and Morals, in: *Journal of American History* 55, September 1968, S. 315–333

MCMAHON, A. M., An American Courtship: Psychologists and Advertising Theory in the Progressive Era, in: *American Studies* 13, Herbst 1972

NOTTINGHAM, E., Towards an Analysis of the Effects of Two World Wars on the Role and Status of Middle-Class Women, in: *American Sociological Review* 12, Dezember 1947

PEISS, K., *Cheap Amusements*, Philadelphia 1985

PRESIDENT'S COMMISSION ON SOCIAL TRENDS, *Recent Social Trends*, New York 1933

RAPP, R. und E. ROSS, The Twenties' Backlash: Compulsory Heterosexuality, the Consumer Family, and the Waning of Feminism, in: A. Swerdlow und H. Lessinger (Hg.), *Class, Race and Sex: the Dynamics of Control*, Boston 1983, S. 93–107

RUPP, L., Imagine My Surprise: Women's Relationships in Historical Perspective, in: *Frontiers* 5, Herbst 1980, S. 61–71

RYAN, M. P., The Projection of a New Womanhood: The Movie Moderns in the 1920s, in: L. Scharf und J. M. Jensen (Hg.), *Decades of Discontent: The Women's Movement, 1920–40*, Westport 1983

SCHARF, L., *To Work and to Wed: Female Employment, Feminism, and the Great Depression*, Westport 1980

SHIDELER, J., Flappers and Philosophers and Farmers: Rural-Urban Tensions of the Twenties, in: *Agricultural History* 47, Oktober 1973, S. 283–299

SIMMONS, C., Companionate Marriage and the Lesbian Threat, in: *Frontiers* 4, Herbst 1979, S. 54–59

SKLAR, R., *The Plastic Age, 1917–1930*, New York 1970

SMITH-ROSENBERG, C., *Disorderly Conduct*, New York 1985

SOLOMON, B. M., *In the Company of Educated Women*, New Haven 1985

VANEK, J., Household Technology and Social Status: Rising Living Standards and the Status and Residence Difference in Housework, in: *Technology and Culture* 19, Juni 1978, S. 361–375

WANDERSEE, W., *Women's Work and Family Values, 1920–1940*, Cambridge 1981

WEINER, L., *From Working Girl to Working Mother*, Chapel Hill 1985

WRIGHT, G., *Building the Dream: A Social History of Housing in America*, New York 1981

Zwischen den beiden Weltkriegen / Anne-Marie Sohn

Großbritannien

AYERS, PAT und JAN LAMBERTZ, *Marriage Relations, Money and Domestic Violence in Working-class Liverpool, 1919–1939*, in: Lewis, Jane (Hg.), *Labour and Love. Women's Experience of House and Family, 1850–1940*, London 1986

DAVIDSON, CAROLINE, *A Woman's Work is Never Done. A History of Housework in the British Isles, 1650–1950*, London 1986

DAVIN, ANNA, Imperialism and Motherhood, in: *History Workshop*, H. 5, 1978

GITTINS, DIANA, *Fair Sex. Family size and Structure in Britain, 1900 -1939*, New York 1982

HOGGART, RICHARD, *La Culture du pauvre*, Paris 1970

LLEWELYN DAVIES, MARGARET (Hg.), *Maternity. Letters from Working-Women, collected by the Women's Co-operative Guild*, (1915), London 1978

OAKLEY, ANN, *Housewife*, 1974

ROBERTS, ELIZABETH, *A Woman's Place. An Oral History of Working-Class Women, 1890–1940*, Oxford 1984

ROWBOTHAM, SHEILA, *A New World for Women: Stella Browne. Socialist, Feminist*, London 1977

SOLDON, NORBERT S., *Women in British Trade-Unions, 1874–1976*, Dublin 1978

SPRING RICE, MARGERY, *Working-Class Wives. Their Health and Conditions*, London 1981

WEEKS, JEFFREY, *Sex, Politics and Society. The Regulation of Sexuality since 1800*, London 1981

YOUNG, RICHARD und PETER WILMOTT, *Family and Kinship in East London*, London 1962

Frankreich

ALLART, MARIE-CHRISTINE, Les femmes dans trois villages de l'Artois: travail et vécu quotidien (1919–1939), in: *Revue du Nord*, Juli–September 1981

AMIEL, CHRISTIANE, GIORDANA CHARUTY und CLAUDINE FABRE-VASSAS, *Jours de vigne. Les femmes des pays viticoles racontent le travail*, 1981

CHARUTY, GIORDANA, CLAUDINE FABRE-VASSAS und AGNÈS FINE, *Gestes d'amont. Les femmes du Pays de Sault racontent le travail*, Villelongue-d'Aude 1980

FOURCAUT, ANNIE, *Femmes à l'usine: ouvrières et surintendantes dans les entreprises françaises de l'entre-deux-guerres*, Paris 1982

KNIBIEHLER, YVONNE (Hg.), *Nous les assistantes sociales. Naissance d'une profession*, Paris 1980

MARTIN, MARTINE, *Femme et société: le travail ménager (1919–1939)*, phil. Diss., Universität Paris VII, 1984

MAYEUR, FRANÇOISE, *L'Enseignement secondaire des jeunes filles sous la IIIe République*, Paris 1977

RHEIN, CATHERINE, *Jeunes femmes au travail dans le Paris de l'entre-deux-guerres*, phil. Diss., Universität Paris VII, 1977

SOHN, ANNE-MARIE, La Garçonne face à l'opinion publique: type littéraire ou type social des années 20, in: *Le Mouvement social*, Juli–September 1972

SOHN, ANNE-MARIE, Exemplarité et limites de la participation féminine à la vie syndicale: les institutrices de la C. G. T. U., in: *Revue d'histoire moderne et contemporaine*, Juli–September 1977

SOHN, ANNE-MARIE, Les rôles féminins dans la vie privée: approches méthodologiques et bilan de recherches, in: *Revue d'histoire moderne et contemporaine*, Oktober–Dezember 1981

THÉBAUD, FRANÇOISE, *Donner la vie: histoire de la maternité en France entre les deux guerres*, phil. Diss., Universität Paris VII, 1982, erschienen unter dem Titel: *Quand nos grand-mères donnaient la vie: la maternité en France dans l'entre-deux-guerres*, Lyon 1986

VERDIER, YVONNE, *Façons de dire, façons de faire. La laveuse, la couturière, la cuisinière*, Paris 1979 (dt.: *Drei Frauen: das Leben auf dem Dorf.* Aus dem Franz. von Thomas Kleinspehn, Stuttgart 1982)

Die italienischen Frauen unter Mussolini / Victoria de Grazia

ADDIS SABA, MARINA (Hg.), *La Corporazione della donna*, Florenz 1988

ALERAMO, SIBILLA, *Una donna* (1906) (dt.: *Una donna: Geschichte einer Frau.* Aus dem Ital. von Michaela Wunderle, Frankfurt a. M. 1977)

ALLOISIO, MIRELLA und GIULIANA BELTRAMI, *Volontarie della libertà*, Mailand 1981

ARTOM, SANDRA und ANNA RITA CALABRÒ, *Sorelle d'Italia*, Mailand 1989

ASPESI, NATALIA, *Il lusso e l'autarchia: Storia dell'eleganza italiana, 1930–1944*, Mailand 1982

BENETTI BRUNELLI, VALERIA, *La Donna nella civiltà moderna*, Turin 1933

BETTIO, FRANCESCA, *The Sexual Division of Labor*, Oxford 1989

BRIN, IRENE, *Usi e costumi*, Palermo 1981 (dt.: *Morbidezza: kleine Geschichte des Snobismus zwischen den großen Kriegen.* Aus dem Ital. von Sigrid Vagt, Berlin 1986)

BORTOLOTTI, FRANCA PIERONI, *Femminismo e partiti politici in Italia, 1919–1926*, Rom 1978

BORTOLOTTI, FRANCA PIERONI, *Le Origini del movimento femminile in Italia*, Turin 1963

BORTOLOTTI, FRANCA PIERONI, *Socialismo e questione femminile in Italia, 1892–1922*, Mailand 1974

BUTTAFUOCO, ANNARITA, Condizione delle donne e movimento di emancipazione femminile, in: *Storia della società italiana. L'Italia di Giolitti*, T.5, Bd. 20, Mailand 1981, S. 145–185

BUTTAFUOCO, ANNARITA, *Le Mariuccine: Storia di un'istituzione laica: la società Mariuccia*, Mailand 1985

CANINO, ELENA, *Clotilde tra le due guerre*, Mailand 1957

CECCATTY, RENÉ DE, *Nuit en pays étranger*, Paris 1991 (Biographie Sibilla Aleramos)

DAU NOVELLI, CECILIA, *Società, Chiesa e associazionismo femminile*, Rom 1988

DECÉSPEDES, ALBA, *Non si torna in dietro*, Mailand 1938

DE GRAZIA, VICTORIA, *How Fascism Ruled Women: Italy, 1922–1945*, Berkeley 1992

DI GIORGIO, MICHELA und PAOLA DI CORI, Politica e sentiment: Le organizzazioni femminile fasciste cattoliche dall'eta giolittiana al fascismo, in: *Rivista di storia contemporanea* 3, 1980

GIBSON, MARY, *Prostitution and the State in Italy*, New Brunswick 1986

ISIDORI FRASCA, ROSELLA, *. . . e il Duce le volle sportive*, Bologna 1983

LIVI-BACCI, MANLIO, *A History of Italian Fertility during the Last two Centuries*, Princeton 1972

MACCIOCCHI, MARIA ANTONIETTA, *La Donna neva*, Mailand 1976

MAFAI, MIRIAM, *Pane nero*, Mailand 1988

MELOGRANI, PIETRO (Hg.), *La Famiglia nella storia d'Italia*, Bari/Rom 1988

MONDELLO, ELISABETTA, *La Nuova Italiana*, Rom 1987

PASSERINI, LUISA, *Torino operaio e fascista*, Bari/Rom 1984

POGLIANI, CLAUDIO, L'utopia igienista, 1870–1920, in: *Storia d'Italia, Annali 7*, S. 587–631

REVELLI, NUTO, *L'Anello forte*, Turin 1985

WANROOIJ, BRUNO, *Storia del pudore: la questione sessuali in Italia, 1860–1940*, Vene-dig/Padua 1991

Nationalsozialistische Geschlechterpolitik und die Geschichte der Frauen / Gisela Bock

BAJOHR, STEFAN, *Die Hälfte der Fabrik: Geschichte der Frauenarbeit in Deutschland 1914–1945*. Marburg 1979

BOCK, GISELA, *Zwangssterilisation im Nationalsozialismus: Studien zur Rassenpolitik und Frauenpolitik*, Opladen 1986

BOCK, GISELA, Krankenmord, Judenmord und nationalsozialistische Rassenpolitik, in: Frank Bajohr u. a. (Hg.), *Zivilisation und Barbarei*, Hamburg 1991, S. 285–306

BOCK, GISELA (Hg.), Rassenpolitik und Geschlechterpolitik im Nationalsozialismus, The-menheft von *Geschichte und Gesellschaft* 19/3, 1993

CZARNOWSKI, GABRIELE, *Das kontrollierte Paar. Ehe- und Sexualpolitik im Nationalsozialis-mus*, Weinheim 1991

CHILDER, THOMAS, *The Nazi Voter: The Social Foundation of Fascism in Germany, 1919–1933*, Chapel Hill 1983

COMITÉ DES DÉLÉGATIONS JUIVES (Hg.), *Die Lage der Juden in Deutschland 1933*, Paris 1934, ND Frankfurt a. M. 1983

EIBESHITZ, JEHOSHUA und ANNA (Hg.), *Women in the Holocaust*, New York 1993

ELLING, HANNA, *Frauen im deutschen Widerstand 1933–45*, Frankfurt a. M. 1978

FALTER, JÜRGEN u. a., *Wahlen und Abstimmungen in der Weimarer Republik*, München 1986

Frauen: Verfolgung und Widerstand, Themenheft von *Dachauer Hefte* 3/3, 1987

FRAUENGRUPPE FASCHISMUSFORSCHUNG (Hg.), *Mutterkreuz und Arbeitsbuch*, Frankfurt a. M. 1981

HACHTMANN, RÜDIGER, *Industriearbeit im »Dritten Reich«*, Göttingen 1989

HEINEMANN, MARLENE E., *Gender and Destiny. Women Writers and the Holocaust*, New York 1986

HERBERT, ULRICH, *Fremdarbeiter. Politik und Praxis des »Ausländer-Einsatzes« in der Kriegswirtschaft des Dritten Reiches*, Bonn 1985

HILBERG, RAUL, *Die Vernichtung der europäischen Juden*, Berlin 1982

KAPLAN, MARION, *Die jüdische Frauenbewegung: Organisation und Ziele des Jüdischen Frauenbunds 1904–1938*, Hamburg 1981

KATZ, ESTER und JOAN MIRIAM RINGELHEIM (Hg.), *Conference Proceedings »Women Surviving the Holocaust«*, New York 1983

KIRKPATRICK, CLIFFORD, *Women in Nazi Germany*, London 1939

KOONZ, CLAUDIA, *Mothers in the Fatherland. Women, the Family and Nazi Politics*, New York 1987 (dt.: *Mütter im Vaterland. Frauen im Dritten Reich*. Aus dem Engl. von Cornelia Holfelder von der Tann, Freiburg 1991)

KROHN, CLAUS-DIETER u. a. (Hg.), *Frauen und Exil: Zwischen Anpassung und Selbstbe-hauptung*, München 1993

LASKA, VERA (Hg.), *Women in the Resistance and in the Holocaust*, Westport, Conn., 1983

LIFTON, ROBERT JAY, *Ärzte im Dritten Reich*, Stuttgart 1988

LILIENTHAL, GEORG, *Der »Lebensborn e. V.«: Ein Instrument nationalsozialistischer Rassenpolitik*, Frankfurt a. M. 1993

MOSSE, GEORGE L., *Rassismus*, Königstein 1978

PHAYER, MICHAEL, *Protestant and Catholic women in Nazi Germany*, Detroit 1990

REESE, DAGMAR, *Straff, aber nicht stramm – herb, aber nicht derb: Zur Vergesellschaftung von Mädchen durch den Bund Deutscher Mädel im sozialkulturellen Vergleich zweier Milieus*, Weinheim 1989

RITTNER, CAROL und JOHN K. ROTH (Hg.), *Different Voices. Women and the Holocaust*, New York 1993

RUPP, LEILA J., *Mobilizing Women for War. German and American Propaganda 1939–1945*, Princeton 1978

SACHSE, CAROLA, *Siemens, der Nationalsozialismus und die moderne Familie*, Hamburg 1990

SCHUPETTA, INGRID, *Frauen- und Ausländererwerbstätigkeit in Deutschland von 1939–1945*, Köln 1983

SCHWARZ, GUDRUN, *Die nationalsozialistischen Lager*, Frankfurt a. M. 1990

STEPHENSON, JILL, *The Nazi Organisation of Women*, London 1981

WEINDLING, PAUL, *Health, Race and German Politics Between National Unification and Nazism, 1870–1945*, Cambridge 1989

WINKLER, DÖRTE, *Frauenarbeit im »Dritten Reich«*, Hamburg 1977

WOBBE, THERESA (Hg.), *Nach Osten: Verdeckte Spuren nationalsozialistischer Verbrechen*, Frankfurt a. M. 1992

Spanische Frauen / Danièle Bussy Genevois

Wissenschaftliche Untersuchungen

BARRACHINA, MARIE-ALINE, *La Section feminine de FET et des JONS puis du Mouvement national (origines, genèse, influence, fin 1933–1977)*, phil. Diss., Universität Paris III, 1979

BUSSY-GENEVOIS, DANIÈLE, *Presse féminine et républicanisme en Espagne 1931–1936*, phil. Diss., Universität Bordeaux III, 1988

BUSSY-GENEVOIS, DANIÈLE, Le courrier des lecteurs dans *Ellas* 1932–1935, in: Carmen Salaün-Sanchez (Hg.), *Presse et public*, Universität Rennes II, S. 51–72

CAPEL, ROSA, *El sufragio femenino en la IIa República española*, Grenada 1975

CAPEL, ROSA (Hg.) *Mujer y sociedad en España ·1700–1975*, Madrid 1982

DI FEBO, GIULIANA, *Resistencia y movimiento de mujeres en España 1936–1976*, Madrid 1979

DI FEBO, GIULIANA, *La Santa de la Raza, un culto barroco en la España franquista*, Barcelona 1988

DURAN, M. A. und P. FOLGUERA (Hg.), *La Mujer en la Historia de España (siglos XVI–XX)*, in: Actas de las II Jornadas de Investigación interdisciplinaria, Seminario de Estudios de la Mujer, Autonome Universität Madrid, Madrid 1984

FAGOAGA, CONCHA und PALOMA SAAVEDRA, *Clara Campoamor la sufragista española*, Madrid 1981, 2. Auflage 1986

FOLGUERA, PILAR (Hg.), *El Feminismo en España. Dos siglos de historia*, Madrid 1988

GALLEGO MENDEZ, MARÍA TERESA, *Mujer, Falange y franquismo*, Madrid 1983

GARCIA NIETO PARIS, MARÍA CARMEN, *Ordenamiento jurídico y realidad social de las muje-res (Siglos XVI a XX)*, Seminario de Estudios de la Mujer, Autonome Universität Madrid, Madrid 1986

MORENO SARDA, AMPARO, La réplica de las mujeres al franquismo, in: *El Feminismo en España. Dos siglos de historia*, S. 85–110

Las Mujeres y la guerra civil española, III Jordanas de estudios monográficos, Salamanca 1989

NASH, MARY, *Mujer y movimiento obrero en España 1931–1939*, Barcelona 1981

NASH, MARY, *"Mujeres libres", España 1936–1939*, Barcelona 1976 (dt.: *Mujeres libres: die freien Frauen in Spanien, 1936–1978*. Aus dem Span. von Thomas Kleinspehn, Berlin 1979)

RODRIGO, ANTONINA, *Mujeres de España (Las silenciadas)*, Barcelona 1980

SCANLON, GERALDINE, *La Polémica feminista en la España contemporánea 1868–1974*, Madrid 1976

Memoiren

BERGES, CONSUELO, *Explicación de Octubre: historia comprimida de cuatro años de República en España*, Madrid 1935

BLASCO, SOFIÁ (Pseud. Libertad Castilla), *Peuple d'Espagne, journal de guerre de la Madrecita*, Paris 1938

CAMPOAMOR, CLARA, *Mi pecado mortal. El voto femenino y yo*, neu hg. von Concha Fagoaga und Paloma Saavedra, Barcelona 1981

ETCHEBÉHÈRE, MIKA, *Mi guerra de España*, Barcelona 1987 (dt.: *La guerra mia: eine Frau kämpft für Spanien*. Aus dem Franz. von Eva Moldenhauer, Hamburg/Zürich 1991)

IBARRURI, DOLORES, *El único camino*, Paris 1965 (dt.: *Der einzige Weg: Erinnerungen*. Aus dem Span. von Gerhard Schie, Köln 1989)

LEON, MARÍA TERESA, *Memoria de la melancolía*, Buenos Aires 1970

MARTINEZ SIERRA, MARÍA, *Una mujer por caminos de España, recuerdos de propagandista*, Buenos Aires 1952, Madrid 1989

MONSENY, FEDERICA, *Mis primeros cuarenta años*, Barcelona 1987

MORA, CONSTANCIA DE LA, *Doble esplendor*, Barcelona 1977 (dt.: *Doppelter Glanz: die Lebensgeschichte einer spanischen Frau*. Aus dem Span. von Olla Ewert, Berlin 1986)

NELKEN, MARGARITA, *Porqué hicimos la revolución*, 2. Auflage, Barcelona/Paris/New York 1936

O'NEILL, CARLOTA, *Una mujer en la guerra de España*, Madrid 1979

Die Französinnen unter dem Vichy-Regime / Hélène Eck

AZÉMA, JEAN-PIERRE, *De Munich à la Libération (1938–1944)*, (Nouvelle Histoire de la France contemporaine, Bd. 14), Paris 1979

COINTET-LABROUSSE, MICHÈLE, *Vichy et le fascisme*, Brüssel 1987

HIGONNET, MARGARET RANDOLPH u. a. (Hg.), *Behind the Lines. Gender and the two World Wars*, New Haven/London 1987

LABORIE, PIERRE, *L'Opinion française sous Vichy*, Paris 1990

PAXTON, ROBERT, *La France de Vichy (1940–1944)*, Paris 1974

La Propagande sous Vichy (1940–1944), Paris 1990

Le Régime de Vichy et les Français, Kolloquium des Institut d'histoire du temps présent, Paris 11.–13. Juni 1990, Paris 1992

RÉMOND, RENÉ und JANINE BOURDON (Hg.), *Le Gouvernement de Vichy (1940–1942)*, Paris 1972

ROSSITER, MARGARET L., *Women in the Resistance*, New York 1986

SOWERWINE, CHARLES, *Les Femmes et le socialisme, un siècle d'histoire*, Paris 1978

TILLION, GERMAINE, *Ravensbrück*, Paris 1988

VEILLON, DOMINIQUE, *La Mode sous l'Occupation, débrouillardise et coquetterie dans la France en guerre (1939–1945)*, Paris 1990

Berichte von Zeitzeugen

COUDERT, MARIE-LOUISE, *Elles, la Résistance*, Paris 1985

Les Françaises à Ravensbrück, 2. Auflage, Paris 1987

GUIDEZ, GUYLAINE, *Femmes dans la guerre (1939–1945)*, Paris 1989

HAMELIN, FRANCE, *Femmes dans la nuit, l'internement à la Petite Roquette et au camp des Tourelles (1939–1944)*, Paris 1988

POZNER, VLADIMIR, *Descente aux enfers, récits de déportés et de SS d'Auschwitz*, Paris 1980 (dt.: *Abstieg in die Hölle: Zeugnisse über Auschwitz*. Aus dem Franz. von Ortrud und Bernd Schirmer, Berlin 1985)

Das sowjetische Modell / Françoise Navailh

BAILES, KENDALL E., Alexandra Kollontaï et la nouvelle morale, in: *Cahiers du monde russe et soviétique*, Bd. VI, H. 4, Oktober–Dezember 1965, S. 471–496

BEBEL, AUGUST, Die Frau und der Sozialismus, 66. Auflage, Berlin 1990

BERELOWITCH, WLADIMIR, Les débuts du droit de la famille en RSFSR, in: *Cahiers du monde russe et soviétique*, Bd. XXII, H. 4, Oktober–Dezember 1981, S. 351–374

BERTON-HODGE, ROBERTE, La condition féminine en URSS, in: *Problèmes politiques et sociaux*, H. 31–32, 31. Juli–7. August 1970, S. 28–38

BERTON-HODGE, ROBERTE, La crise de la famille soviétique, in: *Problèmes politiques et sociaux*, H. 392, 4. Juli 1980, S. 3–21

BESNARD-ROUSSEAU, PASCAL, *Parti communiste français, morale et sexualité*, phil. Diss., Universität Paris X–Nanterre, 1979

DUNHAM, VERA, *In Stalin's Time: Middleclass Values in Soviet Fiction*, New York 1976

DUPLESSIX GRAY, FRANCINE, *Soviet Women Walking the Tightrope*, London 1990 (dt.: *Drahtseilakte: Frauen in der Sowjetunion*. Aus dem Engl. von Jürgen Benz, München 1990)

ENGELS, FRIEDRICH, *Der Ursprung der Familie, des Privateigentums und des Staats: Im Anschluß an Lewis H. Morgans Forschungen*, in: Karl Marx und Friedrich Engels, *Werke*, Bd. 21, Berlin 1973, S. 25–173

GASIOROWSKA, XENIA, *Women in Soviet fiction 1917–1964*, Madison 1968

HANNSON, CAROLA und KARIN LIDEN, *Samtal med kvinnor i Moskva* (dt.: *Unerlaubte Gespräche mit Moskauer Frauen*. Aus dem Schwed. von Maria Faulmüller, München 1983)

KOPP, ANATOLE, *Ville et révolution*, Paris 1967

LENCZYK, HENRYK, Alexandra Kollontaï: essai bibliographique, in: *Cahiers du monde russe et soviétique*, Bd. XIV, H. 1–2, Januar–Juni 1973, S. 205–241

LENIN, W. I., *De l'émancipation de la femme*, Paris 1937

NAVAILH, FRANÇOISE, L'image de la femme dans le cinéma soviétique, in: Basile Kerblay, L'évolution des modèles familiaux dans les pays de l'Est européen et l'URSS, in: *Cultures et sociétés de l'Est*, H. 9, Paris 1988, S. 191–201

PIERRE, ANDRÉ, *Les Femmes en Union soviétique*, Paris 1960

REDAKTIONSKOLLEKTIV, *Femmes et Russie 1980* (Almanach), Paris 1980

REDAKTIONSKOLLEKTIV, *Femmes et Russie 1981* (Almanach), Paris 1981

ROUSSEAU, RENÉE, *Les Femmes rouges*, Paris 1983

STERN, MICHAEL, *La Vie sexuelle en URSS*, Paris 1979 (dt.: ders. und August Stern, *Der verklemmte Genosse: das sexuelle Leben in der Sowjetunion*. Aus dem Franz. von Otto Weith, Berlin/Frankfurt a. M./Wien 1980)

STITES, RICHARD, *The Women's Liberation Movement in Russia: Feminism, Nihilism and Bolshevism 1860–1930*, Princeton 1978

STORA-SANDOR, JUDITH, *Alexandra Kollontaï: marxisme et révolution sexuelle*, Paris 1975

WARSHOFSKY LAPIDUS, GAIL, *Women in Soviet Society: Equality, development and Social change*, Berkeley 1978

WERTH, NICOLAS, *La Vie quotidienne des paysans russes de la Révolution à la collectivisation 1917–1930*, Paris 1984

ZETKIN, CLARA, *Erinnerungen an Lenin*, in: Clara Zetkin, *Ausgewählte Reden und Schriften*, Bd. 3, Berlin 1960, S. 89–160

Differenz und Widerstreit / Françoise Collin

Wir legen hier keine vollständige Liste mit Werken der zitierten Philosophinnen, die allgemein bekannt und häufig übersetzt worden sind, vor (zum Teil werden sie in den Anmerkungen genannt), sondern beschränken uns auf einige Untersuchungen, die für unser Thema wesentlich sind.

ABENSOUR, MIGUEL und CATHERINE CHALIER (Hg.), *Emmanuel Levinas*, Paris 1991

ARENDT, HANNAH, in: *Les Cahiers du Grif*, H. 33, 1985

ARENDT, HANNAH, *The Human Condition*, Chicago 1958

ARENDT, HANNAH, *Between Past and Future*, New York 1961 (dt.: *Zwischen Vergangenheit und Zukunft. Übungen im politischen Denken I.*, München 1994)

BEAUVOIR, SIMONE DE, Witness to a Century, in: *Yale French Studies*, H. 72, 1986

AUTORINNENKOLLEKTIV, *L'Ecercice du savoir et la différence des sexes*, Paris 1991

AUTORINNENKOLLEKTIV, *Ontologie et politique*, Paris 1989

BENNINGTON, GEOFFREY, *Jacques Derrida*, Paris 1991

BRAIDOTTI, ROSI, *Patterns of dissonance*, Cambridge 1991

CHALIER, CATHERINE, *Figures du féminin. Lectures d'Emmanuel Levinas*, Paris 1982

COLLECTIF CEFUP, *Catégorisation de sexe et construction sociale*, Universität Aix-en-Provence, 1989

COLLIN, FRANÇOISE, *Maurice Blanchot et la question de l'écriture*, Paris 1971, 1985

DELEUZE, GILLES, *Foucault*, Paris 1986 (dt.: *Foucault*. Aus dem Franz. von Hermann Kocyba, Frankfurt a. M. 1987)

DIOTIMA, *Il pensiero delle differenza sessuale*, Mailand 1987 (dt.: Diotima, Philosophinnengruppe aus Verona, *Der Mensch ist zwei: das Denken der Geschlechterdifferenz*. Aus dem Ital. von V. Mariaux, Wien 1989)

ELSHTAIN, JEAN BETHKE, *Public Man, Private Woman*, Princeton 1981

Femmes et philosophie: provenances de la pensée, in: *Les Cahiers du Grif*, H. 44, 1992

Das Geschlecht in der Philosophie, in: *Die Philosophin*, H. 2, 1990

HABERMAS, JÜRGEN, *Strukturwandel der Öffentlichkeit: Untersuchungen zu einer Kategorie der bürgerlichen Gesellschaft*, Frankfurt a. M. 1991

IRIGARAY, LUCE, *Speculum de l'autre femme*, Paris 1974 (dt.: *Speculum. Spiegel des anderen Geschlechts*. Aus dem Franz. von Xenia Rajewsky, Frankfurt a. M. 1986)

IRIGARAY, LUCE, *Ce sexe qui n'en est pas un*, Paris 1978 (dt.: *Das Geschlecht, das nicht eins ist*. Aus dem Franz. von Xenia Rajewski, Berlin 1979)

JARDINE, ALICE, *Gynesis, Configurations of Woman and Modernity*, Ithaca/London 1985

KOFMAN, SARAH, *L'Enigme de la femme, la femme dans les textes de Freud*, Paris 1980

KOFMAN, SARAH, *Lectures de Derrida*, Paris 1984 (dt.: Peter Engelmann [Hg.], *Derrida lesen*. Aus dem Franz. von Monika Buchgeister und Hans-Walter Schmidt, Wien 1988)

LE DOEUFF, MICHÈLE, *L'Étude et le rouet*, Paris 1989

MARINI, MARCELLE, *Lacan*, Paris 1986

NUSSBAUM, MARTHA, *The Fragility of Goodness: luck and ethics in Greek tragedy and philosophy*, Cambridge 1986

ROUDINESCO, ÉLISABETH, *Histoire de la psychoanalyse en France: la bataille de cent ans*, Paris 1986 (dt.: *Wien – Paris: die Geschichte der Psychoanalyse in Frankreich*. Aus dem Franz. von Brigitta Restorff, Weinheim/Berlin o. J.)

ROUDINESCO, ÉLISABETH, Savoir et difference des sexes, in: *Les Cahiers du Grif*, H. 45, 1990

SIMMEL, GEORG, *Schriften zur Philosophie und Soziologie der Geschlechter*, hg. von Heinz-Jürgen Dahme und Klaus Christian Köhnke, Frankfurt a. M. 1985

SIMMEL, GEORG, *Philosophische Kultur: über das Abenteuer, die Geschlechter und die Krise der Moderne*, Berlin 1983

Die Stellung der Frau im Bereich der Kultur / Marcelle Marini

BRAIDOTTI, ROSI, *Patterns of Dissonance*, Cambridge 1991

CHARTIER, ROGER (Hg.), *Histoire de l'édition française*, Bd. 4: *1900–1950*, Paris 1986

DEBRAY, RÉGIS, *Le Pouvoir intellectuel en France*, Paris 1979 (dt.: »Voltaire verhaftet man nicht!«: die Intellektuellen und die Macht in Frankreich. Aus dem Franz. von Friedrich Königsdorfer, Köln-Lövenich 1981)

DIDIER, BÉATRICE, *L'Écriture-femme*, Paris 1981

FRAISSE, GENEVIÈVE, *Muse de la raison la démocratie exclusive et la différence des sexes*, Paris 1979

FRANCIS, CLAUDE und FERNANDE GONTIER, *Les Écrits de Simone de Beauvoir*, Paris 1979 (dt.: *Simone de Beauvoir: die Biographie*. Aus dem Franz. von Sylvie César und Friedmar Apel, Weinheim/Berlin 1986)

GELFAND, ELISSA D. und VIRGINIA THORNDIKE HULES, *French Feminist Criticism, Women, language, literature*, New York 1985

HERMANN, CLAUDINE, *Les Voleuses de langue*, Paris 1976

IRIGARAY, LUCE, *Speculum de l'autre femme*, Paris 1974 (dt.: *Speculum. Spiegel des anderen Geschlechts*. Aus dem Franz. von Xenia Rajewsky, Frankfurt a. M. 1986)

JARDINE, ALICE A. und ANNE M. MENKE, *Shifting Scenes. Interviews on Women, Writing and Politic in Post-68 France*, New York 1991

PLANTÉ, CHRISTINE, *La Petite Sœur de Balzac*, Paris 1989

VESSILIER-RESSI, MICHÈLE, *Le Métier d'auteur*, Paris 1982

Zeitschriften

L'Arc, H. 61, SIMONE DE BEAUVOIR et la lutte des femmes, Paris 1975; Sondernummer Duras, Paris 1986

Les Cahiers du Cedref, H. 2, Femmes sujets des discours, Universität Paris VII, 1990

Les Cahiers du Grad, H. 1, Femmes, écriture, philosophie, Universität Laval, Quebec, 1987

Les Cahiers du Grif, H. 7, Dé/pro/re/créer, 1975; H. 12, Parlez-vous française?, 1976; H. 13, Elles consonnent, 1976; H. 45, Savoir et différence des sexes, 1990

Cahiers 34/44, H. 13, Femmes et institutions littéraires, Universität Paris VII, 1984

Questions féministes, H. 1, 1977

Recherches féministes, Bd. 2, H. 2, Convergences, Université Laval, Quebec, 1989

Revue des Sciences humaines, H. 168, Écriture, féminité, féminisme, 1977; H. 222, Le récit d'enfance, 1991

Frauen, Massenkonsum und Massenkultur / Luisa Passerini

ALBERONI, FRANCESCO, *Consumi e società,* Bologna 1964

ANELLI, MARIA TERESA, PAOLA GABBRIELLI, MARTA MORGAVI, ROBERTO PIPERNO, *Fotoromanzo: fascino e pregiudizio. Storia, documenti e immagini di un grande fenomeno popolare,* Mailand 1979

BUONANNO, MILLY, *Naturale come sei. Indagine sulla stampa femminile in Italia,* Rimini/Florenz 1975

BUONANNO, MILLY, *La donna nella stampa. Giornaliste, lettrici e modelli di femminilità,* Rom 1978

BUONANNO, MILLY, *Cultura di massa e identità femminile. L'immagine della donna in televisione,* Turin 1983

DARDIGNA, ANNE-MARIE, *Femmes-femmes sur papier glacé,* Paris 1974

DAVIES, KATH, JULIENNE DICKEY und TERESA STRATFORD (Hg.), *Out of Focus. Writings on Women and the Media,* London 1987

DE GRAZIA, VICTORIA, *Puritan, Pagan Bodies: Americanism and the Formation of the New Woman in Europe 1920–1945,* Working Paper 1984–1987

DE GRAZIA, VICTORIA, Mass Culture and Sovereignty: the American Challenge to European Cinemas, 1920–1960, in: *Journal of Modern History,* März 1989, S. 53–87

ECO, UMBERTO, *Apocalittici e integrati. Comunicazioni di massa e teorie della cultura di massa,* Mailand 1964 (dt.: *Apokalyptiker und Integrierte. Zur kritischen Kritik der Massenkultur.* Aus dem Ital. von Max Looser, Frankfurt a. M. 1992)

EHRENREICH, BARBARA und DEIRDRE ENGLISH, *For her Own Good. 150 Years of the Experts' Advice to Women,* Garden City, New York 1979

GAMMAN, LORRAINE und MARGARET MARSHMENT (Hg.), *The Female Gaze. Women as Viewers of Popular Culture,* London 1988

HASKELL, MOLLY, *From Reverence to Rape. The Treatment of Women in the Movies,* Chicago 1987

HORKHEIMER, MAX und THEODOR W. ADORNO, Das Schema der Massenkultur, in: Adorno, *Gesammelte Schriften,* Frankfurt a. M. 1981

HUYSSEN, ANDREAS, Mass Culture as Woman: Modernism's Other, in: Modelski 1986

LEACH, WILLIAM R., Transformations in a Culture of Consumption: Women and Department Stores, 1890–1925, in: *The Journal of American History* 71, 1984

LEWALLERN, AVIS, »Lace«: Pornography for Women? in: Gamman/Marshment 1988

LILLI, LAURA, La Stampe femminile, in: Valiero Castronovo und Nicola Tranfaglia, *Storia della stampa italiana,* Bd. 5: *La stampe italiana del neocapitalismo,* Rom 1976

MASINO, PAOLA, *Nascita e morte della massaia,* Mailand 1982, Originalausgabe Mailand 1945 (dt.: *Die Geburt der Hausfrau und ihr Tod.* Aus dem Ital. von Maja Pflug, Frankfurt a. M. 1991)

MELDINI, PIERO, *Sposa e madre esemplare. Ideologia e politica della donna e della famiglia durante il fascismo,* Rimini/Florenz 1975

MODELSKI, TANIA, *Loving with a Vengeance. Mass-Produced Fantasies for Women,* New York/London 1982

MODELSKY, TANIA (Hg.), *Studies in Entertainment. Critical Approaches to Mass Culture*, Bloomington, Indianapolis 1986 (Dieses Buch stellt zum großen Teil die Ergebnisse des internationalen Symposiums zur Massenkultur in der Universität Wisconsin im April 1984 dar.)

MONDELLO, ELISABETTA, *La Nuova Italiana. La donna nella stampa e nella cultura del ventennio*, Rom 1987

MORIN, EDGAR, *Les Stars*, Paris 1957

MORIN, EDGAR, *L'Esprit du temps*, Paris 1962

NEWLAND, KATHLEEN, *The Sisterhood of Man*, New York 1979

PARCA, GABRIELLA, *Le Italiane si confessano*, Mailand 1966, Originalausgabe Florenz 1959

PASSERINI, LUISA, *Torino operaia e fascismo*, Rom/Bari 1984

PEISS, KATHY, *Cheap Amusements. Working Women and Leisure of Turn-of-the-Century New York*, Philadelphia 1986

PEISS, KATHY, Mass Culture and Social Divisions: The Case of the Cosmetics Industry, Vortrag im Kolloqium »Mass Culture and the Working Class«, Paris 14.–15. Oktober 1988

POMATA, GIANNA, La storia delle donne: una questione di confine, in: Giovanni De Luna, Peppino Ortoleva, Marco Revelli, Nicola Tranfaglia, *Introduzione alla storia contemporanea*, Florenz 1984

PORTER BENSON, SUSAN, *Counter Cultures. Saleswomen, Managers, and Customers in American Department Stores, 1890–1940*, Chicago 1986

RADWAY, JANICE, *Reading the Romance. Women, Patriarchy, and Popular Literature*, Chapel Hill, London 1984

STACEY, JACKIE, Desperately Seeking Difference, in: Gamman/Marshment 1988

SULLEROT, EVELYNE, *La Presse féminine*, Paris 1963

TRENEMANN, ANN, Cashing on the Curse. Advertising and the menstrual Taboo, in: Gamman/Marshment 1988

TURNATURI, GABRIELLA, La donna fra il publico e il privato: la nascita della caslinga e della consumatrice, in: *Nuova donnawomanfemme* 12/13, 1979, S. 8–29

WERNER, FRANÇOISE, Du ménage à l'art a ménager: l'évolution du travail ménager et son écho dans la presse féminine française de 1919 à 1939, in: *Le Mouvement social*, Nr. 129, 1984, S. 61–87

WILLIAMSON, JUDITH, Woman is an Island: Femininity and Colonization, in: Modelski 1986

WILLIAMSON, JUDITH, *Consuming Passions. The Dynamics of Popular Culture*, London 1986

Frauen, Bilder, Darstellungen / Anne Higonnet

BERKELEY, ELLEN PERRY (Hg.), *Architecture. A Place for Women*, Washington/London 1989

DOANE, MARY ANN, *The Desire to Desire*, Bloomington/Indianapolis 1987

DUCAN, CAROL, Virility and Domination in Early 20th-Century Vanguard Painting, in: *Artforum* 12, Dezember 1973, S. 30–39, abgedruckt in: Norma Broude und Mary D. Garrard (Hg.), *Feminism and Art history: Questioning the Litany*, New York 1989

GOUMA-PETERSON, THALIA und PATRICIA MATHEWS, The Feminist Critique of Art History, in: *Art Bulletin* 69, September 1987, S. 326–357

MODELSKI, TANIA, *Loving With A Vengeance. Mass-Produced Fantasies for Women*, Hamden 1982, New York/London 1988

MULVEY, LAURA und PETER WOLLEN, Women, Art, Politics; The Interior and the Exterior, beide in: *Frida Kahlo and Tina Modotti*, London 1982, S. 9–10, 13–17

PARKER, ROZSIKA und GRISELDA POLLOCK, *Old Mistresses. Women, Art and Ideology*, London 1981, New York 1981

STEIN, SALLY, The Graphic Ordering of Desire, in: *Heresies* 18, S. 7–16

TICKNER, LISA, The Body Politic: Female Sexuality and Women Artists Since 1970, in: *Art History* I, 2. Juni 1978, abgedruckt in: Rozsika Parker und Griselda Pollock (Hg.), *Framing Feminism*, London/New York 1987

WALKER, ALICE, *In Search of Our Mothers' Gardens: Womanist Prose*, San Diego 1984 (dt.: *Auf der Suche nach den Gärten unserer Mütter: Essays*. Aus dem Engl. von Gertraude Krueger, München 1987)

WHITE, CYNTHIA, *Women's Magazines 1693–1968*, London 1970

Weibliche Armut, Mutterschaft und Rechte von Müttern / Gisela Bock

ADAMS, CAROLYN TEICH und KATHERINE TEICH WINSTON, *Mothers at Work: Public Policies in the United States, Sweden and China*, New York 1980

ALLEN, ANN TAYLOR, *Feminism and Motherhood in Germay, 1800–1914*, New Brunswick 1991

BLACK, NAOMI, *Social Feminism*, Ithaca 1989

BOCK, GISELA und PAT THANE (Hg.), *Maternity and Gender Policies: Women and the Rise of the European Welfare States, 1880s–1950s*, London 1991

BUTTAFUOCO, ANNARITA, *Chronache femminili: Temi e momenti della stampa emancipazionista in Italia dall'Unità al Fascismo*, Siena 1988

DALE, JENNIFFER und PEGGY FOSTER (Hg.), *Feminists and State Welfare*, London 1986

DYHOUSE, CAROL, *Feminism and the Family in England 1880–1939*, Oxford 1989

FLORA, PETER (Hg.), *Growth to Limits. The Western European Welfare States Since World War II*, 4 Bde., Berlin 1986–87

FLORA, PETER und ARNOLD J. HEIDENHEIMER (Hg.), *The Development of Welfare States in Europe and America*, New Brunswick 1981

GLASS, VICTOR D., *Population Policies and Movements in Europe* (1940), ND London 1967

GOLDSCHMIDT-CLERMONT, LUISELLA, *Unpaid work in the Household. A Review of Economic Evaluation Methods*, Genf 1982

GOODNOW, JACQUELINE und CAROLE PATEMAN (Hg.), *Women, Social Science and Public Policy*, Sydney 1985

GORDON, LINDA (Hg.), *Women, the State, and Welfare*, Madison 1990

KAMERMAN, SHEILA B. u. a., *Child Care, Family Benefits and Working Parents: A Study in Comparative Policy*, New York 1981

KÄLVEMARK, ANN-SOFIE, *More Children of Better Quality? Aspects on Swedish Population Policy in the 1930s*, Uppsala 1980

KLEJMAN, LAURENCE und FLORENCE ROCHEFORT, *L'Egalité en marche. Le féminisme sous la Troisième République*, Paris 1989

KOVEN, SETH und SONYA MICHEL, Womanly Duties: Materialist Policies and the Origins of Welfare States in France, Germany, Great Britain, and the United States, in: *American Historical Review* 95, 1990, S. 1076–1108

KOVEN, SETH und SONYA MICHEL (Hg.), *Mothers of a New World. Maternalist Politics and the Origins of Welfare States*, New York 1993

LADD-TAYLOR, MARY MADELEINE, *Mother-Work: Women, Child Welfare, and the State, 1890–1939*, Bloomington 1993

LEMONS, J. STANLEY, *The Women Citizen: Social Feminism in the 1920s*, Urbana 1973

LEWIS, JANE, *The Politics of Motherhood: Child and Maternal Welfare in England 1900–1939*, London 1980

LEWIS, JANE, *Women in England 1870–1950*, Sussex 1984

LUBIN, CAROL RIEGELMANN und ANNE WINSLOW, *Social Justice for Women. The International Labor Organization and Women*, Durham 1990

LUBOVE, ROY, *The Struggle for Social Security, 1900–1935*, Cambridge, Mass. 1968

MACNICOL, JOHN, *The Movement for Family Allowances 1918–1945: A Study in Social Policy Development*, London 1980

MARSHALL, THOMAS H., *Bürgerrechte und soziale Klassen: Zur Soziologie des Wohlfahrtsstaates*, Frankfurt/New York 1992

OFFEN, KAREN, Depopulation, Nationalism, and Feminism in Fin-de-Siècle France, in: *American Historical Review* 89, 1984, S. 648–676

OFFEN, KAREN, Defining Feminism: A Comparative Historical Analysis, in: *Signs. Journal of Women in Culture and Society* 14, 1988, S. 119–157 (dt.: Feminismus in den Vereinigten Staaten und in Europa. Ein historischer Vergleich, in: Hanna Schissler [Hg.], *Geschlechterverhältnisse im historischen Wandel*, Frankfurt/New York 1993, S. 97–138)

PATEMAN, CAROLE, The Patriarchal Welfare State, in: Amy Gutman (Hg.), *Democracy and the Welfare State*, Princeton 1987, S. 231–260

PATEMAN, CAROLE, *The Sexual Contract*, Cambridge 1988

PEDERSEN, SUSAN, *Family, Dependence, and the Origins of the Welfare State: Britain and France, 1914–1945*, Cambridge 1993

RATHBONE, ELEANOR, *The Disinherited Family* (1924, 1949 unter dem Titel: *Family Allowances*), ND hg. von Suzy Fleming, Bristol 1986

SARACENO, CHIARA, La famiglia operaia sotto il fascismo, in: *Annali della Fondazione Giangiacomo Feltrinelli* 20, 1979/80, S. 189–230

SKOCPOL, THEDA, *Protecting Soldiers and Mothers: The Political Origins of Social Policy in the United States*, Cambridge 1992

SMITH, HAROLD L. (Hg.), *British Feminism in the Twentieth Century*, London 1990

STEWART, MARY LYNN, *Women, Work and the French State. Labour Protection and Social Patriarchy, 1879–1919*, Kingston 1989

THANE, PAT, *The Foundations of the Welfare State*, London 1982

THÉBAUD, FRANÇOISE, *Quand nos grand-mères donnaient la vie. La maternité en France dans l'entre-deux-guerres*, Lyon 1986

WEINER, LYNN, *From Working Girl to Working Mother: The Female Labour Force in the United States, 1820–1980*, Chapel Hill 1985

Mutterschaft, Familie und Staat / Nadine Lefaucheur

ASSOCIATION INTERNATIONALE DES DÉMOGRAPHES DE LANGUE FRANÇAISE (AIDELF), *Les Familles d'aujourd'hui: démographie et évolution récente des comportements familiaux*, Kolloquium in Genf, 17.–20. September 1984, Paris 1984

BARRÈRE-MAURISSON, MARIE-AGNÈS u. a., *Le Sexe du travail: structures familiales et système productif*, Grenoble 1984

BARRÈRE-MAURISSON, MARIE-AGNÈS und OLIVIER MARCHAND, Structures familiales et marchés du travail dans les pays développés, in: *Économie et statistique*, H. 235, September 1990, S. 19–30

BATTAGLIOLA, FRANÇOISE, *La Fin du mariage? Jeunes couples des années 80*, Paris 1988

BAWIN-LEGROS, BERNADETTE, *Familles, mariage, divorce*, Liège 1988

BOURDIEU, PIERRE, *La Distinction, critique sociale du jugement*, Paris 1979 (dt.: *Die feinen Unterschiede: Kritik der gesellschaftlichen Urteilskraft*. Aus dem Franz. von Bernd Schwibs und Achim Russer, Frankfurt a. M. 1987)

BULMER, MARTIN, JANE LEWIS und DAVID PIACHAUD (Hg.), *The Goals of social policy*, London 1989

CHALVON-DEMERSAY, SABINE, *Concubin–concubine*, Paris 1983

CHERLIN, ANDREW und FRANK F. FURSTENBERG (Hg.), The European Family, in: *Journal of Family Issues*, Bd. 9, H. 3, September 1988, S. 291–424

CLARKE, JOHN, ALLAN COCHRANE und CAROL SMART, *Ideologies of welfare: from dreams to desillusion*, London 1987

COMMAILLE, JACQUES, *Familles sans justice? Le droit et la justice face aux transformations de la famille*, Paris 1982

ESPING-ANDERSON, GOSTA, *The Three Worlds of Welfare Capitalism*, Cambridge/Oxford 1990

FALCONNET, GEORGES und NADINE LEFAUCHEUR, *La Fabrication des mâles*, Paris 1975

FERRAND, MICHÈLE und MARYSE JASPARD, *L'Interruption volontaire de grossesse*, Paris 1987

FESTY, PATRICK, *La Fécondité des pays occidentaux de 1870 à 1970*, Paris 1979

HERNES, HELGA MARIA, *Welfare State and Woman Power: Essays in State Feminism*, Oslo/Oxford 1987 (dt.: *Wohlfahrtsstaat und Frauenmacht: Essays über die Feminisierung des Staates*. Aus dem Engl. von Ulrike Strerath-Bolz, Baden-Baden 1989)

JENSON, JANE, ELISABETH HAGEN und CEALLAIGH REDDY (Hg.), *Feminization of the labour force: paradoxes and promises*, Cambridge/Oxford 1988

KAUFMANN, JEAN-CLAUDE, *La Chaleur du foyer: analyse du repli domestique*, Paris 1988

KELLERHALS, JEAN u. a., *Mariages au quotidien: inégalités sociales, tensions culturelles et organisation familiale*, Lausanne 1982

LÉRIDON, HENRI u. a., *La Seconde Révolution contraceptive. La régulation des naissances en France de 1950 à 1985*, Paris 1987

MICHEL, ANDRÉE, *Activité professionelle de la femme et Vie conjugale*, Paris 1974

MICHEL, ANDRÉE, *Sociologie de la famille et du mariage*, Paris 1978

MICHEL, ANDRÉE (Hg.), *Les Femmes dans la société marchande*, Paris 1978

MOSSUZ-LAVAU, JANINE, *Les Lois de l'amour: les Politiques de la sexualité en France (1950–1990)*, Paris 1991

NORVEZ, ALAIN, *De la naissance à l'école: santé, modes de garde et préscolarité dans la France contemporaine*, Paris 1990

OAKLEY, ANN, *The Captured Womb, a History of the Medical Care of Pregnant Women*, Oxford 1984

PRIOUX, FRANCE (Hg.), *La Famille dans les pays développés: permanences et changements*, Protokoll des Kolloquiums über neue Formen des Familienlebens in den Industrieländern (Vaucresson, Oktober 1987), Paris 1990

ROSSI, ALICE S. (Hg.), *Gender and the life course*, New York 1985

ROUSSEL, LOUIS, *La Famille incertaine*, Paris 1989

SHOWSTACK SASSOON, ANNE (Hg.), *Women and the state: the shifting boundaries of public and private*, London 1987

SINGLY, FRANÇOIS DE (Hg.), *La Famille: l'état des savoirs*, Paris 1991

TABET, PAOLA, Fécondité naturelle, reproduction forcée, in: Nicole-Claude Mathieu (Hg.), *L'Arraisonnement des femmes, essais en anthropologie des sexes*, Paris 1985

UNGERSON, CLARE (Hg.), *Gender and Caring: Work and Welfare in Britain and Scandinavia*, New York/London 1990

VANDELAC, LOUISE u. a., *Du travail et de l'amour: les dessous de la production domestique*, Montreal 1985

Eine Emanzipation unter Vormundschaft /
Rose-Marie Lagrave

Darstellungen und Aufsätze

AUBERT, NICOLE, *Le Pouvoir usurpé. Femmes et hommes dans l'entreprise*, Paris 1982

BARRÈRE-MAURISSON, MARIE-AGNÈS u. a., *Le Sexe du travail: structures familiales et système productif*, Grenoble 1984

BECKER, GARY, Human Capital, Effort and the Sexual Division of Labor, in: *Journal of Labor Economics*, 1985, H. 1, Supplement, S. 533–558

BEECHEY, VERONICA, *Unequal Work*, London 1987

BLUNDEN, KATHERINE, *Le Travail et la vertu. Femmes au foyer: une mystification de la révolution industrielle*, Paris 1983

BRUEGEL, IRÈNE, Women as a reserve of labour, in: *The Women Question*, Oxford 1982

CENTRE D'ÉTUDES ET DE RECHERCHES MARXISTES (CERM), *La Condition féminine*, Paris 1978

CENTRE LYONNAIS D'ÉTUDES FÉMINISTES (CLEF), *Les Femmes et la question du travail*, Lyon 1984

COCKBURN, CYNTHIA, *Brothers Male Dominance and Technological Change*, London 1983

ECKART, CHRISTEL, URSULA JAERISCH und HELGARD KRAMER, *Frauenarbeit in Familie und Fabrik: eine Untersuchung von Bedingungen und Barrieren der Interessenwahrnehmung von Industriearbeiterinnen*, Frankfurt a. M. 1979

FOURCAUT, ANNIE, *Femmes à l'usine entre les deux guerres*, Paris 1982

GUILBERT, MADELEINE, *Les Fonctions des femmes dans l'industrie*, Paris 1966

HUPPERT-LAUFER, JACQUELINE, *La Féminité neutralisée? Les femmes cadres dans l'entreprise*, Paris 1982

KERGOAT, DANIÈLE, *Les Ouvrières*, Paris 1982

LABOURIE-RACAPE, ANNIE, M. T. LATABLIER und M. A. VASSEUR, *L'Activité féminine: enquête sur la discontinuité de la vie professionnelle*, Paris 1977

LAGRAVE, ROSE-MARIE (Hg.), *Celles de la terre. Agriculture: l'invention politique d'un métier*, Paris 1987

MARUANI, MARGARET, *Mais qui a peur du travail des femmes?*, Paris 1985

MARUANI, MARGARET, EMMANUELLE REYNAUD und CLAUDINE ROMANI, *La Flexibilité en Italie*, Paris 1989

MICHEL, ANDRÉE (Hg.), *Les Femmes dans la societé marchande*, Paris 1978

OCDE, *Les Femmes et l'égalité des chances*, Paris 1985

OCDE, *Les Femmes et l'emploi: politiques pour l'égalité des chances*, Paris 1980

OCDE, *L'Intégration des femmes dans l'économie*, Paris 1985

PERROT, MICHELLE u. a., Métiers de femmes, in: *Le Mouvement social*, H. 140, Juli–September 1987

SABOURIN, ANNIE, *Le Travail des femmes dans la CEE*, Paris 1984

SOFER, CATHERINE, *La Division du travail entre hommes et femmes*, Paris 1985

SULLEROT, ÉVELYNE, *Les Françaises au travail*, Paris 1973

SULLEROT, ÉVELYNE, *Histoire et sociologie du travail féminin*, Paris 1968 (dt.: *Die emanzipierte Sklavin. Geschichte und Soziologie der Frauenarbeit*. Aus dem Franz. von Viktor Straub, Wien/Köln/Graz 1972)

TILLY, LOUISE A. und JOAN W. SCOTT, *Les Femmes, le travail et la famille*, Marseille 1987

YVER, COLETTE, *Femmes d'aujourd'hui, enquête sur les nouvelles carrières féminines*, Paris 1929

Statistische Quellen

Frankreich:
- Volkszählungen, seit 1901 alle fünf Jahre durchgeführt
- INSEE (Nationales Institut für Statistik und Wirtschaftsstudien), Enquêtes sur l'emploi (Untersuchungen zur Arbeitsmarktlage), in: *Les Cahiers de l'INSEE*
- *Données sociales*
- *Économie et statistiques*
- Enquêtes FQP (formation, qualification professionnelle)
- Arbeitsministerium, *Revue française du travail*
- Bildungsministerium, *Service de l'Information statistique*

International:
- BIT (Bureau international du travail), *Revue internationale du travail.* Annuaire statistique du travail; *L'Année sociale; Femmes au travail,* 14tägige Zeitschrift
- OECD, Statistiken zur Erwerbstätigkeit (jährlich)
- EUROSTAT, Beschäftigung und Arbeitslosigkeit. Ergebnisse aus den Ländern der EG. Statistisches Bulletin (jährlich)
- UNESCO, Bulletin

Recht und Demokratie / Mariette Sineau

BASHEVKIN, SYLVIA (Hg.), *Women and Politics in Western Europe,* London 1985

BECKWITH, KAREN, Women and Parliamentary Politics in Italy, 1946–1979, in: Howard R. Penniman (Hg.), *Italy at the Polls, 1979,* Washington 1981, S. 230–253

CHLOROS, ALECK (Hg.), Interspousal Relations, Bd. 4: Persons and Family, in: *International Encyclopedia of Comparative Law,* 1980, S. 166–193

DOGAN, MATTEI, Le comportement politique des femmes dans les pays de l'Europe occidentale, in: *La Condition sociale de la femme,* Brüssel 1956, S. 147–186

ERGAS, YASMINE, Femminismo e crisi di sistema, in: *Rassegna italiana di Sociologia,* Bd. 21, H. 4, Oktober–Dezember 1980, S. 543–568

FLANZ, GISBERT H. (Hg.) *Women's Rights and Political Participation in Europe,* New York 1983

FUENTE NORIEGA, MARGARITA, Los derechos de la mujer como madre en España, in: *Razon y fe,* 219 (1083), Januar 1989, S. 56–66

GERTZOG, IRWIN N., *Congressional Women: Their Recruitment, Treatment and Behavior,* New York 1984

GINGRAS, ANNE-MARIE, CHANTAL MAILLÉ und ÉVELYNE TARDY, *Sexe et militantisme,* Montreal 1989

HAAVIO-MANNILA, ELINA u. a. (Hg.), *Unfinished democracy: women in Nordic politics,* New York/Oxford 1985

HAGEMANN-WHITE, CAROL, Können Frauen die Politik verändern?, in: *Aus Politik und Zeitgeschichte,* B 9–10/87 v. 28. 2. 1987, S. 29–37

HERNES, HELGA MARIA, *Welfare State and Woman Power: essays in state feminism,* Oslo/Oxford 1987 (dt.: *Wohlfahrtsstaat und Frauenmacht. Essays über die Feminisierung des Staates.* Aus dem Engl. von Ulrike Strerath-Bolz, Baden-Baden 1989)

HOECKER, BEATE, Politik: Noch immer kein Beruf für Frauen?, in: *Aus Politik und Zeitgeschichte,* B 9–10/87 v. 28. 2. 1987, S. 13–14

KLEIN, ETHEL, *Gender Politics: from Consciousness to Mass Politics,* Cambridge 1984

KOLINSKY, EVA, The West German Greens. A Women's Party?, in: *Parliamentary Affairs,* Bd. 41, H. 1, Januar 1988, S. 129–148

LISTHAUG, OLA, The Gender Gap in Norwegian Voting Behaviour, in: *Scandinavian Political Studies*, Bd. 8, H. 3, September 1985, S. 177–206

LOVENDUSKI, JONI und JILL HILLS (Hg.), *The Politics of the Second Electorate, Women and Public Participation*, London 1981

MANSBRIDGE, JANE, *Why we lost the ERA*, Chicago 1986

MEYER, BIRGIT, Frauen an die Macht?! Politische Strategien zur Durchsetzung der Gleichberechtigung von Mann und Frau, in: *Aus Politik und Zeitgeschichte*, B 9–10/87 v. 28. 2. 1987, S. 15–28

MOSSUZ-LAVAU, JANINE und MARIETTE SINEAU, *Enquête sur les femmes et la politique en France*, Paris 1983

MOSSUZ-LAVAU, JANINE und MARIETTE SINEAU, Le vote des femmes: l'autre événement, in: *Le Monde*, 5. Juni 1988

MUCI, MARIA RITA, *La partecipazione politica femminile nei Paesi del Sud d'Europa*, Mailand 1988

MUELLER, CAROL M. (Hg.), *The Politics of the Gender Gap: the social construction of political influence*, Newbury Park 1988

NERSON, ROGER (Hg.), *Mariage et famille en question: l'évolution contemporaine du droit français*, 2 Bde., Paris 1978, 1979

NERSON, ROGER, *Mariage et famille en question*, Paris 1982

NERSON, ROGER (Hg.), *Mariage et famille en question: l'évolution contemporaine en Suisse, en Autriche, en Belgique, aux Pays-Bas et dans la région scandinave*, Paris 1980

NORRIS, PIPPA, *Politics and Sexual Equality: the Comparative Position of Women in Western Democracies*, Brighton 1987

PATARIN, JEAN und IMRE ZAJTAY, *Le Régime matrimonial légal dans les législations contemporaines*, Paris 1974

Pères et paternités, in: *Revue française des Affaires sociales*, November 1988, H. 42 (Sondernummer)

RANDALL, VICKY, *Women and Politics*, London 1987

SCHWARZ-LIEBERMANN VON WAHLENDORF und HANS ALBRECHT (Hg.), *Mariage et famille en question: Allemagne*, Paris 1980

SCHWARZ-LIEBERMANN VON WAHLENDORF und HANS ALBRECHT (Hg.), *Mariage et famille en question: Angleterre*, Paris 1979

SINEAU, MARIETTE, *Des femmes en politique*, Paris 1988

STETSON, DOROTHY, *Women's Rights in the USA: Policy Debates and Gender Roles*, Pacific Grove 1990

VIANELLO, MINO und RENATA SIEMIENSKA u. a., *Gender Inequality. An International Study of Discrimination and Participation*, London 1989

Der Feminismus der siebziger Jahre / Yasmine Ergas

ADAMS, PARVEEN und ÉLIZABETH COWIE (Hg.), *The Woman in Question: MLF*, Cambridge (Mass.) 1990

ALBISTUR, MAÏTÉ und DANIEL ARMOGATHE, *Histoire du féminisme français du Moyen Age à nos jours*, Paris 1977

BENHABIB, SEYLA und DRUCILLA CORNELL (Hg.), *Feminism as Critique: On the Politics of Gender*, Minneapolis 1987

BOCCIA, LUISA und ISABELLA PERETTI (Hg.), *Il genere della rappresentanza*, Rom 1988

CALABRO, ANNARITA und LAURA GRASSO, *Dal movimento femminista al femminismo diffuso*, Mailand 1983

CARDEN, MAREN LOCKWOOD, *The New Feminist Movement*, New York 1974

CASTRO, GINETTE, *Radioscopie du féminisme américain*, Paris 1984; *American Feminism: A Contemporary History*, New York 1990

DAHLERUP, DRUDE (Hg.), *The New Women's Movement: Feminism and Political Power in Europe and the USA*, London/Beverley Hills 1986

DECKARD, BARBARA SINCLAIR, *The Women's Movement: Political, Socioeconomic and Psychological Issues*, New York 1983

DE PISAN, ANNIE und ANNE TRISTAN, *Histoires de MLF*, Paris 1977

DUCHEN, CLAIRE, *Feminism in France, from May 68 to Mitterrand*, London 1986

EISENSTEIN, HESTER und ALICE JARDINE (Hg.), *The Future of Difference*, New Brunswick 1985

Le Féminisme et ses enjeux. Vingt-sept femmes parlent, Centre fédéral FEN (Féderation de l'éducation nationale), Paris 1988

FRAIRE, MANUELA (Hg.), *Lessico politico delle donne*, Mailand 1978

FREEMAN, JO, *The Politics of Women's Liberation: a case study of an emerging social movement and its relations to the policy process*, New York 1975

FRIEDAN, BETTY, *It Changed my Life: Writings on the Women's Movement*, New York 1976 (dt.: *Das hat mein Leben verändert: Beiträge und Reflexionen zur Frauenbewegung* Aus dem Engl. von Angela Praesens u. a., Reinbek 1982)

HARDING, SANDRA und JEAN F. O'BARR (Hg.), *Sex and Scientific Inquiry*, Chicago 1987

HERNES, HELGA MARIA, *Welfare State and Woman Power: essays in state feminism*, Oslo/Oxford 1987 (dt.: *Wohlfahrtsstaat und Frauenmacht. Essays über die Feminisierung des Staates*. Aus dem Engl. von Ulrike Strerath-Bolz, Baden-Baden 1989)

LOVELL, TERRY (Hg.), *British Feminist Thought: A Reader*, Oxford 1990

MARKS, ELAINE und ISABELLE DE COURTIVRON (Hg.), *New French Feminisms: an Anthology*, New York 1981

MOI, TORIL (Hg.), *French Feminism Thought: A Reader*, Oxford 1987

NICHOLSON, LINDA J. (Hg.), *Feminism / Postmodernism*, New York 1990

RÉMY, MONIQUE, *De l'utopie à l'intégration: histoire des mouvements de femmes*, Paris 1990

ROWBOTHAM, SHEILA, *The Past is Before us: Feminism in action since the 1960s*, London 1989

VANCE, CAROLE S. (Hg.), *Pleasure and Danger: Exploring Female Sexuality*, Boston 1984

Von der Weiblichkeit zum Feminismus / Yolande Cohen

BLACK, NAOMI, *Social Feminism*, Ithaca/New York 1989

COHEN, YOLANDE, *Femmes de parole. L'histoire des Cercles de fermières du Québec, 1915–1990*, Montreal 1990

COHEN, YOLANDE (Hg.), *Femmes et contre-pouvoirs*, Montreal 1987

COHEN, YOLANDE und GARY CALDWELL (Hg.), Le monde rural, in: *Recherches sociographiques*, Sonderheft, Bd. XXIX, H. 2–3, 1988

DANYLEWICZ, MARTA, *Profession: religieuse, un choix pour les Québécoises, 1840–1920*, Montreal 1988

DAVID, HÉLÈNE, *Femmes et emploi: le défi de l'égalité*, Quebec 1986

FAHMY-EID, NADIA und MICHELINE DUMONT (Hg.), *Maîtresses de maison, maîtresses d'école. Femmes, famille et éducation dans l'histoire du Québec*, Montreal 1983

GIDDENS, ANTHONY, *The Constitution of Society*, Cambridge 1984 (dt.: *Die Konstitution der Gesellschaft. Grundzüge einer Theorie der Strukturierung*. Aus dem Engl. von Wolf-Hagen Krauth und Wilfried Spohn, Frankfurt/New York 1992)

GOY, JOSEPH, JEAN-PIERRE WALLOT und ROLANDE BONNAIN (Hg.), *Évolution et éclatement du monde rural: structures fonctionnement et évolution différentielle des sociétés rurales françaises et québécoises, 18ᵉ-20ᵉ siècles*, Montreal 1986

HAMILTON, ROBERTA und MICHELLE BARRETT (Hg.), *The Politics of Diversity, Feminism, Marxism and Nationalism*, Montreal 1986

LABELLE, MICHELINE, G. TURCOTTE, M. KEMPENEERS und D. MEINTEL, *Histoire d'immigrées. Itinéraires d'ouvrières colombiennes, grecques, haïtiennes et portugaises de Montréal*, Montreal 1987

LAMOUREUX, DIANE, *Citoyennes? Femmes, droit de vote et démocratie*, Montreal 1989

LAURIN, NICOLE, DANIÈLE JUTEAU und LORRAINE DUCHESNE, *A la recherche d'un monde oublié*, Montreal 1991

LEMIEUX, DENISE und LUCIE MERCIER, *Les Femmes au tournant du siècle, 1880–1940: âges de la vie, maternité et quotidien*, Quebec 1989

LEVESQUE, ANDRÉE, *La Norme et les déviantes: des femmes au Québec pendant l'entre-deux-guerres*, Montreal 1989

MARONEY, HEATHER JON und MEG LUXTON (Hg.), *Feminism and Political Economy*, Toronto 1987

O'LEARY, VÉRONIQUE und LOUISE TOUPIN (Hg.), *Québecoises Debouttes!*, 2 Bde., Montreal 1982, 1983

PRENTICE, ALISON u. a., *Canadian Women: A History*, Toronto 1988

SIMARD, CAROLLE, *L'Administration contre les femmes: la reproduction des différences sexuelles dans la fonction publique canadienne*, Montreal 1983

SIMARD, CAROLLE, *Sociologies et sociétés*, Bd. XIX, H. 1, 1987

TROFIMENKOFF, SUSAN MANN, *Visions nationales: une histoire du Québec*, Quebec 1986

ZAVALLONI, MARYSA (Hg.), *L'Émergence d'une culture au féminin*, Montreal 1987

Fortpflanzung und Bioethik / Jacqueline Costa-Lascoux

Sammelbände

Human Procreation. Ethical Aspects of the New Techniques: Report of a Working Party, Oxford 1984

Génétique, procréation et droit, H. Nyssen, Actes Sud, 1985

Les Conceptiones induites, Palermo 1986

Des motifs d'espérer, la procréation artificielle, Paris 1986

Procréation artificielle génétique et droit, Kolloquium in Lausanne, 29.–30. November 1985, Schweizer Institut für Vergleichendes Recht, Zürich 1986

American Fertility Society, Ethics Committee. Ethical considerations of the New Reproductive Technologies, Fertility and Sterility, Oktober 1986

Quand la technologie transforme la maternité, Conseil du statut de la femme du Québec, Quebec 1987

Sortir la maternité du laboratoire. Actes du forum international sur les nouvelles technologies de la reproduction, Conseil du statut de la femme du Québec, Quebec 1988

Les Enjeux éthiques et juridiques des nouvelles technologies de reproduction, Comité du barreau du Québec, Quebec 1988

Comités d'éthique à travers le monde, Paris 1989

Elderly people and Assisted Conception, Bericht für die 6. Konferenz der Internationalen Vereinigung für Familienrecht, Tokio, Februar 1989, Oxford 1989

From man to gene, from gene to man, Unterlagen des internationalen Kolloquiums in Florenz, November 1986, Florenz 1986

Monographien

BAUDOUIN, J.-L. und C. LABRUSSE-RIOU, *Produire l'homme de quel droit? Étude juridique et éthique des procréations artificielles*, Paris 1987

BLANC, M., *L'Ere de la génétique*, Paris 1986

BOURGEAULT, G., La Bioéthique: son objet, sa méthode, ses questions, ses enjeux, in: *Ethica*, 1989, H. 1, S. 63–93

BOURGEAULT, G., *L'Éthique et le droit face aux nouvelles technologies bio-médicales*, Brüssel 1990

BYCK, G. und S. GALPIN-JACQUOT, *État comparatif des règles éthiques et juridiques relatives à la procréation artificielle*, Paris 1986

CLARKE, R., *Les Enfants de la science*, Paris 1984

D'ADLER, M.-A. und M. TEULADE, *Les Sorciers de la vie*, Paris 1986

DAVID, D., *Insémination artificielle humaine, un nouveau mode de filiation*, Paris 1984

DELAISI DE PARSEVAL, GENEVIÈVE, *L'Enfant à tout prix*, Paris 1983 (dt.: *Ein Kind um jeden Preis? Ethik und Technik der künstlichen Zeugung*. Aus dem Franz. von Jutta Schust, Weinheim/Basel 1986)

DUFRESNE, J., *La Reproduction humaine industrialisée*, Montreal/Québec 1986

DURAND, GUY, *La Bioéthique*, Paris/Montreal 1989

ENGELHARDT, H.-T., *The Foundations of Bioethics*, New York 1989

FIELD, M., *Surrogate Motherhood, the Legal Human Issues*, Cambridge (Mass.) 1990

FRYDMAN, R., *L'Irrésistible Désir de naissance*, Paris 1986

GIRAUD, F., *Les Mères porteuses*, Paris 1987

LEGENDRE, P., *L'Inestimable Objet de la transmission. Étude sur le principe généalogique en Occident*, Paris 1985

MALHERBE, J.-F. und E. BONE, *Engendrés par la science*, Paris 1985

MORETTI, J.-M. und O. DE DINECHIN, *Le Défi génétique*, Paris 1982

NOLIN, M., *Réflexions juridiques sur le phénomène des femmes porteuses d'enfants*, Montreal 1986

RIOUX, J., *L'Insémination artificielle thérapeutique*, Québec 1983

ROY, D. und M. DE WACHTER, *The Life Technology and Public Policy*, Montreal 1987

SHANNON, THOMAS E., *Revisited Bioethics. Basic Writings on Key Ethical Questions that Surround the Major, Modern Biological Possibilities and Problems*, Ramsy N. J. 1981

SNOWDEN, ROBERT und G.-D. MITCHELL, *La Famille artificielle, réflexions sur l'insémination artificielle par donneur*, Paris 1984 (dt.: *Artifizielle Reproduktion*. Aus dem Engl. von Walter Krause, Stuttgart 1985)

TESTART, JACQUES, *L'Œuf transparent*, Paris 1986 (dt.: *Das transparente Ei*. Aus dem Franz. von Robert Detobel, Frankfurt a. M./München 1988)

TESTART, JACQUES (Hg.), *Le Magasin des enfants*, Paris 1990

THIBAULT, ODETTE, *Des Enfants, comment? Les techniques artificielles de reproduction*, Lyon 1984

Zeitschriften

La bioéthique, *Pouvoirs*, H. 56, 1991

Bioéthique et désir d'enfant, dialogue, *Recherches cliniques et sociologiques sur le couple et la famille*, H. 87, 1985

Biologie et éthique, la maîtrise de la reproduction et l'image de l'homme, *Lumière et vie*, H. 172, 1985

Le corps aux mains du droit, dossier bioéthique, *Actes*, H. 49/50, Juni 1985

Le droit, la médecine et la vie, *Le Débat*, H. 36, 1985

Enfants adoptés, enfants de la science, enfants de personne?, *L'Ange*, H. 20, 1985

Ethique et biologie, *Cahiers STS*, H. 11, 1986
Ethique et génétique, *Revue des questions scientifiques*, 1983
Ethique et progrès biomédicaux, *Autrement*, 1987
La femme et le droit, *Revue juridique canadienne*, Bd. 1, H. 2, *La Femme et la repro-duction*, 1986
Foetus humain, à propos de son statut, *Le Supplément*, H. 153, 1985
Le projet parental, Journée internationale de bioéthique, *Revue juridique de l'Ouest*, 1991
Naître, *Corps écrit*, H. 21, 1987
Ordre juridique et ordre technologique, *Cahiers STS*, H. 12, 1986
La tentation biocratique, *Ethique*, H. 1, *La Vie en question*, 1991
Vers la procréatique, une société où les enfants viennent par la science, *Projet*, H. 195, 1985

Amtliche Veröffentlichungen

Frankreich:
Comité consultatif national d'Ethique pour les sciences de la vie et de la santé:
– Bericht 1984, *La Documentation française*, Paris 1985
– Bericht 1985, *La Documentation française*, Paris 1986
– Bericht 1986, *La Documentation française*, Paris 1987
– Lettre d'information du Comité consultatif d'Ethique (dreimal jährlich)
– Les procréations artificielles, Rapport au Premier ministre, *La Documentation françai-se*, Paris 1986
– Sciences de la vie: de l'éthique au droit. Étude du Conseil d'État, *La Documentation française*, notes et études documentaires, H. 4855, Paris 1988
– Trois principes directeurs à faire figurer dans une loi cadre, rapport de la Mission pour le droit de la bioéthique et des sciences de la vie, hg. von N. Lenoir und B. Sturlese, 1990

Andere Länder:
– USA: Departement of Health Education and Welfare, *Support of Research Involving Human in Vitro Fertilization and Embryos Transfer*, 4. Mai 1979
– Großbritannien: Fécondation et embryologie humaines, *La Documentation française*, Paris 1985; Bericht der Enquête-Kommission unter Leitung von Mary Warnock, London 1984
– Australien: *The Committee to consider the Social, Ethical and Legal Issues Arising from in Vitro Fertilization*, Report on the disposition of Embryos produced by »In Vitro Fer-tilization« (Kommission Waller), August 1984, Victoria
– Kanada: Ontario Law Reform Commission, *Report on Human Artificial Reproduction and Related Matters*, Justizministerium, 2 Bde., 1985
– Schweden: Bericht des Komitees für die Unversehrtheit des Menschen über *In-vitro-Fertilisation und »Leihmutterschaft«*, 1985
– Italien: Bericht »San Tosuosso« im Auftrag der Regierungskommission über *Künstliche Befruchtung*, 1985
– Bundesrepublik Deutschland: *In-vitro-Fertilisation, Genomanalyse und Gentherapie: Bericht der gemeinsamen Arbeitsgruppe des Bundesministers für Forschung und Tech-nologie und des Bundesministers der Justiz*, München 1985
– Spanien: *Informe de la Comisión especial de estudio de la fecundación »in vitro« y la inseminación artificial humanas*, Congreso de los Diputados, 1986
– American Fertility Society, Ethical Consideration of the New Reproductive Technolo-gy, in: *Fertil and Steril*, Bd. 46, H. 3, 1986

Nachwort / Gisela Bock

ALBERS, HELENE, Frauen-Geschichte zwischen Weimar und Bonn, in: *Westfälische Forschungen* 43, 1993, S. 762–794

FREVERT, UTE, HEIDE WUNDER und CHRISTINA VANJA, Historical Research on Women in the Federal Republic of Germany, in: Karen Offen, Ruth Roach Pierson und Jane Rendall (Hg.), *Writing Women's History: International Perspectives*. Bloomington 1991, S. 291–332

PALETSCHEK, SYLVIA, Das Dilemma von Gleichheit und Differenz: Eine Auswahl neuerer Forschungen zur Frauengeschichte zwischen Aufklärung und Weimarer Republik, in: *Archiv für Sozialgeschichte* 33, 1993, S. 548–569

RANTZSCH, PETRA und ERIKA UITZ, Historical Research on Women in the German Democratic Republic, in: Karen Offen, Ruth Roach Pierson und Jane Rendall (Hg.), *Writing Women's History: International Perspectives*, Bloomington, 1991, S. 333–354

SACHREGISTER

Abitur 504f.
Abtreibung 65f., 131ff., 156f., 178, 189ff., 229, 262f., 270, 275, 278f., 282, 454, 561, 576ff.
Adoption 609, 611f., 613, 615
Ärzte s. Medizin
Alleinerziehende 481f.
Alphabetisierung 272, 279
Alte Menschen 475f.
Anarchismus 207, 214–217
Angestellte s. Dienstleistungssektor
Antifaschismus s. Widerstand, antifaschistischer
Antifeminismus 149–152
Antinatalismus 176f., 179f., 189, 196f., 458f.
Antisemitismus 174–178, 189, 198, 201, 451
Anwältinnen s. Juristinnen
Arbeit 17f., 85f., 459f., 511
  Erwerbsarbeit 41–50, 52f., 56–63, 82f., 85f., 100f., 116–120, 123f., 148, 154, 160, 162–165, 183–189, 203, 207, 230f., 238–243, 258, 272, 274, 276f., 279f., 428, 438f., 468, 474f., 477–481, 485–522, 583f.
  Flexibilisierung der 514–518
  Hausarbeit 18, 95, 104f., 120–124, 360, 362, 431, 438, 473f., 489, 502
  Heimarbeit 516
  Teilzeitarbeit 509f., 515f.

Arbeiterbewegung 62 (s. auch Gewerkschaften)
Arbeiterfamilien 159ff.
Arbeiterinnen 47ff., 50, 53, 57, 60–63, 77, 117ff., 209f., 215f., 231, 243f., 432–439, 442f., 446f., 491f., 508f.
Arbeiterklasse 88f.
Arbeitslosenunterstützung 82f., 135, 497f.
Arbeitslosigkeit 162, 164f., 185, 231, 238–242, 496ff., 514, 517f.
Arbeitsschutz 62f., 165
Arbeitsteilung, geschlechtliche 17f., 85f., 424f., 440, 500ff., 505ff., 510f., 514–522
Armee, Frauen in der 46f., 252
Armut 427ff., 432, 436f., 450, 458f., 481f.

Bäuerinnen 60, 111f., 117, 273, 276 (s. auch Landarbeiterinnen, Landfrauen)
Befruchtung, künstliche 603, 608–614, 617
Bevölkerungspolitik 142–146, 154–157, 159, 162, 168, 176, 197, 201
Bildung 49, 52f., 232f., 279, 393, 475f., 485ff., 491–496, 503–507, 511–514, 521, 639 (s. auch Schule)

Biologie 295, 601–620
Bisexualität 301
Bubikopf 112f.
Bürgerliches Gesetzbuch s. Recht

Code civil s. Recht

Demonstrationen 247
Deportationen 69, 240
Design 381f., 386
Dienstleistungssektor 86, 119f., 478–481, 492–495, 500f., 506

Ehe 83f., 97–101, 112, 127–135, 206f., 227–230, 237f., 259f., 263f., 269f., 275, 465f., 478, 531, 534f., 537–541
Ehebruch 55, 64, 132f., 219, 229f.
Ehestandsdarlehen 192f., 195
Eheverbote 180
Eigentum, eheliches 128f., 538ff.
Elterliche Gewalt 534f.
Elternschaft 608–611, 614
Embryo 604f., 617
Empfängnisverhütung s. Geburtenkontrolle
Ersatzmutterschaft 605f., 617ff.
Ethik 606f., 620
Eugenik 156, 202, 451f., 458f., 601, 620 (s. auch Sozialdarwinismus)
Euthanasie 180, 182

Fabrikarbeiterinnen s. Arbeiterinnen

Familie 21, 63–66, 88f., 95, 97, 101, 147f., 157–162, 169, 170, 190, 225, 227f., 230f., 236ff., 259ff., 274f., 463–469, 475f., 486–489, 502, 534f., 538–541, 589, 595, 599f., 602f., 609–614, 619f.

Familienbeihilfen 452–456

Familienpolitik 19, 157–162, 197, 231, 238, 427–461

Familienunterstützung 40

Faschismus 141–204, 211–221, 363–366, 456f. (s. auch Nationalsozialismus)

Feminismus 17, 20f., 72–81, 84, 89f., 108f., 138f., 148f., 152, 214f., 222, 262, 283, 287f., 308ff., 319–325, 334–337, 350–353, 370, 423f., 429, 431–455, 458–461, 527f., 533–536, 542f., 548, 550, 553, 556f., 559–600

Fernsehen 373, 401

Film 97, 108, 358f., 361f., 397–401, 399f., 631

Fließbandarbeit 61, 119

Flüchtlinge 68f.

Fortpflanzung 601–620 (s. auch Reproduktion)

Fotografie 386–395, 405ff., 407f., 410

Französische Revolution 529, 536

Frau, alleinstehende 98f., 133f.

Frauenbewegungen 11ff., 17, 37ff., 49, 72–81, 89f., 146–149, 174, 199f., 207ff., 257f., 306f., 318, 327, 330–335, 349–352, 428–455; 458–461, 542f., 550f., 559–600, 638f., 644

Frauenbeziehungen 574f.

Frauenbild 12ff., 47–50, 93–109, 111–115, 152, 187f., 206, 232, 270f., 315, 356–363, 375, 395ff., 418f., 585f., 588–593

Frauenemanzipation 11ff., 19f., 34ff., 50f., 78, 279ff.

Frauenforschung 575f.

Frauengeschichte 9–17, 22ff., 36, 522, 575f., 635f., 638–644

Frauenhäuser 578f.

Frauenstimmrecht s. Wahlrecht

Frauenstimmrechtsbewegung s. Frauenbewegungen

Freundschaft 315f.

Geburtenförderung s. Pronatalismus

Geburtenkontrolle 65f., 95f., 130–133, 157, 471

Geburtenrückgang 65f., 95f., 114, 129, 132, 143ff., 150, 228, 446f., 463f., 583, 590

Geschlecht als Kategorie 36, 320f., 568–571, 640f.

Geschlechterdifferenz 85–91, 103, 141, 152, 200, 227, 233, 253, 287f., 291–325, 348f., 349–352, 439ff., 569f., 575, 580

Geschlechtergeschichte 15–18, 643f.

Geschlechterverhältnis 15–23, 29, 35f., 38, 51f., 85–91, 103ff., 141ff., 174, 260f., 282f., 424f., 485f., 521f., 639f., 642, 644

Geschlechtskrankheiten 64

Gestzgebung s. Recht

Gewalt 84, 333, 347
sexuelle 576, 578f.

Gewerkschaften 45, 61f., 137f., 424f., 452f.

Gütergemeinschaft 538 (s. auch Eigentum, eheliches)

Gütertrennung 539 (s. auch Eigentum, eheliches)

Hausfrauen 95, 107f., 114f., 360, 365, 597ff.

Haushalt 95, 101, 104f., 161, 539, 590

Haushaltsgeld 128

Haushaltsgeräte 95, 104f., 122f., 360, 362, 474

Hauswirtschaftslehre 104, 233, 489

Heiratsalter 99f.

Holocaust 178, 180–183, 627–630, 640

Homosexualität 88, 98f., 274

Homosexuelle 613

Hungerrevolten 71

Hygiene 114f., 125, 361

Illegitimität 55, 207, 457, 464f., 539ff.

Immigration 57f., 62, 79, 94, 96, 459, 492, 497f.

Industrialisierung 117f., 272f.

Industrie 86, 119, 184f., 241
Rüstungsindustrie 42–46, 48f., 51, 58, 184f.
Textilindustrie 53, 117ff., 241f.

Ingenieurinnen 495

Jenotdel 265f., 271

Juden 174–183, 246f., 629

Jüdische Frauen 174f., 178, 180ff., 189, 201

Jugend 236ff., 299, 301

Juristinnen 53, 494f.

Kalter Krieg 278

Kameradschaftsehe 97ff.

Kapitalismus 260

Katholizismus 111, 166, 201, 205, 212f., 217f., 232, 363f., 535f., 550, 585–588, 594f.

Kinder 114f., 124–127, 244, 247, 264, 269, 475f., 502, 608–615, 618f.

Kinderbeihilfe 159f., 192f., 195, 243, 430, 443, 455f.

Kindererziehung 105f., 125ff.

Kindergärten 125f., 188

Kindersterblichkeit 470

Kino s. Film

Kochen 122f.

Körper 87, 320, 376–379, 377f., 411f., 413f., 528, 576–579, 607, 609, 618

Kollaboration 253

Kolonialismus 21f., 637

Konsum 94f., 106–109, 360, 366f., 593

Konzentrationslager 178, 181f., 254f., 626, 628ff.

Kosmetik 361

Krankenschwestern 54f., 59f.

Krankenversicherung 443ff.

Krieg 15, 29, 31, 33–91, 171, 216–219, 225, 233–255, 258, 266ff., 277, 379f., 395f., 448f., 487f., 628f., 640, 642f.

Kriegerwitwen 67ff.

Kriegsgefangenschaft 234–237, 239

Kunst 328–331, 334ff., 378–383, 387–393, 412–417

Künstlerinnen 288, 329, 334, 378–381, 389–393, 408, 410, 412–417

Landarbeiterinnen 116f.

Landfrauen 585–593, 595f., 598f.

Landwirtschaft 60, 116f., 1212, 158f., 270, 272f., 277, 585f., 594f.

Lebensborn 193f.

Lebenserwartung 470f.

Lehrerinnen 53, 233

Leihmutterschaft s. Ersatzmutterschaft

Lesbische Frauen 574f.
Liberalismus 146–151
Libido 305ff.
Liebe 55f., 83f., 230, 259, 262–265, 293, 315
freie Liebe 112, 207, 264, 304f.
Literatur 51f., 83f., 112f., 329ff., 334–353, 627–634
Löhne 53, 59, 61f., 117, 129, 153, 159f., 163, 184, 242f., 258, 435f., 438, 492, 507ff., 519f.
Lust 301f., 306f.

Mädchen 232f., 237f., 299, 301
Männlichkeit 51f., 83, 88ff., 103, 113, 149, 181, 270, 293f., 297, 300, 303, 307–311, 317, 321f., 359, 457f., 632ff.
Marxismus 260–265, 303ff.
Massenkultur 94f., 288, 355–373
Massenmedien 361–366, 368–373
Matriarchat 304, 631–634
Medizin 177–180, 182, 601–620 (s. auch Biologie)
Militär 31, 38, 46f.
Mode 382, 383, 385
Moslemische Frauen 271f.
Mütter 114f., 125ff., 193f., 203, 301
Mütterberatungsstellen 114f.
Mutterkreuz 194f.
Mütterlichkeit 179
Mutterschaft 18, 20, 29f, 63–66, 84f., 90, 114f., 156f., 168, 170, 187f., 197, 199, 227f., 262f., 274f., 416ff., 423, 427–461, 502, 528, 590f., 611, 620
geistige 591
Mutterschaftsgeld 435–440, 451f.
Mutterschaftsurlaub 164, 274, 429, 433f., 439, 443f., 459f.
Mutterschaftsversicherung 209f., 429, 432ff., 442ff.
Mütterschulung 200f.
Mutterschutz 188, 427–461
Muttertag 84, 228, 454

Nationalismus 29f., 72f., 224–245, 582ff., 592–600, 641ff.
Nationalsozialismus 29ff., 167, 173–204, 214, 254, 457f., 627–630, 643
Neue Frau 93–109, 112f.
Neue Ökonomische Politik 267f., 272f., 281f.

Parlament, Frauen im 532, 551–555, 557f.
Parteien 136f., 546–549, 552ff., 556f., 561
faschistische 153, 166, 198f.
kommunistische 137, 214, 247f., 259, 280, 282, 546f., 553
ökologische 553
sozialistische 137, 206f., 213f.
Parteiorganisationen
faschistische 163, 166f., 211f.
nationalsozialistische 193f., 197–203
Partisaninnen 251f.
Patriarchat 141f., 146, 169f., 304
Patriotismus 38ff., 73, 75, 78
Pazifismus 71–78
Phallus 299, 301f., 307
Philantropie s. Wohltätigkeit
Philosophie 287, 291–298, 303–325
Plakate 375f., 376, 379ff., 394ff., 395f.
Politik 15f., 332, 527f., 530, 536f., 544–558, 561, 586ff.
Frauen in der 136–139, 166ff., 198–203, 551–558 (s. auch Parlament)
Pornographie 411f.
Pronatalismus 65f., 81, 84f., 156, 190f., 195ff., 447f., 454–459
Propaganda 245f.
Prostitution 63f., 191, 260
Protestantismus 111, 533, 552
Psychoanalyse 298–303, 305ff.
Psychologie 102f.

Quilts 409, 410

Rasse/Rassismus 155f., 169, 173–183, 189, 191, 193f., 197, 201f., 204, 458f., 643
Recht 86f., 134f., 147f., 205, 209, 219f., 228ff., 259, 278, 281, 529–544, 560, 609f., 612f. (s. auch Staatsbürgerrechte, Strafrecht, Wahlrecht)
Reproduktion 463–483
Retorte 604
Revolution 258
Revolutionärinnen 215ff.
Roma 177, 182
Roman 366ff.

Säkularisierung 211ff., 588
Säuglingspflege 114f., 124f., 472
Scheidung 132f., 197, 207, 209f., 229, 237, 259, 275, 278, 466, 481

Schizophrenie 177
Schleier 272
Schönheit 403f.
Schriftstellerinnen 336–353, 627–634
Schule 233, 347, 491, 493, 503ff., 512f.
Schwangerschaft 472
Sexualität 55f., 63–66, 83f., 96–99, 206f., 263ff., 274, 299–302, 305–310, 312–315, 397, 411f., 423, 576f.
Soldaten 38, 51f., 64, 83
Sozialdarwinismus 144, 146 (s. auch Eugenik)
Sozialfürsorge s. Wohltätigkeit, Wohlfahrtsstaat
Sozialismus 257–283, 459f.
Sozialistinnen 76f.
Sozialpflegerinnen 233ff.
Sozialreform 145, 195, 197, 642 (s. auch Wohlfahrtsstaat)
Sozialstaat s. Wohlfahrtsstaat
Sozialversicherung 160f.
Sozialwissenschaften 101–104, 106
Sport 232
Staatsbürgerrechte 530–538, 544 (s. auch Wahlrecht)
Staatsbürgerschaft 427ff., 447
Stalinismus 275–278
Sterilisation 174, 176–180, 182, 191, 193, 197, 200f., 458f.
Stillen 472
Strafrecht 219
Streik 214f.
Studentinnen 503f., 512f,
Subjekt, Frau als 568, 572–576, 579f.

Tanz 127
Tänzerinnen 376ff., 377
Töchter 126
Tod 67, 609f.
Trivialliteratur 371f.
Turnen s. Sport

Unfruchtbarkeit 603, 608f., 615
Universitäten 494ff., 503f., 512

Väter 126f., 192, 301
Vaterschaft 192f., 197, 432, 448, 457f., 611ff.
Vergewaltigung 578f.
Vernunft 310f.
Vichy-Regime 223–255

Wahlrecht 37, 72, 74, 77–81, 135–139, 205f., 208, 211, 252, 258, 429, 533f., 536f., 545ff., 556, 586f., 639, 642f.
Wahlverhalten 545–551, 561
Warenhäuser 360f.
Weiblichkeit 13, 88ff., 103, 106, 109, 114, 227, 232f., 250f., 293–303, 306–309, 311f., 316f., 321f., 336, 350–353, 355–359, 361, 386f., 396, 402f., 491, 558, 569ff., 582, 632ff.

Werbung 106–109, *358f.*, *371*, *384f.*, 386f., 396, *397*, 401ff., *402*
Widerstand, antifaschistischer 31, 170ff., 204, 214–217, 236, 240–255
Wissenschaftskritik, feministische 324f.
Wohlfahrtsstaat 29, 62f., 65, 145, 160f., 167, 170, 191ff., 197, 234, 423f., 427–461, 473–483, 642

Wohltätigkeit 54, 58, 60, 63, 68, 75, 147, 160f., 234
Wohnungen 120f., 267f., 473f.

Zeitschriften 212f., 232, 282, 362f., 366, 368–373, 401ff., 562, 584–596
Zwangsarbeit 184, 189, 236, 239f.
Zwangssterilisation 176–180, 191, 193, 197, 458f.

PERSONENREGISTER

Abbott, Grace 437
Abensour, Léon 33
Aberdeen, Lady 72
Abzug, Bella 557f.
Achmatova, Anna 344
Addams, Jane 73ff., 437
Adorno, Theodor W. 359
Alberoni, Francesco 366
Albrecht, Berthie 231, 249
Alcalà Zamora, Niceto 209, 214
Alfons XIII., König von Spanien 205, 210
Allport, Floyd 102
Alquier, Henriette 131
Anderson, Mary 59
Andrieux 81
Anthony, Katherine 431, 436f.
Anthony, Susan B. 534
Aragon, Charles d' 545
Arbib, Bianca 434
Arbus, Diane 407f.
Arendt, Hannah 292, 318f., 643
Armand, Inès 261, 264f.
Asquith, Herbert Henri 45, 80
Asúa, Jiménez de 209
Atkinson, Mabel 436
Aubert, Jeanne 232
Aubrac, Lucie 250, 252
Aubrac, Raymond 250
Auclair, Marcelle 339
Auclert, Hubertine 432, 448, 458
Audoux, Marguerite 342
Augspurg, Anita 74, 435

Auguste Viktoria (Kaiserin) 63
Austen, Jane 372

Baader, Andreas 31
Bacall, Lauren 355
Bachmann, Ingeborg 344
Bachofen, Johann Jakob 304
Badoglio, Marschall 171
Bakhtine, Mikhail 318
Balzari, Amadeo 152
Banciv, Olga 251
Darbusse, Henri 52
Barot, Madeleine 247
Barrès, Maurice 67
Barzach, Michèle 548
Baudoin, Madeleine 251
Baudouin, Jean-Louis 607
Baudrillard, Jean 307ff.
Bäumer, Gertrud 44, 49, 72, 80, 448
Beauvoir, Simone de 19, 287, 314, 320, 332f., 336, 339, 342ff., 346, 348, 350–353, 423, 550, 568, 622f.
Bebel, August 260, 262, 304, 435
Bédarida, François 247
Beique, Caroline 587
Belen (Nelly Kaplan) 631–634
Berlinguer, Enrico 553
Bernège, Paulette 122
Bettelheim, Bruno 308
Bettignies, Louise de 69
Bichelonne, Jean 241

Bidault, Georges 545
Bischof, Werner 405, 407
Blatch, Harriet Stanton 50f.
Blum, Léon 112, 137, 536
Boegner, Pastor 240
Bogart, Humphrey 355
Bohec, Jeanne 251f.
Bohigas, Francisca 213
Bonaparte, Marie 300
Bondfield, Margaret 136, 138
Bonnefoy, André 494
Bottai, Giuseppe 152
Bourassa, Henri 582
Bouvier, Jeanne 61
Braun, Lily 434, 460
Braun, Madeleine 248
Breckinridge, Sophonisba 437
Brelet, Gisèle 292
Breschnew, Leonid 283
Briand, Aristide 136
Brion, Hélène 76f.
Brittain, Vera 71, 104, 430
Brontë, Schwestern 372
Brossard, Nicole 351
Brown, Louise 604
Browne, Stella 130f., 139
Bruller, Jean s. Vercors
Brundtland, Gro Harlem 551
Brunschvicg, Cécile 448, 455
Buber, Martin 316
Buber-Neumann, Margarete 18
Buisson, Suzanne 248
Buonanno, Milly 373

Bussy, Jack de 40
Butler, Josephine 64

Caillaux, Henriette 37
Calvé, Yolande 592
Campoamor, Clara 208f., 215
Capy, Marcelle 82
Carbonnier, Jean 542, 610
Cardinal, Marie 342, 351
Caron, Louisette Raymond 592
Casanova, Danielle 247, 249
Casgrain, Thérèse 587
Castberg, Johan 444
Cather, Willa 51
Catt, Carrie Chapman 79
Cavell, Edith 69
Champoux, Mlle 591f.
Chanel, Gabrielle (Coco) 54, 382
Chauvin, Jeanne 53
Chawaf, Chantal 342, 351
Chevalier, Michèle 578
Chicago, Judy 336, 411f.
Chisholm, Mairi 54
Chruschtschow, Nikita S. 282
Ciano 220
Cicciolina 553
Cixous, Hélène 303, 311, 322, 342, 350–353, 571
Clarke, Ida 58
Clémentel, Étienne 42
Cohen, Gustave 495f.
Colette 64, 86, 339f., 342f., 346, 348
Colin, Madeleine 425
Condé, Marise 351
Cordelier, Suzanne Françoise 494
Cornu, Dekan 609
Couriau, Emma 37
Cresson, Edith 548, 557
Cunégonde 245
Curie, Marie 54, 86

Daladier, Édouard 228
D'Annunzio, Gabriele 149
Dardigna, Anne-Marie 370
Darwin, Charles 68
Davis, Bette 362
Debray, Régis 329
Delaunay, Sonia 382f.
Deleuze, Gilles 305ff., 315f.
Delhomme, Jeanne 292
Derrida, Jaques 303, 311ff., 322, 352
Descartes, René 310
Deutsch, Helene 315
Díaz, José 214
Didier, Béatrice 353

Dike, Mrs. Murray 58
Dionne, Pierrette 338, 340f.
Dissart, Marie-Louise 250
Doi, Dakako 545
Doisneau, Robert 623f.
Dorgelès, Roland 52
Duchêne, Gabrielle 74
Dumont, Yvonne 247
Duncan, Isadora 376, 378
Durand, Marguerite 39f., 433
Duras, Marguerite 339, 342, 344, 347f., 349, 351
Duverger, Maurice 546f., 549

Eastman, Crystal 437
Eco, Umberto 367
Edward VII. 133
Edwards, Dr. 604
Edwards-Pilliet, Blanche 432
Eichmann, Adolf 181
Eisenstein, Sergej 274
Eliot, T. S. 51
Engels, Friedrich 260, 262, 264, 304
Erikson, Erik 357
Etchebère, Mika 217
Eymery, Marguerite s. Rachilde

Fawcett, Millicent Garret 37, 39
Ferraro, Geraldine 549
Ferry, Jules 112
Fini, Léonor 349
Firestone, Shulamith 567
Fontaine, Joan 400
Foucault, Michel 309f.
Fouque, Antoinette 322
Fourier, Charles 262, 267
Fraisse, Geneviève 349f.,
Franco, Francisco 216–221, 456
Frankenthaler, Helen 391
Franz Ferdinand von Österreich 37
Frenay, Henri 249
Freud, Sigmund 102, 287, 294, 298–302, 305f.
Friang, Brigitte 237f., 251
Frick, Wilhelm 176, 190
Friedan, Betty 13, 19
Frydman, René 604, 607
Furse, Katherine 46
Fürth, Henriette 434

Gable, Clark 399
Gagnon, Madeleine 351
Galzy, Jeanne 342
Gambetta, Léon 556
Gance, Abel 631

Gaulle, Charles de 252, 547, 549
Gautier, Judith 340, 351
Genet, Jean 576
Gentile, Giovanni 152
Géraldy, Paul 83
Gérard, Claude 250
Gil Robles, José Maria 211
Gilman, Charlotte Perkins 51, 438f.
Gini, Corrado 155f.
Giscard d'Estaing, Valéry 549
Gladkov, Fjodor 266
Glasier, Katherin 438
Gobert, Michelle 609
Goebbels, Joseph Paul 174, 190
Göring, Hermann 628f.
Goldschmidt, Clara s. Malraux
Gomá, Isidro (Kardinal) 219
Gorbatschow, Michail 283
Gray, Eileen 382
Greer, Germaine 577
Griffith Joyner, Florence 418, 419
Groener, General 43
Grossman, Nancy 411, 413
Groult, Benoîte 342, 351
Guattari, Felix 305
Guerdan, René 239
Guillot, Marie 138
Gyp (Sybille Gabrielle Marie-Antoinette de Riqueti de Mirabeau) 339, 342

Habermas, Jürgen 318
Halimi, Gisèle 578
Hall, Radcliffe 88
Halsman, Philipp 398
Hamilton, Hanna 59f.
Hamilton, Cicely 66
Hamp, Pierre 487
Hayworth, Rita 356
Hegel 303, 309
Heidegger, Martin 303, 311ff.
Heifiz (Regisseur) 276
Hemingway, Ernest 51
Hepburn, Katharine 362
Hersch, Jeanne 292
Hesnard, Jean 315
Heydrich, Reinhard 629
Hildegart 209
Hilgenfeldt, Erich 193
Himmler, Heinrich 178, 181f., 189, 193
Hindenburg, Paul von 80
Hitler, Adolf 167, 173f., 177, 185, 189, 191f., 216, 240
Höch, Hannah 387f.
Holladay, Wilhelmina 414

Horkheimer, Max 369
Horney, Karen 301
Humbert, Eugène 19
Humbert, Jeanne 19, 90
Hunter, Dr. 603
Huot, Dr. 48
Huot, Noella 592
Husserl, Edmund 315
Huston, Nancy 351
Hyvrard, Jeanne 342, 351

Ibárruri, Dolores (La Pasionaria) 206, 214f., 217
Inglis, Elsie 39f., 55
Irigaray, Luce 302f., 322, 351f., 353
Isabella die Katholische 219
Ives, Georges 130

Jacobs, Aletta 74
Jacques, Francis 313, 317f.
Jankelevitch, Vladimir 297f.
Jesenská, Milena 18
Jourdain, Louis 400

Kafka, Franz 18
Kahlo, Frida 389, 392
Kahn, Jeanne 248
Kalaschnikow, M. 396
Kaplan, Nelly s. Belen
Katajew, Valentin 274
Kelley, Florence 437
Kelly, Mary 416ff.
Kent, Victoria 208f., 215
Key, Ellen 433, 438
Keynes, John Maynard 143
Kinsey, Alfred 97, 99
Kleeck, Mary van 59
Klein, Melanie 301
Knocker, Mrs. (Baronin von T'Serclaes) 54
Kofman, Sarah 301
Kollontaj, Alexandra 16, 261–265, 280ff.. 304f.
Kollwitz, Käthe 380ff.
Kortschunow, S. 396
Krafft-Ebing, Richard von 47
Krasner, Lee 391
Kraus, Karl 84
Kristeva, Julia 350, 352f.
Kruger, Barbara 415f.
Krupskaja, Nadeschda 264
Kuliscioff, Anna 439

Labé, Louise 346
Labriola, Teresa 152, 495
Labrusse-Riou, Catherine 607, 609

Lacan, Jacques 293, 298–303, 322, 352
Lacy, Suzanne 415f.
La Fayette, Mme de 346
Lafont, Bernadette 631
Lafuente, Aida 215
Lagrave, Rose-Marie 13
Lajoie, Marie Gérin 587
Lalumière, Catherine 557
Lange, Dorothea 392f.
Lange, Helene 435
Langer, Suzanne 294
Laot, Jeannette 425
Largo Caballero, Francisco 209f.
La Rochefoucauld, François de 346
Lartigue, Jaques-Henri 87
Lathrop, Julia 437, 445, 449
Lawrence, D. H. 51
Léautaud, Paul 337f.
Le Bon, Gustave 356
Le Chatelier, Henry 122
Leclerc, Annie 351
Le Corbusier 382
Leduc, Violette 342
Leigh, Vivien 399
Lejeune, Claire 351
Lenglen, Suzanne 86
Lenin (Wladimir Iljitsch Uljanow) 257, 261, 264f., 267, 459
Lenoir, Noëlle 606
Leo XIII. (Papst) 159
Lessing, Doris 344
Lévesque, René 597
Levinas, Emmanuel 313, 316f.
Lévy-Strauss, Claude 352
Ley, Robert 189, 203
Libbey, Laura Jean 369
Lindsay, Ben 98
Lischnewska, Maria 438
Lloyd George, David 45, 69
Loffredo, Ferdinando 169
Lombardo, Ester 163
Lombroso, Cesare 56
Lombroso, Gina 88, 494
Londonderry, Marquise von 46
Lovelace, Linda 412
Lowell, Amy 51
Lüders, Marie-Elisabeth 43
Lyotard, Jean-François 305f., 318

Macarthur, Mary 39, 83
Maccone, Luigi 156, 162
McDonald, James Ramsay 136, 452
Maier, Charles 143

Majakowski, Wladimir 267, 270
Majno, Ersilia 440
Malraux, Clara (geb. Goldschmidt) 54, 87
Man Ray 386f.
Mandelstam, Osip 273f.
Maraini, Dacia 344
Marcuse, Herbert 296, 305
Margarete von Navarra 346
Margueritte, Victor 34, 112f.
Maria José 171
Marinetti, Filippo Tommaso 149f.
Marini, Marcelle 299
Markham, Violet 46
Markiewicz, Constanze 83
Marot, Clément 346
Martin, Anna 438
Martin, Maria 447f.
Marx, Karl 260, 262, 264, 287, 305, 310
Masino, Paola 365
Maurel, Micheline 254
Mauriac, François 115
Meinhof, Ulrike 31
Mendieta, Ana 410f.
Méric-Fourcarde, Marie-Madeleine 250
Merleau-Ponty, Maurice 313ff.
Merrheim, Aphonse 50
Michel, Andrée 549
Michel-Lévy, Simone 249
Mill, John Stuart 299
Millet, Kate 576
Misme, Jane 39, 49, 73
Mitchell, Juliet 567
Mitterrand, François 548ff., 557
Modersohn-Becker, Paula 378f.
Modleski, Tania 374f.
Modotti, Tina 389ff.
Mohanty, Chandra 580
Molière (Jean Baptiste Poquelin) 346
Moll, Albert 47
Moller, Katti Anker 433, 444
Monroe, Marilyn 397, 398
Montreynaud, Florence 337
Montseny, Federica 16, 206, 216
Morante, Elsa 344
Morgan, Anne 58
Morin, Edgar 355f., 362, 423
Mozzoni, Anna Maria 148, 439
Mussolini, Benito 141, 147, 149, 151f., 154f., 158f., 161f., 168f., 171, 216, 218, 456f.
Myrdal, Alva 143, 145, 454
Myrdal, Gunnar 145, 454

Naef, Maurice 495
Naumann, Friedrich 49
Nelken, Margarita 207f., 215
Noailles, Anna de 337, 342
Noce, Teresa 50
Noël, Marie 342
Norton Cru, Jean 55
Notari, Umberto 152

Oakley, Ann 567
Odena, Lina 217
O'Keeffe, Georgia 391
Ophüls, Max 400
Oppenheimer, Meret 388f.
Ortega y Gasset, José 294ff., 369
Owen, Wilfred 51

Page, Raissa 419
Pancost, Dr. 603
Pankhurst, Christabel 37, 39, 78
Pankhurst, Emmeline 135, 139
Pankhurst, Sylvia 37, 39, 44, 61, 78
Parca, Gabriella 369
Pareto, Vilfredo 150
Parker, Dr. 603
Pasionaria s. Dolores Ibárruri
Pasolini, Pier Paolo 369f.
Pasteur, Louis 114
Pastor, Rosa Urraca 212
Payette, Lise 597
Pelletier, Antoinette 592
Pelletier, Madeleine 19, 90
Péricat, Raymond 50
Perriand, Charlotte 382
Pétain, Philippe 226, 240
Petrutschewskaja, L. 281
Pinkus, Gregory 20
Pius XI. (Papst) 159
Pizzey, Erin 578
Planté, Christine 355
Plaza, Monique 352
Poët, Lydia 495
Pognon, Maria 432
Pontecorvo, Adele Pertici 163
Pope, Jessie 51
Popowa, Ljubow 383
Primo de Rivera, José Antonio 210, 215, 218
Primo de Rivera, Miguel 205, 209, 212
Primo de Rivera, Pilar 218f.

Rachilde (Marguerite Eymery) 337, 342
Radiguet, Raymond 55f.
Radway, Janice 372

Rageot, Gaston 33
Rankin, Jeannette 75
Rathbone, Eleanor 436f., 451ff.
Raven, Arlene 415
Reich, Wilhelm 263, 305, 308
Rémond, René 339
Rémy, Caroline s. Séverine
Rice, Margery Spring 118, 121
Richardson, Samuel 372
Riffaud, Madeleine 251
Ringgold, Faith 409f.
Ripert, Georges 540
Robert, Jean-Louis 62
Robertson, Grace 406, 408
Robins, Raymond 33
Robinson, Mary 557
Rocard, Michel 554
Rochefort, Christiane 342
Rockwell, Norman 394f.
Rolland, Romain 72
Romanov, Pantelejmon 268f.
Room, Abram 270
Rouart, Jean-Marie 338
Rousseau, Jeanie 250
Roussel, Nelly 433, 440, 443
Rouzade, Léonie 432, 448
Russel, Alys 435
Russel, Dora 131
Russell, Bertrand 130

Sagan, Françoise 339, 342
Salomon, Alice 434
Sand, Georges 340, 343, 346
Sanger, Margaret 19, 96, 130, 459
Sanjurjo, General 211
Santos, Emma 351
Sanz Bachiller, Mercedes 218
Sarraute, Nathalie 339, 342, 344, 348f.
Sartre, Jean-Paul 313ff., 344, 348, 423
Sassoon, Siegfried 51
Sauckel, Fritz 239f.
Saumoneau, Louise 76f.
Sauvy, Alfred 241
Sauvy, Anne 341f.
Scheler, Max 296f., 316
Schiff, Paolina 434
Schirmacher, Käthe 431f., 435, 441
Schneider, Monique 299
Scholtz-Klink, Gertrud 167, 198f., 201, 203
Schumann, Maurice 252
Sebbar, Leila 351
Sée, Camille 112
Sejfullina, Lydia 274

Serusclat, Franck 612
Séverine (Caroline Rémy) 337
Sévigné, Mme de 346
Shaw, Anna Howard 58
Shaw, George Bernard 112, 130
Sierra, Nina 434
Simmel, Georg 287, 293ff., 298
Slama, Béatrice 353
Sorayama 624
Soutou, Georges-Henri 34
Speer, Albert 241
St. Denis, Ruth 376
Stalin, Josef 275, 277f.
Steichen, Edward 377f.
Stein, Edith 292
Stein, Gertrude 51
Steinem, Gloria 548
Steinson, Barbara 74
Stöcker, Helene 435, 440
Stopes, Mary 130
Stritt, Marie 72
Sullerot, Evelyne 370
Susini, Marie 342
Süssmuth, Rita 557

Taft, Helen 75
Tanning, Dorothea 389
Taylor, Frederick 122
Taylor, Elizabeth 400, 401
Terman, Lewis 103
Terré, François 609
Terruzzi, Regina 163
Testart, Jaques 604, 607, 614
Thatcher, Margaret 557
Theresia von Avila (Hl.) 219
Théry, Chantal 338, 340f.
Thomas, Albert 42, 62
Tillion, Germaine 254f.
Togliatti, Palmiro 546
Trautmann, Catherine 554
Triolet, Elsa 342
Tschernischewski, Nicolai 264
Twiggy 404, 407

Varo, Remedios 389
Veil, Simone 16, 548
Vercors (Jean Bruller) 253
Verger, Marianne 253
Vermeersch, Jeannette 282
Vérone, Maria 53
Vessilier-Ressi, Michèle 338, 340
Viktor Emmanuel III. 171
Vinogradskaja, P. 263f.
Viviani, René 40
Vivien, Renée 342

Wald, Lillian 437
Watson, Mrs. Chalmers 46
Watson, John B. 102
Webb, Beatrice 436
Weber, Marianne 293, 438
Weber, Max 435
Weil, Simone 292, 339
Weiss, Louise 136
Wells, George 112
Weston, Edward 389f.

Wilhelm II. (Kaiser) 80
Wilson, Thomas Woodrow 58, 74, 76, 79
Wittig, Monique 342, 348, 574
Wolf, Christa 627–630
Wood, Carl 604
Woolf, Virginia 19, 86, 336f., 341, 344f., 351, 411, 625
Wylie, Philip 357

Yourcenar, Marguerite 339, 342
Yver, Colette 84

Zalkind, Aaron 265, 274
Zarkhi (Regisseur) 276
Zelensky, Anne 543
Zetkin, Clara 73, 76, 264
Zietz, Luise 76
Zwetajewa, Marina 344

AUTORINNEN UND AUTOREN

Gisela Bock Professorin für Geschichte an der Universität Bielefeld, zuvor Professorin am Europäischen Hochschulinstitut (Florenz). Zahlreiche Bücher und Aufsätze in verschiedenen Sprachen über das politische Denken im frühneuzeitlichen Italien, die amerikanische Arbeiterbewegung, die Geschichte der Hausarbeit, den nationalsozialistischen Rassismus und Sexismus sowie über Fragen von Theorie und Methode der historischen Geschlechterforschung.

Danièle Bussy Genevois Professorin an der Universität Paris-VIII; zuvor Lehrtätigkeit an verschiedenen französischen Hochschulen. Hispanistin. Ihr Forschungsschwerpunkt ist das moderne Spanien, namentlich die Presse und die Geschichte der Frauen. Mitarbeiterin und Herausgeberin bei verschiedenen Forschungsunternehmen zu diesen Themen. Zahlreiche Veröffentlichungen. Habilitation über das Thema *Presse féminine et républicanisme en Espagne 1931– 1936.* Derzeit befaßt sie sich verstärkt mit Ideen- und Mentalitätengeschichte (Gemeinschaftsprojekt über Gewalt in Spanien Anfang des 20. Jahrhunderts).

Yolande Cohen Ordentliche Professorin am Historischen Seminar der Universität Québec in Montréal. Ihr Forschungsschwerpunkt ist die Geschichte der sozialen Bewegungen in Frankreich und Québec in der ersten Hälfte des 20. Jahrhunderts. Verfasserin von *Femmes de parole. L'histoire des Cercles de fermières du Québec* und einer Monographie mit dem Titel *Les Jeunes, le socialisme et la guerre. Histoire des mouvements de jeunesse en France.* Sie ist u. a. Koautorin einer Studie über *Les Juifs marocains à Montréal* und hat zwei Sammelbände herausgegeben: *Femmes et contrepouvoirs* und *Femmes et politiques*. Derzeit arbeitet sie an einem Buch über die Professionalisierung des Berufs der Krankenschwester.

Françoise Collin Philosophin und Schriftstellerin. Ihre Veröffentlichungen umfassen Romane, Erzählungen und philosophische Essays, darunter *Maurice Blanchot et la question de l'écriture*; ferner sehr viele Texte über Frauen und über die Geschlechterdifferenz, die demnächst in einer Auswahl erscheinen sollen. Sie gründete 1973 die Zeitschrift *Cahiers du Grif* und gibt die Sammlung *Littérales* bei den Éditions Tierce heraus. Sie war lange Professorin in Brüssel und unterrichtet gegenwärtig feministische Theorie am Centre Parisien d'études critiques. Sie arbeitet über das Werk Hannah Arendts.

Jacqueline Costa-Lascoux Projektleiterin am CNRS, Mitglied des Haut Conseil de la Population et de la Famille. Ihre Arbeiten betreffen das Gebiet der Rechtssoziologie und befassen sich mit der Infragestellung von Rechtskategorien durch Kulturkonflikte. Nach Forschungen über *L'Évolution de la délinquance des jeunes de 1825 à 1968* und über afrikanische Rechtssysteme gelten ihre Untersuchungen namentlich den Problemen der Immigration *(De l'immigré au citoyen)*, der Diskriminierung und der Bioethik (Koautorin des Berichts für das Commissariat Général du Plan über *Les Nouvelles Techniques de procréation* und von *Bioéthique et Droit)*.

Nancy F. Cott Unterrichtet Geschichte der Frauen an der Yale University in New Haven, wo sie Professorin für amerikanische Geschichte und Amerikakunde ist. Ihre wichtigsten Werke sind: *The Bonds of Womanhood: »Woman's Sphere« in New England, 1780–1835; The Grounding of Modern Feminism; A Woman Making History: Mary Ritter Beard through Her Letters*.

Hélène Eck Agrégée für Geschichte, Lehrbeauftragte an der Universität Paris X-Nanterre. Ihr Forschungsschwerpunkt ist die Geschichte der Propaganda im Zweiten Weltkrieg. Herausgeberin von *La Guerre des ondes: histoire des radios de langue française pendant la Deuxième Guerre mondiale*.

Yasmine Ergas Arbeitet gegenwärtig an der Columbia University Law School. Ihr Fachgebiet ist die Soziologie. Sie hat Forschungen in Italien und in den USA durchgeführt und viele Veröffentlichungen über den zeitgenössischen Feminismus vorgelegt, namentlich *Nelle maglie della politica. Femminismo, istituzioni e politiche sociali nell'Italia degli anni 70*.

Victoria de Grazia Professorin für Geschichte an der Columbia University, New York; zuvor war sie Leiterin des Centers for Historical Studies an der Rutgers University. Sie ist Verfasserin von *The Culture of Consent: Mass Organization of Leisure in Fascist Italy* und von *How Fascism Ruled Women: Italy (1922–1945)*. Ferner hat sie zahlreiche Essays über die Amerikanisierung Europas vorgelegt und die *Radical History Review* mitgegründet.

Anne Higonnet Assistant Professor am Wellesley College, Department of Art, wo sie Geschichte der visuellen Kultur im 19. und 20. Jahrhundert unterrichtet. 1990 erschien in Frankreich ihre Monographie über die impressionistische Malerin Berthe Morisot, 1992 in den USA ihre Studie über das Frauenbild bei Morisot.

Rose-Marie Lagrave Soziologin, Dozentin an der École des Hautes Études en Sciences Sociales. Ihr Forschungsgebiet ist die Bauernfrage im Westen und im europäischen Osten. Sie hat die Bücher *Le Village romanesque* und *Celles de la terre. Agricultrices: l'invention politique d'un métier* und verschiedene Artikel über feministische Studien und Frauenstudien geschrieben.

Nadine Lefaucheur Soziologin, Lehrbeauftragte am CNRS. Ihre Arbeiten befassen sich hauptsächlich mit der sozialpolitischen Behandlung der außerehelichen Mutterschaft und mit monoparentalen Familien. Gegenwärtig arbeitet sie an einer Geschichte der medizinischen Eugenik in Frankreich. Sie hat (mit Georges Falconnet) *La Fabrication des mâles* sowie zahlreiche Artikel und Beiträge zu Sammelwerken geschrieben, vor allem *Lectures sociologiques du travail social*; *La Famille, la loi, l'État de la Révolution au Code civil*; und *La Famille: l'état des savoirs*.

Marcelle Marini Lehrbeauftragte an der Universität Paris-VII. Sie hat *Territoires du féminin avec Marguerite Duras* und *Lacan* geschrieben und an *Stratégies des femmes* sowie an dem Sonderheft »Savoir et différence des sexes« der *Cahiers du Grif* mitgewirkt. Ferner ist sie Autorin von Beiträgen in literarischen und feministischen Zeitschriften und leitet mit Nicole Mozet das Forschungsprojekt »La production littéraire en France depuis 1945«.

Françoise Navailh Professorin für Russisch (Paris). Ihr Fachgebiet ist der sowjetische Film. Derzeit bereitet sie eine Doktorarbeit bei Marc Ferro über das Bild der Frau im sowjetischen Film vor. Sie hat bereits verschiedene einschlägige Artikel veröffentlicht, zum Beispiel »L'image de la femme dans le cinéma soviétique contemporain«, in: *Film et Histoire*; »Le renouveau religieux dans le cinéma russe«, in: *Slovo – Cinéma et culture nationale en URSS*; »Le commissaire de Berditchev – une nouvelle de V. Grossman, un film de A. Askoldov«, in: *Pardes*.

Luisa Passerini Professorin für Geschichte am Europäischen Hochschulinstitut, lehrte zuvor Methodologie der Forschung an der Universität Paris. In ihren Forschungen befaßt sie sich mit dem historischen Gebrauch der Mündlichkeit und der Erinnerung, vor allem in der Geschichte des Faschismus und in der Geschichte der neuen sozialen Bewegungen der sechziger und siebziger Jahre. Sie hat verschiedene Anthologien und namentlich das Sonderheft »Mémoires et histoires de 1968« der Zeitschrift *Mouvement social* herausgegeben. Weitere Veröffentlichungen: *Torino operaia e fascismo*; *Storia e soggettività. Le fonti orali, la memoria*; *Autoritratto di gruppo*; *Mussolini immaginario. Storia di una biografia 1915–1939*; *Storie di donne e femministe*.

Mariette Sineau Politologin, Projektleiterin am CNRS; arbeitet in Paris am Centre d'Étude de la Vie Politique Française der Fondation Nationale des Sciences Politiques. In diesem Zentrum befaßt sie sich vor allem mit den politischen Einstellungen und Verhaltensweisen von Frauen. Über dieses Thema hat sie, zum Teil in Zusammenarbeit mit anderen Autorinnen, verschiedene Artikel, Beiträge und Werke geschrieben (namentlich mit Janine Mossuz-Lavau *Enquête sur les femmes et la politique en France*). Ihr jüngstes Buch, *Des femmes en politique,* handelt von Politikerinnen, ihrem Bild in der Öffentlichkeit, ihren Erwartungen und ihren Rollen.

Anne-Marie Sohn Agrégée in Geschichte, Lehrbeauftragte an der Universität Paris-I. Ihr Spezialgebiet ist die Geschichte der Frauen. Hervorgetreten ist sie zuerst mit »La Garçonne: type littéraire ou type social des années 20?« in: *Le Mouvement social.* Ihre Doktorarbeit hat sie über *Féminisme et syndicalisme. Les institutrices de la Fédération unitaire de l'enseignement de 1919 à 1935* geschrieben. Sie hat verschiedene Beiträge zu Sammelwerken verfaßt, darunter »Les attentats à la pudeur sur les fillettes et la sexualité quotidienne en France (1870–1939)«, in: *Violences sexuelles, Mentalités*. Sie arbeitet an einer Habilitation über *Les rôles féminins dans la vie privée à l'époque de la IIIe République*.

Françoise Thébaud Dozentin an der Universität Lumière, Lyon 2. Ihr Spezialgebiet ist die Geschichte der Frauen im 20. Jahrhundert. Über dieses Thema hat sie viele Aufsätze und Beiträge zu Sammelwerken geschrieben, namentlich *1914–1918: l'autre front*; *Femmes et fascismes*; *La Tentation nationaliste*. Weitere Publikationen von ihr sind *La Femme au temps de la guerre de 14* und *Quand nos grand-mères donnaient la vie: la maternité en France dans l'entre-deux-guerres.*

GESCHICHTE DER FRAUEN

1
ANTIKE

2
MITTELALTER

3
FRÜHE NEUZEIT

4
19. JAHRHUNDERT

5
20. JAHRHUNDERT